Code		Code		Code	
LK	Lübbecke/Westf.	NEC	Neustadt bei Coburg	PLÖ	Plön
LL	Landsberg/Lech	NEN	Neunburg vorm Wald	PRÜ	Prüm
LM	Limburg-Weilburg	NES	Rhön-Grabfeld (Bad Neustadt/Saale)	PS	Pirmasens
LÖ	Lörrach			R	Regensburg
LOH	Lohr/Main	NEU	Hochschwarzwald (Titisee-Neustadt)	RA	Rastatt
LP	Lippstadt			RD	Rendsburg-Eckernförde
LR	Lahr/Schwarzwald	NEW	Neustadt/Waldnaab	RE	Recklinghausen
LS	Märkischer Kr. (Lüdenscheid)	NF	Nordfriesland (Husum)	REG	Regen
LU	Ludwigshafen/Rhein	NI	Nienburg/Weser	REH	Rehau
LÜD	Lüdenscheid	NIB	Süd-Tondern (Niebüll)	REI	Berchtesgadener Land (Bad Reichenhall)
LÜN	Lünen	NK	Neunkirchen (Saar)	RH	Roth/Mittelfr.
M	München	NL	Niedersachsen Landesregierung u. Landtag	RI	Grafschaft Schaumburg (Rinteln)
MA	Mannheim	NM	Neumarkt/Oberpf.	RID	Riedeburg/Altmühl
MAI	Mainburg	NMS	Neumünster	RO	Rosenheim
MAK	Marktredwitz	NÖ	Nördlingen	ROD	Roding
MAL	Mallersdorf	NOH	Grafschaft Bentheim (Nordhorn)	ROF	Rotenburg/Fulda
MAR	Marktheidenfeld			ROH	Rotenburg/Hannover
MB	Miesbach	NOM	Northeim	ROK	Rockenhausen
ME	Mettmann	NOR	Norden	ROL	Rottenburg/Laaber
MED	Süderdithmarschen (Meldorf)	NR	Neuwied		
		NRÜ	Neustadt am Rübenberge	ROT	Rothenburg ob der Tauber
MEG	Melsungen	NT	Nürtingen	ROW	Rotenburg/Wümme
MEL	Melle	NU	Neu-Ulm	RPL	Rheinland-Pfalz Landesregierung u. Landtag
MEP	Meppen	NW	Neustadt/Weinstraße		
MES	Hochsauerland-Kr. (Meschede)	OA	Oberallgäu (Sonthofen)	RS	Remscheid
MET	Mellrichstadt	OAL	Ostallgäu (Marktoberdorf)	RT	Reutlingen
MG	Mönchengladbach	OB	Oberhausen/Rheinld.	RÜD	Rheingau-Taunus-Kr. (Rüdesheim/Rhein)
MGH	Bad Mergentheim	OBB	Obernburg/Main	RV	Ravensburg
MH	Müllheim/Ruhr	OCH	Ochsenfurt	RW	Rottweil
MI	Minden-Lübbecke	OD	Stormarn (Bad Oldesloe)	RWL	Nordrhein-Westfalen Landesregierung u. Landtag
MIL	Miltenberg	OE	Olpe/Biggesee	RY	Rheydt
MK	Märkischer Kreis (Lüdenscheid)	ÖHR	Oehringen	RZ	Herzogtum Lauenburg (Ratzeburg)
MM	Memmingen	OF	Offenbach/Main	S	Stuttgart
MN	Unterallgäu (Mindelheim)	OG	Ortenaukreis (Offenburg)	SAB	Saarburg
MO	Moers	OH	Ostholstein (Eutin)	SAD	Schwandorf
MOD	Ostallgäu (Marktoberdorf)	OHA	Osterode/Harz	SÄK	Säckingen
MON	Monschau	OHZ	Osterholz	SAL	Saarland Landesregierung u. Landtag
MOS	Odenwald-Kr. (Mosbach)	OL	Oldenburg/Oldenburg	SAN	Stadtsteinach
MR	Marburg-Biedenkopf	OLD	Oldenburg/Holstein	SB	Saarbrücken
MS	Münster/Westf.	OP	Opladen	SC	Schwabach
MSP	Main-Spessart	OS	Osnabrück	SE	Segeberg
MT	Westerwald (Montabaur)	OTT	Land Hadeln (Otterndorf/Niederelbe)	SEF	Scheinfeld
MTK	Main-Taunus-Kreis (Hofheim a. Ts.)			SEL	Selb
		OTW	Ottweiler	SF	Oberallgäu (Sonthofen)
MÜ	Mühldorf a. Inn	OVI	Oberviechtach	SG	Solingen
MÜB	Mühlberg/Oberfr.	PA	Passau	SH	Schleswig-Holstein Landesregierung u. Landtag
MÜL	Müllheim/Baden	PAF	Pfaffenhofen/Ilm	SHA	Schwäbisch Hall
MÜN	Münsingen/Württ.	PAN	Rottal-Inn (Pfarrkirchen)	SHG	Schaumburg (Stadthagen)
MY	Mayen	PAR	Parsberg	SI	Siegen/Westf.
MYK	Mayen-Koblenz	PB	Paderborn	SIG	Sigmaringen
MZ	Mainz-Bingen u. Mainz	PE	Peine	SIM	Rhein-Hunsrück-Kr. (Simmern)
MZG	Merzig-Wadern	PEG	Pegnitz		
N	Nürnberg	PF	Enzkreis u. Pforzheim	SL	Schleswig-Flensburg
NAB	Nabburg	PI	Pinneberg		
NAI	Naila				
ND	Neuburg-Schrobenhausen				
NE	Neuss				
NEA	Neustadt-Bad Windsheim				

Code	
SLE	Schleiden/Eifel
SLG	Saulgau
SLS	Saarlouis
SLÜ	Schlüchtern
SMÜ	Schwabmünchen
SNH	Sinsheim/Elsenz
SO	Soest
SOB	Schrobenhausen
SOG	Schongau
SOL	Soltau
SP	Speyer
SPR	Springe/Deister
SR	Straubing-Bogen u. Straubing
ST	Steinfurt
STA	Starnberg
STD	Stade
STE	Staffelstein
STH	Schaumburg-Lippe (Stadthagen)
STO	Stockach/Baden
SU	Rhein-Sieg-Kr. (Siegburg)
SÜW	Südliche Weinstraße (Landau)
SUL	Sulzbach-Rosenberg
SW	Schweinfurt
SWA	Rheingau-Taunus-Kr. (Bad Schwalbach)
SY	Grafschaft Hoya (Syke)
SZ	Salzgitter
TBB	Main-Tauber-Kr. (Tauberbischofsheim)
TE	Tecklenburg
TIR	Tirschenreuth
TÖL	Bad Tölz-Wolfratshausen
TÖN	Eiderstedt (Tönning)
TR	Trier-Saarburg u. Trier
TS	Traunstein
TT	Tettnang
TÜ	Tübingen
TUT	Tuttlingen
UE	Uelzen
ÜB	Überlingen/Bodensee
UFF	Uffenheim
UL	Alb-Donau-Kr. u. Ulm/Donau
UN	Unna
USI	Usingen
VAI	Vaihingen/Enz
VB	Vogelsbergkreis (Lauterbach/Hessen)
VEC	Vechta
VER	Verden/Aller
VIB	Vilsbiburg
VIE	Viersen
VIT	Viechtach
VK	Völklingen
VL	Villingen
VOF	Vilshofen/Niederbayern
VOH	Vohenstrauß
VS	Schwarzwald-Baar-Kr. (Villingen-Schwenningen)
W	Wuppertal

Code	
WA	Waldeck (Korbach)
WAF	Warendorf
WAN	Wanne-Eickel
WAR	Warburg/Westf.
WAT	Wattenscheid
WD	Wiedenbrück
WEB	Oberwesterwald-Kr. (Westerburg)
WEG	Wegscheid/Niederbayern
WEL	Oberlahn-Kr. (Weilburg)
WEM	Wesermünde (Bremerhaven)
WEN	Weiden/Oberpf.
WER	Wertingen
WES	Wesel
WF	Wolfenbüttel
WG	Wangen/Allgäu
WHV	Wilhelmshaven
WI	Wiesbaden
WIL	Bernkastel-Wittlich (Wittlich)
WIT	Witten
WIZ	Witzenhausen
WL	Harburg (Winsen/Luhe)
WM	Weilheim-Schongau
WN	Rems-Murr-Kr. (Waiblingen)
WND	St. Wendel
WO	Worms
WOB	Wolfsburg
WOH	Wolfhagen
WOL	Wolfach
WOR	Wolfratshausen
WOS	Wolfstein (Freyung/Wald)
WS	Wasserburg/Inn
WST	Ammerland (Westerstede)
WT	Waldshut
WTL	Wittlage (Bad Essen)
WTM	Wittmund
WÜ	Würzburg
WUG	Weißenburg-Gunzenhausen
WÜM	Waldmünchen
WUN	Wunsiedel
WW	Westerwald (Montabaur)
WZ	Wetzlar
X	Bundeswehr f. Fahrzeuge d. Nato-Hauptquartiere
Y	Bundeswehr
Z	Zoll
ZEL	Zell/Mosel
ZIG	Ziegenhain (Schwalmstadt)
ZW	Zweibrücken
0	Diplomatisches Corps
1–1	Dienstkraftwagen des Präsidenten des Deutschen Bundestages

Kursiv gesetzte Angaben beziehen sich auf Kreisgebiete, die im Verlauf von Verwaltungsreformen inzwischen aufgelöst wurden. Diese Kennzeichen werden daher nicht mehr ausgegeben.

HERDERS NEUES VOLKSLEXIKON

HERDERS NEUES VOLKSLEXIKON

Neuausgabe 1982

mit
50 000 Stichwörtern
3000 Abbildungen
500 neuartigen Übersichten
zur Schnellinformation

HERDER FREIBURG · BASEL · WIEN

Vorwort

Mit der Neuausgabe 1982 legt der Verlag HERDERS NEUES VOLKSLEXIKON neu bearbeitet und aktualisiert vor. Damit hat HERDERS VOLKSLEXIKON, das erstmals 1950 erschienen ist, eine Auflage von einer Million Exemplaren überschritten. Der aktualisierte Text und neue Stichwörter berücksichtigen die neuesten Erkenntnisse und Entwicklungen.

Eine wesentliche Erhöhung des Gebrauchswerts ergibt sich aus der umfassenderen optischen Information mit zahlreichen Photographien, Zeichnungen und Diagrammen. Konsequent wird größere Anschaulichkeit geboten; die Abbildungen erläutern den Text zusätzlich und führen in vielen Fällen über dessen Inhalt hinaus.

Auch die neuartige Anordnung von Text und Bild, aus den Erfahrungen eines großen Lexikonverlags gewonnen, macht die Darstellung des fast unübersehbaren Wissensstoffes zum Nutzen des Lesers noch übersichtlicher und informativer. Sie erlaubte es auch, daß die Bildinformationen in HERDERS NEUES VOLKSLEXIKON gegenüber der vorherigen Ausgabe verdreifacht wurden.

Neu und auf den ersten Blick auffallend ist die große Zahl von Übersichten in Form verschiedenartiger Tabellen. Ebenso wie die Abbildungen sind diese Tabellen nach Art und Umfang konsequent als eigenständige Informationsträger behandelt. Dabei erfüllen sie jeweils zwei wichtige Funktionen:

– sie vermitteln übersichtlich Wissen auf einen Blick

– sie integrieren, d. h., sie zeigen größere Zusammenhänge auf.

Damit der Leser einen möglichst großen Nutzen aus den gebotenen Auskünften ziehen kann, sei auf einige Arten von Tabellen besonders hingewiesen:

Große, zum Teil ganzseitige Übersichten bieten Informationen, die sonst nicht nachschlagbar sind, weil der betreffende Stichwortbegriff gerade nicht gegenwärtig ist. Zu diesen Übersichten gehören die chronologischen Tabellen zur Geschichte, nicht nur zu den großen Epochen (Altertum, Mittelalter, Neuzeit, Zeitgeschichte), sondern auch zu ganz bestimmten, historisch bedeutsamen Entwicklungen (z. B. Arbeiterbewegung, Philosophie des Abendlandes). Fernerhin zählen zu diesen Übersichten systematische Tabellen (z. B. Affen und ihre Arten, Hormone, naturwissenschaftliche und geographische Entdeckungen, bedeutende Romane oder Schauspiele, oder die Wortarten).

Ein weiterer wichtiger Gesichtspunkt vieler Tabellen ist der des Vergleichs. Dabei wurden im Sinne möglichst großer Übersichtlichkeit für die Darstellung gleiche Zeitstufen gewählt (1960, 1970, 1980). Durch ihren gleichartigen Aufbau werden die Informationen dieser Tabellen besonders auch untereinander vergleichbar, sofern ihre Gegenstände vergleichbar sind (z. B. Bestand und Neuzulassungen von Kraftfahrzeugen, Straßennetz und Verkehrsunfälle). Als vergleichende Tabellen sind auch jene zu verstehen, die sich von vornherein auf identische Themen beziehen. Dies gilt besonders für die den Staaten der Erde beigegebenen Ländertabellen, die nicht nur auf einen Blick die wesentlichen Merkmale eines Staates (wie Staatsform, Größe, Bevölkerung, Konfession, Mitgliedschaften) erkennen lassen, sondern auch eine vergleichende Gegenüberstellung dieser zentralen Daten für mehrere Staaten ermöglichen. Tabellen in solcher Zahl und Art hat es bisher in einem einbändigen Lexikon nicht gegeben.

HERDERS NEUES VOLKSLEXIKON ist damit ein modernes Nachschlagewerk, das sich nicht nur um die genaue und konkrete Einzelinformation bemüht, sondern darüber hinaus eine optimal anschauliche Darstellung des Wissens und seiner Zusammenhänge bietet – eine integrierte Information von Text, Bild und Tabellen.

Gebrauchsanleitung

1. Die Stichwörter stehen in *alphabetischer Reihenfolge*. Sie sind weiterhin innerhalb desselben Anfangsbuchstabens nach dem zweiten, dritten ... Buchstaben des Einzelwortes alphabetisiert.

2. Die *Umlaute* ä, ö, ü werden dabei wie die Grundlaute a, o und u behandelt, auch wenn sie ae, oe, ue geschrieben werden (z.B. Goethe). Ebenso wird das Dehnungs-e nicht berücksichtigt (z.B. Soest). Bei ausländischen Namen aber und wenn ae, oe und ue getrennt zu sprechen sind (z.B. Boethius), zählt e auch für die Alphabetisierung als eigener Laut.

3. I und J sind im Alphabet auseinandergehalten.

4. Schwierigkeiten bietet öfters die *Umschreibung fremder Namen* im Deutschen. Bei C etwa vermißte Wörter suche man bei K, Tsch oder Z; bei V nicht geführte unter W; bei D fehlende unter T und jeweils umgekehrt.

5. Bei *Wortzusammensetzungen* schlage man auch unter dem Hauptbegriff nach. Bildet den ersten Teil des Stichwortes ein Eigenschaftswort, so bestimmt dieses mitsamt seiner Endung die Alphabetisierung (z.B. Deutscher Wissenschaftsrat, Deutsches Museum).

6. Die *Adelsprädikate* von, de, de la, du und ähnliche sind beim Stichwort nachgestellt, demgemäß ohne alphabetische Wirkung. Dagegen werden die Artikel Le, La, Les, Las, Los vor Orts- und Personennamen in der Regel mitalphabetisiert.

7. Für die *Rechtschreibung* ist im allgemeinen der neueste „Duden" maßgebend.

8. Die *Betonung* wird beim Stichwort durch Unterstreichung des zu betonenden Selbst- oder Doppellautes angegeben. Zweisilbige Wörter ohne Tonzeichen sind auf der ersten Silbe zu betonen.

9. Die *Aussprache* bei fremdsprachigen Wörtern ist in vereinfachter Umschreibung in Klammern und mit Doppelpunkt angezeigt. Dabei bedeuten hochgestellte Buchstaben, daß der Laut nur leicht angeschlagen wird. Überschlängelte Buchstaben (a͞n, ä͞n, o͞n, ö͞n) sind durch die Nase, ß ist scharf und stimmlos, ß als Zungen-S (anstoßend), s und s͞ch sind weich und summend zu sprechen; å entspricht offenem O (etwa in: Wort). Ein Bindestrich (-) bei der Aussprachebezeichnung weist auf einen ausgefallenen Wortteil hin.

10. Die *Wortendungen* -isch und -lich sind gewöhnlich abgekürzt (z.B. amtl., amtl. Verzeichnis).

11. Bei Persönlichkeiten sind *Geburts- und Todesjahr* durch einen waagrechten Strich (1810–67), andere Zeitabschnitte, z.B. Regierungszeiten, durch einen schrägen Strich (1938/44) miteinander verbunden.

12. Innerhalb jedes Artikels wird das Stichwort nur mit seinem Anfangsbuchstaben wiederholt. Dies gilt auch für Zusammensetzungen mit dem Grundwort.

13. Die *Werke* von Schriftstellern und Künstlern sind in der Regel in Schrägschrift angeführt.

14. Patente, Gebrauchsmuster oder Warenzeichen sind nicht als solche gekennzeichnet. Aus dem Fehlen eines Hinweises folgt nicht, daß die betreffende Substanz oder Ware frei ist. Nennung einzelner Hersteller, ihrer Erzeugnisse, Verfahren oder ähnlicher Leistungen erfolgt stets nur beispielshalber.

15. Aus lexikalischen Gründen wurde analog zu Abkürzungen wie USA, UdSSR, ČSSR der Name der Bundesrepublik Deutschland mit BRD abgekürzt.

Zeichen und Abkürzungen

↗	=	siehe (bei Verweisungen)
*	=	geboren
†	=	gestorben
:	=	Aussprache bei Fremdwörtern
°	=	Grad (bei Temperaturangaben)
%	=	Prozent
‰	=	Promille
∅	=	Durchmesser
′	=	Bogenminuten
″	=	Bogensekunden
§	=	Paragraph
□	=	Abbildung, Karte, Tabelle
a	=	Jahr
Abg.	=	Abgeordneter
Abk.	=	Abkürzung
Abt.	=	Abteilung
ahd.	=	althochdeutsch
allg.	=	allgemein
Alt.	=	Altertum
am.	=	amerikanisch
aram.	=	aramäisch
Art.	=	Artikel
AT	=	Altes Testament
atl.	=	alttestamentlich
Ausg.	=	Ausgabe
Bd., Bde.	=	Band, Bände
Begr.	=	Begründer
begr.	=	begründet
ben.	=	benannt
bes.	=	besonders
Bev.	=	Bevölkerung
Bez.	=	Bezirk
Bw.	=	Beiwort
Bz.	=	Bezeichnung
bzw.	=	beziehungsweise
C	=	Celsius
ca.	=	circa
d	=	Tag
d. Ä.	=	der Ältere, die Ältere
Dep.	=	Departement
d. Gr.	=	der Große, die Große
d. h., d. i.	=	das heißt, das ist
Dir.	=	Direktor
Distr.	=	Distrikt
d. J.	=	der Jüngere, die Jüngere
dt., Dt.	=	deutsch, Deutsche
Dtl.	=	Deutschland
E.	=	Einwohner
ehem.	=	ehemals, ehemalig
eig.	=	eigentlich
Engl.	=	England
entspr.	=	entsprechend
erb.	=	erbaut
Erz.	=	Erzählung(en)
Erzb.	=	Erzbischof
ev.	=	evangelisch
Ez.	=	Einzahl
Fkr.	=	Frankreich
fr.	=	früher
Frh.	=	Freiherr
frz.	=	französisch
Ftm.	=	Fürstentum
gegr.	=	gegründet
Gem.	=	Gemeinde
gen.	=	genannt
Ges.	=	Gesetz, Gesellschaft
Gesch.	=	Geschichte
Gft.	=	Grafschaft
gg.	=	gegen
GG	=	Grundgesetz der BRD
ggf.	=	gegebenenfalls
Ggs.	=	Gegensatz
Ggw.	=	Gegenwart
Gouv.	=	Gouvernement, Gouverneur
gr.	=	griechisch (nur bei Herkunfts-Bz.)
h	=	Stunde
hebr.	=	hebräisch
hd.	=	hochdeutsch
hl., hll.	=	heilig, heilige
hrsg.	=	herausgegeben
Hrsg.	=	Herausgeber
Hst.	=	Hauptstadt
Hw.	=	Hauptwort
HW	=	Hauptwerk(e)
Hzg.	=	Herzog
Htm.	=	Herzogtum
i. e. S.	=	im engeren Sinne
Ind.	=	Industrie
int.	=	international
it., It.	=	italienisch, Italien
i. ü. S.	=	im übertragenen Sinne
i. w. S.	=	im weiteren Sinne
Jahrt.	=	Jahrtausend
Jh.	=	Jahrhundert
Kard.	=	Kardinal
kath.	=	katholisch
Kf.	=	Kurzform
Kft.	=	Kurfürstentum
Kg.	=	König
Kgr.	=	Königreich
Kr.	=	Kreis
Krst.	=	Kreisstadt
Ks.	=	Kaiser
Kt.	=	Kanton
l.	=	links, linker
lat.	=	lateinisch
Lit.	=	Literatur
luth.	=	lutherisch
Lw.	=	Lehnwort
m	=	männlich
MA	=	Mittelalter
MdB	=	Mitglied des Bundestages
med.	=	medizinisch
mhd.	=	mittelhochdeutsch
Mill.	=	Millionen
min	=	Minute
Min.	=	Minister
Mitgl.	=	Mitglied
Mrd.	=	Milliarden
Mt.	=	Mount
m. V.	=	mit Vororten
Mz.	=	Mehrzahl
N	=	Nord, Norden
nat.-soz.	=	nationalsozialistisch
Nat.-Soz.	=	Nationalsozialismus
n. Br.	=	nördliche Breite
n. Chr.	=	nach Christi Geburt
nd.	=	niederdeutsch
Nf.	=	Nebenform
nhd.	=	neuhochdeutsch
n. ö.	=	nordöstlich
NT	=	Neues Testament
ntl.	=	neutestamentlich
n. w.	=	nordwestlich
NZ	=	Neuzeit
O	=	Ost, Osten
obd.	=	oberdeutsch
od.	=	oder
öff.	=	öffentlich
ö. L.	–	östliche Länge
orth.	=	orthodox
östr.	=	österreichisch
Östr.	=	Österreich
päd.	=	pädagogisch
PH	=	Pädagogische Hochschule
Pp.	=	Papst
Präs.	=	Präsident
Prof.	=	Professor
prot.	=	protestantisch
Prov.	=	Provinz
Pseud.	=	Pseudonym
r.	=	rechts, rechter
ref.	=	reformiert
Reg.-Bez.	=	Regierungsbezirk
Rep.	=	Republik
s	=	sächlich
s	=	Sekunde
S	=	Süd, Süden
s. Br.	=	südliche Breite
Schr.	=	Schrift(en)
s. ö.	=	südöstlich
sog.	=	sogenannt
spez. Gew.	=	spezifisches Gewicht
St.	=	Sankt, Saint
s. w.	=	südwestlich
TH	=	Technische Hochschule
tschsl.	=	tschechoslowakisch
TU	=	Technische Universität
u.	=	und
u. a.	=	unter anderem, und andere(s)
u. ä.	=	und ähnliche(s)
u. M.	=	unter dem Meeresspiegel
ü. M.	=	über dem Meeresspiegel
Univ.	=	Universität
urspr.	=	ursprünglich
usw.	=	und so weiter
u. U.	=	unter Umständen
v.	=	von, vom
v. Chr.	=	vor Christi Geburt
Verf.	=	Verfasser, Verfassung
vgl.	=	vergleiche
Vhw.	=	Verhältniswort
VO	=	Verordnung
Vors.	=	Vorsitzender
VR	=	Volksrepublik
w	=	weiblich
W	=	West, Westen
wiss.	=	wissenschaftlich
Wiss.	=	Wissenschaft(en)
w. L.	=	westliche Länge
württ.	=	württembergisch
zahlr.	=	zahlreich(e)
z. B.	=	zum Beispiel
Zschr.	=	Zeitschrift(en)
Zshg.	=	Zusammenhang
Zs(s).	=	Zusammensetzung(en)
z. T.	=	zum Teil
Ztw.	=	Zeitwort (Verb)
zus.	=	zusammen
zw.	=	zwischen
z. Z.	=	zur Zeit

Tabellen

Die für jeden selbständigen Staat zusammengestellten Übersichtstabellen sind hier nicht aufgeführt, sie finden sich bei den einzelnen Länderartikeln.

Karten und Bildtafeln

a, Abk. 1) für ↗anno. 2) für ↗Ar. 3) für ↗Atto. 4) für ↗Jahr. a, der ↗Kammerton. à (frz.), zu je, für je. A, Abk. für ↗Ampere. Å, Abk. für Längeneinheit ↗Ångström. A u. Ω (Alpha u. Omega), Anfang u. Ende (des griech. Alphabets).
Aa, Flüsse, 1) Livländ. A., 320 km lang. 2) Kurländ. A., 112 km lang, ab Mitau schiffbar. 3) Ahauser oder Bocholter A. im Münsterland.
Aach, Fluß in Südbaden, tritt als unterird. Donauabfluß im Aachtopf, am Südabfall des Juras, zutage.
Aachen, Stadt-Kr. u. Krst. in Nordrh.-Westf., an dt.-belg.-niederländ. Grenze, 243 000 E.; Münster mit karoling. Pfalzkapelle, Grab Karls d. Gr. u. wertvollem Münsterschatz (alle 7 Jahre Heiligtumsfahrt), kath. Bischof; TH, PH, Tuch-Ind., Schwefelthermen bis 75°C in Bad A. – 813/1531 Krönungsstadt der dt. Kg.e, 1794 frz., 1815/1945 preuß., 46 zu Nordrhein-Westfalen.

Aachen: Blick auf Münster u. St. Foillan

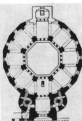

Aachen: Grundriß der Pfalzkapelle

Ernst Abbe

Aal, Fisch, extrem gutes Riechvermögen. Fluß-A., Weibchen bis 1¹/₂ m lang, 6 kg schwer, wandert zum Laichen ins Meer. Die Larven treiben v. Sargassomeer mit dem Golfstrom an die europ. Küsten u. ziehen als Glas-A.e flußaufwärts. Meer- od. See-A. im Mittelmeer u. Atlant. Ozean, ohne Schuppen, bis 3 m lang, 50 kg schwer. Zitter-A. ↗Zitterfische. ☐ 912.
Aalborg (: ål-) ↗Ålborg.
Aalen, württ. Krst. am Kocher, 63 000 E.; Fachhochschule, Eisen- und Textilindustrie.
Aalst, frz. Alost, belg. Stadt, 81 000 E.
Aalto, Alvar, finn. Architekt, 1898–1976; Wegbereiter der modernen finn. Baukunst.
Aaltonen, Wäinö, finn. Bildhauer, 1894 bis 1966; Denkmäler, Bildnisbüsten u. Akte.
a. a. O., Abk. für am angeführten Ort.
Aarau, Hst. des Schweizer Kt. ↗Aargau, 16 000 E.; Maschinen-, opt. u. Elektro-Ind.; bedeutende Bibliothek.
Aar(e) w, Schweizer Nebenfluß des Rheins, durchfließt das Haslital, die A.schlucht, den Brienzer, Thuner u. Bieler See; 295 km lang.
Aargau, Kanton der Nord-↗Schweiz, 1404 km², 444 000 E.; Hst. Aarau; Tabak-, Textil- u. Maschinenindustrie.
Aarhus (: å-) ↗Århus.
Aaron, Bruder des Moses, Hoherpriester.

Aas s, verwesende Tierleiche; Beseitigung u. Verwertung durch die Abdeckerei, in der Natur durch A.fresser (z. B. Hyäne, Geier, Schmeißfliegen, Totengräber) u. Bakterien.
Abadan, iran. Erdölhafen am Pers. Golf, 296 000 E.; große Erdölraffinerien, Pipeline nach Teheran; 1913 noch Dorf.
Abakus m (lat.), 1) steinerne Deckplatte über einem Säulenkapitell. 2) Rechenbrett.
Abaelard, Petrus, frz. Theologe u. Philosoph, 1079–1142; sein Werk Ja und Nein maßgebend für die dialektische Methode; berühmter Briefwechsel mit Héloïse.
Abandon m (: abãdõ, frz.), Preisgabe v. Rechten, um der damit verbundenen Pflichten ledig zu werden.
Abart, Varietät, Spielart, Untereinheit einer biolog. Art, weicht von dieser in den Merkmalen geringfügig ab.
Abba (aram.), Vater, Herr; im NT Gott.
Abbagnano (: abanjano), Nicola, * 1901; führender it. Existenzphilosoph.
Abbas, Oheim Mohammeds, 566–652.
Abbasiden, nach ↗Abbas ben. bedeutendstes ↗Kalifen-Geschlecht.
abbauen, 1) im Bergbau: Erze usw. fördern. 2) in der Chemie: zerlegen v. Stoffen.
Abbe, Ernst, dt. Physiker, 1840–1905; Schöpfer der modernen prakt. Optik; Begr. der Carl-↗Zeiss-Stiftung.
Abbé m (frz.), urspr. Abt; in Fkr. Weltpriester.
Abbeville (: ab⁶wil), frz. Hafenstadt an der Mündung der Somme, 24 000 E.
Abbildung, 1) Bilderzeugung durch opt. System. 2) mathemat. Zuordnung zw. Mengen.
abbinden, 1) den Blutkreislauf durch Abklemmen u. Schlagadern unterbrechen. ↗Erste Hilfe. 2) Bauhölzer verbinden. 3) Zement erhärten.
Abblendlicht, beim Fahrzeugscheinwerfer schräg nach unten gerichtetes Lichtbündel, blendungsfrei. ☐ 99.
Abbrand m, Metallverlust durch Wärmebehandlung.
Abbreviatur w (lat.), Abkürzung.
Abchasische ASSR. Autonome Sowjet-Rep. im SW des Kaukasus, 8600 km², 506 000 E.; Hst. Suchumi.
ABC-Staaten, Argentinien, Brasilien, Chile.
ABC-Waffen, atomare, biolog. u. chem. Waffen.
Abdampf, aus Wärmekraftmaschinen nach Arbeitsleistung entweichender Dampf.
Abdeckerei ↗Aas.
Abd el-Krim, Emir der Rifkabylen, 1880 bis 1963; leitete in Marokko die Erhebung gg. Spanier u. Franzosen, kapitulierte 1926.
Abderhalden, Emil, Schweizer Physiologe, 1877–1950; A.sche Reaktion zum frühen Nachweis einer Schwangerschaft.
Abdias, Obadja, einer der sog. Kleinen Propheten in Israel, schrieb wohl nach der ↗Babylonischen Gefangenschaft 1).
Abdomen s (lat.), Bauch, Unterleib.
Abel, 2. Sohn Adams u. Evas. ↗Kain.
Abel, Rudolf Iwanowitsch, sowjet. Spion, 1903–71; baute nach dem 2. Weltkrieg in den USA einen auf Nuklearwaffen spezialisierten Agentenring auf.

Abendland, *Okzident,* urspr. die Westhälfte der Alten Welt, d.h. Mittel- u. Westeuropa, geistig bestimmt durch Antike, Christentum u. die german.-röm. Völker; bes. seit Karl d. Gr. vom byzantin. Morgenland unterschieden. Heute das vom abendländ. Erbe geprägte Europa. **Abendländische Kirche,** die röm.-kath., lateinische Kirche im Ggs. zu den oriental. Kirchen.

Abendmahl, 1) das letzte Mahl Christi mit den Aposteln. 2) dessen Wiederholung als Gedächtnisfeier. Das A. ist ⁄Sakrament. Mit Katholiken und Orthodoxen halten Lutheraner u. Anglikaner an der realen Gegenwart des Leibes und Blutes Christi im A. im allg. fest, lehnen aber die ⁄Transsubstantiations-Lehre ab. Für die übrigen ev. Kirchen zeichenhaftes Bild der Einigung Christi mit den Frommen. **A.sgemeinschaft,** bei evangelischen Religionsgemeinschaften gegenseitige Zulassung zum A. Die kath. u. die orth. Kirchen lehnen A.sgemeinschaft ohne Kirchengemeinschaft ab.

Abendschulen, Einrichtungen zur Fortbildung Berufstätiger nach Feierabend; u.a. *Abendgymnasium* (Ziel: Hochschulreife) und *Abendrealschule* (Ziel: mittlere Reife). ⁄Zweiter Bildungsweg. ⁄Volkshochschule.

Abendstern, *Morgenstern,* die am Abend (Morgen) sichtbare ⁄Venus.

Aberdeen (: äbᵉrdĭn), Haupthafen Nordschottlands, 220 000 E.; kath. u. anglikan. Bischof; Univ.; Metall-Ind., Schiffbau.

Aberglaube, der quasi-religiöse Glaube an das Wirken magischer Kräfte. ⁄Magie.

Abernathy (: äbᵉrnäßĭ), *Ralph David,* am. Negerführer, * 1926, Nachfolger v. M. L. ⁄King.

Aberration w (lat.), 1) Winkel zw. Visier- u. wahrer Richtung zu einem Gestirn; hängt ab v. Verhältnis der Erd- zur Lichtgeschwindigkeit. 2) *Optische A.* ⁄Linsenfehler.

Abessinien ⁄Äthiopien.

Abfahrtslauf, Skiwettbewerb der ⁄Alpinen Wettbewerbe.

Abfindung, Tilgung eines Anspruchs durch einmalige Entschädigung.

Abführmittel, Mittel gg. Stuhlverstopfung: Rizinus, Agar-Agar, Magnesium-, Natriumsulfat, Schwefel, Kalomel.

Abgaben, Pflichtzahlungen (Steuern, Zölle) aufgrund öff. ⁄Finanzhoheit. Die **A.ordnung,** Abk. AO, (erstmals 1919) regelt Beitreibung u. Verwaltung der A.

Abgeordneter, Mitgl. des ⁄Parlaments. ⁄Immunität.

Abgesang, 3. (Schluß-)Teil beim ⁄Minneu. Meistersang.

Abgottschlange ⁄Riesenschlange.

Abidjan, Hst. der Elfenbeinküste, 685 000 E., Univ., kath. Erzbischof.

Abitur s (lat.), ⁄Reifeprüfung.

Ablagerung, 1) das ⁄Sediment. 2) krankhafte Stoffwechselprodukte in Geweben.

Ablaß, nach kath. Lehre die außerhalb des Bußsakramentes aus den Verdiensten Christi u. der Heiligen durch die Kirche erteilte Nachlassung zeitl. Sündenstrafen.

Ablativ m, Beugefall in der lat. Sprache auf die Fragen: woher, womit, wodurch?

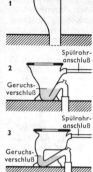

1

Spülrohranschluß

2

Geruchsverschluß

Spülrohranschluß

3

Geruchsverschluß

Abortbecken:
1 Trockenabortbecken,
2 Tiefspül-,
3 Flachspülbecken

Paul Abraham

Abraham a Sancta Clara

Ablaut, Wechsel der Selbstlaute innerhalb des gleichen Stammes; z.B. werden, ward, geworden, wurde.   •

Ableger, *Absenker,* ⁄Steckling.

abnorm (lat.), regelwidrig. **Abnormität** w, Abweichung, Mißbildung.

Åbo (: obū), die finn. Stadt ⁄Turku.

Abolition w (lat.), ⁄Begnadigung. **A.ismus** m, am. Antisklavereibewegung im 19. Jh.

Abonnement s (: abonᵉmãn, frz.), Vertrag über wiederkehrende Leistungen (z.B. Zeitungs-A.). **Abonnent** m, der Inhaber eines Abonnements.

Abort m, Abtritt, Klosett.

Abort m (lat.), beim Menschen ⁄Fehlgeburt; ungesetzl. Herbeiführung ⁄Abtreibung; bei Tieren ⁄Verwerfen.

ab ovo (lat. = vom Ei), von Anfang an.

Abplattung, durch den Ausdruck $p =$ $(a-b)/a$ $(a =$ Äquator-, $b =$ Poldurchmesser) definierte Abweichung eines Planeten v. der Kugelgestalt (für Erde $1/_{298}$).

Abraham, Stammvater der Israeliten und Araber, aus Ur in Chaldäa; kam um 1800 v.Chr. nach Kanaan; bei Hebron begraben.

Abraham, *Paul,* ungar. Operettenkomponist, 1892–1960; *Victoria u. ihr Husar.*

Abraham a Sancta Clara (eig. Ulrich Megerle), Augustiner-Barfüßer, 1644–1709; Hofprediger in Wien, volkstüml. Kanzelredner. *Merk's, Wien; Judas der Erzschelm.*

Abrasion w (lat.), 1) Auskratzung der Gebärmutter. 2) Abtragung durch die Brandung.

Abraum m, das taube (nutzlose) Gestein über nutzbaren Erz- od. Minerallagern. **A.salze,** die die Steinsalzlager überdecken-den Kalisalz-Schichten.

abrichten ⁄dressieren.

abrupt (lat.), unzusammenhängend, jäh.

Abrüstung, die Beschränkung der militär. Machtmittel; auf den ⁄Haager Friedenskonferenzen 1899 u. 1907 u. nach dem 1. Weltkrieg ergebnislos behandelt. Nur Einigung über Begrenzung der Seestreitkräfte 21/22 zw. den USA, Engl., Fkr., Japan u. Italien. Die Vollversammlung der UN beschloß 46 grundsätzl. die A. Trotz wiederholter Konferenzen u. Vhh. [⁄Genfer Konferenzen 2)–5)] kam es in der Folgezeit zu einer Verstärkung der Rüstung. Erste Ergebnisse der A.sgespräche sind das 1963 geschlossene, den anderen Staaten offenstehende sowjet.-brit.-am. Abkommen zur Einstellung der Kernwaffenversuche (mit Ausnahme der unterirdischen) u. der Vertrag über die Nichtweiterverbreitung nuklearer Waffen (*NV-Vertrag*). 1967. ⁄SALT. Seit Jan. 1973 in Wien Gespräche über eine ausgewogene Truppenreduzierung in Europa.

Abruzzen, rauhe mittel-it. Gebirgslandschaft; am höchsten der Gran Sasso, 2914 m.

Absalom, Gestalt des AT, erhob sich gg. seinen Vater David; von Joab erstochen.

abschirmen, elektromagnet. u. Kernstrahlungseinflüsse v. Mensch u. Gerät fernhalten; allg. schädigende Einflüsse abwehren.

Abschöpfung, Zahlung, durch die der niedrigere Auslandspreis einer Ware bei der Einfuhr an den Inlandspreis angehoben wird.

abschrecken, *ablöschen,* einen heißen Körper plötzlich abkühlen.
Abschreckung, 1) militär.-polit. Konzeption der NATO: das militär., bes. das nukleare Potential soll so stark sein, daß es den mögl. Gegner v. einem Angriff abhält; unter *D. D. Eisenhower* als *massive Vergeltung* gedacht, d. h., auf *jeden* Angriff wird mit einem atomaren Gegenschlag reagiert; seit den sechziger Jahren *Konzept der flexiblen Antwort,* das die Reaktion v. *Art* u. *Ausmaß* des gegnerischen Angriffs abhängig macht. **2)** in der Straftheorie ein Strafzweck.
Abschreibung, Herabsetzung der Anschaffungswerte in der Jahresbilanz.
Absenker, *Ableger,* ⁊Steckling.
Absinth *m,* **1)** ⁊Wermut; **2)** Branntwein daraus; gesundheitsschädigend.
absolut (lat.), unbedingt, beziehungslos (Ggs. relativ). In der Chemie ist z. der höchste Reinheitsgrad. Das **A.e,** das in sich selbst u. durch sich selbst Seiende, der letzte Grund des Seins, Gott. **A.e Kunst** ⁊Abstrakte Kunst. **a.e Mehrheit** ⁊Abstimmung. **A.e Musik** ⁊Programmusik. **a.er Betrag** *(a.er Wert),* Wert einer Zahl unabhängig v. Vorzeichen; Länge eines ⁊Vektors. **a.er Nullpunkt,** tiefste mögliche Temperatur, −273,15°C = 0 K (Kelvin). Von ihm aus rechnet die *a.e Temperatur* (⁊Kelvin). **a.es Gehör,** Fähigkeit, die Höhe beliebiger Einzeltöne zu bestimmen.
Absolution *w* (lat.), Lossprechung. A. v. der Sünde in der ⁊Beichte durch den Priester. *absolvieren,* lossprechen, beendigen.
Absolutismus *m,* unbeschränkte Herrschaft (eines Fürsten, z. B. Ludwigs XIV.). *Aufgeklärter A.,* z.B. bei ⁊Friedrich II. u. ⁊Joseph II.
Absonderung, 1) Ausscheidung fester od. flüssiger Stoffe v. Organismen. ⁊Drüsen. **2)** ⁊Pfandrecht an einem zur Konkursmasse gehörigen Gegenstand.
Absorption *w* (lat.), Aufnahme v. Energie (Licht, Wärme), Gasen oder Flüssigkeiten durch Substanzen od. Gewebe.
Abstammungslehre, *Deszendenztheorie,* lehrt, daß die Lebewesen sich im Laufe der Erdperioden aus einfachen Formen entwickelt haben *(Evolution).* Tatsachen der Vergleichenden Morphologie, Paläontologie, Embryologie, Pflanzen- u. Tiergeographie führen zu einem Stammbaum, der aber noch nicht lückenlos ist. 1809 v. Lamarck begründet, v. Darwin, Haeckel, Weismann, Dobzhansky ausgebaut. Theorien über die Ursachen der Evolution: *Lamarckismus:* nimmt an, daß die Organe sich durch Anpassung an besondere Lebensumstände verändern u. die erworbenen Eigenschaften vererbt werden; genetisch unhaltbar. *Darwinismus:* sieht in der natürl. u. geschlechtl. Auslese genetischer Varianten (Mutationen), *Kampf ums Dasein,* das wirkende Prinzip. Unklar bleibt dabei jedoch die Entstehung großer Gruppen, z.B. Fische, Amphibien, Reptilien. ☐ 996.
Abstimmung, 1) Feststellung eines Mehrheitswillens, öff. durch Handaufheben, Namensaufruf, ⁊Akklamation, ⁊Hammelsprung usw.; geheim durch Stimmzettel od.

weiße u. schwarze Kugeln (Ballotage). Die A.smehrheit kann sein a) absolut (mehr als die Hälfte der abgegebenen Stimmen), b) qualifiziert ($^2/_3$-, $^3/_4$-, $^4/_5$-Mehrheit), c) relativ (v. mehr als 2 Ansichten die mit den meisten Stimmen). **2)** Einstellen eines elektr. Schwingkreises auf eine bestimmte Schwingungszahl (Frequenz).
Abstinenz *w* (lat.; Bw. *abstinent),* Enthaltung, bes. der Verzicht auf Genußmittel, wie Nikotin und Alkohol, oder auf sexuelle Genüsse. – Die A. v. Fleisch ist von der kath. Kirche für Aschermittwoch u. Karfreitag *(A.tage)* vorgeschrieben. **A.bewegung,** Bemühungen zur Bekämpfung des ⁊Alkoholismus. ⁊Blaues Kreuz, ⁊Guttemplerorden, ⁊Hoheneck-Zentrale, ⁊Kreuzbund.
abstrahieren (lat.), für sich gesondert betrachten, das Wesentliche vom Zufälligen, Besonderen trennen. **abstrakt,** allgemein, rein begrifflich (Ggs.: konkret).
Abstrakte Kunst, Richtung der modernen Malerei u. Plastik (seit 1910), die die Wirklichkeit durch bloße Abbildung der Dinge nicht mehr erreichbar erscheint. ⁊Expressionismus, ⁊Kubismus, ⁊Konstruktivismus und ⁊Surrealismus sind Stationen auf dem Weg der modernen Kunst zur völlig *gegenstandslosen Kunst.* In der Malerei bestimmt der selbständige Ausdruckswert der Farben u. deren rhythmische Verteilung im ,,Bildgefüge'' das Wesen dieser *Absoluten Kunst.* Ebenso sucht die Plastik durch gegenstandsfreie Formen Wirklichkeiten, Gedanken od. Gefühle auszudrücken.
Abstraktion *w* (lat.), Verallgemeinerung, Begriffsbildung.
Abstrich, Entnahme von Körpersekreten mittels Wattebausch oder Spatel, z.B. zum Nachweis von Krankheitserregern.
abstrus (lat.), verworren, unverständlich.
Absud *m,* Abkochung von pflanzl. Stoffen zu Tee oder Heilmitteln.
absurd (lat.), denkwidrig. *Ad absurdum führen,* der Ungereimtheit überführen. **a.es Theater,** Theater, das das Widersinnige u. Sinnlose als Grundlage der Darstellung nimmt, also keine überschaubare, psycholog. motivierte Handlung bietet; will Verkümmerung und ausweglose Situation des modernen Menschen demonstrieren.
Abszeß *m* (lat.), die ⁊Eiterbeule.
Abszisse *w* (lat.), x-⁊Koordinate, waagrechte Achse im Koordinatensystem.
Abt, Oberer einer *Abtei,* d. i. eines Klosters in älteren Mönchsorden. In Frauenklöstern **abteufen** ⁊Teufe. ⁊Äbtissin.
abtreiben, 1) einen Teil des Waldes abholzen *(Abtrieb).* **2)** durch Wind od. Strömung seitlich abgedrängt werden *(Abtrift:* der sich daraus ergebende Winkel). **Abtreibung,** Verursachung des Todes einer Leibesfrucht durch vorsätzl. Herbeiführung des Abgangs od. Tötung der Frucht im Mutterleib. In der BRD wird A. nach § 218 mit Freiheitsstrafe bestraft, ausgenommen bei med. u. sozialmed. Indikation. ⁊Schwangerschaftsunterbrechung, ⁊Indikationslösung.
Abu Bekr, Schwiegervater u. Nachfolger Mohammeds, 573–634; erster Kalif.

Abstrakte Kunst:
oben
Hans Arp:
Eulentraum,
Marmor (1951)
unten
Bernhard Heiliger:
Der unbekannte politische Gefangene (1935)

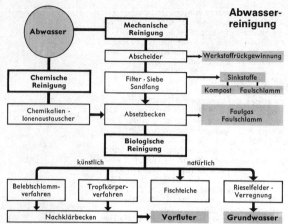

Flussdiagramm: Abwasser → Mechanische Reinigung → Abscheider → Werkstoffrückgewinnung; Chemische Reinigung; Filter · Siebe Sandfang → Sinkstoffe, Kompost Faulschlamm; Chemikalien · Ionenaustauscher → Absetzbecken → Faulgas Faulschlamm; Biologische Reinigung (künstlich / natürlich); Belebtschlammverfahren, Tropfkörperverfahren, Fischteiche, Rieselfelder · Verregnung; Nachklärbecken → Vorfluter, Grundwasser — **Abwasserreinigung**

Abukir, ägypt. Ort n.ö. von Alexandria. – Vor A. 3 Seeschlachten: 1798 Sieg Nelsons über die frz. Flotte, 1799 Napoleons über die Türken, 1801 der Engländer über die Franzosen.

Abu Markub, der ↗Schuhschnabel.

ab urbe condita (lat.), seit Gründung der Stadt (Rom), d. i. 753 v. Chr.

Abu Simbel, Felswand am l. Nilufer nördl. des Wadi Halfa mit 2 ägypt. Felstempeln (Darstellungen v. Pharao Ramses II.); wegen Überflutung durch den neuen Assuanstausee auf eine Anhöhe versetzt. □ 10.

Abwasser, Schmutzwässer aus Fabriken, Bergwerken, städt. Wohnungen usw., müssen vor Einleitung in Flüsse od. Grundwasser durch Behandlung in ↗Kläranlagen gereinigt werden. ↗Rieselfeld.

Abwehrstoffe, Antikörper, v. Körper zur Abwehr gg. giftige (toxische) Stoffe (Antigene) gebildete eiweißartige Stoffe.

Abwerbung, 1) Wegholen v. Arbeitskräften aus anderen Betrieben durch günstigere Bedingungen, nur strafbar bei Verstoß gg. die guten Sitten. **2)** „Verleitung" zum Verlassen der DDR (Republikflucht), wird dort mit Gefängnis oder Zuchthaus bestraft.

Abwertung, Devalvation, **1)** Herabsetzung des Außenwerts einer Währung durch Neufestsetzung des Wechselkurses. **2)** Gesetzl. Wertherabsetzung aller Geldforderungen nach einer Inflation. ↗Währungsreform.

Abydos, 1) altgriech. Stadt am Hellespont; dort schlug Xerxes 2 Brücken. **2)** heilige Stadt der alten Ägypter, n.w. von Theben.

Abzehrung, Kachexie, Marasmus, Kräfteverfall bei vielen Erkrankungen.

Ac, chemisches Zeichen für ↗Actinium.

a. c., Abk. für anni currentis (lat.), laufenden Jahres.

Académie Française (: -fränßäse) ↗Akademie.

a cappella (it.), Gesang ohne Instrumentalbegleitung, auch Kompositionsstil.

accelerando (: atsch-, it.), allmählich schneller werdend. **accrescendo** (: akresch-, it.), stärker werdend.

Accra, die afrikan. Stadt ↗Akkra.

Achilles auf einer griech. Amphora

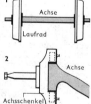

Achse: 1 rotierende A. beim Eisenbahnwagen, **2** feststehende A. beim Kraftwagen (Achsschenkel)

(Bildbeschriftung: 1 Achse, Laufrad; 2 Achse, Achsschenkel)

Acetat s, Salz (auch Ester) der Essigsäure.

A.seide, eine ↗Kunstfaser.

Aceton s, CH_3COCH_3, farblose Flüssigkeit v. eigenartigem Geruch, v. der Essigsäure ableitbares ↗Keton, synthet. aus Acetylen. Vielseitige Verwendung. **A.körper,** normale Stoffwechselprodukte, Anreicherung im Blut u. Harn bei **Acetonurie.**

Acetylcellulose w, Celluloseacetat, zu Kunststoffen u. Lacken verwendet.

Acetylcholin s, Überträgersubstanz der Nervenerregung.

Acetylen s, C_2H_2, farb- u. geruchloses Gas, brennt helleuchtend. Verwendung bes. in der ↗Kunststoff-Ind.

Achab, 870/852 v. Chr. König von Israel.

Achäer, altgriech. Volksstamm im Peloponnes; bei Homer Gesamtname für Griechen.

Achaia, die röm. Prov. Griechenland.

Achard (: aschar), Franz Carl, 1753–1821; Gründer der 1. dt. Zuckerrübenfabrik.

Achat m, Schmuckstein aus feinfaserigem, kristallinem Quarz. □ 255.

Achensee, nordtirol. Alpensee, 929 m ü. M., 7,3 km², 133 m tief. Wasserkraftwerk A. liefert jährl. 220 Mill. kWh.

Achern, bad. Stadt, 50 km südl. v. Karlsruhe, 21 000 E.; Glas- u. Papier-Ind.

Acheron m, Unterweltfluß der griech. Sage.

Achilles, griech. Held vor Troja, Hauptgestalt der Ilias. Fiel durch Apollon u. Paris, dessen Pfeil ihn an der einzig verwundbaren Stelle (A.ferse) traf. **A.sehne,** die am Fersenbein ansetzende Endsehne der Wadenmuskulatur.

Achim, niedersächs. Stadt s.ö. von Bremen, 27 500 E.; Textil-Ind.

a. Chr. (n.), Abk. für ante Christum (natum) (lat.), vor Christi Geburt.

Achromatismus m (gr.), ↗Linsenfehler.

Achse w, **1)** Querstange, um die sich die Wagenräder drehen. **2)** die wirkl. od. gedachte Mittellinie. **3)** in der Botanik: ↗Sproß. **4)** in der Geometrie: ausgezeichnete Gerade einer Figur. **5)** in der Physik: ↗Rotation. **6)** bei ↗Kristallen die symmetrische A. **7)** in der Optik: die Verbindungsgerade der Mittelpunkte der Begrenzungsflächen einer Linse. **8)** die verlängerte Erd-A., um die der Himmel scheinbar rotiert. **A. Berlin–Rom,** Bz. für die Zusammenarbeit zw. dem faschist. lt. u. dem nat.-soz. Dtl. (Achsenmächte) 1936/43.

Achsel w, **1)** ↗Schulter. **2)** bei der Pflanze Winkel zw. Sproß u. Blatt. Die **A.drüsen,** Lymphdrüsen, schwellen bei Blutvergiftung der Hand u. des Armes an.

Acht w, im MA Strafe für nicht ergriffene Verbrecher: der Geächtete wurde rechtlos u. vogelfrei, d. h., jeder durfte ihn töten.

Achterdeck s, Hinterdeck. **achtern,** hinten.

Achtstundentag ↗Arbeitszeit.

Acidum s (lat.), die Säure.

Ackermann aus Böhmen, Streitgespräch eines A. mit dem Tode, dt. Dichtung des Frühhumanismus (um 1400) v. Johann v. Tepl.

Ackersenf, dem ↗Hederich ähnl. Unkraut auf kalkreichen Böden. □ 454.

Aconcagua m, höchster Berg Amerikas in den Anden, 6958 m, erloschener Vulkan.

a co̲nto (it.), auf Konto, auf laufende Rechnung. a-conto-Zahlung, Teilzahlung.
acquirieren (lat.), sich aneignen. Acquisiti̲o̲n w, Erwerbung. Acquit m (:ak̲i̲, frz.), Empfangsbe̲scheinigung.
Acre m (:e̲ʲke̲r), Feldmaß in England u. Nordamerika, 4046,8 m².
Acridi̲n s, organ.-chem̲lsche Verblndung, Grundsubstanz zu Farbstoffen u. Medikamenten.
Acta (lat.) ↗Akten. Ad a., zu den Akten, erledigt. A. Apostoli̲cae Sedis, AAS, Amtsblatt des Apostol. Stuhls.
ACTH, Abk. für adre̲nocorticotropes Hormon, ein Hormon des Hypophysenvorderlappens; angewandt gg. Gelenkentzündung, Überbelastung (↗Streß). ☐ 404.
Actini̲den (Mz.), Actinoide, Familie radioaktiver Elemente, Ordnungszahlen 90–103. ☐ 735.
Acti̲nium s, chem. Element, Zeichen Ac, radioaktiv, Ordnungszahl 89. ☐ 148.
Actinomyci̲n s, ↗Antibiotika.
Action painting (: äksch eⁿ pe̲ʲnting, engl.), nach 1940 in den USA entstandene, auch abstrakter Expressionismus gen. Richtung der abstrakten Malerei, die die Vitalität des Schaffensprozesses unmittelbar sichtbar werden läßt und das Material als eigenwertigen Faktor in die Bildwirkung einbeziehen. A. D., Abk. für ↗Anno Domini (lat.). a. D., Abk. für außer Dienst.
ad abs̲u̲rdum ↗absurd.
ADAC, Allgemeiner Deutscher Automobil-Club, gegr. 1903, Sitz München; fördert das Kraftfahrwesen u. den Motorsport.
adagio (: ada̲dse̲ho, it.), sehr langsam. A. s, langsamer musikal. Satz.
Adalbert, 1) hl. (23. Apr.), OSB, 956–997; Bischof v. Prag, Apostel der Preußen, Martyrertod. 2) Erzb. v. Hamburg-Bremen 1045 bis 1072; Vormund Heinrichs IV., plante ein mächtiges nord. Patriarchat. 3) Erzb. v. Mainz 1111/37, als Erzkanzler Heinrichs V. dessen Stütze im Investiturstreit; als Erzb. dessen gefährlichster Gegner.
Adam (hebr. = Mensch), bibl. Stammvater der Menschheit; als Ebenbild Gottes erschaffen, verlor durch seinen Ungehorsam gg. Gott für sich und alle Menschen (↗Erbsünde) das ewige Leben im ↗Paradies.
Adam, Karl, kath. Dogmatiker, 1876–1966; 1919–49 Prof. in Tübingen. Jesus Christus; Das Wesen des Katholizismus.
Adam (: ada̲n̲), Adolphe, frz. Opernkomponist, 1803–56; Der Postillon v. Lonjumeau.
Adame̲llo m, zweithöchster Gipfel (3554 m) der A.gruppe (in der Presanella 3564 m) der Ostalpen.
Adamsapfel, 1) bei Männern stark vorspringender Teil des Schildknorpels. 2) ↗Pampelmuse.
Adamspik, Berg auf Ceylon, 2240 m; muslim. u. buddhist. Wallfahrtsort.
Adana̲, südtürk. Prov.-Hst., 476000 E.
Adaptati̲o̲n w (lat.), Anpassung, bes. des Auges an die Helligkeit.
adäqu̲at (lat.), angemessen, entsprechend.
addieren (lat.), Zusammenzählen mehrerer Zahlen (Summanden) zur Summe. Additi̲o̲n w, das Zusammenrechnen u. die Summe.

Karl Adam

Adólphe Adam

Konrad Adenauer

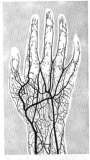
Ader:
Schlagadergeflecht der linken Hohlhand

Addis A̲beba, Hst. v. Äthiopien, 2424 m ü. M., 1,3 Mill. E.; monophysit. Patriarch, Apostol. Internuntius, alexandrin.-äthiop. Metropolit; Univ. – Bahn nach Dschibuti.
Addiso̲nsche Krankheit (: ädiß eⁿ-) (nach dem Arzt Thomas Addison, 1793–1860), Bronzehautkrankheit, beruht auf Ausfall der Nebennierenrindenfunktion. Behandlung mit ↗Cortison u. a.
Adel, in german. Urzeit Geburts-A. ungewisser Herkunft, in fränk. Zeit Dienst-A. (Hzg., Graf). Dieser wurde erblich u. bildete mit jenem, den großen Grundherren u. den Geistl. Fürsten schließlich den hohen A. Seit 11. Jh. niederer A. aus freien Vasallen u. Ministerialen. Neben diesem Ur-A. entstand in Dtl. durch kaiserl. A.sverleihungen (bes. seit dem 16. Jh., nach 1806 auch durch die Landesherren) der Brief-A. (u. der unvererbl. Personen-A.). Seit dem 19. Jh. (bis 1918) hatte nur noch der hohe A. (= regierende Häuser u. die 1803/10 mediatisierten Fürsten u. Grafen) Vorrechte. Niederer A.: Graf, Freiherr (Baron) u. einfaches „von" (in Östr. noch Ritter u. Edler). – In Dtl. gilt der A.stitel heute als Teil des Namens, in Östr. wurde 1919 der A. ganz abgeschafft.
Adela̲ide (: ädele̲d'), Hst. von Südaustralien, 930000 E.; kath. u. anglikan. Erzb., Univ.
Adelboden, Schweizer Kurort u. Wintersportplatz im Kt. Bern, 1353 m ü. M.; 3400 E.
Adelheid, hl. (16. Dez.), dt. Kaiserin, 931–999, Witwe Lothars v. It., 951 mit Otto d. Gr. vermählt, 991/995 Regentin für Otto III.
Adelsberger Grotten, Tropfsteinhöhlen im Krainer Karst, etwa 22 km lang; bei der jugoslaw. Stadt Adelsberg (Postojna).
Aden (: e̲ʲde̲n), 1) Stadt und Hafen am Golf von A., Festung am Südausgang des Roten Meeres, 286000 E. 2) ehemaliges brit. Protektorat, das Hinterland von 1), 272000 km², 800000 E.; 1962/67 zur ↗Südarab. Föderation, seitdem zur Demokrat. VR ↗Jemen.
Adenauer, Konrad, dt. Politiker (CDU), 1876–1967; 17/33 u. 45 Oberbürgermeister v. Köln; als Gegner des Nat.-Soz. zweimal in Haft; 48/49 Präs. des Parlamentar. Rats; 49 bis 63 Bundeskanzler der BRD, 51/55 auch Außen-Min.; Parteivorsitzender der CDU (bis 66). A. verschaffte der BRD internationale Geltung, vollzog deren Eingliederung in das westl. Verteidigungssystem (NATO) u. in die EWG u. betrieb die Aussöhnung u. Freundschaft mit Fkr. Schrieb Erinnerungen. A.-Stiftung, Konrad-Adenauer-Stiftung für politische Bildung und Studienförderung e. V., Bonn; 1964 gegr.; Aufgaben: polit. Bildung, internationale Begegnung, Förderung hochbegabter Studenten u. polit. Grundlagenforschung.
Adept m (lat.), Eingeweihter, Jünger.
Ader, 1) Blutgefäß, ↗Arterie u. ↗Vene. 2) unterird. Wasser- u. Erzgang. 3) a.förmig sich verzweigende Gefäßbündel in Pflanzenblättern u. Gesteinen. 4) der einzelne Draht im Kabel. A.haut, ernährende Gefäßschicht im ↗Auge. A.laß, Blutentnahme aus einer Vene zur Entlastung des Kreislaufs.
Adgo, Allgemeine Deutsche Gebührenordnung, ärztl. GO. Die Ersatzkassen-A. (seit

1920) 1965 durch die ↗GOÄ ersetzt. Honorierung nach der *Privat-A.* (seit 1928) seitdem nur noch aufgrund besonderer Vereinbarung.

Adhäsion w (lat.), Haften verschiedener Stoffe durch Molekularkräfte. Ggs. ↗Kohäsion.

adiabatisch (gr.), die Änderung v. Druck, Volumen od. Temperatur eines Gases, ohne daß Wärme zu- od. abgeführt wird.

Adiantum s, Zierfarn, ↗Frauenhaar.

Adiaphora (Mz., gr.), Dinge u. Handlungen, die weder gut noch böse sind.

Adige w (: adidsche, it.), ↗Etsch.

Ädilen, im alten Rom Beamte für polizeil. Aufgaben u. Volksspiele.

ad infinitum (lat.), ins Unendliche.

Adjektiv s (lat.), Bei-, Eigenschaftswort.

Adjutant, Offizier zur Unterstützung des Kommandeurs.

Adlatus (lat.), Beistand, Helfer.

Adler, 1) *Alfred,* östr. Psychologe u. Pädagoge, 1870–1937; Begr. der ↗Individualpsychologie. 2) *Friedrich,* 1879–1960, wie sein Vater *Viktor* (1852–1918) östr. Sozialistenführer, erschoß 1916 den Min.-Präs. Stürgkh.

Adler, 1) große Raubvögel mit mächtigem Hakenschnabel u. kraftvollem Flug; fallen fliegend über die Beute her; manche auch Aasfresser. Verwandt die Harpyie. 2) Zeichen für Macht u. Stärke in Symbolik u. Heraldik; steht in vielen Staatswappen; als *Bundes-A.* Wappentier der BRD. 3) Sternbild am nördl. Himmel. **A.farn,** bis 4 m hoher Farn; Blattstielquerschnitt zeigt die Leitbündel in der Form eines Doppel-A. **A.gebirge,** südwestl. Teil der Sudeten; Deschneyer Koppe 1114 m hoch.

Ad maiorem Dei gloriam (lat.), zur größeren Ehre Gottes; Wahlspruch der Jesuiten.

Administration w (lat.), Verwaltung. **Administrator,** Verwalter, Verweser.

Admiral (arab.-frz.), 1) Marineoffizier im Generalsrang. ☐ 696. 2) Tagfalter, dunkelbraun mit Rot u. Weiß; Raupe auf Brennesseln. ☐ 913.

Admiralitätsinseln, im Bismarckarchipel, 2276 km², 21 000 E. – 1885–1918 dt. Kolonie; gehören zu Niugini.

Admont, obersteir. Markt, an der Enns, 3400 E.; Benediktinerabtei (gegr. 1072).

ad multos annos (lat.), auf viele Jahre!

ADN, Allg. Deutscher Nachrichtendienst, offizieller Pressedienst der DDR.

ad oculos (lat.), vor Augen; *a. o. demonstrieren,* anschaulich erklären.

Adolf, Graf v. Nassau, 1292 dt. Kg., fiel 98 im Kampf gg. seinen Nachfolger Albrecht I.

Adonai (hebr. = mein Herr), im AT aus Ehrfurcht statt ↗Jahwe (hebr. = Gott).

Adonis, göttl. Jüngling von wunderbarer Schönheit, Geliebter der Aphrodite. **A.röschen,** *Teufelsauge,* Hahnenfußgewächs; gelber *Frühlings-A.* u. rotes *Blutströpfchen.*

Adoption w (lat.), ↗Annahme an Kindes Statt.

Adorno, *Theodor W.,* dt. Philosoph, Soziologe und Musiktheoretiker, 1903–69; seit 1950 Prof. in Frankfurt a.M.; v. Hegel u. Marx ausgehende dialekt. Kritik, die bes.

Adler	Körperlänge Spannweite	Vorkommen	Nahrung
See-A. *Haliaëtus albicilla*	bis 95 cm bis 250 cm	Eurasien, Grönland, Nordamerika	Fische, Säuger, Aas
Stein oder Gold-A. *Aquila chrysaëtos*	bis 89 cm bis 220 cm	Nordafrika, Eurasien, Nordamerika	Hasen, Schneehühner u.a., Aas
Kaiser- od. Königs-A. *Aquila heliaca*	bis 84 cm bis 190 cm	Südeuropa, Südrußl. bis N.W.-Indien	Säuger, Vögel, Eidechsen, bes. Aas
Raub- od. Steppen-A. *Aquila rapax*	bis 79 cm	Balkan, Südrußland	Nager, z. B. Ziesel
Schell-A. oder Gr. Schrei-A. *Aquila clanga*	bis 74 cm bis 170 cm	Osteuropa, Nordasien	Hamster, Maulwurf
Schlangen-A. *Circaëtus gallicus*	bis 69 cm	Asien, Nordafrika, Südwesteuropa	Schlangen, Frösche, Insekten
Schrei-A. *Aquila pomarina*	bis 66 cm	Kleinasien, Indien, Osteuropa, Nord-Dtl., Afrika	Frösche, Schlangen, Heuschrecken
Fisch-A. *Pandion haliaëtus*	bis 58 cm	weltweit verbreitet	Fische
Habichts-A. *Hieraëtus fasciatus*	bis 74 cm	Nordafrika, südl. Eurasien (Spanien, Griechenland)	Hasen, Kaninchen, Hühner
Zwerg-A. *Hieraëtus pennatus*	bis 53 cm	Spanien, Afrika, Asien bis Australien	Hasen, Hühner

Sternbild Adler

Theodor W. Adorno

gesellschaftl. Phänomenen, Musik u. Lit. gilt. *Dialektik der Aufklärung* (mit Horkheimer); *Philosophie der neuen Musik.*

Adrenalin s, Hormon des Nebennierenmarkes, wirkt u.a. gefäßverengend u. blutdrucksteigernd. ☐ 404.

Adressat m, Empfänger. **Adresse** w (frz.; Ztw. *adressieren*), 1) Anschrift. 2) schriftl. Meinungskundgebung, bes. der Volksvertretung, an Regierung oder Staatsoberhaupt.

Adressiermaschine, zum Druck häufig wiederkehrender Serien, z. B. Adressen.

Adria, das ↗Adriatische Meer.

Adrianopel, türk. *Edirne,* Prov.-Hst.; Tor zur europ. Türkei, am Einfluß der Tundscha in die Maritza; 64000 E.; Rosenöl, Teppiche.

Adriatisches Meer, zw. Balkan u. Italien, Teil des Mittelmeers, greift über die 76 km breite Straße von Otranto als schmaler, im N seichter Meeresarm 780 km nordwärts ins Land; die flache Westküste (Italien) ungegliedert u. hafenarm, die steile Ostküste (Jugoslawien u. Albanien) hafenreich u. von Inselgruppen begleitet; Fischerei auf Thunfische, Sardellen, Seezungen, Edelkorallen, Badeschwämme; 132000 km² Wasserfläche, größte Tiefe 1399 m, Salzgehalt 3–3,8%.

Adscharische ASSR, Autonome Sowjet-Rep. in Grusinien, an der türk. Grenze u. am Schwarzen Meer, 3000 km², 355000 E., meist Muslimen; Hst. Batumi.

Adschmir, *Ajmer,* Stadt im ind. Staat Radschasthan, 260000 E.; muslim. Wallfahrtsort; kath. Bischof.

Adsorption w (lat.), Eigenschaft poröser fester Körper (aktive Kohle, Bleicherden), gelöste Stoffe, Dämpfe, Gase od. Partikel an ihrer Oberfläche festzuhalten; zum Entfärben u. Entgiften benützt.
ad usum (lat.), zum Gebrauch; a. (in) u.
Delphini (= zur Benützung des ↗Dauphins), besagt i. ü. S., daß ein literar. Werk für den Schulgebrauch bearbeitet ist.
Advent m (lat. = Ankunft), im christl. Kirchenjahr Zeit der Vorbereitung auf Weihnachten; dauert vom 4. Sonntag vor Weihnachten bis zum 24. Dez.
Adventisten, ev. Religionsgemeinschaft, aus Amerika; lehren die baldige Wiederkunft Christi. Die *Siebenten-Tag-A.* od. *Sabbatisten* begehen den Sabbat (7. Wochentag). ↗Apokalyptiker, ↗Chiliasmus.
Adverb(ium) s (lat.), Umstandswort.
Advokat (lat.), Anwalt. *Advocatus diaboli m* (lat. = Sachwalter des Teufels), Widersprecher. Im Selig- u. Heiligsprechungsprozeß der amtl. Vertreter der Gegenargumente.
Aero... (: a-ero, gr.), in Zss. = Luft...: **aerob** heißen Organismen, die zum Leben freien Sauerstoff benötigen; *anaerob,* die ohne Sauerstoff leben können. **A.dynamik** w, Lehre von der Bewegung gasförmiger Stoffe. **A.logie** w, meteorolog. Wiss., untersucht den Zustand der Atmosphäre. **A.nautik** w, die Luftfahrt. **A.nomie** w, Wiss. vom Zustand der Hochatmosphäre (über 30 km Höhe). **A.sol** s, Gemisch aus Gas u. feinstverteilten Schwebestoffen. **A.soldose,**

Sprühdose zur feinen Verteilung von z. B. kosmet. Produkten. **A.statik** w, Lehre vom Gleichgewicht der Gase.
Affäre w (frz.), Angelegenheit, Vorfall.
Affekt m (lat.), stärkere Gemütserregung. **affektiert,** geziert, erkünstelt. **Affektion** w, Zuneigung; leichte Erkrankung. **Affektionswert,** Liebhaberwert, -preis.
Affen, weitverzweigte Ordnung sehr unterschiedlicher Säugetiere, mit stark entwikkeltem Großhirn. **A.brotbaum,** afrikan. Tropenbaum v. riesigem Umfang, liefert Früchte u. Bast.
Affinität w (lat.), 1) eine geometr. Abbildung, bei der Gerade in Gerade überführt werden. 2) Vereinigungsbestreben zw. chem. Substanzen, führt zu chem. Verbindungen. **affirmativ** (lat.), bejahend.
Affix s (lat.), Buchstaben- od. Silbenzusatz, z. B. Ge-wässer, glück-lich.
Affront m (: afron, frz.), Beleidigung.
Afghanistan, asiat. Staat zw. der UdSSR im N, Pakistan im S u. Iran im W. Das Landschaftsbild beherrscht der Hindukusch; im N fruchtbare Täler, im S Wüsten u. Steppen. Kamel-, Schaf- u. Ziegenherden der 2 Mill. Turknomaden liefern Wolle, Felle (Karakul), Filz u. Leder. 4/5 der Bev. leben von der Landwirtschaft, die auch 80% der Ausfuhr stellt. In Tälern u. Becken bei künstl. Bewässerung gute Ernten an Reis, Obst, Baumwolle, Mandeln u. Hülsenfrüchten. Im NW Teppichmanufaktur. – Selbständigkeit erst im 18. Jh.; dann Streitobjekt zw. Rußland u.

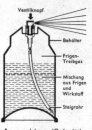

Aerosoldose (Schnitt)

Afghanistan

Amtlicher Name:
Republik Afghanistan

Staatsform:
Republik

Hauptstadt:
Kabul

Fläche:
647 497 km²

Bevölkerung:
15,5 Mill. E.

Sprache:
Paschtu u. Persisch sind die offiziellen Sprachen; daneben osttürk. Mundarten

Religion:
Meist sunnit. Muslimen; 1 Mill. Schiiten

Währung:
1 Afghani = 100 Puls

Mitgliedschaft:
UN

Affen	Größe, Schwanzlänge	Heimat		Größe, Schwanzlänge	Heimat
Neuwelt- od. Breitnasenaffen *(Platyrrhinae, Ceboidea)*			Magot (Berber-Affe)	75 cm	Atlasgebirge, Felsen v. Gibraltar
			Husaren-Affe	55 cm	Bodenaffe
Weißpinseläffchen *Saguin*	35 cm	Urwälder der Ostküste Brasiliens		60 cm	Mittelafrikas
	35 cm		Mangabe	75 cm	Urwälder in
Löwen- oder	30 cm	Wälder des	(Langschwanz-		Liberia
Röteläffchen	45 cm	Küstengebietes Südbrasiliens	Makak), z. B. Mohren-		
Nachtaffe	35 cm	Guayana	Mangabe		
Mirikina	50 cm	bis Perú	Eigentliche	55 cm	trop. Urwälder
Brüllaffe	65 cm	Paraguay,	Meerkatzen:	75 cm	Afrikas; lieben
	70 cm	Kolumbien bis zum Amazonasgebiet	Grünmeerkatze, Rotnasenmeerkatze,		Wassernähe
Kapuzineraffe	45 cm	Mittelamerika,	Wolfsmeerkatze,		
	35 cm	Guayana, NW-Brasilien	Dianameerkatze, Weißkehlmeerkatze		
Wollaffe	70 cm	Wipfel süd-			
Barrigudo	70 cm	amerik. Tropenwälder	**Menschenaffen** *(Pongidae)*		
			Gibbons oder	90 cm	Indonesien,
			Langarmaffen:		Hinterindien
Altwelt- od. Schmalnasenaffen *(Catarrhinae)*			Hulock		Hinterindien
			Weißhändiger		Sumatra bis
Schlank-Affe, z. B. Hulman	75 cm	Vorderindien	Gibbon, Silber-		Burma
	100 cm		gibbon		Wälder Javas
Nasenaffe	70 cm	Uferwälder	Orang-Utan(g)	180 cm,	Sumatra
	80 cm	Borneos	*Pongo*	bis	Borneo
Pavian, z. B.	70 cm	Küstengebiete	*pygmaeus*	100 kg	
Mantelpavian	30 cm	in Äthiopien und Arabien		schwer	
Mandrill	95 cm	Urwälder in	Schimpanse	120 cm,	Urwälder Äqua-
	5 cm	Südkamerun und im Kongogebiet	*Pan troglodytes*	75 kg	torialafrikas
Rhesusaffe	55 cm	Vorderindien	Gorilla	200 cm,	Urwälder Äqua-
	30 cm	bis Himalaja	*Gorilla gorilla*	bis	torialafrikas,
Java-Makak	55 cm			300 kg	Bambuswälder
	60 cm				höherer Gebirgslagen. Wird selten.

Engl.; seit 1841 innere Wirren. Kg. Aman Ullah 1929 abgesetzt; seit 33 Mohammed Zahir Kg. 73 Ausrufung der Republik. Nach dem Staatsstreich 78 innere Unruhen, die 79 zur sowjetruss. Invasion führten. – Staatsoberhaupt seit 79 B. Karmal.

AFL-CIO, Abk. für American Federation of Labor and Congress of Industrial Organizations, ↗Gewerkschaften.

à fonds perdu (: a fõñ perdü, frz.), als Verlust abgeschrieben.

AFP, Abk. für Agence France Presse, frz. offiziöser Nachrichtendienst; trat 1944 an die Stelle der *Agence Havas.*

Afrika, Erdteil zw. dem Atlant. Ozean im W, dem Ind. Ozean im O, dem Mittelmeer im N, beiderseits des Äquators; 30,320 Mill. km² (= 21% der Landfläche der Erde). Größte Nord-Süd-Erstreckung 8000 km, größte Ost-West-Erstreckung 7600 km. A. ist ein kaum gegliederter, dreieckähnl. Block mit meist glatten, hafenarmen Küsten. Vorwiegend aus Becken u. Schwellen bestehend, erreicht es im O, wo sich ein 6000 km langer Grabenbruch durch das Rote Meer bis zum Sambesi hinzieht, im Kilimandscharo 5895 m Höhe. ¹/₃ A.s ist abflußlos, bes. die großen Wüsten Sahara u. Kalahari. Hauptflüsse sind der Kongo als wasserreichster u. der Nil als längster afrikan. Strom. – Gorilla, Schimpanse, Giraffe, Zebra u. Flußpferd kommen nur in A. vor. Mit 354 Mill. E. leben in A. 9% der Menschheit. Mit 12 E. je km² ist A. nach Australien der dünnstbesiedelte Erdteil. Mehr als 80% sind Neger, im N gemischt mit oriental. Rassen, im NW u. bes. im S mit Weißen. In Rückzugsgebieten leben noch Pygmäen, Buschmänner u. Hottentotten (1–2% der Bev.). Wirtschaftl. befindet sich A. im Übergang von der Kolonialwirtschaft zu Nationalwirtschaften, mit Unterstützung der Industrieländer (↗Entwicklungshilfe). A. liefert vorwiegend Rohstoffe u. Nahrungsmittel für den Weltmarkt. Die reichen Bodenschätze (Kobalt, Uran, Zinn, Kupfer, Chrom, Vanadium, Phosphate, Erdöl, Diamanten) u. Wasserkräfte sind erst zum geringen Teil erschlossen. – Im Niltal entfaltete sich die Hochkultur ↗Ägyptens; höhere, z. T. städt. Negerkulturen des Altertums. Die Römer kolonisierten u. christianisierten Nord-A. (Patriarchat Alexandria), das im 7. Jh. durch den Islam erobert wurde. Seit dem 15. Jh. portug. Handelsplätze an der Küste um den Äquator u. weiter südl.; 1652 die 1. europ. Siedlungskolonie Kapstadt. Seit 1788 Vorstoß auch in das Innere (zuerst v. Engländern). Erforschung A.s u. polit. Aufteilung im 19. Jh. Größtes frz. u. engl. Kolonialreich. Weitere Kolonialgebiete besaßen od. erwarben Belgien, Deutschland (↗Kolonien), It., Portugal u. Spanien. Unabhängig blieben nur ↗Äthiopien u. ↗Liberia. Seit 1950 entstanden viele neue unabhängige afrikan. Staaten; heute nur noch Reste des ehem. europ. Kolonialbesitzes. ☐ 55.

Afrikander, in Südafrika geborene Weiße, bes. Buren. Ihre Sprache, das *Afrikaans,* ist eine niederländ. Mundart.

Afrikanische Spiele, leichtathlet. Spiele für

Afrika	Staatsform[1]	Hauptstadt/ Verwaltungssitz	Fläche 1000 km²	Bevölkerung in 1000	Bevölkerung Anzahl je km²
Ägypten	Rep. (1922)	Kairo	1001	40980	41
Algerien	Rep. (1962)	Algier	2382	19130	8
Angola	Rep. (1975)	Luanda	1247	6900	6
Äquatorialguinea	Rep. (1968)	Malabo	28	360	13
Äthiopien	Rep. (1896)	Addis Abeba	1222	30420	25
Benin[2]	Rep. (1960)	Porto Novo	113	3470	31
Botswana	Rep. (1966)	Gaborone	600	790	1
Burundi	Rep. (1962)	Bujumbura	28	4380	157
Dschibuti	Rep. (1977)	Dschibuti	22	113	5
Elfenbeinküste	Rep. (1960)	Abidjan	322	7920	24
Gabun	Rep. (1960)	Libreville	268	540	2
Gambia	Rep. (1965)	Banjul	11	580	51
Ghana	Rep. (1957)	Akkra	238	11320	47
Guinea	Rep. (1958)	Conakry	246	4890	20
Guinea-Bissau	Rep. (1974)	Bissau	36	560	16
Kamerun	Rep. (1960)	Jaunde	475	8250	17
Kapverde	Rep. (1975)	Praia	4	320	79
Kenia	Rep. (1963)	Nairobi	583	14860	26
Komoren	Rep. (1975)	Moroni	2	330	152
Kongo[3]	Rep. (1960)	Brazzaville	342	1459	4
Lesotho	Kgr. (1966)	Maseru	30	1279	42
Liberia	Rep. (1847)	Monrovia	111	1742	16
Libyen	Rep. (1951)	Tripolis	1759	2748	2
Madagaskar	Rep. (1960)	Antananarive	587	8300	14
Malawi	Rep. (1964)	Zomba	118	5820	49
Mali	Rep. (1960)	Bamako	1240	6290	5
Marokko	Kgr. (1956)	Rabat	445	19470	44
Mauretanien	Rep. (1960)	Nuakschott	1031	1544	2
Mauritius	Kgr. (1968)	Port Louis	2	924	452
Mozambique	Rep. (1975)	Maputo	783	9935	13
Niger	Rep. (1960)	Niamey	1267	4994	4
Nigeria	Rep. (1960)	Lagos	924	80627	87
Obervolta	Rep. (1960)	Wagadugu	274	6554	24
Ruanda	Rep. (1962)	Kigali	26	4510	171
Sambia	Rep. (1964)	Lusaka	753	5650	7
São Tomé u. Principe	Rep. (1975)	São Tomé	–[6]	83	86
Senegal	Rep. (1960)	Dakar	196	5520	28
Seychellen	Rep. (1976)	Victoria	–[7]	62	221
Sierra Leone	Rep. (1961)	Freetown	72	3300	46
Somalia	Rep. (1960)	Mogadischu	638	3443	5
Südafrika	Rep. (1910)	Pretoria	1221	27700	23
Sudan	Rep. (1956)	Khartum	2506	17376	7
Swasiland (Ngwame)	Kgr. (1968)	Mbabane	17	544	31
Tansania	Rep.[4]	Dodoma	945	17050	18
Togo	Rep. (1960)	Lome	56	2470	43
Tschad	Rep. (1960)	Ndjemena	1284	4309	3
Tunesien	Rep. (1956)	Tunis	164	6370	39
Uganda	Rep. (1962)	Kampala	236	13220	56
Zaïre[5]	Rep. (1960)	Kinshasa	2345	27750	12
Zentralafrikanische Republik	Rep. (1960)	Bangui	623	2305	4
Zimbabwe	Rep. (1965)	Salisbury	391	6930	18

Abhängige Gebiete

Großbritannien St. Helena		Jamestown	–[8]	6	14
Frankreich Mayotte		Dzaoudzi	–[9]	40	107
Réunion		Saint-Denis	2	500	199
Marokko u. Mauretanien West-Sahara		El Aiún	266	152	1
Unter Südafrikanischer Treuhandverwaltung: Südwestafrika (Namibia)		Windhuk	824	909	1

[1] in Klammern das Jahr der Unabhängigkeit. – [2] früher: Dahome. – [3] früher: Kongo (Brazzaville). – [4] Tanganjika wurde 1961, Sansibar 1964 unabhängig. – [5] früher: Kongo (Léopoldville). – [6] 964 km². – [7] 277 km². – [8] 419 km². – [9] 374 km².

die dem Obersten Afrikan. Sportrat ange-
schlossenen Länder; erstmals 1965 in Brazzaville, 73 in Lagos, 78 in Algier, 82 Dakar
(geplant).
after, in Zss.: nach, hinter, unter, unecht;
z. B. *A.weisheit,* banale Bemerkung.
After *m,* Enddarmmündung.
Ag, chem. Zeichen für ↗Silber (Argentum).
AG, Abk. für ↗Aktiengesellschaft.
Agadir, marokkan. Hafenstadt u. Seebad am
Atlantik, 80 000 E.; 1960 zerstört (Erdbeben).
Ägäische Kultur, Kultur des östl. Mittel-
meerraumes v. der ausgehenden Steinzeit
bis Ende der Bronzezeit, nach ihren Zentren
kret.-myken. Kultur genannt.

Ägäische Kultur · Zentren und Epochen

Zeit v. Chr.	Kreta	Kykladen	Festland
2600 bis 2000	frühminoisch	kykladisch	frühhelladisch
2000 bis 1550	mittelminoisch Hochblüte: 1700–1500	minoischer Einfluß	mittelhelladisch
1550 bis 1150	spätminoisch	mykenischer Einfluß	späthelladisch od. mykenisch. Hochblüte: 1500–1200

Ägäisches Meer, *Ägäis,* Mittelmeer zw.
Griechenland u. Kleinasien, bis 2530 m tief,
reich an Häfen und Inseln.
Aga Khan, geistl. Oberhaupt der muslim.
Sekte der Hodschas, eines Zweiges der
↗Ismailiten. *A. K. IV.,* * 1937.
Agamemnon, sagenhafter Kg. v. Mykene,
Oberfeldherr der Griechen im Trojan. Krieg,
bei seiner Heimkehr v. Ägisth, dem Gelieb-
ten seiner Gattin Klytämnestra, ermordet.
Agape *w* (gr.), bis zum 4. Jh. Liebesmahl der
Christen in Erinnerung an das Abendmahl;
urspr. mit der Eucharistiefeier verbunden,
seit dem 2. Jh. immer mehr Armenspeisung.
Agar-Agar *s,* gelatinierende Droge, aus
asiat. Meeresalgen, für bakteriolog. Nährböden, zur Appretur feiner Gewebe u. als
Abführmittel.
Agatha, hl. (5. Febr.), wohl um 250 in Catania gemartert, angerufen gg. Feuersgefahr.
Agave *w,* aloeähnl. Pflanze aus dem wärmeren Amerika, in Südeuropa eingebürgert; Schaft der Blüte 6–8 m hoch, Blätter bis
3 m lang.
Agende *w* (lat.), 1) altchristliches Meßopfer.
2) im MA Rituale. 3) heute Buch mit Anweisungen für den ev. Gottesdienst.
Agens *s* (Mz. *Agentien*), treibende Kraft od.
wirksamer Stoff. **Agent,** 1) Vermittler von
Geschäften; 2) Spion. **Agent provocateur**
(: aschãn prowokatör, frz.), Aufwiegler;
Lockspitzel.
Aggäus, *Haggai,* einer der Kleinen Propheten; förderte um 520 v. Chr. den Wiederaufbau des Tempels in Jerusalem.
Agglomerat *s* (lat.), loses Haufwerk natür-
licher Gesteinstrümmer.
Agglomeration *w,* Siedlungsballung.
Agglutination *w* (lat.), Zusammenballung v.
Bakterien (allg. Krankheitserregern) oder
roten Blutkörperchen.
agglutinierende Sprachen ↗Sprache.
Aggregat *s* (lat.), 1) Verbindung mehrerer

Maschinen zu einem Maschinensatz. **2)** Zusammenschluß bzw. Verwachsung verschiedener Teile. **A.zustand,** die v. Druck
und Temperatur abhängige Erscheinungsweise der Materie: fest, flüssig, gasförmig,
Plasma.
Aggression *w* (lat.; Bw. *aggressiv*), 1) Angriff. 2) *Psychologie:* affektbedingtes feindl.
Verhalten gegenüber anderen Menschen,
Institutionen od. der eigenen Person; die ältere psychoanalyt. Theorie sah in der A.
einen eigenen Trieb, die neuere Psychologie nimmt zahlr. Antriebsquellen an, vor allem die ↗Frustration.
Ägide *w* (gr.), v. *Ägis,* Schild des Zeus;
i. ü. S. Schutz, Obhut.
Ägidius, hl. (1. Sept.), † um 720; Abt in Süd-
Fkr., einer der 14 ↗Nothelfer.
agieren (lat.), handeln. **agil,** tatkräftig.
Ägina, griech. Insel im *Golf v. Ä.,* 85,4 km²,
bis 534 m hoch; Hst. Ä., 5000 E.; Fundstätte
dorischer Kunst (5. Jh. v. Chr.).
Agio *s* (: adscho, aschio, it.-frz.), 1) Aufgeld.
2) der Mehrpreis, der den Nennwert einer
Geldsorte od. eines Wertpapiers übersteigt,
meist in % ausgedrückt. Gegenteil ↗Dis-
agio. **Agiotage** *w* (: aschiotasche, frz.), rein
spekulative Börsengeschäfte.
Agitation *w* (lat.; Ztw. *agitieren*), Bearbeitung der öff. Meinung. *Agitator,* Werber.
agitato (: adschi-, it.), erregt.
Agitprop, Abk. für *Agitation u. Propaganda*
im kommunist. Sprachgebrauch.
Agnaten (Mz., lat.), im röm. Recht alle, die
der Gewalt desselben Hausherrn unterstehen; Ggs.: ↗Kognaten.
Agnes, hl. (21. Jan.), wohl Martyrium um
258 oder 304. **A. v. Poitou** (: po°atü), † 1077;
43–62 Regentin für Heinrich IV.
Agnew (: ägnju), *Spiro Theodore,* am. Politiker, * 1918, Republikaner; 69/73 Vizeprä-
sident der USA.
Agnon, *Samuel,* hebr. Dichter, 1888–1970;
1966 zus. mit N. ↗Sachs Literatur-Nobelpreis.
Agnostizismus *m* (gr.-lat.), Leugnung der
Erkennbarkeit übersinnlicher Dinge, bes.
jedes Wissens von Gott.
Agnus Dei (lat. = Lamm Gottes), 1) Bz. Christi durch die Propheten und Johannes den
Täufer. 2) kath.: Bittruf in der Eucharistiefeier (↗Messe); ev.: Teil des ↗Ordinariums.
Agonie *w* (gr.), Todeskampf.
Agora *w* (gr.), im alten Griechenland Hee-
res- u. Volksversammlung; der Marktplatz
der griech. Stadt.
Agra, Stadt im ind. Staat Uttar Pradesch,
610 000 E.; kath. Erzbischof. Prachtwerke
der islam. Baukunst.
Agraffe *w* (frz.), Schmuckspange.
Agram, die jugoslaw. Stadt ↗Zagreb.
agrar (lat.), die Landwirtschaft betreffend.
Agrarier, Landwirt. Auch Bz. für einen polit.
Vertreter der Großgrundbesitzes. **A.reform**
↗Bodenreform. **A.sozialismus,** tritt für Vergesellschaftung des Landwirtschafts-,
Bergwerks-, z. T. auch des Wohnbodens ein.
A.staat, Staat mit überwiegender landwirtschaftl. Erzeugung. **A.verfassung,** die rechtl.
u. gesellschaftl. Ordnung in der Landwirt-
schaft.

Blühende Agaven

Rudolf Agricola

Ägypten

Amtlicher Name:
Arabische Republik
Ägypten

Staatsform:
Republik

Hauptstadt:
Kairo

Fläche:
1020000 km²

Bevölkerung:
40,98 Mill. E.

Sprache:
Arabisch

Religion:
92% der Bev. sind
Muslimen, die übrigen
sind Christen, meist
Kopten

Währung:
1 Ägyptisches Pfund
= 100 Piastres
= 1000 Millièmes

Mitgliedschaften:
UN, OAU,
Arabische Liga,
Bandung-Staaten

Ägypten: Die große
Sphinx vor der Cheops-
pyramide in Giseh

Agreement s (: ᵉgri-, engl.), Übereinkunft.
Agrément s (: agremãn, frz.), Zustimmung
eines Staates, ehe ein bestimmter Diplomat
bei ihm ernannt werden kann.
Agricola, 1) *Georg,* dt. Naturforscher,
1494–1555. 2) *Rudolf* (eig. Huysman), niederländ. Humanist. 1442/44–85; wirkte in It.
u. Deutschland.
Agrigento (: -dsehento), bis 1927 *Girgenti,*
it. Prov.-Hst. im S Siziliens, 52000 E.; Bi-
schof; Schwefelgruben; griech. Ruinenfeld.
Agrikultur w (lat.), Ackerbau. **A.chemie,** An-
wendung der Chemie auf alle Zweige der
Landwirtschaft.
Agrippa, Feldherr u. Schwiegersohn des
Augustus, 63–12 v. Chr.; errang den Sieg bei
Aktium.
Agrippina d. Ä., Tochter Agrippas, Gemah-
lin des Germanicus, † 33 n. Chr. Deren Toch-
ter, **A. d. J.,** vergiftete ihren Gemahl Clau-
dius, 59 v. ihrem Sohn Nero ermordet.
Agronom m (gr.), Landwirt. **Agronomie** w,
Landwirtschaftskunde.
Agrumen (Mz., it.), die Citrusfrüchte.
Agulhas (: aguljasch, portug.), *Nadelkap,*
die Südspitze Afrikas, 140 m hoch.
Aguti, süd-am. Nagetier (z. B. *Goldhase).*
Ägypten, arab. *El Misr,* amtl. *Arab. Republik
Ä.,* sozialist. Rep. in NO-Afrika (die Sinai-
Halbinsel gehört aber bereits zu Asien). Nur
bewässerter Boden – ca. 4%, vor allem das
Niltal – ist Kulturland, dann jedoch äußerst
fruchtbar mit 3 Ernten: Weizen, Mais, Reis,
Gemüse, Zuckerrohr u. bes. hochwertige
Baumwolle. Durch den Hochdamm bei
↗Assuan wird die Kulturfläche bedeutend
erweitert. 96,5% der Staatsfläche sind Wüste: Libysche u. Arab. Wüste. Phosphate
werden am Roten Meer, Erdöl an der Westküste des Roten Meeres ausgebeutet mit
Raffinerien in Suez u. Alexandria. Im Nildelta moderne Textilindustrie.
Die Geschichte Alt-Ä.s, das eine der frühesten Hochkulturen ausbildete, teilt sich in
das Alte, Mittlere u. Neue Reich, gezählt
nach Dynastien. Einer der ältesten Kg.e,
Menes, vereinigte ganz Ä. u. gründete
Memphis (um 3000). Aus der 4. Dynastie
stammen die Pyramiden bei Giseh, mit der
7. Dynastie begann der Verfall. Neue Eini-

gung durch die 11. Dynastie (um 2100), v.
Theben aus; 12./17. Dynastie, das Mittlere
Reich, zeitweise v. Hyksos unterworfen (Zeit
des bibl. Joseph). Das Neue Reich der 18./
21. Dynastie (etwa ab 1580) erhob Ä. zur
Großmacht, die Äthiopien, Arabien u. Sy-
rien beherrschte. Der Niedergang führte zur
Fremdherrschaft der Libyer, Äthiopier u.

Ägypten: 20 m hohe Statuen des Pharao Ramses II.
am Felsentempel von Abu Simbel

Assyrer. 525 pers. Prov., 332 v. Alexander
d. Gr. unterworfen, 30 v. Chr. röm. Prov.
(letzte Königin Kleopatra). Rasche Ausbreitung des Christentums; 641 durch den Islam
erobert; seit 1250 herrschten die Mameluken; seit 1517 türk. Provinz. ↗Mehemed Ali
machte Ä. fast unabhängig; dann engl.-frz.
u. schließl. engl. Kontrolle (1914 brit. Protektorat). 1922 anerkannte Engl. die Selbständigkeit Ä.s, behielt aber militär. Einfluß.
Annahme des Kg.titels durch Fuad I.; Nachfolger sein Sohn ↗Faruk, 46 zog sich Engl.
aus Kairo u. Alexandria zurück, blieb aber
bis 56 in der Kanalzone (→Suezkanal). Nach
mehreren Umstürzen folgte ↗Nasser, der
ein autoritäres Regime einführte, mit der
Sozialisierung begann, 56 den Suezkanal
verstaatlichte und mit russ. Finanzhilfe einen 2. Assuandamm baute. Die Vereinigung
Syriens mit Ä. 58 zerbrach bereits 61 wieder.
67 Krieg mit Israel, das die Sinai-Halbinsel
besetzte. Seit 70 Anwar el Sadat Staatspräs.
71 bildete Ä. mit Syrien u. Libyen die Union
der Arab. Republiken. Der mit Syrien abgestimmte Oktoberkrieg 73 brachte Ge-
ländegewinn auf dem Ost- u. -verlust auf
dem Westufer des Suezkanals; polit. Druck
von USA u. UdSSR führten zur Truppenentflechtung (74) am Suezkanal (75 wieder eröffnet); 75 Sinai-Abkommen mit Israel; 77
militär. Aktionen gg. Libyen u. Beginn v. Verhandlungen mit Israel zur Regelung des
Nahostproblems, 79 Friedensvertrag mit
Israel. Seit Sadats Ermordung 81 Mohammed Hosni Mubarak Staatspräsident.
Religion der alten Ägypter: Tierkult, Orts-
götter, Naturkräfte; Sonnenkult (↗Rē) mit
ausgeprägtem Kult des Pharao verquickt.
Reiche Jenseitsvorstellungen, Totengericht
vor ↗Osiris. Weiterleben nach dem Tode

nur bei Erhaltung des Leichnams, darum Einbalsamierung; Grabbauten, ↗Pyramiden.
Sprache u. Literatur: Die Sprache der alten Ägypter, zur semit.-hamit. Gruppe gehörig, lebt fort in der kopt. Kirchensprache; die heutige Landessprache ist Arabisch. Die Lit. war fast durchweg religiös: *Totenbuch, Sonnenhymnen.* Die altägypt. **Kunst** steht besonders im Dienste des Totenkults; sie zeigt formale Strenge, Monumentalität u. Wirklichkeitssinn; Gräberbauten u. Plastik von gewalt. Maßen. Malerei, Kleinplastik und Goldschmiedekunst hochentwickelt.

Ägyptische Augenentzündung, *Trachom,* langwierige ansteckende Bindehautentzündung.

Ahasverus, der *Ewige Jude,* Legende v. jüd. Schuster A., der Christus auf dem Kreuzweg an seinem Haus nicht ruhen ließ, deshalb zum ruhelosen Wandern verdammt.

Ahaus, westfäl. Stadt im Münsterland, 28 000 E.; Holz-, Jute- u. Kunststoffindustrie.

Ahle *w, Pfriemen m,* Stechwerkzeug.

Ahlen, westfäl. Stadt an der Werse, 54 000 E.; Kohlenzechen, Emaille-, Schuh-Ind.

Ahmedabad, Hst. des ind. Staates Gudscherat, 1,75 Mill. E. Baumwoll-Ind.; Univ., kath. Bischof.

Ahnenforschung ↗Genealogie.

Ahnenprobe ↗Genealogie.

Ahnenverehrung, die aus dem Glauben an das Fortleben nach dem Tode entstandene Verehrung der Vorfahren. ↗Totenkult.

Ahorn, 7 europ. Arten; am häufigsten: *Feld-A.,* strauchig, *Spitz-A.* u. *Berg-A.;* andere Arten als Zierbäume. *A.holz* □ 400.

Ahr *w,* linker Nebenfluß des Rheins, aus der Eifel; 89 km lang. Im *A.tal* gute Rotweine.

Ähre *w,* aus ungestielten Blüten zusammengesetzter Blütenstand. □ 743.

Ahrensburg, schleswig-holstein. Stadt zw. Hamburg u. Kiel, 26 000 E.; Max-Planck-Institut für Kulturpflanzenzüchtung.

Ahriman ↗Parsismus.

Ahrweiler, Stadtteil von ↗Neuenahr-Ahrweiler, in Rheinland-Pfalz; ehem. Kreisstadt.

Ahura Mazda ↗Ormazd, ↗Parsismus.

Aibling, *Bad A.,* oberbayer. Stadt im Mangfalltal, 11 700 E.; Sol- u. Moorbad.

Aichach, oberbayer. Krst. n. ö. von Augsburg, 15 000 E.; Metall- u. Textilindustrie.

Aichinger, *Ilse,* östr. Schriftstellerin, * 1921; gestaltet Zeitproblematik in Erzählungen *(Der Gefesselte),* Roman *(Die größere Hoffnung),* Hörspiel.

Aide-mémoire *s* (: ädmem°ar, frz.), diplomat. Denkschrift.

Aiguille (: ägij, frz. = Nadel), häufig für spitze Felsgipfel, bes. im Montblancgebiet.

Ainu, aussterbende Urbewohner Nordjapans, noch 17 000; klein, mit langen Haaren u. Bärten, gehören wahrscheinlich zum europiden Rassenzweig.

Air (: är, frz., auch engl.), 1) Luft. 2) *s* Aussehen, Ausstrahlung. **Air** *w,* melod. Satz einer Suite; Arie; Lied.

Airbus *m* (: är-), im Kurz- und Mittelstrek-

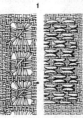

Ajourarbeit: 1 Ajourfassung bei Brillanten; **2** Ajourstickerei: **a** Zusammenziehen der Stoffäden mit wenig abstechenden, **b** mit stark abstechenden Garnen und sichtbarer Stichverzierung

Akanthus: oben Blüte und Blatt, unten A. an einem Kapitell

Ilse Aichinger

kenverkehr wirtschaftl. einsetzbares Großraum-Passagierflugzeug. □ 282.

Air force *w* (: är forß), Luftwaffe.

Aisne *w* (: än), linker Nebenfluß der Oise, aus den Argonnen; 280 km lang, 160 km schiffbar. – 1914/18 und 1940 zahlreiche Kämpfe.

Aix-en-Provence (: äkß an prowanß), frz. Krst. im Dep. Bouches-du-Rhône, 93 000 E.; Erzb., Univ.; warme Quellen. – Röm. Badeort *Aquae Sextiae;* 102 v. Chr. besiegte hier Marius die Teutonen.

Aix-les-Bains (: äkß lä ban), frz. Stadt im Dep. Savoie, 21 000 E.; Schwefelbad (47°).

Ajaccio (: ajatscho, it.; aschakßjo, frz.), Hst. v. Korsika, am *Golf v. A.,* 51 000 E.; kath. Bischof; Geburtsort Napoleons I.

Ajax, 1) der Telamonier, **2)** der Lokrer, griech. Helden vor Troja.

Ajmer, die Stadt ↗Adschmir.

à jour (: a schur, frz.), **1)** in der Buchführung: auf dem laufenden. **2)** bei Stoffen: durchbrochen *(Ajourarbeit).* **3)** bei Edelsteinen: nur am Rande gefaßt *(Ajourfassung).*

Akademie *w* (gr.), urspr. ↗Platons Athener Philosophenschule, heute Gelehrtengesellschaft od. Hochschule. Gelehrtengesellschaften in dt. Sprachraum, z. B. (mit Gründungsjahr): *Dt.e A. der Naturforscher* (ehem. Leopoldina), jetzt Halle (1652), *Dt.e* (ehem. Preuß.) *A. der Wiss.* Berlin (1700), *A. der Wiss.* Göttingen (1751), *Bayer. A. der Wiss.* München (1759), *Sächs. A. der Wiss.* Leipzig (1846), *Östr.* (ehem. Kaiserl.) *A. der Wiss.* Wien (1847), *A. der Wiss.* Heidelberg (1909) u. *A. der Wiss. u. Lit.* Mainz (1949). Sonderaufgaben erfüllen u. a. die *Dt.e A. für Sprache u. Dichtung* Darmstadt (1949) u. die ↗Verwaltungs-A.n, ferner die ↗Evangelischen u. ↗Katholischen A.n. Wichtige ausländ. A.n: *Päpstl. A. der Wiss.* Rom (Accademia dei Lincei, 1603), *Académie Française* Paris (1635), *British Academy* London (ehem. Royal A., 1662), *A. der Wiss.* Moskau (1725), *American Academy of Arts and Sciences* Boston (1780).

Akademiker, Mitgl. einer Akademie; Besucher od. Absolvent einer wiss. Hochschule.

Akademischer Grad, an Hochschulen erworbener Titel: ↗Baccalaureus, ↗Doktor, ↗Lizentiat, ↗Magister, ↗Diplom.

Akademischer Rat, an den wiss. Hochschulen der BRD auf Lebenszeit beamtete Lehrkraft. Voraussetzung: abgeschlossenes Hochschulstudium. ↗Wissenschaftl. Rat.

Akademisches Viertel ↗c.t.

Akanthus *m,* distelähnl., meterhohe Pflanze, Blüten weiß bis hellviolett. Vorbild für ein Blattornament, bes. am korinth. ↗Kapitell.

Akazie *w,* Mimosengewächs, hauptsächl. in den afrikan. u. austral. Tropen; auch Zimmerpflanze. *Falsche A.,* die ↗Robinie.

Akbar, 1542–1605; einer der bedeutendsten Herrscher Indiens; fortschrittl.-sozial u. tolerant.

Akelei *w,* Hahnenfußgewächs mit gespornten Blumenblättern; unter Naturschutz; in zahlr. Farbensorten Zierpflanze.

Aken, Stadt im Bez. Halle, 12 000 E.; Elbhafen; Magnesitwerke.

Akiba ben Joseph, jüd. Gelehrter, um 50/55 bis 135; legte den Grund für die ↗Mischna; beim Aufstand des Bar Kochba v. den Römern gemartert.

Akihito, japan. Thronfolger, * 1933; Sohn Hirohitos, heiratete 59 die Bürgerliche *Mitschiko Schoda.*

Akita, japan. Stadt an der NW-Küste Hondos, 273 000 E.; Erdölfeld.

Akka, *Akko(n),* Hafenstadt an der *Bucht v. A.* in Palästina (jetzt Israel), 37 000 E. – 1191–1291 im Besitz der Kreuzfahrer.

Akklamation *w* (lat.), Wahl od. Abstimmung durch Zuruf.

Akklimatisation *w* (lat.), Gewöhnung v. Lebewesen an fremdes Klima u. andere Lebensbedingungen.

Akkommodation *w* (lat.; Ztw. *akkommodieren*), Anpassung, Angleichung, bes. des Auges an die Entfernung; bei ↗Weit-(↗Kurz-)Sichtigkeit gestört.

Akkon ↗Akka.

Akkord *m* (lat.-frz.), Zusammenklang v. drei und mehr der Höhe nach verschiedenen Tönen, *akkordieren,* übereinkommen, bedingen.

Akkordeon *s* (lat.-frz.), die ↗Handharmonika.

Akkordlohn, Entgelt nach dem Ergebnis der geleisteten Arbeit *(Stück-* od. *Zeit-A.).*

Akkra, *Accra,* Hst. v. Ghana, 640 000 E.; Flughafen, Univ., kath. Bischof.

akkreditieren (lat.), beglaubigen.

Akkreditiv *s* (lat.), Auftrag an eine Bank, an einen Dritten eine Zahlung zu leisten, entweder gg. bloße Legitimation *(Bar-A.)* od. bestimmte Dokumente *(Dokumenten-A.).*

Akkumulator *m* (lat.), Vorrichtung zum Speichern elektr. Energie; besteht aus Zelle mit Platten aus Blei in verdünnter Schwefelsäure *(Blei-A.)* od. Eisen u. Nickel in Kalilauge *(Stahl-A.).* Wandelt bei der Ladung elektr. in chem. Energie, bei der Entladung diese in elektr. um (Gleichstrom). *Mechan. A.* speichert Druckluft od. Druckwasser zu techn. Zwecken.

akkurat (lat.), genau, sorgfältig. **Akkuratesse** *w,* peinl. Genauigkeit.

Akkusativ *m* (lat.), Wenfall.

Akme *w* (gr.), Höhepunkt, Spitze.

Akne *w* (gr.), Entzündung der Hauttalgdrüsen, bes. bei Jugendlichen.

Akolyth *m* (gr.), ↗Priesterweihe.

Akquisition *w* (lat.), Erwerbung. **Akquisiteur** *m* (: -tör), (Anzeigen-)Werber.

Akribie *w* (gr.), Genauigkeit.

Akrobat *m* (gr.), Turnkünstler.

Akromegalie *w* (gr.), ↗Riesenwuchs.

Akron (: e'kr°n), Stadt in den USA (Ohio), 307 000 E.; Univ.; Industrie.

Akropolis *w* (gr.), Bz. für den meist mit Tempeln besetzten Burgberg alter griech. Städte, bes. v. ↗Athen.

Akrostichon *s* (gr.), Gedicht, in dem die Anfangsbuchstaben (-silben od. -wörter) der Verse ein Wort oder einen Satz ergeben.

Akroterion *s* (gr.), Ranke od. Palmette auf Giebelecken oder dem First griechischer Tempel.

Aksum, *Axum,* alte Hst. Äthiopiens, des aksumit. Reiches, jetzt 12 000 E.

Akt *m* (lat.), Handlung; **1)** in der Philosophie: Verwirklichung (Ggs. ↗Potenz), Denkod. Wahrnehmungserlebnis. **2)** bei Bühnenwerken: Aufzug. **3)** in der Bildenden Kunst Darstellung des nackten Körpers. **Akten,** Sammlung v. Schriftstücken. **Akteur** *m* (: aktör, frz.), Schauspieler, Handelnder.

Aktie *w* (lat.), ein ↗Wertpapier mit bestimmtem Nennwert (mindestens 50 DM). Eigentumsrecht an einem Unternehmen, Stimmrecht u. Gewinnbeteiligung (↗Dividende). Bestehend aus *Mantel* (u. a. mit Firmenname, Nummer u. Nennwert) u. *Bogen* (mit ↗Coupon u. ↗Talon). A.n werden an der ↗Börse gehandelt (↗Kurs). *Volks-A.n* sind A.n mit kleinem Nennwert, ausgegeben zu Vorzugskursen, teilweise mit Sozialrabatt bei der ↗Privatisierung öff. Unternehmen. Daneben *Arbeitnehmer-A.n* der Unternehmen an ihre Mitarbeiter zu Vorzugskursen. **A.ngesellschaft** (AG), Kapitalgesellschaft, die ihr Grundkapital durch Ausgabe v. A.n aufbringt. Organe: *Vorstand, Aufsichtsrat* u. *Hauptversammlung.*

Kronprinz Akihito

Aktie der Farbwerke Hoechst über 50 DM Nennwert

Aktinien, Seerosen. ↗Korallen.

Aktinometer *s* (gr.), Gerät zur Messung der Sonnenstrahlung.

Aktinomykose *w* (gr.), ↗Strahlenpilz.

Aktion *w* (lat.), Tätigkeit, Handlung.

Aktionär, Eigentümer v. Aktien, ohne persönl. Haftung für die Verbindlichkeiten einer AG.

Aktionsradius, Einsatz-, Tätigkeitsbereich.

Aktium, westgriech. Landzunge; Seesieg Oktavians über Antonius 31 v. Chr.

aktiv (lat.), tätig, wirkend (Ggs. passiv); im

Akropolis in Athen im 1. Jh. v. Chr. (Modell)

Dienst stehend (Ggs. inaktiv). **Aktiv** s, Tätigkeitsform des Ztw.; Ggs. ↗Passiv.
Aktiva (Mz.), Vermögensbestand einschließl. Forderungen. Ggs. ↗Passiva. ↗Bilanz.
Aktivbürger, 1) jeder abstimmungs- u. wahlberechtigte Staatsbürger. **2)** im Ggs. zum früheren Untertan der aktiv für das polit. Ganze sich einsetzende Bürger. **aktives Wahlrecht** ↗Wahlrecht.
Aktivgeschäft, das Kreditgeschäft einer Bank als Gläubiger.
Aktivismus m, Drang zur Tat; Lehre, daß Wille u. Tat bestimmend sind für Kultur u. Gesellschaft. **Aktivist** m, sucht seinen polit. Willen durch die Tat, nötigenfalls die revolutionäre, zu verwirklichen. Im *kommunist. Sprachgebrauch* ein Arbeiter, der bes. hohe Arbeitsnormen erfüllt.
Aktivität w, Wirkungsfähigkeit u. -freude.
Aktivkohle, *aktive Kohle,* poröser, reiner Kohlenstoff. ↗Adsorption. **Aktivlegitimation** *(Sachlegitimation),* die Befugnis des Klägers zur Zivilprozeßführung.
Aktualität w (lat.; Bw. *aktuell*), wirkl. Geschehen v. gegenwärt. Bedeutung.
Aktuar m (lat.), Gerichtsschreiber.
Aktuelle Stunde, Einrichtung des Bundestages der BRD, um aktuelle polit. Fragen rasch im Plenum zu erörtern.
Akupunktur w (lat.), Heilmethode, aus China: Beeinflussung innerer Organe durch Einstechen v. Metallnadeln in die Haut.
Akustik w (gr.; Bw. *akustisch*), 1) Lehre v. ↗Schall. 2) Hörsamkeit (Nachhall) in geschlossenen Räumen.
akut (lat.), heftig, scharf. **a.e Krankheiten,** Infektionskrankheiten, setzen mit Fieber ein, verlaufen schnell; auch chronisch.
Akzeleration w (lat.), 1) Beschleunigung. 2) Wachstumsbeschleunigung u. Frühreife bei Jugendlichen.
Akzent m (lat.), Betonung; Tonzeichen.
Akzept s (lat.), Annahme des Wechsels: der *Akzeptant* erklärt, die Wechselsumme zu zahlen; auch der Wechsel selbst. **akzeptabel** (lat.), annehmbar. **akzeptieren,** annehmen.
Akzessorietät w (lat.), Abhängigkeit der Nebenrechte v. einem Hauptrecht. **akzessorisch** (lat.), hinzukommend, abhängig.
Akzidens s (lat.), veränderliche, nicht notwendige Eigenschaft. *akzidentell, akzidental* (lat.), unwesentlich. **Akzidenzen,** Gelegenheitsdruckarbeiten, Geschäftsdrucksachen.
Akzise w (lat.-frz.), veraltete Form v. städt. Verbrauch- u. Verkehrsteuern, Binnenzöllen u. a.
Al, chem. Zeichen für ↗Aluminium.
à la ... (frz.), in der Art wie, gemäß. *à la bonne heure* (: -bonör), Glück zu! Bravo! *à la carte* (: -kart), nach der Speisenkarte; *à la mode* (: -mod), nach der Mode; *à la suite* (: -ßwit), im Gefolge.
Alabama (: älᵉbämᵉ), Abk. *Ala.,* einer der Golfstaaten der USA, vom *A.fluß* durchflossen; 133667 km², 3,8 Mill. E.; Hst. Montgomery.
Alabaster m (gr.), durchscheinende, kör-

nige Gipsabart, zu Schmuckwerken verwendet.
Alai u. *Transalai* m, 2 Gebirgszüge in Kirgisistan und Tadschikistan, bis 5960 bzw. 7127 m hoch.
Alamannen, *Alemannen,* german. Volksstamm am Oberlauf v. Rhein u. Donau; bildeten im 10./13. Jh. das Stammes-Htm. *Alamannien* (= Schwaben). Die *alamannische Mundart* wird in der Nordschweiz, in Vorarlberg, Mittel- u. Südbaden u. im Elsaß gesprochen.
Aland m, ↗Nerfling.
Ålandinseln, finn. *Åhvenanmaa,* finn. Inselgruppe am Bottn. Meerbusen, 1481 km², 22000 E.; Hauptinsel *Åland* (650 km²); Hst. Mariehamn.
Alanen, ein Skythenstamm, 2./5. Jh.
Alanin s, eine ↗Aminosäure.
Alant m, Korbblütler; Heilpflanze.
Alarcón ↗Ruiz de A. y Mendoza.
Alarich, Kg. der Westgoten 395/410; fiel mehrfach in It. ein u. plünderte 410 Rom; bei Cosenza im Busento begraben.
Alarm m (it.-frz.), plötzlicher Aufruf zum Einsatz bei drohender Gefahr.
Alaska, Bundesstaat der USA (1867 v. Rußland gekauft), die nordwestl. Halbinsel Nordamerikas, vergletschertes Felsengebirge *(Alaskan Range* mit McKinley, 6229 m); einschl. Inseln 1,5 Mill. km², 407000 E. (20% Indianer u. Eskimos). Mineralien, Erdöllager, Pelztiere, Fische; Flugstützpunkte, Radarstationen; seit 1942 durch die 4656 km lange *A.straße* Landverbindung mit den USA. Hst. Willow South.
Alaun m, Kalium-Aluminium-Sulfat, wasserlösl. Doppelsalz, KAl(SO₄)₂ · 12 H₂O; Verwendung in Medizin u. Ind. *Gebrannter A.* ist wasserfrei. **A.gips** zur Herstellung von Gipsfiguren. **A.stein,** *Alunit,* Mineral zur Darstellung des A.
Alb w, 1) Bergweide. 2) *Rauhe* od. *Schwäbische A.,* höchster Teil des ↗Schwäb. Jura. 3) 2 bad. Nebenflüsse des Rheins.
Alba, *Fernando Álvarez de Toledo* Hzg. v., span. Feldherr, 1508–82; unterdrückte als Statthalter 67/73 den niederländ. Aufstand mit rücksichtsloser Gewalt.
Albanergebirge, vulkan. Gebirge der röm. Campagna, bis 956 m hoch, mit *Albanersee* (6 km², 170 m tief) u. ↗Nemisee.
Albanien, alban. *Shkipnia* (= Land der Skipetaren), kommunist. VR an der Westküste der Balkanhalbinsel. E. meist muslim. Albaner mit den Hauptgruppen *Tosken* im S u. *Gegen* im N. 15% der Bev. sind *Griechen* (im S), 3% *Makedonier* (im O). – Hinter einer versumpften Küstenniederung schroffe, unzugängliche Gebirgsketten. 13% der Fläche sind durch Ackerbau genutzt, von dem 90% der Bev. leben (Mais, Wein, Obst, Tabak), 35% der Fläche sind Wald, 30% Weide (Schafe, Ziegen). 90% der Landwirtschaft sind kollektiviert. – 1443/68 Freiheitskampf unter ↗Skanderbeg, 79 v. den Türken unterworfen, seither großenteils muslimisch. 1913 selbständ. Ftm. (Prinz Wilhelm zu ↗Wied); 16/18 v. Östr. u. It. besetzt, dann Rep. 28 Kgr.; 39 v. It. annektiert; 43 v. Dtl. besetzt, 46 Volksdemokratie, aber seit 61

Akzeleration

Körpergrößen und Häufigkeit der Großwüchsigen (über 170 cm) und der Kleinwüchsigen (unter 162 cm) 19- bis 25jähriger Südbadener

Jahr	Körpergröße
1850	164,1 cm
1890	165,1 cm
1938	169,1 cm
1960	172,9 cm

Jahr	über 170 cm	unter 162 cm
1850	20,5%	35,6%
1890	22,8%	28,0%
1938	46,6%	10,7%
1960	70,0%	2,6%

Alarich: Siegelstein mit Bildnis

Albanien

Amtlicher Name:
Sozialistische Volksrepublik Albanien

Staatsform:
Volksrepublik

Hauptstadt:
Tirana

Fläche:
28 748 km²

Bevölkerung:
2,6 Mill. E.

Sprache:
Die tosk. Sprache (= Südalban. mit lat. Schrift) ist 1. Schriftsprache, Gegisch (= Nordalban.) ist 2. Schriftsprache

Religion:
69% Muslimen, 20,7% Orthodoxe, 10,3% Katholiken

Währung:
1 Lek = 100 Qindarka

Mitgliedschaften:
UN, RgW (Mitgliedschaft suspendiert)

Albatros

Hans Albers

Ernst Albrecht

Alcázar von Toledo

unter Anlehnung an die VR China in ideo-log. Streit mit der UdSSR; 68 Austritt aus dem Warschauer Pakt; 78 Bruch mit der VR China.

Albany (: älb^{e}n'), Hst. des Staates New York (USA), 128000 E.; kath. Bischof, Univ.

Albatros m, schneller Sturmvogel südlicher Weltmeere. Der *Gemeine A.* od. *Kapschaf* folgt den Schiffen oft tagelang.

Albe w (lat.), liturg. Gewand, langer, engär-meliger Linnenrock.

Albedo w (lat.), Verhältnis der zurückge-worfenen zur auffallenden Lichtmenge bei nichtspiegelnden Flächen.

Albee (: älbi), *Edward*, am. Dramatiker, * 1928; krit.-desillusionist. Stücke (u.a. *Wer hat Angst vor Virginia Woolf?*) vom Schei-tern des modernen Menschen.

Alberich, Zwerg der german. Sage; Hüter des Nibelungenhorts.

Albers, Hans, dt. Schauspieler, 1892–1960; zahlr. Filmrollen, u.a. in *Große Freiheit Nr. 7; Vor Sonnenuntergang.*

Albert, 1) 1909/34 Kg. der *Belgier.* **2)** 1866 u. 70/71 Heerführer, 73/1902 Kg. v. *Sach-sen.* **3)** Prinz v. *Sachsen-Coburg-Gotha,* 1818–61; 40 Gemahl der engl. Königin Vik-toria. **A. der Große** ↗Albertus Magnus.

Albert (: albär), *Eugen d',* Komponist u. Pia-nist, 1864–1932; Liszt-Schüler; effektreiche Opern: *Tiefland, Die toten Augen.*

Alberta, Prov. im südwestl. Kanada, 661200 km², 2,1 Mill. E.; Hst. Edmonton. Weizen, Vieh. Größte Erdöllager Kanadas.

Alberti, 1) *Leon Battista,* 1404–72; Architekt, Maler, Bildhauer, Dichter u. Kunstschrift-steller der it. Renaissance. **2)** *Rafael,* span. Lyriker, * 1903; *Zu Lande, zu Wasser.*

Albertsee, Nilquellsee in Uganda (Ost-afrika), 620 m ü. M., 5335 km².

Albertus Magnus *(Albert d. Gr.),* hl. (15. Nov.), Kirchenlehrer, 1193–1280; Domini-kaner, 60/62 Bischof v. Regensburg. Uni-versaler Geist des MA, führte den Aristote-lismus in die Theologie ein; besaß für seine Zeit ungewöhnl. naturwiss. Kenntnisse. **A.-M.-Verein,** unterstützt kath. Studierende, Sitz Trier.

Albi, Hst. des südfranz. Dep. Tarn, 47000 E.; Kathedrale, Erzb. **Albigenser,** nach ihrem Hauptsitz Albi ben. Sekte des 12. u. 13. Jh.;

die A. lehrten u. a. ein gutes göttl. Wesen u. als Schöpfer der materiellen Welt ein böses; durch die *A.kriege* (1209/29) u. die ↗Inqui-sition niedergeworfen. ↗Katharer.

Albiker, *Karl,* dt. Bildhauer, 1878–1961; v. Rodin beeinflußter klass. Stil.

Albino m (span.), ein Tier, seltener ein Mensch, mit weißer Haut- u. Haarfarbe u. manchmal roten Augen. Auch Pflanze ohne Blütenfarbstoff.   [England.

Albion s, kelt., später dichter. Name für

Alboin, Kg. der Langobarden um 565/572; eroberte 568 Italien.

Ålborg, fr. *Aalborg,* dän. Stadt in Jütland, am Limfjord, 155000 E.

Albrecht, Fürsten: Habsburg: **A. I.,** Sohn Rudolfs, 1298 dt. Kg., 1308 v. seinem Neffen ermordet. **A. II.,** Hzg. v. Östr., erbte Böhmen, 1438/39 dt. Kg. *Brandenburg:* **A. I. der Bär,** um 1100–70; Begründer der Mark Branden-burg, 34 mit der Nordmark (Altmark) be-lehnt. **A. II.,** 1490–1545; Erzb. v. Mainz, Kard., ließ durch Tetzel den Ablaß verkün-den. **A. v. Preußen,** 1490–1568; 1511 Hochmeister des Deutschen Ordens, machte 25 das Ordensland Preußen zu ei-nem weltl. ev. Erbherzogtum.

Albrecht, *Ernst,* dt. Politiker, * 1930; seit 76 niedersächs. Min.-Präs. (CDU).

Albstadt, württ. Stadt (Zollernalbkreis), 51500 E.; 1974 neu gebildet.

Albula, 1) m, Schweizer Paß im Oberenga-din, 2312 m hoch; *A.bahn* mit 5866 m lan-gem *A.tunnel.* **2)** w, Nebenfluß des Rheins, entspringt am *A.paß.*

Album s (lat.), Gedenk- od. Sammelbuch.

Albumin s (lat.), einfacher Eiweißkörper, in kaltem Wasser löslich, gerinnt beim Vermi-schen mit Schwermetallsalzen u. beim Er-hitzen. Kommt im tier. u. pflanzl. Organis-mus vor. Wichtiger Nahrungsbestandteil, auch techn. Verwendung. **A.urie,** Auftreten von A. im Harn.

Albuquerque (: -kerke), Stadt in New Me-xico (USA), am Rio Grande, 292000 E.; Univ.; Zentrum der Atomforschung.

Alcázar m (: -kaß-, span.), Burg, Festung, am bekanntesten in Sevilla u. Toledo.

Alchemie, *Alchimie* w (arab.), im MA u. der frühen NZ vermeintl. Kunst, Gold zu ma-chen, durch den „Stein der Weisen" Krank-heiten zu heilen u. das Leben zu verlängern.

Älchen, kleine ↗Fadenwürmer; Pflanzen-schädlinge.

Aldan m, Nebenfluß der ↗Lena, in Ostsibi-rien, 2242 km lang.

Aldebaran m (arab.), Stern im Stier. ☐ 947.

Aldegrever, *Heinrich,* westfäl. Maler u. Kup-ferstecher, 1502–55.

Aldehyde, Oxydationsprodukte primärer Alkohole, enthalten die *Aldehydgruppe,* CHO; ↗*Formaldehyd* zur Desinfektion.

Aldenhoven, niederrhein. Gem. im Kreis Düren, 13500 E.; elektrotechn. Ind.

Alder, *Kurt,* dt. Chemiker, 1902–58; 1950 Nobelpreis (mit O. Diels) für Entwicklung der Dien-Synthese.

Ale s (: e'l), engl. Starkbier.

Alemannen ↗Alamannen.

Alembert (: alãbär), *Jean Le Rond d',* frz. Physiker u. Aufklärungsphilosoph, 1717–83

(↗Enzyklopädisten). Das *d'A.sche Prinzip* führt dynam. Probleme auf stat. zurück.
Aleppo, arab. *Haleb*, syr. Handelsstadt, 640000 E.; Univ.; Seiden-Ind.; mehrere kath. u. orth. Bischöfe. **A.-Beule** ↗Orient-**alert** (frz.), munter, flink. [beule.
Alès (: aläß), fr. *Alais*. südfrz. Arrondisse-ment-Hst., 45000 E.; Kohlenbergbau.
Alessandria, ober-it. Prov.-Hst.; 99000 E.
Ålesund, norweg. Hafenstadt auf 3 Inseln vor dem Storfjord, 40000 E.
Aletschgletscher, größter Alpengletscher, in den Berner Alpen; 26,8 km lang, 115 km².

Aletschgletscher

Aleuron *s* (gr.), ↗Kleber.
Aleuten, Kette von 150 Inseln zw. Alaska u. Kamtschatka, 1800 km lang, Reste einer Landbrücke, kein Baumwuchs, Hauptort Dutch Harbor; 8000 E., Reste eskimoischer Küstenbevölkerung. 1867 mit Alaska v. den Russen an die USA verkauft; US-Flotten- u. Luftbasis.
Alexander, 8 Päpste, bes. **A. III.**, 1159–1181, einer der größten Pp.e des MA; verteidigte die kirchl. Rechte gg. Friedrich Barbarossa, 4 Gegenpäpste u. Heinrich II. v. Engl. **A. VI.**, 1492/1503, sittenlos, bes. auf die Erhöhung seines Hauses (Borgia) bedacht. Fürsten: **A. der Große**, 356–323 v. Chr., Sohn u. 336 Nachfolger Kg. Philipps v. Makedonien, unterwarf das Perserreich,

drang bis nach Ägypten u. Indien vor, starb aber zu früh, um seine gewaltige Schöp-fung, das hellenist. Weltreich, zu sichern. Strebte Vermischung u. Zusammenwirken von Hellenen u. Orientalen, innere Einheit u. Gleichberechtigung seiner Völker an. – Rußland: **A. I.**, 1777–1825; 1801 Zar, betrieb zeitweilig Reformen nach westl. Muster. 12 Sieger über Napoleon, 15 Mitbegr. der Hl. Allianz. **A. II.**, 1855 Zar, führte innere Reformen durch, so 61 die Bauernbefreiung; 81 durch Revolutionäre ermordet. **A. III.**, 81/94 Zar, gg. Selbstverwaltung. – *Serbien:* **A. I.** **Obrenowitsch**, 1889 Kg., 1903 ermordet. *Jugoslawien:* **A. I.**, 1888–1934, seit 21 Kg. der Serben, Kroaten u. Slowenen; bildete 29 den Einheitsstaat Jugoslawien; bei einem Staatsbesuch in Frankreich ermordet.
Alexandria, arab. *Iskanderija*, größter Hafen u. Wirtschaftszentrum Ägyptens, im Nil-delta, 2,5 Mill. E.; Sitz mehrerer Bischöfe; Univ., Ölraffinerie. – In der christl. Frühzeit der relig. Mittelpunkt Ägyptens (Patriar-chat), berühmte Katechetenschule u. jüd.-alexandrin. (Philosophen-)Schule. Die Stadt 332 v. Chr. von Alexander d. Gr. gegr., mit prächtigen Bauten, Hauptsitz griech.-ori-ental. Welthandels (ca. 1 Mill. E.), Mittel-punkt des hellenist. Geisteslebens (bis ins 3. Jh. n.Chr.) mit der berühmtesten Biblio-thek des Alt.; seit 7. Jh. Verfall, 1517 türk., 1798 v. Napoleon erstürmt.
Alexandriner *m*, 6hebiger, in gleiche Hälften geteilter Vers; ben. nach der altfrz. Dichtung über Alexander d. Gr.
Alexianer (Mz.), im 14. Jh. entstandene, nach dem hl. Bettleraszeten *Alexius* (um 400) ben. religiöse Genossenschaft v. Laienbrüdern zur Pflege Geisteskranker.
Alexianerinnen für weibl. Krankenpflege.
Alexis, *Willibald* (eig. Wilh. Häring), dt. Schriftsteller, 1798–1871; Romane aus der preuß. Geschichte; *Die Hosen des Herrn von Bredow.*
Al Fatah (: -fatach), palästinens. Wider-standsbewegung ↗Arafat.   [24500 E.
Alfeld (Leine), niedersächsische Kreisstadt,
Alfieri, *Vittorio* Graf, it. Dramatiker, 1749 bis 1803; Tödien strengen Stils.

Papst Alexander VI.

Münzbildnis Alexanders d. Gr., mit Ammonshörnern

Zar Alexander I.

Reich Alexanders des Großen

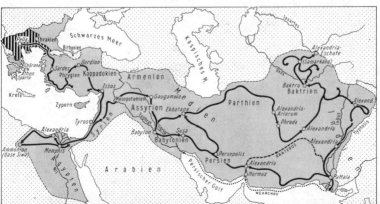

▥ *Makedonien beim Tode Philipps 336* ▨ *Eroberungen Alexanders* ▦ *von Alexander abhängige Staaten* ← *Züge Alexanders* ⇠ *Züge seiner Feldherrn*

Alföld s, ungar. Tiefebene, 90 000 km².
Alfons v. Liguori, hl. (1. Aug.), Kirchenlehrer, 1696–1787; Stifter der Redemptoristen, 62/75 Bischof in Süd-It. Berühmt durch moraltheolog. Werke mit hervortretender Kasuistik. Patron der Beichtväter.
Alfons X. der Weise, 1252/82 Kg. v. *Kastilien*, 57 dt. Gegen-Kg. **A. XIII.**, 1886–1941; 1902 Kg. v. *Spanien*, dankte 31 nach dem republikan. Wahlsieg ab.
Alfred d. Gr., 871/900 angelsächs. Kg., vertrieb die Wikinger; bedeutend als Ges.geber
al fresco (it.) ↗Freskomalerei. [u. Bauherr.
Alfrink, *Bernard Jan*, niederländ. kath. Theologe, * 1900; 55/75 Erzb. v. Utrecht, 60 Kard.; zählt zu den fortschrittl. gesinnten Vertretern der kath. Kirche.
Alfter, Gemeinde bei Bonn, 16 500 E.
Alfvén (: -wẹn), *Hannes*, schwed. Physiker, * 1908; 1970 Nobelpreis für Arbeiten zur Plasmaphysik.
Algebra w (arab.), Lehre von den Gleichungen u. Funktionen; allg. von algebraischen Strukturen.
Algeciras (: -chẹ̱ßiraß), span. Hafenstadt an der *Bai von A.*, 80 000 E.; Badeort. – 1906 erste Marokko-Konferenz.
Algen, Gruppe der ↗Kryptogamen, Pflanzen im Meer- od. Süßwasser, ein- od. mehrzellig, grüne, braune u. rote Formen; Nahrung für Wasserkleintiere. 20 000 A.arten.
Algerien, frz. *Algérie*, Rep. an der Mittelmeerküste Afrikas, zw. Marokko u. Tunesien. E. meist muslim. Berber u. Araber, 50 000 Europäer. Südl. des Atlasgebirges, zw. dessen Ketten das versalzte Hochland der Schotts liegt, beginnt die Sahara. Der Schwerpunkt der Landwirtschaft liegt in der fruchtbaren Küstenzone: Wein, Citrusfrüchte, Getreide, Tabak u. Oliven. Das Bergland liefert Phosphate u. Eisenerze, die Sahara große Mengen Erdöl u. Erdgas. – In der Römerzeit die Prov. Numidien u. Mauretanien; Blüte durch die Vandalen (429/534) u. Araber (690) vernichtet; seit 1519 türk. Oberhoheit, ab 1830 v. Fkr. erobert; im 2. Weltkrieg Rückzugsgebiet der frz. u. Landungsstätte der engl.-am. Truppen; seit Nov. 1954 bewaffneter Aufstand gg. Fkr.; nach 7¹/₂jähr. Krieg 18. 3. 62 Waffenstillstand v. Évian. Am 3. 7. 62 wurde A. unabhängig. Seit 79 Oberst Benjeddid Chadli Staatspräsident.
Algier (: alschir), frz. *Alger* (::alschẹ), Hst. u. Haupthafen Algeriens, 1,5 Mill. E.; Univ., kath. Erzbischof.
Algol (arab.), veränderl. Doppelstern (Bedeckungsveränderlicher) im Perseus.
ALGOL s, Abk. für *Algorithmic language*, eine Symbolsprache zur Programmierung elektron. Rechenanlagen.
Algonkin, Indianer aus dem N Kanadas.
Algonkium ↗Erdzeitalter.
Algorithmus m (arab.-gr.), methodisches Rechenverfahren.
Alhambra w (arab.), Schloß der maur. Könige in Granada, Meisterwerk der maur. Kunst des 13./14. Jh.
Ali, der Vetter u. Schwiegersohn Mohammeds, 656/661 Kalif; seine Anhänger die Schiiten.

Algerien

Amtlicher Name:	République Algérienne Démocratique et Populaire
Staatsform:	Volksrepublik
Hauptstadt	Algier
Fläche:	2 381 741 km², davon Nordalgerien 295 033 km², Sahara 2 171 800 km²
Bevölkerung:	18,3 Mill. E.
Sprache:	Arabisch, Französisch, Berberdialekte
Religion:	Überwiegend Muslimen, ca. 200 000 Katholiken
Währung:	1 Dinar = 100 Centimes
Mitgliedschaften:	UN, OAU, Arabische Liga, Casablanca-Staaten

Alhambra, Granada: Teil des Löwenhofs

alias (lat.), sonst (bei doppelten Namen; z. B. Müller a. Mayer).
Alibi s (lat. = anderswo), im Prozeßrecht der Nachweis des Beschuldigten, nicht am Tatort gewesen, deshalb nicht der Täter zu sein.
Alicante, südostspan. Prov.-Hst. u. Hafen am Mittelmeer, 222 000 E.; Wein-Ausfuhr.
Alighieri ↗Dante.
Alimente (Mz., lat.), Unterhalt, bes. an geschiedene Frauen u. deren Kinder bzw. an nichteheliche Kinder.
a limine (lat.), von vornherein, rundweg.
aliphatische Reihe (gr.), chem. Verbindungen mit kettenförmig verknüpften Kohlenstoffatomen, z. B. Methan, Äthan usw.
Alizarin s, Farbstoff aus der Krappwurzel; bildet mit Basen gefärbte Salze *(Krapplacke)*.
Aljechin (: -jọchin), *Alexander* A., 1892 bis 1946; seit 1921 in Fkr., 27/35 u. 37/46 Schachweltmeister.
Alkali s (Mz. *Alkalien*), Oxide, Hydroxide, Carbonate der A.metalle, wasserlösl. Basen. **A.metalle**, Lithium, Natrium, Kalium, Rubidium, Cäsium u. Francium; weich, geringe Dichte, chem. sehr reaktionsfähig.
Alkaloide, stickstoffhalt. Pflanzenbasen: Nikotin, Kokain, Morphium, Chinin, Koffein.
Alkäus, griech. Lyriker des 6. Jh. v.Chr.
Alken, plumpe Seevögel, z. B. der *Tordalk* der nord. Meere; der *Riesenalk* (ausgerottet). ↗Krabbentaucher.
Alkibiades, athen. Staatsmann, genial, aber maßlos ehrgeizig, führte 415 v. Chr. den unglückl. Feldzug gg. Sizilien; floh zu den Spartanern u. Persern, 408 wieder athen. Feldherr, 407 geächtet, 404 ermordet.
Alkmaar, Stadt am Nordholländ. Kanal, nördl. v. Amsterdam, 69 000 E.; Käsemarkt.
Alkohol m (arab.), Gruppe aus Kohlen-, Wasser- u. Sauerstoff bestehender organ.-chem. Verbindungen, gemeinsames Kennzeichen: OH-Gruppen. Mit zunehmenden Kohlenstoffatomen im Molekül werden die Glieder der Reihe dickflüssiger u. schwerer verdampfbar. *Methyl-A.* od. *Methanol*,

CH₃OH, für Industriezwecke; Lösungsmittel, hochgiftig. *Äthyl-A.* od. *Äthanol,* C₂H₅OH, durch Vergären v. Traubenzucker mittels Hefepilzen hergestellt. Äthanol auch synthetisch aus Acetylen darstellbar. Mehrmal. Destillation v. Äthyl-A. ergibt *Weingeist* (85–87%), *Sprit* (96%), *absoluten* A. (99,4–99,7%). Der Äthyl-A. ist Hauptbestandteil der alkohol. Getränke. Weitere Verwendung: Medizin, Lösungsmittel, Treibstoff. **Alkoholismus,** übermäßiger Genuß v. Alkohol. Folgen: Alkoholvergiftung, Gedächtnisschwäche, Erbschädigung, Familienelend. **Alkoholometer** ↗Senkwaage. **A.test,** *A.nachweis,* Bestimmung des A.gehaltes im Blut durch ↗Blutprobe oder chem. Untersuchung der Atemluft; im Verkehrsrecht der BRD obere Grenze (Fahruntüchtigkeit) 1973 auf 0,8⁰/₀₀ festgelegt. **A.verbot** ↗Prohibition.

Alkoven *m* (arab.), Bettnische.

Alkuin, 735–804; angelsächs. Gelehrter, Hauptmitarbeiter Karls d. Gr. am Aufbau des fränk. Bildungswesens; 796 Abt v. St. Martin in Tours.

Allah, im Islam der einzige, ewige Gott.

Allahabad, Stadt im ind. Staat Uttar Pradesch, 480 000 E.; Univ.; kath. Bischof.

Alldeutsche, in Dtl. vom *A.n Verband* (1891), in Östr. von ↗Schönerer ausgehende Bewegung mit imperialist. „großdeutscher" u. antisemit. Zielsetzung.

Allee *w* (frz.), baumgesäumte Straße.

Alleghenies *w* (: äligän's), Teil der ↗Appalachen.

Allegorie *w* (gr.), Umsetzung eines Begriffes in eine bildl. Darstellung. **allegorisch,** gleichnishaft.

allegro (it.), fröhlich, munter; **A.** *s,* schneller musikal. Satz.

Alleluja, *Hallelujah* (hebr. = lobet Gott), jubelnder Gebetsruf, bes. zur österl. Zeit.

Allende (: aljen-), *Salvador,* chilen. Politiker, 1908–73; seit 70 Staatspräs.; begann in Chile einen marxist. geprägten Sozialismus auf demokrat. Wege auszuführen; kam bei einem Militärputsch ums Leben.

Allendorf ↗Stadtallendorf.

Allen-Gürtel (: äl⁰n-) ↗Strahlungsgürtel.

Allensbach, bad. Gemeinde am Bodensee, 5500 E.; Sitz eines demoskop. Instituts.

Allenstein, poln. *Olsztyn,* ostpreuß. Stadt, Hst. der Wojewodschaft Olsztyn, 127 000 E.; kath. Bischof, Priesterseminar.

Aller *w,* Nebenfluß der Weser, 263 km lang; schiffbar ab Celle.

Allergie *w* (gr.), Überempfindlichkeit gg. Reizstoffe *(Allergene). Allergische Krankheiten:* Heufieber, Asthma, Nesselsucht, Migräne, Hautausschläge.

Allerheiligen, 1. Nov., kath. Gedenktag aller Heiligen u. Seligen. **Allerheiligstes, 1)** in der kath. Kirche die im Tabernakel aufbewahrte konsekrierte Hostie. **2)** im AT der nur einmal im Jahr vom Hohenpriester betretbare Teil der Stiftshütte bzw. des Tempels mit der Bundeslade.

Allerseelen, 2. Nov., kath. Gedenktag für alle verstorbenen Gläubigen.

Allesfresser, *Gemischtköstler,* Tiere, die v. pflanzl. u. tierischer Nahrung leben.

Alkoholgehalt von Getränken

Getränk	g Alkohol
Spezialbier	9,1[1]
Starkbier	11,6
Porter	12,9
Ale	13,1
Weißwein	7,2-11,9[2]
Rotwein	8,3-11,9
Schaumwein	9,0-15,2
Süßwein	16,5-21,3
Branntwein	4,8-6,4[3]
Whisky	4,8-6,4
Kognak	8,1-9,8
Rum	9,8-10,6

[1] in 250 cm³, [2] in 150 cm³, [3] in 20 cm³

Der ⁰/₀₀-Gehalt im Blut wird bestimmt aus den Gramm Alkohol in der Menge des konsumierten Getränkes und dem Körpergewicht in kg · 0,8

$$\frac{\text{g Alkohol}}{\text{kg} \cdot 0{,}8} = {}^{0}/_{00}$$

Allongeperücke

Allgäu *s,* schwäb.-bayer. Oberland (Alpenvorland) zw. Bodensee, Lech u. dem angrenzenden Teil der Nördl. Alpen (*A.er Alpen,* bis 2657 m hoch). Hauptort Kempten. Fruchtbare Böden, Viehzucht, Milchwirtschaft, Käsereien.

Allgemeines Bürgerliches Gesetzbuch, Abk. ABGB, Grundlage des bürgerl. Rechts in Östr., in Kraft seit 1812.

Allgemeines Zoll- u. Handelsabkommen ↗GATT.

Allianz *w* (frz.), Staatenbündnis. **A. für den Fortschritt,** ein 1961 v. 20 am. Staaten unter Führung der USA beschlossener Zehnjahres-Kreditplan für die unterentwickelten latein-am. Staaten.

Alligator *m,* Familie der ↗Krokodile.

alliiert (frz.), verbündet. **Alliierte,** die im 2. Weltkrieg gg. Dtl. u. seine Verbündeten zusammengeschlossenen Staaten. **alliierte u. assoziierte Mächte,** die Gegner der ↗Mittelmächte im 1. Weltkrieg.

Alliteration *w* (lat.), gleicher Anlaut der betonten Silben bei mehreren Wörtern (z. B. mit Mann u. Maus; Haus u. Hof).

Allmende *w,* Boden u. Gewässer im Gemeindeeigentum u. in Benutzung der Gemeindemitglieder; im 18. Jh. weitgehend aufgelöst.

Allod *s,* im MA das freie Eigentum im Ggs. zum Lehen.

Allonge *w* (: alōnsch⁰, frz.), Anhang eines ↗Wechsels, für ↗Indossamente.

Allongeperücke (: alōnsch⁰-), langlockige Perücke; entstanden unter Ludwig XIV., heute noch Teil der engl. Richtertracht.

Allons (: alōn, frz.), vorwärts! auf! *A. enfants de la patrie,* „Auf, Kinder des Vaterlands", Anfang der ↗Marseillaise.

Allopathie *w* (gr.), die übl. Arzneimittelbehandlung, die Medikamente verwendet, die den betr. Krankheiten entgegengesetzte Wirkung hervorrufen, im Ggs. zur ↗Homöopathie.

Alloplastik *w* (gr.), Verwendung v. körperfremden Stoffen (Metall, Kunststoff) bei plast. Operationen.

Allotria (Mz., gr.), Unfug, Spielerei.

Allotropie *w* (gr.), verschiedene Erscheinungsformen mancher Stoffe, z. B. Kohlenstoff als Diamant und Graphit.

Allschwil, schweizer. Stadt im Kt. Basel-Land, 17 000 E.; Ziegelwerke.

Allstromgeräte, an elektr. Gleich- od. Wechselstrom anschließbare Geräte.

Allüre (frz.), Gangart des Pferdes. **A.n** (Mz.), auffälliges Benehmen, Gehaben.

Alluvium *s* (lat.), geolog. die jüngste Formation. □ 237. *Alluvialländer,* Schwemmland. *Alluvialgürtel,* die ↗Alp.

Alm *w,* Alpenweide, die ↗Alp.

Alma-Ata, Hst. der Kasach. SSR, südl. des Balchaschsees, 910 000 E.; Univ., Metall- u. Baumwoll-Ind. Stichbahn zur ↗Turkestan-Sibirischen Eisenbahn.

Almadén, mittelspan. Stadt, 14 000 E. In der Nähe sehr reiche Quecksilbergruben.

Alma mater (lat. = Nährmutter), Bz. für die Universität als geistige Mutter.

Almanach *m* (arab.), wiss. od. schöngeistiges Jahrbuch, urspr. astronom. Kalender.

Almandin *m,* Abart des ↗Granats.

Almelo, niederländ. Stadt in Overijssel, 64000 E.; Textilindustrie.
Alm(en)rausch m, ⟋Alpenrose.
Almería, südostspan. Hafenstadt, 125000 E.
Almosen s (gr.), Gabe für Hilfsbedürftige.
Aloe w, strauch- od. baumartige Dickblattpflanze, bes. im Kapland; eingekochter Saft der Blätter als Heilmittel.
Aloysius v. Gonzaga, hl. (21. Juni), SJ, 1568–1591; it. Grafensohn, starb im Dienst an Pestkranken. Patron der Jugend.
Alp w, Bergweide in Hochgebirgen. A.- od. Almwirtschaft, Verarbeitung der Milch zu Butter u. Käse.
Alpaka s, 1) ein ⟋Neusilber. 2) ⟋Pako.
al pari (it.), bei Wechseln u. Wertpapieren die Übereinstimmung v. Kurs u. Nennwert.
Alpdrücken s (von Alp =¹ Nachtgespenst), Angstgefühle in Schlaf od. Traum; körperl. od. seel. Ursachen.
Alpen, mächtigstes Hochgebirge Europas, Klima- u. Wasserscheide zw. Mittel- u. Südeuropa, beginnen am Apennin, enden nach 1200 km an der Ungar. Tiefebene; höchster Berg Montblanc (4807 m). Geologisch ein Faltengebirge. West- u. Ost-A., mit mehreren Zonen. Baumgrenze zw. 1700 u. 2300 m. Über 2800 m liegt ewiger Schnee. Weideflächen (27%), fruchtbare Talböden, Erzlagerstätten, Wasservorräte. Nord-Süd-Durchgangsgebiet; viel Fremdenverkehr.
A.dohle, A.krähe, rabenähnl. Vogel der Hochgebirge. **A.dost** m, Staude in feuchten Gebirgswäldern. **A.garten** ⟋Steingarten. **A.glühen,** roter Glanz der Schnee- u. Gesteinsflächen nach Sonnenuntergang. **A.-jäger,** Gebirgstruppe. **A.pflanzen,** an kurze Vegetationszeit u. Kälte angepaßt; auf Matten u. Hochstaudenfluren hauptsächl. über der Baumgrenze: Gelber Enzian, Silberwurz, A.rose, Edelweiß, Zwergprimel. □ 451. **A.rebe,** einzige Kletterpflanze der A., der Waldrebe ähnlich. **A.rose,** Alpen- od. Almenrausch, Rhododendron; Grüne u. Braune A.rose. **A.salamander,** bis 16 cm langer Molch der Gebirgswässer. **A.veilchen,** Erdscheibe, den Primeln verwandt, Heilpflanze; Knollen giftig. **A.verein,** Spitzenverband zur tourist. u. wissenschaftl. Erschließung der A. u. anderer Hochgebirge. **A.vorland,** Hochebene am Nordrand der A., bis zur Donau.
Alpha s, der 1. Buchstabe der griech. Buchstabenfolge (α). **Alphabet** s, Buchstaben-

Alpen-Paßstraßen	Meter ü.M.	Verbindung		Höchststeigung
		Länder	Orte	
Albula	2312	CH	Tiefenkastel–Punt	10%
Arlberg	1793	A	Bludenz–Landeck	12%
Bernina	2323	CH/I	Pontresina–Tirano	10%
Brenner	1375	A/I	Innsbruck–Sterzing	12%
Brünig	1008	CH	Luzern–Interlaken	10%
Fernpaß	1210	D/A	Garmisch–Landeck	8%
Flexen	1773	A	Arlberg–Reutte	10%
Flüela	2383	CH	Davos–Susch	11%
Furka	2431	CH	Andermatt–Gletsch	10%
Gerlos	1507	A	Zell a. Ziller–Krimml	10%
Gotthard	2108	CH	Andermatt–Bellinzona	10%
Grimsel	2165	CH	Meiringen–Gletsch	9%
Gr. St. Bernhard	2469	CH/I	Martigny–Aosta	12%
Straßentunnel	1900			9%
Großglockner	2505	A	Bruck i.P.–Lienz	12%
Jaufen	2094	I	Sterzing–St. Leonhard	12%
Julier	2284	CH	Tiefenkastel–Silvaplana	10%
Katschberg	1641	A	Murtal–Drautal	17%
Klausenpaß	1948	CH	Altdorf–Glarus	9%
Kl. St. Bernhard	2188	F/I	Bourg St. Maurice–Aosta	12%
Loibl	1368	A/YU	Klagenfurt–Ljubljana	29%
Straßentunnel	1065			17%
Lukmanier	1916	CH	Disentis–Biasca	9%
Maloja	1815	CH/I	St. Moritz–Chiavenna	9%
Mont Cenis	2083	F/I	Lanslebourg–Susa	12%
Mont Genèvre	1854	F/I	Briançon–Susa	8%
Oberalppaß	2044	CH	Disentis–Andermatt	10%
Ofenpaß	2149	CH/I	Zernez–Münstertal	10%
Plöcken	1362	A/I	Mauthen–Tolmezzo	14%
Radstädter Tauern	1739	A	Radstadt–St. Michael	12%
Reschen	1504	A/I	Nauders–Mals	9%
San Bernardino	2065	CH	Splügen–Bellinzona	10%
Straßentunnel	1650			10%
Simplon	2005	CH/I	Brig–Domodossola	13%
Splügen	2113	CH/I	Splügen–Chiavenna	9%
Stilfser Joch	2757	I	Spondinig–Bormio	12%
Susten	2224	CH	Meiringen–Wassen	9%

A = Östr., CH = Schweiz, D = Dtl., F = Fkr., I = It., YU = Jugoslawien

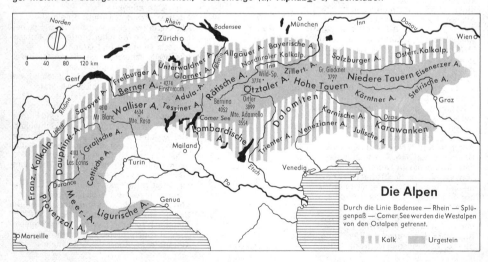

Die Alpen

Durch die Linie Bodensee — Rhein — Splügenpaß — Comer See werden die Westalpen von den Ostalpen getrennt.

▮▮▮ Kalk ▥▥▥ Urgestein

folge, nach den 2 ersten Buchstaben des griech. Alphabets (Alpha, Beta). **Alphastrahlen** ↗Radioaktivität.

Alphorn, Blasinstrument der Alpenhirten, bis 4 m lang.

Alpine Kombination, im Skisport: zusammenfassende Wertung v. ↗Abfahrtslauf u. ↗Torlauf.

Alpine Wettbewerbe, Skiwettbewerbe, zusammenfassende Bz. für Abfahrtslauf, Torlauf (Slalom) u. Riesentorlauf im Ggs. zu den ↗Nordischen Wettbewerben.

Alpinismus m, ↗Bergsteigen.

Alpirsbach, württ. Stadt u. Luftkurort, 6700 E.; roman. Kirche. **A.er Kreis,** Gemeinschaft zur Erneuerung des ev. Gottesdienstes.

Alraun m, Alraune w, rübenähnl., oft menschenähnl. (A.männchen) Wurzeln von Nachtschattengewächsen; fr. Zaubermittel.

A. Altdorfer: Christophorus, Zeichnung (1510)

Alsdorf, rhein. Stadt nördl. von Aachen, 46000 E.; Kohlenbergbau, chem. Industrie.

Alse w, bis 70 cm lange Art der Heringe, mit gutem Fleisch.

Alsen, dän. Insel im Kleinen Belt, 315 km², 50000 E.; Hst. Sonderburg.

Alsfeld, Stadt in Oberhessen, 18000 E.

Alster w, rechter Nebenfluß der Unterelbe, 52 km lang, bildet in Hamburg 2 Becken (Außen- u. Binnen-A.), mündet in den Hamburger Hafen.

Alt m (lat.-it.), Altstimme, die tiefe Frauen- od. Knabenstimme. ☐ 951.

Altai m, Gebirgssystem im NW Innerasiens. Russ. A. u. Mongol. A., bis 4550 m hoch.

Altamira, Höhle bei Santillana del Mar (Nordspanien), mit ↗Höhlenmalereien (Bisons, Eber u.a.) aus der Altsteinzeit. Naturgetreue Kopie im Dt. Museum. ☐ 399.

Altan m (it.), balkonartiger Vorbau, Söller.

Altar m (lat.), in der allg. Religionsgesch. erhöhte Opferstätte. – Im Christentum seit Ende des 1. Jh. Bz. für den Abendmahlstisch. Der feste A. kam auf, als im 4. Jh. Altäre über den Märtyrergräbern errichtet wurden. Seither erfuhr die A. die verschiedensten Ausformungen 'u. künstler. Ausschmückungen. – Der A. gilt in der kath. Kirche als Symbol für Christus; die Kirchen der Reformation kehrten weitgehend zur Auffassung des A. als Abendmahlstisch zurück. ☐ 281.

Altarssakrament, kath. Bz. für das Abendmahl.

Altchristliche Kunst ↗Frühchristl. Kunst.

Altdorf, 1) bayer. Stadt s.ö. von Nürnberg, 11800 E.; 1623/1809 prot. Univ. **2)** Hauptort des Schweizer Kt. Uri, 8500 E.

Altdorfer, Albrecht, Maler, Kupferstecher, Zeichner u. Baumeister in Regensburg, 1480–1538; bibl. u. histor. Szenen, Landschaften, Holzschnittfolgen. ↗Donauschule.

Altena, westfäl. Stadt im Sauerland, 25000 E.; Drahtindustrie, Jugendburg.

Altenberg, ehem. Zisterzienserabtei im Bergischen Land. Gotischer Dom; Mittelpunkt der Dt. Kath. Jugend (Haus A.).

Altenburg, Krst. im Bez. Leipzig, an der Pleiße, 54500 E.; Schloß (11. Jh.); Spielkartenindustrie, Papier-Fachschule.

Altenteil, Leibgedinge, Ausgedinge, Auszug, Altvaterrecht, lebenslängl. Versorgung, die sich der Besitzer eines Bauernguts bei dessen Abtretung vorbehält.

Alter, 1) Lebensdauer eines Lebewesens. Das Altern, bedingt durch allmähl. Verlust der Fähigkeit der Zellen, sich zu vermehren

Tischaltar

Kastenaltar

Blockaltar

Sarkophagaltar

Altar-Formen

Das Alter im Recht der BRD

Von 6 bis 15 Jahren:
Allg. Schulpflicht.

Bis 7: Geschäfts- u. Deliktsunfähigkeit.

Von 7 bis 18: Beschränkte Delikts- u. Geschäftsfähigkeit.

Mit 10: Das Kind muß bei Meinungsverschiedenheiten der Eltern über Religionswechsel oder Abmeldung vom Religionsunterricht gehört werden.

Mit 12: Erziehung des Kindes in einem anderen Bekenntnis gegen seinen Willen nicht mehr möglich.

Bis 14: Strafunmündigkeit. Allgemeines Verbot der Kinderarbeit.

Mit 14: Entscheidungsfreiheit über das religiöse Bekenntnis. Einwilligung des Kindes bei Annahme an Kindes Statt.

Von 15 bis 18: Berufsschulpflicht; Jugendarbeitsschutz; bedingte Strafmündigkeit.

Bis 16: Jugendschutz.

Mit 16: Das Vormundschaftsgericht kann ein Mädchen für ehemündig erklären, falls der Partner volljährig ist.

Bis 18: Anspruch des nichtehelichen Kindes gegen seinen Vater auf Unterhalt. Verkauf u. Ausschank von branntweinhaltigen Getränken an Jugendliche verboten. Ein Minderjähriger steht unter elterlicher Gewalt oder unter Vormundschaft.

Mit 18: Volljährigkeit, damit unbeschränkte Geschäfts- u. Rechtsfähigkeit; aber nur beschränkte Strafmündigkeit. Ende des Unterhaltsanspruchs (außer für Ausbildung und bei Studium) sowie des Wahl- u. od. vormundschaftlichen Weisungsrechtes. Ehemündigkeit. Aktives und passives Wahlrecht. Der Mann wird wehrpflichtig. (Diese Normen gelten z.T. erst ab 1.1.1975.)

Mit 21: Unbeschränkte Strafmündigkeit.

Mit 24: Recht zur Ausbildung von Lehrlingen.

Mit 25: Annahme an Kindes Statt möglich.

Mit 30: Wählbarkeit zum Schöffen und Geschworenen.

Mit 60: Übernahme der Vormundschaft ablehnbar.

Mit 63: Anspruch auf Altersrente aus der staatlichen Rentenversicherung.

Mit 65: Allgemeine Altersgrenze für Beamte. Amt des Schöffen und Geschworenen ablehnbar.

u. zu erneuern, äußert sich u. a. in Minderung der Spannkraft des Körpers, mangelhafter Ausnutzung der Nährstoffe, Nachlassen bestimmter hormonaler Drüsenfunktionen. **2)** *A. im Recht der BRD.* □ 19.
Alter Bund ↗Bibel.
alternativ (lat.), abwechselnd.
Alternative *w*, Wahl zw. 2 Möglichkeiten.
alternieren, abwechseln. [sung.
Altersbestimmung ↗radioaktive Zeitmes-
Altersgrenze, das Lebensalter, in dem Beamte, Arbeiter u. Angestellte zwangsweise aus dem Arbeitsleben ausscheiden und Anspruch· auf ein Altersruhegeld haben; v. Sonderregelungen abgesehen, liegt die A. in der BRD beim vollendeten 65. Lebensjahr. ↗Flexible Altersgrenze.
Altersheim, *Altenheim,* Wohnheim für Alte u. Gebrechliche, meist v. Städten u. Wohlfahrtsverbänden unterhalten. Entweder ,,Einkauf'' durch einmalige Vermögenshingabe od. laufende Zahlung der Unterhaltskosten (im Notfall v. der Wohlfahrt übernommen).
Altershilfe, Altersgeld für Landwirte v. 65., bei Übergabe des Hofes an den Erben schon v. 50. Lebensjahr an; Träger die landwirtschaftl. Berufsgenossenschaften. Aufbringung der Mittel durch Beiträge u. staatl. Zuschuß.
Alterskrankheiten treten mit zunehmendem Alter auf: Gelenk-, Herz- und Kreislauferkrankungen, ↗Arterienverkalkung. ↗Geriatrie.
Alterspräsident, ältestes Mitgl. einer neugewählten Körperschaft, führt bis zur Wahl des eig. Präs. den Vorsitz.
Altersruhegeld ↗Rentenversicherung.
Altersversicherung ↗Lebens-, ↗Rentenversicherung.
Altertum, der früheste Zeitraum in der Gesch. eines Volkes od. der Menschheit, über den schriftl. Nachrichten vorliegen. Ferner der erste der 3 Abschnitte, in die man die abendländ. Gesch. einteilt; etwa bis zum Untergang des Röm. Reiches. *Klassisches A.* ↗Antike; *christliches A.,* die ersten christl. Jahrhunderte.
Ältestenrat, Parlamentsausschuß für Geschäftsordnungsfragen.
Altes Testament (AT) ↗Bibel.
Alte Welt, Sammelname für die schon im Alt. bekannten Erdteile Europa, Asien, Afrika. Gegenstück die *Neue Welt,* Amerika u. Australien; oft nur Amerika gemeint.
Altkatholiken, romfreie Kirchengemeinschaften, seit 1899 mit der *Kirche v. Utrecht* in der ↗Utrechter Union zusammengeschlossen. Die *Altkatholische Kirche,* nach dem 1. ↗Vatikan. Konzil entstanden, verwirft neben der Unfehlbarkeit des Pp. bes. die Unbefleckte Empfängnis Mariens u. die Transsubstantiationslehre. – Gesamtzahl der Mitgl. ca. 500000; in der BRD 30000 in 49 Pfarreien, Bischof in Bonn; in der DDR 5000, in Östr. 38000, in der Schweiz *(Christkath. Kirche)* 21000, in den Niederlanden *(Kirche v. Utrecht)* 12000. Mitgl. des Weltrates der Kirchen.
Altlünen, Stadtteil v. ↗Lünen (seit 75), 15500 E.; Eisenindustrie.

Altertum
Die wichtigsten historischen Daten

vor Christus

um 3000	In Mesopotamien entstehen sumerische Stadtstaaten. Am Nil bilden sich das oberägypt. und das unterägypt. Reich; Kg. *Menes* vereinigt beide zu einem Gesamtstaat.
um 2500	Bau der Pyramiden in Ägypten.
um 2000	Einwanderung der Indoeuropäer in den Mittelmeerraum.
um 1700	Der babylon. Kg. *Hammurapi* läßt eine Gesetzessammlung in Stein meißeln *(Codex Hammurapi).*
um 1500	Nach Vertreibung der Hyksos wird Ägypten zur führenden Großmacht.
um 1000	Die Israeliten erobern Kanaan.
814	Der phönikische Stadtstaat Tyros gründet Karthago.
776	Bei den olympischen Spielen werden erstmals öff. Siegerlisten aufgestellt.
753	Sagenhafte Gründung Roms.
um 700	Höchste Machtentfaltung des assyrischen Reiches.
624	In Athen werden durch *Drakon* erstmals die Gesetze schriftlich festgelegt.
594/593	*Solon* schafft in Athen eine neue Rechtsordnung.
seit 550	Aufstieg Persiens zum Weltreich.
um 500	In Rom wird das Königtum gestürzt.
508/507	Athen erhält durch *Kleisthenes* eine demokratische Verfassung.
500–448	Perserkriege gegen die Griechen (490 Sieg der Griechen bei Marathon; 480 Schlacht bei den Thermopylen; 480 Seesieg der Athener bei Salamis); Athen wird Vormacht in Griechenland.
413–404	Peloponnesischer Krieg; Sparta erringt die Hegemonie in Griechenland.
340–272	Rom unterwirft sich in einer Reihe von Kriegen Mittel- und Unteritalien.
338	*Philipp II. von Makedonien* besiegt bei Chäronea die Griechen; ihr Land kommt unter makedonische Vorherrschaft.
336–323	Regierungszeit *Alexanders des Großen.*
334–331	*Alexander* erobert das Perserreich (334 Sieg am Granikos, 333 bei Issos, 331 bei Gaugamela).
323–280	nach dem Tod *Alexanders* zerfällt sein Reich in den Diadochenkämpfen.
264–241	1. Punischer Krieg Roms gegen Karthago; Sizilien wird römische Provinz.
218–201	2. Punischer Krieg Roms gegen Karthago (216 Niederlage der Römer bei Cannae, 202 römischer Sieg bei Zama); Spanien wird römische Provinz.
149–146	3. Punischer Krieg Roms gegen Karthago; die Stadt wird zerstört.
146	Griechenland wird römische Provinz.
121	Südgallien wird römische Provinz.
113	Die germanischen Kimbern und Teutonen fallen ins römische Noricum ein; die Kimbern werden 102 bei Aquae Sextiae, die Teutonen 101 bei Vercellae vernichtet.
73–71	Sklavenaufstand unter *Spartacus.*
58–51	*Caesar* erobert ganz Gallien.
44	Ermordung Caesars.
31	*Octavian* Alleinherrscher im Römischen Reich; erhält 27 vom Senat den Ehrentitel *Augustus.*
30	Ägypten wird römische Provinz.

nach Christus

9	Vernichtende Niederlage der Römer im Teutoburger Wald; Rückzug auf die Rheinlinie.
66–70	Jüdischer Aufstand; endet mit der Zerstörung Jerusalems.
83	Baubeginn des Limes; 283 wird er von den Alamannen überrannt und zerfällt dann.
98–117	Herrschaft des Kaisers *Trajan;* unter ihm erreicht das Römische Reich seine größte Ausdehnung.
313	Kaiser *Konstantin der Große* gewährt dem Christentum volle Gleichstellung mit den anderen Religionen.
330	*Konstantin der Große* verlegt die Reichshauptstadt nach Byzanz (seither Konstantinopel).
375	Der Vorstoß der mongolischen Hunnen nach Europa löst die Völkerwanderung aus.
395	Teilung des Römischen Imperiums in einen östlichen und einen westlichen Reichsteil.
410	Die Westgoten unter *Alarich* erobern und plündern Rom.
451	Entscheidende Niederlage der Hunnen unter *Attila* auf den Katalaunischen Feldern.
476	Mit dem Sturz des Kaisers *Romulus Augustulus* endet das Weströmische Reich.

Altlutheraner, luther. Freikirchen, die sich streng an die Lehre Luthers u. die luther. Bekenntnisschriften halten.
Altmark w, Teil der brandenburg. Kurmark, westl. der Elbe, Hauptort Stendal.
Altmeier, *Peter,* 1899–1977; 1947/69 Min.-Präs. v. Rheinland-Pfalz (CDU).
Altmühl w, linker Nebenfluß der Donau, mündet unterhalb Kelheim, 225 km lang.
Alto Adige (: -adidsehe, it.), Südtirol.
Altona, Stadtteil von Hamburg.
Altötting, oberbayer. Krst. u. Marienwallfahrtsort, 11 100 E.; Gnadenkapelle, Kapuzinerkloster (in der Kirche Grab des hl. Konrad v. Parzham), Niederlassung der Engl. Fräulein, Stiftskirche (mit Grab Tillys), neue Basilika. Maschinenfabrik.
Altrhein m, durch die Rheinkorrektion abgetrennte Stromschlingen; reichl. Pflanzenbewuchs, Fischbrutstätten, Vogel- u. Insektenparadies.
Altruismus m (lat.), Uneigennützigkeit.
Altsilber, künstl. gedunkeltes Silber.
Altsteinzeit ⁄Steinzeit.
Altvater, Teil der Sudeten, bis 1490 m.
Altweibersommer, 1) Spätsommer. **2)** die frei schwebenden feinen Fäden junger Krabbenspinnen. [zu 6000 m.
Altyntag m, zentralasiat. Hochgebirge, bis
Aluminate, Aluminiumverbindungen, aus gefällter Tonerde mit Laugen.
Aluminium s, chem. Element, Zeichen Al, Leichtmetall, Ordnungszahl 13 (☐ 148). Häufigstes Metall der Erdoberfläche, nicht gediegen, in oxidischen Verbindungen (bes. ⁄Bauxit). Weltproduktion 1970: 10 Mill. t. A. wird als *A.blech, A.draht* u. *A.folie* in stetig wachsendem Umfang v. der Technik verwendet, ebenso *A.legierungen,* bes. im Fahrzeugbau (Flugzeuge, Schiffe, Landfahrzeuge). ☐ 613. **A.salze,** in Form v. A.-acetat (essigsaure Tonerde), A.hydroxid (Bauxit = A.rohstoff), A.silicat (Feldspat, Glimmer), A.oxid (kristallisiert als Saphir u. [Rubin].
Aluminothermie ⁄Thermit.
Alumne, *Alumnus* m (lat.), der in ein *Alumnat,* d. i. Lebens- u. Erziehungsanstalt zugleich, Aufgenommene; namentl. Zögling des Priesterseminars.
Álvarez (: älwäres), *Luis W.,* am. Physiker, *1911; 1968 Nobelpreis für Arbeiten zur Elementarteilchenphysik.
Alveolen (lat.), **1)** Lungenbläschen. **2)** Zahnfächer im Kiefer.
Alverdes, *Paul,* dt. Schriftsteller, 1897 bis 1979; Erz. *(Die Pfeiferstube),* Märchen, Gedichte u. kulturgeschichtl. Betrachtungen.
Alweg-Bahn, v. **A. L. W**ennergren vorgeschlagene, aufgesattelte Einschienenbahn.
Alz w, r. Nebenfluß des Inn; Kraftwerke *(A.werke).*
Alzey, rhein.-hess. Krst., 15 500 E.
Am, chem. Zeichen für ⁄Americium.
Amagasaki, japan. Industriestadt auf Hondo, westl. von Osaka, 530 000 E.
Amalekiter, ehem. semit. Stamm auf der Sinaihalbinsel, Erbfeind Israels im AT.
Amalgam s (arab.), Legierungen des Quecksilbers mit anderen Metallen.
Amaltheia, lat. *Amalthea,* Nymphe der griech. Sage, Amme des Zeus.

Amarant m, Zierpflanze. *Garten-A., Papageienfeder, Fuchsschwanz.*
Amarelle w, *Ammer,* Sorte der Sauerkirschen (Weichsel).
Amarillo, Stadt in Texas (USA), 138 000 E.; Erdöl- u. Heliumvorkommen.
Amarna, *Tell el-Amarna,* oberägypt. Ruinenstätte der im 14. Jh. v. Chr. v. Amenophis IV. Echnaton gegr. Residenz mit Zeugnissen der naturalist. *A.kunst* u. den hist. aufschlußreichen *A.tafeln* in Keilschrift.
Amaryllis w, *Ritterstern,* Zwiebelgewächs mit großen Blütendolden, Zierpflanze; *Belladonna-* od. *Narzissenlilie* (Kapland).
Amateur m (: -tör, frz.), **1)** *allg.* wer eine Kunst od. Fertigkeit aus Liebhaberei betreibt. **2)** *Sport:* wer durch Ausübung eines Sports oder durch eine Lehrtätigkeit im Sport keine materiellen Vorteile erwirbt. Der *A.sport* ist heute in Frage gestellt durch eine weitgehende Kommerzialisierung *(Schein-A.e)* bzw. dadurch, daß viele Staaten ihre Sportler materiell so versorgen, daß sie keinen Beruf ausüben müssen *(Staats-A.e).*
Amati, berühmte Geigenbauerfamilie des 16./17. Jh. in Cremona.
Amazonas m, **1)** südam. Strom, wasserreichster der Erde, entspringt als *Marañón* in den peruan. Anden (Lauricochasee, 4200 m), wälzt sich in Windungen durch das A.tiefland; 200 km breites Mündungsbekken; Länge 6518 km (ohne Quellflüsse 5500 km), Stromgebiet 7 Mill. km²; mit 100 schiffbaren Nebenflüssen. **2)** größter brasilian. Staat, 1,564 Mill. km², 930 000 E.; Hst. Manaus.
Amazone, 1) brasilian. ⁄Papagei. **2)** kriegerische Frau der griech. Sage. **3)** im Reitsport: Jagd- u. Springreiterinnen.
Amazonit m, *Amazonenstein,* grüner Feldspat, Schmuckstein. ☐ 255.
Amberg (Oberpfalz), bayer. kreisfreie Stadt u. Krst., 45 000 E.; Eisen- u. Elektro-Ind.
Ambition w (lat.; Bw. *ambitiös*), Ehrgeiz.
Ambivalenz w (lat.), Doppelwertigkeit.
Ambo m (gr.-lat.), kanzelartiges Pult an den Chorschranken frühchristl. u. mittelalterl. Kirchen.
Ambon, *Amboina,* **1)** indones. Insel der Molukken, 761 km². **2)** Hst. der Molukken, 78 000 E.
Amboß m, **1)** eiserner Block zum Schmieden der Metalle. **2)** das mittlere der 3 Gehörknöchelchen. ⁄Ohr.
Ambra w, *Amber* m, Ausscheidung des Pottwals; für Parfümerie.
Ambrosia, bei Homer Götterspeise; verleiht Unsterblichkeit.
Ambrosiana w, wertvolle Bibliothek in Mailand, gegr. 1607.
Ambrosianischer Lobgesang, das fälschlich Ambrosius zugeschriebene *Te Deum laudamus* (Großer Gott, wir loben dich).
Ambrosius, *Aurelius,* hl. (7. Dez.), um 339–397; 374 Bischof v. Mailand; Kirchenlehrer, trug entscheidend zur Überwindung des ⁄Arianismus bei. Als Hymnendichter Vater des abendländ. Kirchengesangs.
ambulant (lat.), umherziehend, ohne festen Sitz. **a.e Behandlung,** der Patient geht je-

Alweg-Bahn

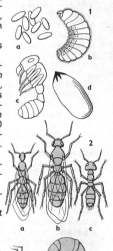

Ameisen
1 Entwicklung der A.:
a Eier, b Larve,
c nackte, d versponnene Puppe
(„Ameisenei");
2 Hauptformen der A.:
a Männchen, b Weibchen (entflügelt „Königin") und
c Arbeiterin der Roten Waldameise;
3 Honigameise;
4 Blattschneiderameise

weils zur Behandlung ins Krankenhaus. **a.es Gewerbe,** nicht an festen Standort gebundenes Gewerbe (Schausteller, Straßen-, ↗Hausierhandel. **Ambulanz** w, bewegl. Lazarett.
A. M. D. G. ↗**Ad** maiorem Dei gloriam.
Ameisen, staatenbildende Insekten, ca. 5000 Arten, Arbeiterinnen flügellos, Männchen u. Weibchen (Königin) werfen nach Hochzeitsflug u. Befruchtung Flügel ab u. bauen ein Nest. ☐ 21. Weiße A. ↗Termiten. **A.äther,** Ameisensäureäthylester, . chem. Verbindung aus A.säure u. Äthylalkohol.
A.fresser, A.bären, zahnlose Säugetiere Amerikas, fangen A. mit klebriger Zunge; bis 1¹/₂ m lang. **A.gäste,** Parasiten u. Symbionten der A., Käfer, Blattläuse u.a. **A.igel,** Echidna, eierlegendes Säugetier Australiens. **A.jungfer,** libellenähnl. Insekt, dessen Larve, A.löwe, lauert auf A. in Sandtrichtern. **A.säure,** HCOOH, farblose, stechend riechende Flüssigkeit, A.- u. Brennnesselgift; Arznei.   [serung. ↗Melioration.
Amelioration w (lat.-frz.), (Boden-)Verbes-
Amelkorn s, der ↗Emmer.
Amelungen, in der dt. Heldensage Dietrich von Bern und seine Recken.
Amen (hebr. = so sei es), Gebetsschlußwort; bei Christus feierl. Beteuerung.
Amendement s (: amãnd͏ᵉmãn, frz.), Verbesserung, Zusatz, bes. bei Gesetzen.
Amendments (: ämᵉndmentß, engl., Mz.), die 26 Änderungen bzw. Ergänzungen am urspr. Text der Verf. der USA.
Amenophis, Amenhotep, 4 altägypt. Kg.e: **A. III.,** 1411/1375 v. Chr., letzter großer ägypt. Weltherrscher. **A. IV.,** Echnaton, 1375–1358, relig. Reformator (monotheist. Sonnenkult); Gemahlin ↗Nofretete.
Amenorrh̲ȯe w (gr.), Fehlen der ↗Menstruation bei Frauen, stets bei Schwangerschaft.
Americium s, künstl. chem. Element, Zeichen Am, Ordnungszahl 95. ☐ 148.
Amerika, Doppelkontinent auf der westl. Hälfte der Erde, als „Neue Welt" der „Alten Welt" gegenübergestellt. Als weitaus längster Erdteil erstreckt sich A. über fast 16000 km od. 140 Breitenkreise. Mit 39,9 Mill. km² nimmt es 29,5% der Landfläche der Erde ein u. ist viermal so groß wie Europa. Davon entfallen auf Nord- und Mittel-A. 22,1 Mill. km², auf Süd-A. 17,8 Mill. km². 585 Mill. Menschen leben in A. (= 14,8 je km²), davon 356 Mill. in Nord- u. Mittel-A. Wegen einer erheblichen Verschiedenheit in Klima, Pflanzenwelt, Tierwelt, Bev. u. Wirtschaft betrachtet man heute ↗Nord- und ↗Süd-A. als eigene Erdteile, verbunden durch die Landbrücke ↗Mittel-A. – Wikingerfahrten nach A. um 1000 n.Chr., ohne geschichtl. Folgen; entscheidend die Entdeckung der Antillen durch Kolumbus 1492. ↗Südamerika, ↗Nordamerika. ☐ 56, 57.
Amerikanerreben, wilde Rebsorten, bes. widerstandsfähig gg. Reblausschäden, dienen als Unterlagsreben für Edelsorten.
Amerikanisches Mittelmeer, zw. Nord- u. Südamerika, umfaßt den Golf v. Mexiko u. das Karibische Meer, im W durch die Landbrücke Mittelamerikas, im O durch die In-

Amenophis IV.

selkette der Antillen vom offenen Ozean getrennt. Schnittpunkt des am., atlant. u. pazif. Weltverkehrs.
Amersfoort, niederländ. Stadt, 87500 E.
Amethyst m, Schmuckstein, violette Abart des Quarzes. ☐ 255.
Amf̲ortas, der Gralskönig, durch Parzivals Frage v. seinem Siechtum erlöst.
Amh̲ara, Kernlandschaft Abessiniens.
Amh̲arer, der Volksstamm in Amhara.
Am̲ida, buddhist. Gott, bes. in Japan verehrt.

Amerika	Hauptstadt bzw. Verwaltungssitz	Fläche km²	Bevölkerung insges. 1000	Anzahl je km²
Nord- und Mittelamerika				
Bahamas	Nassau	13935	230	17
Barbados	Bridgetown	430	270	627
Belize	Belmopan	22965	153	7
Costa Rica	San José	50700	2160	43
Dominica	Roseau	751	81	108
Dominikanische Rep.	Santo Domingo	48734	5280	108
El Salvador	San Salvador	21041	4354	207
Grenada	St. Georges	344	97	282
Guatemala	Guatemala	108889	6621	61
Haiti	Port-au-Prince	27750	4920	177
Honduras	Tegucigalpa	112088	3560	32
Jamaika	Kingston	10962	2133	194
Kanada	Ottawa	9976139	23690	2
Kuba	Havanna	114524	9728	85
Mexiko	Mexiko	1972546	69380	35
Nicaragua	Managua	130000	2480	19
Panama	Panama	75650	1880	25
Saint Lucia	Castries	616	113	183
Saint Vincent	Kingstown	388	100	258
Trinidad and Tobago	Port of Spain	5128	1133	221
Vereinigte Staaten	Washington	9363353	221010	24
Südamerika				
Argentinien	Buenos Aires	2766889	26730	10
Bolivien	La Paz	1098581	6113	6
Brasilien	Brasilia	8511965	118650	14
Chile	Santiago de Chile	756945	10920	14
Ecuador	Quito	283561	8080	28
Guyana	Georgetown	214969	820	4
Kolumbien	Bogotá	1138914	26360	23
Paraguay	Asunción	406752	2970	7
Peru	Lima	1285216	17290	13
Surinam	Paramaribo	163265	448	3
Uruguay	Montevideo	177508	2860	16
Venezuela	Caracas	912050	13520	15
Abhängige Gebiete				
Großbritannien:				
Antarktis-Territorium	–	5244	0,1	0
Bermuda	Hamilton	53	60	1132
Falklandinseln	Stanley	11961	2	0
Jungferninseln, Brit.-	Road Town	153	12	78
Kaiman-Inseln	Georgetown	259	12	46
Montserrat	Plymouth	98	11	112
Turks- u. Caicosinseln	–	430	6	14
Westind. Assoziierte Staaten	–	799	141	177
Frankreich:				
Guadeloupe	Basse-Terre	1779	329	185
Guayana, Franz.-	Cayenne	91000	66	1
Martinique	Fort-de-France	1102	330	300
St. Pierre u. Miquelon	Saint-Pierre	242	6	25
Niederlande:				
Antillen, Niederländ.	Willemstad	961	252	262
Vereinigte Staaten:				
Jungferninseln, Am.-	Charlotte Amalie	344	104	302
Panamakanal-Zone	Balboa	1432	45	31
Puerto Rico	San Juan	8897	3317	373

Amide (Mz.), organ.-chem. Verbindungen. Ein od. mehrere H-Atome des Ammoniaks sind durch organ. Säurereste ersetzt.
Amiens (:amjã͂), Hst. des frz. Dep. Somme, 132000 E.; Bischof. Kathedrale (1220/88).
Aminobenzol s, ↗Anilin.
Aminoplaste, Kunststoffe aus Polykondensation v. Formaldehyd u. Aminoverbindungen. Wärmefest, geruch- u. geschmacklos.
Aminosäuren, organ.-chem. Verbindungen; einfachste Eiweißbausteine, enthalten 1–2 Säuregruppen u. 1–2 basische Aminogruppen (NH₂-Gruppen). 8 A. sind für die Ernährung höherer Tiere u. des Menschen unbedingt notwendig *(essentielle A.),* da sie im Organismus nicht synthetisiert werden können. Sie werden mit tier. u. pflanzl. Eiweiß aufgenommen.
Amiranten, Inselgruppe im Indischen Ozean; gehört zu den ↗Seychellen.
Amitose w, direkte Zellkernteilung.
Amman, Hst. Jordaniens, 735000 E.; im Altertum *Philadelphia* und *Rabba(th).*
Ammann, in der Schweiz Vorsteher einer polit. Gemeinde od. eines Bezirks.
Ammann, *Jost,* dt. Buchillustrator, 1539–91.
Ammer w, 1) Finkenvogel, sperlingsgroß; *Gold-A.,* gelb (☐ 1045); *Rohr-A.,* Männchen schwarzköpfig; *Ortolan,* Kehle gelblich, Bauch zimtbraun; *Grau-A.,* grau gesprenkelt. 2) die ↗Amarelle. 3) bayer. Fluß, durchfließt den *A.see* (47,5 km², 78 m tief) mündet als *Amper* in die Isar, 180 km lang.
Am(m)on, altägypt. Gott, als Widder dargestellt; als *A.-Ra* oberster Reichsgott.
Ammoniak s, Verbindung von Stickstoff mit Wasserstoff (NH₃), stechend riechendes Gas; bildet sich bei Fäulnis u. Verkohlung organ. Stoffe; aus Gaswasser gewonnen sowie durch katalyt. Vereinigung von Luftstickstoff und Wasserstoff. Vielseitige Verwendung. A., wässerig gelöst: ↗Salmiakgeist.
Ammoniten, *Ammonshörner,* in Versteinerungen erhaltene ↗Tintenfische der Trias u. des Jura.
Ammoniter, Volk des AT am Toten Meer.
Ammonium s, NH₄, Stickstoff-Wasserstoff-Atomgruppe. Bildet ↗Salmiak, ↗Hirschhornsalz, ↗Gefriersalz.
Amnesie w (gr.), Verlust der Erinnerung für Ereignisse in einem bestimmten Zeitraum.
Amnestie w (gr.), gesetzl. Gnadenerweis für bestimmte strafbare Handlungen od. für eine allgemein bezeichnete Personengruppe.
Amnesty International (: ämnißti intᵉʳnäschᵉnᵃl), 1961 gegründete int. Organisation zum Schutz der Menschenrechte; setzt sich bes. für aus religiösen od. polit. Gründen Inhaftierte ein.
Amöben (gr.), *Wechseltierchen,* schalenlose, formlose ↗Protozoen, die sich fließend mit ↗Pseudopodien bewegen.
Amöbenruhr, durch parasit. Amöben erregte Darmkrankheit der Tropen.
Amok (malaiisch), Wut.
Amoklaufen, kurzdauernde geistige Störung, Raserei mit blinder Aggression.
Amor m (lat.), Liebesgott der Römer, mit Köcher, Pfeil u. Bogen. ↗Eros.

Amorbach, bayer. Stadt u. Kurort im Odenwald, 4500 E.; bis 1802 Benediktinerabtei.
Amoretten, als Knaben dargestellte, meist geflügelte Liebesgötter.
Amoriter, Nachbarvolk der Israeliten in Kanaan, von Josue fast ausgerottet.
amorph (gr.), gestaltlos.
Amortisation w (lat.-frz.), Tilgung, rechtl.: die Vernichtung od. Kraftloserklärung v. Urkunden, bes. Wertpapieren; wirtschaftl.: die planmäßige Rückzahlung einer Schuld.
Amos, im 8. Jh. v. Chr. einer der Kleinen Propheten in Israel, verfaßte das *Buch Amos.*
Amour w (: amur, frz.), Liebe. **A.en** (Mz.), Liebschaften.
Amoy, chin. Hafenstadt, Prov. Fukien, 300000 E.; aufw.
Amper w, Unterlauf der ↗Ammer.
Ampère (: ãpär), *André-Marie,* frz. Naturforscher, 1775–1836; Entdecker der elektrodynam. Gesetze. Nach ihm benannt das ↗Ampere.
Ampere, Abk. A, Einheit für die elektr. Stromstärke, gemessen mit dem *A.meter.*
Ampexverfahren, ein elektromagnet. Bildspeicherverfahren in der Fernsehtechnik.
Ampfer m, *Rumex,* Knöterichgewächs. *Sauer-A.,* auf Wiesen, Volksmittel gg. Hautleiden; Blätter zu Salat u. Gemüse, ebenso die des *Garten-A.* (engl. Spinat).
Amphibien (Mz., gr.) ↗Lurche. **A.fahrzeug,** Fahrzeug, das sowohl im Wasser als auch auf dem Lande einsetzbar ist.
Amphioxus m, ↗Lanzettfisch.
Amphitheater (gr.), Theaterform mit um die Arena ringsum ansteigenden Sitzreihen.

Ammoniten: a Triasform, b Juraform, c Kreideform

Amphitheater von Verona

Amphitrite, griech. Meergöttin, Gattin des ↗Poseidon, Tochter des ↗Nereus.
Amphitryon, Kg. der griech. Sage, Gatte der Alkmene, die Zeus nur in Gestalt des A. zu seiner Geliebten machen konnte. Beliebtes Komödienthema.
Amphora w (gr.), antiker bauchiger Krug mit 2 Henkeln.
Amplitude w (lat.), bei Schwingungen u. Wellenbewegungen die Schwingungsweite.
Amplitudenmodulation ↗Modulation.
Ampulle w (lat.), zugeschmolzenes Fläschchen sterilisierter Arzneilösungen.
Amputation w (lat.; Ztw. *amputieren*), operative Abtrennung eines Körpergliedes.

Griechische Amphora (7. Jh. v. Chr.)

Amsterdam: die von Grachten durchzogene Altstadt

Amritsar, Stadt (420000 E.) im Ost-Pandschab (Indien), Kultzentrum der ⟋Sikhs *(Goldener Tempel);* Univ.
Amrum, nordfries. Insel vor der Westküste Schleswigs, 20,4 km², 2450 E.; Seebäder.
Amsel w, Schwarz-⟋Drossel.
Amsterdam, erster Handelsplatz u. Hst. der Niederlande, an der Mündung der Amstel in das Ij, eine Bucht der ehem. Zuidersee, 720000 E.; durch den Nordsee- u. Nordholländ. Kanal für Seeschiffe erreichbar, Stapelplatz für Qualitätswaren und Verteilungsplatz für Güter aus Übersee; Flughafen Schiphol. Gut erhaltene, von Grachten durchzogene Altstadt; städt., freie und jüd. Univ., Museen; Diamantschleifereien, Werften, Maschinenindustrie.
Amt, öff.-rechtl. Wirkungskreis, Dienstbehörde, -bezirk. **Amtmann**, Verwaltungsbeamter des gehobenen Dienstes. **Amtsanmaßung**, widerrechtl. Ausübung eines Amtes. **Amtsanwalt** ⟋Staatsanwaltschaft. **Amtsgeheimnis**, alles, was öff. Stellen in Ausübung eines Amtes erfahren od. was aufgrund bes. Vorschriften geheimzuhalten ist. **Amtsgericht**, in der BRD unterste Stufe der Gerichtsorganisation; zuständig in Zivil- und Strafsachen durch Einzelrichter. **Amtshilfe**, gegenseitiger Beistand v. Behörden. **Amtsvormund** ⟋Vormund.
Amu Darja m, der alte *Oxus,* innerasiat. Strom, aus dem Pamirhochland in den Aralsee; 2540 km lang, ²/₃ schiffbar.
Amulett s (lat.), kleiner Gegenstand, dessen Tragen nach manchen ⟋Naturreligionen u. im Volksaberglauben Unheil abwehrt.
Amundsen, *Roald,* norweg. Polarforscher, 1872–1928; bezwang zuerst die „Nordwestdurchfahrt", erreichte 1911 den Südpol, überflog mit Nobile u. Ellsworth 26 den Nordpol, bei Rettung Nobiles 28 verschollen.
Amur m, chin. *Heilungkiang,* ostasiat. Strom, entsteht aus Argun u. Schilka, mündet in das Ochotskische Meer; mit Quellflüssen 4416 km lang, auf 1900 km Grenzfluß zw. der UdSSR und Nordchina; während 5–6¹/₂ Monaten schiffbar; sein Tal fruchtbares Anbaugebiet. – *A.bahn,* der Ostabschnitt der sibir. Bahn v. Tschita über Chabarowsk bis Wladiwostok.
amüsant, ergötzlich, belustigend.

Roald Amundsen

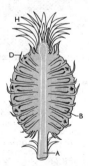

Ananas: Längsschnitt durch den Fruchtstand (Beerenfruchtstand). A Fruchtstandachse, B einzelne Beere, D Deckblätter, H Blattschopf aus Hochblättern

Amusement s (: amüs^e^ma̅n̅, frz.; Ztw. *amüsieren),* Vergnügen, Spaß, Unterhaltung.
amusisch (gr.), ohne Kunstsinn.
Amyl s, *Pentyl,* organ. C₅H₁₁-Rest zahlr. Verbindungen. **A.alkohol,** ein ⟋Fusel.
Anabaptisten (gr.) ⟋Täufer.
Anachoreten (gr.), frühchristl. ⟋Einsiedler.
Anachronismus m (gr.; Bw. *anachronistisch),* Zeitwidrigkeit, Unzeitgemäßheit.
Anadyr m, Strom in Nordostsibirien, 1117 km lang; mündet ins Beringmeer.
anaerob (gr.), Ggs. zu ⟋aerob.
Anaglyphenverfahren (gr.), 2 Teilbilder in Komplementärfarben rufen, überlagert, einen räuml. (stereoskop.) Effekt hervor.
Anagramm s (gr.), Wortumbildung durch Buchstabenversetzen, z. B. Leib – Blei.
Anakonda w, größte ⟋Riesenschlange, bis zu 8 m lang, ungiftig, lebendgebärend, in Südamerika, am od. im Wasser.
Anakreon, griech. Lyriker des 6. Jh. v. Chr.; *Trink-* u. *Liebeslieder;* **Anakreontiker,** seine Nachahmer (Hellenismus, Rokoko).
Analecta w (Mz., gr. = Aufgelesenes), *Analekten,* Sammlung v. Abhandlungen usw.
analog (gr.), entsprechend.
Analogie w, Übereinstimmung in wesentl. Merkmalen.
Analogrechner, Rechenanlage, die Funktionen zur Rechnung verwendet u. keine Ziffern. Ggs. ⟋Digitalrechner.
Analphabet (gr.), ein des Lesens u. Schreibens Unkundiger.
Analyse w (gr.), Auflösung; Zerlegung in die Bestandteile (Ggs. ⟋Synthese); in der Chemie: Untersuchung eines Stoffes od. eines Gemisches auf seine Bestandteile nach Menge *(quantitative A.)* od. Beschaffenheit *(qualitative A.).* ⟋Psycho-A. **Analysis,** Teilgebiet der Mathematik, befaßt sich mit Funktionen und Infinitesimalrechnung.
Analytische Geometrie, Lösung geometr. Probleme durch rechnerische Methoden mittels ⟋Koordinaten.
Anämie w (gr.), ⟋Blutarmut. *Perniziöse A.,* die ⟋Biermersche Krankheit.
Anamnese w (gr.), Krankheitsvorgeschichte.
Anamorphot m (gr.), Linsensystem mit verschiedenem Abbildungsmaßstab in der Vertikalen und Horizontalen; angewandt bei ⟋Breitwandverfahren.
Ananas w, eine Bromelie des trop. Amerika, mit fleischigen Sammelfrüchten, bis 4 kg schwer; wohlschmeckendes Obst. Die weißen, seidigen Bastfasern *(A.seide, A.hanf)* dienen zu *A.batist.* ☐ 748.
Anapäst m (gr.), ⟋Metrik.
Anapher, *Anaphora* w (gr.), Wiederholung eines Wortes am Anfang v. Satzgliedern.
Anarchie w (gr.; Bw. *anarchisch),* Herrschaftslosigkeit. **Anarchismus** m (gr.), eine polit. Weltanschauung, die an die Stelle staatl. Ordnung eine Selbstgestaltung des menschl. Zusammenlebens nach freiem Ermessen des einzelnen setzen will.
Anästhesie w (gr.), Unempfindlichkeit; auch die ⟋Betäubung.
Anastigmat m (gr.), Linsenanordnung, hebt den ⟋Astigmatismus auf.

Anathema s (gr.), feierl. Kirchenbann.
Anatolien, türk. *Anadolu,* Morgenland; ↗Kleinasien. **Anatolische Bahn,** Beginn der ↗Bagdad-Bahn, v. Haidar-Pascha nach Konya.
Anatomie w (gr.), Wiss. vom Bau der Lebewesen.
Anaxagoras, um 500–428 v. Chr. **Anaximander,** aus Milet, um 610–546. **Anaximenes,** um 585–524. Alle drei griech. Naturphilosophen.
Anchovis w, ↗Anschove.
Ancien régime s (: ãñßjãñ reschim, frz.), in Fkr. Staat u. Ges. vor der Revolution 1789.
Ancona, befestigte Hst. der it. Prov. Marche u. Kriegshafen am Adriat. Meer, 110 000 E.; Erzb., Triumphbogen Trajans (115 n. Chr.).
Andalusien, südspan. Landschaft, teils sehr fruchtbar, teils wüstenhaft, im S die ↗Sierra Nevada; 87 271 km², 6 Mill. E.; Hst. Sevilla.
Andamanen, ind. Inselgruppe im Ind. Ozean, 8327 km², 82 000 E.; Hst. Port Blair. Die A. unterstehen zus. mit den Nikobaren der indischen Zentralregierung.
andante (it.), in der Musik: mäßig bewegt. **A.** s, langsamer Satz einer Sonate od. Symphonie.
Andechs, oberbayer. Wallfahrtsort u. Benediktiner-Priorat über dem Ammersee, gehört zur Gem. Erling. Got. Kirche mit Barockausstattung.
Anden, *A.ketten,* ↗Kordilleren. **A.palme,** riesige Palme, liefert Pflanzenwachs.
Andermatt, Schweizer Luftkurort u. Wintersportplatz im Kt. Uri, 1444 m ü.M., 2000 E.
Andernach, Stadt in Rheinland-Pfalz, l. am Rhein, 27 300 E.; spätroman. Liebfrauenkirche (13. Jh.); Bims-, Holz- u. chem. Industrie.
Andersch, *Alfred,* dt. Schriftsteller, 1914–80; Romane u. Berichte um das Freiheitsproblem *(Die Kirschen der Freiheit);* auch Hörspiele.
Andersen, 1) *Hans Christian,* dän. Märchendichter u. Erzähler, 1805–75. 2) *Lale,* dt. Schlager- u. Chansonsängerin, 1910–72; erlangte mit *Lili Marleen* Weltruhm. Schrieb: *Der Himmel hat viele Farben.*
Andersen Nexö, *Martin,* dän. Schriftsteller, 1869–1954; soziale Romane: *Pelle, der Eroberer; Ditte Menschenkind.*
Anderson (: änderßᵉn), 1) *Carl David,* am. Physiker, * 1905; entdeckte das Positron. Nobelpreis 1936. 2) *Maxwell,* am. Dramatiker, 1880–1959; wurde bekannt mit seinem realist. Kriegsstück *Rivalen* (1924); zahlr. sozialkrit. Dramen; Versdramen mit hist. u. zeitgenöss. Themen. 3) *Sherwood,* am. Schriftsteller, 1876–1941; *Winesburg, Ohio; Eines Geschichtenerzählers Geschichte.*

Anderten, Ortsteil von Hannover; große Schleuse des Mittellandkanals (225 m), Zementwerk.
Andhra Pradesch, Bundesstaat Indiens, 275 281 km², 47,9 Mill. E.; Hst. Haidarabad.
Andischan, usbekische Stadt im Becken v. Fergana, 230 000 E.; Baumwollindustrie.
Andorra, Zwergstaat in den Ostpyrenäen (unter gemeinsamem Schutz Fkr.s u. des span. Bischofs v. Urgel), wald-, weide- u. mineralreicher Hochtalkessel; Ackerbau u. Viehzucht treibende Katalonier.
Andragogik w (gr.), die Wiss. v. der Erwachsenenbildung.
Andrássy (: ándraschi), *Julius* Graf, 1823–90; 67 ungar. Min.-Präs., 71/79 östr.-ungarischer Außenminister.
Andreas, hl. (30. Nov.), Apostel, Bruder des Petrus; soll an einem X-förmigen Kreuz (daher *A.kreuz*) gemartert worden sein. □ 515.
Andres, *Stefan,* dt. Schriftsteller 1906–70; ethische u. religiöse Probleme; *Wir sind Utopia, Die Sintflut, Der Mann im Fisch.*
Andrić (: -dritsch), *Ivo,* kroat. Schriftsteller, 1892–1975; 61 Nobelpreis; *Die Brücke über die Drina; Wesire u. Konsuln.*
Andrologie w (gr.), Männerheilkunde.
Andromache, Hektors Gemahlin.
Andromeda, 1) v. Perseus aus der Gewalt eines Drachens befreite Königstochter. 2) die ↗Rosmarinheide. 3) Sternbild des Nordhimmels, mit großem Spiralnebel *(A.nebel).* □ 665).
Andros, nördlichste u. zweitgrößte Insel der Kykladen; 400 km², 20 000 E.
Androsteron s (gr.), ↗Sexualhormone.
Äneas, trojan. Held; seine lange Irrfahrt nach Latium v. Vergil in der *Äneis* besungen.
Aneignung, Inbesitznahme einer herrenlosen, bewegl. Sache.
Anekdote w (gr.), urspr. mündl. Bericht; später literar. Kurzform; erzählt, meist geistreich pointiert, eine bezeichnende Begebenheit.
Anemometer s (gr.), ↗Windmesser.
Anemone w, *Buschwindröschen,* Hahnenfußgewächs, weißblühende Frühlingsblume; buntblühende Zierformen.
Anerbenrecht, freiwilliges Erbrecht für ländl. Grundbesitz, der auf den ältesten od. jüngsten Abkömmling übergeht. Finanzielle Abfindung der Miterben.
Aneroidbarometer s (gr.), ↗Barometer.
Aneurysma s (gr.), Arterienerweiterung.
Anfechtung, rechtl. jede auf Umstoß bzw. ↗Nichtigkeit einer Rechtshandlung gerichtete Maßnahme; bei Irrtum, unrichtiger Übermittlung, arglist. Täuschung, Drohung, Betrug möglich.

Ancona: Triumphbogen Kaiser Trajans

Andorra

Amtlicher Name:
Valls d'Andorra
Staatsform:
Republik unter der Oberhoheit des (span.) Bischofs von Seo de Urgel und des Präsidenten der Frz. Republik (Kondominat)
Hauptstadt:
Andorra-la-Vella
Fläche:
453 km²
Bevölkerung:
30 000 E.
Sprache:
Katalanisch
Religion:
Katholisch
Währung:
Span. u. frz. Währung

Sternbild Andromeda

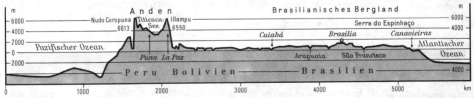

Anden: Höhenprofil durch Südamerika (16° südl. Breite)

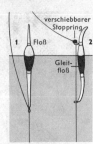

Angeln: Grundangel
1 mit festem Floß,
2 mit Gleitfloß (kann
hinter einem Kahn
nachgeschleppt
werden).

Angola

Amtlicher Name:
Volksrepublik Angola –
República popular
de Angola

Staatsform:
Volksrepublik

Hauptstadt:
Luanda

Fläche:
1 246 700 km²

Bevölkerung:
6,9 Mill. E.

Sprache:
Portugies. ist
Verkehrssprache

Religion:
40% Katholiken,
12% Protestanten,
sonst Anhänger v.
Naturreligionen

Währung:
1 Kwanza
= 100 Lwei

Mitgliedschaften:
OAU, UN

Anfrage, parlamentar. A., ⁄Interpellation.
Angara w, r. Nebenfluß des Jenissei in Mittelsibirien; entströmt dem Baikalsee, 1853 km lang; mehrere Großkraftwerke.
Angarsk, neue sibir. Stadt an der Angara, 239 000 E.; Erdölchemie.
Angebot und Nachfrage ⁄Markt, ⁄Preis.
Angela Merici (: andsehela -tschi), hl. (27. Jan.), 1474–1540; Stifterin der Ursulinen.
Angelico (: andseheliko), *Fra,* als Dominikaner *Fra Giovanni da Fiesole,* it. Maler der Frührenaissance, um 1400–55; seine Kunst stand ganz im Dienste des Religiösen; Miniaturen, Fresken u. Tafelbilder in leuchtend verklärten Farben.
Angeln, Fischfang mittels *Angelrute* und *Angelhaken,* an dem der Köder befestigt ist.
Angelsachsen, 1) die german. Volksstämme der Angeln, Sachsen u. Jüten, fuhren um 450 nach Britannien. **2)** die engl. sprechenden Bewohner Großbritanniens, des Commonwealth u. der USA.
Angelus m (lat.), nach seinem Anfang (A. Domini = Engel des Herrn) ben. Gebet zum Gedenken an die Menschwerdung Christi. **A.läuten** *(Aveläuten),* als Morgen-, Mittag- u. Abendläuten seit dem 14. Jh. in Mitteleuropa üblich.
Angelus Silesius (eig. Johannes *Scheffler),* schles. Mystiker u. Dichter, 1624–77; urspr. Protestant u. Arzt, wurde kath. Priester. Sprachmächtige, gefühltiefe Spruchlyrik: *Cherubinischer Wandersmann.*
Angerapp w, Abfluß des Mauersees (Ostpreußen), bildet mit der Inster den Pregel; 153 km lang; daran die Stadt **Angerburg,** poln. *Węgorzewo,* 8500 E.
Ångerman-Älv, schwed. Fluß zum Bottn. Meerbusen, durchfließt das seen- u. waldreiche *Ångermanland,* 450 km lang.
Angermünde, Krst. in der Uckermark (Bez. Frankfurt a. d. O.), am Mündelsee, 11 500 E.
Angers (: ãnsche), Hst. des frz. Dep. Maine-et-Loire, 134 000 E.; kath. Univ., Bischof; Kathedrale (12. Jh.).
Angestelltenversicherung ⁄Rentenversicherung, ⁄Sozialversicherung.
Angestellter, ⁄Arbeitnehmer mit überwiegend nicht-körperl., leitender, beaufsichtigender od. gehobener Tätigkeit.
Angina w (gr.-lat.), *Bräune,* Beengung im Hals u. in der Brust. Meist akute Rachen- u. ⁄Mandel-Entzündung. **A. pectoris,** Brustbräune, Herzkrankheit mit sehr schmerzhaften Krämpfen, kaltem Schweißausbruch u. Todesangst.
Angiospermen (Mz., gr.), *Bedecktsamer,* Blütenpflanzen (z. B. Rosen, Lilien), bei denen die samentragenden Blätter zum geschlossenen hohlen Fruchtknoten verwachsen sind; rund ¼ Mill. Arten. Ggs. Gymnospermen.
Anglikanische Kirche, die engl. Staatskirche, auch in Irland, im Commonwealth u. in den USA vertreten. Entstand aus der Trennung ⁄Heinrichs VIII. v. Papsttum. Ihre Lehrgrundlage sind die *39 Anglikan. Artikel* (1563). Ihre Liturgie enthält das *Book of Common Prayer* (1549). In Engl. 2 Erzb. u. 41 Bischöfe. Lehre: ⁄Rechtfertigung nur durch Glauben, zwei Sakramente (Taufe u.

Abendmahl), nur Hl. Schrift anerkannt, mündl. Tradition u. päpstl. Primat abgelehnt, kirchl. Obergewalt des Königs. 3 Richtungen: *High Church,* steht der kath. Auffassung nahe, *Low Church,* ist puritan.-pietistisch, u. *Broad Church,* ist bibelkrit.-liberal orientiert.
Anglistik w, Wiss. von den angelsächs. Sprachen u. Literaturen.
Anglo-Amerikaner, 1) Amerikaner engl. Abstammung. **2)** Engländer u. Nordamerikaner als polit. u. kulturell handelnde Einheit.
Angola, Staat an der SW-Küste Afrikas, ehem. Kolonie *Portugies.-Westafrika;* v. Flüssen zerschnittenes Savannenhochland. – Seit 1567 koloniale Eroberung, 1975 unabhängig; der Freiheitskampf (seit 61) wurde 75 z. Bürgerkrieg, mit kuban. Hilfe siegte 76 die marxist. MPLA. Staats-Präs. José Eduardo dos Santos (seit 79).
Angora, die türk. Hst. ⁄Ankara. **A.katze,** langhaarige Hauskatze aus Vorderasien, versch. Färbungen. ☐ 1044. **A.ziege,** bei A. gezüchtete Art mit langem, glänzendem Haarkleid, liefert (ebenso wie das *A.kaninchen)* die flaumige *A.wolle.*

Fra Angelico: Engel und Heilige, aus der „Marienkrönung" (um 1435)

Angoulême (: ãngüläm), Hst. des frz. Dep. Charente, 52 000 E.; Bischof; roman. Kathedrale (11./12. Jh.); Weinhandel.
Angst w, Gefühlszustand gegenüber Bedrohung, in Übersteigerung *Angstneurosen.* – Grundbegriff der Existenzphilosophie: als menschl. „Grundbefindlichkeit" (⁄Heidegger) führt die A. vor dem Ausgesetztsein ins Nichts (⁄Kierkegaard) zur Besinnung auf das Wesen des menschl. Daseins.
Ångström, *Anders Jöns,* schwed. Physiker, 1814–74. Å., Abk. Å, das nach ihm ben., veraltete Längenmaß: 1 Å = 10⁻¹⁰ m = 0,1 nm.

Anhalt

 1

 2

3

4

Anker: 1 Stockanker,
2 Hallanker,
3 Dragge, **4** Pilzanker

**Anlaßfarben
und Temperaturen
von Stahl:**

200° C weiß
250° C gelbrot
270° C purpur
290° C dunkelblau
320° C graublau
330° C graugrün

Anhalt, früher selbständ. dt. Land mit 2314 km² u. 433000 E. inmitten der ehem. preuß. Prov. Sachsen. Hst. Dessau. – Heimat der Askanier, 1218 Ftm., mehrfach gespalten, 1863 vereinigt; 1918 Freistaat, 46–52 Teil v. ↗Sachsen-Anhalt, heute zum Bez. Halle.
Anhwei, chines. Prov. am Jangtsekiang, 130000 km², 45 Mill. E.; Hst. Hofei.
Anhydride, durch Abspaltung von Wasser entstandene chem. Verbindungen. **Anhydrit,** wasserfreier schwefelsaurer Kalk.
Anilin s, *Aminobenzol, Phenylamin* (C₆H₅-NH₂), ölige giftige Flüssigkeit im Steinkohlenteer. Grundstoff der *A.farben,* vieler Arzneimittel u. chem. Produkte.
animalisch (lat.), dem Tier eigentümlich, sinnlich. **animato** (it.), lebhaft. **animieren,** ermuntern, in Stimmung bringen. **Animismus** m, der bes. bei den Naturvölkern verbreitete Glaube an die Beseeltheit der Natur u. aller Dinge. **Animosität** w (Bw. *animos),* Feindseligkeit, Widerwille. **animoso,** feurig, leidenschaftlich.
Anio, jetzt *Aniene* od. *Teverone* m, Nebenfluß des Tiber, aus den Sabinerbergen, mündet in Rom oberhalb der Engelsbrücke, bei Tivoli 108 m hoher Wasserfall; 110 km lang.
Anion s (gr.), negativ geladenes Atom (Ion).
A.enbildner sind Nichtmetalle.
Anis m, süßaromat. Frucht eines oriental. Doldenblütlers, Gewürz u. Volksheilmittel. **A.öl,** zur Geschmacksverbesserung von Arzneien u. Likören *(Anisette).*
Anisotropie w (gr.), die Richtungsabhängigkeit physikal. Größen in Stoffen.
Anjou (: āñschu), frz. Landschaft (früher Grafschaft) am Unterlauf der Loire; Hst. Angers. Das herzogl. Haus A., ein Zweig des frz. Königshauses Bourbon, regierte 1701–1808, 1814/68 u. 1874/1931 in Spanien.
Ankara, fr. *Angora,* Hst. der Türkei, in Inneranatolien, 1,2 Mill. E.; Univ., Techn. Univ., Verwaltungshochschule. Apostol. Internuntius. Flughafen.
Anker, 1) ein- od. mehrfacher Eisenhaken an einer langen, meist über eine Winde *(A.-spill)* laufenden Kette, zum Festlegen von schwimmenden Fahrzeugen am Meeresboden. **2)** bei Dynamomaschinen der Teil, in dem der elektr. Strom erzeugt wird; beim Elektromotor der Teil, der elektr. Arbeit in mechanische umwandelt. **3)** bei der Uhr hemmender Doppelhebel. **4)** Bauelement zur Verankerung od. Verstärkung v. Maschinen od. Bauten.
Anklage ↗Privatklage, ↗Strafantrag, ↗Strafprozeß.
Anklam, Krst. im Bez. Neubrandenburg, 20000 E.; Hafen an der Peene; got. Marienkirche (13. Jh.), Maschinenbau.
Ankogel, 3263 m hoher Berg der *A.gruppe* in den Hohen Tauern.
Anlagekapital, die nutzbare Festlegung v. ↗Kapital. ↗Investition, ↗Betriebskapital.
anlassen, 1) Elektromotor durch den *Anlasser* mit großem Widerstand an die Netzspannung legen u. diesen dann stufenweise vermindern. **2)** einen Kraftwagenmotor v.

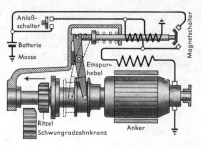

Anlasser: Schubtrieb-A. mit elektromagnetischer Betätigung (Ritzel ausgespurt)

Hand od. durch batteriegespeisten Elektromotor, den *Anlasser,* anwerfen. **3)** Wärmebehandlung v. Stahl; die dabei auftretenden Farben heißen *Anlaßfarben.* ↗Härten.
Anleihen, festverzinsliche, langfristige ↗Schuldverschreibungen mit Amortisationsverpflichtung. *Zwangs-A.,* eine außerordentl. Vermögensabgabe mit staatl. Rückzahlungsversprechen.
Anlernling, steht in keinem Lehr-, sondern in einem Arbeitsverhältnis. Kurze Ausbildung für begrenzte Arbeitsleistungen.
Anliegerbeiträge, Beiträge v. Grundstückseigentümern an öff. Straßen zu den Straßenbaukosten (keine Unterhaltskosten).
Anna, hl. (26. Juli), Mutter Mariens u. Gemahlin des hl. Joachim. Patronin der Mütter u. des Bergbaus; häufig dargestellt mit Maria u. dem Jesuskind *(A. Selbdritt).* **A. Boleyn** (: ˑbuᵉn), 1507–36; 33 zweite Gemahlin des engl. Kg. Heinrich VIII.
Annaba, früher *Bône,* alger. Hafenstadt, 256000 E.; Eisenerz- und Phosphatausfuhr; s.w. die Ruinen von Hippo Regius.
Annaberg-Buchholz, Krst. im Erzgebirge (Bez. Karl-Marx-Stadt), 30000 E.; Posamenten-Ind.; in Annaberg got. St.-Annen-Kirche (1499/1519). ☐ 342/343.
Annahme, 1) *A. eines Wechsels* ↗Akzept. **2)** *A. an Kindes Statt, Adoption,* Schaffung eines Eltern-Kind-Verhältnisses durch Vertrag vor Gericht od. Notar, im Interesse des Kindes auch gg. den Willen seiner Eltern. Der Annehmende muß mindestens 25 Jahre alt sein; von dem Erfordernis der Kinderlosigkeit – u. dem der Minderjährigkeit des Angenommenen – kann u.U. befreit werden.
Annahmeverzug ↗Verzug.
Annalen (Mz., lat. = Jahrbücher), nach Jahren eingeteilte hist. Aufzeichnungen. **Annalist,** Verfasser v. Annalen.
Annam, ehem. Kaiserreich an der Ostküste Hinterindiens; bis 1428 unter chines. Oberhoheit, 1802 Kaiserreich; seit 87 Teil v. Frz.-↗Indochina; im 2. Weltkrieg erklärte Ks. ↗Bao-Dai die Unabhängigkeit des Landes; kam 1945 zur Rep. Vietnam, gehört seit 54 größtenteils zu Süd-↗Vietnam.
Annamiten, größtes (mongolides) Volk im Osten Hinterindiens, etwa 20 Mill.
Annas, 6/15 n. Chr. jüd. Hoherpriester, Schwiegervater des ↗Kaiphas.
annektieren (lat.), gewaltsam einverleiben.

Die Formen der Anrede sind einem starken Wandel unterworfen. Starre Formeln und Floskeln werden heute mehr und mehr abgelehnt. Die Übersicht kann und soll daher nur als Hinweis verstanden werden.

Anredeformen

Abt: Euer Gnaden, (Hochwürdigster) Herr Abt
Äbtissin: (Hochwürdige) Frau Äbtissin
Baron (auch Freiherr): Herr Baron
Bischof (kath. u. ev.): Herr Bischof
Botschafter (des eigenen Landes): Herr Botschafter
Botschafter (fremder Länder): Euer Exzellenz
Bundeskanzler: (Hochverehrter) Herr Bundeskanzler
Bundespräsident: (Hochverehrter) Herr Bundespräsident
Dekan (ev.): Herr Dekan
Dekan (Univ.): Herr Dekan, Herr Professor
Fürst: (Euer) Durchlaucht
Gesandter: Exzellenz
Graf: Herr Graf
Herzog: Hoheit
Kardinal: Euer Eminenz, Herr Kardinal
Kirchenpräsident (ev.): Herr Kirchenpräsident
König: Euer Majestät (und dazu die 3. Person Mehrzahl)

Königl. Prinz: Königliche Hoheit
Konsul: (Sehr geehrter) Herr Konsul
Minister (des eigenen Landes): Herr Minister, Frau Minister(in)
Minister (fremder Länder): Exzellenz
Nuntius: Exzellenz
Oberin: (Ehrwürdige) Mutter Oberin
Ordenspriester: Herr Pater
Papst: Euer Heiligkeit, auch Heiliger Vater
Parlamentarier: Herr Abgeordneter
Pfarrer (Pastor, Vikar, Kaplan) (kath. bzw. ev.): Herr Pfarrer (Pastor, Vikar, Kaplan)
Prälat: Herr Prälat
Prinz: Durchlaucht, Hoheit
Prior: Hochwürdiger Herr
Priorin: Ehrwürdige Mutter
Rabbiner: Ehrwürden
Rektor (Univ.): (Euer) Magnifizenz, Herr Professor
Senator (Minister in Berlin, Bremen u. Hamburg): Herr Senator

Anneliden ↗Ringelwürmer.
Annexion *w* (lat.), Gebietseinverleibung.
Annihilation *w* (lat.), die Vereinigung v. Teilchen u. ↗Antiteilchen zu einem einzelnen Quant. ↗Paarbildung.
anno (lat.), Abk. a, im Jahr. **A. Domini** (A. D.), im Jahr des Herrn.
Anno II., hl. (5. Dez.), um 1010–75; seit 56 Erzb. v. Köln. Vormund Heinrichs IV., 74 v. der Kölner Bürgerschaft vertrieben.
Annonce *w* (: anõñß^e, frz.), Anzeige im geschäftl. Teil einer Druckschrift.
Annuität *w* (lat.), jährl. Zahlung zur Verzinsung *und* Tilgung einer Schuld. ↗Amortisation.
annullieren (lat.), für ungültig erklären.
Annunziaten, 1) weibl. Ordensgenossenschaften; 2) früher it. Ritterorden, dann höchster it. Halsbandorden (bis 1950).
Annunzio ↗D'Annunzio.
Anode *w* (gr.), die positive Elektrode bei der ↗Elektrolyse od. in Elektronenröhren.
A.nbatterie, vielzellige Trocken- od. Akkumulatorenbatterie zur Erzeugung der ↗Anodenspannung bei Batteriegeräten.
A.nspannung, die Spannung zw. A. u. Kathode einer Elektronenröhre.
anomal (gr.), regelwidrig. **Anomalie** *w,* Abweichung v. der Regel.
Anone *w,* der ↗Zimtapfel.
anonym (gr.), ohne Namensnennung; **Anonymus,** ungenannter Verfasser.
Anopheles *w, Gabelmücke,* Überträger der ↗Malaria.
Anorak *m* (aus der Eskimo-Sprache), Windbluse, meist mit Kapuze.
anorganisch (gr.), unorganisch, Bz. der kohlenstoff-freien chem. Verbindungen, Ausnahme Carbonate und Carbide.
anormal (gr.-lat.), fälschl. für ↗anomal bzw. abnorm.
Anouilh (: anu^l), *Jean,* französ. Dramatiker, *1910; dem Existentialismus nahestehend; Übertragung antiker Stoffe auf die Ggw., zeitkrit. Satiren. *Antigone, Einladung ins Schloß, Jeanne od. Die Lerche, General Quixotte, Becket.*
Anpassung, zweckmäß. Angleichung der Lebewesen an die Umwelt (geograph. Lage,

Anophelesmücke

Jean Anouilh

Klima, Geschlechtspartner, Artgenossen, andere Lebewesen). ↗Abstammungslehre.
Anrainer *m,* Grenznachbar.
Anrecht ↗Anwartschaft.
Anredeformen, 1) das Fürwort, mit dem eine Person angesprochen wird (im Deutschen urspr. allg. „Du", dann auch „Ihr", später „Sie"). 2) die Anrede mit Namen, Titel oder Berufs-Bz.; nach Ländern, Gesellschaftsschichten usw. unterschiedl. gehandhabt; heute allg. Tendenz zur Vereinfachung.
Anregung, Zufuhr von Energie an ein Atom (Molekül) durch Strahlung *(Strahlungs-A.),* Wärme *(therm. A.)* oder Stoß *(Stoß-A.).* Im Grenzfall ↗Ionisation. **A.smittel,** den Kreislauf anregende Mittel (Koffein, Kampfer).
ANSA, Abk. für *A*genzia *N*azionale *S*tampa *A*ssociata, it. Nachrichtenagentur, Rom.
Ansbach, Hst. v. Mittelfranken, 38 300 E. – Das Ftm. A. kam 1331 an die Burggrafen v. Nürnberg, wurde später Nebenlinie der Markgrafen v. Brandenburg, 1791 preuß., 1806 bayerisch.
Anschan, chines. Stadt in der Prov. Liaoning, an der Südmandschur. Bahn, 950 000 E.; reiche Kohlen- u. Eisenerzlager, Schwermaschinenbau, chem. Ind.
Anschero-Sudschensk, westsibir. Stadt s.ö. von Tomsk, 104 000 E.; Kohlenbergbauzentrum, Maschinenfabriken, chem., pharmazeut. u. Glas-Ind.
Anschluß, die 1918/19 v. der östr. Volksvertretung proklamierte polit. Vereinigung Östr.s mit dem Dt. Reich; durch die Friedensverträge v. Versailles u. Saint-Germain verboten, 13. 3. 38 v. Hitler gewaltsam vollzogen; bis zum Zusammenbruch des Nat.-Soz. im Mai 45.
Anschove *w, Anchovis,* kleiner Heringsfisch; *Gemeine A.* od. *Echte Sardelle,* 12–20 cm lang, Mittelmeer u. Atlant. Ozean; mariniert als A., gesalzen als Sardellen im Handel.
anschweißen, Wild anschießen.
Anselm, hl. (21. April), OSB, Kirchenlehrer, 1033–1109; 1093 Erzb. v. Canterbury, verfocht die Rechte der Kirche gg. den engl. Kg.; eröffnete die Scholastik.

Ansgar, hl. (3. Febr.), OSB, 801–865; 1. Erzb. v. Hamburg(-Bremen); Apostel des Nordens.

Ansichtssendung, Warenzusendung mit Verkaufsangebot. Bestellte A.en sind mit verkehrsübl. Sorgfalt zu behandeln u. durch den Empfänger auf seine Kosten zurückzusenden; bei unbestellten A.en nur Aufbewahrungspflicht mit Sorgfalt wie bei eigenen Angelegenheiten.

Ansteckung, die ↗Infektion.

Anstiftung, vorsätzl. Verleitung eines anderen zu einer strafbaren Handlung; wird wie die Tat selbst bestraft.

Antagonismus m (gr.-lat.), Widerstreit.

Antagonist, Gegenspieler. [□ 947.

Antares m, der Hauptstern im Skorpion.

Antarktis w (gr.), die gesamten Südpolarländer, -inseln u. -meere; i. e. S. der 6. Kontinent *(Antarktika)*, 13,3 Mill. km², eisbedeckt, durch das Ross- u. Weddellmeer in Ost- u. West-A. gegliedert, die über den *Antarktischen Archipel* (Grahamland, Sandwichinseln, Südgeorgien) auf einen Zusammenhang mit den Anden weisen. An der Ostküste des Rossmeeres drängt die Eismasse zw. hohen Ketten u. Vulkanen (Mt. Erebus, 4053 m) zum Eismeer. Die A. ist ein geteilter Kontinent aus zugefrorenem Meeresbecken u. aus alter Kontinentalscholle; Eisdicke z. T. über 4000 m. Temperatur im

UKW-**Antennen: a** einfacher Dipol, **b** Schleifen- oder Faltdipol, **c** Faltdipol mit Reflektor und Direktor, **d** Yagi-Antenne, **e** Ringdipol

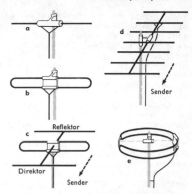

Antarktis 1 Höhendarstellung unter dem Inlandeis des Kontinents und zwei eingezeichnete Routen zur Profiluntersuchung, mit Forschungsstationen und Observatorien. **2** Eisdickenprofile der Route **A** (USA) und der Route **B** (UdSSR). E größte bisher gemessene Eisdicke.

Winter bis –88° C; nur an wenigen randnahen Gebieten Flechtentundra. Im Eismeer Pinguine, Robben, Wale, Sturmvögel. – Die A. ist polit., bes. aus strateg. Gründen, in einzelne Interessensphären aufgeteilt. 1959 Verbot v. militär. Operationen u. Kernwaffenversuchen südl. des 60. Breitengrades durch ein Abkommen mehrerer Staaten.

Antäus, in der griech. Sage Riese, der unbesiegbar war, solange er die Erde berührte; v. Herakles emporgehoben u. erwürgt.

Antenne w (lat.), **1)** gegliederter ↗Fühler. **2)** Drähte, Stäbe od. Metallseile (Rundfunksender) zum Aussenden od. Empfang elektromagnet. Wellen. [□ 838.

Antependium s (lat.), Verkleidung des Altarunterbaus mit kostbaren Stoffen, Gold- u. Silberblechen, Holz- u. Steinplatten mit ornamentalem od. figürl. Schmuck.

Antheridium s, Spermienbehälter bei Pflanzen.

Anthologie w (gr. = Blumenlese), Sammlung v. Gedichten u. Prosa verschiedener Verfasser.

Anthracen s, Kohlenwasserstoffverbindung, Gewinnung aus Steinkohlenteer, Rohstoff für die Alizarin- u. Indanthrenfarbstoffe.

Anthrazit m, kohlenstoffreichste Steinkohle, brennt fast ohne Flamme, gasarm.

Anthropoiden, *Anthropomorphen* (gr.), Menschenaffen: Gorilla, Schimpanse, Orang-Utan. **Anthropologie** w, Lehre v. Menschen. **1)** *Biologische A.,* erforscht den Menschen in seiner erbl. Verschiedenheit, seiner Entwicklung u. Verbreitung in Zeit u. Raum; gliedert sich in menschl. Abstammungslehre, Erb- u. Rassenkunde, Bevölkerungsbiologie u. Eugenik. **2)** *Philosophische A.* erforscht die Stellung des Menschen in der Gesamtheit alles Seienden. **3)** *Theologische A.* lehrt Wesen u. Ziel des Menschen aufgrund der christl. ↗Offenbarung. **Anthropomorphismus** m, Übertragung menschl. Formen u. Verhaltensweisen auf andere, meist göttl. Wesen.

Anthroposophie w (gr.), eine v. R. ↗Steiner geschaffene Weltanschauungslehre, die den Menschen mittels der „Geisteswissenschaft" zur Schau geistiger Mächte führen will. ↗Theosophie.

1

Map labels:
120° 90° West 60°
Bellingshausen-See
Graham-Palmer-
Alexander-Insel
Larsen-Schelfeis
Thurston-Insel
Halbinsel
Land
Weddell-See
150°
Getz-Schelfeis
Marie-Byrd-
Byrd
Filchner-
Berkner-Insel
Schelfeis
30°
A
Byrd-Becken
Land
Ross-See
Little Amerika (USA)
Roosevelt-Insel
Ross-Schelfeis
180°
0°
Ross-Insel
Südpol
Victoria-Land
Polarbecken
Wilkes-Becken
Kgn. Maud-Land
Sowjetskaja
150°
30°
Komsomolskaja
Wilkes-Land
Wostok I
Pionierskaja
Amery-Schelfeis
60°
Shakleton-Schelfeis
West-Schelfeis
120° Mirnyj (UdSSR) 60°

Legende: unter 0 m | bis 1000 m | bis 2000 m | bis 3000 m | bis 4000 m | über 4000 m

Profil links: km 3 2 1 0 -1 -2 / Little Amerika / Byrd / E / -4270 m / A / 0 500 1000 1500 km
Profil rechts: km 4 2 0 -2 / Pionierskaja / Mirnyj / Wostok I Komsomolskaja Sowjetskaja / B / 0 500 1000 1500 2000 km
2

Anthurium s, aronstabähnl. Stauden des trop. Amerika; Zierpflanze.
anti... (gr.), in Zss.: gegen-, wider-.
antiautoritäre Erziehung, Form der Erziehung, die sich gg. die v. Einzelpersonen u. Gruppen usurpierte Autorität wendet u. den Menschen ausschließl. an sich selbst binden will. ↗Repression, ↗Kinderläden.
Anti-Baby-Pille (: -be'bi-), hormonal wirkender Ovulationshemmer zur ↗Empfängnisverhütung.
Antibes (: ãntib), frz. Hafenstadt u. Seebad an der Riviera, 48000 E.
Antibiotika (Mz., gr.), Heilmittel, die bakterientötend od. -abschwächend wirken; werden aus Stoffwechselprodukten v. Bakterien, Pilzen u. höheren Pflanzen, z. T. auch synthetisch hergestellt. Man unterscheidet a) *A. mit begrenztem Wirkungsbereich:* Erythromycine, Tuberculostatica, Mycostatin, Actinomycin, b) *A. mit weitem Wirkungsbereich:* Penicilline, Streptomycine, Chloromycetin, Aureomycin. A. müssen vorsichtig angewandt werden, um Nebenwirkungen u. die Resistenzbildung der Krankheitskeime zu verhüten. A. werden auch in der Viehzucht als wachstumsfördernde Mittel gebraucht.
antichambrieren (: -schãn-, frz.), im Vorzimmer warten; um Gunst betteln.
Antichrist, nach der Bibel ein am Weltende auftretender Christusfeind, der sich als Christus ausgibt u. viele zum Abfall bringt.
Antigene (Mz., gr.) ↗Abwehrstoffe.
Antigone, Tochter des Ödipus, bestattete trotz Verbots ihren Bruder, v. Kreon zum Tode verurteilt; Tragödie v. Sophokles.
Antihistaminika (Mz.), Heilmittel gg. zu starke Histaminwirkung, z. B. bei ↗Allergie.
antik (lat.), **1)** der ↗Antike angehörend. **2)** allg.: alt. **Antike** w, Zeit, Kunst u. Kultur des griech.-röm. (klass.) Altertums.
Antikominternpakt, 1936 geschlossenes Abkommen zw. Dtl. u. Japan gg. die ↗Komintern, dem 11 weitere Staaten beitraten. [verhütung.
antikonzeptionelle Mittel ↗Empfängnis-
Antikörper ↗Abwehrstoffe.
Antilibanon m, syr. Gebirge, östl. des Libanon, im Hermon 2759 m hoch.

Antillen	Fläche in km²	Einwohner in 1000	politische Zugehörigkeit
Große Antillen			
Kuba	114524	9728	unabhängig
Haiti	76484	10200	Rep. Haiti und Dominikan. Rep.
Jamaika	10991	2133	unabhängig
Puerto Rico	8891	3319	USA
Kleine Antillen			
1) Inseln über dem Winde			
a) *Leeward Islands*			
Antigua (mit Nebeninseln)	442	72	britisch
Montserrat	98	12	britisch
St. Christopher (St. Kitts), Nevis und Anguilla	272	55	britisch
Brit. Jungferninseln	153	12	britisch
b) *Windward Islands*			
Dominica	728	83	unabhängig
Grenada (mit Nebeninseln)	344	110	unabhängig
St. Lucia	616	113	unabhängig
St. Vincent (mit Nebeninseln)	388	100	unabhängig
Guadeloupe (mit Nebeninseln)	1779	325	französisch
Martinique	1102	330	französisch
Amerik. Jungferninseln (St. Croix, St.John, St.Thomas)	344	104	USA
2) Inseln unter dem Winde			
Aruba	193	63	niederländ.
Curaçao	444	161	niederländ.
Bonaire (mit Nebeninseln)	288	9	niederländ.
Aves-Inseln Los Roques Orchilla Blanquilla	120	1	Venezuela

Antillen, die größten u. wichtigsten der Westind. Inseln; schließen in flachem Bogen von O nach W als *Kleine A.* (Inseln über u. unter dem Winde), dann als *Große A.* bis zur Halbinsel Yucatán das Karib. Meer *(A.meer)* gg. den Atlant. Ozean ab. Haupterzeugnisse Tabak u. Zucker; 224000 km².
Antilope w, gehörntes Säugetier meist warmer Länder, in Rudeln, äußerst schnell; in Europa nur Gemse u. Saiga-A.
Antimaterie w (gr.-lat.), aus ↗Antiteilchen aufgebaute Materie; A. u. gewöhnliche Materie zerstrahlen beim Aufeinandertreffen. ↗Annihilation.
Antimon s, chem. Element, Zeichen Sb, silberweißes, sprödes Metall, Ordnungszahl 51 (□ 148). Findet sich gediegen, meist aber mit Schwefel verbunden als *A.glanz,* hauptsächlich in China, bildet Legierungen mit Blei (Hartblei), Zinn (Britanniametall), mit Blei u. Zinn (Letternmetall). Alle A.verbindungen (Bleich-, Färbe-, Heilmittel) sind giftig.
Antinomie w (gr.), Widerstreit zweier gleich gut begründeter Urteile od. Gesetze.
Antiochia, türkisch *Antakiye,* Hst. der türk. Prov. Hatay, 78000 E. – Im Alt. Hst. v. Syrien; gegr. 300 v. Chr., prachtvolle Römerbauten; 637/969 arab., 1098/1268 Ftm. A. als Vasallenstaat des christl. Kgr. Jerusalem. In A. 1. Jahrhundert. Gem., später Patriarchat u. bedeutende Theologenschule (3./5. Jh.). Heute gibt es ein lat., griech., syr.-maronit., griech.-melchit. u. syr. Patriarchat A.
Antipathie w (gr.), Abneigung, Widerwillen. Ggs. Sympathie.

Antibiotika	entdeckt
Penicilline Penicillin G Depot-Penicillin G Orale Penicilline Halbsynthetische orale Penicilline Breitspektrum-Penicilline	1929/39
Streptomycin	1943
Tetracyclin	1948
Chloramphenicol	1947
Antibiotika mit begrenztem Wirkungsbereich:	
Erythromycin(-Gruppe)	1952
Neomycin(-Gruppe)	1949
Antibiotika für vorwiegend lokale Anwendung:	
Bacitracin	1943
Tyrothricin	1939
Amphomycin	1953

Antiphon w (gr.), kurzer Gesang am Anfang u. Ende eines Psalmes; urspr. ein Wechselgesang.
Antipode m (gr.), Gegenfüßler, ein Bewohner des entgegengesetzten Teils der Erde.
Antiqua w (lat.), die lat. Druckschrift. **Antiquar** m, Händler mit Altertümern od. alten Büchern.
Antiquariat s, kauft u. verkauft alte bzw. gebrauchte Bücher, Bilder od. Kunstgegenstände. **antiquiert**, veraltet. **Antiquität** w, altertüml. Gegenstand.
Antisemitismus m, Judenfeindlichkeit, vielerorts einst u. jetzt in sozialen od. polit. Bewegungen wirksam, oft durch Rassenhaß, religiöse Vorurteile od. Konkurrenzneid bestimmt; verstieg sich im Nat.-Soz. zum Versuch völliger Ausrottung der Juden durch Massenmord.
Antisepsis w (gr.), Wundbehandlung, die alle Krankheits- u. Fäulniskeime durch chem. (antisept.) Mittel in der Wunde abtötet u. mit keimfreien Verbandstoffen bedeckt.
Antiteilchen, gemeinsamer Name für die komplementären ↗Elementarteilchen, vereinigen sich mit diesen unter Energieabgabe (↗Annihilation, ↗Paarbildung). Teilchen u. A. haben z. B. gleiche Masse, aber entgegengesetzte Ladung bzw. negative Energiezustände. Experimentell sind fast alle A. nachgewiesen. ↗Antimaterie.
Antithese w (gr.; Bw. antithetisch), Gegenbehauptung.
Antitoxine (gr.) ↗Abwehrstoffe gg. Toxine.
Anti-Trust-Bewegung (: -traßt-, engl.), entstand Ende 19. Jh. in den USA gg. die Machtkonzentration in der Wirtschaft.
Antizipation w (lat.; Ztw. antizipieren), Voraus-, Vorwegnahme.
Antizyklone, das ↗Hochdruckgebiet.
Antofagasta, nordchilen. Prov.-Hst., 155000 E.; Univ.; kath. Bischof; Ausfuhr von Salpeter, Kupfer, Silber.
Antonello da Messina, it. Maler, um 1430 bis 1479; Altäre, Bildnisse; schuf den längere Zeit gültigen Typ des venezian. Altarbildes.
Antonescu, Jon, rumän. General, 1882 bis 1946 (hingerichtet); stürzte 40 Kg. Carol II., trat 41 in den Krieg gg. Rußland ein.
Antoninus Pius, friedliebender röm. Ks., regierte 138/161.
Antonioni, Michelangelo, it. Filmregisseur, *1912; gesellschaftskrit., psychol. analysierende Filme. Die Nacht; Liebe 62.
Antonius, Marcus, 82–30 v. Chr., Anhänger Cäsars, besiegte mit Oktavian die Mörder Cäsars 42 bei Philippi, v. Oktavian gestürzt.
Antonius der Einsiedler od. d. Gr., hl. (17. Jan.), 250–356; Vater des Mönchtums durch Gründung v. Einsiedlergemeinden in Ägypten. A.kreuz, hat die Form T. A.orden, nach dem hl. A. benannte relig. Orden. **A. v. Padua**, hl. (13. Juni), OFM, 1195–1231; Kirchenlehrer, Volksheiliger.
Antriebsbahn, Teil der Raketenbahn mit arbeitendem Raketenmotor.
Antwerpen, frz. Anvers, Überseehafen Belgiens, r. an der unteren Schelde, 88 km vom Meer, beherbergt ¹/₃ der belg. Ind., 235000, mit Vororten 700000 meist fläm. E.; Kathe-

Antwerpen: Marktplatz mit Rathaus

drale (1352/1616), spätgot. u. Renaissance-Bauten. Univ., kath. Bischof. – Unter Karl V. reichste Handelsstadt Europas; 1794 frz., 1814 niederländ., 1830 belgisch.
Anwalt, Rechtsvertreter u. Verteidiger vor Gericht (Staats-A. u. Rechts-A.).
Anwartschaft, die Aussicht auf späteren Rechtserwerb, wenn dieser z. B. nur noch v. Eintritt einer Bedingung abhängt (u. a. in der Rentenversicherung).
Anzeigepflicht, Mitteilung an die Behörde, Polizei od. Staatsanwaltschaft; besteht bei der Möglichkeit der Verhütung eines Verbrechens, im Wechselrecht, im Handelsverkehr bei Vertragsverhältnissen zur Schadensverhütung bei Mängeln, bei ↗Infektionskrankheiten u. Seuchen, für Geburten u. Todesfälle.

Ludwig Anzengruber

Anzengruber, Ludwig, volkstüml. östr. Schriftsteller, 1839–89; naturalist. Dramen aus dem Bauernleben: Der Pfarrer v. Kirchfeld, Der Meineidbauer.
ANZUS-Pakt, Pazifik-Pakt, 1951 zw. Australien, Neuseeland u. den USA abgeschlossenes Verteidigungsbündnis; 54 ergänzt durch den ↗Südostasien-Pakt.
a.o., Abk. für außerordentl. (Professor).
AO, Abk. für ↗Abgabenordnung.
Äoler, Äolier (Mz.), altgriech. Volksstamm, hauptsächl. im NW Kleinasiens; später alle nichtdor. u. nichtion. Stämme. **Äolische Inseln** ↗Liparische Inseln. **Äolsharfe**, Windharfe, Holzkasten mit gleichgestimmten, aber verschieden dicken Darmsaiten, durch Wind zum Erklingen gebracht.

M. Antonioni

Äolus, griech. Windgott. **äolisch**, vom Wind verursacht.
Äon m (gr.), Welt-, Zeitalter, Ewigkeit.
Aorta w (gr.), Körperschlagader aus der linken Herzkammer. ☐ 616.
Aosta, Hst. des autonomen A.tals (Valle d'Aosta), in Norditalien, 39000 E.; Bischof.
AP (: eˡ-pi), Abk. für Associated Press, New York, Nachrichtenagentur in den USA.
APA, Abk. für Austria-Presse-Agentur, Wien.
Apanage w (: -naseʰ, frz.), die den nichtregierenden Angehörigen fürstl. Häuser als Geldrente oder Grundbesitz gewährte Ausstattung.
apart (lat.), ungewöhnlich, reizvoll.
Apartheid w (Afrikaans), Bz. für die Rassentrennung in der Republik Südafrika.
Apathie w (gr.), Unempfindlichkeit; krankhafte Teilnahmslosigkeit; Affektausfall.

Marcus Antonius

Apis: Der heilige Stier mit Sonnenscheibe zwischen den Hörnern (von einer ägyptischen Stele, 26. Dynastie)

Apatit *m,* kristallisierter phosphorsaurer Kalk der Massengesteine; Düngemittel.

Apa(ts)chen, Indianerstamm im SW der USA u. im NW Mexikos.

Apel, Hans, dt. Politiker (SPD), * 1932; 72 Staatssekretär, 74/78 Bundes-Finanz-Min., seit 78 Bundes-Verteidigungs-Min.

Apeldoorn, niederländ. Stadt, in Gelderland, 137500 E.

Apennin *m,* auch A.en (Mz.), das Italien *(A.en-Halbinsel)* v. den Meeralpen bis Sizilien durchziehende Faltengebirge, 1400 km lang, im Gran Sasso d'Italia 2914 m hoch.

Apenrade, dän. *Åbenrå,* dän. Ostseebad u. Hafen in Nordschleswig, an der *A.r Förde,* 22000 E.; war 1866–1920 preußisch.

aper, schneefrei. *Aperwind,* Tauwind.

Aperçu *s* (: aperßü, frz.), geistreiche Bemerkung, Einfall. [Getränk.

Apéritif *m* (frz.), appetitanregendes alkohol.

Apfel, die Frucht des A.baumes, ältestes Kernobst auf dt. Boden; kommt wahrscheinl. aus Asien, nicht v. europ. wilden *Holz-A.* Über 600 A.sorten sind bekannt. **A.blütenstecher,** Rüsselkäfer, dessen Larve die Blütenknospen des A.baums ausfrißt.

A.sauger, *A.blattlaus,* die Larven saugen die A.blüten aus. **A.sine** *w,* eig. „A. aus Sina" (China), *Orange,* Citrusfrucht, kam um 1500 nach Europa, in Italien u. Spanien kultiviert. **A.wickler,** Kleinschmetterling, dessen Raupe, *A.made,* in („wurmstich.") Äpfeln lebt.

Aphasie *w* (gr.), Sprachstörung durch Krankheiten des Gehirns (Sprachzentrums).

Aphel *s* (gr.), sonnenfernster Planetenstand. [scharfer Sinnspruch.

Aphorismus *m* (gr.-lat.), kurzer, gedankl. **aphoristisch,** geistvoll zugespitzt.

Aphrodite, griech. Göttin der Schönheit u. Liebe, bei den Römern ↗Venus.

Aphthen (Mz., gr.), Mundkrankheit, Schwämmchen, ↗Soor.

Apis, göttl. Stier im alten Ägypten.

Aplomb *m* (: aplõn, frz.), sicheres Auftreten, Nachdruck, Dreistigkeit.

APO, Bz. für Außerparlamentar. Opposition.

apodiktisch (gr.), unwiderleglich, mit unbedingter Sicherheit.

Apogäum *s* (gr.), ↗Perigäum.

Apokalypse *w* (gr.), *(Geheime) Offenbarung,* letztes Buch des NT, v. dem Seher Johannes (vielleicht mit Johannes dem Evangelisten ident.) um 95 n.Chr. auf Patmos verfaßt: Visionen v. Endkampf des Gottesreiches. **Apokalyptiker,** chiliast. Sekten u. Schwärmer, die das Weltende nahe glauben: u.a. Flagellanten u. ↗Katharer, heute ↗Adventisten, ↗Mormonen u. ↗Zeugen Jehovas.

apokalyptisch, das Weltende ankündigend. **Apokalyptische Reiter,** 4 symbol. Gestalten der Apokalypse, die Krieg, Morden, Hunger u. Tod über die Erde bringen.

apokryph (gr.), verborgen, unecht. **A.en,** angebl. bibl. Bücher, die Juden od. Christen aus dem Kanon als unecht ausschließen; für ev. Christen sind auch die ↗Deuterokanon. Schr. des AT A.en.

Apolda, Krst. im Bez. Erfurt, n.ö. von Weimar, 29000 E.; Ing.-Schule. Wirkwaren-Ind.

Apollinaris, hl. (23. Juli), um 200 Bischof in Ravenna. **A.berg** bei Remagen, Wallfahrt.

Hans Apel

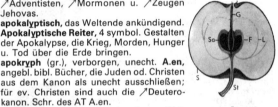

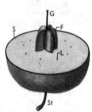

Apfel: oben Längsschnitt, unten Fruchtblätter, zur Hälfte freipräpariert. K Kelch (Reste der Blütenhülle), G Griffel, F Fruchtblätter. Sa Samen, L Leitbündel, St Stiel, S Schale. Jedes Fruchtblatt bildet für sich einen Balg; die Blütenachse umwächst die pergamentartigen Fruchtblätter, die in ihrer Gesamtheit das Kerngehäuse bilden, und liefert den fleischigen Teil der Frucht und die Schale. Der Apfelstiel ist der verholzte Blütenstiel.

Apfelsorten	äußeres Aussehen	Fleischbeschaffenheit und Geschmack	Genußreife
Weißer Klar	mittelgroß, mit deutlicher naht, weißlichgrün	säuerlich, ohne Aroma	Juli–Aug.
James Grieve	groß, glattschalig, gelb mit rot	sehr frisch, feines Aroma	Sept.–Okt.
Gravensteiner	mittelgroß, gelb mit roten Streifen	hocharomatisch, saftig	Sept.–Dez.
Cox Orangen-Renette	klein bis mittelgroß, gelb mit roten Streifen	süß-sauer, ausgeprägtes Aroma	Okt.–Jan.
Goldparmäne	mittelgroß, goldgelb, lebhaft rot	leicht trocken, nußartig, abknackend	Okt.–Jan.
Golden Delicious	groß bis sehr groß, grün/gelb, selten gerötet	süßlich-sauer, frisch etwas abknackend, gelblich	Okt.–April
Ananasrenette	klein bis mittelgroß, goldgelb, grüne u. braune Sternchen	süßsäuerlich, fest bis mürbe	Nov.–Febr.
Morgenduft (Rome Beauty)	groß bis sehr groß, flachkugelig, dunkelrot gestreift	Fleisch locker, sehr feste Schale	Dez.–Jan.
Boskop	groß bis sehr groß, braunrot, rauhschalig	angenehm säuerlich, fest	Dez.–April
Jonathan	klein bis mittelgroß, gelb/grün mit viel Rot	süß-sauer, eigenes Aroma, ziemlich weich	Dez.–April
Ontario	groß bis sehr groß, glattschalig, grün bis hellgelb	erfrischend süßsäuerlich, fest bis mürbe, saftig	Jan.–Mai

apollinisch, auf Klarheit u. Schönheit, Maß u. Ordnung gerichtet (Ggs. ↗dionysisch).

Apollo, *A.falter,* Tagschmetterling, weiß, mit schwarzen u. roten Flecken; hauptsächl. in den Alpen, geschützt. ☐ 913.

Apollo(n), griech. Gott der Künste u. Wiss., bes. der Musik, Hüter von Recht u. Ordnung; später als *Phobus A.* mit ↗Helios gleichgesetzt.

Apollo-Programm, Raumfahrtprogramm der USA; Ziel waren Mondflüge mit jeweils 3 Astronauten; 1968/72 insgesamt 11 bemannte Apollo-Flüge, davon 6 Mondlandungen. ☐ 1100.

Apologet *m* (gr.), Verteidiger des christl. Glaubens; bes. die christl. Schriftsteller des 2. Jh. **Apologetik** *w,* theol. Lehrfach, das die Glaubwürdigkeit des Glaubens rational rechtfertigt. **Apologie** *w,* Verteidigung des Glaubens, Rechtfertigung eines Verhaltens, einer Person usw.

Apostel	Missionsgebiet	Martyrium	Fest	Attribute
Petrus[1]	Palästina, Samaria, Antiochien, Kleinasien, *Korinth, Rom*	gekreuzigt	29. 6.	Schlüssel
Andreas[2]	*Schwarzmeerküste, Armenien, Thrakien, Griechenland*	gekreuzigt	30.11.	Schrägkreuz
Jakobus d. Ä.	Palästina, *Spanien*	enthauptet	25. 7.	Buch, Rolle, Schwert; als Pilger
Johannes[3]	Jerusalem, Samaria, Ephesus, *Patmos*	*vergifteter Becher, Ölmartyr.*	27.12.	Adler, gold. Becher mit Schlange
Philippus	*Phrygien*	*gekreuzigt; gesteinigt*	3. 5.	Kreuzstab, Rolle
Bartholomäus[4]	*Indien, Mesopotamien, Nordpersien, Armenien, Arabien*	*enthauptet; geschunden, gekreuzigt*	24.8.	Buch, Messer, abgezogene Kopfhaut
Thomas	*Parthien, Indien*	*Schwert od. Lanze*	3. 7.	Winkelmaß, Lanze
Matthäus	Palästina, *Äthiopien, Parthien, Persien*	*verbrannt, gesteinigt*	21. 9.	Schwert, Hellebarde, Engel, Buch
Jakobus d. J.	Palästina	gesteinigt	3. 5.	Keule, Walkerstange
Judas Thaddäus	Palästina, *Syrien, Arabien, Mesopotamien, Persien*		28.10.	Buch, Keule
Simon d. Eiferer	Palästina, *Nordafrika*	gekreuzigt, zersägt	28.10.	Säge
Judas Iskariot				Geldbeutel
Matthias[5]	*Judäa, Äthiopien*	*enthauptet, gesteinigt*	24. (25.)2.	Buch u. Beil, Schwert
Paulus	Jerusalem, Damaskus, Kleinas., Cypern, Makedonien, Peloponnes, Ital., Spanien	enthauptet	29. 6.	Buch, Schwert

Die Angaben in *kursiv* beruhen nur auf – sich teilweise widersprechenden – Überlieferungen oder Legenden

[1] Auch Simon oder Kephas genannt. – [2] Bruder von Petrus. – [3] Jüngerer Bruder von Jakobus d. Ä. (beides Söhne des Zebedäus, ihres Eifers wegen „Donnersöhne" genannt). – [4] Wahrscheinlich identisch mit Nathanael. – [5] Als Nachfolger für Judas Iskariot.

Apoplexie *w* (gr.), ↗Schlaganfall. **Aporie** *w* (gr.), Verlegenheit, log. Schwierigkeit, gedankl. Widerspruch.

Apostasie *w* (gr.), Abfall (v. Glauben). **Apostat** *m* (Bw. *apostatisch*), Abtrünniger.

Apostel *m* (gr.), **1)** die v. Jesus in seinen engsten Kreis berufenen 12 Jünger. **2)** oft Bz. für den Hauptmissionar oder Patron eines Landes oder Volkes. **A.briefe,** die 21 Briefe des NT, meist Hirtenschreiben v. Aposteln. **A.geschichte,** eine Schrift des NT, wohl um 80–85 v. Lukas verfaßt; erzählt die Ausbreitung des Christentums unter Juden u. Heiden, namentl. durch Petrus u. Paulus. **A.konzil,** Zusammenkunft der A. um 50 in Jerusalem; entschied, daß das mosaische Gesetz nicht für die Heidenchristen gelte.

a posteriori (lat.), aus der Erfahrung gewonnen. Ggs. ↗a priori.

Apostolat *m* od. *s,* Amt der Apostel, der Kirche u. ihrer Amtsträger, aber auch der Laien, das Erlösungswerk Christi fortzusetzen.

Apostolicum *s,* ↗Apostol. Glaubensbekenntnis.

apostolisch, alles, was unmittelbar od. mittelbar auf die Apostel zurückgeht. **A.er Nuntius** ↗Nuntius. **A.er Stuhl,** gleichbedeutend mit Pp. od. Pp. u. röm. Kurie. **A.er Vikar,** Titularbischof zur Verwaltung eines Missionsbezirks (A.es Vikariat). **A.es Glaubensbekenntnis,** *Apostolicum,* Abriß des christl. Glaubens; geht auf ein 2./3. Jh. in Rom entstandenes Taufbekenntnis zurück. Nach der Legende v. den 12 Aposteln vor dem Weggang v. Jerusalem aufgestellt. **A.e Sukzession,** die ununterbrochene Weitergabe der v. Christus an die Apostel verliehenen Vollmachten. **A.e Väter,** unmittelbar v. den Aposteln unterrichtete christl. Schriftsteller des 1. u. 2. Jh., deren Schr. aber nicht in das NT aufgenommen wurden.

Apostroph *m* (gr.), Auslassungszeichen (').

Apotheke *w* (gr.), halbamtl. Betriebsstätte der Arzneibereitung u. des Arzneiverkaufs. Die A. darf nur von einem staatl. approbierten *Apotheker* geführt werden.

Apotheose *w* (gr.), **1)** effektvolles Schlußbild einer Theateraufführung. **2)** göttl. Verehrung eines Menschen.

Appalachen, altes Faltengebirge im östl. Nordamerika, 2600 km lang, v. St.-Lorenz-Strom bis nahe an den Golf v. Mexiko. Ein Längstal zw. Hudson u. Tennessee trennt die Alleghenies im O vom Cumberlandgebirge im W; reich an Steinkohle, Eisen, Kupfer, Zink, Silber, Erdöl.

Apparat *m* (lat.), **1)** techn. Vorrichtung od. Gerät. **2)** Bz. wiss. Werken erläuternde Beigaben in Anhängen, Fußnoten. **3)** Bz. für Arbeitskräfte u. -mittel in Betrieben, Behörden u. ä.

Apparatschik *m* (russ.), abwertende Bz. für den kommunist. Funktionär, der mit bürokrat. Mitteln die Durchsetzung des jeweiligen polit. Kurses betreibt.

Appartement *s* (: -mãn, frz.), Wohnung mit bes. Komfort, auch 1-Zimmer-Wohnung.

appassionato (it.), leidenschaftlich.

Appeasement *s* (: äpism[e]nt, engl.), Beschwichtigung. **A.politik,** bes. die engl. Beschwichtigungspolitik gegenüber Hitler, so im Münchner Abkommen 1938.

Appel, *Karel,* niederländ. Maler, *1921; Vertreter des ↗Informel. [Mahnruf.

Appell *m* (lat.; Ztw. *appellieren*), Aufruf, **Appellation** *w* (lat.), Anrufung, ↗Berufung.

Appendix *m* (lat.), 1) Anhängsel. 2) der ↗Wurmfortsatz, dessen Entzündung die *Appendicitis* („Blinddarmentzündung").

Appenzell, seit 1597 2 polit. selbständ. Halbkantone der NO-↗Schweiz. A.-*Außerrhoden* (prot.), 243 km², 46 500 E., meist Wiesen u. Weideland; Rindviehzucht; Baumwollspinnerei, Seidenfabriken, Maschinenstickerei. *A.-Innerrhoden* (kath.), 172 km², 13 300 E., Alpen- u. Weideland; Viehzucht; Handstickerei und Seidenweberei.

Apperzeption *w* (lat.; Ztw. *apperzipieren*), aktive Aufnahme einer Wahrnehmung in Bewußtsein u. Gedächtnis.

Appetit *m* (lat.), Eßlust. **appetitlich,** zum Genuß anreizend, begehrenswert.

applaudieren (lat.), Beifall spenden. **Applaus** *m,* Beifall.

Appleton (: ˡp^eltˢn), Sir *Edward Victor,* engl. Ionosphärenphysiker, 1892–1965; 1947 Nobelpreis, entdeckte die F-Schicht.

Applikatur *w* (lat.), ↗Fingersatz.

applizieren (lat.), anwenden, verabreichen.

apportieren (lat.-frz.), herbeibringen.

Apposition *w* (lat.), Beifügung, Zusatz.

Appretur *w* (frz.), Verschönerungs- u. Vollendungsverfahren, bes. bei der Faserverarbeitung; Ausrüstung von Geweben.

Approbation *w* (lat.; Ztw. *approbieren*), 1) Gutheißung. 2) Druckerlaubnis. 3) staatl. Zulassung von Ärzten u. Apothekern.

Approximation *w* (lat.; Bw. *approximativ*), Annäherung; angenäherte Lösung.

Aprikose *w,* Steinfrucht des A.nbaums, eine Rosazeenart. *Echte A.n* mit großen, *Albergen* od. *Marillen* mit kleinen Früchten.

Aprilfliege, die ↗Haarmücke.

a priori (lat.), v. vornherein; außerhalb der Erfahrung; Ggs. ↗a posteriori.

apropos (: -pọ, frz.), nebenbei bemerkt.

Apsiden (gr.), die 2 Punkte auf der ellipt. Bahn, in denen ein Himmelskörper von seinem Zentralkörper den kleinsten u. den größten Abstand hat, bei Planeten Perihel u. Aphel.

Apsis, *Apside w* (gr.), halbkreisförmiger od. vieleckiger Chorabschluß einer Kirche.

Apulejus, röm. Schriftsteller, 125–180; Sittenroman *Der goldene Esel* (darin Märchen *Amor u. Psyche*).

Apulien, it. *Puglia,* Region Süditaliens, 19 347 km², 3,9 Mill. E.; ein wasserarmes, bis 680 m hohes Kalkplateau; die Küstenzone fruchtbar (Öl, Wein).

Apure *m,* linker Nebenfluß des Orinoko, in Westvenezuela, etwa 1600 km lang.

Aqua *s* (lat.), Wasser. **A. destillata,** destilliertes Wasser.

Aquädukt *m* (lat.), über dem Erdboden errichtete Wasserleitungsbrücke.

Aquamanile *s* (lat.), Gefäß mit Schüssel zur liturg. Händewaschung. **Aquamarin** *m,* lichtblaugrüne Abart des Berylls. ☐ 255.

Aquanautik *w* (lat.-gr.), Zweig der Ozeanographie; erforscht die Möglichkeiten des Aufenthalts v. Menschen unter Wasser.

Aquaplaning *s* (lat.-engl.), Verlust der Bodenhaftung v. Kraftfahrzeugreifen auf nasser Fahrbahn durch Bildung eines Wasserfilms zw. Fahrbahn u. Reifen.

Aquarell *s,* Gemälde in Wasserfarben. **Aquarium** *s,* Becken zur Pflege u. Züchtung v. Wassertieren u. -pflanzen. **Aquatinta** *w,* Ätzverfahren, ahmt die Tuschmalerei nach.

Äquator *m* (lat.), *Himmels-Ä.,* Großkreis am Himmel, v. den Himmelspolen gleiche Entfernung. Seine Ebene halbiert die Erde im *Erd-Ä.* in nördl. u. südl. Halbkugel. ☐ 918.

Aquarienfische	Heimat	Größe	optimale Wassertemperatur	
Breitflossenkärpfling, Black Molly *Poecilia latipinna*	südöstl. Nordamerika	bis 10 cm	24–28° C	sehr beliebter Aquarienfisch; z. T. Pflanzenfresser
Guppy *Poecilia reticulata*	Mittelamerika (Trinidad, Barbados, Venezuela)	M: bis 4 cm W: bis 7 cm	22–24° C	gesellig, einfach zu halten; wegen großer Verbreitung „Millionenfisch" genannt
Keilfleckbarbe *Rasbora heteromorpha*	Sumatra, Malakka	bis 4,5 cm	24–25° C	gesellig; zart u. farbenprächtig; etwas schwierig zu züchten
Neonfisch *Paracheirodon innesi*	Südamerika (Río Ucayali)	bis 4 cm	21–23° C	gesellig; farbenprächtig; sehr reizvolle Form
Schwertträger *Xiphophorus helleri*	südöstl. Mexiko	M: bis 8 cm (ohne Schwert) W: bis 12 cm	22–25° C	gesellig u. einfach zu halten; elegante Form, farbenprächtig
Segelflosser, Skalar *Pterophyllum scalare*	Südamerika (Amazonas)	bis 15 cm lang u. 26 cm hoch	um 26° C	gesellig, einfach zu halten; farbenprächtig
Spiegelkärpfling, Platy *Xiphophorus maculatus*	südl. Mexiko, Guatemala	M: bis 4 cm W: bis 6 cm	20–25° C	versch. Rassen, z. T. phantastisch gefärbt od. gezeichnet
Sumatrabarbe *Puntius tetrazona*	Südostasien, Indonesien	bis 7 cm	23–26° C	gesellig; einer der schönsten Aquarienfische
Zebrabärbling *Brachydanio rerio*	östl. Vorderindien	bis 4,5 cm	22–24° C	gesellig, wohl gefärbt; verträgt Temperaturschwankungen

Aquarium. Aquarienfische: **1** Zebrabärbling, **2** Schwertträger, **3** Skalar

Äquatorialguinea, afrikan. Rep. an der Guinea-Küste, fr. *Span.-Guinea;* umfaßt das Festlandsgebiet Mbini (fr. Río Muni) u. die Inseln Macías N'Guema u. Pagalu (fr. Fernando Póo u. Annobón). – 1843 span. Kolonie, 1968 unabhängig.

Äquatorialstrom, durch Passate verursachte, westl. gerichtete Meeresströmung.

Aquavit m, Kartoffel- od. Kornbranntwein.

Aquila, L', Hst. der mittel-it. Provinz L'A. in den Abruzzen, 67 000 E.; Erzb.

Aquileja, it. Ort im Isonzodelta, 3500 E.; im Alt. Großstadt; im MA Patriarchat.

Äquilibrist m (lat.), Gleichgewichtskünstler.

Aquino, unter-it. Stadt, 3900 E. Die Burg Roccasecca Geburtsort des hl. Thomas v. A.

Äquinoktium s (lat.), Tag- u. Nachtgleiche: Frühlingsanfang 21. März, Herbstanfang 23. September. □ 918.

Aquitanien, das südwestliche ↗Gallien.

äquivalent (lat.), gleichwertig. **Äquivalenz** w (lat.), Gleichwertigkeit v. verschiedenen Energieformen, v. Masse u. Energie, v. schwerer u. träger Masse. **Ä.gewicht,** Menge eines Stoffes, die sich mit 1,008 g Wasserstoff verbindet od. diese ersetzt; Quotient aus Atomgewicht u. Wertigkeit.

Ar s oder m, Abk. a, Flächenmaß; 1 a = Ar, chem. Zeichen für ↗Argon. [100 m².

Ara, *Arara* m, großer Papagei (Sittich) Süd- u. Mittelamerikas. □ 1046.

Ära w (lat.), Zeitalter. Zählung der Jahre v. einem bestimmten hist. Ereignis an.

Araber, 1) semit. Völkergruppe, am reinsten in Arabien u. auf der Sinaihalbinsel; Muslime, teils nomadisierende Beduinen, teils seßhafte Ackerbauern. ↗Islam. **2)** edelstes Pferd des Orients, meist weiß; auch in europ. Gestüten gezüchtet.   [nament.

Arabeske w (arab.-frz.), Pflanzenrankenornament.

Arabien, größte Halbinsel Asiens u. der Welt, Brücke zw. Nordafrika u. Vorderasien, Wiege des Islams; je nach Abgrenzung gg. O u. N 2,6–3,5 Mill. km², etwa 15 Mill. E. Wüstenhaftes Hochland, steigt im W u. S aus schmaler Küstenebene bis zu 3000 m steil an, dacht ostwärts sanft ab. Ausgedehntes Erdölvorkommen an der Ostküste. – Die durch ↗Mohammed im 7. Jh. geeinten arab. Stämme gründeten mächtige Reiche; diese zerbröckelten in Kalifate. Der N u. W A.s mit den hl. Orten des Islams 1517 bis zum 1. Weltkrieg türkisch; Aden 1839 engl., Oman, Kuwait u. Hadramaut unter engl. Einfluß. 1924/26 eroberte ↗Ibn Saud das Kgr. Hedschas u. bildete aus dem größten Teil A.s das Kgr. Saudi-Arabien.

Arabische Emirate ↗Föderation Arabischer Emirate.

Arabische Liga, 1945 gegr. arab. Staatenbund zur polit., kulturellen u. seit 50/52 auch zur wirtschaftl. u. militär. Zusammenarbeit, bes. gg. Israel. Sitz in Kairo, Generalsekretär (seit 72) Mahmud Riad.

Arabisches Meer, Teil des Indischen Ozeans, zwischen Arabien u. Vorderindien, bis 4122 m tief. **Arabische Wüste,** östl. Teil der Libyschen Wüste. **Arabische Ziffern:** 0, 1, 2, usw., die heute meistverbreiteten, urspr. indischen, durch die Araber überkommenen 10 Zahlzeichen. □ 1134.

Die wichtigsten Ären

	Beginn
Byzantinische Ära, seit dem 7. Jh., in Rußland bis zu Peter d. Gr. in Gebrauch	1. 9. 5509 v. Chr. (Erschaffung der Welt)
Jüdische Ära, bei den Juden seit dem 11. Jh. in Gebrauch	7. 10. 3761 v. Chr. (Erschaffung der Welt)
Olympladen-Ära, wissenschaftl. Zeitrechnung im alten Griechenland, seit etwa 300 v. Chr. belegt	8. 7. 776 v. Chr. (erstmalige öff. Aufzeichnung der Siegernamen bei den Olymp. Spielen)
Ära der Gründung Roms (lat. ↗ ab urbe condita), nach dem Urheber Varro († 27 v. Chr.) auch **Varron. Ä.** gen., diente wissenschaftl. Zwecken	21. 4. 753 v. Chr. (Gründung Roms)
Japanische Ära (heute noch in Gebrauch)	660 v. Chr. (Regierungsantritt des Jimmu Tenno)
Buddhistische Ära, heute noch in Gebrauch, das Todesjahr Buddhas wird bei den einzelnen Völkern verschieden berechnet	543 v. Chr. (Tod Buddhas)
Ära der Seleukiden, bei den Juden bis ins 11. Jh. in Gebrauch, auch bei den syr. Christen lange gebraucht	1. 10. 312 v. Chr. in Babylon 1. 4. 311 v. Chr. (Herrschaftsära)
Spanische Ära (5.–14. Jh.)	1. 1. 38 v. Chr. (Ereignis nicht bestimmbar)
Alexandrinische Ära (im Alt. weit verbreitet)	30. 8. 30 v. Chr. (etwas willkürl. angesetzt)
Christliche Ära, Dionysius Exiguus († um 550) legte das Jahr der Geburt Christi auf 754 a. u. c., es liegt aber 4–7 Jahre (der christl. Ä. kam im 10. Jh. im Abendland in Gebrauch, heute ist sie die gebräuchlichste Ä.	Jahr der Geburt Christi
Diokletianische Ära, Ära der Martyrer (bei kopt. u. äthiop. Christen heute noch in Gebrauch)	29. 8. 284 n. Chr. (Regierungsantritt Diokletians)
Mohammedanische Ära (eingeführt unter dem Kalifen Omar)	15. 7. 622 n. Chr. (Flucht Mohammeds von Mekka nach Medina)
Ära der französischen Republik (am 1. 1. 1806 von Napoleon abgeschafft)	22. 9. 1792 (Gründungstag der frz. Republik)

In Indien sind etwa 20 Ären bekannt.

Arabien (Staaten):
Bahrain
Irak
Jemen, Dem. VR
Jemenit. Arab. Rep.
Jordanien
Katar
Kuwait
Oman
Saudi-Arabien
Vereinigte Arabische Emirate
gelegentl. werden
auch Israel u. der
Libanon zu A. gezählt
(vgl. auch die einzelnen Artikel)

Arad, 1) rumän. Stadt a. d. Mureș, 171 000 E. **2)** israel. Stadt südl. v. Hebron, 10 000 E.

Arafat, *Yasir,* arab. Freischärler, * 1929; seit 1964 Führer des Al Fatah, einer der mächtigsten u. aktivsten palästinens. Guerilla-Verbände. Seit 69 auch Vors. des Zentralkomitees der palästinens. Widerstandsorganisationen (PLO).

Aragon (: -gõ), *Louis,* frz. Schriftsteller, * 1897; Kommunist; Lyrik, Prosa, polit. u. histor. Romane.

Aragonien, span. *Aragón,* nordspan. Landschaft, das mittlere Ebrotal, umfaßt die Prov. Saragossa, Huesca u. Teruel; 47 669 km², 1,1 Mill. E.; vorwiegend Steppe mit Flußoasen; Hst. Saragossa. – 1035 Kgr.; die Heirat Ferdinands II. v. A. mit Isabella v. Kastilien 1469 führte durch Vereinigung v. A. u. Kastilien zum Kgr. Spanien.

Araguaya, *Araguay* m, größter l. Nebenfluß des Tocantins (Brasilien); 2200 km lang, auf 1300 km schiffbar.

Aralie w, Zimmerpflanze mit handförmigen Blättern, *Hand-A., Papier-A.*

Aralsee, viertgrößter Binnensee der Erde, in Russ.-Turkestan, 53 m ü. M., bei geringem Salzgehalt (1%) fischreich; 66 458 km².

Aramäa, im AT Syrien u. Mesopotamien. Die *aramäische Sprache* wurde zu Christi Zeit in Palästina gesprochen.

Aranjuez (:-ch^{u}eß), span. Stadt, südl. v. Madrid, 28000 E.; königl. Schloß.

Aräometer s (gr.), die ↗Senkwaage.

Arapaima m, größter Süßwasserfisch (4,5 m, 200 kg), in süd-am. Strömen.

Ararat m, erloschener Vulkan in der Türkei; 2 Kegel: *Großer* u. *Kleiner A.,* 5165 u. 3925 m.

Aras, *Araxes* m, armen. Grenzfluß der UdSSR gg. die Türkei u. den Iran, 1075 km lang.

Araukaner, Indianer, Urbewohner Chiles u. Westargentiniens; noch ca. 100000.

Araukarie w, Schuppentanne, bis 65 m hoher süd-am. u. austral. Nadelbaum. Die *Norfolktanne* häufig in Gärten u. im Zimmer *(Zimmertanne).*

Arbeit. 1) Im Unterschied zum Spiel die planmäß. Betätigung der körperl. u. geistigen Kräfte des Menschen zur Selbsterhaltung, Entfaltung u. Weltgestaltung. **2)** *Volkswirtschaftlich* die werteschaffende (produktive) Tätigkeit im Zusammenwirken mit anderen ↗Produktionsfaktoren (↗Arbeitsertrag), v. denen sich aber jene personhafte Bindung wesenhaft abhebt. Die *Arbeitsleistung* ist u. a. abhängig v. phys. u. geistiger Konstitution, sittl. Einstellung (A.smoral) u. berufl. Ausbildung. Man unterscheidet: überwiegend körperl. od. geistige A., ferner planende, anleitende, leitende, ausführende, mechan. A.; nach dem volkswirtschaftl. Einsatz u. a.: Urproduktion (Bergbau, Landwirtschaft), Gewerbe (Handwerk, Ind.), Verteilung u. Vermittlung der Erzeugnisse (Handel, Verkehr), persönliche Dienstleistungen (des Arztes usw.). **3)** *Mechan.* das Produkt aus der Kraftkomponente *F* in der Wegrichtung u. Weg *s,* also: $W = F \cdot s.$ *Arbeitseinheiten:* ↗Joule, ↗Elektronvolt, Kilowattstunde; früher ↗Erg und (techn.) Kilopondmeter.

Arbeiter, jeder, der eine werteschaffende Tätigkeit ausübt; i. e. S., wer gg. Lohn vorwiegend körperl. Arbeit nach Anweisung leistet, bes. der Ind.-Arbeiter. **A.bewegung,** entstand unter den gesellschaftl. Folgen der überstürzten ↗Industrialisierung (↗Industrialismus, ↗Proletariat) Anfang des 19. Jh. Da der A.schaft das Recht auf Zusammenschluß zunächst verwehrt wurde, wandte sie sich gg. die gesamte herrschende Gesellschaftsordnung. Die A.bewegung ging später großenteils in der ↗Sozialdemokratie auf. Auch die ↗Gewerkschaften entstanden aus ihr. Daneben entstand die christl. A.bewegung (↗Geselenvereine, ↗A.vereine). Die Entwicklung der A.bewegung in Dtl. wurde gewaltsam v. Nat.-Soz. unterbrochen (↗Arbeitsfront). **A.dichtung, 1)** im 19. Jh. aufkommende, v. bürgerl. Schriftstellern getragene sozialkrit. Dichtung, die sich mit dem Schicksal des Arbeiters befaßt. **2)** Seit Ende des 19. Jh. v. Arbeitern selbst geschriebene Dichtung (vielfach Lyrik): Vertreter: Heinrich Lersch, Max Barthel, Karl Bröger, Alfons Petzold u. a. **A.rentenversicherung** ↗Renten-,

Arbeiterbewegung
Die wichtigsten Daten

1840	In England (Manchester) Gründung der *National Charter Association,* der ersten Arbeiterpartei.
1847	In London entsteht aus dem *Bund der Gerechten,* 1836/37 aus dem *Bund der Geächteten* abgespalten (beides waren Geheimbünde wandernder dt. Handwerksgesellen im Ausland), der *Bund der Kommunisten,* Frühform einer po..ischen Arbeiterpartei; bestand mindestens bis 1852. Die von Marx und Engels 1848 im „Manifest der Kommunistischen Partei" niedergelegte Lehre wurde im gleichen Jahr als offizielle Bundesdoktrin angenommen.
1851	In England Gründung einer Facharbeitergewerkschaft der Maschinenbauer *(Amalgamated Society of Engineers),* der ersten Gewerkschaft im modernen Sinn.
1863	Lassalle gründet in Leipzig den *Allgemeinen Deutschen Arbeiterverein* (ADAV).
1864	In London Gründung einer *Internationalen Arbeiter-Assoziation* (die I. Internationale); 1876 endgültig aufgelöst.
1868	Hirsch und Duncker gründen *Deutsche Gewerkvereine.*
1869	Liebknecht und Bebel gründen in Eisenach die *Sozialdemokratische Arbeiterpartei* (SAP).
1875	In Gotha vereinigen sich ADAV und SAP zur *Sozialistischen Arbeiterpartei Deutschlands:* 1878 durch das Bismarcksche Sozialistengesetz aufgelöst.
1889	In Paris Gründung der II. Internationale, einer lockeren Föderation sozialistischer Parteien; zerfiel 1914.
1890	Gründung der *Sozialdemokratischen Partei Deutschlands* (SPD); 1933 durch die nat.-soz. Regierung aufgelöst, 1945 neu gegründet. Die Zentralverbände der einzelnen sozialdemokratischen Berufsgewerkschaften schließen sich zu einer *Generalkommission der (freien) Gewerkschaften Deutschlands* zusammen. Entstehung des *Gesamtverbandes der evangelischen Arbeitervereine Deutschlands;* bestand bis 1935.
1894	Gründung der *Gewerkschaft christlicher Bergarbeiter,* der ersten christlichen Gewerkschaft in Deutschland.
1895	In Frankreich Gründung der C.G.T. *(Confédération Générale du Travail),* des heutigen kommunist. Gewerkschaftsverbandes.
1900	Gründung des *Gesamtverbandes der Christlichen Gewerkschaften Deutschlands.*
1903	Gründung eines *Internationalen Gewerkschaftssekretariats.*
1906	In England konstituiert sich die *Labour Party.*
1911	Zusammenschluß aller kath. dt. Arbeitervereine zu einem *Kartellverband* (KV); 1928: *Reichsverband der kath. Arbeiter- u. Arbeiterinnenverbände Deutschlands;* bestand bis 1936.
1919	In Nürnberg Gründung des *Allgemeinen Deutschen Gewerkschaftsbundes* (ADGB), die Spitzenorganisation der sog. freien, d. h. der sozialdemokratisch orientierten Gewerkschaften. Gründung des *Deutschen Gewerkschaftsbundes* (DGB) als Dachorganisation der christl.-nationalen Arbeitnehmer-Gewerkschaften. In Moskau Gründung der *Kommunistischen* (III.) *Internationale* (Komintern); 1943 aufgelöst. In Frankreich Gründung der *Confédération Française des Travailleurs Chrétiens* (C.F.T.C.); 1964 programmatisch Auswechslung der Bezeichnung „christlich" durch „demokratisch": *Confédération Française Démocratique du Travail* (C.F.D.T.).
1933	In Deutschland Überführung der Mitglieder bestehender Gewerkschaften in die nat.-soz. *Deutsche Arbeitsfront.*
1945	Gründung des *Weltgewerkschaftsbundes,* der sich in der Folgezeit zunehmend kommunistisch orientierte. In der sowj. Besatzungszone Deutschlands Gründung des *Freien Deutschen Gewerkschaftsbundes* (FDGB).
1947	In Mainz Gründung eines neuen *Kartellverbands der Kath. Arbeiterbewegung* (KAB).
1949	In der BRD Gründung des *Deutschen Gewerkschaftsbundes* (DGB). Die Gewerkschaften der westlichen Länder verlassen den Weltgewerkschaftsbund und schließen sich im *Internationalen Bund Freier Gewerkschaften* zusammen.
1952	Gründung der *Evangelischen Arbeiterbewegung* Dtl.s (EAB).
1955	In den USA schließen sich AFL *(American Federation of Labor;* 1886 gegr.) und CIO *(Congress of Industrial Organization;* 1938 gegr.) zu einer mächtigen, zusammen 16 Mill. Mitglieder zählenden Gewerkschaft zusammen. In Essen erneut Gründung dt. *Christlicher Gewerkschaften;* 1959 Zusammenschluß zum *Gesamtverband der Christlichen Gewerkschaften Deutschlands.*
1973	Gründung des *Europäischen Gewerkschaftsbundes* (EGB)

↗Sozialversicherung. **A.sekretär,** rechtskund. Sekretär bei den Gewerkschaften zur Beratung u. Vertretung ihrer Mitglieder. **A.- u. Soldatenräte, 1)** ↗Sowjets, ↗Rätesystem. **2)** Nach russ. Vorbild 1918 in Dtl. gebildete revolutionäre Vertretungen der Arbeiter u. Soldaten; waren vorübergehend Träger der polit. Gewalt. **A.vereine,** im ∠shg. mit der ↗A.bewegung entstandene Zusammenschlüsse v. A.n mit sozialpolit. Zielen. Sie entstanden schon um 1840 in der Schweiz; 63 wurde der *Allg. dt. A.verein,* 64 der *Internationale A.verein* gegründet. *Liberale A.vereine* (erstmals 44 in Berlin) entstanden als Bildungs-, Gesellegkeits- u. Sportvereine. Die *konfessionellen* A.vereine förderten als Standesvereine die geistig-sittl., wirtschaftl. u. religiöse Bindung der A. Erste Gründungen Mitte 19. Jh.; 1911 Zusammenschluß aller kath. A.vereine zum *1. Kartellverband* (seit 28 *Reichsverband*) der *Kath. Arbeiter- u. Arbeiterinnenverbände;* seit 47 *Kartellverband der Kath. A.bewegung Dtl.s* (Mitgl.: Kath. A.bewegung West-Dtl.s, Kath. Werkvolk u. Diözese Rottenburg). Die ev. A.vereine schlossen sich 1890 z. *Gesamtverband der Ev. A.bewegung Dtl.s zus.;* seit 1952 *Ev. A.bewegung Dtl.s.* **A.wohlfahrt,** v. sozialist. Ideen getragener Verband der freien Wohlfahrtspflege; gegr. 1919 zur Selbsthilfe der A.schaft; Beratungsstellen, Kinder-, Alters-, Mütterheime, Haus- u. Krankenpflegestationen.

Arbeitgeber, jeder, der ↗Arbeitnehmer in einem Arbeitsverhältnis beschäftigt, bes. der Unternehmer. **A.verbände,** Zusammenschlüsse der A. zur Vertretung ihrer Interessen, bes. als Tarifpartner gegenüber den Gewerkschaften. Spitzenverband in der BRD: *Bundesvereinigung der dt. A.verbände e.V.* (BDA), Köln.

Arbeitnehmer, jeder, der aufgrund eines Arbeitsverhältnisses tätig u. vom ↗Arbeitgeber wirtschaftl. abhängig ist. **A.verbände** ↗Gewerkschaften.

Arbeitsamt ↗Arbeitsverwaltung.

Arbeitsbewertung, nach Qualität u. Quantität erfolgende Bewertung einer Arbeit, entweder einer Einzelaufgabe oder eines Aufgabenbereiches (*Arbeitsplatzbewertung*); soll eine gerechte Lohndifferenzierung ermöglichen u. Anhaltspunkte für Rationalisierungen bieten.

Arbeitsdienst, Arbeitseinsatz größerer Gruppen. Ein freiwilliger A. zur Überwindung der Arbeitslosigkeit bestand 1930/40 in verschiedenen Ländern Europas u. in den USA. In Dtl. 35/45 Verpflichtung der Jugendlichen v. 18–25 Jahren auf 6 Monate zum *Reichsarbeitsdienst* (RAD); diente auch der vormilität. Ausbildung. **Arbeitsdirektor** ↗Mitbestimmung. **Arbeitsertrag,** im Gegensatz zu Lohn u. Gehalt das Ergebnis der Erwerbstätigkeit in Hinsicht der Arbeitskraft. Da der A. auch v. Einsatz v. Boden, Kapital u. Unternehmerleistung abhängt, ist der Anspruch auf den sog. *vollen* A. für die ausführende Arbeit nicht gerechtfertigt. **Arbeitsförderungsgesetz,** in der BRD Bundesgesetz v. 1969; Grundlage für die Tätig-

keit der ↗Bundesanstalt für Arbeit. Hauptziel: durch bessere Berufsausbildung, Fortbildung u. Umschulungsmaßnahmen Arbeitslosigkeit zu verhindern. **Arbeitsfront, Deutsche A.** (DAF), 1933 anstelle der v. Nat.-Soz. verbotenen Gewerkschaften gegr.; Einheitsverband für Arbeitnehmer u. Arbeitgeber. **Arbeitsgerichte,** zuständig für Streitigkeiten nicht-strafrechtl. Art aus Tarifverträgen, dem Arbeitsverhältnis zw. Arbeitgeber u. Arbeitnehmer, dem Betriebsverfassungsges. usw. ↗Bundesarbeitsgericht. **Arbeitshaus,** *Besserungsanstalt,* Zwangsarbeitsanstalt für arbeitsscheue Personen. Einweisung im Anschluß an eine Haftstrafe, 1969 in der BRD abgeschafft. **Arbeitshypothese,** unbewiesene Annahme, deren Prüfung an das Problem heranführt. **Arbeitskampf,** der wirtschaftl. Kampf der Sozialpartner um Arbeitsbedingungen u. Arbeitsverfassung. Mittel: ↗Streik u. ↗Aussperrung. **Arbeitslohn** ↗Lohn. **Arbeitslosigkeit,** allg. das Fehlen eines Beschäftigungsverhältnisses bei Arbeitsfähigen u. Arbeitswilligen im arbeitsrechtl. Sinn. **Arbeitslosenhilfe** (fr. *Erwerbslosen-, Arbeitslosenfürsorge*), 1956 neu geregelt; freiwill. Unterstützung für bedürftige Arbeitslose, die keinen Anspruch aus der ↗Arbeitslosenversicherung haben. **Arbeitslosenversicherung,** Zwangsversicherung für alle Kranken- u. (oder) Angestelltenversicherungspflichtigen. Träger, wie bei der Arbeitslosenhilfe, die *Bundesanstalt für Arbeit.* Die Beiträge werden je zur Hälfte v. Arbeitnehmer u. Arbeitgeber getragen. Leistungen: Arbeitslosengeld (mit Familienzuschlägen), Lohnausfallvergütungen, Kindergeld, Weiterversicherung gg. Krankheit. Berechtigt ist, wer arbeitslos ist, der Arbeitsvermittlung zur Verfügung steht, in den letzten 2 Jahren mindestens 26 Wochen od. 6 Monate in versicherungspflichtiger Beschäftigung gestanden u. sich beim Arbeitsamt gemeldet hat. Leistung bis 52 Wochen, danach ↗Arbeitslosenhilfe. Die Zeit des Bezugs v. Arbeitslosengeld gilt als ↗Ausfallzeit für die ↗Rentenversicherung. **Arbeitsmarkt,** ↗Markt für Arbeitskräfte. Der Begriff des Wettbewerbsmarktes ist hier aber unzutreffend. Die menschl. Arbeitskraft ist keine Ware im eig. Sinne, da der Mensch nicht nur Objekt, sondern vor allem Subjekt des Wirtschaftens ist. Das Geschehen auf dem A. darf daher nicht allein dem Spiel v. Angebot u. Nachfrage überlassen werden. Vor allem die überwiegende

Arbeitsmarkt in der BRD[1] (in 1000)	1950	1960	1970	1980
abhängige Beschäftigte	13675	20331	22433	23635
davon Ausländer	—	276	1807	2071
offene Stellen	116	454	795	308
Arbeitslose absolut	1580	237	149	889
in % der Beschäftigten u. Arbeitslosen	10,3%	1,2%	0,7%	3,8%

[1] ohne West-Berlin, 1950 auch ohne Saarland

Besitzlosigkeit der Arbeitnehmer u. a. trägt dazu bei, daß die Arbeitnehmer auf dem A. grundsätzl. unterlegen sind, eine Stellung, die erst mit dem Aufkommen der Gewerkschaften gemildert wurde, so daß heute der Arbeitslohn weitgehend nicht mehr individuell, sondern kollektiv geregelt wird (↗Arbeitsvertrag, ↗Tarifvertrag). **Arbeitspapiere,** i. e. S. Lohnsteuerkarte, Quittungskarten zur Rentenversicherung, Arbeitskarte; sind v. Arbeitgeber bei Beendigung des Arbeitsverhältnisses gg. Empfangsbescheinigung auszuhändigen. **Arbeitsrecht,** regelt bes. Arbeitsvertrag, Arbeitsschutz. Bei Streitigkeiten sind die Arbeitsgerichte zuständig. **Arbeitsschutz,** Vorschriften u. Maßnahmen zum Schutz der Arbeitnehmer gg. Arbeitsgefahren, z. B. Beschränkung der ↗Arbeitszeit, ↗Jugend-, ↗Mutterschutz, ↗Unfallverhütung. **Arbeitsteilung,** die gesellschaftl. Auflösung der Arbeitsleistung in einzelne Berufe. *Arbeitszerlegung,* die techn. Auflösung der Produktion in mehrere Teilarbeiten. **Arbeitstherapie,** *Beschäftigungstherapie,* (in den meisten Fällen körperl.) Arbeitsverrichtung unter ärztlicher Kontrolle, als Heilmittel bes. bei Geisteskrankheiten (Ablenkung) angewandt. Auch Ausgleichsübungen bei Teilinvaliden. **Arbeitsvertrag,** Vertrag über die Begründung eines Arbeitsverhältnisses; grundsätzl. formfrei. Heute meist auf der Grundlage eines ↗Tarifvertrags festgelegt. **Arbeitsverwaltung,** alle Stellen, die sich mit der Ordnung der Arbeitsverhältnisse befassen, i. e. S. in der BRD die *Bundesanstalt für Arbeit* mit den *Landesarbeitsämtern* und *Arbeitsämtern* (Gemeinden, Kreise). **Arbeitszeit,** die Zeit zw. Beginn und Ende der Berufsarbeit, ohne die Arbeitspausen; geregelt in der *A.ordnung;* Überschreitungen der A. in Ausnahmefällen zulässig. Nachdem die A. im 19. Jh. häufig 16–18 Stunden betragen hatte, setzte sich seitdem eine ständige *A.verkürzung* durch. Nach dem 1. Weltkrieg wurde in Dtl., Östr., der Schweiz allg. der *Achtstundentag* eingeführt. Er ist heute durch die schon teilweise verwirklichte *Vierzigstundenwoche* bei freiem Samstag unterschritten. Zw. den A.en muß im allg. eine Ruhezeit v. 11 Stunden liegen. ↗Gleitende A., ↗Kinderarbeit, ↗Jugendschutz, ↗Sonntagsarbeit, ↗Urlaub.

Arber *m,* höchster Berg des Böhmerwalds; *Großer A.* 1457 m, *Kleiner A.* 1391 m hoch. **Arbitrage** *w* (: -traseh[e], frz.), Ausnützung v. Preisunterschieden gleicher Waren an verschiedenen Handelsplätzen (bes. Börsen). **Archaikum** *s* (gr.-lat.), älteste geolog. Formation, Teil des Präkambriums. ↗Erdzeitalter. **Archaische Kunst,** stark stilisierende Frühstufen der Kunstentwicklung, mit kargen, strengen, teils monumentalen Formen; i. e. S. die Stilentwicklung der griech. Kunst zw. geometr. u. klass. Stil 700/500 v. Chr. **Archaismus** *m,* altertüml. Stilform. **Archangelsk,** nordruss. Hafenstadt, 45 km oberhalb der Mündung der Dwina ins Weiße Meer, 385 000 E.; Sägewerke, Holzausfuhr. **Archäologie,** *w* (gr.), Altertumskunde, er-

forscht u. entdeckt alte Kulturen bes. durch Ausgrabungen ihrer Überreste. **Archaeopteryx** *m* (gr.), hühnergroßer, reptilähnlicher fossiler Urvogel.

Archaeopteryx: Gesteinsplatte mit den Resten eines Urvogels

Arche *w* (lat.), im AT das Schiff Noes in der ↗Sintflut. **A. des Bundes** ↗Bundeslade. **Arche** *w* (gr.), Anfang; **A.typus,** Urbild. **Archegonium** *s* (gr.), Behälter der Eizelle bei Pflanzen. **Archigonie** (gr.) ↗Urzeugung. **Archimandrit** *m* (gr.), in den Ostkirchen Oberer eines Klosters oder klösterl. Verbandes; auch Ehrentitel für Weltgeistliche. **Archimedes,** griechischer Mathematiker, 287–212 v. Chr.; bahnbrechend in Mathematik (Flächeninhalte, Gleichungen) u. Physik (*Archimedische Schraube,* Hebel, Wurfmaschinen u. a.). *Archimedisches Prinzip:* jeder in die Flüssigkeit getauchte Körper erfährt in ihr einen Auftrieb, der gleich dem Gewicht der vom Körper verdrängten Flüssigkeit ist. **Archipel** *m* (gr.), Inselgruppe; urspr. nur die im Ägäischen Meer: *Griechischer A.* **Archipenko,** *Alexander,* russ. Bildhauer, 1887–1964; abstrakt-geometrische Formen. **Architekt** *m* (gr.), Baumeister. **Architektur** *w,* ↗Baukunst. **Architrav** *m* (gr.), waagrecht auf einer Säulen- oder Pfeilerreihe ruhendes Bauglied. **Archiv** *s* (gr.), geordnete Sammlung v. Urkunden u. Akten; auch deren Aufbewahrungsort. **Archivar,** Archivbeamter. **Archivolte** *w* (it.), Halbkreisbogen zw. 2 Säulen. [amten im alten Athen. **Archonten** (Ez. *Archon*), die 9 höchsten Be- **Arcus** *m* (lat.), Kreisbogen. **ARD,** Abk. für Arbeitsgemeinschaft der Öffentl.-Rechtl. Rundfunkanstalten der Bundesrepublik Deutschland; 1950 erfolgter Zusammenschluß der Länderrundfunkanstalten. Die Anstalten senden Hörfunk- u. regionale Fernsehprogramme u. strahlen gemeinsam das Programm des *Deutschen Fernsehens (1. Programm)* aus, das v. einer *Ständigen Programmkonferenz* aus den Pflichtbeiträgen der einzelnen Anstalten zusammengestellt wird.

A. Archipenko: Haarkämmende Frau

Ard**e**nnen, westl. Fortsetzung des Rheinischen Schiefergebirges in Belgien, Luxemburg u. Nord-Fkr., einförmige, meist flachwellige Hochebene; im N Steinkohlen.
Ar**e**al *s* (lat.), Grund- u. Bodenfläche.
Ar**e**na *w* (lat.), Kampfplatz.
Ar**e**ndt, *Walter, dt.* Politiker, *1925; Gewerkschaftsführer; seit 69 Bundes-Min. für Arbeit u. Sozialordnung (SPD).
Areop**a**g *m* (gr.), athen. Staatsgerichtshof.
Arequ**i**pa (: k**i**pa), peruanische Dep.-Hst., 305000 E.; Univ. Bischof; Heilbäder.
Ares, griech. Kriegsgott, röm. Mars.
Aret**i**no, *Pietro,* it. Renaissance-Schriftsteller, 1492–1556; gefürchtet als Satiriker u. Skandalschreiber; auch Komödien.
Ar**e**zzo, it. Prov.-Hst., das etrusk. *Arretium,* über dem Arno, 92500 E.; Bischof; Geburtsort v. Maecenas, Petrarca, Aretino, Guido v. A., L. Bruni.
Argent**eu**il (: arsehãntöj), Stadt n.w. von Paris, r. der Seine, 90000 E.; Wein- u. Gartenbau, Metall-Ind.
Argent**i**nien, *República Argentina,* zweitgrößter Staat Südamerikas, erstreckt sich als gewaltiger Keil vom südl. Wendekreis über 4000 km bis nach Feuerland u. v. den Anden bis zum Atlant. Ozean. 65% der E. leben in den großen Städten, allein in der Hst. Buenos Aires 25%. 90% der Bev. sind (kath.) Weiße, hauptsächlich span. Abstammung. Kerngebiet ist die Pampa, das fruchtbare Tiefland am Río de la Plata u. am unteren Paraná; geht nach N über in die Buschwaldsavanne des Gran Chaco u. nach S in das Hochland v. Patagonien. Im W bilden die Anden die natürl. Grenze. Grundlage der Wirtschaft sind der Ackerbau in der Pampa (Weizen u. Mais in Großbetrieben) u. die Viehzucht in den Randgebieten, bes. Patagonien (Schafe, Rinder). A. ist eine der größten Korn- u. Fleischkammern der Erde; Ausfuhr u. Weizen, Gefrierfleisch, Wolle u. Häuten. – A. war span. Kolonie; 1810/16 Freiheitskampf; Abtrennung v. Bolivien, Paraguay u. Uruguay; seit 1946 Diktatur des Präs. ⟋Perón, nach versch. Militärregimes (55/58, 62/63, 66/73) 73 erneut gewählt, seine Frau u. Nachfolgerin 76 gestürzt, Staats-Präs. General Roberto E. Viola (seit 81).
Arg**e**ntum *s* (lat.), Zeichen Ag, ⟋Silber.
Argin**i**n *s,* eine ⟋Aminosäure.
Arg**i**ver, *Argeier,* Bewohner v. Argolis, bei Homer alle Griechen.
arglistige Täuschung. Wer durch a. T. zur Abgabe einer Willenserklärung (z. B. beim Vertrag) bestimmt wurde, ist zur ⟋Anfechtung berechtigt.
Arg**o**lis, *Argeia,* Landschaft im Peloponnes mit fruchtbarer Ebene; im Alt. mit den Hauptstädten *Argos* u. Mykene.
Argon *s,* chem. Element, Ordnungszahl Ar, ein ⟋Edelgas. Ordnungszahl 18 (☐148). Füllgas für Glühlampen.
Argon**au**ten, Teilnehmer am A.zug der griech. Sage; ⟋Goldenes Vlies.
Arg**o**nnen, Gebiet zw. mittlerer Maas u. oberer Aisne; *Argonner Wald,* dichtbewaldeter, nach O steil abfallender Höhenzug zw. der Aisne u. ihrem Zufluß Aire.
Argum**e**nt *s* (lat.; Ztw. *argumentieren*), 1)

Walter Arendt

Argentinien

Amtlicher Name:
República Argentina

Staatsform:
Republik

Hauptstadt:
Buenos Aires

Fläche:
2776889 km²

Bevölkerung:
1972: 26,7 Mill. E.

Sprache:
Spanisch

Religion:
über 90% Katholiken, 425000 Protestanten, 500000 Juden

Währung:
1 Argentin. Peso = 100 Centavos

Mitgliedschaften:
UN, OAS, Lateinamer. Freihandelszone

Beweis. 2) in der Mathematik: die unabhängige Veränderliche einer Funktion. Argumentati**o**n *w,* Beweisführung.
Argus, 100äugiger Riese der griech. Sage.
Århus, fr. *Aarhus,* dän. Stadt in Jütland, 246000 E.; Hafen am Kattegat. Univ., luther. Bischof.
Ari**a**dne, Frauengestalt der grlech. Sage, half ⟋Theseus mit dem A.*faden* aus dem Labyrinth, von ihm auf Naxos verlassen.
Arian**i**smus, zu Nizäa 325 verworfene Irrlehre des alexandrin. Theologen *Ar**i**us* († 336), wonach der Gottessohn nicht wesensgleich mit dem Vater ist.
Ar**i**ca, chilen. Hafenstadt; Erz- und Salpeterexport, 130000 E.; bolivian. Freihafen.
ar**i**d (lat.), trocken, wüstenhaft.
Ar**i**e *w* (it.), Sologesang mit Instrumentalbegleitung, streng gegliedert. Als Konzert-A. od. in Oper u. Kantate. *Ariette,* kleinere A. *Ar**i**oso,* kurze A., dem ⟋Rezitativ ähnlich.
Ar**i**er, die Träger des indoiran. Zweigs der indogerman. Sprachen. Vom Nat.-Soz. ethnolog. falsch auf alle Indogermanen bezogen u. als Schlagwort des Antisemitismus (A. = Nichtjude) mißbraucht. *Arische Sprachen,* die ind. u. iran. Sprachen.
Ari**o**st(o), *Lodovico,* it. Dichter, 1474–1533; Höhepunkt der it. Renaissancedichtung sein *Orlando furioso* (Der rasende Roland).
Ariov**i**st, Suebenfürst, 58 v. Chr. von Caesar besiegt.
Arist**i**des, Staatsmann und Heerführer in Athen, um 550 bis um 468 v. Chr.
Aristokrat**i**e *w* (gr. = Herrschaft der Besten), Staatsform, in der eine bevorrechtete Schicht (z. B. Adel) herrscht. ⟋Oligarchie.
Arist**o**phanes, größter griech. Komödiendichter, um 445 bis um 384 v. Chr.; scharfer Kritiker seiner Zeit. *Die Frösche, Die Vögel, Lysistrata.*
Arist**o**teles, griech. Philosoph u. Naturforscher, 384–322 v. Chr.; aus Stageira, daher „der Stagirit", Schüler Platons u. neben ihm bedeutendster antiker Philosoph; 342 zum Lehrer Alexanders d. Gr. berufen; begr. im Lykeion (Athen) eine Philosophenschule (⟋Peripatetiker); mußte 323 nach Chalkis auf Euböa emigrieren. A. ist der erste Systematiker der europ. Geistesgeschichte. Auf der Beherrschung der Einzeltatsachen (Empirie) baute er auf. Die *Logik* ist „Organon", d. h. Werkzeug der gesicherten Gedankenbewegung. Die letzten Prinzipien u. obersten Ursachen stellt die *Metaphysik* dar. In der Frage, wie aus der Idee das Einzelne werde, beantwortete A. mit dem Begriff der den Dingen innewohnenden Form. In der *Physik* (gesamte Naturwissenschaft) zeigt A. den Fortschritt vom Unvollkommenen zum Vollkommenen. In der *Psychologie* ist die Seele zunächst biolog. Prinzip: sie ist das mit dem Leib untrennbar verbundene Formprinzip (Entelechie). Nur die höhere Denktätigkeit, der Nus, ist unsterblich. In der *Nikomachischen Ethik* erscheint als oberster Zweck des Menschen die Entfaltung des vernünftigen Denkens u. des sittl. Wollens. Tugend ist die richtige Mitte. Nach der *Politik* des A. ist der Mensch v. Natur ein Gesellschaftswesen. – A. wurde für 2 Jahrt.e

Lodovico Ariosto

Arkaden in einem Raum

Arkadenhof

Offene Arkaden an einer Fassade

Arkaden

der überragende geistige Führer *(Aristotelismus).* Von ihm befruchtet wurden teilweise das frühe MA, dann die arab. u. jüd. Philosophen u. seit dem 13. Jh. bes. die Scholastik. Aber auch die moderne Philosophie hatte sich immer wieder mit A. auseinanderzusetzen.

Arithmetik w (gr.), Lehre v. den Zahlen u. den Grundrechnungsarten.

Arius ⚹ Arianismus.

Arizona (: ärisō^{u}n^a), Abk. *Ariz.,* Staat im SW der USA, 295022 km², 2,5 Mill. E.; großenteils Steppe, im S u. SW bei künstl. Bewässerung Acker-, Obst- u. Baumwollbau. Bedeutendste Kupfergewinnung der USA, auch Gold, Silber, Blei. Hst. Phoenix.

Arkaden (Mz., frz.), Bogenreihe, -gang.

Arkadien, Hirtenlandschaft im Peloponnes. **arkadisch,** idyllisch, einfach.

Arkandisziplin w (lat.), Sitte des frühen Christentums, zentrale kult. Handlungen (Taufe, Eucharistie) vor Ungetauften geheimzuhalten.

Arkansas m (: ⸚årkänßå), 1) r. Nebenfluß des Mississippi, 2333 km lang, ¹/₃ schiffbar. 2) südwestl. Zentralstaat der USA, Abk. *Ark.,* 137539 km², 2,1 Mill. E. (¹/₄ Neger); Hst. Little Rock; v. Mississippi gg. W ansteigend (Ozark Mountains, 921 m); Mais, Weizen, Baumwolle, Reis, Soja, Obst; Viehzucht; Holz-Ind.; Kohle, Erdöl, Bauxit.

Arkebuse w (it.), Hakenbüchse, 15./16. Jh. (Gewehr). **Arkebusier,** Soldat mit Arkebuse.

Arkona, Nordkap der Insel Rügen.

Arktis w (gr.), die Meer- u. Landgebiete um den ⚹ Nordpol. umfaßt etwa 19 Mill. km². Von den Küsten schiebt sich bis 600 km weit ein untermeer. Sockel in das Polarmeer hinein. Auf ihm liegen die arkt. Inselgruppen, mit Tundren, Fels u. Eis. Temperatur −10°C bis −30°C (am Kältepol −70°C) u. Niederschläge bis 250 mm. Strategisch wichtig wurde die A. durch die über sie führenden kürzesten Flugstrecken zw. den Kontinenten der Nordhalbkugel u. durch die Unterquerung des Eises durch Atom-U-Boote.

Arkturus, hellster Stern im Bootes. □ 947.

Arlberg, Alpenpaß zw. Vorarlberg u. Tirol, 1783 m, mit Autostraße; von der *A.bahn* (Innsbruck–Bludenz) im 10,24 km langen *A.tunnel* unterfahren.

Arles (: arl), frz. Hafenstadt an der Spitze des Rhônedeltas, 46000 E.; roman. Kathedrale; röm. Ruinen; Stierkämpfe. Hst. des ehem. Kgr. Burgund *(Arelat).*

Arm, Gliedmaße des menschl. Körpers, bestehend aus Oberarm, Unterarm u. Hand.

Armada w (span.), bewaffnete Macht. Die *Große A.,* Flotte Philipps II. v. Spanien, 1588 im Krieg gg. Engl. vernichtet.

Armagnac (: armanjak), südfrz. Landschaft in der Gascogne. **A.** m, Weinbrand aus A.

Armatur w (lat.), kleinere Hilfsgeräte einer techn. Anlage, häufig auch *Armierung.*

Armawir, russ. Stadt nördl. des Kaukasus (Gau Krasnodar), 150000 E.; Erdöl-Ind.

Armbrust, Schußwaffe für Pfeile; vom MA bis ins 17. Jh. im Gebrauch.

Armee w (frz.), Landstreitmacht; im Krieg Heeresverband. *A.gruppe,* Zusammenfassung mehrerer A.n.

Ärmelkanal, der ⚹ Kanal.

Armenanwalt ⚹ Armenrecht.

Armenbibel, lat. *Biblia pauperum,* im späten MA Erbauungsbuch mit bibl. Bildern.

Armenien, 1) Gebirgsland (Ararat 5165 m) im nördl. Vorderasien zw. dem Iran u. Kleinasien, teils der Türkei, teils der UdSSR u. dem Iran gehörig, v. den tiefen Tälern v. Euphrat, Kura u. Aras zerschnitten; das Innere meist öde Steppen; in den Tälern Akkerbauern (Armenier), auf den Höhen nomad. Viehzüchter (Kurden). **2)** *Armen. Sowjetrepublik* im südl. Transkaukasien, 29800 km², 3,1 Mill. E.; Hst. Eriwan; Viehzucht, Obst- und Weinbau; Kupfer u. Molybdän, Aluminium, synthet. Kautschuk; Wasserkraftwerke. – Als Grenzland zw. den westl. u. östl. Kulturen oft v. Eroberern heimgesucht; 1514 türk., nördl. Teile 1829 u. 78 russ.; die Armenier wurden v. den Türken blutig verfolgt, bes. 1914/18. Ab 6. Jh. monophysit. *Armenische Kirche,* daneben kath. *Unierte Armenier.*

Armenrecht, im Zivilprozeß einstweilige Kostenbefreiung (ggf. auch Stellung eines *Armenanwalts)* bei Nachweis der Mittellosigkeit aufgrund behördl. Bescheinigung *(Armutszeugnis).* Das A. schützt nicht vor voller Kostenerstattung an den Prozeßgegner im Falle der Verurteilung.

Armentières (: armãntjär), nordfrz. Stadt an der Lys u. der belg. Grenze, 28000 E.; Leinen- und Metallindustrie.

Armer Konrad, aufrührerischer württemberg. Bauernbund; sein Aufstand gg. Hzg. Ulrich 1514 wurde niedergeschlagen.

Arme Seelen, nach kath. Lehre die Seelen, die im ⚹ Fegfeuer büßen, bis sie geläutert zur Anschauung Gottes gelangen.

Armfüßer, *Brachiopoden,* muschelähnl. Tiere, der Unterlage durch einen Stiel angeheftet; Leitfossilien bes. im Silur u. Devon u. Jura, jetzt noch etwa 100 Arten im Meer.

Armierung w (lat.), **1)** ⚹ Armatur. **2)** Ausrüstung bzw. Festungen. **3)** Eisenbzw. Stahleinlage im Beton.

Armin(ius), fälschl. *Hermann,* Cheruskerfürst, lange in röm. Diensten, vernichtete 9 n. Chr. im Teutoburger Wald das röm. Heer unter Varus; 16 v. Germanicus geschlagen; 21 v. Verwandten ermordet.

Armleuchteralgen, quirlig verästelte Algen (Characeen) in Süß- u. Brackwasser.

Louis Armstrong (Satchmo gen.)

Meerestiefen: ☐ bis 1000 m ▨ 1000–3000 m ▩ 3000–5000 m ⇌ Meeresströmungen

Arktis: Meerestiefen und -strömungen in der Arktis

Armorikanisches Gebirge, altes Faltengebirge der Karbonzeit, v. frz. Zentralplateau über die Bretagne u. Cornwall bis Südirland.
Armstrong, 1) *Louis,* führender am. Jazzmusiker, 1900–71; galt als bedeutendster Jazztrompeter. **2)** *Neil,* am. Astronaut, * 1930, betrat am 21. 7. 1969 als erster Mensch den Mond. **3)** *William George* Lord Cragside, engl. Techniker, 1810–1900; Erfinder widerstandsfähiger Geschützrohre.
Armutszeugnis ↗Armenrecht.
Arnauld (: arnọ), jansenist. Familie, u. a. **1)** *Angélique,* † 1661 als Äbtissin des Klosters Port-Royal. **2)** *Antoine,* Bruder von 1), 1612 bis 1694; Haupttheologe des Jansenismus.
Arndt, *Ernst Moritz,* dt. Schriftsteller, 1769–1860; Historiker, Freiheitsdichter, liberaler Politiker.
Arnheim, *Arnhem,* Hst. der niederländ. Prov. Gelderland, am Rhein, 134000 E.; Metall-, Kunstseiden-Ind.; Freilichtmuseum.
Arnika w, *Bergwohlverleih,* Korbblütler mitteleurop. Bergwiesen; Heilmittel. ☐ 453.

Achim von Arnim

Bettina von Arnim

Arnim, 1) *Achim v.,* dt. Dichter, 1781–1831; gab die Volksliedersammlung *Des Knaben Wunderhorn* mit Clemens Brentano heraus. Romane *Gräfin Dolores* u. *Die Kronenwächter,* Novellen. **2)** *Bettina,* Gattin v. 1), Schwester C. Brentanos, 1785–1859; befreundet mit Goethe *(Goethes Briefwechsel mit einem Kinde).*
Arno m, mittel-it. Fluß, durchströmt die Toskana; 240 km lang, v. Florenz ab schiffbar.
Arnold, 1) *Gottfried,* dt. pietist. Mystiker u. Kirchenhistoriker, 1666–1714. **2)** *Karl,* 1901–1958; christl. Gewerkschafter, 47/56 Min.-Präs. v. Nordrhein-Westfalen (CDU).
Arnold v. Brescia, it. Priester, um 1100–55; war gg. weltl. Besitz des Klerus; für eine altröm. Republik; in Rom hingerichtet.
Arnsberg, Hst. des westfäl. Reg.-Bez. A., an der Ruhr, 78500 E.; Holz-, Papier-, Kleineisenindustrie; spätgot. Propsteikirche.
Arnstadt, Krst. im Bez. Erfurt, am Nordfuß des Thüringer Waldes, 29000 E.; Leder-, Holz- u. Eisenindustrie. Bachmuseum.
Arnulf, um 850–899; 876 Hzg. v. Kärnten, 887 ostfränk. Kg., 896 Kaiser.
Arolsen, hess. Stadt n.w. von Kassel, 16200 E.; Diakonissenmutterhaus. Sitz des Internationalen Suchdienstes; Schloß. Bis 1929 Hst. v. Waldeck.
Aroma s (gr.), der meist durch ↗äther. Öle bedingte angenehme Geruch bes. pflanzl. Stoffe. **Aromatische Reihe,** von Benzol ableitbare ↗Kohlenwasserstoffe.
Aronstab, *Arum,* Pflanze mit spieß- od. pfeilförm. Blättern u. kolbenförm. Blüten.
Arosa, Schweizer Kurort in Graubünden, 1740–1920 m ü. M., 4300 E.; Wintersportplatz.
Arp, *Hans,* Maler, Plastiker u. Schriftsteller, 1887–1966. Mit-Begr. des Dadaismus; einer der Hauptmeister der abstrakten Plastik.
Arpeggio s (: arpẹdscho, it.), ein Akkord, dessen Töne „nach Harfenart" nacheinander angeschlagen werden.
Arrak m (arab.), ostind. Reisbranntwein.
Arrangement s (: arãnsch͜emãn, frz.; Ztw. *arrangieren),* Anordnung, Vergleich. In der *Musik* Einrichtung eines Werks für Instrumente oder Stimmen; spielt u. a. in der Unterhaltungsmusik eine große Rolle.
Arras (: arạß), fläm. *Atrecht,* Hst. des frz. Dep. Pas-de-Calais u. der Grafschaft Artois, 46000 E.; Bischof. Spitzenfabriken.
Arrest m (lat.-frz.), amtl. Haft einer Person. **1)** Im Zivilprozeß der Rechtsbehelf, um den Erfolg einer künftigen ↗Zwangsvollstreckung wegen einer Geldforderung zu sichern; entweder Beschlagnahme v. Vermögensstücken *(dingl. A.)* od. Freiheitsbeschränkung des Schuldners *(persönl. A.).* **2)** Im *Strafrecht* eine Freiheitsstrafe, in der BRD nur für Jugendliche *(Jugend-A.).* **Arretierung, 1)** Festnahme. **2)** Feststellvorrichtung an techn. Geräten.
Arrhenius, *Svante,* schwed. Physiker, 1859–1927; Entdecker der Gesetze der elektrolyt. Dissoziation; 1903 Nobelpreis.
arriviert (frz.), berufl. u. gesellschaftl. emporgekommen.
Arroganz w (lat.; Bw. *arrogạnt),* Anmaßung.

Hans Arp

Artemis: sogenannte „Diana" von Ephesus (Marmor; Gesicht, Hände u. Füße Bronze)

Arrondierung w (frz.), Abrundung, bes. bei der ↗Flurbereinigung.
Arrondissement s (: arõndiß^e mãn, frz.), in Fkr. Verwaltungsbezirk (Kreis), unter dem ↗Departement.
Arrowroot s (: äro^u rut), Stärke aus trop. Pflanzenwurzeln: ↗Kurkuma, ↗Maniok, Maranta, Canna, Yamswurzel.
Arrupe, Pedro, span. Jesuit, * 1907; 58 Provinzial der japan. Provinz; 65 Ordensgeneral.
Arsen s, chem. Element, Zeichen As, Zustandsformen metallisch (graues A.) und nichtmetallisch (gelbes A.), Ordnungszahl 33 (☐ 148). Teils gediegen, teils in Metall- od. Schwefelverbindungen, oxydiert leicht zu A.trioxid.
Arsenal s (arab.-it.), Vorratslager für Waffen u. Kriegsrüstung.
Arsenik, As_2O_3, geruch- u. geschmackloses weißes Pulver, Rattengift. Die lösl.
Arsenverbindungen, bes. Arsenik, sind sehr giftig, doch auch Heilmittel gg. Infektionskrankheiten (↗Salvarsan), Blutarmut.
Arsenvergiftung, akut: Erbrechen, blut. Durchfälle, Delirien; Behandlung durch Brechmittel u. Eisenoxidhydrat; chronisch als Gewerbekrankheit.
Art, in der Biologie (Spezies): die Zusammenfassung v. Tieren od. Pflanzen mit gemeinsamen erbl. Merkmalen u. der Fähigkeit, sich miteinander fruchtbar zu vermehren. Je nach der engeren od. weiteren Auswahl der Merkmale spricht man v. Groß-, Klein-, Unter-, Ab- od. Spiel-Art. Übergeordnet ↗Gattung, untergeordnet ↗Rasse. ☐ 971.
Artaxerxes I., 465–424 v. Chr., Perser-Kg., schloß 448 mit Athen den Kallias-Frieden, der die Perserkriege beendete.
Artefakt s (lat.), 1) Kunstprodukt. 2) in der Archäologie: v. Menschenhand bearbeiteter Gegenstand.
Artemis, griech. Göttin der Natur, Jagd u. Jungfräulichkeit; römisch Diana.
Artemisia w, der ↗Beifuß.
Arterien (gr.; Bw. arteriell), Blutgefäße, leiten das Blut v. Herzen weg. **A.verkalkung**, Arteriosklerose, Alterskrankheit mit bindegewebigen Wandverdickungen, Verhärtungen der A.n u. Kalkeinlagerungen.
Arteriographie w (gr.), röntgenolog. Sichtbarmachen v. Arterien.
Artesische Brunnen, natürl. od. künstl. geschaffene Wasseraustritte, wobei das Wasser unter Druck höherer wasserführender Schichten steht; bes. in Australien weit verbreitet. ☐ 124.
Artes liberales (Mz., lat.), die ↗Freien Künste.
Arthritis w (gr.), ↗Gelenkentzündung.
Arthropoden (gr.), die ↗Gliederfüßer.
Arthur, brit. Fürst. ↗Artussage.
Artikel m (lat.), in der Sprachlehre: das bestimmte (der, die, das) od. unbestimmte (ein, eine, ein) Geschlechtswort. **Artikulation** w (Ztw. artikulieren), gegliederte, deutliche Aussprache.
Artillerie w (frz.), Waffengattung mit Geschützen, seit Napoleon in großem Stil eingesetzt; verwendet werden Haubitzen, Ka-

nonen und Raketenwerfer, ergänzt durch ↗Raketenwaffen. ☐ 1075.
Artischocke w, Distelgewächs aus dem Orient. Die Knospen liefern feines Gemüse u. Salat, ebenso die Blattrippen der span. A. od. Kardone (Nordafrika).
Artist m (lat.), 1) Zirkus-, Varietékünstler. 2) im Frz. Künstler überhaupt.
Art nouveau (: ar nuwo, frz.), in Engl. u. Fkr. Bz. für den ↗Jugendstil.
Artois s (: artoa), fruchtbare nordfrz. Landschaft zw. Flandern u. der Picardie; im NW Kohlenbergbau u. Ind.; Hst. Arras. Hafenstädte: Boulogne u. Calais.
Artussage, Verherrlichung des brit. Fürsten Arthur (um 500), dem Vorbild der 12 Ritter der Tafelrunde; in Fkr. Verbindung mit der Gralssage (↗Parzival).
Arve w, ↗Zirbelkiefer.
Arznei w (gr.-lat.), Heilmittel, nach ärztl. Vorschrift (Rezept) hergestellt od. Erzeugnis der pharmazeut. Ind., rezeptpflichtig od. frei verkäuflich. **A.buch**, amtl. Vorschriftenbuch, das die Beschaffenheit von bestimmten A.mitteln festlegt.
Arzt, der nach abgeschlossenem Medizinstudium mit staatl. Approbation zur Heilpraxis Zugelassene.
As, 1) m, röm. Kupfermünze. 2) s, bei Spielkarten die höchste od. meistzählende Karte. 3) im Würfelspiel die Eins. 4) chem. Zeichen für ↗Arsen.
Asam, bayer. Künstlerfamilie des Barocks. Berühmt die Brüder Cosmas Damian, 1686–1739, Architekt u. Maler, u. Egid Quirin, 1692–1750, Bildhauer, Architekt u. Stukkateur. Gemeinsame Arbeit u. a. im Dom zu Freising, in den Kirchen v. Weltenburg, Weingarten, Einsiedeln u. in der Johann-Nepomuk-Kirche (A.kirche) in München. ☐ 70.
Asbest m (gr.), Bergflachs, feinfasriges natürl. Mineral aus Magnesium-Calcium-Silicaten (Serpentin), zu isolierenden Packungen, da unverbrennbar und säurefest. **A.zement** ↗Eternit.
Ascension (: äßensch^e n), brit. Insel im südatlant. Ozean, vulkan., 88 km², 1400 E.; Hauptort Georgetown, internat. Kabelstation.
Asch m, ↗Äsche. [tion.
Asch, tschech. Aš, nordwestböhm. Ind.-Stadt, 2 km vor der bayer. Grenze, 25 000 E.
Aschaffenburg, bayer. Stadt-Kr. u. Krst., Umschlaghafen am kanalisierten Main, 59 000 E.; Renaissanceschloß Johannisburg (zerstört) u. roman.-got. Stiftskirche.
Aschanti, westafrikan. Negerstamm, bewohnt einen Teil v. Ghana. **A.nuß** ↗Erdnuß.
Aschchabad, 1921/26 Poltorazk, Hst. der Turkmen. SSR in Mittelasien, 312000 E.; Univ., Forschungsinstitute, Maschinenbau.
Äsche w, Asch m, europ. Lachsart, in Gebirgsbächen, bis 50 cm langer u. 1¹/₂ kg schwerer Speisefisch. ☐ 275.
Asche, 1) Verbrennungsrückstand organ. Stoffe, z. B. Knochen-A. Als Futter-, Düngemittel, zum Putzen u. Streuen, zur Herstellung v. Pott-A. u. Kalilauge. 2) Vulkanische A. ist fein zerstäubte Auswurfmasse der Vulkane. **A.nkraut**, die ↗Cineraria.
Äscherich m, ↗Mehltau des Weinstocks.

Muskelschicht

1

Gefäßhaut Elastische Schicht

2

Arterienverkalkung: Querschnitt 1 durch eine gesunde Arterie, 2 durch eine erkrankte Koronararterie des Herzens mit arteriosklerotischem Herd (streifig-diffuse Lipoidablagerungen)

Aschermittwoch, Mittwoch vor dem 1. Fastensonntag, in der kath. Kirche Beginn der Fastenzeit.

Aschersleben, Ind.-Stadt im Bez. Halle, 37000 E.; Kali, Braunkohle. Solbad.

Aschoff, *Ludwig,* dt. Mediziner, 1866–1942; grundlegende Arbeiten zur Anatomie.

Äschylus, griech. Tragiker, 5. Jh. v. Chr., Begr. der Tragödie als literar. Kunstform; v. seinen ca. 90 Stücken sind 7 erhalten, darunter: *Die Perser; Orestie* (eine Trilogie).

Ascidien, *Seescheiden,* sind ↗Manteltiere.

Ascona, Schweizer Kurort im Tessin, am Lago Maggiore, 4200 E.

Ascorbinsäure, *Vitamin C,* ↗Vitamine.

Asen (Mz.), german. Göttergeschlecht.

Asepsis *w* (gr.), Keimfreiheit.

Aserbeidschan, 1) *Aserbeidschanische SSR,* Sowjetrep. in Transkaukasien, westl. des Kasp. Meeres, 86600 km², 6,1 Mill. E. (meist Turkvölker); Hst. Baku. Steppe, Berg-u. Hügelland. Baumwolle, Erdöl, Eisenerze. **2)** 2 iran. Prov. an der Grenze gg. 1), *Ost-A.* mit der Hst. Täbris u. *West-A.* mit der Hst. Urmia; 4,1 Mill. E.; Hochlandsteppe mit Viehzucht; in den Tälern Baumwolle u. Getreide.

Asgard, himml. Wohnsitz der ↗Asen.

Asiatische Grippe, aus dem asiat. Raum mehr od. weniger periodisch sich ausbreitende ↗Grippe-Epidemien; die erste bekannte 1557, 1957/58 die letzte große Epidemie mit Erkrankung v. 70–80% der Bevölkerung der BRD.

Asien, größter Erdteil, 44,3 Mill. km² (¹/₁₂ der Erdoberfläche, ¹/₃ der Landfeste), 2,5 Mrd. E. (58% der Menschheit). A. besteht aus 2 im N u. S lagernden alten starren Massen, dazwischen aus von N her zusammengeschobenen jüngeren Faltengebirgen, die in Anatolien beginnen, sich nach O weiten, im Himalaja gipfeln u. gewaltige, z. T. abflußlose Hochländer umschließen. Der Südrand A.s löst sich in Halbinselblöcke (Arabien, Vorder- u. Hinterindien) auf; sie sind mit den malaiischen u. japan. Inseln (zus. 24% von A.) fast schon Erdteile für sich wie Europa. Die meernahen Randgebiete stehen klimat., landschaftl. in Ggs. zu den weiten Binnenflächen mit den extremsten kontinentalen Klimaten der Erde. Unter dem Klimaeinfluß sind Nord- u. Inner-A. menschenleer od. -arm, dagegen drängen sich in den Monsungebieten im S, SO u. O ⁹/₁₀ der Bevölkerung A.s auf ¹/₄ der Fläche zusammen. In A. sind alle 3 Rassenzweige vertreten, die wahrscheinl. hier entstanden sind, bes. die für A. typ. Mongoliden (³/₅ der Bev.). Unzählige Völkergruppen u. Sprachstämme haben hier ihre Heimat. A. ist ferner der Erdteil mit der artenreichsten Flora u. sehr altes Entstehungsgebiet vieler Tierformen, bes. der meisten Haustiere.

Geschichte: A. ist die Heimat der ältesten polit. Reiche; die bekanntesten davon sind ↗China, ↗Babylonien, ↗Assyrien und ↗Persien. Im Hoangho-, Jangtse- u. Indusgebiet sowie in Hinterindien u. Mesopotamien liegen die ältesten Kulturbezirke A.s; sie waren immer wieder gefährdet v. den Nomaden Inner-A.s, die auch Europa mehr-

fach bedrohten. Eine kulturelle Berührung A.s mit Europa erfolgte im Hellenismus. Obwohl der Islam eine Abschließung A.s gegenüber Europa mit sich brachte, entfaltete sich im Zeitalter der Kreuzzüge ein lebhafter asiat.-europ. Handel. Mit der Entdeckung des Seeweges nach Indien begann die wlrtschaftl. Ausbeutung A.s durch die europ. Mächte. Im 18. u. 19. Jh. eroberten sich die Engländer ↗Indien und ↗Birma, die Franzosen ↗Indochina und die Holländer ↗Indonesien als Kolonien; diese wurden nach dem 2. Weltkrieg unabhängig. – In A. entstanden die Weltreligionen: Konfuzianismus, Buddhismus, Hinduismus, Judentum, Christentum und Islam. ☐ 58.

Asiut, *Asyut,* Prov.-Hst. in Oberägypten, am Nil, 170000 E.; Univ., kopt. Bischof.

Askania Nowa, Naturschutzpark in der Ukrain. SSR, zw. unterem Dnjepr u. der Krim, 385 km²; 1914 gegr.; Botan. Garten, Tierpark, biolog. Institute.

Asien	Hauptstadt bzw. Verwaltungssitz	Fläche km²	Bevölkerung insges. 1000	Anzahl je km²
Afghanistan	Kabul	647497	15490	24
Bahrain	Manama	622	345	555
Bangla Desh	Dakka	142776	85650	595
Bhutan	Punakha	47000	1240	26
Birma	Rangun	678033	32910	49
Ceylon (Sri Lanka)	Colombo	65610	14180	216
China, Volksrepublik	Peking	9561000	916110	96
Föderation Arab. Emirate	Abu Dhabi	83600	711	9
Indien	Neu-Delhi	3287590	650980	198
Indonesien	Djakarta	1919270	145100	76
Irak	Bagdad	434924	12770	29
Iran	Teheran	1648000	35210	21
Israel	Jerusalem	20700	3780	182
Japan	Tokio	372313	115870	311
Jemenitische Arab. Rep.	San'a	195000	7078	36
Jemen, Dem. Volksrep.	M.-ash-Sha'ab	332968	1853	6
Jordanien	Amman	97740	2984	31
Kambodscha	Pnom-Penh	181035	8574	47
Katar	Doha	11000	201	18
Korea, Nord-	Pjöngjang	120538	17070	142
Korea, Süd-	Seoul	98477	37600	382
Kuwait	Kuwait	17818	1270	71
Laos	Vientiane	236800	3550	15
Libanon	Beirut	10400	3012	290
Malaysia	Kuala Lumpur	329749	12960	39
Malediven	Male	298	140	470
Mongolei	Ulan-Bator	1565000	1580	1
Nepal	Katmandu	140797	13710	97
Oman	Maskat	212457	840	4
Pakistan	Islamabad	803943	76770	96
Philippinen	Quezon City	300000	47720	159
Saudi-Arabien	Er-Riad	2149690	7866	4
Singapur	Singapur	581	2360	4062
Syrien	Damaskus	185340	8350	45
Taiwan	Taipeh	35961	17250	479
Thailand	Bangkok	514000	46140	90
Türkei	Ankara	780756	44000	56
davon in Asien		756953	39911	52
Vietnam	Hanoi	329556	49890	151
Zypern	Nikosia	9251	620	67

Abhängige Gebiete

Großbritannien:

Brunei	Bandar Seri Begawan	5765	201	35
Hongkong	Victoria	1045	4900	4689

Portugal:

Macao	Macao	16	280	17500

Äskulapstab

Die Aspekte

ESB = Konjunktion   0°
(bei Mond: Neumond,
bei Merkur u. Venus:
ECS = untere, ESD =
obere Konjunktion)
ESH = Sextilschein   60°
ESF = Quadratschein   90°
(bei Mond: erstes u.
letztes Viertel)
ESG = Trigonalschein   120°
ESA = Opposition   180°
(bei Mond: Vollmond)

Askanier, dt. Fürstengeschlecht, ihre Stammburg bei Aschersleben; brandenburg. (bis 1319), sächs. (bis 1689) u. anhalt. Linie (bis 1918).
Askari (arab.), die eingeborénen Soldaten der ehem. dt.-ostafrikan. Schutztruppe.
Askariden, die ↗Spulwürmer.
Askenase, *Stefan,* belg. Pianist poln. Herkunft, *1896; bes. Chopin-Interpret.
Askese w (gr.), *Aszese,* Entsagung, Selbstzucht, Übung in der Tugend; ist in verschiedener Form u. Betonung allen Religionen bekannt. **Asket** (Bw. *asketisch*), ein Mensch, der sich durch Askese um Vollkommenheit bemüht.
Äskulap, auch *Asklepios,* griech. u. röm. Heilgott; sein Zeichen: Stab u. Schlange (Symbol des Arztes). **Ä.natter,** zierl. Schlange, bis 2 m lang, aus Südeuropa, bei Schlangenbad eingebürgert, harmlos.
Asmara, Hst. von Eritrea (Äthiopien), 340000 E.
Asmussen, *Hans,* 1898–1968; einer der Führer der Bekennenden Kirche, 1945/48 Leiter der Kanzlei der EKD, 49/55 Propst in Kiel.
Äsop, griech. Fabeldichter, um 550 v.Chr.
Asowsches Meer, nordöstl. Meeresbucht des Schwarzen Meeres, durch die Straße v. Kertsch zugänglich, reich an Heringen u. Stören. 37300 km², 15 m tief. Der westliche Teil heißt *Faules Meer.*
asozial (lat.), unfähig, sich in die Gesellschaft einzuordnen.
Asparagin s, eine ↗Aminosäure.
Asparagus, der ↗Spargel.
Aspekt m (lat.), **1)** Ansicht, Gesichtspunkt. **2)** gegenseitige Stellung (v. der Erde aus gesehen) v. Planeten, Mond u. Sonne.
Aspern, heute Stadtteil v. Wien. – 1809 Sieg des östr. Erz-Hzg. Karl über Napoleon.
Asphalt m (gr.), Gemisch v. Bitumen mit Mineralstoffen; *Natur-A.* in USA, UdSSR, v. Erdöl abstammend; *künstl. A.* für Straßenbelag, im Hoch-, Tief- u. Wasserbau.
Aspidistra w, japan. Liliengewächs mit großen Blättern; Zimmerpflanze.
Aspidium s, ↗Wurmfarn.
Aspik m (frz.), Fleisch- od. Fischgallert.
Aspirant m (lat.), Bewerber, Anwärter.
Aspirata w, Hauchlaut. **Aspiration** w, **1)** das Streben. **2)** gehauchte Aussprache. **3)** ansaugen v. Luft od. Flüssigkeit. **Aspirator** m, Apparat zum Ansaugen v. Luft. **aspirieren,** mit einem Hauchlaut sprechen.
Aspisschlange ↗Brillenschlange.
Aspromonte m, Südende des Apennin in Kalabrien, reich bewaldet; bis 1958 m hoch.
Asquith (: äßkuith), *Herbert Henry,* 1852 bis 1928; 1908/16 britischer Premier (Liberaler).
assai (it.), in der Musik: sehr, ziemlich; z.B. *allegro a.:* ziemlich lebhaft.
Assala, afrikan. Riesenschlange, bis 6 m lang.
Assam, Bundesstaat in NO-Indien, 78523 km², 17 Mill. E.; Hst. Dispur. Anbau von Tee und Reis; Erdölfelder.
Assekuranz w (it.), Versicherung.
Assel w, flaches Krebstier, meist klein u. lichtscheu: *Mauer-* u. *Keller-A., Wasser-A.*

Assemblage w (: aßãnblasch[e], frz.), ein aus alltägl. Gegenständen, bes. Abfall- u. Fundstücken des Konsums, zusammengefügtes Kunstwerk, im Ggs. zur ↗Collage mit reliefartigem oder skulpturalem Charakter.

Assemblage: Kurt Schwitters: Merz-Bild 35 A (1921)

Assemblée w (: aßãnble, frz.), Versammlung. **A. nationale** (: -naßjonal, frz.), die frz. Nationalversammlung v. 1789; seit 1875 Bz. für Abgeordnetenkammer u. Senat, seit 1940 nur für die Abgeordnetenkammer.
assertorisch (lat.), behauptend.
Assessor m (lat.), **1)** Beisitzer. **2)** Anwärter auf ein Staatsamt (z.B. Gerichts-, Studien-A.).
Assignaten (lat.), 1789 in Fkr. ausgegebenes Papiergeld.
Assimilation w (lat.; Ztw. *assimilieren*), Angleichung; bes. **1)** Lautangleichung. **2)** Umwandlung v. Nahrungsstoffen in Gewebebestandteile. ↗Photosynthese.
Assisi, it. Stadt in Umbrien, 25000 E.; Heimat des hl. Franziskus (Grab in der Doppelkirche mit Fresken v. ↗Giotto u.a.) u. der hl. Klara; Hauptkloster der Franziskaner; Bischof; 5 km davon Kirche Maria degli Angeli, darin die ↗Portiunkula-Kapelle.
Assistent m (lat.; Ztw. *assistieren*), Gehilfe, wiss. Mitarbeiter an Hochschulen. **Assistenz** w, Mitwirkung.
Aßmannshausen, r. am Rhein, Ortsteil v. Rüdesheim (seit 77); Mineralbad, Weinort.
Associé (: -ßie, frz.), Teilhaber. **Assoziation** w (lat.), **1)** Vergesellschaftung. **2)** die Verknüpfung v. Empfindungen u. Vorstellungen im Bewußtsein (↗Ideen-A.).
assoziieren (lat.), sich vereinigen; i.e.S. Anschluß eines Staates an ein bestehendes Bündnis ohne formellen Beitritt.
ASSR, Abk. für Autonome Sozialistische Sowjet-Republik.
Assuan, *Syene,* oberägypt. Prov.-Hst., Kurort r. am Nil, 246000 E.; südl. v. A. Nilstaudamm, Stausee 295 km lang. Von 1960/70

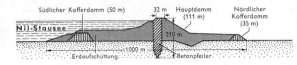

Südlicher Kofferdamm (50 m)   32 m   Hauptdamm   Nördlicher
                                      (111 m)   Kofferdamm
Nil-Stausee   (35 m)
                               210 m
                1000 m
Erdaufschüttung   Betonpfeiler

wurde zweiter Staudamm gebaut (3,6 km lang), Stausee 510 km lang.

Assumptionisten, *Augustiner v. Mariä Himmelfahrt,* relig. Genossenschaft; 1845 in Fkr. zur Verbreitung der christl. Lehre gegründet. **Assumptionistinnen,** der weibl. Zweig.

Assur, 1) älteste Hst. der Assyrer. **2)** Hauptgott v. A., Reichsgott v. Assyrien.

Assyrien, im Alt. urspr. die Landschaft zw. dem armen. Hochland u. dem Zagrosgebirge, dem Tigris u. untern Sab. – Um 2000/1500 v.Chr. babylon., dann lange Kämpfe der gewalttätigen Assyrer; im 9. u. 8. Jh. Gründung eines assyr. Großreiches. 612 Hst. Ninive zerstört. A. unter Medien u. Neubabylonien geteilt.

Assuan-Staudamm: oben Querschnitt, unten Aufsicht der Anlage

Nach Assuan 28 km

Schiffahrts-Kanal

Kraftwerk

Schleusen

Nilhafen

1 Hauptdamm
2 Kofferdämme

Assyrien: Assurbanipal auf der Jagd (Alabaster). Ninive. 7. Jh. v. Chr.

AStA *m,* Abk. für **A**llg. **St**udenten-**A**usschuß. In der BRD Träger der Selbstverwaltung der Studentenschaft an den Hochschulen.

Astarte *w,* phönik. Göttin.

Astatin, *Astat s,* chem. Element, Zeichen At, radioaktiv, Ordnungszahl 85. ☐ 148.

Aster *w,* bis 2 m hoher Korbblütler, *Herbstod. Stauden-A., Gartenpflanze.* Die *Einjähr. A.* aus China, in zahlreichen Formen u. Farben für Freiland u. Topf.

Asteroiden, die ⁄Planetoiden.

Asthenie *w* (gr.), allg. Körperschwäche.

Astheniker, schmalleibiger, zartgebauter Körpertyp.

Ästhet *m* (gr.), Mensch mit Schönheitssinn.

Ästhetik *w,* i.w.S. Lehre v. der Sinneserkenntnis; i.e.S. die Lehre v. Schönen, bes. in der Kunst. **Ästhetizismus,** Lebensanschauung, die das Schöne gegenüber anderen Werten verabsolutiert.

Asthma *s* (gr.), anfallweise Atemnot. *Bronchial-A.,* durch Krampfreaktionen der Bronchialmuskulatur; *Herz-A.,* Herzenge durch mangelhafte Sauerstoffversorgung des Herzmuskels. *Heu-A.,* das ⁄Heufieber.

Asti, ober-it. Prov.-St., 80000 E.; Bischof; natürl. Schaumwein: *A. spumante.*

Astigmatismus *m* (gr.), Unfähigkeit opt. Linsen, bei schief einfallenden Strahlen scharfe Bilder zu erzeugen.

ästimieren (lat.), schätzen, hochachten.

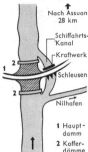

Astarte: Bronzestatue aus Phönikien (14.–13. Jh. v. Chr.)

Aston (: äßt[e]n), *Francis William,* engl. Chemiker, 1877–1945; 1922 Nobelpreis, Isotopenforschung mit Massenspektrograph.

Astrachan, russ. Hafenstadt im Wolga-Delta, 461000 E.; Werften, Fisch verarbeitende Ind. **A.** *m,* wollener, kurzfloriger Samt; Felle des *A.schafes.* [Gestirne.

Astralkult (gr.-lat.), religiöse Verehrung der **Astralleib** (gr.), ein feinerer Leib, der sich im grobstoffl. Körper verbergen soll. Davon zu unterscheiden der *Ätherleib,* das Bindeglied zw. stoffl. Leib u. innerem Leben. ⁄Theosophie, ⁄Okkultismus u. a. behaupten die Existenz eines A.

Astralon *s,* Kunststoff (A.-Zeichenfolie) aus ⁄Polyvinylchlorid.

Astrologie *w* (gr. = Sterndeutekunst), will aus den Stellungen der Himmelskörper zukünftige Geschehnisse ablesen. Nur Sonne u. Mond haben auf manche Vorgänge auf der Erde feststellbare Einflüsse; daraus läßt sich aber kein persönl. Schicksal vorausbestimmen.

Astrometrie *w* (gr.), ⁄Astronomie.

Astronaut *m* (gr.), Weltraumfahrer.

Astronautik *w* (gr.), die ⁄Weltraumfahrt.

Astronavigation *w* (gr.-lat.), Navigation nach Sternen.

Astronomie *w* (gr. = Sternkunde), *Himmelskunde,* Lehre v. den Himmelskörpern. Die *Astrometrie* ermittelt deren scheinbare Örter u. Bewegungen u. die Entfernungen, verwertet sie zu Orts- u. Zeitbestimmungen, errechnet daraus die wahre Bewegung der Gestirne u. die räuml. Verteilung u. Bewegung der Materie im Weltall. Die *Astrophysik* untersucht den chem. u. physikal. Zustand der kosm. Materie u. die Entwicklung der Himmelskörper. Techn. Hilfsmittel: Fernrohr, Radioteleskop, Photographie, bes. Spektroskopie. Seit 1945 wird die *Radio-A.* (Erforschung der Radiostrahlung der Gestirne), seit 59 die A. von Satelliten, Raumsonden u. bemannten Raumflugkörpern aus immer wichtiger. Die ersten astronom. Beobachtungen sind aus China (4. Jahrt. v. Chr.) bekannt.

Astronomische Einheit, Abk. AE, die mittlere Entfernung Erde–Sonne, 149,6 Mill. km.

Astrophysik *w* (gr.), ⁄Astronomie.

Asturias, *Miguel Angel,* guatemaltek. Schriftsteller u. Diplomat, 1899–1974; *Die Maismänner.* 67 Nobelpreis für Literatur.

Asturien, nordspan. Küstenlandschaft, v. Kantabr. Gebirge (Steinkohle, Eisen, Kupfer) zur Biscaya abfallend; dicht besiedelt.

Asunción (: -ßion), Hst. v. Paraguay, l. am Paraguay (Hafen), 464000 E.; kath. Erzb., Univ. und Hochschulen, Museen.

Asyl *s* (gr.), Zufluchtsstätte; Anstalt für Hilfsbedürftige. **A.recht,** Recht eines Staates, einem (bes. polit.) Flüchtling, der nicht wegen eines gemeinen Verbrechens verfolgt wird, Schutz zu gewähren.

Asymptote *w* (gr.), diejenige Gerade, der sich eine Kurve stetig immer mehr nähert, sie im Endlichen aber nie erreicht. ☐ 410.

Aszendenten (Mz., lat.), Verwandte aufsteigender Linie: Eltern, Großeltern usw.

At, chem. Zeichen für ⁄Astatin.

at, Abk. für techn. ⁄Atmosphäre.

Athen: Blick über die Akropolis. Im Hintergrund rechts der Lykabettoshügel. Am Horizont der Marmorberg Pentelikon

Atair, hellster Stern im Adler. ☐ 947.
Ataman (russ.), ↗Hetman.
Atatürk ↗Kemal Atatürk.
Atavismus m (lat.), Wiederauftreten v. Merkmalen stammesgeschichtl. Ahnen.
Ataxie w (gr.), Bewegungsstörung, bei Nervenerkrankungen u. Vergiftungen.
Atelier s (: at^{e}lje, frz.), Arbeitsstätte für Maler, Photographen u. a.
Atem, der bei der ↗Atmung abgegebene Luftstrom, hauptsächl. Stickstoff, Kohlendioxid u. Wasserdampf.
a tempo (it.), **1)** sofort, rasch. **2)** in der Musik: Rückkehr zum Hauptzeitmaß.
Äthan s, Kohlenwasserstoff (C_2H_6), in Leucht- u. Erdgasen; brennbar, farblos.
Athanasius d. Gr., hl. (2. Mai), Kirchenlehrer, 295–373; Bischof v. Alexandria. Hauptverteidiger der Wesensgleichheit des Sohnes mit dem Vater gg. den ↗Arianismus.
Äthanol s, ↗Alkohol.
Atheismus m (gr.), Leugnung des Daseins Gottes. **Atheist** m, Gottesleugner.
Athen, neugriechisch **Athinai** (: aßine), Hst. Griechenlands, mit dem Hafen ↗Piräus (Schnellbahn) ganz zusammengewachsen, 867 000 E., m. V. 2,54 Mill. E.; kath. Erzb., griech. Metropolit; Univ. – Im Alt. neben Sparta mächtigster griech. Stadtstaat, wichtigste Stätte der griech. Kultur; seit 1833 Hst. Neugriechenlands. – Auf der *Akropolis:* Niketempel; Parthenon (Athenatempel; dor.); Erechtheion (ion.). ☐ 12.
Athenagoras, seit 1948 Patriarch v. Konstantinopel, 1886–1972; entschiedener Verfechter der Einigung der Kirchen, bes. der orthodoxen Kirchen.
Athene, griech. Göttin der Kunst, des Handwerks, der Weisheit. Stadtgöttin Athens.
Äther m (gr.), **1)** hypothet., unwägbarer, unstoffl., den ganzen Weltraum erfüllender Stoff *(Licht-Ä.),* durch die Ergebnisse der Relativitätstheorie überholt. **2)** organ.-chem. Stoffe, ↗Anhydride aus zwei gleichen od. verschiedenen Alkoholen. **3)** *Äthyläther,* farblose, brennbare, leicht flüchtige Flüssigkeit, aus Äthylalkohol durch Destillation mit Schwefelsäure gewonnen. Lösungsmittel; med. zur *Ä.narkose.* **ätherisch,** ä.artig, flüchtig; zart. **ä.e Öle,** Duftstoffe zahlr. Pflanzenteile.
Atherom s (gr.), ↗Balggeschwulst.
Äthiopien, *Abessinien,* arab. *Habesch,* Kaiserreich in NO-Afrika. Von den E. ¹/₃ Äthio-

pier (semitisierte Hamiten), 7 Mill. Galla, 2 Mill. Neger; die Äthiop. (Monophysit.) Kirche ist Staatskirche. Ä. umfaßt das bis über 4000 m aus dem heißen u. trockenen Rote-Meer-Graben aufsteigende, stark zerfurchte Hochland v. Ä. Etwa 50% des Landes sind landwirtschaftl. nutzbar. 90% der Bev. leben v. der Landwirtschaft, Anbau nach vertikalen Klimazonen (v. unten nach oben): Baumwolle, Mais u. Tabak; Kaffee, Baumwolle; Grassteppe mit Viehzucht. Keine nennenswerte Ind. Ä. ist für den Welthandel unbedeutend. – Im Alt. unter ägypt. Einfluß, seit dem 4. Jh. christl., seit dem 6. Jh. monophysitisch; schwere Kämpfe gg. den Islam. 1889 it. Protektorat, durch Meneliks Sieg bei Adua (1896) beseitigt. 1935/36 wurde Ä. von It. erobert; doch erhielt Ks. Haile Selassi 41 das Land zurück; der Ks. wurde 74 v. Militär langsam entmachtet, das 75 die Republik ausrief. In Eritrea, 52 autonom. Bundesstaat, 62 Prov., kam es 75 z. bewaffneten Unabhängigkeitskampf; seit 77 Ogaden-Konflikt mit Somalia. Regierungschef: Oberstleutnant H. M. Mengistu (seit 77).
Athlet m (gr.), Kraftmensch, Sportler. **Athletik** w, urspr. jeder Wettkampfsport, heute die ↗Leicht- und ↗Schwerathletik. **Athletiker,** kräftiger Körperbautyp, nach ↗Kretschmer.
Athos, nordgriech. Halbinsel des Ägäischen Meeres. Auf dem *Berg A.* wohnen nur griech.-orth. Mönche in 20 Klöstern u. vielen Einsiedeleien.
Äthyl s, Kohlenwasserstoffrest (C_2H_5), Bestandteil organ. Verbindungen. **Ä.alkohol,** der gewöhnl. ↗Alkohol. **Ä.äther,** der handelsübl. Äther. **Äthylen** s, C_2H_4, ungesättigter Kohlenwasserstoff, farbloses, leuchtend brennendes Gas, in Leucht- u. Erdgasen.
Atlant m (gr.), männl. Figur als Gebälkträger. ↗Karyatide.
Atlanta (: ätlänta). Hst. des Staates Georgia (USA), 540 000 E.; mehrere Univ., kath. Bischof. [schof.
Atlantik ↗Atlantischer Ozean.
Atlantik-Charta, v. Roosevelt u. Churchill 1941 aufgestellte Programm für Frieden, Freiheit v. Not u. Furcht: keine Gebietsabtretung gg. den Willen der Bevölkerung, Selbstbestimmung der Völker über die Regierungsform. 1942 stimmten 26 Nationen zu, darunter auch die UdSSR.
Atlantik-Pakt ↗Nordatlantik-Pakt.

Äthiopien

Amtlicher Name:
Republik Äthiopien

Staatsform:
Republik

Hauptstadt:
Addis Abeba

Fläche:
1 221 900 km²

Bevölkerung:
30,42 Mill. E.

Sprache:
1. Staatssprache
Amharisch,
2. Staatssprache
Galla;
Bildungs- u. Handelssprachen: Englisch
und Italienisch

Religion:
4,8% Äthiop. Kirche

36,4% Muslimen
8,3% Stammesreligionen

Währung:
1 Äthiop. Dollar =
100 Cents

Mitgliedschaften:
UN, OAU

Athos:
Dionysiou-Kloster
(1417)

Atlantikwall, dt. Befestigungen am Ärmelkanal u. Atlantik, v. am.-brit. Truppen 1944 durchbrochen. [Atlant. Ozean.

Atlantis, nach Platon sagenhaftes Reich im **Atlantischer Ozean,** *Atlantik,* zweitgrößtes, welt- u. verkehrspolit. bedeutendstes Weltmeer, trennt mit fast parallelen Küsten Europa u. Afrika v. Amerika; mit Nebenmeeren rund 106 Mill. km² = ¹/₆ der Erdoberfläche (Länge zw. den Eismeeren 16500 km, mittlere Breite 5500 km; im Mittel 3300–3900, im Puertoricograben bis 9219 m tief, durch untermeerische Schwellen (bes. die nordsüdl. *Atlant. Schwelle*) in mehrere Becken gegliedert. Warme Strömungen vermischen sich mit kalten Polarströmen. Inselstützpunkte (Azoren) erleichtern den Transatlantikverkehr zu Wasser u. in der Luft.

Atlas, 1) Riese, auf dessen Schultern nach der griech. Sage der Himmel ruht; zum Gebirge A. versteinert. **2)** nordwestafrikan. Faltengebirge; im mittleren Teil der *Tell-* (nördl.) u. der *Sahara-A.* (südl.), bis 2300 m. Westl. des Tell-A.: in Marokko *Mittlerer* u. *Hoher A.,* bis 4500 m, ihnen im S der *Anti-A.* (3000 m), im N der *Rif-A.* vorgelagert. **3)** der oberste, den Kopf tragende Halswirbel. **4)** (Mz. *Atlanten*), Sammlung v. Land-, See- u. Himmelskarten, auch anderer bildl. Darstellungen. **5)** *Satin,* meist in Seide ausgeführtes, hochglänzendes Köpergewebe.

Atlasholz ↗Seidenholz.

atm, Abk. für physikal. ↗Atmosphäre. ·

Atman *s* (Hauch), in der ind. Philosophie die Allseele als Urgrund jeden Seins.

Atmosphäre *w* (gr.), **1)** die einen Himmelskörper umgebende gasförm. Hülle, speziell die ↗Lufthülle der Erde. **2)** *physikal. A.,* Abk. atm, ist der Druck einer 760 mm hohen Quecksilbersäule an einem Ort der normalen Fallbeschleunigung; 1 atm = 101 325 N/m² (↗Pascal). Der 760. Teil heißt ein *Torr.* Die *techn. A.,* Abk. at, ist der Druck einer Kraft von 1 kp auf eine Fläche von 1 cm²; 1 at = 1kp/cm² = 98 066,5 N/m² = 735,559 Torr. Die physikal. u. techn. A. sind als Druckeinheiten gesetzl. nicht mehr zulässig.

Atmosphärilien (gr.), chem. u. physikal. wirksame Bestandteile der Atmosphäre.

Atmung, Gasaustausch zw. Organismen u. Außenwelt; Sauerstoffaufnahme u. Kohlendioxidabgabe. Pflanzen atmen durch Spaltöffnungen der Blätter, niedere Tiere durch die Haut, Insekten, Spinnen, Tausendfüßer durch Tracheen, Muscheln, Krebse, Fische durch Kiemen, Vögel u. Säuger durch Lungen. In den Lungenbläschen wird durch Ein- u. Ausatmen (rhythm. Erweiterung u. Verengerung der Lungen bzw. des Brustkorbs) Sauerstoff an das Blut abgegeben u. aus dem Lungenblut Kohlendioxid aufgenommen. *Künstl.* A. ahmt die natürliche nach. ☐ 241. **A.sgymnastik,** Atemübungen, vergrößern den Fassungsraum der Lungen, stärken Herz, Blutkreislauf, Brust- u. Bauchmuskeln.

Ätna *m,* it. *Etna,* größter (tätiger) Vulkan Europas, auf Sizilien, 3263 m; Drahtseilbahn.

Atoll *s* (malai.), ringförmige Koralleninsel.

Atom *s* (gr.), v. Demokrit u. Leukipp angenommene, sehr kleine, unteilbare Mate-

Atlas: sogenannter Atlas Farnese (antike Plastik, jetzt Neapel)

riebausteine. Seit Dalton u. Avogadro Bz. für die kleinste Einheitsmenge der ↗chem. Elemente. Nach ihren chem. Eigenschaften lassen sich 88 A.arten unterscheiden, dazu kommen (1973) 17 künstl. hergestellte. A.e bestehen aus einem elektr. positiv geladenen *A.kern* (Durchmesser ca. 10⁻¹² cm, hohe Dichte: 1,4 · 10¹⁴ g/cm³) u. einer elektr. negativ geladenen *A.hülle.* Die A.kerne werden gebildet aus elektr. positiv geladenen Protonen u. ungeladenen Neutronen, den sog. *Kernteilchen* od. *Nukleonen;* die Anzahl der Protonen heißt *Kernladungszahl Z.* Sie ist mit der Ordnungszahl des Elementes im ↗Periodensystem identisch; die Gesamtzahl der Nukleonen ist gleich der *Massenzahl.* Die A.hülle besitzt im allg. genauso viele Elektronen, wie positive Kernladungen vorhanden sind; das A. ist als Ganzes elektr. neutral (Ausnahme: ↗Ionen). Die Elektronen sind in bestimmten Bahnen (*Elektronenschalen*) angeordnet mit abgestuften („gequantelten") Werten v. Energie u. Drehimpuls (*Bohrsches A.modell*). Die Masse – im wesentl. im A.kern – der A.e variiert zw. 1,5 u. 450 · 10⁻²⁴ g, der Durchmesser liegt zw. 10⁻⁸ u. 10⁻⁷ cm. Aufgrund der Wechselwirkung ihrer Elektronen vereinigen sich A.e zu Molekülen (chem. Bindung) od. makroskop. Körpern (Kristalle i. w. S.). **A.antrieb,** Verwertung der A.kernenergie zum Antrieb v. Schiffen (bes. bei U-Booten verwirklicht), Flugzeugen u. Raketen. **A.batterie,** *Isotopenbatterie,* liefert elektr. Strom, entweder durch ↗Thermoelektrizität (radioaktive Elemente erhitzen eine Lötstelle) od. durch thermo-ionische Umwandlung (radioaktive Elemente lösen durch ihre Strahlung Elektronen aus, die den Strom bilden). **A.bombe** ↗Kernwaffen. **A.energie** ↗Kernenergie. **A.energie-Organisationen,** bes. **1)** *Internationale A.energie-Organisation* (IAEO), 1957 auf Veranlassung der UN gegr.; Austausch v. Informationen über die friedl. Verwertung der A.energie; Sitz des Sekretariats in Wien. **2)** ↗Europ. A.gemeinschaft. **A.masse,** veraltete Bz. *A.gewicht,* **1)** *absolute A.masse,* die Masse eines A. in Gramm. **2)** *relative A.masse,* das Verhältnis der Masse eines A. zum 12. Teil der Masse des Kohlenstoffisotops ¹²C, früher zum 16. Teil des Sauerstoffisotops ¹⁶O. **A.müll,** radioaktive Abfallstoffe, z.B. aus Kernkraftwerken. **A.uhr,** Zeitmesser höchster Genauigkeit, die atomare (molekulare) Schwingungen zur Ableitung eines Zeitmaßes verwenden. **A.umwandlung,** Änderung der Nukleonenzahl eines A.s u. Umwandlung v. Elementen. *Natürl. A.umwandlung* ↗Radioaktivität, *künstl. A.umwandlung* durch Beschuß mit Kernteilchen hoher Energie. ☐ 48.

atonal (gr.), Musik, deren Melodik u. Harmonik an Bindung an eine Tonart od. ein Tonzentrum verzichtet. ↗Neue Musik, ↗Zwölftontechnik.

à tout prix (: a tu pri, frz.), um jeden Preis.

Atreus, Stammvater der Atriden, eines Fürstengeschlechts der griech. Sage.

Atrium *s* (lat.), **1)** Innenhof des (altröm.) Wohnhauses. **2)** Vorhalle bei Kirchen.

Atoll: Entstehung eines A.s um einen absinkenden Vulkankegel im Meer

Atom und Kernenergie

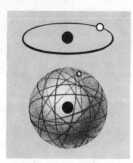

Beim Wasserstoffatom umläuft ein negativ geladenes Elektron einen positiv geladenen Atomkern so unvorstellbar schnell, daß es scheinbar eine Schale oder Hülle bildet

Masse des Wasserstoffatoms:
$1{,}672 \cdot 10^{-24}$ g
Masse des Neutrons:
$1{,}675 \cdot 10^{-24}$ g
Masse des Elektrons:
$\frac{1}{1836}$ des Wasserstoffatoms

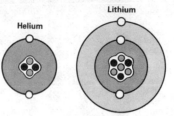

Helium **Lithium** **Natrium**

Jedes chemische Element hat eine bestimmte Anzahl von Protonen und gleich vielen Elektronen. Diese sind in Schalen angeordnet. Zu den Protonen treten im Atomkern noch die elektr. neutralen Neutronen

Isotopie am Beispiel der 3 Wasserstoff-Isotopen

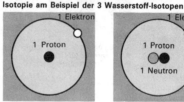

1 Elektron — 1 Proton

Normaler Wasserstoff
Atomgewicht 1

1 Elektron — 1 Proton — 1 Neutron

Schwerer Wasserstoff (Deuterium)
Atomgewicht 2

1 Elektron — 1 Proton — 2 Neutronen

Überschwerer Wasserstoff (Tritium)
Atomgewicht 3

Kernreaktor

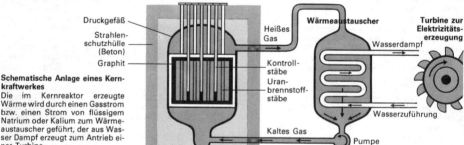

Druckgefäß
Strahlenschutzhülle (Beton)
Graphit

Heißes Gas
Kontrollstäbe
Uranbrennstoffstäbe
Kaltes Gas

Wärmeaustauscher

Turbine zur Elektrizitätserzeugung
Wasserdampf
Wasserzuführung
Pumpe

Schematische Anlage eines Kernkraftwerkes
Die im Kernreaktor erzeugte Wärme wird durch einen Gasstrom bzw. einen Strom von flüssigem Natrium oder Kalium zum Wärmeaustauscher geführt, der aus Wasser Dampf erzeugt zum Antrieb einer Turbine

Kontrollstäbe Uranstäbe Graphit

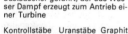

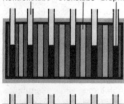

In dem Graphitblock sind Reihen von spaltbarem Uran angebracht. Die vertikal verschiebbaren Kontrollstäbe regulieren den Spaltprozeß, indem sie je nach ihrer Stellung mehr oder weniger Spaltneutronen „wegfangen"

Uranstab

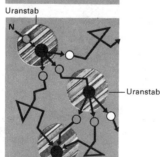

N
Uranstab
Uranstab

Schema der Kettenreaktion: ein Ausgangsneutron (N) ruft eine Spaltung hervor. Dadurch werden 2 bis 3 Neutronen freigesetzt, die neue Spaltungen hervorrufen, die selbst wieder zu mehreren Spaltungen führen usw.

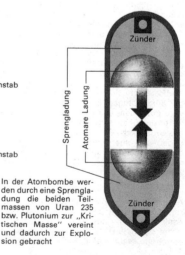

Zünder
Sprengladung
Atomare Ladung
Zünder

In der Atombombe werden durch eine Sprengladung die beiden Teilmassen von Uran 235 bzw. Plutonium zur „Kritischen Masse" vereint und dadurch zur Explosion gebracht

Atriumhaus, 1) das altröm., um ein Atrium gruppierte Wohnhaus; im ital. Haus um das Peristyl erweitert. **2)** moderner Wohnbautyp in eingeschossiger Bauweise mit um einen Innenhof geführten Wohnräumen.
Atrophie w (gr.), Schwund, bes. ↗Muskelschwund.
Atropin s, ein Alkaloid der Tollkirsche *(Atropa belladonna)*, sehr giftig, krampflösend, pupillenerweiternd.
Attaché m (: -tasche, frz.), der einer diplomat. Mission beigegebene Anwärter auf den diplomat. Dienst od. beigeordnete Sachverständige *(Militär-, Handels-, Kultur-A.).*
Attacke w (frz.), (Reiter-)Angriff.
Attendorn, westfäl. Stadt im Sauerland, 22000 E.; Tropfsteinhöhle.
Attentat s (lat.), polit. Mordanschlag.
Attention (: atänßjōn, frz.), Achtung!
Attersee, *Kammersee,* größter See im Salzkammergut, 46,7 km², 171 m tief.
Attest s (lat.), schriftl. (ärztl.) Bescheinigung.
Attich m, der giftige ↗Holunder.
Attika, 1) mittelgriech. Landschaft, wasserarm, reich an Marmor u. Erzen. **2)** im Alt. das Gebiet des Stadtstaates Athen.
Attila, im Nibelungenlied *Etzel,* Hunnen-Kg. 434/453, überrannte Europa, 451 auf den ↗Katalaunischen Feldern geschlagen.
Attitüde w (frz.), Haltung, Einstellung, Gebärde.
Attlee (: ätli), *Clement,* 1883–1967; ehem. Führer der Labour Party, 1945/51 engl. Premierminister.
Atto, Abk. a, vor Maßeinheiten das Trillionstel (10⁻¹⁸). [Glanzstück.
Attraktion w (lat.), Anziehung(spunkt),
Attrappe w (frz.), täuschende Nachbildung.
Attribut s (lat.), **1)** nähere Bestimmung eines Hauptworts durch Beiwort. **2)** in der Kunst sinnbildl. Kennzeichen v. Persönlichkeiten.
ätzen, 1) Gewebeteile durch Chemikalien zerstören. **2)** durch chem. Mittel die urspr. gleiche Oberfläche v. Metall, Glas ungleichmäßig machen, bei *Hochätzung* kommen die reliefartig stehengebliebenen, bei *Tiefätzung* die eingeätzten Stellen zur Wirkung. ↗Autotypie, ↗Strichätzung. **Ätzkali** s, das ↗Kaliumhydroxid. **Ätzkalk,** gebrannter ↗Kalk. **Ätznatron,** auch *kaustische Soda,* Natriumhydroxid, stark ätzend.
Au, chem. Zeichen für ↗Gold (Aurum).
Auber (: obär), *Daniel François,* frz. Opernkomponist, 1782–1871; *Die Stumme von Portici, Fra Diavolo.*
Aubergine (: obärsehine) ↗Eierpflanze.
a. u. c., Abk. für ↗ab urbe condita.
Auckland (: åkländ), größte Stadt u. Haupthafen von Neuseeland, 805000 E.; kath. u. anglikan. Bischof, Univ.

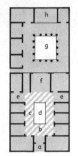

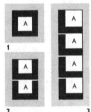

Atriumhaus: italisches Haus mit Peristyl (2.–1. Jh. v. Chr.), links oben Ansicht, oben Grundriß: a Vestibulum (Hausflur), b Fauces (Korridor), c Atrium, d Impluvium (Wasserbecken), e Ala (Seitenhalle), f Tablinum (Geschäftszimmer des Hausherrn), g Peristyl (Säulenhof), h Exedra (Gesellschaftszimmer).

1

2   **3**

Moderne **Atriumbauweise:**

1 freistehendes A., umschließt von allen vier Seiten das Atrium (A); **2** Reihen-A. in U-Form und **3** in L-Form

Daniel François Auber

Auden (: ådᵉn), *Wystan Hugh,* engl. Dichter, 1907–73; Prof. in Oxford; zeitkrit. Lyrik, *Das Zeitalter der Angst.*
audiatur et altera pars (lat.), man höre auch den andern Teil; altes Rechtssprichwort.
Audienz w (lat.), zeremonieller Empfang.
Audion s (lat.-frz.), Hochfrequenzgleichrichter.
audiovisuelle Unterrichtsmittel, auf Hören oder/und Sehen bezogene Arbeitshilfen (Schallplatten, Hörfunk, Tonband, Dias, Film, Fernsehen usw.).
Auditorium s (lat.), Hörsaal, Zuhörerschaft. **A. maximum,** größter Hörsaal einer Hochschule.
Aue, Stadt im Erzgebirge (Bez. Karl-Marx-Stadt), 31000 E.; Metall-Ind., Uranbergbau.
Auer, *Karl,* Ritter v. Welsbach, östr. Chemiker, 1858–1929; erfand das Gasglühlicht *(A.licht),* entdeckte das *Cer-Eisen.*
Auerbach, *Berthold,* 1812–82; dt. Schriftsteller. *Schwarzwälder Dorfgeschichten.*
Auerbach im *Vogtland,* Stadt im Bez. Karl-Marx-Stadt, 19000 E.; Textil-Ind.
Auerbachs Keller, Leipziger Trinkstube, bekannt durch Goethes Faust.
Auerbachsprünge ↗Wasserspringen. □ 1085.
Auerhuhn, größtes dt. Waldhuhn; *Auerhahn,* lebhaft gefärbt, mit weißem „Spiegel" an der Achsel, die kleinere *Auerhenne* rostfarben.
Auerochs, *Ur,* dem ↗Wisent nächstverwandtes europ. Wildrind, im 17. Jh. ausgestorben.
Auerstedt, Dorf s.w. von Naumburg (Bez. Erfurt). – 14. 10. 1806 Sieg der Franzosen über die Preußen bei Jena u. A.
Aufbauschulen, weiterführende Schulen mit verkürztem Lehrgang für begabte Schüler des 6./7. Schuljahrs der Hauptschule oder Förderstufe; führen zur Hochschulreife.
Aufbereitung, Vorbereitung v. industriellen Grundstoffen zur Weiterverarbeitung.
Aufblähen, *Blähsucht, Trommelsucht,* plötzliches, oft lebensgefährl. Auftreiben der linken Bauchseite bei Wiederkäuern, bes. Rindern, infolge Gasbildung im Pansen nach Fressen bereiften od. erhitzten Grünfutters od. bei Schlundverstopfung.
Auferstehung, 1) *A. Christi,* die im NT bezeugte grundlegende christl. Glaubensbotschaft, daß Christus am 3. Tag nach seinem Tod mit verklärtem Leib auferstanden ist. ↗Ostern. **2)** *A. v. den Toten* od. *A. des Fleisches,* christl. Glaubenslehre v. der leibl. A. aller Menschen am Ende der Welt.
Aufgebot, 1) öff. Aufforderung zur Mitteilung v. Tatsachen, die einem beabsichtigten Rechtsakt entgegenstehen. **2)** *Ehe-A.,* öff. Bekanntgabe einer beabsichtigten ↗Eheschließung durch achttägigen Aushang. Jeder, der ↗Eheverbote kennt, muß sie dem Standesbeamten mitteilen. Befreiung v. A. möglich.
Aufgeld ↗Agio.
Aufgesang, aus 2 gleichgebauten „Stollen" bestehender Teil der Strophe beim ↗Minne- u. ↗Meistersang.
Aufguß, *Infus,* wäßriger Auszug aus Pflan-

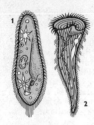

Aufgußtierchen:
1 Pantoffel-,
2 Trompetentierchen

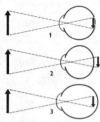

Auge: 1 *Normales*
Auge, Bild fällt *auf* die
Netzhaut. 2 *Weitsichti-*
ges (zu kurzes) *Auge,*
Bild fällt *hinter* die
Netzhaut. 3 *Kurzsichti-*
ges (zu langes) *Auge,*
Bild fällt *vor* die Netz-
haut.

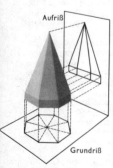

Aufriß eines Kegels
mit achteckigem
Grundriß

zenteilen. **A.tierchen,** *Infusorien,* Bz. für
↗*Protozoen,* die in Aufgüssen vorkommen.
Umgeben sich bei ungünstigen Lebensbedingungen mit Schutzhüllen u. werden so
verbreitet.
Aufklärung, 1) allg. eine Epoche in der
Gesch. der Völker, in der die religiösen
Überlieferungen, die sittl. Vorschriften, die
Gesetze u. die polit. Einrichtungen nicht
mehr weiterhin einfach geglaubt u. hinge-
nommen werden, sondern dem Urteil der
eigenen Vernunft u. Einsicht unterworfen
werden. 2) im besonderen die geistige Bewegung des 17. u. 18. Jh. in Europa, die die
autonome Vernunft u. die individuelle Freiheit des Menschen als höchste Werte be-
trachtete. Sie schärfte das kritische Denken
u. den Sinn für das Natürliche, trat für Toleranz ein u. glaubte an den Fortschritt der
Menschheit durch Erziehung nach vernünftigen Grundsätzen u. durch Förderung der
Wiss. – Hauptvertreter: in Engl.: Locke,
Hume, Adam Smith; in Fkr.: d'Alembert,
Diderot, Voltaire; in Dtl.: Leibniz, Wolff,
Mendelssohn, Lessing, Kant (der die A.s-
philosophie zu ihrem Höhepunkt führte u.
überwand). 3) *sexuelle* A., ↗Sexualpäd-
agogik.
Aufladung, Leistungssteigerung v. Verbrennungsmotoren durch Vorverdichtung
der angesaugten Luft.
Auflage, 1) Verpflichtung allg., im bes. Ne-
benbestimmung bei Testament od. Schenkung. 2) beim Buch Gesamtzahl der Abzüge.
Auflassung (Bw. *auflassen*), grundbuch-
amtliche Einigung zur Übereignung eines
Grundstückes. ↗Eigentumserwerb.
Auflauf, rechtswidrige Menschenansamm-
lung trotz 3maliger Aufforderung zum Entfernen; seit 1970 in der BRD nicht mehr Tatbestand des StGB.
Auflösungsvermögen, bei opt. Geräten:
kleinster Abstand zweier Punkte, bei dem
diese gerade noch getrennt wahrgenommen werden können.
Aufrechnung, Tilgung einer eigenen Schuld
durch Ausgleich mit derjenigen, die der
Gläubiger bei einem selber hat. Die A. muß
erklärt werden. Einverständnis des Gläubigers nicht erforderlich.
Aufriß, die punktweise Abbildung eines
räuml. Gebildes durch senkrechte Parallel-
projektion auf eine senkrechte Ebene.
Aufruhr, Zusammenrottung mit Drohung
od. Gewalt gg. Amtspersonen.
aufschließen, Nährstoffe chem. zerkleinern
u. resorptionsfähig machen.
Aufsichtspflicht, ergibt sich bes. aus dem
Ges. (z. B. der Eltern gegenüber Minderjährigen, des Kraftfahrzeug- u. Tierhalters) aus
der Betrauung v. Personen mit bestimmten
Handlungen od. aus der Bereitstellung v.
Einrichtungen zur allg. Benutzung (z. B. Eröffnung eines Weges). Bei Verletzung der A.
ggf. Schadensersatzpflicht.
Aufsichtsrat, für bestimmte Unternehmen
gesetzl. vorgeschriebener Personenkreis,
der die Geschäftsführung überwacht.
Auftrag, Vertrag, der den Beauftragten zur
unentgeltl. Besorgung eines Geschäftes
verpflichtet.

Auftrieb, 1) scheinbarer Gewichtsverlust
(↗Archimed. Prinzip, *stat. A.).* **2)** an Tragflächen auftretende Kraft *(dynam. A.).* **3)** Treiben des Viehs auf die Alm zur Sommer-
weide. **4)** die Zahl der auf einem Viehmarkt
angebotenen Tiere.
Aufwertung, *Revalvation,* **1)** Heraufsetzung
des Wechselkurses einer Währung. **2)** gesetzl. oder freiwillige Werterhöhung v.
Geldforderungen nach einer Inflation.
Aufwind entsteht durch gestaute Luftströmungen od. durch Erwärmung, *therm. A.*
od. auch ↗Thermik. ☐ 891.
Aufzug, Anlage zum senkrechten oder
schrägen Befördern v. Lasten, meist elektr.
Antrieb. ☐ 286.
Auge, Lichtsinnesorgan. Das *Wirbeltier-A.*
liegt als harte Kugel *(Augapfel)* in den
A.nhöhlen. Es ist v. einer derben Lederhaut
umgeben, die vorne durchsichtig ist *(Hornhaut, Cornea).* Die *Linse* teilt den Innenraum
in 2 Teile. Der vordere wird v. der farbigen
Iris (Regenbogenhaut) in vordere u. hintere,
mit *Kammerwasser* gefüllte *A.nkammer*
geteilt. Die Iris regelt als Blende den Licht-
einfall *(Adaptation)* u. umgibt die *Pupille.*
Der hintere Innenraum ist mit einer klaren
Flüssigkeit, dem *Glaskörper,* gefüllt. Hornhaut, Kammerwasser, Linse u. Glaskörper
bilden durch Brechung der Lichtstrahlen die
Umwelt auf der *Netzhaut (Retina)* ab, die
das A. nach *Aderhaut* u. *Pigmentschicht* innen auskleidet. Sie besteht aus Sehzellen,
Stäbchen (Dämmerungs- u. unbuntes Sehen) u. Zapfen (Tages- u. Farbensehen), die
die Lichtstrahlen aufnehmen u. als Reize an
Ganglienzellen weitergeben, deren Fortsätze den *Sehnerv* bilden, der die Bildein-
drücke an das Gehirn weiterleitet. Der Lin-
sendurchmesser kann durch Anspannen u.
Nachlassen des *Ziliarmuskels* verändert
werden, wodurch nahe u. ferne Gegenstände scharf abgebildet werden können
(Akkommodation). Abbildungsfehler des A.
werden durch ↗Brillen behoben. Die A.n
bewegen sich mit *A.nmuskeln.* Die *A.nlider*
bilden einen äußeren Schutzapparat, ihre
Verbindung mit dem Augapfel heißt *Bindehaut. Niedere Tiere* haben keine od. einfach
gebaute A.n. *Gliederfüßer* haben *Facetten-
A.n,* die aus vielen 6eckigen Einzel-A.n zusammengesetzt sind u. ein Mosaikbild erzeugen. ☐ 618. **A.nbrauen,** früher auch
A.nbrauen, bogenförmig am oberen Rand
der A.nhöhlen zu ihrem Schutz verlaufende
Haare. **A.ndiagnose** w, angebl. Erkennung
v. Krankheiten aus der Zeichnung der Regenbogenhaut (Iris). **A.nentzündung,** bes.
des ganzen A.; erfordert sofortige ärztl.
Hilfe, weil sie auch die Erkrankung des gesunden Auges nach sich zieht. **A.nspiegel,**
Ophthalmoskop, Hohlspiegel, in der Mitte
durchbohrt, macht das Augeninnere sichtbar. **A.ntrost,** *Euphrasia,* Halbschmarotzer
auf Wurzeln anderer Wiesenpflanzen, mit
weißen, gelbgefleckten u. lilageaderten
Blüten; Volksheilmittel gg. Katarrhe u.
A.nleiden. ☐ 453. **A.nzittern,** *Nystagmus,*
zitternde Bewegungen des Augapfels, bei
Gehirn- u. Ohrerkrankungen.
Augias, Kg. der griech. Sage, dessen nie

ausgemistete Viehställe Herakles reinigte, indem er einen Bach hindurchleitete.
Augit m, schwarze bis grüne Kristalle aus Calcium-Magnesium-Silicat, in Basalt u. a., gehört zu den ↗Pyroxenen.
Augsburg, Hst. des bayer. Reg.-Bez. Schwaben, zw. Lech u. Wertach, 246 000 F.; kath. Bischof, Benediktinerabtei u. Hochschule, Univ. (seit 1970), got. Dom, Ulrichskirche; Fuggerhaus u. Rathaus. – Römergründung *(Augusta Vindelicum),* 1276 freie Reichsstadt, eine der reichsten Handelsstädte des MA (Fugger, Welser); Ort berühmter Reichstage der Reformationszeit. **A.er Religionsfriede,** 1555 zw. Kg. Ferdinand I. u. den Reichsständen geschlossen. Das Reich anerkannte auch das augsburg. (luth.) Bekenntnis, der Untertan hatte der Konfession des Landesherrn zu folgen od. auszuwandern. **A.ische Konfession,** *Confessio Augustana,* Bekenntnisschrift der Lutheraner, 1530 v. Melanchthon verfaßt, durch die *Apologie* verteidigt; beide bis heute Glaubensgrundlage des Luthertums. **Auguren** (Mz.), altröm. Priester, erforschten den Willen der Götter durch die Auspizien. **A.lächeln,** das Lächeln Eingeweihter über naive Gläubigkeit.
August II. der Starke, 1670–1733; 1694 sächs. Kurfürst, 97 Kg. v. Polen. Förderer der Kultur, verschwenderisch. **A. III.,** sein Sohn, 1696–1763; 1733 sächs. Kurfürst u. poln. Kg.
Augustenburg, Seebad in Nordschleswig; nach dem dortigen gleichnamigen Schloß benannt ein 1627 gegr. Zweig des oldenburg.-dän. Fürstenhauses *(Augustenburger).*
Auguste Viktoria, 1858–1921; erste Gemahlin Ks. Wilhelms II., seit 1881.
Augustiner, religiöse Orden u. Genossenschaften. Die *A.-Chorherren* entstanden aus dem klösterl. Zusammenschluß v. Weltpriestern. Die *A.-Eremiten,* ein Bettelorden, geteilt in die *Beschuhten A.* u. in die strengeren *Unbeschuhten A.* od. *A.-Barfüßer,* bes. in roman. Ländern. Auch weibliche Zweige. **A.regel,** *Augustinusregel,* Ordensregel, basiert auf einem Brief des hl. Augustinus, betont bes. die Bedeutung der Liebe u. Gemeinschaft im Klosterleben.
Augustinus, 1) *A., Aurelius,* hl. (28. Aug.), Kirchenlehrer, 354–430; Sohn eines heidn. Vaters u. der hl. ↗Monika. Anhänger des ↗Manichäismus, Lehrer der Rhetorik in Karthago, Rom u. Mailand, hier unter dem Einfluß von Ambrosius Christ geworden, vorbereitet durch den ↗Platonismus; 395 Bischof v. Hippo in Afrika. – A. war der geistige Führer der afrikan. u. abendländ. Kirche u. Theologie seiner Zeit u. blieb maßgebl. für das frühe MA. Er betont die Verderbtheit der menschl. Natur, den Vorrang der Gnade, die göttl. Vorherbestimmung. Die *Bekenntnisse* sind sein persönl. Zeugnis; der *Gottesstaat,* seine Geschichtstheologie, überwindet geistig den Untergang der Antike in der Darstellung des Kampfes zw. dem „Gottesstaat" u. dem „Weltstaat". **2)** Erzb. v. *Canterbury,* hl. (27. Mai), OSB, † 604; christianisierte die Angelsachsen, deshalb Apostel Englands gen.

Augustus: Marmorstandbild

August II. der Starke

Aurikel

Auschwitz: Selektion eines Häftlingstransportes

Augustus, erster röm. Ks., 63 v. Chr. bis 14 n. Chr.; hieß urspr. *Gaius Octavius,* als Adoptivsohn Cäsars *Gaius Iulius Caesar,* im Munde Dritter *Octavianus (Oktavian).* Besiegte die Cäsarmörder bei Philippi. Durch den Sieg über Antonius bei Aktium 31 v. Chr. Alleinherrscher. Er erhielt den Frieden u. regierte nach altröm. Religiosität u. Sitte. Blüte der röm. Dichtung u. Kunst *(Augusteisches Zeitalter).*
Auktion, Auktionator (lat.) ↗Versteigerung.
Aula w (lat.), Festsaal in Schule u. Univ.
Aulis, mittelgriech. Hafen, in dem sich die griech. Flotte gg. Troja sammelte u. Iphigenie geopfert werden sollte.
au pair (: opär, frz.), Leistung gg. Leistung, unentgeltlich. **Au-pair-Mädchen** (: opär-), Mädchen, die im Ausland zur Erlernung einer Fremdsprache als Haushaltshilfen für Unterkunft, Kost u. Taschengeld arbeiten.
Aurelian, röm. Ks., 270/275; kämpfte erfolgreich gegen Goten u. Vandalen; umgab Rom mit der *Aurelian. Mauer.*
Aureole w (lat.), **1)** Heiligenschein um die ganze Gestalt. **2)** Hof um Sonne u. Mond. **3)** Lichterscheinung bei elektr. Entladungen.
Aureomycin s, ↗Antibiotika.
Aurich, Hst. des niedersächs. Reg.-Bez. A., am Ems-Jade-Kanal (Hafen), 34 500 E.
Aurignac (: orinjak), frz. Gemeinde im Dep. Haute-Garonne; Höhlenfunde, Menschenskelette (mit langem, schmalem Schädel, feingliedrig) der jüngeren Altsteinzeit. Danach benannt das **Aurignacien** (: -jaßjän), altsteinzeitl. Kulturstufe.
Aurikel w, Primel höherer Gebirge.
Aurora, röm. Göttin der Morgenröte, griech. *Eos.* **A.falter,** Weißling, Männchen mit orangefarb. Fleck auf dem Vorderflügel; grüne Raupe auf Wiesenschaumkraut.
Aurum s (lat.), Zeichen Au, ↗Gold.
Ausbildungsförderung, finanzielle Zuwendungen aus öff. Mitteln für Besucher weiterführender Schulen, Fach- u. Hochschulen, denen keine anderen Mittel für ihre Ausbildung zur Verfügung stehen. Grundlage der A., die der Chancengleichheit dienen soll, ist das *Bundesausbildungsförderungsgesetz (BAföG)* v. 1971.
ausblühen, das Auskristallisieren v. Nitraten, Sulfaten u. Chloriden aus Mauerwerk.
Ausbürgerung ↗Staatsangehörigkeit.
Auschwitz, poln. *Oświęcim,* Stadt in der

Wojewodschaft Krakau, 39 000 E.; nat.-soz. Vernichtungslager (2,5 Mill. Getötete).

Ausdehnung, Zunahme der Länge u. des Rauminhalts eines Körpers infolge Erwärmung, ausgedrückt durch den *A.skoëffizienten.* A. der Gase ⤢Gasgesetz.

Ausdruckskunde, behandelt körperl. Ausdruck seel. Lebens (⤢Physiognomik).

Ausdruckstanz ⤢Tanz.

Ausfallzeiten, in der Rentenversicherung anrechnungsfähige Versicherungszeiten: Arbeitsunfähigkeit, Arbeitslosigkeit, Schulod. Hochschulbesuch.

Ausfuhr, Teil des ⤢Außenhandels.

Ausgedinge ⤢Altenteil.

Ausgleichsgetriebe ⤢Differentialgetriebe.

Ausgleichspflicht, Pflicht der Erben, fr. erhaltene Zuwendungen sich anrechnen zu lassen. **Ausgleichsrechnung,** sucht aus mehreren, mit Meßfehlern behafteten Meßwerten den wahrscheinlichsten Wert zu ermitteln. Von ⤢Gauß begründet. **Ausgleichsrente,** Rente in der Kriegsopferversorgung; berücksichtigt im Ggs. zur ⤢Grundrente das Einkommen des Berechtigten.

ausglühen, Metalle bis zur Rotglut erhitzen u. dann langsam erkalten lassen; beseitigt Sprödigkeit od. innere Spannungen.

aushebern, Mageninhalt mit Gummischlauch zur Untersuchung od. Verhütung einer Vergiftung durch den Mund entleeren.

Auskragung w, Vorspringen eines Bauteils über die Unterstützung.

Auskultation w (lat.), Abhorchen des Körpers mit Ohr od. Hörrohr, um Herztöne, Darm- u. Atmungsgeräusche zu deuten.

Auskunftei, befaßt sich gewerbsmäßig mit der Erteilung v. Auskünften, bes. über die Kreditwürdigkeit v. Personen u. Firmen.

Ausländer, Person, die nicht die Staatsangehörigkeit ihres Aufenthaltsstaates besitzt; braucht nach Völkerrecht dem Inländer rechtl. nicht gleichgestellt zu werden; aber Gewährleistung eines sog. völkerrechtl. Mindeststandards. Polit. Rechte stehen dem A. nicht zu. ⤢Asylrecht, ⤢Auslieferung, ⤢Ausweisung.

auslaugen, lösl. u. unlösl. Bestandteile fester Stoffe voneinander trennen.

Ausleger, der über die Stützen herausragende feste od. bewegl. Arm eines Krans. **A.boot,** durch parallel schwimmende Balken, die A., gg. Umschlagen gesichert.

Auslese, 1) wirksames Prinzip in der ⤢Abstammungslehre; Sammeln erwünschter ⤢Mutationen in der Tier- u. Pflanzenzüchtung zwecks Fortpflanzung. **2)** ⤢Wein.

Auslieferung, Akt, durch den ein Staat eine unter seiner Herrschaftsgewalt befindl. Person der Strafhoheit eines anderen Staates auf dessen Ersuchen überantwortet; beruht auf zwischenstaatl. Vereinbarung u. ist keine Regel des Völkerrechts. In der BRD für Deutsche unbedingtes Verbot der A.

Auslöser, Bz. für Merkmale, die bei Artgenossen spezif. Verhaltensweisen auslösen.

Ausnahmegerichte, Gerichte, die nicht allg. durch Ges., sondern für den besonderen Einzelfall durch Regierungs- od. Verwaltungsakte nach Tatbegehung eingesetzt

Auskragung: der „umgestülpte Zuckerhut" in Hildesheim

Auslegerboot

werden. In der BRD nicht zulässig. **Ausnahmegesetze,** a) Ges.e, die für bestimmte Personen od. Gruppen eine Ausnahme v. dem für alle Staatsbürger geltenden Recht begründen; in der BRD unzulässig; b) Sondergesetze für bestimmte Personengruppen, mögl., wenn es sich um einen die Ausnahmebehandlung rechtfertigenden Sachverhalt handelt. **Ausnahmetarife,** unter den Normaltarifen liegende Fracht- (z.B. für Massengüter) od. Personentarife (z.B. Arbeiterwochenkarten) der Eisenbahn. **Ausnahmezustand** ⤢Staatsnotstand.

Ausonius, röm. Rhetor u. Dichter aus Gallien, 310 bis um 395; zeitweise am kaiserl. Hof in Trier.

Auspizien (Mz., lat.), im alten Rom Erkundung des Götterwillens durch Beobachtung des Fluges, Fressens, Geschreis bestimmter Vögel in einem hl. Bezirk; vorgenommen von den ⤢Auguren; heute allg.: Vorzeichen.

Auspuffgase, aus Verbrennungsmotoren austretende heiße Gase v. Kohlenoxid, Kohlendioxid, Wasserdampf, Öl u. Kraftstoff.

Ausrüstung, in der Textiltechnik: das Veredeln v. Textilien, z.B. *Knitterfest-A.*

Aussatz, *Lepra,* chron. Infektionskrankheit, befällt die Haut mit bes. das Gesicht entstellenden Knoten u. Flecken, dann die Nerven, führt zu Gliederverstümmelung; äußerst langwierig u. schwer heilbar. Kam durch die Kreuzzüge ins Abendland; heute noch in den Tropen (Asien, Afrika), gelegentlich auch noch in Europa.

Ausschlag, *Exanthem,* Hautkrankheit mit u. ohne Bläschenbildung bei Entzündungen, Infektions- u. allerg. Krankheiten u.a.

Ausschlagung einer Erbschaft durch Erben innerhalb 6 Wochen nach Erbfall möglich.

Ausschreibung, öff. Anforderung v. Angeboten für Leistungen od. Lieferungen.

Aussee, *Bad A.,* Solbad im steir. Salzkammergut, 650–750 m ü.M., 5000 E.; Saline.

Außenhandel, der über die Staatsgrenzen führende Warenhandel: Einfuhr, Ausfuhr, Durchfuhr u. Veredelungsverkehr (zollbegünstigte Einfuhr, Bearbeitung, Wiederausfuhr). Während der freie A. sich nach Nachfrage u. Angebot abspielt, beschränken die Staaten gegenseitig die *Einfuhr,* so um die inländ. Produktion zu schützen od. Devisen zu sparen, u. die *Ausfuhr,* um Mangelware im Land zu halten. Umgekehrt fördert der Staat durch Zollbegünstigung od. Zuzahlungen die Einfuhr benötigter u. die Ausfuhr reichlich produzierter Waren.

Äußere Mongolei, die ⤢Mongolische Volksrepublik.

außergewöhnliche Belastungen, bes. finanzielle Belastungen des Steuerpflichtigen im Kalenderjahr, z.B. durch Krankheit; bei den Einkommen- u. Lohnsteuer abzugsfähig.

Aussig, tschech. *Ústí nad Labem,* bedeutende Hafenstadt der Tschechoslowakei, an der Mündung der Biela in die Elbe, 79 000 E.; Braunkohlengruben.

Aussperrung, Massenentlassung v. Arbeitnehmern durch den Arbeitgeber. Heute sel-

Austernfischer

tene Gegenmaßnahme gg. den ⚹Streik; rechtl. unter den gleichen Voraussetzungen wie dieser zulässig. **Ausstand,** freiwillige Arbeitsniederlegung der Arbeiter. ⚹Streik. **Aussteuer,** die der Tochter zur Verheiratung gegebene Ausstattung; heute wegen der ⚹Gleichberechtigung in der BRD keine Verpflichtung zur A. mehr.

Aussteuerung, das Erlöschen fortlaufender Versicherungs- od. Unterstützungsleistungen.

Austen (: å̱ßt𝖾n), *Jane,* engl. Romanschriftstellerin, 1775–1817. *Stolz u. Vorurteil.*

Auster *w,* roh eßbare Meermuschel, am Boden flacher Küstengewässer, gesellig auf *A.nbänken,* gezüchtet in *A.nparks.* **A.nfischer,** europ. Küstenvogel, schwarz und weiß, im Winter in Südeuropa.

Austerlitz, tschech. *Slavkov u Brna,* Stadt in Mähren, 6000 E. – 1805 Sieg Napoleons über Österreicher u. Russen (Dreikaiserschlacht).

Austin (: å̱ßtᴵn), Hst. v. Texas (USA), am Colorado, 235000 E.; Univ.; kath. Bischof.

Australien

Staat bzw. Distrikt	Fläche in km²	Einw.	Hauptstadt
Neusüdwales	801600	5011800	Sydney
Queensland	1727200	2166700	Brisbane
Südaustralien	984000	1287600	Adelaide
Tasmanien	67800	413700	Hobart
Victoria	227600	3818400	Melbourne
Westaustralien	2525500	1222300	Perth
Nordterritorium	1346200	112500	Darwin
Bundesdistrikt der Hauptstadt	2400	215600	Canberra

Australien, kleinster Erdteil, zw. Pazif. u. Indischem Ozean, durch die Bass-Straße v. Tasmanien, durch die Torresstraße v. Neuguinea getrennt; die Bevölkerung besteht fast ausschließl. aus Weißen, vorwiegend britischer Herkunft; dazu ca. 50000 Eingeborene (austral. Rasse), 40000 Mischlinge u. 10000 Asiaten. – Weite u. Leere kennzeichnen dieses Land, dessen Kern eine 400 m hohe Wüstentafel bildet, die im O v. den bis 2234 m hohen Austral. Alpen begrenzt wird. 38% der Fläche haben weniger als 250 mm Regen jährlich. In den Wüstenrandgebieten sorgen mehr als 9000 artes. Brunnen für den Wasserbedarf der 165 Mill. Schafe, die 45% des Wollbedarfs der Welt liefern. 70% der anbaufähigen Fläche sind Weizenland; nach Kanada u. Argentinien ist A. drittgrößter Weizenexporteur der Welt. Ferner werden Fleisch, Häute, Butter, Obst u. Zucker ausgeführt. Entdeckung reicher Bodenschätze brachte schnelle Entwicklung des Bergbaus; Erze (bes. für Japan) 20% des Gesamtexports. Wirtschaftl. Schwerpunkte sind die Großstädte an der Ost- u. Südost-Küste, in denen ²/₃ der Bev. leben. Hier sind Kohlebergbau, Schwer-Ind., Textil- u. Nahrungsmittelfabriken konzentriert. – Um 1600 v. Spaniern u. Holländern entdeckt („Neuholland"), das Innere im 19. Jh. erforscht. 1788 engl. Sträflingskolonie, seit 1829 auch freie Siedler. Seit 1901 ist das *Commonwealth of Australia* Bundesstaat. Seit 75 John Malcolm Fraser (Liberale Partei) Ministerpräsident. – Als Außengebiete mehrere Inselgruppen mit 475000 km² u. 1,9 Mill. E.

Austrasien, *Austrien,* ⚹Ostfranken.

Austria (lat.), Österreich.

Ausverkauf, Räumung des Warenlagers eines Handelsgeschäfts zu herabgesetzten Preisen; erfolgt beim Jahresabschluß *(Inventur-A.)* od. gg. Ende einer Verkaufssaison *(Saison-A., Schlußverkauf),* bei Ge-

Australien

Amtlicher Name:
Commonwealth of Australia

Staatsform:
Bundesstaat

Hauptstadt:
Canberra

Fläche:
7686849 km²

Bevölkerung:
14,2 Mill. E.
darunter ca. 50000
reinblütige Ureinwohner

Sprache:
Englisch

Religion:
34% Anglikaner,
26% Katholiken,
ferner Methodisten,
Presbyterianer u.
Juden

Währung:
1 Austral. Dollar
= 100 Cents

Mitgliedschaften:
Commonwealth,
UN, ANZUS, SEATO

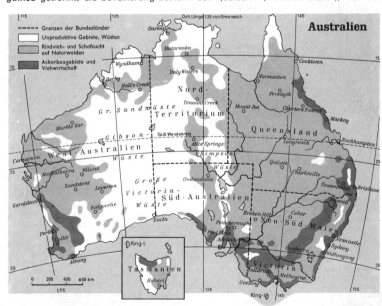

Australien

Automation: Schema der Programmsteuerung einer automatischen Hochofenbeschickungsanlage. Für die Bedienung der gesamten Anlage ist nur ein Steuermann erforderlich. Mit Hilfe des Sondenstandanzeigers beobachtet er den Abbrand des Ofens und veranlaßt dementsprechend die Erzbeschickung. Alle Koksfahrten werden im Anschluß daran automatisch über das Programmsteuergerät abgewickelt. **1** Erz- und Koksfahrt wird angezeigt, **2a** Steuermann betätigt Erzaufgabe, **2b** Koksaufgabe erfolgt automatisch, **3** Programmfortschaltung, **4** Trichterdrehwerk arbeitet nach Programm, **5** Trichterdrehwerk steuert die Oberglocke, **6** Unterglocke arbeitet nach Programm, **7** Unterglocke steuert Sondenwinden

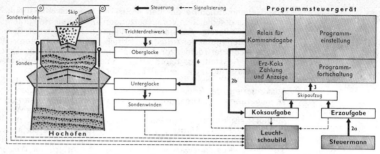

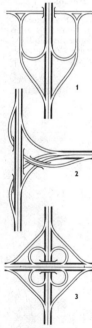

Autobahn: 1 zweiseitige Anschlußstelle, **2** Gabelung (Dreiecksform), **3** Kreuzung (Kleeblattlösung)

schäftsaufgabe od. Umstellung auf andere Waren.

Auswanderung, freiwill. Verlassen des Heimatlandes zur ständigen Niederlassung in einem anderen Land aus religiösen, polit. u. rass. Gründen *(Emigration)* od. wegen Aussicht auf bessere Erwerbsmöglichkeiten.

Ausweisung, Verweisung aus dem Staatsgebiet; bei ↗Ausländern mögl., wenn sie Ordnung u. Sicherheit des Gastlandes gefährden. Dt.e können aus der BRD nicht ausgewiesen werden.

Auswinterung, Beschädigungen v. Getreidesaaten während des Winters durch Erfrieren, Bloßlegen od. Zerreißen der Wurzeln, Ausfaulen, Ersticken.

auswuchten, Beseitigung v. Massenungleichheiten (Unwucht) bei Rotationskörpern.

Auswurf, *Sputum,* Ausscheidungsstoffe aus dem Atmungsapparat, gewöhnl. gering, bei dessen Erkrankung jedoch sehr reichl., dann Schleim, Eiter, Blut, Bakterien enthaltend.

Auszehrung, die ↗Abzehrung.

Auszubildender ↗Lehrling.

Autarkie w (gr.; Bw. *autark*), wirtschaftl. Unabhängigkeit durch Selbstversorgung.

authentisch (gr.), echt, verbürgt, rechtsgültig. **Authentizität,** Echtheit.

Auto s, der ↗Kraftwagen.

Autobahn, mehrbahniger, ausschließl. dem Kraftfahrzeugverkehr zur Verfügung stehender Schnellverkehrsweg; in Fahrtrichtung r. vielfach Haltespur u. Kriechspur für schwere Fahrzeuge, l. die Überholspur(en); keine niveaugleichen Kreuzungen; nur bestimmte Zu- u. Abfahrten. Im Ausland z. T. nur gg. Gebühren benutzbar. In der BRD *(Bundes-A.en)* 1980 ca. 7500 km (weitere 3500 km geplant) Streckennetz.

Autobiographie w (gr.), Beschreibung des eigenen Lebens. [dig.

autochthon (gr.), eingeboren, bodenständ.

Autodafé s (portug.), **1)** Verkündigung u. Vollstreckung des Urteils der ↗Inquisition. **2)** öff. Verbrennung, z. B. v. polit. Büchern.

Autodidakt m (gr.), ohne Lehrer Gebildeter.

Autogamie w (gr.), Selbst-↗Bestäubung.

Autogenes Training, Methode der Selbstentspannung nach J. H. Schultz.

Autogramm s (gr.), eigenhänd. Unterschrift.

Autograph s (gr.), eigenhänd. Schriftstück.

autokephal (gr.), unabhängig. **a.e Kirchen,** v. einem alten Patriarchat unabhängig ge-

wordene orth. Nationalkirchen mit eigenem Oberhaupt.

Autoklav m (gr.-lat.), starkwand. Druckkessel zur Durchführung chem. Umsetzungen bei hohem Druck u. erhöhter Temperatur.

Autokratie w (gr.), Staats- u. Herrschaftsform, in der das Staatsoberhaupt *(Autokrat)* unumschränkt herrscht.

Automat m (gr.), jede selbsttätig arbeitende Vorrichtung. **1)** Geräte, die nach Einwurf eines Geldstückes Waren *(Waren-A.)* od. Energie *(Gas-A.)* abgeben. **2)** Werkzeugmaschinen für Massenfabrikation, welche die aus mehreren Arbeitsgängen bestehende Bearbeitung eines Werkstückes unter selbsttät. Werkzeugwechsel vornehmen. **3)** elektr. Geräte, die in Stromkreisen selbsttätig Schaltungen durchführen. **Automation** w, Einrichtung des Ablaufs v. Vorgängen derart, daß der Mensch v. der Ausführung ständig wiederkehrender manueller od. geistiger Verrichtungen u. von der zeitl. Bindung an den Maschinenrhythmus befreit wird; viele Rechen- u. Auswertungsprozesse erfolgen heute mit elektron. Geräten. Das Verfahren, ein gewaltiger Fortschritt in der techn. Weiterentwicklung, spart Arbeit u. steigert die Leistung, drängt aber auch die menschl. Arbeitskraft weiter zurück bzw. verlangt höher geschulte u. bezahlte Fachkräfte statt un- od. angelernter Arbeiter. Der Automat verlangt ein Programm, das v. außen in die Rechenmaschine eingeführt wird. Abweichungen (Fehler) werden selbständig festgestellt u. kompensiert. Die A. ist bei allen techn. Einrichtungen anwendbar, z. B. Selbststeuerung bei Verkehrsmitteln, Lese- u. Übersetzungs-, Sortier- u. Zähleinrichtungen, bei Produktionsprozessen, in der Verpackung u. Nachrichtentechnik usw. **automatisch,** selbsttätig, unwillkürl., zwangsläufig. **Automobil** s (gr.-lat.), der ↗Kraftwagen. **autonom** (gr.), nach eigenem Ges. lebend. **Autonomie** w, Eigengesetzlichkeit; Selbständigkeit od. Selbstverwaltung (innerhalb eines höheren Verbandes). **Autopsie** w (gr.), **1)** eigene Beobachtung, Augenschein. **2)** Leichenöffnung. **Autor** m (lat.), Urheber, Verfasser. **Autoradiographie** w (gr.-lat.), photograph. Verfahren zum Nachweis radioaktiver Substanzen in Organen, Geweben usw.

Autorisation w (lat.), Ermächtigung. **autorisieren,** ermächtigen. **autoritativ,** maßgebend. **autoritär,** auf Autorität beruhend,

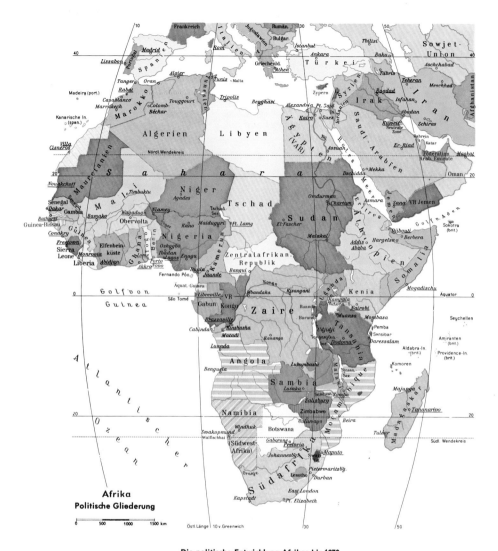

Afrika
Politische Gliederung

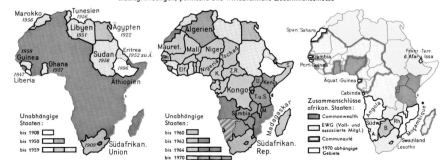

Die politische Entwicklung Afrikas bis 1970
Staatsgründungen, politische und wirtschaftliche Zusammenschlüsse

Nordamerika · Politische Gliederung

Washington: Hauptstadt

Providence: Hauptstadt eines Bundesstaates oder einer Provinz

Südamerika · Politische Gliederung

Habana
Kuba
Santiago
Haïti
Dominik. Rep.
S. Juan Jungfern-In. (USA)
Jamaica
P. au Prince
Santo Domingo
Puerto Rico (USA)
Guadeloupe (fr.)
Dominika (fr.)
Martinique (fr.)
Sta. Lucia
Barbados
Karibisches Meer
Nicaragua
Barranquilla
Curaçao (ndl.)
Kleine Antillen
Grenada
I. de Margarita
Port of Spain
Trinidad u. Tobago
Atlantischer Ozean
Costa Rica
Panamá
Maracaibo
Caracas
Orinoco
Panamá
Venezuela
Georgetown
Paramaribo
Guyana
Suri-
nam
Cayenne
Franz.
Guayana
Medellín
I. Malpelo (Kol.)
Cali
Bogotá
Kolumbien
Río
Branco
Amapá
Quito
Äquator
Guayaquil
Ecuador
Iquitos
Rio Negro
Japurá
Amazonas
Manaus
Belém
São Luis
Fortaleza
Pará
Perú
Trujillo
Brasilien
Pôrto Velho
Madeira
Tapajos
Xingú
Araguaia
Tocantins
Piauí
Ceará
João Pessoa
Pernambuco Recife
Lima
Callao
Cuzco
Guaporé
Mato
Grosso
Juázeiro
Bahía
São Francisco
Salvador
Titicaca
S. La Paz
Mamoré
Goiás
Brasilia
Ilhéus
Arequipa
Bolivien
Santa Cruz
Cuiabá
Goiânia
Minas
Gerais
Belo Horizonte
Potosí
Corumbá
Pazifischer
Paraguay
Paraná
São Paulo
Campos
Antofagasta
Pilcomayo
Salta
Asunción
Paraná
São Paulo
Curitiba
Santos
Rio de Janeiro
Südl. Wendekreis
S. Felix (chil.)
S. Ambrosio
Tucumán
Paraná
Sta. Rosa
Río Grande
do Sul
Pôrto Alegre
Ozean
Mendoza
Córdoba
Rosario
Uruguay
Juan-Fernandez-In. (chil.)
Valparaíso
Santiago
Buenos Aires
Montevideo
Rio de la Plata
Concepción
Bahía Blanca
Chile
Argentinien
Puerto Montt
Falkland-In. (brit.)
Comodoro
Rivadavia
Atlantischer Ozean
Magellan-Str.
Punta Arenas
Süd-Georgien (brit.)

0   500   1000   1500 km

80   60   40
20   20
0   0
20   20
40   40
60   40

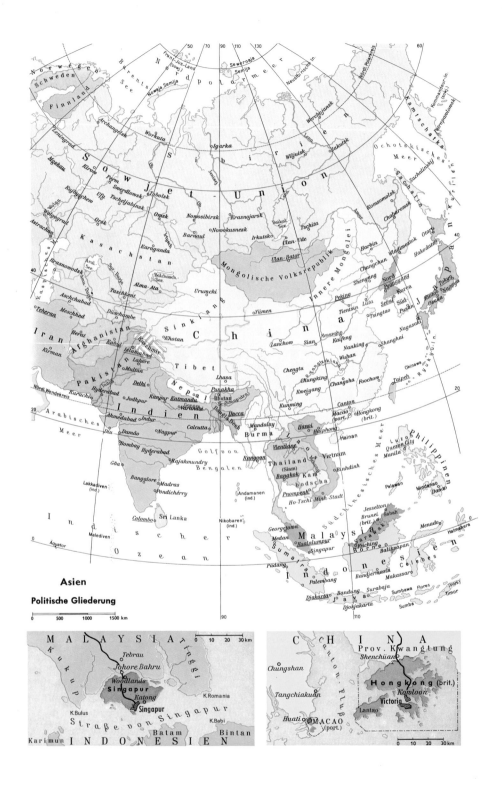

Asien

Politische Gliederung

0   500   1000   1500 km

Ávila mit der turmreichen Stadtmauer

meist im Sinne v. diktatorisch *(autoritäre Herrschaft, autoritärer Staat).* **Autorität** *w* (lat.), die Vertrauenswürdigkeit v. Personen od. Institutionen, die andere mit Berechtigung u. Überzeugungskraft zu freiwilliger Annahme ihrer Lehren u. zur Befolgung ihrer Anordnungen veranlassen, so in Wiss., Rechtswesen, Familie, Staat, Kirche. Ohne A. ist keine gesellschaftl. Ordnung möglich.

Autosuggestion *w* (gr.-lat.), Selbstbeeinflussung durch Wünsche od. Ängste. ↗Suggestion.

autotroph (gr.) sind Organismen, die aus anorgan. Stoffen organ. aufbauen (grüne Pflanzen). Ggs. ↗heterotroph.

Autotypie *w* (gr.), Illustrationsverfahren, bei dem durch ein feines Liniennetz (Raster) v. Lichtbildern, Gemälden od. Zeichnungen ein sog. Halbtonnegativ hergestellt wird, auf dem die vollen Töne des Lichtbildes in Punkte zerlegt sind; so kann man sie auf Metall übertragen u. hochätzen zum Druck.

Autun (: otõn), Stadt im frz. Dep. Saône-et-Loire, 20000 E.; Bischof; roman. Kathedrale.

Auvergne *w* (: owärnj^e), mittlerer Teil des frz. Zentralplateaus, viele erloschene Vulkane, mit heißen Quellen.

Auxerre (: oßär), Hst. des frz. Dep. Yonne, 38000 E.; got. Kathedrale (13./16. Jh.).

Auxine ↗Wuchsstoffe.

Aval *m* (frz.), (Kredit-, Wechsel-) Bürgschaft.

Avancement *s* (: awãnß^{e}mãn, frz.), Beförderung. **avancieren** (: -ãnßie-), aufrücken.

Avantgarde *w* (: awãngard, frz.), Vorhut.

Avantgardist, Vorkämpfer.

Avaren, asiat. Volk; ihr Reich im Donauraum 791/803 v. Karl d. Gr. vernichtet.

AvD, Abk. für **A**utomobilklub **v**on **D**eutschland e.V., 1899 gegr., dient der Förderung des Kraftfahrwesens u. Motorsports, Sitz Frankfurt a.M.

Ave Maria, altes Muttergottesgebet, im 1. Teil Gruß des Erzengels Gabriel *(Engl. Gruß)* an Maria.

Avencebrol, *Avicebron,* ↗Gabirol.

Aventin, südwestlichster der 7 Hügel Roms.

Avenue *w* (: aw^{e}nü, frz.; äw^{e}nju, engl.), Zugang, Anfahrt; breite Prachtstraße.

Averroes, *Ibn Ruschd,* arab. Philosoph in Córdoba, 1126–1198; übte mit seinen Aristoteles-Kommentaren großen Einfluß auf das MA aus. A. leugnete die individuelle Unsterblichkeit u. vertrat die Lehre v. der „doppelten Wahrheit“.

Avers *s* (: aferß), rechtes Seitental des Hinterrheins in Graubünden (Schweiz).

Aversion *w* (lat.), Abneigung, Widerwille.

Avesta *s,* ↗Parsismus.

Aveyron *m* (: awerõn), r. Nebenfluß des Tarn in Süd-Fkr.; 242 km lang.

Avicebron, *Avencebrol,* ↗Gabirol.

Avicenna, arab. Philosoph, 980–1037; nach ihm geht die Welt in einem ewigen Prozeß aus Gott hervor. A. beeinflußte auch als Arzt und Naturforscher das MA.

Avignon (: awinjõn), Hst. des frz. Dep. Vaucluse, l. der Rhône (Hafen), 91000 E.; kath. Erzb.; Kathedrale von 1160; Papstpalast. – 1309/76 residierten hier die Päpste, bis 1409 waren noch frz. Gegenpäpste in A.

Ávila (: aw-), span. Prov.-Hst. in Altkastilien, 36000 E.; Bischof; Textil-Ind. u. Bergbau. Geburtsort der hl. Theresia v. A., völlig erhaltene Stadtmauer, got. Kathedrale.

avion (: awjõn, frz.), Flugzeug; *par a.,* durch Luftpost.

Avis *m* (frz.; Ztw. *avisieren*), Anzeige.

Aviso *m* (span.), kleines Kriegsschiff.

Avitaminosen (gr.-lat.), Mangelkrankheiten; sind auf Fehlen der ↗Vitamine in der Nahrung zurückzuführen (Skorbut, Beri-Beri, Pellagra, Rachitis, Seborrhöe u.a.).

Avogadrosches Gesetz, v. it. Physiker *Avogadro* (1776–1856) aufgestellt: Alle Gase enthalten bei gleichem Druck u. gleicher Temperatur in 1 cm^3 die gleiche Zahl v. Molekülen, nämlich $2{,}687 \cdot 10^{19}$. ↗Gasgesetz.

Avus *w,* **Au**tomobil-**V**erkehrs- u. **U**ebungs-**S**traße, 9,8 km lange Rennstrecke in Berlin. Heute Teil der Stadtautobahn.

Awami-Liga, v. Scheich Mujibur Rahman geleitete bengal.-nationalist. Partei, die erfolgreich für die Autonomie Ostpakistans kämpfte. ↗Bangla Desh.

Axenberg, Schweizer Berg am Urner See (Tellsplatte u. -kapelle), 1022 m; am Seeufer **Axenstraße** (v. Brunnen bis Flüelen).

Axiom *s* (gr.), ein mathemat. Satz, dessen Zutreffen oder Nichtzutreffen nicht überprüft wird. Mehrere A.e bilden ein **A.ensystem,** aus dem sich die Theorie eines mathemat. Teilgebietes entwickeln läßt.

Axis *m,* ostind. weißgetüpfelter Hirsch.

Axolotl *m,* olivbrauner Wassermolch in Mexiko, schon als Larve fortpflanzungsfähig.

Axt *w,* Werkzeug (z. Holzbearbeitung), fr. Waffe.

Aymará, altes süd-am. Kulturvolk.

Ayub Khan, *Mohammed,* 1908–74; 58 Min.-, 60/69 Staatspräs. v. Pakistan.

Azalee *w,* asiat. immergrüne strauchige Pflanze; zur Gattung Rhododendron.

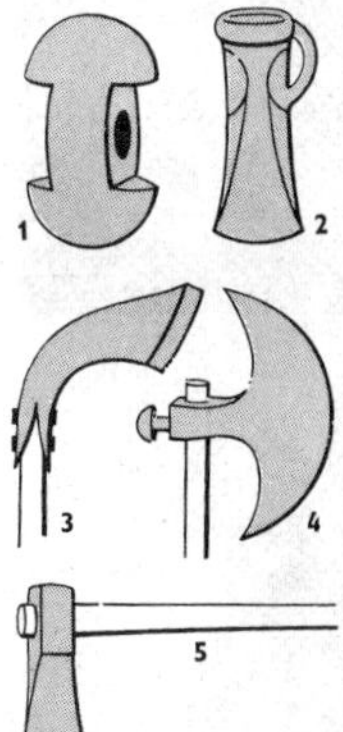
1
2
3
4
5
Axtstiel
Keil
6
Blatt
Schneide

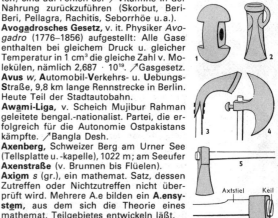

Axt: 1 Doppelaxt (Jungsteinzeit), **2** Tüllenaxt (Bronzezeit), **3** Franziska (Frankenreich), **4** Mondsichelaxt (spätes Mittelalter), **5** indianischer Tomahawk, **6** moderne Zimmermanns-A.

Charles Aznavour

Azimut *m* od. *s,* der am Horizont gemessene Bogen zw. dem Meridian des Beobachters u. dem Höhenkreis des Gestirns.
Aznavour (: asnawur), *Charles,* frz. Chansonsänger, Schauspieler und Komponist, *1924; Autobiographie: *Aznavour über Aznavour.*
Azolla *w,* Wasserfarn, für Aquarien.
Azoren, Gruppe aus 9 portug. Inseln, mitten im Atlant. Ozean; vulkan. Ursprungs mit noch tätigen Vulkanen (höchster Pico Alto 2351 m); Ausfuhr v. Zuckerrüben, Bananen, Orangen, Ananas; 2314 km², 264 000 E.; Hst. Ponta Delgada. Seekabelknotenpunkt, Flotten- u. Luftstützpunkt.
Azoverbindungen, aromat. Verbindungen, gekennzeichnet durch die *Azogruppe* (−N=N−), ausnahmslos farbig (z. B. ↗Buttergelb) u., wenn wasserlöslich, als *Azofarbstoffe* verwendet.
Azteken (Mz.), ehem. mächtiges Kulturvolk in Mexiko; ihr Staatswesen wurde 1519/21 v. den Spaniern unter Cortés zerstört. Die A. übernahmen die Kultur (Bilderschrift, Kalender- u. Sternkunde, Goldschmiedekunst, Steinskulptur, Federmosaik) von ansässigen älteren Völkern; Hauptzweck ihrer Kriege waren Gefangene als Menschenopfer für zahlreichen Götter. Heute leben noch etwa 2 Mill. A. in Mexiko verstreut.
Azur *m* (pers.), das Himmelsblau.

Azteken: Monumentalstandbild der Erdgöttin Coatlicue (Basalt)

B, 1) chem. Zeichen für ↗Bor. **2)** *Br.,* auf Kurszettel: ↗Brief. **B, b,** in der Musik: der um einen Halbton vertiefte 7. Ton der C-Dur-Tonleiter. **b.,** bz. oder bez.: bezahlt.
Ba, chem. Zeichen für ↗Barium.
B. A., Bachelor of Arts, akadem. Grad.
Baader, *Franz v.,* 1765–1841; dt. Philosoph der Romantik, v. der Theosophie beeinflußt.
Baal, *Bel,* westsemit. Gott; der *B.kult* mit sakraler Prostitution u. Kinderopfern bes. v. den atl. Propheten bekämpft.
Baalbek, syr. Stadt am Antilibanon, 25 000 E.; syr.-maronit. u. griech.-melchit. Bischof. In der Antike *Heliopolis* gen.; berühmte Tempelruinen der röm. Kaiserzeit.
Baar *w,* fruchtbare Hochebene zw. Schwäb. Jura u. Schwarzwald, 700 m mittlere Höhe; Hauptort Donaueschingen.
Baath-Partei, panarab. „Sozialist. Partei der arab. Wiedergeburt"; strebt die arab. Einheit an.
Babel, hebr. Name für ↗Babylon.
Bab el-Mandeb („Tor der Tränen"), Meerenge zw. Rotem Meer u. Indischem Ozean, 26 km breit; darin die Insel Perim.
Babelsberg, Stadtteil v. Potsdam, l. an der Havel, mit Schloß (darin jetzt Verwaltungsakademie) u. Park; Filmateliers.
Babenberger, 1) ostfränk. Adelsgeschlecht, Stammburg *Babenberg* (Bamberg). **2)** dt. Adelsgeschlecht; 976 Markgrafen, 1156 Hzg.e der bayer. Ostmark.
Babenhausen, hess. Stadt in der Mainebene, 14 000 E.; Tachometer-Werke.

Babismus *m,* islam. Sekte im Iran, mit pantheistisch-mystischem Gedankensystem. Stifter: *Bab* aus Schiras († 1850). ↗Bahaismus.
Baby *s* (: be'bi, engl.), Kleinkind; *B.sitter,* zur Obhut eines B. angestellte Person.
Baby-Bonds (: be'bi-, engl.), auf bes. kleine Beträge lautende ↗Schuldverschreibungen bzw. ↗Schatzanweisungen; bes. in den USA.
Babylon, hebr. *Babel,* alte Stadt am Euphrat. Hst. ↗Babyloniens unter Hammurapi, v. Nebukadnezar II. glanzvoll ausgebaut. Endgültiger Niedergang unter den Seleukiden. Im Alt. Inbegriff v. Größe u. Reichtum; den Israeliten erschien B. als Symbol der Gottlosigkeit u. Verderbnis.

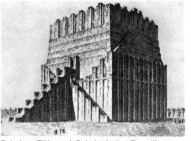

Babylon: Zikkurat („Babylonischer Turm"), um 600 v. Chr. (Rekonstruktion)

Babylonien, fruchtbare Ebene am unteren Euphrat u. Tigris; im 3. Jahrt. v. Chr. zahlr. Stadtstaaten, 1830/1531 Dynastie v. Babylon (mit Hammurapi); seit 1275 mehrfach, 727 völlig unter assyr. Herrschaft. *Neu-*

babylonisches Reich unter ↗Nebukadnezar II. 539 v.Chr. v. Kyros d.Ä. dem Perserreich einverleibt. Nach Alexander d. Gr. häufiger Wechsel der Herrschaft; auf die Araber des MA folgten bis 1918 die Türken. Heute der selbständige ↗Irak. Die Kultur B.s überstand jeden Herrschaftswechsel bis zum Islam. Sie wurde begründet v. den Sumerern, bereichert v. den semit. Chaldäern u. Assyrern. Aus Natur- u. Sterngöttern (Astrologie) wurden Lokalgottheiten (Marduk). Gesetzgebung (↗Hammurapi) gg. Willkür. Religiöse Hymnik, Gilgamesch-Epos. Monumentale Reliefs, turmartige Tempel, Paläste.

Babylonische Gefangenschaft, 1) Verschleppung der Juden durch Nebukadnezar nach Babylonien (605/586 v. Chr.), Heimkehr v. Kyros d. Ä. 538 gestattet. **2)** der Aufenthalt der Päpste in ↗Avignon 1309/76.

Babylonischer Turm, nach dem AT ein Turm, der bis in den Himmel ragen sollte, dessen Vollendung Jahwe aber verhinderte; Symbol menschl. Überheblichkeit.

Bačau (: bak^{e}u), Hst. der rumän. Region B., 126000 E.; Erdöl, Textilindustrie.

Baccalaureus, Baccalarius (lat.), engl. Bachelor (: bätsch^{e}l^{e}r), im MA Hintersasse und Knappe, dann unterster akadem. Grad (heute noch in Engl., Fkr. u. den USA).

Bacchus, röm. Weingott, griech. ↗Dionysos. Bacchanal s, Zechgelage; Bacchant(in), Begleiter(in) des B.; bacchantisch, berauscht.

Bach, thüring. Musikerfamilie. Johann Sebastian, * 21. 3. 1685 Eisenach, † 28. 7. 1750 Leipzig; Organist in Arnstadt, Mühlhausen u. Weimar, 1717 Hofkapellmeister in Köthen, 23 Thomaskantor u. Univ.-Musikdir. in Leipzig. Spätes MA u. Barock werden in seinem Werk zusammengefaßt u. gekrönt. Formen geistl., höf. u. weltl. Musik durchdringen sich, teilweise in Verbindung mit lehrhaften Absichten. Seit der Wiederentdeckung durch Mendelssohn sieht man in B. einen der größten Komponisten. – B. schrieb über 200 Kirchenkantaten, Matthäus- u. Johannes-Passion, Weihnachtsoratorium, h-Moll-Messe; weltl. Kantaten, 6 Brandenburgische Konzerte, Suiten, Orgel- u. Klaviermusik (Das wohltemperierte Klavier u.a.). Kontrapunktische Spätwerke: Das musikal. Opfer, Kunst der Fuge. – Söhne u.a.: Wilhelm Friedemann, 1710–84; Organist u. Komponist. Karl Philipp Emanuel, 1714–88; wirkte in Berlin u. Hamburg, bahnbrechend für die Musik des 18. Jh. Johann Christian, 1735–82 („Londoner Bach"); it. Opern.

Bacharach, Stadt l. am Mittelrhein (Rhld.-Pfalz), 2700 E.; Weinbau. Jugendburg Stahleck. Roman. Kirche St. Peter (13. Jh.).

Bachbunge w, fleischiges Wasserkraut mit Blüten, Ehrenpreisart.

Bache w, das weibl. Wildschwein, die Wildsau, vom 3. Jahr an.

Bachmann, Ingeborg, östr. Schriftstellerin, 1926-73; Lyrik (Die gestundete Zeit; Anrufung des großen Bären), Hörspiele, Erzählungen.

Bachofen, Johann Jakob, Schweizer Kul-

Backentaschen des Hamsters

Wilhelm Backhaus

Johann Sebastian Bach

Ingeborg Bachmann

turhistoriker, 1815–87; Prof. für röm. Recht in Basel. Theorie des Mutterrechts.

Bachstelze w, Sperlingsvogel; in Dtl. nur im Sommer. Weiße B., oben grau, unten weiß; Gebirgsstelze, oben aschgrau, unten schwefelgelb; Schafstelze, oben olivgrün, unten hochgelb. [↗Bakterien.

Bacillus m (lat.), stäbchenförm. Gattung der

Backbord s, linke Seite bei Schiff od. Flugzeug (rotes Licht); Ggs. Steuerbord (grünes Licht).

Backenhörnchen, dem Eichhörnchen verwandter Nager. **Backentaschen,** Erweiterungen der Mundhöhle bei Nagern u. Affen, zur Aufspeicherung der Nahrung.

Bäckerkrätze, Hautausschlag bei Bäckern u. Müllern durch Mehlstaubreizung.

Backhaus, Wilhelm, dt. Pianist, 1884–1969; bes. Beethoven- u. Brahms-Interpret.

Backnang, württ. Stadt an der Murr, 30000 E.; Maschinen- u. Textilindustrie.

Backpulver, Mischung aus Natriumbicarbonat u. Säureträger; der Kohlensäurebildung beim Backen treibt den Teig.

Backstein, fr. Bz. für ↗Ziegel(stein).

Bacon (: be^{l}k^{e}n), Roger, OFM, engl. Naturphilosoph, um 1210 bis nach 1292; „Doctor mirabilis" gen., sah im Experiment den besten Wahrheitsbeweis.

Baco(n) v. Verulam, Francis, engl. Staatsmann u. Philosoph, 1561–1626; vertrat den Empirismus.

Bad, 1) Eintauchen in od. Übergießen des Körpers mit Wasser zur Reinigung u. Erfrischung, auch zu Heilzwecken. **2)** Raum od. Einrichtung, Anstalt od. Ort zum Baden. **3)** Lösung zum Färben, photograph. Entwikkeln, Galvanisieren.

Badajoz (: -choß), span. Prov.-Hst., nahe der portug. Grenze, 110000 E.; Bischof; Fayence-Industrie.

Baedeker, Karl, 1801–59; Hrsg. v. Reisehandbüchern; auch Bz. für diese selbst.

Baden, Teil des Landes ↗Baden-Württemberg, urspr. das südwestl. Land der BRD, mit den Reg.-Bez. Karlsruhe u. Freiburg, reicht im N bis zum Main u. zur Tauber. – Die im 11. Jh. unter den Zähringern entstandene Markgrafschaft B. spaltete sich 1535 in die beiden Zweige B.-B. (zunächst luth., seit 1571 kath.) u. B.-Durlach (seit 1556 ev.); 1771 unter Karl Friedrich v. B.-Durlach wieder vereinigt. Erhebl. Gebietserweiterung durch Napoleon, 1806 Groß-Htm., 18 liberale Verf.; 48/49 drei revolutionäre Erhebungen (Hecker), 71 dt. Bundesstaat, 1918 Freistaat. 1945 wurde der nördl. Teil v. den Amerikanern besetzt u. mit Nordwürttemberg verbunden, der südl. Teil frz. besetzt. Aufgrund einer – umstrittenen – Volksabstimmung v. 51 gehören beide Landesteile seit 52 zu B.-Württemberg; 70 bestätigte eine Volksabstimmung in Baden den Bestand Baden-Württembergs.

Baden, 1) Baden-Baden, Weltbad am Westabfall des Schwarzwaldes, an der Oos, 49500 E.; radioaktive Kochsalzthermen (54–68°C); Südwestfunk, Spielbank. – **2)** B. bei Wien, größtes Heilbad Östr.s, am Ostrand des Wienerwaldes, 23000 E.; Schwefelthermen mit 23–36°C. – **3)** B. in der

Schweiz, Stadt im Aargau, 15 000 E.; radioakt. Schwefelquellen (einschl. der in *Ennet-B.* u. Wettingen, 46–48° C); Elektro- u. Textil-Ind. – 1714 Friede zw. Fkr. u. dem Dt. Reich.
Badenweiler, bad. Heilkurort am Nordwestfuß des Blauen, 420–540 m ü. M., 3500 E.; Thermen (26,4° C), röm. Badruinen. Kurpark mit subtrop. Vegetation.

Baden-Württemberg
(Verwaltungsgliederung)

Regierungsbezirke und Regionalverbände	Fläche in km²	Einw. in 1000	E./ km²
Freiburg	9356	1848	197
Südlicher Oberrhein	4068	852	209
Schwarzw.-Baar-Heuberg	2529	436	172
Hochrhein-Bodensee	2759	560	203
Karlsruhe	6920	2373	343
Mittlerer Oberrhein	2138	864	404
Unterer Neckar	2442	1016	416
Nordschwarzwald	2340	493	211
Stuttgart	10558	3447	327
Mittlerer Neckar	3655	2346	642
Franken	4765	705	148
Ostwürttemberg	2138	396	185
Tübingen	8917	1490	167
Neckar-Alb	2530	576	227
Donau-Iller	2879	407	141
Bodensee-Oberschwaben	3508	507	145
insgesamt	35751	9158	256

Baden-Württemberg, drittgrößtes Land der BRD, entstand 1952 durch Zusammenschluß der 1945 v. den Besatzungsmächten geschaffenen Länder Württemberg-Baden, Württemberg-Hohenzollern und (Süd-)Baden; 35751 km², 9,1 Mill. E.; davon sind 47,6% ev. u. 47,5% kath. Bev.-Dichte: 256 E. je km²; v. 1950/79 nahm die Bev. um ca. 42% zu; Hst. Stuttgart. 4 Reg.-Bez.: Stuttgart, Tübingen, Freiburg i. Br. u. Karlsruhe. Die Landschaft wird geformt v. der Oberrheinebene, dem Schwarzwald u. dem Odenwald, denen nach O die fruchtbaren Landschaften des württ. Neckarlandes folgen. Im S hat B.-W. noch Anteil am Alpenvorland. Diese Mannigfaltigkeit hat in Dtl. nicht ihresgleichen. 36,5% der Fläche sind bewaldet. Im warmen Oberrheintalgraben Anbau v. Weizen u. Reben (Markgräfler Land, Kaiserstuhl), ferner Obst u. Feldgemüse. Ein ähnliches üppiges Bild bietet das Neckarland. In den Mittelgebirgen Viehzucht, Verbrauchsgüter- u. Veredlungs-Ind.

Regierungen von Baden-Württemberg

	Ministerpräsident	Regierungsparteien
seit 25. 4. 1952	R. Maier (FDP)	FDP, SPD, GB/BHE
seit 7. 10. 1953	G. Müller (CDU)	CDU, SPD, FDP, GB/BHE
seit 17. 12. 1958	K.-G. Kiesinger (CDU)	CDU, SPD, FDP, GB/BHE
seit 23. 6. 1960	K.-G. Kiesinger (CDU)	CDU, FDP (bis 11. 6. 64 auch GB/BHE)
seit 12. 5. 1964	K.-G. Kiesinger (CDU)	CDU, FDP
seit 16. 12. 1966	H. Filbinger (CDU)	CDU, SPD
seit 12. 6. 1968	H. Filbinger (CDU)	CDU, SPD
seit 8. 6. 1972	H. Filbinger (CDU)	CDU
seit 2. 2. 1976	H. Filbinger (CDU)	CDU
seit 30. 8. 1978	L. Späth (CDU)	CDU
seit 25. 3. 1980	L. Späth (CDU)	CDU

Baden-Württemberg

Bahamas

Amtlicher Name:
The Commonwealth of the Bahamas

Staatsform:
unabhängige Monarchie im Commonwealth

Hauptstadt:
Nassau

Fläche:
13935 km²

Bevölkerung:
230000 E.

Sprache:
Englisch

Religion:
überwiegend Protestanten, 18% Katholiken

Währung:
1 Bahama-Dollar = 100 Cents

Mitgliedschaften:
Commonwealth, UN

---

am Neckar; im Hochschwarzwald Holzwaren- u. Uhren-Ind., auf der Alb und im Wiesental Textil-Ind., Feinmechanik und Verbrauchsgüter-Industrie.
Bader, fr. Bz. für den Dorfbarbier.
Badeschwamm, Hornschwamm (bes. v. der kleinasiat. u. dalmatin. Küste), dessen elast. Skelett als Waschschwamm dient. ☐ 881.
Badgastein, salzburg. Weltbad an den Wasserfällen des oberen Gasteiner Tals u. der Tauernbahn, 5900 E.; 18 radioaktive Thermen (bis 47° C); Wintersport, Seilbahn.
Badminton (: bädmint^{e}n) ↗ Federball.
Badoglio (: -doljo), *Pietro,* it. Marschall, 1871–1956; 35/36 Oberbefehlshaber bei der Eroberung Äthiopiens, am Sturz Mussolinis beteiligt, 43/44 Min.-Präsident.
Baffin (: bäfin), *William,* engl. Seefahrer, 1584–1622. Nach ihm benannt: **B.bai,** bis 600 km breiter Meeresarm westl. v. Grönland bis zum kanad. **B.land,** der größten Insel des arkt.-nordamerikan. Archipels; 476000 km², etwa 3000 Eskimos.
Bagage *w* (: bagasch^e, frz.), Reise- od. Truppengepäck; dt. auch Gesindel.
Bagatelle *w* (frz.), **1)** Kleinigkeit, Belanglosigkeit. **2)** kurzes Instrumentalstück. **3)** Geschicklichkeitsspiel in Engl. u. USA. **bagatellisieren,** im Wert herabsetzen.
Bagatellsachen, Rechtsstreitigkeiten geringerer Bedeutung.
Bagdad, Hst. des Irak, am Tigris, 410000 Groß-B. 3,2 Mill. E.; Apostol. Delegat, chaldäischer Patriarch, 3 kath. Erzb., 2 Univ. – 762/1258 Sitz der Kalifen; 1534/1917 türkisch. **B.-Bahn** v. Istanbul über Aleppo (Syrien), Mossul, B. bis Basra, zus. 2500 km, 1892/1918 gebaut, 1949 vollendet. **B.-Pakt,** bis 1959 die ↗CENTO.
Bagger *m,* Maschine zum Reinigen od. Vertiefen v. Gewässern *(Naß-B.),* zur Erdförderung, Kiesgewinnung usw. *(Trocken-B.),* verrichtet das Loslösen, Ausheben u. Fortschaffen des Arbeitsgutes. *Löffel-B.,* mit schaufel- od. löffelart. B.gefäß; *Becher-B.,* mit Eimerkette ohne Ende; *Kabel-B.,* zur Fortführung des B.gutes auf weite Strecken; *Kohlen-B.* zum Braunkohlenabbau; *Saug-B.,* für breiiges Fördergut. ☐ 85, 286.
Bagrationowsk, Preußisch-↗Eylau.
Bahaismus *m,* aus dem ↗Babismus entwickelte islam. Religionsgemeinschaft.
Bahamas, westindische Inselgruppe nördl. der Großen Antillen. Haupterzeugnisse: Schwämme, Sisalhanf, Frühgemüse; Bev. zu 85% Neger u. Mischlinge; Hst. Nassau. – 1783 brit. Kolonie, 1973 unabhängig.
Bahia (: baja), brasilianischer Küstenstaat, 561026 km², 9,3 Mill. E.; Hst. São Salvador.
Bahia Blanca, argentin. Hafenstadt, 190000 E.; Erzb., Techn. Univ.; Ausfuhr v. Weizen.
Bahnhof, Anlage für den inneren Eisenbahnbetriebsdienst u. den öff. Verkehr: Gleis-, Signal- u. Sicherungsanlagen, Empfangsgebäude mit Gepäckabfertigung, Laderampen u. Lagerhallen (für den Güterverkehr). **B.smission,** Einrichtung der freien Fürsorge für hilfsbedürftige Reisende, u. a. Mütter mit Kindern, Behinderte; Vermittlung v. Nachtunterkünften. *Kath. Dt. B.smission* gegr. 1895, *Ev. Dt. B.smission,* gegr. 1898.

Egon Bahr   Josephine Baker

Bahnpolizei, Sonderpolizei für die Sicherheit des Bahnbetriebs. Zuständigkeit, außer bei Verfolgung auf frischer Tat, auf das Bahngelände beschränkt.
Bahr, 1) *Egon,* dt. Politiker, * 1922; 69/72 Staatssekretär, 72/74 Min. für bes. Aufgaben, 74/76 für wirtschaftl. Zusammenarbeit; 76–81 Bundesgeschäftsführer der SPD; handelte u.a. den Moskauer Vertrag u. den Grundvertrag mit der DDR aus. **2)** *Hermann,* östr. Schriftsteller u. Kritiker, 1863–1934; Theaterstücke, Romane.
Bähr (Baehr), *Georg,* sächs. Barockbaumeister, 1666–1738; *Dresdener Frauenkirche.*
Bahrain, *Bahrein,* arab. Inselstaat im Pers. Golf, seit 1971 unabhängig, fr. brit. Schutzgebiet; 73 Verf., 75 Rückkehr z. Autokratie. Flotten- u. Flugstützpunkt, bedeutende Erdölfelder mit 1766 km langer Ölleitung nach Saida ans Mittelmeer.
Bai *w* (frz.), Bucht, Meerbusen.
Baia Mare, rumän. Stadt in Nordsiebenbürgen, 101000 E.; Bergbau auf Gold, Silber, Kupfer.
Baiersbronn, württ. Gemeinde im nördl. Schwarzwald, 14700 E.; Luftkurort, Wintersport.
Baikalsee, größter Gebirgssee u. mit 1620 m Tiefe der tiefste See der Erde, in

A

B

C

Bahnhof. Arten: **A** nach Lage des Empfangsgebäudes zum Gleis: 1 Kopfbahnhof, 2 Durchgangsbahnhof, 3 Bahnhof mit Abzweigung, 4 Inselbahnhof an der Kreuzung zweier Linien. **B** Durchgangsbahnhof. **C** Kopfbahnhof

Südsibirien, 31500 km², rings v. Waldgebirgen (im NW *Baikalgebirge,* bis 2572 m) eingefaßt.
Bairam *m* (türk. = Fest), 2 islam. Feste: **1)** *Kleiner B.,* am Ende der Fastenzeit ↗Ramadan. **2)** *Großer B.,* Opferfest im Pilgermonat.
Baisse *w* (: bäß, frz.), Fallen bzw. Tiefstand der Börsenwerte; *à la b.* spekulieren, auf das Sinken der Kurse warten. Ggs. ↗Hausse.
Bajadere *w,* indische Tänzerin.
Bajazzo *m* (it.), Figur der it. Volkskomödie, Possenreißer; Oper Leoncavallos.
Bajonett *s,* aufgestecktes Seitengewehr, um das Gewehr als Stoßwaffe zu gebrauchen.
Bajonettpflanze, eine ↗Sanseviera.
Bajonettverschluß, schnell lösbare Verbindung zw. Stangen, Rohren, Hülsen.
Bajuwaren ↗Bayern.
Bake *w,* **1)** Gerüst zur Bz. des Fahrwassers. □ 890. **2)** Eisenbahnsignal: *Vorsignal-B.* **3)** im See- u. Luftverkehr ein Navigationshilfsmittel, meist mit Funksignal *(Funk-B.).*
Bakelit *s,* Kunstharz aus Phenol u. Formaldehyd, nach dem Erfinder Baekeland.
Baker (: be'¹ker), *Josephine,* am. Tänzerin u. Chansonsängerin, 1906–75; wurde weltbekannt durch die Wiedergabe v. Negertänzen; später auch sozial tätig.
Baker-Eddy (:be'¹k⁸r-), *Mary,* 1821–1910; gründete 1876 die ↗Christian Science.
Bakkarat, *Baccara,* Kartenglücksspiel.
Bakonywald, südwestl. Teil des ungar. Mittelgebirges, 713 m hoch; Schweinezucht.
Bakschisch *m* (pers.), im Orient Trinkgeld.

Bakterien (Mz., gr.), einzellige, mikroskop. kleine, chlorophyllfreie, überall verbreitete pflanzl. Lebewesen (meist *Spaltpilze*); sind mit wenigen Ausnahmen auf organ. Nährstoffe angewiesen. Die kugelförm. B. heißen *Kokken,* die stäbchenförm. *Bazillen,* die kommaförm. *Vibrionen,* die korkzieherförmigen *Spirillen* od. *Spirochäten;* z.T. Erreger der Infektionskrankheiten, z. T. nützlich für die v. ihnen bewohnten Organismen (z. B. viele Darm-B.). B. sind notwendig für den Kreislauf der Stoffe in der Natur; sie lösen die abgestorbenen Lebewesen in ihre Urstoffe auf u. bauen organ. Verbindungen auf, welche das Leben v. Pflanze, Tier und Mensch erst ermöglichen. **Bakteriologie** *w*

Bahrain

Amtlicher Name:
Amarat al-Bahrain
Staatsform:
Fürstentum (Emirat)
Hauptstadt:
Manama
Fläche:
622 km²
Bevölkerung:
345000 E.
Sprache:
Arabisch
Religion:
Meist Muslimen
Währung:
1 Bahrain-Dinar
= 1000 Fils
Mitgliedschaften:
UN, Arabische Liga

Bajonettverschluß: links geschlossen, rechts geöffnet

Bakterien: elektronenmikroskopische Aufnahmen von **a** Kokken (Kugel-B.), **b** Streptokokke (Kugel-B. in kettenförmiger Lagerung), **c** Spirochäte (schraubenförmige B.), **d** begeißeltes Stäbchen (bewegliche B.)

(gr.), Lehre v. den Bakterien, i.e.S. von den ansteckenden Krankheiten u. deren Erregern (pathogene Bakterien, Viren). **Bakteriophagen** (Mz., gr.), Viren, die in Bakterien eindringen, deren Stoffwechsel umsteuern, sich im Bakterieninnern stark vermehren u. das Bakterium zum Platzen bringen. Durchmesser 20–70 millionstel Millimeter. **bakterizid** (gr.-lat.), bakterientötend.
Baku, Hst. der Sowjetrepublik Aserbeidschan, auf der Halbinsel Apscheron, 1,3 Mill. E.; 30% der russ. Erdölvorräte; Ölverschiffungshafen, Ölleitung nach Batum; Maschinen- u. Schiffbau; Staats-Univ. u. weitere Hochschulen.
Bakunin, *Michail,* 1814–76; Mitbegr. des russ. Anarchismus.
Balalaika *w* (russ.), russ. Gitarre.
Balance *w* (: balānß, frz.; Ztw. *balancieren*), Gleichgewicht.
Balanchine (: bäl^entschin), *Georges,* russ. Tänzer u. Choreograph, * 1904; Leiter des „New York City Ballett''; bedeutender Vertreter eines neuklassizist. Balletts.
Balata *w,* dem Kautschuk nahestehender, nicht vulkanisierbarer Milchsaft aus großen Bäumen *(Mimusops)* Venezuelas u. Ostafrikas. Ersatz für ⁒Guttapercha.
Balaton (: bolo-), ungar. für ⁒Plattensee.
Balboa, *Vasco,* span. Entdecker, 1475–1517; nach ihm benannt die Stadt **B.,** Hafen am pazif. Ausgang des Panamakanals, Hauptort der US-Kanalzone, 13000 E.
Balchaschsee, abflußloser See in der Kasach. SSR (UdSSR), 17300 km², 640 km lang.
Baldachin *m,* **1)** nach Baldach = Bagdad ben. Seidenstoff. **2)** Traghimmel, Prunkdach. **3)** feste, schirmartige Überdachung über Altar, Kanzel, Statuen u.a.
Baldrian, *Valeriana, Echter* od. *Katzen-B.,* Staude mit hellrötl. Blüten; Wurzelstock zu *B.tee* u. *B.tinktur,* beruhigendes Mittel. ☐ 453.
Balduin, Kreuzfahrer, Bruder Gottfrieds v. Bouillon, 1100/18 1. Kg. v. Jerusalem.
Baldung, *Hans,* gen. *Grien,* oberrhein. Maler, 1484/85–1545; durch Dürer u. Grünewald angeregt; Hochaltar im Münster zu Freiburg i.Br.
Baldur, german. Lichtgott.
Baldwin (: båld-), **1)** *James,* am. Schriftsteller, * 1924; Romane, Essays u. Dramen, bes. über die Situation der Farbigen in den USA. **2)** *Stanley,* brit. konservativer Politiker, 1867–1947; 1923, 24/29 und 35/37 Premierminister.
Balearen, span. Inselgruppe im westl. Mittelmeer: Mallorca mit Hst. *Palma,* Menorca, Cabrera, im W als Fortsetzung die Pityusen.
Balfour (: bälf^er), *Arthur James,* konservativer brit. Politiker, 1848–1930; 1902/05 Premier-, 16/19 Außen-Min.; die **B.-Deklaration** (1917) versprach den Juden eine Heimstätte in Palästina unter Wahrung der Rechte der dort vorhandenen nichtjüd. Gemeinschaften.
Balggeschwulst, *Atherom, Grützbeutel,* gutartig, meist auf der Kopfhaut, durch Verstopfung einer Talgdrüse.
Bali, westlichste der Kleinen Sundainseln

(Indonesien), im Innern bis 3200 m hoch *(Pik v. B.),* 5616 km², 2,2 Mill. E. Die *Balinesen* (Malaien) sind schöne, geistig hochstehende, künstlerisch begabte Menschen.
Balingen, württ. Krst. am Rande der Schwäb. Alb, 30000 E.; Trikotagen- u. Schuhfabriken.

Balkan	Fläche in km²	Bev. in Mill.	Einw. pro km²	Fläche in % des politischen Balkanraumes	Bevölk.
Albanien	28748	2,7	93	3,6	3,6
Bulgarien	110912	8,8	79	14,0	13,6
Griechenland	131944	9,4	71	16,7	13,8
Jugoslawien	255804	22,2	87	32,4	32,7
Rumänien	237500	22,1	93	30,1	32,5
europ. Türkei	23623	4,1	172	3,0	4,0

Balkan *m* (türk. = Gebirge), 600 km langer, westöstl. ziehender Gebirgsbogen im NO der B.halbinsel (Jumruktschal 2375 m), mit zahlr. Übergängen (höchster der Schipkapaß, 1334 m), in den fruchtbaren Tälern dicht besiedelt. **B.halbinsel,** die südosteurop. Halbinsel, etwa südl. der Linie Save – Donau, mit Inseln 560000 km², im N geschlossen, im S stark gegliedert, das gebirgerfüllte Innere mit Beckenlandschaften. – Im Alt. v. Illyriern, Thrakern u. Griechen bewohnt, seit der Kaiserzeit dem Röm. Imperium eingegliedert. Die Nachfolge trat Ostrom (Byzanz) an. Seit dem 7. Jh. drangen Serben u. Bulgaren vor; seit dem 14. Jh. Eroberung durch die Türken. Das Osmanenreich brach in den russ.-türk. Kriegen zusammen; es wurden selbständig: Griechenland 1829, auf dem Berliner Kongreß 1878 Rumänien, Montenegro, Serbien, Bulgarien (zunächst noch russ. Vasall); Bosnien u. Herzegowina unter östr. Verwaltung. Im *1. B.krieg* 1912 verlor die Türkei das Gebiet westl. v. Enos-Midia. Im *2. B.krieg* 1913 kämpfte Bulgarien mit Serbien, dem sich Griechenland, Rumänien u. die Türkei anschlossen, um die Beute. Im Frieden v. Bu-

Georges Balanchine

H. Baldung Grien:
Heimsuchung Mariä.
Freiburger Münster,
Hochaltarflügel

karest Gebietsverschiebungen u. Selbständigkeit v. Albanien. Gegensatz zw. Rußland, das die B.slawen stützte, u. Östr.; wegen des Mordes v. Sarajewo östr. Ultimatum an Serbien, das den *1. Weltkrieg* auslöste. Er endete mit der Verdrängung der Donaumonarchie v. Balkan, der Aufrundung Rumäniens, der Schwächung Bulgariens u. der Schaffung Jugoslawiens aus Serbien (mit Bosnien, Herzegowina u. Montenegro), Kroatien u. Slowenien. Der *2. Weltkrieg*, in dem Bulgarien u. später auch Rumänien zu den Achsenmächten standen, führte zur Vorherrschaft der UdSSR auf dem B., Griechenland ausgenommen. Jugoslawien entzog sich unter Tito der russ. Vormacht. **B.pakt** (28. 2. 53) zw. Jugoslawien, Griechenland u. der Türkei; seit 55 prakt. bedeutungslos.

Balkon *m* (frz.), offener Vorbau, mit Gitter od. Brüstung abgeschlossen.

Ballade *w* (it.), 1) erzählendes Gedicht mit dramat. Geschehen; Beispiele: G. A. Bürgers *Lenore;* Goethes *Erlkönig.* 2) urspr. Tanzlied; später Vertonung v. 1).

Ballast *m,* Beschwerungslast.

Ballei *w* (lat.), Verwaltungsbez. der Ritterorden, besteht aus mehreren ∕Komtureien.

Ballen *m,* fest verpacktes Frachtstück; Gewichtsmaß für Baumwolle: 1 B. (in USA) = 226,8 kg brutto. Stückmaß für Papier: 1 B. = 10 Ries zu 1000 Bogen; Tuch: 1 B. = 10 oder 12 Stück; Leder: 1 B. = 20 Rollen od. 120 Stück.

Ballenstedt, Stadt am Ostharz (Bez. Halle), 10 500 E.; Luftkurort; herzogl. Schloß mit Grab des hier geborenen Albrecht des Bären.

Ballerina *w* (it.), Tänzerin; *Prima-B.,* erste (Solo-)Tänzerin.

Ballett *s* (it.-frz.), künstler. Bühnen-∕Tanz, urspr. Raum zum Ballspiel.

Ballhausplatz, Bz. für das östr. Außenministerium, das am B. in Wien liegt.

Balliste *w* (gr.-lat.), im Alt. u. MA Wurfmaschine für Steingeschosse.

Ballistik *w* (gr.), Lehre v. der Wurfbewegung; *innere B.,* Vorgänge in der Feuerwaffe, *äußere B.,* Flugbahnverlauf. ☐ 281.

Ballon *m* (frz.), 1) Luftballon. Als *B.gas* dienen Wasserstoff u. das unbrennbare, aber teure Helium, gewöhnl. aber Leuchtgas; auch Heißluft. 2) Säureflasche.

Ballotage *w* (: -asch^e, frz.), ∕Abstimmung.

Ballspiele, eine Vielfalt v. Bewegungsspielen bei allen Völkern u. zu allen Zeiten; heute hauptsächl.: ∕Fußball, ∕Handball, ∕Basketball, ∕Faustball, ∕Volleyball, ∕Baseball u. ∕Tennis.

Ballung, *Ballungsraum,* ∕Agglomeration.

Balneologie *w* (gr.), Bäderkunde.

Balsaholz, Holz des *Balsabaums,* leichter als Kork.

Balsam *m* (hebr.), dickflüssiges, aromat. Harz verschiedener Bäume. **Balsamine** *w,* Zierpflanze aus Ostindien; dem ∕Springkraut nächstverwandt, mit rosenartigen, weißgefleckten, gestreiften od. punktierten Blüten, auch gefüllt, zwerg- u. riesenwüchsig.

Baltijsk, der Ostseehafen ∕Pillau.

Baltikum, breiter Küstenstreifen zw. Ostpreußen und Peipussee mit ∕Estland, ∕Lettland u. ∕Litauen. – 1721/1918 russ., dann selbständige Staaten, 1940 zur UdSSR.

Baltimore (: bål timor), größte Stadt v. Maryland (USA), zweitgrößter Hafen der am. Atlantikküste, 940 000 (m. V. 2 Mill.) E.; kath. Erzb., kath. u. Johns-Hopkins-Univ.; Metall-, Tabakindustrie.

Baltische Inseln, dem Rigaischen Meerbusen vorgelagert, bes. Ösel, Moon u. Dagö. **B.er Landrücken** *(B.e Seenplatte),* v. Holstein bis Estland ziehender Höhenzug, typ. Moränengebiet mit zahlr. Seen. **B.e Völker,** indogerman. Völkergruppe mit Litauen, Letten, alten Preußen, Kuren, Semgallen, Selen.

Baltrum, Ostfries. Insel, östl. v. Norderney, 6,4 km², 900 E.; Seebad.

Baluster *m* (frz.), als Geländerstütze verwendetes Säulchen. **Balustrade** *w,* ein aus B.n gebildetes Geländer.

Balz *w,* Paarungsvorspiel der Tiere; besteht aus bestimmten Bewegungen u. Lautäußerungen, die für jede Art einen bes. Ablauf haben. Dient dem Auslösen der Paarungsstimmung beim Partner u. der Begattung nur innerhalb einer Art.

Balzac (: -sak), *Honoré de,* frz. Romanschriftsteller, 1799–1850; im Zyklus *La comédie humaine* realist. Schilderer des bürgerl. Lebens u. Schöpfer einer Fülle v. Charakteren, damit einer der größten Erzähler der Weltliteratur. ☐ 822.

Balzan-Preis, 1961 aus dem Vermögen des it. Journalisten E. Balzan (1874–1953) gestiftet für bes. Verdienste um Frieden, Wiss. u. schöne Künste. Träger u. a. Pp. Johannes XXIII.

Bamako, Hst. der Rep. Mali, am oberen Niger, 400 000 E.; kath. Erzbischof.

Bamberg, bayer. Stadtkr. in Oberfranken, 72 000 E.; Erzb.; Gesamthochschule. Spätroman. u. frühgot. Dom mit Plastiken des 13. Jh., Alte (16. Jh.) u. Neue Residenz (1704) der früheren Fürstbischöfe. Neuer Hafen an der Regnitz. – Im 9. Jh. gegr. Stammsitz der ∕Babenberger 1); 1007 durch Heinrich II. Bischofssitz, seit 1802 bayerisch. Die *Kirchenprovinz B.* umfaßt die Bistümer B., Würzburg, Eichstätt, Speyer.

Ballett; Beispiele für Positionen:
1 Arabeske,
2 Attitüde, 3 Sprung

Balustrade

Bamberg: mit (links) viertürmigem Dom, Kloster auf dem Michelsberg und Altem Rathaus auf der Regnitzinsel (vorn rechts)

Bambus *m, B.rohr,* bis 40 m hohe Grasarten bes. Südasiens, zu Bauten, Möbeln, Geräten, gespalten zu Flechtwerk; die Fasern zu Papier (in China), Stricken u. Geweben; die jungen Schößlinge als spargelartiges Gemüse; auch Zierpflanzen.

Bambusrohr in dichter Bündelung

Bamm, *Peter* (eig. Curt Emmrich), dt. Schriftsteller, 1897–1975; *Die unsichtbare Flagge; Frühe Stätten der Christenheit; Eines Menschen Zeit; Ein Leben lang.*

banal (frz.; Hw. *Banalität*), platt, alltäglich.

Banane *w, Pisang,* Tropenfrucht von Riesenstauden, in vielen Formen in allen warmen Ländern angebaut, bes. die in Europa beliebte Obst-*B.* v. den Kanaren, Antillen u. Mittelamerika u. die *Mehl-B.,* als einheim. Nahrungsmittel. Auch Zierpflanze u. Lieferant des ↗Manilahanfs. ☐ 748.

Banat *s,* Landschaft zw. Donau, Theiß u. Mureş, im W Flachland (Getreide, Vieh), im O gebirgig (das bis 1447 m hohe *B.er Gebirge* mit Eisenerzen u. Kohle); unter Maria Theresia mit Magyaren, Serben, Rumänen, Siedlern v. Oberrhein u. aus Lothringen (,,Schwaben'' 1/3) besiedelt; Hst. Temesvar. 1920 geteilt zw. Rumänien, Jugoslawien u. Ungarn. Die *B.er Schwaben* wurden 1945 ausgewiesen, z. T. zwangsverschleppt od. nach Dtl. umgesiedelt.

Banause *m* (gr.), ungebildeter, kleinlicher Mensch; Spießer.

Band, 1) schmaler Gewebestreifen. 2) Tonträger beim ↗Tonbandgerät. 3) Bauteil zur Befestigung v. Türen od. Fenstern am Rahmen. 4) in der Funktechnik: ein Teil des Frequenzbereiches, der v. einem Sender belegt ist; der v. einem Empfänger durchgelassene Frequenzbereich heißt *B.breite.*

Band *w* (: bänd, engl.), Jazz- u. Tanzmusikensemble; *Combo* mit höchstens 8, *Big-Band* mit wenigstens 12 Musikern.

Bandage *w* (: -asche, frz.), Binde od. Wickel als Stützvorrichtung. **Bandagist,** fertigt

Bandagen, Prothesen, Einlagen, Bruchbänder an.

Banda-Inseln, vulkan. Inselgruppe der Molukken in der Banda-See, 44 km².

Bandaranaike, *Solomon,* 1899–1959; seit 1956 ceylones. Min.-Präs., ermordet. Seine Witwe *Sirimavo* B. (* 1916) 60/65 u. 70/77 Min.-Präs.

Bandasseln, eine Art der ↗Tausendfüßer.

Bande *w,* Einfassung des Billardtisches, aber auch eines Spielfeldes od. der Kampfbahn im Stadion.　　　　　　[Wehrgehänge.

Bandelier *s* (span.-frz.), breiter Ledergurt als

Bänder, die Gelenke beweglich verbindende, als Kapsel umhüllende platte Stränge aus elast. Fasern.

Banderole *w* (: bändᵉrol, frz.), 1) Wimpel, Flagge. 2) in der Kunst: Spruchband. 3) im Steuerwesen: Stempelstreifband, namentl. bei der Tabaksteuer.

Bändertone ↗Warve.

Bandgenerator, *van de Graaff-Generator,* auf dem Prinzip der Influenz beruhende Maschine zur Erzeugung von Höchstspannungen in der Kernphysik. ↗Beschleunigungsmaschinen.

Bandgras, eine Art des ↗Glanzgrases.

Bandjermasin, indones. Prov.-Hst. im südöstl. Borneo, 290 000 E.

Bandkeramik, Gefäße aus der Jüngeren Steinzeit, mit Bandornamenten; der Kulturkreis der *B.er* reicht v. Südrußland bis ins Elsaß.

Bandscheiben, Zwischenwirbelscheiben.

B.schaden, Verschiebung od. Veränderung der B., schmerzhaft bei Nervenquetschungen (*B.vorfall*).

Bandung, indones. Prov.-Hst. in Westjava, 1,3 Mill. E.; kath. Bischof; Univ. Die **B.-Konferenz** asiat. u. afrikan. Staaten beschloß 1955 wirtschaftl. u. kulturelle Zusammenarbeit.

Bandwurm, darmschmarotzende Plattwürmer bei Tier u. Mensch; ernähren sich v. Darminhalt. Kopf mit Saugnäpfen zum Festhalten; Körper aus Gliedern, die durch Knospung hinter dem Kopf entstehen. Sie enthalten die zwittrigen Fortpflanzungsorgane u. werden mit reifen Eiern im Kot abgegeben, die in einen Zwischenwirt gelangen, wo sie sich bes. im Muskelgewebe zur *Finne (Blasenwurm)* umwandeln. Diese gelangt mit dem Fleisch in den Hauptwirt u. entwickelt sich im Darm zum B. *Rinder-B.:* 4–10 m lang, Hauptwirt Mensch, Zwischenwirt Rind, häufigster B. *Schweine-B.:* 2–8 m lang, Hauptwirt Mensch, Zwischenwirt Schwein, gefährl., weil die Finne sich auch im menschl. Körper, bes. im Auge, Gehirn u. Rückenmark, festsetzt. *Hunde-B. (Hülsen-B.):* 4–5 mm lang, Hauptwirt Hund, Katze, Zwischenwirt Mensch u. Haustiere, gefährl., da Finne kinderkopfgroß werden kann. *Quesen-B.,* bis 1 m lang, Hauptwirt Hund; die Finne, *Quese* od. *Drehwurm,* verursacht im Gehirn v. Schafen u. Rindern die *Drehkrankheit. Breiter B.,* bis 12 m, Hauptwirt Mensch, Haustiere, Zwischenwirt Fische.

Bang, 1) *Bernhard,* dän. Tierarzt, 1848 bis 1932; Entdecker des *B.schen Bacillus,* des

Peter Bamm

Band: 1 Scharnier-, **2** Fisch-, **3** Winkel-, **4** Kreuz-Band

Bandkeramik

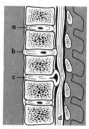

Bandscheibe. Längsschnitt durch die Wirbelsäule: **a** gesunde B., **b** Vorwölbung der B. bei Abnutzungsveränderung, **c** Bandscheibenvorfall, **d** Rückenmark

Bangla Desh

Amtlicher Name:
Volksrepublik
Bangla Desh
Staatsform:
Republik
Hauptstadt:
Dakka
Fläche:
142776 km²
Bevölkerung:
85,6 Mill. E.
Sprache:
Bengali, als
Geschäftssprache
Englisch
Religion:
ca. 80% Muslimen,
ca. 18,5% Hindus
Währung:
1 Taka = 100 Poisha
Mitgliedschaften:
Commonwealth,
UN

Banken

Große europäische
Aktienbanken
BRD:
Deutsche Bank
Dresdner Bank
Commerzbank
Bank für Gemein-
wirtschaft
Bayer. Hypo u.
Wechsel-Bank
Bayer. Vereinsbank
Österreich:
Creditanstalt-
Bankverein
Östr. Länderbank
Schweiz:
Schweizer. Bankverein
Schweizer. Kredit-
anstalt
Schweizer. Bank-Ges.
England.
„Big Four"-Banken
(vor der Fusionierung
von Westminster Bank
und National
Provincial Bank:
„Big-Five"-Banken):
Barclays Bank
Midland Bank
Lloyds Bank
Westminster National
Bank
Frankreich:
Banque de Paris et des
Pays-Bas
Crédit Lyonnais
Société Générale
Crédit Foncier
Banque Nationale
pour le Commerce
et l'Industrie
Italien:
Banca Commerciale
Italiana
Banca Nazionale
del Lavoro

Erregers der *B.schen Krankheit:* eine Infektion trächtiger Kühe, oft zum Abortus führend; übertragbar auf Menschen. **2)** *Herman,* dän. Schriftsteller, 1857–1912; schwermüt. Romane: *Hoffnungslose Geschlechter.*
Bangalur, *Bangalore,* Hst. des ind. Staates Karnataka, 1,6 Mill. E.; kath. Erzb.; Univ.; Flugzeugfabrik; Teppichweberei.
Bangkok, Hst. und größter Handelshafen (Reis) v. Thailand, am Menam (Altstadt mit vielen Kanälen), 4,2 Mill. E.; Univ., weitere Hochschulen; viele buddhistische Tempel und Klöster; wichtiger Flughafen.
Bangla Desh (: -desch), *Ostbengalen,* das frühere Ost-/Pakistan, südasiat. Staat am Golf von Bengalen; grenzt im N, O und W an Indien. Das feuchte B. D. hat bei trop. Wärme eine üppige Vegetation; es ist eine regelmäßig v. Überschwemmungen bedrohte, in Senkung begriffene Fluß- und Stromlandschaft (Siedlungen auf Terrassen, Wurten, Deichen) mit dem Hauptteil des Ganges-Brahmaputra-Deltas. Wichtigster Wirtschaftszweig ist die Landwirtschaft; ca. 60% der Fläche sind landwirtschaftl. nutzbar. – 1971 formelle Proklamation einer unabhängigen Rep. Bengalen; Bürgerkrieg u. Krieg zw. Pakistan u. Indien (am 16. 12. 71 Kapitulation der ostpakistan. Truppen; 72/74 Scheich Mujibur Rahman Min.-Präs. (75 ermordet). – Staats-Präs. A. Sattar (81, nach Ermordung von Ziaur Rahman).
Bangui, Hst. der Zentralafrikan. Republik am Ubangi, 301000 E.; kath. Erzb.; Flughafen.
Banja Luka, jugoslaw. Stadt in Bosnien, am Vrbas, 91000 E.; kath. Bischof; Berg- u. Hüttenwerke; Trappistenabtei Mariastern.
Banjo *s* (span.), ein v. den amer. Negern stammendes, bes. in der Jazzmusik verwendetes Zupfinstrument mit 4–9 Saiten. ☐ 650.
Banjul, fr. *Bathurst,* Hst. v. Gambia (Westafrika), 44000 E.; Flughafen; kath. u. anglik. Bischof.
Bank, Untiefe im Gewässer, /Barre.
Bankausweis, die regelmäßig veröffentlichte Übersicht über Bestand, Forderungen u. Verbindlichkeiten bes. der Notenbanken.
Bank deutscher Länder /Deutsche Bundesbank.
Bankeisen, eisernes Verbindungsstück zw. Holzrahmen (Fenster, Türen) u. Mauer.
Bänkelsänger, Jahrmarktsänger.
Banken (v. it. *banco*), Unternehmen des Kredit- u. Zahlungsverkehrs; vermitteln zw. Sparer u. Kreditnehmer, sorgen für Überweisung v. Zahlungen, betreiben über den /bargeldlosen Zahlungsverkehr /Geldschöpfung u. regeln bes. durch den /Zins die Geld- u. Kapitalströme in der Wirtschaft. Arten des Bankgeschäfts: *Passivgeschäfte* (so gen., weil sie auf der Passivseite der Bankbilanz erscheinen): Annahme v. Geldern auf Kontokorrent (Giro-) od. Sparkonto, Aufnahme v. Darlehen, Ausg. v. Pfandbriefen. *Aktivgeschäfte:* Kreditinhgabe (als Kontokorrent-, Wechsel-, Lombardkredit) od. Anlage in Beteiligungen, Wertpapieren, Grundstücken, Schatzwechseln. *Vermittlungsgeschäfte:* u.a. Giro- u.

Bangkok: Teil des königlichen Palastes

Scheckverkehr, Kommissionsgeschäft in Wertpapieren, Devisen u. Sorten, Übernahme u. Verkauf v. Wertpapieren bei Emissionen, Verwahrung v. Wertsachen im Depot. Nach dem vorwiegend betriebenen Geschäftszweig sind zu unterscheiden: *Hypotheken-B., Girozentralen, Sparkassen, Kreditgenossenschaften* usw. Die Ausg. v. Banknoten ist der /*Notenbank* (Zentralbank) vorbehalten (/Deutsche Bundesbank).
Bankett *s* (it.), **1)** festliche Mahlzeit. **2)** (frz.) unterer, verbreiterter Teil der Grundmauer eines Bauwerks. **3)** Streifen an beiden Seiten einer Fahrbahn.
Bank für internationalen Zahlungsausgleich (BIZ), 1930 gegr.; heute bes. für den Zahlungsausgleich innerhalb des /Europ. Währungsabkommens; Sitz Basel.
Bankgeheimnis, Schweigepflicht der Banken, bes. über Vermögensverhältnisse der Kunden, auch gegenüber der öff. Gewalt.
Bankier (: bankje, frz.), wer gewerbsmäßig Bank- od. Wechselgeschäfte betreibt.
Banknoten, die v. den /Notenbanken ausgegebenen Papiergeldzeichen als unbeschränktes gesetzl. Zahlungsmittel. Vernichtete od. verlorene B. werden nicht ersetzt, wohl aber beschädigte.
Bankrott *m* (it.), Zahlungsunfähigkeit eines Schuldners. /Konkurs.
Bann *m,* im MA Gerichts- od. Befehlsgewalt, auch deren Gebiet (/B.meile). *Heer-B., Heeresaufgebot; Blut-B.,* Recht über Leben u. Tod; *Kirchen-B., Exkommunikation,* in der kath. Kirche Strafe, durch die ein Kirchenmitgl. aus der Gemeinschaft der Gläubigen, nicht aber aus der Kirche ausgeschlossen wird. Straffolgen: bes. Ausschluß v. Sakramentenempfang. **B.meile, 1)** Umgebung eines Ortes in Meilenentfernung. **2)** im MA Beherrschung des umliegenden Landes. **3)** heute bes. der geschützte Bereich um Parlaments- u. Regierungsgebäude. **B.recht,** im MA Recht des Grundherrn, bestimmte Verwaltungs- u. Strafgebote zu erlassen. **B.wald,** geschonter Schutzwald gg. Lawinen, Steinschlag u. Erdrutsch. **B.ware,** *Konterbande,* Kriegsgüter, die ein Neutraler im Krieg zuführt; nach Völkerrecht beschlagnahmbar.

Bantamgewicht ⁊Gewichtsklassen. ☐ 327.
Banting (: bän-), *Frederick*, kanad. Mediziner, 1891–1941; Entdecker des Insulins, Nobelpreis 1923.
Bantu (-Leute), größte Gruppe der Neger, in der Südhälfte Afrikas, ca. 70 Mill., sprechen die *B.sprachen;* meist Ackerbauern u. Viehzüchter (Kaffern); in Südafrika von den Weißen getrennt: ⁊Apartheid.
Banz, ehem. Benediktinerabtei in Oberfranken, um 1070–1803; barocker Klosterbau durch J. L. Dientzenhofer u. B. Neumann, Klosterkirche v. J. Dientzenhofer.
Bao-Dai, * 1913; 26/45 Ks. v. Annam, 49 Staatschef v. Vietnam, 55 durch Plebiszit abgesetzt.
Baptisten (gr. = Täufer), ev. Freikirche, bes. in den USA, in Dtl. seit 1834 (seit 1941 nach dem Zusammenschluß mit anderen ev. Freikirchen *Bund Ev.-Freikirchl. Gemeinden in Dtl.* gen.); calvinist. Züge; anerkennen nur die Taufe der Erwachsenen (durch Untertauchen); starker Gemeinschaftsgeist. Zusammenfassung im „Baptistischen Weltbund", gegr. London 1905.
Baptisterium *s* (gr.), Taufbecken, Taufkirche.
Bar, 1) *s,* Einheitenzeichen *bar,* Einheit des Drucks; 1 bar = 10⁵ N/m² (Pascal) = 750,062 Torr. **2)** *w* (engl. = Schranke), Trinkstube, Nachtlokal.
Bär, 1) Raubtiergattung; *Gemeiner* od. *Brauner B.,* bis 300 kg schwer, jetzt nur noch in Ost- u. Nordeuropa, in den Pyrenäen, Alpen u. Karpaten; im Nördl. Eismeer der ⁊Eis-B., in Nordamerika der *Grisly* u. *Baribal;* während der Eiszeit der Höhlen-B. **2)** *Großer* u. *Kleiner Bär,* auch *Wagen* od. *Arktos,* Sternbilder. **3)** Rammbock. **4)** ⁊Bärenspinner.

Baer, *Karl Ernst v.,* dt.-russ. Zoologe, 1792–1876; Entdecker des Säugetiereies u. Begründer der modernen Embryologie.
Baracke *w* (span.), leichtes, meist zerlegbares, einstöckiges Gebäude.
Barat (: barạ), *Madeleine-Sophie,* hl. (25. Mai), 1779–1865; gründete den Orden *Dames du Sacré Cœur* für weibl. Erziehung.
Barbados, ehem. brit. Kolonie, östlichste Insel der Kl. Antillen. E. meist Neger oder Mulatten; Zuckerrohr, Bananen, Baumwolle. Hst. Bridgetown. Seit 1966 unabhängig.
Barbar *m* (gr.; Bw. *barbạrisch*), **1)** für die Hellenen geringschätzig alle Nichtgriechen. **2)** Ungebildeter, Rohling.
Barbara, hl. (4. Dez.), Jungfrau zu Nikomedien, 306 gemartert; eine der 14 ⁊Nothelfer. Patronin der Bergleute u. Artilleristen.
Barbarossa (it. = Rotbart), Beiname Ks. ⁊Friedrichs I. **B.höhle,** im Kyffhäusergebirge, v. wo B. nach der Sage wiederkommen soll.
Barbe *w,* Karpfenfisch mit 4 Bartfäden; bis 50 cm lang; Fleisch wenig geschätzt. Rogen während der Laichzeit giftig. ☐ 466.
Barberini, it. Adelsgeschlecht, daraus Pp. Urban VIII.
Barbitursäure, aus Malonsäure u. Harnstoff hergestellte chem. Verbindung. Grundstoff vieler Schlafmittel *(Barbiturate).*
Barbusse (: -büß), *Henri,* frz. Schriftsteller, 1873–1935; Pazifist, später Kommunist; HW der gg. den Krieg gerichtete Roman *Das Feuer.*
Barcelona (: -ße-), alte Hst. v. Katalonien, Haupthandels- u. -industrieplatz Spaniens, 1,9 Mill. E.; Erzb., Univ.; got. Kathedrale; bedeutende Textil-Ind.
Barchent *m* (arab.), baumwollener Köperod. Atlasstoff; Bett-, Futter-, Pelz-B.

Barbados

Amtlicher Name:
Barbados
Staatsform:
unabhängige
Monarchie im
Commonwealth
Hauptstadt:
Bridgetown
Fläche:
430 km²
Bevölkerung:
250000 E.
Sprache:
Englisch
Religion:
ca. 70% Anglikaner
Währung:
1 Ostkarib. Dollar
= 100 Cents
Mitgliedschaften:
UN, Commonwealth,
OAS

Sternbild Großer Bär

Sternbild Kleiner Bär

Bären	Farbe u. besondere Merkmale	Körperlänge	Vorkommen
Lippenbär *Melursus ursinus*	schwarz, Lippen rohrförmig vorstreckbar	1,8 m	Vorderindien u. Ceylon; Dschungel
Kragenbär oder Asiat. Schwarzbär *Selenarctos tibetanus*	schwarz oder rotbraun, Brustfleck V-förmig	1,8 m	Mittelasien; Thailand, Taiwan, Hindukusch; viel auf Bäumen
Malaienbär *Helarctos malayanus*	schwarz mit gelbem Brustfleck, kurzhaarig	1,4 m	Borneo, Sumatra, Malaiische Halbinsel; auf Bäumen
Brillenbär *Tremarctos ornatus*	schwarz, Gesicht und Kehle mit Brillenzeichnung	1,5 m	nordwestliche Anden
Braunbär *Ursus arctos* 30 Unterarten	braun, schwarz, isabellafarbig, helle Brustflecke	2 m; Kodiakbär: 3 m	Nordamerika, Asien, Europa; Wälder, Hochgeb.
Amerikanischer Schwarzbär *Ursus americanus*	schwarz bis zimtbraun, oft mit hellem Brustfleck	2 m	westl. Nordamerika u. östl. Asien; Küstengebiet
Eisbär *Thalassarctos maritimus*	gelbl.-weiß mit dicker Speckschicht, Nasenlöcher verschließbar	2,8 m	Arktis; vereiste Landschaft in Wassernähe

Barde, altkelt. Sänger und Dichter.
Bardeen (: -din), *John,* am. Physiker, * 1908; 1956 u. 72 Nobelpreis für Physik.
Bardowick, niedersächs. Ort, nördl. v. Lüneburg, 4300 E. – Im Früh-MA bedeutende Handelsstadt *(Bardowiek).*
Bareilly (: -re̱'-), Stadt im ind. Staat Uttar Pradesch, 320000 E.; Textilindustrie.
Bärenfluß, in Nordamerika, 1) Zufluß in den Gr. Salzsee, 600 km lang. 2) Abfluß des Gr. Bärensees. **Bäreninsel,** norweg. Insel zw. Nordkap u. Spitzbergen, bis 536 m hoch, 178 km², Kohlen- u. Phosphatlager. **Bärenklau** *m,* Staude (Doldenblütler), auf Wiesen, asiat. Arten als Zierpflanzen. **Bärenlauch,** ein wilder ⁄Lauch, mit weißen Blütendolden. **Bärenrobbe,** der ⁄Seebär. **Bärensee,** *Großer B.,* in Nordkanada, 30000 km²; Abfluß der Bärenfluß. **Bärenspinner,** kurz *Bär,* lebhaft gefärbter Nachtfalter. **Bärentatze,** der ⁄Ziegenbart. **Bärentraube,** preiselbeerähnlicher Halbstrauch; Blätter als Teeaufguß gg. Blasenleiden; in Nord-Dtl., Alpen usw. ☐ 453.
Barentssee, Nördl. Eismeer zw. Nowaja Semlja u. Nordskandinavien, 1360000 km², bis 450 m tief; benannt nach dem niederländ. Seefahrer *Barents* (1550–97).
Bär(en)wurz, *Bärendill,* Gebirgspflanze, Doldenblütler, Heil- u. Gewürzkraut.
Barett *s* (frz.), Kopfbedeckung v. Geistlichen *(Birett),* Richtern usw.; zur Amtstracht.
Barfüßer, barfuß gehender od. nur Sandalen tragender Mönch strengerer Orden.
Bargeld, Münzen u. Banknoten, im Ggs. zum ⁄Giralgeld. **b.loser Zahlungsverkehr,** Zahlung ohne Bargeld mit Hilfe v. Giralgeld.
Bargheer, *Eduard,* dt. Maler u. Zeichner, 1901–79; v. van Gogh beeinflußt; farbenglühende Bildnisse und Landschaften.
Bari *delle Puglie* (: -pu̱lje), it. Prov.-Hst. in Apulien, Schiffs- u. Flughafen am Adriat. Meer, 388000 E.; Erzb.; Univ.; romanische Kirche mit Grab des hl. Nikolaus.
Baribal *m,* nord-am. ungefährl. Bär, glänzend schwarz mit gelber Schnauze.
Bariton *m* (gr.), 1) Männerstimme zw. Tenor u. Baß. ☐ 951. 2) Tonlage v. Instrumenten, z. B. B.-Saxophon.
Barium *s,* chem. Element, Zeichen Ba, silberglänzendes Leichtmetall. Erdalkaligruppe, Ordnungszahl 56 (☐ 148), oxidiert leicht in Luft u. Wasser, wird aus Schmelzfluß elektrolytisch dargestellt; B.verbindungen sind giftig. **B.chlorat,** Ba(ClO₃)₂, in der Feuerwerkerei: zum Grünfärben der Flamme. **B.chlorid,** BaCl₂, in Wasser gelöst, Reagens auf Schwefelsäure. **B.sulfat** *(Baryt, Schwerspat),* BaSO₄, wasserunlösl., weiße Malerfarbe u. als Kontrastbrei für Röntgenuntersuchungen. *B.hydroxid,* Ba(OH)₂, ⁄Barytwasser.
Bark *w,* Segelschiff, meist mit Rahsegel an vorderen Masten; Besanmast ohne Rahen.
Barkarole, *Barkerole w* (it), 1) kleine Barke. 2) venezian. Gondellied. **Barkasse** *w* (span.), 1) größtes Beiboot eines Kriegsschiffs. 2) kleines Motor- od. Dampfboot.
Barke *w,* mastloses Mittelmeerboot.
Barlach, *Ernst,* dt. expressionist. Bildhauer, Graphiker u. Dichter, 1870–1938; monu-

Bärlapp

Barletta: Kopf des Bronzestandbildes

Bark

Barlach: Selbstbildnis (Lithographie)

mentale, v. tiefer Religiosität durchdrungene Schöpfungen: u. a. Plastiken für Ehrenmale in Güstrow (heute in Köln), Hamburg u. Magdeburg.
Bärlapp *m, Lycopodium,* Sporenpflanze; kriechende Sprosse, schuppige Blätter.
Bar-le Duc (: -dük), Hst. des frz. Dep. Meuse, am Rhein-Marne-Kanal, 20500 E.; Textil-Ind.
Barletta, süd-it. Hafenstadt, am Adriat. Meer, 80000 E.; Erzb., Fischerei, Salinen. – Antikes, 4,5 m hohes Bronzestandbild eines römischen Kaisers.
Barlog, *Boleslaw,* dt. Regisseur, * 1906; bis 72 Intendant des Schiller- u. des Schloßparktheaters in Berlin.
Bärme *w* (nd.), die ⁄Hefe.
Barmen, seit 1929 zu ⁄Wuppertal.
Barmherzige Brüder, mehrere kath. Genossenschaften für Krankenpflege; u. a. vom hl. Johannes v. Gott gestiftet. – **Barmherzige Schwestern,** Kongregationen für Erziehung, Armen- u. Krankenpflege; u. a. vom hl. Vinzenz v. Paul *(Vinzentinerinnen)* u. v. hl. Karl Borromäus *(Borromäerinnen)* gestiftet.
barn (engl.), veraltete kernphysikal. Einheit für den Wirkungsquerschnitt, 1 barn = 10⁻²⁴ cm².
Barnabas, hl. (11. Juni); Begleiter des Apostels Paulus. Der sog. **B.brief** über das Verhältnis v. Altem u. Neuem Bund ist nicht von ihm.
Barnabiten, *Paulaner,* 1530 gegr. Männerorden, bes. für Predigt u. Jugenderziehung.
Barnard, *Christiaan N.,* südafrikan. Chirurg, * 1922; führte 1967 die erste Herztransplantation beim Menschen durch.
Barnaul, russ. Stadt in Sibirien, l. am Ob, 533000 E.; Zentrum für Maschinenbau- u. Textil-Ind. u. für Kunstfaserproduktion.
Barnim *m,* brandenburg. Landschaft, zw. Havel, Finow, Oderbruch u. Rotem Luch.
Barnsley (: ba̱rnßle¹), nordengl. Fabrikstadt in der Grafschaft York, 76000 E.; Leinen-, Maschinen-Ind., Kohlengruben.
Barock *m* od. *s* (v. portug. *barocco* = unregelmäßige Perle; frz. *baroque* = regelwidrig, schwülstig), allg. Bz. für bes. bewegte Stilphasen der Bildenden Kunst (spätantiker B., b.e Phase der Gotik = Spätgotik), insbes. aber für die europ. Kunst- u. Kulturepoche v. ca. 1600/1750. Bei allen Unterschieden zw. Früh-, Hoch- und Spät-B. (⁄Rokoko), in den verschiedenen Ländern, in den Künsten u. der Lit. ist dem B. gemeinsam der Ausbruch aus der in sich ruhenden, innerird. Form ins Grenzenlose, Bewegte u. Überirdische. Ekstatik, aber auch lebensvolle Sinnenhaftigkeit sind Wesensmerkmale des B. Der europ. B. ist in der Hauptsache eine höfisch-klerikale Kultur. Der Schwerpunkt des B. liegt bei der Baukunst mit Kirchen- u. Palastbau, Schloß- u. Klosteranlagen, Platzgestaltungen u. Straßenzügen (Rom, Wien, Prag, Salzburg, Würzburg, Dresden). Plastik u. Malerei wirken mit ihr in einer sonst nicht erreichten Harmonie zusammen. Durch reich gegliederte, nach außen gebuchtete Fassaden u. Innenräume bekommt die Architektur plast. bewegte Gestalt, während umgekehrt die Plastik sich in das architek-

Barock

1 Jusepe de Ribera (1591–1652): Der hl. Paulus der Eremit (um 1636). Madrid, Prado.
2 Johann Rottenhammer (1564 bis 1625): Die Hochzeit zu Kana (1602) München, Alte Pinakothek.
3 Johan Liss (1597 bis 1629): Judith enthauptet Holofernes. Wien, Kunsthistor. Museum.

4 Francisco Zarcillo (1707–1781): Petrus schlägt Malchus ein Ohr ab. Prozessionsfiguren; Murcia, Kirche de Jesús.
5 J. A. Feichtmayr (1696–1770): Der Honigschlecker. Engel in der Wallfahrtskirche Birnau.
6 Egid Quirin Asam (1692 bis 1750): Himmelfahrt Mariä (1717/1722) vom Hochaltar der Stiftskirche Rohr in Niederbayern.

7 Sakristei der Kartause (1727/1764) von Granada im überladenen Churriguerismus. Erbaut von F. M. Vázquez und L. de Arévalos.
8 Johann Michael Fischer (1691 bis 1766): Fassade der Klosterkirche Ottobeuren (1737/66).
9 Balthasar Neumann (1687 bis 1753): Wallfahrtskirche Vierzehnheiligen (1742ff.).

Weitere bedeutende Künstler des Barock:

Architektur

Italien:

Pietro da Cortona	1596–1669
Francesco Borromini	1599–1667
Guarino Guarini	1624–1683
Carlo Fontana	1634–1714

Frankreich:

Salomon de Brosse	1562–1626
Jacques Lemercier	1585–1654
François Mansart	1598–1666
Louis LeVau	1612–1670
J. Hardouin-Mansart	1646–1708

England:

Christopher Wren	1632–1723
John Vanbrugh	1664–1726

Österreich/Deutschland

Georg Bähr	1636–1738
Ignaz Dientzenhofer	1655–1722
J. B. Fischer von Erlach	1656 1723
Jakob Prandtauer	1658–1726
Daniel Pöppelmann	1662–1736
Johann Dientzenhofer	1663–1726
Joh. L. v. Hildebrandt	1668–1745
Dominik. Zimmermann	1685–1766
Cosmas Damian Asam	1686–1739

Plastik:

Hubert Gerhard	1550–1620
Hans Reichle	1570–1642
Stefano Maderna	1576–1636
François Duquesnoy	1594–1643
Alonso Cano	1601–1667
Alessandro Algardi	1602–1654
François Girardon	1628–1715
Antoine Coyzevox	1640–1720
Grinling Gibbons	1648–1721
Balthasar Permoser	1651–1732
Andreas Schlüter	1660–1714
Raphael Donner	1693–1741

Barock

Italien   Italien   Frankreich

1 Michelangelo da Caravaggio (1573 bis 1610): Christus weckt die schlafenden Jünger am Ölberg, Berlin, Staatl. Museen.
2 Guido Reni (1575–1642): Die Taufe Christi, Wien, Gemäldegalerie.
3 Nicolaus Poussin (1593–1665): Eleazar trifft Rebekka am Brunnen. Paris, Louvre.

4 Lorenzo Bernini (1598–1680): Verzückung der hl. Theresia. Rom, Santa Maria della Vittoria.
5 Giovanni da Bologna (1529 bis 1608): Apollo. Florenz, Museo Nazionale.
6 Pierre Puget (1622–1694): Medaillon-Relief Ludwigs XIV. Marseille, Museum.

7 Baldassare Longhena (1598 bis 1682): Kuppelkirche Santa Maria della Salute (1631) in Venedig.
8 Carlo Maderno (1556–1629): Inneres der Peterskirche mit Blick zum Kuppelraum (1606/15). Rom.
9 Fassade des Hôtel Soubise (1706/12) in Paris. Erbaut von Delamaire.

Malerei:

Italien:	*Frankreich:*	*Österreich/Deutschland:*
	Simon Vouet 1590–1649	Adam Elsheimer 1578–1610
Federigo Barocci 1526–1612	Jacques Callot 1592–1638	Michael Willmann 1630–1706
Annibale Caracci 1560–1609	Claude Lorrain 1600–1682	Johann M. Rottmayr 1654–1730
Domenichino 1581–1641	Charles LeBrun 1619–1690	Daniel Gran 1694–1757
Domenico Fetti 1589–1624	*Niederlande:*	Franz Anton
Giovanni Guercino 1591–1666	Peter Paul Rubens 1577–1640	Maulpertsch 1724–1796
Pietro da Cortona 1596–1669	Frans Hals 1584–1666	
Andrea del Pozzo 1642–1709	Jacob Jordaens 1593–1678	*Spanien:*
Giovanni B. Tiepolo 1696–1770	Anthonis van Dyck 1599–1641	El Greco 1541–1614
A. Canale (Canaletto) 1697–1768	Rembrandt van Rijn 1606–1696	Francisco de Ribalta 1551–1628
Pietro Longhi 1702–1785	Jacob van Ruisdael 1628–1692	Francisco de Zurbarán 1598–1664
B. Belotto (Canaletto) 1720–1780	Vermeer van Delft 1632–1675	Diego Velázquez 1599–1660
		Esteban Murillo 1618–1682

ton. Ganze einfügt, die Malerei wiederum in illusionären Räumen Gestaltungen v. plast. Lebendigkeit schafft. Ursprungsland des B. ist *Italien*, wo durch monumental bewegte Gestaltungen (Kuppel des Petersdoms, Sixtin. Kapelle) Michelangelo das klass. Maß der Renaissance sprengt. Als eig. Anfang gilt Vignolas Kirche II Gesù (Rom). F. Borromini (S. Carlo alle Quattro Fontane in Rom) u. G. Guarini führten dann in kühnen Konstruktionen über die wuchtige Schwere des Früh-B. hinaus. In der Plastik ist Bernini die bedeutendste Künstlergestalt. Pathetik, Sinnlichkeit u. Realismus kennzeichnen die Malerei (Carracci, Caravaggio, Tiepolo). *Frankreich* übernahm den B. nur in seiner Frühform. Es entwickelte den strengen klassizist. Stil des Absolutismus (Schloß v. Versailles, Louvre). Auch die Malerei (Claude Lorrain, N. Poussin) liegt auf klassizist. Linie, bis allerdings in den Bildern Watteaus, Bouchers u. Fragonards das Rokoko triumphiert. Realistisch schwerblütigen Stil u. die Hinwendung zum bürgerl. Alltag enthalten die Graphiken J. Callots u. die Bilder der Brüder Le Nain. Die *Niederlande* entwickelten von vornherein den B. innerhalb eines bürgerl. Milieus, teilweise sinnenfroh bis zur Derbheit, teilweise ernst u. sachlich, ein Ggs., der seinen stärksten Ausdruck in ∕Rubens und ∕Rembrandt findet u. den Unterschied zw. dem kath. Flandern u. dem prot. Holland kennzeichnet. In *Spanien* entwickelte sich der B. in der strengen, wuchtigen u. repräsentativen Form, wie sie der v. J. B. de Herrera gebaute Escorial darstellt, bzw. in der nüchternen Strenge der Bilder F. de Zurbaráns, J. de Riberas u. F. de Ribaltas, aber auch in dem maur. beeinflußten, ornamentreichen ∕Platereskenstil u. ∕Churriguerismus. Die relig. Leidenschaft El Grecos, höf. Prunkentfaltung u. lebensvolle Darstellung ∕Velázquez' u. ∕Murillos jedoch steigerten den span. B. zu starker innerer Bewegtheit. Die Plastik gelangte in der Darstellung religiöser Szenen zu höchster Lebendigkeit u. Realismus (Berruguete, Zarcillo u. a.). *Deutschland* u. *Östr.* führten den B. zu vollkommensten Formen. In Östr. wirkten Fischer v. Erlach, L. v. Hildebrandt, J. Prandtauer (Schloß Schönbrunn, Karlskirche in Wien, Kloster Melk), in Süd-Dtl. schufen nach dem Vorbild Borrominis u. Guarinis J. M. Fischer (Ottobeuren), B. Neumann (Vierzehnheiligen, Neresheim) u. D. Zimmermann (Wies, Steinhausen) gewaltig bewegte od. auch graziös-kühne Kloster- u. Kirchenbauten. In Franken, Böhmen u. Schlesien wirkten die Gebrüder ∕Dientzenhofer (Kloster Banz, Dom zu Fulda, Grüssau), in Sachsen Pöppelmann (Dresdner Zwinger). Wohl der bedeutendste Bildhauer ist B. Permoser (Dresdner Zwinger); in Süd- u. Mittel-Dtl. arbeiteten die Plastiker Feichtmayr u. I. Günther; die Deckenmaler Zick, die Brüder Asam, M. Günther, M. Knoller, J. M. Rottmayr u. G. B. Tiepolo. Auch im prot. Norden gewann der B. Boden: J. C. v. Schlaun u. G. W. v. Knobelsdorff (Sanssouci) u. der Bildhauer A. Schlüter. □ 70/71.

B.dichtung. Auch in der Lit. ist der B. eine gesamteurop. Strömung, die auf dem christl.-kath. Weltbild beruht u. in Spanien mit Lope de ∕Vega u. ∕Calderón ihre Vollendung erfährt. Getragen v. der höfischen Gesellschaft, sind ihre Hauptkennzeichen Spannung zw. Diesseits u. Jenseits, Sinnenlust u. Entsagung, Weltbejahung u. -verneinung. Sprach- u. Stilfragen beschäftigen die Zeit: M. ∕Opitz u. a. bemühen sich um eine Lehre vom Dichten; dennoch ist in keiner Epoche soviel Schwulst u. Maßlosigkeit zu finden wie in der B.dichtung. Bedeutend im Drama das Werk v. A. ∕Gryphius, in der Lyrik J. Chr. ∕Günther, die Kirchenlieder P. ∕Gerhardts u. von ∕Angelus Silesius. Der Roman erreichte in ∕Grimmelshausens „Simplicissimus" einen Höhepunkt. Der B. neigte aufgrund seiner antithetischen Haltung, seiner Schein-Sein-Problematik u. auch seiner Schaulust zum Theater: Entwicklung der Bühnenmaschinerie, reiche Ausstattung, Kulissenbühne. Im Gesamtkunstwerk B.theater tritt das Wort oft zurück hinter Optik u. Musik. Beliebt waren Ballette u. Festzüge.

Die B.musik reichte v. etwa 1580 bis 1730. Entstehung der Oper: Zurücktreten der Polyphonie, Gegensatzpaar ∕Rezitativ u. ∕Arie. Mit dem Verzicht auf stark kontrapunktische Arbeit wird ein mehr harmonisch gearbeiteter Satz geschaffen. Die Oberstimme wird zum Träger der Melodie; Fundament u. Begleitung ist der ∕Generalbaß. Kirchenmusik: geistliches Konzert, Kirchensonate, Choralmotette, ∕Kantate. Der B. ist die Blütezeit der Instrumentalmusik. Hauptmeister der B.musik sind in It.: Monteverdi, A. Scarlatti, Corelli, Vivaldi, Pergolesi; in Fkr.: Lully, Rameau, Couperin; in Engl.: Byrd, Purcell, Händel; in Dtl.: Schütz, Telemann, Buxtehude, J. S. Bach. Auch die Naturwiss. (bes. Mathematik u. Astronomie), die Philosophie (Monadenlehre von Leibniz) u. die Theologie (span. Scholastik, Suárez) sind v. Geist des B. erfüllt u. suchen nach einem ins Unendliche reichenden Weltbild. Überaus reich ist die aszet. Lit., denn diese sinnlich-geistig bewegte Zeit strebte zugleich nach der Herrschaft des Willens. Auf das Frömmigkeitsideal wirken Heilige wie Ignatius v. Loyola, Theresia v. Avila, Johannes v. Kreuz; bes. Verehrung Mariens, Reliquienkult.

Baroda, Stadt im ind. Staat Gudscherat, 390 000 E.; Univ.; Baumwollindustrie.

Barometer *s* (gr.), Instrument zum Messen des Luftdrucks (1643 v. Torricelli erfunden). *Quecksilber-B.*, oben geschlossene, unten offene, mit Quecksilber gefüllte Glasröhre (Luftdruck hält Hg-Säule das Gleichgewicht). *Aneroid-B.*, Feder- od. Metall-B., bei dem der Wechsel des Luftdrucks durch Formveränderung dünnwand., nahezu luftleerer Metallgefäße ermittelt u. durch einen Zeiger übertragen wird. *Registrier-B.*, *Barograph*, *Barometrograph*, schreibt die wechselnden B.stände selbsttätig auf.

Baron (frz., it.), in Dtl. Anrede für den Freiherrn. **Baronet** (: bär[e]n't), höchste Klasse des niederen engl. Adels.

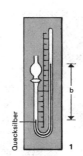

Quecksilber

b

1

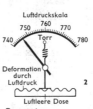

Luftdruckskala

750 760 770
740 Torr 780

Deformation
durch
Luftdruck

2

Luftleere Dose

Barometer:
1 Quecksilber-B.
(b = Barometerstand
in mm Quecksilbersäule), **2** Aneroid-B.

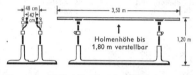

Jean-Louis Barrault

Barren: Wettkampf-B.
(Olympiabarren) für
Erwachsene.
Die Höhenverstellung
der Holme erfolgt
durch Raste in Ab-
ständen von 5 zu 5 cm

Barrengold:
Feingoldbarren von
1000 g

Oberkiefer

B B

Zunge

Unterkiefer

Barten: Schema des
Kopfes eines Finn-
wals mit den Barten B

Karl Barth

Barquisimeto (: barki-), Hst. des venezolan. Staates Lara, 330 000 E.; kath. Bischof, Landwirtschafts- und Industriezentrum.
Barranquilla (: -kilja), Haupthandelsplatz Kolumbiens, an der Mündung des Magdalenenstromes, 700 000 E.; kath. Bischof, Univ.
Barrault (: harọ), Jean-Louis, frz. Schauspieler, * 1910; 59/68 Leiter des Théâtre de France, 65/67 zugleich des Théâtre des Nations; auch bedeutend als Pantomime.
Barre w, Schlamm- od. Sandbank, die sich vor Flußmündungen im Meer bildet.
Barrel s (: bärᵉl), „Faß", ein Hohlmaß; am. B. für Erdöl meist 158,988 l, engl. 182,5, für Bier u. dgl. 163,5 l usw.
Barren, 1) Metallblock in Stangen-, Drahtod. Plattenform zur Weiterverarbeitung (↗Barrengold). **2)** Turngerät mit 2 waagrechten, in der Höhe u. seitl. verstellbaren Stangen. ↗Stufenbarren.

48 cm
42
cm

3,50 m

Holmenhöhe bis
1,80 m verstellbar

1,20 m

Barrengold, Gold in Form v. ↗Barren, meist 204 od. 400 engl. Troy-Unzen (6,345 bzw. 12,44 kg); bildet den Metallschatz der Notenbanken; auch private Kapitalanlage.
Barrès (: -räß), Maurice, frz. Romanschriftsteller, 1862–1923; Nationalist.
Barrett (: bärᵉt), Elizabeth, ↗Browning.
Barriere w (frz.), **1)** Schranke, Schlagbaum. **2)** Korallenriff vor einer Küste, bes. das 2000 km lange B.riff im NO von Australien.
Barrikade w (frz.), Sperre im Straßenkampf.
Barrow m (: bäro), zweitgrößter Fluß Irlands, 190 km lang. **B.spitze,** Point B., Kap B., nördlichster Punkt des am. Festlands (Alaska). **B.straße,** im nord-am. Polarmeer, verbindet Melville- u. Lancastersund.
Barsch m, räuber. Stachelflosser, meist lebhaft gelb, braun, rot gefärbt; in Mitteleuropa, Atlantik u. Mittelmeer. Abarten je nach Alter u. Standort: Fluß-B., Hecht-B. (↗Zander), Sonnen-B.; Gold-B., karminrot, mit weißem, fettem Fleisch. ☐ 912.
Barscheck ↗Scheck.
Barsinghausen, niedersächs. Stadt am Nordfuß des Deisters, 33 000 E.
Barsoi m, russ. wellhaariger Windhund.
Barsortiment ↗Sortiment.
Barten (Mz.), Hornplatten am Gaumen der B.wale, die wie ein Sieb Kleintiere aus dem Meerwasser filtern.
Bartflechte, 1) Hautkrankheit des behaarten Gesichts durch Pilze (Trichophytose) od. durch eitererregende Bakterien (Sykose). **2)** Flechte („Moosbart"), mit grünlich-gelben bartartigen Zotten, von Bäumen herabhängend; bes. im feuchten Gebirgsklima.
Barth, 1) Emil, dt. Schriftsteller, 1900–58; Lyrik u. Prosa v. klass. Form. **2)** Karl, Schweizer ref. Theologe, 1886–1968; Gegner des Nat.-Soz., geistiger Führer der „Bekennenden Kirche", 1935 als Prof. in Bonn amtsentlassen; bis 61 Prof. in Basel. Begr.

der ↗Dialektischen Theologie. HW: Kirchl. Dogmatik; Römerbrief.
Bartholomäus, hl. (24. August), Apostel aus Kana, wohl mit ↗Nathanael identisch; predigte in Indien, Mesopotamien u. Armenien; gemartert. **B.nacht,** 23. auf 24. August 1572: Ermordung der anläßlich der Hochzeit Heinrichs v. Navarra mit Margarete v. Valois in Paris weilenden Hugenotten.
Bärtierchen, mikroskop., durchsichtige Tiere mit 8 bekrallten Beinstummeln; in Wasser, feuchter Erde, Moos; überstehen Austrocknung.
Bartnelke, 2jähr. Nelken mit breiten Doldentrauben in zahlr. Farben.
Bartning, Otto, dt. Architekt, 1883–1959; moderne prot. Kirchenbauten.
Bartók (: bár-), Béla, ungar. Komponist, 1881–1945. Einfluß osteurop. Volksmusik; bedeutender Vertreter der ↗Neuen Musik.
Bartolini, Luigi, it. Maler u. Zeichner, 1892–1963; visionär-phantast. Graphiken.
Bartolommeo, Fra, OP, 1472–1517; Begr. einer Malerschule in Florenz; Meister der Hochrenaissance.
Baruch, Schüler u. Schreiber des ↗Jeremias; das ihm zugeschriebene Buch B. des AT entstand erst im 3./1. Jh. v. Chr.
Baruch, Bernard, am. Bank- u. Finanzmann, 1870–1965.
Baryt m, ↗Schwerspat. **B.wasser,** alkalisch reagierende wässerige Lösung v. Bariumhydroxid, Reagens auf Kohlensäure; giftig.
Barzahlung, a) Zahlung mit ↗Bargeld statt mit ↗Giralgeld; b) Zahlung gleich bei Leistung od. Lieferung. **B.snachlaß,** Preisnachlaß für sofort. Zahlung. ↗Rabatt, ↗Skonto.
Barzel, Rainer, * 1924; 62/63 Bundes-Min. für gesamtdt. Fragen; 64/73 Vors. der CDU/CSU-Bundestagsfraktion u. 66/67 1. stellvertr., 71/73 Vors. der CDU.
Basalt m, feinkörniges, dunkles Eruptivgestein tertiärer u. diluvialer Vulkane, meist in Säulen od. Kugeln abgesondert; bildet oft Kuppen in der Landschaft (Hegau, Eifel, Auvergne); zu Pflastersteinen u. a.

Zuschauergrenze
vom Schlagmal 75,25 m
entfernt

2. Laufmal

linke Seitenlinie

rechte Seitenlinie

39,20 m

3. Laufmal

1. Laufmal

Werferplatte

Platz des
Mannschafts-
betreuers

Schlag-
mal

Schläger-

felder

Fänger-

linie

18,30 m

Zuschauergrenze

Baseball: Spielfeld

Basar, *Basar m* (pers.), **1)** oriental. Markt; Kaufhaus. **2)** Wohltätigkeitsveranstaltung.
Baschkiren, Turkvolk im Ural-Wolga-Gebiet. *Baschkirische Autonome Sowjet-Rep.* der RSFSR, im südl. Ural, 143 600 km², 3,8 Mill. E., davon ¼ B.; Hst. Ufa. Reiche Vorkommen an Erdöl, Manganerz, Bauxit, Gold.
Base *w,* **1)** urspr. Vaterschwester, heute nur noch Geschwistertochter, Kusine. **2)** chem. Verbindung mit abspaltbarer OH-Gruppe, *alkalisch* od. *basisch;* bildet mit Säuren Salze; färbt rotes Lackmuspapier blau.
Baseball *s* (: be'ßbål), dem dt. Schlagballspiel verwandtes am. Nationalspiel; 2 Parteien zu je 9 Spielern (Schläger u. Fänger). **B.feld** ☐ 73.
Basedow, *Johann Bernhard,* 1723–90; von Rousseau beeinflußter dt. Erzieher.
Basedowsche Krankheit (nach dem Arzt *Karl v. Basedow,* 1799–1854), *Glotzaugenkrankheit,* ist die Folge einer Überfunktion der Schilddrüse: Kropf, Glotzaugen, Steigerung des Stoffwechselumsatzes, nervöse Störungen.
Basel, 1) *Kanton,* eig. 2 Halbkantone in der NW-⁄Schweiz; *B.-Stadt* beiderseits des Rheinknies mit Stadt B., 207 500 E.; *B.-Land,* linksrheinisch, 219 700 E. **2)** *Stadt B.,* internationaler Handelsplatz am Rhein, an der Dreiländerecke Schweiz, Fkr. u. Dtl., 185 300 E. Endpunkt des Kanals zum Rhein-Rhône-Kanal, einziger Binnenhafen der Schweiz. Der Rhein trennt das histor. *Groß-B.* mit roman.-got. Münster von *Klein-B.* mit Seiden-Ind. u. chem. Fabriken. Univ. (1460); Bank für internationalen Zahlungsausgleich (BIZ); Flughafen B.-Mülhausen. – B. hieß im Alt. *Basilea;* seit dem 4. Jh. Bistum (Bischofssitz seit 1828 in Solothurn), kam durch Heinrich II. 1006 zum Dt. Reich; 1501 eidgenöss., 1529 ref.; 1795 **B.er Frieden** zw. Preußen u. Fkr. u. zw. Spanien u. Fkr. – **B.er Konzil,** 1431/49, das 17. allgemeine; Hauptthemen: Hussitenfrage, Union mit den Griechen u. allg. Reformen, 37 nach Ferrara, 39 nach Florenz, 42 nach Rom verlegt. ⁄Konzil. ☐ 505.
basieren (gr.), auf etwas gründen.
Basilianer, oriental. Mönche, teils orth., teils mit Rom uniert; leben nach der Regel des hl. ⁄Basilius.
Basilienkraut, *Basilikum s,* Lippenblütler, Gewürzpflanze, Heimat Ostasien. ☐ 452.
Basilika *w* (gr.), **1)** im Alt. Halle für Markt u. Gerichtssitzungen. **2)** daraus z. Z. Konstantins d. Gr. Kirchenbaustil: Langhaus, durch

Basketball: a Spielfeldhälfte (Spielfeldmaße 14 × 26 m); **b** Spielbrett mit Korbeinrichtung

Albert Bassermann

Basilika: fünfschiffige B. (Konstantinischer Bau von St. Peter, Rom) mit Grundriß: A Mittel-, B Querschiff, C Apsis, D Seitenschiffe, E Säulenhalle, F Atrium, G Säulenhalle der Atriumeingänge

Säulen in 3 od. mehr Schiffe geteilt. Mittelschiff überhöht, urspr. flach gedeckt, Apsis mit Altar, oft Querschiff, später auch Türme. Heute B. allg. jede Langhauskirche mit erhöhtem Mittelschiff; auch Ehrentitel für bedeutende kath. Kirchen.
Basilisk *m,* **1)** süd-am. Schuppenkriechtier mit Kamm auf Kopf u. Rücken. **2)** im Alt. schlangenhaftes Fabelwesen mit tödl. Blick.
Basilius d. Gr., hl. (2. Febr.), Kirchenlehrer, 331–379; aus Kappadokien, Erzb. v. Cäsarea; trug entscheidend zur Überwindung des ⁄Arianismus bei; Vater des morgenländ. Mönchtums *(Basilianer).*
Basis *w* (gr.), **1)** Grundlage, Stützpunkt. **2)** Grundzahl einer Potenz od. eines Logarithmus. **3)** Grundlinie einer geometr. Figur od. Grundfläche eines Körpers. **4)** der untere Teil eines Baugliedes (bes. einer Säule).
Basisgruppen, Aktionsgemeinschaften, bes. an den Hochschulen, die die überkommenen Strukturen ablehnen u. im Sinne einer gesellschaftl. Veränderung neue Formen einer Kooperation zw. Lehrenden u. Lernenden anstreben.
Basken, vorindogerman. Volk um den Golf v. Biscaya, etwa 130 000 B. auf frz. u. 700 000 auf span. Gebiet. Das Volk besitzt eine eigene Sprache, deren Ursprung immer noch dunkel ist, u. alte Sitten. – Im 6. Jh. Einwanderung der B. in die Gascogne; im MA wahrten sie eine gewisse Selbständigkeit; 1789 Aufhebung der bask. Vorrechte in Fkr., 1872/76 u. endgültig 1939 unter Franco in Spanien. – Seit 75 verstärkte terrorist. Aktionen der separatist. ETA.
Basketball, am. Korbballspiel mit 2 Parteien zu je 5 Spielern u. 7 Auswechselspielern.
Basküleverschluß, *Basquill,* Fenster- od. Türverschluß; durch einen Handgriff werden mehrere Riegel od. Stangen nach verschiedenen Richtungen geschoben.
Basra, *Bassora,* Prov.-Hst. u. einziger Hafen des Irak, rechts am Schatt el-Arab, 384 000 E.; Univ., Flughafen; Ende der Bagdadbahn. Kath.-melchit. Erzbischof.
Basrelief *s* (: ba-), flaches ⁄Relief.
Baß *m* (it.), **1)** tiefste Lage der Männerstimme. ☐ 951. **2)** tiefste Stimme in Instrumentalwerken (⁄Generalbaß). **3)** tiefste Tonlage v. Instrumenten, z. B. *B.geige.*
Bassermann, *Albert,* dt. Schauspieler, 1867–1952; wirkte bes. auf Berliner Bühnen, naturalistischer Darsteller; 1933/46 emigriert. Auch seine Frau *Else* (1878–1961) war Schauspielerin.
Baßgeige ⁄Baß.
Bassin *s* (: baßẽṇ, frz.), Becken.
Bast, *m,* **1)** innerste Rindenschicht der mit dauerndem Dickenwachstum ausgestatteten Pflanzen; Binde- u. Flechtmaterial. *B.fasern,* bes. im B. von Hanf, Flachs, zu groben Garnen u. Geweben. **2)** die behaarte, später abgescheuerte Haut am Geweih.
Bastard *m,* **1)** unehel. Kind (auch Bankert). **2)** Mischling (der *Hybrid* od. die *Hybride*), aus der Kreuzung zweier Pflanzen- od. Tierarten, seltener -gattungen. **3)** beim Menschen Nachkomme aus Rassenkreuzung meist entfernt stehender Formgruppen (⁄Mestize, ⁄Mulatte).

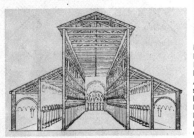

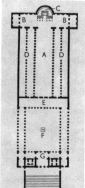

Bastei w, 1) ↗Bastion. 2) Felspartie des sächs. Elbsandsteingebirges, der Glanzpunkt der Sächsischen Schweiz, bis 315 m hoch.

Bastia, größte Hafenstadt Korsikas, im N der Insel, 52000 E.

Bastian, *Adolf,* 1826–1905; Begr. der vergleichenden Völkerkunde.

Bastille w (: bastij[e], frz.), 1) befestigte Türme u. Schlösser. 2) Pariser Staatsgefängnis. Mit dem *Sturm auf die B.,* 14. 7. (seither frz. Nationalfeiertag) 1789, begann die Frz. Revolution.

Bastion (frz.), *Bastei* w, vorspringender Teil des Festungshauptwalles.

Basutoland, fr. Name für ↗Lesotho.

Baesweiler (: baß-), rheinische Stadt im Kr. Aachen, 24000 E.; Steinkohlenbergbau.

Bataille w (: -aij[e], frz.), Schlacht.

Bataillon s (: bataijōn), Einheit aus meist 3–4 Kompanien; 3 B.e = 1 Regiment.

Batak, 1) Volksstamm auf der Philippineninsel Palawan. 2) ins Innere N-Sumatras zurückgedrängter malaiischer Volksstamm.

Batate w, *Ipomoea,* in Tropenländern angebaute, urspr. süd-am. Trichterwinde. Wurzelknollen eßbar („Süßkartoffeln"), auch zu Viehfutter u. Spiritusgewinnung.

Bataver, german. Volksstamm an der Rheinmündung.

Batavia ↗Djakarta.

Batavische Republik, 1795–1806 v. Fkr. aus den eroberten Niederlanden gebildet.

Bath (: baß), engl. Badestadt, am Avon, 86000 E.; Thermalquellen (46–49° C).

Bath-Orden (: baß-), engl. Orden, 3 Klassen.

Bathurst (: bäßör̄ßt), bis 1973 Name der Hst. v. Gambia, heißt seither ↗Banjul.

Bathyskaph m od. s (gr.), ein frei schwimmendes Tiefsttauchgerät (über 10000 m Tauchtiefe); v. A. Piccard konstruiert.

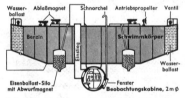

Wasserballast — Ablaßmagnet — Schnorchel — Antriebspropeller — Ventil — Benzin — Einstieg — Schwimmkörper — Wasserballast — Eisenballast-Silo mit Abwurfmagnet — Fenster — Beobachtungskabine, 2 m ⌀

Schnitt durch Piccards Bathyskaph „Trieste"

Batik m, w (Ztw. *batiken*), Verfahren zum Bemalen v. Geweben, wobei die Stellen, die ungefärbt bleiben sollen, mit Wachs bedeckt werden; heimisch in Indonesien.

Batist m (frz.), dicht gewebte feinste Leinwand, auch Baumwoll-B.

Baton Rouge (: bät[e]n rusch), Hst. v. Louisiana (USA), am unteren Mississippi, 175000 E.; Univ.; Erdölraffinerien.

Batschka w, serbokroatisch *Bačka,* ungar. *Bácska,* Tiefland zw. Donau u. unterer Theiß, reichste Weizengegend. Pferde- u. Schweinezucht. – Bis 1919 ungar., der größere Teil kam an Jugoslawien; Hst. Neusatz (Novi Sad). Nach dem 2. Weltkrieg wurden die dt. Siedler (ca. 29% der Bev.) vertrieben od. umgebracht.

Battenberg, hess. Stadt r. über der Eder, 5100 E. – Seit 1858 Fürstentitel für die morganat. Gemahlin des Prinzen Alexander v. Hessen u. deren Nachkommen; 1917 in ↗Mountbatten umgewandelt.

Batterie w (frz.), 1) kleinste Einheit der Artillerie mit 3–6 Geschützen. 2) Vereinigung mehrerer galvan. Elemente od. Akkumulatoren.

Batum(i), Hst. der Adscharischen ASSR, am Schwarzen Meer, 124000 E.; Endpunkt der 2 ca. 880 km langen Erdölleitungen von Baku bis B.; Ausfuhrhafen für Erdöl und Manganerze.

Bauabnahme, Prüfung der Bauausführung durch die ↗Baupolizei.

Bauaufsicht ↗Baupolizei.

Bauch, *B.höhle,* durch das Zwerchfell v. der Brusthöhle abgegrenzt, vom *B.fell* ausgekleidet, unten vom Becken, hinten v. den Lendenwirbeln begrenzt u. durch Haut u. Muskeln nach außen geschützt, mit den *B.-eingeweiden:* Verdauungs-, innere Harn- u. Geschlechtsorgane. **B.höhlenschwangerschaft,** Entwicklung der Frucht außerhalb der Gebärmutter, meist im Eileiter.

Bauchmark, Nerven- u. Ganglienstrang im Bauch der Würmer u. Gliederfüßer.

Bauchpilze, Pilze, bei denen sich die Sporenbildung im Innern v. knolligen Fruchtkörpern vollzieht; ↗Boviste u. Stäublinge u. die ↗Erdsterne.

Bauchredner, bringt, ohne den Mund zu bewegen, Töne u. Worte nur mit dem Kehlkopf (wie aus dem Bauch) hervor.

Bauchspeicheldrüse ↗Pankreas.

Baude w, Berghütte, Berggasthaus.

Baudelaire (: bodlär), *Charles,* 1821–67; frz. Lyriker v. europ. Wirkung; verbindet in seinen Gedichten Göttliches u. Satanisches, Schönheitskult u. Verzweiflung. *Die Blumen des Bösen.* ↗Symbolismus.

Baudouin I. (: boduān = Balduin), Kg. der Belgier (seit 1951), *1930; heiratete 60 die span. Gräfin Fabiola de Mora y Aragón.

Bauer, der Eigentümer od. Pächter einer Landwirtschaft, der auf dem Lande seßhaft ist (im Ggs. zum Farmer) u. den bäuerl. Betrieb mit seinen Familienangehörigen od. fremden Hilfskräften betreibt, im Unterschied zum grundbesitzlosen Landarbeiter u. nur leitende Arbeit ausführenden Grundbesitzer. Die bäuerl. Lebensform hat sich mit dem Entstehen des *B.ntums* aus den Hirtenvölkern u. Sammlern in ihren Grundzügen kaum verändert u. nimmt erst heute mit der Technisierung der ↗Landwirtschaft ganz neue Züge an.

Bauer, *Gustav,* 1870–1944; 1919/20 (bis zum Kapp-Putsch) dt. Reichskanzler (SPD).

Bauernhaus, ist in seiner Bauweise durch die Wirtschaftsform des Hofes, durch landesübl. Baumaterial, durch Klimabedingungen u. Überlieferung bedingt. Dt. Hauptformen: a) *Niedersächs.-westfäl.* u. *fries. Einheitshaus:* alle Räume und eine Diele geordnet. Das Dach tragen 2 Reihen Eichenbalken. b) *Mitteldt.-fränk. Gehöft,* mit getrennten, um einen Hof gruppierten Wohn- u. Wirtschaftsräumen, meist 2stöck. Fachwerkbau mit Lehm- od. Ziegelfüllung.

Bauch: 1 Ober-B. mit H, den seitl. Hypochondrien; **2** Mittel-B., Nabelgegend, mit F, den Flanken; **3** Unter-B., Schamgegend, mit L, den seitl. Leistengegenden

Charles Baudelaire

König Baudouin I.

Bauernhaus,
typische Grundrisse:
1 Niedersächsisches
B., Typ des nieder-
sächsisch-westfäli-
schen Einheitshauses
(vgl. Bild rechts);
2 Mitteldeutsch-
fränkisches Gehöft;
3 Alemannisches B.
(Schwarzwaldhaus;
vgl. Bild rechts außen);
4 Alpenländisches B.
(oberbayerisches B.)

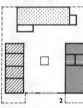
Diele

Galerien

Galerien

Wohn-
räume
Scheune, Schopf, Tenne
Stallungen

c) *Alemannisches Einheitshaus:* Wohn-
räume, Stall u. Scheune sind unter einem
Dach, aber voneinander getrennt. Holzbau
auf Bruchsteinmauerwerk. d) *Alpenländ. B.:*
dem alemannischen B. verwandt, aber mit
anderer Innenaufteilung.
Bauernkrieg, Aufstand der rechtl. gedrück-
ten Bauern, auch mit religiösen Motiven;
1524/25 in ganz Südwest- u. Mittel-Dtl. Füh-
rer Thomas Münzer u. die Ritter Florian
Geyer u. Götz v. Berlichingen. Die Bauern
erlagen bald den fürstl. Heeren. ↗Armer
Konrad, ↗Bundschuh.
Bauernregeln, einprägsame Kernsprüche
über Witterungsablauf, Ernteerfahrungen.
Bauerntheater, bodenständ. Spiel bes. der
Alpenländer; im Barock zu den großen
↗Passionsspielen entwickelt, heute auch
Berufsschauspielgruppen mit Volksstük-
Bauernwetzel m, ↗Mumps.   [ken.
Baugenehmigung, für alle baul. Anlagen
(auch Erweiterungs- u. Umbauten) nötig;
schriftl. Antrag bei der Bauaufsichtsbe-
hörde. Baubeginn grundsätzl. erst nach
Aushändigung der B.; für einzelne Bauab-
schnitte Teilgenehmigung *(vorläuf. B.)*
möglich.
Baugenossenschaft, eine gemeinnützige
Selbsthilfeeinrichtung, dient dem Bau v.
billigen Wohnungen für ihre Mitgl.
Bau(gewerk)schule, Fachschule für Bau-
und Vermessungstechniker u. Bauhandwerker.
Bauhaus, Hochschule für Bau u. Gestaltung,
1919 in Weimar v. ↗Gropius gegr.; 25 nach
Dessau, 32 nach Berlin verlegt, 33 aufgehoben; erstrebte die Einheit v. Kunst u. Technik im material- u. zweckbetonten *B.-Stil;*
als *New B. (Institute of Design)* 37 in Chicago erneuert; 46 in Berlin neu gegr.; 60
Errichtung eines *B.-Archivs* in Darmstadt,
72 nach Berlin (West) verlegt. □ 354.
Bauhütte, im MA Genossenschaft der an einem größeren Kirchenbau beschäftigten
Steinmetzen mit eigener Gerichtsbarkeit u.
Brauchtum. Im 18. Jh. aufgelöst bzw. mit
den Zünften verschmolzen. Ihre Tradition
lebt in Bräuchen u. Zeichen der Freimaurer
weiter.
Bauingenieur (: -ör), Fachmann für techn.
Bauen, Ingenieurbauwesen (z. B. Straßen-,
Brücken-, Eisenbahn-, Kanal-, Hafenbau).
Baukostenzuschuß, im privaten Woh-

nungsbau finanzieller Zuschuß eines Mieters an den Bauherrn. Der *verlorene B.* gilt
heute als ungesetzl., nicht dagegen der B.
in Form der ↗Mietvorauszahlung.
Baukunst, *Architektur,* Gestaltung v. Nutz-
u. Repräsentationsbauten, Städte- u. Land-
schaftsplanungen, insofern diese auf eine
eindrucksvolle, harmon. u. ordnende Erscheinung angelegt sind. Die B. wird nach
Bestimmung u. Charakter in *sakrale* u. *profane B.* unterschieden, nach dem Material in
Holz-, Backstein- u. *Steinbau;* dazu seit dem
19. Jh. *Eisen-, Beton-* u. *Stahlbauweise.*

Baukunst

Bedeutende hohe Bauwerke

Funkmast bei Konstantynów (Polen)	646 m
Fernsehmast in Fargo, North Dakota	631 m
Fernsehturm in Montgomery, Ala.	562 m
Fernsehturm in Moskau	537 m
Sears Tower (Chicago)	445 m
World Trade Center (New York)	411 m
Empire State Building (New York)	381 m
Fernsehturm in Ost-Berlin	365 m
Lomonossow-Universität (Moskau)	320 m
Chrysler Building (New York)	306 m
Eiffelturm (Paris)	300 m
Cities Service Building (New York)	290 m
Antennentürme von Nauen	269 m
PANAM-Gebäude (New York)	246 m
Woolworth Building (New York)	242 m
Kabeltürme der Golden-Gate-Brücke (San Francisco)	227 m
Sowjetisches Kulturhaus (Warschau)	227 m
Staudamm der Hoover-Talsperre (Colorado)	223 m
Fernsehturm in Stuttgart	211 m
Gebäude der Life Insurance Comp. (New York)	208 m
Münster in Ulm	161 m
Dom in Köln	156 m
Cheopspyramide bei Giseh	137 m
Peterskirche in Rom	133 m
Frauenkirche in München	99 m
Schiefer Turm in Pisa	55 m

Bauland, hügelige Muschelkalklandschaft
im NO Badens, bis 400 m hoch.
Baulast, Verpflichtung zur Unterhaltung u.
Erneuerung v. Gebäuden.
Baum, Holzgewächs mit längerem Stamm,
Dickenwachstum u. „Baumkrone''.
Baum, 1) *Gerhart Rudolf,* dt. Politiker (FDP),
* 1922; seit 78 Bundesinnenminister. **2)**
Vicki, öster. Romanschriftstellerin, 1888 bis

1960; erfolgreiche, z. T. verfilmte Unterhaltungsromane, u. a. *Menschen im Hotel.*
Baumeister, *Willi,* 1889–1955; dt. Maler u. Theoretiker der abstrakten Kunst.
Bäumer, *Gertrud,* dt. Schriftstellerin, Vorkämpferin der Frauenbewegung, 1873 bis 1954; war Vors. des Bundes dt. Frauenvereine; sozialkrit. Schr., histor. Romane.
Baumgrenze *w,* Grenze des Baumwuchses; *vertikale* (montane) B. in Gebirgen, *horizontale* B. gegen die Pole bzw. die Steppenu. Wüstengürtel.
Baumhauer, *Felix,* dt. Maler, 1876–1960; vertiefte die kirchl. Kunst mit expressionist. Mitteln.
Baumheide, *Bruyère* (: brüjär), baumartige Heide der mittelmeer. Macchien; das rötl. *Bruyèreholz* zu Pfeifenköpfen.
Baeumker, *Clemens,* dt. Philosoph, 1853–1924; Mitbegr. der ↗Neuscholastik.
Baumläufer, kleiner Singvogel; klettert spechtartig an Bäumen u. Felsen; Insektenvertilger. ☐ 1045.
Baumwolle, die Samenhaare der *B.pflanze,* eines strauchig. Malvengewächses. Anbau nur in trop. u. subtrop. Gebieten. Die aus den Kapseln meist maschinell herausgerissenen Fasern werden in Egreniermaschinen von den Samen befreit; die Samen liefern *B.öl* für Margarinefabrikation u. techn. Zwecke. Die bis zu 65 mm langen u. glatten *B.fasern,* die in sich gedreht u. innen hohl sind, bestehen zu ca. 90% aus Cellulose, sie werden zu B.garnen versponnen bzw. zu Watte verarbeitet. Weltproduktion 1978: 13 Mill. t.
Baunatal, Stadt in Hessen, südl. v. Kassel, 21 200 E.; Kraftfahrzeugindustrie.
Baupolizei, *Bauaufsicht,* soll zur Sicherheit u. Ordnung im Bauwesen beitragen. ↗Bauabnahme, ↗Baugenehmigung.
Baur, 1) *Erwin,* 1875–1933; Pflanzenzüchter; Vertreter der Vererbungslehre. **2)** *Ferdinand Christian,* dt. ev. Theologe, 1792–1860; Begr. der prot. theol. Tübinger Schule, kritizistisch namentl. gg. Dogma u. Urkirche.
Bausparkasse, dient dem Sparen (durch *Bausparvertrag*) für den Bau od. Erwerb v. Wohneigentum u. zur Ablösung v. Hypotheken; bes. Steuervergünstigungen od. staatl. Wohnbauprämie.
Baustoffe, in der Physiologie: Stoffe, die dem Zellen- u. Gewebeaufbau dienen. ↗Betriebsstoffe, ↗Stoffwechsel.
Bautzen, Krst. in der Oberlausitz (Bez. Dresden), 45 500 E.; barocke Bauwerke, Schloß Ortenburg (15./17. Jh.); Sitz des Bischofs u. Meißen; got. Petridom (Simultankirche).

Kugelbaum (Linde)

Hängebaum (Trauerweide)

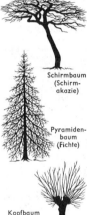
Schirmbaum (Schirmakazie)

Pyramidenbaum (Fichte)

Kopfbaum (Korbweide)

Baumformen

Bayern

Bauweise, 1) die Art der Bebauung eines Grundstücks; man unterscheidet: geschlossene B., offene B., halboffene od. Gruppen-B. **2)** Bauart eines Hauses in techn. Konstruktion. Je nach Art der Baustoffe Natur- od. Kunst-B. Bei der Spar-B. (Ggs. Massiv-B.) werden Hohl-, Haken- od. Rippensteine verwendet; bei der Platten-B. ganze Wände aus Holz, Kunststoff, Schwerbeton usw. gestampft; Skelett-B. benutzt ein Traggerüst aus Stahlbeton u. a., Ausfächerung mit Mauerwerk, Glas usw. in einer Gitterverschalung. ↗Fertigbauweise.
Bauxit *m,* Aluminiumhydroxid, mineral. Rohstoff der Aluminiumerzeugung.
Bavaria (lat.), Bayern.
Bavink, *Bernhard,* 1879–1947; christl. orientierter Naturphilosoph.
Baeyer, *Adolf v.,* dt. Chemiker, 1835–1917; bahnbrechend für die Synthese organ.-chem. Verbindungen; Nobelpreis 1905.
Bayerische Alpen, Teil der Nördl. Kalkalpen, mit den Allgäuer Alpen im W, den Oberbayer. Alpen u. den Berchtesgadener Alpen im O. Von N nach S 3 Zonen: bewaldete Vorberge, Mittelzug u. die Kalkhochalpen; westl. der Isar das Wettersteingebirge mit der *Zugspitze, östl. das Karwendelgebirge u. die Berchtesgadener Hochalpen, die sich schroff aus den Alpenvorland erheben.
Bayerischer Wald, ostbayer. Mittelgebirge zw. Donau u. Böhmerwald; ein dichtbesiedeltes Waldland; bis 1126 m hoch.
Bayern, größtes Land der BRD, in der östl. Hälfte Süd-Dtl.s, grenzt an Östr. u. die Tschechoslowakei; Hst. München. Von den E. sind 71% kath. u. 27% ev. In die Besiedlung teilen sich die 3 dt.en Stämme Baiern, Franken u. Schwaben. Hinzu kamen nach dem 2. Weltkrieg über 2 Mill. Heimatvertriebene. B. hat mit Spessart, Rhön, Fichtelgebirge, Böhm.-Bayer. Wald u. Fränk. Schichtstufenland Anteil an den dt. Mittelgebirgen. Im S reicht es bis zu den Nördl. Kalkalpen (Zugspitze 2962 m). Zw. diesen beiden Großlandschaften liegt das v. den Alpen mit Moränenschutt aufgefüllte Alpenvorland. Je ¹/₃ des Landes sind Wald u. Ackerland. Die Land- u. Forstwirtschaft machen B. zum wichtigsten Agrarland der BRD; im Bergland vorwiegend Viehwirtschaft, vielseitige Industrie in den Städten: München, Augsburg, Nürnberg und Schweinfurt. Bedeutender Fremdenverkehr. – Urbewohner waren die Vindeliker; 15 v. Chr. röm., nach 500 Einwanderung der Bajuwaren aus Böhmen; seit Ende 7. Jh. christianisiert. 788 durch Karl d. Gr. dem Frankenreich einverleibt, 1070/1180 im Besitz der Welfen, dann der Wittelsbacher, die 1214 auch mit der Rheinpfalz belehnt wurden. Maximilian I. erwarb im 30jährigen Krieg die Oberpfalz zurück, die 1329 mit der Rheinpfalz abgetrennt worden war. Im *Bayer.* Erbfolgekrieg 1778/79 kam das Innviertel an Östr.; 1801 Verlust aller linksrhein. Gebiete an Napoleon, 03/09 Entschädigung durch geistl. Gebiete u. (Reichs-)Städte; 06 Königreich. ↗Montgelas schuf den modernen, zentralist. Staat; 18 Verleihung einer Verf. Ludwig I. (25/48) machte München zur Kunststadt. 66 an

Bayern (Verwaltungsgliederung)

Reg.-Bezirk	Fläche km²	Einw.	E./km²	Hauptstadt
Oberbayern	17 534,56	3615,8	206	München
Niederbayern	10 344,76	992,8	96	Landshut
Oberpfalz	9672,13	964,9	100	Regensburg
Oberfranken	7229,67	1053,7	146	Bayreuth
Mittelfranken	7244,74	1510,4	208	Ansbach
Unterfranken	8531,29	1188,7	139	Würzburg
Schwaben	9989,17	1519,1	152	Augsburg
Bayern	70 546,32	10845,3	154	München

Regierungen von Bayern

	Ministerpräsident	Regierungsparteien
seit 21. 12. 1946	H. Ehard (CSU)	CSU, SPD, WAV (seit Sept. 47 nur CSU)
seit 18. 12. 1950	H. Ehard (CSU)	CSU, SPD, BHE
seit 14. 12. 1954	W. Hoegner (SPD)	SPD, FDP, BP, GB/BHE
seit 16. 10. 1957	H. Seidel (CSU)	CSU, FDP, GB/BHE
seit 26. 1. 1960	H. Ehard (CSU)	CSU, FDP, GB/BHE
seit 11. 12. 1962	A. Goppel (CSU)	CSU, BP
seit 5. 12. 1966	A. Goppel (CSU)	CSU
seit 8. 12. 1970	A. Goppel (CSU)	CSU
seit 12. 11. 1974	A. Goppel (CSU)	CSU
seit 7. 11. 1978	F. J. Strauß (CSU)	CSU

Östr.s Seite Krieg mit Preußen; 71 Eintritt ins Dt. Reich mit Sonderrechten (Militär, Post, Bahn). 1918 Absetzung v. Kg. Ludwig III. April/Mai 19 kommunist. Räte-Rep. in München. Durch die Weimarer Verf. verlor B. seine Sonderrechte. 8./9. 11. 23 Hitler-Putsch in München. 24/33 regierte das Kabinett Held (Bayer. Volkspartei). 33 wurde B. v. nat.-soz. Regime „gleichgeschaltet", München Parteisitz. 45 B. v. den Amerikanern, Lindau u. die Pfalz frz. besetzt; 46 kam die Pfalz zum Land Rheinland-Pfalz.

Bayernpartei (BP), 1946 gegr.; extrem föderalist.; im Bundestag seit 53, im Bayer. Landtag seit 66 nicht mehr vertreten.

Bayle (: bäl), *Pierre,* 1647–1706; frz. Philosoph, Vorläufer der ↗Aufklärung, Vorbild für die ↗Enzyklopädisten.

Bayonne (: bajon), südfrz. Stadt u. Hafen am Golf v. Biscaya, 43 000 E.; kath. Bischof; Schiffbau.

Bayreuth, bayer. Stadt-Kr. u. Krst., Hst. des Reg.-Bez. Oberfranken, 70 000 E.; Univ., Wirkungsstätte von R. Wagner und F. Liszt; Wagner-Festspielhaus, Stadttheater, Philharmon. Orchester; Ind., bes. Porzellan.

Bayrischzell, oberbayer. Luftkurort, 800 m ü. M., 1700 E.; Nervensanatorium.

Bazaine (: basän), 1) *François-Achille,* frz. Marschall, 1811–88; übergab 70 Metz. 2) *Jean,* frz. Maler u. Kunsttheoretiker, * 1904; bedeutender Vertreter der Abstraktion.

Bazillen (Mz., lat.), stäbchenförm. ↗Bakterien. **B.träger,** Menschen u. Tiere mit Krankheitskeimen.

BBC (: bibißi), Abk. für British Broadcasting Corporation, brit. Rundfunkgesellschaft.

BdV, Abk. für Bund der ↗Vertriebenen.

Be, chem. Zeichen für ↗Beryllium.

Bea, *Augustin,* dt. Kurienkard., SJ,

Kardinal Bea

Königin Beatrix

Bayreuth:
Richard-Wagner-
Festspielhaus

1881–1968; Vors. des Konzilssekretariats zur Förderung der Einheit der Christen (gegr. 1960). 66 Friedenspreis des Dt. Buchhandels.

Beamte, alle, die durch öff. Anstellung in einem grundsätzl. dauernden öff.-rechtl. Dienstverhältnis sich befinden. Das Grundgesetz der BRD hält an den „hergebrachten Grundsätzen des Berufs-B.ntums" fest, die DDR kennt keine Berufs-B., sondern nur durch Wahl, Berufung od. Arbeitsvertrag eingesetzte „Angestellte oder Arbeiter im öff. Dienst".

Beardsley (: biˈdsli), *Aubrey,* engl. Zeichner, 1872–98; Buchillustrationen; v. großem Einfluß auf den Jugendstil.

Aubrey Beardsley: Illustration zu Alexander Pope, „Der Lockenraub"

Beat *m* (: bit), 1) gleichmäßiger, pulsierender Schlagablauf im Jazz. 2) betont rhythm. Tanzmusik. **Beatles,** engl. Beatgruppe v. 1960–70. Mitglieder: George Harrison, John Lennon, Paul McCartney, Ringo Starr.

Beatniks (:bit), Schicht der jungen am. Generation mit exzentr. Lebensstil, Protesthaltung; ↗Vereinigte Staaten (Literatur).

Beatrice (: -trische), Florentinerin, v. Dante geliebt; Gestalt in seiner „Göttl. Komödie".

Beatrix, Königin (seit 1980) der Niederlande, * 1938; heiratete 66 Claus v. Amsberg.

Beatus Rhenanus, elsäß. Humanist, 1485 bis 1547; Historiker u. Philologe.

Beaufort-Skala (: bofˈrt-) ↗Wind. ☐ 1111.

Beauharnais (: boarnä), frz. Adelsgeschlecht: 1) *Alexandre de,* frz. General, 1760–94. 2) *Eugène,* Sohn v. 1), 1781–1824; 1805/14 Vize-Kg. v. It. 3) *Hortense,* Tochter v. 1), 1783–1837; Mutter Napoleons III. 4) *Josephine,* Witwe v. 1), 1763–1814; 1796 Gemahlin Napoleons, 1809 geschieden.

Beaujolais (: boscholä), fruchtbare südfrz. Landschaft; Heimat des B.-Weins.

Beaumarchais (: bomarschä), *Caron de,* frz. Dichter, 1732–99; verspottet die Adelsgesellschaft durch witzige Lustspiele. *Barbier von Sevilla, Hochzeit des Figaro.*

Beaumont (: boˈuˈmeˈnt), Zentrum der Erdöl-Ind. in Texas (USA), 125 000 E.

Beaune (: bon), frz. Stadt im Dep. Côte-d'Or, 18 000 E.; Mittelpunkt der Weinbauland-

Gilbert Bécaud

Becken: 1 männliches, 2 weibliches B. von vorn; a Darmbeinschaufel, b Schambein, c Kreuzbein, d letzter (fünfter) Lendenwirbel – ☐ 615.

Samuel Beckett

Ludwig van Beethoven (Totenmaske)

schaft *Beaunois;* roman.-got. Kathedrale Notre-Dame (12./14. Jh.), Hospital Hôtel-Dieu mit Museum.
Beauvais (: bowä), Hst. des frz. Dep. Oise, 54000 E.; kath. Bischof; got. Kathedrale St-Pierre (☐ 343). Seit 17. Jh. Herstellung v. Wandteppichen.
Beauvoir (: bow^uar), *Simone de,* frz. Schriftstellerin, * 1908; Gefährtin v. J.-P. ↗Sartre; Romane, Essays, Memoiren. *Das andere Geschlecht; Die Mandarine v. Paris.*
Beaverbrook (: biw^{er}bruk), *Aitken,* Lord, engl. Politiker (Konservativer), Industrieller u. Zeitungsbesitzer, 1879–1964.
Bebel, *August,* 1840–1913; mit Liebknecht Begr. der Sozialdemokrat. Arbeiterpartei.
Bebenhausen, Ortsteil v. Tübingen, 380 E.; ehem. Zisterzienserabtei.
Bebra, hess. Stadt u. Bahnknoten nördl. v. Fulda, 15500 E.; Kunststoff-Industrie.
Bécaud (: bekо), *Gilbert,* frz. Chansonsänger u. Komponist, * 1927.
Becher, *Johannes R(obert),* 1891–1958; polit. engagierter Lyriker; 1933/45 in der UdSSR, seit 54 Kultusminister der DDR.
Becherwerk, Förderanlage für Schüttgut mit becherförm. Behältern. ☐ 286.
Bechstein, *Ludwig,* dt. Schriftsteller, 1801–60; sammelte dt. Märchen u. Sagen.
Beck, *Ludwig,* 1880–1944; 1935 dt. Generalstabschef, schied 38 aus, weil Gegner Hitlers; als Haupt der Erhebung v. 20. 7. 44; nach Selbsttötungsversuch erschossen.
Becken, 1) *B.gürtel,* beim Menschen der das obere, große u. das untere, kleine B. umschließende Skelettgürtel, besteht aus Kreuz-, Steißbein u. den Hüftbeinen. Das weibl. B. ist geräumiger u. tiefer als das männliche. **2)** *geologisch:* ein Senkungsfeld. **3)** *Musik:* Schlaginstrument; paarweise verwendete tellerförmige Bronzeplatten.
Becker-Modersohn, *Paula,* ↗Modersohn.
Becket, *Thomas,* hl., ↗Thomas B.
Beckett, *Samuel,* ir. Schriftsteller, * 1906; pessimist., absurde Theaterstücke u. Romane. *Warten auf Godot.* 69 Lit.-Nobelpreis.
Beckmann, 1) *Ernst,* Chemiker, 1853–1923; vereinfachte die Bestimmung des Molekulargewichts (*B.thermometer*). **2)** *Joachim,* * 1901; 58–71 Präses der Ev. Kirche im Rheinland. **3)** *Max,* Maler u. Radierer, 1884–1950; Großstadt-, Zirkusszenen.
Beckmesser, *Sixt,* Nürnberger Meistersänger des 16. Jh.; in R. Wagners *Meistersingern* Urbild des pedant., nörgler. Kritikers.
Beckum, westfäl. Stadt im Reg.-Bez. Münster, 39000 E.; Zement- u. Kalkindustrie.
Becquerel (: bek^eräl), *Henri,* frz. Physiker, 1852–1908; entdeckte die Radioaktivität; 1903 Nobelpreis.
Beda Venerabilis (der Ehrwürdige), hl. (25. Mai), OSB, Kirchenlehrer, 674–735; schrieb die erste engl. Geschichte.
Bedburg, rhein. Stadt westl. von Köln, 19000 E.; Schloß (14./16. Jh.), Braunkohlentagebau.
Bedburg-Hau, niederrhein. Gemeinde südl. von Kleve, 14000 E.
Bedecktsamer, die ↗Angiospermen.
Bedford (: bed^erd), Hst. der mittelengl. Grafschaft *B.shire,* 73000 Einwohner.

Beduinen, arab. Nomadenvölker; Kamel-, Schaf- u. Ziegenzüchter.
Beecham (: bitsch^em), Sir *Thomas,* engl. Dirigent, 1879–1961.
Beecher-Stowe (: bitsch^{er}-ßto^u), *Harriet,* am. Schriftstellerin, 1811–96; *Onkel Toms Hütte.*
Beelzebub *m* (hebr.), im NT Dämonenfürst.
Beeren, Früchte mit fleischiger, saftiger Fruchtwand mit eingebetteten Samen. Es gibt *echte B.:* Wein-B., Tollkirsche, Ein-B., Tomate; *Schein-B.:* Stachel-, Johannis-, Heidel- u. Preisel-B., Kürbis, Apfel u. Birne; *Scheinfrüchte:* Him-, Brom-, Erd-B. u. Holunder. ↗Obst. **B.auslese** ↗Wein.
Beerenberg, erloschener, vergletscherter Vulkan (2277 m), auf Jan Mayen (Arktis).
Beer-Hofmann, *Richard,* östr. Schriftsteller, 1866–1945; emigrierte 38; Dramen über bibl. Stoffe (*König David*), Lyrik.
Beethoven, *Ludwig van,* dt. Komponist, getauft 17. 12. 1770 Bonn (flämischer Herkunft), † 26. 3. 1827 Wien (dort seit 1792); seit 1800 Ertaubung. B. war der erste große freischaffende Musiker. Sein Werk beschließt die Wiener Klassik u. weist auf die Romantik hin. Musikal. Themen werden Träger v. Ideen. Einfluß Kants u. des Dt. Idealismus: Liebe zur Menschheit, Freiheitsidee. Stärkste Wirkung auf die Nachwelt. HW: 9 Symphonien (die 9. mit Kantate über Schillers Ode „An die Freude"), Missa Solemnis, Violinkonzert, 5 Klavierkonzerte, Oper *Fidelio,* 32 Klaviersonaten, Kammermusik, 11 Ouvertüren.
Befähigungsnachweis, Nachweis der Fähigkeiten u. der ordnungsgemäßen Ausbildung bes. für Berufe, an denen ein öff. Interesse besteht, u. a. Arzt, Apotheker; im Handwerk die ↗Meister-Prüfung.
Befeuerung, in Schiffahrt u. Luftverkehr Leuchtfeuer zur Navigationshilfe. ☐ 549.
Beffchen *s,* weißer Laschenkragen des Talars v. Geistlichen, Richtern u. a., im 17. Jh. Teil der bürgerl. Männerkleidung.
Befreiungskriege, *Freiheitskriege,* Kampf Dtl.s u. seiner Verbündeten 1813/15 gg. Napoleon nach dessen Niederlage in Rußland.

M. Beckmann: Selbstbildnis (Ausschnitt)

Der Abfall Yorcks v. Napoleon (30. 12. 12 Konvention v. ↗Tauroggen) führte zur Volkserhebung in Preußen u. zum Bündnis mit Rußland. Napoleon siegte bei Groß-Görschen u. Bautzen. Engl., Östr. u. Schweden traten dem Bündnis bei. Bülow siegte bei Großbeeren, Blücher an der Katzbach, Napoleon bei Dresden, die Verbündeten zweimal bei Kulm-Nollendorf. In der Völkerschlacht bei Leipzig (16./19. Okt. 1813) siegten die vereinten Heere entscheidend u. zogen März 14 in Paris ein. Napoleon wurde nach Elba verbannt. Der 1. Pariser Friede beschränkte Fkr. auf seine Grenzen v. 1792. Am 1. März 1815 landete Napoleon· bei Cannes, siegte über Blücher bei Ligny, aber 18. Juni v. Wellington u. Blücher bei Waterloo (Belle-Alliance) geschlagen; Paris fiel, Napoleon wurde nach St. Helena verbannt. Im 2. Pariser Frieden (Nov. 1815) erhielt Fkr. die Grenzen v. 1790.

Befruchtung, Verschmelzung der Zellkerne einer männl. Geschlechtszelle u. einer weibl. bei Mensch, Tier u. Pflanze. Grundvorgang der geschlechtl. Fortpflanzung. Bei Algen u. vielen Meerestieren erfolgt die B. außerhalb, bei Landtieren innerhalb des Organismus, bei Pflanzen durch Pollenübertragung auf freie od. bedeckte Fruchtknollen. *Künstl.* B. ↗Besamung, ↗Insemination.

Begabung, Anlage zu bes. Leistungen, z. B. in Kunst, Wiss., Technik. **Begabtenförderung,** kulturpolit. Maßnahmen, die Leistungsdisposition zu aktivieren u. auch den Kindern der sozial schwächeren Schichten den Besuch w. weiterführenden Schulen u. Hochschulen bzw. eine gründl. Berufsausbildung zu ermöglichen.

Begarden, *Begharden,* im MA relig. Genossenschaft von Männern ohne Gelübde. ↗Beginen.

Begas, 1) *Karl d. Ä.,* dt. Hofmaler, 1794–1854; *Christus am Ölberg, Taufe Christi.* 2) *Reinhold,* Sohn v. 1), Bildhauer, 1831 bis 1911; Denkmäler in barockisierenden Formen.

Begattung, bei Tieren u. Menschen die Paarung der Geschlechter zum Zweck der ↗Befruchtung.

Beginen, weibl. Gegenstück der ↗Begarden.

Beglaubigung, 1) Bestätigung der Richtigkeit einer Unterschrift od. Abschrift; zuständig bes. Notare, Amtsgerichte, Polizei. 2) Nachweis eines Gesandten (durch *B.sschreiben*) über seinen diplomat. Auftrag gegenüber dem fremden Staatsoberhaupt.

Begnadigung, Erlaß, Ermäßigung, Aussetzung od. Umwandlung rechtskräftiger Strafen od. Verzicht auf ein Strafverfahren im Einzelfall *(Abolition).* Ggs. ↗Amnestie.

Begonie *w,* tropische Pflanzen mit unsymmetrischen Blättern („Schiefblatt"); Zierpflanzen, bes. *Blatt-* u. *Knollen-B.n.*

Begräbnis ↗Totenbestattung.

Begriff, dem *Inhalt* nach die Gesamtheit der darin ausgedrückten Merkmale des Gegenstandes; seinen *Umfang* bestimmt die Gesamtheit der Dinge, von denen er aussagbar

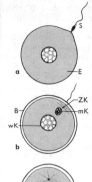

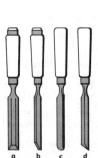

Befruchtung: a Eindringen der Samenzelle S (mit Kopf und dem Zwischenstück, aus dem sich der Zentralkörper ZK bildet) in die Eizelle E (Besamung). **b** Vordringen des männl. Kerns mK zum weibl. Kern wK, Ausbildung der Befruchtungsmembran B zur Abwehr weiterer Samenzellen. **c** Eigentliche Befruchtung: Verschmelzung beider Kerne. **d** Beginn der ersten Kern- und Zellteilung

Beitel: a Stechbeitel, **b** Grundbeitel, **c** und **d** Hohlbeitel

ist. **begrifflich,** gedankl., abstrakt; Ggs. konkret.

Begum (türk.), ind. Titel, bes. für Fürstinnen.

Begünstigung, die Hilfe, womit der Begünstiger den Verbrecher der Bestrafung entzieht (persönl. B.) od. ihm die Vorteile des Verbrechens sichert (sachl. B.). Straflos ist die persönl. B. eines Angehörigen.

Behaim, *Martin,* dt. Seefahrer u. Geograph, 1459–1507; schuf den ersten Erdglobus.

Beham, 2 Nürnberger Maler u. Kupferstecher (Brüder), Schüler Dürers: *Barthel,* 1502–40, starke Farbigkeit. *Hans Sebald,* 1500–50, derbe u. knorrige Linienführung.

Beharrungsvermögen ↗Bewegungsgesetze.

Behaviorismus *m* (: bih͜ew͜i er-), v. den Amerikanern J. B. Watson u. E. L. Thorndike 1912 begr. Richtung der Psychologie, will Selbstbeobachtung u. Begriffe wie Empfinden, Denken usw. ab, nur das äußere Verhalten *(behavior)* gilt als erforschbar. Sämtliche Lebensfunktionen seien nur zwangsläufige Reaktionen auf Umweltreize.

Behrens, *Peter,* dt. Architekt, Maler, Graphiker, 1868–1940; bes. Industriebauten.

Behring, *Emil v.,* dt. Arzt, 1854–1917; entdeckte das Diphtherieserum (Nobelpreis 1901); gründete in Marburg die *B.werke* (Herstellung v. Heilserum).

Beichte, 1) in der kath. Kirche das geheime Bekenntnis zumindest aller schweren Sünden vor dem Priester *(Ohren-B.)* als Teil des ↗Bußsakramentes. 2) in den ev. Kirchen allg. Sündenbekenntnis, bes. zur Vorbereitung auf das Abendmahl; in den luth. Kirchen heute Bestrebungen, die Einzel-B. zu erneuern.

Beifuß, Korbblütler; Volksheilmittel, z. B. Gemeiner B.; ↗Eberraute, ↗Edelraute, ↗Wermut.

beige (: bäsch, frz.), naturfarben, graugelb.

Beigeordneter, in Gemeinden Stellvertreter od. Mitarbeiter des Bürgermeisters.

Beihilfe, die vorsätzl. Hilfeleistung bei einem Verbrechen od. Vergehen; nach dem für die Haupttat geltenden Ges. bestraft.

Bein, Fortbewegungsgliedmaße v. Mensch u. Tieren. Die menschl. B.e machen 1/3 der Körpermasse, 1/2 der Körperlänge aus.

Beinhaus, Aufbewahrungsstätte für ausgegrabene Gebeine, auch *Karner* genannt.

Beinheil, *Beinwell m,* borretschähnl. Kraut, an feuchten Gräben; Volksheilmittel *Rauher B.* ↗Comfrey.

Beinschwarz ↗Knochen-Kohle.

Beirut, Hst. des Staates Libanon, 700000 E.; bester Hafen des östl. Mittelmeeres; 4 Univ.; mehrere Bischöfe; bedeutendste Bibliothek des Orients.

Beischlaf *m, Coitus,* körperl. Vereinigung v. Mann u. Frau.

Beisitzer, Mitgl. eines Gerichtshofs, einer Verwaltungsbehörde usw.

Beitel *m,* stählernes Werkzeug der Holzbearbeitung mit einseitig geschärfter Schneide, zum Ausstemmen v. Löchern u. Vertiefungen, zur Bearbeitung scharfer Ekken u. Kanten.

Beitragsbemessungsgrenze, die Grenze, bis zu der Löhne u. Gehälter der Pflichtversicherten der Sozialversicherung zur Beitragsberechnung herangezogen werden; wird für die Rentenversicherung jährl., für die Arbeitslosenversicherung nach Bedarf neu festgesetzt.

beizen, 1) Tabakblätter mit Beize (Salzen, Gewürzen) gären lassen. **2)** Metalle durch Sauren od. Laugen v. der Oxidschicht befreien. **3)** Hölzer mit Farbholzextrakten färben. **4)** Fleisch in Essig einlegen. **5)** mit Falken jagen. **6)** Saatgut mit chem. Mitteln behandeln, als *Trockenbeize* od. *Naßbeize.*

Béjart (: -schar), *Maurice,* frz. Tänzer, Choreograph u. Regisseur, * 1927; seit 60 Dir. des „Ballet du XXe Siècle" in Brüssel; avantgardist. Inszenierungen.

Bekassine w, *Heer-, Mohrschnepfe,* gemeine Sumpf-↗Schnepfe.

Bekennende Kirche, im Widerstand gg. den Nat.-Soz. u. die ↗Deutschen Christen entstandene Bewegung zur Verteidigung der reformator. Bekenntnisse, mit selbständigen Gemeindebruderräten u. Bekenntnissynoden. Grundlage die „Barmer theolog. Erklärung" v. 1934; seit 48 wirkt die B. K. als Reformbewegung innerhalb der EKD.

Bekenner (lat. = *Confessor*), liturg. Titel eines Heiligen, der nicht Martyrer ist.

Bekenntnis, Einstehen für einen Wert, bes. für einen bestimmten Glauben. **B.freiheit** ↗Religionsfreiheit. **B.schriften,** auch *Symbole* od. *symbolische Bücher,* die Schr. der christl. Kirchen (u. Freikirchen), die deren verbindl. Glaubenslehren enthalten (z. B. ↗Apostol. Glaubensbekenntnis; ↗Augsburgische Konfession).

Bekenntnisschule, die Schulform, in der Schüler eines bestimmten Bekenntnisses v. Lehrern derselben Konfession nach deren Grundsätzen unterrichtet werden, im Ggs. zur *Gemeinschaftsschule* (Simultanschule).

Békéscsaba (: bekeschtschåbå), Hst. des ungar. Komitats *Békés,* 67 000 E.

Békésy (: -schi), *George v.,* ungar.-am. Biophysiker, 1899–1972; 1961 Nobelpreis für Untersuchungen über den Hörmechanismus.

Bel, 1) heidn. Gott, ↗Baal. **2)** ↗Dezibel.

Belastung, 1) *Lastschrift:* aufs Schuldkonto, ins ↗Soll schreiben. **2)** erbliche Anlage zu Nerven-, Geistes- u. a. Krankheiten. **3)** Leistungsprüfung für die Organfunktionen. **4)** die auf ein Tragwerk wirkenden Kräfte: Eigengewicht u. Nutzlast. **5)** die Inanspruchnahme einer techn. Anlage zur Abgabe v. Energie.

Belcanto m (it.), bes. in It. gepflegte, Klangschönheit betonende Gesangstechnik.

Belchen m, **1)** schönster Aussichtsberg des Schwarzwalds, 1414 m (Kuppe unter Naturschutz). **2)** mehrere Gipfel der Vogesen: *Großer B.,* frz. *Grand Ballon* (: grañ baloñ), 1426 m; *Kleiner B.,* 1267 m; *Welscher B., Ballon d'Alsace* (: -dalßaß), 1247 m.

Belebungsmittel bewirken Steigerung der Lebenskraft; durch Sauerstoffzufuhr, kalte Duschen, künstl. Atmung, auch durch Tee, Kaffee, arzneilich durch Alkohol, Äther, Moschus, Kampfer, Coffein usw.

Belehnung ↗Lehen.

Beleidigung, Kundgebung der Mißachtung eines Menschen durch Tätlichkeiten od. Worte; wird v. Staatsanwalt bei öff. Interesse verfolgt, sonst nur durch Privatklage.

Belém (: belåñ), **1)** Vorstadt v. Lissabon; Sitz des portug. Staatspräsidenten; prächtige Klosterkirche. **2)** die brasilian. Hafenstadt D. do ↗Pará.

Belemniten, fossile Tintenfische; meist versteinerte Endstücke *(Donnerkeile)* erhalten; Leitfossilien v. Trias bis Eozän.

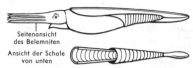

Belemniten:
Rekonstruktion eines B.

Seitenansicht
des Belemniten

Ansicht der Schale
von unten

Beleuchtung, die Erhellung v. Innenräumen, Gegenständen u. Außenräumen durch Tageslicht od. techn. Leuchten, die direktes, halbindirektes u. indirektes Licht abgeben durch chem. Prozesse, elektr. Widerstandswärme (Glühbirnen) od. elektron. bzw. atomare Leuchtvorgänge (Leuchtröhren). Die B.stärke hängt v. der zu verrichtenden Arbeit u. dem Reflexionsverhalten des Raumes bzw. des Gegenstandes ab. ↗Lux.

Belfast, Hst. v. Nordirland, Fabrikstadt u. Einfuhrhafen Irlands, 355 000 E.; Univ.; kath. Bischof; Leinen-Ind., Schiffbau.

Belfort (: belfor), Hst. des ostfrz. *Territoire de B.,* in der Burgundischen Pforte (zw. Vogesen u. Jura), 56 000 E.; Textil-Ind.

Belfried m, in MA und Renaissance städt. Glockenturm, auch gleich ↗Bergfried.

Belgien, frz. *Belgique* (: belschik), fläm. *België,* Kgr. in Westeuropa; im Norden v. den german. Flamen, im Süden v. den roman. Wallonen bewohnt. Landschaftsräume: Hoch-B. im SO, umfaßt die waldreichen Ardennen; Mittel-B., fruchtbares Hügelland (Lößlehmdecke) östl. der Schelde; Nieder-B., bestehend aus sandiger Geest im O u. fruchtbarer Marsch (Korn, Zuckerrüben) im W; Dünenküste eingedeicht. Flüsse schiffbar, durch Kanäle verbunden. Ackerbau, Forstwirtschaft, Viehzucht; im Bereich der Kohlenvorkommen Schwer- u. chem. Ind.; ferner Leinen- u. Baumwoll-Ind. (Flandern), Spitzen- u. Wollwaren-Ind. (Brabant). Ausfuhr: bes. Eisen, Stahl, Kohle, Diamanten, Glas, Textilien, Maschinen. Frz. u. Flämisch sind Landessprachen.

Die keltischen Belgen wurden 57 v. Chr. von Caesar unterworfen; im 4. Jh. n. Chr. fränk. Einwanderung. Das Land blieb nach den Reichsteilungen v. 870 u. 880 bei Dt. Reich als Htm. (Nieder-)Lothringen, zersplitterte aber bald, war Ende 14. Jh. burgund., 1482 habsburg., kam 1555 an die span. Linie. 81 Abfall der nördl., prot. Provinzen. Das heutige B. blieb als span. (seit 1714 östr.) Niederlande. 1795 wurde ganz B. frz., 1815 mit Holland zus. Kgr. der Vereinigten Niederlande. 30 wurde nach einem Aufstand der südl. Teil unter dem Namen B. selbständig mit Leopold (I.) v. Sachsen-Coburg als König. 85 wurde der Kongostaat (↗Kongo)

Belgien

Maurice Béjart

Amtlicher Name:
frz.: Royaume de Belgique – fläm.: Koninkrijk België

Staatsform:
Königreich

Hauptstadt:
Brüssel

Fläche:
30 513 km²

Bevölkerung:
9,87 Mill. E.

Sprache:
Staatssprachen sind Niederländisch und Französisch

Religion:
überwiegend katholisch; daneben 100 000 Protestanten und ca. 35 000 Juden

Währung:
1 belg. Franc = 100 Centimes

Mitgliedschaften:
UN, NATO, WEU, Europarat, Benelux, EG, OECD

Belize

Amtlicher Name:
Belize
Staatsform:
Parlamentar.
Monarchie
Hauptstadt:
Belmopan
Fläche:
22963 km²
Bevölkerung:
153000 E.
Sprache:
Englisch ist
Amtssprache
Religion:
62% Katholiken
Protestanten
Währung:
1 Belize-Dollar
= 100 Cents
Mitgliedschaft:
Commonwealth

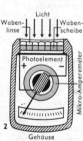

Belichtungsmesser:
1 Prinzip eines photo-
elektrischen B.;
a Schutz-, b Deck-,
c Selenschicht,
d Grundplatte. 2 Aus-
führung eines auto-
matischen B.; die
Wabenlinsen dienen
zur Richtungsbünde-
lung des einfallenden
Lichtes

geschaffen, der 1960 verlorenging. Im 1.
Weltkrieg brach Dtl. die Neutralität, B. war
bis 1918 besetzt. Im Frieden v. 19 kamen die
Kreise Eupen u. Malmédy an B. Die Neutralität wurde 40 durch den dt. Einmarsch wieder verletzt. 1951 mußte Kg. ↗Leopold III.
zugunsten seines Sohnes ↗Baudouin ab-
Belgisch-Kongo ↗Zaire.   [danken.
Belgorod, russ. Stadt am Donez, nördl. v.
Charkow, 240000 E.; Baustoff-Ind., Maschinenbau; hochwertige Eisenerzlager.
Belgrad, serb. *Beograd,* Hst. v. Jugoslawien, polit. u. kulturelles Zentrum des Landes, 772000 E.; Flugknotenpunkt; serb.-
orth. Patriarch, kath. Erzb.; Univ. u. Akademie. 1806 Hst. Serbiens, bis 67 türkisch.
Belial (hebr. = Verderber) ↗Satan.
Belichtung, hängt ab v. der Dauer u. der Intensität des Lichts. Die genaue B. einer photograph. Emulsion gibt an der *B.smesser* an
(↗Photographie).
Belisar, Feldherr Ks. Justinians I., um
500–565; kämpfte gg. Vandalen u. Ostgoten.
Belize (: bel's), Hafen u. fr. Hst. v. ↗Belize,
50000 E.; kath. Bischof.
Belize, fr. *Brit.-Honduras,* brit. Kronkolonie
(seit 1964 volle innere Autonomie) an der
karib. Küste Mittelamerikas, im S der Halbinsel Yucatán, zu der es landschaftl. gehört,
22963 km², 153000 E. Hst. Belmopan, fr. Belize, 81 unabhängig. – Größtenteils v. Urwald
bedeckt, kaum erschlossen, dünn bevölkert
(7 E. je km²), wirtschaftl. unbedeutend. Ausfuhr v. Mahagoniholz, Bananen, Chicle für
Kaugummi.
Bell, 1) *Alexander Graham,* schott. Physiologe, 1847–1922; Erfinder des Fernsprechers. **2)** *George,* anglikan. Bischof v. Chichester, 1883–1958; führend in der ↗Öku-
men. Bewegung. **3)** *Johannes,* 1868–1949;
26/27 Reichsjustizmin. (Zentrum), unterzeichnete mit Herm. Müller den Vertrag v.
Versailles.   [ryllis.
Belladonna w, **1)** ↗Tollkirsche. **2)** ↗Ama-
Bellarmin, *Robert,* SJ, hl. (13. Mai), Kirchen-
lehrer, 1542–1621; 1599 Kard.; bedeutender
Kontroverstheologe; *Katechismus.*
Belle-Alliance (: bäl aljãß), Wirtshaus bei
↗Waterloo, nach ihm die Entscheidungs-
schlacht der ↗Befreiungskriege 1815 be-
nannt.
Bellerophon, Held der griech. Sage, wollte
auf dem Wunderroß ↗Pegasus in den
↗Olymp reiten, stürzte aber ab.
Belletristik w (frz. = schöne Lit.), dichteri-
sche u. unterhaltende Werke im Ggs. zur
Sach- u. Fach-Lit.
Bellevue (: bälwü, frz. = schöne Aussicht),
Name schöngelegener Schlösser, z.B. in
Berlin u. Kassel. ↗Belvedere.
Belling, *Rudolf,* dt. Bildhauer, 1886–1972;
führte als erster in Dtl. ↗Archipenkos Anre-
gungen zur Abstraktion der Skulptur weiter;
wegweisend mit seinen Porträtköpfen.
Bellini, ital. Malerfamilie der Renaissance.
Vater: *Jacopo,* um 1400–70 Venedig; älterer
Sohn: *Gentile,* um 1426–1507; jüngster, be-
deutendster Sohn: *Giovanni,* um 1430 bis
1516 Venedig; stimmungsvolle, ausdrucks-
starke Bilder mit hauptsächlich religiösen
Themen.

Belgrad: Platz der Republik

Bellini, *Vincenzo,* ital. Opernkomponist,
1801–35; *Norma, Die Nachtwandlerin.*
Bellinzona, Hst. des Schweizer Kt. Tessin,
17000 E.; Verkehrszentrum.
Belloc, *Hilaire,* engl. Schriftsteller, 1870 bis
1953; Essayist, v. Katholizismus bestimmt.
Belluno, ober-it. Prov.-Hst., 37000 E.; kath.
Bischof; Seiden-Industrie, Weinbau.
Belo Horizonte (: -orisonte), Hst. des brasil.
Staates Minas Gerais, 920 m ü. M., 1,6 Mill.
E.; kath. Erzb.; Univ.; Eisenerzgruben.
Belsazar (hebr. für *Baltassar*), chaldäischer
Kronprinz, Regent in Babylon, vermutl. 539
v. Chr. von den Persern getötet. Im AT als
babylon. Kg. u. Sohn Nebukadnezars bezeichnet.
Belt, 2 Meerengen der westl. Ostsee: *Großer B.,* zw. Fünen u. Seeland, 16–30 km
breit, 25 m tief; *Kleiner B.,* zw. Fünen u. Jüt-
land, verengt sich auf 700 m (Brücke).
Beluga m, der (gelbweiße) Weißwal.
Belutschistan, südöstl. Teil des iran. Hochlandes, grenzt südwärts an das Arab. Meer;
kahle, bis 3800 m hohe Bergketten im NO,
Wüste im NW; heißtrockenes Klima; in Tälern Anbau v. Getreide, Datteln, Obst, Tabak; Schaf- u. Kamelzucht; Bewohner sind
sunnitische Belutschen.
Belvedere s (it. = Schönblick), Name mehrerer Schlösser, so in Wien (☐ 390), Prag,
Weimar; auch im Vatikan.
Ben (hebr., arab.), Sohn, Enkel.
Benares, ind. *Vanarasi,* ind. Stadt im Bun-
desstaat Uttar Pradesch, 650000 E.; Univ.,
Wallfahrtsort der Hindu („heilige Stadt Indi-
ens").
Benatzky, *Ralph,* östr. Operettenkomponist,
1884–1957; u. a. *Im weißen Rößl.*
Ben Bella, *Mohammed Achmed,* * 1916;
Führer im Algerien-Aufstand, 1956/62 in frz.
Haft, 62 Min.-, 63/65 Staats-Präs. v. Alge-
rien, 65 gestürzt.
Benda, 1) *Ernst,* dt. Jurist u. Politiker,
* 1925; 68/69 Bundesinnenmin., seit 71
Präs. des Bundesverfassungsgerichts. **2)**
böhm. Musikerfamilie, bes. die Brüder
Franz (1709–86) u. *Georg* (1722–95).
Bendorf, rhein. Stadt u. Hafen, s.ö. von
Neuwied, 16000 E.; Schwemmsteinfabri-
ken, Stahlwerk. Prämonstratenserabtei.
Benedetti Michelangeli (: -mikelandscheli),
Arturo, it. Pianist, * 1920; bed. Interpret
Mozarts, Chopins, Debussys u. Ravels.

Benedikt, Heilige: **1)** B. v. Aniane, OSB, um 750–821; setzte die Alleingültigkeit der Regel des B. v. Nursia im Karolingerreich durch, Fest 11. Febr. **2)** B. v. Nursia, um 480 – ca. 547; gründete um 529 Monte Cassino, das Ursprungskloster des Benediktinerordens; gab dem abendländ. Mönchtum durch seine Regel feste Form u. wirkte dadurch tief auf die europ. Geistesgesch. Fest 11. Juli. – 15 Päpste: B. XV., 1854–1922; meist im diplomat. Dienst, 1907 Erzb. v. Bologna, 14 Kard. u. Pp.; suchte im 1. Weltkrieg den Frieden zu vermitteln u. die Leiden des Krieges zu mildern.
Benediktenkraut, Cnicus, distelartiger Korbblütler, Heilpflanze.
Benediktiner, Ordo Sancti Benedicti (OSB), Orden nach der Regel des hl. Benedikt v. Nursia; im 6. Jh. gegr., im Abendland 8./13. Jh. einzige Form des Mönchtums. Im MA starke Wirkung der B. auf Bildung u. Erziehung durch Landwirtschaft, Handwerk u. Schulen; auch Abzweigung neuer Orden; heute führend in der Liturg. Bewegung. Die 16 Kongregationen (in Dtl. u. a. die bayer., die Beuroner u. die v. St. Ottilien) sind zusammengeschlossen in der Vereinigung der B. (ca. 10800 Mönche) unter dem Abt-Primas in Rom. An der Spitze der einzelnen Klosters steht ein auf Lebenszeit gewählter Abt.
Benediktinerinnen, Ordensfrauen nach der Benediktinerregel, ca. 22000 Nonnen. Es gibt Klöster mit strenger Klausur unter einer Äbtissin u. Klöster ohne strenge Klausur unter einer Priorin.
Benediktion w (lat.; Ztw. benedizieren), Segen, Segnung, Weihe. [fiziums.
Benefiziat, Inhaber eines kirchlichen Bene-**Benefiz(ium)** s (lat. = Wohltat; Mz. Benefizien), **1)** im MA das ⁄Lehen. **2)** ⁄Pfründe.
Benelux, Zoll- u. Wirtschaftsunion zw. Belgien, den Niederlanden (Nederlands) und Luxemburg, 1944 u. 47 beschlossen; 48 Zollunion, 49 „Vorunion", 58 Wirtschaftsunion, seit 60 voll wirksam. Mitgl. der EWG.
Beneš (: benesch), Eduard, tschech. Politiker, 1884–1948; mit ⁄Masaryk Begründer der tschsl. Rep., 1935/38 deren Staatspräs.; dann bis 45 Leiter der Exilregierung in Engl., danach wieder Staatspräs.; trat 48 vor der Unterzeichnung der neuen, kommunist. Verf. zurück.
Benevent, Prov.-Hst. in Süd-It., 63000 E.; kath. Erzb. – 275 v. Chr. Römersieg über Pyrrhus. 1266 Niederlage u. Tod ⁄Manfreds.
Bengalen, ind. Landschaft am Golf v. B. u. am unteren Ganges. Sehr fruchtbares, wichtigstes Reisanbaugebiet Indiens u. wichtigster Jutelieferant der Erde. Ost-B. ⁄Bangla Desh; West-B. bildet einen ind. Staat mit 87853 km² und 44,5 Mill. E.; Hst. Kalkutta. **Bengalischer Golf**, Meerbusen zw. Vorder- u. Hinterindien.
Bengalisches Feuer, abbrennende Mischungen v. Schellack, Schwefel, Salpeter u. chem. Zusätzen z. Färbung.
Bengasi, libysche Hafenstadt, 283000 E.; Ölraffinerie; Univ.
Bengsch, Alfred, 1921–79; seit 61 Bischof v.

Ernst Benda

D. Ben Gurion

Benin

Amtlicher Name:
République populaire du Bénin

Staatsform:
Volksrepublik

Hauptstadt:
Porto Novo

Fläche:
112622 km²

Bevölkerung:
3,4 Mill. E.

Sprache:
Amtssprache ist Französisch; Eingeborenen-Dialekte

Religion:
13% Muslimen, 12% Katholiken, 3% Protestanten, Animisten

Währung:
1 CFA-Franc = 100 Centimes

Mitgliedschaften:
UN, OAU, der EWG assoziiert

Berlin, 62 Erzb., 67 Kardinal; Vors. der (seit 76) Berliner Bischofskonferenz.
Benguel(l)a, Hafen u. Distrikts-Hst. von Angola (Westafrika), 41000 E. **B.strom**, kalte Meeresströmung längs der westafrikan. Küste nordwärts.
Ben Gurion, David, 1886–1973; maßgebl. am Aufbau des Staates Israel beteiligt; 1948/53 u. 55/63 Min.-Präs.
Benin, westafrikan. Rep., am Golf v. Guinea. Im O trop.-feuchter Urwald, im W lichter Buschwald. Ausfuhr: Palm-Produkte, Erdnüsse. – Seit 1894 frz. Kolonie, Teil v. Frz.-Westafrika, 1958 autonome Rep. innerhalb der Frz. Gemeinschaft, 60 unabhängiger Staat Dahome; 75 umbenannt in B.
Benjamin (hebr. = Glückskind), jüngster u. liebster Sohn des atl. Stammvaters Jakob.
Benn, Gottfried, dt. Dichter, 1886–1956; Arzt in Berlin; desillusionist. Lyrik u. Prosa, jedoch Glaube an Form; eigenwillige Sprache.
Bennett, **1)** Arnold, engl. Romanschriftsteller, 1867–1931; beschreibt das Kleinbürgertum. **2)** Gordon, am. Publizist, 1795–1872. **3)** James Gordon, Sohn v. 2), Zeitungsverleger, 1841–1918; rüstete 2 Expeditionen Stanleys u. eine zum Nordpol aus. Gordon-B.-Preis für Ballonfahrten.
Ben Nevis m (: -newiß), höchster Berg Großbritanniens (Schottland), 1343 m.
Bennigsen, Rudolf v., dt. Politiker, 1824–1902; 66/98 Führer der Nationalliberalen Partei, unterstützte Bismarck bis 78.
Benno, hl. (16. Juni), OSB, † 1106; 1066 Bischof v. Meißen. Patron v. Meißen, München u. Bayern.
Bensberg, Stadtteil v. Bergisch-Gladbach; kath. Akad.; Kleinindustrie.
Bensheim, hess. Stadt an der Bergstraße, 33000 E.; Ind., Wein- u. Obstbau; konfessionskundl. Institut der Ev. Bundes.
Benson (: -ßᵉn), Robert Hugh, 1871–1914; zuerst anglikan. Geistlicher, 1904 kath. Priester; schrieb histor. Romane.
Bentham (: benßᵉm), Jeremy, engl. Philosoph u. Volkswirt, 1748–1832; Anhänger des Freihandels. ⁄Utilitarismus.
Bentheim, niedersächs. Stadt u. Bahnknoten, 8 km vor der niederländ. Grenze, 14500 E.; Schwefel- u. Schlammbad, Burganlage. Freilichtspiele. Erdölvorkommen.
Benue m, Nebenfluß des Niger, 1400 km lang, davon 800 km schiffbar.
Benz, **1)** Carl Friedrich, dt. Ingenieur, 1844–1929; Gründer der Benz & Co. AG, heute Daimler-Benz AG. B. ist Miterfinder des Kraftwagens. **2)** Richard, dt. Schriftsteller, 1884–1966, schrieb über das MA, die dt. Musik u. Literatur (Barock u. Romantik).
Benzaldehyd m, ⁄Bittermandelöl.
Benzin s, ein Gemisch leichtsiedender Kohlenwasserstoffe, klare, leichtbewegl. Flüssigkeit; feuergefährlich. Treibstoff für Verbrennungs-(Otto-)Motoren (⁄Klopfen), Lösungsmittel für Fette u. Öle (chem. Ind., chem. Reinigung u. a.). B. wird aus Erdöl durch fraktionierte Destillation u. im Krackverfahren gewonnen, in geringen Mengen auch aus Kohle (⁄Berginverfahren, ⁄Kohleverflüssigung). □84.

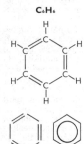

Benzin: Das Rohöl wird in einem Röhrenofen unter Druck schnell auf hohe Temperaturen gebracht und in die Kolonne befördert. Gewinnung der verschiedenen Fraktionen in verschiedenen Höhen.

C_6H_6

Benzol: Summen- und Strukturformel (Benzolring in verschiedenen Schreibweisen)

Alban Berg

Erzbischof Berg

Benzoe w, Hartharz eines ostasiat. Baums; als Arznei (B.schmalz) u. zur Herstellung wohlriechender Essenzen verwendet. **B.säure,** C_6H_5–COOH, Destillationsprodukt des B.harzes; Kristallblättchen; zur Herstellung v. Farbstoffen u. Medikamenten. **Benzol** s, C_6H_6, ringförm. aufgebaute Grundsubstanz aller aromat. Kohlenwasserstoffverbindungen, leichtbewegliche, klare Flüssigkeit, Schmelzpunkt 5,5° C, Siedepunkt 80,2° C, brennt mit rußender Flamme. Herstellung durch Destillation des Steinkohlenteers, aus Koksofengas, Benzin u. durch synthet. Prozesse. Vielseitige Verwendung in der chem. Ind. (Kunst- u. Farbstoffe), als Lösungsmittel, als Anti-Klopfmittel (/Klopfen) in Treibstoffen; med. gg. Würmer u. Krätze.
Benzpyren s, $C_{20}H_{12}$, aromat. Kohlenwasserstoff, im Steinkohlenteer; krebserregend.
Ben Zwi, Jitzchak (Isaak), israel. Politiker u. Schriftsteller, 1884–1963; seit 1952 Staatspräs. v. Israel.
Beograd, serb. Name für /Belgrad.
Beowulf, ältestes Heldenepos in Altenglisch (um 700), besingt den Helden-Kg. B.
Beran, Josef, 1888–1969; seit 1946 Erzb. v. Prag; seit 51 in Haft bzw. unter Hausarrest. 65 Ausreise nach Rom gestattet u. Kardinal.
Béranger (: berānsche), Pierre-Jean de, frz. Dichter, 1780–1857; verherrlichte in volkstüml. Liedern Napoleon I.
Berber, mediterrane Völkergruppe in Nordafrika (Kabylen, Tuareg); Nomaden; Acker- u. Gartenbau.
Berberitze w, Dornstrauch mit gelben Blüten- u. roten Beerentrauben; Wurzel als Heilmittel, Zwischenwirt des Getreiderostes.
Berceuse w (: -ßös, frz.), Wiegenlied; in der Instrumentalmusik u. a. bei Chopin u. Mendelssohn.
Berchtenlaufen, Perchtenlaufen, bayer.-östr. Weihnachtsbrauch: Vertreibung böser Geister durch Burschen mit Masken.
Berchtesgaden, oberbayer. Luftkurort und Wintersportplatz, 600 m ü.M., 8700 E.; Salzbergwerk mit Solbad (26%). In der Nähe /Obersalzberg. War 1486/1802 geistl. Reichs-Ftm., ist seit 1810 bayer. **B.er Land,**

v. hohen Kalkwänden umstellter Gebirgskessel, mit Königssee; alter Salzbergbau.
Berchtold, Leopold Graf v., 1863–1942; 1912–15 östr.-ungar. Außenmin., stellte 14 nach dem Mord v. Sarajewo das Ultimatum an Serbien, das den 1. Weltkrieg auslöste.
Berdjajew, Nikolai Alexandrowitsch, christlich-spiritualist. Religionsphilosoph, 1874–1948; für Erneuerung aus russ. Frömmigkeit.
Beregnung, 1) Feldberegnung, künstl. Besprengung v. Acker-, Grün- u. Gartenland mit Wasser od. Abwässern. 2) im Bergbau: die Verhütung v. Kohlenstaubbildung durch Wasservorhang.
Bereitschaftspolizei, kasernierte /Polizei in den Bundesländern, bes. zur Abwehr eines Staatsnotstandes; Finanzierung durch Bund u. Länder.
Berenbostel, 16500 E.; Ortsteil v. Garbsen (Kr. Hannover).
Berengar I., Markgraf v. Friaul, 888 Kg. v. It., 915 röm. Ks., 924 ermordet.
Beresina w, Nebenfluß des Dnjepr, 600 km lang. Der **B.kanal** verbindet durch die B. u. Düna das Schwarze Meer mit der Ostsee. – Niederlage Napoleons I. 1812 beim Übergang über die B.
Berg, Bodenerhebung v. einheitl., geschlossenem Erscheinungsbild, hebt sich von seiner Umgebung ab. Entstehung: a) durch Aufschüttung (z. B. Vulkan); b) durch Abtragung (z. B. Restberg, Tafelberg); c) durch tekton. Bewegungen (z. B. Horst, Sattel).
Berg, alte Grafschaft, 1380 Htm., Hst. Düsseldorf; 1815 preußisch. /Bergisches Land.
Berg, 1) Alban, östr. Komponist, 1885–1935; Schüler A. /Schönbergs. Opern: Wozzeck, Lulu; Kammer- u. Orchestermusik. 2) Karl, östr. Theologe, * 1908; 61 Ordinariatskanzler, 69 Generalvikar, 73 Erzb. von Salzburg.
Bergakademie, Hochschule für Berg- u. Hüttenwesen; in der BRD nur noch in Clausthal-Zellerfeld.
Bergama, türk. Stadt in Westanatolien, 25000 E.; Ruinen des alten Pergamon.
Bergamo, ober-it. Prov.-Hst., am Fuß der Bergamasker Alpen, östl. des Comer Sees, 125000 E.; kath. Bischof. Altes Stadtbild.
Bergamotte w, 1) Citrusfrucht Süditaliens; Öl aus den Schalen zur Likörbereitung u. Parfümerie. 2) Birnensorte.
Berganza, Teresa, span. Sängerin, * 1934; Koloratur-Altistin; bes. Mozart- u. Rossini-Interpretin.
Bergarbeiter, Beschäftigte des /Bergbaus im Lohnverhältnis; haben als einzige Berufsgruppe einen eigenen Versicherungsträger (/Knappschaft). Bergmann (Knappe) ist, wer wesentl. bergmänn. Arbeit leistet. Dreijähr. Lehrzeit (mindestens 1 Jahr unter Tage); Knappenprüfung vor einem Oberbergamt. Der Bergmann vor Ort heißt Hauer. Übliche Entlohnungsform ist das Gedinge (Akkordlohn). Aufstiegsmöglichkeiten zum Steiger durch Besuch der Bergvorschule u. Bergschule.
Bergbahn, Verkehrsmittel für große Steigungen. Die Reibungsbahn bewältigt Stei-

Bergbau

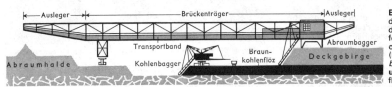

Ausleger — Brückenträger — Ausleger

Transportband · Abraumbagger · Braunkohlenflöz · Deckgebirge · Kohlenbagger · Abraumhalde

Braunkohlengewinnung im Tagebau mit Kohlenbagger und Förderbrücke für die Abräumung des Deckgebirges.

Eisenerz wird wegen der Vielgestaltigkeit der Lagerstättenformen im Tagebau oder Untertagebau (hier meist im *Firstenbau*) abgebaut. **Kali- und Steinsalz** wird bei flach einfallender Lagerung im *Kammerbau* erschlossen. Die Kammern sind bis zu 200 m lang und bis zu 15 m breit und hoch.

Eisenerzlager in Form von Nestern und Linsen

Kammerbau im Kali- und Steinsalzbergbau

Deckgebirge · Streckenpfeiler · Kammerhals · Förderstrecke · Kammerpfeiler · Abbaukammer

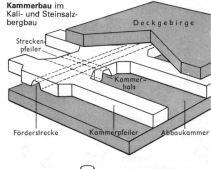

Firstenbau im Erzbergbau

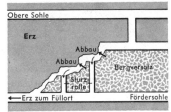

Obere Sohle · Erz · Abbau · Abbau · Bergversatz · Sturzrolle · Erz zum Füllort · Fördersohle

Grubenbaue im Untertagebau (z. B. Steinkohle)

1 Querschlag (1. Sohle)
2 Querschlag (2. Sohle)
3 Abbaustrecke

Füllort · Förderschacht · Füllort

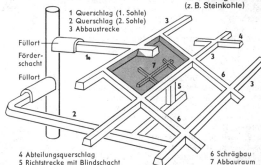

4 Abteilungsquerschlag
5 Richtstrecke mit Blindschacht

6 Schrägbau
7 Abbauraum

Beispiele für den **Streckenausbau**

Türstockausbau in Holz

Mauerausbau mit Gleisanlage

Verwitterungsdecke · Halde

Liegendschichten · Hangendschichten
Schürfschacht

Links u. unten: **Schürfmethoden** zum Auffinden u. Untersuchen von Lagerstätten. Außer Schürfgräben, Schürfschächten u. Schürfstollen werden auch die Verfahren des *Tiefbohrens* angewandt.

Verwitterungsdecke · Massengestein · Lagerstätte · Halde
Schürfstollen

wieder zugeschütteter Graben · Lagerstätte
Schürfgraben

Bergbau
in der BDR

	1960	1970	1980
Kohlebergbau: Förderung			
Steinkohle	142 287	111 271	87 146
Braunkohle	96 138	107 766	129 833
Pechkohle	1 833	671	—
Eisenerzbergbau: Förderung	18 869	6 762	1 945
Metallerzbergbau: Förderung	2 154	1 391	762[1]
Kali- und Steinsalzbergbau, Salinen: Förderung	22 611	30 962	37 394

Förderung ist stets in 1000 t angegeben
Beschäftigte im Bergbau insgesamt: 1950: 608 273, 1960: 584 507, 1970: 300 641, 1980: 220 798
[1] 1978

gungen bis 100 ‰, die ↗*Zahnradbahn* bis 250 ‰ bei vertikalem, bis 500 ‰ bei horizontalem Zahntrieb; die *Standseilbahn* (bis 750‰) bewegt mittels Seilzugs gleichzeitig einen Wagen aufwärts, den anderen Wagen abwärts. ↗*Seilschwebebahn.* □ 892.

Bergbau, durch ↗Bergrecht gesetzl. geregelte Gewinnung v. Bodenschätzen. *B. über Tage* (Tagebau) erfolgt bei geringer Mächtigkeit der Deckgebirge, die abgeräumt werden. *B. unter Tage* bei Lagern in größerer Tiefe. Zugang erfolgt durch Anlegen v. senkrechten Schächten, waagrechten (söhligen) Stollen bis zur Lagerstätte u. v. söhligen Strecken u. Querschlägen. Versteifung schützt gg. hereinbrechendes Gestein. Ausgeräumte Abbaue läßt man zu Bruch gehen, od. es erfolgt ↗Bergversatz. Preßlufthämmer, Schrämmaschinen und immer mehr vollmechanisierte Abbaugeräte, auch Sprengen, lösen die Mineralien aus ihrem Zusammenhang. Das so gehauene Fördergut wird auf Transportband oder Förderwagen *(Hund)* verladen u. zum Schacht gebracht. Dort, am Füllort, werden die Hunde in an Drahtseilen hängenden Fördergestellen (Körben) durch Fördermaschinen nach oben zur Hängebank gebracht. *Bewetterungseinrichtungen* sorgen für Zufuhr u. Verteilung frischer Luft in allen Grubenbauen *(Frischwetter)* u. führen gleichzeitig gefährl. Gase (böse Wetter, ↗*Schlagwetter*) durch den 2. (Wetter-)Schacht ab. Pumpen in der Grube fördern die den Pumpensümpfen zulaufenden Wassermengen nach über Tage. Strecken, Füllörter, Pumpenkammern u. a. haben feste u. schlagwettersicher installierte elektr. Beleuchtung. □ 85.

Bergell *s,* it. *Val Bregaglia,* Tallandschaft am Nordfuß der Bernina-Alpen: a) das Schweizer *Hoch-B.* mit Weiden u. Wäldern, b) das it. *Nieder-B.* mit Kastanien u. Feigen.

Bergen, 1) Krst. auf der Insel Rügen, 11000 E. **2)** zweitgrößter Hafenplatz u. größter Fischmarkt Norwegens, fr. Hansestadt, am Byfjord der Westküste, 211000 E.; Univ.; luther. Bischof. **3)** niedersächs. Stadt im Landkreis Celle, 12200 E.; in der Nähe nat.-soz. KZ *B.-Belsen.* **4) B. op Zoom** (: berchen op som), niederländische Stadt an der Ostschelde, 44000 E.

Bergen-Enkheim, Stadtteil (seit 77) v. Frankfurt (Main); Lederwaren-Ind.

Bergengruen, *Werner,* dt. Schriftsteller, 1892–1964; balt. Herkunft. Gestaltet in histor. Romanwerken *(Der Großtyrann u. das Gericht)* u. Novellen *(Der span. Rosenstock; Drei Falken)* sittl.-religiöse Probleme; Lyrik.

Berger, *Erna,* dt. Sängerin, * 1900; Koloratursopran, seit 59 Prof. an der Musikhochschule Hamburg.

Bergerac (: bärseh[e]rak), frz. Stadt in der Dordogne, 27000 E.; Weine, Trüffeln.

Bergflachs, *Bergpapier, Bergholz.* ↗Asbest.

Bergfried *m,* Hauptturm einer Burg.

Bergführer, Begleiter bei alpinen Touren.

Bergheim (Erft), rhein. Krst. westl. v. Köln, an der Erft, 52600 E.; Braunkohlentagebau.

Berginverfahren, *Bergiusverfahren* (nach dessen Erfinder, dem Nobelpreisträger F. *Bergius,* 1884–1949), die Anlagerung v.

Die höchsten Berge	Höhe in m	Erstbesteigung	Gebirge	Land
Europa				
Montblanc	4807	1786	Savoyer Alpen	Frankreich/Italien
Dufourspitze (Monte Rosa)	4634	1855	Walliser Alpen	Schweiz/Italien
Matterhorn	4477	1865	Walliser Alpen	Schweiz/Italien
Finsteraarhorn	4274	1812	Berner Alpen	Schweiz
Jungfrau	4158	1811	Berner Alpen	Schweiz
Großglockner	3797	1800	Hohe Tauern	Österreich
Zugspitze	2962	1820	Wettersteingebirge	Deutschland/Östr.
Afrika				
Kibo	5895	1889	Kilimandscharo	Tansania
Mawensi	5270	1912	Kilimandscharo	Tansania
Mt. Kenia	5200	1899		Kenia
Margherita	5127	1906	Ruwenzori	Uganda/Zaire
Amerika				
Nordamerika				
Mt. McKinley	6229	1913		Alaska (USA)
Mt. Logan	6050	1925	St. Elias Mountains	Kanada
Mt. St. Elias	5488	1897	St. Elias Mountains	Alaska/Kanada
Mt. Whitney	4418	1873	Sierra Nevada	Kalifornien (USA)
Mt. Elbert	4396	1847	Rocky Mountains	Colorado (USA)
Mittelamerika				
Citlaltépetl (Pik v. Orizaba)	5700	1848	Sierra Madre Oriental	Mexiko
Popocatépetl	5452	1827		Mexiko
Südamerika				
Aconcagua	6958	1897	Anden	Argentinien
Ojos del Salado	6880	1937	Anden	Argentinien/Chile
Tupungato	6800	1897	Anden	Argentinien/Chile
Mercedario	6770	1934	Anden	Argentinien
Huascarán	6768	1932	Anden	Perú
Chimborazo	6272	1880	Anden	Ecuador
Cotopaxi	5896	1872	Anden	Ecuador
Asien				
Mt. Everest	8848	1953	Himalaja	VR China (Tibet)/Nepal
Godwin Austen (K 2)	8611	1954	Karakorum	Kaschmir
Kantschindschunga	8579	1955	Himalaja	Sikkim/Nepal
Dhaulagiri	8168	1960	Himalaja	Nepal
Nanga Parbat	8126	1953	Himalaja	Kaschmir/Pakistan
Annapurna	8078	1950	Himalaja	Nepal
Broad Peak	8047	1957	Himalaja	Kaschmir
Mustag Ata	7546	1956	Pamir	VR China (Sinkiang)
Pik Kommunismus	7495	1933	Pamir (Transalai)	Sowjetunion
Elbrus	5633	1868	Kaukasus	Sowjetunion
Ararat	5165	1829	Armen. Hochland	Türkei
Australien u. Ozeanien				
Carstensz-Spitze	5030	1937		Westirian (Indonesien)
Mauna Kea	4202	?		Hawaii (USA)
Mount Cook	3764	1894	Neuseel. Alpen	Neuseeland (Südinsel)
Antarktis				
Mount Vinson	5140	1966	Sentinelgebirge	Byrdland
Mt. Kirkpatrick	4580		Königin-Alexandra-Kette	Victorialand
Mt. Jackson	3960			Grahamland

Wasserstoff an Erdölprodukte, Teerdestillate od. unmittelbar an Kohle unter hohem Druck, zwecks Gewinnung v. niedrigsiedenden Kohlenwasserstoffen (u. a. Benzin) u. Schmierölen. ↗Kohleverflüssigung.

Bergisches Land, zw. Ruhr, Volme u. Sieg; Teil des früheren Htm. ↗Berg.
Bergisch-Gladbach, Krst. n.ö. von Köln, 101000 E.; Papier-Ind., Sägewerke.
Bergkamen, westfäl. Stadt südl. v. Hamm, 47000 E.; chem. Industrie, Bergbau.
Bergkrankheit, *Höhenkrankheit,* Störungen des Blutkreislaufs in Höhen über 3000 m; Übelkeit, Herzklopfen, Blutungen.
Bergkristall, eine Abart des ↗Quarzes.
Bergman, 1) *Ingmar,* schwed. Theater- u. Filmregisseur, * 1918; Filme (meist nach eigenen Drehbüchern) mit starker Symbolik u. schockierender Offenheit der Darstellung. *Wilde Erdbeeren, Das Schweigen, Die Schande, Zauberflöte.* **2)** *Ingrid,* schwed. (Film-)Schauspielerin, * 1917; *Gaslicht, Wem die Stunde schlägt, Stromboli.*
Bergmann ↗Bergarbeiter.
Bergmann, 1) *Ernst v.,* dt. Chirurg, 1836–1907; Begr. der Asepsis u. der Gehirnchirurgie. **2)** *Gustav v.,* Sohn v. 1), Kliniker, 1878–1955.
Bergner, *Elisabeth,* östr. Schauspielerin, * 1900; seit 1939 in den USA.

Ingmar Bergman

Bergneustadt, rhein. Stadt n.ö. von Köln, 18000 E.; Textil-Ind.
Bergpartei, die radikalste Gruppe (Jakobiner u. Cordeliers) des frz. Konvents (1792–95).
Bergpredigt, Rede Jesu, die wesentl. Gedanken seiner Botschaft v. Kommen des Reiches Gottes enthält; eingeleitet durch die 8 Seligpreisungen.
Bergrecht, die rechtl. Bestimmungen über den Bergbau. Die Verfügung über die Bodenschätze (Mineralien) ist v. Grundeigentum getrennt. In der BRD ist die Bergbaufreiheit zugunsten des Landes vielfach durch Sondergesetz beschränkt (Kali, Kohle usw.).
Bergschule, Lehranstalt zur Ausbildung v. Steigern u. Oberbeamten im Bergbau.
Bergson (: -ßõn), *Henri,* frz. Philosoph, 1859–1941; Lit.-Nobelpreis 1928; Philosophie der schöpfer. Entwicklung u. ↗Intuition gg. Intellektualismus u. Mechanismus; für die europ. Philosophie folgenreich.
Bergsteigen, *Alpinismus,* das sportl. Wandern u. Klettern im Hochgebirge, bes. in den

1   2   3

Bergsteigen

1 Steigen im Eis mit Eispickel und Steigeisen, **2** Quergang am Doppelseil in einer Steilwand, **3** Überwindung eines Überhanges mit Seilbügel, **4** Abseilen. Die Abseilgeschwindigkeit wird durch Nachschieben der durchhängenden Seilenden reguliert, **5** Klettern im Kamin

4   5

Alpen, in großartigster Form als *Hochtour,* das eig. B. in Fels, Schnee u. Eis; im Sommer Klettern im Fels, im Winter auch als Ski-Bergfahrt. Die Schwierigkeit des alpinen Geländes ist in 6 Grade (I-VI, mit Zwischenstufen) eingeteilt.

Bergstraße, urspr. die 52 km lange Straße zw. Heidelberg u. Darmstadt, dann die ganze Landschaft des westl. Odenwaldrands, bildet den Kreis B. (Krst. Heppenheim); mildes Klima, Lößboden, sehr fruchtbar.

Bergversatz, Ausfüllung der durch ↗Bergbau entstandenen Hohlräume mit taubem Gestein (Berge ohne Erzgehalt).

Bergwacht, staatl. unterstützte gemischte Organisation aus alpinen Vereinen u. „Rotem Kreuz" für Naturschutz u. Rettungsdienst.

Bergwerk, Grube od. *Zeche,* die Lagerstätten u. Anlagen zur Aufschließung v. Bodenschätzen (↗Bergbau).

Bergwohlverleih m, die ↗Arnika.

Beri-Beri, Vitamin-B₁-Mangelkrankheit, in Ost- u. Südasien durch einseitige Ernährung mit geschältem Reis.

Berija, *Lawrentij,* sowjet. Politiker, 1899–1953; 38 Volkskommissar des Innern u. verantwortlich für den Staatssicherheitsdienst; nach Stalins Tod erschossen.

Bering, *Vitus,* jütländ. Polfahrer, 1680–1741; fand die B.straße. **B.insel,** größte der russ. Kommandeurinseln. **B.meer,** der nördlichste, im Winter durch Packeis gesperrte Teil des Stillen Ozeans; bis 4097 m tief. **B.straße,** bis 70 m tief u. bis 90 km breit, trennt Amerika u. Asien.

Berkeley (: böˈkliˈ), Stadt in Kalifornien, 122 000 E.; Staatsuniv.; Flugmotoren-Ind.

Berkeley (: baˈkliˈ), *George,* engl. Philosoph u. anglikan. Bischof, 1685–1753; lehrte, die geistigen Einzelwesen seien das eig. Wirkliche; ihr Wesen bestehe im Wollen u. bewußten Vorstellen.

Berkelium s, künstl. chem. Element, Zeichen Bk, Ordnungszahl 97. ☐ 148.

Berlichingen, *Götz v.,* 1480–1562; fehdelust. fränk. Reichsritter „mit der eisernen Hand", Führer im Bauernkrieg. Drama v. Goethe.

Berlin, größte dt. Stadt, bis 1945 Hst. des Dt. Reiches u. Preußens, 883 km², 3,04 Mill. (1939: 4,34 Mill.) E., heute gespalten in West-B. u. Ost-B. (siehe unten). Als Hst. des Dt. Reiches im Herzen Dtl.s gelegen, war B. wichtigster Verkehrsknoten des Norddt. Tieflandes, bedeutendster Bahn- u. Luftverkehrsknoten Mitteleuropas, größter Handelsplatz u. eine der wichtigsten Ind.-Städte des europ. Festlandes. Durch den 2. Weltkrieg verlor B. diese beherrschende Stellung. 75% der Gebäude wurden im 2. Weltkrieg zerstört, darunter die City mit Sitz der Reichsbehörden, Wirtschaftsverwaltungen u. den großen Einkaufszentren (Leipziger Straße, Friedrichstraße). Die Teilung der Stadt verhinderte einen einheitlichen Wiederaufbau. Auch der Verkehr leidet sehr unter der Spaltung der Stadt. B.s Stellung als Knotenpunkt wichtiger Fernzüge ging nahezu verloren. Die Verkehrsverbindungen zwischen den beiden Teilen der Stadt sind

Stadtgebiet von Groß-Berlin
mit Verwaltungsbezirken

Amerikanischer Sektor
Britischer Sektor
Französischer Sektor
Sowjetischer Sektor
⊕ Flughafen

seit dem Bau der B.er Mauer auf wenige Übergänge beschränkt.

Die Stadt wurde 1307 aus der Vereinigung v. Kölln u. B. gebildet; seit 1486 ständige Residenz der Kurfürsten v. Brandenburg; Aufschwung durch Friedrich Wilhelm (den Großen Kurfürsten), seit 1871 Reichs-Hst.; seit 1920 Verwaltungs-Bez. Groß-B. Am Ende des 2. ↗Weltkriegs v. den Sowjets erobert; am 12. 7. 45 in 4 Besatzungssektoren (am., brit., frz., sowjet.) aufgeteilt; 48 nach Einführung der DM-West u. der DM-Ost Spaltung der Stadt in *West-B.* (am., brit. u. frz. Sektor) u. *Ost-B.* (sowjet. Sektor). Der Blockade West-B.s durch die Sowjets 48/49 begegneten die Westmächte mit der Einrichtung der ↗Luftbrücke. Die Spaltung B.s wurde vollständig durch die v. der DDR am 13. 8. 61 errichtete Sperrmauer. Seit 58 forderten die UdSSR u. die DDR die „Aufhebung des Besatzungsregimes" in West-B. u.

Berlin

Hamburg

Eisenbahn
Autobahn
Fernverkehrsstraße 5
Luftkorridor
○ Kontrollstelle (Zonengrenzübergang)

Verkehrsverbindungen zwischen
West-Berlin und der BRD

0   40   80 km

BERLIN

Hannover

Frankfurt

die Schaffung einer entmilitarisierten „Freien Stadt"; im Zshg. damit drohte die UdSSR, die Kontrolle der Verbindungswege zw. BRD u. West-B. der DDR zu übertragen, während die Westmächte auf ihrem Recht der Truppenstationierung in u. des freien Zugangs nach West-B. beharrten. – Die Vier-Mächte-Botschafter-Gespräche über den Status B.s führten zum B.-Abkommen (am 3. 9. 71 unterzeichnet, das Schlußprotokoll über das Inkrafttreten am 3. 6. 72), das die Verantwortlichkeit u. die Rechte der vier Mächte bestätigte, desgleichen die Bindung v. West-B. an die BRD, doch ist West-B. weiterhin kein konstitutiver Teil der BRD; der Transitverkehr ziviler Personen u. Güter durch die DDR erfolgt ohne Behinderung (geregelt im Abkommen über den Transitverkehr zw. West-B. u. der BRD v. 71 u. im Verkehrsvertrag v. 72); Besuche in Ost-B. u. in der DDR regelt eine Vereinbarung v. 71.

Berlin (Ost): Leninplatz mit Lenindenkmal, im Hintergrund der Fernsehturm

Regierungen West-Berlins

	Reg. Bürgermeister	Regierungsparteien
seit 14. 1.49	E. Reuter (SPD)	SPD, CDU, FDP
seit 22. 10. 53	W. Schreiber (CDU)	CDU, FDP
seit 11. 1. 55	O. Suhr (SPD)	SPD, CDU
seit 3. 10. 57	W. Brandt (SPD)	SPD, CDU
seit 15. 1. 59	W. Brandt (SPD)	SPD, CDU
seit 11. 3. 63	W. Brandt (SPD)	SPD, FDP
seit 14. 12. 66	H. Albertz (SPD)	SPD, FDP
seit 6. 4. 67	H. Albertz (SPD)	SPD, FDP
seit 19. 10. 67	K. Schütz (SPD)	SPD, FDP
seit 20. 4. 71	K. Schütz (SPD)	SPD
seit 25. 4. 75	K. Schütz (SPD)	SPD, FDP
seit 2. 5. 77	D. Stobbe (SPD)	SPD, FDP
seit 26. 4. 79	D. Stobbe (SPD)	SPD, FDP
seit 23. 1. 81	H.-J. Vogel (SPD)	SPD, FDP
seit 11. 6. 81	R. v. Weizsäcker (CDU)	CDU

West-B. (480 km², 1,9 Mill. E.) ist nach der Verf. v. 50 eine Stadt u. ein dt. Land; trotz enger polit., rechtl. u. wirtschaftl. Bindungen an die BRD hat es staatsrechtl. eine Sonderstellung unter der Alliierten Stadtkommandantur. Das B.-Statut u. die B.-Deklaration v. 52 regeln das Verhältnis v. West-B. zur BRD u. zu den Besatzungsmächten. Es besitzt ein Parlament u. als Exekutive einen Senat mit einem Regierenden Bürgermeister (seit 81 R. von Weizsäcker);

Berlin (West): Ernst-Reuter-Platz – □ 860

in Bundestag u. Bundesrat schickt es beratende Mitglieder. – Das Stadtbild von West-B. zeigt heute neben den wiederaufgebauten Wohnvierteln (z. B. die „Gropius-Stadt" in Britz-Buckow-Rudow u. Charlottenburg-Nord) neue Wirtschafts- u. Geschäftszentren mit Behördensitzen, Banken, Konfektionsbetrieben u. kulturellen Einrichtungen. West-B. ist heute nicht nur wieder die größte dt. Industriestadt (Elektro-, Maschinen-, Bekleidungs-, Möbel-, Nahrungsmittel- u. chem. Ind.), sondern auch wieder eine der bedeutendsten dt. Kulturstädte: Freie Univ. (1948 gegr.), Techn. Univ., Kirchl. u. Pädagog. Hochschule, Hochschule der Künste, zahlr. Fachhochschulen und Fachschulen, wissenschaftl. Institute, Museen, Bibliotheken, Theater; Rundfunk- u. Fernsehsender. Ev. Bischof; 2 Flughäfen (Tempelhof u. Tegel). Ost-B., Hst. der DDR, 403 km², 1,13 Mill. E.; besitzt einen eigenen Magistrat (Vors. ist der Oberbürgermeister) als oberstes Organ der Gesetzgebung u. Verwaltung. – Der Wiederaufbau in Ost-B. liegt gegenüber den Verhältnissen in West-B. noch zurück. Hervorstechende Bauten und Zentren sind das Brandenburger Tor, das Gebäude des Staatsrats, der Fernsehturm (365 m hoch), die Karl-Marx-Allee u. der Alexanderplatz. Die wichtigsten Hochschulen: Humboldt-Univ. (gegr. 1810), Dt. Akademie der Wiss., Akademie der Künste, Hochschule für Ökonomie, Bauakademie; zahlr. Museen, Theater. Ev. Bischof u. Sitz eines kath. Bischofs. Flughafen Schönefeld. Vielseitige Industrie.

Berliner Kongreß, 1878 Zusammenkunft v. Staatsmännern der europ. Großmächte u. der Türkei unter Bismarcks Vorsitz zur Regelung der staatl. Verhältnisse auf der Balkanhalbinsel nach dem Russ.-Türk. Krieg.

Berlin-Stettiner Großschiffahrtsweg, 194 km lang, verbindet Havel u. Oder durch den Berlin-Spandauer Kanal.

Berlioz (: -ljos), Hector, frz. Komponist, 1803–69; Leitmotivtechnik, verfeinerte Instrumentierung; symphon. Dichtungen, Ouvertüren, Opern u. a.

Bermudas (Mz.), brit. Inselgruppe im Westatlantik, wegen landschaftl. Schönheit viel besucht; Stützpunkt des Nordatlantik-Luftverkehrs; 53 km², 60000 E., etwa 50% Weiße. Hst. Hamilton. – 2 Inseln wurden 1941 v. den USA auf 99 Jahre gepachtet.

Bern, 1) *Kanton* der westl. ↗Schweiz, auf der dt.-frz. Sprachgrenze, 6049 km², 917000 E. **2)** die gleichnam. Schweizer *Bundes-Hst.*, an der Aare, 143000 E.; internationale Büros des Weltpost- und Weltnachrichtenvereins u. a.; Univ., Nationalbank. – 1191 gegr., 1353 Mitgl. der Eidgenossenschaft, seit 1528 ev., seit 1848 Bundes-Hauptstadt.
Bernadotte (: -dot), **1)** *Folke* Graf, 1895–1948; Leiter des schwed. Hilfswerkes; Unterhändler 1945 bei dt. Friedensbemühungen (Himmler) u. 48 im Krieg zw. Juden u. Arabern; dabei ermordet. **2)** *Jean-Baptiste*, 1763–1844; Schwager v. Josef Bonaparte, 1810 zum schwed. Kronprinzen gewählt u. von Karl XIII. adoptiert, führte 13 die Nordarmee gg. Napoleon; seit 18 Kg. (Karl XIV.) v. Schweden u. Norwegen. Das *Haus B.* regiert noch heute.
Bernanos, *Georges*, frz. Schriftsteller, 1888–1948; im 2. Weltkrieg Exil in Südamerika. In seinen Romanen steht der Mensch zw. Gott u. Satan: *Die Sonne Satans; Tagebuch eines Landpfarrers; Der böse Traum.* Kulturkrit. Essays *(Wider die Roboter)*.
Bernard (: bärnar), *Joseph*, frz. Bildhauer u. Maler, 1866–1931; v. Rodin u. Maillol beeinflußt, hauptsächl. Akte.
Bernau, Krst. n.ö. von Berlin, Bez. Frankfurt/Oder; 14000 E.
Bernauer, *Agnes*, Augsburger Bürgertochter, mit Hzg. Albrecht III. v. Bayern vermählt, v. dessen Vater als Hexe in der Donau ertränkt (1435). Drama v. Hebbel.
Bernburg, Krst. an der Saale, Bez. Halle, 45000 E.; Kali- u. Steinsalzbergwerke; Sol- u. Moorbad.
Berner Alpen, *Berner Oberland,* zw. Rhône u. Aare, berühmte Gipfel: Blümlisalp, Jungfrau, Mönch, Eiger, Aletschhorn u. als höchster Finsteraarhorn (4274 m).
Berner Klause, it. *Chiusa di Verona* (: kiu-), Engpaß der Etsch, n.w. von Verona.
Berner Übereinkunft v. 1896, 1908, 1928 u. 1948, zwischenstaatl. Verträge zum Schutz des literar.-künstlerischen Urheberrechts.
Berneuchener Kreis, seit 1923 zunächst auf dem märk. Gut Berneuchen tagende Gemeinschaft ev. Geistlicher u. Laien; erstrebt Erneuerung der ev. Kirche aus liturg.-sakramentalem u. ökumen. Geist. ↗Michaelsbruderschaft.
Bernhard, 1) B. v. Baden, Markgraf, sel. (24. Juli), um 1428–58; der Patron v. Baden. **2) B. v. Clairvaux,** hl. (20. Aug.), Kirchenlehrer, um 1090–1153; Gründer u. Abt v. Clairvaux, brachte den Zisterzienserorden zur Blüte. Überragender Einfluß auf die religiöse Erneuerung u. das staatl. Leben; predigte den 2. Kreuzzug. Seine Schriften, vielfach der Mystik angehörend, wurden Gemeingut des MA. **3) B.,** Hzg. v. *Sachsen-Weimar,* 1604–39; prot. Heerführer im 30jähr. Krieg, 35 in frz. Diensten.
Bernhardiner, große Hunderasse, urspr. im Hospiz des Großen St. Bernhard als Sanitätshund gezüchtet. ☐ 408, 1043.
Bernhardin v. Siena, hl. (20. Mai), OFM, 1380–1444; Generalvikar der strengeren Richtung des OFM (Observanten).
Bernhardskrebs ↗Einsiedlerkrebs.

Bern:
der Zytgloggeturm

Georges Bernanos

Eduard Bernstein

Bernhardt, *Sarah,* 1844–1923; eine der größten frz. Schauspielerinnen.
Bernhart, *Josef,* dt. kath. Philosoph u. Historiker, 1881–1969; untersuchte bes. das Problem des Bösen u. die Verborgenheit Gottes.
Bernina w, höchstes Gebirgsmassiv der Ostalpen (it.-schweizer. Grenze), im *Piz B.* 4049 m. *B.paß,* 2323 m, verbindet Oberengadin u. Veltlin (elektr. *B.bahn* v. St. Moritz nach Tirano).
Bernini, *Giovanni Lorenzo,* it. Architekt u. Bildhauer des Barocks, 1598–1680. Werke: Säulengänge auf dem St.-Peters-Platz in Rom, Tabernakel in der Peterskirche, Denkmäler, Brunnen u. a. ☐ 71.
Bernkastel-Kues (: -kus), Stadt an der mittleren Mosel, 6800 E.; Weinbau *(Bernkasteler Doktor, Bernkasteler Lay).*
Bernoulli (: -nuli), Mathematiker- u. Astronomenfamilie, seit 1622 in Basel; u.a. **1)** *Hans,* Architekt, 1876–1959; Autorität für modernen Städtebau. **2)** *Jacob,* Mathematiker, 1654–1705; begründete die Wahrscheinlichkeitsrechnung.
Bernstein, 1) *Eduard,* dt. Politiker u. Schriftsteller, 1850–1932; Vertreter des ↗Revisionismus in der dt. Sozialdemokratie. **2)** *Leonard,* am. Dirigent, Komponist, Pianist u. Musikpädagoge, * 1918; 59–68 Leiter des New York Philharmonic Orchestra; schrieb u. a. Symphonien, Ballette, Musicals *(Westside story).*
Bernstein, erstarrtes Pflanzenharz aus Nadelwäldern der Tertiärzeit, häufig mit pflanzl. u. tier. Einschlüssen, u. a. am der ostpreuß. B.küste zw. Pillau u. Cranz gesammelt od. gegraben; die größeren Stücke zu Schmuck. Enthält **B.säure,** HOOC·CH_2·CH_2·COOH, organ. Säure, in Beeren, Rhabarber, Braunkohle.
Bernward, hl. (20. Nov.), um 960–1022; Bischof v. Hildesheim; Staatsmann u. Kunstförderer; Erzieher Ottos III.
Beroe w, in der Nordsee vorkommende, leuchtende Rippenquallen-Gattung.
Berolina w, neulat. Name für Berlin.
Beromünster, früher *Münster,* Schweizer Ort im Luzerner Mittelland, 1500 E.; dt.-schweizer. Landessender; Kollegiatstift.
Berry (: bäri), mittelfrz. Landschaft, im Loirebogen; Hst. Bourges.
Bersabee, *Beersheba, Beerschewa,* Stadt in der Wüste Negev (Israel), 101000 E.; Institut für Wüstenforschung.
Bertha, *Bertrada,* Mutter Karls d. Gr., † 783.
Berthold v. Henneberg, 1441/42–1504; 1484 Erzb. v. Mainz, Ratgeber Ks. Maximilians I.; setzte sich für eine Reichsreform ein. **B. v. Regensburg,** OFM, um 1210–72; einer der größten Volksprediger des MA.
Bertram *(Meister B.),* dt. Maler u. Bildhauer, ca. 1345–1415; Werkstatt in Hamburg; *Grabower Altar.*
Bertram, 1) *Adolf,* 1859–1945; 1914 Fürsterzb. v. Breslau, 16 Kard.; Führer des dt. Episkopats gg. den Nat.-Soz. **2)** *Ernst,* dt. Literaturhistoriker, 1884–1957; Dichter aus dem George-Kreis.
Bertran de Born (: bärtrãn-), † vor 1215; provenzal. Minnesänger.

Bertrich, *Bad. B.,* Kurort in der Vordereifel, 1150 E.; warme Glaubersalzquellen (32° C).
Beruf, die dauernde Tätigkeit, die einem Menschen innerhalb der Gesellschaft zufällt u. meist zum Lebensunterhalt dient. In der BRD steht nach dem Grundgesetz die *B.wahl* jedem nach seinen Fähigkeiten frei. **B.sberatung,** Beratung bei B.swechsel od., bes. der Jugendlichen, bei der B.swahl durch die Arbeitsämter. Die B.sberatung ist unentgeltlich. **B.sfachschule,** vermittelt in ganztägig. Unterricht (mindestens 1 Jahr) theoret. u. prakt. Ausbildung für einen handwerkl., kaufmänn. od. hauswirtschaftl. Beruf. **B.sgeheimnis** ist, was Vertrauenspersonen in Ausübung eines B. bekannt od. anvertraut wurde; Verletzung u.a. strafbar bei Apothekern, Ärzten, Hebammen, Anwälten, Notaren u. deren Gehilfen. ↗Amts-, ↗Betriebsgeheimnis. **B.sgenossenschaften,** gewerbl. u. landwirtschaftl., sind in der BRD Träger der Unfallversicherung. **B.skrankheiten** im Sinne der gesetzl. Unfallversicherung sind Erkrankungen, die infolge schädigender Einwirkung bei berufl. Tätigkeiten auftreten (z. B. ↗Staubeinatmungskrankheiten); wie Arbeitsunfälle entschädigungspflichtig. **B.sschule,** ihr Besuch setzt eine gleichzeitige prakt. Ausbildung voraus, unterbaut u. ergänzt sie durch allg.bildenden u. Fachunterricht. **B.sschulpflicht,** beginnt nach Abschluß des mindestens 9jährigen Grund- u. Hauptschulbesuchs u. endet mit dem vollendeten 18. Lebensjahr bzw. mit der Gehilfenprüfung. **B.sständische Ordnung,** die auf B.sständen od. Leistungsgemeinschaften aufbauende Ordnung der Gesellschaft; Leitbild der kath. Sozialordnung, besonders seit Pp. Pius XI. (↗Quadragesimo anno). Neben den natürl. (Familie) u. regionalen (Gemeinde) gesellschaftl. Gebilden fassen die B.sstände alle Einrichtungen u. Tätigkeiten in einem bestimmten Kultursachbereich (Erziehungs-, Gesundheitswesen, Ind., Landwirtschaft) zus., mit der Aufgabe, den Raum zw. dem Staat u. den einzelnen auszufüllen. **B.sunfähigkeit** im Sinne der ↗Rentenversicherung liegt vor, wenn die Erwerbsfähigkeit eines Versicherten auf weniger als die Hälfte derjenigen eines gesunden Versicherten ähnl. Ausbildung u. gleichwertiger Kenntnisse u. Fähigkeiten herabgesunken ist. Nach Erfüllung der ↗Anwartschaft Rente wegen B.sunfähigkeit.
Berufung, 1) Rechtsmittel *(Appellation):* Einspruch gg. eine Entscheidung durch Anrufen eines höheren Gerichts. Neue Tatsachen u. Beweise können vorgebracht werden (im Ggs. zur ↗Revision). **2)** das Angebot od. die Übertragung eines höheren Amtes, bes. Hochschul-Lehrstuhls.
Bérulle (: berül), *Pierre de,* frz. Kard., 1575–1629; Gründer der frz. Oratorianer, Erneuerer religiöser Denkweise.
Beryll, $Be_3Al_2(SiO_3)_6$, Aquamarin, Smaragd u. andere Edelsteine. ☐ 255.
Beryllium *s,* chem. Element, Zeichen Be, stahlgraues Erdalkalimetall, Ordnungszahl 4 (☐ 148), seltenes Metall; zu Legierungen u. im Flugkörperbau.

Größte Beschleunigungsmaschinen	Standort	Teilchenenergie	Ringdurchmesser
Elektronen-Synchrotron DESY	Hamburg (BRD)	6 GeV	100 m
Protonen-Synchrotron CERN	Genf (Schweiz)	28 GeV	200 m
Elektronen-Linearbeschleuniger	Stanford (USA)	20–40 GeV	3300 m (Länge)
Protonen-Synchrotron	Serpuchow (UdSSR)	70 GeV	500 m
Protonen-Synchrotron	Batavia (USA)	400 GeV	2000 m
Protonen-Synchrotron CERN	Genf (Schweiz)	400 GeV	2200 m

Berzelius, *Jöns Jakob* Frh. v., schwed. Chemiker, 1779–1848; entdeckte u.a. das Selen.
Besamung ↗Befruchtung; *künstl. B.* in der Rinder- u. Fischzucht zur Verbreitung günstiger Erbanlagen. ↗Insemination.
Besan *m, B.mast,* hinterster Mast eines Segelschiffs. *B.segel,* sein Gaffelsegel.
Besançon (: b⁰sãñßõn), Hst. u. Festung des frz. Dep. Doubs, 120000 E., Erzb.; Kathedrale (11./13. Jh.); Marstor (167 n.Chr.); Univ.; Uhrenindustrie.
Besatzungsstatut, 1949 v. den USA, Engl. u. Fkr. für die BRD erlassen; legte die Rechte der Besatzungsmächte fest; 51 revidiert, 55 aufgehoben.
Beschäftigungstherapie ↗Arbeitstherapie.
beschälen, *decken,* durch Zuchthengste *(Beschäler)* begatten.
Beschickung, 1) der gesamte Einsatz für den Hochofen. **2)** auch Lagerung.
Beschlagnahme, Unterwerfung einer Sache unter den Rechtswillen einer Behörde bzw. eines Beamten, mit od. ohne Besitzerlangung (Vermögen, Waren, Briefe, Druckschriften usw.), zur Sicherstellung (z.B. zugunsten eines Gläubigers od. staatl. Bedürfnisse), zur Erlangung v. Beweismitteln im ↗Ermittlungsverfahren.
Beschleunigung, *Akzeleration,* Geschwindigkeitsänderung eines Körpers in der Zeiteinheit. ↗Bewegung.
Beschleunigungsmaschinen, *Teilchenbeschleuniger,* in der Kernphysik benützte Anlagen zur Beschleunigung atomarer Teilchen auf hohe Energien. Die Beschleunigung wird erreicht durch a) Anlegen einer Potentialdifferenz: *Beschleunigungsrohr,* b) wiederholtes Beschleunigen durch Wechselspannung: *Linearbeschleuniger* (z.Z. bis 40 GeV) od. bei kreisförmiger Führung durch starke Magnetfelder: *Zirkularbeschleuniger* verschiedenster Bauart wie: *Zyklotron* (Ausgangskonstruktion, bis 50 MeV), *Synchrozyklotron,* für Protonen bis 750 MeV, *Synchrotron,* für Protonen z.Z. bis 400 GeV; c) Induktion *(Betatron,* nur für Elektronen, bis 400 MeV).
Beschluß, 1) allg. eine durch ↗Abstimmung zustande gekommene Willensmeinung; setzt die Anwesenheit einer bestimmten Anzahl Stimmberechtigter *(B.fähigkeit)* voraus. **2)** im Zivil- od. Strafverfahren im Ggs. zum ↗Urteil Gerichtsentscheidung ohne erforderl. mündl. Verhandlung. Anfechtung durch ↗Beschwerde.

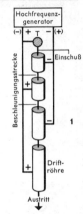

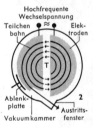

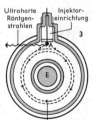

Beschleunigungsmaschine: 1 Linearbeschleuniger, **2** Zyklotron, **3** Betatron; T Teilchenquelle, A Antikathode, E Elektromagnet

Besenginster

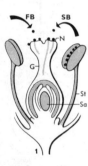

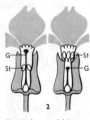

Bestäubung: 1 Längsschnitt durch einen Fruchtknoten; FB Fremd-, SB Selbstbestäubung. 2 Heterostylie bei der Primel. N Narbe mit Pollenkörnern, die Pollenschläuche austreiben. G Griffel. Sa Samenanlage, St Staubblatt

Beschneidung, Brauch, die männl. Vorhaut ganz od. teilweise zu entfernen; so bei vielen Naturvölkern in Ozeanien, Afrika u. Südamerika, bei Muslimen u. Juden; bei diesen am 8. Tag nach der Geburt.
Beschwerde, Anfechtung einer behördl. Maßnahme, als Rechtsmittel zulässig gg. eine Reihe v. Beschlüssen u. Verfügungen der Gerichte, also nicht gg. ⁊Urteile (dafür ⁊Berufung, ⁊Revision).
Beschwörung, 1) das An- u. Herbeirufen überird. Wesen od. Verstorbener (spiritist.). **2)** eindringl. Aufforderung; u. U. mit Anrufung Gottes (Exorzismus).
Besenginster, *Besenstrauch,* ginsterähnl. Strauch (Hülsenfrüchtler); seine Zweige zu Besen u. Körben verwendet. **Besenhirse** ⁊Mohrenhirse. **Besenpalme** ⁊Zwergpalme.
Besessenheit, im religiösen Sinn außerordentl. Einwirkung eines bösen Geistes auf den Menschen.
Besitz, im Recht die *tatsächl.* Herrschaft über eine Sache (z. B. bei Pacht, Miete); die *rechtl.* Herrschaft heißt ⁊Eigentum.
Beskiden, westl. Teil der Waldkarpaten (erdölfündig) v. der March bis zum Stryi, in der Babia Góra 1725 m hoch.
Besoldung, Entlohnung der Beamten (Grundgehalt nach 16 *B.sgruppen,* Orts- u. Kinderzuschläge, Ruhegehalt). Die Grundgehälter steigen von 2 zu 2 Jahren bis zum Endgrundgehalt.
Bessarabien, südosteurop. Grenzland zw. Pruth, Dnjestr u. Schwarzem Meer; Lößland, Getreide, Tabak, Wein, Obst; Hst. Kischinew. – Seit 15. Jh. türk., 1812 russ., 1918 zu Rumänien; 40/41 u. seit 44 wieder russ.: ²/₃ B.s zur Moldauischen, ¹/₃ zur Ukrain. SSR der UdSSR.
Bessarion, *Johannes,* Humanist, 1403(?) bis 1472; aus dem byzantin. Mönchtum hervorgegangen; betrieb die Union der morgen- mit der abendländ. Kirche; 1439 Kard.
Bessel, *Friedrich Wilhelm,* dt. Astronom, 1784–1846; Begr. der modernen Astronomie; erste Messung einer Fixstern-Entfernung.
Bessemer, *Sir Henry,* engl. Ingenieur, 1813–1898; Erfinder des B.verfahrens zur Stahlgewinnung. **B.birne,** mit kieselsäurehaltigem Futter ausgemauerter birnenförm. Behälter aus Eisenblech, worin das flüssige Roheisen durch Einblasen v. Druckluft weitgehend entkohlt u. in Stahl verwandelt wird *(B.verfahren).* ☐ 938.
Besserungsanstalt, das ⁊Arbeitshaus.
Bestallung, 1) die ⁊Approbation. **2)** die Anstellungsbestätigung im öff. Dienst od. in einem Amt.
Bestattung ⁊Totenbestattung.
Bestäubung, bei Blütenpflanzen die Übertragung des Blütenstaubs *(Pollen)* auf die Narbe zum Zweck der Befruchtung; bei Zwitterblüten nur ausnahmsweise Selbst-B., meist (immer bei eingeschlechtigen Blüten) *Fremd-B.,* durch Wind, Wasser (selten) od. durch Schnecken, Vögel u. bes. Insekten, die, durch Duft, Farbe od. Nektar angelockt, den (oft klebrigen) Pollen übertragen.
Bestechung. *Aktive B.:* Einflußnahme auf

Angehörige des öff. Dienstes durch Anbieten v. Geschenken od. anderen Vorteilen; strafbar, wenn sie zu einer Amtshandlung bestimmen soll, die (zumindest nach Ansicht des Bestechenden) pflichtwidrig ist. *Passive B.:* das Eingehen auf die aktive B.
Besteck *s,* **1)** zusammengehörige Geräte: Eß-B., ärztl. B. **2)** der durch Längen- und Breitengrad bestimmte Standort eines Schiffs oder Flugzeugs.
Bestialität *w* (lat.), unmenschliche Grausamkeit; auch Bz. für ⁊Sodomie.
Bestie *w,* **1)** Raubtier. **2)** vertierter, grausamer Mensch.
Bestrahlung ⁊Strahlentherapie.
Bestseller *m* (engl. = Bestverkäuflicher), Buch mit höchster Auflage; Verkaufsschlager.
Beta, *Bete w,* ⁊Rübe. [ger.
Beta (β), 2. Buchstabe des griech. Alphabets. **B.strahlen** ⁊Radioaktivität.
Betatron ⁊Beschleunigungsmaschinen.
Betäubung, wird bei Operationen zur Erzielung v. Schmerzlosigkeit herbeigeführt, volle Aufhebung des Bewußtseins *(Narkose)* od. nur Empfindungslosigkeit *(Anästhesie).* Volle Narkose durch Einatmung v. Chloroform, Äther, Lachgas, Propylen u. a. Bei kleineren Operationen u. bes. in der Geburtshilfe bevorzugt man einen Zustand halber B. mit voller Unempfindlichkeit, den *Dämmerschlaf,* durch Einspritzen v. Skopolamin u. Morphium. *Örtliche B.* od. *Lokalanästhesie,* bei kleinen, engbegrenzten Operationen, durch Aufspritzen v. Äthylchlorid od. Äther od. durch Einspritzen v. Kokain- od. Morphiumlösungen. Bei schweren Eingriffen wird oft B. zus. mit Unterkühlung (künstl. Winterschlaf) angewandt.
Betäubungsmittel, Narkotika, in der Medizin zur Schmerzlinderung angewandte chem. Stoffe; wegen Suchtgefahr unterliegen die meisten B., z. B. Opium, Morphium, Pervitin, dem *B.gesetz (Opiumgesetz).* ⁊Rauschmittel.
Beteigeuze (arab.), richtiger *Betelgeuze;* heller rötl. Riesenstern im Orion. ☐ 947.
Beteiligung, wirtschaftl. der Anteil am Ertrag (u. Risiko) eines Unternehmens, meist aufgrund einer Geldeinlage (u. a. bei der GmbH, KG). **B.sgesellschaft,** ⁊Investment-Gesellschaft, ⁊Holding-Gesellschaft.
Betel *m,* Kau- u. Genußmittel aus der *B.nuß,* der Frucht der trop. *B.palme* (Pinangpalme); färbt den Speichel rot, fördert Verdauung, schwärzt mit der Zeit die Zähne; in Südasien, Afrika, Südsee.
Bethanien, 1) Ort am Osthang des Ölbergs, im NT Wohnort v. Maria, Martha u. Lazarus; heute *El Azarije.* **2)** Ort am östl. Ufer des Jordans, wo Johannes taufte.
Betha v. Reute ⁊Elisabeth.
Bethe, *Hans Albrecht,* am. Kernphysiker dt. Herkunft, * 1906; 1967 Nobelpreis für Aufklärung der Energieerzeugung in Sternen.
Bethel, 1) Stadt nördl. v. Jerusalem, heute *Betin.* **2)** ev. Heimstätte bei Bielefeld für Hilfsbedürftige, 1867 gegr.; v. ⁊Bodelschwingh ausgebaut.
Bethesda, ehem. heilkräftiger Teich am nördl. Tempelhügel von Jerusalem.

Bethlehem

Th. von Bethmann
Hollweg

Bethlehem, 1) *Bet Lachem*, Stadt in Palästina (jetzt israel. besetztes Westjordanien), 8 km südl. v. Jerusalem, 23 000 E.; Stadt Davids u. seines Geschlechts, Geburtsort Jesu; fünfschiff. Basilika über der Geburtsgrotte aus der Zeit Konstantins d. Gr., älteste bis jetzt erhaltene christl. Kirche der Welt. **2)** (: bäßlᵉm), Industriestadt in Pennsylvania (USA), 75 000 E.; Stahlwerke, Lehigh-Univ. – 1741 v. Herrnhutern gegründet.
Bethmann Hollweg, · *Theobald v.*, 1856 bis 1921; 1909/17 dt. Reichskanzler, bemühte sich vergebl. um Verständigung mit Engl.; fügte sich in der Flottenfrage, beim Neutralitätsbruch gg. Belgien u. im uneingeschränkten U-Boot-Krieg dem Militärs.
Bethsabe, *Bath-Seba*, Frau des ⊅Urias; v. Kg. David verführt u. nach Urias' Tod mit David verheiratet. Mutter Salomons.
Beton *m* (frz.), Baustoff mit ⊅Zement als Bindemittel, Sand, Kies u.a. als Zuschlagstoffen und Wasser; wird feucht v. *B.mischer* in Schalungen gebracht, wo der Zement abbindet. Nach der Art der Zuschlagstoffe unterscheidet man *Leicht-, Normal-* und *Schwer-B.*, nach Art der Verarbeitung u. Verdichtung z. B. *Pump-, Schleuder-, Stampf-, Rüttel-, Schock-B.*; bei Bewehrung mit „schlaffen" Stahlstäben *Stahl-B.* (Erhöhung der Zugfestigkeit), mit vorgespannten Stahleinlagen *Spann-B.*
Betrag, in der Mathematik: der Absolutwert einer Größe ohne Rücksicht auf Vorzeichen od. Richtung (bei Vektoren).
Betrieb, kaufmänn. od. gewerbl. Unternehmen als techn.-örtl. Wirtschaftseinheit.
B.sgeheimnis, *Geschäftsgeheimnis*, alles, was mit einem Geschäftsbetrieb zusammenhängt, nicht offenkundig ist u. nach dem erkennbaren Willen des Arbeitgebers aus wirtschaftl. Interessen geheim bleiben soll; unbefugte Weitergabe strafbar. Nach Beendigung des Arbeitsverhältnisses darf der Arbeitnehmer erlangte Fähigkeiten u. Kenntnisse, auch B.sgeheimnisse, auswerten; mögl. ist Vereinbarung einer Schweigepflicht od. eines Konkurrenzverbots.
B.skapital, *Umlaufvermögen*, die zum laufenden Umsatz bestimmten Vermögenswerte eines B. (u. a. Roh-, Hilfs- u. B.sstoffe, Halb- u. Fertigerzeugnisse, Kassenbestände, Bankguthaben) im Ggs. zum ⊅Anlagekapital. **B.skrankenkasse,** Träger der ⊅Sozialversicherung für einen B.; kann

vom Arbeitgeber errichtet werden, wenn mindestens 450 Versicherungspflichtige dauernd beschäftigt sind. B.skrankenkassen dürfen Bestand u. Leistungsfähigkeit vorhandener Allg. Orts- od. Landkrankenkassen nicht gefährden, ihre Leistungen müssen denen dieser Kassen mindestens gleichwertig sein. **B.srat,** Interessenvertretung der Arbeitnehmer in B.en mit wenigstens 5 (Land- u. Forstwirtschaft 10) ständigen wahlberechtigten Arbeitnehmern; gewählt auf 3 Jahre; in bestimmten Fällen vorzeitige Auflösung. Zahl der B.sratsmitglieder (für diese bes. Kündigungsschutz) richtet sich nach der Zahl der Arbeitnehmer. Der B.srat soll dem Arbeitsfrieden dienen, über Arbeitszeit, Technik der Lohn- u. Gehaltszahlung, Urlaubsplanung, betriebl. Sozialeinrichtungen mitbestimmen, bei B.en mit mehr als 20 wahlberechtigten Arbeitnehmern auch bei Einstellungen, Versetzungen, Entlassungen mitwirken u. mitbestimmen. In B.en mit mehr als 100 Arbeitnehmern eigener Wirtschaftsausschuß. **B.sstoffe,** in der Physiologie: Stoffe, deren Umsatz die lebensnotwendige Wärme- u. Arbeitsenergie liefert. ⊅Baustoffe, ⊅Stoffwechsel, **B.svereinbarungen,** vertragl. Abmachungen zw. Arbeitgeber u. ⊅B.srat über die Ordnung der Arbeitsverhältnisse im Betrieb. **B.sverfassungsgesetz,** das die Mitwirkung v. Arbeitnehmern in den B.en regelnde Ges. v. 11. 10. 1952; 72 Neufassung mit erweitertem Mitbestimmungsrecht des B.rates u. der Rechte des einzelnen Arbeitnehmers. ⊅Mitbestimmung, ⊅Personalvertretung. **B.sversammlung,** v. ⊅B.srat mindestens vierteljährl. od. auf Antrag des Arbeitgebers od. ¹/₄ der wahlberechtigten Arbeitnehmer einzuberufende u. vom B.sratsvorsitzenden geleitete Versammlung aller Arbeitnehmer eines B.s mit Tätigkeitsbericht des B.srats. **B.swirtschaftslehre,** befaßt sich mit der zweckmäß. Gestaltung der Betriebe u. Unternehmungen im Rahmen der Volks- u. Weltwirtschaft.
Betrug, strafrechtl. die Täuschung, durch die der Getäuschte zu einer Verfügung über sein Vermögen veranlaßt wird u. durch die der Betrüger sich od. einem anderen einen wirtschaftl. Vorteil verschaffen will; *zivilrechtl.* ist ⊅Anfechtung u. Anspruch auf ⊅Schadensersatz möglich.

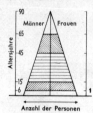

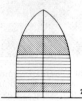

Bevölkerung:
Grundformen des
Altersaufbaus:
1 wachsende Bevöl-
kerung (Pyramide),
2 stationäre Bevölke-
rung (Glocke),
3 schrumpfende
Bevölkerung (Urne)

Betschuanaland, fr. Name für ↗Botswana.
Betschuanen, Bantuneger, mit den Kaffern
verwandt, leben zw. Sambesi u. Oranje.
Bettel, Anruf fremder Mildtätigkeit für sich
od. Angehörige mit Hinweis auf wirkl. od.
angebl. Hilfsbedürftigkeit; in der BRD seit
1973 kein strafrechtl. Tatbestand mehr.
B.orden, *B.mönche,* religiöse Orden, die
auch gemeinsamen Besitz ablehnen u. v.
Arbeitslohn u. Bettel leben. Die ältesten
B.orden: Franziskaner, Dominikaner, Augu-
stiner-Eremiten, Karmeliten.
Betti, *Ugo,* it. Schriftsteller, 1892–1953; ei-
ner der bedeutendsten it. Dramatiker mit
Werken zur Kritik bürgerl. Existenz, v. Span-
nung zw. Schuld u. religiöser Läuterung er-
füllt. *Korruption im Justizpalast.*
Bettung, Teil des Bahnkörpers, die Unter-
lage für die Schwellen im Gleisbau.
Betzdorf, rhein. Stadt u. Bahnknoten an der
Sieg, 10500 E.; eisenverarbeitende Ind.
Beuel, ehemal. Stadt r. am Rhein, seit 1969
Stadtteil von Bonn; chem. Industrie.
Beugung, 1) Abwandlung, Flexion v.
Haupt-, Bei-, Für-, Zeitwort. 2) Abweichung
v. der geradlinigen Ausbreitung v. Schall-,
Wasser-, elektromagnet. (Licht-)Wellen,
wenn sie auf ein Hindernis treffen. B. er-
möglicht ↗Interferenz.
Beulenpest, die ↗Pest.
Beurkundung, schriftl. Bestätigung (z.B.
durch Notar) für eine Person, daß eine Er-
klärung dem Inhalt nach v. ihr abgegeben
wurde. ↗Beglaubigung 1).
Beuron, Wallfahrtsort in Hohenzollern, im
Durchbruchstal der Donau 1200 E.; 1077
bis 1802 Augustinerchorherrenstift, seit
1863 Benediktinerkloster. 84 Erzabtei der
B.er Kongregation, bes. Pflege der Liturgie.
B.er Kunst, Kunstrichtung einer Gruppe B.er
Mönche (Begr. Desiderius Lenz, 1832
bis 1928), welche ägypt., archaisch-hierat.,
byzantin. Stilformen nachahmten.
Beuteltiere, stammesgeschichtl. alte Säugetiere; Weibchen mit bauchständiger
Hauttasche, in welcher die unvollkommen
geborenen Jungen sich weiterentwickeln;
in Amerika nur Beutelratten (↗Opossum),
in Australien aber zahlreiche, Neuguinea aber zahlreiche
Gattungen, so Beutelbär, Beuteldachs,
Beutelmarder, Beutelwolf u. ↗Känguruh.
Beuthen, poln. *Bytom,* Stadt in Oberschlesien, Mittelpunkt der oberschles. Berg- u.
Hütten-Ind., 232000 E.

Beuys, *Joseph,* dt. Bildhauer u. Zeichner,
* 1921; Prof. an der Kunstakademie Düsseldorf; sucht als Gegengewicht gg. die Ratio-
nalität die kreativen Kräfte des Menschen
zu wecken.
Bevan (: b'wän), *Aneurin,* 1897–1960; Führer des radikalen Flügels der Labour Party,
45 Gesundheits-, Jan./Apr. 51 Arbeitsmin.
Beveridge (: beweridseh), *William Henry
Lord,* englischer Sozialpolitiker, 1879–1963;
Schöpfer des *B.plans* (1942) zur Schaffung
sozialer Sicherheit gg. wirtschaftl. Krisen.
Beverungen, westfäl. Stadt im Weserbergland, 16000 E.; vielseitige Ind.
Bevin (: bewin), *Ernest,* 1881–1951; 1935
Führer der Labour Party, 40/45 Arbeitsmin.
im Kabinett Churchill, danach Außenmin.
Bevölkerung, die Summe der auf einem bestimmten polit. u. geograph. Gebiet in einer
bestimmten Zeit lebenden Menschen. Die
Ermittlung der B. geschieht in der *B.sstati-
stik* durch period. ↗Volkszählung, auch
durch ↗Fortschreibung u. Schätzung. Man
unterscheidet zw. *Bestand* (Gliederung
nach Alter, Geschlecht, Familienstand, Beruf, Religion) u. der *B.sbewegung* (durch
Geburt u. Tod, Eheschließung, Ein-, Aus- u.
Binnenwanderung). *B.sgröße* u. *B.sdichte*
hängen mit natürl. Bedingungen (z.B.
Klima), mit der sozialen Struktur (z.B. Agrar-
od. Ind.-Staat) u. mit polit. Maßnahmen zusammen. Seit 150 Jahren stieg infolge der
Industrialisierung u. des med. Fortschritts
die B. der Welt stark an. Lebten um die Mitte
des 17. Jh. etwa 400–500 Mill. Menschen,
so sind es heute über 4,4 Mrd. Von bes.
Bedeutung ist die Geschlechts- u. Alters-
gliederung der B. Die gesunde Altersgliede-
rung gleicht einer Pyramide. Geburtenrück-
gang bildet die Pyramide zu einer „Zwiebel"
um, die auf schmalem Grunde ruht u. in den
mittleren Jahrgängen stärker besetzt ist
(Überalterung). – In der **B.slehre** war ↗Mal-
thus einflußreich; gg. die optimist. Auffassung, die Erde könne jede B.svermehrung
tragen, betont er die natürl. Grenzen (Verminderung des Ernährungsspielraums). Er
forderte, um Katastrophen zu vermeiden,
die Erhöhung des Heiratsalters u. geschlechtl. Enthaltsamkeit; auch bekämpfte
er die Armengesetzgebung, weil er sie als
„negative Auslese" Minderwertiger ansah.
Der *Neomalthusianismus* (Ende 19. Jh.)
propagiert Empfängnisverhütung u. Frei-

Bevölkerungsentwicklung

(in 1000)	1950	1960	1965	1970	1975	1980
BRD	49989	55433	59012	61508	61832	61561
DDR	18388	17241	17020	17041	16925	16740
Großbritannien	50616	52372	54436	55711	49219	55890
Schweden	7014	7480	7734	8046	8200	8321
Sowjetunion	180000	214000	231000	241720	252064	267000
Ägypten	20393	25832	29600	33329	37230	42000
Argentinien	17085	20850	22545	24352	25380	27863
Brasilien	52326	70327	80953	95305	107140	121979
Mexiko	26640	36046	42696	50670	60150	67296
Venezuela	5330	7740	9113	10399	11990	13913
USA	152271	180684	194592	205395	213610	226505
Volkrepublik China	546815	654181	700000	740000	822810	939160
Indien	358293	429016	486811	550376	598100	683810
Australien, Ozeanien	13000	16000	18000	18900	21000	2300

gabe der Abtreibung. **B.spolitik,** planmäßige staatl. Maßnahmen zur Beeinflussung der B.szahl u. zur Schaffung entsprechender Lebensbedingungen. Maßnahmen: Ehe-, Familien- u. Steuergesetzgebung u. soziale Maßnahmen (Kindergeld, Ausbildungsbeihilfen, Gesundheitsfürsorge, sozialer Wohnungsbau u.a.). In Ländern mit starker B.svermehrung ist die B.spolitik heute auf Geburtenkontrolle gerichtet.

Bevollmächtigter, ist berechtigt, mit rechtlicher Wirkung für einen anderen zu handeln. ↗Gesetzl. Vertreter, ↗Handlungsvollmacht.

Bewährungsfrist, Aussetzung des Vollzugs einer Strafe (mindestens 2, höchstens 5 Jahre); möglich bei Verurteilungen zu Freiheitsstrafen v. nicht mehr als 9 Monaten. Erlaß der Strafe, wenn sich der Verurteilte in der B. ordentl. geführt hat. Zur Überwachung kann das Gericht einen *Bewährungshelfer* bestellen.

Bewegung, die zeitl. Ortsveränderung eines Körpers in bezug auf ein als ruhend angenommenes Bezugssystem. Gleichförmige B., wenn in gleichen Zeitabschnitten gleiche Wege zurückgelegt werden (Geschwindigkeit konstant). Ungleichförmige B. ergibt sich bei Einwirkung äußerer Kräfte (Beschleunigung od. Verzögerung). Die B. eines Körpers erfolgt geradlinig, krummlinig, rotierend od. schwingend. Die Lehre v. der B. heißt Dynamik. **B.senergie** ↗kinetische Energie. **B.sgesetze:** a) Jeder Körper beharrt im Zustand der Ruhe od. gleichförm. geradlin. Bewegung, solange keine äußeren Kräfte auf ihn wirken (Trägheit, Beharrungsvermögen); b) die Änderung der B. ist proportional der einwirkenden Kraft u. findet in der Richtung der Geraden statt, in der die Kraft einwirkt; c) Wirkung u. Gegenwirkung sind einander (entgegengesetzt) gleich.

Beweis, im Prozeßrecht: Tätigkeit des Gerichts u. der übrigen Verfahrensbeteiligten, die bezweckt, dem Richter die Überzeugung v. der Wahrheit od. Unwahrheit einer Behauptung zu verschaffen u. so eine richterl. Entscheidung zu ermöglichen. *B.mittel:* Augenschein, Zeugen, Sachverständige, Urkunden, Parteien. **B.last,** im Zivilprozeß: der Kläger muß die klagebegründenden Tatsachen beweisen, der Beklagte seine Einwendungen.

Bewetterung, Wetterführung im ↗Bergbau.

Bewußtlosigkeit, Störung des Bewußtseins, Verlust der Fähigkeit, auf Reize zu reagieren. Ursachen: Störungen im Hirnkreislauf, Embolien, Hirngeschwülste, Giftwirkungen, Gehirnerschütterung u.a.; tiefe B. (*Koma*) auch bei schwerer Zuckerkrankheit u. Urämie.

Bewußtsein s, höchste Schicht des seel. Lebens; gestuft in Sach-B. (Gegenwärtighaben der Gehalte u. Gegenstände des Erlebens), die Akte des Denkens, Wollens u. Wertens u. das ↗Selbst-B. – Die **B.spsychologie** des 19. Jh. wurde im 20. Jh. v. der das ↗Unbewußte untersuchenden Tiefenpsychologie zurückgedrängt.

Bexbach, saarländ. Stadt n.ö. von Saarbrücken, 19 600 E.; Textilindustrie. [ziere.

Bey, *Bei, Beg,* Titel der höheren türk. Offi-

Béziers (: besie), südfrz. Stadt am Canal du Midi, 85 000 E.; Branntweinbrennereien.

Bezirk (von lat. *circus*), Umkreis; bes. örtl. Zuständigkeitsbereich einer Verwaltungsbehörde. In der DDR Verwaltungseinheit; 15 B.e (einschl. Ost-Berlins) wurden 1952 durch Aufteilung der Länder gebildet.

Bezoarziege, westasiat. Wildziege, eine Stammform der Hausziege.

Bezogener ↗Wechsel.

Bezugsrecht, Recht der Aktionäre einer ↗Aktiengesellschaft auf Zuteilung eines Teils der neuen Aktien bei Erhöhung des Grundkapitals. Das B. wird wie Aktien an der Börse gehandelt.

BGB, Abk. für ↗Bürgerliches Gesetz-Buch.

BGBl, Abk. für Bundesgesetzblatt.

BGH, Abk. für Bundesgerichtshof.

Bhagavadgita w, „Gesang der Erhabenen", relig.-philosoph. Gedicht aus dem indischen Epos ↗Mahabharata.

BHE ↗Gesamtdeutscher Block/BHE.

Bhilai, ind. Ind.-Stadt östl. der Stadt Drug (Madhya Pradesch), 130 000 E.; Stahlwerk, mit sowjet. Hilfe erbaut.

Bhopal, Hst. des ind. Staates Madhya Pradesch, am Nordhang des Vindhyagebirges, 300 000 E.

Bhumibol Aduljadeh, Rama IX., Kg. v. Thailand, * 1927; bestieg 50 den Thron; mit Prinzessin Sirikit verheiratet.

Bhutan, Fürstentum unter ind. Schutz auf der Südabdachung des östl. Himalaja.

Bhutto, *Zulfikar Ali Khan,* pakistan. Politiker, 1928–79 (hingerichtet); 63–66 Außenmin.; Verfechter eines „islam. Sozialismus"; 71 bis 73 Staatspräs., 71/77 Min.-Präs.

Bi, chemisches Zeichen für ↗Wismut (*Bismutum*).

Biafra, Name für die 1967 als unabhängig proklamierte Ostregion ↗Nigerias; der Bürgerkrieg (1967/70) in Biafra endete mit Niederlage u. Wiedereingliederung von B.

Białystok (: bⁱaⁱüßstok), Hst. der poln. Wojewodschaft B., an der Biała, 212 000 E.; nach Łódź größtes Textilzentrum Polens.

Biarritz, frz. Seebad v. internationalem Rang, am Golf v. Biscaya, 27 000 E.

Biathlon s (gr.), olymp. Wintersportdisziplin: Skilanglauf über 20 km mit 4 eingelegten Schießwettbewerben.

Bibel w (gr. *biblia* = Schriften), *Heilige Schrift,* zusammenfassende Bz. für das AT (die Schr. des v. Gott mit dem Volk Israel auf dem Sinai geschlossenen sog. Alten Bundes) u. das NT (die Schr. des v. Gott durch Jesus Christus mit den Menschen geschlossenen sog. Neuen Bundes). Nach christl. Lehre ist die B. eine Selbstoffenbarung Gottes u. unter Eingebung des Hl. Geistes (Inspiration) niedergeschrieben. Die Liste der zur B. gehörenden Bücher (*Kanon*) umfaßt nach kath. Lehre 45 atl. u. 27 ntl. Schriften, die zus. mit der mündl. Überlieferung (*Tradition*) das gesamte Glaubensgut bilden; die ev. Kirchen lehren einen z.T. anderen Kanon u. sehen in der B. die einzige Glaubensquelle. – Die bibl. Bücher sind

Bhutan

Amtlicher Name:
Druk-Yul

Staatsform:
Königreich

Hauptstadt:
Thimbu (Sommerhauptstadt) bzw. Punakha (Winterhauptstadt)

Fläche:
47 000 km²

Bevölkerung:
1,2 Mill. E.

Sprache:
Dzongkha (dem Tibetischen verwandt); Handelssprache: Englisch

Religion:
lamaistischer Buddhismus und Schamanismus

Währung:
1 Nü (= 1 ind. Rupie)
= 100 Ché

Mitgliedschaften:
UN, Colomboplan

Biblische Bücher
(und ihre Abkürzung)

Altes Testament

Genesis	Gn
Exodus	Ex
Leviticus	Lv
Numeri	Num
Deuteronomium	Dtn
Josua, Josue	Jos
Richter	Ri
Rut(h)	Rt
1. Samuel	1 Sam
2. Samuel	2 Sam
1. Könige	1 Kön
2. Könige	2 Kön
1. Chronik (Paralipomenon)	1 Chr
2. Chronik	2 Chr
Esra, Esdras	Esr
Nehemia(s)	Neh
Tobias	Tob
Judit(h)	Jdt
Est(h)er	Est
1. Makkabäerbuch	1 Makk
2. Makkabäerbuch	2 Makk
Ijob, Job	Ijob
Psalm(en)	Ps(s)

Fortsetzung umseitig

Biblische Bücher
(Fortsetzung)

Sprüche	Spr
Kohelet (Prediger, Ecclesiastes)	Koh
Hoheslied	Hld
Weisheit	Weish
Jesus Sirach (Ecclesiasticus)	Sir
Jesaja, Isaias	Jes
Jeremia(s)	Jer
Klagelieder	Klgl
Baruch	Bar
Ezechiel	Ez
Daniel	Dan
Hosea, Osee	Hos
Joel	Joel
Amos	Am
Obadja, Abdias	Obd
Jona(s)	Jon
Micha, Michäas	Mich
Nahum	Nah
Habakuk	Hab
Zefanja, Sophonias	Zef
Haggai, Aggäus	Hag
Sacharja, Zacharias	Sach
Maleachi, Malachias	Mal

Neues Testament

Matthäusevangelium	Mt
Markusevangelium	Mk
Lukasevangelium	Lk
Johannesevangelium	Joh
Apostelgeschichte	Apg
Römerbrief	Röm
1. Korintherbrief	1 Kor
2. Korintherbrief	2 Kor
Galaterbrief	Gal
Epheserbrief	Eph
Philipperbrief	Phil
Kolosserbrief	Kol
1. Thessalonicherbrief	1 Thess
2. Thessalonicherbrief	2 Thess
1. Timotheusbrief	1 Tim
2. Timotheusbrief	2 Tim
Titusbrief	Tit
Philemonbrief	Phlm
Hebräerbrief	Hebr
Jakobusbrief	Jak
1. Petrusbrief	1 Petr
2. Petrusbrief	2 Petr
1. Johannesbrief	1 Joh
2. Johannesbrief	2 Joh
3. Johannesbrief	3 Joh
Judasbrief	Jud
(Geheime) Offenbarung des Johannes (Apokalypse)	Offb

verschiedener Herkunft; Ort, Entstehungszeit u. Verf. sind nicht immer genau bekannt. Der atl. Urtext ist meist hebräisch, der ntl. meist griech. abgefaßt. Griech. u. lat. Übersetzungen: ↗Septuaginta, ↗Vetus Latina, ↗Vulgata; v. den dt. hat bes. die M. Luthers Bedeutung erlangt. **B.christen,** methodist. Sekte, bes. im engl. Sprachgebiet. **B.forscher** ↗Zeugen Jehovas. **B.gesellschaften,** meist ev. Vereinigungen zur Massenverbreitung der B. **B.institut,** Päpstliches, zur Förderung der B.studien, in Rom, v. Jesuiten geleitet. **B.kommission,** Päpstliche, Kurialbehörde zur Förderung der bibl. Studien u. Überwachung der Bibelwissenschaften. **B.konkordanz** ↗Konkordanz.

Biber, 1) größtes europ. Nagetier, lebt am Wasser in Uferhöhlen od. in „Burgen" aus Knüppeln u. selbstgefällten Baumstämmen, der Schwanz ist beschuppt u. dient zum Rudern. Das Fell liefert geschätzten Pelz, die Afterdrüsen das früher als krampfstillendes Mittel verwendete *B.geil.* Im N Europas, Asien u. Amerika noch häufiger, in Dtl. auf das Gebiet der mittleren Elbe beschränkt. **2)** aufgerauhtes Baumwollgewebe.

Biberach an der Riß, württ. Krst. in Oberschwaben, 28100 E., vielseitige Ind. Nahebei die Kneippkuranstalt *Jordansbad.*

Bibernell *m, Bibernelle w, Pimpinella,* Doldenpflanze mit fast blattlosem Stengel auf trockenen Wiesen; die beißend scharfe Wurzel Volksheilmittel gg. beginnende Angina. ☐ 452.

Biberratte, der ↗Sumpfbiber.

Biberschwanz, flacher Dach-↗Ziegel.

Biblia pauperum, die ↗Armenbibel.

Bibliographie *w* (gr.), Bücherkunde, auch das Bücherverzeichnis.

Bibliophilie *w* (gr.), Bücherliebhaberei; *Bibliophile,* der Sammler v. seltenen Büchern.

Bibliothek *w* (gr.), **1)** Büchersammlung. **2)** Raum dafür. *Präsenz-B.,* nur an Ort u. Stelle benutzbar. **Bibliothekar,** Beamter oder Angestellter zur Verwaltung von Bibliotheken.

Bibliotheksabgabe ↗Urheberrecht.

Bicarbonat *s,* doppeltkohlensaures Salz.

Bickbeere, die ↗Heidelbeere.

Bidault (: bido), *Georges,* frz. Politiker, * 1899; führend in der frz. Widerstandsbewegung gg. Dtl., 1944/48 u. 53/54 Außenmin., 46 u. 49/50 Min.-Präs.; 62/63 Leiter des gg. die Politik de Gaulles gerichteten Nationalen Widerstandsrats (↗OAS).

Bidet *s* (: bide), Sitzwaschbecken.

Biedermeier, 1) *m,* der naiv-spießige Bürger des frühen 19. Jh. **2)** *s,* bürgerl. Lebens- u. Kunststil des Vormärz (1815/48); Hinwendung zum Behaglich-Intimen, Einfachen, aber auch Idyllischen u. Sentimentalen in Wohnkultur, Malerei, Lit. u. Musik.

Biel, frz. *Bienne* (: biän), Stadt im Schweizer Kt. Bern, am Ostfuß des Jura, 61000 E.; Metall- u. Uhren-Ind. Südwestl. der *B.er See,* 429 m ü. M., 39 km², 15 km lang, 75 m tief, mit Petersinsel.

Bielefeld, westfäl. Ind.-Stadt, am Nordfuß des Teutoburger Waldes, 313000 E.; Univ., PH, Fachhochschule; Leinenweberei, Nähmaschinen-, Fahrrad- u. Nährmittel-Ind.

Große Bibliotheken	gegr.	Zahl der Bände in 1000	Handschriften
Lenin-Bibliothek, Moskau	1828	22000	—
Saltykow-Schtschedrin-Bibliothek, Leningrad	1814	15000	50000
Library of Congress, Washington	1800	14107	—
Harvard University Library, Cambridge (USA)	1638	7792	—
Bibliothèque Nationale, Paris	1367	7000	155000
Bibliothek des British Museum, London	1753	6000	90000
Deutsche Staatsbibliothek, Berlin [Ost]	1659	4650	82660
Biblioteca Nazionale, Florenz	1714	3900	23000
National- u. Universitätsbibliothek, Prag	1348	3600	4000
Deutsche Bücherei, Leipzig	1912	3500	—
Bayerische Staatsbibliothek, München	1558	3200	50000
Staats- u. Universitätsbibliothek, Straßburg	1871	3000	5446
Biblioteca Nacional, Madrid	1716	2922	26122
Königliche Bibliothek, Brüssel	1838	2300	34500
Bodleian Library, Oxford	1602	2300	50000
Staatsbibliothek Preuß. Kulturbesitz, Berlin [West]	1946	2270	82660
Nationalbibliothek, Warschau	1928	2156	8252
Staatsbibliothek, Marburg	1527	2100	35822
Universitäts- u. Landesbibliothek, Halle	1696	2100	5410
Universitätsbibliothek, Leipzig	1543	2030	8600
Östr. Nationalbibliothek, Wien	1526	2000	36000
Königliche Bibliothek, Kopenhagen	1665	2000	36000
Universitätsbibliothek, Uppsala	1620	1800	27000
Zentralbibliothek, Zürich	1917	1600	13500
Staats- u. Universitätsbibliothek, Göttingen	1735	1544	10631
Universitätsbibliothek, Jena	1512	1440	1165
Deutsche Bibliothek, Frankfurt/Main	1947	1400	—
Biblioteca Apostolica Vaticana, Vatikan	1450	1000	60000
Königliche Bibliothek, Den Haag	1789	900	30000

Bielsko-Biała (: bjälłsko bja^ua), poln. Doppelstadt, Hst. der Wojewodschaft Bielskie, am Fuß der Karpaten, 156000 E.; Tuch-Ind.

Bienen, Hautflügler, einzeln od. gesellig lebende Insekten; Weibchen mit Giftstachel. Die *Honig-B.* sind staatenbildend. Ein B.staat besteht aus Königin, 10000–70000 Arbeiterinnen, 500–1000 Männchen od. Drohnen. Die Königin legt 2000–3000 Eier täglich, die Arbeiterinnen (verkümmerte Weibchen) bauen die Waben, sammeln Honig, pflegen die Brut; die Drohnen begatten die jungen Königinnen, werden dann vertrieben od. getötet („Drohnenschlacht"). Königinnen entstehen aus befruchteten Eiern in größeren Zellen. Ihre Larven erhalten

Biedermeier: Zimmer (Schloß Tiefurt bei Weimar)

bes. gutes Futter; Arbeiterinnen entstehen aus den befruchteten Eiern gewöhnlicher Zellen, Drohnen aus den unbefruchteten. Kurz vor dem Ausschlüpfen einer jungen Königin verläßt die alte mit einem Teil des B.volks den Stock, um einen neuen zu gründen. **B.fresser,** Zugvogel, lauert bei B.ständen auf B. ☐ 1046. **B.käfer,** frißt B.larven. **B.laus,** schmarotzendes Insekt auf dem Körper der B. **B.motte,** Schmetterling; Raupe zerfrißt die B.waben. **B.saug** ↗Taubnessel. **B.schwärmer,** den B. ähnl. Schmetterling. **B.sprache,** Nachrichtenvermittlung unter B. über Futterplätze durch gerichtete Tänze. **B.wolf,** Wespenart, raubt Hausbienen. **B.zucht,** Imkerei, Zeidlerei, Zucht u. Pflege v. Honig-B. zur Gewinnung v. Honig u. Wachs, daneben zum Bestäuben der Blüten vieler Nutzpflanzen (Obst-, Gemüse-, Ölfrucht-, Futterbau).
Biennale w (it.), alle 2 Jahre stattfindende internationale Kunstausstellung u. Filmschau in Venedig.
Bier, alkohol. Getränk aus Gerstenmalz, Hopfen, Wasser u. Hefe. Das ↗Malz wird geschrotet, mit Wasser angerührt, die Brühe mit Hopfen eingekocht (Würze), nach dem Erkalten mit Hefe vermischt u. vergoren. Gewöhnliches B. enthält 3–4% Alkohol, Export-B. bis 5%. *Weiß-B.* ist obergäriges B. (ohne Nachgärung), *Bock-* od. *Lager-B.* untergäriges B. (mit Nachgärung). ☐ 116.
Bier, *August,* dt. Chirurg, 1861–1949; hervorragender Operateur. *B.sche Stauung,*

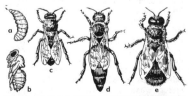

Bienen: a Larve, b Puppe, c Arbeiterin, d Königin, e Drohne

Hyperämie, Bekämpfung v. Entzündungen durch Blutstaubinde.
Bierherz, Herzerweiterung durch übermäßigen Biergenuß.
Biermann, *Wolf,* dt. Schriftsteller u. Sänger, * 1936; 53/77 in der DDR; sozialkrit. u. pazifist. Lieder.
Biermersche Krankheit, *Perniziöse Anämie,* fortschreitende Blutarmut durch Blutzerstörung u. mangelhafte Blutneubildung.
Bierut (: bje-), *Bolesław,* poln. Politiker, 1892–1956; organisierte die poln. Widerstandsbewegung gg. Dtl., 1947 poln. Staatspräs., 52/54 Min.-Präs., dann 1. Sekretär der KP.
Biesfliege, Zweiflügler, dessen Larve unter der Haut oder im Magen von Säugetieren schmarotzt (↗Dasselfliege).
Bietigheim-Bissingen, württ. Stadt an der Enz (großer Bahnviadukt), 35000 E.; Garnspinnerei, Linoleumwerke; Schuhfabrik.
bifilar (lat.), zweifädig.
Bifokalgläser (lat.), Brillengläser mit 2 Brennweiten (für Nah- u. Fernsicht). ☐ 120.
Bigamie w (gr.), *Doppelehe;* gültig ist nur die zuerst geschlossene Ehe. B. wird mit Freiheitsstrafe geahndet.
Big Band (: -bänd) ↗Band.
Bigge-Talsperre, bei Attendorn (Sauerland), 1957/65 gebaut, Staudamm 640 m lang, 52 m hoch, 150 Mill. m³ Inhalt.
bigott (frz.; Hw. *Bigoterie*), scheinheilig, frömmelnd.
Bihar, *Behar,* indischer Staat in Bengalen, 174000 km², 56 Mill. E.; Hst. Patna.
Bihargebirge, westl. Randgebirge Siebenbürgens, 1850 m hoch; Bauxitgewinnung.
Bijouterie w (: bischu-; frz. *bijou* = Kleinod), *B.waren,* Bz. für Schmuckwaren.
Bijsk, sibir. Stadt an der Bija (1250 km lang), Nebenfluß des Ob) u. am Nordhang des Altai, 212000 E.; Eisengießereien.

Bienensprache: Entfernungsweisung, **a** Rundtanz, **b** Schwänzeltanz, **c** schemat. Darstellung des Zusammenhangs zw. Entfernung des Futterplatzes und der Umlaufgeschwindigkeit

Charakteristik der Biersorten

Untergärige Biere	
bayerische B.	malzig, niedrig vergoren, schwach gehopft, dunkel
böhmische B. norddeutsche B.	wenig malzig, stark gehopft, hell
Dortmunder	hoch vergoren, alkoholreich, wenig gehopft, mittelhell
Berliner	wie Dortmunder, aber stärker gehopft, mittelhell
Obergärige Biere	
Süßbier *(Malz-B.)*	Weizenmalz, Zucker und Zuckerfarbe gestattet
Bitterbier	bitterer Geschmack, z. B. durch Zusatz von Hopfen
säuerliche Biere *(Berliner Weiß-B.,*	z. B. Porter (dunkel) und Ale (hell) mit hohem
englisches B.)	Alkoholgehalt

Bikaner, *Bikanir,* ind. Oasenstadt in der Wüste Thar (Radschastan), 190000 E.
Bikini, 1) Atoll der Marshall-Inseln (Südsee). 1946 Kernwaffenversuche der USA. **2)** zweiteiliger, knapper Badeanzug.
bikonkav (lat.), doppelthohl. **bikonvex** (lat.), doppeltgewölbt. ☐ 556.
Bilanz w (it. *bilancia* = Waage), kontenmäßige Gegenüberstellung der ↗Aktiva u. ↗Passiva einer Unternehmung zu einem bestimmten Zeitpunkt. Die Soll-Seite gibt Aufschluß über das ↗Anlage- u. ↗Betriebskapital (das Vermögen), die Haben-Seite über die Herkunft des Kapitals (Eigen-

Biere
Einteilung der Biere nach Stammwürze. Der Alkoholgehalt liegt bei etwa $^1/_3$–$^1/_4$ des Stammwürzegehaltes

Einfach-Bier	2–5 %
Schank-Bier	7–8 %
Voll-Bier	11–14%
Stark-Bier	bis 16%

Aktiva			Passiva		
Anlagevermögen	DM	DM			
1. Grundstücke u. Gebäude, Maschinen u.			**Eigenkapital**		
			4. Geschäftskapital		
Anlagen, Inventar	70000	120000	und Reserven		
Umlaufvermögen					
Finanzmittel			**Fremdkapital**		
2. Kasse, Bank- und			5. Hypotheken-, Bank-		
Postscheckguthaben,			u. Lieferanten-		
Außenstände, Kun-			schulden, Akzept-		
denwechsel und			verpflichtungen, Rück-		
Schecks, Wertpapiere	60000	40000	stellungen usw.		
Vorräte					
3. Roh-, Hilfs- u. Betriebsstoffe, Halb- u.					
Fertigerzeugnisse	40000	10000	6. Gewinn		
	170000	170000			

Schema einer Bilanz. *Aktive Bilanz:* Überschuß des Vermögens (1–3) über das Fremdkapital (5) = Eigenkapital (4)
Passive Bilanz (materielle Unterbilanz): mehr Fremdkapital (5) als Vermögenswerte (1–3) = Überschuldung

u. Fremdkapital). Der ↗Saldo zeigt Gewinn od. Verlust an. Nach dem Anlaß unterscheidet man u.a.: *Eröffnungs-B.* (bei Geschäftseröffnung), *(Jahres-)Abschluß-B.* (mit Gewinn- und Verlustrechnung zur Erfolgsermittlung, *Liquidations-B.* bei Auflösung des Geschäfts.

bilateral (lat.), zweiseitig, bes. bei Verträgen. Ggs.: ↗multilateral.

Bilbao, Hst. der span. Prov. Biscaya, 442000 E.; Handelshafen am Atlantik; Univ.; Eisenerzlager; Stahlwerke, Schiffbau.

Bilch ↗Siebenschläfer. **B.e** ↗Schläfer.

Bildende Künste, gemeinsame Bz. aus dem 19. Jh. für die ihre Werke in sichtbarer Form darstellende Malerei, Graphik, Bildhauerkunst, Architektur u. das Kunsthandwerk; Ggs. Dichtung u. Musik.

Bilderschrift, Wiedergabe v. Gedanken u. Sachverhalten durch wirklichkeitsgetreue oder symbol. Bilder; bes. bei den Naturvölkern, aber auch in der Frühzeit alter Kulturen des Orients. ☐ 474.

Bilderstreit, Auseinandersetzung um die Berechtigung der Bilderverehrung, bes. in Byzanz im 8. u. 9. Jh.; endete mit der Anerkennung des Bilderkultes. ↗Bildersturm, die Zerstörung v. Kirchenbildern im ↗Bilderstreit, bes. aber im Zeitalter der Reformation; Folge der Ablehnung des Bilderkultes durch Zwingli u. Calvin.

Bilderverehrung, 1) in primitiven Religionen Verehrung v. Götterbildern im Glauben, die Bilder seien die Götter selbst. **2)** Die Verehrung v. Bildern Christi od. der Heiligen in der kath. Kirche gilt nicht den Bildern selbst, sondern den darauf dargestellten Personen.

Bildhauerei, *Skulptur, Plastik,* formt Bildwerke aus Stein, Holz, Metall u.a. entweder freistehend als Vollplastik od. in hoch- und flacherhabener Arbeit als ↗Relief. ↗Plastik, ↗Steinmetz.

Bildmessung ↗Photogrammetrie.

Bildnis, *Porträt,* die Darstellung eines menschl. oder tier. Individuums in Plastik, Malerei, Graphik oder Photographie. Das B. kommt in den Spätstufen der Kunst auf; so in der ägypt. Kunst (Amarna-Zeit), im Hel-

Bildhauerei: Das Entstehen einer Holzplastik: Aufzeichnen – Aushauen der Form – Nachschnitzen – Auseinandernehmen und Aushöhlen der Büste zum Trocknen

lenismus, in den spätröm. Mumienbildnissen, den Grab- u. Stifterfiguren des Spät-MA; in der Renaissance erstmals in voller Blüte. In ihr setzte sich auch das *Selbst-B.* als isolierte Darstellung durch; mit ihm deutet der Künstler sein eigenes Wesen und künstlerisches Wollen.

Bildplatte, im Prinzip der ↗Schallplatte ähnelnde PVC-Scheibe zur Aufzeichnung u. Wiedergabe von Fernsehbild u. -ton.

Bildspeicherröhre, in der Fernsehtechnik: zur Umwandlung eines opt. Bildes in ein übertragbares elektr. Bildsignal. ☐ 267.

Bildtelegraphie, *Bildfunk,* die bildtreue elektr. Übertragung v. Schriftzeichen, Bildern usw. Die Vorlage wird punkt- u. zeilenförmig abgetastet, der v. der jeweiligen Helligkeit des Bildpunktes abhängige Stromimpuls übertragen. Im Empfänger steuert dieser eine Vorrichtung, die den Impuls in Helligkeit umformt u. die Bildvorlage wiederherstellt. ↗Fernsehen.

Bildtelephon ↗Fernsprechen.

Bildung, die auf die Persönlichkeit ausgerichtete Formung des Menschen durch Fremd- u. Selbsterziehung. B. bedeutet auch den Grad der Geformtheit des einzelnen durch Wissen, Können, Charakter u. Urteilsvermögen. Der Bildungsvorgang, der nicht nur die einseitige Ausbildung bestimmter Fähigkeiten meint, ist nicht auf

das Jugendalter beschränkbar. Zur Orientierung des Menschen in seiner Welt bedarf es einer ständigen Offenheit formenden Kräften gegenüber. Diese Offenheit bezeichnet selbst einen Grad der Bildung.

Bildungsrat ↗Deutscher Bildungsrat.

Bildungsroman, spezif. dt. Form des ↗Romans, in der die Entwicklung des Helden v. einer bestimmten Bildungsidee bestimmt ist, z.B. Goethes *Wilhelm Meister.*

Bildwandler, ein Gerät, das opt. Bilder (z.B. unsichtbare Infrarotbilder) über eine elektronenopt. Stufe in sichtbare Bilder auf einem Leuchtschirm umwandelt.

Bildweberei, i.e.S. die mechan. Erzeugung v. Bildern in Geweben.

Bildwerfer ↗Projektionsapparat.

Bildwirkerei, die Kunst, mit der Hand Bilder u. Ornamente in Gewebe, z.B. Wandvorhänge *(Bildteppiche),* zu wirken.

Bilge w, tiefster Teil des Schiffsrumpfes.

Bilharziose w, Erkrankung v. Blase, Darm, Leber. Geschlechtsorganen durch Wurmbefall v. *Schistosomum,* einem Saugwurm; bes. in den Tropen u. Subtropen.

Bill *w* (engl.), Gesetzentwurf, Urkunde. **1)** *B. (Declaration) of Rights* (: -raitß), 1689, sicherte in Engl. die verfassungsmäßigen Freiheiten der Bürger. **2)** *B. of Exchange* (: -ikßtsche'ndsch), Wechsel.
Bill, *Max,* Schweizer Architekt u. Plastiker, * 1908; abstrakte Plastiken, 51/56 Leiter der Hochschule für Gestaltung in Ulm.
Billard *s* (: bijar, frz.; verdeutscht: biljard), Kugelspiel auf einer rechteckigen, mit grünem Tuch überspannten Tafel mit ↗Bande. Mit dem Stab *(Queue)* werden die Kugeln gestoßen, beim *Dt. B.* mit dem Ziel, sie in die in die Tafel eingelassenen Löcher zu bringen, beim meist gespielten *Frz. B.,* um eine Reihe v. Zusammenstößen zu bewirken *(Karambolage-B.).*

Max Bill: „Kontinuität"

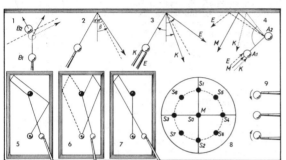

Billard: die Reflexionsgesetze der Billardkugel: **1** Besitzt B₁ beim Aufprall auf B₂ *gleitende* Bewegung, so läuft B₁ senkrecht zur Verbindungslinie der Mittelpunkte beider Bälle weiter; bei *rollender* Bewegung von B₁ weicht diese nur wenig von der ursprünglichen Richtung ab. Hat B₁ beide Bewegungen zugleich, bewegt sie sich zwischen diesen beiden Richtungen. **2** Eine Kugel, die ohne Effet an die Bande schlägt, prallt nahezu mit demselben Winkel zurück; durch ein Drehmoment erhält sie etwas „Bandeneffet". **3.** Beim Effetstoß (E; rechts gestoßen, rechts an die Bande) wird die Kugel nach der Seite abgelenkt, nach der sie Effet erhielt. (Links gestoßen und rechts an die Bande = Kontereffet [K].) **4** Schneidet A₁ die Kugel A₂, so ist beim Mittelstoß Einfallswinkel = Reflexionswinkel. Beim Effetstoß (E) ist er größer, beim Kontereffetstoß (K) kleiner. – *Anfangsstöße:* **5** *Quart,* beim Dreibandenspiel üblich. **6** *Triple,* wird bei der Kaderpartie gespielt. **7** *Vorbänder,* einfachster Anfangsstoß. **8** Vorderansicht einer Billardkugel (M = Mittelpunkt). – *Stoßarten:* S₀: Zentralstoß, Gleiten; S₃, S₄: Links- und Rechtsmittelstoß, Gleiten und Drehung (Effetball). S₁, S₅, S₆: Hochmittel-, Rechtshoch-, Linkshochstoß mit vorläufiger Drehung. **9** Hoch-, Mittel-, Tiefstoß

Billbergia, Gattung der Bromelien. *Nikkende B.,* Zimmerpflanze.
Billet *s* (: bije, frz.; verdeutscht: biljet), Zettel, bes. Fahrkarte. **B. doux** (: -dü = süßes Briefchen), Liebesbrief.
Billiarde *w,* 1000 Billionen (1 mit 15 Nullen).
Billinger, *Richard,* östr. Schriftsteller, 1893–1965; bes. Dramen aus bäuerl. Lebenskreis, in der Spannung zu Dämonischem u. der Zivilisation.
Billion *w,* 1 Million Millionen (1 mit 12 Nullen); in Fkr. u. USA = 1 Milliarde (1 mit 9 Nullen).
Billiton, Sunda-Insel (zu Indonesien) s.w. von Borneo, 4959 km², 105000 E.; Hst. Tandjungpandan. Reiche Zinnvorkommen.
Billroth, *Theodor,* östr. Chirurg, 1829–94; berühmt durch Magenoperationsmethode.
Billunger, Herzogsgeschlecht in ↗Sachsen 953/1106.
Bilsenkraut, gift. Nachtschattengewächs,

bes. auf Schutthaufen; liefert das giftige Alkaloid *Hyoscyamin;* Heilmittel (Vorsicht!).
Biluxlampe (lat.), im Autoscheinwerfer verwendete Glühlampe mit 2 getrennt schaltbaren Glühfäden für Fern- u. Abblendlicht.
Bimetall, Kombination aus 2 Metallstreifen mit ungleicher Wärme-Ausdehnung; als Regler u. Thermometer.
Bimetallismus, *Doppel-Währung;* zwei Metalle (meist Gold- u. Silbermünzen) sind nebeneinander gesetzl. Zahlungsmittel.
Bimssand, *Bimskies,* poröser leichter Sand; zu Schwemmsteinen; *Bimsmehl,* zum Schleifen, Polieren. **Bimsstein,** schaumiges vulkan. Glas, porös, auf Wasser schwimmend, aus tertiären oder jüngeren Ausbrüchen; Baumaterial, zum Reinigen der Hände; auch künstlich hergestellt.
binär (lat.), aus 2 Einheiten bestehend.
Bindegewebe, Stütz- u. Füllgewebe des Körpers, bildet Skelett, Hüll- u. Trennsubstanzen der Organe.
Bindehaut, innere Umkleidung der Augenlider u. des äußeren Augapfels.
Bindemittel, Stoffe zum Verkitten, Verkleben, Vermischen v. Stoffen.
Binder *m,* **1)** süddt. für Küfer. **2)** Krawatte. **3)** ↗Mähmaschine, die Getreide in Garben bindet *(Bindemäher).* **4)** Baustein senkrecht zur Mauerflucht. **5)** Tragwerk eines Daches.
Binderbarte, Küfer-Beil.
Bindeton, feuerfeste Tone; zu Schamottesteinen verwendet.
Binding, *Rudolf G.,* dt. Schriftsteller, 1867–1938; Lyrik, Kriegsnovellen.
Bindung, 1) Verkreuzung v. Fäden (Kette u. Schuß) zum Herstellen textiler Flächen. **2)** Vereinigung v. Atomen zu Molekülen oder v. Nukleonen zu Atomkernen. **3)** Befestigung des Skis am Schuh.
Bindungsenergie, in der Kernphysik: die notwendige Energie, um die Bindung der Protonen u. Neutronen (Nukleonen) im Atomkern zu lösen; ist etwa 1 Mill. mal stärker als die chem. Bindung u. beruht auf dem *Massendefekt,* d. h. dem Massenverlust bei der Vereinigung v. Nukleonen. Die B. kann durch ↗Kernspaltung u. ↗Kernverschmelzung techn. genutzt werden.

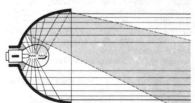

Biluxlampe: die Strahlengänge von den beiden Wendeln im Scheinwerfer des Kraftwagens

Bimetall: a normale, **b** erhöhte, **c** erniedrigte Temperatur

Bingel, *Horst,* dt. Schriftsteller, * 1933; iron. Gedichte u. skurrile Geschichten; Essays.
Bingelkraut, Wolfsmilchgewächs; Unkraut.
Bingen, Stadt in Rheinland-Pfalz, an Rhein u. Nahe (Umschlaghafen), 24000 E.; Fachhochschule; Weinbau, Brennereien, Sektkellerei. – Im Rhein der *Mäuseturm,* weiter unterhalb das *Binger Loch* (Stromenge).
Binh-Dinh, Hafenstadt in Süd-Vietnam an der Südküste, 200000 E.

Binnenfleet s, Sammelgraben der Kanäle des eingedeichten Landes. **Binnengewässer,** die Gewässer des Festlandes. Ggs. Meer. **Binnenhandel,** der Handel innerhalb der Landesgrenzen. Ggs. ↗Außenhandel. **Binnenmeer,** Meeresteil, der fast allseitig v. Ozean abgeschlossen ist. **Binnenreim,** Reim innerhalb derselben Verszeile. **Binnenschiffahrt,** die ↗Schiffahrt auf den ↗Binnengewässern. **Binnenwanderung,** Bewegung größerer Personengruppen innerhalb der Landesgrenzen. **Binnenzölle,** bis ins 19. Jh. im innerdt. Handel v. Städten u. Territorien erhobene Zölle.

Binningen, schweizer. Stadt im Kt. Basel-Land, südl. v. Basel, 16 000 E.; Maschinen- u. Metallwarenindustrie.

Binokel s (lat.), Brille. **B.** m od. s, Spiel mit 32 Karten.

binokular (lat.), mit beiden Augen zugleich.

Binom s (lat.-gr.), Summe oder Differenz aus 2 Gliedern, z. B. (a + b); der *binomische Satz* gibt die Entwicklung einer Potenz eines B. in einer Summenreihe, z. B. $(a + b)^3 = 1a^3 + 3a^2b + 3ab^2 + 1b^3$; die Koeffizienten 1, 3, 3, 1 heißen *Binomialkoeffizienten.*

Binsen, grasartige Pflanzen, in Sümpfen bestandbildend; zu Flechtarbeiten.

Biochemie w (gr.), befaßt sich mit den chem. Grundlagen der Lebensvorgänge.

Biogas (gr.), *Faulgas,* entsteht durch Vergärung v. Stallmist, Fäkalien usw.; verwendet als Heizgas, Motortreibstoff.

Biogenie (gr.), Entwicklungsgeschichte der Lebewesen. **Biogenetische Regel,** Keimesentwicklung u. Stammesentwicklung vieler Lebewesen durchlaufen einander entsprechende Stadien.

Biographie w (gr.), Lebensbeschreibung. *Biograph,* deren Verfasser.

Biokatalysatoren sind ↗Fermente, ↗Hormone, ↗Vitamine. **Biologie** w (gr.), die Lehre v. den Lebewesen, umfassend deren Lebensbedingungen u. Entwicklungsgesch., zerfällt in ↗Botanik, ↗Zoologie, ↗Anthropologie. Teilgebiete: ↗Physiologie, ↗Morphologie, ↗Ökologie. *Allgemeine B.* umfaßt Zellenlehre, ↗Genetik, Entwicklungslehre. **Biologismus** m, philosoph. Richtung, die materialist. nur das „Leben" gelten läßt, den Geist aber leugnet.

Biomechanik w, Lehre v. den mechan. Erscheinungen in u. an den Lebewesen. **Biomorphose** w, Wandlungen des Organismus im Laufe des Lebens.

Bionik w (aus *Bio*logie und Tech*nik* gebildet), Forschungsgebiet, das sich mit der Anwendung biolog. Prinzipien auf techn. Probleme beschäftigt.

Biophysik, die Physik der Lebensvorgänge.

Biosphäre w, die v. Lebewesen besiedelten Bereiche der Erde.

Biot (: bio), *Jean,* frz. Physiker, 1774–1862. *Biot-Savartsches Gesetz,* regelt den Zusammenhang zw. Magnetfeld u. stromdurchflossenem Leiter.

Biotit m, Magnesia-Eisenglimmer, Gemengteil v. Eruptivgesteinen.

Biotop m (gr.), charakterist. Lebensbereich eines Lebewesens, bedingt durch Klima u. Umwelt.

bipolar (lat.), doppelpolig.

Bircher-Benner, *Max,* Schweizer Arzt, 1867–1939; förderte die Rohkosternährung.

Birett ↗Barett.

Birgitta *(Brigitta) v. Schweden,* hl. (23. Juli), um 1303–73; eine der größten Mystikerinnen des MA; ihre *Offenbarungen* weit verbreitet; stiftete den beschaul. *Birgittenorden;* lebte seit 49 in Rom, drängte die Päpste zur Rückkehr aus Avignon.

Birke, Baum od. Strauch mit Blütenkätzchen; in Europa 2 Arten: die *Weiß-, Warzen-* od. *Hänge-B.* u. die *Moor-, Haar-, Ruch-* od. *Maien-B.,* der nördlichste Baum Europas. Holz zu Möbeln, als Sperrholz; die ledrige Rinde zum Gerben u. zur Destillation des *B.nteers* benützt; *B.nsaft* als heilkräftiges Getränk, als Zusatz zu Haar- u. Hautpflegemitteln. ☐ 400. **B.nblättertee,** als Heilmittel, gg. Rheuma u. Wassersucht.

Birkenfeld, rhein. Krst. am Südfuß des Hochwalds, 6000 E.; ehem. Residenz der Pfalzgrafen v. Zweibrücken-B.

Birkenhead (: böᵉrkᵉnhed), engl. Hafenstadt am Mersey, gegenüber Liverpool, 142000 E.; Schiffbau, Eisengießereien.

Birkenpilz, *Birkenröhrling,* ↗Kapuzinerpilz.

Birkenreizker ↗Giftpilze. ☐ 750.

Birkhuhn, Waldhuhn, balzt v. März bis Mai auf dem Boden.

Birma, *Burma,* Rep. in Hinterindien, am Golf v. Bengalen. Größtenteils hohe Gebirgsketten; an deren Monsunseite trop. Urwald, im Windschatten Savanne u. Steppe. Ein schmaler Streifen im S auf der Halbinsel Malakka reicht bis zur Landenge v. Kra. 70% der Bev. sind Bauern. In den feuchten Küsten- u. Talregionen Anbau v. Reis. Die Wälder liefern Edelhölzer; Bergbau auf Erdöl, Blei, Zinn, Wolfram u. Diamanten. – Das Kgr. B. kam durch die Kriege 1824/26, 52 u. 85/86 an Brit.-Indien; wurde 1937 einer gesonderten Verwaltung unterstellt, 42 v. den Japanern besetzt; 48 Trennung von Engl. und Ausscheiden aus dem Commonwealth, Errichtung der *Union von B.;* nach der Vfg. vom 3. 1. 74 sozialist. Rep. Staatspräs. General Ne Win (seit 62). **B.straße,** *Burmastraße,* Autostraße v. Lashio in Nord-B. über Tali-Kunming nach Tschungking (China), 2200 km lang; 1937/38 v. den Amerikanern als strateg. Straße gebaut.

Birmingham (: böᵉrminghᵉm), **1)** die zweitgrößte engl. Stadt, Hauptsitz der engl. Metall-Ind., 1,1 Mill. E.; kath. Erzb.; anglikan. Bischof; Univ. **2)** Stadt in Alabama (USA), 300000 E., Univ., Zentrum der Schwer-Ind.

Birne, Frucht des Birnbaumes, aus der Holz-B. entwickeltes Kernobst, in allen gemäßigten Klimaten angebaut; enthält weniger Säure u. mehr Zucker als der Apfel. Das *Birnbaumholz,* ziemlich hart u. leicht zu bearbeiten, wird als Modellholz, zu Schnitzarbeiten, Druckformen u. Möbeln verwendet. ☐ 400.

Birnenäther, Gemenge verschiedener ↗Ester zur Herstellung von Bonbons.

Biro-Bidschan, 1) jüd. Autonomes Gebiet in der Region Chabarowsk (Ferner Osten der UdSSR), 36000 km², 190000 E. **2)** gleichnam. Hst. v. 1), 59000 E.

Birke: Wuchs- und Blattform; F Frucht

Birma

Amtlicher Name:
Pyee-Daung-Su
Myanma-Nainggan-Daw

Staatsform:
sozialist. Rep.

Hauptstadt:
Rangun

Fläche:
678 033 km²

Bevölkerung:
32,9 Mill. E.

Sprache:
Birmanisch; Handelssprache: Englisch

Religion:
85% Buddhisten, je 4% sind Muslimen und Hindus, 2% Christen

Währung:
1 Kyat = 100 Pyas

Mitgliedschaften:
UN, Colombo-Plan

bis (lat.), zweimal.
Bisam m, 1) ↗Moschus. 2) Fell der B.ratte.
B.ochs ↗Moschusochs. **B.ratte**, *Zibetbiber*, am. Wühlmaus, mit wertvollem Fell; auch in Süd- u. Ost-Dtl. **B.schwein**, kleines süd-u. mittel-am. Schwein, liefert Pekarileder.
Biscaya, span. *Vizcaya* w, 1) *Golf v. B.*, frz. *Golfe de Gascogne*, atlant. Meerbusen zw. der span. u. frz. Küste; stürmisch. 2) span.-bask. Provinz.
Bischof (gr.), hat in der *kath.* Kirche als Nachfolger der Apostel die höchste Weihegewalt (bes. Spendung der Firmung u. Priesterweihe) u. meist die Leitung eines Bistums. Nach Aufgabe u. Rang unterscheidet man: ↗Erz-B., Diözesan-(Residenzial-)B., ↗Suffragan-B., ↗Titular-B., ↗Weih-(Auxiliar- od. Hilfs-)Bischof. Zur Amtstracht gehören bei liturg. Handlungen Mitra u. B.sstab. Unter den *ev.* Kirchen besitzen das B.ssystem bes. die anglikan., schwed. u. dänische; teilweise auch in Dtl. der Titel B.
Bischofshofen, salzburg. Kurort am Fuß des Hochkönigs, 9200 E.; Kupferbergwerk, Sintermetallwerke.   [↗Lorchel.
Bischofsmütze, 1) ↗Mitra. 2) die Inful-**Bischofssynode**, 1965 geschaffene Vertretung des kath. Weltepiskopats zur Beratung des Papstes.
Bischofswerda, sächs. Stadt an der Wesenitz (Bez. Dresden), 11 200 E.; Glashütten.
Bise w, Nordostwind.
Biskra, alger. Oasenstadt am Nordrand der Sahara, 91 000 E.; Kurort (Schwefelquellen).
Biskuit s (frz.), 1) lockeres Gebäck; Zwieback. 2) unglasiertes Porzellan.
Bismarck, 1) *Herbert v.*, Fürst, dt. Politiker, Sohn v. 2), 1849–1904; 1886/90 Außenminister. 2) *Otto v.*, Fürst (seit 1871), preuß. u.

Otto von Bismarck

dt. Staatsmann, 1815–1898; aus altmärk. Adel; nach diplomat. Dienst 62 preuß. Min.-Präs.; setzte gg. den Landtag die Heeresreform durch; löste die dt. Frage im preuß.-kleindt. Sinn: 64 Krieg zus. mit Östr. gg. Dänemark um Schleswig-Holstein, 66 Krieg gg. Östr., die mittel- u. süddt. Staaten, dabei aber war B. im Ggs. zu den Militärs für Schonung der künftigen Bundesgenossen; 67 Kanzler des Norddt. Bundes; 70/71 Krieg mit Fkr. (↗Emser Depesche), 71 Gründer des Dt. Reiches u. Reichskanzler. B. suchte durch den ↗Dreibund u. durch gute Beziehungen zu Rußland den Frieden für Dtl. zu sichern; 78 Vors. des ↗Berliner Kongresses („ehrlicher Makler"). Innenpolit. Rücksichtslosigkeit im ↗Kulturkampf (72/78), in Schutzzollpolitik u. Sozialistengesetzgebung; 20. 3. 90 v. Ks. Wilhelm II. schroff entlassen; schrieb in Friedrichsruh *Gedanken u. Erinnerungen* (3 Bde.). – Gemahlin: Johanna v. Puttkamer, 1824–1894.
Bismarck-Archipel, 1600 km langer Inselbogen im NO v. Neuguinea, 47370 km², 240000 E.; Hst. Rabaul. 1885 dt. Kolonie, 1919 austral. Mandat, 73 zu ↗Niugini.

Bison

Bison m, der am. *Büffel*, größtes Säugetier Amerikas; fr. in großen Herden, jetzt nur noch vereinzelt.
Bistritza w, 1) Nebenfluß des Sereth in Rumänien, 300 km lang, goldhaltig. 2) kleiner Nebenfluß des Szamos (Siebenbürgen).
Bistro s (frz.), Schenke, Kneipe.
Bistum s, *Diözese*, v. kath. ↗Bischof geleiteter kirchl. Verwaltungsbezirk, meist in Dekanate u. ↗Pfarreien unterteilt.
bit, Maßeinheit für den Informationsgehalt einer Nachricht. ↗Informationstheorie.
Bitburg, rhein. Krst. in der Eifel, 11000 E.; Brauerei. Reste eines Römerkastells.
Bithynien, im Alt. Landschaft im nordwestl. Kleinasien, seit 297 v.Chr. Kgr., kam 74 v.Chr. an Rom.
Bitola, *Bitolj*, türk. *Monastir*, jugoslaw. Stadt in Südmakedonien, 66 000 E.
Bitterfeld, Ind.- u. Krst. im Bez. Halle, 29 000 E.; ein Zentrum der chem. Ind., Braunkohlengruben u. Kraftwerke.
Bitterklee ↗Fieberklee. **Bitterling,** 1) der ↗Pfefferpilz. 2) Fischchen, Männchen bunt gefärbt, Weibchen legt Eier in die Kiemen der Muscheln. **Bittermandelöl,** aus Steinfrüchten v. Rosengewächsen. Enthält Benzaldehyd u. Blausäure. **Bittermittel,** Tinkturen mit pflanzl. *Bitterstoff;* für Verdauung.

Birnen	Beschreibung	Genußreife
Frühe aus Trevoux	mittelgroße bis große, grüngelbe Tafel-B.; erfrischend süßsäuerlich, aromatisch; hält sich 2–3 Wochen	Mitte August
Clapps Liebling	große, rotbackige Tafelbirne; süßsäuerlich aromatisch gewürzt; hält sich 4–8 Tage	August/ September
Williams-Christ-Birne	große, gelbe, saftreiche, würzige Tafel- u. Einmachbirne; hält sich 4–5 Tage	September
Gute Luise	mittelgroße, grün-gelbliche Tafelbirne; sehr saftig, süß würzig	September/ Oktober
Gellerts Butterbirne	große, ovale, saftige u. süße, aromatische Frucht; hält sich 2–3 Wochen	September/ Oktober
Köstliche v. Charneu	mittelgroße, saftige, würzige, zitronengelbe Tafel- u. Einmach-B.; hält sich 3–4 Wochen	Ende September/Oktober
Boscs Flaschenbirne (Alexanderbirne)	große, langgezogene, vollsaftige, würzige B.; hält sich 2–4 Wochen	Oktober/ November
Alexander Lucas	große, eiförmige, gelbe Tafel-B.; süß, schwach gewürzt; hält sich 2–4 Wochen	November/ Januar
Präsident Drouard	große, grüngelbe, saftige Tafelbirne; süß, aromatisch	November/ Januar
Gräfin von Paris	mittelgroße, mattgelbe, gute Tafel-B.; angenehm gewürzter Geschmack; hält sich 2–3 Mon.	November/ März

Bittersalz, Seidlitz- od. Epsomsalz, Magnesiumsulfat; Abführmittel. **Bitterschwamm,** ein Röhrling, dem Satanspilz ähnlich, bitter, giftverdächtig. **Bitterstoffe,** bittere Pflanzenextrakte. **Bittersüß,** ein ⁷Nachtschatten-Gewächs, giftig, Heilkraut. **Bitterwasser,** Mineralwasser mit Magnesiumsulfat, abführend.

Bitumen s (lat.), zähflüssige od. feste brennbare Kohlenwasserstoffe, i.e.S. die Rückstände der Erdöldestillation.

Biwak s (frz.), Feldlager im Freien.

BIZ, Abk. für ⁷Bank für Internationalen Zahlungsausgleich.

bizarr (frz.), seltsam, verzerrt.

Bizeps m (lat.), Oberarmmuskel (Beuger).

Bizerte (: -särt), Biserta, Hafen an der tunes. Nordküste, 63 000 E.; bis 1963 frz. Stützpunkt.

Bizet [: bise], Georges, frz. Komponist, 1838 bis 1875; Werke v. Melodienreichtum und rhythm. Schwung. Opern Carmen, Die Perlenfischer.

Bjelorussische SSR ⁷Weißrußland.

Bjørnson, Bjørnstjerne, norweg. Dichter, 1832–1910; Bauerngeschichten, histor. und zeitbezogene Dramen.

Bk, chem. Zeichen für ⁷Berkelium.

Blacher, Boris, dt.-balt. Komponist, 1903 bis 75; 53–70 Dir. der Berliner Musikhochschule; Opern, Orchester- u. Kammermusik.

Blackburn (: bläkbö'n), engl. Stadt in der Grafschaft Lancaster, 100 000 E.; Textil-Ind.

Black Hills (: bläk-), Bergland in Süddakota (USA); Gold- u. Silberbergbau.

Black Panther (: bläk pänß^{er}), 1966 gegr., militante am. Negerorganisation; nach ihrem Symbol, dem Panther, ben.; Teil der Black-Power-Bewegung, die nicht die Integration der Neger, sondern ihre polit. u. kulturelle Eigenständigkeit anstrebt.

Blackpool (: bläkpül), engl. Stadt u. Seebad in der Grafschaft Lancashire, 172 000 E.

Blackwood s (: bläkwud), Nutzholz einer austral. Akazie.

Blagoweschtschensk, Hst. des russ. Amur-Gebietes, am Amur, 143 000 E.

Blähhals ⁷Kropf. **Blähsucht,** bei Wiederkäuern ⁷Aufblähen. **Blähungen,** Ansammeln von Gasen im Magen u. Darm.

Blake (: ble'k), **1)** Eugene Carson, am. ref. Theologe, * 1906; seit 61 Generalsekretär der am. Presbyterianer, 66/72 Generalsekr. des ⁷Weltrats der Kirchen. **2)** William, 1757–1827, engl. Kupferstecher, Maler u. Dichter.

Blamage w (: -asch^e, frz.), Bloßstellung.

Blanc (: blã), Louis, frz. Sozialist u. Historiker, 1811–82; empfahl die Gründung v. Arbeiterproduktivgenossenschaften.

blanchieren (: blãnsch-), Obst u. Gemüse beim Herstellen v. Dauerwaren mit feuchter Hitze behandeln.

Blanco, Kap B., Nordkap v. Afrika.

Blankenburg, **1)** B. am Harz, Stadt u. Kurort im Kr. Wernigerode (Bez. Magdeburg), 19 600 E.; Schloß B., jetzt Erholungsheim. Eisen-Ind. **2)** Bad B., Stadt u. Luftkurort im Thüringer Wald (Bez. Gera), 10 600 E.

Blankenese, Vorort v. Hamburg (Elbe-Nordufer), 15 000 E.; Heilanstalten.

Georges Bizet

Klappventil

Blasebalg

Boris Blacher

Bläßhuhn

blanko (it.), leer; meist in Verbindung mit Urkunden (Blankett). **B.akzept,** B.wechsel, mit Annahmevermerk versehener, im übrigen noch unausgefüllter Wechsel. **B.indossament** ⁷Indossament. **B.kauf** (B.verkauf), Vertrag über noch nicht fest bestimmte Waren oder Wertpapiere. **B.kredit,** ein ohne Sachsicherheit gewährter Personalkredit. **B.vollmacht,** unterschriebenes Schriftstück mit noch offenen Angaben.

Blankvers ⁷Metrik.

Bläschenflechte, Hitzblätterchen, Hautausschlag. **Bläschenkrankheit,** infektiöser Hautausschlag, juckt stark, mit niedrigem Fieber.

Blase, Harnblase, ⁷Harn.

Blasebalg, Vorrichtung zum Erzeugen v. Gebläsewind bei Orgel, Esse usw.

Blasenausschlag, Blasenbildung auf Haut u. Schleimhäuten. **Blasenkammer,** Gerät in der Kernphysik zum Nachweis ionisierender Teilchen. **Blasenleiden,** Erkrankungen der Blase (Reizzustände, Krämpfe, Ausscheidung v. Blutzellen, Schleim, Eiter), Blasensteine, -geschwülste, -lähmungen u. Harnverhaltung. **Blasensprung,** Platzen der Fruchtblase bei der Geburt. **Blasenstrauch,** Schmetterlingsblütler mit aufgetriebenen Hülsen; Zierstrauch. **Blasentang,** Braunalgen des Meeres mit Luftblasen; Heilmittel.

Blasenwurm, Finne der ⁷Bandwürmer.

blasiert (frz.), dünkelhaft, hochnäsig.

Blasinstrumente ⁷Musikinstrumente.

Blasius, hl. (3. Febr.), einer der 14 ⁷Nothelfer; Arzt, dann Bischof v. Sebaste (Armenien); um 316 gemartert. Wird gg. Halsleiden angerufen.

Blasphemie w (gr.), ⁷Gotteslästerung.

Blasrohr, Waffe aus Schilf od. Bambus, für Jagd auf kleine Vögel, auch Kriegswaffe, v. den Naturvölkern in Mittel-, Südamerika, Indonesien verwendet.

Bläßhuhn, schwarzes Wasserhuhn, mit weißem Stirnfleck.

Blatt, Grundorgan höherer Pflanzen. Laubblätter enthalten fast immer den grünen Blattfarbstoff Chlorophyll, der für die Hauptfunktion des B., den Stärkeaufbau, notwendig ist (⁷Photosynthese). Das Laub-B. besteht aus B.spreite, B.stiel u. B.grund. Die B.spreite besteht aus Ober- u. Unterhaut, zw. denen Palisaden- u. Schwammzellen liegen. Sie ist v. Gefäßbündeln (B.adern, B.nerven) durchzogen (parallel- u. netznervige Blätter). Abgewandelte Laubblätter sind die Niederblätter (z. B. Zwiebel- u. Knospenschuppen) u. die Hochblätter (Stützteile, Blüten-B.er u. bunte Laub-B.er der Blütenregion). □ 743.

Blätterkohl, Winterkohl, Gemüsekohl mit hohem, oben mit gekräuselten („Krauskohl"), grünen („Grünkohl"), braunen („Braunkohl") Blättern besetztem Strunk.

Blättermagen, Teil des Wiederkäuermagens, mit Längsfalten. **Blattern,** die ⁷Pocken. **Blätterpilze,** Pilzgruppe mit hutförmigem gestieltem Fruchtkörper, auf dessen Unterseite „Lamellen"; eßbar sind ⁷Brätling, ⁷Champignon, ⁷Reizker; giftig ⁷Fliegenpilz, ⁷Knollenblätterpilz. **Blätterteig,** mürber Butterteig.

Blattfallkrankheit, *Falscher Mehltau,* durch ⌐Peronospora. **Blattfliege,** *Florfliege,* Insekt, dessen Larve v. Blattläusen lebt. **Blattfloh,** Insekt mit Springbeinen. **Blattgold,** äußerst dünne Goldplättchen, 0,0001 mm dick; *unechtes B.* aus 70% Kupfer u. 30% Zink, 0,005 mm dick. **Blattgrün** ⌐Chlorophyll. **Blatthörner,** Käfer mit kurzen Fühlern, z. B. der Maikäfer. **Blattkäfer,** metallisch glänzende Käfer, schädlich durch Blattfraß. **Blattkaktus,** aus Südamerika; meist rot blühende Stubenpflanze. **Blattlaus,** schädl. Insekt (Weibchen meist ungeflügelt), saugt junge Pflanzentriebe aus. Gegenmittel u. a. Seifenschaum. **Blattpflanzen,** hauptsächl. durch Größe, Schnitt od. Färbung wirkende Ziergewächse. **Blattschneider,** Rüsselkäfer, bes. an Erlen u. Birken. **Blattwespe,** Hautflügler; Larve ähnlich der Schmetterlingsraupe; schädlich (Kiefern-B.). **Blattwickler,** Kleinschmetterlinge u. Käfer, deren Larven zw. zusammengerollten Blättern leben.

Blaubart, blutdürstiger Ritter im altfrz. Märchen. **Blaubeere,** die ⌐Heidelbeere.

Blaubeuren, württ. Stadt an der Quelle *(Blautopf)* der Blau (Nebenfluß der oberen Donau), 12 000 E.; ev.-theol. Seminar in der ehem. Benediktinerabtei; got. Altar.

Blaubuch ⌐Farbbücher.

Blaue Berge, *Blue Mountains,* Bergkette in Neusüdwales (Australien), bis 1250 m hoch.

Blaue Blume, Sinnbild der Romantik.

Blaue Grotte, Höhle auf Capri; 54 m lang.

Blauen *m,* Schwarzwaldberg bei Badenweiler, 1167 m.

F. Marcs Bild „Zwei Pferde" (1913) ist bezeichnend für den Stil der Gruppe „Blauer Reiter"

Blauer Reiter, expressionist. Künstlergruppe (1911/18), v. Kandinsky (nach dessen Bild „B. R." gen.) u. Marc in München gegr., zu ihr gehörten Klee, Macke u. a.; erstrebten durch Formauflösung u. Farbsymbolik geistige Freiheit u. myst. Religiosität. **Blaues Band,** Auszeichnung 1) für das schnellste Passagierschiff im Nordatlantikdienst, 2) für den ⌐Derby-Sieger. **Blaues Kreuz,** ev. Bewegung zur Rettung v. Alkoholikern.

Blaufuchs, eine Art des Polarfuchses, Pelzwerk geschätzt.

Blaukehlchen, Singvogel mit blauer Kehle; lebt im Ufergebüsch.

Bläuling, blau gefärbter Tagfalter. ☐ 913. **Blaupause,** Lichtpause, weiße Linien auf blauem Grund. **Blaurake,** die ⌐Mandelkrähe. **Blausäure,** HCN, wasserhelle Flüssigkeit, sehr giftig, spurenweise Bestandteil des Bittermandelöls u. der Steinobstkerne, zur Schädlingsbekämpfung. *B.vergiftung* ist tödlich. **Blauspecht,** der ⌐Kleiber. **Blaustrumpf,** Spottname für gelehrte, unweibl. Frauen. **Blausucht,** bläul. Verfärbung der Haut (zuwenig Sauerstoff im Blut). **Blavatsky,** *Helene Petrowna,* ⌐Theosophie. **Blech,** *Leo,* dt. Dirigent u. Komponist, 1871–1958; 1906/34 u. 49/53 General-Musikdir. an der Berliner Städt. Oper; Lieder, Opern.

Blech, durch Walzen od. Hämmern aus Metallen u. Legierungen hergestellte Tafeln od. Platten.

Blechen, *Karl,* 1798–1840; dt. Maler des beginnenden Realismus.

Blechmusik, Musikkapellen mit *Blechinstrumenten:* Trompeten, Hörner, Posaunen, Tuben.

Bleeker, *Bernhard,* dt. Bildhauer u. Maler, 1881–1968; realist. Bildnisbüsten u. Denkmäler, hauptsächl. in München.

Blei *m, Blei(h)e w,* Speisefisch, eine Brachsenart, in schlammigen Gewässern.

Blei *s, Plumbum,* chem. Element, Zeichen Pb, weiches Schwermetall, Ordnungszahl 82 (☐ 148). *B.salze* sind giftig. B. wird aus *B.glanz* gewonnen. Wegen seiner Biegsamkeit u. Korrosionsbeständigkeit findet B. vielseit. techn. Anwendung. ☐ 613.

Bleiazid *s,* Pb(N₃)₂, Bleisalz der Stickstoffwasserstoffsäure; Sprengstoff.

Bleibtreu, *Hedwig,* östr. Schauspielerin, 1868–1958; Tragödin, später bes. Mutterrollen, auch im Film.

bleichen, das Beseitigen v. Farbstoff od. Verunreinigung, meist bei Textilien, durch Oxydations- od. Reduktionsmittel. **Bleichkalk** ⌐Chlorkalk. **Bleichsoda,** Natriumhypochlorit, bleicht Wäsche. **Bleichsucht,** durch Eisenmangel verursachte Blutarmut.

Bleiglanz, Bleimineral, PbS, mit Metallglanz; oft silberhaltig (bis 1%). **Bleiglas,** Glassorte mit Blei; für Kristallglasgefäße u. unechte Edelsteine. **Bleikabel,** Kabel mit Bleimantel. **Bleikammersystem,** Herstellungsverfahren für Schwefelsäure. **Bleilegierung,** Mischung v. Blei mit anderen Metallen. *Hartblei* (Blei mit Antimon); *Schnellot* (Blei u. Zinn), für Orgelpfeifen. **Bleilochtalsperre,** *Saaletalsperre,* größte dt. Talsperre, an der oberen Saale, s.w. von Greiz, Stauhöhe 59 m, 215 Mill. m³. **Bleilot,** 1) Legierung v. Zinn u. Blei. 2) *Senkel,* Schnur mit anhängendem Bleigewicht, zum Loten. **Bleioxid,** *Bleiglätte,* die ⌐Mennige. **Bleistift,** Stäbchen in Holzhülse, aus Graphit u. Ton geglüht. **Bleivergiftung,** bei Arbeitern im Schmelz- u. Glashütten, Malern, Schriftsetzern durch Aufnahme bleihaltigen Staubs (bes. mit dem Essen); mit Gelenkschmerzen, Lähmungen, Hirnleiden, Sehstörungen. **Bleiweiß,** auch *Kremser Weiß,* Bleicarbonat; deckende Ölfarbe, giftig, nicht luftbeständig. **Bleiwolle,** Bleispäne

Blattläuse: oben Bohnenblattlaus, unten Blattlausanhäufung an einem Apfeltrieb

Leo Blech

Blendarkade am
Basler Münster

Öffnungs-
blende

Film

Gesichtsfeldblende

Blende: Öffnungs- u.
Gesichtsfeldblende
in einer Kamera

Blindenschrift

Ernst Bloch

zum Abdichten. **Bleiwurz,** *Plumbago,* Grasnelkengewächse. Stauden mit tellerförm. roten u. blauen Blumen; Zierpflanzen.
Blende *w,* 1) meist veränderl. Vorrichtung zur Begrenzung eines durch Linsen fallenden Lichtbündels. 2) Scheuleder für Pferde. 3) durchscheinende Sulfidmineralien. 4) nur dekorativer, „blinder" Bauteil einer Mauer *(Blendarkaden).* 5) schräger Stoffstreifen zum Garnieren v. Kleidungsstücken.
Blendung, Zerstörung des Augenlichts, im MA Strafe bei Ehebruch, Diebstahl u. a.
Blériot (: -jo), *Louis,* frz. Flugzeugkonstrukteur, 1872–1936; überflog 1909 als erster den Ärmelkanal.
blessieren (frz.), verwunden. *Blessur,* Wunde.
Blinddarm, sackartige Darmausstülpung zw. Dickdarm u. Dünndarm. Am unteren Ende des B. der *Wurmfortsatz.* ☐ 617.
Blinddarmentzündung, Entzündung des Wurmfortsatzes.
Blindenhilfe, staatl. u. freie Hilfe für Blinde, durch *B.anstalten* (für Unterricht u. Berufsausbildung) u. Unterstützungseinrichtungen (Blindenwerkstätten, Erholungsheime, Führhundeschulen).
Blindenschrift, v. L. Braille erfunden, besteht aus stark erhabenen Punkten, werden beim Lesen getastet, beim Schreiben nach einer Schablone eingedrückt. Auch Maschine mit 6 Tasten für alle Zeichen.
Blinder Fleck, Eintrittsstelle des Sehnervs in die Netzhaut (↗Auge).
Blindflug, Flugzeugführung ohne Sicht, nur nach Bordinstrumenten u. Funkfeuer bzw. Radar.
Blindgänger, Munition, die wegen Versagens des Zünders nicht zur Wirkung kommt.
Blindheit, Verlust des Sehvermögens infolge Krankheit, seltener Vererbung.
Blindmaus, maulwurfähnlicher Nager.
Blindschleiche, schlangenähnl., bis 50 cm langes Reptil; nützlich u. harmlos.
Blindstrom, der Wechselstrom, der gg. die Spannung um 90° phasenverschoben ist u. keine mechan. Arbeit leistet.
blinken, Nachrichtenvermittlung durch Lichtblitze nach dem Morsealphabet.
Blinkfeuer, schnell aufblitzende Warnungszeichen für den Verkehr.
Blitz, Funkenentladung zw. Wolkenteilen entgegengesetzter Ladung bzw. Wolke u. Erdoberfläche, meist als Linien-B., seltener *Kugel-* od. *Perlschnur-B.;* im B. treten in ca $^1/_{1000}$ Sekunde Stromstärken bis 100000 A und Spannungen bis zu 100 Mill. Volt auf. **B.gespräch,** Ferngespräch mit Vorrang. **B.licht,** Beleuchtungshilfsmittel für Photographie, a) *B.pulver,* mit schnell u. hell verbrennendem Metall, b) *B.lampe* (Birnenblitz), durch elektr. Zündung im Glaskolben, c) *Elektronen-B.,* erzeugt durch kurzfrist. Entladung einer Xenonlampe. **B.schutz,** besteht meist aus einer mit dem Erdboden verbundenen, gut leitenden Metallleitung über dem zu schützenden Objekt; als *B.ableiter* von B. ↗Franklin 1752 erfunden; im Freien bester B.schutz: in trockenen Vertiefungen. **B.telegramm,** Ferntelegramm mit Vorrang.

Blizzard *m* (: blis^{er}d), Nordweststurm in Nordamerika, mit Schnee u. Kälte.
Bloch, 1) *Ernest,* Schweizer Komponist, 1880–1959; schrieb „neohebräische" Musik. 2) *Ernst,* dt. marxist. Philosoph, 1885 bis 1977; bis 1957 Prof. in Leipzig, seit 61 in der BRD (Tübingen); *Das Prinzip Hoffnung;* 67 Friedenspreis des Dt. Buchhandels. 3) *Felix,* schweizer.-am. Physiker, * 1905; 1952 Nobelpreis. 4) *Konrad,* dt.-am. Biochemiker, * 1912; 1964 Nobelpreis.
Block, 1) Gerät im primitiven Strafvollzug: Richt-, Fußblock, Strafblock an Hals u. Rükken. 2) Parteiengruppe im Parlament. 3) *B.system,* eisenbahntechn. Sicherungsanlagen, oft automatisch (Selbst-B.), wodurch bereits befahrene Gleise für andere Züge durch Blocksignale gesperrt werden.
Block (Blok), *Alexander,* russ. Dichter, 1880–1921; Schüler ↗Solowjews. Verbindet religiösen Mystizismus mit glühender Liebe zur russ. Heimat; Symbolist; später Revolutionsgedichte.
Blockade *w* (frz.), i.e.S. Maßnahme der Seekriegsführung, Absperrung eines feindl. Hafens od. Küstengebietes; allg. die Unterbindung jeglicher Zufuhr.
Blockbuch, im 15. Jh. Buch aus Holztafeldrucken, in dem Schrift u. Bild aus gleichem Block geschnitten sind.
Blockdiagramm *s* (gr.), schemat. Darstellung eines Erdreliefausschnittes.

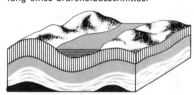

Blockdiagramm

Blockflöte, Holzblasinstrument mit 7 Grifflöchern u. einem Überblasloch; wird in verschiedenen Stimmlagen gebaut. ☐ 650.
blockfreie Staaten, Bz. für zahlr. afrikan. u. asiat. Staaten sowie Jugoslawien, die weder mit dem Westen noch mit dem Ostblock Bündnisse eingehen wollen; haben bes. in den UN eigene Initiativen entwickelt; werden an einem geschlossenen polit. Handeln jedoch häufig durch Sonderinteressen der einzelnen Staaten gehindert.
Blockhaus, Haus aus Rundhölzern.
Blocksberg, der Hexentanzplatz der Walpurgisnacht (auf dem Brocken im Harz).
Bloemfontein (: blum-), Hst. des Oranje-Freistaates der Rep. Südafrika, 181000 E., etwa 40% Weiße. Sitz des Obersten Gerichtshofes der Rep. Südafrika, Univ., Observatorien. Kath. Erzb., anglikan. Bischof.
Blois (: bloa), Hst. des frz. Dep. Loir-et-Cher, an der Loire, 45000 E.; Schloß; Bischof.
Blomberg, Stadt im Kr. Detmold, Nordrh.-Westf., 14800 E.; Burg der Grafen v. Lippe.
Blomberg, *Werner v.,* dt. Generalfeldmarschall, 1878–1946; 33 Reichswehr-, 35 Reichskriegsmin.; ließ 34 die Reichswehr auf Hitler vereidigen; 38 wegen „unehrenhafter Eheschließung" entlassen.

Maurice Blondel   Léon Bloy

Blondel (: blõndäl), *Maurice,* frz. kath. Philosoph, 1861–1949; schuf unter Einfluß v. Augustinus, Leibniz u. Pascal eine die christl. Offenbarung bejahende Philosophie der Tat *(action),* die auch im außerkath. Raum wirkte. *L'Action; La Pensée.*

Bloy (: bloa), *Léon,* frz. Schriftsteller, 1846–1917; einer der Erneuerer kath. Geisteslebens in Fkr.; autobiographische Romane.

Blücher, 1) *Franz,* 1896–1959; 1949/54 Vors. der FDP, 49/57 stellvertretender dt. Bundeskanzler. **2)** *Gebhard Leberecht v.,* preuß. Feldmarschall, 1742–1819; der „Marschall Vorwärts'' der ↗Befreiungskriege.

Bludenz, östr. Bez.-Stadt u. Touristenort, an der Arlbergbahn; 12000 E.; Schokolade, Uhren, Meßgeräte.

Blue jeans (: blu dsehins, engl.), blaue, enganliegende Hosen aus geköpertem Baumwollstoff *(jean).*

Blue Mountains (: blu maunt'ns) ↗Blaue Berge.

Blues *m* (: blūs, engl.), Hauptform des weltl. Gesangs der am. Neger; meist 12taktige Grundform. In die Jazzmusik übernommen.

Bluff *m* (: blaff, engl.), Täuschungsmanöver.

Blum, 1) *Léon,* Führer der frz. Sozialisten, 1872–1950; 1936/37 u. 46/47 Min.-Präs. **2)** *Robert,* dt. radikalliberaler Politiker, 1807–48; 48 Mitgl. der Frankfurter Nationalversammlung; beim Wiener Aufstand standrechtl. erschossen.

Blumenau, Stadt im brasilian. Staat Santa Catarina, 50000 meist dt.stämmige E.; wurde 1850 v. dem dt. Arzt Hermann B. gegr.

Blumenesche, Zierbaum; Saft zuckerhaltig.

Blumenfliege, auf Blüten lebend.

Blumenkäfer, Blatthornkäfer, lebt v. Blütenstaub u. Pflanzensäften.

Blumenkohl, Kohlart mit fleischigem, gelblich-weißem Kopf; wertvolles Gemüse.

Blumenrohr, *Canna,* bis 3 m hohe trop. Staude; Zierpflanze. *Eßbares B.,* in Australien angebaut.

Blumentiere ↗Korallen.

Blumhardt, 1) *Christoph,* Sohn v. 2), 1842–1919; Begr. des religiösen Sozialismus. **2)** *Johann Christoph,* dt. ev. Pfarrer, 1805–80; Pietist; stand im Ruf bes. Heilgabe.

Blümlisalp, zentralschweizer. Alpenmassiv, 3664 m hoch.

Blut, Körperflüssigkeit des Menschen u. vielzell. Tiere, die dem Stoffaustausch dient. Der erwachsene Mensch hat 5–6 l B.

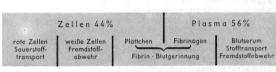

Zellen 44%				Plasma 56%	
rote Zellen Sauerstofftransport	weiße Zellen Fremdstoffabwehr	Plättchen	Fibrinogen Fibrin · Blutgerinnung	Blutserum Stofftransport Fremdstoffabwehr	

Zusammensetzung des Blutes

Blut

Menge: etwa $^1/_{13}$ des Körpergewichts = 5–6 Liter bei 70 kg
Dichte: 1,057 – 1,060 g/cm^3
Salzkonzentration: entsprechend einer 0,9%igen Kochsalzlösung
pH-Wert: 7,36
osmotischer Druck: 7,8 bar (bei 37,5°C)
Gefrierpunkterniedrigung: 0,56° C

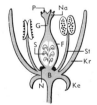

Blüte: *Aufbau einer B.;*
B Blütenboden,
Ke Kelchblatt,
Kr Kronblatt, F Fruchtknoten mit Na Narbe,
P Pollen, G Griffel,
S Samenanlage,
N Nektarium,
St Staubblatt

B.plasma ist der flüss. Bestandteil des B. Es besteht aus *Fibrinogen* (↗B.gerinnung) u. *Serum,* in dem Eiweiße *(B.albumin, B.globulin),* Salze, B.zucker u. a. gelöst sind. *B.körperchen* sind die zelligen, aufgeschwemmten Bestandteile des B. Sie werden im Knochenmark gebildet u. in Leber u. Milz abgebaut. Die roten *(Erythrozyten)* enthalten den roten Blutfarbstoff *Hämoglobin,* der den Sauerstoff in die Gewebe u. Kohlendioxid nach außen befördert. Ihre Lebensdauer 4 Monate, normale Anzahl 4–5 Mill./mm^3. Die weißen *(Leukozyten)* vernichten Bakterien u. Fremdkörper im B. u. umschließen Entzündungsherde (↗Eiter). Lebensdauer 2–4 Tage, normale Anzahl 4500–8000/mm^3. *B.plättchen (Thrombozyten)* sind sehr kleine, farblose B.zellen (↗B.gerinnung), 0,3–0,6 Mill./mm^3. Wirbellose Tiere haben weiße B.körperchen. Ringelwürmer, Gliederfüßer u. Tintenfische haben Hämoglobin als Sauerstofftransporter im Serum gelöst; Krebse, Spinnen u. Schnecken haben *Hämocyan* (blau).

Blutaderverstopfung ↗Thrombose.

Blutalgen, Algen mit rotem Farbstoff, färben Wasser rot.

Blutarmut, *Anämie,* Verminderung des roten Blutfarbstoffes u. der Anzahl der roten Blutkörperchen durch Blutverlust od. Krankheit.

Blutbank, Sammlung u. Konservierung v. Blutspenden.

Blutbild, mikroskop. Zählung der Blutkörperchen u. -plättchen zum Erkennen v. Krankheiten.

Blutbrechen, Erbrechen v. blutigem Speisebrei bei Magenerkrankung.

Blutbuche, Art der Rot-↗Buche.

Blutdruck, Druck des Blutes gg. die Gefäßwände, hängt v. der Schlagkraft des Herzens u. der Dehnbarkeit der Blutgefäße ab; schwankt mit der Tageszeit u. der Körpertätigkeit. Zu hoher od. zu niedriger B. tritt bei Krankheit auf.

Blüte, die für die geschlechtl. Fortpflanzung bestimmten Blattbildungen an den Achsenenden der *B.npflanzen;* wenn vollständig, aus fünf Blattkreis-Stockwerken: Kelch-, Kron-, 1. Staub- 2. Staub- u. Fruchtblattkreis. Meist sind die B.n zweigeschlechtig (Zwitter-B.n), zuweilen nur eingeschlechtig (männl. od. weibl. B.n). Je nach Lage des Fruchtknotens unterscheidet man ober- od. unterständige B.n, je nach Sitz der B.n am Sproß achsel- od. endständige. Die Anhäufung von B.n, der *B.nstand,* zeigt mannigfaltige Formen. □ 743.

Blutegel, *Hirudo,* borstenlose, zwittrige Ringelwürmer mit 2 Saugnäpfen; Blutsauger u. Räuber. *Med. B., Hirudo medicinalis,* zur Blutentnahme (Aderlaß) verwendet u. gezüchtet. Beim Biß gibt er *Hirudin* ab, das die Blutgerinnung verhindert. Ferner: *Rüsselegel, Pferdeegel, Hundeegel, Fischegel.*

Blütenstaub ↗Pollen, ↗Staubgefäß.

Blütenstecher, *Blütenbohrer,* Rüsselkäfer, legt Eier in Apfel- u. Birnblütenknospen, die v. der Larve zerstört werden.

Blütenwickler, Schmetterling, dessen Weibchen Eier an Baumknospen legt, die die Raupe ausfrißt; gefährlichster Obstschädling.

Bluterguß, *Hämatom,* Blutaustritt eines verletzten Blutgefäßes innerhalb des Körpers.

Bluterkrankheit, *Hämophilie,* auf das männl. Geschlecht vererbte mangelnde Gerinnbarkeit des Blutes, wodurch starke, oft tödl. Blutungen v. selbst od. bei geringen Verletzungen auftreten.

Blutersatz, Wiederauffüllung des Kreislaufs nach Blutverlust durch ↗Bluttransfusion od. **B.ersatzmittel:** Plasma, Serum, Lösungen v. arteigenem Eiweiß od. synthet. Stoffen.

Blutfleckenkrankheit, *Purpura,* punktförmige Blutungen in Haut u. Schleimhäuten. ↗*Werlhofsche Krankheit.*

Blutgefäße, die ↗Arterien u. ↗Venen.

Blutgerinnung, Erstarrung des Blutes innerhalb weniger Minuten nach Gefäßaustritt. *Blutplättchen* u. *Fermente* bewirken, daß *Fibrinogen* zu einem faserigen Gerüstwerk (*Fibrin*) wird, das das Blut in eine gallertige Masse verwandelt.

Blutgruppen, Bz. für Gerinnungseigenschaften des Blutes bei Blutmischungen. Man unterscheidet A, B, AB u. 0; wichtig für ↗Bluttransfusion, Gerichtsmedizin u. Vaterschaftsbestimmung. Weitere Blutmerkmale ↗Rhesusfaktor, Blutfaktoren MN-System, P- u. Q-System.

Bluthänfling, Finkenvogel, Männchen mit roter Brust. ☐ 1045.

Bluthund, der ↗Schweißhund.

Bluthusten, Ausscheidung v. (hellem) Blut aus den Atmungswegen bei Lungenkrankheiten.

Blutkonserve, künstl. haltbar u. ungerinnbar gemachtes Blut z. ↗Bluttransfusion.

Blutkreislauf, entsteht durch die rhythmische Pumpbewegung des Herzens. *Großer B.,* hellrotes, sauerstoffreiches Blut fließt durch die Körperschlagader in alle Körperteile u. kommt dunkelrot, kohlendioxidreich zum Herzen zurück. Von dort geht es, *Kleiner B.,* zur Lunge, gibt Kohlendioxid ab, nimmt Sauerstoff auf u. kommt zum Herzen zurück. ☐ 616.

Blutlaugensalz, 1) *gelbes B. (Kaliumferrocyanid),* hellgelbe, wasserlösl. Kristalle. Verwendung: für Berliner Blau, in der Metall-Ind., Färberei u. a. **2)** *rotes B. (Kaliumferricyanid),* dunkelrote, wasserlösl. Kristalle. Verwendung: Färberei, Photographie u. a.

Blutlaus, Blattlaus, gibt zerdrückt einen roten Fleck; Apfelbäumen schädlich.

Blutprobe, Bestimmung des Alkoholgehaltes im Blut. ↗Alkoholtest.

Blutrache, die Sitte, eine Tötung durch die nächsten Verwandten des Getöteten blutig zu rächen; in Europa noch auf Korsika u. Sardinien.

Blutregen, Niederschläge, die durch Mitführen v. Staub aus Afrika od. durch Blutalgen auf Tümpeln rötl. Überzüge bilden.

Blutschande, *Inzest,* der Beischlaf zw. Verwandten auf- u. absteigender Linie, Geschwistern sowie Verschwägerten auf- u. absteigender Linie (wenn die Ehe, auf der die Schwägerschaft beruht, noch besteht); steht strafrechtl. unter hoher Strafe.

Blutschnee, wie ↗Blutregen entstanden.

Blutschwamm, *Hämangiom,* Geschwulst mit starker Blutgefäßentwicklung.

Blutsenkung, Messung der Sinkgeschwindigkeit der Blutkörperchen in einem Glasrohr. Zur Krankheitsfeststellung.

Blutstein, *Eisenglanz,* ist ↗Eisenoxid.

blutstillende Mittel, *Hämostatika,* chem. Substanzen, die eine ↗Blutung zum Stehen bringen, z. B. Alaunstein, Eisenchlorid.

Blutströpfchen, 1) ↗Adonisröschen. **2)** ↗Wiesenknopf. **3)** Schmetterling (↗Widderchen) mit dunklen, rotpunktierten Vorderflügeln.

Blutsturz, Massenbluten aus Mund u. Nase. ↗Blutbrechen, ↗Bluthusten.

Blutsverwandtschaft, *natürliche Verwandtschaft,* Abstammung von den gleichen Stammeltern. ☐ 1058.

Bluttransfusion, Blutübertragung v. einem Menschen auf einen andern zum Blutersatz nach größeren Blutverlusten; auch zur Steigerung der Abwehrkräfte des Körpers gegenüber Krankheitsgiften. Spender- u. Empfängerblut müssen bezügl. der ↗Blutgruppe zueinander passen. Der Spender darf keine ansteckenden Krankheiten haben.

Blutung, *Hämorrhagie,* strömender Austritt v. Blut bei Gefäßverletzungen nach außen od. innen (Körperhöhlen, Gehirn, Gewebe); bei Unfällen u. vielen Krankheiten.

Blutvergiftung, *Sepsis,* Eindringen v. Krankheits- u. Eitererregern in die Blutbahn; hohes Fieber, Schmerzen, Schüttelfrost.

Blutwurz, Wurzel des Tormentill-Fingerkrautes, gg. Darmblutungen u. Durchfall.

Blutzerfall ↗Hämolyse.

Blutzeuge, der ↗Martyrer.

Blutzucker, im Blut gelöster Traubenzucker als ständiger Betriebsstoff; bei ↗Zuckerkrankheit auf das 3- bis 5fache erhöht.

B.M.V., Abk. **B**eata **M**aria **V**irgo, selige Jungfrau Maria.

Bö, *Böe* w, Windstoß.

Boa w, ↗Riesenschlangen.

Boarding-house (: bå⌐ding-hauß, englisch), Fremdenheim, Kosthaus.

Bob, *Bobsleigh* (: bobßlē¹), Sport- u. Rennschlitten, steuerbarer Mehrsitzer mit zwei Kufenpaaren.

Bober *m,* größter l. Nebenfluß der Oder, aus dem Riesengebirge, mündet bei Crossen; 268 km lang. Bei Mauer die *B.talsperre* (50 Mill. m³ Inhalt).

Bobingen, bayer. Stadt südl. v. Augsburg, 13 100 E.; Kunstfaserindustrie.

Böblingen, württ. Krst. am Westrand des Schönbuchs, 42 000 E.; Metall-, Büromaschinen- (IBM), Textil-, Schuh-, Möbel-Ind.

Boccaccio (: bokatscho), *Giovanni,* it. Dichter, 1313–75; Freund Petrarcas, HW das *De-*

Blutkörperchen der Gruppe

Serum der Gruppe	0	A	B	AB
0	−	+	+	+
A	−	−	+	+
B	−	+	−	+
AB	−	−	−	−

+ Agglutination
− keine Agglutination

Blutgruppen: Schema des Auftretens von Agglutination bei Mischung verschiedener B.

U. Boccioni: Urform der Bewegung im Raum (Bronze, 1913)

|← 0,60 m →|

Bock: längsgestellter Turnbock für Erwachsene. Die Höhe ist in 5-cm-Abständen verstellbar

Hans Böckler

F. von Bodelschwingh d. Ä.

kameron (Zehntagewerk), Sammlung von 100 meist erot. Novellen.
Boccherini (: bok-), *Luigi*, it. Komponist, 1743–1805; bes. Streichmusik; Cellokonzerte.
Boccia w (: botscha, it.), Kugelspiel; es gilt, einer als Ziel ausgeworfenen Kugel mit der eigenen möglichst nahe zu kommen.
Boccioni (: botscho-), *Umberto*, it. Maler, Bildhauer u. Kunsttheoretiker, 1882–1916; Mit-Begr. des ↗Futurismus.
Boche m (: bosch, frz.), Schimpfwort der Franzosen für die Deutschen.
Bocholt, westfäl. Stadt, Kr. Borken, 5 km vor der niederländ. Grenze, 66000 E.; Textil-Ind.; Textilmeisterschule. Rathaus (16. Jh.).
Bochum, kreisfreie Stadt im Ruhrgebiet, 404000 E.; Ruhrknappschaft, Stadttheater mit Shakespeare-Tradition. „Ruhr-Univ." (1965). Radio-astronom. Beobachtungsstation. Steinkohlenbergbau, Eisen- u. Stahlindustrie, Autofabrik (Opel).
Bock, Turngerät aus ledergepolstertem Rumpf u. 4 der Höhe nach verstellbaren Beinen.
Bockkäfer, langgestreckter Käfer mit langen Fühlern; *Heldbock*. □ 914.
Böckler, *Hans*, dt. Gewerkschaftler, 1875 bis 1951; seit 1949 Vors. des DGB.
Böcklin, *Arnold*, Schweizer Maler, 1827 bis 1901; mythologische Gestalten, Landschaften u. Bildnisse, stark idealisiert.
Bocksbart, 1) Wiesenpflanze (Korbblütler) mit süßmilchendem Stengel u. gelben Blüten. 2) ↗Ziegenbart.
Bocksbeutel, Flasche mit breitkugeligem, abgeplattetem Leib u. kurzem Hals, bes. für Frankenweine.
Bocksdorn, ein Nachtschattengewächs, Strauch mit rutenförm. überhangenden Zweigen.
Bocksorchis, einheim. ↗Orchidee.
Bockum-Hövel, Stadtteil (seit 75) von Hamm; Steinkohlenbergbau, metallverarbeitende u. Nahrungsmittel-Ind.
Bodden m, flache Meeresbuchten u. Strandseen, bes. an der Ostsee.
Bode, l. Nebenfluß der Saale, durchbricht in wildem Felstal (Roßtrappe, Hexentanzplatz) den nordöstlichen Harzrand; 160 km lang.
Bodega w, 1) span. Weinschenke. 2) Weinlager in Häfen.
Bodelschwingh, 1) *Friedrich v.*, ev. Pastor, 1831–1910; förderte große Sozialwerke u. die ↗Innere Mission; leitete seit 1872 die Anstalt ↗Bethel. 2) *Friedrich v.*, Sohn v. 1), 1877–1946; setzte das Werk des Vaters fort, 1933 zum Reichsbischof gewählt, aber durch die „Dt. Christen" verdrängt; schützte seine Pfleglinge vor der Vernichtung als „Lebensunwerte". 3) *Friedrich v.*, Sohn v. 2), 1902–77; seit 60 Leiter der Bethelschen Anstalten.
Boden, oberste Verwitterungsschicht der festen Erdrinde, belebt v. B.bakterien. 1) *Sand-B.*, durchlässig, leicht zu bearbeiten. 2) *Ton-B.*, wasserhaltig, zäh, schwer zu bearbeiten. 3) *Lehm-B.*, sandiger, kalkarmer Ton-B., meist fruchtbar. 4) *Kalk-B.*, trocknet

Boden
Den Charakter des B.s anzeigende Pflanzen

Ackerdistel	Lehmboden
Kleiner Ampfer	Kalkmangel
Besenginster	Kalkmangel
Hederich	Kalkmangel
Sandstiefmütterchen	Kalkmangel
Ackerhahnenfuß	Kalkreichtum
Ackersenf	Kalkreichtum
Echte Kamille	Kalkreichtum
Feldrittersporn	Kalkreichtum
Hirtentäschelkraut	Kalkreichtum
Klatschmohn	Kalkreichtum
Hungerblümchen	Stickstoffmangel
Brennessel	Stickstoffüberschuß
Großer Wegerich	Stickstoffüberschuß
Rotklee	Kaligehalt
Haselnuß	trockenen Boden
Wildrosen	trockenen Boden
Pappeln	feuchten Boden
Weiden	feuchten Boden
Birken	Moor
Erlen	Moor
Heidekraut	Hochmoor
Binse	Nässe

u. erwärmt sich rasch. 5) *Mergel-B.* mit 20 bis 25% Kalk. 6) *Löß-B.*, feinkörnig, besteht u. a. aus Quarz u. Kalk. B.*profil*: senkrechter Schnitt durch den B., gegliedert in z. T. wieder ungegliederte B.horizonte. B.*bearbeitung*, das jährl. wiederholte Wenden, Lockern, Krümeln, Ebnen u. Häufeln des B. mit Spaten, Hacke, Pflug, Schleppe, Egge, Walze, B.fräse u. a., um ↗Bodengare zu erzielen. B.*untersuchung*, B.*analyse*, stellt die Zusammensetzung, die Reaktion u. den Nährstoffgehalt des B. u. die für die Pflanzen aufnehmbaren Nährstoffe fest. **B.abtragung**, B.*erosion*, durch Regen, Schnee u. Wind, gefördert durch Waldabbau u.a. menschliche Eingriffe. **B.ertrag**, Ernteergebnis einer B.fläche. Weil auf gegebener Fläche der vermehrte Einsatz v. Kapital u. Arbeit nicht immer einen entsprechenden Ertragszuwachs einbringt, dieser vielmehr bei einer bestimmten Höhe wieder abnimmt, spricht man v. *Ges. des abnehmenden Ertragszuwachses*. **B.fräse** w, B.bearbeitungsgerät mit Motor, macht den B. in einem Arbeitsgang saat- u. pflanzfertig. **B.freiheit**, bei Landfahrzeugen der Abstand zw. tiefstem Bauteil u. der Auflage. **B.gare** w, der für das Wachstum der Kulturpflanzen günstigste Bodenzustand: locker, krümelig, durch Humus dunkel gefärbt, gut durchlüftet u. durchfeuchtet u. reichl. von Kleinlebewesen (Bakterien usw.) durchsetzt. **B.klassen** ↗Bonitierung. **B.kredit**, Beleihung v. Grundstücken (Realkredit). Zur Sicherung Eintragung einer ↗Hypothek od. ↗Grundschuld. **B.kreditinstitute**, öffrechtl. Anstalten, genossenschaftl. Institute, Aktien-Ges.en zur Beschaffung v. B.krediten durch Ausgabe v. ↗Pfandbriefen. **B.müdigkeit**, bei wiederholtem Anbau der gleichen Pflanzenart, durch Überhandnehmen tier. Schädlinge u. pflanzenschädl. Stoffe u.a., mindert den Ertrag. **B.reform**, will die Bildung v. unsozialen Grundrenten u. die B.spekulation verhindern. Die nicht auf Arbeit zurückgehende Wertsteigerung des B.

soll der Gemeinschaft gehören. Im weiteren Sinn einer *Agrarreform* meint heute B.reform die Neuordnung der Besitz- u. Nutzungsrechte am B. Radikale B.reformer fordern Verstaatlichung des B., die gemäßigten Bereitstellung für Siedlungszwecke. In Dtl. gründete A. ⁄Damaschke 1898 den „Bund Deutscher B.reformer". Die Weimarer Verf. sah die Möglichkeit der Enteignung v. Grundbesitz vor. 1930 wurden fast 10000 Bauernstellen geschaffen. Das Erbhofrecht erschwerte nach 33 die Landbeschaffung. Nach dem 2. Weltkrieg wurden in der DDR 2,7 Mill. ha entschädigungslos enteignet. Inzwischen ist dort fast die ganze Landwirtschaft sozialisiert. In der BRD fand eine Landabgabe des Großgrundbesitzes (über 100 bzw. 150 ha) bei angemessener Entschädigung u. Heranziehung des früheren Wehrmachts- u. NSDAP-Besitzes vor allem für Vertriebene u. Flüchtlinge statt. **B.rente,** die ⁄Grundrente 1).

Bodensee, eiszeitl. Voralpensee, v. Rhein durchflossen, an der dt. Grenze gg. Östr. u. Schweiz, 395 m ü. M.; der Hauptteil *(Obersee)* u. der schmale westl. *Überlinger See* (Insel Mainau) durch den 4 km langen Rheinarm bei Konstanz mit dem *Untersee* (Insel Reichenau) verbunden; fischreich (Blaufelchen). Klimatisch begünstigte Ufergebiete mit Obst- u. Weinbau. Der B. speist die Fernwasserleitung Stuttgart/Bietigheim.

Bodenturnen, Turnübungen auf dem Boden bzw. der Matte: u. a. Handstand, Überschlag, Rolle. ☐ 1020.

Bodenwelle, die längs des Erdbodens sich ausbreitende Rundfunkwelle. Ggs. ⁄Raumwelle.

Bodin (: -dä͞n), *Jean,* frz. Staatstheoretiker, 1530–96; trat für absolute, jedoch sittl. gebundene Monarchie u. ⁄Merkantilismus ein; Begr. der Souveränitätslehre.

Bodmer, *Johann Jakob,* Schweizer Kritiker, 1698–1783; gg. Gottscheds Rationalismus.

Bodmerei *w,* ein v. Schiffer in Seenot aufgenommenes Darlehen gg. Verpfändung v. Schiff u. Ladung.

Boethius, *Anicius Manlius Severinus,* christl. röm. Staatsmann u. Philosoph, um 480–524. Beamter u. Ratgeber Theoderichs d. Gr., unter diesem hingerichtet, schuf im Gefängnis sein im MA vielgelesenes HW *Trost der Philosophie.*

Bogazköy (: boaskö͡i), türk. Dorf östl. v. Ankara, Fundort v. Hattusa, der ehem. Hst. der Hethiter.

Bogen, 1) Krümmung als Abschnitt einer Kreislinie. 2) alte Pfeilschußwaffe aus biegsamem Holz, dessen Enden durch eine

Bogen: 1 falscher Bogen (Mykene), 2 Flach-B., 3 Rund-B. (romanisch), 4 Kleeblatt- od. Dreipaß-B., 5 Spitz-B. (gotisch), 6 Eselsrücken, 7 Vorhang-B., 8 Korb-B., 9 Hufeisen-B., 10 Tudor-B. (engl. Spätgotik)

Sehne verbunden sind, heute noch bei Naturvölkern u. zum sportl. *B.schießen* im Gebrauch. 3) Papierformat, bei Druckschriften meist 16 (Oktav-)Seiten. 4) in der Musik: a) elastischer Holzstab, mit Roßhaar bespannt, zum Streichen der Saiteninstrumente; b) Stimm-B., Röhrenteil bei Hörnern zur Vertiefung der Stimmung; c) in der Notenschrift Legato- od. Haltebogen zur Bz. der Tonverbindung. 5) ein gewölbtes Tragwerk. Grundformen sind Rund-B. (romanisch) u. Spitz-B. (gotisch). *Blend-B.:* nur schmückende B.; *Gurt-B.:* zw. 2 Pfeilern gewölbte Mauerrippe; *Schwibb-B.:* zur Abstützung gegenüberliegender Wände. ⁄Strebewerk. **B.gänge, 1)** im inneren ⁄Ohr. **2)** auch Laubengänge. **B.lampe,** elektr. Lichtquelle mit 2 Kohlestiften u. dazwischenliegendem Lichtbogen; bei Kinoprojektoren, Scheinwerfern usw. **B.maß,** in der Mathematik: das auf die Bogenlänge im Kreis mit dem Radius 1 bezogene Winkelmaß; Einheit der *Radiant* (rad), 1 rad = $360°/2\pi = 57° 17' 45''$.

Bogoljubow, *Jefim,* dt.-russ. Schachmeister, 1889–1952; seit 1914 in Dtl.

Bogomilen, im 10. Jh. in Bulgarien entstandene, nach dem Popen *Bogomil* ben. Sekte; verbreitete sich im byzantin. Reich; Blütezeit im 12. u. 13. Jh. ⁄Manichäismus.

Bogor, fr. *Buitenzorg,* indones. Stadt auf

Positive Kohle +

Lichtbogen

Negative Kohle −

Bogenlampe: Lichtbogen zw. positiver und negativer Kohle

Bodensee

Fläche	545 km²
Höhe ü. M.	395 m
Tiefe	252 m
Küstenlinie: davon:	213 km
Schweiz	69 km
Österreich	25 km
Baden-Württ.	101 km
Bayern	18 km
Inseln:	
Reichenau	
Mainau	
Lindau	

Karl Böhm   Niels Bohr

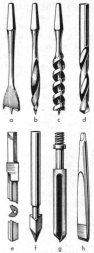

Bohrer: a b c Holz-
bohrer, d e Metall-
bohrer, f Glasbohrer,
g Erdbohrer,
h Gesteinsbohrer

Java, südl. v. Djakarta, 196000 E.; berühmter Botan. Garten.
Bogotá, Hst. v. Kolumbien, 2640 m ü. M.,
4 Mill. E.; Univ., kath. Erzbischof.
Bohême w (: bo̯ǟm, frz.), unbürgerl. Lebensform, bes. v. Literaten u. Künstlern.
Böhlau, *Helene,* dt. Schriftstellerin,
1859–1940; Vorkämpferin für die Rechte der
Frau.
Bohlen (Mz.), aus Schnittholz od. Stahlbeton hergestellte Bauelemente mit rechtek-
kigem Querschnitt.
Böhm, 1) *Dominikus,* deutscher Architekt,
1880–1955; moderne Kirchen in Offenbach,
Neu-Ulm, Köln u. a. **2)** *Gottfried,* dt. Archi-
tekt, Sohn v. 1), * 1920; ebenfalls moderner
Kirchenbaumeister. **3)** *Karl,* östr. Dirigent;
1894–1981; 1954/56 Dir. der Wiener Staats-
oper, hervorragender Mozart- u. Strauss-
Interpret.
Böhme, *Jakob,* dt. Mystiker u. Philosoph;
Schuhmacher; 1575–1624; lehrte, Gott sei
als Nichts der Urgrund v. allem, auch v. Gut
u. Böse; große Wirkung auf Pietismus u.
Romantik.
Böhmen, tschech. *Čechy,* das Kernland der
Tschechoslowakei, Hügelland zw. Erzgebirge, Elbsandstein- u. Lausitzer Gebirge im
NW, Sudeten im NO, Böhmerwald im SW,
Böhmisch-Mähr. Höhen im SO, durch Moldau u. Elbe entwässert, Durchgangsland
zw. Ost- u. Nordsee u. Donauraum; Hst.
Prag. – Den kelt. Bojern folgten kurz vor
Christi Geburt die german. Markomannen
u., weit seit dem 6. Jh. n.Chr., die slaw.
Tschechen. Im MA wechselnde Abhängig-
keit v. Reich; bis 1306 v. einheim. Hzg.en re-
giert; 1197 Erwerb v. Mähren; dt. Einwan-
derer; größte Ausdehnung unter Ottokar II.
1310/1437 herrschten die Luxemburger in
B.: Blüte unter Karl IV.; seit 1419 Hussiten-
kriege; 1526 habsburgisch. Seit 1848 starke
Nationalbewegung der Tschechen gg. die
Dt.; seit 1917 unter Führung v. Masaryk
Loslösung v. Östr. offen angestrebt; 1918
Bildung eines eigenen Staatswesens, der
↗Tschechoslowakei, deren Hauptteil aus
dem ehem. B. besteht. **Böhmerwald,**
tschech. *Šumava,* breiter Mittelgebirgszug
an der bayer.-böhm. Grenze; der größere
Teil auf bayer. Gebiet, ca. 250 km lang, reich
bewaldet, im Großen Arber 1458 m hoch;
Fremdenverkehr, Holz- u. Textilindustrie,
Glashütten u. Gewinnung v. Blei, Eisen,
Stein- u. Braunkohle, Graphit. **Böhmische
Brüder,** *Mährische Brüder,* Mitte des 15. Jh.

entstandene christl. Gemeinschaft; verwarfen Eid, Kriegsdienst u. die Annahme öff.
Ämter; wanderten z.T. nach Polen u. Preußen aus. Aus ihren Resten die ↗Brüderge-
meine Herrnhut. **Böhmisches Mittelgebirge,** jungvulkan. Gebirge, nördl. der Eger
(835 m).
Bohne, 1) *Phaseolus, Garten-B.,* Wuchsformen: *Stangen-B.* u. *Busch-B.,* grüne Hülsen
als Gemüse, reife Samen als eiweiß- u. stär-
kereiche Nahrung. *Feuer-B.,* weiß- u. rot-
blütig, auch als Zierpflanze; über 500 Kultursorten. **2)** *Vicia, Pferde-, Sau-* od.
Acker-B., Futterpflanze. **3)** ↗*Soja-B.*
Bohnenkraut, Küchenkraut (Lippenblütler)
zum Würzen, auch als Heilkraut.
Bohr, *Niels,* dän. Physiker, 1885–1962;
schuf das *B.sche Atommodell.* 1922 Nobelpreis.
Bohrer, mit der Hand od. elektrisch gedreh-
tes Werkzeug zum Bohren v. Löchern in Metall, Holz, Stein u. dgl., mit je nach Verwen-
dung anders angeschliffener Schneidkante.
Bohrhammer, Werkzeug zum Herstellen v.
Sprengbohrlöchern, meist durch Druckluft
betrieben. **Bohrmuschel,** Muschel, die sich
in Gestein od. Holz einbohrt, z.B. *Dattelmu-
schel, Schiffsbohrwurm.*
Boieldieu (: boᵃldjø), *François-Adrien,* frz.
Opernkomponist, 1775–1834. *Die weiße
Dame; Der Kalif v. Bagdad.*
Boiler *m,* Warmwasserspeicher.
Boisserée (: boᵃß°re), *Sulpiz* (1783–1854) u.
Melchior (1786–1851), Brüder, Kölner
Kunstgelehrte, weckten das Interesse für
die Kunst des MA u. die Vollendung des
Kölner Doms.
Boizenburg, Hafenstadt an der Elbe (Bez.
Schwerin), 11800 E.
Bojar, altruss. Adliger; Ratgeber des Zaren.
Boje w, verankertes, schwimmendes See-
zeichen zur Abgrenzung des Fahrwassers
od. zur Warnung v. Gefahren im Wasser;
Tonne, Faß-, Kugel-, auch Heul-, Glocken-,
Leucht-B. ☐ 890.
Bola w, lassoähnl. Schleuderwaffe süd-am.
Eingeborener u. Gauchos.
Bolero *m,* **1)** span. Tanz im ³/₄-Takt. **2)** kurzes
Damenjäckchen.
Bolesław I. Chrobry, 966–1025; schuf den
1. poln. Staat, förderte dessen Christianisie-
rung; 1025 zum Kg. gekrönt.
Bolesławiec (: boleßᵘawjetß) ↗Bunzlau.
Boletus *m,* ↗Steinpilz.
Bolívar, *Simón,* 1783–1830; führte 1811/26
den süd-am. Befreiungskampf gg. Spanien.
Bolivar, Währungseinheit. ☐ 1144/45.
Bolivien, süd-am. Republik. Binnenland, im
W von Kordillenketten umschlossen, über
3500 m hoch des *Hochland v. B.,* im O Tiefland (Chaco Boreal). Viehzucht; 82% aller
Exportgüter sind Mineralien: Zinn, Silber,
Gold, Kupfer, Antimon, Blei, Wolfram, Lithium, Nickel, Selen. – Altes Kulturland,
1538 span., 1825 durch Sucre u. Bolívar
(nach ihm ben.) selbständig. 79/84 Krieg gg.
Chile u. Abtretung des ganzen Küstenge-
biets, 1903 das Acregebiet an Brasilien;
32/35 ↗Chaco-Krieg gg. Paraguay; danach
wechselten zivile Regierungen mit Militär-
diktaturen ab. 52 Verstaatlichung der Zinn-

Bolivien

Amtlicher Name:
República de Bolivia

Staatsform:
Republik

Hauptstadt:
Sucre; Regierungssitz
in La Paz

Fläche:
1098581 km²

Bevölkerung:
6,12 Mill. E.

Sprache:
Spanisch, daneben
Aimará und Ketschua
als Indianersprachen

Religion:
Die röm.-kath. Kirche,
zu der 99% der Be-
völkerung gehören,
ist Staatsreligion

Währung:
1 Peso Boliviano =
100 Centavos

Mitgliedschaften:
UN, OAS, Latein-
amerikanische
Freihandelszone

gruben, 53 Agrarreform. – Staatspräsident General Celso Torrelino Villa (seit 81).
Boll, *Bad B.,* württ. Schwefelbad, südl. v. Göppingen, 4000 E.; Wirkungsstätte ↗Blumhardts; Ev. Akademie.
Böll, *Heinrich,* dt. Schriftsteller, * 1917; gestaltet Kriegs- u. Nachkriegszeit in Erzählungen u. Romanen; daneben Satiren, Hörspiele. *Und sagte kein einziges Wort, Haus ohne Hüter, Billard um halbzehn, Gruppenbild mit Dame, Die verlorene Ehre der Katharina Blum* (verfilmt), *Fürsorgliche Belagerung.* – 71/74 Präs. des ↗PEN-Clubs; 72 Lit.-Nobelpreis.
Bollandisten, nach J. Bolland (1596–1665) ben. Kreis u. Jesuiten; Hrsg. einer krit. Ausg. v. Heiligenleben *(Acta Sanctorum).*
Bollnow, *Otto F.,* dt. Philosoph u. Pädagoge, * 1903; Prof. in Tübingen, arbeitet u. a. über philos. Anthropologie.
Bologna (: -lonja), Hst. der nord-it. *Prov. B.,* am Fuß des Apennin, 490 000 E.; Erzb.; zahlr. Adelstürme (2 schiefe Türme, 11. Jh.). – Im MA Rep.; seit 12. Jh. bedeutendste Univ. für röm. u. kanon. Recht.
Bolschewismus, die von den kommunist. Partei der UdSSR u. von dort aus in abhäng. Länder getragene weltanschaul.-politische Lehre. Der Begriff leitet sich her v. dem zufäll. Mehrheitserfolg, den die Anhänger Lenins 1903 auf dem Londoner Parteitag der russ. Sozialdemokratie errangen (*Bolschewiki:* Mehrheitler; Ggs. *Menschewiki:* Minderheitler). Der B. erhebt international Anspruch als richtungweisendes Vorbild aller Formen des ↗Kommunismus u. ist zugleich die geschichtl. Grundlage der UdSSR.
Bolton (: bolt°n), engl. Fabrikstadt in der Grafschaft Lancaster, 154 000 E.; Baumwoll-, Metallwaren, Kohlengruben.
Boltzmann, *Ludwig,* östr. Physiker, 1844–1906; Stefan-B.sches ↗Strahlungsgesetz. *B.-Konstante,* in der Physik eine universelle Naturkonstante; $k = 1,3805 \cdot 10^{-23}$ Joule/Grad.
Bolus *m,* reine Tonsorten, weiß, eisenhaltig, gelb (Sienaerde) u. rot (↗Rötel); reinweißes *B. alba* als med. Streupulver.
Bolz, *Eugen,* 1881–1945; 1928/33 württ. Staatspräs. (Zentrum); obwohl an der Verschwörung v. 20. 7. 44 unbeteiligt, als Gegner der Nat.-Soz. hingerichtet.
Bolzano, it. Name v. ↗Bozen.
Bolzano, *Bernhard,* kath. Theologe (Prof. in Prag), Logiker u. Mathematiker, 1781–1848.
Bombarde, w, Steinkugelgeschütz im 14. u. 15. Jh. **Bombardement** *s* (: -mãn, frz.), Massenbeschießung, bes. durch Artillerie od. Bomben. **bombardieren,** beschießen, vom Flugzeug aus mit Bomben bewerfen.
Bombardierkäfer, bunter Laufkäfer, spritzt ätzende Flüssigkeit gg. den Feind.
Bombardon *s* (: bõnbardõn, frz.), die Baßtuba, ein tiefes Blasinstrument.
Bombast *m* (engl.), Schwulst, Wortschwall.
Bombay (: bombe'), wichtigster Hafen- u. Handelsplatz Indiens (Baumwoll-Ind. und -Export), Hst. des ind. Staats Maharaschtra, 5,97 Mill. E.; kath. Erzb. u. anglikan. Bischof; Univ., TH. Türme des Schweigens, Bestattungsort der Parsen.

Heinrich Böll

Ludwig Boltzmann

Dietrich Bonhoeffer

Bombe *w* (frz.), mit Sprengladung gefüllter eiserner Hohlkörper, auch als *Brand-B.* mit Brandmasse. ↗Kernwaffen.
Bomm, *Urbanus,* OSB, * 1901; seit 66 Abt v. Maria Laach; gab ein dt. Meßbuch heraus.
Bon *m* (: bõn, frz.), Gutschein.
Bona fides (lat.), unverschuldete irrige Überzeugung; *bona fide,* in gutem Glauben.
Bonald (: -nal), *Louis Gabriel de,* kath. frz. Philosoph u. Staatsmann, 1754–1840; Monarchist, Begr. des Traditionalismus.
Bonaparte, kors. Adelsfamilie: **1)** *Carlo,* 1746–85, Advokat in Ajaccio; hatte 8 Kinder, u. a. **2)** *Caroline,* 1782–1839; Gemahlin des Generals ↗Murat. **3)** *Jérôme,* 1784–1860; 1807/13 Kg. v. Westfalen, unter Napoleon III. Marschall. **4)** *Joseph,* 1768–1844; 1806/08 Kg. v. Neapel, 08/13 v. Spanien. **5)** *Louis,* 1778–1846; 1806 Kg. v. Holland, dankte 10 ab; der 3. Sohn aus seiner Ehe mit Hortense ↗Beauharnais ist ↗Napoleon III. **6)** ↗Napoleon I.
Bonatz, *Paul,* dt. Architekt, 1877–1956; u. a. *Hauptbahnhof Stuttgart.*
Bonaventura, hl. (15. Juli), OFM, Kirchenlehrer, 1217/18–74; Erneuerer des Franziskanerordens, Kard.; Haupt des Augustinismus.
Bonbons (: bõnbõn, frz.), Naschwerk aus Zucker mit Zusätzen. *Bonbonnière w* (: -njär), Dose oder Packung für B. oder Pralinen.
Bond *m* (engl.), Schuldverschreibung; entspricht in Dtl. der ↗Anleihe.
Bône (: bõn), fr. Name von ↗Annaba.
Bone (: bo°n), *Sir Muirhead,* schott. Graphiker, 1876–1953; Stadt- u. Landschaftsbilder v. atmosphär. Feinheit.
Bönen, westfäl. Gemeinde im Kr. Unna, 18 500 E.; 1971 durch Gem.-Zusammenschluß gebildet; Steinkohlenbergbau.
Bonhoeffer, *Dietrich,* dt. ev. Theologe, 1906 bis 45; tätig in der ↗Bekennenden Kirche u. der Widerstandsbewegung; wurde im KZ hingerichtet.
Bonhomie *w* (: bonomi, frz.), Gutmütigkeit, Biederkeit.
Bonifatius, 1) hl. (5. Juni), OSB, 675–754; urspr. *Winfrid,* der bedeutendste der angelsächs. Missionare; predigte in Thüringen, Friesland, Oberhessen; organisierte die Kirche Bayerns u. Mittel-Dtl.s nach Diözesen; auf einer Missionsreise v. den heidn. Friesen erschlagen; Apostel Dtl.s; sein Grab im Dom zu Fulda. – **2)** Päpste, 9 des Namens, bes.: **B. VIII.,** 1294/1303; mit Philipp IV. v. Fkr. im Kampf; erhob in der Bulle *Unam Sanctam* den Anspruch auf polit. Weltherrschaft; leitete den polit. Niedergang des mittelalterl. Papsttums ein.
Bonifatiuswerk, fr. *Bonifatiusverein,* zur Unterstützung der Katholiken in der Diaspora; Sitz Paderborn. *Akadem. Bonifatius-Einigung,* ein Verband der kath. Studentenschaft.
Bonifikation *w* (lat.), Vergütung, Nachlaß.
Bonität *w* (lat.), **1)** Güte einer Ware, eines Bodens. **2)** Sicherheit einer Forderung. **Bonitierung** *w* (lat.), Beurteilung der Böden nach ihren Gemengteilen (Sand, Humus,

Kalk) u. Wasserverhältnissen zur Eingliederung in Güte-(Boden-)Klassen als Wertmaß im Grundstücksverkehr.

Bonmot s (: bõnmo̱, frz.), witziger, treffender Ausspruch.

Bonn, Hst. der BRD, am Südende der Kölner Bucht u. am Rheinufer, 286000 E. (Beuel, Bad Godesberg u. a. eingemeindet); Sitz der Bundes-Reg., des Bundestags u. vieler Behörden. Univ. im ehem. kurfürstl. Schloß (1697/1725) und im Poppelsdorfer Schloß (1715/40). Romanisches Münster (11./12. Jh.), Beethovens Geburtshaus; PH; altkath. Bischof; Fabriken für Keramik u. Büroartikel. – Alte Ubierstadt, röm. Lager; seit dem 13. Jh. kurfürstl.-köln. Residenz, 1800 frz., 1815/1945 preuß.

Bonnard (: bona̱r), *Pierre,* frz. Maler u. Graphiker, 1867–1947; Nachimpressionist.

Bonsels, *Waldemar,* dt. Schriftsteller dänischer Abkunft, 1881–1952; *Die Biene Maja.*

Bonus m (lat.), Prämie, Gewinn, Vergütung.

Bonvin (: bõnwa̱n), *Roger,* * 1907; seit 68 schweizer. Bundesrat für Verkehr u. Energie; 72 Vize-Präs. des Bundesrates.

Bonvivant m (: bõnwiwa̱n, frz.), Lebemann.

Bonze m (japan.), **1)** buddhist. Priester. **2)** abschätzig für Parteifunktionär.

Boogie-Woogie m (: bu̱gi wu̱gi), am. Swingtanz mit rhythm. prägnanten Baßfiguren.

Boom m (: bu̱m, engl.), länger anhaltender Aufschwung der Wirtschaft mit größeren Umsätzen u. starken Preissteigerungen.

Boot s, kleineres Wasserfahrzeug, durch Riemen (Ruder), Paddel, Segel od. durch Schraubenantrieb fortbewegt.

Bootes m, Sternbild des nördl. Himmels.

Booth (: bu̱ß), *William,* 1829–1912; Gründer der ⟋Heilsarmee.

Boothia (: bu̱ß'ä), fr. B. *Felix,* Halbinsel, die Nordspitze Nordamerikas; n.w. davon der magnet. Nordpol.

Böotien, alte Landschaft in Mittelgriechenland; Hst. Lebádeia.

Boppard, Stadt l. am Mittelrhein, 18000 E. Schönes Stadtbild. Weinbau.

Bor s, chem. Element, Zeichen B, Nichtme-

tall, Ordnungszahl 5 (☐ 148). Vorkommen nur in Verbindungen.

Bora w, kalter, oft heftiger Fallwind an der istrischen u. dalmatin. Küste.

Bora, *Katharina v.,* 1499–1552; 1515/23 Zisterzienserin, 25 Gattin Luthers.

Borås (: buro̱ß), südschwed. Stadt östl. v. Göteborg, 104000 E.; Webereien.

Borax m, $Na_2B_4O_7 \cdot 10 H_2O$, Natriumsalz der Borsäure, gewonnen durch Neutralisieren der Borsäure mit Soda; Appretur- u. Desinfektionsmittel.

Borchardt, *Rudolf,* dt. Schriftsteller, Essayist, Übersetzer (Pindar, Dante), 1877–1945.

Borchert, *Wolfgang,* dt. Schriftsteller, 1921–47; Zeitlyrik, Erzählungen, Drama *Draußen vor der Tür.*

Bord m, Schiffsrand, -deck; *an B.,* auf Schiff.

Börde w, in Nord-Dtl. fruchtbare Niederungen, z.B. Magdeburger B.

Bordeaux (: bordo̱), Hst. des frz. Dep. Gironde, l. an der Garonne (Seehafen: Pouillac), 224000 E.; Erzb., Univ.; Werften, Brennereien. – 1871 Sitz der Nationalversammlung; 1870/71, 1914 u. 40 Zufluchtsort der frz. Reg. **B.weine,** berühmte Rot- *(Médocs)* u. Weißweine *(Sauternes).*

Bordell s (frz.), Dirnen-, Freudenhaus.

bördeln, den Rand v. Blechen umbiegen, mittels *Bördeleisen* od. *Bördelmaschinen.*

Bordighera (: -ge̱ra), Winterkurort an der it. Riviera, 12000 E.; Blumenzucht.

Boreas m (gr.), kalter Nordwind.

Borghese (: -ge̱se), röm. Fürstenfamilie, durch Camillo B. (Pp. Paul V. 1605/21) emporgekommen.

Borghorst, Stadtteil v. Steinfurt (seit 1975); Baumwollwebereien.

Borgia (: bordscha), *Borja* (: bo̱rcha), span. Adelsgeschlecht, seit Anfang 15. Jh. in It. ansässig; daraus die Pp.e ⟋Kalixt III. u. ⟋Alexander VI.; dessen Kinder u. a.: **1)** *Cesare,* 1475–1507; Hzg. der Romagna, gewissenloser Gewaltmensch. **2)** *Juan,* 1474–97 (ermordet), Hzg. v. Gandía. Sein Enkel war der hl. ⟋Franz v. B. **3)** *Lucrezia,* 1480–1519; Hzg.in v. Ferrara; zu Unrecht verrufen.

Wolfgang Borchert

Boot: 1 Klinkerbau, die einzelnen Planken liegen übereinander; **2** Kraweelbau, die Planken liegen fest aneinander, mit Dübeln verbunden

Sternbild Bootes

Bonn: Regierungsviertel; links von der Mitte, am Rhein, das Bundeshaus, rechts das Abgeordnetenhochhaus

Börse: Blick in den Börsensaal der Wertpapier-B. in Frankfurt am Main (oben Anzeigetafel der Börsenkurse)

Borinage s (: -nasch^e), belg. Landschaft, im Hennegau, reich an Steinkohlen.
Boris, B. III., 1894–1943; seit 1918 Kg. v. Bulgarien. **B. Godunow**, ca. 1550–1605; seit 1598 Zar v. Rußland; löste die russ. Kirche v. Konstantinopel.
Borke w, die verdickte äußere Rinde des Baumes.
Borken, westfäl. Krst. im Münsterland, 32000 E.; Textil- u. Glas-Ind.
Borkenkäfer, dem Nadelwald schädl. Käfer. Weibchen nagt unter der Rinde einen „Muttergang", die Larven bohren senkrecht dazu „Larvengänge", an deren Ende sie sich verpuppen. *Großer B.* od. *Buchdrucker; Obstbaum-B.*
Borkum, größte ostfries. Insel, im W *Nordseeheilbad B.*, 30,6 km², 6750 E.
Bormann, *Martin*, führender nat.-soz. Politiker, 1900–45; 41 Leiter der Parteikanzlei.
Born, *Max*, dt. Physiker, 1882–1970; 1954 Nobelpreis für Untersuchungen über Quantenphysik u. Relativitätstheorie.
Borna, Krst. südl. von Leipzig, 22000 E.; Braunkohlen, Maschinen; roman. Kirche.
Börne, *Ludwig* (eig. Löb Baruch), dt. polit. Schriftsteller, 1786–1837; seit 1830 in Paris; Vorkämpfer der Demokratie. ↗Junges Dtl.
Borneo, größte Sundainsel, 746591 km², mit gebirgigem Innern u. versumpfter Küstenzone, feuchtheißem Klima, 7,5 Mill.E. (↗Dajak). Nord-B. liefert hauptsächl. Reis, Tabak, Erdöl; Süd-B. Tabak, Kaffee, Kokosnüsse, Kautschuk. – Der Hauptteil (539460 km², 5,2 Mill. E., Hst. Bandjermasin), bis 1948 niederländisch, jetzt als *Kalimantan* zu Indonesien gehörig. Der N und NO stand bis 1946 unter brit. Verwaltung. Sabah u. Sarawak gehören seit 1963 zu Malaysia. Brunei ist seit 1888 brit. Protektorat, das 1983 volle Selbständigkeit erlangen wird.
Börner, *Holger*, dt. Politiker (SPD), * 1931;

Max Born

Holger Börner

Hieronymus Bosch (Selbstbildnis)

72/76 Bundesgeschäftsführer der SPD, seit 76 Min.-Präs. v. Hessen.
Bornheim, Gem. im Rhein-Sieg-Kreis, an der Ville, 33500 E.; Gemüsebau.
Bornholm, dän. Ostseeinsel, 587 km², 48000 E.; Seebad; Hst. Rønne. **B.sche Krankheit**, virusbedingte Entzündung v. Brust- und Bauchmuskulatur.
Borodin, *Alexander*, russ. Komponist, 1833–1887; Oper *Fürst Igor* u. Symphonien.
Borodino, russ. Ort s.w. von Moskau. 7. 9. 1812 Sieg Napoleons über die Russen.
Borretsch m, Gewürzkraut. □ 452.
Borromäus, *Karl*, hl. (4. Nov.), Kard. u. Erzb. v. Mailand, 1538–84; sehr verdient um das Trienter Konzil u. die kath. Reformbewegung. Nach ihm ben. die *Borromäerinnen* (↗Barmherzige Schwestern). **B.verein**, kath. Verein zur Verbreitung guter Bücher in der BRD außer Bayern (dort *St. Michaelsbund*); Zentrale Bonn. **Borromeische Inseln**, 4 it. Felseninseln im Lago Maggiore.
Borromini, *Francesco*, it. Barockbaumeister, 1599–1667; Kirchen mit stark bewegten Grund- u. Aufrissen.
Borsäure, H_3BO_3, weiße Schuppen, wasserlösl.; zur Darstellung v. Borax, Glasuren, Glasflüssen; keimtötend *(Borwasser)*.
Börse w, Handelsplatz für Waren u. Wertpapiere. *B.ngeschäfte*, Handel in Waren u. Wertpapieren an einem bestimmten Ort zu bestimmter Zeit, geregelt durch *B.nordnung* u. hergebrachte Gewohnheiten *(B.nusancen)*. Die Preise für Waren u. Wertpapiere werden als Kurse notiert. Nach dem gehandelten Gegenstand unterscheidet man *Waren-(Produkten-)B.n* für ↗vertretbare Sachen u. *Effekten-B.n* für Wertpapiere. Geschäftsformen sind ↗Kassageschäft u. ↗Termingeschäft. Die B. dient dem Ausgleich zwischen Angebot und Nachfrage.
Börsenumsatzsteuer, Art der Kapitalverkehrsteuer, liegt auf Börsenkäufen.
Börsenverein des Deutschen Buchhandels e. V., 1948 gegr. Organisation des dt. Buchhandels, Sitz Frankfurt am Main.
Borsig, *August*, 1804–54; Erbauer einer der ersten dt. Lokomotiven.
Borsten, steife Tierhaare bes. v. Schweinen; zur Herstellung v. Bürsten.
Borstenwürmer, Ringelwürmer mit Borsten zur Fortbewegung. *Sand-, Regenwürmer.*
Borussia, latinisierte Bz. für ↗Preußen.
Bosch (: boß), *Hieronymus*, eig. *van Aken*, niederländ. Maler, um 1450–1516; phantast., oft religiöse Bildvisionen.
Bosch, 1) *Carl*, dt. Chemiker, 1874–1940; Miterfinder des ↗Haber-B.-Verfahrens; Nobelpreis 1931. 2) *Robert*, Elektrotechniker und Industrieller, 1861–1942; erfand die Magnetzündung für Otto-Motoren.
Bosco, gen. Don B., *Giovanni*, hl. (31. Jan.), 1815–1888; it. Priester u. bahnbrechender Pädagoge, nahm sich bes. der verwahrlosten Jugend an; Stifter der ↗Salesianer.
Bosnien, Landschaft u. seit 1946 (mit Herzegowina) Republik im westl. Jugoslawien; 51129 km², 4 Mill. E. *(Bosniaken)*. Im W bis 2000 m hohe Kalkgebirge u. Hochflächen; in der Mitte das *Bosnische Erzgebirge* (Salz,

Kohle, Kupfer, Antimon, Chrom); nordwärts fruchtbare Beckengebiete. Hst. Sarajewo. – Teil der röm. Prov. Dalmatien, im 7. Jh. v. Südslawen bevölkert, oft unter ungar. Hoheit; 1376 unabhängiges Kgr., 1463 türk., 1878 unter östr. Verwaltung, 1908 Östr. einverleibt; 18 kam B. zu Jugoslawien.

Bosporus *m*, Meerenge zw. Europa u. Asien, verbindet Schwarzes u. Marmarameer, 29 km lang, 0,6–3,2 km breit, 30–120 m tief; am Südende der Naturhafen von Istanbul. Als einziger Seezugang zum Schwarzen Meer strategisch wichtig (↗Dardanellen). Seit 1973 eine 1560 m lange Hängebrücke über den B.

Bosse *w*, 1) Rohform einer Plastik. 2) Zierformen (Bickel, Knauf), bes. aus Metall.

Bosseln, 1) ostfries. Wurfspiel mit bleigefüllten Holzkugeln. 2) Bz. für ↗Eisschießen.

bossieren, *bosseln*, Bruchsteine mit Meißel *(Bossiereisen)* u. Schlegel od. dem Zweispitz bearbeiten; in der Bildnerei: Modelle aus weicher Masse formen.

Bossuet (: boßüä), *Jacques-Bénigne*, frz. Bischof, Theologe, Prediger, 1627–1704; Wortführer des Gallikanismus, Gegner ↗Fénelons.

Boston (: boßten), Hst. v. Massachusetts (USA) mit befestigtem Hafen am Nordatlantik, 641 000, Groß-B. 3,3 Mill. E.; kath. Erzb.; 3 Univ.; Außen- u. Fischhandel, Woll-, Schuh- u. Leder-Ind. – 1630 v. Puritanern gegr., 1773 Ausgangspunkt des am. Unabhängigkeitskrieges.

Boston *s* (: boßten), Kartenspiel für 4 Personen. **B.** *m*, langsamer Schrittwalzer.

Botanik *w* (gr.), Wissenschaft v. den Pflanzen, erforscht deren Aufbau u. wechselseitige Beziehungen mit der Umwelt, beschreibt u. ordnet sie in ein System, untersucht die Pflanzenbestände einzelner Landschaften, die natürl. Pflanzengesellschaften u. ihre Verteilung auf der Erde.

Botanische Gärten dienen mit ihren Pflanzensammlungen zu Lehrzwecken.

Botel, Abk. aus **Bo**ot u. H**otel**, Gaststätte u. Unterkunft der Wasserwanderer.

Botha, *Louis*, südafrikan. General u. Politiker, 1862–1919; 1900/02 Feldherr der Buren gg. die Engländer, 10/19 Präs. der Südafrikan. Union, Eroberer v. Dt.-Südwestafrika.

Bothe, *Walter*, dt. Physiker, 1891–1957; Nobelpreis 1954 für kernphysikal. Arbeiten.

Botokuden, ostbrasilian. primitive Indianer; tragen tellerartige Pflöcke in Ohren u. Unterlippe.

Botschafter, höchster Rang eines diplomat. Vertreters bei einem anderen Staat. ↗Gesandter.

Botswana, früher *Betschuanaland*, Republik in Südafrika. Wüstensteppe zw. dem mittleren Sambesi u. dem mittleren Oranje, Teil des Kalahari. Haupterwerbsquellen der Bev. sind nomadische Viehzucht u. Ackerbau als Regenfeldbau. – Der südl. Teil des Landes wurde 1885 brit. Kronkolonie u. fiel 95 an die Kap-Prov., der nördl. Teil war seit 1885 brit. Protektorat. Am 30. 9. 66 wurde Betschuanaland selbständige Republik. Staatsoberhaupt u. Regierungschef Quett K. J. Masire (seit 80).

Sandro Botticelli: Geburt der Venus

bossieren: Bossenwerk

Botswana

Amtlicher Name: Republic of Botswana

Staatsform: Republik

Hauptstadt: Gaborone

Fläche: 600 372 km²

Bevölkerung: 790 000 E.

Sprache: offizielle Sprache: Englisch; meistverbreitete afrikan. Sprache: Setswana

Religion: Christl. Kirchen, Stammesreligionen

Währung: 1 Pula = 100 Thebe

Mitgliedschaften: UN, Commonwealth, OAU; Zollunion mit Republik Südafrika, Lesotho u. Swasiland

Böttger, *Johann Friedrich*, 1682–1719; erfand mit *E. W. v. Tschirnhaus* (1651–1708) das (europ.) Porzellan (Meißner Manufaktur).

Botticelli (: -tscheli), *Sandro*, it. Maler, 1444(45?)–1510; Meister der Frührenaissance; rel., mytholog. u. allegor. Szenen mit streng stilisierten Figuren in klaren Farben. *Geburt der Venus; Madonnen-Bilder.*

Bottnischer Meerbusen, nördl. Zweig der Ostsee, zw. Finnland u. Schweden, 650 km lang, bis 250 km breit u. 295 m tief.

Bottrop, westfäl. Ind.-Stadt (Stadtkr.), Hafenplatz an der Emscher u. am Rhein-Herne-Kanal; 115 000 E.; Kohlenbergbau.

Botulismus *m* (lat.), ↗Nahrungsmittelvergiftung durch das Bakterium Botulinus.

Botwinnik, *Michail*, russ. Schachspieler, *1911; 48/56, 58 u. 61/63 Schachweltmeister.

Boucher (: busche), *François*, frz. Maler, 1703–70; graziöse Schäferszenen u. Genrebilder im Rokokostil; Radierungen.

Bouclé *s* (: buklé), strapazierfähiges Gewebe mit rauher, gekräuselter Oberfläche.

Boudoir *s* (: budóar, frz.), elegantes Damenzimmer; kam im 18. Jh. in Fkr. auf.

Bougainville (: bugãnwil), größte der Salomoninseln, 8754 km², 90 000 E. – 1882–1914 dt., jetzt zu Niugini.

Bouillabaisse *w* (: bujabäß, frz.), Fischsuppe; südfrz. Nationalgericht.

Bouillon *w* (: bujõn), Fleischbrühe.

Bouillon (: bujõn), ehem. Gft. in Niederlothringen. ↗Gottfried v. B.

Boulanger (: bulãnsche), *Georges*, frz. General, 1837–91; 86/87 Kriegsmin., wollte Krieg gg. Dtl.; nach Sturz u. Flucht Selbstmord. [Dam.

Boulder Dam (: bo^ulder däm) ↗Hoover

Boulevard *m* (: bulwar, frz., vom dt. Wort „Bollwerk"), Ring-, Prachtstraße.

Boulez (: bule), *Pierre*, frz. Komponist u. Dirigent, * 1925; einer der Hauptvertreter der ↗Seriellen Musik.

Boulogne-Billancourt (: bulonje bijãnkur), südwestl. Villenvorort v. Paris; nördlich des *Bois de B.* **B.-sur-Mer** (:-sür mär), Seebad am Pas-de-Calais, 50 000 E.; Fischereihafen.

Boumediène (: bum^odien), *Houari*, 1925 bis 1978; einer d. Führer im Algerien-Aufstand; seit 65 nach einem Staatsstreich Staatschef.

Bourbon (: burbõn), frz. Königshaus seit 1589; in gerader Linie bis 1792 u. 1814/30 (1883 ausgestorben); in der Nebenlinie Orléans 1830/48. In Spanien regierte die Linie B.-↗Anjou. ☐ 291, 925.

Bourgeois m (: bursch°a, frz.), der ↗Bürger. Bourgeoisie w (: bursch°asi), Bürgertum. Oft polem. Bz. für die besitzende Klasse.

Bourges (: bursch), Hst. des frz. Dep. Cher, 75000 E.; Erzb.; got. Kathedrale (13./15. Jh.); Rüstungsindustrie.

Bourget (: burschä), Paul, frz. Schriftsteller, 1852–1935; psycholog. Romane; Der Schüler; Eine Liebestragödie.

Bourgogne (: burgonje, frz.) ↗Burgund.

Bournemouth (: bå'rnmeß), engl. Seebad an der Kanalküste, 150000 E.

Bourrée w (: bure), altfrz. Tanz.

Bouteille w (: buteije, frz.), Flasche.

Boutique w (: butik, frz.), kleiner Laden für ausgefallene Modeartikel.

Bouts (: bautß), Dirk, niederländ. Maler, um 1415–75; wirklichkeitsnahe religiöse Bilder.

Boveri, Margret, dt. Publizistin u. Schriftstellerin, 1900–75; Der Verrat im 20. Jh.

Bovet (: bowä), Daniel, it. Pharmakologe schweizer. Herkunft, * 1907; 57 Nobelpreis für Medizin für Arbeiten über ↗Curare u. Antihistamine.

Bovist m, Stäubling, Bauchpilz mit ei-, birnod. umgekehrt flaschenförm. Fruchtkörper. Außer dem Kartoffel-B. sind alle B.e jung eßbar. ☐ 750.

Bowle w (: bole, engl.), Mischgetränk aus Wein, Zucker, Aromagebern, Sekt usw.

Bowling s (: bo°uling, engl.), 1) engl. Kugelspiel, ähnl. dem it. ↗Boccia. 2) am. Kegelspiel mit 10 Holzkegeln. ☐ 474.

Box w (engl.), 1) Behälter, Kasten, z. B. Kühl-B. 2) Abteil in Stall u. Garage.

Boxen, sportl. Faustkampf zweier Gegner (gleicher ↗Gewichtsklasse) mit gepolsterten Boxhandschuhen. Der Kampf im Boxring über mehrere Runden von 2 od. 3 Min. mit je 1 Min. Pause wird durch ↗Knock out bzw. Aufgabe beendet od. nach Punkten gewertet. ☐ 327.

Boxer, 1) Faustkämpfer. 2) Mitgl. fremdenfeindl. Geheimbünde in China; deren Aufstand 1900/01 durch die Großmächte im B.krieg niedergeschlagen. 3) kleine Bulldogge. ☐ 408, 1043.

Boxkalb, Boxcalf (: -kaf), Chromkalbleder, bes. für Schuhoberleder.

Boy (engl.), Junge, Bursche, Diener.

Boyd-Orr, John Lord, schott. Ernährungswissenschaftler, 1880–1971; 1949 Friedensnobelpreis.

Boykott m (engl.), wirtschaftl. Kampfmaßnahme gg. ein Unternehmen od. Land durch Ausschluß v. Geschäftsverkehr; auch gesellschaftl. Abschließung gg. eine Person(engruppe). B.hetze, in der DDR Inbegriff aller gg. Institutionen u. Organisationen gerichteten Handlungen; gilt als Verbrechen.

Boyle, Robert, ↗Mariotte.

Boy Scouts (: boi skautß), die ↗Pfadfinder.

Bozen, it. Bolzano, Hst. der it. Prov. B. (seit 1919), Handels- u. Verkehrsmittelpunkt v. Südtirol, Kurort, 107000 E.; Bischof.

Boxen. Boxgeräte: a Maisbirne, b Doppelendball, c Sandsack, d Punktball, e Plattformball

Boxen. Boxschläge: a linke Gerade, b linker Haken zum Körper, c rechte Gerade, d rechter Haken zum Kopf

Br, chem. Zeichen für ↗Brom.

Brabant, Prov. in Mittel-↗Belgien; Ackerbau, Pferde- u. Schweinezucht; B.er Spitzen; Hst. Brüssel. – Der fränk. Gau war Teil des Htm. Nieder-Lothringen; seit 1191 nannten sich die Grafen v. Löwen Hzg.e v. Brabant; 1430 burgund., 1477 habsburg., 1648 Teilung: Die nördl. Gebiete fielen an die Generalstaaten, die südl. blieben bei den span., seit 1714 östr. Niederlanden.

Brač (: -tsch), it. Brazza, größte Insel Dalmatiens (Jugoslawien); 395 km², 20000 E.

Brache w, ungenutztes Liegenlassen des Ackerlandes ganzjährig od. nur zeitweise, jetzt durch Fruchtwechsel u. a. ersetzt.

Brachialgewalt (lat.), rohe Gewalt.

Brachiopoden (Mz., lat.-gr.), die ↗Armfüßer.

Brachmonat, Brachet, dt. Name des Juni.

Brachse, Brasse, karpfenart., wohlschmekkender Süßwasserfisch in N-Europa. ☐ 466.

Brachvogel, Schnepfenvogel mit langem, gebogenem Schnabel; in Dtl. Zug-, selten Brutvogel; bes. Großer B. u. Regen-B.

Bracke m od. w, mittelgroßer Jagdhund, mit großen Hängeohren.

Brackwasser, mit Meerwasser gemischtes Fluß- od. Strandseewasser.

Brackwede, ehem. westfäl. Stadt am Teutoburger Wald, seit 73 Teil von Bielefeld; Fahrrad- und Textilindustrie.

Bradford (: brädferd), Stadt in der Grafschaft York, 293000 E.; anglikan. Bischof; ein Hauptsitz der engl. Textilindustrie.

Bradley (: brädli), 1) Francis Herbert, engl. Philosoph, 1846–1924; Neuhegelianer. Erkenntnistheorie u. Psychologie. 2) James, engl. Astronom, 1692–1762; entdeckte die ↗Aberration.

Bragança (: bragãnß e), nordostportug. Stadt, 11000 E.; Bischof; Seidenzucht, Zinngruben. – Stammschloß des herzogl. Geschlechts B. (15. Jh.), das 1640/1910 in Portugal, 1822/89 in Brasilien regierte.

Bragg (: bräg), Sir William Henry (1862–1942) u. sein Sohn William Lawrence (1890–1971), engl. Physiker, erforschten die Reflexion v. Röntgenstrahlen an Kristallen; beide 1915 Nobelpreis für Physik.

Brahe, Tycho, dän. Astronom, 1546–1601 (Prag); wichtige exakte Sternbeobachtungen. Lehrer Keplers.

Brahman s, im Vedismus-Hinduismus das magisch mächtige Wort des Veda, das Urprinzip des Seins, schließl. die oberste Gottheit selber. Brahmanas, Erläuterungsschriften zum ↗Veda. Brahmane, Priester des Brahman. Angehöriger der vornehmsten Kaste der Hindus. Brahmanismus m, 1) Sammel-Bz. aller ind. Religionen, die den ↗Veda anerkennen. 2) i. e. S. Periode der ind. Hauptreligion zw. Vedismus u. ↗Hinduismus im 11./7. Jh. v.Chr.; kennzeichnend sind Pantheismus, ↗Karman-Glaube und Kastenwesen.

Brahmaputra m, ind. Fluß, entspringt als Tsangpo in SW-Tibet, mündet in den Golf v. Bengalen, wobei sich ein Arm (Dschamma) mit dem Ganges vereinigt; 2900 km lang; trotz gewaltiger Schlammführungen sind 1200 km schiffbar.

Brahms, *Johannes,* dt. Komponist, 1833 bis 1897; Freundschaft mit R. Schumann; seit 62 in Wien; galt als Gegenpol zu Wagner. Klass. u. spätromant. Züge, bes. Rückgriff auf ältere Instrumentalmusik (Barock), Betonung des Handwerklichen, Neigung zur Kammermusik. 4 Symphonien, 1 Violin-, 2 Klavierkonzerte, *Ein deutsches Requiem,* Lieder.

Braila, rumän. Hafenstadt, l. an einem Donauarm, 195000 E.; Zellstoffkombinat.

Braille (: braj^e), *Louis,* frz. Lehrer, 1809–52; Erfinder der ⁄Blindenschrift.

Brain Trust (: bre'n traßt, engl. = Gehirntrust), urspr. die Berater Präs. F. D. ⁄Roosevelts bei der Ausarbeitung des ⁄New Deal; heute allg. für eine Gruppe v. bes. qualifizierten Fachleuten mit beratender Funktion in Politik u. Wirtschaft.

Brake, niedersächs. Krst. u. Hafen an der Unterweser, 17600 E.; Fettraffinerie, Gummiwerke; Hochseefischerei.

Brakel, westfälische Stadt im Kr. Höxter, 16100 E.; Metall- u. Holz-Ind.

Brakteaten (Mz., lat.), einseitig geprägte Münzen des 12./14. Jh. aus dünnem Silberblech.

Bramante, *Donato,* it. Architekt der Hochrenaissance, um 1444–1514; Entwürfe für St. Peter in Rom (Zentralbau).

Bramante: Tempietto im Hof von S. Pietro in Montorio

Bramarbas *m* (span.), Großsprecher.

Bramme *w,* ein zur Weiterverarbeitung bestimmter Rohmetallblock.

Bramsche, niedersächs. Stadt nördl. v. Osnabrück, an der Hase, 24000 E.; Leinen-Ind.

Bramstedt, *Bad B.,* Sol- u. Moorbad, Stadt in Schleswig-Holstein, 9600 E.

Branche *w* (: brãnsch^e, frz.), Zweig, Fach.

Brancusi, *Constantin,* rumän. Bildhauer, 1876–1957; gelangte durch ständige Ver-

einfachung zu abstrakten Grundformen v. völliger Geschlossenheit.

Brand, Krankheit, **1)** beim Menschen: *Gangrän,* Absterben einzelner Körperteile, Gewebserstickung infolge mangelhafter Sauerstoffversorgung durch das Blut, auch durch Bakterienwirkung. **2)** bei Pflanzen, bes. beim Getreide, durch ⁄Brandpilze.

Brandenburg, *Erich,* dt. Historiker, 1868–1946; *Die Reichsgründung.*

Brandenburg, 1) *Mark B.,* auch „Mark" schlechthin, Kernland des ehem. preuß. Staats. Die Landschaft B. gehört mit ihren Sandheiden (40,8%), Kiefernwäldern (33%) u. den Havel- und Spreeseen ganz dem Norddt. Tiefland an, durchbrochen v. den Niederungen der Urstromtäler. – Bis 1945 preuß. Prov.; 45/52 Land der DDR. Das brandenburg. Gebiet östl. der Oder kam 45 unter poln. Verwaltung. 52 wurde B. in die Bez. Potsdam, Frankfurt a.d.O. u. Cottbus aufgeteilt. – Geschichte ⁄Preußen. **2) B.,** fr. Hst. v. 1), jetzt Stadtkreis im Bez. Potsdam, westl. v. Berlin, an der Havel, Ind.-Zentrum u. Bahnknoten, mit mittelalterl. Bauwerken; 95000 E.

Brandes (eig. Cohen), *Georg,* dän. Lit.-Historiker, 1842–1927; einflußreicher Liberaler.

Brandmalerei, Maltechnik mit glühendem Stift auf Holz. **brandmarken,** urspr. einem Verurteilten ein Schandmal einbrennen; i. ü. S. jemanden öffentlich bloßstellen. **Brandmauer,** feuerbeständige Mauer zw. Gebäuden, soll das Übergreifen eines Schadenfeuers verhindern. **Brandpilze,** mikroskop. kleine Pilze, Erreger des ⁄Brands bei Getreide; die schwarzbraunen Brandsporen verwandeln die Ähre bzw. Rispe in dunkles Pulver. **Brandsohle,** im Schuh die innere, voll sichtbare Sohle, an die der Schaft angeheftet ist. **Brandstiftung,** ein gemeingefährl. Delikt; mit hoher Freiheitsstrafe bedroht.

Brando (: brändo^u), *Marlon,* am. Filmschauspieler, * 1924; *Endstation Sehnsucht; Der Pate; Der letzte Tango.*

Brändström, *Elsa,* Schwedin, 1888–1948; organisierte das Hilfswerk für die dt. u. östr. Kriegsgefangenen in Rußland 1914/20 („Engel von Sibirien"); half nach 18 u. 45 in Dtl.

Brandt, *Willy,* * 1913; 33/45 in der Emigration; 57/66 Regierender Bürgermeister v. Berlin; seit 64 1. Vors. der SPD; Dez. 66 bis Okt. 69 Bundesaußenminister u. Vizekanzler, 69/74 (zurückgetreten) Bundeskanzler einer SPD/FDP-Koalitionsregierung. Außenpolit. bes. um Ausgleich mit dem Osten bemüht; 71 Friedensnobelpreis.

Brandversicherung ⁄Feuerversicherung.

Braniewo ⁄Braunsberg.

Branntwein, jeder durch Destillation aus gegorenen Flüssigkeiten gewonnene Alkohol; i. e. S. Getränke mit mindestens 38 Vol.-% Alkohol. **B.monopol,** Übernahme u. alleiniges Verkaufsrecht des B.s (auch des in Eigenbrennereien hergestellten) durch einen staatl. Monopolbetrieb mit Aufschlag einer *B.steuer.* ⁄Bundesmonopolverwaltung.

Johannes Brahms

Brandenburg

Marlon Brando

Willy Brandt

Wernher von Braun

Brasilien

Amtlicher Name:
Brasil

Staatsform:
Bundesstaat

Hauptstadt:
Brasilia

Fläche:
8511965 km²

Bevölkerung:
118,6 Mill. E.

Sprache:
Portugiesisch

Religion:
95% Katholiken

Währung:
1 Cruzeiro =
100 Centavos

Mitgliedschaften:
UN, OAS, LAFTA

Brant, *Sebastian,* elsäss. Dichter, 1457(58?)–1521; Satiren; *Das Narrenschiff.*
Braque (: brak), *Georges,* frz. Maler, Graphiker u. Bildhauer, 1882–1963; begr. um 1908 mit Picasso den Kubismus; scharf konturierte, farbenstarke Stilleben u. Landschaften.
Brasilholz, *Fernambuk-* od. *Rotholz,* hartes Holz westindl. u. brasilian. Bäume.
Brasilia, Hst. Brasiliens (seit 1960) u. neugeschaffener Bundes-Distr. (5814 km²) auf einer Hochfläche im Innern des Landes; 764000 E.; Univ.; Erzbischof.
Brasilien, größter Staat Südamerikas u. fünftgrößter der Erde, umfaßt die östl. Hälfte Südamerikas, v. dessen Fläche es 47% einnimmt. Den Kern des Riesenraumes B. bildet das bis 2800 m hohe *Brasilian. Bergland* im SO. Im Ggs. dazu steht das Tiefland des Amazonas (Amazonien), ein fast menschenleeres, feucht-heißes Urwaldgebiet; nördl. davon der Südabfall des Hochlandes v. Guayana. B. ist reich an fruchtbaren Böden u. besitzt riesige Bodenschätze, die jedoch nur zum geringen Teil erschlossen sind (Eisenerze [Hämatit], Chromerz, Diamanten). 49% der Fläche sind Wald (über 600 Arten v. Edelhölzern). Die Landwirtschaft, meist in Form v. Plantagen betrieben, stellt 80–90% der Ausfuhr: Kaffee (1. Stelle der Weltproduktion), Baumwolle, Zucker, Reis, Fleisch, Häute u. Felle. Die Ind. ist noch jung; europ. u. am. Firmen errichten in den Küstenstädten Zweigwerke. – 1500 v. Cabral entdeckt u. zur portugies. Kolonie erklärt; 1822 unabhängiges Kaiserreich unter Pedro I., dessen Sohn, Pedro II., 89 abgesetzt wurde. Seitdem ist B. Republik; Revolten hemmten seine Entwicklung. 1930/45 u. 51/54 Diktatur des Präs. Vargas. 61/63 Gewalt des Präs. eingeschränkt; 64 Militärputsch; seit 79 Staatspräs. u. Regierungschef General J. B. Figueiredo.
Braşov (: -schow), rumän. für ↗Kronstadt.
Brasse ↗Brachse.
Brasseur (: braßör), *Pierre,* frz. Schauspieler, 1905–72; bedeutender Charakterdarsteller auf der Bühne u. in zahlr. Filmen *(Kinder des Olymp; Die Mausefalle).*
Brătianu, *Jonel,* 1864–1927; rumän. Min.-Präs.; veranlaßte 16 den Kriegseintritt Rumäniens auf seiten der Entente.
Bratislava (slowak.) ↗Preßburg.
Brätling, Blätterpilz mit rot- bis semmelgelbem Hut. Speisepilz, aber nicht häufig.
Bratsche *w* (it.), eig. Armgeige. ↗Viola.
Bratsk, sibir. Stadt an der Mündung der Oka in die Angara, 214000 E. Dabei 5500 km² großer Stausee u. riesiges Kraftwerk mit 4,8 Mill. kW Leistung.
Brattain (: brätⁿn), *Walter H.,* am. Physiker, * 1902; Nobelpreis 56 für Transistorentwicklung.
Brauchitsch, *Walther v.,* dt. Generalfeldmarschall, 1881–1948; 1938/41 Oberbefehlshaber des Heeres.
Brauerei, Einrichtung zur Herstellung von ↗Bier
Braun, 1) *Karl Ferdinand,* dt. Physiker, 1850–1918, Erfinder der ↗Braunschen Röhre, 1909 Nobelpreis. **2)** *Lily,* 1865–1916; dt. Schriftstellerin, führend in der sozialist. Frauenbewegung. **3)** *Otto,* 1872–1955; 1920–1932 preuß. Min.-Präs. (SPD). **4)** *Wernher v.,* 1912–77; dt.-am. Raketenforscher, maßgeblich beteiligt an der am. Raumfahrt.

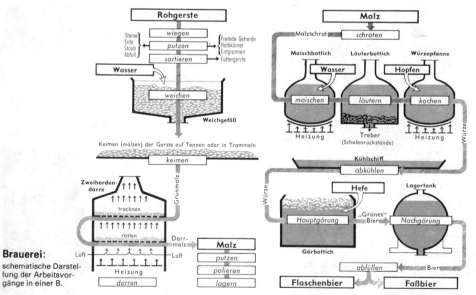

MALZBEREITUNG

Rohgerste

Steine
Erde
Staub
Abfall

wiegen → Fremde Getreide
putzen → Halbkörner / Entgrannen
sortieren → Futtergerste

Wasser

weichen

Weichgefäß

Keimen (mälzen) der Gerste auf Tennen oder in Trommeln

keimen

Grünmalz

Zweihordendarre

trocknen

rösten

Darr-malz

Luft → ← Luft

Heizung

dorren

Malz
putzen
polieren
lagern

Brauerei:
schematische Darstellung der Arbeitsvorgänge in einer B.

BIERBEREITUNG

Malz

Malzschrot → schroten

Maischbottich   Läuterbottich   Würzepfanne

Wasser   Hopfen

maischen   läutern   kochen

Heizung   Treber   Heizung
(Schalenrückstände)

Kühlschiff

abkühlen

Hefe   Lagertank

Hauptgärung   „Grünes" Bier → Nachgärung

Gärbottich

abfüllen → Bier

Flaschenbier   Faßbier

Braunalgen, hochentwickelte, braungefärbte Meeresalgen (Tang), bis 60 m lang.
Bräune ↗Angina, ↗Diphtherie; *Häutige B.,* der ↗Krupp. *Brust-B.* ↗Angina pectoris.
Brauneisenerz, Fe$_2$O$_3$ · H$_2$O, wasserhaltiges Eisenoxid, eines der wichtigsten dt. Eisenerze.
Braunelle, 1) *Prunella,* kleiner, blauer Lippenblütler, Heilkraut. 2) Singvogelfamilie, *Hecken-B.* u. *Alpen-B.*
Braunfäule, *Schwarzadrigkeit,* durch Bakterien erregte Kohlkrankheit.
Braunfisch, *Tümmler,* bis 2 m langer Delphin der Nord- u. Ostsee.
Braunkehlchen, Drosselvogel, Singvogel, häufigster dt. Schmätzer (Zugvogel), oben schwarzbraun, unten rostgelblich.
Braunkohle, während der Tertiärzeit entstandene erdige, weiche Kohle; meist in Lagern dicht an der Erdoberfläche, daher häufig durch Tagebau gewonnen, in Dtl. am Niederrhein, in Sachsen-Thüringen u. in der Niederlausitz; kleinere Gebiete in Hessen u. Bayern. Wird wegen hohen Wassergehalts (10–60%) u. geringer Festigkeit meist brikettiert (↗Brikett) oder verschwelt. ☐81.
Braunlage, niedersächs. Stadt u. Kurort im Oberharz, 7400 E.; Wintersport.
Braunsberg, poln. *Braniewo,* Stadt im Ermland, an der schiffbaren Passarge, 12000 E.; 1241 Deutschordensburg, 1466 poln., 1772/1945 preuß.; hatte kath.-theol. Akademie.
Braunsche Röhre, v. K. F. ↗Braun entwikkelte Kathodenstrahlröhre mit einem fluoreszierenden Schirm, auf dem die Elektronen einen Leuchtfleck erzeugen. Verwendung zum Sichtbarmachen schnell veränderl. Vorgänge im Oszillographen, im Fernsehen als Bildröhre.
Braunschweig, 1) *Verwaltungs-Bez.* in Niedersachsen. – Das urspr. welf. Territorium wurde 1235 Htm.; mehrfache Teilungen schufen die Linien B.-Lüneburg od. ↗Hannover u. B.-Wolfenbüttel, das jetzige B. Dieses gehörte 1807/13 zum fgr. Westfalen. Nach Aussterben des Fürstenhauses kam B. 1884 unter Regentschaft; 1921 Freistaat; seit 46 zu Niedersachsen. 2) Hst. des niedersächs. Verwaltungs-Bez. B., in der Okerniederung des Harzvorlandes, 262000 E. Fachwerkbauten des MA, Burg Dankwarderode (12. Jh.), roman. Dom (1173/95 erb.). Älteste dt. TH, PH, Kunsthochschule, Physikal.-Techn. Bundesanstalt, Biolog. Bundesanstalt für Land- u. Forstwirtschaft, Forschungsanstalt für Landwirtschaft.
Braunstein, *Mangandioxid,* meist wasserhalt. Mineral, grauschwarz, abfärbend.
Brausepulver, Gemisch aus Weinsäure, Natron, Aroma u. Zucker, das sich sprudelnd im Wasser auflöst.
Braut, *Bräutigam,* Neuvermählte, auch Verlobte. **B.geschenke** ↗Verlöbnis.
Brauweiler, Ortsteil v. Pulheim (seit 1975); ehem. Benediktinerabtei (1024/1802; jetzt Landeskrankenhaus) mit spätromanischer Kirche.
bravo (it. = mutig), Beifallsruf: brav, gut; höchste Steigerungsstufe *bravissimo.* **Bravour** *w* (: -wur, it.-frz.), Tapferkeit, Schneid.

Brazzaville (: brasawil), Hst. der VR Kongo, am unteren Kongo, 311000 E.; ben. nach dem frz. Kolonialpionier *Pierre Graf Savorgnan de Brazza* (1852–1905). Kath. Erzbischof.
BRD, offiziell nicht übl. Abk. für **B**undes**r**epublik **D**eutschland. ↗Deutschland.
Break *m* (: brek, engl.), 1) im Jazz eine kadenzartige Fortspinnung, die v. einem od. mehreren Instrumenten zw. 2 Phrasen ausgeführt wird. 2) offener u. leichter (Jagd-) Wagen.
Brechdurchfall der Kinder, bes. bei Säuglingen im Sommer, infolge falscher Ernährung, Infektion od. Vergiftung.
Brecher, die sich überschlagenden Wellen der Brandung (auflaufende Wellen am Strand), Sturzsee.
Brechmittel, Erbrechen bewirkendes Mittel, angewendet bei Vergiftungen, katarrhal. Zuständen der Atmungsorgane od. bei Fremdkörpern im Schlund.
Brechnuß, die gift. Samen mehrerer ostind. Bäume u. Sträucher; Extrakt u. Tinktur sowie das daraus bereitete ↗Strychnin sind Heilmittel.
Brecht, *Bert(olt),* dt. Schriftsteller, 1898 bis 1956; aggressiv-satir., gesellschaftskrit. Dramen, marxist. Lehre; Theorie des antiillusionist. „epischen" Theaters; Lyrik. Bedeutend seine Regiearbeit in (Ost-) Berlin („Berliner Ensemble"). *Dreigroschenoper, Mutter Courage, Galilei, Kaukas. Kreidekreis; Hauspostille.*
Brechung, Richtungsänderung v. Wellen beim Übergang v. einem Medium in ein anderes mit anderer Dichte, d. h. verschiedener Fortpflanzungsgeschwindigkeit der Wellen; auf B. beruht die Abbildung opt. Linsen. ↗Licht.
Brechweinstein, gift., Brechen erregendes Salz der Weinsteinsäure, enthält Antimon u. Kalium; in der Färberei Fixiermittel.
Breckerfeld, westfäl. Stadt südl. v. Hagen, 7000 E.; Kleineisen-Ind.
Breda, niederländ. Stadt u. Flußhafen in Nordbrabant; 120000 E.; kath. Bischof; Militärakademie. Got, Kathedrale (15. Jh.).
Breeches (: britsch's, engl.), am Knie enge, nach oben weite Reit- od. Sporthosen.
Breg *w,* südl. Donauquellfluß.
Bregenz, Hst. v. Vorarlberg, am östl. Bodenseeufer; 23000 E.; mehrere Klöster. **B.er Wald,** zw. Rheintal u. Allgäuer Alpen, nordwestl. Glied der Nördl. Kalkalpen, in der Braunarlspitze 2651 m, im Hohen Ifen 2232 m.
Brehm, *Alfred,* dt. Zoologe, 1829–84; bekannt durch sein *Tierleben.*
Breisach, *Alt-B.,* bad. Brückenstadt r. am Rhein, gegenüber Neubreisach, 9500 E.; Weinbau. Roman.-got. Stephansmünster (12./14. Jh.) mit Fresken v. M. Schongauer und berühmtem Schnitzaltar des Meisters H. L. v. 1526. – 1275 Reichsstadt; 1648/97 und 1703/13 frz., 1805 badisch. ☐549.
Breisgau *m,* wein- u. obstreiche südbad. Landschaft; Hauptort Freiburg.
Breitbach, *Joseph,* dt. Schriftsteller, 1903 bis 1980; seit 29 in Fkr.; HW der Roman um das Machtproblem *Bericht über Bruno.*

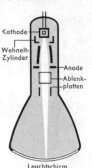

Braunsche Röhre: schematischer Aufbau

Bert Brecht

Brechung: die 3 Hauptfälle der B.

Bremen

Regierungen	1. Bürgermeister	Regierungsparteien
seit Juni 1945	E. Vagts	SPD, BDV[1], KPD
seit 10. 8.1945	W. Kaisen (SPD)	SPD, BDV, KPD
seit 29.11.1946	W. Kaisen (SPD)	SPD, BDV, KPD
seit 22. 1.1948	W. Kaisen (SPD)	SPD, BDV
seit 1. 1.1950	W. Kaisen (SPD)	SPD, BDV
seit 29.11.1951	W. Kaisen (SPD)	SPD, FDP, CDU
seit 25.11.1955	W. Kaisen (SPD)	SPD, FDP, CDU
seit 21.12.1959	W. Kaisen (SPD)	SPD, FDP
seit 26.11.1963	W. Kaisen (SPD)	SPD, FDP
seit 20. 7.1965	W. Dehnkamp (SPD)	SPD, FDP
seit 28.11.1967	H. Koschnick (SPD)	SPD, FDP
seit 15.12.1971	H. Koschnick (SPD)	SPD
seit 3.11.1975	H. Koschnick (SPD)	SPD
seit 8.11.1979	H. Koschnick (SPD)	SPD

[1] Bremer Demokratische Vereinigung, später in FDP umbenannt

Bremen

Breite, *geographische B.,* Abstand eines Punktes der Erdoberfläche v. Äquator; wird v. Äquator aus auf dem Meridian durch *B.*nkreise nach N u. S in Bogengrad v. 0 bis 90° gemessen *(nördl. u. südl. B.).*

Breitwandverfahren, Filmaufnahme mit Spezialoptik (↗Anamorphot).

Bremen, 1) kleinstes dt. Bundesland, umfaßt das Gebiet der Städte ↗B. [vgl. 2)] u. ↗Bremerhaven an der Unterweser mit insges. 404 km² u. 697000 E. **2)** Hst. des Landes B., zweitgrößter dt. Seehandelsplatz, Schwerpunkt der dt. Fischerei, 560000 E.; Univ.; Großmühlen, Kaffeehandel, Tabakfabriken, Wollkämmerei, Baumwollbörse, Werftanlagen, metallverarbeitende Ind., Maschinen- u. Apparatebau, chem., Holz-, Steingut-Ind. – Das *Bistum B.* (seit 787) war seit 847 Erzbistum (Hamburg-B.) u. kam 1648 als weltl. Htm. an Schweden, 1715 an Hannover. Die Stadt B. wurde nach 1255 Mitgl. der Hanse u. erlangte 1646 die Reichsfreiheit; 1815 als freie Hansestadt zum Dt. Bund, dann zum Dt. Reich; 1920 Verf. der Freien Stadt, 33 „gleichgeschaltet"; seit 46 selbständ. Bundesland.

Bremerhaven, Vorhafen v. Bremen, größter dt. Fischereihafen, Stadtkreis rechts an der Wesermündung beiderseits der Geeste, 140000 E.; Fisch-Ind., Werften. – 1827 gegr., 1939 zu Wesermünde, das 47 in das Land Bremen eingegliedert u. in B. umbenannt wurde. Krst. für den niedersächsischen Kr. Wesermünde.

Bremervörde, niedersächs. Krst. an der Oste, 18000 E.; Mühlen, Sägewerke.

Bremse *w,* Vorrichtung, die ein in Bewegung befindl. Gerät zum Stillstand bringt *(Halte-B.)* od. seine Geschwindigkeit regelt *(Regel-B.),* wobei Bewegungsenergie in Wärme umgewandelt wird; je nach Vorgang unterscheidet man *mechan.* B. (Reibungs-B.: Backen-, Scheiben-, Band-, Lamellen-B.), *hydraul.* B. (Wasserwirbel-B.), *elektr.* B. (Wirbelstrom-B., Motor-B., Gegenstrom-B.).

Bremsen, meist große Fliegen; die blutsaugenden Weibchen sind den Zugtieren sehr lästig, bes. bei schwüler Witterung; Larven in der Erde. Auch ↗Dassel- (Haut-B.) u. andere Biesfliegen.

Bremsschuh, Gleitklotz, wird zum Anhalten v. Eisenbahnwagen auf Schienen gelegt.

Bremsweg, Wegstrecke, die ein Fahrzeug nach Eingreifen der Bremsen bis zum Stillstand noch zurücklegt.

Brenner, 1375 m hoher Paß zw. Stubaier u. Zillertaler Alpen, bequemster Übergang über die Ostalpen, mit elektr. *B.bahn* u. *Autobahn;* weder Sprach- noch Kultur-, aber seit 1920 polit. (östr.-it.) Grenze.

Brennerei, Betrieb zur Herstellung v. Spiritus u. Branntwein.

Brennessel, *Große* u. *Kleine B.,* sehr verbreitetes Unkraut, hat überall hohle, ameisensäuregefüllte Brennhaare, deren Spitzen bei Berührung leicht abbrechen; brennender Inhalt dringt in die Haut.

Brennpunkt, 1) *Fokus,* Schnittpunkt aller auf eine Sammellinse *(Brennglas)* od. auf einen

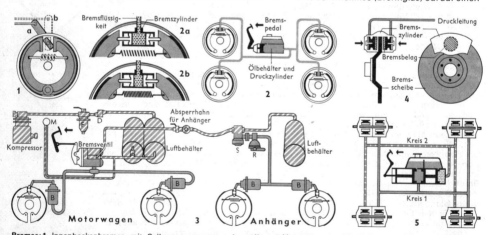

Bremse: 1 Innenbackenbremse mit Seilzug, **a** angezogen, **b** geöffnet. **2** Öldruckbremse (Vierradinnenbackenbremse), **2a** angezogen, **2b** geöffnet. **3** Druckluftbremse bei einem Lastzug; M Doppelmanometer, F Reifenfüllflasche, D Druckregler, S Steuerventil, R Bremskraftregler, B Bremszylinder. **4** Scheibenbremse (Zangenscheibenbremse). **5** Zweikreisscheibenbremsanlage (jeder Kreis wirkt unabhängig vom anderen auf alle 4 Räder)

H. von Brentano

Leonid I. Breschnew

André Breton

Hohlspiegel parallel auftreffenden Strahlen hinter der Linse od. vor dem Hohlspiegel. Abstand des B. v. Linsen- od. Hohlspiegelmittelpunkt heißt *Brennweite.* ☐ 556. **2)** B. der ↗Parabel, ↗Ellipse u. ↗Hyperbel. **Brennspiritus,** vergällter Alkohol. **Brennstoffe,** feste, flüss. u. gasförm., durch Verbrennung Energie liefernde Stoffe. **Brennstoffelement, 1)** Spaltstoffstab im ↗Kernreaktor. **2)** Zelle, in der chem. Energie aus flüss. od. gasförm. Brennstoffen (z. B. Wasserstoff u. Sauerstoff) direkt in elektr. umgewandelt wird. **Brennus,** Führer der Kelten; befehligte angebl. den Galliereinfall in It. 387/386 v. Chr. mit Zerstörung Roms; v. ihm wohl der Ausspruch ↗Vae victis.
Brentano, 1) *Bettina,* Schwester v. 2), Gattin von A. v. ↗Arnim. **2)** *Clemens,* 1778 bis 1842; bedeutendster Dichter der Heidelberger Romantik; mit Arnim Hrsg. der Volksliedsammlung „Des Knaben Wunderhorn". Märchen, Erzählungen, Roman *Godwi,* liedhaft-melod. Lyrik, tiefsinnige *Romanzen vom Rosenkranz.* Unruhiges Leben, Rückwendung zum kath. Glauben; Aufzeichnung der Gesichte der Anna Katharina Emmerick. **3)** *Franz,* Neffe v. 2), Philosoph, 1838–1917; urspr. kath. Priester, später v. der Kirche getrennt; empirische Psychologie. **4)** *Heinrich v.,* 1905–64; 49/55 u. seit 61 Fraktionsvors. der CDU im Bundestag, 55/61 Außenminister.   [1499–1570.
Brenz, *Johannes,* württ. luth. Reformator,
Brenztraubensäure, organische Verbindung ($CH_3CO-COOH$), nach Essig riechende Flüssigkeit; spielt im Stoffwechsel der Organismen eine wichtige Rolle.
Breschnew, *Leonid Iljitsch,* sowjet. Politiker, * 1906; 60/64 Staatsoberhaupt der UdSSR, seit 64 1. Sekretär (seit 66 Generalsekretär) des ZK der KPdSU; 76 „Marschall", seit 77 Staatsoberhaupt der UdSSR.
Breschnew-Doktrin, v. den Sowjets vertretene, L. I. Breschnew zugeschriebene Lehre: die Interessen der kommunist. Gemeinschaft haben Vorrang vor der Souveränität der einzelnen sozialist. Staaten.

Breslau: gotisches Rathaus

Brescia (: brescha), Hst. der nord-it. Prov. B., 213000 E.; Bischof; Mittelpunkt der it. Strumpf-Ind. Alter (um 1100) u. Neuer Dom (17./19. Jh.).
Breslau, poln. *Wrocław,* Hst. der Wojewodschaft Wrocław, fr. Hst. Schlesiens, beiderseits der Oder (Hafen), einst in Wirtschaft u. Kultur des it. Ostens führend; mit vielseit., bes. Maschinen-Industrie, 597000 E.; Erzb.; Univ., TH u. Landwirtschaftl. Hochschule. – Um 1000 Bistum, 1163 Hst. der schles. Hzg.e, 1335 böhm., 1742 im *B.er Frieden* preuß. Im 2. Weltkrieg stark zerstört, v. den Bauten des MA u. Barocks blieben nur die Elisabethkirche (got.), das Rathaus (got.) u. die Kurfürstenseite des Rings erhalten.
Bresson (: bräßõn), *Robert,* frz. Filmregisseur, * 1907; Filme mit meist rel. Thematik. *Das hohe Lied der Liebe; Der Prozeß der Jeanne d'Arc; Quatre nuits d'un rêveur; Lancelot du Lac.*
Brest, 1) größter frz. Kriegshafen, an der Spitze der Bretagne, 164000 E. **2)** fr. *Brest-Litowsk,* Gebiets-Hst. in der Weißruss. SSR, am Bug u. am Dnjepr-Bug-Kanal, 177000 E.; 1795 russ., 1921 poln., 39 dtsch. 44 sowjet.; 1918 *Friede v. B.-Litowsk* zw. den Mittelmächten und dem bolschewist. Rußland.
Bretagne *w* (: br°tanj°), westfrz. Halbinsel mit reichgegliederter Küste; 27000 km², 2,5 Mill. E.; Hst. Rennes. **Bretonen,** Bewohner vor allem der westl. Bretagne, kelt. Abstammung, mit eigener kelt. Sprache.
Breton (: br°tõn), *André,* frz. Schriftsteller, 1896–1966; führender Theoretiker des ↗Surrealismus. *Nadja;* Gedichte.
Bretten, bad. Stadt im Kraichgau, 22500 E.; Geburtsort Melanchthons.
Bretton Woods (: brät°n wuds), Ort in New Hampshire (USA), in dem 1944 durch 44 Staaten ein Währungs- u. Finanzabkommen beschlossen wurde (v. den Ostblockstaaten nicht ratifiziert; Beitritt der BRD 1952); führte zur Gründung der Weltbank u. des ↗Internationalen Währungsfonds.
Breuer, *Marcel Lajos,* am.-ungar. Architekt, * 1902; Bauhauseinfluß, UNESCO-Gebäude in Paris u. a.

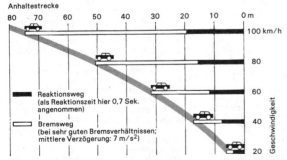

Anhaltestrecke

Reaktionsweg (als Reaktionszeit hier 0,7 Sek. angenommen)

Bremsweg (bei sehr guten Bremsverhältnissen; mittlere Verzögerung: 7 m/s²)

Bremsweg: Anhaltestrecke bei verschiedener Geschwindigkeit auf trockener Straße. Die Anhaltestrecke setzt sich zusammen aus dem *Reaktionsweg* – vom Erkennen einer Gefahr bis zur Betätigung der Bremse (sog. Schrecksekunde) und weiter bis zum Ansprechen der Bremsen bewegt sich das Fahrzeug noch ungebremst weiter – und dem *Bremsweg* (vom Ansprechen der Bremsen bis zum Stillstand des Fahrzeugs).

Breughel (: brö̱chel), Malerfamilie, ↗Brueghel.
Bre̱ve s (: -we, lat.), päpstl. Erlaß in weniger feierl. Form (↗Bulle).
Brevier s (: -wi̱r, lat.), **1)** liturg. Gebetbuch der kath. Kirche, enthält die Psalmen, Lesungen aus der Bibel, den Kirchenvätern, Hymnen, Orationen, Antiphonen u. ä. für die ↗Horen des kirchl. Stundengebetes. **2)** kurzgefaßtes Schriftwerk, Auszug.
Briand (: bria̱n), *Aristide*, frz. Politiker, 1862–1932; 1909/29 12mal Min.-Präs., 25/32 Außenmin.; nach dem 1. Weltkrieg um dt.-frz. Aussöhnung zur Sicherung des europ. Status quo u. des Friedens bemüht (↗Locarnopakt); 26 Friedensnobelpreis.
Bridge s (: bridsch, engl. = Brücke), Kartenspiel (ähnlich dem Whist), ohne Trumpfzwang.
Bridgeport (: bridschpo̱rt), Hafenstadt im Staat Connecticut (USA), 157000 E.; Univ.; kath. Bischof.
Bridgman (: bridschmän), *Percy William*, nord-am. Physiker, 1882–1961; Hochdruckforschung u. philosoph. Schriften; 1946 Nobelpreisträger.
Brie w (: bri), fruchtbare frz. Landschaft, zw. Seine u. unterer Marne, reich an Getreide u. Vieh; Heimat des *Brie-(Rahm-)Käses*.
Brief (aus lat. *brevis* sc. *libellus* = „kurzes Schreiben"); mehrere Bedeutungen: **1)** Urkunde. Daher: *B.adel, Meister- B., Pfand-B.* **2)** Erlaß. Daher: *Steck-B.* **3)** B. bei der Kurszahlen der Börse bedeutet: zum angegebenen Kurs war Angebot da. **4)** der *eigentl. B.* erstmals bei den Babyloniern u. Assyrern als Form des persönl. geistigen Verkehrs. **5)** *Offener B.*, an die Presse übergebenes Schreiben, häufig als Angriff od. Flucht in die Öffentlichkeit. **B.geheimnis**, *Postgeheimnis*, sichert die Unverletzlichkeit geschlossener Postsendungen; Ausnahmen u. a. im Straf- u. Konkursverfahren, im Krieg. **B.hypothek** ↗Hypothek. **B.marken** weisen die Bezahlung der Postgebühr nach, die fr. am Schalter in bar erfolgte. Neuerdings tragen sie fluoreszierende, phosphoreszierende od. auf Magnete ansprechende Markierungen zur Steuerung automat. *B.sortiermaschinen.* Das *Sammeln von B.marken* (die *Philatelie*) hat ideelle u. finanzielle Gründe. **B.roman**, besteht ganz od. teilweise aus Briefen, auch Tagebucheinträgen eines od. mehrerer Schreibenden. Beispiele: Goethe, *Die Leiden des jungen Werthers*; Hölderlin, *Hyperion*; Rousseau, *Nouvelle Héloise.* **B.taube**, *Reisetaube*, eine Zuchtform der *Haustaube* (↗Tauben) mit bes. gutem Flug- u. Heimfindevermögen, so daß sie zum Überbringen v. Nachrichten verwendet wird.
Brieg, poln. *Brzeg*, niederschles. Krst., an der Oder, 30000 E.
Brienz, Luftkurort (3000 E.) im Schweizer Kt. Bern, am (Nordostufer des) **B.er See**, 29 km², 260 m tief, v. der Aare durchflossen; im N der *B.er Grat* mit dem 2350 m hohen *B.er Rothorn* (Zahnradbahn v. B.).
Bries, *Briesel* s, Drüse im Brust des Kalbes (↗Thymus); als Speise zubereitet.
Brig, frz. *Brigue*, Schweizer Bezirksstadt im

Aristide Briand

Brigg

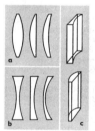

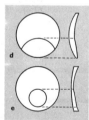

Brille: **a** Konvexgläser zur Verbesserung der Weitsichtigkeit, **b** Konkavgläser zur Verbesserung der Kurzsichtigkeit, **c** zylindrische Gläser zur Verbesserung des Astigmatismus, **d** und **e** Bifokal- oder Doppelfokusgläser, bei denen der obere Teil zur Fern-, der untere zur Nahsicht dient (siehe auch ☐ 556).

oberen Rhônetal, 5500 E.; Knotenpunkt der Rhônetal-, Lötschberg-, Simplon- u. Furkabahn; Renaissanceschloß.
Brigach, ein Quellfluß der Donau.
Brigade w (frz.), **1)** Truppeneinheit, unterste Form eines Großverbandes des Heeres. **2)** kommunist. Arbeiterkollektiv.
Brigant m (it.), Bandit, Räuber.
Brigg w, Zweimast-Segelschiff.
Brighton (: brait**e**n), Seebad, an der südl. Kreideküste Englands, 166000 E.; Univ.
Brigitta ↗Birgitta.
Brikett s (frz.), in handl. Stücke gepreßter Steinkohlenstaub od. Braunkohle.
brillant (: brilja̱nt, frz.; Ztw. *brillieren*), glänzend. **B.** m, geschliffener u. polierter Diamant. **B.käfer**, goldgrün u. schwarz schillernder Käfer, in Südamerika als Schmuck getragen.
Brille, Augenglas, eine opt. Sehhilfe bei Fehlern u. Schwächen, aber auch zum Schutz (*Schutz-B.*) des ↗Auges; besteht meist aus *B.ngestell* u. *B.nglas* aus opt. Linsen: Sammellinsen zum Ausgleich v. Über-(Weit-)Sichtigkeit, bei Altersschwierigkeiten der Akkommodation, Zerstreuungslinsen bei Kurzsichtigkeit. *Punktalgläser* sind frei v. Astigmatismus, *Bifokalgläser* ermöglichen im oberen Teil Fernsicht, im unteren Nahsicht. *Haftgläser* (Kontaktgläser) sind dünne, geschliffene Glas- oder Kunststoffschalen, die direkt auf der Hornhaut als *B.nersatz* getragen werden. Die Brechkraft der *B.ngläser* wird in ↗Dioptrien angegeben. **B.nschlange**, *Kobra*, gefährliche Giftschlange, in Afrika u. Asien; Vorderkörper kann aufgerichtet, Hals aufgebläht werden, worauf brillenförmige Zeichnung am Halsrücken erscheint. *Ind. B.nschlange*, v. Gauklern zu Schaustellungen verwandt; *Königskobra* (China u. Philippinen) wird bis 3,6 m lang; *Afrikan. B.nod. Aspisschlange*, ohne B.nzeichnung; *Ägypt. B.n- od. Uräusschlange* galt als hl. Tier.
Brilon, westfäl. Stadt am Rothaargebirge, 25000 E.; Glockengießerei. Propsteikirche (13. Jh.).
Brindisi, it. Prov.-Hst., Hafen an der Adriaküste Apuliens, petrochem. Großwerk, 90000 E.; Erzbischof.
Brinellhärte, die Härte eines Werkstoffes, durch Kugeldruckprobe ermittelt.
Bringschuld, rechtl. eine Leistung, die am Wohnsitz des Gläubigers zu erbringen ist. Ggs.: ↗Holschuld, ↗Schickschuld.
Brio s (it.), Schwung, Feuer; *con b.*, in der Musik: lebhaft, schwungvoll.
Brisanz w (frz.), Eigenschaft *brisanter* ↗Explosivstoffe, bei Initialzündung mit größter Heftigkeit zu explodieren.
Brisbane (: -bēn), it. u. Hafen v. Queensland (Australien), 1 Mill. E.; kath. u. anglikan. Erzb.; Staatsuniversität.
Brise w, stärkerer Segelwind.
Bristol (: brißtl), südwestengl. Ind.- u. Hafenstadt am Avon vor der Mündung in den *B.kanal* (den Mündungstrichter des Severn mit den wichtigsten engl. Kohlenhäfen, 130 km lang), 430000 E.; Univ., anglikan. Bischof.

Bronzezeit: Lure, mittlere Bronzezeit. – Hängebecken aus
Schweden, jüngere nord. Bronzezeit. – Beile der Bronzezeit. –
Schwertgriff, Spätstufe der älteren nord. Bronzezeit.

Benjamin Britten

Max Brod

Britanniametall, eine Zinnlegierung.
Britannien, lat. *Britannia,* im Alt. Name für
Engl.; heute neben ↗Großbritannien Bz. für
Engl., Schottland, Wales u. Nordirland.
Briten, 1) die kelt. Bewohner des alten Britannien vor der angelsächs. Einwanderung.
2) die heutigen Bewohner Großbritanniens.
Britisches Reich, *British Empire* (: britisch
empair) od. ↗*Commonwealth of Nations.*
Britisch-Indien, frühere Bz. für die unter unmittelbarer brit. Herrschaft stehenden Teile
Indiens. Seit 1947 teilen sich in das Gebiet
die Indische Union, Pakistan u. Birma, seit
71 auch Bangla Desh. **British Museum,** 1753
in London gegr., eine der reichsten Bücher-
u. Altertümersammlungen der Welt.
Britten, *Benjamin,* engl. Komponist u. Pia-
nist, 1913–76; Opern *Raub der Lukretia, Pe-
ter Grimes, Gloriana, Sommernachtstraum,
Tod in Venedig;* Orchestermusik.
Britting, *Georg,* deutscher Schriftsteller,
1891–1964; Naturthematik in Gedichten,
Roman u. Erzählung.
Brixen, it. *Bressanone,* Stadt in Südtirol, am
Eisack u. an der Brennerbahn, 16 000 E.;
Dom aus dem 15. Jh. – 922 Bistum (seit 1964
↗Bozen-B.), 1803 östr., 1919 italienisch.
Brjansk, russ. Stadt r. der Desna, 394 000 E.;
Industriezentrum: Lokomotiv- u. LKW-Bau,
Metall- u. Holzverarbeitung.
Brno ↗Brünn.
Broadcasting *s* (brådkäßting), engl. u. am.
Bz. für ↗Rundfunk.
Broadway (: brådwe͜i), Hauptverkehrs-
straße New Yorks (25 km lang).
Broch, *Hermann,* östr. Schriftsteller,
1886–1951; seit 1938 in den USA. HW: *Der
Tod des Vergil* unter Einfluß v. J. ↗Joyce;
zeitkrit. bes. *Die Schlafwandler, Der Versu-
cher.*
Brockdorff-Rantzau, *Ulrich* Graf von, 1869
bis 1928; 1918/19 dt. Außenmin., lehnte
Unterzeichnung des Versailler Vertrags ab.
Brocken, höchster Berg (1142 m) im Harz;
auf der kahlen Kuppe *B.haus* mit Wetter-
warte. 19 km lange *B.bahn* v. Wernigerode.
Brockhaus, *Friedrich Arnold,* 1772–1823;
gründete 1805 den Verlag F. A. Brockhaus.
Brod, *Max,* östr. Schriftsteller, 1884–1968;
Freund u. Hrsg. der Werke von ↗Kafka; seit
1939 in Tel Aviv. Romane, Essays.
Broda, *Christian,* * 1916; 60/66 u. seit 70
östr. Justizminister (SPÖ).
Broglie (: brolji), *Louis Victor de,* Prinz, frz.

Physiker, * 1892; Theorie der Wellennatur
der Materie; 1929 Nobelpreis.
Brokat *m* (it.), schweres Seidengewebe mit
Gold- u. Silberfäden.
Brom *s,* chem. Element, Zeichen Br, Halogen, Ordnungszahl 35 (☐ 148), dunkelrote,
schwere, stark ätzende Flüssigkeit; kommt
in der Natur nur in Verbindungen vor.
B.verbindungen als Farbstoffe, Arzneimittel
und in der Photographie verwendet.
Brombeere, *Rubus fruticosus,* stacheliger,
rankender Halbstrauch mit schwarzen
wohlschmeckenden Früchten. Wild u. in
Gärten. Die gerbstoffreichen Blätter als Tee.
☐ 747.
Bromberg, polnisch *Bydgoszcz* (: büd-
goschtsch), Hst. der Wojewodschaft B., bedeutendes Ind.-Zentrum am *B.er Kanal,*
zw. Brahe u. Netze, 339 000 E.; TH; Verkehrsknoten. Seit 1919 polnisch.
Bromelien, *Bromeliaceen,* tropisch-am.
Pflanzen, meist auf Bäumen sitzend (Epiphyten), liefern Gespinstfasern u. eßbare
Früchte (Ananas); Zierpflanzen.
Bromfield (: -fild), *Louis,* am. Romanschriftsteller, 1896–1956; *Der große Regen.*
Bronchien (Mz., gr.), die sich verzweigen-
den Luftröhrenäste in den Lungen (Haupt-
äste: *Bronchi,* Nebenäste: *Bronchioli*). Ihre
Entzündung, der *Bronchialkatarrh* od.
Bronchitis, akut od. chron., infolge v. Erkäl-
tungen od. bei anderen Erkrankungen der
Atmungswege, bes. der Lungentuberku-
lose. ☐ 617.
Bronnen, *Arnolt,* östr. Schriftsteller,
1895–1959; begann als expressionist. Dra-
matiker *(Vatermord),* schloß sich dem
Nat.-Soz. an, nach 45 Kommunist; zuletzt
Kritiker in Berlin (Ost).
Brontë (: -ti), engl. Schriftstellerinnen u. Ly-
rikerinnen. 3 Schwestern: **1)** *Anne,* 1820–49.
2) *Charlotte,* 1816–55. **3)** *Emily,* 1818–48.
Brontosaurus *m,* ↗Dinosaurier. ☐ 856.
Bronze *w* (: brõnß͡e, frz.), Legierung von
Kupfer (mindestens 60%) mit Zinn; älteste
Legierung. Vielseit. Verwendung: Glocken,
Geschütze, Statuetten, Münzen, Armaturen,
Drähte, physikal. u. Kunstgeräte. **B.farben,**
meist kupfer- od. zinnhaltige Metallfarben.
B.hautkrankheit ↗Addisonsche Krankheit.
B.krankheit, *B.diabetes,* eine Form der
↗Zuckerkrankheit. **B.zeit,** das urgeschichtl.
Zeitalter zw. Jungsteinzeit u. Eisenzeit; sie
ist gekennzeichnet durch die Verwendung

von B. für Geräte u. Schmuckgegenstände u. dauerte im Orient ca. 2500/1100 v. Chr., in Mitteleuropa ca. 1800/850 v. Chr. Aus dieser Zeit stammen die Hügelgräber, Urnenfelder, Pfahlbauten u. Moordörfer.
Brooklyn (: br<u>u</u>klin), südl. Stadtteil New Yorks, 2,6 Mill. E.
Brosch<u>ü</u>re w (frz.), kleines, heftart. Buch; *broschieren*, Druckbogen ohne Einband heften.
Br<u>o</u>sio, Manlio, it. Politiker, 1897–1980; 1944/46 Min., dann Botschafter, 64–71 Gen.-Sekr. der NATO.
Brot, bildet (außer in den Reisländern) wichtigstes Volksnahrungsmittel. Aus Mehl, vor allem v. Weizen u. Roggen, wird unter Zusatz v. Salz u. Hefe od. Sauerteig der *B.teig* geknetet, einer kurzen Gärung überlassen, dann im Backofen gebacken. Bei der Gärung werden Kohlendioxid u. Alkohol entwickelt, in der Backhitze machen diese den Teig locker, das Eiweiß gerinnt, die Stärke verkleistert, wird an der Oberfläche zu Dextrin u. bräunt sich zur Kruste.
Brotfruchtbaum, überall in den Tropen angebaut; seine kugligen, 2–12 kg schweren, sehr stärkereichen Früchte sind Hauptnahrungsmittel auf den Südseeinseln. □ 748.
Brot für die Welt, Hilfsaktion der EKD für Entwicklungsländer.

Brot: Analyse einiger Brotsorten (jeweils 100 g)

	1	2	3	4
Nährwert (kJ)	1050	985	1190	1590
Nährwert (kcal)	251	235	284	379
Eiweiß	7	7	9	10
Fett*	1	1	1	2
Kohlehydrate*	52	48	58	78
Calcium**	15	35	15	(96)
Phosphor**	95	220	55	(145)
Eisen**	1,0	2,5	0,5	(1,0)
B₁.Vitamin**	0,15	0,15	0,05	0,20
B₂.Vitamin**	0,05	0,15	0,05	(0,10)

1 = Roggenbrot, 2 = Roggenvollkornbrot, 3 = Weizenbrot, 4 = Knäckebrot
* in Gramm   ** in Milligramm

Brouwer (: br<u>au</u>er), *Adriaen*, niederländ. Maler, 1605–38; ausdrucksstarke Volksszenen.
Browning m (: br<u>au</u>-), Selbstladepistole.
Browning (: br<u>au</u>-), **1)** *Elizabeth Barrett-B.*, engl. Lyrikerin, 1806–61; von leidenschaftl.

Bruch: *Die Brucharten:* ——————

gemeiner **B.**	$^3/_4,\ ^5/_6$
Dezimal-**B.** (Nenner Potenz v. 10)	$^2/_{10} = 0{,}2$ $^2/_{100} = 0{,}02$
echter **B.** (Wert <1)	$^1/_4,\ ^1/_5$
unechter **B.** (Wert >1)	$^5/_4,\ ^7/_5$
Stamm-**B.** (Zähler = 1)	$^1/_2,\ ^1/_3,\ ^1/_4$

abgeleitete **B.** (Zähler >1)	$^2/_4,\ ^3/_4$
gleichnamige **B.** (gleiche Nenner)	$^1/_4$ u. $^3/_4$
Kehrwert eines **B.**	$^3/_5$ u. $^5/_3$
gemischte Zahl (ganze Zahl + echter **B.**)	$10^1/_3$

Rechenregeln: ——————

Erweitern (Nenner und Zähler mit der gleichen Zahl multiplizieren)
$$\frac{1 \cdot 5}{3 \cdot 5} = \frac{5}{15}$$

Kürzen (Nenner und Zähler durch die gleiche Zahl dividieren)
$$\frac{5 : 5}{15 : 5} = \frac{1}{3}$$

Multiplikation $\quad \dfrac{a}{b} \cdot \dfrac{c}{d} = \dfrac{a \cdot c}{b \cdot d}$ $\qquad$ **Division** $\quad \dfrac{a}{b} : \dfrac{c}{d} = \dfrac{a \cdot d}{b \cdot c}$

Addition $\quad \dfrac{a}{b} + \dfrac{c}{b} = \dfrac{a+c}{b}$ $\qquad \dfrac{a}{b} + \dfrac{c}{d} = \dfrac{a \cdot d}{b \cdot d} + \dfrac{b \cdot c}{b \cdot d} = \dfrac{ad + bc}{bd}$

Liebeskraft ihre *Sonnets from the Portuguese*. **2)** Ihr Gatte *Robert B.*, 1812–89, phantasievoller Dichter der Viktorian. Zeit.
Brownsche Bewegung (: br<u>au</u>n-), das v. engl. Botaniker *R. Brown* (1773–1858) entdeckte unaufhörl. Zittern aller in Flüssigkeiten od. Gasen schwebenden Teilchen, wird mit steigender Temperatur lebhafter u. rührt v. den wärmebewegten unsichtbaren Molekülen her.
BRT, Abk. für Brutto-↗Registertonne.
Brucel<u>o</u>se w, ansteckende Krankheit bei Mensch u. Haustieren.
Bruch, 1) in der Geologie: eine Verwerfung. **2)** in der Mathematik: das durch den Ausdruck $\frac{a}{b}$ (a geteilt durch b) dargestellte Ergebnis einer Division des *Zählers* a durch den *Nenner* b (die Null als Nenner ausgeschlossen). **3)** in der Medizin: a) ↗Knochen-B. b) Eingeweide-B., *Hernie*, Vortreten v. Darmschlingen in unnormale Bauchausstülpungen am Leistenkanal (*Leisten-B.*) od. am Nabel (*Nabel-B.*) u. a. Schmerzhaft u. gefährl. bei Einklemmung an der Durchtrittsstelle (*B.pforte*). Heilung durch festen Verband (*B.band*) od. Operation. **4)** in der Geographie: Moor.

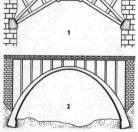

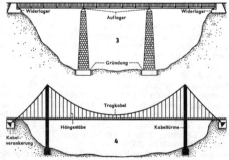

Brücke:
1 Sprengwerkbrücke
2 Stahlbetonbrücke mit aufgestelzter Fahrbahn
3 Balkenbrücke
4 Hängebrücke

Anton Bruckner

Brueghel, Pieter d. Ä.: Selbstbildnis

Bruch, 1) *Max,* dt. Komponist, 1838–1920; Violinkonzerte, Chor- u. Kammermusik. **2)** *Walter,* dt. Ingenieur, * 1908; entwickelte u. a. das PAL-Farbfernsehsystem.
Bruchsal, bad. Stadt nördl. v. Karlsruhe, 37500 E.; Eisenbahnsignal-, Elektromotorenwerke, Tabakwarenfabriken; ehem. Residenzschloß der Fürstbischöfe v. Speyer.
Bruck, 2 östr. Bez.-Städte. **1)** *B. an der Leitha,* Niederöstr., 8000 E. **2)** *B. an der Mur,* Steiermark, 487 m ü. M., 17000 E.
Bruck, *Karl Ludwig* Frh. v., 1798–1860; organisierte als östr. Handelsmin. 1848/51 das Verkehrswesen (Semmeringbahn).
Brücke, dient zur verkehrstechn. Überwindung v. Hindernissen; sie besteht aus Tragwerk u. Fahrbahn *(Überbau)* u. Pfeilern, Widerlagern u. Fundament *(Unterbau).* Nach dem Tragwerk unterscheidet man *Balken- (Fachwerk-)B., Bogen-B.* u. *Hänge-B.;* Ausführung als *Holz-, Stahl-* od. *Massiv-B.* (Stein, Stahlbeton). B.n werden als feste u. als bewegl. B.n *(Dreh-, Hub-, Klapp-B.)* ausgeführt; bei *Schiffs-* od. *Ponton-B.*n ruht die Fahrbahn auf Schwimmkörpern.
Brücke, *Die B.,* 1905 v. Heckel, Kirchner, Schmidt-Rottluff u. a. in Dresden gegr. expressionist. Arbeitsgemeinschaft. Mitgl. auch Nolde, Pechstein, O. Mueller u. a., Hauptaktivität auf dem Gebiet der Graphik.
Brückena**u,** *Bad Brückenau,* bayer. Badestadt in der Rhön, 6500 E.; Stahlquellen.
Brückenechse, eidechsenähnliches Reptil, nur auf Neuseeland, mit Schuppenkamm.
Bruckner, *Anton,* östr. Komponist, 1824–96; Organist in St. Florian, 56 am Dom in Linz, seit 67 Prof. in Wien. Sein Werk verbindet die alte Kirchenmusik (Gregorian. Choral) mit der neuen Orchestersprache zu Hymnen eines „Musikanten Gottes" v. tiefer christl. Gläubigkeit. 9 Symphonien, 3 Messen, Tedeum, 150. Psalm, kleine Chorwerke.
Brüdergemeine, auch *Herrnhuter* nach ihrer 1. Ansiedlung in Sachsen, ev.-pietist. Gemeinschaft, 1727 gegr. v. ↗Zinzendorf; ein dt., engl., nord-, süd-am. u. tschech. Zweig;

Die Maler der „Brücke": (von links) O. Mueller, E. L. Kirchner, E. Heckel, K. Schmidt-Rottluff. Gemälde von Kirchner. Köln, Wallraf-Richartz-Museum

Hauptsitz heute Bad Boll. Tägliche Bibellesung, Liebeswerk, Missionsarbeit.
Bruderschaft, religiöse Vereinigung zu bes. Frömmigkeitsübungen.
Brüderunität, die ↗Brüdergemeine.
Brüder vom gemeinsamen Leben ↗Fraterherren.
Brueghel, *Breughel* (: br**ö**chel), niederländ. Malerfamilie; der hervorragendste, *Pieter* d. Ä., um 1525–69; bes. bäuerl. Szenen u. Jahreszeitenbilder mit großer Fülle der Einzelheiten („Bauern"-B.). Seine Söhne *Pieter* d. J. (1564–1638, wegen Teufelsszenen „Höllen"-B.) u. *Jan* d. Ä. (1568–1625, „Blumen"-B.).
Brügge, frz. *Bruges* (: brü**seh**), Hst. der belg. Prov. Westflandern, am *B.-See-Kanal* (nach Zeebrügge; 12 km lang), 119000 E.; kath. Bischof; Kathedrale (14./16. Jh.), Liebfrauenkirche (12./13. Jh.), Rathaus (14./15. Jh.); Europakolleg; Leinen- und Damast-Ind.
Brüggemann, *Hans,* dt. Bildschnitzer, um 1480–1540; *Bordesholmer Altar.*
brühen, *überbrühen,* mit kochender Flüssigkeit übergießen. [derung.
Brühl *m,* sumpfige, buschbestandene Niederung.
Brühl, nordrhein. Stadt südl. v. Köln, 43000 E.; Schloß Augustusburg; Braunkohle.
Brukterer, german. Stamm an der Ems.
Brüllaffe, gesellig lebender süd-am. Breitnasenaffe; 65–70 cm; laute Stimme. □ 7.
Brumaire *m* (: brümär), der 2. Monat des frz. Revolutionskalenders. □ 294.
Brundage (: br**a**ndid**seh**), *Avery,* am. Sportfunktionär, 1887–1975; 1952/72 Präs. des Internationalen Olymp. Komitees.
Brunei, fr. Sultanat unter brit. Schutz an der NW-Küste v. ↗Borneo, seit 1971 volle innere Autonomie; 5765 km², 201000 E.; Hst. Bandar Seri Begawan, 37000 E.
Brunelleschi (: -l**e**ßki), *Filippo,* it. Architekt,

Die längsten Brücken	Ort	größte Spannweite	Gesamtlänge	Fertigstellung
Verrazano-Narrows-B.	New York	1299 m	2,1 km	1964
Golden-Gate-B.	San Francisco	1277 m	2,7 km	1937
Mackinac-B.	Mackinac-Straße (Michigan-See/Huron-See)	1158 m	8,0 km	1957
Kleiner Belt-B.	Lyngs Odde	1080 m	1,7 km	1970
Bosporus-B.	Istanbul	1074 m	1,6 km	1973
George-Washington-B.	New York	1064 m	3,0 km	1931
Tejo-(Salazar-)B.	Lissabon	1013 m	2,3 km	1967
Firth-of-Forth-B.	Queensferry b. Edinburgh	1006 m	2,5 km	1964
Severn-B.	Aust-Chepstow (England)	988 m	1,6 km	1966
Bundesrepublik Deutschland:				
Kleve-Emmerich	Kleve	500 m	1190 m	1965
Köln-Rodenkirchen	Köln	377 m	567 m	1954
Duisburg-Homberg	Duisburg	350 m	778 m	1970
Köhlbrand-B.	Hamburg	325 m	3975 m	1974
Knie-B.	Düsseldorf	320 m	564 m	1966
Köln-Mülheimer-B.	Köln	314 m	708 m	1951
Severin-B.	Köln	302 m	691 m	1959

1377–1446; Begr. der it. Renaissance; v. ihm in Florenz die achtseitige Kuppel des Domes. ☐ 280, 808.
brünett (frz.), bräunlich, dunkelhaarig.
Brunft, die ↗Brunst.
Brünhilde, Gegnerin Siegfrieds in der Nibelungensage; Wagners Walküre.
brünieren, Metallteile aus Eisen, Messing u. a. mit chem. Mitteln braun od. schwarz färben; Rostschutz.
Brüning, *Heinrich,* 1885–1970; 1930/32 dt. Reichskanzler (Zentrum), seit Okt. 31 auch Außenmin.; suchte der Wirtschaftskrise durch Notverordnungen zu steuern; erreichte Beschränkung der Reparationen; sein Präsidialkabinett durch den Kreis um Hindenburg gestürzt; emigrierte 33 nach den USA (Prof. an der Harvard-Univ.); 51/55 Prof. in Köln; seitdem wieder in den USA.
Brünn, tschech. *Brno,* Hst. v. Mähren (seit 1350), 370000 E.; kath. Bischof; Univ., TH, Tierärztl. Hochschule, Hochschule für Bodenkultur; Woll- u. Baumwoll-Ind. – 1243 dt. Stadtrecht.

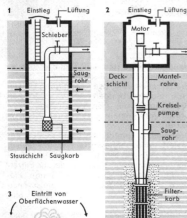

1 Einstieg – Lüftung — Schieber — Saugrohr — Stauschicht — Saugkorb
2 Einstieg – Lüftung — Motor — Deckschicht — Mantelrohre — Kreiselpumpe — Saugrohr
3 Eintritt von Oberflächenwasser — Filterkorb — Filterkies — Undurchlässige lSchicht — Sohlschicht

Brunnen, 1) Anlage zur Trink- u. Nutzwasserentnahme; werden gebaut durch Graben tiefer Schächte, durch Auffangen des Wassers an einer höheren Stelle *(B.stube)* u. Weiterleiten in Röhren, durch Heraufpumpen des Grundwassers od. durch Erbohren gespannten Wassers unter einer undurchläss. Schicht (↗Artes. B.). 2) Heilquelle u. ihr Wasser zu *B.kuren.* **B.kresse,** *Rorippa,* radieschenähnlich schmeckendes Kraut (Kreuzblütler) in Bächen, auch angebaut; als Gewürz, Salat u. Heilkraut. **B.vergiftung,** 1) die vorsätzl. Vergiftung v. Brunnen od. Wasserbehältern; wird als gemeingefährl. Verbrechen mit Freiheitsstrafe bestraft.
2) im übertragenen Sinne Bz. für verleumder. Maßnahmen des polit. Kampfes.
Brunner, *Emil,* schweizer. ref. Theologe,

Heinrich Brüning

1889–1966; seit 1924 Prof. in Zürich, 53/56 Tokio. Mitbegr. der Dialekt. Theologie. Gründete erst mit, später gg. Karl ↗Barth eine sozialethische Richtung der ref. Theologie. HW: *Dogmatik.*
Bruno, Heilige: 1) **Bruno** *(Brun)* (11. Okt.), Erzb. v. Köln, 925–965; Bruder Ks. Ottos I. 2) **B. der Kartäuser** (6. Okt.), Stifter des Kartäuserordens, um 1030–1101. 3) **B.** (Brun) **v. Querfurt** (9. März), OSB, Missionar u. a. in Preußen, um 974–1009; Martyrertod.
Bruno, *Giordano,* it. Philosoph, 1548–1600 (in Rom als Ketzer verbrannt); 63/76 Dominikaner; vertrat eine pantheist. Weltall-Lehre.
Brunsbüttel, holstein. Stadt an der Einmündung des Nord-Ostsee-Kanals in die Unterelbe, 13000 E.; Seeschleuse.
Brunschvicg (: brõ͂ßwik), *Léon,* frz. Philosoph, 1869–1944; idealist. Erkenntnistheorie.
Brunst *w,* Zeit der geschlechtl. Erregung u. Paarung bei Tieren, bei vielen Arten mehrmals, bei andern, namentl. den größeren Säugern, nur einmal im Jahr.
brüsk (frz.), barsch. **brüskieren,** rücksichtslos behandeln.
Brussa, die türk. Stadt ↗Bursa.
Brüssel, frz. *Bruxelles,* Hst. u. Residenzstadt v. Belgien, durch den *B.er Seekanal* mit der Schelde verbunden, 150000 E., m. V. über 1 Mill. E.; Oberstadt (Regierungsstadt) mit frz. Sprache u. Sitte, Unterstadt mehr fläm.; Kathedrale Ste-Gudule (1220/1653), Rathaus (1402/54), Justizpalast (1866/83); Fläm.-Frz. u. internationale Univ., Akademien u. Institute; Sitz mehrerer europ. Behörden; Textil- *(B.er Spitzen),* Luxuswaren-Ind.; Weltausstellung (1958). – Im 12. Jh. Hst. v. Niederlothringen u. Brabant, dann der span. Niederlande, seit 1830 Hst. Belgiens; 1948 Abschluß des ↗Westpaktes.
Brust, oberer Teil des Rumpfes, dessen Gerüst der *B.korb,* aus B.wirbelsäule, den ge-

Brunstzeiten

Rehwild	Mitte Juli bis Aug.
Rotwild	Sept. bis Mitte Okt.
Damwild Gamswild	Oktober Ende Nov. und Dez.
Elchwild Schwarzwild	September November (März)

Brunnen: 1 Schachtbrunnen, 2 Rohrbrunnen, 3 Artesischer Brunnen.

Brüssel: Marktplatz mit Rathaus

lenkig damit verbundenen 12 B.rippenpaaren u. dem B.bein. In der *B.höhle* Herz u. Lungen. ☐ 615/617. **B.bein,** vordere Verbindung der Rippen. Beim Menschen knorpelig, bei Vögeln verknöchert u. stark entwickelt. **B.bräune** ⟋Angina pectoris.

Brüste, *Brustdrüsen,* Milchdrüsen der geschlechtsreifen Frau zu beiden Seiten des Brustbeins, mit der *Brustwarze* (Papille), der Vereinigung der Ausführungsgänge (Milchkanälchen) der Drüsenläppchen, die vom dunkleren Warzenhof umgeben ist. **Brustfell,** *Rippenfell,* die Haut, die den Lungen- u. Brustraum umkleidet. **Brustkrebs,** *Brustkarzinom,* bösartige Geschwulst der weibl. Brustdrüse. **Brusttee,** schleim- u. hustenlösendes Mittel aus Eibisch- u. Veilchenwurzeln, Süßholz, Huflattich, Wollblumen u. Anis.

Brut *w,* Bz. für Eier, Larven u. Junge v. Tieren. **B.knospen,** lösen sich v. der Mutterpflanze u. bilden neue Pflanzen, so bei Farnen auf dem Blatt, bei Feuerlilien in den Blattwinkeln, bei Lebermoosen auf dem Thallus, bei Zwiebeln zw. den Schuppen *(B.zwiebeln).* **B.pflege,** Schutz, Ernährung, Warm- u. Sauberhaltung der B. durch die Eltern. Vögel brüten in Nestern. Meist wärmt das Weibchen die Eier u. wird v. Männchen gefüttert *(Brut i. e. S.).* Beide füttern später die Jungen. B.pflege bei Säugetieren durch Säugen u. Belecken der Jungen. Auch manche Fische u. Insekten treiben B.pflege (Buntbarsche, Bienen). *Künstliche B.* (bei Geflügeleiern) in *B.apparaten* (B.maschinen, -öfen, -schränken), in denen eine gleichmäßige Temperatur eingehalten wird; zur Trocknung der ausgeschlüpften Küken dient die „elektr. Glucke''. Ähnliche *B.schränke* dienen auch zur Bakterienzüchtung. **B.reaktor** ⟋Kernreaktor.

Brutzeiten einiger Vögel (in Tagen)

Feldlerche	11
Kuckuck, Gartengrasmücke	11–13
Amsel	12–17
Kanarienvogel	13–15
Zaunkönig	14–17
Rauchschwalbe	14–16
Kolkrabe	20–21
Haushuhn (12–18 Eier)	20–22
Ente (10–15 Eier)	26–30
Gans (12–15 Eier)	28–32
Afrikanischer Strauß	45–50
Albatros	55–60

brutal (frz.), roh. **Brutalität,** Gewalttätigkeit. **brutto** (it.), **1)** roh, grob. **2)** bei Gewichtsangaben Ware einschließl. Verpackung *(B.gewicht).* **3)** auch Summe ohne Abzug der Kosten *(B.ertrag)* od. Steuern *(B.einkommen).* **Bruttoformel,** *Summenformel,* gibt nur die Anzahl der Atome, nicht aber, die Anordnung im Molekül an. **Brutus, 1)** 1. röm. Konsul (509 v. Chr.), der angebl. den letzten Kg. stürzte. **2)** einer der Mörder Cäsars, 85–42 v. Chr.; Selbstmord nach der Niederlage bei ⟋Philippi. **Brüx,** tschech. *Most,* westböhm. Stadt, 62000 E.; 1956/60 abgerissen, da große

Kohlenlager unter der Stadt, u. weiter südl. neu aufgebaut. Chem. u. Metall-Ind., Hydrierwerk, Gasfernleitung nach Prag. **Bruxelles** (: brüßäl) ⟋Brüssel. **Bruyère** *w* (: brüjär), ⟋Baumheide. **Bryophyllum** *s, Brutblatt,* dickblättr. Zimmerpflanze mit Brutknospen an den Blattrandern. **Bryophyten** (Mz., gr.), botan. Bz. für ⟋Moose. **Bryozoen** (Mz., gr.) ⟋Moostierchen. **Buber,** *Martin,* jüd. Religionswissenschaftler, 1878–1965; 1930 Prof. in Frankfurt a. M., 38/51 in Jerusalem; Religionsphilosoph im Geist des ⟋Chassidismus; übersetzte das AT ins Deutsche. ⟋Zionismus. **Bubo** *m* (gr.), entzündl. Anschwellung der Lymphdrüsen in der Leistengegend. **Bucaramanga,** Hst. der Prov. Santander, in Kolumbien, 323000 E.; Univ., kath. Bischof. **Bucer** ⟋Butzer. **Buch** *s,* fr. Bz. für die Zusammenfassung beschriebener Blätter, heute im allg. ein techn. vervielfältigtes Schriftwerk; bestand fr. aus buchenhölzernen Tafeln, daher der Name. Die Entwicklung des B. reicht v. der Tontafel über die *B.rolle* aus ⟋Papyrus, das ⟋Pergament bis zum Gebrauch des Papiers u. Erfindung des B.drucks mit beweglichen Lettern im 15. Jh. Durch die fortschreitende Industrialisierung im 20. Jh. wurde das B. zur Massenware; bes. der Typ des billigen *Taschen-B.* sucht dem allg. B.bedürfnis nachzukommen. ⟋setzen, ⟋drucken. **Buchara, 1)** ehem. Chanat in Mittelasien, 1868 russ.; 1924 unter 3 Sowjetrepubliken (bes. Usbek. SSR) aufgeteilt. **2)** usbek. Handelsstadt in einer Oase des Serawschan, 185000 E.; Erdöl- u. eines der größten Erdgasvorkommen (Zentren: *Gasli* u. *Dscharkak);* Herkunftsort bekannter Teppiche. **Bucharin,** *Nikolai,* Theoretiker des Bolschewismus u. Vors. der Komintern, 1888–1938; nach Schauprozeß hingerichtet. **Buchberger,** *Michael,* 1874–1961; seit 1927 Bischof v. Regensburg (Titel: Erzb.); u. a. Hrsg. des *Lexikons für Theologie u. Kirche.* **Buchbinderei,** stellt die Bucheinbände her. Die mit Hand od. Maschine gefalzten Bogen werden mittels Heftlade od. Heftmaschine geheftet, auf dem Rücken geleimt (Taschenbücher im Lumbeckverfahren als Einzelblätter am Rücken verleimt), auf den Seiten beschnitten u. mit Deckel u. Rücken aus Papier, Leinwand od. Leder (oft farbig bedruckt u. ausgeschmückt) versehen.

Martin Buber

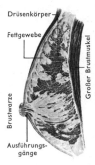

Drüsenkörper
Fettgewebe
Großer Brustmuskel
Brustwarze
Ausführungsgänge

Brüste: Längsschnitt durch eine weibliche Brustdrüse

Buch: Benennung der Teile

Schmutztitel — Titelblatt — Kopfsteg — Außensteg — Bauchbinde — Bundsteg — Überschrift (Rubrik) — Buchseite — Fußsteg — Norm — Satzspiegel — Vorsatz — Schnitt — Schutzumschlag — Buchblock — Rücken — Kapitalband — Einband — Seitenzahl

Buchdruck, das ↗Drucken des in der Setzerei hergestellten Schriftsatzes mit Druckmaschinen auf Papier. **B.er, 1)** Handwerker des B., *Typograph.* **2)** ↗Borkenkäfer.
Buche, *Fagus,* Baumgattung, *Rot-B.* (wegen des rötl.-weißen Holzes), mit getrennt-geschlechtigen Blüten auf gleichem Baum; wichtigster Laubbaum Europas, in geschlossenem Bestand hochstämmig, im freien Stand *(Weid-B.)* breitkronig. Holz hart u. schwer, vielseitig verwendbar; beliebtes Brennholz. Spielarten: Hänge- od. Trauer-, Blut-, Eichen-B. u. a. *Hain-B.* ↗Weiß-B.; *Schwarz-B.,* der ↗Hopfenbaum. □ 400.
Bucheckern, Samen der Buche, zur Schweine-, Geflügelmast u. zur Ölgewinnung.
Buchenwald, nat.-soz. KZ, 8 km nördl. v. Weimar; 1945/50 Internierungslager unter sowjet. Kontrolle.
Bücherlaus, flügelloses Insekt, 2 mm lang, lebt zw. altem Papier, in Insektensammlungen. **Bücherrevisor,** *Buchprüfer,* prüft gewerbsmäßig Geschäfts- u. Rechnungsbücher; als Sachverständiger bei Gerichten öff. vereidigt. **Bücherskorpion,** unschädl. Insekt (Afterskorpion), lebt zw. Büchern, Sammlungen usw. v. Milben, Bücherläusen. **Bücherwurm,** *Bücherbohrer,* schwarzer Käfer mit braunen Flügeln, frißt in Möbeln u. alten Bucheinbänden, klopfende Geräusche. **Bücherzensur, 1)** kirchliche: ↗Index. **2)** staatliche: ↗Zensur.
Buchführung, die zeitl. u. sachl. geordnete Zusammenstellung der Geschäftsvorgänge einer Wirtschaftseinheit. **1)** Die *kaufmännische B.* bedient sich des ↗Kontos. Die *einfache B.* begnügt sich mit der Aufzeichnung der Veränderungen einzelner Vermögens- u. Kapitalwerte (Geld-, Kunden- u. Lieferantenkonten). Diese für kleine Betriebe ausreichende B. kennt meist kein Gewinn- od. Verlustkonto. Die *doppelte B.* erfaßt sämtl. Geschäftsvorfälle nach ihrer Vermögens- u. Erfolgswirkung. Jeder Vorgang muß zweifach (doppelt) gebucht werden, da die beiden Seiten der ↗Bilanz, v. der sie ausgeht, das Betriebskapital nur unter zwei verschiedenen Gesichtspunkten darstellen. Die Aufzeichnung erfolgt im *Buchungssatz:* Warenkonto 100 DM an Kassenkonto 100 DM, d. h., es sind für 100 DM Waren mit Geld aus der Kasse gekauft worden. Aus handels- und steuerrechtl. Gründen besteht B.spflicht für den Vollkaufmann mit bestimmten Formvorschriften. *Arten der B.: it. B.:* überträgt die im Grundbuch (Journal) zeitl. geordneten Geschäftsvorgänge in das Hauptbuch; *dt. B.:* entlastet durch ein Sammelbuch (Journal) das Hauptbuch, in das nur wöchentl. od. monatl. Sammelbeträge übertragen werden; *frz. B.:* gliedert die Grundbücher weitgehend u. überträgt nur Monatssummen in das Hauptbuch; *am. B.:* verwendet ein Tabellenjournal, in dem die Spalten des Grundbuches u. die Einzelkonten des Hauptbuchs nebeneinander geordnet sind; *Durchschreibe-B.:* führt Journal u. Sachkonten gleichzeitig, spart Schreibarbeit. – Bei der *Lochkarten-B.* wird der Buchungstext durch Lochung eingetra-

Buche: Wuchs- und Blattform; F Frucht

gen. **2)** Die *kameralist. B.* (Verwaltungs-B.) weist nach, wie die im Voranschlag festgesetzten Soll-Einnahmen u. Soll-Ausgaben mit den Ist-Einnahmen u. Ist-Ausgaben übereinstimmen.
Buchgeld ↗Giralgeld.
Buchgemeinschaft, *Buchgemeinde,* Verband, der seinen Mitgl. aufgrund jährl. Beitrags bestimmte od. selbstgewählte Bücher gibt; z. B. die 1924 gegr. *Deutsche B.,* die *Büchergilde Gutenberg,* die 1925 gegr. *Bonner Buchgemeinde, Bertelsmann-Lesering, Deutscher Bücherbund, Herder-Buchgemeinde, Europäische Bildungsgemeinschaft.*
Buchhaltung, in Betrieben Abt. für die ↗Buchführung.
Buchholz in der Nordheide, niedersächs. Stadt in der Lüneburger Heide, 28 000 E.; Luftkurort, Eisenwerk, chem. Industrie.
Buchhypothek ↗Hypothek.
Buchmacher, der gewerbsmäßig, staatl. zugelassene Unternehmer in Rennwetten.
Buchmalerei (auch *Miniaturmalerei* gen., nach dem roten Farbstoff [*minium* = Mennige], mit dem Randleisten, Initialen u. ä. in künstler. gestalteten Handschriften des MA ausgemalt wurden). Illustration v. Handschriften. An die byzantin. B. knüpfte die karoling. u. otton. Zeit an mit höchst vollendeten Miniaturen. Seit dem 14. Jh. entstanden die herrl. Erzeugnisse der fläm., burgund. u. böhm. B. in Wechselwirkung mit der Tafelmalerei. □ 421, 585.
Buchman (: bɐkmᵃn), *Frank,* am. luth. Theologe, 1878–1961; gründete die Oxford-Gruppen-Bewegung *(Moralische Aufrüstung).*
Büchmann, *Georg,* dt. Philologe, 1822–84; Zitatensammlung: *Geflügelte Worte.*
Büchner, 1) *Georg,* dt. Dichter, 1813–37; weiterweisende soziale u. geschichtl. Dramen: *Woyzeck, Dantons Tod;* Lustspiel *Leonce u. Lena;* Novelle *Lenz;* polit. Eintreten für den „vierten Stand": *Der hess. Landbote.* **2)** *Ludwig,* Arzt, Bruder v. 1), 1824–99; schroffer Materialist.
Buchprüfer ↗Bücherrevisor.
Buchs, *B.baum,* Strauch od. Baum mit immergrünen Blättern, in zahlr. Formen Zierpflanze, bes. zu Einfassungen; Holz zu Holzschnitten, Blasinstrumenten, Drechslerwaren.
Buchschuld, 1) Schuldverhältnis, das sich ledigl. durch den Eintrag in den Geschäftsbüchern ergibt. **2)** eine in öff. Büchern (z. B. im Grundbuch) eingetragene Schuld. **3)** Form einer öff. Anleihe, die in ein Staats-

Buchführungsformen:

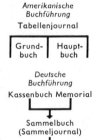

Amerikanische Buchführung
Tabellenjournal

Grund- buch	Haupt- buch

Deutsche Buchführung
Kassenbuch Memorial

↓

Sammelbuch
(Sammeljournal)

↓

Hauptbuch

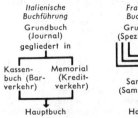

Italienische Buchführung
Grundbuch
(Journal)
gegliedert in

Kassen- buch (Bar- verkehr)	Memorial (Kredit- verkehr)

↓

Hauptbuch

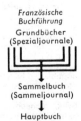

Französische Buchführung
Grundbücher
(Spezialjournale)

Sammelbuch
(Sammeljournal)

↓

Hauptbuch

Büchse. Bei der Jagd verwendete Arten von mit Flinten kombinierten B.n: 1 Büchsflinte, 2 Drilling, 3 Doppelbüchsdrilling, 4 Bockbüchsflinte, 5 Doppelbüchse

Pearl S. Buck

Budapest: die Kettenbrücke über die Donau, im Hintergrund der Dom

schuldbuch eingetragen wird, bes. geschützt.

Büchse, 1) ein Jagdgewehr mit gezogenem Lauf u. Langgeschoß; die *Büchsflinte* hat sowohl gezogenen als auch glatten Lauf. **2)** ein auswechselbares Lagerelement.

Buchstabe *m*, Schriftzeichen für einen Sprachlaut, z. T. auch für mehrere Laute. Häufige Abweichung v. den heute gesprochenen Lauten (histor. Schreibung). Wortherkunft: v. „Buche" u. „Stab" (↗Runen).

Buchweizen, Knöterichgewächs, Getreidekraut mit bucheckernähnl. Früchten, bes. zu Grieß u. Grütze, gemahlen auch zu Brot; angepflanzt in Heidegegenden („Heidenkorn") u. im hohen Norden bis 70° n. Br.

Buck (: bak), *Pearl S.,* am. Schriftstellerin, 1892–1973; lebte lange in China; Romane über chines. Alltagsleben; 1938 Nobelpreis. *Die gute Erde.*

Bückeberge *w,* Seitenkette des Wesergebirges, bis 367 m hoch. Steinkohlenlager.

Bückeburg, Stadt in Niedersachsen, 22 000 E.; Renaissanceschloß; Metall-Ind.

Buckingham (: bak'ng^am), engl. Herzogsgeschlecht. **B.palast,** Residenz des engl. Königs in London.

Bückling, geräucherter Hering.

Buckram *m* (: bakr^em, engl.), ein Steifleinen für Bucheinbände.

Buckwitz, *Harry,* dt. Regisseur u. Intendant, * 1904; 61–68 Generalintendant in Frankfurt a. M., 70/77 künstler. Leiter des Zürcher Schauspielhauses; besonders durch seine Brecht-Inszenierungen bekannt.

Budapest (: -pescht), Hst., Kultur-, Handels- u. Verkehrszentrum Ungarns, 2,1 Mill. E.; auf r. Steilufer der Donau die Altstadt *Buda* od. *Ofen* mit Schloß u. Regierungsgebäuden, auf dem l. Flachufer die Kaufmanns- u. Geschäftsstadt *Pest,* mit Parlament. Stefansdom; Univ., TH, Nationalmuseum; Mineralquellen. – Buda seit 15. Jh. Residenz, 1541/1686 türk.; 1872 Buda u. Pest vereinigt.

Buddha, *Siddharta Gautama,* ind. Religionsstifter, um 560 bis um 480 v. Chr.; Gedanken über Tod u. Leid führten ihn zu einer 7jähr. Askese; dann erkannte er als „Buddha" (= Erwachter) den „mittleren Pfad" zw. Lebensbejahung u. Selbstpeinigung. Grundgedanke seiner Lehre: Es gibt kein beharrendes Sein. Seine Anhänger bil-

Buddhismus: Bronzestatue des „Großen Buddha" (Kamakura, Japan)

deten eine Mönchsgemeinde. B.s Kult (Verehrung v. Statuen) u. Lehre wurden Mittelpunkt des *Buddhismus.* **Buddhismus,** die v. *Buddha* gestiftete Heilslehre u. Gemeinde mit nahezu hundert Mill. Anhängern, Laien u. Mönchen. Für den südl. (atheist.) *Hinayana-B.* (B. des „kleinen Fahrzeugs") auf Ceylon, in Birma und Thailand ist *Buddha* nur Lehrer; für den nördl., fast monotheistischen *Mahayana-B.* (B. des „großen Fahrzeugs") in Mongolei, Tibet u. Japan gilt Buddha als Gott. Die Grundlage des B. bilden die 4 „edlen Wahrheiten": Alles ist Leiden, Werden u. Vergehen; Wiedergeburt u. Vergeltung gemäß dem ewigen Weltgesetz; Der Mensch ist die Ursache des Leidens, da er am Dasein hängt, selbst Dasein schafft. 10 Gebote führen auf dem 8teil. Pfad ins Nirwana, zur Erlösung v. den Wiedergeburten; sie verbieten jedes Töten, Diebstahl, Ehebruch, Lüge u. berauschende Getränke; Sonderverbote für Mönche. Erkenntnis u. Selbstzucht bereiten die „Versenkung" vor u. befreien v. der Daseins-Begierde. Selbst der Wille zum sittl. Handeln muß überwunden werden. Der theist. B. jedoch fordert die Barmherzigkeit.

Budget *s* (: büdsche, frz.), ↗Haushaltsplan.

Büdingen, hess. Stadt, 17 200 E.; Basalt-, Sandsteinindustrie. Luftkurort.

Budweis, tschech. *České Budějovice,* südböhm. Bez.-Stadt, 88 200 E.; Bahnknoten, Bleistift-, Metall-Ind.; kath. Bischof.

Buenaventura, Haupthafen Kolumbiens, 116 000 E.; Kaffee- und Zuckerausfuhr.

Buenos Aires (: b^we-), Hst. v. Argentinien, am La-Plata-Strom, Hafen. Handels-, Verkehrs- u. Ind.-Zentrum, 3 Mill. E., m. V. 9 Mill. E.; National-Univ. u. Kath. Univ.; kath. Erzb.

Buffa *w* (it.), Posse, Schwank; *opera b.,* komische Oper.

Buffalo (: baf^elo), Ind.-Stadt im Staat New York (USA), am Eriesee, Hafen, 465 000 E., m. V. 1,3 Mill. E.; Univ.; kath. Bischof.

Büffel, Gattung der Rinder, wild lebend, mit gebogenen Hörnern. *Asiat B.,* Zugtier. *Kaf-*

fern-B., in Afrika, unzählmbar. *Amerik. B.*, der ↗Bison. **B.gras**, das beste Weidegras der nord-am. Prärien.
Buffet *s* (: büfe, frz.), *Büfett*, Anrichteschrank, Schanktisch.
Buffet (: büfe), *Bernard*, frz. Maler u. Graphiker, *1928; expressionist. Stil; auch Drahtplastiken (Insekten).
Buffo *m* (it. = drollig), Sänger der kom. Rollen in der Oper.
Buffon (: büfõ), *Georges-Louis* Leclerc de, frz. Naturwissenschaftler, 1707–88; HW: *Histoire naturelle* (40 Bde.).
Bug *m*, 1) *Gelenkbug*, Schulterstück der Tiere. 2) Vorderteil des Schiffes. **B.spill**, Ankerwinde auf dem Bug. **B.spriet**, schräg ragender Mast am Bug.
Bug *m*, 1) *westl. Bug*, Nebenfluß der Weichsel, 775 km lang. 2) *südl. Bug*, ukrain. Fluß, 857 km lang.
Bügeleisen, meist elektr. Gerät zum Glätten v. Textilien, mit thermostat. Einhaltung einer vorgewählten optimalen Temperatur; oft als Dampf-B. mit Wasserfüllung.
Bugenhagen, *Johannes*, 1485–1558; Reformator in Nord-Dtl.; Freund Luthers.
Buggy *s* (: bagi, engl.), hochrädriger einspänniger Wagen.
bugsieren, (am Bug) ins Schlepptau nehmen.
Buhl, *Hermann*, östr. Bergsteiger, 1924–57; bestieg als erster im Alleingang den Nanga Parbat (53) u. den Broad Peak (57).
Bühl, mittelbad. Stadt, 21 800 E.; Mutterhaus der Niederbronner Schwestern; Obst, Wein, Konserven.
Buhne *w*, dammartige Querbauten in die See od. in Flüsse.
Bühne ↗Theater.
Buisson (: büisõ), *Ferdinand*, frz. Pädagoge u. Politiker, 1841–1932; Friedensnobelpreis 1927.
Buitenzorg (: beutensorch) ↗Bogor.
Bukarest, rumän. *Bucureşti*, Hst. Rumäniens, in der Steppe der Walachei, 1,8 Mill. E.; orth. Patriarch, kath. Erzb.; Univ., TH. Zentrum der rumän. Wirtschaft.
Bukett *s* (frz.), 1) Blumenstrauß. 2) Blume des Weines, d. h. sein Gehalt an Duftstoffen.
Bukolik *w*, antike Hirtendichtung. **bukolisch**, ländlich, einfach.

G.-L. de Buffon

Bulgarien

Amtlicher Name:
Narodna Republika
Bålgaria

Staatsform:
Volksrepublik

Hauptstadt:
Sofia

Fläche:
110 912 km²

Bevölkerung:
8,76 Mill. E.

Sprache:
Bulgarisch

Religion:
80% bulgarisch-
orth. Christen,
muslim. Minderheit

Währung:
1 Lew = 100 Stótinki

Mitgliedschaften:
UN, Warschauer Pakt,
RgW

Bukarest: polygraph.
Kombinat „Haus der
Wissenschaft"

Bukowina, nördlicher Teil v. Rumänien, 10 440 km², etwa 800 000 E.; 80 000 Deutsche 1940 umgesiedelt. Nordteil mit Czernowitz kam 1940 an die Ukrain. SSR.
Bukowski, *Wladimir*, sowjet. Schriftsteller, * 1942; führend in der Bürgerrechtsbewegung der UdSSR; wegen öff. Kritik an Verstößen gg. die Menschenrechte mehrfach zu Gefängnis, Arbeitslager u. Zwangsaufenthalt in psychiatr. Kliniken verurteilt (zuletzt 1972); seit 76 im Exil. *Erzählungen.*
Bulganin, *Nikolai*, Marschall der UdSSR, 1895–1975; 1947/49 u. 53 Verteidigungsmin., 55/58 Min.-Präs.; aus dem ZK ausgeschlossen.
Bulgarien, VR im O der Balkanhalbinsel zw. Donau, Schwarzem Meer, Griechenland u. Jugoslawien. Nördl. des v. W nach O das Land durchquerenden Balkangebirges senkt sich die lößbedeckte Nordbulgar. Platte bis zur Donau. Nach S geht das Gebirge über in eine Folge v. Becken, die durch waldbedeckte Mittelgebirge v. großen Südbulgar. Becken (Maritzaebene) getrennt sind. Durch das Rhodopegebirge im S ist B. gg. die Ägäis abgeschlossen. – 55% der Bev. betreiben Landwirtschaft, die unter sowjet. Einfluß fast ganz kollektiviert ist (Weizen, Mais, Sonnenblumen [zur Ölgewinnung], Baumwolle, Zuckerrüben, Tomaten). Auf den Gebirgsweiden Schaf- u. Ziegenhaltung. Wenig Bodenschätze: Braunkohlen bei Dimitrovo, Blei- u. Zinkerze im Rhodopegebirge. Die Ind., ebenfalls sozialisiert, konzentriert sich um Sofia. – Die *Bulgaren*, urspr. ein türk. Volk an der Wolga, verschmolzen mit den im 6. Jh. n. Chr. eingewanderten Slawen u. gründeten 679 ein Reich zw. Donau u. Balkan. 864 Annahme des östl. Christentums, 971 u. 1018 v. Byzanz unterworfen. 1393 erlag B. den Türken. Nationale Bewegung seit dem 18. Jh., 1878 Ftm. unter türk. Oberhoheit, 1908 souveränes Kgr. (durch Fürst Ferdinand v. Sachsen-Coburg). Im 1. Balkankrieg Hauptträger des Kampfes gg. die Türkei; im 2. verlor B. die südl. Dobrudscha an Rumänien. Im 1. Weltkrieg auf seiten der Mittelmächte; 18 Abdankung Ferdinands, dem sein Sohn Boris III. u. dessen Sohn Simeon II. (* 1937) folgten. Im 2. Weltkrieg auf dt. Seite, 44 Einmarsch der Sowjets, 46 VR unter sowjet. Einfluß. Der Pariser Friede 47 beließ die südl. Dobrudscha bei Bulgarien. 71 neue Verf. (seither Sozialist. Rep.). – Staatsoberhaupt Todor Schiwkoff.
Bullauge, rundes Fenster an Schiffen.
Bulldogge, mittelgroße ↗Dogge; vorzügl. Begleithund; in Dtl. als ↗Boxer. Zwergformen: engl. u. frz. *Zwerg-B.* u. ↗Mops.
Bulldozer *m* (:-sᵉr, engl.), schweres Fahrzeug zum Wegräumen v. lockeren Erdmassen, meist Kettenantrieb. ↗Planierraupe.
Bulle *m*, *Stier*, männl. Zuchtrind.
Bulle *w* (lat.), 1) Siegel einer Urkunde; diese selbst. 2) feierl. päpstl. Schreiben.
Bulletin *s* (: bültän, frz.), 1) Tages-, namentl. Krankheitsbericht. 2) amtl. Veröffentlichung.
Bullinger, *Heinrich*, 1504–75; Schweizer Reformator; Nachfolger Zwinglis in Zürich.

Andreas von Bülow

Rudolf K. Bultmann

Bülow, 1) *Andreas v.,* dt. Politiker (SPD) * 1937; seit 80 Bundes-Min. für Forschung u. Technologie. **2)** *Bernhard* Fürst v., 1849 bis 1929; 1900/09 dt. Reichskanzler, schwankende Politik; *Denkwürdigkeiten.* **3)** *Hans Guido v.,* dt. Dirigent u. Pianist, 1830–94; Schüler v. Liszt; dessen Tochter Cosima erst seine, dann R. Wagners Gattin.
Bultmann, *Rudolf Karl,* dt. luth. Theologe, 1884–1976; Vertreter der Dialektischen Theologie u. der ↗Entmythologisierung.
Bulwer, *Edward George* Lord Lytton, engl. Politiker u. Schriftsteller, 1803–73; histor. Romane *(Die letzten Tage von Pompeji).*
Bumbry (: bạmbr'), *Grace,* am. Sängerin, * 1937; Altistin; 61 als erste farbige Sängerin bei den Bayreuther Festspielen.
Bumerang *m,* ein gebogenes Wurfholz der austral. Eingeborenen, kehrt durch eigentüml. Drehbewegung zum Werfer zurück.
Buna *s,* künstl. Kautschuk, aus **Bu**tadien u. **Na**trium. ,,Buna S'' (Mischpolymerisat aus Butadien und Styrol) hitze- u. alterungsbeständig, für Bereifung u. elektr. Kabel, ,,Perbunan'' (aus Butadien u. Acrylnitril) hochelast., schalldämpfend, quellfest gegen Öle.
Bunche (: bantsch), *Ralph,* am. Politiker, 1904–71; 50 Friedensnobelpreis für Vermittlung im Palästinakonflikt, 60 u. 62/63 Sonderbotschafter der UN im Kongo.
Bund der Heimatvertriebenen und Entrechteten (BHE) ↗Gesamtdt. Block/BHE.
☐ 726. **Bund der Steuerzahler,** sucht durch Einflußnahme auf Steuergesetzgebung u. Kontrolle der öff. Ausgaben die Interessen der Steuerzahler zu wahren u. gg. Über-

griffe der Finanzverwaltung zu schützen, Sitz Wiesbaden. **B. der Vertriebenen** (BdV), 1957 gegr. Interessenvertretung, Sitz Bonn.
Bünde, westfäl. Stadt im Weserbergland, 40 000 E.; Tabak-Ind., Möbelfabriken.
Bundes...: B.amt für Verfassungsschutz, polit. Nachrichtendienst, der Material über Vorgänge sammelt, die die verfassungsmäß. Ordnung in der BRD gefährden; ohne polizeil. Befugnisse, Sitz Köln. **B.anstalt für Arbeit** (bis 1969 *B.anstalt für Arbeitsvermittlung und Arbeitslosenversicherung),* ↗Arbeitslosenversicherung, ↗Arbeitsverwaltung. **B.anwaltschaft,** die Staatsanwaltschaft beim ↗B.gerichtshof. **B.anzeiger,** amtl. Verkündigungsblatt der BRD für Verordnungen v. nicht wesentl. od. dauernder Bedeutung. **B.arbeitsgericht,** oberstes ↗Arbeitsgericht in der BRD für Revisionen gg. Urteile der Landesarbeitsgerichte, Sitz Kassel. **B.archiv,** offizielles Archiv für geschichtl. wichtige Akten der BRD; enthält auch Akten des ehem. Reichsarchivs, Sitz Koblenz. **B.ausgleichsamt,** Bundesbehörde für Leistungen aus dem ↗Lastenausgleich, Sitz Bad Homburg v. d. Höhe. **B.bahn** ↗Dt. B.bahn. **B.betriebe,** öff. Unternehmen, an denen die BRD ganz od. überwiegend das Eigentum besitzt. **B.distrikt,** in B.staaten das bundeseigene Territorium als Sitz der B.behörden, so z. B. in den USA die Stadt Washington. **B.finanzhof,** oberstes Gericht in der BRD für Rechtsstreitigkeiten zw. Bürgern und Verwaltung über Steuern, Zölle und sonstige Abgaben, Sitz München. **B.gericht,** höchstes Gericht der Schweiz, Sitz Lausanne, entspricht dem B.verfassungsgericht in der BRD. **B.gerichtshof** (BGH), höchstes Gericht in der BRD, Sitz Karlsruhe; zuständig bei Zivilsachen für Revision gg. Urteile der Oberlandesgerichte, bei Strafsachen gg. Urteile der Strafkammern od. Schwurgerichte, ferner bei ↗Landesverrat u. ↗Staatsgefährdung. **B.gesetzblatt** (BGBl), **1)** amtl. Verkündigungsblatt der BRD für Ges. u. wichtige Verordnungen. **2)** In Östr. amtl. Verkündigungsblatt für Gesetze, Verordnungen u. ä. **B.gesetzgebung,** Gesetzgebung des B. in der BRD, geregelt im GG. *Ausschließl. Gesetzgebung* bei Außenpolitik, Verteidigung, Währung, Paß- u. Zollwesen, B.bahn, B.post u. Fernmeldewesen, Luftverkehr, in anderen Fällen nur, wenn Bedürfnis für eine einheitl. Regelung im ganzen B.gebiet besteht u. die Gesetzgebung der Länder diesem Bedürfnis nicht entspricht (sog. *konkurrierende Gesetzgebung,* z. B. für die Hauptgebiete des Rechts).
B.grenzschutz, 1951 zur Überwachung der Grenze der BRD aufgestellte Polizeitruppe; wird in Fällen des inneren Notstandes im gesamten B.gebiet eingesetzt. **B.jugendplan,** seit 1950 jährl. Maßnahme der Regierung der BRD zur Förderung der Jugend (Berufsförderung, Jugendverbände usw.).
B.jugendring ↗Jugendverbände. **B.kanzler, 1)** 1867/70 im Norddt. Bund der oberste Leiter der B.politik. **2)** Der Regierungschef in der BRD, vom B.präs. vorgeschlagen u. vom B.tag gewählt; kann v. diesem nur durch konstruktives ↗Mißtrauensvotum gestürzt

Bundesgesetzgebung
Ordentlicher Gesetzgebungsweg

Ausübung des Gesetzgebungsrechts durch die gewählten Vertreter des Volkes

GESETZESVORLAGE kann einbringen

| Bundestag (mind. 15 Abgeordnete) | Bundesregierung (Regierungsvorlage) | Bundesrat (Bundesratsvorlage) |

BUNDESRAT 1. Durchgang
hat Recht zur Stellungnahme innerhalb 3 Wochen

BUNDESREGIERUNG
nimmt hierzu ihrerseits Stellung

BUNDESTAG
1. Lesung: Einbringung und Begründung der Vorlage, Stellungnahme der Fraktionen
Ausschußberatungen im zuständigen Fachausschuß des Bundestages
2. Lesung: Ausschußbericht, Beratung und Abstimmung über die einzelnen Paragraphen
3. Lesung: Schlußabstimmung über das ganze Gesetz = GESETZESBESCHLUSS

BUNDESRAT 2. Durchgang

| Zustimmungsgesetze | | einfache Gesetze |
| Erteilung der Zustimmung | Zwischenverfahren bei Anrufung des Vermittlungsausschusses | keine Anrufung |

BUNDESREGIERUNG
Gegenzeichnung durch zuständigen Bundesminister und Bundeskanzler

BUNDESPRÄSIDENT
Ausfertigung des Gesetzes — GESETZESVERKÜNDUNG IM BGBL.
mit Gesetzeskraft für das Volk im Bundesgebiet

Die Regierungen der Bundesrepublik Deutschland

	1. Bundestag Wahl: 14.8.1949	2. Bundestag Wahl: 6.9.1953	3. Bundestag Wahl: 15.9.1957	4. Bundestag Wahl: 17.9.1961	(im Amt seit 17.11.1963)	5. Bundestag Wahl: 19.9.1965	(im Amt seit 1.12.1966)	6. Bundestag Wahl: 28.9.1969	7. Bundestag Wahl: 19.11.1972	(im Amt seit 17.5.1974)	8. Bundestag Wahl: 3.10.1976	9. Bundestag Wahl: 5.10.1980
Koalition	Koalition aus CDU, CSU, FDP und DP	Koalition aus CDU, CSU, FDP, GB/BHE[1] und DP	Koalition aus CDU, CSU, DP[2]	Koalition aus CDU, CSU, FDP	Koalition aus CDU, CSU, FDP	Koalition aus CDU, CSU, FDP[3]	Koalition aus CDU, CSU, SPD	Koalition aus SPD und FDP	Koalition aus SPD und FDP	Koalition aus SPD und FDP	Koalition aus SPD und FDP	Koalition aus SPD und FDP
im Amt	im Amt seit 20.9.1949	im Amt seit 20.10.1953	im Amt seit 28.10.1957	im Amt seit 14.11.1961	im Amt seit 17.11.1963	im Amt seit 26.10.1965	im Amt seit 1.12.1966	im Amt seit 22.10.1969	im Amt seit 15.12.1972	im Amt seit 17.5.1974	im Amt seit 15.12.1976	im Amt seit 5.11.1980
Bundeskanzler	K. Adenauer[4] CDU Wahl: 15.9.1949	K. Adenauer[4] CDU Wahl: 9.10.1953	K. Adenauer[4] CDU Wahl: 22.10.1957	K. Adenauer[4] CDU Wahl: 7.11.1961	L. Erhard CDU Wahl: 16.10.1963	L. Erhard CDU Wahl: 20.10.1965	K. G. Kiesinger CDU Wahl: 1.12.1966	W. Brandt SPD Wahl: 21.10.1969	W. Brandt SPD Wahl: 15.12.1972	H. Schmidt SPD Wahl: 16.5.1974	H. Schmidt SPD Wahl: 15.12.1976	H. Schmidt SPD Wahl: 5.11.1980
Stellvertreter des Bundeskanzlers (Vizekanzler)	F. Blücher[5] FDP	F. Blücher[5] FDP	L. Erhard CDU	L. Erhard CDU	E. Mende FDP	E. Mende FDP	W. Brandt SPD	W. Scheel FDP	W. Scheel FDP	H.-D. Genscher FDP	H.-D. Genscher FDP	H.-D. Genscher FDP
Bundesminister des Auswärtigen (Ministerium am 15.3.1951 errichtet)	K. Adenauer[4] CDU seit 6.3.1951: H. v. Brentano CDU	H. v. Brentano CDU	H. v. Brentano CDU	G. Schröder CDU	G. Schröder CDU	G. Schröder CDU	W. Brandt SPD	W. Scheel FDP	W. Scheel FDP	H.-D. Genscher FDP	H.-D. Genscher FDP	H.-D. Genscher FDP
Bundesminister des Innern	G. Heinemann CDU seit 11.10.1950: R. Lehr CDU	G. Schröder CDU	G. Schröder CDU	H. Höcherl CSU	H. Höcherl CSU	P. Lücke CDU	P. Lücke CDU seit 2.4.1968: E. Benda CDU	H.-D. Genscher FDP	H.-D. Genscher FDP	W. Maihofer FDP	W. Maihofer FDP seit 8.6.1978: G. R. Baum	G. R. Baum FDP
Bundesminister der Justiz	Th. Dehler FDP	F. Neumayer[5] FDP seit 16.10.1956: H. J. v. Merkatz[2] DP	F. Schäffer CSU	W. Stammberger FDP seit 13.12.1962: E. Bucher FDP	E. Bucher FDP seit 1.12.1965: K. Weber CDU	R. Jaeger CSU	G. Heinemann SPD seit 26.3.1969: H. Ehmke SPD	G. Jahn SPD	G. Jahn SPD	H.-J. Vogel SPD	H.-J. Vogel SPD	H. J. Vogel SPD seit 28.1.1981: J. Schmude SPD
Bundesminister der Finanzen	F. Schäffer CSU	F. Schäffer CSU	F. Etzel CDU	H. Starke FDP seit 13.12.1962: R. Dahlgrün FDP	R. Dahlgrün FDP	R. Dahlgrün FDP seit 27.10.1966: K. Schmücker[4] CDU	F. J. Strauß CSU	A. Möller SPD seit 13.5.71: K. Schiller[4] SPD seit 7.7.72: H. Schmidt SPD	H. Schmidt SPD	H. Apel SPD	H. Apel SPD seit 16.2.1978: H. Matthöfer SPD	H. Matthöfer SPD
Bundesminister für Wirtschaft	L. Erhard CDU	L. Erhard CDU	L. Erhard CDU	L. Erhard CDU	K. Schmücker CDU	K. Schmücker[4] CDU	K. Schiller SPD	K. Schiller[4] SPD seit 7.7.1972: H. Schmidt SPD	H. Friderichs FDP	H. Friderichs FDP	H. Friderichs FDP seit 7.10.1977: O. Graf Lambsdorff FDP	O. Graf Lambsdorff FDP
Bundesminister für Ernährung, Landwirtschaft und Forsten	W. Niklas CSU	H. Lübke CDU	H. Lübke CDU seit 20.11.1959: W. Schwarz CDU	W. Schwarz CDU	W. Schwarz CDU	H. Höcherl CSU	H. Höcherl CSU	J. Ertl FDP	J. Ertl FDP	J. Ertl FDP	J. Ertl FDP	J. Ertl FDP
Bundesminister für Arbeit / **Bundesminister für Arbeit und Sozialordnung** (Ministerium errichtet am 6.6.1965)	A. Storch CDU	A. Storch CDU	Th. Blank CDU	Th. Blank CDU	Th. Blank CDU	H. Katzer CDU	H. Katzer CDU	W. Arendt SPD	W. Arendt SPD	W. Arendt SPD	H. Ehrenberg SPD	H. Ehrenberg SPD
Bundesminister der Verteidigung (Ministerium errichtet am 6.6.1955)	–	Th. Blank CDU seit 16.10.1956: F. J. Strauß CSU	F. J. Strauß CSU	F. J. Strauß CSU seit 13.12.1962: K.-U. v. Hassel CDU	K.-U. v. Hassel CDU	K.-U. v. Hassel CDU	G. Schröder CDU	H. Schmidt SPD	G. Leber SPD	G. Leber SPD	G. Leber SPD seit 16.2.1978: H. Apel SPD	H. Apel SPD
Bundesminister für Verkehr	H.-Ch. Seebohm DP	H.-Ch. Seebohm DP	H.-Ch. Seebohm DP; seit Sept. 1960: CDU	H.-Ch. Seebohm CDU	H.-Ch. Seebohm CDU	H.-Ch. Seebohm CDU	G. Leber SPD	G. Leber SPD seit 7.7.1972: L. Lauritzen SPD	L. Lauritzen SPD	K. Gscheidle[4] SPD	K. Gscheidle[4] SPD	V. Hauff SPD
Bundesminister für das Post- und Fernmeldewesen	H. Schubert CSU	seit 9.12.1953: S. Balke parteilos; s. 1.1.54 CSU; s. 14.11.56: E. Lemmer CDU	R. Stücklen CSU	R. Stücklen CSU	R. Stücklen CSU	R. Stücklen CSU	W. Dollinger CSU	G. Leber[4] SPD seit 7.7.1972: L. Lauritzen[4] SPD	H. Ehmke SPD	K. Gscheidle[4] SPD	K. Gscheidle[4] SPD	K. Gscheidle[4] SPD

B. für Wiederaufbau:
E. Wildermuth FDP, †9.3.1952, seit 16.7.52: F. Neumayer FDP

Bundesminister für Wohnungsbau:
V.-E. Preusker[5] FDP | P. Lücke CDU | P. Lücke CDU

Bundesminister für Wohnungsbau, Städtebau und Raumordnung:
P. Lücke CDU | E. Bucher FDP seit 27.10.1966: B. Heck[4] CDU | L. Lauritzen SPD

B. für Städtebau u. Wohnungswesen:
L. Lauritzen[4] SPD

B. für Raumordnung, Bauwesen und Städtebau:
K. Ravens SPD | K. Ravens SPD seit 16.2.1978: D. Haak SPD | D. Haak SPD

B. für Vertriebene:
H. Lukaschek CDU

Bundesminister für Vertriebene, Flüchtlinge und Kriegsgeschädigte:
Th. Oberländer GB/BHE, seit März 1956: CDU | W. Mischnick FDP | Th. Oberländer GB/BHE seit 27.10.1960: H.-J. v. Merkatz[4] CDU

Bundesminister für gesamtdeutsche Fragen:
J. Kaiser CDU | E. Lemmer CDU | E. Lemmer CDU s.13.12.62: R. Barzel(CDU) | E. Mende FDP | E. Mende FDP s.27.10.66: J.B. Gradl[4] CDU | H. Wehner SPD

B. für innerdeutsche Beziehungen:
E. Franke SPD | E. Franke SPD | E. Franke SPD | E. Franke SPD | E. Franke SPD

B. für den Marshall-Plan:
F. Blücher FDP

B. für wirtschaftl. Zusammenarbeit:
F. Blücher[5] FDP

Bundesminister für wirtschaftliche Zusammenarbeit:
W. Scheel FDP | W. Scheel FDP seit 27.10.1966: W. Dollinger[4] CSU | H.-J. Wischnewski SPD seit 2.10.1968: E. Eppler SPD | E. Eppler SPD | E. Eppler SPD seit 8.7.1974: E. Bahr SPD | E. Bahr SPD | R. Offergeld SPD

B. für Angelegenheiten des Bundesrates:
H. Hellwege DP / H.-J. v. Merkatz[4] DP

Bundesminister für Angelegenheiten des Bundesrates und der Länder:
H.-J. v. Merkatz CDU seit 13.12.1962 / A. Niederalt CSU | A. Niederalt CSU | Carlo Schmid SPD

Bundesminister für Familien- und Jugendfragen:
F.-J. Wuermeling CDU | F.-J. Wuermeling CDU

Bundesminister für Familie und Jugend:
F.-J. Wuermeling CDU seit 13.12.1962: B. Heck CDU | B. Heck CDU | B. Heck CDU seit 27.10.1968: Ae. Bräuksiepe CDU | K. Strobel SPD

Bundesminister für Jugend, Familie und Gesundheit:
K. Strobel SPD | K. Focke SPD | K. Focke SPD | A. Huber SPD | A. Huber SPD | A. Huber SPD

B. für Gesundheitswesen:
E. Schwarzhaupt CDU

Bundesminister für Gesundheitswesen:
E. Schwarzhaupt CDU

B. f. Atomkernenergie u. Wasserwirtschaft:
(Ministerium errichtet am 20.10.1955): F. J. Strauß CSU seit 16.10.1956: S. Balke CSU

B. für Atomkernenergie:
S. Balke CSU seit 13.12.1962: H. Lenz FDP

Bundesminister für wissenschaftliche Forschung:
H. Lenz FDP | H. Lenz FDP seit 27.10.1966: G. Stoltenberg CDU | G. Stoltenberg CDU | H. Leussink parteilos seit 15.3.1972: K. v. Dohnanyi SPD

Bundesminister für Bildung und Wissenschaft:
K. v. Dohnanyi SPD | H. Rohde SPD | H. Rohde SPD seit 16.2.1978: J. Schmude SPD | J. Schmude SPD seit 28.1.1981: B. Engholm SPD

Bundesminister für Forschung und Technologie:
H. Ehmke SPD | H. Matthöfer SPD | H. Matthöfer SPD seit 16.2.1978: V. Hauff SPD | A. v. Bülow SPD

B. für wirtschaftl. Besitz des Bundes:
H. Lindrath CDU †27.2.60 / H. Wilhelmi CDU s.8.4.60/H. Wilhelmi CDU 13.12.62: W. Dollinger CSU

Bundesschatzminister:
W. Dollinger CSU | W. Dollinger[4] CSU | K. Schmücker CDU

R. Tillmanns CDU, †2.11.1955
F. J. Strauß CSU (bis 12.10.1955)
H. Schäfer[5] FDP (bis 16.10.1956)
W. Kraft GDP/BHE (bis 16.10.1956)

Bundesminister für besondere Aufgaben:
H. Krone CDU seit 16.6.1964: Chef d. Bundeskanzleramts
Bundesminister, Vorsitzender des Bundesverteidigungsrates s.13.7.64: H. Krone CDU
| H. Krone CDU | L. Westrick parteilos Chef des Bundeskanzleramtes / Bundesminister für die Angelegenheiten des Bundesverteidigungsrates: H. Krone CDU | W. Dollinger CSU

Chef des Bundeskanzleramtes:
H. Ehmke SPD | E. Bahr SPD / W. Maihofer FDP

Legende:
1 am 16.10.1956 aus der Koalition ausgetreten
2 verließt am 1.7.1960 durch den Parteiaustritt von 9 Abgeordneten (von insgesamt 15) den Status einer Fraktion
3 am 27.10.1966 Rücktritt der FDP-Minister und Beendigung der Koalition
4 verwaltete in dieser Position mehr als ein Ressort gleichzeitig
5 bis 25.2.56: als neuer Koalitionspartner galt die Fraktion „Demokrat. Arbeitsgemeinschaft" der am 23.2.56 aus der FDP ausgetretenen Abgeordneten, zu der auch die vier FDP-Bundesminister gehörten (24.6.56 Gründung der „Freien Volkspartei")

Bundesrat

Verfassungsrechtliche
Stellung des B. zu
den übrigen Organen:

1 Entsendung und
Weisungsrecht
(Art. 51 GG)
2 Anklage des
Bundespräsidenten
vor dem Bundes-
verfassungsgericht
(Art. 61 GG)
3 Verlangen auf Ein-
berufung des B.
(Art. 52 GG)
4 Verlangen auf
Anwesenheit von
Mitgliedern der
Bundesregierung
(Interpellations-
recht, Art. 53 GG)
5 Recht auf Gehör in
allen Sitzungen des
Bundestags und
seiner Ausschüsse
(Art. 43 GG)
6 Recht auf Gehör
in allen Sitzungen

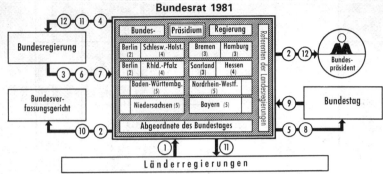

Bundesrat 1981

des B. und seiner
Ausschüsse
(Art. 53 GG)
7 Pflicht, den B. über
die Führung der
Geschäfte auf dem
laufenden zu halten
(Art. 53 GG)
8 Mitwirkung bei
der Bundesgesetz-

gebung durch
Gesetzesinitiative,
Zustimmung bei
zustimmungspflich-
tigen Gesetzen,
Anrufung des Ver-
mittlungsausschus-
ses, Einspruch bei
einfachen Gesetzen
(Art. 76, 77 GG)

9 Zurückweisung
des Einspruchs
(Art. 77 GG)
10 Wahl der Hälfte
der Bundesverfas-
sungsrichter
(Art. 94 GG)
11 Einflußnahme bei
Bundesaufsicht,
Bundeszwang

(Art. 84 GG) und
bei Abwehr von
Gefahren für den
Bundesbestand
(Art. 91 GG)
12 Zusammenwirken
gegen den Bundes-
tag im Gesetz-
gebungsnotstand
(Art. 81 GG)

werden; bestimmt die Richtlinien der Politik. 3) in der Rep. Östr. der Vors. der B.regie-
rung. 4) in der Schweiz der B.kanzleivorste-
her, auf 4 Jahre gewählt. **B.kartellamt**
↗Kartell. **B.kriminalamt** (BKA), in der BRD
Einrichtung des Bundes in Zusammenarbeit
mit den B.ländern zur Bekämpfung des gemeinen Verbrechertums, soweit dieses
über das Gebiet eines B.landes hinaus-
reicht; vornehml. Nachrichten- u. Erken-
nungsdienstzentrale mit nur beschränkter
Polizeigewalt. Sitz Wiesbaden. **B.lade,** Ar-

che des Bundes, bei den Israeliten vergoldete Truhe mit goldener Deckplatte zur
Aufbewahrung der 2 Gesetzestafeln; aufgestellt im Allerheiligsten der ↗Stiftshütte,
dann des Tempels. **B.liga,** in der BRD
oberste Spielklasse für Mannschafts- u.
Einzelsportarten; vielfach in 2 Gruppen
(Nord u. Süd) eingeteilt. ☐ 134. **B.mini-
ster,** Mitgl. einer B.regierung; in der BRD v.
B.präs. auf Vorschlag des B.kanzlers ernannt u. entlassen. **B.monopolverwaltung,**
verwaltet in der BRD das ↗Branntweinmo-

Bundesregierung

Verfassungsrechtliche
Stellung der Bundes-
regierung zu den
übrigen Organen:

1 Vorschlag für die
Wahl des Bundes-
kanzlers
(Art. 63 GG)
2 Wahl des Bundes-
kanzlers
(Art. 63 GG)
3 Ernennung und
Entlassung des
Kanzlers auf
Vorschlag des
Bundestages
(Art. 63, 67 GG)
4 Konstruktives
Mißtrauensvotum
gegen den
Bundeskanzler
(Art. 67 GG)
5 Vertrauensfrage
an den Bundestag
(Art. 68 GG)
6 Vorschlag zur
Ernennung und
Entlassung der
Bundesminister
(Art. 64 GG)

7 Ernennung und
Entlassung der
Bundesminister
(Art. 64 GG)
8 Unterrichtung über
die Politik der B.
(Geschäftsordnung)
9 Recht auf Gehör
in allen Sitzungen
des Plenums und
der Ausschüsse
(Art. 43, 53 GG)
10 Verlangen auf
Anwesenheit von
Mitgliedern der B.

an Sitzungen des
Bundestags und
Bundesrats (Inter-
pellationsrecht,
Art. 43, 53 GG)
11 Verlangen auf
Einberufung des
Bundestags und
Bundesrats
(Art. 39, 52 GG)
12 Pflicht zur Unter-
richtung über
Führung der Re-
gierungsgeschäfte
(Art. 53 GG)

13 Mitwirkung bei
der Bundesgesetz-
gebung durch
Gesetzesinitiative,
Stellungnahme
zu Bundesrats-
vorlagen und
Gegenzeichnung
bei der Gesetzes-
ausfertigung
(Art. 76 GG)
14 Zusammenwirken
im Gesetzgebungs-
notstand
(Art. 81 GG)

15 Bundesaufsicht,
Bundeszwang
und Abwehr von
Gefahren für den
Bundesbestand
(Art. 37, 84,
91 GG)
16 Mitwirkung bei
Berufung der
Richter durch
zuständigen
Fachminister
(Art. 95, 96 GG)
17 Petitionsrecht
(Art. 17 GG)

Bundestag

Verfassungsrechtliche
Stellung des B. zu den
übrigen Organen:

1 Allg., unmittelbare,
freie, gleiche und
geheime Wahl
(Art. 38 GG)
2 Petitionsrecht
(Art. 17 GG)
3 B. bestellt Hälfte
der Bundesver-
sammlung zur
Wahl des Bundes-
präsidenten
(Art. 54 GG)
4 Anklage des
Bundespräsidenten
vor dem Bundes-
verfassungsgericht
(Art. 61 GG)
5 Verlangen auf Ein-
berufung des B.
(Art. 39 GG)
6 Recht zur Auf-
lösung des B.
(Art. 63, 68 GG)
7 Wahl des Bundes-
kanzlers
(Art. 63 GG)
8 Konstruktives Miß-
trauensvotum gg.
Bundeskanzler
(Art. 67 GG)

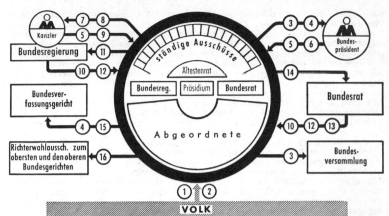

9 Vertrauensfrage
an den B.
(Art. 68 GG)
10 Recht zur Ge-
setzesinitiative
(Art. 76 GG)
11 Interpellations-
recht (Art. 43 I GG)
12 Recht auf Gehör
in allen Sitzungen

des B. und seiner
Ausschüsse
(Art. 43 GG)
13 Anrufung des
Vermittlungs-
ausschusses
gegen Gesetzes-
beschlüsse des B.;
Zustimmung
bei zustimmungs-

pflichtigen Ge-
setzen; Einspruch
bei einfachen
Gesetzen
(Art. 77, 78 GG)
14 Zurückweisung
des Einspruches
(Art. 77 GG)
15 Wahl der Hälfte
der Bundesver-

fassungsrichter
(Art. 94 GG)
16 Wahl der Hälfte
des Richter-
wahlausschusses
zur Berufung
der Richter der
Bundesgerichte
(Art. 95, 96 GG)

Bundestagswahlen

	14.8.1949	6.9.1953	15.9.1957	17.9.1961	19.9.1965	28.9.1969	19.11.1972	3.10.1976	5.10.1980
Wahlberechtigte (in 1000)	31 207,6	33 120,9	35 400,9	37 440,7	38 510,4	38 677,2	41 446,3	42 058,0	43 231,7
Wählerstimmen (in 1000)	24 495,6	31 207,6	31 072,9	32 849,6	33 416,2	33 523,1	37 761,6	38 165,8	38 292,2
Wahlbeteiligung (in %)	78,5	86,0	87,8	87,7	86,8	86,7	91,1	90,7	88,6

Wahlergebnis	%	Mandate	%	Mandate	%	Mandate	%	Mandate	%	Mandate	%	Mandate	%	Mandate	%	Mandate	%	Mandate
Sozialdemokratische Partei Deutschlands (SPD)	29,2	131	28,8	151	31,8	169	36,2	190	39,3	202	42,7	224	45,8	230	42,6	214	42,9	218
Christlich-Demokratische Union (CDU)	25,2	115	36,4	191	39,7	215	35,8	192	38,0	196	36,6	193	35,2	177	38,0	190	34,2	174
Freie Demokratische Partei (FDP)[1]	11,9	52	9,5	48	7,7	41	12,8	67	9,5	49	5,8	30	8,4	41	7,9	39	10,6	53
Christlich-Soziale Union (CSU)	5,8	24	8,8	52	10,5	55	9,6	50	9,6	49	9,5	49	9,7	48	10,6	53	10,3	52
Kommunistische Partei Deutschlands (KPD)	5,7	15	2,2	—														
Parteilose	4,8	3																
Bayernpartei (BP)	4,2	17	1,7	—														
Deutsche Partei (DP)	4,0	17	3,1	15	3,4	17												
Zentrums-Partei (Z)	3,1	10	0,8	3														
Wirtschaftliche Aufbau-Vereinigung (WAV)	2,9	12																
Dt. Konservative Partei Dt. Rechtspartei	1,2	5																
Südschleswigscher Wählerverband (SSW)	0,3	1																
Gesamtdeutscher Block (GB)/Bund d. Heimatlosen u. Entrechteten (BHE)[2]			5,9	27	4,6	—	2,8	—										
Gesamtdeutsche Volks-partei (GVP)[2]			1,2	—														
Deutsche Reichspartei (DRP)[2]			1,1	—	1,0	—												
Deutsche Friedensunion (DFU)[3]							1,9	—	1,3	—								
Nationaldemokratische Partei Dtl.s (NPD)[4]									2,0	—	4,3	—						
Mandate insgesamt		402		487		497		499		496		496		496		496		497

Berücksichtigt sind Parteien und ihre Wahlergebnisse nur, wenn sie Mandate oder wenigstens 1% der Wählerstimmen erhalten haben. [1] 1949 und 1953 zusammen mit Deutsche Volkspartei (DVP) und Bremer Demokratische Volkspartei (BDV) [2] 1953 erstmals bei Bundestagswahlen vertreten [3] 1961 erstmals bei Bundestagswahlen vertreten [4] 1965 erstmals bei Bundestagswahlen vertreten

nopol unter Aufsicht des B.finanzmin., Sitz Offenbach a. M. **B.notenbank** ↗Deutsche B.bank. **B.post** ↗Deutsche B.post. **B,präsident, 1)** Staatsoberhaupt in der BRD, gewählt v. der ↗B.versammlung für 5 Jahre (Wiederwahl nur einmal); vertritt die BRD völkerrechtl.; B.gesetze bedürfen seiner Gegenzeichnung. ↗B.kanzler, ↗B.minister. **2)** Staatsoberhaupt in Östr., v. Volk gewählt für 6 Jahre. **3)** in der Schweiz der v. B.rat für 1 Jahr gewählte Vors. des B.rats. **B.rat, 1)** im Norddt. Bund u. im Dt. Reich 1871/1918 Vertretung der bundesstaatl. Regierungen. **2)** in der BRD B.organ, die Vertretung der B.länder, 41 Mitglieder, dazu vier nicht stimmberechtigte Berliner Vertreter; vor allem Mitwirkung an der Gesetzgebung. **3)** in Östr. v. den Landtagen gewähltes Gesetzgebungsorgan, föderalist. Gegenstück zum ↗Nationalrat. **4)** in der Schweiz die oberste Regierungsbehörde. **B.ratspräsident,** in der BRD v. B.rat für 1 Jahr gewählt u. v. den Min.-Präs.en der Länder gestellt; vertritt den B.präs. **B.rechnungshof,** oberste Rechnungsprüfungsbehörde in der BRD, Sitz Frankfurt a. M.; überwacht die Haushalts- u. Wirtschaftsführung der B.organe u. der B.verwaltungen. **B.republik Deutschland** ↗Deutschland. **B.sozialgericht,** höchste Instanz in der BRD bei Rechtsstreitigkeiten im Bereich des Sozialversicherungs- u. Sozialhilferechts, Sitz Kassel. **B.staat,** staatsrechtl. Verbindung v. Staaten zu einem Gesamtstaat mit zentraler Gewalt. Die Einzelglieder besitzen gewisse Eigenstaatlichkeit. Ggs.: ↗Staatenbund. **B.tag, 1)** ↗Deutscher Bund. **2)** das Parlament der BRD, aus einem Tag gewählt. **B.tagspräsident,** in der BRD vom B.tag gewählt; übt Hausrecht u. Polizei im B.tagsgebäude. Ihm zur Seite mehrere Stellvertreter u. Schriftführer *(B.tagspräsidium)*. **B.verband der Dt. Industrie,** BDI, fachl. Spitzenorgan der Ind. in der BRD, Sitz Köln. **B.verdienstkreuz,** Verdienst-↗Orden der BRD. **B.verfassungsgericht,** in der BRD allen übrigen Verf.-Organen gegenüber selbständiger u. unabhängiger Gerichtshof u. höchstes Rechtssprechungsorgan des Bundes; entscheidet u. a. über Verfassungsbeschwerden, Streitigkeiten zw. Bund

u. Ländern, Übereinstimmung der Gesetze mit dem GG, Sitz Karlsruhe. **B.versammlung, 1)** besteht in der BRD aus dem ↗B.tag u. einer gleichen Anzahl v. Mitgl. aus den Länderparlamenten; wählt den B.präs. **2)** in Östr. Vereinigung v. ↗Nationalrat u. ↗B.rat bei Kriegserklärung u. Verfassungsverletzung des B.präs. **3)** in der Schweiz Gesamtheit des ↗National- und ↗Ständerats, vollzieht die Wahl der obersten B.beamten. **B.versicherungsanstalt für Angestellte,** Versicherungsträger der Rentenversicherung der Angestellten; Sitz in Berlin. **B.versorgungsgesetz,** in der BRD Regelung der Versorgung der Kriegsbeschädigten u. Kriegshinterbliebenen, seit 1950 in Kraft. **B.verwaltungsgericht,** oberstes Verwaltungsgericht in der BRD für Streitigkeiten zw. dem Bürger u. der öff. Gewalt od. zw. jurist. Personen öff. Rechts, Sitz West-Berlin. **B.wehr,** die 1955 geschaffenen Streitkräfte der BRD. Bis zur Einführung der allgemeinen ↗Wehrpflicht 56 wurde sie aus Freiwilligen gebildet. Die Einsatzverbände von Heer, Luftwaffe u. Marine unterstehen der NATO. Die Befehls- u. Kommandogewalt besitzt im Frieden der B.verteidigungsmin., im Verteidigungsfall (den normalerweise der B.tag feststellt) der B.kanzler. Zum Schutz der Grundrechte der Soldaten u. zur Ausübung der parlamentar. Kontrolle der B.wehr wählt der B.tag einen Wehrbeauftragten, dessen Amtszeit 5 Jahre dauert. Sollstärke der B.wehr: 500 000 Mann in 12 Divisionen. **B.zelt** ↗Stiftshütte.
Bund Freiheit der Wissenschaft, 1970 gegr. Organisation; wendet sich gg. Gesinnungsterror u. Leistungsverfall an den Hochschulen der BRD, will Freiheit in Forschung, Lehre u. Studium sichern; um Mitwirkung an der Bildungsreform bemüht.
Bündner Fleisch, *Engadiner Fleisch,* luftgetrocknetes Fleisch.
Bundschuh, 1) aus einem Stück Leder geschnittener (Bauern-)Schuh. **2)** Name u. Feldzeichen aufständ. Bauern v. Mitte 15. Jh. bis zum Bauernkrieg.
Bungalow *m* (: -lo), **1)** koloniales Wohnhaus. **2)** einstöckiges Haus.
Bunin, *Iwan,* russ. Schriftsteller, 1870–1953;

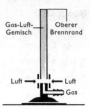

Gas-Luft-Gemisch — Oberer Brennrand

Luft ⟶ ⟵ Luft
⟶ Gas

Bunsenbrenner: Das aus der Düse ausströmende Gas saugt an der regulierbaren Öffnung Luft an. Das Luft-Leuchtgas-Gemisch verbrennt in der am oberen Brennrande aufsitzenden Flamme

Bundesliga

Badminton
Baseball
Basketball
Billard
Boxen
Eishockey
Feldhandball
Fußball
  (1. u. 2. Bundesliga;
  die 2. B. in den
  Gruppen Nord u. Süd)
Gewichtheben
Hallenhandball
Hallenhockey
Hockey
Judo
Kegeln (Asphalt,
  Bohle,
  Bowling,
  Schere)
Prellball
Radball
Rasenkraftsport
Ringen
Rollhockey
Rugby
Schach
Schwimmen
Tennis
Tischtennis
Turnen
Volleyball
Wasserball

Bundeswehr
Dienstgradabzeichen

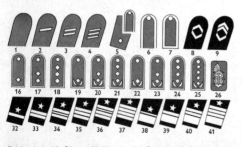

Bei Heer und Luftwaffe: **1** Soldat, **2** Gefreiter, **3** Ober-, **4** Hauptgefreiter, **5** Fahnenjunker, **6** Unteroffizier, **7** Stabsunteroffizier, **10** Fähnrich, **11** Feldwebel, **12** Ober-, **13** Haupt-, **14** Stabs-, **15** Oberstabsfeldwebel, **16** Leutnant, **17** Oberleutnant, **18** Hauptmann, **19** Major, **20** Oberstleutnant, **21** Oberst, **22** Brigadegeneral, **23** Generalmajor, **24** Generalleutnant, **25** General, **26** Kragenspiegel (rot) bei Generälen (bei 16–21 silber-, bei 22–26 goldfarbene Kragenpaspel, Sterne und Eichenlaub). *Bei der Marine:* Dienstgrade bis Hauptgefreiter wie 1–4, **8** Maat, **9** Obermaat, **27** Bootsmann, **28** Ober-, **29** Haupt-, **30** Stabs-, **31** Stabsbootsmann, **32** Leutnant z. S., **33** Oberleutnant z. S., **34** Kapitänleutnant, **35** Korvetten-, **36** Fregattenkapitän, **37** Kapitän z. S., **38** Flotillen-, **39** Konter-, **40** Vizeadmiral, **41** Admiral.

Erzählungen, Gedichte, Erinnerungen; emigrierte nach der Revolution nach Fkr.; 1933 Nobelpreis für Literatur.

Bunker *m*, **1)** Vorratsraum für Kohlen, Erz, Zement, Öl usw. auf Schiffen. **2)** Schutzraum. **bunkern,** Kohlen laden.

Bunsen, 1) *Christian* Frh. v., ev. Theologe u. Sprachforscher, 1791–1860; preuß. Gesandter beim Hl. Stuhl, in Bern u. London. **2)** *Robert*, dt. Chemiker, 1811–99; Entdecker der Spektralanalyse, konstruierte den B.brenner (Gasbrenner mit Luftzufuhr); erfand ein galvan. Element.

Buntbücher ↗Farbbücher. **Buntkupfererz,** *Bornit*, Kupfererz (Eisenkupfersulfid). **Buntmetalle,** Sammelbezeichnung für die unedlen Schwermetalle (außer Eisen) u. deren Legierungen. **Buntsandstein,** rote Sandsteine; Teil der ↗Trias. □ 237. **Buntspecht** ↗Specht. **Buntstift,** Schreib- und Zeichenstift aus Kaolin u. Anilinfarben.

Buñuel (: bunjuel), *Luis*, span. Filmregisseur, * 1900; avantgardist., häufig sozialkrit. Filme. *Un chien andalou; Tagebuch einer Kammerzofe; Der diskrete Charm der Bourgeoisie.*

Bunyan (: banj\u{a}n), *John*, engl. Schriftsteller u. Sektenprediger, 1628–88; *Des Pilgers Wanderschaft.*

Bunzlau, poln. *Bolesławiec,* niederschles. Stadt, am Bober, 19 000 E.; Tonwaren.

Burbach, Gem. und Luftkurort im Kr. Siegen, 13 500 E.; Metall- und Holzindustrie.

Burbank (: börbänk), *Luther,* am. Pflanzenzüchter, 1849–1926; züchtete neue Blumen-, Gemüse- u. Obstsorten.

Burckhardt, 1) *Carl Jakob,* Schweizer Historiker u. Diplomat, 1891–1974; 1937/39 Völkerbundskommissar in Danzig; 44/48 Präs. des Internationalen Roten Kreuzes. **2)** *Jacob,* Schweizer Kultur- und Kunsthistoriker, 1818–97; 58/93 Prof. in Basel. *Kultur der Renaissance in It., Griech. Kulturgesch., Weltgeschichtl. Betrachtungen.*

Buren (Mz.), Kolonisten, die seit 1652 nach ↗Kapland einwanderten; holländ., niederdt. u. frz. (hugenott.) Herkunft. Infolge engl. Bedrückung verließ 1835 ¹/₃ das Kapland u. gründete den Oranje-Freistaat u. Transvaal. Im *B.krieg* (1899/1902) nach harter Gegenwehr v. Engl. besiegt (Farmen zerstört, Angehörige in Konzentrationslagern). Die *B.republiken* wurden dt. Kolonien, bekamen aber 1906 u. 07 Selbstregierung; 10 beide Staaten Glieder der Südafrikan. Union (Republik ↗Südafrika), in der ihre Sprache (Afrikaans) Gleichberechtigung hat.

Büren, westfäl. Stadt s.w. von Paderborn, 17 500 E.

Bürette *w* (frz.), geeichtes Glasrohr mit Hahn; zur Titration in der chem. Analyse.

Burg, befestigter Wohnsitz; als *Flucht-B.* v. jeher üblich, entwickelte sich im MA zur *Ritter-B.* Der Anlage nach unterscheidet man die auf Berggipfeln gelegenen *Höhen-B.en* u. die meist als *Wasser-B.* befestigten *Nieder-B.en.* Mit dem Aufkommen der Feuerwaffen verloren die B.en ihre Bedeutung, die Wohnsitze des Adels wandelten sich zum Palast u. Schloß.

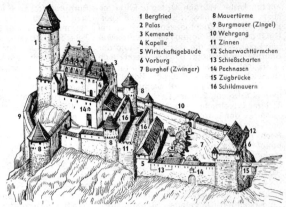

1 Bergfried	8 Mauertürme
2 Palas	9 Burgmauer (Zingel)
3 Kemenate	10 Wehrgang
4 Kapelle	11 Zinnen
5 Wirtschaftsgebäude	12 Scharwachttürmchen
6 Vorburg	13 Schießscharten
7 Burghof (Zwinger)	14 Pechnasen
	15 Zugbrücke
	16 Schildmauern

Burg: Ritterburg des Mittelalters (Schema)

Burg, 1) Stadt im Bez. Magdeburg, 30 000 E.; Schuh-, Tuch-, Eisen-Ind. **2)** *B. auf Fehmarn,* schleswig-holstein. Hafenstadt u. Seebad, Hauptort der Insel, 5900 E.

Burgas, bulgar. Schwarzmeerhafen, 164 000 Einwohner.

Burgdorf, 1) Stadt in Niedersachsen, 28 000 E.; Nahrungsmittel-Ind., Silberwarenfabrik. **2)** frz. *Berthoud,* Bez.-Stadt im schweizer. Kanton Bern, 17 000 E.; dreitürmiges Schloß der Zähringer, spätgot. Stadtkirche, Maschinen- u. Textil-Ind.

Burgenland, nach Eisenburg, Ödenburg u. Wieselburg benanntes östr. Bundesland, am Ostalpenrand, 3965 km², 272 600 E.; Hst. Eisenstadt. Acker-, Obst- u. Weinbau; Braunkohle. – Bis 1921 ungar., dann östr., außer Ödenburg. Seit 1960 Bistum (Sitz Eisenstadt).

Bürgenstock *m*, Berg am Südufer des Vierwaldstätter Sees, 1128 m hoch. Seilbahn.

Bürger, *Gottfried August,* dt. Dichter, 1747 bis 1794; Meister der Ballade *(Lenore).*

Bürger, im MA Bewohner einer (Burg-) Stadt; verengt: Inhaber der vollen städt. *B.rechts* im Ggs. zu den bloßen Einwohnern. In der Neuzeit gilt gesellschaftl. als B., wer nicht zum Adel od. Bauernstand u., seit der Industrialisierung, zur Arbeiterschaft zählt. Umgreifend jedoch ist der aus der Frz. Revolution hervorgegangene polit. Begriff *Staats-B.:* jedes Glied der polit. Gesamtheit, jeder wahlberechtigte Volksangehörige. – Das *B.tum* hat die moderne Kultur geschaffen. Heute werden seine Ziele u. sein Lebensstil v. neuen Formen abgelöst. Die klassenkämpfer. Bz. *Bourgeoisie* ist abwertend im Sinne v. gesättigt, unsozial, reaktionär. In der Ind.-Gesellschaft u. Massendemokratie des 20. Jh. ist das B.tum kein einheitl. Stand mehr u. auch polit. in mehrere Parteien aufgesplittert. **B.genuß,** *B.nutzen, B.recht,* Anteil des Bürgers an bestimmtem Gemeinbesitz (z. B. „B.holz").

B.krieg, Zustand militär. Gewaltanwendung zw. zwei od. mehreren um die Macht im Staate ringenden polit. Gruppen, die völkerrechtl. seit 1949 v. einem dritten Staat als „kriegführende Parteien" anerkannt werden können. **B.liche Ehrenrechte,** Rechte

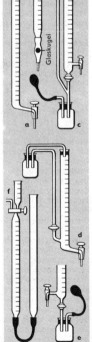

Bürette: a Glashahn-, **b** Schlauch-Bürette, **c d e** automatische B., **f** Bunte-Bürette

auf öff. Ämter, Würden, Orden u. Ehrenzeichen, Wahlrecht usw.; die strafweise Aberkennung, fr. bei Zuchthausstrafe immer, bei Gefängnis in bestimmten Fällen, wurde wegen Erschwerung der Resozialisierung der Betroffenen beseitigt. **B.liches Gesetzbuch** (BGB), seit 1. 1. 1900 in Kraft, schuf für das Dt. Reich ein einheitl. ∕Bürgerl. Recht; enthält Allg. Teil, Schuldrecht, Sachen-, Familien- u. Erbrecht. **B.liches Recht**, *Zivilrecht*, Teil des Privatrechts, regelt die Rechtsverhältnisse der Einzelperson, der Familie u. des Vermögens, soweit nicht ∕Öffentliches Recht maßgebend ist. **B.meister**, im allg. haupt- od. ehrenamtl. Leiter einer Gemeinde, in kreisfreien Städten Ober-B. (B. hier dessen Stellvertreter); in Nordrhein-Westfalen (ähnl. in Niedersachsen) der Vors. der Gemeindevertretung im Unterschied zum obersten kommunalen Verwaltungsbeamten (Gemeinde-, Stadtdirektor). **B.nutzen** ∕B.genuß. **B.recht**, 1) das Recht der ∕Staatsangehörigkeit. 2) der ∕B.genuß. **B.rechtsbewegung**, in den USA die Bemühungen, die Rassendiskriminierung zu beseitigen u. die Rechtsgleichheit der Farbigen mit gewaltlosen u. verfassungsmäßigen Mitteln durchzusetzen. Proteste gg. die Rassentrennung führten 64 zum *Bürgerrechtsgesetz*, das die polit. u. soziale Gleichstellung der farbigen mit der weißen Bev. verfügte. Da es in der Praxis in vielen Bereichen nicht vollzogen wurde, kam es zu weiteren Rassenunruhen (bes. 68 nach der Ermordung v. M. L. King) u. zur Abspaltung der Black-Power-Bewegung. ∕Black Panther. **B.schaft**, die Volksvertretung in den Stadtstaaten Hamburg u. Bremen.

Burgfriede, 1) im MA Bez. erhöhten Rechtsschutzes innerhalb ummauerter Plätze (Burgen, Städte). **2)** heute Kampfpause zw. streitenden Parteien.

Burghausen, oberbayer. Stadt an der Salzach, 17 500 E.; größte dt. Burg mit Gemäldegalerie; Kraftwerk, chem. Industrie.

Burgiba, *Habib*, * 1903; kämpfte für die Unabhängigkeit ∕Tunesiens, 56 tunes. Min.-Präs., seit 57 zugleich Staatspräsident.

Burgkmair, *Hans d. Ä.*, dt. Maler u. Graphiker, 1473–1531; Meister der Frührenaissance, gebildet an Schongauer u. Dürer, beeinflußt durch venezian. Kunst.

Burglengenfeld, bayer. Stadt in der Oberpfalz, an der Naab, 10 300 E.; Burgruine.

Burgos, span. Prov.-Hst. in Altkastilien, Verkehrszentrum, 143 000 E.; got. Kathedrale (13. Jh. begonnen), Erzb. ☐ 342.

Bürgschaft, ein Vertrag, durch den sich der Bürge dem Gläubiger eines andern (Hauptschuldner) verpflichtet, für die Erfüllung der Verbindlichkeit dieses andern einzustehen. Nur schriftl. B. ist gültig.

Burgstädt, sächs. Stadt n.w. v. Karl-Marx-Stadt, 16 500 E.; Textilindustrie.

Burgsteinfurt, Krst. westl. v. Münster, heißt seit 1975 ∕Steinfurt; Wasserburg (12. Jh.), Fachhochschule. 1591/1810 Univ.

Burgtheater, Wiener Staatstheater, 1741 gegr., 1776 zum Nationaltheater erhoben; bedeutsam für die Entwicklung der dt.-sprachigen Schauspielkunst; Neubau 1888.

Burgund, frz. *La Bourgogne*, histor. Landschaft in Südost-Fkr., zw. Jura u. dem Südostrand des Pariser Beckens; zerfällt in die Teile *Hoch-B.* (Saônebecken) im N u. *Nieder-B.* im S. Der *B.er Kanal* (242 km) verbindet Saône mit Yonne. *B.ische Pforte*, Senke zw. Vogesen u. Schweizer Jura, mit Sperrfeste Belfort. – Die ostgerman. *Burgunder*, urspr. aus Skandinavien, zogen im 3. Jh. n. Chr. zum Main u. gründeten Anfang 5. Jh. ein Reich am Mittelrhein (Hst. Worms); 437 v. den Hunnen vernichtet (∕Nibelungenlied), Rest 443 im Rhônegebiet angesiedelt; 532/534 v. den Franken unterworfen, nach der Karolingerzeit in *Nieder-B.* (Arelat gen. nach der Hst. Arles) u. *Hoch-B.* gespalten, um 930 zum Kgr. B. vereinigt, fiel 1032 an den dt. Kg. Konrad II. Der südl. Teil kam nach u. nach an Fkr., v. nördl. schlossen sich Teile der Schweiz an. Die heutige frz. Landschaft B. *(Bourgogne)* wurde um 900 als frz. Htm. gegründet u. kam 1363 an Philipp den Kühnen, der durch Heirat u. a. Flandern u. die Franche-Comté hinzuerwarb; unter ∕Karl dem Kühnen mächtiges Reich v. der Nordsee bis zu den Alpen, durch die Heirat seiner Tochter Maria mit ∕Maximilian I. kamen die Franche-Comté u. die Niederlande an die Habsburger. Das Htm. B. (Hst. Dijon) fiel an Fkr., 1678 auch die Franche-Comté.

Burgunder, 1) Völkerstamm, ∕Burgund. **2)** Traubensorte. **3)** *B.weine*, weiß od. rot.

Buridan, *Johann*, frz. scholast. Philosoph, * vor 1300, † nach 1358, lehrte in Paris. **B.s Esel**, verhungert in der B. fälschl. zugeschriebenen Fabel aus Unentschlossenheit zw. 2 gleichen Heubündeln.

Burjäten, *Burjaten*, mongol. Volk in Ostsibirien, um den Baikalsee; Lamaisten. *Burjätische Autonome Sowjetrepublik*, östl. des Baikalsees, 351 300 km², 901 000 E.; Hst. Ulan-Ude. Gold, Wolfram, Molybdänerze.

Burke (: börk), *Edmund*, 1729–97; engl. konservativer Politiker, Staatsphilosoph.

Burleigh (: börlʲ), *William Cecil* Lord, 1520 bis 1598; Leiter der engl. Politik unter Elisabeth I.

Burleske w (it.; Bw. *burlesk*), Posse.

Burma ∕Birma.

Burnet (: böʳnᵉt), Sir *Frank MacFarlane*, austral. Arzt, * 1899; 1960 Nobelpreis für Medizin.

Burns (: börns), *Robert*, schott. Dichter, 1759–1796; volkstüml. Lieder.

Burnus m, arab. Mantel aus Wolle.

Büro s, *Bureau*, Amts-, Schreibstube, Verwaltungsraum; heute im Großbetrieb techn.-maschinell organisiert. **B.kratie** (frz.-gr.), Herrschaft v. B. od. grünen Tisch aus; auch unpersönl. u. formalist. Verhalten v. Verwaltungen dem Publikum gegenüber *(B.kratismus)*.

Bursa, früher *Brussa*, türk. Prov.-Hst. südl. des Marmarameers, Seidenerzeugung; 347 000 E.; armenisch-unierter und -gregorianischer Bischof.

Bursche m (aus mhd. ∕Burse), vollberechtigtes Mitgl. in ∕Studentenverbindung. *burschikos*, nach Studentenart frei, ungezwungen, formlos.

Wilhelm Busch (von oben nach unten): Selbstbildnis – Max und Moritz – Hans Huckebein

Burscheid, Stadt im Bergischen Land, 15600 E.; Eisen-, Leder-, Textilindustrie.
Burschenschaft, seit dem Wartburgfest 1817 geeinter Studentenbund für Freiheit u. Einheit in Dtl.; mit Mensur; Farben: Schwarz-Rot-Gold. Nach ↗Kotzebues Ermordung 19–48 verboten; 1935 erneut aufgelöst; 50 in Marburg Neugründung u. Zusammenschluß von 67 B.en zur *Dt. B.*
Burse w (mhd., aus lat. *bursa* = Geldbeutel), **1)** fr. Gruppe, bes. v. Studenten, mit gemeinsamer Kasse u. Wohnung. **2)** deren Wohnhaus.
Bursfeld, ehem. Benediktinerabtei bei Göttingen. **B.er Kongregation,** im 15. Jh. v. B. ausgehende Reformbewegung der Benediktiner.
Bürstadt, hess. Stadt östl. v. Worms, 14300 E.; Aluminium- und Möbel-Industrie.
Bürste, Reinigungsgerät, aus Borsten, Haar. *Metall-B.,* mit Drahtstücken; *Schleif-B.* (Stücke v. Kupfer od. Kohle) an elektr. Maschinen zum Stromübergang. **B.nabzug,** Korrekturabzug, früher mit einer B. hergestellt. **B.nbinder,** behaarte Raupe des *B.nspinners.*
Burundi, Rep. in Ostafrika, der südl. Teil des früheren Ruanda-Urundi. E. meist Bantuneger; als einheimische Oberschicht herrschen die bis 210 cm großen Watussi. – B. hat Teil am Ostafrikan. Graben u. steigt nach W gg. den Tanganjikasee auf 2600 m an. Hochland-Weide. Anbau: Baumwolle, Kaffee, Ölfrüchte, Tabak, – Hieß vor seiner Unabhängigkeit *Urundi* u. war ein Teil v. ↗Dt.-Ostafrika u. 1920/62 mit ↗Ruanda zus. als Ruanda-Urundi belg. Mandat. Nach dem Staatsstreich v. 66 u. der Absetzung des Kg. Ausrufung der Republik.
Bürzel m, Hinterteil des Vogels mit den Schwanzfedern. **B.drüse,** Talgdrüse am B. der Wasservögel zum Einfetten der Federn.
Burzenland, fruchtbare siebenbürg. Landschaft um Kronstadt (Rumänien).
Busch, 1) *Adolf,* dt. Geiger u. Komponist, 1891–1952. **2)** *Fritz,* Bruder v. 1), Dirigent v. internationalem Ruf, 1890–1951. **3)** *Wilhelm,* deutscher Schriftsteller u. Zeichner, 1832–1908; v. Schopenhauers pessimist. Philosophie beeinflußt; Meister der Karikatur in seinen Bildergeschichten *(Max u. Moritz, Die fromme Helene);* seine Lyrik *(Kritik des Herzens, Schein u. Sein)* ebenso humorvoll, jedoch melancholischer.
Buschehr, *Buschir,* bedeutende Hafenstadt Irans, am Pers. Golf, 40000 E.
Büschelentladung, leuchtende Spitzenentladung an elektrischen Pol-Enden. **Büschelkiemer,** Meerfische mit büscheligen Kiemen, Haut mit Knochenplatten statt Schuppen.
Buschmänner, zwerghaftes Urvolk Afrikas, Jäger u. Sammler; heute in die Kalahari u. das *Buschmannland* zurückgedrängt.
Buschmeister, gefährlichste Giftschlange des trop. Amerika. **Buschsand** ↗Trischen.
Buschspinne ↗Vogelspinne. **Buschsteppe,** Buschgehölze der trop. u. subtrop. Gebiete.
Buschwindröschen ↗Anemone.
Busento m, unter-it. Fluß; angebliche Grabstätte ↗Alarichs.

Burundi

Amtlicher Name:
République
du Burundi

Staatsform:
Republik

Hauptstadt:
Bujumbura
(Usumbura)

Fläche:
27834 km²

Bevölkerung:
4,3 Mill. E.

Sprache:
Amtssprachen sind
Kirundi (Banrya) und
Französisch.
Verkehrssprache ist
oft Kisuaheli.

Religion:
47% Katholiken,
daneben Animisten
sowie protest. und
muslimische
Minderheiten

Währung:
1 Burundi-Franc
= 100 Centimes

Mitgliedschaften:
UN, OAU, der EWG
assoziiert

Büßerschnee in den
Kordilleren

Adolf Butenandt

Bush (: busch), *George,* amerik. Politiker u. Diplomat (Republikaner), * 1924; 76/77 Dir. des CIA, seit 81 Vize-Präs. der USA.
Bushel m (: busch^el, engl.), Abk. bu, Hohlmaß; in Großbritannien 36,37, in den USA 35,24 Liter.
Bushidô, das ethische Standesideal des altjapan. Ritters, des Samurai.
Büsingen, bad. Exklave im Schweizer Kt. Schaffhausen, dem Schweizer Zollgebiet angeschlossen, 1050 E.
Busoni, *Ferruccio,* it. Komponist u. Pianist, 1866–1924; suchte nach neuer Klassizität; Oper *Doktor Faust;* Musiktheoretiker.
Buß, *Franz Joseph* Ritter v., kath. Sozialpolitiker, 1803–78; Prof. für Staatsrecht in Freiburg i. Br.
Bussard, Raubvogel mit 125–180 cm Flügelspannweite. In Dtl. *Mäuse-B.,* nützlich; *Rauhfuß-B.,* in Nordeuropa u. Amerika; *Wespen-B.,* frißt gern Insekten; *Schlangen-B.,* lebt von Reptilien. □ 1065.
Buße, 1) im Recht: Entschädigung, die der Verletzte verlangen kann. **2)** die innere Abkehr v. der Sünde u. der tätige Wille zur Besserung.   [Bußzweck.
Büßerorden, Ordensgesellschaften mit bes.
Büßerschnee, *Zackenfirn,* bizarre Schmelzfiguren im Gletschereis trop. Gebirge.
Bußgeldverfahren, Verfahren vor Verwaltungsbehörden zur Ahndung v. Ordnungswidrigkeiten (u. a. Straßenverkehrsverstöße, Verstöße gg. Steuerrecht) durch Bußgeldbescheid (↗Geldbuße); wird auf Antrag durch gerichtl. Entscheidung überprüft.
Bussole w (it.), Kompaß mit Visiervorrichtung für Winkel- u. Richtungsbestimmung.
Bußsakrament, nach kath. u. orth. Lehre jenes Sakrament der Kirche, in dem sie durch den dazu bevollmächtigten Priester in der Vollmacht Christi dem reuigen Sünder die Schuld seiner nach der Taufe begangenen Sünden tilgt. Zum B. gehört v. seiten des Sünders die ↗Reue, das Bekenntnis (↗Beichte) u. die ↗Buße 2). **B.tage,** Tage zur inneren Einkehr u. Sühne; kath. Fast-, Abstinenz- u. Bittage; ev. *Buß- u. Bettag* im November.
Bustelli, *Franz Anton,* dt.-it. Porzellanmodelleur des Rokoko, 1723–63; schuf bes. für die Manufaktur Nymphenburg anmutig beschwingte Figuren u. Gruppen.
Büsum, schleswig-holstein. Nordseebad u. Hafen in Norderdithmarschen, 6000 E.
Butadien s, $CH_2=CH-CH=CH_2$, doppelt ungesättigter Kohlenwasserstoff, gasförmig; Rohmaterial für synthet. Kautschuk.
Butan s, C_4H_{10}, gesättigter Kohlenwasserstoff, brennbares Gas; aus Erdöl u. Erdgas.
Butenandt, *Adolf,* dt. Biochemiker, * 1903; 39 Nobelpreis; grundlegende Untersuchungen über Sexualhormone, Wirkstoffe; Prof. in München; 1960/72 Präs. der Max-Planck-Ges.
Butler m (: batl^er, engl.), herrschaftl. Diener.
Butler m (: batl^er), **1)** *Reginald,* engl. Bildhauer u. Architekt, * 1913; *Monument des unbekannten polit. Gefangenen.* **2)** *Samuel,* engl. Schriftsteller, 1835–1902; Satiriker, Kritiker des Viktorianismus.
Butor (: bütor), *Michel,* frz. Schriftsteller,

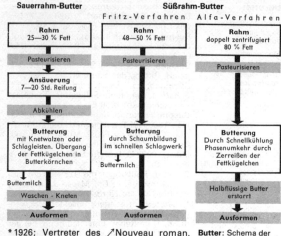

Sauerrahm-Butter	Süßrahm-Butter	
	Fritz-Verfahren	Alfa-Verfahren
Rahm 25—30 % Fett	**Rahm** 48—50 % Fett	**Rahm** doppelt zentrifugiert 80 % Fett
Pasteurisieren	Pasteurisieren	Pasteurisieren
Ansäuerung 7—20 Std. Reifung		
Abkühlen		
Butterung mit Knetwalzen oder Schlagleisten. Übergang der Fettkügelchen in Butterkörnchen	Butterung durch Schaumbildung im schnellen Schlagwerk	Butterung Durch Schnellkühlung Phasenumkehr durch Zerreißen der Fettkügelchen
Buttermilch	Buttermilch	
Waschen · Kneten		Halbflüssige Butter erstarrt
Ausformen	Ausformen	Ausformen

Butter: Schema der Butterherstellung

*1926; Vertreter des ⁊Nouveau roman. Romane *Der Zeitplan; Stufen.*

Butt *m,* ⁊Flunder od. ⁊Scholle.

Büttenpapier, aus Hadern, mit der Hand geschöpftes Papier, heute auch maschinell, aus Zellstoff mit Hadern.

Butter *w,* Milchfett aus Kuhmilch, enthält im Mittel 87% Fett u. 11,7% Wasser neben Käsestoff, Milchzucker u. Salzen; für 1 kg B. sind 20—40 l Milch nötig. Gewinnung erfolgt durch Abschöpfen od. mittels Zentrifugen durch Ausschleudern des Rahms. Durch mechan. Erschütterung bilden sich Fettkügelchen, dann Klumpen, die herausgeschöpft und ausgeknetet werden. *Vegetabilische B.* od. *Pflanzen-B.* wird aus dem Fett von Pflanzen (Samen) gewonnen, besonders Bassiafett. **B.blume,** Volksname für gelbblühende Pflanzen, z.B. Sumpfdotterblume. **B.gelb,** Fettfärbemittel; da krebserzeugend, verboten. **B.milch,** bei Abscheidung der Butter aus Rahm abfallend, enthält noch Fett (bis 0,4%), Eiweiß u. Vitamine, daher hochwertiges Nahrungsmittel. **B.pilz,** ein Röhrling; Speisepilz, nur frisch verwendbar. ☐ 750. **B.säure,** farblose Flüssigkeit v. ranzigem Geruch, als Glycerinester in der B.; kommt in Muskelsaft u. Schweiß vor.

Butung, fr. *Buton,* indones. Insel, 4500 km², 260000 E.

Butzbach, hess. Stadt am Nordosthang des Taunus, 21000 E.; Schloß; Schuh- u. Maschinenindustrie.

Butzenscheiben, kleine, runde, in Blei gefaßte u. in der Mitte verdickte Glasscheiben.

Butzer (Bucer), *Martin,* elsäss. Humanist u. Reformator, 1491–1551; wirkte als Organisator der Reformation in Straßburg; beriet ⁊Philipp I. v. Hessen u. ⁊Eduard VI. v. England; Einfluß auf ⁊Calvin; suchte im Abendmahlsstreit zu vermitteln.

Butzkopf, *Schwertwal,* Delphin, 5–6 m lang, Räuber, im nördl. Atlantik u. Pazifik.

Buxtehude, niedersächs. Stadt, 31000 E.; Lebensmittel- und chemische Industrie.

Buxtehude, *Dietrich,* dt. Komponist u. Organist, 1637–1707; Haupt der norddt. Barockschule, von Einfluß auf J. S. Bach.

Bydgoszcz (: bŭdgoschtsch) ⁊Bromberg.

Bylinen, Heldenlieder der großruss. Volkspoesie, mündl. überliefert; die ältesten aus dem 11./13. Jh.

Byrd (: böʳd), **1)** *Richard Evelyn,* am. Flieger, Admiral u. Polarforscher, 1888–1957; überflog 1926 als erster mit *Floyd Bennett* den Nordpol, erreichte 29 den Südpol; 46/47 Antarktis-Expedition. **2)** *William,* kath. engl. Kirchenkomponist, 1543–1623; schrieb auch Madrigale u. Klaviermusik.

Byron (: bairᵉn), *George Gordon* Lord, engl. Dichter, 1788–1824 (starb als Teilnehmer am griech. Freiheitskampf), berühmtester europ. Romantiker, galt der Zeit als Prototyp des Dichters. Bestimmung: Liebesleidenschaft, Naturgefühl, Weltschmerz, Zerrissenheit. Epen: *Childe Harold's Pilgrimage; Don Juan;* Dramen: *Manfred, Cain;* Lyrik.

Byssus *m,* fädige Drüsenabsonderung der Miesmuschel zur Bodenanhaftung.

Bytom, poln. Name für ⁊Beuthen.

Byzantinische Kunst, die im Byzantinischen Reich beheimatete Kunst, die auch v. starkem Einfluß auf den Westen war; erwuchs aus der Verbindung v. hellenist. u. oriental. Formen; ihr Höhepunkt unter Justinian (527/565); meist zentraler Kirchenbau statt Längsbau (Hagia Sophia in Konstantinopel); Reliefs, Elfenbeinschnitzerei, Mosaiken, häufig mit Goldgrund, symmetr. Anordnung, streng; Ikonen; viele Miniaturen (Buchmalerei). Die B. K. wurde formal u. ikonograph. Vorbild der mittelalterl. Kunst Europas. Ihre Formen blieben in der russ. Kunst bis ins 18. Jh. unverändert erhalten.

Byzantinisches Reich, *Oström. Reich,* entstand 395 n.Chr. bei der Teilung des Röm. Reiches als dessen Fortsetzung im griech. Osten (Hst. Konstantinopel = Byzanz, daher der Name B. R.). Ks. Justinian I. versuchte vergebl., das Gesamtreich wiederherzustellen. Um 600 slaw. Landnahme auf dem Balkan, seit 634 Verlust der Ostprov. an die Araber. Im 9. Jh. Kämpfe gg. Araber u. Bulgaren. Ks. Basilius II. (976/1025) führte das B. R. zum Höhepunkt. Unter den Komnenen bald innerer u. äußerer Verfall; 1054 endgültige Trennung v. der kath. Kirche (⁊Orthodoxe Kirchen). Ende 11. Jh. gingen Unter-It. an die ⁊Normannen, das innere Kleinasien an die ⁊Seldschuken verloren; nach 1180 Loslösung v. Bosnien, Serbien u. Bulgarien. 1204 Eroberung Konstantinopels

Byzantinische Kunst: Hagia Sophia, Konstantinopel, 532–537

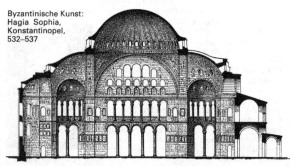

im 4. Kreuzzug u. Errichtung des ↗Lateinischen Kaisertums; 1261 erneuerte Ks. Michael Paläologus das B. R., das 1453 durch die Eroberung Konstantinopels den Türken erlag. Das B. R. christianisierte das slaw. Osteuropa. Byzantin. Tradition lebte bes. in Moskau fort. **Byzantinismus,** Unterwürfigkeit, übersteigerter Personenkult. **Byzanz** ↗Konstantinopel.

Byzantinische Kunst: Bischofsstuhl des Maximianus, Ravenna, um 550

c, Abk. für 1) ↗Zenti; 2) die Lichtgeschwindigkeit; 3) Cent, Centavo, Centesimo, Centime (☐ 1144/45). **C,** Abk. für 1) das röm. Zahlzeichen 100 (centum); 2) ↗Coulomb; 3) ↗Kohlenstoff; 4) ↗Celsius.
Ca, chem. Zeichen für ↗Calcium. **ca.,** Abk. für ↗circa.
Caballero m (: kawaljero, span.), Ritter, Edelmann, heute allg. für Herr.
Cabet (: kabä), *Étienne,* frz. Kommunist, 1788–1856; utop. Roman: *Reise nach Ikarien.*
Cabinda, Exklave von Angola, nördl. der Kongomündung, Hst. C. Ausfuhr: Kakao, Palmöl.
Cabora-Bassa-Staudamm, 1968 begonnenes Projekt zur Nutzbarmachung des oberen Sambesi in Moçambique für Energieerzeugung u. Bewässerung v. Kulturland; Staudamm 170 m hoch, 300 m lang, Stausee 2700 km²; jährl. Energiekapazität des Kraftwerks 17 Mrd. kWh.
Caboto, *Giovanni,* it. Seefahrer, 1425–98; entdeckte 1497 das nord-am. Festland.
Cabral, *Pedro Álvarez,* portug. Seefahrer, 1460–1526; entdeckte 1500 Brasilien.
Cäcilia, hl. (22. Nov.), legendäre röm. Martyrin des 3. Jh., Patronin der kath. Kirchenmusik.
Cäcilien-Verband, kath. Verband zur Pflege der Kirchenmusik in den Ländern der dt. Sprache; 1868 als *Cäcilienverein* gegr.
Cádiz (: iß), südspan. Prov.-Hst., befestigter Hafen am *Golf v. C.,* 146000 E.
Cadmium s, chem. Element, Zeichen Cd, weißes Metall, Ordnungszahl 48 (☐ 148); C. kommt in Zinkerzen vor; Verwendung zu Legierungen, rostschützenden Überzügen, bed. als Baumaterial in ↗Kernreaktoren u. a. ☐ 613. **C.sulfid,** *Schwefel-C.,* *C.gelb,* gelbe u. rote Malerfarben.
Caen (: kan), Hst. des Frz. Dep. Calvados (Normandie), 120000 E.; normann.-roman. Kirchen; Univ.; Ausfuhr v. Eisenerzen.
Cagli (: kalji), *Corrado,* it. Maler, * 1910; gelangte, v. P. Klee beeinflußt, zum Surrealismus u. zur abstrakten Malerei.
Cagliari (: kaljari), Hst. v. Sardinien, am Golf v. C., 242000 E.; Erzb., Univ., Flughafen.
Cagliostro (: kaljo-), *Alexander* Graf v., it. Hochstapler u. Abenteurer, 1743–95.
Caisson m (: käßon), Senkkasten aus Eisen, für Gründungen u. Arbeiten unter Wasser.
C.krankheit ↗Taucherkrankheit
CAJ, Abk. für ↗**Christliche Arbeiter-Jugend.**

Cajetan, *Jacobus,* im Orden *Thomas de Vio,* OP, humanist. Theologe, Ordensgeneral u. Kard., 1469–1534; als päpstl. Legat in Dtl. 1518 in versöhnl. Geist Vhh. mit Luther.
Cajetan v. Tiene, hl. (8. Aug.), 1480–1547; it. Priester, Mitstifter der ↗Theatiner.
Cakes (: ke'kß, engl.), der Keks.
cal, Abk. für ↗Kalorie.
Calais (: kalä), frz. Hafenstadt u. Festung am Kanal (Schnellverkehr nach Dover 40 Minuten), 79000 E.; Hochseefischerei, Seebad.
Calbe an der Saale, Krst. im Bez. Magdeburg, 16500 E.; Braunkohle, chem. u. Eisenind.
Calcit m, Mineral, der Kalkspat. [Ind.
Calcium s, chem. Element, Zeichen Ca; Erdalkalimetall; Ordnungszahl 20 (☐ 148); C. kommt nur gebunden vor, Bestandteil des Kalksteins, Gipses, Feldspates; leicht oxydierbar; lebenswichtig für Organismen. **C.carbid** ↗Carbid. **C.carbonat,** Kalkstein, Kalkspat, Aragonit, Kalktuff, Kreide. **C.chlorid,** *Chlor-C.,* für Kältemischungen. **C.fluorid,** der ↗Flußspat. **C.hydroxid,** gelöschter ↗Kalk; zur Mörtelbereitung. **C.hypochlorit** ↗Chlorkalk. **C.oxid,** gebrannter ↗Kalk. **C.phosphat,** in den Mineralien Apatit u. Phosphorit, Bestandteil der Knochen u. des Thomasmehls; Dünger. **C.sulfat,** schwefelsaurer Kalk (↗Gips, ↗Anhydrit).
Calder (: kåld'er), *Alexander,* am. Drahtplastiker, 1898–1976; schuf zahlr. ↗Mobiles.
Caldera w, vulkanischer Kraterkessel.
Calderón, *Don Pedro C. de la Barca,* span. Dramatiker, 1600–81; Priester. Meister des philos.-theol. Ideendramas u. des Sakramentsspiels (Auto sacramental). Umfangreiches Werk, sprachmächtig u. theaternah. HW: *Der standhafte Prinz, Das Leben ein Traum, Der Richter von Zalamea, Das große Welttheater.*

Caldera. 4 Phasen der Bildung einer C.: **1** und **2** Flüssiges Material aus einem unterirdischen Reservoir drückt sich an die Oberfläche, **3** Einsturz des Deckenmaterials in den Hohlraum, **4** erneute vulkanische Aktivität auf dem Boden der C.

Caldwell (: k<u>a</u>ldwel), *Erskine,* am. sozialkrit. Schriftsteller, * 1903; *Die Tabakstraße.*
Calgary (: kälg^ärⁱ), kanad. Stadt in Alberta, 470000 E.; Univ., kath. Bischof. In der Umgebung Erdöl- und Erdgasfelder.
Cali, Dep.-Hst. im Innern Kolumbiens, 990000 E.; Handelsort; Univ., Bischof.
Calicut (: k<u>ä</u>liket), *Kalikat,* ⟋Kozhikode.
Californium *s,* künstl. chem. Element, Zeichen Cf, Ordnungszahl 98. ☐ 148.
Caligula, 12–41 n. Chr.; Sohn des Germanicus, 37 röm. Ks.; unfähig, grausam.
Calixtiner, *Utraquisten,* Hussiten, die mit kirchl. Erlaubnis (bis 1629) auch aus dem Kelch (lat. *calix*) kommunizierten.
Calla, Schlangen- od. ⟋Drachenwurz. *Weiße C.,* beliebte Zimmerpflanze.
Callaghan (: k<u>ä</u>l^ehän), *Leonard James,* brit. Politiker (Labour Party), * 1912; 64/70 u. 74/76 Minister, 76/79 Premier-Minister.
Callao (: kalj<u>a</u>o), Haupthafen von Peru, 300000 E.; Holz- und Eisen-Industrie.
Callas, *Maria,* 1923–77; it. Opernsängerin (griech. Herkunft), Sopranistin.
Call-Girl *s* (: k<u>a</u>lgö^rl, engl.), Prostituierte, besucht od. empfängt Kunden auf Telefonanruf.
Callot (: kal<u>o</u>), *Jacques,* frz. Graphiker, 1592–1635. Wegbereiter der Radierung.
Callus *m,* Wuchergewebe an Verletzungen, **1)** *Knochenschwiele,* bildet sich bei Knochenbrüchen. **2)** *C.gewebe* bei Pflanzen, überwuchert die Wundflächen.
Calmette (: -m<u>ä</u>t), *Albert,* frz. Bakteriologe, 1863–1933; führte die Tbc-Schutzimpfung ein.
Calvin, 1) *Johannes,* der neben Luther wichtigste Reformator, 1509–64; seit 41 geistl. u. weltl. Beherrscher Genfs. Seine Lehre der **Calvinismus:** Alleinwirksamkeit Gottes, gänzl. Verderbtheit der menschl. Natur, völlige Vorherbestimmung zur Seligkeit od. Verdammnis, Rechtfertigung allein durch Glauben, im Abendmahl geistige Gegenwart Christi. Konsistorium aus Pastoren u. Ältesten, Selbständigkeit gegenüber dem Staat, ⟋Reformierte. **2)** *Melvin,* am. Chemiker, * 1911; 61 Nobelpreis für Arbeiten über Photosynthese.
Calw (1975: *C.-Hirsau*), Krst. u. Kurort im Nagoldtal (württ. Schwarzwald), 23000 E.
Câmara, *Hélder,* ⟋Pessoa Câmara.
Camargue *w* (: kam<u>a</u>rg), Insel zw. den Hauptmündungsarmen der Rhône in Süd-Fkr., 750 km²; Reis- u. Weinanbau, Naturpark.
Camarilla *w* (: -r<u>i</u>lja, span.), *Kamarilla,* einflußreiche Hof- od. Günstlingspartei.
Cambrai (: k<u>a</u>nbrä), frz. Krst. im Dep. Nord, 40000 E.; Erzbischof. – 1508 *Liga v. C.* zw. Ks. Maximilian I., Pp. Julius II., Ludwig XII. v. Fkr. u. Ferdinand v. Aragonien gg. Venedig. 1529 *Damenfriede v. C.* zw. Ks. Karl V. und Franz I. v. Frankreich.
Cambridge (: k<u>e</u>imbridsch), **1)** Hst. der engl. Gft. *C.,* 100000 E. Die *Univ. C.* (von 1229) ist neben Oxford Hauptsitz der Gelehrtenwelt Englands; hier 1. Konferenz des Weltkirchenrats 1946. **2)** *C.* in Massachusetts (USA), bei Boston, 108000 E.; Harvard-Universität (von 1636, älteste Univ. der USA).

Canaletto I:
Ansicht von Venedig

Johannes Calvin

Albert Camus

Camden (: kämd^en), Stadt in New Jersey (USA), 120000 E.; kath. Bischof; Schiffbau.
Camera obscura *w* (lat.), Lochkamera, der v. Leonardo da Vinci erfundene Vorläufer des Photoapparats.
Camerlengo *m* (it. = Kämmerer), Kurien-Kard., Leiter der päpstl. Finanzverwaltung; übernimmt während der Sedisvakanz wichtige Funktionen.
Camões (: kam<u>õ</u>n'sch), *Luiz Vaz de,* portugies. Dichter, 1524–80; beschrieb die Seefahrten u. Eroberungen seines Volkes im Epos *Die Lusiaden;* Lyrik.
Camouflage *w* (: kamufl<u>asch</u>^e), Tarnung, Vortäuschung eines Tatbestandes.
Camp *s* (: kämp, engl.; k<u>a</u>n, frz.), Lager.
Campagna Romana (: -p<u>a</u>nja-, it.), zur Römerzeit fruchtbare, dann versteppte Landschaft um Rom; wieder kultiviert.
Campanella, *Tommaso,* OP, it. Philosoph, 1568–1639. Sein Roman *Sonnenstaat* entwirft eine christl.-sozialist. Universalmonarchie.
Campanile *m* (it.), Glockenturm, im Italien des MA meist freistehend.
Campanula *w,* die ⟋Glockenblume.
Campe, *Joachim Heinrich,* dt. Erzieher, 1746–1818; Jugendschriften, so *Robinson der Jüngere.*
Campendonk, *Heinrich,* expressionist. Maler, 1889–1957; Mitgl. des ⟋Blauen Reiters.
Campinas, brasilian. Stadt im Staat São Paulo, 473000 E., darunter viele dt. Abstammung. Univ., Erzb.
Camping *s* (: käm-, engl.), Leben u. Lagern unter freiem Himmel mit Zelt od. Wohnwagen als Freizeitgestaltung; heute auf eigens dafür eingerichteten *C.plätzen.* Das *C.* entstand zu Beginn des Jh. in den USA.
Campo Formio, heute *Campoformido,* it. Dorf bei Udine, 1200 E. – 1797 Friede zw. Östr. u. Frankreich.
Campos, Stadt im brasilian. Staat Rio de Janeiro, 320000 E.; Zucker u. Textil-Industrie.
Camposanto *m* (it.), Friedhof. *C. Teutonico,* das dt. Priesterkolleg in Rom.
Camus (: kam<u>ü</u>), *Albert,* frz. Schriftsteller, 1913–60; Darstellung einer absurden Welt in Drama, Roman, Erzählung, Essay (Einfluß v. J.-P. ⟋Sartre); der Mensch erscheint als zur Bewährung in ihr aufgerufen. 57 Nobelpreis für Lit. Romane: *Die Pest, Der Fall;* Essays: *Der Mythos von Sisyphos,*

Der Mensch in der Revolte; Drama: *Caligula.*

Canaille w (: -na[l]je, frz.), Lump, Schurke.

Canal du Centre (: -dü ßãntr), mittel-frz. Kanal zw. Saône u. Loire, 120 km lang. **C. du Midi** (: -dü midi), Kanal von der Garonne zum Mittelmeer, 242 km long, 2 m tief. Beide nur regionale Bedeutung.

Canaletto, 1) C. I, eig. *Antonio Canal,* 1697–1768; malte Stadtansichten v. Venedig. **2) C. II,** eig. *Bernardo Belotto,* Neffe v. 1), 1720–80; schuf Städteansichten (Dresden, Wien, Warschau).

Canaris, *Wilhelm,* dt. Admiral, 1887–1945; 35/44 Leiter der Abwehr im Kriegsministerium; gehörte zur Widerstandsbewegung gg. Hitler; v. SS hingerichtet.

Canasta, dem Rommé verwandtes Kartenablegespiel für 2–6 Personen.

Canberra (: känb^{e}r^e), Bundes-Hst. Australiens, 1913 gegr., 235000 E. Sitz des Parlaments u. der National-Univ.; kath. Erzb.

Cancan (: kãñkãñ), ausgelassener frz. Bühnentanz.

cand., lat. Abk. für Kandidat (Student vor dem Examen).

Candela, Einheit für die ⁊Lichtstärke.

Canetti, *Elias,* Schriftsteller span.-jüd. Herkunft, * 1905; übt in seinem HW *Masse u. Macht* Kritik am Menschen; satir.-psycholog. Dramen; Roman *Die Blendung.*

Canisius, *Petrus,* hl. (27. April), SJ, Kirchenlehrer, 1521–97; als Katechet (er verfaßte 3 Katechismen), Kanzelredner, Schriftsteller u. Kollegiengründer führend bei der Erneuerung des kath. Glaubens.

Canna, das ⁊Blumenrohr.

Cannae, röm. Ort in Apulien, heute *Monte di Canne;* Sieg Hannibals über die Römer 216 v.Chr. durch eine in der Kriegsgeschichte klass. Umfassungsschlacht.

Cannes (: kan), frz. Seebad an der Riviera, 71000 E.; internat. Filmfestspiele.

Canning (: käning), *George,* 1770–1827; mehrmals brit. Außenminister.

Cannstatt, *Bad C.,* Stadtteil v. Stuttgart; Mineralbad (Eisenquellen).

Cañón m (: kanjon, span.), schluchtartiges, tiefes Flußtal; ⁊Colorado.

Canossa, it. Dorf s.w. von Reggio nell'Emilia. Vor der Burg C. der Markgräfin Mathilde v. Tuszien tat der dt. Kg. Heinrich IV. 1077 Kirchenbuße.

Canova, *Antonio,* it. Bildhauer des Klassizismus, 1757–1822.

cantabile (it.), sangbar, ausdrucksvoll.

Canterbury (: känt^{e}r^{b}er^i), engl. Stadt in der Gft. Kent, 34000 E.; Sitz des Lord-Primas u. Erzb. der anglikan. Staatskirche; got. Kathedrale (1184/1495). ☐ 343.

Cantus m (lat.), Gesang. **C. firmus,** die aus dem Choral od. Volkslied entnommene Stimme, zu der der Komponist Gegenstimmen hinzufügt.

Caodaismus m, synkretist.-spiritist. Religion, seit 1913 in Süd-Vietnam, ca. 2,5 Mill. Anhänger.

Cape s (: ke^{i}p, engl.), **1)** geograph. Name für Kap. **2)** Umhang.

Čapek (: tscha-), **1)** *Josef,* tschech. Schriftsteller u. Maler, 1887–1945; expressionist.

Dramen u. Erz. **2)** *Karel,* Bruder v. 1), tschech. Schriftsteller, 1890–1938; philosoph.-hintergründige Erz.; utop. Roman *Das Absolutum.*

Capella w (lat.), hellster Stern im Sternbild ⁊Fuhrmann. ☐ 947.

Capestrano, *Johannes v.,* hl. (28. März u. 23. Okt.), OFM, Buß- u. Kreuzzugsprediger, 1386–1456; verdient um die Türkenabwehr.

Capogrossi, *Giuseppe,* it. Maler, * 1900; abstrakte, rhythmisch bewegte Malerei.

Capote (: käpo^{u}t^i), *Truman,* am. Schriftsteller, * 1924; romant.-realist. Romane u. Erz.; *Die Grasharfe; Frühstück bei Tiffany; Kaltblütig; Wenn die Hunde bellen.*

G. Capogrossi: Superficie 324

Capri, Insel im Golf v. Neapel, mit höhlenreicher Steilküste *(Blaue Grotte),* 10,3 km², Hauptorte C. u. Anacapri, 11500 E. Starker Fremdenverkehr; 2 Sonnenobservatorien.

Capriccio s (: kapritscho, it.), launiges Musikstück, ähnlich dem Scherzo.

Caprivi, *Leo* Graf v., preuß. General, 1831–1899; 90/94 dt. Reichskanzler (Nachfolger Bismarcks). ⁊Rückversicherungsvertrag.

Captatio benevolentiae w (lat.), Wendung in Rede od. Schrift, durch die die Gunst des Angesprochenen gewonnen werden soll.

Capua, it. Stadt u. Festung in der Prov. Caserta, 18000 E.; Erzb. Südöstl. *Santa Maria C. Vetere,* auf den Trümmern des antiken C.

Caracalla, 188–217 (ermordet); 211 röm. Ks., verlieh allen freien Reichsangehörigen das röm. Bürgerrecht; baute die *C.-Thermen* in Rom.

Caracas, Hst. v. Venezuela, eine der modernsten Städte Südamerikas, in den Anden, m. V. 2,5 Mill. E.; Erzb., Univ.

Caravaggio (: -wadscho), *Michelangelo da,* it. Barockmaler, 1573–1610; naturalist. Darstellung, Hell-Dunkel-Malerei. ☐ 71.

Die Insel Capri

Canterbury: Vierungsturm der Kathedrale

Carcassonne: die alte Oberstadt mit der doppelten Stadtmauer

Caravan *m* (: kärewän, engl.), Reise-, Wohnwagen; gedeckter Lieferwagen.
Carbid *s*, chem. Verbindungen v. Kohlenstoff mit Metallen. *Calcium-C.*, CaC₂, aus Kalkstein u. Koks, für ⁄Kalkstickstoff- u. Acetylen-Herstellung. Schleifmittel sind *Bor-C.* u. *Silicium-C.* (⁄Karborund).
Carbonari (Mz., it. = Köhler), polit.-revolutionärer Geheimbund, gegr. 1807 im Kgr. Neapel; ging im ⁄Jungen Italien auf.
Carbonate (Mz.), Salze der ⁄Kohlensäure.
Carbonsäuren, organ. Säuren, enthalten die *Carboxylgruppe* COOH.
Carcassonne (: -ßon), Hst. des südfrz. Dep. Aude, am Canal du Midi, 46000 E.; befestigte mittelalterl. Stadt mit 53 Wehrtürmen; kath. Bischof.
Cardano, *Hieronymus,* it. Mathematiker, Astrologe u. Arzt, 1501–1576; erfand die ⁄Kardanische Aufhängung.
Cardiff, Hst. v. Wales, Hafen am Bristolkanal, 278000 E.; reiche Kohlengruben; größter Kohlenausfuhrhafen der Erde; Schwer-Ind.; Dockanlagen; kath. u. anglikan. Erzb., Univ.-College.
Cardijn (: -dein), *Joseph,* belg. kath. Priester, 1882–1967; begr. die ⁄Jeunesse Ouvrière Chrétienne, 1965 Kardinal.
Cardin (: -däñ), *Pierre,* frz. Modeschöpfer, * 1922; auch Modekollektionen für Herren.
Carducci (: -dutschi), *Giosuè,* it. Dichter u. Literaturkritiker, 1835–1907; Erneuerung der Antike aus nationalem, antichristl. Lebensgefühl.
CARE (: kär), Abk. für **C**ooperative for **Am**erican **R**emittances to **E**urope, 1946 in den USA gegr. Vereinigung v. Organisation v. Hilfssendungen, bes. auch nach Dtl.
Caritas *w* (lat.), **1)** theol. die göttl. Liebe. **2)** i.e.S. die christl. Barmherzigkeitsübung. **3)** die organisierte kath. Liebestätigkeit; zusammengefaßt im *Dt. C.verband e. V.,* gegr. 1897 v. L. ⁄Werthmann; Zentrale Freiburg i. Br.; Gliederung nach Diözese, Stadt, Pfarrei. Arbeitsgebiete: Familien- u. Seelsorgshilfe; Sorge für Jugendliche, Kranke, Alte, Obdachlose, Studenten, Flüchtlinge, Auswanderer; Suchdienst, Entwicklungshilfe u. a. – *Institut für C.-Wiss.* 1925/39 u. seit 47 an der Univ. Freiburg i. Br. – **C. Internationalis,** Zusammenschluß v. 45 nationalen C.verbänden, Sitz seit 1951 Rom.

Carl XVI. Gustaf

Carnac: Steinblockreihen

Carl XVI. Gustaf, schwed. Kg. (seit 73), * 1946, Enkel von Gustav VI. Adolf.
Carlos, *Don C.,* **1)** Sohn Philipps II. v. Spanien, 1545–68; kränkl. u. schwachsinnig, wegen Verschwörung in Haft; Schauspiel v. Schiller (unhistorisch). **2)** span. Thronanwärter. ⁄Karlisten.
Carlyle (: -lail), *Thomas,* engl. Schriftsteller, 1795–1881; vermittelte England den Geist der dt. Goethezeit. Leitsatz: Große Männer machen die Geschichte.
Carmagnole *w* (: -manjol), **1)** frz. Revolutionslied 1792. **2)** kurze Jakobinerjacke.
Carmen *s* (lat.), Lied, Gedicht. C. (span.), weibl. Vorname; Oper v. Bizet. **C. Sylva,** Schriftstellername v. Elisabeth, Königin v. Rumänien, 1843–1916.
Carmina burana, lat. u. dt. Vagantenliedersammlung, aus dem Kloster Benediktbeuren, 13. Jh.; von C. ⁄Orff vertont.
Carmona, *Antonio Oscar de* Fragoso, portugies. Marschall, 1869–1951; stürzte 1926 die demokrat. Regierung, seit 28 Staatspräs.
Carnac, frz. Ort in der Bretagne; in der Nähe bedeutende Zeugnisse frühsteinzeitl. u. bronzezeitl. Kultur, u. a. mehrere alleeartige Steinblockreihen, die wohl ein Heiligtum kennzeichneten.
Carnap, *Rudolf,* dt. Philosoph, 1891–1970; Neupositivist (⁄Wiener Kreis); lehrte in Wien u. Prag, seit 1936 in den USA.
Carné, *Marcel,* frz. Filmregisseur, * 1909; *Les enfants du paradis.*
Carnegie (: -negi), *Andrew,* am. Großindustrieller, 1835–1919. **C. Hall,** 1891 eröffnete New Yorker Konzerthalle. **C.-Stiftungen,** zur Förderung v. Wiss. u. Volksbildung.
Carnet de Passage *s* (: -ne dᵒ paßaschᵉ, frz.), ⁄Triptik.
Carnot (: -no), **1)** *Lazare* Graf, 1753–1823; führte in der Frz. Revolution die allg. Wehrpflicht ein. **2)** *Sadi,* Sohn v. 1), frz. Physiker, 1796–1832; untersuchte den Wirkungsgrad v. Wärmekraftmaschinen *(C.scher Kreisprozeß).*
Carol, Könige v. Rumänien: **C. I.** (v. Hohenzollern-Sigmaringen), 1839–1914; regierte seit 1866, modernisierte Rumänien. **C. II.,** Großneffe v. C. I., 1893–1953; mußte 1926 auf den Thron verzichten, regierte wieder 30/40, dann gestürzt.
Carolina (: kärᵉlainᵉ), 2 Bundesstaaten der USA: ⁄North Carolina, ⁄South Carolina.
Carossa, *Hans,* dt. Schriftsteller u. Arzt,

Hans Carossa

Karl Carstens

Jimmy Carter

Enrico Caruso

Sternbild Cassiopeia

1878–1956; gab in Selbstdarstellungen dem persönl. Erlebten allg. Bedeutung. *Kindheit u. Jugend, Arzt Gion, Tagebuch im Krieg.*
Carpaccio (: -p̲atscho), *Vittore,* venezian. Maler der Renaissance, 1455–1525.
Carpe diem (lat. = pflücke den Tag), genieße den Augenblick (aus Horaz).
Carracci (: -r̲atschi), it. Malerfamilie, ihre Werkstatt in Bologna v. Bedeutung für den it. Barock, bes. *Annibale C.* (1560–1609).
Carra̲ra, nord-it. Stadt in den Apuanischen Alpen, 71 000 E.; große, weltberühmte Marmorbrüche. Bildhauerakademie.
Carre̲l, *Alexis,* frz. Chirurg u. Biologe, 1873–1944; Arbeiten über Gewebezüchtungen; 1912 Nobelpreis für Medizin.
Carstens, *Karl,* dt. Völkerrechtler u. Politiker, * 1914; 60/69 Staatssekretär, 73/76 Vorsitzender der CDU/CSU-Fraktion in Dt. Bundestag, 76/79 Bundestagspräsident, seit 79 Bundespräsident der BRD.
Cartagena (: -ch̲ena), **1)** span. Mittelmeerhafen, 147 000 E.; Bischof; Docks, Hüttenwerke. **2)** Hafenstadt Kolumbiens, am Golf v. Darién, 346 000 E.; kath. Erzb., Univ.
Carter, *James Earl* („Jimmy"), am. Politiker (Demokrat), * 1924; 70/74 Gouverneur v. Georgia, 77–81 Präsident der USA.
Carte̲sius, *Renatus,* ↗Descartes.
Cartoonist m (: kårtu̲nißt, engl.), humorist. Zeichner, Karikaturenzeichner.
Ca̲rus, *Carl Gustav,* dt. Arzt, Naturforscher u. Maler, 1789–1869; Freund Goethes. Zentral in seiner Seelenkunde ist die Idee des Unbewußten.
Caru̲so, *Enrico,* it. Sänger, 1873–1921; berühmtester Tenor seiner Zeit.
Casa, *Lisa della,* schweizerische Sängerin, * 1921; Sopranistin.
Casabla̲nca, arab. *Dar el-Beïda,* Ausfuhrhafen u. wirtschaftl. Zentrum Marokkos, am Atlantik, 1,5 Mill. E. Die v. Churchill u. Roosevelt abgehaltene *Konferenz v. C.* 1943 beschloß die Landung auf Sizilien für 43, die in Westeuropa für 44 u. auf Roosevelts Initiative die bedingungslose Kapitulation Dtl.s als Kriegsziel. **C.-Staaten,** Zus.arbeit der afrikan. Staaten Ägypten, Algerien (Exilregierung), Ghana, Guinea, Mali u. Marokko seit 1961; 63 durch *Organisation für die Afrikan. Einheit* praktisch aufgehoben.
Casa̲ls, *Pablo,* span. Cellist, 1876–1973; auch Dirigent u. Komponist.
Casano̲va, it. Schriftsteller u. Abenteurer, 1725–98; 12 Bde. *Erinnerungen* (zentrales Thema: Liebesabenteuer); authent. Ausg. erst seit 1960.
Cae̲sar, *Gaius Julius C.,* röm. Staatsmann u. Feldherr, 100–44 v.Chr.; 59 Konsul, eroberte 58/51 ↗Gallien; löste durch seinen Ggs. zu ↗Pompejus, den er 48 bei Pharsalus schlug, den Bürgerkrieg aus; Feldzüge in Kleinasien, Ägypten, Nordafrika u. Spanien; seit Anfang 44 Diktator auf Lebenszeit (Ende der röm. Republik); v. den Republikanern Brutus u. Cassius ermordet. Schriften: *Der Gallische Krieg, Der Bürgerkrieg.* C.s Name wurde Titel der röm. Ks., davon dt. „Kaiser" u. russ. „Zar".
Caesarea, im Alt. mehrere Städte: **1)** C. Philippi (Palästina). **2)** C. am Mittelmeer. **3)** C.,

Hst. v. Kappadokien. **4)** C., Hst. v. Mauretanien.
Cäsa̲rius, 1) hl. (27. Aug.), Erzb. v. Arles, um 470–542; berühmt seine Mönchsregel. **2) C. v. Heisterbach,** Zisterzienser, um 1180 bis 1240; Legendensammlung.
Cäsaropapi̲smus m, Leitung auch der Kirche durch den weltl. Herrscher.
Case̲rta, it. Prov.-Hst. nördl. v. Neapel, 68 000 E.; Bischof; ehem. königl. Schloß (1752 erb.), hier wurde 1945 die Kapitulation der dt. Armee in It. unterzeichnet.
Casiqui̲are m (: -ki-), Fluß im südl. Venezuela; aus dem oberen Orinoco, zum Río Negro, 400 km lang, bildet die größte Flußgabelung (Bifurkation) der Erde.
Cä̲sium s, chem. Element, Zeichen Cs, Alkalimetall, Ordnungszahl 55 (☐ 148). Kommt nur in Verbindungen vor; für Photozellen u. Gleichrichter.
Ca̲spar, 1) *Horst,* dt. Schauspieler, 1913–52; gestaltete bes. jugendl. Helden des klass. dt. Dramas. Film: *Schiller.* **2)** *Karl,* dt. Maler, 1879–1956; Fresken, oft religiösen Inhalts. **C.-Filser,** *Maria,* 1878–1968, seine Gattin; impressionist. Landschaften u. Stilleben; später Monumentalisierung.
Cassadó, *Gaspar,* span. Cellist, 1897–1966.
Cassiodo̲rus, *Flavius,* röm. Staatsmann u. Gelehrter, um 485 bis nach 580; Min. Theoderichs d. Gr., schrieb eine Gesch. der Goten; wichtiger Vermittler der heidn. u. christl. Antike an das Abendland.
Cassiope̲ia, Sternbild des Nordhimmels, das „Himmels-W".
Cassiope̲ium, fr. Bz. für ↗Lutetium.
Cassi̲rer, *Ernst,* dt. Philosoph, 1874–1945; Neukantianer der Marburger Schule.
Castel Gando̲lfo, it. Stadt am Albaner See, 5000 E.; päpstl. Sommerresidenz u. Sternwarte.
Castellamma̲re, it. Städte, bes. *C. di Stabia,* Hafenstadt u. Badeort am Golf v. Neapel, 75 000 E.; Bischof; Mineralquellen; Werften.
Castle s (: käßl, engl.), Burg, Schloß.
Ca̲stro, *Fidel,* * 1927; durch Sieg über die bisherige Diktatur seit 59 Min.-Präs. auf Kuba, seit 76 Staatsrats-Vors.; führte weitreichende Sozialisierungsmaßnahmen durch; schloß sich polit. u. militär. an den Ostblock an.

Pablo Casals   Fidel Castro

Castrop-Ra̲uxel, westfälische Ind.-Stadt im Ruhrgebiet, 80 000 E.; Steinkohlenbergbau, chem. u. Schwerindustrie.   [-grund.
Ca̲sus m (lat.), ↗Fall 2). **C. be̲lli,** Kriegsfall,

Nicolae Ceaușescu

Camillo di Cavour

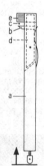

Cembalo, Mechanik: Beim Niederdrücken der Taste springt der Springer (a) nach oben, wobei der Kiel (b) die Saite (c) anreißt. Beim Zurückfallen des Springers gleitet der an der federnd gelagerten Zunge (d) befindliche Kiel ausweichend über die Saite weg, ohne sie nochmals anzureißen. Diese wird dann sofort vom Dämpfer (e) abgedämpft

Catania, sizilian. Prov.-Hst., am Fuß des Ätna, 400000 E.; Erzb.; Univ.

Catanzaro, süd-it. Prov.-Hst. in Kalabrien, 94000 E.; Erzbischof; Seidenwebereien.

Catch-as-catch-can (: kätsch äß kätsch kän, engl.), am. Art des Ringkampfes, bei dem nahezu jeder Griff erlaubt ist.

Catchup m od. s (: kätsch^{a}p), ↗Ketchup.

Catechismus Romanus, der Röm. Katechismus, auf Anordnung des Konzils v. Trient zum Gebrauch der Pfarrer 1566 hrsg.

Cather (: käß^{er}), Willa, am. Schriftstellerin, 1876–1947; ihre Romane schildern bes. die Pionierzeit. Meine Antonia.

Cathrein, Viktor, SJ, Schweizer Philosoph, 1845–1931; neuscholast. Sozialethik u. Naturrechtslehre.

Catilina, röm. Adliger, um 108–62 v. Chr.; Urheber der nach ihm ben. Verschwörung zum Sturz der Senatsherrschaft in Rom (63 v. Chr.); v. Cicero angeklagt.

Cato, zwei röm. Staatsmänner: **1) C. d. Ä.,** 234–149 v. Chr.; Verfechter altröm. Einfachheit. **2) C. d. J.,** Urenkel v. 1), 95–46 v. Chr.; erbittertster Gegner Caesars, entleibte sich nach dessen Sieg.

Catull, röm. Lyriker, 87–54 v. Chr.

Cauchy (: koschi), Augustin-Louis, frz. Mathematiker, 1789–1857; einer der Begründer der modernen Funktionentheorie.

Caudillo (: -dịljo, span.), **1)** Häuptling, Heerführer. **2)** seit 1936 amtl. Titel ↗Francos.

Causa w (lat.; Bw. kausal), Ursache, Rechtsgrund, Rechtsfall (↗Kausalität).

Caux (: kö), Kurort bei Montreux über dem Genfer See; Tagungsort der Weltkonferenz der Moralischen Aufrüstung.

Cave canem (lat.), Hüte dich vor dem Hund!

Cavendish (: käw^{e}nd^{i}sch), Henry, engl. Chemiker, 1731–1810; entdeckte den Wasserstoff u. das Kohlendioxid.

Cavour (: kawur), Camillo Graf v., it. Staatsmann, 1810–61; seit 52 Min.-Präs. v. Sardinien-Piemont, führte die nationale Einigung It.s durch.

Cayatte (: kajat), André, frz. Filmregisseur, * 1909; sozialkrit. Filme, bes. zur Kritik an der Justiz. Schwurgericht; Meine Nächte mit Jacqueline – Meine Tage mit Pierre.

Cayenne (: kajän), Hst. u. Hafen v. Frz.-Guayana, 34000 E.; kath. Bischof; seit der Frz. Revolution Sträflingskolonie. **C.-Pfeffer,** schärfste der Pfefferarten; Früchte ähneln den ↗Paprika-Schoten.

Cayrol (: kärọl), Jean, frz. Schriftsteller, * 1911; Romane um menschl. Problematik in der Ggw.: Die Fremdkörper; Histoire de la forêt. Lyrik.

Cb, chem. Zeichen für Columbium, die ältere Bz. für das Element Niob (Nb).

cbm, amtl. m³, Abk. für Kubikmeter.

C. C., Abk. für Corps consulaire, konsular. Korps.

ccm, amtl. cm³, Abk. für Kubikzentimeter.

cd, Abk. für ↗Candela.

Cd, chem. Zeichen für ↗Cadmium.

C.D., Abk. für Corps diplomatique, diplomat. Korps.

CDU, Abk. für ↗Christl.-Demokrat. Union.

Ce, chem. Zeichen für ↗Cer.

Ceará (: ß^{i}ara), Bundesstaat an der Nord-

ostküste Brasiliens, 148016 km², 5,8 Mill. E.; Hst. Fortaleza. Anbau v. Kaffee, Baumwolle, Zuckerrohr.

Ceaușescu (: tscheauschẹßku), Nicolae, * 1918; seit 1965 Generalsekretär der KP Rumäniens, seit 67 auch Vors. des Staatsrats; 74 „Präsident der Republik".

Cebú (: ßebu), Philippineninsel, 4833 km², 1,8 Mill. E.; Hst. C., 409000 E.; Hafen; kath. Univ. u. Erzb.

Cédille w (: ßedij^e, frz.), Häkchen unter dem c (ç), wenn es vor a, o, u wie ß gesprochen wird (im Frz. u. Portugies.).

Cefalù (: tschefalụ), sizil. Kreis- u. Hafenstadt, 13000 E.; Bischof; normann. Dom (12. Jh.).

Celan (: zelạn), Paul, östr. Lyriker, 1920–1970; Mohn und Gedächtnis, Von Schwelle zu Schwelle.

Celebes (: ße-), seit 1949 amtl. Sulawesi, drittgrößte Insel Indonesiens, 179400 km², 8,5 Mill. E.; Hst. Ujungpandang. Tropischheißes Klima; großenteils Gebirge, mit Urwäldern bedeckt. Auf Plantagen Anbau von Kapok, Reis, Zuckerrohr, Gewürzen. C.-See, Zwischenmeer zw. Borneo, C. u. den Philippinen; bis 5500 m tief.

Celesta w (: tsche-, it.), Klavier mit Stahlplatten anstelle der Saiten; Klang dem Glockenspiel ähnlich.

Céline (: ßelịn), Louis Ferdinand, frz. Schriftsteller; 1894–1961; desillusionist.-pessimist. Romane in oft derber Sprache. Reise bis ans Ende der Nacht; Von einem Schloß zum andern.

Celle, niedersächs. Krst. u. Bahnknoten an der Aller u. am Südrand der Lüneburger Heide, 73000 E.; Biolog. Bundesanstalt für Land- u. Forstwirtschaft, Institute für Virusforschung u. für Bienenforschung, Renaissance-Schloß, vielseitige Ind.

Cellini (: tsche-), Benvenuto, it. Goldschmied u. Bildhauer, 1500–71. ☐ 809.

Cello (: tsche-, it.) ↗Violoncello.

Cellophan s, ↗Zellglas.

Celluloid s, elfenbeinartiger, ältester Kunststoff, aus Nitrocellulose, v. Hyatt 1869 erfunden; ist elastisch, biegsam, zäh u. mechan. fest; Material für Kinofilme. ☐ 523.

Cellulose w, der ↗Zellstoff. **C.acetat** ↗Acetylcellulose.

Celsius, Anders, 1701–44; schwed. Astronom; konstruierte das C.-↗Thermometer mit 100°-Teilung, mit C.-Grad (° C) als Einheit. ↗Temperatur.

Celtes (Celtis), Konrad, 1459–1508; dt. Humanist; wirkte in Ingolstadt u. Wien.

Cembalo s (: tschẹmbalo), dt. Klavizimbel, Tasteninstrument des 14./18. Jh.; Saiten werden angezupft (silberner Ton); heute wieder viel verwendet, bes. für ältere Musik.

Cent m, **Centavo** m (: ßen-), **Centesimo** m (: tschen-), **Centésimo** m (: ßen-), **Centime** m (: ßãtịm), **Céntimo** m (: ßẹn-), Münzen. ☐ 1144/45.

CENTO, Abk. für Central Treaty Organization (engl. = Zentrale Pakt-Organisation), 1955 als Bagdad-Pakt zw. der Türkei u. dem Irak geschlossenes Verteidigungsbündnis, dem Großbritannien, Pakistan u. Iran beitraten. 59 Austritt des Irak u. Umbenennung

Sternbild Cepheus

Paul Cézanne
Selbstbildnis

M. de Cervantes

Ceylon

Amtlicher Name:
Sri Lanka

Staatsform:
Republik

Hauptstadt:
Colombo

Fläche:
65 610 km²

Bevölkerung:
14,18 Mill. E.

Sprache:
Staatssprache ist
Singhalesisch

Religion:
61% Buddhisten,
20% Hindus,
7% Christen,
4% Muslimen

Währung:
1 Sri Lanka Rupee
= 100 Cents

Mitgliedschaften:
UN, Commonwealth,
Colombo-Plan

in C.; 57 Beitritt der USA zum Militärausschuß des Paktes; nach dem Austritt mehrerer Mitglieder 79 aufgelöst.
Centurio *m*, röm. Offizier (Hauptmann).
Cephalopoden (Mz., gr.), *Kopffüßer,* die ↗Tintenfische.
Cepheiden, nach dem Stern δ im Sternbild Cepheus benannte Klasse period. veränderl. Sterne, bei denen un. der Periode des Lichtwechsels u. der Leuchtkraft eine bestimmte Beziehung besteht; C. eignen sich zur Entfernungsbestimmung von Sternsystemen.
Cepheus *m,* Sternbild des Nordhimmels.
Cer *s, Cerium,* chem. Element, Zeichen Ce, Metall der seltenen Erden (Lanthaniden); Ordnungszahl 58 (☐ 148); kommt nur im Monazit vor; verwendet als Zündmetall (C.oxid im Gasglühstrumpf).
Ceram, *C. W.,* eig. *Kurt W. Marek,* dt. Schriftsteller, 1915–72; *Götter, Gräber u. Gelehrte; Der erste Amerikaner.*
Ceram, *Seran(g),* größte Insel der Molukken (zu Indonesien), 18 620 km², 100 000 E.; Hst. Sawai. Urwaldbedecktes Bergland.
Ceres, röm. Göttin der Fruchtbarkeit.
Cermets, aus *cer*amics u. *met*als, pulvermetallurgisch hergestellte, hochhitzebeständige, harte Werkstoffe aus Metallen u. Nichtmetallen. ↗Keramik.
CERN, Abk. für Conseil Européen pour la Recherche Nucléaire, betreibt in Genf auf europ. Basis Grundlagenforschung über die Elementarteilchen.
Certosa *w* (: tscher-, it.), Kartäuserkloster; berühmt die *C. di Pavia.*
Cervantes (: ßärw-), *Miguel de C. Saavedra,* span. Dichter, 1547–1616; bewegtes Leben; sein Roman *Don Quijote* bedeutendste span. Dichtung, Meisterwerk des Humors in der Schilderung des närrischen Ritters u. des Dieners Sancho Pansa. Ferner: *Exemplarische Novellen, Zwischenspiele.*
Césaire (: ßesär), *Aimé,* * 1913; Dichter aus Martinique, gestaltet das neue Selbstbewußtsein des Negertums. *Sonnendolche.*
Cesbron (: ßäßbrõn), *Gilbert,* frz. Romanschriftsteller, 1913–79; *Die Heiligen gehen in die Hölle, Die Zeit geht weiter.*
Cesena (: tsche-), it. Stadt in der Romagna, am Savio, 90 000 E. *Biblioteca Malatestiana* mit wertvollen alten Druckwerken. Bischof.
České Budějovice ↗Budweis.
C'est la guerre (: ßä la gär, frz.): So ist der Krieg!   [Umständen.
ceteris paribus (lat.), unter sonst gleichen
Ceuta (: ße-), span. Hafenstadt in Marokko, 70 000 E.; Flottenstützpunkt.
Cevennen, *Cévennes* (: ßewän), südöstl. Bruchrand des frz. Zentralplateaus, bis 1754 m hoch, Steilabfall zur Rhône; reiche Kohlen- u. Eisenerzlager (St-Étienne).
Ceylon, *Sri Lanka,* Rep. u. gleichnam. Insel im Indischen Ozean, an der Südspitze Vorderindiens. ³/₄ der Insel sind Tiefland, rings um ein bis über 2500 m hohes zentrales Gebirge. Die Landwirtschaft richtet sich nach dem Monsun: an den Luvseiten, im SW, trop. Reis- u. Plantagenland: Reis, Kautschuk, Zimt, Kokospalme. In Höhen über 1000 m Anbau von Tee, dem wichtigsten

Produkt des Landes. – Seit 1802 brit. Kronkolonie, seit 1948 Country; 57/60 Räumung der Stützpunkte durch Großbritannien; 72 „Sozialist. Verf." – Staatsoberhaupt Junius R. Jayawardene (seit 78).
Cézanne (: ßesan), *Paul,* frz. Maler, 1839–1906; fand v. Impressionismus zu klarer, den ↗Kubismus vorbereitender Form. Sein Werk für die moderne Malerei aller Richtungen wegweisend.
Cf, chem. Zeichen für ↗Californium.
cf(r)., Abk. für lat. confer, vergleiche.
CGB, Abk. für Christl. Gewerkschaftsbund Deutschlands. ↗Gewerkschaften.
cgs-System, das Zentimeter-Gramm-Sekunden-System (↗Maßsysteme).
Chabarowsk, Hst. des russ. Fernen Ostens, am Amur (Hafen), 528 000 E.; Hochschulen, Erdöl- u. Schwerindustrie.
Cha-cha-cha *m* (: tscha-), latein-am. Tanz, geht auf den Mambo zurück.
Chaco *m* (: tschako), *Gran Chaco,* nördl. Teil des La-Plata-Tieflands; Trockenwälder u. Grasland, im Gebiet der Flüsse Galeriewälder; Viehzucht, Plantagen. Anteil haben: Argentinien, Bolivien, Paraguay. – Im C.krieg (1932/35) um die Grenzen war Paraguay gegen Bolivien erfolgreich.
Chaconne *w* (: schakon, frz.), barocker Tanz, stilisiert zu einer Variationsreihe über einem ↗Ostinato.
Chadwick (: tschäd-), **1)** Sir *James,* engl. Physiker, 1891–1974; entdeckte 1932 das Neutron, 1935 Nobelpreis. **2)** *Lynn,* engl. Architekt u. Bildhauer, * 1914; abstrakte Plastiken.
Chagall (: scha-), *Marc,* russ. Maler, * 1889; lebt in Paris; östl.-jüd. Mystik bestimmt die Thematik seiner farbstarken „Traumbilder".
Chagaskrankheit (: tschagasch-), in Mittel- u. Südamerika auftretende, durch Trypanosomen verursachte Infektionskrankheit.

Marc Chagall: Ich und das Dorf

Chagrin s (:schagrãñ, frz.), Leder mit farbigen Erhöhungen.

Chain (:tsche'n), *Ernest Boris,* engl. Biochemiker, 1906–79; 45 Nobelpreis für Arbeiten über Antibiotika.

Chakassien, autonomes Gebiet in Westsibirien, am Oberlauf des Jenissej, 62000 km², 500000 E., Chakassen u. Russen; Hst. Abakan. Reiche Bodenschätze (Kohle, Eisenerze, Gold).

Chaldäa, Name für Süd-, auch für ganz Babylonien.

Chaldäer, kriegerischer semit. Volksstamm, ersetzten 626 v.Chr. unter Nabopolassar das assyr. durch ein chaldäisch-babylon. Weltreich.

Chalet s (: schalä, frz.), Sennhütte, (Schweizer) Land-, Ferienhaus.

Chalkidike w, *Chalcidice,* 3armige griech. Halbinsel am Ägäischen Meer (mit dem Berg ↗Athos), 3206 km² groß.

Chalkogene (Mz., gr.), *Erzbildner,* 6. Hauptgruppe des Periodensystems, umfaßt die chem. Elemente Sauerstoff, Schwefel, Selen, Tellur u. Polonium.

Châlons-sur-Marne (: schalõñ ßür marn), Hst. des frz. Dep. Marne, 54000 E.; Bischof; Champagnerhandel. Nördl. das *Lager v. C.,* größtes Manöverfeld Fkr.s.

Chalon-sur-Saône (: schalõñ ßür ßõn), frz. Krst. im Dep. Saône-et-Loire, 52000 E.

Chalzedon m, Quarzart, Schmuckstein.

Chalzedon, bithyn. Stadt am Bosporus; hier tagte 451 das 4. allg. Konzil, gegen den ↗Monophysitismus. Heute der Ort *Kadiköi.*

Cham, bayer. Kreisstadt im nördl. Bayer. Wald, 16600 E.; Redemptoristenkloster.

Cham, *Ham,* Sohn Noes; ↗Hamiten.

Chamäleon s, Familie baumbewohnender Eidechsen, die ihre Farbe wechseln; fangen mit vorschnellbarer klebr. Zunge Insekten.

Chamberlain (: tsche'mb^er'l'n), 1) *Arthur Neville,* Sohn v. 3), 1869–1940; 37/40 brit. Premiermin. (Konservativer), beteiligt am ↗Münchener Abkommen. 2) *Houston Stewart,* 1855–1927; Schwiegersohn R. Wagners, in den *Grundlagen des 19. Jh.* ein geistiger Wegbereiter des Nat.-Soz. 3) *Joseph (Joe),* 1836–1914; 1895/1905 brit. Kolonialmin. (Liberaler), vertrat erfolgreich den brit. Imperialismus in Afrika. 4) *Sir Joseph Austen,* Sohn v. 3), 1863–1937; 1924/29 brit. Außenmin. (Konservativer), vermittelte zw. Fkr. u. Dtl. (Locarno-Vertrag). 5) *Owen,* am. Physiker, *1920; 59 Nobelpreis für Nachweis des Antiprotons (Antiteilchen des Protons).

Chambéry (: schãñberj), Hst. des frz. Dep. Savoie, in den Voralpen, 54000 E.; Erzb.

Chambre w (: schãnbr^e), Kammer, Zimmer. **C. séparée,** abgesondertes Zimmer.

Chamisso (: scha-), *Adelbert v.,* dt. Dichter frz. Abstammung, 1781–1838; Novellen, Balladen; *Peter Schlemihl.*

Chamois s (: scham°a, frz.), Gemsleder. **C.-Papier,** gelbbraunes photograph. Papier.

Chamonix s (: schamoni), frz. Alpental, am Montblanc. Touristenzentrum *C.-Montblanc,* 8000 E.

Champagne w (: schãñpanje, frz.), Kreidegebiet des östl. Pariser Beckens; im O feucht

u. bewaldet (Viehzucht), im W trocken (Schafweide). Wein nur am Westsaum.

Champagner, Schaumweine aus der Champagne, bes. um Reims u. Épernay.

Champignon m (: schãñpinjõñ, frz.), *Egerling,* Blätterpilz; bester Speisepilz. Arten: *Feld-* oder *Wiesen-C., Schaf-C., Wald-C., Riesen-C.* **C.zucht** (Wiesen-C.) in halbdunklen Räumen, auf Beeten mit Pferdemist. ☐ 749.

Champion m (: schãñpjõñ, frz.; tschämpj^en, engl.), Meister einer sportl. Disziplin.

Champs-Élysées (: schãñselise), innerer Stadtteil v. Paris; die *Avenue des C.-É.* eine einzigartige Prachtstraße.

Chan, *Khan,* asiat. Herrschertitel.

Chance w (: schãñß^e, frz.), günstige Gelegenheit, Glücksfall.

Chandigarh (: tschändigä'), Hst. der ind. Bundesstaaten Punjab u. Haryana, 235000 E.; Univ.; seit 1950 nach Plänen von Le Corbusier erbaut.

Chanel (: schanäl), *Coco,* frz. Modeschöpferin, 1883–1971; v. ihren durch Eleganz u. Weiblichkeit gekennzeichneten Schöpfungen ist bes. das zeitlose, jeweils nur leicht variierte *C.kostüm* weltberühmt.

Change w (: schãñsch, frz.; tsche'ndsch, engl.), Tausch, (Geld-)Wechsel; *changieren* (: schãñschi-), 1) wechseln, verändern. 2) beim Reiten: v. Rechts- zum Linksgalopp übergehen. 3) v. Jagdhund: die Fährte wechseln.

Changeant m (: schãñschãñ), zweifarbig schillerndes Gewebe.

Chania, *Kanea,* Hafenstadt auf Kreta, 41000 E.; kath. u. griech.-orth. Bischof; Olivenausfuhr.

Chanson s (: schãñßõñ), frz. Lied, urspr. volkstüml., im 17./18. Jh. leichtes Gesellschaftslied; heute das Kabarettlied u. das gehobene Schlagerlied. **Chansonnette** w (: schãñßonät), scherzhaftes Lied, fälschlich auch Sängerin (*Chansonnière*).

Chantal (: schãñtal), *Jeanne-Françoise de,* hl. (21. Aug.), 1572–1641; geistl. Freundschaft mit dem hl. Franz v. Sales. Mitstifterin der Salesianerinnen.

Chanukka (hebr. = Weihe), 8tägiges jüd. Tempelweihefest Mitte Dez.; Hauptritual Anzünden der 8 Kerzen des Menora-Leuchters.

Chaos s (gr.), wirres Durcheinander. **chaotisch,** ungeordnet, wüst.

Chapeau m (: schapo, frz.), Hut. **Chapeauclaque** (: -klak), zusammenklappbarer Zylinderhut.

Chaplin (: tschäp-), *Charlie,* 1889–1977; engl. Filmschauspieler u. Regisseur; bedeutendster Komiker des Films. *Kid, Goldrausch, Lichter der Großstadt, Der große Diktator, Limelight.* 1975 geadelt.

Charakter m (gr.; Bw. *charakteristisch*), a) zumeist die grundlegende Eigenart eines Menschen; b) sittl. wertend: Festigkeit; c) Eigenart überhaupt. **charakterisieren,** kennzeichnen. **Charakteristik,** Charakterschilderung. **Charakterkunde,** *Charakterologie,* die Wiss. v. den Formen des Charakters. **Charakterrolle,** im Theaterstück scharf ausgeprägter Charakter.

Chamäleon beim Fang eines Insekts

Charlie Chaplin

Charbin, chines. Stadt, ↗Harbin.
Chardin (:schardẵñ), *Jean-Baptiste Siméon,* frz. Genremaler, 1699–1779.
Chardonne (:schardon), *Jacques,* frz. Schriftsteller, 1884–1968; Eheromane: *Eva; Claire; Les destinées sentimentales.*
Charge w (: scharsch^e, frz.), Dienstgrad; im Theater Nebenrolle mit ausgeprägter Eigenart.
Charisma s (gr.), bes. in ntl. Zeit außerordentl. Gnadengabe.
Charité w (: scharite, frz.), ältere Bz. für Krankenhaus; heute noch für die Univ.-Kliniken in Paris u. Berlin.
Chariten, griech. Göttinnen der Anmut.
Charkow (: charkof), Bahn- u. Straßenknoten der Ukraine, 1,5 Mill. E.; Univ.; Maschinenbau, Lokomotiven- u. Traktorenwerke; Nahrungsmittelindustrie.
Charlemagne (: scharlmanj^e), frz. Name für Karl d. Gr.
Charleroi (:scharlr°a), belg. Stadt, durch den *Kanal von C.* mit Brüssel verbunden, 225 000 E.; Kohlen- und Eisenindustrie.
Charleston m (:tscharlßt^en), Modetanz nach dem 1. Weltkrieg (schneller Foxtrott).
Charleville-Mézières (: scharlwilmesjär), frz. Stadt im Dep. Ardennes, an der Maas, 59 000 E.; Metall-Ind.
Charlottenburg, Stadt-Bez. v. Berlin.
Charme m (: scharm, frz.; Bw. *charmant*), Anmut, Liebreiz.
Charmeuse (: scharmös^e, frz.), geripptes Trikotgewebe aus Kunstfaser.
Charon, in der griech. Mythologie Fährmann der Totenwelt.
Chäronea, alte Stadt in Böotien; 338 v. Chr. Sieg ↗Philipps II. v. Makedonien über die Thebaner u. Athener.
Charpentier (: scharpañtje), *Gustave,* frz. Komponist, 1860–1956. Oper *Louise;* Orchesterwerke.
Charta w (lat.), Schriftstück, Urkunde; bes. die ↗Magna Carta. **chartern** (:tschar-, engl.), ein Schiff od. Flugzeug (mit od. ohne Besatzung) mieten.
Chartismus (: tsch-), engl. sozialist. Arbeiterbewegung zw. 1830/48.
Chartres (: schartr^e), Hst. des frz. Dep. Eure-et-Loir, 39 000 E.; Bischof; prächtige got. Kathedrale (1134/1220) mit berühmten Glasfenstern u. Plastiken (Königsportal).
Chartreuse, *La Grande C.* (: la grãnd schartrös^e), Stammkloster des Kartäuserordens, n. ö. von Grenoble, gegründet 1084 v. hl. Bruno. **C.** m, Kräuterlikör.
Chartum ↗Khartum.
Charybdis w, ↗Skylla u. C.
Chassidismus m, die religiöse Mystik der osteurop. Juden; fordert tätige Gottes- u. Nächstenliebe.
Chassis s (:schaßi, frz.), Untergestell von Fahrzeugen.
Château s (: schato, frz.), Schloß, Landhaus.
Chateaubriand (: schatobriän), *François-René* Vicomte de, frz. Schriftsteller u. Politiker, 1768–1848; *Der Geist des Christentums.*
Chatschaturjan (Khatschaturian), *Aram,* russ. Komponist, 1903–78; verarbeitet oft Motive armenischer Folklore.

Chartreuse: La Grande Chartreuse

Ammoniak (NH₃)

Methan (CH₄)

Kristallgitter von Natriumchlorid
|⟵ 0,663 nm ⟶|
○ Natriumionen
● Chloridionen
chemische Bindung: Raummodelle einiger Moleküle, die durch Atombindung zustande kommen

Chattanooga (:tschät^ânug^a), Ind.-Stadt im Staat Tennessee (USA), 125 000 E.; Univ.; Eisen- u. chem. Ind., Kohlenbergbau.
Chatten, german. Stamm zw. Werra u. Main.
Chaucer (: tschäß^er), *Geoffrey,* engl. Dichter, um 1340–1400; seine *Canterbury Tales* begründen die engl. Renaissance.
Chauvinismus m (: schowi-, frz.), übersteigerter ↗Nationalismus. **Chauvinist** (: schowinist), hetzerischer Nationalist.
Chaux-de-Fonds ↗La Ch.-d.-F.
Cheb ↗Eger.
Chefren, ägypt. Kg., Sohn des ↗Cheops, ca. 2605/2580 v. Chr.; *C.-Pyramide* bei Giseh.
Cheltenham (: tschält^en^äm), engl. Stadt in der Grafschaft Gloucester, 70 000 E.; Badeort (Mineralquellen).
Chemie (gr.), Zweig der Naturwissenschaften, der sich mit der Zusammensetzung der Stoffe, ihrem Aufbau aus den Elementen, ihren Eigenschaften u. Umsetzungen beschäftigt. **C.faser,** Bz. für ↗Kunstfaser.
Chemigraphie, chem. Verfahren zur Herstellung v. Druckstöcken od. Druckplatten.
Chemikalien, chem. Erzeugnisse.
Chemin-des-Dames m (: schmẵ dä dam), der ↗Damenweg.
chemische Bindung, die Verknüpfung v. Atomen oder Atomgruppen zu Molekülen. Unterschieden werden *Ionen-, Atom-* u. *Metallbindung.*
chemische Elemente, Grundstoffe aus gleich gebauten Atomen; heute sind 105 c. E. bekannt. Sie sind unteilbar, können größtenteils chem. Verbindungen eingehen; jedes hat ein Symbol. □148/149.
chemische Formeln ↗Bruttoformel, ↗Strukturformel. **chem. Gleichung,** beschreibt den Verlauf einer chem. Reaktion. **chem. Reinigung,** Eintauchen u. Durchspülen mit fettlösenden Flüssigkeiten. **chem. Verbindung,** jeder Stoff, der durch chem. Vereinigung u. Austausch *(chem. Reaktion)* verschiedener Elemente od. durch Austausch solcher zw. vorhandenen Verbindungen entstanden ist. Wird bei der Reaktion Energie frei, so ist sie *exotherm;* muß Energie hineingesteckt werden, so ist sie *endotherm.* **chem. Zeichen,** Bz. der Ele-

Chemische Elemente

	Zei-chen	Ord-nungs-zahl	Relative Atom-masse[1]	Schmelz-punkt[2]	Siede-punkt[2]	Aggregat-zustand/ Kristall-gittertyp	Dichte Gase[3]: g/l feste Stoffe[4]: g/cm³	Entdecker und Entdeckungsjahr
Actinium	Ac	89	(227)	1050	2477	fest	10,1	Debierne, Giesel 1899
Aluminium	Al	13	26,9815	660,1	2450	fest	2,699	Wöhler, Ørsted 1827
Americium	Am	95	(243)	995	2460	fest	11,7	Seaborg, James, Morgan 1944
Antimon	Sb	51	121,75	630,5	1440	fest	6,691	bereits in Babylon bekannt
Argon	Ar	18	39,948	−189,37	−185,87	Gas	1,7824	Ramsay, Rayleigh 1894
Arsen	As	33	74,9216	817 (35,8 bar) kristallin	615 (subl.)	kristallin amorph fest (gelb)	5,727 (14°C) 4,7 1,97	seit dem Altertum bekannt
Astatin	At	85	(210)					Corson, Mackenzie, Segrè 1940
Barium	Ba	56	137,34	710	1638	fest	3,75 (15°C)	Davy 1808
Berkelium	Bk	97	(247)					Seaborg, Thomson, Ghiorso 1949
Beryllium	Be	4	9,0122	1283	2970	fest	1,85	Vauquelin 1798
Blei	Pb	82	207,19	327,3	1750	fest	11,337	um 3400 v.Chr. in Ägypten
Bor	B	5	10,811	2040	2550 (subl.)	kristallin amorph	2,34 1,7–2,4	Gay-Lussac, Davy 1808
Brom	Br	35	79,909	−8,25	58,78	flüssig	3,119	Balard 1825
Cadmium	Cd	48	112,40	320,9	767	fest	8,65	Stromeyer 1817
Calcium	Ca	20	40,08	850	1487	fest	1,55	Davy 1808
Californium	Cf	98	(251)					Seaborg, Thomson u.a. 1950
Cäsium	Cs	55	132,905	28,65	685	fest	1,90	Bunsen, Kirchhoff 1860
Cer	Ce	58	140,12	797	3468	kubisch hexa-gonal	6,90 6,7	Klaproth, Berzelius 1803
Chlor	Cl	17	35,453	−101	−34,06	Gas	3,214	Scheele 1774
Chrom	Cr	24	51,996	1875	2482	fest	7,14	Vauquelin 1797
Curium	Cm	96	(247)	1340		fest	13,5	Seaborg, James, Ghiorso 1944
Dysprosium	Dy	66	162,50	1407	2330	fest	8,56	Lecoq de Boisbaudran 1886
Einsteinium	Es	99	(254)					Thomson, Ghiorso u.a. 1952
Eisen	Fe	26	55,847	1535	3070	fest	7,86	Meteoreisen um 4000 v.Chr.
Erbium	Er	68	167,26	1497	2390	fest	9,051	Mosander 1843
Europium	Eu	63	151,96	826	1439	fest	5,22	Demarçay 1896
Fermium	Fm	100	(257)					Thomson, Ghiorso u.a. 1952
Fluor	F	9	18,9984	−217,96	−187,92	Gas	1,695	Moissan 1886
Francium	Fr	87	(223)	30?	680?			Perey 1939
Gadolinium	Gd	64	157,25	1312	2830	fest	7,94	Marignac 1880
Gallium	Ga	31	69,72	29,78	1983	fest	5,91	Lecoq de Boisbaudran 1875
Germanium	Ge	32	72,59	937,6	2830	fest	5,326	Winkler 1886
Gold	Au	79	196,967	1063,0	2660	fest	19,32	seit dem Altertum bekannt
Hafnium	Hf	72	178,49	2227	>3200	fest	13,3	Coster, de Hevesy 1923
Hahnium	Ha	105	(261)					Forscher-Team in den USA 1970
Helium	He	2	4,0026	−272,2 (24,5 bar)	−268,944	Gas	0,17846	Lockyer 1868
Holmium	Ho	67	164,930	1461	2490	fest	8,76	Cleve 1879
Indium	In	49	114,82	156,4	2087	fest	7,30	Reich, Richter 1863
Iridium	Ir	77	192,20	2443	4350	fest	22,42	Tennant 1804
Jod	J	53	126,9044	113,6	184,35	fest	4,932	Courtois 1811
Kalium	K	19	39,102	63,4	775	fest	0,862	Davy 1807
Kobalt	Co	27	58,9332	1492	2880	fest	8,9	Brandt 1735
Kohlenstoff	C	6	12,01115	3550	4200	amorph Graphit Diamant	1,8–2,1 2,25 3,51	seit dem Altertum bekannt
Krypton	Kr	36	83,80	−157,21 (0,73 bar)	−153,23	Gas	3,733	Ramsay, Travers 1898
Kupfer	Cu	29	63,546	1083	2582	fest	8,92	um 3500 v.Chr. in Ägypten
Kurtscha-tovium	Ku	104	(260)					sowjet. Forscher in Dubna 1964
Lanthan	La	57	138,91	920	3470	fest	6,15	Mosander 1839
Laurentium	Lr	103	(256)					Ghiorso u.a. 1961
Lithium	Li	3	6,939	180	1326	fest	0,534	Arfvedson 1817
Lutetium	Lu	71	174,97	1652	3000?	fest	9,79	Urbain, Auer v. Welsbach 1907
Magnesium	Mg	12	24,312	650	1107	fest	1,74	Davy 1808
Mangan	Mn	25	54,9380	1244	2097	fest	7,20	Scheele, Gahn 1774
Mendele-vium	Md	101	(258)					Seaborg, Ghiorso u.a. 1955
Molybdän	Mo	42	95,94	2610	4800	fest	10,22	Hjelm 1781
Natrium	Na	11	22,9898	97,81	889	fest	0,971	Davy 1807
Neodym	Nd	60	144,24	1024	3027	fest	6,96	Auer v. Welsbach 1885
Neon	Ne	10	20,183	−248,67	−245,9	Gas	0,9002	Ramsay 1898

Chemische Elemente

	Zeichen	Ordnungszahl	Relative Atommasse [1]	Schmelzpunkt [2]	Siedepunkt [2]	Aggregatzustand/ Kristallgittertyp	Dichte Gase [3]: g/l feste Stoffe [4]: g/cm³	Entdecker und Entdeckungsjahr
Neptunium	Np	93	(237)	640	3902	fest (α) fest (β)	20,2 (20°C) 19,36 (313°C)	McMillan, Abelson 1940
Nickel	Ni	20	58,71	1463	2800	fest	8,902	Cronstedt 1751
Niob	Nb	41	92,906	2468	4927	fest	8,55	Hatchett 1801
Nobelium	No	102	(255)					Seaborg, Ghiorso 1957
Osmium	Os	76	190,2	2700	4400	fest	22,48	Tennant 1804
Palladium	Pd	46	106,4	1552	3560	fest	11,97	Wollaston 1803
Phosphor	P	15	30,9738	gelb: 44,2 rot: 590 (42,2 bar) violett: 593 schwarz	280	fest fest fest fest	1,82 2,20 2,36 2,67	Brand 1669
Platin	Pt	78	195,09	1769	4300	fest	21,45	Von da Ulloa 1735 beschrieben
Plutonium	Pu	94	(242)	639,5	3235	fest (α) fest (β)	19,74 (25°C) 17,65 (150°C)	Seaborg, McMillan u. a. 1940
Polonium	Po	84	(210)	254	962	fest (α) fest (β)	9,32 9,51	P. und M. Curie 1898
Praseodym	Pr	59	140,907	935	3017	fest (α) fest (β)	6,782 6,64	Auer v. Welsbach 1885
Promethium	Pm	61	(147)	1035	3200			Marinsky, Glendenin 1945
Protactinium	Pa	91	(231)	1575	4000	fest	15,37	Hahn, Meitner 1917
Quecksilber	Hg	80	200,59	−38,87	356,58	flüssig	13,546	seit dem Altertum bekannt
Radium	Ra	88	(226)	700	1140	fest	≈6	M. und P. Curie 1898
Radon	Rn	86	(222)	−71	−61,8	Gas	9,73	Dorn 1900
Rhenium	Re	75	186,22	3180	5600	fest	21,02	W. und I. Noddack, Berg 1925
Rhodium	Rh	45	102,905	1960	3960	fest	12,5	Wollaston 1804
Rubidium	Rb	37	85,47	38,8	679	fest	1,532	Bunsen 1860
Ruthenium	Ru	44	101,07	2250	4110	fest	12,2	Claus 1845
Samarium	Sm	62	150,35	1052	1670	fest	7,53	Lecoq de Boisbaudran 1879
Sauerstoff	O	8	15,9994	−218,76	−182,970	Gas	1,42895	Scheele 1772
Scandium	Sc	21	44,956	1539	2727	fest	2,992	Nilson 1879
Schwefel	S	16	32,064	rhombisch: 113 monoklin: 119	444,60	fest	2,07 1,957	seit dem Altertum bekannt
Selen	Se	34	78,96	grau: 220,2 rot: 144	684,9	fest fest (α) fest (β)	4,80 (25°C) 4,48 4,40	Berzelius 1817
Silber	Ag	47	107,870	960,8	2193	fest	10,492	seit dem Altertum bekannt
Silicium	Si	14	28,086	1410	2355	adamantin. amorph graphitoid	2,326 2,0 ≈2,4	Berzelius 1823
Stickstoff	N	7	14,0067	−209,86	−195,82	Gas	1,25060	Rutherford 1772
Strontium	Sr	38	87,62	770	1366	fest	2,6	Crawford 1790
Tantal	Ta	73	180,948	2995	5400	fest	16,6	Ekeberg 1802
Technetium	Tc	43	(99)	2200	4900	fest	11,50	Perrier, Segrè 1937
Tellur	Te	52	127,60	450 (24 Pa)	1087	rhombisch amorph	6,24 6,00	Müller von Reichenstein 1782
Terbium	Tb	65	158,924	1450	2480	fest	8,253	Mosander 1843
Thallium	Tl	81	204,37	303,6	1457	fest	11,85	Crookes 1861
Thorium	Th	90	232,038	1750	3530	fest	11,7	Berzelius 1828
Thulium	Tm	69	168,934	1545	1727	fest	9,33	Cleve 1879
Titan	Ti	22	47,90	1668	3270	fest	4,505	Gregor 1790
Uran	U	92	238,03	1131	3818	fest	19,04 (25°C)	Klaproth 1789
Vanadin	V	23	50,942	1730	3000	fest	5,96	Sefström 1830
Wasserstoff	H	1	1,00797	−259,20	−252,77	Gas	0,08987	Cavendish 1766
Wismut	Bi	83	208,980	271	1560	fest	9,78	von Pott 1739 beschrieben
Wolfram	W	74	183,85	3380	5900	fest	19,27	d'Elhuyar 1783
Xenon	Xe	54	131,30	−111,9 (0,81 bar)	−108,1	Gas	5,851	Ramsay, Travers 1898
Ytterbium	Yb	70	173,04	824	1427	fest	6,977	de Marignac 1878
Yttrium	Y	39	88,905	1500	3630	fest	5,51	Gadolin 1794
Zink	Zn	30	65,37	419,5	907	fest	7,133	6. Jh. in Persien
Zinn	Sn	50	118,69	231,9	2337	fest (α) fest (β) fest (γ)	5,750 7,31 6,52–6,56	seit dem Altertum bekannt
Zirkonium	Zr	40	91,22	1852	3600	fest	6,44	Berzelius 1824

[1] „Atomgewicht", bezogen auf den 12. Teil der Masse des Kohlenstoffisotops ^{12}C. Werte in Klammern beziehen sich auf das langlebigste Isotop. [2] Bei Normaldruck (101 325 Pa). [3] Bei Normalbedingungen (101 325 Pa, 0°C). [4] Bei 20°C.

mente (Atome) durch kennzeichnende Buchstaben ihres wiss. Namens. ↗Periodensystem.

Chemnitz, seit 1953 ↗Karl-Marx-Stadt.

Chemotherapie w, Behandlung u. Heilung v. Krankheiten (Infektionskrankheiten, Allergien, Krebs) mit chem., meist synthet. Stoffen (Sulfonamide, Antihistaminika, Antibiotika).

Chenille w (: sch°nje, frz.), raupenähnliches Garn zu Stickereien.

Cheops, ägypt. Kg., ca. 2640/15 v. Chr.; *C.-Pyramide* bei Giseh. ☐ 10.

Chequers Court (: tschäkes kå^rt), Landsitz des jeweiligen engl. Premiers in der Gft. Buckingham.

Cherbourg (: schärbur), frz. Kriegs- u. Überseehafen, Seebad am Nordende der Halbinsel Cotentin, 40000 E.

Cherchez la femme (: schärsche la fam, frz.): „Suchet die Frau", sie ist die Ursache.

Cherry Brandy m (: tscheri brändi, engl.), Kirschlikör.

Cherson, ukrain. Bez.-Hst. und Zollhafen an der Mündung des Dnjepr, 319000 E.

Chersones w, m, im Alt. mehrere Halbinseln, bes. Gallipoli.

Cherub m (hebr.; Mz. *Cherubim*), ↗Engel; in der Kunst mit 4 Köpfen u. augenbesäten Flügeln.

Cherubini (: ke-), *Luigi,* it. Komponist, 1760–1842; klass. Stil, Opern *Medea, Der Wasserträger;* später bes. Kirchen- u. Kammermusik.

Cherusker, german. Volk zw. Weser u. Elbe, besiegte unter ↗Arminius die Römer.

Chesapeakebai (: tsches^epikbei), Meerbusen im O der USA; Haupthafen Baltimore.

Chester (: tsch-), **1)** Hst. der engl. Gft. *C.shire,* 62000 E.; C.-Käse. **2)** Ind.- u. Hafenstadt im Staat Pennsylvania (USA), 66000 E.; Schiffbau.

Chesterfield (: tschäßt^erfild), engl. Stadt in der Gft. Derby, 70000 E.; Kohlengruben, Textil-, Metallindustrie.

Chesterton (: tschäßt^ert^en), *Gilbert Keith,* engl. kath. Schriftsteller, 1874–1936. Sehr vielseitig: krit. Essays, geistvolle Detektivgeschichten *(Pater Brown),* Biographien, Balladen, Romane u. Lyrik.

Chevalier m (: sch^ewalje, frz.; Bw. *chevaleresk*), Ritter.

Chevalier (: sch^ewalje), *Maurice,* frz. Chansonsänger u. Filmschauspieler, 1888–1972; mehrere Autobiographien, zuletzt *Mein glückliches Leben.*

Cheviot m (: tschew'et, engl.), wollene u. halbwollene Kammgarngewebe.

Chevreau s (: sch°wro), Ziegenleder.

Chianti (: ki-), mittel-it. Rotwein.

Chiasso (: ki-), Schweizer Grenzstadt (Tessin), Zollstation, 9000 E.; Uranvorkommen.

Chiavenna (: ki-), it. Stadt, an der Splügenu. Malojastraße, im unteren Bergell, 7000 E.

chic (: schik, frz.), modisch fein.

Chicago (: schi-), zweitgrößte Stadt u. größter Verkehrsknotenpunkt der USA, am Michigansee, 3,37 Mill. E., m. V. 7,1 Mill. E.; kath. Erzb.; 5 Univ., TH. Eisenerzvorkommen, führender Stahl- u. Eisenmarkt der USA, Nahrungsmittel-Ind., wichtiger Vieh-

u. Getreidehandelsplatz, Riesenschlächtereien; maßgebend im Bank-, Börsen- und Zeitungswesen.

Chichen-Itzá (: tschitschen-), Ruinenstadt im NO v. Yucatán, Stadt gegr. im 6. Jh. n. Chr. v. den Mayas; Blütezeit 11.–13. Jh.; in C.-I. verschmolzen die Kulturen der Mayas u. Tolteken; Tempelpyramiden usw.

Chichester (: tschitsch^eßt^er), Sir *Francis,* engl. Weltumsegler, Verleger u. Schriftsteller, 1901–72; 66/67 Weltumsegelung als Einhandsegler.

Chicorée w (: schikore, frz.), Zichorie mit zarten Blättern, zu Salat.

Chiemsee (: kim-), größter bayer. See, 80 km², bis 74 m tief; im SW 3 Inseln: *Herren-C., Frauen-C., Krautinsel.*

Chiffon m (: schifon, frz.), dünnes Gewebe.

Chiffre w (: schifr^e, frz.), Ziffer, Zeichen. **chiffrieren** (: schi-), in Geheimschrift schreiben. **Chiffriermaschine** (: schi-), zur mechan. Herstellung v. Geheim-(Chiffrier-) texten. ↗Zerhacker 2).

Chihuahua (: tschiuaua), größter u. reichster Staat Mexikos, 247087 km², 2,2 Mill. E.; Hst. C. (366000 E.).

Chile (: tschi-), Rep. Südamerikas, erstreckt sich über 4200 km entlang der Pazifikküste, von den Tropen bis in die Polarregion. C. umfaßt die Hauptkette der Anden, etwa bis zur Wasserscheide, die westl. davon verlaufende Küstenkordillere u. das zw. beiden liegende, 1000 km lange chilen. Längstal. Nur 7% der Fläche sind Ackerland, bes. Mittel-C., die Korn- u. Obstkammer des Landes, 66% sind Wald, darunter die Wüste Atacama im N mit großen Vorkommen v. Salpeter, neben Jod, Borax u. Kupfer wichtiger Exportartikel des Landes. In Nord- u. Mittel-C. liegen ⅓ der Kupfervorkommen der Erde. Süd-C., Westpatagonien, ist ein einziges großes Nadelwaldgebiet, das bis zur Baumgrenze reicht. In Süd-C. starke dt. Siedlungen. – 1541 span. Kolonie, 1818 unabhängig, gewann 1879/84 im Krieg gg. Bolivien u. Peru das Salpetergebiet. Der 1970 gewählte Staats-Präs. ↗Allende wurde 73 v. Militär gestürzt, das Parlament aufgelöst, die Parteien verboten; der Junta-Vors. Augusto Pinochet seit 74 Präs.

Chilesalpeter m (: tschi-), natürl. vorkommender Natronsalpeter (NaNO₃).

Chiliasmus m (gr.), Erwartung eines 1000jähr. Reiches irdischer Glückseligkeit nach der Wiederkunft Christi; heutige An-

Chichen-Itzá: Tempelpyramide des Kukulcán. – ☐ 601

Chile

Amtlicher Name: República de Chile

Staatsform: Republik

Hauptstadt: Santiago de Chile

Fläche: 756945 km²

Bevölkerung: 10,9 Mill. E.

Sprache: Spanisch, daneben Indianerdialekte

Religion: 95% Katholiken

Währung: 1 chilen. Peso = 1000 Escudos

Mitgliedschaften: UN, OAS, Lateinamerikanische Freihandelszone

Maurice Chevalier

China

Amtlicher Name:
Chung-Hua Jen-Min
Kung-Ho Kuo
(= VR China)

Staatsform:
Volksrepublik

Hauptstadt:
Peking

Fläche:
9561000 km²

Bevölkerung:
916 Mill. E.

Sprache:
Staatssprache ist
Mandarinchinesisch.
In den Autonomen
Gebieten sind die
Sprachen der jewei-
ligen Minderheit als
Amtssprache zuge-
lassen

Religion (1955):
Konfuzianer, dazu
150 Mill. Buddhisten
30 Mill. Taoisten
30 Mill. Muslimen
3 Mill. Katholiken
700000 Protestanten

Währung:
1 Renminbi Yuan
= 10 Jiao = 100 Fen

Mitgliedschaft:
UN

China:
Himmelstempel
in Peking

hänger Adventisten, Baptisten, Mormonen
u. a.
Chimäre w (gr.), **1)** Ungeheuer der griech.
Sage. **2)** i. ü. S. Hirngespinst.
Chimären, Unterklasse der Knorpelfische,
die ↗Seedrachen.
Chimborazo m (: tschimboraßo), erlosche-
ner Vulkan der Westkordillere, in Ecuador,
6272 m. Ab 4700 m Höhe vergletschert.
China, ältestes u. der Fläche nach drittgröß-
tes Land der Erde, v. den Chinesen selbst
„Volksreich des blühenden Landes der
Mitte" genannt. Von der mittleren Ostküste
Asiens am Pazif. Ozean erstreckt sich das
Riesenreich über 4400 km ins Innere des
asiat. Kontinents u. mißt von N nach S 36
Breitengrade. Die Volksrepublik China ist
eingeteilt in 21 Prov., 2 regierungsunmittel-
bare Großstädte (die Hst. Peking u. Schanghai) u. 5 Autonome Gebiete (Innere Mongolei, Kwangsi, Ningsia, Singkiang u. Tibet).
Die seit Jhh. zu C. gehörende Insel Formosa
(↗Taiwan) ist als „National-China" seit ihrer Besetzung durch Tschiang Kai-schek
selbständig. – C. ist das volkreichste Land
der Erde; die Bev. wächst jährl. um 13 Mill.
u. ist sehr ungleichmäßig über das Land
verteilt. In den 21 Kern-Prov. (etwa 36% der
Gesamtfläche) leben 90% der Bev. 86%
wohnen in Dörfern, nur 14% in Großstädten. Seit 1960 ist Mandarin-Chines. einheitl.
Staatssprache. – Das kontinentale C. besteht aus einer Folge v. großen, bis 2000 m
hohen Hochländern, die v. SO bis NW v. den
gewaltigen, 5000 bis über 8000 m hohen
Gebirgsmauern des Himalaja, Karakorum
und Kuenlun umschlossen und gegen die
Nachbarländer abgeschirmt werden. Zum
Pazifischen Ozean fallen die Hochländer
staffelförmig ab u. bilden in ihrer unteren
Stufe große, fruchtbare Küstenebenen, die
v. riesigen Strömen (Amur, Hoang-ho,
Yangtsekiang, Sikiang u. a.) entwässert
werden. Große Teile C.s, bes. der N u. die
großen Tiefebenen, sind v. einer äußerst
fruchtbaren Lößschicht bedeckt, dem natürl. Reichtum der Landwirtschaft, von der
80% der Bev. leben, obgleich sie – infolge
der riesigen Steppen u. Wüsten im Landesinnern – nur auf 10% der Landesfläche be-

Chimäre

trieben wird. Die kleinbäuerl. Betriebe und
der Zwergbesitz mit gartenbauähnl. Betriebsformen wurden in Produktionsgenossenschaften („Volkskommunen") zusammengeschlossen. Zu deren Aufgaben gehören aber u. a. auch Klein-Ind., Handel u.
Schulwesen. Angebaut werden bes. Hirse,
Reis, Weizen, die Hauptnahrungsmittel, ferner Citrusfrüchte, Baumwolle, Zuckerrohr
u. Tee. Milchwirtschaft ist bedeutungslos. –
Schwerpunkte des Bergbaus, der fast alle
Bodenschätze umfaßt, sind reiche Kohlenvorkommen u. Eisenerzlager, bes. im N des
Landes. Die Ind. ist bes. in den großen Hafenstädten (Tientsin, Nanking, Schanghai,
Kanton) konzentriert u. erzeugt vor allem
Verbrauchsgüter. Ein forcierter Ausbau der
Schwer-Ind. („der große Sprung nach
vorn") scheiterte bisher.
G e s c h i c h t e : Ursprung einer chines.
Staatsbildung im 2. Jahrt. v. Chr. Im 8. Jh.
v. Chr. zerfiel C. in mehrere Einzelstaaten,
die sich gegenseitig bekämpften; Tsin Schi-
huang-ti (221/209), der Begründer der
Tsin-Dynastie, unterwarf sie u. schuf ein
einheitl. Reich. Die Tang-Dynastie (618/906
n. Chr.) brachte polit. u. kulturell die Glanzzeit C.s im 13./14. Jh. Herrschaft der Mongolen; damals durch Marco Polo Berührung
mit Europa. Unter der Ming-Dynastie
(1368–1644) Ausbau der ↗Chines. Mauer.
Mit dem Vordringen des 1. portugies. Schiffes in chines. Gewässer (1514) begann das
allmähl. Eindringen des europ. Handels.
Unter den Mandschu-Kaisern (1644/1912)
spielten die Jesuiten anfängl. am Hof eine
große Rolle als Gelehrte u. Missionare. Im
18. Jh. Christenverfolgung u. radikale Abschließung gg. das Ausland. Durch den
Opiumkrieg (1840–1842) u. einen weiteren
Krieg zus. mit Fkr. erzwang Engl. die Öffnung der chines. Häfen. In der Folgezeit erwarben die europ. Mächte Handelsprivile-
gien, Stützpunkte u. Pachtgebiete. Der
Boxeraufstand zur Vertreibung der Europäer wurde 1900/01 v. den Großmächten
niedergeschlagen; im Russ.-Japan. Krieg
(04/05) Festsetzung der beiden Mächte in
der Mandschurei; 11 Revolution unter Sun
Yat-sen, 12 Sturz der Mandschu-Dynastie u.
Errichtung der Rep. Nach schweren Wirren
in den 20er Jahren gelang es Tschiang Kai-
schek 1928, C. zu einigen (Nationalregierung in Nanking). 31/32 Besetzung der

Mandschurei durch die Japaner; 37 Krieg Japans gg. Tschiang Kai-schek; dieser Krieg wurde Teil des 2. Weltkrieges: Besetzung weiter Gebiete C.s durch Japan. Dessen Kapitulation 45 brachte auch C. einen vorläufigen Frieden. Seit 47 Bürgerkrieg, Sieg der Kommunisten; Flucht Tschiang Kaischeks nach Formosa. Seither zwei chines. Staaten: die *VR China* auf dem Festland (49 durch Mao Tse-tung proklamiert) u. *National-C.* auf Formosa. Das kommunist. C. führte das Kollektivsystem streng durch, griff in den ⁄Korea-Konflikt ein u. verleibte sich 51 Tibet (das seit der Revolution v. 1911 nicht mehr zu C. gehörte) blutig ein; es erhebt seitdem Indien gegenüber Gebietsforderungen; die chines. Überfälle u. Grenzverletzungen gingen 62 in Ladakh u. Assam in einen regelrechten militär. Vormarsch über (Ende 62 Feuereinstellung u. teilweiser Rückzug). 64 Zündung der 1. eigenen Atombombe, 67 der ersten chines. Wasserstoffbombe. Ideolog. Auseinandersetzung mit der UdSSR über die Auslegung des Marxismus-Leninismus; Verstärkung des Einflusses in Asien u. Afrika. 66/68 v. den ⁄Roten Garden getragene proletar. Kulturrevolution; Säuberung v. Staat u. Partei; danach innere Konsolidierung. Seit 70 Bemühungen um Verständigung mit der nichtkommunist. westl. Welt (72 Besuch Nixons; 78 Aufnahme diplomat. Beziehungen zu den USA u. verstärkte wirtschaftl. Öffnung zum Westen). 75 beschließt Volkskongreß neue Verf. Nach dem Tod Maos (76) Machtkämpfe; Verurteilung der „Viererbande" um die Witwe Maos (81). ,,

Religion: Neben dem verbreiteten Animismus sind die religiös-eth. Lehren des Konfuzianismus u. des Taoismus vorherrschend; Anhängerzahlen sind hier nicht feststellbar; daneben Mahayana-Buddhismus u. Islam. Das Christentum hatte nach früheren Missionierungswellen u. anschlie-

China: Chinesische Mauer

ßenden Rückschlägen im 20. Jh. relativ beachtl. Erfolge (um 1950 rund 1%: 0,7 kath., 0,3 ev.). Seitdem wurden in rücksichtslosem Kampf der Kommunisten gegen alle Religionen u.a. über 5000 christl. Missionare ausgewiesen, 30 romtreue kath. Bischöfe mit vielen Priestern u. Laien wegen Ablehnung der schismat. „Reformkirche" eingekerkert, viele hingerichtet. Den gleichen Verfolgungen waren ev. Christen ausgesetzt.

Literatur: Die Überlieferung reicht 2600 Jahre zurück. Die Kanon. Schr. (king) umfassen die konfuzian. Klassiker u. waren Grundlage des gesamten gesellschaftl. u. geist. Lebens (das heilige Buch der Wandlungen: I-king). Das Buch der Urkunden (Schu-king) ist eine Sammlung v. Texten episch-histor. Charakters. Als Schöne Literatur (tsi) wurden anfangs nur Lyrik u. Kunstprosa betrachtet. Der älteste der großen Lyriker ist Kü Yüan (um 343–277 v. Chr.). Erst in dem polit. u. religiös zerrissenen MA eine freiere Richtung, deren Hauptvertreter T'ao Yüan-ming ist (365–427), der größte Poet vor dem berühmten Dreigestirn der Tang-Zeit: Li Tai-po (699–762), Tu Fu (712–770) u. Po Kü-i (772–846). Blüte des Dramas um 1300: *Das Westzimmer, Der Kreidekreis.* Blüte des Romans seit dem 14. Jh.: *Kin Ping Meh, Der Traum der roten Kammer.*

Sprache: Die chines. Sprache gehört zur indo-chines. Sprachfamilie; sie ist isolierend, einsilbig u. hat musikal. Tonakzente; gegliedert in zahlr., z. T. sehr verschiedenartige Dialekte.

Schrift: Die chines. Schrift ist eine Wortbzw. Begriffsschrift; für jedes Wort ein bes. Zeichen (im ganzen ca. 45000, für den Alltagsgebrauch genügen 3000–4000; jetzt auf 512 Zeichen vereinfacht). 1958 wurde das lat. Alphabet als Unterrichtshilfe gebilligt.

Musik: Die chines. Musikanschauung ist eingeordnet in ein philosoph. System: jeder Ton ist Träger eines Symbols, z. B. der Planeten. Bis zur Revolution (1911/12) hat die chines. Musik keine wesentl. Entwicklung erfahren. Sie verwendet 12 Halbtöne in der Oktave, arbeitet mit meist 5stufigen Tonleitern, ist einstimmig u. wird begleitet v. Instrumenten (bes. Schlaginstrumenten). Bestimmend für den Vortrag ist die Variation über einem Grundmodell.

Kunst: Die chines. Kunst erstreckt sich über 3 Jahrt. Im Ggs. zur europ. Kunst wahrte sie relativ große stilist. Einheit. Die Landschaftsmalerei spiegelt in den flächenhaften, Ruhe u. Gelassenheit ausströmenden Bildern die tief religiöse Haltung u. Naturerfahrung des Chinesen wider. – Bronzen, Kessel, Krüge in Form v. Tierdämonen, dem Ahnenkult dienend, in der *Chou-Zeit* (1122/249 v.Chr.); virtuos gehandhabte Zeichenkunst der *Han-Zeit* (206 v.Chr. bis 220 n.Chr.). Damals wurde vermutl. bereits der Grundtyp des chines. Hauses ausgebildet. In der Folgezeit Eindringen der buddhist. Formenwelt (vor allem Tier- u. Götterdarstellungen). Anbruch der klass. Kunst in der *Tang-Dynastie* (618/906). Hochblüte der

Malerei, ihr Vorbild war Ku-K'ai-chi, der Meister der Umrißzeichnung (392–467). Schließl. das selbständ. Landschaftsbild: Wang Wei, vor allem Wu Tao-tsu. Das Kleine in kosm. Zusammenhänge eingefügt. Krönung bei den Malern der *Sung-Zeit* (960/1280): fast einfarbige, aber in sich getönte Tuschzeichnungen; die Dinge Symbole göttlichen Seins. Unter den Mongolen-Dynasten (*Yüan-Zeit*, 1280 bis 1368) Einflüsse aus dem übrigen Asien. In der *Ming-Zeit* (1368/1644) nationale Spätkultur. Eleganz; Porzellanherstellung in voller Reife; Tempel u. Paläste in Peking, Chines. Mauer; Einfluß auf Europa. In der *Mandschu-Zeit* (1644/1912) zunehmend formzersetzende europ. Elemente.

Chinagras, *Ramie,* die Faser von 2 ostasiat. Nesselpflanzen; zu Nesselgarn, -tuch.

Chinarinde, die Stamm-, Zweig- und Wurzelrinde mehrerer immergrüner Bäume (*Cinchona*) in den nördl. Anden; bes. auf Westjava angepflanzt (90% des Weltbedarfs); zu ↗Chinin verarbeitet; gg. Magen- u. Darmkrankheiten, Blutarmut.

China-See, das 3,6 Mill. km² große Meer zw. Malakka, Borneo u. den Philippinen.

Chinchilla w (: tschintschịlja), Hasenmaus mit langhaarigem, wertvollem Pelz.

Chinesische Mauer, *Große Mauer,* Anfänge im 3. Jh. v. Chr., einheitl. Verteidigungswerk gg. nordasiat. Nomaden im 15./16. Jh. n. Chr.; ca. 2500 km lang, bis 16 m hoch, 5–8 m dick. ☐ 152.

Chinesisch-Tụrkestan, heute ↗Sinkiang.

Chingạn m (: tschin-), auch *Hingan,* 2 Gebirge: **1)** *Großer C.* (Innere Mongolei), bis 2100 m hoch. **2)** *Kleiner C.* (nordöstl. Mandschurei), bis 1150 m hoch.

Chinịn s, $C_{20}H_{24}O_2N_2$, Alkaloid der ↗Chinarinde; Fiebermittel, bes. gg. Malaria.

Chinoiserie s (: schin°as^{e}rị, frz.), Nachahmung chines. dekorativer Motive bes. im 18. Jahrhundert.

Chinolịn s, organ. Base (C_9H_7N); auch künstl. hergestellt, zur Farbstoffsynthese u. in der Photographie. [↗Kattun.

Chintz m (: tschintß), gewachster, bunter

Chioggia (: kiọdseha), it. Hafenstadt an der Südeinfahrt der Lagune v. Venedig, auf mehreren Inseln erbaut, 54 000 E.; Bischof.

Chịos, 1) griech. Insel im Ägäischen Meer, 835 km², 70 000 E. **2)** Haupt- u. Hafenstadt v. 1), auch *Kastro,* 27 000 E.; kath. Bischof.

Chippendale (: tschịpende'l), nach dem engl. Kunsttischler *Thomas C.* (1718–79) benannter Möbelstil: elegant geschwungene u. schlichte Formen vermischt, in angelsächs. Ländern noch beliebt.

Chirico (: kị-), *Giorgio de,* it. Maler u. Schriftsteller, 1888–1978; Wegbereiter des Surrealismus, wandte sich später wieder einer akadem. Malerei zu. Porträts, Stilleben.

Chirognomịe, *Chirognọmik, Chirologịe* w (gr.), ↗Handlesekunst. **Chiromantịe,** Wahrsagen aus der Hand.

Chiropraktik (gr.), Heilmethode durch Einrenken verschobener Wirbelkörper.

Chirụrg, Facharzt der Chirurgie.

Chirurgịe w (gr.), Heilung v. Krankheiten durch äußere Eingriffe (Operationen).

Giorgio de Chirico: Die unruhigen Musen

Chinchilla: *Chinchilla lanigera*

Chitịn s, organ. Hauptbestandteil u. a. des Außenskeletts der Gliederfüßer.

Chiton m, altgriech. Untergewand, oft auch als einziges Kleidungsstück getragen.

Chlọdwig, Begründer des ↗Fränk. Reichs, 466–511; unter Einfluß seiner Gemahlin ↗Chlotilde 498/499 Übertritt zum Katholizismus; damit war der Arianismus polit. überwunden.

Chlor s, chem. Element, Zeichen Cl, Halogen, gelbgrünes, stechend riechendes, ätzendes u. giftiges Gas; Ordnungszahl 17 (☐ 148). Kommt in der Natur nur gebunden in *Chloriden* vor (Kochsalz, Kaliumchlorid), in Stein- u. Kalisalzlagern u. im Meer. Herstellung durch Elektrolyse. Verwendung: zum Desinfizieren und Bleichen u. a. **C.knallgas,** gleiche Teile C. u. Wasserstoff geben ein explosives Gasgemisch. **C.wasser,** 0,4–0,5%ige wäßrige C.lösung. **C.wasserstoff** ↗Salzsäure.

Chlọralhydrat s, organ. Verbindung mit Chlor (CCl_3–$CH(OH)_2$), erstes künstl. hergestelltes Schlafmittel. Giftig, heute durch Barbiturate u. a. verdrängt.

Chloramphenicọl s, *Chloromycetịn,* wichtiges Antibiotikum, gg. Typhus, Salmonella, Infektionen u. ä. ☐ 30.

Chlorat s, *Kalium-C., Natrium-C.,* sauerstoffhaltige Metallverbindung des Chlors; zu Sprengstoffen u. zur Darstellung von Sauerstoff.

Chloride, die Salze der ↗Salzsäure.

Chlorịt, 1) m, Mineral, Magnesium-Aluminium-Silicat mit Eisen. **2)** s, Salz der chlorigen Säure.

Chlorkalium s, *Kaliumchlorid,* Mineral *Sylvin,* Bestandteil der Steinsalzlager.

Chlorkalk, Mischverbindung aus gelöschtem Kalk mit Chlor; zum Bleichen (*Bleichkalk*), Desinfizieren u. Entschwefeln.

Chippendale-Stuhl

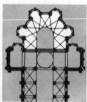

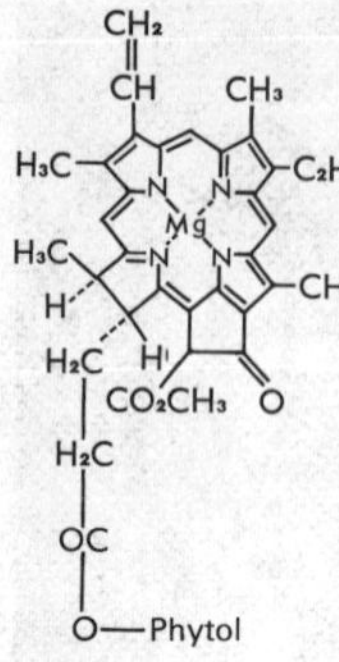

Chlorophyll:
Strukturformel

O—Phytol

(Structural formula labels:) CH₂, CH, CH₃, H₃C, C₂H₅, N, Mg, N, H, N, N, CH₃, H₂C, CO₂CH₃, O, H₂C, OC

Chlorkautschuk *m,* sehr widerstandsfähiger, unbrennbarer Stoff aus Chlor u. Kautschuk ($C_{10}H_{12}Cl_8)_n$. Vielseitiger Schutzanstrich.

Chloroform *s, Trichlormethan* ($CHCl_3$), fr. als Betäubungsmittel verwendet, wichtiges Lösungsmittel.

Chloromycetin *s,* ↗Chloramphenicol.

Chlorophyll *s* (gr.), *Blattgrün,* grüne Pflanzenfarbstoffe, die für die ↗Photosynthese wichtig sind.

Chlorsilber, Silbernitrat mit Kochsalzlösung, lichtempfindlich; für Photopapiere.

Chlotilde, hl. (4. Juni), um 474–544; Gemahlin ↗Chlodwigs.

Chodowiecki (: -wjezki), *Daniel,* dt. Kupferstecher u. Zeichner, 1726–1801; bürgerl. Rokoko u. Klassizismus.

Cholera *w* (gr.), *Gallenbrechruhr,* 1) *Asiat. C.,* ansteckende Krankheit (Kommabazillus), meist tödlich. ☐ 420. 2) *einheimische C.,* weniger gefährlich, bes. nach Erkältung. 3) *Kinder-C.,* Brechdurchfall, durch Ernährungsfehler; gefährlich.

cholerisch (gr.), jähzornig. *Choleriker,* Person v. heftigem Temperament.

Cholesterin *s,* hochmolekularer Alkohol, $C_{27}H_{45}OH$, in tier. Fetten, in Blut u. Geweben; Hauptbestandteil der Gallensteine; zu kosmet. Präparaten.

Cholin *s,* starke organ. Base; Bestandteil des ↗Lecithins; Heilmittel.

Cholon, (: tsch-), Schwesterstadt v. Saigon in Vietnam, 700000.

Cholsäure, Bestandteil der ↗Gallensäuren.

Chomútov ↗Komotau.

Chondriosomen (Mz. gr.) ↗Mitochondrien.

Chopin (: schopǟn), *Frédéric,* poln. Komponist, 1810–49 (seit 30 in Paris); Schöpfer eines poet. Klavierstils; Walzer, Notturnos, Balladen, Etüden u. a.

Chor *m* (gr.), 1) im griech. Drama die Tanz-, Sprech-, Gesangsschar. 2) Kleriker, welche die liturg. Gesänge vortragen, auch Laien (Kirchenchor). 3) in der weltl. Musik ebenfalls die Sängerschar, dann auch die Musik hierfür. 4) *C., m* od. *s,* der dem Altar u. der Geistlichkeit vorbehaltene Kirchenraum, urspr. Platz des Sängerchors; oft kunstvoll geschnitztes *C.gestühl.* Der C. oft auch umzogen vom *C.umgang;* abgeschlossen gg. den Laienraum durch die *C.schranken.*

Choral *m,* 1) *Gregorian. C.,* der liturg. Gesang der röm. Kirche, einstimmig, unbegleitet, freier Rhythmus durch Verbindung v. akzentuierten u. nichtakzentuierten Tönen nach den Kirchentonarten; beeinflußte das dt. Volkslied, die weltl. Polyphonie u. die neue Musik. 2) das volkssprachige ev. Gemeindelied sowie seine mehrstimmige Fassung; textl. u. musikal. v. Luther u. seinen Mitarbeitern geschaffen.

Chorda *w* (gr.), 1) Saite, Sehne. 2) Rückensaite, knorpelige Vorstufe der ↗Wirbelsäule. *Chordata* ↗Wirbeltiere.

Chorea *w* (gr.), der ↗Veitstanz.

Choreographie *w* (gr.), Aufzeichnung der Tanzschritte u. -figuren durch Zeichen.

Chorgebet, gemeinschaftl. Beten der 8 kanon. Brevierzeiten durch die Mitgl.er eines Dom- oder Stiftskapitels oder eines Ordens.

Chor: Chorumgang mit Chorkapellen. Notre-Dame-du-Port, Clermont-Ferrand (Anfang 12. Jh.)

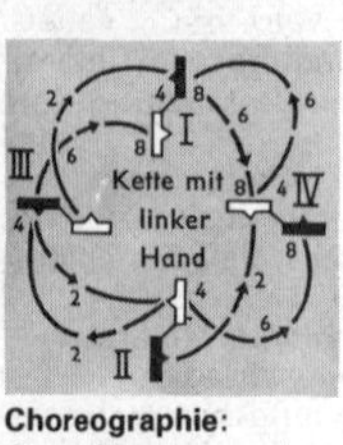

Choreographie: Quadrille, erste und letzte Tour

(Diagram labels:) Grundstellung, Blickrichtung, Herr, Dame, Kette mit linker Hand

---

Chorherren, 1) Mitgl. der Domkapitel u. Kollegiatstifte. 2) auch die ↗Augustiner.

Chorin, ehem. Zisterzienserabtei (1258 bis 1542) bei Eberswalde; Kirche in Backsteingotik.

Chorrock, *Chorhemd,* leinenes Amtsgewand der kath. Geistlichen (Rochett).

Chorzów (: choʳsuf) ↗Königshütte.

Chow-Chow (: tschau-), *Chinesenspitz,* Hunderasse, untersetzt, mit Mähne, Stirnfalten u. dichtem Fell.

Chrestomathie *w* (gr.), Auswahl musterhafter Prosastücke für den Sprachunterricht.

Chrétien de Troyes (: kretjǟ dᵒ trᵒa), frz. Dichter, 2. Hälfte 12. Jh.; die Stoffe seiner höf. Romane um den Artuskreis wurden v. mhd. Dichtern aufgenommen.

Chrisam *m* (gr.), in der kath. Kirche u. den orth. Kirchen vom Bischof geweihtes Salböl, u. a. für Taufe, Firmung, Priester- u. Bischofsweihe.

Christ, 1) die um 500 verkürzte Form des Namens Christus, mhd. Krist. 2) Anhänger des ↗Christentums.

Christchurch (: kraißttschöʳtsch), Prov.-Hst. u. einer der größten Häfen Neuseelands, 328000 E.; anglikan. u. kath. Bischof; Univ.

Christengemeinschaft, von Friedr. Rittelmeyer 1922 gegr., der ↗Anthroposophie entwachsene religiöse Gruppe.

Christenlehre, katechet. Unterricht für Jugendliche außerhalb der Schule.

Christentum, die weltgeschichtl. wirksamste Religion, für den Christen die in ↗Jesus Christus v. Gott durch seine freie, geschichtliche Tat- und Wortoffenbarung gestiftete Menschheitsreligion. – *Religionsgeschichtlich* gehört das C. zu den großen monotheist. (↗Monotheismus) Offenbarungsreligionen. Im Mittelpunkt steht die Person des Stifters, der als menschgewordener Sohn Gottes verehrte Jesus Christus ist. Sein u. Wirken bis zu seinem Tod u. seiner Auferstehung. Das C. wendet sich mit seiner „frohen Botschaft", seinen Gaben u. Verheißungen v. Erlösung, Gnade u. ewigem Heil an jeden Menschen aller Völker, Rassen u. Kulturen. Seine volle Wirklichkeit entfaltet es in der ↗Kirche (bzw. den Kirchen in ihrer Einheit), in der Jesu Lehre u. Werk in ständigem Rückgriff der Verkündigung u. Lehre-/Tradition auf die Hl. Schrift (↗Bibel) gegenwärtig bleiben. Das C. erhebt in einzigartiger Weise den Anspruch, die absolute u. universale Religion zu sein u. hat fakt. die weiteste Verbreitung gefunden. – Die *Grundlehren des C.* sind allen christl. Kirchen u. Gemeinschaften gemeinsam, wenngleich sie z. T. sehr unterschiedl. interpretiert werden. Sie sind zusammengefaßt in den Glaubensbekenntnissen u. Bekenntnisschriften. – Die *Ausbreitung* erfolgte in 4 Perioden. a) Im 1./4. Jh. trotz ↗Christenverfolgungen im Röm. Weltreich; b) bis zum Beginn des 13. Jh. bei den keltischen, german. u. slaw. Völkern, aber Verluste an den ↗Islam; c) im Entdeckungszeitalter in Amerika, dann erneut in Asien u. Afrika; d) seit Mitte des 19. Jh. weltweite Missionstätigkeit; in Europa selbst Entchristlichung.

Heute bekennt sich etwa ein Drittel der Menschheit (ca. 1 Milliarde) zum C. Die Glaubensspaltungen haben die Ausbreitung stark beeinträchtigt.

Christenverfolgungen, im Alt. bes. durch den röm. Staat (vor allem unter Decius u. Diokletian); fanden durch das Mailänder Edikt Konstantins d. Gr. 313 ihr Ende. Im 20. Jh. C. bes. im nat.-soz. u. kommunist. Machtbereich.

Christian, Kg.e v. Dänemark: **C. IV.,** 1588/1648; griff in den 30jähr. Krieg ein. **C. VIII.,** 1839/48; erklärte 1846 Schleswig-Holstein zu einem Teil des dän. Gesamtstaates. **C. IX.,** 1863/1906; verlor 1864 ↗Schleswig-Holstein. **C. X.,** Enkel C.s IX., 1912/47; leistete gg. die dt. Besetzung 40 passiven Widerstand.

Christian Science (: krißtj^en ßai^enß), offizieller Name *Church of Christ, Scientist,* eine 1876 v. M. ↗Baker-Eddy gegr. Religionsgemeinschaft, hauptsächl. in den USA; vertritt die Lehre v. der All-Einheit Gottes u. der bloßen Scheinwirklichkeit der Materie.

Christie (: krißti), *Agatha,* engl. Schriftstellerin, 1890–1976; zahlr. Detektivromane, auch Theaterstücke.

Christine, Königin v. *Schweden,* 1626–89; Tochter Gustavs II. Adolf; kam 32 auf den Thron, wurde kath. u. dankte 54 ab; widmete sich bes. in Rom der Wiss. u. Kunst.

Christkatholische Kirche ↗Altkatholiken.

Christkönigsschwestern in Meitingen bei Augsburg; arbeiten sozial-caritativ u. für konfessionelle Versöhnung.

Christlich-Demokratische Union (CDU), polit. Partei in der BRD, 1945 gegr.; Programm: Aufbau der Demokratie nach polit. u. wirtschaftl. Grundsätzen, die an der christl. Lehre orientiert sind. Der CDU entspricht die *Christlich-Soziale Union* (CSU) in Bayern. CDU/CSU 49–72 u. seit 76 stärkste Fraktion im Bundestag u. bis 69 führend in der Regierung der BRD (☐ 130, 133). – Die 45 in der SBZ gegr. CDU ist seit 51 der Politik des SED-Regimes gleichgeschaltet.

Christliche Arbeiter-Jugend (CAJ), kath. Organisation zur Rückgewinnung der Arbeiter für den christl. Glauben; 1924 in Belgien v. J. ↗Cardijn gegr., heute in 80 Ländern, internationales Sekretariat in Brüssel. In Dtl. (seit 47, Sitz Essen) ist die CAJ selbständ. Jugendorganisation der Kath. Arbeiterbewegung.

Christliche Kunst, aus christl. Geist geschaffene u. dem christl. Kult dienende Bau-, Bild- u. Zierkunst.

Christlicher Verein Junger Männer bzw. **Mädchen** (CVJM), Gliederung der Ev. Jugend Dtl.s, 1843 gegr. Zweig der ↗YMCA bzw. der ↗YWCA.

Christliche Volkspartei (CVP), 1945/56 saarländ. Partei, v. J. Hoffmann gegr., verfocht für das Saarland einen europ. Sonderstatus u. wirtschaftl. Angliederung an Fkr.; schloß 56 dem Zentrum, 57 der CSU, 59 der CDU an.

Christlich-Soziale Partei, 1) in Dtl. unter A. ↗Stoecker v. 1878 bis etwa 1896 Gruppe der Konservativen. **2)** in Östr. 1880 unter K. ↗Lueger gegr., mit demokrat., christl. u.

Christrose

Christusdorn

Christusmonogramme

sozialem Programm; antiliberal u. antisemit. eingestellt; war 1920/38 die Regierungspartei, 38 aufgelöst; besteht seit 45 in der ↗Östr. Volkspartei fort.

Christlich-Soziale Union ↗Christl.-Demokrat. Union.

Christologie w (gr.), theolog. Lehre v. der Person Christi, bes. v. der ↗Hypostatischen Union.

Christoph, Hzg. v. Württemberg, 1515–68; vollendete dort 56/59 die Reformation.

Christophorus, hl. (24. Juli), einer der 14 ↗Nothelfer; legendärer Martyrer; trug nach der Legende als Riese den Christusknaben über einen Fluß.

Christophskraut, *Actaea,* Hahnenfußgewächs mit giftigen Blättern; auch Zierpflanze.

Christrose, die schwarze ↗Nieswurz.

Christus, „Gesalbter", griech. Übersetzung für ↗Messias, Ehrenname Jesu.

Christusbild. Da die Schr. des NT darüber nichts aussagen, ist das C. vielen Wandlungen unterworfen: älteste C.er (Ende 3. Jh.) im Typus des Jugendlichen, als Allherrscher *(Pantokrator,* byzantin.), als Weltenrichter *(Rex gloriae,* roman.), von überird. Schönheit od. übermenschl. Leiden geformtes Antlitz (früh- bis spätgot.), als Menschenbild voll Verklärung u. Herrscherlichkeit (Renaissance, Barock); im 18. u. 19. Jh. sentimentale Verflachung u. Profanierung; eine Vertiefung suchte die moderne Kunst seit dem Symbolismus wieder in strengeren Formen.

Christusdorn, *Paliurus spina Christi,* asiat. Dornstrauch, Kreuzdorngewächs.

Christusmonogramm s (gr.), Zeichen für den Namen Christus, gebildet aus den ersten Buchstaben der griech. Schreibweise: X u. P (Chi u. Rho); älteste selbständige Form das Monogramm (Abb. 1), einfacher (2) schon im 3. Jh., im 4. Jh. daneben die Form mit deutl. Kreuz (3), bald die Buchstaben A u. Ω beigefügt (4), im späteren MA ↗IHS.

Christusorden, höchster päpstl. Orden.

Chrom s, chem. Element, Zeichen Cr, hartes, silbriges Metall, Ordnungszahl 24 (☐ 148). Verwendung zu Legierungen (Chromnickelstahl) u. als Rostschutz. **Chromate,** die Salze der Chromsäure, gelbgefärbt; giftig. **Chromatin** s, Zellkernsubstanz, durch basische Farbstoffe leicht färbbar.

chromatisch (gr.), Bz. für die aus den 12 Halbtönen bestehende Tonleiter; Ggs. ↗diatonisch.

chromatische Aberration ↗Linsenfehler.

Chromatographie w (gr.), chem. Trennungsverfahren komplizierter Substanzgemische durch fraktionierte Verteilung: auf saugfäh. Papier *Papier-C.,* in adsorptionsfähigen Stoffen *Adsorptions-C., Säulen-C.* od. von Gasen in lösenden Flüssigkeiten *Gas-C., Gas-Flüssigkeits-C.*

Chromatophoren (Mz., gr.), Farbstoffträger der lebenden pflanzl. (↗*Plastiden)* od. tierischen *(Melanophoren)* Zelle.

Chromeisenstein, *Chromit,* metall. schimmerndes Mineral; wichtigstes Chromerz.

Chromleder ↗Gerben.

Chromosom

Anzahl der C.en im doppelten Chromosomensatz

bei Pflanzen:

Champignon	8
Erbse, Gerste	14
Mais	20
Emmer	28
Apfelbaum	38
Ackerweizen	42
Rose	56
Seerose	112
Ackerschachtelhalm	200
Natternzunge	520

bei Tieren:

Pferdespulwurm	3
Fruchtfliege	8
Honigbiene	16
Grasfrosch	26
Kreuzotter	36
Kaninchen	44
Karpfen	104

beim Menschen: 46

Chromosom. Schema vom Chromosomen-Feinbau: a Chromonema, bereits in 2 Chromatiden gespalten, darauf **b** die Chromomeren, **c** Matrix, **d** Centromer, **e** sekundäre Einschnürungen, **f** Trabant

Chromosom *s* (gr.), *Kernschleife,* Gebilde im Zellkern der Organismen. Eine Hülle umgibt spiralig gewundene Eiweißfäden *(Chromonemen),* die stark färbbare Körper *(Chromomeren)* tragen. Diese sind chem. Nucleoproteide u. Träger der Erbanlagen. Jedes Lebewesen hat einen unveränderl. *C.satz* (Aufnahme bei /Mutationen).
Chromosphäre *w* (gr.), durchscheinende Gashülle um die Sonne; in ihr leuchten /Eruptionen auf.
Chromotypie *w* (gr.), /Farbendruck.
Chromsäure, in Wasser gelöstes Chromtrioxid. **C.element,** galvan. Element, ca. 2 V.
Chronik *w* (gr.), **1)** geschichtl. Darstellung nach der zeitl. Aufeinanderfolge. **2)** C., *Bücher der C.* (gr. *Paralipomena),* zwei um 300 v.Chr. entstandene Bücher des AT, Verfasser unbekannt; viele genealogische Listen.
chronisch, bei Krankheiten langsam einsetzend u. langsam verlaufend. **Chronist,** Verfasser einer Chronik. **Chronologie** *w,* Zeitfolge, Zeitrechnung. **Chronometer** *w,* eine äußerst genau gehende Uhr. **Chronoskop** *s,* Instrument zur Messung (selbsttätig registrierend = *Chronograph)* kleiner Zeitabschnitte; in Physik, Sport; auch Stoppuhr.
Chruschtschow (: chruschtschof), *Nikita,* sowjet. Politiker, 1894–1971; seit 1918 Mitgl. der KPdSU, seit 53 (Stalins Tod) Erster Sekretär des ZK der KPdSU; nach Ausbootung Bulganins 58 auch zum Min.-Präs. der UdSSR gewählt, 64 gestürzt; leitete die Entstalinisierung ein.
Chrysanthemum *s, Chrysantheme* w, Korbblütler; Zierpflanze, bes. Winteraster, auch Margarite u. Balsamkraut.
Chrysoberyll *m,* Edelstein; tiefgrün *Alexandrit;* bläul. das Katzenauge. ☐ 255.
Chrysolith *m* (gr.), Abart des /Olivin.
Chrysopras *m* (gr.), apfelgrüner /Chalzedon. ☐ 255.
Chrysostomus, *Johannes,* hl. (13. Sept.), griech. Kirchenlehrer, um 350–407; berühmter Prediger, 397 Patriarch v. Konstantinopel. **C.-Liturgie,** Ostkirchen-Liturgie, fälschlich als Werk des hl. C. betrachtet.
chthonisch (gr.), zur Erde gehörig, unterirdisch.
Chur (: kür), Hst. des Schweizer Kt. Graubünden, Verkehrsknoten, 33000 E.; kath. Bischof; Marien-Kathedrale (roman.-got., 12.–13. Jh.).
Churchill (: tschö⸍tschil), Sir *Winston,* brit. konservativer Politiker, 1874–1965; hatte im Laufe der Zeit eine Reihe wichtiger Min.-Posten, 1940/45 u. 51/55 Premiermin.; bekämpfte die gemäßigte brit. Politik Hitler gegenüber, im 2. Weltkrieg viel zum Sieg der Alliierten bei, setzte sich nach 45 für ein vereintes Europa ein. *Memoiren.* 53 Nobelpreis für Literatur.
Church of God (: tschö⸍tsch-, engl. = Kirche Gottes), Sammelname für die Sekten der /Pfingstbewegung; in Dtl. *Gemeinde Gottes.*
Churfirsten (: kur-; Mz.), südl. Kette der Säntisgruppe (Schweiz), bis 2306 m hoch.
Churriguerismus (: tschurige-), überladene Barockarchitektur, nach dem Baumeister *José Churriguera* (1650–1723). ☐ 70.

Chylus *m* (gr.), *Milchsaft,* die dem Lymphgefäßsystem zugeführten Nährstoffe.
Chymosin *s* (gr.), *Chymase,* Labferment, das die Milch im Magen zur Gerinnung bringt.
Chymus *m* (gr.), Speisebrei; besteht aus den zersetzten Nahrungsmitteln u. Magensäften.
Ci, Abk. für /Curie.
CIA (: ßia⸍e⸍), Abk. für Central Intelligence Agency, US-Geheimdienst.
Ciano (: tschano), *Galeazzo* Graf, 1903–44; Schwiegersohn Mussolinis, 36/43 it. Außenmin.; am Sturz Mussolinis beteiligt, deshalb erschossen.
CIC, Abk. **1)** für /Codex Iuris Canonici. **2)** (: ßia⸍ßi), für Counter Intelligence Corps, militär. Abwehrdienst der USA.
Cicero, *Marcus Tullius,* röm. Redner, Schriftsteller u. Staatsmann, 106–43 v.Chr.; unterdrückte die Verschwörung des Catilina, stand auf Pompejus' Seite gg. Caesar; nach dessen Ermordung für die Republik; auf Veranlassung des Antonius ermordet. *Reden; Vom Staate, Über die Gesetze.* Vermittler griech. Philosophie (Stoa) an Rom.

Nikita Chruschtschow   Sir Winston Churchill

Cicero *w,* ein Druck-/Schriftgrad.
Cicerone *m* (: tschitsche-, it.), Fremdenführer.
Cichliden (Mz.), *Buntbarsche,* Knochenfischfamilie im trop. Süßwasser. Treiben Brutpflege; Aquarienfische.
Cid (: ßid), span. Nationalheld, † 1099; eroberte 1094 das Maurenreich Valencia. Drama v. Corneille.
Cie., Abk. für /Compagnie.
Cienfuegos (: ßiën-), Hafenstadt auf Kuba, an dessen Südküste, 120000 E.; kath. Bischof.
cif, Abk. für cost, insurance, freight (: koßt, inschur⸍nß, fre⸍t, engl. = Kosten, Versicherung, Fracht); im Überseehandel gebräuchl. Vertragsklausel, besagt, daß im Warenpreis die Kosten für Verladung, Fracht u. Versicherung bis zum Bestimmungshafen enthalten sind.
Ciliaten (Mz., lat.), einzellige Tiere mit Wimpern *(Cilien);* /Protozoen.
Cimabue (: tschi-), Florentiner Maler, um 1240 bis nach 1302, Lehrer Giottos.
Cimarosa (: tschi-), *Domenico,* it. Komponist, 1749–1801. *Die heimliche Ehe.*
Cincinnati (: ßinßinäti), drittgrößte Stadt v. Ohio (USA), am Ohio River, 450000 E., davon viele dt.er Abstammung. Kath. Erzb., 2 ev. Bischöfe, 2 Univ.; bedeutende Ind.

Cincinnatus, angebl. 458 v. Chr. vom Pflug weg zum röm. Diktator berufen.
Cinecittà (: tschinetschita), Zentrum der it. Filmproduktion bei Rom.
Cinemascope (: ßinemaßkop), ein häufig verwendetes ∕Breitwandverfahren.
Cinéma vérlté (. ßi-, frz.), ein stark soziolog. orientierter Dokumentarstil im modernen frz. Film.
Cineraria, Aschenkraut, Zierpflanze mit Doldentrauben; in allen Farben.
Cinquecento s (: tschinkwetsch-, it. = 500, abgekürzt aus 1500), in der it. Kunst das 16. Jahrhundert.
CIO (: ßia'ou), Abk. für Congress of Industrial Organizations, am. ∕Gewerkschaft.
circa (lat., Abk. ca.), ungefähr, etwa.
Circe, 1) Kirke, Zauberin der griech. Sage, verwandelte Fremde in Tiere. **2)** übertragen: verführerisch lockendes Weib.
Circulus vitiosus (lat. = fehlerhafter Kreis), Zirkelschluß, Beweis, bei dem vorausgesetzt ist, was bewiesen werden soll.
Cirrus (lat.), ∕Wolken in großer Höhe.
cisalpin (lat.), diesseits der Alpen (von Rom aus gesehen); Ggs. ∕transalpin.
Citeaux (: ßito), im frz. Dep. Côte-d'Or, Stammkloster des Zisterzienserordens, 1098–1790; seit 1898 Trappistenabtei.
Citius, altius, fortius (lat.), schneller, höher, stärker. Wahlspruch der Olymp. Spiele.
Citrus, als Fruchtbäume kultivierte trop. Pflanzen (sog. Agrumen), z. B. Orange, Mandarine, Zitrone, Pampelmuse.
Città (: tschita), it. = Stadt. **C. del Vaticano** ∕Vatikanstadt.
City w (: ßit¹, engl.), Stadt; Mittelpunkt einer Großstadt (bes. Alt-London).
Ciudad (: ß-), span. = Stadt. **C. Trujillo** (: -truchiljo) ∕Santo Domingo.
Civitas w (lat.), Bürgerschaft, Staat.
Civitavecchia (: tschiwitawekia), mittel-it. Seebad, Hafenstadt Roms, 49000 E.
Cl, chem. Zeichen für ∕Chlor.

René Clair   Paul Claudel

Clair (: klär), René, frz. Filmregisseur, 1898 bis 1981; poesie- u. humorvolle Filme. Unter den Dächern v. Paris; Die Mausefalle.
Clairvaux (: klärwo), ehem. frz. Zisterzienserkloster im Dep. Aube; 1115 gegr., 1. Abt ∕Bernhard v. C.; 1792 säkularisiert.
Clan m (keltisch), **1)** in Schottland Lehensverhältnis. **2)** eine Gruppe innerhalb des Stammes, mit eigenem Totemnamen und Häuptling.
Claque w (: klak, frz.), organisierte Beifallklatscher, Claqueurs (: klakör).

Helmut Claß

Citrusfrüchte: Querschnitt a durch eine junge, b durch eine alte Citrusfrucht. F Fruchtknotenfach mit S Saftschläuchen und Sa Samenanlage, Fw Fruchtwand

Claret y Clará, Antonio Maria, hl. (24. Okt.), span. Volksmissionar, 1807–70; gründete 49 die religiöse Genossenschaft der Claretiner; 50/57 Erzb. v. Santiago de Cuba.
Claß, Helmut, * 1913; 69 Landesbischof der ev. Kirche in Württemberg, 73 Vorsitzender des Rates der EKD (79 zurückgetreten).
Claudel (: klodäl), Paul, frz. Diplomat u. Dichter, 1868–1955; relig. (kath.) Wendung 1886; 1921/26 Botschafter in Tokio, dann in Washington u. Brüssel. Seine lyr. u. dramat. Werke wirken in ihrer Sprachgewalt, universalen Schau u. christl. Symbolkraft weit über Fkr. hinaus: Verkündigung; Der Seidene Schuh; Johanna auf dem Scheiterhaufen; Fünf große Oden.
Claude Lorrain (: klod lorän), eig. Claude Gellée, frz. Maler, Zeichner u. Radierer, 1600–82; schuf eine neuartige Form idealer Landschaftsmalerei.
Claudius, Tiberius Germanicus, röm. Ks. (seit 41), 10 v. Chr.–54 n. Chr.; erfolgreiche Feldzüge gg. Germanen u. Britannier, wurde v. ∕Agrippina d. J. vergiftet.
Claudius, Matthias, dt. Dichter, 1740–1815; Frömmigkeit u. einfache Sprache in volksliedhaften Versen (u. a. Der Mond ist aufgegangen) u. in seiner Prosa. Hrsg. der Lokalzeitung „Wandsbecker Bote".
Clausewitz, Karl v., preuß. General, Stratege, 1780–1831; mit dem Werk Vom Kriege Schöpfer der modernen Kriegstheorie.
Clausthal-Zellerfeld, Bergstadt im Oberharz (Niedersachsen), 16100 E.; Techn. Univ., Berg- u. Hüttenschule, Oberbergamt, Institut für anorgan. Chemie, Mineraliensammlung; größte dt. Holzkirche.
Clausula w (lat.), Vertragsbestimmung. **C. rebus sic stantibus** (lat. = unter gleichbleibenden Umständen), stillschweigender Vorbehalt bei Verträgen, daß diese so lange Geltung haben, als sich die bei Vertragsabschluß geltenden Verhältnisse nicht grundlegend ändern.
Claver ∕Petrus Claver.
Clavicembalo (: -tschem-), das ∕Cembalo.
Clay (: kle¹), Lucius, am. General, 1897 bis 1978; 1947/49 Chef der US-Militärregierung in Dtl., organisierte die Luftbrücke nach Berlin.
Clearing s (: kliering, engl.), im zwischenstaatl. Zahlungsverkehr Ausgleich gegenseitiger Forderungen u. Guthaben über eine Abrechnungs- od. Verrechnungsstelle.
Clematis w, ∕Alpenrebe, ∕Waldrebe.
Clemenceau (: klemänßo), Georges, frz. Politiker, 1841–1929; 1906/09 u. 17/20 Min.-Präs.; verfocht mit Härte Fkr.s Forderungen gegenüber Deutschland.
Clementi, Muzio, it. Pianist, Komponist u. Musikpädagoge, 1752–1832; Klaviersonaten, Etüden.
Clermont-Ferrand (: klärmon färän), Hst. des frz. Dep. Puy-de-Dôme, 157000 E.; Bischof; Univ., Akademie der Wissenschaften u. Künste; Kautschuk-Ind.
Clerodendron, Losbaum, Eisenkrautgewächs, asiat. Halbsträucher, Stubenpflanze.
Cleveland, 1) engl. Hügellandschaft; Kohlen u. Eisenerze. **2)** Stadt im Staat Ohio (USA), am Eriesee, Stahlzentrum

u. Haupthafen für Eisenerze u. Holz; Umschlagplatz für kanad. Getreide u. amer. Erdöl (Sitz der Standard Oil), 750000 E.; 3 Univ., TH; kath. u. ev. Bischof. Schiffbau. Ölraffinerien, Schlächtereien.

clever (: -we̯r, engl.), klug, geschickt.

Clinch *m* (: klintsch), Festhalten u. Umklammern des Gegners beim Boxkampf.

Clique *w* (: klik̯e, frz.), selbstsücht. Gruppe.

Clivia *w*, Pflanze mit mennigroten Blütendolden; beliebte Zimmerpflanze.

Clochard *m* (: kloschar, frz.). Landstreicher.

Cloppenburg, niedersächs. Krst. in Oldenburg, 20500 E.; Marktort; Freilichtmuseum *(Museumsdorf C.).*

Clou *m* (: klū, frz.), Höhepunkt.

Clouzot (: kluso̯), *Henri-Georges*, frz. Filmregisseur, 1907–77; zunächst sozialkrit., dann spannungs- u. effektvolle Filme. *Lohn der Angst; Die Teuflischen.*

Clown *m* (: klaun, engl.), die komische Figur der älteren engl. Bühne, heute noch in Pantomime u. Zirkus.

Club of Rome, 1968 gebildeter Zusammenschluß v. 85 Wissenschaftlern, Industriellen u. Intellektuellen; will Untersuchungen über die mögliche Entwicklung der Menschheit anregen; 73 Friedenspreis des Dt. Buchhandels.

Cluj (: klusch̯), rumän. für ⟋Klausenburg.

Cluny (: klüni̯), frz. Stadt im Dep. Saône-et-Loire, 4500 E. – 910/1790 Benediktinerabtei, im 10./11. Jh. Ausgangspunkt einer durchgreifenden mönch. Reform, der sog. *Cluniazens. Reform.* C. ist auch bekannt durch seinen Kirchenbau.

Clyde *w* (: klaid), schott. Fluß, mündet in den trichterförm. *Firth of C.;* 160 km lang, bis Glasgow Seeschiffahrt.

cm, Abk. für Zentimeter. **cm²** = Quadrat-, **cm³** = Kubikzentimeter.

Cm, chem. Zeichen für ⟋Curium.

C + M + B, Abk. für Caspar, Melchior, Balthasar, die Drei Könige. Die Türinschrift C + M + B bedeutet eig. **Christus mansionem benedicat** = Christus segne das Haus.

Co, chem. Zeichen für ⟋Kobalt.

Co., Abk. für ⟋Compagnie.

Cobaea, trop.-am. Kletterkräuter mit glockenblumenähnl. Blüten; Balkonpflanze.

Cobbler *m* (engl.), Getränk aus Südwein u. Fruchtsäften.

Cobden, *Richard*, engl. Industrieller, 1804–65; führender Vertreter der Freihandelsbewegung.

COBOL, Abk. für common business oriented language, eine insbesondere in Ind. u. Handel gebräuchl. Programmiersprache für Datenverarbeitungsanlagen.

Coburg, bayer. Stadtkr., Krst. u. ehem. Hst. des Htm. C., am Südrand des Thüringer Waldes, 46000 E. Oberhalb der Stadt die *Veste C.,* heute Museum mit wertvollen Kunstsammlungen (Kupferstichkabinett).

Coburger Convent (CC), Zusammenschluß schlagender dt. Studentenverbindungen.

Cochabamba (: kotscha-), drittgrößte Stadt Boliviens, 205000 E.; Univ., kath. Bischof; Agrarzentrum.

Cochem, Krst. an der Mosel, 6100 E.; Weinbau. Über der Stadt die *Burg C.*

Clivia: Blüte

Jean Cocteau

Nat Cole

S.-G. Colette

Cochenille *w* (: koschnij̯e, frz.), ⟋Koschenille.

Cochläus, *Johannes*, dt. Humanist, 1479–1552; Domherr in Breslau, Gegner Luthers.

Cockcroft, Sir *John Douglas*, engl. Physiker, 1897–1967; baute eine ⟋Beschleunigungsmaschine, Nobelpreis 1951.

Cockpit *s* (engl.), **1)** der Fahrersitz im Rennwagen. **2)** der Pilotenraum im Flugzeug.

Cocktail *m* (: kokte̯l, engl.), Mischgetränk aus Alkohol, Säften usw.

Cocteau (: kokto̯), *Jean*, frz. Schriftsteller, 1889–1963; sehr verschiedenartige Werke, oft Darstellung des Unbewußten. Auch Zeichnungen, Malerei, Filme. *Kinder der Nacht* (Roman); *Orphée* (Drama, Film), *Die Höllenmaschine* (Drama).

Code *m* (: kŏd, frz.), **1)** Schlüssel für Geheimtelegramme. **2)** Gesetzbuch. **C. Napoléon**, die fünf unter Napoleon I. geschaffenen frz. Rechtsbücher, darunter der *C. civil.*

Codex *m* (lat.), alte Handschrift, Dokumentensammlung. – **C. Iuris Canonici** (CIC), seit 1918 Gesetzbuch der kath. Kirche des lat. Ritus. Seit dem 2. Vatikan. Konzil ist eine Reform des CIC in Arbeit. – Für die unierten Kirchen entsteht seit 29 der *CIC orientalis;* wichtige Teile davon schon veröffentlicht.

Coesit *m*, Hochdruckform der Kieselsäure, kommt in Meteoritenkratern vor.

Cœur *s* (: kör, frz.), Herz, auch in den frz. Spielkarten.

Cogito, ergo sum (lat. = ich denke, also bin ich); Grundlage der Philosophie Descartes'.

Cognac (: konja̯k), frz. Krst., 20000 E.; Sitz der frz. ⟋Kognak-Erzeugung.

Cohen, *Hermann*, dt. Philosoph, 1842–1918; Neukantianer, Begr. der ⟋Marburger Schule.

Coimbatore, ind. Stadt im Bundesstaat Tamil Nadu, 400000 E.; kath. Bischof, Univ.-Institute; Textil-Ind.

Coimbra, portugies. Prov.-Hst. in der Serra da Estrella, 57000 E.; berühmte Univ. (1290 gegr.); kath. Bischof.

Coitus *m* (lat.), Beischlaf.

Colbert (: kolbär), *Jean-Baptiste*, Finanzmin. Ludwigs XIV., 1619–83. **C.ismus**, der nach ihm benannte frz. ⟋Merkantilismus.

Colchicin *s*, ein Alkaloid der ⟋Herbstzeitlose; Zellteilungsgift; Heilmittel.

Colchicum *s*, die ⟋Herbstzeitlose.

Cole (: kŏu̯l), *Nat* („King"), am. Jazzmusiker u. Sänger, 1917–65; gründete 39 das berühmte *King Cole Trio.*

Cölenteraten, die ⟋Hohltiere.

Coleridge (: kŏu̯lridsch), *Samuel Taylor*, engl. Dichter u. Philosoph der Romantik, 1772–1834; Ballade *Der alte Matrose.*

Cölestin, 5 Päpste, u. a. **C. V.**, hl. (19. Mai), OSB, 1215–1296; der Einsiedler u. Abt wurde 1294 Pp. u. dankte im gleichen Jahr ab.

Colette (: kolät), *Sidonie-Gabrielle*, frz. Schriftstellerin, 1873–1954; Liebesromane: *Chéri, Mitsou, Eifersucht* u. a.

Colibazillen, Darmbakterien.

Coligny (: kolinji̯), *Gaspard de*, 1519–72; 59 Führer der Hugenotten, Opfer der Bartholomäusnacht.

Colombo-Plan
(Mitglieder)

Afghanistan
Australien
Bangla Desh
Bhutan
Birma
Brunei
Ceylon
Fidschi
Großbritannien
Indien
Indonesien
Iran
Japan
Kanada
(Süd-)Korea
Malaysia
Malediven
Nepal
Neuseeland
Pakistan
Philippinen
Singapur
Thailand
USA

Collage w (: -lasch^e, frz.), das durch Aufkleben v. Papier, Stoff u. a. und Übermalung hergestellte Bild.
College 's (: kol'dsch, engl.), **1)** im brit. Bereich: **a)** akadem. Lehr- u. Wohngemeinschaft v. Lehrern u. Schülern (Oxford, Cambridge), **b)** Forschungsinstitut, Univ.; **c)** Hochschule (nicht Voll-Univ.); **d)** höhere private Internatsschule. **2)** in den USA: **a)** private od. staatliche Lehranstalt für die Oberstufe der höheren Schule. **b)** Univ.-Institut; **c)** Fachhochschule.
Colleoni, *Bartolommeo*, it. Condottiere, 1400–75; Reiterdenkmal v. Verrocchio in Venedig. ☐ 1054.
Colmar, Hst. des Dep. Haut-Rhin, 65000 E.; Münster St. Martin (10./14. Jh.), Museum Unterlinden mit Werken Grünewalds (Isenheimer Altar) u. Schongauers. Textil-Ind.
Colombo, Hst. v. Ceylon, wichtiger See- u. Flughafen, 616000 E.; kath. Erzb., anglikan. Bischof, Univ.; Kautschuk- u. Teeausfuhr. **C.-Plan**, 1950 auf der Commonwealth-Konferenz in C. beschlossene Entwicklungshilfe für süd- u. südostasiat. Länder, hauptsächlich durch das brit. Commonwealth und die USA.
Colón, Prov.-Hst. in Panama u. Freihafen an der Nordeinfahrt d. Panamakanals, 96000 E.
Colonna, röm. Fürstengeschlecht; daraus mehrere Kardinäle; oft in Konflikt mit den Päpsten. *Vittoria C.*, 1492–1547; Dichterin, Freundin Michelangelos.
Colorado, 1) Fluß im SW der USA, 2750 km lang; berühmt das bis 1800 m tiefe Durchbruchstal *(C. Cañon)* durch das C.-Plateau; sein Wasser durch Großkanäle nach Kalifornien abgeleitet. **2)** Abk. *Col.*, auch *Colo.*, Bundesstaat der USA, im Felsengebirge, 269998 km², 2,5 Mill. E.; Hst. Denver. Reiche Bodenschätze (Molybdän, Vanadin, Wolfram, Gold, Silber u. a.).
Columbarium s (lat.), Urnenhalle des Friedhofs; Grabkammer der Römer mit Nischen für Aschenurnen.
Columbia (: k^elamb^iä), **1)** Strom im westl. Nordamerika, mündet 11 km breit in den Pazif. Ozean; 2250 km lang. **2)** *Mount C.*, höchster, vergletscherter Gipfel des kanad. Felsengebirges, 3750 m hoch. **3)** *District of C.*, Abk. *D. C.*, Bundesdistrikt der USA, mit der Hst. Washington, 179 km². **4)** Hst. v. South Carolina (USA), 112000 E., davon ¹/₃ Neger. Staats- u. Neger-Univ.; Textil-Ind.) **5)** *C.-Universität* in New York.
Columbus ↗Kolumbus. C. (: k^elamb^öß), Städte in den USA: **1)** Hst. v. Ohio, 540000 E.; 2 Univ., kath. Bischof; vielseitige Ind. **2)** Stadt in Georgia (USA), 155000 E.
Combo w, ↗Band.
Comeback s (: kambäk, engl.), erfolgreiches Wiederauftreten eines Sportlers, Schauspielers usw. nach längerer Pause.
COMECON, Abk. für **C**ouncil **o**f **M**utual **Eco**nomic Aid, ↗Rat für gegenseitige Wirtschaftshilfe.
Comédie française (: -fränßäs^e), 1680 gegr. Pariser Theater zur Pflege des klassischen Dramas.
Comenius, *Johann Amos*, 1592–1670; letzter Bischof der ↗Böhm. Brüder, Pädagoge.

Comer See, ober-it. Alpenrandsee, 146 km², bis 412 m tief; fischreich.
Cömeterium s (gr.-lat.), altchristl. Begräbnisplatz; Grabraum in den Katakomben.
Comfrey m (: k̲amfri, engl.), Futterschwarzwurz od. *Rauher Beinheil*, Grünfutter für Schweine, Ziegen u. Kaninchen.
Comics (Mz., engl.), Bildergeschichten in Fortsetzungen.
Commedia dell'arte, it. ↗Stegreifspiel.
comme il faut (: kom il fo, frz. = wie sich's gehört), musterhaft.
Commodus, röm. Kaiser, 180/192.
Common Prayer Book (: kom^en prä^er buk), 1549 abgefaßtes (teils ev., teils kath.) liturg. Handbuch der ↗Anglikan. Kirche.
Commons (: kom^enß), ↗House of C.
Common sense (: kom^en ßenß, engl.), der gesunde Menschenverstand.
Commonwealth s (: kom^enwelß, engl.), Gemeinwesen, Staatenbund. **1)** Das *C. of Australia*, der 1901 gegr. Austral. Staatenbund. **2)** Das *(British) C. of Nations* ist eine Gemeinschaft v. Staaten, die durch die Anerkennung des Kg.s v. England als gemeinsames Oberhaupt zusammengehalten wird; in manchen dieser Staaten ist der Kg. auch Staatsoberhaupt, vertreten durch einen Generalgouverneur. Der Abstimmung in Fragen v. gemeinsamem Interesse dient die v. Zeit zu Zeit unter dem Vorsitz des brit. Premiers stattfindende *C.-Konferenz*. Die C.-Staaten arbeiten bes. in wirtschaftl. Fragen zusammen.
Die heutige Gemeinschaft ist entstanden aus dem Brit. Reich (British Empire), das sich seit dem 17. Jh. durch den Erwerb von Kolonien bildete (die nach u. nach den Sta-

Commonwealth of Nations

In Europa:	Falklandinseln
Großbritannien (mit	Grenada
Nordirland, Kanal-	Guyana
inseln, Insel Man)	Jamaika
Gibraltar	Kaiman-Inseln
Malta	Kanada
Zypern	Montserrat
	Trinidad u. Tobago
In Afrika:	Turks- u. Caicosinseln
Botswana	Westind. assoziierte
Gambia	Staaten
Ghana	
Kenia	*In Asien:*
Lesotho	Bangla Desh
Malawi	Brunei
Mauritius und	Hongkong
Rodrigues	Indien
Nigeria	Malaysia
Sambia	Singapur
St. Helena	Sri Lanka (Ceylon)
Seychellen	
Sierra Leone	*Australien und*
Swasiland	*Ozeanien:*
Tansania	Australien
Uganda	Fidschi
	Gilbert- u. Ellice-
In Amerika:	Inseln
Antarktis-Territorium	Nauru
Bahamas	Neuseeland
Barbados	Niugini
Belize	Salomoninseln
Bermudas	Tonga-Inseln
Brit. Jungferninseln	West-Samoa

tus eines ↗Dominion annahmen). Das Statut v. Westminster (1931) ersetzte das „Empire" durch die losere Form des „C." Dieses wandelte sich seit dem 2. Weltkrieg stark, da eine ganze Reihe v. Mitgl. selbständig wurden. 1949 schied die Rep. Irland, 61 die Südafrikan. Republik (wegen der Rassenfrage), 72 Pakistan aus.
Communauté française (: komünote frãñßäsᵉ) ↗Französische Gemeinschaft.
Communiqué s (: komünike, frz.), amtl. Veröffentlichung; auch gemeinsames Schluß-C. der bei internationalen Vhh. beteiligten Regierungen.
Como, ober-it. Prov.-Hst., am Comer See, 97 000 E.; Bischof; 5schiff. Basilika S. Abbondio (1095); Seidenindustrie.
Compagnie (: kõñpanji, frz. = Gesellschaft), Company (: kampᵉn', engl.) (Cie., Co., Comp.), bedeutet bei Handelsfirmen die Beteiligung nicht genannter Personen.
Compiègne (: kõñpiänjᵉ), frz. Krst. im Dep. Oise, 32 000 E.; Schloß Ludwigs XV. Im Wald v. C. 11. 11. 1918 Waffenstillstand der Entente mit Dtl., 22. 6. 40 zw. Dtl. u. Fkr.
Compositum s (lat.), zusammengesetztes Wort.
Compostela ↗Santiago de C.
Compoundmaschine (: kompaund-), 1) Verbundmaschine, ↗Dampfmaschine. 2) Doppelschlußmaschine, elektr. Generator oder Motor mit 2 Erregerwicklungen, wobei eine als Reihenschluß-, die andere als Nebenschlußwicklung geschaltet ist.
Compton (: komptᵉn), Arthur Holly, am. Physiker, 1892–1962; bewies im **C.-Effekt** (Streuung v. Röntgenstrahlen an Elektronen) die korpuskulare Natur des Lichts (Lichtquanten); 1927 Nobelpreis.
Computer m (: -pjutᵉr), elektron. Rechenanlage; allg.: Datenverarbeitungsanlage.
Comte (: kõñt, frz.), Graf. Comtesse (: kõñtäß), unverheiratete Gräfin.
Comte (: kõñt), Auguste, frz. Philosoph, 1798–1857; Begründer des ↗Positivismus u. der ↗Soziologie als exakter Wiss.
con (it. = mit). In der Musik: con brio, feurig; con moto, bewegt.
Conakry, Hst. der Rep. Guinea, Hafen am Atlantik, 526 000 E.; TH; kath. Erzb.; in der Umgebung Eisenerz- u. Bauxitlager.
Concepción (: -ßepßion), Hst. der chilen. Prov. C., 208 000 E.; Univ., kath. Erzbischof.
Conceptio immaculata (lat.), die ↗Unbefleckte Empfängnis Mariä.
Concerto grosso (: -tschärto-, it.), barocke Konzertform, bei der kleines Ensemble (auch Solo) mit Orchester abwechselt.
Concordia, röm. Göttin der Eintracht.
Condé (: kõñde), Seitenlinie des Hauses Bourbon; Louis II., der Große C., 1621–86; frz. Heerführer.
Condillac (: kõñdijak), Étienne-Bonnot de, frz. Philosoph der Aufklärung, 1715–80; Vertreter des ↗Sensualismus.
Conditio w (lat.), Bedingung. C. sine qua non, unerläßl. Bedingung.
Condorcet (: kõñdorßä), Antoine, frz. ↗Enzyklopädist, 1743–94.   [Jh.
Condottiere, it. Söldnerführer im 14. u. 15.
confer (lat.; Abk. cf., cfr., conf.), vergleiche.

Joseph Conrad

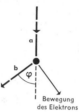
a Röntgen- oder γ-Strahlung vor dem Stoß, kurzwellig (Wellenlänge λ);
b Röntgen- oder γ-Strahlung nach dem Stoß, langwellig (Wellenlänge λ + Δλ)

Compton-Effekt: die Größe von Δλ hängt von dem Ablenkungswinkel φ ab

Concordia: Rückseite einer röm. Münze

James Cook

Conférencier m (: kõñferãñßie, frz.), Ansager.
Confessio w (lat.), 1) Glaubens- od. Sündenbekenntnis. 2) Vorkammer eines Martyrergrabes unter dem Altar. C. Augustana ↗Augsburgische Konfession.
Confessor m (lat.), ↗Bekenner.
Confiteor (lat. = ich bekenne), Schuldbekenntnis in der kath. Messe u. im Brevier.
Confoederatio Helvetica (CH), Schweizerische Eidgenossenschaft. ↗Schweiz.
Confrater m (lat.), geistl. Amtsbruder.
Congar (: kõñgar), Yves M.-J., OP, frz. Theologe, * 1904; führend in der christl. Einigungsbewegung.
Coniin, Gift des ↗Schierlings.
Connecticut (: konetᵉkᵃt), Abk. Conn. od. Ct., Bundesstaat im NO der USA, 12 973 km², 3 Mill. E.; Hst. Hartford.
Conrad, Joseph, engl. Erzähler poln. Abstammung, 1857–1924; bis 1894 Offizier der engl. Handelsmarine. Seeromane: Taifun, Lord Jim; Die Schattenlinie.
Conrad v. Hötzendorf, Franz Graf, 1852–1925; mit kurzer Unterbrechung 1906/17 östr.-ungar. Generalstabschef.
Consilium s (lat.), Rat, Versammlung. C. abeundi, Ausschluß von einer Schule.
Constable (: koñßteʼbl), John, engl. Landschaftsmaler, 1776–1837; Vorläufer des Impressionismus.
Constanța (: -tßa), Konstanza, modernster rumän. Hafen, Seebad am Schwarzen Meer, 257 000 E.; orth. Bischof; Ölleitung von Ploești; Erdöl- und Getreideausfuhr.
Constantine (: kõñstãñtin), Stadt in Algerien, 351 000 E.; Univ., kath. Bischof; das alte Cirta.
Containerverkehr (: kᵉntein̥ᵉr-), Behälterverkehr, Güterverkehr mit international genormten, wiederverwendbaren Großbehältern (Container) für schonenden Warentransport u. rationellen Umschlag.
Conte (it.), Graf. Contessa, Gräfin.
Contenance w (: kõñt̥ᵉnãñß, frz.), Fassung, Haltung.
Contergan s, ↗Thalidomid.
contra (lat.), gegen. **Contradictio** w (lat.), Widerspruch. C. in adiecto, Widerspruch im Beiwort, z. B. eckiger Kreis.
Convoi m (: kõñwᵒa, frz.), Convoy (: konwoi, engl.), Geleit, ↗Geleitzug.
Cook (: kuk), 1) James, 1728–79, engl. Entdecker; erforschte 68/75 auf 2 Weltreisen den Pazif. Ozean, entdeckte zahlr. Inseln; auf der 3. Reise auf Hawaii ermordet. 2) Thomas, 1808–92; Begr. des 1. Reisebüros.
Cook (kuk), Mount C., der höchste Berg Neuseelands, 3764 m. **C.inseln,** Südsee-Inselgruppe (zu Neuseeland), 237 km², 19 000 E. **C.straße,** Meerenge zw. den beiden Hauptinseln Neuseelands.
Cool Jazz (: kul dschäs, engl.), ☐ 437.
Cooper (: kupᵉr), James Fenimore, am. Schriftsteller, 1789–1851. Indianer-Erzählungen Lederstrumpf u. Romane.
Copyright (: kopirait, engl.), Urheberrecht. Kennzeichen: ©
Coquille w (: kokijᵉ), 1) Ragout in Muschelschalen. 2) ↗Kokille.
coram publico (lat.), öffentlich.

Cord m (engl. = Seil, Kordel), starkes Gewebe, auch Einlage in Gummibereifungen.

Córdoba (: -wa), **1)** südspan. Prov.-Hst. (Nieder-Andalusien), 266000 E.; Bischof, Kathedrale (Teil der ehem. Hauptmoschee); maurischer Palast; war Sitz der Emire u. Kalifen. **2)** argentin. Prov. Hst. an der 2850 m hohen *Sierra de C.,* 810000 E.; kath. Erzb., Staats- u. kath. Univ., Sternwarte, Akademie.

Cordyline, trop. Sträucher u. Bäume, Liliengewächse; Zierpflanzen („grüne" C.).

Corelli, *Arcangelo,* italienischer Komponist, 1653–1713; der Schöpfer des ⟋Concerto grosso; Kammermusik.

Cori, *Carl,* am. Biochemiker, * 1896; erhielt 1947 zus. mit seiner Gattin *Gerty T. C.* (1896–1957) den Nobelpreis für Medizin u. Physiologie.

Corinth, *Lovis,* dt. Maler u. Graphiker, 1858–1925; steht zw. Impressionismus u. Expressionismus; auch kunsttheoret. Schr.

Coriolanus, Held der röm. Sage. – Drama v. Shakespeare; Ouvertüre v. Beethoven.

Corioliskraft, eine bei Bewegung auf rotierenden Körpern auftretende Trägheitskraft, bewirkt auf der Erde z. B. Ablenkung v. Wind- u. Wasserströmungen.

Cork, irisch *Corcaigh* (: korkig), Hst. der südirischen *Grafschaft C.,* Hafen an der Lee-Mündung, 129000 E.; 3 Univ.-Colleges, kath. u. anglikan. Bischof.

Corned Beef s (: kornd bif, engl.), in Dosen konserviertes Rindfleisch.

Corneille (: -neij), *Pierre,* frz. Dichter, 1606–84; schuf die klass. frz. Tragödie. Seine Dramen (*Cid, Horaz, Cinna* u. a.) verherrlichen Ehre u. vernunftgeleiteten Willen.

Cornelier, röm. Patriziergeschlecht; daraus die Scipionen, Sulla u. Cornelia (die Mutter der Gracchen).

Córdoba:
Inneres der Moschee

Cornelius, 1) *Peter* Ritter v., dt. Maler u. Zeichner, 1783–1867; ⟋Nazarener; bevorzugte dramat.-monumentale Gestaltung romant.-nationaler Themen. **2)** *Peter,* Neffe v. 1), dt. Komponist, 1824–74; Freund Liszts u. Wagners; Oper *Der Barbier von Bagdad.*

Cornichons (: -schōn), kleine Essiggurken.

Cornwall (: kå{r}nwål), südwestengl. Gft. u. Halbinsel; ein vermoortes Bergland mit Steilküste, 3514 km², 416000 E.; Hst. Truro. Bergbau auf Kupfer, Zinn, Blei, Kaolin.

Corona ⟋Korona.

Corot (: koro), *Camille,* frz. Maler, 1796–1875; Vorläufer des Impressionismus; zartfarbige Frauenbildnisse u. Landschaften.

Corps s (: kör, frz.), **1)** Körperschaft. **2)** schlagende Verbindung (*C.studenten*).

Corpus s (lat.), **1)** Körper. **2)** Sammelwerk, Gesetzessammlung.   [krament.

Corpus Christi (lat.), Leib Christi, Altarsa-**Corpus Christi** (: kå{r}p{e}ß krißt{i}), Hafenstadt in Texas (USA), 205000 E.; kath. Bischof; bedeutender Baumwoll-Ausfuhrhafen.

Corpus Christi mysticum (lat.), der myst. Leib Christi, nach kath. Lehre die Kirche.

Corpus delicti s (lat.), Beweisgegenstand.

Corpus iuris canonici s (lat.), altes kirchl. Gesetzbuch, blieb bis zum Erlaß des ⟋Codex Iuris Canonici in Kraft.

Corpus iuris civilis s (lat.), das Reichsgesetzbuch Ks. Justinians I., das das Röm. Recht zusammenfaßte; etwa seit Ks. Friedrich I. Barbarossa Reichsrecht, in Dtl. durch das ⟋Bürgerl. Gesetzbuch abgelöst, das auf ihm aufbaut.

Correggio (: -rädscho), eig. *Antonio Allegri,* it. Maler, 1489(?)–1534; leitete v. der Renaissance zum Barock über.

Correns, *Carl,* dt. Biologe, 1864–1933; Mitbegründer der modernen Vererbungslehre.

Corrigenda (Mz., lat.), zu Verbesserndes.

Corriger la fortune (: -sche la fortün, frz. = das Glück verbessern), falsch spielen.

Cortes (Mz.), in Spanien u. (bis 1910) in Portugal die Volksvertretung.

Cortés, *Hernán,* spanischer Entdecker, 1485–1547; eroberte 1519/21 Mexiko. ⟋Azteken.   [arbeitet.

Cortex m (lat.), Baumrinde, zu Drogen ver-

Die Wirkung der
Corioliskraft

Lovis Corinth: Selbstbildnis

C. Corot: Das Mädchen mit der Perle

Charles de Coulomb

Costa Rica

Amtlicher Name:
República de Costa Rica

Staatsform:
Republik

Hauptstadt:
San José

Fläche:
50700 km²

Bevölkerung:
2,1 Mill. E.

Sprache:
Spanisch

Religion:
90% Katholiken

Währung:
1 Costa-Rica-Colón
= 100 Céntimos

Mitgliedschaften:
UN, OAS

Pierre de Coubertin

Cortina d'Ampezzo, it. Wintersportort in den Dolomiten, 1224 m ü. M., 8000 E. Olymp. Winterspiele 1956.
Cortison s, ein Hormon der Nebennierenrinde; bei Fehlen ↗Addisonsche Krankheit. *C.-Abkömmlinge (Prednison, Prednisolon)* sind Heilmittel gg. rheumat., allerg. u. infektiöse Erkrankungen *(Pharmakodynamische Therapie)* und gg. Addisonsche Krankheit *(Substitutionstherapie)*. ☐ 404.
Cortot (: korto), *Alfred*, frz. Pianist u. Musikschriftsteller, 1877–1962; berühmt als Chopin- u. Debussy-Interpret.
Corvey, 822/1803 Benediktinerabtei an der Weser bei Höxter; erstes sächs. Kloster. – Basilika mit Westwerk.
cos, Abk. für Cosinus (↗Winkelfunktionen).
Cosenza, unter-it. Prov.-Hst., 103000 E.; Erzb.; Dom (13. Jh.) mit Königsgräbern.
Coesfeld (: koß-), Westfäl. Krst., im westl. Münsterland, 31500 E.; romanische Jakobikirche.
COSPAR, Abk. für Committee on Space Research, das 1958 gegründete internationale Komitee für Weltraumforschung.
Costa, *Lucio*, brasilian. Architekt, * 1902; maßgebend für die moderne brasilian. Architektur, z. B. Entwürfe für ↗Brasilia.
Costa brava, felsige span. Mittelmeerküste nördl. Barcelonas.
Costa Rica, Rep. in Mittelamerika, zw. dem Karib. Meer u. dem Pazif. Ozean. Größtenteils von trop. Urwald bedecktes Bergland, von Vulkanketten überragt. Atlant. Küste feuchtmildes, pazif. Küste trockenheißes Klima. Im Hochland Kaffeeanbau (45% der Ausfuhr), in den trop. Küstenniederungen riesige Bananen- (40% der Ausfuhr), Kakao- und Manilahanfplantagen. – 1502 von Kolumbus entdeckt, 1539 span. Provinz; 1821 unabhängig. – Staats-Präs. Rodrigo Carazo (seit 1978).
Coswig, 1) *C. in Sachsen*, Stadt im Elbtal, n. w. von Dresden, 20000 E.; Gartenbau. 2) *C.* *(Anhalt)*, Stadt am Südhang des Flämings, an der Elbe (Bez. Halle), 13000 E.; Papier- u. Zündhölzerindustrie.
cot, der Cotangens (↗Winkelfunktionen).
Côte w (: köt, frz.), Küste, Schichtstufe; in geograph. Namen: **C. d'Azur** (:-dasür), Steilküste der Seealpen. **C. d'Ivoire** (:-diwºar) ↗Elfenbeinküste. **C. d'Or**, frz. Hochfläche s.w. Dijons, bis 336 m hoch, mit Steilabfall gg. das Saônetal; Burgunderweine.
Cotes (: köt), Weinberge bei Bordeaux.
Cotonou (: nu), Haupthafen u. größte Stadt Benins (Westafrika), 178000 E.; kath. Erzbischof.
Cotopaxi m (: -pachi), Vulkan in Ecuador, 5896 m hoch, noch tätig.
Cotta, *Johann Friedrich*, Urenkel des Gründers der J. G. C.'schen Buchhandlung, 1764–1832; Verleger Goethes, Schillers u. a.
Cottbus, Bez.-Hst. in der Niederlausitz, an der Spree, 108000 E.; Hochschule für Bauwesen; Tuch- u. Leinenindustrie.
Coubertin (: kubertän), *Pierre* Baron de, 1863–1937; Neubegründer der ↗Olymp. Spiele.
Couch w (: kautsch, engl.), Sofa, Ruhebett.
Coudenhove-Kalergi (: kudenhowe-), *Ri-*

chard *Nikolaus* Graf, Begr. der ↗Paneuropa-Bewegung, 1894–1972; Prof. in New York, seit 52 Ehren-Präs. der Europa-Bewegung, aus der er 65 austrat.
Couleur w (: kulör, frz.), 1) Farbe. 2) das Band einer student. Verbindung.
Coulomb (: kulõn), *Charles Augustin de*, frz. Physiker, 1736–1806; entdeckte das **C.sche Gesetz:** die anziehende od. abstoßende Wirkung zweier elektr. Ladungen ist proportional ihrem Produkt u. umgekehrt proportional dem Quadrat ihres Abstandes. – **C. s**, Abk. C, Einheit der Elektrizitätsmenge (Ladung); 1 C = 1 Amperesekunde.
Count-down (: kaᵘnt daᵘn, engl.), Ablauf der Startvorbereitungen einer Rakete nach festgelegtem Zeitplan.
Country (: kantri) ↗Dominion.
County w (: kaunt^t, engl.), Grafschaft.
Coup m (: ku, frz.), Streich, rasche Tat.
Coupé s (: kupe, frz.), Abteil.
Couperin (: kup^erän), Pariser Komponistenfamilie; bes. *François*, 1668–1733; Cembalist u. Organist.
Couplet s (: kuplä, frz.), mehrstroph. Lied für ein Kabarett.
Coupon m (: kupõn, frz.), *Kupon,* 1) Abschnitt. 2) Zinsschein an Wertpapieren.
Cour w (: kur, frz.), Hof, feierl. Empfang.
Courage w (: kuraseh^e, frz.), Mut.
Courante w (: kurãnt), frz. Tanz des 16./18. Jh., mit ungeradem Takt.
Courbet (: kurbä), *Gustave*, frz. Maler, 1819–1877; Begr. des Realismus, malte bes. die Welt der Handwerker u. Kleinbürger.
Courtage w (: kurtaseh^e, frz.), Vermittlungsgebühr für den Börsenmakler.
Courths-Mahler (: kurtß-), *Hedwig*, dt. Unterhaltungsschriftstellerin, 1867–1950; sie schrieb mehr als 200 Romane.
Courtoisie w (: kurt^oasi, frz.), Höflichkeit.
Cousin m (: kusän, frz.), Vetter. **Cousine** (: -sin^e), auch *Kusine,* Base.
Couvade w (: kuwad^e), ↗Männerkindbett.
Couve de Murville (: kuw d^o mürwil), *Maurice,* * 1907; 58/68 frz. Außenminister, 68/69 Min.-Präs.; Gaullist.
Couvert s (: kuwär), 1) Tischgedeck. 2) Einhüllungen, bes. Briefumschlag.
Covent Garden (: kaw^ent gärd^en), Platz in London, Hauptmarkt; gleichnamiges Opernhaus.
Coventry (: kawentri), mittelengl. Ind.-Stadt, 340000 E.; Univ., Automobil-, Flugzeug-, Maschinen- u. Textil-Ind. Durch dt. Luftangriff 1940 fast völlig zerstört. Kathedrale (14. Jh.) im modernen Stil wiederaufgebaut.
Covercoat m (: kawe^rköt, engl.), leichter Herrenmantel(stoff).
Covergirl s (: kawe^rgö^rl, engl.), Mädchenbild auf der Titelseite v. Illustrierten.
Cowboy m (: kauboi, engl.), berittener Rinderhirte in Nordamerika.
Cr, chem. Zeichen für ↗Chrom.
Crailsheim, württ. Stadt u. Bahnknoten an der Jagst, 24600 E.; vielseitige Industrie.
Craiova, rumän. Prov.-Hst., in der Walachei, 223000 E.
Cranach, *Lucas d. Ä.,* dt. Maler u. Graphiker, 1472–1553; Hofmaler Friedrichs des Wei-

Lucas Cranach der Ältere: „Kreuzigung"

sen. Renaissancemaler, Holzschnitte zur Bibel, Portraits. Seine Söhne *Hans C.* (1510–1537) u. *Lucas C. d. J.* (1515–86) setzten sein Werk fort. □ 808.

Cranko (: kränko[u]), *John,* engl. Choreograph, 1927–73; seit 61 Leiter des Württemberg. Staatsballetts in Stuttgart.

Cranmer (: kränm[er]), *Thomas,* Erzb. v. Canterbury u. Reformator, 1489–1556; unterstützte die Kirchenpolitik Heinrichs VIII., unter Maria der Kath. verbrannt.

Craquelée *w* od. *s* (: krakḻe, frz.), feine Rißbildung in der Glasur keram. Erzeugnisse oder der Oberfläche v. Glas.

Crassus, 115–53 v. Chr.; schloß 60 mit Pompejus u. Caesar das 1. Triumvirat.

Credi, *Lorenzo di,* it. Maler der Frührenaissance, 1459–1537; Andachtsbilder.

Credo *s* (lat. = ich glaube), Glaubensbekenntnis.

Creglingen, württ. Stadt an der Tauber: 5200 E.; got. Riemenschneider-Altäre in der Herrgotts- und Stadtkirche. □ 817.

Crème *w* (: kräm, frz.), **1)** sahnige Süßspeise. **2)** Zahn-, Haut-, Schuh-C. **3)** Bz. für die sog. feinste Gesellschaft.

Cremona, ober-it. Prov.-Hst., 85 000 E.; Maler- u. Geigenbauerschule; Bischof; roman. Dom; Terrakotta-Ind.

Crêpe *m* (: kräp, frz.), leichter Stoff mit gekräuselter Oberfläche, meist Seide; **C. de Chine** (: -dö schin), mit gewebten Mustern; schwerer der **C. Georgette** (: ~~schorscẖät~~).

Crescendo (: krescẖendo, it.), Anschwellen der Tonstärke; Ggs. decrescendo.

Cretonne *w* (: kr[o]ton, frz.), Köperbaumwollstoff.

Crick, *Francis Harry Compton,* engl. Biochemiker, * 1916; 1962 Nobelpreis für Medizin u. Physiologie.

Crimmitschau, Ind.-Stadt n.w. von Karl-Marx-Stadt, an der Pleiße, 30 000 E.; Zentrum der sächs. Textilindustrie.

Crispi, *Francesco,* it. Politiker, 1819–1901; 1887/91 u. 93/96 Min.-Präs., Anhänger des Dreibundes.

Croce (: krǫtsche), *Benedetto,* it. Kulturphilosoph u. Politiker, 1866–1952; bildete die Dialektik Hegels fort. Welt ist nach ihm Entfaltung des Geistes in 4 Stufen; diesen entsprechen die Ästhetik, Logik, Ökonomik u. Ethik.

Cro-Magnon (: -manjǫn), Ort in der Dordogne (Süd-Fkr.). Fundstätte (1868) der **C.-M.-Rasse,** einer Gruppe der jungpaläolith. Aurignac-Kultur (50 000/30 000 v. Chr.).

Cromargan *s,* für Bestecke verwendeter, nichtrostender Chromnickelstahl.

Cromwell, *Oliver,* engl. Staatsmann, 1599–1658; Puritaner, besiegte als Heerführer der Parlamentspartei im Bürgerkrieg 1644/45 Kg. Karl I. u. ließ ihn 49 hinrichten; machte Engl. zur Rep., wurde 53 Lordprotektor (Regent) v. Engl. auf Lebenszeit. **C.-Strom,** ein Tiefenstrom im Pazifik, fließt genau auf dem Äquator in östl. Richtung.

Cronin, *Archibald Joseph,* schott. Arzt u. Romanschriftsteller, 1896–1981; sozialkrit. Romane. *Die Sterne blicken herab; Die Zitadelle.*

Crookes (: krukß), *Sir William,* 1832–1919, engl. Physiker. **C.sche Röhren** sind Gasentladungsröhren.

Crosby (: krǫsbi), *Bing,* am. Filmschauspieler u. Chansonsänger, 1904–77; zahlr. Filmrollen, u. a. *Weiße Weihnachten; High society.*

Cross-Country *s* (: -ḵantri, engl.), Querfeldeinrennen.

Croupier *m* (: krupj̱e, frz.), Angestellter einer Spielbank; zieht die Spielmarken ein; sorgt für einwandfreien Ablauf der Spiele.

Croydon (: kroid[e]n), südl. Villenvorstadt Londons, 340 000 E.; Flughafen.

Crüger, *Johannes,* dt. ev. Kirchenliederkomponist, 1598–1662; *Nun danket alle Gott.*

Cs, chem. Zeichen für ↗Cäsium.

Csárdás *m* (: tscẖardasch), ungar. Tanz mit langsamer Einleitung u. schnellem Hauptteil im geraden Takt.

Csokor (: tscẖo-), *Franz Theodor,* östr. Dramatiker, 1885–1969; *Europ. Trilogie.*

ČSSR, die ↗Tschechoslowakei.

CSU ↗Christlich-Demokratische Union.

c. t., Abk. v. **c**um **t**empore (lat. = mit Zeit), bei Anschlägen der Univ.: eine Viertelstunde später (sog. *akadem. Viertel*); Ggs. ↗sine tempore.

ČTK (: tscẖeteka, tschech.), Abk. für Československá Tisková Kancelář, staatl. Nachrichtenagentur der Tschechoslowakei.

Cu, chem. Zeichen für ↗Kupfer.

Cúcuta, Prov.-Hst. in Kolumbien, 280 000 E.; kath. Bischof; Kaffee- und Tabakanbau.

Cuius regio, eius religio (lat.), wessen die Herrschaft, dessen die Religion; Grundsatz des ↗Augsburger Religionsfriedens.

Culpa *w* (lat.), Schuld, Verschulden.

Cumae, fr. griech. Kolonie bei Neapel, im 8. Jh. v. Chr. gegründet.

Cumberland (: kamb[er]länd), engl. Herzogstitel, im 18./19. Jh. v. mehreren Prinzen des Hauses Hannover geführt.

Oliver Cromwell

Bing Crosby

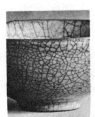

Craquelée auf einer chines. Schale

Z-Draht   S-Draht

Crêpe: Gewebebild mit gedrehten Fäden (dem sog. Z- und S-Draht)

Cumberland (: k̲a̲mb^er länd), *C.shire*, nordwestliche englische Grafschaft mit Touristengebiet der *Cumbrian Mountains* (: k̲a̲mbri^en maunt^ins); Hauptort Carlisle.
cum grano salis (lat. = mit einem Körnchen Salz), mit Einschränkung.
cum laude (lat. = mit Lob), Prädikat „gut" bei akadem. Prüfungen, bes. bei der Promotion.
Cumulus *m* (lat.), Haufen-/Wolken.
Cunard (: k̲j̲u̲nä^r d), Sir *Samuel*, 1787–1865, engl. Reeder, begründete die erste Dampfschiffahrtsges., die *C.-Linie*, für den nordatlant. Verkehr.
Cuno, *Wilhelm*, 1876–1933; 1922/23 dt. Reichskanzler (parteilos); unter ihm passiver Ruhrwiderstand.
Cupido, röm. Liebesgott, griech. Eros.
Curaçao (: küraßo̲^u), größte niederländ. Insel der „Inseln unter dem Winde" (Kleine Antillen), 443 km², 160000 E., meist Mulatten; Hst. Willemstad. Große Erdölraffinerien. **C.**, aus der *C.frucht* (Pomeranzenart) hergestellter Fruchtlikör.
Curare *s*, Pfeilgift der Indianer aus dem Saft süd-am. Brechnußarten; med. als Mittel zur Stillegung der Brustmuskulatur.
Curé (: kür̲e̲), frz. kath. Pfarrer.
Curie (: kür̲i̲), *Pierre*, französ. Physiker, 1859–1906; entdeckte mit seiner Gattin *Marie C.* (1867–1934) die radioaktiven Elemente Radium u. Polonium; beide erhielten 1903 den Nobelpreis für Physik, 1911 Marie C. noch den für Chemie. Ihre Tochter *Irène* heiratete den Forscher /Joliot.
Curie *s* (: kür̲i̲), Abk. Ci, veraltete Einheit für die Aktivität radioaktiver Substanzen; 1 Ci = $3,7 \cdot 10^{10}$ Kernzerfallsakte pro Sekunde.
Curitiba, Hst. des brasilian. Staats Paraná, 766000 E. (¹/₅ Deutsche); kath. Erzb.; Univ.
Curium *s*, künstl. chem. Element, Zeichen Cm, Ordnungszahl 96, radioaktiv (☐ 148), gen. nach /Curie. [ßens.
Curling *s* (: kör-, engl.), Art des Eisschie-
Curriculum *s* (lat.; Mz. *Curricula*), Bz. für all jene aufbereiteten Informationsvermittlung dienen. Es wird v. einem obersten od. mehreren oberen Lernzielen ausgegangen, die dann eine Operationalisierung erfahren. Hierbei erfolgt eine Aufbereitung der Analyse v. Gegenstandsbereichen der Fachwissenschaften in bezug auf Lernvorgänge mit dem Ziel der Artikulation der päd. u. gesellschaftl. Relevanz fachspezif. Unterrichts- u. Lernziele.
Curtius, 1) *Ernst*, dt. Archäologe, 1814–96; *Griech. Geschichte*. 2) *Ernst Robert*, dt. Romanist, Literaturkritiker und Übersetzer, 1886–1956. *Europ. Lit. u. lat. MA*; Studien zur frz. Lit. 3) *Ludwig*, dt. Archäologe, 1874–1954; ikonograph. Studien.
Curzon (: kö^r s^en), *George*, brit. konservativer Politiker, 1859–1925; 1899/1905 Vize-Kg. v. Indien, 1919/24 Außenmin. Die **C.-Linie**, von C. als Grenze zw. Polen u. Rußland vorgeschlagen, 1945 ungefähr verwirklicht.
Cut, *C. away m* (: kat, -äwe^l, engl.), Gehrock mit abgerundeten Vorderschößen.
Cutter *m* (: kat^er, engl.), der Schnittmeister für Filmstreifen u. Tonbänder.

Marie Curie

Pierre Curie

Cuvier (: küw̲j̲e̲), *Georges* Baron de, frz. Naturforscher, 1769–1832; Begr. der /Paläontologie.
Cuxhaven, niedersächs. Hafenstadt u. Seebad zw. Weser- u. Elbemündung, 60000 E.; Überseehafen (Vorhafen v. Hamburg), Fischereihafen u. Fischverarbeitung.
Cuzco (: k̲u̲ßko), Hst. des peruan. Dep. C., 3500 m ü. M.; 121000 E.; Erzb.; Univ.; zyklopenartige Festung aus vorinkaischer Megalithzeit; bis 1533 Hst. des Inkareichs.
CV, **C**artell-**V**erband der kath. dt. (farbentragenden) Studentenverbindungen, gegr. 1856.
CVJM /**C**hristl. **V**erein **J**unger **M**änner.
Cyan *s*, *Dicyan*, Stickstoffverbindung des Kohlenstoffs (CN), giftiges Gas, bildet die /Blausäure; deren Salze *Cyanide*. **C.kalium** *s*, /Kaliumcyanid. **C.kalivergiftung**, meist tödlich. **Cyanose** *w* (gr.), die /Blausucht.
Cycas *w*, eine Gattung der Nacktsamer, Palmfarne.
Cymbal *s*, 1) Saiteninstrument der Zigeuner, /Hackbrett. 2) Glockenspiel. 3) in der Antike ein Schlaginstrument.
Cyprian, hl. (16. Sept.), um 200/210–258; wurde 246 Christ, um 248 Bischof v. Karthago; unter Ks. Valerian enthauptet; wurde bes. durch seine Briefe u. moral.-erbaul. Werke zum maßgebenden Lehrer der westl. Kirche vor Augustinus.
Cyrankiewicz (: zirankj̲e̲witsch), *Józef*, * 1911; 41/45 in dt. KZ, 47/52 u. 54/70 poln. Min.-Präs., 70–72 Staats-Präs.
Cyrenaika *w*, libysche Landschaft östl. der Großen Syrte, 806 500 km²; Hst. Bengasi. – Ca. 631 v. Chr. gegr. griech. Kolonie; 88 v. Chr. röm. Prov., 642 v. den Arabern erobert, seit 1551 türk., seit 1911/12 it.; 41/43 Kampfgebiet zw. dt. u. engl. Truppen, 49 Staat der Senussi, 51 zu Libyen.
Cyrene, die wichtigste der Hst.e der Cyrenaika im Alt., Zentrum der hellenist. Juden in Nordafrika.
Cyriak, hl. (8. Aug.), röm. Martyrer, † wohl unter Diokletian, einer der 14 /Nothelfer.
Cyrill, Heilige: 1) Patriarch v. *Alexandrien* (27. Juni), Kirchenlehrer, † 444; Gegner des Nestorius. 2) Bischof v. *Jerusalem* (18. März), Kirchenlehrer, um 313–387; v. den Arianern verfolgt. 3) C. (eig. *Konstantin*) u. *Methodius* (14. Febr.), Brüder, Apostel der Slawen, Schöpfer der altslaw. Kirchensprache. C. starb 869, Methodius 885.
Cyrus d. Ä. /Kyros d. Ä.
Cystein *s*, eine /Aminosäure.
Cystin *s*, eine essentielle /Aminosäure.
Czenstochau (: tschen-), poln. *Częstochowa*, poln. Wallfahrtsort (Schwarze Muttergottes), 229000 E.; Hüttenkombinat; Bischof.
Czernowitz (: tscher-), russ. *Tschernowzy*, Gebiets-Hst. der Ukrain. SSR, Hauptort der Bukowina, am Pruth, 218000 E.; Univ.
Czerny (: tscher-), *Carl*, östr. Klavierpädagoge, 1791–1857.
Częstochowa /Czenstochau.
Czibulka (: tschi-), *Alfons* Frh. v., östr. Schriftsteller, 1888–1969; histor. Romane, Erz. u. Biographien, meist aus dem alten Östr.; *Prinz Eugen*; *Mozart in Wien*.

Dadaismus:
Buchumschlag

Dach (Dachformen):
1 Pult-, 2 Sattel-,
3 Walm-, 4 Krüppel-
walm-, 5 Mansarden-,
6 Terrassen-, 7 Flach-,
8 Zelt-, 9 Kegeldach,
10 Sheddach, 11 Pyra-
midendach, 12 got.
und 13 roman. Spitz-
dach, 14 Kuppel-,
15 Zwiebel-, 16 Helm-D.

d, Abk. für 1) Dinar u. penny (☐ 1144/45);
2) ↗Dezi; 3) ↗Dies. **D,** Abk. für 1) ↗Deute-
rium; 2) das röm. Zahlzeichen 500; 3) für
den Doktor der Theologie (ehrenhalber).
da, Abk. für ↗Deka.
Dąbrowska (: dōn-), *Maria,* poln. Schriftstellerin, 1892–1965; eine der bedeutendsten zeitgenöss. poln. Erzählerinnen; Dorfgeschichten u. Romane; *Nächte u. Tage.*
da capo (it.), in der Musik: von vorn.
Dacca, die Stadt ↗Dakka.
d'accord (: dakọr, frz.), einverstanden.
Dach, Bedeckung v. Gebäuden in mannigfalt. Formen. Nach dem Deckmaterial: Zie-
geldächer (Spließ-D., Doppel-D., Hohlzie-
gel-, Biberschwanz-, Falzziegel-D.), Glas- u.
Zement-D., Schiefer-D., Platten-D. Nach der
Form: Flach-, Pult-, Sattel-, Walm-D. u. a.
Dach, *Simon,* dt. Dichter, 1605–59; volkstüml. geistl. u. weltl. Lieder; ihm fälschl. zugeschrieben *Ännchen von Tharau.*
Dachau, oberbayer. Krst. am Rand des *D.er
Mooses,* 34 000 E.; elektrotechn., Papier- u.
Pappe-Ind. Bei D. ehem. nat.-soz. Konzentrationslager; Kloster mit Sühnekirche.
Dachgaupe, vorstehendes Dachfenster.
Dachgesellschaft, *Muttergesellschaft,* faßt
die Unternehmungen eines ↗Konzerns
oder Trusts finanziell zusammen. ↗Hol-
ding-Gesellschaft. **Dachorganisation,** faßt
gleichartige Organisationen (Verbände) zu
einheitl. Leitung in grundsätzl. Aufgaben
zusammen.
Dachpappe, mit Teer getränkte u. mit Sand
bestreute Pappe.
Dachreiter, Türmchen auf dem Dachfirst.
Dachs, Marderart; bewohnt Erdhöhlen
(D.bau); nährt sich v. Obst- u. Pflanzentei-
len, Schnecken, Würmern; Fell zu Ranzen u.
Tornistern, Haare zu Pinseln; mit dem
D.hund gejagt; lange Winterruhe.
Dachshund *m, Dackel* od. *Teckel,* Hunde-
rasse mit kurzen Beinen u. Hängeohren;
jagdgierig, treu, doch sehr eigenwillig.
☐ 1043.
Dachstein, vergletschertes Massiv in den
Salzburger Alpen; Eishöhlen; 2996 m hoch.
D.kalk der alpin. Triasformation, fossilarm.
Dackel ↗Dachshund.
Dacqué (: dakẹ), *Edgar,* dt. Paläontologe,
Naturphilosoph, 1878–1945; *Urwelt, Sage,
Menschheit.*

Dadaismus *m,* Stilrichtung in Kunst u. Lit.,
erstrebte Auflösung der künstler. u. sprachl.
Form u. Hinwendung zu kindhafter Ur-
sprünglichkeit (1916/20).
Dädalus, in der griech. Sage Erbauer des
kret. Labyrinths; erfand künstl. Flügel aus
Federn u Wachs; sein Sohn *Ikarus* flog der
Sonne zu nahe u. stürzte ins Meer.
DAG, Abk. für **D**eutsche **A**ngestellten-**G**e-
werkschaft. ↗Gewerkschaften.
Dagestan, ASSR im nördlichen Kaukasus,
50 300 km², 1,6 Mill. E.; Hst. Machatsch-
Kala. Reiche Erdöl- u. Erdgasvorkommen.
Dagö, Ostsee-Insel, 960 km², 18 000 E.; so-
wjet. Festung u. Unterseeboot-Basis.
Dagon (hebr. *dagan* = Getreide), vorder-
asiat. Fruchtbarkeitsgott, im AT Hauptgott
der Philister.
Daguerre (: dagär), *Louis-Jacques-Mandé,*
frz. Maler, 1789–1851; erfand 1837 die
D.otypie, ältestes photograph. Verfahren.
Dahabije *w,* ruderbares Segelschiff auf dem
Nil, mit hohen Segeln, Kajüte u. Verdeck.
Dahlie *w, Georgine,* mexikan. Korbblütler,
mit Knollenwurzeln; Gartenpflanze.

Dachs

Dahome, *Dahomey,* bis 1975 Name der
Volksrepublik ↗Benin.
Daibutsu *m* (jap. = Großer Buddha), Ko-
lossalstatue Buddhas. ☐ 127.
Dahlmann, *Friedrich Christoph,* liberaler dt.
Historiker u. Politiker, 1785–1860; einer der
↗Göttinger Sieben. *Quellenkunde der dt.
Gesch.*
Dahn, *Felix,* dt. Erzähler u. Historiker,
1834–1912; schrieb histor. Romane aus der
Völkerwanderung. *Ein Kampf um Rom.*
Daimler, *Gottlieb,* dt. Ingenieur, 1834–1900;
schuf 1883 den 1. Verbrennungsmotor; be-
gründete die D.-Motoren-Ges. (heute D.-
Benz AG).
Dairen, russ. *Dalnij,* ↗Lüta.
Dajak, die altmalaiische Ur-Bev. Borneos,
ca. 1,2 Mill.; einst animist. Kopfjäger, jetzt
Reisbauern u. Jäger.
Dakar, Hst. der Rep. Senegal, Hafen am At-
lantik, 789 000 E.; kath. Erzb., Univ. Großer
Flughafen für die Linien Europa–Südame-
rika.
Dakka, *Dacca,* Hst. v. Bangla Desh, im
fruchtbaren Gangesdelta, 2 Mill. E.; Univ.,
kath. Erzb. Textil-Ind., Kunstgewerbe.
Dakota (: dᵉkoᵘtᵉ) ↗North D. u. ↗South D.
Daktyloskopie *w* (gr.), ↗Fingerabdruck-
Verfahren. **Daktylus** *m* (gr.), ↗Metrik.
Daladier (:-dẹ), *Édouard,* frz. Politiker,
1884–1970; Radikalsozialist; öfter Min. u.

Min.-Präs., schloß 38 das ↗Münchener Abkommen; 43/45 in dt. Gefangenschaft.

Dalai-Lama ↗Lamaismus.

Dalarne, mittelschwed. Landschaft, waldreich, Hauptfluß *Dalälv;* Bewohner *Dalekarlen,* Vertreter des fälischen Rassetypus.

Dalbe *m, Dückdalbe w,* Bündel v. Pfeilern im Hafen, zum Festmachen v. Schiffen.

Dalberg, 1) *Karl Theodor* Reichs-Frh. v., letzter Kurfürst v. Mainz u. Erzkanzler des Dt. Reiches, 1744–1817; stand 1806/13 als Fürstprimas dem Rheinbund vor. **2)** *Wolfgang Heribert* Reichs-Frh. v., Bruder v. 1), Hoftheaterintendant in Mannheim, 1750 bis 1806; ließ Schillers Erstlingsdrama, die „Räuber", aufführen.

Dali, *Salvador,* span. Maler, *1904; v. S. Freud inspiriert, Führer der Surrealisten; *Brennende Giraffe, Madonna.*

Dalila, im AT Philisterin, die Samson durch Scheren seiner Haare die Stärke raubte.

Dallapiccola, *Luigi,* it. Komponist, 1904–75. Vertreter der ↗Zwölftontechnik; schrieb Kammer-, Orchester- u. Chormusik; Opern: *Der Nachtflug* u. *Der Gefangene.*

Dallas (: däl[a]ß), Fabrikstadt in Texas (USA), Handelszentrum, Baumwollmarkt, 845 000 E.; Univ.; kath. Bisch.; Flugzeug-, Maschinen- u. Nahrungsmittel-Ind., Raffinerien.

Dalmatien, adriat. Küstenlandschaft; Karsthochflächen der Dinar. Alpen, grüne Vorberge, schmale Strandebenen, eingeschnittene Meeresbuchten: davor die *Dalmatin. Inseln;* mittelmeer. Wein- u. Obstgärten. – 33 v. Chr. röm., später zum Byzantin. Reich; 7. Jh. Einwanderung v. Kroaten, 11. Jh. venezianisch, später zeitweise türkisch, 1797 mit Unterbrechung bis 1918 östr.; 1918 an Jugoslawien, Teil der Rep. Kroatien.

Dalmatik *w* (lat.), liturg. Obergewand des Diakons an Festen, mit mittelweiten Ärmeln.

Dalmatiner, 1) hochgewachsene Serbokroaten. **2)** Hunderasse, mittelgroß, blendendweiß mit schwarzen Flecken.

Dalton (: dålt[e]n), *John,* engl. Physiker u. Chemiker, 1766–1844; erweiterte die Atomtheorie. **D.sches Gesetz:** In einem Gasgemisch verhält sich jedes Gas so, als wäre es allein in dem Gemischraum.

Damanhur, Hst. der unterägypt. Prov. Behera, 176 000 E.; Baumwollstapelplatz.

Damhirsch

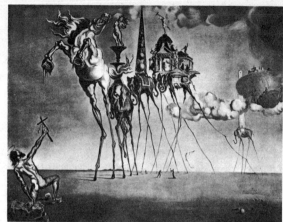
S. Dalí:
Die Versuchung
des hl. Antonius

Schwarz

Weiß

Damespiel: Beispiele
für Zugmöglichkeiten
der Steine: D = Dame

Damara, negroides Volk mit Hottentottensprache, im *D.land* (Südwestafrika).

Damaschke, *Adolf,* dt. Sozialökonom, 1865–1935; ↗Bodenreform.

Damaskus, Hst., Wirtschafts- u. Verkehrsmittelpunkt Syriens am Antilibanon, 835 000 E.; Sitz mehrerer Patriarchen u. Bischöfe; syrische Univ., arab. Akademie. Das ehem. Kunstgewerbe (Seidenstoffe, Damast, Teppiche, Metallwaren) wird durch Ind. verdrängt. – 11./8. Jh. v. Chr. Hst. eines aramäischen Staats; später blühende Handelsstadt; 635/750 Sitz des Kalifats; 1516 bis 1918 türkisch. – Bei D. Bekehrung des hl. Paulus.

Damast *m,* Gewebe mit eingewebtem Muster, das Lichtreflexe erzeugt; bes. für Tisch- u. Bettwäsche.

Damaszenerstahl, sehr biegsam u. hart, für Klingen erzeugt aus Stahlstäben verschiedener Zs., die, miteinander geschmiedet, typ. Muster bilden.

Dame, *Königin,* **1)** Spielkarte. **2)** Schachfigur.

Damenbrett, *Melanargia,* schwarz- u. gelbweiß gefleckter Tagschmetterling. ☐ 913.

Damenweg, *Chemin-des-Dames,* Höhenweg im frz. Dep. Aisne. – Im 1. Weltkrieg hart umkämpft.

Damespiel, Brettspiel mit 12 schwarzen u. 12 weißen Steinen.

Damhirsch, weiblich *Damtier,* mit schaufelförm. Geweih; Nordafrika u. Südwestasien, in Europa meist in Wildparks.

Damian ↗Kosmas u. D.

Damiani, *Petrus,* ↗Petrus D.

Damm, 1) Aufschüttung v. Erde u. Steinmassen als Bahn für Fahrzeuge od. als Stauwehr für Wasser; auch gepflasterte Straße. **2)** die Brücke zw. After u. Geschlechtsteilen aus Muskeln u. Bindegewebe, kann bei Geburten einreißen *(Dammriß).*

Dammastock, Bergstock der Urner Alpen (3630 m hoch), mit dem Rhônegletscher, dem Quellgebiet der Rhône.

Dämmerschlaf, Art der ↗Betäubung.

Dämmerung, der Übergang vom Tag zur

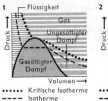

1 ┌ Flüssigkeit

Gas
Ungesättigter
Dampf
Gesättigter
Dampf
Volumen →

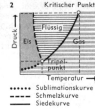

2 Kritischer Punkt

Flüssig
Eis Gas
Tripel-
punkt
Temperatur →

•••••• Kritische Isotherme
- - - - Isotherme
——— Grenzkurve

•••••• Sublimationskurve
- - - - Schmelzkurve
——— Siedekurve

Dampf: 1 Druck-Volumen-Diagramm, 2 Druck-Temperatur-Diagramm

Nacht u. umgekehrt, entsteht durch Streuung des Sonnenlichts in der Hochatmosphäre.
Dämmerzustand, vorübergehende Trübung des Bewußtseins, u. a. bei Epilepsie.
Dämmstoffe, dienen zur Wärme- u. Schalldämmung in Gebäuden.
Damokles, Günstling des sizil. Tyrannen Dionys. Dieser hängte bei einem Bankett (zur Belehrung über die Unbeständigkeit des Glücks) über dem Haupt des D. ein Schwert an einem Pferdehaar auf. **D.schwert,** i. ü. S. ständige Gefahr.
Dämon *m* (gr.), Gottheit, (böser) Geist, bei Sokrates Gewissen. **Dämonie** *w* (Bw. *dämonisch*), Besessenheit.
Dampf, gasförm. Zustand eines Stoffes bei entsprechend hoher Temperatur; wird bei Flüssigkeiten durch Sieden erreicht (Wasser bei 100° C); geht bei steigendem Druck od. fallender Temperatur wieder in flüssigen Zustand über (Kondensation). Mit der Flüssigkeit im Gleichgewicht stehender Dampf heißt *gesättigt.* Durch Erhitzen d. gefüllter Röhren entsteht *Heiß-D.* (Temperatur 300–500° C).
Dampfbad, Bad in einer mit Wasserdampf gesättigten Luft von 35 bis 43° C mit folgender kalter Dusche, belebt den Blutkreislauf; gegen Fettleibigkeit, Rheuma, Gicht.
Dampfdom ↗ Dampfkessel.
Dämpfer, 1) Vorrichtung zur Dämpfung der Tonstärke eines Musikinstrumentes. **2)** Futter-D., Dämpfapparat, zur Futterbereitung.
Dämpfigkeit, *Dampf,* Pferdekrankheit, Atembeschwerden aus krankhaften Veränderungen der Lunge u. des Herzens.
Dampfkessel, Einrichtung zur Erzeugung von Wasserdampf verschiedener Spannung (Niederdruck-, Hochdruck-, Höchstdruck-D.). Hauptteile: Feuerraum mit Rost, wo die Heizgase erzeugt werden, u. die Heizfläche, an welche sie ihre Wärme abgeben, um dann durch den Rauchkanal u. den Schornstein zu entweichen. Der Dampf sammelt sich an der höchsten Stelle des Kessels *(Dampfdom),* von wo er durch das Dampfentnahmerohr durch die Dampfleitung zu den Verbrauchsstellen strömt. *Walzen-D.:* einfache Unterfeuerung; *Flammrohr-D.:* ein od. mehrere durch den Walzenkessel gezogene Längsrohre für die Feuerung; *Heiz-* od. *Rauchröhren-D.:* die Heizgase streichen durch Längsrohre (im Lokomotivbau); *Wasserrohr-,* meist als *Schräg-* od. *Steilrohr-D.:* die Heizgase werden um die das Wasser enthaltenden Rohre geleitet. Am wirtschaftlichsten arbeitet man mit überhitztem Dampf (250–500° C), der zur

Dampfmaschine:
1 atmosphär. Maschine (Vorläufer der D.), **a** Beginn des Arbeitstaktes mit Einströmen des Dampfes, **b** Ende des Taktes durch Kondensation durch eingespritztes Wasser (Wh Wasserhahn, Dh Dampfhahn).
2 Einzylinder-, 3 Tandem-, 4 Verbund-D.

Dampfkessel:
1 Schrägrohrkessel (Naturumlaufkessel), 2 Zwangsumlaufkessel, 3 Zwangsdurchlaufkessel; W Speisewasser, L Verbrennungsluft, D Dampf, R Rauchgase, E Economiser, Vo Luftvorwärmer, Ve Verdampfer, T Trommel, Ü Überhitzer.

weiterer Temperaturerhöhung durch schlangenförm. Röhren *(Überhitzer)* geleitet wird. *Höchstdruckkessel* (60 bis über 220 bar) setzen 70 bis 85% des Brennstoffheizwertes in Dampf um (Benson-, Veloxkessel). Der D.betrieb wird durch Revisionsbeamte des Techn. Überwachungsvereins ständ. kontrolliert.
Dampfkochtopf, ein fest verschließbarer Topf, in dem die Speisen unter hohem Druck schneller gar werden.

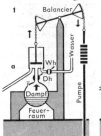

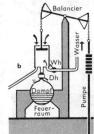

1 Balancier Balancier

Wasser Wasser
a Wh b Wh
Dh Dh
Dampf Pumpe Dampf Pumpe
Feuer- Feuer-
raum raum

Dh = offen | Wh = geschlossen   Dh = geschlossen Wh = offen

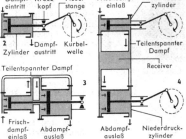

Dampf- Kreuz- Pleuel- Frischdampf- Hochdruck-
eintritt kopf stange einlaß zylinder

2 Dampf- Kurbel- Teilentspannter
Zylinder austritt welle Dampf
Teilentspannter Dampf Receiver
3
4
↑ Frisch- Abdampf- Abdampf- Niederdruck-
dampf- auslaß auslaß zylinder
einlaß

Dampfmaschine, jede dampfbetriebene Maschine, bes. *Kolben-D.:* der im Zylinder eingeschlossene Dampf treibt infolge seiner Spannung einen Kolben vorwärts. Der Dampf strömt ins Freie od. wird in Kondensatoren zur Verflüssigung gebracht. *Tandem-D.:* mit 2 hintereinanderliegenden Zylindern, die mit durchgehender Kolbenstange auf nur ein Kurbeltriebwerk arbeiten. *Verbund-(Compound-)D.:* Zwei- od. Mehrfachexpansions-D., von deren parallelliegenden, v. Dampf nacheinander durchströmten Zylindern jeder für sich auf eine Kurbel arbeitet.

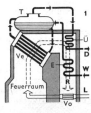

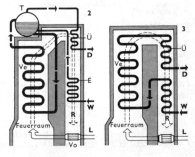

T 2
Ü 3
Ü
Ve D Ve D
E E
W W
Ve Ve
R R
Feuerraum L Feuerraum L
Vo Vo

J. H. v. Dannecker

Gabriele D'Annunzio

Dänemark

Amtlicher Name:
Kongeriget Danmark

Staatsform:
Königreich

Hauptstadt:
Kopenhagen (København)

Fläche:
43 069 km²
(mit Färöer und
Grönland:
2 220 068 km²)

Bevölkerung:
5,1 Mill. E.

Sprache:
Dänisch

Religion:
98% ev.-luth.
Protestanten

Währung:
1 Dänische Krone
= 100 Øre

Mitgliedschaften:
UN, EG, NATO, Nord.
Rat, Europarat, OECD

Dampfpfeife, Signalpfeife; erzeugt den Ton dadurch, daß aus einem Spalt Dampf gg. den scharfen Rand einer Glocke strömt u. diesen in Schwingung versetzt.
Dampfschiff, früher ausschließlich Raddampfer, heute Schraubendampfer. Antrieb erfolgt durch Dampfmaschinen oder -turbinen.
Dampfturbine, Dampfkraftmaschine zur Umwandlung v. Dampfdruck in Rotationsenergie zur Arbeitsleistung. Der im Gehäuse rotierende Läufer, ein Satz hintereinander auf einer Welle befestigter Laufräder mit Schaufeln, wird vom Dampf angetrieben u. bei Arbeitsbelastung auf stets gleicher Drehzahl gehalten. Der Antrieb der Laufräder beim Durchströmen des Dampfes erfolgt durch Druck auf die Schaufeln. Die Umwandlung der Spannkraft des Dampfes in Bewegungsenergie beruht auf Entspannung desselben (Druckminderung), wobei der Dampf, im Bestreben, sich auszudehnen, eine hohe Strömungsgeschwindigkeit annimmt. Er wird in Druck- u. Geschwindigkeitsstufen derart gelenkt, daß in Leitorganen (Lavaldüsen) od. in den Leitkränzen die Entspannung u. Geschwindigkeitszunahme eintritt (*Gleichdruck-D., Aktions-D.* ohne Rückstoßkräfte arbeitend), im andern Falle die Entspannung des Dampfes mit Ausnützung v. Rückstoßkräften innerhalb der Laufradkränze stattfindet (*Überdruck-D., Reaktions-D.*). D.n haben einen hohen Wirkungsgrad u. trotz hoher Rotationsgeschwindigkeiten einen ruhigen Lauf. ☐ 1018.
Dampfüberhitzer ↗Dampfkessel.
Dämpfung, das Abklingen einer Schwingung durch Abgabe v. Schwingungsenergie.
Danaer, bei Homer die Griechen. **D.geschenk,** (gleich dem Trojan. Pferd) unheilbringendes Geschenk.
Danaiden, in der griech. Sage Töchter des *Danaos,* die wegen Gattenmordes Wasser in ein durchlöchertes Faß schöpfen müssen. **D.-Arbeit,** vergebl. Arbeit.
Dandy *m* (: dänd¹, engl.), Geck, Modenarr.
Dänemark, dän. *Danmark,* konstitutionelle Monarchie (1 Kammer), kleinstes, am dichtesten bevölkerte nordeurop. Land zw. Ost- u. Nordsee; umfaßt die Halbinsel Jütland u. mehrere hundert Inseln in der Ostsee, darunter als größte Seeland, Fünen, Lolland, Bornholm, Falster, Langeland u. Alsen. Ferner gehören die ↗Färöer-Inseln u. seit 1953 als gleichberechtigtes Nebenland ↗Grönland zum Staatsverband. D. ist ein flachwelliges, offenes Land mit Seen u. Mooren zw. fruchtbaren Äckern, Wiesen u. Heiden. 73% der Fläche sind Ackerland u. Weiden, bei mildem Seeklima die Grundlage der mustergült. Landwirtschaft (Ausfuhr v. Molkereiprodukten, Eiern, Fleischwaren). In den Hafenstädten Veredlungs-Ind., die wertmäßig die Landwirtschaft bereits überrundet hat. Keine Bodenschätze. – Die nordgerman. Dänen schoben sich seit Ende des 5. Jh. n. Chr. in die verlassenen Gebiete der Angeln u. Jüten vor. Das Reich Knuts d. Gr. (1018/35), das auch Engl. umfaßte, zerfiel rasch wieder. 1397 kam es zu einer Vereinigung der 3 skandinav. Reiche in der Kalmarer Union, doch trennte sich Schweden 1523 wieder; 1460 Anschluß v. Schleswig-Holstein, 1814 ging Norwegen, 64 Schleswig-Holstein verloren. Durch den Versailler Vertrag wurde Nord-Schleswig dänisch. Seit 1944 ist Island von D. getrennt. 47–72 regierte Kg. Friedrich IX.; seither Königin Margrethe II.
Kunst u. Literatur: ↗Skandinav. Kunst, ↗Skandinav. Lit.
Danhauser, *Josef,* östr. Maler, 1805–45; bürgerl. Genremalerei im Biedermeierstil.
Daniel, einer der 4 großen Propheten des AT; kam 605 in babylon. Gefangenschaft; *Buch D.,* erzählendes u. prophet. atl. Buch.
Daniell-Element (: dänjᵉl-) ↗galvan. Element.
Daniélou (: -lu), *Jean,* SJ, führender frz. Theologe, 1905–74; 69 Kardinal.
Daniel-Rops, *Henri,* frz. Schriftsteller, 1901–1965; Romane, Novellen, Essays, kirchengeschichtl. Werke (*Gesch. des Gottesvolkes; Jesus u. seine Zeit*).
Dannecker, *Johann Heinrich v.,* dt. Bildhauer, 1758–1841; Klassizist.
D'Annunzio, *Gabriele,* it. Schriftsteller, 1863–1938; Ästhetizist, zeitgebundene Tragödien; bedeutender die Lyrik (*Gesänge*). Regierte 1919/21 den Freistaat Fiume.
Dante Alighieri, it. Dichter, 1265–1321; 1302 wegen polit. Gründe aus Florenz verbannt; wanderte durch It. u. Fkr., fand in Ravenna Zuflucht; machte das Toskanische zur it. Lit.-Sprache. *Vita nuova* (Das neue Leben): eine verinnerlichte Troubadourdichtung. *Convivio* (Gastmahl): eine philosoph., *Monarchia:* eine philosoph.-polit. Durchdringung der Kaiseridee. Das HW *La Divina Commedia* (Die Göttl. Komödie) stellt eine visionäre Wanderung durch die 3 Jenseitsreiche dar: Hölle, Läuterungsberg u. Paradies. Führer ist durch Unterwelt u. Läuterung Vergil (Vernunft), durch die Himmelssphären die Jugendgeliebte Beatrice (Gnade). Das Werk ist in der Dichtung die Krönung des MA. – Dt.e D.gesellschaft, gegr. 1865 in Weimar.
Danton (: dãtõ), *Georges,* 1759–94; ein Führer der Frz. Revolution; Terrorist, zuletzt gemäßigter; v. Robespierre hingerichtet.
Danzig, poln. *Gdańsk,* Hst. der Wojewodschaft Gdańsk, an der Ostsee, an der Mündung der Mottlau in die Tote Weichsel, 6 km hinter der *D.er Bucht,* 442 000 (1939: 265 000) E.; See- u. Flughafen, Univ., TH; kath. Bischof (in Oliva). D. bot bis zur Zerstörung im 2. Weltkrieg das Bild einer spätmittelalterl. dt. Stadt. – Im 12./13. Jh. Hst. Pommerellens, 1309 beim Dt. Orden, 1361 Mitgl. der Hanse; kam 1793 an Preußen; 1920 „Freie Stadt" unter Völkerbundsprotektorat (zu 97% dt.e E.) u. 22 dem poln. Zollgebiet eingegliedert. Seit 37 Radikalisierung unter nat.-soz. Senat; der Streit um D. zw. dem Dt. Reich u. Polen bildete am 1. 9. 39 den Vorwand des dt. Einmarsches in Polen.
Danziger Goldwasser, *Danziger Lachs,* Likör mit Zusatz von Blattgoldstückchen.
Daphne, 1) Nymphe, v. Apollon geliebt, auf

der Flucht vor ihm in einen Lorbeerbusch verwandelt. 2) der ↗Seidelbast.

Da Ponte, *Lorenzo,* it. Schriftsteller, 1749–1838; schrieb u. a. die (it.) Libretti zu Mozarts Opern *Figaros Hochzeit, Don Giovanni* u. *Così fan tutte.*

Dapsang *m,* Mt. Godwin Austen, höchster Gipfel des Karakorum, 8611 m.

Darbysten, von *J. N. Darby* (1800–82) seit ca. 1830 geführte engl. adventist. Sekte, heute ca. 500 000 Anhänger.

Dardanellen, Meeresstraße zw. Europa u. Asien, verbindet Ägäisches u. Marmarameer, 65 km lang, 2–6 km breit, bis 80 m tief. – Die D. fielen 1356 an die Türkei; seit 1841 ist die D.-Durchfahrt ein internationales Problem. Der Vertrag v. Montreux 1936 gestattet im Frieden den Kriegsschiffen der Schwarzmeerstaaten freie, denen der anderen beschränkte Durchfahrt; bei Krieg die Türkei Herrin der Meerengen.

Dareios, *Darius,* Perserkönige: D. I., 521/485 v. Chr.; sein Angriff auf Griechenland scheiterte 490 bei Marathon. D. III., 336/330 v. Chr.; verlor sein Reich an Alexander d. Gr.

Daressalam, Haupthafen (bis 1973 auch Hst.) v. Tansania (Tanganjika), am Ind. Ozean, 870 000 E.; Univ., kath. Erzb.

Dār-Fūr, Steppenlandschaft im Sudan mit fruchtbaren Tälern; Kupfer- u. Eisenvorkommen. Hauptort El Fascher.

Dario, *Rubén,* ibero-am. Dichter, 1867 bis 1916; seine Lyrik erneuerte die span. Lit.

Darlan (: -lãn), *François,* frz. Admiral, 1881–1942; Oberkommandierender der Armee der Vichy-Regierung, trat 1942 zu den Alliierten über; v. einem Gaullisten ermordet.

Darlehen, ein Vertrag, nach dem jemand Geld od. andere ↗vertretbare Sachen mit der Verpflichtung erhält, dem D.sgeber Sachen v. gleicher Art, Güte u. Menge zurückzuerstatten. Zinsen müssen vereinbart sein.

Darling (engl.), Liebling.

Darling *m,* größter Nebenfluß des Murray (SO-Australien), mit 2450 km längster Strom Australiens. **D. Range** (: -re'ndsch), südwestaustral. Küstengebirgskette

Darm, Verdauungskanal des menschl. u. tier. Körpers, der die im Magen vorbereiteten Speisen weiter zersetzt, das Brauchbare dem Blut zuführt, das Unbrauchbare ausstößt. Beim Magen anfangend, unterscheidet man beim Menschen an dem 9 m langen D. den *Dünn-* (Zwölffinger-, Leer- u. Krumm-D.) u. den *Dick-D.* (Blind-D. mit Wurmfortsatz, Grimm-D., Mast-D.). Die D.wand besorgt die wurmförm. Bewegung *(Peristaltik).* ☐ 616/617. **D.entzündung,** *D.katarrh,* Entzündung der D.schleimhaut. **D.fistel,** röhrenart. Verbindung v. D. nach der Körperoberfläche od. in ein anderes Hohlorgan (Blase). **D.flora,** lebenswicht. Darmbakterien, welche zus. mit Fermenten die Nahrungsstoffe abbauen. **D.lähmung,** Aufhebung der D.bewegung mit mangelhafter Kotausscheidung. **D.verengung,** durch Druck von Geschwülsten, Zug v. entzündl. Strängen, Lähmung od. Einschiebung, führt oft ebenso wie **D.verschlingung,** Verlagerung od. Verwicklung des D., zu

Davispokal
Herausforderungsrunden
1961: Australien
 – Italien 5:0
1962: Australien
 – Mexiko 5:0
1963: USA –
 Australien 3:2
1964: Australien
 – USA 3:2
1965: Australien
 – Spanien 4:1
1966: Australien
 – Indien 4:1
1967: Australien
 – Spanien 4:1
1968: USA –
 Australien 4:1
1969: USA –
 Rumänien 5:0
1970: USA
 – BRD 5:0
1971: USA –
 Rumänien 3:2
1972: USA –
 Rumänien 3:2
1973: Australien
 –USA 5:0
1974: Südafrika –
 Indien (trat
 nicht an)
1975: Schweden –
 ČSSR 3:2
1976: Italien –
 Chile 4:1
1977: Australien –
 Italien 3:2
1978: USA–Großbritannien 4:1
1979: USA –
 Italien 5:0
1980: ČSSR –
 Italien 4:1

Charles Darwin

Darmzotten der Dünndarmschleimhaut

D.verschluß mit völligem Aufhören der Stuhlentleerung u. der D.gase.

Darmstadt, Hst. des hess. *Reg.-Bez. D.,* am Nordausgang der Bergstraße, 139 000 E.; Hess. Rechnungshof; TH; Post- u. Fernmeldetechn. Zentralamt; chem., Eisen- u. Maschinen-Ind. – 1479 an Hessen.

Darre *w,* Holz- od. Drahtgitter zum Trocknen od. leichten Rösten v. Getreide, Obst, Malz, Flachs, Hopfen.

darstellende Geometrie, befaßt sich mit der Abbildung geometr. Körper durch ↗Projektion.

Darstellende Kunst, außer den ↗Bildenden Künsten auch Schauspiel u. Tanz.

Darstellung Jesu im Tempel, die Weihe Jesu an Gott als Erstgeborener am 40. Tage nach der Geburt, gemäß mosaischem Gesetz; kath. Fest *(Mariä Reinigung* od. *Lichtmeß)* am 2. Febr.

Darwin, *Charles,* engl. Naturforscher, 1809–82; begr. die als *Darwinismus* bekannte Form der ↗Abstammungslehre.

Dassel ↗Rainald v. Dassel.

Dasselfliege, schädlichste Biesfliege, die ihre Eier an die Körperhaare v. Rind, Pferd u. Schaf ablegt. Die im Wirtstier schmarotzenden Larven erzeugen die *Dasselbeulen* unter der Haut. Diese verschlechtern die Gesundheit, das Fleisch u. Fell der Tiere.

Datenverarbeitung, maschinelles, heute meist elektron. arbeitendes Verfahren zum Sammeln, Speichern u. Auswerten von Daten (Informationen) in Wirtschaft, Ind., Wissenschaft u. Technik; oft zur Verknüpfung v. massenhaft anfallenden Größen zu neuen Größen, z. B. Arbeitsstunden u. Stückzahlen zu Lohnsummen, Lager-Ein- u. -Ausgänge zu Lagerbeständen, Last- u. Gutschriften zu Kontenständen. Der Funktionsablauf u. die Steuerung (Programmierung) von elektron. D.anlagen entsprechen denen der ↗Rechenautomaten.

Dativ *m* (lat.), 3. Beuge-/↗Fall (wem?).

dato (lat.), *de dato, a dato,* v. Tag der Ausstellung an.

Datscha *w* (russ.), russ. Landhaus, Sommerwohnung auf dem Lande.

Dattel *w,* Beerenfrucht der *D.palme,* allg. verbreitet in den Oasen v. den Kanaren bis Südwestasien, auch in Südeuropa, Florida, Mexiko u. Kalifornien. Die D. ist pflaumengroß, gelb bis rotbraun, saftigsüß, oft einzige Nahrungsquelle der Wüstenbewohner; wird frisch u. eingemacht, auch gepreßt *(D.brot)* gegessen od. ausgeführt. Der Saft zu D.schnaps u. D.wein. ☐ 748.

Dattelmuschel, eine ↗Bohrmuschel.

Datteln, westfäl. Ind.-Stadt am Dortmund-Ems- und Lippe-Seitenkanal, 37 100 E.

Datum *s* (lat.), Zeitangabe nach Tag, Monat, Jahr. Da infolge der Erdumdrehung die östlichen Orte alle Tageszeiten früher als die westl. haben (Unterschied für je 15° Länge 1 Stunde, also für 360° Längenunterschied 24 Stunden), so wird zur Vermeidung des Unterschieds im Verkehr der Erde in der Richtung nach O ein Tag zweimal gezählt, bei Fahrt nach W ein Tag übergangen *(D.swechsel).* ☐ 1138.

Daube *w,* Brett der Faßwandung.

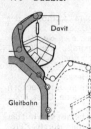

Davit

Gleitbahn

Davit (ausgeschwenkt gestrichelt)

Willi Daume

Sammy Davis jr.

Däubler, *Theodor,* deutscher Schriftsteller, 1876–1934; Expressionist; Lyrik, Epos *Nordlicht.*

Daudet (: dodä), **1)** *Alphonse,* frz. Schriftsteller, 1840–97; humorvolle Prosa: *Lettres de mon moulin; Tartarin de Tarascon.* **2)** *Léon,* Sohn v. 1), 1867–1942; Wortführer der Action Française.

Dauerauftrag, einmaliger Auftrag eines Kunden an sein Geldinstitut, Überweisungen v. regelmäßigen Zahlungsverpflichtungen v. seinem Konto aus zu leisten.

Dauerfestigkeit, diejenige dynam. Beanspruchung, die ein Material unendlich oft ohne Bruch aushalten kann.

Dauerfrostboden, der in polaren Gebieten bis in über 300 m Tiefe ständig gefrorene Boden.

Dauerwellen, künstl. Wellung des Haares, früher durch *Heiß-, Warm-* oder *Thermwelle,* heute durch *Kaltwelle,* bei der mittels chem. Präparate das Keratin des Haares verformbar gemacht wird.

Daume, *Willi,* dt. Industrieller, * 1913; 50/70 Präs. des Dt. Sportbundes, seit 61 des Nationalen (dt.) Olymp. Komitees; 66 Präs. des Organisationskomitees der Olymp. Spiele 72; seit 72 Vizepräs. des Internationalen Olymp. Komitees.

Daumier (: domje), *Honoré,* frz. Zeichner, 1808–79; bes. polit.-soziale Karikaturen.

Daun, Krst. u. Badeort in der Eifel (Rheinland-Pfalz), 6800 E.; Mineralquellen.

Daun, *Leopold* Graf v., östr. Feldherr, 1705–66; starker Gegner Friedrichs II. v. Preußen.

Daunen, die kiellosen Flaumfedern v. Gänsen u. Enten, leicht, warm.

Dauphin (: dofän), 1349/1830 Titel des frz. Kronprinzen.

Dauphiné *w* (: dofine), südostfrz. Landschaft v. der it. Grenze bis zur Rhône u. v. Rhôneknie bis zur mittleren Durance; die *Ober-D.* reicht v. den Kalkalpen bis zum Pelvoux-Massiv (über 4000 m), die *Nieder-D.* ist hügelig u. fruchtbar. Hauptort Grenoble.

Daus, 1) im Würfelspiel 2 Augen. **2)** im Kartenspiel ↗As. **3)** auch Teufel *(ei der D.!).*

Dauthendey, *Max,* dt. Schriftsteller, 1867–1918; Lyrik; exot. Romane.

David, um 1000 v. Chr.; eig. Gründer u. 2. Kg. des jüd. Reiches; Sohn *Jesses* aus dem Stamm *Juda;* besiegte die ↗Philister, eroberte Jerusalem, begann hier den Tempelbau; dichtete ↗Psalmen.

David (: -wid), *Jacques-Louis,* frz. Maler, 1748–1825; histor. Themen; begr. den frz. Klassizismus. ☐ 193.

Davidstern, 2 umgekehrt übereinanderliegende gleichseitige Dreiecke; jüd. Symbol.

Davis (: deˈwiß), **1)** *Bette,* am. Filmschauspielerin, * 1908; weltberühmte Charakterdarstellerin; Filme u. a.: *Alles über Eva; Wiegenlied für eine Leiche.* **2)** *John,* engl. Seefahrer, 1550–1605; entdeckte u. a. Grönland (von neuem), die *D.straße* zw. Grönland u. Baffinland. **3)** *Sammy* jr., am. Sänger, Tänzer u. Schauspieler, * 1925; einer der Großen des Showgeschäfts.

Davis-Pokal, *Davis Cup* (: deˈwiß kap), v. am. Staatssekretär Davis 1900 gestifteter int. Tennis-Wanderpreis, alljährl. an die beste Nationalmannschaft verliehen. Die Sieger seit 1961 ☐ 169.

Davit *m* (: deˈwit, engl.), auf Schiffen eine Vorrichtung zum Aussetzen v. Beibooten.

Davos (: -woß), Schweizer Hochtal in Graubünden, 16 km lang; Kuren für Lungenkranke; Wintersport. Hauptort *D.-Platz,* 1560 m ü. M., n.ö. davon liegt *D.-Dorf,* 1574 m ü. M.; zus. 12000 E.

Davringhausen, *Heinrich,* dt. Maler, 1894–1970; kam v. Expressionismus zur Neuen Sachlichkeit; zuletzt auch abstrakte Arbeiten.

Davy (: deˈwi), **1)** *Gloria,* farbige am. Sängerin, * 1931; Sopranistin; wurde 54 als Gershwin-Interpretin weltberühmt. **2)** Sir *Humphry,* engl. Chemiker, 1778–1829; stellte die Erdalkalimetalle durch Elektrolyse dar, baute die *D.sche Sicherheitslampe.*

Dawesplan (: dås-), 1924 aufgestellter Plan zur Regelung der dt. Reparationszahlungen, ben. nach dem am. Finanzmann Ch. G. *Dawes;* 29 durch den ↗Youngplan abgelöst.

Dax, südfrz. Bade- und Winterkurort, 20000 E.; Bisch.; Schwefelquellen (47–64° C).

Dayan, *Moshe,* israel. General u. Politiker, 1915–81; 56 Generalstabschef im Sinai-Feldzug, 59/64 Landwirtschafts-Min., 67/74 Verteidigungs-Min., 77–79 Außen-Min.

Dayton (: deˈtᵉn), Stadt in Ohio (USA), 202000 E.; kath. Univ.; vielseitige Industrie: Flugzeuge, Maschinen.

Dazien, *Dakien,* röm. Prov. (Rumänien).

DBGM, Abk. für **D**eutsches **B**undesgebrauchsmuster. ↗Musterschutz.

DBP, Abk. für **D**eutsches **B**undes**p**atent. ↗Patent.

DDR, Abk. für **D**eutsche **D**emokratische **R**epublik. ↗Deutschland.

DDT *s,* Abk. für **D**ichlor**d**iphenyltrichloräthan, ↗Insektizide; auch für den Menschen schädlich, daher in vielen Staaten verboten.

Dealer (: di-, engl.), Verteiler, besonders v. Rauschgiften.

Gloria Davy

James Dean

Dean (: din), *James,* am. Filmschauspieler, 1931–55 (tödlich verunglückt); wurde durch seine Filme *(Jenseits v. Eden; Denn sie wissen nicht, was sie tun; Giganten)* zum Idol der Jugend.

Death Valley (: deß wäli), „Todestal", in Kalifornien, tiefste (85,4 m u. M.) u. heißeste Gegend der USA.

Debakel *s* (frz.), Zusammenbruch.

Estrich | Linoleum

Fertigteil-\
träger | Bimshohl-\
körper

Schlackefüllung | Fußboden

Decken-\
balken | Streif-\
boden | Decken-\
put.

Putzträger | Lattung

Decke: oben Fertigteil-, unten Holzbalkendecke

Deflation an einem Felsen in der Arab. Wüste

Edgar Degas: Ballett-probe auf der Bühne (Ausschnitt)

Debatte w (frz.), Auseinandersetzung in Rede u. Gegenrede (im Parlament).
Debet s (lat.), Belastung, in der Buchführung: ⁀Soll.
debil (lat.), beschränkt. **Debilität** w, leichtester Grad des ⁀Schwachsinns.
Debitor m (lat.), ⁀Schuldnor.
Debora, Prophetin u. Richterin des AT.
Deborin, Abram Moisejewitsch (eig. A. M. Joffe), sowjetruss. Philosoph, 1881–1963; v. Stalin zeitweilig kritisierter Vertreter des Dialektischen ⁀Materialismus.
Debré, Michel, * 1912; 59/62 frz. Min.-Präs., 66/68 Minister für Wirtschaft u. Finanzen, 68/69 Außen-, 69/73 Verteidigungs-Min.
Debrecen, Debreczin (: -z-), ungar. Stadt in der D.er Heide, 200000 E.; Univ.; umfangreiche Ind.; Pferdemarkt.
Debussy (: d⁰büßj), Claude, frz. Komponist, 1862–1918; Vollender des musikal. Impressionismus; Prélude à l'après-midi d'un faune; La mer; Nocturnes.
Debut s (: debü, frz.; Ztw. debütieren), erstes Auftreten, bes. v. Künstlern.
Debye (: debaiᵉ), Peter, niederländ. Physiker, 1884–1966; 36 Nobelpreis. Quanten- u. Molekularphysik.
Decamerone, Dekameron, ⁀Boccaccio.
Dechant ⁀Dekan.
dechiffrieren (: deschi-, frz.), entziffern, einen Geheimtext entschlüsseln.
Děčin ⁀Tetschen.
Decius, 249/51 röm. Ks.; fiel im Kampf gg. die Goten; Christenverfolger.
Deck s, Plattform über einem Schiffsraum, auch der Raum zw. 2 D.s. □ 865.
Decke, der obere Abschluß eines Raumes, fr. als Balken-D., heute meist als Massiv-D. (eben od. gewölbt) gleichzeitig zur Aussteifung des Gebäudes ausgeführt; eine Schein-D. hängt unter einer tragenden D.
Deckfarben, Körperfarben, undurchsichtige Malerfarben.
Deckung, im Kreditgeschäft Sicherstellung des Gläubigers seitens des Schuldners mittels Wertpapieren u. Waren od. Waren- u. Transportpapieren.
Declaration of Rights ⁀Bill.
De Coster, Charles, belgischer Erzähler, 1827–1879; Meisterwerk Ulenspiegel.

F. Defregger:
Heimkehrender Tiroler Landsturm

decrescendo (: -kresch-, it.), musikal.: Abnehmen der Tonstärke.
Decurtins, Kaspar, schweizer. kath. Publizist, 1855–1916; Vorkämpfer der modernen Sozialgesetzgebung u. des internationalen Arbeiterschutzes.
DED ⁀Deutscher Entwicklungsdienst.
Dedikation w (lat.; Ztw. dedizieren), Widmung, Zueignung.
Deduktion w (lat.; Ztw. deduzieren, Bw. deduktiv), Herleitung des Besonderen aus dem Allgemeinen; Ggs.: Induktion.
Deeping (: dip'ng), George Warwick, 1877–1950; errang mit seinem Kriegsroman Hauptmann Sorrell u. sein Sohn Welterfolg.
de facto (lat.), tatsächlich. **De-facto-Anerkennung**, im Völkerrecht vorläuf., bedingte Anerkennung einer Regierung od. eines Staates.
Defaitismus m (: defä-, frz.), Untergraben des „Kampfgeistes", Pessimismus.
Defekt m (lat.; Bw. defekt), Schaden.
Defensive w (lat.; Bw. defensiv), Verteidigung.
Defensor m (lat.), Verteidiger. **D. fidei** (= Verteidiger des Glaubens), Ehrentitel der engl. Könige.
defilieren (frz.), vorbeiziehen.
Definition w (lat.; Ztw. definieren), Begriffsbestimmung. **definitiv**, endgültig.
Defizit s (lat.), Fehlbetrag, Überschuß der Ausgaben über die Einnahmen.
Deflation w (lat.), 1) Schrumpfung des Zahlungsmittelumlaufs, bes. durch Geld- u. Krediteinschränkungen. Wirkungen: Geldwertsteigerung, Senkung der Preise und Löhne, aber auch Verschuldung der Unternehmen, Beschäftigungsrückgang. Ggs. ⁀Inflation. 2) die Abtragung durch Wind.
Defloration w (lat.), Entjungferung.
Defoe (: d'fo), Daniel, engl. Schriftsteller, 1660–1731; Romane Robinson Crusoe, Moll Flanders.
Deformation w (lat.; Ztw. deformieren), Formänderung.
Defraudation w (lat.; Ztw. defraudieren), Betrug. **Defraudant** m, Betrüger.
Defregger, Franz, östr. Maler, 1835–1921; Szenen aus dem Leben der Tiroler.
Defroster m, bläst Warmluft an die Front-

Alcide De Gasperi

scheibe v. Kraftwagen, verhindert Beschlagen u. Vereisen.

Degas (: d°ga), *Edgar,* frz. Maler, 1834 bis 1917; Impressionist, vor allem Ballettbilder. ☐ 171.

De Gasperi, *Alcide,* it. Staatsmann, 1881–1954; ╮als Gegner des Faschismus 1926/29 in Haft; Mit-Begr. der ↗Democrazia Cristiana, 45/53 Min.-Präs.; vertrat nachhaltig den Europagedanken; erhielt 53 den Aachener Karlspreis.

Degen, 1) altgermanischer Gefolgsmann. 2) lange, gerade Hieb- und Stichwaffe. ↗Fechten.

Degeneration w, *Entartung,* Rückbildung u. Verfall v. Zellen, Geweben u. Erbmassen.

Degenhardt, 1) *Franz Josef,* dt. Schriftsteller u. Protestsänger, * 1931; komponiert u. textet seine Chansons selbst. Romane *Zündschnüre; Brandstellen.* 2) *Johannes Joachim,* dt. kath. Theologe, * 1926; 68 Weihbischof, 74 Erzb. v. Paderborn.

Deggendorf, niederbayer. Kreisstadt links der Donau (Hafen), 30 400 E.

Dégoût *m* (: degu̲, frz.), Ekel, Abneigung. **dégoûtant** (: -gutã̱n), ekelhaft.

Degradierung, *Degradation w* (lat.; Ztw. *degradieren*), Entzug der Rangwürde.

Dehio, *Georg,* dt. Kunsthistoriker, 1850 bis 1932; *Gesch. der dt. Kunst; Handbuch der dt. Kunstdenkmäler.*

Dehler, *Thomas,* 1897–1967; 1949–53 Bundesjustizminister; 54/57 Vors. der FDP.

Dehmel, *Richard,* dt. Dichter, 1863–1920; Impressionist. *Aber die Liebe; Zwei Menschen.*

Dehnung, die Längenzunahme eines auf Zug beanspruchten Körpers; *elastische D.,* wenn ursprüngl. Zustand nach Entlastung wieder eintritt. **D.smeßstreifen** werden auf den Probekörper geklebt u. geben bei D. eine meßbare elektr. Widerstandsänderung.

dehydrieren (lat.-gr.), aus einer chem. Verbindung Wasserstoff abspalten.

Deich, Erddamm zum Schutz tiefliegenden Geländes an Fluß- u. Seeufern gg. Überschwemmung u. Hochwasser.

Deidesheim, Stadt in Rheinland-Pfalz, an der Mittelhardt, 3100 E.; berühmte Weine.

Dei gratia (lat.), von Gottes Gnaden.

Deismus *m* (lat.), die Vernunftreligion der Aufklärung; anerkennt Dasein eines überweltl. Gottes als Schöpfer, der aber die Welt ihren Gesetzen überläßt.

Deißmann, *Adolf,* dt. ev. Theologe, 1866 bis 1937; Förderer der religionsgeschichtl. Schule und Ökumenischen Bewegung.

Deister *m,* Bergrücken zw. Leine u. Weser, bis 405 m hoch, bewaldet; Steinbrüche: D.sandstein; Bergbau: Kohle, Salz.

de iure (lat.), v. Rechts wegen. **De-iure-Anerkennung,** im Völkerrecht die volle A. einer Regierung od. eines Staates.

Deka (gr. = zehn), Abk. da, vor Maßeinheiten: das 10fache, z. B. Dekagramm =¹ 10 g.

Dekabristen (v. russ. *dekabr* =¹ Dezember), russ. Adlige, meist Offiziere, die u. a. eine republikan. Verf. u. Abschaffung der Leibeigenschaft erstrebten. Ihre Revolte 1825 in St. Petersburg wurde rasch unterdrückt.

Dekade w (gr.), Zehnzahl v. Jahren, Monaten, Tagen.

Dekadenz w (lat.), 1) allg.: Niedergang, Verfall. 2) Bz. für eine in der Kultur, bes. in der Lit. des ausgehenden 19. Jh. aufkommende Richtung, die sich in Überfeinerung, Zwiespältigkeit, Ästhetizismus äußert.

Dekalog m (gr.), ↗Zehn Gebote.

Dekan m (lat.), 1) auch *Dechant,* a) Vorsteher eines Kirchensprengels (Landkapitels), eines Domkapitels (Dom-D.), des Kardinalkollegiums (Kard.-D.); b) in den luth. Kirchen der Superintendent. 2) an einer Univ. der Vors. einer Fakultät.

Dekanat s, Amt od. Sprengel des Dekans.

Dekartellisierung w (frz.), ↗Entflechtung.

dekatieren (frz.), Gewebe dämpfen, verhindert Zusammenschrumpfen.

Dekhan, *Deccan s,* das südl. Hochland Vorderindiens, 500–900 m; in den *Westghats* steil zum Meer, in den *Ostghats* zu einer Küstenebene abfallend.

Deklamation w (lat.; Ztw. *deklamieren*), Vortrag eines Textes v. gebundener Form; heute meist abwertend, auch i.ü.S. für sinnentleerte Rede.

Deklaration w (lat.), amtl. Erklärung; Erklärung gegenüber dem Zoll, dem Finanzamt.

Deklination w (lat.), 1) in der Sprachlehre: die Beugung v. Hw., Eigenschafts- u. Fürwort [↗Fall 2)]. 2) Winkelabstand eines Gestirns v. Himmelsäquator. *Magnetische D.,* Mißweisung der horizontal gelagerten Magnetnadel in Ruhelage v. der geograph. Nord-Süd-Richtung.

Dekolleté s (: dekolte̲, frz.), weiter Halsausschnitt, bes. an Abendkleidern.

Dekor m (lat.), Schmuck, Verzierung. **Dekoration** w (Ztw. *dekorieren*), 1) Schmuck. 2) Auszeichnung (Orden). **dekorativ,** wirksam zierend. **D.smalerei,** ornamentale Malerei an Decken u. Wänden. **D.sstil** ↗Rokoko.

Dekort m (: dekor, lat.-frz.), Abzug an einer Zahlung infolge mangelhafter Ware.

Dekorum s (lat.), äußerer Anstand.

Dekret s (lat.; Ztw. *dekretieren*), Erlaß, Verfügung einer Behörde. **Dekretalen,** fr. päpstl. (Rechts-)Entscheidungen.

Dekumatenland ↗Zehntland.

Delacroix (: d°lakr°a̲), *Eugène,* frz. Maler u. Graphiker, 1798–1863; leidenschaftl. Themen bes. der Historie; Hauptvertreter der frz. Romantik.

Delagoabai, südostafrikan. Meeresbucht an der Küste von Moçambique; Naturhafen Lourenço Marques.

Delaroche (: -rosch), *Paul,* frz. Historienmaler, 1797–1856; auch rel. Bilder u. Bildnisse.

Delaunay (: d°lonä̱), *Robert,* frz. Maler; 1885–1941; entwickelte, v. Kubismus ausgehend, einen Stil, der durch verkürzte For-

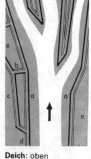

Deich: oben Deichverbauung an einer Flußmündung; a) Haupt-, b) Binnen-, c) Schlaf-, d) Rückstaudeich, e) Polder; unten Querschnitt durch einen Seedeich

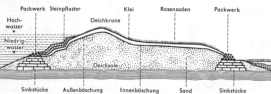

men, zartgetönte, sich durchdringende Farbflächen u. simultane Darstellung verschiedener Ansichten des Bildthemas gekennzeichnet ist; zunehmende Hinwendung zu einer gegenstandslosen Malweise.
Delaware *m* (: del^ewär), **1)** nord-am. Fluß, mündet in die *D.bai* des Atlant. Ozeans, 490 km lang. **2)** gleichnam. Staat (Abk. *Del.*) der USA zw. dem D. u. der Chesapeakebai, 5328 km², 575000 E.; Hst. Dover.
Delbrück, *Max,* dt.-am. Genetiker, 1906–81; 69 Nobelpreis für Virusforschung.
Delcassé, *Théophile,* 1852–1923; 1898/1905 u. 1914/15 frz. Außenmin., schloß 04 die „Entente Cordiale" mit England.
Deledda, *Grazia,* it. Schriftstellerin, 1875 bis 1936; Romane u. Erz. bes. über ihre Heimat Sardinien *(Schilfrohr im Wind).* 1926 Nobelpreis für Literatur.
Delegat *m* (lat.), Gesandter mit bestimmtem Auftrag od. Vollmacht; *Delegatur,* dessen Amt od. Bezirk. **Delegation** *w,* Abordnung Bevollmächtigter; Vollmachtübertragung. **Delegierter,** Abgeordneter.
Delft, südholländ. Stadt, s.ö. von Den Haag, von Kanälen durchzogen, 85000 E.; TH. **D.er Fayencen,** 1600/1750, Steingutgeschirr mit meist kobaltblauer od. roter Bemalung u. glänzend weißer Zinnglasur.
Delhi, Hst. Indiens, in einem 1484 km² großen Unionsterritorium, an der Dschamna, 4,1 Mill. E., einschl. des Stadtteils *New D.,* des Sitzes der ind. Zentralregierung; Univ., päpstl. Internuntius u. kath. Erzb.; Mogulpalast mit dem Pfauenthron. Kunstgewerbe, Textilfabriken. – Seit 13. Jh. Hst. eines muslim. Sultanats, seit 16. Jh. des Großmoguls; 1803 durch Engl. erobert.
Delibes (: d^olib), *Léon,* frz. Komponist, 1836–91; Ballettmusik, Oper *Lakmé.*
delikat (lat.), **1)** schmackhaft. **2)** heikel. **Delikatesse** *w,* **1)** Leckerbissen. **2)** Zartgefühl.
Delikt *s* (lat.), rechtswidrige, schuldhafte Handlung. **D.sfähigkeit** ↗Alter im Recht.
Delila ↗Dalila.
Delinquent *m* (lat.), Missetäter, Rechtsbrecher.

Deltaplan

Delfter Fayence: Deckelvase

E. Delacroix: Der 28. Juli 1830 – Die Freiheit führt das Volk auf die Barrikaden

Delirium *s* (lat.), Störung der Gehirntätigkeit mit Irrereden u. Sinnestäuschungen, z. B. im Fieber. **D. tremens,** Säuferwahnsinn mit Zittern u. Unruhe bei chron. Alkoholvergiftung.
Delisches Problem, die klass. mathemat. Aufgabe, einen Würfel zu konstruieren, der den doppelten Inhalt eines gegebenen Würfels hat; führt auf die Gleichung $x^3 = 2a^3$, die mit Zirkel u. Lineal nicht lösbar ist.
Delitzsch, sächs. Krst. nördl. der Bez.-Stadt Leipzig, 24500 E.; Edelstahlziehwerk, Süßwarenfabrik.
Delitzsch, *Friedrich,* 1850–1922; Begr. der dt. Assyriologie, zuletzt Prof. in Berlin.
Delmenhorst, niedersächs. kreisfreie Stadt an der Delme, westl. v. Bremen, 72000 E.; Textil-, Linoleum-, Holz-Ind.
Del Mestri, *Guido,* * 1911; Titular-Erzb. u. seit 75 Apost. Nuntius in der BRD.
Delos, *Dilos,* 2 kleine Kykladeninseln Griechenlands. Auf Klein-D. im Altertum Heiligtum der Artemis u. des Apollo.
Delp, *Alfred,* SJ, 1907–45 (hingerichtet); arbeitete im ↗Kreisauer Kreis am Entwurf einer christl. Sozialordnung für Dtl. mit.
Delphi, Stadt in Phokis, religiöses Zentrum Altgriechenlands am Fuß des Parnaß; berühmt durch das Orakel der ↗Pythia.
Delphin *m,* Säugetier, Zahn-↗Wal; Fischräuber der Weltmeere; *Gemeiner D.,* bis 2,6 m lang, nördl. Erdhalbkugel; *Großer Tümmler,* bis 4 m lang, Nordatlantik; *Kleiner Tümmler* ↗Braunfisch. **D.schwimmen** ↗Schwimmen.
Delta *s,* **1)** Δ, δ, 4. Buchstabe des griech. Alphabetes. **2)** durch Ablagerung mitgeführter Sinkstoffe u. Gerölle an Flußmündungen *(D.mündungen)* entstehendes Neuland.
Deltaplan, Deichbauprojekt der Niederlande, bezweckt die Abschnürung der Mündungsarme des Rheins zum Schutze der durch Sturmfluten bedrohten westl. Provinzen. Seit 1957 in Ausführung.
Demagoge *m* (gr.), urspr. Volksführer, dann Volksverführer.
Démarche (: demarsch, frz. = Schritt), diplomat. Schritt bei einem anderen Staat.
Demarkation *w* (lat.), Abgrenzung, meist durch die *D.slinie,* eine zw. zwei Staaten festgelegte provisor. Grenze.

Demeter von Knidos

Demokrit

Dendrochronologie:
Aufbau einer Zeit-
reihe durch Identifi-
zieren und Übertragen
auf 3 verschiedene
Baumring-Systeme;
1 am ältesten,
3 am jüngsten

Demawend m, höchster Berg des Elbursgebirges in Iran, 5604 m hoch.
Dementi s (frz.), Ableugnung. **dementieren,** eine Nachricht für falsch erklären.
Dementia w (lat.), Verblödung. **D. paralytica** ∕Paralyse. **D. praecox** ∕Schizophrenie.
Demeter, w, griech. Göttin der Fruchtbarkeit; die röm. Ceres.　[derlegung.
Demission w (lat.), Entlassung, Amtsnie
Demiurg m (gr.), Weltbildner.
Demmin, mecklenburg. (früher pommer.) Krst. r. an der schiffbaren Peene (Bez. Neubrandenburg), 17 100 E.; Zuckerfabrik.
Demobilisierung (lat.), *Demobilmachung,* Überführung der Streitkräfte u. der Kriegswirtschaft in Friedensverhältnisse.
Democratic Party (: -krät'k pa'ti), *Demokraten* (Mz.), eine der beiden großen polit. Parteien in den USA (∕Republican Party); die Unterschiede sind jedoch gering; stellte 1933/53, 61/69 u. 77–81 den Präsidenten.
Democrazia Cristiana, 1943 gegr. it. Partei, in allen Nachkriegsregierungen führend vertreten.
Demographie w (gr.), analysiert u. beschreibt Zustände u. Veränderungen v. Bev. u. Bev.-Teilen, meist mit statist. Mitteln.
Demokraten (Mz., gr.) ∕Democratic Party.
Demokratie w (gr. = Volksherrschaft), allg. eine auf Freiheit u. Gleichheit gegr. *gesellschaftl. Lebensform,* im bes. die *Herrschaftsform,* in der die Macht ideell auf das Volk zurückgeführt wird (∕Volkssouveränität), dieses die konkrete Regierungsgewalt legitimiert u., mit dem Ziel der Verwirklichung des ∕Rechtsstaates, kontrolliert. Der Sicherung der demokrat. Herrschaft dienen: ∕Volksentscheid, allg., gleiche, geheime u. freie ∕Wahlen, Mehrheitsprinzip, verfassungsmäßig gesicherte ∕Grundrechte, ∕Parteien als Träger der polit. Willensbildung, Opposition, ∕Gewaltenteilung, Verf.s-Gerichtsbarkeit u. Unabhängigkeit der Rechtsprechung. *Arten der D.:* unmittelbare (plebiszitäre) D. durch direkte Entscheidung des Volkes, mittelbare (repräsentative) D. durch eine gewählte Volksvertretung (∕Parlament). Die *parlamentar. D.* – in Großbritannien entwickelt u. auf den Kontinent übernommen – ist gekennzeichnet durch ständigen Einfluß der Volksvertretung auf ∕Legislative u. ∕Exekutive (∕Mißtrauensvotum); die *präsidiale D.* durch scharfe Trennung zw. Regierung u. Parlament u. starke Stellung des v. Volk direkt gewählten Präs. (so in den USA). – Regierung u. Parlament sind weder bloßes, den Volkswillen ausführendes Organ, da die Wählerschaft keine feststehenden, rational begründeten Ansichten zu jeder der Volksvertretung zur Entscheidung vorliegenden Frage hat, noch absolut souverän, sondern gebunden an die demokratischen Institutionen und Prinzipien. Besondere Problematik bietet die moderne *Massen-D.* in der arbeitsteiligen Gesellschaft, in der Organisationen u. Verbände ständig an Macht u. Einfluß gewinnen u. möglicherweise die Unabhängigkeit der Parlamente gefährden od. gar polit. Entscheidungen im außerparlamentar. Raum durchsetzen. – Die *Volks-D.*

im kommunist.-totalitären Sinne ist keine echte D., weil hier eine Gruppe im weltanschaul.-dogmat. Sinne unkontrollierte Macht ausübt. – Die auf einen Kleinraum (Stadt) beschränkte D. der Antike (Griechenland, Röm. Rep.) unterschied sich wesentl. v. der modernen D.; sie umfaßte auch unfreie Schichten; in Griechenland gab es eine direkte D. Züge der D. finden sich in der altgerman. Verf. u. bei den Reichsstädten des MA, dann immer mehr in der engl. Verf. Die großräumige D. entwickelte sich in den USA, im Fkr. der Revolution u. in England.
Demokrit aus Abdera, griech. materialist. Philosoph, um 460–370 v. Chr.; Vorläufer der modernen Naturwiss. – Hauptlehre: Alles Sein ist eine unendl. Menge unteilbarer kleinster Teilchen (∕Atome), deren Verbindung od. Trennung Werden od. Vergehen bewirkt.
Demonstration w (lat.; Ztw. *demonstrieren*), Beweisführung, Kundgebung. **demonstrativ,** herausfordernd; hinweisend.
Demontage w (: -taseh^e, frz.), Abbau, Zerlegung v. Maschinen u. Apparaten. Nach dem 2. Weltkrieg gemäß den Potsdamer Beschlüssen bes. der Abbau v. dt. Fabriken.
demoralisieren (lat.), ¯ersetzen.
De mortuis nil nisi bene (lat.): v. den Toten (sprich) nur gut.
Demoskopie w (gr.), *Meinungsforschung,* auf empir.-statist. Grundlagen beruhende Erforschung der öff. Meinung zu polit., wirtschaftl. (Marktforschung) u. sozialen Fragen durch Befragung eines repräsentativen Querschnitts der Bevölkerung.
Demosthenes, athen. Redner u. Staatsmann, 384–322 v. Chr.; verteidigte in seinen Reden die Unabhängigkeit Athens gg. Kg. Philipp v. Makedonien; vergiftete sich.
Dempf, *Alois,* kath. Kulturphilosoph, * 1891; 1947/59 Prof. in München.
Denar m (lat. = Zehner), röm. Münze.
Denaturalisation w (lat.), Entziehung der ∕Staatsangehörigkeit.
denaturieren, unnatürlich machen, **1)** durch Zusätze ungenießbar machen: Alkohol mit Pyridin u.ä. (Spiritus); Salz mit Eisenoxid (Viehsalz), meist aus zollrechtl. Gründen. **2)** Eiweiß zum Gerinnen bringen.
Dendriten (Mz., gr.), **1)** baumförm. Nervenzellfortsätze, leiten den Reiz zur Nervenzelle hin. **2)** moos- od. bäumchenartig aussehende Kristallbildungen aus Eisen- u. Manganoxiden (keine Pflanzenabdrücke).
Dendrochronologie w (gr.), die Altersbestimmung mit Hilfe der Baumringe.
Dendrologie w (gr.), Baum- u. Gehölzkunde.
Deneb, hellster Stern im Schwan.
Den Haag ∕Haag.
Den Helder ∕Helder.
Denier (: d°nje), Abk, *den,* ein veraltetes Maß für Feinheit v. Natur- u. Kunstfaserfäden; angegeben in Gramm pro 9000 m.
denitrieren, Salpetersäure aus Säuregemischen od. Stickstoff aus Nitroverbindungen entfernen.
Denken, die Verstandestätigkeit des Menschen; als theoret. Denken auf die begriffl. Durchdringung der Welt, als prakt. D. auf die Gestaltung der Wirklichkeit gerichtet.

Denkmalpflege, Sicherung v. Bau- u. Kunstdenkmälern wie auch v. histor. Stadtanlagen vor Verfall u. Verfälschung durch Inventarisation, Ergänzung unfertiger u. Wiederherstellung beeinträchtigter Werke; von staatl. u. kirchl. Konservatoren ausgeübt.
Denomination w (lat.), **1)** Benennung. **2)** ev. Kirchengruppe, Sekte.
Dent w (: dan̄), frz. Name zahnartiger Bergformen, z. B. *D. Blanche,* Walliser Alpen, 4364 m.
Dentist ⁊Zahnarzt.
denunzieren (lat.; Hw. *Denunziant, Denunziation),* aus niederen Beweggründen anzeigen.
Denver (: -wᵉʳ), Hst. v. Colorado, USA, 480000 E.; kath. Erzb.; Univ.; Kohlen-, Eisen-, Fleischindustrie.
Denzinger, *Heinrich,* dt. kath. Dogmatiker, 1819–1883; *Enchiridion symbolorum* (Sammlung dogmat. Entscheidungen).
Deo(dorant) ⁊Desodorantien.
Deo gratias (lat.), Gott sei Dank.
Departement s (:-tᵉmān̄, frz.; dⁱpaʳtmᵉnt, engl.), in der *Schweiz* die v. einem Bundesrat geleitete Verwaltungsinstanz (Ministerium); in *Fkr.* oberster Verwaltungs-Bez.; in den *USA* Ministerium.
Dependenz w (lat.), Abhängigkeit. *Dependance* w (: depān̄dān̄ß, frz.), Nebengebäude.
Depesche w (frz.), Telegramm.
Deplacement s (: deplaßmān̄, frz.), ⁊Wasserverdrängung. **deplaziert,** unangebracht.
deponieren (lat.), hinterlegen.
Deportation w (lat.; Ztw. *deportieren),* Verbannung, Verschleppung v. Menschen.
Depositen (Mz., lat.), bei amtl. Stellen u. Kreditinstituten hinterlegte Wertsachen, i. e. S. verzinsl. Geldeinlagen bei Banken.
Depot s (: depo, frz.), Lager, Sammelstelle; im engl. die Verwahrung v. Wertstücken durch eine Bank *(D.bank).* Bei *geschlossenem D.* nur Aufbewahrung, bei *offenem D.* auch Verwaltung (Einlösung der Zinsscheine usw.).
Depression w (lat.), **1)** seelische Niedergeschlagenheit; *deprimieren,* entmutigen. **2)** wirtschaftl. Niedergang (⁊Konjunktur). Ggs. ⁊Prosperität. **3)** der Stand eines Gestirns unter dem Horizont (Kimmtiefe). **4)** unter den Meeresspiegel hinabreichender Landesteil, allg. = Senke. **5)** ein Tiefdruckgebiet.
De profundis (lat. = aus Tiefen [ruf' ich, Herr, zu dir]), Anfang des 129. (130.) Psalms.
Deputat s (lat.), **1)** Naturalbezüge zur Ergänzung des Barlohnes. **2)** Zahl der wöchentl. Unterrichtsstunden eines Lehrers.
Deputation w (lat.), Abordnung. **Deputierter,** Abgeordneter.
Derain (: -rān̄), *André,* frz. Maler, Graphiker u. Bildhauer, 1880–1954; Landschaften, Stilleben im Stil des ⁊Fauvismus; Farbholzschnitte, archaisch-primitive Plastiken.
Derby (: daʳbi), Hst. der gleichnam. mittelengl. Grafschaft *(D.shire),* am Derwent, 220000 E.; Seiden-, Baumwollindustrie.
Derby s (: daʳbi), *D.rennen,* Flachrennen für 3jähr. Pferde; nach Lord Derby (1780).
Derfflinger, *Georg* Reichs-Frh. v., branden-

René Descartes

burg. Feldmarschall, 1609–95; siegte 75 bei Fehrbellin als Reiterführer Kurfürst Friedrich Wilhelms.
Derivat s (lat.), chem. Verbindung, die Abkömmling einer anderen Verbindung ist.
Derma s (gr.), Haut. **D.titis,** Hautentzündung. **D.tologie,** Lehre v. den Hautkrankh- ten, den *Dermatosen.*
Dernier cri m (: därnje̱ kri, frz. = letzter Schrei), neueste Mode.
Derwisch (pers. = Armer), islam. Bettelmönch, sucht in ekstat. Tänzen myst. Einigung mit Gott.
Déry, *Tibor,* ungar. Schriftsteller, 1894 bis 1977; Romane u. Erzählungen; 1957/61 verhaftet. *Niki; Der unvollendete Satz.*
desavouieren (: -awu-, frz.), verleugnen, Abrede stellen, für unbefugt erklären.
Descartes (: däkaʳt), *René,* lat. *Cartesius,* frz. Philosoph, 1596–1650; Hauptbegr. der neueren Philosophie. Er geht v. Subjekt, v. Bewußtsein aus u. gewinnt den Weg zur Außenwelt in krit. Verarbeitung der Bewußtseinstatsachen: *cogito, ergo sum* = ich denke, also bin ich. Körper u. Geist sind die 2 Seinsweisen, die sich im Menschen nur berühren. Von D. geht eine tiefe Würdigung des Einzelmenschen, aber auch des rationalist. ⁊Subjektivismus u. die Trennung v. Geist- u. Körperwelt aus. Begründete die analyt. Geometrie.
desensibilisieren (lat.), unempfindlich machen gg. ⁊Allergien; auch bei photograph. Emulsionen.
Deserteur (: -ör, frz.; Ztw. *desertieren),* Fahnenflüchtiger.
De Sica, *Vittorio,* it. Filmschauspieler u. -regisseur, 1902–74; Mit-Begr. des neorealist. it. Nachkriegsfilms; auch poet.-märchenhafte u. heitere Filme. *Rom, offene Stadt; Fahrraddiebe; Hochzeit auf italienisch.*
Design m (: disạin, engl.), Entwurfsskizze zur Gestaltung eines funktional richtigen u. ästhet. schönen Ind.-Produkts. **Designer,** Gestalter des Designs.
designieren (lat.), für im Amt vorsehen. **Designation,** vorläufige Berufung.
Desinfektion w (lat.), Vernichtung v. Krankheitserregern in Kleidern, Wohnräumen u. Aborten durch Hitze od. chem. wirksame Stoffe. Bei schweren ansteckenden Krankheiten besteht staatl. D.szwang.
Desinteressement s (: deßān̄tereßmān̄, lat.-frz.), Gleichgültigkeit, Nichteinmischung.
Deskription w (lat.; Bw. *deskriptịv),* Beschreibung.
Des Moines (: dⁱ mọin), Hst. v. Iowa, USA, 210000 E.; kath. Bischof; Univ.; Fleisch-, Metall-Ind., Kohlengruben.
Desna w, l. Nebenfluß des Dnjepr, mündet oberhalb Kiew, bis Brjansk schiffbar; 1050 km lang.
Desnoyer (: denoᵃje̱), *François,* frz. Maler u. Bildhauer, 1894–1972 Landschaftsbilder, Bildnisse, Akte; v. Kubismus u. Fauvismus beeinflußt.
Desodorantien (Mz., lat.), beseitigen unangenehme Gerüche durch Oxydation, Adsorption od. Übertönung.
Desorganisation w (lat.), Auflösung.

Vittorio De Sica

Depressionen

Eyresee (Australien)	– 12 m
Schott Merouane (Algerien)	– 26 m
Kaspisches Meer	– 28 m
Schott Melghir (Algerien)	– 30 m
Enriquillosee (Haiti)	– 40 m
Death Valley (Kalifornien)	– 85 m
Kattarasenke (Ägypten)	– 137 m
Totes Meer	– 394 m

Desoxyribonukleinsäure, Abk. DNS, Hauptbestandteil der Gene u. der Viren, Träger der genet. Information.
despektierlich (lat.), geringschätzig.
Desperado (span.), politisch Radikaler; auch Bandit. **desperat** (lat.), verzweifelt.
Despiau (: däßpjo), *Charles,* frz. Bildhauer, 1874–1946; Aktfiguren u. Porträtbüsten.
Despot *m* (gr.), unumschränkter Gewaltherrscher. **Despotismus,** Willkürherrschaft.
Dessau, Stadt im Bez. Halle, an Elbe u. Mulde, 100500 E.; Maschinenfabriken, Apparatebau, Zucker, Hefe, Chemikalien. – 1603/1918 Residenz der Fürsten bzw. Hzg.e v. Anhalt. – *Der alte Dessauer* ↗Leopold v. Anhalt-Dessau.
Dessauer, *Friedrich,* dt. Physiker, 1881–1963; Begr. der Tiefentherapie mit Röntgenstrahlen sowie der Quantenbiologie.
Dessert *s* (: deßär, frz.), Nachtisch.
Dessin *s* (: deßän, frz.), Zeichnung, Muster eines Gewebes od. Zeugdrucks.
Destillation *w* (lat.), Trennungsverfahren in Chemie u. Technik: Abdampfen u. wieder Kondensieren v. Stoffen. *Einfache D.* trennt Stoffe sehr unterschiedl. Siedepunktes, *fraktionierte D.* solche mit nah beieinander liegendem Siedepunkt durch wiederholte D., *trockene D.* trennt die Zersetzungsprodukte v. Kohle od. Holz, *Vakuum-D.* hitzebeständige Stoffe ab.
Destruktion *w* (lat.), Zerstörung. **destruktiv,** zersetzend.
Deszendenz *w* (lat.), Nachkommenschaft, Abstammung. *Deszendent,* Abkömmling; Ggs. Aszendent. ☐ 1058. **D.theorie** ↗Abstammungslehre.
Detail *s* (: -ai, frz.), Einzelheit. *en détail,* im einzelnen, im Kleinverkauf. **D.handel** ↗Einzelhandel. **detaillieren,** ins einzelne gehen.
Detektiv *m* (lat.), mit Ermittlungen beauftragter Kriminalist od. Privatperson (*Privat-D.*).
Detektor *m* (lat.), in der Funktechnik: ein Gerät zum Demodulieren v. hochfrequenten Schwingungen, speziell durch *Kristall-D.,* heute durch Halbleiterdioden verdrängt.
Detergentien ↗Invertseifen.
Determinante *w* (lat.), ein formaler algebraischer Ausdruck zur Lösung v. linearen Gleichungssystemen.
Determination *w* (lat.), zwangsläuf. Bestimmung; Begriffsbestimmung.
Determinismus *m* (lat.), philosoph. Lehre v. der Vorbestimmtheit des menschl. Wollens. ↗Willensfreiheit.
Detmold, Hst. des *Reg.-Bez. D.* in Nordrhein-Westf. am Teutoburger Wald, 67000 E.; Musikhochschule. – 783 Sieg Karls d. Gr. über die Sachsen; 1501/1819 Sitz einer Linie des Hauses Lippe, bis 1946 Hst. v. Lippe.
Detonation *w* (lat.), chem. Reaktion mit Überschallgeschwindigkeit.
Detritus *m* (lat.), 1) breiig zerfallene Gewebsmasse. 2) im Wasser schwimmende, halb zersetzte Pflanzenteile.
Detroit, Ind.-Stadt in Michigan (USA), am *D.-River* (41 km lange kanalisierte Verbindung v. St.-Clair- u. Erie-See); Automobil- (General Motors, Chrysler, Ford), Flugzeug-,

Ch. Despiau: Junge Frau

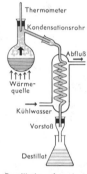

Thermometer
Kondensationsrohr
Abfluß
Wärmequelle
Kühlwasser
Vorstoß
Destillat
Destillation: Anordnung zur einfachen D.

Das Gleichungssystem
$$a_1 x + b_1 y = c_1$$
$$a_2 x + b_2 y = c_2$$
$$x = \frac{c_1 b_2 - c_2 b_1}{\overline{a_1 b_2 - a_2 b_1}} \rightarrow D$$
$$y = \frac{a_1 c_2 - a_2 c_1}{\overline{a_1 b_2 - a_2 b_1}} \rightarrow D$$
$$D = \begin{vmatrix} a_1 b_1 \\ a_2 b_2 \end{vmatrix} = a_1 b_2 - a_2 b_1$$
Das Gleichungssystem ist nur lösbar, wenn D + 0.

Determinante: Ableitung der D.

Ernst Deutsch

Kautschuk-, Fleisch- u. Maschinen-Ind., 1,5 Mill. E., m. V. 4,2 Mill. E.; kath. Erzb., methodist. u. episkopalist. Bischof, staatl. u. kath. Univ.
Deukalion, überlebte mit seinem Weibe *Pyrrha* allein die Sintflut der griech. Sage.
Deus ex machina (lat.), „der Gott aus der Maschine", der im antiken Schauspiel maschinell auf die Bühne kam; erdichteter, unwahrscheinl. Retter in der Not.
Deut *m* (niederländ.), 1) alte niederländ. Kupfermünze. 2) Geringfügigkeit, *keinen D. wert sein,* nichts wert sein.
Deuterium, schwerer ↗Wasserstoff, unterscheidet sich v. gewöhnl., in dem es zu 0,02% enthalten ist, durch doppelte Kernmasse; Formelzeichen D; spielt bei der Wasserstoffbombe eine Rolle. Der Kern des D. heißt *Deuteron.*
Deuterokanonische Schriften, von der kath. Kirche anerkannte Bücher des AT, die der jüd. Kanon nicht enthält: Tobias, Judith, 1 u. 2 Makkabäer, Weisheit, Sirach, Baruch u. Teile v. Esther u. Daniel; ev. Bz. der d. S. ↗Apokryphen.
Deuteronomium *s* (gr. = zweites Gesetz), das 5. Buch Moses im AT.
Deutinger, *Martin,* dt. kath. Theologe u. Philosoph, 1815–64; Hauptthema: Einheit von Glaube und Wissen.
deutsch, ahd. *diutisc* = volkstümlich; im 10. Jh. die Bedeutung: volkssprachlich, im Ggs. zum Latein; dann auf Land u. Leute übertragen. Teutsch ist irrtüml. Bildung v. Teutones.
Deutsch, *Ernst,* österreich. Schauspieler, 1890–1969; bedeutender Darsteller klass. u. moderner Rollen; auch Filmrollen.
Deutsch-dänische Kriege ↗Schleswig-Holstein.
Deutsche Akademie für Sprache u. Dichtung, 1949 gegr., Sitz Darmstadt; zur Pflege der dt. Sprache u. Literatur.
Deutsche Angestellten-Gewerkschaft (DAG) ↗Gewerkschaften.
Deutsche Arbeitsfront ↗Arbeitsfront.
Deutsche Bibliothek, für die BRD der Nachfolgerin der ↗Deutschen Bücherei, Sitz Frankfurt a. M., gegr. 1947, sammelt die gesamte dt.-sprach. sowie die fremdsprach. Lit. des Inlands (auch literar. Schallplatten) u. verzeichnet sie in der *Dt. Bibliographie.*
Deutsche Bücherei, Sammelstelle für das gesamte dt. Schrifttum, Sitz Leipzig, gegr. 1912; bearbeitet die *Dt. Nationalbibliographie.* ↗Deutsche Bibliothek.
Deutsche Bundesbahn (DB), die bundeseigenen Eisenbahnen in der BRD. Die DB, Nachfolgerin der ↗Dt. Reichsbahn, ist Teil der Bundesverwaltung ohne eigene Rechtspersönlichkeit, aber mit eigener Wirtschafts- u. Rechnungsführung. An der Spitze der Verwaltungsrat mit 20 auf 5 Jahre ernannten Mitgl., ferner Vorstand (Sitz Frankfurt a. M.) mit 1 Vorsitzer u. 3 Mitgl.
Deutsche Bundesbank, seit 1957 Zentralnotenbank der BRD; bestimmt die Währungsu. Kreditpolitik, regelt die Kreditversorgung der Wirtschaft u. den Zahlungsverkehr im Inland u. mit dem Ausland, Sitz Frankfurt a. M.; trat an die Stelle der *Bank dt. Länder.*

Die bis dahin selbständ. Landeszentralbanken wurden Hauptverwaltungen der D. B. An der Spitze der Zentralbankrat.

Deutsche Bundespost (BP), das bundeseigene Post- u. Fernmeldewesen in der BRD; Nachfolgerin der ↗Dt. Reichspost; untergliedert in 17 Oberpostdirektionen sowie die Landespostdirektion Berlin.

Deutsche Christen, nat.-soz. Richtung in den dt. ev. Kirchen; Gegner ↗Bekennende Kirche.

Deutsche Demokratische Partei, 1918 als bürgerl. Partei v. F. ↗Naumann gegr., seit 30 Deutsche Staatspartei, 33 Selbstauflösung. [↗Deutschland.

Deutsche Demokratische Republik (DDR) ↗Deutschland.

Deutsche Farben, die dt. Nationalfarben. Im alten Dt. Reich gab es keine Nationalfarben. Im 19. Jh. die Farben der Burschenschaft: Schwarz-Rot-Gold, Sinnbild der patriot. Bewegung; 1848 zu Bundesfarben erklärt. Das 71 gegr. Dt. Reich wählte Schwarz-Weiß-Rot (Schwarz-Weiß Farben Preußens, Rot Farbe mancher Bundesstaaten). In der Weimarer Rep. die D. F. wieder Schwarz-Rot-Gold, unter Hitler Schwarz-Weiß-Rot, seit 1935 in der Hakenkreuzflagge. Jetzt wieder Schwarz-Rot-Gold die D. F. in beiden dt. Staaten, in der DDR seit 59 mit Hammer, Zirkel u. Ährenkranz.

Deutsche Forschungsgemeinschaft, eine Selbstverwaltungskörperschaft der dt. Wiss., entstand 1951 aus der Fusion der ↗Notgemeinschaft der dt. Wiss. u. des Dt. Forschungsrates. Sitz Bonn-Bad Godesberg.

Deutsche Friedensunion (DFU), 1960 gegr. Partei in der BRD; fordert Abrüstung der BRD u. Verständigung mit den Ostblockstaaten.

Deutsche Jugendkraft (DJK), Verband für Leibesübungen in kath. Vereinen, 1920 gegr., Sitz Düsseldorf.

Deutsche Kommunistische Partei (DKP), 1968 in der BRD neugegr. kommunist. Partei; im Bundestag u. den Länderparlamenten nicht vertreten.

Deutsche Mark (DM, D-Mark), 1) Währungseinheit u. Zahlungsmittel in der BRD, 1948 bei der Währungsreform geschaffen. **2)** vorübergehend auch Währungseinheit der DDR (DM-Ost), 64 v. der Mark der Dt. Notenbank abgelöst, 67 in Mark der DDR umbenannt; seit 68 heißt die Währungseinheit der DDR nur noch Mark (M). □ 1144.

Deutsche Notenbank, Staatsbank der DDR, führt auch die Kassengeschäfte des Staatshaushalts; 68 in Staatsbank der DDR umbenannt.

Deutsche Partei (DP), föderalist., konservative Partei der BRD, 1947 gegr.; verband sich 61 mit dem ↗Gesamtdt. Block/BHE zur Gesamtdt. Partei.

Deutsche Presseagentur GmbH (dpa), unabhäng. Nachrichtenagentur mit Hauptredaktion in Hamburg, gegr. 1949.

Deutscher Bauernverband, 1948 gegr. Interessenvereinigung der dt. Landesbauernverbände, Sitz Bonn. [ten.

Deutscher Beamtenbund ↗Gewerkschaf-

Deutscher Bildungsrat, durch Verwal-

tungsabkommen zw. Bund und Ländern errichtete Institution aus Sachverständigen u. Vertretern gesellschaftl. u. bildungspolit. Gruppen; Aufgabe: Erarbeitung langfristiger Bedarfs- u. Entwicklungspläne für das dt. Bildungswesen; Sitz Bonn.

Deutscher Bund der 35 souveränen dt. Fürsten u. 4 freien Städte, 1815/66; Vorsitz bei Östr.; oberstes Organ des Bundes war der Bundestag in Frankfurt a. M.

Deutsche Reichsbahn (DR), die 1920/45 in Reichseigentum befindl. fr. dt. Staatsbahnen; Nachfolgerin in der BRD die ↗Dt. Bundesbahn. Die DDR behielt die Bz. DR bei.

Deutsche Reichspartei (DRP), polit. Partei in der BRD, 1950 gegr.; national u. konservativ; 65 aufgelöst.

Deutsche Reichspost (RP), Bz. für die dt. Post 1924/45; Nachfolgerin in der BRD die ↗Dt. Bundespost, in der DDR die Deutsche Post.

Deutscher Entwicklungsdienst, DED, 1963 v. Bundesministerium für wirtschaftl. Zusammenarbeit u. dem Verein „Lernen u. Helfen in Übersee" gegr. Organisation; sendet Helfer in die Entwicklungsländer.

Deutscher Genossenschaftsverband, Spitzenverband der gewerbl. Genossenschaften, Sitz Bonn; 1859 v. ↗Schulze-Delitzsch gegründet. [schaften.

Deutscher Gewerkschaftsbund ↗Gewerk-

Deutscher Idealismus, innerhalb der allg. ↗Idealismus die Philosophie, welche die Wirklichkeit als dialekt. Selbstentfaltung der Vernunft, letztl. das Denken als Selbstverwirklichung des Absoluten begreifen will; Hauptvertreter, von Kant ausgehend: Fichte, Schelling, Hegel.

Deutscher Krieg, 1866 v. Preußen geführt gg. Östr. um die Vorherrschaft in Dtl.; mit Preußen gingen die norddt. Kleinstaaten u. It., mit Östr. die übrigen dt. Staaten; Niederlage Östr.s bei Königgrätz 3. 7., Marsch der Preußen auf Wien; unterdessen auch Niederlage der Verbündeten Östr.s. Im Prager Frieden 23. 8. nahm sich Preußen Schleswig-Holstein, Hannover, Hessen, Nassau und Frankfurt; Sachsen u. die süddt. Staaten zahlten Kriegsentschädigung wie auch Östr., das Venetien an It. verlor; Auflösung des ↗Dt. Bundes, Gründung des ↗Norddt. Bundes ohne Österreich.

Deutscher Orden, Deutschritter od. Deutschherren, 1190 in Palästina entstandener geistl. Ritterorden. Tracht: weißer Mantel mit schwarzem Kreuz. Der D. O. übernahm unter Hochmeister Hermann v. Salza 1226 die Christianisierung der Preußen u. schuf in Preußen einen blühenden Staat; 1309 Sitz in Marienburg, 1457 in Königsberg. Der D. O. wurde 1410 bei Tannenberg v. Polen-Litauen besiegt, kam 1466 unter poln. Oberhoheit, schloß sich 1525 der Reformation an, das Ordensland wurde weltl. Htm., kam 1618 an Brandenburg. Ein Teil des Ordens blieb kath., Sitz in Mergentheim; 1805 säkularisiert, hielt sich aber in Östr. u. widmete sich seit 1871 der Krankenpflege; seit 1929 wieder religiöser Orden mit Sitz in Wien, heute auch in der BRD vertreten. □ 178.

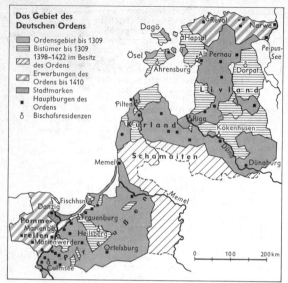

Das Gebiet des Deutschen Ordens

- Ordensgebiet bis 1309
- Bistümer bis 1309
- 1398–1422 im Besitz des Ordens
- Erwerbungen des Ordens bis 1410
- Stadtmarken
- ▪ Hauptburgen des Ordens
- ȯ Bischofsresidenzen

Deutscher Raiffeisenverband, Spitzenverband der ländl. Genossenschaften in der BRD, Sitz Bonn; gegr. v. F. W. ↗Raiffeisen.

Deutscher Sportbund (DSB), Dachorganisation des gesamten Sports in der BRD, 1950 gegr.; Sitz Berlin (West), Verwaltung Frankfurt a. M.; ordentl. Mitgl. des DSB sind 13 Landessportbünde u. 42 Spitzenfachverbände, dazu kommen 21 außerordentl. Mitgliederorganisationen.

Deutscher Städte- u. Gemeindebund, 1973 erfolgter Zusammenschluß v. *Dt. Städtebund* u. *Dt. Gemeindetag.*

Deutscher Wissenschaftsrat, 1957 in der BRD v. Bund u. Ländern gegr. zur Förderung der wiss. Arbeit u. Ausbildung.

Deutsches Museum, München, 1903 v. O. v. Miller gegr. (25 eröffnet); dient der Darstellung der hist. Entwicklung der Naturwiss. u. Technik; angeschlossen eine Bibliothek.

Deutsches Reich ↗Reich.

Deutsche Volkspartei (DVP), liberale Partei in Dtl., 1918 gegr.; urspr. gg. Weimarer Verf., 21/31 meist an der Regierung beteiligt (u. a. unter ↗Stresemann); 33 aufgelöst.

Deutsche Welle, Rundfunkanstalt, Sitz Köln; sendet über Kurzwelle dt.- u. fremdsprachige Programme, bes. nach Übersee.

Deutsche Wirtschaftskommission, *DWK,* in der SBZ 1947/49 die dt. Zentralverwaltung unter Leitung der SMAD.

Deutsch-Eylau ↗Eylau.

Deutsch-Französischer Krieg, 1870/71; ent-

zündete sich an der span. Thronkandidatur Leopolds v. Hohenzollern, Ausdruck der preuß.-frz. Spannung seit 1866. Die dt. Armeen unter Moltke siegten bei Sedan (Napoleon III. gefangen, Rep. ausgerufen) u. belagerten ab 19. Sept. 70 Paris. 18. Jan. 71 in Versailles Wilhelm I. zum Dt. Ks. ausgerufen. Friede zu Frankfurt: Abtretung Elsaß-Lothringens, 5 Mrd. Franken Kriegsentschädigung. Bis Sept. 73 Besetzung des östl. Frankreich.

Deutschherren ↗Deutscher Orden.

Deutsch-Krone, poln. *Wałcz,* Stadt n.w. von Schneidemühl, 18 000 E.

Deutschland. Weder sprachl. noch geograph. besitzt D. feste Grenzen. Diese Tatsache ist Folge der dt. Geschichte.
D. in den Grenzen v. 1937 umfaßt 471 098 km², 1939: 69,3 Mill. E., 147 E./km²; seit dem 2. Weltkrieg polit. getrennt in: die *Bundesrepublik D.* (BRD), die *Dt. Demokratische Rep.* (DDR), in die 45 unter poln. bzw. sowjet. Verwaltung gestellten Gebiete östl. der Oder-Neiße-Linie (1939: 114 549 km² mit 9,6 Mill. E.; 84 E./km²) u. *Berlin.* ☐ 187. Landeskunde. *Lage u. Grenzen:* In der Mitte Europas gelegen, hat D. im O u. W keine natürl. Grenzen, im N wird es v. Nord- u. Ostsee, im S von den Alpen begrenzt. Seine zentrale Lage in Europa begünstigte bes. Leistungen in Kultur u. Wirtschaft, bewirkte anderseits Abhängigkeit von u. Spannungen mit den Nachbarn.
Großlandschaften: D. hat Anteil an der großen europ. Dreiteilung in Hochgebirge (Alpen), Mittelgebirge u. Tiefland. Nur ein schmaler Streifen der Nördl. Kalkalpen mit Allgäuer, Bayer. u. Berchtesgadener Alpen liegt innerhalb der polit. Grenzen. Sie fallen nach N steil zum Alpenvorland (auch Oberdt. od. Schwäb.-Bayer. Hochebene) ab, eine bis zur Donau reichende Moränenlandschaft. Von der Burgund. Pforte im W bis zur Mähr. Pforte im O reichen die dt. Mittelgebirge, vielgestaltig in Oberflächenformen u. Bodenbedeckung, durchquert v. Rhein, Weser, Elbe u. Oder mit ihren Nebenflüssen, welche in ihrem Unterlauf die 3. dt. Großlandschaft, das Norddt. Flachland, aufgeschüttet haben.
Klima: Durch seine Breitenlage zw. 46 1/2° u. 55 1/2° n. Br. gehört D. zum kühleren Teil der gemäßigten Klimazone. Golfstrom u. vorherrschend westl. Luftströmungen bewirken gemäßigte, feuchte Sommer u. milde Winter; in Ost-D. bereits kontinentaler Einfluß mit ausgeprägten Jahreszeiten.
Geschichte: Das Land wurde durch Verdrängen der Kelten nach S u. W vom N her durch die Germanen besetzt, das Gebiet l. des Rheins u. r. der Donau um Christi Geburt v. den Römern beherrscht; Niederlage

Deutschland:
Nord-südlicher Querschnitt
(20fach überhöht)

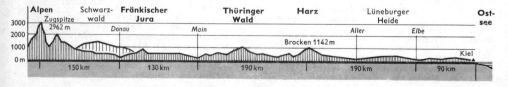

Alpen	Schwarz-	Fränkischer		Thüringer	Harz	Lüneburger	Ost-
Zugspitze	wald	Jura		Wald		Heide	see
2962 m		Donau	Main			Aller	Elbe
					Brocken 1142m		
							Kiel
150 km		130 km		190 km		190 km	90 km

Deutsche Könige und Kaiser

Kg = nur König, Gkg = Gegenkönig, * = Doppelwahl

Konrad I. von Franken (Kg)	911/918
Sächsisches Geschlecht	*919/1024*
Heinrich I. (Kg)	919/936
Otto I. der Große	936/973
Otto II.	973/983
Otto III.	983/1002
Heinrich II.	1002/1024
Fränkisches	
(Salisches) Geschlecht	*1024/1125*
Konrad II.	1024/1039
Heinrich III.	1039/1056
Heinrich IV.	1056/1106
Rudolf von Schwaben (Gkg)	1077/1080
Hermann von Salm (Gkg)	1081/1088
Heinrich V.	1106/1125
Lothar von Sachsen	1125/1137
Staufer	*1138/1254*
Konrad III. (Kg)	1138/1152
Friedrich I. Barbarossa	1152/1190
Heinrich VI.	1190/1197

Philipp von Schwaben (Kg)	*1198/1208
Otto IV. von Braunschweig	*1198/1215
Friedrich II.	1212/1250
Heinrich (VII.) (Kg)	1220/1235
Heinrich Raspe (Gkg)	1246/1247
Wilhelm von Holland (Gkg)	1247/1256
Konrad IV. (Kg)	1250/1254
Interregnum	*1254/1273*
Richard von Cornwall (Kg)	*1257/1272
Alfons X. von Kastilien (Kg)	*1257/1275
Versch. Geschlechter	*1273/1437*
Rudolf I. von Habsburg (Kg)	1273/1291
Adolf von Nassau (Kg)	1292/1298
Albrecht I. von Habsburg (Kg)	1298/1308
Heinrich VII. von Luxemburg	1308/1313
Ludwig IV. der Bayer	*1314/1347
Friedrich von Österreich (Kg)	*1314/1330
Karl IV. von Luxemburg-Böhmen	1346/1378
Günther von Schwarzburg (Gkg)	1349
Wenzel von Luxemburg-Böhmen (Kg)	1378/1400
Ruprecht von der Pfalz (Kg)	1400/1410
Sigmund von Luxemburg-Böhmen	1410/1437
Jobst von Mähren (Gkg)	1410/1411

Habsburger	*1438/1740*
Albrecht II. (Kg)	1438/1439
Friedrich III.	1440/1493
Maximilian I.	1493/1519
Karl V.	1519/1556
Ferdinand I.	1556/1564
Maximilian II.	1564/1576
Rudolf II.	1576/1612
Matthias	1612/1619
Ferdinand II.	1619/1637
Ferdinand III.	1637/1657
Leopold I.	1658/1705
Joseph I.	1705/1711
Karl VI.	1711/1740
Karl VII. v. Bayern	1742/1745
Habsburg-Lothringen	*1745/1806*
Franz I. Stephan	1745/1765
Joseph II.	1765/1790
Leopold II.	1790/1792
Franz II.	1792/1806
Hohenzollern	*1871/1918*
Wilhelm I.	1871/1888
Friedrich III.	1888
Wilhelm II.	1888/1918

des röm. Feldherrn Varus 9 n.Chr. Seit der *Völkerwanderung* siedelten Friesen, Sachsen, Franken, Bayern und Alamanen (Schwaben) westl. der Elbe–Saale zw. Nordsee u. Alpen, in Stammes-Htm.er zusammengefaßt, die im 8./9. Jh. einen Teil des *Fränk. Reiches* bildeten, sich bei dessen Verfall im 9. Jh. als *Ostfränk. Reich* absonderten. Die Taufe Chlodwigs (498/499) eröffnete die Christianisierung der Franken; im 7. Jh. ir.-schott. Mission bei Franken, Alamannen, Bayern u. Thüringern. Der Angelsachse Bonifatius gab der dt. Kirche eine feste Organisation u. unterstellte sie Rom. Die Benediktinerklöster wurden Schulen des Glaubens u. der Kultur. – 911 entstand mit Konrad I. das *dt. Königreich*. Heinrich I. begründete die Obergewalt über die Herzogtümer; Otto d. Gr. stützte sich beim Aufbau des Reiches bes. auf die geistl. Fürsten u. nahm die Tradition des Kaisertums Karls d. Gr. in Anspruch (962 Ks.-Krönung in Rom). Er erlangte damit sowohl das Amt eines weltl. Oberhauptes der westl. Christenheit u. Vogts der röm.-kath. Kirche als auch das Recht der Herrschaft über It. Das Reich geriet mit dem Investiturstreit unter Heinrich IV. in eine Krise. Die weltl.-geistl. Einheit des otton. Systems zerbrach an den Forderungen der nun selbständig gewordenen Kirche, mit der sich die Reichsfürsten polit. verbanden. Das Wormser Konkordat 1122 erstrebte eine Abgrenzung der Rechte bei der Bistumsbesetzung (prakt. nicht eingehalten). Friedrich I. erneuerte das Reich, z. T. aus altröm. Gedanken. Konflikt mit dem Papsttum, Entfaltung der territorialen Gewalten in D. u. Europa führten das Ende des Hoch-MA herbei. Seit dem *Interregnum* (1254/73) bildete sich die Reichs-Verf. aus, die bis 1806 in Kraft blieb: Das dt. Königtum war Träger des röm. Kaisertums; die Reichsstände (Kurfürsten, Fürsten u. Reichsstädte) waren fast selbständig. Der

Einköpfiger Reichsadler des Mittelalters

Doppelköpfiger Reichsadler seit 1401

Kg. wurde v. den 7 (6) Kurfürsten gewählt. Seit Rudolf v. Habsburg beruhte das Königtum ganz auf der Hausmacht. Der Aufstieg der Territorialfürsten, die den modernen Staat schufen, kennzeichnete jetzt die dt. Geschichte. Die *Reformation*, v. Reich zuerst unterdrückt (Reichstage zu Worms 1521, Speyer 29, Augsburg 30), dann im Augsburger Religionsfrieden 1555 anerkannt (allerdings nur das luth. Bekenntnis), steigerte die Macht der Landesherren (Landeskirchentum). Sie befruchtete indes das geistige Leben; doch war mit der konfessionellen Spaltung dem polit. u. geistigen Universalismus der Boden entzogen. – Bayern, Württemberg, Hessen, Sachsen u. Hannover entwickelten sich zu mittleren Mächten; Östr. u., seit Friedrich II., Preußen gewannen europ. Ansehen. Gemeinsame Reichsangelegenheit im 17. Jh. war die Abwehr der Türken (1683 vor Wien). Im W als Folge des Westfäl. Friedens Gebietsverluste: Schweiz, Niederlande, Elsaß, Lothringen. Rivalität zw. Preußen u. Österreich. In den Napoleon. Kriegen wurden die Fürsten für ihren linksrhein. Verlust durch die Säkularisation (1803) entschädigt; gg. Rangerhöhungen u. Abrundungen ihrer Territorien (in besonderem Maße Baden, Württemberg u. Bayern) standen 1806 die süd- u. westdt. Fürsten auf seiten Napoleons. Ks. Franz II. legte 1806 die Krone des Röm. Reiches Dt. Nation nieder. Die Herrschaftsform der dt. Länder war im 18. Jh. der (aufgeklärte) *Absolutismus*. Die *Befreiungskriege* 1813/15 erweckten den Wunsch zum staatl. Zusammenschluß aller Deutschen. Die preuß. u. östr. Politik, welche den 1815 gegr. *Dt. Bund* beherrschte, versuchte die Bildung eines Nationalstaates, der ein polit. Verf. revolutionieren mußte, zu verhindern. In der zugleich nationalen u. demokrat. Revolution v. 1848 Berufung einer verfassunggebenden Na-

Deutsches Reich
Reichskanzler
1871–1945

O. Fürst v. Bismarck
21. 3. 1871–20. 3. 1890

L. Graf v. Caprivi
23. 3. 1890–26. 10. 1894

Ch. Fürst zu Hohen-
lohe-Schillingsfürst
29. 10. 1894–15. 10. 1900

B. Fürst v. Bülow
17. 10. 1900–10. 7. 1909

Th. v. Bethmann Holl-
weg
14. 7. 1909–13. 7. 1917

G. Michaelis
14. 7. 1917–24. 10. 1917

G. Graf v. Hertling
25. 10. 1917–3. 10. 1918

Prinz Max von Baden
4. 10. 1918–9. 11. 1918

Ph. Scheidemann *
13. 2. 1919–20. 6. 1919

G. Bauer *
21. 6. 1919–26. 3. 1920

H. Müller
27. 3. 1920–8. 6. 1920

K. Fehrenbach
25. 6. 1920–4. 5. 1921

J. Wirth
10. 5. 1921–14. 11. 1922

W. Cuno
22. 11. 1922–12. 8. 1923

G. Stresemann
13. 8. 1923–23. 11. 1923

W. Marx
30. 11. 1923–15. 12. 1924

H. Luther
15. 1. 1925–12. 5. 1926

W. Marx
16. 5. 1926–12. 6. 1928

H. Müller
28. 6. 1928–27. 3. 1930

H. Brüning
30. 3. 1930–30. 5. 1932

F. v. Papen
1. 6. 1932–17. 11. 1932

K. v. Schleicher
3. 12. 1932–28. 1. 1933

A. Hitler
30. 1. 1933–30. 4. 1945

* Titel: Ministerpräsi-
dent (bis 14. 8. 1919)

tionalversammlung nach Frankfurt a. M.; diese löste sich auf, nachdem Friedrich Wilhelm IV. v. Preußen die ihm angetragene Kaiserkrone abgelehnt hatte. Bald gewann O. v. Bismarck die Sympathien der nationalen Bewegung. Die Konkurrenz Östr.s schaltete er durch den Dt. Krieg 66 aus. Über den Norddt. Bund u. den Dt.-Frz. Krieg 70/71 führte er die Gründung des *Dt. Reiches* herbei, suchte danach das europ. Gleichgewicht zu wahren. Der unsichere Kurs seiner Nachfolger (nach 1890), die Flottenrüstung sowie der wirtschaftl. Aufstieg brachten D. in Ggs. zu den Großmächten. An der Seite Östr.-Ungarns trat es in den 1. ∕Weltkrieg ein. Nach dem Zusammenbruch brachte die Revolution 1918 die *Rep. D.* (Weimarer Verf. 1919). Auf den Frieden v. Versailles folgten zunächst Wirren (Inflation bis 1923), dann aber zunehmende Festigung durch die Außenpolitik G. Stresemanns. Auf den 1. Reichs-Präs. Ebert folgte 25 P. v. Hindenburg. Die Weltwirtschaftskrise führte zur Massenarbeitslosigkeit; Radikalisierung des polit. Lebens. Am 30. Jan. 33 „Machtübernahme" A. Hitlers. Zunehmende nat.-soz. Willkürherrschaft: Reichstag ausgeschaltet, Verfassungsrecht aufgehoben, Parteien aufgelöst, Länder zentralisiert, das öff. Leben „gleichgeschaltet", das private terrorisiert; Verfolgung der Juden u. Kirchen. 34 Hitler durch Gesetz Reichs-Präs. u. oberster Befehlshaber der Wehrmacht, 35 allg. Wehrpflicht; Flottenabkommen mit Engl., 36 Bündnis mit It., 38 Einverleibung Östr.s u. des Sudetenlandes, 39 der Rest-Tschechei u. des Memellandes. Am 1. 9. 39 Angriff auf Polen, damit Beginn des 2. ∕Weltkrieges. Am 22. 6. 41 Angriff Hitlers auf Rußland; Dez. 41 Kriegserklärung an die USA. Bedingungslose Kapitulation 8. 5. 45. Besetzung D.s durch die Alliierten u. Aufteilung in die am., brit., frz. u. sowjet. Zone; die Gebiete östl. der Oder u. Neiße kamen unter poln. bzw. russ. Verwaltung. D. wurde zunächst einem Alliierten Kontrollrat unterstellt; 45/47 in den einzelnen Besatzungszonen Bildung v. Ländern u. Parteien. Die westl. Zonen u. die SBZ nahmen eine getrennte Entwicklung. Die UdSSR betrieb in ihrer Zone mit Schärfe die Angleichung an den eigenen Staats- und Gesellschaftsaufbau. Dem 47 erfolgten wirtschaftl. Zusammenschluß der am. u. brit. Zone (Bizone) schloß sich 49 die frz. Zone (Trizone) an. Auf die gemeinsame Währungsreform in den Westzonen 48 reagierten die Sowjets mit einer eigenen Währungsreform in ihrer Zone. 48 wurde in den Westzonen v. den Landtagen der 11 Länder ein Parlamentar. Rat gewählt, der die Verf. für einen westdt. Bundesstaat schuf, deren Annahme (23. 5. 49) die BRD (s. unten) konstituierte. In der SBZ am 7. 10. 49 durch Inkraftsetzen einer am 30. 5. 49 beschlossenen Verf. Bildung der DDR (s. unten). ∕Berlin nimmt eine Sonderstellung ein. – Die Probleme, die sich aus der Teilung D.s ergeben haben *(Dt. Frage),* sind bis heute ungelöst. Im Rahmen der ost-westl. Entspannungspolitik stellen das Viermächte-Abkommen über Berlin v.

Deutschland Gebietsverluste[1]	Fläche in km²	Einw.[2] in 1000
nach dem 1. Weltkrieg:		
an Polen	46 133	3855,0
an Frankreich	14 522	1874,0
an Dänemark	3993	166,3
an Litauen	2657	141,2
Freie Stadt Danzig	1914	330,6
an Belgien	1036	60,0
an die Tschechoslowakei	316	48,4
insgesamt	70 571	6 475,5
nach dem 2. Weltkrieg:		
an Polen	100 663	8372,7
an die Sowjetunion	13 886	1 187,2
insgesamt	114 549	9 559,9

[1] bezogen auf das Reichsgebiet 1910 u. 1937.
[2] Wohnbevölkerung 1910 bzw. 1939. – Während nach dem 1. Weltkrieg die dt. Bevölkerung weitgehend mit den Territorien übernommen wurde (sog. Bevölkerungsverluste), hat man sie bei den Abtrennungen nach dem 2. Weltkrieg größtenteils ausgewiesen.

1971 u. der zw. der BRD u. der DDR ausgehandelte, 73 ratifizierte Grundvertrag erste Schritte in Richtung auf ein geregeltes Nebeneinander der beiden dt. Staaten u. der Sicherung West-Berlins dar.
R e c h t. Das dt. Recht bildete sich auf german. Grundlage (Volksrechte) als Gewohnheitsrecht; im 13. Jh. bes. im Schwaben- u. Sachsenspiegel aufgezeichnet; verband sich im 15. Jh. mit Elementen des röm. Rechts; dazu im MA Einfluß der Stadt- u. Dienstrechte, des Lehnsrechts usw.; german. Grundlage vor allem in der Betonung genossenschaftl. Rechtsformen, dingl. Rechte u. sozialer Bindung; im 17. u. 18. Jh. wieder stärker betont. Im 19. Jh. innerhalb der Histor. Rechtsschule Auseinandersetzung um die german.- u. röm.-rechtl. Grundlagen u. deren Neubelebung. Das BGB bewahrt german. u. röm. Recht.
S p r a c h e. Die dt. Sprache wird in Dtl., Östr. u. in der deutschsprachigen Schweiz, teilweise im Elsaß, in Südtirol u. in Luxemburg gesprochen. Durch die 2. od. hd. ∕Lautverschiebung (water wird zu wasser) gliedert sich etwa 600 n. Chr. das Hochdeutsche südl. der Linie Aachen-Magdeburg aus dem Gemeingermanischen aus. Bes. vokal. Veränderungen um 1000 (finstarnissi wird zu finsternis) od. die sog. nhd. Diphthongierung um 1400 (min hus wird zu mein Haus) bilden die Entwicklung v. Alt- (6./11. Jh.) über das Mittel- (11./14. Jh.) zum Neuhochdeutschen (seit etwa 1350). – Die dt. Mundarten (Dialekte) sind keine verdorbene Hochsprache, sondern gewachsene Volkssprache. Man unterscheidet: *oberdt.:* Alamann.-Schwäb., Bayer.-Östr., Ost- u. Südfränk.; *mitteldt.:* Mittelfränk. (Rheinfränk., Moselfränk., Ripuar.), Ostmitteldt. (Thüring.-Sächs., Lausitzisch, Schlesisch); *niederdt.:* Niederfränk., Niedersächsisch. – Die schriftsprachl. Entwicklung, die zur übermundartl. Hochsprache u. Weltsprache führte, weist folgende Abschnitte auf: die karoling. Hofsprache (Schwäb.), die Hanse-

sprache (Niederdt.), die Kanzleisprachen v. Prag, Meißen, Weimar (ostmitteldt. Kolonialmundarten), das „Gemeine Deutsch" der Wiener Kanzlei (Östr.). Reformation u. Buchdruck haben die Sprache Luthers (kursächs. Kanzlei) durchgesetzt, außer in den Niederlanden. Selt 18./19. Jh. ist dic Hochsprache endgültig befestigt. Sie zeigt jedoch in der gesprochenen Sprache starke Unterschiede. – Die dt. Sprache ist weltbezogen (viele Lehnwörter, reichste Übersetzungs-Lit.). Ihrer bes. Pflege widmet sich seit 1886 der Dt. Sprachverein. Literatur. Die dt. Lit. umfaßt das gesamte dt. Sprachgebiet. Aus der *Zeit vor der Christianisierung* ist wenig erhalten: Hildebrandslied (um 800 aufgezeichnet), Zaubersprüche, Spruchdichtung. Unter Karl d. Gr. wurde die *ahd. Lit.* gepflegt: Übersetzungen aus dem Lateinischen; geistl. Dichtung: Otfrid, Heliand. In der Ottonenzeit dt.-lat. Werke voller Lebensfreude: Hrotsvith v. Gandersheim, Walthari-Lied, Ruodlieb. In der *mhd. Zeit:* Hartmann v. Aue (12. Jh.); Minnesang, gipfelnd in Walther v. der Vogelweide u. Heinrich v. Morungen; Epik Wolframs v. Eschenbach u. Gottfrieds v. Straßburg (13. Jh.). Gleichzeitig endgült. Formung des alten Volksepos (Nibelungenlied) u. einer dt. Prosa (Sachsenspiegel). Während der *Reformationszeit* bürgerl. Dichtung: Satire u. Schwank, Volkslied u. Meistersang (H. Sachs). Aus den geistl. Spielen entsteht ein dt. Drama. Streitschriften der Humanisten (U. v. Hutten). Ausbildung der nhd. Schriftsprache durch M. Luther stark gefördert. *Barockzeit:* Kirchenlied (P. Gerhardt, Angelus Silesius); Grimmelshausens Roman Simplicissimus. Festlegung dichter. Formen durch M. Opitz; Gesellschaftspoesie, Sprachgesellschaften zur Abwehr fremder Einflüsse. In der *Aufklärung:* Lehrdichtung, Fabel (Ch. F. Gellert); Sprachreinigung (J. Ch. Gottsched); anakreont. Lyrik (L. Gleim). Im *Pietismus* neue Mystik; Selbstbiographien (Jung-Stilling); Erfüllung der Tendenz zur Gefühlsdichtung bei F. G. Klopstock; heitere Eleganz bei Ch. M. Wieland; G. E. Lessing gibt v. Shakespeare her dem dt. Drama seine Theorie. *Sturm u. Drang:* Ch. F. Schubart, R. Lenz, M. Klinger; dazu die Frühwerke Goethes u. Schillers. Die *Klassik* bereiten J. J. Winckelmann u. J. G. Herder vor. Das Ideal gesetzmäßiger, erfüllter Form u. Vollendung des weltbürgerl. Humanitätsideals bei Goethe u. Schiller. F. Hölderlin, der seherische Typus, zw. Klassik u. *Romantik,* welche die Synthese v. Innen- u. Außenwelt sprengt, auch das MA wieder belebt; Hinwendung zum Katholizismus. Die ältere Schule philosoph. geprägt (F. W. Schelling, G. W. F. Hegel, J. G. Fichte), auch die Dichtung v. Novalis. Einzelgänger: Jean Paul mit seinen Idyllen u. „hohen Dichtungen", der Dramatiker H. v. Kleist. Soziale Dramatik G. Büchners; zunehmende Ausprägung des Tragischen bei Ch. D. Grabbe, F. Hebbel, F. Grillparzer. Der Liberalismus im *Jungen Deutschland:* H. Heine, L. Börne, K. Gutzkow u. a. Der *Realismus* bei den großen Erzäh-

lern: A. Stifter, W. Raabe, C. F. Meyer, G. Keller, J. Gotthelf, A. v. Droste-Hülshoff, Th. Storm. Die wiss. Prosa: L. v. Ranke, J. Burckhardt, Th. Mommsen, H. v. Treitschke. Formsprengende Prosa F. Nietzsches. Dann sozialer u. sozialist. Einschlag, bes. im Drama: G. Hauptmann. Der *Naturalismus* im Roman bei A. Holz u. J. Schlaf, in der Lyrik bei Holz. *Impressionismus:* D. v. Liliencron. Im 20. Jh. bes. Hinwendung zur Psychologie (Th. Mann). Neue Lyrik: St. George, G. Trakl, R. M. Rilke, G. Benn. Wendung zur Idee der Ordnung bei H. v. Hofmannsthal. *Expressionismus* in Lyrik (A. Stramm), Drama (G. Kaiser) u. Roman (A. Döblin). Satirische Gesellschaftskritik B. Brechts. Überlieferte Romanformen abgewandelt bei Th. Mann, H. Hesse; neue Erzählformen v. internationaler Bedeutung entwickeln F. Kafka, R. Musil, H. Broch. In der Emigration 1933/45 u. a. Mann, Broch, mit christl. bestimmtem Spätwerk Döblin u. F. Werfel. Währenddessen in Dtl. Formbewahrung u. eth.-religiöse Thematik bei W. Bergengruen, H. Carossa, R. Schneider, G. v. le Fort, R. A. Schröder. In der unmittelbaren Ggw.: zeitkrit. bzw. grotesker Roman (H. Böll, G. Grass u. a.), Neigung zu satir. Erzählungen, zu experimenteller, teils auch sozialkrit. Lyrik (H. M. Enzensberger); Versuche mit absurdem Theater (P. Handke). Starker Einfluß der Schweiz in Roman u. Drama (M. Frisch, F. Dürrenmatt). Bedeutung gewann das Hörspiel (G. Eich). – Eigene Entwicklung der Lit. in der DDR: sie knüpfte zunächst an B. Brecht, A. Zweig u. A. Seghers an; 1949/53 stand sie ganz im Dienste der kommunist. Partei; dann gewisse Lockerungen im Wechsel mit neuen Einschränkungen. Nichtagierte Lyrik bes. v. P. Huchel u. J. Bobrowski. Autoren der jüngsten Generation greifen in Romanen u. Gedichten auch Probleme der DDR auf u. versuchen sich an neuen Formen. Kunst. Die dt. Kunst ist bes. durch Austausch zw. eigenwüchsigem u. gemeineurop. Stil bestimmt. In der Karoling. Kunst ist dt. Sondergut noch kaum erkennbar; die Otton. Kunst (um 1000), v. der Dome am Rhein u. in Niedersachsen, Schmiedekunst u. Buchmalerei zeugen, bringt landschaftl. Sonderformen hervor, namentl. in der Malerei (Reichenau). In der *Roman. Kunst* zeigt der dt. Kirchenbau symmetr. Gruppierung gegensätzl. Bauteile in oberdt., niederdt. u. rhein. Form. In der Begegnung mit der frz. got. Kathedralskulptur erwächst eine eigene, freie Monumentalplastik. Gleichzeitig Burgenbau. Die *Gotik* wird, in Fkr. herkommend, in Dtl. zuerst in den führenden Reichs- u. Bischofsstädten (seit 1248) heimisch. Seit dem 14. Jh. Eigenformen: Eintürmigkeit, Wille zum Zentralraum (Hallenkirche). An der Ausbildung dt. Eigenart ist auch der Osten beteiligt. Im Profanbau Rat-, Stadt- u. Bürgerhäuser. Die Plastik zeigt in Andachtsbild (Schmerzensmann, Vesperbild, Johannesminne) dt. Sonderthemen. Die Malerei des 14. u. 15. Jh. ist v. der Niederländ. Kunst beeinflußt (Meister Francke, St. Lochner, H. Memling, L. Moser, K. Witz).

Im späten MA Malerei u. Bildschnitzerei in höchster Blüte (1470/1530): u.a. T. Riemenschneider, V. Stoß, B. Notke, Meister H. L., M. Pacher. Die Graphik hat ihren Meister in M. Schongauer, dessen Stil v. A. Dürer vollendet wird. Das Ringen Dürers um die Welt der Renaissance ist typisch dt.; so auch bei H. Holbein d.J.; H. Baldung, L. Cranach d. Ä. bleiben stärker in der Tradition, ebenso A. Altdorfer; leidenschaftl. Bewegtheit gestaltet überragend M. Grünewald. Nach allg. Niedergang bringen frz. u. it. Künstler den *Barock* nach Dtl.; daneben dt. Baumeisterfamilien (Dientzenhofer, Fischer v. Erlach, Thumb). Der dt. Barock fand in seiner Weiterentwicklung zum *Rokoko* in Süd-D. seinen Höhepunkt (B. Neumann, D. Zimmermann, J. M. Fischer, Brüder Asam). Der *Klassizismus* ist v. einer kleiner¡ Schicht getragen. Die Architektur des 19. Jh. ahmt alle histor. Stile nach. Fruchtbarer ist die Malerei. Die Sehnsucht der Romantik spiegeln die Porträts v. Ph. O. Runge u. die Landschaften v. C. D. Friedrich. Den it. Meistern des 14. u. 15. Jh. folgen die Nazarener. Biedermeierl. Interieur bei K. Spitzweg u. M. v. Schwind. Die reale Welt erstreben A. Menzel, W. Leibl; antike Gestaltung bei A. Feuerbach u. H. v. Marées. Den *Impressionismus* vertreten u. a. L. Corinth, M. Liebermann u. M. Slevogt. Neue Wege in der Architektur des 20. Jh.: *Jugendstil* (um 1900), Dt.-Werkbund (1907), Bauhaus. Eigenständig Deutsches im *Expressionismus* u. a. mit E. Barlach, M. Pechstein, F. Marc, A. Kubin, P. Klee, O. Kokoschka, C. Hofer, M. Beckmann; mit sozialkrit. Tendenzen bei K. Kollwitz u. G. Grosz. Einen wesentl. Beitrag leisteten Deutsche zur Entwicklung der ⁄ *Abstrakten Kunst*. Das nat.-soz. Verbot der modernen Kunstbestrebungen als „entartet" unterbrach die Entwicklung u. zwang viele Künstler zur Emigration. Bedeutende Vertreter dt. Malerei u. Graphik nach dem 2. Weltkrieg sind u.a. Wols, H. Hartung, W. Baumeister, E. W. Nay, G. Meistermann, B. Schultze, die aber nicht als eine eigene dt. Künstlergruppe, sondern nur im Zusammenhang mit den übernationalen Kunstrichtungen der Ggw. zu verstehen sind. – Die Ggw.-Kunst der DDR ist weitgehend v. sozialist. Realismus bestimmt.
M u s i k. Im 8. Jh. Einführung des *Gregorianischen Gesangs;* Entstehung v. Sequenz u. Tropus. MA: *Minnesang.* Diesem folgt der *Meistersang. Reformation:* Blüte des ev. Kirchenlieds u. der Motette. Bis ins 16. Jh. bleibt die dt. Musik jedoch v. der Niederländ. Schule beherrscht; mit dem beginnenden *Barock* folgt der Einfluß it. Musik. J. S. Bachs Bedeutung wird erst spät erkannt, G. F. Händel wirkt im Ausland. Um 1730 beginnt mit der *Mannheimer Schule,* dann der *Wiener Klassik* die Vorherrschaft der dt. Musik: J. Haydn, W. A. Mozart, L. van Beethoven; am Übergang zur *Romantik* F. Schubert u. A. Bruckner; später schaffen R. Wagner, J. Brahms neue Formen od. führen bestehende zu ihrem Höhepunkt; die abendländ. u. Musiksprache wird v. ihnen weitgehend geprägt. Übergang zur *Neuen*

Bundesrepublik Deutschland

Staatsform:
Republik

Hauptstadt:
Bonn

Fläche:
248651 km²

Bevölkerung:
61,3 Mill. E.

Sprache:
Deutsch

Religion:
50% Protestanten
45% Katholiken

Währung:
1 Deutsche Mark
= 100 Pfennige

Mitgliedschaften:
UN, EG, NATO, WEU, OECD, Europarat

Bundesrepublik Deutschland

Bundespräsidenten
(Amtszeit)

Theodor Heuss
(1949–1959)

Heinrich Lübke
(1959–1969)

Gustav Heinemann
(1969–1974)

Walter Scheel
(1974–1979)

Karl Carstens
(seit 1979)

Bundesadler der BRD

Musik: G. Mahler, H. Pfitzner, R. Strauss, M. Reger. An Reger knüpfte P. Hindemith an, dessen Musik zeitweise die Musik der *Wiener Schule* (A. Schönberg, A. Berg u. A. Webern) verdrängen konnte. Diese kam v. G. Mahler her u. lieferte mit Expressionismus, Atonalität u. Zwölftontechnik die wichtigsten dt. Beiträge zur Neuen Musik. Von Webern ging nach dem 2. Weltkrieg die Serielle Musik aus, die ihre Ergänzung in der Elektron. Musik fand (Hauptvertreter: K. H. Stockhausen). International bekannt wurden ferner B. Blacher, W. Egk, W. Fortner, H. W. Henze, C. Orff u.a.
B u n d e s r e p u b l i k   D e u t s c h l a n d.
Verfassung. Die BRD ist nach dem Bonner ⁄ Grundgesetz (GG) v. 23. 5. 1949 ein demokrat. u. sozialer Bundesstaat. Staatsoberhaupt ist der Bundes-Präs. Die Gesetzgebung obliegt dem Bundestag, dem die Bundesregierung mit dem Bundeskanzler an der Spitze verantwortl. ist. Die einzelnen Bundesländer sind im Bundesrat vertreten. Hüter des GG ist das Bundesverfassungsgericht. ☐ 132, 133.
Die *Wirtschaft* entwickelte sich seit 48 unter der Sozialen Marktwirtschaft zu einer der modernsten u. leistungsfähigsten Wirtschaften der Welt, die in supranationale Zusammenschlüsse (Montanunion, EWG usw.) eingegliedert wurde. Die Zahl der Arbeitskräfte in der Landwirtschaft sank seit 1950 ständig, dagegen stieg der Verkaufserlös der ⁄ Landwirtschaft, bedingt u.a. durch weitgehende Mechanisierung, staatl. Förderung (Grüner Plan), Flurbereinigung u. durch Aufgabe unrentabler Kleinbetriebe (zugunsten größerer Vollerwerbsbetriebe), an. Grundlage der Ind. sind (bei abnehmender Bedeutung) die Steinkohlenlager im Ruhrgebiet, Saargebiet u. Aachener Revier, auf der eine leistungsfähige Groß-Ind. (Eisen, Chemie, Maschinenbau) wiedererstand, während die meisten eingeführten Rohstoffe der Veredelungs-Ind. zugeführt werden, mit deren Exporterlös die Einfuhren des dichtbesetzten Verbrauchermarkts bezahlt werden. Die BRD gehört heute zu den führenden Industrienationen der Welt.
Polit. Entwicklung. Mit der Schaffung der BRD 49 trat das Besatzungsstatut in Kraft,

Bundesrepublik Deutschland
Politische Gliederung

Länder	Fläche in km²	Einwohner in 1000	Einw. je km²
Baden-Württemberg	35751,33	9158,1	256
Bayern	70546,32	10845,3	154
Bremen	403,77	696,7	1725
Hamburg	747,53	1658,1	2218
Hessen	21113,38	5560,5	263
Niedersachsen	47417,89	7225,5	152
Nordrhein-Westfalen	34069,29	16993,2	499
Rheinland-Pfalz	19839,02	3630,9	183
Saarland	2573,23	1069,9	416
Schleswig-Holstein	15709,22	2594,1	165
	248170,98	59432,3	240
Berlin (West)	480,19	1904,3	3966
insgesamt	248651,17	61336,6	247

Bundesrepublik Deutschland

Produktion ausgewählter Erzeugnisse	Einheit	1960	1970	1980
Roheisen	1000 t	25 793	33 627	33 873
Stahlrohblöcke	1000 t	34 428	44 315	43 300
Hüttenaluminium	t	168 937	309 000	731 000
Kunststoffe				
Cellulosederivate	t	107 842	156 000	186 000
Kondensationsprodukte	t	383 583	1 359 000	2 137 000
Polymerisationsprodukte	t	489 695	2 807 000	4 415 000
Düngemittel				
stickstoffhaltige	t	1 017 296	1 568 000	1 478 000
phosphathaltige	t	707 401	912 000	726 000
Papier (unveredelt)	1000 t	2 537	4 405	6 493
Metallbearbeitungsmasch.	t	169 112	427 000	396 000
Masch. für Bauwirtschaft	t	246 331	469 000	560 000
Landwirtsch. Maschinen	t	321 966	343 000	286 000
Ackerschlepper	t	175 831	302 000	298 000
Personenkraftwagen	Stück	1 674 298	3 132 000	3 250 000
Wohnungen	Anzahl	530 270	451 212	333 191 [1]

[1] 1979

Deutsche Demokratische Republik

Staatsform:
Volksdemokratie

Hauptstadt:
Berlin[-Ost]

Fläche:
108 178 km²

Bevölkerung:
16,75 Mill. E.

Sprache:
Deutsch

Religion:
59% Protestanten
8% Katholiken

Währung:
1 Mark der DDR
= 100 Pfennig

Mitgliedschaften:
UN, RgW, Warschauer
Pakt

das die Hoheitsrechte zw. den Besatzungsmächten u. der BRD aufteilte. 52 trat die BRD der Montanunion u. der UNESCO bei. Der Generalvertrag, der das Besatzungsstatut ablöste, öffnete den Weg zur vollen Souveränität (5. 5. 55). Nach den Pariser Verträgen (zu denen der Generalvertrag gehörte) 55 Beitritt zur Westeurop. Union u. zur NATO, 57 Beteiligung an der Gründung der EWG. Bei den seit 49 alle 4 Jahre stattfindenden Bundestagswahlen waren CDU/CSU bis 72 u. seit 76 die stärksten Parteien, 57/61 mit absoluter Mehrheit. Sie regierten bis 66 in Koalition mit anderen Parteien, während die SPD in Opposition stand. 66/69 „Große Koalition" von CDU/CSU u. SPD. Seit 69 SPD-FDP-Koalitionsregierung, seit Mai 74 unter H. ╱ Schmidt. ☐ 130/131, 133.

Deutsche Demokrat. Republik (DDR). *Verfassung:* Nach der am 8. 4. 1968 in Kraft getretenen Verf. (sie löste die Verf. v. 1949 ab) ist die DDR ein „sozialist. Staat dt. Nation". Höchstes Organ der Staatsgewalt ist die Volkskammer; die Leitung des Staates hat in ihrem Auftrag, von ihr gewählt u. ihr verantwortlich, der Ministerrat (der Vorsitzende entspr. einem Min.-Präs.). Die polit. u. rechtl. Willensbildung liegt weder bei der Volkskammer noch bei der Regierung, sondern ausschließl. bei der Parteispitze (ZK). Nach dem Tod des 1. Staats-Präs. W. Pieck 1960 wurde eine kollektive Führung eingesetzt: der v. der Volkskammer auf 4 Jahre gewählte „Staatsrat der DDR" (1972: 25

Mitgl.). Er kann direkt in Gesetzgebung, Exekutive, Gerichtsbarkeit u. Verteidigung eingreifen. Der Vorsitzende des Staatsrates (E. Honecker) ist zugleich Staatschef.

Die *Wirtschaft* hatte durch die Zonengrenze den Zugang zu der bisherigen Zuliefer- u. weiterverarbeitenden Ind. in West-D. verloren u. mußte selbst entspr. Werke aufbauen. Nach sowjet. Vorbild wurde die Ind. verstaatlicht – „Volkseigene Betriebe" (VEB) –, die bäuerl. Betriebe in „Landwirtschaftliche Produktionsgenossenschaften" (LPG), die meisten Handwerksbetriebe in „Produktionsgenossenschaften Handwerk" (PGH) zusammengefaßt. Die Wirtschaftsverf. beruht auf der Planwirtschaft. In Sachsen liegt der industrielle Schwerpunkt mit Metall- u. Textil-Ind.; die großen Braunkohlen- u. Salzlager Mittel-Dtl.s (Leuna, Bitterfeld, Wolfen, Schkopau) bilden die Grundlage der ausgedehnten chem. Ind. In den Bezirken Frankfurt u. Cottbus entstanden neue Zentren der Schwer-Ind. (Eisenhüttenstadt, Schwarze Pumpe). Durch den „Rat für gegenseitige Wirtschaftshilfe" (COMECON) ist die Wirtschaft eng mit den übrigen Ostblockländern verflochten. Die Wirtschaft der DDR nimmt nach der sowjetischen die 2. Stelle innerhalb des RgW ein.

Die *polit. Entwicklung* stand seit 49 im Zeichen des bes. v. W. Ulbricht (seit 53 Erster

Deutsche Demokratische Republik

Verwaltungsgliederung

Bezirk	Fläche in km²	Einwohner	Einw. je km²
Berlin	403	1 128 983	2801
Cottbus	8 262	880 630	107
Dresden	6 738	1 816 919	270
Erfurt	7 349	1 237 377	168
Frankfurt	7 186	698 056	97
Gera	4 004	738 483	184
Halle	8 771	1 850 454	211
Karl-Marx-Stadt	6 009	1 945 190	324
Leipzig	4 966	1 424 349	287
Magdeburg	11 525	1 275 545	111
Neubrandenburg	10 794	623 393	58
Potsdam	12 568	1 115 576	89
Rostock	7 074	880 076	124
Schwerin	8 672	588 994	68
Suhl	3 856	547 350	142
insgesamt	108 177	16 751 375	155

Sekretär des ZK der SED, 71 durch E. Honecker abgelöst) radikal vorangetriebenen „Aufbaus des Sozialismus". Der Volksaufstand am 17. 6. 53 in Ost-Berlin u. anderen Städten wurde durch die UdSSR niedergeschlagen, die am 25. 3. 54 die DDR für souverän, das Besatzungsregime für beendet erklärte. 55 Beitritt zum Warschauer Pakt u. Freundschaftsvertrag mit der UdSSR.

Deutschlandlied, das Lied „Deutschland, Deutschland über alles", nach einem Gedicht v. Hoffmann v. Fallersleben u. einer Melodie v. J. Haydn; war v. 1922/45 dt. Nationalhymne. Seit 52 wird in der BRD die 3. Strophe gesungen („Einigkeit u. Recht u. Freiheit").

Deutsche Demokratische Republik

Produktion ausgewählter Erzeugnisse	Einheit	1960	1970	1979
Braunkohle (Förderung)	1000 t	225 465	260 582	256 063
Braunkohlebriketts	1000 t	56 047	57 078	48 698
Roheisen	1000 t	1 995	1 994	2 386
Rohstahlblöcke	1000 t	3 337	5 053	7 023
Zement	1000 t	5 032	7 987	12 273
Düngemittel				
stickstoffhaltige	1000 t	350,6	378	875
phosphathaltige	1000 t	176,6	403	411
Papier (alle Sorten)	1000 t	542	720	826
Personenkraftwagen	1000 St.	64,1	127	171
Wohnungen (Aus-/Neubau)	Anzahl	80 489	76 100	162 743
Rundfunkgeräte	1000 St.	810	807	964
Fernsehgeräte	1000 St.	416	380	584

Deutschlandvertrag ↗Generalvertrag.
Deutschnationale Volkspartei, 1918 aus den früheren Konservativen gebildete monarchist. Partei; unter ↗Hugenbergs Führung reaktionär-nationalist.; verhalf Hitler zur Machtergreifung (↗Harzburger Front), trotzdem bald verboten.
Deutsch-Ostafrika, 1885/1919 dt. Kolonie; hatte 995000 km² u. 8 Mill. E.; wurde 1920 in die Mandate ↗Tanganjika u. ↗Ruanda-Urundi aufgeteilt, heute die afrikan. Staaten Tansania, Ruanda u. Burundi.
Deutschreligiöse Bewegung, erstrebte nach 1933, staatl. gefördert, die Germanisierung der Religion; die *Deutschgläubige Bewegung* kämpfte gg. das Christentum, die *Dt. Christen* bogen es zu einem heldischen Weltbild um.
Deutschritter ↗Deutscher Orden.
Deutsch-Südwestafrika, 1884/1919 dt. Kolonie, wurde 1920 als ↗Südwestafrika Mandat der Südafrikan. Union; hatte 835000 km² u. 140000 Einwohner.
Deutschvölkische Bewegung, in Dtl. eine polit. Bewegung in betont antisemit. Haltung, die alle Parteien u. Gruppen umfaßte, die sich auf der Basis des v. ↗Stoecker 1887 angeregten antisemit. Programms zusammenschlossen; ging in der NSDAP auf. In Östr. dt.-nationalist., antisemit., vor dem 1. Weltkrieg entstandene Bewegung.
Deutz, rechtsrhein. Stadtteil v. Köln; Deutz-Motoren-Werk; Messehallen. 1002/ 1803 berühmte Benediktinerabtei (heute Kunstmuseum).
Deutzie *w,* Zierstrauch aus Ostasien u. Nordamerika mit weißen bis rosaroten, auch gefüllten Blüten.
De Valera (: -wäl**i**ra), *Eamon,* 1882–1975; 1917 Führer der ↗Sinn-Fein-Partei, 26/59 der v. ihm gegr. Fianna Feil; 19/22, 32/48, 51/54 u. 57/59 Min.-Präs., 59/73 Staatspräs. v. Irland.
Devalvation *w* (lat.), die ↗Abwertung.
Deventer (: d**e**w-), Ind.- u. Handelsstadt der niederländ. Prov. Overijsel, an der Ijsel, 66000 E.; Metall-, Lebensmittel-, Textil-Industrie.
Deveuster (: -f**ö**ßter), *Damian,* belg. kath. Missionar, 1840–89; Seelsorger der Aussätzigen auf der Südseeinsel Molokai, starb selbst am Aussatz.
Deviation *w* (lat.), Abweichung, speziell beim Kompaß v. der magnet. Nord-Süd-Linie.
Devise *w* (frz.), Losungswort. [nie.
Devisen (Mz., lat.), alle Zahlungsmittel in ausländ. Währung, i. e. S. Wechsel, Schecks u. Auszahlungen in fremder Währung an einem ausländ. Platz. D. gehören zur Währungsreserve der Zentralnotenbanken. **D.bewirtschaftung,** staatl. Beschränkung des D.handels in Kriegs- u. Krisenzeiten durch Anmelde- u. Ablieferungspflicht, Genehmigung zur Verfügung u. Verwendung v. D.; in der BRD seit 1958 größtenteils, seit 61 endgültig aufgehoben. ↗Konvertibilität.
Devolutionskrieg (lat.), erfolgloser Krieg Ludwigs XIV. v. Fkr. 1667/68, der nach dem brabant. **Devolutionsrecht** („Heimfall") einer Erbschaft auf die Nachkommen erster Ehe) als span. Niederlande beanspruchte.

Devon (: dew^en), südwestengl. Landschaft (Gft.: *D.shire),* Hst. Exeter.
Devon *s, D.ische Formation,* 3. Abteilung des Paläozoikums; mächtige Serien v. Meeresablagerungen (Rheinisches Schiefergebirge, Ardennen, Böhmen, Ural), auch Wüsten („Old Red" in England u.a.); erste Spuren v. Landpflanzen. ☐ 237.
devot (lat.), unterwürfig, frömmelnd.
Devotion *w* (lat.), Andacht. **Devotionalien,** geweihte Gegenstände (Rosenkränze, Medaillen, Kreuze, Bilder, Gebetbücher).
Devrient (: defr**i**nt, auch d°wri**ä**n), dt. Schauspieler, **1)** *Eduard,* Neffe v. 2), 1801–77; in Karlsruhe. **2)** *Ludwig,* Onkel v. 1), 1784–1832; in Berlin, Freund E. T. A. ↗Hoffmanns.
Dewar (: dju^er), Sir *James,* schott. Chemiker, 1842–1923; verflüssigte den Wasserstoff, erfand die Thermos- (D.sche) Flasche u.a.
Dewey (: dju^i), *John,* führender Philosoph u. Pädagoge der USA, 1859–1952; bildete den ↗Pragmatismus zum ↗Instrumentalismus um. Seine *Arbeitsschul-Methode* errang weltweite Wirkung, über ↗Kerschensteiner auch in Dtl.
Dextrin *s, Stärkegummi,* Umwandlungsprodukt der Stärke; als Trockenleim u. Appretur.
Dextrose *w,* ↗Traubenzucker.
Dezennium *s* (lat.), Jahrzehnt.
dezent *s* (lat.), schicklich, zurückhaltend.
Dezentralisation *w* (lat.), Verteilung staatl. Aufgaben auf lokale Behörden od. auf Selbstverwaltungskörperschaften.
Dezernat *s* (lat.), Unterabteilung einer Behörde; Leiter: **Dezernent.**
Dezi (v. lat. *deceme* = 10), Abk. d, als Vorsilbe = ¹/₁₀, z. B. Dezimeter =| ¹/₁₀ m.
Dezibel, Abk. dB, in der Schwachstromtechnik übliches Maß für das Verhältnis v. 2 elektr. Größen.
dezimal (lat.), zehnteilig. **D.bruch,** ein Bruch mit dem Nenner 10, 100, 1000 usw. **D.klassifikation,** die Gliederung des gesamten Schrifttums bzw. Wissens für bibliograph. Zwecke in 10 Klassen zu je 10 Sektionen; die zunehmende Spezialisierung wird durch zugefügte Ziffern 0–9 erreicht. **D.system,** *Dekadisches* od. *Zehnersystem,* stellt alle Zahlen durch Aneinanderreihung der Ziffern 0, 1, 2, ... 9 dar, wobei jeder Ziffer innerhalb der Zahl je nach ihrer Stellung links bzw. rechts v. Komma das entsprechende Vielfache einer 10er-Potenz zukommt.
Dezime *w* (lat.), Abstand von 10 Tönen.
dezimieren (lat.), große Verluste beibringen; eig. jeden 10. Mann töten.
DGB, Abk. für Deutscher Gewerkschaftsbund. ↗Gewerkschaften.
Dhaulagiri *m,* Himalaja-Gipfel in Nepal, 8168 m hoch; 1960 erstmals bestiegen.
d'Hondtsches Wahlverfahren ↗Hondtsches Wahlverfahren.
Diabas *m,* ein altes Ergußgestein.
Diabetes *m* (gr.), Harnruhr. **D. mellitus** ↗Zuckerkrankheit. **Diabetiker,** Zuckerkranker.
diabolisch, teuflisch.
Diabolus (gr.-lat. = Verleumder), Teufel.

Flächendiagonale
Raumdiagonale

Diagonale: oben Flächen-D. in einem Vieleck (im n-Eck gibt es $\dfrac{n\,(n-3)}{2}$ Diagonalen), unten Raum-D. in einem Vielflach

Dezimal-Klassifikation
Die 10 Hauptabteilungen:
0 Allgemeines
1 Philosophie
2 Religion, Theologie
3 Sozialwissenschaft
4 Sprach-Wiss., Philologie
5 Mathematik, Naturwissenschaft
6 Angewandte Wiss., Medizin, Technik
7 Kunst, Kunstgewerbe, Musik, Spiele, Sport
8 Literatur-Wiss., Schöne Literatur
9 Heimatkunde, Geographie, Biographien, Geschichte

Beispiele für weitere Unterabteilungen:
6 Angewandte Wiss., Medizin, Technik
62 Ingenieurwesen, Technik
621 Allg. Maschinenbau, Elektrotechnik
621.3 Elektrotechnik
621.39 Elektr. Nachrichtentechnik
621.395 Fernsprechtechnik, insbes. auf Leitungen
621.395.6 Apparate
621.395.63 Rufeinrichtungen

Diadem s (gr.-lat.), Stirnband, Krone.
Diadochen (Mz., gr.), Nachf. Alexanders d. Gr.
Diagnose w (gr.), Erkennung u. Bestimmung v. Krankheiten, Pflanzen, Tieren usw. **diagnostizieren**, eine Diagnose stellen.
Diagonale w (gr.), nicht mit einer Seite od. Kante zusammenfallende Geradverbindung zweier Ecken eines Vielecks od. eines Vielflächners.
Diagramm s (gr.), *Schaubild*, graph. Darstellung v. Rechen- u. Beobachtungsergebnissen.
Diakon m (gr.), frühchristl. Bischofsgehilfe, dann in der kath. Kirche Vorstufe zur Priesterweihe mit Zölibatsverpflichtung; jetzt jedoch auch als selbständ. Amt mögl. u. D.weihe auch an verheiratete Männer spendbar. In der ev. ↗*Inneren Mission* Bz. des Helfers. **Diakonie** w, Gesamtheit aller Helfer u. Einrichtungen der ev. berufsmäßigen Liebestätigkeit (↗Fliedner, ↗Wichern). **Diakonissen**, ev. Kranken- u. Sozialpflegerinnen mit zurücknehmbarem Versprechen bei der Einsegnung; werden in **D.häusern** geschult (z. B. ↗Kaiserswerth).
Dialekt m (gr.), ↗Mundart. **Dialektik** w (gr.), 1) Unterredungskunst. 2) Methode, aus Satz u. Gegensatz die höhere Einheit zu erreichen. [mus.
Dialektischer Materialismus ↗Materialismus. **Dialektische Theologie**, Richtung der neueren ev. Theologie (K. ↗Barth, E. ↗Brunner, R. ↗Bultmann); behauptet die radikale Seins-Unähnlichkeit v. Gott u. Welt. Der Mensch könne nur im ungelösten Widerspruch der Urteile (d. h. dialektisch) über den geoffenbarten Gott als den „ganz Anderen" reden.
Dialog m (gr.), Zwiegespräch.
Dialyse w (gr.), Trennung v. echten Lösungen u. ↗Kolloiden durch feine Filter (Ultrafilter, Tierhäute).
diamagnetisch (gr.) heißen Stoffe, die für magnet. Kraftlinien weniger durchlässig sind als Luft, z. B. Wismut. Ggs. *paramagnetisch*.
Diamant m (gr.), 1) wertvollster Edelstein, der härteste aller Stoffe, kristallisierter Kohlenstoff; in den durchsichtigen Abarten Schmuckstein, aber auch, wie der meist schwarze, undurchsicht. *Karbonado*, Arbeits-D. zum Bohren, Schneiden, Schleifen u. a. Kommt bes. in Mittel- u. Südafrika, in Indien, Borneo u. Sibirien vor. Heute auch künstl. herstellbar. ☐ 255. 2) sehr kleiner ↗Schriftgrad.
Diamantene Hochzeit, der 60. Hochzeitstag.
Diamat m, Abk. für **Dialekt**. ↗**Materialismus**.
diametral (gr.-lat.), entgegengesetzt.
Diana, röm. Jagdgöttin, griech. Artemis.
Diaphragma s (gr.), 1) poröse, 2 Flüssigkeiten od. Gase trennende Scheidewand. 2) ↗Zwerchfell. 3) in der Optik: eine Blende.
Diapositiv s (gr.-lat.), photograph. Positiv auf Glas od. Film für Projektionsapparate *(Diaskope)*.
Diarbekr, türk. *Diyarbakir*, osttürk. Stadt am Tigris, 170000 E.; im Alt. *Amida*.
Diarium s (lat., Tagebuch).

Bischof Dibelius

Diana von Versailles
(4. Jh. v. Chr.)

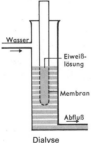
Dialyse

Charles Dickens

Diarrhöe w (: -ö, gr.), ↗Durchfall.
Diaspora w (gr.), konfessionelle Minderheit u. das v. ihr bewohnte Gebiet.
Diastase w (gr.), Fermente, die unlösl. Stärke in löslichen Zucker (Maltose) umwandeln; in keimendem Samen, Speichel u. a.
Diastole w (gr.), rhythm. Erweiterung des Herzens. ↗Systole. ↗Herz.
Diät w (gr.), die für die jeweil. Verhältnisse des gesunden od. kranken Menschen zweckmäßigste Ernährungsart.
Diäten (lat.), 1) Tagesspesen. 2) Entschädigung für Abgeordnete.
Diätetik w (gr.), die Lehre v. der zweckmäß. Lebensführung, Lebenskunst.
Diathermie w, med. Wärmebehandlung mit Hochfrequenzströmen.
Diathese w (gr.), anlagebedingte Krankheitsbereitschaft.
Diatomeen, *Kieselalgen*, einzellige, winzige Wasserorganismen, in vielen Formen massenhaft verbreitet, bauen schachtelförm. Panzer aus Kieselsubstanz (↗Kieselgur).
diatonisch (gr.), Bz. für eine nach Halb- u. Ganztönen geordnete (Dur- od. Moll-)Tonleiter; Ggs. ↗chromatisch.
Diaz (: diaß), *Bartolomeu*, portugies. Seefahrer, um 1450–1500; umfuhr 1487 das Kap der Guten Hoffnung.
Diazoverbindungen, Stickstoff enthaltende organ. Verbindungen, liefern mit Phenolen Azofarbstoffe.
Dibbelmaschine, eine Sämaschine, die Saatgut häufchenweise in den Acker verteilt.
Dibelius, *Otto*, dt. ev. Theologe, 1880–1967; führend in der „Bekennenden Kirche"; 1945/66 Bischof v. Berlin-Brandenburg, 49/61 Präs. des Rates der EKD.
Dichte, *spezifische Masse*, Verhältnis der Masse eines Körpers zu seinem Rauminhalt, zahlenmäßig gleich dem spez. ↗Gewicht. ☐ 186.
Dichtung, Gestaltung v. Erkenntnis u. Erlebnis in der Sprache, in der Form des Sprachkunstwerks: Vielschichtigkeit, Bedeutungsfülle der Worte, Geschlossenheit; lebendige, auch spannungsreiche Beziehung v. Form u. Gehalt. Ihre Grenzen reichen v. der bloßen Nachahmung des Wirklichen bis zu Wortspiel u. Wortmagie. ↗Drama, ↗Epos, ↗Lyrik, ↗Roman.
Dichtung, *Packung*, macht die Verbindung zweier feststehender (z. B. Rohre) od. gegeneinander beweglicher Teile (z. B. Kolben u. Zylinder) undurchlässig für Flüssigkeiten, Dämpfe od. Gase.
Dickblatt, südafrikan. Fettkraut, Zierpflanze.
Dickens, *Charles*, engl. Schriftsteller der Viktorian. Zeit, 1812–70; Humor u. Mitleid bestimmen seine großen Romane mit scharf geprägten Typen. HW: *Pickwick Papers, Oliver Twist, David Copperfield, Weihnachtsgeschichten, Londoner Skizzen*.
Dickhäuter, volkstüml. für Nashorn, Tapir, Schwein, Flußpferd, Elefant u. a.
Dickhornschaf, schokoladenbraunes Wildschaf im kaliforn. Felsengebirge.
Dickkopf, der ↗Döbel.
Dictum s (lat.), Spruch, Wort.

In Dialyse-Grafik: Wasser, Eiweißlösung, Membran, Abfluß

Dichte verschiedener Stoffe (in g/cm³)

Feste Stoffe

Asbest	2,35	Steinkohle	1,2–1,5
Asphalt	1,3	Steinsalz	2,2
Basalt	2,9	Talk	2,7
Baumwolle	1,5	Teer	1,2
Bergkristall	2,6	Ton	1,8–2,6
Bernstein	1,05	Tonschiefer	2,8
Beton	2,3	Tuffstein	2,0
Bimsstein	0,65	Wachs	0,95
Elfenbein	1,88	Zement	1,2–2,8
Gips	2,96	Ziegel	1,5
Glas	2,4–4,7	Zucker	1,6
Granit	2,77	**Flüssigkeiten**	
Harz	1,07	Aceton	0,79
Holz	0,4–1,3	Äther	0,71
Kalkstein	2,25	Äthylalkohol	0,791
Kaolin	2,2	Benzin	0,7
Kautschuk	0,94	Benzol	0,881
Kies	1,8	Chloroform	1,5
Klinker	2,0	Eiweiß	1,04
Knochen	1,8	Essigsäure	1,049
Kochsalz	2,16	Glycerin	1,26
Kork	0,3	Leinöl	0,93
Kreide	2,4	Meerwasser	1,026
Lava	2,6	Olivenöl	0,913
Leder	0,9	Petroleum	0,85
Lehm	1,8	Terpentinöl	0,87
Marmor	2,7	Wasser	1,00
Mensch	1,04		
Mörtel	1,75	**Gase** (in g/l)	
Papier	0,92	Ammoniak	0,78
Paraffin	0,87	Acetylen	1,18
Pech	1,08	Kohlendioxid	1,98
Porzellan	2,1–2,7	Kohlen-	
Quarz	2,65	monoxid	1,25
Sand	1,4–2,0	Luft	1,29
Sandstein	2,3	Methan	0,72
Schafwolle	1,32	Ozon	2,14
Schiefer	2,65	Propan	2,0
Steingut	2,3	Stickoxydul	1,98

Dichte der chemischen Elemente □ 148/149.

Didache w (gr.), *Zwölfapostellehre*, in der 1. Hälfte des 2. Jh. wahrscheinl. in Syrien entstandene Kirchenordnung.

Didaktik w (gr.), die Wiss. des Lehrens; befaßt sich als Teil der Pädagogik mit der Unterrichtsmethodik od. speziell mit den Bildungswerten.

didaktisch, lehrhaft.

Diderot (: -o), *Denis*, frz. Schriftsteller u. Philosoph der Aufklärung, 1713–84; Leiter der ↗Enzyklopädie; auch Romane u. Dramen.

Dido, sagenhafte Gründerin von Karthago; tötete sich, weil von Äneas verlassen.

Diebstahl, Wegnahme einer fremden bewegl. Sache mit der Absicht der rechtswidrigen Aneignung. Unterschieden wird: einfacher D., schwerer D. (Einbruch), räuberischer D. (Gewalt gg. Personen); mit Freiheitsstrafen geahndet.

Dieburg, hess. Stadt östl. v. Darmstadt, 13000 E.; Bischöfl. Knabenkonvikt. Tonwaren.

Dieckmann, *Johannes*, 1893–1969; seit 49 Präs. der Volkskammer der DDR (LDPD).

Diedenhofen, frz. *Thionville*, lothring. Ind.-Stadt an der Mosel, 38000 E.; Maschinenfabriken, Hochöfen.

Diederichs, *Eugen*, Verleger, 1867–1930; Hrsg. kulturell bedeutsamer Werke.

Dielektrikum s, jeder isolierende Stoff, also elektr. Nichtleiter.

Diels, *Otto*, 1876–1954; 1950 Chemie-Nobelpreis. Forschte über Kohlensuboxid, erfand mit K. ↗Alder die Diensynthese.

Carl Diem

Diem, *Carl*, dt. Sportorganisator u. -wissenschaftler, 1882–1962; seit 1947 Rektor der dt. Hochschule für Leibesübungen in Köln. *C.-D.-Plakette*, v. DSB 52 gestiftet u. jährl. für hervorragende sport-wiss. Arbeiten verliehen.

Dieme w, *Diemen* m, ↗Feime. [hen.

Diemel w, l. Nebenfluß der Weser, mündet bei Karlshafen, 80 km lang. Talsperre mit Kraftwerk bei Helminghausen.

Diene, *Diolefine*, Kohlenwasserstoffe mit 2 Doppelbindungen.

Dienstbarkeit, das Recht auf bestimmten Gebrauch od. sonstige Nutzung einer fremden Sache od. eines fremden Rechts. ↗Dingl. Recht.

Dienste, stabförmige Wand- od. Pfeilervorlagen (Viertel-, Halb- od. Dreiviertelsäulen).

Dienstenthebung ↗Suspension.

Dienststrafverfahren, *Disziplinarverfahren*, Verfahren zur Aufklärung u. Bestrafung v. ↗Dienstvergehen.

Dienstvergehen, bes. erhebl. schuldhafte Amtspflichtverletzungen der Beamten. ↗Dienststrafverfahren.

Dienstvertrag, Vertrag, durch den der eine Teil sich zur Leistung v. Diensten, der andere zur Bezahlung verpflichtet. In der BRD gelten heute meist nicht mehr die Bestimmungen des BGB, sondern Sonderbestimmungen (↗Arbeitsvertrag, ↗Tarifvertrag).

Dientzenhofer, bayer. Baumeisterfamilie, die in den 5 Brüdern *Georg, Wolfgang, Christoph, Leonhard* u. *Johann* den süddt. bzw. böhm. Barock maßgebl. bestimmte (Bamberger Residenz, Kloster Banz, Dom zu Fulda, Ordensbauten in Tepl u. Prag). Christophs Sohn *Kilian Ignaz* (1689–1751), Meister des Spätbarock in Prag u. Grüssau.

Denis Diderot

Diepholz, niedersächs. Krst. und ehem. Hauptort der *Grafschaft D.*, an der Hunte, 14500 E.; Schloß (15. Jh.).

Dieppe (: diäp), frz. Krst. u. Seebad, am Kanal, 30000 E. – August 1942 mißglückter erster brit. Landungsversuch.

Dies m (lat.), Tag, Termin. **D. academicus,** vorlesungsfreier Tag an Hochschulen.

G. Dientzenhofer: Dreifaltigkeitskirche in Kappel bei Waldsassen

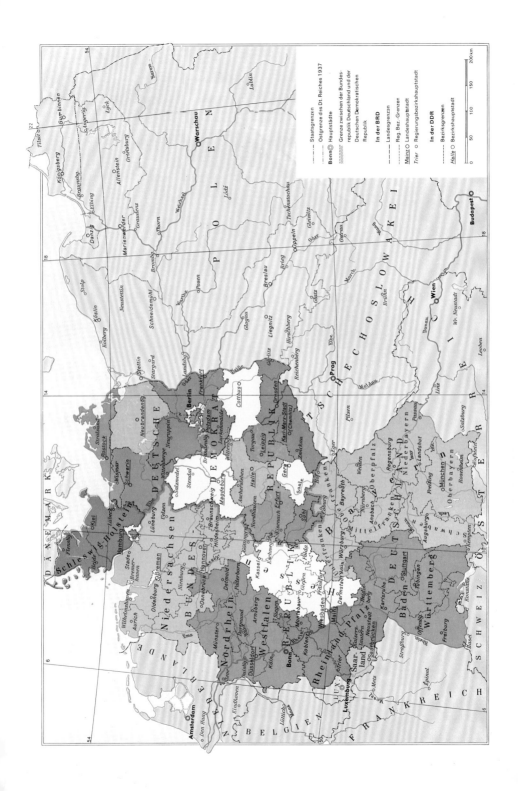

Staatsgrenzen

Ostgrenze des Dt. Reiches 1937

Bonn ⊙ Hauptstädte

Grenze zwischen der Bundesrepublik Deutschland und der Deutschen Demokratischen Republik

In der BRD

Landesgrenzen

Reg. Bez.-Grenzen

Mainz ○ Landeshauptstadt

Trier ○ Regierungsbezirkshauptstadt

In der DDR

Bezirksgrenzen

Halle ○ Bezirkshauptstadt

0   50   100   150   200 km

101 Island
102 Norwegen
103 Schweden
104 Finnland
105 Irland (Eire)
106 Groß-britannien
107 Dänemark
108 Niederlande

109 Belgien
110 Luxemburg
111 BRD
112 DDR
113 Polen
114 Tschecho-slowakei
115 Sowjetunion
116 Frankreich

117 Schweiz
118 Liechtenstein
119 Österreich
120 Ungarn
121 Rumänien
122 Bulgarien
123 Portugal
124 Spanien

201 Kapverde
202 Guinea-Bissau
125 Andorra
126 Monaco
127 Italien
128 Vatikanstadt
129 San Marino

203 Sao Tomé u. Prinzipe
130 Jugoslawien
131 Albanien
132 Griechenland
133 Türkei
134 Zypern

204 Angola

205 Marokko

206 Algerien
207 Tunesien
208 Dschibuti

209 Libyen
210 Ägypten
211 Mauretanien
212 Senegal
213 Seychellen

214 Gambia
215 Mali
216 Moçambique
217 Niger
218 Tschad
219 Komoren

① E u r o p a
② A f r i k a
③ A s i e n
AUSTRALIEN

220 Sudan
221 Äthiopien
222 Somalia
223 Guinea
224 Sierra Leone
225 Liberia
226 Elfenbeinküste
227 Obervolta

228 Ghana
229 Togo
230 Benin
231 Nigeria
232 Kamerun
233 Zentralafrik. Republik
234 Äquatorial-Guinea
235 Gabun

236 Kongo (Brazzaville)
237 Zaire
238 Uganda
239 Kenia
240 Ruanda
241 Burundi
242 Tansania
243 Malawi

244 Sambia
245 Rhodesien
246 Botswana
247 Swaziland
248 Südafrik. Rep.
249 Lesotho
250 Madagaskar
251 Mauritius

Flaggen der Staaten
und internationaler Organisationen

Die Flaggen sind nach der geographischen Lage der zugehörigen Staaten geordnet

Die erste Ziffer der den Staaten beigefügten Schlüsselzahlen bedeutet die regionale Zuordnung. 1 ist die Kennziffer für Europa, 2 für Afrika, 3 für Asien (und Australien), 4 für Nord- und Mittelamerika, 5 für Südamerika. Die 2. und 3. Ziffer ermöglicht das Auffinden der Staaten in der Karte.

 401 Kanada

 402 USA

 403 Mexiko

 404 Bahamas

 405 Kuba

 406 Jamaica

 407 Haiti

408 Dominikan. Republik

 Vereinte Nationen

 Europarat

 Europäische Union

 Nato

 Internat. Rotes Kreuz

 409 Guatemala

410 Honduras

411 El Salvador

412 Nicaragua

 301 Libanon

 302 Israel

④ Nord-

und

Mittel-

Amerika

 413 Panama

414 Costa Rica

 303 Syrien

 304 Saudi-Arabien

305 Kuwait

306 Jordanien

415 Grenada

416 Barbados

 307 Irak

 308 Föderation Arab. Emirate

309 Oman

310 Bahrain

315 Malediven

417 Trinidad u. Tobago

 311 Katar

 312 Iran

 313 Afghanistan

 314 Jemen

 501 Guyana

⑤ Südamerika

 316 VR Jemen

 317 Indien

 318 Nepal

 319 Pakistan

320 Bhutan

 502 Venezuela

 321 Sri Lanka

 322 Burma

 323 Thailand

 324 Laos

 325 Kambodscha

 503 Kolumbien

509 Paraguay

 326 Bangla Desh

327 Vietnam

328 China

329 Mongolei

 504 Ecuador

510 Chile

 330 Nordkorea

331 Südkorea

332 Japan

333 Taiwan

334 Philippinen

505 Peru

507 Surinam

511 Argentinien

 335 Malaysia

 336 Singapur

337 Indonesien

338 Niugini

339 Australien

506 Brasilien

508 Bolivien

512 Uruguay

 340 Neuseeland

341 Tonga

342 Fidschi

343 West-Samoa

344 Nauru

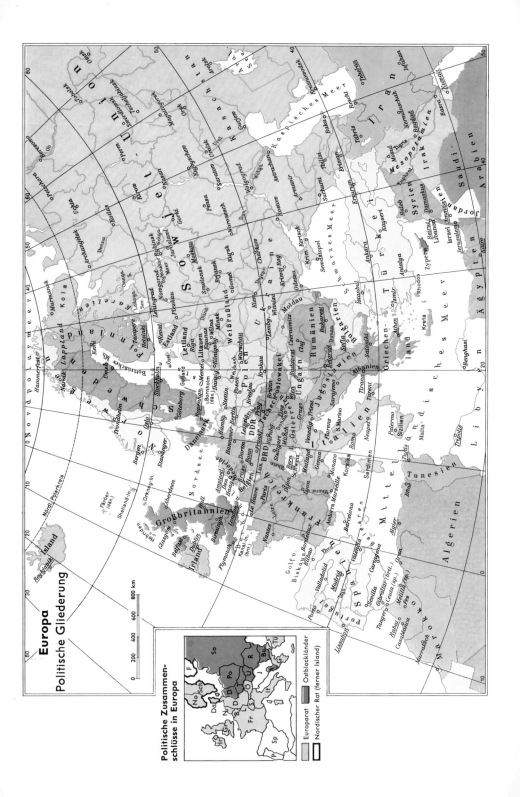

Europa
Politische Gliederung

0 200 400 600 800 km

Politische Zusammenschlüsse in Europa

Europarat
Ostblockländer
Nordischer Rat (ferner Island)

Dieselmotor, erfunden v. Ingenieur *Rudolf Diesel* (1858–1913); Schwerölmotor ohne bes. Zündanlage. In den Zylindern wird angesaugte reine Luft durch die Kolben verdichtet u. auf 500–700° C erhitzt. Eine Brennstoffpumpe spritzt durch eine Düse feinvernebelten Brennstoff *(Dieselkraftstoff)* ein, der ohne Explosion sofort brennt u. während des ganzen Kolbenniedergangs Arbeit leistet. Viertakt- od. Zweitaktmotor. Die Kühlung erfolgt durch Wasser od. Luft, das Anlassen mittels Preßluft od. elektrisch. Der moderne D. nützt 30–38% der Brennstoffenergie aus u. ist stets betriebsbereit; der D.-Brennstoff ist nicht explosibel. Verwendet in Elektrizitätswerken, Schiffen, Lokomotiven, Eisenbahntriebwagen, Lastautos, Schleppern, auch in PKW u. Flugzeugen. Kleinst-D. als Hilfsmotor für Fahrräder. ☐ 1041.

Dies irae (lat. = Tag des Zorns), im 13. Jh. entstandener Hymnus auf das Weltgericht.

Dießen, oberbayer. Markt am Ammersee, 7400 E.; Rokokokirche des ehem. Augustinerstiftes (1140/1803), jetzt Mutterhaus der Barmherzigen Schwestern. Kinderdorf.

Diesterweg, *Adolf,* deutscher Pädagoge, 1790–1866; Förderer der Lehrerbildung u. der Volksschulpädagogik im Geiste Pestalozzis.

Dietrich, Haken zum Öffnen v. Schlössern.

Dietrich, 1) *Marlene,* dt. Filmschauspielerin u. Chansonsängerin, *1904(?); *Der blaue Engel.* 2) *Sixt,* um 1490–1548; Meister der luth. Kirchenmusik.

Dietrich v. Bern (Verona), Held der dt. Sage, histor. der König ↗Theoderich.

Dietzenbach, hess. Stadt s. ö. von Frankfurt, 23500 E.; Elektro-Industrie.

Dietzfelbinger, *Hermann;* dt. luther. Theologe, * 1908; 55/75 Landesbischof v. Bayern, 67/73 Vors. des Rates der EKD.

Dievenow *w* (: -nō), östl. Mündungsarm der

diffamieren (lat.), verleumden. [Oder.

differential (lat.), Maß- u. Richtungsunterschiede betreffend. **D.** *s,* in der Infinitesimalrechnung: nach Null strebende Größe. **D.geometrie,** Behandlung geometr. Probleme bei Kurven u. Flächen mittels der Dif-

Differentialgetriebe: Funktionsweise bei Geradeausfahrt (1) und Kurvenfahrt (2) eines Kraftwagens mit D. Beachte das Verhalten der beiden Ausgleichskegelräder

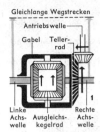

Gleichlange Wegstrecke
Antriebswelle
Gabel Tellerrad
Linke Achswelle Ausgleichskegelrad Rechte Achswelle

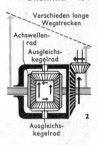

Verschieden lange Wegstrecken
Achswellenrad
Ausgleichskegelrad
Ausgleichskegelrad

Rudolf Diesel

ferentialrechnung. **D.getriebe,** *Ausgleichsgetriebe,* Räderwerk, dessen Anordnung versch. Übersetzungsverhältnisse u. Drehsinne ermöglicht. **D.gleichung,** Gleichung die neben x u. y auch deren D.quotienten enthält. **D.quotienten,** Grenzwerte v. Folgen v. Differenzquotienten mit nach Null strebenden Differenzen. **D.rechnung,** Teilgebiet der ↗Infinitesimalrechnung; leitet aus stetigen Funktionen neue, meist einfachere Funktionen ab.

Differenz *w* (lat.), 1) Unterschied, Meinungsverschiedenheit. 2) Ergebnis der Subtraktion. **differenzieren,** unterscheiden.

differieren, verschieden sein, abweichen.

diffizil (lat.), schwierig, heikel.

Diffraktion *w* (lat.), ↗Beugung (des Lichts).

diffus (lat.), zerstreut (v. Licht).

Diffusion *w* (lat.), das durch Wärmebewegung bedingte langsame Wandern u. Vermischen v. Molekülen u. Ionen in Gasen u. Lösungen.

Digest *m* (: daidsch ißt, engl.), Überblick: v. Gesetzen, Zeitschriftauszügen.

Digesten (Mz., lat.) ↗Pandekten.

Digitalis, Herzmittel, ↗Fingerhut.

Digitalrechner (lat.), ziffernverarbeitender ↗Rechenautomat.

Dijon (: dischōn), Hst. des frz. Dep. Côte-d'Or, 155000 E.; Bischof; Univ.; seit 11. Jh. Hst. des Htm. Burgund, 1477 frz. – Werke der Gotik (Kathedralen Notre Dame u. St-Bénigne, Mosesbrunnen v. Sluter) u. der Renaissance: Fassade v. St-Michel, Palais der Hzg.e v. Burgund (15./17. Jh.) (heute Museum). [mit 2 Keimblättern.

Dikotyledonen, *Dikotylen,* Blütenpflanzen

Diktat *s* (lat.), 1) nach Vorgesprochenem Geschriebenes, auch das Vorgesprochene selbst. 2) Zwang.

Diktator, altröm. Staatsmann mit höchster Vollmacht in Notzeit (für längstens 6 Monate); allg.: unumschränkter Herrscher.

Diktatur (Bw. *diktatorisch*), 1) Amt u. Amtszeit des altröm. Diktators. 2) in der NZ die durch Revolution od. Usurpation der staatl. Macht entstandene unumschränkte Herrschaft eines einzelnen od. einer Gruppe.

diktieren, zum Nachschreiben vorsprechen; befehlen. **Diktiergerät,** zur Aufnahme gesprochener Mitteilungen (Diktat, Telefonat), meist als Magnetbandgerät.

Diktion, Schreibart, Redeweise.

Dilatation *w* (lat.), Dehnung. **dilatorisch,** verschleppend; aufschiebend.

Dilemma *s* (gr.), Zwangslage, Wahl zw. 2 gleichen unangenehmen Möglichkeiten.

Marlene Dietrich

Differentialrechnung

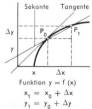

Sekante Tangente
Δy P_0 P_1
y
x Δx
Funktion y = f (x)
$x_1 = x_0 + \Delta x$
$y_1 = y_0 + \Delta y$

$P_0(x_0 y_0) \rightarrow y = f(x)$
$P_1(x_1, y_1) \rightarrow y + \Delta y = f(x + \Delta x)$
$\Delta y = f(x + \Delta x) - f(x)$

Differenzenquotient
$$\frac{\Delta y}{\Delta x} = \frac{f(x + \Delta x) - f(x)}{\Delta x}$$

Wenn Δx immer kleiner wird und im Grenzwert gegen 0 geht (lim Δx → 0), Übergang zum

Differentialquotient = Ableitung
$$\lim_{\Delta x \to 0}\frac{\Delta y}{\Delta x} = \lim_{\Delta x \to 0}\frac{f(x+\Delta x)-f(x)}{\Delta x}$$

Der Differentialquotient einer Funktion ist wieder eine Funktion.

Andere Schreibweise:
$$\frac{dy}{dx} = f'(x) = y'$$

dx und dy heißen Differentiale
f'(x) bzw. y' die *Ableitung* der Funktion f(x)

Dilettant *m* (it.), Liebhaber, Nichtfachmann, auch Stümper. **dilettantisch,** oberflächlich, stümperhaft.
Dill *m,* fenchelähnl. Gewürz-(Gurken-)Kraut aus den Mittelmeerländern. ☐ 452.
Dill *w,* r. Nebenfluß der Lahn, mündet bei Wetzlar, 54 km lang.
Dillenburg, hess. Stadt (Lahn-Dill-Kr.), 23700 E.; Stahlwerk, eisen- u. holzverarbeitende, Textil-, chem. Ind. Die *Dill-Talsperre* bei D. faßt 4,5 Mill. m³.
Dillingen, 1) *D. an der Donau,* bayer.-schwäb. Krst. an der Donau, 16000 E.; Akademie für Lehrerfortbildung, Benediktinerkolleg, Mutterhaus der Franziskanerinnen, Gymnasium; fr. Residenz der Augsburger Bischöfe; 1549/1804 Univ. **2)** *D./Saar,* saarländ. Industriestadt n.w. von Saarlouis, 21500 E.; Eisenhütten, Metall-Ind.
Dilthey, *Wilhelm,* dt. Philosoph u. Psychologe, 1833–1911; begr. das „Verstehen" als eigene geisteswiss. Methode im Ggs. zum naturwiss. „Erklären" u. entwarf eine ⁄Lebensphilosophie.
Diluvium *s* (lat.), zweitjüngste, nur noch v. Alluvium der Gegenwart bedeckte geolog. Formation. Im D. die ⁄Eiszeit, in der der prähistor. Mensch *(Diluvialmensch)* auftritt. ☐ 237.
Dimension *w* (lat.), **1)** Ausmaß, Größenordnung. **2)** Potenz eines mathemat. Größe. **3)** die Darstellung einer physikal. Größe durch die Verknüpfung v. Grundgrößen (D. der Geschwindigkeit = Länge/Zeit).
Dimerisation *w* (gr.), Zusammenlagerung v. 2 gleichen Molekülen. ⁄Polymerisation.
diminuendo (it.), Musik: leiser werdend.
Diminutiv *s* (lat.), Verkleinerungswort.
Dimitroff, *Georgii,* bulgar. Kommunistenführer, 1882–1949; 1933/43 Generalsekretär der ⁄Komintern; 46/49 bulgar. Min.-Präsident.
Dimorphismus *m* (gr.), Zweigestaltigkeit, Verschiedenheit im Aussehen bei derselben Tierart; *Geschlechts-D.* zw. Männchen u. Weibchen; *Saison-D.* jahreszeitl. bedingt (Färbung). Ähnlich auch bei Pflanzen.
DIN, Abk. für **Das Ist Norm** (fr. **Dt. Ind.-Normen),** Zeichen für die Normen der ⁄Papierformate, Maschinenteile, Schriften usw.
Dinar *m,* ☐ 1144/45.
Dinarische Alpen, *Dinarisches Gebirge,* Faltengebirge in Dalmatien u. Bosnien, verkarstete Kalkhochflächen (Troglav 1913 m, Dinara 1831 m).
Dinarische Rasse, eine europide ⁄Rasse.
Diner *s* (: dinε, frz.; Ztw. *dinieren),* **1)** Hauptmahlzeit. **2)** Festessen.
Ding, german. der Termin der Versammlung aller freien Männer; dann Gericht, Dingstätte (altnord. *thing).*
Dingelstedt, *Franz Frh. v.,* 1814–81; Dir. des Wiener Burgtheaters.
Dingi *s,* kleinstes Beiboot; als Klassenboot für die Segelregatten weiterentwickelt: ⁄Finn-Dingi.
dingliches Recht, Recht an einer Sache; nach dem BGB: Eigentum, Erbbaurecht, Dienstbarkeiten, dingliches Vorkaufsrecht, Reallasten, Hypothek, Grundschuld, Rentenschuld u. Pfandrecht.

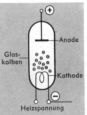

Diode

Dingi: oben 12-Fuß-D., unten 14-Fuß-D.

Dingo *m,* australischer Wildhund.
Dingolfing, niederbayer. Krst. an der unteren Isar, 13800 E.; Autofabrik, Eisengießereien. Schloß (Backsteinbau, 15. Jh.).
DIN-Grad, Maß für die Empfindlichkeit einer photograph. Emulsion.
Dinkel, *Spelt, Spelz m,* Art des Weizens; bei ihm sind die Körner v. den Spelzen fest umschlossen. Unreifer D. liefert gedörrt den ⁄Grünkern. ☐ 325.
Dinkelsbühl, bayer. Stadt in Mittelfranken, mit mittelalterl. Stadtbild, 10800 E.; spätgot. St.-Georgs-Kirche (1448/99); um 1270 Reichsstadt.
Dinner *s* (engl.), **1)** engl. Hauptmahlzeit, hauptsächl. abends. **2)** Festessen.
Dinosaurier, fossile Reptilien des Mesozoikums, z.T. mächtige Landtiere (bis 11 m hoch u. 30 m lang): *Sauropoden* (Brontosaurus), *Theropoden* mit Vogelkopf, *Ornithopoden* (Iguanodon und Stegosaurus). ☐ 856.
Dinslaken, Stadt am Nordrand des rhein.-westfäl. Industriegebietes, 58000 E.; Metall-Ind., Kohlenbergbau, Ölraffinerie.
Diode *w* (gr.), die einfachste Elektronenröhre mit 2 Elektroden, auch Halbleiter-D.
Diodor, griech. Geschichtsschreiber in Sizilien, 1. Jh. v. Chr.
Diogenes v. Sinope, griech. Philosoph (Kyniker), 4. Jh. v. Chr.; Bedürfnislosigkeit als Ideal.
Diokletian, röm. Ks. 284/305; schuf eine neue Herrschaftsordnung u. Reichseinteilung, verfolgte seit 303 die Christen, dankte ab.
Diolen *s,* eine Kunstfaser. [ab.
Diomedes, griech. Held vor Troja.
Dionys(ios), Tyrannen v. Syrakus: **D. d. Ä.,** 405/367 v. Chr.; bedeutender Staatsmann. **D. d. J.,** 367/344 v. Chr.
dionysisch, rauschhaft. Ggs. ⁄apollinisch.
Dionysius, hl. (9. Okt.), im 3. Jh. 1. Bischof v. Paris, Martyrer; einer der 14 ⁄Nothelfer. **D. Areopagita,** Pseud. eines Verf. myst. Schriften, um 500; bezeichnete sich als den in der Apostelgeschichte erwähnten Paulusschüler; suchte Neuplatonismus u. christl. Lehre zu vereinbaren; v. großem Einfluß auf die myst. Philosophie des MA. **D. Exiguus,** um 470 bis um 550; Mönch in Rom, kirchl. Schriftsteller u. Übersetzer. Begr. der christl. Zeitrechnung.
Dionysos, griech. Naturgottheit, bes. Weingott, lat. Bacchus; aus ekstat. Umzügen ihm zu Ehren soll das Drama entstanden sein.
Diopter *s* (gr.), opt. Zielvorrichtung.
Dioptrie *w* (gr.), Abk. dpt, Maßeinheit für die brechende Kraft einer Linse, umgekehrter Wert der in m gemessenen Brennweite f, also dpt = 1/f.
Dior, *Christian,* frz. Modeschöpfer, 1905 bis 1957; bestimmte maßgebl. die Pariser Mode.
Diorit *m,* körniges Tiefengestein.
Dioskuren, in der griech. Sage die Zwillingsbrüder Kastor u. Polydeukes (lat. Pollux), Söhne des Zeus und der Leda.
Diotima, 1) griech. Priesterin, spricht in Platons „*Gastmahl"* über das Wesen der Liebe. **2)** Figur in ⁄Hölderlins „Hyperion" (nach Susette Gontard).

Blühender Diptam

Paul Dirac

Diözese w (gr.), ↗Bistum. Diözesan, Bistumsangehöriger. Diözesan-(Residenzial-)Bischof, der eine D. leitende Bischof. Diözesansynode, Versammlung v. Vertretern des Diözesanklerus unter dem Bischof. Diözesanrat, in den dt. Bistümern nach dem 2. Vatikan. Konzil geschaffener Rat aus Laien (in einigen Diözesen Laien u. Priestern) zur Unterstützung des Bischofs. Diphenyl s, aromat. Kohlenwasserstoff, $C_6H_5-C_6H_5$, Bestandteil des Steinkohlenteers. D.amin s, $(C_6H_5)_2NH$, Abkömmling des Anilins, Reagens auf Salpetersäure, zur Farbstoffherstellung. Diphtherie w (gr.), Halsbräune, eine bes. Kindern sehr gefährl. Infektionskrankheit der Rachen-, Nasen- u. Kehlkopfschleimhaut durch den D.bazillus, mit Fieber u. häutigem Belag auf Mandeln u. Kehlkopf, durch dessen Verstopfung oft Erstickung (dagegen Luftröhrenschnitt) od. infolge der Giftwirkung Herzlähmung erfolgt. Schutzimpfung mit entgiftetem Toxin (Toxoid). ☐ 420.

Diphthong m (gr. = Doppellaut), der Zwielaut, z. B. ei, au. diploid (gr.) sind Zellen mit doppeltem ↗Chromosomen-Satz. Diplom s (gr.), 1) amtl. Ernennungs- od. Verleihungsurkunde (Adels-, Doktor-, Meister-D. usw.). 2) akadem. Grad nach vorgeschriebenem Studium u. bestandener D.(haupt)prüfung.

Diplomtitel

Dipl.-Astronom	Dipl.-Kaufmann
Dipl.-Biochemiker	Dipl.-Landwirt
Dipl.-Biologe	Dipl.-Mathematiker
Dipl.-Brauingenieur	Dipl.-Meteorologe
Dipl.-Chemiker	Dipl.-Mineraloge
Dipl.-Dolmetscher	Dipl.-Ozeanograph
Dipl.-Forstwirt	Dipl.-Pädagoge
Dipl.-Gärtner	Dipl.-Physiker
Dipl.-Geograph	Dipl.-Politologe
Dipl.-Geologe	Dipl.-Psychologe
Dipl.-Geophysiker	Dipl.-Sozialwirt
Dipl.-Gewerbelehrer	Dipl.-Sozial-
Dipl.-Handelslehrer	wissenschaftler
Dipl.-Holzwirt	Dipl.-Soziologe
Dipl.-Ingenieur	Dipl.-Theologe
	Dipl.-Übersetzer
	Dipl.-Volkswirt

Diplomat m (gr.), Vertreter eines Staates bei einem anderen; genießt im Gastland diplomat. Vorrechte: Unverletzlichkeit der Person, des Amtssitzes (↗Exterritorialität) u. des Briefverkehrs. Die D.en in einer Hauptstadt bilden das Diplomat. Corps (↗Doyen). Das D.enrecht 1961 in der „Wiener Konvention über diplomat. Beziehungen" neu gefaßt. Diplomatie w, Staatskunst; Regelung der zwischenstaatl. Beziehungen. Diplomatik w (gr.), Urkundenlehre. Dipol m (gr.), zwei in einem räuml. Abstand angebrachte elektr. od. magnet. Ladungen ungleichen Vorzeichens; natürl. D. Atomkerne, Moleküle; techn. Anwendung: Abstrahlung einer elektromagnet. Welle durch einen period. wechselnden D. in einer Antenne. ☐ 29. dippen, Gruß v. Schiff zu Schiff durch mehrmals kurzes Niederlassen der Flagge.

Dipol-Feld

Diptychon: Elfenbein-D. mit dem Kaiser Honorius (5. Jh.)

Diptam m, Dictamnus, Rautengewächs, meterhohe, weiß bis rot blühende Heilpflanze, unter Naturschutz. Dipteren w (gr.), ↗Zweiflügler. Diptychon s (gr.), 1) in der Spätantike zusammenlegbare zweiteil. Notiztafel, innen mit Wachsüberzug, außen mit Reliefschmuck. 2) zweiteiliger Flügelaltar. Dirac (: -rak), Paul, engl. Physiker, * 1902; 33 Nobelpreis für Arbeiten zur Atomphysik. Directoire s (: -t⁰ar), frz. klassizist. Stil während der ↗Direktoriums. direkt (lat.), unmittelbar. d.e Rede, Wiedergabe der Worte eines Dritten in unveränderter Form. Direktion w, Richtung; Leitung. Direktive w, Richtschnur. Direktor, Leiter. Direktorium, Vorstand; 1795/99 aus 5 Mitgl. bestehende oberste Regierungsbehörde im Fkr. der Revolution; auch Bz. für die Reg.-Zeit des D. Direktrice (: -riß), Leiterin. [od. Chorleiter. Dirigent m (lat.; Ztw. dirigieren), Orchester-Dirks, Walter, dt. Publizist, * 1901; 23/33 Kulturschriftleiter der Rhein-Mainischen Volkszeitung, seit 45 Mit-Hrsg. der Frankfurter Hefte; 56/66 Leiter der Kultur-Abt. am Westdt. Rundfunk. Dirlitze w, ↗Kornelkirsche. Dirschau, poln. Tczew (: tschef), Ind.-Stadt l. der unteren Weichsel, 40000 E. Disagio s (: dißadscho, it.-frz.), Abschlag, Abzug. Ggs.: ↗Agio.

Directoire: „Madame Récamier" von J. L. David

Discount (: dị̈ßkaunt, engl.), Preisnachlaß. **D.handel,** bietet in einfach ausgestatteten *D.geschäften* Waren zu Preisen an, die z. T. erhebl. unter den empfohlenen od. handelsübl. Preisen liegen.

Disengagement *s* (: dißinge^{l}dsehm^{e}nt, engl.), polit. Schlagwort für das Auseinanderrücken zweier Machtblöcke, den Abzug od. die Verringerung v. Truppen in Grenzzonen benachbarter Staaten.

Disentis, rätoroman. *Mustèr,* Schweizer Bez.-Hauptort in Graubünden, 4000 E.; älteste Schweizer Benediktinerabtei.

Diseuse *w* (: -sös^e, frz.), Vortragskünstlerin, die bes. beim Kabarett rezitiert u. singt.

Disharmonie *w* (gr.), Mißton, Uneinigkeit.

Diskant *m* (lat.), **1)** hohe Stimmlage. **2)** *Discantus,* Gegenstimme über der Melodie (cantus firmus).

Diskont *m* (it.), bei der Kreditgewährung im voraus v. Nennbetrag abgezogener Zins. Banken kaufen Wechsel unter Abzug des D. bis zum Verfalltag an *(diskontieren),* verkaufen diese ihrerseits an die Notenbank, wobei ihnen der amtl. *D.satz* abgezogen wird *(rediskontieren).* ↗Geldmarktpolitik.

Diskontinuität *w* (lat.; Bw. *diskontinuierlich),* Zusammenhanglosigkeit.

Diskordanz *w* (lat.), Uneinigkeit.

Diskothek *w* (gr.), Schallplattensammlung.

diskreditieren (lat.), in Verruf bringen.

Diskrepanz *w* (lat.), Mißverhältnis, Zwiespalt.

diskret (lat.), rücksichtsvoll, verschwiegen.

Diskriminierung *w* (lat.), Herabsetzung.

diskurrieren (lat.), ausführl. reden. **Diskurs** *m,* Gespräch. *diskursiv,* schlußfolgernd.

Violett
Indigo
Blau
Grün
Gelb
Orange
Rot
Weiß

Dispersion: Entstehung eines Spektrums durch D. in einem Prisma

Tarierschraube

Wurfrichtung

60°

Diskus: Querschnitt durch einen Sport-D. und Wurfanlage

Diskus *m* (gr.-lat.), Sportgerät, Scheibe zum Weitwurf, bei den Griechen aus Stein od. Bronze, heute aus Holz mit einem Metallkern u. einem Metallring.

Diskussion *w* (lat.), Aussprache. **diskutieren,** erörtern. *diskutabel,* erwägenswert.

Disney (: dißn^i), *Walt,* am. Filmregisseur, 1901–66; Zeichentrickfilme u. Dokumentarfilme; u. a. *Mickey Mouse, Pinocchio, Bambi, Die Wüste lebt.*

Diskus-Werfen: Die Wurfweite bestimmen hohe Drehgeschwindigkeit, Körperstreckung im Abwurf und Abwurfwinkel

Distichon:

Walt Disney: Mickey Mouse u. Donald Duck

disparat (lat.), unvereinbar. **Disparität** *w,* Ungleichheit.

Dispatcher *m* (: dißpätsch^{e}r, engl. = Abfertiger), regelt den reibungslosen Ablauf der Produktion in Großbetrieben.

Dispens *w* (lat.; Ztw. *dispensieren),* Aufhebung einer Verpflichtung im Einzelfall.

Dispersion *w* (lat.), ↗Farbenzerstreuung.

Displaced Persons (: dißple'ßd pö^{r}ß^{e}nß, engl.), die während des 2. Weltkrieges nach Dtl. zur Zwangsarbeit gebrachten Ausländer.

Disponent *m* (lat.), kaufmänn. Angestellter mit Verfügungsbefugnis in einem Geschäftsbereich. **disponibel,** verfügbar. **disponieren** (lat.), verfügen. **disponiert,** aufgelegt, empfänglich. **Disposition** *w* (lat.), Anordnung, Anlage, freie Verfügung. *Zur D.* (z. D.) *stellen,* zur Verfügung stellen; in zeitweiligen Ruhestand versetzen. *D.sfonds,* Summe, über die die Verwaltung frei verfügen kann.

Disput *m* (lat.), Wortwechsel.

Disputation *w,* Gelehrtengespräch.

Disqualifikation *w* (lat.), Untauglichkeit(serklärung). **disqualifizieren,** einen Sportler aus einem Wettkampf wegen Regelverstoßes od. Verletzung der Disziplin ausschließen.

Disraeli (: -re^i-), *Benjamin,* seit 1876 *Earl of Beaconsfield,* 1804–81; 68 u. 74/80 engl. Premier (Tory), festigte Engl.s Weltstellung.

Dissens *m* (lat.), Meinungsverschiedenheit.

Dissenters (Mz., engl. = Andersdenkende), in Engl. Bz. für die nicht zur anglikan. Staatskirche gehörenden ev. Christen.

Dissertation *w* (lat.), ↗Doktor.

Dissidenten (Mz., lat.), Bz. für alle Konfessionslosen od. Mitgl. einer staatl. nicht anerkannten religiösen Gemeinschaft.

Dissimilation *w* (lat.), Stoffabbau durch Atmung bei Lebewesen.

Dissonanz *w* (lat.), ↗Konsonanz.

Dissoziation *w* (lat.), Spaltung v. Molekülen in ↗Ionen. ↗Elektrolyse.

Distanz *w* (lat.), Abstand. **distanzieren,** Abstand herstellen. **Distanzkauf** ↗Versendungskauf.

Distel, stachlige Korbblütler (Kratz-, Nick-, Stachel-, Acker-, Kohl-D.); Färber-D. ↗Saflor; Silber- od. Wetter-D. (↗Eberwurz); Zierpflanzen: Esels- u. ↗Kugel-D. ☐ 454. **D.falter,** Tagschmetterling, 50–60 mm, Flügel braungescheckt.

Distelfink, *Stieglitz,* Finkenvogel. ☐ 1045.

Distichon:

"Distichen sind wir. Wir geben uns nicht für mehr noch für minder. Sperre du immer, wir ziehen über den Schlagbaum hinweg." (Xenien)

Distichon *s* (gr.), Verspaar, meist aus Hexameter u. Pentameter; verwendet u. a. in der Antike, in den "Xenien" Goethes u. Schillers.

Distinktion *w* (lat.), **1)** Unterscheidung. **2)** hoher Rang. *distinguiert,* vornehm.

Distler, *Hugo,* dt. Komponist, 1908–42; komponierte neben Instrumentalwerken bes. geistl. u. weltl. Chormusik.

Distorsion *w* (lat.), ↗Verstauchung.

Distribution w (lat.), Verteilung.
Distributivgesetz (lat.), verknüpft Addition mit Multiplikation: $a \cdot (b + c) = a \cdot b + a \cdot c$.
Distrikt m (lat.), Bezirk.
Disziplin w (lat.), Zucht; Wissenschaftszweig. *diszipliniert*, zuchtvoll.
Disziplinargewalt, Strafbefugnis der Vorgesetzten. **Disziplinarverfahren** ⟋Dienststrafverfahren.
Dithmarschen, westholstein. Landschaft, zw. Elbe u. Eider, fruchtbarer Marschboden mit Weidewirtschaft. Hauptort v. *Norder-D.:* Heide, v. *Süder-D.:* Meldorf. Im MA Bauernrepublik.
Dithyrambus m (gr.), feierliche Lobrede.
dito, *ditto* (it.), ebenso; das nämliche.
Ditters v. Dittersdorf, *Karl,* östr. Komponist, 1739–99; Symphonien, Kammermusik, Oratorien, Singspiel *Doktor u. Apotheker.*
Ditzingen, württ. Stadt an der Glems, 22500 E.; Maschinen- und chem. Industrie.
Diurese w (gr.), Harnabsonderung.
Diuretika, harntreibende Mittel.
Diva (: diwa, it. = Göttliche), Sängerin, beliebte Schauspielerin; Star.
Divergenz w (lat.), Meinungsverschiedenheit. **divergieren,** auseinanderlaufen.
divers (lat.), verschieden.
Divertimento s (it.), auch *Divertissement* (: -tißmán, frz.), Spätform der ⟋Suite.
divide et impera (lat.), trenne (deine Gegner) u. herrsche (dadurch).
Dividende w (lat.), der an Gesellschafter einer Kapital-Ges., bes. einer AG, gemäß ihrem Kapitalanteil auszuschüttende Gewinn.
Divina Commedia w (it.), ⟋Dante.
Divination w (lat.; Bw. *divinatorisch*), Ahnung, Weissagung.
Division w (lat. = Teilung), 1) Grundrechnungsart: eine Zahl *(Dividend)* durch eine andere Zahl *(Divisor)* teilen *(dividieren);* das Resultat heißt *Quotient.* 2) großer Verband gemischter Truppen.
Diwan m (pers.), 1) Wandsofa. 2) morgenländ. Gedichtsammlung.
Dix, *Otto,* dt. Maler, Graphiker u. Bildhauer, 1891–1969; Expressionist; zeitkrit. u. religiöse Themen. □ 678.
Dixieland (: -länd) □ 437.
Djakarta, *Dschakarta,* bis 1949 *Batavia,* Hst., Haupthafen u. wichtigster Handelsplatz Indonesiens, auf Java, 6,8 Mill. E.; Univ.
Djambi, *Dschambi,* indones. Hafenstadt auf Sumatra, n.w. von Palembang, 120000 E.
DJH, Abk. u. Verbandszeichen des Verbandes Deutscher ⟋Jugend-Herbergen.
Djibouti ⟋Dschibuti.
Djidda ⟋Dschidda.
Djilas (: dschilaß), *Milovan,* jugoslaw. kommunist. Politiker, * 1911; wiederholt Min.; 57 wegen seines Buches *Die neue Klasse* zu Zuchthaus verurteilt, 61 entlassen, 62 erneut verhaftet, 66 begnadigt.
Djokjakarta, *Dschokdschakarta,* Prov.-Hst. auf Java, das kulturelle Zentrum Indonesiens, 350000 E.; Univ.; Kunstgewerbe.
DKP, Abk. für ⟋Deutsche Kommunistische Partei.
DM, *D-Mark,* Abk. für ⟋Deutsche Mark.
DNA, Abk. für Deutscher Normen-Ausschuß; gibt die DIN-Normen heraus.

Distel: **1** Esels-D., **2** Krause D.

Dividend | Quotient
Divisor
Division

O. Dix: Selbstbildnis

Dock: **1** Schwimmdock, **a** Einschwimmen, **b** Austauchen; **2** Trockendock

Dnjepr m, russ. *Dnepr,* zweitgrößter Strom des europ. Rußland, entspringt südl. der Waldaihöhen, durchbricht den Ukrain. Landrücken in 9 Schnellen (Porogen), die durch das *Dnjeprostroi-Werk* überstaut sind, u. mündet unterhalb Cherson *(D.liman)* ins Schwarze Meer; 2201 km lang; Kanäle zur Düna, Weichsel, Memel u. nach Kriwoi Rog. Stauwerke *(D.kaskade).*
Dnjeprodserschinsk, ukrain. Stadt am Dnjepr (Wasserkraftwerk), 35 km oberhalb Dnjepropetrowsk, 250000 E.; Stahlwerke, chem. u. Maschinen-Ind. (Waggonbau).
Dnjepropetrowsk, früher *Jekaterinoslaw,* ukrainisches Industriezentrum am Dnjepr, 1,1 Mill. E.; Univ.; Hüttenwerke, Schwermaschinen- u. Leicht-Ind., Umschlaghafen.
Dnjestr m, russ. *Dnestr,* Zufluß des Schwarzen Meeres, aus den Waldkarpaten, mündet bei Odessa; 1352 km lang.
Döbel m, *Dickkopf, Schuppfisch,* Karpfenfisch, breiter Kopf, große Schuppen. □ 466.
Döbeln, sächs. Krst. an der Freiberger Mulde (Bez. Leipzig), 27800 E.; Zigarren-, Metallwaren-, Maschinen-Ind.
Doberan, *Bad D.,* mecklenburg. Stadt u. Badeort, westl. v. Rostock, 12800 E.; Backsteinkirche (14. Jh.) des ehem. Zisterzienserstiftes (1171/1552). Stahl- u. Eisenmoorbäder.
Dobermann, *D.pinscher,* dt. Hunderasse, tiefschwarz od. braun, kräftig u. mutig.
Döblin, *Alfred,* dt. Schriftsteller, 1878–1957; 1933–45 emigriert; wurde 41 kath.; schilderte in Romanen die Welt der Technik, des Massenmenschen: *Berlin-Alexanderplatz; November 1918;* religiöse Probleme in *Manas, Babylonische Wanderung;* Spätwerk *Hamlet.*
Dobrudscha w, Landschaft zw. Donau u. Schwarzem Meer, im N Bergland, im S Lößgebiet mit Getreideanbau. Hauptort Constanţa (Konstanza). – Nach türk. Herrschaft (1396/1878) zw. Rumänien u. Bulgarien geteilt, nach dem 2. Balkankrieg an Rumänien; die südl. D. seit 1940 wieder bei Bulgarien.
Dobzhansky (: dobschanßki), *Theodosius,* russ.-am. Zoologe u. Genetiker, 1900–75; u. a. genetische Forschungen an der Taufliege Drosophila.
Dock s, Einrichtung zur Trockenstellung v. Schiffen für Ausbesserungsarbeiten der Unterwasserteile. *Trockendock* besteht aus einem Hafeneinschnitt mit Betonausmauerung u. Schleuse. *Schwimmdock* aus Boden- u. Seitenpontons.
Documenta, seit 1955 in mehrjährigen Abständen veranstaltete Ausstellung int. Kunst der Ggw. in Kassel.

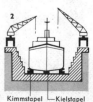

Kimmstapel — Kielstapel
Zelle Bodenponton
Seitenponton

Dodekaeder

Dodekanes
Die 12 großen Inseln:
Rhodos
Patmos
Lipsos
Leros
Kalymnos
Kos
Astypalaia
Telos
Syme
Chalke
Kasos
Karpathos
und ca. 40 kleine
Inseln

Klaus von Dohnanyi

Engelbert Dollfuß

Ignaz von Döllinger

Dodekaeder *m* (gr.), v. 12 Vielecken begrenzte regelmäßige Körper.
Dodekanes *m* (gr.), Inselgruppe der Süd-↗Sporaden; 12 große (u. a. Rhodos, Kos, Karpathos) u. etwa 40 kleine Inseln; 2689 km², etwa 123 000 E. – 1522 türk., 1912 it.; seit 47 griechisch.
Doderer, *Heimito v.,* östr. Schriftsteller, 1896–1966; Darsteller der Wiener Gesellschaft in großangelegten Romanen: *Die Strudlhofstiege, Die Dämonen;* auch Erz.
Dodoma, Hst. (seit 1973, statt Daressalam) von Tansania, 25 000 E.
Doesburg (: dußbürch), *Theo van,* niederländ. Maler, 1883–1931; wirkte auch als Programmatiker entscheidend auf die abstrakte Kunst.
Doge *m* (: dodsche, it.), bis 1797 Staatsoberhaupt der Rep.en Venedig u. Genua. Amtszeichen: phryg. Mütze aus Goldbrokat.
Dogge *w,* Hunderasse mit massigem Oberschädel u. kurzer, stumpfer Schnauze; Bullenbeißer, ↗Mastiff, Deutsche D. mit Windhundeinschlag, ↗Bulldogge, ↗Mops.
Dogger *m,* ↗Juraformation. [☐ 1043.
Doggerbank, Untiefe in der mittleren Nordsee, 300 km lang, 100 km breit, stellenweise nur 13 m tief; Kabeljaufang.
Dogma *s* (gr.; Bw. *dogmatisch*), verpflichtende Glaubens- od. Sittenlehre. **Dogmatik** *w,* wiss. Darstellung der kirchl. Glaubenslehre.
Dohle *w,* kleiner Raubvogel, nistet auf Türmen *(Turmkrähe),* in Felsnischen, Ruinen.
Dohnanyi (: donanji), *Klaus v.,* dt. Politiker (SPD), * 1928; 72–74 Bundes-Min. für Bildung u. Wissenschaft, 76–81 Staats-Min. im Auswärtigen Amt, seit 81 1. Bürgermeister von Hamburg.
Dohnányi (: donanji), *Ernst v.,* ungar. Komponist u. Dirigent, 1877–1960; seit 49 in den USA. Opern, Orchester- u. Kammermusik.
Doktor *m* (lat. = Lehrer), akadem. Grad, Ernennung (↗Promotion) dazu aufgrund wiss. Abhandlung (Dissertation) u. bestandener mündl. Prüfung (↗Rigorosum) od. ehrenhalber (e. h. od. h. c. = honoris causa) wegen bes. Verdienste. **Doktorand** (lat.), Bewerber um den D.grad. [denkend.
Doktrin *w* (lat.), Lehre. **doktrinär,** einseitig
Dokument *s* (lat.; Ztw. *dokumentieren,* Bw. *dokumentarisch*), Beweisstück; Urkunde.
Dokumentation *w* (lat.), Sammlung, Ordnung u. Erschließung v. Schrift- od. Bildgut.
dolce (: doltsche, it.), süß, lieblich. **D. far niente,** süßes Nichtstun. **D. vita,** müßig-genießer. Leben der „feinen" Gesellschaft.
Dolchstoßlegende, die (nicht haltbare) Behauptung, der 1. ↗Weltkrieg sei nicht aus militär. Gründen, sondern durch Verrat der Heimat gegenüber der Front (sog. Dolchstoß von hinten) verloren worden.
Dolde, D.ntraube, büschelart. Blütenstand. [☐ 743. **D.nblütler** ↗Umbelliferen.
Dölger, *Franz Joseph,* dt. kath. Kirchenhistoriker, 1879–1940; Prof. in Bonn, begr. neue Methode der christl. Archäologie.
Doline *w* (slowen.), trichterförm. Bodenvertiefung in Kalk- u. Dolomitlandschaften.
Dollar *m,* Währungseinheit. [☐ 1144/45.

Doktor
Abkürzungen in- und ausländ. Doktortitel.
Ausschließlich im Ausland gebräuchliche Abkürzungen sind mit folgenden Ziffern bezeichnet:
(1) Österreich
(2) Schweiz

D. = Theologie (Ehrendoktor)	Dr. mont. = Bergbau (1)
Dr. agr. = Landwirtschaft	Dr. oec. = Betriebswirtschaft
Dr. e. h. = Ehrendoktor	Dr. oec. publ. = Volkswirtschaft (2)
Dr. habil. = habilitierter Doktor (wird in der BRD nicht mehr verliehen)	Dr. pharm. = Pharmazie (2)
	Dr. phil. = Philosophie
	Dr. phil. nat. = Naturwissenschaft
	Dr. rer. mont. = Bergbauwiss. (1)
	Dr. rer. nat. = Naturwissenschaft
	Dr. rer. oec. = Wirtschaftswissenschaft
Dr. h. c. = Ehrendoktor	Dr. rer. pol. = Staatswissenschaft
Dr.-Ing. = Doktor-Ingenieur	Dr. rer. silv. = Forstwirtschaft
Dr. jur. = Rechtswissenschaft	Dr. rer. techn. = Techn. Wissensch. (2)
Dr. jur. utr. = Doktor beider Rechte (weltl. und kirchl. Recht)	Dr. sc. math. = Mathemat. Wissenschaft (2)
	Dr. sc. nat. = Naturwissenschaft (2)
Dr. med. = Medizin	Dr. sc. techn. = Techn. Wiss. (2)
Dr. med. dent. = Zahnheilkunde	Dr. techn. = Techn. Wissenschaft (1)
Dr. med. univ. = gesamte Medizin (1)	Dr. theol. = Theologie
Dr. med. vet. = Tierheilkunde	D. theol. = Theologie (Ehrendoktor)

Dollart *m,* durch Sturmfluten im 13./16. Jh. entstandener Meerbusen, im W Ostfrieslands, mit der Emsmündung.
Dollfuß, *Engelbert,* 1892–1934 (durch nat.-soz. Attentat); 1932 östr. Bundeskanzler, verkündete 34 den autoritären Ständestaat.
Döllinger, *Ignaz v.,* dt. kath. Kirchenhistoriker, 1799–1890; lehnte das Unfehlbarkeitsdogma ab; deshalb 1871 exkommuniziert.
Dolmen *m,* steinzeitl. Grab aus senkrecht aufgestellten Steinen mit Deckplatte(n).
Dolmetscher *m,* Übersetzer v. Sprachen.
Dolomit *m,* ein Mineral, Calcium-Magnesium-Carbonat (CaCO₃·MgCO₃) mit allen Übergängen bis zum reinen Kalkstein; bildet in kristalliner bis dichter Ausbildung das *D.gestein.*
Dolomiten (Mz.), mächtiges Gebirgsmassiv in Südtirol, in der Marmolata 3342 m hoch. Die *D.bahn* v. Toblach nach Calalzo; die *D.straße* v. Cortina d'Ampezzo nach Bozen.
Dolus *m* (lat.), im Strafrecht: Absicht. **D. eventualis,** der Täter will den nur als möglich vorgestellten (also nicht sicheren) Erfolg.

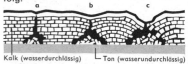
Kalk (wasserdurchlässig) — Ton (wasserundurchlässig)
Doline: Entstehung einer D.: **a** Hohlraum entsteht durch Auslaugen, **b** Bildung eines Erdfalls durch Einsacken, **c** Einbruch der D.

Dolmen bei Penzance in Cornwall (England)

Dominica

Antlicher Name:
Commonwealth of Dominica

Staatsform:
Republik

Hauptstadt:
Roseau

Fläche:
751 km²

Bevölkerung:
81 000 E.

Sprache:
Englisch als Verkehrssprache; kreol. Französisch

Religion:
60% Protestanten, Katholiken

Währung:
Ostkarib. Dollar = 100 Cents

Mitgliedschaften:
UN, Commonwealth

Dominante:
1 Unterdominante (Subdominante), 2 Tonika, 3 Dominante von C-Dur

Dominikanische Republik

Amtlicher Name:
República Dominicana

Staatsform:
Republik

Hauptstadt:
Santo Domingo

Fläche:
48 734 km²

Bevölkerung:
5,3 Mill. E.

Sprache:
Spanisch

Religion:
98,2% Katholiken

Währung:
1 Dominikan. Peso = 100 Centavos

Mitgliedschaften:
UN, OAS

Dominosteine

Dom m, urspr. bloß die Kapelle des Bischofs, später allg. die Bischofskirche (insbes. in Dtl. u. It.), i.w.S. auch bes. prachtvolle Kirche; oberdt. *Münster.*

Domagk, *Gerhard,* deutscher Chemiker, 1895–1964; für Sulfonamidforschung Nobelpreis 1939.

Domin, *Hilde,* dt. Schriftstellerin, * 1912; Gedichtbände (u.a. *Nur eine Rose als Stütze*); zeitkrit. Roman *Das zweite Paradies;* Autobiogr. *Von der Natur nicht vorgesehen.* [bung.

dominant (lat.), vorherrschend; ↗Verer-

Dominante w (lat.), bes. wichtiger Dreiklang innerhalb einer Tonart; eine Quint (5 Töne) von der Tonika nach unten *(Sub-D.)* od. oben *(Ober-D.)* entfernt. **dominieren,** vorherrschen.

Dominica, gebirgige Insel der Kleinen ↗Antillen; Erzeugung v. Kakao, Kopra u. Bananen. 1493 entdeckt, seit 1783 brit. Kronkolonie; seit 1978 unabhängig.

Dominikaner, *Ordo fratrum Praedicatorum* (OP), *Predigerorden,* v. ↗Dominikus 1215 gestifteter Bettelorden für Seelsorge durch Predigt u. Schrifttum. Der Orden legte stets großen Wert auf wiss. Ausbildung; im MA große Gelehrte: Albertus Magnus, Thomas v. Aquin. **D.innen,** der weibl. Ordenszweig. Der 2. Orden widmet sich dem beschaul. Leben, der 3. dem Unterricht u. der Caritas.

Dominikanische Republik, der östl. Teil (²/₃) der Insel ↗Haiti. Ausfuhr v. Rohrzucker, Kakao, Tee und Kaffee. – Seit 1844 selbständiger Staat, 61/65 nochmals unter span. Herrschaft; dauernde Revolutionen führten zur Errichtung einer Militärregierung durch die USA (1916/24). 30/61 diktator. Herrschaft der Familie Trujillo; 65 Bürgerkrieg; Staatspräs.: Silvestre Antonio Guzmán (seit 78).

Dominikus, hl. (8. Aug.), um 1170–1221; aus altspan. Geschlecht; trat einer friedl. Bekehrung der Albigenser ein; gründete in Toulouse den Orden der ↗Dominikaner.

Dominion s (: dominⁱᵉn), sich selbst regierendes u. selbständiges Staatswesen innerhalb des brit. ↗Commonwealth of Nations, jetzt Country genannt.

Domino (lat.-it.), **1)** m, Maskenmantel. **2)** s, Spiel mit 28 Steinen, die auf geteiltem Feld je 0 bis 6 Punkte tragen. Für Kinder auch D.steine mit Farben od. Bildern.

Dominus (lat.), Herr. **D. vobiscum,** der Herr sei mit euch; Gebetsgruß des kath. Priesters in der Messe.

Domitian, 51–96 (ermordet); 81 röm. Ks., Gewaltherrscher, begann den Bau des ↗Limes; unter ihm die 2. Christenverfolgung.

Domizil s (lat.), Wohnsitz. **D.wechsel,** ↗Wechsel, der an einem anderen Ort als dem Wohnsitz des Bezogenen bezahlt werden soll.

Domkapitel s, Priesterkollegium an der Domkirche. Aufgabe: Chordienst, Beratung des Bischofs in der Bistumsverwaltung u. Leitung des Bistums während der Sedisvakanz. **Domkapitular,** *Domherr,* höheres Mitgl. eines Domkapitels.

Domleschg s, Schweizer Alpental, unteres Hinterrheintal, sehr fruchtbar (Obstbau); Hauptort Sils.

Domnick, 1) *Hans,* dt. Filmregisseur, * 1909; Spiel- u. Dokumentarfilme; *Der Goldene Garten; Traumstraße der Welt.* **2)** *Ottomar,* Bruder v. 1), dt. Filmregisseur u. Nervenarzt, * 1907; *Jonas; Ohne Datum.*

Domodossola, ober-it. Krst. in den Alpen, 18 000 E.; Verkehrsknoten, südl. Endpunkt der Simplonbahn u. -paßstraße.

Dompfaff m, *Gimpel,* Finkenvogel. □ 1045.

Don m, russ. Strom, entspringt s.ö. von Tula; mündet ins Asowsche Meer; 1870 km lang; ↗Wolga-Don-Kanal seit 1952; große Stauanlage bei Zimljansk.

Don (span.), Herr; in Spanien allg. (mit Vornamen) Höflichkeitstitel; in Portugal *(Dom)* nur beim Adel; in Italien bes. Geistlichen. Weibl. Form: *Donna* (it.), *Doña* (span.), *Dona* (portugies.).

Donar, germanischer Gewittergott.

Donatello, it. Bildhauer, 1386–1466; florentin. Frührenaissance. HW: *Reiterstandbild des Gattamelata* (Padua).

Donatello: Der Condottiere Gattamelata, Padua

Donatisten, nordafrikan. Schismatiker des 4. Jh., nach dem Bischof *Donatus* benannt. Ihrer Behauptung, v. sündigen Priestern gespendete Sakramente seien ungültig, trat literar. bes. Augustinus entgegen.

Donau w, zweitlängster Strom Europas, der Verbindungsstraße zw. Mittel- u. Südosteuropa, entsteht bei Donaueschingen aus den Quellflüssen Brigach u. Breg, durchfließt den Schwäb. Jura (D.versickerung bei Immendingen), tritt nach Durchbruch des böhm. Granitplateaus (Wachau) ins Wiener Becken, bei Preßburg in die Ungar. Tiefebene, durchbricht im Eisernen Tor (hier ei-

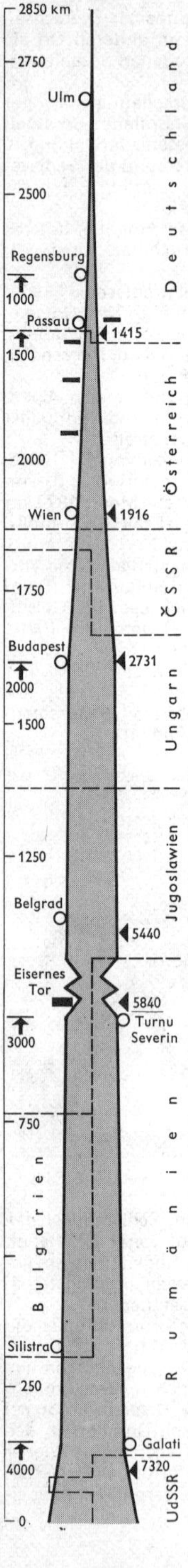
2850 km
2750
Ulm
Deutschland
2500
Regensburg
1000
Passau
1415
1500
Österreich
2000
Wien
1916
ČSSR
1750
Budapest
2731
2000
1500
Ungarn
1250
Jugoslawien
Belgrad
5440
Eisernes Tor
5840
Turnu Severin
3000
750
Bulgarien
Rumänien
Silistra
250
Galati
7320
4000
0
UdSSR

Die Donau
befahrbar für Schiffe bis ... t
Staustufen und Kraftwerke in Betrieb
Wasserführung in m³/s

nes der größten Wasserkraftwerke Europas) die Südkarpaten, umgeht die Dobrudscha im N u. mündet in einem Delta ins Schwarze Meer. Länge 2850 km. Ab Regensburg für größere Dampfer, auf dem Sulina-Arm bis Braila für Seeschiffe befahrbar.

Donaueschingen, bad. Stadt und Solbad, nahe der Vereinigung v. Brigach u. Breg zur Donau, 694 m ü. M., 17800 E.; Fürstlich-Fürstenbergsches Schloß; Musiktage zeitgenöss. Musik.

Donaulachs, der ↗Huchen.

Donaumoos, seit 1796 trockengelegte Moorgebiete r. der Donau, in Schwaben u. Oberbayern.

Donauried, die Ebene zw. Günzburg u. Donauwörth, großenteils Ackerland.

Donauschule, Malerschule des 15./16. Jh. in Süd-Dtl. u. Östr., die bes. Licht- u. Farbempfindlichkeit in der Landschaftsdarstellung entwickelte. Hauptvertreter: der junge L. Cranach d. Ä., A. Altdorfer u. W. Huber.

Donauwörth, bayer. Krst. (Kr. Donau-Ries) u. ehem. Reichsstadt an der Donau, 18000 E.; Maschinen-Ind.; Pädagog. Stiftung Cassianeum.

Doncaster (: -käßt^{er}), engl. Stadt in der Grafschaft York, 86000 E.; Kohlengruben, Eisen- u. Textil-Ind.; Pferderennen.

Donez (: danjetß), größter Nebenfluß des Don, 1053 km lang. **D.becken,** russ. *Donezkij Bassein,* Abk. *Donbas,* Hochfläche in der östl. Ukraine am Unterlauf des D.; größtes Kohlenvorkommen Europas. Hüttenwerke, Schwer- u. chem. Industrie.

Donezk (: danjetßk), bis 1924 *Jusowka,* dann bis 61 *Stalino,* ukrain. Ind.-Stadt im Donezbecken, 1,1 Mill. E.; Zentrum der Eisenmetallurgie, Schwermaschinenbau, Baustoff-Ind.

Dönitz, *Karl,* dt. Großadmiral, 1891–1980; 1943 Oberbefehlshaber der dt. Kriegsmarine, nach dem Tode Hitlers 1.5./23.5.45 dt. Staatsoberhaupt; durch alliiertes Urteil v. Nürnberg 46/56 im Gefängnis.

Donizetti, *Gaetano,* it. Opernkomponist, 1797–1848; *Lucia di Lammermoor, Der Liebestrank, Don Pasquale;* auch Kirchenmusik.

Don Juan (: -chuan), der ewig unbefriedigte Frauenverführer in der span. Sage; Dramen v. Tirso de Molina, Molière, Grabbe; Oper v. Mozart.

Donner, das dem Blitz folgende Geräusch, entsteht durch die explosionsart. Erwärmung u. Ausdehnung des Blitzkanals u. nachfolgende Abkühlung und Zusammenziehung.

Donner, *Georg Raphael,* östr. Bildhauer des Barocks, 1693–1741; *Flußbrunnen in Wien.*

Donnerkeil ↗Belemniten.

Donnersberg, 1) höchste Erhebung des Pfälzer Berglands, im Königsstuhl 687 m hoch; Fernsehsender. **2)** höchster Gipfel des Böhm. Mittelgebirges (835 m hoch).

Donoso Cortés, *Juan,* 1809–53; span. Politiker; kath.-konservativ.

Don Quijote (: -kichote), der Held des satir. Romans des ↗Cervantes.

Döpfner, *Julius,* 1913–76; 48 Bischof v. Würzburg, 57 v. Berlin, seit 58 Kard. u. 61 Erzb. v. München, seit 65 Vors. der Fuldaer bzw. der Dt. Bischofskonferenz.

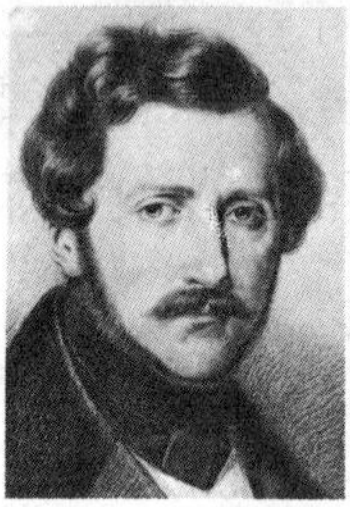
Gaetano Donizetti

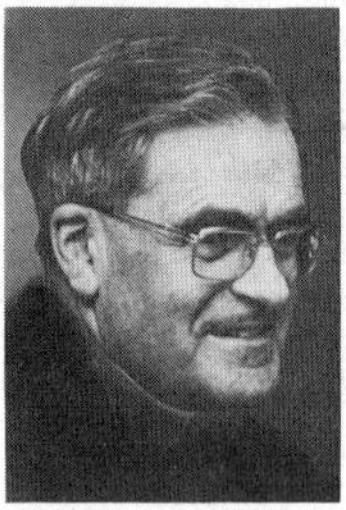
Kardinal Döpfner

Doping *s* (: do^{u}p^{i}ng, engl.), *Dopen,* Anwendung v. Reizmitteln (Weckamine, Narkotika, Sedativa, Analeptika u. a.) zur kurzfristigen Leistungssteigerung bei Sportlern, auch bei Rennpferden; streng verboten.

Doppelbrechung, Eigenschaft von Kristallen, einen Lichtstrahl in 2 Strahlen aufzuspalten. **Doppelehe** ↗Bigamie. **Doppelkopf,** ein Kartenspiel. **Doppellaut** ↗Diphthong. **Doppelschlag,** musikal. Verzierung, umrankt den Hauptton. **Doppelspat,** durchsichtiger Kalkspat, zeigt ↗Doppelbrechung. **Doppelsterne,** 2 oder mehrere scheinbar *(optische D.)* bzw. in Wirklichkeit *(physikal. D.)* dicht beieinanderstehende Sterne, die (im letzteren Falle) um einen gemeinsamen Schwerpunkt kreisen; bedeckt bei einem Umlauf der eine Stern den andern, so heißen die D. *Bedeckungsveränderliche.* **doppelte Buchführung** ↗Buchführung. **doppeltkohlensaures Natron,** *Natriumbicarbonat,* weißes Kristallmehl, zu Back- u. Brausepulver, gg. übermäß. Magensäure u. a. **Doppelwährung** ↗Bimetallismus.

Doppler, *Christian,* östr. Physiker, 1803–53, von ihm das *D.sche Prinzip (D.effekt):* beim Annähern einer Lichtquelle werden die Spektralfarben nach Violett, bei Entfernung nach Rot verschoben; daraus Verfahren für die Messung der Geschwindigkeit. Entsprechend für den Schall. Der längeren Welle entspricht tieferer Ton (rotes Licht), der kürzeren höherer Ton (violettes Licht). Auch als bodenunabhängige Navigationshilfe *(D.radar)* in der Luftfahrt u. als *Verkehrsradar.*

Dora *w,* 2 l. Nebenflüsse des Po: *D. Baltea,* vom Montblanc, 150 km lang; *D. Riparia,* scheidet Cottische u. Grajische Alpen, 120 km lang.

Dorado ↗Eldorado.

Dordogne *w* (: -donj^{e}), r. Nebenfluß der Garonne, v. Mont Doré (Auvergne), 490 km lang.

Dordrecht, Abk. *Dordt,* niederländ. Stadt im Rheindelta, 106500 E.; kleiner Hafen, Schiffbau, Handel. Groote Kerk (14./15. Jh.), Groothoofdspoort (Stadttor, 17. Jh.).

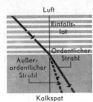

Luft
Einfalls-lot
Ordentlicher Strahl
Außerordentlicher Strahl
Kalkspat

Doppelbrechung: Strahlengang in einem doppelbrechenden Kalkspatkristall

F. M. Dostojewski

Dorf: 1 Haufen-D.,
2 Rundling,
3 Straßen-D.,
4 Waldhufen-D.

Doré, *Gustave,* frz. Graphiker, 1832–83; Illustrationen v. skurriler Phantasie u. Humor zu Rabelais' Gargantua, dem Don Quijote u. a.

Dorf, ländl. Siedlung mit überwiegend bäuerl. Lebens- u. Wirtschaftsform im Ggs. zur ↗Stadt; seit der Industrialisierung auch Dörfer mit reiner od. überwiegender Industriearbeiter-Bev. ↗Siedlungsformen.

Dörfler, *Peter,* dt. kath. Priester u. Erzähler, 1878–1955; kräftige Charakterzeichnung; *Als Mutter noch lebte; Apollonia-Trilogie.*

Doria, Adelsgeschlecht in Genua; am bedeutendsten der Doge *Andrea D.,* 1468–1560; erbaute den dortigen Dogenpalast.

Dorier, *Dorer,* griech. Volksstamm, gg. Ende des 2. Jahrt. v. Chr. in Griechenland eingewandert. **Dorischer Stil,** 7./5. Jh. im griech. Westen; strenge Formen; dorische ↗Säule. **Dorische Tonart** ↗Kirchentöne.

Dormagen, Stadt am Niederrhein (Kr. Neuss), 55500 E.; chem., bes. Kunstseiden-Ind., Zuckerfabrik.

Dorn *m,* spitze, verholzte Blatt- od. Kurztriebumbildungen bei Pflanzen. ↗Stachel.

Dornach, schweizer. Stadt südl. v. Basel, 5500 E.; ↗Goetheanum der Anthroposophen.

Dornbirn, östr. Stadt an der *D.er Ach,* am Bregenzer Wald, 34000 E.; Textil-Ind. und -schule; Rundfunksender.

Dornier (: dornje), *Claude,* dt. Flugzeugkonstrukteur, 1884–1969; bahnbrechend im Bau v. Ganzmetallflugzeugen.

Dorothea, hl. (6. Febr.), wohl unter Diokletian Martyrium in Kleinasien.

Dorpat, die Stadt ↗Tartu (Estland).

Dörpfeld, *Wilhelm,* dt. Archäologe, 1853–1940; Ausgrabungen u. a. in Olympia, Pergamon u. Troja.

dörren, Lebensmittel durch Trocknen haltbar machen.

dorsal (lat.), auf der Rückenseite gelegen. Ggs. ↗ventral.

Dorsch *m,* Speisefisch des nördl. Atlantik, mit Bartfaden. Leber liefert den Lebertran. Heißt ausgewachsen *Kabeljau,* an Stangen getrocknet *Stockfisch,* aufgeschnitten, gesalzen u. an Felsen getrocknet *Klippfisch,* auf Schiff eingesalzen *Laberdan.* ☐ 912.

Dorsch, *Käthe,* dt. Schauspielerin, 1890 bis 1957; seit 1939 am Wiener Burgtheater; auch in vielen Filmen.

Dorst, *Tankred,* dt. Schriftsteller, * 1925; zeitkrit., iron.-satir. Dramen, u. a. *Große Schmährede an der Stadtmauer; Toller; Eiszeit; Auf dem Chimborazo.*

Dorsten, westfäl. Ind.-Stadt l. an der Lippe, 68500 E.; Kohlenbergbau, Maschinenbau.

G. Doré: Illustration zu Rabelais' „Gargantua"

Dortmund, Ind.-Stadt inmitten des westfäl. Kohlenbeckens, an der oberen Emscher, Hafen am D.-Ems-Kanal, 612000 E.; Universität, PH; Institute für Arbeitsphysiologie, Pathologie und Kohlentechnik; Kohlenzechen, Hüttenwerke, Stahl- u. Maschinenfabriken, Bierbrauereien. Fernsehturm. **D.-Ems-Kanal,** verbindet das rhein.-westfäl. Ind.-Gebiet durch die Ems mit der Nordsee, 265 km lang.

Dosis *w,* 1) Arzneimaß. 2) Energiemaß für Röntgen- u. Korpuskularstrahlung.

Dos Passos (: -päß[e]ß), *John,* am. Romanschriftsteller, 1896 – 1970; *Manhattan Transfer; USA.*

Dost *m,* Staude mit stark riechenden Blüten: Teekraut.

Dostal, *Nico,* östr. Komponist, 1895–1981; Operetten *Clivia, Die ungar. Hochzeit.*

Dostojewski, *Fjodor Michailowitsch,* russ. Romanschriftsteller, 1821–81; 49/59 nach Sibirien verbannt; genialer Menschengestalter; religiöses Suchertum; verkündet Demut, Liebe, Verantwortung aller für alle. *Idiot, Dämonen, Raskolnikow, Brüder Karamasow.*

Dotation *w* (lat.; Ztw. *dotieren*), 1) Ausstattung. 2) außerordentl. Zuwendung.

Dotter *m,* das Eigelb; ↗Ei. **D.blume,** die ↗Sumpfdotterblume.

Dou (: dau), *Gerrit* (Gerard), niederländ. Genremaler, 1613–75; Schüler Rembrandts.

Douai (: duä), Krst. im frz. Dep. Nord, 52000 E.; Bergbauschule; Kohlengruben, Maschinen-Ind.

Douane *w* (: duan, frz.), Zoll, Zollhaus.

Double *s* (: dubl, frz.), im Film Ersatzdarsteller für den Star bei Einstellungsproben u. gefährl. Szenen (siehe auch *Stuntman*).

Doublé *s* (: duble), ↗plattieren.

Doubs *m* (: dü), l. Nebenfluß der Saône, entspringt dem Schweizer Jura, speist den Rhein-Rhône-Kanal, 430 km lang.

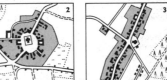
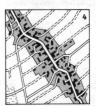

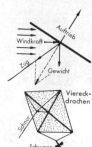

Windkraft
Auftrieb
Zug
Gewicht

Viereck-
drachen

Schnur

Schwanz

Drachen

Drachenboot

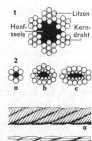

1
Litzen
Hanf-
seele
Kern-
draht

2
a b c

3
a

b

Drahtseil: 1 Aufbau
eines D. (Rundlitzen-
seil); **2** Seillitzen,
a Rund-, **b** Dreikant-,
c Flachlitze;
3a Gleichschlagseil,
3b Kreuzschlagseil

Douglas (: dagl^eß), Hst. der (engl.) Insel Man, 20000 E.; Seebad. **D.fichte,** *D.tanne, Douglasie,* raschwüchsiges Nadelholz der nord-am. Felsengebirge, seit 1826 in Europa eingebürgert, auch in Dtl. ☐ 400.
Douro *m* (: do^uru), ↗Duero.
Do ut des (lat. = ich gebe, daß du gibst), Leistung für Gegenleistung.
Dover (: dow^er), engl. Hafenstadt u. Seebad an der engsten Stelle des Kanals *(Straße v. D.),* 40000 E.; Überfahrtshafen nach dem Festland (Calais).
Downing Street *w* (: dauning ßtrit), Straße in London, Nr. 10 Amtssitz des brit. Premier-Min.
Doxologie *w* (gr.), Formel zum Lobpreis Gottes; kath.: große D. das *Gloria* der Messe; kleine D. *Ehre sei dem Vater;* eine D. ist auch der Vaterunserschluß *Denn Dein ist das Reich* usw.
Doyen (: d^oajān, frz. = Dekan), Sprecher des Diplomat. Corps.
Doyle (: doil), Sir *Arthur Conan,* engl. Kriminalschriftsteller, 1859–1930; *Sherlock Holmes.*
Dozent (lat.), Lehrer an einer Hochschule. **dozieren,** lehren.
DP, Abk. für ↗Deutsche Partei.
D.P. (: di pi), Abk. für ↗Displaced Persons.
dpa, Abk. für ↗Deutsche Presseagentur.
dpt, Abk. für ↗Dioptrie.
Dr., Abk. für ↗Doktor.
Drache(n), 1) Fabeltier. **2)** einfaches, leichtes Fluggerät. **3)** Sternbild am Nordhimmel.
D.nbaum, *Dracaena draco,* Liliengewächs warmer Länder, liefert *D.nblut,* rotes Gummiharz, Farbstoff. **D.nboot,** international anerkanntes Einheitskielboot mit 26,60 m² Segelfläche; 3 Mann Besatzung. **D.nfels,** Vulkankegel des Siebengebirges, s.ö. von Königswinter, 321 m. **D.nwurz,** *Calla, Schlangenwurz* od. *Schweinsohr,* Sumpfpflanze mit scharlachrotem Fruchtstand.
Drachme *w* (gr.), altgriech. Münze; auch heute Währungseinheit in Griechenland. ☐ 1144/45.
Dragée *w* od. *s* (: -sche, frz.), überzuckerte Früchte, Bonbons, Nüsse; *dragiert* werden auch schlecht schmeckende Arzneimittel.
Dragoman *m* (arab.), im Orient Dolmetscher.
Dragonade, unter Ludwig XIV. der Versuch der Zwangsbekehrung der Hugenotten durch Dragonereinquartierungen (1681 bis 1685).
Dragoner, leichte Reiterei.
Draht, Metallfaden, meist rund, durch Walzen u. Ziehen hergestellt. **D.funk,** in D.leitungen u. Kabeln laufende Rundfunkwellen. **D.seil,** aus Stahldrähten gedrehte, um eine Einlage aus Stahldraht od. Hanf zum Seil gewundene **D.litzen. D.seilbahn** ↗Seilschwebebahn. **D.wurm,** Schädling, Larve des ↗Schnellkäfers.
Drainage *w* (: dränasche, frz.), Dränierung, **1)** ↗Entwässerung. **2)** Ableitung v. Flüssigkeiten aus Körperhöhlen mittels Röhrchen *(Drain).*
Draisine *w,* **1)** 1817 v. *Karl v. Drais* (1785–1851) erfundenes Laufrad, Vorläufer des Fahrrads. **2)** kleines Schienenfahrzeug.

Drake (: dre^ik), Sir *Francis,* um 1540–96; engl. Seefahrer u. Freibeuter; 77/80 Weltumsegelung.
Drakon, um 620 v. Chr.; Gesetzgeber in Athen, von sprichwörtl. Strenge; daher **drakonisch,** sehr streng.
Drall *m,* **1)** Windung der in Geschützrohre u. Gewehrläufe eingeschnittenen Züge, verhindert Überschlagen des Geschosses durch erzwungene Rotation um die Längsachse. **2)** der ↗Drehimpuls. ↗Spin.
Dralon, *Orlon,* ↗Kunstfaser aus Polyacrylnitril.
Drama *s* (gr.), Grundform der Dichtung neben ↗Epik u. ↗Lyrik. Merkmale: konzentrierte Handlung, Konflikt, Spannung auf eine Lösung hin; Dialogform. Verwirklicht erst in der Bühnenaufführung (dagegen: das Buch- od. Lesedrama). Je nach der Anlage Schauspiel, ↗Tragödie, ↗Komödie (mit Übergängen); auch breitere, weniger geschlossene Formen mögl. im Ggs. zum klass. Dramentypus; in Griechenland aus dem Dionysos-Kult entstanden; im MA v. den ↗Geistlichen Spielen abgelöst. Höhepunkt des abendländ. Dramas: Shakespeare. ☐ 861. **Dramatik** w, die Kunst des Dramas. **Dramatiker,** Schauspieldichter. **dramatisch,** handlungsreich. **dramatisieren, 1)** für die Bühne bearbeiten. **2)** eine Situation übertreibend darstellen.
Dramaturgie *w* (gr.), Lehre v. Wesen des Dramas. *Dramaturg,* künstler. Berater einer Bühne (befaßt sich u. a. mit Auswahl, Einrichtung der Stücke).
drapieren (frz.), Stoffe, Gewänder raffen, in Falten legen.
Drau *w, Drave,* r. Nebenfluß der Donau, aus dem Pustertal, durchfließt Osttirol u. Kärnten, bildet für 150 km Grenze zw. Ungarn u. Jugoslawien, mündet unterhalb Esseg; 720 km lang, 610 km schiffbar.
Drawida, die rassisch u. kulturell nicht einheitl. Träger einer über ganz Südindien, Teile von Belutschistan u. Bengalen verbreiteten Sprachgruppe.
Drazäne, dem Drachenbaum verwandte Blattpflanze fürs Zimmer.
drechseln, dem ↗Drehen ähnliche Bearbeitung v. Holz, Horn usw.
Drehbuch, das Manuskript eines Films mit genauer Szenenfolge. **Drehbühne** ↗Theater. **drehen,** eine spangebende Bearbeitung. Am rotierenden Material wird das Werkzeug, der *Drehstahl,* vorbeigeführt u. hebt den Span ab; fast ausschließl. v. *Drehmaschinen* (Drehbank) ausgeführt. **Drehflügelflugzeug,** Flugzeug, dessen Auftrieb u. Vortrieb durch horizontal rotierende (2–5) Blätter mit veränderl. Anstellwinkel erfolgt; hierzu Tragschrauber (Autogiro), ↗Hubschrauber, Flugschrauber u. einige VTOL-↗Flugzeuge. **Drehgestell,** bei langen Fahrzeugen verwendetes, gg. den Hauptrahmen drehbares Fahrgestell. **Drehimpuls,** Drall, das Produkt aus Drehmasse (Trägheitsmoment) u. Winkelgeschwindigkeit eines rotierenden Körpers, atomphysikal. *Spin* gen.
Drehkolbenmotor ↗Verbrennungsmotor.
Drehkondensator ↗Kondensator. **Drehkrankheit,** Quesen-↗Bandwurm. **Drehling,**

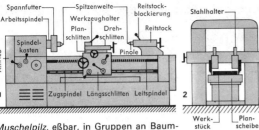

Spannfutter — Spitzenweite — Reitstock-blockierung
Arbeitsspindel — Werkzeughalter — Plan-schlitten — Dreh-schlitten — Reitstock
Spindel-kasten — Pinole
Antrieb
1 — Zugspindel Längsschlitten Leitspindel

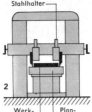

Stahlhalter —
2
Werk-stück — Plan-scheibe

Muschelpilz, eßbar, in Gruppen an Baumstümpfen. **Drehmoment** ↗Moment. **Drehscheibe**, drehbare Gleisbrücke zum Wenden v. Lokomotiven. **Drehstrom**, *Dreiphasenstrom*, 3phas. Wechselstrom, bei dem 3 um ¹/₃-Periode verschobene Wechselströme in bestimmter Art zusammengefaßt werden. **Drehstrommotor** ↗Elektromotor. **Drehwaage**, *Torsionswaage*, Gerät zur Messung schwacher (magnet., elektr.) Kräfte durch die Verdrehung eines Fadens, an dem ein Waagebalken hängt. **Drehwurm** ↗Bandwurm.
Dreibund, 1882 geschlossenes Defensivbündnis zw. Dtl., Östr.-Ungarn u. It. (bis 1915).
Dreieck, v. 3 Geraden gebildete ebene Figur, Winkelsumme ist 180°. Gleichseitiges D. hat 3, gleichschenkliges 2 gleiche Seiten, ungleichseitiges 3 verschieden lange Seiten, spitzwinkliges 3 spitze Winkel, rechtwinkliges einen rechten u. 2 spitze, stumpfwinkliges einen stumpfen u. 2 spitze Winkel.

drehen:
Aufbau einer
1 Leit- u. Zugspindel-,
2 einer Zweiständer-Karussell-Drehmaschine

a b c d

Dreiklang:
a Durdreiklang,
b Molldreiklang,
c verminderter Dreiklang,
d übermäßiger Dreiklang

[Dreieck figures]

1
ζ C
b γ a
A α β ε
δ c B

C
F m_c E
S
m_d M m_b
A D B

Umkreis
Ankreis
J₁
M
A B
Inkreis

Allgemeines Dreieck
Umfang: a+b+c
Halber Umfang: $s = \dfrac{a+b+c}{2}$
Fläche:
$F = \dfrac{1}{2} \cdot a \cdot h_a = \dfrac{1}{2} b \cdot h_b = \dfrac{1}{2} c \cdot h_c$
$F = \sqrt{s(s-a)(s-b)(s-c)}$
$a+b>c;\ a-b<c$
Winkelsumme:
$\alpha+\beta+\gamma=180°;\ \delta=\beta+\gamma;$
$\varepsilon=\alpha+\gamma;\ \zeta=\alpha+\beta$

Innen-winkel Außen-winkel
Seiten-halbierende Seite
Eck-punkt
Winkel-halbierende Höhe Grund-linie g

2
Schenkel γ/2 γ/2
gleichseitig gleichschenklig
ungleichseitig spitzwinklig
90°
rechtwinklig stumpfwinklig
Gleichseitiges Dreieck
$h = \dfrac{a}{2}\sqrt{3};\ F = \dfrac{a^2}{4}\sqrt{3}$

3
Kathete
90°
b h
Hypotenuse
q p

Rechtwinkliges Dreieck
$F = \dfrac{1}{2}ab$
Pythagoreischer Lehrsatz:
$a^2 + b^2 = c^2$
$a^2 = c \cdot p;\ b^2 = c \cdot q;$
$p \cdot q = h^2$

Dreieck
1 Allgemeines D.,
2 Dreiecksarten,
3 Rechtwinkliges D.

Inhalt: halbe Grundlinie mal Höhe. *Sphärisches D.* ↗Trigonometrie. **D.sschaltung**, eine Schaltung des Drehstroms.
Dreieich, hess. Stadt (Kr. Offenbach), 1977 gebildet, 41 000 E.
Dreifaltigkeit, *Dreieinigkeit, Trinität*, das v. allen Religionen sich unterscheidende Grundgeheimnis des Christentums v. der einen Natur u. den 3 Personen in Gott: Vater, Sohn u. Hl. Geist. Das Unterscheidende sind ihre Ursprungsverhältnisse: der Vater ist ursprunglos u. Prinzip der beiden anderen, der Sohn ist v. Vater „gezeugt, nicht ge-

schaffen", der Hl. Geist geht v. Vater u. v. Sohne aus. Die D. war durch die Taufe schon im Bewußtsein der Urgemeinde. Gegen Arius, der die Gottheit Christi bestritt, verkündete die Kirche die Wesensgleichheit v. Vater u. Sohn (↗Nizäa 325); in ↗Konstantinopel (381) wurde die Gottheit des Hl. Geistes formuliert.
Dreifelderwirtschaft, Bodennutzung, bei der ↗Brache, Winter- u. Sommergetreide in 3jähr. Umlauf wechseln; ↗Fruchtfolge.
Dreikaiserbündnis, Bündnis zw. dem dt., östr. u. russ. Ks. (1881/87).
Dreikaiserschlacht ↗Austerlitz.
Dreikampf, ein aus Lauf, Sprung u. Wurf bestehender Wettkampf.
Dreiklang, der auf jeder Stufe der Tonleiter zu bildende, Prim, Terz, Quint (u. deren Versetzungen) umfassende Hauptakkord.
Dreiklassenwahlrecht, 1849 in Preußen eingeführt, auch in wenigen anderen dt. Ländern, bis 1918. Einteilung der Wähler nach 3 Steuerklassen, wobei die Höchstbesteuerten größeres Stimmgewicht hatten.
Drei Könige, die „Magier aus dem Morgenland": Caspar, Melchior u. Balthasar. Fest 6. Jan. – *Dreikönigsschrein* im Kölner Dom.
Dreimächtepakt, 1940 zw. Dtl., It. u. Japan geschlossenes Bündnis, bes. gg. England.
Dreimeilenzone, das Küstenmeer v. 3 Seemeilen Breite (5,6 km), in der dem angrenzenden Staat noch bestimmte Hoheitsrechte (Seepolizei, Aufenthaltsverbot) zustehen; v. vielen Staaten zugunsten einer *Zwölfmeilenzone* nicht mehr anerkannt; bisher aber nur in einzelnen zweiseitigen Verträgen geregelt.
Dreiphasenstrom, der ↗Drehstrom.
Dreisatzrechnung ↗Regeldetri.
Dreiser, *Theodore*, am. Romanschriftsteller, 1871–1945; breit angelegte, realist. u. sozialkrit. Romane; NP. *Eine am. Tragödie.*
Dreispitz, im 18. Jh. üblicher Hut.
Dreißigjähriger Krieg, 1618/48; entstand aus dem konfessionellen Zwiespalt in Dtl. u. polit. Gegensätzen im Habsburgerreich; Differenzen Habsburgs mit Dänemark, Schweden u. Fkr. kamen hinzu u. traten immer mehr in den Vordergrund.
Verlauf: 1) *Böhm.-pfälz. Krieg* (1618/23): Die ev. Stände Böhmens lehnten sich gg. Ks. Ferdinand II. auf (Prager Fenstersturz) u. wählten den Kurfürsten Friedrich V. v. der Pfalz zum Kg. („Winterkönig"), dieser v. der ↗Liga besiegt u. aus Böhmen vertrieben. 2) *Niedersächs.-dän. Krieg* (1625/29): Der in den Krieg eingreifende ev. Kg. Christian IV. v. Dänemark wurde 26 v. Tilly geschlagen. 29 erließ Ferdinand II. das ↗*Restitutionsedikt.* 3) *Schwed. Krieg* (1630/35): Kg. Gustav II. Adolf v. Schweden landete in Dtl. und drang bis nach Bayern vor, fiel aber 32 in der Schlacht bei Lützen gg. Wallenstein. 34 Wallenstein ermordet, schwed. Niederlage bei Nördlingen; 35 Friede v. Prag zw. dem Ks. u. Sachsen. 4) *Schwed.-frz. Krieg* (1635/48): Das kath. Fkr. trat an die Seite Schwedens offen in den Krieg. Abschluß des Krieges durch den *Westfäl. Frieden:* a) Gleichberechtigung des ref. mit dem kath. u. luth. Bekenntnis. b) Schweden erhielt an

der Ostsee, Fkr. im Elsaß u. in Lothringen große Gebiete. c) Loslösung der Schweiz u. der Niederlande v. Dtl. anerkannt. – Folgen des Krieges: völlige Ohnmacht des dt. Reiches, Souveränität der dt. Fürsten, furchtbare Verwüstungen weiter Gebiete, Bevölkerungsverlust v. ca. 35% (vor allem durch Seuchen).

Dreißigster, im Erbrecht Verpflichtung des Erben, im Hausstand des Erblassers wohnenden Angehörigen 30 Tage nach dem Erbfall weiter Wohnung u. Unterhalt zu gewähren.

Drei Zinnen, *Tre Cime,* 3 Felstürme der Südtiroler Dolomiten, 2881–3003 m hoch.

Drell m, der ↗Drillich.

dreschen, bei Getreide, Hülsenfrüchten usw. die Körner v. Stroh u. Spreu trennen; früher durch Auswalzen, Ausreiten od. mit dem *Dreschflegel,* jetzt meist durch die **Dreschmaschine** entweder als *Schlagleisten*- od. *Stiftendrescher,* oft mit ↗Mähdrescher schon auf dem Feld.

Dreschmaschine: Dreschtrommel einer D.

Dresden (vor der Zerstörung): Zwinger, Hofkirche, Schloß

Dresden, drittgrößte Stadt der DDR, beiderseits der Elbe, 515000 E.; Hst. des *Bez. D.;* reich an Kunstschätzen (D.er Galerie, Grünes Gewölbe) u. Bauwerken des Barock u. Rokoko, die nach schweren Kriegsschäden z. T. wiederaufgebaut wurden (Zwinger v. Pöppelmann, Frauen-, Hof- u. Dreikönigskirche, Brühlsche Terrasse; Kurländer Palais). Techn. Univ., Akademien u. Forschungsinstitute. Ev.-luth. Bischof. Maschinen-, feinmechan., opt. u. chem. Ind., Zigarettenfabriken. – 1206 erstmals erwähnt; 1485–1918 Residenz der Wettiner, bis 1952 Hst. Sachsens.

Dreß m (engl.), (Sport-)Kleidung; *full d.,* Gesellschaftsanzug.

dressieren (frz.; Hw. *Dressur*), abrichten, Tiere zu bestimmten Handlungen ausbilden. ↗Hohe Schule.

Dressman (: -män, engl.), führt auf Modeschauen Herrenbekleidung vor.

Dreyfus-Prozeß, Landesverratsprozeß gg. den frz. jüd. Hauptmann Dreyfus, der 1894 unschuldig verurteilt, deportiert u. erst 1906 freigesprochen wurde.

Driburg, *Bad-D.,* westfäl. Stadt u. Kurort im östl. Eggegebirge, 17800 E.; Steyler Missionshaus; Glashütten.

A. v. Droste-Hülshoff

Driesch, *Hans,* dt. Biologe u. Philosoph, 1867–1941; lehrte Zielstrebigkeit des Lebens.

Drift, oberflächl. Meeresströmung durch regelmäßig aus derselben Richtung wehende Winde. **D.eis** ↗Treibeis. **D.stationen,** auf großen Eisschollen in der Arktis driftende Stationen zur Forschung u. Sicherung des Luft- u. Seeverkehrs.

Drillich m, *Drell,* festes Leinen- od. meist Baumwollgewebe; D.anzug, Matratzen-, Bett-, Handtuch-D.

Drilling, dreiläufiges Jagdgewehr. ☐ 127.

Drillinge ↗Mehrlinge.

Drillsaat, bes. bei Getreide, Rüben, Hülsen-, Ölfrüchten, mit *Drillmaschine,* die in gleichen Reihenabständen u. gleichmäßig tief sät. ☐ 849.

Drin, *Drini* m, größter alban. Fluß, entsteht aus *Schwarzem D.* u. *Weißem D.;* mündet ins Adriatische Meer; 276 km lang.

Drina w, r. Nebenfluß der Save, entsteht aus Tara u. Piva, von der Taraquelle an 464 km lang.

Dritter Bildungsweg, soll der allgemeinbildenden u. berufl. Weiterbildung Erwachsener dienen u., stärker als der ↗Zweite Bildungsweg v. der berufl. Vorerfahrung ausgehend, durch Zertifikatkurse den Aufstieg in mittlere Tätigkeitsbereiche ermöglichen.

Dritter Orden, nach der gemilderten 3. Regel eines Ordens in klösterl. Gemeinschaft od. in der Welt Lebende (Terziaren).

Dritter Stand, in der alten Ständeordnung alle Stände, die nicht zu Adel u. Geistlichkeit zählten, bes. das Bürgertum; erkämpfte sich in der Frz. Revolution die polit. Gleichberechtigung.

Drittes Reich, Selbstbezeichnung des nat.-soz. Regimes in fälschl. Anlehnung an ein Buch v. Moeller van der Bruck, der das dt. MA als 1., das Dtl. Bismarcks als 2. Reich zählte u. ein D. R. der Zukunft erwartete.

Drivier (: -wie), *Léon,* frz. Bildhauer, 1878–1951; farbige Skulpturen; Schüler Rodins.

Drogen, 1) natürl. Rohstoffe tier. od. pflanzl. Ursprungs für Arzneimittel od. techn. Erzeugnisse. **2)** i.e.S. ↗Rauschmittel. **Drogerie,** Verkaufsgeschäft für freigegebene Arzneimittel, Kosmetika, chem.-techn. Produkte u. dgl. **Drogist,** Inhaber, Angestellter einer Drogerie.

Drohnen, die männl. ↗Bienen; arbeiten nicht (daher übertragen: Faulenzer).

Drohung, die Ankündigung eines Übels, dessen Eintritt für den Bedrohten v. Willen des Drohenden abhängt. Im Zivilrecht Grund zur ↗Anfechtung.

Droit m (: dro°a, frz.), Recht.

Dromedar s (gr.-lat.), einhöckriges ↗Kamel.

Drontheim ↗Trondheim [bons.

Drops (Mz., engl.), 1) Tropfen. 2) Fruchtbonbons

Drosophila, *Obstfliege,* Gattung der ↗Taufliegen; wichtiges Objekt der Vererbungsforschung.

Drossel w, großer Singvogel; in Dtl.: *Mistel-D.,* Strichvogel; *Sing-D.* od. *Zippe; Wacholder-D.,* mit blauem Streifen über den Augen, im April u. Oktober als Zugvogel;

Drosselvögel	Größe cm	Merkmale	Lebensraum; Vorkommen in Europa
Amsel, Schwarzdrossel *Turdus merula*	24	Männchen: schwarz mit gelbem Schnabel u. Augenring; Weibchen: einfarbig dunkelbraun	typischer Gebüschvogel, oft in Parks der Großstadt; fast ganz Europa
Nachtigall *Luscinia megarhynchos*	17	Oberseite braun, Unterseite graubraun, Schwanz rötlichbraun, lange Beine	Dämmerungsvogel; in Parkanlagen, Laub- u. Mischwäldern Mittel- u. Südeuropas
Ringdrossel *Turdus torquatus*	24	mattschwarz mit breitem, halbmondförm. Brustschild	Moore des Hügellandes und der Gebirge; England, Irland, Südeuropa, Balkan
Wacholderdrossel *Turdus pilaris*	25,5	Kopf und Bürzel hellgrau, Rücken kastanienbraun, Schwanz fast schwarz	offenes Gelände; Nordosteuropa, Polen
Misteldrossel *Turdus viscivorus*	27	Oberseite graubraun, Unterseite dicht gefleckt	Gärten und Wälder ganz Europas
Singdrossel *Turdus philomelos*	23	Rücken braun, Brust gelblich und gefleckt	Siedlungen, Parks; fehlt im S von Spanien, Italien und Griechenland
Steinrötel *Monticola saxatilis*	19	Männchen: Kopf blau, Brust u. Schwanz orangerot, Bürzel weiß; Weibchen: Brust gebändert, Schwanz orangerot	Gebirge, Ruinen; Südeuropa
Blaumerle *Monticola solitarius*	20	unten fein gebändert; Männchen: blaugrau; Weibchen graubraun	rauhe Berghänge; Südeuropa
Steinschmätzer *Oenanthe oenanthe*	15	Schwanzseite u. Bürzel weiß; Männchen im Brutkleid mit blauem Rücken und weißem Augenstreif	steinige Ödländer Europas
Schwarzkehlchen *Saxicola torquata*	13	Kopf und Kehle schwarz, breite weiße Halsflecken, rötliche Brust	nicht im N und O von Europa
Braunkehlchen *Saxicola rubetra*	13	auffallender Augenstreif, rahmgelbe Brust	feuchte Weide, Gebüsch; Pyrenäen bis Lappland
Gartenrotschwanz *Phoenicurus phoenicurus*	14	Schwanz und Bürzel rostrot; Männchen: Gesicht und Kehle schwarz; Weibchen: Brust bräunlich	Heide, Parks; fehlt in Portugal und Irland
Hausrotschwanz *Phoenicurus ochruros*	14	Schwanz rostrot; Männchen: schwarzgrau; Weibchen schiefergrau	Mittel-, West-, Südeuropa, Balkan
Blaukehlchen *Luscinia svecica*	14	Schwanzwurzel braun; Männchen: Kehle blau; Weibchen: Halslatz U-förmig	Heide, Sumpf; nicht in Italien und England
Rotkehlchen *Erithacus rubecula*	14	Gesicht und Brust orangerot, in der Jugend gefleckt und gebändert	Hecken, Gärten, Wälder mit Unterholz; fast ganz Europa

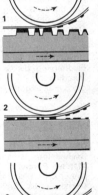

Druckverfahren: Beim *Hochdruck* 1 wird die Druckfarbe von erhabenen Teilen, beim *Flachdruck* 2 von bes. vorbereiteten, farbannehmenden Stellen und beim *Tiefdruck* 3 aus eingeätzten Vertiefungen aufs Papier übertragen

Ring-D., Schwarz-D., Amsel, urspr. scheuer Waldvogel, nistet jetzt auch in Stadtgärten; Männchen schwarz mit gelbem Schnabel, Weibchen u. Junge braun.

drosseln, die Durchflußmenge in einer Rohrleitung durch querschnittverengende *Drosselklappe* od. *-ventil* mindern. ⃞ 1051.

Drosselspule, isolierte Drahtspule, oft mit Eisenkern, dient wegen ihrer Selbstinduktion z. B. zur Spannungsregelung in Wechselstromanlagen.

Droste-Hülshoff, *Annette* Freiin v., dt. Dichterin, 1797–1848. Ihre realist. erfaßten Landschaften spiegeln die Bedrohtheit des Lebens, die erst religiöser Hingabe weicht. Versepen, Balladen, meisterhafte Novelle *Die Judenbuche; Das geistl. Jahr.*

Droste zu Vischering, *Clemens August* Frh. v., Erzb. v. Köln, 1773–1845; forderte im Mischehenstreit in Preußen kath. Kindererziehung, deshalb 1837/39 in Festungshaft (⃗Kölner Kirchenstreit).

Droysen, *Johann Gustav,* dt. Historiker u. Politiker, 1808–84; 48 Abg. in der Paulskirche. *Gesch. der preuß. Politik.*

DRP, Abk. für **1)** Deutsches Reichspatent. ⃗Patent. **2)** Deutsche Reichspartei.

Druck, 1) die auf die Flächeneinheit wirkende, senkrecht zu ihr stehende Kraft. **2)** beim ⃗Drucken das Druckerzeugnis.

drucken, das Vervielfältigen v. Schrift od. bildl. Darstellung durch Aufdrücken von mit Farbe eingefärbten Druckform auf Papier, Textilien, Blech usw. Eine *Druckerei* kann Druckerzeugnisse mit *Druckmaschinen* nach verschiedenen Druckverfahren herstellen; je nachdem ob die druckenden Stellen höher od. tiefer als die nichtdruckenden od. in gleicher Ebene mit diesen liegen, werden sie als *Hoch-(Buch-), Tief-* od. *Flachdruck* bezeichnet. Ein neueres Druckverfahren ist der *Siebdruck,* mit dem sämtl. festen Körper (Flaschen, Gläser usw.) bedruckt werden können.

Druckerlaubnis ↗Lizenz, ↗Zensur. *Kirchliche D.*, das Imprimatur.

Druckgraphik ↗Graphik.

Druckluft ↗Preßluft. **D.bremse,** an Schienen- u. schweren Straßenfahrzeugen verwendetes Bremsensystem, bei dem durch Druckluft v. mindestens 5 at Druck die Bremsbacken an die Räder gepreßt werden.

Druckmesser ↗Manometer.

Drucksachen, beim Postversand Vervielfältigungen (jedoch nicht mit der Schreibmaschine), offen verpackt.

Druden, Nachtgeister des Volksaberglaubens. **D.fuß,** *Pentagramm,* ein Fünfeck aus 3 ineinander verschränkten Dreiecken.

Druiden, kelt. Priester- u. Führerkaste.

Drumlin *m* (: dram-, irisch), stromlinienförmige Schutthügel in Gebieten eiszeitl. Vergletscherung.

Drudenfuß   Druse

Druse *w,* **1)** durch Bakterien hervorgerufene Entzündung der Nasenschleimhaut u. Halsdrüsen v. Pferden. **2)** Hohlraum im Gestein, Wände mit Kristallen besetzt.

Drusen, schiitische Sekte in Syrien.

Drüsen, Organe, die Stoffe bilden u. abscheiden. Pflanzen haben äußere od. innere *D.zellen,* die Wasser, Honig (↗Nektar), Milchsaft od. ↗Harz abscheiden, Mensch u. Tier Schweiß-, Talg-, Tränen-, Duft-, Milchdrüsen, die *Exkrete,* u. Speichel-, Magen-, Darmdrüsen, Leber, die *Sekrete* abgeben. *Inkretorische* od. *endokrine D.* ↗Hormone. *Lymph-D.* ↗Lymphknoten.

Drusus, 38–9 v. Chr.; erfolgreicher röm. Feldherr gg. die Germanen, Vater des Ks. Claudius.

dry (: drai, engl.), **1)** trocken. **2)** bei Schaumweinen herb.

Dryaden (gr.), Waldnymphen.

Dryden (: draidᵉn), *John,* engl. Lyriker u. Dramatiker, 1631–1700; Hofdichter.

DSA, Abk. für **Dt.** ↗**S**portabzeichen.

DSB, Abk. für ↗**D**eutscher Sportbund.

Dschabalpur, *Jabalpur,* ind. Stadt im Staat Madhya Pradesch, 534000 E.; Textil-Ind.; Univ.; kath. Bischof.

Dschainismus ↗Jainismus.

Dschaipur, *Jaipur,* Hst. des ind. Bundesstaates Radschastan, 614000 E.

Dschakarta ↗Djakarta.

Dschambul (bis 1936: *Aulië-Ata*), Stadt im S. der Kasach. SSR, Hst. des *Gebietes D.,* 264000 E.; techn. Institute, Leder-, chem. u. Nahrungsmittel-Ind.

Dschammu und Kaschmir, nördlichster ind. Bundesstaat, v. Indien 1957 eigenmächtig gebildet aus dem besetzten Teil Kaschmirs, 222802 km², 4,5 Mill. E.; Sommer-Hst. Srinagar, Winter-Hst. Dschammu.

Dschamna *w, Jamna,* r. Nebenfluß des Ganges, kommt v. Himalaja; 1462 km lang, bis Delhi schiffbar.

Dschamschedpur, *Jamshedpur,* Stadt im ind. Staat Bihar, 466000 E.; Hochöfen, Eisen- u. Walzwerke.

Dschebel *m,* arab. Bz. für Berg.

Dschibuti, frz. *Djibouti,* **1)** Rep. in Ostafrika, umfaßt das Gebiet der fr. frz. Afar- u. Issa-Küste; Halbwüste, Viehzucht. – Seit 77 unabhängig. **2)** Hst. u. Haupthandelsplatz der Afar- u. Issaküste, 63000 E.; Ausgangspunkt der Bahn nach Addis Abeba, Haupthafen für Äthiopien; kath. Bischof.

D-Schicht ↗Ionosphäre.

Dschidda, *Djidda,* Hafenstadt für Mekka, am Roten Meer (Saudi-Arabien), 561000 E.

Dschiggetai *m,* asiat. Wild-↗Esel.

Dschihad *m,* im Islam der Heilige Krieg.

Dschingis Chan, um 1155–1227; Begr. eines mongol. Großreiches v. Stillen Ozean bis zum Schwarzen Meer, begann die Eroberung Rußlands; großer Feldherr.

Dschinnah (Jinnah), *Mohammed Ali,* 1876–1948; ind. Muslimführer, Gründer des Staates Pakistan.

Dschohor, *Johore,* Südteil v. Malakka, Staat Malaysias, 18984 km², 1,3 Mill. E.; Hst. *D. Bahru.*

Dschokdschakarta ↗Djokjakarta.

Dschungel *m, w, s,* sumpf. u. tierreicher Urwald am Himalaja. Allg. trop. Regenwald.

Dschunke *w,* chinesisches Segelschiff.

Dserschinsk (: dsjersch-), *Dershinsk,* bis 1929 *Rastjapino,* sowjet. Stadt westl. v. Gorki, 257000 E.; großes chem. Kombinat.

Dsungarei *w,* zentralasiat. wüstenartige Beckenlandschaft zw. Tienschan u. Ektag-Altai, mit Salzseen, Steinkohlen- u. Goldlagern. Die v. Schwarzen Irtysch durchflossene *Dsungarische Pforte* war Ausfallstor der Hunnen u. Mongolen.

Duala, 1) Bantustämme um die Kamerunbucht. **2)** Haupthafen v. Kamerun, 459000 E.; kath. Bischof.

Dualismus *m* (lat. = Zweiheitslehre), **1)** religionswiss. Annahme eines unversöhnl. Ggs. zw. einem guten u. einem bösen Prinzip, z. B. im ↗Parsismus u. im ↗Manichäismus. **2)** in der Philosophie: Wahrung der Wesensunterschiede z. B. zw. ewigem u. endlichem Sein od. zw. Geist u. Materie im Ggs. zum ↗Monismus. **3)** polit. das Nebeneinander zweier etwa gleich starker Staaten in einem gemeinsamen polit. System (z. B. Östr. – Preußen im ↗Dt. Bund). **4)** *Dr. v. Welle u. Korpuskel,* in der Physik: die Tatsache, daß Licht je nach Versuchsanordnung Wellen- oder Korpuskeleigenschaften zeigt; durch die Quantenmechanik deutbar.

Dualsystem (lat.-gr.), *dyadisches System,* ein Zahlensystem mit der Grundzahl 2; benutzt die Ziffern 0 u. 1 zum Aufbau aller anderen Zahlen.

Dubček (: -tschek), *Alexander,* tschsl. Politiker, *1921; 68/69 Vorsitzender der KPČ; leitete in der ČSSR einen Demokratisierungsprozeß („Prager Frühling") ein, der durch die Besetzung durch Truppen des Warschauer Paktes beendet wurde.

Dübel, 1) Bolzen, meist aus Metall, wird je zur Hälfte in zu verbindende Bauteile eingelassen. **2)** in die Wand eingelassener Holzpflock od. *D.masse* zum Einschlagen v. Nä-

Dschibuti

Amtlicher Name:
République Djibouti

Staatsform:
Republik

Hauptstadt:
Dschibuti

Fläche:
21783 km²

Bevölkerung:
113000 E.

Sprache:
Französisch, daneben Stammessprachen u. Arabisch

Religion:
hauptsächl. Muslimen christl. Minderheiten

Währung:
1 Dschibuti-Franc = 100 Centimes

Mitgliedschaften:
UN, OAU, Arab. Liga

$$
\begin{aligned}
0 &\to 0 \\
1 &\to 1 = 2^0 \\
2 &\to 10 = 2^1 \\
3 &\to 11 = 2^1 + 2^0 \\
4 &\to 100 = 2^2 \\
5 &\to 101 = 2^2 + 2^0 \\
6 &\to 110 = 2^2 + 2^1 \\
7 &\to 111 = 2^2 + 2^1 + 2^0 \\
8 &\to 1000 = 2^3
\end{aligned}
$$

Dual	Dezimal		= 11
	4	+ 7	
2^0	0	1	1 (=1)
2^1	0	1	1 (=2)
2^2	1	1	0
2^3	0	0	1 (=8)
2^4	0	0	0

Dualsystem: oben duales Zahlensystem, unten Addition von 4 + 7 = 11 im dualen System

a b c d

e Gipsdübel Wand

Dübel: a Holz-, **b** Metall-, **c** und **d** Kunststoffdübel; **e** Gips-D. eingeschlagen (Schraube wird sofort eingedreht)

geln u. Haken, zum Eindrehen v. Schrauben, auch als *Spreiz-D.*

Dublette *w* (lat.-frz.), Doppelstück (Bücher, **dublieren** ↗plattieren. [Briefmarken).

Dublin (: dabl'n), irisch *Baile Atha Cliath*, Hst. v. Irland, an der Ostküste, 543 000 E.; Regierung, Parlament, kath. u. anglikan. Erzb.; 3 Univ., Sternwarte. St.-Patricks-Kathedrale (12./14. Jh.), Christ Church (11. Jh.), Schloß (15. u. 18. Jh.). Ausfuhr v. Textilien u. Brennereiprodukten.

Du Bois-Reymond (: düb°a rämõn), *Emil*, 1818–96; führender dt. Physiologe seiner Zeit.

Dubrovnik, it. *Ragusa,* jugoslaw. Hafenstadt u. Kurort in Süddalmatien, 25 000 E.; kath. Bischof. Im MA bedeutende Handelsstadt neben Venedig.

Duce (: dutsche, it. = Führer), faschistischer Titel Mussolinis.

Duchamp (: düschãn), *Marcel*, frz. Maler u. Schriftsteller, 1887–1968; Mitbegr. des Dadaismus, konstruktivist. Bilder.

Duchoborzen, russ. pietist. Sekte.

Ducht *w*, Bank in Ruderbooten.

Dückdalbe ↗Dalbe.

Ducker, *Düker,* Unterführung v. Wasser- od. Kanalleitungen unter Straßen, Eisenbahnlinien u. Kanälen.

Dudelsack, *Sackpfeife,* altes Musikinstrument, bes. in Schottland.

Duden, *Konrad,* dt. Philologe, 1829–1911; Schöpfer des nach ihm benannten Rechtschreibebuches der dt. Sprache (erstmals 1880 als *Der Große D.*).

Duderstadt, niedersächsische Stadt im Kreis Göttingen, 23 500 E.; ältestes Rathaus Dtl.s; Mutterhaus der Ursulinen; Textil-, Kunststoff- u. Metallindustrie.

Dudweiler, Stadtteil v. Saarbrücken (seit 74); Steinkohlenbergbau, Eisengießerei, Stahl- u. Apparatebau.

Duell *s* (lat.), Zweikampf nach vereinbarten Regeln mit tödl. Waffen; strafbar u. v. der kath. Kirche verboten.

Duero *m*, portug. *Douro,* Fluß der Pyrenäenhalbinsel; trennt in 110 km langer Schlucht Spanien v. Portugal, mündet bei Porto in den Atlant. Ozean; 780 km lang.

Duett *s* (lat.-it.), Stück für 2 Singstimmen.

Dufay (: düfä), *Guillaume,* niederländ.-frz. Komponist, 1400–74; Messen, Motetten u. Chansons.

R. Dufy: Das Orchester

Duisburg: Hafenanlage D.-Ruhrort

Dufhues (: -hus), *Josef Hermann,* 1908–71; 58 Innenmin. in Nordrhein-Westfalen, 62/64 geschäftsführender Vors. der CDU, seit 67 stellvertr. Vors. der CDU.

Dufresne (: düfrän), *Charles,* frz. Maler, 1876–1938; verbindet Fauvismus u. Kubismus.

Dufy (: düfi), *Raoul,* frz. Maler u. Graphiker, 1877–1953; anfängl. Fauvist; Darstellungen v. traumhaft-schwebendem Charakter.

Dugong *m*, 3–5 m lange Seekuh; Männchen mit zwei Stoßzähnen; Ind. Ozean.

Duhamel (: düamäl), *Georges,* frz. Schriftsteller u. Arzt, 1884–1966; Romane, Gedichte, Essays. *Chronique des Pasquier.*

Duisberg (: düß-), *Carl,* dt. Chemiker, 1861–1935; schuf die I. G. Farbenindustrie AG.

Duisburg (: düß-), Ind.-Stadt in Nordrh.-Westf., 560 000 E.; größter europ. Binnenhafen, an der Mündung v. Ruhr, Emscher u. Rhein-Herne-Kanal in den Rhein; Hochöfen, Kokereien, Maschinenbau, chem. Ind.; Gesamthochschule.

Duisdorf (: düß-), seit 1969 Stadtteil v. Bonn; Sitz mehrerer Bundesministerien.

Dukaten, Goldmünzen, 1284 in Venedig, seit 14. Jh. in Dtl. **D.falter,** *Feuerfalter,* Bläuling mit rotgoldenen Flügeln.

Düker ↗Ducker.

Dukla-Paß, Karpatenübergang zw. Polen u. der Tschechoslowakei, 502 m ü. M.

Dulcinea (: -ßi-), Phantasie-Geliebte des ↗Don Quijote.

Dülken, ehemal. rhein. Ind.-Stadt; 1970 in Viersen eingemeindet.

Dulles (: dal°ß), *John Foster,* 1888–1959; 1953/59 Außenmin. der USA (Republikaner).

Dülmen, westf. Stadt im Münsterland, 38 200 E.; Textil-Industrie.

Duluth (: djuluß), Hafenstadt in Minnesota (USA), am Oberen See, 110 000 E.; Umschlaghafen für Getreide, Eisenerz, Kohle; kath. Bischof.

Dulzin *s*, ein künstl. Süßstoff.

Duma, 1905/17 russ. Volksvertretung.

Dumas (: düma), *Alexander d. Ä.,* frz. Romanschriftsteller, 1802–70. *Die 3 Musketiere, Der Graf von Monte Christo. –* Sein Sohn *Alexander d. J.* (1824–95): *Die Kameliendame.*

John F. Dulles

A. Dumas d. Ä.

A. Dumas d. J

1   2   3

Dumbarton Oaks (: dᵃmbaᵣtᵉn oᵘkß) ↗Vereinte Nationen.

Dumpalme, ägypt. Fächerpalme.

Dumping s (: dam-, engl.), geograph. Preisdifferenzierung, z. B. Verkauf v. Waren im Ausland zu niedrigeren Preisen ab Werk als im Inland.

Düna w, Westl. Dwina, russ. Fluß, entspringt auf den Waldaihöhen, mündet unterhalb Riga in die Ostsee; 1020 km lang. **D.burg,** lett. Daugavpils, fr. Dwinsk, Stadt in Lettland, an der Düna; 116000 E. – 1278 v. Dt. Orden gegründet. **D.münde,** lett. Daugav griva, Seehafen an der Mündung der D.

Dunant (: dünaₙ), Henri, Schweizer Kaufmann u. Schriftsteller, 1828–1910; Begr. des Roten Kreuzes, Friedensnobelpreis 1901.

Duncan (: dankᵉn), Isadora, 1878–1927; am. Tänzerin; Tanzstil nach klass.-griech. Vorbild.

Duncker, Franz, dt. liberaler Politiker, 1822–88; gründete 69 die Hirsch-D.schen Gewerkvereine. ↗Gewerkschaften.

Dundee (: dandi), schott. Ind.-Stadt, Hafen am Firth of Tay, 182000 E.; kath. u. anglikan. Bischof; Univ.

Düne w, v. Wind abgelagerte Sandhügel an Flachküsten, Flußufern u. in Wüsten.

Dunedin (: danidⁱn), Hst. u. Hafen der neuseeländ. Prov. Otago, 120000 E.; kath. u. anglikan. Bischof; Univ.; Goldfelder.

Dünger, führt dem Boden Stoffe zur Ergänzung fehlender od. verbrauchter Pflanzennährstoffe zu. Wirtschafts-D.: Stallmist, Jauche, Kompost, Grün-D.; Handels-D., Kunst-D.: Stickstoff-, Phosphorsäure-, Kalium- u. Calcium-Dünger.

Dunkelmännerbriefe, Epistolae obscurorum virorum, erdichtete Briefe, welche den scholast. Lehrbetrieb verspotteten; aber auch kirchenfeindl. Tendenz; 1515/17 teilweise v. Ulrich v. Hutten abgefaßt.

Dünkirchen, frz. Dunkerque (: döŋkärk), frz. Hafenstadt am Kanal, nahe der belg. Grenze, 78200 E.; Hütten- u. Stahlwerk. – 1940 Rückzug der brit.-frz. Nordarmee auf D. und Einschiffung nach England.

Duns Scotus, Johannes, OFM, schott. Theologe u. Philosoph, um 1265–1308; lehrte in Oxford, Paris u. Köln; untersuchte bes. Verhältnis von Wille u. Verstand u. das Wesen der Materie im Sinne des Augustinismus; Gegner der Thomisten.

Dünung, lange, gleichmäß. Meereswellen vor u. nach Stürmen.

duo (lat.), zwei. **D.** s, Musikstück für 2 obligate Instrumente. [□ 617.

Duodenum s (lat.), der Zwölffingerdarm.

Duodez s, Kleinformat des ↗Buches.

Duodezfürst, Herrscher eines sehr kleinen Gebietes.

Düne: 1 Sichel-, 2 Quer-, 3 Längsdüne

Henri Dunant

Albrecht Dürer: oben Selbstbildnis (1498), rechts Hieronymus im Gehäus (Kupferstich, 1513/14)

düpieren (frz.), täuschen, betrügen.

duplex (lat.), doppelt.

Duplikat s (lat.), zweite Ausfertigung. **Duplizität** w, Doppelheit (gleicher Ereignisse).

Düppel, dän. Dorf in Nordschleswig; 18. 4. 1864 Erstürmung der D.er Schanzen durch die Preußen. [Terz.

Dur, die Durtonart, Dreiklang mit großer **Duralumin** s, stahlharte Aluminiumlegierung mit Magnesium, Kupfer, Mangan; leicht; für Flug- u. Fahrzeugbau.

Durance w (: dürãß), l. Nebenfluß der Rhône, mündet unterhalb Avignon; 380 km.

Durazzo, Durrës, alban. Hafenstadt für die Hst. Tirana, 58000 E.; kath. Erzb., alban. Metropolit.

Durban (: dörbᵉn), bedeutendster Frachthafen von Südafrika, in Natal, 845000 E.; Univ.; kath. Erzbischof.

Durbridge (: dö'bridscʰ), Francis, engl. Kriminalschriftsteller, * 1912; zahlreiche Drehbücher für Film und Fernsehen (u. a. Das Halstuch).

Durchfall, Diarrhöe w, reichl. u. beschleunigter Abgang wässerigen od. schleimigen Kotes durch darmreizende Nahrungsmittel, Gifte, Entzündung der Darmschleimhaut, Ruhr, Typhus, Erkältungen od. seel. Erregungen. Behandlung: Kohle, Ruhigstellung des Darms, Reglung der Ernährung (Schleimsuppen, Tee), warme Umschläge auf den Leib.

Durchforstung, Herausnehmen v. Stämmen aus einem Waldbestand zur Förderung der wertvolleren.

Durchfuhr, ein Teil des ↗Außenhandels.

Durchlaucht, Titel für Fürsten.

Durchlauferhitzer, mit Gas od. Strom beheizter Warmwasserspender, in dem während des Zapfens das Wasser erhitzt wird.

Durchmesser, Diameter w, ∅, Gerade durch den Mittelpunkt einer regelmäßigen Figur.

Durchschnitt ↗Mittelwert.

Durchsuchung v. Personen od. Sachen durch Beamte, vorgesehen im Strafprozeß;

bei Nacht nur bei Verfolgung auf frischer Tat
od. bei Gefahr im Verzug; Anordnung der
D. steht dem Richter, bei Gefahr im Verzug
auch der Staatsanwaltschaft u. Polizei zu.
Der Inhaber darf der D. beiwohnen.
Düren, Krst. östl. v. Aachen, 86500 E.; Tep-
pich-, Papier-, Metallindustrie.
Dürer, *Albrecht,* dt. Maler u. Graphiker,
1471–1528; Sohn eines Goldschmieds; Reisen zum Oberrhein, nach Ober-It., nach den
Niederlanden u. Livland; hochgebildet.
Seine Kunst verbindet südl. Form (Ausein-
andersetzung mit der Renaissance) mit dt.
Ausdruck zu hoher Vollendung. Holz-
schnitte *(Apokalypse, Marienleben),* Kupferstiche *(Ritter, Tod u. Teufel; Melancholie;
Tanz),* Aquarelle, (Selbst-)Bildnisse, Ge-
mälde: *Allerheiligenbild,* Madonnen, *Adam
und Eva,* Porträts; *Vier Apostel.*
Dürkheim, *Bad D.,* Krst. u. Arsensolbad am
Fuß der Haardt (Pfalz), 15700 E.; Weinbau.
Durlach, östlicher Stadtteil v. Karlsruhe. –
1565–1715 Residenz der *Baden-D.er* Linie.
Duroplaste ↗Kunststoffe.
Durrell (: da̱rel), *Lawrence,* ir. Schriftsteller,
* 1912; Alexandria-Romane: *Justine, Bal-
thasar, Mountolive, Clea.*
Dürrenberg, *Bad D.,* Stadt an der Saale (Bez.
Halle), 16100 E.; Gradierwerk, Saline.
Dürrenmatt, *Friedrich,* Schweizer Schrift-
steller, * 1921; zeitkrit., oft satir. u. groteske
Dramen: *Der Besuch der alten Dame;*

F. Dürrenmatt   Antonín Dvořák

Frank V.; Die Physiker; Die Frist; Kriminal-
romane.
Dürrheim, *Bad D.,* bad. Luftkurort u. Solbad
auf der Baar, 705 m ü. M., 10050 E.; Saline.
Duschanbe, 1929/61 *Stalinabad,* Hst. der
Tadschik. SSR, 493000 E.; Univ. u. 4 andere
Hochschulen; Textilkombinat.
Duse, *Eleonora,* it. Schauspielerin, 1859
bis 1924; tragische Rollen.
Düse *w,* stark verengtes Rohrende einer
Druckleitung. **D.nflugzeug,** besser *Strahl-
turbinenflugzeug,* ↗Flugzeug, ↗Strahl-
triebwerk.
Düsseldorf, Hst. v. Nordrh.-Westf. u. des
Reg.-Bez. D., Hafen r. am Niederrhein (di-
rekter Seeverkehr), 597000 E.; Landesre-
gierung; Sitz des Dt. Gewerkschaftsbundes;
Univ., Akademien für Kunst, Verwaltung u.
Wirtschaft, Fachhochschule. Eisen- u. chem.
Ind., Damenkonfektion, Porzellanmanufak-
tur; Flughafen *D.-Lohausen.*
Dutchman *m* (: da̱tschmän, engl.), Nieder-
länder; in USA geringschätzig: Deutscher.
Duttweiler, *Gottlieb,* Schweizer Unterneh-
mer u. Politiker, 1888–1962; begr. Genos-
senschaften, u.a. *Migros* (Lebensmittel),
Migrol (Benzin; in der BRD: *Frisia*); begr. die
Tageszeitung „Die Tat".
Dutzend *s* (lat.-frz.), Abk. Dtzd., 12 Stück.
Duvivier (: düwiwie̱), *Julien,* frz. Filmregis-
seur, 1896–1967; Vertreter des poet. Realis-
mus. *Spiel der Erinnerung; Unter dem Him-
mel v. Paris; Don Camillo.*
Dvořák (: dvo̱rsehak), 1) *Antonín,* tschech.
Komponist, 1841–1904; Tänze, Rhapsodien,
Symphonien, Kammermusik. 2) *Max,* öst.
Kunsthistoriker, 1874–1921; bes. *Kunstge-
schichte als Geistesgeschichte.*
DVP, Abk. für ↗Deutsche Volkspartei.
Dwina, 1) *Westl. D.* ↗Düna. 2) *Nördl. D.,*
größter Fluß Nordrußlands, entsteht aus
Suchona u. Jug, mündet in die *D.bucht* des
Weißen Meeres; mit Quellflüssen 1842 km
lang. Kanalverbindung über die Suchona
mit der Wolga.
Dy, chem. Zeichen für ↗Dysprosium.
Dyasformation, *s* ↗Perm.
Dyck (: deik), *Anthonis van,* Maler u. Graphiker, 1599–1641. Meister des fläm. Barock. □ 208.
Dyn *s,* Einheitenzeichen dyn, gesetzl. nicht
mehr zulässige Einheit der ↗Kraft; 1 dyn =
1 g · cm/s² = 10^{-5} Newton.
Dynamik *w* (gr.), 1) Teil der ↗Mechanik, befaßt sich mit den Bewegungen v. Körpern
unter Einwirkung v. Kräften. Ggs. Statik. 2)

Düse

Dynamo

**1 Generatorprin-
zip:** Bei Querbe-
wegung eines Lei-
ters zu einem ma-
gnetischen Feld
oder umgekehrt
wird in dem Leiter
eine Spannung in-
duziert (Faraday).
V = Voltmeter
(Spannungsmes-
ser).
2 Gleichstromgenerator: E = Erregerwick-
lung erzeugt das induzierende Magnetfeld.
R = Rotor mit in Nuten untergebrachten
Ankerwicklungen, deren Enden an einen Kollek-
torlamellen angeschlossen werden. K =
Kollektor oder „Stromwender", richtet den
in den Ankerwicklungen erzeugte Wechselstrom gleich. Die Gleichspan-
nung wird über Kohlebürsten abgegriffen. W = Wendepole, deren Wicklung in Reihe zum Anker geschaltet wird, heben das Ankerquerfeld auf
und verhindern somit Ankerrückwirkung und Bürstenfeuer.
3 Wechselstromgenerator (synchron): a *Innenpolmaschine,* rotierender
Dauer- oder gleichstromerregter Elektromagnet induziert in Statorwicklung
Wechselspannung; b *Außenpolmaschine,* Anker mit Wicklung dreht sich im
Feld eines feststehenden Dauermagneten oder gleichstromerregten Elektromagneten. Wechselspannung wird an 2 Schleifringen über Kohlebürsten abgegriffen.

4 Drehstromgenerator (synchron): Rotierender Dauer- oder gleichstromerregter Elektromagnet induziert in drei um 120° versetzten Wicklungen
drei zeitlich verschobene Wechselspannungen. Asynchrongeneratoren benötigen zur Erregung ein Wechselstromnetz, das den entsprechenden Blindstrom liefert.

die Abstufungen der Tonstärke von Pianissimo bis zum Fortissimo. **dynamisch,** kraftvoll bewegt. **dynamische Rente** ↗Rentenversicherung.

Dynamit s, Sprengstoff aus Nitroglycerin; v. ↗Nobel erfunden.

Dynamo m (gr.), **D.maschine,** *Generator,* erzeugt durch Umwandlung v. mechan. Energie elektr. Energie. An der Innenwand eines Gehäuses sitzen abwechselnd S- u. N-Pole starker Elektromagnete; sie durchziehen den Gehäuseinnenraum mit Magnetfeldern. In diesen werden auf einen Zylinder aufgewickelte Drahtschleifen mit der Kraft der Antriebsmaschine gedreht, so daß sie die magnet. Kraftlinien dauernd quer durchschneiden. Sie gehen dabei abwechselnd an S- u. N-Magnetpolen vorbei, die Richtung der entstehenden Stromstöße wechselt dadurch dauernd. Verbindet man die Drahtschleifenenden mit Metallringen, auf der Achse isoliert befestigt, so läßt sich v. ihnen durch Kohlebürsten *Wechselstrom* abnehmen. Setzt man anstelle der Schleifringe einen Kommutator auf die Achse, so wandelt er ihn in *Gleichstrom.* Bei den *Innenpolmaschinen* ist die Grundkonstruktion umgekehrt: man setzt die Elektromagnete als Rotor sternförm. um die Achse; die Antriebsmaschine dreht mit ihnen das ganze Magnetfeld, während die Drahtschleifen, in denen durch Induktion die Stromstöße erzeugt werden, die Innenwand des Gehäuses (Stator) auskleiden. Aus ihm kann man den erzeugten Strom unmittelbar durch festliegende Leitungen entnehmen. Die Polmagnete des Rotors werden durch den Strom eines kleinen Gleichstrom-D. gespeist. ☐ 207. **D.meter** s, ↗Kraftmesser. **D.prinzip** s, Selbsterregung der D.maschine durch den Restmagnetismus in den Feldpolen.

Dynast (gr.; Bw. *dynastisch*), Fürst, Herrscher. **Dynastie,** Herrscherhaus. ☐ 635.

Dysenterie w (gr.), die ↗Ruhr.

Dysprosium s, chem. Element der seltenen Erden, Zeichen Dy, Ordnungszahl 66. ☐ 148.

Dystonie w (gr.), eine Fehlregulation des vegetativen Nervensystems, häufige Erkrankung. ↗Kreislaufstörung.

dz, Abk. für Doppelzentner, = 100 kg.

D-Zug, *Durchgangszug,* Schnellzug mit Seitengängen in u. Faltenbälgen zw. den Wagen.

Eberesche: Wuchs- und Blattform; F Frucht

Reichspräsident Ebert

Anthonis van Dyck: links jugendl. Selbstbildnis, rechts Pferdekopf (Zeichnung)

e, 1) das elektr. Elementarquantum (↗Elektron). **2)** Basis des natürl. ↗Logarithmensystems.

E 605, giftiges Schädlingsmittel.

Earl (: öʳl), dritthöchste engl. Adelsstufe.

East (: ißt, engl.), Osten, östlich.

Eastbourne (: ißtböʳn), engl. Stadt u. Seebad in Sussex, am Kanal, 71 000 E.

East London (: ißt landᵉn), südafrikan. Hafenstadt u. Seebad am Ind. Ozean, an der Mündung des Buffalo River, 140 000 E.

Eastman (: ißtmän), *George,* am. Großindustrieller, 1854–1932; führte den Rollfilm u. die Rollfilmkamera ein.

East River m (: ißt riwᵉr), östl. Mündungsarm des Hudson, trennt die New Yorker Stadtteile Manhattan u. The Bronx v. Brooklyn. Hafengelände New Yorks.

Eat-Art (: it aʹt), eßbare Kunst-Objekte aus Kuchenteig, die ihren Zweck mit Absicht aus dem Benutzungsvorgang des Verzehrens beziehen; erstmals v. Daniel Spoerri geschaffen.

Eau de Cologne s (: ō dᵒ kolonjᵉ, frz.), Kölnisch Wasser, zur Erfrischung. **Eau de Javelle** s (: -schawäl), Bleichflüssigkeit aus Chlor und Pottaschelösung. **Eau de vie** s (: -wi), Branntwein.

Ebbe w, ↗Gezeiten.

Ebbinghaus, *Hermann,* dt. Psychologe, 1850–1909; beschäftigte sich bes. mit Lern- u. Gedächtnisvorgängen.

Ebene, Land mit nur geringen Höhenunterschieden; bis zu 200 m ü. M. *Tief-E.,* darüber *Hoch-E.*

Ebenholz, sehr dauerhaftes Schmuckholz, meist von trop. Bäumen. ☐ 400.

Ebensee, östr. Sommerfrische im Salzkammergut, am Südende des Traunsees, 9400 E.; Salzsudwerk.

Eber, das männl. (Haus- od. Wild-)Schwein.

Eberbach, bad. Stadt im Odenwald, am Neckar (Kraftwerk), am Fuß des Katzenbukkels, 15 300 E.; vielseitige Industrie.

Eberesche w, ein Rosaceen-Strauch oder -Baum mit roten Vogelbeeren; Zier- u. Alleebaum; liefert hartes Werkholz. ☐ 400.

Eberhard, Grafen v. Württemberg: **E. II. der Greiner,** 1344/92; besiegte 88 den Schwäb. Städtebund. **E. V. im Bart,** 1450/1496; gründete die Univ. Tübingen, 95 Hzg.

Eberle, *Joseph,* östr. kath. Publizist, 1884–1947; Hrsg. der Wochenschriften *Das Neue Reich* u. *Schönere Zukunft.*

Eberraute w, Beifußgewächs, gelbblühender Halbstrauch; Gartenpflanze.

Ebersberg, oberbayer. Krst., 8300 E.; got. St. Sebastianskirche; optische Industrie.

Eberswalde-Finow, Kreisstadt im Bez. Frankfurt a. d. O., am Finowkanal, 51 000 E.; Forstwirtschaftl. Fakultät der Berliner Humboldt-Univ. mit Botan. Garten; Eisen-Ind.

Ebert, 1) *Friedrich,* dt. Politiker (SPD), 1871–1925; 1919/25 1. Reichs-Präs. der Weimarer Rep. **2)** *Friedrich,* Sohn v. 1), 1894–1979; 1946 Mitbegründer der SED; 48/67 Oberbürgermeister von Ost-Berlin; seit 49 Mitgl. des Politbüros des ZK der SED; seit 60 Mitgl. des Staatsrats der DDR.

Ebert-Stiftung, *Friedrich-Ebert-Stiftung* e. V., Bonn, 1925 gegr.; Aufgaben: polit. Bil-

dung, Erwachsenenbildung, Ausbildungshilfe in den Entwicklungsländern u. a.
Eberwurz, distelähnl. Gewächs; in Dtl. Kleine E. *(Golddistel)* mit gelblichen, Große E. *(Silberdistel)* mit weißen Blütenköpfen, die fast stengellos sind u. sich nur bei Tage u. gutem Wetter öffnen *(Wetterdistel).*
Ebioniten (hebr. = Arme), judenchristl. Sekte in Syrien u. Palästina bis zum 5. Jh. n. Chr.; sahen in Christus nur einen Menschen, in Paulus einen Irrlehrer u. behielten das mosaische Gesetz bei. Sie hatten Kontakt mit den /Qumran-Essenern u. wurden für den /Islam wichtig.
Ebner, *Margarete,* OP, Mystikerin, um 1291–1351; stand u. a. mit /Tauler in Verbindung.
Ebner-Eschenbach, *Marie v.,* östr. Erzählerin, 1830–1916; altöstr. Tradition u. soziales Mitgefühl. *Das Gemeindekind, Unsühnbar.*
Ebonit *s,* /Hartgummi.
Ebro *m,* span. Fluß, entspringt im Kantabr. Gebirge; mündet bei Tortosa ins Mittelmeer, 930 km lang; kaum schiffbar.
Eça de Queiróz (: ẹßa de ke'rosch), *José Maria,* portugies. Schriftsteller, 1845–1900; realist. Gesellschaftsromane.
Ecce homo (: ẹkze-, lat.), Ausspruch des Pilatus über Jesus nach der Geißelung: Seht da den Menschen!; Thema der christl. Kunst.
Ecclesia (gr./lat. = Versammlung), **1)** Gemeinschaft der Gläubigen insgesamt. **2)** gottesdienstl. Versammlung, auch ihr Raum. E. **militans,** streitende (geschichtl.) Kirche. E. **purgans,** (im Fegfeuer) leidende, E. **triumphans,** (endzeitl.) triumphierende Kirche.
echauffieren (: escho-, frz.), erhitzen, erzürnen,
Echeveria (: etschew-), Dickblattpflanze mit langen Blütenrispen; Zierpflanze.
Echinococcus *m,* Hunde-/Bandwurm.
Echinus *m* (gr.), ein /Seeigel.
Echnaton, der Kg. /Amenophis IV.
Echo (gr.), **1)** in der griech. Sage: Nymphe, die sich aus Liebe zu /Narziß so verzehrte, daß nur ihre Stimme übrigblieb. **2)** Nach-, Widerhall. **E.lot** /Lot.
Echo-Viren (Mz.; engl.: enteric-cytopathogenic-human-orphan-viruses), meist ungefährl. Darmviren (/Virus).
Echsen (Mz.), eidechsenart. Reptilien.
Echterdingen, mit Flugplatz v. Stuttgart, seit 75 Teil der Stadt /Leinfelden-E.
Echternach, Stadt in Luxemburg, an der Sauer, 3500 E.; fr. Benediktinerabtei, mit Willibrordsgrab u. „Springprozession".
Echter v. Mespelbrunn, *Julius,* Fürstbischof v. Würzburg, 1545–1617; Vertreter der kath. Reform; gründete Univ. u. Juliusspital.
Eck, *Johannes,* kath. Theologe, 1486–1543; Gegner Luthers, führte 1519 die Leipziger Disputation mit Karlstadt u. Luther.
Eckart *der Getreue,* Gestalt des Warners in der dt. Heldensage.
Eckener, *Hugo,* Luftschiffer, Zeppelinführer, 1868–1954; Mitarbeiter Graf Zeppelins.
Eckermann, *Johann Peter,* 1792–1854; Goethes Privatsekretär; *Gespräche mit Goethe.*

Eckernförde, schlesw.-holst. Stadt u. Seebad an der Ostsee, 23100 E.; Fischerei.
Eckhart *(Meister E.,* auch *Ekkehart),* von Hochheim, OP, dt. Theologe u. Philosoph, um 1260–1327. Meister E., der größte Mystiker des christl. MA, predigte, lehrte u. schrieb, oft in dt. Sprache (neben Latein), in Paris, Straßburg u. Köln. E. sucht die Vereinigung der Seele mit Gott *(unio mystica),* die sich im ungeschaffenen *Seelengrund (Seelenfünklein)* vollziehen soll. Obwohl stets unzweifelhaft kirchl. gesinnt, klingen einige späte Thesen pantheistisch (26 davon posthum v. Papst verurteilt).
Ecklohn /Tarifvertrag.
Eckzähne, kegelförm. Zähne neben den Schneidezähnen; kräftig bei Raubtieren.
Economic and Social Council *m* (: ikᵉnọmʲk änd ßoᵘschᵉl kaunßil), der Wirtschafts- u. Sozialrat der Vereinten Nationen (ECOSOC).
Écossaise *w* (: ekọßäs, frz.), schott. Tanz im ³/₄-Takt, in der Kunstmusik (Beethoven, Schubert) auch im ²/₄-Takt.
Écrasez l'infâme (: ekrasẹ lãnfạm, frz. = Rottet die Niederträchtige aus!), Haßwort Voltaires gg. die kath. Kirche.
Ecuador, *Ekuador,* Rep. in Südamerika, beiderseits des Äquators. Hinter einer 75–150 km breiten Küstenebene am Pazifischen Ozean erheben sich die von Gletschern u. Vulkanen gekrönten 3000–6000 m hohen Ketten der Anden, die ein Hochbekken von 2000–3000 m Höhe einschließen, in dem die Masse der Bev. wohnt. 64% der Fläche sind Ödland, nur 10% Kulturland, extensive Latifundienwirtschaft. Ausfuhr: Bananen, Kaffee, Kakao, Chinarinde, Reis, Erdöl. – Vor der span. Eroberung (1533) ein Teil des Inkareiches, 1822 zu Kolumbien, 30 selbständig; im 19. Jh. häufige Bürgerkriege. – Staatspräs. O. Hurtado Larrea (seit 81).
Ed., Abk. für *editio, edidit,* /edieren.
Edam, nordholländ. Stadt, 18000 E.; *E.er Käse:* fett, goldgelb, rote Rinde.
Edda, die *jüngere,* um 1220 von Snorri Sturluson (Island) verfaßte E. ist ein Handbuch für /Skalden mit Beispielen der altnord. Sage; die *ältere* E. bringt stabreimende Lieder des 9./12. Jh., altgerman., jedoch christl. berührt.
Eddington (: -tᵉn), Sir *Arthur Stanley,* engl. Astronom, 1882–1944; erforschte das Sterninnere.
Eddy, *Mary,* /Baker-Eddy.
Edelfäule /Trockenfäule. **Edelgase,** chem. Elemente, die, von einigen seltenen Ausnahmen abgesehen, keine Verbindungen bilden: Helium, Neon, Argon, Krypton, Xenon, Radon; sie machen 1% der Luft aus.
Edelhagen, *Kurt,* dt. Jazzmusiker, * 1920; Leiter v. Jazz- u. Tanzkapellen, seit 57 beim Westdeutschen Rundfunk in Köln.
Edelmetall, Metall mit höchster Beständigkeit gg. chem. Einflüsse, z.B. Gold, Silber, Platin. **Edelraute,** stark riechende Alpenpflanze; Beifußarten, zu Tee, Likör. **Edelreis** /veredeln. **Edelrost** /Patina. **Edelstahl,** durch Legierung bes. fester Stahl, oft mit spezif. Eigenschaften. **Edelsteine,** durch klare Durchsichtigkeit, Farbe, Glanz, Bre-

J. P. Eckermann

Edelsteine[1]

H = Härte; B = Lichtbrechung

Name	H	B	Name	H	B
Amethyst	7	1,55	Aquamarin	7,4	1,57
Rosa Topas	8	1,61	Chrysopras	7	—
Malachit	3,7	1,88	Amazonit	6,2	—
Saphir	9	1,76	Orien-		
Kunzit	6,7	1,66	talischer		
Opal	5,5	1,64	Türkis	5,7	—
Chryso-			Tigerauge	7	—
beryll	8,5	1,74	Gestreifter		
Turmalin	7,2	1,63	Achat	6,7	1,54
Diamant	10	2,41	Granat	7	1,8
Stern-			Hyazinth	7,5	1,95
saphir	9	1,76	Topas	8	1,62
Rhodonit	6,2	1,66	Rosen-		
Quarz-			quarz	7	1,54
topas	7	1,55	Türkis-		
Blauer			matrix	5,7	—
Zirkon	7,5	1,95	Lapislazuli	5,6	—

[1] Die aufgeführten Edelsteine und Schmucksteine sind in der hier angegebenen Reihenfolge auf der gleichnamigen Tafel (Seite 255) zu finden

chung, meist auch durch Härte, Beständigkeit u. Seltenheit ausgezeichnete Mineralien: Diamant; Rubin u. Saphir; Chrysoberyll, Aquamarin, Smaragd; Topas, Zirkon, Granat, Turmalin, Olivin, Spodumen, Opal. *Schmucksteine:* Türkis, Lapislazuli, Malachit; Bergkristall, Amethyst, Rauchquarz, Tigerauge; Achat, Karneol, Onyx; Amazonit, Mondstein. Viele E. sind *synthetisch* herstellbar. *E.imitationen* aus Glasfluß sind wertlos. E. erhalten in bes. Schleifereien (z. B. Hanau, Antwerpen, Idar-Oberstein) den passenden Schliff. ☐ 255.
Edelweiß, Alpenpflanze mit weißfilz. Blättern u. Blütensternen; geschützt. ☐ 451.
Eden (: ˈidᵉn), Sir *Anthony* (Lord Avon), 1897–1977; 1935/55 mehrmals engl. Außenmin.; 55/57 Premiermin. (Konservativer); *E.plan* z. Wiedervereinigung Dtl.s.
Eder w, l. Nebenfluß der Fulda, entspringt auf dem *E.kopf* (676 m hoch, Rothaargebirge), 135 km lang. Bei Hemfurt *E.talsperre*, 202 Mill. m³ Fassungsvermögen.
Edessa, das heutige ↗Urfa.
edieren (lat.; Hw. *Edition*), ein Buch u. ä. herausgeben. **edidit**, hat hrsg.
Edikt s (lat.), Erlaß, Befehl.
Edinburgh (: ˈedinbᵉrᵉ), Hst. Schottlands, mit der Hafenvorstadt Leith, 454000 E.; kath. Erzb., prot. Bischof; Univ., schott. Nationalbibliothek u. -galerien. E., Hzg. v., ↗Mountbatten.
Edirne (türk.) ↗Adrianopel.
Edison (: ˈediße̱n), *Thomas Alva,* bedeutendster Erfinder der USA, 1847–1931. Erfand Vielfach-Telegraph, Phonograph (1878), Kohlenfaden-Glühlampe, Filmaufnahme- u. Filmprojektionsapparat; richtete das 1. Elektrizitätswerk ein, verwandte als erster den Betonguß (1300 Patente).
Edmonton (: ˈedmᵉntᵉn), Hst. der kanad. Prov. Alberta, 492000 E.; kath. Erzb., anglikan. Bischof; Univ.; Kohlengruben.
Edmund, hl. (20. Nov.), um 840–870; 855 Kg. der Ostangeln; v. heidn. dän. Eroberern erschlagen.

Edom, an der Südküste des Toten Meeres, das Land der *Edomiter.*
Edschmiadzin, *Etschmiadsin,* armen. Kloster westl. v. Eriwan; Kathedrale u. früher berühmte Bibliothek.
Edschmid, *Kasimir* (eig. Eduard Schmidt), dt. Schriftsteller, 1890–1966; expressionist. Frühwerk, später Reisebücher.
Eduard, engl. Kg.e: **E. der Bekenner,** hl. (13. Okt.), um 1003–66; 42 angelsächs. Kg. **E. I.,** 1272/1307; gewann 1283 Wales. **E. VI.,** 1537/53; seine Regenten führten die Reformation durch. **E. VII.,** 1841–1910; 1901 Kg., am Entstehen der engl.-frz. ↗Entente beteiligt. **E. VIII.,** 1894–1972; wurde Jan. 1936 Kg., dankte im Dez. ab, um Mrs. Simpson zu heiraten; seitdem Hzg. v. Windsor.
EEG, Abk. für ↗Elektroencephalogramm.
Efendi, *Effendi* (türk.), Herr, urspr. Titel.
Efeu m, immergrüner Kletterstrauch (den Aralien verwandt), blüht im Herbst.
Effekt m (lat.), Wirkung, ↗Leistung.
Effekten ↗Wertpapiere. **E.börse** ↗Börse.
effektiv (lat.), 1) tatsächlich. 2) bei Geldschuld die Abmachung, eine Zahlung in bestimmter Währung od. Münzsorte zu leisten.
Effet s (: efä, frz.), der einer Billard-, Kegel-Kugel od. einem Ball verliehene Drall.
Effner, *Josef,* Baumeister, 1687–1745; Vertreter des bayer. Rokoko (Nymphenburg).
EFTA, Abk. für European Free Trade Association, ↗Europ. Freihandelsvereinigung.
EG, Abk. für ↗Europäische Gemeinschaft.
e. G., eingetragene ↗Genossenschaft.
egal (frz.), gleich, gleichgültig. **egalisieren,** gleichmachen. **Égalité** w, Gleichheit.
Egel m, 1) ↗Blutegel. 2) ↗Leberegel.
Eger w, l. Nebenfluß der Elbe, entspringt im Fichtelgebirge, durchfließt das fruchtbare *E.land* (NW-Böhmen), mündet bei Theresienstadt; 316 km lang.
Eger, 1) tschech. *Cheb,* tschsl. Stadt an der Eger, 26000 E.; Metallwaren, Keramik. 1634 Ermordung Wallensteins. **2)** die ungar. Stadt ↗Erlau.
Egeria, röm. Quellnymphe; nach latinischer Sage Gattin des ↗Numa Pompilius.
Egerling, Blätterpilz, der ↗Champignon.
Egge w, Bodenbearbeitungsgerät mit starren od. gelenkig verbundenen Zinken od. verstellbaren Tellerscheiben; Acker-, Wiesen-, Saat-E., Unkrautstriegel.
Egge w, westfäl. Bergzug des Weserberglands, im Völmerstot 468 m.
Egger-Lienz, *Albin,* Tiroler Maler, 1868 bis 1926; dem Stile Hodlers verwandt.
Egk, *Werner,* dt. Komponist, * 1901; Opern: *Columbus, Peer Gynt, Zaubergeige;* Ballett: *Abraxas.*
Egmont, *Lamoral* Graf v., niederländ. Edelmann, 1522–68; als Gegner der span. Regierung hingerichtet. Trauerspiel v. Goethe.
Egoismus m (lat.), Selbstsucht. **egozentrisch** (lat.), das Ich zum Mittelpunkt machend.
e. h., Abk. für ehrenhalber. ↗Doktor.
Ehe w (ahd. = Gesetz), 1) allg.: die durch Gesetz oder Sitte öff. sanktionierte Verbindung zw. Mann u. Frau zu dauernder Gemeinschaft. 2) Die *christl. E.* ist eine v. Gott

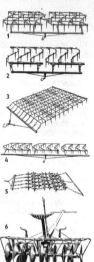

Egge: 1 Zickzack-E., 2 S-förmige E., 3 Unkrautstriegel, 4 Saat-E., 5 Wiesen-E., 6 Scheiben-(Teller-) Egge

A. Egger-Lienz: Der Sämann

Werner Egk

gesetzte Natur- u. Gnadenordnung zum Bund eines Mannes mit einer Frau. a) Nach kath. Lehre ist jede unter Getauften gültig geschlossene E. ein Sakrament, das sich die Brautleute selbst spenden. Aus dem Wesen der E. als personaler Gemeinschaft u. als sakramentales Zeichen der unaufhebbaren Einheit v. Christus u. Kirche ergibt sich ihre Unauflöslichkeit. b) Im Verständnis der ev. Christen ist die E. kein Sakrament, aber ein in der Schöpfungsordnung begründeter, v. Gott eingesetzter Stand. **E.aufhebung,** nach bürgerl. Recht möglich, wenn der E.schließung gewisse ⁄Willensmängel anhaften (nicht rückwirkend wie bei der ⁄E.nichtigkeit). **E.beratung,** biolog., sozialeth. u. rechtl. Beratung v. Braut- und Eheleuten durch *E.beratungsstellen* der Gesundheits-, freien Wohlfahrts- u. kirchl. Behörden. Auf kath. Seite getragen v. dem „Kath. Zentralinstitut für Ehe- u. Familienfragen", Sitz Köln, auf ev. Seite v. der Inneren Mission. Daneben die „Dt. Arbeitsgemeinschaft für Jugend und E.", Sitz Detmold. **E.bruch,** außerehel. Beischlaf zw. 2 Personen, v. denen mindestens eine in formell gültiger E. lebt; in der BRD seit 1969 bürgerl.-rechtl. nicht mehr strafbar. – Für Christen ist E.bruch schwere Sünde, bei Katholiken Grund zur Trennung v. Tisch, Bett u. Wohnung bis zur Verzeihung, bei Evangelischen Grund zur E.scheidung. **E.fähigkeit,** *E.mündigkeit,* Fähigkeit, eine E. rechtswirksam zu schließen. Voraussetzungen: ☐ Alter im Recht. **E.hindernisse,** a) *bürgerl.-rechtliche:* ⁄E.verbote; b) *kirchl.:* außer den bürgerl.-rechtl. E.hindernissen gibt es nach kath. E.recht folgende: geistl. Verwandtschaft, Religionsverschiedenheit (Getaufter – Ungetaufter), höhere Weihen, Ordensprofeß, Impotenz. **E.liches Güterrecht,** *Güterstand,* die vermögensrechtl. Beziehungen zw. E.gatten, geregelt entweder durch Gesetz (*gesetzl. Güterstand;* ⁄Zugewinngemeinschaft) od. Vereinbarung (*vereinbarter Güterstand;* ⁄E.vertrag). **E.lichkeitserklärung,** Form der ⁄Legitimation eines nichtehel. Kindes durch behördl. Verfügung auf Antrag seines Vaters, wenn dieser das Kind als das seine anerkennt u. Einwilligung des Kindes bzw. dessen gesetzl. Vertreters vorliegt (sofern das Kind das 21. Lebensjahr noch nicht vollendet hat). Ist der nichtehel. Vater verheiratet, auch Zustimmung seiner E.frau nötig. **E.mündigkeit** ⁄E.fähigkeit. **E.nichtigkeit,** *bürgerlich-rechtlich* die rückwirkende Ungültigkeitserklärung einer E. (bis dahin alle Wirkungen einer gültigen E.; Ggs.: ⁄E.aufhebung) aufgrund einer E.klage des Staatsanwaltes od. der E.gatten, u. a. bei Verstößen gg. ein zwingendes ⁄E.verbot, bei Formfehlern, Geschäftsunfähigkeit, Bewußtlosigkeit od. Geistesstörung eines E.gatten bei der E.schließung. **E.scheidung,** a) *bürgerl.-rechtl.:* möglich u. a. bei ⁄E.bruch, schuldhaften, anderen Eheverfehlungen, Zerrüttung der E. infolge geist. Störung, Geisteskrankheit, schwerer, ansteckender od. Ekel erregender Krankheiten eines E.partners, ferner, wenn die häusl. Gemeinschaft seit

Eiche: 1 Stiel- oder Sommer-E. *(Quercus robur);* **2** Trauben-, Winter- oder Stein-E. *(Quercus petraea);* **3** Flaum-E. *(Quercus pubescens)* mit flaumfilzigen Blättern; **4** Rot-E. *(Quercus borealis),* raschwüchsig mit herbstl. Rotfärbung; **5** Kork-E. *(Quercus suber),* eine immergrüne, waldbildende E.

3 Jahren aufgehoben u. Wiederherstellung nicht zu erwarten ist. Die Interessen der Kinder können das Scheidungsrecht ausschließen. Bei nicht auf Verschulden beruhenden Scheidungsgründen muß das Scheidungsbegehren sittl. begründet sein; Verfahren vor dem Landgericht (Anwaltszwang). Die in der BRD im Rahmen der Reform des Ehe- u. Familienrechts geplante Änderung des Scheidungsrechts sieht den Übergang v. Schuld- zum Zerrüttungsprinzip vor. – In der DDR ist das Zerrüttungsprinzip maßgeblich; b) *kirchl.:* Nach kath. u. anglikan. Lehre ist Scheidung einer gültig geschlossenen u. vollzogenen E. nicht möglich; der kanon. E.prozeß kann nur Ungültigkeit od. Nichtvollzug feststellen oder Aufhebung der ehel. Lebensgemeinschaft (Trennung v. Tisch, Bett u. Wohnung) gestatten. – Nach ev. Lehre ist E.scheidung aus schwerwiegenden Gründen (z. B. E.bruch) möglich; erneute kirchl. Trauung Geschiedener ist umstritten. **E.schließung,** a) *bürgerlich-rechtl.:* nach dem ⁄Aufgebot durch persönl. Erklärung der Brautleute vor dem Standesbeamten u. 2 Trauzeugen; Verstoß führt zur ⁄E.nichtigkeit. Voraussetzungen: ☐ Alter im Recht. Die E.frau trägt den Familiennamen des Mannes, kann aber ihren Geburtsnamen hinzufügen; die Reform des E.rechts der BRD sieht im Sinne der Gleichberechtigung der Ehepartner vor, daß sie bei der E.schließung entscheiden können, ob der Name des Mannes od. der Frau oder ein Doppelname geführt werden soll. b) *kirchl.:* In der kath. Kirche ist für die Gültigkeit der E.schließung die Anwesenheit des Pfarrers und zweier Zeugen erforderlich, nach Möglichkeit soll die Brautmesse mit Brautsegen folgen. Die ev. E.schließung erfolgt vor dem Pfarrer nach einer Predigt durch Ablegung des E.versprechens, Einsegnung u. Gebete mit der Gemeinde. ⁄Konfessionsverschiedene Ehe. – In Dtl. muß die standesamtliche E.schließung der kirchl. vorausgehen. **E.trennung,** Trennung der E.gatten v. Tisch, Bett u. Wohnung bei ⁄E.bruch u. anderen schweren Gründen. **E.verbote,** gesetzl. bestimmte Tatbestände, die einer E.schließung entgegenstehen: a) *bürgerl.-rechtl.:* u. a. Verwandtschaft u. Schwägerschaft in gerader Linie, E.bruch bei E. der E.brecher miteinander (zwingende E.verbote, die dennoch geschlossene E. ist nichtig); mangelnde Einwilligung des gesetzl. Vertreters, Irrtum über die Person od. wesentl. persönl. Eigenschaften des E.gatten, Fortleben des für tot erklärten E.gatten (die dennoch geschlossene E. ist anfechtbar); fehlende E.fähigkeit, Adoptionsverhältnis, Wartezeit v. 10 Monaten für die Frau nach Auflösung einer früheren E. (Soll-Vorschriften, die Nichtbeachtung E. dennoch gültig, d. h. weder nichtig noch anfechtbar); b) *kirchl.:* ⁄E.hindernisse. **E.vertrag,** freie vertragl. Regelung der Brautleute od. E.gatten über die güterrechtl. Verhältnisse in der E. vor einem Notar od. Gericht (Ggs.: gesetzl. Güterstand; ⁄E.liches Güterrecht); entweder Regelung in allen Einzelheiten od. in Form

Herbert Ehrenberg

Ilja Ehrenburg

Ehrenlegion: Orden
der Offiziersklasse

Animaler Pol

a b c d e f g h i

Vegetativer Pol

Ei; Schnitt durch ein
Hühnerei: a Schale,
b Schalenhaut,
c Eiweiß, d Eihaut,
e Keimscheibe mit
-bläschen, f weißer
und g gelber Dotter,
h Hagelschnur,
i Luftkammer

der beiden im Ges. vorgesehenen Wahlgüterstände: ↗Gütergemeinschaft od. ↗Gütertrennung.
Ehingen, württ. Stadt an der Donau, 22 000 E.; Zementindustrie. Ständehaus (1749).
Ehlers, *Hermann,* 1904–54; ev.-luth. Oberkirchenrat, seit 50 Präs. des dt. Bundestages.
Ehmke, *Horst,* * 1927; Prof. für Öffentl. Recht; März 1969 Bundesjustiz-Min. (SPD), 69/72 Min. im Bundeskanzleramt; 72/74 Bundes-Min. für Forschung u. Technologie u. für das Post- u. Fernmeldewesen.
Ehrabschneidung, das Offenbaren tatsächlicher, aber verborgener Fehler.
Ehrenamt, unbesoldetes öff. Amt (z. B. Schöffe); Aufwandsentschädigung mögl.
Ehrenberg, *Herbert,* dt. Politiker (SPD), * 1926; seit 76 Bundes-Min. für Arbeit u. Sozialordnung.
Ehrenbreitstein, Vorort v. Koblenz jenseits des Rheins; die *Festung E.,* über dem Rhein, wurde 1801 u. nach 1918 geschleift; jetzt Museum.
Ehrenburg, *Ilja,* russischer Schriftsteller, 1891–1967; lange Emigrant in Paris; anfangs Antibolschewist, später propagandist. Schriften. Gg. den Stalinismus der Roman *Tauwetter.*
Ehrenbürger, v. Städten u. Gemeinden an verdiente Persönlichkeiten verliehene Auszeichnung, meist ohne Rechtswirksamkeit.
Ehrendoktor ↗Doktor.
Ehrengericht, Schiedsgericht, z. B. in Vereinen, für bestimmte Berufe (Rechtsanwälte).
Ehrenlegion *w, Légion d'honneur,* ältester u. angesehenster frz. Orden, gestiftet 1802 v. Napoleon I.
Ehrenpreis, *Veronica,* Kräuter u. Halbsträucher mit meist blauen Blumenkronen; *Echter E.,* in trockenen Wäldern.
Ehrenrechte ↗Bürgerliche Ehrenrechte.
Ehrenwort, Bekräftigung eines Versprechens gg. Verpfändung der Ehre; rechtl. wirkungslos.
Ehrle, *Franz,* SJ, dt. Kard., 1845–1934; 1895–1914 Präfekt der Vatikan. Bibliothek, 29 Archivar der Röm. Kirche.
Ehrlich, *Paul,* Mediziner, 1854–1915; Begr. der wiss. Chemotherapie, Entdecker des Salvarsans; 1908 Nobelpreis.
Ei, weibl. Fortpflanzungszelle aus Eikern, Eiplasma, umgeben v. Nahrungsdotter u. Schutzhüllen. Fast alle wirbellosen Tiere u. niederen Wirbeltiere legen ihre Eier ab, welche nährstoffreich, fest umhüllt, rund bis stäbchenförmig, mm-Bruchteile bis 15 cm groß sind. Die größten Eier haben Vögel u. Reptilien (Strauß 1,6 kg). Das *Hühnerei* besteht aus Eigelb (gelber u. weißer Nahrungsdotter), das mit Dotterhaut (Eihaut) umhüllt ist; es trägt seitl. Keimscheibe u. Eikern. Das *Eiweiß* umgibt das *Eigelb* u. ist v. 2 gallertigen ↗Hagelschnüren durchsetzt. Es wird v. Schalenhaut u. Eischale fest umhüllt, zw. denen eine Luftkammer liegt. Das Hühnerei wiegt 40–70 g u. enthält 74% Wasser, 12,5% Eiweißsubstanz, 12% Fett, 1% Salze, Vitamin u. Lecithin. – Säuger u. Pflanzen haben *Eizellen,* die sich im Organismus weiterentwickeln, mikroskop. klein

u. nährstoffarm sind. Bei Algen, Pilzen, Moosen, Farnen werden sie in Archegonien, bei höheren Pflanzen in Samenanlagen gebildet. Bei der Frau wird die Eizelle in einem Bläschen *(Follikel)* des Eierstockes gebildet, welches platzt *(Follikelsprung)* u. die Eizelle freigibt (↗Menstruation). Im Eierstock sind bei der Geburt 500 000 Eizellen angelegt, v. denen etwa 400 im Leben reif werden.
Eibe *w, Taxus,* Nadelholz; fr. in Dtl. häufig, jetzt fast ausgerottet; Zierbaum mit roten Scheinbeeren; liefert hartes Nutzholz, schwarzgebeizt deutsches Ebenholz.
Eibingen, Vorort v. Rüdesheim; Benediktinerinnenabtei; Hildegard-Reliquien.
Eibisch *m, Althaea officinalis,* meterhohes Malvengewächs, Heilpflanze.
Eibsee, bayer. Alpensee, am Nordfuß der Zugspitze, 1,8 km², 34 m tief, abflußlos.
Eich, *Günter,* dt. Schriftsteller, 1907–72; Lyrik: *Botschaften des Regens;* Hörspielsammlungen: *Träume, Stimmen.*
Eiche, europ. u. nord-am. Laubholz; in Dtl. die einander sehr ähnl. Trauben-, Winterod. Stein-E. mit langgestielten Blättern u. sitzenden Früchten, u. die Stiel- od. Sommer-E. mit gestielten Früchten, aber fast sitzenden Blättern. Holz gelbrötlich bis graubraun, schwer, hart, fest u. dauerhaft. Die *E.nrinde* liefert Gerbstoff. ☐ 211, 400.
Eichel *w,* 1) Frucht der Eiche. 2) Karte (Kreuz) im dt. Kartenspiel. 3) das vordere Ende des männl. Glieds.
Eichelschwamm, die ↗Stinkmorchel.
eichen, Richtigkeit von Maßen amtl. bekunden durch *Eichämter* bzw. *Eichmeister.*

Günter Eich   J. v. Eichendorff

Eichendorff, *Joseph* Frh. v., dt. Dichter, 1788–1856; Jugendzeit auf Schloß Lubowitz (Schlesien); Beamter in Breslau, Danzig, Königsberg u. Berlin. Gestaltet romant. Sehnsucht wie auch dämon. Übermächtigung (Roman *Ahnung u. Gegenwart,* Novellen *Aus dem Leben eines Taugenichts, Das Marmorbild),* Lyrik mit Volkslied-Anklängen. Seine *Gesch. der poet. Lit. in Dtl.* wertet v. kath. Standpunkt.
Eichhase, *Eichpilz,* ↗Porling, Strunk mit regelmäßigem Hütchen; eßbar.
Eichhörnchen, baumbewohnendes Nagetier, Winterschläfer, frißt Nüsse, Samen, Eier, junge Vögel; Nest (Kobel) kugelförmig; russ. E.: ↗Feh.
Eichmann, *Adolf,* SS-Obersturmbannführer, 1906–1962; leitete ab 41 die Deportation u. Vernichtung der Juden; in Israel zum Tode verurteilt u. hingerichtet.

Eichsfeld, Teil des Thüring. Hügellandes, durch die fruchtbare, verkehrsbegünstigte Senke des Leine- u. Wippertales in *Ober-E.* (im S) u. *Unter-E.* (Kalilager) geschieden.
Eichstätt, bayer. Krst., in Mittelfranken, an der Altmühl, 14100 E.; kath. Bischof; Dom; kath. Kirchl. Gesamthochschule (seit 1972), Benediktinerinnenabtei St. Walburg mit Grab der hl. Walburgis, Kapuzinerkloster.
Eid, feierl. Bekräftigung einer Aussage od. eines Versprechens; religiöser E. unter Anrufung Gottes als Zeugen. Erfolgt vor Gericht in weltl. od. religiöser Form durch Nachsprechen der Eidesformel und Erheben der rechten Hand. Falsch- od. ↗Meineid wird bestraft. *Offenbarungseid* bei Angabe des Vermögens im Zwangsvollstreckungsverfahren; in der BRD seit 1970 durch die Versicherung an Eides Statt ersetzt. Die *Eidesfähigkeit* beginnt mit 16 (beschränkt) bzw. 18 Jahren. Sie kann aberkannt werden. Die *Versicherung an Eides Statt* dient zur Glaubhaftmachung einer Behauptung im Zivilprozeß, auch bei anderen zuständigen Behörden. – *Eideshelfer,* bestätigten nach german. Recht durch E., der E. eines anderen sei wahr.
Eidam *m,* Schwiegersohn.
Eidechse *w,* nützliches, Winterschlaf haltendes Reptil; *Riesen-E.* ↗Waran; in Dtl. *Zaun-E.; Berg-E.,* deren Junge sofort aus dem Ei schlüpfen; *Mauer-E.; Smaragd-E.;* bes. in Süd-Dtl., Männchen grün-gelb.
Eider *w,* schlesw.-holstein. Fluß, mündet bei Tönning in die Nordsee, 188 km lang. 1035–1864 Nordgrenze Dtl.s. Nördl. der Mündungsbucht die Halbinsel *E.stedt.*
Eiderente, im hohen Norden brütende Tauchente; deren Flaumfedern *(Eiderdaunen)* beste Bettfedern. ☐ 668.
Eidetik *w* (gr.), die Fähigkeit mancher Menschen, sich v. einem gesehenen Gegenstand später ein ganz deutl. Anschauungsbild zu machen.
Eidgenossenschaft ↗Schweiz.
Eidologie *w* (gr.), Lehre v. den Formen des Bewußtseins u. seiner Gegenstände.
Eidophor *s* (gr.), ein Fernseh-Großbildprojektionsverfahren.
Eiermann, Egon, dt. Architekt u. Designer, 1904–70; klar und streng gegliederte, funk-

Eierstab

Eiffelturm

E. Eiermann:
Kaiser-Wilhelm-
Gedächtniskirche
(Berlin)

tionsbestimmte Bauten. *Dt. Botschaft,* Washington; *Neubau der Ks.-Wilhelm-Gedächtniskirche,* Berlin.
Eierpflanze, frz. *Aubergine,* Nachtschattengewächs aus dem Orient, in wärmeren Ländern angebaut wegen der schmackhaften Früchte. ☐ 740. **Eierschwamm** ↗Pfifferling.
Eierstab, Architekturornament aus aneinandergereihten Eiern. **Eierstock,** *Ovarium,* paarige weibl. Keimdrüse, in der die Eizellen reifen u. Hormone abgesondert werden. ↗Menstruation.
Eifel *w,* Hauptteil des Rheinischen Schiefergebirges, waldige Hochfläche zw. Mosel u. Rur, im NW durch die Schneifel *(Schnee-E.)* mit dem Hohen Venn verbunden, mit etwa 200 Basaltkuppen (Hohe Acht, 746 m), mit Kraterseen (sog. Maaren, z.B. der Laacher See), Talsperren u. tiefen Tälern. Naturstein-, Kohlensäure- u. Eisen-Ind.; Fremdenverkehr, Nürburgring.
Eiffel (: äfạl), *Gustave,* frz. Ingenieur, 1832–1923; erbaute 1887/89 in Paris den 300 m hohen *E.turm* (Stahlbau).
Eigen, *Manfred,* dt. Physikochemiker, *1927; 1967 Nobelpreis für die Untersuchung sehr schneller chem. Reaktionen.
Eigenkirche. Nach germanischem Recht verfügte der Grundherr einer Kirche über deren Vermögen u. bestellte den Geistlichen. Seit dem 12. Jh. überwunden.
Eigenname, Name einer bestimmten Sache oder Person.
Eigentum, ist *rechtl.* im Unterschied zum ↗Besitz das *Recht auf vollständige u. ausschließl. Herrschaft* über eine Sache, während *wirtschaftl.* häufig mit E. das Vermögen (nicht nur Sachen, auch Rechte) bezeichnet wird. Der Eigentümer muß sein E. in einem solchen Zustand halten, daß v. ihm keine Gefahr für die öff. Sicherheit u. Ordnung ausgeht. Er kann sich selbst im Gebrauch seines E. beschränken, indem er einem anderen ein Recht daran einräumt (z.B. ↗Dienstbarkeit, ↗Hypothek, ↗Grundschuld, ↗Nießbrauch) od. indem er erlaubt, es für bestimmte Zeit in bestimmter Weise zu gebrauchen (z.B. ↗Miete, ↗Leihe). Strafrechtl. ist das E. vor allem durch Strafe wegen ↗Diebstahls geschützt. – *Privat-E.* ist das E. einer od. mehrerer Privatpersonen, *öff. E. (Gemein-E.)* das E. des Staates, einer Gem. od. sonst. öff. Körperschaft. Unter Privat-E. versteht man sowohl das E. am persönl. Bedarf (auch Wohn-E.) als auch das E. an Produktionsmitteln. Das E. der Privatsphäre ist schlechthin notwendig für eine freiheitl. Gesellschaftsordnung, weil es dem einzelnen relative wirtschaftl. Unabhängigkeit ermöglicht. Die *E.sbildung* muß darum mit bes. Mitteln gefördert werden (steuerl. Begünstigungen usw.). Privat-E. an Produktionsmitteln begünstigt die Initiative des einzelnen; staatl. E. an Produktionsmitteln (↗Sozialisierung) fördert die Bürokratisierung des Wirtschaftsprozesses u. die Übermacht des Staates durch die notwendige zentrale Lenkung der Wirtschaft. Das Privat-E. an Produktionsmitteln muß aber im bes. Interesse des Allgemeinwohls verwaltet werden; der Staat kann dies durch

Manfred Eigen

Rechtszwang gewährleisten (z. B. Kartellverbot). Das Privat-E. muß anderseits grundsätzl. gg. ⁄Enteignung geschützt werden. **E.serwerb,** ist gesetzl. verschieden geregelt bei Grundstücken (⁄Auflassung, Eintragung ins ⁄Grundbuch) u. bewegl. Sachen (im allg. formlose Einigung u. Übergabe der Sache; ferner durch ⁄Ersitzung, ⁄Fund, Verbindung und Verarbeitung). **E.svorbehalt** liegt vor, wenn der Verkäufer dem Käufer eine Kaufsache übergibt, den E.sübergang aber v. Eintritt eines bestimmten Umstandes (meist vollständige Zahlung des Kaufpreises) abhängig macht. Bei Zahlungsverzug ist der Verkäufer zum Rücktritt berechtigt. **E.swohnung** ⁄Wohnungseigentum.

Eigenwechsel, *Solawechsel, trockener Wechsel,* ⁄Wechsel, bei dem dieselbe Person Aussteller u. Bezogener ist.

Eiger *m,* Gipfel der Berner Alpen, gehört zur Jungfraugruppe, 3970 m hoch.

Eignungsprüfung, Eignungsuntersuchung für einen bestimmten Beruf, auch zur allg. Berufsberatung; Leistungs- u. Funktionsproben (⁄Test), Gespräch, Ausdrucksdiagnose.

Eike v. Repgow, um 1180 bis nach 1233; Verf. des ⁄Sachsenspiegels u. der Sächs. Weltchronik.

Eilbrief ⁄Eilsendungen.

Eileiter, *Tube, Muttertrompete,* paariger Kanal, leitet das Ei vom Eierstock in die Gebärmutter. ☐ 323.

Eilenburg, sächs. Krst. im Bez. Leipzig, an der Mulde, 21 900 E.; Kunststoff-Ind.

Eilgut, wird v. der Bahn als Stückgut (⁄Expreßgut) od. Wagenladung mit Vorrang u. beschleunigt zu erhöhten Frachtkosten befördert.

Eilsen, *Bad E.,* niedersächs. Badeort, 2500 E.; 4 kalte Schwefelquellen; Kurhaus.

Eilsendungen *(Eilbriefe, Eilpakete),* werden v. der Post auf gewöhnl. Wege befördert, am Zielort aber sofort „durch Eilboten" zugestellt; erhöhte Gebühr.

Einaudi, *Luigi,* it. Finanz- u. Staatswissenschaftler, 1874–1961; 1948/55 Staatspräsident.

einbalsamieren, Verfahren zur Konservierung v. Menschen- u. Tierleichen (⁄Mumie); heute durch Einspritzen chem. Flüssigkeiten u. Entfernen der Eingeweide.

Einbaum, Boot aus ausgehöhltem Baum.

Einbeck, niedersächs. Stadt, 29 000 E.; Brauereien, Fahrradfabriken, Textil-Ind.

Einbeere, Giftpflanze der dt. Laubwälder, mit stahlblauer Beere.

Einbruch, schwerer ⁄Diebstahl.

Einbürgerung, Erwerb der ⁄Staatsangehörigkeit durch Ausländer.

Eindhoven, niederländ. Stadt, 193000 E.; TH; elektrotechnische Industrie (Philips).

eindünsten ⁄einmachen.

Einem, *Gottfried v.,* östr. Komponist, *1918; Opern *Dantons Tod, Der Prozeß;* Orchester-, Chorwerke, Lieder.

einfache Buchführung ⁄Buchführung.

einfrieren, Guthaben können nicht flüssig gemacht werden.

Einfuhr ⁄Außenhandel.

Einbeere

Gottfried von Einem

eingebrachte Sachen, Sachen, die ein Mieter in die Mieträume od. ein Gast in ein Beherbergungsunternehmen hineingebracht hat u. an denen er Eigentum besitzt; unterliegen dem Pfandrecht des Vermieters für die Miete u. des Wirtes für die Kosten der Beherbergung.

eingebrachtes Gut, die von einem der Ehegatten in die Ehe eingebrachten Vermögensteile; am e. G. der Frau stand dem Ehemann vor Erlaß des Gleichberechtigungsgesetzes die Nutzverwaltung zu.

Eingemeindung, Eingliederung einer Gemeinde in eine andere.

eingeschrieben ⁄Einschreiben.

eingetragen, in einem öff. ⁄Register vermerkt (Firma, Hypothek usw.). **eingetragener Verein** (e. V.), Verein, der durch Eintragung ins Vereinsregister Rechtsfähigkeit erlangte.

Eingeweide (Mz.), die in den großen Körperhöhlen (Kopf, Brust, Bauch) eingeschlossenen Organe, bes. Lunge, Herz, Magen, Gedärme, Niere, Leber. ☐ 616/617.

Eingeweidewürmer, Darmschmarotzer, ⁄Band-, Spulwürmer.

Einhandsegler, eine Person, die ein Segelboot auf Rennstrecken oder auf See allein bedient.

Einhard, um 770–840; fränk. Gelehrter, berühmt als Biograph Karls d. Gr.

einhäusig heißen Pflanzen, die eingeschlechtl. männl. u. weibl. Blüten auf einer Pflanze tragen.

Einheit ⁄Maßeinheiten.

Einheitsstaat, Staat, in dem die oberste Regierungs- u. Gesetzgebungsgewalt einheitl. u. zentral ausgeübt wird. Ggs. ⁄Bundesstaat. **Einheitswert,** Wert, der im einheitl. bei der Besteuerung des land- u. forstwirtschaftl., des Grund- u. Betriebsvermögens zugrunde gelegt wird. **Einheitszeit,** gleichmäßige Zeit für größere Gebiete nach der mittleren Ortszeit bestimmter Längengrade. *Mitteleurop. Zeit* (MEZ; 15° östl. v. Greenwich); *Westeurop. Zeit* (WEZ; 1 Stunde nach MEZ) bzw. *Osteurop. Zeit* (OEZ; 1 Stunde vor MEZ). ☐ 1138.

Einherier, nach der german. Göttersage die in ⁄Walhall wohnenden gefallenen Krieger.

Einhorn, gehörntes Fabeltier.

Einhufer, ⁄Pferde im weiteren Sinn.

Einkammersystem ⁄Kammer 3).

Einkehrtage, in der kath. Kirche religiöser Besinnung zur Vertiefung des Glaubensbewußtseins; ähnl. in der ev. Kirche die *Rüstzeiten.*

Einkommen, Gesamtbetrag der Güter u. Leistungen, die regelmäßig ⁄Eigentum einer Person werden. Durch Zufluß unterscheidet es sich v. ⁄Vermögen, durch die Regelmäßigkeit v. außerordentl. Einkünften (Erbschaften usw.). Diese Unterscheidung ist grundlegend für die Besteuerung. *Nominal-E.* ist der reine Geldwert eines E., *Real-E.* das auf eine damit kaufbare Gütermenge bezogene E. **E.steuer,** die wichtigste direkte Steuer (meist in Form der ⁄Lohnsteuer); wird nach Familienstand u. in Staffelung er-

Einkommens-entwicklung	Volkseinkommen 1970[1]		Volkseinkommen 1978[1]	
	insgesamt (Mill. US-$)	pro Kopf (US-$)	insgesamt (Mill. US-$)	pro Kopf (US-$)
Afrika:				
Ghana	2640	310	4250	390
Niger	380	90	1110	220
Obervolta	340	60	870	157
Südafrika, Rep.	16850	760	40940	1480
Tansania	1360	100	3880	230
Amerika:				
Argentinien	26820	1160	50250	1910
Bolivien	870	180	2690	509
Paraguay	630	260	2450	850
USA	975240	4760	2117890	9700
Asien:				
Birma	2230	80	4900	150
Indien	57290	110	112660	175
Indonesien	8880	80	48820	360
Europa:				
BRD	180260	2930	588339	9600
Italien	94580	1760	218320	3840
Schweden	32510	4040	84750	10210

[1] hier: Bruttosozialprodukt zu Marktpreisen

hoben v. E. natürl. Personen aus selbständiger u. nichtselbständiger Arbeit, Gewerbebetrieb, Kapitalvermögen, Vermietung u. Verpachtung, Land- u. Forstwirtschaft.
Einkorn s, Spelzweizen mit nur einem Korn in jedem Ährchen.
Einkristall ⟋Festkörperphysik; ⟋Kristall.
Einlassung, im Zivilprozeß die Erklärung des Beklagten auf die gg. ihn erhobene Klage.
Einlauf, *Darmspülung* od. *Klistier,* zur Entleerung des Darmes (Reinigungsklistier) od. zu Ernährungszwecken bei behinderter Magen-Darm-Passage (Nährklistier).
Einlegearbeit, *Intarsienarbeit,* Verzierung durch Einlegen v. andersfarbigem Material.
einmachen, schützt Nahrungsmittel vor Zersetzung. Sicherste Methode ist das *Sterilisieren.* Die Speisen werden unter Luftabschluß in Gläsern od. Blechbüchsen bei bestimmter Temperatur u. Erhitzungsdauer keimfrei gemacht; dadurch luftdichter Abschluß möglich; verwendet für Obst, Gemüse, Fleisch, Wurst, Milch. Das *Eindünsten* in Büchsen durch Luftentziehungsapparate ermöglicht wohl luftdichten Abschluß, macht jedoch das Eingemachte nicht keimfrei. Beim *Einkochen* v. Obst zu Marmeladen u. Gelees wird die Masse durch das Kochen u. den Zuckerzusatz eingedickt. Das *Einlegen* v. Gemüse, Fleisch u. a. erfolgt in keimwidrige Flüssigkeiten od. Konservierungsmittel. ☐ 502.
einmieten, Feldfrüchte in Erdgruben überwintern.
Einöde, ungenütztes Land; auch Einzelhof.
Einödriegel, höchster Berg des Bayer. Waldes, 1126 m hoch.
Einpeitscher, engl. *whipper-in* od. *whip,* hat im engl. Parlament bei wichtigen Abstimmungen für die Anwesenheit seiner Parteigenossen zu sorgen.
Einrede, Geltendmachung des Rechts auf Verweigerung einer an sich geschuldeten Leistung, z. B. bei ⟋Verjährung.
Einreibung, Anwendung von Heilmitteln zur

Einschlüsse von Turmalin im Bergkristall

Besserung der Hautdurchblutung (Hautreize); Verstärkung des Reizes durch alkohol., ätherische od. ölige Mittel.
einsäuern, wasserhaltige Futtermittel in ⟋Gärfutter-Behältern haltbar machen.
Einschienenbahn, Schienenfahrzeug auf einer Schiene, ausgeführt als *Hängebahn* od. *Stand-* bzw. *Reiterbahn* mit untenliegender Schiene, so die ⟋Alweg-Bahn. ☐ 21.
Einschlafen der Glieder, Empfindungsstörung mit Gefühl des Kribbelns, des Pelzigu. Taubseins, bewirkt durch Druck auf die Nerven od. mangelnden Blutzufluß; Anregung des Blutkreislaufs durch Massieren.
Einschlag, 1) Einschuß in der ⟋Weberei. **2)** die jährlich geschlagene Holzmenge.
Einschlüsse, Fremdkörper in Mineralien.
Einschreiben, *eingeschrieben,* Postsendungen, die den Empfängern nur gg. *Empfangsbescheinigung* ausgehändigt werden; erhöhte Gebühr; bei Aufgabe muß ein *Einlieferungsschein* ausgestellt werden; bei Verlust fester Entschädigungssatz.
Einsegnung, christl. Weihehandlung; in den ev. Kirchen bes. bei Konfirmation (die E.), Trauung u. Aufnahme v. ⟋Diakonissen, in der kath. Kirche u. a. bei Trauung u. Begräbnis.
Einsiedeln, Wallfahrtsort im Schweizer Kt. Schwyz. 900 m ü. M., 10500 E.; Benediktinerkloster (937 gegr.) mit barocker Stiftskirche u. Stiftsgymnasium.
Einsiedler, *Anachoreten* od. *Eremiten,* in christl. Zeit erstmals im 2./3. Jh. in Ägypten u. Syrien; auch Zusammenschluß in E.kolonien; ebenfalls im buddhist. Mönchtum u. im hellenist. Judentum bekannt. **E.krebs,** *Eremit,* Meereskrebs, dessen weicher Hinterleib in einer Schneckenschale steckt; dazu der *Bernhardskrebs* in der Nord- u. Ostsee.
Einspritzpumpe, bei Verbrennungsmotoren *(Einspritzmotoren)* eine Pumpe, die eine bestimmte Kraftstoffmenge unter Druck in den Zylinder spritzt; meist für Hochleistungsmotoren.
Einspritzung, *Injektion,* v. Arzneilösungen od. Serum unter die Haut *(subkutan),* in Muskeln *(intramuskulär),* in Adern *(intravenös)* mittels Spritzen mit Hohlnadel.
Einspruch, an bestimmte Formen u. Fristen gebundener Rechtsbehelf gg. bestimmte Gerichtsentscheidungen od. Verwaltungsakte (Strafbefehl, Mahnverfahren u. ä.).
Einstein, *Albert,* 1879–1955; 1914–33 Dir. des Kaiser-Wilhelm-Instituts für Physik in Berlin, emigrierte nach den USA; Pazifist u. Zionist. Begr. der ⟋Relativitätstheorie; Forschungen über ⟋Quantentheorie, Gravitation, Energieumsatz bei photochem. Reaktionen, Nachweis *(E.-Effekt)* v. Molekularströmen; 1921 Nobelpreis. **Einsteinium** s, künstl. chem. Element, Zeichen Es, radioaktiv, Ordnungszahl 99. ☐ 148.
einstweilige Verfügung, im Zivilprozeß vorläufige Entscheidung des Gerichts, um eine Rechtsverletzung durch Veränderung des bestehenden Zustands zu verhüten; od. zur Regelung eines einstweil. Zustands in bezug auf ein noch streitiges Rechtsverhältnis.

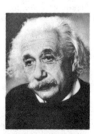
Albert Einstein

Eintagsfliege, *Augustfliege,* kurzlebiges Insekt (Geradflügler); stirbt nach der Eiablage.

Einwanderung, Zuzug v. Ausländern in ein Land zum dauernden Aufenthalt; geregelt durch *E.s-Gesetze* der Länder.

Einwilligung, rechtl. die vorherige Zustimmung zum Handeln eines anderen; wichtig vor allem bei beschränkter ↗Geschäftsfähigkeit. Ggs.: ↗Genehmigung.

Einzelhandel, *Detailhandel,* der an den Endverbraucher verkaufende Handel, meist *Laden-E.;* daneben der *Versandhandel* stark im Wachsen; v. geringer Bedeutung *Wander-E.* (*Hausier- u. Straßenhandel*).

Einzeller ↗Protozoen.

Einziehung, *Konfiskation,* im Strafverfahren: Wegnahme bestimmter Gegenstände, die durch Verbrechen od. Vergehen hervorgebracht (z. B. Falschgeld) od. zur Begehung einer solchen Handlung benutzt wurden od. bestimmt sind (z. B. Waffen, Einbruchswerkzeuge).

Eire (: ä͡͡rᵃ), irischer Name für ↗Irland.

Eis, feste Form des Wassers, entsteht bei 0° C u. ist nur unter 0° C beständig. Gefrierendes Wasser vergrößert sein Volumen um ¹/₁₁, erhöht dadurch seinen Druck in festen Gefäßen (Sprenggefahr) u. vermindert seine Dichte (schwimmt auf Wasser). Künstl. Eis wird in ↗Kältemaschinen hergestellt.

Eisack *m,* it. *Isarco,* Nebenfluß der Etsch, 95 km lang; im E.tal die Brennerstraße u. Brennerbahn; Kraftwerk.

Eisbär, großer ↗Bär des Polargebiets, mit weißem Fell, guter Schwimmer (hat Spannhäute zw. den Zehen), lebt von Robben; wird bis 400 kg schwer. ☐ 68.

Eisbein, Schweinshaxe, gekocht od. gepökelt.

Eisberge, im Meer schwimmende, bis 100 m hohe Eisblöcke, etwa ¹/₈ aus dem Wasser ragend; entstehen im Packeis od. durch Abbrechen v. Gletscherzungen.

Eisbrecher, 1) Schutzvorbauten an Brückenpfeilern gg. Eisgang. **2)** Spezialschiffe mit verstärktem Bug, halten Fahrrinnen offen; zerdrücken Eis durch ihr Gewicht.

Eisen *s, Ferrum,* chem. Element, Zeichen Fe, Metall, Ordnungszahl 26 (☐ 148). 5% der Erdrinde sind E.verbindungen mit Sauerstoff, Kohlendioxid, Schwefel u. ä. *E.erze* enthalten mehr als 30% E. Geringen E.gehalt haben Steine u. Erden, die durch E.oxid rot- u. braungefärbt sind. E. in Organismen ↗Spurenelemente. *Technologie des E.* Techn. E. wird durch Verhüttung (Reduktion des E.oxids) im ↗Hochofen mit Koks u. Zuschlagstoffen als Schlackenbildner gewonnen. Es ist eine Legierung mit Kohlenstoff C u. anderen Elementen; je nach C-Anteil unterscheidet man beim *Roh-E.* allgemein mehr als 1,7% C: *weißes Roh-E.* (weißer Bruch), aller C als E.carbid (Zementit) gebunden; *graues Roh-E.,* 75–90% des C als Graphit, nur wenig Zementit. Entkohlung des Roh-E. ergibt ↗Stahl. Roh-E. ist hart u. spröde, nicht schmiedbar; verwendet als *Guß-E.* ☐ 613, 938.

Eisenach, thüring. Krst. am NW-Rand des Thüringer Waldes, am Fuße der ↗Wartburg, 51 000 E.; Lutherhaus, Geburtshaus J. S. Bachs, Sterbehaus Fritz Reuters; Herstellung von Kraftfahrzeugen, Glühlampen.

Eisenbahn, Schienenfahrzeuge mit eigener Fahrbahn, durch Lokomotiven od. Triebwagen fortbewegt; schnelles, sicheres und relativ billiges Verkehrsmittel. Dem *Fernverkehr* dienen Hauptbahnen, dem *Nahverkehr* Schnell- u. Kleinbahnen, dem *Großstadtverkehr,* Gürtel-, Hoch- u. Untergrundbahnen mit überwiegendem elektr. u. dieselelektr. Antrieb. **E.bau,** umfaßt Vermessung der Linien, Herstellung v. Dämmen, Einschnitten, Brücken, Tunnels, des *Unterbaues* (Trassierung, Böschungsbau) u. des *Oberbaues* (Schotterbettung mit Legen der Schwellen u. ↗Schienen: Normal-↗Spurweite in Dtl. u. anderen Ländern 1435 mm) sowie die Errichtung der eigentl. *Betriebsanlagen.* Zu diesen gehören ↗Bahnhöfe; Signaleinrichtungen (↗E.signale); Sicherungseinrichtungen: Fernsprecher, Fernschreiber (jeweils eigene Netze), mechan. bzw. elektr. Verriegelungen zw. Weichen u. Signalen, Einteilung der Linien in Blockstrecken. Das *rollende Material* besteht aus ↗Lokomotiven, Triebwagen, E.wagen. Für den Personenverkehr werden Personen-, Eil- u. Schnellzüge mit Abteil-, Durchgangs-, Speise- u. Schlafwagen u. Trieb- bzw. Schnelltriebwagenzüge sowie Post- u. Gepäckwagen verwendet, im Güterverkehr offene od. gedeckte Wagen, ferner Rungen-, Kübel-, Kessel-, Großraum- u. Tiefladewagen u. Spezialwagen für die Aufrechterhaltung des Eisenbahnbetriebs. Der **E.betrieb** umfaßt Bereitstellung der Züge, Abfertigung der Personen u. Güter, Überwachung der Fahrt u. Fahrplanzeiten, Aufsicht über den Direktionsbereich u. Werkstättendienst (Reparaturen). **E.signale,** Verständigungsmittel des E.personals unter sich: a) *Akust. Signale,* im Fahr- u. Rangierdienst mit Pfeifen, bei Streckenarbeitern mit Hörnern, Preßluftsirenen, an Zugmeldestellen u. Bahnwärterhäusern mit Läutewerken gegeben. b) Zu den *opt. Signalen* zählen die feststehenden Signale mit bewegl. Flügelarmen, heute auf elektrifizierten Strecken Lichtsignale zur Sicherung der Bahnhofs-Ein- u. Ausfahrten sowie der Block-(Strecken-)Abschnitte; auf den Hauptstrecken weitgehend durch Einführung der induktiven Zugsicherung (*Indusi*) automatisiert. Die Steuerung u. Zusammenfassung der E.signale erfolgt in ↗Stellwerken.

Eisenbart, *Johann Andreas, Doktor E.,* 1661–1727; reisender Heilkünstler u. Operateur.

Eisenberg, thüring. Krst. im Bez. Gera, 13 700 E.; Porzellanindustrie.

Eisenbeton, besser *Stahlbeton,* der mit Baustahleinlagen verstärkte Zement-Kies-↗Beton; fest gg. Zug, Druck, Witterung.

Eisencarbid *s, Zementit,* Eisen-Kohlenstoff-Verbindung, Fe₃C.

Eisenchlorid *s,* dunkelrote od. gelbe Kristallmasse; Beizmittel in der Färberei; Blutstillmittel (E.watte, E.papier, E.äther).

Eisenerz, 1) ↗Eisen. **2)** Sitz der steir. Eisen-

Eintagsfliege (oben) und Larve mit Tracheenkiemen (T)

Eisenplastik von H. Cousins

Eisenbahnen

1767	gußeiserne Schienen (Pferdeeisenbahn)
1800	freitragende Winkelschienen
1804	Dampflok von Trevithick
1820	gewalzte Schienen
1825	Dampflok von G. Stephenson (Strecke Stockton–Darlington)
1826/30	Strecke Liverpool–Manchester
1835	erste deutsche Eisenbahn Fürth–Nürnberg
1837/39	Strecke Leipzig–Dresden

Eisenbahnsicherungstechnik

Neben der Umstellung auf elektrische Zugförderung ist die fortschreitende Automatisierung und Erhöhung der Sicherheit das hervorragende Merkmal der Entwicklung der Eisenbahntechnik. Großen Anteil haben die modernen **Gleisbildstellwerke**, bei denen durch Betätigen von 2 Tasten alle Signale und Weichen einer Fahrstraße geschaltet werden und der Betriebszustand optisch angezeigt wird. Dieses Verfahren ist sowohl in eng umgrenzten Bereichen (Bahnhöfen) anwendbar als auch für die Fernsteuerung von Strecken von über 100 km.

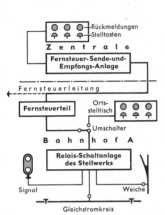

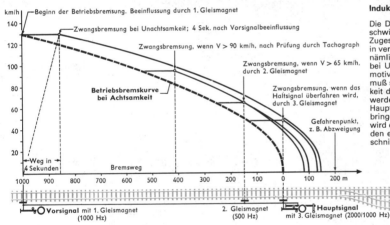

Induktive Zugbeeinflussung

Die Darstellung zeigt die Geschwindigkeitsabnahme des Zuges als Funktion des Weges in verschiedenen Situationen, nämlich bei Achtsamkeit und bei Unachtsamkeit des Lokomotivführers. Am Vorsignal muß spätestens bei Achtsamkeit die Bremsung eingeleitet werden, um den Zug vor dem Hauptsignal zum Stehen zu bringen. Bei Unachtsamkeit wird die Zwangsbremsung an den entsprechenden Gleisabschnitten eingeleitet.

Ind. *(E.er Alpen),* 11500 E.; Eisenerzbergbau am ⟋Erzberg; Hochöfen, Röstanlagen. **Eisengießerei** ⟋gießen. **Eisenglanz** ⟋Eisenoxid. [Herkunft. **Eisenholz,** harte, dauerhafte Hölzer trop. **Eisenhower** (:-hau[er]), *Dwight D(avid),* am. General u. Politiker, 1890–1969; 1942/45 Oberkommandierender der am. Armee in Europa, 51/52 der europ. NATO-Streitkräfte; 53/61 Präs. der USA (Republikaner). **Eisenhut,** *Sturmhut,* giftiges Hahnenfußgewächs mit helmförm. Blüten; Zierpflanze; Wurzelknollen des *Blauen E.* liefern Akonitin (Alkaloid, gg. Neuralgien) u. E.tinktur, gg. fieberhafte Krankheiten. **Eisenhüttenstadt,** Stadtkreis im Bez. Frankfurt a. d. O., die 1961 vereinigten Städte Für-stenberg a. d. O. und Stalinstadt, 47000 E.; Eisenhüttenkombinat. **Eisenhydroxid** *s,* als *Rost* verbreitetes Oxydationsprodukt des Eisens. **Eisenkies,** der ⟋Pyrit. **Eisenklinker,** Ziegelsteine aus eisenhaltigem Ton; zu Pflastern u. Ufermauern. **Eisenkraut,** Unkraut mit zahlr. Blüten; Volksheilmittel; ⟋Verbene. **Eisenlack,** *schwarzer,* Lösung von Asphalt (Pech) in Terpentinöl, Benzin; zum Lackieren eiserner Gegenstände. **Eisenoxid,** Eisenglanz, Roteisenstein, als Malerfarbe hergestellt durch Rösten v. Eisenkies *(Englischrot);* chem. das Oxid des 3wertigen Eisens. **Eisenoxydul** *s,* Oxydationsform des 2wertigen Eisens; Salze heißen *Ferrosalze* (grün). **Eisenplastik,** neben Stahl- u. Drahtplastik bevor-

D. D. Eisenhower

km/h

140
120
100
80
60
40
20

Beginn der Betriebsbremsung. Beeinflussung durch 1. Gleismagnet

Zwangsbremsung bei Unachtsamkeit; 4 Sek. nach Vorsignalbeeinflussung

Zwangsbremsung, wenn V > 90 km/h, nach Prüfung durch Tachograph

Zwangsbremsung, wenn V > 65 km/h, durch 2. Gleismagnet

Betriebsbremskurve bei Achtsamkeit

Zwangsbremsung, wenn das Haltsignal überfahren wird, durch 3. Gleissignal

Gefahrenpunkt, z. B. Abzweigung

Weg in 4 Sekunden

Bremsweg

1000 900 800 700 600 500 400 300 200 100 0 100 200 m

Vorsignal mit 1. Gleismagnet (1000 Hz)

2. Gleismagnet (500 Hz)

Hauptsignal mit 3. Gleismagnet (2000/1000 Hz)

Rückmeldungen — Stelltasten

Z e n t r a l e

Fernsteuer-Sende-und-Empfangs-Anlage

Fernsteuerleitung

Fernsteuerteil

Orts-stelltisch

Umschalter

B a h n h o f A

Relais-Schaltanlage des Stellwerks

Signal

Weiche

Gleichstromkreis

Eiskunstlauf-Weltmeisterschaften

Herren	Damen	Paare
1950 R. Button, USA	A. Vrzanová, ČSSR	K. u. P. M. Kennedy, USA
1951 R. Button, USA	J. Altwegg, England	R. Baran–P. Falk, BRD
1952 R. Button, USA	J. du Bief, Frankreich	R. u. P. Falk, BRD
1953 H. A. Jenkins, USA	T. Albright, USA	J. u. J. Nicks, England
1954 H. A. Jenkins, USA	G. Busch, BRD	F. Dafoe–N. Bowden, Kanada
1955 H. A. Jenkins, USA	T. Albright, England	F. Dafoe–N. Bowden, Kanada
1956 H. A. Jenkins, USA	C. Heiss, USA	E. Schwarz–K. Oppelt, Östr.
1957 D. Jenkins, USA	C. Heiss, USA	B. Wagner–R. Paul, Kanada
1958 D. Jenkins, USA	C. Heiss, USA	B. Wagner–R. Paul, Kanada
1959 D. Jenkins, USA	C. Heiss, USA	B. Wagner–R. Paul, Kanada
1960 A. Giletti, Frankreich	C. Heiss, USA	B. Wagner–R. Paul, Kanada
1961	nicht ausgetragen	
1962 D. Jackson, Kanada	S. Dijkstra, Niederlande	M. u. O. Jelinek, Kanada
1963 D. McPherson, Kanada	S. Dijkstra, Niederlande	M. Kilius–H.-J. Bäumler, BRD
1964 M. Schnelldorfer, BRD	S. Dijkstra, Niederlande	M. Kilius–H.-J. Bäumler, BRD
1965 A. Calmat, Frankreich	P. Burka, Kanada	L. Belousowa–O. Protopopow, UdSSR
1966 E. Danzer, Österreich	P. Fleming, USA	L. Belousowa–O. Protopopow, UdSSR
1967 E. Danzer, Österreich	P. Fleming, USA	L. Belousowa–O. Protopopow, UdSSR
1968 E. Danzer, Österreich	P. Fleming, USA	L. Belousowa–O. Protopopow, UdSSR
1969 T. Wood, USA	G. Seyfert, DDR	I. Rodnina–A. Ulanow, UdSSR
1970 T. Wood, USA	G. Seyfert, DDR	I. Rodnina–A. Ulanow, UdSSR
1971 O. Nepela, ČSSR	B. Schuba, Österreich	I. Rodnina–A. Ulanow, UdSSR
1972 O. Nepela, ČSSR	B. Schuba, Österreich	I. Rodnina–A. Ulanow, UdSSR
1973 O. Nepela, ČSSR	K. Magnussen, Kanada	I. Rodnina–A. Zaitsew, UdSSR
1974 J. Hoffmnann, DDR	Ch. Errath, DDR	I. Rodnina–A. Zaitsew, UdSSR
1975 S. Wolkow, UdSSR	D. de Leeuw, Niederlande	I. Rodnina–A. Zaitsew, UdSSR
1976 J. Curry, England	D. Hamill, USA	I. Rodnina–A. Zaitsew, UdSSR
1977 W. Kowalew, UdSSR	L. Fratianne, USA	I. Rodnina–A. Zaitsew, UdSSR
1978 Ch. Tickner, USA	A. Pötzsch, DDR	I. Rodnina–A. Zaitsew, UdSSR
1979 W. Kowalew, UdSSR	L. Fratianne, USA	T. Babilonia–R. Gardner, USA
1980 J. Hoffmann, DDR	A. Pötzsch, DDR	M. Tscherkassowa–S. Schachrai, UdSSR
1981 S. Hamilton, USA	D. Biellmann, Schweiz	J. Worobiewa–J. Lisowski, UdSSR

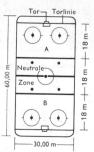

Tor — Torlinie

Neutrale Zone

Anspielpunkte

Eishockey: Spielfeld

Eiszeit
Gliederung u. Parallelisierung der pleistozänen Eiszeiten (Alpen, Norddeutschland, Nordamerika, Sowjetunion)

In 1000 Jahren

0	Nacheiszeit
20	Würm-Eiszeit
40	= Weichsel-Eiszeit
	= Wisconsin
60	= Waldai-Eiszeit
80	
100	
120	
140	Riß-Würm-
160	Zwischeneiszeit
180	
200	Riß-Eiszeit
	= Saale-Eiszeit
220	= Illinoian
240	= Dnjepr-Eiszeit?
260	
280	
300	
320	Mindel-Riß-
340	Zwischeneiszeit
360	
380	
400	
420	
440	Mindel-Eiszeit
460	= Elster-Eiszeit
480	= Kansan
	= Dnjepr-Eiszeit?
500	Günz-Mindel-
520	Zwischeneiszeit
540	
560	Günz-Eiszeit
	= Elbe-Eiszeit?
580	= Nebraskan
	= Lichwin-Eiszeit
600	
620	Donau-Günz-
	Zwischeneiszeit?
640	
660	Donau-Eiszeit
	= Hamburger
680	Eiszeit?
700	nicht nachgewiesen
720	= Pliozäne Eiszeit?

zugte Technik der modernen Skulptur, die meist vorgeformte Einzelteile (techn. Abfallteile; geschmiedete Elemente) zusammenschweißt od. -montiert. ☐216. **Eisenpräparate**, eisenhaltige Arznei zur Blutbildung. **Eisensäuerling**, *Stahlquelle*, Mineralwasser mit gelösten Eisensalzen.
Eisenstadt, Hst. des östr. Burgenlandes, 10100 E.; Landes- und Haydn-Museum; Schloß Esterházy (17. Jh.). Kath. Bischof.
Eisenstein, *Sergej*, russ. Filmregisseur, 1898–1948; *Panzerkreuzer Potemkin*.
Eisensulfate, 1) das Ferrosulfat, ⁄Eisenvitriol. 2) das Ferrisulfat, entsteht durch Oxydation von 1); Beize in der Färberei.
Eisenvitriol, *Ferrosulfat*, blaugrüne, wasserlösl. Kristalle; zur Farbherstellung (Blau); Ätz- u. Beizmittel; zur Unkrautvertilgung.
Eisenzeit, folgt in der Einteilung der Urgesch. der ⁄Bronzezeit u. ist gekennzeichnet durch die Verwendung v. Eisen für Gegenstände des tägl. Gebrauchs; sie dauerte in Mitteleuropa etwa v. 850 v.Chr. bis um Christi Geburt; wird hier gegliedert in die ⁄Hallstatt- u. ⁄La-Tène-Zeit.

Eisernes Kreuz: E. K.
1. Klasse von 1813   Eiserne Krone

Eiserne Hochzeit, der 70. od. 75. Hochzeitstag. **Eiserne Krone**, angebl. langobard. Königskrone im Domschatz v. Monza. **Eiserne Lunge**, med. Gerät; ermöglicht künstl. Atmung. **Eiserner Vorhang, 1)** feuersicherer Abschluß aus Wellblech zw. Bühne u. Zuschauerraum. 2) von Churchill geprägte Bz. für die Abschließung der UdSSR u. ihrer Satellitenstaaten gegenüber der westl. Welt. **Eisernes Kreuz**, preuß., dann dt. Kriegsorden; 1813 v. Friedrich Wilhelm III. gestiftet; 1870, 1914 u. 39 erneuert. **Eisernes Tor**, der 130 km lange Donaudurchbruch durch das banatisch-serb. Gebirge, bes. zw. Orşova u. Turnu-Severin; Stromenge, Talsperre, großes Wasserkraftwerk.
Eisfuchs ⁄Polarfuchs.
Eisheilige, Mamertus, Pankraz, Servaz und Bonifaz (11./14. Mai), „kalte Sophie" am 15. Mai; verspätete polare Kälteeinbrüche.
Eishockey *s* (:-ki), Mannschaftsspiel auf Schlittschuhen; je 6 Spieler (3 Stürmer, 2 Verteidiger, 1 Torwart; bis zu 9 Auswechselspieler) versuchen, mit Schlägern den *Puck* (eine Hartgummischeibe) ins gegnerische Tor zu spielen. Spielzeit: 3 × 20 min.
Eiskunstlauf, der durch Ausführung bestimmter Figuren, Pirouetten u. Sprünge (zahlr. Standardsprünge, meist nach ihren Erfindern ben.: u.a. Lutz, Rittberger, Salchow, Axel-Paulsen) u. deren Kombinationen gekennzeichnete Eislauf; als Einzellauf (Damen u. Herren) u. Paarlauf. Beim *Einzellauf* Pflicht, Pflichtkür u. Kür (= freier Vor-

trag zu selbstgewählter Musik), beim *Paarlauf* Pflichtkür („Kurzkür") u. Kür.

Eisleben, Krst. im Bez. Halle, 30400 E.; Geburts- u. Sterbehaus Luthers; Bergschule; Silber-, Kupferbergbau.

Eislingen/Fils, württ. Stadt, 18200 E.; Maschinen-, Papierfabriken.

Eismeere, die Meere der Polargebiete. Das *Nördliche E.,* Nebenmeer des Atlantik, wird fast ganz v. den Landmassen der Alten u. Neuen Welt umschlossen; etwa 15 Mill. km², ²/₃ mit Eis bedeckt, bis zu 4975 m tief. Das *Südliche E.* umgibt den antarkt. Kontinent; 20 Mill. km², bis 6000 m tief.

Eisner, Kurt, Linkssozialist, 1867–1919; rief 1918 die bayer. Rep. aus, wurde deren 1. Min.-Präs.; v. Graf Arco erschossen.

Eisschießen, Spiel, bei dem mit dem *Eisstock* nach dem Ziel „geschossen" wird.

Eisschnellauf, Schnellauf auf einer Eisbahn mit (Schnellauf-)Schlittschuhen. Die Rennen werden paarweise ausgetragen. Strecken: 500, 1000, 1500, 3000, 5000 u. 10000 m (für Frauen nur bis 3000 m). **Eisschrank** ↗Kühlschrank. **Eissegeln,** Eissportart mit ↗Segelschlitten. **Eistanz,** die Darstellung eines Tanzes auf Eis (ohne den akrobat. Charakter des Eiskunstlaufs). **Eisvogel, 1)** *Martinsvogel,* blaugrün; an Gebirgsbächen; lauert auf Fische; Nest in Erdlöchern. **2)** Tagfalter, schwarzbraun mit weißen Flecken.

Eiszeit, *Glazialzeit,* Zeiträume der Erdgesch., in denen weite Landgebiete der Erde vergletschert waren. Die Ursachen der E.en sind noch ungeklärt, vermutl. sind es Schwankungen der Sonnenstrahlung, Polverschiebungen oder Änderungen des Wärmeaustausches zw. hohen u. niederen Breiten. Von mehreren E.en, die es gab, wirkte am nachhaltigsten die letzte, im Pleistozän, auf unser jetziges Landschaftsbild ein. Von Nordeuropa her reichte Inlandeis bis zu den dt. Mittelgebirgen u. den Karpaten, in Osteuropa bis in die Donniederung. Das Eis schürfte Gesteinsmaterial ab, schüttete den mitgeführten Schutt anderwärts auf (↗Moräne), hinterließ Findlinge, Lößböden u. Schotterfluren. Zw. den Eisvorstößen lagen wärmere *Interglazialzeiten.* Im Alpengebiet 4 pleistozäne Eisvorstöße („E.en") nachgewiesen: Günz-, Mindel-, Riß- u. Würm-E., benannt nach den 4 Flüssen im Alpenvorland.

Eiter, weißgelbe, dickl. Flüssigkeit aus Blutwasser u. weißen Blutkörperchen; bildet sich durch den Reiz v. *E.erregern* an Wunden u. im Gewebe; Eröffnung durch Einschnitt.

Eitorf, rhein. Gem. im Rhein-Sieg-Kreis, 15100 E.; Kammgarn-Spinnerei.

Eiweiß *s,* **1)** das Weiße des Hühnereies. **2)** hochmolekulare Stoffe aus Kohlenstoff, Wasserstoff, Stickstoff, Sauerstoff, Phosphor, Schwefel, die nur in lebenden Organismen vorkommen u. gebildet werden. **E.stoffe** sind Baustoffe, Schutzstoffe u. Energiespender. Sie bestehen aus ↗Aminosäuren. Es gibt *einfache E.körper, Protein* (z.B. Albumin, Globulin, Gerüst-E.e), u. *zusammengesetzte E.körper, Proteide,* die mit

anderen Stoffen, Kohlenhydraten, Nukleinsäuren u. a., verbunden sind. E.e sind wichtige Nahrungsmittel. E.haltig sind Milch, Fleisch, Eier. Durch Fäulnis zersetzte E.e sind giftig.

Ejakulation *w* (lat.), Samenerguß.

Ekarté *s* (frz. = das Abgeworfene), frz. Kartenspiel.

EKD, Abk. für ↗Ev. Kirche in Deutschland.

EKG, Abk. für ↗Elektrokardiogramm.

Ekhof, Konrad, dt. Schauspieler u. Bühnenleiter, 1720–78; trat für naturwahre Gestaltung auf der Bühne ein.

Ekkehard, literarisch bedeutsame Mönche v. St. Gallen: **E. I.** († 973), angebl. Verf. des ↗Walthariliedes; **E. II.,** Dompropst zu Mainz, † 990 (unhistorisch behandelt in Scheffels Roman *E.*); **E. IV.,** 980–1066, überarbeitete das Waltharilied.

Ekklesiastes (gr.) ↗Prediger.

Ekklesiastikus (gr.-lat.) ↗Sirach.

Ekklesiologie *w* (gr.), Lehre v. der Kirche.

Eklampsie *w* (gr.), Krampfanfälle bei Schwangerschaft durch eine Vergiftung.

Eklat *m* (: ekla, frz.), Skandal, aufsehenerregender Auftritt: **eklatant,** offenkundig.

Eklektiker (gr.), **1)** Philosoph, der seine Lehren aus mehreren Systemen entlehnt *(Eklektizismus).* **2)** Sammel-Bz. mehrerer griech.-röm. Philosophenschulen, bes. für die Kyniker, Stoiker u. Epikureer. **eklektisch,** aus anderem zusammengestellt, unschöpferisch.

Eklipse *w* (gr.), Sonnen-, Mondfinsternis.

Ekliptik *w* (gr.), der größte Kreis am Himmel, in dem die Ebene der Erdbahn die Himmelskugel berührt; er schneidet den Himmelsäquator unter 23¹/₂°; die beiden Schnittpunkte: der Frühlings- u. der Herbstpunkt. Die Sternbilder der E. bilden den ↗Tierkreis. ☐ 918.

Ekloge *w* (gr.), Hirtengedicht.

Ekrasit *s,* Sprengstoff aus Pikrinsäure.

Ekstase *w* (gr. = Heraustreten), im ↗Dionysoskult religiöse Begeisterung; in der Mystik körperl.-seel. Ausnahmezustand der Verzückung mit außerordentl. Erlebnissen.

Ektoderm *s* (gr.), äußeres ↗Keimblatt.

Ekzem *s* (gr.), nässende Flechte, juckender Hautausschlag, oft durch ↗Allergie.

Elaborat *s* (lat.), schriftl. Ausarbeitung, Machwerk.

Elagabal, 204–222 (erschlagen); 218 röm. Ks., ben. nach dem syr. Sonnengott E., den er zum höchsten Reichsgott erheben wollte.

El Alamein, ägypt. Oase in der Libyschen Wüste; hier wurde 1942 das dt.-it. Afrika-Korps unter Rommel durch die Engländer zum Stehen gebracht.

Elam, altes Reich östl. des unteren Tigris, bald nach 639 v.Chr. ein Teil Persiens.

Elan *m* (: elãñ, frz.), Schwung, Stoßkraft.

Elastizität *w* (gr.-lat.), **1)** die Eigenschaft fester Körper, nach Aufhören einer formverändernden Kraft ihre ursprüngl. Gestalt wieder anzunehmen, falls die *E.sgrenze* nicht überschritten wurde; **2)** i. ü. S. Spannkraft. [Kunststoffe.]

Elastomere (Mz., gr.), *Elaste,* hochelast.

Elba, it. Insel, zw. Korsika u. Italien, gebirgig; Eisenerzlager; 223 km², 30000 E.;

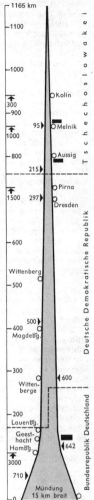

Die Elbe

- 1165 km
- 1100
- 1000
- 300
- 900
- 95 ▶
- 1000
- 800
- 215 ▶
- 1500 297 ▶
- 600
- 500
- 500 ▶
- 400 Magdebg.
- 300
- 600
- 200 Lauenbg.
- Geest- hacht
- Hambg.
- 642
- 3000
- 710 ▶
- 0

Tschechoslowakei

Kolin
Melnik
Aussig
Pirna
Dresden

Deutsche Demokratische Republik

Wittenberg
Wittenberge

Bundesrepublik Deutschland

Mündung 15 km breit
Cuxhaven

↑ befahrbar für Schiffe bis . . . t
▬ Staustufen und Kraftwerke
▶ Wasserführung in m³/s

Hauptort Portoferraio. – 1814/15 Verbannungsort Napoleons I.

Elbe w, zweitgrößter dt. Strom; entspringt am Riesengebirge, durchbricht das Elbsandsteingebirge, mündet nach 1165 km trichterförmig bei Cuxhaven in die Nordsee. Seeschiffe fahren mit der Flut bis Hamburg. Stauwerk bei Geesthacht. Hauptkanalverbindungen mit Weichsel, Oder, Ostsee, **Elben** ↗Elfen. [Rhein. ☐219.

Elberfeld, Stadtteil v. ↗Wuppertal.

Elbeseitenkanal, Nord-Süd-Kanal, seit 1968 im Bau befindl. Kanal zw. dem ↗Mittellandkanal bei Edesbüttel u. der Elbe bei Artlenburg, 113 km lang, 53 m breit, bis 4,65 m tief, für Schiffe bis 1350 t; 1976 eröffnet.

Elbing, poln. Elblạg, westpreuß. Hafen- u. Ind.-Stadt, 105000 E.; Werften, Maschinenfabriken.

Elbingerọde, Stadt im Unterharz (Bez. Magdeburg), 5100 E.; Erzbergbau.

Elblạg (:ẹlblõnk) ↗Elbing.

Elbrus m, höchster Berg des Kaukasus (5633 m); erloschener Vulkan.

Elbsandsteingebirge, Sandsteintafelland zw. Lausitzer- u. Erzgebirge, v. der Elbe durchbrochen, in zahlr. Massive (Bastei, Lilienstein) aufgelöst. Ausflugslandschaft.

Elburs m, nordiran. Gebirge, am Kasp. Meer, im Demawend 5604 m hoch.

Elch m, Elk, Elen(tier), Hirschgattung des Nordens mit ausladendem Schaufelgeweih; lebt in Brüchen u. Mooswäldern.

Elche (:ẹltsche), span. Stadt, bei Alicante, 123000 E.; Dattelpalmenwald.

Eldorạdo s, El Dorado (span.), sagenhaftes Goldland; Paradies, Land des Überflusses, Ziel der span. Amerikafahrer.

Eleạten, griech. Philosophenschule aus Elea in Unteritalien im 6./5. Jh. v. Chr.; Hauptvertreter ↗Parmenides u. Zenon. Nahmen ein ewiges, unveränderl. Sein an, leugneten Werden u. Veränderung.

Elefạnt m, Familie der Rüsseltiere, bis 6 t schwere Säuger mit kleinen Augen u. 1¹/₂ bis 2¹/₂ m langem, bewegl. Rüssel; obere

Elefant: 1 Afrikanischer E.; **2** Indischer E., **a** von der Seite, **b** von vorn; **3** Elefantenfuß mit Hornsohle (H)

Schneidezähne sind 50–90 kg schwere Stoßzähne, liefern ↗Elfenbein. Der Ind. od. Asiat. E. mit hohem Kopf, in Indien u. Hinterindien, auf Ceylon, Sumatra, Borneo; Arbeits- u. Reittier. Der Afrikan. E. mit flachem Kopf, Fächerohren, rudelweise in den innerafrikan. Steppen, als Wald-E. im Urwald des Kongo. **E.enkrankheit,** Elephantiạsis, Haut- u. Gewebsverdickung, bes. an den Beinen. **E.enrobbe** ↗See-E.

elegạnt (frz.), gewählt, geschmackvoll.

Elegịe w (gr.), griech. Gedicht in ↗Distichen, später bes. für Gedichte v. schwermütiger Stimmung.

Elẹktra, in der altgriech. Sage Tochter des ↗Agamemnon; half ihrem Bruder ↗Orestes bei der Rache für die Ermordung des Vaters. Dramen v. Sophokles, Hofmannsthal; Oper v. R. Strauss.

Elektrifizịerung, die Umstellung eines Betriebes, bes. der Eisenbahn, auf elektr. Antrieb.

elektrische Bahnen, angetrieben durch Elektromotoren: Straßen-, Stadt- u. Vorortbahnen verwenden fast ausschließl. Gleichstrom, Vollbahnen vorwiegend Wechselstrom v. 16²/₃ Hz u. 15000 V (in der BRD), aber auch Gleichstrom (z. B. in Fkr. 1500 Volt). Beim dieselelektr. Antrieb erzeugt ein Dieselmotor den Strom für den Elektromotor. Vorteile der e.B.: größere Anfahrbeschleunigung, ruhiger Lauf, kein Rauch u. kein Funkenflug; hoher Wirkungsgrad von ca. 15% (Dampflokomotiven nur 3–5%). Stromzufuhr erfolgt über Oberleitung od. Stromschiene; der Bahnstrom wird in eigenen Kraftwerken erzeugt od. dem Landesnetz entnommen. **elektr. Elementarladung,** elektr. Elementạrquantum, kleinste positive od. negative elektr. Ladung, 1,602·10⁻¹⁹ Coulomb. ↗Elektron.

elektr. Meßgeräte, messen Spannung (Voltmeter), Stromstärke (Amperemeter), Leistung (Wattmeter), Frequenz (Frequenzmesser). **elektr. Organe,** in der Muskulatur der ↗Zitterfische; elektr. Spannungen bis zu 400 V. **elektr. Sicherung,** Vorrichtung zum Schutz elektr. Maschinen u. Leitungen gg. unzulässig hohe Ströme, bes. bei Kurzschluß. In Kleinautomaten erfolgt die Unterbrechung an Schaltkontakten durch Elektromagnet od. Wärmeausdehnung eines Metallbügels, bei der Schmelzsicherung durch Schmelzen eines genau dimensionierten Drahtes. **elektr. Strom,** Bz. für bewegte elektr. Ladungen, z.B. als Elektronenstrom in festen Leitern oder ↗Elektronenröhren, als Ionenstrom in Gasen u. Elektrolyten. **elektr. Stuhl,** dient zur Vollstreckung der Todesstrafe durch Strom in einigen Staaten der USA.

elektrisịeren, elektrisch laden od. der Wirkung der Elektrizität aussetzen. **Elektrisịermaschine,** Vorrichtung zur Erzeugung statischer Elektrizität durch Reibung od. Influenz.

Elektrizitặt w (gr.-lat.), besser elektr. Ladung, eine Grundeigenschaft der Materie, kommt als positive (Träger: Proton) u. negative (Träger: Elektron) Ladung vor. Gleich große entgegengesetzte Ladungen glei-

Durchlaufbetrieb mit Kurzzeitbelastung

■ Betriebszustand

— Temperaturverlauf

Elektromotoren: einige Betriebsarten elektr. Maschinen

Skala + feste Spule + bewegliche Teile=Meßwerk Meßwerk + festeingeb. Zubehör + Gehäuse = Meßinstrument

elektrische Meßgeräte: Aufbau

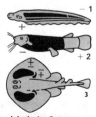

elektrische Organe: Lage der e.O. bei **1** Zitteraal, **2** Zitterwels, **3** Zitterrochen

Elektrizität im Haushalt

Elektrizität im Haushalt	Betriebsdauer bzw. Arbeit	Anschluß-wert [1]	Kosten [2] Pfennige
Backofen	Napfkuchen von 500 g Mehl	2 000 W	14,5
Bügeleisen	4 kg gemischte Haushaltswäsche	1 000 W	4,3
Durchlauferhitzer	ca. 150 l Wasser für ein Bad (39° C)	18 000 bis 24 000 W	50,0
Fernseher Schwarzweiß	90 Minuten	120 W	2,0
Fernseher Farbe	90 Minuten	300 W	5,2
Geschirrspülautomat	1 Füllung (12 Maßgedecke einschl. Zubehör)	3 300 W	21,0
Grill	1 Hähnchen grillen	1 800 W	16,0
Heimsonne	5 Minuten bestrahlen	800 W	0,5
Heizkissen	1 Stunde	60 W	0,6
Heizlüfter	1 Stunde	2 000 W	20,0
Kaffeeautomat	4 Tassen Kaffee	800 W	0,8
40-Watt-Leuchte	1 Stunde brennen	40 W	0,4
60-Watt-Leuchte	1 Stunde brennen	60 W	0,6
Plattenspieler	1 Stunde	10 W	0,1
Rasierapparat	5 Minuten rasieren	10 W	0,01
Rundfunkgerät (monaural)	1 Stunde	60 W	0,2
Staubsauger	Teppich 3 × 4 m	500 W	1,0
Tauchsieder	1 l Wasser zum Kochen bringen (100° C)	1 000 W	1,2
Toaster	10 Scheiben Toastbrot	1 000 W	1,6
Waschautomat	4 kg Haushaltswäsche	3 300 W	33,0

[1] zugrunde gelegt sind durchschnittliche Geräte
[2] die Kostenberechnung beruht auf einem Tarifpreis von 10 Pfennigen pro Kilowattstunde

chen ihre gegenseit. Kraftwirkung aus (Neutralisation, der Normalzustand in der Natur). Ladungen gleichen Vorzeichens stoßen sich ab, ungleichen Vorzeichens ziehen sich an (↗Coulombsches Ges.). Die Ladungen sind v. einem elektr. Feld umgeben, das auch durch Vakuum die Kraft übertragen kann. Freie Ladungen, d. h. E., können dargestellt werden durch a) gegenseit. Reiben v. 2 Isolatoren (Reibungs-E.), b) ↗Influenz, c) chem. Reaktionen in ↗galvan. Elementen, d) ↗Induktion in ↗Dynamos, e) Erwärmen der Lötstelle v. 2 Metallen (Thermo-E.), f) Auslösung v. Elektronen durch Strahlung (Photo-E.). Vorgang c u. d werden zur techn. E.serzeugung ausgenutzt. In metall. Leitern fließen Elektronen v. Gebieten mit Elektronenüberschuß in Gebiete mit Elektronenmangel. Sie erzeugen dabei Joulesche Wärme u. ein Magnetfeld, dessen Feldlinien den Stromrichtungsvektor kreisförmig umgeben; bei einer ruhenden elektr. Ladung wird nur ein elektrostat. Feld aufgebaut Bei der ↗Elektrolyse sind Ionen Träger des elektrischen Stroms. **E.sversorgung,** durch Anlagen zur Umwandlung v. mechan. in elektr. Energie *(E.swerk).* Der erzeugte Strom wird zu den Sammelschienen der Schaltanlage geführt. Dort erfolgt Verteilung auf die Verbraucher. Die Beleuchtung ganzer Städte, der Verkehr usw. erforderten zentrale Erzeugung *(Städt. E.swerke).* Es entstanden E.sversorgungsunternehmen, die auch ländl. Bezirke versorgen *(Überlandwerke).* Tägl. u. jahreszeitl. Bedarfsschwankungen sowie unregelmäßiger Wasseranfall in Wasser-E.swerken geben Anstoß zum *Verbundbetrieb.* Durch Höchstspannungsnetze (380 000 Volt u. mehr) können Kraftwerke ganzer Kontinente zum Lastausgleich im

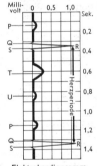

Elektrokardiogramm

Stromquelle

Anode + Ionen Kathode −

Elektrolyt

⊕ Kationen (positiv geladene Ionen)
⊖ Anionen (negativ geladene Ionen)

Elektrolyse

Verbundbetrieb gekuppelt werden. **E.szähler,** Gerät zur Messung u. selbsttätigen Registrierung des Verbrauchs elektr. Energie in Kilowattstunden (kWh). **Elektroakustik** *w* (gr.), befaßt sich mit der Umwandlung akust. in elektr. Schwingungen u. umgekehrt u. der entsprechenden Speicherung, z. B. auf Tonband u. Schallplatte. **Elektroauto,** batteriebetriebenes Kraftfahrzeug, umweltfreundlich, da abgasfrei; für den Stadtverkehr in Entwicklung. **Elektrochemie** *w* (gr.), Lehre v. den Zusammenhängen zw. chem. u. elektr. Erscheinungen. **Elektrochirurgie** *w* (gr.), Teilgebiet der Elektromedizin, das sich mit der Anwendung von hochfrequenten Strömen zum Schmelzen (Durchtrennen), Austrocknen u. Gerinnenlassen v. Geweben in der Chirurgie beschäftigt. **Elektrode** *w* (gr.), Teil einer elektr. Anlage, an dem ein Elektronen- od. Ionenstrom beginnt od. endet. **Elektrodynamik** *w* (gr.), die Lehre v. Elektrizität u. Magnetismus. **Elektroencephalogramm** *s* (gr.), Abk. EEG, graph. Aufzeichnung der Aktionsströme des Gehirns. **Elektrokardiogramm** *s* (gr.), Abk. EKG, graph. Aufzeichnung der bei Bewegungen der Herzmuskulatur entstehenden Aktionsströme. **Elektrolyse** *w* (gr.), Spaltung v. *Elektrolyten* (Salzen, Säuren, Basen) durch elektr. Strom (↗Dissoziation). ↗Anionen wandern zur ↗Anode, ↗Kationen zur ↗Kathode, werden entladen u. als Metalle od. Gase abgeschieden. **Elektromagnet** *m* (gr.), eine Anordnung aus einem Eisenkern in einer stromdurchflossenen Spule, die ein starkes, regelbares Magnetfeld erzeugt. Der Eisenkern ist bei Gleichstrom massiv, bei Wechselstromdurchfluß aus Blechen aufgebaut. **elektromagnetische Schwingungen,** period. Wechsel elektr. und magnet. Felder; erzeugbar in einem *Schwingkreis* (Stromkreis mit Kondensator u. Spule), abgestrahlt als *elektromagnet. Wellen* v. einer Antenne mit Lichtgeschwindigkeit. ↗Antenne, ☐ 1093. **Elektromagnetismus,** die Verknüpfung v. Elektrizität u. Magnetismus. **Elektrometer** *s* (gr.), ein geeichtes ↗Elektroskop. **Elektromotor,** Maschine, in der elektr. Energie in mechan. Drehbewegung umgewandelt wird (Gegensatz ↗Dynamo), beruht auf Induktion: auf einen stromdurchflossenen Leiter wirkt in einem Magnetfeld eine ablenkende Kraft. Ein E. besteht aus *Ständer* mit Elektromagneten u. in ihm leicht drehbar der *Läufer* mit der Ankerwicklung (stromdurchflossener Leiter). G l e i c h s t r o m m o t o r e n werden je nach Schaltung der Wicklungen v. Anker u. Feldmagneten unterschieden: Reihenschaltung gibt *Hauptschluß-,* Parallelschaltung den *Nebenschluß-* u. doppelte verschiedene Feldmagnetwicklungen den *Doppelschluß-motor.* D r e h s t r o m m o t o r e n werden meist als Drehfeldmaschinen gebaut. Ein in Ständer- od. Läuferwicklung hervorgerufenes elektromagnet. Feld befindet sich in relativer Drehbewegung zur erzeugenden

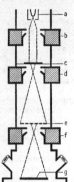

Elektronenmikroskop: Strahlengang. a Elektronenstrahlquelle, b Kondensorlinse, c Objektebene, d Objektiv, e Zwischenbild, f Projektionslinse, g photograph. Platte oder Fluoreszenzschirm

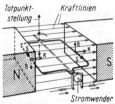

Elektromotor (Gleichstrom): Die vom Strom S durchflossene Spule dreht sich in Richtung B bis zur Totpunktstellung; hat sie genügend Wucht, diese zu überschreiten, so wird durch den Stromwender der Strom gewendet und die Spule bis zur erneuten Totpunktstellung weitergedreht. K Kraftlinien

Wicklung *(Asynchronmotor);* haben Läufer u. Drehfeld gleiche Drehzahl, spricht man v. *Synchronmotor.* Beide Drehstrommotoren werden auch als *Wechselstrommotoren* gebaut. Gleichstrom-Hauptschlußmotoren können als *Allstrommotoren* benutzt werden.

Elektron *s* (gr.), **1)** Elementarteilchen mit negativer elektr. Ladung v. $1,602 \cdot 10^{-19}$ Coulomb (Elementarquantum) u. der Ruhemasse $9,11 \cdot 10^{-28}$ g; kommt gebunden in der ↗Atom-Hülle u. als frei bewegl. Leitungs-E. vor. **2)** Leichtmetallegierung (90% Mg).

Elektronenmikroskop *s*, ein ↗Mikroskop, in dem Kathodenstrahlen (Elektronen) zu vergrößerter Abbildung anstelle von Licht dienen. **Elektronenoptik** *w* (gr.), entwickelt Verfahren zur Bündelung v. Elektronenstrahlen mittels elektr. u. magnet. Linsen für Zwecke der Abbildung. Anwendung u. a. im ↗Elektronenmikroskop. **Elektronenröhre,** ein luftleerer Glaskolben mit eingeschmolzenen Elektroden, zw. denen ein Elektronenstrom v. der *Kathode* (Glühkathode) zur *Anode* fließt. Bis zu 7 dazwischenliegende Elektroden als *Gitter* dienen zur Steuerung des Elektronenstroms: bei negativer *Gitterspannung* Schwächung, bei positiver Verstärkung des Stroms. Die E.n sind wichtige

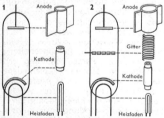

Elektronenröhren: Aufbau **1** einer Diode, **2** einer Triode

Bauglieder in der Nachrichten- u. Regeltechnik (Gleichrichter-, Verstärker-, Misch-, Sende-, Empfangsröhre usw.). In vielen Funktionen v. ↗Halbleiter-Elementen ergänzt bzw. ersetzt. **Elektronenstrahlmethode,** die technolog. Anwendung eines intensiven Elektronenstrahls zum Bohren, Schweißen, Schmelzen usw. v. Metall- u. Keramikbauteilen kleinster Abmessungen. **Elektronenvervielfacher,** engl. *Multiplier,* eine hochempfindl. ↗Photozelle.

Elektronik *w* (gr.), techn. Anwendung v. Elektronenröhren u. Halbleitern, überwiegend zur Steuer- u. Regeltechnik, aber auch als schnelle Schalter, zur Verstärkung in der Nachrichtentechnik.

Elektronische Musik, Musik, die mit Sinustönen, Klängen u. Geräuschen arbeitet, die auf elektron. Weg (mittels eines Tongenerators) erzeugt oder behandelt worden sind. Die Folge von Klangereignissen wird vom Komponisten in der *elektronischen Partitur* aufgezeichnet, vom Tontechniker in Klang umgesetzt und auf einem Tonband endgültig fixiert. □ 649.

Elektronvolt *s, Elektronenvolt,* Abk. eV; 1 eV $= 1,602 \cdot 10^{-19}$ Joule, ist als Energiemaß der Atomphysik die Energie, die ein Elektron beim Beschleunigen durch eine Spannung v. 1 Volt gewinnt; meist die größeren Einheiten Kilo(keV)-, Mega(MeV)- u. Giga (GeV)-E. als das 10^3-, 10^6- u. 10^9-fache verwendet.

Elektroöfen, in der Ind. verwendete Öfen, deren Beheizung durch a) die Wärmewirkung des Lichtbogens *(Lichtbogenofen),* b) den Ohmschen Widerstand des Stroms *(Widerstandsofen)* u. c) Wirbelströme erfolgt, die durch Wicklungen in od. um den Schmelztiegel induziert werden *(Induktionsofen).* Nach b) funktioniert jede elektr. Raumheizung.

Elektroskop *s* (gr.), Vorrichtung zum Nachweis geringer elektrostat. Ladung. **Elektrostahl,** im Elektroofen hergestellter hochwertiger Stahl. **Elektrostatik** *w* (gr.), lehrt Verhalten u. Begleiterscheinungen ruhender Elektrizität. **Elektrotechnik** *w* (gr.), befaßt sich mit Erzeugung v. elektr. Strom, mit Herstellung u. Betrieb elektr. Maschinen u. Geräte; unterteilt meist in Starkstrom- u. Schwachstromtechnik. **Elektrotherapie** *w* (gr.), elektr. Heilbehandlung. **Elektrozaun,** ein elektr. geladener Weidezaun; Stromstöße v. einigen Tausend Volt bei Stromstärken v. 50 bis 500 Tausendstel Ampere halten Tiere zurück.

Element *s* (lat.), Grund-, Urstoff; Stromerzeuger durch chem. Wirkungen (↗galvan. E.). In der Antike 4 E.e (Grundstoffe): Feuer, Wasser, Luft u. Erde. **elementar,** grundlegend; naturgewaltig.

Elementarteilchen, kleinste Bausteine der Materie, die nicht weiter zerlegbar sind, sich aber z. T. ineinander umwandeln können; neben den *Nukleonen* Proton u. Neutron sind das *Photon,* die *Leptonen* (Masse kleiner od. gleich der Elektronenmasse, z. B. Neutrino, Elektron), die *Mesonen* (Masse größer als die des Elektrons) u. die *Hyperonen* (Masse größer als die des Neutrons)

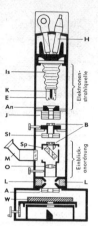

Elektronenstrahlmethode: Aufbau einer Bearbeitungsmaschine; H Hochspannungszuführung, Is Isolator, K Kathode, E Elektrode, An Anode, J Justiersystem, B Blenden, St Stigmator, M Mikroskop, Sp Umlenkspiegel, O Objektiv, L magnet. Linse, A Ablenksystem, W Werkstück

Elfenbein: oben Pyxis aus Córdoba (10. Jh.), unten Maske mit Perlenschnüren (Benin, Anfang 16. Jh.)

Elementarteilchen

Proton, positiv geladenes Elementarteilchen, identisch mit dem Kern des Wasserstoffatoms und Bestandteil aller Atomkerne. Ruhemasse $= 1,6725 \cdot 10^{-24}$ g.

Neutron, ungeladenes Elementarteilchen und Bestandteil zusammengesetzter Atomkerne. Als freies Teilchen instabil; Umwandlung in ein Proton unter Aussendung eines Betateilchens (Elektron). Ruhemasse $= 1,6748 \cdot 10^{-24}$ g.

Elektron, kleines Elementarteilchen mit negativer Ladung, das in Atomen den Kern in verschiedenen Bahnen umkreist. Freie Elektronen bilden den elektrischen Strom (↗Elektrizität) oder treten als Betateilchen beim radioaktiven Zerfall (Betastrahlung) auf (↗Radioaktivität). Ruhemasse $= 9,11 \cdot 10^{-28}$ g.

Positron, positiv geladenes „Elektron", das bei manchen radioaktiven Prozessen auftritt.

Neutrino, Elementarteilchen, das gleichzeitig mit Elektronen oder Positronen ausgesandt wird; besitzt keine Ladung und keine Ruhemasse.

Mesonen, Gruppe instabiler Elementarteilchen, die u.a. in der kosmischen Strahlung auftreten. Ihre Masse liegt zwischen Protonen- und Elektronenmasse.

Hyperonen, Gruppe instabiler Elementarteilchen, die in der kosmischen Strahlung und bei Beschleunigungsprozessen auftreten. Ihre Massen sind größer als die des Protons.

Photon, Energiequant mit Lichtcharakter. Die elektromagnetische Strahlung kann in gewisser Weise als Strom von Photonen aufgefaßt werden.

bekannt. Zu jedem E. gehört ein Antiteilchen (z. B. Proton–Antiproton, Elektron–Positron). Mesonen u. Hyperonen sind instabil; sie kommen natürl. in der kosm. Strahlung vor, künstl. in Experimenten mit ↗Beschleunigungsmaschinen. Nach einer modernen Theorie werden die E. (1974 über 100 bekannt) als Verbindungen v. einfacheren, noch hypothetischen E., den ↗*Quarks,* aufgefaßt.
Elemente ↗chemische Elemente.
Elen, der ↗Elch. **E.antilope,** größte Antilope, rinderähnl., 500 kg schwer; Südafrika.
Eleusinien, altgriech. Fest zu Ehren der Demeter in *Eleusis,* n.w. von Athen.
Elevation w (lat.), **1)** in der kath. Liturgie: Hochheben v. Hostie u. Kelch. **2)** Höhe eines Gestirns über dem Horizont. **Elevator,** Förderanlage. ↗Fördertechnik.
Eleve m (frz.), Schüler.
Elfen, *Elben,* Zwerggeister der Volkssage, den Menschen teils gut, teils böse gesinnt.
Elfenbein, die Beinmasse der Stoßzähne des Elefanten; v. hoher Elastizität u. Politurfähigkeit, zur Schnitzerei.
Elfenbeinküste, westafrikan. Rep. am Golf v. Guinea. – Hinter einem schmalen Küstenland mit trop. Regenwald (Ölpalme, Edelhölzer) erhebt sich ein Savannenhochland mit Plantagenwirtschaft: Anbau u. Ausfuhr v. Kaffee (3. Stelle der Welt), Kakao u. Bananen. – Seit 1884 frz. besetzt, als Kolonie Teil ↗Frz.-Westafrikas; 1958 autonome Rep. innerhalb der Frz. Gemeinschaft,

seit 60 unabhängig; weitere vertragl. Zusammenarbeit mit der Frz. Gemeinschaft. – Staats-Präs. Félix Houphouët-Boigny (seit 60).
Elfenbeinpalme, *Phytelephas,* stammlose Palme mit harten *Elfenbeinnüssen (vegetabil. Elfenbein).*
Elfenbeinschnitzerei, seit der Steinzeit bekannt; bes. in der ägypt., griech., byzantin., karoling. u. otton. Kunst geübt, gelöst v. der antiken Tradition in der Gotik u. wieder im Barock; auch in China u. Japan.
Elgar (: elg^{er}), Sir *Edward,* engl. Komponist, 1857–1934; u.a. Oratorien u. Kantaten.
El Greco ↗Greco.
Eliade, *Mircea,* rumän. Religionshistoriker u. Romanautor, * 1907; Prof. in Chicago.
Elias, Prophet des AT, 9. Jh. v.Chr., befestigte den Jahwekult; v. König Achab verfolgt; wird v. den Juden als Vorläufer des Messias wiedererwartet.
Elimination w (lat.), Ausschaltung.
Eliot (: elj^{e}t), **1)** *George,* engl. Erzählerin, 1819–80; schilderte in Romanen die engl. Provinz. **2)** *Thomas Stearns,* engl. Schriftsteller, 1888 (USA) – 1965; 1927 engl. Staatsbürgerschaft; Kritiker, Verleger; 48 Nobelpreis. Erneuernd wirkte seine Lyrik *(Das wüste Land);* später: *Aschermittwoch, Vier Quartette).* Religiöses Spiel: *Mord im Dom;* Gesellschaftsdramen mit christl. Sinn: *Familientag, Cocktailparty,* Essays aus dem Geist abendländ. Tradition.
Elisabeth, E., die Mutter Johannes' des Täufers. **E. v. Reute,** sel. (25. Nov.), OSF, 1386–1420; gen. die „gute Betha", Mystikerin. **E. v. Thüringen,** hl. (19. Nov.), Gemahlin des thüring. Landgrafen Ludwig, 1207–31; 27 als Witwe v. der Wartburg vertrieben, widmete sich in Marburg ganz den Armen u. Kranken.

Elisabeth I.   Elisabeth II.

Elisabeth, Fürstinnen: *England:* **E. I.,** Tochter Heinrichs VIII. u. der Anna Boleyn, 1533–1603; 1558 Königin, Begründerin der anglikan. Kirche u. der engl. Handels- u. Seemacht, ließ ihre Thronrivalin ↗Maria Stuart 87 hinrichten. **E. II.,** Tochter Georgs VI., * 1926; seit 52 Königin. *Pfalz:* **E. Charlotte** ↗Liselotte v. der Pfalz. *Rußland:* **E.,** 1709–62; 41 Zarin, Gegnerin Friedrichs d. Gr.
Elisabethinnen, 1) Schwestern v. regulierten Orden des hl. Franz v. Assisi. **2)** *Graue Schwestern v. der hl. Elisabeth,* bes. in der Krankenpflege tätig.

Thomas St. Eliot

Elisabethvereine, kath. Frauengruppen *(Elisabethkonferenzen)* zur caritativen Hilfe.
Élisabethville (: -w_il), seit 1966 ↗*Lubumbashi.*
Elisäus, Prophet in Israel, Schüler des Propheten Elias.
Elision w (lat.), Auslassung eines unbetonten Vokals, z. B. Bewund(e)rung, Ehr(e).
Elite w (frz.), Auslese, Führungsschicht.
Elixier s (arab. = Pulver), Zauber-, Heiltrank.
Elizabeth (: il_is^e b^e ß), Ind.-Stadt im Staat New Jersey (USA), 118 000 E.; Nähmaschinen, Schiffbau, Petrochemie.
El Koweit ↗Kuwait.
Elle w, **1)** der Unterarmknochen der Kleinfingerseite, v. *E.nbogengelenk* an. **2)** altes Längenmaß, 60–80 Zentimeter.
Ellice Islands ↗Tuvalu.
Ellington (: el_'ngt^e n), *Duke* (eig. Edward Kennedy E.), am. Jazz-Musiker (Pianist, Dirigent, Komponist), 1899–1974.

Duke Ellington

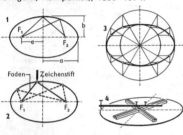

Ellipse: 1 die E. mit ihren Bestimmungsstücken, 2 Faden-, 3 Korbbogenkonstruktion, 4 Ellipsenzirkel

Ellipse:
Gleichung: $x^2/a^2 + y^2/b^2 = 1$
Fläche: $a \cdot b \cdot \pi$

Ellipse w (gr.), eine geschlossene ebene Kurve, bei der die Summe der Entfernungen eines jeden ihrer Punkte v. 2 festen Punkten (Brennpunkten) stets gleich ist. **Ellipsoid** s, eine räuml. Fläche; jeder ebene Schnitt des E. ist eine Ellipse; ein *Rotations-E.* entsteht bei Rotation einer Ellipse um eine ihrer Achsen.

Ellipsoid

Ellwangen (Jagst), württ. Stadt an der Jagst, 21 500 E.; roman. Stiftskirche (13. Jh.); Schloß; barocke Wallfahrtskirche auf dem Schönenberg.
Elm m, Höhenzug (323 m) im niedersächs. Harzvorland; Braunkohlenlager.
Elmsfeuer ↗Büschelentladung.
Elmshorn, Stadt u. Bahnknoten in Schleswig-Holstein, 41 800 E.; landwirtschaftl. Ind.
Eloah (hebr.), Mz. *Elohim,* im AT Bz. sowohl für ↗Jahwe wie für heidn. Gottheiten.
Eloge w (: elosch^e, frz.), Lobrede.
Eloquenz w (lat.), Beredsamkeit.
eloxieren, elektrolyt. Verstärken der natürl. Oxydationsschicht des Aluminiums zu dessen erhöhtem Schutz; auch farbig möglich.
El Paso, Grenzstadt u. Handelsplatz im Staat Texas (USA), 323 000 E.; kath. Bischof.
Elritze w, *Pfrille,* kleiner Süßwasserfisch.
El Salvador, kleinste Republik Mittelamerikas, an der pazif. Küste; 75% der Bev. sind Mestizen, 8% Indianer, 10% Weiße. El S. liegt in der mittel-am. Kordillere. Wichtigstes Produkt ist Kaffee (85–90% der Ausfuhr, bes. in die USA); weiterhin Baumwolle, Zuckerrohr u. Reis.
Elsaß s, frz. *Alsace* (: als_aß), französisches Grenzland am Oberrhein; umfaßt den Steil-

abfall der Vogesen mit dem weinreichen Vorhügelland, davor die fruchtbare Ebene (Lößböden) mit Getreide-, Gemüse-, Tabakbau, weiter ostwärts Kies- u. Sandflächen u. Auwälder längs des Rheins; Kultur- u. Wirtschaftszentrum ist Straßburg; Kalilager bei Mülhausen u. Colmar. Gehört zu den Dep. *Haut-Rhin* u. *Bas-Rhin.* – Urspr. Bewohner waren Kelten; seit Caesar unter röm. Herrschaft, im 5. Jh. v. den Alamannen besetzt, seit 496 v. den Franken beherrscht; 870 zum ostfränk. Reich, gehörte seit 925 zum Htm. Schwaben; zerfiel im 13. Jh. in eine Reihe v. Herrschaften; 1648 kam der habsburg. Teil an Fkr., unter Ludwig XIV. der Rest (u. a. Straßburg 1681). 1871/1918 gehörte das E. im Rahmen des „Reichslandes" ↗E.-Lothringen" zu Dtl. Das E. war 1940/44 dt. Verwaltung unterstellt.
Elsaß-Lothringen, dt. Reichsland 1871 bis 1918, gebildet aus den geschichtl. nicht zusammengehörigen Gebieten ↗Elsaß u. ↗Lothringen.
Elsbeere, europ. Holzgewächs; liefert hartes, aber biegsames Holz; für Maschinenbau u. Maßstäbe.
Elsheimer, *Adam,* dt. Maler des Frühbarocks, 1578–1610; seine kleinformat. Landschaften beeinflußten die niederländ. u. frz. Landschaftsmalerei.
Elßler, *Fanny,* 1810–84, u. ihre Schwester *Therese,* 1808–78, östr. Tänzerinnen; begr. den Ruf des Wiener Balletts.
Elster w, Rabenvogel, schwarz-weiß, mit langem Schwanz; stiehlt glänzende Gegenstände. ☐ 787.
Elster, 2 mitteldt. Flüsse: **1)** *Weiße E.,* r. Nebenfluß der Saale, entspringt im *E.-Gebirge,* 195 km lang. **2)** *Schwarze E.,* entspringt im Lausitzer Bergland, mündet nach 180 km in die Elbe. **E.,** *Bad E.,* sächs. Badeort, 4000 E.; Stahlquellen, Eisenmoorbäder, Rheuma-Forschungsinstitut.
Elterliche Gewalt, gesetzl. bestimmter Umfang der Rechte u. Pflichten der Eltern, für Person u. Vermögen der Kinder zu sorgen; steht Vater *und* Mutter zu. Bei Meinungsverschiedenheiten müssen die Eltern Einigung versuchen, ist diese nicht möglich, kann das Vormundschaftsgericht angerufen werden. Bei Verhinderung od. Ruhen der e. G. eines Gatten wie nach seinem Tod steht sie dem anderen allein zu.
Elternrecht, das *natürl. Recht* der Eltern, für die Person der Kinder zu sorgen, bes. auch über die Ausbildung zu bestimmen. Das E. ist ein vorstaatl. Recht u. dient insofern zur Begründung des Umfangs der konkreten ↗Elterl. Gewalt. Viele Staaten haben das E. ausdrückl. anerkannt, so die BRD im GG.
Eltville (Rhein) (: -wil), hess. Stadt, 15 800 E.; Weinbau, Sektkellereien.
Eltz w, Zufluß der Mosel; an ihr *Burg E.*
Éluard (: elür), *Paul,* frz. Schriftsteller, 1895–1952; stand dem Surrealismus nahe; wurde Kommunist; gestaltete in seiner Lyrik die Motive soz. Hoffnung, der Frau u. der Liebe. *L'amour la poésie; Les yeux fertiles; Le Phénix.*
Elysium s (gr.), in der griech. Sage Land der Seligen, die *elysischen Gefilde.*

El Salvador

Amtlicher Name:
República de
El Salvador

Staatsform:
Republik

Hauptstadt:
San Salvador

Fläche:
21 393 km²

Bevölkerung:
4,4 Mill. E.

Sprache:
Spanisch

Religion:
96% Katholiken

Währung:
1 El-Salvador-Colón
= 100 Centavos

Mitgliedschaften:
UN, OAS, Zentralamerikan. Wirtschaftsgemeinschaft

em., emerit., Abk. für ↗emeritiert.
Email s, Émaille w (frz.), Glasüberzug auf Metall zu dessen Schutz. In der E.kunst unterscheidet man Goldschmiede-E., bei dem Email zum Einlegen dient, u. Maler-E., aus dem sich zu Beginn des 17. Jh. die E.malerei entwickelte, bei der E.farben (Schmelzfarben) verwendet werden. E.draht, hat dünne E.hülle. E.lack, weiße Anstrichfarbe aus Zinkweiß mit Leinölfirnis, Terpentinöl u. Dammarlack.
Emanation w (lat.), Ausfluß; Hervorgehen eines niedern Seins aus einem höheren.
Emanzipation w (lat.; Ztw. emanzipieren), Befreiung aus einem Abhängigkeitsverhältnis; Gleichstellung. emanzipiert, gleichberechtigt, betont vorurteilsfrei.
Emaus, 1) ↗Emmaus. 2) berühmte Benediktinerabtei in Prag; 1949 staatlicherseits aufgehoben.
Emba w, Zufluß des Kaspischen Meeres, in der Kasach. SSR; 647 km lang, am Unterlauf bedeutende Erdöllager (E.gebiet).
Emballage w (: ãnbalasche, frz.), Verpackung.
Embargo s (span.), 1) vorläufige Beschlagnahme eines fremden Schiffs. 2) staatl. Verbot für Handel mit bestimmten Waren u. Ländern.
Emblem s (gr.), 1) eingelegte Arbeit. 2) Sinnbild, Kennzeichen.
Embolie w (gr.), ↗Thrombose.
Embryo m (Mz. E.nen, gr.), aus einer befruchteten Eizelle entstandener Organismus, der noch nicht lebensfähig ist; beim Menschen: früher allg. die Frucht vor der Geburt, heute meist bis Ende des 2. Schwangerschaftsmonats, dann· Fetus genannt. E.logie, Lehre v. der Entwicklung der E.nen.
Emden, dt. Seehafen in Ostfriesland, 4 km v. Dollart entfernt; ist durch den Dortmund-Ems-Kanal mit dem rhein.-westfäl. Ind.-Gebiet, durch den Ems-Jade-Kanal mit Wilhelmshaven verbunden; transatlant. Kabel; 51700 E.; Werften, Erdölraffinerie, Fischereibetriebe.

Ralph W. Emerson

a   b   c
Emmer (a) im Vergleich zum b gegrannten und c ungegrannten Spelz (Dinkel)

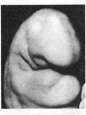 
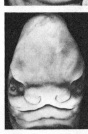 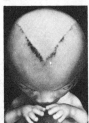
Embryo: verschiedene Phasen in der Entstehung des Gesichtsausdruckes eines menschl. E.; links oben: ca. 28 Tage alt, 3,4 mm lang; links unten: ca. 6. Woche, 12 mm lang; rechts oben: ca. 45 Tage alt, 27,3 mm lang; rechts unten: ca. 8. Woche, 29 mm lang

Emdentief, Meerestiefe mit 10400 m, im Philippinengraben (Pazif. Ozean).
emeritiert (lat.; em. od. emerit.), in den Ruhestand versetzt (bes. bei Professoren).
Emerson (: emerßn), Ralph Waldo, am. Schriftsteller und idealist. Philosoph, 1803–82; schrieb Naturlyrik, führend im ↗Transzendentalismus; Einfluß auf ↗Nietzsche.
Emigrant (lat.; Ztw. emigrieren), wer, bes. aus polit. u. religiösen Gründen, sein Heimatland für immer od. länger verläßt od. verlassen muß.
eminent (lat.), hervorragend. Eminenz w, Titel u. Anrede für Kardinäle.
Emir m, arab. Titel, u. a. für Fürsten u. Beamte.
Emissär m (frz.), Bote mit Geheimauftrag.
Emission w (lat.; Ztw. emittieren), 1) Aussendung v. Strahlen od. Teilchen. 2) Ausgabe v. Wertpapieren.
Emitter m, Teil des ↗Transistors.
Emmanuel, Immanuel (hebr. = Gott ist mit uns), symbol. Name für den Messias im AT.
Emmaus, Emaus, Ort bei Jerusalem (genaue Lage umstritten), in dem der auferstandene Christus zwei Jüngern erschien.
Emmendingen, südbad. Krst. nördl. v. Freiburg, 24500 E.; Heil- u. Pflegeanstalt; Ramiespinnerei; nahebei die Hochburg.
Emmental, Talschaft im Berner Mittelland; Käsefabrikation (Emmentaler).
Emmer m, auch Amel- od. Zweikorn, Spelzweizen; zu Mehl u. Graupen; schon das Getreide der Pharaonen.
Emmeram, hl. (22. Sept.), 7./8. Jh.; fränk. Missionsbischof, in Bayern ermordet; Grab in St. E. zu Regensburg.
Emmerich, Stadt am Niederrhein, Ind.-Hafen, an der niederländ. Grenze, 29600 E.
Emotion w (lat.), Gefühlsbewegung; emotional, gefühlsbedingt.
Empedokles, griech. Staatsmann, Arzt u. Naturphilosoph, um 492 bis um 430 v. Chr.; erklärte alles Seiende als Mischung aus 4 Urelementen (Feuer, Wasser, Luft u. Erde) u. das Leben als deren Mischung durch Liebe u. Haß.
Empfängnis, die Verschmelzung des Kerns einer männl. mit einer weibl. Fortpflanzungszelle. ↗Schwangerschaft. E.verhütung durch antikonzeptionelle Mittel (↗Pessar, ↗Präservativ, chem. u. med. Präparate, hormonale E.verhütung durch Ovulationshemmer, Anti-Baby-Pille) od. durch Unterbrechung des Beischlafs. ↗Geburtenkontrolle. E.zeit, rechtl. die Zeit zw. dem 181. u. 302. Tag vor der Geburt.
Empfindung, Sinnes-E.: Schmerz, Wärme, Helligkeit usw.; i. ü. S. auch: Gefühl. Empfindlichkeit (Sensibilität), Feinfühligkeit od. Erregbarkeit. Empfindsamkeit, Lieblingswort der Gefühlskultur im 18. Jh. E.swort ↗Interjektion.
Emphase w (gr.; Bw. emphatisch), redner. Nachdruck.
Emphysem s (gr.), Auftreibung eines Organs durch Luft. Lungen-E., Erweiterung der Lungenbläschen.
Empire s (: ãpaier, engl.), Herrschaft, Reich, das Britische Reich.

Empire: Salon im Empirestil

Empire s (: āṅpir, frz.), Kaiserreich, bes. das unter Napoleon I. u. III. **E. s** (frz.), *E.stil,* die klassizist. Kunst der Zeit Napoleons I. bis ca. 1830; prunkvoller als das ↗Directoire. **Empirie** w (gr.; Bw. *empirisch*), Erfahrung, Erfahrungswissenschaft. **Empiriker** *m,* stützt sich ausschließl. auf die Erfahrung. **Empirismus,** sieht in der Erfahrung die allgemeine Erkenntnisquelle.

Empore w, erhöhte Bühne od. Galerie, bes. in Sakralbauten, z. besseren Raumnutzung od. Absonderung (z. B. Sänger, Hofstaat).

Ems w, nordwestdt. Strom, entspringt in der Senne, durchfließt die Münstersche Bucht u. das ↗E.land, mündet in den Dollart; 371 km lang. Nimmt in Meppen den ↗Dortmund-Ems-Kanal auf; durch den ↗Mittellandkanal mit der Weser, durch den Küstenkanal mit der Unterweser, durch den *E.-Jade-Kanal* (77 km) mit dem Jadebusen verbunden. **Ems,** *Bad E.,* Weltbad in Rheinland-Pfalz, an der Lahn, 10400 E.; Thermen (24–49°C), gg. Katarrhe, Asthma, Kreislaufstörungen; Pastillen- u. Salzversand *(Emser Salz);* Heeres- u. Luftwaffenakademie.

Emscher w, r. Nebenfluß des Rheins, 98 km lang; im Unterlauf kanalisiert; Hauptabwässerkanal des Ruhrgebiets. **E.brunnen,** dient zum Absetzen v. festen Bestandteilen bei der Abwasserklärung.

Emsdetten, westfäl. Stadt im westl. Münsterland, an der Ems, 30900 E.; Textil-Ind. **Emser Depesche,** Bericht Wilhelms I. 1870 aus Bad Ems an Bismarck über die Ablehnung der frz. Forderung bezügl. der hohenzoller. Thronkandidatur in Spanien. Bis-

marck veröffentlichte sie in verschärfender Kürzung u. forderte damit die frz. Kriegserklärung heraus.

Emsland, Grenzlandschaft zw. der mittleren Ems u. der niederländ. Grenze; liefert etwa $1/2$ der dt. Förderung an Erdöl u. Erdgas. **Emu** *m,* 1,7 m hoher, flugunfähiger, schnellfüßiger Laufvogel; in Australien. **Emulsion** *w* (lat.), Mischung v. ineinander unlösl. Flüssigkeiten v. so feiner Verteilung, daß keine merkl. Entmischung auftritt, z. B. Milch, ↗Kolloid.

Enanthem s (gr.), Ausschlag auf den Schleimhäuten; Ggs. das ↗Exanthem. **en bloc** (: āṅ blok, frz.), im ganzen. **Ende,** *Edgar,* dt. Maler, 1901–65; Surrealist; visionäre Themen.

Endemie w (gr.), stetes Vorkommen einer Infektionskrankheit auf begrenztem Gebiet. **endemisch,** einheimisch.

Enders, *John Franklin,* am. Bakteriologe, * 1897; Nobelpreis 1954 für Züchtung des Erregers der spinalen Kinderlähmung. **en détail** (: āṅ detaj, frz.), im einzelnen, im Kleinverkauf. Ggs. ↗en gros.

Endivie w, Salatpflanze mit breiten *(Eskariol)* od. schmalen Blättern *(Winter-E.).* **Endmaß,** ein Präzisionslängennormal zum Einstellen v. Meßgeräten u. Maschinen; meist prismat. od. zylindr. Körper mit geschliffenen Endflächen.

endogen (gr.), v. innen wirkend (Vulkanismus, Erdbeben). **Endokarditis** w, Herzklappenentzündung. **endokrine Drüsen** ↗Hormone. **Endoskop** s, Apparat zur Untersuchung, auch photograph., v. Körperhöhlen; moderne E.e arbeiten auf der Grundlage der ↗Faseroptik. **Endosperm** s, ↗Nährgewebe. **endotherm** ↗Thermochemie. **Endzeit** ↗Eschatologie.

Energie w (gr.), 1) Tatkraft (Bw. *energisch*). 2) physikal. das Vermögen, Arbeit zu leisten; je nach physikal. Prozeß unterscheidet man: mechan. E. als potentielle (E. der Lage) od. als kinet. E. (E. der Bewegung); Wärme-E.; elektr. u. magnet. E.; chem. E., Atom-, besser Kern-E. (Bindungskräfte im Atomkern). **E.erhaltungssatz** (v. J. R. Mayer u. a.): E. kann weder neu entstehen noch vergehen, die Summe aller E.n, die bei einem Vorgang ineinander umgewandelt werden können, bleibt konstant. **E.-Masse-Äquivalenz:** Jeder E. (E) entspricht eine Masse (m) u. umgekehrt. Nach der Relativitätstheorie ist $E = m \cdot c^2$ (c = Lichtgeschwindigkeit). **Energiewirtschaft,** *Kraftwirtschaft,* Erzeugung, Bewirtschaftung u. Verteilung vorhandener E.träger u. der E. selbst.

Krausblättrige Endivie

	erg	J = Ws	kWh	kpm	kcal	eV	
							Energie
1 erg	1	10^{-7}	$2,78 \cdot 10^{-14}$	$1,02 \cdot 10^{-8}$	$2,39 \cdot 10^{-11}$	$6,24 \cdot 10^{11}$	Umrechnungstafel für Energieeinheiten (bzw. Arbeit, Wärmemenge)
1 J (= 1 Ws)	10^7	1	$2,78 \cdot 10^{-7}$	0,102	$2,39 \cdot 10^{-4}$	$6,24 \cdot 10^{18}$	
1 kWh	$3,6 \cdot 10^{13}$	$3,6 \cdot 10^6$	1	$3,67 \cdot 10^5$	860	$2,25 \cdot 10^{25}$	
1 kpm	$9,807 \cdot 10^7$	9,807	$2,72 \cdot 10^{-6}$	1	$2,34 \cdot 10^{-3}$	$6,1 \cdot 10^{19}$	
1 kcal	$4,187 \cdot 10^{10}$	4187	$1,16 \cdot 10^{-3}$	427	1	$2,6 \cdot 10^{22}$	
1 eV	$1,6 \cdot 10^{-12}$	$1,6 \cdot 10^{-19}$	$4,45 \cdot 10^{-26}$	$1,63 \cdot 10^{-20}$	$3,83 \cdot 10^{-23}$	1	

Energieverteilung

Das Fließdiagramm zeigt die Verteilung der Energie in den OECD-Ländern von den primären Energieträgern (oben), über die verschiedenen Umwandlungsverfahren (Mitte) und den Transport, bis zum Endverbraucher der Energie (unten).

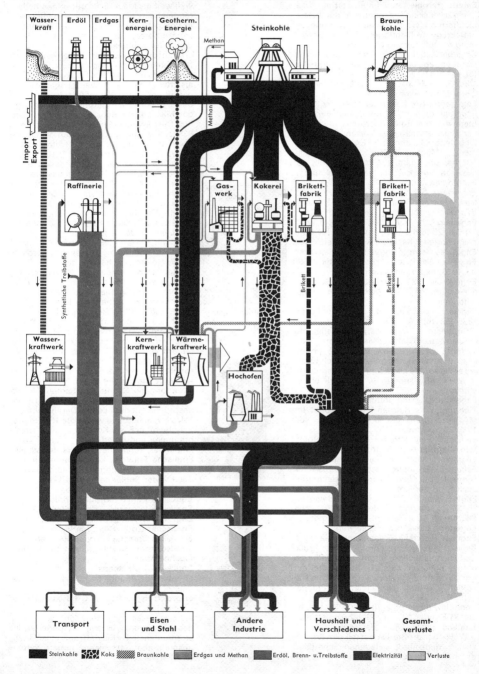

Enescu, *George,* rumän. Komponist u. Geiger, 1881–1955; Orchesterwerke; Oper *Oedipus.*
en face (: ãñ faß, frz.), von vorn gesehen.
Enfant terrible *s* (: ãñfãñ täribl, frz.), „Schreckenskind"; jemand, der durch Ausplaudern andere in Verlegenheit bringt.
Enfleurage *w* (: ãñflörasch[e], frz.), Gewinnung v. Duftstoffen aus Blüten.
Engadin *s,* Schweizer Hochtal des Inn in Graubünden, 90 km lang; Mineralquellen (St. Moritz); Kur- u. Wintersportgebiet. *Ober-E.* mit Seenkette v. Sils bis St. Moritz; *Unter-E.* mit Nationalpark.
Engagement *w* (: ãñgasch[e]mãñ, frz.; Ztw. *engagieren*), Verpflichtung, Anstellung.
Engel *m* (gr. = Bote), übermenschl., als reiner Geist erschaffenes Wesen. Die Einteilung der E. (9 *E.chöre:* E., Erz-E., Fürstentümer – Mächte, Kräfte, Herrschaften – Throne, Cherubim u. Seraphim) geht auf das 6. Jh. zurück. Auch Juden, Muslimen u. Parsen kennen E.
Engelberg, Schweizer Höhenkurort im Kt. Obwalden, am Titlis, 3300 E., 1000 m ü. M.; Benediktinerabtei (1120 gegründet).
Engelbert I., hl. (7. Nov.), Erzb. v. Köln, wohl 1185–1225 (ermordet); Vormund des Sohnes Heinrich v. Ks. Friedrich II. u. Reichsverweser. **Engel des Herrn** ↗Angelus.   [weser.
Engelke, *Gerrit,* dt. Arbeiterdichter, 1890 bis 1918; expressionistische Lyrik.
Engels, bis 1923 *Pokrowsk,* russ. Stadt an der Wolga, 161000 E.; Metall- u. Nahrungsmittelindustrie.
Engels, *Friedrich,* dt. Sozialpolitiker, 1820–95; mit K. ↗Marx Begr. des wiss. ↗Sozialismus; trug bes. zur Ausbildung des hist. u. dialekt. ↗Materialismus bei; verfaßte 48 mit Marx das ↗Kommunistische Manifest, emigrierte 49 nach Engl., wo er die soziale Lage der Arbeiter studierte u. Marx arbeitsmäßig u. finanziell unterstützte.
Engelsburg, Grabmonument in Rom am r. Tiberufer, v. Ks. Hadrian 135/139 erbaut; im MA Festung u. päpstl. Stützpunkt, seit 1933/34 Museum.
Engelsüß, *Polypodium vulgare,* ein Tüpfelfarn, Zierpflanze u. Heilmittel.
Engelwurz, *Angelica,* Doldenblütler; v. der *Echten E.* (Erzgebirge) ist der Wurzelstock (*Angelika-* od. *Theriakwurzel*) ein Heilmittel; auch für Bitterlikör.
Enger, westfäl. Stadt nördl. v. Bielefeld, 16100 E.; spätromanische-got. Stiftskirche (12./14. Jh.) mit Sarkophag Widukinds.
Engerling, Larve des ↗Maikäfers.
Enghien (: ãñgãñ), *E.-les-Bains* (: -lä bãñ), Bade- u. Ausflugsort, nördl. v. Paris, 13000 E.; Schwefelquellen; internationale Pferderennen. – **E.,** seit dem 16. Jh. Hzg.titel der Prinzen v. Condé: *Henri,* 1772–1804; v. Napoleon I. irrtüml. als Verschwörer hingerichtet.
Engholm, *Björn,* dt. Politiker (SPD), * 1939; seit 81 Bundes-Min. für Bildung und Wiss.
England (das *„Land der Angeln"*), mit ↗Wales der größte Landesteil der Brit. Inseln, v. dem nördl. gelegenen Schottland durch die Cheviot Hills u. den Tweed ge-

trennt. Nord-E. wird v. rauhen, heidebedeckten Pennin. Gebirge durchzogen, an das sich im S ein Schichtstufenland anlehnt. Im SW erstreckt sich die Halbinsel ↗Cornwall weit ins Meer. E. ist mit seinen bedeutenden Ind.n, die sich bes. in den Midlands, in den großen Hafenstädten u. in London konzentrieren, das Herz der Brit. Inseln u. des ↗Commonwealth.
Geschichte: Das urspr. v. den kelt. Briten bewohnte u. v. den Römern 55 v. Chr. (Landung Caesars) bis 410 n. Chr. (seit 43 n. Chr. als Prov. Britannia) teilweise beherrschte E. wurde um 450 v. den ↗Angelsachsen erobert. Die Christianisierung begann 956 mit der Mission des Benediktiners ↗Augustinus. Die Däneneinfälle, unter denen das seit 829 aus 7 angelsächs. Kgr.en vereinigte Reich im 9. Jh. litt, wehrte Alfred d. Gr. (871/899) erfolgreich ab. 1016/35 beherrschte Knut d. Gr. v. Dänemark ganz E., u. 1066 fiel das Land an ↗Wilhelm den Eroberer (Sieg bei Hastings), der die normann. Dynastie begründete. Die ersten Herrscher des Hauses Anjou-↗Plantagenet (1154/1399) besaßen ¹/₃ v. Fkr.; Johann ohne Land (1199/1216) verlor die meisten frz. Länder; der Adel erzwang 1215 die ↗Magna Carta. 1265 trat zum erstenmal das Parlament zusammen. Eduards III. (1327/77) Ansprüche auf den frz. Thron führten zum Hundertjähr. Krieg (1339/1453), in dem der festländ. Besitz (außer Calais) verlorenging. Die ↗Rosenkriege endeten mit der Herrschaft des Hauses Tudor (1485–1603). Kg. ↗Heinrich VIII. (1509/47) brach aus persönl. Gründen mit dem Papst. Nach Einführung der reformator. Lehre durch Th. ↗Cranmer entwickelte sich unter Eduard VI. (1547/53) u. Elisabeth I. (1558/1603) die anglikan. Staatskirche. Unter Elisabeth I. begann E.s See- u. Kolonialpolitik (1588 Untergang der span. Armada, 1600 Gründung der Ostind. Kompanie). ↗Maria Stuart v. Schottland büßte 1587 ihre Thronansprüche mit dem Leben. Deren Sohn Jakob VI. v. Schottland vereinigte 1603 Irland, Schottland u. E. als Kg. Jakob I. v. ↗Großbritannien und Irland.   [sel. ☐ 877.
Engländer, verstellbarer Schraubenschlüssel.
Englische Fräulein, Kongregation für Unterricht u. Erziehung der weibl. Jugend, 1609 v. der Engländerin M. ↗Ward gegr.
englische Krankheit ↗Rachitis.
Englische Kunst ↗Großbritannien.
Englische Literatur ↗Großbritannien.
Englische Musik ↗Großbritannien.
Englischer Gruß ↗Ave Maria.
Englische Sprache ↗Großbritannien.
Englischhorn, Holzblasinstrument mit melanchol. Klang.
Englischrot ↗Eisenoxid.
Engobe *w* (: ãñgob, frz.), keram. Bezugsmasse.
en gros (: ãñ gro, frz.), im Großverkauf. Ggs. ↗en detail.
enharmonisch (gr.) sind Töne wie cis u. des, die auf unseren sog. temperierten Instrumenten (z. B. Klavier) auf *einer* Taste gespielt, aber verschieden notiert werden (*e.e Verwechslung*).

Friedrich Engels

Björn Engholm

Engerling

Enkaustik: weibliches
Mumienporträt

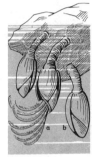

Entenmuschel:
a mit ausgestreckten,
b mit eingezogenen
Rankenfüßen zum
Zustrudeln von Nah-
rung und Atemwasser

Entdeckungsreisen:
Entdeckungsgeschichte
der Erde

Von der Erde war in Europa
bekannt:

☐ bis 200 n. Chr.
▨ 200–1400
☐ 1400–1550
☐ 1550–1800
▰ nach 1800

Enjambement s (: ãnsehãnbᵉmãn, frz.), in der Lyrik: Führung des Satzzusammenhangs über den Versschluß hinaus.

Enkaustik w (gr.), Maltechnik der Antike, bei der die Farben mit Wachs heiß aufgetragen wurden; feuchtigkeitsbeständig. *enkaustieren*, das Tränken v. Gipsabgüssen mit Paraffin.

Enklave w (lat.), kleiner, v. Gebiet des eigenen Staates umschlossener Landesteil eines fremden Staates, ist für diesen eine *Exklave*.

en masse (: ãn maß, frz.), in Masse(n).

en miniature (: ãn miniatür, frz.), in kleinem Maßstab.

Ennepetal, westfäl. Ind.-Stadt an der Ennepe, wurde 1949 aus den Gem. Milspe u. Voerde gebildet, 36 000 E.; Kleineisen-Ind.

Ennius, *Quintus*, röm. Dichter, 239/169 v. Chr.; Nationalepos *Annales*.

Enns w, r. Nebenfluß der Donau, durchbricht die östr. Kalkalpen; 304 km lang; im Unterlauf eine Kette v. Wasserkraftwerken.

Enns, oberöstr. Stadt (ältestes östr. Stadtrecht), 9700 E.; Glasschmuck-Ind.

Enol, organ. Verbindung mit der Hydroxylgruppe benachbarter Doppelbindung; –C(OH) = .

enorm (lat.-frz.), übermäßig, ungeheuer.

en passant (: ãn paßãn, frz.), im Vorübergehen, nebenbei; spezieller Zug eines Bauern im Schachspiel.

Enquête w (: ãnkät, frz.), umfassende (amtl.) Untersuchung durch Befragung v. Sachverständigen od. Interessierten. [schaftlich.

enragiert (: ãnrasehirt, frz.), wütend, leiden-

Enschede (: enßchede), niederländ. Stadt nahe der dt. Grenze, 142 000 E.; Textil- und Textilmaschinen-Ind.

Ensemble s (: ãnßãnbl, frz.), eine ein Theater- oder Musikstück aufführende Künstlergruppe.

Ensinger, Baumeisterfamilie der Gotik; *Ulrich*, 1359–1419; Ulmer Münster, Mailänder Dom, auch Turm des Straßburger Münsters bis zum Helmansatz.

Ensor, *James*, belg. Maler, 1860–1949; Expressionist; Darsteller des Unheimlichen; nahm surrealistische Elemente vorweg.

en suite (: ãn ßüit, frz.), im folgenden, demzufolge.

Entartung ↗Degeneration.

Entdeckungsreisen, Reisen zur Erschließung der jeweils noch unbekannten Länder u. Meere der Erde und zur Ausweitung des Handels. ☐ 230.

Ente, falsche Zeitungsnachricht.

Entebbe, Stadt in der Rep. Uganda, am Nordufer des Viktoriasees, 21 000 E.; ehemals brit. Protektorats-Hst.

Enteignung, Entziehung des ↗Eigentums durch die öff. Gewalt gegen den Willen des Eigentümers; im Rechtsstaat nur durch Ges. od. aufgrund eines Ges., das zugleich die Entschädigung regelt, u. nur bei öff. Interesse.

Entelechie w (gr.), bei *Aristoteles* die ihr Ziel in sich tragende Ursache, die als Formkraft zum Stoff hinzutritt u. die Entwicklung alles Seienden zum Seinsziel hin bewirkt; in *H. Drieschs* ↗Vitalismus das zielhafte Wirkprinzip im Organismus.

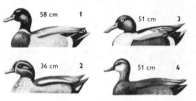

Enten: 1 Stock-E., *Anas platyrhynchos*; 2 Krick-E., *Anas crecca*; 3 Löffel-E., *Anas clypeata*; 4 Schnatter-E., *Anas strepera* (die beigesetzten Zahlen geben die Länge an)

Enten, artenreiche Gruppe der E.vögel, a) *Schwimm-E.*: Stock-E. (Stammform der Haus-E.), häufigste Wild-E., seltener: Spieß-E., Schnatter-E., Löffel-E. u.a.; b) *Tauch-E.*: Berg-E., Moor-E., Kolben-E., Tafel-E., ↗Eider-E. u.a.

Entenflott, *Entengrün*, ↗Wasserlinse.

Entenmuscheln, Rankenfüßer; an Felsen, Schiffskielen.

Entenschnabel, Schuhe mit langen Spitzen; in Dtl. Ende 15. u. Anfang 16. Jh.

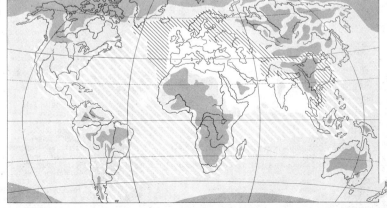

Geographische Entdeckungen und Forschungsreisen

Afrika

seit 1415	Portugiesen erforschen die Westküste Afrikas
1445	Lançarote entdeckt die Senegalmündung
1482/83	Diego Cão entdeckt die Kongomündung
1487/88	Bartolomeu Diaz umsegelt als erster das Kap der Guten Hoffnung
1506	Fernão Soarez und João Gomez d'Abreu entdecken Madagaskar
1535	Bareto und Homem erforschen das untere Sambesigebiet
1613	Pedro Paez entdeckt den Tanasee
1769/72	Bruce entdeckt die Quelle des Blauen Nil
1795/97	Mungo Parks 1. Reise vom Gambia zum Niger
1797/1800	Hornemann durchquert Afrika von Ägypten zum Niger
1812	Campbell entdeckt die Limpopoquellen
1818	Mollien entdeckt die Quellgebiete von Senegal und Gambia
1821/22	Cailliaud und Letorzec gelangen zum Zusammenfluß von Weißem und Blauem Nil
1850/55	Barth durchforscht Sahara und Sudan
1852/56	Livingstone durchquert das südliche Afrika und entdeckt die Victoriafälle des Sambesi
1857/58	Speke entdeckt Tanganjika- u. Victoriasee
1859	Livingstone entdeckt Schirwa- u. Njassasee
1862	Speke und Grant entdecken die Quellen des Weißen Nil
1864	Baker entdeckt den Albertsee
1865/67	Rohlfs durchquert als erster Afrika vom Mittelmeer zum Golf von Guinea
1865/72	Mauch entdeckt die Goldfelder im Maschona- und Matabeleland
1869/74	Nachtigal durchquert Sahara u. Sudan
1879	Rohlfs als erster Europäer bei den Kufraoasen; Moustier und Zweifel entdecken Nigerquellflüsse
1881/82	v. Wißmann durchquert Zentralafrika

Asien

1245/47	Giovanni da Pian di Carpine reist nach Karakorum (nahe dem heutigen Ulan Bator)
1253/55	Wilhelm von Rubruk reist von Konstantinopel nach Karakorum
1271/95	Marco Polo reist über Persien, den Pamir und Zentralasien nach China; lernt Teile von Tibet, Birma und der Mongolei kennen; 1292 Rückreise über Hinterindien, den Malaiischen Archipel, Indien, Ceylon, Persien und Kleinasien
1318/30	Odorico de Pordenone reist von Konstantinopel über Ceylon und die großen Sundainseln nach China; erreicht auf der Rückreise durch die Mongolei und Tibet als erster Europäer Lhasa
1498	Vasco da Gama erreicht Vorderindien
1521	Magalhães erreicht die Philippinen
1542	Portugiesen landen in Japan
1579/82	Jermak unterwirft Sibirien bis zum Irtysch
1602/05	Bento de Goes durchquert Asien von Agra über Kabul, das Pamir-Hochland, Turkestan nach Kansu
1639	erste Durchquerung Sibiriens
1734/43	Bering, Tschjuskin, Gmelin, Steller u. a. erforschen Nordostsibirien
1761/71	Niebuhr erforscht die Küsten des Roten Meeres und das Innere Vorderasiens
1820/24	v. Wrangel erforscht die Nordküste Sibiriens
1832/33	Burnes dringt über den Hindukusch bis Buchara (Turkestan) vor
1844/46	Huc und Gabet erforschen die Mongolei und Tibet
1854/57	H. und R. v. Schlagintweit durchforschen Indien und Ostturkestan
1887/90	Younghusband durchquert Zentralasien von Osten nach Westen
1899/1902	Hedin in Zentralasien (Tarimbecken, Lop-nor, Tibet)
1903/05	Filchner erforscht Osttibet
1908	Hedin entdeckt den Transhimalaja

Amerika

um 1000	Leif Eriksson entdeckt Nordamerika
1492	bleibende Entdeckung Amerikas – zunächst der Bahamainsel Guanahani – durch Kolumbus
1497	Caboto entdeckt die Ostküste Nordamerikas
1498	Kolumbus entdeckt das Festland von Südamerika
1499	Pinzón erkundet die Nordostküste Südamerikas und entdeckt den Amazonas
1500	Cabral landet an der Küste Brasiliens
1513	Balboa durchquert die Landenge von Panama und erreicht als erster den Stillen Ozean
1515/16	de Solis entdeckt die La-Plata-Mündung
1519/21	Cortes erobert Mexiko
1524	Verrazano erkundet Nordamerikas Ostküste
1531/35	Pizarro erobert Peru
1534/35	Cartier entdeckt den Sankt-Lorenz-Strom und Kanada
1539/42	de Soto stößt von Florida aus bis nach Oklahoma vor; überquert und erforscht den Mississippi
1541/42	de Orellana befährt als erster Europäer den ganzen Amazonas
1578	Drake fährt an der Westküste Amerikas entlang
1584	Raleigh entdeckt Virginia. [lang
1609/10	Hudson entdeckt Hudsonfluß, -straße und -bai
1612	Gründung von Neu-Amsterdam (New York)
1741	Bering und Tschirikow entdecken die Aleuten und Alaska
1792/93	Mackenzie durchquert als erster Nordamerika

Australien und Ozeanien

1526	Spanier entdecken Neuguinea
1527/28	Saavedra entdeckt die Admiralitätsinseln, Teile der Karolinen u. der Marshallinseln
1567	de Neira entdeckt die Salomonen
1595	de Neira entdeckt die Marquesasinseln
1605	Jansz(oon) befährt den Carpentariagolf; gilt als Entdeckung Australiens
1606	de Quirós entdeckt Tahiti und die Neuen Hebriden
1642/44	Tasman entdeckt Tasmanien, Neuseeland, die Tonga- und die Fidschi-Inseln
1722	Roggeveen entdeckt Samoa und die Osterinsel
1770	Cook umsegelt Neuseeland und entdeckt die Ostküste Australiens
1777	Cook entdeckt Hawaii
1844	Leichhardt durchquert Australien von Osten nach Norden
1860/61	Burke durchquert Australien von N nach S

Seewege

1497	Vasco da Gama entdeckt den Seeweg nach Indien um das Kap der Guten Hoffnung
1520	Magalhães entdeckt die Magalhäesstraße
1553	Chancellor entdeckt den nördlichen Seeweg nach Rußland
1578	Drake entdeckt Kap Hoorn
1605/06	de Torres entdeckt die Torresstraße
1648	Deschnew entdeckt die Beringstraße (1728 v. Bering wiederentdeckt), umsegelt das Ostkap
1850/54	MacClure entdeckt die Nordwestpassage
1878/79	Nordenskiöld durchfährt als erster die Nordostpassage

Polargebiete

1594/97	Barents entdeckt Spitzbergen, die Bäreninsel und Nowaja Semlja
1831	Ross entdeckt den magnetischen Nordpol
1888	Nansen durchquert Südgrönland
1892/95	Peary erreicht Nordgrönland
1893/96	Nansen driftet mit der „Fram" durch das Nördl. Eismeer [arktis
1898/1900	Borchgrevink überwintert als erster in der Antarktis
1908/09	Shackleton entdeckt den magnet. Südpol
1909	Peary erreicht den Nordpol
1911	Amundsen erreicht den Südpol
1958	amer. Atom-U-Boot „Nautilus" überquert den Nordpol unter dem Eis

Entente w (: ãntãnt, frz.), **1)** die im 1. Weltkrieg gg. die ↗Mittelmächte kämpfenden Staaten. **2)** *Kleine E.,* das Bündnis zw. Tschechoslowakei, Jugoslawien u. Rumänien 1920/38. **3)** *E. cordiale* (=herzl. Einvernehmen), 1904 geschlossenes engl.-frz. Abkommen über Ägypten u. Marokko.

Entenvögel, *Anatiden,* Wasservögel, ↗Enten, ↗Gänse, ↗Schwäne, ↗Säger.

entern, ein feindl. Schiff erstürmen; die Masten besteigen.

Entfernungsmessung durch akust. (Schallmeßverfahren), opt. (Lichtmeßverfahren): Zielwinkel-, Standwinkel- u. Raumbild-E., Laser-E.), elektr. Verfahren (↗Radar).

Entflechtung, Auflösung v. ↗Konzernen u. ↗Kartellen (Dekartellisierung); bes. nach 1945 v. den alliierten Siegermächten in Dtl. betrieben; gegenwärtig starke gegenläuf. Entwicklung, auch außerhalb Dtl.s.

Entführung liegt vor, wenn eine Frau zur Eheschließung od. zu unsittl. Zwecken gg. ihren Willen mit List od. Gewalt od. eine Minderjährige zwar mit ihrem, aber gg. den Willen der Eltern an einen fremden Ort gebracht wird; wird mit Geld- od. Freiheitsstrafen belegt; Strafverfolgung jedoch nur bei Antrag.

Enthaltsamkeit ↗Abstinenz.

Enthärtung, Beseitigung der den Kesselstein (Härte) bildenden Kalk- und Magnesiumsalze aus dem Wasser.

Enthusiasmus m (gr.), Begeisterung. **Enthusiast** m, ein Begeisterter.

Entladung, Spannungsausgleich zw. positiven u. negativen elektr. Ladungen.

Entlastung, 1) bes. bei Vereinen u. Gesellschaften Feststellung der ordnungsgemäßen Geschäftsführung des Vorstandes. **2)** Strafrecht: Beweise zugunsten des Beschuldigten, so durch E.zeugen.

Entmilitarisierung, das Freihalten eines Gebietes v. Truppen u. Kriegsgerät.

Entmündigung, gericht. Entziehung od. Beschränkung der ↗Geschäftsfähigkeit wegen Geisteskrankheit (dann geschäftsunfähig), Geistesschwäche, Verschwendung u. Trunksucht, auf Antrag (durch Ehegatte, Verwandte). Der Entmündigte erhält einen Vormund; seine Einweisung in eine geschlossene Anstalt nur durch Gerichtsbeschluß möglich.

Entmythologisierung w (gr.), Bz. für das v. R. ↗Bultmann entwickelte Grundanliegen einer dem heutigen Menschen verständl., krit. existentialen Interpretation des NT durch Befreiung v. zeitbedingten myth. Anschauungen; will nicht das NT auf wenige entmythologisierte Stücke einschränken, sondern die nach Bultmann wesentl. mytholog. verfaßte ntl. Botschaft in nichtmytholog. Ausdrucksweise verständl. machen u. den Menschen durch ihre existentielle Grundentfaltung in die persönl. Entscheidung stellen.

Entnazifizierung, nach 1945 durch Gesetze der Alliierten in Dtl. angeordnete u. 54 abgeschlossene Maßnahme; bezweckte die Bestrafung der Nationalsozialisten, ihre Ausschaltung aus dem polit. u. wirtschaftl. Leben u. die Vernichtung aller nat.-soz. Or-

ganisationen. Für die Beurteilung unterschieden die Spruchkammern 5 Gruppen: Hauptschuldige, Belastete, Minderbelastete, Mitläufer u. Entlastete.

Entomologie w (gr.), Insektenkunde. Die *angewandte E.* bekämpft Schädlinge.

Entrée s (: ãntre, frz.), Eintritt, Eintrittsgeld; Vorspeise; Vorzimmer; Zugang; Eröffnungsmusik (Ballett).

entre nous (: ãntr nu, frz.), unter uns, im Vertrauen.

Entropie w (gr.), in der Wärmetheorie eine Zustandsgröße, die angibt, wie weit ein System sich einem Gleichgewichtszustand genähert hat.

Entsafter ↗Obstpresse.

Entstaubung, Beseitigung v. Staub in der Luft durch mechan. Verfahren (Verwirbelung u. Trennung durch Schwerkraft), durch Filtern, Naßreinigung u. elektr. Verfahren (Aufladung der Staubteilchen).

Entwässerung, 1) der Abfluß v. Niederschlägen durch Gewässer. **2)** die ↗Kanalisation bei größeren Siedlungen. **3)** die Beseitigung überschüssigen, dem Gedeihen der Kulturpflanzen schädl. Bodenwassers, durch Gräben od. durch Drainage (unterird. Kanäle).

entwickeln, 1) das (latente) Bild der belichteten photograph. Schicht durch Reduktionsmittel sichtbar machen. **2)** etwas ausführl. darlegen.

Entwicklung, Ausbildung des Organismus von der befruchteten Zelle bis zum ausgewachsenen Lebewesen. **E.shilfe,** die wirtschaftl. Hilfe der Ind.-Staaten für die techn., wirtschaftl. u. sozial hinter diesen zurückgebliebenen Länder *(E.sländer);* eine zugleich polit. wie menschl. notwend. Maßnahme; setzt Verständnis für die polit. Lage der Entwicklungsländer u. den Willen zu voller Partnerschaft mit diesen voraus, zumal deren Drang nach Besserung der wirtschaftl. u. sozialen Lage häufig v. heftigem Antikolonialismus u. Nationalismus begleitet ist. Die wichtigsten E.sländer liegen in Afrika, Asien u. Südamerika. *Formen der E.shilfe:* Beratung der Regierungen, Überlassung v.

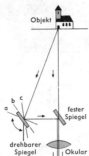

Objekt · Okular · fester Spiegel · drehbarer Spiegel

Entfernungsmesser: Schnittbild-E.

Entwicklung

Entwicklungsstadien des Frosches: **1** Zwei-, **2** Acht-Zellen-Stadium; **3** Morula; **4** frühe Gastrula mit Urmund (U); **5** u. **6** Neurula-Stadium (Rückenansicht) mit Neuralplatte (N) und **7** Seitenansicht; **8** Embryo mit Augenanlage (A) und Ursegmenten (Us); **9** bis **12** verschiedene Larvenstadien; **13** junger Frosch (Schwanz in Rückbildung)

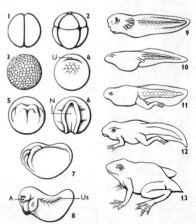

Entwicklungs-hilfe[1]	1970		1979	
	Mill. US-$	in % des Volks-einkommens[2]	Mill. US-$	in % des Volks-einkommens
BRD	599,0	0,32	3350	0,44
Frankreich	951,1	0,65	3370	0,59
Großbritannien	447,1	0,37	2067	0,52
Italien	147,2	0,16	273	0,08
Japan	458,0	0,23	2637	0,26
Kanada	346,3	0,43	1026	0,46
Österreich	19,1	0,13	127	0,19
Schweden	117,0	0,37	956	0,94
Schweiz	29,4	0,14	207	0,21
Sowjetunion	633,0	....	1720	
USA	3050,0	0,31	4684	0,20
DAC-Länder	6808,0	0,34	22375	0,35

[1] öffentliche Gelder; die privaten Investionen der Marktwirtschafts-länder erreichen etwa die gleiche Höhe
[2] hier: Bruttosozialprodukt zu Marktpreisen

H. M. Enzensberger

Fachleuten (z. B. „Friedenskorps" der USA, „Dt. Entwicklungsdienst" der BRD), Schulung einheim. Führungskräfte für die Ind., Darlehen, Anleihen, Investitionen. Die E.shilfe wird z. T. in polit. Konkurrenz zw. dem Westen u. dem Ostblock gegeben. **E.slehre** ↗Abstammungslehre. **E.sroman,** schildert die E. eines Menschen unter dem Einfluß äußerer u. innerer Ereignisse bis zur Erreichung einer bestimmten Lebenshaltung (Grimmelshausens *Simplicissimus,* Goethes *Wilhelm Meister,* Gottfried Kellers *Grüner Heinrich*); häufig mit dem ↗Bildungsroman identisch.
Entzündung, mit Rötung, Schwellung, Schmerzen, Fieber einhergehende Krankheitserscheinung. Ursache: chem., mechan. od. Wärmereize, Bakterienvergiftung. Durch lokale Kreislaufstörung tritt Blutflüssigkeit ins Gewebe, die die Fremdkörper auszuschwemmen sucht.
Enver Pascha, türk. General, 1881–1922; führender Jungtürke; im 1. Weltkrieg Oberbefehlshaber; fiel im Kampf gg. die Bolschewisten in Turkestan.
Environment s (: inwair[e]nm[e]nt, engl.), in der Kunst der Ggw. die unmittelbare Vergegenwärtigung v. Zeit, Handlung u. Erfahrung innerhalb einer künstler. gestalteten Räumlichkeit, die den Zuschauer völlig umgibt.
Enz w, l. Nebenfluß des Neckars, entspringt im nördl. Schwarzwald, mündet bei Besigheim; 112 km lang.
Enzensberger, *Hans Magnus,* dt. Schriftst., * 1929; polit.-satir., zeitkrit. Lyrik, ferner Essays u. Kritiken.
Enzian m, *Gentiana,* artenreiche Gattung der E.gewächse; *Stengelloser E., Punktierter E., Lungen-E., Ungar. E., Gelber E.;* oft Naturschutz; z. T. Heilpflanzen, z. B. Gelber Enzian. ☐ 451.
Enzio (it. = Heinz), Sohn u. Feldherr Ks. Friedrichs II., um 1220–72; seit 49 in Gefangenschaft der Bolognesen.
Enzyklika w (gr.), Rundschreiben der Päpste, zitiert nach den Anfangsworten.
Enzyklopädie w, großes Nachschlagewerk, ↗Konversationslexikon.
Enzyklopädisten, die Begr., Mitarbeiter u.

Epitaph: E. des Generals von Rott, von Chr. Wenzinger (Freiburg i. Br., Münster)

Herausgeber der ersten großen europ. Enzyklopädie 1751–1772: d'Alembert, Condorcet, Diderot u. a.
Enzym s (gr.), ↗Ferment.
eo ipso (lat.), von selbst.
Eos, griech. Göttin der Morgenröte. ↗Aurora.
Eosin s, roter Teerfarbstoff.
Eozän s (gr.), ältester Zeitabschnitt der Tertiärformation. **Eozoikum** s, zweitälteste Formation der Erdgeschichte. ☐ 237.
Epaminondas, theban. Feldherr, 420–362 v. Chr.; Begr. der kurzen Vorherrschaft Thebens in Griechenland, Sieg über die Spartaner bei Leuktra (371) u. Mantinea (362).
Epauletten (: epo-, frz.), Schulterstücke auf Uniformen.
Epe, Stadtteil (seit 1975) von Gronau (Westf.); Textil-Industrie.
Ephebe (gr.), im alten Griechenland der unter die Bürger aufgenommene wehrfähige Jüngling v. 18–20 Jahren.
Ephedrin s, Alkaloid aus *Ephedra vulgaris* (Meerträubchen), Heilmittel.
ephemer (gr.), kurzfristig, vorübergehend.
Ephemeride w (gr.), die Ortsangaben eines Planeten od. Satelliten an den Himmelskugel, mit Hilfe der *Bahnberechnung* für Vergangenheit u. Zukunft möglich.
Epheserbrief, Rundschreiben des hl. Paulus aus seiner 1. röm. Gefangenschaft an die Gemeinden Kleinasiens.

Environment: G. Segal, Artist in his Studio. 1968

Ephesus, Handelsstadt des Alt. an der kleinasiat. Westküste mit Artemistempel; in frühchristl. Zeit geist. Zentrum (Wirkungsstätte der hll. Paulus, Timotheus u. des Evangelisten Johannes) u. Bischofsstadt. Das *Konzil v. E.* 431 verurteilte den ↗Nestorianismus u. erkannte Maria den Titel „Gottesmutter" zu.
Ephialtes, verriet angebl. an den Thermopylen 480 v. Chr. die Griechen an die Perser.
Ephoren (Mz., gr.), die 5 jährl. wechselnden obersten Beamten im alten Sparta. **Ephorus,** Superintendent; Vorsteher eines ev. theol. Seminars.
Ephraim, im AT Sohn Josephs, Vater des *Stammes E.*
Ephräm der Syrer, hl. (9. Juni), Kirchenlehrer u. syrischer Dichter des 4. Jahrhunderts.
Epidaurus, altgriech. Stadt in der Argolis, mit Theater, in der Nähe Heiligtum des Heilgottes Äskulap.

Epidemie w (gr.), Volksseuche, gehäuftes Auftreten ansteckender Krankheiten.

Epidermis w (gr.), oberste Hautschicht.

Epidiaskop s (gr.), ∕Projektionsapparat.

Epigonen, 1) in der griech. Sage die Nachkommen der Sieben gg. Theben. **2)** Nachahmer in Kunst u. Lit.

Epigramm s (gr.), Aufschrift auf Denkmälern, Gräbern usw., meist in Distichen, dann selbständ. Dichtungsform, Sinngedicht. **epigrammatisch,** kurz u. treffend.

Epigraphik w (gr.), Inschriftenkunde.

Epik w (gr.), epische (erzählende) Dichtung, breit beschreibende od. auch knapper berichtende Darstellung v. Zuständen u. Begebenheiten in Prosa (Roman, Märchen, Erzählung) od. Versen (Ballade, Romanze, Idylle). ∕Epos.

Epiktet, griech. Philosoph, um 50 bis um 138 n. Chr.; Vertreter des ∕Stoizismus.

Epikur, griech. Philosoph, 341–270 v. Chr.; verkündete die heitere Seelenruhe durch Beherrschung der Begierden als höchstes Gut. Seine Schüler, die **Epikureer,** priesen den sinnlichen Genuß (∕Hedonismus).

Epilepsie w (gr.), *Fallsucht,* Krampfanfälle, mit Schäumen des Mundes, Muskelzuckungen, Blässe, Angst, Erregung, Bewußtlosigkeit; häufig erbbedingt. Behandlung: Psychotherapie u. medikamentös.

Epilog m (gr.), Schlußwort.

Epimenides, legendärer kret. Seher des 5. Jh. v. Chr., angebl. 57jähr. Schlaf.

Épinal, Hst. des frz. Dep. Vosges, im Moseltal (alte Sperrfeste), 40000 E.; Textil-Ind.

Epiphanie w (gr.), die sichtbare Erscheinung u. Selbstzeugung Gottes, bes. diejenige Christi in der Welt. Das Fest E. am 6. Januar ist in der abendländ. kath. Kirche mit dem der hl. ∕Drei Könige vereint.

Epiphyse w (gr.), **1)** Gelenkende der Röhrenknochen. **2)** ∕Zirbeldrüse im Gehirn.

Epiphyten (Mz., gr.), Pflanzen, die auf Bäumen sitzen; in Europa Moose u. Flechten, in den Tropen Orchideen u. Bromelien.

Epirogenese w (gr.), geolog. das langsame Heben od. Senken großer Teile der Erdkruste ohne Bruchbildung.

Epirus m, Gebirgslandschaft im griech.-alban. Grenzgebiet, am Ionischen Meer.

Episches Theater, bes. durch die theoret. Schriften v. B. Brecht eingeführter Begriff für eine Form des Schauspiels, die weniger auf dramat. Zuspitzung u. Illusion der Wirklichkeit als auf bilderbogenartige Reihung v. Szenen u. bewußtes Spiel gerichtet ist.

Episkop s (gr.), ∕Projektionsapparat.

Episkopalisten, Zweig der anglikan. Kirche, bes. in den USA stark vertreten.

Episkopalkirche, eine Kirche, die Bischöfe als oberste Leiter anerkennt u. deren letzte Autorität mit der Lehre v. der apostol. Sukzession begründet wird (z. B. die ∕Anglikan. Kirche).

Episkopalsystem, auch *Episkopalismus,* die Meinung v. der Überordnung der Gesamtheit der Bischöfe bzw. des allg. Konzils über den Papst.

Episkopat m (gr.), Amt des Bischofs; Gesamtheit der Bischöfe.

Episkopus (gr. = Aufseher), Bischof.

Epidiaskop:
A episkopische,
B diaskopische Projektion; 1 Lichtquelle mit Reflektor, 2 Bildvorlage *(undurchsichtig),* 3 Objektiv, 4 Spiegel, 5 Kondensor, 6 Bildvorlage *(Diapositiv, durchsichtig),* 7 zum Bildschirm

Erhard Eppler

Erasmus von Rotterdam (Gemälde von H. Holbein d. J.)

Episode w (gr.), beiläufiges Ereignis.

Epistel w (gr.), Brief, Sendschreiben, bes. die Apostelbriefe.

Epitaph s (gr.), Grabschrift, Erinnerungsmal für einen Toten; räumlich vom Grab getrennt. ☐ 232.

Epithel s (gr.), oberste Deckschicht einer Bindegewebsschicht.

Epitheton s (gr.), Beiwort. **E. ornans,** schmückendes Beiwort.

Epitome w (gr.), Auszug aus einem Wissensgebiet od. literar. Werk.

Epizentrum s (gr.-lat.), Gebiet über einem Erdbebenherd.

Epoche w (gr.; Bw. *epochal),* wichtiger Zeitabschnitt, Wendepunkt.

Epopöe w (gr.), Epos (Heldendichtung).

Epos s (gr.), Großform der ∕Epik, in Versen; monumental, pathet., objektiv; setzt eine einheitl. Kultur voraus (in der Moderne durch den ∕Roman abgelöst). Volks- u. Nationalepos: *Gilgamesch,* Homers *Ilias* u. *Odyssee,* Vergils *Aeneis;* Helden-E.: *Nibelungenlied;* höf. E.: Wolframs *Parzival,* Gottfrieds *Tristan.* Religiöses E.: Dantes *Göttliche Komödie,* Miltons *Verlorenes Paradies.* Später kleinere Formen (Goethes *Hermann u. Dorothea).*

Epoxi(d)harze, Kunststoffe aus Epichlorhydrin u. Diphenol; flüssig bis fest, als Lacke, Klebemittel u. Gießharze.

Eppelheim, bad. Gem. westl. v. Heidelberg, 12700 E.; Spezialwerkzeug-Ind.

Eppingen, bad. Stadt im Kraichgau, 14600 E.; Fachwerkhäuser.

Eppler, *Erhard,* dt. Politiker, *1926; 68/74 Bundes-Min. für wirtschaftl. Zusammenarbeit (SPD).

Epsom and Ewell (: epßᵉm änd juˑl), engl. Stadt, s.w. von London, 70000 E.; bittersalzhalt. Mineralquellen *(Epsomit);* berühmte Pferderennen.

Epstein, Sir *Jacob,* engl. Bildhauer, 1880–1959; Expressionist; v. Rodin beeinflußt.

Equipage w (: ekipaschᵉ, frz.), Kutsche.

Er, chem. Zeichen für ∕Erbium.

Erasmus, hl. (2. Juni), Martyrer, † Anfang 4. Jh.; einer der 14 ∕Nothelfer.

Erasmus, *Desiderius E. v. Rotterdam,* Humanist, 1469(66?)–1536; 1492 Priester; trennte sich früh v. Luther, wandte sich gg. ihn u. die ev. Glaubenserneuerung. *Lob der Torheit.*

Erato, Muse der Liebesdichtung.

Erbanlage, *Erbfaktor,* ∕Gen.

Erbärmdebild, Bild des Schmerzensmanns, bes. in der Kunst der dt. ∕Gotik.

Erbauseinandersetzung, Aufteilung einer Erbschaft unter die Miterben. Die nach Berichtigung der Nachlaßverbindlichkeiten verbleibenden Überschüsse sind entspr. den Erbteilen aufzuteilen; grundsätzl. kein Recht auf bestimmten Nachlaßgegenstand.

Erbbaurecht, das vererbl. u. veräußerl. ∕Dingl. Recht, auf einem fremden Grundstück ein Bauwerk zu haben. Die Vergütung an den Eigentümer heißt *Erbbauzins.* Erlischt das E., so fällt das Bauwerk gg. Entschädigung dem Grundstückseigentümer zu.

Erbse: a Sproßende
mit Blüte, **b** reife
Hülsenfrucht

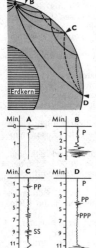

PP, SS, PPP, SSS = an der
Erdoberfläche einmal und
zweimal reflektierte Longi-
tudinal- bzw. Transversal-
wellen

Erdbeben: Ausbrei-
tung der Longitudinal-
(P) und Transversal-
(S) Wellen eines E.
durch das Erdinnere.
Bei A wird ein Orts-
beben, bei B ein Nah-,
bei C ein Fern- und
bei D ein weltweites
Fernbeben seismo-
graphisch registriert

Erbengemeinschaft, gemeinsames Eigentum an einer Erbschaft, also kein Eigentum
an bestimmten Gegenständen; Verfügung
über den Gesamtnachlaß nur gemeinschaftlich.
Erbeskopf, höchster Gipfel des Hunsrücks,
816 m.
Erbium s, chem. Element, Zeichen Er, seltene Erde, Ordnungszahl 68. ☐ 148.
Erblehre, *Genetik,* ↗Vererbung.
Erbpacht, frühere, v. BGB nicht übernommene, dem ↗Erbbaurecht ähnl. Einrichtung, die das ↗Dingl. Recht gab, auf fremdem Grund u. Boden eine Landwirtschaft zu
betreiben; alte Ansprüche bestehen fort.
Erbrechen, *Brechen,* stoßweise Entleerung
des Magens, oft bei ansteckenden u. Ma-
genkrankheiten, bei Vergiftungen usw. Gegenmittel: Fasten, Tee, flüssige Nahrung.
Erbrecht, ordnet den Übergang des Nachlasses nach dem Tod *(Erbfall)* eines Menschen *(des Erblassers)* auf den od. die *Erben*
(Alleinerbe, Miterben); Übergang entweder
durch Ges. *(gesetzl. Erben),* durch ↗Testa-
ment, *Erbvertrag,* ↗Vermächtnis od. Auflage des Erblassers. Eine Erbschaft kann
ausgeschlagen werden *(Erbverzicht;* innerhalb 6 Wochen vor dem Nachlaßgericht).
Gesetzl. Erben sind: die Erben 1. Ordnung:
die Abkömmlinge des Erblassers (Kinder,
Enkel usw.), 2. Ordnung: Eltern u. deren Abkömmlinge (Geschwister u. deren Kinder
usw.), 3. Ordnung: die Großeltern u. deren
Abkömmlinge usw. Die nachfolgende Ordnung kann nicht erben, solange ein Glied
der vorhergehenden noch lebt. Der Erbe
haftet auch für die Verbindlichkeiten des
Erblassers. Die ausgeschlossenen gesetzl.
Erben haben Recht auf den ↗Pflichtteil. Der
überlebende Ehegatte erbt neben den Ab-
kömmlingen ein Viertel, neben den Erben 2.
Ordnung od. neben Großeltern die Hälfte,
sonst den ganzen Nachlaß; bestand ↗Zu-
gewinngemeinschaft, erhöht sich der Erbteil für den Ehegatten je um ein Viertel. **Erb-
schaftsteuer,** in der BRD nach dem Ges. v.
1959 zw. 2 u. 60%, gestuft nach Verwandtschaftsgrad (5 Klassen) u. Höhe des Erban-
falls. Ehegatten mit Kindern genießen
Steuerfreiheit (wenn der Erwerb 250 000 DM
nicht übersteigt); für jedes Kind u. für kinderlose Ehegatten gelten 30 000, bei Enkeln
20 000 DM als Freigrenzen. **Erbschein,**
Zeugnis des Nachlaßgerichts über die erb-
rechtl. Verhältnisse. **Erbschleicherei,** un-
reelle Beeinflussung eines Erblassers.
Erbse, *Pisum sativum,* kletternder Schmetterlingsblütler mit eiweiß- u. stärkereichen
Hülsen u. Samen, als Gemüse, Erbsenmehl
u. Erbswurst. a) *Acker-* od. *Stock-E.;* b) *Saat-,
Feld-, Brech-* od. *Brockel-E.;* zahlr. Arten,
bes. *Zucker-E.;* Schädlinge: Blattsandkäfer,
Erbsenblasenfuß; Krankheiten: Welkekrankheit, Blatt- und Hülsenfleckenkrank-
heit. **E.nstrauch,** dornige Holzgewächse
(Schmetterlingsblütler) aus Zentralasien;
Ziersträucher, in Rußland zur Ölgewinnung.
Erbsünde, Bz. des Zustandes, in dem sich
nach christl. Lehre infolge der Sünde
Adams alle Menschen befinden. Dieser Zu-

stand trennt v. Gott, ist aber nicht persönl.
Sünde, da die Ursache nicht eine freie Entscheidung des einzelnen ist. Nur durch Annahme der v. Gott durch die Erlösung in
Christus angebotenen Gnade kann den
Menschen das Heil zugeführt werden. –
Nach *kath.* Lehre befreit die Taufe v. Zu-
stand der E., ohne ihre Folgen zu beseitigen
(Tod, Neigung zum Bösen u.a.). Nach *ev.*
Lehre bleibt die E. als böse Begierlichkeit
auch im Getauften als sündhafter Zustand
zurück u. kann nur durch besondere Gna-
denhilfe überwunden werden.
Erbuntertänigkeit, die wirtschaftl. u. per-
sönl. Abhängigkeit des Bauern v. Gutsherrn
vor der Bauernbefreiung im 18./19. Jh.; be-
stand in Fron mit Schollenpflichtigkeit u.
Zwangsgesindedienst.
Erdalkalimetalle, die Elemente Beryllium,
Magnesium, Calcium, Strontium, Barium,
Radium.
Erdapfel, Bz. für ↗Kartoffel.
Erdbeben, Erschütterungen der Erdoberfläche durch Vorgänge in der Erdkruste u. im
Erdmantel. Je nach der Ursache unterscheidet man: a) *Einsturzbeben* (5% aller
E.), entstehen durch Einsturz unterird.
Hohlräume; b) *vulkanische* od. *Ausbruchs-
beben* (5%), entstehen bei Vulkanausbrüchen; c) *tekton.* od. *Dislokationsbeben* (90%
aller E.), entstehen durch tekton. Bewegungen in der Erdkruste (Hebungen u. Senkungen, Verlagerungen im Bereich der Erdkruste). Die Erschütterungen werden durch
elast. Wellen v. *E.herd* (Hypozentrum) nach
allen Seiten weitergeleitet u. umlaufen z. T.
die ganze Erde. Liegt der E.herd unter dem
Meeresboden, so entstehen Seebeben, oft
mit hohen Flutwellen. E. bis 1000 km v. Be-
obachtungsort nennt man Nahbeben, darüber hinaus Fernbeben. Die Erforschung u.
Registrierung der E. ist Aufgabe der Seismologie. In über die ganze Erde verteilten
E.warten zeigen Seismometer u. Seismo-
graphen die E.wellen an.
Erdbeerbaum, *Arbutus unedo,* südeurop.
Strauch mit erdbeerähnl. Früchten.
Erdbeere, *Fragaria,* krautiges Rosenge-
wächs mit fleischigen Sammelfrüchten.
Monats-E., Kulturform der *Wald-E., Gar-
ten-E.* mit den Sorten Chile-, Riesen-, Schar-
lach-, Ananas-E. ☐ 747.
Erdbiene, *Sandbiene,* nistet unterirdisch.
Erdbirne ↗Topinambur.
Erde, Zeichen ♁, der Sonne drittnächster
Planet mit dem ↗Mond als Satellit. *E. als
Planet.* Die E. bewegt sich in einer Ellipse
um die Sonne. Die Bahnebene heißt
↗Ekliptik; Geschwindigkeit in der Bahn

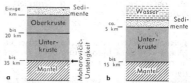

Erde: Schalenaufbau der Erdkruste im Bereich
a der Festländer und **b** der Weltmeere

Erdgas

Förderung in Mill. m³	1960	1970	1980
BRD	448	11985	18645
Frankreich	2846	6879	10840
Kanada	14521	68000	92702
Niederlande	360	30660	91153
Rumänien	6357	26700	34890[1]
Sowjetunion	45303	199560	435000
USA	359673	620340	546206
Welt	468300	1071400	1498200[1]

[1] 1979

29,76 km/s, Umlaufdauer um die Sonne 1 siderisches ↗Jahr; Rotationsdauer um die eigene Achse 1 ↗Tag; Sonnenferne (Aphel; 152,1 Mill. km), Anfang Juli, Sonnennähe (Perihel; 147,1 Mill. km), Anfang Januar, mittlere Entfernung 149,6 Mill. km. Die *E.achse* steht um 23° 27′ gegen die Senkrechte der Erdbahnebene geneigt u. bedingt so die ↗Jahreszeiten. *Erdkoma* (Durchmesser ca. 100 Erddurchmesser) u. *Erdschweif* (Länge ca. 6–7 Mill. km) sind Teile einer großen, die E. umgebenden Wasserstoffwolke. Sie wurde zus. mit den ↗Strahlungsgürteln entdeckt. *Gestalt der E.* Die E. ist nahezu ein abgeplattetes Rotationsellipsoid, mit einer ↗Abplattung v. ¹/₂₉₈, einer zusätzl. 15 Meter hohen Ausbuchtung am Nord- u. einer entsprechenden Verflachung am Südpol. Wahrscheinlich ist auch der Äquator elliptisch mit 400 Meter Unterschied zwischen großem u. kleinem Durchmesser. Die mittleren Maße der Erdkugel betragen: Poldurchmesser 12713,726 km, Durchmesser des Äquators 12756,490 km, Äquatorumfang 40076,600 km, Oberfläche 510100933,5 km², Volumen 1083 Mrd. km³, Masse 5,980 Trilliarden t, mittl. Dichte 5,514 g/cm³. *Aufbau der E.* Der Forschung direkt zugängl. ist nur die ca. 20 km dicke *Erdkruste* (höchste Erhebung im Himalaja fast 9000 m, größte Tiefe in Tiefseegräben über 10000 m). Das *Erdinnere* ist schalenförmig aus Materie verschiedener Dichte aufgebaut. Im *Erdkern* herrschen wahrscheinl. etwa 3 Megabar Druck u. Temperaturen v. ca. 4000° C. Das Alter der E. wird auf etwa 5 Mrd. Jahre geschätzt. – Die wirtschaftl. Nutzung der E. ist abhängig v. Relief, Klima u. Vegetation der einzelnen Landschaften. Die ↗Tropen mit immergrünen Regenwäldern sind v. Jägern u. Sammlern bewohnt; mit Abnahme der Niederschläge treten Savannen od. Trockenwälder an ihre Stelle, meist als Weide genutzt. Entlang den Wendekreisen erstrecken sich die großen Wüsten. Die Landbauzonen liegen beiderseits 40° n. Br. u. in Südostasien. Diese Zone hat die größte Besiedlungsdichte u. die großen Ind.-Gebiete. Nördl. Begrenzung dieser Zone sind die großen subborealen Wälder. Den äußersten N bildet die Zone der Tundren u. subpolaren Wiesensteppen. ☐ 918.
Erderbse, trop. Schmetterlingsblütler, mit ölreichen Samen. **Erdfall,** trichterförm. Bodensenkung infolge unterird. Höhlenein-

sturzes. **Erdfarben** ↗Mineralfarben. **Erdferkel,** Säugetiergattung der Zahnarmen; in Süd- u. Mittelafrika; lebt v. Termiten. **Erdferne,** der am weitesten v. der Erde entfernte Punkt der Mondbahn. Ggs. *E.nähe.* **Erdfloh,** kleiner hüpfender Blattkäfer; zerfrißt Nutzpflanzen. **Erdgas,** dem Boden entströmende Gase, bes. Kohlenwasserstoffe (Methan u. a.), meist zus. mit Erdöl. Heizwert bis zu 46000 kJ/m³. Oft Transport durch Ferngasleitungen zum Verbraucher (Heizung, Kraftstoff usw.). Größte Vorkommen in Algerien (Sahara), USA (Texas, Kansas) u. UdSSR (Gasli in der Usbek. SSR; Region Tjumen). **Erdgeschichte** ↗Erdzeitalter. **Erdharze,** harzartige Mineralien (Asphalt, Bergteer); Harzersatz für Lacke, Isoliermaterial. **Erding,** oberbayer. Krst. n. ö. von München, 23600 E.; Glockengießerei; Flugplatz. **Erdkrebs, 1)** Krankheit der Nadelhölzer. **2)** Maulwurfsgrille. **Erdkunde** ↗Geographie. **Erdläufer** ↗Skolopender. **Erdleitung,** der Erdboden als Rückleitung für elektr. Ströme.
Erdmagnetismus *m,* magnet. Eigenschaft der Erde, die den überwiegenden Teil des erdmagnet. Feldes verursacht; nachweisbar durch eine frei bewegl. Magnetnadel. Die Richtung des Feldes wird gegeben durch *Deklination* (Winkel zw. geograph. u. magnet. Nordrichtung) u. *Inklination* (Winkel zw. erdmagnet. Kraftrichtung u. der Horizontalen). Der E. ist wahrscheinlich bedingt durch Materieströmungen im Erdinnern. Der magnet. Südpol lag 1970 in 75,5° n. Br. u. 100,5° w. L., der Nordpol in 67,5° s. Br. u. 140° ö. L., die Lage verändert sich langsam. Dem Hauptfeld überlagern sich eine Zusatzkomponente u. Störungen, die durch Bewegungen in der Ionosphäre u. Sonneneinflüsse bedingt sind.
Erdmandel ↗Erdnuß.
Erdmannsdorff, *Friedrich Wilhelm v.,* dt. klassizist. Baumeister, 1736–1800; *Theater* in Magdeburg, *Schloß Wörlitz.* **Erdmetalle,** Aluminium, Scandium, Yttrium u. ↗Lanthaniden. **Erdnähe** ↗Erdferne. **Erdnuß,** *Arachis hypogaea, Erdmandel, Aschantinuß,* süd-am. Hülsenfrüchtler, trop. Kulturpflanze; ihre Hülsen bohren sich bei der Reife in den Boden. Samen liefern Öl für Pflanzenfett u. Margarine. **Erdöl,** *Petroleum,* Gemisch verschiedener Kohlenwasserstoffe. Transport des E. mit Tankschiffen u. durch Pipelines. Aufberei-

Magnetische Achse

Erdachse

Erdmagnetismus: Kraftlinienverlauf

Blüte

Samen (Erdnuß)

Erdnuß

Erdöl
Zusammensetzung:

Kohlenstoff	83–87%
Wasserstoff	11–15%
Schwefel	0–6%
Stickstoff } Sauerstoff }	Spuren

Dichte: 0,7–1,0 g/cm³
Farbe: gelb–schwarz
Konsistenz: dünn-
flüssig – fest
Heizwert: 40000 bis
46000 kJ/kg

Erdöl

Förderung in 1000 t	1960	1970	1980
Irak	47467	76448	129864
Iran	52392	191740	73796
Kuwait	81867	137398	85536
Libyen	—	161708	86124
Saudi-Arabien	62068	176850	495720
Sowjetunion	147859	352574	603000
USA	347975	475346	424848
Venezuela	149372	193873	123480[1]
Welt	1053600	2278400	3251200[1]

[1] 1979

Erdteile	Landfläche		Bevölkerung (jeweils Jahresmitte)[1]										
			1930		1940		1950		1960		1970		1980	
	1000 km²	%	Mill.	%	Mill.	%	Mill.	%	Mill.	%	Mill.	%	Mill.	%
Afrika	30319	22,3	155	7,7	172	7,7	217	8,7	270	9,1	344	9,5	469	11,4
Amerika	42081	31,0	244	12,1	277	12,3	329	13,3	412	13,8	511	14,1	615	15,0
Asien	44339	32,6	1073	53,3	1213	54,0	1355	54,5	1692	56,7	2113	58,1	2513	61,2
Australien u. Ozeanien	8511	6,3	10	0,5	11	0,5	13	0,5	16	0,5	19	0,5	23	0,6
Europa	10531	7,8	531	26,4	572	25,5	572	23,0	592	19,9	648	17,8	484	11,8
insgesamt	135781	100,0	2013	100,0	2245	100,0	2486	100,0	2982	100,0	3635	100,0	4104	100,0

[1] 1930–50 ist die UdSSR in der Summe „Europa", die Türkei in der Summe „Asien" voll enthalten

tung durch stufenweise Destillation u. Raffinierung: Gasolin od. Petroläther zw. 40–80°C, Benzine zw. 80–150°C, Petroleum zw. 150–300°C, Gas- und Heizöl zw. 340–350°C, Schmieröle und Fette zw. 300–500°C. Verwendung als Lösungsmittel, Treibstoffe für Verbrennungsmotoren, Heizöl u. als Grundlage für eine vielfältige chem. Weiterverarbeitung *(Petrochemie)*.

Erdpyramide w, kegelförm. Erdpfeiler mit einem Steinschirm; z.B. bei Bozen.

Erdrauch, *Fumaria officinalis,* niedriges Kraut; Volksheilmittel gg. Verstopfung.

Erdsatellit m (gr.), 1) ↗Mond. 2) künstl. Mond. ↗Weltraumfahrt.

Erdschluß, Verbindung einer elektr. Leitung mit dem Erdreich.

Erdstern, Bauchpilze, Fruchtkörperhaut platzt bei der Reife sternförmig auf.

Erdströme, schwache elektr. Ströme im Erdboden; bei Nordlicht u. Gewittern Schwankungen.

Erdteil, *Kontinent,* die großen Landmassen der Erde: a) *Alte Welt:* Europa, Asien (bilden zus. den Kontinent Eurasien), Afrika; b) *Neue Welt:* Nordamerika, Südamerika, Australien (einschl. Ozeanien) u. die Antarktis.

Erdung, Verbindung elektr. Apparate od. Leitungen mit der Erde. **Erdwachs,** *Ozokerit,* natürl. Paraffine; für Kerzen, Bodenwichse, Isoliermasse. **Erdzeitalter,** Zeiträume der Erdgeschichte, gekennzeichnet durch die Eigenart der abgelagerten Gesteinsmassen (Sedimente) u. durch die in ihnen vorhandenen Versteinerungen (Fossilien) v. Pflanzen u. Tieren; diese ermöglichen eine Gliederung der Sedimente u. damit der E. in einzelne Abschnitte *(geolog. Formationen).* Hauptabschnitte sind: Urzeit (Archaikum), Frühzeit (Eozoikum), Altertum (Paläozoikum), Mittelalter (Mesozoikum), Neuzeit (Neozoikum).

Erebus, antarkt. Vulkan auf der Ross-Insel, 3794 m hoch.

Erechtheion s, Tempel des attischen Heros Erechtheus auf der Akropolis v. Athen, 421–409 v.Chr. in att.-ion. Stil erbaut; mit berühmter „Koren-Vorhalle".

Erektion w (lat.), Schwellung u. Aufrichtung des männl. Gliedes.

Eremit m (gr.), 1) ↗Einsiedler. 2) ↗Einsiedlerkrebs. **Eremitage** w (: -asche, frz.), 1) Einsiedelei, in Parklagen nachgeahmt. 2) Museum in Leningrad.

Eresburg, sächs. Grenzfeste (bei Obermarsberg), 772 v. Karl d. Gr. erobert.

Erfahrung, die nicht durch Theorie, sondern durch das erlebte Leben gewonnene Einsicht in Wirklichkeit, Werte u. Zusammenhänge des Lebens (↗Empirismus).

Erfindung, auf Naturgesetz gegründete Regel zum techn. Handeln, namentl. zur Ausnützung naturgegebener Dinge, meist unter Führung der Naturwissenschaft. Der wirtschaftl. Wert einer E. wird rechtl. durch Verleihung eines ↗Patents geschützt. Das Recht an der E. eines Arbeitnehmers gehört, wenn die E. in Ausführung der Arbeitsverpflichtung gemacht wurde, grundsätzl. dem Arbeitgeber. ☐ 239.

Erftstadt, Stadt südwestl. v. Köln, 1969 durch Gemeindezusammenschluß entstanden, 42700 E.; Lebensmittel-Ind.

Erfüllung, die Bewirkung einer geschuldeten Leistung an einem näher bezeichneten Ort *(E.sort).* Annahme an E.s Statt besagt, daß der Gläubiger bewußt eine andere Leistung als die geschuldete annimmt, *Annahme e.shalber,* daß der Gläubiger ebenfalls eine andere Leistung annimmt u. die Schuld in Höhe des daraus erzielten Erlöses erlischt.

Erfurt, Hst. des *Bez. E.,* in Thüringen, 209000 E., got. Dom mit Severikirche; im Spät-MA eine der größten dt. Städte mit bedeutendem Handel, 1392–1806 Univ.; Sitz eines Apost. Administrators, Priesterseminar, Med. Akademie. Samenzucht- u. Gemüsegärtnereien. 1946/62 Hst. v. Thüringen.

Erg s (gr.), Zeichen erg, gesetzl. nicht mehr zulässige Einheit der Energie (Arbeit); 1 erg = 1 dyn · 1 cm = 10^{-7} Joule.

ergo (lat.), folglich, also.

Ergograph m (gr.), Apparat zur Aufzeichnung der Arbeitsleistung v. Muskeln.

Ergosterin s, ↗Sterin aus Mutterkorn u. Hefe; geht bei Ultraviolett-Bestrahlung in das Vitamin D_2 über.

Ergotin s, Extrakt aus ↗Mutterkorn.

Ergußgesteine ↗Eruptivgesteine.

Erhard, *Ludwig,* dt. Politiker (CDU), 1897 bis 1977; 1948 Dir. der Verwaltung für Wirtschaft des Vereinigten Wirtschaftsgebietes, 49/63 Bundeswirtschaftsmin. (Hauptvertreter der ↗Sozialen Marktwirtschaft) u. 57 auch Vizekanzler, 63/66 Bundeskanzler, 66 Vors. der CDU, seit 67 deren Ehrenvors.

Erich IX., hl. (10. Juli), Kg. v. Schweden, † 1160; schwed. Nationalheiliger.

Erie (: iri), Hafen- u. Ind.-Stadt in Pennsylvanien (USA), am *E.see,* 126000 E.; Maschinen-Ind. **E.kanal,** verbindet den E.see mit dem Hudson; 545 km lang. **E.see,** der südlichste der 5 Großen Seen; verkehrswichtig

Ludwig Erhard

Erdzeitalter			Beginn vor Mill. J.	Dauer in Mill. J.	Erdgeschichtliche Vorgänge	Entwicklung der Lebewesen
Neo- oder Känozoikum (Erdneuzeit)	Quartär	Holozän (Alluvium)		1	Abschmelzen der Gletscher, Feinmodellierung der heutigen Landschaftsformen	Heutige Pflanzen- u. Tierwelt
		Pleistozän (Diluvium)	1		Sinkende Temperatur, vermehrte Niederschläge, Vereisung der Nordhalbkugel, doch verschiedene wärmere Zwischeneiszeiten. Hebung der dt. Mittelgebirge, ausklingender Vulkanismus	Rentier, Schneehase, Eisfuchs, Hirsche, Höhlenbär, Mammut, Nashorn, Wisent. Erstes gesichertes Auftreten der Menschen
	Tertiär	Jung-Tertiär: Pliozän, Miozän; Alt-Tertiär: Oligozän, Eozän, Paleozän	65	65	Alpid. Gebirgsbildung (Alpen, Pyrenäen, Kaukasus, zentralasiatische Hochgebirgsketten, Kordilleren), starker Vulkanismus, Ausbildung des Mittelmeeres. Im Paleozän kühler, im Eozän stärkste Erwärmung, im Oligozän Abkühlung, im Pliozän im Norden erste Glazialerscheinungen	Vorherrschen der Blütenpflanzen (Eichen, Kastanien) u. Nacktsamer (Koniferen); viele Vögel und Insekten, Schildkröten, Schlangen; rasche Entwicklung der Säugetiere
Mesozoikum (Erdmittelalter)	Kreide	Obere Kreide		75	Ablagerungen des Kreidemeers, Beginn der alpid. Gebirgsbildung (Felsengebirge, Anden), auflebender Vulkanismus. Warmes, feuchtes Klima	Großforaminiferen, Ammoniten, Belemniten, Muscheln, Seeigel, Schwämme, Knochenfische, Saurier; Sagopalme, Nadelbäume, Farne, Pappeln, Eichen; Echte Gräser
		Untere Kreide	140			
	Jura	Malm (Weißer Jura)		45	Weite Meeresüberflutungen, beginnende Auffaltung der Rocky Mountains. Im Lias kühl u. feucht, im Dogger allmähliche Erwärmung	erste Vögel; Ammoniten, Belemniten; Vorherrschen gewaltiger Saurier; Farne, Sagopalme, Sumpfzypresse
		Dogger (Brauner Jura)				
		Lias (Schwarzer Jura)	185			
	Trias	Keuper		45	Häufiger Wechsel der Ausdehnung von Land und Meer. Erwärmung der Meere	Vorherrschen der Saurier; Fische u. Amphibien. Kalkalgen; Nacktsamer. Erstes Auftreten von Säugetieren.
		Muschelkalk				
		Buntsandstein	230			
Paläozoikum (Erdaltertum)	Perm	Zechstein		45	Abklingen der variskischen Gebirgsbildung. Auf der Nordhalbkugel wüstenhaftes Klima, auf der Südhalbkugel Vereisungen	Nadelbäume beginnen vorzuherrschen; Auftreten hochentwickelter Reptilien
		Rotliegendes	275			
	Karbon	Oberkarbon		55	Variskische Gebirgsbildung, Bildung großer Kohlenlager, Eindringen starker Schmelzflüsse in die Erdkruste. Warm-feuchtes Klima, auf der S-Halbkugel Vereisungen	Trilobiten, Brachiopoden, Ammoniten, geflügelte Insekten (Meganeura), Amphibien, Reptilien, Korallen, Muscheln, Schnecken, Bärlappe, Farne, Schachtelhalme, Nadelbäume, Schuppenbäume
		Unterkarbon	330			
	Devon	Oberes Devon		70	Starke Überflutung des Festlandes, Abklingen der kaledon., Beginn der variskischen Gebirgsbildung. Starker Vulkanismus. Zunehmend wärmer.	Korallen, Brachiopoden, Trilobiten, Ammoniten, Krebse, Panzerfische, Amphibien; Bärlapp, Farne, Schachtelhalmgewächse
		Mittleres Devon				
		Unteres Devon	400			
	Silur		425	25	Beginnende Auffaltung der Appalachen; kaledonische Gebirgsbildung (bes. Nordeuropa). Warmes Klima	Seeigel, erste primitive Landpflanzen
	Ordovizium	Oberordovizium		75	Beginn der kaledonischen Gebirgsbildung; Vulkanismus	Graptolithen, Seeigel, Muscheln; erstes Auftreten von Wirbeltieren (Panzerfische)
		Unterordovizium	500			
	Kambrium		600	100	Weiteres Vordringen des Meeres. Wärmeres Klima	
Proterozoikum (Erdfrühzeit)	Präkambrium	Algonkium	1000	400	Erste gebirgsbildende u. vulkanische Vorgänge. Überwiegend kühl und feucht	Niedere Wirbellose seit Jungalgonkium
		Archaikum	2500	1500	Bildung der Urkontinente und der Urmeere	Algen
	Erdurzeit oder Sternenzeit		≈ 4500		Entstehung der Erde	

Ernährung

Grundumsatz (pro Tag)*

Mann 20 Jahre	63 kg
1740 kcal = 7300 kJ	
Mann 60 Jahre	71 kg
1510 kcal = 6300 kJ	
Frau 20 Jahre	54 kg
1340 kcal = 5600 kJ	
Frau 60 Jahre	63 kg
1290 kcal = 5400 kJ	

Gesamtumsatz*
(ca.-Werte) bei verschiedenen Berufen (Frauen kursiv)

In Kilokalorien/Tag:

Buchhalter	2400
	2000
Stenotypist	2700
	2250
Mechaniker	3000
	2500
Briefträger	3300
	2700
Anstreicher	3600
Hausfrau	*3000*
Straßenbauer	3900
Holzfäller	4500
Kohlenhauer	4800
Handmäher bei der Ernte	5100

In Kilojoule/Tag:

Buchhalter	10000
	8400
Stenotypist	11300
	9400
Mechaniker	12600
	10500
Briefträger	13800
	11300
Anstreicher	15100
Hausfrau	*12600*
Straßenbauer	16300
Holzfäller	18800
Kohlenhauer	20100
Handmäher bei der Ernte	21400

* Der Energieumsatz wird heute statt in Kilokalorien (kcal) in Kilojoule (kJ) angegeben (1 kcal = 4,1868 kJ)

Schwarz-Erle
(F Frucht)

für die nahen großen Eisenerz-, Kohlen- u. Erdöllager; 25 719 km².

Erika w, das ↗Heidekraut.

Erinnyen, *Eumeniden* (gr.), Rachegöttinnen in der griech. Unterwelt. ↗Megära.

Eris, griech. Göttin der Zwietracht; **E.apfel,** mit der Aufschrift „Der Schönsten", im Streit zw. Hera, Athene u. Aphrodite v. Paris der Aphrodite übergeben; i.ü.S. Zankapfel, Streitgegenstand. **Eristik** w (gr.), Kunst des Wortstreits.

Eritrea, *Erythräa,* Landschaft am Roten Meer; Gold, Häute, Palmkerne, Perlen; 117 600 km², 2,2 Mill. E.; Hst. Asmara. – 1890 bis 1941 it. Kolonie, 1952 autonomes Gebiet v. Äthiopien, seit 62 Prov.; 75 Aufstände.

Eriugena, *Johannes Scotus,* Philosoph, aus Irland, um 810–877; Neuplatoniker, lehrte in Paris; bedeutendster Denker seines Jh.

Eriwan, *Jerewan,* Hst. der Armen. SSR, an der türk. Grenze, 1,1 Mill. E.; Univ.

Erkältung, Abkühlung des schwitzenden Körpers durch Temperaturwechsel u. Zugluft, meist aber bakterielle od. allerg. Ursachen; führt leicht zu Schnupfen, Katarrh, Rheuma, Lungenentzündung.

Erkelenz, rhein. Stadt an der Niers (Kreis Heinsberg), 35 300 E.; Maschinen-Ind.

Erkenntnistheorie w, die philosoph. Untersuchung des menschl. Erkennens. Während der ↗Kritizismus Kants den Bereich des Erkennbaren einschränkt u. der ↗Agnostizismus (Spencer, Huxley) die Erkennbarkeit des Metaphysischen leugnet, zeigt der ↗Realismus (Thomas v. Aquin) außer den Grenzen menschl. Erkennens auch dessen Fähigkeit auf, im Analogieschluß zum Metaphysischen vorzudringen.

Erkrath, rhein. Stadt im Niederbergischen Land östl. v. Düsseldorf, 42 100 E.

Erlangen, bayer. Stadt-Kr. u. Krst., an der Regnitz, 101 000 E.; Univ.; Elektro-Ind. (Siemens AG), Baumwollwaren, Musikinstrumente.

Erlau, ungar. *Eger,* Hst. des ungar. Komitats Heves, 61 200 E.; Erzb. Kathedrale; theol. Hochschule; Thermen; Weinbau.

Erle w, *Alnus,* Baum der Birkengewächse an feuchten Standorten. In Dtl. *Schwarz-E.,* schwarze Rinde; *Grau-E.,* graue Rinde.

Erler, *Fritz,* dt. Politiker (SPD), 1913–67; seit 56 Mitgl. des Bundesparteivorstandes, seit 64 stellvertretender Partei-Vors. u. Fraktions-Vors. im Bundestag; wehr- u. außenpolit. Experte der SPD u. ein Exponent ihres neuen Kurses.

Erlösung, 1) *allg. Religionsgeschichte:* das Befreien des Menschen v. unheilvollen Zustand, den jeder in seiner Schuldhaftigkeit, Vergänglichkeit u. Schwäche des Lebens erfährt. **2)** im *Christentum* die Befreiung des Menschen aus seiner Sündhaftigkeit, die in der Erbsünde alle Menschen belastet; geschieht als freie Liebestat Gottes, bes. durch das Verdienst v. Christi Kreuzestod.

Ermächtigungsgesetz, gibt für den Notfall einer Regierung befristete Sonderrechte unter weitgehender Ausschaltung des Parlaments. Das E. v. 24. 3. 1933 ermöglichte Hitler, die Diktatur legal einzuführen.

Ermanarich, Kg. der Ostgoten, fand 375 bei der Vernichtung seines Reiches durch die Hunnen den Tod.

Ermessen, die einem Gericht od. einer Behörde gesetzl. eingeräumte Möglichkeit, zw. mehreren Verhaltensweisen od. Entscheidungen zu wählen *(E.sspielraum).*

Ermittlungsverfahren, die Aufklärung strafbarer Handlungen durch die Staatsanwaltschaft, die für Zwangsmaßnahmen (↗Haftbefehl, ↗Durchsuchung, ↗Beschlagnahme) richterl. Beschluß beantragen muß.

Ermland, poln. *Warmia,* Landschaft zw. Frischem Haff u. Masuren. – Seit 1243 Bistum E. für Ostpreußen.

Ermüdung, der gestörte Gleichgewichtszustand des Körpers nach Anstrengungen.

Ernährung, Zufuhr lebensnotwendiger Stoffe u. ihre Verarbeitung im Körper. Für die E. sind Kohlenhydrate, Fett, Eiweiß, ↗Vitamine, Wasser u. Mineralstoffe notwendig. Der Energiebedarf des menschl. Körpers (↗Grundumsatz) beträgt bei sitzender Beschäftigung 10000 kJ, für Schwerarbeiter 17000–21000 kJ/Tag. Wichtig ist jedoch auch die Zusammensetzung der Nahrungsmittel. Der Mensch braucht tägl. etwa 100 g Eiweiß, um die essentiellen ↗Aminosäuren aufzunehmen. ☐ 657.

Erneuerungsschein ↗Talon.

Erni, *Hans,* Schweizer Maler u. Graphiker, *1909; Surrealist; Schüler v. Derain und Braque.

Ernst, Fürsten: *Hannover:* **E. August,** 1771–1851; 1837 Kg., hob die Verf. v. 1833 auf (↗Göttinger Sieben). *Schwaben:* Hzg. **E. II.,** Stiefsohn Ks. Konrads II., gg. den er sich mehrfach empörte, 1007–30.

Ernst, *Max,* dt. Maler, Graphiker u. Bildhauer, 1891–1976; Mit-Begr. u. bedeutender Vertreter des Surrealismus; schuf phantast.-myth. Gemälde, Plastiken, Collagen u. Arbeiten in Durchreibe- und Abklatsch-Technik.

Max Ernst: Die schöne Gärtnerin (1923)

Erfindungen, Entdeckungen, Entwicklungen

v. Chr.	
um 4000	hölzernes Wagenrad (Federseemoor)
um 4000	Ältester (hölzerner) Pflug (in Europa)
vor 3000	Papyrus als Schreibstoff (Ägypten)
2000	Rad mit Speichen (Kleinasien)
um 250	Flaschenzug, Förderschnecke als Wasser-pumpe, Hebelgesetz (Archimedes)
n. Chr.	
105	Papier in China (Ts'ai Lun)
um 650	Porzellan (in China)
11. Jh.	Druck mit bewegl. Lettern in China
um 1200	Magnetnadel als Seeweiser (Europa)
um 1300	Augengläser (in Murano)
um 1320	Pulvergeschütz
um 1445	Druck mit bewegl. Lettern (Gutenberg)
um 1500	Taschenuhr (Henlein)
um 1590	Mikroskop (Janssen)
vor 1608	Fernrohr (Lippershey)
1609	Pendel- und Fallgesetze (Galilei)
1609/19	Keplersche Gesetze (Kepler)
1610	Astronomisches Fernrohr (Kepler)
1642	mechanische Addiermaschine (Pascal)
1643	Quecksilberbarometer (Torricelli)
1649	Luftpumpe (v. Guericke)
1663	Elektrisiermaschine (v. Guericke)
1666	allgemeine Gravitationslehre (Newton)
1674	Rechenmaschine für die Grundrechnungs-arten (Leibniz)
1690	atmosphär. Kolbendampfmaschine (Papin)
1709	Porzellan in Europa (Böttger, v. Tschirnhaus)
1718	Quecksilberthermometer (Fahrenheit)
1752	Blitzableiter (Franklin)
1765	Niederdruckdampfmaschine (Watt)
1767	Spinnmaschine (Hargreaves)
1770	Straßendampfwagen (Cugnot)
1783	Heißluftballon (Gebr. Montgolfier); Wasser-stoffballon (Charles)
1785	mechanischer Webstuhl (Cartwright)
1789	Berührungselektrizität (Galvani)
1791	Sodafabrikation (Leblanc)
1792	Leuchtgas aus Steinkohle (Murdock)
1796	hydraulische Presse (Bramah); Steindruck (Senefelder)
1800	Voltasche Säule (Volta)
1804	Schienen-Dampflokomotive (Trevithick)
1805	Webstuhl (Jacquard)
1807	Dampfschiff „Clermont" (Fulton)
1812	Buchdruck-Schnellpresse (König); Lichtbogenlampe (Davy)
1817	lenkbare Laufmaschine, Ur-Fahrrad (v. Drais)
1820	Elektromagnetismus (Oersted)
1826	Schiffsschraube (Ressel); Ohmsches Gesetz
1827	Wasserturbine (Fourneyron); Hinterlader-Zündnadelgewehr (Dreyse)
1828	Herstellung von Harnstoff (Wöhler)
1831	elektromagnet. Induktion (Faraday)
1833	elektromagnet. Nadeltelegraph (Gauß, Weber); Grundgesetz der Elektrolyse (Faraday)
1835	Revolver (Colt); Eisenbahn Nürnberg–Fürth
1837/39	Galvanoplastik (Jacobi)
1837/43	elektromagnet. Schreibtelegraph (Morse)
1839	Daguerreotypie (Daguerre); Vulkanisation des Kautschuks (Goodyear)
1843	Füllfederhalter (Drescher)
1844	Linoleum (Galloway)
1845	Luftbereifung (Thomson)
1846	Schießbaumwolle (Schönbein)
1847	Nitroglycerin (Sobrero)
1849	Messung der Lichtgeschwindigkeit (Fizeau)
1854	elektrische Glühlampe (Goebel)
1855	Typendrucktelegraph (Hughes)
1856	Windfrischprozeß (Bessemer); erster Teer-farbstoff: Mauvein (Perkin)
1858	Kathodenstrahlen (Plücker)
1859	Bleiakkumulator (Planté)
1861	Spektralanalyse (Kirchhoff, Bunsen); Fern-sprecher (Reis)
1863	Rotationsdruckmaschine (Bullock)

1864	Siemens-Martin-Stahl
1866	Dynamomaschine (Siemens)
1867	Eisenbeton (Monier); Dynamit (Nobel); Schlafwagen (Pullman)
1868	Druckluft-Eisenbahnbremse (Westinghouse)
1869	Periodisches System (Mendelejew, Meyer)
1876	Kältemaschine (Linde); verbessertes Tele-phon (Bell, Gray); Viertaktmotor (Otto)
1877	Sprechmaschine (Phonograph) (Edison)
1878	Kohlemikrophon (Hughes)
1879	Kohlefadenglühlampe mit Sockel (Edison)
1881	elektr. Straßenbahn (Siemens); Autotypie (Meisenbach)
1883	schnellaufender Benzinmotor (Daimler)
1884	Zeilenguß-Setzmaschine (Mergenthaler); Dampfturbine (Parsons); Lochscheibe (Nipkow)
1885	Benzinkraftwagen (Benz, Daimler); Gasglüh-licht (Auer v. Welsbach); Kunstseide (Char-donnet)
1886	Kanalstrahlen (Goldstein)
1888	Nachweis elektromagnet. Wellen (Hertz)
1889	Drehstrommotor (Dolivo-Dobrowolski)
1890/96	Erste Gleitflüge (Lilienthal)
1893	Photozelle (Elster, Geitel)
1893–97	Dieselmotor (Diesel)
1895	Röntgenstrahlen (Röntgen)
1895/97	drahtlose Telegraphie (Popow, Marconi); Kinematograph (Lumière); Verflüssigung der Luft (Linde)
1896	radioaktive Strahlung (Becquerel)
1898	Braunsche Röhre (Braun); Metallfadenglüh-lampe (Auer v. Welsbach)
1900	Quantentheorie (Planck); lenkbares Luftschiff (Graf v. Zeppelin)
1903	Motorflugzeug (Gebr. Wright) [druck (USA)
1904	Kreiselkompaß (Anschütz-Kaempfe); Offset-spezielle Relativitätstheorie (Einstein)
1905	spezielle Relativitätstheorie (Einstein)
1906	Verstärker-Elektronenröhre (v. Lieben)
1909	synthetischer Kautschuk (Hofmann)
1912	kosmische Strahlung (Heß); Echolot (Behm)
1913	Ammoniaksynthese (Haber, Bosch); Atom-modell (Bohr); Kohlehydrierung (Bergius)
1919	erste Atomkernreaktionen (Rutherford); Tonfilm (Vogt, Engl, Massolle)
1926	Rakete mit flüssigem Treibstoff (Goddard)
1928	Penicillin (Fleming)
1929	Fernseh- und Fernsehfilm-Apparatur
1930	Strahltriebwerk (Schmidt)
1932	Zyklotron (Lawrence); Entdeckung des Neu-trons (Chadwick) und des Positrons (Anderson)
1933	Elektronenmikroskop (v. Bories, Ruska u.a.)
1934	künstliche Radioaktivität (Joliot-Curie)
1935	Sulfonamide (Domagk)
1936	Agfacolor-Farbfilm-Verfahren
1938	Perlon-Faser (Schlack); Nylon-Faser (Carothers); Kernspaltung des Urans (Hahn)
1939	Düsenflugzeuge (Heinkel)
seit 1939	Funkmeßgeräte (Radar)
1942	Kernreaktor (Fermi, USA); Fernrakete
1945	Atombombenexplosion (USA) [(v. Braun)
1946	elektronische Rechenmaschine
1947	Flugzeug mit Überschallgeschwindigkeit (Bell)
seit 1947	Mesonen, Hyperonen
1948	Transistor (Bardeen, Brattain, Shockley); Holographie (Gabor)
1951	Farbfernsehen in den USA
1952	Wasserstoffbombenexplosion (USA)
1956	Kernkraftwerk (Calder Hall, England)
1957	unbemannter Erdsatellit „Sputnik" (UdSSR)
1957/58	Kreiskolbenmotor (Wankel)
1959	Photographien der Mondrückseite (UdSSR)
1960	Laser-Strahl (Maiman)
1961	bemannter Erdsatellit „Wostok 1" (UdSSR)
1962	Fernsehsatellit „Telstar" (USA) [(USA)
1964	Photographien des Mars mit der Marssonde
1966	unbemannte weiche Mondlandung (UdSSR); 20-GeV-Linearbeschleuniger (USA)
1967	unbemannte weiche Venuslandung (UdSSR)
1969	bemannte Mondlandung u. Rückkehr (USA)
1976	unbemannte weiche Marslandung (USA)

Ernst, *Paul,* dt. Schriftsteller, 1866–1933; suchte theoret. *(Der Weg zur Form)* u. prakt. *(Demetrios, Canossa)* nach einem neoklassizist. Drama; strenge Novellen u. Romane.

Ernste Bibelforscher ↗Zeugen Jehovas.

Ernte, Einbringen der Feldfrüchte u. Futterpflanzen. Getreide-E. geschieht in der Gelbreife. Die Kartoffel-E. beginnt, wenn das Kraut abstirbt. Futterpflanzen schneidet man vor der Blüte. **E.dankfest,** an einem Sonntag im Herbst als kirchl. u. weltl. Fest gefeiert; bei den Israeliten Pfingst- bzw. Laubhüttenfest. [Nr. 3.

Eroica *w,* Bz. für Beethovens Symphonie **Eros** *m* (gr.), **1)** Liebe, Verlangen, Gestaltungskraft. **2)** griech. Liebesgott (röm. Amor). **E.,** ein ↗Planetoid; kommt der Erde bis auf 20 Mill. km nahe.

Erosion *w* (lat.), abtragende Tätigkeit des strömenden Wassers, Eises od. des Windes.

Erotik *w* (gr.; Bw. *erotisch*), das Geschlechtliche als sinnl.-geistige Ganzheit. ↗Sexualität.

Erotomanie *w* (gr.), Liebeswahnsinn.

ERP, Abk. für European Recovery Program, ↗Marshall-Plan.

Erpel *m,* männl. ↗Ente.

Erpressung, Anwendung v. Gewalt od. Drohung zur rechtswidrigen Erlangung fremder Vermögenswerte. Das Strafrecht unterscheidet *einfache, schwere u. räuber. E.*

errare humanum est (lat.), Irren ist menschlich (Seneca).

Errata (Mz., lat.), Irrtümer, Druckfehler.

erratische Blöcke ↗Findlinge.

Erregung öff. Ärgernisses, das allg. Schamgefühl verletzende Handlungen, die v. unbestimmt vielen Personen wahrgenommen werden können; Freiheits- od. Geldstrafe.

Er-Riad, *Er-Rijad,* Hst. Saudi-Arabiens, Oasenstadt in der Wüste, 670 000 E.

Ersatzdienst ↗Zivildienst.

Ersatzkassen, gesetzl. Krankenkassen mit freiwilliger Mitgliedschaft, die anstelle der gesetzl. Krankenkassen (z. B. Ortskrankenkassen) den Versicherungsschutz übernehmen. Mitgl. können nur Versicherungspflichtige u. -berechtigte sein.

Ersatzzeiten, in der Rentenversicherung Zeiten, die wegen der bes. Verhältnisse, in denen der Versicherte stand, als Ersatz für normale Versicherung u. Beiträge bei Erfüllung der Wartezeit gelten (u. a. Militärdienst, Gefangenschaft, Internierung).

Erserum, türk. *Erzurum,* türk. Stadt auf dem Hochland v. Armenien (2030 m ü. M.), 163 000 E.; Univ.; Transithandel Europa-Iran.

Ersitzung, Eigentumserwerb an einer bewegl. (auch gestohlenen, aber rechtsgeschäftl. überkommenen) Sache aufgrund 10jähr. Eigenbesitzes, wobei der Erwerber guten Glaubens sein muß; im Grundstücksrecht durch 30jähr. Eigenbesitz in Verbindung mit unwidersprochen gebliebener Eintragung im Grundbuch.

Erskine (: ö´ßkin), *John,* am. Schriftsteller, 1879–1951; iron. Romane, u.a. *Adam u. Eva; Odysseus ganz privat.*

Erstarrungsgestein, aus glutflüssigem Magma entstanden.

Paul Ernst

Josef Ertl

Erste Hilfe, schnell u. zweckmäßig getroffene Versorgung eines Kranken od. Verletzten, bevor der Arzt eintrifft od. Transport in Klinik erfolgt.

Ersticken, Tod durch Sauerstoffmangel.

Erstkommunion *w,* in der kath. Kirche der 1. Empfang der ↗Eucharistie.

Ertl, *Josef,* dt. Politiker, *1925; seit 1969 Bundesernährungs- und Landwirtschafts-Min. (FDP).

Ertragsteuern, *Realsteuern, Objektsteuern,* direkte, objektbezogene Steuern: Grund-, Gewerbesteuer, Kapital-E.; Besteuerung ohne Rücksicht auf persönl. Verhältnisse des Steuerpflichtigen.

eruieren (lat.), ergründen.

Eruption *w* (lat.; Bw. *eruptiv),* Ausbruch fester, flüss. od. gasförm. Stoffe bei vulkan. Tätigkeit; auf der Sonne kurzer Strahlungsausbruch. **Eruptivgesteine,** die aus Schmelzfluß erstarrten Gesteine: Tiefen-, Gang-, Ergußgesteine, vulkan. Gläser.

Erwachsenenbildung, soll nach der Zeit schul. oder hochschulmäßiger Ausbildung u. unter ausdrückl. Berücksichtigung der besonderen Möglichkeiten u. Bedürfnisse des Erwachsenen diesem bei der Gestaltung seiner Persönlichkeit, seines Lebens u. seiner Umwelt behilflich sein. ↗Dritter Bildungsweg, ↗Volkshochschule.

Erweckungsbewegung, allg. ev. Erneuerungsbewegung v. 17. bis 19. Jh., gekennzeichnet durch Ggs. zum Rationalismus.

Erwerbslosenfürsorge ↗Arbeitslosenhilfe.

Erwin von Steinbach, dt. Baumeister der Gotik, † 1318; von ihm die untere Westfassade des Straßburger Münsters.

Erysipel *s* (gr.), Krankheit, die ↗Rose.

Erythem *s* (gr.), Hauterkrankungen mit Rötung; durch Erhitzung, reizende Stoffe od. Lichtwirkungen.

Erythräa ↗Eritrea.

Erythrin *s,* 1) das Mineral Kobaltblüte. 2) Azofarbstoff. **Erythroblastose** *w,* ↗Rhesus-**Erythromycin** ↗Antibiotika. [faktor.

Erythrozyten (Mz., gr.), *rote Blutkörperchen,* ↗Blut.

Erz, Mineralien od. Mineralgemische, aus denen durch Aufbereitung u. Verhüttung Metalle gewonnen werden.

Erzämter, im alten Dt. Reich die obersten Hofämter: Marschall, Kämmerer, Schenk, Truchseß.

Erwerbstätigkeit

nach Berufsstellung (in Prozent)

	Anteil an Gesamtbevölkerung	Selbständige	Mithelfende	Beamte und Angestellte	Arbeiter
Deutsches Reich					
1895	42,9	23,3	9,1	10,7	56,9
1907	45,6	18,8	15,0	13,1	53,1
1925	51,2	15,9	16,9	17,0	50,2
1933	49,4	16,4	16,4	17,1	50,1
1939	51,6	13,4	15,8	21,7	49,1
BRD					
1950	46,2	14,5	13,8	20,6	51,0
1961	47,7	12,1	9,9	29,9	48,1
1970	44,0	10,4	6,7	36,2	46,7
1980	44,9	8,6	3,4	45,6	42,3

Erste Hilfe

Verbände mit dem Dreiecktuch (Größe ca. 127 : 90 : 90 cm)

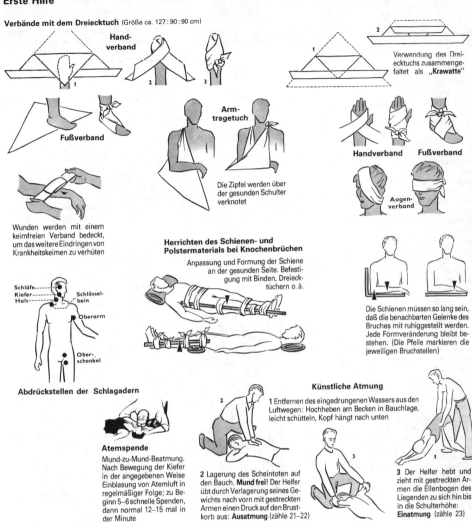

Hand-verband

Verwendung des Dreiecktuchs zusammenge-faltet als „Krawatte"

Fußverband

Arm-tragetuch

Die Zipfel werden über der gesunden Schulter verknotet

Handverband **Fußverband**

Augen-verband

Wunden werden mit einem keimfreien Verband bedeckt, um das weitere Eindringen von Krankheitskeimen zu verhüten

Schläfe
Kiefer
Hals
Schlüssel-bein
Oberarm
Ober-schenkel

Abdrückstellen der Schlagadern

Herrichten des Schienen- und Polstermaterials bei Knochenbrüchen

Anpassung und Formung der Schiene an der gesunden Seite. Befestigung mit Binden, Dreiecktüchern o. ä.

Die Schienen müssen so lang sein, daß die benachbarten Gelenke des Bruches mit ruhiggestellt werden. Jede Formveränderung bleibt bestehen. (Die Pfeile markieren die jeweiligen Bruchstellen)

Künstliche Atmung

1 Entfernen des eingedrungenen Wassers aus den Luftwegen: Hochheben am Becken in Bauchlage, leicht schütteln, Kopf hängt nach unten

Atemspende
Mund-zu-Mund-Beatmung. Nach Bewegung der Kiefer in der angegebenen Weise Einblasung von Atemluft in regelmäßiger Folge; zu Beginn 5–6 schnelle Spenden, dann normal 12–15 mal in der Minute

2 Lagerung des Scheintoten auf den Bauch. **Mund frei!** Der Helfer übt durch Verlagerung seines Gewichts nach vorn mit gestreckten Armen einen Druck auf den Brustkorb aus: **Ausatmung** (zähle 21–22)

3 Der Helfer hebt und zieht mit gestreckten Armen die Ellenbogen des Liegenden zu sich hin bis in die Schulterhöhe: **Einatmung** (zähle 23)

Matthias Erzberger

Erzberg, *Steirischer E.,* in den Eisenerzer Alpen (Steiermark), 1534 m (davon 70 m abgetragen); Vorrat ca. 200 Mill. t Eisenerze (Spateisenstein), Abbau jährl. ca. 3 Mill. t.
Erzberger, *Matthias,* dt. Politiker (Zentrum), 1875–1921; Leiter der dt. Waffenstillstandsdelegation Nov. 1918, 19/20 Reichsfinanzmin.; v. 2 Nationalisten ermordet.
Erzbischof, über mehreren Bischöfen stehender Bischof (↗Metropolit); auch bloßer Ehrentitel.
Erzengel, höhere Stufe der ↗Engel: Gabriel, Michael, Raphael, Uriel.
Erzgebirge, mehrere erzreiche Gebirge: **1)** *Sächs.-Böhmisches E.,* dt. Mittelgebirge;

steigt aus Egergraben u. Teplitzer Becken zu einem *Kamm* empor (Keilberg 1244 m, Fichtelberg 1213 m), geht nordwärts ins Erzgebirgische Becken über. Ist das dichtestbevölkerte Gebirge der Erde (über 200 E. je km²), bis zum Kamm besiedelt; Abbau der Bodenschätze (Silber, Kobalt, Nickel, Wismut, Kupfer, Zinn, Eisen) zurückgegangen; Pechblende-Bergbau um Annaberg-Buchholz. 2) *Siebenbürgisches E.* (1371 m); Gold, Silber, Salz. **3)** *Slowakisches E.* (1459 m).
Erzherzog, Prinzentitel der Habsburger.
Erziehung, *i. w. S.* die Formung des Menschen durch geistige Einwirkung anderer

(Fremd-E.) u. durch eigene Bemühungen *(Selbst-E.); i.e.S.* die planmäßige u. method. körperl., geistige u. charakterl. Gestaltung der Jugend *(Jugend-E.)*, aber auch der Erwachsenen *(Erwachsenenbildung)*. Ziel der E. ist die Weckung und Entfaltung aller Anlagen u. die Gestaltung einer verantwortlichen, selbständigen, sittl. Persönlichkeit. **E.sbeihilfe, 1)** anstelle des Lohnes für Lehrlinge u. Anlernlinge gewährtes Taschengeld, nach Lehrjahren gestaffelt. **2)** Maßnahmen zur Begabtenförderung: u. a. Stipendien, Ausbildungsbeihilfen. **E.sbeistandschaft** ⁄Schutzaufsicht.

Erzkanzler, im alten Dt. Reich Titel der Erzb.e v. Mainz, Köln u. Trier als E. v. Dtl., It. u. Burgund.

Erzpriester, in einigen Diözesen: Dekan; auch persönl. Ehrentitel.

Erzschleiche ⁄Skink.

Es, chem. Zeichen für ⁄Einsteinium.

ESA, Abk. für European Space Agency, *Europäische Raumfahrtbehörde* (Sitz Paris), 1975 als Nachfolgeorganisation der ⁄ESRO gegr.; 10 Mitgliedstaaten. Hauptaufgabe der ESA ist die Entwicklung des Weltraumlabors ⁄Spacelab.

Esau, Sohn Isaaks, verlor das Erstgeburtsrecht an seinen Bruder Jakob; Stammvater der Edomiter.

Esbjerg, dän. Hafenstadt in Jütland; 80000 E.; Hochseefischerei.

Esch, luxemburg. Kantons-Hst. an der Alzette, 28000 E.; Hochöfen, Hüttenwerke.

Eschatologie w (: es-cha-, gr. = Lehre v. den Letzten Dingen), im Christentum die Lehre v. der Endzeit, d. h. vom Jüngsten Gericht u. vom Jenseits. **eschatologisch,** endzeitlich.

Eschborn, hess. Stadt bei Frankfurt a. M., 18000 E.; Metall-, Kunststoff- u. Papier-Ind.

Esche w, *Fraxinus*, Ölbaumgewächs, in Dtl. *Gemeine E.,* 10–40 m hoch; hartes Nutzholz, in Südeuropa *Blumen-* od. *Manna-E.*

E-Schicht ⁄Ionosphäre.

Eschkol, *Levi,* 1895–1969; 1952 israel. Finanzmin., 63/69 Min.-Präsident.

Eschwege, hess. Krst. an der Werra, 24300 E.; Textil-, Tabak-, Leder-Industrie.

Eschweiler, Ind.-Stadt n.ö. von Aachen, 54000 E.; Braunkohlenbergbau, Stahl-Ind.

Escorial m, span. Schloß n.w. von Madrid; gewaltige Bauanlage mit Kirche, Kloster, Königsgruft; 1563/84 erbaut unter Philipp II.; reiche Kunst- u. Bücherschätze; Augustinerkloster.

Escudo m, Währungseinheit. ☐ 1144/45.

Esche: Wuchs- und Blattform; F Frucht

Esparsette

El Escorial bei Madrid

Esdras, *Esra,* jüd. Priester, führte 458 v. Chr. zahlr. Juden aus dem Exil zurück, im bibl. *Buch E.* geschildert.

Esel, Untergattung der Pferde; in den mittelasiat. Steppen der *Halb-E.* od. *Dschiggetai,* Asiat. *Wild-E.* Vom zähmbaren *Nubischen Steppen-E.* stammt der *Gemeine* od. *Haus-E.* ab, in Südeuropa u. Orient wertvolles Reit- u. Lasttier.　　　　[vallerie-Einheit.

Eskadron w (frz.), *Schwadron,* kleinste Ka-

Eskalation w (engl.), Steigerung, Ausweitung (eines Konfliktes).

Eskapade w (lat.-frz.), **1)** übermütiger Streich, Seitensprung. **2)** seitl. Ausbrechen bei einem Schulpferd.

Eskilstuna, schwed. Stadt in Södermanland, 94000 E.; bedeutende Stahl-Ind.

Eskimo, Zweig der mongoliden Rasse, Bewohner der arkt. Küsten Nordamerikas, Grönlands u. in Nordostasien; insgesamt 40000; ernähren sich v. Robben, Rentieren, Eisbären und Fischen; wohnen im Sommer in Zelten, im Winter in Erd- od. Schneehütten; sie sind halb seßhaft.

Eskişehir (: -schehir), türk. Prov.-Hst. in Phrygien, 260000 E.; Meerschaumgewinnung (Weltmonopol).

Eskorte w (frz.), militär. Geleit.

Esmarch, *Friedrich v.,* Chirurg, 1823–1908; Erfinder der *E.schen Blutleere:* Absperrung des Blutzuflusses durch elast. Binden.

esoterisch (gr.), innerlich; für die Eingeweihten (Ggs. *exoterisch*).

Esparsette w, *Esper m,* Futterpflanze, verbessert magere Kalkböden.

Esparto m (span.), Steppengräser Algeriens u. Tunesiens; zu Körben, Seilwaren u. a.

Espe w, Zitter-⁄Pappel.

Espelkamp, westf. Stadt n.w. von Minden, wurde 1949 auf dem Gelände einer ehem. Munitionsanstalt mit Flüchtlingen besiedelt, 23100 E.; vielseitige Industrie.

Esperanto s, verbreitetste der Welthilfssprachen; 1887 v. dem Warschauer Augenarzt Zamenhof geschaffen, verwendet bes. Bestandteile der roman. u. german. Sprachen.

Espirito Santo (: ißpi- ßantu), Bundesstaat Brasiliens, an der (subtrop.) Atlantikküste, 45597 km², 2 Mill. E., darunter viele dt. Herkunft; Hst. Vitória. In der Küstenebene Kaffee- u. Zuckerrohrplantagen, im Innern Wälder (trop. Edelhölzer).

Esplanade w (frz.), Vorfeld v. Befestigungen; großer, freier Platz.

espressivo, *con espressione* (it.), Musik: ausdrucksvoll.

Espresso, in Italien Bz. für den *caffè e.:* rasch servierbarer schwarzer Kaffee.

Esprit m (: eßpri, frz.), Geist, Scharfsinn.

Esq., Abk. für *Esquire* (: eßwai^er), im engl. Schriftverkehr Höflichkeitstitel, etwa gleich Hochwohlgeboren.

Esquilin m, einer der 7 Hügel Roms.

Esra, der jüd. Priester ⁄Esdras.

ESRO, Abk. für European Space Research Organization, 1962 gegr. (Sitz Paris), Europ. Organisation für die Erforschung des Weltraums; 10 Mitgliedstaaten. 1975 aufgelöst. Nachfolgeorganisation ⁄ESA.

Essay, *Essai m* (: ^eßä, frz. = Versuch),

künstler. Prosaform, behandelt ein bestimmtes Thema; persönl. geprägt, sprachl. anspruchsvoll, locker gebaut im Ggs. zur geschlossenen wiss. Abhandlung; Ausdruck v. Montaigne *(Essais);* Blütezeit im 18. u. seit der 2. Hälfte des 19. Jh. bes. in England u. Fkr.

Essayist, Verfasser v. Essays.

Esseg, kroat. *Osijek,* jugoslaw. Stadt in Kroatien, Hafen an der Drau, 80 000 E.

Essen, wirtschaftl. u. kultureller Mittelpunkt des Ruhrgebiets, zw. Ruhr u. Emscher, 655 000 E.; bedeutender Verkehrsknoten, Hafen am Rhein-Herne-Kanal. Kath. Bischof, Priesterseminar; roman.-got. Münster; Ursulinen- u. Karmelitinnenkloster; Haus der Technik (Außen-Inst. der TH Aachen). Folkwangmuseum, Folkwangschule für angewandte Kunst, Musikhochschule, Gesamthochschule, Fachschulen. Steinkohlenbergbau, Kokereien, Eisenwerke, eisenverarbeitende u. chem. Industrie.

Essener, Essäer, jüd. Sekte z. Z. Christi; ordensähnl.; verzichteten auf Sondereigentum u. Ehe. Ihr Mittelpunkt war ↗Qumran.

essential, *essentiell* (lat.), wesentlich.

Essenz w, 1) Wesenheit, innerstes Wesen. 2) alkohol. Extrakte aromat. Pflanzenteile od. Lösungen äther. Öle in Alkohol; zu Getränken.

Essex, südostengl. Gft., 1,4 Mill. E.; Hst. Chelmsford.

Essex, *Robert* Devereux Earl of, Günstling der engl. Königin Elisabeth I., 1567–1601; als Hochverräter hingerichtet.

Essig, Lösung v. verdünnter E.säure. Heute aus Kartoffelsprit (Alkohol durch *E.bakterien* zu E.). Es gibt Speise-E. (3,5 %), Einmach-E. (5 %), Wein-E. (6 %), Doppel-E. (7 %), E.sprit (10,5 %). E.äther, aus Alkohol u. E.säure; Lösungsmittel für Harze; auch zu Fruchtäthern. **E.essenz,** chem. gewonnene E.säure (mindestens 50 %ig). **E.fliege,** Fliege, deren Larve in gärenden Stoffen lebt. **E.säure,** CH_3COOH, Flüssigkeit, bei 16 °C eisähnl. erstarrend *(Eis-E.);* Lösungsmittel; Ausgangsstoff e.saurer Salze (Acetate), des Celluloseacetats (Kunstseide), des Speiseessigs, v. Äthern. **e.saures Kupfer** ↗Grünspan. **e.saure Tonerde,** wäßrige Lösung v. Aluminiumacetat.

Esslingen am Neckar, Krst. u. Hauptsitz der württ. Maschinen-Ind.; 92 000 E.; got. Kirche (14. Jh.); PH, Fachhochschule, Metallwaren, Textilien.

Establishment s (: ißtäblischm[e]nt, von engl. „Einrichtung"), Schlagwort für die „etablierten" Führungsgruppen in Staat u. Gesellschaft.

Este, it. Fürstengeschlecht in Ferrara, Modena u. Reggio.

Esten, ostbaltisches Volk, sprachl. den Finnen verwandt.

Ester *m,* chem. Verbindungen von Säuremit Alkoholresten.

Esterházy (: -si), ungarisches Magnatengeschlecht.

Esther, Jüdin, Frau des Perserkönigs Xerxes I.; vereitelte die geplante Ermordung aller Juden; im atl. *Buch E.* erzählt.

Estland, nördlichstes der 3 balt. Länder, zw.

Finn. u. Rigaer Meerbusen, gehört seit 1940 (bzw. 1945) als *Estnische SSR* zur Sowjetunion; 45 100 km², 1,4 Mill. E., Hst. Tallinn (Reval). Ölschiefervorrat von ca. 2,8 Mrd. t, jährl. Förderung über 16 Mill. t. – Wurde 1346 v. Dt. Orden den Dänen abgekauft, fiel 1561 an Schweden, 1721 an Rußland; 1918/40 selbständ. Republik.

Estrade w (frz.), Tribüne, erhöhter Tritt.

Estragon *m* (frz.), *Artemisia dracunculus,* Korbblütler, Gewürz u. Essigzusatz. ☐ 452.

Estremadura, 1) westspan. Hochebene; Hst. Badajoz. 2) Kernland Portugals mit Lissabon.

Estrich, *m,* fugenloser Fußbodenbelag; aus Zementbeton, Terrazzo, Gips, Gußasphalt.

Esztergom (: e̱ßter-) ↗Gran.

etablieren (frz.), ein-, errichten. **Etablissement** s (: -iß ma̱n), Niederlassung.

Etage w (: eta̱sch[e], frz.), Stockwerk.

Etalon s (: -lo̱n, frz.), das Normalmaß für Längen, Massen usw.

Etappe w (frz.), das Gebiet zw. Kampffront u. Heimatabschnitt; Stufe.

Etat *m* (: eta̱, frz.), Staat, Zustand; bes. der ↗Haushaltsplan.

Etatismus *m,* Bz. für eine gemäßigte Staatswirtschaft; kein voller Staatssozialismus.

etc., Abk. für *et cetera* (lat.), u. so weiter.

Eternit s od. *m,* Asbestzement-Schiefer, Gemenge aus Asbest u. Zement als Baustoff.

Ethik w (von gr. *Ethos* = Gesinnung, Sitte), Wiss. v. den sittl. Tatsachen u. den Zielen menschl. Handelns, als natürl. Sittenlehre *(Moral)* grundlegender Teil der prakt. Philosophie (↗Individual-E., ↗Sozial-E.). Neben die v. Tugendlehre u. höchstem Gut bestimmten E.systeme v. Plato, Aristoteles u. Thomas v. Aquin traten u. a. Epikurs ↗Hedonismus, Benthams ↗Utilitarismus, Kants *Formal-E.* u. Schelers *materiale Wert-E.* Die E. der christl. Offenbarung erforscht die ↗Moraltheologie.

Ethnographie u. **Ethnologie** w (gr.), ↗Völkerkunde.

Ethologie w (gr.), Verhaltensforschung.

Etikett s (frz.), Preiszettel, Warenzeichen. *etikettieren,* mit Schildern versehen; kennzeichnen (auch mit *Etikettiermaschinen).*

Etikette w (frz.), Hofsitte; feine, auch erstarrte Umgangsformen.

Etmal s (nd.), Zeitspanne v. einem astronom. Mittag zum andern; auch Schiffsweg in dieser Zeit *(Reise-Etmal).*

Eton (: it[e]n), engl. Stadt an der Themse, 6000 E.; *E. College,* vornehmste engl. Internatsschule.

Etrurien (lat.), die v. den ↗Etruskern bewohnte Landschaft, heute die Toskana.

Etrusker (Mz.), lat. *Tusci,* ein nichtitalisches, vor 800 v. Chr. eingewandertes Volk in Etrurien, wahrscheinl. oriental. Herkunft; stellten im 6. Jh. die letzten röm. Kg.e; gerieten im 3. Jh. v. Chr. unter die Herrschaft Roms, auf das sie einen starken kulturellen Einfluß ausübten. Die etrusk. Kunst diente hauptsächl. dem Totenkult (Grabkammern mit Wandgemälden, Sarkophage u. Stelen); seit dem 6. Jh. griech. Einfluß; Tempelbau-

Etrusker: Aschenurne

Etrusker: Grab der Schilde und Sessel (Caere, Ende 7. bis Anfang 6. Jh. v. Chr.)

Eule: Schleier-E.

Eucharistische Weltkongresse

ten nur in Resten erhalten; Plastik in Stein, Ton u. Bronze (Hermes v. Veji, Mars v. Todi u. a.). Starke Spannung zw. Sinnenfreude (Tanzszenen) u. Verinnerlichung. Kunstgewerbl. Erzeugnisse: Aschenurnen, Leuchter, Vasen (Bucchero).

Etsch w, it. *Adige* (: adidsehe), Hauptfluß Südtirols, mündet nach 404 km mit dem Po in die Adria.

Etschmiadsin ↗Edschmiadzin.

Ettal, oberbayer. Kurort, 1100 E.; Benediktinerabtei, 1330 gegr., 1803 säkularisiert, 1900 wiedereröffnet; angeschlossen ein Gymnasium; bekannter Klosterlikör.

Etter m, das Dorf umgrenzender Zaun; Ortsgemarkung.

Ettlingen, bad. Stadt bei Karlsruhe, 36100 E.; Schloß (18. Jh., jetzt Schulen und Museum); Spinnerei, Weberei.

Etüde w (frz.), musikal. Übungsstück.

Etui s (: et^uj, frz.), Behälter, Hülle.

Etymologie w (gr.), Lehre v. der Herkunft der Wörter, zeigt urspr. Bedeutung u. Sprachentwicklung auf.

Etzel, in der Nibelungensage ↗Attila.

Eu, chem. Zeichen für ↗Europium.

Euböa, neugriech. *Evvia,* Insel (3775 km²) vor der griech. Ostküste; im Innern gebirgig (bis 1745 m); Hauptort Chalkis.

Eucharistie w (gr. = Danksagung), das allen Christen gemeinsame Altarssakrament, bei Kath. auch ↗Kommunion, bei Ev. ↗Abendmahl genannt. ↗Messe.

Eucharistische Kongresse, seit 1881 internationale Versammlungen der kath. Kirche zur Feier u. Verehrung der Eucharistie.

Eucken, 1) *Rudolf,* dt. Philosoph, 1846–1926; Neuidealist; Prof. in Jena; 1908 Nobelpreis für Literatur. **2)** *Walter,* Sohn v. 1), dt. Nationalökonom, 1891–1950; Mitbegr. der neoliberalen Freiburger Schule; *Grundlagen der Nationalökonomie.*

Eudämonie w (gr.), Glückseligkeit. **Eudämonismus** m, philosoph.-eth. Lehre, die das letzte Ziel u. höchste Gut in der Glückseligkeit sieht.

Eudes (: öd), *Jean,* hl. (19. Aug.), 1601–1680; einer der religiösen Erneuerer Fkr.s; Begr. einer Weltpriesterkongregation *(Eudisten).*

Eugen, Päpste: **E. III.,** sel. (8. Juli), 1145/1153; Zisterzienserabt, Schüler Bernhards v. Clairvaux. **E. IV.,** 1431/47; leitete das sog. Unionskonzil v. Ferrara-Florenz-Rom, die Fortsetzung des ↗Baseler Konzils. – Prinz **E. v. Savoyen,** östr. Feldherr, 1663–1736; Förderer v. Kunst u. Wiss.; Begr. der östr. Großmachtstellung durch erfolgreiche Heerführung gg. die Türken (Sieg bei Zenta 1697, Erstürmung v. Belgrad 1717) u. im Span. Erbfolgekrieg.

Eugenie, 1826–1920; Gattin Napoleons III.

Eugenik w (gr.), Erbgesundheitspflege, bemüht sich, die gesunden u. positiven Erbeigenschaften der Menschen zu erhalten durch Begabtenförderung, Aufklärung der Bevölkerung, Eheberatung. In einzelnen Staaten werden ↗Sterilisation (Unfruchtbarmachung) u. ↗Schwangerschaftsunterbrechung Erbbelasteter auf freiwilliger Basis durchgeführt.

Eukalyptus m, bis 150 m hohe Bäume (Myrtengewächse) Australiens; wegen bodentrocknender Eigenschaft in Sumpfgegenden angepflanzt, bes. der *Blaugummibaum;* ölhaltige Blätter liefern *E.öl* (gg. Krankheiten der Atmungsorgane); Holz zu Schiffen, Eisenbahnschwellen, Holzpflaster.

Euklas m, ein Beryll; wertvoller Edelstein.

Euklid, griech. Philosoph u. Mathematiker in Alexandria, um 300 v. Chr.; Begr. der Geometrie nach dem Parallelenaxiom.

Eulalia, Ziergras; aus Japan.

Eule, 1) Nachtraubvogel mit großen Augen; tagsüber verborgen; nützlich. In Dtl.: *Schleier-E.,* mit Federschleier um Augen; *Waldkauz,* in Laubwäldern; *Waldohr-E.,* mit Feder-Ohrbüscheln; *Sumpfohr-E.,* großer Räuber; *Zwergohr-E.,* in Süd-Dtl. u. den Alpen; *Sperber-E.;* die größte dt. Art der ↗Uhu; häufiger der ↗Steinkauz. **2)** Nachtschmetterling; Vorderflügel mit 2 Flecken u. Zickzacklinien, decken den Hinterleib dachartig. Arten: *Spinnerartige E., Echte E., Kiefern-E.* (schädlich), *Hausmutter, Kohl-E.* (an Kohl u. Salat, als „Herzwurm" gefürchtet), *Gold-E., Großes Ordensband.* ☐ 912.

Eulenburg, obersächs. Adelsgeschlecht, seit 1786 Grafen zu E.; **1)** *Botho,* 1831–1912; 1892/94 preuß. Min.-Präs. **2)** *Philipp,* Fürst zu E., 1847–1921; Vertrauter Ks. Wilhelms II.

Eulengebirge, Teil der Sudeten; in der *Hohen Eule* 1014 m hoch.

Eulenspiegel, *Till,* bäur. Schalksnarr, soll Anfang des 14. Jh. gelebt haben; nd. Volksbuch *Ulenspiegel.*

Walter Eucken   Prinz Eugen

Euler, 1) *Leonhard,* Schweizer Mathematiker, Physiker u. Astronom, 1707–83. 2) *Ulf Svante v.,* schwed. Neurophysiologe, * 1905; Sohn des Chemikers ↗Euler-Chelpin, 70 Nobelpreis für Forschungen über Transmitterstoffe im Nervensystem.
Euler-Chelpin, *Hans v.,* dt.-schwed. Chemiker, 1873–1964; 1929 Nobelpreis für Forschungen über Enzyme.
Eumeniden *w* (gr. = Wohlmeinende), beschönigender Name für die ↗Erinnyen.
Eunuch *m* (gr. = Betthüter), Verschnittener, Haremswächter.
Eupen, ostbelg. Stadt u. Sommerfrische, 15000 E.; v. Dtl. im ↗Versailler Vertrag abgetrennt.
Euphemismus *m* (gr.; Bw. *euphemistisch*), beschönigender Ausdruck.
Euphorbiaceen, Wolfsmilchgewächse.
Euphorie *w* (gr.), Wohlbefinden trotz Krankheit, künstl. Hochgestimmtheit.
Euphorion, der geflügelte Sohn des Achilles u. der Helena; Figur in Goethes Faust II, auf die Romantik u. Byron hindeutend.
Euphrat *m,* vorderasiat. Strom; bildet Nord- u. Ostgrenze der Syr. Wüste, mündet mit Tigris nach 2780 km in den Pers. Golf.
Euphrosyne (gr.), eine ↗Grazie.
Eurasien, Bz. für Europa u. Asien zus.
Euratom ↗Europäische Atomgemeinschaft.
Eurhythmie *w* (gr.), 1) bei den alten Griechen die Harmonie v. Haltung u. Bewegung. 2) Tanzsystem R. ↗Steiners, drückt die Sprache durch Bewegung aus.
Euripides, griech. Dichter, um 480–406 v. Chr.; wirkte nach ↗Äschylus u. ↗Sophokles neu durch Darstellung seel. Konflikte. *Alkestis, Medea, Iphigenie.*
Europa, zweitkleinster Erdteil, umfaßt mit 10531000 km² 7% der Landfläche der Erde. Zus. mit Asien, v. dem es nur eine Halbinsel ist u. in das es ohne natürl. Grenze übergeht (Ural, Uralfluß, Kasp. Meer, Kaukasus sind nur angenommene Grenzen), bildet es den Kontinent *Eurasien.* – 65% der Oberfläche gehören zum Rumpf, 27% entfallen auf die angelagerten Halbinseln, deren größte Skandinavien, die Iberische Halbinsel, die Balkan- u. die Apennin-Halbinsel sind. Die vorgelagerten Inseln (darunter die Brit. Inseln) nehmen 8% der Fläche ein. Der v. den Pyrenäen bis zur Weichselniederung reichende Rumpf läßt eine große Dreigliederung erkennen: hinter den Küsten ein fruchtbares Tiefland, übergehend in Mittelgebirge. Das Rückgrat bilden die Hochgebirge: Pyrenäen, Alpen, Karpaten, Dinarisches Gebirge. – 90% der Fläche haben ein v. Golfstrom beeinflußtes gemäßigtes Klima, das gg. O kontinentaler wird. – Mit 728 Mill. Menschen (einschl. des europ. Teils der UdSSR) ist Europa bevölkerungsmäßig der zweitgrößte (= ¹/₆ der Erd-Bev.) u. der am dichtesten besiedelte (62 E. je km²) Erdteil. Je ¹/₃ der Bev. gehören dem german. u. dem slaw. Sprachkreis, ¹/₄ dem roman. Sprachkreis an, mit insges. 70 verschiedenen Sprachen. – 90% der Bev. gehören christl. Religionsgemeinschaften an. Den vorwiegend kath. roman. Ländern

Europa	Hauptstadt bzw. Verwaltungssitz	Fläche km²	Bevölkerung insges. 1000	Anzahl je km²
Albanien	Tirana	28748	2670	93
Andorra	Andorra la Vella	453	30	66
Belgien	Brüssel	30513	9870	323
BRD	Bonn	248619	61337	247
Bulgarien	Sofia	110912	8810	79
Dänemark	Kopenhagen	43069	5120	119
DDR	Berlin (-Ost)	108178	16740	155
Finnland	Helsinki	337032	4761	14
Frankreich	Paris	547026	53480	98
Griechenland	Athen	131944	9360	71
Großbritannien und Nordirland	London	244044	55822	229
davon:				
England und Wales	London	151126	49104	325
Schottland	Edinburgh	78772	5179	66
Nordirland	Belfast	14146	1539	109
Irland	Dublin	70283	3365	48
Island	Reykjavik	103000	226	2
Italien	Rom	301225	56910	189
Jugoslawien	Belgrad	255804	22160	87
Liechtenstein	Vaduz	157	25	159
Luxemburg	Luxemburg	2586	360	139
Malta	Valetta	316	350	1108
Monaco	Monaco	1,49	30	20134
Niederlande	Den Haag	40844	14030	344
Norwegen	Oslo	323883	4070	13
Arktische Gebiete	—	62730	—	—
Österreich	Wien	83850	7506	90
Polen	Warschau	312677	35225	113
Portugal	Lissabon	91632	9870	107
Rumänien	Bukarest	237500	22070	93
San Marino	San Marino	61	21	344
Schweden	Stockholm	449750	8295	18
Schweiz	Bern	41288	6337	153
Spanien	Madrid	504750	37180	74
Tschechoslowakei	Prag	127869	15250	119
Türkei	Ankara	780576	44000	56
davon in Europa	—	23623	4089	172
UdSSR	Moskau	22402200	264000	12
davon in Europa	—	5571000	192962	34
Ungarn	Budapest	93030	10710	115
Vatikanstadt	—	0,44	1	2273

Abhängige Gebiete

Dänemark:				
Färöer	Thorshavn	1399	42	30
Grönland	Godthaab	2175600	51	0
Großbritannien:				
Kanalinseln	—	194	130	667
Insel Man	Douglas	588	64	109
Gibraltar	—	6	29	4833

stehen die vorwiegend ev. german. Länder gegenüber. Großbritannien gehört vorwiegend der anglikan. Hochkirche an, die slaw. Länder sind kath. u. orth. – Als dichtbevölkerter, hochindustrialisierter Erdteil kann E. seinen Nahrungsmittelbedarf nur z.T. aus eigenem Boden erzeugen, obgleich 50% der Fläche landwirtschaftl. genutzt werden. Weitere 30% sind Wald, 20% Ödland od. überbaute Fläche. Die sehr vielseitige Ind. stützt sich bes. auf die reichen Steinkohlenlager u. ist in hohem Maß auf die Einfuhr v. Rohstoffen u. die Ausfuhr v. Fertigwaren angewiesen. In Konkurrenz zur starken wirtschaftl. Macht fremder Erdteile schließen sich die europ. Staaten seit dem 2. Weltkrieg zu Gemeinschaften zus. – Europa wurde geistig u. materiell gestaltet v. den

Europäische Zusammenschlüsse und Bündnisse

	Name und Sitz	gegr. u./od. in Kraft
CERN	Conseil Européen pour la Recherche Nucléaire; Europ. Organisation für Kernforschung – Genf	1.7.1953 29.9.1954
EFTA	European Free Trade Association; Europ. Freihandels-Assoziation – Genf	3.5.1960
EG	Europäische Gemeinschaften: EGKS, Euratom, EWG – Brüssel	1.7.1967
EGKS	Europ. Gemeinschaft für Kohle und Stahl (Montanunion) – Luxemburg	18.4.1951 25.7.1951
ESA	European Space Agency; Europäische Raumfahrtbehörde – Paris	30.5.1975
Euratom	Europäische Atomgemeinschaft – Brüssel	25.3.1957 1.1.1958
Europarat	Straßburg	5.5.1949 3.8.1949
EWG	Europäische Wirtschaftsgemeinschaft – Brüssel	25.3.1957 1.1.1958
NATO	North Atlantic Treaty Organization; Nordatlantikpaktorganisation – Brüssel	4.4.1949
Nord. Rat	Kopenhagen	1952
OECD	Organization for Economic Cooperation and Development; Organisation für wirtschaftl. Zusammenarbeit und Entwicklung – Paris	30.9.1961
RgW	Rat für gegenseitige Wirtschaftshilfe – Moskau	25.1.1949
Warschauer Pakt	Moskau	14.5.1955
WEU	Westeuropäische Union – London	23.10.1954 6.5.1955

Mitgliedschaften (1974)	CERN	EFTA	EG	ESA	Europarat	NATO	Nordischer Rat	OECD	RgW	Warsch. Pakt	WEU
Belgien	x		x	x	x	x		x			x
BRD	x		x	x	x	x		x			x
Bulgarien									x	x	
ČSSR									x	x	
Dänemark	x		x	x	x	x	x	x			
DDR									x	x	
Finnland		x			x		x	x			
Frankreich	x		x	x	x	x¹		x			x
Griechenland			x		x	x¹		x			
Großbritannien	x		x	x	x	x		x			x
Irland			x	x	x			x			
Island		x			x	x	x	x			
Italien	x		x	x	x	x		x			x
Jugoslawien								x²			
Luxemburg			x	x	x	x		x			x
Malta					x						
Niederlande	x		x	x	x	x		x			x
Norwegen	x	x			x	x	x	x			
Österreich	x	x			x			x			
Polen									x	x	
Portugal		x			x	x		x			
Rumänien									x	x	
Schweden	x	x		x	x		x	x			
Schweiz	x	x		x	x			x			
Spanien				x	x			x			
Türkei			x		x	x		x			
UdSSR									x	x	
Ungarn									x	x	

Außereuropäische Mitgliedstaaten:

	CERN	EFTA	EG	ESA	Europarat	NATO	Nordischer Rat	OECD	RgW	Warsch. Pakt	WEU
Australien								x²			
Japan								x			
Kanada						x		x			
Kuba									x		
Mongolei									x		
USA						x		x			
Zypern					x						

¹ hat sich aus der militär. Integration zurückgezogen
² nur in einigen Bereichen Vollmitgliedstatus

roman.-german. u. den griech.-slaw. Völkern, die das antike u. christl. Erbe des Röm. Reiches antraten. Die abendländ. Reichsfamilie hatte das Bewußtsein, die ird. Organisation der Christenheit darzustellen. Die reiche Entfaltung ihrer Kultur war nur möglich, weil das ↗Byzantin. Reich u. die kath. Staaten Ungarn-Kroatien u. Polen-Litauen im MA die asiat. Völkerstürme aus dem Osten abwehrten. Der Westen entwickelte eine reiche Staatenwelt, während der Osten ungegliedert blieb u. stets eine Tendenz zur Vereinheitlichung zeigte (Byzantin. Reich, Mongolenherrschaft in Rußland, Osmanenherrschaft auf dem Balkan, Sowjetunion). – Mit dem 15. Jh. begann die Seeherrschaft E.s, die zur Europäisierung u. damit auch zu einer ausgedehnten Christianisierung der Welt führte. Im Spät-MA u. in der NZ gefährdeten Nationalismus, Glaubensspaltung, Rationalismus u. Absolutismus die Grundlagen der westeurop. Einheit. Die v. Fkr. ausgehende Revolutionierung des polit. Lebens beherrschte das 19. Jh., in dem Naturwiss. u. Technik sich mächtig entfalteten. Mit dem 1. Weltkrieg kam es zu einer großen Krise. Die finanziellen Lasten, die Zerreißung wirtschaftl. u. geschichtl. Zusammenhänge u. nationale Ggs.e schwächten E.s Stellung in der Welt. Von Moskau aus wurde die Idee der Weltrevolution verbreitet. Die Folgen des 2. Weltkrieges brachten eine weitere Schwächung E.s, das Wachsen des Einflusses der USA, die Übermacht der UdSSR in der Ostsee, an der Eismeerküste, im Ost- u. Südost-E. u. das Vordringen des Kommunismus bis Mittel-E. sowie die Emanzipierung Asiens u. Afrikas v. der Vorherrschaft Europas. Die Integration West-E.s gibt den westeurop. Staaten eine steigende wirtschaftl. u. politische Bedeutung gegenüber den USA und Sowjetrußland.

Europa, 1) in der griech. Sage: phönik. Königstochter, v. Zeus in Stiergestalt entführt. **2)** eine Okeanide, nach der ein Teil der Erde benannt wurde.

Europadörfer, Siedlungen für geflüchtete od. kriegsverschleppte Familien; erbaut durch die v. dem belg. Dominikaner ↗Pire 1950 gegr. „Hilfe für heimatlose Ausländer".

Europäische Atomgemeinschaft (Euratom), 1957 gegr. Vereinigung der Länder der Montanunion zur Erforschung u. Auswertung der Atomenergie; Sitz Brüssel.

Europäische Bewegung, *Europa-Bewegung,* internationale überparteil., 1948 gegr. Dachorganisation der für die Vereinigung Europas eintretenden Gruppen u. Verbände.

Europäische Freihandelsvereinigung (EFTA), wirtschaftl. Zusammenschluß mit stufenweiser Zollbeseitigung zw. Großbritannien, Norwegen, Schweden, Dänemark, Östr., Portugal, Island, Finnland u. der Schweiz; seit 1960 in Kraft; Dänemark und Großbritannien traten am 1.1.73 der EWG bei. Sekretariat in Genf.

Europäische Gemeinschaft (EG), zusammenfassende Bz. für die drei rechtl. selb-

ständigen europ. Gemeinschaften EGKS, EWG u. Euratom; ihr gemeinsames Hauptorgan ist die *Kommission der EG,* Sitz Brüssel.
Europäische Gemeinschaft für Kohle u. Stahl (EGKS), auch *Montanunion,* aufgrund des *Schuman-Plans* 1951 für 50 Jahre gegr. (seit 52 in Kraft) zw.*Belgien, der BRD, Fkr., Italien, Luxemburg u. den Niederlanden als einheitl. Markt für Kohle, Erz, Schrott u. Stahl; ohne Zölle, Sondertarife u. Subventionen, mit Weisungsrecht der Hohen Behörde in Luxemburg. Am 1. 1. 73 Beitritt Großbritanniens, Dänemarks und der Republik Irland. Assoziiert sind Griechenland, Norwegen, Östr., Schweden, Schweiz u. die USA.
Europäische Integration, die wirtschaftl. u. polit. Zusammenarbeit europ. Staaten seit 1950 durch Verschmelzung einzelstaatl. Organe zu übernationalen Einheiten (Europarat, EWG, EFTA u. a.) mit dem Ziel eines vereinigten Europa.
Europäischer Gewerkschaftsbund (EGB), 1973 in Brüssel v. 17 Gewerkschaftsverbänden aus 15 westeurop. Ländern gegründet; mit der Gründung des EGB erloschen der *Europ. Bund freier Gewerkschaften* u. der *EFTA-Gewerkschaftskongreß.*
Europäischer Wirtschaftsrat, *Organisation für europ. wirtschaftl. Zusammenarbeit* (OEEC), Sitz Paris, zur Koordinierung der Wirtschaftspolitik u. des Zahlungssystems, 1948 gegr., 60 umgebildet in die *Organisation für wirtschaftl. Zusammenarbeit u. Entwicklung* (OECD).
Europäisches Gleichgewicht, Prinzip der Politik innerhalb der europ. Staatenwelt der NZ, das die Hegemonie eines einzigen Staates verhindern will; traditionelles Ziel der engl. Politik.
Europäisches Parlament, die gemeinsame parlamentar. Versammlung der 3 europ. Zusammenschlüsse EWG, Montanunion u. Euratom, 1958 in Straßburg gegründet; hat nur Vorschlags-, aber kein Gesetzgebungsrecht; derzeit 434 Abg.; erste Direktwahl 79 (zuvor v. den Parlamenten der Mitgliedstaaten gewählt).
Europäisches Währungsabkommen (EWA), seit dem 29. 12. 1958 nach Auflösung der EZU in Kraft; regelt unter den Mitgl. des Europ. Wirtschaftsrates das Nebeneinander der Währungen u. Wechselkurse für den freien Waren- u. Zahlungsaustausch. Aus dem *Europ. Fonds* können die Mitgliedstaaten Kredite in Gold bis zu 2 Jahren erhalten. Die Zahlungsgeschäfte werden durch die BIZ abgewickelt.
Europäisches Währungssystem, *EWS,* auf die EG-Staaten begrenztes Währungssystem mit eigener Währungseinheit *(ECU),* das zur Geldwert- u. Wechselkursstabilität beitragen soll.
Europäisches Wiederaufbauprogramm (ERP) ↗Marshall-Plan.
Europäische Verteidigungsgemeinschaft (EVG), bis 1954 geplante Verteidigungsorganisation v. Belgien, BRD, Fkr., It., Luxemburg u. Niederlanden; v. frz. Parlament abgelehnt, dafür ↗Westeurop. Union.

Europäische Gemeinschaft
Schema der wichtigsten Organe

* 156 Mitglieder: BRD, Frankreich, Großbritannien, Italien je 24, Belgien, Griechenland, Niederlande je 12, Dänemark, Irland je 9, Luxemburg 6 Mitglieder

Europäische Währungsunion, innerhalb der EWG geplantes einheitliches Währungsgebiet; soll schrittweise erreicht werden. Erste Schritte dazu: 1973 Schaffung des *Europ. Währungsfonds,* 1979 Schaffung des *Europ. Währungssystems* (EWS).
Europäische Wirtschaftsgemeinschaft (EWG), 1957 zw. den Benelux-Staaten, der BRD, Fkr. u. It. gegr. „Gemeinsamer Markt", trat 58 in Kraft, seit 1. 1. 73 sind auch Großbritannien, Irland u. Dänemark, seit 1.1.81 Griechenland Mitgl. u.; Ziele: stufenweise Beseitigung der Zölle untereinander und einheitl. Zollgrenze nach außen. Angleichung der Wirtschafts-, Finanz- u. Sozialpolitik; Sitz Brüssel; soll auch zur polit. Union erweitert werden.
Europäische Zahlungsunion (EZU), gemeinsames Zahlungssystem der Mitgl.er der OEEC, 1950/59; durch das EWA abgelöst.
Europarat, 1949 gegr. Organisation zum engeren Zusammenschluß der europ. Staaten, hat nur beratende Funktion; Sitz Straßburg.
Europastraßen, ein etwa 50000 km langes Netz von int. Fernverkehrsstraßen, das die nationalen Straßennetze untereinander verknüpft.
Europa-Union, dt. Sektion einer Gruppe der ↗Europäischen Bewegung.
Europium *s,* chem. Element, Zeichen Eu, seltene Erde, Ordnungszahl 63. ☐ 148.
Europoort ↗Rotterdam.

Euroscheck, eurocheque, ↗Scheckkarte.
Eurovision, europ. Organisation zum Austausch v. Fernsehprogrammen; Sitz Genf u. Brüssel. ↗Intervision.
Eurydike, Gattin des ↗Orpheus.
Eusebius, Bischof v. Cäsarea (Palästina), um 265–339; berühmte Kirchengeschichte.
Euskirchen, rhein. Krst. und Bahnknoten, 44500 E.; Mühlen, Gießereien, Tuch-, Zukker- u. Konserven-Ind.; Franziskanerkloster.
Eustachische Röhre, röhrenförmige Verbindung zw. Mundhöhle u. Mittelohr.
Eustachius, hl. (20. Sept.), legendärer röm. Offizier, Martyrer unter Ks. Hadrian; einer der 14 ↗Nothelfer, Patron der Jäger.
Euter, die Milchdrüsen der weibl. Säugetiere aus Drüsengewebe mit Drüsenbläschen, der Bildungsstätte der Milch.
Euterpe, die Muse der Tonkunst.
Euthanasie w (gr. = schöner Tod), Sterbehilfe; als Schmerzlinderung nach ev. Ethik u. kath. Moraltheologie erlaubt, sofern ihr Ziel nicht dem Verfügungsrecht Gottes über das Leben u. dem Recht des einzelnen auf einen natürl. Tod widerstreitet. – Scharf abzulehnen ist die v. Nat.-Soz. als Vernichtung sog. lebensunwerten Lebens u. Tötung hoffnungslos Leidender mißbrauchte E. – Rechtl. ist die E. strafbar als Mord, Totschlag od. Tötung auf Verlangen.
Eutin, Krst. in der Holsteinischen Schweiz, am Eutiner See, 16900 E.; ehem. Residenz der Fürstbischöfe v. Lübeck (Wasserburg).
e. V., Abk. für eingetragener Verein.
eV, Abk. für ↗Elektronvolt.
Eva (hebr. = die Leben Schenkende), nach dem Schöpfungsbericht des AT Stammutter der Menschheit, v. Gott aus ↗Adam ihm gleichwertig gebildet; Urheberin der Erbsünde durch Verleitung Adams zum Sündenfall; nach Lehre der Kirchenväter Gegenbild ↗Marias u. mit Adam begnadigt.
evakuieren (lat.), 1) Hohlkörper luftleer machen. 2) die Bev. aus bestimmten (z. B. im Krieg bedrohten) Gebieten entfernen.
Evangeliar s (lat.), Sammlung der 4 Evangelien, meist nur für den Gottesdienst ausgewählte Abschnitte (Perikopen); im MA reich geschmückt.
Evangelienharmonie w, Verarbeitung der 4 Evangelien zu einer fortlaufenden Geschichte des Lebens Jesu. ↗Heliand, ↗Tatian, ↗Otfrid.
Evangelisation w (lat.), Verkündigung des Evangeliums, vornehml. durch Laienglieder der Kirche.
evangelisch, 1) im Evangelium enthalten. **2)** = protestantisch.
Evangelische Akademien, seit 1945 bestehende Tagungsstätten der ev. Kirche, die in der Begegnung v. Theologen u. Laien, Christen u. Nichtchristen der Erörterung v. Problemen der heutigen Gesellschaft dienen wollen.
Evangelische Kirche, 1) im allg. Bz. der religiösen Körperschaften der Reformation; Haupttypen: die „lutherischen" (bes. in Dtl., Skandinavien) u. die „reformierten" (calvinischen) Kirchen (bes. in Westeuropa u. den USA). Spezialtyp die anglikan. Kirche, die an der apostol. Sukzession der Bischöfe fest-

Evangelische Kirche

Evangelische Kirche in Deutschland

Ratsvorsitzender der Evangelischen Kirche in Deutschland (EKD):	Landesbischof Eduard Lohse

Unierte Kirchen

Evangelische Kirche der Union (EKU)

Ev. Kirche in Berlin-Brandenburg (Regionalsynode West; Berlin-Charlottenburg)	Bischof Martin Kruse
Ev. Kirche im Rheinland (Düsseldorf)	Präses Gerhard Brandt
Ev. Kirche von Westfalen (Bielefeld)	Präses Heinrich Reiß

Übrige unierte Kirchen

Ev. Landeskirche in Baden (Karlsruhe)	Landesbischof Klaus Engelhardt
Bremische Ev. Kirche (Bremen)	Präsident Eckart Ranft
Ev. Kirche in Hessen-Nassau (Darmstadt)	Kirchenpräsident Helmut Hild
Ev. Kirche von Kurhessen-Waldeck (Kassel)	Bischof Hans Gernot Jung
Vereinigte Prot.-Christl. Kirche d. Pfalz (Speyer)	Kirchenpräsident Heinrich Kron

Lutherische Kirchen

Vereinigte Evangelisch-Lutherische Kirche Deutschlands (VELKD)

Ev.-Luth. Kirche in Bayern (München)	Landesbischof Johannes Hanselmann
Ev.-luth. Landeskirche in Braunschweig (Wolfenbüttel)	Landesbischof Gerhard Heintze
Nordelbische Ev.-Luth. Kirche (Kiel)	Bischof Karlheinz Stoll
Ev.-luth. Landeskirche Hannovers (Hannover)	Landesbischof Eduard Lohse
Ev.-Luth. Landeskirche Schaumburg-Lippe (Bückeburg)	Landesbischof Joachim Heubach

Übrige lutherische Kirchen

Ev.-Luth. Kirche in Oldenburg (Oldenburg)	Bischof Hans Heinrich Harms
Ev. Landeskirche in Württemberg (Stuttgart)	Landesbischof Hans von Keler

Reformierte Kirchen

Ev.-ref. Kirche in Nordwestdeutschland (Leer)	Kirchenpräsident Hinnerk Schröder
Lippische Landeskirche (Detmold)	Landessuperintendent Hans-Jakob Haarbeck

Bund der Evangelischen Kirchen in der DDR

Präses der Synode des Bundes der Ev. Kirchen in der DDR	Bischof Werner Krusche
Ev. Landeskirche Anhalts (Dessau)	Kirchenpräsident Eberhard Hatho
Ev. Kirche in Berlin-Brandenburg (Regionalsynode Ost; Berlin)	Bischof Gottfried Forck
Ev. Kirche des Görlitzer Kirchengebietes (Görlitz)	Bischof Hans-Joachim Wollstadt
Ev. Landeskirche Greifswald (Greifswald)	Bischof Horst Gienke
Ev.-Luth. Landeskirche Mecklenburgs (Schwerin)	Landesbischof Heinrich Rathke
Ev. Kirche der Kirchenprovinz Sachsen (Magdeburg)	Bischof Werner Krusche
Ev.-Luth. Landeskirche Sachsens (Dresden)	Landesbischof Johannes Hempel
Ev.-Luth. Kirche in Thüringen (Eisenach)	Landesbischof Werner Leich

hält, u. die Kirche der Methodisten in den USA. **2)** im bes. in Dtl. Bezeichnung für einzelne ev. Landeskirchen, namentl. bei Vereinigung v. Lutheranern u. Reformierten. Seit 1854 die *Ev. Kirchenkonferenz,* seit 1903 der *Dt.-ev. Kirchenausschuß* als einheitl. Organisation. Beide ersetzte 1922 der *Dt.-ev. Kirchenbund* bei voller Selbständigkeit der Einzelkirchen in Bekenntnis u. Verfassung. Gg. die nat.-soz. ,,Reichskirche" Widerstand der ⁄Bekennenden Kirche. 1948 ,,Grundordnung" der **E. K. in Dtl.** (EKD), ein Bund von luth., reformierten u. unierten Kirchen. Organe: die *Synode* mit dem Recht der Gesetzgebung; an sie gibt die *Kirchenkonferenz* Vorlagen; der durch beide Organe gewählte Rat der EKD hat die Aufgabe der Kirchenleitung u. -verwaltung. – 1969 trennten sich die Landeskirchen der DDR v. der EKD u. schlossen sich zum *Bund der Ev. Kirchen* in der DDR zusammen.

Evangelische Räte, die 3 Ratschläge Jesu zu Armut, Jungfräulichkeit u. Gehorsam, bei den Ordensleuten Gelübde.

Evangelischer Bund zur Wahrung der dt.-prot. Interessen e. V., will das Erbe der Reformation erhalten. 1948 Gründung des Konfessionskundl. Instituts in Bensheim.

Evangelischer Kirchentag, *Deutscher,* erst alljährl., dann zweijährl. Tagung ev. Laien, 1949 gegr. v. R. v. ⁄Thadden-Trieglaff; will die innere Einheit der ev. Kirche darstellen u. zur Überprüfung aller Lebensfragen v. Evangelium her anleiten.

Evangelischer Pressedienst (epd), die amtl. Nachrichtenagentur der Ev. Kirche in Dtl.; Sitz Bethel bei Bielefeld.

Evangelisches Hilfswerk ⁄Hilfswerk der Evangelischen Kirche in Dtl.

Evangelium *s* (gr. = Frohbotschaft), **1)** die Heilsbotschaft Jesu Christi. **2)** die 4 ersten Bücher des NT, von den *Evangelisten* Matthäus, Markus, Lukas u. Johannes verfaßt.

Evansville (: ewᵉnßwil), Stadt in Indiana (USA), 150000 E.; kath. Bischof; Univ., Holz- u. Eisenindustrie.

Evaporation *w* (lat.; Ztw. *evaporieren*), Verdampfung. **Evaporimeter** *s*, Verdunstungsmesser.

eventual, *eventuell* (lat.), möglicherweise.

Eventualität *w*, möglicher Fall.

Everest, *Mt. E.,* höchster Berg der Erde, im Himalaja (8848 m), Gipfel auf nepales. Gebiet, wurde 1953 erstmalig bezwungen.

Evergreen (: äwᵉrgrin, engl.), ein ungewöhnl. lange beliebtes Stück in der Unterhaltungsmusik.

EVG, ⁄Europ. Verteidigungsgemeinschaft.

Evidenz *w* (lat.), zwingende Gewißheit; *evident,* einleuchtend.

Evolution *w* (lat.), Entwicklung v. Niederen zum Höheren, Entfaltung nach Gesetzen u. inneren Anlagen. *E.stheorie* ⁄Abstammungslehre.

Evolvente *w* (lat.), ebene Kurve des Endpunkts eines Fadens, der v. einer andern Grundkurve *(Evolute)* abgewickelt wird; wichtig zur Konstruktion der Flankenform v. Zahnrädern *(E.nverzahnung).*

EWA ⁄Europäisches Währungsabkommen.

Ewer

Evolvente:
Konstruktion einer
Kreisevolvente

**Deutsche
Evangelische
Kirchentage**

1.	1949	Hannover
2.	1950	Essen
3.	1951	Berlin
4.	1952	Stuttgart
5.	1953	Hamburg
6.	1954	Leipzig
7.	1956	Frankfurt/M.
8.	1957	Berlin
9.	1959	München
10.	1961	Berlin
11.	1963	Dortmund
12.	1965	Köln
13.	1967	Hannover
14.	1969	Stuttgart
15.	1973	Düsseldorf
16.	1975	Frankfurt/M.
17.	1977	Berlin
18.	1979	Nürnberg
19.	1981	Hamburg

Ewe, Volk u. Sprache in Togo, Ost-Ghana u. Dahome.

Ewer *m,* flachbodiges Küstenschiff, meist unter Segel (als Anderthalbmaster).

EWG ⁄Europäische Wirtschaftsgemeinschaft.

Ewiger Jude ⁄Ahasverus.

Ewiges Licht, in den kath. Kirchen immer brennende Öllampe vor dem Allerheiligsten.

Ewige Stadt, Name Roms seit dem 4. Jh.

Ewigkeit, die jeden Anfang u. jedes Ende sowie jede Veränderung od. Aufeinanderfolge ausschließende Dauer eines Seins, die in der Weise nur Gott zukommt. E.svorstellungen finden sich in fast allen Religionen.

exakt (lat.), genau. **exakte Wissenschaften,** die nur auf messender Beobachtung (Versuch) u. mathemat. Beweisführung aufbauen. [überspannt.

exaltiert (lat.; Hw. *Exaltation*), aufgeregt,

Examen *s* (lat.), Prüfung. **Examinand,** Prüfling. **Examinator** (Ztw. *examinieren*), Prüfer.

Exanthem *s* (gr.), der ⁄Ausschlag.

Exarch (gr.), **1)** in der Ostkirche: ein unabhäng. Oberhirte (eines *Exarchates*). **2)** im Byzantin. Reich Statthalter, so der E. nach 553 im it. Exarchat (Gebiet um Ravenna).

ex cathedra (lat. = vom Lehrstuhl aus). Gemäß dem 1. Vatikanischen Konzil entscheidet der Papst e. c., d. h. unfehlbar, wenn er unter Vollgewalt seiner apostol. Autorität in Glaubens- od. Sittensachen lehrt u. ausdrückl. die ganze Kirche verpflichtet. ⁄Unfehlbarkeit.

Exchange *w* (: ikßtscheˈndsch, engl.), **1)** Austausch. **2)** (Geld-)Wechsel. **3)** Börse.

Exegese *w* (gr.), Erklärung, bes. der Hl. Schrift durch den *Exegeten.*

Exekution *w* (lat.; Ztw. *exekutieren*), Vollzug; Hinrichtung. **Exekutive** *w* (lat.), die vollziehende Gewalt (Verwaltung u. Regierung). ⁄Gewaltenteilung.

Exempel *s* (lat.), Beispiel; *ein E. statuieren;* ein warnendes Beispiel aufstellen; *exemplifizieren,* durch Beispiele erläutern.

Exemplar *s* (lat.), einzelnes Stück, Muster.

exemplarisch, musterhaft; abschreckend.

Exem(p)tion *w* (lat.), Befreiung von einer allg. Verbindlichkeit; Ausnahmestellung; Bw. *exem(p)t,* z. B. exemtes Bistum: unmittelbar dem Hl. Stuhl unterstellt.

Exequatur, *Exsequatur s* (lat. = er vollziehe), Zulassung eines Konsuls. [nis.

Exequien (Mz., lat.), Liturgie beim Begräbnis. **exerzieren** (frz.), üben. **Exerzitien** (Mz., lat.), geistl. Übungen in Zurückgezogenheit, bis zu 4 Wochen Dauer. ⁄Einkehrtage.

Exeter, Hst. der engl. Gft. Devon, 96000 E.; got. Kathedrale; anglikan. Bischof, Univ.

Exhaustor *m* (lat.), Gebläse zum Absaugen v. Luft, Gasen, Staub.

Exhibition *w* (lat.), öffentl. unzüchtige Entblößung.

exhumieren (lat.), eine Leiche ausgraben.

Exil *s* (lat.), Verbannung, Zufluchtsort).

Existenz *w* (lat.; Bw. *existentiell*), **1)** das Dasein (Ggs. Beschaffensein). **2)** Lebensunterhalt. **E.minimum** *s,* das zum Lebensunterhalt unbedingt Notwendige; Grenze durch den wechselnden Kulturstand bestimmt (daher auch *kulturelles E.minimum*).

Existenzphilosophie, *Existenzialismus,* philosoph. Richtung der Ggw., die sich mit der Vollzugsweise des menschl. Daseins befaßt; von ↗Kierkegaard angebahnt, in Dtl. ausgebildet, in Fkr. abgewandelt aufgenommen. Gemeinsam ist der E. der Ggs. zum geschlossenen System; dabei jedoch wesentl. Unterschiede je nach dem Verhältnis zum Sein. Vertreter: ↗Heidegger, ↗Jaspers, ↗Marcel, ↗Sartre.

Exitus *m* (lat.), Ausgang, Tod.

Exklave *w* (lat.), ↗Enklave.

exklusiv (lat.; Hw. *Exklusivität*), ausschließl., sich absondernd.

Exkommunikation *w* (lat.; Ztw. *exkommunizieren*), Kirchen-↗Bann.

Exkremente (Mz., lat.), menschl. u. tier. Ausscheidungsprodukte.

Exkret *s* (lat.), nach außen abgegebene ↗Absonderung aus ↗Drüsen u. Nieren.

Exkretion *w*, Abscheidung v. Flüssigkeit. **E.sorgane** bei Tieren u. Mensch Nieren u. Schweißdrüsen, bei Pflanzen Drüsen.

Exkurs *m* (lat.), Abschweifung. **Exkursion** *w*, Lehrausflug.

Exlibris *s* (lat. = aus den Büchern), Bucheigentumszeichen, oft künstler. gestaltet.

Exmatrikulation *w* (lat.; Ztw. *exmatrikulieren*), Streichung aus einer ↗Matrikel.

Exodus *m* (gr.), **1)** Ausgang, Auszug. **2)** das 2. Buch Moses.

ex officio (lat.), von Amts wegen.

exogen (gr.), außen entstanden; bei Pflanzen Bildung eines Organs in äußeren Schichten (Blätter, Stacheln). Ggs. ↗endogen.

Exorzismus *m* (lat.), ↗Beschwörung. **Exorzist,** fr. niederer Weihegrad kath. Kleriker.

Exosphäre *w* (gr.), Teil der ↗Lufthülle.

exoterisch (gr.), für Außenstehende bestimmt; Ggs. ↗esoterisch.

exotherm (gr.) ↗Thermochemie.

exotisch (gr.), ausländisch, fremdartig.

Expander *m* (lat.-engl.), sportl. Handgerät, zur Kräftigung der Muskulatur.

Expansion *w* (lat.), die Ausdehnung.

expatriieren (lat.), ausbürgern.

expedieren (lat.), abfertigen, befördern durch den *Expedienten.* **Expedition** *w*, Abfertigungsstelle; kriegerische od. wiss. Unternehmung.

Expektoration *w* (lat.; Ztw. *expektorieren*), Auswurf durch Husten.

Experiment *s* (lat.; Bw. *experimentell;* Ztw. *experimentieren*), Versuch, Erprobung.

Experte *m* (lat.), Sachverständiger.

explicite (lat.), ausdrücklich; **explizieren,** auseinandersetzen.

explodieren (lat.; Bw. *explosiv*), unter Knall zerplatzen. **Explosion** *w*, unter starker Gas- u. Wärmeentwicklung plötzl. chem. Zersetzung, z.B. von Sprengstoff, Kohlenstaub, Benzin-Luft-Gemischen usw. **E.skrater,** neue Krateröffnung b. Vulkanen. **E.smotor,** mit explosivem Gas-Luft-Gemischen betriebener ↗Verbrennungsmotor. **Explosivstoffe,** chemische Verbindungen oder Gemenge, die sich zersetzen od. in Reaktion treten. *Brisante E.* (Sprengstoffe) erzeugen schnelle Verbrennung (*Detonation*) u. wirken zerschmetternd (Dynamit, Schieß-

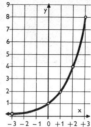

Exlibris

Exponentialfunktion
(y = 2ˣ)

baumwolle, Pikrinsäure); Zündmassen für Geschoßtreibmittel verbrennen langsam (*Deflagration*).

Exponent *m* (lat.), *Hochzahl,* gibt an, wie oft in einer Potenz die Grundzahl als Faktor vorkommt, z.B. $a^3 = a \cdot a \cdot a$. **Exponentialfunktion** *w* (lat.), allg. eine Funktion, in der die Variable x als Exponent vorkommt: $y = a^x$; speziell die Funktion $y = e^x$.

exponieren, darlegen, herausstellen; in der Photographie: belichten; **exponiert,** (Angriffen) ausgesetzt; hochgestellt.

Export *m* (frz.; Ztw. *exportieren*), Ausfuhr. **Exporteur** *m* (: -tör), Ausfuhrhändler.

Exposé *s* (frz.), **1)** *allg.:* Erklärung, Denkschrift, Bericht. **2)** *Film:* Vorstufe des ↗Drehbuchs, nur wenige Seiten umfassender Entwurf.

Exposition *w* (lat.), **1)** im Drama: Einführung in Vorgeschichte u. Situation. **2)** ↗Sonate.

expreß (lat.), **1)** ausdrücklich. **2)** eilig, so v. Zügen, Boten. **E.gut,** schnellste Beförderungsart bei der Eisenbahn für Stückgut; erhöhter Frachtsatz.

Expressionismus *m* (lat.), **1)** *Bildende Kunst:* Stilrichtung bes. der dt. Kunst im 1. Drittel des 20. Jh.; Reaktion auf ↗Naturalismus u. ↗Impressionismus. Vorläufer waren Cézanne, van Gogh, Gauguin u. der ↗Jugendstil; Hauptvertreter die Künstlergruppen ↗Brücke u. ↗Blauer Reiter, daneben bedeutende Einzelgänger. Dem E. verwandte Ziele verfolgten im Ausland Ensor, Rouault u. Chagall, der ↗Fauvismus u. ↗Kubismus. **2)** *Literatur:* Dichtung nach 1900 als Gegenströmung zu Naturalismus u. Impressionismus: Versuche einer Erneuerung v. der Idee her, eigentüml. Pathos, Gemeinschaftsgefühl waren kennzeichnend. Drama: Barlach, Hasenclever, Kaiser, Sorge; Lyrik: Trakl, Heym, Stadler, Werfel, J. R. Becher; Roman: Döblin.

ex professo (lat.), berufsmäßig.

Expropriation *w* (lat.), Enteignung.

exquisit (lat.), ausgesucht, erlesen.

Exsikkator *m* (lat.), Austrockner; enthält Calciumchlorid, Schwefelsäure, Silicagel; zur Trockenhaltung chem. Präparate.

Exstirpation *w* (lat.), Entfernung eines kranken Körperteils od. Organs.

Exsudat *s* (lat.), Austritt v. eiweißhalt. Flüssigkeit bei Entzündungen.

Extension *w* (lat.), Ausdehnung. **extensiv,** ausgedehnt wirkend. Ggs. intensiv.

Expressionismus:
oben E. Nolde: Prophet
(1912; Holzschnitt);
rechts Chr. Rohlfs:
Tod als Jongleur
(1918/19; Holzschnitt)

Externsteine: Kreuzabnahme

Extensor *m*, Streckmuskel.
Exterieur *s* (: -riör, frz.), Außenseite, Erscheinung.
extern (lat.), auswärtig, fremd.
Externsteine, mächtige Felsgruppe im O des Teutoburger Waldes, bis 38 m hoch; Kapelle seit 1115, Felsrelief (5,5 m hoch) mit Kreuzabnahme aus dem 12. Jh.
Exterritorialität *w* (lat.; Bw. *exterritorial*), völkerrechtl. die Ausnahmestellung gewisser Personen u. Sachen in einem fremden Staat; gilt für fremde Staatsoberhäupter, Gesandte, deren Familien, diplomat. u. persönl. Personal. Das Gesandtschaftsgebäude darf ohne Zustimmung nicht betreten werden.
Extertal, westfälische Gemeinde westl. von Hameln, 12 600 E.
Extinktion *w* (lat.), Helligkeitsverminderung des Lichtes beim Durchgang durch trübe Medien (z. B. Wasser, Luft).
extra (lat.), eigens; außer(ordentlich).
extrakorporale Geräte, Sammel-Bz. für med. Geräte, die *außerhalb* des Körpers für längere od. kürzere Zeiten bestimmte Organfunktionen übernehmen: Herz-Lungen-Maschine (□ 387), künstl. Niere.
Extrakt *m* od. *s* (lat.), eingedickter Auszug aus Pflanzen- u. Tierstoffen. **Extraktion** *w*, 1) Gewinnung v. Stoffen aus Stoffgemischen mit Lösungsmitteln. 2) Entfernen v. Fremdkörpern od. Organteilen (Zähnen).
extraordinär (frz.), außerordentlich.
Extraordinarius *m* (lat.), außerordentlicher, nicht vollberechtigter Professor an Hochschulen.
Extrapolation *w* (lat.), physikal., mathemat., die Ausdehnung von numer. Beziehungen über den zur Ableitung der Beziehung verwendeten Teil hinaus. Ggs. Interpolation.
extravagant (lat.), absonderlich, überspannt.
extravertiert (lat.), in der Typenlehre C. G. ↗Jungs der nach außen, zur Wirklichkeit u. zum prakt. Handeln gewandte, leicht Kontakt findende Typ; Ggs. *introvertiert*, nach innen gewandt, subjektiv.
extrem (lat.), äußerst, übertrieben. **E.** *s*, höchster Grad, äußerster Gegensatz.

Extremitäten *w*, Gliedmaßen.
Extruder *m* (lat.-engl.), Maschine zum Strangpressen, z. B. von Kunststoffen. □ 524.
Exzellenz *w* (lat.), Titel für hohe Beamte, heute noch für Botschafter u. Bischöfe.
Exzenter *m*, *Exzentrik* *w* (lat.), die auf einer Welle exzentrisch sitzende Kreisscheibe.
exzentrisch (lat.), vom Mittelpunkt abweichend; überspannt.
Exzentrizität *w* (lat.), 1) Verstiegenheit. 2) in der Mathematik: *lineare* E., bei Ellipse u. Hyperbel der Abstand der Brennpunkte v. Mittelpunkt.
Exzeption *w* (lat.), Ausnahme. **exzeptionell**, ausnahmsweise.
Exzerpt *s* (lat.; Ztw. *exzerpieren*), Auszug aus einem Buch.
Exzeß *m* (lat.), Ausschreitung.
Exzision *w* (lat.; Ztw. *exzidieren*), das Ausschneiden (einer frischen Wunde).
Eyck *van*, 2 Brüder, führende Meister der altniederländ. Malerei, malten den Genter Altar: 1) *Hubert*, um 1370–1426; 2) *Jan*, um 1390–1441; verbinden mittelalterl. Frömmigkeit mit realist. Darstellung.
Eylau, 1) *Deutsch-E.*, poln. *Iława*, ostpreuß. Stadt am Geserichsee, 16 000 E. 2) *Preußisch-E.*, russ. *Bagrationowsk*, Stadt südl. v. Königsberg, 5000 E.
Eyresee (: ä^{er}-), *Lake Eyre*, abflußloser Salzsee im NO Südaustraliens, 12 m u. M., ca. 15 000 km², über 20 m tief.
Ezechias, gottesfürchtiger König v. Juda, 8./7. Jh. v. Chr.; kämpfte gg. die Philister.
Ezechiel, *Hesekiel*, einer der Propheten des AT, 597 v. Chr. nach Babylon verschleppt; wirkte dort als Helfer u. Stütze unter den Juden; bibl. *Buch E.*
Ezra ↗Esdras.
EZU, Abk. für ↗Europäische Zahlungsunion.
Ezzelino da Romano, Führer der Ghibellinen in It., 1194–1259; Parteigänger u. Schwiegersohn Ks. Friedrichs II.
Ezzolied, um 1063 entstandenes Gedicht des Bamberger Klerikers *Ezzo*; schildert in früh-mhd. Sprache die Heilsgeschichte.

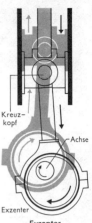

Kreuz-kopf

Achse

Exzenter

Exzenter

lineare Exzentrizität
$$e = \sqrt{a^2 - b^2}$$
numerische Exzentrizität
$$\varepsilon = \frac{e}{a} = \sqrt{1 - \frac{b^2}{a^2}}$$

Exzentrizität

J. van Eyck: Madonna des Kanzlers Rolin

F

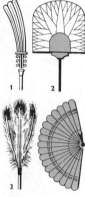

Fächer: 1 assyr. F. (Wedel), 2 ägypt. F. (von Fächerträgern getragen), 3 Straußenfeder-F., 4 Falt-F.

Fächerflügler

Fadenzähler

f, Abk. für ↗Femto. **F, 1)** chem. Zeichen für ↗Fluor. **2)** Abk. für ↗Farad, **3)** für die Temperatureinheit nach ↗Fahrenheit.
Fa., Abk. für Firma.
Fabbri, *Diego,* it. Schriftsteller, * 1911; Dramen *(Der Prozeß Jesu),* Filmdrehbücher u. Essays.
Fabel, lehrhafte Dichtung, bes. aus dem Natur- u. Tierleben (Äsop, La Fontaine, Gellert, Lessing).
Faber (eig. Favre), *Petrus,* sel. (7. Aug.), SJ, 1506–46; Gefährte des hl. Ignatius v. Loyola, 1. in Dtl. wirkender Jesuit.
Fabian Society (: fẹ'bj⁰n ßᵉßai⁰ti, engl.), 1883 in Engl. gegr.; Vertreter eines gemäßigten wiss. Sozialismus; v. Einfluß auf die Labour Party.
Fabier (Mz.), **1)** altröm. Geschlecht, dem der Diktator *Fabius Maximus* (gen. *Cunctator* = Zauderer, wegen seiner abwartenden Kriegführung gg. Hannibal) angehörte. **2)** dt. Bz. für die ↗Fabian Society.
Fabrik *w* (lat.-frz.), einheitl. geleiteter Produktionsbetrieb; unterscheidet sich v. Handwerksbetrieb durch Umfang, bes. weitgehende Technisierung (Maschineneinsatz, Automation) u. Arbeitseinsatz (umfassende Arbeitsteilung bzw. -zerlegung; Fließband). **Fabrikant** *m,* Inhaber einer Fabrik. **Fabrikat** *s,* Erzeugnis, Ware. **Fabrikation** *w* (Ztw. *fabrizieren),* die Herstellung v. Gütern in einer Fabrik. **Fabrikmarken** ↗Warenzeichen.
Facette *w* (: faßät, frz.), Schleifseite, schräge Kante. **F.nauge,** *Netzauge,* ↗Auge. **facettieren,** (vieleckig) schleifen.
Fächer *m,* Gerät zur Erzeugung kühlender Luftbewegung; schon im Alt. bekannt.
Fächerflügler, Insekten mit farbigen Hinterflügeln (Männchen).
Fächerpalme, *Palmyra-* u. *Delebpalme.*
Fachhochschule, Hochschule neuen Typs, die sich v. der wiss. Hochschule durch ein betont praxisorientiertes Studium unterscheidet.
Fachoberschule ↗Fachschulreife.
Fachschule, dient der Vertiefung u. Ergänzung des prakt. u. theoret. Könnens od. der Vorbereitung auf einen neuen Beruf auf der Grundlage einer vorausgegangenen Berufsausbildung; unterscheidet sich v. der ↗Berufsschule durch den freiwilligen Besuch.
Fachschulreife, berechtigte 1949/69 zum Eintritt in Ingenieurschulen u. Höhere Fachschulen, seit deren Umgestaltung zu ↗Fachhochschulen Voraussetzung für den Besuch der Oberstufen der vor der Fachhochschule zu absolvierenden 2jährigen *Fachoberschulen.* Die F. ist ein Kernstück des ↗Zweiten Bildungswegs.
Fachwerk, Bauweise, in Holz, Stahl od. Stahlbeton ausgeführt, bei der das Gerüst aus Säulen, Querriegeln u. Streben besteht; bei der *F.wand* werden die Felder mit Mauerwerk, Beton, Lehm ausgefüllt. **F.träger,** besteht aus Gurtungen, Pfosten u. Schrägen; für freitragende Konstruktionen.
Facialislähmung (lat.), Lähmung des Gesichtsnervs einer Gesichtshälfte.
Fackel, Leuchtkörper aus harzreichem Holz

(meist mit Pech getränkter Fichtenspan) od. aus Wachs (auch Magnesium). **F.lauf,** hatte im alten Griechenland religiösen Charakter; heute noch anläßl. bes. Feierlichkeiten (z. B. zur Eröffnung der Olymp. Spiele v. Olympia zum jeweiligen Austragungsort).
Façon *w* (: faßõn, frz.), ↗Fasson.
Factoring *s* (: fäktᵉring, engl.), in den USA entwickelte Methode der Absatzfinanzierung, bei der ein Finanzierungsinstitut *(Factor)* die Forderungen der Produzenten kauft u. das Inkasso auf eigene Gefahr u. Rechnung übernimmt.
Faden, 1) veraltetes Längen- u. Tiefenmaß, 1 F. = 1,829 m. **2)** in der Spinnerei: Fasergebilde. *F.arten:* Zwirn, Schnur, Saite. Gewebe entstehen aus Kette u. Schuß. Bei Gazegewebe umschlingen sich Fäden. Wirkwaren, aus nur einem F. hergestellt. **F.kreuz,** im Fernrohr sich kreuzende feine Fäden; zum genauen Einstellen. **F.würmer,** *Nematoden,* fadenförm. Würmer; Schmarotzer; auch im Menschen; Maden-, Spulwürmer, Trichinen. **F.zähler,** meist klappbare, schwach vergrößernde Lupe zur Gewebeuntersuchung.
Fading *s* (: fẹ'ding, engl.), Schwanken der Lautstärke des Radios *(F.-Effekt);* durch ↗Interferenz zwischen 2 Wellen.
Faenza, ober-it. Stadt in der Prov. Ravenna, 56000 E.; Bischof; Majolikafabriken (seit 14. Jh.; „Fayence"); Keramikmuseum.
Fafnir, *Fafner,* Riese der nord. Sage in Drachengestalt.
Fagott *s* (it.), Holzblasinstrument mit Doppelrohrblatt u. Klappen. Das Rohrblatt, das v. Spieler zw. die Lippen genommen wird, ist durch ein S-förmiges Röhrchen mit dem kon. gebohrten, U-förmig geknickten Rohr verbunden.
Fahlerze, schwefelhaltige Arsen- u. Antimonverbindungen der Metalle.
Fahndung *w,* Maßnahme der Kriminalpolizei, Staatsanwaltschaft od. Gerichte zur Ermittlung v. Verbrechen od. strafbar abhanden gekommenen Sachen. Mittel: *F.sblätter, Steckbrief.*
Fahne, 1) an einer Stange befestigtes, durch Embleme u. Farben bes. gezeichnetes Tuch als Sinnbild einer Vereinigung od. einer Machtfülle (im MA der Banngewalt). Ursprung der F.n sind die Feldzeichen des Alt. Die *Weiße F.* bedeutet Verhandlungs- od. Kapitulationsbereitschaft. **2)** im Druckereiwesen: der ↗Bürstenabzug. **F.neid,** eidl. Verpflichtung des Soldaten; in der BRD anstelle des F.neids nur feierl. Gelöbnis für Wehrpflichtige; Berufssoldaten u. Soldaten auf Zeit leisten einen Diensteid.
Fahnenfisch, *Schmetterlingsfisch,* prachtvoll gefärbter ↗Schuppenflosser.
Fahnenflucht, unbefugtes Verlassen der Truppe, um sich dem Wehrdienst dauernd od. für einen bewaffneten Einsatz zu entziehen.
Fahnenjunker, *Fähnrich,* Offiziersanwärter.
Fahrausweis, *Fahrkarte, Fahrschein,* Ausweis über die Entrichtung des Fahrgeldes *(Fahrpreis)* bei einem Verkehrsunternehmen; übertragbar, sofern nicht mit bes. Vergünstigungen verbunden.

Fahrdynamik, untersucht die Bewegung v. Fahrzeugen, z. B. *Fahrwiderstand,* die Summe der Widerstände, die auf ein Fahrzeug einwirken, Verhalten in Kurven usw.

Fähre, Fahrzeug zur Beförderung v. Personen u. Lasten über Flüsse, Seen, Meerengen; freifahrend od. seilgebunden. F.narten: *Kahn-* u. *Dampf-F., fliegende F., Sell-*od. *Ketten-F., Schwebe-F.;* für große Lasten *Fährschiffe, Eisenbahn-F.*n.

Fahrende, *F. Leute, F.s Volk,* Gaukler, Spielleute im MA; heute Bz. für Hausierer, Zigeuner, Zirkusleute usw.; früher die *F.n Sänger,* die an Höfen um Lohn Dichtungen vortrugen. **F. Schüler** ⁄Vaganten.

Fahrenheit, nach *Daniel F.* (1686–1736), ⁄Thermometer-Einteilung in 180 Grade, Gefrierpunkt bei 32° F, Siedepunkt bei 212° F; z. T. in angelsächs. Ländern in Gebrauch. ☐ 983.

Fahrerflucht, Verhinderung der Sachaufklärung bei einem Verkehrsunfall, indem man sich der Feststellung seiner Person, seines Fahrzeuges, der Art seiner Beteiligung entzieht. Wer sich entfernt, um Hilfe zu holen, muß unverzüglich an den Unfallort zurückkehren. ☐ 1053.

Fahrerlaubnis, Erlaubnis durch die Verwaltungsbehörden zur Führung eines Kraftfahrzeuges auf öff. Straßen; ⁄Führer-**Fahrkarte** ⁄Fahrausweis. [schein.

Fahrlässigkeit, Begründung einer Gefahr durch Verletzung einer Sorgfaltspflicht. Die Gefahr muß dabei voraussehbar gewesen sein. Grundsätzl. besteht Haftung für jede F., Strafbarkeit bei Polizeidelikten immer, sonst nur in den gesetzl. vorgesehenen Fällen (z. B. bei fahrlässiger Tötung).

Fahrleitung, die Stromzuführung der ⁄elektrischen Bahnen.

Fahrnis *w,* rechtl.: bewegliches Gut.

Fahrrad, zweirädriges Nahverkehrsmittel. Bestandteile: Stahlrohrrahmen, bewegl. Vorderradgabel mit Lenkstange. Tretkurbel mit Kettenrad u. Pedalen, Vorder- u. Hinterrad (bestehend aus Achse, Nabe, Drahtspeichen, Felge, Reifenmantel, Luftschlauch); im Hinterrad ⁄Freilauf (meist mit Rücktrittbremse); Achsen mit Kugellager. Ferner 2., unabhängige Bremse u. beleuchteter Rückstrahler u. Scheinwerfer. Kraftübertragung v. großen auf kleines Kettenrad (am Hinterrad), Übersetzungsverhältnis oft umschaltbar.

Fahrschein ⁄Fahrausweis.

Fahrstuhl, beim ⁄Aufzug das Gehäuse für Personen od. Güter, auch der Aufzug selbst.

Fährte, Sohlenabdruck des Wildes.

Fahrtreppe, *Rolltreppe,* laufende Treppe (Stufen an einem über Rollen geführten, v. Elektromotor angetriebenen Band), zur Beförderung großer Menschenmassen v. Stockwerk zu Stockwerk, z. B. in Warenhäusern, Unterführungen.

Fahrtrichtungsanzeiger, an Kraftfahrzeugen gesetzl. vorgeschriebene Lichtsignale; Blinker od. (selten) Pendelwinker.

Fahrtschreiber, *Tachograph,* mit dem Tachometer gekoppeltes Registriergerät, das Fahrstrecke, Geschwindigkeit u. Uhrzeit angibt; für bestimmte Fahrzeuge Pflicht.

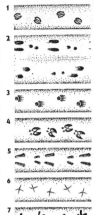

Fährte: 1 Reh, **2** Hase (hoppelt – läuft), **3** Fuchs, **4** Wildschwein, **5** Eichhörnchen, **6** Rebhuhn, **7** Fasan

Gummihand-lauf / Antrieb des Geländers / äußere Schiene / Kette / innere Schiene / Antriebsrad

Fahrtreppe: Schnitt durch den oberen Umlenkteil einer F.

Fahrwasser, *Schiffahrtsweg,* mit ⁄Seezeichen markierte, oft ausgebaggerte *Fahrrinne.*

Faible (: fäbl, frz.), Schwäche, Liebhaberei.

fair (: fäʳ, engl.), anständig. *F.ness w,* Anstand. *F. play s* (: -pleⁱ), ehrl. Spiel.

Fairbanks (: fäʳbänkß), Bergwerksort (Gold, Kohle) in Alaska, 15000 E.; Endpunkt der Alaskabahn, Flughafen; Univ.; kath. Bischof.

Fair Deal *m, s* (: fäʳ dil, engl. = gerechter Anteil), nach 1945 v. den USA propagierter Grundsatz einer liberalen Wirtschaftspolitik, die jeder Nation einen gerechten Anteil an den Wirtschaftsgütern sichern sollte.

Faistauer, *Anton,* östr. Maler, 1887–1930; in Stilleben u. Landschaften zunächst v. Cézanne beeinflußt; dann v. östr. Barock geprägt.

Fait accompli *s* (: fätakõnpli, frz.), vollendete Tatsache.

Faith and Order (: feⁱß änd oʳdᵉʳ, engl. = Glaube u. [Kirchen-]Verfassung), Teil der ev. ⁄Ökumen. Bewegung, v. dem am. Bischof *C. Brent* gegr.; 1. Weltkonferenz Lausanne 1927, 2. Edinburgh 37, 3. Lund 52, 4. Montreal 63; seit 48 selbständ. Zweig des ⁄Weltrats der Kirchen.

Fajum, *El-Faiyûm,* oberägypt. Oase; ein gebirgsumrandetes Becken am Rand der Libyschen Wüste; 1737 km² Kulturland (Anbau v. Baumwolle, Zuckerrohr), 1,2 Mill. E.; Hst. *Medinet el-F.* (167000 E.).

Fäkalien (Mz., lat.), Kot.

Fakir *m* (arab.), ind. Asket u. Wundertäter.

Faksimile *s* (lat.), genaue Nachbildung einer Schrift, Zeichnung usw. durch Druck oder moderne Reproduktionsverfahren.

Faktion *w* (lat.), polit. Gruppe.

faktisch (lat.), wirklich, tatsächlich.

Faktor *m* (lat.), 1) Wirkkraft. 2) In der Arithmetik: Bz. der Größen, die miteinander multipliziert werden. 3) Leiter einer Setzerei od. Druckerei. 4) Leiter einer Handelsniederlassung im Ausland *(Faktorei).*

Faktotum *s* (lat. = mach alles), wer zu allem zu gebrauchen ist.

Faktum *s* (lat.; Mz. *Fakta* od. *Fakten),* Tatsache; *de facto,* tatsächlich.

Faktura *w* (it.), Warenrechnung. **fakturieren,** Rechnung ausstellen.

Fakultät *w* (lat.), 1) im Hochschulwesen: die Körperschaft der Dozenten eines Hauptwissenschaftsgebietes, z. B. theolog., philosoph., rechtswissenschaftl., med. F.; heute oft in Fachgruppen oder Abteilungen untergliedert od. durch diese ersetzt. 2) in der Mathematik: z. B. das Produkt 1 · 2 · 3 · 4 · 5 (gelesen „fünf Fakultät" u. geschrieben 5!) = 120; allg. n! = 1 · 2 · 3 ... · n.

fakultativ (lat.), wahlfrei, beliebig.

Falange *w* (: falanche), span. Partei mit sozialrevolutionärem Programm, 1933 gegr. v. José Antonio Primo de Rivera; seit 42 einzige Partei.

Falbe *m,* blaßgelbes Pferd.

Falconet (: falkonä), *Étienne Maurice,* frz. Bildhauer, 1716–91; führte durch beruhigtere Formen über das Rokoko hinaus; schuf in St. Petersburg das *Reiterstandbild Peters d. Großen.*

Leo Fall | Manuel de Falla | Hans Fallada

Falken
Wander-F.
Falco peregrinus
38–48 cm lang

Jagd- oder Ger-F.
Falco rusticolus
51–56 cm lang

Zwerg-F. oder Merlin
Falco columbarius
27–33 cm lang

Baum- oder Lerchen-
Falke
Falco subbuteo
30–36 cm lang

Turm- oder Rüttel-F.
Falco tinnunculus
35 cm lang

Falle: 1 Schwanenhals,
2 Kasten-, **3** Schlag-F.,
4 Tellereisen
(zugeschlagen)

Falerner *m*, süd-it. Wein.
Falk, *Adalbert*, 1827–1900; 1872/79 preuß. Kultusmin. (Nationalliberaler); verantwortl. für die Kulturkampfgesetze.
Falke, Raubvogel mit Zahnfortsatz an der Schnabelspitze. a) *Edel-F.*, fängt Beute im Flug *(Jagd-F., Wander-F., Zwerg-F.).* b) *Rot-F.*, überfällt seine Beute am Boden *(Turm-F., Blau-F.).* ☐ 1045, 1065.
Falken (Mz.), *Sozialist. Jugend Dtl.s – Die Falken*, 1945 gegr., in der Zielsetzung der SPD verbundene Jugendorganisation.
Falkenau, tschech. *Sokolov* (bis 1948 *Falknov nad Ohří*), nordwestböhm. Stadt an der Eger, 20000 E.; Braunkohlengruben, Baumwollspinnerei.
Falkenbeize, die Jagd mit Falken auf Kleinwild.
Falkenhayn, *Erich v.*, 1861–1922; 1913/15 preuß. Kriegsmin., 14/16 Generalstabschef, 16/18 Armeeführer.
Falkensee, brandenburg. Stadt westl. v. Berlin (Bez. Potsdam), 26000 E.; Kleineisenindustrie.
Falkenstein, *F. im Vogtl.*, sächs. Stadt im Erzgebirge, östl. v. Plauen, 15000 E.; Textilindustrie.
Falklandinseln, *Malwinen*, brit. Inselgruppe (Kronkolonie) im südatlant. Ozean; unter den etwa 200 Eilanden 2 bergige Hauptinseln, 11960 km², 2100 E.; Hauptort Port Stanley. Argentinien beansprucht die F.
Falknerei, Abrichtung v. Falken zur ∕Falkenbeize.
Fall, 1) *freier F.*, durch die Anziehungskraft der Erde gleichmäßig beschleunigte Bewegung eines in Richtung des Erdmittelpunktes fallenden Körpers; nur im luftleeren Raum fallen alle Körper gleich schnell. *F.gesetze: F.beschleunigung* $g = 9,81 \text{ m/s}^2$; *F.strecke* s in t Sekunden $= \frac{1}{2} g \cdot t^2$; *F.geschwindigkeit* v nach t Sekunden $= g \cdot t$. Die F.gesetze wurden v. Galilei abgeleitet. **2)** in der Sprachlehre *Beugefall*, lat. *Casus.* Die Beugefälle sind Abänderungen der Stammformen des Haupt-, Für-, Bei- u. Geschlechtsworts (Artikels); im Dt.: Werfall, Nominativ; Wesfall, Genetiv; Wemfall, Dativ; Wenfall, Akkusativ.
Fall, *Leo*, östr. Operettenkomponist, 1873–1925; *Der fidele Bauer, Dollarprinzessin.*
Falla (: *falja*), *Manuel de*, span. Komponist, 1876–1946; Impressionist; Opern, Ballettmusik *(Dreispitz)*; Orchesterwerke, Vokal-, Kammer- u. Klaviermusik.

Fallada, *Hans* (eig. Rudolf Ditzen), dt. Romanschriftsteller, 1893–1947; schildert realist. u. zugleich v. Mitleid bestimmt die Nöte der „Kleinen Leute". *Kleiner Mann, was nun?; Wer einmal aus dem Blechnapf frißt.*
Fallbö, nach unten gerichteter Windstoß.
Falle, zum Fang v. schädl., bes. Raubtieren. F.narten: *Rasen-F., Tellereisen, Schwanenhals, Marder-F., Kasten-F.*
Fallhammer, Fallwerk, maschinell betriebene Anlage zum Schmieden, Prägen, Stanzen.   [raten.
fallieren (it.; Hw. *Falliment*), in Konkurs ge-
Fälligkeit, die vereinbarte od. sich aus den Umständen ergebende *Leistungszeit* für eine Schuld.
Fallout *m* (: *fålaut*, engl.), der oft weltweite radioaktive Niederschlag nach Kernwaffenexplosionen. ☐ 477.
Fallreep *s*, bewegl. Schiffstreppe für den Personenverkehr.
Fall River (: *fål river*), Ind.- u. Hafenstadt in Massachusetts (USA), 100000 E.; kath. Bischof; Textilindustrie.
Fallschirm, erlaubt Menschen u. Lasten aller Art, aus Luftfahrzeugen sicher zur Erde niederzuschweben; Sinkgeschwindigkeit um 5 m/s; Mindestsprunghöhe je nach Ausführung des F. 30–70 m.
Fallsucht ∕Epilepsie.
Fällung *w*, Ausscheidung eines festen Stoffs aus einer Lösung.
Fallwild, verendetes Wild.
Falschbeurkundung, vorsätzl. unrichtige Beurkundung eines Vorgangs in einer amtl. Urkunde durch einen zur Beurkundung berechtigten Beamten.
falsche Anschuldigung, Verdächtigung einer Person gegenüber einer Behörde, eine strafbare Handlung begangen od. eine Dienst- od. Amtspflicht verletzt zu haben.
Falscheid, Erstattung einer falschen Aussage unter Eid. ∕Meineid.
Falschgeld, Münz- od. Papiergeld, das nachgeahmt *(Falschmünzerei)*, echtes Geld, dem durch Veränderungen die Schein eines höheren Wertes gegeben, od. außer Kraft gesetztes Geld, das gültigem gleichgemacht wurde *(Münzfälschung).*
Falsett *s* (it.), hohe, durch Brustresonanz verstärkte ∕Fistelstimme.
Falsifikat *s* (lat.), etwas Gefälschtes. **Falsifikation** *w*, Fälschung.
Falstaff (: *fålßtaf*), Verkörperung derb-witziger Lebenslust, Prahler; Figur bei Shakespeare u. in Opern v. Nicolai u. Verdi.
Falster, dän. Ostseeinsel; Obst- u. Zuckerrübenbau; 514 km², 50000 E.; Hst. Nyköbing. Brücke nach Seeland.

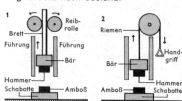

Fallhammer: **1** Brett-, **2** Riemenfallhammer

Edelsteine und Schmucksteine

1 Amethyst, 2 Rosa Topas, 3 Malachit, 4 Saphire, 5 Kunzit, 6 Opal, 7 Chrysoberyll, 8 Turmalin, 9 Diamant im Muttergestein, 10 Sternsaphir, 11 Rhodonit, 12 Quarztopas, 13 Blauer Zirkon, 14 Aquamarin, 15 Chrysopras, 16 Amazonit, 17 Orientalischer Türkis, 18 Tigerauge, 19 Gestreifter Achat, 20 Granat, 21 Hyazinth, 22 Topas, 23 Rosenquarz, 24 Türkismatrix, 25 Lapislazuli

Verkehrszeichen und Verkehrseinrichtungen

Verkehrszeichen sind Gefahrenzeichen, Vorschriftszeichen und Richtzeichen.

§ 39 Straßenverkehrsgesetz (StVG) in der Fassung, die seit dem 1.3.1971 in Kraft ist.
Die Zahlen an den Verkehrszeichen entsprechen der amtlichen Nummerierung.

Gefahrenzeichen (§ 40) mahnen, sich auf die angekündigte Gefahr einzustellen. Außerhalb geschlossener Ortschaften stehen sie im allgemeinen 150-200 m vor der Gefahrenstelle.

Gefahrenzeichen: 101 Gefahrenstelle; **102** Kreuzung oder Einmündung mit Vorfahrt von rechts; **103** Kurve (rechts); **105** Doppelkurve (zunächst rechts); **108** Gefälle; **110** Steigung; **112** Unebene Fahrbahn; **114** Schleudergefahr bei Nässe oder Schmutz; **115** Steinschlag; **117** Seitenwind; **120** Verengte Fahrbahn; **121** Einseitig (rechts) verengte Fahrbahn; **123** Baustelle; **125** Gegenverkehr; **128** Bewegliche Brücke; **129** Ufer; **131** Lichtzeichenanlage; **134** Fußgängerüberweg; **136** Kinder; **138** Radfahrer kreuzen; **140** Tiere; **142** Wildwechsel; **144** Flugbetrieb; **150** Bahnübergang mit Schranken oder Halbschranken; **151** Unbeschrankter Bahnübergang; **153** Dreistreifige Bake (links) vor beschranktem Bahnübergang; **156** Dreistreifige Bake (rechts) vor unbeschranktem Bahnübergang; **159** Zweistreifige Bake (links); **162** Einstreifige Bake (rechts).

Vorschriftszeichen (§ 41) können durch Verkehrsschilder oder weiße Fahrbahnmarkierungen versinnbildlicht werden. Die Schilder stehen im allgemeinen dort, wo oder von wo an die Anordnungen zu befolgen sind. Das Ge- und Verbot beginnt unmittelbar am Zeichen und endet an der nächsten Kreuzung bez. Einmündung. Man unterscheidet: a) Warte- und Haltgebote (Zeichen 201-208); b) Vorgeschriebene Fahrtrichtung (Zeichen 209-220); c) Vorgeschriebene Vorbeifahrt (Zeichen 222); d) Haltestellen (Zeichen 224-229); e) Sonderwege (Zeichen 237-241); f) Verkehrsverbote (Zeichen 250-269); g) Streckenverbote (Zeichen 274-282); h) Halteverbote (Zeichen 283-292); i) Markierungen (Zeichen 293-299).

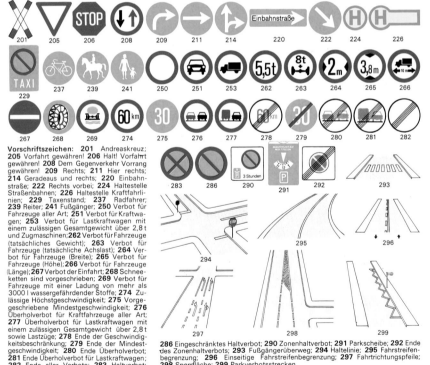

Vorschriftszeichen: 201 Andreaskreuz; **205** Vorfahrt gewähren! **206** Halt! Vorfahrt gewähren! **208** Dem Gegenverkehr Vorrang gewähren! **209** Rechts; **211** Hier rechts; **214** Geradeaus und rechts; **220** Einbahnstraße; **222** Rechts vorbei; **224** Haltestelle Straßenbahnen; **226** Haltestelle Kraftfahrlinien; **229** Taxenstand; **237** Radfahrer; **239** Reiter; **241** Fußgänger; **250** Verbot für Fahrzeuge aller Art; **251** Verbot für Kraftwagen; **253** Verbot für Lastkraftwagen mit einem zulässigen Gesamtgewicht über 2,8 t und Zugmaschinen; **262** Verbot für Fahrzeuge (tatsächliches Gewicht); **263** Verbot für Fahrzeuge (tatsächliche Achslast); **264** Verbot für Fahrzeuge (Breite); **265** Verbot für Fahrzeuge (Höhe); **266** Verbot für Fahrzeuge (Länge); **267** Verbot der Einfahrt; **268** Schneeketten sind vorgeschrieben; **269** Verbot für Fahrzeuge mit einer Ladung von mehr als 3000 l wassergefährdender Stoffe; **274** Zulässige Höchstgeschwindigkeit; **275** Vorgeschriebene Mindestgeschwindigkeit; **276** Überholverbot für Kraftfahrzeuge aller Art; **277** Überholverbot für Lastkraftwagen mit einem zulässigen Gesamtgewicht über 2,8 t sowie Lastzüge; **278** Ende der Geschwindigkeitsbeschränkung; **279** Ende der Mindestgeschwindigkeit; **280** Ende Überholverbot; **281** Ende Überholverbot für Lastkraftwagen; **282** Ende aller Verbote; **283** Haltverbot; **286** Eingeschränktes Haltverbot; **290** Zonenhaltverbot; **291** Parkscheibe; **292** Ende des Zonenhaltverbots; **293** Fußgängerüberweg; **294** Haltelinie; **295** Fahrstreifenbegrenzung; **296** Einseitige Fahrstreifenbegrenzung; **297** Fahrtrichtungspfeile; **298** Sperrfläche; **299** Parkverbotsstrecken.

Richtzeichen (§ 42) geben besondere Hinweise zur Erleichterung des Verkehrs. Sie können auch Anordnungen enthalten. a) Vorrang (Zeichen 301-308); b) Ortstafel (Zeichen 310,311); c) Parken (Zeichen 314,315); d) Autobahnen und Kraftfahrstraßen (Zeichen 330-336); e) Weiße Markierungen (Zeichen 340, 341); f) Hinweise (Zeichen 350-394); g) Wegweisung (Zeichen 401-469).

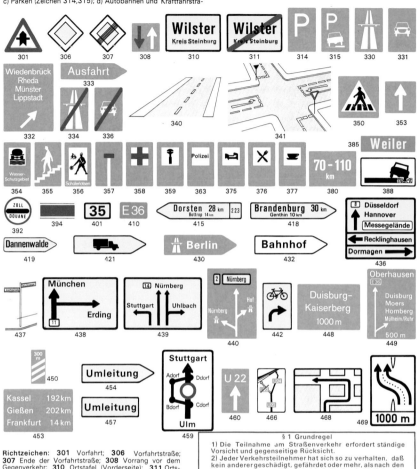

Richtzeichen: 301 Vorfahrt; 306 Vorfahrtstraße; 307 Ende der Vorfahrtstraße; 308 Vorrang vor dem Gegenverkehr; 310 Ortstafel (Vorderseite); 311 Ortstafel (Rückseite); 314 Parkplatz; 315 Parken auf Gehwegen; 330 Autobahn; 331 Kraftfahrstraße; 332 Ausfahrt von der Autobahn; 333 wie 332; 334 Ende der Autobahn; 336 Ende der Kraftfahrstraße; 340 Leitlinie; 341 Wartelinie; 350 Fußgängerüberweg; 353 Einbahnstraße; 354 Wasserschutzgebiet; 355 Fußgängerunterführung; 356 Schülerlotsen; 357 Sackgasse; 358 Erste Hilfe; 359 Pannenhilfe; 363 Polizei; 375 Autobahnhotel; 376 Autobahngasthaus; 377 Autobahnkiosk; 380 Richtgeschwindigkeit; 385 Weiler, Flüsse, Sehenswürdigkeiten; 388 Nicht genügend befestigte Seitenstreifen; 392 Zollstelle; 394 Laternenring; 401 Bundesstraßen; 410 Europastraßen; 415 Wegweiser auf Bundesstraßen; 418 Wegweiser auf Straßen mit größerer Verkehrsbedeutung; 419 Wegweiser auf Straßen mit geringerer Verkehrsbedeutung; 421 Wegweiser für bestimmte Verkehrsarten; 430 Wegweiser zur Autobahn; 432 Wegweiser zu innerörtlichen Zielen; 436 Wegweisertafel; 437 Straßennamensschilder; 438 Vorwegweiser; 439 Vorwegweiser mit Einordnungshinweis; 440 Vorwegweiser zur Autobahn; 442 Vorwegweiser für bestimmte Verkehrsarten; 448 Ankündigungstafel Autobahnausfahrt (1000 m); 449 Vorwegweiser Autobahnausfahrt (500 m); 450 Bake 300 m vor Ausfahrt; 453 Entfernungstafel zu Autobahnen; 454 Umleitung bei Sperrungen; 457 Ankündigungsschild für Umleitungen; 459 Planskizze für Umleitungen; 460 Bedarfsumleitung für Autobahnverkehr; 466 Bedarfsumleitungstafel für Autobahnverkehr; 468 Schwierige Verkehrsführung; 469 Überleitungstafel.

§ 1 Grundregel
1) Die Teilnahme am Straßenverkehr erfordert ständige Vorsicht und gegenseitige Rücksicht.
2) Jeder Verkehrsteilnehmer hat sich so zu verhalten, daß kein anderer geschädigt, gefährdet oder mehr, als nach den Umständen unvermeidbar, behindert oder belästigt wird.

Verkehrseinrichtungen (§ 43) sind Schranken, Parkuhren, Geländer, Absperrgeräte, Leiteinrichtungen sowie Blinklicht- und Lichtzeichenanlagen. Die Regelungen durch Verkehrseinrichtungen gehen den allgemeinen Verkehrsregeln vor.

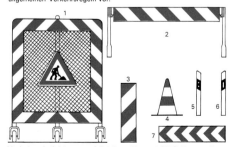

Verkehrseinrichtungen: 1 Fahrbare Absperrtafel; 2 Absperrschranken; 3 Absperrbaken; 4 Leitkegel; 5 Leitpfosten (links); 6 Leitpfosten (rechts); 7 Richtungstafeln in Kurven.

Farben

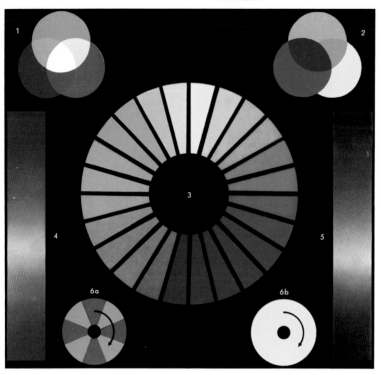

1 Additive Farben-
mischung. 2 Subtrak-
tive Farbenmischung.
3 Der 24stufige Farb-
tonkreis. 4 Physiolo-
gisches Spektrum
eines annähernd Nor-
malsichtigen (mit
leichter Grünschwä-
chung). 5 Physiologi-
sches Spektrum eines
Rotgrünblinden.
6a Durch Drehbewe-
gung verschmelzen
wegen der Trägheit
der Augennerven
die grüne u. rote Farbe
zu Gelb (6b)

Farbenlehre

Farbendruck

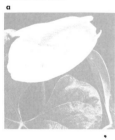
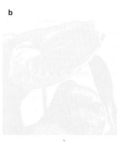

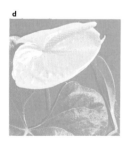
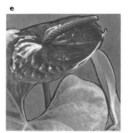

Entstehung eines
Vierfarbendruckes:
a Blauplatte, b Gelb-
platte, c Rotplatte. Zu-
sammendruck d von
Blau und Gelb, e von
Blau, Gelb und Rot.
f Zusammendruck
Blau-Gelb-Rot mit
Schwarz, der vierten
Druckplatte

Faltboot, zusammenlegbares, transportierbares Boot aus Holzgerüst u. wasserundurchlässiger Haut.

Falter *m,* Schmetterling.

Faltung, durch seitl. Druck in der Erdrinde verursachtes Zusammenstauchen der Gesteine. Aus großräumigen F.en bestehen die *Falten-/*Gebirge. In der Erdgeschichte (☐ 237) gab es ganze *F.sphasen.*

1 Mulden- Achsen-
  achse   ebene

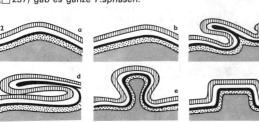

Falun (: -lün), Hst. der schwed. Prov. Kopparberg, 50000 E.; Kupferbergwerk.

falzen, 1) in Buchbinderei: das Umbiegen, Zusammenlegen der Druckbogen mit dem *Falzbein,* heute mit der *Falzmaschine.* 2) bei Blechen mehrfaches Umbiegen u. Ineinanderstecken der Ränder (Verbindungsnaht).

Fama, 1) röm. Göttin des Gerüchts. 2) Gerede.

Famiglia Pontificia *w* (: -mịlja -fịtscha, it.), /Päpstl. Familie.

Familie *w* (lat.), i.e.S. die Lebensgemeinschaft der Eheleute u. ihrer Kinder *(Klein-F.),* i.w.S. auch der Verwandtschaft *(Groß-F.,* Sippe). Sie ist eine biolog., wirtschaftl. u. geistig-seel. Gemeinschaft, vor allem zur Erziehung der Kinder; ihr Kern ist die /Ehe. – Die F. ist eine Grundform der menschl. Gesellschaft. Ihre vielfältigen geschichtl. Formen sind durch die Wirtschafts- u. Sozialordnung u. die rel. Vorstellungen der verschiedenen Völker u. Kulturen bestimmt. **F.nbuch,** Personenstandsregister zur Eintragung der Heiraten u. der gemeinsamen Kinder; beglaubigte Abschriften aus den Registern, zusammengefaßt im *F.enstammbuch;* hat gleiche Beweiskraft wie standesamtl. Originalurkunden. **F.nhilfe,** wird unterhaltsberechtigten Familienangehörigen in der gesetzl. /Krankenversicherung gewährt. **F.nnamen,** entstanden in Dtl. nach 1100 mit der Zweinamigkeit; zuerst beim Adel durch Angabe des Wohnsitzes mit „von" (seit 17. Jh. sein Kennzeichen), aber auch bei Bürgern. Der F.nname wurde gebildet durch Verwendung des Vaternamens mit Zusatz -sohn, -son, -sen (Petersen) od. -s, -er (Bartels, Hanser); durch Herkunfts-Bz.en nach Stämmen, Orten, Hof- u. Flurnamen; durch Standes- u. Berufs-Bz.en; auch körperl. u. geist. Eigenschaften dienten als F.nnamen (Lang, Höflich). – Die Ehefrau, das ehel. u. das für ehel. erklärte Kind haben das Recht, den F.nnamen des Mannes bzw. Vaters zu führen, dem die Ehefrau ihren Mädchennamen beifügen darf. Der Geschiedenen steht in der BRD die Wahl zw. Mannes- u. Mädchennamen frei; bei Alleinschuld kann ihr der Mann die Führung sei-

Faltung: 1 Bau einer Falte, 2 Faltentypen: a stehende, b schiefe, c überkippte, d liegende Falte, e Fächer-, f Koffer-Falte

Michael Faraday

Farbbücher
Blaubücher:
Großbritannien
Gelbbücher:
Frankreich, fr. China
Graubücher:
Belgien, Japan
Grünbücher:
Italien, Rumänien
Orangebücher:
Niederlande, früher Rußland
Rotbücher:
Österreich, USA, Spanien, Türkei
Weißbücher:
Deutschland

nes Namens verbieten. **F.nrat,** hat Rechte u. Pflichten des Vormundschaftsgerichts; besteht aus dem Vormundschaftsrichter u. 2–6 F.n-Mitgl. **F.nrecht,** umfaßt Eherecht, elterl. Gewalt, Vormundschaft u. ehel. Güterrecht, elterl. Vermögensnießbrauch, Unterhaltspflicht der Verwandten. **F.nstand,** das familienrechtl. Verhältnis v. Personen (ledig, verheiratet, verwitwet, geschieden).

Famulus *m* (lat.), Diener, Gehilfe.

Fan *m* (: fän, engl.), begeisterter Anhänger.

Fanal *s* (it.), aufrüttelndes Signal. **F.farben,** Anilinfarbstoffe mit auffallender Leuchtkraft, für Plakate usw.

Fanatịsmus *m* (lat.), blinder (fanat.) Eifer. *Fanatiker,* unduldsamer Eiferer, rücksichtsloser Kämpfer.

Fandango *m,* span. Tanz, $^3/_8$- od. $^3/_4$-Takt.

Fanfani, *Amintore,* it. Politiker, * 1908; 58/59 und 60/63 Min.-Präs., 65/68 Außenmin. (Democrazia Cristiana).

Fanfare *w,* 1) festl. Trompeten- od. Hornsignal. 2) ventillose Dreiklangtrompete.

Fanggürtel, *Klebgürtel,* mit Raupenleim bestrichener Streifen am Stamm v. Obstbäumen; gg. flügellose Schädlinge.

Fangheuschrecke, *Gottesanbeterin,* Raubinsekt, bis 15 cm lang; vordere Gliedmaßen als Fangwerkzeuge.

Fango *m* (it.), vulkan. Schlammerde; mit Wasser zu Brei angerührt als Packungen bei Rheumatismus, Gicht usw.

Fanö, dän. Nordsee-Insel, 56 km², 2800 E.; Seebad.

Fant *m* (nd.), unreifer Bursche, Laffe.

Fantin-Latour (: fãntãn latur), *Henri,* frz. Maler, 1836–1904; den Impressionisten nahestehend, realist. Bildnisse, Stilleben u. Blumenstücke in matten Farben.

FAO, Abk. für **F**ood and **A**griculture **O**rganization, Organisation zur internationalen Zusammenarbeit in der Ernährungswirtschaft; Organ der UN, Sitz Rom.

Farad *s,* Abk. F, nach Faraday benannte elektrische Maßeinheit der Kapazität; 1 F = 1 Coulomb/Volt.

Faraday (: färᵉdeᶦ), *Michael,* engl. Physiker u. Chemiker, 1791–1867; entdeckte Benzol, elektr. Induktion, Gesetze der Elektrolyse, Diamagnetismus, Drehung der Polarisationsebene eines Lichtstrahls im Magnetfeld *(F.-Effekt).* **F.scher Käfig,** ein allseitig mit Maschendraht umgebener Käfig, der im Innern nahezu frei v. elektromagnet. Feldern ist; Anwendungen in der elektr. Meßtechnik, zur Abschirmung.

Farbbücher, *Buntbücher,* Regierungsberichte zur Rechtfertigung der Politik u. zur Information der Parlamente; ben. nach der ständigen Farbe ihrer Umschläge. **Farbdruck,** *Buntdruck, Chromotypie,* Druckverfahren zur Herstellung farb. Bilder durch Zusammendrucken v. Farbplatten. Heute meist als Drei- u. Vierfarbendruck. ☐ 258.

Farbe, die durch das Auge vermittelte, durch Licht, also elektromagnet. Schwingungen, ausgelöste Empfindung sowie die Eigenschaft v. Licht, die Empfindung verschiedener F.n auszulösen. Unterschieden werden: Rot, Orange, Gelb, Grün, Blau, Violett sowie Misch-F.n, wie Braun, Purpur;

↗F.nlehre. Den F.n entsprechen bestimmte Wellenlängen des Lichtes (ca. 400 millionstel mm im äußersten Violett, 700 millionstel mm im Rot). Die F.n der Körper beruhen darauf, daß sie einen Teil des auf- oder durchfallenden Lichts verschlucken. □ 258.
Farben, a) Bezeichnung für natürl. (tierische, pflanzl. u. mineralische) ↗Farbstoffe, b) wasserunlösl. Stoffe zum Veredeln u. Schützen der Oberfläche, mit *Farbbindemitteln* gemengt u. mechan. aufgetragen; anorgan. die *Erd-F.,* aus anorgan. u. organ. Substanz die *Farblacke.* **F.blindheit,** erworbene od. angeborene u. erbl. Unfähigkeit, bestimmte Farben zu sehen. Die *Rot-Grün-Blindheit* bei 4% der Männer u. 0,4% der Frauen macht für bestimmte Berufe ungeeignet. Seltener sind *Gelb-Blau-Blindheit* u. die *Totale F.blindheit,* bei der nur Grautöne unterschieden werden können. **F.lehre,** Ordnung u. gesetzmäßige Verknüpfung der menschl. Farbempfindungen, v. wiss. u. prakt. Bedeutung, geht auf Newton, Goethe, Schopenhauer u. a. zurück. Die heutige F.lehre v. W. Ostwald sucht ein Bezeichnungsschema zur Verständigung über Farbempfindungen. Die *Urfarben* Gelb, Rot, Blau, Grün ergeben über ihre Übergänge u. die Farbe Purpur den Farbenkreis. Durch Mischung mit Graustufen zw. Schwarz u. Weiß kommt es zu *gebrochenen F.* So entstehen 600000 Farbtöne, die in Ostwalds Farbtafeln numeriert sind. *Komplementärfarben* (Rot u. Grün, Blau u. Orange, Gelb u. Violett) addieren sich zu Weiß u. subtrahieren sich zu Schwarz: die additive u. die subtraktive Farbenmischung. □ 258. **F.sehen,** die Fähigkeit, Farben zu unterscheiden, beruht auf Wirbeltierauge auf Funktion der Zapfen (↗Auge). Insekten, bes. Bienen, haben ein verschobenes F.sehen u. können ultraviolettes Licht als bes. Farbe erkennen. **F.symbolik,** die den F. beigelegte sinnbildl. Bedeutung in Volkssitte, Politik, Kunst, Liturgie. Im europ. Kulturkreis gilt im allg. Schwarz als Farbe des Todes u. der Trauer; Rot bedeutet Leidenschaft u. Liebe; Weiß das Reine, das Licht u. die Freude; Gelb Neid u. Hoffart; Grün Natur, Zuversicht u. Hoffnung. Blau ist die Farbe der Treue, des Himmels u. damit der Unendlichkeit. **F.zerstreuung,** *Dispersion,* Zerlegung des weißen Lichts in seine Spektralfarben durch ein ↗Prisma. ↗Spektrum. □ 194.
Färberdistel, der ↗Saflor.
Färberei, Betrieb zum Färben von Textilien, Leder usw. ↗Farbstoffe.
Färberflechten, strauchige Flechten; liefern ↗Lackmus u. andere Farbstoffe.
Färberrot, *Färberröte,* ↗Krapp.
Farbfernsehen ↗Fernsehen.
Farbfilter, sollen in der Photographie bestimmte Farben unterdrücken od. stärker hervorholen.
Farbhölzer, trop. Kernhölzer, fr. zur Gewinnung von Farben oder Farbextrakten, bes. Rotholz (Brasilien, Ost- u. Westindien, Westafrika), Blauholz (Amerika, Asien), Gelbholz (Ostindien, Amerika).
Farbphotographie, photograph. Herstellung v. Bildern (Diapositiven, Papierabzü-

Farn: oben Farnblatt von Polystichum, unten von Adiantum mit Sporenhäufchen

Farn: Rippenfarn

Farn; Entwicklungsablauf beim Wurm-F.: 1 Spore, 2 Vorkeim mit a männlichen und b weiblichen Organen, 3 Vorkeim mit junger Farnpflanze, 4 F. mit Sporen, 5 Sporenkapsel

gen) in natürl. Farben, heute fast ausschließl. durch das Mehrschichtverfahren in subtraktiver Farbsynthese.
Farbschnitt, farbige Verzierung des Buchschnitts; Sonderform: der ↗Goldschnitt.
Farbstoffe, anorgan. (mineral.) u. organ. (natürl.) Stoffe zum Färben. Natürl. F.: Indigo, Lackmus u. a. Synthet. F. werden je nach Färbetechnik als basische F., Säure-F., Beizen-F., Reaktiv-F., Entwicklungs-F., Direkt-F., Dispersions-F., Schwefel-F. bezeichnet.
Farce w (: farß[e], frz.), Posse, unechtes Gebaren.
Farin m (lat.), ungereinigte Zuckersorte.
Farm w (engl.), **1)** landwirtschaftl. Großbetrieb, vor allem in Nordamerika; gekennzeichnet durch Monokultur, umfassende Technisierung, rationale Wirtschaftsführung. **2)** in Europa auch Bz. für Tiernutzungsbetriebe (Geflügel-F., Pelztier-F.).
Farmer m, Inhaber od. Pächter einer Farm.
Farn m, *Filices,* Klasse der *F.pflanzen (Pteridophyten),* Stauden mit kriechendem Wurzelstock; Vermehrung durch Sporen in Sporenkapseln (Sporangien).
Farnborough (: fa[r]nb[e]r[e]), südengl. Stadt westl. v. London, 42000 E.; Zentrum der brit. Luftfahrtforschung; Benediktinerkloster.
Farnese, it. Adelsgeschlecht, das durch den Kard. *Alessandro* Pp. (später *Paul III.)* zu fürstl. Gewalt aufstieg u. 1545/1731 im Htm. Parma herrschte. *Palazzo F.,* Palast in Rom, 1541 v. A. da Sangallo d. J. begonnen, v. Michelangelo fortgeführt, v. G. della Porta beendet.
Farnextrakt, Bandwurmmittel. Auszug aus der Wurzel des Wurmfarns.
Färöer, dän. *Færøerne* (= Schafsinseln), dän. Inselgruppe im Nordatlantik, zw. Island u. Schottland, 22 Inseln mit 1399 km², 42000 E.; Hst. Thorshavn auf Strömö. Küsten- u. Hochseefischerei; Schafzucht. – Im 9. Jh. durch Wikinger v. Norwegen aus besiedelt, seit 1380 dän.; erhielten 1948 innere Autonomie.

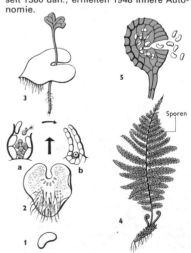

Färse *w*, Kuh vor dem Kalben.
Faruk, 1920–65; 36/52 Kg. v. Ägypten, v. ↗Nagib zur Abdankung gezwungen.
Fasan *m*, asiat. Hühnervogel mit langem Schwanz. *Edel-F.,* in Europa in Fasanerien gehalten; *Gold-F.* mit goldrotem Gefieder u. *Silber-F.* mit silberweißem Rücken, beide aus China; Ziervögel. *Glanz-F.* im Himalaja. ☐ 1046.
Fasces (Mz., lat.), Rutenbündel, die im alten Rom als Zeichen der Staatsgewalt den hohen Beamten v. den Liktoren vorangetragen wurden; außerhalb der Stadt mit Beil. In dieser Form Zeichen des it. Faschismus.
Faschine *w*, Reisigbündel, zur Festigung v. Böschungen.
Faschismus *m* (lat.), 1) das 1922/43 herrschende polit. System in It., begr. v. ↗Mussolini. Der F. gelangte durch den sog. „Marsch auf Rom" zur Macht u. formierte sich 25 zur einzigen Partei. Er unterdrückte den Kommunismus, aber auch jede demokrat. Opposition, verfocht die Idee des totalen, autoritären Staates u. kontrollierte wirtschaftl. u. geistiges Leben; die Staatsgewalt ruhte beim Duce (Führer). 29 durch die Lateranverträge Aussöhnung des F. u. des it. Staates mit der kath. Kirche. Durch seine imperialist. Außenpolitik geriet die F. immer mehr unter nat.-soz. Einfluß u. wurde in den 2. Weltkrieg hineingezogen; polit. u. militär. Mißerfolge führten 43 zum Sturz des Duce u. des F. Im Vergleich mit dem Nat.-Soz. war der F. weniger schroff, rechtl. stärker gebunden u. nicht grundsätzl. antisemitisch. 2) allg. Bz. für alle rechtsradikalen, totalitären Systeme; als *Neo-F.* nach 1945 bes. in It. 3) kommunist. Kampfparole gg. alle nichtkommunist. (auch demokrat.) Systeme.
Faschoda, heute *Kodok,* Handelsplatz im ägypt. Sudan. Im Konflikt mit Engl. verzichtete Fkr. 1899 auf F. u. das obere Niltal.

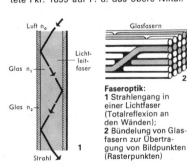

Faseroptik:
1 Strahlengang in einer Lichtfaser (Totalreflexion an den Wänden);
2 Bündelung von Glasfasern zur Übertragung von Bildpunkten (Rasterpunkten)

Faser, dünne, fädige Gebilde aus Pflanzen- od. Tierwelt, auch künstl.; zu Garn u. Geweben. F.arten: a) *pflanzl. F.,* die Cellulosehaut der Festigungszellen; b) *tier. F.,* Haare v. Tieren od. Gespinst v. Raupen (Seide); c) *künstl. F.,* aus Zellstoff, Eiweißen od. als vollsynthet. Kunst-F.; d) *anorgan. F.,* z. B. aus Asbest od. Glas. **F.optik,** zur opt. Fortleitung v. Bildern in dünsten. Richtung u. in Entfernungen v. einigen Metern; beruht auf Total-↗Reflexion in dünnsten (F.stärke),

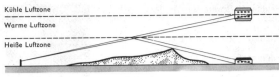

belieb. verformbaren Glasröhrchen; ein Bildleitstab besteht aus einigen 10000 parallelen F.n; bedeutsam u.a. für Medizin, Meßtechnik.
fashionable (: fäsch^{e}n^{e}bl, engl.), kleidsam.
Fassade *w* (frz.), Vorderseite eines Gebäudes; Schauseite.
Faßbinder, *Rainer Werner,* dt. Schauspieler u. Film- u. Fernsehregisseur, * 1946. *Der Katzelmacher; Acht Stunden sind kein Tag; Effi Briest; Berlin Alexanderplatz; Lili Marleen.*
Fasson *w* (frz. *Façon*), Art, Schnitt, Machart.
Faßschnecke, Mittelmeerschnecke.
Fassung, Kontaktvorrichtung zum Einschrauben od. Einschieben (erschütterungsfreier ↗Bajonettverschluß, *Swan-F.*) z. B. von Glühbirnen.
Fasten, zeitweilige völlige oder teilweise Enthaltung von Nahrung aus rel.-asket. (↗F.zeit) oder gesundheitl. Motiven. **F.zeit,** in verschiedenen Religionen vorgeschriebene Zeit zum Fasten. 1) *Christentum:* Quadragesima, die 40 Tage (in Erinnerung an Jesu Fasten) v. Aschermittwoch bis Ostern; setzte sich im Westen allg. seit dem 7. Jh., im Osten schon gg. Ende des 4. Jh. durch; in der kath. Kirche heute als *österliche Bußzeit.* 2) *Islam:* ↗Ramadan.
Fastnacht, *Fasnacht, Fasching, Fasnet* (bes. im Rheinland auch *Karneval*), die letzten 3 Tage vor Aschermittwoch; urspr. ein Frühlingsfest, daraus Entwicklung des F.treibens. F.sumzüge berühmt in Köln, Mainz (Rosenmontagsumzug) und München. **F.sspiele,** aus Frühlingsriten entstandene, seit den späten MA verbreitete derbscherzhafte Spiele: Szenen aus dem Alltagsleben, verbunden mit Umzügen. Bedeutendster Dichter v. F.sspielen: Hans Sachs.
Faszikel *m* (lat.), Aktenbündel.
faszinieren (lat.), bezaubern.
fatal (lat.), schicksalhaft; mißlich.
Fatalismus *m*, 1) ein Glaube, nach dem Götter u. Menschen v. einem blind waltenden, unabänderl. Schicksal bestimmt sind. 2) im Islam die völlige Ergebenheit in den Willen Allahs.
Fata Morgana *w*, Luftspiegelung entfernter Objekte; an Küsten u. in Wüsten, hervorgerufen durch abnorme Temperaturschichtung der Luft.
Fátima, portugies. Wallfahrtsort in Estremadura, 3000 E. Die Entstehung der Wallfahrt geht auf Berichte von drei Hirtenkindern über Marienerscheinungen (1917) zurück.
Fatima, Lieblingstochter Mohammeds, 606–632; Ahnfrau der **Fatimiden,** islam. Herrschergeschlecht in Nordafrika, später auch in Ägypten (909–1171).
Fatum *s* (lat.), Schicksal.

Fata Morgana

Fasan: männl. Edel- oder Jagdfasan

Fasces

Fátima: Basilika

Faulbaum, *Rhamnus frangula,* 1–4 m hoher Strauch. *F.rinde* liefert ein Abführmittel *(F.tee).*

Faulbrut, Seuche bei Bienen, bei der die Brut im Larvenstadium abstirbt.

Faulhaber, *Michael v.,* 1869–1952; 1917 Erzb. v. München u. Freising, 21 Kard., scharfer Gegner des Nationalsozialismus.

Faulkner (: fåkner), *William,* am. Dichter, 1897–1962; steigerte in formal eigenartigen Romanen Motive der Tradition des am. Südens ins Tragische; im Spätwerk Zurücktreten des Pessimismus, Gedanke v. Verzicht u. Opfer. 1949 Nobelpreis für Lit. *Schall u. Wahn, Das Dorf, Die Stadt, Das Haus, Requiem für eine Nonne.*

Fäulnis, Zersetzung organischer Stoffe, bes. des Eiweißes v. abgestorbenen Pflanzen u. Tieren, durch Bakterien; führt zu vollkommener Auflösung in Kohlendioxid, Ammoniak, Wasser u. Salze. ↗Verwesung.

Faulschlamm, gallertartige Masse, entstanden unter Sauerstoffabschluß aus Pflanzen- u. Tierresten.

Faultier, Säugetier-Familie der Zahnarmen, Baumtier mit Krallen; in Süd- u. Mittelamerika; an Ästen hängend.

Faun, ziegengestaltiger röm. Fruchtbarkeitsgott; *faunisch,* lüstern.

Fauna *w* (lat.), Tierreich, Tiergeographie.

Fauré (: fore), *Gabriel,* frz. Komponist, 1845–1924; spätromant., für die frz. Musik richtungweisende Lieder, Orchester- u. Kammermusik sowie Opern.

Faust, Held der dt. Volkssage, mit dämon. Mächten verbündet; übertragen auf den geschichtl. Doktor Johann (eig. Georg) F. (um 1485–1540); mit anderen Magierlegenden des MA verdichtet im „Volksbuch vom Doktor F." (1587). Seit Lessing Erlösung statt Verdammung F.s. Goethe hat das Motiv im Urfaust (1773/75), F., ein Fragment (1790), F. 1. Teil (1808) u. F., der Tragödie 2. Teil (1831 abgeschlossen) in die Weltliteratur erhoben als Verkörperung des rastlos Strebenden. Vielfach auch einseitige Verherrlichung des *faustischen* Menschen.

Faustball, Ballspiel für 2 Mannschaften mit je 5 Spielern; der Ball wird mit Faust od. Unterarm geschlagen. Spielzeit 2 × 15 Minuten.

Fäustel *m,* Hammer der Bergleute.

Faustkampf ↗Boxen.

Faustkeilkulturen, altsteinzeitl. Kulturgruppen, gekennzeichnet durch den *Faustkeil,* ein keilförmiges, auf beiden Seiten bearbei-

William Faulkner

Faustkeil

tetes Universalinstrument, aus einem Feuersteinkernstück hergestellt.

Faustpfand ↗Pfand. **Faustrecht,** im MA Selbsthilfe bei mangelndem Rechtsschutz, die aber selbst zur Rechtlosigkeit wurde.

Fauteuil *m* (: fotöj, frz.), Sessel.

Fauvismus *m* (: fow-), in Fkr. dem Expressionismus entsprechender, aber in Form- u. Farbgebung gröberer Malstil (*Fauves* = Wilde); Blütezeit 1905/07; Matisse, Derain, Braque, Vlaminck u.a. Der F. wirkte entscheidend auf den Expressionismus u. die moderne Plakatkunst.

Faux pas *m* (: fō pa, frz.), Fehltritt.

Favorit (: -wo-, frz.-it.), **1)** Günstling. **2)** im Sport: Siegeskandidat. *Favoritin,* Geliebte (eines Fürsten).

Favre (: fawr), *Jules,* 1809–80; Führer der Opposition gg. Napoleon III.; unterzeichnete 71 den Frieden mit Deutschland.

Fayence *w* (: fajäñß), auch *Majolika,* Tonwaren, die nach dem Brennen mit Zinn- od. Bleiglasur überzogen, evtl. bemalt u. nochmals gebrannt werden; ben. nach dem Hauptherstellungsort ↗Faenza.

Fazetie *w* (lat.), Witzgeschichte.

Fazettenauge, *Netzauge,* ↗Auge.

Fazies *w* (lat.), Ausbildungsform gleichzeitig entstandener Sedimente.

Fazit *s* (lat.), Ergebnis.

FBI, Abk. für Federal Bureau of Investigation, das Bundeskriminalamt der USA, eingerichtet 1908.

FDGB, Abk. für Freier Deutscher Gewerkschaftsbund. ↗Gewerkschaften.

FDJ, Abk. für ↗Freie Deutsche Jugend.

FDP, Abk. für ↗Freie Demokratische Partei.

Fe, chem. Zeichen für ↗Eisen.

Feature *s* (: fitsch`e`r, engl.), Funkhörbild, Reportage und Dialog über ein aktuelles Thema.

Febronianismus, nach ↗Febronius benanntes Lehrsystem der Kirchenverfassung, das die päpstl. Rechte zugunsten der Bischofsgewalt beschnitt u. dem Staats- u. Nationalkirchentum weit entgegenkam.

Febronius, Deckname für den Trierer Weihbischof *Nikolaus v. Hontheim,* 1701–90. ↗Febronianismus.

Februarrevolution, 22./24. 2. 1848 in Paris, führte zum Sturz des „Bürgerkönigs" Louis-Philippe u. zur Gründung der 2. Rep.; erstmals wirkten neben liberalen sozialist. Ideen.

fec., Abk. für fecit (lat.), hat es gemacht (auf Kunstwerken hinter dem Künstlernamen).

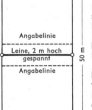

Angabelinie

Leine, 2 m hoch gespannt

Angabelinie

20 m

Faustball: Spielfeld

1 Florett

Florett

franz. italien.

2 Säbel

Degen

Degen Säbel

Fechten: 1 Fechtwaffen, **2** Trefflächen (weiß), **3** Bezeichnung der Trefflächen, **4** ungedeckte Blößen (Einladungen) bei verschiedenen Faustlagen

3

ac bc

ad bd

Trefflächen: ac obere äußere, bc obere innere, ad untere äußere, bd untere innere Blöße

Fechner, *Gustav Theodor,* dt. Philosoph u. Psychologe, 1801–87; Prof. in Leipzig; vertrat den psychophysischen Parallelismus. **Fechten,** Zweikampf mit Stich- od. Hiebwaffen: *Stoß-F.* mit Degen od. Florett u. *Hieb-F.* mit Säbel od. Schläger. Schul-F. ohne Gegner, Kontra-F. mit Gegner. Aus Stellung (Position) u. Haltung der Waffe (Auslage) ergeben sich Angriff, Verteidigung (Parade) u. Gegenangriff (Riposte). Der Abstand der Gegner heißt ↗Mensur. Der Körper ist im Sport-F. geschützt. Trefferanzeige heute meist auf elektr. Wege. **Fedayin** (arab. = die Opferbereiten), Selbst-Bz. u. Sammelbegriff für die verschiedenen palästinens. Guerillagruppen. **Feder, 1)** *Vogel-F.,* Bedeckung des Vogelkörpers; besteht aus Kiel u. Schaft mit beiderseitigen fiederart. Ästen. F.arten: *Faden-F.n,* sehr schlank mit schmaler Fahne; *Flaum-F.n,* haben dünnen Schaft u. lockere, weiche Äste (Daunen, Dunen), *Deck-F.n, Schwung-F.n* der Flügel u. *Steuer-F.n* des Schwanzes. Verwendung: als Bett-F.n, Schreib-F.n (jetzt Stahl-F.n), als Schmuck-F.n. **2)** *Maschinenelement,* meist aus Stahl, zur Aufnahme v. Stößen od. zur Arbeitsspeicherung.
Federal Reserve System (: fĕdᵉrᵉl rⁱßö̆ʳw ßĭßtᵉm, engl.), seit 1913 die Bankenorganisation der USA, eingeteilt in 12 Distrikte u. Bundes-Reserve-Banken, diese zugleich Notenbanken.

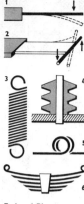

Feder: 1 Biegungs-, 2 Torsions-, 3 Schrauben-, 4 Teller-, 5 Schleifen- und 6 Blattfeder

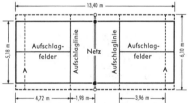

Federball, 1) *Badminton,* mit Schlägern wird ein mit Federkranz versehener Korkball über ein 1,52 m hohes Netz gespielt; Spielfeld 13,4:5,18 (beim Doppel 6,10) m. **2)** *Indiaca,* süd-am. F. ohne Schläger.
Federbein s, ein Konstruktionselement, bestehend aus Schraubenfeder in einem Stoßdämpfer.
Federer, *Heinrich,* Schweizer Volksschriftsteller, 1866–1928; kath. Priester; *Berge u. Menschen;* Erinnerungen: *Am Fenster.*
Federgewicht ↗Gewichtsklasse.
Federgras, *Stipa,* Steppenpflanzen mit langer, fedriger Granne. **Federling,** *Federlaus,* ↗Pelzfresser. **Federmotte,** *Geistchen,* Kleinschmetterling. **Federnelke,** südosteuropäische Nelke.
Federsee, württ. See in Oberschwaben, bei Buchau, 150 ha, im *F.moor;* Naturschutzgebiet. Reste prähistor. Siedlungen.
Federvieh ↗Geflügel.
Federweißer, Traubenmost in Höchstgärung.
Federwild, *Flugwild,* Sammelname für Jagdvögel.
Fee (frz.), schönes weibl. Zauberwesen.

Federball: Badminton-Spielfeld für Einzelspiele (fette Linie) und Doppelspiele (gerissene Linie). A = hintere Aufschlaglinie für Doppelspiele

Jürgen Fehling

Feilkloben

Fegfeuer s, *Purgatorium,* nach kath. Lehre Reinigungsort der im Stande der Gnade Verstorbenen v. läßl. Sünden und zeitl. Sündenstrafen. ↗Arme Seelen.
Feh s, Fell des russ. u. sibir. Eichhörnchens.
Fehde, im MA erlaubte Selbsthilfe unter bes. Einschränkungen (↗Gottesfriede, Landfriede) u. Formen, artete in ↗Faustrecht aus.
Fehlfarbe, 1) verfärbtes Zigarrendeckblatt. **2)** fehlende Farbe im Kartenspiel. **Fehlgeburt,** *Abortus,* Geburt eines nicht lebensfähigen Kindes vor Ablauf der 28. Schwangerschaftswoche. Ursache: Entartung der Frucht od. bei der Mutter Erschütterung, Fall, Anstrengung.
Fehling, *Jürgen,* dt. Regisseur, 1885–1968; 1922/45 vor allem am Berliner Staatstheater, dann in München u. wieder in Berlin; inszenierte in einem hochgesteigerten Stil, v. der Sprache ausgehend, bes. Dramen Shakespeares u. Barlachs.
Fehmarn, holstein. Insel in der Ostsee, 185 km², 14000 E.; Hauptort Burg. Brücke über den 900 m breiten *F.sund* u. Fähre nach Laaland (Dänemark), dadurch kürzeste Verbindung mit Skandinavien (*„Vogelflug-Fehn* s, *Venn,* Sumpf, Moor. [*linie").*
Fehrbellin, Stadt im Havelland, 3000 E.; 1675 Sieg Friedrich Wilhelms v. Brandenburg über die Schweden.
Fehrenbach, *Konstantin,* 1852–1926; 1920/21 dt. Reichskanzler (Zentrum).
Feichtmayr (Feuchtmayer), dt. Künstlerfamilie des Rokoko aus Wessobrunn, Baumeister, Maler, bes. Bildhauer u. Stukkateure. **1)** *Franz Xaver,* 1705–64 (wirkte in Oberbayern u. Tirol). **2)** *Johann Michael,* 1709–72, Rokoko-Plastiker (Zwiefalten, Bruchsal, Ottobeuren, Vierzehnheiligen). **3)** *Joseph Anton,* 1696–1770; Ausstattung in Birnau u. Meersburg, Chorgestühl in St. Gallen, Altäre u. a. in Überlingen. ☐ 70.
Feiertag, 1) Tag, an dem wie am Sonntag staatlicherseits Arbeitsruhe geboten ist. Über die Anerkennung bestimmter Tage als F.e entscheiden in der BRD die Parlamente der Länder, über National-F.e der Bundestag. Infolge des Grundrechts der Glaubensfreiheit sind traditionelle kirchl. Hochfeste als gesetzl. F.e anzuerkennen. ☐ 264, 269. **2)** *kirchl. F.e,* an denen keine staatl. Arbeitsruhe geboten ist, die aber nach kirchl. Gebot wie ein Sonntag zu feiern sind.
Feige, Maulbeergewächs aus dem östl. Mittelmeergebiet; die süße Frucht kommt getrocknet in den Handel: als Tafel-, Trommel-, Kranz-, Korb-F.n; geröstet als Kaffee-Ersatz *(Feigenkaffee).* ☐ 748.
Feigenkaktus, *Opuntia,* süd-am. strauchige Kaktuspflanze, mit und ohne Stacheln; Früchte eßbar *(Kaktusfeigen).* ☐ 449, 748.
Feile w, spanabhebendes Werkzeug mit eingehauenen schrägen Schneidkanten (Hieben) zum Glätten u. Ebnen v. Metall- u. Holzflächen.
Feilkloben m, Handschraubstock.
Feime w, auch *Feimen, Dieme, Miete,* im Freien aufgestapelter Haufen Getreide, Heu, Stroh, gg. Regen abgedeckt.
Feingehalt, *Korn,* Verhältnis des Edelme-

Gesetzliche oder öffentliche Feiertage

Gesetzliche oder öffentliche Feiertage	Bundesrep. Deutschland																										
	Baden-Württ.	Bayern	Berlin(-West)	Bremen	Hamburg	Hessen	Niedersachsen	Nordrh.-Westf.	Rheinland-Pfalz	Saarland	Schlesw.-Holst.	Belgien	Dänemark	DDR	Finnland	Frankreich	Großbritannien	Irland	Italien	Luxemburg	Niederlande	Norwegen	Österreich	Portugal	Schweden	Schweiz	Spanien
1.1. (Neujahr)	x	x	x	x	x	x	x	x	x	x	x	x	x	x	x	x	x	x	x	x	x	x	x	x	x	x	x
6.1. (Epiphanie)	x	x													x								x		x	x	x
19.3. (hl. Joseph)																											x
Grundonnerstag													x									x					
Karfreitag	x	x	x	x	x	x	x	x	x	x	x		x	x	x		x				x	x			x	x	x
Ostermontag	x	x	x	x	x	x	x	x	x	x	x	x	x	x	x	x	x	x	x	x	x	x	x		x	x	
1.5. (Tag der Arbeit)	x	x	x	x	x	x	x	x	x	x	x	x		x		x			x	x		x	x	x	x		x
Christi Himmelfahrt	x	x	x	x	x	x	x	x	x	x	x	x	x	x	x	x				x	x	x	x		x	x	x
Pfingstmontag	x	x	x	x	x	x	x	x	x	x	x	x	x	x		x	x	x		x	x	x	x			x	
Fronleichnam	x	○				x		x	x	x													x	x			x
23. 6.															x										x		
29. 6. (hll. Peter u. Paul)																											
15. 8. (Mariä Himmelfahrt)		○								x		x				x			x	x			x	x			x
1.11. (Allerheiligen)	x	○						x	x	x		x				x			x	x			x	x		x	x
11.11. (Waffenstillstand)												x				x											
8.12. (Mariä Unbefl. Empf.)																			x				x	x			x
25.12. (Weihnachten)	x	x	x	x	x	x	x	x	x	x	x	x	x	x	x	x	x	x	x	x	x	x	x	x	x	x	x
26.12. (hl. Stephanus)	x	x	x	x	x	x	x	x	x	x	x		x	x	x		x	x	x	x	x	x	x		x	x	

○ Nur in Gemeinden mit überwiegend kath. Bevölkerung

Weitere Feiertage:

BRD: 17.6. (Tag der Einheit); vorletzter Mittwoch vor dem 1. Advent (Buß- und Bettag)
Belgien: 21.7. (Nationalfeiertag)
Dänemark: 18.5. (Bußtag); 5.6. (Nationalfeiertag)
DDR: 7.10. (Nationalfeiertag)
Finnland: 6.12. (Unabhängigkeitstag)
Frankreich: 14.7. (Nationalfeiertag)
Großbritannien: letzter Montag im August (Bankfeiertag)
Irland: 17.3. (Nationalfeiertag)

Italien: 25.4. (Tag der Befreiung)
Niederlande: 30.4. (Nationalfeiertag)
Norwegen: 17.5. (Verfassungstag)
Österreich: 26.10. (Nationalfeiertag)
Portugal: 25.4. (Nationalfeiertag); 5.10. (Ausrufung der Republik); 1.12. (Unabhängigkeitstag)
Schweiz: 1.8. (Bundesfeier)
Spanien: 24.6. (hl. Johannes d. T.); 25.7. (hl. Jakobus); 12.10. (Tag der Hispanität)

---

talls zum Zusatz, ausgedrückt in Tausendteilen des Ganzen.

Feininger, *Lyonel,* dt.-am. Maler, 1871 bis 1956; Karikaturist, dann unter kubistischem Einfluß Landschaftsmaler; 1919/33 am „Bauhaus". [nik.

Feinmechanik w, Teil der ↗**Feinwerktechnik** w, stellt Geräte hoher mechan., opt. u. elektromechan. Präzision her, z.B. Uhren, Kameras, Rechenmaschinen, Meßgeräte aller Art.

Feisal, *Faisal,* arab. Fürsten: **1)** F., 1907–75; 54/60 Min.-Präs. Kg. Sauds, seit 64 Kg. v. Saudi-Arabien. **2)** F. I., 1921/33 Kg. des Irak. **3)** F. II., Enkel v. 2), 1935–58; 39 Kg. des Irak; bei der Revolte des Generals Kassem erschossen.

Feist s, Fett des Schalenwildes. **F.zeit,** Zeit vor der Brunst.

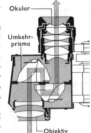

Okular — Umkehrprisma — Objektiv
Feldstecher: Querschnitt und Strahlengang durch die Hälfte eines Prismenfernglases

Lyonel Feininger: „Halle – Blick auf Markt, Kirche und Roten Turm über Dächern" (1931)

Felchen *m,* Fisch mit geschätztem Fleisch.

Feld, 1) Ackerland. **2)** in der Psychologie seel. Bereich (z.B. Wahrnehmungs-, Sinnes- u. Spannungs-F.), innerhalb dessen zw. den Bestandteilen Beziehungen der Abhängigkeit, Überlagerung u. Gestalttendenzen bestehen, so daß jede F.änderung Wirkungen für das Ganze hat. **3)** im Bergbau: das unterird. Gebiet. **4)** physikal. die Darstellung der Kraftverhältnisse im Raum durch Kraft-, besser F.linien (Kraftfeld, elektr. F., magnet. F.). **5)** Kriegsschauplatz.

Feldbahn, schmalspurige Kleinbahn zu landwirtschaftl., bautechn. Zwecken.

Feldbereinigung ↗Flurbereinigung.

Feldberg, 1) höchster Berg des Schwarzwalds, 1493 m hoch; Wetter- u. Erdbebenwarte, Fernsehturm. **2)** die höchsten Erhebungen des Taunus: *Großer F.* (880 m hoch, Fernsehsender), *Kleiner F.* (827 m, meteorolog. Observatorium).

Felddiebstahl, Entwendung geringfügiger Feld- u. Gartenfrüchte; Bestrafung als Forst- u. Feldrüge.

Feldelektronenmikroskop, benutzt die aus dem elektr. Feld einer sehr feinen Metallspitze austretenden Elektronen zur Abb. der Struktur dieser Spitze od. v. auf diese Spitze gebrachten Substanzproben; Vergrößerung bis ca. 10^6fach; das F. gestattet die Beobachtung einzelner Moleküle bzw. Atomgitter.

Feldfrevel, *Feldfriedensbruch,* unbefugtes Begehen, Befahren, Viehtreiben über Gär-

ten, Weinberge, Wiesen u. bestellte Äcker bis zur Ernte, im übrigen nur über eingefriedete od. mit Warnungszeichen versehene wirtschaftl. genutzte Gebiete.
Feldhuhn ↗Rebhuhn.
Feldjäger, 1) fr. in Preußen berittener Kurier.
2) Militärpolizei der Bundeswehr.
Feldkirch, östr. Bez.-Stadt in Vorarlberg, 22000 E.; Jesuitenkolleg *Stella Matutina,* Heimatmuseum; Textilindustrie.
Feldmarschall ↗Marschall.
Feldpolizei, ausgeübt v. den Gemeinden durch *Feldhüter.*
Feldsalat, *Sonnenwirbele,* urspr. Unkraut; als Grünsalat im Winter u. Frühling beliebt.
Feldschlange, altes Feldgeschütz.
Feldspat *m,* gesteinbildendes Mineral, mit 60% am Aufbau der Erdrinde beteiligt; besteht aus Kalium-, Natrium-, Calcium-, Aluminiumsilicaten, verwittert zu Tonerde u. Kaolin. *F.gruppen:* Orthoklas, Plagioklas.
Feldstecher, Taschenfernrohr mit 4- bis ca. 16facher Vergrößerung.
Feldwebel, in der Bundeswehr Unteroffiziersdienstgradgruppe mit 5 Dienstgraden: F., Ober-, Haupt-, Stabs- u. Oberstabs-F.
Felge *w,* **1)** beim Wagenrad die Krummhölzer des Radkranzes; beim Fahr-, Motorrad, Auto der stählerne Radkranz. **2)** beim Reckturnen: Umschwung.
Felicitas u. Perpetua, hll. (7. März), Martyrerinnen aus Karthago; 202 od. 203 hingerichtet.
Fell, behaarte Haut der Säugetiere. [tet.
Fellachen, Bauern Ägyptens u. Arabiens.
Fellata ↗Fulbe.
Fellbach, württ. Stadt n.ö. von Stuttgart, 42000 E.; Spritzgußwerk; Gärtnereien.
Felleisen *s,* lederner Reisesack.
Fellini, *Federico,* it. Filmregisseur, * 1920; entwickelte den neorealist. Film weiter im Sinne einer moral. u. soz. Kritik mit symbol. Ausdrucksmitteln. *Die Nächte der Cabiria, La dolce vita, Roma.*
Fellow (: felo^u, engl. = Gefährte, Kamerad, Zeitgenosse), in Engl. u. in den USA Bz. für Stipendiaten u. für Mitgl. einer wiss. Gesellschaft od. eines ↗College.
Felonie *w* (lat.), Treubruch.
Felsengebirge, engl. *Rocky Mountains* (: rok^l maunt'nß), die östl. Hauptkette der nord-am. Kordilleren, v. Alaska bis Mexiko, Wasserscheide zw. Atlantik u. Pazif. Ozean, mit tiefen Schluchten (Cañons), großen Längstälern, wüstenhaften Hochplateaus; im Mount McKinley (Alaska), 6229 m, im Mount Elbert (USA) 4396 m hoch.

Felsengräber, Felshöhlen zur Bestattung der Toten; bereits zur Altsteinzeit.
Felsenmeer, Anhäufung v. Steinblöcken u. Verwitterungsschutt; durch Erosion entstanden.
Felsenstein, *Walter,* östr. Regisseur u. Theaterleiter, 1901–75; seit 47 Intendant der „Komischen Oper" in Berlin-(Ost); Inszenierungen im Sinne realist. „musikal. Theaters".
Feme *w,* westfäl. Strafgericht, geleitet v. Freigrafen u. mindestens 7 Freischöffen; entstand z.Z. mangelnden Rechtsschutzes, bes. im 14./15. Jh.; im ganzen Reich verbreitet; bald Mißbrauch; heute Bz. für heiml. Terrorjustiz *(F.mord).*
Femininum *s* (lat.), Wort weiblichen Geschlechts; *feminin,* weibl., weiblich.
Femto, Abk. f, vor Maßeinheiten das Billiardstel (10⁻¹⁵).
Fenchel *m,* südeurop. Doldenpflanze. Das aromat. Kraut *(F.tee)* u. die ölhaltigen Samen sind Gewürz u. Heilmittel (gg. Bronchialkatarrhe); die Samen liefern äther. *F.öl.*
Fénelon (: fen^e lon), *François,* Erzb. v. Cambrai, 1651–1715; Kanzelredner, Erzieher, religiöser u. polit. Schriftsteller; Gegner des ↗Gallikanismus, vertrat den ↗Quietismus.
Fenier, in den USA gegr. irischer Geheimbund des 19. Jh. zur Loslösung v. England.
Fen(n)ek *m, Wüstenfuchs,* Raubtier der nordafrikan. Wüsten.
Fenster, Belichtungs- u. Belüftungsöffnung an Gebäuden.
Fensterrose, großes Rundfenster in roman. od. got. Kirchen, durch Maßwerk aufgeteilt.
Ferdinand, Fürsten: *Aragonien:* **F. II. der Kath.,** 1452–1516; seit 1479 Kg., begr. durch seine Heirat mit Isabella v. Kastilien u. durch Eroberungen (Granada, Neapel, Navarra; Entdeckungen in Amerika) die span. Weltmacht für seinen Enkel u. Nachfolger Karl V. *Bulgarien:* **F.,** 1861–1948; Prinz v. Sachsen-Coburg, 1887 v. den Bulgaren zu ihrem Fürsten gewählt u. seit 1908 Zar, dankte 18 ab. *Dt. Kaiser:* **F. I.,** Bruder u. Nachfolger Karls V., 1503–64; 26 Kg. v. Böhmen u. Ungarn u. damit Begr. der habsburg. Donaumonarchie, 56 Ks., schloß den ↗Augsburger Religionsfrieden (□ 266). Sein Enkel **F. II.,** 1578–1637; 1617 Kg. v. Böhmen, 18 v. Ungarn, 19 Ks., unter ihm Ausbruch des 30jährigen Krieges (□ 266). Sein Sohn u. Nachfolger **F. III.,** 1608–57; 1637 Ks., schloß den Westfäl. Frieden. *Rumänien:* **F.,** 1865–1927; Prinz v. Hohenzollern-Sigmaringen, folgte 1914 seinem Onkel Carol als König
Ferghana, *Fergana,* Beckenlandschaft in der mittelasiat. Usbek. SSR, 22200 km², über 2 Mill. E.; Hauptort F. (176000 E.). Durch das **F.kanalnetz** bewässert, Baumwolle-, Obst- u. Tabak-Anbau.
Ferkel, Jungschwein bis zur 10. Woche.
Ferman *m* (pers. = Befehl), Erlaß eines islam. Herrschers.
Fermat (: färma), *Pierre de,* frz. Mathematiker, 1601–65; Begr. der Wahrscheinlichkeitsrechnung; Zahlentheorie.
Fermate *w* (it.), in der Musik: Verlängerungszeichen über einer Note.

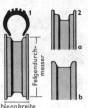

Nennbreite
Felge: 1 F. mit montiertem Reifen, 2 Felgenformen: a Tiefbett-F. (Pkw), b Schrägschulter-F. (Lkw)

Fennek

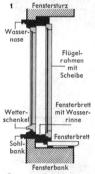

Fenster: 1 Längsschnitt durch ein Doppel-F.; 2 Fensterformen, a Dreh-, b Kipp-, c Schwing-, d Wendeflügel

Fensterrose

Federico Fellini

Walter Felsenstein

Kaiser Ferdinand I.

Kaiser Ferdinand II.

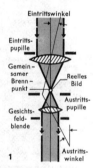

Eintrittswinkel

Eintritts-
pupille

Gemein-
samer
Brenn –
punkt

Reelles
Bild

Austritts-
pupille

Gesichts-
feld-
blende

Austritts-
winkel

1

Licht

Parabolspiegel   Umlenkspiegel   Newton-Fokus

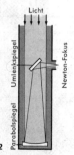

2

Fernrohr: Strahlen-
gänge 1 im Linsen-F.
(Keplersches F.),
2 im Spiegelteleskop
(Newtonsches F.)

Fermentation (Ztw. *fermentieren*), Umwandlung v. Stoffen; ↗Tabak.
Fermente (Mz., lat.), *Enzyme*, Wirkstoffe in Organismen, die bestimmte chem. Stoffwechselvorgänge beschleunigen, ohne selbst verändert zu werden, u. aus Eiweißkörper u. Wirkungsgruppe bestehen. *Pepsin* des Magens u. *Trypsin* der Bauchspeicheldrüse zerlegen Eiweiße, *Lipase* der Leber Fette, *Zymase* der Hefe bewirkt die Gärung.
Fermi, *Enrico,* it.-am. Atomphysiker, 1901–1954; grundlegende Arbeiten zur Kernphysik (Neutronen zur Umwandlung schwerer Atomkerne, Bau des 1. Kernreaktors, Atombombe); 1938 Nobelpreis.
Fermium s, künstl. chem. Element, Zeichen Fm, radioaktiv, Ordnungszahl 100. ☐ 148.
Fernando Pó(o), westafrikan. Vulkaninsel im Golf v. Guinea, 2034 km², ca. 70000 E.; Hauptort Malabo. 1968 zu ↗Äquatorialguinea; heißt heute Bioko.
Ferner m, Gletscher, Firnfeld (↗Firn).
Ferngasversorgung, Belieferung v. ausgedehnten bzw. weit entfernten Bezirken mit Stadtgas od. ↗Erdgas.
Fernglas s, ↗Fernrohr. **Fernheizung,** Beheizung v. Gebäuden v. zentraler Anlage aus.
Fernlenkung, meist drahtlose elektr. Lenkung unbemannter Fahrzeuge. Die Steuerkommandos können gegeben werden a) v. einem Leitstand außerhalb od. innerhalb des Fahrzeugs, b) v. Ziel über eine Zielsuchanlage im Fahrzeug selbst. **Fernmeldetechnik,** Sammelbegriff für elektr. betriebene Signal-, Fernschreib-, Fernsprecheinrichtungen, Fernmeßanlagen.
Fernpaß, in Tirol, 1210 m hoch, verbindet Lech- und Inntal.
Fernrohr, *Teleskop* s, opt. Instrument, das entfernte Gegenstände unter einem größeren Blickwinkel zu betrachten gestattet, die dadurch vergrößert od. näher erscheinen; a) L i n s e n - F.: *astronom.* od. *Keplersches F.,* Objektiv u. Okular Sammellinsen; *holländ.* od. *Galileisches F.,* Objektiv Sammellinse, Okular Zerstreuungslinse. Prismen-Feldstecher enthalten Prismen zur Bildaufrichtung u. Verkürzung der Baulänge. Die Angabe z.B. 8 × 30 besagt: 8fache Vergrößerung, 30 mm Objektivöffnung; b) S p i e g e l - F.: Objektiv Spiegel verschiedenster Konstruktion, Okular Sammellinse. ☐ 264.
Fernschreiber, durch Schreibmaschinenstatur gesteuerter Telegraphenapparat, ausgebildet als Streifen- od. Blattschreiber. ↗Hellschreiber.
Fernsehen, *Television,* die meist drahtlose Übertragung bewegter Bilder (schwarzweiß od. farb.); 25 Bildwechsel in der Sekunde, wodurch wie beim Film der Eindruck einer kontinuierl. Bewegung entsteht. Das *Farb-F.* benutzt additive Farbenmischung v. Rot, Grün u. Blau; die entsprechenden Farbauszüge werden v. 3 Aufnahmekameras gemacht u. auf einem Spezialleuchtschirm wiedergegeben (↗PAL, ↗SECAM). Das *Kassetten-F.* ermöglicht ein v. den Sendezeiten der Sendeanstalten unabhängiges F. mit Hilfe eines Bild-Ton-Trägers (z.B. ↗Bildplatte, Magnetband). – Träger des F. in der BRD sind die einzelnen Rundfunkan-

stalten, die als ↗ARD seit März 1953 ein Gemeinschaftsprogramm („1. Programm") senden, daneben regionale Programme u. z.T. ein „3. Programm" (bes. als Studienprogramm). Das 2. Fernsehprogramm wird v. einer Fernsehanstalt der Länder verwirklicht (ZDF = Zweites Dt. Fernsehen, Mainz). Eine bes. große Rolle spielt das F. in den USA: wie der Rundfunk privatwirtschaftl. organisiert; die Programme werden v. Werbefirmen bei Produktionsgesellschaften gekauft, 20–25% der Sendezeit dienen der wirtschaftl. Werbung, mit der auch Fernsehspiele u.a. durchsetzt werden. In Engl. steht neben dem staatl. gelenkten F. der BBC auch das privatwirtschaftl. F. der ITA (Independent Television Authority). Das frz. F. ist staatl. kontrolliert. ☐ 839.
Fernsichtigkeit, undeutliches Sehen in der Nähe, gutes in der Ferne.
Fernsprechen, *Telephonie,* Übertragen v. Gesprächen mit elektroakust. Geräten. Die Schallschwingungen werden im ↗Mikrophon in übertragbare elektromagnet. Schwingungen umgewandelt, am Empfangsort wieder in Schallschwingungen zurückverwandelt. Die Verbindung der Teilnehmer eines Ortsnetzes od. verschiedener Ortsnetze untereinander geschieht durch Handvermittlung od. durch Vermittlung mit Wählbetrieb *(Selbstwähl-Ferndienst),* meist mit Motordrehwählern. Die Übertragung der elektr. Signale erfolgt drahtlos od. über Kabel mit Hilfe der ↗Trägerfrequenz-Technik. Anlagen mit *Bildtelephon,* bei denen man den Gesprächspartner gleichzeitig sehen kann, befinden sich noch im Versuchsstadium. ☐ 268.
Fernsteuerung, mechan. od. elektr. Fernbetätigung v. Schaltgeräten, Reguliervorrichtungen. Ventilen.
Fernunterricht, System wiss. geplanter Lernprozesse, bei denen die räuml. Distanz zw. dem Lernenden u. einer helfenden Organisation (Fernlehrinstitut) durch einen Informationsträger (Lehrbrief, Schallplatte, Tonband, Hörfunk, Fernsehen u.a.) überbrückt wird. Beim *Fernstudium* ist das Niveau dem Hochschulstudium angepaßt.
Fernzünder, für Straßenbeleuchtung mit Gas, durch *Zünduhr* od. pneumat. od. elektr. Zünder.
Ferrara, ober-it. Prov.-Hst. im Po-Delta, 153000 E.; Erzb., Univ., berühmte Bibliothek. – 1437/49 Konzil v. F.-Florenz-Rom. ↗Baseler Konzil.
Ferrer ↗Vinzenz Ferrer.
Ferrit s, 1) reine, weiche Eisenkristalle, bis zu 768°C magnetisierbar. 2) Verbindung v. Eisenoxid mit Oxiden v. Nickel, Mangan u.a.; oft hochwertige magnet. Werkstoffe, verwendet als *F.antenne* bei Rundfunkgeräten u. in *F.kernspeichern* in elektron. Rechenmaschinen.
Ferro, span. *Hierro,* Insel der Kanaren (span.), 275 km², 10000 E. – 1634/1911 Ausgangspunkt der Längengradzählung (Meridian v. F.).
Ferrol del Caudillo, El (: -kaudiljo), span. Kriegshafen u. Seebad am Atlantik, 84000 Einwohner.

Fernsehen

Aufnahme von Ton und Bild

In der Aufnahmeröhre, **Ikonoskop,** wird auf einer photoelektrischen Elektrode, Bildspeicherplatte, ein Bild entworfen. Die einzelnen Bildpunkte erzeugen eine ihrer Helligkeit entsprechende elektr. Ladung, die durch einen Elektronenstrahl in Zeilen abgetastet wird. Bildinhalt, Signal für Zeilen- und Bildwechsel werden über einen Sender ausgestrahlt

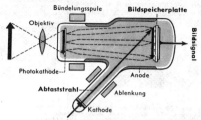

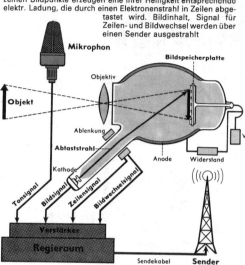

Beim empfindlicheren **Super-Ikonoskop** wird die Wirkung auf der Bildspeicherplatte verstärkt durch eine vorgeschaltete Photokathode

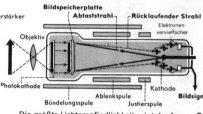

Die größte Lichtempfindlichkeit zeigt das **Image-Orthikon,** das neben der Photokathode noch einen eingebauten Verstärker enthält. Dadurch wird der Bildstrom um das über 500fache verstärkt

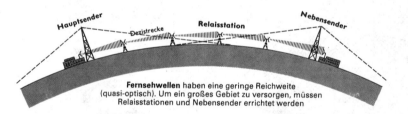

Fernsehwellen haben eine geringe Reichweite (quasi-optisch). Um ein großes Gebiet zu versorgen, müssen Relaisstationen und Nebensender errichtet werden

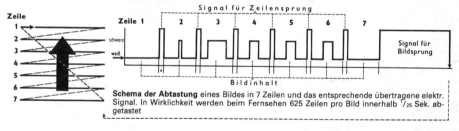

Schema der Abtastung eines Bildes in 7 Zeilen und das entsprechende übertragene elektr. Signal. In Wirklichkeit werden beim Fernsehen 625 Zeilen pro Bild innerhalb $1/25$ Sek. abgetastet

Wiedergabe von Ton und Bild

In der **Braunschen Elektronenröhre** (Bildröhre) wird ein Elektronenstrahl in der richtigen Zeilenfolge über den Bildschirm geführt und erzeugt dort entsprechend seiner Intensität (Bildinhalt) ein Bild

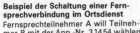

Fernsprechen

Beispiel der Schaltung einer Fernsprechverbindung im Ortsdienst
Fernsprechteilnehmer A will Teilnehmer B mit der App.-Nr. 31454 wählen:

Der hier abgebildete Edelmetall-Motor-Drehwähler (kurz EMD-Wähler) ist ein direkt-steuerbarer Wähler mit sehr hoher Schaltgeschwindigkeit (etwa 150–180 Schaltschritte pro Sekunde). Ohne konstruktive Änderung wird er als Anrufsucher, Gruppenwähler und Leitungswähler benutzt.

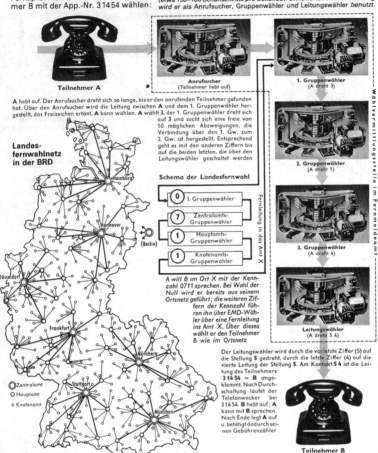

Teilnehmer A

Anrufsucher
(Teilnehmer hebt auf)

1. Gruppenwähler
(A dreht 3)

A hebt auf. Der Anrufsucher dreht sich so lange, bis er den anrufenden Teilnehmer gefunden hat. Über den Anrufsucher wird die Leitung zwischen A und dem 1. Gruppenwähler hergestellt, das Freizeichen ertönt, A kann wählen. A wählt 3, der 1. Gruppenwähler dreht sich auf 3 und sucht sich eine freie von 10 möglichen Abzweigungen, die Verbindung über den 1. Gw. zum 2. Gw. ist hergestellt. Entsprechend geht es mit den anderen Ziffern bis auf die beiden letzten, die über den Leitungswähler geschaltet werden

Landesfernwahlnetz in der BRD

Hamburg
Hannover
(Berlin)
Düsseldorf
Frankfurt
Nürnberg

○ Zentralamt
O Hauptamt
o Knotenamt

Stuttgart
München

Schema der Landesfernwahl

0	I. Gruppenwähler
7	Zentralamts-Gruppenwähler
1	Hauptamts-Gruppenwähler
1	Knotenamts-Gruppenwähler

A will B im Ort X mit der Kennzahl 0711 sprechen. Bei Wahl der Null wird er bereits aus seinem Ortsnetz geführt; die weiteren Ziffern der Kennzahl führen ihn über EMD-Wähler über eine Fernleitung ins Amt X. Über dieses wählt er den Teilnehmer B wie im Ortsnetz

2. Gruppenwähler
(A dreht 1)

3. Gruppenwähler
(A dreht 4)

Leitungswähler
(A dreht 5 4)

Der Leitungswähler wird durch die vorletzte Ziffer (5) auf die Stellung 5 gedreht, durch die letzte Ziffer (4) auf die vierte Leitung der Stellung 5. Am Kontakt 5 4 ist die Leitung des Teilnehmers **31454 = B** angeklemmt. Nach Durchschaltung läutet der Telefonwecker bei 31454. B hebt auf; A kann mit B sprechen. Nach Ende legt A auf u. betätigt dadurch seinen Gebührenzähler

Teilnehmer B

Wählvermittlungsstelle im Fernmeldeamt
Fernleitung in das Amt X

Ferromagnetismus, die Eigenschaft v. Eisen, Kobalt, Nickel u. Legierungen, im Magnetfeld eine starke Magnetisierung zu erhalten. ↗Magnetismus.

Ferrometalle, Legierungen hochwertiger Veredlungsmetalle mit Eisen.

Ferrosulfat s, ↗Eisenvitriol.

Ferse, *Hacke,* hinterer Teil des Fußes. **F.nschmerz** durch Wachstumsstörungen bei Jugendl. od. durch Knochenhautentzündung.

Fertigbauweise, die Montagebauweise aus vorfabrizierten Fertigteilen, z. B. im Ind.- u. Wohnungsbau.

Fes, *Fez,* Stadt in Marokko, 325 000 E.; arab. Univ.; Seidenindustrie.

Fes, *Fez m,* im Orient runde rote Mütze ohne Schirm, mit Quaste.

Fessan, autonome libysche Prov. in der Sahara, 551 170 km², 114 000 E.; Hst. Sebha.

Fesselballon, mit dem Erdboden durch Drahtseil verbundener Ballon; zu wiss. u. militär. Zwecken.

Festigkeit, Widerstand fester Körper gg. Einwirkung äußerer Kräfte, so die *mechan.* od. *Bruch-F.,* bei Zug, Druck, Biegung bis zum Bruch.

Festival *s* (: fäßt^ew^el, engl.), Fest, Festspiele, Zyklus v. Festspielen.

Festkörperphysik, befaßt sich mit den Eigenschaften der festen Körper, bes. der Kristalle. *Idealer Festkörper:* alle Kristallbausteine in einer regelmäß. Gitterstruktur, verwirklicht im *Einkristall; reale Festkörper* haben Gitterstrukturen mit Fehlstellen.

Festmeter, Abk.: fm, veraltetes Raummaß für Lang- u. Schnittholz; 1 fm = 1 m³ Holz ohne Schichtzwischenräume.

Festnahme, nur mögl. aufgrund eines ↗Haftbefehls. Wird jemand auf frischer Tat

Fette

Schmelzpunkte wichtiger Fette (in ° C):

Walfischtran	unter 0
Öl	4
Schweineschmalz	27–29
Gänsefett	27–33
Butter	28–33
Margarine	28–38
Palmin	30–35
Talg	40–45

Je tiefer der Schmelzpunkt eines Fettes, desto leichter ist es verdaulich. Fette mit einem Schmelzpunkt unter 39° C werden vollständig verdaut, die anderen (z. B. Talg) nur zu ca. 10%

Tafel der beweglichen Feste

Jahr	Ascher-mittwoch	Ostern	Christi Himmel-fahrt	Pfingsten	Fron-leichnam	Erster Advents-sonntag
1974	27. Febr.	14. April	23. Mai	2. Juni	13. Juni	1. Dez.
1975	12. Febr.	30. März	8. Mai	18. Mai	29. Mai	30. Nov.
1976	3. März	18. April	27. Mai	6. Juni	17. Juni	28. Nov.
1977	23. Febr.	10. April	19. Mai	29. Mai	9. Juni	27. Nov.
1978	8. Febr.	26. März	4. Mai	14. Mai	25. Mai	3. Dez.
1979	28. Febr.	15. April	24. Mai	3. Juni	14. Juni	2. Dez.
1980	20. Febr.	6. April	15. Mai	25. Mai	5. Juni	30. Nov.
1981	4. März	19. April	28. Mai	7. Juni	18. Juni	29. Nov.
1982	24. Febr.	11. April	20. Mai	30. Mai	10. Juni	28. Nov.
1983	16. Febr.	3. April	12. Mai	22. Mai	2. Juni	27. Nov.
1984	7. März	22. April	31. Mai	10. Juni	21. Juni	2. Dez.
1985	20. Febr.	7. April	16. Mai	26. Mai	6. Juni	1. Dez.
1986	12. Febr.	30. März	8. Mai	18. Mai	29. Mai	30. Nov.
1987	4. März	19. April	28. Mai	7. Juni	18. Juni	29. Nov.
1988	17. Febr.	3. April	12. Mai	22. Mai	2. Juni	27. Nov.
1989	8. Febr.	26. März	4. Mai	14. Mai	25. Mai	3. Dez.
1990	28. Febr.	15. April	24. Mai	3. Juni	14. Juni	2. Dez.

angetroffen od. verfolgt, so ist bei Fluchtverdacht od. wenn die Persönlichkeit nicht festgestellt werden kann, jedermann zur *vorläufigen F.* berechtigt.

Feston *s* (: feßtṓn, frz.), **1)** Blätter-, Blumen-, Fruchtgehänge, häufig als Ornament in Baukunst u. Malerei. **2)** Verzierungen in Bogen- oder Zackenform bei Nadelarbeiten *(F.stich).*

Feston-Stich

Festpreis, 1) im Rahmen der staatl. Preisregelung als Höchst- od. Mindestpreis festgesetzter Preis. **2)** durch privatrechtl. Vertrag (z. B. im Kartell) vereinbarter Preis. ↗Preisbindung.

Festpunkte, *Fixpunkte,* Ausgangspunkte für die Vermessung. ↗Triangulation.

Festspiele, herausgehobene Theater- u. Opernaufführungen an periodisch wiederkehrenden Festspieltagen od. -wochen, z. B. die Bayreuther u. Salzburger Festspiele.

Festung, ausgebaute militär. Verteidigungsanlage, die ein Gebiet od. einen wichtigen Ort schützt; im Alt. u. MA eine Stadt od. Burg. Die Erfindung der Feuerwaffen brachte eine eigene Technik des F.sbaus hervor. Mit der Steigerung der Artilleriewirkung entwickelte sich aus der F. ein weitverzweigtes F.ssystem, z. B. Atlantikwall, Maginotlinie, Westwall. Heute sind F.en u. F.ssysteme militär. fragwürdig geworden. **F.shaft,** frühere, nicht entehrende Freiheitsstrafe, bes. bei polit. Straftaten.

Fetzenfisch

Fetisch *m,* in Naturreligionen Gegenstände, denen magische Kräfte zugeschrieben werden. **F.ismus,** F.kult; übertriebener Kult mit Dingen u. Ideen.

Fett, Stoffgruppe der *Triglyceride,* das sind neutrale Ester aus Glycerin u. F.säuren. F.e werden im Pflanzen- u. Tierkörper gebildet od. synthet. hergestellt. Feste F.e enthalten Palmitin- u. Stearinsäure, die flüssigen Öl- u. Linolsäure. Verwendet zur Ernährung, als Medikament- u. Salbengrundlage, industriell zu Seifen, Kerzen, Faktis, Linoleum. Pflanzenfette werden aus Baumwollsamen, Erdnüssen, Sojabohnen, Sonnenblumensamen, Oliven, Sesamsamen, Kokosnüssen, Palmfrüchten, Lein, Raps durch Extrak-

tion mit Benzin gewonnen, Tierfette aus Milch, Speck, Wal u. Fisch durch Ausschmelzen. **F.fleckenkrankheit,** Bakterienkrankheit bei Bohnen. **F.gas** ↗Ölgas. **F.geschwulst,** *Lipom,* gutart. Geschwulst aus F.gewebe. **F.gewebe,** Körpergewebe, in dem Fett gespeichert wird. **F.härtung,** Umwandlung weicher F.e u. Öle in härtere talgartige durch Anlagerung v. Wasserstoff. **F.henne** ↗Mauerpfeffer. **F.herz,** F.ablagerung im Herzmuskel bei F.sucht. **F.kraut,** *Pinguicula,* fleischfressende Pflanze mooriger Standorte mit klebrigen Ausscheidungen, die Insekten festhalten u. verdauen. **F.pflanzen** ↗Sukkulenten. **F.räude,** auch *F.flechte,* Hautausschlag am Rücken u. an Beinen infolge v. Mangel, mit Haarausfall. **F.säuren,** einwert. organ. Säuren, flüssig od. fest. **F.schwanzschaf,** südasiat. Schaf. **F.sucht,** krankhafte Aufspeicherung v. Fett im Körper infolge Veranlagung, mangelnder Drüsentätigkeit, Alkoholsucht, Bewegungsmangel od. unmäßiger Eßgewohnheiten.

Fetus *m* (lat.), *Foetus,* ↗Embryo.

Fetzenfisch, scharlachroter ↗Büschelkiemer mit gelbem Bauch u. Stacheln.

Feuchtersleben, *Ernst Frh. v.,* östr. Arzt u. Schriftsteller, 1806–49; bekannt durch die *Diätetik der Seele* (↗Psychohygiene).

Feuchtigkeit, Wasserdampfgehalt der Luft; ↗Luftfeuchtigkeit. **F.smesser** ↗Hygrometer. **Feuchtmayer** ↗Feichtmayr. [ter.

Feuchtwanger, *Lion,* dt. Schriftsteller, 1884–1958; seit 1940 in den USA. Romane: *Die häßl. Herzogin Margarete Maultasch; Jud Süß; Der Wartesaal.*

Feudalismus *m* (lat.), eine durch Pluralität der Gewalten u. Rechtsordnungen bestimmte Struktur v. Staat, Wirtschaft u. Gesellschaft; beruht auf Übertragung v. Herrschaftsfunktionen durch den obersten Herrscher an eine aristokrat. Oberschicht; fr. Bz. für das ↗Lehnswesen in Europa.

Feuerbach, 1) *Anselm,* dt. Maler, 1829–80; der zeitgenöss. Kunst abgewandt; mytholog. Stoffe der Antike: *Gastmahl des Plato, Medea, Iphigenie, Bildnisse der Nana.* **2)** *Ludwig,* dt. Philosoph, 1804–72; Materialist u. Atheist, v. starkem Einfluß auf den Sozialismus.

Feuerbestattung ↗Leichenverbrennung.

Feuerbohne ↗Bohne.

Feuerdorn, *Zwergmispel,* immergrüner Dornstrauch; Zierstrauch.

Feuerfalter, goldroter ↗Dukatenfalter.

Anselm Feuerbach: Medea

feuerfeste Baustoffe, haben einen Schmelzpunkt über 1650°C *(hochf. B.* einen solchen über 1850°C); sie können natürl. (Schamotte, Porzellan) u. künstl. Ursprungs (↗Cermets, Kunststoffe) sein.

Feuerkugel, helle Meteore mit langer Sichtbarkeit, oft unter Detonation zerbrechend.

Feuerland, Inselgruppe an der Südspitze Südamerikas mit der Hauptinsel F.; im SW gebirgig, Buchenwald, Moore, Gletscher; im NO trockene Pampasplatte mit 3 Mill. Schafen; der östl. Teil bildet die argentin. Prov. Tierra del Fuego (20902 km², 22000 E.; Hst. Ushuaia), der westl. Teil ein Dep. in der chilen. Prov. Magallanes (51000 km², 6000 E.; Hst. Porvenir).

Feuerlilie, *Lilium bulbiferum,* Zwiebelgewächs; gelbrote Blüten, auf Gebirgswiesen.

Feuerlöschwesen, Organisationen (Feuerwehr) und technische Ausrüstungen (Löschfahrzeuge, Drehleitern, Spritzen, Schläuche) zur Bekämpfung von Schadenfeuern. Eigentl. Löschgeräte sind ↗Handfeuerlöscher, ortsfeste Berieselungsanlagen, Druck- bzw. Saug-Druckspritzen, für Handbetrieb Kolbenpumpen, für Kraftbetrieb Zentrifugalpumpen. Chem. Löschmittel(-stoffe) wirken sauerstoffabsperrend durch Gas- od. Krustenbildung, teils auch abkühlend, so das Schaumlöschverfahren (bei Flüssigkeitsbränden), Glutbrand-Pulverlöscher (bei elektr. u. Flüssigkeitsbränden), Kohlensäureschnee, Wasser mit Salzlösung (Naßlöscher). Rettungsgeräte: Rettungssäcke, Sprungtücher, Sauerstoffgeräte.

Feuermal, geschwulstartige, angeborene Erweiterung oberflächlicher Hautgefäße.

Feuermelder, elektr. Fernmeldeanlage zur Alarmierung der Feuerwehr, oft zur gleichzeitigen Auslösung stationärer Brandschutzapparate.

Feuersalamander ↗Salamander. □ 911.

Feuerschiff, Signalschiff mit Leuchtfeuer.

Feuerschwamm, *Wundschwamm,* Röhrenpilz an Baumstämmen, als Heilmittel.

Feuerstein, 1) nd. *Flint,* dichter Quarz, gibt an Stahl Funken; zum Feuerschlagen, in der Vorzeit für Werkzeuge verwendet. **2)** Reibstein in Feuerzeugen, Legierung aus Cer, Lanthan, Eisen u. a.

Feuerung, Verbrennungsraum bei Öfen u. anderen Wärmeerzeugungsanlagen, je nach Zweck u. Brennstoff verschieden. Planrost-F., Schrägrost-F., Unterschub-F., für feste Brennstoffe; Kohlenstaub-F. für Hochleistungskessel, bes. in Stahl-, Walzwerken u. Lokomotiven; Verfeuerung von flüss. Brennstoffen in Ölbrennern. □ 167.

Feuerversicherung, *Brandversicherung,* privat od. aufgrund staatl. Zwanges, zur Entschädigung bei Brand, Explosion od. Blitzschlag einschl. der Schäden beim Löschen od. Niederreißen.

Feuerwanze ↗Wanzen.

Feuerwehr, 1) Freiwillige F. (ohne jede Vergütung). **2)** Pflicht-F. (Zwang für männl. Einwohner innerhalb gewisser Altersgrenzen). **3)** Berufs-F. in größeren Städten, dauernd einsatzfähig. **4)** Werk-F. v. größeren Ind.-Unternehmen. ↗Feuerlöschwesen.

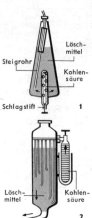

Feuerlöschwesen: Feuerlöscher für **1** Naß-, **2** Trocken-, **3** Schaum-F.

Fibel: 1 eingliedrige, **2** zweigliedrige, **3** Brillenspiral-F., **4** Scheiben-F.

Feuerwerker, mit Herstellung u. Verwaltung der Munition u. der Spreng- u. Zündstoffe betraut; auch *Kunst-F.ei:* Herstellung u. Abbrennen v. Brandsätzen u. Feuerwerkskörpern aus leicht brennbaren chem. Gemischen, mit Licht-, Funken- u. Knallwirkungen verbunden.

Feuerzeug, zur Entzündung v. brennbaren Stoffen; diese erfolgt mechan., chem. (durch Streichhölzer) od. elektrisch.

Feuerzüge, Kanäle für abziehende Heizgase.

Feuilleton *s* (: föjeton, frz.), in Tageszeitungen der nichtpolit. Teil mit Kritik, Glossen, Erzählungen u. einer spezif. „feuilletonist." Kleinprosa.

Fez, der ↗Fes.

ff, 1) Abk. für fein-fein, Gütebezeichnung für Waren. **2)** in der Musik: fortissimo (sehr stark). **3)** bei Angabe der Seitenzahl: u. folgende Seiten.

Fiaker *m* (frz.), Droschke, Mietkutsche.

Fiale *w* (gr.), türmchenart., durchbrochener Aufsatz an got. Bauteilen.

Fiasko *s* (it.), Mißerfolg.

Fibel *w,* **1)** (lat.) frühgeschichtl. Spange zum Zusammenhalten des Gewandes od. der Haare. **2)** (gr.) Abc-Buch für den ersten Leseunterricht (seit 18. Jh.).

Fiber *w* (lat.), Faser; ↗Vulkan-F.

Fibrin *s,* ↗Blutgerinnung. *F.präparate* gg. Bluterkrankheit gebraucht.

Fibrom *s* (lat.), gutart. Bindegewebsgeschwulst.

Fichte, *Picea,* Nadelholz mit 4kantigen Nadeln u. hängenden Zapfen. *Gemeine Fichte, Rottanne,* wichtigster Nadelbaum. *F.nholz* vielseitig verwendet, bes. als Bauholz. *F.nrinde* gerbstoffreich. *F.nnadeln* zu Bädern gg. Gicht u. Rheuma. *F.nharz* für Kolophonium, Firnisse, Kitte, Seifen. □ 656.

Fichte, *Johann Gottlieb,* Philosoph des dt. Idealismus, 1762–1814; seit 1810 Prof. in Berlin; führt in seiner *Wissenschaftslehre* alles auf das reine (überindividuelle, nichtempirische) Ich als sittl. Tathandlung zurück. Auch die Natur ist nur das versinnlichte Material der Pflicht. Gott fällt für F. zunächst mit der v. freien Ich erschaffenen moral. Weltordnung zus.; später setzt er das Ich mit dem absoluten göttl. Sein gleich.

Fichtelberg, 1) Berg im Erzgebirge, 1214 m hoch. **2)** Berg im Fichtelgebirge, 1023 m.

Fichtelgebirge, Gebirgsknoten im NO Bayerns; Porzellanerde; Glas- u. Textil-Ind.; im Schneeberg 1053 m hoch.

Fichtenspargel, *Monotropa hypopitys,* farbloses, chlorophyllfreies Kraut; Schmarotzer. ·

Ficker, *Julius v.,* dt. Rechtshistoriker, 1826–1902; verteidigte die It.-Politik des mittelalterl. Kaisertums.

Fiction *w* (: fikschen), engl. Bz. für die erzählende Lit., soweit auf Phantasie beruhend (Ggs.: *Nonfiction).* ↗Science Fiction.

Ficus, der Feigen- u. Gummibaum.

Fideikommiß *s* (lat.), unveräußerl., meist nur im Mannesstamm vererbl. Vermögensmasse (meist Großgrundbesitz). In Dtl. seit 1919 aufgehoben.

Fideismus *m* (lat.), These des ↗Traditiona-

Fidschi
Amtlicher Name:
Fiji – Viti
Staatsform:
unabhängiges Mitgl.
des Commonwealth
Hauptstadt:
Suva
Fläche:
18 272 km²
Bevölkerung:
610 000 E.
Sprache:
Verkehrssprache ist
Englisch
Religion:
42% Methodisten,
36% Hindus,
7% Muslimen
Währung:
1 Fidschi-Dollar
= 100 Cents
Mitgliedschaften:
Commonwealth, UN

Filet in Leinen-
stopfstich

Fieber: die typischen
Fieberkurven von
Masern, Scharlach und
Typhus

lismus (de Bonald u. de Lamennais) u. ↗ *Modernismus* (Ménégoz u. Sabatier), religiöse u. metaphys. Wahrheiten seien nur dem Glauben zugängl., nicht aber der Ver**fidel** (lat.), lustig. [nunft.
Fidelis v. Sigmaringen, hl. (24. April), 1578 bis 1622; 1612 Kapuziner, als Missionar v. calvin. Bauern im Prättigau erschlagen.
Fidibus *m* (lat.), Holzspan od. Papierstreifen zum Feueranzünden.
Fidschi-Inseln, Gruppe v. zus. 322 vulkan. u. Koralleninseln in der Südsee; Ausfuhr: Zucker, Kopra, Bananen. 1874/1970 brit. Kronkolonie, seit 1970 unabhängig.
Fieber, Steigerung der Körpertemperatur auf 37,7–41° C mit Schwitzen, Appetitlosigkeit, Kopfschmerzen, erhöhtem Puls, Mattigkeit u. Phantasieren (↗Delirium). Bis 38° C *leichtes F.,* 38–41° C *hohes F.,* darüber lebensbedrohend. F. tritt meist bei Infektionskrankheiten auf u. ist eine Abwehr gg. die Gifte (Toxine) v. Bakterien u. Viren. Messung mit *F.thermometer* in Achselhöhle od. After. **F.baum** ↗Eukalyptus. **F.klee,** *Bitterklee,* *Menyanthes trifoliata,* Enziangewächs, Sumpfpflanze, Blätter als Verdauungstee. **F.rinde** ↗Chinarinde. **F.stoffe,** *Pyrogene,* Bakterienstoffwechselprodukte od. körpereigene Stoffe, die F. erregen.
Fi(e)del *w,* wichtigstes Streichinstrument des MA mit 1 bis 5 Saiten, verschieden geformtem Schallkasten u. deutl. abgesetztem Hals.
Fielding, *Henry,* engl. Dichter, 1707–54; Schöpfer des engl. humorist. Romans; *Joseph Andrews, Tom Jones.*
fieren, Segel, Rahen u. a. herunterholen.
Fiesco, *Giovanni Luigi,* Adliger in Genua, 1523–47; 47 Aufstand gg. die Herrschaft der Doria. Trauerspiel v. Schiller.
Fifth Avenue (: fiftß äw'njū, engl.), repräsentativste New Yorker Geschäftsstraße.
Figaro *m* (it.-span.), Urbild des gerissenen Bediensteten; nach den Dramen v. Beaumarchais in Opern von Mozart u. Rossini.

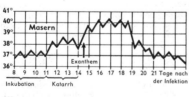
Inkubation Katarrh

der Infektion

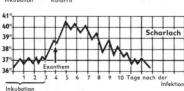
Inkubation

Tage nach der
Infektion

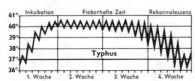

1. Woche   2. Woche   3. Woche   4. Woche

Fight *m* (: fait, engl.), Nahkampf beim Boxen mit raschem Schlagwechsel.
Figl, *Leopold,* östr. Politiker (ÖVP), 1902–1965; 38/43 im Konzentrationslager; 45/53 Bundeskanzler, 53/59 Außenminister.

Leopold Figl   Hans Filbinger

Figur *w* (lat.), **1)** Gestalt. **2)** Stein im Schachspiel. **3)** beim Tanz Bewegungsfolge. **4)** zusammengehörige Notengruppe. **5)** redner. Bild zur Verlebendigung. **figurieren,** eine Rolle spielen. **figurierter Choral,** mehrstimmiger Choralsatz, dessen Mittelstimmen melodisch bewegt sind. **Figurine** *w,* Nebenfigur; Modellbild; Kostümzeichnung.
Fiktion *w* (lat.; Bw. *fiktiv*), Erdichtung, gemachte Annahme.
Filarien (Mz., lat.), Fadenwürmer.
Filbinger, *Hans,* * 1913; 1960 Innen-Min., 66–78 Min.-Präs. von Baden-Württemberg (CDU).
Filchner, *Wilhelm,* 1877–1957; dt. Forscher, bereiste Tibet, China, Antarktis.
Filder (Mz.), Ackergebiet der württ. Keuperhochfläche südl. v. Stuttgart, Anbau v. spitzköpfigem Weißkraut *(F.kraut).*
Filderstadt, 1975 neugebildete württ. Gem. im Kr. Esslingen, 36 500 E.
Filet *s* (: file, frz.), **1)** Lendenfleisch. **2)** aus Fäden geknotetes Netz, Untergrund für *F.stickerei,* bei der der Faden durch die Netzmaschen gezogen wird.
filia (lat.), Tochter; **filia hospitalis,** Tochter der Wirtin (Studentensprache).
Filiale *w* (lat.), Zweiggeschäft.
Filibuster, 1) ↗Flibustier. **2)** im am. Kongreß ein Abg., der durch Dauerreden die Verabschiedung v. Gesetzen be- od. verhindert.
Filigran *s* (lat.-frz.), alte Goldschmiedetechnik: Auflöten v. Gold-, Silber- od. Kupferdraht in Mustern auf eine Metallunterlage, in neuerer Zeit auch selbständig in Durchbrucharbeit. ☐ 272.
filioque (lat. = u. aus dem Sohn), Zusatz der röm.-kath. Kirche im Glaubensbekenntnis, wonach der Hl. Geist seinen Ursprung gemeinsam im Vater „u. Sohn" hat. Hauptgrund zum ↗Schisma (1054).
Filipinos (span.), die eingeborenen Bewohner der ↗Philippinen.
filius *m* (lat., Mz. *filii*), Sohn.
Film *m* (engl.), **1)** dünner, meist durchsichtiger Überzug, z. B. als Öl-F. **2)** glasklarer, elast. Träger der photograph. Emulsion, als *Plan-F. (F.-Pack)* u. *Roll-F.* **3)** *F.wesen, Kinematographie,* die mit der *F.technik* herge-

Filigran (aufgelötet)

Film: Phasen des Schluckaktes aus einem Röntgenkinofilm

stellten „lebenden Bilder"; die v. der F.kamera aufgenommenen Einzelbilder werden v. Projektionsgerät mit meist 24 Bildwechseln in der Sekunde vorgeführt u. täuschen so den Bewegungsablauf vor. Plast. Film meist im ↗Breitwandverfahren. Bei *Zeitrafferaufnahmen* weniger als 24, bei *Zeitdehneraufnahmen* mehr als 24 Aufnahmen je Sekunde, in der *Hochfrequenzkinematographie* bis zu einigen Milliarden Bildern je Sekunde. Die Aufnahme eines Spielfilms, beruhend auf dem ↗Drehbuch, dauert allg. 1–2 Monate; ihr folgt der Schnitt. Der F. besitzt in Photomontage, Überblendung, Rück- u. Einblendung, Großaufnahmen, unbehindertem Szenenwechsel, Beleuchtungseffekten u.a. eigene Ausdrucksmittel. Der F. ist einigen klass. Künsten (Theater, Roman, Malerei) nahe verwandt, hat sich jedoch mit der fortschreitenden verbesserten Handhabung seiner Mittel zu eigenständ. Kunstübung entwickelt. Als Bildungs- und Unterhaltungsmittel besitzt er größten Einfluß. – Die *F.wirtschaft* gliedert sich in: *Produktion, Verleih* u. *Kinobetrieb.* Die maßgebende Stellung auf dem F.markt hat der Verleih; er übt auch einen starken Einfluß auf die Produktion aus, durch Bevorschussung noch zu drehender Filme, Garantie der Abnahme u.a. *Wichtigste Gattungen:* Spiel-, Kurz-F. (z.T. ident. mit dem Dokumentar-, fr. Kultur-F.), neuerdings neben dem Kino-F. der Fernsehfilm. *Geschichte:* Erfinder der F.technik waren Th.A. Edison (USA), M. Skladanowsky, O.E. Meßter (Dtl.) u. bes. die Brüder L. u. A. Lumière (Fkr.). Erste öff. Vorführungen 1895. Weiterentwicklung über den Stumm-F. (bis 1928) zum Ton-F., ab 1935 zum Farbton-F., neuerdings zum plast. F. (techn. noch nicht ausgereift) u. zum Breitwandfilm. Die ersten F.e waren kurze „Lebende Bilder", später „Grotesken", „Dramen", Wildweststücke. In Dtl. dann der expressionst. F. (R. Wiene, *Cabinet des Dr. Caligari*), in Rußland der revolutionär agitierende Film (S. Eisenstein, *Panzerkreuzer Potemkin*). Wichtigstes F.land die USA; F.e um große Komiker, bes. Ch. Chaplin, daneben B. Keaton u. H. Lloyd; Monumental-F.e (D. Griffith, C. de Mille); F.e eines sozialen Realismus (J. Ford); Zeichentrick-F.e W. Disneys. In Europa führend der frz. F. mit seiner Kunst der Atmosphäre, seiner Neigung zum Poetischen (J. Renoir, M. Carné, R. Clair, J. Duvivier). Der dt. F. 33/45 teils auf Unterhaltung, teils auf „Volkserziehung" abgestellt. Nach dem 2. Weltkrieg starke Wirkung des it. Neorealismus (R. Rossellini, V. De Sica, F. Fellini). In England psycholog. F., Shakespeareverfilmungen (L. Olivier). In Fkr. seit 1954 die jun-

gen Regisseure der Neuen Welle (L. Malle, F. Truffaut, J.-L. Godard, A. Robbe-Grillet). Bedeutende Einzelleistungen im schwed. (I. Bergman), russ., poln. (R. Polanski) u. span. Film (L. Buñuel). Bis auf den europ. Raum wirkend der japan. Film.

Filmclub, Vereinigung, die für Mitgl. ältere od. moderne, in öff. Filmprogrammen selten erscheinende Filme aufführt.

Filmfestspiele, in ein- od. mehrjährigem Abstand stattfindende „Festspiele", d.h. Ur- u. Erstaufführungen repräsentativer Filme aus verschiedenen Nationen (z.B. die Biennale in Venedig).

Filou m (: fi**lu**, frz.), Spitzbube.

Filter m od. s, **1)** Vorrichtung zum Trennen v. Feststoffteilchen aus Aufschwemmungen, zum Entfernen v. Teilchen zur Reinigung od. Klärung, zur Entstaubung v. Luft od. Gasen mit *F.papier, F.tiegeln* mit poröser Masse, *F.tüchern* usw. Die gereinigte Substanz heißt *Filtrat.* **2)** in der Photographie: ↗Farben-F. **3)** in der Elektrotechnik: durch zusammengeschaltete frequenzabhängige Widerstände Hervorhebung od. Unterdrückung bestimmter Frequenzen, *Klang-F.*

Filz, Fasergebilde aus unregelmäßig zusammengefügten Tierhaaren; für Hüte, Schuhe, Ein- u. Unterlagen.

Filzkrankheit, Pilzkrankheit bei Kartoffeln.

Filzlaus ↗Laus. **Filzröhrling** ↗Ziegenlippe.

Fimmel m, männlicher ↗Hanf.

final (lat.), zielstrebig, v. Ende her bestimmt; Ggs. ↗kausal. **F.e** s, **1)** in der Musik: Schlußsatz, Schlußszene. **2)** im Sport: Endrunde, Schlußkampf. **F.ität** w, Bestimmtheit eines Seienden od. eines Geschehens v. seinem Ende her, die Zielstrebigkeit.

Die berühmtesten Filme

Intolerance (USA, 1916), R.: D. W. Griffith
Das Kabinett des Dr. Caligari (Dtl., 1919), R.: R. Wiene
Greed (Gier; USA, 1923), R.: E. v. Stroheim
Der letzte Mann (Dtl., 1924), R.: F. W. Murnau
Panzerkreuzer Potemkin (UdSSR, 1925), R.: S. M. Eisenstein
Gold Rush (Goldrausch; USA, 1925), R.: Ch. Chaplin
Die Mutter (UdSSR, 1926), R.: W. I. Pudowkin
La passion de Jeanne d'Arc (Fkr., 1928), R.: C. Th. Dreyer
Die Erde (UdSSR, 1930), R.: A. P. Dowtschenko
La grande illusion (Die große Illusion; Fkr., 1937), R.: J. Renoir
Citizen Kane (USA, 1941), R.: O. Welles
Ladri di biciclette (Fahrraddiebe; Italien, 1948), R.: V. De Sica

R. = Regisseur
Diese Liste wurde 1958 von über 100 Filmhistorikern zusammengestellt

Film und Fernsehen in der BRD

	1957	1962	1967	1972	1980
Filmbesucher (Mill.)	801	443	216	161	123[1]
Filmbesuch je Einwohner	15,1	7,7	3,6	2,6	2,0
Fernsehgenehmigungen (in 1000)	835	7213	13806	17100	21190

[1] 1978

Filmtheater in der BRD

	1960	1970	1978
Filmtheater	6950	3446	2770
Sitzplätze: insgesamt (1000)	2878,3	1420,2	789,5
auf 1000 Einw.	51,2	23,0	12,9

F.**itätsprinzip** s, in der scholast. Philosophie Lehrsatz v. der Zielstrebigkeit allen Wirkens. F.**satz,** Nebensatz, der das Ziel einer Handlung bezeichnet (damit, daß, um zu). **Finanz** (it.; Mz. *Finanzen*), Geldwesen, bes. des Staates od. einer sonstigen öff. Körperschaft. F.**amt** ↗F.verwaltung. F.**ausgleich,** die Verteilung des Steueraufkommens zwischen Gebietskörperschaften, in der BRD z. B. zwischen Bund und Ländern. F.**gerichte,** Berufungsinstanzen gg. Entscheidungen der F.verwaltung u. von dieser unabhängig; bestehend aus dem *Bundesfinanzhof* u. den *F.gerichten* der Länder. F.**hoheit,** das Recht eines Staates, zur Erfüllung seiner Aufgaben Steuern u. sonstige Abgaben zu erheben, ggf. durch Zwang beizutreiben; kann v. Staat auf andere öff. Körperschaften übertragen werden; Gesetzgebungshoheit in der BRD zw. Bund u. Ländern geteilt. **Finanzierung,** die Kapitalbeschaffung für Unternehmenszwecke durch Aufnahme v. Fremdkapital (z. B. Anleihe), Nichtausschüttung v. Gewinnen *(Selbst-F.)* od. Einlage v. Mitteln der Eigentümer *(Eigen-F.).* **Finanzkontrolle,** Überwachung u. Prüfung der Finanzgebarung staatl. od. sonstiger öff. Körperschaften durch vorgesetzte Dienststellen, bes. Staatsorgane *(Rechnungshöfe)* od. parlamentar. Ausschüsse. **Finanzmonopol,** ausschließl. Recht des Staates, aus fiskal. Gründen bestimmte Güter zu produzieren *(Regiebetriebe)* od. einen od. wenige private Betriebe zu konzessionieren (z. B. Branntwein-, Zündwarenmonopol). **Finanzpolitik, 1)** die Gesamtheit der auf die Gestaltung der öff. ↗Finanzwirtschaft gerichteten Maßnahmen; i. e. S. staatl. Maßnahmen im Dienste der Konjunktur- u. Vollbeschäftigungspolitik. **2)** ein Teilgebiet der Unternehmungspolitik. **Finanzverwaltung,** zuständig für Einzug, Verwaltung u. Ausgabe der öff. Finanzen; in der BRD entsprechend der ↗Finanzhoheit zw. Bund u. Ländern geteilt. *Bundesbehörden:* Bundes-Min. der Finanzen, Oberfinanzdirektionen mit der Abt. Bundessteuern, Hauptzollämter u. deren Hilfsstellen; *Landesbehörden:* Finanz-Min. der Länder, Oberfinanzdirektionen mit der Abt. Landessteuern, Finanzämter u. deren Hilfsstellen. Die Oberfinanzdirektionen sind somit gemeinsame Mittelbehörden des Bundes u. der Länder. **Finanzwirtschaft,** die Ein- u. Ausgaben-Wirtschaft der öff. Gemeinwesen zur Erfüllung ihrer Aufgaben. **Finanzwissenschaft,** die Lehre v. den Maßnahmen u. Einrichtungen der öff. Finanzwirtschaft (u. a. Haushalt, Finanzpolitik, Steuerlehre). **Finanzzoll,** Zoll, der nur der Beschaffung v. Staatseinnahmen dienen soll. **Finck,** Werner, dt. Kabarettist u. Schriftsteller, 1902–78; leitete 29/35 das Kabarett „Die Katakombe" in Berlin, gründete 48 „Die Mausefalle" in Stuttgart; schrieb u. a. *Alter Narr – was nun?* **Findelhäuser,** fr. Anstalten zur unentgeltl. Erziehung v. Findelkindern. **Findelkind,** *Findling,* Kind, das v. unbekannten Eltern ausgesetzt wurde.

Fingerabdruck: qualitative Unterschiede der Tastlinien, **a** Bogen, **b** Schleife, **c** Wirbel, **d** doppelzentrisches Muster

Buchfink

Kernbeißer

Kreuzschnabel

Finkenvögel: Schnabelformen

Finn-Dingi

Finderlohn ↗Fund. **Fin de siècle** (: fãn d°°ßjäkl, frz. = Ende des Jh.), die skept. Stimmung um 1900. **Findlinge,** *erratische Blöcke,* durch Gletscher verschleppte Steinblöcke. **Fine** s (it.), Ende, bes. eines Musikstücks; bei da capo die Stelle, bis zu der wiederholt werden soll. **Finesse** w (frz.), Feinheit, List. **Fingerabdruck,** *Daktyloskopie,* mit Druckerschwärze auf ein Blatt Papier hergestellt; für eindeutige Feststellung v. Personen. **Fingerentzündung,** *Fingerwurm,* ↗Panaritium. **Fingerhirse,** *Eleusine,* Gras mit fingerförmig angeordneten Ähren; Getreide in Indien u. Afrika. **Fingerhut, 1)** Schutzhülle beim Nähen. **2)** *Digitalis,* Rachenblütler mit fingerhutförm. purpurroten od. gelben Blüten. *Roter F.* enthält giftige ↗Glykoside, Herzheilmittel; falsche Dosierung tödlich. □ 453. **Fingerkraut,** *Potentilla,* Rosengewächs, Unkräuter; auch Heilpflanzen *(Gänse-F., Blutauge, Blutwurz).* **Fingersatz,** *Applikatur,* Fingerverwendung beim Instrumentenspiel. **Fingertier,** *Aye-Aye,* Halbaffe Madagaskars mit langem Mittelfinger zum Herausholen der Nahrung. **Fingerwurm** ↗Panaritium. **fingieren** (lat.), erdichten, vortäuschen. **Finish** s (: -isch, engl.), Endkampf im Sport. **Finisterre,** westspan. Kap, mit der Hafenstadt F., 5000 E. **Finkenvögel,** sperlingsähnl. Singvögel mit kurzem, starkem Schnabel (Körnerfresser); viele Gattungen, über die ganze Erde verbreitet (außer Australien). □ 274, 1045. Nahe verwandt die ↗Prachtfinken. **Finkenwerder,** Marscheninsel der Elbe, mit dem Ort F. (Vorort v. Hamburg). **Finmarken,** nördlichste Prov. Norwegens, inselreiche Fjordküste, 48 649 km², 79 000 E.; Fischgründe, Eisenerzgruben; Hst. Vadsö. **Finn-Dingi,** olymp. Einmannboot; Segelfläche 10 m². **Finne** w, ↗Bandwurm. **Finnen,** ostbalt. Volk in Nordskandinavien, mit den 3 Stämmen: F., Tavasten u. Karelier; bilden zu ca. 92% der Bev. Finnlands; ihre Sprache gehört (neben dem Lappischen, Estnischen, Ungarischen, Wogulischen u. Ostjakischen) zur finnisch-ugrischen Sprachgruppe. **Finnenausschlag,** Bz. für ↗Akne. **Finnenkrankheit,** bei Tieren (u. Menschen) durch Aufnahme v. Eiern des ↗Bandwurms. Daraus entwickeln sich (im Muskelfleisch) *Finnen,* Bläschen mit eingestülptem Kopf des zukünftigen Bandwurms. **Finnentrop,** westfäl. Gem. im Sauerland, 17 000 E.; Fleischwarenfabrik. **Finnischer Meerbusen,** östl. Teilbecken der Ostsee; im Winter vereist. **Finnland,** finn. *Suomi,* Rep. in NO-Europa, beiderseits des Polarkreises, zw. der Skandinav. Halbinsel im W u. dem Nordruss. Tiefland im O; grenzt im S an die Ostsee an. Hinter dem fruchtbaren, dichtbesiedelten Küstensaum am Bottn. u. Finn. Meerbusen steigt der Granitschild F.s allmählich an zu der welligen, reichbewaldeten, v. Mooren u.

Werner Finck

Finkenvögel	Merkmale	Vorkommen
Buchfink, 15 cm *Fringilla coelebs*	mit doppelter weißer Flügelbinde, Männchen Scheitel und Nacken schieferblau, unten rötlich, Mantel bräunlich; Weibchen hell olivbraun, unten heller, Bürzel grünlich	Europa; Nest niedrig auf Bäumen oder Gebüsch; in Gärten, Parkanlagen usw. Angenehmer Gesang: „Finkenschlag"
Zeisig, 12 cm *Carduelis spinus*	Männchen gelbgrün, Scheitel und Kinn schwarz; Weibchen weniger gelb, unten kräftiger gestreift, Kopf ohne Schwarz	Nadelwälder, Birken- und Erlendickichte, Hecken
Grünling, 15 cm *Carduelis chloris*	olivgrün mit gelbgrünem Bürzel, auffallendes Gelb an Flügeln und Schwanz, Füße rötlich fleischfarben	Gärten, Feldgehölze, Friedhöfe; nistet in Hecken, Buschen, kleinen Bäumen, besonders immergrünen
Stieglitz, 12 cm *Carduelis carduelis*	schwarzgelbe Flügel, schwarz-weiß-roter Kopf	Kulturland, sucht im Herbst und Winter an Disteln Nahrung
Girlitz, 11,5 cm *Serinus serinus*	untersetzt mit kurzem Schnabel, gelber Brust, gelbem Bürzel; Zuchtrasse der Kanarienvögel	in Weinbergen, Parkanlagen, Gärten
Kernbeißer, 18 cm *Coccothraustes coccothraustes*	mit starkem, im Umriß abgerundetem Schnabel, blauschwarze Flügel mit weißen Schulterflecken, sonst bräunlich; Schwanz kurz; sehr scheu	in Mischwäldern, Parkanlagen, Obstgärten
Gimpel (auch Dompfaff gen.), 15 cm *Pyrrhula pyrrhula*	mit kurzem, dickem Schnabel, schwarzer Kappe; Männchen mit karminroter Brust; Weibchen bräunlich, Bürzel weiß	in Wäldern, Gärten, Hecken; nistet in immergrünen Gartenbäumen, Nadelbäumen (Schonungen)
Fichtenkreuzschnabel, 16,5 cm *Loxia curvirostra*	Schnabel gekreuzt; Männchen rötlich, Weibchen olivfarben	auf Fichten, Kiefern und Lärchen; klauben Nadelholzsamen aus den Zapfen
Hänfling, 13 cm *Carduelis cannabina*	Männchen mit braunem Mantel, Schwingen u. Schwanz (diese dunkler und mit weißen Säumen), Scheitel und Brust karminrot; Weibchen ohne Rot, mehr gestreift; schöner Gesang	in offenem Gelände, besonders mit Hecken; schwärmt im Winter in großen Scharen über Felder und Sümpfe

Finnland

Amtlicher Name:
Suomen Tasavalta –
Republiken Finland

Staatsform:
Republik

Hauptstadt:
Helsinki

Fläche:
337 032 km²

Bevölkerung:
4,7 Mill. E.

Sprache:
92% Finnisch,
7% Schwedisch

Religion:
93% Lutheraner

Währung:
1 Finnmark
= 100 Penni

Mitgliedschaften:
UN, Nordischer Rat,
EFTA (Sondermitgliedschaft), OECD

Sümpfen durchsetzten *Finn. Seenplatte* mit ihren 60000–70000 Seen („Land der 1000 Seen"). Mit den lichter bewaldeten Hügeln Lapplands senkt sich der Schild zur Küstentundra des Nördl. Eismeeres. – 71% des Landes sind mit Wald bedeckt, die Grundlage der Forstwirtschaft, die mit Holz u. seinen Produkten (Papier, Cellulose) 70–80% der finn. Ausfuhr stellt. Neben Schweden ist F. Europas größter Zellstoff- u. Holzschlifflieferant. Nur 10% der Landfläche (ohne Seen) sind Ackerland. In den Hafenstädten moderne Ind. Durch den 2. Weltkrieg verlor F. 1944 an die UdSSR Karelien mit 25000 km² u. Petsamo mit 10500 km². Die Bev. wurde ins Landesinnere umgesiedelt. – Um Christi Geburt Einwanderung der Finnen wahrscheinl. aus Ostrußland, im 12./13. Jh. v. Schweden erobert u. christianisiert, 1809 an Rußland abgetreten. 1917 erfocht sich F. die Unabhängigkeit u. wurde eine parlamentar. Rep.; 39/40 wegen russ. Gebietsforderungen Krieg mit der UdSSR, 41 Bündnis mit Dtl., 44 im Waffenstillstand mit der UdSSR Gebietsabtretungen; 48 finn.-russ. Beistandspakt. Trotz russ. Drucks bewahrte F. seine Selbständigkeit. Staats-Präs. Urho Kaleva Kekkonen (1956–81).
Finnmark, 1) ↗Finnmarken. **2)** finnische Währungseinheit. ☐ 1144/45.
Fin(n)wal, Barten-↗Wal, mit kleiner Rückenflosse. *Blauwal,* über 30 m lang, mehr als 100 t schwer, ist das größte u. längste lebende Tier. *Zwergwal,* 8–10 m lang.

Finsen, Niels Ryberg, dän. Arzt, 1860–1904; Begr. der Lichtheilkunde; 1903 Nobelpreis.
Finsteraarhorn, höchster Berg der Berner Alpen, 4274 m hoch.
Finstermünz, Engpaß zw. Engadin u. Tirol, im oberen Inntal; 995 m ü. M.
Finsterwalde, Krst. in der Niederlausitz (Bez. Cottbus), 22800 E.; Holz-, Metall-Ind.
Finte w (it.), **1)** Ausflucht. **2)** Täuschungsmanöver, insbes. beim Fechten u. Boxen.
Firdusi, eig. *Firdausi,* Beiname des Dichters Abu'l Kasim Mansur, um 930–1020; schuf das persische Nationalepos *Schah-Name* (= Königsbuch).
Firlefanz m (frz.), Albernheit, Possen.
firm (lat.), fest, tüchtig, sicher.
Firma w (lat.-it.), der Name, unter dem ein Einzelkaufmann od. eine Handelsgesellschaft die Geschäfte betreibt u. die Unterschrift gibt; muß in das ↗Handelsregister eingetragen sein.
Firmament s (lat.), Himmelsgewölbe.
Firmenwert ↗Goodwill.
Firmung w (lat.), nach kath. Lehre ein Sakrament; als Vollendung der Taufe prägt sie wie diese ein unauslöschl. Merkmal ein, ist darum unwiederholbar. Durch Handauflegung u. Salbung der Stirn mit Chrisam wird zeichenhaft die Mitteilung des Hl. Geistes vollzogen. Ordentl. Spender ist der Bischof. – Auch in den Ostkirchen ist die F. ein Sakrament.
Firn m, **Firne** w, östr. *Ferner* m, der ewige Schnee des Hochgebirges.

Firnewein, alter, abgelagerter Wein.
Firnis *m,* Flüssigkeit, hinterläßt beim Trocknen einen glänzenden Überzug.
First *m,* oberste waagrechte Dachkante; auch Berggipfel.
Firstenbau, ein Abbauverfahren im Bergbau. ☐ 85.
Firth *m* (: fö͟rß, engl.), tjordartige Meeres-Bucht, z. B. der F. of ↗Forth, F. of ↗Clyde.
Fischadler, *Flußadler,* Raubvogel, mit weißem Gefieder. ☐ 6.
Fischart, *Johann,* elsäss. Satiriker, 1546–90; Katholiken-, bes. Jesuitengegner.
Fischband, Scharnier. ☐ 66.
Fischbein, die hornigen Barten des Grönland- u. Finwals; zu Schirmspangen, Korsetteinlagen, Toilettenartikeln.
Fischblase, *Schneuß,* Ornament in Form einer F.; u.a. in der Spätgotik als Maßwerk, vielfach in einem Kreis zu mehreren F.n zusammengestellt.
Fische, 1) wasserbewohnende Wirbeltiere mit paarigen Brust- u. Bauchflossen u. stromlinienförmigem Leib. Die Atmung geschieht durch Kiemen. Die Blase im Innern dient bei den Lungen-F.n zur Atmung, bei den andern als Schwimmblase. Haie gebären lebende Junge, fast alle anderen legen Eier (Laich) ins Wasser. F. sind Nahrungsmittel; ihr Fleisch hat denselben Eiweißgehalt wie das der Warmblüter u. ist reich an Vitaminen u. organ. gebundenem Jod. Haltbarmachung durch Lufttrocknen, Einsalzen, Räuchern, Einlegen in Essig, Kochen in Öl, Sterilisieren in Dosen, Tiefkühlung. ☐ 912. **2)** Sternbild der Ekliptik, 12. Zeichen des Tierkreises (}{).*Südlicher Fisch,* Sternbild des Südhimmels.
Fischer, 1) *Edwin,* Schweizer Pianist, 1886–1960. **2)** *Emil,* dt. Chemiker, 1852 bis 1919; Erforscher der Zuckerarten, Entdecker des Schlafmittels Veronal; 1902 Nobelpreis. **3)** *Ernst Otto,* dt. Chemiker, *1918; Nobelpreis 73 für Arbeiten über metallorgan. (Sandwich-)Verbindungen. **4)** *Eugen,* dt. Anthropologe, 1874–1967; bis 43 Dir. des Kaiser-Wilhelm-Instituts für Anthropologie in Berlin; Erbforschung am Menschen. **5)** *Franz,* dt. Chemiker, 1877 bis 1947; erfand *Fischer-Tropsch-Verfahren* der Benzinsynthese. **6)** *Hans,* dt. Chemiker, 1881–1945; stellte Blutfarbstoff synthetisch dar; 1930 Nobelpreis. **7)** *Johann Michael,* bayer. Baumeister des Spätbarock, um 1691–1766; lichte Innenräume, Ver-

bindung von Längs- und Zentralbau; *Ottobeuren.* ☐ 70. **8)** *Kuno,* dt. Philosoph, 1824 bis 1907; Hegelianer, leitete eine neue Kantbewegung mit ein. HW: *Geschichte der neueren Philosophie* (10 Bde).
Fischer-Dieskau, *Dietrich,* bedeutender dt. Bariton; bes. Liedersänger, * 1925.

D. Fischer-Dieskau

Fischerei, Fang nutzbarer Wassertiere, in Flüssen, Seen u. Teichen als Binnen-F., im Meer als See-F. (Küsten-F., mit Fischdampfern Hochsee-F.). Gefischt wird mit Angeln, Netzen, Reusen; bei der Hochsee-F. mit Grundschleppnetz. ☐ 26, 276. **F.recht,** regelt Fernhaltung schädl. Einflüsse, Schonzeiten, Fangvorschriften u. ä.
Fischerinseln ↗Pescadores.
Fischerring, päpstl. Siegelring mit Bild des fischenden Petrus u. Namen des jeweiligen Papstes; seit dem 13. Jh. üblich.
Fischer v. Erlach, 1) *Johann Bernhard,* östr. Baumeister, 1656–1723; verlieh dem östr. Barock europ. Bedeutung; *Kollegiengebäude in Salzburg, Karlskirche in Wien,* Paläste. **2)** *Joseph Emanuel,* Sohn v. 1), östr. Baumeister, 1693–1742; erbaute die *Hof-,* jetzt *Nationalbibliothek in Wien.*
Fischleder, gegerbte Fischhaut, zu Taschen, Gürteln, Trägern. **Fischmehl,** Mehl aus Fischen u. Fischabfällen, enthält Eiweiß u. phosphorsauren Kalk; Futter- u. Düngemittel. **Fischotter** ↗Otter. **Fischreiher** ↗Graureiher. **Fischschuppen,** dünne, harte Platten der Fischhaut, zu Fischleim u. künstl. Fischperlen.
Fischsymbol, frühchristl. Symbol für Jesus Christus, weil die Buchstaben des griech. Wortes Fisch (*IXΘΥΣ*) den griech. Anfangsbuchstaben v. „Jesus Christus Gottes Sohn Erlöser" entsprechen. [tung.
Fischvergiftung ↗Nahrungsmittelvergif-
Fischzucht, Vermehrung des Fischbestandes durch künstl. Befruchtung u. Aufzucht.
Fisher (:-scher), **1)** *Geoffrey Francis,* anglikan. Theologe, 1887–1972; 1945/61 Erzb. v. Canterbury, 48/54 Präs. des ↗Weltrats der Kirchen. **2)** *John,* hl. (22. Juni), Bischof v. Rochester u. Kard., um 1469–1535; Humanist, Gegner der Ehescheidung Heinrichs VIII.; wegen Verweigerung des Suprematseids hingerichtet.
Fisimatenten (Mz., lat.), Flausen, Ausflüchte.
Fiskus *m* (lat.; Bw. *fiskalisch*), der Staat als vermögensrechtl. Person; das Staatsvermögen.

Fischblase: spätgotisches Maßwerk

Ernst Otto Fischer

Fische		Laichzeit	Fangzeit
Forellenartige:	Lachs	Okt./Jan.	Mitte Mai/Mitte Aug.
	Bachforelle	Okt./Jan.	Mai/Aug.
	Seeforelle	Okt./Dez.	März/Aug.
	Regenbogenforelle	Dez./Mitte Mai	Juni/Okt.
	Bachsaibling	Mitte Sept./Ende Febr.	Juni/Aug.
	Äsche	Sept./Jan.	März/Mitte Mai
	Huchen	Sept./Jan.	Mitte März/Mai
Barsche:	Zander	April/Mitte Juni	Mitte Juli/Okt.
Karpfenartige:	Karpfen	Mai/Juni	Mitte Juli/Sept.
	Schleie	Mai/Juni	Mitte Juli/Sept.
	Aitel od. Döbel	Mitte April/Juni	Juli/Mitte Sept.
Andere Fische:	Quappe	Mitte Nov./Mitte März	Okt./Mitte Febr.
	Wels	Mai/Juni	Juli/Aug.
	Hecht	Febr./Mitte Mai	Juni/Dez.

Fischerei: Fanggeräte, **1** Ringwade: das Netz wird von 2 Booten um einen Fischschwarm ausgelegt (a), verschlossen und eingeholt (b). **2** Treibnetz, hängt senkrecht, von Schwimmern gehalten, in einer bestimmten Tiefe; die dagegenschwimmenden Fische verfangen sich mit ihren Kiemen. **3** Grundschleppnetz: ein Netzsack, der sich zu einem Beutel (Steert) verschmälert, in dem sich der Fang sammelt

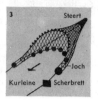

2 Schwimmer

3 Steert

Kurleine Scherbrett

Joch

a

b

1

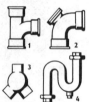

Fittings: 1 T-Stück, **2** Winkel mit Putzöffnung, **3** Geländer-F. mit Neigung, **4** Geruchsverschluß (Siphon) mit senkrechtem Abgang

Ella Fitzgerald

Kirsten Flagstad

Fissur w (lat.), Spaltbildung im Gewebe, z. B. Knochenriß.
Fistel w (lat.), röhrenförm. Gang, der Körperhöhlen verbindet od. v. Körperhöhlen nach außen führt; angeboren, künstl. od. krankhaft. **F.stimme,** hohe, durch Forcieren erzeugte Stimme ohne Brustresonanz.
fit (engl.), gut vorbereitet, tauglich, leistungsfähig.
Fitis m, F.- ↗Laubsänger, Waldvogel.
Fittings (Mz., engl.), Verbindungs- u. Anschlußstücke v. Rohrleitungen.
Fitzgerald (: -dscher⁵ld), **1)** Ella, am. Jazzsängerin, * 1918; eine der besten Blues- u. Bebop-Sängerinnen. **2)** Francis Scott Key, am. Schriftsteller, 1896–1940; Darstellung der 20er Jahre, psycholog. Romane. Der große Gatsby; Zärtlich ist die Nacht.
Fiume ↗Rijeka.
Five o'clock tea m (:faiw ° klok ti, engl.), Fünfuhrtee.
fix (lat.), fest. Fixe Idee, dauernde Wahnvorstellung. **Fixativ** s, Lösung v. Harz, Celluloid, auf Zeichnungen zum Schutz vor Verwischen.   [gift spritzt.
Fixer (Zeitw. fixen), Süchtiger, der Rausch-
Fixgeschäft, Vertrag, bei dem die Leistung des einen Teils zu bestimmter Zeit od. innerhalb bestimmter Frist bewirkt werden soll **fixieren, 1)** starr ansehen. **2)** festmachen. **3)** Negative u. Kopien lichtunempfindlich machen mittels Fixierbads. **Fixpunkte** ↗Festpunkte. **Fixsterne,** unbewegl. ↗Sterne; im Ggs. zu ↗Planeten. **Fixum** s m, feste Bezüge, Einkommen; im Ggs. zu veränderl. Nebenvergütungen (z. B. Provision).
Fjeld s (norweg. auch Fjell), schwed. Fjäll, skandinav. Gebirgshochflächen.
Fjord m, tief ins Land greifender schmaler Meeresarm mit steilen Wänden u. trogförm. Querschnitt; in Gruppen an F.küsten (Norwegen u. Polargebiete); durch Küstensenkung aus eiszeitl. umgeformten Tälern entstanden.
FKK, Abk. für ↗Freikörperkultur.
Flachbandkabel, enthält beide Leiter im festen Abstand parallel nebeneinander. Wegen geringer Dämpfung als Antennenkabel für UKW- u. Fernsehempfänger.
Flachdruck ↗drucken.
Fläche, geomet. Gebilde mit 2 Ausdehnungsrichtungen (Länge u. Breite); im allg. gekrümmt. **Flächeninhalt** ☐ 421.

Flachrennen, Pferderennen auf ebener Rennbahn.
Flachs ↗Lein. **F.baumwolle,** F.wolle, chem. behandelter F.
Flachsee, Meer, bis zu 200 m tief.
Flachsfliege, Insekt, das Flachsblüten zerstört. **Flachslilie,** Zier- u. Faserpflanze.
Flachsseide, Cuscuta, rankende Schmarotzerpflanze.
Flachstickerei, auf grob- od. feinfäd. Geweben nach gezählten Fäden (Flachstich).
Flagellanten (Mz., lat.), Geißler, im 13. bis 16. Jh. z. T. häret. Gemeinschaften v. religiösen Schwärmern, die durch fast ganz Europa zogen u. sich öff. geißelten.
Flagellaten, Geißeltierchen, ↗Protozoen.
Flageolett s (: flascho-, frz.), **1)** kleine Schnabelflöte in der Tonhöhe der Pikkoloflöte. **2)** Flötenregister der Orgel. **3)** bei Streichinstrumenten durch drucklos aufgelegten Finger erzeugter flötenartiger Oberton.
Flagge w, Erkennungszeichen für die Nationalität, bes. v. Schiffen. ☐ 188/189. **F.ngruß,** zw. Schiffen durch kurzes Senken der F.
Flaggoffiziere, die Admirale, **Flaggschiff,** Kriegsschiff, auf dem sich der Führer einer größeren Einheit befindet.
flagrant (lat.), offensichtlich; in flagranti, auf frischer Tat (ertappen).
Flagstad (: -ßta), Kirsten, norweg. Sopranistin, 1895–1962; bes. als Wagner-Sängerin berühmt; leitete 1958/60 das Osloer Opernhaus.
Flake, Otto, dt. Schriftsteller, 1880–1963; Romane: Hortense, Das Quintett, Fortunat; atheist. Essay Der letzte Gott.
Flakon s od. m (: flakõ, frz.), Fläschchen.
Flambeau m (: flãbo, frz.), Fackel; hoher, vielgliedriger Leuchter.
Flamberg m, langes Hiebschwert im 15. bis 16. Jahrhundert mit geflammter Klinge.
Flamboyant-Stil (: flãbºajã-), frz. u. engl. Spätgotik des 15. Jh. mit flammenähnl. Maßwerk.
Flamen, Vlamen, german. Bewohner in Belgien u. der holländ. Prov. Limburg u. Nord-Brabant; etwa 3¹/₂ Mill.; Sprache niederdt. Abkunft. Die Flämische Bewegung, im 19. Jh. als Reaktion auf die Zurückdrängung der fläm. Sprache u. Vorherrschaft der Wallonen; Blüte der fläm. Literatur (Maeterlinck, Verhaeren, Gezelle, Streuvels, Timmermans). Flämisch ist jetzt Amtssprache in fläm. Gebieten.
Flamenco m (span.), andalus., v. Händeklatschen begleiteter u. v. Gitarrenspiel unterbrochener, z. T. getanzter Volksgesang.
Fläming m, Höhenrücken (bis zu 201 m) nördl. der mittleren Elbe; ca. 100 km lang.
Flamingo, Sumpfvogel, hochbeinig, mit geknicktem Schnabel. Mittelmeer, afrikan. Seen. ☐ 1046.
Flaminius, Gaius, röm. Konsul, verlor 217 v. Chr. am Trasimen. See gg. Hannibal Schlacht u. Leben; Erbauer des Circus F. u. der Via Flaminia v. Rom nach Rimini.
Flamme, Verbrennungserscheinung bei Gasen od. Dämpfen; Reduktions-F. mit wenig, Oxydations-F. mit viel Sauerstoff.
Flammendes Herz, Frauenherz, Zierpflanze

Flamboyant-Stil

aus Ostasien, mit herzförm. Blüten. **Flammenreaktion,** Färbung einer Gasflamme durch Metallsalze. **Flammenwerfer,** Nahkampfgerät, spritzt brennendes Öl bis 70 m weit.
Flammeri m, gallertartige Süßspeise.
Flammofen, Schmelzofen für Metalle durch darüberstreichende Flamme.
Flammpunkt, jene tiefste Temperatur bei Flüssigkeiten, bei der sich noch eben brennbare Dämpfe entwickeln.
Flammspritzen, Aufbringen einer Schutzschicht meist aus geschmolzenen Kunststoffen durch eine Spritzpistole, die eine Flamme zum Erweichen des zu spritzenden Stoffes enthält.
Flanagan (: flänägän), *Edward Joseph*, ir.-am. kath. Priester u. Erzieher, 1886–1948; gründete 1917 bei Omaha ein Dorf für elternlose Jungen mit Selbstverwaltung.
Flandern, fläm. *Vlaanderen*, Nordseelandschaft, umfaßt die belg. Provinzen Ost- u. West-F., die frz. Dep.s Nord u. Pas-de-Calais sowie den S der niederländ. Prov. Seeland u. wird v. ⁊Flamen bewohnt; im Küstengebiet Marschland (Getreide, Zuckerrüben); südwärts das flandr. Hügelland (Flachs, Getreide, Roggen, Kartoffeln); Baumwollweberei, Spinnerei. – Seit 878 Gft.; gehörte im W zu Fkr. u. seit 1056 im N u. O zum Dt. Reich; 1384 burgund. (Teil der ⁊Niederlande), 1830 zumeist belg.; Teile im S fielen unter Ludwig XIV. an Fkr.
Flanell m, Gewebe aus Wolle od. Baumwolle, mäßig gerauht.   [dern.
flanieren (frz.; Hw. *Flaneur*), umherschlen-
Flanke, 1) die Seite einer Truppe. **2)** die Weichen eines Tieres, bes. des Pferdes, die Bauchgegend zw. der letzten Rippe u. dem Becken. **3)** Stützsprung beim Turnen.
Flansch m, bei Rohrleitungen die ringförm. Scheibe an den Rohrenden; bei Profilstahlträgern der Untergurt.
Flaschen, Hohlgefäße für Flüssigkeiten, meist aus Glas; heute maschinell hergestellt. *F.verschluß* durch Korken, federnden Bügel, Blechplättchen mit Dichtung. **F.kürbis,** *Lagenaria vulgaris,* Kürbisgewächs mit f.förm. Früchten. **F.post,** Nachricht in verschlossener Flasche, bes. v. Schiffbrüchigen. **F.zug,** Gerät zum Heben einer großen Last auf kurzem Weg durch eine auf langem Weg arbeitende kleine Kraft. ☐ 286.

Flansch: 1 Rohrenden mit F. und Dichtungsring, **2** Steg und F. bei Profilträgern

Flaschen: automatische Herstellung von Glasflaschen in einer Saug-Blase-Maschine (Owens-Maschine)

Flaubert (: flobär), *Gustave*, frz. Schriftsteller, 1821–80; seine Romane durch psycholog. Realismus, strenge Objektivität u. Formbewußtsein wegweisend: *Madame Bovary, Éducation sentimentale, Salammbô.*
Flavier (Mz.), röm. Kaiserhaus (Vespasian, Titus, Domitian), herrschten 69/96; Erbauer des Kolosseums.
Flavin ⁊Riboflavin.
Flaxman (: fläxmän), *John,* engl. Zeichner u. Bildhauer, Klassizist, 1755–1826; Illustrationen zu Homer u. Äschylus.
Flechse, die Sehne.
Flechte m, Hautausschlag: ⁊Bart-F., Bäkker-F. (⁊Bäckerkrätze), fressende F., nässende F., Schuppen-F., Ring-F.
Flechten, niedere Kryptogamen, durch Vereinigung v. Algen u. Pilzen entstanden: Strauch-F., Laub-F., Krusten-F.; F. sind Erstbesiedler nackter Felsen.
Fleckenfalter, *Nymphalidae,* buntgescheckte Tagfalter, wie Trauermantel, Distelfalter, Admiral, Pfauenauge, Fuchs u. a. ☐ 913.
Fleckfieber, *Flecktyphus,* anzeigepflicht., schwere Infektionskrankheit; durch Läuse übertragen; beginnt mit Schüttelfrost u. hohem Fieber. ☐ 420.
Fleckvieh, *Simmentaler,* Rinderrasse.
fleddern, ausplündern; *Leichenfledderer.*
Fledermaus, fliegendes Nachtsäugetier mit Flughäuten zw. Vorder-, Hinterbeinen u. Schwanz; orientiert sich durch Auslotung der Umgebung mit Ultraschall (Frequenz bis 70 kHz); etwa 800 Arten.
Fleet s, Zweigkanal, für die Schiffahrt.
Fleisch, Muskeln u. Weichteile v. Schlachttieren; (☐ 279); eiweißreiches Nahrungsmittel; roh leicht verdaulich, aber wegen Ansteckungsmöglichkeit gefährl. (⁊Trichinen, ⁊Bandwurm). Beim Kochen u. Braten werden die Parasiten u. Krankheitserreger abgetötet u. das Eiweiß zum Gerinnen gebracht. *F.-Konservierung* durch Salzen (Pökeln), Räuchern, Einkochen, Kälte (Gefrierfleisch). *F.beschau,* sachverständ. Besichtigung des Schlachtfleisches durch Tierarzt od. *F.beschauer* zur Feststellung v. Eingeweidewürmern, Krankheitskeimen, Fäulnisgiften. *F.extrakt,* durch Auskochen v. fein zerteiltem Ochsen-F. u. Eindampfen der Lösung *(Liebig-F.extrakt).* **f.fressende Pflanzen,** fangen u. verdauen mit bes. gestalteten Blattorganen Tiere (Insekten) u. gewinnen aus ihnen Stickstoff. In Dtl. ⁊Sonnentau auf Hochmooren, Wasserschlauch-Arten in Tümpeln, Fettblatt im Gebirge. **F.mehl,** Rückstände der F.extraktfabriken; Kraftfutter, Düngemittel. **F.pepton** s, durch Einwirkung v. Pepsin auf Fleisch gewonnenes Präparat aus Aminosäuren. **F.vergiftung** ⁊Nahrungsmittel-Vergiftung. **F.wolf,** eine F.hackmaschine.
Flémalle (: -mal), *Meister von F.,* niederländ. Maler des frühen 15. Jh. (vielleicht ident. mit R. van der Weyden od. R. Campin). Altäre, plast. reliefart. Darstellung.
Fleming, 1) Sir *Alexander,* engl. Bakteriologe, 1881–1955; entdeckte 1928 das Penicillin, 45 Nobelpreis. **2)** *Paul,* dt. Dichter,

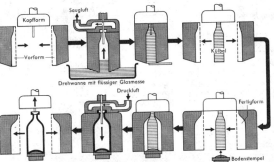

Kopfform Saugluft
Vorform
Drehwanne mit flüssiger Glasmasse
Druckluft Kübel Fertigform Bodenstempel

Fleckenbeseitigung

Flecken von	auf	Reinigung
Bier	Textilien, emp-findl. Textilien	lauwarmes Wasser Mischung 1:1 von Wasser u. Spiritus
Blut	Textilien (kochbar) Seide	frische Flecken mit kaltem Wasser u. Seife; ältere Flecken einweichen, dann kochen Seife u. lauwarmes Wasser
Eiweiß u. Eigelb	Textilien Seide Wolle	mit Messer abheben u. mit lauwarmem Wasser auswaschen Mischung 1:1 Spiritus u. Wasser trocknen lassen u. ausbürsten
Farbstoffen	Textilien	Anilin- u. Teerfarben mit Entfärber, wie Heitmanns Entfärber, auswaschen oder in 0,1%ige Kaliumpermanganatlösung eintauchen, anschl. abspülen; Fleckenwasser
Fett	Textilien (kochbar) Seide Wolle, Seide	mit Seife auswaschen, dann kochen Paste aus gebrannter Magnesia u. Benzin auftragen, trocknen lassen u. ausbürsten reiner Alkohol oder Benzin
Gras	Textilien Seide	mit reinem Alkohol betupfen u. mit klarem Wasser nachwaschen Mischung aus 2 Teilen Benzol, 1 Teil Benzin u. 1 Teil Salmiakgeist
Harz	Textilien	Benzin, Alkohol, Tetrachlorkohlenstoff, Äther oder Aceton; evtl. Benzin-Magnesia-Brei, Seifenspiritus oder warmes Seifenwasser
Kaffee u. Kakao	Textilien (kochbar) empfindliche Textilien	auswaschen, kochen mit Glycerin betupfen, mit lauwarmem Wasser auswaschen; frische Flecken mit kalter Milch, mit Seifenwasser nachwaschen; mit konzentriertem Salzwasser auswaschen, mit Wasser nachspülen
Kopierstift, Farbband u. ä.	Textilien	mit warmem Glycerin oder Brennspiritus betupfen, weiße Stoffe mit Eau de Javelle; Spezialmittel (z. B. Kuli-Teufel)
Lebertran	Textilien	mit Benzin lösen, mit warmem Seifenwasser oder Seifenspiritus auswaschen
Leukoplast	Textilien, Haut	Benzin
Milch	Textilien Seide	frische Flecken mit klarem Wasser, alte Flecken mit verdünntem Salmiakgeist (7:1), möglichst vorher das Fett mit Ätheralkohol herauslösen 1 Teil Wasser, 1 Teil Glycerin, $^1/_{10}$ Teil Salmiakgeist
Nikotin	Haut	3%iges Wasserstoffsuperoxid mit 10%igem Salmiakgeist mischen u. abreiben oder Zitrone
Obst	Textilien (kochbar) Seide Wolle	mit warmem Zitronen- oder Essigsaft befeuchten u. auswaschen, kochen, Entfärbungsmittel mit lauwarmem Boraxwasser oder reinem Spiritus abreiben in lauwarme Milch tauchen u. auswaschen
Ölfarbe	Möbel, poliert Glas, Haut, Textil	mit Terpentinöl aufweichen u. vorsichtig mit Messer abheben, Terpentinöl nachreiben Mit Terpentinöl oder Benzin abreiben
Paraffin	Textilien	abbröckeln u. bügeln mit auf- u. unterlegtem Löschpapier, evtl. mit Benzin nachreiben
Regen	Textilien	unter feuchtem Tuch bügeln
Rost	Metall Textilien, weiß Wolle, Seide	abschmirgeln u. mit Petroleum nachreiben mit Lösung aus 10 g Zitronensaft, 15 g Kochsalz u. 100 g Regenwasser, dann in heißes Wasser tauchen u. mit Seifenwasser nachwaschen mit Zitronensäurelösung einreiben, gut ausspülen; auch käufliche Rostentfernungsmittel
Rotwein	Textilien (kochbar) Kunstseide Seide usw.	mit Zitronensaft beträufeln, nachwaschen mit warmem Seifenwasser, kochen mit verdünntem Salmiakgeist betupfen u. mit klarem Wasser nachspülen, evtl. wiederholen
Ruß	Textilien	mit lauwarmem Wasser auswaschen, mit Benzin nachreiben
Schokolade	Textilien	frische Flecken in warmem Glycerinwasser auswaschen, alte Flecken in konzentriertem Salzwasser einweichen, mit warmem Wasser auswaschen
Schuhcreme	Textilien	mit Terpentinöl einreiben, dann mit einem Gemisch aus Salmiakgeist u. Seifenspiritus behandeln
Schweiß	Textilien (kochbar) empfindl. Textilien Seide u. a. Seide schwarz	einweichen, mit Seife waschen u. kochen Fleckenwasser (käuflich); Salmiak u. Alkohol vermischt Brei aus doppeltkohlensaurem Natron u. Wasser auftragen, eintrocknen lassen u. abbürsten; mit schwarzem Kaffee abreiben; andere Mittel: heiße Gallseife, Brennspiritus, Essig, verdünnter Salmiakgeist
Stockflecken	Textilien (kochbar)	mit saurer Buttermilch ausgiebig behandeln, auswaschen u. längere Zeit in eine 5%ige Wasserstoffsuperoxidlösung legen; Entfärber (z. B. Heitmanns Entfärber, Stock-Teufel); weitere Möglichkeit: in Essig tauchen; mit Seife auswaschen u. in $^1/_2$%ige Wasserstoffsuperoxidlösung bringen
Teer, Asphalt	Textilien	mit Spiritus aufweichen, dann mit Benzin ausreiben oder mit Seifenwasser oder Terpentinöl lösen, Reste mit Benzin oder Alkohol abreiben
Tinte, Tusche	Textilien (kochbar) Seide Wolle	heißen Zitronensaft aufträufeln, nachwaschen; in Milch einweichen, weichen, auswaschen; mit Zitronensäurelösung auswaschen oder mit stark verdünnter Salzsäure betupfen, dann mit Wasserstoffsuperoxid gut auswaschen; Spezialmittel (z. B. Tinten-Teufel) verdünntes Salmiak (1:5) durchtropfen, wiederholen Milch auf den Fleck bringen, mit Löschpapier aufsaugen, evtl. wiederholen, trockenreiben – rote Tinte wie Farbstoff behandeln
Flecken unbekannter Herkunft	Textilien	warmer Alkohol, Benzin

Schwein

Hammel

Rind

Fleisch: Einteilung und Qualität (Q.). *Schwei-ne-F.* I. Q.: **1** Schinken (Keule), **2** Rücken (Koteletten-, Karbo-naden-, Filetstück); II. Q.: **3** Kamm, **4** Bug (Vorderschinken, Blatt); III. Q.: **5** Bauch, **6** Schälrippe, **7** Eisbein, **8** Kopf, **9** Spitzbein. *Hammel-F.* I. Q.: **1** Rücken, **2** Keule; II. Q.: **3** Bug; III. Q.: **4** Brust, **5** Bauch, **6** Hals, **7** Kopf. *Rind-F.* I. Q.: **1** Lende (Filet), **2** Rinderbraten, **3** Brame, **4** Schwanz-stück, **5** Kugel; II. Q.: **6** Unterschwanzstück, **7** Bug, **8** Mittelbrust; III. Q.: **9** Fehlrippe, **10** Kamm, **11** Quer-rippe, **12** Brustkern; IV. Q.: **13** Quernieren-stück, **14** Hesse, **15** Dünnung

Fliegenschnäpper

1609–40, mit gefühlskräftiger, weltl. und geistl. Lyrik einer der bedeutendsten Vertreter des Frühbarock.
Flensburg, Stadt-Kr. u. Krst. Schleswig-Holsteins, Hafen am Südende der *F.er Förde,* 90 000 E.; Kraftfahrt-Bundesamt, PH, Staatl. Seefahrtsschule, Offiziersschule der Bundesmarine, Fachhochschule; Dt. Hydrograph. Inst.; vielseitige Ind.; Fischerei.
Fleuron, *Svend,* dän. Erzähler, 1874–1966; Tierromane.
Fleurop, Abk. aus Fl̲o̲res Eur̲o̲pae, internationale Blumenvermittlung.
Flex, *Walter,* dt. Dichter, 1887–1917 (gefallen); *Wanderer zw. beiden Welten.*
Flexensattel, *Flexenpaß,* vorarlberg. Paß nach Tirol, in den Lechtaler Alpen, 1773 m ü. M., mit der *Flexenstraße.*
Flexible Altersgrenze, seit 1972 die Möglichkeit, mit Vollendung des 63. Lebensjahres aus dem Arbeitsleben auszuscheiden u. (vermindertes) Altersruhegeld zu beziehen; begrenzt Nebenerwerb ist gestattet. ↗Altersgrenze.
Flexion w (lat.; Ztw. *flektieren*), Beugung, bes. ↗Wortbiegung. *flexibel,* biegsam.
Flibustier, *Filibuster,* im 17./18. Jh. Seeräuber der Antillen.
Flick, *Friedrich,* deutscher Großindustrieller, 1883–1972; Begr. der *F.-Gruppe,* eines Eisen- u. Stahlkonzerns mit der *F.-F.-KG,* Düsseldorf, als Stammgesellschaft.
Flickenschildt, *Elisabeth,* dt. Schauspielerin, 1905–77; bedeutende Charakterdarstellerin, auch Filmrollen. Autobiographie: *Ein Kind mit roten Haaren.*
Flieder m, *Syringe* w, Strauch mit Blütentrauben; Zierstrauch.
Fliedner, *Theodor,* deutscher ev. Theologe, 1800–64; gründete eine Reihe v. Werken der ev. Liebestätigkeit, bes. das Mutterhaus für Diakonissen in Kaiserswerth.
Fliegen, Insekten mit leckenden od. stechend-saugenden Mundwerkzeugen; Hinterflügel zu ↗Schwingkölbchen umgebildet. Larven (F.maden) je nach Art in Wasser, Erde, Pflanzen, Fäulnisstoffen, Aas od. tierischem Gewebe. *Stuben-F., Gold-F., Schmeiß-F., Aas-F.* u. a. Manche F. übertragen Krankheiten. Bekämpfung durch Gitterfenster (F.fenster) (F.fenster), *F.leim* u. ↗Insektizide.
Fliegende Fische, Fische mit großen Brustflossen, schnellen je nach Art Gewässer bis zu 100 m weit; so *Flughahn* u. *Schwalbenfisch.*
Fliegender Drache, Baumeidechse mit Hautfaltenträgern; ergreift Beute im Sprung durch die Luft. **Fliegender Holländer,** in der niederländ. Sage ein Kapitän, der unter dem Fluch steht, ewig das Meer befahren zu müssen; Erscheinen seines Geisterschiffs unheilbringend. Oper v. Wagner. **Fliegender Hund,** Großfledermaus, bis 1,50 m Spannweite; in Afrika, Australien, Ostindien; hängt in der Ruhe mit Kopf nach unten in Bäumen. **Fliegende Untertasse** ↗UFO.
Fliegengewicht ↗Gewichtsklasse. **Fliegenklappe,** *Venus-Fliegenfalle,* fleischfressende Pflanze. **Fliegenpilz,** giftiger Blätterpilz mit rotem Hut u. gelbem Fleisch. □ 749.
Fliegenschnäpper, kleiner Vogel; fängt fliegende Insekten. In Dtl. Grauer F. u. Trauer-F.

Theodor Fliedner   E. Flickenschildt

Flieger, 1) Flugzeugführer, fliegendes Personal. **2)** Radrennfahrer od. Rennpferde mit hoher Geschwindigkeit über kurze Strecken. **3)** kleines Vormastsegel.
Fliehkraft ↗Zentrifugalkraft.
Fliese w, Platte aus Ton, Steingut oder Glas für Wand- u. Bodenbelag.
Fließbandarbeit, Arbeitsmethode in Ind.-Betrieben: alle zur Herstellung eines Gegenstandes erforderl. Hand- u. Maschinenarbeiten werden in einer *Fließstrecke* geordnet, in der für jede Teilarbeit eine gleich große Zeit *(Arbeitstakt)* zur Verfügung steht; die Weiterbeförderung des Werkstücks erfolgt auf *Fließbändern.* F. nur bei Massenprodukten möglich; kostensparend, aber arbeitsphysiolog. u. -psycholog. problematisch.
Flimmerskotom s (gr.), *Augenmigräne,* anfallweise Sehstörungen durch mangelhafte Durchblutung.
Flims, *Flem,* schweizer. Kurort u. Wintersportplatz im Kt. Graubünden, am Fuß des Flimsersteins; 1102 m ü. M., 1700 E.
Flint, Ind.-Stadt in Michigan (USA), 200 000 E.; Automobil-Ind.
Flint m, ↗Feuerstein 1).
Flip m, Mischgetränke aus Branntwein mit Eiern, Zucker, Fruchtsirup.
Flipflop m (engl.), schnell arbeitender elektron. Schalter.
Flirt m (: flö[r]t, engl.; Ztw. *flirten*), Liebelei.
Flittergold, Rauschgold, sehr dünnes Messingblech.
Flitterwochen, Bz. für die erste Ehezeit.
FLN, Abk. für Front de la libération nationale (frz.), die alger. „Nationale Befreiungsfront", eine Organisation aller für Algeriens Unabhängigkeit eintretenden Parteien; 1951 gegr., 56 reorganisiert; seit 62 alger. Einheitspartei.
Floating s (: flo[u]ting, engl.), das Schwanken des Außenwertes einer Währung in einem System fester Wechselkurse bei (zeitl. begrenzter) Wechselkursfreigabe.
Flobert s (:flobär), Kleinkalibergewehr, nach dem frz. Erfinder einer Kleinkalibermunition *Nicolas F.* (1819–94) benannt.
Flockenblume, *Centaurea,* Gattung der Korbblütler; Wiesen-F., Skabiosen-F., Kornblume.
Flockung, *Ausflockung,* Verfahren zum Ausfällen kolloidal gelöster Stoffe.
Floh, flügelloses Insekt, mit langen Hinterbeinen, Mundwerkzeug zum Blutsaugen; Schmarotzer auf Menschen u. Tieren.

Menschenfloh

Menschen-, Hunde-, Katzen-, Vogel-F. **F.-krebs**, kleiner Krebs, schwimmt u. springt im Wasser.
Flom, *Flomen m,* Schweineschmalz aus Bauchfett.
Flor *m,* 1) dünnes Gewebe. 2) Blüte.
Flora, 1) röm. Göttin der Vegetation. 2) Pflanzenwelt eines Gebietes. 3) ↗Darmflora.
Floren *m* (Fl., fl.), Goldmünze des MA.
Florentiner Hut, flacher Damenstrohhut mit breitem Rand.
Florentini, *Theodosius,* Schweizer Kapuziner, 1808–65; Sozialreformer, Gründer der Menzinger u. *Ingenbohler Schwesternkongregation.*

Florenz: Dom mit Campanile, rechts (angeschnitten) das Baptisterium

Florenz, it. *Firenze,* nach Rom die an Bau- u. Kunstdenkmälern reichste Stadt Italiens. Mittelpunkt der Toskana, beiderseits des Arno, 470 000 E.; kath. Erzb., Univ.; chem. Ind. *Baudenkmäler:* Romanik: Baptisterium; Gotik: Santa Maria Novella, Santa Croce mit den Gräbern Michelangelos, Galileis u. Machiavellis, Dom, Palazzo Vecchio, Podestà-Palast Bargello; Frührenaissance: Loggia dei Lanzi, San Lorenzo (Mediceergräber Michelangelos), die Palazzi Pitti und Gondi, Medici, Strozzi; Hochrenaissance: Uffizien. – Röm. Militärsiedlung (Florentia); seit Ende 11. Jh. selbständig, im 13. bis 14. Jh. weltbedeutende Handelsstadt, große Blüte im 15. Jh. durch die Medici; 1737 habsburg.; 1865/71 Hst. des Kgr. Italien.
Flores, 1) zweitgrößte der Kleinen Sundainseln (Indonesien), 15 174 km², 1 Mill. E.; Hauptort Ende. 2) Azoreninsel (portugies.), 143 km², 7000 E.; Hst. Santa Cruz.
Florett *s* (lat.), Stoßdegen, ↗Fechten.
F.seide, *Schappeseide,* flockiger Seidenstoff.
Florfliege ↗Blattfliege.
Florian, hl. (4. Mai), um 304 in Lorch (Oberöstr.) umgebracht; Schutzpatron gegen Feuersgefahr.
Florianópolis, Hst. des brasilian. Staates Santa Catarina, 143 000 E.; Univ.; kath. Erzb.

Flöte: Mundstücke der 1 Längs- oder Schnabel-F. und 2 der Quer-F.

Florida, Abk. Fla., südöstlichster Bundesstaat der USA; eine flache Halbinsel mit südl. anschließender Korallenriffkette (120 km lange Brückenstraße); 151 670 km², 8,7 Mill. E.; Hst. Tallahassee. Im Innern Kalkplateau, im S Sumpfwildnis. Erzeugnisse: Tabak, Baumwolle, Reis, Mais, Zuckerrohr, Gemüse, Orangen, Zitronen. Bäder u. Kurorte an der Küste (Miami, Palm Beach).
florieren (lat.), blühen, gedeihen.
Florin *m,* 1) engl. Silbermünze im Wert v. 2 Schilling. 2) älteste engl. Goldmünze.
Floris, *Cornelis,* niederländ. Bildhauer u. Baumeister; 1514–75; *Antwerpener Rathaus;* Schöpfer des F.-Stils in der Ornamentik (Roll- u. Knorpelwerk).
Floristik *w* (lat.), die Erforschung der ↗Flora eines Gebiets. *Florist,* Pflanzenkenner.
Flörsheim, hess. Stadt s.ö. von Wiesbaden, 16 500 E.; chem.-pharmazeut. Industrie.
Floskel *w* (lat. = Blümchen), gezierter Ausdruck, bloße Redensart.
Floß, zum Wassertransport verbundene Baumstämme; auch als *Rettungs-F.*
Flösselhecht, ein ↗Schmelzschupper, in Afrika; Rückenflosse in Stacheln aufgelöst.
Flossen, Ruder- u. Steuerorgane der Wassertiere, durch Knochen od. Knorpelstäbe gestützt; paarige Brust- u. Bauch-F., unpaarige Rücken-, Schwanz- u. After-F.
Flotationsverfahren (lat.), Schwimmaufbereitung zum Konzentrieren gemahlener Roherze.
Flöte *w,* Blasinstrumentenfamilie, bei der die im Innern des Rohres eingeschlossene Luftsäule durch eingeblasene Luft, die gg. eine scharfe Kante strömt, in Schwingung versetzt wird. *Längs-* od. *Schnabel-F.* (jetzt *Block-F.)* u. die voller klingende *Quer-F.,* das heutige Orchesterinstrument; kleine *Pikkolo-F.* 1 Oktave höher. ☐ 650.
Flötner, *Peter,* um 1495–1546, Kleinplastiker der dt. Renaissance in Nürnberg.
Flotow (: -o), *Friedrich Frh. v.,* 1812–1883; dt. Opernkomponist; *Alessandro Stradella, Martha.*
Flotte, 1) Schiffsbestand eines Staates. 2) in der Textil-Ind.: die Färbe- u. Behandlungsbäder. **Flottille** *w,* kleine Flotte.
Flöz *s,* Gesteinsschicht mit nutzbaren Mineralien, z.B. Kohlenflöz.
Fluate, *Silicofluoride,* Fluor-Silicium-Salze, giftig, zur Schädlingsbekämpfung, zur Dichtung u. Härtung von Baustoffen.
Fluch, Anrufung Gottes od. eines mächtigen Wesens, ein Unheil als Strafe zu verhängen;

Flossen: 1 Anordnung der F. bei einem Knochenfisch (Flußbarsch), **2** verschiedene Formen der Schwanzflosse

Flügel (der Taube):
Skelett und Ansatz-
stellen der Schwung-
federn

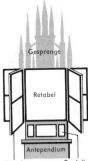

Flügelaltar (Schema)

Friedrich von Flotow

Verwünschung; mißbräuchl. Nennen hl.
Namen im Zorn; Strafe, die auf jemandem
od. etwas liegt.
flüchtig sind feste od. flüssige verdun-
stende Stoffe (Benzin, Kampfer). *f.e Öle*
↗ätherische Öle.
Flüchtling, *Vertriebener,* allg. wer sich vorübergehend auf der Flucht befindet u. durch
deren Umstände bleibend sozial gekennzeichnet ist. Der F. hat noch ein gewisses
Maß Entscheidungsfreiheit, während der
Vertriebene ausschließl. Zwang (Auswei-
sungsbefehl, körperl. Gewaltanwendung)
unterliegt u. der *Verschleppte* (Deportierter)
eine Art Gefangener in der Fremde ist. Im
20. Jh. hat das F.sproblem weltweiten Charakter angenommen, bes. durch den 2.
Weltkrieg. Dtl. wurde am stärksten betroffen. Im Ggs. zum internationalen Sprachgebrauch, auch der UN, der nur *Refugees* (F.e)
kennt, wird in der BRD seit 1953 offiziell unterschieden zw. *Vertriebenen* (wer am 1. 9.
39 seinen Wohnsitz in den dt. Ostgebieten
unter poln. bzw. sowjet. Verwaltung od. im
Ausland hatte u. von dort vertrieben wurde
od. flüchtete, dazu Umsiedler u. Aussiedler:
Dt.e, die nach der allg. Vertreibung in der
BRD zuzogen), *Heimatvertriebenen* (wer mit
dem Wohnsitz auch seine Heimat verlor) u.
Sowjetzonen-F.en (wer in der SBZ od. Ost-
Berlin seinen Wohnsitz aus polit. Gründen
verlor). In der DDR spricht man unterschiedslos v. „Umsiedlern" (in Statistiken
erscheint seit 55 auch diese Bz. nicht mehr).
Ca. 14 Mill. Dt.e wurden durch den 2. Weltkrieg zu F.en, ca. 13,5 Mill. kamen in die
BRD, darunter ca. 4 Mill. aus der DDR (insgesamt 25% der Bev. der BRD). **F.shilfe,**
überstaatl., staatl., kirchl. u.a. wohlfahrts-
pfleger. Hilfe für F.e. *International:* Hoch-
kommissariat für das F.swesen der UN
(vorher IRO, zuerst UNRRA), Internationales
Rotes Kreuz. *BRD:* Bundes-Ministerium für
Vertriebene, F.e u. Kriegsgeschädigte (heute
innerhalb des Bundesministeriums für Innerdeutsche Beziehungen); F.shilfe des
Hilfswerks der EKD und des Dt. Caritas-
verbandes; Dt. Rotes Kreuz; dazu die Interessenvertretung der F.e
Fluchtlinie, 1) Vorderkante der Gebäude
nach der Straße. **2)** Linien, die in der Perspektive nach dem **Fluchtpunkt** streben
(□ 737), oft mit **Fluchtstab** gekennzeichnet.
Flüe *w,* aus *Fluh,* Fels, Felswand. **Flüela** *m,*
Schweizer Paß (Autostraße) in Graubün-
den, 2383 m ü. M. **Flüelen,** Schweizer Dorf,
s.ö. am Vierwaldstätter See, 2200 E.; Ende
der Axenstraße. **Flüeli-Ranft** (Kt. Obwalden), Geburtsort u. Einsiedelei des hl. ↗Ni-
kolaus v. Flüe; heute Wallfahrtsort.

Flügel
Flügel-Schläge in der Sekunde

Pelikan	1,2	Taubenschwanz	72
Storch	1,7	Marienkäfer	80
Rabenkrähe	3–4	Honigbiene	190
Taube	9	Kolibri	bis 200
Kohlweißling	10	Stubenfliege	280
Sperling	13	Schwebflieg. b.	1000

Flugbahn, der Weg eines geworfenen Körpers, auf der Erde theoret. eine Parabel,
prakt. aber durch Luftwiderstand zu einer
ballist. Kurve verkürzt. **Flugboot,** Wasserflugzeug mit schwimmfä-
higem Rumpf. **Flugbrand,** durch ↗Brand-
pilze verursachte Krankheit des Korns.
Flügel, 1) Organ der Vögel u. Insekten. **2)**
Tragfläche des Flugzeuges. **3)** Wind auffan-
gende Vorrichtung. **4)** der eine Teil v. paarigen, spiegelbildl. angeordneten Gegenständen (Lungen-F.). **5)** als Konzert-F. od.
Stutz-F. (kleine Form) gebautes Klavier,
dessen Saiten in Richtung der Tasten liegen. **6)** Seitenteil eines Gebäudes. **F.altar,**
im MA Altaraufsatzform; Kasten mit Türen,
die im geöffneten Zustand wie F. seitl. ab-
stehen. Verbindung v. Gemäldezyklen u.
Schnitzwerk häufig. Unterbau (Predella),
Bekrönung mit geschnitztem Aufsatz in Ar-
chitekturformen (Gesprenge). **F.fell,** dreiek-
kige Wucherung der Augenbindehaut.
F.mutter, Schraubenmutter mit 2 f.artigen
Ansätzen. □ 652. **F.schnecken,** Vorder-
kiemer, Schwimmschnecken, z. B. Riesen-
ohr und Fingerschnecke.
Flughafen, *Flugplatz,* Landeplatz für den
↗Luftverkehr. **Flughahn,** ein ↗Fliegender
Fisch. **Flughörnchen,** Nagetier mit Flughaut
zw. Gliedmaßen u. Körperhaut. **Flugkörper,**
ferngelenktes Fluggerät, meist mit Raketenantrieb. **Flugmechanik,** beschäftigt sich
mit den am Flugzeug auftretenden Kräften
u. der Steuerbarkeit. Wichtigste Kräfte sind
Auftrieb u. Widerstand, die durch geeignete
Formgebung des Flugzeugs in eine optimale Relation zueinander gebracht werden
müssen. **Flugmodell** *s,* ein flugfähiges Gerät
mit weniger als 5 kg Gewicht, mit od. ohne
Antrieb. **Flugsand,** feiner Quarzsand der
Dünen u. Wüsten. **Flugsaurier,** ausgestorbene Echsen des Erdmittelalters. □ 856.
Flugsicherung ↗Luftsicherung.
Flugsport, das sportmäßige Fliegen als Mo-
dellflug, Segelflug, Flug mit ein- od. zwei-
motorigen Sportmaschinen, Freiballonflug,
i. w. S. auch der Fallschirmsport. **Flugver-
kehr** ↗Luftverkehr.
Flugzeug, ein Luftfahrzeug, schwerer als die
v. ihm verdrängte Luft; der Auftrieb erfolgt
a) durch dynam. Auftrieb am umströmten
Tragflügel, b) durch umlaufende Hub-
schrauben (Rotor), c) durch Strahl-(Hub-)
Triebwerke, deren Schubkraft größer ist als
das Gewicht, u. d) Kombinationen aus
a–c. – Jedes F. besteht aus Zelle mit Rumpf,
Tragflügel, Leitwerk u. Fahrwerk, Triebwerk u. Ausrüstung (Navigationsmittel
usw.). Je nach Antrieb unterscheidet man
*Propeller-, Propellerturbinen-, Strahl-, Ra-
keten-* u. *Segel-F.,* nach Verwendungszweck
Verkehrs-, Schul-, Sport-, Kriegs- u. *Spe-*

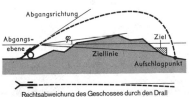

Flugbahn eines
Geschosses
(äußere Ballistik);
φ = Deckungswinkel

Flugzeuge

Die **Dynamik des Flugzeugs** ist bestimmt durch die am Flugzeug angreifenden Kräfte *(rechts)* und durch die Beweglichkeit längs seiner 3 Achsen *(unten)*, um die es sich steuern lassen muß. S = Schwerpunkt.

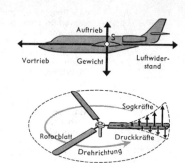

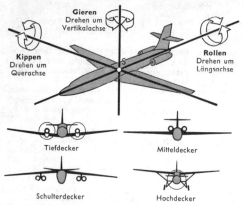

Gieren
Drehen um Vertikalachse

Kippen
Drehen um Querachse

Rollen
Drehen um Längsachse

Tiefdecker   Mitteldecker

Schulterdecker   Hochdecker

Anordnung von Tragflächen im modernen Flugzeugbau. Abstrebungen und Doppeldecker vereinzelt noch bei Sportflugzeugen.

Beim **Hubschrauber** erfolgen Auftrieb und Vortrieb durch Rotation und gleichzeitige Verdrehung der Rotorblätter

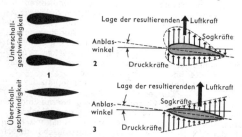

Lage der resultierenden Luftkraft

Anblaswinkel

Druckkräfte

1 **Flügelprofile** für verschiedene Geschwindigkeiten. **2 Sog-** und **Druckkräfte** bei Unterschall-, **3** bei Überschallgeschwindigkeit.

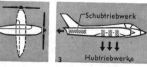

Drei Beispiele von **Senkrechtstartflugzeugen** (VTOL-Flugzeuge): **1** vertikal startend und landend, **2** mit drehbarem Triebwerk u. Tragfläche, **3** mit getrennten Triebwerken.

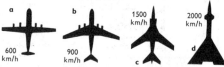

Optimale **Flügelformen: a** und **b** bei Unterschallgeschwindigkeiten, **c** und **d** bei Überschallgeschwindigkeiten.

In der Zivilluftfahrt gebräuchliche Flugzeugtypen	Spannweite	Länge	Sitzplätze	max. Nutzlast	max. Startgewicht	wirtschaftliche Reisegeschwindigkeit		Reichweite bei	
								max. Kraftstoffvorrat	max. Nutzlast
	m	m		t	t	km/h	(in m Höhe)	km	km
deutsche Verkehrsflugzeuge der Vorkriegszeit									
Ju 52 (1932)	29,25	18,9	17	1,8	3,2	235	(1500)	950	
FW 200 Condor	32,85	23,9	{ 26	2,8	17	300	(2000)	2300	
			9	0,9	17,5	300	(2500)	4500	
Verkehrsflugzeuge mit Strahlantrieb									
Airbus A. 300 B-4	44,84	53,62	263–331	35,2	150,0	847	(9450)	4450	3890
BAC Super VC. 10	44,55	52,12	max. 174	27,4	107,5	799		11030	7880
Boeing 707–320	43,41	46,61	120–140	24,9	141,6	973		10650	7700
Boeing 727	33,10	40,94	70–114	13,0	64,4	984	(7620)	2565	2300
Boeing 747 B Jumbo	59,64	70,66	374–490	72,8	351,4	980	(10000)	11410	7400
Convair CV-880	36,60	39,40	104–130	10,2	83,7	975	(9150)	5040	4580
Convair CV-990 Coronado	36,60	41,10	90–150	11,7	114,8	995		6120	6120
Douglas DC-8 Ser. 30	43,40	45,85	120–140	20,0	143,0	936		9890	9300
Douglas DC-8 Ser. 62	45,20	47,90	max. 185	23,6	152,0	944		12100	10380
Douglas DC-10–30	49,18	55,55	255–345	48,3	251,7	920	(9450)	9820	9250
HS. Comet 4	35,05	33,96	75–100	8,0	72,6	834		7240	6010
Iljuschin Il 62	43,30	53,12	122–186	23,0	105,0	830	(11000)	7000	7000
Lockheed 1011 TriStar	47,35	54,46	272–400	38,8	195,0	1020		6280	4130
Tupolew Tu 154	37,55	47,90	128–164	20,0	84,0	900	(11000)	5650	2850
Überschall-Verkehrsflugzeuge:									
Concorde (Standard)	25,56	61,74	108–144	11,3	181,4	2150	(18000)	6560	4900
Tupolew Tu 144	28,8	65,7	98–135	12,0	150,0	2820	(20000)	6500	
Boeing 707 (Entwurf)	53,10	93,30	250–350	34,0	306,2	2900	(19500)	6400	

zial-F., nach Einsatzbereich *Kurz-, Mittel-* u. *Langstrecken-F.*, nach der Länge v. Start- u. Landestrecke neben normalen F.en die *Kurzstart-F.e* (engl. Abk. STOL, **s**hort **t**ake **o**ff and **l**anding) u. die *Senkrechtstart-F.e* (engl. Abk. VTOL, **v**ertical **t**ake **o**ff and **l**anding), nach Einsatzart *Land-* u. *Wasser-F.e.* Mit *Raketen* angetriebene F.e erreichten bereits Höhen v. 107 km u. Geschwindigkeiten v. 7274 km/h, mit Strahltriebwerken Höhen über 30 km u. Geschwindigkeiten um 3700 km/h. **F.modell**, nicht flugfähiges Modell eines F.s. **F.schlepp**, Startart für ↗Segelflugzeuge, hinter einem schleppenden Motorflugzeug. **F.schleuder** ↗Katapult. **F.träger**, die größten Kriegsschiffe einer modernen Flotte, mit Deck zum Starten (mit Katapult) u. Landen (z. T. mit Fangseilen) v. Flugzeugen.

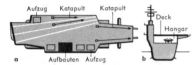

Flugzeugträger:
a Aufsicht auf das Flugdeck (Winkeldeck)
b Querschnitt

Fluh, *Flüh*, ↗*Flüe*.
fluid (lat.), flüssig. **Fluidum** *s*, von Menschen oder Gegenständen ausstrahlende Wirkung.
Fluktuation *w* (lat.; *Ztw. fluktuieren*),

Schwankung; bes. der Personenwechsel zw. Betrieben u. Gemeinden.
Flunder *w* od. *m*, *Butt*, dunkel gefleckter Plattfisch, kleiner als die Scholle.
Fluor *s*, chem. Element, Zeichen F, gasförm. Halogen, Ordnungszahl 9 (☐ 148); nur gebunden vorkommend (Flußspat, Kryolith, Apatit). Verbindet sich mit fast allen Elementen direkt u. zersetzt Wasser stürmisch. *Fluoride*, Metallverbindungen der Flußsäure. *F.wasserstoff* ↗Flußsäure. **Fluoreszein** *s*, Teerfarbstoff, in alkal. Lösung stark grün fluoreszierend.
Fluoreszenz *w* (lat.), Lichterscheinung bei der Photo-↗Lumineszenz. Mit den erregenden Strahlen hört auch die F. auf; Verwendung zum Sichtbarmachen unsichtbarer Strahlung (ultraviolettes Licht, Röntgenstrahlung). **Fluorit** *m*, ↗Flußspat.
Flur, landwirtschaftl. genutztes Land. **F.bereinigung**, *Feldbereinigung, Arrondierung*, die Abrundung od. Zusammenlegung zersplitterten unwirtschaftl. ländl. Grundbesitzes. **F.buch**, bei der Steuerbehörde (Katasteramt) geführt, gibt Aufschluß über Lage, Größe der Grundstücke einer Gemeinde. **F.schaden**, Schädigung eines landwirtschaftl. Grundstücks durch unbefugtes Betreten, Wild u. a. **F.zwang**, galt bis Ende des 18. Jh. unter der Zwei- bzw. Dreifelderwirtschaft, der sich der Bauer anpassen mußte.

Flüsse	Länge km	Einzugs- bereich 1000 km²	Einmündungs- gewässer		Länge km	Einzugs- bereich 1000 km²	Einmündungs- gewässer
Europa				Mackenzie	3512	2075	Beaufortsee
Wolga	3700	1380	Kaspisches Meer	(mit Peace River)			
Donau	2850	817	Schwarzes Meer	St. Lorenz	3350	1269	Atlantik
Dnjepr	2201	504	Schwarzes Meer	(St. Lawrence)			
Don	1870	422	Asowsches Meer	Rio Grande	2870	570	Golf von Mexiko
Petschora	1809	322	Barentssee	Tocantins	2850	840	Atlantik
Kama	1805	507	Wolga	Colorado	2750	428	Golf von Kalifornien
Oka	1480	245	Wolga	Nelson (mit	2575	960	Hudsonbai
Dnjestr	1352	72	Schwarzes Meer	Saskatchewan)			
Rhein	1320	252	Nordsee	Orinoco	2500	1086	Atlantik
Elbe	1165	144	Nordsee	Arkansas	2410	470	Mississippi
Weichsel	1068	194	Ostsee	Columbia	2250	771	Stiller Ozean
Donez	1053	99	Don	Ohio	1586	528	Mississippi
Loire	1010	121	Atlantik	Magdalena	1550	250	Atlantik
Tajo (Tejo)	1008	80	Atlantik	**Asien**			
Maas	925	49	Nordsee	Jangtsekiang	5800	1808	Ostchines. Meer
Oder	860	119	Ostsee	Ob (mit Katun)	4345	2975	Nordpolarmeer
Seine	776	79	Kanal	Hwangho	4875	745	Gelbes Meer
Weser (mit Werra)	733	46	Nordsee	Mekong	4500	810	Südchines. Meer
Afrika				Amur	4416	1855	Ochotskisches Meer
Nil (mit Kagera)	6671	2870	Mittelmeer	Lena	4400	2490	Nordpolarmeer
Kongo	4320	3690	Golf von Guinea	Irtysch	4248	1643	Ob
Niger	4160	2092	Golf von Guinea	Jenissei (m. Angara)	4092	2580	Nordpolarmeer
Sambesi	2660	1330	Indischer Ozean	Indus (Sindh)	3180	960	Arabisches Meer
Oranje (Orange)	1860	1020	Atlantik	Syr-Darja	3078	462	Aralsee
Cubango	1600	800	Ngami-Salzsee	Brahmaputra	2900	935	Golf von Bengalen
(Okawango)				Ganges (Ganga)	2700	1125	Golf von Bengalen
Limpopo	1600	440	Indischer Ozean	Euphrat	2700	673	Persischer Golf
Volta	1600	388	Atlantik	Amu-Darja	2620	465	Aralsee
Dschuba (Giuba)	1600	196	Indischer Ozean	Kolyma	2600	644	Nordpolarmeer
Senegal	1430	441	Atlantik	Ural	2534	220	Kaspisches Meer
Amerika				Irawadi	2150	430	Indischer Ozean
Mississippi	6420	3238	Golf von Mexiko	Tarim	2000	1000	Lop-Nor
(mit Missouri)				Tigris	1950	375	Persischer Golf
Amazonas	6400	7180	Atlantik	Selenga	1480	447	Baikalsee
La Plata (m. Paraná)	4700	3100	Atlantik	Godavari	1450	290	Golf von Bengalen
Yukon	3700	855	Beringmeer	Kura	1364	188	Kaspisches Meer

Pumpe | Motor
Sperr-ventile
Öl
1

Welle 1 | Welle 2
Kreisel-pumpe | Turbinen-rad
2

Gehäuse | Leitrad
Welle 1 | Pumpen-rad
Welle 2
Turbinen-rad
3

Flüssigkeitsgetriebe:
1 Druck-F., 2 Strö-mungskupplung,
3 Strömungsgetriebe

Flußpferd

Katharina Focke

Fluß, 1) ein größeres, fließendes Gewässer; wasserreiche, über 500 km lange F.e werden Ströme gen. ☐ 283. **2)** geschmolzener Körper; Glasflüsse, die durch Schmelzen entstehen.
Flußadler ↗Fischadler.
Flußgrundel ↗Gründling.
flüssig, ein ↗Aggregatzustand im Ggs. zu fest u. gasförmig. **Flüssiggase,** Kohlenwasserstoffe, die schon bei mäßigem Überdruck flüssig sind; als *Flaschengas* u. *Propangas* im Handel.
Flüssigkeitsgetriebe, ein stufenloses Getriebe mit Wasser od. Öl als Getriebeglied; *Übertragung* der mechan. Arbeit durch Druck od. durch die kinet. Energie des Wassers od. Öls, *Strömungsgetriebe* nach H. Föttinger; analog die **Flüssigkeitskupplung.**
Flußmuschel w, Süßwassermuschel mit gleichklappiger, glattwandiger Schale: *Fluß-, Malermuschel,* mit gelbgrüner Schale, häufig in Bächen, Flüssen u. Seen; *Flußperlmuschel,* in Gebirgsbächen, manchmal mit Perlen; *Teichmuschel,* groß u. dünnschalig. **Flußpferd,** *Nilpferd,* afrikan. Paarhufer; Eckzähne (bis 2 kg) zu Elfenbein, Haut zu Riemen. **Flußsäure,** Fluorwasserstoff, wasserlösl., Siedepunkt 19,4° C; greift Glas an (Ätzmittel). **Flußspat,** *Fluorit* m, mineral. Calciumfluorid, CaF_2, in ultraviolettem Licht stark fluoreszierend; Kristalle zu opt. achromat. Linsen geschliffen. **Flußstahl,** flüssig gewonnenes schmiedbares Eisen (↗Stahl).
Flut, Steigen des Meerwassers; ↗Gezeiten.
Flutlicht, intensive Beleuchtung v. Gebäuden, Sportplätzen usw. mit Gruppen v. Scheinwerfern.
Flying Dutchman (: flaiing datschmän, engl. = Fliegender Holländer) m, leichte Einheitsjolle für Segelrennen, 2 Mann Besatzung, 15 m² Segelfläche. Zeichen: schwarzes „FD''.
Fm, chem. Zeichen für ↗Fermium. **fm,** Abk. für ↗Festmeter.
fob, Abk. für free on board (: fri on bård, engl.), im Überseehandel Vertragsbestimmung, wonach sich die Warenpreise einschließl. Beförderung bis an Bord (ohne Seefracht) verstehen. ↗cif.
Foch (: fosch), *Ferdinand,* frz. Marschall, 1851–1929; 1918 Oberbefehlshaber aller alliierten Truppen in Fkr. u. Belgien; Leiter der Waffenstillstandskommission.
Fock w, Hauptsegel am F.-(Vorder-)Mast auf Segelschiffen. ☐ 973.
Fock, *Gorch* (eig. Johannes Kinau), dt. Schriftsteller, 1880–1916 (gefallen in der Skagerak-Seeschlacht); stellt das Leben seiner Fischerheimat dar.
Focke, *Katharina,* dt. Politikerin, * 1922; seit 72–76 Bundes-Min. für Jugend, Familie u. Gesundheit (SPD).
Föderalismus m (lat.), ein polit. System, in dem innerhalb des Ganzen den Einzelgliedern möglichst große Selbständigkeit gewährt wird. Ggs. ↗Zentralismus. **Föderation,** Staatenbund. **föderativ,** bundesstaatlich.
Föderation Arabischer Emirate, 1971 gegr. Zusammenschluß von 7 arab. Scheichtü-mern am Persischen Golf. Mitglieder *Abu Dhabi,* 75000 km², 236000 E.; *Ajman,* 250 km², 22000 E.; *Dubai,* 3750 km², 210000 E.; *Fujeira,* 1175 km², 25000 E.; *Ras al-Khaimah,* 1625 km², 57000 E.; *Sharjah,* 2500 km², 88000 E.; *Umm al-Kaiwain,* 750 km², 17000 E (1976). Vorwiegend Wüste; bedeutende Erdölvorkommen. – 1820 Verträge mit Großbritannien über Frieden u. Verzicht auf Seeraub u. Sklavenhandel; 1892–1971 als *Vertragsstaaten Oman (Trucial Oman,* auch *Piratenküste)* brit. Schutzstaaten, dann *Vereinigte Arab. Emirate.*
Föderation Arabischer Republiken ↗Union Arabischer Republiken.
Foggia (: fodscha), süd-it. Prov.-Hst. 158000 E.; Bischof; war Residenz Friedrichs II.
Fohlen, *Füllen,* junges Pferd unter 3 Jahren.

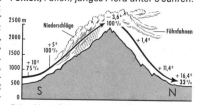

Föhn: Verlauf von Temperatur (in °C) und relativer Luftfeuchtigkeit (in %)

Föhn m (lat.), warmer, trockener Fallwind (Erwärmung 1° C je 100 m Fall) in u. an Gebirgen.
Föhnkrankheit, Krankheitserscheinungen wetterempfindl. Menschen bei Föhn, wie Reizbarkeit, Apathie, Kopfschmerzen u. a.
Fohnsdorf, östr. Gemeinde in der Steiermark, 11000 E.; Braunkohlenbergbau.
Fohr, *Karl Philipp,* dt. Maler, 1795–1818; Landschaften; meisterhafte Zeichnungen. ↗Nazarener.
Föhr, nordfries. Insel vor der Westküste Schleswigs, 82 km², 9000 E.; Hauptort Wyk.
Föhre, *Fohre, Forle,* die ↗Kiefer.
Fokalinfektion w (lat.), ↗Herdinfektion.
Fokus m (lat.), ↗Brennpunkt.
Fol., Abk. für ↗Folio.
Folge, mathemat. eine geordnete Zahlenreihe, z. B. 1, 2², 3², 4²... n².
Foliant m (lat.), Buch in Folio. **Folie** w, 1) sehr dünnes Blatt, bes. Metall-F. 2) Hintergrund. **Folio** s (it.), Blattseite; großes Buchformat (1 Bogen = 4 Seiten).
Folkestone (: fouksten), engl. Hafenstadt, an der Straße v. Dover, 45000 E.
Folketing s, die dän. Volksvertretung.
Folklore w (: -lor), Volksüberlieferung, bes. die Volksmusik, -bräuche, -sagen u. -lieder.
Folkloristik w, Wiss. v. der Folklore.
Folkwang, in der nord. Mythologie Wohnstätte der Freya. **F.museum,** 1901/02 in Hagen gegr., heute in Essen; insbes. für moderne Kunst. **F.-Hochschule,** Hochschule für Musik, Theater u. Tanz, ebenfalls in Essen.
Follikel m (lat.), Haarbalg, talgabsondernder Drüsenschlauch; im *Graafschen F.,* der beim Mensch u. Säugetieren das reifende Ei im Eierstock umschließt, wird das *F.hormon* (Östron) erzeugt. ↗Sexualhormone.

Föderation Arab. Emirate

Amtlicher Name:
United Arab Emirates

Staatsform:
Bundesstaat

Hauptstadt:
Dubai

Fläche:
83 600 km²

Bevölkerung:
711 000 E.

Sprache:
Arabisch

Religion:
fast ausschließl. Muslimen

Währung:
1 Dirham = 100 Fils

Mitgliedschaften:
UN, Arabische Liga

Theodor Fontane

Fontanelle der Neugeborenen

Fördergerüst

Folsäure, *Pteroylglutaminsäure,* ein Vitamin des B₂-Komplexes. □ 1064.
Fond *m* (: fõñ, frz.), Grund(lage), Hintergrund; Rücksitz. **Fondant** (: fõñdãñ), feines, auf der Zunge schmelzendes Zuckerwerk.
Fonds *m* (: fõñ, frz.), Grundstock, Vorrat (Kapital), Stiftung, zweckgebundener Vermögensteil. *A f. perdu* (: -pärdü), mit Verlust des eingesetzten Kapitals.
Fondue *w* (: fõñdü, frz.), Schweizer Käsegericht: Käse mit Weißwein und Gewürzen erwärmt; auch *Fleisch-Fondue.*
Fontainebleau (: fõñtänblo), frz. Stadt s.ö. v. Paris, im *Wald v. F.* (17 000 ha), 23 000 E.; Artillerie- u. Pionierschulen; Porzellanfabrik. Am Rand des Waldes *Schloß F.* (16. Jh.); hier Abdankung Napoleons I. 1814.
Fontane, *Theodor,* dt. Schriftsteller, 1819 bis 98; Apotheker, dann Redakteur; schrieb nach seiner romant. Epoche bürgerl.-realist. Romane des märk. u. Berliner Lebens, mit tragischem Unterton: *Irrungen u. Wirrungen; Effi Briest; Der Stechlin; Unwiederbringlich.* Ferner: Balladen, Theaterkritik, *Wanderungen durch die Mark Brandenburg.*
Fontäne *w* (frz.), (Spring-)Brunnen. [*burg.*
Fontanelle *w* (it.), Knochenlücken im Schädeldach des Kindes; schließen sich bis zum 2. Lebensjahr.
Foochow, die chines. Stadt ↗Futschou.
Foot (: fut; Mz. *Feet*: fit), veraltetes engl. Längenmaß (↗Fuß), 30,48 cm, unterteilt in 12 inches.
Football (: futbål, engl.), 1) engl. für ↗Fußball. 2) *American F.,* dem Rugby ähnl. Spiel.
Foraminiferen (Mz., lat.), meist marine Wurzelfüßer (↗Protozoen), leben in durchlöcherten Gehäusen. Fossil die ↗Nummuliten.
Force *w* (: forß, frz.), Gewalt; **F. de frappe** (: -frap), militär. Abschreckungsmacht, bes. für die Atomstreitmacht. **F. majeure** (: -maschör), höhere Gewalt. *Par f.,* mit Gewalt. **F. Ouvrière** (: forß uwrjär), in Fkr. Bz. für ↗Gewerkschaft. **forcieren,** erzwingen, beschleunigen.
Forchheim, fränk. Krst. zw. Steigerwald u. Fränk. Schweiz, an der Regnitz, 23 700 E.; ehem. fürstbischöfl. Schloß, die sog. „Kaiserpfalz" (14. Jh.). – Im MA mehrmals Tagungsort der Reichsfürsten.
Ford, 1) *Gerald Rudolph,* amerik. Politiker, * 1913; 73 z. Vize-Präs. ernannt, 74/77 Präs. **2)** *Henry,* amerik. Autokonstrukteur u. -fabrikant, 1863–1947; entwickelte durch äußerste Rationalisierung (↗Fließbandarbeit) einen neuen Arbeitsstil *(Fordismus);* begr. 1936 die *F.-Stiftung* zur Förderung v. Wiss., Erziehung u. Wohlfahrt.
Förde *w,* tiefeingreifende Meeresbucht, bes. an der Ostküste Jütlands.
Fördergerüst, *Förderturm,* Aufbau über den Schächten eines Bergwerks, zur Aufnahme der Förderräder (Seilscheiben). **Fördermaschine,** Antriebsmaschine für Förderung im *Förderschacht.* **Fördertechnik,** Teil der ↗Verfahrenstechnik, befaßt sich mit Bau u. Einsatz v. Maschinen zum Materialtransport in allen Aggregatzuständen; unterscheiden in *Hebezeuge* (Kran, Aufzüge verschiedenster Bauart) u. *Förderanlagen,* oft als *Stetig-*

förderer (Fließbänder, Schüttelrutschen, Förderschnecken), als Stapler, Bagger. □ 286.
Forderung, Anspruch eines Gläubigers gg. den Schuldner auf Leistung aus einem Schuldverhältnis. F.en sind übertragbar. Bei Übertragung entsteht ein neues Rechtsverhältnis zw. Übertragendem *(Zedent)* u. Annehmendem *(Zessionar).*
Foreign Office *s* (: for'n ofiß), das engl. Außenministerium.
Forel, *Auguste,* schweizer. Psychiater, 1848–1931; zahlr. psycholog., auch tierpsycholog. Schriften.
Forelle *w, Salmo,* Raubfisch (Gattung Lachs): Bach-F., in klaren Gebirgsbächen; See-F., etwas größer, bis 25 kg schwer; Meer-, Lachs-F.; Regenbogen-F., aus Amerika eingebürgert. Beliebte Speisefische. □ 275, 912.
forensisch (lat.), das Gericht *(Forum)* betreffend, gerichtl., z. B. *f.e Medizin.*
Forester (: for'ßt'er), *Cecil* Scott, engl. Schriftsteller, 1899–1966; Weltkriegsromane *Der General,* Tetralogie *Kapitän Hornblower.*
Forggensee, auch *Roßhauptener Speicher,* Stausee des Lechs, nördl. v. Füssen, 16,3 km² Fläche, 168 Mill. m³ Fassung.
Forint □ 1144/45.
Forke *w,* (Heu-)Gabel.
Forle *w,* ↗Kiefer.
Forli, Hst. der nord-it. Prov. F., im SO-Zipfel der Romagna, 111 000 E.; Bischof, Pinakothek, roman. Kirche S. Mercuriale (12. Jh.); Eisenhütten, Schuh- u. Papierfabriken.
Form *w* (lat.), 1) verleiht einem Stoff od. Inhalt eine bestimmte Prägung; seit Aristoteles die innere od. Wesensform, der bestimmende Grund für die Wesensart der Dinge (↗Entelechie). 2) im Buchdruck: der im Schließrahmen eingeschlossene Schriftsatz.
formal, förmlich, vom Inhalt absehend. *formell,* äußerlich, zum Schein.
Formaldehyd *m,* von der Ameisensäure abgeleiteter ↗Aldehyd, HCHO; stechend riechendes Gas, löslich in Wasser (35% = *Formalin, Formol* des Handels); Desinfektionsmittel. Zur Synthese von ↗Bakelit, ↗Galalith u. Farbstoffen.
Formalismus, Überbetonung der Form. **Formalität** *w,* Förmlichkeit. **formaliter,** in aller Form, der Form nach. **Format,** das Gestaltete, bestimmte Größe.
Formation *w* (lat.) 1) durch einheitl. Fauna od. Flora charakterisierte Phase der Erdgeschichte (↗Geologie). 2) Pflanzengesellschaft v. einheitl. Lebensformen u. Standortbedingungen. 3) bestimmte Form einer Truppenaufstellung od. diese Truppen selbst.
Formbäume, *Spalierobst,* durch planmäßiges Beschneiden zu bestimmten Formen herangezogene Bäume, bes. Obstbäume.
Formel *w* (lat.), 1) feststehender, kurzer, eindeutiger Ausdruck. 2) mathemat. Gesetz in algebraischen Zeichen. 3) die chem. Formel.
Formerei, Einformen des Modells zur Herstellung des Gusses. □ 329.

Fördertechnik

Das Grundelement vieler **Hebezeuge** ist der Flaschenzug, aus Kombinationen fester und beweglicher Rollen. Feste Rollen geben nur Richtungsänderung der Kraft **(a)**, lose Rollen geben Kraftersparnis wie bei **b** $\frac{1}{2}$ Last, **c** $\frac{1}{4}$ Last. Beim Differentialflaschenzug **d** hängt die aufzuwendende Kraft vom Radienverhältnis der beiden koaxialen Rollen ab. Die von den Kranen zu hebende Last wird wesentlich von der Weite des Auslegers bestimmt.

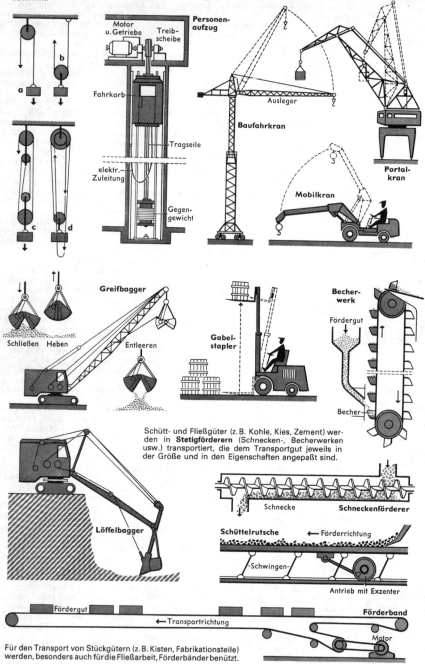

Schütt- und Fließgüter (z.B. Kohle, Kies, Zement) werden in **Stetigförderern** (Schnecken-, Becherwerken usw.) transportiert, die dem Transportgut jeweils in der Größe und in den Eigenschaften angepaßt sind.

Für den Transport von Stückgütern (z.B. Kisten, Fabrikationsteile) werden, besonders auch für die Fließarbeit, Förderbänder benützt.

Formosa ↗Taiwan.
Formular s (lat.), Vordruck(blatt).
Forschungsinstitut s, Anstalt, die (im Ggs. zur Univ.) reiner, v. der Lehre losgelöster Forschung dient, z. B. Max-Planck-Institute.
Forschungsrat ↗Dt. Forschungsgemeinschaft.
Forßmann, *Werner,* dt. Mediziner, 1904–79; 56 Nobelpreis für Selbstversuch zur Herzkatheterisierung.
Forst, *F. (Lausitz),* Krst. im Bez. Cottbus, an der Lausitzer Neiße, 29 300 E.; Tuch- u. chem. Ind. – Der Stadtteil östl. der Neiße kam 1945 unter poln. Verwaltung *(Zasieki).*

Werner Forßmann — Wolfgang Fortner

Forst *m,* großfläch., für regelmäßige Bewirtschaftung eingerichteter ↗Wald. **F.amt** ↗F.verwaltung. **F.beamter,** *Förster,* im öff.en Dienst tätiger F.mann (F.leute im Privatdienst sind Angestellte). Laufbahnen u. Titel in den Bundesländern uneinheitlich. *Mittlerer F.dienst:* F.wart. *Gehobener F.dienst:* Revierförster, Amtsrat. *Höherer F.dienst:* Diplom-F.wirt, F.referendar, F.assessor, Anstellung als F.meister, Ober-, Land- u. Oberland- u. Landesforstmeister. **F.liche Ausbildungsstätten,** Forschungs- u. Bildungsstätten (an Univ.) für die akadem. Ausbildung der Forstwirte; für den mittleren u. gehobenen Dienst Forstschulen auf Länderbasis. **F.strafsachen,** z. B. F.diebstahl, F.beschädigungen; mit Geld- u. Freiheitsstrafe geahndet. **F.verwaltung,** leitet u. regelt die Bewirtschaftung der F.e. Staats-F.e verwaltet der Staat, Gemeinde-F.e unterstehn seiner Aufsicht, Privat-F.e unterliegen staatl. Zwangsbestimmungen. Schwerpunkt bei den örtl. Verwaltungsstellen (Oberförstereien, F.ämter, Forstreviere); oberste Leitung bei den Landeszentralforstbehörden. **F.wirtschaft,** bezweckt die Bewirtschaftung der Wälder zur Erzielung möglichst hoher u. nachhaltiger (gleichbleibender) Erträge, bei Gesunderhaltung der Wälder u. Waldböden. Reine *Ausbeutungswirtschaft* in Ländern mit Holzüberfluß (USA, Kanada, UdSSR); *Nachhaltswirtschaft* in Ländern mit Holzknappheit (Europa). Die lange Produktionsdauer läßt falsche Eingriffe kaum korrigieren. Außer Holz liefert die F.wirtschaft u.a. Gerbrinde, Sämereien, Pflanzen, Früchte, Pilze. **F.wissenschaft,** wird an ↗Forstlichen Ausbildungsstätten gelehrt; umfaßt u.a. Bodenkunde, Klimalehre, forstl. Standortslehre, forstl. Pflanzensoziologie, Botanik, Jagd, Zoologie, Holzkunde; F.politik, Holzmarktkunde, forstl. Betriebswirtschaftslehre, F.schutz, Jagd u. Jagdgesetzgebung.
Forster (: fo^rßt^er), *Edward Morgan,* engl. Schriftsteller, 1879–1970; HW der Roman *A Passage to India,* ferner *Howards Ende.*
Foerster, *Friedrich Wilhelm,* 1869–1966; dt. Pädagoge von weltweiter Wirkung. Seine Erziehungslehre betont die Willensschulung. Als Pazifist scharfer Gegner des dt. Militarismus u. Nationalismus. *Lebensführung. Erlebte Weltgeschichte.*
Forsythie *w,* Zierstrauch aus Ostasien, mit gelben, vor den Blättern im Vorfrühling erscheinenden Blüten.
Fort s (: för, frz.), kleines Festungswerk.

Fortaleza (: -esa), Hst. u. Haupthafen des brasilian. Staats Ceará; 1,1 Mill. E.; Univ., kath. Erzb., Ausfuhr: Kaffee, Baumwolle.
Fortbildungsschule, fr. Bz. für ↗Berufsschule.
forte (it.), in der Musik: stark; abgekürzt f.
Forth (: forß), mittelschott. Fluß, mündet nach 118 km durch den 86 km langen Mündungstrichter des *Firth of F.* in die Nordsee; mit dem Clyde durch den *F.-Clyde-Kanal* (62 km) u. mit Edinburgh durch den Unionskanal (51 km) verbunden; bei Queensferry die Firth-of-F.-↗Brücke; eine weitere Straßenbrücke bei Edinburgh.
Fortifikation *w* (lat.), Befestigung.
fortissimo (it.), sehr stark; abgekürzt ff.
Fortiter in re, suaviter in modo (lat.), kraftvoll in der Sache, mild in der Art der Ausführung.
Fort Knox (: fo^rt nokß), in Kentucky, Aufbewahrungsort des Staatsgoldes der USA.
Fort Lamy (: for lami), heute *N'Djamena,* Hst. der Rep. Tschad, 120 km s.ö. des Tschadsees, 242 000 E.; kath. Erzbischof.
Fortner, *Wolfgang,* dt. Komponist, * 1907; lehrt an der Musikhochschule Freiburg i. Br.; vertritt seit 48 die Zwölftontechnik, in der Folge auch die Serielle Musik. Oper *Bluthochzeit,* Kantaten, Orchestermusik.
Fortpflanzung, Erzeugung artgleicher Nachkommen bei Lebewesen; *vegetative* od. *ungeschlechtl.* F. durch einfache Teilung ohne vorangegangene Befruchtung (↗Spore, ↗Knospe, ↗Parthenogenese); *geschlechtl.* F. ↗Befruchtung.
FORTRAN, Abk. v. **for**mula **tran**slator, eine problemorientierte Symbolsprache zur Programmierung elektron. Rechenmaschinen.
Fortschreibung, die laufende Ergänzung einer ermittelten statist. Zahl durch Saldierung der Zu- u. Abgänge od. Schätzung mittels Indexziffern.
Fortuna, röm. Glücksgöttin. ↗Füllhorn.
Fort Wayne (: fo^rt we'n), Ind.-Stadt in Indiana (USA), am Wabash-Erie-Kanal, 180 000 E.; kath. Bischof; Kunst- u. Musikhochschule.
Fort Worth (: fo^rt wö^rß), Stadt in Texas (USA), 395 000 E.; Univ.; Vieh- u. Getreidehandel, Erdölfelder, petrochem. Ind., Stahlwerke, Flugzeugfabriken.
Forum s (lat.), Markt- u. Gerichtsplatz in altröm. Städten, i. ü. S. Öffentlichkeit.
Fossil s (lat.; Mz. *Fossilien),* Überrest, Versteinerung, Abdruck v. Pflanzen u. Tieren früherer Erdzeitalter, erforscht v. der ↗Pa-

Fossil: ein 3 m langes Fossilskelett eines Sauriers aus dem Lias

Blühende Forsythie

läontologie. *Leitfossilien,* charakteristisch für bestimmte geolog. Schichten. Bw. *fossil,* als Versteinerung erhalten, der Vergangenheit zugehörig.

Föttingergetriebe ↗Flüssigkeitsgetriebe.

Foetus, *Fetus* m (lat.), Leibesfrucht v. Ende des 2. Monats an.

Foucauld (: fuko), *Charles de,* frz. Offizier, dann Trappist, 1858–1916 (ermordet); schuf durch Anpassung eine neue Missionsmethode unter den Muslimen in Nordafrika.

Foucault (: fuko), *Léon,* frz. Physiker, 1819–1868; bewies die Erdrotation durch Pendelversuch.

Foul s (: faul, engl.), Sport: Regelverstoß, bes. gegenüber einem gegner. Spieler.

Fouqué (: fuke), *Friedrich* Baron *de la Motte F.,* Schriftsteller der deutschen Romantik, 1777–1843. Märchen *Undine.*

Fourier (: furje), **1)** *Charles,* frz. sozialist. Theoretiker, 1772–1837. **2)** *Jean-Baptiste-Joseph* Baron de, frz. Mathematiker u. Physiker, 1768–1830; *F.sche Reihen.*

Fox, *George,* engl. Laienprediger, 1624–91; Gründer der ↗Quäker; unternahm viele Predigtreisen in Europa u. Nordamerika.

Foxtrott m, um 1917 aus den USA nach Europa importierter Gesellschaftstanz im ⁴/₄-Takt. *Slowfox,* der verlangsamte F.

Foyer s (: fᵒaje, frz.), Vor- od. Wandelhalle (im Theater usw.).

Fr, chem. Zeichen für ↗Francium.

fr., 1) Abk. für ↗franko. **2)** Abk. für **Franc** u. **Franken.** ☐ 1144/45.

Fra (it.), Bruder, Klosterbruder.

Frachtbrief, Begleitpapier für ↗Frachtgut.

Frachtführer, übernimmt gewerbsmäßig die Beförderung v. Gütern zu Land u. auf Binnengewässern. ↗Spediteur.

Frachtgut, im gewöhnl. Güterzug befördertes Gut; Ggs. Eil- u. Expreßgut.

Fra Diavolo (it. = Bruder Teufel), it. Räuberhauptmann, 1771–1806. Oper v. Auber.

fragil (lat.), zer- od. gebrechlich.

Fragment s (lat.), Bruchstück.

Fragonard (: -nar), *Jean-Honoré,* frz. Rokokomaler, 1732–1806; zunächst mytholog. u. rel. Szenen, dann Rokoko-Interieurs; auch Landschaftszeichnungen u. Bildnisse.

fraise (: fräsᵉ, frz.), erdbeerfarbig.

Fraktion w (lat.), die Vereinigung der Abgeordneten der gleichen Partei innerhalb eines Parlaments; verpflichtet evtl. ihre Mitgl. zu einheitl. Stellungnahme durch den umstrittenen *F.szwang.* **fraktionieren,** ein Stoffgemisch in Bestandteile trennen, z. B. rohes Mineralöl durch fraktionierte ↗Destillation in die bei verschiedenen Temperaturen siedenden Teile.

Fraktur w (lat.), **1)** Knochenbruch. **2)** eckige, sog. got. od. dt. Schrift. ↗Schriftarten.

Frambösie w, syphilisähnl., ansteckende Hautkrankheit trop. Länder.

Franc ☐ 1144/45.

France (: fräß), *Anatole* (eig. Jacques-Anatole-François Thibault), frz. Schriftsteller, 1844–1924; Romane u. Erzählungen, stilist. ausgewogen, v. heiterer Skepsis u. leichter Ironie erfüllt. HW: *Thais, Die Götter dürsten; Jeanne d'Arc.* 1921 Lit.-Nobelpreis.

Francesca (: -tscheßka), *Piero della,* Maler

César Franck

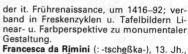

Meister Francke: Anbetung des Kindes (Teilstück des Thomasaltars)

der it. Frührenaissance, um 1416–92; verband in Freskenzyklen u. Tafelbildern Linear- u. Farbperspektive zu monumentaler Gestaltung.

Francesca da Rimini (: -tscheßka-), 13. Jh., v. ihrem Gatten Malatesta da Rimini ermordet, weil sie seinen Halbbruder liebte; Stoff in Dantes „Divina Commedia" behandelt.

Franche-Comté w (: fränsch kõnte), ostfrz. Landschaft längs der Schweizer Grenze, ehem. Frei-Gft. (Hoch-)Burgund mit der Hst. Besançon; seit 1678 frz.

Francium s, künstl. chem. Element, Zeichen Fr, radioaktiv, Ordnungszahl 87. ☐ 148.

Franck, 1) *César,* fläm. Komponist der Neuromantik, 1822–90. **2)** *James,* dt. Physiker, 1882–1964; Nobelpreis 1925 für Elektronenstoßversuche. **3)** *Sebastian,* dt. Theologe u. Schriftsteller, 1499–1542; vertrat einen myst. Pantheismus; Vorkämpfer der Toleranz.

Francke, 1) *Meister F.,* Maler des got. „Weichen Stils" in Hamburg im 1. Viertel des 15. Jh.; Altäre, Schmerzensbilder. **2)** *August Hermann,* ev. Theologe u. Pädagoge, 1663–1727; Führer des sog. Halleschen ↗Pietismus; begr. dort die *F.schen Stiftungen* (Waisenhaus, Schulen, Buchhandlung u.a.).

Franco Bahamonde, *Francisco,* span. General u. Staatsmann, 1892–1975; übernahm 1936 die Leitung des Aufstands gg. die span. Volksfrontregierung, zum Caudillo u. Generalissimus proklamiert; errang 39 mit faschist. u. nat.-soz. Hilfe den Sieg im Bürgerkrieg; errichtete ein autoritäres Regime; seit 47 durch Volksabstimmung „Staatschef u. Präs. der Regentschaft des neuen Königreichs".

François-Poncet (: fräß°a põnße), *André,* 1887–1977; 1931/38 frz. Botschafter in Berlin; 49/55 Hoher Kommissar, dann Botschafter in der BRD; seit 55 Präs. des Frz. Roten Kreuzes.

Frangipani (: frandsehi-), ehem. mächtiges röm. Adelsgeschlecht; im 17. Jh. starb die Hauptlinie aus.

Generalissimus Franco

Frank, 1) *Anne,* 1929–45 († im KZ); emigrierte mit ihren jüd. Angehörigen nach Holland. Berühmt ihr *Tagebuch.* **2)** *Bruno,* dt. Schriftsteller, 1887–1945; histor. Romane, Novellen, Dramen. **3)** *Ilja Michailowitsch,* sowjet. Physiker, * 1908; Nobelpreis 58 für theoret. Untersuchungen in der Kernphysik. **4)** *Leonhard,* dt. Schriftsteller, 1882–1961; soziale u. psycholog. Erzählungen u. Romane; 1933–50 in den USA. *Karl u. Anna.*

Franke, *Egon,* * 1913; seit 1969 Bundes-Min. für innerdeutsche Beziehungen (SPD).

Franken *m,* Währungseinheit ☐ 1144/45.

Franken, 1) eine Reihe v. westgerman. Stämmen, die im Laufe der Zeit zu einer polit. Einheit wurden; saßen zunächst am Mittel- u. Niederrhein, drangen im 5. Jh. nach Gallien vor. Chlodwig (482/511) gründete das ↗Fränk. Reich. **2)** Im 9. Jh. entstandenes Stammes-Htm. des alten Dt. Reiches; es umfaßte das Main- u. Mittelrheingebiet u. auch das untere Neckarland u. schied sich in eine westl. (Rhein-F.) u. eine östl. (Main-F. od. Ost-F.) Hälfte. 939 wurde es v. Otto I. als selbständ. polit. Gebilde beseitigt. Die Bz. F. wurde später für das westl. Gebiet durch die Bz. Rheinpfalz verdrängt, während sie an Ost-F. haftenblieb, wo die Bischöfe v. Würzburg v. 13. Jh. bis 1803 den Titel eines „Hzg. zu F." führten. **3)** Das ehem. Ost-F. [vgl. **2)**] zw. Main u. unterem Neckar; der bayer. Hauptteil umfaßt heute die Reg.-Bez.e *Ober-F.* (Hst. Bayreuth), *Mittel-F.* (Hst. Ansbach) u. *Unter-F.* (Hst. Würzburg).

Frankenberg, 1) *F. (Eder),* hess. Stadt an der Eder, 16 200 E. **2)** sächs. Stadt an der Zschopau (Bez. Karl-Marx-Stadt), 16 800 E.; Textil-, Zigarren-, Eisenindustrie.

Frankenhausen, *Bad F.,* thüring. Stadt am Kyffhäuser (Bez. Halle), 8100 E.; Solquellen. – 1525 Niederlage Thomas Münzers im Bauernkrieg.

Frankenhöhe, mittelfränk.-württ. Höhenzug, im Hornberg 579 m hoch; Wasserscheide zwischen Donau u. Rhein.

Frankenthal, pfälz. kreisfreie Stadt n.w. von Ludwigshafen, 44 000 E.; Herstellung v. Schnellpressen, Pumpen, Turbinen, Glokken. *F.er Porzellan,* Erzeugnisse der in F. 1755 gegründeten Porzellanmanufaktur.

Frankenwald, mitteldt. Gebirge zw. Fichtelgebirge u. Thüringer Wald, im Döbraberg 794 m hoch.

Frankfurt, 1) *F. am Main,* eine der bedeutendsten dt. Handelsstädte, Börsenplatz u. Hauptort des industriereichen Rhein-Main-Gebietes, beiderseits des unteren Mains, wegen seiner günstigen Lage zw. Nord- u. Süd-Dtl. erstrangiger Verkehrsknoten, 629 000 E.; Univ., kath.-theolog. Hochschule St. Georgen, Hochschulen für Musik u. Darstellende u. für Bildende Kunst, Fachhochschule. Sitz der Dt. Bundesbank, des Bundesrechnungshofes, der Hauptverwaltung der Dt. Bundesbahn u. der Dt. Bibliothek. Flughafen Rhein-Main; Messegelände, Museen. Chem., kosmet. u. Maschinen-Ind. – In der Innenstadt histor. Bauwerke (z.T. nach Kriegszerstörung restauriert): Leonhardskirche (2. Hälfte 13. Jh.),

Anne Frank

Egon Franke

Römer (altes Rathaus mit Kaisersaal), Dom (13./14. Jh.), Goethes Geburtshaus, Giebelbauten auf dem Römerberg, Paulskirche (1833). – Karoling. Pfalz; seit 14. Jh. Reichsstadt; seit 1356 der gesetzl. Wahlort der dt. Kg.e, 1562/1792 auch Krönungsstadt; 1815/66 Sitz des Dt. Bundes, 48 Tagungsort der ↗Frankfurter Nationalversammlung; 66 Annexion durch Preußen, seit 1945 hessisch. **2)** *F. (Oder),* Hst. des *Bez. F.,* auf dem l. Ufer der Oder (Hafen), 77 500 E.; Grenzort an der Oder-Neiße-Linie, die Dammvorstadt auf dem r. Oderufer kam 1945 zu Polen *(Słubice).* Landmaschinen- u. Möbel-Ind. – War Mitgl. der Hanse; die 1506 gegr. Univ. wurde 1811 nach Breslau verlegt.

Frankfurter Friede, Friede v. 10. 5. 1871 zw. Dtl. u. Fkr. nach dem ↗Dt.-Frz. Krieg.

Frankfurter Nationalversammlung, das 1. dt. Parlament, das nach der Märzrevolution am 18. 5. 1848 in der Frankfurter Paulskirche zusammentrat, um ein einiges Dt. Reich auf demokrat. Grundlage zu schaffen. Östr. sollte wegen der nichtdt. Länder, die zu ihm gehörten, ausscheiden. Friedrich Wilhelm IV. v. Preußen wurde zum erbl. Ks. gewählt, lehnte aber die Kaiserwürde „von Volkes Gnaden" ab. Die F. N. ging daraufhin am 30. 5. 49 ergebnislos auseinander. Ihre histor. bedeutsame Leistung war die Einführung der Grundrechte in das dt. Verfassungsleben.

frankieren ↗franko.

Fränkischer Jura, *Fränkische Alb, Frankenjura,* bayer. Höhenzug zw. Wörnitz u. Main, Teil der Jurastufe der süddt. Schichtstufenlandschaft, im Hesselberg 689 m hoch. Öde Hochflächen („Alb") mit eingeschnittenen Tälern (Altmühl); bizarre Felsformen (Fränkische Schweiz).

Fränkisches Reich, die german. Reichsgründung der Völkerwanderung, die am nachhaltigsten auf die europ. Gesch. einwirkte; begr. durch den Merowinger Chlodwig (482/511), der das röm. Gallien eroberte, die Alamannen u. Westgoten besiegte u. das Christentum annahm. Im 6. Jh. Ausdehnung zu Thüringen, Burgund, Bayern u. die Provence durch Chlodwigs Söhne. Erbteilungen u. blutige Familienzwiste schwächten Reich u. Königtum, neben dem die ↗Hausmeier steigende Bedeutung gewannen. Der Hausmeier Pippin der Mittlere (678/714), der dem Geschlecht der ↗Karolinger angehörte, einte die Teilreiche; sein Sohn Karl Martell (714/741) rettete durch seinen Sieg bei Tours u. Poitiers 732 das Abendland vor den Arabern; dessen Sohn Pippin d. J. (741/768) nahm 751 nach Absetzung der Merowinger den Königstitel an u. schenkte dem Pp. 754 den Kirchenstaat. Karl d. Gr. (768/814) unterwarf die Langobarden, die Bayern u. die heidn. Sachsen u. gewann die dän. u. span. Mark; mit der Kaiserkrönung in Rom 800 wurde Karl Schutzherr der abendländ. Kirche. Nach dem schwachen Ludwig dem Frommen (814–840) zerfiel das Reich 843 im Vertrag v. Verdun in einen östl. Teil unter Ludwig dem Dt. (843/876), einen westl. (frz.) unter Karl dem Kahlen u. einen mittleren

Das Fränkische Reich

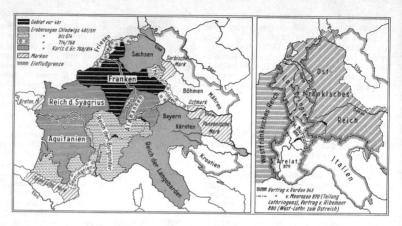

Benjamin Franklin

Frankreich

Amtlicher Name:
République Française

Staatsform:
Republik

Hauptstadt:
Paris

Fläche:
547 026 km²

Bevölkerung:
53,5 Mill. E.

Sprache:
Französisch

Religion:
überwiegend röm.-
kath., ca. 750 000 Pro-
testanten, 550 000 Ju-
den, 400 000 Muslimen

Währung:
1 Französ. Franc
= 100 Centimes

Mitgliedschaften:
UN, NATO, WEU, EG,
Europarat, OECD

Teil (Lothringen, Burgund, It.) mit der Kaiserwürde unter Lothar, dessen Nachkommen jedoch nur It. behielten. Burgund
machte sich selbständig, Ost- u. Westfran-
ken teilten 870 zu Meerssen den Rest. Damit
war die Entwicklung zu den Ländern Dtl. u.
Fkr. angebahnt. Alle Versuche, die Reichs-
einheit wiederherzustellen (Karl III. der
Dicke, 876/887, vereinigte nochmals das
ganze Reich in seiner Hand), schlugen fehl.
Franklin (: fränk.), **1)** *Benjamin,* am. Staatsmann, Philosoph u. Publizist, 1706–90; verfocht die am. Unabhängigkeit im Ausland;
erfand den Blitzableiter. **2)** Sir *John,* brit.
Seefahrer, 1786–1847; kam beim 3. Versuch, die nordwestl. Durchfahrt zu finden,
um.
franko (it.), frei (bei Postsendungen); *frankieren,* sie freimachen, häufig mit *Frankier-
maschinen.*
frankophil (lat.-gr.), franzosenfreundlich.
Frankreich, Rep. im mittleren Westeuropa,
bildet ein mächtiges Sechseck zw. Ärmelkanal, Atlantik, Pyrenäen, Mittelmeer,
Westalpen u. dem Oberrhein. Bemerkens-
wert ist die Einheit v. Volk, Staat u. Raum.
Fast alle Bewohner sind Franzosen; Flamen,
Bretonen, Basken, Italiener u. Elsässer bilden keine Minderheiten im eig. Sinn, die
Aussicht auf Eigenstaatlichkeit haben. – F.
hat Anteil an der europ. Dreigliederung
Tiefland, Mittel- u. Hochgebirge. 4 alte Massive (die Bretagne im NW, das Zentralmas-
siv mit der Auvergne, die Vogesen im O u.
die Ardennen im NO) umschließen die hügelige Stufenlandschaft rings um das v. der
Seine entwässerte Pariser Becken, den natürl. wirtschaftl. u. kulturellen Mittelpunkt
F.s. Seine schüsselförmig übereinanderlie-
genden Schichtstufen tragen fruchtbare
Ackerfluren, buntgewürfelte Heckenland-
schaften (Bocages) u. Weiden. Durch die
Schwelle v. Poitou hat das Pariser Becken
Verbindung zum Garonnebecken, das bis
zur Atlantikküste u. bis zum Vorfeld der Pyrenäen reicht. – F. ist heute ein moderner
Ind.-Staat. 40% der Bev. arbeiten in der
Ind., 13% in der Landwirtschaft, die noch
mit 6,3% am Bruttoinlandsprodukt beteiligt

ist. Mehr als in einem anderen Land ist
die Hst. Paris Zentrum des wirtschaftl. u.
polit. Lebens des Landes; hier lebt ¹/₆ der
Bev. Entlang der Ostgrenze entstanden auf
der Grundlage v. Bodenschätzen größere
Ind.-Reviere im N um Lille (Steinkohle) u. im
SO in Lothringen um Briey u. Nancy (Mi-
nette-Eisenerze). Der Bergbau fördert
Eisenerze, Kohle u. Kali; in der Ind. stehen
Textil- u. Metallwaren, Maschinen, Chemikalien, Modeartikel u. Parfüme an erster
Stelle. Fischerei auf Sardinen, Makrelen,
Thunfische u. Austern. 37% der Oberfläche
sind Ackerland, 25% Wiesen u. Weiden.
Spezialkulturen bringen gute Erträge, bes.
der Weinbau (Bordeaux, Languedoc, Côte
du Rhône, Côte d'Or u. a.). Gute Einnahmen
bringt auch der Tourismus.
V e r f a s s u n g : Nach der Verf. v. 4. 10. 1958
ist der auf 7 Jahre gewählte Staats-Präs.
(seit 1981 François Mitterand) die eigentl.
Machtinstanz. Aufgrund eines Referen-
dums von 62 wird er vom Volk direkt gewählt (die Verf. schreibt Wahl durch ein
Wahlkollegium vor). Der Staats-Präs. ernennt frei den Min.-Präs., der die Regierung bildet. Die Gesetzgebung erfolgt durch
2 Kammern: Nationalversammlung u. Senat. Ein Verfassungsrat dient als Prüfungs-
instanz für Wahlen, Volksentscheide u. Gesetze.
G e s c h i c h t e : Das frz. Volk entstand aus
den z. T. romanisierten kelt. Galliern u. den
im 5. Jh. eingedrungenen Germanen
(Westgoten, Burgunder, Franken); im 10.
Jh. kamen noch die Normannen hinzu. F. ist
wie Dtl. ein Nachfolgestaat des /Fränk.
Reiches. Auf die Karolinger folgten die
/Kapetinger (987/1328), deren erste Kg.e
sich nur mit Mühe unter den Vasallen behaupteten. Doch allmählich gelang es dem
Königtum, einen zentral regierten Nationalstaat aufzubauen. Philipp II. August (1180/
1223) eroberte den größten Teil der engl.
Festlandsbesitzungen in F. (entscheidend
die Schlacht bei Bouvines 1214). Philipp IV.
der Schöne (1285/1314) führte einen heftigen Kampf mit dem Papsttum (Avignon). Da
die Nachfolge des Hauses Valois (1328/

1589) von den engl. Kg.en nicht anerkannt wurde, kam es zum Hundertjährigen Krieg (1338/1453), der mit der endgültigen Verdrängung Engl.s v. Kontinent (außer Calais) endete. Nachdem dem polit. schwachen Papsttum die Kirchenhoheit abgerungen war, vollendete Ludwig XI. (1461/83) den zentralisierten Einheitsstaat. Die frz. Erbansprüche auf Neapel u. Sizilien konnten trotz langer Kämpfe in der 1. Hälfte des 16. Jh. nicht durchgesetzt werden. Die Verfolgung der ⟋Hugenotten durch die frz. Kg.e führte seit 1562 zu blutigen Religionskriegen, die durch Heinrich IV. (1589/1610), den 1. Kg. aus dem Hause Bourbon (1589/1792), ihr Ende fanden (Edikt v. ⟋Nantes). Richelieu u. Mazarin machten F. im 17. Jh. zur stärksten Macht in Europa. Ludwig XIV. (1661/1715), mit dem das frz. Königtum seinen Höhepunkt erreichte, regierte als völlig absoluter Fürst. Seine Eroberungskriege gg. die span. Niederlande u. die Pfalz sowie der ⟋Span. Erbfolgekrieg führten zur wirtschaftl. Erschöpfung F.s, die sich unter Ludwig XV. (1715/74) noch steigerte. In den östr. Erbfolgekriegen (40/48) u. im ⟋Siebenjährigen Krieg ging die frz. Vorherrschaft verloren. 1763 mußte F. seine wichtigsten Kolonien in Kanada, Louisiana u. Ostindien an Engl. abtreten. Die Finanznot zwang Ludwig XVI. (1774/92) zur Einberufung der Generalstände. Mit der Erklärung des 3. Standes zur Nationalversammlung (89) begann die Französ. Revolution. Sie beseitigte die ganze Regime u. wirkte tief auf das Europa des 19. Jh. Der Hinrichtung des Kg. folgte die Schreckensherrschaft bis zum Sturz Robespierres; das Direktorium (95/99) wurde durch ⟋Napoleon beseitigt, der sich 1804 zum Ks. der Franzosen krönte. Sein europ. Herrschaftsplan (dem die Eroberungskriege gg. Preußen, Östr., Spanien u. It. sowie die Kontinentalsperre gg. Engl. u. die Zerstückelung Dtl.s dienten) scheiterte 12 am erfolglosen Feldzug gg. Rußland. Die ⟋Befreiungskriege führten zu seinem Sturz. Durch das Geschick Talleyrands konnte F. auf dem Wiener Kongreß seine Stellung als Großmacht behaupten. Den auf den Thron zurückgekehrten Bourbonen gelang es nicht, die inneren Sp.e auszugleichen. Die Julirevolution 30 führte zum Sturz Karls X. u. zum Sieg des Bürgertums (Bürger-Kg. Louis-Philippe v. Orléans). Die Februarrevolution 48, getragen v. Kleinbürgertum u. den Arbeitern, endete mit der Präsidentschaft Louis Bonapartes, der sich 52 zum Ks. (Napoleon III.) wählen ließ u. eine expansive Politik betrieb. Die Niederlage im ⟋Dt.-Frz. Krieg kostete ihn den Thron. F. wurde endgültig eine Rep. Im 19. Jh. schuf sich F. ein neues Kolonialreich (Westafrika, Tunis, Madagaskar, Kongo u. Indochina). Die antikirchl. Politik im Innern führte 1905 zur völligen Trennung v. Staat u. Kirche. Nach dem 1. Weltkrieg gewann F. Elsaß-Lothringen zurück u. besetzte 23 das Ruhrgebiet. Die gegenüber Dtl. versöhnliche Politik unter dem Außenmin. Briand wurde durch die Machtergreifung des Nat.-Soz. in Dtl.

abgebrochen. Als Dtl. mit dem Angriff auf Polen den 2. Weltkrieg auslöste, erklärte ihm F. am 3. 9. 39 den Krieg, brach aber militär. rasch zusammen. Die neue Regierung Pétain schloß am 22. 6. 40 Waffenstillstand u. siedelte nach Vichy über. General de Gaulle organisierte in Nordafrika den Widerstand; in F. selbst bildete sich eine nationale Widerstandsbewegung (Résistance). Die Landung der am. u. brit. Truppen in der Normandie u. an der Mittelmeerküste brachte F. 44 die Befreiung. Die Verf. v. 46 (4. Rep.) wurde durch die v. de ⟋Gaulle durchgesetzte Verf. der 5. Rep. 58 abgelöst. F.s Kolonialreich löste sich nach dem 2. Weltkrieg zum größten Teil in selbständ. Staaten auf, von denen eine Reihe seit 58 der ⟋Frz. Gemeinschaft angehört. Die wichtigsten Etappen dieses Prozesses: 54 wurden die einzelnen Staaten Indochinas nach 8jähr. Krieg selbständig, 56 folgten Tunesien u. Marokko, 58/60 fast alle afrikan. Kolonien (bes. ⟋Französisch-Westafrika u. ⟋Französisch-Äquatorialafrika), 62 erlangte Algerien nach 7¹/₂jähr. Krieg seine Unabhängigkeit.

K u n s t : Die frz. Kunst war führend im 12./13. Jh. durch die Ausbildung des got. Stils, im 17. Jh. in der Schloß- u. Gartenarchitektur, im 19./20. Jh. in der Malerei. 1) *Baukunst u. Bildhauerei.* Aus der abendländ. Kultur sich eig. frz. Züge in der *roman. Epoche* um 1100 aus (Cluny); für die europ. Entwicklung wird entscheidend der nach 1150 in der Isle-de-France entwickelte Typus. Aus ihm erstehen im 13. Jh. die Kathedralen der *Hoch-*⟋*Gotik* (Chartres, Reims); Niedergang der Baukunst im 14./15. Jh. infolge des engl. Krieges. In der *Renaissance* Schloßbauten v. Lescot (Louvre, Tuilerien) u. Delorme (Anet, Fontainebleau); Plastik v. Goujon. Höhepunkt einer kühlen *Barock*architektur unter Ludwig XIV. Das Versailler Schloß wird mit seinen (⟋Louis-Quatorze) Gartenanlagen Muster aller europ. Fürstenhöfe. Auflockerung im sog. *Régence-Stil* um 1720, der zum Rokoko der städt. Adelshäuser führt. In der Mitte des 18. Jh. v. *Klassizismus* des *Louis-Seize* (Panthéon, Säulenfronten der Place de la Concorde) abgelöst; griech.-röm. Vorbilder auch im ⟋*Directoire* u. ⟋*Empire* bis ins 19. Jh. Im modernen Zweckbau führen G. u. A. Perret, Le Corbusier, Sauvage, Garnier. In der Bildhauerei wird der Klassizismus (David d'Angers) durch die erregte Formensprache Rodins gesprengt; um 1900 aber wieder die ruhigen Figuren Maillols, Bourdelles u. a. 2) *Malerei.* In der Gotik des 13. Jh. reichgestaltete Glasmalerei; frz. Eigenstil der Buchillustration im 14. Jh. (naturnahe Monatsbilder der Stundenbücher des Hzg. v. Berry). Meister der Miniaturen im 15. Jh. ist Fouquet. Im 16./17. Jh. fläm., vor allem it. Einflüsse; doch erreicht nun die eig. frz. Malerei in den Bauernszenen der Le Nain, in der Radierkunst Callots Höhepunkte. Mit den heroischen Landschaften Poussins u. den klassischen Claude Lorrains wirkt sie bis ins 19. Jh. Im 18. Jh. die Gesellschaftskunst des Rokoko (Wat-

*Bourbonen
(Restauration)*
Ludwig XVIII.
    1814(15)/1824
Karl X.   1824/1830
Haus Orléans
Louis-Philippe
      1830/1848
Zweite Republik
Ludwig Napoleon
Bonaparte
(Präsident) 1848/1852
Zweites Kaiserreich
Napoleon III.
     1852/1870

Die Präsidenten der französischen Republik

      Amtsantritt
Dritte Republik
L. A. Thiers   31.8.1871
P. M. de
Mac-Mahon 24.5.1873
Jules Grévy 30.1.1879
Sadi Carnot 3.12.1887
J. P. Casimir-
Périer   27.6.1894
Félix Faure 17.1.1895
Émile
Loubet   18.2.1899
A. Fallières 18.2.1906
R. Poincaré 18.2.1913
P. Deschanel 18.2.1920
A. Millerand 23.9.1920
G. Doumergue
      13.6.1924
P. Doumer   13.6.1931
A. Lebrun   10.5.1932
État Français
Ph. Pétain 10.7.1940
Vierte Republik
V. Auriol   16.1.1947
R. Coty   16.1.1954
Fünfte Republik
Ch. de Gaulle 8.1.1959
G. Pompidou 20.6.1969
V. Giscard d'Estaing
      27. 5. 1974
F. Mitterand
      21. 5. 1981

teau, Boucher, Fragonard). Chardin schafft Szenen aus dem bürgerl. Alltag. Das 19. u. noch das 20. Jh. sind v. der Spannung zw. klass. Form u. maler. Auflockerung bestimmt. Abkehr v. Rokoko zum Linear-Plastischen bei J.-L. David u. Ingres. Delacroix leitet eine Revolution der Farben ein, die v. Corot u. Millet aufgenommen u. im ↗Impressionismus (Monet, Sisley, Renoir, Degas) aufs höchste gesteigert wird. Der Realismus urwüchsig bei Courbet, iron. bei Daumier. Die klass. Komponente wird v. Manet u. Cézanne weitergetragen. Cézanne, Gauguin u. van Gogh begründen die moderne Kunst. Seither zieht die Pariser Schule die besten europ. Talente an (den Spanier Picasso, den Russen Chagall, den Deutschen Wols u. a.). Von ihr gehen die Stilbewegungen des 20. Jh. aus, seit 1903 der Expressionismus u. Fauvismus (Matisse, Vlaminck, Rouault), seit 1908 der Kubismus (Picasso, Braque, Léger), seit 1928 der Surrealismus (Picasso, Ernst, Chirico, Dalí), seit 1945 der Tachismus (Wols, Seuphor, Michaux). Literatur: Volkssprachl. Fassungen lat. religiöser Vorlagen (Alexiuslied) u. die Chansons de Geste (Rolandslied) sind die ältesten Denkmäler der frz. Lit. Im 12. Jh. entsteht die höfische Dichtung (Chrétien de Troyes, Marie de France). Tierfabel, Schwankdichtung, allegor. Dichtung (Rosenroman) u. Prosachroniken (Villehardouin, Joinville) werden die wichtigsten literar. Formen. In der Lyrik die Wendung v. altfrz. Volkslied zu kunstvollen Liedformen (Trouvères); François Villon (15. Jh.) ist mit seinen persönlich u. unmittelbar wirkenden Gedichten Höhepunkt der älteren frz. Lyrik. Franz I. u. seine Schwester Margarete v. Navarra, der Humorist Rabelais, der skept. Montaigne, der Hofdichter Marot u. Ronsard sind die bedeutendsten Gestalten des frz. Humanismus. – Im 17. Jh. gelangt die frz. Geist zur reinsten Selbstdarstellung. Die rationale Klarheit bei Descartes bestimmt den Stil. Pascal verteidigt verinnerlichte religiöse Erkenntnis. Der Geist der höf. Gesellschaft spiegelt sich im klass. Theater v. Corneille, Racine u. Molière, in den Maximen eines La Rochefoucauld u. La Bruyère, in den Fabeln Lafontaines, in den Romanen der Mme de la Fayette u. in der umfangreichen Brief- u. Memoirenliteratur. Der Kanzelredner Bossuet überträgt das Vernunftprinzip auf theolog. Gebiet. Eine gefühlsbetonte, quietist. Frömmigkeit vertritt Fénelon. Boileau ist der Theoretiker des klass. Stils (Poetik). – Das 18. Jh. ist die Epoche der Kritik. Voltaires Werk versucht eine Bestandsaufnahme der noch gült. Werte, während Rousseau die neue bürgerl. Gesellschaft polit. (Contrat social) u. geistigseel. (Nouvelle Héloïse, Émile) zu begründen sucht. Repräsentativ ist die Enzyklopädie (Diderot, d'Alembert). Die Komödie (Beaumarchais) u. der Roman (Prevost, Laclos, Bernardin de Saint-Pierre) sind Spiegel der gesellschaftl. Krise. Die Revolution selbst ist dichter. unfruchtbar. – Die frz. Romantik wird begünstigt v. der dt. u. engl.

Literatur. Victor Hugo ist literar. u. polit. revolutionär (gg. Napoleon III.). Die Lyrik wird zur beherrschenden Gattung (Chateaubriand, Vigny, Musset). Im Roman trifft Dumas d. Ä. den Geschmack des Durchschnittslesers. Die Geschichtsschreibung pflegt Michelet. Die Formstrenge der Schule des Parnaß (Gautier) u. der Realismus Flauberts u. der Goncourts stellen sich gg. die Romantik; vermittelnd sind Stendhal, Mérimée u. Balzac als Begr. des modernen frz. Romans. Zola nähert sich im Ggs. zu Maupassant u. Daudet trotz naturalist. Beobachtung der Gesamthaltung wieder dem romant. Subjektivismus. Um 1890 steht mit dem Symbolismus in der Lyrik die Romantik wieder in voller Blüte. Auf Baudelaire zurückgehend, finden Mallarmé, Verlaine u. Rimbaud in Régnier, Maeterlinck, Verhaeren, Lautréamont bis zu den Dadaisten u. Surrealisten ihre Erben. Paul Valéry faßt noch einmal modernen Geist in klass. Form. Auffallend ist die wachsende Bedeutung kath. Schrifttums („renouveau catholique"), das jedoch ganz als Teil der frz. Lit. angesehen wird. Gegenüber dem laizist.-humanist. Flügel der Gide, Rolland, Romains, Giraudoux, Malraux stehen auf kath. Seite Bloy, Péguy, Claudel, Bernanos, Mauriac, Daniel-Rops u. in der Philosophie Maritain, Blondel, Gilson u. Sertillanges, nachdem Bergsons Philosophie der Intuition von Positivismus Comtes wie die einseitige Milieutheorie Taines u. die Skepsis Renans überwunden hatte. Zu großer Bedeutung gelangte das Romanwerk Prousts. Montherlants kühle, distanzierte Haltung wirkte nach dem 2. Weltkrieg nur noch wenig; die Lit. engagierte sich: philosophisch u. politisch (Sartres Existenzialismus), moralisch (Camus). Avantgardistisch ist das Theater v. Beckett, Ionesco u. ihren Nachfolgern, stärker auf Wirkung bedacht dasjenige von Anouilh. Neue Wege beschritt der ↗Nouveau roman. Die Lyriker: Éluard, Saint-John Perse, Jouve.
Sprache: Die frz. Sprache wird teilweise auch in der Schweiz, Belgien, Luxemburg, Kanada u. den ehem. frz. Kolonien gesprochen. Sie hat sich entwickelt aus dem Vulgärlatein u. dem Gallisch-Keltischen. Das Altfrz. wurde im 15. u. 16. Jh. mehr u. mehr v. Mittelfrz. verdrängt; erst im 17. Jh. kam es – vor allem durch die unermüdl. Tätigkeit der frz. Grammatiker – zur vollen Herausbildung des Neufrz., das sich gegenüber älteren Formen durch weitere Vereinfachungen abhebt. – Die frz. Sprache zeichnet sich durch bestechende Klarheit u. Eleganz der Formen aus.
Musik: Merkmale der frz. Musik sind fast tanzhafter Rhythmus, gegliederte Melodik, klarer Formbau u. Neigung zu differenzierter Klanggestaltung. Die schon um 900 in den Klöstern gepflegte Mehrstimmigkeit entwickelte in der Notre-Dame-Schule v. Paris die „Ars antiqua" u. „Ars nova", deren Formen noch im 14. Jh. an der päpstl. Residenz in Avignon gepflegt wurden. Im 17. u. 18. Jh. war der Hof v. Versailles Mittelpunkt der Musikpflege mit Lauten-, Tasteninstru-

menten- u. Kammermusik, Ballett u. Hofoper. Die Hofoper wurde dann abgelöst v. der komischen u. der klass. Oper. Die Frz. Revolution verwandelte diese wieder in „Opéra comique" (Boieldieu, Auber, Adam) u. Große Oper (Cherubini, Spontini, Meyerbeer), die v. Gounod, Bizet, Massenet schließlich als Gegensatz zu Wagners Musikdrama gepflegt wurde. Die Symphonie wurde v. Berlioz erweitert u. programmat. verwandelt. Fauré gilt als Vorläufer des Impressionismus Debussys u. Ravels, während César Franck u. V. d'Indy eine Art Klassizismus herbeiführen wollten. Seit etwa 1900 ist Paris mit dem Russen Strawinsky, der Gruppe der Six, Messiaen, der frz. Gruppe der Zwölftonmusiker u. mit der elektron. Musik ein Zentrum der Neuen Musik.

Franktireur m (: -ör, frz.), Freischärler.

Frantz, Constantin, dt. Staatsphilosoph u. konservativer polit. Schriftsteller, 1817–91; neigte zum Sozialismus, bekämpfte Bismarcks „kleindeutsches" Reich; für Föderation Europas.

Franz, Heilige: F. v. Assisi (4. Okt.), 1181/ 82 bis 1226; reicher it. Kaufmannssohn, wählte den Weg der Armut u. reiner Christusnachfolge, empfing die Wundmale Christi. Durch seine Liebe zu Gott u. zu aller Kreatur („Sonnengesang") wirkte er tief auf Kirche u. Gesellschaft. Stiftete den Franziskaner-, Klarissen- u. einen Dritten Orden. **F. v. Borgia** (10. Okt.), 1510–72; aus dem Geschlecht der ↗Borgia, 39/43 Vize-Kg. v. Katalonien, 43/51 Hzg. v. Gandía, dann Priester u. seit 65 3. General der SJ. **F. v. Paula** (2. April), 1436(1416?)–1507; it. Einsiedler, Stifter der ↗Minimen. **F. v. Sales** (24. Jan.), Kirchenlehrer, 1567–1622; 1602 Bischof v. Genf, stiftete mit Franziska v. Chantal die Salesianerinnen. Großer Einfluß seiner Schriften Philothea u. Theotimus. **F. Xaver** (3. Dez.), SJ, 1506–52; Missionar in Indien, auf den Molukken u. in Japan, starb vor der Küste Chinas. Bahnbrecher der neuzeitl. Mission.

Fürsten: Deutsche Kaiser: **F. I. Stephan,** 1708–65; Hzg. v. Lothringen, begr. 36 durch Heirat mit Maria Theresia das Haus Habsburg-Lothringen; 45 Ks., ohne polit. Einfluß. **F. II.,** Enkel von F. I., 1792/1806 letzter Ks. des alten Reiches (↗F. I. v. Östr.). – Frankreich: **F. I.,** 1494–1547; 1515 Kg., kämpfte in 4 Kriegen vergebl. mit Karl V. um Mailand u. Burgund. – Österreich: **F. I.** (als dt. Kaiser F. II.), 1768–1835; erlitt durch Napoleon viele Niederlagen, legte 1806 die röm.-dt. Kaiserkrone nieder, seit 04 Ks. v. Österreich. **F. Joseph I.,** 1830–1916; 1848 Ks. v. Östr., verlor die Kriege gg. It. (59) u. gg. Preußen (66), schloß 67 den Ausgleich mit Ungarn u. 79 das Bündnis mit dem Dt. Reich. **F. Ferdinand,** 1863–1914; östr.-ungar. Thronfolger, am 28. 6. 1914 in Sarajewo mit seiner Gemahlin u. serb. Nationalisten ermordet (Anlaß zum 1. Weltkrieg).

Franzband, Bucheinband ganz v. Leder.

Franzbranntwein, urspr. Weindestillat. Trester- od. Hefebranntwein, jetzt meist Kunstprodukt aus Weingeist, zum Einreiben.

Franz von Assisi

Franz I. Stephan, dt. Kaiser

Franz Joseph I., östr. Kaiser

Franz Ferdinand, Erz-Hzg. von Östr.

Franziska v. Rom, hl. (9. März), 1384–1440; Gründerin u. Leiterin einer caritativen Genossenschaft.

Franziskaner, Minderbrüder, Ordo Fratrum Minorum (OFM), v. Franz v. Assisi gestifteter Bettelorden. Hauptaufgabe des Ordens: Seelsorge, Heidenmission u. Pflege der Wiss. Im 16. Jh. spalteten sich die ↗Konventualen u. die ↗Kapuziner v. den F.n ab. An der Spitze des F.ordens steht ein auf 12 Jahre gewählter General. **F.brüder,** Laienbrüder, die dem klösterl. 3. Orden des hl. Franz v. Assisi angehören u. sich der Krankenpflege, Erziehung u. Caritas widmen. **F.innen,** Ordo Sancti Francisci (OSF), zahlreiche, nach der Drittordensregel des hl. Franz lebende Frauengenossenschaften; widmen sich der Caritas, Erziehung u. Mission.

Franz-Joseph-Land, russ. Lomonossow-Land, russ. Inselgruppe im Nördl. Eismeer, 152 eisbedeckte Inseln mit 16495 km².

Franzosenkraut, Knopfkraut, Galinsoga, Korbblütler, samenreiches Unkraut.

Französisch-Afar-und-Issa-Territorium, bis 1977 Name des früheren Frz.-Somalilands; heute die Rep. ↗Dschibuti.

Französisch-Äquatorialafrika, fr. 4 frz. Territorien in Mittelafrika mit 2,5 Mill. km²; löste sich 1958/60 in die unabhängigen Republiken Gabun, Kongo, Zentralafrikanische Republik (heute Zentralafrikan. Kaiserreich) u. Tschad auf.

Französische Gemeinschaft, Communauté française, löste 1958 die ↗Französische Union ab; als Staatenverband unter Führung der Rep. Fkr. geschaffen, doch rasche Entwicklung zu einer lockeren Staatengemeinschaft ähnlich dem Commonwealth. Mitgl.: Rep. Fkr., ihre überseeischen Departements u. Territorien u. unabhängige afrikan. Staaten (früher frz. Kolonien).

Französische Revolution ↗Frankreich (Geschichte). Republikan. Kalender: □294.

Französischer Jura, ostfrz. Waldgebirge, Teil des ↗Jura, im Crêt de la Neige 1723 m.

Französische Union, Union française, die in der frz. Verf. v. 1946 festgelegte Zusammenfassung des frz. Staatsgebietes (Rep. Fkr. mit überseeischen Departements u. Gebieten sowie assoziierte Staaten u. Gebiete); 58 abgelöst durch die ↗Französische Gemeinschaft.

Französisch-Guayana ↗Guayana.

Französisch-Guinea, ehem. frz. Kolonie in Westafrika, ↗Guinea.

Französisch-Indien, Frz.-Vorderindien, die ehem. frz. Niederlassungen in Vorderindien; die Reste fielen 1952/54 an Indien.

Französisch-Marokko ↗Marokko.

Französisch-Somaliland, 1884–1967 frz. Kolonialgebiet; entschied sich 1958 für den Verbleib in der Französischen Gemeinschaft u. erhielt erweiterte Autonomie; bis 77 frz. Überseeterritorium, seither die Rep. ↗Dschibuti.

Französisch-Westafrika, früher frz. General-Gouv. aus 8 Territorien mit 4,6 Mill km²; zerfiel 1958/60 in die unabhäng. Rep.en Senegal, Obervolta, Elfenbeinküste, Dahome, Niger, Mali, Guinea u. Mauretanien.

Französische Revolution

Republikanischer Kalender (ein Jahr = 12 Monate zu 30 Tagen + 5 oder 6 Ergänzungstage)

Republikanisches Jahr	1. Vendémiaire (September)	1. Brumaire (Oktober)	1. Frimaire (November)	1. Nivôse (Dezember)		1. Pluviôse (Januar)	1. Ventôse (Februar)	1. Germinal (März)	1. Floréal (April)	1. Prairial (Mai)	1. Messidor (Juni)	1. Thermidor (Juli)	1. Fructidor (August)	
I	22.9.	22.10.	21.11.	21.12.	1792	20.1.	19.2.	21.3.	20.4.	20.5.	19.6.	19.7.	18.8.	1793
II	22.9.	22.10.	21.11.	21.12.	1793	20.1.	19.2.	21.3.	20.4.	20.5.	19.6.	19.7.	18.8.	1794
III	22.9.	22.10.	21.11.	21.12.	1794	20.1.	19.2.	21.3.	20.4.	20.5.	19.6.	19.7.	18.8.	1795
IV	23.9.	23.10.	22.11.	22.12.	1795	21.1.	20.2.	21.3.	20.4.	20.5.	19.6.	19.7.	18.8.	1796
V	22.9.	22.10.	21.11.	21.12.	1796	20.1.	19.2.	21.3.	20.4.	20.5.	19.6.	19.7.	18.8.	1797
VI	22.9.	22.10.	21.11.	21.12.	1797	20.1.	19.2.	21.3.	20.4.	20.5.	19.6.	19.7.	18.8.	1798
VII	22.9.	22.10	21.11.	21.12.	1798	20.1.	19.2.	21.3.	20.4.	20.5.	19.6.	19.7.	18.8.	1799
VIII	23.9.	23.10.	22.11.	22.12.	1799	21.1.	20.2.	22.3.	21.4.	21.5.	20.6.	20.7.	19.8.	1800
IX	23.9.	23.10.	22.11.	22.12.	1800	21.1.	20.2.	22.3.	21.4.	21.5.	20.6.	20.7.	19.8.	1801
X	23.9.	23.10.	22.11.	22.12.	1801	21.1.	20.2.	22.3.	21.4.	21.5.	20.6.	20.7.	19.8.	1802
XI	23.9.	23.10.	22.11.	22.12.	1802	21.1.	20.2.	22.3.	21.4.	21.5.	20.6.	20.7.	19.8.	1803
XII	24.9.	24.10.	23.11.	23.12.	1803	22.1.	21.2.	22.3.	21.4.	21.5.	20.6.	20.7.	19.8.	1804
XIII	23.9.	23.10.	22.11.	22.12.	1804	21.1.	20.2.	22.3.	21.4.	21.5.	20.6.	20.7.	19.8.	1805
XIV	23.9.	23.10.	22.11.	22.12.	1805	21.1.	20.2.	22.3.	21.4.	21.5.	20.6.	20.7.	19.8.	1806
XV	23.9.	23.10.	22.11.	22.12.	1806	21.1.	20.2.	22.3.	21.4.	21.5.	20.6.	20.7.	19.8.	1807

fräsen. Fräserarten: a Schaft-, b Walzen-, c Winkel-, d Scheibenfräser

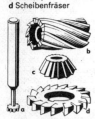

Hauptgetriebe   Frässpindel   Spindelaxialvorschub

Arbeitsschlitten

Konsol   Querschlitten

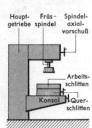

Fräsmaschine: Vertikal-F.

frappant (frz.), treffend, auffallend. **frappieren,** befremden, stutzig machen.

Frascati, it. Villenstadt, s.ö. von Rom, 17 000 E.; Bischof; berühmte Villen: Villa Falconieri, Villa Aldobrandini. Weinbau.

Fräse ↗Bodenfräse.

fräsen, ein spangebendes technolog. Verfahren, bei dem das Werkstück unter dem rotierenden *Fräser* geführt wird, der aus hochwertigem Stahl, oft mit Hartmetallschneiden, besteht. Es gibt *Walzen-, Stirn-* u. *Schäl-F.;* auch *Gewinde-F.*

Fraser m (: fre'ser), Hauptfluß in Brit.-Kolumbien (Kanada), fließt v. Felsengebirge in den Pazif. Ozean; 1370 km lang; bis Hope schiffbar; Lachsfang.

Fräsmaschine, trägt den Fräser, der senkrecht od. waagrecht angeordnet sein kann.

Fraßgifte ↗Insektizide.

Frater (lat.; Mz. *fratres*), Bruder, Ordensbruder. **Fraternité** w (frz.), Brüderlichkeit. *fraternisieren,* sich verbrüdern.

Fraterherren, *Brüder v. gemeinsamen Leben,* 14./17. Jh. in Holland u. Dtl. einflußreiche religiöse Brudergemeinschaften ohne Gelübde.

Frau. Sie hat in den verschiedenen Zeiten u. Völkern je nach den sittl., religiösen u. kulturellen Ansichten eine wechselnde Stellung eingenommen. In vorchristl. Zeit war sie in erster Linie Geschlechtswesen, Dienerin des Mannes u. rechtlos. Bei den Germanen genoß sie zwar höhere Achtung, aber erst das Christentum gab ihr volle Gleichwertigkeit. Seitdem die Familie in der Neuzeit als Kulturträger zurücktrat, ist auch die gesellschaftl. Rolle der F., ihr Anteil an Kultur, Politik u. Wirtschaft ständig gewachsen. **F.enarbeit,** die Arbeit der F. im Haushalt u. ihre außerhäusl. Berufstätigkeit. Der im Grundgesetz der BRD verankerte Grundsatz der Gleichberechtigung v. Mann u. Frau garantiert der Frau für gleiche Arbeit u. Leistung gleichen Lohn, darf jedoch nicht den ↗F.enarbeitsschutz hinfällig machen. **F.enarbeitsschutz,** Sondervorschriften im Arbeitsrecht zugunsten der Frauen, die deren Leistungskraft od. der bes. Belastung der berufstätigen Frau mit eigenem Haushalt Rechnung tragen. ↗Mutterschutz. **F.enbewegung,** Bewegung zur Lösung der ↗F.enfrage. Sie verlief in 3 Richtungen: a) die *F.enbildungsbewegung* bezweckte den Zugang zu allen männl. Bildungsstätten u. Berufen (Vertreterinnen in Dtl.: H. ↗Lange, G. ↗Bäumer); erreichte 1908 Zugang zu den Hochschulen; b) die *soziale F.enbewegung* setzte sich die Hilfe für die unterdrückten u. notleidenden Ind.- u. Heimarbeiterinnen, die gesetzl. Regelung der ↗F.enarbeit zum Ziel (J. Heyl, H. ↗Weber, A. Neuhaus, E. ↗Gnauck-Kühne); c) die *polit. F.enbewegung,* oft *Emanzipation der F.* gen., verlangte rechtl. u. polit. Gleichstellung v. Mann u. F. **F.enbund** ↗Frauenverbände.

Frauenburg, poln. *Frombork,* ostpreuß. Stadt am Frischen Haff, 2000 E.; got. Dom (1329/88; Grab des Kopernikus).

Frauenfachschule, staatl. od. private Anstalt zur Ausbildung für hauswirtschaftl., gewerbl. od. pfleger. Frauenberufe.

Frauenfeld, Hst. des Schweizer Kt. Thurgau, 18400 E.; Aluminium-, Eisen-, Textil-Ind.

Frauenflachs, das gemeine ↗Leinkraut.

Frauenfrage, das Streben der Frauen nach Gleichberechtigung der Geschlechter im gesellschaftl. Leben. ↗Frauenbewegung.

Frauenhaar, *Venushaar, Adiantum,* südeurop. Haarfarn mit zierl. Fiederblättchen, *Goldenes F.* ↗Widerton.

Frauenheilkunde, *Gynäkologie,* Zweig der Medizin für Frauenkrankheiten u. Geburtshilfe.

Frauenherz ↗Flammendes Herz.

Frauenkrankheiten, Krankheiten der weibl. Geschlechtsorgane: Mißbildungen, Lageveränderungen, Entzündungen, Geschwülste, Funktions-, Schwangerschafts- u. Drüsenstörungen.

Frauenarbeit	1960 (1959/62)				1970 (1968/71)				1979			
	A	B	C	D	A	B	C	D	A	B	C	D
BRD	29584	53	34	48	31984	52	30	44	32133[1]	52	33	45
DDR	9413	55	38	47	9207	54	43	48	8910	53	48	52
Frankreich	24148	51	27	41	26085	51	29	42	27242	51	–	43
Großbritannien	27116	52	31	48	28587	51	32	46	28681	51	36	47
Italien	25978	51	23	42	27346	51	19	37	29091	51	25	39
Japan	47720	51	35	46	52578	51	39	51	58950	51	37	48
Schweden	3751	50	34	49	4027	50	38	49	4187	50	46	51
USA	91342	50	26	40	104644	50	30	42	113093	51	39	48

A = weibliche Bevölkerung (in 1000)
B = Anteil der weibl. Personen an der Gesamtbevölkerung (in %)
C = Anteil der weibl. Erwerbspersonen an der weibl. Bevölkerung (in %)
D = Anteil der Erwerbspersonen an der Gesamtbevölkerung (in %)
[1] Zahlen gelten für 1980

Frauenmantel, *Alchemilla,* Rosazee, auf feuchten Wiesen. Abkochungen (auch v. Alpen-F. od. *Silbermäntelchen*) sind Volksheilmittel gegen Darmkatarrh und Blutungen. □ 453.
Frauenmilch ↗Muttermilch.
Frauenschuh, *Cypripedium,* größtblüt. dt. Orchidee mit schuhförm. Lippe; steht unter Naturschutz.
Frauenverbände, vertreten die Ziele der ↗Frauenbewegung; erster großer Zusammenschluß der Frauen in Dtl. 1865 im interkonfessionellen u. parteipolit. neutralen *Allg. Dt. Frauenverein.* Gleichzeitig Gründung v. Frauenverbänden für bes. Berufsbereiche: Vereine für Lehrerinnen, kaufmänn. Angestellte, Fürsorgerinnen usw., seit 94 im *Bund Dt. Frauenvereine* zusammengeschlossen (1933 aufgelöst); 99 Gründung des *Dt.-Ev. Frauenbundes* in Kassel, 1903 des *Kath. Dt. Frauenbundes* in Köln. Die Frauenverbände der BRD heute im *Dt. Frauenring* zu einem „Informationsdienst und Aktionskreis" zusammengeschlossen. **Frauenwahlrecht,** von der ↗Frauenbewegung des 19. Jh. gefordertes aktives u. passives Wahlrecht für Frauen; in beschränktem Umfang 1861 in Australien, dann in Schweden, Finnland, nach dem 1. Weltkrieg fast allg. üblich (Dtl., Engl. 1918; USA 20; Fkr. 46; 51 beschränkt Portugal). In der Schweiz wurde für gesamteidgenössische Angelegenheiten 1971 das F. eingeführt.
Fraunhofer, *Joseph v.,* deutscher Optiker, 1787–1826; erfand zahlr. opt. Instrumente, entdeckte die *F.schen Linien* (die dunklen Linien im Sonnenspektrum) u. bestimmte ihre Wellenlänge. – Nach F. benannt die *F.-Institute für angewandte Wiss. (F.-Gesellschaft).*
Frazer (: freiser), *James George,* engl. Ethnologe, 1854–1941; Forschungen über Totemismus u. Naturreligionen; *Der goldene Zweig* (The Golden Bough).
Frechen, Ind.-Stadt westl. v. Köln, 43000 E.; Braunkohlen, Steingutfabrikation.
Fredericia, dän. Stadt auf Jütland, am Kleinen Belt, 45500 E.; Brücke nach Fünen.
Freesia, Gattung der Schwertliliengewächse mit wohlriechenden Blütenähren; Gartenpflanzen.
Freetown (: fritaun), Hst. u. Hafenstadt v.

Sierra Leone in Westafrika, 274000 E.; Univ., kath. u. anglikan. Bischof.
Fregatte *w* (it.), fr. schnellsegelndes Kriegsschiff, heute ein Geleitboot bes. zur U-Boot-Abwehr. **F.nkapitän,** Marineoffizier im Oberstleutnantsrang. **Fregattvogel,** trop. Seevogel, einer der schnellsten Flieger.
Frege, *Gottlob,* dt. Logiker u. Mathematiker, 1848–1925; Bahnbrecher der ↗Logistik.
Freia, german. Göttin, ↗Freyja.
Freiballon, frei fliegendes Luftfahrzeug mit Gas- oder Heißluft-Füllung; für wiss. u. sportl. Zwecke.
Freibank, Verkaufsstelle des in der ↗Fleischbeschau beanstandeten, aber genießbaren Fleisches.
Freiberg, sächs. Krst. im nördl. Erzgebirge (Bez. Karl-Marx-Stadt) nahe der *F.er Mulde,* 51000 E.; gotischer Dom mit Figurenportal „Goldene Pforte"; älteste Bergakademie (1765); Lederinstitut; Hütten- u. Farben-Industrie.
Freiburg, 1) *F. im Breisgau,* Hauptort des südl. Schwarzwalds, an der Dreisam, 175000 E.; Univ. (1457 gegr.), PH, Musikhochschule; kath. Erzb.; Zentrale des Dt. Caritasverbands; Textil-Ind.; Verlag Herder; Seilschwebebahn auf den Schauinsland. Got. Münster (12./15. Jh.) mit 116 m hohem Turm, spätgot. Kaufhaus. – Zähringer-Stadt, Gründung 1120; 1368 habsburg., 1677/97 frz. Festung, seit 1805 badisch. **2)** *F. im Üchtland,* frz. Fribourg, Hst. des Kt. F. in der Westschweiz, beiderseits der Saane, Übergangsgebiet zw. der dt. u. der frz. Schweiz, 40000 E.; liegt auf einer Mäanderhalbinsel der Saaneschlucht. Hochburg des schweizer. Katholizismus, Bischof v. Lausanne, Genf u. F.; kath. internat. Univ. (1889), Gregorian. Akad.; Technikum; got. Kathedrale (13./15. Jh.). – Gründung 1157 durch die Zähringer, 1277 habsburg., 1481 eidgenössisch.
Freidenker, *Freigeister,* seit dem 17. Jh. Bz. für Weltanschauungsgruppen, die im rel. Denken unabhängig v. kirchl. u. rel. institutionellen Lehren u. Bindungen sein wollen; wandten sich bes. in Dtl. gg. Kirche u. Christentum.
Freideutsche Jugend, jener Teil der ↗Jugendbewegung, der sich zur Formel vom Hohen Meißner bekannte; bestand von 1913 bis 1933.

Frauenverbände

Die wichtigsten Frauenverbände in der BRD:

Arbeitsgemeinschaft für Mädchen- und Frauenbildung – Verband der Lehrerinnen aller Schulgattungen e. V., Kiel

Deutscher Akademikerinnenbund, Frankfurt a. M.

Deutscher Frauenring e. V., Leverkusen

Deutscher Hausfrauen-Bund e. V., Herford

Deutscher Landfrauenverband e. V., Stuttgart

Deutscher Verband berufstätiger Frauen e. V., Bremen

Evangelische Frauenarbeit in Deutschland, Frankfurt a. M.

Deutsch-Evangelischer Frauenbund, Hannover

Katholischer Deutscher Frauenbund, Köln

Jüdischer Frauenbund in Deutschland, Düsseldorf

Deutscher Staatsbürgerinnen-Verband e. V., Berlin

Freiburg im Breisgau: Aufriß des Münsterturms

Freie Berufe, Berufe, die nicht zur gewerbl. Wirtschaft od. zur Landwirtschaft zählen u. in ihrer Tätigkeit unabhängig v. Weisungen sind; dazu zählen u. a. Ärzte, Rechtsanwälte, Schriftsteller, Künstler, Journalisten.

Freie Demokratische Partei (FDP), liberale Partei in der BRD, 1948 gegr.; lehnt ein „sozialist.-christl. Zweiparteiensystem" ab; seit 69 Regierungskoalition mit der SPD. ☐ 130/131, 133.

Freie Deutsche Jugend (FDJ), 1946 in der damaligen SBZ gegr. Jugendorganisation, v. der SED gelenkt; in der BRD verboten.

Freie Künste, *Artes liberales,* die nach Auffassung des Alt.s dem Freien ziemenden Kenntnisse; die 3 unteren Wissenschaften: Grammatik, Rhetorik, Dialektik; die 4 oberen: Arithmetik, Geographie, Musik, Astronomie.

Freienwalde, *Bad F.,* Krst. u. Badeort im Bez. Frankfurt (Oder), 11 800 E.; eisenhalt. Quellen, Moorbäder. [↗Gewerkschaften.

Freier Dt. Gewerkschaftsbund (FDGB)

Freies Deutsches Hochstift, 1859 in Frankfurt a. M. gegr. Institut zur Pflege v. Kunst u. Wiss.; besitzt das Goethehaus mit dem Goethemuseum.

Freie Volkspartei (FVP), polit. Partei der BRD; 1956 gegr. durch Abspaltung v. der FDP; gg. Föderalismus; 57 mit der Dt. Partei verschmolzen.

Freiflugbahn, Teil der Raketenbahn ohne Antrieb. Ggs. Antriebsbahn. ☐ 1101.

Freigericht, hess. Gem. östl. von Hanau, 12 800 E.

Freigrafschaft Burgund ↗Franche-Comté.

Freigrenze, bei der Besteuerung die Summe, bis zu der bestimmte Beträge wegen Geringfügigkeit od. aus sozialen Gründen nicht besteuert werden.

Freihafen, Hafen bzw. Teil eines Hafens *(Freibezirk),* der den Schiffen aller Länder zum zollfreien Verkehr offensteht; gilt zollrechtl. als Ausland.

Freihandel, System, das den Außenhandel von Zöllen u. Verboten befreit wissen will. Die *F.slehre* kam in England Mitte des 18. Jh.s auf. *F.szone,* Zusammenschluß v. Staaten zu einheitl. Zollgebiet, ohne gemeinsamen Außenzolltarif u. gemeinsame Handelspolitik gegenüber dritten Ländern

Freikirchen in Deutschland

Vereinigung ev. F. in Dtl.:
Bund Ev.-Freikirchl. Gemeinden(Baptisten)
Methodistenkirchen in Dtl.
Ev. Gemeinschaft in Dtl.
Bund freier ev. Gemeinden in Dtl.
Verbündete Ev.-Luth.-F.:
Ev.-luth. (altluth.) Kirche
Ev.-luth. F.
Selbständige Ev.-luth. Kirche
Ev.-luth. Bekenntniskirche in der Diaspora
Weitere Freikirchen:
Kath. Bistum der Alt-Katholiken in Dtl.
Vereinigung der Dt. Mennoniten-Gemeinden
Freie Ev.-Luth. Bekenntniskirche zu St. Ansgar in Hamburg

im Ggs. zur ↗Zollunion u. ohne Koordinierung der Wirtschaftspolitik im Ggs. zur ↗Wirtschaftsunion. ↗Europ. Freihandelsvereinigung, ↗Lateinamerikan. F.

Freiheit. Der Mensch ist offen für viele Möglichkeiten des Tuns u. verwirklicht jeweils eine davon (↗Willens-F.). Die F. des Menschen, in der Verwirklichung des Guten selber sittl. gut zu sein, heißt *sittl. F.* Je mehr er sich an das Wahre u. Gute bindet, um so freier wird er, d. h., um so mehr verwirklicht er sein eigenes Wesen. Darum sind die sog. „Gebote" auch nicht Belastungen, sondern innere Gesetze der Selbstverwirklichung. F. v. ihnen bedeutet wesenszerstörende Ichhaftigkeit, die in die innere Un-F. u. Willkür führt. Der Mensch darf v. außen nicht in seiner Gewissens-F. eingeschränkt werden. Das Recht zu solcher individueller F. hat im Gemeinschaftsleben dort seine Grenze, wo gleiche Rechte anderer od. der Bestand der Gemeinschaft gefährdet werden. Die Gesetze müssen einerseits den Einzelpersonen die notwendige F. (Religions-, Meinungs-, Rede-, Presse-, Versammlungs-F. usw.) lassen, anderseits zerstörende Auswüchse verhindern. Das Christentum verteidigt die F. gg. jeden Kollektivismus u. Totalitarismus der Gemeinschaft, wie es auch umgekehrt die Rechte der Gemeinschaft gg. schrankenlosen Individualismus sichert. **F., Gleichheit, Brüderlichkeit** ↗Liberté, Égalité, Fraternité. **F.sberaubung,** widerrechtl., vorsätzl. Entziehung der Bewegungs-F. (dauernd od. zeitweilig; mit Geld- od. Freiheitsstrafe belegt. **F.sentziehung,** Beschränkung der Bewegungsfreiheit durch die öff. Gewalt; nur aufgrund richterl. Anordnung zulässig. Die Polizei darf mit eigener Machtbefugnis niemand länger als bis zum Ende des Tages nach der Ergreifung in Gewahrsam halten. **F.sglocke,** Glocke im Schöneberger Rathaus (West-Berlin), Symbol der F. gegenüber dem Sowjetregime. **F.skriege** ↗Befreiungskriege. **F.sstrafe,** in der BRD seit 1. 4. 1970 einheitl. Strafe bei strafrechtl. Vergehen; anstelle der bisherigen F.sstrafen Haft, Gefängnis, Zuchthaus u. Einschließung.

Freiherr, *Baron,* Adelstitel (nach Graf); weibl. Form: Freifrau, Baronin für Verheiratete; Freiin, Freifräulein, Baronesse für Unverheiratete.

Freikirche, von der Staats- od. Landeskirche unabhängige ev. Kirchengemeinschaft. In Dtl. bilden die F.n unter sich eine Vereinigung u. zus. mit der ↗Evangel. Kirche in Dtl. eine Arbeitsgemeinschaft.

Freikörperkultur (FKK), *Nacktkultur, Naturismus, Nudismus,* Bestrebungen, durch gemeinsames Freiluftleben beider Geschlechter (ohne Bekleidung zu einem „natürl." Leben u. Verhalten zurückzufinden; in der BRD *Dt. Verband für F.,* Hannover.

Freikorps *s* (: -kor), Freiwilligentruppe.

Freilassing, oberbayer. Stadt u. Sommerfrische an der östr. Grenze, 12 700 E.

Freilauf, Kupplungsform, bei der Antrieb nur in einer Drehrichtung erfolgt, wichtigste Verwendung bei Fahrradantrieb, hier meist mit Rücktrittbremse verbunden.

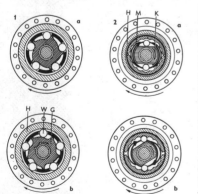

Freilauf beim Fahrrad im Querschnitt;
1 Freilauf: **a** Antriebsteile im Ruhezustand **b** im treibenden Zustand; **2** Bremseinrichtung: **a** im Antriebs-, **b** im Bremszustand. *Der Antrieb* erfolgt mittels Walzen (W), die beim Vorwärtstreten vom Gewindekopf (G) gegen die Innenwand der Nabenhülse (H) gepreßt werden. Beim *Bremsen* drückt der Bremskonus (K) auf den Bremsmantel (M), der beim Rücktritt gegen die rotierende Nabenhülse gepreßt wird

Freilichtbühne, *Freilichttheater,* Theateranlage unter offenem Himmel.
Freilichtmalerei, *Pleinairmalerei,* entstand Ende 19. Jh. im Ggs. zur Ateliermalerei; suchte vor der Natur die Wirkungen des Freilichts zu gestalten.
Freiligrath, *Ferdinand,* dt. Lyriker, 1810–76; exotische Balladen *(Löwenritt, Die Auswanderer),* polit. Gedichte.
Freimaurer, Vereinigungen v. Männern zur Pflege der Humanität u. weltbürgerl. Gesinnung (Toleranz); kommen in „Logen" zusammen. Name, Sinnbilder u. Zeremonien sind den Bauhütten des MA u. der Aufklärung entnommen. Die F.ei fand seit dem 18. Jh. bes. in den angelsächs. Ländern in der Form der Johannisfreimaurerei (3 Grade: Lehrling, Geselle, Meister) Verbreitung; in den roman. Ländern das Hochgradsystem mit z. T. kirchen- u. religionsfeindl. Zielen. In Dtl. vertraten die meisten Logen ein dogmenloses Christentum u. nationale Bestrebungen, die anderen den humanitären Standpunkt. Einzellogen in Großlogen zusammengefaßt. Von der kath. Kirche wegen der dogmat. Gleichgültigkeit abgelehnt. In Dtl. 1946 die Bundesgroßloge „Zu den alten Pflichten" neu gegründet. In der Welt ca. 8 Mill., in den USA 4 Mill., in der BRD ca. 18000 F.
Freireligiöse, Bz. für jene, die nicht *von der* Religion, sondern *in* ihr frei sein wollen v. dogmat. od. kirchl. Bindungen. Seit 1950 *Bund der freireligiösen Gemeinden Deutschlands.*
Freischütz, im Volksglauben Jäger im Bunde mit dem Teufel, der ihm Freikugeln verschafft: 6 treffen, die 7. lenkt der Böse. Oper von C. M. v. Weber.
Freising, Krst. in Oberbayern, an der Isar, 34000 E.; Dom (roman. und Rokoko, mit Korbiniangrab) und got. Benediktuskirche; s. w. über F. liegt ↗Weihenstephan. – Das *Bistum F.* wurde 739 von Bonifatius in die bayer. Kirchenorganisation einbezogen, 1821 als Erzbistum *München und F.* nach München verlegt.
Freisler, *Roland,* 1893–1945; seit 1942 Präs. des ↗Volksgerichtshofs, fanatischer Vollstrecker der nat.-soz. Justiz.
Freispruch, Urteil, mit dem ein ↗Strafprozeß ohne Verhängung einer Strafe od. Maßregel der Sicherung u. Besserung abgeschlossen wird; entweder F. wegen *erwiesener Unschuld* od. *mangels Beweises.*
Freistaat, dt. Bz. für Rep.
Freistilringen ↗Ringen.
Freistilschwimmen, Schwimmarten mit ungleichzeitigen Armbewegungen.
Freital, sächs. Krst. s.w. von Dresden, 42200 E.; Steinkohlenbergbau, Eisen- u. Glas-Ind., Uranerze.
Freiverkehr, Handel mit an der Börse nicht amtl. zugelassenen Wertpapieren; auch mit Devisen, unabhängig v. amtl. Kurs.
Freiwirtschaft, umstrittene Reformbewegung, v. S. ↗Gesell in der Schweiz gegr.; drängt auf Abschaffung arbeitslosen Einkommens u. vollständ. Ausschüttung des volkswirtschaftl. Ertrages an alle Werktätigen.

Fremdenverkehr in der BRD (in 1000)	1960	1970	1979
Afrika	54,7	98,5	134,2
Asien	110,6	248,0	593,8
Belgien u. Luxemburg	391,2	418,7	539,7
Dänemark	418,6	461,4	516,7
Frankreich	470,6	579,5	604,2
Großbritannien	710,6	863,9	830,4
Italien	260,7	347,1	382,0
Kanada	50,7	115,7	100,4
Niederlande	748,1	1 037,2	1 681,1
Österreich	244,2	282,0	386,1
Schweiz	328,4	368,8	444,1
USA	907,3	1 547,9	1 135,1

Diese Tabelle der Zahl der Besucher aus den genannten Ländern basiert auf den Fremdenmeldungen im angegebenen Sommer- und dem folgenden Winterhalbjahr

Fremdenlegion *w,* 1831 aus Ausländern geschaffene frz. Söldnertruppe, wurde nach dem 2. Weltkrieg bes. in Indochina u. Algerien eingesetzt. Seit 62 (Unabhängigkeit Algeriens) noch kleine Garnison auf Korsika.
Fremdenverkehr, Reiseverkehr mit vorübergehendem Aufenthalt (Geschäfts-, Erholungsreisen, Tourismus).
Fremdstoffe haben keinen Gehalt an verdaul. Kohlenhydraten, Fetten, Eiweiß, Vitaminen, Geschmacksstoffen. Die ↗Nahrungsmittelgesetzgebung verbietet bestimmte F. als Nahrungsmittelzusatz u. zur Oberflächenbehandlung.
frenetisch (gr.-frz.), rasend.
Frenssen, *Gustav,* dt. Schriftsteller, 1863 bis 1945; fries. Bauern- und Heimatromane; *Jörn Uhl.*
Freon *s,* Handelsname für fluorhalt., ungift., chem. kaum reaktionsfähige Flüssigkeiten für ↗Kältemaschinen.
Frequenz *w* (lat.), **1)** Besucherzahl, Häufigkeit. **2)** physikalisch: Schwingungszahl in der Sekunde. *frequentieren,* oft besuchen.
Frescobaldi, *Girolamo,* it. Komponist, 1583–1643; Orgelmeister.
Freskomalerei (it. fresco), Wandmalerei in den noch nassen Verputz mit kalkechten Pigmentfarben, die sich mit diesem verbinden u. daher sehr haltbar sind. Ggs. ↗Seccomalerei.
Fresnel (: fränäl), *Augustin-Jean,* frz. Physiker, 1788–1827; *F.scher Spiegelversuch* zum Nachweis der ↗Interferenz.
Fresno (: -no^u), Stadt in Kalifornien (USA), 165000 E.; kath. Bischof. Große Reb- u. Feigenfelder; Traubenmarkt.
Freßzellen, *Phagozyten,* Zellen, die Nahrungsteilchen, Bakterien u. Fremdkörper in sich aufnehmen u. verdauen od. unschädl. machen. ↗Leukozyten im ↗Blut.
Frettchen *s,* domestizierte Abart des Iltis, Albino; zum Vertreiben *(Frettieren)* der Kaninchen aus dem Bau.
Freud, *Sigmund,* östr. Psychologe, 1856–1939; Begr. der ↗Psychoanalyse, seit 1902 Prof. in Wien, seit 38 in Engl.
Freudenberg, westfäl. Stadt u. Luftkurort im Siegerland, 15800 E.; Maschinenfabriken.
Freudenstadt, württ. Krst., Höhenkurort u. Wintersportplatz im nördl. Schwarzwald,

Freimaurersymbol

Sigmund Freud

750 m ü. M., 19500 E.; Erholungsheime. – Im 2. Weltkrieg Stadtkern mit Renaissancekirche zerstört, stilecht wiederaufgebaut.

Freundschaftsinseln ↗Tonga-Inseln.

Freyer, *Hans,* dt. Historiker, Kulturphilosoph u. Soziologe, 1887–1969; um philos. Grundlegung der Soziologie bemüht. *Weltgeschichte Europas.*

Freyja, *Freia,* german. Liebesgöttin; Gattin (Geliebte) ↗Odins; *Freyr,* ihr Bruder.

Freytag, *Gustav,* dt. Schriftsteller, 1816–95; Romane des bürgerl. Lebens *(Soll u. Haben).* Histor. Roman *Die Ahnen;* hist. Zyklus: *Bilder aus dt. Vergangenheit.*

Friaul, it. *Friuli,* it. Landschaft u. Region *F.-Venezia Giulia* zw. den Karnischen Alpen u. dem Golf v. Venedig, an der jugoslaw. Grenze; Hauptort Udine. Die Bewohner *(Friauler, Furlaner)* sprechen eine rätoroman. Mundart.

Fribourg (: fribuːr) ↗Freiburg 2).

Frick, *Wilhelm,* 1877–1946; 1933/43 Reichsinnenmin., dann Reichsprotektor v. Böhmen u. Mähren; in Nürnberg gehängt.

Fricsay (: friːtsch-), *Ferenc,* ungar. Dirigent, 1914–63; war Generalmusikdir. in München u. Berlin.

H. Friderichs

Friderichs, *Hans,* dt. Politiker * 1931; 72/77 Bundes-Min. für Wirtschaft (FDP).

Fridolin, hl. (6. März), 5./6. Jh.; irischer Missionar in Alamannien, soll das Kloster Säckingen gegr. haben.

Friedberg, 1) *F. in Bayern,* Stadt im Reg.-Bez. Schwaben, östl. von Augsburg, 24500 E.; **2)** *F. in Hessen,* Krst. in der Wetterau, 24300 E.; mittelalterliche Reichsburg *F.*

Träger des Friedenspreises des Dt. Buchhandels:

M. Tau	1950
A. Schweitzer	1951
R. Guardini	1952
M. Buber	1953
C. J. Burckhardt	1954
H. Hesse	1955
R. Schneider	1956
Th. Wilder	1957
K. Jaspers	1958
Th. Heuss	1959
V. Gollancz	1960
S. Radhakrishnan	1961
P. Tillich	1962
C. F. v. Weizsäcker	1963
G. Marcel	1964
N. Sachs	1965
Kardinal Bea W. A. Visser 't Hooft }	1966
E. Bloch	1967
L. S. Senghor	1968
A. Mitscherlich	1969
G. u. A. Myrdal	1970
M. v. Dönhoff	1971
J. Korczak	1972
Club of Rome	1973
R. Schutz	1974
A. Grosser	1975
M. Frisch	1976
L. Kołakowski	1977
A. Lindgren	1978
Y. Menuhin	1979
E. Cardenal	1980
L. Kopelew	1981

Friede, *Frieden,* das rechtl. geregelte Verhältnis zw. Menschen od. sozialen Gruppen, bes. Staaten, in dem etwaige Gegensätze ohne Gewalt ertragen od. ausgeglichen werden. Der in bloßer Verhältnislosigkeit gründende Nicht-Krieg ist in diesem Sinne kein F. Im german. Recht bedeutete F. das innerhalb einer Gemeinschaft bestehende Verhältnis der Genossen, das sie v. Außenstehenden abhob. Im MA wurden bestimmte Sachen u. Orte, auch bestimmte Zeiten unter bes. Rechtsschutz gestellt *(Markt-, Gerichts-F.;* ↗*Gottes-,* ↗*Land-F.).* Das Ziel ist ein Utopien, *Ewiger F.,* entspringt endzeitl. christl. F.shoffnung.

Friedell, *Egon,* östr. Schauspieler und Schriftsteller, 1878–1938 (Selbstmord vor Gestapoverhaftung); *Kulturgesch. der Neuzeit; Kulturgesch. des Altertums.*

Friedensbewegung, will das Machtprinzip in den zwischenstaatl. Beziehungen, bes. den ↗Krieg, durch ein Rechtssystem ersetzen. Das Recht auf Notwehr soll nicht genommen, jedoch rechtl. geordnet werden. Seit dem 1. Weltkrieg durch verschiedene *Friedensgesellschaften* verbreitet (in Dtl. die *Dt. Friedensges.* u. der *Friedensbund dt. Katholiken;* beide sind in der *Liga für Menschenrechte* in der *Dt. F.* vereinigt). Die ↗Haager Friedenskonferenzen regelten die friedl. Beilegung v. zwischenstaatl. Streitigkeiten u. die Führung des Land- u. Seekriegs. An die Stelle des ↗Völkerbundes trat nach dem 2. Weltkrieg die Organisation der ↗Vereinten Nationen.

Friedensforschung, v. der Sozialpsychologie u. einer krit. Soziologie u. Politikwissenschaft verfolgter Forschungsansatz zur Aufdeckung der sozialen Ursachen v. Konflikt u. Krieg; beruht auf der Annahme, daß Krieg keine zwangsläufige Sozialtatsache ist, sondern schon in seinen Konfliktansätzen steuerbar auf friedl. Lösung hin u. so letztlich vermeidbar. In der BRD *Deutsche Gesellschaft für Friedens- u. Konfliktforschung,* 1970 gegr., Sitz Bonn.

Friedenspreis, einer der 6 ↗Nobelpreise, verliehen für das Bemühen um allg. Brüderlichkeit, um Abrüstung u. Errichtung v. Schiedsgerichten. **F. des Dt. Buchhandels,** 1950 v. Börsenverein des Dt. Buchhandels gestifteter Preis an einen Schriftsteller, der durch Werk u. Person dem Frieden genützt hat; meist bei der Frankfurter Buchmesse verliehen.

Friedensrichter, ein Laie, der leichtere Zivil- u. Strafsachen entscheidet; in Engl., Fkr., der Schweiz u. den USA. [stattung.

Friedhof *m,* umfriedeter Platz zur Totenbe-

Friedland, Gem. südl. v. Göttingen; Durchgangslager für Flüchtlinge u. Aussiedler.

Friedrich, *Fürsten: Baden:* **F. I.,** 1826–1907; 1856 Großhzg., an der Reichsgründung beteiligt. Sein Sohn **F. II.,** 1857–1928; 1907 Großhzg., dankte 18 ab. *Brandenburg:* **F. I.,** Hohenzoller, 1371–1440; 1397 Burggraf v. Nürnberg, 1415 Kurfürst v. Brandenburg. **F. Wilhelm der Große Kurfürst,** 1620–88; absolut. Herrscher, seit 40 Kurfürst; gewann 48 Hinterpommern, erhielt 60 die Souveränität über Ostpreußen, schlug 75 die Schweden bei Fehrbellin; förderte die Wirtschaft u. schuf ein stehendes Heer; seine Nachfolger wurden Kg.e in Preußen.

Friedrich Wilhelm der Große Kurfürst

Friedrich I. Barbarossa

Deutsche Könige u. Kaiser: a) Hohenstaufen: **F. I. Barbarossa,** um 1125–90; 52 Kg., 55 Ks., zog 6mal nach It.; langer Kampf mit dem Lombard. Städtebund u. den Pp.en Hadrian IV. u. Alexander III., unterlag 76 bei Legnano den Städten u. schloß 83 mit ihnen den Frieden zu Konstanz; ertrank auf dem 3. Kreuzzug. **F. II.,** Sohn Ks. Heinrichs VI., 1194–1250; 1212 Kg., 20 Ks., 27 v. Gregor IX. gebannt; gewann auf dem 5. Kreuzzug durch Vertrag Jerusalem; nach heftigem Kampf mit dem Papsttum 1245 durch das Konzil v. Lyon abgesetzt; machte aus Sizilien, dessen Kg. er war, einen modernen Beamtenstaat. *b) Habsburger:* **F. III.,** 1415–93; 40 Kg., 52 Ks.; erlangte 57 Nieder-

u. 63 Ober-Östr. c) *Hohenzollern:* **F. III.**, einziger Sohn Ks. Wilhelms I., 1831–88; liberal, vermählt mit Viktoria, der Tochter der engl. Königin Viktoria; 88 Ks., starb nach 99 Tagen. *Hessen-Homburg:* **F. II.**, 1633–1708; bekannt als Prinz v. Homburg (Drama v. Kleist), zeichnete sich als Befehlshaber unter F. Wilhelm v. Brandenburg bei Fehrbellin aus; 1681 Landgraf. *Österreich:* **F. (III.) der Schöne**, 1286–1330; 1308 Hzg., 14 Gegen-Kg. zu Ludwig dem Bayern, 22 bei Mühldorf geschlagen. *Pfalz:* **F. V.**, 1596–1632; 1610 Kurfürst, mit seiner Wahl zum böhm. Kg. begann der 30jähr. Krieg, 20 am Weißen Berg geschlagen u. vertrieben („Winterkönig"). *Preußen:* **F. I.**, Sohn F. Wilhelms v. Brandenburg, 1657–1713; 1688 Kurfürst v. Brandenburg, nahm 1701 den Titel „Kg. in Preußen" an. Sein Sohn **F. Wilhelm I.**, 1688–1740; 13 Kg., begr. den preuß. Militär- u. Beamtenstaat, vollendete den Absolutismus; gewann 1720 Vorpommern. Sein Sohn **F. II. d. Gr.**, 1712–86; aufgeklärter Absolutist; schuf die Großmachtstellung Preußens, woraus sich der Dualismus zu Östr. ergab; in der Jugend Konflikt mit dem Vater (Fluchtversuch), 1740 Kg.; eroberte in 3 Kriegen (40/42, 44/45 u. 56/63, dem Siebenjähr. Krieg) das bisher zu Östr. gehörende Schlesien, gewann 72 bei der 1. Teilung Polens Westpreußen u. kämpfte im Bayer. Erbfolgekrieg 78/79 gg. die Kaisermacht Habsburg. Sein Neffe **F. Wilhelm II.**, 1744–97; 86 Kg., erwarb bei der 2. u. 3. poln. Teilung (93 u. 95) weitere Gebiete für Preußen, trat im Baseler Frieden 95 das l. Rheinufer an Fkr. ab. Sein Sohn **F. Wilhelm III.**, 1770–1840; Gemahlin Luise v. Mecklenburg-Strelitz; 1797 Kg., verlor 1806/07 das Gebiet bis zur Elbe an Napoleon; an den Reformen Steins innerl. unbeteiligt; gewann auf dem Wiener Kongreß halb Sachsen, das Rheinland u. Westfalen; verfolgte nach 1815 eine rein restaurative Politik. Sein Sohn **F. Wilhelm IV.**, 1795–1861; 1840 Kg., Romantiker; oktroyierte 48 nach der Revolution eine konstitutionelle Verf., lehnte 49 die dt. Kaiserkrone ab. *Sachsen:* **F. III. der Weise**, 1463–1525; 1486 Kurfürst, Beschützer Luthers. **F. August I. u. II. als Kg.e v. Polen** ⟋August II. u. III. *Württemberg:* **F.**, 1754–1816; 1797 Hzg., durch Napoleon 1806 Kg., regierte seit 15 absolutistisch.

Friedrich, *Caspar David*, dt. Landschaftsmaler u. Zeichner der Romantik, 1774–1840; seine Motive Sinnbild für Grenzenlosigkeit des Alls u. Verlassenheit des Menschen.

Friedrichroda, thüring. Luftkurort, im nordwestl. Thüringer Wald, 6800 E.

Friedrichshafen, württ. Krst. am Nordufer des Bodensees, 51500 E.; Eisenbahnwerkstätten, metallverarb. Ind., Dornier-Flugzeugbau, Maybach-Motorenwerke; Zeppelinmuseum.

Friedrichsruh, ehem. Besitz des Fürsten Otto v. Bismarck in Schleswig-Holstein, mit Mausoleum.

Friedrichsthal, Stadt n.ö. von Saarbrücken, 13000 E.; Steinkohlenbergbau, Eisenwerk.

Friedrich-Wilhelms-Kanal, verbindet Spree mit Oder, 27 km lang.

C. D. Friedrich: Landschaft mit dem Regenbogen

Friedrich II. der Große

Fries *m*, 1) flauschähnl. Wollstoff. 2) Baukunst: waagrecht verlaufendes Feld od. Flächenstreifen als Abschluß od. zur Gliederung einer Wand; meist mit plast., in Innenräumen auch gemalten Ornamenten u. Figuren. □ Säulenordnung (856).

Fries, 1) *Heinrich*, dt. kath. Theologe, * 1911; Prof. in München; Werke zur Religionsphilosophie u. zu theolog. Zeitfragen. 2) *Jakob Friedrich*, dt. Philosoph, 1773–1843; Prof. in Jena. Psychologische u. religionsphilosophische Arbeiten; stand Kant und ⟋Jacobi nahe.

Friesel *m*, Hautausschlag, wasserhelle Bläschen; bei starkem Schweiß *(Schweiß-F.)*, nach Bädern *(Bade-F.)*.

Friesen (Mz.), westgerman. Stamm, urspr. an der Nordseeküste zw. Rhein- u. Emsmündung; waren 12 v. Chr. bis 3. Jh. n. Chr. unter röm. Herrschaft; wurden im 7./8. Jh. dem Fränk. Reich einverleibt; sie hatten sich inzwischen weiter nach O u. W ausgedehnt; nach dem Verfall des Karolingerreichs erlangten sie weitgehende Selbständigkeit (Bauernfreistaaten). Das westl. Friesland wurde im Laufe der Zeit niederländ., Ostfriesland blieb zunächst selbständig u. fiel 1744 an Preußen.

Friesische Inseln, Inselkette vor der niederländ., dt. u. dän. Nordseeküste; durch Sturmfluten losgelöste, durch Watten mit der Küste verbundene Festlandsreste; werden als *Westfriesische* (niederländ.), *Ostfriesische* (Niedersachsen) u. *Nordfriesische Inseln* (vor Schleswig-Holstein u. Jütland) bezeichnet. **Friesland, 1)** Küstenstreifen zw. dem Ijsselmeer u. der dän. Westküste. **2)** niederländ. Provinz zw. dem Ijsselmeer u. der Nordsee, Hst. Leeuwarden. Viehzucht u. Torfgewinnung.

Frigg, *Frigga* (altdt. Frija), Gemahlin Odins; Göttin der Ehe.

frigid (lat.), kühl, frostig. **F.ität** *w*, Geschlechtskälte mancher Frauen, oft seelisch bedingt.

Frikadelle *w* (frz.), gebratenes Klößchen aus Fleisch mit Gewürzen.

Frikassee *s* (frz.), gedämpftes Fleisch in heller, pikanter Tunke.

Friktion *w* (lat.), (Ein-)Reibung.

Kardinal Frings

Karl von Frisch

Max Frisch

Frings, *Joseph,* 1887–1978; 1942/69 Erzb. v. Köln u. seit 46 Kard., 45/65 Vors. der Fuldaer Bischofskonferenz.
Frisch, 1) *Karl v.,* östr. Zoologe, *1886; Arbeiten über Sinnesphysiologie der Tiere, entdeckte die Bienensprache; 1973 Nobelpreis. **2)** *Max,* schweizer. Schriftsteller, *1911; zeitkrit. Dramen: *Die chines. Mauer, Biedermann u. die Brandstifter, Andorra.* Romane: *Stiller, Homo Faber, Mein Name sei Gantenbein.*
frischen, Umwandeln des Roheisens in Stahl durch Verbrennen des überflüssigen gelösten Kohlenstoffs (Entkohlen).
Frisches Haff, flacher Strandsee zw. Nogatu. Pregelmündung, 90 km lang, bis 25 km breit, 3–5 m tief, v. der Danziger Bucht durch die 60 km lange, 1–3 km breite *Frische Nehrung* geschieden.
Frischzellentherapie ⁄Zellulartherapie.
Fristenlösung, Bz. für die Regelung, wonach eine Abtreibung innerhalb einer bestimmten Frist straffrei bleibt. Gilt heute in vielen Staaten. In der BRD wurde eine Änderung des § 218 StGB („Abtreibungsparagraph") im Sinn der F. als verfassungswidrig verurteilt; gesetzl. zulässig ist die ⁄Indikationenlösung.
fristlose Entlassung ⁄Kündigung.
Fritsch, *Werner* Frh. v., dt. Generaloberst, 1880–1939 (gefallen); 1935 Oberbefehlshaber des Heeres, 38 entlassen.
Fritte, glasartige gekörnte Schmelzmasse zur Herstellung v. Glasuren u. F.nporzellan.
fritten, eine körnige Masse nur so weit schmelzen, daß die Körner zusammenbakken.
Frit(t)fliege, Schädling, Maden bis 4 mm lang, an jungen Getreidepflanzen.
Fritzlar, hess. Stadt an der Eder, 15200 E.; ältestes erhaltenes Rathaus Dtl.s, roman. Stiftskirche; Konservenfabrik, Basaltwerke.
frivol (lat.), leichtfertig, schlüpfrig.
Fröbel, *Friedrich,* dt. Erzieher, 1782–1852;

vertrat in der Nachfolge Pestalozzis Arbeitsschule u. Erlebnisunterricht. Richtete den 1. dt. ⁄Kindergarten ein.
Frobenius, *Leo,* dt. Ethnologe, 1873–1938; *Erlebte Erdteile, Kulturgeschichte Afrikas.* ⁄Kulturmorphologie.
Frombork ⁄Frauenburg.
fron (ahd., Ztw. *fronen*), dem Herrn gehörig; *F.dienst,* allg. Zwangsdienst; *F.hof,* herrschaftl. Hof.
Fronde w (: frō̃d e, frz.), frz. Adelspartei, die sich 1648/53 gg. den Absolutismus Mazarins auflehnte.
Fröndenberg, westfäl. Stadt im Sauerland (Kr. Unna), 20300 E.; Stiftskirche (13./14. Jh.); Metall-Ind., Papierfabrik.
Fronleichnam (ahd. = Leib des Herrn), kath. Fest des Altarsakramentes am 2. Donnerstag nach Pfingsten mit Prozession, die im MA zu *F.sspielen* ausgestaltet war.
Front w (lat.), **1)** Stirnseite; Kampfzone. **2)** meteorolog.: Trennlinie v. 2 verschieden warmen Luftmassen, z. B. *Kalt-F.* u. *Warm-F.*
Frosch, Gattungen der Froschlurche, a) *Echter F., Rana,* mit 2zipfeliger Schleuderzunge; in Dtl. bes. gelbgrüner *Wasser-F.,* erdfarbener *Gras-F.,* spitzschnauziger *Spring-F.,* mit langen gebänderten Beinen. *Ochsen-F.,* mit Brüllstimme, bis 22 cm lang, nur in Nordamerika. *Flug-F.,* auf Borneo u. den Philippinen, lebt auf Bäumen, benützt die großen Schwimmhäute als Fallschirm. b) grüner *Laub-F., Hyla arborea,* mit Haftscheiben zum Klettern, paßt sich durch Farbwechsel der Umgebung an. **F.lurche,** schwanzlose ⁄Lurche; Kaulquappen als geschwänzte Larven entwickeln sich im Wasser zu lungenatmenden Tieren: Frösche, Laubfrösche, Kröten, Krötenfrösche, Unken. Haut nackt, schleimig, drüsenreich. ☐ 231, 911.
Frost, *Robert,* am. Schriftsteller, 1874–1963; Natur- u. Ideenlyrik.
Frost, a) Absinken der Temperatur in Luft u.

Frucht

Einzelfrucht	Schließfrucht	2) fleischige Schließ-F.	Sammelfrüchte
(aus dem F.knoten entstanden)	(Samen bleibt in der F.)	a) Stein-F. (äußere F.wand fleischig, innere verhärtet; Kirsche, Walnuß)	(Aussehen von Einzel-F.n; löst sich als Ganzes ab; aus apokarpen F.knoten durch Verwachsung entstanden)
Öffnungsfrucht	1) trockene Schließ-F.		
1) Balg (ein F.blatt, öffnet sich an der Bauchnaht; Hahnenfußgewächse)	a) Schließ-F. (Nuß, einsamig, F.knotenwand verhärtet; Eichel)	b) Beere (ganze F.wand fleischig; Johannisbeere)	1) Sammelnuß-F. (einzelne Nüßchen durch fleischige Blütenachse verbunden; Erdbeere, Hagebutte)
2) Hülse (ein F.blatt, öffnet sich an Bauch- und Rückennaht; Hülsenfrüchte)	Sonderformen: Achäne der Korbblütler; Caryopse der Gräser mit oberständigem F.knoten und jeweiliger Verwachsung von Samen und F.wand	**Fruchtstand** (Aussehen einer Einzel-F.; wird in ihrer Gesamtheit verbreitet; aus einem ganzen Blütenstand gebildet)	
3) Schote (zwei F.blätter und falsche Scheidewand; Kreuzblütler)			2) Sammelstein-F. (Brombeere)
4) Kapsel (mehrere F.blätter zu synkarpen F.knoten vereinigt, öffnet sich an Verwachsungsnähten, am Mittelnerv oder an begrenzten Stellen)	b) Spalt-F. (mehrsamig, zerfällt in einzelne Teilfrüchte; Doldenblütler) c) Bruch-F. (einsamige Teile der F.blätter bei Lippenblütlern)	1) Nuß-F.stand (Maulbeere) 2) Beeren-F.stand (Ananas) 3) Stein-F.stand (Feige)	3) Sammelbalg-F. (F.wand der einzelnen F.e verwächst mit fleischiger Blütenachse; Apfel) *Siehe auch* ☐ *Pflanzenkunde (743)*

Boden unter 0° C. b) *Frösteln,* Kälteempfindung auf der Körperoberfläche durch plötzl. Kälte, bei Fieber (/Schüttel-F.), bei seel. Erregungen, entsteht durch verminderte Blutzufuhr an die Hautoberfläche ("Gänsehaut"). **F.beulen,** leichte Erfrierung an Händen u. Füßen, Nase u. Ohren, mit Rötung u. empfindl. Brennen, später Gefühlsverlust. **F.schutzmittel,** anorgan. od. organ. Stoffe, die den Gefrierpunkt des Wassers herabsetzen. /Glykol. **F.spanner,** der /Blütenwickler.

Frottage *w* (: -tasch[e], frz.), v. M. Ernst entwickelte Durchreibetechnik: die Maserung einer rauhen Reliefoberfläche (z. B. bei Holzbohlen) wird mit Hilfe v. Bleistiftschraffierung auf Papier od. Leinwand übertragen u. dient der schöpferischen Vorstellungskraft als Vorlage.

Frotte *s* (frz.), Stoff, meist aus Baumwolle, mit rauher, knotiger Oberfläche. **frottieren,** die Haut mit *(Frottier-)*Tüchern od. *Frottierbürsten* abreiben (erhöht Blutumlauf).

Frueauf, 1) *Rueland d. Ä.,* Maler, um 1440–1507. **2)** *Rueland d. J.,* Sohn v. 1), um 1470 bis um 1545; Mitbegr. der /Donauschule.

Frucht, 1) Vermehrungsorgan der bedecktsam. Pflanzen (Angiospermen). Das *F.gehäuse* entsteht aus Teilen der Blüte, meist aus dem *F.knoten* (Teil des Stempels) u. enthält die /Samen. a) *Schließ-* od. *Fallfrüchte* öffnen sich nicht v. selbst bei der Reife u. fallen als Ganzes ab: mehrsam. *Beeren-F.* (Tomate, Weinbeere), meist einsam. *Nüsse* (Haselnuß), einsam. *Stein-F.* (Kirsche, Pfeffer, Walnuß); b) *Streufrüchte* öffnen sich u. streuen ihre Samen aus: *Balg-F.* (Sumpfdotterblume), *Hülsen-F.* (Bohne, Erbse), *Schoten-F.* (Raps) u. *Kapsel-F.* (Mohn). Früchte liefern Nahrungs-, Genuß-, Heilmittel, Öl, Gewürze, Farben, Gerbstoff u.a. **2)** *Leibes-F.* /Foetus, /Embryo. **F.äther** *m, F.ester,* natürl. u. künstl. Essenzen, die nach frischen Früchten duften. **F.barkeit,** *Fertilität,* Vermehrungsfähigkeit der Lebewesen. **F.blätter,** *Karpellen,* Blattumbildungen, die bei Samenpflanzen die Samenanlagen tragen. Bei Nacktsamern offen, bei Bedecktsamern zum Fruchtknoten verwachsen. **F.folge,** die geregelte Aufeinanderfolge der landwirtschaftl. Kulturpflanzen auf dem gleichen Ackergrundstück u. allen in gemeinsamer Nutzung stehenden Ackerschlägen: Feldgraswirtschaft, Felderwirtschaft u. Fruchtwechselwirtschaft; dabei zahlreiche Übergänge möglich. **F.holz,** die Blüten u. Früchte tragenden Zweige der Obstbäume. **F.presse** /Obstpresse. **F.säuren,** organ. Säuren, wie /Wein-, /Zitronensäure. **F.schmiere,** das Kindspech nach der Geburt. **F.wasser,** die die Leibes-F. innerhalb der Eihüllen *(F.blase)* umgebende Flüssigkeit. **F.wechselwirtschaft,** wechselt jährl. zw. Halm- u. Blattfrüchten beim Anbau, wobei der Getreidebau 50% des Gesamtackerfläche nicht übersteigt, im Ggs. zur /Dreifelderwirtschaft mit 67%. **F.zucker,** *Fructose,* einfaches /Kohlenhydrat (Monosaccharid); kommt in Pflanzen vor.

Fructidor *m* (: frük-), der 12. Monat des frz. Revolutionskalenders. □ 294.

Fructose *w,* /Fruchtzucker.

frugal (lat.), einfach, genügsam.

Frühchristliche Kunst, Altchristl. Kunst, die Kunst der ersten christl. Zeit (2./7. Jh.), formal Abzweigung der Antike; zunächst nur symbol. u. dekorative Motive in den Katakomben. Seit 330 n. Chr. Entfaltung des *Kirchenbaus* in der Form der Basilika, daneben Begräbnis- u. Taufkapellen als Zentralbauten. In Kleinasien Ausgestaltung der Kirchenfassaden. In der *Malerei* Entstehung des flächigen monumentalen byzantin. Stils; Mosaiken mit Christus u. den Aposteln, die Erlösung symbolisierende Darstellungen aus AT u. NT (Arche Noe, der Gute Hirte, Erweckung des Lazarus, Martyrerdarstellungen). In der *Plastik:* Verzierung der Kirchenportale u. der Sarkophage.

Frühgeburt, Unterbrechung der Schwangerschaft vor normalem Ende, aber frühestens nach der 28. Woche, Frucht mindestens 35 cm lang (/Fehlgeburt).

Frühling, *Frühjahr,* /Jahreszeiten.

Frühlingspunkt, der Schnittpunkt der Ekliptik mit dem Himmelsäquator, v. der Sonne am 21. März erreicht.

Frühwirth, *Andreas,* östr. Kurienkardinal, 1845–1933; 1907/16 Nuntius in München, 27 Kanzler der Römischen Kirche.

Frundsberg, *Georg v.,* 1473–1528; Landsknechtsführer Ks. Maximilians I. u. Karls V.

Frunse, bis 1925 *Pischpek,* Hst. der Kirgis. SSR in Mittelasien, 533 000 E.

Frustration *w* (lat.), durch soziale od. auch psych. Verhältnisse verhinderte Bedürfnisbefriedigung mit der mögl. Folge psych. u. sozial abweichenden Verhaltens; führt bes. zur /Aggression.

Fry (: frai), *Christopher,* engl. Dramatiker, * 1907; Verskomödien: *Die Dame ist nicht fürs Feuer, Venus im Licht.*

F-Schicht, oberste Schicht der Ionosphäre, meist in F_1- u. F_2-Schicht unterteilt. □ 426.

Fuad, Könige v. Ägypten: **F. I.,** 1868–1936; 1917 Sultan, 22 Kg. **F. II.,** Enkel F.s I., * 1952; 52/53 Kg. statt seines Vaters Faruk.

Fuchs, 1) a) hundeart. Raubtier mit spitzem Gesichtsschädel u. rundem Buschschwanz. *Gemeiner* od. *Rot-F., Vulpus,* in Europa, Nordafrika, Nord- u. Westasien u. Nordamerika. Weibchen (*Fähe*) wirft im Mai 3–7 schwärzl. Junge. Abarten je nach der Fellfärbung: Schwarz-, Weiß-, Silber-, Brand-F. (mit schwarzgrauem Bauch). Verwandte Arten: /Polar-F., /Korsak u. /Prärie-F., /Fennek. *Silberfüchse* (schwarz u. weiß meliert) werden wegen ihres wertvollen Pelzes in *F.farmen* gezüchtet. b) *Kleiner* u. *Großer F.,* Tagfalter. **2)** Rauchkanal, der die Abgase vom Kessel zum Schornstein leitet. **3)** Verbindungsstudent in den beiden ersten Semestern.

Fuchsgras, dem Lieschgras ähnl., mit dichter, weichbehaarter Rispe.

Fuchshund, engl. Schweißhund.

Fuchsie *w,* Pflanzengattung hauptsächl. Amerikas; in vielen Spielarten Zierpflanzen mit Hängeblüten.

Fuchsin *s,* roter Teerfarbstoff.

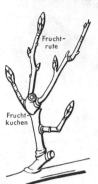

Fruchtrute

Fruchtkuchen

Fruchtholz

Christopher Fry

Fuchs

Jakob Fugger
der Reiche

Sternbild Fuhrmann

Fuchskusu, katzengroßes Kletterbeuteltier in Australien (↗Opossumfell).
Fuchsschwanz, 1) kurze, breite Stoßsäge mit Handgriff. ☐ 844. **2)** Zierpflanze, Art des ↗Amarant.
Fuder *s*, **1)** älteres Hohlmaß, bes. für Wein, 800–1800 l. **2)** Wagenladung.
Fudschijama (: fudschi-), *Fujisan, Fujiyama*, höchster Berg (3776 m) der japan. Hauptinsel Hondo, ein Vulkankegel; Nationalheiligtum.
Fugato *s* (it.), in Sonaten, Symphonien, Konzerten fugenartig gearbeitetes Teilstück.
Fuge *w* (it.), eine strenge Form des mehrstimmigen Satzes; die Stimmen setzen nacheinander mit demselben Thema ein u. fließen dann als Gegenstimme weiter. Hat das Thema alle Stimmen durchlaufen, so ist die Exposition (1. Durchführung) beendet. Der weitere Verlauf besteht in Zwischenspielen u. Steigerungen. Die Doppel-, Tripel-, Quadrupel-F.n bringen 2, 3, 4 Themen.
Fugger, Augsburger Leinwandhändler, die reichsten dt. Kaufherren des 15./16. Jh., Darlehensgeber europ. Fürsten (bes. der Habsburger) u. der Kurie; 1514 Grafen, 1803 Fürsten. *Jakob der Reiche*, 1459–1525; gründete die über ganz Europa verbreitete Handels-Ges. u. schuf 1519 die *Fuggerei*, die früheste Siedlung für schuldlos verarmte Mitbürger.
Fühler, bewegl. Kopfanhang wirbelloser Tiere mit Tast- u. Geruchsorganen; bei den Schnecken ungegliedert u. einziehbar; bei Gliederfüßern (gegliederte) *Antennen*.
Fuhr, *Xaver*, dt. Maler, 1898–1973; Straßenbilder, Industrieanlagen, Tiere.
Führerschein, amtl. Bescheinigung über die Erteilung der ↗Fahrerlaubnis; eingeteilt nach Klassen; in der BRD geregelt in der Straßenverkehrsordnung v. 1960. **F.entzug**, kann durch das Gericht od. die Verwaltungsbehörde zeitl. begrenzt od. auf Dauer erfolgen, wenn der Inhaber sich zum Führen eines Kraftfahrzeuges als ungeeignet erwiesen hat od. wegen einer strafbaren Handlung im Zusammenhang mit dem Führen eines Kraftfahrzeuges verurteilt worden ist. ☐ 1053.
Fuhrmann, Sternbild des Nordhimmels.
Führung, 1) vorbestimmte Bahn für laufende Maschinenteile. **2)** bei Feuerwaffen ↗Drall.
Führungszeugnis, 1) polizeil. Auskunft über das ↗Strafregister. **2)** Arbeitszeugnis, das der Arbeitnehmer bei Beendigung des Arbeitsverhältnisses v. Arbeitgeber verlangen kann, der aber nur zu genauen Angaben über Art u. Dauer der Beschäftigung verpflichtet ist. Angaben über die Führung muß der Arbeitnehmer ausdrückl. beantragen.
Fukien (: -kien), chines. Prov. an der Südostküste, 123100 km², 24 Mill. E.; Hst. Futschou (Foochow).
Fukuoka, japan. Prov.-Hst. auf der Insel Kiushu, 1,1 Mill. E.; Mittelpunkt des Chikuho, des „japan. Ruhrgebiets". Kath. Bischof; Univ.; Flughafen.
Fulbe, *Fellata*, hellhäutiger hamit. Volksstamm (6–8 Mill.) im westl. Sudan.

Fulda, 1) *w*, Fluß v. der Wasserkuppe, vereinigt sich nach 154 km mit der Werra zur Weser. **2)** hess. Kreisstadt an der F., 58000 E.; kath. Bischof; Barock-Dom (1704/12) mit den Gebeinen des hl. Bonifatius, karoling. Michaelskirche (820/822), Schloß; kath. Philosoph.-Theolog. Hochschule; mehrere Klöster u. höhere Schulen; Gummi-, Stanzu. Emaillierwerke, Leinen-, Woll-, Wachs-Ind. – Die im Auftrag des hl. Bonifatius 744 gegr. Benediktinerabtei F. wurde 1752 Fürstbistum, 1803 säkularisiert u. kam 66 zu Preußen. **F.er Bischofskonferenz**, bis 1966 Bz. für die jährl. Zusammenkunft der kath. dt. Bischöfe.
Füllfederhalter, *Füller, Füllfeder*, Röhre aus Metall oder Kunststoff mit Hohlraum für Tinte u. am Ende eingesetzter Schreibfeder. Beim *Patronen-F.* erfolgt das Nachfüllen durch Auswechseln einer geschlossenen Tintenpatrone.
Füllhorn, nach griech. Sage Horn der Nymphe Amalthea, aus dem sich aller Reichtum u. Segen ergießt; auch Symbol für ↗Fortuna u. ↗Gäa.
Füllort, in der Schachtanlage eine Erweiterung zum Umschlag des Fördergutes. ☐ 85.
Füllschrift ↗Schallplatte.
Füllung, 1) der innere, umrahmte Teil bei Türen. **2)** Ersatz zerstörter Zahnsubstanz.
fulminant (lat.), blitzend, prächtig.
Fulton (: fultᵉn), *Robert*, am. Ingenieur, 1765–1815; baute das erste brauchbare Dampfschiff (1807).

Führerschein	Klasse IV
Klasse I Krafträder mit mehr als 50 cm³ Hubraum (18 Jahre¹)	Kraftfahrzeuge bis 50 cm³ Hubraum; Krankenfahrstühle (über 20 km/h); Kraftfahrzeuge mit einer Höchstgeschwindigkeit von nicht mehr als 20 km/h (16 Jahre¹)
Klasse II Kraftfahrzeuge mit mehr als 7,5 t zulässigem Gesamtgewicht; Lastzüge mit mehr als 3 Achsen (21 Jahre¹)	**Klasse V** Fahrräder mit Hilfsmotor; Kleinkrafträder mit 40 km/h Höchstgeschwindigkeit; Krankenfahrstühle bis 50 cm³ oder mit 20 km/h Höchstgeschwindigkeit (16 Jahre¹)
Klasse III Kraftfahrzeuge, die nicht zu den Klassen I, II, IV, und V gehören (18 Jahre¹)	
¹ Mindestalter	

Fumarolen (lat.), Dampf- u. Gasquellen im Gebiet eines Vulkans.
Funchal (: fúnschal), Hst. u. Kurort der Insel Madeira, 45000 E.; kath. Bischof.
Fund, Besitzergreifen einer verlorenen Sache; Eigentümer bleibt der Verlierer. Einen F. kann man liegen lassen; andernfalls sobald wie möglich Rückgabe an den Verlierer od., falls dieser unbekannt u. der F. mehr als 3 DM wert ist, Anzeige u. möglichst wegen (wegen der Haftung des Finders) Ablieferung bei der Polizei. Unterlassung der Anzeige gilt als ↗Unterschlagung. Der Finder hat Anspruch auf Finderlohn (bei Tieren 1%, bei

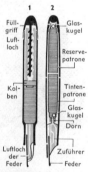

Füllfederhalter:
1 Kolben-F. (gefüllt);
2 Patronen-F. (beim Einsetzen der Tintenpatrone wird die Glaskugel vom Dorn in die Patrone zurückgestoßen und gibt dadurch den Tintenfluß frei)

1   2
Füllgriff — Glaskugel
Luftloch
— Reservepatrone
Kolben — Tintenpatrone
— Glaskugel
— Dorn
Luftloch der — Zuführer
Feder — Feder

Sachen bis 300 DM Wert 5%, vom Mehrwert 1%) u. auf Ersatz seiner Auslagen. Meldet sich kein Empfangsberechtigter, so erfolgt Eigentumserwerb des Finders am F.; bei Geld über 100 DM, Wertpapieren u. Kostbarkeiten beträgt die Erwerbsfrist 1 Jahr.

Fundament s (lat.; Ztw. *fundamentieren*), **1)** Grundlage. **2)** Unterbau v. Bauwerken od. Maschinen.

fundamental (lat.), grundlegend. **F.ismus** *m*, ev. Richtung, bes. in den USA, die im Ggs. zu ⁄Liberalismus u. ⁄Modernismus die bibl. Offenbarung als christl. Fundament verteidigt. **F.theologie** *w*, Teil der ⁄Apologetik.

Funder, *Friedrich,* östr. Journalist, 1872–1959; Hrsg. der kulturpolit. Zschr. „Die östr. Furche"; *Vom Gestern ins Heute; Als Östr. den Sturm bestand.*

fundieren (lat.), gründen, grundlegen. **fundiertes Einkommen,** Einkommen, das aus Vermögensbesitz (Grund, Gewerbe, Gebäude, Kapital) fließt. Ggs.: Arbeitseinkommen. **fundierte Schulden,** langfristige Schulden (z. B. Anleihen) des Staates.

Fundus *m* (lat.), Grundstock, Bestand.

Fundybai (: fɐn-), 300 km lange ostkanad. Bucht mit größter Fluthöhe der Erde (21 m); Flutkraftwerk.

Fünen, dän. *Fyn,* fruchtbare dän. Insel, 3483 km², 450000 E.; Hst. Odense. Brücke zum Festland, nach Fredericia. [pläne.

Fünfjahresplan, *Fünfjahrplan,* ⁄Jahres-

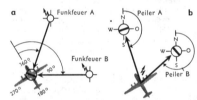

Funknavigation mit **a** Funkfeuer-, **b** Peilverfahren

Fünfkampf, *Sport:* ein Mehrkampf aus 5 verschiedenen Übungen.

Fünfkirchen, ungar. *Pécs,* Hst. des ungar. Komitats Baranya, am Südrand des Mecsekgebirges, 171000 E.; Bischof, Univ., PH; Kohlengruben.

Fünftagefieber, *Quintana, Wolhynisches Fieber,* Infektionskrankheit mit Fieberanfällen alle 5 Tage.

Fünfte Kolonne, polit. Agenten, die in ausländ. Auftrag die innere Zersetzung eines Landes betreiben. Die Bz. stammt aus dem Span. Bürgerkrieg, in dem die Anhänger Francos in Madrid im Ggs. zu den vier äußeren Angriffskolonnen F. K. genannt wurden.

Fungibilität *w* (lat.), Vertretbarkeit, ⁄vertretbare Sachen.

fungieren (lat.), ein Amt verwalten.

Fungizide (Mz., lat.), pilztötende Mittel.

Funk, *Walther,* 1890–1960; 1938 Reichswirtschaftsmin.; in Nürnberg 46 zu lebenslängl. Gefängnis verurteilt, 57 entlassen.

Funkeninduktor, erzeugt hohe elektr. Spannungen durch Induktion.

Fünfkampf

Leichtathletik-F. (Internationaler F.)

Männer:
Weitsprung
Speerwerfen
200-m-Lauf
Diskuswerfen
1500-m-Lauf

Frauen:
80-m-Hürdenlauf
Kugelstoßen
Hochsprung
Weitsprung
800-m-Lauf

Militärischer F. (F. des Heeres)

Schießen (20 Schuß auf 200 m)
500-m-Hindernislauf (20 Hindernisse)
Handgranatenweit- und Zielwurf
50-m-Hindernisschwimmen (in Kleidung)
Geländelauf (8–10 km)
(Marine und Luftwaffe haben ähnliche Wettbewerbe)

Moderner F. (Olympischer F.)

Springreiten (1500m, 19–22 Hindernisse)
Degenfechten
Pistolenschießen
300-m-Freistilschwimmen
4000-m-Geländelauf

Polizei-F.

Kugelstoßen
Weitsprung
Pistolenschießen
300-m-Freistilschwimmen
3000-m-Lauf

Funkenkammer, in der Kernphysik zum Nachweis v. ionisierenden Teilchen verwendetes Gerät.

Funkensonntag, im süddt. Sprachgebiet der 1. Fastensonntag, an dem Frühjahrsfeuer (Funken) abgebrannt werden.

Funkie *w, Hosta,* Liliengewächs, Zierpflanze.

Funkkolleg, seit 1969 bestehende Fernstudienveranstaltung mehrerer Rundfunkanstalten der BRD; bietet systemat. aufgebaute Lehreinheiten auf Hochschulniveau über ein od. mehrere Semester hinweg.

Funkmeßwesen, wie die ⁄Funknavigation eingesetzt, benützt aber *Rückstrahlverfahren* (Echo v. elektromagnet. Wellen); aus der Laufzeit des Signals wird die Entfernung berechnet; unterschieden in *Impuls-Geräte* (einzelne Impulse werden emittiert u. ihr Echo ausgewertet), *Sekundär-Impuls-Geräte* (Impulssender löst im angepeilten Objekt Signal aus) u. *Dauerstrich-Geräte* (Ausnutzung des ⁄Doppler-Effekts). ⁄Radar.

Funknavigation *w,* Standort- u. Bewegungsbestimmung von Fahrzeugen mit Funkwellen. Man unterscheidet *Peil-* u. *Funkfeuerverfahren,* die aus dem Schnittpunkt v. 2 Standlinien den Ort geben, die ⁄Hyperbelnavigation u. die *Rückstrahlverfahren* (⁄Funkmeßwesen). Es gibt Verfahren für Entfernungen bis zu über 2500 km.

Funksprechgerät, leichtes, oft tragbares Funkgerät für Nahverkehr; Sender u. Empfänger meist mit gemeinsamer Antenne.

Funktion *w* (lat.), **1)** Aufgabe, Leistung; *funktionieren,* richtig arbeiten bzw. wirken. **2)** das Verhältnis der gegenseitigen log. Abhängigkeit. **3)** in der Mathematik: die Veränderung v. Größen (Zahlen) in Abhängigkeit v. der Veränderung einer od. mehrerer anderer Größen; auch die Gleichungen (Formeln), in welchen solche Abhängigkeit zw. veränderl. Größen vorkommt, z. B. Flächeninhalt eines Kreises ist abhängig v. Radius, d. h. eine F. des Radius; die *F.entheorie* untersucht die Eigenschaften der F. u. ist grundlegend für die Mathematik.

Funktionär *m* (lat.), Beauftragter; heute i. e. S. vor allem der Organisator u. Verfechter bestimmter Gruppeninteressen.

Furchung, Teilung der befruchteten Eizelle in regelmäß. Teilungsschritten. ☐ 1129.

Furie, röm. Rachegöttin; Erinnye.

Furier *m* (frz.), Unteroffizier zur Besorgung v. Unterkunft u. Verpflegung.

Fünfeck: Konstruktion eines regelmäßigen F.

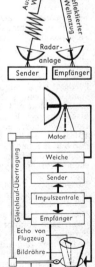

Funkmeßwesen: oben Prinzip der Entfernungsmessung, unten Schema eines Rundsicht-Radargerätes

furioso (it.), *Musik:* leidenschaftlich.

Furka *w,* Schweizer Alpenpaß (2431 m) zw. Reuß- u. Rhônetal, durch die F.-Oberalp-Bahn untertunnelt.

Furnier *s* (frz.), dünnes Edelholzblatt, überkleidet geringere Holzsorten (Blindholz).

Furor *m* (lat.), Wut, Raserei. *F. teutonicus,* dt. Ingrimm. **Furore** *w* od. *s* (it.), rauschender Beifall, Aufsehen.

Fürsorge ↗Sozialhilfe.

Fürst, 1) bei den Germanen Richter u. Heerführer im Gau. Im alten Dt. Reich war der Reichs-F. ein Angehöriger der führenden Schicht des Hochadels, seit etwa 1180 der Inhaber eines unmittelbaren Reichslehens. Es gab geistl. u. weltl. Reichs-F.en (↗Geistl. Fürsten). Durch die Mediatisierung 1803 blieben den meisten F.en nur Titel u. Ebenbürtigkeit mit den regierenden Häusern. **2)** F. als Adelstitel (zw. Hzg. u. Graf), v. Ks. u. seit dem Ende des alten Reiches v. den Landesherren verliehen. **F.bischof,** *F.erzbischof,* bis 1803/06 Titel fast aller dt. Bischöfe, da sie zugleich weltl. Territorialherren waren; dann nur noch Titel für die schles. u. östr. Bischöfe.

Fürstenberg, 1) F. an der Oder ↗Eisenhüttenstadt. **2)** niedersächsische Gem. an der Weser, Kr. Holzminden, 1400 E.; Porzellanmanufaktur *(F.er Porzellan).*

Fürstenberg, 1) schwäb. Fürstengeschlecht, Residenz Donaueschingen. **2)** westfäl. Adelsgeschlecht.

Fürstenfeldbruck, oberbayer. Krst. westl. v. München, 31 000 E.; Flugplatz; s.w. der Stadt ehem. Zisterzienserabtei *Fürstenfeld* (1263–1803, jetzt Polizeischule) mit Barockkirche.

Fürstenspiegel, Erziehungsschriften für Fürsten v. Machiavelli, Fénelon u.a.

Fürstenwalde, Krst. im Bezirk Frankfurt a.d.O., am Oder-Spree-Kanal, 32 000 E.; chem. Industrie, Fahrzeugreifenwerk.

Furth im Wald, bayer. Grenzstadt in der Oberpfalz, 9500 E.; Spiegelglas-, Holz-Ind.

Fürth, 1) bayer. Stadtkr. u. Krst., Nachbarstadt v. Nürnberg, 98 500 E.; Spielwaren- u. Elektro-Ind. – 1835 fuhr die erste dt. Eisenbahn zw. F. u. Nürnberg. **2)** *F. im Odenwald,* hess. Gem. im Kr. Bergstraße, 10 000 E.; Textil- u. Elektro-Ind.

Furtwangen, bad. Uhrenstadt im Schwarzwald, an der Breg, 11 000 E.; Fachhochschule, Uhrenmuseum, feinmechan. Apparate.

Furtwängler, 1) *Adolf,* dt. Archäologe, 1853–1907; Ausgrabungen in Olympia usw. **2)** *Wilhelm,* Sohn v. 1), dt. Dirigent, 1886–1954; leitete die Berliner Philharmoniker; auch Komponist.

Furunkel *m* (lat.), umgrenztes, akutes, v. Haarbälgen, Talg- od. Schweißdrüsen ausgehendes Blutgeschwür. **Furunkulose,** Furunkeln an mehreren Körperstellen.

Fürwort (lat. *Pronomen*), steht für ein Hauptwort; persönliches (ich), hinweisende (dieser), bezügliche (der, welcher), fragende (wer?), unbestimmte (jemand), besitzanzeigende (mein), rückbezügliche (sich) Fürwörter. [wörter.

Fusan ↗Pusan.

Fuschun, chines. Stadt in der südl. Man-

Messer

Druckleiste — Messer

Furnier: Herstellen von **1** Schäl- und **2** Messer-F.

Tor (7,32 m breit)
16,50 m
Torlinie
Strafraum 16,50 m
Mittel- linie
Ø 18,30 m
Elfmeter
Seitenlinie
90–120 m
45–90 m

Fußball: Spielfeld

Wilhelm Furtwängler

dschurei (Prov. Liaoning), 2 Mill. E.; Steinkohlentagebau.

Fusel *m,* schlechter Branntwein mit schmeck- od. riechbarem Anteil an ↗Fuselölen.

Fuselöle, höhersiedende Alkohole, die bei alkohol. Gärung entstehen, unangenehm riechend u. giftig. Hauptbestandteil Amylalkohol; zu Lösungsmitteln u. Fruchtäthern.

Fusion *w* (lat.), Verschmelzung, **1)** wirtschaftl.: die Vereinigung v. Kapitalgesellschaften (AG, GmbH) unter Aufgabe ihrer rechtl. Selbständigkeit. **2)** physikal.: ↗Kernverschmelzung.

Fuß *m,* **1)** unterer Abschnitt des Beins, dient der Stützung u. Fortbewegung des Körpers; beim Menschen 7 Fußwurzel-, 5 Mittelfuß-, 14 Zehenknochen, bilden mit Bändern u. Muskeln Längs- u. Quergewölbe des F. Fußleiden: Knickfuß, Plattfuß, Spreizfuß. Fußmißbildungen: Spaltzehen, Zusammenwachsen mehrerer Zehen, ↗Klumpfuß, Verkümmerungen u. Verkrüppelungen. **2)** veraltetes Längenmaß, 1 F. (′) = 12 Zoll (″) zu je 12 Linien (‴); Größe je nach Gegend verschieden, gewöhnl. ¹/₃ m. ↗Foot.

Fußball, Mitte 19. Jh. in der heutigen Form (Vorläufer schon im Alt.) in Engl. entstandenes, heute das auf der Welt verbreitetste Ballspiel, gespielt v. 2 Mannschaften zu je 11 Spielern (1 Torwart, 2 Verteidiger, 3 Läufer, 5 Stürmer), auf einem grasbewachsenen Spielfeld mit 2 Toren. Die Spieler dürfen den Ball (Lederhohlball mit Gummiblase; Umfang 68–71 cm, Gewicht 396–453 g) mit allen Teilen des Körpers (außer mit Händen u. Armen) berühren. Nur der Torwart darf den Ball (im Strafraum) auch mit den Händen fangen u. werfen. Der Ball wird durch Fußstoß (seltener auch durch Kopfstoß) weiterbewegt. Ziel jeder Mannschaft ist es, gegner. Angriffe auf das eigene Tor abzuwehren u. den Ball auf das gegner. Tor zu spielen. Spieldauer: 90 Minuten (nach 45 Minuten Pause u. Wechsel der Spielfeldseiten). Das Spiel wird v. 1 Schiedsrichter u. 2 Linienrichtern geleitet. Der Schiedsrichter entscheidet, ob ein Tor erzielt wurde, überwacht die Einhaltung der Spielregeln u. ahndet Regelverstöße (durch Freistoß, Strafstoß, Feldverweis). Die Spieler tragen besondere *F.schuhe* mit Stollen (heute auch als auswechselbare Schraubstollen) an der Sohle und verstärkter Kappe.

Füssen, bayer. Stadt, Sommer- u. Winterkurort am Fuß der Allgäuer Alpen, beiderseits des Lechs, 803 m ü.M., 13 000 E.

Füßli, *Johann Heinrich,* Schweizer Maler, 1741–1825; Illustrationen zu Shakespeare, Milton, Dante, antiken u. german. Sagen.

Fußnote *w,* am Fuß der Buchseite, heute oft im Anhang stehende Anmerkung in Textausgaben u. wiss. Abhandlungen.

Fußpunkt, der Punkt, auf dem eine Senkrechte (Lot) errichtet wird.

Fust, *Johann,* dt. Buchdrucker, um 1400–1466; Mitarbeiter, dann Gläubiger u. Nachfolger ↗Gutenbergs. Mit dessen Druckgerät gründete er (zus. mit seinem Schwiegersohn Peter Schöffer) eine eigene Werkstatt; berühmt das Psalterium v. 1457.

Fußball-Meister

Deutsche Fußballmeister

- 1903 VfB Leipzig
- 1904 –
- 1905 Union 92 Berlin
- 1906 VfB Leipzig
- 1907 Freiburger FC
- 1908 Viktoria 98 Berlin
- 1909 Phönix Karlsruhe
- 1910 Karlsruher FV
- 1911 Viktoria 98 Berlin
- 1912 Holstein Kiel
- 1913 VfB Leipzig
- 1914 SpVgg. Fürth
- 1920/1921 1. FC Nürnberg
- 1922/1923 Hamburger SV
- 1924/1925 1. FC Nürnberg
- 1926 SpVgg. Fürth
- 1927 1. FC Nürnberg
- 1928 Hamburger SV
- 1929 SpVgg. Fürth
- 1930/1931 Hertha BSC Berlin
- 1932 FC Bayern München
- 1933 Fortuna Düsseldorf
- 1934/1935 FC Schalke 04
- 1936 1. FC Nürnberg
- 1937 FC Schalke 04
- 1938 Hannover 96
- 1939/1940 FC Schalke 04
- 1941 Rapid Wien
- 1942 FC Schalke 04
- 1943/1944 Dresdner SC
- 1948 1. FC Nürnberg
- 1949 VfR Mannheim
- 1950 VfB Stuttgart
- 1951 1. FC Kaiserslautern
- 1952 VfB Stuttgart
- 1953 1. FC Kaiserslautern
- 1954 Hannover 96
- 1955 Rot-Weiß Essen
- 1956/1957 Borussia Dortmund
- 1958 FC Schalke 04
- 1959 Eintracht Frankfurt
- 1960 Hamburger SV
- 1961 1. FC Nürnberg
- 1962 1. FC Köln
- 1963 Borussia Dortmund

Bundesliga-Meister:

- 1964 1. FC Köln
- 1965 Werder Bremen
- 1966 1860 München
- 1967 Eintracht Braunschweig
- 1968 1. FC Nürnberg
- 1969 Bayern München
- 1970/1971 Borussia Mönchengladbach
- 1972/1973/1974 Bayern München
- 1975/1976/1977 Borussia Mönchengladbach
- 1978 1. FC Köln
- 1979 Hamburger SV
- 1980 Bayern München
- 1981 Bayern München

DFB-Vereinspokal

- 1935 1. FC Nürnberg
- 1936 VfB Leipzig
- 1937 Schalke 04
- 1938 Rapid Wien
- 1939 1. FC Nürnberg
- 1940/1941 Dresdner SC
- 1942 1860 München
- 1943 Vienna Wien
- 1953 Rot-Weiß Essen
- 1954 VfB Stuttgart
- 1955/1956 Karlsruher SC
- 1957 Bayern München
- 1958 VfB Stuttgart
- 1959 Schwarz-Weiß Essen
- 1960 Borussia Mönchengladbach
- 1961 Werder Bremen
- 1962 1. FC Nürnberg
- 1963 Hamburger SV
- 1964 1860 München
- 1965 Borussia Dortmund
- 1966/1967 Bayern München
- 1968 1. FC Köln
- 1969 Bayern München
- 1970 Offenbacher Kickers
- 1971 Bayern München
- 1972 FC Schalke 04
- 1973 Borussia Mönchengladbach
- 1974 Eintracht Frankfurt
- 1975 Frankfurt
- 1976 Hamburger SV
- 1977/1978 1. FC Köln
- 1979/1980 Fortuna Düsseldorf
- 1981 Eintracht Frankfurt

Europapokal der Landesmeister

- 1956/1957/1958/1959/1960 Real Madrid
- 1961/1962 FC Benfica Lissabon
- 1963 AC Mailand
- 1964/1965 Inter Mailand
- 1966 Real Madrid
- 1967 Celtic Glasgow
- 1968 Manchester United
- 1969 AC Mailand
- 1970 Feijenoord Rotterdam
- 1971/1972/1973 Ajax Amsterdam
- 1974/1975/1976 Bayern München
- 1977 FC Liverpool
- 1978 FC Liverpool
- 1979/1980 Nottingham
- 1981 FC Liverpool

Fußball-Europameister

(alle 4 Jahre ausgetragen)

- 1968 Italien
- 1972 Deutschland
- 1976 ČSSR
- 1980 Deutschland

Fußball-Weltmeister

(alle 4 Jahre ausgetragen)

- 1930 Uruguay
- 1934/1938 Italien
- 1950 Uruguay
- 1954 Deutschland
- 1958/1962 Brasilien
- 1966 England
- 1970 Brasilien
- 1974 Deutschland
- 1978 Argentinien

Europapokal der Pokalsieger

- 1961 Fiorentina Florenz
- 1962 Atlético Madrid
- 1963 Tottenham Hotspurs
- 1964 Sporting Lissabon
- 1965 West Ham United
- 1966 Borussia Dortmund
- 1967 Bayern München
- 1968 AC Mailand
- 1969 Slovan Preßburg
- 1970 Manchester City
- 1971 Chelsea London
- 1972 Glasgow Rangers
- 1973 AC Mailand
- 1974 1. FC Magdeburg
- 1975 Dynamo Kiew
- 1976 RSC Anderlecht
- 1977 Hamburger SV
- 1978 RSC Anderlecht
- 1979 FC Barcelona
- 1980 Valencia
- 1981 Dynamo Tiflis

Futschou, *Foochow,* Hst. der chines. Prov. Fukien, Haupthafen der chines. Südostküste, am Minkiang, 800000 E.; Univ., Schwer-Ind., Seiden u. Baumwoll-Ind.

Futter, alle der Ernährung der Haustiere dienenden Stoffe *(F.mittel):* a) *Rauh-F.:* Heu, Stroh, Spreu: b) *Saft-F.:* Grün-F. (Gras, Klee, Grünmais, Rübenblätter), ↗Gär-F., Wurzel- u. Knollenfrüchte, gewerbl. Abfälle (Schlempe, Pülpe, Melasse, Treber); c) *Kraft-F.:* Körnerfrüchte, Kleie, F.mehle, Trockenschnitzel, Ölkuchen u. Extraktionsschrote, Milch, Fleisch-, Fischmehl, Eiweißkonzentrat, Trockenhefe.

Futteral *s* (neulat.), Kapsel, Hülle.

Futtermauer, einfache *Stützmauer,* Wand zum seitl. Abschluß eines steilen Böschungsabschnitts, z. B. bei Dämmen.

Futterrübe ↗Runkelrübe.

Futurismus, „auf die Zukunft gerichtete" Kunstbewegung, entstanden 1909/10 in It.; versucht, Bewegung an sich darzustellen (abstrakte geometr., maschinelle Formen). Hauptmeister: Severini; Boccioni, Carrà.

Futurologie *w* (lat.-gr.), die wiss. Untersuchung v. Zukunftsfragen, bes. auf techn., wirtschaftl. u. sozialem Gebiet.

Futur(um) *s* (lat.), die Zeitform der Zukunft.

Fux, *Johann Joseph,* östr. Barockkomponist, 1660–1741; polyphone kirchl. Werke, Vertreter des Palestrinastils.

Fyn, dän. Name der Insel ↗Fünen.

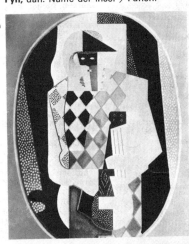

Futurismus: G. Severini, Harlekin

G

Gaffel: Gaffelschoner

Juri Gagarin

Gabun
Amtlicher Name:
République Gabonaise
Staatsform:
Republik
Hauptstadt:
Libreville
Fläche:
267 667 km²
Bevölkerung:
540 000 E.
Sprache:
Amtssprache ist
Französisch;
Umgangssprachen:
Bantu-Dialekte
Religion:
50% Katholiken,
12% Protestanten,
36% Anhänger von
Naturreligionen
Währung:
1 CFA-Franc
= 100 Centimes
Mitgliedschaften:
UN, OAU, der EWG
assoziiert

g, Abk. 1) für Gramm. 2) in Östr. für Groschen. 3) Zeichen für die Fallbeschleunigung (g = 9,81 m/s²). **G,** Abk. 1) für ↗Giga. 2) in der Börsensprache für ↗Geld.
Ga, chem. Zeichen für ↗Gallium.
Gäa, griech. Göttin der Erde. ↗Füllhorn.
Gabaon ↗Gibeon.
Gabardine m od. w, Gewebe mit steilen Schrägrippen für Oberkleidung.
Gabelbock, Gabler, Bock od. Hirsch, dessen Gehörn od. Geweih eine Gabel bildet.
Gabelsberger, Franz Xaver, 1789–1849; Begr. einer dt. ↗Kurzschrift.
Gabelstapler, Hubstapler, fahrbares Gerät z. Heben, Stapeln u. Transportieren. □ 286.
Gabelweih(e) m od. w, der ↗Milan.
Gaberones ↗Gaborone.
Gabès, Hafenstadt in Tunesien, am Golf v. Gabès (Kleine Syrte), 41 000 E.
Gabin (:gabã̃), Jean, frz. Schauspieler, 1940–76; zahlr. Filmrollen, u. a. Hafen im Nebel; Schuld u. Sühne; Die großen Familien; mehrere Maigret-Filme.
Gabirol, Salomon ben Jehuda ibn (v. den Scholastikern Avicebron od. Avencebrol gen.), jüd. Philosoph u. Dichter in Spanien, um 1020 – um 1070; sein HW Fons vitae (Lebensquell) wirkte bes. in der Franziskanerschule (Duns Scotus) nach.
Gablonz an der Neiße, tschech. Jablonec nad Nisou, nordböhm. Stadt, 33 500 E. Die dt. G.er Glas- u. Schmuckwaren-Ind. wurde 1946 nach Süd-Dtl. u. Östr. verlagert (Neugablonz, ↗Kaufbeuren).
Gabo, Naum, eig. N. Pevsner, russ.-engl. Bildhauer, 1890–1977; Vertreter des Konstruktivismus; abstrakte Metall- u. Glaskonstruktionen; Konstruktion Rotterdam.
Gábor, Dennis, brit. Physiker ungar. Herkunft, 1900–79; Nobelpreis 71 für Entwicklung der Holographie.
Gaborone, fr. Gaberones, Hst. von Botswana, 34 000 E.
Gabriel, Erzengel, im AT u. NT Bote Gottes an die Menschen (Daniel, Zacharias, Maria); Fest am 29. Sept.; auch für ↗Manichäer, ↗Mandäer u. ↗Muslimen wichtig.
Gabrovo, bulgar. Prov.-Hst. u. Bahnknoten am Nordfuß des Balkangebirges, 78 000 E.; Ingenieurschule; Textilindustrie.
Gabun, frz. Gabon, Rep. in Äquatorialafrika, am Golf v. Guinea. Hinter einem 200 km breiten Küstenvorland mit trop. Regenwald erhebt sich ein ca. 600 m hohes, bergiges Grasland. Förderung u. Erdöl, Eisenerz, Uran. Ausfuhr v. Ebenholz. – Seit 1910 frz. Kolonie, Teil v. Frz.-Äquatorialafrika; 1958 autonome, seit 60 unabhängige Rep. innerhalb der Frz. Gemeinschaft. – Staats-Präs. Omar (Bernard-Albert) Bongo (seit 67).
Gad, 7. Sohn Jakobs. Der Stamm G. siedelte im südl. Ostjordanland.
Gadamer, Hans-Georg, deutscher Philosoph, * 1900; seit 49 Prof. in Heidelberg; deutet im Sinne Husserls u. Heideggers Sprache u. Bildende Kunst.
Gade, Niels Vilhelm, dän. Komponist, 1817–90; einer der Hauptvertreter der skandinav. Musik. Symphonien, Ouvertüren, Kantaten u. Chorwerke.
Gaden, Gadem m od. s, 1) Haus mit nur einem Zimmer. 2) Gemach, Saal. 3) Teil der Basilika oberhalb der Seitenschiffe.
Gadolinium s, chem. Element, Zeichen Gd, seltenes Erdmetall, Ordnungszahl 64. □ 148.
Gaffel w, Segelstange längsschiffs am Mast für das trapezförmige G.segel.
Gag m (gäg, engl.), witziger Einfall, bes. im Film.
Gagarin, Juri, sowjet. Fliegeroffizier u. Astronaut, 1934–68; führte am 12. 4. 1961 den ersten bemannten Weltraumflug (Erdumkreisung) durch.
Gage w (: gaschᵉ, frz.), Gehalt.
Gagel m, G.strauch, Myrica gale, bis 1 m hoher Strauch der westeurop. Heidemoore; aromat. Blätter als Mottenmittel.
Gagern, Heinrich Frh. v., 1799–1880; 1848 Präs. der Frankfurter Nationalversammlung.
Gaggenau, mittelbad. Stadt im Murgtal, 29 000 E.; Kfz.- und Eisen-Ind.
Gainsborough (: geᵢnsbᵉrᵉ), Thomas, engl. Maler, 1727–88; Bildnisse der engl. Adels; Landschaften.
Gaiser, Gerd, dt. Schriftsteller, 1908–76; Romane u. Erzählungen mit objektiver Naturdarstellung u. Zeitkritik; Das Schiff im Berg, Schlußball.
Gaius, röm. Rechtsgelehrter des 2. Jh., verfaßte ein Rechtsbuch.
Gala w (span.), Hoftracht.
galaktisch (gr.), auf die Milchstraße bezüglich.
Galalith s, ein synthet. Kunststoff.
Galan m (span.), Liebhaber. **galant** (Hw. Galanterie), höflich gg. Damen. **Galante Dichtung,** Form der europ., bes. frz. Lyrik um 1700, mit gesuchten Ausdruck u. erot. Thematik. **Galanteriewaren,** kleinere Gebrauchsgegenstände in feiner Ausführung für den persönl. u. häusl. Schmuck.
Galápagosinseln, 13 größere u. viele kleinere vulkan. Inseln im Pazif. Ozean, zu Ecuador, 7812 km², 4100 E.; Riesenschildkröten (Schildkröteninseln).
Galata, Stadtteil v. Istanbul, nördl. am Goldenen Horn (Hafen).
Galatea, griech. Meernymphe. ↗Nereiden.
Galater (Mz.), griech. Name für kelt. Volksstämme, die im 3. Jh. v. Chr. die Balkanhalbinsel verheerten u. sich in Kleinasien (Galatien) niederließen. **G.brief,** Sendschreiben des hl. Paulus an die Gemeinden in Galatien; zw. 54. u. 58 verfaßt.
Galatz, rumän. Galați, Hafenstadt an der unteren Donau, noch für Seeschiffe erreichbar, 240 000 E.; rumän.-orth. Bischof; Stahlwerk, Werften, Mühlen.
Galaxis w (gr.), die ↗Milchstraße; Galaxien, Sternsysteme, ähnl. wie das Milchstraßensystem aufgebaut.
Galba, 68/69 röm. Kaiser (ermordet).
Galeere w, flaches Ruderkriegsschiff (bis ins 18. Jh.). Die Ruderer waren meist G.nsklaven od. G.nsträflinge.
Galen, Clemens August Graf v., 1878–1946; 1933 Bischof v. Münster, 46 Kard.; unerbittlicher Gegner des Nat.-Soz.
Galenos, auch Galen, griech. Arzt, 129–199 n. Chr.; lebte in Pergamon u. Rom, faßte in

seinen Schr. die antike Heilkunde zusammen.

Galeone, *Gallione* w, span.-portugies. Segelkriegsschiff für die Amerikafahrt im 16.–18. Jh. Die kleinere *Galeote* entspricht der ↗Kogge.

Galerie w (it.), langer Schmalgang, Gemäldesammlung, Empore, Stollen. [ger.

Galerius, 305/311 röm. Ks., Christenverfolger.

Galicien, nordwestspan. gebirg. Landschaft, Hst. Santiago de Compostela.

Galiläa, nördl. Teil Palästinas, Gebirgsland westl. des Jordans, wo Jesus predigte.

Galiläisches Meer, See ↗Genesareth.

Galilei, *Galileo*, it. Astronom u. Physiker, 1564–1642; einer der Begründer der modernen messenden Naturwissenschaft; erfand hydrostatische Waage, Proportionalzirkel; entdeckte die Fall- u. Pendelgesetze sowie mittels des v. ihm gebauten Fernrohrs 4 Jupitermonde, den Saturnring, die Mondgebirge, die Sonnenflecken, die Schwankungen der Mondachse u. die Zusammensetzung der Milchstraße. Trat für das heliozentr. Weltsystem des Kopernikus ein; deswegen v. der röm. Inquisition zum Schweigen verpflichtet, später verurteilt.

Gälisch, eine keltische Sprache; noch in Teilen Schottlands; das *irische G.* ist die Amtssprache der Rep. Irland.

Galizien, osteurop. Landschaft, umfaßt den Nordabhang der Beskiden u. Karpaten sowie deren nördl. Vorland; bewohnt v. Polen u. Ruthenen. – Der W kam um 1000, der O im 14. Jh. zu Polen; nach dessen Teilungen gehörte G. zeitweise zu Österreich. 1919 bzw. 23 fielen West- u. Ost-G. wieder an Polen. Der Teil östl. v. San wurde 45 der UdSSR zugesprochen.

Gall, *Franz-Joseph*, dt. Arzt u. Hirnanatom, 1758–1828; Begr. der ↗Phrenologie.

Galla, hamit. Volk Ostafrikas.

Galla Placidia, weström. Kaiserin, Tochter Theodosius' d.Gr., um 389–450; regierte 425/445 für ihren Sohn Valentinian in Ravenna.

Galle, gelbgrüne Absonderung der Leber in die *G.nblase*, die sie durch den *G.ngang* in den Zwölffingerdarm zur Fettverdauung entleert. Bei Rücktritt ins Blut ↗Gelbsucht. *G.nsteine*, *G.ngrieß*, durch kristall. Niederschläge aus der G., bei Stoffwechselstörungen, organische Allgemeinerkrankungen. *G.nsteinkolik*, bei Einklemmung eines G.nsteines. ☐ 617. *G.nbrechruhr* ↗Cholera.

Gallegos (: -lje-), *Rómulo*, venezolan. Schriftsteller u. Politiker, 1884–1969; 1948 Präs. v. Venezuela; schrieb Romane u. Erzählungen im Kolorit seiner Heimat.

Gallen, 1) abnorme Gewebebildungen an Blättern u. Sprossen v. Pflanzen, die v. Gallinsekten (Gallmücken, -wespen, -milben, Blattläusen) od. v. Bakterien, Pilzen verursacht werden, z.B. Auswüchse, wie Galläpfel, Beutelgallen an Buchenblättern, od. Wucherungen, wie ↗Hexengalle. 2) beim Pferd u. Rind Geschwulst an Gelenkkapseln od. Sehnenscheiden. **G.pilz**, der bittere ↗Steinpilz. **G.säuren**, in Leber u. Galle vorkommende Verbindungen, *Cholsäure*, *Cholansäure* u.a.

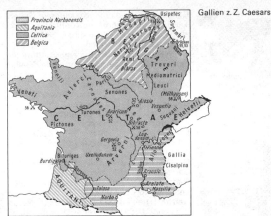

Gallien z. Z. Caesars

Provincia Narbonensis
Aquitania
Celtica
Belgica

Gallert s, *Gallerte* w, elastische Masse (↗Gel), warm flüssig, bei Abkühlung erstarrend, aus Mineralien, Pflanzen od. Tierknochen (Gelee, Gelatine).

Gallien, lat. *Gallia*, röm. Name für das kelt. Gebiet nördl. u. südl. der Alpen. In *Gallia cisalpina* (= diesseits der Alpen), dem ober-it. Gebiet zw. Alpen u. Apennin, kämpften die Römer seit dem 4. Jh. v. Chr. mit den Kelten, die 387/386 v. Chr. unter Brennus Rom zerstörten. Um 200 v. Chr. nahmen die Römer das Gebiet in Besitz; unter Sulla wurde die Prov. Gallia cisalpina errichtet. Die röm. Eroberung v. *Gallia transalpina* (= jenseits der Alpen), dem heutigen Fkr. u. Belgien, begann 154 v. Chr., wurde 121 fortgesetzt durch Errichtung der Prov. *Gallia Narbonensis* (der heutigen Provence) u. endete mit dem Gallischen Krieg Caesars 58/51 v. Chr. **Gallier** ↗Kelten.

Gallikanismus, Bestrebungen zur Schaffung einer frz. Nationalkirche v. 15./18. Jh. Durch das 1. Vatikan. Konzil verurteilt.

Gal(l)ion s, Schiffsvorbau zur Unterstützung des Bugspriets, trägt die *G.sfigur*.

Gallipoli, Halbinsel zw. dem Golf v. Saros u. den Dardanellen, 900 km².

Gallitzin, *Amalia*, 1748–1806, Gattin des russ. Fürsten D.A.G.; war in Münster i. Westf. Mittelpunkt eines geistigen Kreises (Hamann, Leopold zu Stolberg u.a.).

Gallium s, chem. Element, Zeichen Ga, Metall, Ordnungszahl 31. ☐ 148.

Gällivare (: jäliw-), fr. *Gellivara*, nordschwed. Bergbauort, 26600 E.; Umschlagplatz für die Erze des Erzbergs Malmberget u. der Gruben v. Koskullskulle.

Gallmücken, *Itonidae*, kleine Mücken, legen ihre Eier in Pflanzen ab u. erzeugen ↗Gallen, in denen die Larven sich entwickeln.

Gallon s (: gäl^en), die *Gallone*, Hohlmaß in England (4,54 l) u. USA (3,78 l).

Gallup-Institut (: gäl^p-), v. am. Zeitungswissenschaftler *Gallup* (* 1901) 35 gegr. Institut für Meinungsforschung.

Gallus, hl. (16. Okt.), um 550–640; irischer Missionar, wirkte in Alem. u. Alamannien; errichtete um 614 eine Einsiedelei, aus der das Kloster St. Gallen entstand.

Galle: oben Gallensteine, unten Gallengrieß

Kardinal von Galen

Galopp-Haltung des Pferdes

John Galsworthy

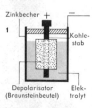

Zinkbecher + −
1
Kohlestab
Depolarisator Elektrolyt
(Braunsteinbeutel)

Stahldeckel Dichtungsring
Elektroden
2
Stahlnapf Separator Elektrolytschichten

galvanische Elemente: 1 Kohle-Zink-Element, Leclanché-Element (Rundzelle); 2 Knopfzelle

Gambe

Gallussäure, *Trioxybenzoesäure,* in Gallen, Tee u.a., aus Tannin gewonnen; zu Farbstoffen, Tinten, photograph. Entwicklern u. pharmazeut. Präparaten.

Gallwespen, *Cynipidae,* kleine Hautflügler, deren schmarotzende Larven ↗Gallen (Galläpfel) hervorrufen.

Galmei *m,* bergmänn. die Zinkerze.

galoniert (frz.), mit Tressen besetzt.

Galopp *m,* **1)** springende, schnelle, gestreckter *G.* schnellste Gangart des Pferdes. **2)** Rundtanz im $^2/_4$-Takt.

Galosche *w* (frz.), Über-, Gummischuh.

Galsworthy (: gǎlswö'ß'), *John,* engl. Schriftsteller, 1867–1933; breit angelegte Gesellschafts- u. Familienromane. *Forsyte Saga.*

Galt, *Gelber G.,* chron. ansteckende Euterentzündung der Kühe.

Galton (: gǎlt en), Sir *Francis,* engl. Naturforscher, 1822–1911; Vetter Darwins; Begr. der ↗Eugenik.

galvanische Elektrizität, *Galvanismus,* nach *Luigi Galvani* (1737–98) benannt; beruht auf Umwandlung chem. in elektr. Energie beim Eintauchen v. Metallen in Elektrolyten.

galvanisches Element, gibt elektr. Energie durch Ionenbildung in Elektrolyten ab; *Daniell-Element,* Elektroden: Kupfer in Kupfersulfat, Zink in Zinksulfat, Spannung 1,13 Volt; *Leclanché-Element,* Elektroden: Zink u. Kohlenstoff-Mangandioxid in Ammoniumchloridlösung (für Taschenlampen u. Anodenbatterien); *Luftsauerstoff-Element,* Elektroden: Sauerstoff u. Zink in Kalilauge; *Normal-Element,* zum Messen v. Spannungen, Elektroden: Quecksilber, Cadmiumamalgam in Cadmiumsulfat, gibt konstant 1,018 V bei 20° C ab *(Weston-Element).*

Galvano *s,* der durch Galvanoplastik erzeugte Druckstock, auch die Urmatrizen für Schallplattenprägung.

Galvanokaustik, 1) in der ↗Elektrochirurgie: die Verwendung eines glühenden Platindrahtes. **2)** galvan. Gravieren im Ätzverfahren.

Galvanometer *s,* elektr. Meßgerät, das die Kraftwirkung zw. Permanentmagnet u. stromdurchflossener Spule bes. zum Messen schwacher Ströme ausnutzt.

Galvanotechnik, umfaßt alle Verfahren, um die Oberflächen metall. od. leitend gemachter Werkstücke durch ↗Elektrolyse zu verändern. *Galvanostegie* erzeugt einen edleren Metallüberzug auf weniger edler Unterlage, *Galvanoplastik* metall. Kopien, die ↗Galvanos, wenn der erzeugte Überzug abgehoben u. mit Blei verstärkt wird.

Gama, *Vasco da,* portugies. Seefahrer, 1469–1524; erschloß den Seeweg nach Indien.

Gamaliel, jüd. Gesetzeslehrer, um 50 n. Chr., Lehrer des Paulus; für Duldung der Christen.

Gamander *m, Teucrium,* Gattung der Lippenblütler, *Katzen-G., Amberkraut,* Heilpflanze gg. Gicht, Durchfall u. Bronchitis.

Gambe *w* (it.), *Viola da Gamba,* 6saitiges Streichinstrument, Kniegeige, im 16./17. Jh. beliebt; v. Cello verdrängt.

Gambetta (: gãbǟta), *Léon,* 1838–82; rief

70 die frz. Rep. aus, organisierte im Dt.-Frz. Krieg den Volksaufstand gg. Dtl., 81/82 Min.-Präs. u. Außenminister.

Gambia, 1) *m,* schiffbarer Strom in Westafrika, mündet mit einem breiten Trichter in den Atlant. Ozean; 1120 km lang. **2)** Staat an der Atlantikküste Westafrikas, am Unterlauf von 1). G. ist an 3 Seiten v. der Rep. Senegal umschlossen. Ungesundes Tropenklima, Anbau v. Erdnüssen. – Seit 1765 brit., seit 1965 unabhängiger Staat im Commonwealth, seit 70 Republik, Staats-Präs. Sir Dauda Kairaba Jawara.

Gambit *s* (arab.-span.), Schacheröffnung mit Bauernopfer.

Gambrinus, sagenhafter Kg. z.Z. Karls d. Gr., angebl. Erfinder des Biers.

Gameten (Mz., gr.), männl. u. weibl. Geschlechtszellen; gleichgestaltet *(Iso-G.)* od. verschieden *(Aniso-G.),* unbewegl. weibl. G. werden Eizellen, bewegl. männl. Samenzellen Spermatozoon genannt.

Gamma, 3. griech. Buchstabe. **G.globulin** *s,* Eiweißbestandteil des Blutes; Träger der ↗Antikörper. **G.strahlen,** γ-*Strahlen,* ↗Radioaktivität.

Gammler, Jugendliche aller Bevölkerungsschichten mit verwahrloster Kleidung, die viel reisen, wenig arbeiten, Statussymbole ablehnen u. in einer Welt der sozialen Unabhängigkeit u. Repressionslosigkeit leben.

Gand (: gã), frz. für ↗Gent.

Gander, kanad. Stadt im NO Neufundlands, 7100 E.; fr. wichtiger Flughafen auf der Nordatlantikroute.

Ganderkesee, niedersächs. Gem. im Verwaltungsbezirk Oldenburg, 24800 E.

Gandersheim, *Bad G.,* niedersächs. Krst. an der Gande (zur Leine), am Harz, 12000 E.; Stiftskirche (10. Jh.), ehem. Kanonissenstift, in dem 995/1001 ↗Hrotsvith wirkte. Solbad, Schloß (heute Amtsgericht), Glashütte.

Gandhi, 1) *Indira,* ind. Politikerin, * 1917; Tochter J. ↗Nehrus; 64 Informationsmin., seit 66 Präs. der Kongreßpartei, 66/77 u. seit 80 Min.-Präs. **2)** *Mohandas Karamchand,* gen. *Mahatma* („große Seele"), bedeutendster Führer der ind. Freiheitsbewegung, 1869–1948; europäisch gebildeter Rechtsanwalt, wirkte seit dem 1. Weltkrieg für die Unabhängigkeit Indiens, versuchte die Ggs.e zw. Hindus u. Muslimen zu beseitigen u. trat für die Rechte der ↗Parias ein. Seine Methode des polit. Kampfes war der passive Widerstand. Er wurde v. einem extremistischen Hindu-Nationalisten ermordet.

Gang, 1) eine Getriebeübersetzung beim Kraftfahrzeug. ☐ 511. **2)** eine mit jungem Gestein gefüllte Spalte in älterem Gestein.

Ganges *m,* kleinster der 3 Hauptströme Indiens, kommt v. Himalaja, bildet mit dem Brahmaputra das größte Delta der Erde (80000 km²); Länge 2700 km. Der G. reinigt nach dem Hinduglauben v. allen Sünden (hl. Waschungen u. Wasserversand).

Ganghofer, *Ludwig,* dt. Schriftsteller, 1855–1920; zahlr. Romane u. Volksstücke; *Die Martinsklause, Der Mann im Salz* usw.

Ganglion *s* (gr.; Mz. *Ganglien),* **1)** ↗Überbein. **2)** Nervenknoten, Anhäufung v. Nervenzellen *(Ganglienzellen).*

Gambia

Amtlicher Name:
Republic of the Gambia

Staatsform:
Republik

Hauptstadt:
Banjul

Fläche:
11 295 km²

Bevölkerung:
580 000 E.

Sprache:
Amtssprache ist Englisch; daneben die Stammessprachen

Religion:
84 % Muslimen,
12 000 Protestanten,
10 000 Katholiken,
Animisten

Währung:
1 Dalasi
= 100 Bututs

Mitgliedschaften:
UN, OAU,
Commonwealth

Indira Gandhi

Mahatma Gandhi

Giuseppe Garibaldi

Gangrän s (gr.), ↗Brand.
Gangtok, Hst. v. Sikkim, im Himalaja, an der alten Handelsstraße Indien–Tibet; 15 000 E.
Gangway w (: gängwe¹, engl.), beweglicher Laufgang von Schiff oder Flugzeug zum Landeplatz.
Gänse, große Entenvögel mit etwa 30 Arten, Zugvögel. *Graugans,* Stammform der Hausgans, Heimat Nord- u. Osteuropa.
G.blümchen, *Maßliebchen, Bellis perennis,* kleiner weißblüt. Korbblütler. Gefüllte Formen *(Tausendschön),* Zierpflanzen. **G.distel,** *Sonchus,* Gattung der Korbblütler, milchsaftführendes Ackerunkraut. **G.fuß,** *Melde, Chenopodium,* Ackerunkraut. ☐ 454.
G.haut, Hautreflex bei Kälte: Aufrichtung des Haares u. Hervortreten des Haarbalges durch Kontraktion des Haarbalgmuskels.
G.rich ↗Ganter.
Ganter, *Gänserich,* männl. Gans.
Ganymed(es), schöner Knabe der griech. Sage, v. Adler des Zeus entführt.
Garage w (: garasche, frz.), Einstellraum für Kraftwagen.
Garant m (frz.), Bürge. **Garantie** w (Ztw. *garantieren),* Gewähr(leistung); der Verkäufer haftet für Mängel, gleichgültig, ob diese erheblich od. unerheblich sind.
Garbo, *Greta,* eig. *Gustafsson,* schwed. Filmschauspielerin, * 1905; *Anna Karenina, Die Kameliendame, Königin Christine.*
Garbsen, niedersächs. Stadt bei Hannover, 57 300 E.
Garching, bayer. Gem. nördl. v. München, 11 300 E.; Kernforschungszentrum, Max-Planck-Institut für Plasmaphysik.
García Lorca (: -ßja-), *Federico,* span. Dichter, 1899–1936 (im Bürgerkrieg ermordet); bedeutend als Lyriker (Verbindung volkstüml. u. moderner Stilelemente) u. Schöpfer eines „poet. Dramas": aus andalus. Geist, symbolhaft verdichtet. *Zigeunerromanzen;* Dramen: *Yerma, Bluthochzeit, Doña Rosita, Bernarda Albas Haus.*
Garçon m (: garßõn, frz.), 1) Knabe, Junggeselle. 2) Kellner.
Gard m (: gar), r. Nebenfluß der Rhône, entspringt in den Cevennen, 140 km lang; sein Tal kreuzt oberhalb Remoulins der röm. Aquädukt *Pont du G.*
Gardasee, größter der ober-it. Seen, 370 km², 65 m ü. M.; bis 346 m tief.
Gardelegen, Krst. in der Altmark (Bez. Magdeburg), 13 300 E.; got. Rathaus.
Gardenie w, Gattung der Labkrautgewächse, immergrüne Sträucher der altweltl. Tropen, Warmhauspflanzen für Schnittblumen.
Garderobe w (frz.), Kleiderablegeraum, Kleidervorrat, Ankleideraum.
Gardine w (lat.), Fenster-, urspr. Bettvorhang. **G.npredigt,** Strafrede der Ehefrau („hinter dem Bettvorhang").
Gärfutter, *Silofutter,* durch vorwiegend Milchsäuregärung in besond. G.behältern (↗Silos) haltbar gemachte Futtermittel, wie Grünmais, Gras, Klee, Futtergemenge, Rübenblätter, Kartoffeln.
Garibaldi, *Giuseppe,* it. Freiheitskämpfer, 1807–82; verteidigte 48 das republikan. Rom gg. die Franzosen, vertrieb 60 im „Zug

Gänse	Grau-G.
	(Anser anser)
B = Beine, Br =	B rötlich
Brust, Gr = Größe,	S rötlich
H = Hals,	Gr 80 cm
S = Schnabel	Kanada-G.
Bläß-G.	*(Branta canadensis)*
(Anser albifrons)	Gefieder braun,
B orangefarben	Kopf schwarz, mit
S rötlich	weißen Wangen
Gr 60 cm	Gr 91–102 cm
Zwerg-G.	Weißwangen-G.
(Anser erythropus)	*(Branta leucopsis)*
B orangefarben	Br u. H schwarz
S klein, rötl.	Gesicht weiß
Gr 55 cm	Gr 63 cm
Saat-G.	Ringel-G.
(Anser fabalis)	*(Branta bernicla)*
B orangefarben	Br u. Hals schwarz,
S gelb	weißer Halsfleck
Gr 70 cm	Gr 58 cm
Kurzschnabel-G.	Rothals-G.
(Anser fabalis	*(Branta ruficollis)*
brachyrhynchus)	Br kastanienbraun,
B rötlich	breiter weißer
S schwarz u. rötlich	Flankenstreifen
Gr 70 cm	Gr 53 cm

der 1000" Kg. Franz II. v. Neapel aus Sizilien u. suchte 62 u. 67 Rom zu erobern.
Garmisch-Partenkirchen, Krst., Kurort u. Wintersportplatz in Oberbayern, am Nordfuß des Wettersteinmassivs, 720–800 m ü. M., 27 600 E.
Garn, durch ↗Spinnen erhaltenes Fadengebilde zum Weben, Wirken, Sticken, Flechten u. Stricken.
Garnele w, 5–7 cm langer Schalenkrebs, in seichten Meeren; *Stein-G.* in der Nordsee; als Delikatessen („Krabben") im Handel.
garnieren (frz.), einfassen, ausschmücken.
Garnison w (frz.), ständige Truppenbesatzung eines Orts u. der Ort selbst.
Garnitur w (frz.), Einfassung; Satz zusammengehöriger Geräte od. Kleidungsstücke.
Garonne w (: garon), größter südwestfrz. Fluß, entspringt in den Pyrenäen, durchfließt das *G.becken,* mündet in den Atlant. Ozean (↗Gironde), 650 km lang; schiffbar (große Seeschiffe mit der Flut bis Bordeaux).
Garrigou-Lagrange (: -gu lagransch), *Réginald,* OP, frz. Theologe u. Philosoph, 1877–1964; Mitbegr. des Neuthomismus.
Garten, umhegte, in Bodenkultur genommene Kleinfläche mit Obst, Gemüse, Zierpflanzen. **G.ammer,** *Ortolan,* die ↗Ammer. **G.bau,** mit intensivster Bodenbearbeitung (↗Gemüse- u. ↗Obstbau; auch ↗Klein-G.).
G.geräte, Geräte für die Herrichtung des Bodens, zum Pflanzen, Gießen, Sprengen, Baumschnitt, Veredeln, zur Baum- u. Rasenpflege. **G.kunst,** künstler. Gestaltung v. Gärten. Geometr. Gärten haben in allen Einzelheiten regelmäßige Formen, begr. v. Le Nôtre (Versailles), in Dtl. nachgeahmt in Sanssouci, in Östr. in Schönbrunn, teilweise heute noch zugrunde gelegt bei Friedhöfen. Der *Engl. G.stil* wahrt den Schein urspr. Natur, v. Engländern eingeführt, dt. Vertreter: F. W. Sckell (Engl. G. in München), Peter Lenné, Fürst Pückler (Muskau). ↗Park.

Gartenschläfer, *Eliomys quercinus,* mausartiges Nagetier, auf Bäumen; Winterschläfer, Obstschädling.

Gärtner, *Friedrich v.,* dt. Architekt, 1792 bis 1847; Klassizist; Bauten in München: Ludwigskirche, Universität, Feldherrnhalle u. Siegestor.

Gärung, Abbau organ. Verbindungen unter dem Einfluß v. ↗Fermenten. Die wichtigsten G.en werden v. ↗Hefen u. ↗Bakterien hervorgerufen, so die alkoholische G. v. Zucker in Kohlendioxid u. Alkohol; Bakterien erzeugen durch G. Essig-, Milch-, Buttersäure, Methangas, Glycerin u. a. *Ober-, Unter-G.* ↗Bier.

Gary (: gär'), Ind.-Stadt in Indiana (USA), 185 000 E.; Stahlwerke.

Gas, ein Aggregatzustand, in dem die Materie wegen der leichten Beweglichkeit der Moleküle jeden angebotenen Raum ausfüllt u. keine feste Gestalt hat. Bei Abkühlung unter die kritische Temperatur u. bei entsprechend hohem Druck sind alle G.e verflüssigbar, bei Druck- u. Temperaturerhöhung dehnen sie sich aus. ↗Avogadrosches Gesetz u. ↗Gasgesetz.

Gasautomat, gibt nach Einwurf einer Münze in die Gasuhr eine bestimmte Menge Gas zum Verbrauch frei. **Gasbehälter,** zur Speicherung v. Gas; a) *nasser G., Glocken-G.,* eine unten geöffnete Glocke steht je nach Füllung verschieden tief im Wasserbett. b) *trockener G., Scheiben-G.,* ein Blechzylinder mit abdichtender Scheibe. c) *unterird. Gasspeicher,* nimmt in zufliegenden, gasdichten Erdschichten eingepumptes Gas auf. **Gasbeleuchtung** ↗Glühstrumpf. **Gasbrand,** *Gasödem,* gefährl. Wundinfektion mit Schwellungen u. Gewebszerstörungen; durch G.bazillen.

Gascogne *w* (: gaßkonjᵉ), südwestfrz. Landschaft zw. dem Golf v. Biscaya, der Garonne u. den Pyrenäen, der südl. Teil des Garonnebeckens.

Gasentladungslampen, nutzen die *Gasentladung* (Gase können unter bestimmten Bedingungen Strom leiten); bestehen aus evakuierten Röhren mit 2 eingeschmolzenen Elektroden u. dem Gas *(Edelgaslampen)* od. leicht verdampfenden Metallen *(Metalldampflampen).* ↗Glimmlampe; ↗Bogenlampe; ↗Leuchtröhre. **Gasgesetz,** besagt, daß zw. Druck p, absoluter Temperatur T u. Volumen V je Mol eines idealen Gases die feste Beziehung $p \cdot V / T = R$ besteht; R ist die für alle Gase gleiche *Gaskonstante.* Sonderfälle: Wenn Druck konstant, dann pro 1°C Temperaturänderung $1/273$ Volumenänderung *(G. v. Gay-Lussac);* Temperatur konstant, dann stets Produkt aus Volumen u. Druck konstant *(G. v. Boyle-Mariotte);* Volumen konstant, dann pro 1°C Temperaturänderung $1/273$ Druckänderung *(G. v. Amontons).*

Gasherbrum *m* (: gäschᵉrbrᵃm), auch *Hiddenpeak,* Gebirgsmassiv des Karakorum, 8068 m hoch; 1958 v. am. u. kanad. Bergsteigern erstmals bestiegen.

Gasmaske, Schutzvorrichtung gg. giftige Gase; Mundeinsatz bindet diese beim Einatmen chem. u. hält sie physikal. fest.

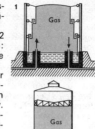

1

Gasbehälter: 1 nasser G.: Die teleskopartig auseinanderziehbare eiserne Glocke hebt sich durch den Auftrieb des einströmenden Gases und bildet so den eigentlichen Gasraum; das Wasser dichtet nach unten ab; **2** trockener G.: An der Innenwand gleitet die Sperrscheibe, geführt durch Gleitrollen und abgedichtet durch einen Gleitsaum aus Leder oder ähnlichem Stoff, auf und nieder

Gaseintritt — Gasaustritt — Sperrflüssigkeit

Gaszähler: Aufbau des Naß-G. Die Zahl der Umdrehungen ist ein Maß für den Gasdurchsatz

Gasmotor, mit Gas betriebene ↗Verbrennungskraftmaschine. **Gasöl,** bei 300–350° C siedendes Destillationsprodukt aus Erdöl; Dieseltreibstoff.

Gasolin *s,* a) Leichtbenzin, ↗Petroläther. b) Bz. in USA für Benzin.

Gasparri, *Pietro,* it. Kard., 1852–1934; 1914–1930 Kard.-Staatssekretär, Mitschöpfer des CIC u. der Lateranverträge.

Gasperi ↗De Gasperi.

Gassendi (: gaßãdi), *Pierre,* frz. kath. Philosoph u. Astronom, 1592–1655; Gegner der Scholastik, suchte die Atomlehren Demokrits u. Epikurs mit christl. Lehre zu vereinbaren.

Gassmann, *Vittorio,* it. Schauspieler u. Regisseur, * 1922; einer der Erneuerer des it. Volkstheaters. Filme: *Bitterer Reis; La grande battaglia; Il tigre.*

Gastarbeiter, ausländ. Arbeitnehmer, die in einem fremden Land einer unselbständigen Erwerbstätigkeit nachgehen. In der BRD bedürfen G. einer Arbeitserlaubnis der Bundesanstalt für Arbeit; Sonderregelung für G. aus den Ländern der EG. ☐ 37.

Gastein *w,* G.er Tal, v. der *G.er Ache* durchflossenes Nebental der Salzach in den Hohen Tauern, 40 km lang. Hauptorte: ↗Hofgastein, höchstgelegener Ort Böckstein (1127 m), unterhalb davon ↗Badgastein.

gastrisch (gr.), den Magen betreffend. **Gastritis,** Magenentzündung. **Gastroenteritis,** Magen-Darm-Entzündung.

Gastropoden ↗Schnecken.

Gastrula *w,* Frühstadium der Embryonalentwicklung mehrzelliger Tiere mit zwei ↗Keimblättern. ☐ 231.

Gasturbine, eine Strömungskraftmaschine, ähnlich der ↗Dampfturbine, jedoch v. heißen Verbrennungsgasen angetrieben. Besteht aus Verdichter, Brennkammer u. Turbine; im großen Umfang als ↗Strahltriebwerk eingesetzt.

Gasvergiftung, durch Einatmung von Leucht-, Schwefelwasserstoffgas, Kohlenmonoxid, Ammoniak, Chlor, schwefliger Säure u. Wasserstoff. Gegenmittel: frische Luft, künstl. Atmung. **Gaswerk,** erzeugt *Stadtgas* als Heiz-, seltener als Leuchtgas, durch Erhitzen v. Steinkohle unter Luftabschluß in trockener Destillation. Neben dem älteren *Entgasungsverfahren* gibt es das *Vergasungsverfahren* (Generatorgas). Durch Anteil v. Kohlenoxid stark giftig, kann aber entgiftet werden. **Gaszähler,** *Gasmesser, Gasuhr,* zur Messung der durch eine Gasleitung strömenden Gasmenge. ↗Gasautomat.

GATT, *General Agreement on Tariffs and Trade,* Allg. Zoll- u. Handelsabkommen, 1947 v. 23 führenden Staaten unterzeichnete Vereinbarung über handelspolit. Zusammenarbeit auf der Grundlage der ↗Meistbegünstigung; Herabsetzung der Zölle, Beseitigung der mengenmäßigen Beschränkungen im Außenhandel u. a.; Sonderorganisation der UN (über 80 Mitgl.), Sitz Genf.

Gatt, *Seegatt s,* Nebenfahrwasser; verbindet das Watt mit dem Meer.

Charles de Gaulle

Carl Friedrich Gauß

Gaswerk zur Erzeugung von Stadtgas (schemat. Darstellung): Im gebräuchlichen Entgasungsverfahren wird aus Kohle Gas und Koks erzeugt, im modernen Vergasungsverfahren wird die Kohle vollständig ohne Koksanfall vergast. Der geringere Heizwert dieses Kohlen-Wasser-Gases wird durch Ölzusatz im Karburator auf den üblichen Wert erhöht. Beide Verfahren gemeinsam in einem Gaswerksbetrieb ermöglichen eine gute Anpassung an den Gas- und Koksbedarf

Gatter, 1) Zaun. **2)** im Sägewerk der Balkenrahmen mit eingespannten Sägeblättern.
Gattung, *Genus,* Gruppe verwandter ↗Arten. **G.skauf,** Kauf einer nur der Art nach bestimmten Ware. **G.sschuld,** eine nur der Art nach geschuldete Leistung v. mittlerer Art u. Güte.
Gau, bei den Germanen eine Unterabteilung des Stammes unter einem G.fürsten.
Gauch *m,* Narr, Tropf, ↗Kuckuck.
Gauchheil *m* od. *s, Anagallis,* Primelgewächs; *Acker-G.* rot- u. blaublüt. Ackerunkraut.
Gaucho (: gautscho, span.-indian.), berittener Viehhirte in den Pampas der La-Plata-Staaten.
Gaudeamus igitur (lat.), Laßt uns also fröhlich sein; Studentenlied.
Gaudi, *Antonio,* span. Baumeister, 1852 bis 1926; schuf den neukatalan. Stil mit phantast.-bizarren Formen, pflanzenhaftem plast. Ornament u. starken Farben. Sühnekirche *Sagrada Familia,* Barcelona.
Gaudium *s* (lat.), *Gaudi w,* Freude, Lustigkeit.
Gauguin (: gogãn), *Paul,* frz. Maler, 1848–1903; malte Menschen u. Natur der Südseeinseln, Wegbereiter des ↗Fauvismus u. ↗Expressionismus.
Gaulle (: gol), *Charles de,* frz. General u. Politiker, 1890–1970; organisierte seit 1940 v. London u. dann v. Algier aus den Widerstand gg. die Dt., nach der Befreiung bis 46 Min.-Präs.; gründete 47 eine nationalist. Partei, die sich 53 auflöste; Juni 58 Min.-Präs., 59/Apr. 59 Staats-Präs.; Schöpfer der 5. Rep., gab 62 Algerien die Unabhängigkeit. Erstrebte für Fkr. größeren Einfluß.
Gaultheria ↗Wintergrün 2).
Gaumen *m,* Gewölbe der Mundhöhle: vorderer, harter u. hinterer, weicher G. mit *G.segel* u. Zäpfchen. Wichtig zum Schlucken u. Sprechen. *G.spalten* ↗Wolfsrachen.
Gauner, Betrüger. Die **G.sprache,** das *Rotwelsch,* zeigt eigenartigen Wortschatz. **G.zinken,** geheime Verständigungszeichen, angebracht an Häusern, Wegkreuzen usw.
Gaupe, *Gaube w,* Dachfenster.
Gauß, *Carl Friedrich,* dt. Naturforscher u. Mathematiker, 1777–1855; erfand (mit W. ↗Weber) den elektr. Telegraphen; grundlegende Untersuchungen zur Algebra, Feh-

Paul Gauguin: Südseemädchen („Ea haete in oe")

lerrechnung, Bahnbestimmung, Differentialgeometrie, Zahlentheorie, Erdmagnetismus. [mus.
Gautama ↗Buddha.
Gautier (: gotje), *Théophile,* frz. Schriftsteller, 1811–72; ein Virtuose der Sprache (Lyrik, Romane, Kritik).
Gauting, oberbayer. Gem. s.w. von München, an der Würm, 17 700 E.
Gavarni, *Paul* (eig. *Chevalier),* frz. Graphiker, 1804–66; schilderte bes. in maler. Lithographien Sitten u. gesellschaftl. Leben seiner Zeit.
Gavial *m,* ind. ↗Krokodil.
Gävle (: jäwle), fr. *Gefle,* schwed. Bez.-Hst. u. Hafen am Bottn. Meerbusen, 88 000 E.; Verschiffung v. Eisenerz u. Holz.
Gavotte *w* (: gawot^e), frz. Tanz im $^2/_2$- oder $^4/_4$-Takt mit Auftakt auf 3 od. 4.
Gawein, *Gawan,* in den Artusromanen Neffe des Königs Artus.
Gay-Lussac (: gä lüßak), *Louis-Joseph,* frz. Physiker u. Chemiker, 1778–1850; fand das *G.-L.sche Gesetz* (↗Gasgesetz).
Gaza, *Gasa, Ghasa, Ghazze,* Stadt im S Palästinas, nahe dem Mittelmeer, 120 000 E.; Hauptort des *G.streifens,* einer 40 km langen u. 6–12 km breiten Küstenzone im Grenzgebiet zw. Israel u. Ägypten, von jenem 1956 besetzt; seit Juni 67 unter UN-Kontrolle; seit Juni 67 v. Israel besetzt.
Gaze *w* (: gãs^e), netzartiges Gewebe.
Gazelle *w,* kleingehörnte Antilope, Steppentier Nordafrikas u. Asiens.
Gazette *w* (: gasät^e, frz.), Zeitung.
Gaziantep, *Ghasi Aintab,* türk. Prov.-Hst. im Taurusvorland, 301 000 E.
Gd, chem. Zeichen für ↗Gadolinium.
Gdańsk, Hst. der gleichnamigen Wojewodschaft, ↗Danzig.
Gdingen, poln. Gdynia, poln. Kriegs- u. Handelshafen an der Danziger Bucht, 227 000 E.; hieß im 2. Weltkrieg *Gotenhafen.*
GDP, Abk. für ↗Gesamtdeutsche Partei.
Gdynia ↗Gdingen.
Ge, chem. Zeichen für ↗Germanium.
Gebärmutter, *Uterus,* birnförm. Hohlmuskel bei der Frau, in dem die Leibesfrucht sich

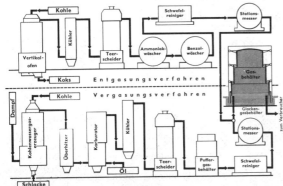

Kohle · Schwefelreiniger · Stationsmesser · Kühler · Vertikalofen · Teerscheider · Ammoniakwäscher · Benzolwäscher · Koks · **Entgasungsverfahren** · Gasbehälter · Dampf · Kohle · **Vergasungsverfahren** · Kohlenwassergaserzeuger · Überhitzer · Karburator · Kühler · Glockengasbehälter · Stationsmesser · zum Verbraucher · Teerscheider · Puffergasbehälter · Schwefelreiniger · Öl · Schlacke

Gebetsmühle

entwickelt, im kleinen Becken an (Mutter-)-Bändern aufgehängt, unten in die Scheide mündend, oben mit Eileitern u. Eierstöcken verbunden. Bei manchen Tieren ist die G. doppelt bzw. zweiteilig od. zweihörnig angelegt. □ 323, 617.

Gebäudesteuer, Ertragssteuer vom (Roh- bzw. Rein-)Ertrag eines Hauses. In der BRD mit der Grundsteuer verbunden. Besteuerungsgrundlage der ⚯Einheitswert.

Gebet, die jeder Religion eigene Form, in der der Mensch sich zu Gott hin äußert u. ihn als den Herrn anerkennt. **G.smühle,** bei einem Teil der Buddhisten drehbare Trommel mit hl. Formeln auf Papierstreifen. **G.sriemen,** bei den Juden v. den Männern zum Morgengebet um den Kopf, den linken Arm u. die linke Hand gebunden, um damit die Lederkapsel (mit Bibeltexten) zu befestigen. **G.steppich,** Teppich, auf dem die Muslimen ihre rituellen Gebete in Richtung Mekka verrichten.

Gebhard II., hl. (26. Nov.), 949–995; seit 79 Bischof v. Konstanz.

Gebhardt, Bruno, dt. Historiker, 1858–1905; *Handbuch der Dt. Geschichte.*

Gebirge, die großen u. hohen Bodenerhebungen der Erde, unterschieden a) nach der absoluten Höhe: *Mittel-G.* bis 1500 m u. das über die Baumgrenze, oft in die Region ewigen Schnees ragende *Hoch-G.* b) nach der Form: *Plateau-G.* mit Verebnungsflächen, *Massen-G.* (Massiv) ohne deutl. Umriß, *Rücken-G.,* ohne Längstäler: *Kamm-G., Kuppen-G., Ketten-G.,* durch Längstäler getrennt. c) nach der Entstehung: *vulkan. G.; tekton. G.,* als *Falten-G.* durch horizontalen Zusammenschub od. als *Schollen-(Bruch-)G.* durch vertikale Krustenbewegung gebildet. □ 259.

Gebiß, 1) ⚯Zähne; künstl. ⚯Zahnersatz. **2)** Mundstück am Zaum des Pferdes.

Gebläse, Maschine zum mäßigen Verdichten v. Luft od. Gasen, je nach Bauart Kolben-, Drehkolben-, Kreisel- u. Strahl-G.

Gebot, im Recht: das Angebot, auch die gebotene Summe bei Verträgen, bes. bei der ⚯Versteigerung.

Gebote ⚯Zehn G. u. ⚯Kirchen-G.

gebrannte Erde, die ⚯Terrakotta.

Gebrauchsanmaßung, unerlaubte, vorübergehende Benutzung einer fremden bewegl. Sache; ist strafbar, aber weder ⚯Diebstahl noch ⚯Unterschlagung.

Gebrauchsgraphik w, künstler. Graphik aller Techniken im Dienst des tägl. Gebrauchs

Geburtenziffer

Lebendgeborene auf 1000 Einw.	1960	1970	1980
Belgien	16,9	14,6	12,6[1]
BRD	17,3	13,4	10,1
Chile	35,4	26,6	21,5[1]
Dänemark	16,6	14,4	11,2
DDR	17,0	13,9	14,0[1]
Frankreich	18,4	16,7	14,9
Großbritannien	17,5	16,2	13,1[1]
Irland	21,4	21,8	21,5[1]
Italien	18,5	16,5	11,2
Japan	17,2	18,7	13,8
Niederlande	20,8	18,3	12,8
Polen	22,4	16,7	19,4
Rumänien	19,1	21,1	18,6[1]
Sowjetunion	24,9	17,5	18,2[1]
Spanien	21,8	19,7	16,1[1]
USA	23,6	18,2	15,8[1]

[1] 1979

(Werbung, Verpackung, Buchumschläge usw.); verbindet meist Bild u. Schrifttext. Ein Hauptzweig ist das Plakat.

Gebrauchsmusterschutz ⚯Musterschutz.

Gebser, Jean, Schweizer Kulturphilosoph, 1905–73; Dozent in Zürich; *Abendländ. Wandlung; Wie lebt der Mensch?*

Gebühren, Entgelt für die Benutzung öff.-rechtl. Einrichtungen (Benutzungs-G.). od. Tätigkeit v. Behörden (Verwaltungs-G.). **G.pflichtige Verwarnung,** Warnung einer Person bei Ordnungswidrigkeiten, namentl. im Verkehr, durch Polizeibeamte; keine Strafe im strafrechtl. Sinne.

Geburt, Entbindung, Ausstoßung der ausgereiften Leibesfrucht am Ende der ⚯Schwangerschaft (wenn vorher: ⚯Fehl- u. ⚯Früh-G.), eingeleitet mit schmerzhaften Zusammenziehungen der Gebärmutter (Wehen) u. Abfluß des Fruchtwassers. Nach der Ausstoßung Nachwehen zur Entfernung des Mutterkuchens u. der das Kind umhüllenden Eihäute (der Nach-G.). Bei falscher (Fuß-, Gesichts-, Becken-, Quer-)Lage od. engem Becken künstl. Entbindung: Wendung des Kindes in der Gebärmutter, um es mittels der *G.szange,* die den Kopf umschließt, herausziehen zu können. ⚯Kaiserschnitt. **G.enkontrolle,** G.enregelung, Versuch, die Schwangerschaft nicht dem Zufall zu überlassen. Die Eltern sollen den Zeitpunkt der Schwangerschaft, den Abstand der Geburten voneinander u. die Kinderzahl selbst bestimmen können; bes. für die Entwicklungsländer v. großer Bedeutung. ⚯Empfängnisverhütung. **G.enstatistik,** Teil der ⚯Bevölkerungs-Statistik; wichtig u. a. die *Geburtenziffer.*

Geburtshelferkröte, Feßlerkröte, Glockenfrosch, *Alytes stetricans,* bis 5 cm langer Froschlurch. Männchen trägt die Eischnüre um die Hinterschenkel u. setzt die schlüpfenden Kaulquappen ins Wasser. □ 911.

Gecko m, trop. u. subtrop. Eidechse, kriecht mittels Haftzehen an glatten Wänden.

Gedächtnis, die seel. Fähigkeit, erlebte Bewußtseinsinhalte aufzubewahren u. sie ohne den ursprüngl. Reiz zu erneuern. Verschiedene Stufen bis zur „langfristigen Erinnerung" über viele Jahre hinweg; in

Geburt: links Beginn der Geburt mit Eröffnung des Muttermundes **b** in der Gebärmutter (Kind in Schädellage); rechts: Erscheinen des Kopfes in der Schamspalte **a** am Ende der „Austreibungsperiode". Muttermund **b** maximal gedehnt. Gebärmutter und Scheide **c** als „Durchtrittsschlauch" auseinandergezogen. Der Damm **d** stark gedehnt und nach unten gedrängt

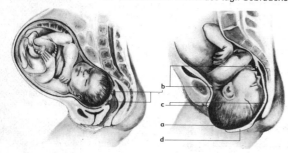

Verbindung mit Gefühlen besseres Behalten. Erste Kindheitserinnerungen beziehen sich meist auf das 4. Lebensjahr. Das G. ist an die Ganglienzellen des Großhirns gebunden (bei Verletzung Ausfallerscheinungen: Aphasie, Agnosie).

Gedanke, Denkvorgang und -ergebnis. **G.nflucht** ↗Ideenflucht. **G.nlesen,** *G.nubertragung,* ↗Telepathie. **G.nvorbehalt** ↗Reservatio mentalis.

Gedeon, *Gideon,* einer der Richter Israels, schlug die Königswürde aus.

Gedicht ↗Lyrik.

Gedinge *s,* ↗Bergarbeiter.

gedruckte Schaltung, durch Ätzverfahren auf kupferkaschierten Isolierstoffplatten hergestellte Schaltverbindungen; sind gegenüber der übl. Verdrahtung übersichtlicher, zuverlässiger, rationeller u. raumsparender.

Geelong (: gilong), Hafenstadt in SO-Australien, 123000 E.; Schiffbau, Autos, Landmaschinen.

Geertgen tot Sint Jans (: chertchen-), niederländ. Maler, um 1455 bis um 1485; stellte seine meist bibl. Szenen oft in weiträumige Landschaften.

Geest *w,* sandiger, unfruchtbarer Boden in NW-Dtl., höher als das Marschland.

Geesthacht, Stadt in Schleswig-Holstein, 25000 E.; Staustufe der Elbe und Pumpspeicherwerk.

Gefährdungshaftung, ↗Haftung für nicht schuldhaft angerichteten Schaden; nur in gesetzl. bestimmten Fällen, z.B. für Schäden aus dem Betrieb v. Eisenbahnen, Kraftfahrzeugen, Bergwerken.

Gefahrensymbole, 1955 internat. festgelegte Symbole für gefährliche Stoffe.

Gefälle *s,* Höhenunterschied zw. 2 Punkten, *absolutes G.;* beim *relativen G.* bezogen auf waagrechte Distanz der 2 Punkte, als *Neigung* in % od. ‰ ausgedrückt, also Höhenunterschied auf 100 od. 1000 m Distanz.

Gefängnis, 1) fr. im dt. Strafrecht Strafe durch Freiheitsentziehung vor allem für Vergehen, auch für Verbrechen bei mildernden Umständen; mindestens 1 Tag, höchstens 5 Jahre; unter 3 Monaten durch ↗Geldstrafe ersetzbar. ↗Freiheitsstrafe. 2) Bz. für die Strafanstalt.

Gefäß, Gerät zum Fassen v. Flüssigkeiten. *G.e des Körpers,* Röhrensystem, in dem Blut u. Lymphe kreisen. **G.bündel,** Zusammenfassung vieler feiner Leitungsröhren zu einem Strang im Innern höherer Pflanzen *(G.pflanzen).* **G.krampf,** krampfartige Verengerung der Blut-G.e. **G.kryptogamen,** Farne u. Schachtelhalme.

Geflügel, Federvieh, wie Hühner, Enten, Gänse, Truthühner; G. liefert Eier, Federn u. zartes Fleisch. **G.krankheiten:** seuchenart. u. meist tödl. sind: *ansteckender Schnupfen (Pips, Zips), G.cholera, G.pest;* ansteckend u. chronisch sind: *G.diphtherie (G.pocken), G.tuberkulose, Mareksche Hühnerlähmung.*

Geflügelte Worte, bei Homer rasche Rede; seit Büchmanns gleichnamigem Werk (1864) sprichwörtl. Redensarten, Dichterworte usw.

gedruckte Schaltung

Wasserführende Schicht — Kältelauge — Fallrohr — Gefrierrohr

festes Gestein — Frostkörper (Eiskörper)

Gefriergründung

Gefolgschaft, im altgerman. Recht die zu Treue u. Gehorsam verpflichteten Gefolgsmänner um einen Fürsten als Gefolgsherrn.

Gefreiter, zweitunterster Mannschaftsdienstgrad in der Bundeswehr.

Gefrierfleisch, durch Schnellgefrieren bis zu –30°C haltbar gemacht u. bei –15°C gelagert. **Gefriergründung,** *Gefrierverfahren,* im Tiefbau verwendet; hindert durch (aufwendiges) vorheriges Gefrieren das Wasser am Eindringen in die Baustelle. **Gefrierpunktserniedrigung,** die Senkung des Gefrierpunkts eines Lösungsmittels (z.B. Wasser) durch darin sich auflösende Substanz. **Gefriersalz,** erniedrigt, Wasser zugesetzt, dessen Gefrierpunkt; auch zum Auftauen v. Eis; chem. z.B. Ammoniumsalze.

Gefühl, seel. Zustand zw. dem momentan wirkenden Affekt u. der zeitl. weit ausgedehnten Befindlichkeit der Stimmung; oft mit einer Stellungnahme od. „Wertung" (meist intellektuell) gegenüber einem Objekt verbunden; unmittelbarer Reiz kann fehlen. Bei lebhaften G.en Veränderungen des Körperzustandes (über das vegetative Nervensystem), dann wechselseitige Steigerung. Das G. ist fließend; es hält sich meist zwischen Bewußtem u. Unbewußtem (ästhet. Gefühle jedoch ganz bewußt). Klassifizierung schwierig, da je nach Objekt verschieden. Unterschieden werden etwa Selbst- u. Sozialgefühle; od. empfindungsbedingte, triebbedingte, persönlichkeitsbedingte Gefühle.

Gegenfarben, auch *Komplementärfarben,* Farbenpaare, die im Farbkreis einander gegenüberliegen.

Gegenmutter, bei Gewindeschrauben eine zweite Mutter zur Sicherung der Hauptmutter. ☐ 652.

Gegenreformation, durch die dt. ev. Geschichtsschreibung des 19. Jh. eingeführte Bz. für die Reaktion der kath. Kirche auf die ev. Reformationsbewegung des 16. u. 17. Jh.; heute im allg. nur auf die gewaltsame Rekatholisierung ev. gewordener Gebiete angewandter Begriff; für die innere Erneuerung der kath. Kirche hat sich die Bz. ↗Kath. Reform durchgesetzt.

Gegensatz, ist *konträr* bei größter Verschiedenheit innerhalb eines Oberbegriffs (z.B.:

a b c d e

Gefahrensymbole:
a explosiv,
b leicht entzündlich,
c giftig,
d radioaktiv,
e ätzend

weiß-schwarz), *kontradiktorisch* bei Verneinung des einen durchs andere (weiß – nichtweiß; wahr – falsch).

Gegenseitigkeit, 1) in einer Abmachung, bei der alle für den Nachteil eines einzelnen einstehen (z. B. bei Versicherungen auf G.). **2)** bei einem Vertrag gleiches Recht.

Gegensonne ↗Nebensonne.

Gegenstromprinzip, in der Verfahrenstechnik: zum gegenseit. Wärme- od. Stoffaustausch zw. 2 Medien verschieden hoher Temperatur od. Konzentration.

Gegenvorstellung, *Remonstration,* formloses Abhilfeersuchen an die für eine entspr. Verfügung zuständige Behörde.

Gegenzeichnung, Mitunterzeichnung einer Urkunde des Staatsoberhaupts durch den Regierungschef od. zuständigen Min., der damit die Verantwortung gegenüber der Volksvertretung übernimmt.

Gegrüßet seist du, Maria ↗Ave Maria.

Gehalt *s,* Bezüge des Beamten u. Angestellten für seine berufl. Tätigkeit im Unterschied zum ↗Lohn des Arbeiters.

Geheeb, *Paul,* dt. Pädagoge, 1870–1961; seit 1934 in der Schweiz; Begr. u. Leiter der überkonfessionellen *Odenwaldschule.*

Geheimdienst, staatl. geheimer Nachrichtendienst zur Beschaffung u. Auswertung geheimen Materials des inner- u. außerstaatl. Gegners.

Geheime Offenbarung ↗Apokalypse.

Geheime Staatspolizei (Gestapo), v. H. Göring 1933 in Preußen, v. Himmler in den übrigen dt. Ländern geschaffene polit. Polizei; 36 dem neugebildeten Reichssicherheitshauptamt eingegliedert; diente zur rücksichtslosen Unterdrückung aller Gegner des Nat.-Soz.; war v. Justiz- u. Verwaltungsbehörden unabhängig; wurde 46 in Nürnberg zur verbrecherischen Organisation erklärt.

Geheimfonds (: -fõ̃), Regierungsfonds für Ausgaben, die im Staatsinteresse nicht zur öff. Kenntnis kommen sollen (z. B. Geheimdienst).

Geheimschrift, mit Geheimtinte od. in verabredeten Zeichen (Chiffren), meist mit Chiffriermaschine, angefertigt.

Gehirn, Hauptteil des Zentralnervensystems. Bei Mensch u. Wirbeltieren in 5 Hauptabschnitte gegliedert: *Großhirn (Endhirn, Vorderhirn)* mit 2 spiegelgleichen *Hemisphären;* größter G.teil des Menschen mit *G.windungen* in Stirn-, Schädel-, Schläfen- u. Hinterhauptslappen; enthält die höchsten Zentren; *Zwischenhirn* u. *Mittelhirn* mit Schaltzentren; *Kleinhirn* mit Gleichgewichtszentren; *Nachhirn* (verlängertes Rückenmark) mit Atem- u. Kreislaufzentrum u. Ursprung der *G.nerven.* Viele Wirbellose haben ein G. *(Cerebralganglion* bei Würmern, Weichtieren, Gliederfüßern); es erreicht bei Tintenfischen die höchste Differenzierungsstufe. ☐ 618. **G.abszeß,** eiteriger Zerfall der G.masse, durch Schlag, Schuß od. durch fernliegende Eiterherde verursacht; führt zu Bewußtlosigkeit u. Tod. **G.blutleere** bei starken Blutverlusten, mit Schwindel u. Ohnmacht. **G.blutung,** ↗Schlaganfall. **G.druck,** Druck auf G.masse durch Geschwülste, Eindrücke. Folgen:

Gehirn

Die Teile des menschl. Gehirns und ihre Funktionen

Nachhirn
(verlängertes Mark)
Ursprung der meisten Gehirnnerven; Zentrum für Atmung, Gefäßinnervierung

Hinterhirn
(mit Kleinhirn)
Zentrum der Bewegungskoordination des Muskeltonus und der Gleichgewichtssteuerung

Mittelhirn
Schaltstation zwischen Rückenmark und vorderen Hirnabschnitten. Verknüpfungsort der sensiblen und motorischen Nervenleitungen

Zwischenhirn
Zentrum der vegetativen Funktionen (vor allem Stoffwechseltätigkeit); Hauptschaltstation zwischen vorderen und hinteren Hirnabschnitten

Großhirn
Organ der bewußten Sinneswahrnehmungen, des Denkens und Wollens und deren Verknüpfungen (Assoziationen)

Emanuel Geibel

Lähmungen, Krämpfe, Tod. **G.entzündung,** bes. bei Grippen, mit Lähmungen, Muskelsteifigkeit, vermehrtem Speichelfluß. **G.erschütterung,** durch Gewalteinwirkung auf den Kopf, führt zu Bewußtlosigkeit, Lähmung, Tod. **G.erweichung, 1)** Ernährungsstörung u. Verflüssigung der Gehirnsubstanz; ist unheilbar. **2)** ↗Paralyse der Irren. **G.hautentzündung,** oft im Gefolge anderer Krankheiten. **G.nerven,** treten in 12 Paaren aus der G.basis. **G.schlag** ↗Schlaganfall. **G.wäsche,** die an polit. Häftlingen u. Kriegsgefangenen unter psych. Druck u. Suggestion, zuweilen unter Verabreichung v. Drogen vorgenommene Brechung der Persönlichkeit mit dem Ziel, sie den polit. Überzeugungen ihrer Bewacher zugängl. zu machen. **G.wassersucht,** Ansammlung wäßriger Flüssigkeiten in den G.höhlen.

Gehlen, 1) *Arnold,* dt. philosoph. Anthropologe u. Soziologe, 1904–76; Prof. in Aachen; *Der Mensch; Urmensch u. Spätkultur.* **2)** *Reinhardt,* dt. General, 1902–79; im 2. Weltkrieg beim Generalstab; baute für die am. Besatzungsmacht einen dt. Nachrichtendienst („Organisation G.") auf, der v. der BRD übernommen wurde; seit 56 *Bundesnachrichtendienst,* dessen Leiter G. bis 68 war.

Gehör ↗Ohr.

Gehörn *s,* Geweih des Rehbocks. ☐ 326.

Gehorsam, die freiwillige od. pflichtgemäße Anerkennung der rechtmäßigen Autorität in Erziehung, Gesellschaft u. Kirche. Bei unsittl. Anordnungen u. Befehlen ist Ungehorsam Gewissenspflicht.

Gehrden, niedersächs. Gem. südwestl. v. Hannover, 12 100 E.; Maschinen- und Teppichfabrik.

Gehrung, Verbindung zweier Werkstücke unter einem G.swinkel (meist 45°).

Geibel, *Emanuel,* dt. Schriftsteller, 1815–84; Hauptvertreter des klassizist. Münchener Dichterkreises.

Geier, *Aegypiidae,* adlerart. Vögel mit nacktem Kopf, Aasfresser; Bart-G., Gänse-G., Mönchs-G., Aas-G., Königs-G., Kondor, Kamm-G.

Geige, deutsches Wort für (it.) ↗Violine.

Geigersches Zählrohr, auch *Geiger-Müllersches Z.,* ↗Zählrohr.

Geilenkirchen, rhein. Stadt nördlich von Aachen, 21 100 E.; Ziegelwerke.

Geiler v. Kaysersberg, *Johannes,* 1445 bis 1510; Sittenprediger (Straßburg) von sprühendem Witz.

Geisel *w,* Person, die mit Leib u. Leben für die Sicherheit einer anderen Person od. die Einhaltung eines Vertrages haftet. *G.nahme* wird in der BRD mit hoher Freiheitsstrafe geahndet.

Geiselgasteig, Ausflugsort südl. v. München; Filmateliers.

Geisenheim, hessische Stadt im Rheingau, 12 000 E.; Forschungsanstalt für Wein-, Obst- u. Gartenbau; Mineralquelle.

Geiser *m,* ↗Geysir.

Geiserich, 428/477 Kg. der Vandalen, Begr. eines Reiches in Nordafrika mit der Hst. Karthago; plünderte 455 Rom.

Geisha *w* (: gẹscha), japan. Tänzerin u. Sän-

Geige (Teile der G.):
1 Schnecke, 2 Wirbel,
3 Wirbelkasten
4 Obersattel, 5 Hals
mit Griffbrett, 6 Zargen
(Seitenteile), 7 Einlage,
8 F-Löcher, 9 Steg,
10 Saitenhalter,
11 Feinstimmer,
12 Kinnhalter,
13 Untersattel,
14 Saitenhalterknopf

Geisha beim Tanz

gerin zur Unterhaltung v. Gästen, bes. in Teehäusern.

Geislingen an der Steige, württ. Stadt am Fuß der Alb, 27400 E.; Württ. Metallwarenfabrik (WMF); Textilindustrie.

Geißbart, *Aruncus silvester,* geschütztes Rosengewächs, bis 2 m, Zierpflanze. **Geißblatt,** *Lonicera,* Sträucher u. Kletterpflanzen mit roten Beeren. Zierpflanzen *(Jelängerjelieber).*

Geißel *w,* 1) Peitsche, Züchtigungswerkzeug; i.ü.S. Heimsuchung, Plage. **2)** Bei ⚹G.tierchen ein schwingender Plasmafaden. **G.tierchen,** winzige Einzeller, ⚹Protozoen.

Geißelung, im Alt. Strafe für Vergehen, bei den Juden für Gesetzesübertretung, bei den Römern nur für Sklaven u. als Marter vor der Kreuzigung; seit dem 5. Jh. in Klöstern auch Disziplinarstrafe od. freiwillige Bußübung.

Geißfuß, 1) ⚹Giersch. 2) Werkzeug (Brechstange, Meißel) mit gegabeltem Ende.

Geißler ⚹Flagellanten.

Geißlersche Röhre, farbig leuchtende ⚹Gasentladungslampe.

Geißraute, *Galega officinalis,* Schmetterlingsblütler aus Südeuropa, mit weißen Blüten; Futter- u. Zierpflanze.

Geist ist als *subjektiver G.* ein Wesen mit Selbstbewußtsein u. freier Selbstbestimmung (⚹Person); lebt nicht aus blinden Trieben, sondern aus Besinnung auf Werte; hat unbegrenzte Spannweite, insofern sein Erkennen u. Wollen auf das Wahre u. Gute als solches, nicht nur auf Teilgebiete, sondern auf das Sein im Ganzen hingeordnet ist. Daraus ergibt sich: Der G. ist überstoffl., unteilbar, unsterblich (weil durch die Güter des begrenzten Daseins nicht erfüllbar). Im Menschen formt der Geist den Leib u. besitzt so eine wesensnotwendige, wenn auch seine Existenz nicht begründende Beziehung zu ihm. Sachlicher Niederschlag des geistigen Schaffens in Werken heißt *objektiver G.* G. in höchster Vollkommenheit ist der ungeschaffene, unendliche *G. Gottes,* der ⚹Heilige G. Die christl. Offenbarung spricht auch von reinen (jede Stoffgebundenheit ausschließenden) aber geschaffenen G.ern, den *Engeln.*

Geistchen, kleine ⚹Federmotte.

Geisteskrankheiten (Geistes- u. Gemütskrankheiten), die *Psychosen:* ⚹Schizophrenie, ⚹manisch-depressives Irresein, ⚹Epilepsie. Sie wirken persönlichkeitsverändernd; seit Geburt vorhanden = *endogene G.* (durch Vererbung) u. *exogene G.* (durch Infektionen, Alkoholismus, Verfall im Alter usw.). Auch progressive ⚹Paralyse verbunden mit Geistesverfall. Im weiteren Sinn dazuzurechnen der ⚹Schwachsinn (Geistesschwäche). Nicht zu den G. gehören die ⚹Neurosen.

Geistesschwäche ⚹Schwachsinn.

Geisteswissenschaften, erforschen die Erscheinungen der Welt, sofern sie sich der Natur, sondern dem menschl.-geschichtl. Geist entstammen (Philosophie, Religion, Sprache, Lit., Kunst, Recht, Gesellschaft). ⚹Naturwissenschaften.

geistiges Eigentum, das Erzeugnis des Schriftstellers, Künstlers, Erfinders usw., durch ⚹Urheber- u. ⚹Patent-Recht geschützt.

Geistliche, seit dem 15. Jh. Standes-Bz. für den (kath.) Klerus. **g. Fürsten,** hohe G. des alten Dt. Reiches (Bischöfe, Äbte), die als Inhaber v. Reichsbistümern od. -abteien Lehensträger des Reiches waren u. als solche mit den weltl. Großen zu Herren eines Territoriums wurden. **g. Gerichtsbarkeit,** die gesamte Leitungsgewalt der Kirche, im engeren Sinn ihre richterl. Gewalt. **G.r Rat,** Mitgl. der bischöfl. Kirchenbehörde, auch Ehrentitel. **g. Spiele,** *g. Dramen,* stellen relig. Stoffe dar: Mysterien-, Weihnachts-, Fronleichnams-, Osterspiele usw. entstanden im MA, erst im Kirchenraum, im 14.–15. Jh. auf dem Marktplatz gespielt. **g. Verwandtschaft,** *kath. Kirchenrecht:* entsteht aus ⚹Taufe u. ⚹Firmung zw. Spender u. Empfänger der Sakramente sowie zw. Empfänger u. Paten; g.V. aus der Taufe begr. ein trennendes ⚹Ehehindernis.

Gekröse *s,* Teil des Bauchfells, in dem der Dünndarm aufgehängt ist.

Gel *s,* puddingartiger, elast. Verfestigungszustand eines ⚹Kolloids.

Gelatine *w* (: sche-), feinster weißer ⚹Leim. **G.kapseln,** im Magen sich auflösende Umhüllung v. Arzneimitteln.

Geläuf, die ⚹Fährte von Federwild.

Gelbbuch ⚹Farbbücher. **Gelbe Gefahr,** seit Ende des 19. Jh. Schlagwort für die dem Abendland v. der gelben Rasse angebl. drohende Gefahr. **gelber Fleck,** Stelle des deutlichsten Sehens in der Netzhaut des ⚹Auges. **Gelber Fluß** ⚹Hoangho. **Gelbe Rübe** ⚹Möhre. **Gelbfieber,** trop. Infektionskrankheit mit Schüttelfrost, Fieber, Gelbsucht. **Gelbfilter,** ein gelbes ⚹Farbfilter. **Gelbguß,** zinkreiches ⚹Messing. **Gelbholz,** *Gelbes Brasilholz,* ein Farbholz. **Gelbkörper,** nach der ⚹Ovulation zurückbleibender Teil des Eierstocks, der das ⚹Progesteron absondert. **Gelbkreuz** ⚹Senfgas. **Gelblinge,** Gruppe eßbarer Pilze; ⚹Pfifferling. **Gelbrand,** ein ⚹Schwimmkäfer. **Gelbsucht,** *Ikterus,* Gelbfärbung der Haut durch Ablagerung v. Gallenfarbstoffen durch die ins Blut getretene Galle bei Darmkatarrhen, Gallensteinen, Leberkrankheiten.

Geld *s,* 1) *Zahlungsmittel,* d.h. allg. anerkanntes Mittel des Zahlungsverkehrs, u. *Recheneinheit* für Bewertung v. Leistungen. *G.arten:* Hart-G. (Münzen) u. Papier-G. (Noten); ferner ⚹Bar-G. u. ⚹Giral-G. Die G.verfassung eines Landes heißt ⚹Währung. **2)** in der Börsensprache: zu einem bestimmten ⚹Kurs lagen Kaufaufträge vor; Ggs.: Brief.

Geldbuße, *Wirtschafts- u. Verwaltungsstrafrecht:* Zwangsmaßnahme zur Ahndung v. Ordnungswidrigkeiten; ist keine Strafe.

Gelderland, *Geldern,* größte niederländ. Prov.; Hst. Arnheim.

Geldern, Stadt u. Bahnknoten in Nordrhein-Westfalen, 25500 E.; Metallindustrie.

Geldfälschung ⚹Falschgeld.

Geldmarkt, der Markt für kurzfristige ⚹Kredite. **G.politik,** die Regelung des G.angebots

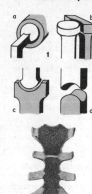

Gelenk: Gelenkformen **1** *in der Anatomie* (schematisch): **a** Kugel-, **b** Dreh-, **c** Scharnier-, **d** Sattel-G., **e** festes G. (sog. Halbgelenk am Brustbein); **2** *im Maschinenbau:* **f** Achsen-, **g** Gabel-, **h** Kugel-G., **i** Hardy-, **j** Kardan-G., **k** Träger-G. (fest)

durch die ↗Notenbank; erfolgt durch Festlegung der ↗Diskont-Sätze, ↗Offenmarktpolitik u. ↗Mindestreserven.
Geldschöpfung, 1) *Bargeldschöpfung,* Schaffung neuen, zusätzl. Geldes (Münzen u. Noten) durch Staat bzw. Notenbank. **2)** *Kreditschöpfung,* die Banken können die umlaufende Geldmenge vermehren, wenn sie sich gegenseitig Kredit gewähren u. dieses Geld ausleihen, müssen aber eine bestimmte Menge Bargeld bereithalten, um Abhebungen zu ermöglichen. Dadurch u. durch die gesetzl. vorgeschriebene ↗Mindestreserve ist die G. begrenzt.
Geldschrank, auch *Kassen-* od. *Panzerschrank,* zur Aufbewahrung v. Geld, Dokumenten, Schmuck; feuer- u. diebessicher.
Geldstrafe, als Vermögensstrafe durch Gericht, Polizei u. Finanzbehörden verhängt. Nicht beizutreibende G. wird durch Gericht in eine Freiheitsstrafe umgewandelt.
Geldumlauf, die Menge des in einer Volkswirtschaft im Verkehr befindl. ↗Bar- u. ↗Giralgeldes.
Gelee *s* (: schele, frz.), Fleischbrühe, die beim Erkalten erstarrt; auch eingedickter Fruchtsaft.
Geleit, *freies G.,* **1)** im Strafrecht die gerichtl. Zusicherung der Befreiung v. Untersuchungshaft an einen abwesenden Beschuldigten. **2)** im Gesandtschaftsrecht der bes. Schutz v. Diplomaten bei der Ein- u. Ausreise durch einen kriegführenden Staat. **3)** im MA das Recht, Reisende gg. Entgelt vor Überfällen zu schützen.
Geleitzug, *Convoy,* militär. geschützter Schiffstransport.
Gelenk *s,* **1)** bewegl. Verbindung von überknorpelten Knochenenden durch elast. Bänder einer *G.kapsel.* Man unterscheidet: *Kugel-G.e* (Schulter-G.), *Roll-* od. *Dreh-G.e* (Hüft-G.), *Winkel-* od. *Scharnier-G.e* (Finger). **2)** in der Technik drehbare, bewegl. Verbindung zweier Körper. G.arten: Achsen- u. Gabel-G., Kreuz- od. Kardan-G. u. Kugel-G. **G.entzündung,** *Arthritis,* entsteht durch Stoß, Schlag, bei ansteckenden Krankheiten, durch Wunden oder bei Gicht. Folgen: Schwellung, Erguß, der zu *G.wassersucht, G.versteifung* (Verwachsung der G.flächen, G.kapselschrumpfung) führen kann. **G.maus,** Absprengung v. Knochen- u. Knorpelteilchen in G.höhlen. **G.rheumatismus,** schwere, meist schmerzhafte Systemerkrankung. Anzeichen: Gelenkschwellungen, Fieber, Schweißausbrüche, Rötung der G.e. Übergang v. akuten in chron. Stadium oft mit schweren G.veränderungen verbunden. ↗Rheumatismus.
Gellert, *Christian Fürchtegott,* dt. Schriftsteller der Aufklärungszeit, 1715–69; erlangte Volkstümlichkeit mit seinen *Fabeln;* ferner geistl. Lieder, Erzählungen, Komödien.
Gell-Mann (: -män), *Murray,* am. Physiker, * 1929; 1969 Nobelpreis für Arbeiten über Elementarteilchen (↗Quarks).
Gelnhausen, hess. Stadt an der Kinzig u. am Rand des Vogelbergs, 18400 E.; Ruine einer Kaiserpfalz. – Geburtsort ↗Grimmelshausens.

Gelsemium, nord-am. Kletterstrauch, Zierpflanze *(Gelber Jasmin),* Heilpflanze.
Gelsenkirchen, westfäl. Ind.-Stadt im Ruhrgebiet, Hafen am Rhein-Herne-Kanal, 308000 E.; Steinkohlenbergbau, Eisen- u. Hydrierwerke, Glashütten, Bekleidungs-Ind.; Ingenieurschule.
GELU, Abk. für **Ges.** zur Verwertung literar. Urheberrechte, v. den Schriftstellerverbänden in der BRD gegr.; nimmt die Rechte der Schriftsteller an Vervielfältigungen (Fotokopie, Schallplatte) u. Wiedergaben (Rundfunk, Fernsehen) literar. Produkte wahr.
Gelübde, ein überlegt u. freiwillig Gott gemachtes Versprechen über eine sittlich gute, nicht allgemein verpflichtende Leistung. Besondere Form die *Ordens-G.,* abgelegt bei der Profeß als feierl. od. einfache, lebenslängl. od. zeitl. Versprechen der Jungfräulichkeit, Armut u. des Gehorsams.
GEMA, Abk. für **Ge**sellschaft für **m**usikal. **A**uführungs- u. mechan. Vervielfältigungsrechte (fr. STAGMA), vermittelt gewerbsmäßig urheberrechtl. geschützte Werke der Tonkunst zur öff. Aufführung u. zur Vervielfältigung mittels mechan. Tonträger; zieht die Aufführungsantiemen ein u. zahlt sie an in Dtl. lebende Komponisten u. Verleger aus.
Gemarkung, Gesamtfläche der Grundstücke einer Gemeinde.
gemäßigte Zonen, die 2 Klimazonen zw. den Wende- u. Polarkreisen.
Gemeinde, 1) *Soziologie:* eine soziale Einheit auf lokaler Basis zur Bewältigung des wirtschaftl., sozialen u. kulturellen Lebens. **2)** *Kommune,* öff.-rechtl. Gebietskörperschaft, unterste Stufe der öff. Verwaltung; regelt durch selbstgewählte Organe in eigener Verantwortung im Rahmen der Gesetze (staatl. Beaufsichtigung!) die Angelegenheiten der örtl. Gemeinschaft (Selbstverwaltungsaufgaben), führt daneben v. Staat übertragene Aufgaben aus. Die öff. Aufgaben der G.n sind allg. Ordnungs-, Sozial-, Kultur- u. Wirtschaftsaufgaben. Die finanziellen Mittel erhalten sie aus G.steuern (Grund-, Grunderwerb-, Gewerbe-, Hundesteuer), aus Länderzuweisungen, Gebühren u. Beiträgen sowie aus den Erträgnissen des G.vermögens. *Kreisangehörige* G.n sind alle G.n, die einem Landkreis angehören u. der Aufsicht des Landrats bzw. Oberkreisdirektors, *kreisfreie* G.n (Stadtkreise) solche, die der oberen Aufsichtsbehörde (Regierungspräsidium bzw. Innenministerium) unterstehen. Alle Einwohner der G. müssen die öff. Einrichtungen benutzen (Müllabfuhr, Wasserversorgung, Kanalisation, Schulen) u. müssen die öff. Lasten tragen. Hauptorgan der G. ist der *Rat (G.rat, Stadtrat* bzw. *Stadtverordnetenversammlung),* v. den Einwohnern meist auf 4 Jahre gewählt. Die Ausführung der Beschlüsse u. Erledigung der laufenden Verwaltung obliegt dem Leiter der G. (je nach den länderweise verschiedenen G.ordnungen: ↗G.direktor, Stadt-, Oberstadtdirektor, ↗Bürgermeister, Oberbürgermeister, ↗Magistrat). **3)** *Kir-*

chen-G., in den ev. Kirchen kleinste Einheit u. Trägerin des kirchl. Lebens, von dem her sich durch Wahl die gesamtkirchl. Organisation (↗Synode) aufbaut. Durch ihre Repräsentanten (Kirchenrat, Kirchenvorstand, Presbyterium) überwacht sie Wortverkündigung u. Sakramentenverwaltung u. wirkt bei Pfarrerwahl, Gottesdienstordnung u. Vermögensverwaltung mit. – Im dt. staatl. Sprachgebrauch heißt auch die kath. ↗Pfarrei Kirchen-G. **G.direktor,** in Nordrhein-Westfalen u. Niedersachsen der Leiter der G.verwaltung in den größeren G.n (in Städten *Stadt-* bzw. *Oberstadtdirektor),* Berufsbeamter mit reinen Verwaltungsaufgaben; polit. Leiter der G. ist hier der Bürgermeister. **G.helfer,** v. einer ev. Kirchen-G. angestellter, ausgebildeter u. hauptberufl. Laienhelfer. **G.helferin,** *Seelsorgehelferin,* ↗Pfarrhelferin. **G.pflege,** umfaßt innerhalb einer Pfarr- od. Dorf-G. alle Fürsorgemaßnahmen.

Gemeineigentum, v. Privateigentum unterschiedenes Eigentum eines Rechtsträgers (z. B. Staat, Gemeinde), der einen gemeinwirtschaftl. Gebrauch gewährleistet.

Gemeiner Pfennig, allg. direkte Reichssteuer im 15. Jh., bes. für die Türken- u. Hussiten-Kriege.

Gemeines Recht, das in vielen Teilen Dtl.s bis zum Inkrafttreten des BGB (1900) geltende ↗Römische Recht.

gemeingefährlich, wer od. was eine öff. Gefahr bildet. **g.e Krankheiten,** z. B. Fleckfieber, Geschlechtskrankheiten; Anzeigepflicht. **g.e Verbrechen u. Vergehen,** Handlungen, die viele Menschen gefährden (Brandstiftung, Transportgefährdung, Vergiftung v. Lebensmitteln usw.); werden bes. schwer bestraft.

Gemeingläubiger, der nicht bevorrechtigte Konkursgläubiger.

gemeinnütziger Verein, *gemeinnützige Gesellschaft,* Vereinigung, deren Zweck als bes. förderungsbedürftig gilt u. nicht Gewinnerzielung erstrebt; genießt Steuervergünstigungen. [gemeinschaft.

Gemeinsamer Markt ↗Europ. Wirtschafts-**Gemeinschaft,** gegenüber ↗Gesellschaft eine naturgewachsene Einheit v. Menschen (Familie, Stamm, Volk). Der Mensch ist v. Natur zur G. veranlagt. Sie ist nicht Selbstzweck, sondern Mittel zur Vollendung der einzelnen. Der einzelne hat die Pflicht, die G. durch Wahrung des ↗Gemeinwohls tätig zu bejahen. Der G. widerstreitet der ↗Individualismus wie der ↗Kollektivismus. **G. der Heiligen,** nach kath. Lehre die durch die Erlösungsgnade Christi geheiligten u. mit ihm u. untereinander zu übernatürl. Lebensgemeinschaft verbundenen Glieder auf Erden u. ihm Jenseits. **G.sbewegung,** aus dem ↗Pietismus erwachsene ev. Erweckungs- u. Evangelisationsbewegung, bes. in Dtl. (in der DDR *Ev. Kirchl. Gnadauer G.swerk),* ohne Bindung an ein bestimmtes ev. Bekenntnis. **G.sschule** ↗Bekenntnisschule.

Gemeinschuldner, Schuldner, über dessen Vermögen das Konkursverfahren eröffnet worden ist.

Gemeinwirtschaft, allg. eine Wirtschaftsweise zur Bedürfnisbefriedigung einer Gesamtheit, im Ggs. zur Individualwirtschaft. Zuweilen wird die vorkapitalist. Wirtschaft (Zünfte, Allmende) als G. bezeichnet oder auch die Sozialisierung.

Gemeinwohl, räumt jedem einzelnen u. allen Gruppen den ihnen zukommenden Platz in der Gesellschaft ein, die als Ganzes eine wohlgegliederte Einheit darstellen.

Gemelli (: *dsche-*), *Agostino,* OFM, it. Mediziner, Theologe u. Psychologe u. Pädagoge, 1878–1959; Rektor der kath. Univ. Mailand; Präs. der Päpstl. Akademie der Wiss.; Mitbegr. der Neuscholastik.

Gemenge, 1) *Mischsaat,* Anbau verschiedener Pflanzenarten auf gleichem Acker. **2)** in der Chemie: ein Gemisch v. Stoffen (keine Verbindung). **G.lage,** über die ganze Feldmark zerstreute Lage des bäuerl. Grundbesitzes.

gemischtwirtschaftl. Unternehmung, Beteiligung v. Staat od. Gemeinden an privatrechtl. Erwerbsunternehmen.

Gemme *w* (lat.), entweder als Hohlform für Siegelringe od. erhaben (Kameе) für Schmuckstücke geschnittener Stein.

Gemse, *Gams w,* europ. Antilope, lebt rudelweise in den Alpen bis zur Schneegrenze, auch im Schwarzwald; liefert „Sämischleder" für Handschuhe und Hosen.

Gemsbart, der Rückenhaare der G.

Gemswurz, *Doronicum,* gelbblühender Korbblütler, Alpenpflanze; Zierpflanze.

Gemüse, Nutzpflanzen, deren Wert für die menschl. Ernährung vor allem in ihrem Gehalt an Vitaminen u. Mineralstoffen liegt.

Gemütskrankheiten ↗Geisteskrankheiten.

Gen *s* (gr.), *Erbanlage, Erbfaktor,* stoffl. Träger erbl. Merkmale u. Eigenschaften. *Genotypus m,* Erbbild, Gesamtheit der Gene eines Lebewesens.

genant (: *sehe-*, frz.), lästig, peinlich.

Genantin ↗Glykol.

Gendarm *m* (: *schañ-*, frz.), in Fkr. der Polizist; in Dtl. fr.: Polizist auf dem Lande, Landjäger.

Genealogie *w* (gr.), **1)** allg. die Kunde u. Lehre v. Tatsachen, die eine Abhängigkeit begründen (z. B. G. der Sprachen). **2)** Die Lehre v. den auf Abstammung beruhenden Zusammenhängen zw. Menschen (Geschlechter- u. Familienkunde, Ahnenforschung), eine Hilfs-Wiss. der Geschichte. Die Vorfahren eines Menschen werden in der *Ahnentafel,* die Nachfahren in der *Nachfahrentafel* festgehalten. Im MA u. in der frühen NZ war für die Aufnahme in Ritterorden u. Domkapitel die *Ahnenprobe,* der urkundl. Nachweis adliger Abstammung, erforderlich.

Genehmigung, nachträgl. erteilte Zustimmung zu einem genehmigungsbedürftigen Rechtsgeschäft; ist formlos gültig, wirkt auf den Zeitpunkt des Rechtsgeschäftes zurück. ↗Einwilligung.

General, 1) höchste Offiziersrangklasse. **2)** oberster Vorsteher in einigen kath. Orden u. Kongregationen. **3)** oberster Vorsteher der Heilsarmee.

General..., in Zss.: allgemein, gesamt; bei

Gemse

Gemüse
Zusammensetzung:	
Wasser	85–98%
Eiweiß	1–3%
Fett	0,5–1%
Kohlenhydrate	2–3%

Arten:

Blattgemüse
Kohl-, Spinat-,
Salatgewächse

Wurzel- u. Knollen-G.
Karotte (Gelbe Rübe)
Sellerie
Schwarzwurzel
Rote Rübe
Rettich
Kohlrabi
versch. Rübenarten
Meerrettich
Petersilienwurzel
Kartoffel

Zwiebelgewächse
Speisezwiebeln
Knoblauch
Schalotten
Schnittlauch

Stengelgemüse
Spargel
Rhabarber
Lauch
Rippenmangold

Fruchtgemüse
Tomaten
Gurken
Kürbis
Melonen
Eierfrucht
Paprika
Grünmais

Hülsenfrüchte
Erbsen
Bohnen
Linsen
grüne Bohnen

☐ Nahrungs-
mittel (657)

Blick auf Genf und den Genfer See

Titeln Haupt-..., Ober-... **G.absolution** *w,* in der kath. Kirche: **1)** allg. Lossprechung v. Sünden, wenn im Notfall Einzelbeichte unmöglich ist. **2)** mit vollkommenem ↗Ablaß verbundene Lossprechung v. Sünden in Todesgefahr durch einen Priester. **G.baß,** *Basso continuo* (it.), Methode, einer Melodiestimme durch akkord. Spiel auf einem Begleitinstrument (Tasteninstrument oder Laute) das harmon. Fundament zu geben; bes. im Barock verwandt.
Generalgouvernement *s* (: -guwern^e̱mã̱n), Bz. für den 1939/44 von Dtl. besetzten Teil Polens, der nicht dt. Reichsgebiet geworden war.
Generalgouverneur (: -guwernö̱r), **1)** höchster Verwaltungsbeamter eines Gebietes. **2)** Vertreter der brit. Krone in Mitgliedstaaten des ↗Commonwealth of Nations.
Generalinspekteur (: -tö̱r), der Leiter des Führungsstabes der Bundeswehr.
Generalissimus (lat.), fr. Bz. für den Höchstkommandierenden; v. Stalin, Tschiang Kaischek u. Franco wiederaufgenommen.
Generalkapitel, Versammlung v. Oberen u. Delegierten eines Ordens zur Neuwahl der obersten Leitung u. Beratung v. Ordensangelegenheiten.
Generalstaaten, Bz. für die beiden Kammern des niederländ. Parlaments. Bis 1795 offizielle Bz. der v. den Habsburgern abgefallenen u. selbständig gewordenen Niederlande.
Generalstab, höchste militär. Dienststelle zur Vorbereitung des Einsatzes der Streitkräfte eines Landes; entstand im heutigen Sinn zuerst 1816 in Preußen. Für die Marine entspr. der *Admiralstab.*

Genfer See

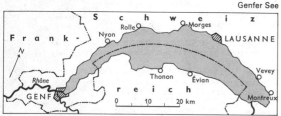

Generalsuperintendent, in einigen dt. Landeskirchen Bz. des höchsten ev. Geistlichen; 1945 durch Titel Bischof od. Präses ersetzt.
Generalsynode *w,* oberste Vertretung einer ev. Kirche, aus Geistlichen u. Laien bestehend; hat bei den Reformierten auch lehramtliche Autorität.
Generalvertrag, *Deutschlandvertrag,* Vertrag über die Beziehungen zw. der BRD u. den drei Westmächten, löste das ↗Besatzungsstatut ab u. gab der BRD eine nur durch einzelne Vorbehalte beschränkte Souveränität. Nach Ablehnung der EVG durch das frz. Parlament wurde der 1952 entworfene G. 54 im Rahmen der ↗Pariser Verträge abgeändert.
Generalvikar, allgemeiner Stellvertreter u. Gehilfe des kath. Bischofs.
Generation *w* (lat.), **1)** Geschlechterfolge (Eltern, Kinder, Enkel). **2)** Masse der Zeitgenossen, Menschenalter. **3)** *Parental-G.* u. *Filial-G.en* (P, F₁, F₂ usw.), Bz. für die G.enfolge in der Erblehre. **G.swechsel,** regelmäß. Abwechslung von geschlechtl. u. ungeschlechtl. Vermehrung.
Generator, 1) elektr. Stromerzeuger. ↗Dynamo. **2)** Erzeuger brennbarer Gase. **G.gas,** im Gas-G. gewonnenes heizwertarmes Gas.
generell (frz.), allgemein. [↗Gaswerk.
generös (frz.), edelmütig, freigebig.
Generoso (: -dsch-), *Monte G.,* Schweizer Grenzberg der Luganer Alpen, 1704 m.
Genesareth, See *Genezareth,* See v. *Tiberias,* auch *Galiläisches Meer,* fischreicher See im Jordangraben, 21 km lang, 48 m tief, 208 m u. M.; v. Jordan durchflossen. An den Ufern z. Z. Christi blühende Städte (Tiberias, Bethsaida, Kapharnaum).
Genese *w* (gr.), Entstehung des Lebens.
Genesis *w* (gr.), **1)** allg.: Entstehung. **2)** das 1. Buch des AT, auch 1. Buch Moses gen.
Genet (: seh^o nä), *Jean,* frz. Schriftsteller, * 1910; seine Romane u. Dramen verherrlichen das Asoziale in bilderreicher, lyr. u. obszöner Sprache. *Notre-Dame-des-Fleurs; Die Zofen;* autobiograph.: *Tagebuch eines Diebes.*
Genetik *w* (gr.), Lehre v. der ↗Vererbung.
Genette *w* (: sehe-), *Ginsterkatze,* marderähnl. Schleichkatze Afrikas u. SW-Europas.
Genever *m,* Wacholderschnaps.
Genf, frz. *Genève,* Hst. des Schweizer Grenzkantons G. (282 km², 340000E.) im SW des Landes am *Genfer See,* 151 000 E. (m. V. 325000 E.); wichtiger Handels- u. Finanzplatz, Europazentrale der UN, Internationales Arbeitsamt, Internationales Rotes Kreuz; Schmuck- und Uhren-Industrie; Zentrum frz. Kunst- und Geisteslebens; Univ., Technikum, Kunstmuseen; Flughafen Cointrin. Nahebei, in Meyrin, das europ. Kernforschungszentrum ↗CERN. – Im 5. u. 6. Jh. zeitweise Sitz der burgund. Kg.e; 1526 eidgenössisch; 1919/46 Sitz des Völkerbundes, **Genfer Konferenzen,** die wichtigsten sind: **1)** 1932/33 Abrüstungskonferenz des Völkerbunds; blieb ergebnislos. **2)** 1955 Konferenz der Regierungschefs der USA, der UdSSR, Großbritannien u. Fkr.s. Hauptthemen: Wiedervereinigung Dtl.s, Abrüstung,

Ost-West-Spannung. **3)** 1955 auf 2) folgende Außenministerkonferenz, die völlig ergebnislos schloß. **4)** 1958/62 Ost-West-Konferenz zur kontrollierten Einstellung der Kernwaffenversuche. **5)** 1960 Zehnmächte-, seit März 62 Siebzehnmächte-Abrüstungskonferenz.

Genfer Konvention, die 1864 auf Anregung H. ⁄ Dunants v. 16 Staaten unterzeichnete Konvention zur Verbesserung des Loses der Kriegsverwundeten u. -gefangenen; 1906 wesentl. verbessert, 29 u. 49 (54 Unterzeichnerstaaten) neu gefaßt. Schutzzeichen: rotes Kreuz auf weißem Feld, im muslim. Bereich roter Halbmond.

Genfer See, frz. *Lac Léman,* größter Alpenrandsee (581 km², bis 310 m tief), v. der Rhône durchflossen.

Genickstarre, ansteckende Krankheit, Entzündung der Hirn- u. Rückenmarkshäute, mit Fieber, Gelenkschmerzen, Versteifung in Nacken u. Rücken beginnend; volkstüml. für Meningitis (Gehirnhautentzündung).

Genie s (: sch-, frz.), urspr. die Wesensart eines Menschen, jetzt der schöpfer. höchst begabte *geniale* Mensch. *G.zeit,* im 18. Jh., ⁄ Sturm u. Drang.

genieren (: sehe-, frz.; Bw. *genant*), stören, belästigen; *sich g.,* befangen sein.

Génissiat (: seheniβja), frz. Rhônekraftwerk, 50 km unterhalb Genf; jährl. 1,8 Mrd. kWh.

Genitalien (Mz., lat.) ⁄ Geschlechtsorgane.

Genitiv m (lat.), Wes-⁄ Fall.

Genius m (lat.), bei den Römern Schutzgott jedes einzelnen Menschen, auch v. Orten *(G. loci);* Symbol des G. eine Schlange.

Genossenschaft, i. w. S. jede Art sozialer, wirtschaftl. u. polit. Verbandsbildung auf dem Boden der Gleichberechtigung; im engeren wirtschaftl. Sinn Gesellschaft v. nicht geschlossener Mitgliederzahl zur Förderung ihrer Mitglieder mittels gemeinschaftl. Geschäftsbetriebs. Wesentl. ist der G., daß sie ein bestimmtes Ziel besser u. mit größerem Nutzen für jeden einzelnen erreichen kann, als wenn jeder einzelne dieses isoliert für sich anstreben würde. Es gibt u. a. Kredit-, Produktions-, Konsum-, Absatz-, Wohnungsbau-G.en, landwirtschaftl. Betriebs- u. Bezugs-G.en. *Organe* der G. sind: Vorstand, Aufsichtsrat und Generalversammlung (aller Mitgl.). Die örtl. G.en bilden Landesverbände, die zugleich Revisionsverbände sind. Die moderne *G.sbewegung* entstand um 1840 in Engl.; in Dtl. durch ⁄ Schulze-Delitzsch u. ⁄ Raiffeisen begr.

Genova (: dsehä-), it. für ⁄ Genua.

Genovefa, hl. (3. Jan.), um 422 bis um 502; beim Hunneneinfall 451 soll Paris durch ihr Gebet vor der Zerstörung bewahrt geblieben sein. **G. v. Brabant,** 8. Jh., Gestalt der Legende: fälschlich des Ehebruchs angeklagt, lebte sie 6 Jahre in der Wildnis; Volksbuch, Dramen von Tieck und Hebbel.

Genremalerei (: sehänr-, frz.), Schilderung typ. Szenen aus dem Alltagsleben der verschiedenen Stände.

Genscher, *Hans-Dietrich,* dt. Politiker (FDP), * 1927; 69/74 Bundes-Innen-Min., seit 74 Bundes-Außen-Min. und Vizekanzler; seit 74 Bundes-Vors. der FDP.

Gent, frz. *Gand,* zweitgrößter Hafen Belgiens, Hst. der Prov. Ostflandern, durch den *G.-Terneuzen-Kanal* mit dem Meer verbunden, 247000 E.; Bischof; fläm. Univ., Akademie; got. Kathedrale St-Bavo mit *G.er Altar* der Brüder van ⁄ Eyck.

Genthin, Krst. im Bez. Magdeburg, 15500 E.; Waschmittel- u. Zuckerfabrikation.

Gentile (: dsehen-), *Giovanni,* it. Schulreformer u. Philosoph, 1875–1944; vertrat den neuidealist. „Aktualismus" als Synthese v. Gedanken Hegels u. Fichtes. [mann.

Gentilhomme m (: sehäntijom, frz.), Edel-**Gentleman** m (: dsehentlmän, engl.), feiner, gebildeter Mensch. **G.'s Agreement** s (: -ᵉgri-), vertrauensvolles Übereinkommen (ohne schriftl. Fixierung).

Gentry w (: dsehen-), der engl. niedere Adel *(Baronet u. Knight).*

Gentz, *Friedrich v.,* dt. polit. Schriftsteller, 1764–1832; Sekretär u. Vertrauter Metternichs.

Genua, it. *Genova,* der Welthafen It.s, Handelsstadt am Mittelmeer, Hst. Liguriens u. der *Prov. G.,* 790000 E.; Erzb., Univ., Kunstakademie, Handelshochschule; Zentrum der ligur. Eisen-Ind.; Freihafen für die Schweiz. – Im MA Rep.; Blüte durch die Kreuzzüge; kam 1805 an Fkr., 1815 an Sardinien-Piemont.

Genugtuung, Wiedergutmachung eines angerichteten Schadens; theol. die Gott geleistete Sühne für die Sünde.

genuin (lat.), echt, angeboren, unverfälscht.

Genus s (lat.), **1)** ⁄ Gattung. **2)** in der Sprachlehre: das Geschlecht des Hauptwortes: männl. (Masculinum), weibl. (Femininum), sächl. (Neutrum).

Genußmittel, Lebensmittel, die keinen bedeutenden Nähr- u. Kalorienwert besitzen; enthalten oft anregend wirkende Stoffe.

H.-D. Genscher

Genußmittel		insgesamt			je Einwohner über 15 Jahre		
Verbrauch in der BRD		1960	1970	1979	1960	1970	1979
Zigaretten	*Mill. St.*	71047	117848	124521	*St.*	1619	2529	2501
Zigarren	*Mill. St.*	4370	3188	2192	*St.*	100	68	44
Feinschnitt	*t*	8349	5709	10904	*g*	190	129	219
Pfeifentabak	*t*	1994	1832	1662	*g*	45	41	33
Bier	*1000 hl*	52633	85603	89027	*l*	119,91	183,69	179
Schaumwein	*1000 hl*	516	1123	2499	*l*	1,18	2,41	5,02
Branntwein zu	*1000 hl*							
Trinkzwecken	*Weingeist*	1065	1825	2065	*Wg.*	2,43	3,92	4,15
Kaffee	*t*	159447	315800	412945	*kg*	2,87	6,77	8,29
Tee	*t*	6353	9400	—	*g*	114	201	—

Genußscheine, Wertpapiere ohne Nennwert; sichern Anteil am Gewinn u. möglicherweise am Erlös der Liquidation einer Unternehmung.

Genzmer, Harald, dt. Komponist, * 1909; seit 57 Kompositionslehrer in München; komponierte u. a. Spiel- u. Jugendmusik, 2 Trautoniumkonzerte.

Geobotanik w (gr.), *Pflanzengeographie,* Lehre v. der Pflanzenverbreitung auf der Erde; Zweig der Botanik.

Geochemie w (gr.), Wiss. v. dem Verhalten der chem. Elemente auf der Erde (Häufigkeit, Verteilung usw.).

Geodäsie w (gr.), ⟋Vermessungskunde.

Geoelektrik w (gr.), Teil der Geophysik, der sich mit den elektr. Eigenschaften v. Teilen der Erdkruste befaßt, bes. zur ⟋Prospektion angewandt.

Geoffroy Saint-Hilaire (: schofrᵒa ßãntilär), *Étienne,* frz. Zoologe, 1772–1844; vertrat eine stammesgeschichtl. Entwicklung unter Umwelteinwirkung.

Étienne Geoffroy Saint-Hilaire

Geographie w (gr.), *Erdkunde,* die Wiss. v. der Erdoberfläche; *mathematische G.* (Erde als Weltkörper), *physische G.* (Lufthülle, Meere, Gewässer, Formenschatz), *Bio-G.* (Tier- u. Pflanzen-G.), *Anthropo-G.* (Siedlungs-, Wirtschafts-, Verkehrs- u. Kultur-G.), *histor. G.* (Zustände der Vergangenheit). Die Länderkunde untersucht einen bestimmten Erdraum. **geograph. Länge u. Breite,** legen einen Ort auf der Erdoberfläche fest.

Geoid s (gr.), vom Rotationsellipsoid abweichende wahre Gestalt der Erde.

Geologie w (gr.), die Wiss. v. der Entstehung u. v. Bau der ⟋Erde. *Geomorphologie,* erkundet Zustand u. Geschichte der Landschaft, unterstützt durch Lehre v. Bau der Erdrinde, der *Geotektonik.* Die *Paläontologie* erforscht Formen u. Entwicklung des Lebens in geolog. Zeiträumen. *Paläobiologie* untersucht Lebensweisen der Vergangenheit. *Petrographie* beschreibt Gesteine. *Stratigraphie* schildert zeitl. Abfolge des Erdgeschehens. Die *geolog. Formationen* in Mitteleuropa: ⟋Erdzeitalter. □ 237.

Geomagnetismus m (gr.), ⟋Erdmagnetismus.

Geometrie w (gr.), Hauptgebiet der Mathematik, das sich mit den Eigenschaften u. den gegenseit. Beziehungen v. räuml. Gebilden beschäftigt. *Geometer,* Landmesser.

geometrische Reihe, eine Folge v. Zahlen mit gleichbleibendem Quotienten zweier einander folgender Glieder; z. B. mit dem Quotienten 3: 2, 6, 18, 54 ... **geometrischer Ort,** Fläche od. Linie, auf der Punkte v. bestimmten Eigenschaften liegen. **geometrisches Mittel** ⟋Mittelwert.

Geophagie w (gr.), das Essen v. Erde (bei Naturvölkern; Krankheitserscheinung).

Geophysik w (gr.), die Wiss. v. den physikal. Erscheinungen u. Vorgängen an allen Teilen der Erde. Nach den Aggregatzuständen: Physik des festen Erdkörpers, Ozeanographie u. Meteorologie. **Geophysikalisches Jahr,** *III. Internationales,* v. 1. 7. 1957 bis 31. 12. 1958, Forschungsunternehmen mit über 60 000 Wissenschaftlern und Technikern aus 66 Nationen. Hauptforschungsgegen-

stände: Hochatmosphäre, Antarktis, Sonnenphysik; 1. Einsatz v. Satelliten. **Geopolitik** w (gr.), die Lehre v. der Einwirkung des Raumes auf Staat u. Politik; v. Nat.-Soz. im Sinne der „Lebensraumtheorie" umgedeutet.

Georg, hl. (23. April), Martyrer unter Ks. Diokletian; Patron Engl.s u. der Ritter, einer der 14 ⟋Nothelfer; meist als Reiter u. Drachentöter dargestellt.

Georg, Fürsten: *Großbritannien:* **G. I.,** 1660–1727; 1698 Kurfürst v. Hannover, erbte 1714 die engl. Krone. **G. V.,** 1865–1936; 2. Sohn Eduards VII., 1910 Kg. Sein Sohn **G. VI.,** 1895–1952; 1936 Kg. nach Abdankung seines Bruders Eduard VIII. Vater der Königin Elisabeth II. *Griechenland:* **G. I.,** 1845–1913 (ermordet); Sohn Christians IX. v. Dänemark, 1863 Kg. Sein Enkel **G. II.,** 1890–1947; 1922 Kg., 24 gestürzt, 35 zurückgerufen, 41 v. den Dt. vertrieben, 46 wieder zurück. *Hannover:* **G. I.** (siehe Engl.). **G. V.,** 1819–78; hob 55 die Verf. v. 48 auf, verlor 66 sein Land an Preußen.

George, 1) *Heinrich,* dt. Schauspieler, 1893–1946; Filme u. a. *Der Postmeister, Das unsterbliche Herz.* 2) *Stefan,* dt. Dichter, 1868–1933; trat mit seiner formbewußten, dichtgefügten Lyrik dem Naturalismus entgegen, verkündete ein neues geistiges Reich der dt. Nation. Starke Wirkung: *G.-Kreis. Das Jahr der Seele, Der Teppich des Lebens, Der siebente Ring, Der Stern des Bundes, Das neue Reich.*

Heinrich George in dem Film „Der Postmeister"

Georgetown (: dschoˈrdschtaun), 1) Hst. u. Haupthafen v. Guyana, 195 000 E.; kath. u. anglikan. Bischof. 2) fr. Name der Stadt ⟋Penang.

Georgia (: dschoˈdscheᵉ), Abk. *Ga.,* SO-Staat der USA, 152 488 km², 4,9 Mill. E.; Hst. Atlanta. Tiefland im Süden, steigt landeinwärts zu den Alleghenies (1538 m) an.

Georgien, russ. *Grusija,* Landschaft zw. Kaukasus u. Armenien bzw. Türkei; größtenteils zur *Grusinischen SSR,* 69 700 km², 5,1 Mill. E., meist Georgier. Hst. Tiflis; Kurorte; Mangan- u. Buntmetall-Vorkommen, Erdöl, Kohle; Wasserkraftwerke; subtrop. Landwirtschaft mit Tee, Zitrusfrüchten, Wein, Getreide. – Im 4. Jh. christianisiert; Blütezeit 12./13. Jh., im 18. Jh. nationale Einigung; seit 1801 russisch. Die **Georgier** (russ. *Grusiny*), 3,2 Mill., sind die bedeutendste Völkerschaft des Kaukasus.

Georgine, die ⟋Dahlie.

Georgsmarienhütte, niedersächs. Stadt südl. von Osnabrück, 31 000 E.; Eisen- und Möbel-Industrie.

Geosynklinale w (gr.), in der Geologie: wannenförm. Mulde zw. Kontinentalblöcken, mit mächtigen Ablagerungen.

Geotektonik w (gr.), ⟋Geologie.

geothermisches Kraftwerk (gr.), an Orten mit kleiner geotherm. Tiefenstufe errichtete Kraftwerke, die die Erdwärme zur Dampferzeugung ausnutzen.

geothermische Tiefenstufe, Tiefe, in die man eindringen muß, um eine Temperaturzunahme v. 1 °C zu erhalten, durchschnittl. 30–35 m.

Stefan George

Geotropismus ↗Tropismus.　[trachtend.
geozentrisch, die Erde als Mittelpunkt be-
Gepard m, katzenart. Raubtier Asiens u.
Afrikas, schwarz-gelb gefleckt, sehr schnell.
☐ 1044.
Gepiden, got. Teilstamm, gründete 453 in
Ungarn ein unabhängiges Reich; 567 v. den
Langobarden unter Alboin vernichtet.
Ger m, german. Wurfspieß.
Gera, Bez.-Hst. u. größte Stadt Ostthürin-
gens, 122 000 E.; Textil- u. Metall-Ind.
Geradflügler, Orthoptera, Insektenordnung,
mit beißenden Mundgliedmaßen, 2 unglei-
chen Flügelpaaren; Schaben, Heuschrek-
ken, Grillen.
Geranium ↗Storchschnabel, ↗Pelargonie.
Gerard, Meister G., 1. Baumeister des Köl-
ner Doms (seit 1247).
Geräteturnen ↗Turnen.
Geräusch ↗Schall.
gerben, Herstellung v. ↗Leder aus tier.
Häuten. Die Lederhaut wird freigelegt; in-
folge Umsetzung mit Gerbstoffen wird die
Haut biegsam u. weich. Verfahren: a) G. mit
pflanzl. Gerbstoffen (Loh- od. Rot-G.); b)
Chrom-G. mit basischen Chromsalzen; c)
Sämisch-G. mit Tran; d) Harz-G.
Gerbert, Martin, OSB, 1720–93; 64 Fürstabt
v. St. Blasien; Förderer der histor. Stu-
Gerbert v. Reims, Pp. ↗Silvester II.　[dien.
Gerbsäure ↗Tannin.
Gerbstoffe, sauerschmeckende Pflanzen-
stoffe, die Fäulnis verhüten ü. Eiweißlösun-
gen fällen; zum ↗Gerben. ↗Tannin.
Gerechtsame w, Vorrecht (Privileg), Be-
rechtigung, Dienstbarkeit.
Geretsried, oberbayer. Stadt l. an der Isar,
19 600 E.; chem., Kunststoff- u. Nahrungs-
mittel-Ind.
Gerhardt, Paul, dt. Dichter, 1607–76; schuf
mit seinen ev. Kirchenliedern die bedeutendste rel. Lyrik des 17. Jh. Befiehl du deine
Wege; Nun ruhen alle Wälder; O Haupt voll
Blut und Wunden.
Geriatrie w (gr.), Lehre v. der Behandlung
der Alterskrankheiten.
Géricault (: scheriko), Théodore, frz. Maler
u. Graphiker, 1791–1824; überwand den
Klassizismus u. leitete die frz. Romantik u.
den Realismus ein.

Géricault: Das Floß
der Medusa

Paul Gerhardt

Gericht, staatl. Einrichtung zur Ausübung
der Rechtspflege im Sinne der Feststellung
u. Verwirklichung des Rechts im einzelnen
Fall. Streitige G.sbarkeit: bürgerl. Rechtsstreitigkeiten u. Strafsachen. Freiwillige
G.sbarkeit: Unterstützung der Privatpersonen in ihrem rechtsgeschäftl. Verkehr (Vor-
mundschafts-, Nachlaßsachen, Beurkundungen usw.). Sonder-G.sbarkeit: für bestimmte Personengruppen (z. B. Militär-G.),
für bestimmte Sachen (z. B. Arbeits-G.), für
bestimmte Zeiten (z. B. Kriegs-G., Sonder-
G.e). Staats-G.sbarkeit: Staats-G.shöfe, die
über verfassungsrechtl. Fragen entscheiden. Verwaltungs-G.sbarkeit: Streitverfah-
ren über die Rechtmäßigkeit v. Verwal-
tungsmaßnahmen. Rechtsprechungskörper sind Einzelrichter od. Kollegial-G.e, die
entweder reine Berufs-G.e od. gemischte
G.e (Berufsrichter mit Laienrichtern) sind. In
der BRD bestehen die Bundes-G.e u. die G.e
der Länder (↗Amts-, ↗Land-, Oberlandes-,
Verwaltungs-, Oberverwaltungs-G. oder
Verwaltungsgerichtshof). Bei den G.en
werden einzelne Rechtsprechungskörper
(Richterkollegien) gebildet (Kammern beim
Land-, Senate beim Oberlandes-G.), die im
einzelnen Fall das G. sind. G.e sind unabhängig u. nur dem Gesetz unterworfen

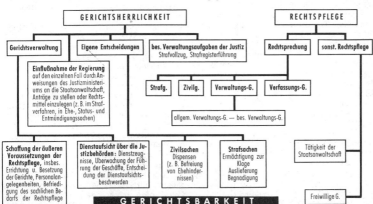

Germanen–Kunst:
1 Tierkopfpfosten vom
Osebergschiff
(1. Hälfte 9. Jh.);
2 Szene aus der
Sigurdsage (Türein-
fassung der Kirche von
Hyllestad, Norwegen;
um 1200); vgl.
☐ Bronzezeit (121)

(↗Richter). Die örtl. u. sachl. Zuständigkeiten sind gesetzl. geregelt. Für einen bestimmten Fall eingesetzte Ausnahme-G.e sind unzulässig. Laienrichter amtieren bei Schöffen-, Schwur-G.en, der Kammer für Handelssachen. Jedem G. ist eine ↗Staatsanwaltschaft zugeordnet. ↗G.sstand, ↗Strafprozeß, ↗Zivilprozeß. **Gerichtskosten,** Gebühren an den Staat (nicht Rechtsanwalt) für die Gewährung der Rechtspflege. Maßgebend für die Höhe ist im Zivilprozeß der ↗Streitwert, im Strafprozeß das Strafmaß. ↗Armenrecht. **Gerichtsmedizin,** klärt mit med. Mitteln bestimmte Delikte auf, z. B. Tötung, Verletzung, Vergiftung, Sexualdelikte. **Gerichtsstand,** im Zivilprozeß die örtl. Zuständigkeit der Gerichte. *Allg.* G. ist für natürl. Personen der inländ. Wohnsitz, für jurist. Personen der Sitz ihrer Verwaltung. Vereinbarung eines anderen G. ist möglich. **Gerichtsvollzieher,** staatl. Zustellungs- u. Vollstreckungsbeamter. Ihm obliegt im allg. die ↗Zwangsvollstreckung.

Gerlingen, württ. Stadt westl. v. Stuttgart, 18 200 E.; Matratzenfabrik.

Gerlsdorfer Spitze, höchster Gipfel der Hohen Tatra (ČSSR), 2663 m hoch.

Germanen (Mz.), zur indoeurop. Völkerfamilie gehörende Völkergruppe; wohnten in den westl. Gebieten des Ostseebeckens; ihre Trennung in *Nord-G.* (Schweden, Dänen, Norweger, Isländer), *Ost-G.* (Vandalen, Goten, Burgunder, Langobarden) u. *West-G.* (Franken, Alamannen, Bajuwaren, Sachsen, Chatten u. a.) ist wiss. noch nicht im einzelnen zu erklären. Bei der Ausdehnung ihres Siedlungsgebietes verdrängten sie die Kelten nach S u. W; zur ersten Berührung mit Rom kam es Ende 2. Jh. v. Chr. (↗Kimbern u. ↗Teutonen); die Absicht der Römer, in german. Gebiet einzudringen, scheiterte durch die Schlacht im Teutoburger Wald 9 v. Chr.; Rhein, Limes u. Donau bildeten lange Zeit die Grenze; im Verlauf der ↗Völkerwanderung drangen die G. ins Röm. Reich ein. – Die G. betrieben Ackerbau u. Viehzucht u. pflegten die Jagd. Die einzelne Familie war dem Sippenverband eingegliedert; mehrere Sippen bildeten eine Völkerschaft, mehrere Völkerschaften den Stamm. Dieser war polit. in Gaue u. Hundertschaften gegliedert. Die Gaufürsten gingen aus dem Adel hervor; aus ihnen wurde für die Kriegszeit ein Hzg. gewählt. – Um 200 v. Chr. vertraten die G. einen Toten- u. Dämonenglauben in Form der Ahnenverehrung und Heiligung von Naturgewalten. In der Römerzeit herrschte der Glaube an die Asen, die Träger des Alls, vor. Beginn der Christianisierung in der Völkerwanderung. **Germania** *w* (lat. = Dtl.), **1)** im 19. Jh. Personifikation der dt. Nation in Dichtung u. Bildender Kunst (dargestellt als kämpfende od. schützende Jungfrau). **2)** Schrift des Tacitus. **3)** Berliner Tageszeitung des Zentrums (1871/1938).

Germanicum *s,* v. Jesuiten geleitetes Kolleg in Rom zur Ausbildung v. Priestern aus dem Gebiet des ehem. Röm. Reiches Dt. Nation u. Ungarn, 1552 gegründet.

Germanicus, röm. Feldherr, 15 v. Chr. bis 19 n. Chr.; unternahm 14/16 drei erfolglose Feldzüge gg. die Germanen. **Germanisches Nationalmuseum,** in Nürnberg, 1852 gegr.; Sammlung v. Zeugnissen der dt. Kultur; mit umfangreicher Bibliothek. **Germanistik** *w,* Wiss. v. der dt. Sprache u. Lit.

Germanium *s,* chem. Element, Zeichen Ge, graues Metall, Ordnungszahl 32 (☐ 148); wichtig zur Herstellung v. ↗Halbleiter-Elementen.

Germany (: dschörm^{e}n^{i}), engl. Name für Deutschland.

Germer *m, Veratrum,* gift. Liliengewächs; *Weißer G.,* auf Alpenwiesen, zur Schädlingsbekämpfung; *Schwarzer G.,* Zierpflanze.

Germering, oberbayer. Gem. am Westrand von München, 34 300 E.

Germersheim, Krst. in Rheinland-Pfalz, am Rhein, 13 200 E.; Dolmetscherinstitut; Tabak-Ind.; Schiffswerft.

Germiston (: dschö^{r}m^{i}ßt^{e}n), südafrikan. Stadt in Transvaal, 1644 m ü. M., 225 000 E.; größte Goldraffinerie der Welt.

Gernrode, Stadt u. Kurort am Harz (Bez. Halle), 6000 E.; frühroman. Stiftskirche (961).

Gernsbach, bad. Stadt u. Luftkurort im nördl. Schwarzwald, 13 800 E.; Papier-Ind.

Gero, Markgraf Ottos d. Gr., † 965; unterwarf die Wenden bis zur Oder.

Gerolstein, rhein. Stadt u. Kurort in der Eifel, 6800 E.; alkal. Säuerlinge *(G.er Sprudel).*

Gerona (: che-), nordspan. Prov.-Hst., 35 000 E.; Bischof; got. Kathedrale (1312 begonnen).

Geronten (Mz., gr.), in altgriech. Stadtstaaten die Mitgl. des Rats der Alten *(Gerusia)* in Sparta 28 Spartiaten u. die beiden Kg.e, mit beratender u. richterl. Funktion.

Gerontologie *w* (gr.), Lehre v. den körperl. u. seel. Besonderheiten des alternden Menschen.

Gershwin (: gö^{r}sch-), George, am. Komponist, 1898–1937; verbindet Jazz-Elemente u. symphon. Musik. Opern *(Porgy and Bess),* Operetten u. Revuen; Klavierkonzert *(Rhapsody in Blue);* Tonbild *(Ein Amerikaner in Paris);* Filmmusiken, Schlager.

Gerstäcker, *Friedrich,* dt. Schriftsteller, 1816–72; exot. (Reise-)Romane.

Gerste, Getreideart, mit begrannten Ähren. Saat-G. in 3 Rassen: 2zeil. od. Große G. (Brau-G.), 4zeil., Kleine od. Sand-G. (Brotgetreide), 6zeil. G. Älteste Kulturpflanze; in Dtl. zu Malz, Suppen, Kaffee-Ersatz (G.nkaffee); auch zur Stärkegewinnung; in Nordeuropa Brotfrucht; ferner als Nährmittel für Kranke; auch für Futterzwecke. *Sommer-G.* gedeiht auf Lehmböden u. lehmigen Sandböden. *Winter-G.* liefert gute Erträge u. frühzeitig Kraftfutter. ☐ 325.

Gerstenkorn, schmerzhafte Vereiterung am Augenlid durch Sekretverhaltung.

Gerstenmaier, *Eugen,* dt. Politiker (CDU), * 1906; als Mitgl. des Kreisauer Kreises 44 zu Zuchthaus verurteilt; Gründer u. Leiter des Ev. Hilfswerks; 54/69 Bundestags-Präs.

Gersthofen, bayer. Stadt nördl. von Augsburg. 17 200 E.; Großkraftwerk am Lech.

George Gershwin

Gertrud d. Gr., hl. (17. Nov.), Zisterzienserin, 1256–1302; seit 1261 im Kloster Helfta bei Eisleben; bedeutende Mystikerin.

Geruch, G.ssinn, Fähigkeit, den Duft v. gasod. dampfförm. Stoffen wahrzunehmen. Bei manchen Tieren weit stärker entwickelt als beim Menschen (Hund, Aal).

Gerusia ↗Geronten.

Gervasius u. Protasius, hll. (19. Juli), vielleicht Martyrer, lebten im 3./4. Jahrhundert.

Gervinus, Georg Gottfried, dt. Historiker, 1805–71; einer der ↗Göttinger Sieben.

Gesamtdeutsche Partei (GDP), 1961 entstanden durch Zusammenschluß der ↗Dt. Partei u. des ↗Gesamtdt. Blocks/BHE. Nicht im Bundestag vertreten.

Gesamtdeutscher Block/BHE, dt. Partei, 1950 gegr. als „Bund der Heimatvertriebenen und Entrechteten", seit 57 nicht mehr im Bundestag; 61 Zusammenschluß mit der ↗Dt. Partei zur ↗Gesamtdt. Partei.

Gesamtgläubiger, mehrere Gläubiger, die insgesamt eine Leistung zu fordern haben; jeder kann Leistung an sich verlangen, der Schuldner kann an jeden leisten. **Gesamtgut,** gemeinsames Vermögen der beiden Ehegatten bei ↗Gütergemeinschaft. **Gesamthochschule** ↗Hochschule. **Gesamtprokura** ↗Prokura. **Gesamtschuldner,** bei mehreren Schuldnern haftet jeder dem Gläubiger für die ganze Schuld, sofern nicht anteilweise Haftung vereinbart ist.

Gesamtschule, Schule, in der die herkömml. Schultypen (Grund-, Haupt-, Realschule, Gymnasium) zu einer Einheit zusammengefaßt sind; soll größere Chancengleichheit u. bessere Förderung der Schüler ermöglichen.

Gesandter, vertritt einen Staat u. dessen Angehörige völkerrechtl. bei einem anderen Staat; genießt ↗Exterritorialität u. unbeschränkten Verkehr mit dem Heimatstaat. 3 Rangklassen: ↗Botschafter, G., Geschäftsträger.

Gesäuse s, 16 km lange Schlucht in den Ennstaler Kalkalpen (Steiermark).

Geschäftsfähigkeit, Fähigkeit, sich rechtl. zu verpflichten u. Rechte für sich zu begründen. Beschränkte G. für Minderjährige, für Personen, die wegen Geistesschwäche, Verschwendung od. Trunksucht entmündigt od. solche, die unter vorläufige Vormundschaft gestellt sind. **Geschäftsgeheimnis** ↗Betriebsgeheimnis. **Geschäftsordnung,** Regeln für den Verhandlungsgang bei Behörden, Körperschaften u. Parlamenten.

Geschäftsträger ↗Gesandter.

Gescher, westfäl. Stadt westl. von Coesfeld, 14 300 E.; Glockengießerei, Textil-Ind.

Geschichte, 1) i.w.S.: alles Geschehen (z. B. Erd-, Natur-G.) **2)** i.e.S. der Geschehenszusammenhang des menschl. Handelns, Werkschaffens u. Denkens. **3)** die Erforschung dieses Zusammenhangs im Sinn der ↗Geschichtswissenschaft. **Geschichtsklitterung,** unwiss. Geschichtsdarstellung. **Geschichtsphilosophie,** will Wesen u. Sinn der Gesch. aus ihren erforschbaren Erscheinungen deuten. **Geschichtsschreibung,** Historiographie, Darstellung der

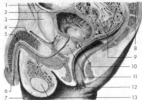
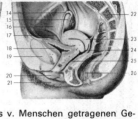

Geschlechtsorgane
Männliches Becken (links): 1 Bauchhöhle, 2 Harnblase, 3 Schambein, 4 Schwellkörper, 5 Harnröhre, 6 Penis, 7 Hodensack, 8 Kreuzbein, 9 Darm, 10 Samenbläschen, 11 Vorsteherdrüse, 12 Mastdarm, 13 Hoden. – **Weibliches Becken** (rechts): 14 Eileiter, 15 Eierstock, 16 Bauchhöhle, 17 vorderes rechtes Gebärmutterband, 18 Harnblase, 19 Schambein, 20 Kleine Schamlippe, 21 Große Schamlippe, 22 Kreuzbein, 23 Gebärmutter, 24 Muttermund, 25 Scheide, 26 Mastdarm

2 Stützzellen Sinneszellen

Geschmack:
Geschmacksknospen
1 umwallte Papille, 2 einzelne Geschmacksknospen; beide auf der menschlichen Zunge

Gesch., des v. Menschen getragenen Geschehens; wird formal gegliedert in referierende (rein erzählende), pragmatische (spürt der Verknüpfung v. Ursache u. Wirkung nach, um aus dieser Erkenntnis prakt. Folgerungen zu ziehen) u. genetische (faßt jede geschichtl. Erscheinung als etwas allmähl. Gewordenes auf) Geschichtsschreibung. **Geschichtswissenschaft,** ihre Aufgabe ist es, durch Erschließung, Prüfung u. Vergleich der Quellen die tatsächl. Ereignisse festzustellen u. sie im Zshg. darzustellen. Die G. begann bereits bei den Griechen, wurde aber erst in der NZ eig. krit.-wiss. betrieben. Bedeutende dt.-sprachige Historiker des 19. Jh. waren F. K. v. Savigny, L. v. Ranke, Th. Mommsen, H. v. Treitschke, J. Burckhardt.

Geschiebe, durch Wasser od. Eis verfrachtete Gesteine. G.mergel, Gletscherablagerung, Grundmoräne Nord-Dtl.s; verwittert zu G.lehm aus Sand, Kies u. Ton.

Geschlecht, Verschiedenheit der Individuen nach den Fortpflanzungsorganen. **G.sbestimmung,** Festlegung des G. bei der Befruchtung durch ↗X- u. Y-Chromosomen. **G.schromosom** ↗X-Chromosom. **G.sdrüsen** ↗Keimdrüsen; ↗Eierstock, ↗Hoden. **G.skrankheiten,** Bz. für ↗Syphilis, ↗Tripper, weichen ↗Schanker u. ↗Vierte G.skrankheit; durch Infektion der G.sorgane erworben. ▢ 420. In Dtl. Behandlungspflicht. G.skrankenfürsorge vermittelt kostenlose Behandlung. **G.smerkmale,** primäre: ↗Geschlechtsorgane, sekundäre: Milchdrüsen, Beckenform, Körperhöhe, Haarwuchs. **G.sorgane,** Genitalien, vermitteln die Fortpflanzung; beim Mann: Hoden, Nebenhoden, Samenleiter, G.sdrüsen u. männl. Glied; bei der Frau: Eierstöcke mit Eileitern, Gebärmutter, Scheide u. weibl. Scham. **G.sreife,** Periode der Zeugungs- u. Fortpflanzungsfähigkeit; sie beginnt beim Mann im 13.–18., bei der Frau im 10.–18. Lebensjahr. **G.strieb,** wirkt bei Tieren nur während der ↗Brunst, ist beim Menschen nicht an bestimmte Zeiten gebunden. Er dient der Fortpflanzung, wirkt aber beim Menschen als Antrieb auf die Gesamtpersönlichkeit. **G.szellen** ↗Gameten.

Geschlossene Zeit, in der kath. Kirche die Advents- u. Fastenzeit; ihrem Ernst entsprechend sind feierl. Eheschließungen u. öff. Feiern untersagt.

Geschmack, 1) G.ssinn, Fähigkeit, die Qualitäten süß, sauer, salzig, bitter mit Zunge u. Mundschleimhaut wahrzunehmen. Andere Qualitäten werden v. Geruchssinn wahrgenommen. **2)** ästhet. Urteilsvermögen, persönl. Stil.

Geschütz: Rohrkonstruktionen: **1** Vollrohr und **2** geschrumpftes Mantelrohr mit aufgeschraubtem Bodenstück, **3** Mantelrohr mit selbsttragendem Seelenrohr; a Bodenstück, b Ladungsraum, c Rohrseele

Geschoß, meist mit einer Schußwaffe abgeschossen; *Patrone,* wenn G. u. Treibladung zus. in der Hülse mit Zündhütchen vereint sind; *Granate,* aus Geschütz verschossen, mit Sprengladung u. Zünder als *Patronenmunition* bis zu 10 cm Kaliber, als *Kartuschmunition,* wenn Treibladung getrennt zum G. geladen wird. ☐ 1075.
Geschütz, Feuerwaffe, die Granaten (↗Geschoß) verschießt; besteht aus Rohr mit Zügen zur Drallerteilung u. Innendurchmessern bis zu 90 cm, Verschluß zum gasdichten Abschluß des Rohres u. Betätigen des Schlagbolzens, Lafette verschiedenster Bauart zur Lagerung v. Rohr u. zum Transport u. Aufnahme der Richtmaschine. Der Rückstoß wird durch eine Rohrbremse aufgefangen, beim vollautomat. G. zum Neuladen ausgenutzt; bei rückstoßfreiem G. strömt ein Teil der Pulvergase nach rückwärts u. gleicht so den Rückstoß aus. Je nach Anwendung ↗Kanone, ↗Haubitze u. ↗Mörser; Atom-G., meist großkalibrig, verschießt atomare Sprengsätze; G.e können ortsfest od. voll motorisiert verwandt werden; heute wichtige Ergänzung durch ↗Raketenwaffen. ☐ 1075.
Geschwader *s* (it.), **1)** Verband gleichartiger Kriegsschiffe. **2)** Kampfeinheit v. Kriegsflugzeugen.
Geschwindigkeit, das Verhältnis v. zurückgelegter Wegstrecke zur Zeit.
Geschwister, der 1. Grad der Seitenverwandtschaft; vollbürtig, wenn sie beide Eltern, halbbürtig, wenn sie nur Vater od. Mutter, Stief-G., wenn sie keines v. beiden gemeinsam haben. Die Ehe unter voll- u. halbbürtigen G.n ist verboten. Eine gesetzl. Unterhaltspflicht besteht für G. nicht.
Geschworene, Laienrichter bei ↗Schwurgerichten.
Geschwulst *w, Gewächs,* lat. *Tumor,* Gewebswucherung mit fortschreitendem Wachstum. Gutartige G. verdrängt nur das Muttergewebe; eine bösartige G. (↗Krebs) dringt zersetzend in die Umgebung ein.
Geschwür *s, Ulcus* (lat.), langsamer Zerfall eines Oberflächengewebes (Haut, Schleimhäute) mit Eiterung; bei Entzündung vernachlässigter Wunden u. Krankheiten.
Geseke, westfäl. Stadt am Hellweg, 20 300 E.; Zement- u. Kalk-Ind.
Geselchtes, süddt. u. östr. für geräuchertes Fleisch.
Gesell, *Silvio,* dt. Geldtheoretiker, 1862 bis 1930; begr. die Lehre v. der ↗Freiwirtschaft.
Gesellenprüfung, nach mindestens 3jähr. Meisterlehre abzulegen vor einem Prüfungsausschuß der Handwerkskammer. Anfertigung eines *Gesellenstücks.* Beurkundung der G. durch *Gesellenbrief.* **Gesellenvereine,** zur berufl., allg. u. religiösen Bildung junger Handwerker (u. Arbeiter). Der 1. *kath. Gesellenverein* entstand 1846 in Elberfeld, 1849 v. A. ↗Kolping in Köln eingeführt, v. hier aus Verbreitung in mehreren Ländern; heute die ↗Kolpingfamilie. Der Verband der *ev. G.e* erstrebt ähnl. Ziele.
Gesellschaft, die histor. konkrete Gesamtheit der zwischenmenschl. Beziehungen,

Gesellschaftsinseln

Inseln über dem Wind:
Tahiti
Moorea
Tetiaroa
Maiao
Makatea

Inseln unter dem Wind:
Raiatéa
Huahine
Tahaa
Bora-Bora
Maupiti
Mopihaa
Motu Iti
Scilly-Insel
Bellingshausen-Insel

Gesenk

Geschwindigkeiten	m/s	km/h
Schwimmer	1,0–1,9	3,6–6,8
Stubenfliege	1,5–2,0	5,4–7,2
Fußgänger	1,4–1,7	5–6
Pferd im Trab	4	15
Pferd im Galopp	8	30
Langstreckenläufer	2,5–5	9–18
Radfahrer	5	18
Fallschirmspringer	5	18
Kurzstreckenläufer	7–10	25–36
schnelles Segelschiff	8	29
Großtanker	8	30
Güterzug	11	40
Biene	12–16	43–58
Fahrgastschiffe	12–18	43–65
Containerschiffe	14	48
Personenzug	14	50
Windhund	20	70
Brieftaube	20–30	70–108
Personenwagen	20–50	70–180
TEE (Reisegeschwindigkeit)	30	110
Schwalbe	bis 70	bis 250
Mauersegler	80	290
Düsenverkehrsflugzeug	250	900
Schall	344	1238
Erddrehung am Äquator	440	1650
Gewehrkugel	480–700	1728–2520
Artilleriegeschoß	900	3200
Erdsatellit	8333	30 000
Fluchtgeschwindigkeit von Raumfahrzeugen	11 200	41 380
Erde um die Sonne	30 000	108 000

sozialen Gruppen u. Gebilde; verschiedentl. als rational bestimmter Zweckverband der ↗Gemeinschaft gegenübergestellt. **G. bürgerl. Rechts,** der Zusammenschluß von Personen zu rechtlich erlaubtem Zweck. Sie ist nie juristische Person, das G.svermögen daher gemeinschaftliches Vermögen der G.er zur gesamten Hand. Die G.er haften wie Gesamtschuldner. Zu unterscheiden sind die *Handels-G.en* (die ↗Aktien-G., die GmbH) sowie die ↗Vereine. **G. Jesu** ↗Jesuiten. **G. mit beschränkter Haftung** (GmbH), Kapital-G. mit Mindeststammkapital 20 000 DM, Mindesteinlage der einzelnen Gesellschafter 500 DM. Die Geschäftsanteile sind veräußerlich u. vererblich, jedoch ohne Börsenhandel. Haftung nur mit dem Gesellschaftsvermögen.
Gesellschaftsinseln, vulkan. Gebirgsinseln Frz.-Polynesiens: 2 Gruppen: 5 *Inseln über dem Winde* im O (Tahiti-Inseln, 1173 km²) u. 9 *Inseln unter dem Winde* im W (475 km²); Kopra, Zucker, Vanille, Bananen, Orangen; ca. 100 000 E.; Hst. Papeete auf der Hauptinsel Tahiti.
Gesellschaftslehre ↗Soziologie.
Gesenk, Stahl-Formgerät zum Erzeugen vieler gleicher Schmiedestücke, größtenteils in Fallhämmer eingebaut. ☐ 254.
Gesenke *s,* auch *Mähr.-Schles.,* südöstl. Ausläufer der Sudeten, 400–600 m hohe Flächen mit alten Vulkanen (der Sonnenberg 798 m hoch).
Gesetzliche Erben ↗Erbrecht.
Gesetzlicher Vertreter ist, wessen Vertretungsmacht nicht auf Vereinbarung, sondern unmittelbar auf Gesetz beruht, z. B. ↗Elterl. Gewalt, ↗Vormund, ↗Schlüsselgewalt.
Gesichtslähmung ↗Facialislähmung.

Gesims, waagrecht verlaufendes, vor die Wand tretendes Bauglied, gg. Regenwasser od. als Schmuck.

Gesner, *Konrad v.,* Schweizer Begr. der wiss. Zoologie, 1516–65.

Gespenstertier ↗Koboldmaki.

Gespenst(heu)schrecken, die ↗Stab(heu-)schrecken; *G.* i. e. S. ↗Wandelndes Blatt.

Gesprenge *s,* meist geschnitzte Bekrönung des spätgot. Altars mit Fialen und Figuren. ☐ 281.

Geßler, *Otto,* dt. Politiker, 1875–1955; 1920/28 Reichswehrmin.; 50/52 Präs. des Dt. Roten Kreuzes.

Geßner, *Salomon,* Schweizer Schriftsteller, Maler u. Verleger, 1730–88; Meister der Prosaidylle.

Gestaltpsychologie, betont den Vorrang der Gestaltganzheit vor den Teilen beim Wahrnehmen u. Erleben; wichtige Richtung der neueren Psychologie seit der Jh.wende (gg. die ältere „Elementenpsychologie").

Geständnis, rechtl.: im Zivilprozeß das Zugestehen einer v. der Gegenpartei, im Strafprozeß v. Anklagevertreter behaupteten Tatsache. Ein G. im Zivilprozeß (außer in Ehesachen) wird ohne Nachprüfung als wahr angesehen, im Strafprozeß v. Gericht auf seine Wahrheit hin geprüft.

Gestapo, Abk. für ↗**Ge**heime **Sta**ats**po**lizei.

Gesteine, Gemenge verschiedener Mineralien, die geolog. selbständige Teile der Erdrinde aufbauen. Der Entstehung nach unterscheidet man: a) *Eruptiv-G.,* aus dem Schmelzfluß erstarrt; nach der Erstarrungsort: Tiefen-, Gang- u. Erguß-G. b) *Sediment-G.,* durch Absatz v. Gesteinsmaterial im Wasser gebildet. c) *Metamorphe G.,* durch Umwandlung der Eruptiv- u. Sedimentgesteine entstanden. **Gesteinsbohrer,** Werkzeuge u. Maschinen zur Herstellung v. Sprenglöchern. **Gesteinskunde,** auch *Petrographie,* behandelt Zusammensetzung, Auftreten u. Verbreitung der Gesteine.

Gestirne, alle sichtbaren Himmelskörper.

Gestüt, Pferdezüchterei in größerem Maßstab. Wilde G.e (Rußland, Rumänien, Ungarn) überlassen die Pferde sich selbst, halbwilde sondern die Stuten mit bestimmten Hengsten ab, zahme haben Stall- u. Weideabsonderung der Einzeltiere u. paaren nach Zuchtwahl. Privat-G.e züchten für Rennzwecke; die Staats-G.e werden in Haupt-(Reinzucht) u. Land-G.e unterschieden.

Gesundbeten, abergläubischer Brauch, durch Berührungen, Gebete, Zeichen u. Formeln auf magische Weise heilen zu wollen; Erfolge beruhen auf Suggestion.

Gesundheit, ausgeglichener Zustand zw. Körperkräften u. Anforderungen der Umwelt, Harmonie der körperl. u. geist. Funktionen. **G.swesen,** faßt alle Einrichtungen zur Erhaltung, Wiederherstellung u. Förderung der Volks-G. zusammen. Der öff. G.sdienst obliegt dem *G.samt.*

Geten, nomad. Reitervolk an der unteren Donau, seit 46 n.Chr. romanisiert.

Gethsemani, Garten am Fuß des Ölbergs; hier nach dem NT Beginn des Leidens Christi.

Haupt- o. Kranzges.

Kaffgesims

Gurtgesims

Gesims

Gesprenge vom Hochaltar des Meisters H. L. im Breisacher Münster

Getreide-Arten:
1 Roggen, 2 Kolbenweizen, 3 Bartweizen, 4 Dinkel (Spelz), 5 Gerste, 6 Fahnenhafer, 7 Rispenhafer

Getränkesteuer, landesrechtl. geregelte Gemeindesteuer auf die Abgabe v. Getränken aller Art (außer Bier u. Milch) in Gaststätten; nicht mehr allg. erhoben.

Getreide, *Körnerfrüchte,* stammen aus dem mittelmeer. Gebiet (Weizen, Roggen, Gerste, Hafer), aus Mittelasien (Hirse), aus den Tropen der Alten (Reis) und Neuen Welt (Mais). Dienen zur Mehlbereitung, als Nährmittel und Viehfutter, zur Fabrikation von Malz u. Bier, Branntwein, Stärke u. Kleber, Dextrin, Traubenzucker, Keimöl, Preßhefe, das Stroh als Viehfutter, Streu, Flecht- u. Packmaterial, zur Papierfabrikation. G. bildet mit 50–60% des Ackerlandes Grundlage des Ackerbaues. Am weitesten nördlich geht Gerste, am wenigsten Mais (bis zur Weinbaugrenze). Die Ernte gefährden Pilze (Mehltau, Schneeschimmel, ↗Mutterkorn), tier. Schädlinge (G.fliegen, Drahtwürmer, Kornkäfer) u. Unkräuter (Ackersenf, Kornblume, Klatschmohn; ☐ 454). **G.kümmel,** Schnaps aus Kornbranntwein; dazu ein Kümmeldestillat.

Getriebe, 1) zur Verwandlung hin- u. hergehender Bewegung in drehende od. umgekehrt, als Kurbel-, Wälzhebel-, Exzenter- od. Kurvenscheiben-G. **2)** zur Übertragung drehender Bewegung als Zahnrad-, Kettenrad-, Reibrad-, ↗Flüssigkeits-, elektr. u. magnet. G.; zur Anpassung an hohe Motordrehzahlen die Schalt- od. Wechsel-G. aus verschiedenen Zahnradsätzen; für die unterschiedl. Geschwindigkeit der motorgekuppelten Kraftfahrzeughinterräder die Ausgleichsoder ↗Differential-G. ☐ 326, 511, 1102.

getriebene Arbeit ↗Treibarbeit.

Getter *s,* ein Metallniederschlag in evakuierten Röhren, verbessert das Vakuum durch Aufzehrung der Gasreste.

Geusen (: gö-, Mz.), Bz. für die gegen die span. Herrschaft kämpfenden Niederländer 1566/1648.

Gevatter, fr. für Taufpate; vertraul. Bz. für den Tod: G. Tod.

Gevelsberg, westfäl. Stadt und Bahnknoten im Sauerland, an der Ennepe, 31 000 E.; Metall- u. Glasindustrie.

Gewächshaus, künstl. erwärmtes Glashaus für Pflanzenkulturen. Je nach Temperatur *Kalt-* od. *Warmhaus (Treibhaus).*

Gewähr *s,* Sicherstellung; Garantie. **G.leistung,** Haftung des Verkäufers für Mängel beim Verkauf.

Getriebe

Bewegungsmechanismus verschiedener G.

Kurbeltrieb
(z. B. an Lokomotiven und an Kolbenmaschinen)

a Zylinder, b Kolben, c Kolbenstange, d Kreuzkopfleitbahn, e Kreuzkopf, f Pleuel- oder Treibstange, g Kurbelzapfen

Kurventrieb
(z. B. Nockentrieb, Ventilstößel, ähnliche Wirkung wie Exzenter)

a Nockenwelle, b Nocken mit c Steuerungskurve, d Nockenhebel (oder Stößel), e Rückhol- (oder Rückstell-) Feder

Rädertrieb
(z. B. Zahnradüber- oder -untersetzung, die Drehrichtung umkehrend)

a Zahnrad für Antrieb von Welle W₁, b Zahnrad für Antrieb auf Welle W₂. Für Beibehalten der Drehrichtung sind 3 Zahnräder nötig. Bei großer Übersetzung Schneckentrieb. Wechselgetriebe ↗ Kraftwagen

Sperrtrieb
(z. B. an Ratschen, Hebelbremsen, Winden, Uhrwerksgesperren)

a Zahnkranz des Ratschenrades auf Welle W, b Sperrklinke, c Rückholfeder (Sperrfeder) (direkt wirkend)

Gesperre
Reib-, mit Backenbremse / Rolleng. mit federnden Reibelementen

a Sperrichtung, b Bewegungsrichtung, c Last, d Kugeln, e Federn

Rollentrieb
(z. B. an Seil- oder Riementrieb bei Transmissionen)

a Antriebsscheibe auf Welle W₁, b Antriebsscheibe auf Welle W₂.
Drehsinn beider Scheiben gleich, für Umkehrung wird der Riemen gekreuzt (geschränkt). Auf kurze Entfernungen

Hydropneumatisches Getriebe
(z. B. beim hydraulischen Widder oder Stoßheber, doch auch am Heronsball, als Überlastungsschutz gegen Bruch u. a.)

a Vorratsbehälter, b Druckventil, c federnder Luftsack, d Wasserfüllung, e Stoßventil, f Steigleitung (Nahwirkung)

Pneumatischer Trieb
(z. B. an Druckluftbremsen, Drucklufthämmern, Luftvorholern)

a Druckluftspeicher, b Luftleitung, c Zylinder mit d Kolben, e Kolbenstange, f Bremsklotz an Felge g
Auch für weite Entfernung

Gewände mit G.-figuren (Bourges, Kathedrale)

Gewahrsam, 1) die v. entsprechendem Willen getragene tatsächl. Herrschaft über eine Sache. Kein G. an verlorenen Sachen, wohl aber noch Eigentum. G. ist das wesentl. Merkmal, durch das sich der ↗Diebstahl v. der ↗Unterschlagung unterscheidet. **2)** Verwahrung. **3)** Haft.

Gewaltenteilung, Verteilung der 3 entscheidenden Staatsfunktionen (gesetzgebende, vollziehende u. richterl. Gewalt) an verschiedene, voneinander unabhängige Instanzen, um die Gefahren der Machthäufung auszuschalten; Theorie v. J. Locke u. Montesquieu.

Gewände s, schräge Schnittfläche zw. Mauer u. Tür- bzw. Fensteröffnung; dient vor allem Kirchenportalen der Romanik u. Gotik zur Aufnahme der G.figuren.

Gewann s, Untergliederung einer ↗Gemarkung. **G.flur,** Flurform mit gemeinsamer Allmende u. Besitztümern in Gemengelage.

Gewässer, Flüsse, Kanäle, Seen. **G.kunde,** Hydrologie od. Hydrographie, die Lehre v. den G.n (Entstehung, Bewegungsgesetze, physikal. u. chem. Verhalten).

Gewebe, 1) Fadengebilde aus sich kreuzenden Fäden („Kette" u. „Schuß"). ↗Weberei. **2)** menschliches und tierisches G., Verbände ursprünglich gleichartiger Zellen und ihrer Abkömmlinge. Vier Hauptformen: Epithel-, Stütz-(↗Binde-), Muskel- und Nerven-G. Pflanzliches G., gleichwertige Zellen im engeren Verband.

Gewebszüchtung, Züchtung abgetrennter Zellen, Gewebsstücke od. Organteile in einer Nährflüssigkeit zur Erforschung der Lebensvorgänge in der Zelle.

Gewehr, Handfeuerwaffe, deren Geschoß durch Pulvergase aus dem 50–90 cm langen Rohr (Lauf) getrieben wird; meist Karabiner mit kurzem Lauf u. als automat. G. (Schnellfeuer-G.), bei dem der Pulvergasdruck das Laden u. Spannen der Waffe übernimmt. ☐ 1075.

Geweih, verästelte Knochenauswüchse des Stirnbeins, wird jährl. abgeworfen u. erneuert; bei Hirschen u. (auch weibl.) Rentieren; zu Messer- u. Stockgriffen, Knöpfen.

Gewerbe, im Sinn der G.ordnung jede fortgesetzte, auf Gewinn gerichtete Beschäftigung, die nicht zu den „freien Berufen" od. zur Urproduktion gehört (also nicht Landwirtschaft, wiss. u. künstler. Tätigkeit). **G.aufsicht,** staatl. Aufsichtsbehörde zur Überwachung der techn. Schutzmaßnahmen für Leben u. Gesundheit der Arbeitnehmer u. zur Kontrolle der Arbeitszeit. **G.bank,** Bank auf genossenschaftl. Grundlage zur Förderung des gewerbl. Mittelstands. **G.freiheit,** Zustand, in dem der Staat möglichst wenig auf die Ausübung gewerbl. Tätigkeit einwirkt. **G.zulassung** in der BRD derzeit v. Einschränkungen weitgehend frei (Bundesges. v. 22. 12. 1959). **G.krankheiten** ↗Berufskrankheiten. **G.ordnung** v. 1869, vielfach geändert (zuletzt 1970) u. durch Nebengesetze ergänzt, regelt die Errichtung v. G.betrieben, die Verhältnisse im Handwerk, die rechtl. Beziehungen

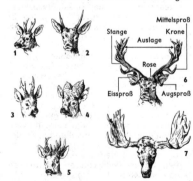

Geweih: **1** Gabler, **2** zweijähriger Hirsch, **3** kapitaler Bock, **4** Perückenbock, **5** abnormes Gehörn, **6** kapitaler Hirsch, **7** kapitaler Elch

zw. den selbständigen G.treibenden u. den gewerbl. Arbeitern u. Angestellten, den Meistertitel, die grundsätzl. Bestimmungen über die Arbeitsordnung. **G.schulen,** ältere Sammel-Bz.: **1)** für die gewerbl. ↗Berufsschulen. **2)** für die gewerbl. Fachschulen zur freiwill. Weiterbildung, bes. v. künftigen Meistern. – Den Unterricht versehen *G.lehrer,* die sich durch Hochschulstudium u. Berufspraxis vorbereiten. **G.steuer,** Ertragsteuer zugunsten der Gemeinden, erhoben v. den G.betrieben. Besteuerungsgrundlage sind *G.ertrag* u. *G.kapital.*
Gewerkschaft, bergrechtl. Kapitalgesellschaft mit bergrechtl. Berechtigung (Bergwerkseigentum) als Grundkapital. Die Anteile heißen *Kuxe.*
Gewerkschaften, Vereinigungen v. Arbeitnehmern zur gemeinsamen sozialpolit. Interessenvertretung. Als „Sozialpartner" stehen sie den ↗Arbeitgeberverbänden gegenüber. Aufgaben: Mitregelung der Löhne u. Arbeitsbedingungen durch Tarifverträge, Rechtsschutz in Streitigkeiten, Förderung der Berufsausbildung; Mitwirkung in sozialpolit. u. betriebswirtschaftl. Fragen (Mitbestimmungsrecht der Arbeitnehmer, Beteiligung bei der Arbeitsgerichtsbarkeit, der Überwachung der Arbeitsschutzvorschriften u. der Preispolitik); Gewährung v. Unterstützungen im Alter u. in der Not, Förderung der Produktions-, der Konsum- und Baugenossenschaften. Wichtigstes Mittel zur Durchsetzung der Forderungen ist der ↗Streik. – Die ersten G. entstanden Anfang des 19. Jh. in Engl., in Dtl. u. Fkr. in den 60er Jahren. Im Unterschied zu den brit. Trade Unions zeigten die *deutschen* G. polit. Gruppierung: Die „Freien G.", die stärkste Gruppe, waren sozialist.; die 1868 gegr. „Hirsch-Dunckerschen Gewerkvereine" standen den bürgerl.-demokrat. Parteien, die in den 90er Jahren gegr. „Christl. G." der Zentrumspartei nahe. Die dt. G. wurden 1933 gewaltsam in die Dt. ↗Arbeitsfront eingegliedert. Seit 1945 Neuaufbau als polit. u. konfessionell ungebundene Einheits-G.; 1949 erfolgte deren Zusammenfassung im *Deutschen Gewerkschaftsbund* (DGB; Sitz Düsseldorf), zusammengesetzt aus den 16 selbstgeleiteten Industrie-G. der BRD. Einige seit 1948 gegr. G. sind nicht Mitgl. des DGB: die *G. der Polizei,* die *Dt. Angestellten-G.* (DAG), der *Dt. Beamtenbund,* der *Christl. Gewerkschaftsbund Dtl.s* (CGB). – In der DDR besteht der *Freie Dt. Gewerkschaftsbund* (FDGB), mit Zwangsmitgliedschaft, untersteht der SED. – In *Großbritannien* sind 187 G. im „Trades Union Congress" (T.U.C.) vereinigt; dazu mehrere 100 kleinere G. außerhalb des T.U.C. In den *USA* bestanden 2 große Organisationen: die ältere, *American Federation of Labor* (AFL), als eine Vereinigung sog. Fachverbände, u. der *Congress of Industrial Organizations* (CIO), nach Industrieverbänden gegliedert; beide sind seit Dez. 55 als AFL/CIO vereinigt. Die Arbeiterschaft in *Frankreich* ist fast vollzählig organisiert. Neben der *Confédération Général du Travail* (CGT) hat sich der Einfluß

Deutscher Gewerkschaftsbund und seine Gewerkschaften

IG. = Industriegewerkschaft
G. = Gewerkschaft

IG. Bau, Steine, Erden
IG. Bergbau und Energie
IG. Chemie, Papier, Keramik
IG. Druck und Papier
G. der Eisenbahner Deutschlands
G. Erziehung u. Wiss.
G. Gartenbau, Land- u. Forstwirtschaft
G. Handel, Banken u. Versicherungen
G. Holz u. Kunststoff
G. Kunst
G. Leder
IG. Metall
G. Nahrung, Genuß, Gaststätten
G. Öffentl. Dienste, Transport u. Verkehr
Dt. Postgewerkschaft
G. Textil, Bekleidung

der Christl. Gewerkschaft, der *Confédération Française des Travailleurs Chrétiens* (CFTC) verstärkt. Wegen des großen Einflusses der Kommunisten in der CGT trennte sich 1948 die *CGT Force Ouvrière* mit rein gewerkschaftl. Zielen ab. – Die *sowjetruss.* G. wollen nicht einen Berufszweig od. einen Betrieb organisieren, sondern einen ganzen Industriezweig. In *Japan* haben die G. in kürzester Zeit erhebl. Einfluß erreicht. – Der *Welt-Gewerkschaftsbund,* 1945 in Paris auf der Basis polit. Neutralität gegr., entwickelte sich zum Kommunismus hin. Daher trennten sich die G.verbände fast aller nichtkommunist. Länder u. gründeten 49 den *Internationalen Bund Freier Gewerkschaften* (IBFG) mit Sitz in Brüssel. Ihm sind die Christl. G (nach dem 2. Weltkrieg noch in der Schweiz, Belgien, Niederlande, Fkr., BRD) nicht beigetreten; ihre internationale Föderation, der *Internat. Bund Christl. G.,* nennt sich seit 1968 *Weltverband der Arbeitnehmer* (WVA). ↗Europäischer Gewerkschaftsbund.
Gewerkschaftsstreit, Auseinandersetzung im dt. Katholizismus (bes. 1909/12) über die Frage, ob kath. Gewerkschaften unter kirchl. Leitung einzurichten seien („Berliner Richtung") od. ob eine interkonfessionelle Gewerkschaft mit eigener Verantwortlichkeit der Laien angemessen sei („Kölner Richtung"); Pius XI. entschied 1931 für letztere.
Gewicht, 1) *Gewichtskraft,* die Kraft, mit der ein Körper v. der Erde angezogen wird, hängt ab v. der Masse u. der Fallbeschleunigung. **2)** Körper einer bestimmten Masse, mit dem andere verglichen werden, *G.stück.* **3)** *spezif. G.,* das G. v. 1 cm^3 eines Stoffes. **G.heben,** Disziplin der ↗Schwerathletik; ein- od. beidarm. *Reißen* (v. Boden aus) und *Stoßen* (v. den Schultern aus) der Scheiben-↗Hantel. Das *Drücken* seit 1973 entfallen. **G.sklasse,** Einteilung der Wettkämpfer beim Ringen, Boxen, G.heben u. Judo nach ihrem Körper-G.

Gewichtsklassen
in der Schwerathletik

	Boxen		Ringen[1]		
	Berufs-boxer	Ama-teure		Gewicht-heben	Judo
Junior-Fliegengewicht[2]	49,685	48	48	—	—
Fliegengewicht	50,802	51	52	52	—
Bantamgewicht	53,525	54	57	56	—
Federgewicht	57,152	57	62	60	—
Super-Federgewicht	58,967				
Leichtgewicht	61,237	60	68	67,5	63
Junior-Weltergewicht[3]	63,503	63,5			
Weltergewicht	66,678	67	74		70
Junior-Mittelgewicht[4]	69,853	71		75	—
Mittelgewicht	72,574	75	82	82,5	80
Halbschwergewicht[6]	79,378	81	90	90	93
Schwergewicht[7]	79,378	81	100	110	93

Angegeben ist – in kg – jeweils die oberste Gewichtsbegrenzung. Als äußerste Gewichtsklasse gibt es das „Superschwergewicht" beim Ringen (über 100 kg) und beim Gewichtheben (über 110 kg). Bei Judo gibt es daneben eine „Allkategorie" ohne Gewichtsgrenzen.
[1] offizielle Einteilung nur nach kg, doch werden die alten Namen noch gebraucht. – Bei *Amateurboxern:* [2] = Halbfliegengewicht, [3] = Halbweltergewicht, [4] = Halbmittelgewicht; bei *Ringern:* [2] = Papiergewicht; bei *Gewichthebern:* [4] = Mittelgewicht, [5] = Leichtschwergewicht, [6] = Mittelschwergewicht; bei *Boxen* und *Judo:* [7] = unterste Grenze.

Gewinde

Gewindedarstellung
Außen-G.   Innen-G.

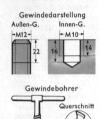

Gewindebohrer

Querschnitt

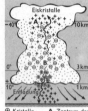

⊕ Kristalle   **A** Zentrum der
⊖ Hagel-   positiven
    körnchen   Ladung
˙˙ Wolken-   **B** Zentrum der
ː˙ tröpfchen   negativen
+ Regentropfen   Ladung

Gewitter: Die Temperaturverhältnisse und die Ladungsverteilung von positiven und negativen Kristallen, Hagelkörnern und Wolkentropfen innerhalb einer aktiven Gewitterzelle

Ghana

Amtlicher Name:
Republic of Ghana
Staatsform:
Republik
Hauptstadt:
Akkra
Fläche:
238537 km²
Bevölkerung:
11,3 Mill. E.
Sprache:
Amtssprache ist Englisch; Umgangssprachen: Twi, Fanti, Ga, Ful u. a. Dialekte
Religion:
überwiegend Anhänger von Naturreligionen, 20% Christen, 8% Muslimen
Währung:
1 Cedi = 100 Pesewas
Mitgliedschaften:
UN, OAU, Commonwealth

Gewinde, in zylindr. Mantelfläche eingearbeitete, gewundene Vertiefungen. Zusammenpassende Innen- u. Außen-G. zu starrer Befestigung (Schrauben) od. als Bewegungselement (Spindeln). Genormte Durchmesserstufen u. Profilformen. G. werden durch spanende u. spanlose Verfahren hergestellt.

Gewinnbeteiligung, 1) ⁊Dividende. **2)** Verteilung v. Überschüssen der Versicherungsträger an die Versicherten. **3)** Lohnsystem, bei dem die Arbeitnehmer neben dem festen Lohn einen bestimmten Anteil des Reinertrags erhalten.

Gewissen, die im Wesen des Menschen angelegte Fähigkeit, sittl. Werte u. Gebote zu erkennen u. sie in der jeweils verschiedenen Situation anzuwenden. Da G. auch Wissen ist, kann sein Urteil wahr od. falsch sein. Handelt man aber aus schuldlosem u. unüberwindl. Irrtum, so liegt keine Schuld vor. Der Mensch muß dem G. immer folgen, wo es mit Sicherheit spricht, auch für den Fall des irrigen (ihm nicht als solchen bewußten) G. Kommt man über das Bestehen einer Pflicht trotz besten Bemühens nicht zur Gewißheit, so unterliegt man der Bindung nicht (⁊Probabilismus).

Gewitter, die unter ⁊Blitz u. ⁊Donner erfolgende Entladung der Luftelektrizität; entsteht durch schnell aufsteigende feuchtwarme Luftmassen entweder als Wärme-G. (lokal, meßbar bedingt) od. als Front-G. (Aufgleitvorgänge an einer ⁊Front).

Gewohnheitsrecht, ursprüngl. Rechtsnormen, die angewandt wurden, lange bevor es Rechtsaufzeichnungen (Gesetzesrecht) gab; auch heute noch haben ungeschriebene, auf ständiger gleichförmiger Übung beruhende Rechtssätze neben dem Ges. Bedeutung, bes. zur Ergänzung v. Lücken; im BGB als vollwertig anerkannt.

Gewölbe, massive, bogenförm. Decke eines Raumes aus Ziegel- od. Bruchsteinen gemauert od. aus Beton gestampft; entweder abgeplattet, gerundet od. leicht zugespitzt.

Gewürz, Zusatzstoffe zu Speisen u. Getränken zur Geschmacksverbesserung u. Verdauungsanregung. Trop. G.kräuter: Muskat, G.nelken, Pfeffer, Zimt u. a., einheim.: Zwiebel, Petersilie, Schnittlauch, Sellerie, Maggistrauch u. a. ☐ 452. **G.inseln,** die ⁊Molukken. **G.nelken,** Blüten des trop. G.baums, Eugenia caryophyllata; G.e für Speisen, Lebkuchen; für Parfümerie.

Metrisches Gewinde

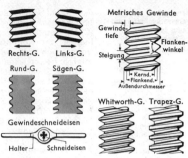

Rechts-G.   Links-G.
Rund-G.   Sägen-G.

Gewindeschneideisen

Halter   Schneideisen

Whitworth-G.   Trapez-G.

Geyer, Florian, um 1490–1525 (ermordet); fränk. Ritter u. Anführer im Bauernkrieg. Drama v. G. Hauptmann.
Geyser, Joseph, dt. Philosoph, 1869–1948; führender Neuscholastiker; Psychologie, Logik u. Erkenntnistheorie.
Geysir m, Geiser, heiße Springquelle vulkan. Ursprungs, die periodisch Wasser u. Dampf bis 40 m emporschleudert; auf Island, Neuseeland, im Yellowstone Nationalpark der USA usw.
gez., Abk. für gezeichnet. [manns.
Gezähe s, das Handwerkszeug des Berg-
Gezeiten, regelmäßiges Steigen (Flut) u. Fallen (Ebbe) des Wassers an Meeren infolge Anziehung des Mondes u. der Sonne; tägl. zweimal. G. auch in der Erdrinde als period. Krustenbewegungen u. in der Lufthülle der Tropen. **G.kraftwerk,** Wasserkraftwerk mit Niederdruckturbinen, das die Niveauunterschiede v. Ebbe u. Flut an Meresküsten ausnützt.
Gezelle (: chᵉsälᵉ), Guido, fläm. Dichter, 1830–99; bes. religiöse Lyrik.
gezogener Wechsel ⁊Tratte.
GG, Abk. für Grundgesetz der BRD.
Ghana, afrikan. Rep. am Golf v. Guinea. – Hinter einer trop.-heißen 60 km tiefen bewaldeten Küstenebene ein offenes Savannenland. Ausfuhr: Kakao (60% der Welternte), Palmöl, Edelhölzer, Bauxit. – 1957 aus dem Zusammenschluß der brit. Kronkolonie Goldküste u. des brit. Mandats Togo entstanden; 66 Militärrevolte; 69 Übergang zur parlamentar. Republik; seit 72 Militärregierung. Staatsoberhaupt Hilla Limann (seit 79).
Ghasel s, arab., auch pers. u. türk. Form lyrischer Dichtung; in Dtl. hauptsächlich v. Platen, Rückert u. Geibel angewandt.
Ghats (Mz.), Ost- u. Westghats, v. Hochland v. ⁊Dekhan stufenförm. zum Indischen Ozean abfallende Randgebirge.
Ghazi (arab. = der Siegreiche), muslim. Eigenname u. Ehrentitel.
Ghéon (: geõn, urspr. Vangeon), Henri, frz. Schriftsteller, 1875–1944; schrieb Dramen aus dem Geist christl. Mysterienspiele, auch Romane.
G(h)etto s (it.), Bz. für abgeschlossenes

Gewölbe: 1 Tonnen-G. (K = Kappe, leitet den Druck auf die Ecken; W = Wange, belastet die Widerlagermauer), **2** Kreuz- oder Kreuzgrat-G., **3** Kreuzrippen-G., **4** Stern-G., **5** Fächer-G., **6** Netz-G., **7** Mulden-G., **8** Spiegel-G.

jüd. Wohnviertel, seit 12./13. Jh. als Zwangseinrichtung; verschwand durch die Judenemanzipation (seit Anfang 19. Jh.); v. Nat.-Soz. erneut eingerichtet.

Ghibellinen, die Anhänger der (urspr. staufischen) Ks. in It.; Gegner die ⁄Guelfen.

Ghiberti, *Lorenzo,* Florentiner Bildhauer, Maler, Baumeister u. Goldschmied der Frührenaissance, 1378–1455; *Bronzetür des Baptisteriums in Florenz.*

Ghirlandajo, *Domenico,* Florentiner Renaissancemaler, 1449–94; schuf figurenreiche Freskenzyklen, meist vor architekton. Hintergrund, Porträts u. realist. Sittenschilderungen des bürgerl. Lebens.

Ghostwriter (: goᵘßtraitᵉʳ, engl. = Geisterschreiber), ein Autor, der Reden, Bücher usw. im Auftrag eines anderen schreibt, die unter dem Namen eines des Auftraggebers erscheinen, während der Verf. selbst ungenannt bleibt.

G. I. (: dsehi ai, engl.), Abk. für **G**overnment **I**ssue („Regierungslieferung"), volkstüml. Bz. für den am. Soldaten.

Giacometti (: dscha-), *Alberto,* schweizer. Bildhauer, Maler u. Zeichner, 1901–66; wegweisend für die Moderne mit überschlanken, langgestreckten u. gerüstartig entmaterialisierten menschl. Figuren.

Giaur *m* (pers.-türk.), Ungläubiger (Nichtmuslim).

Gibberelline, chem. Stoffe aus Pilzen *(Gibberella fujikuroi),* die das pflanzl. Wachstum erheblich beschleunigen.

Gibbon *m, Langarmaffe,* ein südasiat. Menschenaffe; gewandter Kletterer. ☐ 7.

Gibbon (: gibᵉn), *Edward,* engl. Geschichtsschreiber, 1737–94; *Gesch. des Verfalls u. Untergangs des Röm. Reiches.*

Gibeon, *Gabaon,* im AT Hügelort bei Jerusalem mit Heiligtum Jahwes.

Gibraltar, Halbinsel an der Südspitze Spaniens, v. 4,6 km Länge u. 1250 m größter Breite, durch eine Nehrung (neutrales Gebiet) mit dem Festland verbunden; kleinste brit. Kronkolonie, seit 1704 Festung. Am Westhang die *Stadt G.,* mit Kriegs- u. Handelshafen, 30000 E.; kath. Bischof. Die 14 bis 20 km breite, bis 320 m tiefe *Straße v. G.* bildet die Verbindung zw. Atlantik u. Mittelmeer; seit dem Alt. auch Völkerbrücke zw. Europa u. Afrika.

Gicht, 1) *Zipperlein,* Stoffwechselkrankheit im mittleren Lebensalter: Ablagerung harnsaurer Salze in Gelenken und Geweben (Niere); Anfall mit Schmerzen, Fieber, Schwellung, Rötung. Hitzegefühl meistens in Großzehe od. Finger. *G.knoten,* bei Aufbruch G.geschwüre. Ursachen: üppige Lebensweise, Alkohol, Mangel an Vitamin B. **2)** oberster Teil des Hochofens (Mündung des Schachtes). **G.gas,** Abgas der ⁄Hochöfen; enthält brennbares Kohlenmonoxid.

Gide (: schid), *André,* frz. Schriftsteller, 1869–1951; 1947 Nobelpreis; in seinen Prosawerken rücksichtslose Seelenenthüllung, geistvolle Kritik; er bekannte sich zu ungebundenem Handeln aus dem „Geist der Gewissensfreiheit", lehnte objektive Bindung ab; schildert sich im *Journal* (bis 1942). *Die Falschmünzer; Die Verliese des Vatikans; Schule der Frauen.* ☐ 330.

Gideon ⁄Gedeon.

Giebel *m,* meist 3eckige Abschlußwand des Sattel-⁄Dachs eines Gebäudes, oft von Gesimsen aufgeteilt und senkrecht gegliedert.

Giengen, *G. a. d. Brenz,* württ. Stadt auf der Schwäb. Alb, 18600 E.; Feinwerk- u. Spielwaren-Industrie.

Gierek, *Edward,* poln. Politiker, * 1913; 70 bis 80 Erster Sekretär des ZK der poln. kommunist. Arbeiterpartei. ☐ 330.

Gierke, *Otto Friedrich v.,* dt. Rechtslehrer, 1841–1921; *Genossenschaftsrecht.*

Giersch *m, Geißfuß, Gichtkraut, Aegopodium podagraria,* Doldenblütler, als Heilkraut u. Suppengemüse.

Gieseking, *Walter,* dt. Pianist, 1895–1956.

gießen, ein Verfahren der spanlosen For-

Antike (Griechenland)

Gotik   Renaissance

Barock

Rokoko   Empire

Giebel-Formen

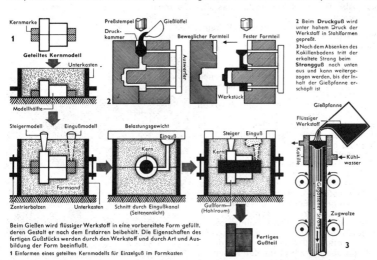

2 Beim **Druckguß** wird unter hohem Druck der Werkstoff in Stahlformen gepreßt.

3 Bei dem Absenken des Kokillenbodens tritt der erkaltete Strang beim **Strangguß** nach unten aus und kann weitergezogen werden, bis der Inhalt der Gießpfanne erschöpft ist

Die wichtigsten Verfahren des Gießens

Beim Gießen wird flüssiger Werkstoff in eine vorbereitete Form gefüllt, deren Gestalt er nach dem Erstarren beibehält. Die Eigenschaften des fertigen Gußstücks werden durch den Werkstoff und durch Art und Ausbildung der Form beeinflußt.

1 Einformen eines geteilten Kernmodells für Einzelguß im Formkasten

André Gide

Edward Gierek

Fruchtender Ginkgo

mung, bei dem flüssiger Werkstoff in zahlr. Arten in vorbereitete Formen (↗Formerei) gefüllt wird u. nach Erstarren deren Form beibehält.

Gießen, hess. Stadt an der Lahn, 77 000 E.; Univ., Fachhochschule; Textil-, Maschinen-, Feinwerk-Industrie.

Gießharze, flüssig anwendbare Kunststoffe, die nach Anwendung aushärten.

Gifhorn, niedersächs. Krst., 33 000 E.; Glas-, Konservenindustrie.

Gift, jeder im Lebenslauf des Körpers u. das Wohlbefinden störende, unter Umständen tödl. wirkende Stoff; gasförm., fest od. flüssig; im Mineral-, Pflanzen- u. Tierreich. G.e entstehen bei Fäulnis, Verwesung u. Krankheiten, auch im Körper durch Bakterien (Eiweißgifte). **G.gase,** den Organismus schädigende Gase, entstehen bei unvollständ. Verbrennung in Öfen u. Automotoren; auch ↗Kampfstoffe. **G.pflanzen,** durch Gehalt an Alkaloiden, Glykosiden, ätherischen Ölen gesundheitsschädl. In Dtl. am gefährlichsten: Bilsenkraut, Fingerhut, Goldregen, Herbstzeitlose, Schwalbenwurz, Kirschlorbeer, Germer, Sadebaum, Schierling, Seidelbast, Stechapfel, Tollkirsche, Wolfsmilch. □ 453. **G.pilze,** lebensgefährl. sind: ↗Fliegenpilz, ↗Knollenblätterpilz, ↗Satanspilz, Birkenreizker, Pantherpilz. □ 749/750. **G.tiere** scheiden aus Giftdrüsen gift. Sekrete aus (Kröten, Skorpione, Spinnen, Bienen, Wespen). G.fische spritzen zu ihrer Verteidigung G. mittels Stacheln in den Körper ihrer Feinde. G.schlangen: ausnahmslos giftig die ↗Vipern (auch Ottern), in Mitteleuropa die Kreuzotter; besitzen im Oberkiefer aufrichtbare G.zähne; ↗Nattern nur z. T. giftig, die europ. Arten nicht giftig.

Gifu, japan. Prov.-Hst. auf Hondo, 410 000 E.; Seiden- u. Papierindustrie.

Gig w od. s, **1)** Kriegsschiffbeiboot. **2)** Sportboot. **3)** zweirädr., einspänniger Gabelwagen.

Giga, Abk. G, vor Maßeinheiten: das Milliardenfache (10^9).

Giganten (Mz., gr.), Riesen der griech. Sage. **gigantisch,** riesenhaft.

Gigli (: dschilji), Beniamino, it. Tenor, 1890–1957; Meister des Belcanto.

Gigolo m (: schi-, frz.), Eintänzer.

Gigue w (: schig), Tanz des 17. Jh. in schnellem Tempo u. 6/4- od. 6/8-Takt; Suitensatz.

Gijón (: chichon), einer der größten span. Häfen, in Asturien, 188 000 E. Umschlag von Steinkohle und Eisenerzen.

Gilbertinseln (: gilb^er t-), Inselgruppe in Mikronesien (Pazif. Ozean), seit 1979 als ↗Kiribati unabhängig; gehörte fr. zur Gilbert Islands Colony.

Gilde w, genossenschaftl. Vereinigung, im MA Berufsverband (Zunft); entspricht heute der ↗Handwerksinnung. **G.nsozialismus,** die berufsständ., aber auch staatssozialist. Bestrebungen in England zur Vergenossenschaftung der Produktionsmittel in dem Sinne, daß der Staat das Eigentum besitzt, die zu Gilden zusammengeschlossenen Arbeiter u. Angestellten je einer Industrieverwaltung den Betrieb in Händen haben.

Gilgamesch, myth. sumer. Kg. v. Uruk in Südbabylonien; v. ihm handelt das akkad. G.-Epos, das HW der babylon.-assyr. Lit. u. älteste mytholog. Menschheitsepos.

Gilles, Werner, dt. Maler, 1894–1961; visionäre Themen in halbabstrakter Darstellung.

Gilson (: schilßōn), Étienne, frz. kath. Philosoph, 1884–1978; Prof. in Toronto; führender neuscholast. Philosophiehistoriker.

Gimpel, Dompfaff, Finkenart. □ 1045.

Gin m (: dschin, engl.), klarer Kornbranntwein mit Wacholdergeschmack.

Ginkgo m, G. biloba, zweihäus. Baum mit fächerförm. Blättern u. eßbaren Samen; ostasiat. Nacktsamer; in China Tempelbaum, in Europa Parkbaum.

Ginseng m, Sam, Wurzel eines ostasiat. Araliengewächses; in China u. Japan als Universal- u. Zaubermittel; enthält äther. Öle, Gerb- u. Bitterstoffe.

Ginsheim-Gustavsburg, hess. Gem. an der Mainmündung (Hafen), 15 700 E.; Maschinenfabriken, Werften.

Ginster m, Genista, gelbblühende Sträucher (Schmetterlingsblütler). **G.katze** ↗Genette.

Ginzkey, Franz Karl, östr. Erzähler u. Lyriker, 1871–1963.

Gioberti (: dscho-), Vincenzo, it. Priester, Politiker u. Philosoph (↗Ontologismus), 1801–52; um Einigung Italiens verdient.

Giono (: schono), Jean, frz. Schriftsteller, 1895–1970; schildert in Romanen die Provence: Ernte, Berg der Stummen; Die poln. Mühle; Der Husar auf dem Dach.

Giordano (: dschor-), Umberto, it. Opernkomponist, 1867–1948; André Chénier.

Giordano Bruno (: dschor-) ↗Bruno.

Giorgione (: dschordschone) it. Maler, 1478–1510; seine Gemälde zeichnen sich durch leuchtende Farben, neuartige Thematik u. stimmungsvolle Landschaftsschilderungen aus. Zuschreibung mancher WW umstritten.

Giotto di Bondone (: dscho-), it. Maler u. Baumeister, um 1266–1337; räuml.-plast. Bildgestaltung; begr. die Führung der Kunst für die nächsten Jh.e; Franziskuslegende, Marien- u. Heilandsleben u. a.

Giotto di Bondone: Beweinung Christi (Fresko, Arena-Kapelle in Padua)

Gipfeldürre, Absterben des oberen Teils der Baumkrone, infolge Wasser- od. Nährstoffmangels.

Gipfelkonferenz, seit dem 2. Weltkrieg Bz. für die Zusammenkunft der Regierungschefs der Großmächte.

Gips m, Calciumsulfat mit Kristallwasser, $CaSO_4 \cdot 2H_2O$; in spaltbaren Stücken *Marienglas,* feinkörnig u. weiß *Alabaster;* gesteinbildend, verliert bei Erhitzen einen Teil des Wassergehalts, nimmt ihn beim Anrühren mit Wasser wieder auf. Zu Bauzwecken, Abgüssen, Verbänden, als Dünger. **G.kraut,** *Gypsophila,* feinverzweigte Büsche (Nelkengewächse); auch Zierpflanze. **G.verband,** bei Knochenbrüchen, aus nassen Mullbinden, die mit Gipspulver bestreut sind u. feucht um das eingerichtete Glied gewickelt werden; sichert gut die zur Heilung nötige Ruhigstellung.

Giraffe w, Säugetier der afrikan. Steppe; laubfressendes Herdentier, bis 6 m hoch.

Giralgeld (: sehi-), *Buchgeld,* das in den Büchern der Banken (Giro-Konten) u. Postscheckämter bestehende Geld, das mit Hilfe des ↗bargeldlosen Zahlungsverkehrs umgesetzt werden kann. Das G. ist somit eine selbständ. Geldart. Mit ihm können die Banken ↗Geldschöpfung betreiben.

Girardi (: dsehi-), *Alexander,* östr. Volksschauspieler, 1850–1918.

Giraudoux (: sehirodu), *Jean,* frz. Schriftsteller, 1882–1944; 1910/40 im diplomat. Dienst. Begann mit pointierten, vielschichtigen Romanen u. Erzählungen voller Esprit, seit 28 zumeist Theaterstücke analogen Stils. Prosa: *Siegfried* (auch dramatisiert), *Bella, Schule der Gleichgültigen;* Drama: *Der Trojanische Krieg findet nicht statt, Undine, Die Irre v. Chaillot.*

Girl s (: gö^{r}l, engl.), eig. Mädchen; in Dtl. oft für Revuetänzerin. **G. Guide** (: -gaid), brit. Pfadfinderorganisation für Mädchen.

Girlitz m, kleiner gelbl. Finkenvogel.

Giro s (: sehiro, it.), Zahlungsausgleich mit Hilfe v. Verrechnungs- od. Überweisungsschecks zw. Bankkunden. *G. bei Wechsel,* Übertragung auf einen andern (↗Indossament); *girieren,* einen Wechsel übertragen.

Gironde (: sehirónd^e), Mündungstrichter der ↗Garonne. **Girondisten** (: sehi-, frz. *Girondins),* gemäßigte republikan. Gruppe der Frz. Revolution.

Gironella (: chironelja), *José María,* span. Schriftsteller, * 1917; u.a. Romantrilogie über den Span. Bürgerkrieg: *Die Zypressen glauben an Gott; Reif auf Olivenblüten; Der Friede ist ausgebrochen.*

Giscard d'Estaing (: schißkar d'ästán), *Valery,* * 1926; 52/66 frz. Finanz-, 69/74 Wirtschafts- u. Finanz-Min., 74–81 Staats-Präs.

Giseh, *Giza,* ägypt. Prov.-Hst. am Nil, gegenüber Kairo, 854000 E.; westl. die 3 größten ägypt. Pyramiden (Cheops-, Chephren-, Mykerinos-Pyramide) u. die Sphinx. ☐ 10.

Gissing, *George,* engl. Schriftsteller, 1857 bis 1903; soziale Romane.

Gitarre w (span.), ein Zupfinstrument; Saiten in der Stimmung E, A, d, g, h, e'; im Ggs. zur Laute flacher Schallkasten u. gerade Zargen. ☐ 650.

Giraffe

Jean Giraudoux

V. Giscard d'Estaing

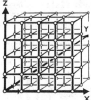

Gitter: das aus einheitlichen Strukturelementen, den Elementarzellen, aufgebaute Raumgitter eines Kristalls

Gitter, 1) opt. ein System paralleler Furchen (bis 1800 pro mm) in Spiegeln, erzeugen ein *G.spektrum* durch Beugung. **2)** ein Bestandteil der ↗Elektronenröhre. **3)** kartograph. ein System waagerechter u. senkrechter Linien zur Ortsfestlegung, das sog. *G.netz.* **4)** kristallograph. die regelmäß. räuml. Anordnung der Atome im *Kristall-G.* **G.falter** ↗Landkärtchen. **G.leinen** ↗Stramin. **G.mast,** Mast für Hochspannungsleitungen. **G.schlange,** schön gezeichnet, ungiftig, 7–10 m, in Südostasien.

Giurgiu (: dsehurdsehu), rumän. Handelshafen an der Donau (Brücke), 40000 E.; Endpunkt einer Erdölleitung v. Ploești.

Gize(h), die oberägypt. Stadt ↗Giseh.

Gjedser, *Gedser,* dän. Bahnstation, an der Südspitze v. Falster, 1100 E.; Eisenbahnfähre nach Großenbrode.

Gjellerup (: gäl^{e}rob), *Karl Adolph,* dän. Schriftsteller, 1857–1919; 1917 Nobelpreis für Lit. für den Roman *Der Pilger Kamanita.*

Glacé s (: glaße, frz.), glänzender Stoff. **Glacéleder,** aus zarten Fellen.

Glacis s (: glaßi, frz.), Vorfeld einer Befestigung, meist flacher Hügel.

Gladbeck, Stadt im Ruhrgebiet, 82000 E.; Kohlenbergwerke, chem. Ind.

Gladiator (lat.), im alten Rom in öff. Spielen auftretender Fechter; meist Kriegsgefangener od. Sklave.

Gladiole, *Siegwurz,* Schwertliliengewächs, Zierpflanze in vielen Farben.

Gladstone (: glädßt^{e}n), *William Ewart,* engl. Politiker, 1809–98; 68/74, 80/85, 86 u. 92/94 Premiermin.; anfängl. konservativ, dann liberal; gg. Imperialismus u. Sozialismus.

Glamourgirl s (: gläm^{e}rgö^{r}l, engl.), „glänzend" aufgemachtes Mädchen.

Glanz, durch Lichtreflexion in bestimmter Richtung, also nicht diffus. Metall-, Diamant-, Glas-, Fett-, Perlmutter-, Seiden-G.

Glanze (Mz.), dunkle Schweferlerze.

Glanzgras, *Phalaris,* hohe schilfart. Gräsergattung; weißstreif. Abarten als Zierpflanzen *(Bandgras); Kanariengras* liefert Vogelfutter. **Glanzkäfer,** *Nitidulidae,* Käferfamilie, ↗Rapsglanzkäfer.

Glarus, Ostschweizer Kt., im Tal der Linth, mit den *Glarner Alpen* (Tödi 3623 m hoch), 685 km², 38000 E.; Hst. G., am Fuß des Vorderglärnisch, 6000 E.; Holz-Ind.

Glas s, allg. alle Stoffe, die, zur Schmelze erhitzt, beim Abkühlen nicht kristallisieren, sondern amorph erhärten *(verglasen),* spröde u. lichtdurchlässig werden; physikal. als unterkühlte, nur durch ihre Zähigkeit fest erscheinende Flüssigkeiten. G. i. e. S. ist ein Gemisch aus 65–75% Siliciumdioxid, 10–20% Alkalioxid u. 5–15% Calciumoxid, wobei die einzelnen Bestandteile durch chem. ähnl. Substanzen ersetzt werden können, die den Charakter des G. ändern; Zusätze v. Metallen u. ihren Verbindungen ergeben eine Färbung. Erschmolzen wird das Gemenge bei ca. 1450° C in *G.hafen* od. *G.wanne;* die Verarbeitung erfolgt als *Hohl-G.* durch Mundblasen (G.blasen), maschinelles Blasen (Flaschen; ☐ 277) u. Pressen (Preß-G.) od. als *Flach-G.* (Tafel-G., Walz-G.). *Optisches G.* ist bes. sorgfältig ab-

Abschneiden der Glastafel in der oberen Etage

Transport-Walzenpaare im Kühlschacht

Glasband

Zieh-kammer

Ziehdüse

Glasschmelze

Gesamte Ziehanlage

Glas: maschinelles Ziehen von Tafelglas

Alexander Glasunow

Glas: 1 Hafenofen, 2 Wannenofen

gekühltes, blasen- u. spannungsfreies G., *Matt-G.* ist äußerl. mattiertes, *Opal-* u. *Milch-G.* in der G.masse getrübtes G. ↗Sicherheitsglas, ↗Plexiglas, ↗Kristallglas, ↗Jenaer Glas.

Glasenapp, *Helmuth v.,* dt. Indologe, 1891–1963; *Die Religionen Indiens.*

Glaser (: gle͜ˈser), *Donald,* am. Physiker, * 1926; Nobelpreis 60 für Erfindung der ↗Blasenkammer.

Glasfaseroptik ↗Faseroptik.

Glasfaserstoffe, sind aus feinsten Glasfäden hergestellt, für feuerfeste Gewebe, zu Dämm-, Isolier- u. Verpackungsstoffen; *Glasseide,* glatte Fäden durch Ausziehen v. Glasstäben, *Glaswatte* aus gekräuselten Fäden durch Schleudern flüss. Glasmasse, *Glaswolle* durch Verwirbelung mit Dampf.

Glasflügler, *Aegeriidae,* Schmetterlinge mit durchsichtigen Flügeln.

Glasgow (: gla͜ˈsgo), größte Stadt Schottlands, inmitten eines Kohlen-, Erz- u. Ind.-Gebiets, Zentrum des Schiffbaus, Überseehafen, 793 000 E. (m. V. 1,73 Mill. E.); kath. Erzb., anglikan. Bischof; Univ., TH; vielseitige Ind.

Glasharmonika ↗Harmonika.

glasieren, mit ↗Glasur versehen.

Glaskopf, Mineralien v. kugeliger Gestalt, glänzende Oberfläche u. faserigem Gefüge (Roteisenstein, Brauneisenstein). **Glaskörper** ↗Auge.

Glasmalerei, seit dem 1. Jh. n. Chr. gebräuchl. Kunsttechnik zur Herstellung bemalter Glasfenster (bes. Kirchenfenster); Blütezeit in der Gotik. Die nach einem Vorentwurf (Karton) zugeschnittenen, mit Schwarz- u. Silberlot bemalten u. gebrannten Glasstücke werden mosaikartig zusammengesetzt u. durch Bleidraht verlötet. Seit dem 16. Jh. auch Bemalung ganzer Scheiben mit schmelzbaren Farben. Bedeutende G.en u. a. in Chartres, Bourges, Straßburg, Canterbury, Köln, Augsburg, Freiburg i. Br., Marburg/Lahn u. in Wien.

Glaspapier, Papier mit aufgeklebtem Glaspulver; Schleif- u. Putzmittel.

Glaspilz ↗Saftling.

Glasschneider, *Glaserdiamant,* Werkzeug zum Schneiden v. Glasscheiben, meist Diamant, auch Stahlrad.

Glasunow (Glazounow), *Alexander,* russ. Komponist, 1865–1936; v. der russ. Volksmusik beeinflußte Orchester- u. Kammermusik, Lieder.

Glasur *w,* glasartiger Überzug auf Porzellan, Steingut u. Metallen; erfolgt durch Aufschmelzen eines leichtflüssigen Glases.

Glaswolle ↗Glasfaserstoffe.

Glatteis, entsteht, wenn unterkühlter Regen

Glas

Glasarten, Glassorten und ihr Verwendungszweck:

Tafelglas	Hohlglas
Dünn-G.:	Flaschen-G.:
Schutz- u. Bildergläser	*Flaschen-,*
	Konservenglas
Fenster-G.:	
Bauverglasung	Bleikristall:
	Wirtschaftsgläser,
Sonder-, Matt-, Eis-, blumen-, Antik-,	*Luxusgegenstände*
Opak-, Sicherheits-,	Beleuchtungsglas:
Faserschicht-G.:	*Schalen, Schirme,*
für architektonische	*Kugeln,*
Zwecke, Gläser für	*Lampengläser*
Kraft-, Schienen-	
fahrzeuge u. Flugzeuge	Geräte-, Röhren-G.:
	Christbaumschmuck,
Gewalztes Glas	*physikal. u. chem.*
Roh-G.:	*Geräte*
Bauverglasung,	
Möbelindustrie	**Preßglas**
Ornament-, Kathe-	Preßglas:
dral-, Prismen-G.:	*Gebrauchs-*
geprägte Gläser für	*gegenstände*
Bauverglasung,	
Beleuchtungskörper	Glashohlbausteine:
	Bauglässer,
Draht-G.:	*Dachsteine*
Bau- u. Dach-	
verglasung	**Faserglas**
	Glasgespinst, Glas-
Spiegelglas	watte, Glaswolle:
Spiegel- u. Schau-	*Wärme- u. Schall-*
fensterverglasung	*schutz, Filterstoff,*
	Glasgewebe

od. bei Tauwetter einsetzender Regen auf dem noch gefrorenen Erdboden gefriert.

Glatz, poln. *Kłodzko,* Stadt in Niederschlesien, im *G.er Bergland* (Teil der Sudeten, mit Nickellagerstätten), 26 000 E.

Glaube, allg. eine Art der Gewißheit, die zwar Einsicht enthält, aber nicht wie mathemat. Wissen auf dem Weg zwingenden Beweises entsteht, weil der G. diesen Bereich überschreitet. Er tritt als Überzeugung des ganzen Menschen auf; außer dem Verstand, dessen Akt er ist, umschließt er Wollen u. Fühlen. – Der G. ist als *Autoritäts-G.* Gewißheit, die nicht aus der direkten Einsicht in die Sache, sondern einzig aus dem Zeugnis einer glaubwürdigen Person erwächst. – Der *christliche G.* ist über eine allg. Gottesüberzeugung hinaus G. an das Offenbarungswort Gottes. Während dabei nach ev. Auffassung der eigentl. G.nsakt darin besteht, in gottgewirktem *Vertrauen* mit völliger Heilsgewißheit die Gerechtigkeit (= das Recht-Sein) Christi zu ergreifen, ist der christl. G. nach kath. Verständnis das Ja des menschl. Verstandes, das auf freie Willensentscheidung hin unter bes. göttl. Gnadenwirkung die geoffenbarten *Wahrheiten* von Gott her entgegennimmt. **G.nsartikel,** die für den christl. Glauben wesentl. Lehrsätze, bes. die Sätze des ↗Apostol. Glaubensbekenntnisses; in der *kath. Kirche* auch die v. kirchl. Lehramt als v. Gott geoffenbarten u. zu glauben bestimmten Wahrheiten; in der *ev. Kirche* auch alle in den Bekenntnisschriften zusammengefaßten Glaubenssätze. **G.nsbe-**

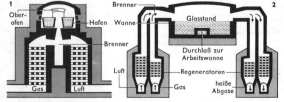

1
Ober-ofen

Brenner

Hafen Wanne

Glasband Zieh-kammer Ziehdüse

Gas Luft

2
Brenner

Glasstand

Durchlaß zur Arbeitswanne

Luft

Regeneratoren

Gas

heiße Abgase

Glasmalerei (von links nach rechts, obere Reihe): Entwurf – Schablonenpause der Bleilinien – Aufwachsen der zugeschnittenen Gläser; (untere Reihe): Konturieren u. Bemalen – u. Modellieren u. Strukturwischen der Gläser mit Schwarzlot – fertiges Fenster nach dem Brennen u. Verbleien

kenntnis, *Credo, Konfession,* Zusammenfassung der christl. G.nslehren. Das ↗*Apostolische G.*nsbekenntnis mit seinen (nach kath. Lehre 12, nach ev. Auffassung 3) Lehrsätzen wird u. a. im liturg. Stundengebet u. als Taufbekenntnis gesprochen; das *Nicänokonstantinopolitanische G.*nsbekenntnis wurde als Fortbildung des 325 zu ↗Nizäa beschlossenen Textes auf dem Konzil v. Konstantinopel 381 aufgestellt u. wird in der Ostkirche bei der Taufe, im Westen als Credo der Messe verwendet; das *Athanasianische G.*nsbekenntnis, wahrscheinl. v. Ambrosius verfaßt, ist Teil der anglikan. Liturgie; das *Tridentinische G.*nsbekenntnis wurde v. Trienter Konzil als G.nseid vorgeschrieben, den Priester u. kirchl. Amtsträger bei bestimmten Anlässen ablegen. – Die wichtigsten G.nsbekenntnisse (Bekenntnisschriften) der *Lutheraner* sind Luthers Katechismus v. 1529 u. die Augsburger Konfession v. 1530, die der *Reformierten* der Heidelberger Katechismus v. 1562 u. die Helvetische Konfession v. 1566. **G.nsfreiheit,** die durch keine rechtl. Nachteile beschränkte Freiheit, rel. Überzeugungen frei v. äußerem Zwang zu bekennen; im freiheitl. Staat als Menschenrecht anerkannt u. geschützt. **G.nslehre** ↗Dogmatik. **Glaubersalz,** nach dem Chemiker J. R. Glauber (1604–68) benanntes Natriumsulfat ($Na_2SO_4 \cdot 10H_2O$); Bestandteil vieler Mineralwässer; in Färberei, bei Zellstoffabrikation; als Abführmittel. **Gläubiger,** *Kreditor,* ist berechtigt, v. einem anderen aufgrund eines Schuldverhältnisses eine Leistung zu verlangen. Ggs.: ↗Schuldner. **G.verzug,** *Annahmeverzug,* ↗Verzug. **Glauchau,** sächs. Krst. an der Zwickauer Mulde (Bez. Karl-Marx-Stadt), 32000 E.; Spinnstoffwerk, Textil- u. Maschinen-Ind. **Glaukom** *s* (gr.), der grüne ↗Star. **Glaukonit** *m,* kalihalt. Eisen-Aluminium-Silicat; in Meeresablagerungen. **glazial** (lat.), durch Eiswirkung entstanden. **Gleichberechtigung** *v. Mann u. Frau,* auch *G. der Geschlechter,* besagt, daß Mann u.

Frau als Person gleich zu bewerten sind u. eine unterschiedl. Rechtsstellung nur die Folge einer angemessenen Berücksichtigung ihrer biolog. Verschiedenheiten u. der damit zusammenhängenden Unterschiede in den Lebensaufgaben sein darf. In der BRD im Art. 3 GG als Grundrecht festgelegt. Im Bürgerl. Recht verwirklicht durch das G.-Ges. (in Kraft seit 1. 7. 1958). **Gleichenberg,** *Bad G.,* oststeir. Kurort, am Fuß der *Gleichenberge* (596 m hoch), 1800 E.; Eisensäuerlinge; Kuranstalten. **Gleichgewicht, 1)** Lagezustand v. in Ruhelage verharrenden Körpern; *labiles G.,* wenn Schwerpunkt über Stützpunkt; *stabiles G.:* Schwerpunkt unter Stützpunkt; *indifferentes G.:* Schwerpunkt in gleicher Höhe wie Stützpunkt. **2)** Zustand, in welchem gegenläufige chem. Reaktionen die gleiche Geschwindigkeit erreichen. **3)** *Körper-G.* bei Pflanze, Tier u. Mensch durch bes. *G.sorgane* aufrechterhalten. *G.*störungen entstehen bei Hirnverletzungen, Schädigung des stat. Sinnes im inneren Ohr, z. B. bei Alkoholvergiftungen. **4)** *politisches G.,* Zustand, in dem keine der Vorherrschaft besitzt. ↗Europäisches G. **5)** Wirtschaftstheorie: Marktzustand, bei dem Angebot und Nachfrage übereinstimmen.

stabiles — labiles — indifferentes
Gleichgewicht

Gleichheit, vorstaatl. u. unveräußerl. Menschenrecht, nach dem alle Menschen vor dem Gesetz gleich sind ohne Rücksicht auf Stand, Besitz, Rasse, Religion u. polit. Anschauung; erstmals proklamiert in der Unabhängigkeitserklärung der USA v. 1776, dann in der Erklärung der Menschenrechte in der ↗Frz. Revolution; in der BRD in Art. 3 des GG garantiert. **Gleichnis** *s, Parabel;* sinnbildl. Erzählung, die religiöse od. eth. Vorstellungen neben solche aus dem Natur- od. Alltagsleben stellt, um sie zu veranschaulichen; häufig im Evangelium *(G.se Jesu).* **Gleichrichter,** ein Stromrichter, der Wechsel- in Gleichstrom umwandelt, beruht entweder a) auf Ventilwirkung zw. beheizter Kathode u. kalter Anode bzw. eines Lichtbogens im Quecksilberdampf (entsprechende Typen: *Glühkathoden-G., Quecksilber-G.),* b) auf Sperrung des Elektronendurchganges in einer Richtung durch eine Potentialstufe in einer Grenzschicht zw. Metall u. Halbleiter (entsprechende Typen: *Trocken-G. [Kupferoxydul-, Selen- u. Silicium-G.]),* c) auf mechan. Wirkung mit Pendel- od. rotierenden Kontakten, die period. öffnen *(mechan. G.).* ☐ 334. **Gleichstrom,** elektr. Strom, der stets in gleicher Richtung fließt im Ggs. zum Wechselstrom; entsteht bei allen elektro-chem. Prozessen (galvan. Elementen, Akkumulatoren); der techn. G. v. Dynamos heißt *pulsierender G.,* weil er noch Stromstärkeschwankungen enthält. **Gleichung, 1)** in der Mathematik: ein Aus-

Gleichrichter
1 Motorgenerator; 2 Ventile, a Selen-G., b Kupferoxydul-G., c Quecksilberdampf-G.

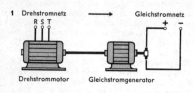

1 Drehstromnetz R S T → Gleichstromnetz + −

Drehstrommotor Gleichstromgenerator

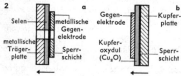

2   a   b

Selen — metallische Gegenelektrode
metallische Trägerplatte — Sperrschicht

Gegenelektrode — Kupferplatte
Kupferoxydul (Cu₂O) — Sperrschicht

← Elektronendurchlaßrichtung   ← Elektronendurchlaßrichtung

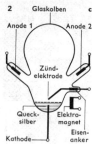

2   Glaskolben   c
Anode 1   Anode 2
Zündelektrode
Quecksilber — Elektromagnet
Kathode — Eisenanker

Zündung: Elektromagnet zieht kurzzeitig die Zündelektrode in Quecksilber. Zündfunke verdampftetwas Quecksilber. Durch Ionenaufprall werden an der Kathode Elektronen frei, die zu der jeweils positiven Anode wandern

Gleichungen

Identische G.
$(a^2-b^2) = (a+b) \cdot (a-b)$
gilt für alle einmal gewählten a und b

Bestimmungs-G.
linear
$ax+b=0$
gibt nur die Lösung:
$x = -\dfrac{b}{a}$
quadratisch
$x^2+px+q=0$
gibt nur die 2 Lösungen

$x_1 = -\dfrac{p}{2} + \sqrt{\left(\dfrac{p}{2}\right)^2 - q}$

$x_2 = -\dfrac{p}{2} - \sqrt{\left(\dfrac{p}{2}\right)^2 - q}$

Funktions-G.
$z = x \cdot y$
durch Kurven oder Flächen darstellbar; stellen die naturwissenschaftl. Gesetze dar

druck für eine Gleichheitsbeziehung, durch das Zeichen = angedeutet; *identische G.:* durch alle Zahlenwerte erfüllbar; *Bestimmungs-G.:* nur ein einziger zu bestimmender Wert erfüllt die G.; *Funktions-G.:* durch Kurven oder Flächen darstellbar. Je nach der Anzahl der Unbekannten x, y ..., gibt es G.en mit 1, 2 ... Unbekannten, die höchste Potenz, mit einer Unbekannten, heißt der *Grad der G.:* $x^5 + y^4 - a = 0$, ist eine G. 5. Grades in x u. eine G. mit 2 Unbekannten. Zur Lösung v. *n* Unbekannten benötigt man im allg. *n* unabhängige G.en; ein wichtiges Hilfsmittel dazu sind die Determinanten; die Algebra beschäftigt sich mit der Theorie der G. **2)** symbol. Beschreibung chem. Reaktionen durch Gleichsetzen der Formeln v. Ausgangs- u. Endprodukten.

Gleim, *Johann Wilhelm Ludwig,* dt. Lyriker, 1719–1803; Anakreontiker.

Gleis s, Fahrschienen der Reibungsbahnen, bei Normalspur im Abstand v. 1435 mm, nehmen mit den Schwellen zus. die Lasten des Zugbetriebes auf u. geben sie an den Unterbau weiter. **G.bildstellwerk,** Sichtdarstellung aller Signal- u. Weichenstellungen eines Streckenbereiches, einschließl. Belegung durch Züge. ☐ 217. **G.bremse,** besteht aus parallel mit der Schiene laufenden Hemmbalken, die v. innen u. außen geg. die Räder geklappt werden können; in Verschiebebahnhöfen. **G.dreieck,** Gleisanlage in Dreiecksform; als Ersatz für Drehscheiben u. an Straßenbahn-Endhaltestellen.
Gleitboot, Motorboot, das sich in schneller Fahrt durch dynam. Auftrieb mit einem Teil des flachen Rumpfes aus dem Wasser hebt.
Gleitbügel, Stromabnehmer für elektr. Bahnen, in Scheren- od. Rollenform.
gleitende Arbeitswoche, ein bes. Schichtsystem in Hüttenbetrieben, bei dem die Arbeit unterschiedslos über Sonn- u. Werktage gleitet; gewährt den Betrieben höhere Wirtschaftlichkeit, den betreffenden Arbeitnehmern mehr Freizeit.
gleitende Arbeitszeit, eine moderne Form der Arbeitszeiteinteilung, bei der die Arbeitnehmer tägl. nur zu einer bestimmten Zeit

(Kernzeit) stets anwesend sein müssen, während sie für den Rest der wöchentl. vorgeschriebenen Arbeitszeit (meist 40 Stunden) ihre Arbeitszeiten selbst bestimmen.
Gleitflug, schräges Abwärtsgleiten eines Flugzeuges ohne Schub. **G.zeug,** motorloses Flugzeug, für „Flüge mit Höhenverlust"; einfaches Übungs-Segelflugzeug.
Gleiwitz, poln. *Gliwice,* oberschles. Ind.-Stadt u. Hafen am Klodnitzkanal, 195 000 E.; TH; Steinkohlenbergbau, Schwer-Ind.
Gletscher, aus Schnee entstandener Eisstrom, in Hochgebirgen u. Polargebieten, wo Niederschlagsmenge (Schnee) größer als Abschmelzung ist. Nährgebiet des G. sind Firnfelder; im Zehrgebiet (unterhalb Schneegrenze) schmelzen sie ab u. keilen in Form einer *G.zunge* (mit *G.tor* u. *G.bach*) aus. Eisdicke bis 800 m (Alpen), bis 3000 m (Grönland). Jährl. Wanderung 40–200 m in den Alpen, bis zu 6 km in Grönland. Zugspannungen im G. erzeugen *G.spalten.* Der herabfallende Gesteinsschutt höherer Berge wird als Seiten- u. Innenmoräne, Material an der *G.sohle* als Grundmoräne talwärts transportiert u. zum Endmoränenwall vor der *G.zunge* angehäuft. Formenschatz eiszeitl. G.tätigkeit: G.schliffe, abgerundete Felsbuckel (Rundhöcker), Trogtäler, breite Talursprungsmulden (Kare), Zungenbecken (heute Seen). Vergletscherte Gebiete gibt es

Gletscher: rechts Querschnitt, oben Aufsicht. B Bergschrund; Sch Schneegrenze; Q Quer-, R Rand-, L Längsspalten; M Mittel-, E End-, S Seitenmoränen; Z Gletscherzunge; T Gletschertor; G Gletscherbach

Spalten   Gletschertisch
Grundmoräne

Glocke: unten Glockenprofil mit den Benennungen der Teile, rechts Glockenguß: Mauern des Glockenkernes; über diesem wird aus Lehm die „falsche Glocke" geformt, die das Modell der G. bildet (Mitte). Abheben des Gußmantels und Freilegen der fertigen G.

Krone — Haube, Platte — Schulter, Hals — Flanke — Schlagring — Bord, Schärfe —

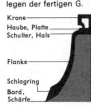

Glockenbecherkultur: neolithischer Glockenbecher (Oberrheingebiet)

Glimmlampe: zwei Bauarten von G.n (1 heißt auch Bienenkorb-G.)

Michail Glinka

15,2 Mill. km², davon 9000 in Europa. Formen der Vergletscherung: a) *Deck-G.* als Inlandeis, höchste Erhebung bildend (Grönland, Antarktis) u. Plateau-G. mit mehreren Eiszungen (Norwegen), b) *Gebirgs-G.* als Tal-G. (Alpen, Himalaja) u. Vorland-G. □ 15.
G.brand, eine brennende Hautrötung durch die ultraviolettreiche Sonnenstrahlung.
G.wein, aromat. Schweizerwein aus Siders. Aufbewahrung 15–20 Jahre in kühlen Felsenkellern im Gebirge.
Gliederfüßer, *Arthropoden,* wirbellose Tiere, deren mit Chitin- od. Kalkpanzer bedeckter Körper in gelenkig verbundene Abschnitte gegliedert ist: Krebstiere, Tausendfüßer, Insekten; ca. 800 000 Arten.
Gliederzug, mehrgliedr., geschlossene Zugeinheit in Leichtbauweise, meist für Schnellverkehr.
Glimmer *m,* eine Gruppe v. Gesteinen aus Aluminium-Silikaten, Kristalle leicht tafelförm. spaltbar; fast in allen Magmagesteinen. Verwendung als elektr. Isolierstoff, als wärmefeste Fenster und zu Schutzbrillen. **G.schiefer,** kristalline Schiefer aus Quarz u. G., weit verbreitet.
Glimmlampe, nutzt das rötl., negative Glimmlicht einer elektr. Gasentladungslampe, das durch elektr. Entladung zw. 2 in Edelgasen sich gegenüberstehenden Elektroden entsteht.
Glinde, holstein. Gem. am östl. Stadtrand v. Hamburg, 13 800 E.
Glinka, *Michail,* russ. Komponist, 1804 bis 1857; Opern: *Das Leben für den Zaren, Ruslan und Ludmilla.*
Gliom *s* (gr.), Geschwulst in Gehirn od. Rückenmark; auch im Auge vorkommend.
Glissando *s* (it.), *Musik:* virtuoser Klangeffekt, erzeugt durch sehr schnelles Herunter- u. Heraufgleiten des Fingers über Saite od. Klaviatur.
Gliwice (:-witße) ↗Gleiwitz.
Globetrotter *m* (: gloᵁb-, engl.), Weltbummler.
Globulin *s* (lat.), einfache Eiweißkörper in pflanzl. u. tier. Organismen u. im Blutserum; lösl. in Säuren u. Alkalien.
Globus *m* (lat.), Nachbildung der Erdkugel. Bw. *global,* weltumfassend, gesamt.
Glocke *w,* 1) techn. ein Hohlkörper, der etwas abdeckt od. schützt, z.B. als Gicht-,

Lampen-, Tauch-G. 2) allg. ist G. als Klanginstrument ein meist kegelstumpfförm. Aufsatz aus Metall (auch Holz, Glas od. Porzellan) für G.ngeläute durch Anschlagen der G. mit einem G.nklöppel (auch mit Hammer bei G.nspielen). G.n werden meist aus Bronze, aber auch (mit härterem Klang) aus Stahl gegossen. Die G.n hängen im G.nturm in einem drehbaren G.njoch, das in einem Holz- od. Stahlgerüst (G.nstuhl) lagert. – Kirchl. G.n etwa seit dem 6. Jh. – Zum G.nguß wird in der Dammgrube mit Schablone der aufgemauerte hohle Kern mit Lehm geglättet, auf ihn die „falsche G." aufgebracht u. für die Ornamentierung mit Talg überzogen, dann der G.nmantel darübergeformt. Nach Wegschmelzen der Talgschicht läßt sich der Mantel abheben. Die fertig zusammengefügte Form wird in der bei der Gießerei übl. Weise mit G.nspeise ausgegossen. **G.nbecherkultur,** Kultur am Ende des Neolithikums u. zu Beginn der Bronzezeit, ben. nach dem keramischen Leittyp, einem glockenförmigen Tonbecher mit waagrechter Linienverzierung. **G.nblume,** *Campanula,* Kräuter od. Stauden mit glokkigen Blüten; Zierpflanzen fürs Freiland (Garten-, Turm-G.nblume) od. für Ampeln (rankende G.nblume). **G.nspiel,** in Rathaus- od. Kirchtürmen eingebaute Serie abgestimmter Glocken, durch Hammerschlag über eine Klaviatur od. eine Spielwalze zum Klingen gebracht. **G.ntierchen,** mikroskop. kleine glockenförm. Tierchen, ↗Protozoen.
Glogau, poln. *Głogów,* niederschles. Stadt an der Oder (Hafen), 17 000 E.
Gloggnitz, niederöstr. Stadt, Kopfstation der Semmeringbahn, 7100 E.; Braunkohlenbergwerk, Magnesitgruben.
Głogów (: gᵁoguf) ↗Glogau.
Gloire *w* (: glᵒar, frz.), Ruhm, Ehre.
Glommen *m, Glomma,* größter norweg. Fluß, mündet nach 587 km in den Oslofjord; Kraftwerk bei Sarpsfall.
Gloria in excelsis Deo (lat. = Ehre sei Gott in der Höhe), christl. Lobgesang; seit dem 6. Jh. in der lat. Messe.
Glorie *w* (lat.; Ztw. *glorifizieren*), 1) Ruhm, Herrlichkeit. 2) G.nschein, opt. Erscheinung, wenn ein Körper sich zw. Sonne u. spiegelnder Fläche (Wasser, Nebelwand) befindet. **Gloriole** *w,* ↗Heiligenschein.

Glossar s (gr.-lat.), Wörterverzeichnis, Buch mit Erklärungen zu den Wörtern. **Glosse** w (gr.; Ztw. *glossieren*), 1) Worterklärung, Bemerkung zum Text. 2) (spött.) Kommentar.

Glottertal, Schwarzwaldtal, v. der *Glotter* durchflossen, nördl. v. Freiburg; Weinbau. Die Gem. G. 2600 E.; Erholungsgebiet.

Glotzauge, hervorstehende Augäpfel. ↗Basedowsche Krankheit (*G.nkrankheit*).

Gloucester (: glå̈ßt^er), 1) Hst. der südwestengl. Gft. G., am Severn, 90000 E.; Dockhafen für Seeschiffe; anglikan. Kathedrale. ☐ 343. 2) engl. Herzogstitel, meist für kgl. Prinzen.

Gloxinie w, Knollengewächse mit großen Glocken; Stubenpflanzen.

Gluck, *Christoph Willibald* Ritter v., dt. Komponist, 1714–87; lebte in Mailand, London, Paris, Wien; Erneuerer der Oper durch Rückkehr zum Geist der antiken Tragödie, klare Handlung, Unterordnung der Musik unter die Dichtung; über 100 Opern; HW *Orpheus u. Eurydike, Alkestis.* Instrumentalwerke.

Glucke, 1) Bruthenne; *künstl. G.* ↗Brutpflege. 2) *Lasiocampa,* dickleibiger brauner Nachtfalter; dichtbehaarte Raupe ein Baumschädling.

Glücksburg, schlesw.-holstein. Stadt u. Seebad an der Flensburger Förde, 7600 E.; Wasserschloß (1582/87) als Museum.

Glücksspiele, Spiele, bei denen die Entscheidung über Gewinn od. Verlust hauptsächl. v. Zufall abhängt (z. B. Lotto, Lotterie, Roulette, Spielautomaten); öffentliche Veranstaltung ohne behördliche Erlaubnis verboten.

Glückstadt, schlesw.-holstein. Fischereihafen, an der Unterelbe, 12000 E.; Elbmarschenmuseum; Ind.; Heringsfischerei.

glühen, Erwärmen metall. Werkstoffe, um Oberfläche od. innere Struktur zu beeinflussen; ↗ausglühen. **Glühfaden** ↗Heizfaden.

Glühfarben, beim Glühen v. Metallen auftretende Farben; bei Stahl z. B. dunkelrot bei 550° C, kirschrot bei 800° C, gelb ab 1100° C, weiß ab 1300° C. **Glühkathode,** bei der ↗Elektronenröhre. **Glühkerze,** der Zündkerze nachgebildetes elektr. Gerät zum Vorwärmen der Luft im Dieselmotor. **Glühkopfmotor,** ein Verbrennungsmotor, dessen Brennstoff (Rohöl) beim Einspritzen im Zylinder auf hoch erhitzte Prallflächen, den *Glühkopf,* auftrifft. **Glühlampe,** elektr. Lichtquelle, deren Strahlen v. einem stromdurchflossenen u. zur Weißglut (bis zu 2500° C) erhitzten Wolfram-Widerstandsdraht ausgehen; letzterer in Spiralen gewunden u. in einem edelgasgefüllten Glaskolben aufgehängt. Der Wirkungsgrad nur 4–5%, die Restenergie erscheint als Wärme. **Glühstrumpf,** *Glühkörper* der Gasglühlampe, feines Gitter aus Cer- u. Thoriumoxid, strahlt bei Erhitzung helles Licht aus *(Auerlicht).* **Glühwein,** heißer, gezukkerter u. gewürzter (Nelken, Zimt) Rotwein.

Glühwürmchen ↗Leuchtkäfer.

Glukose w, ↗Traubenzucker.

Glutamin s (lat.), eine ↗Aminosäure. **G.säure,** wichtige ↗Aminosäure in allen Eiweißstoffen; im Gehirn angereichert.

Glühlampe: 1 Drahtlampe; 2 gasgefüllte Lampe; 3 luftleere G. mit Wendel; 4 Quecksilberhochdrucklampe mit Leuchtstoff (Reflektortyp); 5 Wolframdraht, **a** vor dem Wendeln, **b** gewendelt

Glycerin s, $C_3H_5(OH)_3$, 3wert. Alkohol, öl., süßl. Flüssigkeit. Verwendung in der chem., pharmazeut. u. Textil-Ind. **G.salbe,** nicht fettendes Hautpflegemittel.

Glycinie w, *Wistaria,* kletternder Schmetterlingsblütler mit hängenden Blütentrauben.

Glykogen s (gr.), *Leberstärke,* Reserve-↗Kohlenhydrat im tier. u. menschl. Organismus u. in Pilzen. Energielieferant im Muskel; wird in Traubenzucker zerlegt u. daraus aufgebaut.

Glykokoll s, eine ↗Aminosäure.

Glykol s, *Äthylenglykol,* 2wert. Alkohol, als Glycerinersatz u. Gefrierschutzmittel (Senkung des Gefrierpunktes, *Glysantin, Genantin*). **Glykosid** s, Pflanzenstoffe aus Zukker u. einer Restgruppe; vorkommend als Gifte, Heilmittel, Riech- u. Farbstoffe, Saponine, Digitalis-, Bitterstoffe.

Glyptik w (gr.), ↗Steinschneidekunst. **Glyptothek** w (gr.), eig. Sammlung geschnittener Steine, i.w.S. Sammlung v. Werken der antiken Plastik.

Glysantin ↗Glykol.

GmbH, Abk. für ↗Gesellschaft mit beschränkter Haftung.

Gmünd ↗Schwäbisch Gmünd.

Gmunden, oberöstr. Bez.-Stadt u. Kurort am Traunsee, 12200 E.; Sanatorien, Solbäder mit Ischler Sole; Kunstkeramik.

Gnade w, 1) *allg.:* Wohlwollen, Gunst. 2) *Religion:* in fast allen (Erlösungs-)Religionen Ausdruck für das gnädige, huldreiche Verhalten Gottes zu den Menschen. Die Grundlagen christl. *G.nlehre* sind bes. in den Aussagen des Paulus gegeben. Danach ist G. Gottes Selbstmitteilung durch das in Christus geschenkte Heilswerk u. dessen unverdiente Zuwendung an den einzelnen Menschen als ↗Rechtfertigung. a) *kath. Lehre:* im Unterschied zur *heiligmachenden G.,* die durch Sündenvergebung u. Teilhabe an der göttl. Natur einen völlig neuen (nur durch schwere Sünde wieder verlierbaren) Zustand des Menschen bewirkt, ist die *wirkende (helfende) G.* ein vorübergehender, zu verdienstl. Heilsakten notwendiger übernatürl. Beistand. b) *ev. Lehre:* nur die G. Gottes allein (sola gratia), die Christus selbst ist u. die nur im Glauben an sein Wort u. Sakrament Wirklichkeit wird, macht vor Gott gerecht; aufgrund der Verderbtheit des menschl. Natur kann diese G. aber nur eine äußerl. Zudeckung der Sündhaftigkeit bewirken.

Gnadenkraut, *Gottes-G., Gratiola officinalis,* giftiger Rachenblütler, Heilpflanze. ☐ 453.

Gnadenstuhl, in der Kunst Darstellung der Dreifaltigkeit: Gottvater thronend, Christus am Kreuz vor sich haltend, manchmal auch den Leichnam auf dem Schoß, darüber der Heilige Geist als Taube.

Gnadenwahl ↗Prädestination.

Gnauck-Kühne, *Elisabeth,* Vorkämpferin der ↗Frauenbewegung, 1850–1917; führend im Kath. dt. Frauenbund.

Gneis m, kristallin.-schiefriges Gestein des Grundgebirges aus Quarz, Feldspat u. Glimmer, Hornblende u.a.; verwittert in

Gnadenstuhl (Alabasterrelief, Wiesenkirche, Soest i. W.)

kantigen Formen. Je nach Herkunft als *Ortho-G.* (aus Magmagesteinen) od. *Para-G.* (aus Sedimentgesteinen) bezeichnet.

Gneisenau, *August* Graf Neithardt v., preuß. General, 1760–1831; verteidigte 1807 erfolgreich Kolberg, Mitarbeiter Scharnhorsts bei der preuß. Heeresreform; 13/15 Generalstabschef Blüchers.

Gnesen, poln. *Gniezno,* poln. Krst., n.ö. von Posen, 48000 E. – 1000 v. Ks. Otto III. gegr. Erzbistum, 1821/1946 Erzbistum Gnesen-Posen; heute mit dem Erzbistum Warschau in Personalunion verbunden.

Gniezno (: gnjäsno) ↗Gnesen.

Gnitze *w, Caratopogon,* winz. Stechmücke.

Gnom *m* (gr.-lat.), kleiner Erdgeist.

Gnomon *m* (gr.), schattenwerfender Stab zur Bestimmung des Mittags; im Altertum.

Gnosis *w* (gr.), höhere religiöse Erkenntnis; kirchl.: v. Hl. Geist gewirkte, vertiefte Einsicht in Glaubensgeheimnisse; allg.: geheimes Heilswissen, myst. vielfach verworrene Spekulationen, vertreten v. **Gnostizismus** im 1./3. Jh. Er stellte dem guten Gott ein böses Prinzip gegenüber (Dualismus) u. nahm viele Mittelwesen zw. Gott u. der Welt an; leugnete die Gottmenschlichkeit Christi; lehrte, die Materie sei böse u. die Erlösung erfolge durch religiöses Geheimwissen. Vorchristl. Ursprungs, lebt er immer wieder auf (Katharer, Albigenser, Theosophie, Anthroposophie).

Gnu *s,* schnelle, südafrikan. Antilope.

GO, Abk. für Gebührenordnung u. Geschäftsordnung.

Go *s,* japan. Brettspiel mit je 181 weißen u. schwarzen Steinen.

Goa, ehem. portugies. Besitzung an der Westküste Indiens, 3402 km², 850000 E., davon 37% kath.; Hst. *Nova G. (Pangim);* wurde 1961 v. Indien annektiert. Kath. Patriarch.

GOÄ, Abk. für Gebührenordnung für Ärzte. ↗Adgo.

Goar, hl. (6. Juli), Missionar aus Aquitanien; gründete um 500 bei Oberwesel eine Mönchszelle, aus der die Stadt Sankt Goar entstand.

Goebbels, *Joseph,* nat.-soz. Politiker, 1897–1945; 1933/45 Reichsmin. für Volksaufklärung u. Propaganda; fanatisierte die Massen, organisierte den totalen Krieg; vergiftete sich und seine Familie.

Gobelin *m* (: gobᵉlǟn, frz.), ↗Bildwirkerei als Wandschmuck, benannt nach den ersten Herstellern, einer Pariser Färberfamilie (15./17. Jh.). **G.malerei,** maler. Nachahmung v. Gobelins.

Gobi *w,* zentralasiat. Landschaft; zur Mongol. VR u. zu China, 2 Mill. km²; bis 2500 m hohes Wüsten- u. Steppenland mit weiten Senken (Salzseen); die feuchten Randgebiete sind Weideland; eine Oasenreihe im S bildet die alte Karawanenstraße nach dem W. Neue Bahnlinie v. Lantschou durch die G. zur russ.-chines. Grenze.

Gobineau (: -no), *Arthur* Graf, frz. Schriftsteller, 1816–1882; Begr. einer unwiss. Rassentheorie, wonach die arische Rasse den anderen Rassen überlegen sein soll.

Goch, niederrhein. Stadt an der Niers, 4 km

Vincent van Gogh: unten Selbstbildnis (1888), links Straße mit Zypressen

v. der niederländ. Grenze, 28500 E.; Textil- und Lederindustrie.

Godard (: godar), *Jean-Luc,* frz. Filmregisseur, * 1930; Vertreter der „Neuen Welle". *Außer Atem; Weekend* u. a.

Godavari *m,* ind. Strom, entspringt auf den Westghats, mündet in den Golf v. Bengalen; 1450 km lang.

Godehard, *Gotthart,* hl. (5. Mai), OSB, 960–1038; 996 Abt v. Niederaltaich, 1022 Bischof v. Hildesheim.

Godesberg, *Bad G.,* seit 1969 Stadtteil v. Bonn, Heilbad, auf dem l. Rheinufer oberhalb v. Bonn; Apostol. Nuntiatur, ausländ. Missionen. Eisenquellen; Sanatorien.

Godesberger Programm ↗Sozialdemokrat. Partei Deutschlands.

God save the King (Queen) (: gåd ßeⁱw ße-[kwin], engl.), Gott schütze den König (die Königin), engl. Nationalhymne.

Godthåb (: godhåb), Hst. Grönlands u. einziger Hochseehafen der Westküste, 9000 E.

Godunow ↗Boris Godunow.

Goes (: chūß), *Hugo van der,* niederländ. Maler, um 1440–82; führte die altniederländ. Tafelmalerei zu stärkerer Naturnähe u. rel. Vertiefung des Ausdrucks. *Portinari-Altar,* Florenz.

Gogh (: gōch), *Vincent van,* niederländ. Maler u. Graphiker, 1853–1890 (Selbstmord); 86/88 in Paris, später in Süd-Fkr. (Arles); v. japan. Farbholzschnitt u. den Impressionisten beeinflußt, dann Wendung zu einer objektiv die Struktur der Gegenstände erfassenden, später leidenschaftl. erregten, flammenden Malweise; damit einer der Wegbereiter des Expressionismus.

Go-Go-Girl *s* (: goᵘgoᵘgöᵉl, engl.), Vortänzerin; bes. bei Beat-Veranstaltungen.

Gogol, *Nikolai Wassiljewitsch,* russ. Schriftsteller, 1809–52; Begr. der modernen russ. Prosa; Satiriker, Realist. Tragikomische Novelle *Der Mantel,* Komödie *Der Revisor* (Satire auf das Provinzbeamtentum); HW der unvollendete Roman *Die toten See-*

N. W. Gogol

len (ein Querschnitt russ. Lebens). Wegen seiner polit. Einstellung (Briefe) als Reaktionär angegriffen. Im religiösen Wahn verbrannte er den zweiten Teil seines Hauptwerkes.

Gog und Magog, in der Bibel endzeitl. Gegner des Gottesreiches.

Goi, Goj (hebr. = Volk; Mz. *Gojim*), jüd. Bz. für alle nichtjüd. Völker, im AT bes. für die Heiden (im Ggs. zum auserwählten Volk Israel).

Goiás, fr. *Goyaz,* brasilian. Bundesstaat im Landesinnern, 642 092 km², 5,1 Mill. E.; Hst. Goiânia. Im SW ↗Brasilia.

Go-in s (: go^u in, engl.), eine bes. v. Studenten geübte Form polit. Demonstration, bei der in Vorlesungen u. Versammlungen eine Diskussion erzwungen werden soll.

Goisern, *Bad G.,* oberöstr. Heilbad im Salzkammergut, 6500 E.; Jodschwefelthermen.

Go-Kart m (: go^u ka^r t, engl.), Kleinstrennwagen einfachster Bauart, höchstens 182 cm lang u. 60 cm hoch.

Gold s (lat. *aurum*), chem. Element, Zeichen Au; gelbes, weiches Edelmetall; Ordnungszahl 79 (☐ 148). G. ist chem. schwer angreifbar, lösl. in Königswasser, Cyankali, Quecksilber u. kommt in der Natur selten u. fast nur gediegen vor. G.lager finden sich in Südafrika, Kalifornien, Colorado, Alaska, Kanada, Australien, Nordostsibirien u. im Ural-Gebiet. Zur Härtung wird G. meist mit 10% Silber, Nickel u. Kupfer legiert (↗G.legierungen). Als Wertmaßstab (G.-↗Währung); zu Schmuck, Gefäßen, Zahnplomben, zum Vergolden, für G.druck u. G.schnitt. Spuren kolloidalen G.es im Glasschmelzfluß liefern das Rubinglas.

G.amalgam ↗Amalgam. **G.ammer** ↗Ammer. **G.amsel** ↗Pirol.

Goldap, poln. *Gołdap,* Stadt im östl. Ostpreußen, an der G. (Abfluß des *G.er Sees*), 6000 E.

Goldauge, *Chrysopa,* bis 3 cm langes grasgrünes Insekt, Netzflügler.

Goldbronze, eine ↗Bronzefarbe.

Goldbutt m, die Gemeine ↗Scholle.

Golddistel, die Kleine ↗Eberwurz.

Goldene Aue, fruchtbare Niederung zw. Harz u. Kyffhäuser. **Goldene Bulle,** v. Ks. Karl IV. 1356 erlassenes Reichsgesetz, regelte bes. die dt. Königswahl u. die Stellung der Kurfürsten. **Goldene Horde,** eig. Heerlager; Bz. für das Reichsgebiet der Mongolenherrscher in Rußland; ging 1502 unter.

Goldene Latinität, die Zeit der klass. lat. Sprache u. Lit., etwa v. Cicero bis Augustus. **Goldene Rose,** v. Papst als bes. Auszeichnung verliehen (heute nur noch für Frauen).

Goldener Schnitt, Teilung einer Strecke; das kleinere Teilstück verhält sich zum größeren wie dieses zur ganzen Strecke; in Kunst u. Architektur als Maßverhältnis auftretend. **Goldenes Horn,** Bucht u. Hafen v. Istanbul. **Goldenes Kalb,** Standbild, das die Israeliten am Sinai u. später unter Jeroboam abgöttisch verehrten; i.ü.S. Symbol des Götzendienstes. **Goldenes Vlies,** in der griech. Sage goldenes Widderfell, das den Preis der Argonautenfahrt bildete. – Der 1429 in Burgund gestiftete *Orden v. G. V.*

Goldschmiedekunst (von links nach rechts): Kanne aus dem Goldschatz v. Nagy-Szent-Miklós (9. Jh.) – Kazikenfigur der amer. Frühkultur (Caucatal in Westkolumbien; Gußtechnik, Gold-Kupfer-Legierung) – Doppelbecher (Silber vergoldet; Nürnberg, um 1530)

Goldener Schnitt: Teilung der Strecke 2r im Goldenen Schnitt

Goldenes Vlies: spanische Form

Goldhamster

wurde v. den östr. u. span. Habsburgern übernommen. **Goldenes Zeitalter, 1)** in der griech. Sage das erste, vollkommen glückl. Zeitalter der Menschen, dem paradies. Zeitalter der Bibel entsprechend. **2)** das Zeitalter des Ks. Augustus (Augusteisches Zeitalter).

Golden Gate (: go^u ld^e n ge^i t), Goldenes Tor, die Einfahrt v. Pazif. Ozean in die Bucht v. San Francisco; v. der *G. G. Bridge* überspannt. ☐ 123.

Goldfisch, Karpfenart; in Europa Zierfisch, ebenso ↗Schleierschwanz u. ↗Teleskopfisch. **Goldgrund,** in der byzantin. Mosaikkunst u. der mittelalterl. Malerei üblicher goldener Hintergrund. **Goldgrundel,** Meer-Schleimfisch von abenteuerl. Gestalt. **Goldhähnchen,** kleinster europ. Singvogel; in Dtl. Sommer- u. Winter-G. **Goldhamster,** oriental. Hamsterart; bes. zu med. Versuchen. **Goldhase,** *Aguti,* Hasenart, süd-am. Nagetier. **Goldkäfer,** Bz. für ↗Rosenkäfer u. ↗Goldschmied. **Goldklausel,** Vereinbarung, daß eine Zahlung in Goldmünzen od. nach dem jeweiligen Goldkurs erfolgen soll; in der BRD ohne Genehmigung der Bundesbank verboten. **Goldküste,** afrikan. Küstenzone am Golf v. Guinea, Teil v. ↗Ghana. **Goldlack,** *Lack, Cheiranthus,* südeurop. Staude (Kreuzblütler); *Stangenlack* mit einfachem, *Buschlack* mit verzweigtem Stamm; Gartenpflanzen. **Goldlegierung,** meist mit Silber, Kupfer od. Zink, als Weißgold mit Nickel od. Palladium; der Anteil an Gold: Beimischung, ↗Feingehalt, ↗Karat. **Goldmakrele,** *Coryphaena,* eßbarer Hochseefisch, bis 20 kg schwer.

Goldmann, *Nahum,* * 1894; 1949–77 Präs. des Jüd. Weltkongresses u. 56/68 Präs. der zionist. Weltorganisation.

Goldoni, *Carlo,* it. Lustspieldichter, 1707–1793; schrieb, an Molière geschult, lebendige Charakterstücke; *Diener zweier Herren, Mirandolina.*

Goldparität ↗Parität.

Goldparmäne, *Goldreinette,* ↗Apfel.

Goldregen, *Laburnum vulgare,* giftiger Schmetterlingsblütler mit gelben Blüten, Zierstrauch, Heilpflanze. **Goldrute,** *Solidago,* Gattung der Korbblütler mit gelben Blütenrispen; Zier- u. Heilpflanze.

Goldschmidt, *Hans,* dt. Chemiker, 1861 bis 1923; Erfinder des ↗Thermits.

Goldschmied, *Goldlaufkäfer, Carabus auratus,* goldgrüner, bis 3 cm großer, nützl., schnellfüßiger, lichtscheuer Käfer. ☐ 914.

Goldschmiedekunst, die Herstellung von Schmuck, Geräten u. Gefäßen aus Edelmetall (Gold, Silber, Platin, i.w.S. auch Kupfer u. Bronze), das gegossen od. getrieben, dessen Oberfläche graviert, ziseliert, geätzt usw. wird. Techniken u.a.: ⁄Granulation, ⁄Filigran. Höhepunkte der G. in der äypt., etrusk., frühgerman. Kunst; im MA in kirchl. Diensten (z.B. Reliquienschreine, Kelche), v. der Renaissance ab auch weltl. Gerät (z.B. Tafelgeschirre).

Goldschnitt, die Verzierung des Buchschnitts durch Auftragen v. echtem od. unechtem Blattgold.

Goldschwefel, *Schwefelantimon,* zum Vulkanisieren v. Kautschuk.

Goldsmith (: goᵘldßmiß), *Oliver,* anglo.-ir. Dichter, 1728–74; schrieb Lyrik, Komödien; HW der idyllische Roman *Der Landprediger v. Wakefield.*

Goldstandard, *Goldwährung,* ⁄Währung.

Goldwespen, *Chrysididae,* metallisch-glänzende Wespen, hart gepanzert.

Golem *m* (hebr.), das „Gestaltlose", die unbeseelte Materie. In der jüd. Mystik geheimnisvoller, künstl. erschaffener Mensch *(Homunculus).*

Golf, 1) *m,* Bucht, Meerbusen. 2) *s,* engl. Spiel; es gilt, mit dem G.schläger einen Ball (aus Hartgummi) v. einem der normalerweise 18 Löcher mit möglichst wenig Schlägen zum andern zu schlagen (2 Spieler od. Parteien). ⁄Minigolf.

Golfstrom, warme Meeresströmung, benannt nach ihrer Herkunft, dem Golf v. Mexiko. Durch die 70–80 km breite Floridastraße zieht die 27° C warme, salzreiche Strömung entlang der Ostküste Nordamerikas, durchquert nach dem Zusammentreffen mit dem kalten ⁄Labradorstrom fächerförmig den Nordatlantik u. spaltet sich an der europ. Westküste. Der noch 12° C warme Hauptzweig fließt an der norweg. Küste entlang zur Barentssee. Der „Warmwasserheizung" des G. verdankt West- u. Mitteleuropa sein mildes Klima. Ohne G. hätte Dtl. auf 50° Breite im Januar 5–10° C tiefere Temperaturen, an der norweg. Küste beträgt die Erhöhung der mittleren Januartemperatur sogar 24° C, so daß alle europ. Nordseehäfen bis zum Nordkap auch im Winter eisfrei sind.

Golgotha (hebr. = Schädelstätte), *Golgatha,* Kreuzigungsplatz Christi bei Jerusalem; nach der Tradition heute von der Grabeskirche überbaut.

Goliath, nach dem AT Riese bei den Philistern, v. David mit der Schleuder getötet. **G.fassung,** für größere Glühlampen. **G.käfer,** tropischer ⁄Rosenkäfer. ☐ 914.

Goll, *Yvan,* dt.-frz. Schriftsteller, 1891–1950; dichtete dt., frz. u. engl.; bedeutender expressionist. u. surrealist. Lyriker *(Der Panama-Kanal; La chanson de Jean sans terre);* auch (meist groteske) Bühnenwerke u. Romane.

Gollancz (: geläntß), *Victor,* engl. Schriftsteller u. Verleger, 1893–1967; Vorkämpfer für Menschlichkeit; trat nach dem 2. Weltkrieg für das dt. Volk ein; 1960 Friedenspreis des dt. Buchhandels.

Gollwitzer, *Helmut,* dt. evang. Theologe, *1908; war in der ⁄Bekennenden Kirche tätig. Arbeiten zu dogmat. u. eth. Fragen.

Goltz, 1) *Colmar* Frh. v. der, preuß. Generalfeldmarschall, 1843–1916; reorganisierte das türk. Heer, 1915/16 türk. Heerführer. **2)** *Rüdiger* Graf v. der, preuß. General, 1865–1946; vertrieb die Bolschewisten im Bunde mit Mannerheim aus Finnland, 19 aus dem Baltikum.

Gombrowicz (: -browitsch), *Witold,* poln. Schriftsteller, 1904–69; zeichnet in seinen Romanen ein grotesk-phantast. od. pessimist. Bild des Menschen. *Ferdydurke; Verführung;* auch Erz. u. Dramen.

Gomel, Stadt in der Weißruss. SSR, an der Bahn Moskau–Kiew, 383000 E.; Industrie- und Kulturzentrum; Univ.

Gomorrha ⁄Sodoma.

Gomułka, *Władisław,* polnischer Politiker, *1905; 43/48 u. 56/70 Generalsekretär der poln. KP; 45/49 stellvertretender Min.-Präs.; 51/55 im Gefängnis.

Gonaden (Mz., gr.) ⁄Keimdrüsen. **G.-Dosis,** in der Strahlenmedizin diejenige Strahlenmenge, welche die Gonaden trifft.

Goncourt (: gõṅkur), *Edmond de,* 1822–96, u. sein Bruder *Jules,* 1830–70, frz. Schriftsteller; begr. den naturalist. Roman *(Germinie Lacerteux);* Werke zur Kunst- u. Kulturgeschichte. Von Edmond die *Académie Goncourt* in Paris gegründet, die jährl. einen Lit.-Preis *(Prix G.)* verleiht.

Gondel *w* (it.), **1)** venezian. Ruderboot aus Holz in schlanker Form. **2)** am Freiballon der Korb für die Passagiere.

Gondwanaland, Kontinent, der sich v. Devon bis zum Jura über Südamerika, Afrika, Indien u. Australien erstreckt haben soll.

Gonfaloniere (it.), in lt. bis 1859 Bz. für das Stadtoberhaupt.

Gong *m* od. *s,* chines. Schlaginstrument (bei den Indern das *Tamtam).*

Góngora y Argote, *Luis de,* span. Dichter, 1561–1627; entwickelte einen esoter., metaphernreichen barocken Stil *(Gongorismus),* aufgrund dessen sein Werk nach langer Geringschätzung erst im 20. Jh. wieder großen Widerhall fand. HW: Versdichtungen *Fábula de Polifemo; Soledades.*

Gongorismus ⁄Góngora y Argote.

Goniometer *s* (gr.), Winkelmeßgerät für Kristalle.

Goniometrie, Lehre v. den Beziehungen zw. den Winkeln u. Winkelfunktionen.

Gonokokken (Mz., gr.), Diplokokken, Kugelbakterien, Erreger v. ⁄Tripper. ☐ 63.

Gontscharow, *Iwan,* russ. Schriftsteller, 1812–1891; objektive Romankunst. HW *Oblomow* (Gestaltung des Nichtstuns, der Unfähigkeit, zu handeln – daher russ. „Oblomowschtschina"). *Eine alltägliche Geschichte.*

Gonzaga, it. Fürstengeschlecht, herrschte 1328/1708 in Mantua.

González (: -ßaleß), *Julio,* span. Bildhauer, 1876–1942; einer der Schöpfer u. bedeutender Vertreter der ⁄Eisenplastik.

Good-bye (: gudbai, engl.), Gott befohlen!

Goodman (: gudmän), *Benny,* am. Jazzmusiker, * 1905; Klarinettist u. Bandleader.

J. González: Montserrat (Bronze, 1937)

Benny Goodman

Alfons Goppel

C. F. Goerdeler

Johann Joseph von Görres

Maxim Gorki

Goodwill s (: gudwil, engl. = Wohlwollen, Ansehen), der u.a. in der Organisation u. Erfahrung eines Unternehmens, dem Vertrauen seiner Käufer liegende innere Firmenwert; wird bei Verkauf der Firma oft bes. berechnet.

Göpel m, Drehwerk zum Antrieb ortsfester Maschinen durch Zugtiere od. Menschen.

Goppel, *Alfons,* * 1905; 58 bayer. Innenmin., 62/78 Min.-Präs. (CSU).

Goeppert-Mayer, *Maria,* dt.-am. Physikerin, 1906–72; 63 Nobelpreis für Arbeiten über das Schalenmodell des Atomkerns.

Göppingen, württ. Krst., am Fuß des Hohenstaufen, 52 700 E.; Sauerbrunnen; vielseitige Industrie.

Gorakhpur, ind. Stadt im Staat Uttar Pradesch, 235 000 E.; Univ. (seit 1957).

Goralen (Mz.), die ca. 200 000 Bergbewohner der Westkarpaten.

Gorbach, *Alfons,* 1898–1972; 1960/63 Vors. der ÖVP u. 61/64 östr. Bundeskanzler.

Goerdeler, *Carl Friedrich,* 1884–1945; 1930/37 Oberbürgermeister v. Leipzig, 31/32 u. 34/35 zugleich Reichskommissar für Preisüberwachung, als einer der Führer der Widerstandsbewegung gg. Hitler hingerichtet.

Gordianus III., röm. Kaiser 238/244.

Gordischer Knoten, Knoten am Joch eines Streitwagens in Gordion (Phrygien); mit seiner Lösung war der Sage nach die Herrschaft über Kleinasien verbunden; Alexander d. Gr. zerhieb ihn mit dem Schwert.

Gordon (: gå′d°n), *Charles George,* engl. General, 1833–85; 77/79 engl. Gouv. des Sudan.

Gorgias, griech. Philosoph, um 480 bis um 375 v. Chr.; skept. Sophist u. Rhetor; schuf die Anfänge einer theoret. Kunsttheorie.

Gorgonen (Mz., gr.), weibl. Schreckgestalten der griech. Sage mit Schlangenhaaren. ↗Medusa.

Gorgonzola, it. Gem. in der Prov. Mailand, 9500 E.; Fabrikation v. *G.käse* (Rahmkäse mit grünen Adern).

Gorilla m, größter Menschenaffe; mit schwarzem Gesicht u. mächtiger Brust; in Kamerun u. Kongogebiet. ☐ 7.

Göring, *Hermann,* nat.-soz. Politiker, 1893–1946; 1933/34 preuß. Min.-Präs., 35 Reichsluftfahrtmin. u. Oberbefehlshaber der Luftwaffe, 40 „Reichsmarschall" u. zugleich Leiter der Kriegswirtschaft; mitverantwortl. für die nat.-soz. Gewaltherrschaft; in Nürnberg zum Tod verurteilt, beging Selbstmord.

Gorki, bis 1932 *Nischni Nowgorod,* russ. Hafenstadt an der Mündung der Oka in die Wolga, 1,35 Mill. E. Schwerpunkt der russ. Auto-Ind., Walzwerke, Schiffbau. Alte Kathedralen, Kreml (14./16. Jh.); Univ.

Gorki, *Maxim,* russischer Schriftsteller, 1868–1936. Seine harte Jugend beschrieb er in *Meine Kindheit;* das naturalist. Drama *Nachtasyl* machte ihn berühmt. Beteiligung an der Revolution 1904/05. In der Emigration entstand der soziale Roman *Die Mutter.* Rückkehr 1913; nach der Oktoberrevolution „Klassiker" des neuen Rußland.

Gorlice (:-lize), poln. Stadt in Westgalizien,

12 000 E.; 1./3. 5. 1915 Durchbruchsschlacht Mackensens bei *G.-Tarnow.*

Görlitz, Krst. im Bez. Dresden, Hauptort der Oberlausitz, 82 000 E.; heute Grenzort an der *G.er Neiße,* Stadtgebiet östl. der G.er Neiße zu Polen *(Zgorzelec).* Sitz der Apost. Administratur G. u. der Kirchenleitung der Ev. Kirche des Kirchengebiets G. Maschinen- u. Waggonbau, Textil-Ind.

Gorlowka, ukrain. Ind.-Stadt im Donezbecken, 337 000 E.; Kohlenbergbau, chem. Ind., Schwermaschinenbau.

Gornergletscher, zweitgrößter Schweizer Gletscher, nördl. des Monte Rosa, 15 km lang, 68 km²; an der Nordseite der *Gornergrat* (3136 m), v. Zermatt durch elektr. *Gornergratbahn* erreichbar.

Görres, 1) *Ida Friederike,* dt. Schriftstellerin, 1901–71; behandelte, meist in Heiligenleben, das Wesen des Christseins. **2)** *Johann Joseph v.,* 1776–1848; zunächst Anhänger der Aufklärung u. der Frz. Revolution, dann im „Rheinischen Merkur" literar. Kampf für die nationale Unabhängigkeit u. gg. den Polizeistaat; deswegen verfolgt. Eine Hauptgestalt der Heidelberger Romantik. Prof. der Gesch. in München. Mittelpunkt der kath. Spätromantik. Universaler Publizist. **G.-Gesellschaft,** nach *Johann Joseph v. G.* benannte Ges. zur Pflege der Wiss. im kath. Dtl., 1876 gegr.; 1941 aufgelöst, 49 neu gegr.; Sitz in Köln.

Gortschakow, *Alexander* Fürst, russ. Politiker, 1798–1883; seit 1856 Außenmin., 66/82 Staatskanzler; Gegner Östr.s, dann Bismarcks.

Görz, it. *Gorizia,* slowen. *Gorica,* it. Prov.-Hst. u. Kurort am Isonzo, 44 000 E.; Erzb. War 1500/1919 österreichisch.

Gorzów Wielkopolski ↗Landsberg.

Goes (: gös), *Albrecht,* dt. Schriftsteller, * 1908; ev. Pfarrer in Württemberg; Lyrik, Erzählungen und Laienspiele; *Unruhige Nacht, Das Brandopfer.*

Gosau w, oberöstr. Hochtal; *G.kraftwerk.*

Gösch w, kleine Bugflagge, im Hafen an Sonn- u. Feiertagen gesetzt.

Göschenen, Schweizer Dorf im Kt. Uri, 1100 m ü. M., 900 E.; N-Eingang des Gotthard-Tunnels. Wasserkraftwerk, Stausee.

Goslar, niedersächs. Krst. u. Kurort am Harz, 53 400 E.; reich an Baudenkmälern u. Kunstschätzen: Kaiserpfalz (1050 bis 12. Jh., größter roman. Palastbau), Ulrichskapelle (12. Jh.); vielseitige Industrie.

Gospelsong m (engl.), v. nord-am. Negern gesungener Bibeltext, Vorläufer der ↗Negro Spirituals.

Goßner, *Johannes,* 1773–1858; dt. kath. Priester, dann ev. Erweckungsprediger; Gründer der *G.schen Missionsgesellschaft.*

Götaälv m (: jö-), schwed. Fluß, bildet die 4 Trollhättafälle (33 m hoch), mündet nach 93 km in das Kattegat. **Götakanal,** v. Göteborg bis Stockholm, 380 km lang.

Götaland (: jö-), Südschweden.

Göteborg (: jöteborj), südschwed. Seestadt, 437 000 E.; Univ. (seit 1954), TH, Wirtschafts- u. Handelshochschule; Kunstmuseum; Werften, Maschinen-Ind.; Kugellager-Konzern; größte Autofabrik Schwedens; Fischkonserven- u. Textilindustrie.

Goslar: Kaiserpfalz
(Doppelkapelle und
Kaiserhaus)

Goten, ostgerman. Stamm; saßen im 2. Jh. an den Weichselmündungen, zogen vor 200 nach Südrußland bis zum Schwarzen Meer. Sie bedrohten das Röm. Reich, wurden aber v. Ks. Claudius II. 269 bei Nisch besiegt. In der folgenden Friedensperiode v. ca. 100 Jahren nahmen sie das Christentum in der Form des Arianismus an. Damals erfolgte auch durch Wulfila die Übersetzung der Bibel in die got. Sprache. In dieser Zeit od. schon früher Scheidung des Stammes in ⁄Ost- u. ⁄Westgoten. ☐ 1067.

Gotha, thüring. Krst. im Bez. Erfurt, 59000 E.; ehem. Residenz Schloß Friedenstein (um 1650); 1640–1825 Hst. v. Sachsen-G.-Altenburg; Staatslehranstalt für Hoch- u. Tiefbau; Versicherungsunternehmen; kartograph. Anstalt, Buch- u. Steindruckereien; Eisengießereien, Maschinen-, Waggonbau-, Porzellanindustrien.

Goethe, *Johann Wolfgang v.,* dt. Dichter, * 28. 8. 1749 Frankfurt a. M., † 22. 3. 1832 Weimar; Sohn des Kaiserl. Rates Johann Caspar G. (1710–82) u. der Katharina Elisabeth geb. Textor (1731–1808). Studien erst in Leipzig (Rokoko-Dichtungen: Lustspiele *Die Laune der Verliebten, Die Mitschuldigen*). 68/70 wieder in Frankfurt. 70/71 Studium in Straßburg, Erlebnis der Straßburger Gotik, Begegnung mit Herder (Hinweis auf Volksdichtung u. Shakespeare), Liebe zu Friederike Brion (Sesenheimer Lieder als Eröffnung der Goetheschen Bekenntnislyrik). 71/75 in Darmstadt (Reichskammergericht), Wetzlar, Frankfurt; Schweizer Reise 74. Sturm-u.-Drang-Werke: *Götz v. Berlichingen* (73), Urfaust (gedruckt erst 87), die großen Hymnen. Der Briefroman *Die Leiden des jungen Werthers* (74), Niederschlag der unglückl. Liebe zu Charlotte Buff, macht G. berühmt. Verlöbnis mit Lili Schönemann (gelöst 75). 75 Berufung an den Weimarer Hof durch Hzg. Karl August; Staatsmin. Liebe zu Charlotte v. Stein, verinnerlichte Lyrik. Italienreise (86/88, dann 90); Beginn der klass. Periode (*Egmont* 87, bes. *Iphigenie* 89, *Tasso* 90): Botschaft der Humanität, Ideal geprägter Form. Nach Rückkehr Lebensbund mit Christiane Vulpius (1806 Heirat). Leitung des Weimarer Hoftheaters (1791/1817). Naturwissenschaftliche Studien, Suche nach der Urpflanze, allgemein auch nach den „Urformen". 1794/1805 Freundschaft mit Schiller (Zschr. „Horen", Xenien). 1795/96 erscheint der Bildungsroman *Wilhelm Meisters Lehrjahre,* 96 das bürgerl. Epos *Hermann u. Dorothea.* 1806 Abschluß v. *Faust I.* – Das Alterswerk ist dem „Unerforschlichen" gegenüber offe-

ner, symbolreich. 09 Roman *Die Wahlverwandtschaften,* 19 Gedichte des *Westöstl. Diwan* (unter dem Einfluß der Begegnung mit Marianne v. Willemer u. oriental. Poesie): Harmonie, erhabene Weltbetrachtung, Tiefe im äußerlich Leichten. 23 *Marienbader Elegie* (Begegnung mit Ulrike v. Levetzow). Danach zurückgezogenes Leben. In *Wilhelm Meisters Wanderjahre* (21, 29) pädagog. Reformideen, Einbruch der techn. Welt. *Dichtung u. Wahrheit* (11/31) als wichtigste autobiogr. Schrift. *Faust II* (32) weitet den Stoff zum Weltgedicht: Einbeziehung v. Antike, Staat, Gipfelung in der Erlösung Fausts. Umfangreicher Briefwechsel; Altersweisheit in den vom Sekretär ⁄Eckermann aufgezeichneten Gesprächen mit G. – Auf naturwiss. Gebiet Beschäftigung mit Farbenlehre u. Morphologie (Metamorphose der Pflanzen, Entdeckung des Zwischenkieferknochens). Die Einzigartigkeit G.s liegt in der Universalität seines Geistes, die alles ihm Gemäße durchdringt u. sich aneignet, der Zielstrebigkeit seiner inneren u. äußeren Entwicklung bis zur höchsten Steigerung der letzten Lebensjahre, dank einer besonderen Kraft der Erneuerung u. inneren Verjüngung. Neben dem an der Erkenntnis der realen Welt geprägten Bildungsdrang bewahrt er das naive, ehrfürchtige Schauen u. Empfinden.

Johann Wolfgang
von Goethe: Altersbildnis (im 77. Lebensjahr; Gemälde von
J. K. Stieler)

Goethes Vater
Johann Caspar

Goethes Mutter
Katharina Elisabeth

In seiner Bejahung des Daseins erreicht er die Überwindung der Kluft v. Natur u. Geist in seiner Dichtung, in der G. wie in der eigenen harmon. Lebensgestaltung zu Ausgleich, Versöhnung u. Verzicht auf das Unbedingte neigt.

Goetheanum, von R. ⁄Steiner errichtete „Freie Hochschule für Geisteswissenschaft" (⁄Anthroposophie) in Dornach bei Basel.

Goethehaus, Goethes Geburtshaus in Frankfurt a. M., Großer Hirschgraben; Goethemuseum; nach der Zerstörung im 2. Weltkrieg wiederaufgebaut.

Goethe-Institute, zur Pflege dt. Sprache u. Kultur im Ausland, Zentrale in München.

Gotik *w,* allg. Zeit-, insbes. Kunststil des hohen u. späten MA (13./15. Jh.); Begriff in der Renaissance in It. geprägt, um damit die Kunst des MA als v. den Goten abstammend, als barbar. abzutun; erst im Zeitalter der Empfindsamkeit (Goethe) u. der Romantik wurden Größe u. eigentüml. Schönheit des got. Stils erkannt. Träger der G. ne-

Goethehaus
in Frankfurt a. M.

Gotik

System einer hochgot.
Kathedrale (Reims):
a Grundriß, **b** Querschnitt, **c** Aufriß

1 Anbetung der Könige. Gruppe am Kreuzgang-Pfeiler der Kathedrale von Burgos (um 1255). –
2 „Schöne Madonna" (um 1430). Thorn, Johanneskirche. – 3 Gestalt der Synagoge vom Straßburger
Münster (um 1230). – 4 Blick in das Sterngewölbe der Vierung in der Kathedrale von Burgos (1539/67). –
5 Hallenkirche St. Anna in Annaberg mit spätgotischem Netzgewölbe (1499/1519). – 6 Innenraum der
Ste-Chapelle in Paris mit Westrose (1245/48). – 7 Westfassade und Vierungsturm der Kathedrale von
Burgos, erbaut 1442/58 durch Hans von Köln. – 8 Ulmer Münster von Nordosten (1377/1494). –
9 Westfassade der Kathedrale Notre-Dame in Paris (um 1250).

Gotik

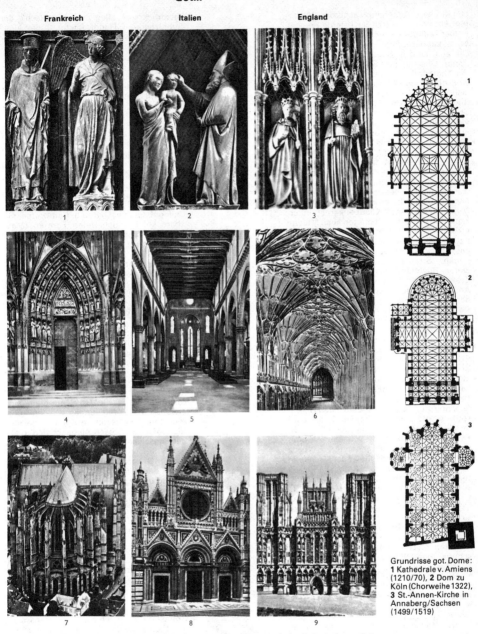

Frankreich   Italien   England

Grundrisse got. Dome:
1 Kathedrale v. Amiens
(1210/70), 2 Dom zu
Köln (Chorweihe 1322),
3 St.-Annen-Kirche in
Annaberg/Sachsen
(1499/1519)

1 Engel und hl. Nikasius. Figuren am Gewände des südlichen Westportals der Kathedrale von Reims
(um 1250). – 2 Andrea Pisano (1290–1348): Die Firmung. Plastik am Campanile des Doms von Florenz. – 3 Gestalten englischer Könige an den Chorschranken der Kathedrale von Canterbury (um 1400). –
4 Südliches Westportal des Straßburger Münsters mit Gewändefiguren und Figurentympanon (um
1230). – 5 Innenraum von S. Croce in Florenz (1295ff.). – 6 Waben- und Fächergewölbe im Kreuzgang
der Kathedrale von Gloucester. Perpendikularstil (1381/1412). – 7 Chor mit Kapellenkranz und Strebe-
pfeilern der Kathedrale von Beauvais (1247/75). – 8 Fassade des Doms von Siena (1284/99 und 1376). –
9 Westfassade der Kathedrale von Wells (1220/39)

ben Kirche u. Adel hauptsächl. das Bürgertum. Ursprungsland ist Fkr. (Isle-de-France), v. hier breitete sie sich bes. in den nordischen Ländern, Engl., den Niederlanden u. Dtl. aus, fand in Spanien u. It. nur wenig Raum. Überragende Schöpfung der G. ist die Kathedrale, originale Neuschöpfungen sind die monumentale realist. Plastik (die sich in der Spät-G. zur spiritualisierten, „expressionist." Form wandelt), Schnitzaltar u. Chorgestühl, Andachts- u. Tafelbild. Die vielfält. gegliederte, alle materielle Schwere auflösende, die Richtung in die Höhe überbetonende Kathedrale ist in ihrer rationalen Struktur (Quadratur des Grundrisses, Triangulatur des Aufrisses) sowohl eine Spiegelung des sich dem Geist Gottes hin öffnenden mittelalterl. scholast. Denkens, wie sie auch durch ihre farb. Glasfenster einen der myst. Innerlichkeit ähnl. überird. Raum widerspiegelt. Glaubensernst, Innerlichkeit u. Leidenschaft prägen auch Malerei u. Plastik. HW der G. in *Frankreich:* Ste-Chapelle (Paris), die Kathedralen v. Reims, Amiens, Chartres u. Notre-Dame in Paris. Spitzbogen, Strebepfeiler, gegliedertes Gewölbe, Rosetten, Glasfenster u. reich ausgestaltete Portale sowie Strebebögen der Außenseite sind weitere Charakteristika, dazu die für Fkr. bezeichnende stumpfe Doppelturmfassade. Meisterschöpfungen der Plastik in Amiens u. Reims. Sie führt weg v. der Abstraktheit roman. Plastik u. läßt den natürl. menschl. Leib, umschlossen v. dem in realist. Faltenwurf gemeißelten Gewand, sichtbar werden. In Glasmalerei, Bildteppichen, an Wänden u. Portalen vielfält. Darstellung allegor. Gestalten, bibl. u. geschichtl. Ereignisse. Die hochstrebende Gestalt der got. Kathedrale fand in den häufig eintürmig. Domen der *deutschen* G. (mit spitzem, oft durchbrochenem Turmhelm) ihre konsequenteste Ausprägung. HW: St. Elisabeth in Marburg, die Münster u. Dome v. Straßburg, Köln, Regensburg, Freiburg i. Br. u. Ulm; als Backstein-G: die Kirchen in Lübeck, Chorin, Danzig u. Riga. Die Plastik (Bamberg, Naumburg; M. Pacher, H. Multscher, J. Syrlin d. Ä., V. Stoß, Meister H. L. u. T. Riemenschneider) wandelte sich v. „klass." monumental-realist. Gestaltungen zu expressivem, vergeistigtem Ausdruck. Die in der Nachfolge Giottos u. der van Eyck realist. darstellenden Maler (K. Witz, H. Memling, M. Schongauer u. M. Grünewald) schufen eine Fülle bedeutender Gemälde; noch im ritterl.-höf. Stil (mit Goldgrund) Konrad v. Soest u. St. Lochner. *Italien,* dessen einzige rein got. Kathedrale der Dom v. Mailand ist, übernahm die G. in einer Synthese mit klass.-roman. Tradition (Dome v. Siena, Florenz, Orvieto). Auch der breitgelagerte Mailänder Dom weicht wesentl. v. der hochstrebenden nord. Struktur der G. ab. Entschieden got. Ausdruck jedoch in der mit Giotto v. der byzantin.-roman. Tradition sich lösenden realist. Malerei. *Spanien* gestaltete seine got. Kathedralen (Burgos, Salamanca, León) v. der Ornamentik u. dem breiteren Grundrißcharakter der maur. Moschee her. In den *Niederlanden* findet die G.

Ausdruck vor allem in der Plastik der Schnitzaltäre („Flandr. Kästen"), der Altarmalerei der van Eyck u. Rogiers van der Weyden mit figurenreicher, realist. Personen- u. Landschaftsdarstellung. Zum Nationalstil wurde die G. in *England,* wo sie bis ins 19. Jh. lebendig blieb (Bau des Parlamentsgebäudes im 19. Jh.), behielt allerdings mit breiten Fassaden, stumpfen Doppel- u. markanten Vierungstürmen der zahlr. Kathedralen viel v. der Massigkeit u. Wehrhaftigkeit roman. Kunst. Träger hier in 1. Linie der Adel. Früh-G. *(Early English* 1170–1250): Kathedralen v. Westminster, Salisbury, Lincoln, mit bes. langen, schmalen Fenstern. Hoch-G. *(Decorated Style* 1250/1350): Kathedralen v. Exeter, Wells, York; Überwuchern v. Ornament und dekorativen Formen. Spät-G. *(Perpendicular Style,* seit 1350): Kathedrale v. Winchester, Collegebauten v. Oxford u. Cambridge, mit „barockhaft" wuchernden Formen (Maßwerk der Fenster, Deckenornament). Neben der Baukunst bes. reiche Entfaltung der Buchmalerei. ☐ 342/343.

Gotische Schrift ↗Schriftarten.

Gotland, größte (schwed.) Insel in der Ostsee, 90 km vor der schwed. Ostküste, 3173 km², 55 000 E.; Hst. Visby.

Gott, 1) *allg. Religionsgeschichte:* Bz. für die über der Welt u. allen Geschöpfen stehende Macht als Schöpfer, Herr über Leben und Tod, Weltenlenker mit den in fast allen Religionen anerkannten Wesensmerkmalen der spirituellen, in sich selbst begründeten Personhaftigkeit, Anfangslosigkeit, Unsterblichkeit u. Unveränderlichkeit, der unbegrenzten Machtfülle u. Transzendenz; in vielen Kulturen als *Höchstes Wesen* bezeichnet. **2)** *bibl.-theolog.:* Grundlage sind die atl.-jüd. G.vorstellungen v. einem grenzenlosen, universalen, ewigen u. heiligen (Schöpfer-)G., dessen Allmacht sich an seinem geschichtsmächtigen Handeln an seinem Volk Israel u. über den Völkern erweist. Diesen G. bezeugt im NT Jesus als seinen Vater, der in Jesus Christus den Menschen gnädig u. vergebend angenommen hat. In Christus ist der sonst verborgene, nur dem Sohn bekannte G. der Welt konkret sichtbar geworden. Grundlegend unterscheidet sich der G.esbegriff im Christentum v. dem aller anderen (monotheist.) Religionen durch die Lehre v. der ↗Dreifaltigkeit.

Götterbaum, *Ailanthus,* chines. Baum mit langen Fiederblättern und grüngelben Blütenrispen; Park- u. Alleebaum.

Götterdämmerung, in der nord. Sage Untergang der Götter u. der Welt.

Gottesanbeterin ↗Fangheuschrecke.

Gottesbeweise wollen im Unterschied zur Gotteserfahrung, die v. allen Seelenkräften getragen ist, wiss. den Verstand überzeugen; beruhen auf freier, freilich einsichtiger Zustimmung wie alle verpflichtende Erkenntnis. Weil man die G. allzu rationalistisch darbot, entstand Abneigung gg. sie; daher auch ↗Kants Urteil, die theoret. Vernunft sei auf das Innerweltliche beschränkt. Logisch gesehen, ist der G. immer ein Kausalschluß (↗Kausalprinzip). Der *teleolog.*

Gottesanbeterin

G. schließt aus der zielstrebigen Ordnung auf den planenden Geist; der *kosmolog.* aus der Kontingenz (Nicht-Notwendigkeit) der Welt auf das absolut notwendige Wesen. Neben anderen G.n gibt es auch moral. Erwägungen, die v. Gewissen u. Bedürfnis nach Gerechtigkeit auf den höchsten Gesetzgeber u. Richter, v. Verlangen nach vollem Glück auf Gott als höchstes Gut schließen.

Gottesfreunde, im 14. Jh. eine v. Welt- u. Ordensleuten (bes. am Rhein) getragene myst. Bewegung.

Gottesfriede (lat. *pax; treuga Dei*), im MA Beschränkung des Fehdewesens durch kirchl. Verbote an bestimmten Tagen u. Zeiten.

Gottesgnadentum, im Abendland Bz. für die Herleitung des Herrscherrechts unmittelbar v. Gott; bes. im Absolutismus gebraucht zur Betonung der v. Volk unabhängigen monarch. Gewalt.

Gotteslästerung, *Blasphemie,* bis 1969 im Strafrecht der BRD öff. ärgerniserregende Beschimpfung Gottes, einer christl. Konfession od. einer andern Religionsgemeinschaft mit Korporationsrecht.

Gottesurteil, *Ordal,* Urteil über Schuld od. Unschuld aufgrund eines angebl. göttl. Zeichens, Beweismittel im dt. Strafverfahren bis zum 15. Jh.; 1215 schon v. der Kirche verboten. Formen: u. a. Zweikampf, Los, Feuer-, Wasserprobe.

Gottfried v. Bouillon, Hzg. v. Niederlothringen, um 1060–1100; auf dem 1. Kreuzzug 1099 zum Kg. v. Jerusalem gewählt. **G. v. Straßburg,** dt. Dichter, † um 1215; schrieb um 1210 das unvollendete Epos *Tristan u. Isolde;* damit neben ↗Wolfram v. Eschenbach bedeutendster dt. Epiker des MA, jedoch weltlicher; vereinte german. u. roman. Elemente zu formvollendeter Dichtung v. der Liebe.

Gotthard, Sankt G., 1) kristallines Gebirgsmassiv der Schweizer Alpen, im Pizzo Rotondo 3192 m hoch; Hauptquellgebiet v. Rhein, Rhône, Reuß u. Tessin. 2) kürzester Übergang über die Westalpen, 2108 m hoch. *G.straße* 31,8 km lang, v. Andermatt bis Airolo; *G.bahn* (1872/82) mit zahlr. Kunstbauten u. 15 km langem *G.tunnel.*

Gotthelf, *Jeremias* (eig. Albert Bitzius), Schweizer Erzähler, 1797–1854; prot. Dorfpfarrer; Schilderung bäuerl. Lebens; *Uli der Knecht; Die schwarze Spinne.*

Göttingen, niedersächs. Krst. im Leinetal, 127 100 E.; Univ. (1737 gegr.), mit vielen bes. mathemat.-naturwiss. Instituten; mehrere Max-Planck-Institute; PH; Herstellung v. Präzisionsinstrumenten, Penicillin; Aluminium-, Kunststoff-Ind. **Göttinger Dichterbund,** auch *Hainbund,* 1772 geschlossene Vereinigung junger Dichter des ↗Sturm u. Drang. **Göttinger Sieben,** die gg. die Aufhebung der Verf. durch Kg. Ernst August v. Hannover protestierenden u. darauf abgesetzten 7 Professoren (u. a. Gervinus, Dahlmann, J. u. W. Grimm).

Göttliche Komödie ↗Dante.

Göttliche Mitwirkung, *Concursus divinus,* in der kath. Theologie Bz. für die sich auf alle

F. J. de Goya y Lucientes: „Bekleidete Maja"

Akte der Kreaturen beziehende schöpfer. Ursächlichkeit Gottes.

Göttliches Wort, *Missionsgesellschaft des G. W., Societas Verbi Divini* (SVD), nach Gründungsort u. -zweck auch *Steyler Missionare* gen., 1875 v. A. ↗Janssen gegr. Ordensgenossenschaft für die Heiden- u. Volksmission. Mutterhaus in Steyl (Holland).

Gottlosigkeit ↗Atheismus.

Gottsched, *Johann Christoph,* dt. Schriftsteller der Aufklärung, 1700–1766; seit 1730 Prof. für Poesie in Leipzig; strebte als einer rationalist. Reform der dt. Dichtung; setzte sich auch für dt. Schauspielkunst u. älteres Sprachgut ein.

Gottschee, slowen. *Kočevje,* ehem. dt. Sprachinsel in Slowenien (Krain), 900 km² u. 6000 E., mit *Hauptort G.* Die *Gottscheeber* wurden 1941 z. T. umgesiedelt, 1945/46 ausgewiesen, meist nach Österreich.

Gottwald, *Klement,* 1896–1953; Mitbegr. der tschsl. KP, 1946/48 Min.-, dann Staatspräs.; am kommunist. Umsturz führend beteiligt.

Gottwaldov, bis 1949 *Zlin,* tschsl. Stadt in Mähren, 82 500 E.; größte Schuhfabrik des Landes; Gummi- u. chem. Industrie.

Goetz, *Curt,* dt. Schauspieler u. Schriftsteller, 1888–1960; Gesellschaftskomödien; am bekanntesten *Dr. med. Hiob Prätorius.*

Götz, *Hermann,* dt. Komponist, 1840–76; komische Oper *Der Widerspenstigen Zähmung.*

Gouachemalerei (: guasch-) ↗Guaschmalerei.

Gouda (: chauda), südholländ. Stadt an der Ijssel, 58 600 E.; Steingut; Glaswaren; bes. *G.käse;* St.-Jans-Kerk mit berühmten Glasfenstern (15./16. Jh.).

Goujon (: guschōn), *Jean,* frz. Bildhauer u. Baumeister, um 1510/14 bis um 1564/68; Meister der Renaissance; wirkte bes. in Rouen u. Paris.

Gounod (: guno), *Charles,* frz. Komponist, 1818–93; Kirchenmusik, Opern: *Margarethe; Romeo u. Julia.*

Gourmand *m* (: gurmāñ, frz.), Vielfraß, auch Feinschmecker. **Gourmet** *m* (: gurmä), Feinschmecker, Weinkenner, Genießer.

Goût *m* (: gū, frz.), Geschmack, Neigung. **goutieren,** an etwas Geschmack finden.

Gouvernante *w* (: guw-, frz.), Erzieherin.

Gouvernement *s* (: guwern{e}māñ, frz.), Regierung, Verwaltungsbezirk.

Jeremias Gotthelf

Curt Goetz

Charles Gounod

Gouverneur m (: guwärnö̱r), Oberbefehlshaber; leitender Verwaltungsbeamter. In den USA oberster Beamter eines Bundesstaates; in brit. Außengebieten Vertreter der Krone (↗Generalgouverneur).

Goya y Lucientes (: go̱ja i lußje̱ntes), Francisco José de, span. Maler u. Graphiker, 1746–1828; nach einer barocken Frühphase romant. Realismus, das Erschreckende, Dämonisch-Satirische wird Leitmotiv; seine visionären, entlarvenden Bilder sind bedeutsam für die Kunst des 19. u. 20. Jh.; graph. Zyklen: *Lustige Einfälle, Unbilden des Krieges.* ☐ 345.

Goyaz (: gojaß) ↗Goiás.

Gozzi, *Carlo* Graf, it. Lustspieldichter, 1720–1806; versuchte als Gegner ↗Goldonis mit seinen Märchenkomödien eine Wiederbelebung der Commedia dell'arte.

Gozzoli, *Benozzo,* it. Maler u. Bildhauer der Frührenaissance, 1420–97.

GPU, der Staatssicherheitsdienst in der UdSSR, 1917/22 *Tscheka* genannt. 1934 dem ↗NKWD eingegliedert.

Grab, bei allen Völkern Bergungsstätte der Toten. Die Furcht vor ihrer Wiederkehr äußert sich in bestimmten Bestattungsformen u. Bräuchen. G.schändung, d. h. Zerstörung od. Beschädigung des G., gilt als Verbrechen (in der BRD mit Freiheitsstrafe belegt). Das *G.mal* ist Ausdruck der Kulturstufe und des Jenseitsglaubens; vorgeschichtliche G.hügel aus Erde oder Stein (Dolmen); ägypt. ↗Pyramide; Bankgräber (Mastabas), Felsen-G.; G.stein der Griechen (Stele); G.tempel der Römer (↗Mausoleum); v. den Etruskern übernommen die unterirdische Totenkammer (↗Katakombe), auch frühchristl. Form; dann Sarkophage mit christl. Symbolen, G.platten, G.kirchen. Vorherrschend in der Bildhauerkunst: das *Bodengrab,* aus Stein od. Erz als Verschlußplatte einer Gruft eingelassen mit Namen, Wappen, Ornamentik, später an der Wand aufgestellt; das *Tumbengrab* mit dem Abbild des Verstorbenen in Naturähnlichkeit od. als Idealfigur auf sargartigem Unterbau, freistehend, an der Wand od. in einer Nische angebracht. Nach dem Klassizismus verliert das G.mal an Bedeutung. Im 19. Jh. zunehmende Industrialisierung u. Sentimentalisierung; im 20. Jh. gelungene Versuche künstler. Neubelebung.

Grabbe, *Christian Dietrich,* dt. Dramatiker, 1801–36; Anreger des Realismus; bes. histor. Dramen v. unkonventionellem Aufbau, in denen das isolierte Genie einer durchschnittl. Gesellschaft entgegengesetzt ist. *Napoleon, Hannibal, Don Juan* u. *Faust;* Lustspiel *Scherz, Satire, Ironie u. tiefere Bedeutung.*

Grabeskirche ↗Heiliges Grab.

Grabheuschrecke ↗Grille.

Grabmann, *Martin,* dt. kath. Theologe u. Philosoph, 1875–1949; hervorragender Kenner der mittelalterl. Philosophiegeschichte.

Grabner, *Hermann,* östr. Komponist, 1886–1969; bes. Chorwerke.

Grabtuch Christi, die Leinwandstreifen, in die Joseph v. Arimathäa den Leichnam

Grabwespe

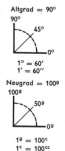

Altgrad = 90°
90°
45°
0°
1° = 60'
1' = 60"
Neugrad = 100⁹
100⁹
50⁹
0⁹
1⁹ = 100ᶜ
1ᶜ = 100ᶜᶜ

Grad

Gradation: die Neigung γ der Schwärzungskurve in ihrem geradlinigen Teil

Christi hüllte. Unter den mehr als 40 bekannten Grabtüchern ist bis heute keines als echt erwiesen; am bekanntesten das v. Turin.

Grabwespen, *Sphegidae,* Weibchen graben Röhren in Holz od. Erde, zur Eiablage auf ein durch Stich gelähmtes Insekt.

Gracchus, *Tiberius* u. *Gajus,* 2 Brüder, versuchten als röm. Volkstribunen (133 bzw. 123/122) dringende polit. Probleme mit Hilfe der Volksversammlung zu lösen; Tiberius wurde ermordet, Gajus ließ sich auf der Flucht vor dem Senat von einem Sklaven töten. [☐ 24.

Gracht w (niederländ.), Graben, ↗Fleet.

Gracián (: -ß-), *Baltasar,* SJ, span. Moralphilosoph, 1601–58; sein pessimist. *Handorakel* (v. Schopenhauer übersetzt) beeinflußte das Bildungsideal im 17. u. 18. Jh.

Grad m (lat.), 1) die Maßeinheit für Temperatur- (↗Thermometer) u. ↗Winkelmessung; *Neugrad* ↗Winkelmessung. 2) Nähe der Verwandtschaft (im 1., 2. usw. G. ☐ 1058). 3) Rangstufe (z. B. militärischer, akademischer G.).

Gradation w (lat.), die *Steilheit* einer photograph. Emulsion, ein Maß, ob sie weich od. hart arbeitet.

Gradient m (lat.), ↗Vektor, der durch Richtung u. Länge das Gefälle v. Temperatur, Druck usw. angibt.

gradieren (lat.), auf einen höheren Gehalt bringen, z. B. Salzsole durch Verdunsten v. Wasser im **Gradierwerk** (Herabrieseln an Reisigwänden) konzentrieren.

Gradmessung, Messung der Bogenlänge zw. 2 Punkten der Erdoberfläche, um Gestalt u. Größe der Erde zu bestimmen, ↗Triangulation. **Gradnetz,** Netz der Breiten- u. Längenkreise, auf Globen naturgetreu, auf Landkarten verzerrt.

Graduale s (lat.), 1) in der Messe die Verse nach der 1. Lesung. 2) liturg. Buch für sämtl. Meßgesänge.

graduell (lat.), grad-, stufenweise.

graduieren (lat.), in Grade einteilen.

Graf, im Fränk. Reich Königsbeamter für Gericht u. Heerbann eines Gaues, später erbl. Besitzer eines kleineren Hoheitsbezirks u. reichsunmittelbar. Heute die höchste Klasse des niederen Adels.

Graf, 1) *Oskar Maria,* dt. Schriftsteller, 1894–1967, realistisch-satir. Bauernerzählungen. 2) *Urs,* Schweizer Maler u. Graphiker, um 1485–1527; stellte das ungezügelte Leben der Landsknechte dar; ferner Berglandschaften.

Gräfelfing, bayer. Gem., Kr. München, 13000 E.; chem. u. Textil-Ind.

Grafenau, niederbayer. Stadt u. Luftkurort im Bayer. Wald, 8200 E.

Grafenwöhr, bayer. Stadt in der Oberpfalz, 6000 E.; Truppenübungsplatz.

Graff, *Anton,* Schweizer Bildnismaler des Frühklassizismus (Schiller, Herder u.a.), 1736–1813.

Graham (: grä̱ᵉm), *William Franklin,* gen. *Billy,* am. baptist. Erweckungsprediger, * 1918; erreicht mit modernen „Evangelisationsfeldzügen" bes. die religiös gleichgült. Massen.

Christian Grabbe

Gradient einer ebenen Temperaturverteilung t (x, y). Eingezeichnet sind 2 Niveaulinien, auf denen sich die Temperatur nicht ändert, und der Temperaturgradient grad t im Punkt P (x = 2; y = 1,7). Der Gradient steht senkrecht zu seiner Niveaulinie, seine Länge entspricht einem Temperaturgefälle von 2° C pro cm (Abstand der Niveaulinien: 2,5 cm; zwischen ihnen Temperaturdifferenz von 5°C).

Granulation: Aufnahme der Sonnen-G. aus einem Höhenballon

Grahambrot (: grä^{e}m-), Weizenschrotbrot.
Grahamland (: grä^{e}m-), *Antarktische Halbinsel,* gebirgige brit. Halbinsel der Antarktis, südl. v. Kap Hoorn.
Grajische Alpen, Kette der Westalpen, an der frz.-it. Grenze; im Gran Paradiso 4061 m hoch.
Gral *m*, **1)** antike Schale aus Glasfluß, v. den Genuesen 1101 in Palästina erbeutet, jetzt in Genua. **2)** Im MA kreisten um dieses Wunderkleinod verschiedene Sagen: Christus soll den G. beim Abendmahl verwendet haben; er sei in einen Tempel auf dem Monsalvatsch gekommen, dort v. G.srittern gehütet; verbunden mit der Artus- u. Parzivalsage. Dt. Bearbeitungen v. Wolfram v. Eschenbach, Richard Wagner.
Gramineen ⁄Gräser.
Gramm *s,* Abk. g, Masseeinheit, 1 g = $^1/_{1000}$ ⁄Kilogramm.
Grammagras ⁄Mezquite.
Grammatik *w* (gr.; Bw. *grammatikalisch, grammatisch*), Lehre v. Bau u. Gesetz einer Sprache.
Grammatom, soviel Gramm eines chem. Elements, wie sein Atomgewicht angibt.
Grampians (: grämpj^{e}ns), südschottisches Bergland mit Heide- u. Grasflächen; Ben Nevis 1343 m hoch.
Gran, 1) *w,* slowak. *Hron,* ungar. *Garam,* l. Nebenfluß der Donau, entspringt in der Niederen Tatra, mündet gegenüber G.; 260 km lang. **2)** ungar. *Esztergom,* ungar. Stadt im Komitat Komárom, an der Mündung der G., 25000 E.; kath. Erzbischof. **3)** *s,* altes Apothekergewicht, ca. 0,06 g.
Gran, *Daniel,* östr. Barockmaler, 1694–1757; u. a. Fresken in der Nationalbibliothek Wien.
Granada, südspan. Prov.-Hst., im Tal v. Genil u. Darro, 669 m ü. M., 227000 E.; Erzb.; Univ.; reich an Bau- u. Kulturdenkmälern: ⁄Alhambra, maur. Sommerresidenz Generalife (mit Gartenhof) auf einem Hügel n.ö. über der Stadt um die Kathedrale (1523/1689). – 711 arab., später maur. Kgr., 1492 v. Kg. Ferdinand II. v. Aragonien erobert.
Granat *m,* ein Mineral, Gemengteil zahlr. Gesteine; klare, meist rote Sorten gelten als Edelsteine. Die wichtigsten G.e: dunkelroter bis bräunlicher *Pyrop,* dunkelrot-violetter *Almandin,* gelbl. bis rötl. *Hessonit* od. *Kaneelstein,* grüner *Demantoid,* schwarzer *Melanit;* wegen der Härte (6,5–7,5) wird der G. auch als Schleifmittel u. zu Uhrenzapfenlagern verwendet; chem. ist der G. ein Tonerdesilikat. ☐ 255.
Granatbaum, *Punica granatum,* immergrüner Strauch od. Baum des Orients mit apfelähnl. Beerenfrucht *(Granatapfel);* in Dtl. Zierpflanze. ⁄Grenadine.
Granate ⁄Geschoß.
Granatillöl, das ⁄Krotonöl.
Granatwerfer, ein Geschütz als Steilfeuerwaffe v. 3,5–12 cm Kaliber; bes. Splitterwirkung.
Gran Cañon (: -kanjon) ⁄Colorado.
Gran Chaco (: -tschako), Hauptteil des ⁄Chaco.
Grand *m* (: grañ, frz.), Spielart beim Skat u. beim Whist.

Grand Coulee Dam (: gränd kuli däm), einer der größten Staudämme der Erde, am Columbia River im Bundesstaat Washington (USA); Staudamm 168 m hoch, großes Kraftwerk (2000 MW Leistung).
Grande Dixence (: gränd dikßañß), größtes Schweizer Wasserkraftwerk, im Wallis. Staumauer 750 m lang, 284 m hoch. Jährl. Leistung 2,2 Mrd. kWh. 1953/61 erbaut.
Granden (Mz.; span. *grandes* = die Großen), der hohe span. Adel.
Grandezza *w* (it.), hoheitsvolles Benehmen; (steife) Würde.
Grandma Moses (: gränma mo^{u}s¹s), eig. *Anna Mary Robertson,* am. Malerin, 1860–1961; Vertreterin der ⁄naiven Malerei. ☐ 658.
Grand prix *m* (: grañ pri, frz.), Hauptpreis bei sportl. Wettbewerben.
Grand-Rapids (: gränd räp¹ds), Stadt in Michigan (USA), am Grand River, 195000 E.; kath. Bischof; Holz-, Möbelindustrie.
Grandseigneur (: gräñßänjör, frz.), Herr v. vornehmer Lebensart.
Granit *m,* sehr hartes Tiefengestein, aus Quarz, Feldspat u. Glimmer, wobei der letztere oft durch Hornblende od. Augit ersetzt ist. Wichtig als Baustein.
Gränke, die ⁄Rosmarinheide.
Granne *w,* Ährenborste; langes Oberhaar bei verschiedenen Pelzarten.
Gran Paradiso ⁄Grajische Alpen.
Gran Sasso d'Italia, Hochgebirgsmassiv in den Abruzzen mit der höchsten Erhebung der Apenninenhalbinsel, dem Corno Grande, 2914 m hoch; astronom. Observatorium.
Grant (: gränt), *Ulysses Simpson,* am. General u. Politiker (Republikaner), 1822–85; 64 Oberbefehlshaber der Nordstaaten im Sezessionskrieg, 69/77 Präs. der USA.
Granulation *w* (lat.), **1)** Ersatz eines Gewebsverlustes auf Wunden durch Fleischwärzchen; bei Wucherungen entsteht *wildes Fleisch,* das meist mit Höllenstein weggeätzt wird. **2)** körnchenart. Goldverzierung an Schmuckstücken. **3)** die körnige Struktur der Sonnenoberfläche (Photosphäre); Ausdruck einer Konvektionsströmung in der Photosphäre. **granulieren,** Substanzen in körn. Zustand überführen, um sie besser transportieren od. verarbeiten zu können.
Granvelle (: gräñwäl), auch *Granvela, Antoine Perrenot de,* 1517–86; leitender Min. Philipps II. v. Spanien u. Kardinal.
Grapefruit *w* (: gre¹pfrut), am. Bz. für ⁄Pampelmuse. ☐ 748.
Graphik *w* (gr.), *graphische Künste, Originalgraphik,* Sammel-Bz. für Handzeichnungen u. für die mit Hilfe des Drucks (aber im Unterschied zur ⁄Reproduktion) vervielfältigenden Künste *(Druck-G.),* bes. ⁄Holzschnitt, ⁄Kupferstich, ⁄Radierung u. ⁄Lithographie.
Graphiker, der in den graph. Techniken (⁄Graphik) arbeitende Künstler; bei zweckgebundenem Schaffen *Gebrauchs-G.* gen.; ⁄Gebrauchsgraphik. **graphisch,** zeichnerisch. **graphische Darstellung** ⁄Diagramm.
Graphit *m,* schwarze bis bleigraue Modifi-

Graphologie: Schriftmerkmale

Bindungsformen: a Girlande, **b** Arkade, **c** Faden

Größe und Weite: a weit, **b** eng, **c** groß, **d** klein

Lage: a linksschräg, **b** rechtsschräg, **c** steil

Verbundenheitsgrad: a abgehackt, **b** verbunden

Strich: a zügig-flüssig, **b** elastisch, **c** schlaff, **d** starr, **e** teigig

kation des reinen Kohlenstoffs, v. hoher elektr. u. Wärmeleitfähigkeit; für Bleistifte, Galvanoplastik und Schmelztiegel; als Schmiermittel. Künstl. G. *(Acheson-G.),* bes. für Elektroden.

Graphologie w (gr.), Lehre v. der Charakterdeutung aus der Handschrift; setzt genaue Erfassung der Schriftmerkmale (Druck, Bindungsart, Gliederung der Schreibfläche usw.) voraus, die jedoch in ihrem Zusammenhang gewertet werden müssen. Von ↗Klages entwickelt; findet Anwendung u. a. in der Berufsberatung u. Psychotherapeutik, bei Eignungsprüfungen u. in der Rechtspflege.

Grasbaum, austral. Liliengewächs, liefert *G.gummi* oder Akaroidharz.

Gräser, *Gramineen,* Familie einkeimblättr. Pflanzen mit steifen Halmen, schmalen, spitzen Blättern u. trockenhäut. Hochblättern (Spelzen) an den Blüten, die Ähren od. Rispen bilden; liefern vor allem Getreide u. Futtermittel.

Grashof, *Franz,* dt. Ingenieur, 1826–93. Nach ihm benannt **G.-Gedenkmünze,** die der VDI für Verdienste um die Technik verleiht.

Graslitz, tschech. *Kraslice,* nordwestböhm. Stadt, an der Zwodau, 6000 E. (1939: 14 000 E., meist Dt.); Musikinstrumente, Spielwaren.

Grasmücke, kleiner Singvogel, frißt Beeren u. Insekten; in Dtl. als Zugvogel: *Garten-, Mönchs-, Zaun-G.* ☐ 1045.

Grasnelke, *Armeria,* polsterbildende Stauden des Meeresstrands u. der Alpen, mit grasähnl. Blättern u. roten Blütenköpfen.

Grass, *Günter,* dt. Schriftsteller, * 1927; zeitkrit. groteske Romane *(Die Blechtrommel; Hundejahre; Der Butt),* Lyrik, Dramen.

Grasse (: graß), südostfrz. Winterkurort, 29 000 E.; Blumenzüchtereien, Parfüm-Ind.

Grasser, *Erasmus,* dt. Bildhauer, 1450–1518; Hauptmeister der spätgot. Plastik in München. HW *Moriskentänzer.*

Gräser: Schema eines Grasährchens mit 3 Blüten: **a** Fruchtknoten, **b** Staubblätter, **c** Schwellkörperchen, **d** Vor-, **e** Deck- und **f** Hüllspelze

Günter Grass

Grassi, *Ernesto,* it. Philosoph, * 1902; seit 48 Prof. in München; sucht eine Synthese der Existenzphilosophie mit der Tradition.

grassieren (lat.), um sich greifen.

Grat *m,* **1)** schmale Kammlinie eines Berges. **2)** scharfe Kante an noch nicht fertig bearbeiteten Werkstücken.

Gräten (Mz.), Stäbe aus verknöchertem Bindegewebe im Muskelfleisch der Fische.

Gratia w (lat.), Dank, Gnade. *gratis,* unentgeltlich.

Gratifikation w (lat.), Sondervergünstigungen aus einmaligem od. wiederkehrendem Anlaß, meist Geldzahlungen v. Arbeitgeber an den Arbeitnehmer, vor allem die *Weihnachts-G.,* auch das *13. Monatsgehalt.*

Gratisaktien, Aktien, die anstelle der Dividende an die Aktionäre ausgegeben werden; sind also kein Geschenk.

Grattage w (: grätidseh, engl.), moderne künstler. Technik, bei der in willkürl. auf eine Holzplatte verteilte Farben nach dem Eintrocknen der Farbmaterie mit einer scharfen Klinge sgraffitiartige Zeichnungen eingekratzt werden.

Gratulation w (lat.; Ztw. *gratulieren),* Glückwunsch eines *Gratulanten.*

Grauammer ↗Ammer.

Graubünden, rätoroman. *Grischun,* östlichster Kt. der Schweiz, 7109 km², 162 300 E.; Hst. Chur. Die Längstäler v. Vorderrhein u. Inn bilden die Adern der Siedlung u. der Land-, bes. der Milchwirtschaft mit hochstehender Viehzucht. Fremdenverkehr; berühmte Kurorte: Davos, Arosa, St. Moritz, Pontresina, Schuls-Tarasp-Vulpera, Lenzerheide, Flims, Klosters. – Das röm. *Raetia prima* kam 865 zum späteren Dtl., 1497/98 eidgenössisch; bes. im 30jährigen Krieg umkämpft, seit 1803 selbständ. Schweizer Kanton.

Graudenz, poln. *Grudziądz,* Stadt an der unteren Weichsel, 88 000 E.; Ind. – Ehem. Deutschordensburg; 1772/1920 preußisch.

Graue Eminenz, Bz. für einen Politiker, der seinen Einfluß hinter den Kulissen ausübt (bes. für F. v. ↗Holstein).

Graue Schwestern ↗Elisabethinnen.

Graufäule, durch den Pilz *Botrytis cinerea* verursachte Pflanzenfäule bei feuchtem Klima. Verhindert Reifwerden des Weins.

Grauguß, gießbarer Eisenwerkstoff mit mehr als 1,7% Kohlenstoff.

Graupeln (Mz.), Körner aus zusammengebackenen Schneekristallen.

Graupen, geschälte, rundgeschliffene Getreidekörner, meist v. Gerste (Rollgerste).

Graureiher, *Fischreiher,* grauer, storchart. Vogel, nistet kolonieweise auf Bäumen. ☐ 1046.

Gravenhage, 's G. (: -hache), ↗Haag.

Graves (: gre'ws), *Robert,* engl. Schriftsteller, * 1895 (Urenkel Leopolds v. Ranke). HW der Roman *Ich, Claudius, Kaiser u. Gott.*

Gravidität w (lat.), ↗Schwangerschaft.

gravieren (lat.), **1)** belasten, erschweren. **2)** auf harten Flächen Schriftzüge od. Zeichnungen vertieft od. erhaben ausführen.

Gravität w (lat.), würdevolles, feierl. Benehmen; *gravitätisch,* feierlich. **Gravitation** w, ↗Schwerkraft. **Gravüre** w (: -würe), bes.

Graz: Uhrenturm

Graham Greene

Kupfer- u. Stahlstich. *Graveur* (: -wör), der in dieser Kunst Tätige.

Graz, Hst. der Steiermark, an der Mur, 249 000 E.; Sitz des Bischofs von G.-Seckau, Univ. (1586), TH (1811), Handelsakademie; bedeutende Ind.

Graziani, *Rodolfo,* it. Marschall, 1882–1955; Befehlshaber im Abessinienkrieg, dann Vize-Kg. v. Äthiopien. 1943/45 Verteidigungsminister.

Grazie *w* (lat.), Anmut. **Grazien,** lat. Bz. für 3 griech. Göttinnen der Anmut (Chariten): Aglaia, Euphrosyne, Thalia. **grazil** (lat.), sehr schlank. **graziös,** anmutig.

Gräzismus *m* (lat.), Nachahmung einer typ. altgriech. Wort- und Satzfügung in einer andern (modernen) Sprache.

Great Britain (: gre't brit^en) ↗Großbritannien. **Great Grimsby** ↗Grimsby.

Great Valley (: gre't wäl'), **1)** wald-, erz- u. kohlenreiches Längstal der ↗Appalachen, 1500 km lang. **2)** 750 km langes Tal zw. Küstengebirge u. Sierra Nevada in Kalifornien, das fruchtbarste Gartenland der USA.

Great Yarmouth (: gre't ja^r m^e ß), *Yarmouth,* Seebad in der engl. Grafschaft Norfolk, 53 000 E.; einer der größten Fischereihäfen der Erde.

Greco, 1) *El G.* (= der Grieche), eig. *Domenico Theotocopuli,* span. Maler u. Bildhauer griech. Herkunft, um 1541–1614; 1566/77 in Venedig u. Rom, seit 77 in Toledo. Sein ekstat.-expressiver Stil mit starker Gestik der überlangen Figuren u. glühenden Farben in den Zeitstil schwer einzuordnen („letzter Gotiker"; ↗Manierismus); heilsgeschichtl. Motive mit religiöser Ergriffenheit u. scharfer Beobachtung dargestellt. **2)** *Emilio,* it. Bildhauer, * 1913; Akte u. Bildnisbüsten in gegenständl. Stil, rhythm. bewegt, teilweise von geheimnisvoll melanchol. Ausdruck.

Gréco, *Juliette,* frz. Chansonsängerin u. Schauspielerin, * 1927; interpretiert bes. Texte zeitgenöss. frz. Schriftsteller (Sartre, Camus u. a.).

Green (: grin), *Julien,* frz. Schriftsteller (am. Abstammung), * 1900; religiöse u. eth. Problematik in Romanen um dunkle Schicksale: *Adrienne Mesurat, Leviathan, Moira;* Tagebücher u. Dramen.

Greene (: grin), *Graham,* engl. Schriftsteller, * 1904; konvertierte zum Katholizismus; Probleme des Bösen, der Schuld u. der Gnade unkonventionell behandelt in seinen handlungsreichen HW: *Die Kraft u. die Herrlichkeit, Das Herz aller Dinge;* Kriminalromane, Theaterstücke, Drehbücher *(Der dritte Mann).*

Greenhorn *s* (: grin-, engl.), Neuling.

Greenock (: grin^e k), westschott. Hafenstadt an der Clydemündung, 75 000 E.; Werften, Metall-Industrie.

Greensboro (: grinsb^e r^o), Stadt in North Carolina (USA), 145 000 E.; Univ., Textil-Ind.

Greenwich (: grin'tsch), östliche Vorstadt v. London, r. an der Themse, 206 000 E.; Nationalsternwarte (1675, 1946 nach Hurstmonceux in Schottland verlegt); ihr Meridian gilt als Nullmeridian. *G.er Zeit,* ↗Einheitszeit für westeurop. Gebiete.

El Greco: Entkleidung Christi (Toledo, Kathedrale)

Grefrath b. Krefeld, niederrhein. Gem. westl. v. Krefeld, 14 000 E.; Textil- u. Kunststoff-Ind.

Gregor, Heilige: **G. v. Nazianz** (2. Jan.), Kirchenlehrer aus Kappadokien, 330–390; förderte wesentl. die Trinitätslehre u. die Christologie. **G. v. Nyssa** (9. März), Kirchenvater aus Kappadokien, um 334–394; Bruder des hl. Basilius u. Freund G.s v. Nazianz; spekulativer Theologe, 371 Bischof v. Nyssa. **G. v. Tours** (17. Nov.), 538–594; 573 Bischof v. Tours; Geschichtsschreiber: *Gesch. der Franken.* **G. der Wundertäter** (17. Nov.), um 213 bis um 272; Schüler des Origenes; um 240 Bischof v. Neocaesarea (Pontus). – 16 Päpste, u. a.: **G. I. d. Gr.,** hl. (3. Sept.), Kirchenlehrer, um 540–604; 590 Pp.; ordnete die Vermögensverwaltung der Kirche, veranlaßte die Missionierung der Angelsachsen, pflegte den Kirchengesang (der Gregorian.). ↗Choral geht nicht auf ihn zurück); starke Wirkung seiner Moralschriften im MA. **G. VII.,** hl. (25. Mai), OSB, um 1020–85, als Mönch *Hildebrand,* eifriger Vertreter der Reformideen v. Cluny; 73 Pp., erstrebte das Übergewicht der päpstl. Gewalt über die kaiserl.; kämpfte gg. Simonie, Priesterehe u. Laieninvestitur; Investiturstreit mit Ks. Heinrich IV., den er 76 absetzte u. exkommunizierte, 77 aber zu Canossa aus dem Bann löste. **G. IX.,** um 1170–1241; 1227 Pp.; harter Gegner Ks. Friedrichs II., den er mehrmals bannte; Förderer der Bettelorden. **G. XIII.,** 1502–85; 72 Pp., Förderer der Missionen, der Gegenreformation u. der Kath. Reform; führte den *Gregorianischen* ↗Kalender ein.

Gregoriana, die 1551 durch Ignatius v. Loyola in Rom gegr., nach Gregor XIII. benannte päpstl. Univ. der Jesuiten.

Gregorianischer Choral ↗Choral.

Gregorovius, *Ferdinand,* dt. Historiker, 1821–1891; *Gesch. der Stadt Rom im MA.*

Greif *m,* Fabeltier mit Raubtierkörper u. Vogelkopf, Flügeln u. Krallen; aus der babylon. Kunst in die griech. übernommen.

Greifer, Arbeitsgerät am Kran, ergreift die zu befördernden Schüttgüter, hebt u. entleert sie an anderer Stelle, auch zu Grabarbeiten. ☐ 286.

Greifswald, pommer. Krst. am schiffbaren Ryck, 4 km vom *G.er Bodden* (Ostseebucht), 61000 E.; Univ.; Sägewerke, Heilbad.

Greisenbart, *Tillandsia,* süd-am. Bromeliengewächs, das auf Bäumen wächst.

Greisenhaupt, *Cephalocereus senilis,* säulenförm. Kaktus mit langen Kräuselhaaren.

Greiskraut, das ↗Kreuzkraut.

Greiz, thüring. Stadt an der Weißen Elster (Bez. Gera), 39000 E.; Oberes u. Unteres Schloß; Textil-Ind. mit Fachschule.

Gremium *s* (lat.), Vereinigung, Kollegium.

Grenada (: grenε'dᵉ), Insel u. mit Nebeninseln Staat der Kleinen ↗Antillen; Anbau v. Kakao u. Muskatnüssen; Fremdenverkehr. – 1642 frz., 1784 brit., 1966 assoziierter Staat, 74 unabhängig.

Grenadiere (Mz.), im 17./18. Jh. mit Handgranaten ausgerüstete Soldaten; heute Bz. für motorisierte Schützenverbände.

Grenadillen, 1) Früchte der ↗Passionsblume. **2)** ↗Grenadinen.

Grenadillholz, ↗Ebenholz aus Afrika u. Westindien.

Grenadine *w,* Getränk aus Granatapfelsaft. **G.n,** *Grenadillen,* 600 fruchtbare vulkan. Eilande der Kleinen Antillen. ↗Grenada.

Grenchen, frz. *Granges,* Schweizer Stadt am Fuß des Jura (Kt. Solothurn), 21000 E.; Uhren-Ind.; Mineralquellen.

Grenoble (: grᵒnoblᵉ), Hst. des frz. Dep. Isère, Touristenort, Verkehrsknoten u. Festung, 167000 E.; Bischof; Univ. (1339 gegründet) mit Handelshochschule; Handschuh-, Papier-, Zement- u. Hütten-Ind.

Grenzmark Posen-Westpreußen, die 1922 aus den bei Preußen verbliebenen Restteilen v. Posen u. Westpreußen gebildete Prov.; kam 1945 unter poln. Verwaltung.

Grenzschutz ↗Bundesgrenzschutz.

Grenzverkehr, Verkehr zw. Zollgrenzbezirk u. Ausland; *Kleiner G.,* der Verkehr zw. den Bewohnern sich gegenüberliegender Zollgrenzbezirke; gewisse Zollerleichterungen.

Grenzwert, *Limes,* eine feste Zahl, der sich die Glieder einer Zahlenfolge mit beliebiger Genauigkeit nähern (z.B. ist 0 der G. der Folge 1, ½, ¼, ⅛...). Grundlegender Begriff der modernen Mathematik.

Greuze (: grös), *Jean-Baptiste,* frz. Maler, 1725–1805; bürgerl. Genremalerei.

Greven, westfäl. Stadt an der Ems, nördl. v. Münster, 28200 E.; Textil-Industrie.

Grevenbroich (:-broch), niederrhein. Krst. an der Erft, 58000 E.; Aluminiumhütte, Textil-Ind., Braunkohlentagebau.

Grevesmühlen, mecklenburg. Krst. n.w. von Schwerin, 11000 E.; Malzfabrik.

Greisenhaupt

Grenada

Staatsform:
unabhängiger Staat im Commonwealth

Hauptstadt:
St. Georges

Fläche:
344 km²

Bevölkerung:
110 000 E.

Sprache:
Englisch

Religion:
überwiegend Katholiken

Währung:
1 Ostkaribischer Dollar = 100 Cents

Mitgliedschaft:
Commonwealth, UN, OAS

Griechenland

Amtlicher Name:
Helliniki Dimokratia

Staatsform:
Republik

Hauptstadt:
Athen

Fläche:
131944 km²

Bevölkerung:
9,4 Mill. E.

Sprache:
(Neu-)Griechisch

Religion:
93% griech.-orth. Christen

Währung:
1 Drachme
= 100 Lepta

Mitgliedschaften:
UN, NATO, OECD, Europarat, der EWG assoziiert

Grey (: greⁱ), *Edward,* britischer Politiker, 1862–1933; 1905/16 Außenmin. (Liberaler).

Greyerz, frz. *Gruyères,* südöstl. Teil des Kt. Freiburg (Schweiz), berühmt durch Käse u. Rinderzucht. – *Stadt G.,* 1300 E.

Gribojedow, *Alexander,* russ. Schriftsteller u. Diplomat, 1795–1829; schrieb das klass. Lustspiel *Verstand schafft Leiden.*

Griechenland, griech. *Hellas,* der südlichste Teil der Balkanhalbinsel mit dem Peloponnes, dem Küstenstreifen v. Makedonien u. Thrakien, den Ionischen Inseln u. fast allen Inseln des Ägäischen Meeres, einschl. ↗Kretas, Brücke zw. Europa u. Kleinasien. – G. ist vielfältig zerstückeltes Gebirgsland mit Bergketten (im Olymp 2911 m hoch), die viele Landschaftskammern einschließen. Dichtbesiedelte Becken, Buchten u. Inseln heben sich scharf v. den öden Gebirgszonen (Schaf- u. Ziegenzucht) ab. In den Gartenoasen, an den feuchteren Küsten, in Makedonien u. Thrakien Anbau v. Gerste, Mais, Weizen, Baumwolle, Wein (Korinthen, Rosinen), Tabak u. Oliven. Küstenfischerei auf Thunfisch, Sardinen und Sardellen, ferner Schwammfischerei. Touristenverkehr.

Geschichte: In der Frühzeit hatte G. Anteil an der minoischen Kultur; um 2000 v. Chr. begann die Einwanderung indogerman. Stämme; unter starkem Einfluß der minoischen Kultur entfaltete sich die myken. Kultur, die durch eine 2. Einwanderung (sog. Dorische Wanderung) um 1100/900 zerstört wurde. 900/800 entstanden die griech. Kleinstaaten, zumeist in der Form der ↗Polis; Kämpfe zw. Adel u. Volk endeten oft in der Tyrannis (Polykrates, Peisistratos); Sparta errang auf dem Peloponnes eine Vormachtstellung. Nachdem die Griechen Ende des 2. Jahrt. die Westküste Kleinasiens kolonisiert hatten, besiedelten sie im 7. u. 6. Jh. bes. die Küsten des Schwarzen Meeres, Unter-It.s u. Siziliens. Trotz polit. Zersplitterung bildete sich eine religiöse Einheit der Griechen, die sich im gemeinsamen Orakelheiligtum in Delphi u. in kult. Wettspielen (↗Olympische Spiele) zeigte. In den ↗Perserkriegen behaupteten die Griechen ihre Unabhängigkeit, bes. durch die Siege der Athener; die Folge war die Vorherrschaft Athens, das unter Perikles (443/429) geistig u. künstler. seinen Höhepunkt erreichte. Mit dem ↗Peloponnesischen Krieg war G.s Blütezeit vorbei; nach einer kurzen Vorherrschaft Thebens (371/362) unter Epaminondas wurde G. v. ↗Philipp II. v. Makedonien erobert. Dessen Sohn ↗Alexander d. Gr. schuf mit der Eroberung ↗Persiens ein Weltreich, das unter Alexanders Nachfolgern, den Diadochen, den Rahmen für die hellenist. Weltkultur (↗Hellenismus) darstellte. Bei der Bildung der Diadochenstaaten wurde G. dem Makedonenreich zugeschlagen und fiel bei dessen Vernichtung durch die Römer 168 an Rom. Bei der Reichsteilung kam G. zum ↗Byzantin. Reich; 1503 n. Chr. wurde es eine türk. Provinz. Die Türken duldeten die orth. Kirche u. die griech. Gemeindeverfassung. – Der griech. Befreiungskampf 1821/29 führte durch das Eingreifen Engl.s, Fkr.s u. Rußlands zu einer Niederlage der Türken; die Londoner Konferenz erklärte G. 30 zum unabhängigen Königreich. Die Balkankriege 1912/13 brachten Gebietszuwachs, ebenso der 1. Weltkrieg (Thrakien). Im Friedensvertrag v. Lausanne, der den griech.-türk. Krieg (20/22) beendete, mußte G. 23 Ostthrakien abtreten. 24 wurde die Monarchie gestürzt, 35 kehrte Kg. Georg II. zurück. 41 wurde G. v. den Dt. besetzt; eine Volksabstimmung führte 46 wieder zur Monarchie (seit 64 Kg. Konstantin II.). Der seit der Befreiung durch die Alliierten währende Kampf gg. die Kommunisten endete 49 mit einem Sieg der Regierungstruppen. 67/74 Militärdiktatur; die Lage auf ⊅Zypern bewirkte 74 die Rückkehr z. Demokratie, aber auch G.s Auszug aus der militär. Integration der NATO. Die Ausrufung der Republik (73) wurde 74 durch Volksabstimmung bestätigt. Staats-Präs.: Konstantin Karamanlis (seit 80).

Altgriech. Religion. Das Wort für die Dinge wurde zugleich zum Namen der betreffenden Gottheit, die Götter in Menschengestalt vorgestellt, Menschen zu Göttern u. Halbgöttern erhoben; gg. das Schicksal (Moira) sind auch die Götter, denen man Unsterblichkeit zuschrieb, machtlos. Hauptgötter: Zeus, Hera, Apollo, Artemis, Athena, Hermes; orientalischer Einfluß bei Aphrodite u. Dionysos; außerdem die alten Naturgötter wirksam, bes. in den Mysterienreligionen.

Philosophie, Dichtung, Wissenschaft. Aus der mythischen Anschauung der Weltordnung erwuchs die älteste griech. Philosophie (Vorsokratiker), die nach einer rationalen Bewältigung der Welt, nach begriffl. Abstraktion strebte; entscheidender Wendepunkt 7./6. Jh. v. Chr. – Älteste Dichtung: Götterhymnen und Schöpfungsmythen; Nachklang in den Heroenepen Homers (Ilias, Odyssee) u. bei Hesiod, der noch deutlicher theolog. Wesen zeigt; im 7./6. Jh. v. Chr. Lyrik (Sappho, Alkäus, Anakreon). Im Dionysoskult wurzeln Tragödie (Äschylus, Sophokles, Euripides) u. Komödie (Aristophanes) des 5. Jh.; religiöser Hymniker ist Pindar. Geschichtsschreiber: Herodot, Thukydides. Hippokrates begr. das Berufsethos der Medizin. Die größten geistigen Leistungen des 4. Jh. v. Chr. sind die Werke der Philosophen. Aus der Schule des Sokrates († 399) stammte Plato, aus dessen Akademie Aristoteles. Sie haben die abendländ. Philosophie bis zum Idealismus grundgelegt. Im hellenist. Zeitalter Hochblüte der Wiss. mit bedeutenden Einzelleistungen (Euklid, Archimedes, Ptolemaios); Bildungszentren: Alexandria, Pergamon, Rhodos; v. der Lit. (Komödien v. Meander, Lyrik v. Theokrit) ist nur wenig erhalten; die Philosophie (Stoiker, Epikureer, später Neuplatonismus) pflegte bes. prakt.-ethische Fragen u. suchte teilweise in den östl. Mysterienkulten nach neuer religiöser Verwurzelung.

Von der Musik des griech. Alt. (einstimmig, Instrumente wie Aulos, Lyra, Kithara umspielen die Melodie) sind nur wenige Bruchstücke überliefert.

Kunst. Sie stellt eine der gewaltigsten Erscheinungen des menschl. Geistes dar. Dem rationalen Drang nach Klarheit, Form u. Maß entspringend, schuf sie in den Tempeln Bauwerke vollkommener Harmonie u. unaufdringl. Hoheit u. führte, v. der Strenge und Abstraktion aller archaischen, außereuropäischen Kunst sich lösend, zu der die europäische Kunst grundlegend bestimmenden Entdeckung der Schönheit des menschl. Leibes. Im 2. Jahrt. die myken. Kultur (Burg- u. Grabbauten). Um 1200 der hauptsächl. die Vasenmalerei charakterisierende geometr. Stil. Erste Tempel aus Holz und Lehm. 700/500 archaischer Stil, Plastiken in hierat.-strengen, v. Ägypten beeinflußten Formen (Kuros v. Sunion, Kore Nikandre v. Auxerre). Nacktheit der Jünglingsgestalten, Bekleidung der Frauengestalten charakteristisch. Tempel in Olympia, Argos u. Samos. Nach 500 die klass. Periode (Hauptzentren in Attika u. Argos): Bauten der ⊅Akropolis; Plastik des ⊅Myron, ⊅Phidias, Polyklet, ⊅Praxiteles u. ⊅Skopas (Diskuswerfer, Zeus v. Olympia, Skulpturen des ⊅Parthenon); Malerei des Zeuxis u. Polygnot (verloren); Vasenmalerei; Kleinplastik (Bronzen, Terrakotten). Im Tempelbau rasche Folge v. dorischem (Parthenon), ionischem (Niketempel) u. korinthischem Stil; dominierend sind ion. u. korinth. Stil. Letzter großer Höhepunkt der griech. Kunst in der hellenist. Periode seit 330. Zentren: die verschiedenen Königshöfe, bes. Alexandria, Rhodos u. Pergamon. Formale Merkmale sind nun Leidenschaftlichkeit, Bewegtheit u. Naturalismus (Altar v. Pergamon, Laokoongruppe, Nike v. Samothrake, Venus v. Milo); mytholog. u. geschichtl. Themen.

Schrift. Um 1000 v. Chr. das rein konsonant. Alphabet der Phöniker übernommen u. Vokale hinzugefügt, da diese im Griech. im Ggs. zum Semitischen entscheidend sind. Man schrieb zunächst große Buchstaben; kleine erst um 800 n. Chr. allg. gebräuchl.

Sprache. Selbständiger Zweig der indoeuropäischen Grundsprache. 3 Mundartengruppen: Ionisch-Attisch, Äolisch-Achäisch, Dorisch-Westgriechisch. Als Nachwirkung der Vormacht Athens war das Attische seit dem 4. Jh. v. Chr. die griech. Gemeinsprache (Koine) u. hellenist. Weltsprache; es ist auch die Ursprache des NT. Als die griech. Sprache die Führung im Abendland an die lat. abtrat, hatte sie sich durch ihr Vorbild weitgehend geformt. Sie lebt auch in vielen Fachausdrücken aller europ. Sprachen fort. Die Koine wurde in der sog. mittelgriech. Zeit (500–1500 n. Chr.) zur Schriftsprache des Oström. Reichs u. der griech.-orth. Kirche. Aus ihr ging im 19. Jh. das Neugriechische hervor. [Kirchen.

Griechisch-katholische Kirche ⊅Unierte **Griechisch-orthodoxe Kirche** ⊅Orthodoxe Kirchen.

Griechisch-Römischer Stil ⊅Ringen.

Grieg, Edvard, norwegischer Komponist, 1843–1907; Peer-Gynt-Suiten, Kammermusik, Klavierwerke.

Könige von Griechenland

Haus Wittelsbach

Otto I.	1832/62

Haus Schleswig-Holstein-Sonderburg-Glücksburg

Georg I.	1863/1913
Konstantin I.	1913/17
Alexander	1917/20
Konstantin I.	1920/22
Georg II.	1922/23
(Republik	1924–35)
Georg II.	1935/47
Paul I.	1947/64
Konstantin II.	1964/73
(Republik	seit 1973)

Das griechische Alphabet

Alpha . . .	A	α	a
Beta . . .	B	β	b
Gamma .	Γ	γ	g
Delta . . .	Δ	δ	d
Epsilon .	E	ε	e
Zeta . . .	Z	ζ	z
Eta . . .	H	η	ē
Theta . .	Θ	ϑ	th
Iota . . .	I	ι	i
Kappa . .	K	ϰ	k
Lambda .	Λ	λ	l
My	M	μ	m
Ny	N	ν	n
Xi	Ξ	ξ	x
Omikron .	O	o	o
Pi	Π	π	p
Rho . . .	P	ϱ	r
Sigma . .	Σ	σ	s
Tau . . .	T	τ	t
Ypsilon .	Y	υ	y
Phi	Φ	φ	ph
Chi	X	χ	ch
Psi	Ψ	ψ	ps
Omega .	Ω	ω	o

Griechische Kunst

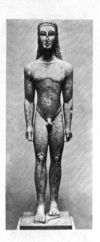 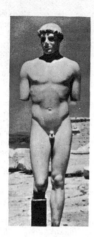  

Obere Reihe: Kuros (um 600 v. Chr.; New York) – sog. Kritios-Knabe (um 490/480 v. Chr.; Athen) – Doryphoros des Polyklet (um 430 v. Chr.) – Nike von Samothrake (um 180 v. Chr.; Paris, Louvre) – *Mittlere Reihe:* Herakles im Kampf mit Antaios. Malerei auf einem Mischkrug (Paris, Louvre) – *Untere Reihe:* Tempel der Athena Nike auf der Akropolis, Athen (um 435 v. Chr.) – Parthenon der Akropolis, Athen (447–438 v. Chr.)

J. Gris: Bildnis Picasso (1912)

Grieshaber, *Helmut Andreas Paul* (HAP), dt. Maler, 1909–81; farbige Holzschnitte mit abstrahierender Tendenz.

Griesheim, hess. Stadt westl. v. Darmstadt, 20300 E.

Grieß *m,* **1)** grob gemahlenes Getreide. **2)** feinkörn. Ablagerungen, z. B. in Galle, Niere und Harnblase. ☐ 307.

Griffel, bei Pflanzen eine Verlängerung des Fruchtknotens. ☐ 105.

Griffon *m* (: grifõn), rauhhaariger Vorstehhund, wird bes. in Fkr. gezüchtet.

Grillen, *Grabheuschrecken, Gryllidae,* Gruppe der Geradflügler. Große Insekten, die in Löchern u. Erdgängen leben. Das Männchen zirpt durch Aneinanderreiben der Flügeldecken. In Dtl. *Feld-G.,* 2–3 cm lang; *Haus-G. (Heimchen)* in Gebäuden; *Maulwurfsgrille (Werre); Ameisen-G.*

grillen, *grillieren,* auf dem verstellbaren Bratrost mit Tropfpfanne *(Grill)* ohne od. nur mit ganz wenig Fett durch strahlende Hitze braten. *Grillroom* (: -rūm), Rostbratküche, Imbißstube.

Grillparzer, *Franz,* östr. Dichter, 1791–1872; der bedeutendste östr. Dramatiker: formal u. sprachl. an der Klassik geschult, theaternah aus Wiener Tradition, mit seiner Betonung des Psychologischen weiterweisend. Im Werk der eigene Zwiespalt (Gefühl–Verstand, Subjektivismus, Einsamkeit): Schicksalsdrama *Ahnfrau, Sappho, Traum ein Leben, Medea;* später zugleich mit östr. Problematik die Frage v. Staat u. Herrschaft: *König Ottokars Glück u. Ende, Ein Bruderzwist in Habsburg, Treuer Diener seines Herrn, Libussa.* Liebesdrama *Des Meeres u. der Liebe Wellen,* Lustspiel *Weh dem, der lügt,* Novelle *Der arme Spielmann.*

Grimaldi, genues. Adelsfamilie; seit dem 13. Jh. Herren, dann Fürsten v. Monaco.

Grimasse *w,* Gesichtsverzerrung, Fratze.

Grimm, 1) Brüder, dt. Schriftsteller; in enger Zusammenarbeit Begr. der dt. Philologie; Hrsg. der Dt. Kinder- u. Hausmärchen u. des Dt. Wörterbuches (der ersten 4 Bde.; später

fortgeführt, 1962 abgeschlossen; 32 Bde.). *Jacob* (1785–1863), Begr. der dt. Altertumskunde u. einer histor. dt. Grammatik, Hrsg. der Deutschen Rechtsaltertümer. *Wilhelm* (1786–1859), prägte den Märchenstil, Hrsg. der Dt. Heldensagen. **2)** *Herman,* dt. Literaru. Kunsthistoriker, 1828–1901, Sohn v. Wilhelm G.; *Leben Michelangelos; Goethe.*

Grimma, sächs. Krst. an der Mulde (Bez. Leipzig), 17000 E.; ehem. Landes- u. Fürstenschule (1550 gegründet).

Grimmelshausen, *Hans Jakob Christoffel v.,* dt. Dichter, um 1622–1676; in Nähe zum Schelmenroman und zu volkstüml. Überlieferung steht sein HW *Der Abenteuerliche Simplicissimus,* ein Kulturgemälde des Dreißigjähr. Krieges.

Grimsby, *Great G.* (: gre¹t-), engl. Hafenstadt an der Humbermündung, 97000 E.; einer der größten Fischereihäfen der Erde.

Grimsel *w,* Schweizer Alpenpaß (2165 m), verbindet das Aare- mit dem Rhônetal.

Grind *m,* **1)** *Kopf-G.,* ansteckende Erkrankung der behaarten Kopfhaut. **2)** volkstüml. auch Bz. für ↗Schorf.

Grindelwald, Hochtal (1057 m) im Berner Oberland, Höhenkurort u. Wintersportplatz G., am Fuß des Eiger, 3200 E.

Grindwal *m,* 6–7 m langer Zahn-↗Wal.

Grinzing, nördl. Stadtteil v. Wien.

Grippe *w, Influenza,* fieberhafte Virus-↗Infektionskrankheit der Schleimhäute, oft gefährl. Mischinfektion (Pneumo-, Streptokokken u. a.) mit schwerem Krankheitsgefühl; oft epidem.; Vorsicht selbst bei leichten, oft nur mit einem Schnupfen beginnenden Fällen. Behandlung: Bettruhe, Schwitz-Salizylkuren, Aureomycin, Sulfonamide, G.-Schutzimpfung bes. für alte Menschen; ↗Asiatische Grippe. ☐ 420.

Gris, *Juan,* span. abstrakter Maler, 1887–1927; Mitbegründer des synthet. Kubismus.

Grisaille *w* (: -saij^e, frz.), Malerei in meist grauem Farbton zur Nachahmung v. Steinplastiken; auch zur Untermalung.

Griseldis, Gestalt der Weltliteratur: Heldin der Treue u. Demut; zuerst bei Boccaccio, in Dtl. Stoff eines Volksbuches.

Grisly, *Grizzly m,* graugefleckter ↗Bär.

Gröbenzell, oberbayer. Gem. westl. v. München, 16600 E.

Gröber, *Conrad,* 1872–1948; seit 1932 Erzb. v. Freiburg; zuerst für Ausgleich, dann mutiger Gegner des Nationalsozialismus.

grober Unfug, rechtl. jedes grob ungebührl. Verhalten, durch das ein größerer Personenkreis beunruhigt od. belästigt wird.

Grock (eig. Adrian Wettach), berühmter Clown (schweizer. Herkunft), 1880–1959.

Gröden, *Grödner Tal,* it. *Val Gardena,* östl. Seitental des Eisacks, in den *G.er Dolomiten;* Hauptort St. Ulrich.

Grodno, Stadt in der Weißruss. SSR, 195000 E.; Tuch-, Leder- und chem. Ind.

Grog *m,* Getränk aus heißem Wasser, Zukker u. Rum, Arrak od. Weinbrand.

groggy (engl.), benommen, angeschlagen (Boxsport).

Gromyko, *Andrej,* * 1909; sowjet. Politiker, u. a. 46/48 Vertreter der UdSSR im Sicher-

HAP Grieshaber: Ausschnitt aus einer zehnteiligen Bildwand (Holzschnitt)

Grillen: Feld-Grille

Franz Grillparzer

Grock

heitsrat, 52/53 Botschafter in London; verschiedentl. stellvertretender Außenmin., seit 57 Außenminister.

Gronau (Westf.), Stadt an der niederländ. Grenze, 41 000 E.; Baumwoll-Industrie.

Gronchi (: -ki), *Giovanni,* 1887–1978; 1944 bis 48 wiederholt Min. (christl. Demokrat), 55/62 it. Staatspräsident.

Groener, *Wilhelm,* dt. General, 1867–1939, 1920/23 Reichsverkehrs- u. 28/32 Reichswehr-, 31/32 zugleich Reichsinnenmin.; bekämpfte den Nationalsozialismus.

Groningen, niederländ. Prov.-Hst., 161 000 E.; Univ.; kath. Bischof; Textil-Industrie; Erdgasfelder in der Umgebung.

Grönland, größte Insel der Erde, arkt. Brücke zw. Nordamerika (zu dem es geograph. gehört) u. Europa (zu dem es polit. gehört), 2 175 600 km²; bis 1953 dän. Kolonie, seither gleichberechtigte Prov. des Kgr. Dänemark; 51 000 E., meist Grönländer (Mischlinge zw. Eskimos u. Europäern), ca. 2500 Europäer; Hst. Godthaab. – ⁵/₆ der Insel sind mit bis 3000 m mächtigem Inlandeis bedeckt, nur schmale Küstenstreifen sind eisfrei u. besiedelt. Abbau v. Kryolith, Blei- u. Zinkerzen; moderne Dorschfischerei mit Verarbeitungsanlagen. – Um 900 v. den Wikingern entdeckt, um 1100 christianisiert, kam 1261 zu Norwegen. Seit 1721 erneute Kolonisation durch Dänemark, das trotz norweg. Ansprüche die Insel behielt. Stützpunkte der USA. **Grönlandwal,** ein Barten- ∕Wal.

Groote (: chrō-), *Gerhard,* niederländ. Bußprediger u. Mystiker, 1340–84; seine Anhänger bildeten die ∕Fraterherren.

Gropius, *Walter,* deutsch-am. Architekt, 1883–1969; begr. in Weimar das ∕Bauhaus; mit einem material- u. funktionsgemäßen Bau- und Kunststil Bahnbrecher der modernen Architektur; lebte in den USA.

Gros *s* (: grō, frz.), Hauptmasse. **Gros** *s,* fr. Zählmaß, 1 G. = 12 Dutzend = 144 Stück.

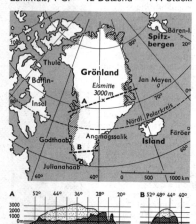

Grönland: die Eisbedeckung Grönlands mit 2 Profilen (**A** und **B**)

▨▨▨ eisfreies Gebiet auf G. ▦▦ Inlandeis ▓▓ Fels

Groschen *m,* **1)** seit dem 13. Jh. Silbermünze. **2)** im 19. Jh. in Preußen 30 G. = 1 Taler. **3)** heute im Volksmund das 10-Pfennig-Stück. **4)** heute in Östr. *(G.)* und Polen *(Groszy)* Scheidemünze. ☐ 1144/45.

Grosnyj, Stadt im östlichen Nordkaukasus, 375 000 E.; Erdölzentrum, Ölleitungen zum Schwarzen u. Kaspischen Meer.

Großauheim, am Main, Stadtteil v. Hanau (seit 74); chem. u. elektrotechn. Ind.

Großbritannien, amtl. *United Kingdom of Great Britain and Northern Ireland* (= Vereinigtes Kgr. v. G. u. Nordirland), umfaßt die Gruppe der Brit. Inseln, bestehend aus der eigentl. Insel G. (mit den Teilen England, Wales u. Schottland), Nordirland, der Insel Man, den Orkney- u. Shetlandinseln u. den Hebriden. G. ist das Mutterland des Brit. Weltreiches u. des Commonwealth. – G.s Gestalt, Klima, Wirtschaft u. Geschichte sind v. Meer bestimmt. Große Meeresbuchten u. trichterförm. Flußmündungen greifen überall tief ins Land ein. Kaum ein Punkt ist weiter als 130 km v. Meer entfernt, u. an natürl. Häfen herrscht kein Mangel. Kahle, gerundete Bergrücken (im Ben Nevis 1343 m) durchziehen bis Schottland u. Wales das Land. Im O u. SO machen sie einem offenen Tafelland Platz mit aufgesetzten, nur 200–300 m hohen Kalkrücken (Downs, East Anglican u. Lincoln Heights), die an Steilabbrüchen zur Küste weiße Kreideklippen bilden. – G. ist reich an Mooren, Heiden und Weiden. 78% des Bodens werden von nur 2,7% der Bev. landwirtschaftlich genutzt, davon 60% als Dauerweide. 80–90% der Landwirte sind Pächter adeliger Großgrundbesitzer. Die Landwirtschaft vermag nur 35–40% des Nahrungsmittelbedarfs der Bev. zu decken. G. ist auf große Zufuhren angewiesen u. einer der größten Fischverbraucher der Welt. Auf der Grundlage reicher Steinkohlen- u. Eisenerzlager entstand auf der Insel eines der größten Industrieländer der Welt. Die brit. Ind. beschäftigt über 44% der Erwerbstätigen u. bringt auch über 40% des brit. Sozialprodukts auf; bes. Schwer- u. Textil-Ind. Wichtiger Wirtschaftsfaktor ist die große Handelsflotte (ca. 11% der Welttonnage).

Verfassung: Sie beruht vor allem auf Traditionen (keine systemat. Verfassungsurkunde). G. ist eine konstitutionelle Erbmonarchie (Haus Windsor) mit parlamentar. Regierungsweise. Das Parlament besteht aus zwei Kammern, dem aus über 800 meist erbl. Mitgliedern bestehenden Oberhaus u. dem aus über 600 Abg. bestehenden Unter-

Walter Gropius

Andrej Gromyko

Walter Gropius: Bauhaus in Dessau (im 2. Weltkrieg z. T. zerstört; originalgetreu restauriert)

Großbritannien

Amtlicher Name:
United Kingdom of
Great Britain and
Northern Ireland
Staatsform:
Königreich
Hauptstadt:
London
Fläche:
244 044 km²
Bevölkerung:
55,8 Mill. E.
Sprache:
Englisch
Religion:
64% Anglikaner,
23% Protestanten,
8% Katholiken,
ca. 0,5 Mill. Juden,
ca. 0,2 Mill. Muslime
Währung:
1 Pfund Sterling
= 100 New Pence
Mitgliedschaften:
UN, NATO, CENTO,
SEATO, WEU, EG,
Europarat, OECD,
Commonwealth,
Colombo-Plan

haus, dem die Legislative fast ausschließl. zusteht. Das vom Premiermin. gebildete Kabinett ist dem Unterhaus verantwortlich. Geschichte: G. entstand 1603 durch die Vereinigung ↗Engl.s mit ↗Schottland. Mit Jakob I. kam das Haus Stuart (1603–1688) zur Herrschaft. ↗Karl I. wurde 49 hingerichtet; es entstand eine Rep. unter Oliver ↗Cromwell. 60 kamen die Stuarts mit Karl II. wieder auf den Thron; der Kg. mußte die ↗Testakte u. die ↗Habeas-Corpus-Akte bewilligen. Sein kath. Bruder Jakob II. wurde 88 in der „glorreichen Revolution" v. ↗Wilhelm v. Oranien vertrieben. 1714/1837 waren die Kurfürsten bzw. Kg.e v. Hannover zugleich Kg.e v. Großbritannien. Die Regierungsgewalt ging an die Min.-Präs.en u. das Unterhaus über. Durch Beteiligung an europ. Kriegen konnte G. 1763 Kanada u. Louisiana v. Fkr. u. Florida v. Spanien gewinnen, 57/84 erfolgte die Eroberung Ostindiens. 76 erklärten die engl. Kolonien in ↗Nordamerika ihre Unabhängigkeit. Der Sieg Nelsons bei Trafalgar 1805 begründete für lange Zeit die Vorherrschaft G.s zur See. Der brit. Feldherr Wellington besiegte 15 mit Blücher zusammen Napoleon bei Waterloo. 29 erhielten die Katholiken die staatsbürgerl. Gleichberechtigung. Die Regierungszeit Königin Viktorias (1837/1901) brachte den Übergang zum Industriestaat u. den Ausbau des Kolonialsystems. Die Friedenspolitik in der sog. Viktorianischen Zeit wurde nur durch den ↗Krimkrieg 1854/56 unterbrochen. Unter Eduard VII. (1901/10) schloß G. im Mißtrauen gg. die dt. Flottenpolitik in den dt. Wirtschaftsaufstieg Bündnisse mit Japan, Fkr. u. Rußland. Im 1. ↗Weltkrieg trug G. entscheidend zur Niederlage der Mittel-

mächte bei. Nach dem Krieg erwarb es die meisten dt. Kolonien u. die Schutzherrschaft über den Vorderen Orient, mußte aber den Dominien größere Selbständigkeit u. ↗Irland die Unabhängigkeit gewähren. Mit dem 2. Weltkrieg, in dem G. unter Führung Churchills zeitweise die Hauptlast trug, rückte das Land als Macht hinter die USA u. die UdSSR. 1947 wurden Indien u. Pakistan, 59 Zypern selbständig; diese u. die meisten der übrigen nach dem 2. Weltkrieg selbständig gewordenen ehem. brit. Kolonien wurden Mitgl. des ↗Commonwealth of Nations. 56 scheiterte die militär. Suezaktion (↗Suezkanal). Der Sieg der Labour Party 45 brachte Sozialisierungsmaßnahmen. 51/64 u. 70/74 regierten die Konservativen (Churchill, 55 Eden, 57 Macmillan, 63 Douglas-Home, 70 Heath), 64/70 u. 74/79 die Labour Party (74 H. Wilson, 76 Callaghan), seit 79 wieder die Konservativen (unter M. Thatcher; 59 führend bei der Errichtung der EFTA, 73 Beitritt zur EG.
K u n s t. Obwohl mit dem Kontinent verbunden, entwickelte sich die Kunst G.s innerhalb der europäischen Kunst in stark unterschiedl. Weise. Die ↗Gotik, die bis ins 19. Jh. lebendig blieb, wurde zum engl. Nationalstil. Baukunst: Im 11. Jh. dringt mit den Normannen die Romanik ein (Kathedralen v. Durham, Winchester, Ely); um 1150 Frühgotik (Early English), v. Festland übernommen. Die Kirchen, meist freistehend mit stumpfen Türmen u. Vierungstürmen, behalten wuchtig-wehrhaft Charakter (Kathedralen v. Westminster u. Salisbury). Hoch- u. Spätgotik (Decorated Style 1250/1350; Perpendicular Style seit 1350) entwickeln reiche dekorative u. ornamentale Formen (Kathedralen v. Exeter, Wells, Winchester, Westminsterabtei). Gotik und Renaissanceformen mischen sich im Tudorstil (15./16. Jh.). Daran anschließend der Queen Elizabeth Style (für den Schloßbau charakterist.). Im 16./18. Jh. neben dem port. Stil barocker Klassizismus, v. ↗Palladio beeinflußt (St.-Pauls-Kathedrale in London). Malerei: im MA reiche Entfaltung der Buchmalerei (6./13. Jh.). Kontinentaleuropäische Künstler dominieren seit Anfang des 16. Jh. u. prägen den engl. Bildnisstil (A. van Dyck, H. Holbein d. J.). Im 18. Jh. reiche eigenständ. Entfaltung (Hogarth, Gainsborough, Reynolds, Romney, Raeburn, Watson und Morland). Die romant.-realist. Landschaftsmalerei des 19. Jh. (Turner, Constable, Whistler) nimmt den Impressionismus vorweg; daneben die Präraffaeliten, an das it. 15. Jh. anschließend (Rosetti, Hunt, Burne-Jones). Plastik: Bes. Werke des Expressionismus u. der Abstrakten Kunst (Epstein, Moore, Chadwick).
L i t e r a t u r. Erste Blüte als angelsächs. Literatur: religiöse Dichtung, Epos Beowulf; infolge der normann. Eroberung im 11. Jh. Zweisprachigkeit: das unterdrückte Angelsächsisch (religiöses Erbauungsschrifttum) u. die frz. Hofliteratur (Artus-, Alexander-Epen). Im 14. Jh. das Frz. zurückgedrängt, große epische, dramat. u. Prosawerke in engl. Sprache (Wyclif, Chaucer; Mysterien-

Die Könige Englands und Großbritanniens

Angelsachsen		Haus Anjou-Plantagenet		Haus Stuart	
Egbert	802/839			Jakob I.	1603/25
Aethelwulf	839/858	Heinrich II.	1154/89	Karl I.	1625/49
Aethelbald	858/860	Richard I.			
Aethelberт	860/865	Löwenherz	1189/99	Republik (Commonwealth)	1649/53
Aethelred I.	865/871	Johann I.			
Alfred d. Gr.	871/899	ohne Land	1199/1216	Protektorat	
Eduard d. Ä.	899/924	Heinrich III.	1216/72	O. Cromwell	1653/58
Aethelstan	924/939	Eduard I.	1272/1307	Protektorat	
Edmund I.	939/946	Eduard II.	1307/27	R. Cromwell	1658/59
Edred	946/955	Eduard III.	1327/77	Karl II.	1660/85
Edwi	955/959	Richard II.	1377/99	Jakob II.	1685/88
Edgar	959/975			Wilhelm III. von	
Eduard der		Haus Lancaster		Oranien	1689/1702
Martyrer	975/978			(u. Maria II.	1689/94)
Aethelred II.	979/1016	Heinrich IV.	1399/1413	Anna	1702/14
Edmund II.	1016	Heinrich V.	1413/22		
		Heinrich VI.	1422/61	Haus Hannover	
Dänenkönige				Georg I.	1714/27
Knut d. Gr.	1016/35	Haus York		Georg II.	1727/60
Harald I.	1035/40			Georg III.	1760/1820
Hardeknut	1040/42	Eduard IV.	1461/83	Georg IV.	1820/30
		Eduard V.	1483	Wilhelm IV.	1830/37
Angelsachsen		Richard III.	1483/85	Viktoria	1837/1901
Eduard der					
Bekenner	1042/66	Haus Tudor		Haus Coburg	
Harald II.	1066	Heinrich VII.		(seit 1917 Windsor)	
			1485/1509	Eduard VII.	1901/10
Normannische Könige		Heinrich VIII.	1509/47	Georg V.	1910/36
Wilhelm I. der		Eduard VI.	1547/53	Eduard VIII.	1936
Eroberer	1066/87	Maria die		Georg VI.	1936/52
Wilhelm II.	1087/1100	Katholische	1553/58	Elisabeth II.	seit 1952
Heinrich I.	1100/35	Elisabeth I.	1558/1603		
Stephan von					
Blois	1135/54				

spiele). Das Elisabethan. Zeitalter (2. Hälfte 16. Jh. bis 1605) eine literar. Hochblüte (Sidney, Spenser, Marlowe, Kyd, Shakespeare, Jonson), stärker v. der Renaissance als v. der Reformation lebend. Im 17. Jh. metaphys. u. satir. Lyrik (Donne, Crashaw, Dryden), das religiöse Epos (Milton), das heroische Drama (Dryden), der philosoph. Essay (Bacon). Jetzt entfaltet sich die engl. National-Lit. zu europ. Rang im Roman: satirisch (Swift), empfindsam (Goldsmith, Richardson), humorist. (Sterne), abenteuerl. (Fielding). Vorläufer der Romantik: Macpherson, Blake, Burns. In der Romantik Blüte der Lyrik (Wordsworth, Coleridge, Byron, Shelley), histor. Roman v. Scott. Im Viktorianischen Zeitalter steht der Roman im Vordergrund: als sozialer Roman bei Dickens, Thackeray, mit stärkerer Betonung der Psychologie bei G. Eliot, den Geschwistern Brontë, Meredith. Lyrik: Tennyson, Swinburne, Browning. Seit der Jh.wende Wandlungen: religiöse Lyrik v. Thompson; keltische Renaissance bei Yeats, Wiederentdeckung der metaphys. Dichter: Hopkins; neuer Stil v. Pound, Eliot, Auden. Der neue Roman: Formprobleme bei James, eth. Haltung bei Conrad; am bedeutsamsten das Werk des Iren Joyce. V. Woolf erneuerte den psycholog. Roman. Philosophische Romane, Werke als Träger einer Botschaft: Wells, Huxley, Lawrence. Anschließend: Waugh, Greene, Orwell. Das Drama erlangte mit Shaw wieder Bedeutung. Gesellschaftskomödien v. Wilde. Andere Wege gehen Fry (Versdrama), Eliot, Thomas, dann die sozialkrit. jungen Autoren der Ggw., die „angry young men" (auch im Roman).
Sprache. Die engl. Sprache gilt seit dem 19. Jh. als erste Welt- u. Handelssprache. Altengl., 700–1100, ein Zweig der german. Sprachen; im Mittelengl., 1100–1500, Einfluß des Frz.; seitdem Neuengl.

Große Seen: das System der untereinander verbundenen Seen zusammen mit dem St.-Lorenz-Seeweg; oben das Höhenprofil

Musik. Einführung des Gregorian. Gesangs im 7. Jh.; im 11. Jh. in der Kirche mehrstimmig musiziert; Höhepunkt um 1400 in der kunstvollen Mehrstimmigkeit (Dunstable). Die Elisabethan. Epoche die große Zeit der ⁊Virginalisten, der Lautenmusik, des Madrigals u. der anglikan. Kirchenmusik (Byrd, Gibbons, Bull). Mit Purcells Opern- u. Instrumentalmusik endete die Glanzzeit der engl. Musik; Ausländer beherrschten das Musikleben (G. F. Händel, J. Chr. Bach, K. M. v. Weber u.a.). Erst im 20. Jh. wieder bedeutendere Komponisten: Elgar, Vaughan Williams, Britten.
Großdeutsche, polit. Richtung in Dtl. in der 2. Hälfte des 19. Jh., die eine Einigung Deutschlands unter Einschluß Östr.s erstrebte im Ggs. zu den Kleindeutschen.
Großenhain, sächs. Krst. im Bez. Dresden, 19300 E.; Maschinen-, Papier- u. Textil-Ind.
Großenkneten, niedersächs. Gem. südlich von Oldenburg, 11500 E.
Großer Kurfürst ⁊Friedrich Wilhelm.
Großer Ozean ⁊Pazifischer Ozean.
Großer Rat, Kantonsrat, frz. Grand Conseil, gesetzgebende Behörde in den schweizer. ⁊Kantonen ohne ⁊Landsgemeinde.
Großer Salzsee, Great Salt Lake, Binnensee in Utah (USA), 3900 km², 1–12 m tief, 13–30% Salzgehalt (Salzgewinnung).
Großer Wagen, auch Großer Bär, Sternbild des Nordhimmels. ☐68.
Große Seen, die 5 großen, miteinander verbundenen nord-am. Seen an der Grenze zw. den USA u. Kanada: Oberer, Michigan-, Huron-, Erie- u. Ontario-See, mit zus. 242000 km² u. Millionenstädten an ihren Ufern (Chicago, Detroit, Cleveland); über den St.-Lorenz-Seeweg für Ozeanschiffe erreichbar.
Großflosser, Makropode, Paradiesfisch, Aquarienfisch mit wechselndem, prächtigem Farbenkleid; ⁊Labyrinthfisch.
Großfußhühner, trop. Hühnervögel, die ihre Eier v. Fäulniswärme ausbrüten lassen. Hammer-, Busch-, Talegalla-Huhn.
Groß-Gerau, hess. Krst. n.w. von Darmstadt, 21000 E.; Zucker- u. Konserven-Ind.
Großglockner m, mit 3797 m der höchste östr. Alpengipfel, in den Hohen Tauern, eine steile Felspyramide über der Pasterze, einem 10 km langen Gletscher. G.-Hochalpenstraße, verbindet Fuscher- u. Ferleitental durch den Hochtortunnel mit dem Mölltal, damit Salzburg mit Kärnten.
Großgrundbesitz, Verteilung des Bodenbesitzes in der Hand weniger Eigentümer; Vorteil: bessere wirtschaftl. Nutzung durch verstärkten Maschineneinsatz; Nachteil: Gefährdung des Bauerntums; heute meist durch Bodenreformen beseitigt.
Großhandel, Engroshandel, Handel, der nur an den ⁊Einzelhandel u. an den Weiterverarbeiter liefert; vielfach spezialisiert.
Großherzog, erstmals 1569 für Toskana gebrauchter Fürstentitel, Rangstufe zw. Kg. u. Hzg.; heute nur noch in Luxemburg.
Großinquisitor m, ⁊Inquisition.
Grossist m (it.), Großhändler.
Großkreuz, höchste Klasse eines Ordens.
Großloge w (: -losch⁻), ⁊Freimaurer.

Großmeister, 1) Titel des Oberhaupts eines geistl. Ritterordens. **2)** Vors. einer Großloge der ↗Freimaurer. **3)** int. Schachtitel, v. Weltschachbund verliehen.
Großmogul m, **1)** Mogul, europ. Titel für die Herrscher der 1526–1858 in Indien regierenden muslim. Dynastie mongol. Herkunft. **2)** Name eines ind. Diamanten v. 186 Karat.
Großrußland, mittlerer u. nördl. Teil des europ. Rußland.
Groß-Umstadt, hess. Stadt im nördl. Odenwald, 18600 E.; spätgotische Stadtkirche; Kunststoff-Ind., Weinbau.
Großvenediger m, ↗Venedigergruppe.
Großwardein, rumän. Oradea Mare, ungar. Nagyvárad, rumän. Grenzstadt, 172000 E.; griech.-kath. Bischof. – Bis 1920 u. 1940/44 ungar.
Großwesir m, in der Türkei seit 1360 Stellvertreter des Sultans, zeitweise tatsächl. Herrscher; im 19. Jh. (bis 1922) Titel des türk. Minister-Präs.
Großwetterlage ↗Wetter.
Grosz (: -ß), George, dt.-am. Graphiker u. Maler, 1893–1959; gesellschaftskritisch.
Grotenburg, Berg im Teutoburger Wald, 386 m hoch; Hermannsdenkmal.
Groteske w (it.), **1)** Ornamentform in der bildenden Kunst. **2)** in der Literatur Werke mit eigenartig verzerrter Wirklichkeitsdarstellung im Sinne der Übersteigerung einzelner Züge. Bw. grotesk, verzerrt, übersteigert.
Grotewohl, Otto, 1894–1964; 1945 Vors. der SPD der SBZ, 46 mit Pieck Vors. der SED, seit 49 Min.-Präs. der DDR.
Groth, Klaus, 1819–99; plattdt. Gedichte u. Erzählungen.
Grotius (de Groot), Hugo, niederländ. Rechtsgelehrter, 1583–1645; Begr. des wiss. Völkerrechts; vermittelnder ev. Theologe.
Grotte w (it.), Höhle, Nische. **G.nolm,** blinde Schwanzlurche der Karsthöhlengewässer.
Grubber, Kultivator m, Gerät zur Bodenlockerung.
Grube w, ↗Bergwerk. **G.ngas,** das ↗Methan in Kohlenbergwerken, verursacht die ↗Schlagwetter. **G.nlampe,** tragbare Lichtquelle des Bergmanns; fr. die Davysche Sicherheitslampe mit Benzinflamme; heute meist elektr. (Mützen-)Lampe mit eingebautem Akkumulator. **G.nottern,** Crotalidae, Giftschlangen mit 2 Gruben zw. Augen u. Nasenloch.
Grüber, Heinrich, dt. ev. Theologe, 1891 bis 1975; Mit-Begr. der ↗Bekennenden Kirche; organisierte einen Hilfsdienst für rass. Verfolgte; 40/43 im KZ; seit 45 Propst in Berlin; 49/58 Bevollmächtigter der EKD bei der Regierung der DDR.
Grude w, G.koks, ↗Koks. **G.herd,** schrankartiger Herd zum Heizen mit G.
Grudziądz (: grudjõnds) ↗Graudenz.
Grummet, Grumt, Öhmd s, 2., seltener 3. Schnitt der Wiesen.
Grün, 1) Anastasius (eig. Graf v. Auersperg), östr. Schriftsteller, 1806–76; schrieb gg. das Metternich-System Spaziergänge eines Wiener Poeten. **2)** Max von der, dt. Schriftsteller, * 1926, ursprüngl. Bergarbeiter; Romane, bes. aus dem Grubenmilieu. Männer

Grotesken-Ornament

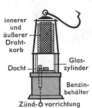

innerer und äußerer Drahtkorb
Docht
Glaszylinder
Benzinbehälter
Zünd-Ö vorrichtung

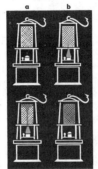

a b c d

Grubenlampe: oben Davysche Sicherheitslampe; unten das Verhalten der Flamme in der G. bei Methangehalt in den Wettern: **a** Grubenluft ohne, **b** bei 4%, **c** bei 4,5%, **d** bei 5–14% Methangehalt

Gustaf Gründgens

in zweifacher Nacht; Stellenweise Glatteis; Hörspiele u. Fernsehfilme.
Grünberg, poln. Zielona Góra, niederschles. Stadt zw. Oder und Bober, Hst. der Wojewodschaft Zielona Góra, 95000 E.; Braunkohlentagebau, Weinbau.
Grünbuch ↗Farbbücher.
Grund, Bad G., niedersächs. Kurort im Oberharz, 3300 E.; Silbererzbergwerk.
Grundbuch, beim Amtsgericht (G.amt) geführtes öff. Register über Rechtsverhältnisse an Grundstücken (z. B. Eigentum, Verfügungsbeschränkungen, Belastungen); Einsicht gestattet bei nachweisl. rechtl. Interesse.
Grunddienstbarkeiten, Grundgerechtigkeiten, Belastung eines Grundstücks mit Nutzungsrecht für andere Grundstücke od. Personen; Eintragung ins Grundbuch.
Grundeigentum, das ↗Eigentum an Grund u. Boden; unterliegt vielfach privatrechtl. u. öff.-rechtl. Beschränkungen: ↗Enteignung, ↗Sozialisierung, ↗Flurbereinigung, ↗Naturschutz u.a.
Grundeis, mit Geröllsteinen u. Sand vermischtes Eis an Sohle u. Ufer v. Gewässern.
Grundel w, Meer-G., Knochenfisch mit breitem Kopf u. zu einer Scheibe vereinigten Bauchflossen. Auch Bz. für ↗Gründling, ↗Schmerle.
Gründerjahre, Gründerzeit, die durch große Spekulationen gekennzeichneten Jahre nach dem Dt.-Frz. Krieg (1871/73).
Grunderwerbsteuer, Steuer auf Eigentumswechsel bei Grundstücken und grundstücksgleichen Rechten; in der BRD Ländersteuer; Besteuerungsgrundlage: Einheitswert bzw. Kaufpreis, wenn dieser höher ist.
Gründgens, Gustaf, dt. Schauspieler, Regisseur, 1899–1963; Glanzzeit in Berlin; 1951/55 Intendant in Düsseldorf, 55/63 in Hamburg.
Grundgesetz, GG, Bonner G., die Verf. der BRD v. 23. 5. 1949. Bz. G. vom ↗Parlamentar. Rat gewählt, um auszudrücken, daß kein westdt. Staat, sondern nur ein zeitl. u. räuml. begrenztes Provisorium geschaffen werden sollte, bis eine v. ganzen dt. Volk in freier Entscheidung beschlossene Verf. in Kraft treten kann. Das G. enthält in 146 Artikeln die Grundrechte sowie Bestimmungen über Bund u. Länder, Bundestag, Bundesrat, Bundespräs., Bundesregierung, Gesetzgebung, Rechtsprechung, Bundesverwaltung und Finanzwesen. Auslegungsinstanz ist ↗Bundesverfassungsgericht.
Grundherrschaft, die ma. Agrarverfassung in Europa: Zusammenfassung von bäuerl. Streubesitz unter einem weltl. oder geistl. Obereigentümer; entstand dadurch, daß freie Bauern ihr Land meist wegen des Schutzes einem Grundherrn überließen u. es als Lehen zu eigen bekamen. Abgaben u. Frondienste zurückhielten. Gewöhnlich stand dem Grundherrn die niedere Gerichtsbarkeit über seine Hörigen zu; in Dtl. in verschiedenen Ausprägungen bis Ende 18. Jh.
Grundkapital, bei der AG das im Gesellschaftsvertrag in seiner Höhe festgelegte, in ↗Aktien gestückelte Kapital.

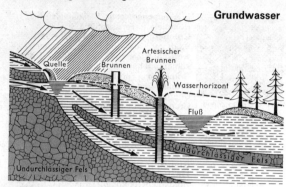

Grundwasser

Grundlagenforschung, Teil der naturwiss. Forschung, der ohne Hinblick auf die techn. Anwendung die Naturphänomene an sich untersucht.

Grundlasten, 1) die dauernden, auf das Grundeigentum gelegten öff. Lasten, z.B. Grund- u. Gebäudesteuern. **2)** fr. die auf bäuerl. Besitz lastenden Zehnten u. Frondienste.

Gründling, *Flußgrundel,* karpfenart., 15 cm langer Fisch am Bachgrund.

Gründonnerstag (die Herkunft des Namens ist umstritten), Donnerstag der Karwoche, in der kath. Kirche Gedächtnistag der Einsetzung der Eucharistie u. des Leidensbeginns Christi; Tag der Ölweihe, der liturg. Fußwaschung u. fr. der Büßerlossprechung.

Grundpfandrecht, zusammenfassende Bz. für ↗Hypothek, ↗Grundschuld, ↗Rentenschuld.

Grundrechnungsarten, die als elementare Rechenoperation ausführbare Addition, Multiplikation, Subtraktion u. Division.

Grundrechte, vorstaatl., sich aus der Natur des Menschen als Person ergebende Rechte; in vielen demokrat. Verfassungen (so auch im GG) ausführl. aufgeführt (erstmals 1776 in der Declaration of Rights des Staates Virginia u. in der Unabhängigkeitserklärung der Vereinigten Staaten v. Amerika). Ihre verfassungsmäßige Verankerung geht auf die ↗Menschenrechte zurück. *Individuelle G.* u.a.: Freiheit der Person, der Meinungsäußerung, der Religionsausübung, das Eigentum, Brief- u. Postgeheimnis; *korporative G.* u.a.: Freiheit der Kirche, der Presse, des Rundfunks, viws. Institutionen. **Grundrente, 1)** das Einkommen aus wirtschaftl. Verwertung des Bodens, soweit es nicht auf Arbeitsleistung (Lohn) od. Kapitalverwendung (Zins) beruht, sondern den natürl. Kräften des Bodens zu verdanken ist. **2)** Rente in der Kriegsopferversorgung, die unabhängig v. Einkommen des Berechtigten gewährt wird im Ggs. zur *Ausgleichsrente.* **Grundriß,** zeichner. Darstellung eines Baus, Grundstücks, einer Maschine u.a. durch senkrechte ↗Projektion auf die *G.ebene.* **Grundschuld,** Belastung eines Grundstücks mit einer Geldsumme derart, daß dafür nur das Grundstück, nicht auch (wie bei der Hypothek) der Schuldner per-

sönl. mit seinem übrigen Vermögen haftet. **Grundschule,** die ersten 4–6 Volksschulklassen. **Grundsteuer,** älteste Steuerform; besteuert nach dem Einheitswert den Grundbesitz; in der BRD neben der Gewerbe- die wichtigste Gemeindesteuer. **Grundstoffe** ↗chem. Elemente. **Grundstoffindustrien,** hauptsächl. Kohlen- u. Erzbergbau, Eisen- u. Stahl-Ind., Energiewirtschaft. **Grundton,** Hauptton eines Akkords; Ausgangston einer Tonleiter.

Grundtvig, *Nicolai Frederic Severin,* dän. ev. Theologe, 1783–1872; gründete eine Volkskirchenbewegung u. die dän. Volkshochschule.

Grundumsatz, *Ruhenüchternwert,* die Wärmemenge, die ein Körper ganz nüchtern u. völlig ruhig in 24 Stunden erzeugt; normal etwa 4 kJ (ca. 1 kcal) pro Kilogramm Körpergewicht u. Stunde.

Gründüngung, Anbau u. Unterpflügen v. noch grünen Hülsenfrüchtlern (Lupine, Erbsen, Wicken, Bohnen) zur Anreicherung des Bodens mit Humus u. Stickstoff.

Grundvertrag, 1972 zw. der BRD u. der DDR geschlossener, 73 ratifizierter Vertrag über die Grundlagen der Beziehungen zw. beiden dt. Staaten; beinhaltet gegenseitige Anerkennung der Unverletzlichkeit der Grenzen, beiderseitigen Verzicht auf einen Alleinvertretungsanspruch, kulturelle u. wirtschaftl. Zusammenarbeit u. menschl. Erleichterungen (u.a. kleiner Grenzverkehr, Familienzusammenführung). West-Berlin ist in das Vertragswerk einbezogen. Die nationale Frage bleibt offen; die BRD versteht den G. nicht als völkerrechtl. Anerkennung der DDR.

Grundwasser, das auf undurchlässs. Schichten unterird. fließende *(G.strom),* sich stauende *(G.seen)* od. in Form v. Quellen zutage tretende Wasser; wichtig für Bauten u. Wasserversorgung. Der *G.spiegel* schwankt nach Jahreszeit u. Wasserentnahme.

Grüne, *Die G.n,* 1980 auf Bundesebene gegr. Partei; Zusammenschluß „grüner", „bunter" u. alternativer Gruppen, die eine „ökolog., soziale, basisdemokrat. u. gewaltfreie Politik" betreiben wollen; bisher nur in Kommunal- u. Landesparlamenten vertreten.

Grüner Plan, Förderung der Landwirtschaft in der BRD aus Bundesmitteln; seit 1956 jährl. aufgestellt aufgrund des v. der Bundesregierung zu erstattenden *Grünen Berichts.*

grüne Versicherungskarte, v. den dt. Versicherungsgesellschaften ausgestellte Beweisurkunde über die Kraftfahrzeug-Haftpflichtversicherung.

Grunewald, Kiefernforst mit kleinen Seen in West-Berlin, zw. den Stadt-Bez.en G., Halensee u. der Havel; 3000 ha groß.

Grünewald, *Matthias,* dt. Maler der Spätgotik, um 1460/70–1528; hieß wohl Meister *Mathis Nithardt (Neithardt),* nannte sich später auch *Gothardt.* Religiös leidenschaftl. bewegtes Werk mit myst. Symbolik auch in seinen Farbwerten, die v. abgründigen Dunkel bis zum verklärten Licht reichen. *Isenheimer Altar* (Colmar), *Stuppacher Madonna, Kreuzigung* (Karlsruhe).

Grünkern, *Grünkorn,* unreife Körner des Dinkels, gedörrt u. geschält. **Grünkohl,** grüner ↗Blätterkohl.

Grünling, 1) *Grünreizker,* eßbarer ↗Ritterling mit weißl., später gelbem Fleisch, ohne Milchsaft. **2)** Grün- ↗Fink.

Grünspan *m,* giftiger grünl. Überzug auf Kupferdächern u. Kupfergefäßen (essigsaures Kupfer), auch für Farben u. für Schädlingsbekämpfungsmittel.

Grünstadt, pfälz. Stadt am Ostfuß der Haardt, 11000 E.

Grunzochs ↗Jak.

Gruppe, 1) *Soziologie:* eine Vielzahl v. Menschen, die in spezif. sozialen Wechselbeziehungen zueinander stehen, sich als Einheit empfinden u. als solche äußerl. in Erscheinung treten. **2)** *mathemat.* eine Menge, zw. deren Elementen eine zweistellige Verknüpfung definiert ist und für die bestimmte Axiome gelten.

Gruppe 47, 1947 gegründete Gruppe gesellschaftskrit. u. avantgardist. dt. Schriftsteller mit verschiedenen literar. Tendenzen (u. a. H. Böll, I. Aichinger, I. Bachmann, G. Grass, U. Johnson).

Grus *m,* durch Verwitterung körnig zerbröckeltes Gestein; auch *Kohlen-G.*

Grusinische Heerstraße, v. Ordschonikidse über den Kaukasus (2379 m) nach Tiflis, 214 km lang.

Grusinische SSR ↗Georgien; *Grusinier,* andere Bz. für die Georgier.

Grüssau, Dorf in Niederschlesien, s.ö. von Landeshut; 1242 gegr. Benediktinerabtei mit der bedeutendsten Barockkirche Schlesiens; die 1946 vertriebenen dt.en Mönche seit 54 in ↗Wimpfen.

Grützbeutel, die ↗Balggeschwulst.

Grütze *w,* geschälte, geschrotete Getreidekörner (meist Hafer). *Rote G.,* norddt. Gericht aus Fruchtsaft, Gries, Sago od. Mehl.

Gruyère(s) (: grüjär) ↗Greyerz.

Matthias Grünewald: „Stuppacher Madonna" (um 1520)

Gryphius, *Andreas,* dt. Barockdichter der ersten Schles. Dichterschule, 1616–64; Märtyrer- u. Heiligentragödien, schwerblütige, leidvolle Lyrik, Lustspiele.

Grzimek (: kschimek), *Bernhard,* dt. Tierarzt u. Zoodirektor, * 1909; bekannt durch Tierexpeditionen, Tierbücher u. Fernsehsendungen. Setzt sich bes. für den Erhalt der gefährdeten Tierwelt u. allg. für den Naturschutz ein. Hrsg. von *G.s Tierleben.*

Gscheidle, *Kurt Friedrich,* dt. Politiker (SPD), * 1924; 74–80 Bundes-Min. für das Post- u. Fernmeldewesen u. für Verkehr, seit 80 für das Post- u. Fernmeldewesen.

G-Schlüssel ↗Notenschrift.

Gstaad, Kurort u. Wintersportplatz im Berner Oberland, 1052 m ü. M., 1700 E.

Guadalajara (: -chara), Hst. des mexikan. Staates Jalisco, 1,7 Mill. E.; Erzb.; Univ.

Guadalquivir *m* (: -kiwir), südspan. Fluß. mündet nach 560 km bei Cádiz.

Guadalupe, 1) westspan. Stadt u. Marienwallfahrtsort (Nationalheiligtum), in der Sierra de G., 4300 E. **2)** Hauptwallfahrtsort u. Nationalheiligtum v. Mexiko, mit barokker Kollegiatkirche, 130000 E. *Unsere lb. Frau v. G.* (12. Dez.) ist die Schutzpatronin Iberoamerikas.

Guadeloupe, *La G.* (: -gwad[e]lup), Doppelinsel (Basse-Terre u. Grande-Terre) u. frz. überseeisches Dep. der Kleinen Antillen, 1779 km², 325000 E.; Hst. Basse-Terre.

Guadiana *m,* span.-portugies. Fluß, mündet nach 830 km in den Golf v. Cádiz; bis Mértola schiffbar.

Guajakbaum, kleiner Baum Zentralamerikas. *Guajakholz,* hart, für Billardkugeln u. dgl. ☐ 400.

Guajave, *Guajabe, Psidium,* weißes od. rotes trop. Obst v. myrtenähnl. Sträuchern.

Guam, größte Insel der ↗Marianen; 549 km², 105000 E.; Kabelstation, Flottenbasis (Häfen Apra und Piti) und Flugstützpunkt der USA.

Guanabara, bis 1975 brasilian. Bundesstaat an der Ostküste, heute Teil des Bundesstaates ↗Rio de Janeiro.

Guanako *s,* Wildform des ↗Lamas.

Guanchen (: -tschen, span.), Urbewohner der Kanarischen Inseln, rass. u. sprachl. mit den Berbern verwandt.

Guano *m,* bis 60 m mächtige Ablagerungen v. Vogelkot u. Tierleichen, bes. auf Inseln u. Küstenstrichen des Pazif. Ozeans, wichtiges stickstoffhaltiges Düngemittel.

Guaporé ↗Rondônia.

Guardian *m* (it.), Vorsteher eines Franziskaner- od. Kapuzinerklosters.

Guardini, *Romano,* dt. kath. Theologe u. Religionsphilosoph, 1885–1968; ein geistiger Führer der kath. Jugendbewegung (Quickborn); führte in seinen Schr. zu einem schöpfungsoffenen Christentum, bes. durch Pflege der Liturgie *(Der Herr, Geist der Liturgie).* Deuter der Dichtung (Rilke). Prof. in Berlin, Tübingen, 48/64 München.

Guareschi (: -eßki), *Giovanni,* it. Schriftsteller, 1908–68; errang mit seinem humorvollen *Don Camillo u. Peppone* Welterfolg.

Guarneri, Geigenbauerfamilie in Cremona, etwa 1660–1744.

Andreas Gryphius

Kurt Gscheidle

Romano Guardini

Guatemala

Amtlicher Name:
República de Guatemala
Staatsform:
Republik
Hauptstadt:
Guatemala
Fläche:
108 889 km²
Bevölkerung:
6,6 Mill. E.
Sprache:
Staatssprache ist Spanisch; daneben indian. Dialekte
Religion:
96% Katholiken
Währung:
1 Quetzal
= 100 Centavos
Mitgliedschaften:
UN, OAS, Zentralamerikanische Wirtschaftsgemeinschaft

Guinea

Amtlicher Name:
République de Guinée
Staatsform:
Republik
Hauptstadt:
Conakry
Fläche:
245 857 km²
Bevölkerung:
4,9 Mill. E.
Sprache:
Amtssprache ist Französisch; Ful, Mande u. a. Eingeborenensprachen
Religion:
ca. 62% Muslimen, ca. 36% Anhänger von Naturreligionen, ca. 1,3% Christen
Währung:
1 Syli = 100 Cauris
Mitgliedschaften:
UN, OAU

Alec Guinness in dem Film „Die Brücke am Kwai"

Guaschmalerei, Malerei mit deckenden Wasserfarben (mit Harzen versetzt), die sich übereinander auftragen u. leicht verschmelzen lassen.

Guatemala, 1) Rep. in Mittelamerika, zw. Pazif. Ozean u. dem Karib. Meer. – Kerngebiet ist das dichtbesiedelte Hochland der Kordilleren; die tiefer gelegenen, feuchtheißen Küstenebenen sind v. trop. Regenwald bedeckt. Plantagenwirtschaft: Kaffee (75% der Ausfuhr), Bananen, Baumwolle u. Chicle. – Hohe Mayakultur, 1524/1821 span. Prov., seit 1838 selbständig. – Staats-Präs. General Fernando Romeo Lucas Garcia (seit 1978), **2) G. City,** auch *Santiago de G., G. la Nueva,* Hst. v. 1), in einem Hochtal, 1480 m ü. M., 1,5 Mill. E.; kath. Erzb.; Univ.

Guaviare *m* (: -wi̯a̱re), l. Nebenfluß des Orinoco, 1370 km lang.

Guayana, 1) süd-am. Großlandschaft, zw. Atlant. Ozean, Amazonastiefland, Orinoco u. Casiquiare. Hinter fruchtbarer Küstenniederung das *Hochland v. G.,* mit Bergzügen (2620 m), bedeckt v. trop. Regenwald. Von den 1,2 Mill. km² entfallen 450000 km² auf Französisch-G., Guyana und Surinam, der Rest auf Venezuela u. Brasilien. **2)** ehem. *Britisch-G.,* ↗Guyana. **3)** *Französisch-G.,* frz. überseeisches Dep., 91000 km², 66000 E.; 90% sind Neger u. Mischlinge. Hst. Cayenne. Ausfuhr: Gold, Edelhölzer. **4)** *Niederländisch-G.,* ↗Surinam.

Guayaquil (: -ki̱l), Haupthafen und größte Stadt v. Ecuador, am *Golf v. G.,* der Mündungsbucht des Guayaflusses, 824000 E.; Erzb.; Univ.

Guben, amtl. *Wilhelm-Pieck-Stadt G.* (seit 1960), Krst. in der Niederlausitz (Bez. Cottbus), beiderseits der Neiße, 29500 E.; Tuch- u. Hutfabriken. – Der östl. der Neiße gelegene Teil der Stadt kam 1945 unter poln. Verwaltung *(Gubin).*

Gudrun, mhd. Epos, ↗Kudrun.

Gudscherat, *Gujarat,* ind. Bundesstaat, entstand 1960 zus. mit Maharaschtra aus dem Staat Bombay, 187114 km², 27 Mill. E.; Hst. Ahmedabad.

Guelfen, seit dem 13. Jh. die Gegner der ↗Ghibellinen in It.; auf seiten des Papstes u. der Städte; als Parteiname bis ins 18. Jh.

Guericke (: ge̱-), *Otto v.,* Physiker, 1602–86; Bürgermeister v. Magdeburg, erfand die Luftpumpe, untersuchte das Vakuum, konstruierte Elektrisiermaschine.

Guerilla *w* (: geri̱lja, span. = kleiner Krieg), Kleinkrieg, als *Land-* u. *Stadt-G.* in vielen Teilen der Welt geführt, auch zur Durchsetzung revolutionärer Ziele.

Guernsey (: gö̱ʳnßeʲ), westlichste der brit. Kanalinseln, 78 km², 54500 E.; Hauptort Saint Peter Port.

Gugel *w,* eine Kapuze mit Zipfel.

Guide *m* (: gi̱d, frz.: gaid, engl.), **1)** Begleiter, Führer. **2)** Reisehandbuch.

Guido von Arezzo, Benediktiner, um 995–1050; Erfinder der heutigen Notenlinien; ihm wird die ↗Solmisation zugeschrieben.

Guillaume (: gijo̱m), *Charles-Édouard,* frz.-schweizer. Physiker, 1861–1938; Erfinder des ↗Invars; 1920 Nobelpreis.

Guillotine *w* (: gijoti̱nᵉ, frz.), Fallbeil zum Enthaupten, bereits im MA bekannt. In der Frz. Revolution auf Antrag des Arztes Guillotin 1792 eingeführt.

Guinea, 1) westafrikan. trop. Küstenlandschaft am *Golf v. G.,* mit *Ober-G.* im N (bis *Río de Oro*) u. *Nieder-G.* im S. **2)** Rep. in Ober-G., an der westafrikan. Küste. Der größte Teil des Landes wird v. Bergland v. Fouta Djalon (bis 1500 m) eingenommen. Trop.-feuchtes, für Europäer ungesundes Klima. Ausfuhr: Eisenerz, Bauxit, Bananen, Palmkerne, Kaffee, Diamanten. – Seit 1891 frz. Kolonie, als *Frz.-G.* Teil v. Frz.-Westafrika; seit 1958 unabhängig. Staats-Präs. Sékou Touré (seit 58). **3)** *G.-Bissau,* Rep. nördl. v. 2), ehem. *Portugies.-G.;* ein wenig entwickeltes Land; 1446 entdeckt, 1879 Kolonie, 1974 nach Kämpfen unabhängig. **4)** ehem. *Span.-G.* ↗Äquatorial-G.

Guinea *w* (: gi̱ni), 1663/1813 engl. Goldmünze, seither nur noch Rechnungseinheit (1 G. = 21 Schilling).

Guinness (: gi̱niß), *Sir Alec,* engl. Schauspieler, * 1914; vor allem Shakespeare-Darsteller; seit 48 auch Filme, u. a.: *Ladykillers; Adel verpflichtet; Die Brücke am Kwai; Hitler – die letzten zehn Tage.*

Guiscard (: gißka̱r) ↗Robert Guiscard.

Guise (: gü̱jß), lothring. Herzogsgeschlecht; Führer der kath. Partei in den Hugenottenkriegen.

Guitry (: gitri̱), *Sacha,* frz. Schriftsteller u. Schauspieler, 1885–1957; Komödien, Filme.

Guizot (: gizo̱), *Guillaume,* frz. Historiker u. Politiker, 1787–1874; 40/48 Außenmin., 47/48 Min.-Präs., seine Reformfeindlichkeit verursachte die ↗Februarrevolution.

Gujarat ↗Gudscherat.

Gulbranssen, *Trygve,* norweg. Schriftsteller, 1894–1962; Romane *Und ewig singen die Wälder, Das Erbe von Björndal.*

Olaf Gulbransson: *Sag'n Sie fertig?*
Oder sag i fertig?
An Dreck is fertig!!!

Gulbransson, *Olaf,* norweg. Zeichner, 1873–1958; Mitarbeiter am „Simplicissimus".

Gulda, *Friedrich,* östr. Pianist, * 1930; seit 46 Konzertpianist; seit 56 auch im Jazz als Pianist, Saxophonist, Komponist u. mit eigenen Combos.

Gulden (Fl., fl.) *m,* **1)** in Süd-Dtl. Währungseinheit bis 1873. **2)** ☐ 1144/45.

Guinea-Bissau
Amtlicher Name:
Estado da Guiné Bissau
Staatsform:
Republik
Hauptstadt:
Bissau (vorläufig)
Fläche:
36 125 km^2
Bevölkerung:
560 000 E.
Sprache:
Amtssprache ist Portugiesisch, Umgangssprache ist Crioulo
Religion:
65% Anhänger v. Naturreligionen, außerdem Muslimen u. Christen
Währung:
1 Guinea Peso = 100 Centavos
Mitgliedschaften:
UN, OAU

Schwerpunkt

$V = F \cdot 2\pi p = \pi r^2 \cdot 2\pi p = 2\pi^2 r^3 p$

Guldinsche Regeln:
I. G. R.: Inhalt = Flächeninhalt mal Weg des Schwerpunktes.
II. G. R.: Mantelflächeninhalt = Bogenlänge mal Weg des Schwerpunktes

Gustav II. Adolf

Guldinsche Regeln, v. P. Guldin (1577–1643) angegebenes Verfahren zur Inhalts- u. Oberflächenberechnung v. Rotationskörpern.
Gully *m, s* (: gal', engl.), Sinkkasten, Schlammfänger in der Straßenkanalisation.
Gumbinnen, russ. *Gussew,* ostpreuß. Stadt, an der Pissa, 25 000 E.
Gummersbach, rhein. Krst. im Berg. Land, 48 200 E.; Ingenieurschule; Papier-, Textil- u. metallverarbeitende Industrie.
Gummi *s, m,* **1)** lufttrocknende Säfte verschied. Pflanzen; in Wasser klebrige Lösung bildend. *Arabischer G.* (G. arabicum), bestes Kleb- u. Farbverdickungsmittel aus Akazien- u. Mimosenarten, in Afrika, Indien, Amerika, Australien. **2)** volkstüml. Bz. für *Kautschuk* u. daraus hergestellte Erzeugnisse *(G.waren).* **G.baum,** *Ficus elastica,* ostind. Feigenbaum, Riesenbaum mit säulenförm. Luftwurzeln, liefert Natur-↗Kautschuk; auch beliebte Zimmerpflanze. **G.druck** ↗Offsetdruck. **G. elasticum,** der ↗Kautschuk. **G.fluß,** *Gummose w,* Krankheit des Steinobstes, wobei aus Stamm od. Zweigen G.massen austreten. **G.linse,** photograph. Objektiv, dessen Brennweite durch Verschieben v. Objektivteilen kontinuierl. veränderlich ist. **G.strumpf,** angewandt gg. Krampfadern.
Gundelrebe, *Gundermann, Glechoma,* Frühlingskraut mit blauen Lippenblüten.
Günderode, *Karoline v.,* dt. romant. Dichterin, 1780–1806 (Selbstmord).
Gundolf, *Friedrich* (eig. Gundelfinger), dt. Literarhistoriker, 1880–1931; Anhänger von Stefan George. *Shakespeare u. der dt. Geist, Goethe.*
Gunnera, süd-am. Riesenstaude, Zierpflanze.
Günsel *m, Ajuga,* Lippenblütler. *Kriechender G.,* blüht blau.
Gunther, im Nibelungenlied Kg. der Burgunder u. Bruder Kriemhilds.
Günther, 1) *Agnes,* dt. Romanschriftstellerin, 1863–1911; *Die Heilige u. ihr Narr.* **2)** *Ignaz,* Bildhauer, 1725–75; Hauptmeister des süddt. Rokoko. **3)** *Johann Christian,* schles. Dichter, 1695–1723; Lyriker v. echter Empfindung.
Günz *w,* r. Nebenfluß der Donau, im bayer. Schwaben, 75 km lang. **G.eiszeit,** älteste der von A. Penck gefundenen 4 ↗Eiszeiten; begann vor ca. 590 000 Jahren. ☐ 218.
Günzburg, bayer. Krst. an der Mündung der Günz in die Donau, 18 300 E.; Schloß, Rokokokirche.
Gunzenhausen, bayer. Stadt in Mittelfranken, an der Altmühl, 15 000 E.
Gurk, kärntner. Markt-Gem. am *Fluß G.* (120 km, zur Drau), 1200 E.; roman. Dom, 1170/1228 erbaut (Grab der hl. Hemma).
Gurke, *Cucumis,* Gemüsepflanze (Kürbisgewächs) aus Indien u. Japan; Nährwert gering, da zu 93–95% Wasser.
Gurkha, herrschende Kriegerkaste in Nepal, indo-tibetan. Mischvolk; als Soldaten auch in ausländ. Diensten.
Gurlitt, *Willibald,* dt. Musikwissenschaftler, 1889–1963; entscheidende Anregungen zur dt. Orgelbewegung; Bachforscher.

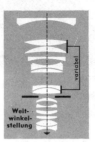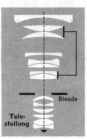

Gummilinse: Objektiv in 2 Extremstellungen

Gürtelechse, afrikan. Eidechse mit seitl. Längsfalte u. großen Rückenschuppen.
Gürtelreifen, *Radialreifen,* ein Luftreifen mit radial verlaufenden Lagen von Cordfäden bzw. Drahtgeflecht im Unterbau; gute Seitenführungskraft, relativ geringe Reifenabnutzung. **Gürtelrose,** *Herpes zoster,* schmerzhafter Bläschenausschlag im Bereich einzelner Hautnerven, gewöhnl. halbseitig, oft gürtelähnl. **Gürteltier,** nächtl. lebendes zahnarmes Säugetier Südamerikas mit knöchernem Rückenpanzer u. bewegl. Gürtel zw. Schulter- u. Kreuzschild. *Riesen-G.,* 1 m lang u. ca. 50 kg schwer.
Gussew ↗Gumbinnen.
güst, unfruchtbar; das Wort bei weibl. Haustieren *(G.vieh)* gebraucht.
Gustav, Könige v. Schweden: **G. I. Wasa,** 1496(?)–1560; Befreier Schwedens v. der dän. Herrschaft; 1523 Kg., führte 27 die Reformation durch. **G. II. Adolf,** Enkel G.s I., 1594–1632; 1611 Kg., gewann v. Rußland Ingermanland u. Karelien, v. Polen Livland u. Estland; griff als Verbündeter Fkr.s zugunsten der Protestanten in den 30jähr. Krieg ein, fiel in der Schlacht bei Lützen; erhob Schweden für kurze Zeit zur Großmacht. **G. V.,** 1858–1950; 1907 Kg., hielt Schweden in beiden Weltkriegen neutral. **G. VI. Adolf,** 1882–1973; 1950 König.
Gustav-Adolf-Verein, 1832 gegr.; seit 1946 *Gustav-Adolf-Werk* der EKD für die ev. Diaspora.
Güstrow (: -o), mecklenburg. Krst. im Bez. Schwerin, 37 000 E.; Renaissanceschloß (jetzt Altersheim), got. Dom.
Gut, *Benno,* OSB, 1897–1970; 1947 Abt v. Einsiedeln, 59/67 Abtprimas, 67 Kurienkard. [Kard.
Gutedel, weiße Rebensorte.
Gutenberg, *Johannes,* Erfinder des Buchdrucks mit bewegl. Einzelbuchstaben, um 1397–1468; aus dem Mainzer Patriziergeschlecht der Gensfleisch. In Mainz *G.-Museum* (Weltmuseum der Druckkunst) u. *Internationale G.-Gesellschaft.*
Güter, alle Mittel zur menschl. Bedürfnisbe-

Gürteltier

Güterverkehr	1960		1970		1980	
in der BRD	A	B	A	B	A	B
Binnenschiffahrt	171,4	40,4	240,0	48,8	241,0	51,4
Eisenbahn	327,2	63,9	392,1	86,2	364,3	69,8
Kraftfahrzeuge[1]	94,9	22,5	164,9	41,9	298,2	80,0

[1] ohne Güternahverkehr

A = beförderte Güter in Millionen Tonnen
B = geleistete Milliarden Tonnenkilometer

friedigung. Einteilung: a) nach der verfügbaren Menge: *freie G.*, die jedem kostenlos zur Verfügung stehen (z. B. Luft, Sonnenlicht), u. *wirtschaftl. G.* i. e. S., die knapp im Verhältnis zum Bedarf u. nur mit Kostenaufwand zu erlangen sind; b) nach Wesensart: *materielle (Sach-)G.* u. *immaterielle (ideelle) G.* (z. B. persönl. Dienstleistungen); c) nach Verwendungszweck u. Dauerhaftigkeit: ↗*Konsum-G.* u. ↗*Investitions-Güter.*
Gütergemeinschaft, im ↗Ehel. Güterrecht durch ↗Ehevertrag zu regelnde vermögensrechtl. Beziehung. Die Verwaltung des Gesamtgutes steht je nach vertragl. Regelung dem Mann, der Frau od. (auch wenn nichts anderes festgelegt ist) beiden zu. Vermögensmassen außerhalb des Gesamtgutes sind *Sonder-* sowie *Vorbehaltsgut* des Mannes u. der Frau. Schulden sind grundsätzl. Gesamtgutsverbindlichkeiten. ↗Gütertrennung.
Guter Hirt, Bz. Christi; in der frühchristl. Kunst häufig dargestellt.
Gütersloh, westfäl. Krst. im östl. Münsterland, 78000 E.; Metall-Ind., Verlage, Möbelfabriken.
Gütersloh, *Albert Paris,* östr. Schriftsteller u. Maler, 1887–1973; expressionist. Roman *Die tanzende Törin;* spätere WW demonstrieren die Spannung zw. göttl. Ordnung u. dem Menschen als kreatürl. Wesen.
Güterstand ↗Eheliches Güterrecht, ↗Ehevertrag.
Gütertrennung, im ↗Ehelichen Güterrecht durch ↗Ehevertrag zu regelnde vermögensrechtl. Beziehung; nur noch ausnahmsweise gesetzl. Güterstand (jetzt ↗Zugewinngemeinschaft). G. tritt ein, wenn Ehegatten durch Ehevertrag den gesetzl. Güterstand aufheben, diesen od. den Ausgleich des Zugewinns ausschließen od. die ↗Gütergemeinschaft aufheben.
gute Sitten, Recht: das Empfinden, das dem Anstandsgefühl aller billig u. gerecht Denkenden entspricht. Ein Rechtsgeschäft gegen die g. n S. ist nichtig.
Gütezeichen, Kennzeichen v. Waren od. Leistungen, die bestimmten Güteforderungen entsprechen u. eine gleichbleibende Mindestqualität garantieren; geschaffen durch *Gütergemeinschaft* v. Erzeugern u. Händlern eines Geschäftszweiges; ständige amtl. Kontrolle. ☐ 1090.
Gutschrift, Verbuchung einer Leistung. Ggs.: Lastschrift. ↗Belastung.
Gutsherrschaft, entwickelte sich im Ggs. zur ↗Grundherrschaft seit dem 16. Jh. bes. im Osten Dtl.s; bis ins 19. Jh. der *Gutsherr* Gerichtsherr seiner leibeigenen Bauern.

Guter Hirt: frühchristliche Darstellung (3. Jh.)

Guyana
Amtlicher Name: Cooperative Republic of Guyana
Staatsform: Republik
Hauptstadt: Georgetown
Fläche: 214969 km²
Bevölkerung: 820000 E.
Sprache: Staatssprache ist Englisch
Religion: 40% Protestanten, 33% Hindus, 15% Katholiken, 9% Muslimen
Währung: 1 Guyana-Dollar = 100 Cents
Mitgliedschaften: UN, Commonwealth, Karibische Freihandelszone

Gyroskop

Guts-Muths, *Johann Christoph Friedrich,* dt. Pädagoge, 1759–1839; Geograph; Begr. der Schulgymnastik.
Guttapercha w, eingedickter Milchsaft v. südostasiat. G.bäumen; wie Kautschuk verarbeitet u. angewendet.
Guttemplerorden, Vereinigung gg. Alkoholismus, 1850 in New York gegr.; Anklänge an die Freimaurerei.
Guttural m (lat.), *Gaumenlaut,* Laut, der zw. Zungenrücken u. Gaumen gebildet wird (nicht Kehllaut): k, g, ch.
Gutzkow (: -ko), *Karl,* dt. Schriftsteller des „Jungen Deutschland", 1811–78; Romane, histor. u. soziale Dramen.
Guyana, ehem. *Britisch-Guayana,* seit 66 selbständige Rep. im Commonwealth. Ausfuhr: Bauxit, Manganerz, Zucker. – 1796 v. den Briten besetzt, 1814/1966 brit. Kolonie. – Staatsoberhaupt Linden F. S. Burnham (seit 80).
Guyot m (: güijo, frz.), im Pazif. Ozean unterseeische, abgeflachte Einzelberge vulkan. Ursprungs.
Gwalior, ind. Stadt in Madhya Pradesch, 407000 E.; Teppichweberei, Leder-, keram. Ind.; fr. Hst. des Ftm. G.
Gyges, um 680/652 v. Chr. Kg. v. Lydien; bekannt durch die Sage v. seinem unsichtbar machenden Ring, mit dessen Hilfe er Kg. Kandaules stürzte u. dessen Gemahlin gewann. – Drama v. ↗Hebbel.
Gymkhana s, ind. Reiterspiele; Geschicklichkeitsübung.
Gymnasium s (gr.), altgriech. Stätte der Gymnastik u. des wiss. Unterrichts, seit dem MA lat. Gelehrtenschule, seit dem Humanismus auch mit griech. u. hebr. Unterricht, seit 19. Jh. verbreitete Schule der abendländ. Bildungstradition. In der BRD seit 1955 Bz. für sämtl. zur Hochschulreife führenden höheren Schulen.
Gymnastik w (v. gr. *gymnós* = nackt), im antiken Griechenland Bz. für (ursprüngl. nackt betriebene) Leibesübungen jegl. Art; heute zweckgerichtete Bewegungen u. Übungen: a) *rhythm.* od. *reine G.,* die den Einklang des Seel.-Geistigen mit der Bewegung zum Ziel hat; b) funktionelle G., die der Gesunderhaltung od. Heilung des Organismus dient (*Heil-G., Kranken-G.* u. a.).
Gymnaestrada w (gr.), alle 4 Jahre stattfindende internationale Turn- u. Gymnastikspiele; erstmals 1953 in Rotterdam.
Gymnospermen (Mz., gr.), *Nacktsamer,* Blütenpflanzen mit eingeschlechtigen Blüten u. nicht v. Fruchtblättern umschlossenen Samen, hauptsächl. die Nadelhölzer. Ggs. ↗Angiospermen.
Gynäkologie w (gr.), Frauenheilkunde. *Gynäkologe,* Frauenarzt.
Györ (: djör), ungar. für ↗Raab.
Gyroantrieb, ein hochtour. schwerer Kreisel gibt, nach elektr. Antriebsphase, als mechan. Energiespeicher kinet. Energie zum Fahrzeugantrieb ab. **Gyrobus,** nutzt den ↗Gyroantrieb nach Umwandlung in elektr. Strom zum elektr. Antrieb v. schienen- u. oberleitungsfreien Fahrzeugen aus. **Gyroskop** s (gr.), v. ↗Foucault konstruierter Vorläufer des ↗Kreiselkompasses.

H

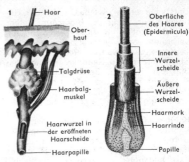

Haar: 1 Modell eines Haares in der Haut,
2 Schichten eines Haares u. seiner Wurzel

Dieter Haack

Luft →

Wasser- u.
Generator-
Gas-
erzeuger | Wasser-
Koks | dampf

Wasserstoff
Stickstoff
Kohlenmonoxid
(Kohlendioxid)
Schwefelwasserstoff

Gasbehälter
Wasserstoff
Stickstoff
Kohlendioxid
Kohlenmonoxid

Wasser ↓

Kohlendioxidwäscher

↓ Kupferlauge

Kohlenmonoxidwäscher

Ammoniakkontaktofen

Wasser ↓

Ammoniakwäscher

Stickstoff Ammoniak
Wasserstoff

**Haber-Bosch-
Verfahren**

H, chem. Zeichen für Wasserstoff. **h, 1)** Abk. für Stunde *(hora).* **2)** Abk. für ∕Hekto. **3)** Zeichen für ∕Plancksche Konstante. **ha,** Abk. für ∕Hektar.
Haack, *Dieter,* dt. Politiker (SPD), * 1934; seit 78 Bundes-Min. für Raumordnung, Bauwesen und Städtebau.
Haag *m,* niederländ. *Den H.,* amtl. *'s Gravenhage,* Residenzstadt der Niederlande, erstreckt sich mit Scheveningen bis zur Küste, 459 000 E.; Sitz der Reichsbehörden, des Parlaments, des Int. Gerichtshofs u. a. int. Rechts- und wiss. Institute; Museen.
Haager Friedenskonferenzen, die 1899 u. 1907 auf Anregung des Zaren Nikolaus II. in Den Haag abgehaltenen internationalen Konferenzen zur Verringerung der Kriegsgefahr. Hauptergebnisse: Schaffung des *Haager Schiedshofes* zur Beilegung v. Streitigkeiten zw. 2 Staaten, Abschluß v. Konventionen über das Kriegsrecht.
Haager Konventionen, 1) mehrere im Haag 1896, 1902 u. 1905 geschlossene internationale Abkommen privatrechtl. Inhalts über Verkehr mit ausländ. Gerichten, Eherecht, Entmündigungsrecht u. ä., Rechtsschutz für gewerbl. Muster u. Modelle. **2)** Abkommen v. 1954 auf Anregung der UNESCO zur Sicherung der Kulturgüter (Archive, Bibliotheken, Museen u. ä.) vor Zerstörung im Kriege.
Haakon (: hå-), Könige v. Norwegen: **H. IV. der Alte,** 1217/63; unterwarf Grönland u. Island. **H. VII.,** 1872–1957; dän. Prinz, 1905 nach Auflösung der Union mit Schweden zum Kg. gewählt.
Haan, rhein. Stadt n. w. von Solingen, 27 900 E.; Bergisches Landeskonservatorium.
Haar, 1) Horngebilde der ∕Haut, bei Säugetier u. Mensch, schützt gg. Kälte, Hitze u. mechan. Einwirkungen; Stärke, Form u. Farbe sind individuell u. rassenmäßig verschieden. Die Länge des H. beträgt bei Europäerinnen 60–80 cm, bei Negerfrauen 15–20 cm. Das längste u. kräftigste H. haben die Mongoliden. Bei den h.tragenden *Säugetieren* ist das H.kleid bes. in der gemäßigten u. kalten Zone dem Haar- u. oft auch dem Farbwechsel unterworfen. Man unterscheidet Woll-, Grund-H., längeres Grannen-, Deck-H., Borsten u. Stacheln u. das steife Tast-, Schnurr- u. Spür-H. um Mund, Nase, Augen u. Pfoten. (∕Pelztiere. **2)** H. auch Bz. für chitinöse Gebilde der „behaarten" Gliederfüßer. **3)** *Pflanzen-H.* (Trichom), verschieden gestaltete Ausstülpung der Oberhaut, setzt die Verdunstung (Edelweiß) herab, wehrt Schädlingen (Brenn-, Drüsen-H.), nimmt Nährstoffe auf (Wurzel-H.), klettert mit hakigem Ende (Klimm-H.). Techn. verarbeitet wird das bis 6 cm lange Samen-H. der Baumwolle.
Haar *w, Haarstrang m,* westfäl. Höhenzug, höchste Erhebung: Spitze Warte 389 m.
Haar, bayer. Gem. am Stadtrand v. München, 19 900 E.; elektrotechn. Industrie.
Haar der Berenike, kleines Sternbild des nördl. Himmels.
Haardt *w,* ∕Hardt.
Haargarn, grobes Garn aus Kuh-, Kälber-, Pferdehaaren für Teppiche.

1 ∕—Haar

Oberhaut

Talgdrüse

Haarbalgmuskel

Haarwurzel in der eröffneten Haarscheide

Haarpapille

2

Oberfläche des Haares (Epidermicula)

Innere Wurzelscheide

Äußere Wurzelscheide

Haarmark

Haarrinde

Papille

Haargefäße ∕Kapillaren.
Haarlem, Hst. der niederländ. Prov. Nordholland, 160 000 E.; kath. u. altkath. Bischof; F.-Hals-Museum; Blumenzucht, Baumwoll-Ind., Schiffs- u. Maschinenbau. **H.er Meer,** trockengelegter ehem. Binnensee zw. Leiden u. Amsterdam, 168 km²; Gemeinde H.er Meer mit 76 000 E.
Haarmücken, behaarte fliegenähnl. Mükken; *März-, Aprilfliege,* schwarz, bis 13 mm lang; *Garten-H.,* deren Larven Faserwurzeln abfressen.
Haarstern, *Seelilie,* kelchartiger, meist langgestielter u. am Meeresboden festsitzender ∕Stachelhäuter.
Haas, *Joseph,* dt. Komponist, 1879–1960; Erneuerer der kath. Kirchenmusik.
Habakuk, einer der 12 Kleinen Propheten des AT, verfaßte Ende des 7. Jh. v. Chr. das bibl. *Buch H.*
Habana ∕Havanna.
Habanera *w* (: aw-), kuban. Tanz im ²/₄-Takt.
Habe, *Hans,* öst. Schriftsteller u. Journalist, 1911–77; *Der Tod in Texas; Das Netz; Wie einst David; Die Mission; Palazzo.*
Habeas-Corpus-Akte, Gesetz in England (1679) u. USA (1787), wonach jede Verhaftung einer Person (corpus) auf Antrag binnen 3 Tagen v. Gericht auf ihre Rechtmäßigkeit untersucht werden muß.
Habemus Papam (lat. = wir haben einen Papst), Verkündigung der erfolgreichen Papstwahl durch den rangältesten Kardinaldiakon.
Haben, in der Buchführung rechte Seite des Kontos, für Ausgang bzw. Ertrag bei Sachkonto u. für Gutschrift bei Personenkonto (linke Seite ∕Soll).
Haber, *Fritz,* dt. Chemiker, 1868–1934; Nobelpreis 1918 für die Ammoniaksynthese aus Stickstoff- u. Wasserstoffgas, die er mit Karl ∕Bosch *(H.-Bosch-Verfahren)* zur wirtschaftlichsten Art, Luftstickstoff chem. zu binden, ausbaute.
Haberlandt, 1) *Gottlieb,* östr. Botaniker, 1854–1945; hervorragender Pflanzenphysiologe u. -anatom in Berlin. **2)** *Michael,* Bruder v. 1), östr. Ethnologe u. Volkskundler, 1860–1940.
Habicht, *Hühner-H.,* Tagraubvogel mit kurzen Flügeln u. langem Schwanz; auf der

Unterseite schwarz-weiße Querbänder. Geflügelräuber. **H.skraut,** *Hieracium,* gelber Köpfchenblütler, in vielen Arten überall verbreitet; von G. Mendel zu Erbversuchen benützt. **H.sschwamm,** *Rehpilz,* eßbarer Stachelpilz mit an Rehhaare erinnernden Stacheln. **H.swald,** Bergrücken westl. v. Kassel, im Hohen Gras 615 m hoch.

Habilitation w (lat.; Ztw. *sich habilitieren*), Erwerbung der Lehrberechtigung an einer Hochschule.

Habit m, s (lat.-frz.), Kleidung, Tracht.

Habitus m (lat.), äußeres Gebaren, Gewohnheit; *habituell,* gewohnheitsmäßig.

Habsburg, nach der Stammburg H. an der Aare benanntes dt. Herrschergeschlecht; urspr. Grafen im Elsaß mit Besitzungen im Breisgau u. in der Schweiz; 1273 wurde Graf ⁄ Rudolf v. Habsburg dt. König; er erwarb ⁄ Östr. u. die Steiermark. 1438/1806 waren die H.er (außer 1740/45) dt. Kaiser. Sie vermehrten ihre Hausmacht bes. durch Verträge u. Heiraten. Zur Zeit Ks. Karls V. († 1558) u. Ks. Ferdinands I. († 1564) gehörten den H.ern neben den dt. Erbländern (Östr., Steiermark, Kärnten, Krain, Tirol u. Vorder-Östr.) noch Burgund, die Niederlande, Spanien mit Kolonien, Mailand, Neapel mit Sizilien, Sardinien, Böhmen u. Ungarn. Das Geschlecht teilte sich 1556 in eine span. u. östr. Linie; die span. starb 1700 aus, die östr. erlosch 40 im Mannesstamm. Die habsburg. Erbtochter Maria Theresia begr. durch ihre Heirat mit Franz I. v. Lothringen das Haus H.-Lothringen, das bis 1918 in Östr.-Ungarn regierte. Chef des Hauses H. jetzt *Otto H.* (* 1912).

Hácha, *Emil,* 1872–1945; 1938/45 tschsl. Staats-Präs., v. Hitler zur Annahme des dt. Protektorats gezwungen.

Haché s (: asche, frz.), ⁄ Haschee.

Hachse, *Haxe, Hechse* w, bei Schlachttieren (Kalb, Schwein) Unterschenkel mit Sprunggelenk u. meist auch mit Fuß.

Hackbrett, Musikinstrument, dessen Saiten mit Klöppel geschlagen werden; Vorläufer des Klaviers; heute noch als *Cymbal* in Zigeunerkapellen.

Hacke, Handgerät zur Bodenlockerung u. Unkrautvernichtung. *Hackmaschinen* lockern zwischen mehreren Pflanzenreihen zugleich. *Hackfrüchte,* Pflanzen, deren Kultur gut gelockerten Boden u. somit wiederholtes Hacken erfordert u.: Kartoffeln, Rüben, Mais, Tabak u.a.

Haeckel, *Ernst,* deutscher Naturforscher, 1834–1919; bedeutend als Erforscher der wirbellosen Tiere; Vertreter der Lehre v. der tier. Abstammung des Menschen im Sinn des evolutionist. Materialismus. Seine populären *Welträtsel* haben nur noch historische Bedeutung.

Haecker, *Theodor,* dt. philosoph. u. kulturkrit. Schriftsteller, 1879–1945; gelangte v. Kierkegaard über Newman, die er übersetzte, 1921 zur kath. Kirche; *Christentum u. Kultur; Tag- u. Nachtbücher.*

Hacks, *Peter,* dt. Schriftsteller, * 1928; seit 55 in Ost-Berlin; v. Brecht beeinflußte Dramen, u.a. *Eröffnung des indischen Zeitalters; Der Müller von Sanssouci; Ein Ge-*

Kaiser Hadrian

Habicht

spräch im Hause Stein über den abwesenden Herrn von Goethe; Senecas Tod.

Häcksel m, obd. s, *Häckerling* m, auf der Häcksel- od. *Futterschneidmaschine* kurz geschnittenes Stroh, Heu od. Grünfutter.

Hadamar, hess. Stadt, 10 700 E.; Glasfachschule, Glas- u. Textilveredelungs-Ind.

Had(d)schi m (arab.), Mekkapilger.

Hadeln, *Land H.,* fruchtbare Marschlandschaft zw. Unterelbe u. Unterweser.

Hadersleben, dän. *Haderslev,* dän. Stadt in Nordschleswig, an der *H.er Förde,* 30 300 E.; ev. Bischof. Im MA eine der größten Städte Dänemarks; 1864/1920 preußisch.

Hades, *Pluton,* griech. Gott der nach ihm benannten Unterwelt.

Hadramaut, südarab. Randlandschaft; in den Oasen die Lehmstädte der sunnitischen *Hadrami;* 152 000 km², Hauptort Al Mukalla. Seit 67 Teil der VR Jemen.

Hadrian, 76–138; 117 röm. Ks., betrieb Friedenspolitik; Förderer v. Kunst u. Wiss. Sein Mausoleum die jetzige ⁄ Engelsburg.

Hadrian, 6 Päpste, u.a. **H. VI.,** 1459–1523; aus Utrecht; 1522 Pp.; Erzieher Karls V., erstrebte vergebl. Kirchenreform.

Hafelekarspitze w, Aussichtsberg nördl. v. Innsbruck, 2334 m hoch, Seilbahn.

Hafen, natürl. od. künstl. gebildeter u. geschützter Liegeplatz für Schiffe, mit Kai (Ufereinfassung), Lade- u. Löscheinrichtungen, Speichern, Tank- u. Gleisanlagen u.a. Die *H.anlage* richtet sich nach Zahl u. Größe der Schiffe, nach Wind- u. Strömungsverhältnissen u. nach hauptsächl. Verwendungszweck, z.B. als *See-* u. *Fluß-* od. *Öl-* u. *Fischerei-H.*

Hafer, *Avena,* echte Gräser mit rispenförm. Blütenständen. a) Unkraut: *Flug-H.,* auf Äckern lästig. b) Futtergräser: *Weichhaariger H., Wiesen-H.,* mit aufrechten Ähren. c) Getreide-H., mit hängenden Ähren: *Fahnen-H., Gemeiner H., Rispen-H.* Dieser dient als Grünfutter u. Körnerfutter, bes. für Pferde, sowie als *H.flocken, H.grütze, H.mehl* u.a. zur menschl. Ernährung. ☐ 325.

Haff s, *Lagune* w, hinter Nehrungen od. Inseln durch einmündende Flüsse ausgesüßter Strandsee, z.B. Frisches, Kurisches H.

Hafis, Beiname des pers. Nationaldichters Schems ed-Din Mohammed, um 1320–89; seine Trink- u. Liebeslieder beeinflußten Goethe.

Hafnium s, chem. Element, Zeichen Hf, seltenes, weiches Metall; Ordnungszahl 72. ☐ 148.

Haft, ist einfache Freiheitsentziehung. *Zwangs-H.* dient zur Herbeiführung pflichtwidrig versagter Handlungen, z.B. des Offenbarungseids. *Untersuchungs-H.* sichert die Strafverfolgung. Verschärfung des H.rechts durch Ges. vom 1972; Haftgründe: Wiederholungsgefahr, Fluchtgefahr u. Verdunklungsgefahr. *Schutz-H.,* an sich zum Schutz einer Person, politisch vielfach mißbraucht. *Straf-H.* ⁄ Freiheitsstrafe. **H.befehl,** richterl. Verfügung, die die H. einer Person anordnet; nur schriftlich.

Haftgläser ⁄ Kontaktlinsen.

Haftpflicht, die Verpflichtung zum ⁄ Schadensersatz; setzt im allg.en Verschulden

Hacke: 1 H.formen:
a Breit-, **b** Spitz-,
c Herz-, **d** Schwanenhals-, **e** Bügel-,
f Zieh-H.
2 urgeschichtliche H.:
a Hirschgeweih mit Sproß, **b** Stein-H.,
c durchbohrte Eisen-H.

Carl Hagenbeck

Otto Hahn

Hafen: 1 geschlossener Dockhafen, an Flußläufen oder Flußmündungen; **2** Reedehafen, künstlich geschaffener H. mit Molen u. Wellenbrechern; **3** Seehafen, als ausgebauter Naturhafen am offenen Meer

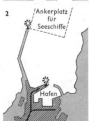

voraus, nicht jedoch bei ↗Gefährdungshaftung. **H.versicherung,** Versicherung aufgrund gesetzl. *Haftpflichtbestimmungen* privatrechtl. Inhalts. Versichert wird im allgemeinen nur H. aus Personen- u. Sachschaden; gesetzl. vorgeschrieben für jeden *Kraftfahrzoughalter. Privat-H.versicherungen* gg. Gefahren des tägl. Lebens. U.a. aus der Aufsichtspflicht über Minderjährige, als Dienstherr gegenüber dem Hauspersonal, als Hundehalter.

Haftpsychose w, seelische Wirkung der Haft: Wutanfälle, Depression, Teilnahmslosigkeit.

Haftung, Pflicht, für einen Schaden einzutreten, eventuell mit dem ganzen Vermögen (ausschließl. dem Existenzminimum), in Höhe der Verpflichtung, die aber durch Vertrag od. gesetzl. Bestimmung beschränkt sein kann. Gründe der H.: Vertrag, vorsätzl. od. fahrlässiges Verschulden bei Vertragsverletzung, in Einzelfällen ohne Verschulden, z.B. für Tiere, Kinder; erweiterte H. *(Gefährdungs-H.),* z.B. bei Unfällen durch Autofahren, die trotz Vorsicht eintreten können. Schadensersatzpflicht der Unternehmer bei Betriebsunfällen, der Eisenbahn usw. Der Fiskus, d.h. der Staat, haftet für einen Beamten, der in Amtsausübung eine zum Schadensersatz verpflichtende Handlung begangen hat.

Hagar, *Agar,* im AT Abrahams Magd u. Nebenfrau; Mutter seines Sohnes Ismael.

Hagebuche ↗Weißbuche. **Hagebutte,** rote Scheinfrucht (fleischige Blütenachse, welche die eigentl. Früchte umhüllt) der (wilden) Rose. Ergeben durch kurzes Einkochen ein vitaminreiches Mark *(Hägemark),* die leicht gerösteten Samenkörner einen schmackhaften Tee. **Hagedorn** ↗Weißdorn.

Hagedorn, *Friedrich v.,* dt. Schriftsteller, 1708–54; Anakreontiker.

Hagel, atmosphär. Niederschlag in Form v. Eiskörnern (oft haselnußgroß u. schalenförm.), meist bei Gewittern auftretend.

Hagelkorn, *Chalazion,* erbsengroße harte Entzündung im Augenlid.

Hagelschnüre, Eiweißstränge im Vogelei, die den Dotter in richtiger Lage halten.

Hagelstange, *Rudolf,* dt. Schriftsteller, *1912; Lyrik *(Venezianisches Credo),* Erz., Essays, Romane *Spielball der Götter, Der große Filou.*

Hagen, westfäl. Ind.-Stadt an der Mündung der Ennepe in die Volme, 221 000 E.; Fachhochschule, PH; bedeutende Stahl-, Eisen-, Elektro-, Nahrungsmittel- u. Textil-Ind.

Hagen v. *Tronje,* im Nibelungenlied der getreue Dienstmann der Burgunderkönige; erschlägt ↗Siegfried, wird im Hunnenland v. Kriemhild getötet.

Hagenau, frz. *Haguenau* (: ag^{e}no), unterelsäss. Krst., 24 000 E.; roman., got. u. Renaissance-Bauwerke; Hopfenbau.

Hagenbeck, *Carl,* dt. Tierhandler, 1844 bis 1913; begr. 1907 den Tierpark Stellingen bei Hamburg.

Haggai, der Prophet ↗Aggäus.

Hagia Sophia w, die Sophienkirche in Konstantinopel, das HW der ↗Byzantin. Kunst, 532/37 unter Ks. Justinian I. erb., 1453 Moschee, 1935 Museum. ☐ 138.

Hagiographie w (gr.), Lebensbeschreibung v. Heiligen; auch die Wiss., die sich mit diesen Beschreibungen (bes. Legenden) beschäftigt.

Häher, Rabenvogel mit buntem Gefieder. *Eichel-H.,* plündert Singvogelnester; *Tannen-H.,* lebt v. Fichtensamen u. Nüssen.

Hahn, 1) Absperrvorrichtung aus einem quer zur Leitung stehenden, hohlkegeligen Gehäuse. Gebräuchlich der Spindelhahn, Kükenhahn, Doppelventil-Auslaufhahn. **2)** das Männchen vieler Vogelgattungen, bes. der Hühnervögel (↗Huhn).

Hahn, 1) *Kurt Martin,* dt.-engl. Pädagoge, 1886–1974; seit 1920 Leiter des Landerziehungsheimes Salem (Bodensee), 33 Emigration nach Engl., 34 Gründung des Landerziehungsheimes Gordonstoun (Schottl.). Verbindung v. Wissensvermittlung u. Erziehung in der Gemeinschaft zu Selbstkontrolle, Initiative u. Hilfsbereitschaft. **2)** *Otto,* dt. Chemiker, 1879–1968; entdeckte das radioaktive Element Protaktinium u. die Isotope Mesothorium u. Radiothorium; 1938 erste Experimente über die Spaltung von Atomkernen durch langsame Neutronen; Nobelpreis 1944.

Hahnemann, *Samuel Friedr. Christian,* dt. Arzt, 1755–1843; Begr. der Homöopathie.

Hahnenfuß, Pflanzengattung, 250 Arten, meist gelbblühend. *H.gewächse, Ranunculaceen,* Kräuter od. Stauden, z.T. giftig.

Hahnenkamm, *Celosia,* Zierpflanze mit hahnenkammartigem Blütenstand.

Hahnenklee-Bockswiese, niedersächs. Wintersportplatz u. Luftkurort im Oberharz, 610 m ü.M.; Stadtteil v. Goslar.

Hahnentritt, 1) Zucken des Fußes beim Pferd infolge Sehnenverkürzung. **2)** Farbmusterung in Geweben.

Hahnium, 1970 entdecktes, künstl. chem. Element, Zeichen Ha, Ordnungszahl 105. ☐ 148.

Haidarabad, *Hyderabad,* **1)** 1950/56 ind. Bundesstaat, wurde auf die Nachbarstaaten Bombay (Maharaschtra), Maisur u. Andhra Pradesch aufgeteilt. **2)** ehem. Hst. von 1), seit 1956 Hst. v. Andhra Pradesch, 1,8 Mill. E.; Univ.; kath. Erzb. **3)** Stadt in SW-Pakistan, am Indus, 630 000 E.; Univ.; kath. Bischof; Kunstgewerbe.

Haiducken, *Heiducken* (Mz.), **1)** fr. irreguläre ungar. Truppen. **2)** Freischärler im Kampf gg. die Türken. **3)** Lakaien, Diener.

Haifa, Hafen- u. Handelsplatz Israels, Verkehrs- u. Ind.-Zentrum; chem. u. Nahrungs-

Haie: 1 Dornhai, **2** Hammerhai, **3** Katzenhai, **4** Menschenhai

Kaiser Haile Selassie

Haiti
Amtlicher Name:
République d'Haïti
Staatsform:
Republik
Hauptstadt:
Port-au-Prince
Fläche:
27 750 km²
Bevölkerung:
4,9 Mill. E.
Sprache:
Amtssprache ist Französisch; Umgangssprache: Kreolisch
Religion:
90% Katholiken, 7% Protestanten, Anhänger des Voodoo-Kultes
Währung:
1 Gourde
= 100 Centimes
Mitgliedschaften:
UN, OAS

O. H. Hajek: „Raumknoten 64" (Bronze)

mittel-Ind., Raffinerien, Pipeline aus Elat; 230 000 E.; TH, Univ., Theater.
Hai(fisch), gefräß. Räuber mit knorpel. Skelett, unterständ. Maul u. mehreren Reihen scharfer Zähne; legt Eier od. gebiert lebende Junge. *Katzenhai, Dornhai* (eßbar), *Riesenhai* (bis 15 m lang), dem Menschen gefährl. sind *Blau-* od. *Menschenhai* u. *Hammerhai.* H.e liefern Tran, Leim, Fischmehl, Öl, Haut für Leder.
Haile Selassie, Ks. *(Negus Negesti* = Kg. der Kg.e)* v. Äthiopien, 1892–1975; 1916 durch Staatsstreich Regent, 28 zum Ks. proklamiert; 36/41 im Exil; 74 entmachtet.
Haimonskinder, 4 Söhne des Grafen Haimon, kämpften nach der Sage gg. Karl d. Gr.; Volksbuch, bearbeitet u. a. von Tieck, Simrock, Schwab.
Hainan, chinesische Insel, an der Südküste Chinas; gebirgig, waldreich; Anbau von Zuckerrohr, Reis; Zinn; 35 000 km².
Hainbuche ↗Weißbuche.
Hainbund ↗Göttinger Dichterbund.
Hainichen, sächs. Krst. im Bez. Karl-Marx-Stadt, 11 000 E.
Hainleite *w,* Teil der thüring. Muschelkalkplatte, in der Wetterburg 464 m.
Haiphong, Hst. u. größter Hafen v. Tongking, in Nordvietnam, am Delta des Roten Flusses, 1,2 Mill. E.
Haithabu, bedeutender Handelsplatz der Wikinger bei Schleswig; um 800 gegründet, 1066 endgültig zerstört.
Haiti, 1) auch *Hispaniola,* zweitgrößte Insel der Großen Antillen, im Karib. Meer, 77 388 km²; polit. aufgeteilt in die Rep. H. [↗ 2)] im W u. die ↗Dominikan. Rep. im O. **2)** Rep. im wirtschaftl. gutentwickelten westl. Teil der Insel H. Anbau u. Ausfuhr v. Bananen, Kaffee u. Sisal, in den Küstenebenen Zuckerrohr (Rum), Baumwolle u. Kakao. – 1492 v. Kolumbus entdeckt, die erste span. Kolonie in Amerika; der W der Insel wurde 1697, der O 1795 frz.; 1803 wurde die Insel unabhängig, 44 machte sich der östl. Hälfte als Dominikanische Republik selbständig; wegen anarch. Zustände 1915/34 Besetzung der Insel durch die USA. Seit 56 mehrfach Militärputsche, Unruhen u. Aufstände. – Staats-Präs. u. Regierungschef Jean-Claude Duvalier (seit 71).
Hajek, *Otto Herbert,* dt.-böhm. Bildhauer, * 1927; abstrakte Metallplastiken.
Hakenkreuz, *Swastika,* ein Kreuz, dessen 4 Balken rechtwinklig abgebogen sind; ethnologisch bes. als Sonnenzeichen; nat.-soz. Partei- u. Hoheitszeichen. ☐ 515.
Hakenwurm, Fadenwurm in feuchtwar-

mem Klima, der die *H.krankheit (Gruben-, Tunnelkrankheit)* verursacht.
Hakodate, Haupthafen der japan. Insel Hokkaido, 310 000 E.; Werften Eisenindustrie.
Håkon (norweg. u. schwed.) ↗Haakon.
Halali, ein Jagdsignal; *kleines H.* bei Jagdende, *großes H.* beim Tod eines Jägers.
Halbaffen, *Prosimier,* baumbewohnende affenähnliche Tiere; trop. Afrika (bes. Madagaskar), Südasien, z. B. *Maki, Fingertier.*
Halbe, *Max,* dt. Schriftsteller, 1865–1944; war bes. mit seinen stimmungshaften Dramen *(Jugend, Der Strom)* erfolgreich.
Halberstadt, Krst. im Bez. Magdeburg, 47 000 E.; roman. Liebfrauenkirche (12. Jh.), got. Dom (12./15. Jh.).
Halbfabrikat, Ind.-Erzeugnis zw. Rohstoff u. Fertigware, das noch weiter ver- oder bearbeitet wird.
Halbflügler ↗Wanzen. **Halbkugel,** *Hemisphäre,* Hälfte der Erd- u. Himmelskugel.
Halbleinen ↗Leinwand. **Halbleiter,** Stoffe, deren elektr. Leitfähigkeit zw. der der metall. Leiter u. der der Isolatoren liegt u. mit zunehmender Temperatur u. Verunreinigung bzw. Zusätzen stark zunimmt. Die elektr. Leitung erfolgt durch Ionen-(p-) bzw. Elektronen-(n-)Leitung. Wichtig als Sperrschichtgleichrichter, Dioden, Verstärker (Transistoren), Photozellen usw.; sind Grundlage der modernen Verstärkertechnik. **halbmast,** die Flagge nur halb aufgezogen; zum Zeichen der Trauer. **Halbmesser,** *Radius,* Hälfte des Durchmessers bei Kreis u. Kugel. **Halbmetalle,** Arsen, Antimon, Germanium, Selen, Tellur, Wismut. **Halbmittelgewicht** ↗Gewichtsklassen. **Halbmond, 1)** Phase zw. Neu- u. Vollmond. **2)** Wahrzeichen des türk. Reichs u. des Islams, meist mit Stern. Der *Rote H.* entspricht dem ↗Roten Kreuz. **Halbschwergewicht** ↗Gewichtsklassen. **Halbstarke,** Jugendliche, die sich aus Geltungstrieb u. innerer Unausgeglichenheit zu provozierenden, teils auch kriminellen Handlungen hinreißen lassen. **Halbweltergewicht** ↗Gewichtsklassen. **Halbwertszeit,** Maß für die Zerfallsgeschwindigkeit, die Zeit, in der die Hälfte radioaktiver Atomkerne zerfallen ist; ↗Radioaktivität. **Halbzeug,** rohe u. vorgewalzte Blöcke, Knüppel zur Weiterverarbeitung.
Haldane (: hǻlde'n), *Richard Burdon,* 1856 bis 1928; 1905/11 brit. Kriegsmin. (Liberaler), 12/15 u. 24 Lordkanzler.

Halbwertszeiten technisch wichtiger Isotope

Z = Halbwertszeit   S = Strahlung

Isotop	Z		S
Schwefel 35	87	Tage	β
Promethium 116	2,6	Jahre	β
Thallium 204	3,9	Jahre	β
Ruthenium 106	1	Jahr	β, γ
Natrium 24	15	Stunden	γ
Lanthan 140	40	Stunden	γ
Kobalt 60	5,3	Jahre	γ
Caesium 137	33	Jahre	γ
Americium 241	470	Jahre	γ

Haldensleben, Krst. im Bez. Magdeburg, am Mittellandkanal (Hafen), 20000 E.
Halder, *Franz,* dt. Generaloberst, 1884 bis 1972; 1938/42 Generalstabschef des Heeres, 44/45 als Mitgl. der Widerstandsbewegung im KZ.
Haleb, arab. für ↗Aleppo.
Halfa w (arab.), der ↗Esparto.
Halfter, Pferdezaum ohne Gebiß.
Halifax (: hälifäx), **1)** engl. Stadt-Gft. in Westriding, 93000 E.; Zentrum der engl. Kammgarn- u. Woll-Ind. **2)** Hst. der kanad. Prov. Neuschottland, 118000 E.; kath. Erzb. anglikan. Bischof; Univ.; größter kanad. Passagierhafen; Endpunkt transatlant. Kabel.
Halifax (: hälifäx), *Edward Frederick* Earl of, 1881–1959; 1926/31 Vize-Kg. v. Indien, 38/40 brit. Außenmin., unterstützte die Friedenspolitik Chamberlains; 40/46 Botschafter in den USA.
Halikarnassos, heute *Bodrum,* alte griech. Küstenstadt in Kleinasien, mit ↗Mausoleum; Geburtsort Herodots.
Hall, 1) ↗Schwäbisch Hall. **2)** *Hall in Tirol,* 10 km östl. v. Innsbruck, 13000 E.; Saline mit Sudwerk. **3)** *Bad H.,* Heilbad in Ober-Östr., 4000 E.; Jodbromsolquellen.
Halle, 1) *H. an der Saale,* Hst. des *Bez. H.,* am SW-Rand der Leipziger Bucht u. an der Saale (Hafen), 233000 E.; Univ., Hochschule für Theater u. Musik, Hochschule für industrielle Formgestaltung; Akademie der Naturforscher (Leopoldina), Franckesche Stiftungen (soziale u. caritative Einrichtungen); Solbad, Salzgewinnung, vielseitige Ind. **2)** *H.-Neustadt,* seit 64 neu gebaute Wohnstadt westl. v. 1), 92000 E. **3)** *H. (Westfalen),* Stadt am Fuß des Teutoburger Waldes, 18500 E.; Süßwarenfabriken.
Hallein, salzburg. Salinenstadt, an der Salzach, 15000 E.; Solbäder, Salzbergwerk, Zellulose-, Marmor-Ind.
Halleluja ↗Alleluja.
Hallenkirche, hat (meist drei) Schiffe mit gleich hohem Gewölbe, v. Satteldach überdeckt; bes. in der dt. Gotik.
Haller, 1) *Albrecht v.,* Schweizer Arzt, Naturforscher, Dichter, 1708–77; Schöpfer der experimentellen Biologie; Lehrgedicht *Die Alpen.* **2)** *Johannes,* deutscher Historiker, 1865–1947; HW: *Das Papsttum.* **3)** *Karl Ludwig,* Enkel v. 1), 1768–1854; Staatsrechtslehrer in Bern; vertrat den Patrimonialstaat.
Hallertau, *Holledau,* bayer. Hopfenanbaugebiet zw. Ilm u. Laaber.
Halley (: häl¹), *Edmund,* engl. Astronom, 1656–1742; entdeckte die 76jähr. Umlaufsdauer des *H.schen Kometen.*
Halligen (Mz.; Ez. die *Hallig),* Restinseln des zerstörten Marschlandes im Wattenmeer Schleswigs; teilweise auf Hügeln *(Warften);* Viehzucht, Fischerei.
Hallimasch *m,* ein Speisepilz v. säuerl. Geruch, oft an Baumstämmen. ☐ 750.
Halloren, Arbeiter in den Salzwerken v. Halle/Saale; Salzwirkerbrüderschaft mit eigener Sitte u. Tracht.
Hallstatt, oberöstr. Markt u. Kurort am *Hallstätter See* (8,58 km², bis 125 m tief), 1500 E.; seit alters Salzbergbau. **H.-Zeit,** die ältere

↗Eisenzeit, in Mitteleuropa um 850/450 v.Chr.; ben. nach H., bei dem ein Gräberfeld aus dieser Zeit gefunden wurde.
Hallstein, 1) *Ingeborg,* dt. Sängerin, * 1937; Koloratursopranistin; interpretiert auch zeitgenöss. Musik. **2)** *Walter,* dt. Jurist u. Politiker, * 1901; 50 Staatssekretär im Bundeskanzleramt, 51 im Auswärtigen Amt, 58–67 Präs. der Hohen Kommission der EWG. **H.-Doktrin,** erstmals 1955 verkündeter außenpolit. Grundsatz der BRD, wonach diese die einzige legitime Vertretung des dt. Volkes ist (Alleinvertretungsanspruch) u. allen Staaten mit Abbruch der diplomat. Beziehungen droht, die die DDR völkerrechtl. anerkennen (ausgenommen die Beziehungen zur UdSSR). Seit 1967 aufgegeben.
Halluzination *w* (lat.), Sinnestäuschung; Wahrnehmung ohne entsprechenden äußeren Reiz (anders ↗Illusion); am häufigsten Gesichts- u. Gehör-H. (Visionen u. „Stimmen"); vielfach bei Geisteskranken.
Halma *s* (gr.), Spiel auf einem Brett v. 17×17 Feldern mit je 19 (bei 2 Spielern) bzw. mit je 13 Steinen (bei 4 Spielern).
Halmfliegen, Getreideschädlinge, Maden bis 6 mm lang. **Halmfrüchte,** das ↗Getreide.
Halmstad, Hst. des schwed. Läns Halland, 75300 E.; Schiffswerft.
Halo *m* (gr.), ein Ring um Sonne u. Mond; durch Brechung des Lichts in den Eiskristallen hoher Cirruswolken.
Halogen *s* (gr.), *Salzbildner,* Fluor, Chlor, Brom, Jod u. Astatin; bilden mit Metallen Salze.
Halogenlampe, *Jodlampe,* Glühlampe mit hoher Lichtstärke (für Projektoren u. Scheinwerfer) bei relativ kleiner Bauform. Entscheidend ist der Halogen-(Jod-)Wolfram-Kreislauf, der das Niederschlagen des vom Glühfaden verdampften Wolframs verhindert.
Halophyten (Mz., gr.) ↗Salzpflanzen.
Hals, verbindet Kopf mit Rumpf; beim Menschen mit 7 H.wirbeln, Schlund, Speiseröhre, Schilddrüse, Luftröhre, H.schlagadern, Kehlkopf, inneren Drosselvenen, 8 H.nerven. *H.krankheiten:* H.entzündung

Hallenkirche (Querschnitt)

Hallstattkultur: Bronzevase (aus einem Grabhügel bei Grächwil, Kt. Bern)

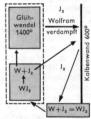
Halogenlampe: der regenerative Kreisprozeß zw. dem an der Wendel verdampfenden Wolfram und der im Kolben befindlichen Jodatmosphäre

F. Hals: Schützenstück (Schützenmahlzeit der St.-Georgs-Gilde)

(Angina, Diphtherie od. Krupp), Rachenkatarrh, Kehlkopfkrebs, Kropf, Schiefhals usw.
Hals, *Frans,* holländ. Maler, 1580–1666; Meister des Bildnisses, des Schützen- u. Regentenstückes. ☐ 367.
Halsbandaffäre, 1784/86 Skandalaffäre am frz. Hof, die die Königin Marie-Antoinette schuldlos in schlechten Ruf brachte.
Hälsingborg (: -rj), fr. *Helsingborg,* südschwed. Hafenstadt an der engsten Stelle des Sunds (Eisenbahnfähre nach Helsingör), 101 200 E.
Halstenbek, holstein. Gem. am NW-Rand von Hamburg, 14 800 E.
Haltern, westfäl. Stadt an der Lippe, am Lippe-Seitenkanal und am *H.er Stausee,* 30 600 E.; Ausgrabungen römischer Anlagen *(Aliso).*
Halver, westfäl. Stadt im Sauerland, 15 400 E.; Werkzeuge, metallverarbeitende Ind.
Ham ↗Cham.
Hama, syr. Stadt am Orontes, 140 000 E.; Woll- und Lederindustrie.
Hamadan, iran. Stadt im westl. Iran, 156 000 E.; Marktort für Teppiche, Lederwaren, Wolle.
Hamamatsu, japan. Hafenstadt auf Hondo, 470 000 E.; Textil-Industrie, Teeausfuhr.
Hamamelis w, *Zauberhasel,* Strauch mit haselnußähnl. Blättern; Heilpflanze; blühen schon im Januar.
Hämangiom s (gr.), ↗Blutschwamm.
Hamann, *Johann Georg,* dt. Religionsphilosoph, 1730–88; „Magus des Nordens", in Königsberg; überwand die Aufklärung durch die v. ihm erlebten Werte des Sinnlichen u. des Irrationalen u. durch Wiedererkennung der christl. Offenbarung.
Hämatit m, ein dunkles Mineral, Eisenglanz, Roteisenstein, Fe_2O_3.
Hämatologie w (gr.), Lehre v. Blut u. den Blutkrankheiten.
Hämatom s (gr.), ↗Bluterguß.
Hämatoxylin s (gr.), farbloser Stoff aus Blauholz, oxydiert zum natürl. Beizenfarbstoff *Hämatein.*
Hambacher Fest, 17. 5. 1832, Massenkundgebung des süddt. radikalen Liberalismus auf der Kästenburg bei Hambach (Pfalz); führte zu Beschlüssen des Bundestags gg. Presse- u. Versammlungsfreiheit.
Hamburg, amtl. *Freie und Hansestadt H.,* Land der BRD (747,5 km²), größter dt. Hafen, nach Berlin mit 1,7 Mill. E. zweitgrößte dt. Stadt. H. liegt beiderseits der Unterelbe, die bis hier für große Seeschiffe befahrbar ist. 130 km v. der Elbmündung entfernt, verdankt es seine Bedeutung dem großen Hinterland, das bis zum 2. Weltkrieg bis nach Oberschlesien u. zur Tschechoslowakei reichte. – Hoch- u. U-Bahn, Sitz des Norddt. Rundfunks, Univ., mehrere andere Hochschulen, Dt. Hydrograph. Institut, Weltwirtschaftsarchiv, Museen, Theater; Börse. Um den 7500 ha großen Hafen (Gesamtumschlag 1979: 61,3 Mill. t) siedelte sich eine vielseit. Veredlungs-Ind. an: Werften, elektrotechn. u. Maschinen-Ind., chem. und Gummifabriken, Lebensmittel-Ind. – Nach 800 als sächs. Gauburg gegr., 831 Erzbistum (seit 847 H.-↗Bremen); Mitgl. der Hanse. 1510 Freie Reichsstadt; kam 1815 als freie

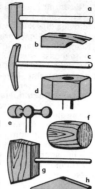

Hammer: **a** Hand-, **b** Latten-, **c** Tapezierer-, **d** Vorschlag-, **e** Schlosser-H., **f** Possekel, **g** Klüpfel, **h** Sicken-H.

Hansestadt zum Dt. Bund, 66 zum Norddt. Bund, dann zum Dt. Reich.
Hameln, niedersächs. Krst. an der Weser (Hafen), 59 500 E.; Bürgerhäuser in Weserrenaissance (Rattenfängerhaus, Hochzeitshaus); Mühlen, Teppichfabrik.
Hamen m, ↗Kescher.
Hamilkar Barkas, karthag. Feldherr, Vater Hannibals; im 1. Pun. Krieg Oberfeldherr in Sizilien; eroberte Südspanien, fiel 229 v. Chr.
Hamilton (: häm'ltᵉn), **1)** kanad. Hafenstadt am Ontariosee, 313 000 E.; Univ.; kath. Bischof; bedeut. Eisen-Ind. **2)** Hst. der schott. Gft. Lamark, am Clyde, 46 000 E.; Bergbau (Kohle, Eisenerz),
Hamilton (: häm'ltᵉn), **1)** *Alexander,* 1757 bis 1804; Sekretär Washingtons, Föderalist. **2)** *Lady H.,* 1765–1815; Gattin des engl. Diplomaten William H., berühmte Schönheit, Geliebte Nelsons. **3)** *Sir William,* engl. Philosoph, 1788–1856; vertrat den Idealismus der schott. Schule.
Hamiten (Mz.), nach ↗Cham (Ham) benannte Völkerfamilie in Nord-, Ost- u. Südafrika. v. den Negern unterschieden (u. a. die Galla, Somali).
Hamlet, sagenhafter dän. Prinz; Drama v. Shakespeare.
Hamm, westfäl. kreisfreie Ind.-Stadt an der Lippe, 172 000 E.; östl. Endpunkt des Lippe-Seitenkanals (Hafen), großer Verschiebebahnhof; Thermalbad *(Bad H).*
Hammada w (arab.), Steinwüste.
Hammarskjöld (: -ßchöld), *Dag,* 1905–61; 51 stellvertretender schwed. Außenmin., seit 53 UN-Generalsekretär; 61 Friedensnobelpreis.   [12 700 E.
Hammelburg, bayer. Stadt in Unterfranken, **Hammelsprung,** Art der ↗Abstimmung; Verlassen des Sitzungssaals u. Wiederbetreten durch 3 verschiedene Türen (für Ja, Nein u. Stimmenthaltung).
Hammer, 1) Werkzeug aus Eisen (Stahl) od. anderen Werkstoffen, als *Hand-H.* od. *Maschinen-H.* (Luft-, Dampf-, Feder-H.). **2)** Schleudergerät beim ↗Hammerwerfen.
Hammerbrecher, Maschine zum Grobzerkleinern v. Erz, Kohle, Steinen.
Hammerfest, norweg. Hafenstadt, nördlichste Stadt Europas, auf der Insel Kvalö, 6500 E.; Eismeerfischerei.

Hamburg

Regierungen von Hamburg	1. Bürgermeister	Regierungsparteien
seit 13. 8. 1945	R. H. Petersen (CDU)	CDU, SPD, FDP
seit 15. 11. 1946	M. Brauer (SPD)	SPD, FDP
seit 24. 2. 1950	M. Brauer (SPD)	SPD
seit 2. 12. 1953	K. Sieveking (CDU)	CDU, FDP, DP
seit 4. 12. 1957	M. Brauer (SPD)	SPD, FDP
seit 1. 1. 1961	P. Nevermann (SPD)	SPD, FDP
seit 13. 12. 1961	P. Nevermann (SPD)	SPD, FDP
seit 9. 6. 1965	H. Weichmann (SPD)	SPD, FDP
seit 28. 4. 1966	H. Weichmann (SPD)	SPD
seit 22. 4. 1970	H. Weichmann (SPD)	SPD, FDP
seit 18. 1. 1971	P. Schulz (SPD)	SPD, FDP
seit 30. 4. 1974	P. Schulz (SPD)	SPD, FDP
seit 12. 11. 1974	H.-U. Klose (SPD)	SPD, FDP
seit 28. 6. 1978	H.-U. Klose (SPD)	SPD
seit 24. 6. 1981	K. von Dohnanyi (SPD)	SPD

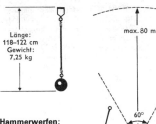

Länge:
118–122 cm
Gewicht:
7,25 kg

max. 80 m

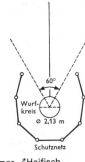

60°

Wurf-
kreis

ø 2,13 m

Schutznetz

Hammerwerfen:
oben Hammer zum
Hammerwerfen. Der H.
besteht aus einer
Metallkugel, dem Stiel
(aus Stahldraht oder
Drahtseil) und Griff;
rechts Wurfanlage

Hammerfisch, Hammer-↗Haifisch.
Hammerhuhn ↗Großfußhühner.
Hammerschlag, das beim Schmieden v.
Eisen abspringende Eisenoxid Fe_3O_4, der
Zunder.
Hammerstein (: häm[er]-), *Oscar,* am.
Schriftsteller, 1895–1960; Texte zu zahlr.
Musicals, u. a. *Oklahoma; Der König und
ich; South Pacific.*
Hammerwerfen, leichtathlet. Wurfdisziplin:
der Werfer faßt den Hammer mit beiden
Händen, bringt ihn im Wurfkreis in kreisende Bewegung um seinen Körper, geht
selbst in Drehung über u. verstärkt so den
Abwurfschwung.
Hammond (: häm[e]nd), Stadt am Michigansee (Indiana, USA), 110000 E.; Großschlachtereien, Stahlwerke.
Hammond-Orgel (: häm[e]nd-), elektro-akust.
Tasteninstrument, v. dem Amerikaner
Hammond (1935) erfunden.
Hammurapi, *Hammurabi,* Kg. v. Babylonien, 1793/50 v. Chr.; fügte die Stadtstaaten
an Euphrat u. Tigris zu einem Einheitsstaat
zus.; seine Gesetze, die älteste Rechtssammlung der Welt, aufgezeichnet auf einer 1902 aufgefundenen Gesetzessäule,
sind in manchem dem wesentl. jüngeren
Gesetz des AT ähnlich, obwohl direkter Einfluß darauf nicht anzunehmen ist.
Hämoglobin *s* (gr.), roter, eisenhalt. Farbstoff der roten Blutkörperchen; besteht aus
Globin (Protein) und dem eisenhalt. *Häm*
(Farbstoff); für Atmung (Sauerstofftransport) unentbehrlich.
Hämolyse *w* (gr.), Auflösung roter Blutkörperchen. **Hämophilie** *w,* ↗Bluterkrankheit.
Hämorrhagie *w,* ↗Blutung. **Hämorrhoiden**

(Mz.), Venenknoten des unteren Mastdarms
am After; entstehen durch Bindegewebsschwäche u. infolge Blutstauung; verursachen Blutungen u. Schmerzen.
Hampton (: hämpt[e]n), *Lionel,* am. Jazzmusiker, * 1913; vor allem Vibraphonist, seit 40
mit eigener Bigband.
Hamster, Nagetier mit großen Backentaschen; bewohnt selbstgegrabenen Bau;
speichert für den Winter bis 50 kg Getreide,
Bohnen, Erbsen.
Hamsun, *Knut,* norwegischer Dichter,
1859–1952; seine Romane schildern extrem
individualist. Menschen u. künden eine
heidn. getönte Naturreligion; heftige Kritik
an der modernen Zivilisation; trat im Alter
für den Nat.-Soz. ein (nach dem Krieg zu
seiner Verteidigung: *Auf überwachsenen
Pfaden*); 1920 Lit.-Nobelpreis. *Hunger, Mysterien, Pan, Victoria. Schwärmer, Segen
der Erde.* Seine Frau *Marie H.* (1881–1969)
auch Schriftstellerin; u. a. *Die Langerudkinder.*
Hanau, hessische Kreisstadt an der Mündung der Kinzig in den Main (Hafen), 86000
E.; Marienkirche (13./15. Jh.); Schloß (17./
18. Jh.); Schmuck-Ind., Diamantenschleiferei, Gummiwerke.
Hanauerland, mittelbadische Landschaft;
Hauptort Kehl; Acker- u. Tabakbau.
Hand, Endteil des Armes beim Menschen
bzw. der Vordergliedmaßen bei den meisten Wirbeltieren; gliedert sich in *H.wurzel,
Mittel-H.* u. *Finger.*
Handball, Ballspiel, bei dem der Ball mit der
Hand u. dem übrigen Körper (außer Unterschenkel u. Fuß) gespielt werden darf (den
Torwart ausgenommen). Spieldauer 2 × 30
Min. (Frauen-H.: 2 × 20 Min.). *Feld-H.:* 2
Mannschaften zu je 11 Spielern (5 Stürmer,
3 Läufer, 2 Verteidiger, Torwart). *Hallen-H.:*
Spielfeld 15/25 × 30/50 m, je 7 Spieler.
Handel, die in jeder Verkehrswirtschaft notwend. Vermittlung v. Gütern, vor allem als
Bindeglied zw. Produktion u. Verbrauch.
Man unterscheidet *Waren-H.* mit bewegl.
Sachgütern; *Grundstücks-H. (Immobilien-
H.),* den gewerbsmäßigen Kauf u. Verkauf
v. Grundstücken u. Häusern; *Effekten-H.* mit
Wertpapieren; ↗*Groß-H.,* ↗*Einzel-H.;* oft
noch *Zwischen-H.* eingeschaltet. Ferner: *Ei-
gen-H.* eines Kaufmanns auf eigene Gefahr
u. mit eigenen Mitteln, im Ggs. zum *Kom-
missions-H.* im eigenen Namen, aber für
fremde Rechnung; ↗*Binnen-H.,* ↗*Außen-
H. Welt-H.* ist der H. aller Länder.
Händel, *Georg Friedrich,* dt. Komponist,
1685–1759; seit 1711 in London (Hofkomponist). Sein Stil ist am it. Barock geschult,
festl.-prunkvoll. H. neigte bes. der musikal.
Dramatik zu (42 Opern, u. a. *Julius Cäsar,
Xerxes*). Über 30 Oratorien (bes. *Messias*),
12 Concerti grossi, Wasser- u. Feuerwerkmusik, Kammermusik, Orgelkonzerte.
Handel-Mazzetti, *Enrica* Freiin v., östr.
Schriftstellerin, 1871–1955; Novellen, histor. Romane mit vorwiegend religiöser
Thematik; *Meinrad Helmpergers denkwürdiges Jahr, Jesse u. Maria, Stephana
Schwertner*
Handelsabkommen, meist kurzfristige zwi-

Hammurapi:
Gesetzesstele (schwarzer Basalt), 1. Hälfte
18. Jh. v. Chr. (über
dem Gesetzestext
Hammurapi, betend
vor Marduk)

Fingerknochen

Mittelhand-
knochen

Handwurzelknochen

Speiche   Elle

Hand: Bezeichnungen
der Knochen des
H.skeletts

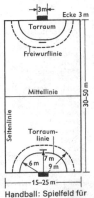

3 m

Ecke 3 m

Torraum

Freiwurflinie

Mittellinie

Seitenlinie

30–50 m

Torraumlinie

7 m

6 m   9 m

15–25 m

Handball: Spielfeld für
Hallen-H.

E. Handel-Mazzetti

Georg Friedrich Händel

schenstaatl. Vereinbarung über den Waren-, Dienstleistungs- u. Zahlungsverkehr, im Unterschied z. langfristigen ⁄Handelsvertrag. **Handelsagent** ⁄Handelsvertreter. **Handelsbilanz,** a) die Bilanz des selbständigen Kaufmanns, nach den Vorschriften des Handelsrechts; Grundlage für die ⁄Steuerbilanz. b) im Ggs. zur ⁄Zahlungsbilanz das Verhältnis des Wertes der Wareneinfuhr zur Warenausfuhr eines Landes. **Handelsbräuche** ⁄Usancen. **Handelsbücher,** muß jeder Vollkaufmann in ordnungsgemäßer Buchführung halten u. 10 Jahre aufbewahren. **Handelsgericht,** eine Abt. des Landgerichts *(Kammer für Handelssachen).* **Handelsgeschäfte** richten sich nach den Vorschriften des HGB u. des BGB; meist Grundsatz der Formfreiheit. **Handelsgesellschaft,** rechtl. Vereinigung mehrerer Personen zu einer wirtschaftl. Unternehmung: OHG, KG, AG, KG auf Aktien, GmbH. Der Unterschied liegt in Art u. Umfang der Haftung. **Handelsgesetzbuch** (HGB) ⁄Handelsrecht. **Handelsgewerbe,** jedes wirtschaftl. Unternehmen mit kaufmänn. Geschäftsbetrieb, das im Handelsregister eingetragen ist (Warengeschäft, Bank, Fabrik). **Handelshochschulen,** *Wirtschaftshochschulen,* ältere Bz. der fr. selbständigen, heute meist als wirtschaftswiss. Fakultäten den Univ.en angegliederten Ausbildungsstätten zum Dipl.-Handelslehrer u. Dipl.-Kaufmann; verleihen Doktorgrad der Betriebswirtschaft. **Handelskammer** ⁄Industrie- u. H. **Handelskauf,** Kauf im Zshg. mit dem Betrieb eines Handelsgewerbes; u.a. Sondervorschriften für die Gewährleistung. **Handelskompanien,** große Gesellschaften im 17. u. 18. Jh., die unter staatl. Schutz den Handel nach neuentdeckten Ländern besorgten u. Kolonien anlegten, die sie selbst verwalteten. **Handelskrieg,** *Wirtschaftskrieg,* Maßnahmen eines Staates zur wirtschaftl. Benachteiligung eines anderen Staates (durch Kampfzölle, Blockade u.a.). **Handelsmakler,** vermittelt gewerbsmäßig Verträge über Anschaffung od. Veräußerung v. Waren usw.; ist selbständiger Kaufmann, nimmt die Interessen beider Parteien wahr. **Handelsmarke,** ein ⁄Warenzeichen. **Handelsorga-**

nisation ⁄HO. **Handelspolitik,** umfaßt alle staatl. Maßnahmen zur Förderung u. Lenkung des Handels; Mittel der Außen-H.: Zölle, Devisenbewirtschaftung, Kontingentierungen, Subventionen. **Handelsrecht,** Sonderbestimmungen des bürgerl. Rechts für Personen, Unternehmungen u. Rechtsgeschäfte des Handelsstandes, zusammengefaßt im *Handelsgesetzbuch* (HGB). **Handelsregister,** beim Amtsgericht geführtes Verzeichnis der Einzel- u. Gesellschaftsfirmen; enthält Inhaber, Prokuristen usw.; Eintragungen sind bekanntzumachen. **Handelsrichter,** die Laienrichter am ⁄Handelsgericht. **Handelsschiffahrt** ⁄Schiffahrt. **Handelsschulen,** *Kaufmännische Berufsschulen* für Lehrlinge der Wirtschaft u. Verwaltung; *Höhere H.* unterrichten in Warenkunde, Volkswirtschaftslehre usw. **Handelsspanne,** im weitesten Sinn der Unterschied zw. Erzeuger- u. Verbraucherpreis; Entgelt für das Handelsrisiko u. die Verteilerleistung. **Handelsverträge,** zwischenstaatl. Verträge; regeln u.a.: Mengen u. Art der ein- bzw. auszuführenden Waren, Art der Verzollung, Bedingungen des Zahlungsverkehrs. ⁄Meistbegünstigung. **Handelsvertreter,** selbständiger Gewerbetreibender (nicht Angestellter), der ständig für einen anderen Unternehmer auf Provisionsbasis Geschäfte vermittelt od. in dessen Namen abschließt.

Handfeuerlöscher, mit flüssigem Kohlendioxid, Tetrachlorkohlenstoff od. Natriumbicarbonatlösung gefülltes Gefäß mit Spritzdüse, entzieht, wie der *Schaumlöscher,* der Flamme den Sauerstoff. **Handfeuerwaffen,** v. einem Schützen zu betätigende Waffen, wie Gewehr, Pistole usw. **Handgranate,** Nahkampfmittel, mit der Hand zu werfendes Sprenggeschoß. □ 1075. **Handharmonika,** *Zieh-* ⁄*Harmonika.* **Handicap** *s* (: händikap, engl.), **1)** Benachteiligung. **2)** *Sport:* Ausgleich, Vorgabe, um für leistungsverschiedene Wettbewerbsteilnehmer gleiche Chancen zu schaffen. **Handkauf,** Barkauf, Kauf mit sofortiger beiderseitiger Erfüllung der Leistungen. **Handke,** *Peter,* östr. Schriftsteller, * 1942; legt die konventionellen Sprachstrukturen bloß; neben Romanen (u.a. *Die Hornissen; Der kurze Brief zum langen Abschied; Die Stunde der wahren Empfindungen; Langsame Heimkehr; Kindergeschichte).* Bühnenwerke (*Publikumsbeschimpfung; Kaspar* u.a.), die meist Sprechstücke sind. **Handlesekunst,** versucht aus bestimmten Formelementen, bes. aus den Furchen der Hohlhand (Handlinien), den Charakter zu erkennen (Chirognomie); Schicksalsdeutung (Chiromantie) ist jedoch Aberglaube. **Handlungsgehilfe,** kaufmänn. Angestellter; Dienstvertrag im HGB geregelt; unterliegt Konkurrenzverbot. **Handlungsreisender,** ist entweder ⁄Handlungsgehilfe od. ⁄Handelsvertreter. **Handlungsvollmacht,** Vollmacht zum Betrieb eines Handelsgewerbes od. zur Vornahme einer bestimmten, zu einem Handelsgewerbe gehörenden Art v. Geschäften, die nicht ⁄Prokura ist. Der *Handlungsbevollmächtigte* setzt neben die

Handelskompanien (die wichtigsten H.)
Engl.-Ostindische Kompanie gegr. 1600
Hudsonbai-Kompanie gegr. 1670
Holländ.-Ostindische Kompanie gegr. 1602
Holländ.-Westind. Kompanie gegr. 1621
Frz.-Ostindische Kompanie gegr. 1642
Seehandlung gegr. 1772

Hanf: oben männliche, unten weibliche Hanfpflanze

Handelsflotten (1000 BRT)	1960	1970	1980
BRD	4537	7881	8356
DDR	150	989	1532
Frankreich	4809	6458	11925
Griechenland	4529	10952	39473
Großbritannien	21131	28825	27135
Italien	5122	7448	11096
Japan	6931	27004	40960
Niederlande	4884	5207	5724
Norwegen	11203	19347	22007
Panama	4236	5646	24191
Sowjetunion	3429	14832	23444
USA	24837	18463	18464
Welt	129770	227490	419911

Nur Seeschiffe mit mechan. Antrieb und einem Bruttoraumgehalt von 100 Reg.-Tons und mehr

Firma seinen Namen mit dem Zusatz i. V. (in Vollmacht).
Handschrift, 1) die Schrift des einzelnen; ihre Deutung ∕Graphologie. **2)** die handschriftl. niedergelegten Geisteserzeugnisse. Die *H.enkunde* befaßt sich namentl. mit den mittelalterl. H.en (∕Paläographie).
Handwerk, Teilbereich des Gewerbes, v. der Ind. unterschieden durch die wirtschaftl. Selbständigkeit des *Handwerkers,* die im allg.en geringe Größe des Betriebs mit Vorherrschen der menschl. Arbeit gegenüber dem Maschineneinsatz, die persönl. Mitarbeit des Betriebsleiters auf allen Stufen der Produktion u. dadurch, daß vorwiegend auf Grund v. Kundenaufträgen produziert wird; Grenze zur Klein-Ind. ist fließend. Einen H.sbetrieb darf in der BRD in der Regel selbständig nur betreiben, wer die ∕Meister-Prüfung abgelegt hat (∕H.srolle). Organisationen des H.: ∕H.skammer u. ∕H.sinnung. Spitzenvertretung der H.sbetriebe in der BRD ist der *Zentralverband des Dt. H.*
H.sinnung, Zusammenschluß selbständ. Handwerker gleicher od. sich fachl. bzw. wirtschaftl. nahestehender H.e zur Förderung gemeinsamer gewerbl. Interessen innerhalb eines bestimmten Bezirks; keine Beitrittspflicht. **H.skammer,** öff.-rechtl. Berufsorganisation des H., zu dessen Förderung, zur Nachwuchsausbildung, Aufsicht über die H.sinnungen und Führung der H.srolle, besteht aus gewählten Mitgl., davon ⅓ Gesellen. **H.srolle,** bei jeder H.skammer geführtes Verzeichnis, in das die selbständ. Handwerker des Bezirks mit ihrem H. einzutragen sind; Eintragungsvoraussetzung ist grundsätzl. die Meisterprüfung.
Handzeichnung, auf Papier od. Pergament mit Bleistift, Feder, Silberstift, Tusche, Rötel od. Kreide; Zeichnung, Entwurf, Skizze.
hanebüchen, „wie aus Hagebuche", grob; flegelhaft, unerhört.
Hanf, *Cannabis sativa,* 1–4 m hohes zweihäusiges Maulbeerbaumgewächs; Kulturpflanze gemäßigter Zonen. Bastfasern zu Segeltuch, Sack- u. Packtüchern, Bindfaden; *H.samen* (35% Öl, 25% Eiweiß, Vitamin K) als Vogelfutter; *H.öl* zu Firnissen u. Schmierseife; *H.kuchen* als Viehfutter. Aus dem indischen H. wird ∕Haschisch gewonnen.
Hänfling *m,* Finkenart; ∕Blut-H. ☐ 1045.
Hangar *m* (pers.-frz.), Flugzeughalle.
Hängebahn, Einschienenbahn, deren Wagen am Fahrwerk hängen. **Hängebank,** eiserne Bühne in einem Hallengebäude, in das v. unten der Förderschacht eines Bergwerks mündet. **Hängebrücke,** Brücke, deren Fahrbahnträger mit Hängestäben an durchhängenden Gelenkketten oder Stahldrahtkabeln aufgehängt sind. ☐ 122.
Hängematte, aus Schnüren geknotetes Geflecht, das z. B. zw. Bäumen befestigt wird.
Hängende Gärten ∕Sieben Weltwunder.
Hangendes, 1) das *über* einer bestimmten Schicht gelagerte Gestein. **2)** im Bergbau: Schicht über dem abzubauenden Material.
Hängewerk, tragende fachwerkart. Holzod. Eisenkonstruktion für Dachstühle u. Brücken. Ggs. ∕Sprengwerk.

Hängewerk:
1 einfaches H.,
2 H. mit Spannriegel

Hanswurst:
Darstellung des
J. A. Stranitzky

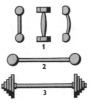

Hantel: 1 bis 7,5 kg schwere Gymnastik-H. für einarmige Übungen, **2** Lang-H., bis 140 cm lang u. 50 kg schwer, für beidarmige Übungen, **3** Scheiben-H. mit auswechselbaren Metallscheiben, beim Gewichtheben benutzt

Hangö ∕Hanko.
Hangtschou, *Hangchow,* Hst. der chines. Prov. Tschekiang, Ausgangspunkt des Kaiserkanals, 800000 E.
Hanko, schwed. *Hangö,* Hafen u. Seebad an der Südspitze Finnlands, 9500 E. – 1940 an Rußland verpachtet, 1947 gg. Porkkala zurückgegeben.
Hankou, *Hankau,* ∕Wuhan.
Hanna *w,* fruchtbare Tiefebene in Mähren; etwa ¼ Mill. *Hannaken.*
Hannibal, karthag. Feldherr, 246–183 v.Chr.; Sohn des ∕Hamilkar; führte nach Unterwerfung Spaniens den 2. Pun. Krieg gg. Rom; überschritt 218 die Alpen, siegte 217 am Trasimenischen See, 216 bei Cannae u. bedrohte 211 Rom; 202 v. Scipio bei Zama besiegt.
Hannover, 1) Teil des ehem. Htm. ∕Braunschweig, 1692 als Kur-Ftm. anerkannt. 1714/1837 Personalunion mit ∕Großbritannien; 1814 Gebietszuwachs u. Kgr.; Kg. Ernst August hob 37 die Verf. v. 33 auf; 66 kämpfte H. auf der Seite Östr.s u. wurde nach dessen Niederlage v. Preußen annektiert. 1946 wurde es ein Teil des Landes ∕Niedersachsen. **2)** Hst. des Landes Niedersachsen, an der Leine u. am Mittellandkanal, 536000 E.; PH, Techn. Univ., Med. Hochschule, Tierärztl. Hochschule, Fachhochschule, Hochschule für Musik u. Theater, Akademie für Raumforschung und Landesplanung, Bundesanstalt für Bodenforschung; ev. Landesbischof; Maschinen-, Auto-, elektrotechn., Gummi- u. chem. Ind.; Marktkirche (14. Jh.); Altes Rathaus (15. Jh.); Barockschloß Herrenhausen (1665/1666).
Hannoversch Münden ∕Münden.
Hanoi, Hst. v. Nord-Vietnam, im Delta des Roten Flusses, 130 km v. Meer entfernt, 1,4 Mill. E.; Univ.; kath. Erzb.
Hanse, *Hansa* *w* (nd. = Schar), urspr. Vereinigung dt. Kaufleute im Ausland; seit dem 14. Jh. der mächtige Bund v. über 100 meist niederdt. Handelsstädten; beherrschte unter Führung Lübecks durch Handel u. Kriege den Ostseeraum; Niedergang im 17. Jh. Kontore in Wisby, Brügge, London, Bergen, Nowgorod. Hauptorte: Lübeck, Köln, Braunschweig, Danzig. Namen und Selbstverwaltung einer H.stadt bewahrten nur ∕Hamburg, ∕Lübeck (bis 1937) u. ∕Bremen. **H.aten** (Mz.), **1)** Mitgl.er der H. **2)** die Bewohner der H.städte.
Hansjakob, *Heinrich,* dt. Volksschriftsteller, 1837–1916; kath. Pfarrer; wählte seine Stoffe aus seiner Schwarzwälder Heimat.
Hanswurst, kom. Figur auf der dt. u. östr. Bühne des 17. u. 18. Jh.; heute allg. für dummer August, harmlos-witzige Figur.
Hantel *w,* Sportgerät; durch einen Griff verbundene Kugeln (*Kurz-H., Lang-H.* für Gymnastik u. Training) od. auswechselbare Scheiben (*Scheiben-H.* für Gewichtheben).
Happening *s* (: häp*e*n'ng, engl. = Ereignis, Geschehen), Form der Aktionskunst, in der sich, ausgehend v. einer vorgefundenen Situation unserer tägl. Umwelt, Elemente v. Theater, Musik, Malerei u. Technik verbinden; das Publikum ist in das improvisierte

Geschehen einbezogen u. soll aus den gesellschaftl. u. zivilisator. Verhaltensmechanismen befreit werden.

Happy-End s (: häpi-, engl.), glückl. Ende, bes. im Film, Roman.

Harakiri s, in Japan Selbstmord durch Bauchaufschneiden.

Harald, norweg. Kronprinz, * 1937; verheiratet mit der bürgerl. ˜Sonja Haraldsen.

Harbin, Charbin, chin. Pingkiang, Hst. der chin. Prov. Heilungkiang u. Hafen am Sungari 2,1 Mill. E.; Kultur- und Ind.-Zentrum NO-Chinas; Hochschulen; Stahlwerke, Maschinen-, Textil-, opt. u. Kunststoff-Ind.

Harburg, seit 1937 Stadtteil v. ↗Hamburg.

Hardanger, südwestnorweg. Hochplateau am Sörfjord, einem Zweig des 172 km langen H.fjords.

Harden, 1) Arthur, englischer Chemiker, 1865–1940; arbeitete bes. über Gärungschemie; 1929 Nobelpreis. **2)** Maximilian (eig. F. E. Witkowski), dt. Publizist, 1861–1927; bekämpfte die Nachfolger Bismarcks u. den Freundeskreis Wilhelms II.

Hardenberg, 1) ↗Novalis. **2)** Karl August Frh. v. (seit 1814 Fürst), 1750–1822; 1804/06 u. 07 preuß. Außenmin., seit 10 Staatskanzler; durch ihn 11 Vollendung der Bauernbefreiung, 12 Judenemanzipation u. Gewerbefreiheit.

Hardt w, **1)** Haardt, Hart, die nördl. Fortsetzung der Vogesen, dichtbewaldeter Buntsandsteinrücken, im Kalmit 683 m. **2)** H.wald, Rheinebene zw. Rastatt u. Graben. **3)** Hart, Teil der Rheinebene östl. v. Mülhausen im Elsaß. **4)** ein Teil des Schwäbischen Juras.

Härdtsfeld, der nordöstl. Teil der Schwäb. Alb, bis 727 m hoch.

Hardware (: ha'dwäᵉʳ, engl.), die Maschinenausstattung (i.e.S.) einer elektron. Rechenanlage. ↗Software.

Hardy, Thomas, englischer Schriftsteller, 1840–1928; realist.-psycholog. Kurzgeschichten, philos. Romane (Tess v. d'Urbervilles, Juda der Unberühmte) v. tiefem Pessimismus, Dramen (Die Dynasten), Lyrik.

Harem m (arab.), für jeden nicht blutsverwandten Mann unbetretbare Frauengemächer des muslim. Wohnhauses; i.ü.S.: die im Harem lebenden Frauen.

Häresie w (gr.), Irrlehre. **Häretiker,** Irrgläubiger.

Harfe w, eines der ältesten Zupfinstrumente, heute mit 46 Saiten, mittels Pedals auf die erforderl. Stimmung gebracht.

Harlekin m (it.-frz.), wichtigste kom. Figur der ↗Commedia dell'arte.

Harlem, Stadtteil v. New York, auf Manhattan, 1,2 Mill. E. (viele Neger).

Harmattan m, zum Nordost-Passat rechnender trockener Wind aus dem Innern der Sahara zur Atlantikküste.

Harmonie w (gr.), Zusammenklang; Ggs. Disharmonie. H.lehre, handelt v. den Zusammenklängen u. Fortschreitungen der Akkorde in Dur u. Moll.

Harmonika w, Musikinstrumente: **1)** Glas-H., im 18. Jh.; befeuchtete Glasschalen schwingen. **2)** Mund-H., klingende Zungen

Kronprinz Harald

Harn

Dichte: 1,001–1,040 g/cm³
pH-Wert: 4,8–7,4

Wichtigste Harnbestandteile (Tagesmenge):

Gesamtmenge 1–1,5 l
ges. Trockensubstanz 50–70 g

Organische Stoffe Stickstoffhaltige Verbindungen:
Harnstoff 20–35 g
Harnsäure 0,1–2,0 g
Kreatinin 1–1,5 g
Ammoniak 0,5–1,0 g
Aminosäuren 1,0 g
Hippursäure 0,7 g
Zucker 0,5–1,5 g

Anorganische Stoffe
Kochsalz 10–15 g
Sulfate 1,4–3,3 g
Phosphate 1–5 g
Natrium 4–6 g
Kalium 2,5–3,5 g
Calcium 0,01–0,3 g
Magnesium 0,2–0,3 g

Harpune (beim Sporttauchen): **1** Gummizug-H., zur Jagd auf kleine Fische und in Höhlen; **2** Pfeilspitzen

in einem flachen Kästchen. **3)** Zieh-H., mit Windbalg u. Zungen. **harmonische Analyse,** Zerlegung einer belieb. Schwingung in sich überlagernde, einfache Sinusschwingungen (Fourier-Analyse), mit einem harmon. Analysator; wichtig in der Elektrotechnik.

Harmonisierung w (gr.), Angleichung der Rechts- u. Verwaltungsvorschriften der Mitgl.-Staaten der EWG u.a. auf wirtschafts-, sozial- u. steuerpolit. Gebiet.

Harmonium s, Tasteninstrument mit orgelart. Ton. Metallzungen werden durch Gebläse in Schwingungen versetzt. 1810 erstmals in Fkr. gebaut.

Harn, Urin, in der Niere gebildete Flüssigkeit, durch den H.leiter der H.blase im kleinen Becken zugeführt, durch die H.röhre ausgeschieden; enthält Endprodukte des Eiweißstoffwechsels, überschüss. Salze u. Flüssigkeit. Der normale menschl. H. ist klar, hell- bis dunkelgelb, reagiert sauer. Die H.untersuchung ist zur Erkennung v. Krankheiten wichtig. H.treibende Mittel veranlassen Mehrausscheidung von Wasser: Koffein, Tein, Kaliumsalze, Kräutertee.

Harnack, Adolf v., bedeutender ev. Kirchenhistoriker und vielseitiger Gelehrter, 1851–1930; Prof. in Berlin; Präs. der Kaiser-Wilhelm-Gesellschaft; Führer des liberalen, antidogmat. Protestantismus. Lehrbuch der Dogmengeschichte; Geschichte der altchristl. Literatur; Das Wesen des Christentums.

Harnisch m, Ritterrüstung, Brustpanzer; in H. bringen, reizen, erzürnen. ☐ 840.

Harnruhr, a) echte, ↗Zuckerkrankheit; b) falsche, beruht auf Störung der inneren Sekretion des Hypophysenhinterlappens. Harnabsonderung bis 6 l tägl.

Harnsäure, Abbauprodukt des Eiweißstoffwechsels; als Salz im Harn u. in Blasen- u. Nierensteinen. **Harnsteine,** durch Anlagerung der Harnsalze an einen Schleimpfropf od. an ein Blutgerinnsel im Nierenbecken (Nierensteine) od. in der Blase (Blasensteine); sandkorn- bis hühnereigroß. **Harnstoff,** Carbamid s, organische Verbindung, NH₂CO·NH₂; Stickstoffdünger; Eiweißersatz in Kraftfuttermitteln; technisch aus Kohlendioxid u. Ammoniak.

Harold II., letzter angelsächs. Kg., verlor 1066 bei Hastings im Kampf gg. Wilhelm den Eroberer Schlacht u. Leben.

Harpune w, Speerspitze mit Widerhaken; Jagdwaffe u. Fischereigerät. Für Walfang Eisengeschosse mit Widerhaken an langer Leine, aus H.nkanonen abgefeuert, oft elektrisch geladen od. m. kleiner Sprengladung.

Harpyie w (gr.), **1)** Sturm- u. Todesgöttin der griech. Mythologie; halb Vogel-, halb Menschengestalt. **2)** großer Raubvogel, im süd-am. Urwald. ☐ 373.

Harsch m, eiskrustierte Schneeschicht.

Harsewinkel, westfäl. Stadt im Münsterland, 18 400 E.

Hartblei, Legierung v. Blei mit Antimon; Letternmetall.

Härte, 1) mechan. Widerstand fester Körper gg. das Eindringen anderer, härterer. Bei Mineralien H.stufen v. 1 (Talk) bis 10 (Diamant), festgestellt durch Ritzhärteprüfung

Härte des Wassers

sehr weich (unter 4° dH) *Freiburg i. Br.* *Göttingen* *Remscheid*	mittelhart (8–12° dH) *Konstanz* *Flensburg* *Bochum*	hart (18–30° dH) *Köln* *Mannheim* *Osnabrück*
weich (4–8° dH) *Marburg* *Kaiserslautern* *Essen*	ziemlich hart (12–18° dH) *Baden-Baden* *Hamburg* *München*	sehr hart (über 30° dH) *Stuttgart* *Würzburg* *Mainz*

(Regen-, Schnee- und Kondenswasser haben keine Härte)

(*Mohssche H.skala*), bei Werkstoffen z. B. die *Kugeldruckhärteprüfung* (Brinellhärte). 2) *H. des Wassers* ist sein Gehalt an Calcium- u. Magnesiumsalzen; in *H.graden* angegeben (1°dH = 10 mg CaO in 1 l Wasser). Weiches Wasser hat geringen, hartes Wasser hohen Gehalt derartiger Salze.
Hartebeest s, *Kaama,* ↗Kuhantilope mit engem Gehörn; in Südafrika.
härten, Steigerung der ↗Härte v. Stoffen durch Gefüge- od. chem. Veränderung, z. B. durch ↗Anlassen u. ↗Ausglühen.
harte Währung, eine Währung, die volle ↗Konvertibilität besitzt, daher auch eine feste Kursnotierung an der Börse erlaubt.
Hartford (: hāˈtfᵉʳd), Hst. v. Connecticut (USA), am Connecticut River, 162000 E.; kath. Erzb.; Sitz großer Versicherungen.
Hartgummi, *Hartkautschuk,* auch *Ebonit,* durch Vulkanisieren des Kautschuks mit bis zu 45% Schwefel; guter Isolator.
Hartguß, Gußeisen mit harter Oberfläche, wird erhalten durch Legierung od. besondere Gußtechnik (schnelle Abkühlung).
Hartheu, Kräuter, Stauden mit drüsenreichen Blättern. *Gemeines H.* od. *Johanniskraut,* ein Volksheilmittel.
Härtling, Peter, dt. Schriftsteller, * 1933; Lyrik, Essays, Romane: *Niembsch oder Der Stillstand; Das Familienfest; Eine Frau; Hubert oder die Rückkehr nach Casablanca; Nachgetragene Liebe.*
Hartmann, 1) *Eduard v.,* dt. Philosoph, 1842–1906. Unsere Welt ist nach ihm die bestmögliche, doch überwiegt in ihr die Unlust (Pessimismus). Deshalb soll die Welt untergehen, um das Unbewußte (den Urgrund) v. seinem Leidensweg zu erlösen. 2) *Karl Amadeus,* dt. Komponist, 1905–63; bediente sich tonaler u. atonaler Techniken; förderte die zeitgenöss. Musik. HW: Symphonien, Kammer- u. Vokalmusik; Oper *Des Simplicius Simplicissimus Jugend.* 3) *Ludo Moritz,* östr. materialist. Historiker, 1865 bis 1924; *Gesch. It.s im MA.* 4) *Max,* dt. Biologe, 1876–1962; arbeitete über Fragen der allg. Biologie. 5) *Nicolai,* dt. Philosophie, 1882–1950; entwarf eine neue *krit.* Ontologie, deren Kategorienlehre mehrere Wirklichkeitsschichten unterscheidet; weil die Metaphysik nur unlösbare letzte Probleme behandle (das „Transintelligible"), sei die Gottesfrage philos. nicht zu beantworten. *Neue Wege der Ontologie; Ethik; Ästhetik.*

Hartmannsweilerkopf, frz. *Vieil Armand,* Ausläufer der Südvogesen, 956 m hoch, 1915 heftig umkämpft; Ehrenmal, frz. Soldatenfriedhof.
Hartmann v. Aue, mhd. schwäb. Dichter, um 1165 – um 1215; führte mit *Erek* u. *Iwein* den Artusroman in die dt. höf. Dichtung ein; Veredelung übernommener Stoffe, so in der Legende vom *Armen Heinrich;* schrieb auch Minne- u. Kreuzzugslieder.
Hartmetalle, Legierungen hoher Härte aus Carbiden v. Wolfram, Titan u. a.
Hartriegel, *Hornstrauch,* Zierstrauch mit zähem Holz; zu Drechslerarbeiten.
Hartspiritus, Brennspiritus in fester Form, aus 90% Spiritus u. 10% Acetylcellulose.
Hartung, 1) *Hans,* dt.-frz. Maler, * 1904; abstrakte, tachist. Malweise in der Nachfolge Kandinskys, lebt in Paris. 2) *Hugo,* dt. Schriftsteller, 1902–72; zeitkrit. u. heitere Romane: *Ich denke oft an Piroschka; Wir Wunderkinder; Ihr Mann ist tot u. läßt Sie grüßen.*
Harun al-Raschid, Kalif v. Bagdad, 786/809; stand mit Karl d. Gr. in Verbindung; in der Sage (bes. „1001 Nacht") das Ideal eines weisen Fürsten.
Harunobu, *Suzuki,* japan. Maler u. Holzschnittmeister, 1725(?)–70; hauptsächlich Frauendarstellungen in Farbholzschnitten.
Haruspex m (lat.), etrusk. u. altröm. Priester u. Wahrsager; wahrsagte u. a. aus Eingeweiden v. Opfertieren.
Harvard University (: haʳwᵉʳd juniwöˈʳßˈi̯), 1636 gegr., älteste u. bis heute führende am. Univ., in Cambridge (Mass.).
Harvey (: haʳweˈ), *William,* engl. Arzt, 1578–1657; entdeckte Blutkreislauf u. wichtige embryolog. Befunde.
Harz, Absonderungen aus angeschnittenen Bäumen; Hart-, Weich-, Gummi-H., fossile H.e (Bernstein, Asphalt). Verwendung zu Harzseifen, zum Leimen des Papiers, zu Salben u. Pflastern; Fichten-H. *(Terpentin)* liefert *Terpentinöl* u. *Kolophonium;* aus diesen wird *H.öl* u. *H.essenz* gewonnen. *Kunst-H.e* sind Kondensationsprodukte.
Harz m, bewaldetes dt. Mittelgebirge, erhebt sich inselartig mit 450 m mittl. Höhe über dem Norddt. Tiefland; im Brocken 1142 m hoch. Im Ober-H. Bergbau auf Silber, Blei, Zink u. Schwerspat; Fremdenverkehr; Naturschutzgebiet.
Harzburg, *Bad H.,* niedersächs. Heilbad am Nordrand des Harzes (Kr. Wolfenbüttel), 25300 E.; Sol-, Schwefelquellen; Wirtschaftsakademie, Sanatorien; **H.er Front,** Zusammenschluß v. Deutschnationalen, Nationalsozialisten u. Stahlhelm 1931 gg. Brüning.
Harzgerode, Stadt u. Kurort im Unterharz (Bez. Halle), 5700 E.; Silbergruben, Eisenwerk. 3 km n.w. das Stahlbad *Alexisbad.*
Hasard m (: asaʳ, frz.), Zufall; *H.spiel,* Glücksspiel. **Hasardeur** (: -döʳ), Glücksspieler.
Haschee s (frz.), *Haché,* Gericht aus gehacktem Fleisch od. Fisch.
Haschisch m od. s, in Mexiko *Marihuana,* aus dem ind. ↗Hanf gewonnenes, meist durch Rauchen inhaliertes Rauschgift, er-

Härte-Skala von Mineralien

(jedes Mineral ritzt das vorhergehende)

Mineral	Härtegrad
Talk	1
Gips	2
Kalkspat	3
Flußspat	4
Apatit	5
Feldspat	6
Quarz	7
Topas	8
Korund	9
Diamant	10

Harpyie

K. A. Hartmann

Nicolai Hartmann

Feldhase im Winter

männliche
Kätzchen

Haselnüsse
Hasel

V. Hauff

zeugt Analgesie, Euphorie u. Sinnestäuschungen; längerer Gebrauch bringt die Gefahr des „Umsteigens" auf „härtere Drogen" mit sich. ☐ 796.
Hasdrubal, karthag. Feldherren: **1)** Schwiegersohn des ↗Hamilkar Barkas, dessen Nachfolger in Spanien; 221 v. Chr. ermordet. **2)** Bruder Hannibals, fiel 207 gg. Rom.
Hase, Nagetier mit langen Ohren u. tiefgespaltener Oberlippe *(H.nscharte);* nährt sich ausschließl. v. Pflanzen, benagt Feld- u. Gartengewächse u. junge Bäume; Fell zu billigen Pelzwaren, die Haare zu Filz. Abarten: *Schnee-H., Polar-H.,* beide mit weißem Winterpelz.
Hašek (: haschek), *Jaroslav,* tschech. Schriftsteller, 1883–1923; schrieb u. a. den antimilitarist. satir. Roman *Die Abenteuer des braven Soldaten Schwejk.*
Hasel w, *H.strauch, Corylus,* ein Birkengewächs; in Europa u. Asien. *Baum-H.,* 20–25 m. *Wald-H.,* liefert frostharte Nüsse; daraus das *H.öl,* als Speiseöl, Parfüm- u. Seifenbestandteil; Zweige als Ski- u. Spazierstöcke; das gemaserte Hartholz wird in Tischlerei und Drechslerei sehr geschätzt. **H.huhn,** Waldhuhn, rostbraun, in Europa u. Asien. **H.maus,** *Muscardinus,* gelbfuchsrotes Nagetier; baut sich ein kunstvolles Nest aus Gras, Blättern u. Moos, innen mit Bast u. Samenhaaren. **H.wurz,** Pflanze mit breitnierenförm. Blättern; in Buchenwäldern; Brechmittel.
Hasenclever, *Walter,* dt. Dramatiker, 1890–1940 (Selbstmord im Exil); expressionist. Drama *Der Sohn;* später vor allem geistreiche Unterhaltungskomödien, u. a. *Ehen werden im Himmel geschlossen.*
Hasenmäuse, Nagetiergruppe Südamerikas, mit wertvollem Pelz; ↗Chinchilla.
Hasenpilz, der ↗Zimtpilz.
Hasenscharte, 1) Lippenspalte bei Nagetieren u. Katzen. **2)** beim Menschen angeborene Spaltung der Oberlippe.
Hasli, das 40 km lange oberste Aaretal im Berner Oberland; Hauptort Meiringen.
Hasmonäer, im AT die Familie ↗Judas' des Makkabäers.
Haspel w, **1)** in Bergbau u. Schiffahrt: eine Seilwinde. **2)** in Textil- u. Metall-Ind.: eine Aufwickelspule für Garn u. Draht.
Haspinger, *Joachim,* Tiroler Freiheitsheld, 1776–1858; 1802 Kapuziner, 09 Feldhauptmann u. Feldpater; Helfer A. ↗Hofers.
Hassan II., * 1929; seit 61 Kg. v. Marokko; Ziel mehrerer erfolgloser Attentate.
Hasse, 1) *Johann Adolf,* dt. Komponist, 1699–1783; Opern im neapolitan. Stil. **2)** *O(tto) E(duard),* dt. Schauspieler, 1903–78; bedeutender Charakterdarsteller; auch Filme: *Canaris; Die Ehe des Herrn Mississippi.*
Hassel, 1) *Kai-Uwe v.,* * 1913; 54/63 Min.-Präs. v. Schleswig-Holstein, 63/66 Bundesverteidigungsmin., 66/69 Bundesvertriebenenmin., 69/72 Bundestagspräsident. **2)** *Ulrich v.,* 1881–1944; 1932/37 Botschafter in Rom, als Mitgl. der Widerstandsbewegung gg. Hitler hingerichtet.
Haßfurt, bayer. Krst. am Main, 10 600 E.; Schuh- und Möbel-Industrie.

Hassi-Messaoud, Stadt in der Nordsahara (Algerien), 6000 E.; Mittelpunkt eines großen Erdölvorkommens; Ölleitung nach Bougie, Erdgasleitung nach Algier.
Hassi R'mel, alger. Ort in der Sahara; Mittelpunkt eines der reichsten Erdgasfelder der Erde. Pipelines zum Mittelmeer.
Haßler (Hasler), *Hans Leo,* dt. Komponist, 1564–1612; in It. gebildet, schrieb Madrigale, Messen, Motetten u. a.
Haßloch, Pfälzer Gem. an der Hardt, östl. Neustadt, 18 000 E.; vielseitige Industrie.
Hastings (: he ́ßtings), engl. Stadt und Seebad in der Gft. Sussex, 72 500 E.; 1066 Sieg Wilhelms des Eroberers über Harold II.
Hathor, ägypt. Himmels-, auch Liebesgöttin; in Theben bes. als Totengöttin verehrt; mit ↗Isis u. ↗Nut gleichgestellt.
Hatteras (: hät ͤr ͣß), *Kap H.,* Vorgebirge, an der Ostküste der USA; Untiefen.
Hattersheim, hess. Stadt im SW von Frankfurt a. M., 23 500 E.; Schokoladen- und Wellpappefabrik, Metall-Industrie.
Hattingen, Industrie-Stadt im Ruhrgebiet, an der Ruhr, 57 300 E.; Eisen-Industrie.
Hatto I., Erzb. v. Mainz, 891/913; Leiter der Reichspolitik unter Ludwig dem Kind.
Hat-Trick m (: hät-, engl.), bei Ballspielen dreimaliger Torerfolg desselben Spielers hintereinander ohne dazwischenliegenden Torerfolg eines Mitspielers od. gegner. Spielers; i. ü. S.: dreimaliger Sieg.
Haubitze w, ↗Geschütz mit kürzerem Rohr u. geringerer Reichweite als die ↗Kanone; für Flach- u. Steilfeuer.
Hauenstein, Schweizer Jurapaß; **1)** *Unterer H.,* bei Olten; 8134 m langer Eisenbahntunnel. **2)** *Oberer* od. *Kleinerer H.,* s. w. von 1).
Hauer ↗Bergarbeiter.
Hauer, *Josef Matthias,* östr. Komponist, 1883–1959; vertrat schon um 1920 eine eigene Zwölftonmusik.
Hauff, 1) *Volker,* dt. Politiker (SPD), * 1940; 78–80 Bundes-Min. für Forschung u. Technologie, seit 80 Bundes-Min. für Verkehr. **2)** *Wilhelm,* dt. Dichter, 1802–27; gehörte der schwäb. Romantik an; Märchen, geschichtlicher Roman *Lichtenstein,* Lyrik.
Hauhechel, *Dorniger H.,* holziger Schmetterlingsblütler; Heilpflanze.
Hauptmann, 1) *Carl,* dt. Schriftsteller, Bruder v. 2), 1858–1921; naturalist. Dramen; dann dem Symbolismus zuneigend (Roman *Einhart der Lächler);* Frauenroman *Mathilde.* **2)** *Gerhart,* dt. Schriftsteller, 1862–1946; lebte seit Anfang des Jh. in

O. E. Hasse

Gerhart Hauptmann

Hathor

Bedarfsanmeldungen der
nachgeordneten
Dienststellen

⇩

Bundesministerien

↓

Verhandlungen mit den
Bundesministerien

↓

Bundesministerium der
Finanzen

↓ evtl. zurück zur
techn. Umarbeitung

Bundesregierung

↓

Bundesrat
(1. Durchg. Frist 3 Wochen)

↓

Finanzausschuß
des Bundesrates

↓

Bundesregierung

↓

Bundesministerium
der Finanzen

↓

Bundestag 1. Lesung
Allgem. Aussprache

↓

Haushaltausschuß des
Bundestages

↓

Bundestag 2. Lesung
Polit. Debatte,
Abänderungsanträge

↓ evtl.
Zurückverweisung

Haushaltausschuß
des Bundestages

↓

Bundestag 3. Lesung
Schlußberatung,
Abstimmung

↓

Bundesrat
(2. Durchg. Frist 2 Wochen)

↓

evtl. Vermittl.-
Ausschuß

↓

Bundespräsident
Ausfertigung

↓

Gegenzeichnung des
Bundeskanzlers u.
Bundesfinanzministers

↓

Verkündung

mit Änderungen zurück

Haushaltsplan: vom Entwurf des Bundeshaushaltsplanes zum Bundeshaushaltsgesetz

---

Agnetendorf (Schlesien); schles. Erbe für H. wesentl., dazu Mitleidsthema, Weltfrömmigkeit, Humanitätsidee. Begann in Berlin mit naturalist., sehr bühnenwirksamen u. meist sozialankläger. Dramen *(Vor Sonnenaufgang; Die Weber; Fuhrmann Henschel; Michael Kramer; Rose Bernd; Die Ratten);* auch märchenhafte Spiele *(Hanneles Himmelfahrt; Die versunkene Glocke),* geschichtl. Stoffe *(Florian Geyer),* Komödie *(Der Biberpelz),* Spätwerk die *Atriden-Tetralogie;* Erzählungen *(Bahnwärter Thiel, Ketzer v. Soana),* Romane *(Atlantis),* Versepen *(Till Eulenspiegel),* Reisetagebücher, Autobiographisches. 1912 Lit.-Nobelpreis.
Hauptschule, in der BRD die auf der ⁊Grundschule aufbauende Schulform, die in der Regel das 5.–9. Schuljahr umfaßt; vertieft u. erweitert gegenüber der früheren Volksschuloberstufe das Bildungsangebot.
Hauptversammlung, Versammlung der Aktionäre einer AG u. KG auf Aktien. Die ordentl. *H.* jährl. durch den Vorstand einberufen zur Genehmigung des Jahresabschlusses u. Beschlußfassung über die Gewinnverteilung; wählt auch den Aufsichtsrat.
Hauptwort (lat. *nomen* = Name, Substantiv), bezeichnet Dinge, Gattungen, Begriffe. Es kann verbunden werden mit dem bestimmten od. unbestimmten Geschlechtswort (Artikel), steht in der Ez. od. Mz. in einem der (im Dt. 4) Fälle (Kasus).
Haura, ind. *Howrah* (: haur^e), ind. Stadt in Westbengalen, am Hugli, gegenüber Kalkutta, 740000 E.; Textil- u. Eisenindustrie.
Hauran *m,* syr. Landschaft östl. des Jordans; der W über die Kornkammer Syriens.
Hausa ⁊Haussa.
Hausbuchmeister, der mit Namen nicht bekannte spätgot. Meister des *Hausbuchs* (Sammlung v. Federzeichnungen; um 1480/90).
Hausen *m,* 9 m langer Stör; im Schwarzen u. Kaspischen Meer; liefert Kaviar; die Schwimmblase zu Fischleim, Kitt, Englischpflaster.
Hausenstein, *Wilhelm,* dt. Schriftsteller, 1882–1957; kunst- u. kulturgeschichtl. Untersuchungen; 53/55 Botschafter in Paris. *Pariser Erinnerungen.*
Hauser, *Kaspar,* 1812(?)–33 (ermordet); rätselhafter Findling, tauchte 28 in Nürnberg auf; galt als bad. Prinz od. Sohn Napoleons I.
Hausfriedensbruch, widerrechtl. Eindringen in fremde Wohnung, Räume od. befriedetes Besitztum od. widerrechtl. Verweilen darin; wird nur auf Antrag verfolgt.
Hausgewerbe, die ⁊Heimindustrie.
Haushalt, *Haushaltung, Hauswirtschaft,* die Wirtschaftseinheit, in der vorwiegend der Verbrauch geregelt u. Bedürfnisse befriedigt werden. Entweder *private H.e* (Familien od. Einzelpersonen), Anstalten (z. a. Krankenhäuser) od. öff. H. (Bund, Länder, Gemeinden). **H.plan,** *öff. H., Budget, Etat,* dient der Ordnung, Beschaffung, Verwaltung u. Verwendung der Mittel der öff. ⁊Finanzwirtschaft; jährl. Vorschau auf die voraussichtl. notwend. Ausgaben u. wahrscheinl. Einnahmen; bindet die Verwaltung

Hausapotheke

Instrumente	Arzneimittel
Augenklappe	Schmerztabletten
Einnehmeglas	Abführmittel
Glasstäbchen für	Nasenspray
Augensalben	Hustensaft
Fieberthermometer	Magentabletten
Lederfingerling	Halspastillen
Mundspatel	Kohletabletten
Pinzette (rostfrei)	Kreislaufmittel
Sicherheitsnadeln	Beruhigungsmittel
Verbandschere	(z. B. Baldrian-
(rostfrei)	tropfen)
Wattestäbchen	Desinfektionsmittel
Verbandzeug	für kleinere
Fertigpflaster in	Verletzungen
versch. Breiten	Wundpuder
Heftpflaster	(antiseptisch)
Mullbinden	Brandsalbe
Mullkompressen	Salmiakgeist oder
Dreiecktuch	spezielles Mittel
Elastik-Binden mit	gegen Insekten-
Klammern	stiche
Verbandpäckchen	Kräutertees
Brandwunden-	(z. B. Kamillentee)
Verbandpäckchen	

Die Hausapotheke sollte in einem festen Kästchen oder Schränkchen, für Kinder nicht zugänglich, untergebracht sein und immer am gleichen Platz – kühl und trocken (z. B. im Schlafzimmer) – aufbewahrt werden.

---

an die vorgesehene Verteilung der Einnahmen. Der *Staats-H.* wird v. Finanzmin. nach den Anforderungen der einzelnen Ministerien zusammengestellt. Das Recht der Ausgabenbewilligung ist eine wichtige polit. Macht des Parlaments. Der *ordentl. H.* regelt die regelmäß. Einnahmen u. Ausgaben, der *außerordentl. H.* die Einnahmen u. Ausgaben für bes. Anlässe; Deckung durch bes. Mittel (u. a. Anleihen).
Haushaltungsschule ⁊Hauswirtschaftsschule.
Haushofer, 1) *Albrecht,* dt. Schriftsteller u. Geopolitiker, 1903–45; Mitgl. der Widerstandsbewegung gg. Hitler, v. der SS ermordet; schrieb im Gefängnis Moabit die *Moabiter Sonette.* **2)** *Karl,* Vater v. 1), dt. General u. Geograph, 1869–1946 (Selbstmord); Begr. der Geopolitik in Dtl.
Hausierhandel, Feilbieten v. Waren im Umherziehen v. Haus zu Haus; wandergewerbescheinpflichtig.
Hausindustrie, die ⁊Heimindustrie.
Hausmann, *Manfred,* dt. Schriftsteller, * 1898; *Lampioon küßt Mädchen u. junge Birken; Abel mit der Mundharmonika;* Legendenspiele, Übersetzungen aus dem Japan. u. Chinesischen.
Hausmeier (lat. *Major domus),* im Fränk. Reich urspr. Vorsteher des königl. Haushaltes, unter den Merowingern eig. Leiter des Staates. Die karoling. H. errangen mit Pippin 751 das Königtum.
Hausrathilfe ⁊Lastenausgleich.
Hausratsversicherung, Einheitsversicherung des Hausrats gg. Feuer-, Einbruchdiebstahl- u. Leitungswasserschäden.
Hausruck *m,* bewaldeter Höhenzug des oberöstr. Alpenvorlands, im Göbelsberg 800 Meter hoch; Braunkohlenlager.

Haussa, *Hausa,* muslim. Negervolk in Nordafrika, zw. Niger u. Tschadsee; Händler u. Handwerker; wohnen z.T. in Großdörfern.

Hausschwamm, Löcherpilz, der Holz u. Mauerwerk zerstört; gefährl. an Bauten.

Hausse w (: oß, frz.), das Steigen der Börsenwerte (Wertpapiere, Waren); *à la h.* spekulieren, auf das Steigen der Kurse hoffen. Ggs.: ⟋Baisse.

Haussuchung ⟋Durchsuchung.

Haustier, zur Nutzbarmachung seiner Produkte u. Leistungen, aus Liebhaberei od. zu wiss. Versuchen v. Menschen gehaltenes Tier, das sich v. Wildtier gestaltl., physiolog. u. im Verhalten unterscheidet.

Hauswirtschaftsschule, Schule zur Erlernung der Hauswirtschaft. Gliederung: 1jähr. Kurse für Hausfrauen; weiterführende Lehrgänge für hauswirtschaftl. Berufe; *Hauswirtschaftl. Berufsfachschule,* fr. Haushaltungsschule; *Frauenfachschule* u. *Landfrauenfachschule.*

Hauswurz, *Sempervivum,* mit purpurroten Blüten, wächst auf Ziegeldächern u. Gartenmauern; unempfindl. gg. Trockenheit.

Haut, lebenswichtige Körperbedeckung der Lebewesen, schützt den Körper gg. Stoß, Kälte u. Feuchtigkeit, gg. Krankheitserreger v. außen, vor Wärmeabgabe, speichert Wasser u. Salze. ☐ 618.

haut (: ō, frz.), *haute* w (: ōt), hoch, ober-.

Haute Couture w (: ōt kutür, frz.), das modeschöpfer. Schneiderhandwerk.

Hauteffekt ⟋Skineffekt.

Hautefinance w (: otfinānß, frz.), ⟋Hochfinanz. **Hautevolée** w (: otwole, frz.), feine Gesellschaft.

Haute-Volta ⟋Obervolta.

Hautfarbe, das ⟋Pigment.

Hautflügler, *Hymenoptera,* Insekten mit 4 häut. Flügeln; 70000 Arten, z.T. staatenbildend; Ameisen, Bienen, Hummeln, Wespen.

Hautgoût m (: ogu), 1) Geschmack v. Wildfleisch nach längerem Liegen. 2) Anrüchigkeit.

Hautkrankheiten, *Dermatosen,* sind Hautentzündung, Flechten, Haar-, Nagelkrankheiten od. Reaktion allgemeiner Erkrankungen bei Infektionen, Vergiftungen u. Stoffwechselstörungen.

Häutung, Abstoßung der äußersten Hornod. Chitinschicht; bei Larven, Krebsen, Schlangen, Eidechsen.

Havanna (: aw-), *La Habana,* Hst. v. Kuba, wichtigster Handels- u. Hafenplatz der Antillen, 1,8 Mill. E. (Groß-H.); Erzb. Univ.; Rohrzucker Tabak-Ind. *(Havanna-Zigarren).*

Havarie, *Havarei* w (arab.), Beschädigung v. Schiff u. Ladung; beim Flugzeug Bruch, Unfall.

Havas ⟋AFP.

Havel w, r. Nebenfluß der Elbe, durchfließt die *H.seen;* größtenteils kanalisiert: von 341 km 228 schiffbar. *Havelländ. Hauptkanal.*

Havelock m (: hawᵉ-), Mantel mit Überwurf.

Havre (: awr), die frz. Stadt ⟋Le Havre.

Hawaii-Inseln, engl. *Hawaian Islands,* bis 1898 *Sandwich Islands,* größte Inselgruppe Polynesiens, im Pazif. Ozean, mit 8 bewohnten, größeren Inseln vulkan. Ursprungs u. vielen unbewohnten Inseln: 16638 km², 890000 E. (je 32% Weiße und Japaner, 11% Filipinos, 6% Neger u. 14% Polynesier). Hst. Honolulu auf Oahu. In günstiger strateg. Lage sind die H.-I. wichtigster Stützpunkt der USA im Pazifik. Auf H., der größten Insel der Gruppe (10400 km²), tätige Vulkane: Kilauea (1235 m), Mauna Loa (4168 m). Anbau v. Zuckerrohr, Ananas (90% der Welterzeugung) u. Kaffee. Touristenverkehr. – 1778 v. Cook entdeckt, 1795–1893 Kgr.; 1898 den USA angegliedert, seit 1959 50. Bundesstaat der USA.

Hawthorne (: hǎ̱ßoʳn), *Nathaniel,* am. Schriftsteller, 1804–64; Darstellung des neuengl. Puritanismus in psychol. vertieften Romanen; *Der scharlachrote Buchstabe.*

Haxe w, ⟋Hachse.

Haydn, 1) *Joseph,* österreich. Komponist, 1732–1809; gehört mit Mozart und Beethoven zur Wiener Klassik. 1761/90 Kapellmeister des Fürsten Esterházy in Eisenstadt; seit 90 in Wien, Reisen nach England. Die repräsentativen Formen – Symphonie, (Klavier-)Sonate, Streichquartett – erweiterte er u. bildete sie zu einem lange Zeit gültigen Typus aus; die themat. Arbeit in den Streichquartetten, die Bedeutung der Durchführung der Sonatensätze gehen auf H. zurück. 15 Messen, 4 Oratorien *(Die Jahreszeiten, Die Schöpfung),* 24 Opern, 104 Symphonien, Divertimenti, Klavier-, Violinu. Violoncellokonzerte, Kammermusik (darunter 83 Streichquartette), Klaviersonaten, Lieder. 2) *Johann Michael,* Bruder v. 1), 1737–1806; komponierte bes. Kirchenmusik.

Hazienda w (span.), süd-am. Farm.

Hazor, ehem. Hst. der Kanaaniter; arab. *Tel-el-Kedah,* nordwestl. v. See Genesareth; Stadt seit dem 3. Jahrt. v.Chr.; um 1300 v. Josue, nach erneutem Aufbau unter Salomo durch die Assyrer 733 v.Chr. zerstört.

H-Bombe, Wasserstoffbombe, ⟋Kernwaffen.

h. c., Abk. für honoris causa, Ehren-⟋Doktor.

He, chem. Zeichen für ⟋Helium. [tor.

Hearing s (: hiᵉring, engl. = Verhör), öff. Informations- u. Vernehmungssitzung der am. Kongreßausschüsse über wesentl., die Öffentlichkeit betreffende Fragen; seit 1966 auch in der BRD.

Hearst (: hörßt), *William Randolph,* am. Zeitungsverleger, 1863–1951; Begründer der *H.-Presse,* eines Zeitungskonzerns.

Heath (: hiß), *Edward,* brit. Politiker (Konservativer), * 1916; 59 Arbeits-Min.; 60 Lordsiegelbewahrer, 63/64 Handels- u. Ind.-Min.; 65/70 u. 75 Oppositionsführer; 70–74 Premier-Min.

Heaviside (: hewißaid), *Oliver,* engl. Physiker, 1850–1925; behauptete hypothet. die Existenz einer elektr. leitenden Schicht, der *H.-Schicht* in etwa 100 km Höhe; heißt heute E-Schicht.

Hebamme, *H.nschwester,* durch staatl. Anerkennung befugt, bei Entbindungen Beistand zu leisten.

Haut
1 cm² menschl. Haut
enthält durchschnittl.:
6000000 Zellen
5000 Sinneskörper
4 m Nervenfasern
1 m Adern
100 Schweißdrüsen
15 Talgdrüsen
5 Haare
12 Kältepunkte
2 Wärmepunkte
25 Druckpunkte
200 Schmerzpunkte

Joseph Haydn

Friedrich Hebbel

Hebriden
(größte Inseln)
Innere H.
Skye
Rhum
Mull
Jura
Islay
Äußere H.
Lewis
North Uist
South Uist
Barra

Hebbel, *Friedrich,* dt. Dramatiker, 1813–63; stammte aus Holstein, lebte nach entsagungsreicher Jugend u. gehemmtem Bildungsgang seit 46 in Wien. Tragiker; auch Theoretiker der Tragödie, Entwicklung zum „Pantragismus": trag. Schuld notwendig mit der Individuation, der Heraushebung aus dem ursprüngl. Ganzen, gesetzt. Dramen mit bürgerl. Stoffen *(Maria Magdalena, Agnes Bernauer)* u. histor.-heroischen Vorlagen *(Judith, Herodes u. Mariamne, Gyges u. sein Ring, Nibelungen-Trilogie);* Lyrik.
Hebe, griech. Göttin der Jugend, Mundschenkin der Götter, Tochter des Zeus und der Hera, Gemahlin des Herakles.
Hebel, einfachstes Maschinenelement, eine feste Stange, drehbar um eine Querachse od. eine Kante, auf der sie ruht. Der H. ist im Gleichgewicht, wenn das Produkt aus Kraft mal Kraftarm gleich ist dem entsprechenden Produkt aus Last mal Lastarm. Anwendung bei Zangen, Waagen, Schraubenschlüsseln, Türfallen usw.
Hebel, *Johann Peter,* dt. Dichter u. ev. Theologe, 1760–1826; sein Werk erfüllt v. besinnl. Humor, kraftvoller Empfindung für Mensch u. Natur, z. T. in alamann. Mundart: *Alemann. Gedichte.* Fabeln, Geschichten, *Schatzkästlein des rheinischen Hausfreundes.* **H.preis,** seit 1946 jährl. an einen Schriftsteller aus dem alamann. Sprachgebiet od. an jemand, der sich um das Vermächtnis H.s verdient gemacht hat, verliehen.
Heber *m,* Gerät zum Heben v. Flüssigkeiten über ihren Spiegel, als∙ Stech-, Saug- u. Gift-H.
Hebesatz, Prozentsatz, der bei der Festsetzung der Gewerbe- u. Grundsteuer auf den ⤢Steuermeßbetrag angewendet u. jährl. neu festgesetzt wird.
Hebezeuge, in der ⤢Fördertechnik die nicht stetig fördernden Geräte, wie Aufzug, Kran, Flaschenzug usw. ☐ 286.
Hebräer, im AT Name der ⤢Israeliten Fremden gegenüber, im NT der Juden in Palästina, auch der Judenchristen. **H.brief,** Teil des NT, so benannt, da man fr. palästinens. Judenchristen als Empfänger ansah; behandelt Überlegenheit des Neuen Bundes über den Alten Bund; vermutl. zw. 69 u. 96 v. einem Schüler des hl. Paulus verfaßt.
Hebräische Sprache, Zweig des Semitischen, mit linksläufiger Quadratschrift, entwickelte sich nach Christus durch aramäische Elemente zum *Neuhebräischen;* bei Gottesdienst u. Gebet der Juden noch heute gebraucht, in Israel eine der 3 Landessprachen.
Hebriden, engl. *Hebrides* od. *Western Islands,* westschott. Gruppe v. 500 Inseln (etwa 100 bewohnt); in *Äußere* u. *Innere H.* getrennt; felsig, kahl, ozean. Klima; 7285 km², 100000 E.
Hebron, heute *El-Chalīl,* Bez.-Hst. in Westjordanien, 43000 E.; Moschee über den Gräbern Abrahams, Isaaks u. Jakobs.
Hechel *w,* kammartiges Werkzeug zum Bearbeiten der rohen Flachs- u. Hanffaser.
Hechingen, bad.-württ. Stadt am Steilrand

E. Heckel: „Beim Vorlesen" (Holzschnitt)

Hebel: 1 einarmiger, **2** zweiarmiger H., **3** Winkel-H.

Hebelgesetz:
Kraft (P) · Kraftarm (a) = Last (Q) · Lastarm (b). Die beiden Produkte heißen Drehmomente: linksdrehende Momente = rechtsdrehende Momente = Summe aller Momente = 0.
Wirkung: Kraftvergrößerung auf Kosten des Weges oder Wegvergrößerung auf Kosten der Kraft

der Schwäb. Alb, 16000 E.; ehem. Schloß, klassizist. Stadtkirche (18. Jh.), Textilindustrie. Südl. v. H. die Burg ⤢Hohenzollern.
Hecht, *Gemeiner H.,* größter Süßwasserraubfisch, ¹/₂ bis 1¹/₂ m lang; verschlingt Fische u. junge Wasservögel. ☐ 912.
Hechtalligator *m,* am. ⤢Krokodil.
Heck *s,* **1)** Hinterteil des Schiffes (Ggs. Bug). ☐ 865. **2)** übertragen auch anderer Fahrzeuge.
Heck, *Bruno,* * 1917; 62/68 Bundesfamilienmin., 67/71 Generalsekretär der CDU.
Heckel, *Erich,* dt. Maler u. Graphiker, 1883–1970; wegweisend für den Expressionismus; Landschaften u. religiöse Darstellungen.
Heckenkirsche, ein ⤢Geißblatt.
Hecker, 1) *Friedrich,* 1811–81; mit Struve Führer des Bad. Aufstands u. 1848; Oberst der Union im am. Sezessionskrieg. **2)** *Isaak Thomas,* 1819–1888; Gründer der ⤢Paulisten.
Hede *w,* Werg, Abfall bei ⤢Hechel-Arbeit.
Hederich *m,* Wildrettich, rauhhaariger Kreuzblütler, fahlgelb od. weißlila blühend; Ackerunkraut; Bekämpfung durch Aufstreuen v. Staubkainit, ungeöltem Kalkstickstoff. ☐ 454.
Hedin, *Sven,* schwed. Forschungsreisender, 1865–1952; bereiste Tibet, Chines.-Turkestan, schrieb wiss. Werke u. Reiseschilderungen. **H.gebirge** ⤢Transhimalaja.
Hedonismus *m* (gr.), v. Aristippos v. Kyrene begr. eth. Lehre, wonach Lust, d. h. geistige od. sinnl. Triebbefriedigung, einziger Grund des Handelns sei.
Hedschra *w* (arab.), Auswanderung Mohammeds v. Mekka nach Medina Herbst 622; Ausgangspunkt der muslim. Zeitrechnung (Mondjahr mit 354 bzw. 355 Tagen in 12 Monaten).
Hedwig, hl. (16. Okt.), 1174–1243; mit Hzg. Heinrich I. v. Schlesien vermählt, verdient um die Christianisierung Schlesiens; Gründerin des Klosters Trebnitz, Patronin Schlesiens. **H.sschwestern,** Genossenschaft für Kinder- u. Waisenfürsorge, gegr. 1859 in Breslau.
Heer, die gesamte Landkriegsmacht eines Staates. – Griechen u. Römer hatten Volks-H.e, die bei den Römern in der Kaiserzeit v. Söldner-H.en abgelöst wurden. Bei den Germanen war im Krieg jeder Freie waffenpflichtig. Das Lehnswesen ersetzte das Volks-H. durch das Lehnsaufgebot der Vasallen, das als Ritter-H. im Hoch-MA seinen Höhepunkt erreichte. Der Zerfall des Lehnswesens u. die Erfindung der Feuerwaffen (14. Jh.) führten zum Söldnerheer. Im 17. Jh. Einführung der stehenden H.e aus ausgehobenen Untertanen u. geworbenen Berufssoldaten. In der Frz. Revolution wurde die allg. Wehrpflicht eingeführt, die heute bei den meisten Staaten die Regel ist.
Heer, *Friedrich,* östr. Historiker u. Kulturkritiker, * 1916; *Aufgang Europas; Die Dritte Kraft* (behandelt den Humanismus).
Heerlen, niederländ. Stadt in Limburg, 71100 E.; Mittelpunkt des niederländ. Kohlenbergbaus.
Heerwurm, die Maden der H.trauermücke;

wandern massenweise vereinigt nach neuen Weideplätzen. Früher als Unheilkündiger (u.a. Krieg) angesehen. Gegenstand vieler Fabeln.

Heessen, Stadtteil v. Hamm (seit 1975), an der Lippe; Steinkohlenbergbau, elektrotechn. Ind.; Wasserschloß.

Hefe w, *Hefepilze,* Mikroorganismen, einzell. Pilze, die sich durch Zellsprossung vermehren u. mit ⁄Fermenten Zucker in Kohlendioxid u. Alkohol spalten *(alkohol. Gärung).* Man unterscheidet *Gärungs-* od. *Kultur-H.* (Bier-, Wein-, Back-H.) u. *Wuchs-H.,* die Fette u. Eiweiße aufbaut (Nähr-H. als Kraftfutter). **H.böckser,** Weinfehler des jungen Weins; Geruch nach fauler H. **H.kur,** Heilmethode durch H.extrakt.

Hefele, *Karl Joseph v.,* dt. Kirchenhistoriker, 1809–93; 69 Bischof v. Rottenburg; auf dem 1. Vatikan. Konzil gg. die Unfehlbarkeitserklärung, unterwarf sich jedoch. *Konziliengeschichte.*

Hefeschnaps, aus alkoholhalt. Heferückständen gebrannter Schnaps. **Hefewein,** aus Zuckerwasser u. Weinhefe angesetzter Haustrunk.

Hefnerkerze, nicht mehr gebräuchl. Einheit der Lichtstärke.

Hegau m, dt. Vulkanlandschaft im südöstl. Baden; tertiäre Vulkanberge aus Basalt u. Phonolith. Naturschutzgebiet.

Hege, 1) Schonzeit *(H.zeit)* u. Pflege des Wildes. **2)** ⁄Schonung. *H.meister,* ein Forstbeamter.

Hegel, *Georg Wilhelm Friedrich,* dt. Philosoph, Vollender des dt. Idealismus, 1770–1831; seit 1818 Prof. in Berlin; sucht die gesamte Wirklichkeit, auch die Weltgeschichte, aus dem einen Urgrund des Weltgeistes zu begreifen. In notwendigem Gang komme diese absolute Idee zu sich selbst, indem sie aus sich alles als ihre Erscheinungen entfalte, und zwar nach dem Dreischritt: These–Antithese–Synthese. Subjektiver Geist, objektiver (Höhepunkt: der Staat als Selbstzweck) u. absoluter Geist, der sich in Kunst, Religion u. Philosophie vollendet. War v. größter Wirkung auf die Staats-, Gesellschafts- u. Geschichtsphilosophie. Nach dem 1. Weltkrieg erfolgte eine neue Hinwendung zu H., die seine noch unausgeschöpfte Metaphysik des Geistes, von ihren Grenzen befreit, fruchtbar zu machen suchte.

Hegemonie w (gr.), Führerschaft, Vormachtstellung eines Staates.

Hegenbarth, *Josef,* dt. Maler u. Graphiker, 1884–1962; Illustrationen zu Don Quichote, Macbeth, Reineke Fuchs u.a.

Hegner, *Jakob,* 1882–1962; gründete 1913 in Hellerau b. Dresden den *J.-H.-Verlag.*

Hehlerei begeht, wer seines Vorteiles wegen Sachen, v. denen er weiß od. den Umständen nach annehmen muß, daß sie durch strafbare Handlung erlangt wurden, verheimlicht, ankauft, mit Einverständnis des Diebes, Betrügers usw. an sich bringt od. zu deren Absatz mitwirkt *(Sach-H.)* od. wer das eigenen Vorteils wegen eine Person begünstigt, die einen Diebstahl, Raub od. eine Unterschlagung begangen hat *(Perso-*

Heidelberg: Blick über den Neckar auf die Altstadt, mit Alter Brücke, Schloß und (rechts) Heiliggeistkirche

G. W. F. Hegel

Martin Heidegger

Blühendes Heidekraut

nen-H.). H. wird mit Freiheitsstrafe geahndet.

Heide w, Pflanzengesellschaft der atlant. Klimagebiete; auf nährstoffarmem Boden; mit ⁄Heidekraut, Ginster, Birke, Kiefer, Fichte; Hochmoore mit Torfmoosen, Wollgras u. Bürstenbinsen.

Heide, Krst. in Dithmarschen (Schleswig-Holstein), 21200 E.; Erdölraffinerie.

Heidegger, *Martin,* dt. Philosoph, 1889 bis 1976; neben Jaspers Hauptvertreter der dt. Existenzphilosophie. H.s Denken kreist primär um das Sein bzw. um den Bezug des Menschen zur Wahrheit des Seins *(Sein und Zeit; Holzwege).* In der Verfallenheit existiert der Mensch in der Zerstreuung des „Man". Erst aus der Rückkehr in die Eigentlichkeit u. damit zugleich echte Zeitlichkeit gelangt er zu einem Selbstverständnis in den Grundbefindlichkeiten der Geworfenheit, des Seins zum Tode, der Angst u. Sorge. Das „Nichts", erfahren in der Angst, ist Erfahrung des Seins selbst als des Anderen zu allem Seienden. Der Vortrag *Vom Wesen der Wahrheit* wie der *Brief über den Humanismus* zeigen, daß die Sprache den ursprünglichsten Bezug des Seins zum Menschen herstellt. 1928/51 Prof. in Freiburg i. Br.

Heidekraut, *Erika,* Zwergstrauch, mit fleischroten Blüten, wichtige Bienenfutterpflanze.

Heidelbeere, *Bick-, Blau-* od. *Waldbeere,* ein Strauch mit eßbaren blauen Beeren. Heilpflanze. ☐ 747.

Heidelberg, alte Stadt am Ausgang des engen Neckartals aus dem Odenwald in die Rheinebene, 130000 E.; Alte Univ. (1386 gegr.), Akademie der Wissenschaften, vier Max-Planck-Institute, PH, Krebsforschungszentrum, Sternwarte (Königstuhl), Hochschule für Theater und Musik; Glockengießerei; Maschinen- und Feingerätebau. Über der Stadt das *H.er Schloß,* entstanden unter den Kurfürsten Ludwig V. 1508/44, Friedrich II. 54/56, Otto Heinrich 56/59 u. Friedrich IV. 1601/07. – H. kam 1214 an die wittelsbach. Grafen (später Kurfürsten), deren Residenz es bis 1720 war; im 30jähr. Krieg v. den Schweden u. den Kaiserlichen erobert, 1689 u. 93 Schloß u. Stadt v. den

Franzosen zerstört. 1803 kam H. zu Baden.
H.er Katechismus, ref. Bekenntnisschrift,
1563 v. den Heidelberger Theologen *Ursinus* u. *Olevianus* verfaßt; enthält in 129
Fragen den gesamten Glaubensinhalt.
Heidenchristen, im Ggs. zu den Judenchristen unmittelbar aus dem Heidentum in die
Kirche aufgenommene Gläubige der ersten
christlichen Zeit.
Heidenheim, *H. an der Brenz,* württ. Krst.,
49000 E.; Textil- u. Metall-Ind. (Turbinen).
Heidschnucke *w,* genügsames Heideschaf;
in norddt. Heide- u. Moorgebieten.
Heiducken ↗Haiducken.
Heikendorf, schleswig-holstein. Seebad im
Kr. Plön, 7700 E.; Biolog. Bundesanstalt für
Land- u. Forstwirtschaft.
Heiland, ahd. der Heilende, altsächs. ↗Heliand: Jesus Christus, der v. den Sünden Erlösende.
Heilbäder, 1) medizin. Bäder, z. B. Dauerbad,
Überwärmungsbad. **2)** Badeorte mit Heilquellen od. heilendem Klima.
Heilbronn, württ. Krst. am Neckar (Hafen),
111500 E.; Weinbaugemeinde; Nahrungsmittel-, Auto-, chem. Ind., Salzbergwerk,
Glashütte; got. Kilianskirche (13. Jh.), Renaissancerathaus; Fachhochschule. 1360
bis 1806 Freie Reichsstadt.
Heilbutt *m,* auch *Riesenscholle,* bis 2 m langer u. 300 kg schwerer Plattfisch; in Nordmeeren.
Heiler, *Friedrich,* dt. ev. Theologe u. Religionsphilosoph, 1892–1967; Führer der dt.
hochkirchl. Bewegung; urspr. kath. Priester,
wurde 1919 ev.; Prof. in Marburg, Vertreter
einer „ev. Katholizität"; 30 v. 3 syr.-jakobit.
Bischöfen zum Bischof geweiht.
Heilerziehung, *Sondererziehung,* Erziehung
körperl. u. geistig gehemmter od. geschädigter Kinder u. Jugendlicher. ↗Sonderschulen.
Heilfieber, künstl. erzeugtes Fieber zur Behandlung v. Nervenkrankheiten.
Heilgymnastik ↗Krankengymnastik.
heilig, 1) *allg.:* in fast allen Religionen Wesens-Bz. (in Ggs. zu *profan* ods. zum Kult.-
Rel. Gehörenden. **2)** *bibl.:* nachdrücklichste
Aussage v. der Göttlichkeit Gottes; dann
auch Wesensmerkmal der durch Gott geheiligten od. für Gott od. den Dienst Gottes
ausgesonderten Personen, Orte u. Gegenstände.
Heilige, 1) ↗Gemeinschaft der Heiligen. **2)**
zahlr. fromme bibl. Persönlichkeiten od. die
in den ersten christl. Jhh. v. Volk aufgrund
ihrer Christusverbundenheit spontan verehrten Christen; dann jene Christen, die
heiliggesprochen (↗Heiligsprechung) wurden.
Heilige Allianz, 1815 Bündnis der Monarchen von Rußland, Österreich und Preußen, zerfiel bald wieder; enthielt das Bekenntnis zu gegenseitigem Beistand u. zu
einer Politik gemäß christl. Grundsätzen.
Heilige der Letzten Tage ↗Mormonen.
Heilige Familie, Jesus, Maria u. Joseph;
bes. seit dem 17. Jh. verehrt; Motiv der
christl. Kunst. *Die Bruderschaft von der hl.
F.,* 1844 in Lüttich gegründet, weltweit verbreitet.

B. Heiliger: Vegetative
Plastik (Bronze; 1955)
– ☐ 3

Heiligenbeil, sowjet. *Mamonowo,* ostpreuß. Stadt am Frischen Haff, 5500 E.; 1301
v. Dt. Orden gegründet.
Heiligenblut, östr. Kurort u. Wintersportplatz, am Großglockner, 1301 m ü. M.; Ausgangspunkt der Großglocknerstraße; 1700
E.; got. Wallfahrtskirche (1491).
Heiligenhafen, schleswig-holstein. Stadt
und Seebad (Ostsee), 9700 E.
Heiligenhaus, rhein. Stadt im Niederbergischen Land, 29500 E.; Eisengießereien.
Heiligenschein, *Nimbus, Glorie, Gloriole;* in
der Kunst Lichtscheibe, -kreis od. -kranz um
das Haupt hl. Personen (bei Christus mit
eingezeichnetem Kreuz; *Kreuznimbus*);
Maria, ebenso der auferstandene Christus
zuweilen in ganzer Gestalt v. einem H. umgeben (↗Aureole, ↗Mandorla).
Heiligenstadt, thüring. Krst. im Obereichsfeld (Bez. Erfurt), 13600 E.; Redemptoristenkloster; got. Bauwerke; Kneippbad.
Heiligenverehrung, 1) *allg.:* in den meisten
Religionen kult. Verehrung myst. u. rel. bedeutsamer Persönlichkeiten. **2)** *Christentum:* private wie öff. Verehrung v. ↗Heiligen **2)**; galt urspr. nur Aposteln u.
Martyrern, seit dem 4. Jh. auch Bekennern;
anfangs meist spontan geübt; seit dem 10.
Jh. allg. nur kirchl. erlaubt. ↗Heiligsprechung. Die Reformatoren lehnten die H. ab,
bes. die fürbittende Anrufung der Heiligen.
Heiliger, *Bernhard,* dt. Bildhauer u. Graphiker, * 1915; abstrahierende Kleinplastiken
u. monumentale WW v. dynam. aufstrebender Bewegung od. schwebendem
Gleichgewicht; zahlr. Bildnisbüsten.
Heiliger Geist, nach der christl. Offenbarung
dritte Person in der Gottheit, mit Vater u.
Sohn wesensgleich, ewig v. beiden (nach
orthodoxer Lehre nur vom Vater) ausgehend durch Wollen u. Liebe. Er teilte sich bei
seiner Herabkunft am Pfingstfest den
Aposteln mit u. vermittelt gnadenhaft in
Christus u. in der Kirche die gesamte Erlösungswirklichkeit. Sakrament des H. G. ist
die ↗Firmung. Seine 7 bes. *Gaben* sind
Weisheit u. Verstand, Rat u. Stärke, Wiss. u.
Frömmigkeit u. Furcht des Herrn. In der religiösen Kunst als Taube dargestellt. **Heiliger
Rock,** das ungenähte Kleid Christi, um das
die Soldaten bei der Kreuzigung losten;
nach der Überlieferung v. Kaiserin Helena
nach Trier gesandt, dort wiederholt feierl.
ausgestellt.
Heiliger Stuhl ↗Apostol. Stuhl.
Heilige Schriften, 1) *allg. religionswiss.:*
Schriften mit rechtl.-rituellem u. erbaul.-erzählendem Inhalt, die in den einzelnen Religionen als göttl. Ursprungs gelten u. meist
autorisierte Glaubens- u. Lebensnorm sind.
2) *christl.:* ↗Bibel.
Heiliges Grab, Felsengrab, in das Christi
Leichnam gelegt worden war; der dafür gehaltene Ort 326/335 durch Kaiser Konstantin v. einem Rundbau umfaßt mit anschließender Martyriumsbasilika, darüber 1130 v.
den Kreuzfahrern eine große Kirche errichtet. 1808 restauriert. **Heiliges Jahr** ↗Jubeljahr 2). **Heiliges Land,** ↗Palästina als
Schauplatz der (bibl.) Offenbarung Gottes.
Heiliges Offizium, Kardinalskongregation in

Heilpflanzen-Wirkungen

abführend: Brunnenkresse, Enzian, Faulbaumrinde, Feige, Rhabarber, Ringelblume, Rizinus, Schlehdornblüte, Waldmeister, Wermut.

beruhigend: Baldrian, Engelwurz, Hopfen, Kamille.

gegen Blähungen: Anis, Eukalyptus, Fenchel, Ingwer, Kalmus, Knoblauch, Kümmel, Wacholderbeeren, Zwiebel u. a.

blutstillend: Arnika, Eiche, Hamamelis, Mistel, Odermennig, Weidenrinde, Zinnkraut.

gegen Durchfall. Frauenmantel, Hafer, Heidelbeeren, Hopfen, Johanniskraut, Kamille, Knöterich, Sauerampfer, Schlehdornrinde, Tormentille, Wegerich.

gegen Entzündungen: Arnika, Doste, Eichenrinde, Eukalyptus, Melisse, Salbei, Thymian.

gegen Fieber: Basilienkraut, Bitterklee, Eichenrinde, Enzianwurzel, Eukalyptus, Tausendgüldenkraut, Weidenrinde, Zitrone.

harntreibend: Bärentrauben, Birkenblätter, Gauchheil, Ginster, Hagebutte, Löffelkraut, Löwenzahn, Sellerie, Spargel, Stiefmütterchen, Waldmeister.

hustenreizmildernd: Alant, Andorn, Anis, Eibisch, Fenchel, Huflattich, Irländisch und Isländisch Moos, Wegerich.

krampflösend: Anserine, Doste, Eibisch, Engelwurz, Kamille, Lindenblüte, Melisse, Pfefferminz, Raute, Schafgarbe u. a.

schweißtreibend: Eberwurz, Guajakholz, Holunderblüte, Kletterwurz, Ringelblume, Schlüsselblume.

stimulierend: Beifuß, Diptam, Eberwurz, Lavendel, Melisse, Minze, Raute.

verdauungsfördernd: Alant, Benediktenkraut, Bibernell, Enzianwurzel, Fenchel, Geißbart, Kreuzblume, Kümmel, Quendel, Tausendgüldenkraut, Wegerich.

☐ Heilpflanzen, Giftpflanzen (453)

Rom für die Reinerhaltung der Glaubens- u. Sittenlehre; seit 1966 *Heilige Kongregation für die Glaubenslehre.* **Heiliges Römisches Reich Deutscher Nation,** 1512 erstmals gebrauchte Bz. für das 911/1806 bestehende alte Dt. Reich; „heilig" wegen der Schutzherrschaft über die Kirche.
Heiligsprechung, *Kanonisation,* feierl. Erklärung des Papstes, daß ein Christ der himml. Glorie teilhaftig ist u. von allen Katholiken verehrt werden darf. Voraus geht eine strenge Prüfung *(H.sprozeß),* ob seit der ↗Seligsprechung die Verehrung wuchs u. neue Wunder auf Fürbitte des Seligen geschahen.
Heilkunde, die ↗Medizin.
Heilpädagogik, erziehungswiss. Lehre v. der Führung abnorm gehemmter Kinder u. Jugendlicher zu möglichst großer Leistungsfähigkeit; steht in engem Zusammenhang mit Medizin u. Psychologie.
Heilpflanzen, wegen der Inhaltsstoffe in Med. od. Volksheilkunde verwendet. Anwendungsarten: Aufguß, Frischsäfte, Absud u. Aufkochung; Herstellung v. Tinkturen, Extrakten, Ölen, Salben, Pulvern nur durch Fachmann. ☐ 453.
Heilpraktiker, Laienbehandler mit behördl. Erlaubnis zur Ausübung der Heilkunde ohne ärztl. Bestallung; bedient sich bes. homöopath. u. naturgemäßer Methoden. Tätigkeit durch das *H.gesetz* geregelt.
Heilquellen, *Mineralquellen,* mit über 20 Wärmegraden *Thermen,* mit mehr als 1¹/₂% Salzgehalt *Solen;* regen durch Gehalt an Mineralien u. durch physikal. Eigenschaften die Organe u. Gewebe an, wirken heilend. Anwendungsformen: Trinkkuren (vor allem bei Magen-, Darm-, Leberkrankheiten), Badekuren, Inhalationen (bei Entzündungen der Atemwege) u. Packungen. ☐ 381.

Heinrich Heine

Th. Th. Heine: Der Rentier (Ausschnitt)

Heilsarmee, religiös-soziale Bewegung, 1865 in London v. W. ↗Booth gegr., seit 79 mit militär. Organisation (Offiziere, Uniform), Straßengesang, Werbungsversammlungen; hält an vielen christl. Glaubenslehren fest, verwirft aber Kirche u. Sakramente; einzig notwendig sei die Geistestaufe, d. i. die Liebe zu Gott u. den Menschen. Die H. ist in allen Weltteilen verbreitet u. hat sozial-caritative Verdienste. Sitz des Generals der H. ist London.
Heilsberg, poln. *Lidzbark Warmiński,* Stadt in Ostpreußen, 13 000 E.
Heilschlaf, durch Medikamente herbeigeführter, lang anhaltender Schlaf zur Behandlung nervöser Störungen.
Heilserum s, Schutzstoff zur Vorbeugung u. Behandlung von Infektionskrankheiten u. Vergiftungen; wird v. Tieren gewonnen.
Heilungkiang, 1) chines. Name für ↗Amur. **2)** chines. Prov. in der Mandschurei, am Amur, 710 000 km², 32 Mill. E.; Hst. Harbin.
Heilwurz ↗Eibisch.
Heimarbeit, die ↗Heimindustrie.
Heimatvertriebener ↗Flüchtling.
Heimchen s, die Haus-↗Grille.
Heimindustrie, im Ggs. zu Fabrik u. Manufaktur Form der Unternehmung, bei welcher die Arbeiter in ihren eigenen Wohnungen od. Werkstätten für einen Unternehmer, den Verleger, arbeiten. Dieser bestimmt Richtung u. Ausmaß der Produktion. Bisweilen tritt auch ein Zwischenmeister auf, der durch Lohnarbeiter in seiner Werkstätte die v. Unternehmer übernommenen Aufträge ausführen läßt. Die sozial unterlegene Stellung der Heimarbeiter(-innen) hat zu staatl. Schutzgesetzen geführt (Heimarbeits-Ges. v. 14. 3. 1951).
Heimkehle, größte Tropfsteinhöhle Dtl.s; im Stolberg am Südharz; 1700 m lang.
Heimstätte, v. öff. Gebietskörperschaften ausgegebenes Siedlungsland.
Heimsuchung Mariä, Besuch Mariens bei ihrer Base Elisabeth, nachdem beide empfangen hatten (Fest 2. Juli); seit dem 6. Jh. häufiges Thema der Kunst.
Heimwehr, 1918 gegr. antikommunist. militär. Organisation in Ostr., unterstützte Dollfuß u. Schuschnigg; ging 36 in der ↗Vaterländ. Front auf.
Heine, 1) *Heinrich,* dt. Dichter u. Publizist, 1797–1856; aus jüd. Kaufmannsfamilie, seit 1831 in Paris. Gegner eines sinnenfeindl. gedeuteten Christentums. In seiner Lyrik Widerspiel v. Romantik u. Antiromantik, Gefühl u. iron. Bewußtheit. Welterfolg mit dem *Buch der Lieder,* bedeutendes Spätwerk *Romanzero.* Mit seinen *Reisebildern* Begr. des feuilletonist. Stils in Dtl. **2)** *Thomas Theodor,* dt. Maler und Zeichner, 1867–1948; Mitbegr. des Simplicissimus, dem er durch polit. u. sozialkrit. Karikaturen künstler. Bedeutung gab.
Heinemann, *Gustav,* 1899–1976; dt. Politiker; Rechtsanwalt; seit 45 Mitgl. des Rates der EKD, 49/55 Präs. der EKD-Synode, Mitbegründer der CDU, 49/50 Bundesinnenmin., 52 Mitgründer u. Vors. der Gesamtdt. Volkspartei, seit 57 Mitgl. der SPD; 66/69 Bundesjustizmin., 69/74 Bundespräsident.

Heinkel, *Ernst,* 1888–1958; Konstrukteur der ersten dt. Strahl- u. Raketenflugzeuge.
Heinrich, Fürsten: *Herzöge v. Bayern:* **H. der Stolze,** um 1106–39; Welfe, Schwiegersohn Ks. Lothars III., v. dem er 1137 Sachsen erbte; verlor Bayern im Kampf gg. Ks. Konrad III. Sein Sohn u. Nachfolger in Sachsen **H. der Löwe,** um 1129–95; erhielt 56 v. Ks. Friedrich I. Bayern zurück; Kolonisation im N u. O; verweigerte 76 dem Ks. Heeresfolge nach It., 80 abgesetzt u. verbannt. *Dt. Könige u. Kaiser:* **H. I.,** um 876–936; 912 Hzg. v. Sachsen, 919 Kg.; gewann 925 Lothringen, sicherte die Ostgrenze gg. Wenden, Böhmen u. Ungarn. Sein Urenkel **H. II. der Heilige** (13. Juli), 973–1024; 995 Hzg. v. Bayern, 1002 Kg., 1014 Ks.; war mit der hl. ⁊Kunigunde vermählt; baute das System der Reichskirche aus; förderte die Klosterreform; gründete das Bistum Bamberg. **H. III.,** 1017–56; Sohn u. seit 39 Nachfolger Ks. Konrads II.; 27 Hzg. v. Bayern, 28 zum Kg. u. 46 zum Ks. gekrönt; schob das Reichsgrenze gg. die Ungarn vor, beseitigte 46 das Schisma (3 Päpste) u. erhob nacheinander 4 dt.e Bischöfe auf den päpstl. Stuhl. Sein Sohn **H. IV.,** 1050–1106; zuerst unter Vormundschaft, übernahm 1065 die Regierung, besiegte 75 die aufständ. Sachsen; Investiturstreit mit Pp. Gregor VII., den er 76 absetzen ließ; Kirchenbann u. Ultimatum der Fürsten zwangen H. 77 zum Bußgang nach ⁊Canossa; 84 eroberte er Rom u. ließ sich v. Gegenpapst zum Ks. krönen. Sein Sohn **H. V.,** 1081–1125; 1106 Kg., setzte die Politik seines Vaters fort, erzwang 1111 die Kaiserkrönung; 22 ⁊Wormser Konkordat mit Pp. Kalixt II. **H. VI.,** 1165–97; Sohn u. seit 90 Nachfolger Ks. Friedrichs I., führte die Staufermacht zum Gipfel; 69 Kg., 91 Ks.; eroberte 94 Unter-It. u. Sizilien, das Erbe seiner Gemahlin ⁊Konstanze; konnte sich mit seinem Plan, das dt. Königtum in seinem

Hause erbl. zu machen, gegenüber den dt. Fürsten u. dem Pp. nicht durchsetzen. **H. VII.,** um 1275–1313; Graf v. Luxemburg, suchte das Kaisertum zu erneuern; 1308 Kg., 12 in Rom zum Ks. gekrönt. *England:* **H. II.,** 1133–89; 54 Kg., erwarb durch Erbschaft u. Heirat große Gobicto in Fkr.; wegen Kirchenpolitik scharfer Konflikt mit ⁊Thomas Becket. **H. VII.,** 1457–1509; beendete den ⁊Rosenkrieg, 1485 Kg. Sein Sohn **H. VIII.,** 1491–1547; 1509 Kg., bahnte die engl. Großmachtstellung an; der Wunsch, sich v. seiner Gemahlin zu trennen, um die Hofdame Anna Boleyn zu heiraten, führte zum Bruch mit Rom; H. ließ sich zum Haupt der Kirche v. Engl. (⁊Anglikanische Kirche) erklären. Hinrichtung v. Thomas ⁊Morus, Kard. ⁊Fisher u. Anna Boleyn u.a. *Frankreich:* **H. II.,** 1519–59; 47 Kg., verbündete sich mit den Protestanten u. Ks. Karl V., gewann 52 Metz, Toul u. Verdun. Sein Sohn **H. III.,** 1551–89 (ermordet); 74 Kg. (letzter Valois), in den Religionskriegen schwankende Politik. **H. IV.,** 1553–1610 (ermordet); der 1. Bourbon, Kg. v. Navarra u. Haupt der Hugenotten; wurde 1589 frz. Kg. unter der Bedingung des Übertritts zur kath. Kirche; gewährte den Hugenotten im Edikt v. Nantes Religionsfreiheit. *Portugal:* **H. der Seefahrer,** 1394–1460; Prinz, begr. durch v. ihm veranlaßte Entdeckungsfahrten nach Westafrika die Kolonialmacht Portugals. *Sachsen:* s. oben bei Bayern. *Thüringen:* **H. Raspe,** um 1204–47; 27 Landgraf, 46 Gegenkönig Ks. Friedrichs II.
Heinrich, Dichter, Mystiker usw.: **H. v. Meißen,** um 1250–1318; bürgerlicher Dichter der ausgehenden Ritterzeit, Beiname „Frauenlob". **H. v. Melk,** frühmhd. Dichter des 12. Jh., schrieb satir. Gedichte zur Kritik der Zeitsitten. **H. v. Morungen,** thüring. Minnesänger, Anf. 13. Jh. **H. v. Nördlingen,** Mystiker, † nach 1379; Briefwechsel mit Margarete ⁊Ebner. **H. v. Ofterdingen,** sagenhafter Minnesänger, der im Sängerkrieg auf der Wartburg gg. ⁊Wolfram v. Eschenbach unterlag. **H. v. Plauen,** um 1370–1429; 1410/13 Hochmeister des Dt. Ordens, wegen Ordensreform gestürzt. **H. Suso** ⁊Seuse. **H. v. Veldeke,** dt. Minnesänger, * um 1140; Begr. der höf. Epik *(Eneide);* Minnelieder vergeistigter Auffassung.
Heinsberg (Rhld.), rhein. Krst., 36500 E.; Metall-, Textil- u. Schuh-Ind.
Heinse, *Wilhelm,* dt. Schriftsteller, 1746–1803; schrieb mit *Ardinghello* den ersten dt. Künstlerroman.
Heinze *w,* od. *Heinz m,* auch *Hiefel, (Heu-) Reuter, Rocken,* Gerüst zum Heutrocknen.
Heinzen, *Heanzen,* dt. Bauern, die nach 1076 das Burgenland *(Heinzenland),* Oststeiermark u. Ödenburg besiedelten.
Heirat ⁊Eheschließung.
Heiratsschwindel begeht, wer sich Vermögensvorteile dadurch verschafft, daß er die Absicht einer Eheschließung vorspiegelt; wird als ⁊Betrug bestraft.
Heiseler, 1) *Bernt v.,* dt. Schriftsteller, Sohn v. 2), 1907–69; histor. Dramen, rel. Natur- u. Gedankenlyrik; erzähler. HW der Familien- u. Zeitroman *Versöhnung.* **2)** *Henry v.,* dt.

Gustav Heinemann

Ernst Heinkel

König Heinrich VIII.
von England
(von H. Holbein d. J.)

Heinrich der
Seefahrer

Heilquellen

einfache kalte Quellen (unter 20°C) gg. Rheumatismus, Blutarmut, Nierenleiden	*Solequellen (hoher Kochsalzgehalt)* bei Herz- u. Kreislauferkrankungen, Rheumatismus, Magen-Darm-Leiden u.a.
einfache warme Quellen (über 20°C) bei Frauen- u. Nervenleiden	*Bitterquellen* bei Magen-, Darm-, Gallen- u. Leberleiden
einfache Säuerlinge (mindest. 50 Vol.-% Kohlensäure) bei katarrhal. Erkrankungen u. Nierensteinen	*Eisenquellen* bei Blutarmut u.a.
alkalische Quellen bei chron. Katarrhen u. Stoffwechselleiden	*Arsenquellen* bei Blutarmut u. Schilddrüsenerkrankungen
Kochsalzquellen (geringer Kochsalzgehalt) bei Herz- u. Kreislauferkrankungen, Rheumatismus, Magen-Darm-Leiden	*Schwefelquellen* bei Hautkrankheiten
	Jodquellen bei Arteriosklerose
	radioaktive Quellen bei rheumat. Erkrankungen

Schriftsteller, 1875–1928; Lyrik; Dramen zur russ. Geschichte.

Heisenberg, *Werner,* dt. Physiker, 1901–76; begründete mit M. Born die Quantenmechanik, fand 27 die ↗Unschärferelation; grundsätzl. Untersuchungen u. a. über kosm. Strahlung, Materieaufbau, Elementarteilchen. 32 Nobelpreis.

Heißenbüttel, *Helmut,* dt. Schriftsteller, *1921; sprachexperimentelle, sprach- u. gesellschaftskrit. Gedichte; Prosa. *Kombinationen; Topographien; Textbuch 1–5.*

heißer Draht, die 1963 eingerichtete Fernschreibverbindung zw. dem Weißen Haus in Washington u. dem Kreml in Moskau; soll dem Präs. der USA u. dem Min.-Präs. der UdSSR bei Krisen eine direkte Verständigung ermöglichen; inzwischen auch zw. anderen Hauptstädten.

heißes Geld, international fluktuierende Gelder, deren spekulative Bewegungen v. den Wechselkursen u. dem Streben nach Sicherheit bestimmt sind.

Heißluftapparat, *Heißluftdusche,* erzeugt warmen Luftstrom (Föhnapparat, Haartrockner). **Heißluftbehandlung,** bei Erkältung, Rheuma, Entzündungen. **Heißluftmotor,** Kraftmaschine ähnl. der Dampfmaschine, v. heißer Luft anstelle v. Dampf angetrieben.

Heißwasserspeicher, *Boiler,* mit billigem Nachtstrom beheizt, od. *Durchlaufapparat (Durchlauferhitzer),* gas- od. strombeheizt (z. B. Badeöfen).

Heizfaden, *Glühfaden,* in Elektronenröhren (Rundfunkröhren) ein Draht, der geheizt wird u. freie ↗Elektronen zur Anode abstrahlt od. der die isoliert darüberliegende Kathode durch Erwärmen zum Abstrahlen v. Elektronen veranlaßt. **Heizgase, 1)** aus der Feuerung abziehende, stickstoff- u. kohlenoxidreiche heiße Gase. **2)** brennbare Gase zum Heizen: Generator-, Erd-, Leucht-, Gichtgas. **Heizkissen,** flaches Kissen mit elektr. Heizspiralen, gg. Rheuma, Erkältungen. **Heizkörper, 1)** Rippenkörper der Zentralheizungen. erwärmen die Raumluft. **2)** Widerstandskörper in elektr. zu beheizenden Geräten. **Heizschlange,** v. heißem Wasser od. Dampf durchströmte Röhren, zur Heizung großer Kessel u. Apparate. **Heizsonne,** elektr. Strahlofen mit eingeschraubtem ↗Heizkörper; hauptsächl. als Zusatzheizung.

Heizung, die *Raum-Heizung* mittels fester, flüssiger oder gasförmiger Brennstoffe oder Elektrizität. Für *Lokal-* od. *Einzel-H.*

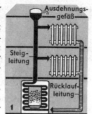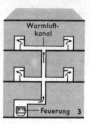

Heizung: **1** Warmwasser-, **2** Dampf-, **3** Warmluft-H.

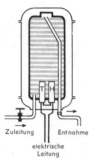

Heißwasserspeicher: Schnitt durch einen Niederdrucküberlaufspeicher:
T Temperaturregler,
H Heizkörper

Werner Heisenberg

werden Kachel-, Kanonen- od. Füllöfen benutzt, in der Übergangszeit vielfach auch elektr. H. in Strahl- od. Konvektionsöfen, Heizschirmen u. ä. Zur Erwärmung mehrerer Räume dient *Zentral-* od. *Sammel-H.;* Wärmeträger sind erhitzte Luft, heißes Wasser od. Dampf, durch Rohrleitungen den Heizkörpern zugeführt. *Fern-H.* ist wirtschaftl. bei Verbindung v. Heiz- u. Kraftbetrieben zur Elektrizitätserzeugung.

Heizwert, gibt die Anzahl freiwerdender Kalorien bei Verbrennung v. 1 kg festem od. 1 m³ gasförm. Brennstoff an.

Hekate, griech. chthonische Göttin, v. spukhaften Wesen begleitet.

Hekatombe *w* (gr.), **1)** im alten Griechenland Götteropfer mit 100 Tieren; allg. bes. viele Opfer (durch Krieg usw.). **2)** große Menge.

Hekla *w,* aktiver, schneebedeckter Vulkan in Südisland, 1447 m hoch.

Hektar *s,* Abk. ha, ein Flächenmaß, 100 m × 100 m = 100 a = 10000 m².

hektisch (gr.-lat.), übersteigert, fieberhaft.

hektisches Fieber, anhaltendes Fieber bei Lungentuberkulose, mit *hekt. Röte.*

Hekto, Abk. h, vor Maßeinheiten: das 10²-(hundert-)fache.

Hektograph *m* (gr.), Apparat zur Vervielfältigung v. Schriftstücken.

Hektor, Sohn des Trojanerkönigs ↗Priamos, v. Achilles erschlagen.

Hekuba, Gattin des Priamos. [göttin.

Hel, nord. Totenreich; später auch Totengöttin.

Held, *Martin,* dt. Bühnen- u. Filmschauspieler, * 1908; Filme u. a.: *Canaris; Die Ehe des Herrn Mississippi.*

Heldensage, Überlieferung früher Ereignisse im Leben der Völker, auf einzelne hervorgehobene Persönlichkeiten bzw. Motive konzentriert. Weiterentwicklung zu *Heldenlied* u. *Heldenepos.* Die german. H. entstand in der Völkerwanderungszeit. Nordische Überlieferung in der Edda; das Nibelungenlied verbindet mehrere Sagen.

Helder, *Den H.,* Kriegshafen der Niederlande, 61000 E.; Fischereihafen, Seebad.

Helena, in der griech. Sage Urbild klass. Schönheit; ihrem Gatten Menelaos durch Paris entführt: Anlaß des Trojan. Krieges. Figur in Goethes Faust II.

Helena, 1) hl. (18. Aug.), um 255–330; Mutter Ks. Konstantins d. Gr., unter dessen Einfluß sie (nach Eusebius) Christin wurde; erbaute mit ihrem Sohn Kirchen in Rom, Konstantinopel u. Palästina. **2)** ↗Olga.

Helfer in Steuersachen, fr. Bz. für ↗Steuerbevollmächtigter.

Helfferich, *Karl,* dt. Politiker, 1872–1924;

Heizwert von Brennstoffen

fest (kJ/kg)		flüssig (kJ/kg)		gasförmig (kJ/m³)	
Holz, trocken	15000	Spiritus		Wasserstoff	11000
Torf, trocken	14500	(70%ig)	17000	Methan	36000
Braunkohle		Äthylalkohol	27000	Acetylen	57000
jüngere	8500	Methylalkohol	30000	Propan	93000
ältere	16500	Heizteer	37000	n-Butan	124000
-Brikett	19500	Teeröle		Benzol	145000
Steinkohle		Steinkohle	38000	Toluol	200000
Gaskohle	29500	Braunkohle	40000	Erdgas,	
Fettkohle	31000	Benzol	40000	trocken	33500
Magerkohle	31500	Petroleum	43000	Koksofengas	18000
Zechenkoks	29500	Benzin	46000	Stadtgas	17500

1915/16 Staatssekretär des Reichsschatzamtes, 16/17 des Reichsamts des Innern u. Vizekanzler, dann Wortführer der Deutschnationalen im Reichstag; einer der Begr. der Rentenmark.

Helgen m, ⁄Helling.

Helgoland, dt. Nordsee-Insel, ein 58 m hoher, in der H.er Bucht steil aufragender Sandsteinblock; Leuchtturm, Kunstbauten gg. die Brandung. 1890 an Dtl.; Befestigungen 1947 gesprengt. Vogelwarte, Erdbebenwarte, Biolog. Forschungsanstalt mit Nordseeaquarium. Jährl. ¹/₂ Mill. Besucher, aber nur 3200 friesisch sprechende E.

Heli, Eli, atl. Priester in Silo, Erzieher Samuels, wegen Nachsichtigkeit seinen Söhnen gegenüber v. Gott gestraft.

Heliand (= Heiland), **1)** altsächs. Evangeliendichtung, um 830 entstanden; Werk aus 6000 Versen, das die christl. Lehre mit german. Tradition verbindet. **2)** kath. weibl. Jugendbund in Dtl., gegr. 1926.

Helikon m, griech. Kettengebirge am Golf v. Korinth, 1749 m hoch.

Helikon s (gr.-lat.), Baß-Tuba, Blechblasinstrument, meist in Militärkapellen.

Helikopter m (gr.), der ⁄Hubschrauber.

Helio... (gr.), Sonnen... **H.graph** m (gr.), Fernrohr mit kleiner Öffnung u. großer Brennweite; für Sonnenphotographie. **H.gravüre,** Photogravüre, H.graphie, Übertragung eines photograph. Bildes auf eine Kupferdruckform für Tiefdruck. **H.meter** s, astronom. Fernrohr, zur Bestimmung kleiner Winkelabstände. **H.polis, 1)** altägypt. Stadt n.ö. von Kairo. **2)** ⁄Baalbek. **Helios,** griech. Sonnengott. **Heliostat** m, durch Uhrwerk bewegtes Spiegelsystem, wirft Sonnenlicht stets in gleiche Richtung. **Heliotherapie,** Behandlung v. Hautkrankheiten u. a. mit Sonnenlicht. **Heliotrop** m, **1)** Sträucher u. Kräuter mit kleinen Blüten; Zierpflanze; aus Peru. Heliotropessenz, zu Parfüms. **2)** Schmuckstein, grüner Jaspis. **3)** ein Farbstoff. **heliozentrisch,** astronom.: auf die Sonne als Mittelpunkt bezogen.

Heliport m (gr.-lat.), der Landeplatz für Hubschrauber.

Helium s, chem. Element, Zeichen He. Edelgas, Ordnungszahl 2 (☐ 148). H. entströmt im Petroleumdistrikt v. Oklahoma (USA) der Erde; in der Luft spurenweise enthalten, ist

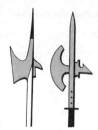

Hellebarden

Impulsverlauf (Spalten)   a

Hellschreiber:
a Impulsverlauf,
b Buchstabenzerlegung, c Schreibwerk

farb-, geruch- u. geschmacklos, ungiftig; Medikament gegen Asthma u. Füllung für ⁄Gasentladungslampen (Lichtreklame), Ballongas. **H.kern,** Atomkern des H., ident. mit dem Alphateilchen, besteht aus 2 Protonen u. 2 Neutronen (⁄Radioaktivität).

Hellas, griech. Hellas, urspr. Name einer Landschaft in Südthessalien; dann Bz. für ganz Griechenland.

Helldunkel, in der Malerei die Auflichtung des Farbdunkels in Helltönen (bei Correggio, Rembrandt u. a.).

Hellebarde w (mhd.), Hieb- u. Stoßwaffe (14./17. Jh.).

Hellenen (gr.), urspr. die Bewohner von ⁄Hellas; dann Bz. für alle Griechen.

Hellenismus (Bw. hellenistisch), Bz. für die Kulturepoche v. Alexander d. Gr. bis Augustus; die v. Innerasien bis Rom reichende Kultur des H. verband griech. Elemente mit orientalischen; bestimmend für die Kultur der röm. Kaiserzeit, für Frühchristentum u. Abendland.

Heller, kleinste Kupfermünze in Dtl. bis 1873, in Östr. 1892/1924 ¹/₁₀₀ Krone.

Hellerau, erste dt. Gartenstadt, heute Stadtteil v. Dresden; Dt. Werkstätten (für Handwerkerkunst); H.er Gymnastikschule.

Hellespont m (gr.), antike Bz. der ⁄Dardanellen.

Helligkeit, volkstümlich für ⁄Lichtstärke.

Helling w, Helgen m, Baustelle mit Krananlagen für Schiffsneubauten; v. Werftgelände zum Werftbecken geneigt (für Stapellauf).

Hellpach, Willy, 1877–1955; 1922/25 bad. Unterrichtsmin. (Demokrat), 24/25 bad. Staatspräs.; Sozial- u. Völkerpsychologe.

Hellschreiber (nach dem Erfinder Hell); Telegraphie-Fernschreiber mit Schreibmaschinentastatur, schickt mit dem motorgetriebenen Geber bei jedem Tastenanschlag eine charakterist. Impulsfolge zum Empfänger.

Hellsehen ⁄Okkultismus.

Helm, **1)** lederner od. metallener Kopfschutz des Kriegers. ☐384. **2)** Turmspitze od. Turmdach.☐ 165.**3)** Griff des Steuerruders.

Helme w, l. Nebenfluß der Unstrut, durchfließt die Goldene Aue, 90 km lang.

Helmholtz, Hermann v., dt. Arzt u. Physiker, 1821–94; Präs. der physikal.-techn. Reichsanstalt; Gesetz der Erhaltung der Energie; Erfinder des Augenspiegels; Untersuchungen zur Sinnesphysiologie.

Helmond, niederländ. Stadt in Nordbrabant, 59 000 E.; Textil-, Zigarren-Industrie.

Helmstedt, niedersächs. Krst. mit roman. u. got. Bauwerken; 27 000 E.; Kali-, Braunkohlenbergwerke, Maschinen-, Margarinefabriken. Wichtiger Grenzübergang zur DDR.

Heloten (Mz., gr.), **1)** Staatssklaven im alten Sparta. **2)** allg. Bz. für Rechtlose.

Helsingborg, schwed. Stadt ⁄Hälsingborg.

Helsingör, dän. Hafenstadt, auf Seeland, 56 700 E.; Schloß Kronborg (Hamlets Grab).

Helsinki, schwed. Helsingfors, Hst. u. größter Hafen Finnlands, an der Nordküste des Finn. Meerbusens, 485 000 E.; Univ., weitere Hochschulen; kath., luther. u. orth. Bischof; Werften, holzverarb. u. Nahrungsmittel-Ind.

Helgoland

Helm: 1 griech. H.,
2 röm. Feldherrn-H.,
3 alamannischer H.,
4 Eisenhut, 5 Ritter-H.,
6 Pickelhaube,
7 dt. Stahlhelm
(2. Weltkrieg)

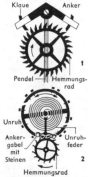

Hemmung:
1 Graham-H. mit
Pendel für Großuhren
u. Zimmeruhren,
2 Anker-H. mit Unruh
für Taschen- u. Arm-
banduhren; die Unruh,
die unter dem Einfluß
einer Spiralfeder um
ihre Gleichgewichts-
lage schwingt, ersetzt
als Drehpendel das
Schwerependel der
Pendeluhren

Helvetia (lat.), das Gebiet der Helvetier; heute die Schweiz.
Helvetier (Mz.), keltischer Volksstamm, im 1. Jh. v. Chr. v. den Germanen in die Westschweiz gedrängt; gingen in der Völkerwanderung in den Burgundern u. Alamannen auf.
Hemer, westfäl. Ind.-Stadt im Sauerland, 33000 E.; Messing- u. Kleineisen-Ind.
Hemicellulose, verschiedene Polysaccharide (↗Kohlenhydrate) im Holz. ↗Holzgummi.
Hemingway (: -we[i]), *Ernest,* am. Schriftsteller, 1899–1961; Freiwilliger im 1. Weltkrieg u. im Span. Bürgerkrieg; wirkte mit seinen Romanen u. Erzählungen bes. durch den knappen, herb-sachl. Stil: *49 Stories, Fiesta, In einem anderen Land.* In späteren Werken der Pessimismus u. Desillusionismus nicht mehr so stark: *Wem die Stunde schlägt, Der alte Mann u. das Meer.* Lit.-Nobelpreis 1954.
Hemisphäre w (gr.), Halbkugel.
Hemlockfichte, *Hemlocktanne,* aus Nordamerika; liefert ↗Kanadabalsam.
Hemma v. Gurk *(Emma),* hl. (27. Juni), um 980–1045; als Witwe stiftete sie verschiedene Klöster; Grabkrypta im Dom v. Gurk.
Hemmoor, niedersächs. Gem. an der Oste; 7700 E.; 1968 durch Gem.-Zusammenschluß gebildet.
Hemmschuh, der ↗Bremsschuh.
Hemmstoffe, *Antiauxine,* beeinträchtigen die Wirkung v. Wuchsstoffen u. damit das Pflanzenwachstum.
Hemmung, 1) ruckartig schwingender, ankerförm. Teil im Uhrwerk, überträgt mechan. Energie auf das Pendel bzw. die Unruh. **2)** unbewußte od. bewußte Unterdrückung v. Vorstellungen, Gefühlsausdruck, Handlungen. Nicht durchweg krankhaft: Bildung des Gewissens bedingt bestimmte H.en, völlige Enthemmung depersonalisiert. Starke H.en weisen auf Neurosen u. Fehlentwicklungen hin.
Hemsbach, bad. Gemeinde an der Bergstraße, 13000 E.
Hench (: hentsch) *Philip S.,* am. Arzt, 1896–1965; 1950 Nobelpreis für Cortisonforschungen.
Henderson (: -ß[e]n), **1)** *Arthur,* 1863–1935; 1924 brit. Innenmin. (Labour Party), 29/31 Außenmin.; 32 Präs. der Genfer Abrüstungskonferenz, 34 Friedensnobelpreis. **2)** *Nevile,* 1882–1942; 1937/39 brit. Botschafter in Berlin.
Hengelo, niederländ. Ind.-Stadt in Overijssel, am Twentekanal, 75000 E.; Maschinen- u. Textilindustrie.
Hengst, zeugungsfäh. männl. Tier bei Pferd, Esel, Kamel u. a.
Henlein, *Peter,* 1480–1542, dt. Schlosser u. Feinmechaniker in Nürnberg, gilt als Erfinder der Taschenuhr.
Henna w (arab.), roter Farbstoff eines dorn. Strauches im Orient; zur Schönheitspflege.
Henne, Weibchen v. Hühner-, Strauß-, Trappen-, Kanarienvögeln.
Hennecke-System ↗Stachanow-System.
Hennef (Sieg), rhein. Gem. u. Kneippkurort an der Sieg, 28600 E.; Maschinenfabriken, Sportschule.

Hennegau, frz. *Hainaut,* belg.-frz. Landschaft, der NO der belg. *Prov. H.;* ergiebige Steinkohlenlager; dichtes Kanal- u. Eisenbahnnetz; Hst. Mons.
Henningsdorf, brandenburg. Gem. n.w. von Berlin (Bez. Potsdam), 25000 E.; Stahl- u. Walzwerk.
Henoch, Vater Methusalems, in der jüd. u. muslim. Überlieferung Erfinder der Astronomie u. des Schrifttums. Das *Buch H.* mit angebl. Engeloffenbarungen ist apokryph.
Henotheismus m, ↗Monotheismus.
Henry, Abk. H, Einheit der Induktivität in der Elektrotechnik; benannt nach dem am. Physiker *Joseph H.* (1797–1878).
Henry, *O.,* Pseud. für W. S. ↗Porter.
Hensel, *Luise,* dt. Dichterin, 1798–1876; geistl. Lieder *(Müde bin ich, geh zur Ruh);* war mit C. Brentano während dessen Rückwendung zum Katholizismus befreundet.
Henstedt-Ulzburg, holstein. Gem. im Kr. Segeberg, 18200 E.; 1970 durch Gem.-Zusammenschluß gebildet.
Henze, *Hans Werner,* dt. Komponist, * 1926; Zwölftonwerke, dann Opern: *König Hirsch; Prinz v. Homburg; Der junge Lord.*

E. Hemingway   Hans Werner Henze

Heparin s, Heilmittel gg. Thrombose; verhindert die Blutgerinnung.
Hepatitis w (gr.), ↗Leberentzündung.
Hephaistos, *Hephäst,* griech. Gott des Feuers u. der Schmiede; der röm. Vulcanus.
Heppenheim, Krst. des hess. Kr. Bergstraße, 24000 E.; vielseitige Industrie.
Hepta... (gr.), sieben; **Heptameter** m, siebenfüßiger Vers. [u. Benzin.
Heptan s, C_7H_{16}, Kohlenwasserstoff; in Erdöl
Heptateuch m (gr.), die ersten 7 atl. Bücher (5 Bücher Mose, Josue u. Richter), denen gemeinsame Quellenschriften zugrunde liegen sollen.
Hepworth (: hepwö[r]ß), *Barbara,* engl. Bildhauerin, 1903–75; abstrakte Stein- und Metallplastiken.
Hera, griech. Göttin, Schwester u. Gemahlin des Zeus, die röm. Juno.
Herakleia, Name mehrerer altgriech. Städte.
Herakles, griech. Sagenheld v. gewaltiger Kraft (röm. *Herkules*); ermordet im Wahnsinn seine Kinder, muß zur Sühne 12 Abenteuer bestehen. *Säulen des H.,* die Straße v. Gibraltar.
Heraklion, das heutige ↗Kandia.
Heraklit, griech. Philosoph aus Ephesos, um 500 v. Chr.; Lehre: Über allem Seienden

waltet der Logos (Weltgrund). Indem die Menschen ihn vernehmen u. nach ihm leben, werden sie weise; in ewigem Werden u. Wechsel treten aus dem einen Urgrund die Dinge hervor u. kehren dahin zurück. **Heraldik** w (frz.), ↗Wappenkunde.
Herat, Provinz-Hst. in Afghanistan; 157000 E.; Wirtschaftszentrum v. Westafghanistan.
Herbarium s (lat.), Herbar, Sammlung getrockneter Pflanzen.
Herbart, Johann Friedrich, dt. Philosoph u. Pädagoge, 1776–1841; lehrte: seel. Leben kann aus der Mechanik der bewußten u. unbewußten Vorstellungen erklärt werden; Erziehung ist Regierung, Zucht u. Unterricht.
Herbede, Stadtteilv. Witten (seit 1975), an der Ruhr; Steinkohlenbergbau, Walz- u. Hammerwerke, eisenverarbeitende Ind.
Herbizide (Mz., lat.), Unkrautbekämpfungsmittel, z. B. Natriumchlorat-Präparate.
Herborn, hess. Stadt im Westerwald, 21500 E.; Metall- u. Maschinen-Ind.; 1584/1817 Univ.
Herbrechtingen, württ. Gem. an der Brenz, 11500 E.; Glühlampenfabrik.
Herbst ↗Jahreszeiten.
Herbstpunkt, Schnittpunkt der Ekliptik mit dem Himmelsäquator, v. der Sonne am 23. September erreicht. ☐ 918.
Herbstzeitlose, Colchicum autumnale, Knollenpflanze mit lila Blüten; im Herbst auf Wiesen. ↗Colchicin. ☐ 453.
Herculan(e)um, alte röm. Hafenstadt am Golf v. Neapel, 79 n. Chr. mit Pompeji durch Vesuvausbruch verschüttet.
Herd, 1) Feuerstelle. **2)** in der Gießerei: die Sandaufschüttung am Boden, zur Formung des Modells (H.formerei, H.guß). H.frischen, Überführen v. Metalloxiden in reine Metalle.
Herdbuch, enthält Stammbaum mit Beschreibung u. Leistung v. Zuchttieren.
Herdecke, Stadt im Ruhrgebiet, an der Ruhr, 23600 E.; Textildruckereien; 2 Stauseen, Pumpspeicherkraftwerk.
Herder, Johann Gottfried, dt. Schriftsteller, 1744–1803; wirkte auf den Sturm u. Drang, den jungen Goethe u. die Romantik; entwarf ein Bild der Völker- u. Menschheitsgesch. in seinen Ideen zur Philosophie der Gesch. der Menschheit; erkannte jeder histor. Einzelerscheinung ihren Eigenwert zu als Stufe im gesetzmäß. Fortschreiten zur Humanität; erforschte den Ursprung der Sprache, Lied u. Kunst der Völker (Stimmen der Völker in Liedern). Als ev. Theologe lehnte er den Dogmatismus der Orthodoxie ab.
Herder-Verlag, 1801 v. Bartholomä H. (1774 bis 1839) gegr., seit 1937 unter Leitung v. Theophil H.-Dorneich (*1898), gemeinsam mit seinem Sohn Hermann H. (*1926). Universalverlag, der aus christlichem Glauben im Sinne einer Katholizität in größter Öffnung wirkt.
Herdinfektion, Fokalinfektion, v. einem Herd (focus) aus werden Krankheitserreger in die Blutbahn ausgestreut u. können andere Organe schädigen.
hereditär (lat.), erblich, vererbbar.

Sternbild Herkules

Herkuleskäfer

Herkuleskeule

J. G. Herder

Herero, Viehzüchtervolk im Damaraland (SW-Afrika), mit Bantusprache; Ahnenkult, Totemismus.
Herford, westfäl. Krst. im Ravensberger Land, 63100 E.; Möbel- u. Textil-Industrie.
Hergenröther, Joseph, dt. kath. Theologe, 1824–90; auf dem 1. Vatikan. Konzil Vorkämpfer des Unfehlbarkeitsdogmas; seit 79 Kard. und Präfekt der Vatikan. Archive. Handbuch der allg. Kirchengeschichte.
Heribert, hl. (16. März), Erzb. v. Köln, um 970–1021; Kanzler Ks. Ottos III.
Hering, Fisch der Nordmeere; tritt in riesigen Schwärmen auf, wird auf See u. in Küstennähe gefangen. Wegen Gehalt an Eiweiß, Fett, Vitamin A u. D ein hochwert. Nahrungsmittel; im Handel als grüner H., Bückling, Lachs-H., als Fischkonserve (Delikateß-H., Rollmops u. Bismarck-H.), Salz-H., Matjes-H., Voll-H., Hohl-H. ☐ 912.
Heringsdorf, Ostseebad auf Usedom (Bez. Rostock), 4500 E.; starke Solquelle.
Herirud m, Fluß im Randgebirge v. Afghanistan, versiegt in der Turkmenensteppe; 950 km lang.
Herisau, Hauptort des Schweizer Halbkantons Appenzell-Außerrhoden, 14000 E.; Maschinen-Stickerei, Drahtzieherei, Kabelwerk.
Herkules, 1) ↗Herakles. **2)** Sternbild am Nordhimmel. **H.bad,** rumän. Băile Herculane, bedeutendster Badeort Rumäniens, nördl. des Eisernen Tores; Kochsalz- u. Schwefelthermen (37–56°). **H.käfer,** trop. Riesenkäfer. **H.keule,** großer, eßbarer Keulenpilz, vereinzelt in Laubwäldern.
Herlin, Name einer spätgot. Nördlinger Malerfamilie; Friedrich, 1435–99, brachte die Formen niederländ. Maler nach Schwaben.
Hermandad w (span. = Bruderschaft), 12. bis 19. Jh. Schutzbündnis span. Städte gg. den Adel.
Hermann, Fürsten: **H. der Cherusker,** fälschl. für ↗Arminius. **H. v. Salza,** 1209/39 Hochmeister des Dt. Ordens; Vertrauter Ks. Friedrichs II., errichtete den Deutschordensstaat in Preußen. Thüringen: **H. I.,** 1190/1217 Landgraf, machte die Wartburg zum Sammelpunkt der Minnesänger.
Hermann der Lahme, 1013–54; Benediktiner der Reichenau (Bodensee), Musiktheoretiker, Astronom, Geschichtsschreiber; Hymne Salve regina.
Hermann Joseph, hl. (21. Mai), Prämonstratenser in Steinfeld (Eifel), † 1241 (od. 52); Mystiker, verf. zahlr. Hymnen.
Hermannsdenkmal, fast 60 m hohes Denkmal bei Detmold zur Erinnerung an die ↗Hermannsschlacht; 1838/75 geschaffen.
Hermannshöhle, Tropfsteinhöhle im Unterharz, bei Rübeland, 413 m lang.
Hermannsschlacht, die Schlacht im Teutoburger Wald 9 n.Chr. (Schlachtort umstritten); bei der Arminius die 3 röm. Legionen des Varus vernichtete.
Hermannstadt, rumän. Sibiu, rumän. Bez.-Hst. in Siebenbürgen, am Fuß der Südkarpaten, 152000 E., davon 25000 Siebenbürger Sachsen, deren kultureller Mittelpunkt es ist. Ev. Landesbischof v. Rumänien, rumän.-orth. Metropolit.

Herme von Siphos

Kaiserlicher Herold
in Amtstracht
(1. Hälfte des 16. Jh.)

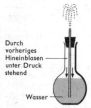

Durch
vorheriges
Hineinblasen
unter Druck
stehend

Wasser

Wasser Wind-
kessel

Wasser-
vorrat

Heronsball (oben)
und Herons
Wasserspritze

Hermaphroditos, in der griech. Sage zwittergeschlechtige Gottheit, Sohn v. Hermes u. Aphrodite. *Hermaphrodit,* ein ↗Zwitter.
Hermelin s, *Großes Wiesel,* Mardergattung mit 46 Unterarten, 30–40 cm lang; mit weißem od. braunem wertvollem Pelz.
Hermelink, *Heinrich,* dt. ev. Kirchenhistoriker, 1877–1958; *Das Christentum in der Menschheitsgeschichte.*
Hermen, nach dem griech. Gott ↗Hermes benannte Steinpfeiler als Wegweiser.
Hermeneutik w (gr.), Auslegung einer Schrift oder Rede.
Hermes, griech. Götterbote, der röm. Merkur, Gott des Handels, der Wege u. des Verkehrs, Seelengeleiter, dargestellt mit Schlangenstab u. Flügeln.
Hermes, *Georg,* dt. kath. Theologe u. Philosoph, 1775–1831; Prof. in Bonn; suchte die Dogmatik in Auseinandersetzung mit dem Rationalismus u. mit Kant tiefer zu begründen. Seine **Hermesianismus** gen. kritizist. Lehre wurde 1835 kirchl. verworfen.
hermetisch (gr.), dicht abgeschlossen.
Hermi(n)onen (Mz.), westgerman. Stammesverband.
Hermlin, *Stephan,* dt. Schriftsteller, * 1915; arbeitete 33/36 in Berlin illegal für die KPD, dann Emigration, seit 47 in Berlin (Ost); polit. Lyrik unter dem Einfluß v. ↗Éluard; Erz.; Übersetzungen.
Hermon m, arab. *Dschebel esch-Schēch,* syr. Gebirge, die südl. Fortsetzung des Antilibanon, 2814 m; Wein u. Obst.
Hermunduren (Mz.), Teilstamm der Sueben.
Herne, westfäl. Ind.-Stadt im Ruhrgebiet, am Rhein-Herne-Kanal, 183 200 E.; Steinkohlenbergbau, Eisen- u. chem. Industrie.
Hernie w (lat.), (Eingeweide-)↗Bruch.
Herodes, jüdische Fürsten: **H. I. d. Gr.,** um 73 bis 4 v. Chr.; 40 Kg. v. Judäa; als Römerfreund u. wegen seiner Grausamkeit gehaßt; veranlaßte den Neubau des Tempels zu Jerusalem. Sein 2. Sohn, **H. Antipas,** 4 v. Chr. bis 39 n. Chr. Tetrarch v. Galiläa u. Peräa; verstieß seine Gattin, um seine Nichte u. Schwägerin Herodias zu heiraten; Johannes den Täufer, der diese Ehe verurteilte, ließ er enthaupten; v. Caligula abgesetzt u. verbannt. **H. Agrippa I.,** 10 v. Chr. bis 44 n. Chr.; Enkel v. H. I., 41/44 n. Chr. Kg. über das ganze jüd. Land; ließ Jakobus d. Ä. hinrichten, Petrus einkerkern.
Herodot, um 484 – um 425 v. Chr.; griech. Geschichtsschreiber, „Vater der Geschichtsschreibung"; beschrieb bes. die Perserkriege. *Historien.*
Heroin s, v. Morphin abgeleitetes Präparat; gefährl. Rauschgift. ☐ 796.
Herold, 1) im MA Hofbeamter, bes. zur Wappenprüfung bei Turnieren. **2)** allg. Bote.
Heron v. Alexandrien, im 1. Jh. n. Chr.; griech. Mathematiker u. Physiker, erfand den *H.sball* (Windkessel); heute noch bei Kolbenpumpen u. Spritzflaschen.
Heros (gr.; Mz. *Heroen*), Halbgott, Held. *heroisch,* heldenhaft. *Heroismus,* Heldenmut. *Heroine,* Heldendarstellerin.
Herostrat, steckte 356 v. Chr. angebl. den Artemistempel zu Ephesus in Brand, um

Hermelin

berühmt zu werden; daher *H.entum,* zerstörer. Verhalten aus Ruhmsucht.
Hero und Leander, Liebespaar der griech. Sage; Leander schwamm allnächtl. zu H. über den Hellespont; ertrank bei einem Sturm.
Herpes w (gr.), *H. simplex,* Bläschenausschlag an Lippen, Geschlechtsteilen od. After. **H. zoster** m od. w, ↗Gürtelrose.
Herrad v. Landsperg, Äbtissin des elsäss. Klosters Hohenburg (Odilienberg), um 1125–1195; Verfasserin des *Hortus deliciarum* (= Freudengarten) für den Unterricht der Klosterfrauen.
Herrenalb, *Bad H.,* württ. Stadt u. Kurort im nördl. Schwarzwald, 5 200 E.; Ev. Akademie.
Herrenberg, württ. Stadt bei Tübingen, 25 200 E.; ma. Stadtbild, Textil- u. Metall-Industrie.
Herrenhaus, in Östr. u. Preußen bis 1918 die Erste Kammer.
herrenlose Sachen, Sachen, an denen keiner Eigentum besitzt. Verlorene Sachen sind keine h. S. (↗Fund).
Herrenmoral ↗Nietzsche.
Herrentiere ↗Primaten.
Herrera, *Juan de,* span. Architekt, um 1530–97; Hofbaumeister Philipps II., vollendete den ↗Escorial. ☐ 242, 809.
Herrgottswinkel, in der Bauernstube die Ecke mit Kruzifix.
Herriot (: erjo), *Édouard,* frz. Politiker, 1872–1957; führender Radikalsozialist, 1924/25, 26 u. 32 Min.-Präs.; v. der Vichy-Regierung verhaftet, 47/53 Präs. der Nationalversammlung.
Herrnhut, sächs. Stadt in der Lausitz, 2200 E.; Stammort der ↗Brüdergemeine mit Erziehungsanstalten.
Hersbruck, bayer. Stadt in der *H.er Schweiz* (Fränk. Jura), 11 400 E.; Hopfenbau.
Herschel, *Sir Friedrich Wilhelm,* dt.-engl. Astronom, 1738–1822; entdeckte u. a. den Uranus, förderte die astronom. Instrumenten- u. Beobachtungstechnik.
Hersfeld, *Bad H.,* hess. Kurort u. Krst., an der Fulda, 28 300 E.; Glaubersalz- u. Bittersalzquellen; Ruine der roman. Stiftskirche; Festspiele. Tuch- u. Eisenindustrie.
Herten, westfäl. Ind.-Stadt im Ruhrgebiet, 69 400 E.; Steinkohlengruben.
Hertling, *Georg* Frh. v. (1914 Graf), dt. Philosoph und Politiker, 1843–1919; Mitbegründer der ↗Görres-Gesellschaft, 1917/18 dt. Reichskanzler u. preuß. Min.-Präs. (Zentrum).
Hertz s, Abk. Hz, nach *Heinrich H.* benannte Maßeinheit der Frequenz, d. h. der Schwingungszahl pro Sekunde.
Hertz, 1) *Gustav,* dt. Physiker, Neffe v. 2),

Gustav Hertz

Heinrich Hertz

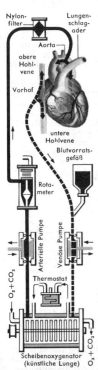

Herz-Lungen-
Maschine (Schema)

1887–1975; für Untersuchungen mit J. Franck über Elektronenstöße 1925 Nobelpreis. **2)** *Heinrich,* dt. Physiker, 1857–94; bewies experimentell die Existenz elektromagnet. Wellen. Nach ihm ↗Hertz.
Herwegen, *Ildefons,* OSB, 1874–1946; seit 1913 Abt v. Maria Laach. Förderer der ↗Liturg. Bewegung.
Herwegh, *Georg,* dt. Dichter, 1817–75; polit.-revolutionäre Lyrik; *Gedichte eines Lebendigen.*
Herz, 1) Hohlmuskel vieler Tiere u. des Menschen, der als Pumpe in den Blutkreislauf eingeschaltet ist. Das menschl. H. ist durch Scheidewände in 2 Kammern (*Ventrikel*) geteilt, denen je ein Vorhof (*Atrium*) vorgelagert ist. Die linke Kammer ist Druckpumpe für den Körperkreislauf, die rechte für den Lungenkreislauf. Bei der ↗*Systole* wird venöses Blut in den Lungenkreislauf, arterielles in den Körperkreislauf getrieben; bei der ↗*Diastole* strömt venöses Blut aus dem rechten Vorhof in die rechte Kammer, arterielles aus dem linken Vorhof in die linke Kammer. *Ventile* (*H.klappen*) verhindern einen Rückstrom in falscher Richtung. ☐ 616/617. **2)** Farbe im Kartenspiel.
Herz, *Henriette,* geb. de Lemos, 1764–1847; geistvolle Frau der Romantik, befreundet mit Schleiermacher.
Herzberg, *H. am Harz,* niedersächs. Stadt am SW-Rand des Harzes, 16 300 E.; Holzfaser-, Papier-Ind., Stahlwerk.
Herzberg, *Gerhard,* kanad. Physicochemiker, * 1904; 71 Nobelpreis für Forschungen zur Molekülspektroskopie.
Herzegowina *w* (serb. = Herzogsland), histor. Landschaft in Jugoslawien, bildet mit Bosnien eine jugoslaw. Teil-Rep.; Hst. Mostar.
Herzen, *Alexander* (Deckname Iskander), russ. revolutionärer Schriftsteller u. Publizist, 1812–70; Führer der „Westler", seit 47 als Emigrant in England; Autobiographie *Erlebtes u. Gedachtes.*
Herzgeräusche, krankhafte Schallerscheinungen anstelle normaler ↗Herztöne.
Herzinfarkt *m* (lat.), plötzl. Lähmung eines Teils des Herzmuskels durch mangelnde Blutzufuhr, führt oft zum Tod.
Herz Jesu, in der kath. Kirche bes. seit der hl. Margareta M. Alacoque Sinnbild der gottmenschl. Liebe; seit 1856 das *H.-J.-Fest,* am 3. Freitag nach Pfingsten. – In Dtl. die *H.-J.-Missionare* und *H.-J.-Missionsschwestern,* Mutterhaus Hiltrup bei Münster i. W., die *Priester v. hlst. H. J.,* Stammort Düsseldorf, die *Genossenschaft der hlst. H. J. u. Mariä* (Picpus-Missionare).
Herzkrankheiten, akute od. chron. Entzündungen u. Entartungen der Teile des ↗Herzens u. ihre Folgezustände: *Herzbeutelentzündung,* nach Brustverletzungen u. schweren Krankheiten, führt oft zu Verwachsungen zw. Herzmuskel u. Herzbeutel. *Herzfehler,* mangelnde Schlußfähigkeit der Herzklappen od. Behinderung der völligen Öffnung bei Verwachsungen. *Herzmuskelentzündung,* plötzl. bei Infektionskrankheiten, führt zu gefürchteten Herzstörungen.

Menschliches Herz

Größe:		Herzschläge pro
Länge	ca. 15 cm	Minute (Puls)
Umfang	ca. 25 cm	normal 60–80
Breite	ca. 9 cm	Dauer des
Gewicht	270–350 g	Herzschlags 0,8 Sek.
Arbeitsleistung:		davon Zusammen-
1 Schlag-		ziehung 0,5 Sek.
volumen	50–70 cm³	Pause 0,3 Sek.
1 Minute	ca. 5 l Blut	Neugeborenes 130
1 Herz-		3jährig 95
schlag	1,67–1,96 J	14jährig 85

Herzblock, Verlangsamung des Herzschlags auf etwa 30 Schläge in der Minute. *Herzneurose,* funktionelle Herzbeschwerden, mit Druck- u. Angstgefühl. *Herzkrampf,* ↗Angina pectoris. *Herzschwäche,* Versagen der Leistungsfähigkeit des Herzens, bei Gesunden infolge Übermüdung, chronisch mit Atemnot, Lufthunger, Erstickungsgefühl u. Wassersucht. Kreislaufhindernisse u. Blutstauungen im Herzen führen zur *Herzerweiterung* (Überdehnung der Herzwand), *Herzverfettung* (fettige Entartung des Herzmuskels), *Fettherz,* Fettwucherung am Herzen, mit Atem- u. Herzbeschwerden.
Herzl, *Theodor,* östr. Schriftsteller, 1860 bis 1904; Begr. der zionist. Weltorganisation; *Judenstaat; Basler Programm.*
Herz-Lungen-Maschine, Gerät für Operationen am blutleeren u. stillgelegten Herz, übernimmt Herz- u. Lungentätigkeit.
Herzmanowsky-Orlando, *Fritz* Ritter v., östr. Schriftsteller, 1877–1954; skurrile Romane u. Dramen. *Der Gaulschreck im Rosennetz.*
Herz Mariä, in der kath. Kirche Sinnbild der Liebe Marias zu Gott u. den Menschen. Weltweihe an das H. M. durch Pp. Pius XII. am 8. Dez. 1942.
Herzmuschel *w,* eßbare europ. Meeresmuschel mit gerippter Schale.
Herzog, bei den Germanen der für die Kriegsdauer gewählte Heerführer; im alten Dt. Reich der selbständ. Stammesfürst; im 12./13. Jh. Umwandlung der Stammes- in Gebietsherzogtümer. Heute H. nur noch ein Titel.
Herzogenaurach, bayer. Stadt westl. von Erlangen, 16 700 E.; ma. Stadtbild, Schuh- und Teppichfabriken, Feinwerk-Industrie.
Herzogenbusch, amtl. *'s-Hertogenbosch,* Hst. der niederländ. Prov. Nordbrabant, 87 500 E.; kath. Bischof.
Herzogenhorn, zweithöchster Schwarzwaldberg, bei Todtnau; 1415 m hoch.
Herzogenrath, rhein. Stadt nördl. v. Aachen, 42 500 E.; Glashütte, Ziegelei.
Herztöne, normale Schallerscheinungen bei der Herztätigkeit.
Hesekiel (: -kiël) ↗Ezechiel.
Hesiod, griech. Epiker des Bauerntums, * um 700 v. Chr.; seine *Theogonie* eine gegenüber Homer neue Mythendeutung.
Hesperiden, in der griech. Sage Töchter des Atlas, Hüterinnen goldener Äpfel.
Hesperos *m,* antiker Name des Abendsterns.
Heß, 1) *Rudolf,* nat.-soz. Politiker, * 1894; 1933 „Stellvertreter des Führers" u. Reichs-

---

Herz-Lungen-Maschine (labels): Nylonfilter · Lungenschlagader · Aorta · obere Hohlvene · Vorhof · untere Hohlvene · Blutvorratsgefäß · Rotameter · Thermostat · Arterielle Pumpe · Venöse Pumpe · O₂+CO₂ · Scheibenoxygenator (künstliche Lunge)

min.; flog, um Friedensverhandlungen aufzunehmen, 41 nach Engl., wo er bis 45 interniert wurde; 46 in Nürnberg zu lebenslängl. Gefängnis verurteilt. **2)** *Viktor*, östr. Physiker, 1883–1964; Entdecker der ∕kosmischen Strahlung; dafür Nobelpreis 1936. **3)** *Walter Rudolf*, Schweizer Physiologe, 1881–1973; forschte über das vegetative Nervensystem; 1949 Nobelpreis.
Hesse, *Hermann*, deutscher Schriftsteller, 1877–1962; 1911 Indienreise; seit 21 Schweizer Bürger. Die Frühwerke *(Peter Camenzind, Unterm Rad, Knulp)* sind stark romant. beeinflußt. Grundthema der Hauptschriften *(Demian, Siddharta, Der Steppenwolf)* ist die Polarität v. Geist u. Natur sowie die Überwindung dieses Gegensatzes aus dem Geiste östl. Weisheit *(Narziß u. Goldmund, Morgenlandfahrt).* Im *Glasperlenspiel* Darstellung eines innerweltl. Bildungskosmos. Gedichte, Märchen, Reisebücher. 46 Nobelpreis; 55 Friedenspreis des dt. Buchhandels.

Hermann Hesse

Hessen, Land der BRD, wurde 1945 gebildet aus den Prov. Starkenburg u. Oberhessen des ehem. Freistaates H. (H.-Darmstadt) (jedoch ohne Rhein-H., das an Rheinland-Pfalz fiel) u. der ehem. preuß. Prov. H.-Nassau (die zum Hauptteil aus dem ehem. Kurhessen bestand); Hst. Wiesbaden. – Kerngebiet von H. ist das waldreiche *Hess. Bergland,* das v. der *Oberhess.* u. *Niederhess.* Senke durchquert wird. 50% des Bodens dienen dem Ackerbau, bes. in der Hess. Senke. Im Lahn-Dill-Gebiet u. in Ober-H. Eisenerze, im Werragebiet Braunkohle. Industrieller Schwerpunkt ist das Rhein-Main-Gebiet, bes. im Umkreis v. Frankfurt u. Darmstadt. – Das in der Völkerwanderung v. den Chatten besiedelte Gebiet kam früh zum Htm. Franken, wurde 1122 thüring. u. nach 1247 selbständige Land-Gft.; Landgraf ∕Philipp I. erwies sich als bedeutender Vorkämpfer der Reformation. Durch Erbteilung zerfiel H. 1567 in H.-Kassel u. H.-Darmstadt. *H.-Kassel* wurde 1803 Kur-Ftm. *(Kurhessen);* 66 Annexion durch Preußen. *H.-Darmstadt,* dessen Kern die Gft. Katzenelnbogen bildete, wurde 1806 Groß-Htm., war 1918/33 Freistaat u. 33/45 Land des Dt. Reiches.
Hessenmücke, Getreideschädling.
Hessonit *m,* Abart des ∕Granat.
Hestia, griech. Göttin des häusl. Herdes, die römische ∕Vesta.

Hetäre, im griech. Alt. Dirne, später oft gebildete „Gefährtin" v. Philosophen u. Dichtern; bes. in Tanz u. Flötenspiel geübt.
hetero... (gr.), in Zss.: anders ..., verschieden ...; **h.dox,** andersgläubig, häretisch; **h.gen,** andersartig; Ggs. homogen. **H.morphie** *w,* Fähigkeit eines chem. Stoffes, in verschiedenen Kristallsystemen zu kristallisieren. **h.nom,** einem fremden Gesetz unterworfen. **Heterosis** *w* (gr.), verstärkte Wüchsigkeit bei Bastarden in der ersten Kreuzungsgeneration.
heterotroph (gr.) sind Organismen, die organ. Nahrung brauchen: alle Tiere, Pilze, Pflanzen ohne Blattgrün. Ggs. autotroph. **heterozygot,** Ggs. zu ∕homozygot.
Hethiter (Mz.), indogerman. Volksgruppe, die im 2. Jahrt. v.Chr. in Ostkleinasien eindrang. um 1600/1470 *(Altes Reich)* u. 1400–1200 *(Neues Reich)* einen Großstaat bildete; Untergang um 1200 v.Chr.; bedeutende Kultur.
Hetman (slaw.), 15./18. Jh. Oberbefehlshaber der poln. Truppen; 16./18. Jh. Oberhaupt der Kosaken, 1918/20 der Ukraine.

Hessen Verwaltungsgliederung	Fläche in km²	Einwohner in 1000	Einw. pro km²
Darmstadt	11 562,54	4 139,3	358
Kassel	9 550,84	1 421,2	149
Land insgesamt	21 113,38	5 560,5	263

Hessen

Hettner, *Alfred,* dt. Geograph, 1859–1941; systematisch-geographische Forschung.
Hettstedt, Krst. am Ostrand des Harzes (Bez. Halle), 20 200 E.; Buntmetall-Walzwerk, Kupferhütte.
Heu, durch Trocknen an Luft u. Sonne haltbar gemachtes Grünfutter; bildet die Grundlage der Winterfütterung für Rindvieh u. Pferde.
Heuberg, höchster Teil der Schwäb. Alb; Hochfläche, im Lemberg 1015 m hoch. Bei Stetten Truppenübungsplatz.
Heuberger, *Richard,* östr. Komponist, 1850–1914; Operette *Opernball.*
Heuer *w,* 1) Anstellung an Bord. 2) Löhnung der Schiffsbesatzung. **heuern,** anheuern, Matrosen anwerben.
Heufieber, *Heuschnupfen,* entsteht durch Überempfindlichkeit der Schleimhäute im Nasen-Rachen-Raum u. in den Augenwinkeln gegen den in der Luft schwebenden Blütenstaub vieler Gräser, mit stärkstem Niesreiz, Tränenfluß, Brennen im Rachen.
heureka (gr.), ich hab's (gefunden); angebl. Ausruf des Archimedes bei der Entdeckung des hydrostat. Gesetzes.
Heuriger Wein, *Heuriger,* neuer Wein, vom Most bis zum ersten Jahr.
Heuristik *w,* das wiss.-method. Finden.
Heuscheuergebirge, der nordwestl. Teil des Glatzer Berglands; in der *Großen Heuscheuer* 919 m.
Heuschrecke *w, Heuspringer,* Geradflügler, mit langen Springbeinen: *Heupferd, Feld-* od. *Grashüpfer,* Grillen, Gottesanbeterin, Stab-H.; *Wander-H.* (Schädling).

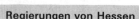

Heuschrecke: Heupferdchen

Regierungen von Hessen

	Ministerpräsident	Regierungsparteien
seit 17. 10. 1945	K. Geiler (parteilos)	Allparteienregierung
seit 3. 1. 1947	Ch. Stock (SPD)	SPD, CDU
seit 9. 11. 1949	Ch. Stock (SPD)	SPD, CDU
seit 14. 12. 1950	G. A. Zinn (SPD)	SPD
seit 17. 12. 1954	G. A. Zinn (SPD)	SPD
seit 11. 12. 1958	G. A. Zinn (SPD)	SPD, GB/BHE
seit 19. 12. 1962	G. A. Zinn (SPD)	SPD, GB/BHE
seit 14. 12. 1966	G. A. Zinn (SPD)	SPD, GDP(bzw. GPD)
seit 3. 10. 1969	A. Osswald (SPD)	SPD
seit 17. 12. 1970	A. Osswald (SPD)	SPD, FDP
seit 18. 12. 1974	A. Osswald (SPD)	SPD, FDP
seit 12. 10. 1976	H. Börner (SPD)	SPD, FDP
seit 14. 12. 1978	H. Börner (SPD)	SPD, FDP

Theodor Heuss

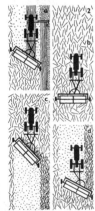

Heu: 1 Heuwerbungsmaschinen, a Trommel-, b Stern-Rechwender; 2 Trommel-Rechwender, a beim Schneiden u. Zetten, b beim Breitwenden, c beim Schwadrechen, d beim Schwadstreuen

Hickory-Zweig

Heusenstamm, hess. Stadt am SO-Rand von Offenbach, 17200 E.; Lederwaren- und Kunststoff-Industrie.

Heuss, *Theodor,* 1884–1963; 1920/33 Dozent an der Hochschule für Politik in Berlin, 24/28 u. 30/33 Reichstagsabg.; 45/46 württ. Kultusmin., 46/49 Vors. der FDP; 49/59 1. Präs. der BRD. Polit. u. histor. Schriftsteller: *Friedrich Naumann, Dt. Gestalten.* Als Staatsoberhaupt verstand es H., die demokrat. Gesinnung in Dtl. zu stärken u. die Bedeutung eines sozial u. polit. gesicherten Dtl.s für Europa hervorzuheben.

Heuwurm, Rebschädling, das Räupchen des ⁄Traubenwicklers.

Hevea, trop. süd-am. Wolfsmilchgewächs, bis 20 m hoch; liefert Wild- u. Plantagenkautschuk.

Hevesy (: -weschi), *Georg v.,* ungar. Physiko-Chemiker, 1885–1966; entdeckte das Element Hafnium; wichtige Forsch. über radioaktive Indikatoren. 1943 Nobelpreis.

hexa... (gr.), in Zss.: sechs. **H.chlorcyclohexan,** *H.mittel* ($C_6H_6Cl_6$), Abk. 666, synthet. Insektenbekämpfungsmittel. **H.eder** *s,* ein regelmäßiger Körper, der Würfel. **h.gonal,** sechseckig. **Hexameter** *m,* ⁄Metrik.

Hexan, C_6H_{14}, flüss., farbloser, feuergefährlicher Kohlenwasserstoff.

Hexe, weibl. Wesen, das nach dem Volksaberglauben mit dem Teufel im Bunde steht. Der *H.nglaube* war schon im Alt. u. bei den Germanen verbreitet. Während die Kirche im frühen MA den *H.nwahn* ernstlich bekämpfte, war er, durch theolog. Theorien gefördert, im späten MA fast allgemein. Seit 13./14. Jh. griff die *H.nverfolgung* in grausamen Formen um sich; brutal wurde die Folter angewandt. Der *H.nhammer* der Dominikaner Sprenger u. Institoris war eine Anweisung für die Verfolgung, die sich auf eine Bulle Papst Innozenz' VIII. stützte. Im 16. Jh. Höhepunkt der Verfolgung, in gleicher Weise durch Evangelische; einzelne Männer wandten sich gg. den H.nwahn, bes. der Jesuit Fr. v. Spee (1631) u. der ev. Jurist Chr. Thomasius (1701). Die Aufklärungszeit setzte der H.nverfolgung ein Ende. **H.nbesen,** krankhaft vermehrte Sproßbildung in Zweigen v. Bäumen, durch Schmarotzerpilze verursacht. **H.nei,** die junge ⁄Stinkmorchel. **H.npilz,** *Schusterpilz,* mit dunkelolivbraunem Hut; bester Speisepilz, aber leicht mit dem ⁄Satanspilz zu verwechseln. **H.nring,** kreisförm. Anordnung einer größeren Zahl v. Hutpilzen der gleichen Art. **H.nschuß,** plötzl., bewegungshemmende Schmerzen im Kreuz od. Nacken; Folge v. Erkältung od. Nervenquetschung; durch Wärme u. Massage zu beheben. **H.ntanzplatz,** Felskanzel, 250 m über dem Bodetal (Harz).

Heydrich, *Reinhard,* nat.-soz. Politiker, 1904–42; Chef des Reichssicherheitshauptamtes; Leiter der Maßnahmen zur Judenvernichtung; 41 stellvertretender Reichsprotektor v. Böhmen u. Mähren; fiel einem Attentat zum Opfer.

Heyerdahl, *Thor,* norweg. Ethnologe, * 1914; 47 Fahrt mit Floß *(Kontiki)* über den Pazifik, 55/56 Forschungen auf der Oster-insel, 69 (abgebrochen) u. 70 Fahrten im Papyrusboot *(Ra)* über den Atlantik.

Heym, *Georg,* dt. Lyriker, 1887–1912; Expressionist; pessimist. Visionen.

Heyrovsky, *Jaroslav,* tschsl. Chemiker, 1890–1967. 59 Nobelpreis für Arbeiten über neue Analysenverfahren (Polarographie).

Heyse, *Paul,* dt. Dichter, 1830–1914. Als Epigone der Klassik Gegner des Realismus.

HF, Abk. für ⁄Hochfrequenz.

Hf, chem. Zeichen für ⁄Hafnium.

Hg, chem. Zeichen für ⁄Quecksilber.

HGB, Abk. für Handelsgesetzbuch.

Hiatus *m* (lat.), 1) Kluft. 2) med.: Öffnung. 3) Aufeinanderfolge zweier gleicher Selbstlaute zw. Worten od. Silben. 4) in der Geologie: zeitl. Lücke in der Sedimentation des Gesteins. [thermie.

Hibernation *w* (lat.), andere Bz. für ⁄Hypo-

Hickory, hartes, zähes, elast. Holz nußbaumähnlicher Bäume Nordamerikas, für Wagnerarbeiten u. Skier. □ 400.

Hic Rhodus, hic salta (lat. = Hier ist Rhodos, hier springe!), aus einer Fabel des Äsop; i. ü. S.: hier zeige, was du kannst.

Hidalgo, 15./19. Jh. niedrigste span. Adelsstufe.

Hiddenhausen, westfäl. Gemeinde bei Herford, 19700 E.; 1968 durch Gem.-Zusammenschluß gebildet.

Hiddensee, pommer. Insel westl. v. Rügen, 18,6 km², 1500 E.; Hauptort Kloster.

Hierarchie *w* (gr.), Rangordnung, bes. in der kath. Kirche. **hieratisch,** priesterlich. **H.er Stil,** Stil v. strenger Feierlichkeit. **H.e Schrift,** altägypt. Priesterschrift.

Hieroglyphen (Mz., gr.), Bilderschrift, bes. die ägypt. Bilderschrift, die um 3000 v. Chr. entstand; die Zeichen stehen z. T. für Worte, z. T. für Konsonanten u. Konsonantengruppen; erstmals 1822 v. *J. F. Champollion* entziffert. □ 831.

| $sꜣ\text{-}j$ | $ndjjꜣj$ | $Mn\text{-}ḫpr\text{-}rꜥ$ | $ꜥnḫ$ |
| Sohn mein, | Rächer mein, | Men-heper-re, | er lebe |

| dt | $wbn\text{-}j$ | n | $mr(w)t\text{-}k$ |
| ewig. | Ich glänze | durch | Liebe zu dir. |

| $smꜣj$ | tw | m | $jwnn\text{-}j$ |
| Ich stelle | dich | in | Heiligtum mein. |

Ägyptische Hieroglyphen

Hieronymus, hl. (30. Sept.), Kirchenlehrer, um 347–419 od. 420; Bibelübersetzer (Vulgata), Vermittler des hebr. u. griech. Religionsgutes an den lat. Erdkreis; 382/384 Sekretär Pp. Damasus' I., seit 386 in Bethlehem.

hieven, einhieven, aufwinden, einziehen.

Hi-Fi (: hai fai), Abk. für High Fidelity (: hai fideliti), möglichst naturgetreue Tonwiedergabe in elektroakust. Geräten.

Hifthorn, Jagdhorn.

High Church (: hai tschö^rtsch, engl.) ⁄Anglikan. Kirche.

Highland s (: hạiländ, engl.), Hochland, bes. die schott. Hochlande.

Highway w u. m (:hạiwe[i]), am. Bz. für ↗Autobahn u. Fernstraße.

Hilạrius, hl. (13. Jan.), Kirchenlehrer, um 315–367; um 350 Bischof v. Poitiers; als Antiarianer nach Phrygien verbannt. HW: *De Trinitate;* verf. die ersten lat. Hymnen.

Hilbert, *David,* dt. Mathematiker u. Logiker, 1862–1943; grundlegende Untersuchungen über Zahlentheorie, Integralgleichungen u. Geometrie.

Hịlchenbach, westfäl. Stadt u. Luftkurort bei Siegen, 15300 E.; Leder-Ind., Maschinenfabriken.

Hildburghạusen, Krst. an der oberen Werra (Bez. Suhl), 11000 E.; Renaissanceschloß, 1680/1826 Residenz v. Sachsen-H.

Hildebrand, in der dt. Heldensage Waffengefährte Dietrichs v. Bern; mußte gg. seinen Willen mit seinem Sohn Hadubrand kämpfen u. tötete ihn (*H.slied,* um 800).

Hildebrand, *Adolf v.,* deutscher Bildhauer, 1847–1921; Büsten, Denkmäler, Reliefs (München, Jena, Leipzig), nach dem Vorbild der Klassik.

Hildebrandt, *J. Lukas v.,* östr. Barockbaumeister, 1668–1745; *Belvedere* in Wien, *Schloß Mirabell* in Salzburg, *Residenzkirche* in Würzburg.

Hildegard v. Bingen, hl. (17. Sept.), OSB, 1098–1179; dt. Mystikerin; sie gründete 1147/50 ein Kloster auf dem Rupertsberg bei Bingen; hatte v. Kindheit an Visionen; reiche literar. Tätigkeit: *Liber Scịvias.*

Hildegardisverein, 1907 gegr. zur Unterstützung kath. Studentinnen.

Hilden, rhein. Stadt s.ö. von Düsseldorf, 52600 E.; Textil- und chem. Industrie.

Hịldesheim, Hst. des niedersächs. Reg.-Bez. H., 102500 E.; kath. Bischof. Romanischer Dom (um 1050), roman. Michaeliskirche (1001/36) u. andere histor. Bauwerke. Stichkanal zum Mittellandkanal.

Hịldesheimer, *Wolfgang,* dt. Schriftsteller, * 1916; vor allem iron. Erz. *(Lieblose Legenden),* Komödien, Hörspiele, Einakter in der Art des absurden Theaters; erzähler. WW: *Tynset* u. *Masante.*

Hilferding, *Rudolf,* dt. Finanzpolitiker (SPD), 1877–1941; 1923 u. 28/29 Reichsfinanzmin.

Hilfsschule ↗Sonderschule.

Hilfswerk der Evangelischen Kirche in Dtl., Sitz Stuttgart, 1945 gegr. u. v. E. ↗Gerstenmaier geleitet; durch Hinzutritt sämtl. Freikirchen einschließl. der Altkath. Kirche zur

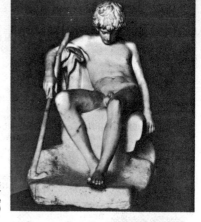

A. v. Hildebrand: Schlummernder Hirtenknabe (weißer Marmor)

größten ev. Organisation in Dtl. erweitert; seit 57 mit der ↗Inneren Mission vereinigt. Offizielle Bz. seit 65: *Das Diakonische Werk.*

Hilfszeitwort, Ztw. zur Bildung bestimmter Zeiten (sein, haben, werden) od. zur Bz. der Art eines Geschehens (mögen, sollen, müssen usw.).

Hillary (: hịläri), Sir *Edmund Percival,* neuseeländ. Bergsteiger, * 1919; bestieg 53 als erster den Mount Everest, erreichte 58 auf dem Landweg den Südpol.

Hille, *Peter,* dt. Schriftsteller, 1854–1904; unstetes Wanderleben; Impressionist u. sozialer Utopist; Romane u. Gedichte.

Hiller, *Johann Adam,* dt. Komponist, 1728–1804; Kantor der Thomasschule in Leipzig; Singspiele, Lieder.

Hilmẹnd m, größter Fluß Afghanistans, 1100 km lang; versiegt im Hamun-Sumpf.

Hilpert, *Heinz,* dt. Regisseur, 1890–1967; Intendant in Berlin, Wien, Konstanz, 1950/66 in Göttingen.

Hils w, bewaldeter Höhenrücken des Weserberglands, westl. der Leine, 477 m hoch.

Hiltrup, Stadtteil (seit 1975) von Münster (Westf.), am Dortmund-Ems-Kanal. Mutterhäuser der Missionare u. Missionsschwestern v. Hl. Herzen Jesu; Farben- u. Röhrenwerke.

Hịlus m (lat.), Einsenkung an der Gefäß- u. Nerveneintrittsstelle an Organoberflächen, z.B. *Lungen-H.*

Hịlversum (: -werßüm), nordholländ. Stadt s.s. ö. Amsterdam, 93500 E.; großer Rundfunk- und Fernsehsender.

Himạchal Pradẹsh, indischer Bundesstaat, 55658 km[2], 3,4 Mill. E.; Hst. Simla.

Himalaja m (Sanskrit = Heimat des Schnees), höchstes Gebirge der Erde, im Tertiär aufgefaltet; trennt Tibet v. Hindustan, Sperriegel zw. Inner- u. Südasien, aus Graniten und Gneisen; 2500 km lang; 120–250 km breit; besteht aus zahlr. Ketten, hat rasche Klima- u. Wetterwechsel. Die höchsten Gipfelmassive sind Mount Everest 8848 m, Kantschindschunga 8579 m, Nanga Parbat 8126 m. Im N als selbständige Gebirge ↗Karakorum u. ↗Transhimalaja.

Das Belvedere in Wien von J. L. von Hildebrandt

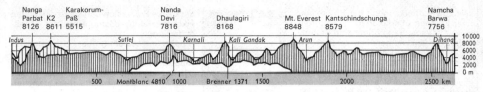

Nanga Parbat K2	Karakorum-Paß	Nanda Devi	Dhaulagiri	Mt. Everest	Kantschindschunga	Namcha Barwa
8126 8611	5515	7816	8168	8848	8579	7756

Indus — Sutlej — Karnali — Kali Gandak — Arun — Dihang

10000 / 8000 / 6000 / 4000 / 2000 / 0 m

500 — Montblanc 4810 — 1000 — Brenner 1371 — 1500 — 2000 — 2500 km

Himalaja: Größenvergleich des H. und der Alpen

Zenit

Horizont 33°

Himmel: die scheinbare Gestalt des H.gewölbes. Ein unbefangener Beobachter halbiert den Bogen zw. Zenit u. Horizont nicht unter einem Winkel von 45°, sondern unter 33°; daraus folgt der abgeflachte Eindruck der H.kugel

Paul von Hindenburg

Paul Hindemith

Himbeere, Beerenstrauch mit roten Früchten; zu *Himbeersaft* od. Marmelade. *H.geist,* wertvoller Branntwein, aus Wald-H.n. ☐ 747.

Himmel, 1) das am Tage blau, nachts dunkel erscheinende Gewölbe, das die Erde zu umgeben scheint. Die scheinbare Drehung des *H.sgewölbes* wird durch die Drehung der Erde um ihre Achse hervorgerufen. *H.skarten* ↗Sternkarten. *H.skunde* ↗Astronomie. **2)** gilt in vielen Religionen als Wohnsitz des Höchsten Wesens od. anderer überird. Mächte u. als Symbol des Transzendenten. *Bibl.-theolog.:* nach atl. Vorstellungen Ort des thronenden Gottes, der als Weltenlenker in das diesseitige Geschehen eingreift. Im NT bes. Heilsort für die Auserwählten u. allg. theolog. Bildwort für den endgültigen Heilszustand der durch Jesus Christus mit Gott für immer vereinten u. geretteten Menschen.

Himmelfahrt Christi, in den christl. Glaubensbekenntnissen verankerte Lehre, daß der gekreuzigte u. auferstandene Christus als der Erhöhte an der Existenzweise Gottes teilhat u. den Menschen in die Wesensweise Gottes einbezieht. Die H. C. ist bibl. bezeugt als Abschluß der nachösterl. Erscheinungen des in der Auferstehung erhöhten Christus. Das Fest *C. H.* wird seit dem 4. Jh. am 40. Tage nach Ostern gefeiert.

Himmelfahrt Mariä, 1) die kath. Glaubenslehre, daß die Mutter Jesu nach Vollendung ihres ird. Daseins mit Leib u. Seele in den Himmel aufgenommen wurde. **2)** das kirchl. Fest *(Mariä Himmelfahrt,* heute *Mariä Aufnahme in den Himmel,* 15. August), urspr. als Gedächtnis des *Heimganges Marias* eingeführt, wird in der kath. Kirche (aufgrund der Dogmatisierung durch Pp. Pius XII. 1950) als Gedächtnis der leibl. Aufnahme Marias in den Himmel gefeiert.

Himmelsschlüssel, die ↗Primel.

Himmler, *Heinrich,* nat.-soz. Politiker, 1900–45 (Selbstmord); 1929 „Reichsführer SS", 34 Chef der Gestapo, 36 der gesamten Polizei, 43 Reichsinnenmin., 44 Oberbefehlshaber des Ersatzheeres; setzte den Polizeiapparat mit verbrecher. Rücksichtslosigkeit ein.

Hinayana ↗Buddhismus.

Hindemith, *Paul,* deutscher Komponist, 1895–1963; 1927/35 Prof. in Berlin, emigrierte nach den USA, 51/56 Prof. in Zürich. H. wurde nach 21 rasch bekannt als einer der führenden Musiker der ↗Neuen Musik. Nach einer Periode der strengen Linearität u. des Expressionismus wandte er sich einem Neoklassizismus u. einer Neoromantik zu, die er, gestützt auf seine musiktheoret. Anschauungen, bis zuletzt vertrat. Opern *(Cardillac; Mathis der Maler),* Ballette, Or-

chesterwerke, Kammer- u. Klaviermusik, Lieder, Lehrwerke.

Hindenburg, poln. *Zabrze,* Ind.-Stadt in Oberschlesien, 196000 E.; Steinkohlenbergbau, Stahlwerke, chem. Ind.; 1915 benannt nach Paul v. ↗Hindenburg.

Hindenburg, *Paul* v. Beneckendorff und H., dt. Generalfeldmarschall und Reichspräs., 1847–1934; erhielt 1914 den Oberbefehl in Ostpreußen u. schlug die Russen bei Tannenberg; wurde „Oberbefehlshaber Ost" u. Generalfeldmarschall; 16 Chef der Obersten Heeresleitung; leitete 18 den Rückzug u. die Demobilmachung; 25 als Kandidat der Rechtsparteien zum Reichs-Präs. gewählt, 32 Wiederwahl; berief 33 Hitler als Reichskanzler; konnte danach die Beseitigung der Demokratie u. die Errichtung der Diktatur durch Hitler nicht verhindern.

Hindernislauf, leichtathlet. Wettkampf über 3000 m in Bahnrunden v. 400 m mit insgesamt 28 Hindernissen: 7mal 3 Hürden (91,5 cm hoch) u. 7mal ein Wassergraben (3,66 m breit, 76 cm tief) mit davorstehender Hürde.

Hindernisrennen, *Steeplechase,* Pferderennen über natürl. u. künstl. Hindernisse; Ggs. Flachrennen.

Hindin, die Hirschkuh.

Hinduismus, die jüngste Phase der ind. Hauptreligion, hervorgewachsen aus dem ↗Brahmanismus unter Aufnahme fremder Elemente; kein einheitl. Gebilde, da für ihn nicht ein Glaubensbekenntnis bestimmend ist, sondern die v. *Hindu* durch Geburt erworbene Zugehörigkeit zu einer hinduist.

Hinduismus: Tortum (Gopura) des Vischnu-Tempels in Kumbakonam, davor eine Cella mit kleinerem Turm

Kaste sowie Anerkennung der Brahmanen u. der v. ihnen überlieferten hl. Schriften, bes. des ⤢Veda. Hauptgötter sind Brahma, Vischnu u. Schiva; daneben zahllose andere, auch Heroen, Tiere, Pflanzen usw. Es gibt viele Sekten, die sich nach hinduist. Auffassung aber nicht ausschließen. Neben Fetischdienst findet sich glühende Liebeshingabe an die Gottheit. Der H. ist mit insgesamt 380 Mill. Anhängern bes. die Volksreligion ⤢Indiens.

Hindukusch m, Hauptgebirgszug Afghanistans, bis 7750 m hoch.

Hindustan, die v. Ganges durchflossene Ebene südl. des Himalaja, 1,2 Mill. km².

Hinkmar, Erzb. v. Reims, um 806–882; verteidigte die Selbständigkeit der fränk. Landeskirche gg. Pp. Nikolaus I.

Hinrichs, August, dt. Schriftsteller, 1879 bis 1956; Lustspiele, niederdt. Romane.

Hinshelwood (: -scheᵉlwud), Sir Cyril Norman, engl. Chemiker, 1897–1967; 1956 Nobelpreis für Untersuchungen über die Mechanismus chem. Reaktionen.

Hinterglasmalerei, im Ggs. zur ⤢Glasmalerei seitenverkehrte Malerei mit lichtundurchlässigen Öl- u. Temperafarben auf der Rückseite einer Glastafel; mit Grundierfarbe abgedeckt od. mit Metallfolie hinterlegt; seit der Spätantike bekannt.

Hinterhand, die hinteren Gliedmaßen bei Säugetieren.

Hinterindien, südostasiat. Halbinsel, mit Malakka als Brücke zum australasiat. Raum; im N die aus Tibet quellenden Faltengebirge, gabeln sich nach S in 3 tropen- u. monsunwaldbedeckte Äste; dazwischen große Stromtäler, die Haupttreisgebiete der Erde; polit. gegliedert in: Birma, Kambodscha, Laos, Nord- u. Süd-Vietnam, Thailand, Malaysia u. Singapur. Bev.: Khmer in Kambodscha, Birmanen im Irawaditiefland, Thaivölker im W, Siamesen in O, Malaien auf Malakka. Der Buddhismus in seiner reinsten Form beherrscht H. ohne Kastenwesen. Reiche Bodenschätze: Zinn, Silber, in Birma Edelsteine, Antimon, Erdöl, in Indochina Eisen, Kohle, Gold, Baumwolle, Kautschuk, Edelhölzer.

Hinterlegung v. Geld, Wertpapieren, sonstigen Urkunden u. Kostbarkeiten durch einen Schuldner für seinen Gläubiger bei öff. H.sstellen (meist Amtsgericht) ist zulässig, wenn der Schuldner aufgrund eines v. Gläubiger zu verantwortenden Umstandes seine Leistung nicht erfüllen kann.

Hinterrhein, der östl. Quellfluß des Rheins, entspringt in der Adulagruppe, vereinigt sich nach 61 km mit dem Vorderrhein.

Hintersassen, fr. die v. Grundherrn abhängigen Bauern.

Hinterzarten, Höhenluftkurort u. Wintersportplatz im südl. Schwarzwald, an der Höllentalbahn, 2300 E. [schaft.

Hiob ⤢Job. **H.sbotschaft,** Unglücksbot-

Hipparch, 1) Sohn des ⤢Peisistratos; 527 v.Chr. mit seinem Bruder ⤢Hippias Tyrann von Athen, 514 ermordet. **2)** griech. Astronom, etwa 190–125 v.Chr.; Begr. der wiss., auf Beobachtungen beruhenden Astronomie; erarbeitete die Epizykeltheorie, ent-

Kaiser Hirohito

Hirschkäfer:
a Käfer, b Puppe,
c Kopfhornschröter,
d Kurzschröter
vgl. ☐ 914.

Hirse: oben Rispen-,
unten Kolben-H.

deckte die Präzession und schuf den ersten Fixsternkatalog; Bestimmung der Mondentfernung.

Hippias, mit seinem Bruder ⤢Hipparch Tyrann v. Athen, 510 v.Chr. vertrieben.

Hippies, nach ihrem Symbol (Blume) auch „Blumenkinder" gen., Jugendliche mit antibürgerl., gesellschaftskrit. Lebenshaltung; oft ⤢LSD-Anhänger.

Hippodrom m od. s (gr.), im Alt. Wagenrennbahn, heute gedeckter Reitplatz.

Hippokrates, etwa 460 bis 377 v.Chr., griech. Begr. der wiss. Heilkunde; ethische Grundsätze des Arztes im Eid des H.

Hirn ⤢Gehirn. **H.anhang** ⤢Hypophyse. **H.schlag** ⤢Schlaganfall.

Hirohito, Ks. v. Japan (seit 1926), * 1901; befahl 45 die Kapitulation Japans, gab auf am. Befehl den Göttlichkeitsanspruch auf.

Hiros(c)hima, Hafenstadt am japan. Binnenmeer, im W v. Hondo, 860000 E. Am 6.8.1945 fiel hier die erste Atombombe (über 200000 Tote, davon ca. 100000 nachträgl. durch Strahlungsschäden). Kath. Bischof, Universität.

Hirsau, Stadtteil v. Calw (seit 1975); im MA berühmtes Benediktinerkloster, 1558 säkularisiert, seit 1692 Ruine.

Hirschberg, H. im Riesengebirge, poln. Jelenia Góra, Hst. der Wojewodschaft J. G., im H.er Kessel des Riesengebirges, 84500 E.; Wirtschaftshochschule; opt. Ind.

Hirsch-Dunckersche Gewerkvereine ⤢Gewerkschaften.

Hirsche, Paarhuferfamilie, meist geweihtragende Wiederkäuer: Elch, Rentier, Rehe u. eigentl. H.e Edel od. Rot-H. in europ. Wäldern, bis 2 m lang; Brunst Sept./Okt.; weibl. Tier heißt Hirschkuh od. Hindin, jungfräulich Schmaltier, beschlagen Alttier. ⤢Dam-H. In Amerika Virginia-H., Kanad. H., in Ostindien Axis-H.

Hirscher, Johann Baptist v., dt. kath. Theologe, 1788–1865; wirkte im Geiste Sailers.

Hirschfänger, Stichwaffe der Jäger.

Hirschhornsalz, Ammoniumbicarbonat; Treibmittel zum Backen.

Hirschkäfer, Familie der Blatthornkäfer, Männchen z.T. mit geweihart. Oberkiefer. Gemeiner H., größter dt. Käfer, lebt an alten Eichen; unter Naturschutz.

Hirschziegenantilope, ind. Antilopenart, Männchen mit gedrehten Hörnern; herdenweise in Vorderindien.

Hirschzunge, Farn mit zungenförm. Wedeln; Zierpflanze.

Hirse, Getreidearten, bes. Echte od. Rispen-H., bis 1 m hohe Gräser; in Ostindien, China, Japan, auch Europa; Körner als Brei genossen. Blut- u. Hühner-H. sind weitverbreitete Unkräuter.

Hirtenbrief m, Sendschreiben kath. Bischöfe an alle Gläubigen; auch in den ev. Kirchen bei bes. Anlässen; v. der Kanzel verlesen.

Hirtentäschel, Unkraut mit dreiseit. Schötchen; Heilpflanze.

Hirtenvölker, bauen ihre Sozial- u. Wirtschaftsordnung (Großfamilie) auf Herdenbesitz auf; in der Frühgeschichte entscheidend für Herrschaftsbildungen; Trä-

ger eigenständiger Kultur (Himmelsgottglaube).
Hirudin s (Mz. *Hirudinea*), /Blutegel.
Hissarlik, Hügel an der Stelle /Trojas.
Histamin s (gr.), ein Gewebshormon; bewirkt Blutdrucksenkung, Erweiterung der Kapillaren u. Absonderung v. Magensaft
Histologie w (gr.), Lehre v. Feinbau pflanzl., tier. u. menschl. Gewebe.
Histomat m, der Histor. /Materialismus.
Historie w (gr.-lat.), 1) /Geschichtswissenschaft. 2) Geschichte, Erzählung. **Historienmalerei,** stellt geschichtl., auch sagenhafte Ereignisse dar. **Historiker,** Geschichtsforscher. **Historiographie,** *Historik* w, Geschichtsschreibung. **historisch,** geschichtlich. **Historische Rechtsschule,** zu Beginn des 19. Jh. v. F. K. v. /Savigny begr. Richtung der Rechtswiss., die sich gg. das rationale Naturrecht der Aufklärung u. die auf seinem Boden erwachsenen Kodifikationen wandte. **Historismus** m, betont die geschichtl. Bedingtheit des ganzen Geistes- u. Gemeinschaftslebens. In der *Bildenden Kunst* das Zurückgreifen auf frühere Stilformen, oft zweckwidrig verwendet (Neugotik, Neubarock usw. im 19. Jh.).
Hitchcock (: hitsch-), *Alfred,* engl. Filmregisseur, 1899–1980; vor allem Kriminalfilme, u. a. *Der Mann, der zuviel wußte; Das Fenster zum Hof; Psycho; Frenzy.*
Hitler, *Adolf,* nat.-soz. Politiker, * 20. 4. 1889 Braunau (Östr.), † 30. 4. 1945 Berlin (Selbstmord); 1906–12 in Wien, dann in München; im 1. Weltkrieg Freiwilliger, Gefreiter; 19 Mitgl. der Dt. Arbeiterpartei, die 20 in die NSDAP umgewandelt wurde; seit 21 deren Vors.; der Putschversuch in München am 9. 11. 23 scheiterte; H. wurde zu 5 Jahren Festungshaft in Landsberg verurteilt, aber schon Dez. 24 entlassen; in Landsberg hatte er den 1. Teil seines programmat. Werkes „Mein Kampf" geschrieben. Die Wirtschaftskrise führte H., der unermüdl. für die Ziele seiner Partei warb, die Massen des Kleinbürgertums u. der nicht linksgerichteten Arbeitslosen zu; 32 unterlag er bei der Wahl des Reichspräsidenten; Hindenburg berief ihn als Führer der stärksten Partei am 30. 1. 33 zum Reichskanzler. Mit dem Ermächtigungsgesetz errichtete H. die Diktatur; er schaltete alle Gegner aus u. übernahm nach Hindenburgs Tod 34 auch das Amt des Reichspräs.; damit besaß er die gesamte Macht über den Staat u. das Heer. Durch rasche Verminderung der Arbeitslosigkeit mit Hilfe eines großangelegten Bau- u. Rüstungsprogramms gewann H. eine feste Position in Dtl.; auch v. Ausland wurde er weitgehend anerkannt. Mit seiner aggressiven Außenpolitik (/Österreich, /Tschechoslowakei) hatte H. zunächst Erfolg, der Angriff auf Polen 39 führte aber zum 2. /Weltkrieg. H. übernahm 41 den Oberbefehl über das Heer, an dessen Schwächung er die Hauptschuld trug. Das mißglückte Attentat v. 20. 7. 44 steigerte seinen Glauben an seine Berufung. Am 30. 4. 45 beging er im Bunker der Reichskanzlei Selbstmord. – H. ist Hauptverantwortlicher für die Schreckensherrschaft in Dtl. u. den

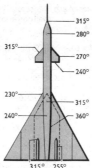

315°
280°
270°
240°
230°
315°
240° — 360°

315° 255°

Hitzemauer:
Temperaturverteilung (in °C) an der Außenhaut eines Flugzeuges bei dreifacher Schallgeschwindigkeit in 21000 m Höhe

Alfred Hitchcock

Adolf Hitler

besetzten Gebieten, für die Unterdrückung allen Rechts, der Persönlichkeit u. Religion, für die Vernichtung der Juden u. die Entfeselung des 2. Weltkrieges. ☐ Nationalsozialismus (S. 661).
Hitler-Jugend (HJ), die 1926 gegr. nat.-soz. Jugendorganisation; 45 aufgelöst.
Hitze, *Franz,* 1851–1921; kath. Priester, Soziologe an der Univ. Münster; seit 1884 im Reichstag, v. Einfluß auf die Sozialgesetzgebung. Mitbegr. des /Volksvereins.
Hitzemauer, *Wärmemauer,* bei Überschallgeschwindigkeit von Fluggeräten auftretende, mit dem Quadrat der Geschwindigkeit steigende Aufheizung der Oberfläche durch den Luftwiderstand; erfordert Kühlung und den Einsatz v. Hochtemperaturwerkstoffen.
Hitzeschild, dient zur Vermeidung des Verglühens v. mit hoher Geschwindigkeit in die Erdatmosphäre eintauchenden Flugkörpern; besteht aus einer wärmeabsorbierenden Schicht aus z. B. keramischen Werkstoffen *(Ablationskühlung).*
Hitzschlag, Ohnmacht durch Wärmestauung. Kopf u. Oberkörper hoch lagern, Körper durch Wasser u. Entkleiden abkühlen.
H. L., *Meister H. L.,* vermutl. oberrhein. Bildschnitzer u. Graphiker, † um 1533. Breisacher u. Niederrotweiler Altar.
Hłasko (: hᵘaßko), *Marek,* poln. Schriftsteller, 1934–69; lebte seit 58 im Westen; schrieb, v. Hemingway beeinflußt, kraß realist. Romane u. Erz.: *Der achte Tag der Woche; Alle hatten sich abgewandt.*
Hlond, *August,* poln. Kard., 1881–1948; 1926 Erzb. v. Gnesen u. Primas v. Polen, 46 auch Erzb. v. Warschau; reorganisierte die kath. Kirche Polens, auch in den Gebieten östl. der Oder-Neiße-Linie.
Ho, chem. Zeichen für /Holmium.
HO, Abk. für Handelsorganisation, staatl. Einzelhandelsunternehmen der DDR; dient durch Verbrauchslenkung u. -besteuerung der kommunist. Wirtschafts- und Finanzpolitik u. fördert die Kollektivierung des privaten Einzelhandels.
Hoangho m, *Huangho* (chines. = gelber Fluß), größter Strom Nordchinas; richtet im Unterlauf durch Dammbrüche u. Laufänderungen Verheerungen an; jährl. Schlammführung 1,4 Mill. m³; 5075 km lang, Stromgebiet 745000 km²; gewaltige Regulierungsarbeiten im Gange. ☐ 975.
Hobart (: hoᵘbᵉrt), Hst. u. Haupthafen Tasmaniens, 167000 E.; kath. Erzb., Univ.
Hobbema, *Meindert,* holländ. Landschaftsmaler, 1638–1709.
Hobbes, *Thomas,* englischer Philosoph, 1588–1679; seine Staatslehre erklärte als Urzustand den Krieg aller gg. alle, der durch den Staatsvertrag beendigt wird, durch den der Staat erst entsteht. *Leviathan.*
Hobby (engl.), Steckenpferd, Liebhaberei.
Hobel, Tischlerwerkzeug zum spanenden Bearbeiten u. Glätten v. Holz: Profil-H., Schrupp-H., Schlicht-H., Lang-H. ☐ 394.
H.bank, Arbeitstisch zum Einspannen u. Bearbeiten des Holzes. **H.maschine,** Werkzeugmaschine zur Bearbeitung ebener Flächen v. Holz- od. Metallwerkstücken.

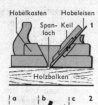

Hobel: 1 Längsschnitt
durch einen
Schlicht-H. **2** Winkel
am Hobeleisen:
a Schlicht-, **b** Zahn-,
c Hirnholz-H.
3 Hobelformen:
a Schrupp-H., **b** Rauh-
bank, **c** Schiff-H.

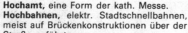

Rolf Hochhuth

Hochamt, eine Form der kath. Messe.
Hochbahnen, elektr. Stadtschnellbahnen,
meist auf Brückenkonstruktionen über der
Straße geführt.
Hochbauten, Bauwerke über der Erde (Ge-
bäude), im Ggs. zu *Tiefbauten* (Wasser-,
Straßen-, Eisenbahnbau). □ 76.
Hochdahl, Stadtteil v. Erkrath (seit 75);
Textil-, eisenverarbeitende Ind.
Hochdeutsch ↗Deutschland (Sprache).
Hochdruck, 1) Druckverfahren, bei denen
die farbtragenden Stellen der Druckform
erhaben sind (↗Drucken). **2)** das *Hoch,* auch
Antizyklone od. *Barometrisches Maximum,*
Gebiet hohen Luftdrucks, stationär od.
wandernd, mit schwachem Druckgefälle im
Innern. Im Zentrum des **H.gebiets** abstei-
gende Luftströme, Erwärmung, Wolken-
auflösung, Strahlungswetter. Subtrop.
H.gürtel (Roßbreiten), durch Übergang des
Antipassats in absinkende Südwestwinde.
Hochdruckphysik, beschäftigt sich mit Zustand u. Eigenschaften der Stoffe bei Druk-
ken bis zu ca. 500 000 bar in *Hochdruck-
anlagen.*
Höcherl, *Hermann,* * 1912; 61/65 Bundesinnenminister, 65/69 Ernährungsminister
(CSU).
Hochfinanz, v. frz. *Hautefinance,* Finanzari-
stokratie, Geldleute u. Banken; als Darlehensgeber für Fürsten u. Staaten auch polit.
einflußreich.
Hochfrequenz *w,* jede Frequenz eines
Wechselstroms im Bereich v. 3 kHz bis 3
GHz. **H.kinematographie,** Weiterentwicklung der Zeitdehner-(Zeitlupen-)Technik im
wiss. Film (über 1 Milliarde Bilder pro Sekunde). **H.spektroskopie,** *Mikrowellen-
spektroskopie,* untersucht im cm- u. mm-
Bereich die Eigenschaften atomarer Gebilde. **H.ströme** werden in Dynamomaschinen, meist jedoch in Elektronenröhren u.
Transistoren erzeugt. **H.verstärker,** *HF-Ver-
stärker,* ↗Verstärker.
Hochgericht, fr. für Verbrechen zuständig,
die durch Todesstrafe od. Verstümmelung
geahndet wurden.
Hochhaus, Gebäude mit vielen Stockwerken, in den USA als *Wolkenkratzer* entstanden; meist als Stahl- od. Stahlbetonskelett-
bau mit tiefer Gründung errichtet. □ 76.
Hochheim am Main, hess. Stadt östl. von
Mainz, 15 200 E.; Weinbau.
Hochhuth, *Rolf,* dt. Schriftsteller, * 1931;
bes. zeitkrit. Dramen, v. denen *Der Stellver-*

treter (Kritik an der Haltung Pp. Pius' XII. gegenüber der Judenverfolgung im 3. Reich)
u. *Die Soldaten* eine weltweite Diskussion
auslösten. Weitere WW: *Guerilla; Die Hebamme; Tod eines Jägers; Juristen; Ärztin-
nen;* Erzählungen, Essays.
Ho Chi-minh ↗Ho Tschi Minh.
Hochkirche, i.w.S. die ↗Anglikanische Kirche, i.e.S. innerhalb dieser die konservative
Hauptflügel (Anglokatholiken). **Hochkirch-
liche Bewegung,** bei den dt. ev. Christen getragen v. der 1918 gegr. *Hochkirchl. Vereinigung;* erstrebt Ausgestaltung der Kirchen
der Reformation hinsichtl. ihrer Verfassung
u. ihres Kultes, bes. durch Einführung des
Bischofsamts, auch der freiwill. Privat-
beichte u. reicherer Liturgie. Der 1924 gegr.
Hochkirchlich-ökumen. Bund, der mehr die
altchristl. Grundlage betont, sucht Verbindung mit den andern Konfessionen. **Hochland,** kath. Monatsschrift, gegr. 1903 v. C.
Muth. **Hochmeister,** Oberhaupt eines geistl.
Ritterordens. **Hochmoor,** ein von ↗Torf-
moosen aufgebautes, in der Mitte höheres,
durchnäßte Polster. **Hochnebel,** Wolken-
decke an der Grenze tiefliegender Kaltluft u.
darüberwehender feuchtwarmer Luft.
Hochofen, Schachtofen zur Eisenerzverhüt-
tung (Umwandlung von Eisenerz in Roheisen); 35–50 m hoch, 500–2500 m³ Fassungsvermögen. Wände aus feuerfesten
Schamottesteinen, außen von Eisengerüst
gestützt; v. unten nach oben 4 Hauptabschnitte: a) Gestell (zylindrisch), b) Rast
(umgekehrt kegelförmig), c) Schacht (kegelförmig), d) Gicht (obere Öffnung). Der H.
wird einmal angeheizt, brennt 7–12 Jahre
ununterbrochen, wird dann abgebrochen u.
neu aufgemauert.

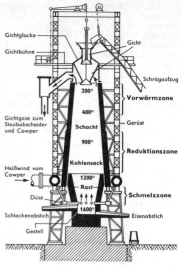

Hochofen (Schnitt): Mit dem Schrägaufzug kommen Erz, Koks und Zuschläge in den Schacht,
sacken durch den Kohlensack und können als
flüssiges Roheisen und flüssige Schlacke an der
Rastunterseite abgestochen werden

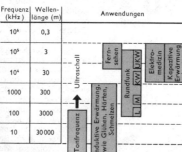

Hochfrequenz:
Anwendung der
verschiedenen
hochfrequenten
Wechselströme

Frequenz (kHz)	Wellen-länge (m)	Anwendungen
10⁶	0,3	
10⁵	3	
10⁴	30	
1000	300	
100	3000	
10	30000	

Hochschulen und Universitäten in der Bundesrepublik Deutschland

Universitäten und Technische Hochschulen/Universitäten

Aachen: Rheinisch-Westfäl. Techn. Hochschule (gegr. 1870)
Augsburg: Universität (gegr. 1969)
Bamberg: Gesamthochschule (gegr. 1972)
Bayreuth: Universität (gegr. 1971)
Berlin: Technische Universität (gegr. 1879)
  Freie Universität (gegr. 1948)
Bielefeld: Universität (gegr. 1967)
Bochum: Ruhr-Universität (gegr. 1961)
Bonn: Rheinische Friedrich-Wilhelms-Univ. (gegr. 1818)
Braunschweig: Techn. Univ. Carolo-Wilhelmina (gegr. 1745)
Bremen: Universität (gegr. 1970)
Clausthal: Technische Universität (gegr. 1775)
Darmstadt: Technische Hochschule (gegr. 1877)
Dortmund: Universität (gegr. 1962)
Duisburg: Gesamthochschule (gegr. 1972)
Düsseldorf: Universität (gegr. 1907)
Eichstätt: Gesamthochschule (gegr. 1972)
Erlangen-Nürnberg: Friedrich-Alexander-Univ. (gegr. 1743)
Essen: Gesamthochschule (gegr. 1972)
Frankfurt: Johann-Wolfgang-Goethe-Univ. (gegr. 1914)
Freiburg: Albert-Ludwigs-Universität (gegr. 1457)
Gießen: Justus-Liebig-Universität (gegr. 1607)
Göttingen: Georg-August-Universität (gegr. 1736)
Hamburg: Universität (gegr. 1919)
Hannover: Tierärztl. H. (gegr. 1778); Techn. Univ. (gegr. 1831); Medizin. H. (gegr. 1965)
Heidelberg: Ruprecht-Karl-Universität (gegr. 1386)
Hohenheim: Universität (gegr. 1904)
Kaiserslautern: Universität (gegr. 1970; bis 75: Trier-K.)
Karlsruhe: Universität Fridericiana (gegr. 1865)
Kassel: Gesamthochschule (gegr. 1970)
Kiel: Christian-Albrechts-Universität (gegr. 1665)
Köln: Universität (gegr. 1919)
Konstanz: Universität (gegr. 1966)
Lübeck: Medizinische H. (gegr. 1964)
Mainz: Johannes-Gutenberg-Universität (gegr. 1476)
Mannheim: Universität (gegr. 1946)
Marburg: Philipps-Universität (gegr. 1527)
München: Ludwig-Maximilians-Universität (gegr. 1472); Technische Universität (gegr. 1868)
Münster: Westfäl. Wilhelms-Universität (gegr. 1780)
Oldenburg: Universität (gegr. 1970)
Osnabrück: Universität (gegr. 1970)
Paderborn: Gesamthochschule (gegr. 1972)
Passau: Universität (gegr. 1972)
Regensburg: Universität (gegr. 1962)
Saarbrücken: Universität des Saarlandes (gegr. 1948)
Siegen: Gesamthochschule (gegr. 1972)
Stuttgart: Universität (gegr. 1890)
Trier: Universität (gegr. 1970; bis 75: T.-Kaiserslautern)
Tübingen: Eberhard-Karls-Universität (gegr. 1477)
Ulm: Universität (gegr. 1967)
Wuppertal: Gesamthochschule (gegr. 1972)
Würzburg: Julius-Maximilians-Universität (gegr. 1582)

Theologische und Philosophisch-Theologische Hochschulen

Berlin: Kirchliche Hochschule (gegr. 1935)
Bethel: Kirchliche Hochschule (gegr. 1905)
Frankfurt: Philos.-Theol. H. St. Georgen (gegr. 1926)
Fulda: Philos.-Theol. Hochschule (gegr. 1734)
Königstein/Ts.: Philos.-Theol. Hochschule (gegr. 1947)
München (fr. Pullach): H. für Philosophie / Philosophische Fakultät S. J. (gegr. 1925)
Neuendettelsau: Augustana-Hochschule (gegr. 1947), seit 1972 Kirchliche Gesamthochschule (ev.)
Oberursel/Ts.: Luth. Theol. Hochschule (gegr. 1947)
Paderborn: Theologische Fakultät (gegr. 1614)
Passau: Staatl. Philos.-Theol. Hochschule (gegr. 1833)
Trier: Theologische Fakultät (gegr. 1773)
Wuppertal: Kirchliche Hochschule (gegr. 1945)

Kunsthochschulen

Berlin: Hochschule der Künste (seit 1875)
Braunschweig: Hochschule für Bildende Künste (seit 1962)
Düsseldorf: Staatl. Kunstakademie (seit 1773)
Frankfurt: Städelschule – H. für bild. Künste (seit 1817)
Hamburg: Hochschule für bildende Künste (seit 1905)
Karlsruhe: Akademie der bildenden Künste (seit 1854)
Kassel: Hochschule für bildende Künste (seit 1777)
München: Akademie der bildenden Künste (seit 1820; Hochschule für Fernsehen und Film (seit 1966)
Nürnberg: Akademie der bildenden Künste (seit 1662)
Offenbach: Hochschule für Gestaltung (seit 1832)
Stuttgart: Akademie der bildenden Künste (seit 1761)

Musikhochschulen

Berlin: H. für Musik u. Darstellende Kunst (seit 1869)
Detmold: Hochschule für Musik (seit 1946)
Essen: Folkwang Hochschule (seit 1927)
Frankfurt: H. für Musik u. Darstellende Kunst (seit 1938)
Freiburg: Hochschule für Musik (seit 1946)
Hamburg: H. für Musik u. darstellende Kunst (seit 1899)
Hannover: H. für Musik u. Theater (seit 1943)
Heidelberg-Mannheim: H. für Musik (seit 1894; Mannheim seit 1899)
Karlsruhe: Hochschule für Musik (seit 1812)
Köln: Hochschule für Musik (seit 1850)
Lübeck: Schleswig-Holsteinische Musikakademie und Norddeutsche Orgelschule (seit 1933)
München: Hochschule für Musik (seit 1847)
Saarbrücken: Musikhochschule des Saarlandes (seit 1947)
Stuttgart: H. für Musik u. darstellende Kunst (seit 1857)
Trossingen: H. für Musikerziehung (seit 1951)

gegr. = Gründung als od. Erhebung z. Univ. bzw. Hochschule (unbeschadet einer evtl. späteren Umbenennung in Univ.)
seit = Gründung der urspr. Institution, ohne Berücksichtigung der – meist viel späteren – Erhebung z. Hochschule

Pädagogische Hochschulen

Baden-Württemberg	*Berlin*	*Nordrhein-Westfalen*	*Rheinland-Pfalz*
Esslingen	*Niedersachsen*	Rheinland:	Koblenz
Freiburg		Aachen	Landau
Heidelberg	Braunschweig	Bonn	Worms
Karlsruhe	Göttingen	Köln	
Lörrach	Hannover	Neuss	*Schleswig-Holstein*
Ludwigsburg	Hildesheim		Flensburg
Reutlingen	Lüneburg	Ruhr:	Kiel
Schwäbisch Gmünd	Oldenburg	Dortmund	
Weingarten	Osnabrück	Hagen	
	Vechta		
		Westfalen-Lippe:	
		Bielefeld	
		Münster	

Sporthochschulen

Grünwald:
Bayerische Sportakademie (gegr. 1946)

Köln:
Deutsche Sporthochschule (gegr. 1947)

Hochrhein, der 140 km lange Rheinlauf zw. Bodensee u. Basel.

Hochschule, Sammel-Bz. für Univ., Techn. u. Fach-H.n (☐ 395). Da sich in der BRD die Grenze zw. wiss. u. nichtwiss. H.n immer stärker verwischt, werden *Gesamthochschulen* erprobt, in denen sämtl. Forschungs-, Lehr- u. Ausbildungsstätten des H.bereichs zu einem Verbund zusammengefaßt sind. **Hochsitz,** *Hochstand,* Jagdsitz in den Ästen eines Baumes od. Jagdkanzel auf hohen Pfählen, gewährt Übersicht u. Schußfeld. **Hochspannung,** elektr. Betriebsspannungen v. mehr als 1000 Volt. **H.sleitungen,** zur Übertragung elektr. Energie auf große Entfernungen (bis 380 kV). **Hochsprache,** über die Bühnenaussprache entwickelte lautreine, mundartfreie Aussprache. **Hochsprung,** leichtathlet. Disziplin: Überspringen einer Sprunglatte. Sprungarten: *Hock-, Scher-, Scherkehr-, Roll-* u. *Wälz-Sprung (Straddle)* sowie seit 1967 der *Fosbury Flop* (ein Rückwärtssprung).

Höchst *am Main,* Ind.-Vorstadt v. Frankfurt a.M.; Sitz der Farbwerke Hoechst AG.

Hoch- u. Deutschmeister, seit 1589 geführter Titel des Oberhauptes des ↗Dt. Ordens.

Hochverrat begeht, wer sich mit Gewalt od. durch Drohung mit Gewalt gg. die verfassungsmäßige Ordnung od. die territoriale Unversehrtheit der BRD od. der Bundesländer wendet; wird mit hoher Freiheitsstrafe bestraft; entspr. Strafvorschriften in allen Staaten.

Hochwald, 1) Basaltkegel des Lausitzer Gebirges, s.w. von Zittau, 748 m hoch. **2)** 836 m hoher Berg des Waldenburger Berglandes (Schlesien). **3)** höchster Teil des Hunsrücks, im Erbeskopf 816 m hoch.

Hochwälder, *Fritz,* östr. Schriftsteller, *1911: behandelt in theaterwirksamen Stücken Gegenwartsprobleme, z.T. in histor. Gewand. *Das hl. Experiment; Der Befehl; Lazaretti oder Der Säbeltiger.*

Hochwasser, hoher Wasserstand bei Flüssen u. Seen; bei Schneeschmelze od. nach starken Niederschlägen.

Hochwild, zur hohen ↗Jagd gehörendes Wild, bes. das Rotwild.

Hochzeit, im MA hohes kirchl. od. weltl. Fest; jetzt nur noch Bz. für die Feier der ↗Eheschließung; reiches Brauchtum. 25 Jahre nach dieser *grünen H.* feiert man die *silberne,* nach 50 die *goldene,* nach 60 (seltener 75) die *diamantene,* nach 65 die *eiserne H.* **H.sflug,** Paarungsflug der Bienen, Ameisen, Libellen, Netzflügler. **H.skleid,** Auftreten bunter Farben in Haut u. Gefieder männl. Tiere während der Fortpflanzungszeit; bei vielen Fischen u. Vögeln.

Hocke *w,* Heu-, Getreidehaufen zum Trocknen u. Nachreifen.

Hockenheim, bad. Ind.-Stadt südl. Schwetzingen, 16 200 E.; Zigarren-Ind., Spargelanbau. **H.ring** (Motodrom) für Motorsport.

Hockergrab, vorgeschichtl. Grab, in dem der Tote mit angezogenen Beinen beigesetzt wurde.

Hockey *s* (: -ki, engl.), **1)** *Rasen-H.,* Mannschaftswettkampf mit je 11 Spielern; ein

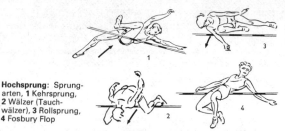

Hochsprung: Sprungarten, **1** Kehrsprung, **2** Wälzer (Tauchwälzer), **3** Rollsprung, **4** Fosbury Flop

Hockey: Spielfeld beim Rasen-H.

kleiner Vollball (22,5–23,5 cm ∅) wird mit gekrümmten H.schlägern in den Schußkreis des Gegners, aus dem allein ein Tor geschossen werden darf, getrieben. Spielzeit: 2×35 min. **2)** *Hallen-H.,* ähnl. dem Rasen-H.; jedoch nur je 6 Spieler; Spielfeld 40×20 m.

Hodeida, wichtiger Hafen Jemens, am Roten Meer, 148 000 E.; wurde 1958/61 mit sowjet. Hilfe ausgebaut.

Hoden *m,* die paarige, eiförm. männl. Keimdrüse, liegt beim Menschen u. den meisten Säugetieren im *H.sack* außerhalb der Leibeshöhle, erzeugt Samenfäden. **H.atrophie,** Schrumpfung der H. (mit Verlust der Zeugungsfähigkeit). **H.bruch,** Eingeweidebruch bis in den H.sack. **H.entzündung,** durch Verletzung, bei Tripper od. Syphilis.

Hodgkinsche Krankheit (: hodsehkˈn-), die ↗Lymphogranulomatose.

Hodler, *Ferdinand,* Schweizer Maler, 1853–1918; war mit einem Monumentalstil der Landschafts- u. Historienmalerei u. symbol., v. ↗Jugendstil beeinflußten Darstellungen Vorläufer des Expressionismus; *Wilhelm Tell, Holzfäller, Die Nacht.*

Hódmezóvásárhely (: hodmäsöwascharhelj), ungar. Stadt an der Theiß, 55 000 E.; Viehmärkte, Textil-Ind., Feinkeramikwerk.

Hodscha *m* (türk.), Lehrer.

Hödur, blinder altnord. Gott; tötet, v. Loki angestiftet, mit einem Mistelzweig Baldur.

Hoek van Holland (: huk-), Exklave u. Vorhafen v. Rotterdam, die SW-Spitze der Prov. Südholland, 6000 E.; Fährdienst nach Engl.

Hof, nordbayer. Stadt-Kr. u. Krst. in Oberfranken, an der Saale, 53 700 E.; Textil- und Porzellan-Ind., Brauereien.

Hof ↗Halo.

Hofbauer, *Johannes Clemens Maria,* hl. (15. März), 1. dt. Redemptorist, 1751–1820; Bäckerlehrling, 1785 Priester, 88 Generalvikar seines Ordens nördl. der Alpen; seit 1808 in Wien, dort v. großem Einfluß auf die Romantiker (F. Schlegel, C. Brentano u.a.).

Hofburg, das kaiserliche Schloß in Wien.

Hofer, 1) *Andreas,* 1767–1810; „Sandwirt" im Passeiertal, leitete 1809/10 den Tiroler Aufstand gg. Bayern u. Napoleon, auf dessen Befehl in Mantua erschossen. **2)** *Carl,* dt. Maler, 1878–1955; gewann nach expressionist. Anfängen eine in Formen u. Farben Cézanne verpflichtete ruhige Klarheit. *Frau in den Ruinen, Masken, Mädchen am Fenster* u.a.

Hoff, *Hendrikus* van't, holländ. Chemiker, 1852–1911; Begr. der physikal. Chemie (Nobelpreis 1901).

Ferdinand Hodler: Selbstbildnis

Andreas Hofer

Hoffmann, 1) *E. T. A.* (Ernst Theodor Amadeus), dt. Dichter, auch Musiker u. Zeichner, 1776–1822; seit 1814 am Kammergericht in Berlin. Spätromantiker; in seinem Werk Einbruch des spukhaft Dämonischen in den Alltag. Romane *(Elixiere des Teufels, Kater Murr)*, Erzählungen und Märchen *(Der goldene Topf, Serapionsbrüder).* Oper *Undine.* **2)** *Heinrich,* gen. *H.-Donner,* dt. Arzt u. Schriftsteller, 1809–94; Verf. des „Struwwelpeter" u.a. Kinderbücher, die er selbst bebilderte. **3)** *Johannes,* 1890–1967; 1945 Gründer der ⟋Christl. Volkspartei, 47/55 saarländ. Min.-Präs.

E. T. A. Hoffmann

Hoffmannstropfen, aus Äther u. Weingeist, belebend bei Schwächezuständen; gen. nach dem Mediziner *Friedrich Hoffmann* (1660–1742).

Hoffmann v. Fallersleben (eig. August Heinrich Hoffmann), dt. Dichter u. Literarhistoriker, 1789–1874; Verf. d. Deutschlandliedes.

Höffner, *Joseph,* kath. Theologe u. Sozialwissenschaftler, * 1906; 62/69 Bischof v. Münster, seit Febr. 69 Erzb. v. Köln; 69 Kard., seit 76 Vors. der Dt. Bisch.-Konferenz.

Hoffnung, 1) allg.: freudige Erwartung. **2)** Die *christl. H.* ist die 2. der 3 sog. göttl. Tugenden; durch sie erwartet der Mensch v. Gott die Erlangung des übernatürl. Endziels.

Hofgastein, *Bad H.,* östr. Badeort u. Wintersportplatz in Salzburg, 870 m ü. M., 5500 E.; Hauptort des Gasteiner Tals. ⟋Gastein.

Kardinal Höffner

Hofgeismar, hess. Stadt, nördl. v. Kassel, 13500 E.; Mineralquelle; Sägewerk.

Hofhaimer, *Paul* (v.), östr. Orgelmeister u. Komponist, 1459–1537.

Hofheim, *H. am Taunus,* hess. Stadt u. Kurort, 33100 E.; Sanatorien, Maschinen-, Glas- und Holzindustrie.

höfische Dichtung, an Fürstenhöfen entstandene od. auf höf. Leben u. Denken bezogene Dichtung, bes. die ritterl. Dichtung des dt. MA (⟋Minnesang, ⟋Deutschland, Literatur), auch ein großer Teil der Dichtung des ⟋Barock.

Hofkapelle, der geistl. Hof des Kg. im MA; umfaßte den Hofklerus, der den königl. Gottesdienst abzuhalten u. die königl. Beurkundungen vorzunehmen hatte.

Hofmann, 1) *August Wilhelm v.,* dt. Chemiker, 1818–92; wichtige Arbeiten über Teerfarbstoffe, begr. die Dt. Chem. Gesellschaft. **2)** *Ludwig v.,* dt. Maler u. Graphiker, 1861–1945; allegor. u. mytholog. Stoffe.

Hofmannsthal, *Hugo v.,* östr. Dichter, 1874–1929; begann mit formvollendeten Gedichten u. Kleindramen *(Tor u. Tod),* gelangte nach einer Lebenskrise *(Brief des Lord Chandos)* zu schöpfer. Aneignung antiker *(Elektra),* mittelalterl. *(Jedermann)* u. barocker *(Salzburger Großes Welttheater)* Stilformen, auch zu einer eigenen Art der Komödie mit eth. Hintergrund *(Cristinas Heimreise, Der Schwierige).* Spätwerk die Tragödie *Der Turm.* In seinen Essays vertritt er u.a. die Idee der „Konservativen Revolution". Romanfragment *Andreas;* Erzählungen; Operntexte für R. ⟋Strauss.

Hofmannswaldau, *Christian Hofmann v. H.,* dt. Dichter, 1617–79; hochbarocke Lyrik mit manierist. Zügen, zugleich sinnl. u. vergänglichkeitsbewußt.

Hofnarr, fr. Spaßmacher an Fürstenhöfen.

Hofstadter, *Robert,* am. Physiker, * 1915; 61 Nobelpreis für Physik für Untersuchungen über Struktur v. Proton u. Neutron.

Hogarth (: hogā'rß), *William,* engl. Maler u. Kupferstecher, 1697–1764; seine Bilderreihen schildern die Gesellschaft u. Sitten der Zeit in satir. moralisierender Weise.

Hugo von Hofmannsthal

W. Hogarth: „Der Ehekontrakt"

Högfeldt, *Robert,* schwed. Maler, * 1894; humorist. Bilder; *Das H.-Buch.*

Höhe, 1) senkrechter Abstand eines Punktes v. der Basis. **2)** H. eines Berges, Flugzeuges, einer Wolke, gemessen in m ü.M. **3)** der Winkelabstand eines Gestirns v. Horizont. **4)** Angabe für den Standort eines Schiffes.

Hohe Acht, höchste Erhebung der Eifel, eine 747 m hohe Basaltkuppe.

Hoheit, *Staats-H.,* der Umfang der Staatsgewalt. **H.sakte,** Akte des Staates od. sonst. öff. Gewalt, bei denen die handelnde Behörde dem Bürger übergeordnet gegenübertritt, z.B. bei Gesetzgebungs- u. Verwaltungsakten. **H.sgebiet,** das Staatsgebiet. **H.szeichen,** äußere Zeichen staatl. Gewalt: Farben, Flaggen, Grenzzeichen, Siegel, Uniformen; strafrechtl. geschützt.

Hoheneck-Zentrale, Geschäftsstelle der dt. kath. Abstinenzverbände in Hamm u. Verlag für Aufklärungsschriften über Suchtgefahren, bes. durch Alkohol u. Nikotin.

Hohenfriedeberg, poln. *Dobromierz,* niederschles. Stadt und Kurort, 1939: 1100 E. – 1745 Sieg Friedrichs d. Gr. über Österreicher u. Sachsen.

Hohenheim, südl. Stadtteil v. Stuttgart; Landwirtschaftl. Hochschule (seit 1967 Univ.) im Schloß.

Höhenkrankheit ⟋Bergkrankheit.

Hohenlimburg, Stadtteil v. Hagen (seit 1975), an der Lenne; Schloß des Fürsten v. Bentheim (13. Jh.); bedeutende Stahl-Ind.

Höhenlinie, *Isohypse,* auf Landkarten die Verbindungslinie v. Punkten gleicher Höhe über dem Meeresspiegel.

Hohenlohe, 1) fruchtbares Getreideland im nördl. Württemberg. **2)** ehem. fränk. Fürstengeschlecht, mehrere Linien; daraus *Chlodwig,* Fürst zu H.-Schillingsfürst,

Höhenmessung:
a Nivellement,
b trigonometrische H.

$h^2 = a \cdot b$

Höhensatz im rechtwinkligen Dreieck

1

2

3

Hohe Schule.
Schulen über der Erde:
1 Levade, 2 Courbette,
3 Kapriole

1819–1901; 66/70 bayer. Min.-Präs., 85/94 Statthalter in Elsaß-Lothringen, dann bis 1900 Reichskanzler. *Denkwürdigkeiten.*
Höhenmarken, dauernde Festpunkte der Landesvermessung; als Bolzen mit genauer Höhenangabe in Gebäuden oder gesetzten Steinen. **Höhenmessung,** Bestimmung der Höhenunterschiede mehrerer Orte durch Nivellieren; trigonometr. durch Messung einer Grundlinie u. der anstoßenden Sichtwinkel od. mit Barometer. **Höhenrauch,** durch Moorbrennen od. Feldfeuer verursachte Lufttrübung.
Hohensalza, poln. *Inowrocław,* poln. Stadt s.ö. von Bromberg, 63 500 E.; Salzbergwerk, Saline, Solbad. 1772/1919 preuß., Name H. seit 1904.
Höhensatz, Lehrsatz im rechtwinkl. Dreieck: Das Quadrat über der Höhe ist gleich dem Produkt der Hypotenusenabschnitte.
Hohenschwangau ↗Schwangau.
Höhensonne, 1) die an ultravioletter Strahlung reiche Sonnenstrahlung in der Höhe (Gebirge). **2)** *Heimsonne,* zu Heilzwecken benützte elektr. Bestrahlungslampe mit starker ultravioletter Strahlung.
Hohenstaufen, 1) *m,* Vorberg der Schwäb. Alb n.ö. von Göppingen, 684 m hoch; trug die (1525 zerstörte) Stammburg der Staufer. **2)** (Mz.), ↗Staufer.
Hohenstein-Ernstthal, sächs. Krst. im Bez. Karl-Marx-Stadt, 17 000 E.; Textil-Ind. mit Fachschule. *H.er Puppenspiele.*
Hohenstoffeln, Basaltkegel im (bad.) Hegau, 844 m hoch; Steinbrüche.
Höhenstrahlung ↗kosm. Strahlung.
Höhenstufe, barometr. H., der Höhenunterschied v. ca. 11 m, eine Änderung des Luftdrucks um 1 mm Hg entspricht.
Hohentwiel *m,* Phonolithkuppe (fr. württ. Exklave) im Hegau, 689 m; mit Burgruine.
Hohenzollern, 1) *Hohenzollersche Lande;* die ehem. Ftm.er *H.-Sigmaringen* u. *H.-Hechingen;* wurden 1849 preuß. [siehe 3)]; 1945/52 Verwaltungsunion mit Südwürttemberg, seither zu Baden-Württemberg. **2)** *Burg H.,* Stammburg des Hauses H., auf dem 855 m hohen, kegelförm. Zollernberg der Schwäb. Alb, 2 km südl. Hechingen; 1847/67 in neugot. Stil erneuert. **3)** (Mz.), urspr. *Zollern,* dt. Herrschergeschlecht; 1191 Burggrafen v. Nürnberg. 1227 Teilung in die fränk. u. schwäb. Linie. Die *fränk.* Linie erhielt 1415 das Kurfürstentum Brandenburg, wurde 1539 ev. u. erhielt 1618 (Ost-)Preußen. Damit war die fränk. Linie zur brandenburg.-preuß. geworden. Die H. dieser Linie waren 1701/1918 Kg.e v. Preußen, 1871/1918 auch dt. Kaiser. Die *schwäb.* Linie, die kath. blieb, teilte sich 1576 in die Zweige *H.-Hechingen* (1869 erloschen) u. *H.-Sigmaringen;* beide traten 1849 ihr Land an Preußen ab. Aus dem Hause H.-Sigmaringen stammten die 1870 bei den span. Königswahl kandidierende Erbprinz ↗Leopold u. Kg. ↗Carol I. v. Rumänien.
Hohe Pforte, Residenz des türk. Sultans in Konstantinopel; bis 1918 Bz. für die türk. Regierung.
Hohepriester, bei den Israeliten höchster Priester u. Vorsitzender des ↗Hohen Rates,

brachte am Versöhnungstag das Sühneopfer dar.
Höhere Fachschulen, Sammel-Bz. für die auf der Obersekundareife aufbauenden Schulgattungen für Handel, Gewerbe, Wirtschaft u. Technik. ↗Fachhochschule.
Höhere Gewalt, jedes *äußere* Ereignis, das auch durch größte Sorgfalt nicht hätte abgewendet werden können (Unwetter, Erdbeben, Krankheit, Streik, Feindesgewalt usw.); Haftung für jeglichen durch h. G. verursachten Schaden ausgeschlossen.
Höhere Schulen (östr. Bz. Mittelschulen), Lehranstalten für die allg. wiss.-geistige Bildung zur Vorbereitung auf Hochschulen u. höhere Stellen in nichtakadem. Berufen. ↗Gymnasium, ↗Abendschulen. – In der DDR ist seit 59 die zehnklassige „Polytechnische Oberschule" allg. verbindlich eingeführt.
Hoher List, Vulkangruppe in der Eifel, 540 m hoch; astronom. Observatorium.
Hoher Meißner, Plateau des Hess. Berglandes, s.ö. von Kassel, 749 m hoch. ↗Jugendbewegung.
Hoher Peißenberg, Aussichtsberg im bayer. Alpenvorland, 988 m hoch; Braunkohlenbergbau; Wallfahrtskirche.
Hoher Rat, griech. *Synedrion,* während der Römerherrschaft oberste jüd. Gerichts- u. Verwaltungsbehörde zu Jerusalem (71 Mitgl.); Todesurteile bedurften der röm. Bestätigung.
Hohe Schule, in der Reitkunst die vollkommene Dressur des Pferdes.
Hohe See, *Hochsee,* das küstenferne Meer.
Hoheslied, *Lied der Lieder,* atl. Buch, wohl 400/200 v.Chr. entstanden; enthält Lieder, die die bräutl.-eheliche Liebe besingen; vielfältig gedeutet: a) *allegor.:* ird. Liebe als Verhältnis Jahwes zu Israel (christl.: als Liebe Christi zur Kirche); b) *buchstäbl.:* lyr. Kunstdichtung od. profane Liebeslieder zur rechtverstandenen Ehe.
Hohes Venn, kahle u. moorbedeckte Hochfläche im Rheinischen Schiefergebirge, zw. Aachener Mulde u. Rur, bis 692 m hoch.
Hohe Tatra *w,* höchster Teil der Karpaten, mit großartigen Hochgebirgsformen u. kleinen Seen; Gerlsdorfer Spitze 2663 m hoch.
Hohe Tauern (Mz.) ↗Tauern.
Hohkönigsburg, unterelsäss. Burg auf 755 m hohem Bergkegel der Vogesen, 1899/1908 neugot. restauriert.
Höhlen, *Grotten,* unterird. Hohlräume im Gestein; entstehen durch chem. u. mechan. Wirksamkeit des Wassers, durch aushöhlende Wirkung der Brandung, durch Auslaugung v. Gips u. Steinsalz im Dolomit- u. Kalkgestein; Bildung unterird. Fluß- u. Landseen. H.systeme. Bei sinkendem Wasserhorizont Kalkabsätze (↗Tropfsteine) od. Eisnadeln u. -säulen. **H.bär,** eiszeitl. Bär Europas. **H.kloster,** Klosteranlagen in Höhlen, u.a. auf dem Balkan u. in Indien; bes. bekannt das H. in Kiew. **H.löwe,** Raubtier der europ. Eiszeit. **H.malerei,** Darstellungen aus der Altsteinzeit an den Wänden zahlreicher H.n, bes. in Süd-Fkr. u. Spanien; einfache Umrißzeichnungen (Tiere, kaum Menschen); dann

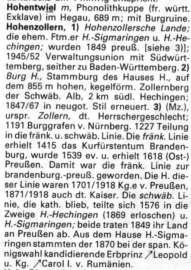

auch fein abgestufte Ausmalung der Innenflächen.
Hohlfuß, 1) Fußverbildung mit erhöhter Sohlenwölbung. 2) eßbarer Röhrenpilz.
Hohlkehle, *Hohlleiste,* konkav gekrümmte Leiste; bevorzugt als Bauglied. **Hohlladung,** Sprengladung mit trichterförm. Vertiefung zur Konzentrierung der Durchschlagskraft auf einen Punkt, bes. gg. Panzer. **Hohlleiter,** für Mikrowellen benutztes Leitersystem mit geringen Leistungsverlusten. **Hohlmaß,** zum Messen v. Flüssigkeiten u. trockenen Schüttgütern. **Hohlsaum,** randverzierende Hohlnaht, die gleichzeit. den Stoffumschlag befestigt. **Hohlschliff,** Schliffart für feinen Schnitt an Messern usw., bei der die Schneide nach innen zu hohlgeschliffen ist.
Hohlspiegel ↗Spiegel. **Hohltiere,** *Cölenteraten,* wirbellose, radiärsymmetr. Wassertiere mit Fangarmen; meist im Meer. Polypen, Medusen (↗Quallen), Seerosen, Korallen u. a. **Hohlvenen,** 2 große Blutadern, die oben u. unten zum Herzen führen. **Hohlzahn,** Ackerunkräuter (Lippenblütler), mit gelben od. roten Blüten. □ 454.
Hohoff, *Curt,* dt. Schriftsteller, *1913; Essays u. Kritiken, Berichte u. Romane *(Woina, Woina; Paulus in Babylon; Die Märzhasen).*
Höhr-Grenzhausen, Stadt in Rheinland-Pfalz, Hauptort des Kannenbäckerlandes, 8300 E.; Glas- und Keramik-Industrie.
Hokkaido, *Jesso,* die große japan. Nordinsel; gebirg. Waldland, rauh; 78400 km², 5,2 Mill. E.; Hst. Sapporo, Hafen Hakodate.
Hokkovögel, am. Hühnervögel, die auf Bäumen leben.
Hokusai, *Katsushika,* japan. Maler u. Graphiker, 1760–1849; bes. Holzschnitte; beeinflußte mit Farbholzschnittfolgen den Impressionismus.   [xen.
Hokuspokus m od. s, Gaukelei, Unsinn, Fa-
Holbach, *Dietrich* Frh. v., frz. Philosoph, 1723–89; Materialist u. Atheist.
Holbein, 1) *Hans d. Ä.,* Maler, um 1465–1524; wirkte in Augsburg, Basel u. im Elsaß. 2) *Hans d. J.,* Sohn v. 1), 1497 (od. 98) bis 1543, seit 1532 in London, Hofmaler Kg. Heinrichs VIII.; Holzschnitte (↗Totentanz, Illustrationen zum AT u. a.); Madonnenbildnisse, rund 100 Porträts. □ 233, 381.
Holberg, *Ludvig,* dän. Dramatiker u. Historiker, 1684–1754; mit seinen Lustspielen *(Der polit. Kannegießer; Jean de France)* der „dän. Molière"; erhob das Dänische zur Lit.-Sprache.

Höhlenmalerei: Altamira (Bison)

Hölderlin, *Friedrich,* dt. Dichter, 1770–1843; studierte ev. Theologie; begegnete als Hauslehrer in Frankfurt a. M. Susette Gontard, der Diotima seiner Dichtung; nach wechselnden Aufenthalten in Schwaben, der Schweiz u. Fkr. lebte H. in Tübingen, seit 1806 umnachtet. Er begann in der Nachfolge Schillers mit Oden auf die Ideale der Frz. Revolution, befreite sich allmählich zur eigenen Art in Naturgedichten antiken Versmaßes, im Briefroman *Hyperion,* im Drama *Empedokles* u. schließl. in freirhythm. hymnischer Lyrik v. kühner Wortfügung u. dunkler Bildlichkeit. Bes. seit dem 1. Weltkrieg Bemühung um Deutung seiner ganz eigenen Erfahrung des Griechentums u. der Naturreligiosität.
Holding-Gesellschaft, *Beteiligungs-Ges.,* erwirbt Aktien od. Geschäftsanteile v. anderen rechtl. selbständigen Unternehmen, um diese wirtschaftl. zu beherrschen.
Holguin, Stadt auf Kuba, 260000 E. (m. V.).
Holl, *Elias,* dt. Baumeister, 1573–1646; *Rathaus, Zeughaus, Stadtmetzg* in Augsburg.
Holland, i. w. S. die ↗Niederlande; i. e. S. ihr westl., dichtbesiedelter Landesteil zw. dem Ijsselmeer u. der Maasmündung, mit den Prov. *Nord-H.* (Hst. Haarlem) u. *Süd-H.* (Hst. Den Haag). **Holländer,** Maschine zur Zerkleinerung der bei der Papierfabrikation verwendeten Stoffe.
Hollaender, *Friedrich,* dt. Komponist; 1896 bis 1976; emigrierte 33, seit 55 wieder in Dtl.; schrieb Songs, Bühnen- und Filmmusik, kleine Revuen.
holländern, in der Buchbinderei einfache Art des Broschierens.
Holle, *Frau H.,* Gestalt der german. Volkssage, Anführerin des Wilden Heeres, der Holden od. Unholden. Im Märchen meist guter Geist.
Hölle, 1) *allg. Religions-Gesch.:* Im Unterschied zur ↗Unterwelt, in der ausnahmslos alle Toten ein Schattendasein leben, in zahlr. Religionen der jenseitige, strafende Vergeltungsort. 2) *bibl.-theol.:* im NT *Gehenna;* in der christl. Lehre allg. Bz. für den Ort u. Zustand der ewigen Verdammnis, mit der der einzelne als Folge freiwilliger, sündhafter Abwendung v. Gott bestraft wird; besteht im Entzug der Gottesgemeinschaft (↗Himmel) u. damit verbundenen Qualen *(H.nstrafen).*
Höllenabstieg, *Höllenfahrt,* 1) *allg. Religionsgesch.:* bes. bei altoriental., ägypt. Völkern u. bei Griechen u. Römern myth. Vorstellung v. Abstieg des Menschen od. der Gottheiten in die Unterwelt. 2) *H. Christi,* das mit dem menschl. Tod Christi verbundene Eingehen seiner Seele in die Unterwelt, dem Aufenthaltsort der Seelen der Gerechten aus vorchristl. Zeit.
Höllenstein, Silbernitrat in Stangenform; als Ätzstift bei Wunden usw.
Höllental, 2 Talschluchten: 1) H. im bad. Schwarzwald, v. der elektr. *H.bahn* Freiburg–Donaueschingen durchfahren. 2) H. in Oberbayern (Wettersteingebirge) mit *H.klamm.*
Hollerithmaschine, eine Maschine zum Auswerten v. ↗Lochkarten.

Friedrich Hölderlin

Papierfaserbrei   a

Holländer: **a** von der Seite, **b** von oben   b

H. Holbein d. J.: Selbstbildnis

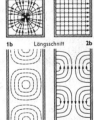
---- Magnetische Kraftlinie
—— Elektrische Kraftlinie

Hohlleiter:
1 u. **2** Kraftlinien in einem H. bei versch. Einführung der Antenne

Hollywood (: hol'wud), nördl. Stadtteil v. Los Angeles (USA); Hauptsitz der am. Film-Ind. mit großen Ateliers; 220000 E.

Holm m, **1)** der Axt- oder Beilstiel. **2)** der obere Querbalken auf senkrecht in den Boden gerammten Pfählen. **3)** Griffstange an Turngeräten (Barren, Sprossenwand). **4)** in Flugzeugen der Hauptbauteil der Tragflächen u. des Rumpfes, meist als Doppel-T-Träger.

Holmenkollen m, Berghöhe bei Oslo (Norwegen); Wintersportplatz; Olymp. Winterspiele 1952; seit 1892 regelmäßig die H.-Kämpfe im Skisport.

Holmes (: hoᵘms), *Sherlock H.*, klass. Detektivfigur in den Romanen von ↗Doyle.

Holmium s, chem. Element, Zeichen Ho, seltenes Erdmetall, Ordnungszahl 67. ☐ 148.

Holofernes, assyr. Feldherr, bei der Belagerung der jüd. Grenzfeste Bethulia von ↗Judith durch List getötet.

Holographie w (gr.), modernes photograph. Verfahren zur Abbildung eines mit kohärentem Laser-Licht beleuchteten Objekts durch Rekonstruktion des Lichtwellenfeldes. Bei der Aufnahme wird das v. Objekt reflektierte u. durch dieses in charakterist. Weise veränderte Laser-Licht mit einem Referenz-Lichtbündel auf einer photograph. Platte zur Interferenz gebracht. Bei Bestrahlung der Interferenzfigur *(Hologramm)* mit Laser-Licht entsteht ein dreidimensionales Bild des Objekts. Anwendung z.B. zur Datenspeicherung u. Zeichenerkennung.

Holschuld, Schuld, die am (Wohn-)Ort des Schuldners zu erbringen ist, z.B. die Schuld aus dem Wechsel. Ggs.: ↗Bringschuld, ↗Schickschuld.

Holst, *Erich* v., dt. Zoologe, 1908–1962; arbeitete über Bewegungskoordination, Zentralnervensystem u.a.

Holstein ↗Schleswig-H.

Holstein, *Fritz* v., 1837–1909; 1878/1906 vortragender Rat im dt. Außenministerium; spielte als „Graue Eminenz" eine undurchsichtige Rolle im Hintergrund.

Holsteinische Schweiz, hügelige Wald- u. Seenlandschaft s.ö. von Kiel.

Holsten, alter Name der Holsteiner. Berühmt das *H.tor* Lübecks. ☐ 567.

Holtenau, Stadtteil v. Kiel (Seebad), östl. Endpunkt des Nord-Ostsee-Kanals (Schleusen).

Holthaus, *Hellmut*, deutscher Schriftsteller, 1909–66; Feuilletons u. heitere Geschichten.

Holthusen, *Hans Egon*, dt. Schriftsteller, * 1913; literaturkrit. Essays: *Der unbehauste Mensch, Ja und Nein;* Roman *Das Schiff.*

Hölty, *Ludwig*, dt. Lyriker, 1748–76; Mitbegr. des Göttinger Hainbundes.

Holunder, Holzgewächse u. Stauden mit straußförm. Blütendolden. *Schwarzer H.*, Blüten als Fliedertee, Beeren als Mus. *Roter Berg-* od. *Trauben-H.*, Zierstrauch. *Zwerg-H.*, *Attich*, giftige Staude.

Holz, Teil der Stämme, Äste u. Wurzeln v. Bäumen u. Sträuchern (H.gewächsen), der innerhalb der Rinde liegt. Eine Wachstumszone unter der Rinde bildet jährl. Zuwachsringe (↗Jahresringe). Man unterscheidet Nutzholz u. Brennholz. H. wird konserviert durch Trocknen, durch Auslaugen des Zellsaftes mit Wasser, durch Imprägnieren od. Erzeugung metall. od. Kieselniederschläge im H. Chem. Verarbeitung durch Trockendestillation (↗H.essig, ↗H.geist, ↗H.teer, ↗H.kohle, ↗H.gas). Mechan. Verarbeitung in Tischlerei, zu H.wolle, Preß-H.platten, Sperr-H., Furnierplatten, Brenn-H. Feuersicheres H. durch Tränken mit Wasserglas od. wasserlösl. Salzen.

Holzarten (mit Herkunft der ausländ. Hölzer)	Dichte g/cm³	Größe des Baumes: H = Höhe, D = Durchmesser (ungefähre Normalwerte); Eigenschaften des Holzes
Ahorn	0,61	20 m H, 50 cm D; weißlich, hart, gut bearbeitbar, arbeitet gering
Birke	0,61	15 m H, 30 cm D; hellgelblich, hart, Verarbeitung meist gut
Birnbaum	0,69	18 m H, 40 cm D; rötlich-grau, hart, gut bearbeitbar
(Rot-)Buche	0,68	20 m H, 50 cm D; weißlich bis graurötlich, hart
Buchsbaum *Kleinasien*	0,96	6 m H, 15 cm D; gelblich, hart, gut bearbeitbar, arbeitet stark
Douglasie *Nordamerika*	0,58	90 m H, 3 m D; gelblich, weich
Ebenholz *Indien, Afrika*	1,08	5 m H, 15 cm D; schwärzlich, Splint weißlich, sehr hart, schwer bearbeitbar
Eiche	0,70	20 m H, 60 cm D; gelblich, hart, gut bearbeitbar
Esche	0,75	15 m H, 40 cm D; weißlich
Fichte	0,42	30 m H, 50 cm D; weißlich, weich, arbeitet gering, gut bearbeitbar
Guajakholz *Mittel- u. Südamerika*	1,28	7 m H, 30 cm D; im Kern braun u. grünlich, sehr hart, schwer zu bearbeiten
Hickory *Nordamerika*	0,83	30 m H, 1 m D; Kern rötlich, hart, elastisch
Kiefer	0,58	20 m H, 50 cm D; gelbbraun, hart, arbeitet stark
Kirschbaum	0,66	15 m H, 40 cm D; gelbbraun, hart, arbeitet stark
Lärche	0,69	20 m H, 60 cm D; rötlichbraun, weich, gut bearbeitbar
Limba *Ghana*	0,58	40 m H, 2 m D; gelblich, hart, gut bearbeitbar
Linde	0,53	20 m H, 50 cm D; gelblich, weich, schneid- u. biegbar
Mahagoni *Mittel- u. Südamerika*	0,59	30 m H, 80 cm D; braunrot, hart, arbeitet gering
Nußbaum	0,64	15 m H, 50 cm D; graubraun, hart, gut bearbeitbar
Palisander *Südamerika*	0,91	18 m H, 60 cm D; braunrot, hart, arbeitet stark
Redwood *USA*	0,41	110 m H, mehrere m D; rotbraun, weich, leicht bearbeitbar, dauerhaft
Rosenholz *Brasilien*	0,91	5 m H, 20 cm D; rot, hart, gut bearbeitbar
Tanne	0,41	40 m H, 50 cm D; gelblich, weich, gut bearbeitbar
Teak *Hinterindien*	0,67	40 m H, 1 m D; gelblichbraun, hart, dauerhaft
Ulme (Rüster)	0,67	20 m H, 50 cm D; braunrot, hart
Zebrano *Westafrika*	0,68	gelblich, hart
Zeder *Nordamerika*	0,51	8 m H, 40 cm D; im Kern rötlich, im Splint gelblich, weich, sehr gut bearbeitbar

Holz, *Arno,* dt. Schriftsteller, 1863–1929; schuf mit J. ↗Schlaf den konsequenten ↗Naturalismus *(Papa Hamlet,* Drama *Familie Selicke);* später wortschöpferische, experimentierende Lyrik *(Phantasus).*

Holzamer, *Karl,* dt. Philosoph u. Pädagoge, *1906; 62/77 Intendant des ZDF.

Holzapfel, mitteleurop. Waldbaum, Rosengewächs (↗Apfel).

Holzbau, Herstellung v. Bauten aus Holz; entweder aus Stämmen (Blockhaus), Holzrahmen (Bretterbau, ↗Fachwerk) od. aus doppelwand., großformat. Holztafeln mit Isoliereinlagen (Barackenbau).

Holzbiene, hummelähnl. Hautflügler im trop. Afrika. *Blaue H.* in Südeuropa.

Holzbildhauerei, Zweig der ↗Bildhauerei, i. e. S. der *Bildschnitzerei.* Figuren und Ornamente werden mit Hilfe von Meißeln, Knüppel, Flach- u. Hohleisen usw. aus dem Holz (meist aus einem Stück) herausgearbeitet. H. oft auch mit anderen Materialien verbunden (Elfenbein, Metall). Früher auch Bemalung üblich.

Holzbirne, Wildform des Birnbaums.

Holzblasinstrumente ↗Musikinstrumente.

Holzbock, die Hunde-↗Zecke.

Holzbohrer, 1) dicke *Schmetterlinge;* Raupen in Laubbäumen. 2) kleine *Käfer;* Larven im Bauholz.

Hoelzel, *Adolf,* dt. Maler und Graphiker, 1853–1934; bahnbrechend für die abstrakte Malerei.

Holzessig, wäßriges Destillat der Holzverkohlung, mit 6% Essigsäure.

Holzgas, aus Holz gewonnenes brennbares Gas, überwiegend aus Kohlenoxid, etwa 1000 kcal/m³ Heizwert.

Holzgeist, Methylalkohol (Methanol), brennbar, sehr giftig.

Holzgummi, *Xyl_an_,* wichtigste ↗Hemicellulose; weißes zuckerähnl. Pulver; verbreiteter Naturstoff.

Holzkohle, durch Erhitzen unter Luftabschluß in Retorten (fr. in Kohlenmeilern) hergestellt (Holzverkohlung). Verwendung in chem. u. Metall-Ind., als ↗Aktivkohle u. a.

Holzmeister, *Clemens,* östr. Architekt, * 1886; wegweisend mit großzügig gegliederten, techn. kompromißlosen Bauten, u. a. *Kathedrale für Belo Horizonte,* Regierungsbauten in Ankara.

Holzminden, niedersächs. Krst. am Solling, Hafen an der Weser, 22500 E.; chem. und Holz-Ind., Sandsteinbrüche; Ing.-Schule.

Holzöl, *Tungöl,* aus den Samen des ostasiat. *H.baumes* (ein Wolfsmilchgewächs); zu Außen- u. Bodenlacken, Schiffsanstrichen.

Holzschliff, *Holzfaserschliff,* durch Schleifen, meist im Heißschliffverfahren (Temperaturen um 60°C), v. Holz gewonnenes Ausgangsmaterial für Papierherstellung.

Holzschnitt, *Xylographie,* entsteht durch Abdruck einer in eine Holzplatte, den Holzstock, seitenverkehrt eingeschnittenen Zeichnung auf Papier; nichtdruckende Stellen sind mit Messer od. Stichel herausgeholt; der H. ist im Ggs. zum Kupferstich ein Hochdruck. Verschiedene Techniken, wie *Weißschnitt, Clairobscurschnitt, Farb-H., Holzstich (Tonstich).*

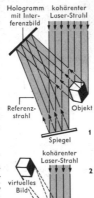

Hologramm mit Interferenzbild · kohärenter Laser-Strahl · Referenzstrahl · Objekt · Spiegel · 1

kohärenter Laser-Strahl · virtuelles Bild · Hologramm · 2

reelles Bild · Beobachter · 3

Holographie: Strahlengang 1 zur Bildung, 2 bei der Betrachtung eines Hologramms; 3 Interferenzfigur des Hologramms

Holzteer, dunkle Flüssigkeit; entsteht bei der Holzverkohlung. H. aus Fichtenholz liefert Teeröle.

Holzverkohlung ↗Holzkohle.

Holzwespe, schlanke Wespe; legt ihre Eier in Nadelholzstämme.

Holzwolle, in feine Bänder zerspaltenes Holz; Pack- u. Isoliermaterial.

Holzwurm, die Larven mehrerer Käferarten, die sich in älterem Holz Gänge nagen; dabei verursachen sie tickende Geräusche.

Holzzucker, entsteht durch hydrolyt. Spaltung des Holzzellstoffs in Traubenzucker mittels Säuren; zu Alkohol, zur Züchtung eiweißreicher Futterhefen.

Homberg, 1) *H. (Efze),* hess. Krst. am Nordrand des Knüllgebirges, 14500 E.; mittelalterl. Stadtbild, Landmaschinen- u. Elektromotoren-Ind. **2)** *H. (Niederrhein),* linksrhein. Ind.-Vorstadt (seit 75) v. Duisburg; Steinkohlenbergwerk, Farb-, Maschinenfabriken, Schifferschule, Mühlen.

Homburg, 1) *Bad H. vor der Höhe,* hess. Krst. u. Heilbad am Taunus, n.w. von Frankfurt a.M., 41000 E.; 11 Kochsalz- u. Eisenheilquellen, Schloß (1680 erb.); n.w. die ↗Saalburg. **2)** Krst. im Saarland, s.ö. von Neunkirchen, 42000 E.; med. Fakultät der Univ. Saarbrücken; Eisenindustrie.

Homburg, steifer Filzhut mit eingerolltem Rand, erstmals in Bad H. hergestellt.

Home Office (: ho̱ᵘm o̱fiß, engl.), das brit. Innenministerium.

Homer, altgriech. Dichter, wahrscheinlich 8. Jh. v. Chr.; die ihm von der Antike zugeschriebenen Epen, die *Ilias* und die jüngere *Odyssee* (letztere vermutl. nicht vom Iliasdichter), sind aus der griech. Sagenwelt und im Rückblick auf die myken. Heldenzeit und den Krieg um Troja (Ilion) in ↗Hexametern gestaltet: in der *Ilias* die Absage Achills an Agamemnon, Hektors Sieg u. Achills Rache, in der *Odyssee* die Irrfahrten u. Heimkehr des Odysseus. – Die unsterbl., aber dem Schicksal unterworfenen Götter tragen viele menschl. Züge; der Götterstaat ist nach dem Vorbild des städt. ionischen Adelsstaates gestaltet. **homerisches Gelächter,** lautes Lachen der Götter, wie es Homer schildert.

Home Rule (: ho̱ᵘm rul, engl. = Selbstver-

Holzschnitt: rechts heilige Dorothea (15. Jh.); unten Th. Bewick: Darstellung aus der „History of Birds" (Holzstich)

waltung), Bz. für nationale Autonomie; bekannt geworden als Schlagwort der irischen Autonomiebewegung.

Homespun (: hō^umßpan, engl.), meist stark noppige Streichgarnstoffe aus Wolle, für Sportanzüge u. Mäntel.

Homiletik w (gr.), Theorie der christl. Predigt.

Homilie w (gr.), eng dem Bibeltext folgende Predigt ohne kunstvollen Vortrag.

Hominiden (Mz., lat.), *Menschenartige*, die heutigen Menschenrassen sowie die Ur- u. Vormenschen.

Homo m (lat.), Mensch, Mann. *H. heidelbergensis*, Urmensch aus dem Altpaläolithikum. *H. faber*, der Mensch, der mit Hilfe selbstgefertigter Werkzeuge seine Umwelt gestaltet. – Typolog. Bz. für den prakt., bes. techn. begabten u. tätigen Menschen. *H. novus*, Neuling, Emporkömmling. *H. sapiens*, der vernunftbegabte Mensch.

homo... (gr.), gleich...; **homogen**, in sich gleichartig; Ggs. heterogen. **homolog** (Hw. *H.je*), übereinstimmend; h. sind Verbindungen derselben chem. Körperklasse, die, obwohl verschieden, nach demselben Prinzip gebaut sind. **homonym**, gleichnamig, unter sich lautgleiche Wörter mit verschiedener Bedeutung, z. B. ehe – Ehe (↗Synonym). **homöo...** (gr.), in Wort-Zss.: gleichartig. **Homöopathie** w, Heilverfahren nach Hahnemann, das Krankheiten durch kleine Gaben solcher Medikamente behandelt, die in großen Gaben im gesunden Körper ähnl. Krankheitserscheinungen hervorrufen. Ggs. ↗Allopathie.

homophon (gr.), akkordische Satzweise, bei der eine Stimme melodieführend hervortritt; Ggs. polyphon. **Homoplastik** w (gr.), *Homoioplastik*, operative Überpflanzung v. Körpergewebe oder Organen v. einem Lebewesen auf ein anderes derselben Art. ↗Transplantation.

Homosexualität w (gr.-lat.), geschlechtl. Hinneigung zu Personen des eigenen Geschlechts. In der BRD seit 1969 nicht mehr strafbar, außer mit Minderjährigen u. Abhängigen. ↗lesbische Liebe.

homozygot (gr.) ist Erbgut, wenn die väterl. u. mütterl. Anlagensätze gleich sind.

Homs, im Alt. *Emesa*, syr. Prov.-Hst. am Orontes, 220000 E.; jakobit.-syr. Patriarch, Erzb. der Melchiten, der kath. Syrer u. der orth. Griechen; Erdölraffinerie, Pipeline vom Irak; Baumwoll-, Seiden-Ind.

Homunculus (lat. = Menschlein), v. den Alchimisten (u. a. auch Paracelsus) erdachtes, künstl. zu schaffendes menschl. Wesen; Figur in Goethes Faust II.

Honan, zentralchines. Prov., im W Gebirge, im O Ebene („Garten Chinas"), 160000 km², 60 Mill. E.; Hst. Tschentschou. Seidenraupenzucht *(H.seide)*, Bergbau.

Hondo, *Honshu*, die Hauptinsel Japans, 230636 km², 90 Mill. E.; Hst. Tokio. Eisenbahntunnel nach Kyushu.

Hondtsches Wahlverfahren, *d'Hondtsches Höchstzahlverfahren*, nach dem belg. Mathematiker *d'Hondt* ben. Errechnungsmethode für die Abg.-Mandate bei Verhältnis- oder Listenwahl: Die Stimmen der Par-

Hondtsches Wahlverfahren

Zahlenbeispiel:
Die Parteien A, B und C erhalten folgende Stimmen

	A	B	C
	840	540	360
:1	840|1	540|2	360|4
:2	420|3	270|6	180
:3	280|5	180	120
:4	210|7	135	90

Von 7 zu vergebenden Sitzen erhalten A vier, B zwei und C einen aufgrund der auf sie entfallenden Höchstzahlen

Honduras

Amtlicher Name:
República de Honduras

Staatsform:
Republik

Hauptstadt:
Tegucigalpa

Fläche:
112088 km²

Bevölkerung:
3,6 Mill. E.

Sprache:
Spanisch; daneben indian. Dialekte

Religion:
92% Katholiken, 22000 Protestanten, Anhänger von Sekten

Währung:
1 Lempira
= 100 Centavos

Mitgliedschaften:
UN, OAS, Zentralamerikan. Wirtschaftsgemeinschaft

teien werden nacheinander durch 1, 2, 3 usw. geteilt, aus den Quotienten so viele Höchstzahlen ausgesondert, als Sitze zu vergeben sind. Jede Partei erhält so viele Sitze, als Höchstzahlen auf sie entfallen.

Honduras, 1) mittel-am. Rep. zw. dem Pazif. Ozean u. dem Karib. Meer. H. ist ein dünnbesiedeltes Mittelgebirgsland, mit lichtem Wald od. Savanne bedeckt u. mit gutem Klima. Tiefebenen, mit Urwald bedeckt, an der tropisch-heißen karib. Küste. H. ist ein kaum entwickeltes Land. Bananenplantagen (70% Ausfuhr) der am. United Fruit Co., ferner Anbau v. Kaffee u. Zuckerrohr, große Gold- und Silbervorkommen. 1524/1820 span., seit 1839 selbständig. – Staatsoberhaupt General Policarpo Paz Garcia (seit 1978). **2)** *Britisch-H.* ↗Belize.

Honecker, *Erich*, * 1912; seit 1971 Erster Sekretär (Generalsekretär) des ZK der SED, seit 76 Staatsrats-Vors. der DDR.

Honegger, *Arthur*, schweizer.-frz. Komponist, 1892–1955; Kantaten, Oratorien *(König David, Johanna auf dem Scheiterhaufen)*, Oper *Antigone*, Ballette, Orchester- u. Kammermusik.

honen (engl.), ziehschleifen, Feinstbearbeitung v. Metalloberflächen.

honett (frz.), anständig, rechtschaffen.

Hongkong, chines. *Hsiangkiang*, brit. Kronkolonie u. letzter brit. Stützpunkt in Ostasien, Flottenbasis u. Festung an der Mündung des Kantonflusses; ausgezeichneter Hafen mit großer Reede; 1034 km², 4,9 Mill. E. (30000 Nichtchinesen, 1 Mill. Flüchtlinge aus der VR China). Die Besitzung umfaßt die Insel H. (77 km²) mit der Hst. Victoria, die Halbinsel Kaulun (Kowloon, 9 km²) u. 948 km² auf dem chines. Festland. – Niederlassungen internat. Handelshäuser, Banken u. Hotels, Univ., Börse, kath. u. ev. Bischof. Eine arbeitsintensive Klein-Ind. liefert billige Massengüter, bes. Textilwaren, für den Weltmarkt.

Honig, dicke Flüssigkeit aus Invertzucker, Wasser u. Aromastoffen; Nahrungsvorrat der Bienen, den sie v. Pflanzen sammeln u. mit körpereigenen Stoffen bereichern. *Blüten-H.* (goldgelb) v. Akazien-, Heide-, Lindenblüten u.a. *Blatt-* od. *Wald-H.* (dunkelgrün) v. H.tau der Fichten u.a. H. ist ein hochwert. Nahrungsmittel u. geht sofort ins Blut (Krankenkost).

Honigtau, zuckerhalt. Ausscheidung der Blattläuse. **Honigvögel** ↗Kolibri. **Honigwein** ↗Met.

Honnef, Bad H. am Rhein, Stadt u. Kurort am Mittelrhein, am Südfuß des Siebengebirges, 21000 E.; Säuerling (22°C), Thermal-Schwimmbad. **Honnefer Modell**, eingegangen in das BAföG (↗Studienförderung).

Honneurs (: onö̃rß, frz., Mz.), Ehrenbezeigungen (militärisch); Gäste willkommen heißen.

Honni soit qui mal y pense (: oni ß°ā ki mal i pãnß, frz.), Schmach dem, der Arges dabei denkt; Devise des ↗Hosenbandordens.

Honolulu, Hst. u. Haupthafen v. Hawaii, Seehandels- u. Luftverkehrsstützpunkt, auf der Insel Oahu, 340000 E.; kath. u. ev. Bischof, Univ.; Börse, Nahrungsmittel-Ind.

Erich Honecker

Honorar s (lat.; Ztw. *honorieren*), Vergütung für wiss. od. künstler. Leistungen. **H.professor** ↗Professor. **Honoratioren**, in Dorf u. Kleinstadt die Angesehenen. **honoris causa** (lat., Abk. *h. c.*), ehrenhalber. ↗Doktor.
Honorius, 1) der 1. weström. Ks., 395/423. 2) 4 Päpste, u. a.: **H. I.**, 625/638; durch sein Eingreifen in den monothelet. Streit (↗Monotheleten) wurde die Frage nach seiner Rechtgläubigkeit, nach dem Umfang der päpstl. Unfehlbarkeit u. dem Verhältnis v. Pp. u. Konzil aufgeworfen *(H.frage).*
Honourable (: onᵉrᵉbl, engl. = Ehrbarer), Abk. Hon., Ehrentitel.
Honshu, die japan. Insel ↗Hondo.
Hontheim ↗Febronius.
Honvéd m (ungar.), 1848 Freiwilligentruppe in Ungarn; 1919–45 die ungar. Armee.
Hooch, *Pieter de,* niederländ. Maler, 1629 bis nach 1677; Interieurs.
Hooke (: huk), *Robert,* engl. Physiker, 1635–1703; formulierte das *H.sche Gesetz* über elast. Dehnung; konstruierte Federunruhen u. Ankerhemmungen für Uhren.
Hoorn, *Philipp* Graf v., 1518–68; Führer der Niederländer gg. Spanien, hingerichtet.
Hoover (: huwᵉʳ), *Herbert Clark,* 1874–1964; organisierte nach dem Weltkriegen die Nothilfe für Europa, 1929/33 Präs. der USA (Republikaner).
Hoover Dam (: huwᵉʳ däm), fr. *Boulder Dam,* Staudamm des Colorado River (USA), 223 m hoch, 430 m lang; staut den 580 km² großen Lake Mead auf; 1931/36 erbaut.
Hopei, *Hopeh,* dichtbesiedelte nordchines. Prov., 190 000 km², 47 Mill. E.; Hst. Shihchiachuang.
Hopfen, zweihäusige Schlingpflanze; der echte *H.* in Europa häufig; die zapfenförm.

P. de Hooch: Holländisches Wohnzimmer

Fruchtähren tragen an Blättchen klebrige Drüsen, die Bitterstoff erzeugen; in der ↗Bier-Herstellung verwendet. Anbau in H.gärten auf Lehmböden; Hauptanbaugebiete: Süddeutschland, England, Tschechoslowakei, USA. **H.baum,** *H.buche,* buchenähnl. Baumart im nördl. Mittelmeergebiet.
Hopkins, *Gerard Manley,* engl. Dichter, 1844–89; konvertierte 66; wurde Jesuit; Vorbereiter der modernen engl. Lyrik.
Hoplit m, altgriech. schwerbewaffneter Fußsoldat.
Hoppe, *Marianne,* dt. Bühnen- u. Filmschauspielerin, * 1911.
Hoppegarten, Pferderennbahn mit Pferdeklinik östl. v. Berlin; gegr. 1868.
hora w (lat.), Abk. h, Stunde.
Horaz, eig. *Quintus Horatius Flaccus,* röm. Lyriker, 65–8 v. Chr.; ein Hauptrepräsentant augusteischer Dichtung; *Oden.*
Horb am Neckar, württ. Stadt am Neckar, 20 100 E.; alte Türme und Tore; 2 gotische Kirchen; Metall- und Textil-Industrie.
Hörbiger, östr. Film- u. Theaterschauspieler, 1) *Attila,* * 1896; verheiratet mit Paula ↗Wessely. 2) *Paul,* Bruder v.), 1894–1981.
Horeb, Berg, auf dem Gott das mosaische Gesetz gab (Sinai).
Horen, 1) Töchter des Zeus u. der Themis, urspr. Göttinnen der sittl. Ordnung. 2) v. Schiller hrsg. Zschr. (unter Mitarbeit Goethes). 3) (horae, lat. = Stunden), die 8 Tagzeiten des liturg. Stundengebets; ↗Brevier.
Horgen, schweizer. Bez.-Hauptort am Westufer des Zürichsees, 17 000 E.; ref. Rokokokirche (18. Jh.), Textilmaschinen- u. Elektro-Ind. – 952 erstmals erwähnt.
Hörhilfen, meist elektroakust. Geräte zur Verbesserung des Hörvermögens; bestehen aus miniaturisiertem Mikrophon u. Hörer (meist direkt im Gehörgang) u. einem Transistorverstärker mit Batterie; oft im Bügel einer *Hörbrille* montiert.
Hörige, im german.-dt. Recht persönl. (Frondienste, beschränkte Freizügigkeit) u. dingl. (beschränktes Eigentumsrecht) Abhängige, unterstanden dem Hofgericht des Grundherrn, konnten aber im Ggs. zum Leibeigenen bewegl. Eigentum erwerben.

Hopfen-Dolden

Arthur Honegger

Honig

mittlere Zusammensetzung:		Akazien *farblos–hellgelb*
Wasser	10–22%	**Honigtau-H.**
Invertzucker		Tannen-, Fichten-,
Blüten-H.	70–75%	Blatt-H.
Honigtau-H.	60–70%	*dunkelgrün bis*
Rohrzucker		*schwärzlich*
Blüten-H.	2–5%	
Honigtau-H.	5–10%	**Art der Gewinnung**
Dextrine	2%	**des Honigs:**
Geringe Mengen von Eiweiß, Mineralstoffen, Säuren, Wirkstoffen (Vitamin A u. B), Pollen		Schleuder-H. (aus brutfreien Waben durch Zentrifugieren gewonnen)
Nährwert 13 500 kJ/kg		Scheiben- oder Waben-H. (aus gedeckelten unbebrüteten Waben)
Herkunft u. Farbtöne des Honigs:		Preß-H. (selten, durch Auspressen der kalten Waben gewonnen)
Blüten-H.		
Lindenblüten *grünlich–gelb*		Seim-H. (selten, erwärmte Waben werden ausgepreßt)
Klee *weiß–dunkelgelb* *rotgelb–rötlich*		
Obstblüte *weiß–gelbbraun*		Leck- oder Tropf-H. (aus entdeckelten Waben ohne Hilfsmittel ausgeflossen)
Heideblüte *hell–dunkelbraun*		
Raps, *dunkelgelb*		

Hormone und ihre Wirkungen

Entstehungsort	Hormone	Wirkungen
Hirnanhang-drüse (Hypophyse)		steuert sämtliche anderen Hormondrüsen
	Im Vorderlappen: ACTH (adrenocorti-cotropes Hormon)	aktiviert die Nebennierenrinde
	Wachstums-hormon STH (Somatotropin)	regt das Wachstum der Röhrenknochen an, steigert die Fettverbrennung
	TSH (Thyreotropin)	regt Thyroxin-Ausschüttung an
	FSH (follikelstimu-lierendes Hormon)	stimuliert die Bildung der weibl. Sexualhormone, regu-liert beim Mann das Wachstum der spermienbildenden Zellen
	LH (Luteinisie-rungshormon)	steuert die Entwicklung des Gelbkörperhormons und die Produktion der männl. Sexualhormone
	Laktationshormon LTH (Prolaktin)	wirkt auf die Milchbildung
	Im Mittellappen: Pigmenthormon MSH (Melanotro-pin)	beeinflußt die Körperfarbe; steuert die Hell-Dunkel-An-passung des Auges
	Im Hinterlappen: Adiuretin	hemmt die Harnabsonderung
	Oxytozin	wirkt wehenerzeugend
Schilddrüse	Thyreoglobulin (darin Thyroxin; enthält 65% Jod)	Mangel bewirkt Kropf, Entwicklungshemmung, Wachs-tumsstörungen, Nachlassen der Intelligenz bis Myxödem, Kretinismus; Überfunktion erzeugt Basedowsche Krank-heit u. andere hyperthyreotische Krankheiten, meist mit Störungen des Kreislaufs
Epithel-körperchen	Parathormon	wirkt auf den Calcium- u. Phosphatstoffwechsel; Mangel bewirkt Tetanie
Hoden	Androsteron, Testosteron	regulieren Ausbildung der männlichen sekundären Ge-schlechtsmerkmale; Mangel bewirkt Potenzstörungen, Sterilität
Eierstöcke	Östrogene und Gestagene	bei Tieren Auslösen der Brunft; Bildung der weibl. se-kundären Geschlechtsmerkmale
	Gelbkörperhormon (Progesteron)	Vorbereitung u. Unterhaltung der Schwangerschaft, Aus-fallserscheinungen: Stehenbleiben der körperlichen und (oder) der psych. Entwicklung des Menschen auf einer kindlichen Stufe, klimakterische Störungen u. a.
Bauchspeichel-drüse (Pankreas)	z. B. Insulin und Glukagon	regulieren den Zuckerhaushalt
Nebennieren (Mark)	Adrenalin und Noradrenalin	wirken spezifisch erregend auf den Nervus sympathicus; verstärken die Herztätigkeit, wirken erschlaffend auf Magen- und Darmbewegung, erhöhen die Zuckeraus-scheidung ins Blut
Nebennieren (Rinde)	Kortikosteroide (ca. 7 Hormone, darunter das Kortison)	Die Mineralokortikoide regeln den Mineralhaushalt, die Glukokortikoide die Blutzusammensetzung (Gegenwirker zu Insulin). Fast der gesamte intermediäre Stoffwechsel wird durch die Kortikosteroide reguliert. Ausfall der Nebennierenrindenhormone hat meist nach wenigen Tagen den Tod zur Folge

Hormone: Lage der Hormondrüsen beim Menschen

Horizont *m* (gr.), **1)** der Himmelskreis, in dem die scheinbare Himmelskugel die Erd-oberfläche berührt. **2)** eine Gesteinsschicht, die einheitl. geolog. Charakter zeigt.
Horkheimer, *Max,* dt. Philosoph u. Sozio-loge, 1895–1973; verband empir. Sozial-Wiss., analyt. Psychologie u. Philosophie zur Deutung gesellschaftl. Probleme.
Hormone (gr.), *Inkrete,* v. inkretor. (endokri-nen) Drüsen in die Blut- od. Lymphbahn ab-geschiedene Stoffe, die in kleinsten Men-gen steigernd od. hemmend in die Lebens-vorgänge eingreifen, mit dem Nervensy-stem zusammenwirken u. Stoffwechsel- u. Wachstumsvorgänge steuern.
Horn, *Keratin,* Eiweißkörper, aus dem Nä-gel, Krallen, Hufe, Schuppen, Haare, Fe-dern, Hörner, Schnäbel der Wirbeltiere auf-gebaut sind.

Horn, Blechblasinstrument, im heutigen Orchester *Wald-H.* mit Ventilen u. Zusatz-bögen für die beiden Stimmungen in F u. B; entwickelt aus dem militär. *Signal-,* dem *Post-* u. *Jagd-H.,* mit Naturtonreihe. ☐ 650.
Horn – Bad Meinberg, westfäl. Stadt n.ö. v. Paderborn, 17000 E.; 1970 durch Zusam-menschluß v. Horn, Bad Meinberg u. a. Gem. entstanden; Holz- u. Maschinen-Ind.
Hornberg, bad. Stadt u. Luftkurort an der Gutach, 5100 E.; Viadukt der Schwarzwald-bahn. Elektrotechn. u. keram. Ind. **H.er Schießen,** ergebnisloses Unternehmen (Herkunft verschieden gedeutet).
Hornblende *w, Amphibol,* schwarzer Ge-mengteil vieler Eruptivgesteine; chem. ein Calcium-Magnesium-Eisen-Silicat.
Hornhaut, 1) Teil des ⁄Auges. **2)** Schwie-lenbildung an Händen u. auf Fußsohlen.

Horn: Waldhorn

Hornisgrinde w, höchste Erhebung des nördl. Schwarzwalds; Buntsandsteinrükken; 1164 m; UKW- u. Fernsehsender. Am Südhang der *Mummelsee.*

Hornisse w, größte Wespe (bis 35 mm lang); ihr Stich schmerzhaft u. gefährlich. **H.nschwärmer,** Klcinschmetterling.

Hornklee, *Hornschotenklee,* Schmetterlingsblütler mit gelben, rotgeaderten Blüten, wertvolle Wiesenpflanze.

Hornschröter, der ↗Hirschkäfer.

Hornstrahler, Richtantenne für Mikrowellen, besteht aus einem offenen ↗Hohlleiter.

Hornung m, altdt. Name des Februar.

Horos (Horus), ägypt. Himmels- u. Weltgott, in Falkengestalt verehrt, Sohn v. Isis u. Osiris.

Horoskop s (gr.), Stellung der Gestirne z. Z. der Geburt; die Astrologie zieht daraus unwissenschaftl. Schlüsse über das Schicksal des Menschen.

horribel, *horrend* (lat.), schrecklich. **horribile dictu,** schrecklich zu sagen! **Horror** m, Abscheu.

Hors d'œuvre s (: or döwr, frz. = Nebenwerk), (pikantes) Vorgericht.

Hörsel w, r. Nebenfluß der Werra; trennt den Thüringer Wald v. den *H.bergen* (östl. von Eisenach, bis 484 m hoch).

Horsens, dän. Hafenstadt auf Jütland, am *H.fjord,* 54100 E.

Horse-Power (: hå^{r}ß pau^{er}), Abk. h. p., früher HP, in den angelsächs. Ländern z. T. noch übl. Leistungseinheit; 1 h.p. = 1,01387 PS = 745,70 Watt.

Hörspiel, das mit rein akust. Mitteln arbeitende, für den Rundfunk geschriebene Spiel, eine lyr.-ep.-dramat. Mischform; als eigenständige Kunstform Ende der 20er Jahre entstanden, lebhafte Entwicklung seit 1945.

Horst, 1) Raubvogelnest. **2)** Strauchwerk. **3)** bei erdgeschichtlichen Einbrüchen herausragender Rest.

Horta (: ort^e), portugies. Hafenstadt auf der Azoreninsel Fayal, 10000 E.

Hortense (: ortãß) ↗Beauharnais.

Hortensie w, Zierstrauch aus Japan, mit bis kopfgroßen Dolden aus unfruchtbaren Blüten. Steinbrechgewächs.

Horthy v. Nagybánya (: -nådjbanjo), *Miklós,* östr.-ungar. Admiral, 1868–1957; 1920/44 ungar. Reichsverweser; v. Hitler zum Rücktritt gezwungen u. interniert.

Hortung, Ansammlung v. Vorräten u. Vermögensbeständen, bes. v. Gold od. Geld

Horus ↗Horos.　　　　[(*Thesaurierung*).]

Horváth (: horwät), *Ödön v.,* östr. Schriftsteller, 1901–38; satir. Volksstücke: *Kasimir u. Karoline, Geschichten aus dem Wienerwald.*

Hosanna, Jubelruf des israelit. Volkes, im NT beim Einzug Christi in Jerusalem.

Hoschea, 1) ↗Josue. **2)** ↗Osee.

Hosea ↗Osee.

Hosenbandorden, höchster engl. Orden, seit 1350. ↗Honni soit qui mal y pense.

Hospital s (lat.), Krankenhaus. **Hospitalismus** m (lat.), Infektionen durch im Krankenhaus verbreitete Krankheitskeime, heute oft Erreger, die gg. vielbenutzte Anti-

Hornisse

Ho Tschi Minh

Horst

Horst

Hosenbandorden: besteht aus Samtband (v. Männern unter dem linken Knie, v. Frauen über dem linken Ellbogen getragen), goldener Halskette u. Schärpe, je mit Ordenszeichen (hl. Georg) und Stern

biotika resistent geworden sind; auch Bz. für psychische Nebenwirkungen eines längeren Heim- oder Krankenhausaufenthalts, vor allem bei Kindern. **Hospitaliter,** religiöse Genossenschaften für Krankenpflege.

Hospitant (lat.; Ztw. *hospitieren*), **1)** als Gast zugelassener Hörer. **2)** Abgeordneter, der sich einer Partei anschließt, ohne zu ihr zu gehören. **Hospiz** s, Anstalt für Notleidende, Durchreisende. *Christl. H.,* Gasthaus, bes. der ev. Inneren Mission.

Hostess w (: hoßtiß, engl.), **1)** Begleiterin, Führerin (auf Ausstellungen). **2)** Bardame.

Hostie w (lat.), das in der kath. Kirche bei Messe u. Kommunion, in den luth. Kirchen beim Abendmahl verwendete Brot aus ungesäuertem Weizenteig; eine dünne, runde Scheibe.

Hot m, s (engl.), ↗Jazz, der sich u. a. durch starkes Vibrato, gesteigerte Expressivität u. scharfes Anspielen der Töne auszeichnet. **Hotel** s (frz.), größeres Gasthaus gehobener Art für Beherbergung u. Verpflegung. **Hotel garni,** Gasthaus für Übernachtung und Frühstück.

Ho Tschi Minh, frz. *Ho Chi M.,* 1890–1969; rief 1945 die Rep. Vietnam aus, bekämpfte die Franzosen in Indochina; seit 54 Staatspräs. der VR (Nord-)Vietnam.

Ho-Tschi-Minh-Stadt, bis 1975 *Saigon,* vietnames. Hafenstadt, am Saigonfluß, 3,4 Mill. E.; Univ.; kath. Erzb.

Hottentotten, aussterbende viehzüchtende Völkerstämme v. kleinem Wuchs, in SW-Afrika, im Kapland u. in Botswana; anthropologisch mit Buschmännern zus. als *Khoisanide* bezeichnet. **H.schürze,** übermäßige Verlängerung der kleinen Schamlippen, Rassenmerkmal bei Hottentotten- u. Buschmann-Frauen. **H.steiß,** Fettansammlung in der Steißbeingegend bei H.frauen.

Hötzendorf ↗Conrad v. H.　　　　[wald.

Hotzenwald, Landschaft im südl. Schwarz-

Houdon (: udõ), *Jean-Antoine,* frz. Bildhauer, 1741–1828; bes. Porträtbüsten.

House of Commons (: hauß of kom^{e}nß, engl. = Haus der Gemeinen), *Commons, Unterhaus,* die 2. u. entscheidende Kammer des brit. Parlaments. **House of Lords** (: hauß of-, engl. = Haus der Lords), *Oberhaus,* die 1. Kammer des brit. Parlaments, zählt über 800 Mitgl. aus dem Hochadel u. der hohen Geistlichkeit.

Houssay (: ußai), *Bernardo Alberto,* argentin. Physiologe, 1887–1971; 47 Nobelpreis für Arbeiten über Zuckerkrankheit u. -stoffwechsel.

Houston (: hußt^{e}n), Stadt in Texas (USA), 1,2 Mill. E.; Welthandelsplatz für Baumwolle (Börse), Holz-, Reis- u. Mehlmarkt; Öl- u. chem. Ind. Raumfahrt-Zentrum u. -Kontrollstation (*Manned Spacecraft Center*).

Howrah, die ind. Stadt ↗Haura.

Höxter, westfäl. Krst., an der Weser, 33000 E.; Kilianikirche (11. Jh.), Staatsbauschule; Fabrikation v. Sperrholz, Arznei- u. Nährmitteln, Tabakwaren. In der Nähe die ehem. Benediktinerabtei ↗Corvey.

Hoyerswerda, Krst. an der Schwarzen Elster (Bez. Cottbus), 71000 E.; Braunkohlen- u. Kokskombinat ↗,,Schwarze Pumpe". Östl.

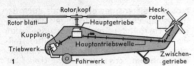

Rotorkopf — Heckrotor
Rotorblatt — Hauptgetriebe
Kupplung —
Triebwerk —
Hauptantriebswelle —
Fahrwerk — Zwischengetriebe
1

2
a
b

Hubschrauber:
1 Bauteile eines H.;
2 H.arten mit 2 Rotoren,
a Tandem-, b Koaxial-
Anordnung;

der Schwarzen Elster entstand die „sozialist. Wohnstadt" Neu-H. für 50000 E.
Hrabanus Maurus, sel. (4. Febr.), um 780–856; Abt des Benediktinerklosters Fulda, seit 847 Erzb. v. Mainz, bedeutender Gelehrter u. Lehrer des Früh-MA.
Hradec Králové ↗Königgrätz.
Hradschin m, die Burg v. Prag. ☐ 770.
Hrotsvith(a), Roswitha, gelehrte Nonne v. Gandersheim, um 935 bis nach 973; schrieb 6 lat. Prosadramen, Legenden, Epen.
Hsingking, jetzt ↗Tschangtschun.
Hua Kuo-feng, chines. Politiker, * um 1922; 76–81 Vors. des ZK der KPCh u. des Politbüros, zeitweise auch des Staatsrates.
Huangho, der ↗Hoangho.
Huascarán m (: uaßka-), vergletscherter höchster Gipfel Perus, 6768 m hoch.
Hub, Länge der Hin- u. Herbewegung (von einem Totpunkt zum andern) eines Maschinenteils. ☐ 1003.
Hubalek, Claus, dt. Schriftsteller, * 1926; zeitkrit. Dramen u. Hörspiele (Der Hauptmann u. sein Held; Stalingrad).
Hubble (: habl), Edwin Powell, am. Astronom, 1889–1953; fand einen Zshg. zwischen Entfernung u. Radialgeschwindigkeit (Rotverschiebung) v. Sternsystemen (H.-Effekt).   [turmartigen Pfeilern.
Hubbrücke, Brücke mit hebbarem Joch zw.
Huber, 1) Antje, dt. Politikerin (SPD), * 1924; seit 76 Bundes-Min. für Jugend, Familie u. Gesundheit. **2)** Kurt, dt. Philosoph, 1893 bis 1943; Prof. in München; 1943 als Freund u. Berater der Geschwister ↗Scholl hingerichtet. **3)** Wolf, dt. Maler u. Graphiker, um 1490 bis 1553; Landschaften, Porträts; ↗Donauschule.
Hubertus, hl. (3. Nov.), wahrscheinl. um 655–727; Bischof v. Maastricht u. Lüttich, Patron der Jäger. **H.burg,** ehem. sächs. Jagdschloß bei Wermsdorf. – 1763 beendete der Friede v. H.burg den 7jähr. Krieg.
Hubraum, bei Kolbenmaschinen das Produkt aus Zylinderzahl, Kolbenfläche u. Kolbenweg.
Hubschrauber, Drehflügelflugzeug, Helikopter, erlaubt senkrechtes Aufsteigen u. Landen u. Stehenbleiben in der Luft; Antrieb durch Kolbenmotor od. Strahltriebwerke an den Enden der Drehflügel. ☐ 282.
Hubstrahler, ein VTOL-↗Flugzeug, das seinen Auftrieb nur durch die Schubkraft eines Strahltriebwerkes erhält. ☐ 282.
Huch, Ricarda, deutsche Schriftstellerin, 1864–1947; Lyrik, histor. Romane (Michael Unger), Darstellungen aus der Geschichte (Röm. Reich dt. Nation, Luthers Glaube, Romantik).
Huchel, Peter, dt. Schriftsteller, 1903–81; 49/62 Chefredakteur der DDR-Zschr. „Sinn u. Form"; durfte 71 die DDR verlassen; eigenwillige Naturlyrik: Gedichte; Chausseen Chausseen; Hörspiele.

Antje Huber

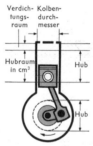

Verdichtungsraum — Kolbendurchmesser
Hubraum in cm³ — Hub
Hub
Hub und Hubraum

Ricarda Huch

Huchen m, Donaulachs; Raubfisch, selten.
Hückelhoven, rhein. Ind.-Stadt im Kr. Heinsberg, 35000 E.; Steinkohlenbergbau.
Huckepackverkehr, rationelles Transportverfahren v. beladenen Fahrzeugen auf anderen (Lastwagen auf Eisenbahnwagen), erspart Umladen, entlastet die Straßen.
Hückeswagen, rhein. Stadt im Bergischen Land, an der Wupper, 14300 E.; Tuch- und Eisen-Ind.; Schloß (1189).
Huddersfield (: had^er sfild), engl. Stadt in der Gft. York, 134000 E.; Textilindustrie.
Hudson (: hadß^e n), Henry, brit. Seefahrer, 1550–1611; entdeckte 1609 den H. River, 1610 die H.straße u. H.bai. **H.bai,** Binnenmeer im östl. Kanada, 1,2 Mill. km², bis 257 m tief. H.bai-Bahn, v. Junction nach Port Churchill, 1100 km lang; wichtig für die Weizenausfuhr Kanadas nach Europa. **H. River,** am. Fluß, kommt v. Adirondackgebirge, 520 km lang, verbindet New York mit den Großen Seen; an der Mündung die New Yorker Hafenanlagen. **H.straße,** verbindet die H.bai mit dem Atlantik.
Hué (: üe), Stadt im nördl. Süd-Vietnam, 150000 E.; kath. Erzb., Universität.
Huelva (: uelwa), span. Prov.-Hst., Hafen an der Odiel-Mündung, 120000 E.; Ausfuhr der Kupfererze von Río Tinto.
Huf m, bei Huftieren der v. einer Hornkapsel, dem Hornschuh, umgebene unterste Teil des Fußes; zum Schutz oft mit H.eisen versehen.
Hufe, im MA die Äcker u. Wiesen eines Hofes, meist 30 Morgen.
Hufeland, Christoph Wilhelm, dt. Arzt, 1762–1836; führte die Pockenschutzimpfung ein u. machte sich um die Sozialhygiene verdient.
Huflattich, Korbblütler mit gelben Blüten; Heilmittel.
Hüfte, der dem seitl. ↗Becken entsprechende äußere Körperteil. **Hüftgelenkentzündung,** als selbständ. Leiden od. im Anschluß an Infektionskrankheiten, führt meist zur Zerstörung u. Versteifung des Gelenks.
Hüftgelenkverrenkung, angeboren, bewirkt hinkenden Gang.
Huftiere, formenreichste Gruppe der Säugetiere, deren Zehenspitzen v. Hornkapseln (↗Huf) umgeben sind. Man unterscheidet Vielhufer (Rüsseltiere, Seekühe), ↗Paarhufer (Rinder, Kamele, Schweine), ↗Unpaarhufer (Pferde, Nashörner).
Hüftnerv ↗Ischias.
Hügel, Friedrich v., dt.-schott. kath. Religionsphilosoph u. Laientheologe, 1852–1925; Religion als Ganzheit.
Hügelgrab, v. einem Erdhügel überdecktes ur- u. frühgeschichtl. Grab.
Hügelgräberkultur, bronzezeitl. Kulturgruppe in Mitteleuropa, v. Ost-Fkr. bis Westungarn, ca. 1500–1200 v.Chr.; ben. nach der Bestattungsart in Hügelgräbern.
Hugenberg, Alfred, 1865–1951; 1909/18 Vors. des Kruppdirektoriums, Leiter v. Presse- u. Filmkonzernen; 1928/33 Vors. der Deutschnationalen Volkspartei; verhalf Hitler zur Kanzlerschaft; unter Hitler bis Juni 33 Wirtschafts- u. Ernährungsminister.
Hugenotten, die frz. Calvinisten; bis zum 18.

1 Mittelfuß-knochen
Sehnen — Zehen-knochen
Strahl-polster
Horn-wand — Epidermis u. Huflederhaut

2 — Ballen
— Strahlfurche
— Hornstrahl
— Hornsohle
— Tragrand

Huf: 1 Längsschnitt durch das Fußende des Pferdes, 2 Bodenfläche des H.

Victor Hugo

Alexander von Humboldt

Wilhelm von Humboldt

Jh. als Fremdkörper innerhalb des kath. Frankreich betrachtet. Durch den Beitritt hochadliger Kreise bekam die religiöse Bewegung polit. Gepräge; der Zusammenstoß mit der Monarchie führte zu den blutigen *H.kriegen* (1562/98). Die ↗Bartholomäusnacht beraubte die H. ihres größten Führers, des Admirals ↗Coligny. Im Edikt v. Nantes gewährte Heinrich IV. 1598 den H. Religionsfreiheit. Die Aufhebung dieses Edikts 1685 durch Ludwig XIV. führte zur Auswanderung vieler H. nach Dtl., der Schweiz u. den Niederlanden. In der Frz. Revolution wurden die H. gleichberechtigt.
Hugo, H. I. v. Cluny, hl. (29. April), OSB, 1024–1109; Abt v. Cluny, Ordensreformer. **H. v. St. Viktor,** Augustiner-Chorherr, 1096–1141; Leiter der Schule v. St. Viktor in Paris, Scholastiker der myst. Richtung.
Hugo (: ügó), *Victor,* frz. Dichter, 1802–85; Haupt der frz. Romantik; 51 bis 70 im Exil (Gegner Napoleons III.), 71 Mitgl. der Nat.-Versammlung, später Senator. Überreiches u. vielseitiges Werk (70 Bde.), durch Bildvisionen u. Sprachkraft wirkend, jedoch auch rhetorisch. Lyrik *(Oden, Herbstblätter),* Dramen, Romane *(Notre-Dame de Paris, Les* **Hugo Capet** ↗Kapetinger. [Misérables).
Huhehot, auch *Kukuhoto,* bis 1954 *Kweisui,* Hst. der inneren Mongolei, ca. 320 000 E.; Textil-, Teppich- u. Nahrungsmittel-Ind.
Huhn, Gattung der Hühnervögel mit verschiedenartig geformtem Hautkamm auf dem Scheitel, 2 Hautlappen am Unterschnabel; u. einem Sporn beim Hahn; Scharrvogel, Nestflüchter; Eier u. Fleisch v. hohem Nährwert. Als Haustier auf widerstands- u. leistungsfähige Rassen gezüchtet; heute oft in automatisierter Massenhaltung für Eier- u. Fleischproduktion.
Hühnerauge, *Leichdorn,* schmerzhafte, kegelförmig in die Tiefe ragende Hornhautschwiele; wird durch erweichende Pflaster u. im heißen Fußbad entfernt. **Hühnerbrust,** schmaler Brustkorb mit kielartig vorspringendem Brustbein u. eingedrückten Rippen. **Hühnerhund,** Vorstehhund zur Jagd auf Hühner, Schnepfen, Wachteln. **Hühnerlaus** ↗Pelzfresser. **Hühnervögel,** *Scharrvögel,* Ordnung gedrungener Vögel, schlechte Flieger; Kämme auf dem Kopf und Lappen unter dem Hals.
Huizinga (: heusincha), *Johan,* niederländ. Historiker, 1872–1945; *Herbst des MA, Erasmus, Homo ludens.*
Hull, *Kingston-upon-H.* (: kingßten epon hal), einer der größten engl. Häfen, am Nordufer des Humber, 290 000 E.; Univ.; anglikan. Bischof; Werften, Lebensmittelindustrie, Erz- und Holz-Einfuhr.
Hull (: hal), *Cordell,* 1871–1955; 1933/44 unter Roosevelt am. Außenmin.; 45 Friedensnobelpreis.
Hülse, an 2 Längsspalten aufspringende, einfächrige ↗Frucht aus nur 1 Fruchtblatt, bes. der *Hülsenfrüchtler* (↗Leguminosen).
Hülsenwurm ↗Bandwurm.   [☐ 743.
Hultschin, tschech. *Hlučín,* Stadt in Mähren. Kam 1919 mit seiner Umgebung, dem *H.er Ländchen,* 330 km² mit 50 000 E., an die Tschechoslowakei.

human (lat.), menschlich.
Humanae vitae (lat.), Enzyklika Pp. Pauls VI. v. 25. 7. 1969 „über die rechte Ordnung u. Weitergabe des menschl. Lebens"; erklärt die Empfängnisverhütung mit Ausnahme der Zeitwahl (↗Knaus-Ogino-Regel) für sündhaft
Humanismus, im weiteren Sinn eine Grundhaltung, welche die Werte der Menschlichkeit entfalten will gg. Kollektiv u. Übergewicht der Sachwerte. Der H. im engeren Sinn, zurückgehend auf die ↗Renaissance, sieht diese menschlichen Werte bes. im klassischen (griech.-röm.) Altertum verwirklicht. Der H. tritt in zahlr. Ausprägungen auf.
humanitär, zum Wohl des leidenden Mitmenschen. **Humanität** *w,* Mänschlichkeit, voll entfaltetes Menschentum.
Human relations (: jumän relei'sch°nß, engl.), Bz. der Betriebssoziologie für zwischenmenschl. Beziehungen, deren Pflege über den Betriebserfolg mitentscheidet.
Humber *m* (: hamb°r), Mündungstrichter der engl. Flüsse Trent u. Ouse, 64 km lang.
Humboldt, 1) *Alexander* v., dt. Naturforscher, 1769–1859; Begr. der Tier- u. Pflanzengeographie u. einer Klimalehre; Schöpfer der phys. Erdbeschreibung; bereiste 1799–1804 die span. Kolonien Südamerikas; 1829 Reise in das Ural-Altai-Gebiet u. ans Kasp. Meer; Hrsg. des „Kosmos". **2)** *Wilhelm* v., Bruder v. 1), dt. Staatsmann u. Sprachforscher, 1767–1835; 1809/10 preuß. Unterrichtsmin., Gründer des neuhumanist. Gymnasiums u. der Univ. Berlin; einer der Schöpfer der vergleichenden Sprachwissenschaft. Nach A. v. H. ben.: **H.-Kette,** zentralasiat. Gebirgskette, über 6000 m hoch; **H. Mountains,** nord-am. Bergkette, bis 3441 m hoch; **H. River,** nord-am. Fluß in Nevada, 560 km lang. **H.strom,** *Perustrom,* kalte Meeresströmung an der Westküste Südamerikas; fischreich.
Humbug *m,* engl. Lw., Schwindel.
Hume (: jüm), *David,* engl. Philosoph u. Historiker, 1711–76; entscheidender Anstoß für Kant, führte den Empirismus zum Skeptizismus fort, löste Kausalität u. Substanz (Ich) in gewohnheitsmäß. Verknüpfungen v. Vorstellungen auf, leugnete daher die Möglichkeit v. Freiheit u. Unsterblichkeit.
Huminstoffe, aus pflanzl. u. tier. Rückständen im Humus gebildete Stoffe (Humifizierung): Humuskohle, Humine, Huminsäuren u. a.
Hummel, staatenbildende behaarte Bienen, darunter die *Erd-H.;* baut Nest in Erde od. Moos; nur die befruchteten Weibchen überwintern.
Hummel, *Johann Nepomuk,* östr. Klaviervirtuose u. Komponist, 1778–1837.
Hummer *m,* langgestreckter, 10füßiger Krebs mit gewaltigen Scheren, 25–50 cm lang, lebt an europ. u. nord-am. Küsten.
Humor *m* (lat.), eine bes. Weise des Welterlebens, ein Sicherheben des Geistes über ird. Unzulänglichkeit; der Tragik verwandt, jedoch ein „Lächeln unter Tränen". Bes. in der engl. Lit. des 18. Jh., dann bei ↗Jean Paul u. in der dt. Romantik.

Hunderassen	Aufgabe	Schulterhöhe
Affenpinscher	Schoßhund	ca. 25 cm
Afghane	Jagdhund	ca. 70 cm
Airedaleterrier	Wach- und Jagdhund	ca. 55 cm
Bernhardiner	Wach- und Spürhund	ca. 70 cm
Bluthund	Spürhund	ca. 65 cm
Boxer	Wachhund	ca. 55 cm
Chihuahua	Schoßhund	ca. 12 cm
Chow-Chow	Wach- und Zierhund	ca. 50 cm
Cockerspaniel	Jagd- und Haushund	ca. 35 cm
Collie	Schäferhund, Wachhund	ca. 60 cm
Dackel	Jagd- und Haushund	ca. 20 cm
Dalmatiner	Wachhund	ca. 50 cm
Deutsche Dogge	Schutz- und Wachhund	ca. 85 cm
Deutscher Schäferhund	Blinden- und Polizeihund	ca. 60 cm
Deutscher Vorstehhund	Jagdhund	ca. 65 cm
Englischer Windhund (Greyhound)	Jagdhund	ca. 65 cm
Foxterrier	Zier- und Wachhund	ca. 35 cm
Irischer Setter	Jagd- und Zierhund	ca. 60 cm
Neufundländer	Wachhund; z.T. auch Zugtier	ca. 70 cm
Pekinese	Schoßhund	ca. 15 cm
Pudel	Wach- und Zierhund	ca. 55 cm
Schnauzer	Polizei- und Haushund	ca. 45 cm
Schottischer Terrier	Zier- und Wachhund	ca. 30 cm
Spitz	Wach- und Haushund	ca. 50 cm
Zwergschnauzer	Schoßhund	ca. 30 cm

Humoreske w (lat.), **1)** kurze, heitere Erzählung. **2)** im 19. Jh. instrumentales Musikstück launigen u. heiteren Charakters.
Humperdinck, *Engelbert,* dt. Komponist, 1854–1921; Märchenopern *Hänsel u. Gretel, Königskinder.*
Humus m (lat.), die kohlenstoffreichen, organ. Bestandteile des ↗Bodens, aus Pflanzen- u. Tierresten sowie Stallmist, Kompost u. Gründüngung gebildet. Der H. ist Grundlage der Bodenfruchtbarkeit, daher regelmäßige (alle 3 Jahre) Zufuhr v. Stallmist u. Kalk sowie richtige Bodenbearbeitung erforderlich.
Hunan, chines. Binnenprov., 210 500 km², 40 Mill. E.; Hst. Tschangscha. Bergbau auf Kohle, Eisen, Kupfer, bes. Antimon; Anbau v. Tee, Reis, Baumwolle.
Hund, 1) Raubtierart, ältestes Haustier des Menschen; Abstammung v. Wolf- u. Schakalarten. *H.*erassen nach Gebrauchswert: Wachhunde (Bernhardiner, Dogge, Spitz, Terrier), Diensthunde (Schäfer-H.), Jagdhunde (Vorsteh-H., Spaniel, Wachtel-H.), Haus- u. Zwerghunde (Bulldogge, Mops). □ 1043. **2)** 2 Sternbilder: *Großer H.* (mit Sirius), *Kleiner H.* (mit Prokyon). **3)** *Hund* od. *Hunt m,* Förderwagen im ↗Bergbau.
Hundertjähriger Kalender ↗Kalender.
Hundertjähriger Krieg, der Krieg zw. Engl. u. Fkr., der mit Unterbrechungen v. 1339–1453 dauerte; veranlaßt durch die Ansprüche Eduards III. v. Engl. auf den frz. Thron; endete mit dem Verlust aller festländ. Besitzungen Engl.s bis auf Calais.
Hundert Tage, die letzte Periode der Herrschaft ↗Napoleons (1. 3. – 18. 6. 1915).
Hundertwasser, eig. *Stowasser, Fritz,* östr. Maler, Lithograph u. Kunsttheoretiker, * 1928; starkfarbige Bilder, oft surreal-assoziativ.
Hundskopfaffe ↗Pavian. **Hundstage,** v. Ende Juli bis Ende August; im alten Ägyp-

Bewegungsrichtung
Strömungs-linien
Regen

0 200 400 600 800 km

km –10 –5 –0

Hurrikan: Modell eines H. auf der Nordhalbkugel (oben Aufsicht, unten Schnitt); A Auge des H.

Hürdenlauf

Strecke (m)	Hürden	
	Zahl	Höhe (m)
110	10	1,067
200	10	0,762
400	10	0,914
100 (Frauen)	10	0,838

ten durch den Aufgang des *Hundssterns* (Sirius) eingeleitet, Hitzeperiode in Mitteleuropa. **Hundsveilchen** ↗Veilchen. **Hundswürger** ↗Schwalbenwurz. **Hundswut** ↗Tollwut. **Hundszahn, 1)** *Hundshirse,* Weidegras, im westl. u. südl. Dtl. **2)** *Zahnlilie,* rotblühende Zierpflanze aus Südeuropa.
Hundszunge, Borretschgewächs, bis 1 m hohe Staude mit braunvioletten Blüten; Heilpflanze.
Hünengrab, -burg, -stein, vorgeschichtl. Gräber u. Befestigungen, die man Riesen (Hünen) zuschrieb, bes. in Nord-Dtl. ↗Dolmen.
Hünfeld, hess. Stadt in der Vorderrhön, 14 000 E.; Mutterhaus u. philos.-theol. Studienanstalt der Oblaten v. der Unbefleckten Jungfrau.
Hunger, durch Muskelkontraktionen des Magens hervorgerufene Empfindung, die den Mangel an Nahrung anzeigt, zunächst als Appetit spürbar. **H.blümchen,** kleiner, unscheinbarer Kreuzblütler, ein Unkraut. **H.ödem,** Erkrankung durch Nahrungsmangel, bei der am Körper wäßr. Schwellungen (Ödeme) auftreten. **H.tuch,** Vorhang in der Fastenzeit, im MA u. teilweise noch heute in kath. Kirchen zw. Chor u. Schiff aufgehängt. **H.typhus,** ↗Fleckfieber.
Hunnen (Mz.), innerasiat. Reiter- u. Nomadenvolk; drangen nach W vor; die Unterwerfung der Ostgoten 375 gab den Anstoß zur Völkerwanderung; 437 vernichteten die H. unter ↗Attila das Burgunderreich, wurden aber 451 auf den ↗Katalaunischen Feldern geschlagen; zogen sich nach Attilas Tod 453 nach O zurück u. gingen nach Verlust der staatl. Einheit in türk. Völkern auf. □ 1067.
Hunsrück, waldreicher südwestl. Flügel des Rheinischen Schiefergebirges, eine tiefzerschnittene Hochfläche, im Erbeskopf 816 m.
Hunte w, l. Nebenfluß der Weser, 189 km lang; durch den *H.-Ems-Kanal* mit der Ems verbunden.
Hunyadi (: -jodi), *János,* ungar. Held der Türkenkriege, 1385–1456; siegte 1456 bei Belgrad; sein Sohn ↗Matthias I. Corvinus.
Hupe w, elektroakust. Signalhorn, für Kraftfahrzeuge polizeil. vorgeschrieben.
Hupeh, *Hupei,* chines. Binnenprovinz, 180 000 km², 30 Mill. E.; Hst. Wuhan. Anbau v. Tee u. Baumwolle.
Hüpferlinge ↗Ruderfüßer.
Hürdenlauf, Laufwettbewerb über 100 (Frauen), 110, 200 u. 400 m mit 76 bis 106 cm hohen zu überspringenden Hürden in regelmäßigen Abständen.
Huri w (arab. = Schönäugige), die Mädchen, die nach dem Koran den Gläubigen im Jenseits zugesellt werden.
Huronen, Irokesen-Indianerstamm in Nordamerika; heute fast ausgestorben.
Huronsee m (: hjurᵉn-), zweitgrößter der ↗Großen Seen, 59 586 km², bis 228 m tief.
Hurrikan (: harikᵉn), trop. Wirbelsturm; entsteht über den Antillen. ↗Orkan.
Hurter, *Friedrich v.,* deutscher Historiker, 1787–1865; *Gesch. des Pp. Innozenz III. u. seiner Zeitgenossen.*
Hürth, rhein. Gemeinde s.w. von Köln,

Jan Hus | Ulrich von Hutten

50500 E.; Braunkohlen- und Stickstoff-Ind. Tonwerke, Großkraftwerke.

Hus, *Jan,* tschech. Reformator, um 1370–1415; in Prag Rektor der Univ., verbreitete Wiclifs Lehre; auf dem Konzil v. Konstanz wegen Nichtwiderrufs häretischer Sätze verbrannt.

Husák, *Gustav,* tschsl. Politiker, * 1913; 49/51 Mitgl. des ZK der slowak. KP u. der KPČ, 51–60 in Haft; 68 stellvertretender Min.-Präs.; seit April 69 Erster Sekretär des ZK der KPČ, seit Mai 75 auch Staats-Präs.

Husaren (Mz., ungar.), seit dem 15. Jh. ungar. Reiteraufgebot; leichte Kavallerie in europ. Heeren. **H.stück,** verwegener Handstreich.

Hussein II., * 1935; seit 53 Kg. v. Jordanien.

Husserl, *Edmund,* dt. Philosoph, 1859 bis 1938; Prof. in Freiburg/Br. Logik ist nach ihm eine v. der Psychologie unabhängige Wiss., die es mit überzeitl. Wesenswahrheiten zu tun hat; hieraus erwuchs seine ↗Phänomenologie.

Hussiten, Anhänger des J. ↗Hus, eine tschech. national-religiöse Bewegung; forderten die Kommunion unter beiden Gestalten (daher Utraquisten); stritten gg. kath. Priestertum, Bilder- u. Heiligenverehrung; die radikalen Taboriten (nach dem Berge Tabor) ließen nur die Bibel gelten; kämpften unter Ziška, dann unter den beiden Prokop; 1433 gelang es dem Basler Konzil, die gemäßigten H. unter Zugeständnis des Laienkelchs zu gewinnen. Die ↗Böhmischen Brüder sind Ausläufer.

Husten, unwillkürl. stoßweises Auspressen der Atemluft durch die krampfhaft verengte Stimmritze, bedingt durch in den Kehlkopf eingedrungene Fremdkörper od. durch krankhafte Vorgänge; kann auch seel. ausgelöst werden (Verlegenheits-H.). **H.mittel,** wirken teils schleimlösend (Eukalyptusöl, Emser Salz, Honig, Brechwurzel), teils beruhigend (Codein, Paracodin).

Husum, schlesw.-holstein. Krst. nahe der Nordseeküste, 25000 E.; Schloß (16. Jh.); Grab Th. Storms; Viehmarkt, Werft, Ind.

Hütte, Werkanlage zur Gewinnung v. Halbfabrikaten durch Feuerprozeß: Glas-, Eisen-, Ziegel-H. *H.nkunde,* Lehre v. der Gewinnung der Metalle; ↗Metallurgie.

Hutten, *Ulrich v.,* dt. Humanist, 1488–1523; unstetes Wanderleben in Dtl. u. It.; schrieb gg. Papst u. Fürsten; förderte die Bauernbewegung u., obwohl innerlich Luther fernstehend, die Reformation.

Hüttental, ehem. Stadt im Siegerland, seit 75 Teil von ↗Siegen; Eisen-Industrie.

Huxley (: hakßli), **1)** *Aldous L.,* engl. Schriftsteller, 1894–1963; satir. Gesellschaftskritik, bes. in *Schöne neue Welt,* näherte sich fernöstl. Mystik. *Kontrapunkt des Lebens, Affe u. Wesen;* Essay *Die Pforten der Wahrnehmung.* **2)** *Julian Sorell,* Bruder v. 1), Biologe und Naturphilosoph, 1887–1975. **3)** *Thomas Henry,* Großvater v. 1) u. 2). Naturforscher, 1825–95; Anhänger Darwins.

Hu Yao-pang, chin. Politiker, * 1913; seit 81 Vors. der KPCh.

Huygens (: heuchenß), *Christian,* holländ. Physiker, 1629–95; lehrte die Wellentheorie des Lichts *(H.sches Prinzip):* jeder v. einer Welle getroffene Punkt eines Mediums wird Ausgangsort einer neuen (Sekundär-) Welle. Führte die Pendeluhr ein, deutete den Ring des Saturn, Arbeiten zur prakt. Optik *(H.sches Okular).*

Huysmans (: heuß-), *Joris Karl,* frz. Schriftsteller fläm. Herkunft, 1848–1907; begann mit naturalist. Romanen, dann Symbolist; schilderte in *Auf dem Wege* u. *Die Kathedrale* seine Rückkehr zur kath. Kirche.

Huzulen, ukrain. Volk in den südöstl. Waldkarpaten; Pferdezüchter.

Hvar, it. *Lesina,* jugoslaw. Insel vor der dalmatin. Küste, 325 km², 20000 E.; Hst. Hvar. Obst- u. Weinbau.

Hyäne, wolfsgroßes, nächtl. Raubtier; Aasfresser, *Flecken-* od. *Tüpfel-H.* in Afrika; *Schabracken-H.* mit beiderseits herabhängender Mähne, Südafrika; *Streifen-H.* mit nackten Ohren u. Rückenmähne, Nordafrika, Südasien. **H.nhund,** hyänenähnl. Wildhund Afrikas. [kon-

Hyazinth *m,* Schmuckstein, ☐ 255; ↗Zir-**Hyazinthe** *w,* Liliengewächs aus dem Mittelmeergebiet, Zwiebelpflanze; gärtner. Zucht bes. in den Niederlanden. *Schopf-H., Feder-H.*

Hybriden, in der Biologie ↗Bastarde.

Hybris *w* (gr.), Überheblichkeit, Vermessenheit, bei den Griechen gg. die Götter u. ihr Gesetz.

Hyde Park (: haid paᵏrk), 158 ha großer Park im W Londons, mit der Rednerecke *(Orator's Corner).*

Hyderabad, engl. für ↗Haidarabad.

Hydra *w,* **1)** in der griech. Sage neunköpfige Meerschlange, der für jeden abgeschlagenen Kopf 2 neue wuchsen; v. Herakles getötet. **2)** kleiner Süßwasserpolyp.

Hydrant *m* (gr.), Wasserentnahmestelle an unterird. Wasserleitungen, als *Unter-* od. *Oberflur-H.* ☐ 410.

Hydrate (Mz., gr.), chem. Verbindungen v. Wasser mit anorgan. od. organ. Stoffen.

Hydraulik *w* (gr.), techn. Anwendung der ↗Hydrodynamik. **hydraulische Förderung,** Transport v. Feststoffen in strömenden Flüssigkeiten. **hydraulische Presse,** eine Kolbenpresse für hohe Drücke; der v. kleiner Kolbenfläche im Pumpenzylinder erzeugte Druck drückt den Preßkolben großer Arbeitsfläche nach oben; die Kräfte verhalten sich wie die Kolbenflächen. **hydraulischer Motor,** wandelt den Druck eines Hydrauliköls in Drehung od. Hub um, meist als

Gustav Husák

König Hussein II.

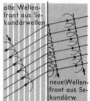

Huygenssches Prinzip: Brechung, erklärt durch das H. P.

Streifen-Hyäne

langsamlaufende Motoren eingesetzt, ersparen eine Untersetzung. **hydraulisches Getriebe** ⁄Flüssigkeitsgetriebe.
Hydrazin s, giftige Verbindung aus Stickstoff u. Wasserstoff, H_2N-NH_2; Raketentreibstoff.
Hydride s, Wasserstoffverbindungen der Metalle od. Nichtmetalle.
hydrieren, Wasserstoff anlagern.
hydro... (gr.), Wasser enthaltend. **H.biologie,** Lehre v. Leben der Binnengewässer.
H.cephalus ⁄Wasserkopf. **H.chinon** s, $C_6H_4(OH)_2$, dient in der Photographie als Entwickler. **H.dynamik** w, Lehre v. der Bewegung in strömenden Flüssigkeiten.
H.genium s, der ⁄Wasserstoff. **H.graphie,** *H.logie* w, Gewässerkunde. **H.jet,** Bootsantrieb durch Wasserstrahlantrieb. **H.kultur,** *Wasserkultur, Hydroponik,* Aufzucht v. Pflanzen in wäßr. Nährsalzlösungen. **H.lyse** w, *h.lytische Spaltung,* a) die Erscheinung, daß in wäßriger Lösung Salze starker Säuren *sauer,* Salze starker Basen *basisch* reagieren. Folge der geringfüg. Eigenspaltung des Wassers in H-Ionen u. OH-Ionen. b) Aufspaltung größerer Moleküle durch Wasser. **H.mechanik** w, umfaßt die ⁄H.dynamik u. die ⁄H.statik. **H.meteore,** die verschiedenen Erscheinungsweisen des atmosphär. Wasserdampfes; flüssig od. fest als Regen, Schnee, Hagel, Graupel; schwebend als Wolken, Nebel, Dunst; sublimiert als Reif, Glatteis, Tau. **H.phobausrüstung,** Bz. für Gewebe, die wasserabstoßend ausgerüstet sind. **H.ponik** ⁄Hydrokultur. **H.sphäre,** Wasserhülle der Erde. **H.statik,** Lehre von den Kräften in ruhenden Flüssigkeiten.
h.statische Waage, zur Bestimmung der Dichte nach dem Prinzip des ⁄Archimedes. **H.therapie** ⁄Wasserbehandlung.
Hydroxide, chem. Verbindungen mit Hydroxyl-(OH-)Gruppen. Die H. der Metalle bilden Basen, die H. mancher Nichtmetalloxide (Hydrate) bilden Säuren.
Hyères (: ˈär), südfrz. Stadt u. Seebad am Mittelmeer, östl. v. Toulon, 38000 E. Vor der Küste die **H.inseln,** mit üppiger Vegetation u. alten Festungen.
Hygiene w (gr.), die Gesundheitslehre.
hygienisch, gesundheitsförderlich.
hygro... (gr.), Feuchtigkeit enthaltend.
H.meter s, Instrument zur Messung der Luftfeuchtigkeit; im Gebrauch sind *Haarhygrometer* (Längenänderung eines Haares bei Feuchtigkeitsänderung) u. *Aspirations-* ⁄*Psychrometer.* **h.skopisch** sind Stoffe, die an der Luft Feuchtigkeit anziehen.
Hyksos (Mz., ägypt.), asiat. Völkerschaft ungeklärter Herkunft; beherrschten v. ca. 1650–1570 v. Chr. Ägypten.

Hylemorphismus m (gr.), v. Aristoteles begründete u. v. der Scholastik ausgebaute philosoph. Lehre v. der allen Wechsel überdauernden Form als dem Konstitutionsprinzip des Körperlichen.
Hylozoismus m (gr.), philosoph. Theorie v. der Beseeltheit aller Materie, u. a. bei den griech. Naturphilosophen.
Hymen, 1) m, altgriech. Hochzeitsgesang, dann der Hochzeitsgott. **2)** s, Jungfernhäutchen (⁄Scheide).
Hymettos m, Höhenzug (1027 m) östlich v. Athen; blaugrauer Marmor.
Hymne w, *Hymnus* m (gr.), feierl. bewegtes, strophisch gegliedertes, v. Melodie begleitetes Preislied.
hyper... (gr.), über, übermäßig.
Hyperämie w (gr.), Blutüberfüllung (⁄Biersche Stauung).
Hyperbel w (gr.), **1)** in der Rhetorik: Übertreibung. **2)** mathemat.: ein Kegelschnitt; besteht aus einer ebenen, in 2 getrennten Ästen ins Unendliche laufenden Kurve; für alle H.punkte ist die Differenz ihrer Abstände zu den Brennpunkten konstant. **H.funktionen** sind gebrochene rationale Funktionen der Funktion e^x. **H.navigation** w, *H.verfahren,* ein modernes Funknavigationsverfahren; zur Standortbestimmung dienen 2 Hyperbeln aus 2 verschiedenen Scharen (v. je 1 Sender). **Hyperboloid** s, eine Drehfigur, die durch Rotation einer Hyperbel entsteht, es gibt ein- u. zweischalige H.e. Jeder Schnitt durch ein H. ist ein Kegelschnitt.   [ker.
Hyperboreer, im Alt. Bz. für die nördl. Völker.
Hyperkerne, Atomkerne, in denen ein Nukleon durch ein schweres Elementarteilchen, ein *Hyperon,* ersetzt ist; zerfallen in einen normalen Kern u. Mesonen. **Hypertonie** w, Drucksteigerung in Zellen u. Geweben; ⁄Tonus. **Hypertrophie** w, Massenzunahme eines Organs durch Vergrößerung der Gewebsbestandteile.
Hypnos m, griech. Gott des Schlafes.
Hypnose w (gr.), schlafähnl. Zustand, der durch ⁄Suggestion hervorgerufen werden kann. In H. sind Kritik u. Selbstkritik fast ausgeschaltet, können Ursachen seelischer Störungen aufgedeckt u. behandelt werden. Aufträge gg. das Gewissen werden auch in H. nicht ausgeführt. **Hypnotica** (Mz.), Schlafmittel.
hypo... (gr.), unter, unterhalb. **Hypochondrie** w, Hang zu übergroßen Befürchtungen über den eigenen Gesundheitszustand. *Hypochonder,* eingebildeter Kranker.
Hypophyse w, Hirnanhangdrüse, ihre Hormone beeinflussen Wachstum, verursachen Fett- od. Magersucht, wirken auf Muskulatur, Harnbildung, Blutdruck, Wehenerregung. ☐ 404. **Hypostase** w, eine in sich abgeschlossene Einzelsubstanz; Person.
Hypostatische Union, bezeichnet die gesamtchristl. Lehre, nach der in Christus die göttl. Person die Trägerin beider Naturen, der Gottheit u. Menschheit, ist. ⁄Monophysitismus. **Hypotenuse** w, im rechtwinkl. Dreieck die größte Seite gegenüber dem rechten Winkel. **Hypothek** w, das für eine Forderung an einem Grundstück bestellte

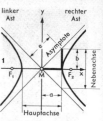

$F_1 + F_2$ Brennpunkte
M   Mittelpunkt

Mittelpunkts-
gleichung: $\dfrac{x^2}{a^2} - \dfrac{y^2}{b^2} = 1$

$\dfrac{e}{a} > 1$ numerische Exzentrizität

$y = \pm \dfrac{b}{a} \cdot x$ Asymptotengleichung

$u_1 - v_1 = u_2 - v_2 = \text{const.}$

Hyperbel: die H. mit ihren Bestimmungsstücken (1) und ihre Konstruktion (2)

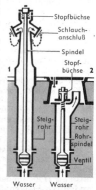

Hydrant: 1 Oberflur-, **2** Unterflur-H.

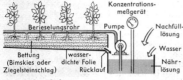

Hydrokultur-Anlage

Pfandrecht; entsteht durch Eintragung in das ↗Grundbuch. *Verkehrs-H.* (Brief- u. Buch-H.) u. *Sicherungs-H.* (nur in Form einer Buch-H.); bei der Brief-H. genügt zur Übertragung der H. durch den Gläubiger an eine andere Person öff. beglaubigte, schriftl. Abtretungserklärung, ohne Eintragung der Änderung im Grundbuch. Die zuerst bestellte H. geht der 2. H., diese der 3. H. im Rang vor. **H.enbanken** beleihen die Grundstücke gg. hypothekar. Sicherheit u. verschaffen sich die Mittel von den Geldgebern durch Ausgabe v. Pfandbriefen. **Hypothermie** *w* (gr.), Unterkühlung, moderne Methode der Narkose bei Herzoperationen. **Hypothese** *w*, Voraussetzung; angenommener, nicht streng bewiesener Satz, der aber nötig ist für die Experimente. **hypothetisch**, angenommen, bedingungsweise. **Hypotonie** *w*, Druckverminderung in Zellen u. Geweben; ↗Tonus. **Hypsometer** *s*, barometrischer (Aneroid-) Höhenmesser; bes. in Flugzeugen. **Hysteresis** *w* (gr.), bei Elektromagneten das zeitl. Nachhinken der Zu- u. Abnahme des Magnetismus hinter dem zu- u. abnehmenden Erregerstrom. **Hysterie** *w* (gr.), eine Neurose; früher irrtüml. auf Erkrankung der Gebärmutter zurückgeführt; lähmungs- od. krankheitsähnl. Zustände. Beim hyster. Charakter Egoismus, Launenhaftigkeit, übersteigerte Erregungsreaktionen, Behauptung bes. Erlebnisse. – Die H. wurde bes. v. der älteren Psychologie stark beachtet; kennzeichnendes seel. Krankheitsbild für das späte 19. Jh. **Hz**, Abk. für ↗Hertz.

i, Einheit der ↗imaginären Zahlen. **I**, Abk. für die elektr. Stromstärke.
i.A., Abk. für im Auftrag; verwendet v. einem nicht dauernd Vertretungsberechtigten.
IAA, Abk. für ↗Internationales Arbeitsamt.
Iambus *m* (gr.), ↗Metrik.
IAO, Abk. für ↗Internationale Arbeitsorganisation.
Iași (: jaschj), *Jassy*, rumänische Krst., Hauptort der Moldau, 265 000 E.; rumän.-orth. Erzb.; kath. Bischof; Univ.
Iason, griech. Held, Führer der ↗Argonauten; verstieß ↗Medea, ging durch deren Rache unter.
IATA, Abk. für International Air Transport Association, int. Luftverkehrsverband, Sitz Montreal. Aufgaben: Beratung über Fragen des Luftverkehrs u. Luftverkehrsrechts; Vereinbarungen über Flugpreise u.a.
Ibadan, Prov.-Hst. in Nigeria, 847 000 E.; 2 Univ.; kath. Bischof.
Ibagué (: iwage), *San Bonifacio de I.*, Dep.-Hst. in Kolumbien, 224 000 E.; kath. Bischof; Bergbau auf Zinn, Schwefel, Gold.
Ibbenbüren, westfäl. Stadt am *I.er Steinkohlengebirge* (Teutoburger Wald); 42 500 E.; Bergbau, Maschinen- u. Textil-Ind.

Iberer, nichtindogerman. Urbewohner der Pyrenäenhalbinsel; erlagen im 3. Jh. v. Chr. Karthagern u. Römern. **Iberien** od. **Iberische Halbinsel**, die ↗Pyrenäen-Halbinsel.
Iberoamerika, *Lateinamerika*, v. Völkern der Iberischen (span.) Halbinsel kolonisiertes Amerika v. Mexiko bis Feuerland; seine Bewohner sprechen die span. od. (Brasilien) portugies. Sprache. ☐ 22, 57.
Ibert (: ibär), *Jacques*, frz. Komponist, 1890–1962; 1955/57 Dir. der Opéra u. Opéra comique in Paris; Bühnenwerke, Film-, Orchester- u. Kammermusik.
IBFG ↗Gewerkschaften.
Ibis *m*, trop. u. subtrop. Storchvogel. Der v. Heuschrecken lebende *Äthiopische I.* galt bei den Ägyptern als heilig.

Ibis

Ibn Saud, 1880–1953; Emir v. Nedschd; baute seit 1901 sein Wüstenreich aus, eroberte 24/26 das Kgr. Hedschas, seit 32 Kg. v. Saudi- ↗Arabien.
Ibsen, *Henrik*, norweg. Dichter, 1828–1906; lebte längere Zeit in Dtl.; behandelte erst romant.-heroische Stoffe, kam zu großer Form mit den Dramen *Brand* u. *Peer Gynt* (Sinnbild des Norwegers); dann große Wirkung (auf den europ. ↗Naturalismus) mit gesellschaftskrit. realist. Werken v. meisterhaftem, dramat. Bau *(Stützen der Gesellschaft, Nora, Gespenster)*. In späteren Werken mehr Resignation, Psychologie, Symbolik *(Die Wildente, Hedda Gabler, Klein Eyolf, Wenn wir Toten erwachen)*.

Henrik Ibsen

Ibykus, griech. Lyriker des 6. Jh. v. Chr.
Ichneumon *m*, Pharaonsratte, nächtl. Raubtier des Mittelmeergebiets; lebt v. Schlangen u. Ratten, galt den Ägyptern als heilig.
Ichthyol *s*, zähes Öl, schwefelhaltig, aus Schiefern destilliert; gg. Hautkrankheiten.
Ichthyologie *w* (gr.), Lehre v. den Fischen.
Ichthyosaurier, *Fischsaurier*, ausgestorbene Meeresreptilien; in Jura u. Kreide.
Ichthys *m* (gr. = Fisch), ↗Fischsymbol.
Ida, 2 Gebirge: **1)** im NW Kleinasiens, heute *Kas Dagh*, 1767 m hoch. **2)** auf Kreta, heute *Psiloritis*, 2458 m hoch.
Idaho (: aidᵉhoᵘ), Abk. Id., Bundesstaat im NW der USA, zw. Felsengebirge u. Snake River, 216 412 km², 880 000 E.; Hst. Boise City. Weithin Wüstensteppe, Anbau nur bei künstl. Bewässerung; Bergbau auf Blei, Silber, Zink.
Idar-Oberstein, Stadt in Rheinl.-Pfalz, I. an der Nahe, 36 100 E.; Edelsteinschleifereien, Schmuckwarenindustrie.
Ideal *s* (gr.), das Vollkommene, Mustergültige, bes. auch im Gegensatz zur Wirklichkeit. **ideal**, der Idee angemessen, vollkommen; nur vorgestellt (= ideell). **idealisieren**, als ideal hinstellen, dem Ideal anpassen.
Idealismus *m*, **1)** jede Philosophie, nach der das Irdische in den ↗Ideen zu metaphysischen Urbildern wurzelt *(metaphys. I.).* Begr. v. Platon; theist.-christl. geprägt durch die griech. Kirchenväter, Augustinus

Ichthyosaurier

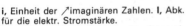

u. die Scholastik, pantheist. durch den ↗Deutschen I. 2) Der erkenntnistheoret. I. führt das Seiende auf die Idee im menschl. Geiste zurück u. spricht jenem eine davon unabhängige Wirklichkeit ab (Ggs. ↗Realismus). 3) I. im allg. Sinn das opferbereite Streben nach Verwirklichung v. Idealen. **Idee** w (gr.), ursprüngl. die äußere Erscheinung eines Dinges, dann in der Philosophie Begriff, inneres Wesen, Urbild, Gedanke, geistige Vorstellung. Platon faßte die I.n als die unveränderlichen, vollkommenen Urbilder (Ideale) des Irdischen auf, die ein überirdisches (metaphys.) Reich bilden, an dessen Spitze das Gute steht. Augustinus sieht in den I.n die Urbilder alles Geschaffenen im göttl. Geiste. Hegel nennt den (pantheist.) Urgrund selbst die absolute Idee. **I.nassoziation,** Verknüpfung versch. Bewußtseinsinhalte, meist infolge v. Ähnlichkeit u. räuml.-zeitl. Berührung. **I.nflucht,** zusammenhangloser Ablauf v. Gedanken; eine Leitvorstellung fehlt; bei Geisteskranken.
Iden (Mz., lat.), 13. od. (im März, Mai, Juli u. Okt.) 15. Monatstag im altröm. Kalender. **Identität** w, Übereinstimmung, Dieselbigkeit; gilt sowohl v. Personen od. Sachen als auch v. Begriffen. Die **I.sphilosophie** führt alles auf die Selbigkeit des einen Absoluten zurück (↗Pantheismus, Hegel). *identisch,* gleich, ein u. dasselbe; *identifizieren,* für identisch erklären.
Ideologie w (gr.), **1)** in der frz. Aufklärung Bz. der Wiss. v. den Ideen od. Begriffen als philosoph. Grunddisziplin. **2)** im Marxismus u. Bolschewismus Bz. für alle nichtmarxist. weltanschaul. u. philosoph. Lehren, die angeblich wirklichkeitsfremde, interessenbestimmte polit.-soziale Zwecktheorien sind. **3)** in der Wissenssoziologie (K. Mannheim, M. Weber, A. Dempf) diskutierte Bz. für die „standortbedingte" Voreingenommenheit des menschl. Bewußtseins, die durch *I.kritik* zu überwinden sei. **4)** allg. wirklichkeitsfremde Ansicht.
Idiom s (gr.), Mundart.
Idiophone (Mz., gr.), „Selbstklinger", ↗Musikinstrumente, die als Ganzes, z. B. ohne Saite od. Luftsäule, den Ton hervorbringen. ☐ 650.
Idiosynkrasie w (gr.), **1)** erworbene od. angeborene Überempfindlichkeit mit heftigen Reaktionen gg. bestimmte Substanzen (↗Allergie). **2)** allg. Abneigung.
Idiot m (gr.), Schwachsinniger. **Idiotie** w, ↗Schwachsinn.
Idlewild (: aidlwaild), der internationale Flughafen v. New York; 1948 eröffnet. Seit 63 *John F. Kennedy International Airport.*
Idol s (gr.), **1)** *Religion:* urspr. Bz. für Götzenbilder, in der Religions-Wiss. für plast.-figurale Darstellungen übersinnl. Wesen, die in den Bildnissen anwesend gedacht werden. **2)** Trugbild, falsches Leitbild. **I.atrie,** besser **I.olatrie** w (gr.), Bilderanbetung, Götzendienst.
Idstein (Taunus), hess. Stadt, 18000 E.; ehem. Residenzschloß, Fachwerkhäuser; Leder-, Elektro- u. Strumpf-Ind.
Iduna, *Id(h)un,* nord. Göttin der Jugend.

Ifflandring

Igel

Kältegraben
Iglu: Schnitt durch einen I. mit dem sich entwickelnden Luftkreislauf; W Wärmequelle, E Eingang

Ignatius von Loyola

Idyll s (gr.-lat.; Bw. *idyllisch*), ein Bild friedl.-stillen Lebens; **Idylle** w, literar. Genrebild; schildert einfache Charaktere in beschaulich-heiterer Umgebung.
I. E., Abk. für Internationale Einheiten, Maßeinheit des Wirkstoffgehalts, z. B. in Vitamin- oder Hormonpräparaten.
Iffland, *August Wilhelm,* dt. Schauspieler, Bühnenleiter u. Schriftsteller, 1759–1814; war Theater-Dir. in Berlin; zahlr. rührselige Familienstücke. **I.-Ring,** wird v. seinem Träger (z. Z. J. Meinrad) jeweils an einen anderen hervorragenden Schauspieler vererbt.
Ifni, ehem. span. Übersee-Prov. an der SW-Küste Marokkos, 1500 km², 70000 E.; seit Jan. 1969 zu Marokko.
IG, Abk. für **1)** Industriegewerkschaft. **2)** Interessengemeinschaft.
Igel, Insektenfresser, Rücken mit Stacheln bedeckt; vertilgt bei Nacht Insekten, Mäuse, Schlangen; Winterschläfer im Laubnest od. Erdbau; steht unter Naturschutz. **I.fisch,** in trop. Meeren; Haut mit bewegl. Stacheln auf den Knochenplatten. ☐ 912.
Igelit s, Kunststoff aus Polyvinylchlorid.
Igelkaktus, kugeliger Zimmerkaktus mit langen Stacheln. **Igelkolben,** einkeimblättr. Sumpfpflanze mit kugeligen Blütenköpfen.
Iglau, tschech. *Jihlava,* tschsl. Stadt in Mähren, 51000 E.; Tuch- u. Schuh-Ind. Bis 1945 Mittelpunkt einer dt. Sprachinsel.
Iglu w, Winterwohnhütte der Eskimos aus Schneeblöcken.
Ignatius, Heilige: **I. v. Antiochien** (17. Okt.), Bisch. v. Antiochien (Syrien), in Rom nach 110 gemartert; bezeichnete als erster die Gesamtheit der Gemeinden als „Kath. Kirche". **I. v. Loyola** (31. Juli), 1491–1556; span. Offizier, durch religiöse Wende 1522/24 Einsiedler in Manresa, wo das *Exerzitienbüchlein* entstand; gründete 34 die Gesellschaft Jesu, zu deren 1. General er 41 gewählt wurde.
Ignitron, ein Quecksilberdampf-↗Gleichrichter für sehr starke Ströme.
Ignoramus et ignorabimus (lat.), wir wissen es nicht u. werden es nicht wissen; Ausspruch v. Du Bois-Reymond mit der Behauptung, daß die Welträtsel nicht lösbar seien.
Ignorant m (lat.), Unwissender. **Ignoranz** w, Unwissenheit. **ignorieren,** absichtlich übersehen.
Iguanodon s, fossiles Reptil, bis zu 10 m lang; ↗Dinosaurier.
Iguassú, *Iguazú m,* l. Nebenfluß des Paraná in Brasilien, 1320 km lang; bildet die 80 m hohen *I.fälle.*
Ihering (: jering), *Rudolf v.,* 1818–92; dt. Rechtslehrer u. Rechtsphilosoph.
IHS, Monogramm für Jesus; nach den ersten 3 Buchstaben des griech. Namens Jesu; volkstüml. als Jesus Heiland Seligmacher gedeutet.
Ijmuiden (: eimeud^e), niederländischer Fischereihafen am Westküste, Vorhafen v. Amsterdam am Nordseekanal. 38000 E.
Ijssel w (: eisel), Mündungsarm des Rheins; geht nach 146 km in das *Ijsselmeer* (↗Zuidersee).
Ikarus, Sohn des ↗Dädalus.

Ikonenmalerei:
Christus Pantokrator
(Athos, 15. Jh.)

Ikone w (gr.), Heiligenbild im orthodoxen Kultus, ist als Tafelbild auf der Bilderwand, der *Ikonostase,* angebracht, die den Chor v. Laienraum trennt; als Andachtsbild in fast jedem Haus. Die Verehrung der I.n gründet auf der Überzeugung, daß sie ein Abbild des göttl. Seins offenbaren. Die **I.n-Malerei** wurzelt in der spätantiken u. byzantin. Bildniskunst; ist flächenhaft, hat kräftige, vor Goldgrund gesetzte u. symbol. bedeutsame Farben. Blüte im 14./15. Jh. in Rußland. Hauptmeister A. Rubljew.
Ikonographie w (gr.), Wiss. v. den geschichtl. Inhalten, aber auch der symbol. Bedeutung der Bildwerke, im Ggs. zur Form- u. Stilanalyse.
Ikonoskop s (gr.), Aufnahmeröhre der Fernsehtechnik; Weiterentwicklung *Super-I.* □ 267.
Ikosaeder (gr.), v. 20 kongruenten, gleichseit. Dreiecken begrenzter regelmäßiger Körper.
Ikterus ↗Gelbsucht.
Ilawa, Deutsch-↗Eylau.
Ile w (: il, frz.), häufig in frz. geograph. Namen. *I.* od. *Isle de France,* Inneres des Pariser Beckens.
Ili m, 1210 km langer Zufluß des Balchaschsees; genutzt für künstl. Bewässerung der Baumwollkulturen im *I.becken.* □ 975.
Ilias ↗Homer. **Ilion** ↗Troja.
Ill w, 2 Nebenflüsse des Rheins: **1)** r., in Vorarlberg, 75 km lang, Wasserkraftwerke (*I.werke*). **2)** l., im Elsaß, 205 km lang.
Illampú (: iljampu), vergletscherter Andengipfel (Bolivien), 6550 m hoch.
illegal (lat.), ungesetzlich. **illegitim,** unehelich; ungesetzlich.
Iller w, r. Nebenfluß der Donau, im schwäbisch-bayer. Alpenvorland, mündet bei Ulm; 165 km lang; Kraftwerke.
Illertissen, bayer. Stadt nahe der unteren Iller (Kraftwerk), 12900 E.; Renaissanceschloß (16. Jh.); chem.-, Holz- u. Textil-Ind.

Illimani m (: ilji-), vergletscherter erloschener Andenvulkan (Bolivien), 6882 m hoch.
Illinois, Abk. *Ill.,* nordöstl. Staat der USA, zw. Mississippi u. Michigansee, 146075 km², 11,1 Mill. E.; Hst. Springfield. Fruchtbares Hügelland mit Viehzucht. Bergbau auf Kohle, Eisenerz u. Erdöl.
Illiquidität w (lat.; Bw. *illiquid*), Geldverknappung, Zahlungsunfähigkeit.
illoyal (frz.), gesetz-, pflichtwidrig.
Illuminaten, v. Adam Weishaupt 1776 in Ingolstadt gegr. Geheimbund, ordensähnl. Weisheits- u. Humanitätsschule, mit den Freimaurern verwandt, die sie ersetzen sollte; besaß bedeutende Mitgl. (Herder, Pestalozzi, Goethe), 1896 in Berlin u. 1922 in Wien erneuert.
Illumination w (lat.), **1)** festl. Beleuchtung. **2)** im MA Ausschmückung v. Handschriften (Illustration).
Illusion w (lat.), i.e.S. eine Täuschung, die auf der Umdeutung vorhandener Sinneseindrücke (Ggs. ↗Halluzination) beruht, wobei Wünsche und Affekte mitspielen; i.w.S. unbegründete Vorstellungen od. Hoffnungen über sich selbst, andere od. reale Gegebenheiten. **Illusionismus,** eine philosoph. Lehre, nach der alles nur Schein ist. **illusorisch,** scheinbar, trügerisch, nichtig.
illuster (lat.), glänzend, vornehm.
Illustration w (lat.; Zw. *illustrieren*; Bw. *illustrativ*), Erläuterung, Ausschmückung; i.e.S. die künstler. Buchillustration.
Illustrator m, Künstler, der den Inhalt eines Buches durch Bilder veranschaulicht.
Illyrien, im Alt. das nach den Illyriern benannte nordwestl. Balkangebiet an der Adria; entspricht etwa ↗Dalmatien.
Illyrier, wohl aus dem östl. Mitteleuropa stammende Indogermanen, Bewohner v. ↗Illyrien; v. den Römern unterworfen.
Ilm w, 120 km langer l. Nebenfluß der Saale, kommt aus dem Thüring. Wald.
Ilmenau, 1) 105 km langer l. Nebenfluß der

Ikone: Ikonostase in der Kirche des Wydubezkij-Klosters in Kiew (17. Jh.; aus Holz geschnitzt, bemalt und vergoldet)

Iltis vor seinem Bau

Immergrün

**Impfungen
im Kindesalter**

1. Woche
Tuberkulose

4. bis 6. Monat
Diphtherie, Keuchhusten, Tetanus, Kinderlähmung (Kombinationsimpfstoff)

5. bis 7. Monat
Diphtherie, Keuchhusten, Tetanus, Kinderlähmung (Kombinationsimpfstoff)

6. bis 8. Monat
Diphtherie, Keuchhusten, Tetanus, Kinderlähmung (Kombinationsimpfstoff)

9. bis 15. Monat
Pocken

18. bis 20. Monat
Diphtherie, Keuchhusten, Tetanus, Kinderlähmung (Auffrischung)

3. bis 5. Lebensjahr
Diphtherie, Tetanus, Kinderlähmung (Auffrischung)

6. bis 10. Lebensjahr
Diphtherie, Tetanus, Kinderlähmung (Auffrischung)

10. bis 12. Lebensjahr
Pocken

14. Lebensjahr
Diphtherie, Tetanus, Kinderlähmung (Auffrischung)
vgl. auch ☐ 420.

Elbe. 2) thüring. Kurort u. Wintersportplatz im Bez. Suhl, 20 000 E.; Techn. Hochschule; elektrotechn., Glas- u. Porzellan-Ind.
Ilmenit *m,* ↗Titan-Eisen-Erz.
Ilmensee, fischreicher See im Gebiet v. Leningrad, 920 km² bei mittlerer Wasserhöhe; Abfluß ist der Wolchow (zum Ladogasee).
Iltis *m,* kleines mitteleurop. Raubtier; vertilgt Ratten, Mäuse, Frösche, Geflügel; weiße Abart das ↗Frettchen.
imaginär (lat.), nur in der *Imagination* (Einbildung, Vorstellung) enthalten. **i.e Zahlen** enthalten als Faktor $i = \sqrt{(-1)}$; i ist die Zahl, die mit sich selbst multipliziert den Wert (-1) ergibt.
Imam *m* (arab. = Führer), 1) Vorbeter in der Moschee. 2) einer der Titel des Kalifen. 3) Titel verdienter arab. Gelehrter. 4) das religiös-polit. Oberhaupt der Schiiten. 5) 1633/1962 Titel der Herrscher im Jemen.
imbezil(l) (lat.), geistesschwach. **Imbezillität** *w,* Geistesschwäche, ↗Schwachsinn.
Imitatio Christi (lat.), 1) Nachfolge Christi; 2) Titel des vor 1427 verf. Erbauungsbuches *De imitatione Christi;* Verfasserschaft (Th. v. Kempen, G. Groote?) umstritten.
Imitation *w* (lat.; Ztw. *imitieren*), Nachahmung.
Imker, Bienenzüchter. **Imkerei** ↗Bienenzucht.
Immaculata (lat. = die Unbefleckte), kath. Bz. für die Gottesmutter ↗Maria.
Immanenz *w* (lat.), Innewohnen. a) *Metaphysische I.* lehrt der Pantheismus: Gott wohne der Schöpfung so inne, daß er erst durch deren Entfaltung seine eigene Vollendung erreiche. Der Theismus verbindet Gottes Wirken in der Welt mit seiner unbedingten Transzendenz. b) *Erkenntnistheoretische I.* liegt vor, wenn das Erkannte dem Denken innewohnt, ohne eine eigene, davon unabhängige Wirklichkeit zu haben (↗Idealismus). c) *I. des Wirkens* kommt dem Leben zu, insofern dieses sich selbst entfaltet. *I.philosophie* heißen Denkrichtungen, die I. nach a) u. b) vertreten.
Immanuel ↗Emmanuel.
immateriell (lat.), unstofflich, unkörperlich.
i.er Schaden ↗Schadensersatz.
Immatrikulation *w* (lat.; Ztw. *immatrikulieren*), Einzeichnung in die ↗Matrikel einer Hochschule, formelle Aufnahme.
immediat (lat.), unmittelbar.
Immen, Bz. für ↗Bienen.
immens (lat.), unermeßlich.
Immenstadt i. Allgäu, bayer.-schwäb. Stadt, Kurort u. Wintersportplatz im Allgäu, 732 m ü. M., 14 000 E.; Strumpf- u. Wäsche-Ind.
immensurabel (lat.), unmeßbar; (mathemat.) unendlich groß od. unendlich klein.
Immergrün *s,* kriechende Wald- u. Zierpflanze, mit blauen Blüten u. immergrünen Blättern.
Immermann, *Karl Leberecht,* dt. Schriftsteller, 1796–1840; Übergang v. der Romantik zum Realismus; in Lyrik u. Dramen epigonal, bedeutend jedoch in seinen Romanen *Die Epigonen, Münchhausen* (darin Novelle *Der Oberhof*).
Immersionssystem (lat.-gr.), Objektiv eines ↗Mikroskops, das mit der Frontlinse in

einen Flüssigkeitstropfen (Wasser, Öl) auf dem Präparat eintaucht; ergibt größere Lichtstärke u. größeres Auflösungsvermögen.
Immobilien (lat.), unbewegl. Sachen, Grundstücke.
Immoralismus *m* (lat.), Leugnung der Gültigkeit sittl. Forderungen.
Immortellen (lat.), Pflanzen mit trockenhäut. u. haltbaren Blütenblättern: *Spreu*od. *Papierblume, Xeranthemum, Strohblume* u.a.
Immunität *w* (lat.), 1) im Recht: a) Schutz eines ↗Abgeordneten vor Strafverfolgung, solange nicht das Parlament der Genehmigung dazu erteilt hat od. er bei Begehung einer Straftat bzw. bis zum folgenden Tag verhaftet wird. b) im MA die Freiheit bestimmter Gebiete v. Eingriffen der öff. Gewalt. 2) in der Medizin: die Unempfänglichkeit für bestimmte Gifte od. Infektionen. Man unterscheidet: *natürl.* od. *angeborene I.,* bei Tieren, z. B. bei Schweinen, gegen Schlangengift, u. *erworbene I.* Diese ist entweder v. Organismus erarbeitet, z. B. nach manchen Infektionskrankheiten (Scharlach, Pocken, Masern, Fleckfieber), od. durch Schutz-↗Impfung *künstl.* gg. Infektion erzielbar od. durch Einspritzung v. ↗Heilserum, z. B. bei Diphtherie. Bei *Pflanzen* ist I. eine erbliche Eigenschaft.
Imperativ *m* (lat.), 1) Befehlsform des Zeitworts. 2) das formulierte Gebot (sittl. I.), so der *kategorische I.* bei Kant.
imperatives Mandat, die Abhängigkeit des ↗Abgeordneten v. Instruktionen u. Anweisungen seiner Wähler od. Partei; gilt als unvereinbar mit dem demokrat. Prinzip, nach dem der Abgeordnete den Willen des ganzen Volkes zur Geltung bringen soll.
Imperator *m* (lat.), urspr. Ehrentitel siegreicher röm. Feldherrn; dann Titel der röm., im MA u. in der NZ auch der dt. Kaiser.
Imperfekt *s* (lat.), beim Ztw. eine nicht abgeschlossene od. sich wiederholende Handlung in der Vergangenheit, z. B.: ich gab.
Imperialismus *m* (lat.), allg. das Streben eines Staates nach Ausdehnung seines Macht- od. Einflußbereiches. Das *Zeitalter des I.* um die Wende v. 19. zum 20. Jh. war gekennzeichnet durch die Kolonialpolitik der westeurop. Großmächte.
Imperium *s,* das röm. Kaiserreich; im MA auf das Fränk. bzw. alte Dt. Reich übertragen.
impertinent (lat.), ungehörig, frech.
Impfung, Übertragung v. Bakterien u. Pilzen auf einen Nährboden. Bes. Einverleibung v. Krankheitserregern: v. lebenden od. abgetöteten (Vakzine) Bakterien, Pilzen, Protozoen. *Schutz-I.* zwecks Erzielung v. ↗Immunität gg. Infektion; vorgeschrieben im 1. u. 12. Lebensjahr gg. schwarze Pocken. *Heil-I.,* zur Erzielung v. ↗Heilfieber; Tuberkulineinspritzungen. *Diagnostische I.,* Einspritzung v. tuberkuloseverdächtigem Auswurf in Meerschweinchen.
implicite (lat.), inbegriffen.
Imponderabilien (Mz., lat.), Unwägbarkeiten, nicht berechenbare Umstände.

imponieren (lat.), Eindruck machen. *imposant,* eindrucksvoll.
Import *m* (lat.), Einfuhr. **Importeur** (: -tör, frz.), führt Waren ein u. verkauft sie im Inland.
Impotenz *w* (lat.), Beischlaf- od. Zeugungsunfähigkeit. Nach BGB ist I. Anfechtungsgrund der Ehe, nach kirchl. Recht die vorausgehende und dauernde I. Ehehindernis.
imprägnieren, Durchtränken von Holz, Leder und Geweben mit flüss. Schutzmitteln gg. Fäulnis, Wasser u. andere Einwirkungen.
Impresario *m* (it.), Theater- bzw. Konzertunternehmer; Manager eines Künstlers.
Impression *w* (lat.), Sinnes-, Gefühlseindrücke, Empfindung.
Impressionismus *m* (lat.), Bz. eines Stiles, der auf Darstellung des flüchtigen Eindrucks zielt. Nahm als Stilrichtung der *Bildenden Kunst* seinen Ausgang v. einer Ausstellung frz. Maler 1874 in Paris; Dauer in Fkr. bis ca. 1900. In der *Malerei* Wiedergabe der atmosphär. Einwirkungen auf Körper bis zu deren Auflösung. Bildaufbau aus der Farbe; schließl. Brechung der Farben in Punkte *(Pointillismus* od. *Neo-I.).* Vertreter: Pissaro, Monet, Manet, Degas, Renoir, Seurat, Signac in Fkr., der Engländer Sisley, der Italiener Segantini, Sargent in USA, Liebermann, Corinth, Slevogt in Dtl. Wandlung des I. bei van Gogh; ebenfalls Anbahnung des ↗Expressionismus in den wieder formklaren Bildern Cézannes u. Gauguins. Die *Bildhauerkunst* stellt Einwirkung v. Licht u. Schatten auf eine v. Spannungen vibrierende Oberfläche dar; besonders Rodin. In der *Dichtkunst* differenzierteste Beschreibung sinnl. Eindrücke u. seel. Stimmungen; sprachl. Klangmalerei. Bes. etwa bei Baudelaire, Verlaine, Jacobsen, Bang, Schlaf, Bahr, Altenberg, Schnitzler, dem jungen Hofmannsthal; häufig als Stilelement, wie z.T. bei Proust, Th. Mann. In der *Musik* Auflösung der klass. Formen, verschleierte, auf Reizwirkungen zielende Klangfarbe, Exotismen in Harmonik, Melodik u. Rhythmik; Hauptvertreter Debussy, Ravel, de Falla, Respighi.
Impressum *s* (lat.), pressegesetzl. geforderter Aufdruck des verantwortl. Herausgebers u. Schriftleiters, Verlegers u. Druckers auf Druckerzeugnissen.
Imprimatur *s* (lat.), kirchl. Druckerlaubnis.
Impromptu *s* (: ãnprõ̃tü, frz.), **1)** Stegreiferzeugnis. **2)** in der Musik Instrumental- (meist Klavier-)Stück scheinbar improvisator. Charakters (Schubert, Chopin).
Improperien (Mz., lat.), Klagegesänge beim kath. Gottesdienst des Karfreitags.
Improvisation *w* (lat.; Ztw. *improvisieren),* Rede, Darstellung, Musikvortrag ohne Vorbereitung, aus dem Stegreif, beim Theater bes. in der Commedia dell'arte; auch i.w.S. das unvorbereitete, situationsgerechte Handeln mit geringen Mitteln in den verschiedensten Lebensbereichen.
Impuls *m* (lat.), **1)** Antrieb, Anregung; *impulsiv,* vordrängend, feurig. **2)** a) in der Mechanik: das Produkt Masse (m) mal Geschwindigkeit (v), also $p = m \cdot v$; b) in der

Impressionismus:
C. Monet: Sonnenaufgang – Impression de soleil levant (1872).

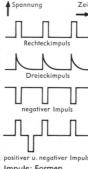

↑Spannung   Zeit

Rechteckimpuls

Dreieckimpuls

negativer Impuls

positiver u. negativer Impuls
Impuls: Formen elektrischer Impulse

Schwachstromtechnik: kurzer Spannungsod. Stromstoß.
impulsiv (lat.), lebhaft, spontan (unüberlegt) handelnd.
Impulstechnik, ein wichtiger Zweig der Schwachstromtechnik, befaßt sich mit Erzeugung u. Anwendung v. elektr. Impulsen bes. in Fernseh-, Funkmeß- u. Steuerungstechnik.
In, chemisches Zeichen für ↗Indium.
in absentia (lat.), in Abwesenheit.
inadäquat (lat.), unangemessen.
inaktiv (lat.), untätig; außer Tätigkeit.
Inauguraldissertation *w* (lat.), Schrift zur Erlangung der Doktorwürde. **Inauguration** *w* (lat.; Ztw. *inaugurieren),* feierl. Amtseinführung.
Inch *s* (: intsch; Mz. *inches* [: intschⁱß]), Abk. *in.,* Zeichen '', veraltetes Längenmaß (= Zoll) in England u. USA: 2,54 cm.
incipit (lat. = es beginnt), in mittelalterl. Schriften der Anfangssatz, der den Titel der Schrift enthält.
incl. (lat.), Abk. für *inclusive,* einschließlich.
incognito (lat.) ↗inkognito.
in contumaciam (lat. = wegen Unbotmäßigkeit), in Abwesenheit verurteilt werden.
in corpore (lat.), insgesamt.
Indanthrenfarbstoffe, lichtechte ↗Küpenfarbstoffe.
Indefinitum *s* (lat.), unbestimmtes Fürwort, z.B. man, jeder, etwas, kein.
Indemnität *w* (lat.), **1)** Straflosigkeit. **2)** nachträgliche Genehmigung eigenmächt. Handlungen der Minister durch die Volksvertretung, so im preuß. *I.sgesetz* v. 1866.
Independenten, v. der Staatskirche unabhängige ev. kirchl. Gruppen in England.
Inder, die Eingeborenen Vorderindiens, weder rass., noch sprachl., noch kulturell einheitl.; Urbevölkerung: dunkelhäutige Dschungelstämme in Mittel- u. Südindien, dazu die Wedda auf Ceylon; Jäger u. Sammler; ferner die helleren Gond in Mittel- u. Nordindien. Den Hauptteil bilden die Inditen. Die I. sind Nachkommen der um 1400 v.Chr. nach Indien eingewanderten Arier; wurden zuletzt v. Portugiesen u. Eng-

ländern stark beeinflußt. Die ind. (Acker-bau-)Kultur entstand aus Mischung ein-heim. Kultur mit der der arischen Eroberer. Die ind. Sozialordnung wird durch die ur-alte, religiös-myth. begründete Einteilung in ⁄Kasten bestimmt, die sich erst heute zu lockern beginnt.

Indeterminismus *m* (lat.), die Lehre v. der Unbestimmtheit des menschl. Willens durch äußere od. innere Ursachen (⁄Wil-lensfreiheit); Ggs. Determinismus.

Index *m* (lat.), **1)** Anzeiger, Verzeichnis. **2)** in der Mathematik: meist rechts unten an Zahl od. Zeichen angebrachtes Symbol, zur Un-terscheidung, z. B. a₁. **3)** Meßziffer, statist. Verhältniszahl, bezogen auf eine Basiszahl (Anfangs-, Mittel- od. Endwert einer Reihe, meist gleich 100 gesetzt). **4)** *I. librorum pro-hibitorum*, Verzeichnis der verbotenen Bü-cher, deren Veröff., Verbreitung u. Lektüre den Katholiken unter Androhung v. Kir-chenstrafen untersagt war; 1966 in seiner jurist. Bedeutung aufgehoben.

indezent (lat.), unschicklich, unanständig.

Indiana (: indjänᵉ), Abk. *Ind.*, nordöstl. Zen-tralstaat der USA, 93993 km², 5,4 Mill. E.; Hst. Indianapolis; fruchtbare Schwemm-landebene; Getreide, Kartoffeln, Tabak, Ge-müse, Schweine-, Rinder-, Schafzucht; Kohle, Erdöl, Eisenerz.

Indianapolis (: indjänä-), Hst. des Staates Indiana (USA), 750000 E.; kath. Erzb., Univ.; Getreide- u. Viehmarkt; Motoren-, chem., Fleisch-Ind.; Automobilrennen.

Indianer, Name für die Urbevölkerung Nord-, Mittel- u. Südamerikas, v. den span. Entdeckern als „Indios" bezeichnet. Heute leben davon nur noch etwa 16 Mill. Indianer, davon je 7 Mill. reinblütige in Südamerika u. Mexiko, 792000 in den USA, 110000 in Kanada. Nach ihren körperl. Merkmalen sind die I. mongol. Ursprungs: kleinwüch-sig bis mittelgroß, gelbl.-braune Hautfarbe, dunkle Augen, breites Gesicht mit vorste-henden Backenknochen, blauschwarzes, strähn. Haar. Gg. Ende der Eiszeit kamen sie aus Nordasien über die Beringstraße nach Amerika u. bildeten verschiedene Stämme mit eigenen Kulturformen u. Sprachen: a) *Jäger u. Sammler* (Algonkin, Botokuden, Cheyenne, Dakota, Komantschen u. a.); b) *seßhafte Bodenbauer* (Irokesen, Sioux, Aruak, Tupí-Guaraní u. a.); c) *Hochkulturen* der Anden (Ketschua mit den Inka, Aymará, Tschibtscha) u. in Mexiko (Azteken, Maya, Tzapoteken u. a.). Dezimiert u. degeneriert durch Alkoholismus u. durch v. den Erobe-rern eingeschleppte Krankheiten leben sie in Süd- u. Mittelamerika auf einer niederen Kulturstufe, in Nordamerika in Reservatio-nen.

Indien, Rep. in Südasien, am Indischen Ozean. Es umfaßt die dreieckige Halbinsel Vorderindien südl. des Himalaja u. wird im O u. W begrenzt v. den Stromläufen des Ganges u. des Indus. Drei Großlandschaf-ten heben sich stark voneinander ab: im S das Hochland v. Dekhan, ein well. Hochland mit aufgebogenen Rändern, den Ghats; im N der Hochgebirgsrahmen des Himalaja, dazw. das Tiefland v. Indus u. Ganges. I. ist

ein Bauernland. Über 400 Mill. E. in 500000 Dörfern leben v. der Landwirtschaft. 55% der Fläche sind anbaufähig u. je nach den klimat. Verhältnissen unregelmäßig über das Land verteilt. Hauptprodukte sind Reis, Hirse, Weizen, Zuckerrohr, Baumwolle. Die ha-Erträge gehören zu den niedrigsten der Erde. Viehzucht ist bedeutungslos, da die Hindus kein Fleisch essen. Bei Kalkutta ent-stand auf der Grundlage reicher Kohlen- u. Eisenerzlager (Magnetit) ein Schwerindu-striegebiet. Alte Textil-Ind. (Baumwolle u. Jute). Eine großzügige Industrialisierung verhindern soziolog. Schwierigkeiten u. Kapitalmangel.

Verfassung: Die am 26. 1. 1950 in Kraft getretene Verf. brachte den Wegfall aller Unterschiede der Kaste, der Religion, der Rasse u. des Geschlechts u. das allg. Stimmrecht. Der auf 5 Jahre gewählte Präs. der Rep. ernennt den Min.-Präs. (seit 80 Indira Gandhi) u. auf dessen Vorschlag die Minister. Die Regierung ist dem Parlament (2 Kammern: Volkskammer u. Staatenrat) verantwortlich. Eingeteilt ist Indien in 22 Bundesstaaten u. 9 von der Zentralregie-rung verwaltete Unionsterritorien.

Geschichte: Blütezeit der ältesten be-kannten Hochkultur, der Induskultur, um 2250 v.Chr.; im 2. Jahrt. unterwarfen v. Norden her arische Kriegervölker das Land. Nach dem Durchzug Alexanders d. Gr. durch das nordwestl. I. entstanden im 2. Jh. v.Chr. mehrere griech.-ind. Staaten. Seit dem 8. Jh. n.Chr. Herrschaft der Araber, dann der Mongolen. Das 1525 begr. Reich der Großmogule ging Ende 17. Jh. seinem Zerfall entgegen. – Nach der Entdeckung des Seewegs v. Westeuropa nach I. 1498 gründeten die Portugiesen Küstenkolonien; ihnen folgten im 17. Jh. Holländer, Englän-der u. Franzosen. Mit dem Sieg Lord Clives über den Nabob v. Bengalen 1757 begann die planmäßige Eroberung des Landes durch Großbritannien; 1858 Auflösung der Brit. Ostind. Kompanie, die seit 1600 die brit. Macht in I. vertreten hatte, u. Übertragung der Verwaltung I.s auf die brit. Krone; 1876/1947 hatte der brit. Kg. den Titel „Ks. v. Indien". Unter brit. Verwaltung wurde I. (Britisch-I.) zu einer Verwaltungs- u. Wirt-schaftseinheit. Seit dem 1. Weltkrieg ver-langte I. die Unabhängigkeit (Gandhi), die ihm 1947 gewährt wurde. Es erfolgte eine Teilung des Landes in das Gebiet der Hin-dus, die *Ind.* Union (heute Ind. Rep.), u. den Muslimstaat ⁄Pakistan. Wegen des An-schlusses ⁄Kaschmirs an I. kam es 48 zu ei-nem krieger. Konflikt mit Pakistan, in dem die UN vermittelten. 57 gliederte sich I. den v. ihm besetzten Hauptteil Kaschmirs (Hst. Srinagar) ein. Sept. 65 Kriegshandlungen; Lösung des Kaschmirproblems steht noch aus. Seit der Annexion Tibets durch China 59 nahm I. gegenüber zu chines. Gebiets-forderungen u. Grenzverletzungen, die 62 zu einem chines. militär. Vordringen führten (⁄China). 61 annektierte I. die portugies. Kolonie Goa. 71 Krieg mit Pakistan; nach dessen Nfg. I. siegreichem Ausgang Rück-kehr der ostpakistan. Flüchtlinge nach

Indien

Amtlicher Name:
Bharat

Staatsform:
Republik im Commonwealth

Hauptstadt:
Neu-Delhi

Fläche:
3 287 590 km²

Bevölkerung:
651 Mill. E.

Sprache:
Amtssprachen sind Hindi und Englisch; außerdem 14 aner-kannte Hauptsprachen und 720 Dialekte

Religion:
83,5% Hindus, 10,7% Muslimen, 2,4% Christen, 0,7% Buddhisten

Währung:
1 indische Rupie = 100 Paise

Mitgliedschaften:
UN, Commonwealth, Colombo-Plan

↗Bangla Desh. 75 annektierte I. Sikkim; Indira Gandhi verhängte den Ausnahmezustand. Bei Wahlen 77 verlor Indiras Kongreßpartei, die 80 wieder die Mehrheit erlangte. Staats-Präs. N. S. Reddy (seit 77). **Kunst.** In ihrer Entwicklung bestehen nach-, neben- u. selbst durcheinander die buddhist. (um 400 v. Chr. bis 700 n. Chr.), die neubrahman. (um 400 v. Chr. bis 1700 n. Chr.), die südind. (um 500 bis 1700 n. Chr.), die ind.-tibetan. (seit 100 n. Chr.) u. die ind.-muslimische Richtung (seit 1400 n. Chr.). Baukunst mit den charakterist. Formen des *Stupa* (Kuppelbau über Buddha-Reliquien), der *Tschaitya* (lange, meist 3schiffige Halle mit Stupa), des *Vihara* od. Klosters u. des Höhlentempels. Eng mit der Architektur verbunden die *Plastik.* Die unter hellenist. Einfluß stehende nordwestind. Kunst (Gandhara) half das Buddha-Bild formen. Im 2. vor- bis 2. nachchristl. Jh. Entwicklung zu freier Bewegung; mehrarmige hinduist. Götterbilder. Im 4. bis 7. Jh. n. Chr. sog. klass. Epoche. Die Pala- u. Sena-Dynastien stilbildend für die folgenden Jh.e; die Bronzefigur des tanzenden Schiwa verkörpert immerwährendes Vergehen u. Werden. Die Mogul-Dynastie lenkte zur islam. Kunst. Die *Malerei* erfuhr beachtl. Ausbildung, bes. in den Höhlenwandbildern v. Adschanta, 1. bis 8. Jh. n. Chr.
Sprache. 4 Sprachfamilien; offiziell anerkannt 14 Hauptsprachen. 2 Hauptgruppen: a) die indoarischen Sprachen; sie leiten sich aus dem Altindischen u. der umfangreichen Lit. des ↗Sanskrit her. Dazu gehört die Nationalsprache Hindi; b) die drawidischen Sprachen im Süden. Englisch ist noch bis mindestens 1975 Amtssprache.
Literatur. Die ersten Zeugnisse der altind. Lit. sind religionsmytholog. Hymnen (die Veden, ca. 1000 v. Chr.). Im 6. Jh. v. Chr. Spaltung der ind. Lit. in Sanskrit (Brahmanisch-Hinduistisch) u. in Pali (Buddhistisch). Volksepen Mahabharata u. Ramayana. Eine weltl. Kunstdichtung entstand im 1. Jh. n. Chr. an den Fürsten- u. Königshöfen; bes. breite Epen u. Dramen (am bekanntesten „Sakuntala" v. Kalidasa). Die Märchendichtung erfuhr in den nachfolgenden Jh.en ebenso wie die Romanliteratur eine reiche Entfaltung; daneben erlangten bes. Werke über Grammatik, Redekunst, Erotik u. Astronomie Bedeutung. Der über I. hinaus bekannteste neu-ind. Dichter R. ↗Tagore wurde wie seine ganze Epoche stark v. europ. Geist beeinflußt.
indifferent (lat.), gleichgültig, teilnahmslos; weder gut noch schlecht. **Indifferentismus** *m* (lat.), Gleichgültigkeit, bes. auf sittlichem, religiösem Gebiet.
Indigestion *w* (lat.), Verdauungsstörung.
Indigirka *w,* Fluß in Nord-Jakutien; mündet nach 1800 km ins Ostsibirische Meer.
indigniert (lat.), entrüstet, unwillig.
Indigo, blauer Pflanzenfarbstoff (↗Küpenfarbstoff), heute fast nur noch synthetisch.
Indikation *w* (lat.), 1) Anzeichen. 2) Heilanzeige. 3) ↗Indikationenlösung.
Indikationenlösung, die in der BRD im Rahmen der Reform des § 218 StGB gesetzl. Re-

Indien, Kunst: Löwenkapitell der Ediktsäule von Sarnath (3. Jh. v. Chr.)

Indischer Ozean

Fläche: 74 920 000 km²

mittlere Tiefe: 3897 m

größte Tiefe: 7455 m (Planet-Tief)

mittlerer Salzgehalt: 34,3⁰/₀₀

Rand- u. Nebenmeere: Rotes Meer Persischer Golf Arabisches Meer Golf von Bengalen Andamanensee Gr. Austral. Bucht

Hauptinseln u. Inselgruppen: Madagaskar Ceylon Maskarenen Seychellen Komoren Malediven Andamanen u. a.

Die wichtigsten Indikatoren	Umschlagsbereich pH-Wert	Farbumschlag von	nach
Kongorot	3,0 – 5,2	Blau	Rot
Methylorange	3,1 – 4,8	Rot	Gelb
Methylrot	4,2 – 6,3	Rot	Gelb
Lackmus	5,0 – 8,0	Rot	Blau
Phenolphthalein	8,2 –10,0	farblos	Rot

gelung, nach der eine ↗Abtreibung nur unter bestimmten Voraussetzungen (Indikationen) straffrei ist. Neben der bisher schon weitgehend anerkannten med. *Indikation* sind die *eth.,* die *genet.* u. die *soziale Indikation* unter bestimmten Bedingungen zulässig. Die I. geht v. der Grundüberlegung aus, daß das werdende Leben v. Anfang an ein schutzwürdiges u. schutzbedürftiges Rechtsgut ist.
Indikativ *m* (lat.), beim Zeitwort die Wirklichkeitsform, z. B.: er ist. **Indikator** *m* (lat.), Stoffe od. Apparate, die bestimmte Zustände od. Vorgänge anzeigen: Federmanometer zeigt den inneren Druckverlauf im Zylinder einer Kolbenmaschine, Chemikalien zeigen Zustand einer Lösung od. eine Reaktion an (↗Lackmus-Papier); radioaktive Isotope zur Verfolgung chem. Reaktionen einschließl. der Lokalisierung der Endprodukte. ↗Autoradiographie.
Indio ↗Indianer.
indirekt (lat.), mittelbar, auf Umwegen.
indirekte Rede, gibt die ↗direkte Rede in Abhängigkeit v. einem Verbum wieder.
indirekte Steuern ↗Steuern.
Indischer Archipel ↗Malaiischer Archipel.
Indischer Ozean, kleinstes Weltmeer, zw. Afrika, Asien, Australien u. der Antarktis. Wichtige Verkehrsstraße zw. Europa u. Ostasien bzw. Australien.
Indisch Lamm, meist hellgrau, seltener braun gefärbtes Fell des indischen Fettsteißschafs; zu Pelzmänteln verarbeitet.
indiskret (lat.; Hw. *Indiskretion*), zudringlich, nicht verschwiegen, taktlos.
indiskutabel (lat.), was nicht erörtert werden darf od. kann.
indisponiert, unpäßlich, mißgelaunt.
Indium *s,* chem. Element, Zeichen In, seltenes Metall, Ordnungszahl 49. ☐ 148.
Individualethik *w* (lat.-gr.), enthält im Ggs. zur ↗Sozialethik die Normen des sittl. Verhaltens im individuellen Bereich.
Individualismus *m* (lat.), 1) eine Weltanschauung, die bes. die Einzigartigkeit u. die persönl. Freiheit des einzelnen Menschen betont; leugnet in seiner extremen Form jede Bindung des einzelnen an Gemeinschafts- u. Gesellschaftsformen. 2) polit. u. wirtschaftspolit. Grundsatz des klass. ↗Liberalismus.
Individualität *w* (Bw. *individuell*), der Inbegriff der bes. Merkmale eines ↗Individuums. **Individualpsychologie,** begr. v. Alfred ↗Adler, versucht, den Menschen aus dem Zusammenwirken der Grundtendenzen Geltungstrieb u. Gemeinschaftsgefühl zu verstehen; Grundbegriffe ferner ↗Minderwertigkeitsgefühl u. Kompensation.

Indochina: Grenzverlauf (graues Band) des ehemaligen Französisch-Indochina und die Grenzen der Nachfolgestaaten

Indonesien

Amtlicher Name:
Republik Indonesia

Staatsform:
Republik

Hauptstadt:
Djakarta

Fläche:
1919270 km²

Bevölkerung:
1972: 145 Mill. E.

Sprache:
Amtssprache ist
Bahasa Indonesia,
Verkehrssprachen
sind Holländisch und
Englisch; daneben ca.
25 Regionalsprachen

Religion:
85,5% Muslimen,
1,7% Protestanten,
1,3% Katholiken,
0,8% Buddhisten

Währung:
1 Rupiah
= 100 Sen

Mitgliedschaften:
UN, Colombo-Plan

Individuum s, das Einzelwesen, insbes. der Mensch, in seiner Ganzheit, Besonderheit u. Eigenart, im Ggs. zum Allgemeinen der Gattung od. Art.

Indizien (Mz., lat.), Tatsachen, die auf andere Tatsachen schließen lassen. **I.beweis,** der im Strafprozeß auf Indizien aufgebaute Beweis.

Indoarier, die zur indogerman. Sprachgemeinschaft gehörenden Völker Indiens (↗Inder).

Indochina, gemeinsamer Name der einst zu Fkr. gehörigen Staaten Hinterindiens; umfaßt das Stromland des Roten Flusses im N, Kettengebirge v. Annam mit westl. Hochland v. Laos, Stromgebiet des Mekong im S; erstes Reisausfuhrgebiet der Erde, ferner Kautschuk, Zucker, Tabak, Tee, Gewürze, Kohle u.a. – Nachdem die Franzosen 1787 an einigen Orten Hinterindiens Fuß gefaßt hatten, eroberten sie im 19. Jh. ihr Kolonialreich. 1887 wurde das Gebiet als Französisch-I. einem Generalgouv. unterstellt. Im 2. Weltkrieg besetzte Japan 1940 I. u. erklärte 45 dessen Unabhängigkeit. Das mit Kriegsende zurückkehrende Fkr. bildete I. 49 um zu den innerhalb der Französischen Union „assoziierten Staaten" Vietnam, Laos u. Kambodscha, geriet aber in blutige Kämpfe mit den kommunist. ↗Viet Minh; diese hatten unter ihrem Führer Ho Tschi Minh 45 die Rep. Vietnam ausgerufen u. suchten Fkr. aus ganz I. zu verdrängen. Dieser I.krieg endete mit einer Niederlage Fkr.s. 54 wurde in Genf in einem internationalen Abkommen ↗Vietnam in eine nördl. (kommunist.) u. eine südl. (westl. orientierte) Hälfte geteilt; ferner wurde festgelegt, daß Vietnam, Laos u. Kambodscha keinem Militärbündnis beitreten dürfen. ↗Laos u. ↗Kambodscha erhielten wirtschaftl. u. finanzielle Unabhängigkeit innerhalb der Frz. Union, aus der sie aber bald austraten.

Indogermanen, Indoeuropäer, Gesamtname für die meisten europ. u. einige asiat. Völker, die nicht rassenmäßig (weil vielfach mit Nicht-I. vermischt), wohl aber sprachl. verwandt sind; indogerman. Sprachen: Indo-Iranisch, Armenisch, Griechisch, Italisch, Keltisch, Germanisch, Baltisch, Slawisch, Albanisch u. die ausgestorbenen Tocharisch u. Hethitisch. Das nur durch Sprachvergleichung erschlossene Urvolk kam aus dem nördl. od. östl. Mitteleuropa od. aus Westasien. Die im 3. Jahrt. v. Chr. beginnende Teilung in Einzelvölker (vor 2000 v. Chr. etwa die heutigen Wohnplätze) verursachte den Anfang der späteren Sprachverschiedenheit.

Indolenz w (lat.; Bw. indolent), Gleichgültigkeit, Trägheit.

Indonesien, die Rep. I., umfaßt den größten Teil der Malaiischen Inselwelt u. erstreckt sich über 5000 km beiderseits des Äquators, v. Sumatra im W bis Neuguinea im O u. über 2000 km in Nord-Süd-Richtung. Zu I. gehören die Großen ↗Sundainseln, die Kleinen ↗Sundainseln, die Molukken mit über 3000 Inseln u. seit 1963 das ehem. Niederländisch-↗Neuguinea. Trop. Klima: vielfach von dichtem Urwald bedeckt; unterschiedl.

Bev.-Dichte: Java u. Madura sind überbevölkert (über 400 E./km²), andere Inseln fast unbewohnt. – 1949 übernahm der junge Staat v. den Holländern eine gediegene Plantagenwirtschaft; heute werden Kautschuk, Tee, Kaffee, Kopra, Zucker u. Tabak exportiert, außerdem Erdöl u. Zinn. Haupthandelspartner sind Japan, die USA, Großbritannien u. die BRD.
Geschichte: In der Frühzeit stand I. unter ind. Einwirkung; im 8./11. Jh. Vormacht Sumatras, im 13./14. Jh. Javas; im 15. Jh. drang der Islam ein; im 16. Jh. erschienen portugies. Händler, die v. Engländern u. Niederländern vertrieben wurden. 1602 bis 1798 gehörte I. der Holländ. Ostind. Kompanie, 1816/1949 den Niederlanden. Im 2. Weltkrieg war I. v. Japan besetzt; nach dessen Kapitulation rief ↗Sukarno 1945 die Indones. Rep. aus. Nach militär. Auseinandersetzungen mit den Niederlanden erkannten diese 49 die Rep. der Vereinigten Staaten v. I. als unabhängigen Staat unter der niederl. Krone an. 54 wurde die Union mit den Niederlanden gelöst. Der seit 57 erhobene Anspruch I.s auf Niederländ.- od. West-Neuguinea führte 61/62 zu militär. Auseinandersetzungen. Nach Abkommen v. Aug. 62 ging West-Neuguinea an UN-Verwaltung u. 63 an I. über. 75 Einmarsch in Portugies.-Timor. Staats-Präs. ↗Sukarno (seit 49) wurde 66 durch General Suharto entmachtet; dieser seit 67 Staats-Präs.

Indore, ind. Stadt in Madhya Pradesch, 573000 E.; kath. Bischof; Textilindustrie.

Indossament s (it.), Übertragung eines ↗Orderpapiers auf einen anderen Gläubiger durch Vermerk auf der Rückseite; Blanko-I., Übertragung ohne Angabe des Indossatars. **Indossant** m, wer ein Orderpapier überträgt. **Indossatar** m, auf wen ein Orderpapier übertragen wird.

Indra, alter ind. Nationalgott.

in dubio pro reo (lat.), im Zweifel zugunsten des Angeklagten, Grundsatz im Strafprozeß.

Induktion w (lat.), **1)** Schluß v. Einzelnen auf das Allgemeine; Ggs. ↗Deduktion. Die induktive Methode durch Bacon v. Verulam begr., von Galilei vollendet. **2)** Erzeugung elektr. Spannung in einem Leiter, der quer

Induktion

Veränderlicher magnet. Fluß Φ eines „fremden" Magnetfeldes

Gesetz: $e = -N \cdot \dfrac{d\Phi}{dt}$

N Windungszahl der Spule,
dΦ Differential des magnet.
Flusses in Vs, dt Differential
der Zeit in s.
Hauptanwendung: Transformator

Gesetz: $e = -l \cdot B \cdot v \cdot \sin \varphi$

e induzierte Spannung, B magnetische Induktion oder „Feldliniendichte"

l im Feld befindliche wirksame Leiterlänge

v Geschwindigkeit

φ Winkel zwischen Bewegungsrichtung und Feldrichtung.
Hauptanwendung: Generator

Induskultur:
Bad von
Mohendscho-Daro

zu den Kraftlinien eines Magnetfelds bewegt wird od. wenn das Magnetfeld, worin er sich befindet, verstärkt od. abgeschwächt wird. *Selbst-I.* erfolgt, wenn die induktive Stromerzeugung im selben Leiter geschieht, der das Magnetfeld vorher elektromagnetisch aufgebaut hat. **Induktivität** *w*, Fähigkeit eines elektr. Leitersystems zur Selbstinduktion. Einheit ist das ↗Henry.
Indulgenz *w* (lat.), Nachsicht, Straferlaß.
Indus *m*, längster Strom Indiens; entspringt im Transhimalaja, mündet nach 3180 km mit großem Delta ins Arab. Meer; Bewässerungssystem zw. Indien u. Pakistan. **I.kultur,** älteste ind. Hochkultur, etwa 3000/1500 v.Chr.; außer im I.gebiet auch im Gangestal u. an der Gujarat-Küste; Stadtkultur mit hochentwickelter Kunst. Hauptfundorte: Mohendscho-Daro, Harappa.
Indusi ↗Eisenbahnsignale.
Industrialisierung, i. e. S. das Aufkommen u. die Ausbreitung der industriellen Wirtschaftsweise (↗Industrie) seit dem ausgehenden 18. u. im 19. Jh. in Europa *(Industrielle Revolution);* Ausgangsland ist Engl.; stärkste Ausprägung in den USA. Die I., die sich heute in den übrigen Teilen der Welt mit Hilfe der älteren Ind.-Staaten fortsetzt (↗Entwicklungshilfe), ist Voraussetzung des modernen Massenkonsums. Sie führte zur tiefgreifenden Umgestaltung der modernen Ges. *(Industrielle Gesellschaft)* durch Bildung neuer sozialer Gruppen.
Industrialismus, Bz. für die sozialen Auswirkungen der ↗Industrialisierung: Trennung v. Kapital u. Arbeit, Entstehung einer abhängigen, besitzlosen Arbeiterklasse mit Arbeitslosigkeit u. Verelendung (↗Arbeiterbewegung, ↗Proletariat). ↗Soziale Frage.
Industrie *w* (lat.), im Unterschied zum ↗Handwerk der Teil der gewerbl. Wirtschaft, der in Großbetrieben mit starkem Maschineneinsatz u. weitgehender Mechanisierung u. Automation des Produktionsprozesses Güter herstellt. *Zweige der I.:* Bergbau (Urproduktion), Energieerzeugung, Bauhauptgewerbe u. Verarbeitende I. Zu dieser gehören: Grundstoff- u. Produktionsgüter-I. (z.B. Metallgießereien, Chem. I., Sägewerke), Investitionsgüter-I. (z.B. Maschinen-, Schiffbau-, elektrotechn. I.), Verbrauchsgüter-I. (z.B. Textil-, Möbel-I.) u.

Nahrungs- u. Genußmittel-I. Die I.zweige sind je nach Art ihrer Produktion arbeits- od. kapitalintensiv. Bergbau, Eisen- u. Stahl-I. werden auch als Schwer-I. bezeichnet im Unterschied zur Fein-I. (z.B. Uhren, Optik). Mit der Klein-I. geht die I. ins ↗Handwerk über. **I.form,** *industrial design,* die möglichst funktionsgerechte, „gültige" Formgebung industrieller Erzeugnisse. Entscheidende Impulse gingen v. Bauhaus aus; heute befassen sich in der BRD mit Industrieform u. a. der *Rat für Formgebung* (Darmstadt) u. der *Verein Industrieform* (Essen).
Industrielle Revolution ↗Industrialisierung.
Industrie- u. Handelskammer, öff.-rechtl. Körperschaft, vertritt die wirtschaftl. Interessen sämtl. Handels- u. Gewerbetreibenden (mit Ausnahme der Handwerksbetriebe. ↗Handwerkskammer) eines Bezirks.
Industrieverband, 1) Vereinigung der Unternehmer eines Ind.-Zweiges. **2)** Zusammenfassung aller in einem Wirtschaftszweig Tätigen in einer Gewerkschaft, unabhängig v. verschiedenen Berufen.　　[ten).
in effigie (lat.), bildlich (z. B. jemand hinrichten).
inert (lat.), unwirksam, träge. **i.e Stoffe** sind chem. sehr reaktionsträge, z. B. ↗Edelgase, Stickstoff.
in extenso (lat.), ausführlich.
Infallibilität *w* (neulat.), ↗Unfehlbarkeit.
infam (lat.; Hw. *Infamie*), ehrlos; niederträchtig.
Infant, *Infantin,* Titel span. u. portugies. königl. Prinzen u. Prinzessinnen.
Infanterie *w* (span.-frz.), urspr. die Fußtruppen, heute als Schützentruppen weitgehend motorisiert.
Infantilismus *m* (lat.), körperl. u. geist. Stehenbleiben auf kindl. Entwicklungsstufe.
Infarkt *m* (lat.), ↗Herzinfarkt.
Infektion *w* (lat.), Eindringen v. pflanzl. od. tier. Krankheitserregern od. ihren Giften in den Körper. I.serreger breiten sich aus u. erzeugen **I.skrankheiten;** diese teils gesetzl. meldepflichtig, z. B. Diphtherie u. Typhus. ☐420.
inferior (lat.; Hw. *Inferiorität*), rückständig, minderwertig.

Informel:
Hans Hartung:
„1948–33"

Infektionskrankheiten [1]

	wichtige Krankheitszeichen	Inkubationszeit [2]	Übertragungsweise
Cholera (m, S)	Erbrechen, Bauchschmerzen, starke Durchfälle, häufig Wadenkrämpfe	1–4 Tage	infiziertes Trinkwasser, Nahrung
Diphtherie (m, S)	Fieber, Rachenbelag, Atmungsbeschwerden	2–4 Tage	Einatmen, Berührung
Enteritis, infektiöse (m)	Fieber, Erbrechen, Durchfall, auch Bauchkrämpfe und Blutstuhl	6–48 Stunden	infizierte Nahrung, Wasser oder Milch
Fleckfieber, Flecktyphus (m)	Fieber, Kopf- und Muskelschmerzen, Hautflecke	12–14 Tage	Läuse
Grippe (S)	Fieber, Schüttelfrost, Erkältungssymptome	1–3 Tage	Einatmen, Berührung
Hepatitis, infektiöse Gelbsucht (m)	plötzliches Fieber, Mattigkeit, Übelkeit, Gelenkschmerzen	20–40 Tage	Berührung
Keuchhusten (S)	Hustenstöße mit hörbarem Einatmen	1–2 Wochen	Einatmen, Berührung
Kinderlähmung, spinale (m, S)	Fieber, Lähmungserscheinungen	7–20 Tage	Einatmen, infizierte Nahrungsmittel
Lungenentzündung	Fieber, erschwerte Atmung	2–14 Tage	Einatmen
Masern (S)	Fieber, Lichtscheu, rote Hautflecke – ☐ 271	8–14 Tage	Einatmen
Meningitis, Hirnhautentzündung (m)	Fieber, Bewußtseinstrübung, nach hinten gebeugter Kopf, angezogene Knie	1–4 Tage	Einatmen
Milzbrand (m)	Fieber, Hautpusteln, Schüttelfrost	1–3 Tage	Berührung, Einatmen
Mumps, Ziegenpeter	entzündliche, schmerzhafte Schwellung der Speicheldrüsen, bes. der Ohrspeicheldrüsen	2–3 Wochen	Berührung, Einatmen
Paratyphus (m, S)	Fieber, Muskelschmerzen, Durchfall	3–6 Tage	Berührung, infizierte Nahrung
Pocken, Blattern (m, S)	Fieber, Kreuzschmerzen, Hautpusteln	6–15 Tage	Einatmen, Berührung
Röteln (S)	Schnupfen, Augen- und Halsentzündung, Fieber, masernähnlicher Hautausschlag	14–23 Tage	Berührung
Ruhr (m)	Fieber, Durchfall mit Schleim und Blut	2–7 Tage	Berührung, infizierte Nahrung
Scharlach (m)	hohes Fieber, Kopf- und Halsschmerzen, zusammenfließende rote Hautflecken – ☐ 271	2–5 Tage	Einatmen, Berührung
Starrkrampf (m, S)	schmerzhafte Muskelkrämpfe	4–14 Tage	Wundverunreinigung
Syphilis	Geschwüre an Ansteckungsstelle, später Hautausschlag	14–23 Tage	venerischer Kontakt
Tollwut (m, S)	erhöhte Nervosität, Schlaflosigkeit, Kopfschmerzen, Angstgefühl	2–6 Wochen	Biß infizierter Tiere
Tripper	eitriger Ausfluß, Brennen in der Harnröhre	2–3 Tage	venerischer Kontakt
Typhus (m, S)	Fieber, Kopfschmerzen, Durchfall, hellroter Ausschlag auf dem Bauch – ☐ 271	10–14 Tage	infizierte Nahrungsmittel, Berührung
weicher Schanker	Geschwürbildung, Drüsenvereiterung	1–3 Tage	venerischer Kontakt
Windpocken, Schafblattern	Fieber, typischer Bläschenausschlag	14–21 Tage	Einatmen, Berührung

[1] hier sind naturgemäß nur die wichtigsten Infektionskrankheiten angeführt; im übrigen empfiehlt es sich, bei jeder unklaren Erkrankung einen Arzt zu Rate zu ziehen
[2] die Zeit zwischen der Ansteckung und den ersten Zeichen der Erkrankung
m = meldepflichtig; diese Erkrankung muß der nächsten Gesundheitsbehörde gemeldet werden. Wird die Krankheit ärztlich behandelt, ist der Arzt für die Meldung verantwortlich
S = Schutzimpfung; gegen diese Krankheit kann man sich durch vorbeugende Impfung weitgehend schützen

Inferno s (it.), Hölle, erster Hauptteil der Göttlichen Komödie Dantes. *infernalisch*, höllisch, teuflisch.

Infiltration w (lat.), Einflößung; Eindringen v. Flüssigkeiten od. fremden Formelementen (Eiterkörperchen, Tuberkeln) in Gewebe u. Gewebslücken bei Entzündungen.

Infinitesimalrechnung (lat.), umfaßt die ↗Differential- u. ↗Integralrechnung.

Infinitiv m (lat.), Nennform des ↗Zeitworts.

Infinitum s (lat.), das Unendliche.

in flagranti (lat.), auf frischer Tat.

Inflation w (lat.), die Vermehrung des Geldumlaufs, wobei der Geldmenge keine entsprechende Erhöhung der Güterproduktion u. des Güterangebots gegenübersteht. Wirkung: Preissteigerung, Geldentwertung. ↗Deflation.

Influenz w (lat.), ein mit stat. Elektrizität geladener Körper ruft auf einem nahen zweiten eine Verschiebung seiner Ladung hervor. *l.maschine*, erzeugt durch I. Elektrizität hoher Spannung.

Influenza w (lat.), ↗Grippe.

Informatik w (lat.), Wiss. der Informationsverarbeitung, bes. im Hinblick auf den Einsatz elektron. Datenverarbeitungsanlagen in Wiss., Technik, Wirtschaft u. Verwaltung.

Information w (lat.; Ztw. *informieren*), Belehrung, Auskunft, Nachricht.

Informationstheorie, Teilgebiet der Wahrscheinlichkeitstheorie, beschäftigt sich mit den Bedingungen einer zuverläss. Übertragung v. Informationen (Nachrichten). Der Informationsgehalt (Maßeinheit: bit) ist als Anzahl der Zweierwahlschritte (Ja-Nein-Entscheidungen) festgelegt, die zur Auswahl aus einem gegebenen Vorrat notwendig sind. ↗Kybernetik.

Informel s, frz. *Art informel*, Bz. für seit 1945 in den USA u. Europa auftretende Tendenzen der ↗Abstrakten Kunst; sucht im Ggs. zum Konstruktivismus einen der Materialien bestimmten, unmittelbar visionären Ausdruck des Unbewußten in der künstler. Aktion. ☐ 419. – ↗Action painting.

informelle Gruppen, zwischenmenschl. Beziehungen, die innerhalb od. neben einer

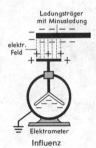

Ladungsträger mit Minusladung

elektr. Feld

Elektrometer

Influenz

Ingelheim am Rhein:
Modell der karoling.
Kaiserpfalz

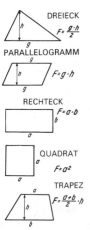

Initiale aus karolin-
gischer Zeit

Inhalt
Berechnung bei
Flächen und Körpern

formellen Organisationsstruktur bestehen, z.B. Cliquenbildung.

Infrarot ⁊Ultrarot.

Infrastruktur w (lat.), **1)** das militär. Nachschubwesen. **2)** „Unterbau" einer Volkswirtschaft, z. B. Straßen, Eisenbahnen, Flugplätze, Krankenhäuser, Schulen.

Inful w (lat.), ⁊Mitra.

Infus s (lat.), ⁊Aufguß.

Infusion w (lat.), Einführung größerer Flüssigkeitsmengen unter die Haut, in die Blutbahn, in Darm, Blase od. Knochen.

Infusorien w, ⁊Aufgußtierchen.

Inge (: indseh), *William*, am. Schriftsteller, 1913–73; Bühnenstücke (meist auch verfilmt); *Come back, little Sheba; Bus Stop.*

Ingelheim am Rhein, rheinhess. Stadt l. am Rhein, 19500 E.; Ruinen einer karoling. Kaiserpfalz; roman. Kirche (9./12. Jh.). Obst- u. Weinbau; pharmazeut. Fabrik.

Ingenbohler Schwestern, *Barmherzige Schwestern v. hl. Kreuz*, 1856 v. ⁊Florentini u. M. Th. ⁊Scherer für christl. Caritas gegr. Schwesternkongregation; Mutterhaus in Ingenbohl (Kt. Schwyz).

Ingenieur (: inseh^enjör, frz.), Berufs-Bz. für alle, die in vorwiegend berechnender u. planender Tätigkeit techn. Anlagen errichten u. überwachen. Ausbildung zum *graduierten I. (Ing. grad.)* auf staatl. od. staatl. anerkannten *I.schulen* (in der BRD weitgehend Fachhochschulen); Erwerb des akadem. Grades *Diplom-Ing.* durch erfolgreiches Studium an Techn. Hochschule, des *Dr.-Ing.* durch Promotion.

ingeniös (lat.-frz.), geistvoll, erfinderisch.

Ingermanland, westruss. Landschaft zw. Narowa u. Wolchow.

Ingolstadt, oberbayer. kreisfreie Stadt, an der Donau, 89200 E.; alte Feste, ehem. Residenz; 1472/1800 Univ.; spätgot. Obere Pfarrkirche, Viktoriakirche von den Brüdern Asam, Altes u. Neues Schloß; Automobilfabrik; Endpunkt von 2 Erdölfernleitungen, 3 Raffinerien.

Ingrediens s (lat.; Mz. *Ingredienzien*), Bestandteil.

Ingres (: ãngr), *Jean-Auguste-Dominique*, frz. Maler u. Zeichner, 1780–1867; führender Meister des Klassizismus. ☐ 485.

Ingwäonen (Mz.), westgerman. Stammesverband, aus dem bes. Sachsen u. Friesen hervorgingen.

Ingwer m, krautige trop. Pflanze; ihr knolliger Wurzelstock enthält das gelbgrüne *I.öl*; Gewürz zu Likören und Duftstoff.

Inhaberpapiere, ⁊Wertpapiere, bei denen nicht eine bes. bezeichnete Person Berechtigter ist, sondern der jeweilige Inhaber, z. B. Inhaber-⁊Aktie.

Inhalation w (lat.), Einatmung v. Gasen, Dämpfen od. zerstäubten Lösungen zu Heilzwecken od. Narkose; dazu *I.sapparate.*

Inhalt, wird bei Flächen (Figuren) u. Körpern *(Raum-I.)* nach bestimmten Formeln errechnet.

inhuman (lat.), unmenschlich, hart.

Initiale w (lat.), bes. hervorgehobener Anfangsbuchstabe.

Initialzündung ⁊Zündung, ⁊Explosivstoffe.

Initiation w (lat.), feierl. Jünglings- od. Mädchenweihe bei Naturvölkern.

Initiative w (lat.), Anregung, Einleitung einer Unternehmung. **Initiator,** derjenige, der eine Initiative ergreift.

Injektion w (lat.), ⁊Einspritzung.

Injektor m (lat.), eine Strahlpumpe, meist zur Speisung v. Dampfkesseln mit Wasser.

Injurie w (lat.), Beleidigung.

Inka, Name der indian. Dynastie der Ketschuas, die 12./15. Jh. n. Chr. ein Großreich im W Südamerikas begründeten, das sich

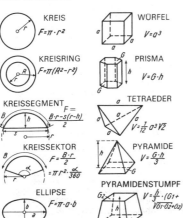

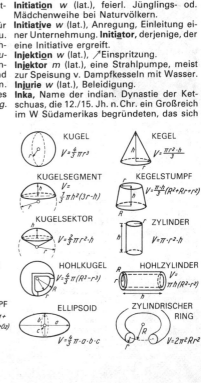

DREIECK $F = \frac{g \cdot h}{2}$

PARALLELOGRAMM $F = g \cdot h$

RECHTECK $F = a \cdot b$

QUADRAT $F = a^2$

TRAPEZ $F = \frac{a+b}{2} \cdot h$

KREIS $F = \pi \cdot r^2$

KREISRING $F = \pi(R^2 - r^2)$

KREISSEGMENT $F = \frac{B \cdot r - s(r-h)}{2}$

KREISSEKTOR $F = \frac{B \cdot r}{2} = \pi r^2 \cdot \frac{\alpha}{360}$

ELLIPSE $F = \pi \cdot a \cdot b$

WÜRFEL $V = a^3$

PRISMA $V = G \cdot h$

TETRAEDER $V = \frac{1}{12} a^3 \sqrt{2}$

PYRAMIDE $V = \frac{G \cdot h}{3}$

PYRAMIDENSTUMPF $V = \frac{h}{3} \cdot (G_1 + \sqrt{G_1 \cdot G_2} + G_2)$

KUGEL $V = \frac{4}{3} \pi r^3$

KUGELSEGMENT $V = \frac{1}{3} \pi h^2 (3r - h)$

KUGELSEKTOR $V = \frac{2}{3} \pi r^2 \cdot h$

HOHLKUGEL $V = \frac{4}{3} \pi (R^3 - r^3)$

ELLIPSOID $V = \frac{4}{3} \pi \cdot a \cdot b \cdot c$

KEGEL $V = \frac{\pi r^2 \cdot h}{3}$

KEGELSTUMPF $V = \frac{\pi \cdot h}{3}(R^2 + Rr + r^2)$

ZYLINDER $V = \pi \cdot r^2 \cdot h$

HOHLZYLINDER $V = \pi h (R^2 - r^2)$

ZYLINDRISCHER RING $V = 2\pi^2 Rr^2$

Das Inka-Reich

Inkrustation in der
Baukunst: Marmor-I.,
S. Maria Novella
(Florenz)

Inlandeis

Antarktis
ca. 13,2 Mill. km²
(z.T. über 4000 m
mächtig)
Grönland
ca. 1,73 Mill. km²
(bis 3500 m mächtig)
Westspitzbergen
ca. 20000 km²
NO-Spitzbergen
ca. 10800 km²
Nowaja Semlja
ca. 33000 km²

zuletzt v. Ecuador im N bis Mittelchile im S
erstreckte; Hst. Cuzco (Peru); autokrat.
Herrschaft mit Hilfe eines lehensrechtl. Be-
amtentums u. stehender Heere; Sonnenkult
als Staatsreligion, dem Herrscher wurde als
„Sohn der Sonne" göttl. Verehrung zuteil.
3 Klassen: Adel, Freie, Sklaven, daneben
Priesterschaft, Klöster; kollektiver Grundbesitz der Gemeinden; Anlage v. Festungen, Straßen, Wasserleitungen; Postwesen; hochentwickelt waren Goldschmiedekunst, Weberei u. Töpferei; monumentale,
zyklop. Bauten, Stufenpyramiden. Pizarro
beendete mit der Eroberung Perus (Ermordung des letzten Herrschers 1533) die Herrschaft der I.
Inkarnation w (lat.; Bw. *inkarniert*), Bz. für
das Eingehen eines göttl. Wesens in einen
menschl. Körper; i.ü.S. auch Verkörperung.
Inkasso s (it.), Einziehung v. Geldforderungen durch einen v. Gläubiger ermächtigten
Dritten.
Inklination w (lat.), **1)** die Neigung der
Bahnebene eines Körpers im Sonnensy-
stem gg. die Ekliptik. **2)** *Magnet. I.* ↗Erdma-
gnetismus.
Inklusen (Mz., lat.), *Reklusen*, Klausner, die
sich in eine Zelle einschlossen.
inklusive (lat.), Abk. incl., einschließlich.
inkognito (it.), unter fremdem Namen, un-
erkannt.
inkommensurabel (lat.) sind Größen ohne
gemeinsames Maß, unvergleichbar.
inkommodieren (lat.), belästigen.
Inkompetenz w (neulat.; Bw. *inkompetent*),
Unzuständigkeit.
Inkongruenz (lat.; Bw. *inkongruent*), Nicht-
übereinstimmung.
Inkonsequenz w (lat.; Bw. *inkonsequent*),
mangelnde Folgerichtigkeit. **Inkonvenienz**
w (lat.), Ungelegenheit.
Inkorporation w (lat.), **1)** allg.: Einverleibung, Eingliederung. **2)** im kath. Kirchenrecht: Eingliederung einer Kirchenpfründe
(Pfarrei) in ein Bistum, Kloster, Dom- od.
Stiftskapitel. **3)** Einverleibung eines polit.
Gemeinwesens in ein anderes, so daß es
mit diesem eine öff.-rechtl. Einheit bildet.
inkorrekt (lat.), fehlerhaft.
Inkret s (lat.), Erzeugnis der inneren Drüsen;
↗Hormone.
Inkrustation w (lat.), **1)** in der Natur: Umhüllung v. Gegenständen mit Krusten. **2)** in
der Kunst: Einlegearbeit (meist mit verschiedenfarbigem Marmor) zur Verzierung
v. Flächen.
Inkubation w, Entwicklungszeit einer Infektionskrankheit. ☐ 420.
Inkubator m (lat.), med. Gerät zur Aufzucht
v. Frühgeburten.
Inkunabeln (Mz., lat. = Windeln, Wiege),
Wiegendrucke, die ersten Drucke nach Erfindung der Buchdruckerkunst, etwa v. 1450
bis 1500.
Inlandeis, Eisdecke, die, unabhängig von
der Geländeform des Untergrundes, große
Gebiete bedeckt; heute in der Arktis u. Antarktis, während der Eiszeiten über großen
Teilen Nordamerikas u. Eurasiens.
Inlett s (engl.), Hülle aus Baumwoll- od. Lei-
nengewebe, zur Aufnahme der Bettfedern.

Innerdeutscher Handel

(in Mill. DM)	1960	1970	1979
Bezüge der BRD	1122,5	1996,0	4589
Lieferungen der BRD	959,5	2415,5	4720
Gesamtumsatz	2082,0	4411,5	9309
Anteil am gesamten Außenhandel d. BRD	2,3%	1,9%	1,5%
Anteil am gesamten Außenhandel d. DDR	10,3%	11,4%	19,4%

in medias res (lat.), mitten in die Sache hinein, ohne Einleitung; aus Horaz' *Ars poetica.*
in memoriam (lat.), zum Andenken.
Inn m, größter, r. Nebenfluß der oberen Donau, bildet im Ober- u. Mittellauf das größte
Alpenlängstal, mündet bei Passau; 510 km
lang; Kraftwerke.
in natura (lat.), in Natur, leibhaftig.
Innenarchitektur ↗Raumkunst.
Innerdeutscher Handel, *Interzonenhandel*,
der Handelsverkehr zw. der BRD u. der DDR
einschließl. Berlins, aufgrund bes. Abkommen im Rahmen festgelegter Kontingente.
Abrechnung über fiktive Rechnungseinheiten; Treuhandstelle in Berlin.
innere Führung, in der Bundeswehr Bz. für
die geistige Ausbildung der Soldaten u. für
zeitgemäße Menschenführung.
Innere Mission, kirchl. Verein für Liebestätigkeit u. Volksmission der dt. ev. Kirche;
gegr. 1848 v. J. H. Wichern. Einrichtungen:
Anstalten der Säuglings-, Kinder-, Jugend-
lichen-, Alters- u. Gefährdetenfürsorge,
Krankenhäuser, Kindergärten, Privatschulen, Frauen-, Jugendvereine u.a. Seit 1957
mit dem ↗Hilfswerk der EKD zusammengeschlossen; führt seit 65 den Namen *Das
Diakon. Werk – I. M. u. Hilfswerk der EKD.*
Innere Mongolei, autonomes Gebiet im NW
Chinas, 450000 km², 8 Mill. E.; Hst. Huhehot. Größtenteils Wüstensteppe (Gobi), im
O Wald. Gebirgsland (Großer Chingan);
grenzt im W an die ↗Mongolische Volksrepublik.
innere Sekretion, Absonderung der ↗Hor-
mon-↗Drüsen.
Innervation w (lat.), Versorgung eines Organs mit Nerven.
Innitzer, *Theodor*, 1875–1955; 1913/32 Prof.
für Exegese des NT in Wien, 29/30 östr.
Bundesmin. für soziale Verwaltung; seit 32
Erzb. v. Wien u. seit 33 Kardinal.
Innovation w (lat.), die planmäßige, empir.
kontrollierte Erneuerung eines Systems,
z.B. des Erziehungswesens.
Innozenz, 13 Päpste, u.a.: **I. III.**, 1160–1216;
1198 Pp., führte das Papsttum des MA auf
den Höhepunkt der polit. Macht; 1198/1208
Regentschaft für Friedrich II. in Sizilien; forderte zu krieger. Bekämpfung der Albigenser auf; 1215 4. Laterankonzil. **I. IV.**, 1243/
54; ließ nach rücksichtslosem Kampf 45 auf
dem Konzil v. Lyon Ks. Friedrich II. absetzen; förderte die Missionen der Bettelorden.
Innsbruck, Hst. v. Tirol, im Inntal, zu Füßen
des Karwendelgebirges, 574 m ü.M.,
116000 E.; Knotenpunkt der Arlberg- und
Brennerlinie. 1363/1665 Hzg.s- und Kaiserresidenz; Renaissance-, Barock- u. Rokoko-

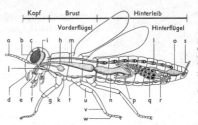

bauten: Hofkirche, Stadtpfarrkirche St. Jakob, Wiltener Pfarrkirche (Rokoko), barokkes Prämonstratenserstift Wilten, spätgot. Goldenes Dachl, spätgot. u. barocke Hofburg; kath. Bischof; Univ.; Jesuitenkolleg; Glasmalerei u. Mosaikanstalt; Textil-Ind. Fremdenverkehrszentrum.
in nuce (lat.), im Kern, kurzgefaßt.
Innung ↗Handwerksinnung.
Innviertel, oberöstr. Landschaft zw. Donau, Inn u. Salzach; bis 1779 bayerisch.
Inönü, Ismet, türk. General u. Staatsmann, 1884–1973; siegte 1921/22 über die Griechen; 23/37 u. 61/65 Min.-Präs., 38/50 Staats-Präs.
inopportun (lat.), ungünstig.
Inowrocław ↗Hohensalza.
in persona (lat.), persönlich. **in petto** (it.), in Bereitschaft (haben). **in praxi** (gr.-lat.), in der Ausübung. **in puncto** (lat.), hinsichtlich.
Inquisition w (lat.), das ehem. v. der Kirche durchgeführte Aufspüren v. Irrlehrern sowie deren gerichtl. Bestrafung. Abweichungen v. der Lehre wurden v. der Kirche in altchristl. Zeit mit geistl. Zuchtmitteln bekämpft. Dies änderte sich, als die christl.-röm. Kaiser Widerspruch gg. die staatl. anerkannte Glaubenslehre als Hochverrat bestraften (Verbannung, Tod). Die Theologen traten teilweise den Gewaltmaßnahmen entgegen. Die Ausbreitung der Katharer u. Waldenser seit dem 11. Jh. führte zur kirchl. u. staatl. Ketzergesetzgebung (Laterankonzil 1215, Gesetze Ks. Friedrichs II.). Gregor IX. betraute 1231 v. sich aus Inquisitoren mit der Verfolgung v. Häretikern. Anwendung der Folter, Geheimhaltung der Ankläger u. Belastungszeugen, Ausdehnung des Begriffs Häresie auf Ungehorsam gg. den Päpstl. Stuhl, auf Zauberei (Hexenverfolgung) verschärften die I. zur Willkür. Rückfällige u. Hartnäckige trafen Feuertod u. Gütereinziehung. In Spanien wurde die I. 1478 gg. die zwangsgetauften, innerl. ihrem Glauben treu gebliebenen Juden (↗Maranen) u. Mauren (Moriscos) erneuert, unter einem eigenen, v. Kg. ernannten, v. Pp. bevollmächtigten Großinquisitor (Dominikaner); im 16. Jh. auch gg. den eindringenden Protestantismus. In Dtl. Ermordung des Ketzerverfolgers Konrad v. Marburg; im 14. Jh. I. hauptsächl. gg. die Beginen, im 15. Jh. gg. die „Hexen''; in Frankreich gg. Albigenser, Templer u. Hugenotten.

I.N.R.I., Abk. für Iesus Nazarenus Rex Iudaeorum (lat. = Jesus von Nazareth, König der Juden), auf Geheiß des Pilatus als Inschr. auf dem Kreuz Christi angebracht.
Insekten (Mz., lat.), Hexapoden, Kerfe, Kerbtiere, 6bein., luftatmende Gliederfüßer, in Kopf, Brust, Hinterleib gegliedert; in Dtl. 30000 Arten; entwickeln sich aus dem Ei über Jugendformen (Larven u. z. T. Puppen) zum fertigen Insekt (Imago); z. T. gefährl. als Pflanzenschädlinge (Reblaus, Kartoffelkäfer, manche Raupen) u. Krankheitsüberträger (Malaria, Fleckfieber), z. T. nützl. (Biene, Seidenspinner), z. T. läst. Ungeziefer (Flöhe, Läuse, Wanzen). Es gibt Flügellose, Geradflügler, Netzflügler, Käfer, Schmetterlinge, Hautflügler. Zweiflügler, Schnabelkerfe. ☐ 913, 914. **I.blütler**, auf ↗Bestäubung durch I. angewiesene Pflanzen. **i.fressende Pflanzen** ↗fleischfressende Pflanzen. **I.fresser**, Säugetiere (Igel, Maulwurf, Spitzmaus) mit rüsselart. Schnauze; oft Schädlingsvertilger.
Insektizide, insektentötende Mittel, Magen- u. Fraßgifte, Berührungs- od. Kontaktgifte, Atmungsgifte, Ätzgifte u. eitötende Mittel (DDT, Hexachlorcyclohexan, E 605, E 838).
Insel, allseitig v. Wasser umgebenes Landstück, v. den größten Ausmaßen bis zu den kleinsten (Schären, Klippen, Riffe, Sandbänke). **Inseln über dem Winde, 1)** westind. Kleine Antillen (↗Leeward- u. ↗Windward-Inseln). **2)** östl. Gruppe der frz. ↗Gesellschaftsinseln. **Inseln unter dem Winde, 1)** die südl. Inseln der Kleinen Antillen, zw. Aruba u. Tobago. **2)** die westl. Gruppe der ↗Gesellschaftsinseln (↗Antillen (S. 30)).
Insemination w (lat.), die künstl. Einführung v. Spermazellen in die weibl. Geschlechtsorgane; homologe I., wenn der Samen v. Ehemann, heterologe I., wenn er v. einem anonymen Spender stammt.
Inserat s (lat.), Zeitungsanzeige. **inserieren**, in der Zeitung anzeigen.
Insignien (Mz., lat.), Herrschaftszeichen; insbes. die ↗Reichs-I.
insinuieren (lat.), einflüstern, verdächtigen.
Inskription w (lat.) v. Ztw. inskribieren), Einschreibung, Inschrift.
Insolation w (lat.), Sonneneinstrahlung.
I.sverwitterung, die durch Temperaturschwankungen bedingte Zerstörung v. Gesteinen.
insolent (lat.; Hw. Insolenz), unverschämt.
insolvent (lat.; Hw. Insolvenz), zahlungsunfähig.

Die wichtigsten Inseln

	Größe in km²		Größe in km²
Grönland	2175600	Taiwan	35961
Neuguinea	785000	Sizilien	25426
Borneo	746591	Sardinien	23812
Madagaskar	587041	Hawai	10414
Sumatra	473606	Zypern	9251
Brit. Haupt-I.	219805	Korsika	8722
Hondo	230636	Kreta	8331
Celebes	179400		
Neuseeland	153947	*Deutschland (BRD):*	
(Südinsel)		Fehmarn	185
Java	126700	Sylt	99
Kuba	114524	Nordstrand	50
Island	103000	Pellworm	37
Hokkaido	78400	Borkum	30
Haiti	77388	Norderney	25
Ceylon	65610	Amrum	20

Insekt (Schema eines geflügelten I.s): a Antenne, b Komplex-, c Punktauge, d Oberlippe, e Oberkiefer (Mandibel), f Unterkiefer (1. Maxille), g Unterlippe (2. Maxille), h Speicheldrüse, i Gehirn, j Unterschlundganglion, k Bauchmark, l Herz, m Vorder-, n Mittel-, o Enddarm, p Malpighische Gefäße, q Ovarium, r Samentasche, s Schwanzborste, t Hüfte, u Schenkel, v Schiene, w Fuß

Insekten

Die Ordnungen der Insekten

Urinsekten
(flügellose I.)

Springschwänze
Beintastler
Doppelschwänze
Borstenschwänze

Fluginsekten

a) Hemimetabola
(I. mit unvollständiger Verwandlung)

Eintagsfliegen
Libellen
Steinfliegen
Geradflügler
Termiten
Ohrwürmer
Blasenfüße
Stabläuse
Läuse
Wanzen
Pflanzenläuse

b) Holometabola
(I. mit vollständiger Verwandlung)

Hautflügler
Käfer
Fächerflügler
Schnabelhafte
Netzflügler
Köcherfliegen
Schmetterlinge
Zweiflügler
Flöhe

in spe (lat.), zukünftig.
Inspektion w (lat.; Ztw. inspizieren), Besichtigung, Beaufsichtigung.
Inspiration w (lat.), **1)** allg. die Eingebung. **2)** die Ein-↗Atmung. **3)** die v. Gott gewirkte Eingebung v. Entschlüssen u. Gedanken, namentl. die Eingebung des Hl. Geistes bei Abfassung der Bibel. **Inspirator** m (lat.), Anreger, Eingeber. **inspirieren**, eingeben, zu etwas begeistern.
Inspizient, ist für die techn. Durchführung einer Theateraufführung verantwortlich.
Installation w (lat.), Anbringen der Hausleitungsnetze u. Apparate für Gas, Wasser, Kanalisation, Strom, Heizung.
Instanz w (lat.), zuständige Stelle.
Insterburg, russ. Tschernjachowsk, Stadt u. Hafen am Pregel, 30000 E.
Instinkt m (lat.), dem Tier angeborene (vererbte) Verhaltens- u. Handlungsweisen; wird ausgelöst durch Umweltreize, Nahrungsstoffe, hormonale Reize; kann durch Dressur überdeckt werden. I.handlungen sind z. B. der Nestbau der Vögel, Staatenleben der Bienen u. Ameisen.
Institut s (lat.), Lehr-, Erziehungs-, Forschungs-Anstalt.
Institut de France (: ãñßtitü dᵉ frãñß), in Paris, die 5 repräsentativen frz. Akademien; u. a. die Académie française.
Institut Français (: ãñßtitü frãñßä), Einrichtungen zur Verbreitung frz. Geistes- u. Kulturgutes im Ausland.
Institution w (lat.), Einrichtung, Behörde; soziolog.: formell ausgestaltete, ausdrückl. formulierte Verhaltensweisen u. -normen einer sozialen Gruppe; u. a. Ehe, Erziehung, Recht, Wirtschaft.
Institutionen, Teil des ↗Corpus iuris civilis.
Instleute (Ez. Instmann), dauernd beschäftigte Landarbeiter ohne Grundbesitz.
Instruktion w (lat.; Ztw. instruieren), Belehrung, Verhaltensvorschrift. **instruktiv**, lehrreich.
Instrument s (lat.), Mittel; Werkzeug zu wiss., künstler., techn. Zweck. **I.alismus** m, von ↗Dewey begr. Lehre; Wahrheit u. Wert haben nur Geltung, insofern sie sich als I.e zur Bewältigung des Daseins bewähren. **I.almusik**, nur mit I.en, ohne Gesang. **I.ation**, die Behandlung u. Verteilung der Stimmen einer Komposition für Orchester.
Insubordination w (lat.), Ungehorsam.
Insuffizienz w (lat.), Unzulänglichkeit, ungenügende Leistung eines Organs.
Insulin s, Hormon der Bauchspeicheldrüse; regelt den Zuckerstoffwechsel. I.mangel verursacht die ↗Zuckerkrankheit; gg. sie spritzt man I. aus tier. Bauchspeicheldrüsen ein. Depot-I. wird langsamer resorbiert.
Insulinde, geograph. Bz. für ↗Malaiischer Archipel.
Insult m, **I.ation** w (lat.), Beleidigung, Belästigung, Schädigung.
in summa (lat.), im ganzen.
Insurgent m (lat.), Aufständischer.
Insurrektion w (lat.), Aufstand.
inszenieren (neulat.), die Aufführung eines Bühnenstücks vorbereiten u. leiten.
intakt (lat.), unberührt, unverletzt.
Intarsia w (it.; Mz. Intarsien), in Holz einge-

Integralrechnung

Unbestimmtes Integral:

Aufgabe: zu gegebener Funktion f (x) gesucht eine Funktion F(x), so daß

$$\frac{d\,F(x)}{dx} = f(x)$$

$$F(x) = \int f(x)dx + C$$

F(x): die **Stamm-** oder **Integralfunktion** oder das **unbestimmte Integral** von f(x)
f(x): der Integrand
x: die Integrationsvariable

Fundamentalintegrale (Auswahl)

$$\int x^n dx = \frac{x^{n+1}}{n+1} + C \quad n \neq -1$$

$$\int a^x dx = \frac{a^x}{\ln a} + C$$

$$\int e^x dx = e^x + C$$

$$\int \frac{dx}{x} = \ln x + C \quad x \neq 0$$

$$\int \cos x\,dx = \sin x + C$$

$$\int \sin x\,dx = -\cos x + C$$

$$\int \frac{dx}{\sin^2 x} = -\,ctg\,x + C$$

Bestimmtes Integral:

$$\int_{x_1}^{x_2} f(x)\,dx = \left[F(x) \right]_{x_1}^{x_2}$$

$$= F(x_2) - F(x_1)$$

[Integral von x = x₁ bis x = x₂ über f(x)]
x_1 = untere Integrations-
x_2 = obere ∫ grenze

Das bestimmte Integral als Grenzwert einer Summe

gilt für $(x_\nu - x_{\nu-1}) \to 0$ der gemeinsame Grenzwert F der Folgen der

Obersummen $\sum_{\nu=1}^{n} G_\nu (x_\nu - x_{\nu-1})$

und der Untersummen $\sum_{\nu=1}^{n} g_\nu (x_\nu - x_{\nu-1})$

dann heißt F das bestimmte

Integral: $F = \int_{x_1}^{x_2} f(x)dx$

---

legte Muster aus farbigen Hölzern, Elfenbein, Schildpatt, auch Metall.
integer (lat.), unbeschädigt; unbescholten.
integral (lat.), ein Ganzes ausmachend, unversehrt. **Integral** s, Grenzwert einer Summe. Das I.zeichen ∫ fordert auf, die Summe zu bilden, d. h. zu integrieren. **Integralrechnung**, formal die Umkehrung der Differentialrechnung, bildet mit ihr zus. die ↗Infinitesimalrechnung. Die I. ermöglicht Flächen- u. Volumenberechnungen, Festlegung der Schwerpunkte usw., oft mit Integrieranlagen od. Integriermaschinen.
Integration w (lat.), die Einordnung v. Gliedern in ein Ganzes. I. Europas ↗Europäische Integration. **integrieren**, **1)** ein Ganzes herstellen. **2)** das Berechnen eines ↗Integrals. **integrierend**, wesenhaft. **Integrität** w, Unversehrtheit, Unbescholtenheit.
Intellekt m (lat.), Auffassungsgabe; Geist, Verstand (im Ggs. zur Vernunft). **I.ualismus** m, philos. Richtung, wonach der I. die alles steuernde Grundkraft der Seele ist. **intellektuell**, verstandesmäßig. **Intelligenz** w (Bw. intelligent), **1)** die geistige Fähigkeit, Probleme unmittelbar durch Einsicht zu lösen; Hauptfaktor der Begabung. ↗IQ. **2)** die Schicht der Gebildeten. **intelligibel** (lat.), erkennbar.
Intendant m (lat.), verantwortl. Leiter v. Theater, Rundfunk- od. Fernsehanstalt.
Intensität w (lat.), Wirkung in die Tiefe (Ggs. Extensität); Angespanntheit.
Intention w (lat.), Absicht.
Intercity-Verkehr (: -ßitˡ-), Schnellverkehr zw. den wichtigsten Städten eines Landes mit meist in regelmäßigen Zeitabständen fahrenden Eisenbahnzügen.
Interdependenz w (lat.), die wechselseitige Abhängigkeit verschiedener Größen.
Interdikt s (lat.), Verbot, im bes. der Vornahme v. kirchl. Amtshandlungen.
Interesse s (lat.; Ztw. interessieren), Anteil, Bedeutung; Nutzen, Rücksicht, Belang; interessant, was I. erregt. **Interessent** m, Beteiligter, wer an etwas Interesse hat.
Interferenz w (neulat.), physikal. Erscheinung, Überlagerung zweier (od. mehrerer) Wellenzüge (Licht-, Rundfunk-, Schall- od. Wasserwellen). Je nach dem gegenseitigen Zusammentreffen erfolgt Verstärkung (Wellenberg auf Wellenberg) od. Schwächung, bis zur Auslöschung (Wellenberg auf Wellental).
Interferometer s (lat.-gr.), nützt die ↗Interferenz der Lichtwellen aus, z. B. zur Messung v. Wellenlängen.
Interieur s (: ãñterjör, frz.), **1)** Innenraum. **2)** maler. Darstellung eines I.; in den Niederlanden im 17. Jh. zur selbständigen Gattung der Malerei entwickelt.
Interim s (lat.), vorläufige Regelung. **interimistisch** (neulat.), einstweilig.
Interjektion w (lat.), Empfindungslaut u. -wort: oh, ach usw. □ 1118.
interkonfessionell, die verschiedenen Konfessionen betreffend, allen Konfessionen gemeinsam.
Interkontinentalrakete ↗Raketenwaffe.
Interlaken, Schweizer Kurort zw. Thuner u. Brienzer See, 567 m ü. M., 5300 Einwohner.

Interlock (engl.), sehr weiches Untertrikotagegewebe, auf einer *I.-Strickmaschine* hergestellt.

Intermezzo *s* (it.), Zwischenspiel.

intermittierend (lat.), period. aussetzend.

i.es Fieber, Wechselfieber, z. B. bei Malaria.

intern (lat.), Innerl., Innen befindlich.

Internat *s* (lat.), Bildungsanstalt, die ihren Schülern auch Kost u. Wohnung gibt; Ggs. Externat.

international (lat.), zwischenstaatlich. **I.e** *w,* **1)** Zusammenschluß sozialist. Arbeiterparteien aller Länder; die *Erste I.,* von Marx in London gegr. (1864–76); die *Zweite I.,* in Paris gegr. (1889–1914 bzw. 1940); die kommunist., *Dritte I.* (die /Komintern), in Moskau gegr. (1919–43); als Zusammenschluß nichtkommunist. sozialist. Parteien die *Sozialist. I.,* 1951 gegr. **2)** Kampflied der internationalen marxist. Arbeiterbewegung: „Wacht auf, Verdammte dieser Erde"; Kehrreim: „Völker, hört die Signale: Auf zum letzten Gefecht! Die I. erkämpft das Menschenrecht!"

Internationale Arbeitsorganisation (IAO), 1919 gegr. zur Beratung internationaler sozialpolit. Fragen; seit 1946 Sonderorganisation der UN. Sitz Genf.

Internationale Bank für Wiederaufbau u. Entwicklung, *Weltbank,* 1945 aufgrund der Beschlüsse v. /Bretton Woods gegr. zur Kapitalhilfe für Entwicklungsländer u. für Länder mit bes. Kapital- u. Devisenmangel; Sonderorganisation der UN, Sitz Washington.

Internationaler Bund Freier Gewerkschaften (IBFG) /Gewerkschaften.

Internationaler Gerichtshof, Rechtsprechungsorgan der UN, Sitz Den Haag; Nachfolger des *Ständigen I. G.s* des Völkerbundes; übt internationale Gerichtsbarkeit über v. den Parteien einvernehml. unterbreitete Fälle aus u. erstattet Gutachten.

Internationaler Währungsfonds (IWF), aufgrund der Beschlüsse v. /Bretton Woods 1945 gegr. zur währungspolit. Zusammenarbeit (Stabilisierung der Wechselkurse, Aufhebung der Devisenbewirtschaftung

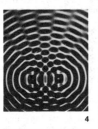

4

Interferenz zweier Wellen: **1** Phasenunterschiede von 0 Grad, **2** von 180 Grad, **3** von 90 Grad; **4** Aufnahme einer Wasseroberfläche mit 2 darüberwandernden Wellenzügen, die von 2 getrennten Punkten ausgehen

usw.); Sonderorganisation der UN, Sitz: Washington.

Internationales Arbeitsamt (IAA), Hauptorgan der /Internationalen Arbeitsorganisation.

Internationales Olympisches Komitee (IOK), Gremium aus gewählten Mitgl. der Nationalen Olympischen Komitees u. einem Präs., das die Olymp. Spiele zu organisieren hat. Sitz Lausanne. Präs. seit 1972: Lord Killanin.

Inter Nationes e.V., Bonn, 1952 gegr. gemeinnütziger Verein zur Pflege der Auslandsbeziehungen der BRD.

internieren (neulat.), an einem bestimmten Ort festhalten, z.B. Angehörige feindl. Nationen.

Internist *m* (lat.), Facharzt für innere Krankheiten.

Interparlamentarische Union (IPU), 1888 gegr. int. Vereinigung v. Parlamentariern zur Verbesserung der int. Zusammenarbeit u. des Völkerrechts; Sitz Genf.

Interpellation *w* (lat.; Ztw. *interpellieren),* parlamentar. Anfrage an die Regierung.

interplanetar (lat.-gr.), zw. den Planeten, z.B. i.e Materie od. i.e Flüge mit Raketen. **i.e Materie,** die im Sonnensystem vorhandene staub- u. gasförm. Materie, als /Zodiakallicht sichtbar, wird ständig durch den /Sonnenwind ergänzt.

Interpol, Abk. für **Inter**nationale Kriminalpolizeil. Kommission. /Kriminalpolizei.

Interpolation *w* (lat.), **1)** fälschende od. irrtüml. Einschiebung in den ursprüngl. Text. **2)** Einschaltung errechneter Zwischenwerte in eine gesetzmäßige Zahlenfolge.

Interpret *m* (lat.), Vermittler, Deuter (bes. auch durch den künstler. Vortrag). **Interpretation** *w* (lat.; Ztw. *interpretieren),* Auslegung, Erklärung.

Interpunktion *w* (lat.), Zeichensetzung.

Interregnum *s* (lat. = Zwischenherrschaft), **1)** *allg.:* die Zeit zw. Tod, Abdankung od. Absetzung eines Herrschers od. Staatsoberhauptes u. der Wahl des Nachfolgers. **2)** *dt. Gesch.:* Bz. für die Zeit vom Tode Konrads IV. bis zur Wahl Rudolfs v. Habsburg (1254/73).

Interrogativum *s* (lat.), fragendes Fürwort, z.B. wer? was? wo? warum?

interstellar (lat.), zw. den Fixsternen. **i.e Materie,** die zw. den Fixsternen vorhandene staub- u. gasförm. Materie, oft wolkenförmig. Im Milchstraßensystem ist die Masse der i.en M. vergleichbar mit der Masse aller Sterne u. steht im Materieaustausch mit diesen.

Intervall *s* (lat.), Zwischenraum; Abstand zweier Töne innerhalb der Tonleiter.

Intervalltraining *s* (: -tre'n'ng), sportl. Hochleistungstraining, das zu erhöhter Organkraft u. Muskelzuwachs, damit zur Leistungssteigerung führen soll. Kennzeichen: Wechsel zw. Belastungs- u. Schonreiz.

Intervention *w* (lat.; Ztw. *intervenieren),* bei einem Streitfall das Eingreifen eines Dritten (bes. staatsrechtl.).

Interview *s* (: int^{er}wju, engl.), Befragung einer Person durch einen Berichterstatter *(Interviewer).*

Intervall

a
Prim   Sekunde

Terz   Quarte

Quinte   Sexte

Sept(ime)   Oktave

None   Dezime

Undezime   Duodezime

b
reine Quinte

c
übermäßige Quinte

verminderte Quinte

doppelt   doppelt
übermäßige   verminderte
Quinte   Quinte

d
große Terz

kleine Terz

e
übermäßige Terz

ver-   doppelt
minderte   übermäßige
Terz   Terz

doppelt verminderte Terz

f
übermäßige Quinte

kleine Sexte

Intervision, der ↗Eurovision entsprechende Zusammenfassung der Fernsehorganisationen osteurop. Staaten.

Interzonenhandel ↗Innerdeutscher Handel.

Inthronisation w (neulat.), feierliche Besitzergreifung v. päpstl., bischöfl. od. Abts-Stuhl.

intim (lat.; Hw. *Intimität*), vertraut, innig.

Intimus, Busenfreund.

Intoleranz w (lat.; Bw. *intolerant*), Unduldsamkeit, bes. gegenüber Andersdenkenden od. Andersgläubigen.

Intonation w (lat.), Anstimmen.

Intoxikation w (lat.), Vergiftung.

intransigent (lat.), unversöhnlich.

intransitiv (lat.) ist ein Zeitwort, v. dem kein Akkusativobjekt abhängen kann (z. B. fallen); Ggs. ↗transitiv.

Intrige w (frz.; Bw. *intrigant*; Ztw. *intrigieren*), Hinterlist, Ränkespiel.

Introduktion w (lat.), Einführung.

Introitus m (lat. = Eingang), meist aus Psalmtexten gebildeter Einzugsgesang der röm. Meßfeier.

Introspektion w (lat.), Selbstbeobachtung.

introvertiert ↗extravertiert.

Intrusion w (lat.), Eindringen v. Magma in das Nebengestein.

Intuition w (lat.; Bw. *intuitiv*), unmittelbare Einsicht in Zusammenhänge u. Gestalten v. sinnl. od. geistig-anschaul. Evidenz.

Inulin s (lat.), stärkeähnl. Pulver aus den Wurzeln v. Korbblütlern; für Zuckerkranke.

in usum Delphini ↗ad usum Delphini.

inv., Abk. für **invenit** (lat. = hat erfunden), bei Graphiken vor dem Künstlernamen.

Invalide m (lat.), wer zur Ausübung seines Berufes unfähig geworden ist. **I.nversicherung** ↗Rentenversicherung.

Invalidität w (lat.), die ↗Berufsunfähigkeit.

Invar s (lat.), Eisenlegierung mit 35,7% Nikkel, mit sehr kleiner Ausdehnung bei Temperaturänderung; zu Meßinstrumenten.

Invasion w (lat.), feindl. Einfall.

Invektive w (lat.), Schmähung, Beleidigung.

Inventar s (lat.), **1)** allg. die Einrichtungsgegenstände. **2)** i. e. S. die zu einem bestimmten Zeitpunkt erfolgte Aufstellung v. Vermögensgegenständen und Schulden einer Unternehmung. **Inventur** w (lat.), die körperl. Bestandsaufnahme des Inventars. **Inventurausverkauf** ↗Ausverkauf.

Inversion w (lat.), **1)** Änderung der regelmäßigen Wortstellung zur Hervorhebung eines bestimmten Satzgliedes; z. B.: Dir glaube ich. **2)** hydrolyt. Spaltung des Rohrzuckers in Trauben- u. Fruchtzucker. **3)** Temperaturumkehr in einer Luftschicht. **4)** transformierende Abbildung in der Geometrie durch reziproke Radien.

Invertseifen, *Detergentien,* synthet. Seifen, deren Wirkung auf oberflächenaktiven Kationen statt Anionen wie bei normalen Seifen beruht; auch im harten Wasser schäumend.

Invertzucker, aus Rohrzucker erzeugter Sirup aus Frucht- u. Traubenzucker.

Investition w (lat.; Ztw. *investieren*), (Geld-) Anlage, Festlegung v. ↗Kapital (z. B. in Maschinen, Gebäuden, *Anlagekapital*);

volkswirtschaftl. der Wert der Erzeugung v. Sachgütern in einem Zeitraum, der Anlagegüter (z. B. Maschinen), die nicht sogleich dem Verbrauch dienen *(I.sgüter).*

Investitur w (lat.), ursprüngl. Einweisung in ein niederes Kirchenamt, später auch auf höhere Ämter (Abtei, Bistum) ausgedehnt. **I.streit,** der Streit zw. den Pp.en u. den Kg.en v. Fkr., Engl. u. Dtl. um die Einsetzung der Bischöfe u. Äbte im 11./12. Jh.; bes. heftig unter Heinrich IV. u. V. in Dtl., wo der Streit durch das ↗Wormser Konkordat beigelegt wurde.

Investment s (engl.), Geld-, Wertpapieranlage. **I.gesellschaft,** eine Beteiligungsgesellschaft, deren Aktienfonds zur Risikominderung aus breitgestreutem Aktienbesitz besteht; verkauft ihrerseits kleingestückelte Anteilscheine als Miteigentum am Aktienfonds. **I.sparen,** der Erwerb v. Anteilscheinen einer I.gesellschaft.

Involution w (lat.), Rückbildung eines Organismus od. Organs.

Inzest m (lat.), die ↗Blutschande.

Region	Höhenbereich	krit. Frequenz von … bis	maximale Elektronendichte
D-Schicht	70– 90 km	0,04 … 0,4 MHz	$2 \cdot 10^9 \ m^{-3}$
E-Schicht	90–140 km	0,5 … 4 MHz	$2 \cdot 10^{11} \ m^{-3}$
F-Schicht	150–400 km	2 …20 MHz	$5 \cdot 10^{12} \ m^{-3}$

Inzision w (lat.), chirurgischer Einschnitt.

Inzucht, 1) Fortpflanzung *unter Blutsverwandten;* führt zu Entartung; in abgeschlossenen Gebieten verbreitet. **2)** ein Verfahren *in der Tierzucht;* erzielt, fachmännisch angewandt, hervorragende Leistungen. **3)** *bei Pflanzen* Vermehrung durch Selbstbefruchtung, wodurch reine Linien entstehen.

Io, chem. Zeichen für ↗Ionium.

IOK ↗Internationales Olymp. Komitee.

Ion s (gr.), elektr. geladenes Teilchen atomarer od. molekularer Größe; wie ↗Elektron Träger eines elektr. Stromes. Bildung v. I. en ↗Dissoziation; ↗Anion, ↗Kation.

Ionenaustauscher, unlösl. Stoffe, die Ionen, z. B. Natriumionen, abgeben u. andere Ionen, z. B. Calciumionen, dafür aufnehmen. Es gibt I., die ↗Kationen, u. solche, die ↗Anionen abgeben. Verwendung z. B. zur Enthärtung des Wassers.

Ionesco, *Eugène,* frz. Dramatiker rumän. Herkunft, * 1909; Vertreter des ↗absurden Theaters; anfangs meist Einakter *(Die kahle Sängerin; Die Stühle),* dann auch mehraktige parabol. Dramen *(Die Nashörner; Der Kg. stirbt);* Erz., Essays über das Theater.

Ionien, das v. den ↗Ioniern i. e. S. bewohnte Gebiet.

Ionier (Mz.), *Ioner,* einer der 3 griech. Hauptstämme; besiedelten im 8./6. Jh. v. Chr. bes. Attika, die Insel Euböa u. die Küstengebiete Kleinasiens. Unter den I.n i. e. S. versteht man die I. Kleinasiens; diese lösten mit ihrem Aufstand gg. die pers. Herrschaft 500/494 die ↗Perserkriege aus.

Ionisation w, Bildung v. ↗Ionen aus Molekülen od. Atomen als *Photo-* u. *Stoß-I.*

Ionisationskammer, Nachweisgerät in der Kernphysik für ionisierende Strahlung, ge-

Ionosphäre: a Prinzip der Echolotung; die Impulse eines Durchdrehsenders werden an den einzelnen Schichten reflektiert, die Laufzeit ist ein Maß der Höhe. **b** Ionogramm; die Reflexionshöhe nimmt mit wachsender Frequenz zu

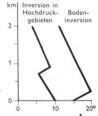

Inversion (Meteorologie): Luftschicht mit nach oben zunehmender Temperatur; am Boden oft v. Nebel begleitet. *I.swetterlagen,* d. h. tiefer Luftdruck mit I.sschichten, die nahezu keinen Austausch bodennaher u. höherer Luftschichten zulassen, können zur Ausbildung v. Smog führen.

messen werden die durch sie erzeugten Ionen u. Elektronen bzw. deren Ladung.

Ionische Inseln, Inselgruppe vor der griech. Westküste (größte Korfu); 2307 km², 190000 E.

Ionischer Stil, im kleinasiat. Ionien seit 600 v.Chr. ausgebildete griech. Bauweise (ionische ↗Säule), im Ggs. zum älteren ↗Dorischen Stil bewegter, anmutiger. **Ionisches Meer,** Teil des europ. Mittelmeeres zw. Süditalien u. Westgriechenland.

Ionium s, Isotop des ↗Thoriums, radioaktives Zerfallsprodukt des Urans 234; Zeichen Io, Atomgewicht 230.

Ionosphäre w (gr.), Teil der hohen Atmosphäre, in dem regelmäßig stark ionisierte Schichten aus positiven Ionen u. negativen Elektronen bestehen: *D-, E-, F-Schicht.* Ursache der Ionisation ist die ultraviolette u. Röntgenstrahlung der Sonne. Durch Höhenschwankung der elektr. leitenden Schicht (Tagesvariation) entstehen durch Induktion starke elektr. Ströme, deren magnet. Wirkung einen großen Beitrag zum ↗Erdmagnetismus liefert, ebenso bei Störungen durch starke Sonnentätigkeit *(magnetische Stürme).* Durch Reflexion von Radiokurzwellen an den I.schichten ist der Radiofernverkehr auf Kurzwelle möglich. Die Erforschung der I. v. der Erdoberfläche aus geschieht mit Radar-Echo-Lotung *(Durchdrehsender)* u. beruht auf der verschieden starken Reflexion der verschiedenen Wellenlängen durch die I.schichten. Die moderne I.forschung arbeitet mit Raketen- und Satellitenexperimenten. ☐ 569.

Iowa (: aiᵘe), nördlicher Mississippistaat (USA), 145791 km², 2,9 Mill. E.; Hst. Des Moines; ergiebiger Ackerbau, Viehzucht; Braunkohlenlager; Fleischwaren-Ind.

Iphigenie, in der griech. Sage Tochter Agamemnons u. Klytämnestras, entsühnt den Bruder u. Muttermörder Orest; Gestalt in Dichtung u. Bildender Kunst (Euripides, Goethe; Feuerbach).

Ipswich (: -witsch), Hst. u. Hafen der südostengl. Gft. Suffolk, 122000 E.; Maschinenfabriken.

IQ, *Intelligenzquotient,* Verhältnis v. Intelligenzalter (Lösung der altersangepaßten Aufgaben des Intelligenztests) zum Lebensalter. Bei normaler Intelligenz stimmen Lebens- u. Intelligenzalter überein.

Iquitos (: ikitoß), Hst. des peruan. Dep. Loreto, am Amazonas, 112000 E.; Univ.; Stapelplatz für Kautschuk; nur auf dem Luft- und Wasserweg erreichbar.

Ir, chem. Zeichen für ↗Iridium.

IRA, Abk. für Irish Republican Army, verbotene terrorist. Organisation für die Befreiung Nordirlands.

Irak m, arab. Rep. in Vorderasien, grenzt im N an die Türkei, im O an den Iran, im S an Kuwait u. Saudi-Arabien, im W an Jordanien u. Syrien; umfaßt vor allem das Land zw. Euphrat u. Tigris (Mesopotamien). In den Stromoasen Anbau v. Baumwolle, Hanf, Getreide, Datteln (80% der Welternte), sonst Steppe u. Wüste. Reiche Ölfelder bei Kirkuk, Mosul u. Chanikin (Förderung 1971: 83 Mill. t) mit Pipelines zum Mit-

Irak

Amtlicher Name:
Al-Jumhuriya
al-Iraqia
(= Republik Irak)

Staatsform:
Volksrepublik

Hauptstadt:
Bagdad

Fläche:
434924 km²

Bevölkerung:
12,8 Mill. E.

Sprache:
Arabisch, daneben
Kurdisch u. Persisch

Religion:
ca. 95% Muslimen.
250000 Christen

Währung:
1 Irak-Dinar
= 1000 Fils

Mitgliedschaften:
UN, Arabische Liga

Iran

Amtlicher Name:
Jomhuriyat-e
Eslami Iran
(=Islamische
Republik Iran)

Staatsform:
Islamische Republik

Hauptstadt:
Teheran

Fläche:
1648000 km²

Bevölkerung:
35,2 Mill. E.

Sprache:
Staatssprache ist
Persisch (das Farsi);
außerdem Kurdisch u.
Regionalsprachen

Religion:
überwiegend Muslimen: 90% Schiiten,
8% Sunniten

Währung:
1 Rial
= 100 Dinars

Mitgliedschaft:
UN

Irisblende

telmeer. – Seit 1534 Teil des türk. Reiches; 1920 unter brit. Mandatsgewalt; 21/33 war Feisal I. Kg.; 32 wurde das Mandat beendet u. der I. als unabhängiger Staat in den Völkerbund aufgenommen, doch blieb der brit. Einfluß noch einige Zeit vorherrschend; 55 Schaffung des ↗Bagdadpaktes, aus dem der I. 59 austrat; 58 Staatsstreich der Armee, unter ↗Kassem, Ermordung Kg. Feisals II. u. Ausrufung der Republik, 64 provisor. Verf. – Staats-Präs. General Saddam Hussein (seit 79).

Iran, bis 1935 ↗Persien, Kaiserreich in Vorderasien, zw. dem Pers. Golf u. dem Kasp. Meer. I. umfaßt den größten Teil des *Hochlands v. I.,* eine 1000–1200 m hohe, v. höheren Randgebirgen eingerahmte abflußlose Hochebene. Am Pers. Golf u. am Kasp. Meer sind schmale Küstenebenen vorgelagert. Nur 10–12% der Fläche sind landw. genutzt, meist als Bewässerungskulturen: Getreide, Reis, Obst, Tabak, Baumwolle. Weite Flächen im Innern dienen der nomad. Schafzucht (Wolle für Teppichweberei, Persianerfelle). Weitgehend noch Feudalwirtschaft mit Großgrundbesitz. Im SW des Landes reiche Ölvorkommen (Förderung 1972: 254 Mill. t). Größte Raffinerie der Erde in ↗Abadan. – Im 2. Weltkrieg v. brit. u. sowjet. Truppen besetzt; der Schah Reza ↗Pahlewi sah sich daraufhin zur Abdankung genötigt; ihm folgte sein Sohn Mohammed Reza Pahlewi. Der 51 durch die Verstaatlichung der überwiegend brit. Erdöl-Ind. ausgebrochene Konflikt wurde 54 beigelegt. 53 wurde Min.-Präs. ↗Mossadegh v. Schah abgesetzt. 55 Beitritt zum Bagdadpakt. 59 Verteidigungsvertrag mit den USA. Seit 63 Bodenreform. 79 Sturz des Schah-Regimes nach bürgerkriegsähnl. Wirren u. Ausrufung der ,,Islam. Rep. I.'' unter Führung des Ayatollah Khomeini. Seit 80 Grenzkrieg mit dem Irak. Nach Absetzung v. Staats.-Präs. Bani Sadr (81) innere Unruhen.

Iranier, Völker mit indogerman. Sprachen in Vorder- u. Mittelasien: Meder, Afghanen, Belutschen, Kurden, Perser, Parsen, Alanen u. Osseten.

Irawadi m, hinterind. Strom; mündet nach 2150 km in den Bengalischen Meerbusen.

Irenäus, hl. (28. Juni), Kirchenvater aus Kleinasien, † um 202; um 177 Bischof v. Lyon.

Irian, indones. für ↗Neuguinea. [Lyon.

Iridium s, chem. Element, Zeichen Ir, Edelmetall der Platingruppe, Ordnungszahl 77; als härtender Bestandteil in Legierungen z. B. mit Platin zu Füllfederspitzen. ☐ 148.

Iris, 1) griech. Götterbotin, wandelt auf dem Regenbogen. **2)** Regenbogenhaut (↗Auge). **3)** ↗Schwertlilie. **Irisblende,** bei opt. Instrumenten verwendet; Öffnung durch sichelförm. Lamellen verstellbar.

Irische See, Randmeer zw. Irland und Großbritannien; bis 245 m tief.

Irish Stew s (: aiᵉrisch ßtju, engl.), irisches Schmorgericht aus Hammelfleisch mit Zwiebeln, Kartoffeln u. Gemüse.

irisieren, in den Regenbogenfarben schillern, z. B. *irisierende Wolken* aus Eiskristallen.

Irland
Amtlicher Name:
Poblacht na h'Éireann,
Abk.: Eire;
engl.: Irish Republic
Staatsform:
Republik
Hauptstadt:
Dublin
Fläche:
70 283 km²
Bevölkerung:
3,4 Mill. E.
Sprache:
Staatssprachen sind
Irisch u. Englisch
Religion:
95% Katholiken
Währung:
1 Irisches Pfund
= 100 New Pence
Mitgliedschaften:
UN, EG, OECD,
Europarat

Irkutsk, größte Stadt Ostsibiriens, an der Angara u. an der Transsibir. Bahn, 550 000 E.; Univ. u. weitere Hochschulen; Schwer-Ind., Wasserkraftwerk an der Angara.

Irland, 1) irisch *Eire,* engl. *Ireland,* die westl. der beiden großen brit. Inseln, 84 426 km², gliedert sich polit. in ↗Nordirland u. die Rep. I. [vgl. 2)]. **2)** *Republik I.,* umfaßt den südl. Teil der Insel I. Hinter buchtenreicher Küste ein welliges, waldarmes Tiefland; im S u. SW abgerundete Gebirgszüge (im Carrantuohill 1040 m). Bei feuchtem Klima sind 90% der Fläche Weideland *(Grüne Insel)* mit Viehwirtschaft. Anbau: Kartoffeln, Gerste u. Flachs (alte Leinen-Ind.). 8% der Fläche sind Moore (Torf). 75% der Ausfuhr sind Agrarprodukte. Wenig Bodenschätze; Ind. im Aufbau. – Die kelt. Iren wurden im 5. Jh. durch Patrick christianisiert, irische Mönche missionierten bald danach das heidn. Festland. Mit der Bestätigung der Oberhoheit Heinrichs II. über I. 1175 begann die engl. Beherrschung der Insel; Aufstände der Iren wurden niedergeworfen, bes. unter O. ↗Cromwell. Heinrichs VIII. Reformationsversuche blieben erfolglos. 1800 erfolgte die staatsrechtl. Union I.s mit Großbritannien. Eine neue Freiheitsbewegung führte zur Gründung des Geheimbundes der Fenier; im brit. Unterhaus verlangten die irischen Abg. ↗Home Rule. Nach dem gescheiterten Osteraufstand in Dublin 1916 übernahm die Partei ↗Sinn Fein die Führung im Kampf gg. Engl. u. erreichte nach einem grausamen Bürgerkrieg 21 die Anerkennung des *Irischen Freistaates* als Dominion; Ulster (Nord-I.) blieb weiterhin bei Großbritannien. Eine neue Verf. erklärte 37 I. zum souveränen Staat; 49 schied es aus dem ↗Commonwealth of Nations aus. Ziel der irischen Politik ist Vereinigung mit Nordirland. 73 Aufnahme in die EWG. – Staats-Präs. 59/73 Eamon de Valera, seit 76 Patrick John Hillery.

Irmin, germanischer Schlachtengott. **I.sul,** *I.säule,* dem I. geweihte Holzsäule der Sachsen; die I.sul bei der Eresburg 772 v. Karl d. Gr. zerstört.

IRO, Abk. für International Refugee Organization, Internationale Flüchtlingsorganisation der UN 1947/51. ↗Flüchtlingshilfe.

Irokesen, indian. Volk in Nordamerika; lebten am oberen Hudson, heute in Reservationen im Staat New York u. in Kanada (ca. 20 000 Menschen).

Ironie *w* (gr.), versteckter Spott.

Irradiation *w* (lat.), Ausstrahlung.

irrational (lat.), nennt man **1)** die Seelenkräfte, die über die Vernunft hinausgreifen; Wille, Gefühl; sie werden von der Vernunft durchleuchtet. **2)** Gegenstände oder Wirklichkeiten, die der Vernunft entzogen sind. Solche nimmt der **Irrationalismus** an, der teilweise auch einen irrationalen Weltgrund lehrt. Bruch mit ganzzahl. Zähler u. Nenner darstellbare Zahlen, als unendl., nichtperiod. Dezimalbrüche darstellbar; I. sind π, e, $\sqrt{2}$ usw. □ 1125.

Irrealis *m* (lat.), Zeitwortform für ein nichtwirkl. od. nichtmögl. Geschehen; z. B. ich

würde es (gern) bezahlen (ergänze: aber ich kann es nicht).

Irredenta *w,* eig. *Italia I.* (it. = das unerlöste It.), nach der Einigung It.s bes. gg. Östr. gerichtete polit. Bewegung, die die Angliederung aller Gebiete mit italienisch sprechender Bev. forderte.

irregulär (lat.), regelwidrig.

irrelevant (lat.), unerheblich. **irreparabel** (lat.), nicht wiedergutzumachen. **irreversibel** (lat.), heißen Vorgänge, die nicht rückgängig gemacht werden können.

Irrigator *m* (lat.), Gefäß für ↗Infusionen.

irritieren (lat.), reizen, unsicher machen.

Irrlicht, Irrwisch, seltene Leuchterscheinung über Sumpfböden; vermutl. Flämmchen von Sumpfgas (Methan).

Irrtum vorbehalten, *I. v.,* im Geschäftsverkehr Klausel unter Kontoauszügen, Rechnungen usw., durch die jede Haftung für Fehler abgelehnt wird.

Irtysch *m,* l. Nebenfluß des Ob (Sibirien), 4248 km lang; 5 Monate eisbedeckt; u. a. bei Buchtarma u. Kuibyschew gestaut (Kraftwerke). □ 975.

Irving (: ö̱'wing), **1)** *Edward,* 1792–1834; schott. Prediger der Erweckungsbewegung; in London v. Einfluß auf die Kath.-Apostol. Gemeinden (gegr. 1835), gg. ihren Willen nach ihm *Irvingianer* genannt. Diese näherten sich der kath. Liturgie, hatten Apostel nach urchristl. Vorbild; auch in Dtl. **2)** *Washington,* amerikan. Schriftsteller, 1783–1859; zeitweise Diplomat, schrieb Geschichtswerke, Biographien (bes. über *Washington),* Skizzen u. – die Gattung mitbegründende – Kurzgeschichten.

Isaac, *Heinrich,* niederländ. Komponist, um 1450–1517; Hofkomponist Ks. Maximilians I.; Kirchenmusik, Lieder.

Isaak, Patriarch des AT, Sohn Abrahams u. Saras; segnete, v. seiner Frau Rebekka überlistet, Jakob statt des erstgeborenen Esau.

Isaak *(Sahak)* d. Gr., hl. (9. Sept.), Katholikos v. Großarmenien, † 439; förderte die armen. Bibelübersetzung u. Liturgie.

Isabella I. die Katholische, Königin v. Kastilien, 1451–1504; 1474 Königin, durch ihre Heirat mit ↗Ferdinand II. v. Aragonien 69 wurden die span. Kgr.e vereinigt.

Isaias, *Jesaja,* der erste der 4 Großen Propheten; wirkte im 8. Jh. im Reiche Juda. Das *Buch I.* enthält die meisten Weissagungen über den Messias.

Isar *w,* r. Nebenfluß der oberen Donau, kommt aus Tirol, mündet bei Deggendorf, 295 km lang; Kraftwerke.

Isarco, it. Name des ↗Eisack.

Ischewsk, Hst. der ASSR der Udmurten (UdSSR), 550 000 E.; Maschinenbau-, Holz-u. Nahrungsmittel-Ind.

Ischia (: ißkia), it. Insel, im Golf v. Neapel, vulkanisch (mit Thermen), 46 km², 35 000 E.; Hst. I. Obst- u. Weinbau.

Ischias *w* (gr.), Hüftweh, schmerzhafte Neuralgie im Gebiet des Hüftnerven *(Ischiadicus)* als Folge vielfält. Ursachen.

Ischl, *Bad I.,* östr. Kurort im Salzkammergut, 13 000 E.; Kochsalz-, Glaubersalz- u. Schwefelquellen; Salinen, Salzbergwerk.

Ischtar, babylon.-assyr. Göttin des Krieges, der Jagd, der Liebe u. Mutterschaft.

Isel *m*, 750 m hoher Berg bei Innsbruck. – 25. u. 29. 5. u. 13. 8. Siege, 1. 11. 1809 entscheidende Niederlage der Tiroler unter A. ↗Hofer gg. Franzosen u. Bayern.

Isergebirge, der nordwestl. Teil der Sudeten, im Hinterberg 1127 m hoch.

Iserlohn, westfäl. Stadt im Sauerland (Märkischer Kreis), 94700 E.; Fachhochschule, Metall- und Textil-Industrie.

Isfahan, fr. *Ispahan,* drittgrößte Stadt Irans, 672000 E.; religiöser Mittelpunkt der kath. Armenier mit Bischof, lat.-kath. Erzb.; altes Kunsthandwerk, Wollindustrie.

Isidor v. Sevilla, hl. (4. Apr.), Kirchenlehrer, um 560–636; um 600 Erzb. v. Sevilla; Lehrmeister des MA, dem er eine Fülle antiken Wissens vermittelte.

Isis, altägypt. Himmelsgöttin, Mutter des ↗Horos, mit dem Bruder u. Gatten ↗Osiris das repräsentative Götterpaar Ägyptens.

Isis mit ihrem Sohn Horos (um 1300 v. Chr.)

Iskanderija, arab. für ↗Alexandria.

Iskenderun, fr. *Alexandrette,* Hauptort des türk. *Sandschaks v. I.,* am *Golf v. I.,* 108000 Einwohner.

Islam *m* (arab.), die v. ↗Mohammed aus arab., jüd., christl. und gnostischen Elementen gestaltete Religion. Glaubensquellen: ↗Koran u. mündl. Überlieferung. Der eine Gott hat die Welt frei aus dem Nichts erschaffen u. bestimmt im voraus alles, auch die Handlungen des Menschen, der aber trotzdem frei ist. Den einzelnen Weltzeiten sandte Gott seine Propheten (Adam, Noe, Abraham, Moses, Jesus), deren letzter u. größter Mohammed ist. Gericht nach der allg. Auferstehung; wer im Kampf für den I. fällt, gelangt sofort ins Paradies. Wegen Vorausbestimmung Ergebung (= Islam) gefordert (daraus Fatalismus, ↗Kismet). Bildloser Kult. Hauptpflichten: a) Glaubensbekenntnis; b) täglich 5maliges Gebet in ritueller Reinheit (durch Waschung); c) ganztägiges Fasten im Monat Ramadan; d) Almosen; e) Wallfahrt nach Mekka. Genuß von Wein u. Schweinefleisch sowie Glücksspiel verboten; Nächstenliebe gg. Glaubensgenossen ist zu üben. Gesetzl. Regeln bestimmen das religiös-politische Leben im einzelnen (Rechtsgelehrter = Mufti); kein Priestertum; Bettelorden (Derwische) Träger der Mystik; höchste geistl. Autorität der Kalif. Im Streit über Mohammeds Nachfolgerschaft bildeten sich 2 Richtungen: ↗Sunniten u. ↗Schiiten. Von Arabien rasche Ausbreitung, meist mit Waffengewalt, im 7. Jh. über Syrien, Persien, Ägypten; 8. Jh. über Nordafrika, Spanien u. Teile Indiens; im 11. Jh. über Kleinasien u. seit 15. Jh. über Südosteuropa. Als Erbe des Hellenismus u. Parsismus schuf der I. in Auseinandersetzung mit Christentum u. indischer Geisteswelt eine eigene Kultur mit bedeutenden Leistungen in Philosophie, Recht u. Kunst, auch in islam. Theologie u. Mystik. Die christl. Mission errang bei ihm wenig Erfolge. Heute zählt der I. etwa 465 Mill. Anhänger; in Afrika u. Südostasien fortschreitende Mission. Dem Kommunismus gegenüber ist der I. im allg. abweisend.

Die Kunst des I. ist trotz nationaler Unterschiede relativ einheitlich geprägt. Infolge des Verbots von bildlichen Darstellungen fehlen fast völlig figürl. Plastik u. Malerei (ausgenommen Kunsthandwerk u. pers. Miniaturen). An die Stelle figürl. Schmucks setzt die islam. Kunst oft überreiche Ornamentik (bunte Kacheln u. Stuck). Hauptbauwerk ist die Moschee: Im afrikan.-maur. Kunstkreis als weitläuf. Säulenhalle mit Hof u. viereck. Minarett, in Ägypten, Kleinasien u. Indien als Kuppelbau mit rundem Nadelminarett. Charakterist. Bauform ist der hufeisenförm. (maur.) od. kielförm. (pers.) Bogen. Im ganzen islam. Bereich verbreitet ist die hochentwickelte Teppichknüpferei, in Syrien u. dem maur. Spanien Herstellung v. Schmuckwaffen (Damaszenerklingen), in Kleinasien und in Indien höfische Miniaturmalerei.

Islamabad, neue Hst. Pakistans (im Bau), in gesunder Höhenlage 1500 m ü. M., 35 km von Rawalpindi, 78000 E.; Univ.

Island, Insel u. selbständige Rep. im Nordatlantik, südl. des Polarkreises. I. ist ein wüstenhaftes Hochland mit aktiven Vulkanen (Öräfajökull 2119 m, Hekla 1447 m), ausgedehnten Gletschern, ca. 1500 Geysiren u. heißen Quellen (für Warmwasserheizung u. Glashauskulturen genutzt), 97% aller Einkünfte liefert die hochmoderne Fischerei in den Küstengewässern. Nur 0,5% der Fläche sind landwirtschaftl. genutzt. Auf spärlichen Weiden im Innern Schaf- u. Pferdezucht (*I.ponies*). – Um 800 v. iro-schott. Mönchen entdeckt, seit 874 v. Norwegen aus besiedelt, um 1000 christl.; kam 1262 an Norwegen u. 1380 mit diesem an Dänemark; 1538/50 Einführung der Reformation. I. erhielt 1874 eine Verf. u. 1918 volle Selbständigkeit, blieb aber durch das Herrscherhaus in Personalunion mit Dänemark; 44 durch Volksabstimmung Lösung v. Dänemark u. Ausrufung der Republik. – Staats-Präs. Vigdis Finnbogadottir (seit 80).

Isländisches Moos, im N u. in Mittelgebirgen verbreitete Flechte; getrocknet als Heilmittel gg. Katarrhe. ☐ 453.

Ismael, Sohn Abrahams; mit seiner Mutter, der Magd Hagar, in die Wüste verstoßen. Stammvater arabischer Stämme.

Island

Amtlicher Name: Lýdhveldidh Ísland

Staatsform: Republik

Hauptstadt: Reykjavik

Fläche: 103000 km²

Bevölkerung: 226000 E.

Sprache: Isländisch

Religion: 98% Protestanten

Währung: 1 Isländ. Krone = 100 Aurar

Mitgliedschaften: UN, NATO, Nord. Rat, Europarat, OECD, EFTA

Islam: Moschee Sultan Ahmeds I. (17. Jh.), Istanbul

Isomerie-Typen

Stereoisomere

Cis-trans-Isomere

H —— C —CH₃
‖
H —— C —CH₃

cis-Buten-(2)

H₃C —— C —— H
‖
H —— C —CH₃

trans-Buten-(2)

Optische Isomere

COOH ‖ COOH

C ‖ C

HO ‖ OH

H CH₃‖CH₃ H

D(–)-Milch-‖ L(+)-Milch-
säure ‖ säure

Strukturisomere

Kettenisomere

```
    H  H  H  H
    |  |  |  |
H — C— C— C— C—H
    |  |  |  |
    H  H  H  H
         n-Butan
```

```
    H  H  H
    |  |  |
H— C— C— C—H
    |  |  |
    H  H  H
    |
H — C — H
    |
    H
   Iso-Butan
```

Stellungsisomere

CH₂Cl — CH₂ — CH₃
1-Chlor-propan

CH₃ — CHCl — CH₃
2-Chlor-propan

Funktionsisomere

H₃C — CH₂
 |
 OH   Äthanol

H₃C — O —CH₃
Dimethyläther

Ismailia, ägypt. Stadt am Suezkanal und am Timsah-See, 190000 E.
Ismailiten, islam. Sekte, extremste Richtung der ↗Schiiten, heißen heute *Hodschas;* Oberhaupt ist ↗Aga Khan IV.
Isny im Allgäu, württ. Stadt, Kurort u. Wintersportplatz am Rand der Allgäuer Alpen, 12500 E.; Lungenheilstätte; Holzindustrie.
iso… (gr.), gleich… **ISO**, Abk. für *International Organization for Standardization*, fördert die Standardisierung auf weltweiter Basis. Sitz Genf. **Isobare** w (gr.), Linie gleichen Luftdrucks; auf Wetterkarten.
Isochromasie w (gr.), Eigenschaft photograph. Emulsionen, für alle Farben gleich empfindl. zu sein. **Isodynamen** (Mz., gr.), Verbindungslinien der Orte gleicher Intensität des Erdmagnetfeldes. **Isogonen** (Mz., gr.), Verbindungslinien der Orte gleicher magnet. Deklination. **Isohypse** w (gr.), ↗Höhenlinie.
Isokrates, griech. Rhetor u. Philosoph, 436–338 v.Chr.; angesehener Ratgeber.
Isolation w (lat.; Ztw. *isolieren*), 1) Absonderung, Vereinzelung. 2) Abdichtung, den Aus- u. Zutritt von Nässe, Wärme, Elektrizität, Schall durch Widerstandsstoffe verhindern. 3) durch Absonderung von Kranken das Übergreifen ihrer ansteckenden Krankheit auf andere unmöglich machen. **Isolationismus** m (lat.), 1) *allg.:* außenpolit. Grundsatz, der auf freiwillige Abschließung eines Staates v. der internationalen Politik durch Vermeidung jegl. Bündnisses zielt. 2) die die Politik der USA lange beherrschende Tendenz, sich aus europ. Verwicklungen fernzuhalten; seit 1945 offiziell aufgegeben. – ↗Monroedoktrin. **Isolator** m (lat.), jeder Stoff, der elektr. Strom nicht oder kaum leitet; glocken-, teller- od. stabförm. Bauteile aus Porzellan od. anderen isolie-

renden Werkstoffen zum Aufhängen elektr. Starkstromleitungen.
Isolde, Geliebte ↗Tristans.
Isoleucin s, eine essentielle ↗Aminosäure.
Isomerie w (gr.), Erscheinung, daß physikal. u. chem. verschiedene Stoffe dieselbe Zusammensetzung (Summenformel) besitzen. **Isomorphie** w (gr.), Eigentümlichkeit ähnl. chem. Substanzen, in gleichen Formen zu kristallisieren.
Isonzo, Fluß in Julisch-Venezien, mündet nach 130 km in den Golf v. Triest. – Im 1. Weltkrieg östr.-it. Frontlinie; 12 I.-Schlachten.
Isopren s, CH₂ = CH – C(CH₃) = CH₂, ungesättigter flüss. Kohlenwasserstoff (Methyl-Butadien); Hauptbestandteil des Naturkautschuks. **Isostasie** w (gr.), Gleichgewicht zw. großräum. Massen der Erdrinde. **Isotherme** w (gr.), Linie gleicher Temperatur; auf meteorolog. Karten. **Isotope** (Mz., gr.; Ez. das *Isotop*), Atomarten, deren Kerne gleiche Protonen-, aber verschiedene Neutronenzahl haben, dadurch verschiedene Massen, bei gleichen chem. Eigenschaften. Fast alle natürl. vorkommenden chem. Elemente sind *Isotopengemische.* □ 48. **Isotopenbatterie** ↗Atombatterie.
Israel, Rep. in ↗Palästina, an der Ostküste des Mittelmeeres. Über die natürl. Ostgrenze I.s, den Jordangraben, schiebt sich Jordanien weit nach W vor u. trennt I. in 2 durch einen 30 km breiten Korridor am Mittelmeer verbundene Teile. Der N, das alte Galiläa, ist trockenes, kahles Gebirgsland; den S nimmt größtenteils die Wüste Negev ein, das alte Judäa. In der 25 km breiten Küstenebene am Mittelmeer und in Wüstenoasen Anbau von Wein, Zitrusfrüchten (Jaffa-Orangen), Gemüse; nur 10% des Bodens in Privatbesitz; Landwirtschaft genossenschaftl. nach dem Kibbuz-System; am Toten Meer Förderung v. Kali, Brom u. Erdpech; in der Negev Phosphate. – Nach Erlöschen des brit. Mandats über Palästina 1948 rief der jüd. Nationalrat den Staat I. als nationale Heimstätte für die Juden aus. Dies führte zum bewaffneten Angriff der arab. Staaten Ägypten, Irak, Jordanien, Syrien u. Libanon. I. behauptete sich; durch die Vermittlung der UN (Graf F. ↗Bernadotte) wurde 49 ein Waffenstillstand geschlossen; seither häufige Grenzkämpfe zw. I. u. Arabern. 56 (↗Suezkanal) besetzte I. vorübergehend ägypt. Gebiet. Im 6-Tage-Krieg im Juni 67 Sieg I.s über die Araber u. Besetzung der Sinai-Halbinsel, des Gaza-Streifens, Westjordaniens u. der Golanhöhen; die jordan. Altstadt v. Jerusalem wurde I. eingegliedert. Seither zahlr. militär. u. terrorist. Übergriffe auf beiden Seiten. Okt. 73 koordinierter Angriff ägypt. u. syr. Truppen; I. wurde größtenteils v. Ostufer des Suezkanals vertrieben, drang aber auf dem Westufer u. in Syrien vor. Diplomat. Intervention v. USA u. UdSSR erzwang Waffenstillstand. Seither 74 Truppenentflechtung am Suezkanal u. auf dem Golan. 75 Sinai-Abkommen; seit 77 Gespräch mit Ägypten zur Lösung des Nahostkonflikts. 79 Friedensvertrag mit Ägypten. Palästinenserproblem bleibt aber ungelöst. 81 Militäraktionen gg.

zur nächsten Isotopengemisch
Stufe   U 235, U 238

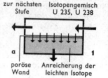

a   1
poröse   Anreicherung der
Wand   leichten Isotope

b

Austritt   2
U 235   wärmer
(leichte
Fraktion)

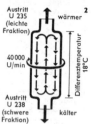

40000
U/min

Austritt
U 238
(schwere   kälter
Fraktion)

Differenztemperatur 18°C

Isotopen-Trennung
(Trennung von U 235 von U 238): 1 Großtechnisches Gasdiffusionsverfahren (a der Einzel-, b der Reihenprozeß), 2 Zentrifugalanlage (gravische Trennung)

Israel

Amtlicher Name:
Medinat Israel

Staatsform:
Republik

Hauptstadt:
Jerusalem

Fläche:
20700 km²

Bevölkerung:
3,8 Mill. E., davon 3,1 °

Sprache:
Staatssprache ist Iwrith (Neuhebräisch); Jiddisch u. Arabisch sind Umgangssprachen

Religion:
84% Juden, 8% Muslimen, 2,2% Christen, 1,1% Drusen

Währung:
1 Israel. Pfund = 100 Agorot

Mitgliedschaften:
UN

Libanon und Irak. – Staats-Präs. Jitzchak Navon (seit 78).

Israeliten, v. Patriarchen Jakob mit dem Beinamen Israel (hebr. volksetymolog. = Kämpfer mit Gott) abstammendes Volk, das seit der 2. Hälfte des 13. Jh. v. Chr. Palästina eroberte. Von der einheim. Bev. Hebräer genannt. Nach der Teilung des salomon. Reiches (etwa 926 v. Chr.) führte das Nordreich im Unterschied zum Südreich (Juda) den Namen Israel. Seit der Babylon. Gefangenschaft (586/538) werden die I. allg. als ↗Juden bezeichnet.

Istanbul, fr. ↗Konstantinopel u. Byzanz, größte Stadt u. wichtigster Hafen der Türkei, am Bosporus. 2,5 Mill. E.; auf dem europ. Ufer, zw. Goldenem Horn u. Marmarameer, der Stadtteil Stambul, durch 2 Brücken mit den Stadtteilen Pera u. Galata verbunden; auf dem asiat. Ufer die Stadtteile Üsküdar (Skutari) u. Haidar Pascha; seit 73 Brücke zw. europ. u. asiat. Ufer; Univ. u. mehrere Hochschulen; röm.-kath. Patriarchalvikar (Erzb.), armen.-kath. Erzb., griech.-kath. Bischof und orth. Patriarch.

Istar ↗Ischtar.

Isthmus m (gr.), Landenge.

Istrien, Halbinsel im N der Adria; 4955 km², 350 000 E.; im NO ödes Karstgebirge, im westl. Teil fruchtbare niedere Kreidekalkplatte; Mittelmeerklima; wichtigster Ort Pula. – I. kam im 13. Jh. zum größten Teil an Venedig, 1797 an Östr.; 1920 an It. abgetreten, seit 45 (ohne Triest) Teil der jugoslaw. Rep. Kroatien.   [Elbe u. Rhein.

Istwäonen, westgerman. Kultverband zw.

Itala w (lat.), ungeeignete Bz. für altlatein. Bibelübers., richtig ↗Vetus Latina.

Italien, Rep. auf der ins Mittelmeer vorstoßenden Apenninhalbinsel. Im N hat I. noch Anteil an den Alpen; die Gebirgsketten greifen in großen Bögen v. W nach SO über u. bilden als ↗Apennin das Rückgrat der stiefelförmigen Halbinsel. Zw. Apennin u. Alpen liegt die fruchtbare Po-Ebene. Größte Inseln sind Sizilien u. Sardinien. I. ist ein hochindustrialisiertes Agrarland; ca. ¹/₃ der Ausfuhr stellt die Landwirtschaft: bes. Wein, Orangen, Zitronen, Olivenöl. Die Ind. konzentriert sich zu ²/₃ in den ober-it. Städten: Mailand, Turin, Genua, Triest mit bedeutenden Maschinen-, Textil- u. Chemikalien-Werken. Große Einnahmen aus dem Fremdenverkehr u. den Überweisungen der 12 Mill. Gastarbeiter u. Auslandsitaliener. Geschichte: I. war seit dem Untergang des ↗Röm. Reiches bis ins 19. Jh. meist ein Objekt fremder Mächte. 493 wurde es v. den Ostgoten erobert, auf die 553 das Byzantin. Reich folgte. 568/774 herrschten in Nord-I. die Langobarden, während die Pp.e seit Gregor d. Gr. Stadtherren v. Rom waren. Durch das Bündnis des Papsttums mit dem Franken-Kg. entstand 754 der ↗Kirchenstaat. Der N war zunächst Teil des Fränk. Reiches u. gehörte dann zu dem v. Otto d. Gr. begründeten Heiligen Römischen Reich. 827 eroberten die Sarazenen Sizilien; im 11. Jh. wurden sie v. den Normannen verdrängt, die sich bereits in Unter-I. festgesetzt hatten u. unter Roger II. das v. ihnen

Istanbul: Blick von Galata nach Süden über das Goldene Horn auf Stambul

Italien

Amtlicher Name:
Repubblica Italiana

Staatsform:
Republik

Hauptstadt:
Rom

Fläche:
301 225 km²

Bevölkerung:
56,9 Mill. E.

Sprache:
Staatssprache ist Italienisch; in der Prov. Bozen ist Deutsch, in der Region Aostatal Französisch 2. Amtssprache

Religion:
99,6% Katholiken

Währung:
1 Italien. Lira = 100 Centesimi

Mitgliedschaften:
UN, NATO, WEU, EG, Europarat, OECD

besetzte Gebiet zu einem vorbildl. Staatswesen ausbauten. Im 11. Jh. erstarkten in Nord-I. die Städte, mit denen die Staufer-Ks. zu kämpfen hatten. Durch die Heirat Ks. Heinrichs VI. mit ↗Konstanze fiel das Normannenreich an die Staufer, so daß der Kirchenstaat im N u. S umklammert war. Nach dem Untergang der Staufer herrschten seit 1266 die Anjou in Sizilien (das 82 an Aragonien fiel) u. in Neapel, das 1442 an Aragonien kam; im N waren an die Stelle der Kaisermacht Stadtstaaten getreten, die teils v. Herzögen regiert wurden, teils eine republikan. Verf. hatten. Neben Florenz u. Pisa, den Rep.en Genua u. Venedig war Mailand unter den Visconti u. Sforza bes. mächtig. Die größte Macht in I. errang Ks. Karl V., der die frz. Eroberungsversuche erfolgreich abwehrte. Die im Besitz der span. Habsburg. befindl. Gebiete (Sardinien, Neapel, Sizilien u. Mailand) fielen im Span. Erbfolgekrieg 1701/14 an Östr.; der Hzg. v. Savoyen-Piemont erhielt 1718/20 das Kgr. Sardinien. In weiteren Erbfolgekriegen verlor Östr. wieder eine Reihe v. Gebieten an bourbon. Nebenlinien. Die Frz. Revolution u. Napoleon brachten vorübergehende Änderungen; auf dem Wiener Kongreß 1815 entstand dann die in im 1. Hälfte des 19. Jh. geltende Ordnung. Östr., unter dessen Vorherrschaft die Toskana, Teile des Kirchenstaats, die Lombardei u. Venetien gekommen waren, stützte die kleineren habsburg. u. bourbon. Dynastien gg. die it. Einigungsbewegung, das Risorgimento. Der Versuch Mazzinis u. Garibaldis, im Revolutionsjahr 48 eine it. Rep. zu schaffen, scheiterte. Erst der sardin. Min.-Präs. Cavour konnte nach der Besiegung Östr.s 59 mit frz. Hilfe (wobei die Lombardei an I. fiel) u. der Vertreibung der ausländ. Fürsten 59/60 das Kgr. I. errichten (60). 66 gewann I. im Dt. Krieg noch Venetien, 70 nach Abzug der frz. Besatzung Rom mit dem Rest des Kirchenstaats (↗Römische Frage). 1882 schloß I. mit Dtl. u. Östr. den Dreibund, den es 1915 kündigte, um auf der Seite der Entente am 1. Weltkrieg teilzunehmen; 11/12 gewann es in einem Krieg gg. die Türkei Libyen, 19 Südtirol bis zum Brenner, Triest u. Istrien u. a. Innere Unruhen ermöglichten Mussolini 22 die Errichtung der Diktatur

Die italienischen Könige u. Staatspräsidenten

Viktor Emanuel II.	1861/78
Umberto I.	1878/1900
Viktor Emanuel III.	1900/46
Umberto II.	1946
E. de Nicola	1946/48
L. Einaudi	1948/55
G. Gronchi	1955/62
A. Segni	1962/64
G. Saragat	1964/71
G. Leone	1971/78
S. Pertini	seit 1978

Italienische Sprache
(Dialekte)

Norditalien
Gallo-Ladino-Italisch
Piemontesisch
Lombardisch
Ligurisch
(berührt sich mit dem Provenzalischen)
Venezianisch

Mittelitalien
Toskanisch
Umbrisch
Römisch
Korsisch

Süditalien
Neapolitanisch
Kalabresisch
Sizilianisch

Das Sardische und Furlanische lassen sich in keine Gruppe einreihen

(↗Faschismus). 36 eroberte I. Abessinien, 39 annektierte es Albanien. Im 2. Weltkrieg stand es auf der Seite Dtl.s; nach dem Verlust der afrikan. Kolonien u. der Landung der Alliierten in I. wurde Mussolini am 25. 7. 43 gestürzt; Badoglio schloß Waffenstillstand, dem 47 der Pariser Friede folgte. I. verlor Istrien u. den dalmatin. Besitz an Jugoslawien, den Dodekanes an Griechenland u. kleinere Grenzgebiete an Fkr. u. trat seine Kolonien ab. Eine Volksabstimmung ergab eine Mehrheit für die parlamentar. Rep. (2 Kammern), die 46 proklamiert wurde. Die it. Nachkriegspolitik litt unter der erst 69 gelösten Frage ↗Südtirol. – Staats-Präs. Sandro Pertini (seit 78).

Kunst. Die Bildende Kunst I.s ist einheitl. beherrscht v. Streben nach Klarheit u. Harmonie. Sie entstand aus antikem u. frühchristl. Erbe, bereichert um german., normann., sarazen. u. byzantin. Einflüsse. Die *Romanik* des 11./12. Jh. brachte zahlr. Dome hervor, so S. Miniato bei Florenz, S. Marco in Venedig, in Unter-I. Cefalù, Palermo, Monreale; die *Gotik:* S. Croce u. S. Maria Novella in Florenz, die Dome v. Mailand, Siena, Orvieto, Florenz u. Stadtpaläste. Die Skulptur begann am Hof des Ks. Friedrich II. in Apulien mit dem Anschluß an die Antike (Niccolò u. Giovanni Pisano). An der Wende zum 14. Jh. *(Trecento)* wirkte Giotto, bes. unter Cimabues Einfluß, bahnbrechend für die ganze europ. Malerei bis zum Impressionismus durch die Beziehung der Figur zum Raum u. die Gliederung der Bildfläche in geometr. Berechnung u. leitete damit die it. Renaissance (15./16. Jh.) ein. Das 15. Jh. *(Quattrocento)* brachte die endgültige Lösung v. der mittelalterl. Geistigkeit. In der Architektur betonte der Florentiner Brunelleschi Horizontale u. Zentralperspektive, ihm folgte L. B. Alberti, der immer intensiver antike Formen einbezog. In der Malerei faßte Masaccio den Raum realist., den Körper in seiner Gliederung. Piero della Francesca, Signorelli, Mantegna vertieften u. verlebendigten durch maler. Abtönung des Lichts u. durch Plastizität. In der Skulptur gelangte Donatello zu fast antiker Körperbeherrschung. Daneben blieben got. Elemente mehr od. weniger spürbar bei den Malern Fra Angelico, Pollaiuolo, Filippo Lippi, Botticelli, Ghirlandajo; in der Plastik bei Ghiberti, Verrocchio. Die venezian. Malerei (Bellini) zeigt Gefühl für Atmosphäre. Auf der Wende zum 16. Jh. *(Cinquecento)* stehen Künstler der Früh- u. Hochrenaissance sowie des Manierismus u. des beginnenden Barock nebeneinander: in Venedig Giorgione mit seiner seel. durchleuchteten Sinnlichkeit. In der Toskana unterscheidet sich Leonardo mit seiner Einbeziehung der Landschaft als Eigenwert, der Verschmelzung der Hintergründe, dem Sfumato, v. klass. Stil des Cinquecento. In der Architektur verwirklichte Bramante (1499 in Rom) den klass. Zentralbau. Der gleiche Geist herrscht in der symmetr. ausgewogenen, figürl. u. farbl. klar abgegrenzten Malerei Raffaels, während Michelangelo in Malerei, Plastik u. Baukunst die klass. innerweltl.

Form sprengte u. zum Barock weist. Der venezian. Stil wurde vollendet durch Palma Vecchio, Tizian, P. Veronese. Seit ca. 1520 Vorherrschen des *Manierismus* (Parmegianino; in der Architektur Vasari u. Palladio). Den *Barock* leitete Vignola mit seiner Kirche Il Gesù (Rom) ein, Bernini mit seinen maler. Elementen in Bauten u. Skulpturen u. Borromini in den bewegten Grundrissen seiner Kirchen vollendeten ihn. Zur Barockmalerei hatte Correggio mit seinem Helldunkel geführt, vollendet in Venedig bei Tintoretto mit seinen visionären Kompositionen. An der Wende zum 17. Jh. dort die Brüder Carracci u. in Rom der kühne Naturalismus des Caravaggio. Tiepolo gewann mit seinen Fresken im 18. Jh. internationalen Ruhm. Im 19. Jh. ist nur der klassizist. Bildhauer Canova bedeutsam. Im 20. Jh. nimmt die it. Kunst an den gesamteurop. Strömungen teil. Italienische Künstler schufen in zeitl. Parallelität zum nord. Expressionismus den *Futurismus.* Führer des *Surrealismus* wurde G. de Chirico. Als hervorragendster it. Bildhauer der Ggw. schafft Emilio Greco aus der antiken u. klass. Tradition.

Literatur. Die it. Lit. entstand im 13. Jh. in der Überwindung des frz.-provenzal. Einflusses u. der Loslösung des Italienischen v. Vulgärlatein. Sie begann als Liebeslyrik, religiös bei Franz v. Assisi u. Jacopone da Todi, höfisch in der „Sizilian. Dichterschule" u. symbol. im „Neuen süßen Stil", ihren frühen Höhepunkt erreichte sie in Dante, dem eig. Schöpfer der it. Schriftsprache. Im 14. Jh. die erste moderne Lyrik (Petrarca), die freie Novellistik Boccaccios, eine neue weltl. (Alberti) u. geistl. (Katharina v. Siena) kulturkrit. Prosa. In der höf. Kultur der Renaissance wird der christl. Geist immer stärker in ein antikes Gewand gekleidet. Michelangelo für die Lyrik, Ariost u. Tasso für das Epos, Machiavelli u. Guicciardini für die polit., Leonardo für die wissenschaftl. u. Bruno u. Campanella für die philos. Prosa sind die Vertreter einer Epoche, die das europ. Weltbild entscheidend beeinflußt hat. Das 17. Jh. Zeit der Erschöpfung, aus der der Kulturphilosoph Vico hervorragt. Nach einer Epoche der Aufklärung mit den Komödien v. Gozzi u. Goldoni u. den Tragödien v. Alfieri führt im 19. Jh. der Kampf um die Freiheit der Nation (Risorgimento) zur literar. Erneuerung. Bei Leopardi zu einer klassizist.-pessimist., bei Manzoni (Roman: Die Verlobten) zu einer christl.-realist. Romantik, philosoph. u. polit. vertreten durch Rosmini u. Gioberti. Um die Jh.wende der Klassizist Carducci. Im 20. Jh. Naturalismus (Verga) u. Nachromantik, sozialist. Dichtung (Ada Negri) u. der Impressionist D'Annunzio. Nach dem 1. Weltkrieg der literar. Futurismus; das Theater Pirandellos sucht neue Wege. „Hermetische Lyrik" v. Montala u. Ungaretti. Die Philosophen Croce u. Gentile erneuern das it. Sprach- u. Kulturbewußtsein. Nach dem 2. Weltkrieg Neorealismus, soziale u. regionale Literatur (Moravia, Vittorini, Pratolini). Mehr lyrisch getönt ist die Prosa von Cesare Pavese.

Sprache. Die it. Sprache wird in I., im Tessin, im südl. Graubünden, auf Korsika u. Malta, z. T. noch an der dalmatin. Küste u. in Istrien gesprochen. Sie entwickelte sich aus dem Volkslatein I.s. Aus den verschiedenen Mundarten wurde durch Dante, Petrarca, Boccaccio das Florentinische (Toskanische) führend.
Musik. Die altchristl. Musik, der Gregorianische u. der Ambrosianische Gesang, entstanden in I. Aus dem 13. Jh. sind die Lauden überliefert, zu denen im 14. Jh. eine reiche Orgelkunst u. das weltl. Lied traten. Dieses erlebte im 16. Jh. eine 2. Blüte (u. a. Madrigal). Um 1580 begann mit dem Barock die Vorherrschaft I.s in der Musik. Palestrina schuf den Kirchenmusikstil, der viele Jh.e vorbildlich war. In Florenz u. Venedig entstanden die barocken Großformen der Orgelmusik, Kantate, Oper u. das Concerto grosso (A. u. G. Gabrieli, Monteverdi, Caccini, Peri, A. Scarlatti, Pergolesi, Piccini). Die it. Oper dominierte bis ins 19. Jh. in Europa. Auf dem v. Rossini erneuerten Operntyp bauten Bellini, Verdi, Leoncavallo, Mascagni, Puccini, Respighi u. a. auf. I. brachte einen eigenen Gesangstil (Belcanto) u. zahlreiche große, z. T. weltberühmte Sänger hervor (Caruso, Gigli).
Italienisch-Somaliland, der fr. it. Teil von ↗Somaliland; im 2. Weltkrieg v. den Briten erobert, durch die UN 1950/60 unter it. Treuhandschaft, seither Teil der Rep. ↗Somalia.
Italiker, Bz. für eine Gruppe indogerman. Volksstämme, die gg. Ende des 2. Jahrt. v. Chr. in It. einwanderten.
Iteration w (lat.), mathemat. Verfahren, durch Wiederholung der gleichen Rechenoperation schrittweise eine angenäherte Lösung zu erhalten.
Ithaka, neugriech. *Ithaki,* ion. Insel, wo laut Homer ↗Odysseus herrschte; Wein, Oliven, Mandeln, Feigen; 93 km², ca. 10 000 E.; Hauptort I.
Itten, *Johannes,* schweizer. Maler, Graphiker u. Kunsterzieher, 1888–1967; lehrte am ↗Bauhaus, dessen Ideen er als Leiter v. Kunstschulen in Wien, Berlin, Krefeld u. Zürich weiterentwickelte.
Itzehoe (:-ho), schleswig-holstein. Krst., 33 900 E.; Zement-, Netzfabrik.
Ives (: aiws), *Charles Edward,* am. Komponist, 1874–1954; nach 1900 avantgardist. Klavier-, Kammer- u. Orchestermusik.
Ivo v. Chartres, hl. (20. Mai), Kanonist, um 1040–1116; 1090 Bischof v. Chartres, im Investiturstreit für Verständigung.
Iwan, Großfürsten v. Moskau: **I. III.,** 1462–1505; schuf den territorialen Kern des modernen russ. Staates, übernahm den byzantin. Weltkaisergedanken. **I. IV. der Schreckliche,** 1533/84; grausamer Herrscher, reformierte Justiz u. Verwaltung, eroberte Kasan u. Astrachan; nahm 47 den Zarentitel an.
Iwanowo, Industriestadt n.ö. von Moskau, das „russ. Manchester", 465 000 E.; neben Textil-Ind. Maschinenbau u. chem. Ind.
IWF ↗Internationaler Währungsfonds.
Izmir (: ismir), türk. Bz. für ↗Smyrna.

Jabot

J, 1) chem. Zeichen für ↗Jod. **2)** Abk. für ↗Jahr, **3)** für Joule.
Jabalpur ↗Dschabalpur.
Jablonec nad Nisou (:-netß-) ↗Gablonz an der Neiße.
Jablonoigebirge, im südl. Ostsibirien, 1769 m hoch.
Jabot s (: schabo, frz.), Brustkrause aus Spitzen; im 18. Jh. auch bei Männern.
Jacht w, Sport- u. Vergnügungsboot; die *Segel-J.* meist als *Kiel-J.* (↗Kielboot) gebaut im Gegensatz zur ↗Jolle. ↗Drachenboot, ↗Starboot.
Jacketkrone (: dschäk't-, engl.), über abgeschliffenen Zahn gestülpte Zahnkrone aus Porzellan od. Kunststoff.
Jackson (: dschäkßⁿn), Hst. v. Mississippi (USA), am Pearl River (zum Mississippi), 161 000 E.; Univ., Baumwoll-Ind., Werften.
Jackson (: dschäkßⁿn), **1)** *Mahalia,* am. Sängerin, 1911–72; zunächst Kirchensängerin, dann hervorragende Spiritual- u. Gospelinterpretin. **2)** *Milt,* am. Jazzmusiker, * 1923; führender Vibraphonist in Modern Jazz. **3)** *Robert H.,* am. Jurist, 1892–1954; nach 1945 öff. Hauptankläger in den Nürnberger Prozessen, die er später verurteilte.
Jacksonville (: dschäkßⁿnwil), Stadt in Florida (USA), Hafen am Atlantik, 528 000 E.; Univ.
Jacob (: schakob), *François,* frz. Physiologe, * 1920; 65 Nobelpreis zus. mit A. Lwoff u. J. Monod für Arbeiten über Molekulargenetik.
Jacobi, *Friedrich Heinrich,* dt. Philosoph, 1743–1819; Begr. u. Hauptvertreter einer irrationalen Glaubensphilosophie.
Jacobsen, *Jens Peter,* dän. Schriftsteller, 1847–1885; war Naturwissenschaftler; sein Werk impressionistisch, bestimmt durch Seelenanalyse u. Resignation. Romane *Frau Marie Grubbe; Niels Lyhne.* Novellen.
Jacopone da Todi, it. Dichter, OFM, 1230–1306; Satiren, Lobgesänge.
Jacquard (: schakar), *Joseph-Marie,* frz. Seidenweber, 1752–1834; erfand den mechan. *J.-Webstuhl.* ☐ 1086.
Jade m, die grünen Mineralien *Nephrit* u. *Jadeit* (Natrium-Aluminium-Silicat).
Jade w, oldenburg. Küstenfluß, mündet in den **J.busen,** eine flache Nordseebucht, 190 km²; durch den *Ems-J.-Kanal* mit dem ↗Dollart verbunden.
Jaffa ↗Tel Aviv - J.
Jagd, Aufspüren u. weidmänn. Erlegen v. Wild, außerhalb der ↗Schonzeit; wird in *hohe* (Hirsch, Gemse u.a.), *mittlere* (Reh, Sau u.a.) u. *niedere* (Hasen, Rebhühner u.a.) J. geschieden. J.arten: Suche, Pirschen, Anstand, Treib-, Hetz-J., Fallenstellen, Graben, Frettieren. **J.gewehr** ↗Büchse. **J.hunde,** zeigen das Wild an u. stöbern es auf; sind hierzu gezüchtet u. abgerichtet.
J.leopard ↗Gepard. **J.pacht,** Verpachtung des ↗J.rechts durch den Grundstückseigentümer, meist auf mindestens 9 Jahre. **J.recht,** die Befugnis, ↗J.tieren nachzustellen, sie zu fangen, zu erlegen u. sich anzueignen; ist untrennbarer Bestandteil des Rechts an Grund u. Boden, kann jedoch verpachtet werden (↗J.pacht). Vor-

Mahalia Jackson

aussetzung der Ausübung ist der ↗J.schein. **J.schaden,** der durch mißbräuchl. Ausübung der J. entstandene Schaden; v. J.ausübungsberechtigten dem Grundstückseigentümer od. Pächter (auch ohne Verschulden) zu ersetzen. ↗Wildschaden. **J.schein,** Urkunde über ein ↗J.recht. Voraussetzung zum Ersterwerb: bestandene Jägerprüfung; *Tages-* od. *Jahres-J.schein;* ausgestellt v. den unteren Verwaltungsbehörden. **J.tiere,** wild lebende Tiere, auf die ↗Jagd ausgeübt werden kann (im Ges. aufgezählt); unterstehen der gesetzl. ↗Schonzeit u. Fürsorge des Jägers. **Jagd- und Sammelstufe,** *Wildbeuterstufe,* bei Naturvölkern die niedrigste Wirtschaftsform; die Männer sind Jäger, die Frauen sammeln Wurzeln u. Früchte; leben als Nomaden in Horden innerhalb eines abgegrenzten Lebensraumes. **J.vergehen,** Jagen ohne Berechtigung. Schwerer *Jagdfrevel,* wenn der Täter z. B. in der Schonzeit jagt.
Jaeger,. *Lorenz,* 1892–1975; 1941–73 Erzb. v. Paderborn; 65 Kardinal.
Jägerndorf, tschech. *Krnov,* tschsl. Bez.-Stadt in Schlesien, an der Oppa, 22 000 E.
Jäger und Sammler ↗Jagd- u. Sammelstufe.
Jagiello, *Jagello,* Großfürst v. Litauen, 1386/1434 Kg. v. Polen (Władisław II.); besiegte 1410 den Dt. Orden bei Tannenberg. **J.nen,** *Jagellonen,* v. J. begr. Dynastie; herrschten 1386/1572 in Polen, 1471/1526 in Böhmen u. 1490/1526 in Ungarn.
Jagst w, r. Nebenfluß des Neckars, 196 km.
Jaguar m, süd-am. Großkatze, bis zu 2 m lang; guter Kletterer u. Schwimmer.☐ 1044.
Jahn, 1) *Friedrich Ludwig,* 1778–1852; „*Turnvater J.*"; Vertreter einer nationalen Erziehung u. körperl. Ertüchtigung; 1819/25 als Gegner der Reaktion verhaftet; 48 in der Nationalversammlung. **2)** *Gerhard,* * 1927; 69/74 Bundesjustizminister (SPD).
Jahr, Abk. a oder J, Umlaufzeit der Erde um die Sonne. **1)** *Kalender-J.:* a) Julianisches J., Durchschnittslänge 365¼ Tage, wahre Länge 11 min 14 s kürzer; b) Schaltjahr, 366 Tage, alle 4 Jahre; gleicht Julianisches J. aus, jedoch um 4 × 11 min 14 s zu lang; deshalb seit ↗Gregorian. J. eine Schaltung im Endjahr jedes Jh.s, außer wenn die ersten Ziffern durch 4 teilbar sind. **2)** *Astronomisches J.:* a) Siderisches J. (Stern-J.), wahre Umlaufzeit für eine volle Umlauf v. 360°, 365 Tage 6 h 9 min 9 s; b) Tropisches J. (= Kalender-J.), die Zeit, bis die Sonne zum Frühlingspunkt zurückkehrt, 365 Tage 5 h 48 min 46 s; c) Anomalistisches J., die Zeit, bis die Erde zum ↗Perihel zurückkehrt, 365 Tage 6 h 13 min 53 s.
Jahrespläne, mehrjährige Wirtschaftsprogramme in planwirtschaftl. organisierten Wirtschaftssystemen, z. B. *Fünf-J.* (erstmals in der UdSSR 1928/32), *Sieben-J.,* aber auch andere Mehr-J. **Jahresringe,** setzen konzentr. den Stammquerschnitt der Bäume zusammen, zeigen deren Alter an.
Jahreszeiten, die 4 Zeitabschnitte des Erdumlaufs um die Sonne, deren Beginn mit dem scheinbaren Stand der Sonne im

↗Frühlings- bzw. ↗Herbstpunkt (*Frühling* u. *Herbst*) u. den ↗Sonnenwenden *(Sommer* u. *Winter)* zusammenfällt; wesentlichster Unterschied der J. ist die Veränderung des scheinbaren Tagesbogens der Sonne u. damit der Richtung u. Dauer der einfallenden Sonnenstrahlen, bedingt durch die Neigung der Erdachse gg. die Ekliptik. Der genaue Beginn der J. schwankt wegen der Schaltjahre um 1 Tag. ☐ 918.
Jahwe (hebr.), im AT Eigenname Gottes, aus Scheu vor direkter Aussprache oft durch *Adonai* od. *Eloah* ersetzt.
Jaila, zum Meer steil abfallende Bergkette des Krimgebirges (bis 1545 m).
Jainismus m (: dsch-), *Jinismus,* richtiger *Dschainismus,* indische Religion; von Zeitgenossen ↗Buddhas gegr. Abspaltung v. ↗Brahmanismus; lehnt Autorität des ↗Veda u. ↗Kasten ab; vermeidet Schädigung alles Lebendigen (auch Wasser, Feuer, Steine usw.); ca. 1,6 Mill. Anhänger.
Jak m, *Yak* od. *Grunzochs,* asiat. Hochgebirgsrind; gezähmt Nutz-, Last- u. Reittier der tibet. Hochebene.
Jakob, Patriarch des AT, Sohn Isaaks, Bruder Esaus, erkaufte sich v. diesem das Erstgeburtsrecht.
Jakob, Könige v. Großbritannien: **J. I.,** 1566–1625; Sohn Maria Stuarts, 1567 Kg. v. Schottland, erbte 1603 die engl. Krone; seine Politik führte 1605 zur ↗Pulververschwörung. Sein Enkel **J. II.,** 1633–1701; 1685 Kg.; wegen absolutist. Politik u. Begünstigung der Katholiken 88 v. Wilhelm III. v. Oranien vertrieben.
Jakobiner, 1789/94 radikaler polit. Klub der Frz. Revolution, tagte in Paris im J.kloster. **J.mütze,** rote Mütze, v. den J.n als Freiheitssymbol getragen.
Jakobiten, monophysit. Christen Syriens, Mesopotamiens u. Babyloniens, urspr. die Anhänger der v. Jakob Baradai im 6. Jh. neu organisierten Syr. Kirche; ca. 160 000 Mitgl.
Jakobskraut, Köpfchenblütler mit goldgelben Blüten; gg. Blutungen.
Jakobsleiter, 1) die dem Patriarchen Jakob im Traum erschienene Himmelsleiter. **2)** Strickleiter mit Holzsprossen an Bordwänden.
Jakobus d. Ä., hl. (25. Juli), Apostel, Sohn des Fischers Zebedäus u. der Salome, Bruder des Evangelisten Johannes; 44 durch Herodes Agrippa enthauptet. **J.d.J.,** hl. (3. Mai), Apostel, Sohn des Alphäus; außer in den Apostellisten im NT nicht erwähnt; die in der lat. Kirche übl. Gleichsetzung mit *J., dem Bruder Jesu,* ist heute zumeist aufgegeben. **J., der Bruder Jesu,** hl. (3. Mai), nach der Flucht Petri Haupt der Jerusalemer Gemeinde; hielt persönl. am jüd. Gesetz fest, trat aber für prinzipielle Gesetzesfreiheit der Heidenchristen ein; gilt als Verf. des *J.briefes;* 62 v. den Juden gemartert.
Jakuten, Turkvolk in NO-Sibirien; 296 000 Rentierzüchter, Fischer u. Jäger; Schamanismus weit verbreitet. **Jakutische ASSR,** *Jakutien,* Autonome Sozialist. Sowjetrep. in Ostsibirien, 3 103 200 km², 839 000 E.; Hst. Jakutsk. Im N Tundra, im S Weide. Gold- u. Diamantenlager, Erdöl, Erdgas, Zinn.

Kardinal Jaeger

Gerhard Jahn

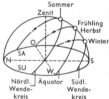

Jahreszeiten: die Tagebogen der Sonne zu verschiedenen J. (gezeichnet für eine Ort mit einer geogr. Breite = 50°). Die unterschiedlichen Temperaturverhältnisse in den J. beruhen auf dem verschiedenen Einfallswinkel der Sonnenstrahlung auf die schiefstehende Erde und der verschiedenen langen Einstrahlungsdauer

Jakobinermütze

Jakutsk, Hst. der Jakut. ASSR an der Lena (Hafen), 152000 E.; Univ.

Jalapenwurzel, die birnförmige Knolle der Trichterwinde, Abführmittel.

Jalousie w (: schalu-, frz.), Rolladen aus beweglich verbundenen Holz-, Metall- od. Kunststoffleisten, vor Fenstern u. Türen.

Jalta, sowjetruss. Hafenstadt u. Kurort an der Südküste der Krim, 65000 E. – Auf der *Konferenz v. J.* 1945 vereinbarten Roosevelt, Churchill u. Stalin eine gemeinsame Nachkriegspolitik gegenüber Dtl. u. planten die Gründung der UN.

Jalu m, Grenzfluß zw. Mandschurei (Nordchina) u. Korea, 813 km lang. Kraftwerke.

Jamaika, *Jamaica,* drittgrößte Insel der Großen Antillen (Westindien), parlamentar. Monarchie. Um einen bis 2243 m hohen Gebirgskern trop.-feuchte Küstentiefländer. Früher starker Zuckerrohranbau *(J.-Rum),* heute Bananen, Kokosnüsse, Kaffee, Tabak u. Baumwolle. Bauxitgewinnung. – 1494 v. Kolumbus entdeckt, span. Kolonie bis zur brit. Eroberung 1655; 1944 Selbstverwaltung, seit 62 unabhängig.

Jamboree s (: dschämb ᵉri, engl.), internationales Pfadfindertreffen.

Jambus, *Iambus,* ↗Metrik.

Jambuse, *Rosenapfel,* geschätzte trop. Frucht des Myrtengewächses *Eugenia.*

James (: dsche ¹ms), **1)** *Henry,* am. Schriftsteller, 1843–1916; lebte seit 1876 in Engl. Romane u. Erzählungen v. psycholog. u. stilist. Verfeinerung: *Maisie, Der Botschafter, Die sündigen Engel, Die Gesandten.* Erst spät Wertung als einer der Erneuerer der Romanform. **2)** *William,* Bruder v. 1), am. Philosoph u. Psychologe, 1842–1910; Vertreter des ↗Pragmatismus.

Jammes (: scham), *Francis,* frz. Dichter, 1868–1938; Prosa: *Der Hasenroman, Die jungen Mädchen;* Lyrik.

Jammu und Kaschmir (: dscha-) ↗Kaschmir.

Jam Session w (: dschäm ßesch ᵉn), Treffen v. Jazzmusikern, die über ein gegebenes Thema frei improvisieren.

Jamshedpur ↗Dschamschedpur.

Jamswurzel, *Yamswurzel,* die stärkehaltigen, süßl. Knollen einer trop. Kletterpflanze; werden wie Kartoffeln gegessen u. zu Stärke verarbeitet.

Jämtland, mittelschwed. Gebirgsland, mit riesigen Nadelwäldern; Hst. Östersund.

Janáček (: -tschek), *Leoš,* tschsl. Komponist, 1854–1928; verband Einflüsse des mähr. Volksliedes u. des musikal. Impressionismus u. Expressionismus; vor allem Opern, u. a. *Jenufa; Aus einem Totenhaus.*

Jangtsekiang m, größter Strom Chinas, 5800 km lang, 1,8 Mill. km² Stromgebiet; entspringt in Tibet, mündet mit breitem Trichter ins Ostchines. Meer; für Seeschiffe auf 1800 km schiffbar; oft Hochwasser.

Janhagel m (nd. = Johann Hagel), Pöbel; urspr. Spottname für die niederländ. Matrosen.

Janiculus, it. *Gianicolo,* Hügel Roms, auf r. Tiberufer.

Janitscharen, im 14. Jh. aus christl. Kriegsgefangenen geschaffene Elitetruppe des

Jamaika

Amtlicher Name:
Jamaica

Regierungsform:
parlamentarische Monarchie

Hauptstadt.
Kingston

Fläche:
10962 km²

Bevölkerung:
2,1 Mill. E.

Sprache:
Englisch

Religion:
überwiegend Protestanten, 7% Katholiken

Währung:
1 Jamaica-Dollar = 100 Cents

Mitgliedschaften:
UN, Commonwealth, OAS

Emil Jannings in dem Film „Der Herrscher"

Arnold Janssen

türk. Heeres, später ergänzt durch Kinder der christl. Balkanvölker; 1826 aufgelöst.

Jan Mayen, arkt. norweg. Insel, 370 km²; vulkanisch, vereist; Wetterstation.

Jannings, *Emil,* deutscher Schauspieler, 1884–1950. Filme: *Der blaue Engel, Traumulus, Robert Koch.*

Janowitz, *Gundula,* östr. Sängerin, * 1939; lyr. Sopranistin.

Jansen, *Cornelius d. J.,* niederländ. kath. Theologe, 1585–1638; Jesuitengegner, 1636 Bischof v. Ypern; wurde durch sein HW *Augustinus* (40 posthum veröffentlicht) zum Begr. des **Jansenismus,** einer theologischen Richtung, die in die frz. Kirche im 17./18. Jh. schwere Kämpfe hineintrug; verschärfte die augustin. Lehre v. Erbsünde, Freiheit u. Gnade; rigorose Morallehre; der „Augustinus" v. C. Jansen fand trotz kirchl. Verbot großen Anklang unter allen Jesuitengegnern. Das Kloster Port-Royal Hochburg des J., Arnauld, Pascal u. Quesnel seine Vorkämpfer; mehrfach päpstl. Verurteilung; die frz. Regierung zwang zur Unterwerfung od. Auswanderung nach den Niederlanden (Kirche v. Utrecht).

Janssen, 1) *Arnold,* 1837–1909; Stifter der Missionsges. des ↗Göttl. Wortes u. der Genossenschaft der Steyler Missionsschwestern. **2)** *Johannes,* dt. kath. Historiker, 1829–91; *Gesch. des dt. Volkes seit dem Ausgang des MA.*

Janus, röm. Gott der Tore, des Ein- u. Ausgangs; doppelgesichtig.

Jap, *Yap,* Hauptgruppe der West-↗Karolinen, 216 km², 7000 E.; Kokospalmen. Hauptinsel *J.,* Kabelstation.

Japan, Kaiserreich, auf einem 2000 km langen Inselbogen vor der Küste Ostasiens, mit den 4 Hauptinseln Kiuschiu, Schikoku, Hondo u. Hokkaido u. weiteren mehr als 5000 Inseln. 87% der Fläche sind gebirgig, z. T. vulkan., z. B. der 3776 m hohe Fudschijama, J.s heiliger Berg. Häufig Erdbeben. Nur 15% der Fläche sind landwirtschaftl. nutzbar: Reis (Hauptnahrungsmittel), Getreide, Süßkartoffeln, Hülsenfrüchte in sorgfältig angebauten Zwergkulturen. Die Fischerei hat größte Bedeutung (größtes Fischereiland am Pazif. Ozean). Billige Arbeitskräfte begünstigten den Aufbau einer starken, exportorientierten Ind.: Schiffbau, Schwer-Ind., Auto-, Textil-, Porzellan-, Spielwaren- u. opt. Ind.

Geschichte: 660 v.Chr. angebl. Reichsgründung; im 5. Jh. Einführung der chines. Schrift, im 6. Jh. Übernahme des Buddhismus. Im 7. Jh. setzte sich die unumschränkte Herrschaft des Tennos od. Mikados durch, der als Sohn der Sonnengöttin Hoherpriester, Richter u. Herrscher zugleich war. Der Adel trat immer mehr in den Vordergrund; es entwickelte sich ein Feudalstaat. 1192 übernahm der Schogun (Kronfeldherr) neben der höchsten militär. die oberste zivile Gewalt; der Tenno blieb nur nominelles Staatsoberhaupt; in den Prov.en herrschten die Daimios als erbl. Territorialfürsten, deren ritterl. Lehnsleute die Samurai waren. Das mit portugies. Kaufleuten im 16. Jh. durch europ. Missio-

nare (↗Franz Xaver) ins Land gekommene Christentum wurde im 17. Jh. ausgerottet; bis ins 19. Jh. blieb J. v. der Außenwelt abgeschlossen. 1854 erreichte ein am. Geschwader die Öffnung mehrerer Häfen; 68 wurde die Macht des Tennos wiederhergestellt, das Amt des Schoguns beseitigt. Mit der Verf. v. 89 wurde J. eine konstitutionelle Erbmonarchie. Der Tenno Mutsuhito gestaltete Staat, Wirtschaft u. Heerwesen nach europ. Muster um. Im Krieg mit China 94/95 gewann J. Formosa u. die Pescadores; der russ.-japan. Krieg 1904/05 brachte ihm Port Arthur, halb Sachalin u. die Schutzherrschaft über Korea ein; damit war J. Großmacht geworden. Durch Teilnahme am 1. Weltkrieg auf seiten der Entente gewann es Tsingtau u. in der Südsee das Mandat über die dt. Kolonien. Der 37 beginnende Krieg gg. China, in dem die Japaner weite Gebiete Chinas besetzten, wurde ein Teil des 2. Weltkrieges, in dem J. durch den Dreimächtepakt im Bündnis mit Dtl. u. It. stand. Dem See- u. Luftüberfall auf die am. Flotte in Pearl Harbour 7. 12. 41 folgte die japan. Kriegserklärung an die USA u. Großbritannien. Nach großen Anfangserfolgen im Pazifik zwangen Niederlagen im Seekrieg, der Verlust der pazif. Eroberungen, schließlich die Atombombenangriffe auf Hiroshima u. Nagasaki u. die Kriegserklärung der UdSSR 45 J. zur Kapitulation. Wie schon 43 in Kairo beschlossen, wurde J. auf die 4 Hauptinseln beschränkt. In der neuen demokrat. Verf. v. 47 verzichtete der Tenno (seit 26 Hirohito) auf den Göttlichkeitsanspruch, blieb aber Repräsentant der Staatseinheit. 51 wurde in San Francisco ein Friedensvertrag (ohne UdSSR u. die VR China) abgeschlossen; ein 51 abgeschlossener, 60 erneuerter Pakt regelte die Stationierung am. Truppen in J.; 57 zogen die USA ihre Landstreitkräfte ab, nur die Luftwaffen- u. Versorgungseinheiten der Marine blieben. Von der UdSSR erreichte J. 56 die Beendigung des Kriegszustandes, aber keinen Friedensschluß.
Kunst. Die japan. Kunst ist ein verselbständigter Zweig der chines. Kunst. Die *Baukunst* ist im Verhältnis zur chines. u. korean. leichter; meist Konstruktionen aus farbig gehaltenem Holz. Mit dem Buddhismus Einführung des chines. Tempel- und Palastbaus seit dem 7. Jh. (älteste Zeugnisse in Nara). Die *Bildhauerei* (u.a. Darstellungen Buddhas) entwickelte sich ebenfalls v. Korea u. China aus. Buddhist. Gottheiten waren im 7./13. Jh. auch Themen der *Malerei*, daneben Pflanzen- u. Tiermotive, oft mit Goldhintergrund. Im 15. bis 16. Jh. unter chines. Einfluß die Hauptmeister der Tuschmalerei (Landschaftsdarstellungen Sesshus u.a.). Im 18. Jh. erstarkte wieder die nationale Kunst (Ukiyoe-Schule); Farbholzschnitte (Utamaro, Hokusai, Hiroshige). Kunstgewerbe: bemalte u. bestickte Gewänder (Kimono), Porzellan, Masken u.a. Im 19. Jh. drangen starke europ. Einflüsse ins Land u. beeinträchtigten eine eigenständige Weiterentwicklung der Kunst. Erst im 20. Jh. gelang die schöpfer. Anknüpfung an alte Traditionen, z. T. in Auseinanderset-

Japan

Amtlicher Name:
Nippon – Nihon
Staatsform:
konstitutionelle Erbmonarchie
Hauptstadt:
Tokio
Fläche:
369 881 km²
Bevölkerung:
115,8 Mill. E.
Sprache:
Staatssprache ist Japanisch, Englisch Verkehrssprache
Religion:
vorwiegend Buddhisten u. Shintoisten, 800 000 Christen
Währung:
1 Yen = 100 Sen
Mitgliedschaften:
UN, OECD, Colombo-Plan

Jasmin

Karl Jaspers

zung mit modernen Stilrichtungen des Westens.
Literatur. Um 1000 n.Chr. begann eine Reihe berühmt gewordener Tagebücher zu erscheinen, die meist v. Hofdamen verfaßt wurden. Seit dem 12. Jh. entwickelte sich vor allem der kosmische u. erot. Roman. In der Folge erschien eine Menge verschiedenartigster Unterhaltungs- u. Volks-Lit. Die japan. Lit. des 20. Jh. steht weitgehend unter europ. u. am. Einflüssen, wobei der Roman vorherrscht. Die dramat. Dichtung entwickelte sich aus alten Lieder- u. Balladensammlungen; sie fanden in den ↗No-Spielen u. im Kabuki ihre letzte Form.
Schrift. Eine im 9. Jh. aus der chines. Schrift abgeleitete Silbenschrift, daneben noch chines. Schriftzeichen.
Sprache. Sie ist agglutinierend; ural-altaisch mit malaiischen Elementen; mehrsilbig, vokalreich; vom Chinesischen beeinflußt, jedoch nicht mit diesem verwandt.
Japanisches Meer, Randmeer zw. China u. Japan, 978 000 km², bis 3653 m tief.
Japanpapier, sehr geschmeidiges u. außerordentl. zähes, handgeschöpftes Papier aus dem Bast des Papiermaulbeerbaumes; für Kunst- und Luxusdrucke, Bespannung im Modellflugzeugbau.
Japhet, Sohn Noes, v. dem Gn 10, 2 sieben Völker ableitet: die *Japhetiten.*
Jargon m (: schargõ, frz.), Sonderform verderbter Umgangssprache, jeweils v. bestimmten Gruppen gesprochen.
Jarl (nordgerman.), nord. Stammeshäuptling der Wikingerzeit; später in den skandinav. Ländern königl. Beamter.
Jaroslawl (: -wlj), russ. Stadt an der oberen Wolga, 597 000 E.; Univ., TH; Gummi-Kombinat, Textil- u. Autoindustrie.
Jarowisation (russ.-neulat.) ↗Keimstimmung.
Jaruzelski, *Wojciech,* poln. General u. Politiker, * 1923; seit 81 Ministerpräsident u. Vors. des ZK der Vereinigten Poln. Arbeiterpartei.
Jaşi ↗Iaşi.
Jasmin m, Ziergehölze wärmerer Länder. In Mitteleuropa der *Nordchines. J.,* mit gelben Blüten. *Wohlriechender J.,* zur J.öl-Gewinnung für Parfümerie. *Falscher J.* ↗Pfeifenstrauch. *Gelber J.* ↗Gelsemium.
Jasmund, Halbinsel Rügens, steil abfallendes Kreideplateau, im O mit der Stubbenkammer; bis zu 122 m hoch.
Jaspers, *Karl,* dt. Philosoph, 1883–1969; seit 1948 in Basel; ursprüngl. Psychiater. Im Fragen nach dem Sinn der Existenz ergreift der Mensch alles Wißbare, um sich zu verstehen, scheitert jedoch in den Grenzerfahrungen (Tod, Leid, Schuld), die ihm offenbar machen, daß Existenz sich nur aus dem Sein des Umgreifenden (Transzendenz) sinnvoll erklären läßt. Der Glaube ist inhaltl. nicht bestimmt und unterscheidet sich streng v. allem religiös-dogmat. Gebundenen. 58 Friedenspreis des dt. Buchhandels.
Jaspis m, rot-, braun- oder gelbgefärbter feinkristalliner Quarz.
Jassy ↗Iaşi.
Jauche, ↗Dünger aus eigener Wirtschaft, der mit Streu u. Kotteilchen gemischte Harn

der Tiere: für Rüben, Mais, Grünland, Garten- u. Obstgewächse.
Jauer, poln. *Jawor,* niederschles. Stadt an der Wütenden Neiße, 16000 E.
Jaufen m, it. *Passo del Giovo,* Südtiroler Paß, 2094 m hoch; zw. Sterzing u. Meran.
Jaunde, Hst. v. Kamerun, 275000 E.; kath. Erzb.; Endpunkt der Bahn v. Duala.
Jaurès (: ~schoräß~, *Jean-Léon,* 1859–1914 (ermordet); frz. Sozialistenführer, für dt.-frz. Verständigung.
Jause w (östr.), Vesperbrot.
Java, indones. *Djawa,* volkreichste Insel Indonesiens, gehört zu den Großen Sundainseln, 126700 km², 76 Mill. E., Hst. Djakarta. Reich an Vulkanen; terrassenförm. Felder; Mais, Sojabohnen, Chinarinde, Gewürze.
Jawata ↗Kitakiuschu.

A. von Jawlensky: Frauenkopf

Jawlensky, *Alexej* v., russischer Maler, 1864–1941; Expressionist, Mitbegr. des ↗Blauen Reiters; unter fauvist. Einfluß zunächst Landschaften in starken, reinen Farben; später hauptsächl. menschl. Gesichter in zunehmender Abstraktion.
Jazz m (: ~dschäs~, engl.), um 1900 in New Orleans aus der Begegnung der Musik der am. Neger mit europ. Musik (Kaffeehausmusik, Orchestrion) entstandene Musizierform. Charakterist. für den J.: Instrumente (↗Jazzband), die Improvisation (die melod. Variation über gegebene Themen), die unexakte, verzerrende Tongebung (hot), unregelmäßige Betonungen u. Synkopen in einem starren u. ganz präzis ausgeführten Rhythmus (swing). Die Harmonik orientiert sich an der Kunstmusik, die aber auch Elemente des J. übernimmt. Der echte J. ist streng zu unterscheiden v. der Schlagermusik.
Jazzband w (: ~dschäs~bänd), Jazz-Orchester. Besteht aus *rhythm section* (Rhythmus-Gruppe mit Schlagzeug, Gitarre od. Banjo, Schlagbaß, Klavier, Gitarre und Baß) und *melodic section* (Trompete, Kornett, Posaune, Klarinette, Saxophon, evtl. auch Klavier u. Gitarre) ↗Band.
Jean (: ~schañ~), Großherzog v. Luxemburg, * 1921; regiert seit Nov. 1964.

Großherzog Jean

Jeanne d'Arc (: ~schan~-), die *Jungfrau v. Orléans, Johanna v. Orléans,* frz. Nationalheilige (30. Mai), um 1412 bis 1431; das lothring. Landmädchen kam, v. inneren Stimmen getrieben, 29 zum königl. Heer, befreite Orléans u. führte Kg. Karl VII. zur Krönung nach Reims; v. den Burgundern gefangengenommen u. an die Engländer ausgeliefert, die sie durch ein frz. Inquisitionsgericht zur Ketzerin erklären u. verbrennen ließen. 1920 heiliggesprochen.
Jean Paul (: ~schañ~-; eig. Johann Paul Friedrich Richter), dt. Dichter, 1763–1825; sein Werk Gegenpol zur dt. Klassik: die Form tritt zurück, entscheidend sind Phantasie, Humor, außerordentl. Sprachreichtum. Sowohl „hohe Dichtung" (Partien der Romane *Hesperus, Titan*) als auch bürgerl. Idyllik *(Schulmeisterlein Wuz)* u. Tiefe der Empfindung *(Flegeljahre)* neben Satirischem u. Groteskem *(Siebenkäs, Dr. Katzenberger).* Bedeutend auch seine *Vorschule der Ästhetik.* Pädagog. Schrift *Levana.*

Jean Paul

Jazz

Die wichtigsten Begriffe

Beat, gleichmäßiger Schlagablauf ohne rhythmische Unterteilung
Be-bop, Stilrichtung, seit etwa 1940 aus dem Swing herausentwickelt
Blues, älteste Form der weltl. Musik der nordamer. Neger, in instrumentaler Ausführung Ur-, später Hauptform des Jazz
Boogie-Woogie, im Zusammenhang mit Blues und Jazz entstandene Klavierspielweise
Break, kurze, improvisierte Phrase eines Solisten bei Aussetzen des Beat
Chorus, thematisches Harmoniegerüst, das die einzelnen Instrumente (bei unveränderter Taktzahl) improvisierend umspielen.
Cool Jazz, Stilrichtung, um 1950 entstanden; undynamisches Legatospiel in ruhigem Zeitmaß, die Harmonik ist häufig polytonal und atonal
Dixieland, von Weißen um 1900 entwickelter Jazzstil; kollektives Chorusspiel, während die Rhythmik rein auf Takt mit Synkopen beruht
Drive, spürbar vorwärtstreibende Spielweise
Hot, allg. Bezeichnung für die typischen Gestaltungsmerkmale des Jazz
Hot-Intonation, charakteristische Tongestaltung: hartes Anspielen, starkes Vibrato und Glissando
Jam session, zwangloses gemeinsames freies Musizieren in zufälliger Besetzung
Modern Jazz, Stilrichtung, die Elemente des Be-bop, des Cool Jazz u. der europ. Kammermusik zu verbinden sucht (seit 1953)
New-Orleans-Jazz, der früheste Jazz; urspr. kollektives Stegreifspielen über einem Chorus ohne auffallende solistische Beteiligung
Off-beat, die gegen den Rhythmus des Metrums gesetzte Akzentuierung der Melodie
Ragtime, volkstüml. am. Musikform mit synkopenartiger Melodik
Rhythm & blues, stark rhythmisch betonter Blues mit einfachen Akkorden
Riff, als eine Art Background längere Zeit wiederholte rhythmische od. melodisch markante Wendung
Rock, in den 60er Jahren aufgekommene Stilrichtung mit akust. stark hervortretendem Multi-Beat; charakterist. die durch elektron. Verstärkung erreichte große Lautstärke
Rock and Roll, kommerzialisierte modische Form von Rhythm & blues
Scat, Gesang aus Lauten od. Silben ohne Wortsinn, rhythmisch variiert
Shuffle, synkopierter Achtelrhythmus
Sound, der für das Musizieren eines Solisten, einer Combo oder einer Big Band charakterist. Klang
Stop time, plötzliches Aufhören des Beat bei gleichzeitigem Aussetzen der Melodieinstrumente, Gelegenheit für Breaks
swing, durch Überlagerung von Beat und Off-beat erreichte melodisch-rhythmische Spannung
Swing, Stilrichtung (ca. 1930–45)
Third Stream, Stilrichtung: Vermischung von Jazz u. ernster konzertanter Musik
Worksongs, urspr. die bei der Arbeit im Wechsel zwischen Vorsänger u. Chor gesungenen Lieder der nordam. Neger.

Jeans (: ~dschīns~) ↗Blue Jeans.
Jeans (: ~dschīns~), Sir *James Hopwood,* engl. Astronom, 1877–1946; Arbeiten über Gasdynamik, Sternaufbau.
Jebusiter, Kanaaniter im Gebirge Juda, im AT mehrfach Jerusalem als ihre Heimat gen.; v. Josue besiegt.

Thomas Jefferson

Jemen

Amtlicher Name:
Jemenitische
Arabische Republik
Staatsform:
Republik
Hauptstadt:
San'a
Fläche:
195000 km²
Bevölkerung:
7,1 Mill. E.
Sprache:
Arabisch
Religion:
Islam
Währung:
1 Jemen-Rial
= 40 Buqshas
Mitgliedschaften:
UN, Arabische Liga

Jemen (Süd-)

Amtlicher Name:
Demokratische Volks-
republik Jemen
Staatsform:
Volksrepublik
Hauptstadt:
Madinat-ash-Sha'ab
Fläche:
287683 km²
Bevölkerung:
1,8 Mill. E.
Sprache:
Arabisch
Religion:
Islam
Währung:
1 Jemen-Dinar
= 1000 Fils
Mitgliedschaften:
UN, Arabische Liga

Jedermann, allegor. Schauspiel des MA, v. ↗Hofmannsthal neu bearbeitet.
Jedin, *Hubert,* dt. kath. Kirchenhistoriker, 1900–80; Prof. in Bonn; HW: *Geschichte des Konzils von Trient;Handbuch der Kirchengeschichte* (Hrsg.).
Jeep *m* (: dschip), kleiner, viersitziger, geländegäng. Militärkraftwagen.
Jefferson (: dschefᵉrßᵉn), *Thomas,* am. Politiker u. Jurist, 1743–1826; Verf. der am. Unabhängigkeitserklärung, Begründer der Democratic Party; 1801/09 3. Präs. der USA.
J. City (: -ßiti), Hst. v. Missouri (USA), 32000 E., Neger-Univ.
Jehowa, fälschl. für ↗Jahwe.
Jelenia Góra ↗Hirschberg.
Jemen *m,* Rep. in SW-Arabien, am Roten Meer; steigt aus einem heißen Küstenstreifen am Roten Meer bis zu 3000 m Höhe im Innern an. Am fruchtbaren Gebirgshang Anbau v. Kaffee, Sesam u. des Kat-Strauches; die anderen Landesteile sind Wüstensteppe. – Die Imame, die sich in langen Kämpfen durchsetzten, unterstanden 1576–1628 u. 1872/1915 den Osmanen u. wurden dann unabhängig; 1962 durch eine Revolte Vertreibung des Imams u. Errichtung der Rep.; seitdem Bürgerkrieg zw. Royalisten u. Republikanern, in dem Imam Mohammed el Badr über die Hälfte des Landes zurückgewann; 69 Übertritt führender Royalisten zu den Republikanern, führte zur Einstellung der Kämpfe. 72 Abkommen über Vereinigung mit der VR Jemen, wird 73 einseitig annulliert.
Jemen, *Demokrat. VR J.,* Rep. an der Südküste der Arab. Halbinsel; hinter einer unterschiedl. breiten Küstenzone erhebt sich steil ein wüstenhaftes Gebirgsland, das gegen das Landesinnere allmähl. in die Arab. Wüste übergeht. – J. ist ein Agrarland: Anbau von Getreide, Datteln, Baumwolle, Bananen, Mais u. Zuckerrohr; im Bergland nomad. Viehzucht, in Aden Erdölraffinerie. – 1839 Aden u. Hinterland brit., 1937 brit. Kolonie, 47 brit. Kronkolonie, 59 Bildung der *Föderation Arab. Emirate des Südens,* 62 Bildung der *Südarab. Föderation,* 63 Beitritt der Kronkolonie Aden; 67 Südarab. Föderation wird als *VR Jemen* unabhängig, Abzug der brit. Truppen.
Jena, thüring. Stadt an der Saale, Bez. Gera, 102000 E.; Univ.; Fachschule f. Augenoptik; Sternwarte, Institut für Erdbebenforschung; opt., pharmazeut. u. Glas-Ind. – 1806 Sieg Napoleons über die Preußen bei J. u. Auerstedt. **J.er Glas,** Spezialglas mit bes. chem. od. physikal. Eigenschaften, z.B Wärmefestigkeit; als Haushaltsglas.
Jenatsch, *Jürg,* schweizer. Prediger und Volksführer, 1596–1639 (ermordet). Roman v. C. F. Meyer.
Jenissei *m,* Hauptstrom Sibiriens, einschließlich Angara u. Selenga 5391 km lang; 6–8 Monate eisbedeckt; Stromgebiet 2,7 Mill. km². Bei Krasnojarsk Stauung des J. zu 400 km langem, bis 90 km breitem See (Kraftwerke). ☐ 975.
Jenner (: dschenᵉr), *Edward,* engl. Arzt, 1749–1823; Begr. der Schutzimpfung gg. Pocken.

Jens, *Walter,* dt. Altphilologe u. Schriftsteller, * 1923; Romane *(Nein),* literaturkrit. Essays *(Statt einer Lit.-Gesch.);* Hörspiele; seit 76 Präs. des PEN-Clubs der BRD.
Jensen, 1) *Hans Daniel,* dt. Physiker, 1907–73; 63 Nobelpreis mit E. P. Wigner u. M. Goeppert-Mayer für die Konzeption des Schalenmodells des Atomkerns. **2)** *Johannes Vilhelm,* dän. Schriftsteller, 1873–1950; Romane, Erzählungen, Gedichte, Essays; 1944 Lit.-Nobelpreis.
Jephta, *Jephte,* Richter in Israel, befreite es v. den Ammonitern.
Jeremias, atl. Prophet in Juda, unter die größten religiösen Geister der Menschheit zu rechnen; wirkte 627–586 am Hof in Jerusalem, wegen seiner Drohprophezeiungen verfolgt; blieb auch nach der Eroberung Jerusalems zunächst dort, mußte aber später nach Ägypten flüchten. Das bibl. *Buch J.* bietet Reden, Geschichtliches u. Weissagungen. **Jeremiaden** ↗Klagelieder.
Jerewan ↗Eriwan.
Jerez de la Frontera (: chereß-), südspan. Stadt, 150000 E.; Weinbau *(Jerezwein,* engl. *Sherry,* Weißwein). – 711 Sieg der Araber über die Westgoten.
Jericho, arab. *Er-Riha,* westjordan. Stadt, 30 km östl. v. Jerusalem, 7000 E.; bereits 10000 v.Chr. besiedelt, später kanaanit. Festung, v. Israeliten erobert; Erholungsort; seit 1967 unter israel. Verwaltung.
Jeroboam, Kg.e v. Israel: **J. I.** trennte nach Salomons Tod die 10 nördl. Stämme ab; damit um 932/911 v.Chr. erster Kg. v. Israel. **J. II.,** regierte 784/744; Höhepunkt Israels.
Jérôme (: scherom, frz. = Hieronymus), ↗Bonaparte.
Jersey (: dschöᵏrßi), **1)** englische Kanalinsel, 116 km², 75000 E.; Hauptort Saint Hélier. Zucht des *J.-Rindes.* **2)** Maschenware, auch das Sporttrikot.
Jersey City (: dschöᵏrßi ßiti), Vorstadt v. New York, Hafen u. Bahnknoten, 276000 E.
Jerusalem, hebr. *Jeruschalajim,* arab. *El-Kuds,* Hst. v. Israel, Mittelpunkt des jüd. Volkes, heiligste Stadt der christl. Welt, 367000 E.; auf öder Kalkplatte, 760 m ü. M.; Altstadt auf 2 Hügelrücken, v. altjüd. Mauer eingeschlossen; hier Tempelplatz (mit Felsendom) u. Klagemauer; im W das Christenviertel mit Hl. Grab; s.w. der Davidsturm auf ehem. Herodespalast; südl. (auf Sion) das Coenaculum mit Mariendom; moderne israel. Neustadt an der Straße nach Tel Aviv; viele Kirchen, Klöster, Moscheen; hebr. Univ., muslim. theol. Fakultät; lat., griech. u. armen. Patriarch, Apost. Delegat, Päpstl. Bibelinstitut, Benediktinerabtei. – Erstmals genannt um 1850 v.Chr.; im Besitz der Jebusiter, um 1000 v. David erobert; 587 v. den Assyrern zerstört, nach der Babylonischen Gefangenschaft wiederaufgebaut; 63 v. Pompejus erobert, unter Herodes d.Gr. Erneuerung des Tempels; 70 n.Chr. durch Titus zerstört. Von Konstantin d.Gr. bis zur arab. Eroberung 637 war J. eine christl. Stadt; 1099 entrissen die Kreuzfahrer die Stadt den Arabern u. hatten sie bis 1187 u. 1229/44 in der Hand. 1517/1917 war J. türk. u. gehörte dann bis 1948 zum brit. Mandat

Hans Daniel Jensen

S. A. Jessenin

Jerusalem: Blick auf
das Damaskustor und
auf die Altstadt von
Jerusalem

über Palästina; 49 durch Waffenstillstands-
linie zw. Israel u. Jordanien geteilt; Israel
erklärte J. 50 zu seiner Hst. u. eroberte 67
die zu Jordanien gehörende Altstadt.
Jesaja, *Jesaias,* ↗Isaias.
Jesse, *Isai,* Vater Davids aus dem Stamm
Juda in Bethlehem.
Jessel, *Leon,* dt. Operettenkomponist,
1871–1942 (als Jude verfolgt, starb im Ge-
fängnis); *Schwarzwaldmädel.*
Jessenin (: jeßj̲e̲-), *Sergej Alexandrowitsch,*
russischer Schriftsteller, 1895–1925; Lyri-
ker: *Liebstes Land, das Herz träumt leise.*
Jesso, die japan. Insel ↗Hokkaido.
Jesuiten (Mz.), Bz. für die Mitglieder des v.
Ignatius v. Loyola 1534 gegr. Ordens der
Gesellschaft Jesu od. *Societas Jesu* (SJ).
Neben Selbstheiligung ist Verbreitung des
Glaubens u. der christl. Sitte Hauptzweck
des Ordens. Die J. haben sich verdient ge-
macht um die Festigung der kath. Kirche
nach der Reformation, die Missionierung im
Fernen Osten u. in Südamerika, um die
Volksseelsorge (Exerzitien), die Wiss. u. das
Schulwesen. Der Orden wurde oft ange-
feindet, er war 1773/1814 kirchlicherseits
aufgehoben u. wurde aus fast allen Ländern
Europas ausgewiesen (in Dtl. durch das
J.gesetz 1872/1917); in der Schweiz bis Mai
1973 verboten. An der Spitze der Ordensgeneral (P. ↗Arrupe) u. 4 Generalassistenten.
31 700 Mitgl.
Jesusbewegung, *Jesus People,* um 1970 in
den USA außerhalb der christl. Kirchen entstandene rel. Jugendbewegung, in deren
Mittelpunkt ein personales Jesus-Erlebnis
u. an der Bibel orientierte Nächstenliebe
stehen.
Jesus Christus, der durch die 4 Evangelien,
die Apostelbriefe, durch außerchristliche
Zeugnisse (Tacitus, Sueton, Josephus Flavius, Talmud) u. das frühe Christentum als
hist. sicher bezeugte Verkündiger u. Mittelpunkt der ntl. Botschaft, Stifter u. Haupt der
Kirche (↗Christentum). *Leben u. Lehre:* Jesus (gr. Umschrift des hebr. Jehoschua =
Jahwe ist Rettung, Retter, Heiland) wurde
vor dem Jahre 4 vor der Zeitenwende als
Jude v. ↗Maria in Bethlehem in Palästina
geboren z. Z., als ↗Herodes I. († 4 v. Chr.)

unter röm. Oberherrschaft in Jerusalem regierte (liturg. Feier des Geburtstages Jesu
am 25. Dez. erst seit 336 in Rom nachweisbar). Nach den Kindheitsgeschichten der
Evangelien war die Empfängnis Jesu in der
Jungfrau Maria auf wunderbare Weise bewirkt worden, ehe Maria v. ihrem Verlobten
↗Joseph als Ehefrau heimgeführt wurde.
Über die äußere u. innere Entwicklung Jesu
u. seine Stellung in seiner Umwelt wird
kaum berichtet. ↗Johannes den Täufer, v.
dem er sich zu Beginn seiner öff. Wirksamkeit taufen ließ, sah er als den letzten Gottesboten in der vormessian. Zeit an. J. kün-
det die Freudenbotschaft (↗Evangelium) v.
Gottes Gnade, die in allen Menschen wirksam werden soll, bekämpft die Gesetzlichkeit u. heuchler. Frömmigkeit der Pharisäer,
verkündet, oft in Form v. ↗Parabeln, daß in
ihm, dem Sohn des Vaters, die Gottesherr-
schaft im Kommen sei. Sie erlöst die durch
die Sünde verlorenen Menschen, wenn sie
an ihn glauben b. eine radikale Umkehr in
diesem Glauben vollziehen. J. fordert eine
vom persönl. Verhältnis zum lebendigen
Gott durchdrungene Sittlichkeit: eine alle
Menschen umfassende Nächstenliebe,
Wahrhaftigkeit, Demut, Reinheit. Fundament dieser Sittlichkeit ist die Liebe zu Gott.
J. erniedrigt sich in die menschl. Seins-
weise, begibt sich in die Gemeinschaft der
Sünder, um den Menschen Bruder u. in allem gleich zu werden (die Sünde ausgenommen). Er hebt die grundsätzl. Bindung
des göttl. Heils an das Volk Israel auf u. ver-
heißt ausdrückl. auch den Heiden, falls sie
sich bekehren, Anteil am Endheil. Seinen
gewaltsamen Tod durch die Anführer Israels sieht er voraus u. deutet ihn als freies
Sühnopfer für die Schuld der Welt (↗Erlö-
sung 2). Nach mehr als zweijähr. Wirksamkeit wird er an einem Freitag (14. oder 15.
Nisan = etwa 7. April) wahrscheinlich des
Jahres 30 wegen seines Anspruchs, der
Sohn Gottes u. der Messias zu sein, in Jerusalem gekreuzigt. Nach seiner ↗Auferste-
hung erfahren ihn seine Jünger in mehreren
Erscheinungen als den leibhaft, jedoch ver-
klärt Lebendigen. Er hinterläßt bei seiner
↗Himmelfahrt eine v. ihm gestiftete Ge-
meinde v. Gläubigen, zusammengeschlossen im Glauben an ihn als den Herrn u.
Erlöser u. unter der autoritativen Leitung
des ↗Apostel-Kollegiums. Der Glaubende
tritt durch das v. Jesus gestiftete Sakrament
der ↗Taufe in diese Gemeinde ein; sie verwirklicht sich in der gemeinsamen Feier des
↗Abendmahles u. erwartet seine Wiederkunft zum Jüngsten Gericht.
Jesus Sirach ↗Sirach.
Jet-Antrieb (: dschet-, engl.), Antrieb mit
↗Strahltriebwerk. **Jetstream** (: -ßtrim), der
↗Strahlstrom.
Jet-set *m* (: dschet ßät, engl.), die über
große Reichtümer verfügende Spitze der
int. High Society.
Jett *m* (: dschet, engl.), Abart der Braunkohle (schwarzer Bernstein), politurfähig;
für Trauerschmuck.
Jeunesse dorée (: schönäß dore̱, frz. = ver-
goldete Jugend), die elegante, genußsüch-

tige Jugend; zuerst verwandt für die monarch. gesinnte Pariser Jugend während des Direktoriums.

Jeunesse Ouvrière Chrétienne Internationale (JOCI), die internationale Organisation der ↗Christl. Arbeiterjugend.

Jever, niedersächs. Krst. im oldenburg. J.land, 12400 E.; Kleiderfabrik.

Jewish Agency (: dsch̲u̲isch e̲'dsch̲e̲nß̲ⁱ), jüd. Vertretung in der brit. Mandatsregierung in Palästina bis 1948.

Jewtuschenko, *Jewgenij Alexandrowitsch*, russ. Schriftsteller, *1933; politisch engagierte, antistalinist. Gedichte; die Forderung nach polit. u. künstler. Freiheit führte zu Spannungen mit der KPdSU.

Jezabel, im AT Gemahlin Achabs, des Kg.s v. Israel, huldigte dem Baal.

JHS ↗IHS.

Jiddisch, Umgangs- u. 2. Schriftsprache der aus dem dt. Sprachbereich stammenden Juden; beruht auf mhd. Dialekten u. hebr. Elementen; bes. entwickelt in Rußland u. Polen (Einfluß des Slawischen).

Jihlava ↗Iglau.

Jiménez (: chim̲e̲neß), *Juan Ramón*, span. Dichter, 1881–1958; bedeutender Lyriker, musikal., auf vollkommene Form abzielend; Prosabuch *Platero u. ich.* Lit.-Nobelpreis **Jinnah** ↗Dschinnah. [1956.

Jiu-Jitsu (: dsch̲i̲u dsch̲i̲tßu), alte japan. Technik der Selbstverteidigung; Überwindung des Gegners durch Hebelgriffe u. berechnete Schläge; heute unter Ausscheidung lebensgefährl. Schläge u. Griffe als ↗Judo sportl. Wettkampf.

Joachim I. Nestor, 1484–1535; 1499 Kurfürst v. Brandenburg, Gegner der Reformation. Sein Sohn **J. II. Hektor**, 1505–71; führte 39 die Reformation im Lande ein.

Joachim v. Fi̲o̲re, it. Zisterzienserabt u. Geschichtsphilosoph, um 1130–1202; bedeutend war die v. ihm vertretene Lehre v. den 3 Zeitaltern des Vaters (AT), des Sohnes (NT) u. des mönch. Zeitalters des Hl. Geistes. Seine Trinitätslehre 1215 verurteilt.

Joachimsthal, *Sankt J.*, tschech. *Jáchymov*, tschsl. Radiumbad im Erzgebirge, 7000 E.; radioaktive *J.er Pechblende*, erschöpft.

João Pessôa (: sch̲u̲an̲u̲ᵐ peß̲o̲a), fr. *Paraíba*, Hst. des brasilian. Staates Paraíba, 288000 E.; Univ., kath. Erzb.

Job, *Hiob*, Hauptgestalt des *Buches J.* im AT (Verf. unbekannt); Lehrschrift über das Problem des Leidens im Leben des Gerechten. **Job** *m* (: dsch̲o̲b, engl.), **1)** (Gelegenheits-) Arbeit. **2)** berufl. Tätigkeit.

Jobber (: dsch̲o̲-, engl.), Börsenmakler; in Dtl. Bz. für den skrupellosen Spekulanten.

Joch *s*, **1)** Geschirr zum Anspannen der Rinder. **2)** ein Gespann Zugtiere. **3)** altes Feldmaß, etwa 50 Ar. **4)** hochgelegener Gebirgspaß. **5)** bei Brücken jeder Bogen, bei einer Decke das Gewölbefeld zw. 2 Gurtbogen.

Jochbein, ein Gesichtsknochen. [gen.

Jochenstein, Donaukraftwerk bei der österr. Gem. *J.*, unterhalb Passau. Erzeugt jährl. 1 Mrd. kWh Strom; 1952/56 erbaut.

Jochum, *Eugen*, dt. Dirigent, *1902; 49/60 Chefdirigent des Symphonieorchesters des Bayer. Rundfunks, 61/64 Leiter des Concert-

Eugen Jochum

Papst Johannes XXIII.

gebouw-Orchesters, 71/73 Chefdirigent der Bamberger Symphoniker, seither meist als Gastdirigent tätig.

Jockei, *Jockey m* (: dsch̲o̲ki, engl.), berufsmäßiger Rennreiter.

Jod *s*, chem. Element, Zeichen J, Halogen, Ordnungszahl 53 (□ 148); lösl. in Alkohol (Jodtinktur); Herstellung aus Chilesalpeter, fr. aus Meeresalgen; Verwendung als Desinfektionsmittel bei Wunden (↗Jodoform) u. gg. Unterfunktion der Schilddrüse; wichtiges ↗Spurenelement.

jodeln, wortloses Singen auf Lautsilben; der Jodler besteht aus Tönen gebrochener Dreiklänge u. wechselt zw. Brust- u. Kopfstimme. Verbreitet in den Alpenländern.

Jodl, *Alfred*, dt. Generaloberst, 1890–1946; seit 1939 Chef des Führungsstabes im OKW; unterzeichnete am 7. 5. 45 in Reims die Gesamtkapitulation der dt. Wehrmacht; im Nürnberger Kriegsverbrecherprozeß zum Tode verurteilt u. gehängt.

Jodlampe ↗Halogenlampe.

Jodoform *s*, CHJ₃, gelbe Kristalle; med. früher als Desinfektionsmittel u. gegen Wundschmerzen benutzt.

Jodrell Bank (: dsch̲o̲drel bänk), Standort des Radioteleskops der Univ. Manchester, südl. v. Manchester; Hohlspiegel 76 m ∅.

Joel, einer der 12 sog. Kleinen Propheten. – Das bibl. *Buch J.* ist wohl Ende des 5. Jh. v. Chr. entstanden.

Joffre (: sch̲o̲frᵉ), *Joseph*, frz. Marschall, 1852–1931; 1914/16 frz. Oberbefehlshaber.

Joghurt *m* (türk.), fr. *Yoghurt*, eine ↗Dickmilch, sauermilchartiges Erzeugnis meist aus Voll-, seltener aus Magermilch.

Jogjakarta ↗Djokjakarta.

Johanna, angebl. *Päpstin*, soll im 9. Jh. 2 Jahre unter Verheimlichung ihres Geschlechts den Stuhl Petri innegehabt haben; die Fabel durch Blondel 1647 widerlegt. **J. v. Orléans** ↗Jeanne d'Arc. **J. die Wahnsinnige**, Königin v. Spanien, 1479 bis 1555; Gemahlin Philipps des Schönen, Mutter Ks. Karls V.

Johann(es), *Heilige*: **J. der Täufer**, lat. *Baptista* (Fest der Geburt 24. Juni, der Enthauptung 29. Aug.), Vorläufer Christi; Sohn des Priesters Zacharias u. der Elisabeth; predigte u. taufte am unteren Jordan (auch Jesus); tadelte den Ehebruch zw. Herodes Antipas u. seiner Schwägerin Herodias u. wurde dafür enthauptet. **J.**, **Apostel u. Evangelist** (27. Dez.), Sohn des Zebedäus, Bruder v. Jakobus d. Ä., erst Schüler v. J. dem Täufer, dann einer der ersten u. vertrautester Jünger Jesu; nach Jesu Tod noch länger in Jerusalem, wirkte später nach alter Überlieferung bis in die Zeit Ks. Trajans in Ephesos. Seine Verfasserschaft des *J.evangeliums* und der 3 *J.briefe* ist umstritten. ↗Apokalypse. – Dargestellt mit Adler bzw. mit Kelch. **J. v. Capestrano** ↗Capestrano. **J. Chrysostomus** ↗Chrysostomus. **J. v. Gott** (8. März), 1495–1550; span. Hirte u. Soldat, Gründer eines Ordens der Barmherzigen Brüder. **J. v. Kreuz** (14. Dez.), span. Mystiker, Kirchenlehrer, 1542–91; Karmelit; mit der hl. Theresia v. Ávila Ordensreform, durch die der Zweig der Unbe-

Joch

verschiedene Definitionen des Flächenmaßes

	Ar
Wiener J.	57,546
Juchart	
Schweiz	35,97
Württemb.	47,27
Bayern	34,07
Juck, Jück	
(Oldenburg)	45,385
Jugerum	
(altrömisch)	25,19
Arpa	
(Ungarn)	57,55
Arpent	
französisch	34,19
schweizerisch	36

schuhten ↗Karmeliten entstand; deshalb brachten ihn seine Ordensbrüder in Haft, wo er myst. Gedichte verfaßte. **J. v. Nepomuk** (16. Mai), um 1350–93; 89 Generalvikar in Prag, v. Kg. Wenzel IV. in der Moldau ertränkt, angebl. wegen seiner Weigerung, ein Beichtgeheimnis zu verraten; bekanntester Brückenheiliger.
Päpste: J. XXII., um 1245–1334; 1316 Pp., stammte aus Fkr., residierte in Avignon; verfocht die Machtansprüche des Pp. gegenüber dem dt. Kaisertum; baute das päpstl. Finanzwesen aus. **J. XXIII.,** 1410/15 Papst; wurde v. Konstanzer Konzil abgesetzt. **J. XXIII.,** 1881–1963; vorher Angelo Giuseppe Roncalli; 1925 Apostol. Visitator (seit 31 Delegat) für Bulgarien, 34 Apostol. Delegat für die Türkei u. Griechenland, 44 Nuntius in Fkr., 53 Kard. u. Patriarch v. Venedig, 58 Pp.; berief 62 das 2. Vatikan. Konzil ein, erließ u. a. die Enzykliken ↗„Mater et magistra" (61) u. „Pacem in terris" (63); um Kontakte zu den getrennten Christen bemüht.
Fürsten: *England: J.* **ohne Land,** Bruder v. Richard Löwenherz, 1167–1216; 1199 Kg., verlor die meisten Besitzungen in Fkr., nahm 1213 Engl. v. Pp. Innozenz III. zu Lehen u. ließ sich 15 die ↗Magna Carta abnötigen. *Österreich: J.,* Erzhzg., 1782–1859; 1848/49 durch die Frankfurter Nationalversammlung dt. Reichsverweser. *Polen: J. III.* **Sobieski,** Kg. 1674/96; 1683 Mitbefreier Wiens v. den Türken. *Sachsen: J.* **der Beständige,** Kurfürst 1525/32; Mitbegr. des ↗Schmalkaldischen Bundes. **J. Friedrich der Großmütige,** Kurfürst 1532/47; verlor nach dem Schmalkaldischen Krieg das Kurfürstentum an seinen Vetter Moritz. *Schwaben: J.* **Parricida** (lat. = Verwandtenmörder), ermordete 1308 seinen Onkel, den dt. Kg. Albrecht I. v. Habsburg.
Johann v. Leiden (eig. *Bockelson*), 1510–36; Haupt der Täufer in Münster, wo er terrorist. ein Kgr. Sion errichtete; hingerichtet; ↗Knipperdolling.
Johann v. Neumarkt, dt. Frühhumanist, um 1315–80; Bischof von Olmütz, Kanzler Karls IV.; beeinflußte die dt. Schriftsprache.
Johann v. Salisbury, engl. scholast. Philosoph, um 1115–80; Bischof v. Chartres; entwarf die erste große Staatstheorie des MA.
Johann v. Tepl, um 1350 bis um 1414; Verf. des ↗Ackermann aus Böhmen.
Johannesburg, größte Stadt der Rep. Südafrika, in Transvaal, 1750 m ü. M., 1,433 Mill. E.; 2 Univ., TH; kath. u. anglikan. Bischof. Mittelpunkt des Bergbaugebietes Witwatersrand mit über 150 Goldbergwerken.
Johannes Paul, Päpste: **J. P. I.,** 1912–78; vorher Albino Luciani; 58 Bischof v. Vittorio Veneto, 69 Erzb. u. Patriarch v. Venedig, 73 Kardinal, 78 Pp. **J. P. II.,** * 1920; vorher Karol Wojtyła; 64 Erzb. v. Krakau, 67 Kardinal, 78 Pp.; zahlr. Auslandsreisen, u.a. nach Mittel-, Süd- u. Nord-Am., Polen, Türkei, Dtl.; 81 bei einem Attentat schwer verletzt.
Johannes Scotus ↗Eriugena. **Johannes Trithemius,** OSB, dt. Humanist, 1462–1516; Abt in Sponheim u. Würzburg; um Hebung

der mönch. Disziplin u. wiss. Bildung bemüht; hist., literaturgeschichtl. und aszet. Werke.
Johanngeorgenstadt, sächs. Kurort u. Wintersportplatz im Erzgebirge, 678–830 m ü. M., 11000 E.; Bergbau (Wismut, Uran).
Johannisbeere, Steinbrechgewächs; *Rote J.,* mit roten Beeren, zu Fruchtsirup, Kompott, Saft, *Johannisbeerwein. Schwarze J.,* mit vitaminhaltigen, schwarzen Früchten; zu Saft. ☐ 747. **Johannisbrotbaum,** Baum im Mittelmeerraum, Schmetterlingsblütler; Hülsenfrüchte mit 50% Zucker; Nahrungsmittel. ☐ 748. **Johannisfeuer,** Sonnwendfeuer, noch vielerorts am Vorabend des Johannestages (24. Juni) auf Höhen abgebrannt. **Johanniskäfer,** *Johanniswürmchen,* der ↗Leuchtkäfer. **Johanniskraut** ↗Hartheu.
Johanniter (Mz.), geistl. Ritterorden, Anfang 12. Jh. in Jerusalem gegr. zur Betreuung der Palästinapilger u. zur Krankenpflege; übernahmen bald den Kampf gg. die Muslimen. Nach dem Fall v. Akkon (1291) siedelten die J. nach Zypern, 1309 nach Rhodos um, das 1522 an die Türken verlorenreng, 1530/1798 Hauptsitz Malta (deshalb auch *Malteser* gen.), 1834 Sitz in Rom; heute ein Adelsorden (ca. 6000 Mitgl.) mit einem Fürst-Großmeister an der Spitze; widmen sich der Krankenpflege. **J.kreuz,** *Malteserkreuz,* weißes Kreuz mit 8 Spitzen in rotem Feld. ☐ 515.
John Bull (: dschon bul, engl. = Hans Stier), Spottname für den hartnäckigen, kampflust. Engländer.
Johnson (: dschonß[e]n), 1) *Lyndon B(aines),* am. Politiker (Demokrat), 1908–73; 61 Vizepräs., 63 (nach der Ermordung Kennedys) bis 69 Präs. der USA. 2) *Samuel,* englischer Schriftsteller, 1709–84; Lit.-Kritik, lehrhafte Dichtungen; von großem Einfluß auf das englische Geistesleben.
Johnson, *Uwe,* dt. Schriftsteller, * 1934; in Sprache u. Form eigenwillige Romane über die Lebenssituation der Menschen im totalitären System der DDR. *Mutmaßungen über Jakob; Das dritte Buch über Achim; Zwei Ansichten* (über das geteilte Berlin).
Joker *m* (auch: dscho[u]-, engl.), beliebig verwendbare Spielkarte (z. B. im Rommé); zeigt das Bild eines Narren.
Jokohama, *Yokohama,* wichtigster japan. Hafen, Vorhafen v. Tokio; Seidenausfuhr; 2,7 Mill. E.; 2 Univ., kath. Bischof.
Jokosuka, japan. Hafenstadt in der Bucht v. Tokio, 390000 E.; kath. Univ.; Stahlwerke.
Joliot-Curie (: scholjo küri), frz. Forscherehepaar: 1) *Frédéric,* 1900–58. 2) *Irène,* Tochter v. P. u. M. ↗Curie, 1897–1956. Beide 1935 Nobelpreis für Entdeckung der künstl. Radioaktivität.
Jolle *w* (nd.), einmast. Küsten- od. Beiboot mit Segeln, als Sportboot mit Flachkiel u. Schwert, kenterbar im Ggs. zur ↗Jacht.
Jona(s), einer der 12 sog. Kleinen Propheten im 8. Jh. v. Chr.; weissagte die Wiederherstellung der alten Grenzen Israels. Das atl. *Buch J.* gehört in die nachexil. Zeit u. behandelt als Lehrerzählung bes. die Frage der prophet. Sendung an die Heiden; das *J.zei-*

Johannes Paul I.

Johannes Paul II.

Lyndon B. Johnson

Uwe Johnson

Franz Jonas

Jordanien
Amtlicher Name:
Al-Mamlakah
al-Urduniyah
al-Hashimiyah
(Haschemitisches
Königreich Jordanien)
Staatsform:
Königreich
Hauptstadt:
Amman
Fläche:
97 740 km²
Bevölkerung:
2,9 Mill. E.
Sprache:
Arabisch
Religion:
überwiegend Muslimen
Währung:
1 Jordan-Dinar
= 1000 Fils
Mitgliedschaften:
UN, Arabische Liga

J. P. Joule

chen (Rettung durch einen Fisch) wird auf Christi Tod u. Auferstehung gedeutet.
Jonas, 1) *Franz,* östr. Politiker (SPÖ), 1899 bis 1974; 1951/65 Bürgermeister v. Wien, seit 65 Bundespräsident. **2)** *Justus,* luth. Theologe, 1493–1555; Prof. in Wittenberg; Freund u. Helfer Luthers.
Jones (: dsehoᵘns), **1)** *Inigo,* engl. Architekt, 1573–1652; Hauptvertreter des klassizist. Stils des Palladianismus. **2)** *James,* am. Schriftsteller, 1921–77; schrieb kraß-realist. Romane, u.a. *Verdammt in alle Ewigkeit; Die Entwurzelten.* **3)** *Sidney,* engl. Komponist, 1861–1946; bekannt durch die Operette *Die Geisha.*
Jongleur *m* (: sehõnglör, frz.), Geschicklichkeitskünstler. **jonglieren,** i.ü.S. Verschiedenes geschickt miteinander vereinigen.
Jönköping (: jöntschö-), südschwed. Stadt, 108 000 E.; Zündholz-, Papier- u. Textil-Ind.
Jonson (: dsehonß°n), *Ben(jamin),* engl. Dramatiker, 1573–1637; etwa 50 Dramen, bedeutendste Komödie: *Volpone.*
Jordan *m,* arab. *Scherjat el-Kebir,* Hauptfluß Palästinas, Ort der Taufe Jesu; entspringt am Hermon, durchfließt den Merom- u. den Genesareth-See, mündet ins Tote Meer; 260 km lang, fischreich, nicht schiffbar. *J.tal,* tiefste Senke (diluvialer Grabenbruch) der Erde (bis 390 m u.M.).
Jordan, 1) ↗Salvatorianer. **2)** *Pascual,* dt. Physiker, 1902–80; grundlegende Untersuchungen zur Quantenmechanik.
Jordanien, arab. Kgr. in Vorderasien, zw. Israel, Syrien, Irak u. Saudi-Arabien. 95% der Fläche gehören zur Arab. Wüste u. zu den westl. des Jordans liegenden unfruchtbaren Bergländern Judäa u. Samaria. Außer Phosphatlagern fehlen nennenswerte Bodenschätze; J. ist ein armes Land, das v. den USA und Großbritannien subventioniert wird. – Das Kgr. entstand 1950 aus dem Kgr. ↗Transjordanien u. den arab. Gebieten Palästinas westl. des Jordans. Seit 53 Kg. Hussein II.; 67 Krieg mit Israel, das die jordan. Gebiete westl. des Jordans besetzte; seither häufig Grenzzwischenfälle. 68/71 Kämpfe der jordan. Regierungstruppen mit den Angehörigen der palästinens. Befreiungsfront. Teilnehmer der Genfer Konferenz (seit Dez. 73) zur Lösung des Nahostproblems.
Jorn, *Asger,* dän. Maler u. Radierer, 1914–73; in tachist. Gemälden mit mag.-chiffrehaften Formen dem ↗Action painting verwandt.
Josaphat, Kg. v. Juda (874/849 v. Chr.), kämpfte zusammen mit Israel gegen die Moabiter.
Joschkar-Ola, Hst. der ASSR der Mari, n.w. von Kasan, 201 000 E.; Ing.-Schule; Maschinen- u. Nahrungsmittelindustrie.
Joseph, Sohn des atl. Patriarchen Jakob, v. seinen Brüdern nach Ägypten verkauft, dort zum höchsten Beamten erhoben; ließ Jakob u. seine Familie nach Ägypten kommen.
Joseph, Heilige: J., Gatte Marias, der Mutter Jesu (19. März); aus dem Geschlecht Davids; lebte als Zimmermann in Nazaret u. war nach jüd. Recht (als Mann Marias) gesetzl. Vater Jesu. Patron der Werktätigen (Fest 1. Mai). **J. v. Arimathäa** (17. März),

Kaiser Joseph I.

Kaiser Joseph II.

Mitgl. des jüd. Hohen Rates; Anhänger Jesu, setzte dessen Leichnam in einem Felsengrab bei. **J. v. Calasanza,** span. Theologe (25. Aug.), 1556–1648; stiftete den Orden der ↗Piaristen. **Fürsten: J. I.,** 1678–1711; 1687 ungar. u. 90 dt. Kg., 1705 Ks.; Sieger über Ludwig XIV. im Span. Erbfolgekrieg. **J. II.,** Sohn Maria Theresias, 1741–90; 64 Kg., 65 Ks. u. Mitregent seiner Mutter, 80 Alleinherrscher; regierte rationalist. u. absolutist. (aufgeklärter Absolutismus); seine Politik: Bauernbefreiung, Toleranzpatent für Nichtkatholiken, ↗Josephinismus.
Josephine ↗Beauharnais.
Josephinismus, das in den Ländern der Habsburger durchgeführte, unter Joseph II. voll entfaltete (u. daher nach ihm ben.) Staatskirchensystem: Ausdehnung der Staatsautorität auf das gesamte kirchl. Leben mit Ausnahme des reinen Glaubensinhalts.
Josephsehe, Ehe mit freiwilligem Verzicht auf den Ehevollzug aus religiösen Motiven, nach dem Beispiel des hl. Joseph; darf nur Vorsatz, nicht Bedingung der Eheschließung sein.
Josephus, *Flavius,* um 37 bis um 100; jüd. Geschichtsschreiber. *Der jüd. Krieg.*
Jostedalsbrä, größtes Firnplateau Europas (1100 km²), im südnorweg. Hochgebirge; bis 2038 m hoch, entsendet 24 Gletscher.
Josue, *Josua* (urspr. Name *Hoschea*), nach dem Tod des Moses Führer der Israeliten, eroberte u. verteilte Kanaan; bibl. *Buch J.* schildert die israelit. Gesch. nach dem Tod des Moses.
Jouhaux (: sehuo), *Léon,* 1879–1954; Vizepräs. des Weltgewerkschaftsbundes; 21 Präs. der frz. „Force Ouvrière". 1951 Friedensnobelpreis.
Joule (: dsehul), *James Prescott,* englischer Physiker, 1818–89; formulierte den *Satz v. der Erhaltung der Energie,* bestimmte das mechanische Wärmeäquivalent, *Joulesches Gesetz, Joulesche Wärme,* ↗Elektrizität.
Joule, Abk. J, nach ↗Joule benannte physikal. Einheit der Energie, Arbeit u. Wärmemenge; 1 J = 1 Newtonmeter = 1 Wattsekunde = 1 kg m² · s⁻².
Journal *s* (: sehurnal, frz.), **1)** Zeitung, Zeitschrift. **2)** ↗Buchführung.
Journalismus *m* (: sehur-, frz.), Bz. für das sog. „Tagesschrifttum", für die an das aktuelle öff. Interesse gebundene Veröffentlichung in Zeitung, Zschr., Funk, Film u. Fern-

sehen durch den *Journalisten* (Redakteur, Reporter, Korrespondent, Kritiker).

Journet (: schurnä), *Charles*, schweizer. Kardinal (seit 1965), 1891–1975; Seminar-Prof. in Fribourg. *L'Église du Verbe Incarné.*

jovial (frz.), gut gelaunt, herablassend.

Joyce (: dschoiß), *James*, anglo-irischer Dichter, 1882–1941; mit seinem HW *Ulysses*, in dem er mit der überkommenen Form des Romans brach, v. größter Wirkung auf die Entwicklung des modernen Romans. Gedichte, Erzählungen u. das traumartige Werk *Finnegans Wake.*

jr., Abk. für ↗Junior.

James Joyce

Juan (: chuan, span.), **1)** Don **J. Carlos**, span. Thronprätendent, * 1913 als Sohn Kg. Alfons' XIII. **2) J. Carlos I.**, Sohn v. 1), * 1938; 69 v. ↗Franco als Nachfolger bestellt, seit 75 Kg. v. Spanien. **3)** Don **J. de Austria**, 1547–78; Sohn Ks. Karls V., 71 Seesieg bei Lepanto über die Türken.

Juan Fernández (: chuan fernandeß), 3 chilen. Vulkaninseln im Pazif. Ozean, 185 km².

Juan-les-Pins (: schüän lä pän), frz. Mittelmeerbad, 1000 E.; gehört zur Stadt Antibes.

Jubeljahr, 1) bei den Juden (Jobeljahr) jedes 50. Jahr: das Land blieb unbebaut, die Dienstbaren wurden frei, der Grundbesitz fiel an den urspr. Besitzer. **2)** *Heiliges Jahr*, in der kath. Kirche 1300 eingeführt, seit 1475 alle 25 Jahre gefeiert; mit besonderen Ablässen verbunden.

Juan Carlos I.

Juchten *m* od. *s* (russ.), aus Birkenteeröl hergestellter Duftstoff. **J.leder**, feines, mit Birkenteeröl getränktes Leder.

Juckflechte ↗Prurigo.

Juda, der 4., bevorzugte Sohn des Patriarchen Jakob im AT. Der nach ihm benannte *Stamm J.* wohnte urspr. südl. v. Jerusalem. Kg. David vermehrte das Gebiet um Hebron u. Jerusalem. Nach der Babylonischen Gefangenschaft auf die Landschaft um Jerusalem beschränkt; in der Makkabäerzeit wieder frühere Ausdehnung. *Reich J.* ↗Juden.

Judäa, Wohnsitz der Juden nach der Babylonischen Gefangenschaft (um Jerusalem), später das Hasmonäerreich, schließl. das Reich Herodes' d. Gr. (gleichbedeutend mit Palästina).

Judas: J. Iskariot, Apostel Jesu; lieferte Jesus den Hohenpriestern gg. Geld aus; das Motiv des Verrats ist ungeklärt. **J. der Makkabäer**, leitete 166 v. Chr. die jüd. Erhebung gg. den syr. König Antiochus IV.; schloß ein Bündnis mit den Römern (hier 1. 66 gg. die Syrer. **J. Thaddäus**, hl. (28. Okt.), Apostel. Der wohl vor 70 verfaßte *J.brief* an die palästin. Judenchristen stammt nicht v. ihm.

Judasbaum, Schmetterlingsblütler, Zierbaum mit Blüten aus der Astrinde.

Juden, urspr. die Angehörigen des Stammes ↗Juda, nach der Babylonischen Gefangenschaft Gesamt-Bz. für das „Auserwählte Volk" (↗Judäa). Die J. gelten als Mischvolk aus Urbewohnern Kanaans u. semit. sprechenden „Hebräern". Heute unterscheidet man die vorderasiat. u. die europ. J. (Aschkenasim in Mittel- u. Ost-, Sephardim in West- u. Südeuropa). Ihre Sprache urspr. Hebräisch, seit dem 6. Jh.

Juan de Austria

Judenkirsche:
2 Früchte, die obere
ist aufgeschnitten

v. Chr. Aramäisch, dann die jeweil. Landessprache; Hebr. als heilige Sprache beibehalten. Nach dem AT wanderte Abraham v. Ur in Chaldäa nach Kanaan (um 1800 v. Chr.), später (nach 1700) Jakobs Familie nach Ägypten. Unterdrückt, zogen die J. unter Moses v. Ägypten weg (um 1450 od. 1250). Die Bundesschließung auf der Halbinsel Sinai Geburtsstunde der Nation u. religiösen Gemeinschaft. Unterwerfung u. Besiedelung Palästinas durch Jahrhunderte. Festigung durch das Königtum (Saul, David, Salomon: etwa 1030/930). Nach Salomon Teilung in das Nordreich (Israel) bis 722 u. das Südreich (Juda) bis 587. Von Assyrern u. Babyloniern nach Mesopotamien verschleppt (Babylonische Gefangenschaft). Der Perserkönig Kyros erlaubte 538 die Rückkehr; Priesterstaat unter pers., ägypt., syr. Oberhoheit. Unter den Makkabäern 142 v. Chr. Selbständigkeit; 63 v. Chr. röm. Oberhoheit. Aufstände führten zur Zerstörung Jerusalems (70 und 135 n. Chr.) u. Zerstreuung der J. In Babylon Ausbau der jüd. Überlieferung (↗Talmud), unter islam. Herrschaft in Spanien bedeutende arab.-jüd. Wiss. und Philosophie. Wohnten in eigenen Vierteln; das Ghetto seit dem 12. Jh. Vorschrift. Seit der Stauferzeit als „Kaiserliche Kammerknechte" gg. besondere Abgaben unter dem Schutz des Herrschers. In der Kreuzzugszeit Verfolgungen, bes. im Spät-MA im Zusammenhang mit Hexenwahn u. ↗Inquisition. Die bürgerl. Gleichberechtigung erhielten die J. in Nordamerika u. Westeuropa Ende des 18. u. im 19. Jh. Die furchtbarsten Verfolgungen brachte ihnen der Zarismus (↗Pogrom) u. vor allem der Nat.-Soz.: 1933 Ausschluß v. Beamtentum, 35 Nürnberger Gesetze, 38 Synagogenverbrennung, während des Krieges Deportationen u. Ausrottung in den besetzten Gebieten, wobei ca. 6 Mill. (ca. ²/₃ der vorher in Europa lebenden J.) zugrunde gingen. Die J. entwickelten vielseitige Begabungen, bes. in freien Berufen. Sie erstrebten eine nationale Heimstätte. Als Siedler bewährten sich die ersten Kolonisten der zionist. Bewegung in ↗Palästina, wo 1948 der Staat Israel entstand. – Die bibl.-jüd. *Religion* war in ihrem einzigartigen Monotheismus u. in der Messiaserwartung Mutterboden des Christentums. Die Fortbildung der mosaischen Religion seit Esdras (um 450 v. Chr.) ist im ↗Talmud gesammelt. An dieser religiösen Überlieferung hält noch ein beträchtl. Teil der J. fest.

Judenburg, steirische Stadt im Murtal, 11 500 E.; Eisen-Ind., Braunkohlenlager.

Judenchristen, die zum Christentum bekehrten Juden der ersten christl. Zeit; hielten am mosaischen Gesetz fest. ↗Heidenchristen.

Judendeutsch, das ↗Jiddische.

Judenkirsche, ein Nachtschattengewächs. Staude mit kirschartigen Früchten, v. Kelch umhüllt.

Judenzopf ↗Weichselzopf.

Judith, jüd. Nationalheldin, tötete nach dem atl. *Buch J.* durch List den Feldherrn Holofernes. Drama v. Hebbel.

Judo

Grade
(mit den entspr.
Farben der Gürtel)
Kyu = Schüler
6. Kyu – Roku-Kyu
(weiß – Siro-Obi)
5. Kyu – Go-Kyu
(gelb – Kiiro-Obi)
4. Kyu – Shi-Kyu
(orange – Daidaiiro-
Obi)
3. Kyu – San-Kyu
(grün – Midori-Obi)
2. Kyu – Ni-Kyu
(blau – Aoiro-Obi)
1. Kyu – Ichi-Kyu
(braun – Kuriiro-Obi)

*DAN = Meister oder
Lehrer*
1. DAN – Ichi-DAN
2. DAN – Ni-DAN
3. DAN – San-DAN
4. DAN – Shi-DAN
5. DAN – Go-DAN
(1. –5. DAN schwarzer
Gürtel – Kro-Obi)
6. DAN – Roku-DAN
7. DAN – Sichi-DAN
8. DAN – Hachi-DAN
9. DAN – Ku-DAN
(6.–9. DAN rot-weißer
Gürtel – Shima-Obi)
10. DAN – Ju-DAN
(roter Gürtel – Aka-
Obi)

Abzeichen des
Deutschen Jugend-
herbergswerkes

Jugendstil: Buchein-
band von O. Eckmann

Judo s (japan.), aus dem ↗Jiu-Jitsu entwikkelter sportl. Kampf zw. 2 Kämpfern auf einer 5 × 5 m großen Matte. Im J. werden *Würfe* (u. a. Hand-, Schulter-, Hüft-, Fuß-, Beinwürfe) u. *Schlüsselgriffe* (Halte-, Hebelu. Würgegriffe) angewendet. Kampfzeit in der Regel 5 Minuten. Kampfkleidung: knopflose Jacke, lange Hose u. Gürtel, dessen Farbe den Grad des techn. Könnens angibt. □ 327. **Judoka** m, internationale Bz. für Judokämpfer.
Jugend, i. w. S. Zeit v. der Geburt bis zur Reife, i. e. S. vom Eintritt der Pubertät bis etwa zum 20. Jahr (seel. Reifungszeit nach der Pubertät: Adoleszenz). Abgrenzung bei den Geschlechtern verschieden; auch durch Umwelteinflüsse u. gesellschaftl. Einschätzung bedingt. Verfrühung des Beginns der J. durch die ↗Akzeleration. **J.amt** ↗J.hilfe. **J.arrest,** Zuchtmittel des ↗J.strafrechts; verhängt als *Freizeit-, Kurz-* (höchstens 6 Tage) od. *Dauerarrest* (mindestens 1, höchstens 4 Wochen). **J.bewegung,** die um 1900 aus der dt. J. hervorgegangenen Bestrebungen, gegenüber den erstarrten Lebensformen der sog. „Bürgerl. Ges." in selbständiger Gestaltung neue u. jugendgemäße Formen zu suchen; neben krit. Einstellung zur Ges. starke Naturverbundenheit. Die J.bewegung teilte sich schon früh in mehrere Bünde: *Wandervogel* 1901, *Freidt. J.* 1913 (Fest auf dem *Hohen Meißner*). Fruchtbare Impulse entwickelte die christl. J.bewegung, so die kath. Bünde *Quickborn, Jungborn, Neudeutschland, Großdt. J., Hochland,* die ev. Bünde des *Bibelkreises* u. der *Köngener,* vor allem auch bei der Erneuerung des gottesdienstl. Lebens. Die J.bewegung wurde durch den Nat.-Soz. zerschlagen. Sie hatte große Verdienste an der Wandlung des gesellschaftl. Lebens u. der Entwicklung der J.erziehung, verlor sich aber teilweise in Eigenbrötelei und negativer Kulturkritik. **J.dorf** ↗Kinderdorf. **J.fürsorge** ↗J.hilfe. **J.gefährdende Schriften** ↗J.schutz. **J.gericht** ↗J.strafrecht. **J.herbergen** (DJH), einfache Rast- u. Unterkunftsstätten für die wandernde J.; entstanden unter dem Einfluß der J.bewegung; 1909 erste J.herberge auf Burg Altena (Westf.). 1919 gründete der Lehrer R. Schirrmann den *Reichsverband Dt. J.herbergen,* der v. Nat.-Soz. in seinem Charakter verfälscht wurde. Nach dem 2. Weltkrieg entstand auf dem Gebiet der BRD der *Hauptverband für J.wandern u. J.herbergen,* Sitz: Detmold. **J.hilfe,** *J.wohlfahrtspflege,* umfaßt die leibl., geist.-seel. u. berufl.-wirtschaftl. Hilfe für die J.; getragen v. der *freien J.hilfe* (J.verbände, Spitzenverbände der freien Wohlfahrtspflege, Fachverbände, Kirchen) u. der *behördl. J.hilfe* (J.wohlfahrtsbehörden: *J.amt* u. *Landes-J.amt*), die zus. die *öff. J.hilfe* bilden u. ergänzend aufeinander angewiesen sind. Organ der Zusammenarbeit ist der *J.wohlfahrtsausschuß.* Die J.hilfe gliedert sich hauptsächl. in *J.pflege* (ergänzende Erziehungstätigkeit zu Elternhaus, Kirche, Schule u. Staat) u. *J.fürsorge* (Hilfe für J.liche in bes. gesundheitl., wirtschaftl. od. sittl. Not

od. Gefährdung infolge mangelnder Erziehungskraft, vor allem der Familie). Gemeinsam getragen v. J.pflege u. J.fürsorge wird der ↗J.schutz. Rechtsgrundlage ist vor allem das *J.wohlfahrtsges.* v. 1961. **J.leiterin,** sozialpädagog. Beruf; berechtigt nach abgeschlossener Ausbildung (in *J.leiterinnenseminaren*) als Kindergärtnerin u. 3jähr. Praxis zur Leitung v. Kindergärten, Kinderheimen, Waisenhäusern usw. **J.pflege** ↗J.hilfe. **J.pfleger,** amtl. Person zur Unterstützung der J.verbände sowie für die nicht organisierte J.; *Stadt-, Kreis-* u. *Landes-J.pfleger.* **J.schutz,** Gesamtheit der gesetzl. Bestimmungen zum Schutz der J. vor den v. außen drohenden Gefahren öff. u. privater Natur. a) *J.arbeitsschutz,* geregelt im Jugendarbeitsschutzgesetz v. 1960 i. d. F. v. 1962: Verbot der Kinderarbeit, Regelungen über Arbeitszeit, Urlaub, Art der Arbeit (verboten Akkordarbeit u. Arbeit, die gesundheitl. u. sittl. gefährdet), Fürsorgepflicht des Arbeitgebers. b) *Schutz der J. in der Öffentlichkeit:* u. a. Verbot des Aufenthaltes an Orten, an denen sittl. Gefahr od. Verwahrlosung droht, für J.liche unter 16 Jahren der Besuchs v. Gaststätten ohne Begleitung Erziehungsberechtigter (bei öff. Tanzveranstaltungen ab 22 Uhr), der Anwesenheit bei Varieté-, Kabarett- od. Revueveranstaltungen bzw. in öff. Spielhallen, des Ausschanks v. Branntwein, anderer alkohol. Getränke an J.liche unter 16 Jahren ohne Begleitung Erziehungsberechtigter. c) *Schutz vor j.gefährdenden Schr.:* werden in der BRD durch eine Bundesprüfstelle in eine Liste aufgenommen u. öff. bekanntgemacht mit Verbot der gewerbsmäßigen Veräußerung u. Verleihung an J.liche. **J.stil,** eine nach der Münchener Zschr. „Jugend" benannte Kunstrichtung ca. 1895/1905; wollte die Nachahmung histor. Stile im 19. Jh. überwinden. Kennzeichen des J.stils sind das Streben nach Material- u. Werkgerechtigkeit, Einfachheit u. Sachlichkeit sowie Symbolcharakter v. Farbe u. Linie. **J.strafe,** wird verhängt, wenn Erziehungsmaßnahmen od. Zuchtmittel (↗J.arrest) nicht ausreichen od. die Schwere der Schuld Strafe erfordert (mindestens 6 Monate, höchstens 5 Jahre, bei schweren Verbrechen 10 Jahre). **J.strafrecht,** bes. gesetzl. Vorschriften für Straftaten J.licher (14–18 Jahre). Voraussetzungen: sittl. u. geistige Reife zur Tatzeit bzw. bei Heranwachsenden (18–21 Jahre), daß sie zur Tatzeit ihrer Entwicklung nach dem J.lichen gleichstanden. Mittel: Schutzaufsicht, Fürsorgeerziehung, Zuchtmittel (u. a. ↗J.arrest, Auferlegung bes. Pflichten), ↗J.strafe. Verfahren vor einem *J.gericht* (J.richter als Einzelrichter), *J.schöffengericht* od. einer *J.kammer.* Hauptverhandlung u. Strafvollstreckung sind nicht öff. In das Strafregister werden nur J.strafen eingetragen. **J.verbände,** Zusammenschlüsse v. J.lichen, v. lose gefügten Klubs bis zu straff organisierten Großverbänden mit rel., polit. od. sonstigen Interessen u. Zielsetzungen. **J.weihe, 1)** bei Naturvölkern die ↗Initiations-Zeremonien. **2)** seit 1954 in der DDR staatl. gelenkte antichristl. u. antikirchl. Feier bei u. nach der Schulentlassung als Weihe für den totalitären Staat u. seine atheist.-materialist. Weltanschauung. **J.wohlfahrtspflege** ⁄J.hilfe.

Jugoslawien, südosteurop. Staat auf der Balkanhalbinsel, mit den Bundesländern (Republiken) Serbien, Kroatien, Slowenien, Bosnien und Herzegowina, Makedonien, Montenegro. Die meist verkarsteten Gebirgszüge der *Dinariden* durchziehen J. entlang der adriat. Ostküste; im Innern waldreiche Bergzüge mit fruchtbaren Becken. Der östl. Teil, der mit Hügelländern zum Donautiefland übergeht, ist v. Flußsystemen (Morava u. Vardar, Drau u. Save) stark zerschnitten. Serbien liefert Obst, Tabak u. Vieh, die Gebiete der adriat. Küste Südfrüchte, Wein, Fische. Die staatl. gelenkte Ind. stützt sich auf reiche Bodenschätze: Braunkohle, Kupfer, Blei, Zink, Bauxit, Eisenerze. Bedeutender Fremdenverkehr. – Durch Vereinigung des Kgr. Serbien mit den Slowenen, Kroaten u. Serben der östr.-ungar. Monarchie wurde 1918 das *Kgr. der Serben, Kroaten u. Slowenen* gebildet, das 29 den Namen *Kgr. J.* erhielt. Der Ggs. zu It., Ungarn u. Bulgarien führte zum Anschluß an die Kleine ⁄Entente. Auf den 34 ermordeten Kg. Alexander folgte sein Sohn Peter II. unter der Regentschaft des Prinzen Paul. Als die Regierung 41 dem Dreimächtepakt beitrat, wurde sie durch einen Militärputsch gestürzt; daraufhin J. v. dt. Truppen erobert. Nach dem Rückzug der Dt. 44/45 übernahm der kommunist. Partisanenführer Marschall Tito als Min.-Präs. die Regierung. 45 Umbildung J.s zur Volksrepublik; 47 Gebietszuwachs durch den Pariser Frieden; 48 Ausschluß der KP J.s aus dem Kominform, bald danach Verstärkung der Wirtschaftsbeziehungen zum Westen; 53 Abschluß des ⁄Balkanpaktes. Das Verhältnis zur UdSSR ist durch einen ständigen Wechsel zw. Spannung u. Entspannung bestimmt aufgrund des sog. Titoismus (Titos eigenem Weg zum „Sozialismus" durch

Jugoslawien

Amtlicher Name:
Socijalistička Federativna Republika Jugoslavija

Staatsform:
Föderative sozialist. Republik

Hauptstadt:
Belgrad

Fläche:
255804 km²

Bevölkerung:
22,2 Mill. E.

Sprache:
Staatssprachen sind Serbokroatisch, Slowenisch und Makedonisch

Religion:
40% orthodoxe Christen,
32% Katholiken,
12,5% Muslimen

Währung:
1 Jugoslaw. Dinar
= 100 Para

Mitgliedschaften:
UN, dem RgW assoziiert, OECD (Teilmitglied)

Königin Juliana

eine v. den andern kommunist. Staaten abweichende Wirtschaftspolitik). J. nimmt techn. Hilfe u. Wirtschaftshilfe v. beiden Blöcken. Nach der Neuordnung der Verf. 53 wurde Tito Staatspräsident (bis 80), seither C. Mijatović.

Jugurtha, Kg. v. Numidien; 111/105 v.Chr. v. den Römern bekriegt, dann gefangengenommen u. 104 in Rom umgebracht.

Juice (: dsehuß, engl.), Obst-, Gemüsesaft.

Juist (: jüßt), ostfriesische Insel, 17 km lang, 1 km breit, 2200 E.; Seebad..

Juiz de Fora (: sehuis di fåra), brasilian. Stadt in Minas Gerais, 284000 E.; kath. Erzb.; Zentrum der brasilian. Wirkwarenindustrie.

Jul, das *Julfest,* Bz. für altgerman. Wintersonnenwendfest, das im Dezember, dem *Julmond,* gefeiert wurde; v. reichem Brauchtum umgeben.

Juliana, * 1909; 48–80 Königin der Niederlande, heiratete 37 Prinz Bernhard zur Lippe-Biesterfeld. **J. v. Lüttich,** hl. (5. April), Augustinerin, um 1192–1258; ihre Visionen veranlaßten die Einführung des Fronleichnamsfestes.

Julian Apostata (gr. = der Abtrünnige), Neffe Konstantins d. Gr., 332–363; 361 röm. Ks.; versuchte vergebl., das Heidentum wieder einzuführen.

Julianischer Kalender ⁄Kalender.

Jülich, 1) Stadt im Reg.-Bez. Köln, an der Rur, 30600 E.; Kernforschungszentrum, Fachhochschule. **2)** ehem. Gft. des Niederrheins, 1356 Htm., fiel 1423 an Berg u. 1511 an Kleve. Der **J.-Klevesche Erbfolgestreit** brachte 1614 (endgültig 66) Kleve, Mark u. Ravensberg an Brandenburg, J. u. Berg an Pfalz-Neuburg. J. kam 1814 zu Preußen.

Julier (Mz.), *gens Julia,* röm. Patriziergeschlecht, dem Caesar angehörte. Augustus begründete das 68 n.Chr. herrschende *Julisch-Claudische Dynastie.*

Julier *m,* 2284 m hoher Paß in Graubünden, zw. Oberengadin u. Oberhalbstein.

Julirevolution, die Pariser Revolution v. 1830; Absetzung Karls X., Berufung des Bürgerkönigs Louis-Philippe.

Julische Alpen, der südöstl. Teil der Südl. Kalkalpen, Einzugsgebiet des Isonzo; im Triglav 2863 m hoch.

Julius, 3 Päpste, das bes. **J. II.,** 1443–1513; 1503 Pp., Führer It.s gg. Fkr., gab Aufträge an große Künstler der Renaissance (Bramante, Raffael, Michelangelo).

Juliusturm, ehem. Festungsturm in Spandau, in dem bis 1914 eine dt. Goldreserve (aus frz. Kriegsentschädigung) für den Kriegsfall aufbewahrt wurde; i.ü.S. für v. Staat gehortetes Geld.

Jumbo-Jet (: dsehambo° dsehet), Bz. für Großraumflugzeuge mit Strahlantrieb, bes. für das Großraum-Passagierflugzeug Boeing B 747. □ 282. ⁄Airbus.

Jumel (: ⁄Mako.

Jumper *m* (: dsehampᵉʳ), fr. für Pullover, heute lockere, hüftlange Schlupfbluse.

jun., Abk. für ⁄Junior.

Juneau (: dsehuno), ganzjährig eisfreier Hafen u. fr. Hst. Alaskas, am Lynnfjord; Flughafen, 19000 E.; kath. Bischof.

Jugendverbände in der BRD
Deutscher Bundesjugendring, Bonn, 16 Mitgl.-Verbände

Arbeitsgemeinschaft der Evangelischen Jugend Dtl.s, Stuttgart	Deutsche Wanderjugend im Verband Deutscher Gebirgs- und Wandervereine e. V., Stuttgart	Naturfreundejugend Dtl.s, Stuttgart-Untertürkheim
Bund der Deutschen Katholischen Jugend, Düsseldorf	Gewerkschaftsjugend – Abteilung im DGB –, Düsseldorf	Ring Deutscher Pfadfinderbünde, Köln
Bund der Deutschen Landjugend im Deutschen Bauernverband e. V., Bonn-Bad Godesberg	Jugend des Deutschen Alpenvereins, München	Ring Deutscher Pfadfinderinnenbünde, Gelnhausen
Deutsche Jugend des Ostens (DJO) e. V., Bonn	Deutsche Angestellten-Gewerkschaft – Bundes-Jugend –, Hamburg	Sozialistische Jugend Dtl.s – Die Falken –, Frankfurt a. M.
Deutsche Beamtenbund-Jugend, Bonn-Bad Godesberg	Deutsche Schreberjugend, Berlin	*außerhalb des Bundesjugendringes:* Ring Politischer Jugend, Bonn
Deutsches Jugendrotkreuz, Bonn	Solidaritätsjugend im RKB, Wilferdingen	Deutsche Sportjugend, Frankfurt a. M.

C. G. Jung.

Ernst Jünger

Sternbild Jungfrau

Jupiter (aus 2,5 Mill. km Entfernung; Photo von Pioneer 10): oval der *Große Rote Fleck,* links – kleiner – der Schatten des J.mondes Jo

Jung, 1) *Carl Gustav,* Schweizer Arzt und Psychotherapeut, 1875–1961; trennte sich nach anfänglicher Zusammenarbeit v. S. ↗Freud. Zentraler Begriff seiner Lehre: das kollektive Unbewußte, dessen Inhalt die archetypischen Bilder u. Symbole sind; sie stellen einen Niederschlag der Entwicklung des Menschengeschlechts dar. Die Religionen sind nach J. verschiedene Ausformungen der religiösen Erfahrung, auch das Christentum. Typologisch teilt J. die Menschen in die beiden Hauptgruppen der Introvertierten u. ↗Extravertierten ein. **2)** *Johann Heinrich,* ↗Jung-Stilling.
Jungbunzlau, tschech. *Mladá Boleslav,* tschsl. Bezirksstadt an der Iser, 43 000 E.
Junge Pioniere, in der DDR kommunist. Massenorganisation f. Kinder (6–14 Jahre).
Jünger, 1) *Ernst,* dt. Schriftsteller, * 1895; im 1. u. 2. Weltkrieg Offizier; analysierte Krieg u. Soldatentum, Technik u. Arbeitertum, demokrat. od. faschist. Staatsform *(In Stahlgewittern; Das abenteuerl. Herz; Der Arbeiter).* Wandlung v. Nationalismus zum Europäertum: *Auf den Marmorklippen; Heliopolis; Der Waldgang.* Tagebücher: *Strahlungen; Am Sarazenenturm.* Sprachl. ausgefeilt bes. die präzisen Naturbeschreibungen. **2)** *Friedrich Georg,* dt. Schriftsteller, Bruder v. 1), 1898–1977; v. Antike, Klopstock u. Hölderlin bestimmte Naturlyrik, Essays *(Die Perfektion der Technik),* Romane.
Junges Deutschland, radikal-freiheitl. Dichtergruppe des ↗Vormärz; Hauptvertreter: Börne, Gutzkow, Heine.
Junges Italien, 1831 v. Mazzini gegr. revolutionäre Vereinigung für ein freies, einiges, republikan. It.; 48 v. Mazzini aufgelöst.
Jungfernhäutchen, Hymen, ↗Scheide.
Jungferninseln, Virgin Islands, westind. Archipel zw. Großen u. Kleinen Antillen; die Inseln Vieques u. Culebra (193 km²) gehören zu Puerto Rico; St. Thomas, Sta. Cruz u. St. John (344 km², 104 000 E.) zu den USA; die übrigen (30 Inseln) sind brit. (153 km², 12 000 Einwohner).
Jungfernzeugung ↗Parthenogenese.
Jungfrau, 1) Gipfel im Berner Oberland, 4158 m hohe, steile Kalkpyramide; bis zum *J.joch* (3454 m) die 9,3 km lange elektr. *J.bahn* v. der Kleinen Scheidegg aus. Internationales naturwiss. Forschungsinstitut. **2)** Sternbild zw. Löwe u. Waage; auch 6. Zeichen des ↗Tierkreises (♍).
Jungfräulichkeit, vollständige geschlechtl. Enthaltsamkeit; als höchste Stufe der Keuschheit auch im Heidentum z. T. geschätzt (Vestalinnen); von Christus u. den Aposteln die lebenslängl. J. als vollkommener Weg der Nachfolge empfohlen für die hierzu Berufenen; wird bes. v. den kirchl. Orden verwirklicht.
Jungfrau v. Orléans ↗Jeanne d'Arc.
Jungk, *Robert,* dt.-am. Sachbuchautor u. Futurologe, * 1913; *Die Zukunft hat schon begonnen; Die große Maschine;* Hrsg. v. *Modelle für eine neue Welt.*
Jüngstes Gericht, das Weltgericht, das Christus am Ende der Zeit (am *Jüngsten Tag)* über Lebende u. Tote halten wird.
Jung-Stilling, *Johann Heinrich* (eig. Jung),

dt. Augenarzt u. Schriftsteller, 1740–1817; Pietist, Freund Goethes; *Selbstbiographie.*
Jungtürken (Mz.), türk. Partei, setzte sich für eine demokrat. Reform der Türkei nach westl. Muster ein; seit 1908 v. großem Einfluß, 26 v. Kemal Atatürk unterdrückt.
Junikäfer, dem Maikäfer ähnlicher, aber kleinerer Blatthornkäfer, schwärmt Juni u. Juli; seine Engerlinge schädl. ☐ 914.
Junior (lat.), jun., jr., der Jüngere. **Juniorat** s, ↗Minorat.
Juniperus, der ↗Wacholder, auch die Virgin. Zeder u. der ↗Sadebaum.
Junkers, *Hugo,* dt. Ingenieur, 1859–1935; bahnbrechend in Ganzmetall-Flugzeugbau, Motorenbau u. Wärmetechnik.
Junktim s (lat.), Koppelung v. Verträgen od. Gesetzesvorlagen.
Jünnan, Yünnan, südwestlichste Prov. Chinas, 380 000 km², 28 Mill. E.; Hst. Kunming. Im W Hochgebirgsland (bis 6000 m), im O verkarstetes Bergland; Kohle, Zinn.
Juno, röm. Göttin, Gattin ↗Jupiters.
Junta w (: chunta, span. = Vereinigung), **1)** in Spanien, Portugal u. Lateinamerika Körperschaft zur Erfüllung v. Verwaltungsaufgaben. **2)** Militärregierung, meist als Übergangsregime nach einem Putsch.
Jupiter, *Juppiter,* altitalisch-röm. Gestaltung des indogerman. Himmelsgottes (der griech. Zeus).
Jupiter, Zeichen ♃, größter Planet des Sonnensystems, stark abgeplattet durch seine hohe Rotationsgeschwindigkeit; 14 Monde umkreisen ihn (die ersten vier 1610 v. ↗Galilei entdeckt). Die dichte Atmosphäre des J. besteht überwiegend aus Methan u. Ammoniak u. zeigt eine streifige, wolkige Struktur. J. hat wie die Erde ↗Strahlungsgürtel, aber, wie auch das Magnetfeld, v. größere Stärke. Die am J.sonden Pioneer 10 u. 11 übermittelten 1974 Meßdaten u. Photos zur Erde. ☐ 757, 918, 1101.
Jupiterlampe, eine sehr lichtstarke Bogenlampe, bes. für Filmaufnahmen.
Jura m (kelt.), **1)** mitteleurop. Gebirgszug, aus den nach ihm benannten Gesteinen der ↗Juraformation aufgebaut; 800 km lang, v. den Alpen (Isère) bis zum Fichtelgebirge. Der Rheindurchbruch trennt den nördl. Teil, den *Deutschen* od. *Platten-*(Tafel-)*J.,* vom südl., dem *Frz.-Schweizer* od. *Falten-J.* Im einzelnen gegliedert in ↗Französischen, ↗Schweizer, ↗Schwäb. u. ↗Fränkischen J. **2)** 1979 aus dem französisch-sprachigen Gebiet des Kt. Bern gebildeter schweizer. Kanton, 838 km², 67 500 E., Hauptort Delémont.
Jura (lat., Mz. von *jus),* die Rechte, Rechtswissenschaft.
Juraformation, mittlere Formation des Mesozoikums, vorwiegend aus Kalken, Mergeln, Tonen u. Sandsteinen; reich an Fossilien: Farnen, Nadelhölzern, Ammoniten u. Reptilien (Saurier), auch Belemniten, Schwämmen, Korallen, Stachelhäutern u. Muscheln; erster Vogel der Archaeopteryx; v. Säugetieren nur kleine, beuteltierartige Formen. Nach der Gesteinsfarbe in Schwarzen (Lias), Braunen (Dogger) u. Weißen Jura (Malm) unterteilt. ☐ 237.

Jürgens, *Udo,* östr. Schlagersänger, * 1934; komponiert seine Schlager u. Chansons meist selbst; Musical *Helden, Helden.*
Jurisdiktion, Gerichtsbarkeit, Rechtsprechung. **Jurisprudenz,** die ∕Rechtswissenschaft. **Jurist,** Rechtskundiger. **juristische Person,** Mehrheit v. Personen od. Sachen, die eigene Rechtsfähigkeit wie eine ∕natürl. Person besitzt, so Körperschaft des Privatrechts (Vereine, Gesellschaften usw.); des öff. Rechts: Gebietskörperschaften (Staat, Gemeinden, Kreise), Anstalten (z. B. Sparkassen), ständische Körperschaften (Innungen, Kammern), Religionsgesellschaften u. Stiftungen.
Jurte *w* (türk.), innerasiatisches, rundes Nomadenzelt aus Holzgitterwerk mit Filzod. Fellbedeckung.
Jury *w* (: dschuri, engl.; schüri, frz.), 1) Geschworene. 2) Preisrichterkollegium.
Jus *s* (lat.), das Recht. **J. canonicum,** kirchl. Recht. **J. civile,** bürgerl. Recht. **J. divinum,** göttl. Recht.
Jusos, Abk. für Jungsozialisten.
Justi, 1) *Carl,* deutscher Kunsthistoriker, 1832–1912; bedeutende Künstlermonographien. 2) *Ludwig,* 1876–1957; 1909/33 Dir. der Berliner Nationalgalerie; seit 46 General-Dir. der Ostberliner Staatl. Museen.
justieren (lat.), genau einstellen, eichen.
Justin der Martyrer, hl. (1. Juni), der erste bedeutende christl. Apologet; um 165 in Rom enthauptet.
Justinian I., um 482–565; 527 byzantin. Ks., suchte das röm. Weltreich wiederherzustellen; seine Feldherren vernichteten 534 die Vandalen in Afrika u. 553 die Ostgoten in It.; ließ das röm. Recht im ∕Corpus iuris civilis zusammenstellen; unter ihm Bau der Hagia Sophia (☐ 138).
Justitia, röm. Göttin der Gerechtigkeit.
Justitiar *m* (lat.), der mit der Bearbeitung der Rechtsangelegenheiten einer Behörde od. eines Unternehmens betraute Jurist.
Justiz *w* (lat.), staatl. ∕Rechtspflege. **J.hoheit,** Recht zur Rechtsprechung. **J.mord,** dem Recht nicht entsprechende Verurteilung; i. e. S. die Verurteilung eines Unschuldigen zum Tode. **J.verwaltung,** umfaßt alle Zweige der Justiz (Gerichte, Staatsanwaltschaft, Notariat, Strafvollzug).
Jute *w,* Bastfaser aus trop., bes. ostind. Kräutern u. Halbsträuchern der unseren Linden verwandten Gattung Corchorus; seidenglänzend u. nahezu weiß; gröbere Sorten zu Tauwerk und Sackstoffen, feinere zu leinenähnl. Stoff (z. B. Rupfen).
Jüterbog, brandenburg. Stadt im Bez. Potsdam, 14 000 E.; mittelalterl. Altstadt.
Jütland, dän. *Jylland,* Halbinsel zw. Nord- und Ostsee, 29 652 km², 2,3 Mill. E.; zum größten Teil das festland. Gebiet Dänemarks, fast reines Bauernland. Der O hügelig (Moränen), fruchtbar, Buchenwälder, mit reichgegliederter Küste u. die wichtigsten Siedlungen, das Innere ist Tiefland, v. eiszeitl. Ablagerungen überdeckt, im W flache Geest mit Küstendünen *(Eiserne Küste).*
Juvenal, *Decius Junius,* um 60–140 n. Chr.; röm. Dichter, geißelte in beißenden Satiren die Sittenverderbnis seiner Zeit.

Kabarett

Bekannte deutsche K.s nach 1945

Die Schaubude
München, 1945–49,
E. Kästner, in deren
Nachfolge:
Die kleine Freiheit
Die Mausefalle
Stuttgart
Die Amnestierten
Kiel
Das Kom(m)ödchen
Düsseldorf,
K. u. L. Lorenz
Die Insulaner
Berlin, G. Neumann
Die Stachelschweine
Berlin
Lach- u. Schießgesellschaft, *München*
Arche Nova, *Mainz*

Kabel: Aufbau eines
24paarigen Trägerfrequenz-K.

Die Kaaba in Mekka

k, Abk. für 1) ∕Kilo, 2) ∕Karat, 3) ∕Boltzmannkonstante. **K,** 1) chem. Zeichen für ∕Kalium. 2) Abk. für die Temperatureinheit ∕Kelvin.
K 2, auch *Tschogori, Dapsang* od. *Godwin Austen;* zweithöchster Berg der Erde, im Karakorum; 8611 m; Erstbesteigung 1954.
Kaaba *w* (arab. = Würfel), Hauptheiligtum des Islams in Mekka: ein Bau aus grauem Stein mit Brokatumhang u. leerem Innern, an der Ostseite der Schwarze Stein; urspr. altarab. Heiligtum.
Kaama *s,* ∕Hartebeest.
Kaarst, rhein. Gem. n. w. von Neuss, 37 400 E.; Maschinenbau.
Kaas, *Ludwig,* dt. kath. Kirchenrechtler, 1881–1952; 1929/33 Vors. der Zentrumspartei; seit 35 Kanonikus v. St. Peter in Rom.
KAB, Abk. für **K**ath. **A**rbeiterbewegung. ∕Arbeitervereine.
Kabale *w* (frz.), Anschlag, Intrige.
Kabardino-Balkarische ASSR, Autonome Sowjet-Rep. im nördl. Kaukasus, 12 500 km², 675 000 E.; Hst. Naltschik.
Kabarett *s* (frz.), Kleinkunstbühne; entstanden in Paris vor der Jh.wende; Blüte in Dtl. in den 20er Jahren u. nach dem 2. Weltkrieg; betreibt literar., gesellschaftl. u. polit. Satire; sein Hauptmittel ist die Parodie.
Kabbala *w* (hebr.; Bw. *kabbalistisch*), im 12./13. Jh. ausgebildete jüd. pantheist. Geheimlehre.
Kabel *s* (lat.-frz.), 1) dickes Tragseil, oft aus mehreren Drahtseilen nochmals verseilt. 2) ein- od. vieladr. elektr. Leitung mit mehrfacher Isolierung u. oft zusätzl. äußerer Bewehrung gg. Feuchtigkeit (Blei- od. Kunststoffmantel) und gg. mechan. Verletzung (Stahldrahtumspinnung); unmittelbar in Wasser, Luft od. Erdboden verlegt. *Starkstrom-K.,* für Gleichstrom Einleiter-, für Drehstrom Dreileiter-K.; *Schwachstrom-K., Fernsprech-, Telegraphenkabel* mit bis über 1000 Adernpaaren. ∕Koaxialkabel.
K.brücke, eine Hängebrücke, deren Fahrbahn an Drahtseilen aufgehängt ist. ☐ 122.
Kabeljau *m* (niederländ.), ∕Dorsch.
Kabellänge, Längenmaß im Seewesen, meist ¹/₁₀ Seemeile = 185,2 m.
Kabelleger, Spezialschiff zum Verlegen v. Seekabeln.
Kabine *w* (frz.), Schlaf- u. Wohnraum auf einem Schiff; Raum für Flug- u. Fahrgäste; Aus- u. Ankleideraum; Telefonzelle.

1

T – S – D – T

T – D – S – T

2   T–D   S–D

3   D–Tp   S–Tp

Kadenz: 1 Ganz-
schluß-K. (a authent.,
b plagal), 2 Halb-
schluß-K., 3 Trug-
schluß; T Tonika,
S Subdominante,
D Dominante,
Tp Tonikaparallele

Vorderbrust   Mittel- u.
oder   Hinter-
Halsschild   brust

Kopf

Hinter-
leib

Käfer: Körperteile
eines Maikäfers

Kaffee

Mittlere Zusammen-
setzung der Kaffee-
bohne

Wasser	10,7%
Rohfett	10,8%
Zucker	8,6%
Dextrin	0,9%
Gerbsäure	9,0%
Rohfaser	24,0%
Asche	3,0%
Koffein	1,1%
stickstoffhaltige Substanzen	12,6%
stickstofffreie Extraktstoffe	37,8%

Kabinett s (frz.), **1)** kleines Nebengemach. **2)** Raum mit Kunstgegenständen. **3)** die Gesamtheit der verantwortl. Minister eines Landes. **K.frage,** Vertrauensfrage, entscheidet über Verbleib v. Ministern im Amt. **K.sjustiz,** im absolutist. Staat Eingriffe des Landesherrn in die Rechtspflege. **K.skrieg,** vom Staatsoberhaupt aus dynast. Gründen geführt. **K.spolitik,** Außenpolitik, die ohne Beteiligung einer Volksvertretung nur mit den Mitteln der Diplomatie geführt wird; Höhepunkt im Zeitalter des Absolutismus.
Kabriolett s (frz.), Personenkraftwagen mit zurückschlagbarem Verdeck.
Kabul, Hst. Afghanistans, am K.fluß, 750 000 E.; Univ.; Tuch- u. Leder-Ind.
Kabylen, muslim. Berberstämme in den Bergen v. Marokko u. Algerien, der Kabylei.
Kachexie w (gr.), ↗Abzehrung.
Kádár, János, * 1912; 56/58 u. 61/65 ungar. Min.-Präs., seit 56 1. Sekretär der ungar. KP; schlug mit sowjetruss. Hilfe 56 den ungar. Volksaufstand nieder.
Kadaver m (lat.), verwesender Tierkörper.
K.gehorsam, sklav. Gehorsam. **K.verwertung,** die Abdeckerei; ↗Aas.
Kadenz w (lat.-it.), a) Schlußfall, Verbindung der Hauptklänge Tonika, Subdominante u. Dominante od. ihrer Stellvertreter; b) Improvisationsteil (später auskomponiert) in Instrumentalkonzerten, in welchem der Solist das themat. Material virtuos verarbeiten kann.
Kader m (frz.), **1)** das Stammpersonal einer Truppe; **2)** eine Gruppe geschulter Funktionäre, bes. der kommunist. Partei.
Kadett m (frz.), fr. Offizierszögling.
Kadetten (Mz.), 1905/17 russ. Partei; trat für eine konstitutionelle Monarchie ein.
Kadi m (arab.), im Islam der Richter, ein Theologe.
Kadiewka, ukrain. Stadt im Donezbecken, 139 000 E.; Kohlengruben, metallurg. Ind.
Kadmium ↗Cadmium.
Kaduna, Hst. der nigerian. Nordregion, am K.fluß, 202 000 E.; kath. Erzb., anglikan. Bischof; Ing.-Schule, PH; Bahnknoten.
Käfer (Mz.), Coleopteren, Insektenordnung mit über 250 000 Arten, armselt verbreitet. Kopf trägt beißende Mundteile und meist 11gliedrige Fühler. Vorderflügel sind zu ledrigen od. harten Flügeldecken umgewandelt, unter denen die dünnhäutigen, längs u. quer faltbaren, flugfähigen Hinterflügel ruhen. Vollkommene Metamorphose: Ei, Larve, Puppe. K. Als Räuber, Aas-, Kot-, Pflanzen- u. Allesfresser sind die K. allen Lebensbedingungen angepaßt, viele schädlich. ☐ 914. **K.schnecken,** augen- u. fühlerlose, urtüml. Meeresweichtiere mit Rückenpanzer aus 8 bewegl. Querschildern.
Kaffee m, a) trop. Sträucher u. kleine Bäume (Coffea), urspr. in Abessinien beheimatet (Kaffa). b) deren Samen, K.bohnen, enthalten ca. 1,1% ↗Koffein. c) das aus den gerösteten K.bohnen bereitete Getränk; anregendes Genußmittel. – Welterzeugung etwa 4 Mill. t jährlich. Die besten Sorten kommen in geringer Menge aus dem afrikan. Hochland, die Massen aus Brasilien. Dazwischen stehen nach Qualität u. Menge

János Kádár   Franz Kafka

Mittelamerika (bes. Kolumbien) u. Java. K. enthält keine Nährstoffe, wirkt aber anregend auf Nerven, Herz und Nieren. Koffeinfreier K. durch Extraktion des Roh-K. mit Dampf u. Benzol. **K.extrakt,** konzentrierter K.auszug; wird mit heißem Wasser zu Kaffee übergossen.
Kaffern, die südostafrikan. ↗Bantu.
Kafka, Franz, östr. Dichter, 1883–1924; seine Romane (Der Prozeß, Das Schloß, Amerika) u. Erzählungen (Ein Landarzt, Die Verwandlung) gaben in ihrer bildhaft-symbol. Form Anlaß zu zahlr. Deutungen. Sie sind Ausdruck der Erlebnisse v. Gottferne, Lebensangst, entfremdeter Welt u. Vereinzelung. Tagebücher, Briefe.
Kaftan m (pers.-arab.), mantelartiges asiat. Obergewand, meist mit Gürtel u. weiten Ärmeln; Tracht der orth. Ostjuden.
Kagoschima, japan. Hafenstadt an der Westküste v. Kiuschiu, 482 000 E.; Textil- u. Fayence-Ind.; 2 Univ., kath. Bischof. – 1549 Landung des hl. Franz Xaver.
Kaguang, ein ↗Pelzflatterer.
Kahl, K. am Main, bayer. Gem. östl. v. Frankfurt, 7000 E.; Versuchskernkraftwerk.
Kahlenberg, 483 m hoher Berg bei Wien. – 1683 Sieg über die Türken.
Kahler Asten ↗Rothaargebirge.
Kahlwild, geweihlose weibl. Tiere u. Kälber des Dam-, Elch- u. Rotwilds.
Kahm m, hefeähnl. Pilz u. Bakterium (K.pilz), bildet auf Wein, Bier, Sauerkraut bei starkem Luftzutritt eine schmutziggelbe Haut (K.haut) u. zersetzt die Substanzen. Auch Kuhnen genannt.
Kahn, Flußfahrzeug mit flachem Boden, ohne Kiel, bes. zum Gütertransport.
Kahr, Gustav Ritter v., dt. Politiker, 1862–1934; 1920/21 bayer. Min.-Präs., 23/24 Generalstaatskommissar; unterdrückte 23 den Hitlerputsch in München; beim Röhmputsch umgebracht.
Kai m, Quai (: kä, frz.), befestigtes Hafenufer mit Ausrüstung zum Güterumschlag.
Kaiföng, Kaifeng, bis 1957 Hst. der chines. Prov. Honan, am Hoangho, 350 000 E.
Kaiman m, Hechtalligator, ↗Krokodil.
Kaimanfisch, der ↗Knochenhecht.
Kain, im AT der älteste Sohn Adams, erschlug seinen Bruder Abel.
Kainit m, ein ↗Kalisalz.
Kainz, Josef, östr. Schauspieler, 1858 bis 1910; spielte in München, Berlin, Wien; berühmt als Hamlet.
Kaiphas, Beiname des jüd. Hohenpriesters

Kakteen (von links nach rechts): Oreocereus hendriksenianus – Astrophytum asterias – Opuntia – Neoraimondia gigantea

Jakob Kaiser

Kajak-Einer

Kakao-Frucht, unten aufgeschnitten

Josef Kainz

Joseph (um 18/36 n.Chr.); Schwiegersohn des Annas; verlangte den Tod Jesu.

Kairo, arab. *Masr el-Kahira*, Hst. v. Ägypten, größte Stadt Afrikas u. der islamit. Welt, am Nil, Knotenpunkt für den Fernluftverkehr, Hauptsitz der ägypt. Ind. (17%); 4,9 Mill. E.; Sitz mehrerer Patriarchen u. Bischöfe der oriental. Kirchen, auch eines lat. Bischofs; Großmufti u. Großrabbiner; größte Univ. des Islams (Al-Azhar, 987 gegr.), Staatsuniv., Nationalmuseum u. Museum der ägypt. Altertümer.

Kairos (gr. = rechter Zeitpunkt), Gott der günstigen Gelegenheit.

Kairuan, *Kairouan,* tunes. Stadt, eine der 4 hl. Städte des Islams, 55000 E.; Kunsthandwerk.

Kaiser, v. dem Eigennamen *Caesar* hergeleitete Bz. für den Beherrscher des Röm. u. des Byzantin. Reiches. Das mit Karl d.Gr. 800 beginnende abendländ. (röm.-dt.) K.tum war der Idee nach eine Erneuerung des römischen mit der neuen Aufgabe des Kirchenschutzes; seit Otto d.Gr. (962) war es mit dem dt. Königtum verknüpft. 1806 legte Franz II. u. Habsburg die röm.-dt. K.krone nieder, nachdem er 04 den Titel „K. v. Östr." angenommen hatte. 1871–1918 führte das Kg. v. Preußen als Bundespräsidium den Titel „Deutscher K." – 1547 nahmen die Großfürsten v. Moskau in byzantin. Tradition den K.titel *(Zar)* an. Das frz. K.tum Napoleons I. u. III. endete beim Zusammenbruch ihrer Militärmacht. – 1876–1947 hatte der engl. Kg. den Titel „K. v. Indien". Ferner gab es den K.titel in Annam, Brasilien, China, Indien, Korea, Mandschukuo u. Mexiko; die Herrscher v. Äthiopien u. Iran u. der japan. Tenno führen heute noch den K.titel.

Kaiser, 1) *Georg,* deutscher Schriftsteller, 1878–1945 (im Schweizer Exil); mit etwa 60 Werken Hauptvertreter des expressionist. Dramas; abstrahierende, typisierende Behandlung der Stoffe. *Von Morgens bis Mitternachts; Gas; Die Bürger von Calais.* 2) *Jakob,* dt. Politiker, 1888–1961; gehörte der Widerstandsbewegung gg. Hitler an; 1945 Mitbegr. u. bis 47 Vors. der CDU in Berlin u. der SBZ, 49/57 Bundesmin. für Gesamtdt. Fragen.

Kaisergebirge, östl. v. Kufstein; nördl. der *Zahme,* südl. der *Wilde Kaiser* (Ellmauer Haltspitze 2344 m).

Kaiseri, *Kayseri,* türk. Prov.-Hst. am Nordfuß des Ardschisch-Dagh (Kleinasien), 208000 E.; Maschinen- u. Textilindustrie.

Kaiserkanal, ostchines. Kanal v. Tientsin bis Hangtschou, 1300 km lang, nur noch v. örtl. Bedeutung. **Kaiserkrone,** lilienart. Zwiebelpflanze, mit großen roten Blütenglocken; Zierpflanze. **Kaisermantel,** *Silberstrich,* unten grünsilberner Perlmutterfalter.

Kaiserschnitt, die operative Öffnung der Bauchhöhle u. Gebärmutter zur Entbindung, angewandt z.B. bei Beckenenge.

Kaiserslautern, Ind.-Stadt in der Rheinpfalz, Stadtkr. u. Krst., 99000 E.; Univ., Fachhochschule, Eisen-, Holz-, Textil-Ind., Brauerei. – 1152 Kaiserpfalz.

Kaiserstuhl *m,* jungvulkan. Gebirge in der südl. Oberrheinebene n.w. von Freiburg; 110 km², im Totenkopf 557 m hoch; fruchtbare Löß- u. Lavaböden, warmes, mildes Klima, höchste Sommertemperaturen Dtl.s; Wein- u. Obstbau.

Kaiserswerth, nordwestlicher Stadtteil v. ↗Düsseldorf, ev. Diakonissenmutterhaus.

Kaiser-Wilhelm-Gesellschaft, heute ↗Max-Planck-Gesellschaft. [nal.

Kaiser-Wilhelm-Kanal ↗Nord-Ostsee-Ka-

Kaiser-Wilhelms-Land ↗Neuguinea.

Kajak *m,* urspr. Einmannboot der Eskimos mit Fahrersitz in Fahrtrichtung u. Doppelpaddel; im Rudersport: Einer-, Zweier-, Vierer-K. ↗Kanu.

Kajüte *w* (ndl.), Wohnraum auf Schiffen.

Kakadu *m,* Papagei der hinterind. Inseln u. Australiens mit aufrichtbarem Federschopf, in Gefangenschaft ausdauernd u. gelehrig. ☐ 1046.

Kakao *m* (mexikan.), Samenkerne des *K.baums,* im trop. Amerika heimisch, heute in ganzen Tropengürtel kultiviert, 4–6 m hoch, unmittelbar aus dem Stamm herausbrechende Blüten, gurkenähnl. Früchte mit 5–8 Reihen Samen, den *K.bohnen,* bis zu 13% Eiweiß, 50% Fett u. 2,3% ↗Theobromin enthaltend, Ausgangsstoff für ↗Schokolade. Zur Bereitung des *K.pulvers* wird das Fett *(K.butter)* abgepreßt.

Kakemono, in der ostasiat. Kunst auf Papier od. Seite gemaltes Rollbild im Hochformat zum Aufhängen.

Kakerlak *m,* 1) ↗Schabe. 2) auch (lichtscheuer) Albino.

Kakophonie *w* (gr.), Mißklang.

Kakteen (Ez. *Kaktus* od. *Kaktee*), fleisch. wasserreiche Pflanzen mit säulen- (bis 20 m Höhe), kugel- (bis 2 m Durchmesser) od. blattart., gerippten od. warz., grünen Stämmen u. Ästen; Haut dick, ledrig; Blätter zu Schuppen, Dornen od. Haaren umgebildet; oft mit schönfarb. großen Blüten; im wärmeren Amerika beheimatet. Zier-K. als Zimmerpflanzen.

Kalabasse, *Kalebasse* w (frz. u. span.), als Gefäß benützte Schalen der ↗Flaschenkürbisse u. eiförm. Früchte des 10 m hohen *K.nbaumes* (am. Tropen).

Kalabreser m, urspr. in Kalabrien getragener, breitkrempiger Hut. **Kalabrien,** it. *Calabria,* die südwestl. Halbinsel Italiens, v. *Kalabr. Gebirge* durchzogen (im Montalto 1958 m); fruchtbare Niederungen (Wein, Oliven, Orangen, Tabak u.a.).

Kalahari w, Sandsteppe, größter Teil des südafrikan. Flachbeckens, Hochfläche mit Salz- u. Brackpfannen u. (meist) period. Flußläufen; zur Regenzeit Gras- u. Buschsteppe; etwa 1,4 Mill. km²; Rückzugsgebiet bes. der Buschmänner. [heit.

Kalamität w (lat.), Unglück, peinl. Verlegen**Kalamiten,** Riesenschachtelhalme, bes. aus der Karbonzeit, 20–30 m hoch.

Kalander m (frz.), Maschine aus mehreren, gelegentl. beheizbaren Walzenpaaren, die durchlaufende Gewebe-, Kunststoff- od. Papierbahnen pressen, glätten, glänzend machen od. mustern.

Kalauer m (frz.), (albernes) Wortspiel.

Kalb, junges Rind bis zu 1 Jahr; auch junges Wild: Reh-, Hirsch-, Elch-K.

Kalb, *Charlotte v.,* 1761–1843; Freundin Schillers, Hölderlins u. Jean Pauls.

Kälberkropf, *Chaerophyllum,* Doldenblütler, dem gefleckten Schierling ähnl. Unkräuter.

Kalbsmilch, das ↗Bries.

Kalchas, der griech. Seher in der Ilias.

Kalckreuth, *Leopold* Graf v., dt. Maler u. Graphiker, 1855–1928; Bildnisse, Landschaften u. Genregemälde.

Kaldaunen (Mz., lat.), *Kutteln, Sulz,* Magen, Gedärm u. Netz v. Rind u. Schaf.

Kaledonien, antike Bz. für Nordschottland. **Kaledonischer Kanal,** Schiffahrtsstraße in Nordschottland, verbindet Atlant. Ozean u. Nordsee; 97 km lang. **Kaledonisches Gebirge,** zw. Untersilur u. Devon in Nordeuropa aufgefaltet *(kaledon. Faltung):* heute in Irland, Wales, Schottland u. im W Norwegens noch nachweisbar. □ 237.

Kaleidoskop s (gr.), opt. Spielzeug, erzeugt in einem Winkelspiegel durch Mehrfachreflexionen aus Glasstückchen sternförmige Bilder.

Kalender m (lat.), Zeiteinteilung nach Tag, Woche u. Monat im ↗Jahr. Unser K. entwickelte sich aus dem *Römischen K.;* erst 10 (dann 12) Mondmonate = Mondjahr zu 355 Tagen mit willkürl. Schaltungen; Verbesserung 46 v.Chr. im *Julianischen K.* = Sonnenjahr zu 365¼ Tagen, alle 4 Jahre 1 Schaltjahr, 12 Monate, 7tägige Wochen, Jahresbeginn 1. Januar. Durch Restfehler verschob sich bis 16. Jh. der Frühlingsanfang um 10 Tage. Diesen Fehler der Julian. Rechnung verbesserte Papst Gregor XIII. 1582 durch Übergang v. 4. auf den 15. Okt. *(Gregorianischer K.):* jetzt alle 4 Jahre 1 Schaltjahr, im letzten Jahr eines jeden Jh. jedoch nur, wenn dieses durch 400 teilbar. Gilt in Rußland erst seit 1923. – Der *Hundertjähr. K.* geht auf den Zist.-Abt Knauer (1654) zurück, enthält Wetterbeobachtungen, nicht Wettervorhersagen. *Immerwährender K.:* Tabelle zur Berechnung der Wochentage jedes Jahres. □455. Der *Volkskalender,* mit Erzählungen, Legenden, seit dem 16. Jh. eigene literar. Gattung; Kalendergeschichten v. Grimmelshausen, Hebel, O. M. Graf, Waggerl, Brecht u.a.

Kalesche w (frz.), vierrädriger Reisewagen mit 4 Sitzen u. Halbdeck.

Kalewala m, finn. Nationalepos, im 19. Jh. aus Sagen zusammengestellt. Vorbild für den **Kalewipoëg,** das estn. Nationalepos.

Kalfaktor m (lat.), Gehilfe; Streber.

kalfatern, Schiffswände mit Werg u. Pech dichten.

Kalgan, *Changkiakow,* chines. Stadt n.w. von Peking, 380000 E.; Handelsplatz für Wolle, Tee, Häute.

Kali s, 1) Abk. für Kaliumhydroxid. 2) auch ↗Kalisalze verschiedener Art.

Kaliber s (frz.), 1) lichte Weite v. Röhren, bes. v. Lauf od. Rohr v. Feuerwaffen, auch Durchmesser der Geschosse. 2) zylindr. Gerät zum Messen v. äußeren u. inneren Durchmessern, z.B. Schublehre. 3) im Walzwerk die Aussparung in den Walzen, gibt das Profil des gewalzten Werkstücks.

Kalidasa, bedeutendster ind. Dichter der Sanskrit-Lit., 5. Jh. n.Chr.; Gedichte, Versepen, Dramen *(Sakuntala).*

Kalif m (arab.), das geistl. u. weltl. Oberhaupt des Islams als Nachfolger Moham-

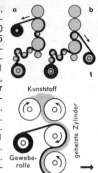

Kunststoff

Geweberolle

geheizte Zylinder

Kunststoff-Gewebebahn

Kalander: 1 zur Papieraufbereitung **(a** u. **b** Bahnführungen für verschiedene Papieroberflächen), 2 K. zur Folienherstellung aus. mit der Beschichtung auf eine Gewebebahn

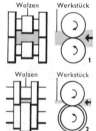

Walzen   Werkstück

Walzen   Werkstück

Kaliber: 1 offenes, 2 geschlossenes K.

Kalender

K. der alten Ägypter	K. der Juden	K. der alten Römer	Muslimischer K.
Sonnenjahr mit 12 Monaten zu je 30 Tagen u. 5 Zusatztagen (seit 238 v. Chr. Schalttag in jedem 4. Jahr).	Lunisolarjahr zu 12 Monaten mit abwechselnd 29 u. 30 Tagen, 7 Schaltmonate in 19 Jahren	(vor der Reform durch J. Caesar) Mondjahr zu 355 Tagen mit urspr. 10, dann 12 Mondmonaten	Mondjahr zu 354 Tagen (12 Monate zu 29 u. 30 Tagen, in 30 Jahren 11 Schaltjahre zu 355 Tagen)
	K. der alten Griechen urspr. reiner Mondkalender mit verschiedenen (willkürlichen) Schaltregeln in den verschiedenen Staaten u. Städten; Lunisolarjahr; Jahresanfang: zwischen Ende Juni und Ende Juli	**K. der Maya** Sonnenjahr zu 360 Tagen in 18 Monaten zu 20 Tagen + 5 Schalttagen, in Verbindung mit 260-Tage-Zyklus (rituelle Funktion); als höhere Einheit ein Zeitraum von 52 Jahren (= 18 980 Tage)	**Französischer Revolutions-K.** (1793–1806) Sonnenjahr mit 12 Monaten zu 30 Tagen (dazu 5 Ergänzungstage), alle 4 Jahre ein Schaltjahr mit 6 Ergänzungstagen. Jahresbeginn: 22. September □ 294
K. der Chinesen und Japaner Lunisolarjahr, 60tägiger Tageszyklus, parallel dazu ein 28tägiger, variable Schaltmonate; 60jährige Periode seit 2697 v. Chr.			

Alpenpflanzen

1 Spinnwebenhauswurz, *Sempervivum arachnoideum*. **2** Gletscherhahnenfuß, *Ranunculus glacialis*. **3** Alpenaster, *Aster alpinus*. **4** Alpennelke, *Dianthus alpinus*. **5** Silberwurz, *Dryas octopetala*. **6** Steinröschen, *Daphne striata*. **7** Zwergprimel, *Primula minima*. **8** Alpenmohn, *Papaver rhaeticum*. **9** Keulenenzian, *Gentiana acaulis*. **10** Kohlröschen, *Nigritella nigra*. **11** Rostblättrige Alpenrose, *Rhododendron ferrugineum*. **12** Edelweiß, *Leontopodium alpinum*. **13** Alpenklee, *Trifolium alpinum*. **14** Zwergmannsschild, *Androsace chamaejasme*. **15** Echter Speik, *Valeriana celtica*. **16** Alpenglöckchen, *Soldanella alpina*. **17** Alpenleinkraut, *Linaria alpina*.

Gewürzkräuter

1 Basilienkraut, 2 Majoran, 3 Paprika, 4 Borretsch, 5 Großer Wiesenknopf, 6 Petersilie, 7 Sellerie, 8 Dill, 9 Liebstöckel,
10 Kümmel, 11 Bibernell, 12 Koriander, 13 Melisse, 14 Rosmarin, 15 Steinklee, 16 Kerbel, 17 Estragon, 18 Schnittlauch

Seidelbast Wasserschierling Frauenmantel Herbstzeitlose

Isländisches Moos Tausendgüldenkraut Arnika Bärentraube

Heilpflanzen • Giftpflanzen

Fingerhut Tollkirsche Stechapfel Baldrian

Kamille Gottesgnadenkraut Bittersüßer Nachtschatten Augentrost

Unkräuter

1 Feldrittersporn, *Delphinium consolida,* **2** Rauhaarige Wicke, *Vicia hirsuta,* **3** Ackerklebkraut, *Galium aparine,* **4** Weißer Gänsefuß, *Chenopodium album,* **5** Klatschmohn, *Papaver rhoeas,* **6** Hederich, *Raphanus raphanistrum,* **7** Franzosenkraut, *Galinsoga quadriradiata;* **8** Windenknöterich, *Polygonum convolvulus,* **9** Ackersenf, *Sinapis arvensis,* **10** Ackerwinde, *Convolvulus arvensis,* **11** Ackerpfennigkraut, *Thlaspi arvense,* **12** Flohknöterich, *Polygonum persicaria,* **13** Ackerstiefmütterchen, *Viola tricolor,* **14** Stechender Hohlzahn, *Galeopsis tetrahit,* **15** Ackerkratzdistel, *Cirsium arvense.*

Kalender
Immerwährender Kalender für die Jahre 1801–2000

Jahreszahlen (Schaltjahre sind *kursiv* gesetzt) — **Monate**

J1	J2	J3	J4	J5	J6	J7	J8	Jan.	Febr.	März	April	Mai	Juni	Juli	Aug.	Sept.	Okt.	Nov.	Dez.
1801	1829	1857	1885		1925	1953	1981	4	0	0	3	5	1	3	6	2	4	0	2
1802	1830	1858	1886		1926	1954	1982	5	1	1	4	6	2	4	0	3	5	1	3
1803	1831	1859	1887		1927	1955	1983	6	2	2	5	0	3	5	1	4	6	2	4
1804	*1832*	*1860*	*1888*		*1928*	*1956*	*1984*	*0*	*3*	*4*	*0*	*2*	*5*	*0*	*3*	*6*	*1*	*4*	*6*
1805	1833	1861	1889	1901	1929	1957	1985	2	5	5	1	3	6	1	4	0	2	5	0
1806	1834	1862	1890	1902	1930	1958	1986	3	6	6	2	4	0	2	5	1	3	6	1
1807	1835	1863	1891	1903	1931	1959	1987	4	0	0	3	5	1	3	6	2	4	0	2
1808	*1836*	*1864*	*1892*	*1904*	*1932*	*1960*	*1988*	*5*	*1*	*2*	*5*	*0*	*3*	*5*	*1*	*4*	*6*	*2*	*4*
1809	1837	1865	1893	1905	1933	1961	1989	0	3	3	6	1	4	6	2	5	0	3	5
1810	1838	1866	1894	1906	1934	1962	1990	1	4	4	0	2	5	0	3	6	1	4	6
1811	1839	1867	1895	1907	1935	1963	1991	2	5	5	1	3	6	1	4	0	2	5	0
1812	*1840*	*1868*	*1896*	*1908*	*1936*	*1964*	*1992*	*3*	*6*	*0*	*3*	*5*	*1*	*3*	*6*	*2*	*4*	*0*	*2*
1813	1841	1869	1897	1909	1937	1965	1993	5	1	1	4	6	2	4	0	3	5	1	3
1814	1842	1870	1898	1910	1938	1966	1994	6	2	2	5	0	3	5	1	4	6	2	4
1815	1843	1871	1899	1911	1939	1967	1995	0	3	3	6	1	4	6	2	5	0	3	5
1816	*1844*	*1872*		*1912*	*1940*	*1968*	*1996*	*1*	*4*	*5*	*1*	*3*	*6*	*1*	*4*	*0*	*2*	*5*	*0*
1817	1845	1873		1913	1941	1969	1997	3	6	6	2	4	0	2	5	1	3	6	1
1818	1846	1874		1914	1942	1970	1998	4	0	0	3	5	1	3	6	2	4	0	2
1819	1847	1875		1915	1943	1971	1999	5	1	1	4	6	2	4	0	3	5	1	3
1820	*1848*	*1876*		*1916*	*1944*	*1972*	*2000*	*6*	*2*	*3*	*6*	*1*	*4*	*6*	*2*	*5*	*0*	*3*	*5*
1821	1849	1877	1900	1917	1945	1973		1	4	4	0	2	5	0	3	6	1	4	6
1822	1850	1878		1918	1946	1974		2	5	5	1	3	6	1	4	0	2	5	0
1823	1851	1879		1919	1947	1975		3	6	6	2	4	0	2	5	1	3	6	1
1824	*1852*	*1880*		*1920*	*1948*	*1976*		*4*	*0*	*1*	*4*	*6*	*2*	*4*	*0*	*3*	*5*	*1*	*3*
1825	1853	1881		1921	1949	1977		6	2	2	5	0	3	5	1	4	6	2	4
1826	1854	1882		1922	1950	1978		0	3	3	6	1	4	6	2	5	0	3	5
1827	1855	1883		1923	1951	1979		1	4	4	0	2	5	0	3	6	1	4	6
1828	*1856*	*1884*		*1924*	*1952*	*1980*		*2*	*5*	*6*	*2*	*4*	*0*	*2*	*5*	*1*	*3*	*6*	*1*

Tage — **Benützungsanleitung**

						Tag
1	8	15	22	29	36	Sonntag
2	9	16	23	30	37	Montag
3	10	17	24	31		Dienstag
4	11	18	25	32		Mittwoch
5	12	19	26	33		Donnerstag
6	13	20	27	34		Freitag
7	14	21	28	35		Sonnabend

Beispiel: Auf welchen Wochentag fiel der 1. Sept. 1939? *Lösung:* Man gehe von der Jahreszahl aus und suche für das Jahr 1939 in der Monatstafel unter September die Monatskennzahl (5); diese zählt man zur Zahl des gesuchten Wochentages hinzu und erhält so die Schlüsselzahl (5 + 1 = 6), die man dann in der Wochentagstabelle sucht (Freitag). Der 1. Sept. 1939 fiel also auf Freitag.

meds. Die K.en aus dem Hause der *Omajjaden* regierten 661/750 in Damaskus; dann herrschten die *Abbasiden* bis 1258 als K.en in Bagdad, mußten aber vor den Mongolen nach Ägypten fliehen. Mit der Eroberung Ägyptens 1517 nahmen die türk. Sultane den K.entitel an; 1924 wurde das *Kalifat* in der Türkei abgeschafft.

Kalifornien, *California,* Abk. *Cal.,* Bundesstaat der USA an der pazif. Küste, 411012 km², 22 Mill. E.; Hst. Sacramento. 4 Längszonen. Küstenkette, Längstal mit Río Sacramento u. San-Joaquín-Fluß, Sierra Nevada, Anteil am Columbia-Plateau im N u. am Großen Becken im S. Agrarland mit intensivem Gartenbau (künstl. Bewässerung) im Längstal (Weizen, Mais, Reis, Wein, Obst, Südfrüchte); reich an Bodenschätzen; hochentwickelte Ind. – 1532 v. den Spaniern entdeckt, 1768/1823 span., dann bei Mexiko, seit 1848 bei den USA.

Kalifornischer Meerbusen, trennt Niederkalifornien v. mexikan. Festland; bis 2900 m tief; inselreich.

Kalikat /Kozhikode.

Kaliko *m,* nach der ind. Stadt Kalikat ben. leinwandbindiges Baumwollgewebe; als Futter, stark appretiert für Bucheinbände.

Kalilauge, wäßr. Lösung v. Kaliumhydroxid, stark ätzend.

Kalimantan, indones. Name für /Borneo.

Kalinin, bis 1931 *Twer,* russ. Stadt an der oberen Wolga (Hafen), 412000 E.; Textil- u. Waggonfabriken.

Kalinin, *Michail Iwanowitsch,* sowjet. Politiker, 1875–1946; enger Mitarbeiter Lenins u. Stalins; seit 1938 als Vors. des Präsidiums des Obersten Sowjets Staatsoberhaupt der UdSSR.

Kaliningrad, russ. Name für /Königsberg.

Kalisalpeter, *Salpeter,* KNO_3, Kaliumsalz der Salpetersäure, farblos, leicht wasserlösl., Düngesalz.

Kalisalze, i.e.S. bergmännisch gewonnene kaliumhaltige /Abraum-Salze, zw. farblos, gelbl. u. rötl. wechselnde Gruppe hauptsächl. aus *Kainit* ($KCl \cdot MgSO_4 \cdot 3\,H_2O$) mit 12–15%, *Carnallit* ($KCl \cdot MgCl_2 \cdot 6\,H_2O$) mit 9–12% Reinkali, *Sylvin* (KCl), *Sylvinit* (KCl mit $NaCl$) u. *Hartsalz,* einem Gemisch aus rund 20% Sylvin, 55% Steinsalz u. 25% *Kieserit* ($MgSO_4 \cdot H_2O$). Roh gemahlen oder gereinigt und konzentriert, gehen K. als Düngemittel in die Landwirtschaft od. zur Weiterverarbeitung u. Gewinnung v. Jod- u. Bromsalzen in die chem. Industrie.

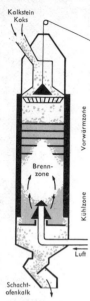

Kalkstein
Koks

Vorwärmzone

Brenn-
zone

Kühlzone

Luft

Schacht-
ofenkalk

Kalk: Brennerei.
Schnitt durch einen
Schachtofen

Kalkalpen

Nördliche Kalkalpen
Allgäuer Alpen
Lechtaler Alpen
Bayerische Alpen
Nordtiroler Alpen
Salzburger Alpen
Östr. Kalkalpen
Südliche Kalkalpen
Bergamasker Alpen
Brescianer Alpen
Etschtaler Alpen
Dolomiten
Venezianische Alpen
Julische Alpen

Emmerich Kálmán

Kalisch, poln. *Kalisz,* poln. Stadt an der Prosna, 96 000 E.; Bischof; Textilindustrie.
Kalium *s,* chem. Element, Zeichen K; weiches, silberweißes Alkalimetall; Ordnungszahl 19 (☐ 148); kommt nur gebunden vor; unentbehrl. Pflanzennährstoff. **K.bichromat,** $K_2Cr_2O_7$, gift. Oxydationsmittel, Gerbmaterial, Malerfarbe. **K.bromid** ↗Brom. **K.carbonat,** die ↗Pottasche. **K.chlorat,** $KClO_3$, explosives Oxydationsmittel, in Sicherheitszündhölzern. **K.chlorid,** KCl, ↗Chlorkalium. **K.cyanid,** *Cyan-K.,* sehr giftig, als Lösungsmittel für Gold; entwikkelt an der Luft ↗Blausäure-Gas. **K.hydroxid,** KOH, stark ätzend. **K.nitrat** ↗Kalisalpeter. **K.permanganat,** *übermangansaures Kali,* $KMnO_4$, Kristallnadeln, in Wasser sich violettrot lösend; Oxydations- u. Gurgelmittel, braune Holzbeize. **K.silicat,** mineral. Bestandteil vieler Gesteine; ↗Wasserglas. **K.sulfat,** Bestandteil der Kalisalze; ↗Alaun. **Kalixt,** *Calixtus,* 3 Päpste, bes.: **K. III.,** 1378–1458; 1455 Pp., um die Abwehr der Türken bemüht; Nepotismus zugunsten der Borgia, denen er entstammte.
Kalk, chemisch Calciumcarbonat, $CaCO_3$, baut ganze Gebirge u. Landschaften auf (z.B. Jura, K.alpen); Baustein, Ausgangsmaterial der Zement- u. Glasindustrie, Düngemittel; heißt feinkristallin ↗Marmor, mit Ton vermengt ↗Mergel. Brennt man K.stein in ↗Ring- od. Schachtöfen bei 900–1200° C, so wird Kohlendioxid ausgetrieben, u. man erhält *Branntkalk (gebrannter K., Ätz-K.),* Calciumoxid, CaO, als Dünger saurer Moorböden, Zuschlag bei der Verhüttung saurer Erze. *Löschkalk (gelöschter K.),* Calciumhydroxid, $Ca(OH)_2$, aus Branntkalk durch Ablöschen mit Wasser erhältlich, an der Luft wieder in harten K.stein übergehend; techn. verwendet als Lauge, für Ätzalkalien, zu ↗K.mörtel. *K.haltige Wässer* enthalten den K. als leichtlösl. Calciumbicarbonat. **K.alpen,** aus Trias-, Jura- u. Kreidekalken aufgebaute, den Zentralalpen nördl. u. südl. angelagerte Außenzonen der Ostalpen. **K.beine,** durch Milben verursachte Hühnerkrankheit, Bekämpfung mit insektentötenden Mitteln. **K.farben,** mit gelöschtem K. angerührte Mineralfarben, u.a. für Freskomalerei. **K.gicht,** Kalkablagerung in der Haut u. in tieferen Gewebsschichten. **K.mörtel,** Lösch-K. mit Sand, erhärtet allmählich zu K.stein. **K.salpeter,** $Ca(NO_3)_2$, synthet. Stickstoffdünger. **K.salze,** die Salze des ↗Calciums. **K.seife,** Calciumverbindung v. Fettsäuren; entsteht aus Seifen in kalkhalt. Wasser (weiße Flocken) u. bei Ölanstrichen auf feuchtem K.mörtel. **K.spat,** $CaCO_3$, Mineral mit großen, rhomboedrischen Kristallen. **K.stickstoff,** Calciumcyanamid, CaN_2, enthält rd. 20% Stickstoff u. 65% Kalk; bester Stickstoffdünger für kalkarme Böden.
Kalkül *m* (frz.), Rechnungsmethode.
Kalkulation *w* (lat.; Ztw. *kalkulieren*), Errechnung der ↗Kosten einer Leistungseinheit. Die *Vor-K.* errechnet die voraussichtl., die *Nach-K.* die tatsächl. Kosten. **Kalkulator** *m,* der mit der Kalkulation Betraute.
Kalkutta, *Calcutta,* ind. Hafenstadt, Hst. v.

Kalmar (Loligo vulgaris)

Westbengalen, am westl. Mündungsarm des Ganges, 140 km v. offenen Meer; 3,2 Mill. E., m. V. 7 Mill. E.; Univ.; kath. u. anglikan. Erzb.; St.-Xaver-Kolleg der Jesuiten. Textil-Ind., Welthandel mit Jute u. Tee.
Kalletal, westfäl. Gem. n.ö. von Bielefeld, 14 500 E.; 1969 durch Gemeindezusammenschluß gebildet; Maschinenbau-Industrie.
Kalligraphie *w* (gr.), Schönschreibekunst.
Kalliope, Muse der erzählenden Dichtung u. der Wissenschaft.
Kálmán, *Emmerich,* ungar. Operettenkomponist, 1882–1953; *Csárdásfürstin; Gräfin Mariza; Die Zirkusprinzessin.*
Kalmar *m,* räuber. Tintenfisch, karminrot gefleckt, mit geschätztem Fleisch; im Mittelmeer u. Atlant. Ozean.
Kalmar, Hst. u. Hafenstadt des süd-schwed. Län K., am *K.sund,* 52 800 E. **K.er Union,** die Vereinigung v. Dänemark, Norwegen u. Schweden durch die dän. Königin Margarete; bestand 1397/1523.
Kalmenzone *w,* etwa 10° breite Zone der Windstillen beiderseits des Äquators mit reicher Bewölkung.
Kalmit *w,* höchste Erhebung des Pfälzer Waldes, 683 m hoch.
Kalmüken, westmongol. Volk (137 000) aus Mittelasien, wohnt seit dem 17. Jh. in den **K.steppe,** westl. der Wolgamündung. 1943 aus der ASSR der K. nach Ostsibirien umgesiedelt; kehrten 1957 zurück.
Kalmükische ASSR, Autonomes Gebiet der UdSSR in der RSFSR, südl. der unteren Wolga, 75 900 km², 293 000 E. (Kalmüken, Russen u. Kasachen), Hst. Elista; vorwiegend Trockensteppe (Kalmückensteppe); z.T. landwirtschaftl. genutzt (künstl. Bewässerung). – 1920 Autonomes Gebiet, 35 ASSR, 43 aufgelöst, 58 wiederhergestellt.
Kalmus *m,* asiat. Aronstabgewächs, in Dtl. eingebürgert; Wurzelstock als Heilmittel.
Kalokagathie *w* (v. gr. *kalos k[ai] agathos* = schön u. gut), altgriech. Ideal der Erziehung zum an Körper u. Geist harmon. gebildeten Menschen.
Kalomel *s,* ↗Quecksilber-Chlorid.
Kalorie *w* (lat.), Abk. cal, gesetzl. nicht mehr zulässige Maßeinheit der Wärmemenge; die Wärmemenge, die 1 g Wasser v. 14,5° C um 1° C erwärmt; 1 cal = 4,1868 Joule.
Kalorimeter *s,* die Wärmemengen, die bei physikal. oder chem. Veränderungen v. Substanzen aufgenommen oder abgegeben werden.
Kalotte *w* (frz.), **1)** Kugelhaube, kreisförmig begrenzter Teil der Kugeloberfläche. **2)** das Schädeldach. **3)** rundes, eng anliegendes Käppchen.
Kaltblut, Pferd mit ruhigem Temperament, bes. für schwere Zugdienst. ☐ 742.

Kältemischungen

Zusammensetzung der Mischung und die damit erzeugte Temperatur (in °Celsius)

−15	−50
100 Teile Eis mit 25 Teilen Salmiak	100 Teile Schnee oder Eis und 143 Teile Calciumchlorid krist.
−21	
100 Teile Schnee oder Eis und 33 Teile Viehsalz	− 78 bis −90 Kohlendioxid mit Alkohol, Aceton oder Äther

Kaltblüter, *wechselwarme* Tiere, deren ↗Körpertemperatur der Umgebung angepaßt ist (Reptilien, Amphibien u. Fische).
Kälte, in der menschl. Empfindung Mangel an Wärme; gewöhnl. die Temperatur unter 0° C; zur **K.erzeugung** dienen bis 0° C Eis, bis −90° C *K.mischungen,* wobei „Lösungs-'' u. „Schmelz-Wärme'' der Umgebung entnommen wird, diese also abkühlt. Für sehr tiefe Temperatur dient bes. flüss. Luft. In Ind., Gewerbe u. Haushalt verwendet man meist **K.maschinen,** die K. durch mechan. Arbeit erzeugen, so die *Kompressions-K.maschine* nach Linde, bei der flüss. Ammoniak od. ein anderes K.mittel (z. B. Freon) verdampft u. die dabei entstehende Verdampfungs- od. Verdunstungs-K. die Umgebung abkühlt. Bei den *Absorptions-K.maschinen* wird die Kompression durch Absorption des Kältemittels in einer Flüssigkeit ersetzt. Thermoelektrische Prozesse, z. B. der Peltier-Effekt, können ebenfalls K. liefern. ☐ 522.
Kältepole, Gebiete der Erde mit den tiefsten Temperaturen. In der Antarktis −88,3° C gemessen, in Ostsibirien −78°C.
Kalter Krieg, nach dem 2. Weltkrieg aufgekommene Bz. für die polit. Spannungen zw. Ost u. West.
Kaltes Licht, 1) in ↗Leuchtstofflampen erzeugt. **2)** auch v. Lebewesen erzeugt: z. B. ↗Leuchtbakterien, ↗Leuchtkäfer usw.
Kaltnadeltechnik, graph. Verfahren, bes. bei der Radierung; die mit stählerner Schneidenadel od. Diamanten in eine Kupfer- od. Eisenplatte geritzte Zeichnung wird nicht geätzt u. ergibt im Abdruck zarte, verschattete Linien.
Kaluga, russ. Stadt an der Oka, s.w. von Moskau, 265000 E.; vielseitige Industrie.
Kalvarienberg, 1) der Kreuzigungsort Christi (↗Jerusalem). **2)** Andachtsstätte mit figürl. Darstellung der Passion.
Kalypso, griech. Nymphe, die den schiffbrüchigen Odysseus rettete u. 7 Jahre bei sich behielt.
Kalzium ↗Calcium.
Kama w, größter, l. Nebenfluß der Wolga, mündet bei Kasan, 2030 km lang. Große Wasserkraftwerke.
Kamaldulenser, Zweig des Benediktinerordens mit weißem Ordensgewand; um 1000 v. hl. Romuald gegr. u. nach dem späteren Stammkloster *Camaldoli* bei Arezzo ben. Heute nur noch wenige Klöster u. Einsiedeleien. **K.innen,** der weibl. Zweig, gegr. 1085 v. sel. Rudolf.
Kambium, dünne Schicht nicht alternder, teilungsfäh. Zellen in Stämmen, Wurzeln u.

Ästen der höheren Pflanzen, die das Dikkenwachstum bewirkt.
Kambodscha, Rep. in Hinterindien. K. ist ein flaches, v. Bergland umgebenes Becken im Stromgebiet des Mekong; vorwiegend von den Khmer bewohnt. Anbau v. Reis, Pfeffer, Sojabohnen; Kautschuk. − 1864 frz. Protektorat, 87 Teil v. Frz.-↗Indochina, 1949/55 assoziierter Staat in der Frz. Union. 70 Sturz v. Prinz Sihanuk (60/76 Staatsoberhaupt, 70/75 in Peking im Exil), Übergreifen des Vietnamkrieges; April 75 Sieg der Roten Khmer, totaler Umsturz K.s; seit 77 krieger. Konflikt mit Vietnam, der 79 mit Einsetzung einer vietnam-freundl. Reg. endet. Massenflucht nach Thailand. Staatsoberhaupt: Heng Samrin (seit 79).
Kambrium s, älteste geolog. Formation des Paläozoikums, vorwiegend aus Meeresablagerungen (Kalke, Sandsteine, Tonschiefer u.a.) bestehend; schlagart. Entfaltung der Tierwelt (Wirbellose). ↗Erdzeitalter.
Ka(m)büse w, *Kombüse,* Schiffsküche.
Kambyses II., pers. Kg. 529/522 v. Chr. Sohn Kyros' d.Ä., eroberte Ägypten.
Kamee w (frz.), erhabene ↗Gemme.
Kamel, bis 2,5 m hohes Huftier, Last- u. Reittier, ausdauernd, genügsam, erträgt lange Zeit Durst, auch kalte Winter; Fleisch und Milch genießbar, Haare Material für Wolldecken, Mäntel, getrockneter K.mist das Brennmaterial der Wüste. Das Einhökkerige K. *(Dromedar)* kommt in Afrika, bes. in der Sahara, das plumpere Zweihöckerige K. *(Trampeltier)* in Asien (Kaukasus, China, Mongolei) vor.
Kamelie w, dem Teestrauch verwandt, bis 4 m hoch, mit immergrünen Blättern u. großen ungestielten, roten od. weißen Blüten; Zierstrauch. **K.ndame,** Heldin eines Romans u. Dramas v. A. ↗Dumas d. J.
Kamen, westfäl. Stadt, s.w. von Hamm, 43100 E.; Steinkohlenbergbau.
Kamensk-Uralskij, russ. Ind.-Stadt im Ural, 187000 E.; Aluminiumkombinat, Metall- u. elektrotechn. Industrie.
Kamenz, sächs. Krst. an der Schwarzen Elster, 17000 E.; Geburtsort Lessings, Lessingmuseum; Tuch-, keram. u. Glas-Ind.
Kameralismus m (lat.), die Lehre v. der Staatsverwaltung, den Finanzen u. der Produktion sowie ihre Verwirklichung in den dt. Fürstenstaaten des 16./18. Jh.; die dt. Form des ↗Merkantilismus.
Kamerlingh Onnes, *Heike,* holländ. Physiker, 1853−1926; entdeckte die Supraleitung; Nobelpreis 1913.

Kambodscha

Amtlicher Name:
Demokrat. Kampuchea

Staatsform:
Sozialist. Republik

Hauptstadt:
Pnom-Penh

Fläche:
181035 km²

Bevölkerung:
8,6 Mill. E.

Sprache:
Khmer, außerdem Französisch und Annamitisch

Religion:
90% Buddhisten, 1,3% Christen

Währung:
1 Riel = 100 Sen

Mitgliedschaften:
UN

Kamee: antike K. (Augustus) vom Lothar-Kreuz (Aachen)

Kamele: links Zweihöckeriges K., rechts Dromedar, oben Schnitt durch einen Kamelfuß

Kamerun, Bundes-Rep. in Mittelafrika, am Golf v. Guinea. Hinter einer versumpften Schwemmlandküste erhebt sich ein parkartiges, 1000–1500 m hohes Hochland, das v. Inselbergen u. Vulkanen (K.berg 4075 m) überragt wird u. zum Tschad- u. Kongobekken wieder abfällt. Ausfuhr: Palmkerne, Kakao, Kaffee, Bananen, Edelhölzer. – 1884 dt. Kolonie, 1919 in ein frz. u. ein brit. Mandatsgebiet aufgeteilt; 60 entstand aus Frz.-K. die selbständige Rep. K.; v. Brit.-K. schloß sich 61 der Nordteil an Nigeria, der Süden an die Rep. K. an. – Staats-Präs. Hadsch Ahmadou Ahidjo (seit 1960).

Kamille w, Korbblütler, Feldunkraut. *Echte K.* mit weißen Zungen u. gelben Röhrenblüten. Blütenaufguß zu Tee u. Umschlägen, krampf- u. schmerzstillend, desinfizierend, schweißtreibend. ☐ 453.

Kamillianer, *Väter v. guten Tode,* v. hl. ↗Kamillus v. Lellis 1582 gegr. Priesterorden, bes. in der Krankenpflege tätig; 1100 Mitgl. **K.innen,** Frauenkongregation zur Krankenpflege.

Kamillus v. Lellis, hl. (14. Juli), 1550–1614; urspr. Soldat, seit 1584 Priester; Begr. der ↗Kamillianer.

Kamin m, 1) offene Feuerstelle mit Rauchabzugshaube. 2) Schornstein. 3) enger, steiler Felsspalt. ☐ 87.

Kamisol s (frz.), Unterjacke, ausgeschnittenes Ärmelwams.

Kamm, 1) zur Haarpflege und als Haarschmuck. 2) fleischiger Auswuchs auf dem Kopf der Hühnervögel. 3) Nackenstück der Schlachttiere. 4) langgestreckte Gebirgserhebung.

Kammer, 1) allg.: Raum (Kleider-, Spreng-, Gewehr-, Herz-K.). 2) fr. die den fürstl. Haushalt leitende Behörde. 3) die parlamentar. Volksvertretung, entweder nur 1 K. *(Einkammersystem)* od. in *Erste* u. *Zweite* K. geteilt *(Zweikammersystem).* 4) berufsständische Körperschaft, z. B. Ärzte-, Handwerks-K. 5) Abteilung eines Gerichts, z. B. *Straf-, Zivil-K.* **K.bau,** bergmänn. Abbauverfahren. ☐ 85.

Kämmerer, 1) fr. Verwalter des fürstl. Kammerguts u. der Finanzen. 2) *Kammerherr,* Titel für Hofbeamte. 3) heute Leiter der Finanzverwaltung einer Stadtgemeinde.

Kammerjäger, Ungeziefervertilger.

Kammermusik, urspr. weltl., an Fürstenhöfen aufgeführte Musik, seit dem 18. Jh. Musik, die v. wenigen Soloinstrumenten ausgeführt wird. **Kammermusiker,** festangestelltes Orchestermitglied. **Kammersänger,** staatl. verliehener Titel für Bühnensänger.

Kammerspiel s, 1) kleines Theater. 2) intimes Schauspiel mit geringer Personenzahl.

Kammerton, der Normalton a′; früher 435, heute 440 Schwingungen pro Sekunde.

Kammgarn, allg. alle Garne, deren Fasern vor dem Spinnen gekämmt wurden.

Kammuscheln, Meeresmuscheln mit fächerförmig gerippter Schale, *Pilgermuschel.*

Kampagne w (: -panje, frz.), 1) (Propaganda-)Feldzug. 2) Betriebszeit in Saisonunternehmen.

Kampanien, it. *Campania w,* unter-it. Land-

Kamerun
Amtlicher Name:
République Unie du
Cameroun – United
Republic of Cameroon
Staatsform:
Föderative Republik
Hauptstadt:
Jaunde
Fläche:
475442 km²
Bevölkerung:
8,3 Mill. E.
Sprache:
Amtssprachen sind
Französisch und
Englisch; daneben
Bantu- u. südsudanesische Sprachen
Religion:
50% Anhänger von
Naturreligionen,
20% Muslimen,
17% Katholiken,
12% Protestanten
Währung:
1 CFA-Franc
= 100 Centimes
Mitgliedschaften:
UN, OAU, der EWG
assoziiert

Kanada
Amtlicher Name:
Canada
Staatsform:
Parlamentarische
Monarchie m. bundesstaatl. Verfassung
Hauptstadt:
Ottawa
Fläche:
9976139 km²
Bevölkerung:
23,7 Mill. E.
Sprache:
Staatssprachen sind
Englisch und
Französisch
Religion:
45% Katholiken,
20% Mitgl. der United
Church of Canada,
13% Mitgl. anderer
prot. Kirchen,
13% Anglikaner
Währung:
1 Kanad. Dollar
= 100 Cents
Mitgliedschaften:
Commonwealth, UN,
NATO, OECD

schaft am Golf von Neapel; als Region 13595 km², 5,5 Mill. E.

Kampf ums Dasein, das Sichdurchsetzenmüssen aller Lebewesen gg. feindl. Umwelteinflüsse; bes. v. Darwinismus betont. Die Umwelt verlangt Anpassung. Sie führt im K. ums D. zum Unterliegen des Anpassungsunfähigen (Ausmerze) u. Sichdurchsetzen der besser angepaßten ↗Mutationen (Auslese). ↗Abstammungslehre.

Kampfer m, *Campher,* $C_{10}H_{16}O$, organ.-chem. Verbindung, weiße kristalline Masse, riecht äther., aus dem südostasiat. *K.baum* u. synthetisch hergestellt; zur Celluloid-, Sprengstoff- u. Heilmittelherstellung.

Kämpfer, 1) Anfangsstein in Bogen- od. Gewölbekonstruktionen. **2)** Verbindungsglied zw. Bogen u. Stütze.

Kampffisch, Knochenfisch mit schönen Farben (Hinterindien), ca. 5 cm lang. Die sehr kampflustigen Männchen in Hinterindien zu Schaukämpfen mißbraucht.

Kampfgruppen, *Betriebs-K.,* in der DDR paramilitär. Verbände in Betrieben, LPGs, Behörden u. Anstalten.

Kampfläufer, schnepfenartiger Watvogel nördl. Moorgegenden.

Kampfstoffe, 1) militär., a) *chem. K.,* die als Gift- od. Reizstoffe Auge, Nase, Rachen, Lunge, Haut od. Nerven schädigen. b) *biolog. K.* sind Krankheitserreger (Bakterien, Viren, Toxine usw.). c) *radioaktive K.,* verseuchen durch radioaktive Strahlung Luft, Wasser u. Gelände. a) – c) werden als *ABC-Waffen* bezeichnet, ihre Anwendung verstößt als Massenvernichtungsmittel gg. das Völkerrecht. 2) biolog., v. Insekten bei Angriff od. Verteidigung verspritzte Substanzen; ↗Bombardierkäfer.

Kamp-Lintfort, Stadt am Niederrhein (Kr. Wesel), 37 800 E.; Karmelitenkloster (seit 1954); Steinkohlenbergbau.

Kamtschatka, russ. Halbinsel im Fernen Osten, 1200 km lang, 350000 km², 290000 E.; Hst. Petropawlowsk; Hochgebirgsland mit Vulkanen (bis 4916 m); Fisch- u. Wildreichtum; Kohle, Erdöl, Schwefel, Kupfer-, Eisenerze.

Kana, Ort in Galiläa, wo Jesus bei einer Hochzeit Wasser in Wein verwandelte.

Kanaan, 1) bibl. Name des Landes westl. des Jordans. **2)** Sohn Chams.

Kanada, Bundesstaat im nördl. Nordamerika, zw. dem Atlant. u. dem Pazif. Ozean, reicht im N bis in die Polarregion. Nach der UdSSR u. vor China ist K. das zweitgrößte Land der Erde, ein im W durch die Kordilleren, im O durch Ausläufer der Appalachen abgeschlossener, dünnbesiedelter Raum; der NO als *Kanad. Schild* in der Eiszeit überformt (Moränen, Seen); riesige Wälder, zur nördl. Küste hin Tundra; strenge Winter mit kalten Nordwinden. Nur 13% des Landes sind Ackerland, in den Prärieprovinzen intensive Farmwirtschaft, in den atlant. Provinzen Obst- u. Gemüsebau. Vieh- u. Milchwirtschaft, Fischerei u. Pelztierzucht; größter Papierproduzent der Welt; reiche Bodenschätze (Ausfuhr): Nickel, Asbest, Uranerze, Selen, Kupfer, Eisen, Mangan, Erdöl u. Erdgas. – 1497 v. Caboto entdeckt, im 16. Jh. v. Fkr. in Besitz genommen, 1763 nach dem Siebenjähr. Krieg an Großbritannien abgetreten; 1867 Dominion; seit 1926 mit selbständigen diplomat. Vertretungen; heute freies Mitgl. des Commonwealth, arbeitet aber in verstärktem Maße mit den USA zusammen. **K.balsam,** Weichharz der ⌐Hemlockfichte; zum Kitten v. Linsen, Prismen u. in der mikroskop. Technik; hat gleichen Brechungsindex wie Glas. **K.tee,** Blätter des am. Teebeerenstrauches. **Kanadier,** mit Stechpaddel bewegtes Holzboot, Fahrer halb kniend; Einer-, Zweier- u. Zehner-K. **Kanadischer Schild,** Laurentisches Massiv, altkristalline, eisgeschliffene Rumpffläche in Ostkanada. **Kanadische Seen** ⌐Große Seen. **Kanadisches Küstengebirge,** engl. Canadian Coast Ranges, Teil der kanad. Kordilleren, bis 4042 m hoch, vergletschert. **Kanaille** w (: kanaij^e, frz.), Schuft. **Kanaken,** Urbewohner v. Polynesien. **Kanal** m (lat.), 1) künstl. angelegter Wasserlauf. Kanäle dienen der Be- u. Entwässerung, der Wasserzufuhr zu Kraftanlagen u. Industriebetrieben, der Ableitung von Abwässern, dem Binnen- u. Seeschiffahrt. Die Schiffahrt überwindet Gefälle durch ⌐Schleusen und ⌐Schiffshebewerke. Kleinere K.anlagen sind ausbetoniert, große mit schrägen Böschungen u. ebener Sohle versehen, mit wasserdichtem Lehm ausgestampft, darüber ein Beton- od. Natursteinüberzug. 2) in der Hochfrequenztechnik: ein Frequenzband bestimmter Breite, auf der ein Sender arbeitet; der Schalter beim Fernsehgerät, der einen bestimmten K. einstellt, heißt Tuner. **Kanal,** Ärmelkanal, frz. La Manche, engl. Channel, Meeresarm zw. Frankreich u. England, verbindet Nordsee mit Atlantik, Weltschiffahrtsstraße; an schmalster Stelle, zw.

Dover u. Calais, 32 km breit, bis 172 m tief; starke Gezeitenströme, Tidenhub bis 12 m. 1973 Bau eines 50 km langen Eisenbahntunnels beschlossen, 75 stellt Engl. Arbeit ein. **K.inseln,** Normannische Inseln, engl. Channel Islands, autonome brit. Inselgruppe im Ärmelkanal, vor der frz. Küste: Jersey, Guernsey, Sark, Alderney; 195 km², 130000 E.; Hst. Saint-Hélier. Mildes Seeklima; Anbau von Gemüse, Blumen, Obst. **Kanalisation,** System unterird. Kanäle, zur Fortführung städt. Abwässer u. des Regenwassers. Abwässer werden außerhalb der Stadt geklärt u. in Flüsse eingeleitet. ☐ 4. **Kanalstrahlen,** in Gasentladungsröhren entstehende Korpuskularstrahlen, die aus positiv geladenen Gas-Ionen bestehen, v. der Anode ausgehen, auf die Kathode zufliegen u. durch Bohrungen in dieser (Kanäle) hindurchtreten. **Kanalzone** ⌐Panamakanal. **Kanaren,** Kanarische Inseln, span. Inselgruppe vor der Westküste Afrikas, mit Vulkanen (Pico de Teide, 3710 m); auf den West-K. Bananen-, Reb- u. Zuckerrohrkulturen; die Ost-K. sind wüstenhaft; insges. 7273 km², 1,5 Mill. E.; Hst. Santa Cruz de Tenerife. **Kanariengras** ⌐Glanzgras. **Kanarienvogel,** Finkenart der Kanar. Inseln, der Azoren u. Madeiras; wild grauoliv; als Stubenvogel leuchtendgelbe Rassen herausgezüchtet. **Kanazawa,** Hst. der japan. Prov. Ischikawa auf Hondo, 397000 E.; Univ. **Kandahar,** aufghan. Prov.-Hst., 209000 E.; großer Flughafen. **Kandahar-Rennen,** seit 1928 alljährl. Skiwettbewerb (urspr. nur Abfahrtslauf u. Slalom, heute auch Riesenslalom u. Kombination) um den v. Sir Roberts of Kandahar gestifteten Pokal.

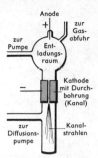

Kanalstrahlen:
Anordnung zur
Erzeugung von K.

Känguruh mit Jungem,
im Beutel sitzend

Kanäle	Verbindung	eröffnet	Länge in km	Schleusen	Tragfähigkeit
die Hauptschiffahrtskanäle in der BRD:					
Ems-Jade-Kanal	Emden–Wilhelmshaven	1887	72,3	3	bis 300 t
Nord-Ostsee-Kanal	Brunsbüttelkoog–Kiel-Holtenau	1895	98,7	2	Seeschiffe
Dortmund-Ems-Kanal	Dortmund–Borsumer Schleuse b. Emden	1899	265,5	19	bis 1000 t
Elbe-Lübeck-Kanal	Lauenburg/Elbe–Lübeck	1900	61,5	7	bis 1000 t
Rhein-Herne-Kanal	Duisburg-Ruhrort–Henrichenburg	1914	45,6	7	bis 1000 t
Datteln-Hamm-Kanal	Datteln–östl. Hamm	1915	47,1	5	bis 1000 t
Wesel-Datteln-Kanal	Wesel–Datteln	1929	60,2	6	bis 1350 t
Küstenkanal	Dörpen/Ems–Oldenburg (Oldbg.)	1935	69,6	2	bis 1000 t
Mittellandkanal	Bergeshövede–Rothensee b. Magdeburg	1938	325	3	bis 1000 t
Elbe-Seitenkanal	Artlenburg–Wolfsburg	1976	115	2	bis 1350 t
die längsten Seeschiffahrtskanäle:					
Suezkanal	Mittelmeer (Port Said)–Rotes Meer (Suez)	1869	161	—	Seeschiffe
Manchesterkanal	Irische See (Liverpool)–Manchester	1894	64	5	Seeschiffe
Panamakanal	Atlantik (Colón)–Pazifik (Balboa)	1914	81,3	6	Seeschiffe
Alfons XIII.-Kanal	Sevilla–Golf von Cádiz	1926	85	5	Seeschiffe
Wellandkanal	Eriesee (Port Colborne)–Ontariosee (Port Dalhousie)	1931	45	7	Seeschiffe
Weißmeerkanal (Stalin-Kanal)	Weißes Meer (Bjelomorsk)–Onegasee (Powenez)	1933	227	19	bis 3000 t
Moskaukanal	Moskau–Wolga (Iwankowo)	1937	128	11	bis 18000 t
Houston-Kanal	Golf v. Mexiko (Galveston)–Houston	1940	91,2	—	Seeschiffe
Amsterdam-Rhein-Kanal	Rheinarm Waal (Tiel)–Nordseekanal (Amsterdam)	1952	72	4	bis 4300 t
Wolga-Don-Kanal (Lenin-Kanal)	Wolga (südl. Wolgograd)–Don (Kalatsch)	1952	101	13	bis 10000 t
Sankt-Lorenz-Seeweg	Montreal–Ontariosee	1959	304	7	Seeschiffe

J. J. Kändler:
Tanzender Herr

Kannelüren: **1** an einer
dorischen, **2** an einer
ionischen Säule

Kannenstrauch
(Nepenthes)

Kanon der Propor-
tionen von Leonardo
da Vinci (nach Vitruv)

Kandare w (ungar.), Stangengebiß mit ↗Zaum.
Kandaules, Kg. v. Lydien, ↗Gyges.
Kandel m, Berg im Schwarzwald, n.ö. von Freiburg, 1243 m.
Kandelaber m (frz.), Beleuchtungsträger.
Kandia, *Heraklion,* größte Stadt u. Haupthafen Kretas, an der Nordküste, 78 000 E.
Kandidat m (lat.), Bewerber, Prüfling, Anwärter. **Kandidatur** w, Bewerbung, bes. um ein Parlamentsmandat.
kandieren, Früchte mit gesättigter Zuckerlösung konservieren, überschüssiger Zucker kristallisiert aus.
Kandinsky, *Wassily,* russischer Maler, 1866–1944; seit 1896 meist in Dtl., seit 1933 in Fkr.; Mitgründer des ↗Blauen Reiters; mit seinen abstrakten, v. tiefer Leuchtkraft u. Harmonie erfüllten Gemälden Führer des Expressionismus u. der Abstrakten Malerei.
Kandis m (arab.), große Zuckerkristalle.
Kändler, *Johann Joachim,* dt. Bildhauer, 1706–75; Hauptmeister der Meißener Porzellanmanufaktur.
Kaneel, *Weißer Zimt,* Baum in Mittelamerika; Rinde ist Gewürz u. Heilmittel.
Kangchendzönga, *Kischinjunga* (tibet. = Fünfgletscherberg), 5gipfeliges Gebirgsmassiv im Himalaja, auf der Grenze Sikkim/Nepal; 8579 m; Erstbesteigung 1955.
Känguruh s, austral. Beuteltier mit langen Hinterbeinen; trägt Junge in bauchseitigem Beutel. *Riesen-K.,* 2 m; *Baum-K.* ☐ 459.
Kania, *Stanisław,* poln. Politiker, * 1927; seit 68 Mitgl. des ZK der Vereinigten Polnischen Arbeiterpartei, 80/81 deren Vors.
Kaninchen, dem Feldhasen verwandte Nagetiere; verursachen durch Fruchtbarkeit u. Gefräßigkeit land- u. forstwirtschaftl. Schaden; in zahlr. Rassen gezüchtet („Stallhasen"); Felle zu Pelzen, Haare zu Filz, Angorawolle zu Strickwaren.
Kanister m (gr.-lat.), Behälter zum Transport v. Flüssigkeiten.
Kanker m, der ↗Weberknecht.
Kannelüren (Mz., lat.; Ztw. *kannelieren*), Längsrillen der (griech.) Säulen.
Kannenstrauch, kletternde Sträucher des Malaiischen Archipels; Blätter in kannenförmige Organe umgebildet, die eine verdauende Flüssigkeit (z. Tierfang) enthalten.
Kannibalen, die Menschenfresser. **Kannibalismus,** *Anthropophagie* (gr.); war früher unter den Naturvölkern weit verbreitet. Durch den Genuß v. Menschenfleisch sollten Kraft u. Mut des Toten auf den Esser übergehen.
Kano, Prov.-Hst. in Nigeria, 400 000 E.; bedeutender Marktort.
Kanoldt, *Alexander,* dt. Maler, 1881–1939; Vertreter der ↗Neuen Sachlichkeit.
Kanon m (gr.), **1)** allg. = Richtmaß, Regel. **2)** in der Bildenden Kunst: Idealmaßstab für die „richtigen" Größenverhältnisse, bes. für die Darstellung des menschl. Körpers. **3)** mehrstimmiges Musikstück; 2 od. mehr Stimmen setzen mit derselben Melodie nacheinander ein. **4)** kirchl. a) Glaubenssatz. b) kirchl. Rechtsbestimmung. c) Verzeichnis der als bibl. anerkannten Schriften. d) der unveränderl. Teil der Messe v. der Präfation bis zum Amen vor dem Paternoster. e) Verzeichnis der Heiligen.
Kanonade w, anhaltendes Geschützfeuer.
Kanone (it.), ein Geschütz, dessen Geschoß eine höhere Anfangsgeschwindigkeit u. eine flachere Bahn als das der ↗Haubitze hat.
Kanoniker, Chorherr, Mitglied eines Dom-, Kollegiat- od. Stiftskapitels. *Kanonikat,* sein Amt. **Kanonisation** w, die Heiligsprechung. **kanonisch,** den kirchl. Vorschriften entsprechend. **k.es Alter,** für kirchl. Ämter usw. erforderl. Lebensjahre. **Kanonist,** Lehrer des kanon. Rechtes.
Känozoikum s (gr.), *Neozoikum,* die *Erdneuzeit.* ☐ 237.
Kanpur, fr. *Khanpur,* ind. Stadt in Uttar Pradesch, am Ganges, 1,3 Mill. E.; Markt für Reis u. Baumwolle.
Kansas (: känß[e]ß), Abk. *Kan.,* Bundesstaat der USA, zw. Mississippi u. Rocky Mountains, 213 063 km², 2,3 Mill. E.; Hst. Topeka. Fruchtbares Weizen- u. Weideland.
Kansas City (: känß[e]ß ßit¹), 2 zusammengewachsene Städte in den USA, beiderseits der Mündung des Kansas River in den Missouri: a) K. C. in Kansas, 170 000 E.; kath. Erzb.; große Viehmärkte, Fleischfabriken. b) K. C. in Missouri, 560 000 E.; Univ., kath. Bischof; Viehmärkte, Aluminium-Ind.
Kansu, nordwestchinesische Provinz, 530 000 km², 18 Mill. E.; Hst. Lantschou; im NO ein Lößtafelhochland, im S u. W gebirgig mit Erz- u. Kohlevorkommen.
Kant, *Immanuel,* dt. Philosoph, * 22. 4. 1724 Königsberg, † 12. 2. 1804 ebd.; seit 1770 dort Prof.; begründete den ↗Dt. Idealismus u. die Weltgeltung der dt. Philosophie. – In einer „kopernikanischen Wendung" gg. die traditionelle Metaphysik lehrt seine *Kritik der reinen Vernunft* (1781, 2. Aufl. 87), der Mensch erkenne nicht „Dinge an sich", sondern nur die sinnl. wahrnehmbaren „Gegenstände"; das Seiende erscheine immer in Raum u. Zeit als den subjektiven Be-

W. Kandinsky: Spitzen im Bogen, 1927

dingungen menschl. Erkennens; dabei trage der Mensch seine apriorischen Denkformen (12 Kategorien, bes. Substanz u. Kausalität) in das v. den Außendingen erzeugte Empfindungschaos ordnend hinein. Welt, Seele u. Gott seien dem theoret. Wissen verschlossen. – K. schränkte das Wissen ein, „um dem Glauben Platz zu machen"; denn die *Kritik der prakt. Vernunft* (1788) erweise ein Absolutes auf andere Art als gültig u. gewiß: der ethische Wille begründe mit der freiwill. Bindung an das absolute Gesetz seines eigenen Wesens den Glauben an Freiheit, unsterbl. Seele u. Gott als Postulate der prakt. Vernunft. Den Weg zum höchsten Gut weise der *kategorische Imperativ,* der rein formale, d. h. durch keinen bes. Inhalt bestimmte u. daher unbedingt verpflichtende sittliche Grundsatz: „Handle so, daß die Maxime deines Wollens zugleich als Prinzip einer allgemeinen Gesetzgebung gelten könne." – K.s Denken beeinflußte nachhaltig zahlr. philosoph. Strömungen der Vergangenheit u. Gegenwart, bes. in Erkenntnis- u. Wissenstheorie, Metaphysik, Religionsphilosophie, Ethik u. Ästhetik, ferner Dichtung (∕Schiller) u. Leben (Pflichtethos). K.s Ästhetik in der *Kritik der Urteilskraft* (1790); *Die Religion innerhalb der Grenzen der bloßen Vernunft* (1793); *Metaphysik der Sitten* (1797).

Kantabrisches Gebirge, Randgebirge der span. Meseta gg. den Golf v. Biskaya.

Kantate *w* (it.), mehrteil. Gesangswerk; Solostimme *(Solo-K.),* Chor *(Chor-K.)* od. Soli u. Chor werden v. Instrumenten begleitet od. abgelöst; bes. im Barock.

Kanter *m* (engl.), leichter Galopp.

Kanthaken, hakenförmiges Werkzeug zum Wenden schwerer Holzstämme.

Kantharide *w, Spanische Fliege,* grüner Blasenkäfer; enthält das blasenziehende *Kantharidin,* für Pflaster u. Salben.

Kantilene *w* (lat.), klar gegliederte, sangliche Melodie.

Kant-Laplacesche Theorie (: -plaß-), zwei Hypothesen über Bildung eines Sonnensystems aus kosm. Staubwolke, *Nebularhypothese* (Kant), bzw. aus langsam rotierendem Gasball, *Rotationshypothese* (Laplace).

Kanton *m* (frz.), **1)** in Fkr. Unterabteilung eines Arrondissements. **2)** in der Schweiz der einzelne der 23 Bundesgliedstaaten.

Kanton, Canton, chinesisch *Kuangtschou,* Haupthandelsplatz Südchinas, Hst. der Prov. Kwangtung, 5 Mill. E.; Univ., PH; Kunsthandwerk, Seidenhandel.

Kantor *m* (lat. = Sänger), **1)** urspr. bei der christl. Liturgie der aus dem Judentum übernommene Vorsänger. **2)** der Organist u. Leiter eines Kirchenchores. **3)** der Sänger als Mitgl. einer Kantorei.

Kantorei, Sängerchor einer Kirche.

Kantschindschunga ∕Kangchendzönga.

Kanu *s,* **1)** v. Indianern gebautes leichtes Reise- u. Transportboot. **2)** auch Sportboot, das mit Doppel- (∕Kajak) od. Stechpaddel (∕Kanadier) angetrieben wird.

Kanüle *w* (frz.), **1)** Röhre zum Durchleiten v. Flüssigkeit od. Luft. **2)** Hohlnadel.

Immanuel Kant

Hebebaum

Kanthaken

Kanthaken

Oberfläche

Kapillarität: 1 für Moleküle an einer Flüssigkeitsoberfläche überwiegen die Anziehungskräfte ins Innere; **2** Oberfläche einer **a** benetzenden, **b** nicht benetzenden Flüssigkeit; **3a** Kapillardepression; **3b** Kapillaraszension (A Adhäsions-, K Kohäsionskraft)

Kanzel *w* (lat.), **1)** meist kunstvoll verzierter Predigtstuhl in einer Kirche; seit dem 13. Jh. an einem Pfeiler freistehend od. angebaut mit baldachinart. Dach. *Altar-K.* in ev. Kirchen über dem Altar. **2)** Vorsprung an einer glatten Felswand. **3)** Hochsitz des Jägers. **4)** Pilotensitz bei Flugzeugen.

Kanzelparagraph *m,* im ∕Kulturkampf 1871 in das StGB eingefügter Paragraph, der einen Geistlichen mit Gefängnis bedrohte, der Angelegenheiten des Staates in einer „den öff. Frieden gefährdenden Weise" in Ausübung seines Amtes erörterte; in der BRD erst 1953 aufgehoben.

kanzerogene Stoffe ∕karzinogene Stoffe.

Kanzlei, Raum u. Behörde für Ausfertigung v. Urkunden. **K.schrift,** größere Schrift mit starken Grundstrichen; im Buchdruck eine got. Zierschrift. **K.sprache,** im 14. bis 15. Jh. die Urkundensprache der dt. K.en, Ausgang der neuhochdt. Schriftsprache.

Kanzler, 1) im MA urspr. Vorsteher einer Kanzlei, dann Titel des höchsten Reichsbeamten (seit Ks. Karl III. ∕Erzkanzler). **2)** Kurz-Bz. für ∕Bundes- u. ∕Reichskanzler.

Kanzone *w* (it.), **1)** lyr. Dichtform aus 11-, 13-od. 16zeiligen Strophen (Dante, Petrarca u. a.). **2)** liedartig. Instrumentalstück.

Kaohsiung, Hafenstadt an der SW-Küste v. Taiwan, 1,1 Mill. E.; vielfältige Ind., Erdölraffinerie.

Kaolin *s,* die ∕Porzellan-Erde, chem. fast reines Aluminiumhydrosilicat.

Kap *s* (lat.), Vorgebirge; ins Meer vorspringende Festlandsnase, z. B.: *K. Blanco,* nördlichste Spitze Afrikas, bei Biserta; *K. Buru,* südlichste Spitze des asiat. Festlands; *K. Farewell,* Südspitze Grönlands; *K. der Guten Hoffnung,* südafrikan. Vorgebirge südl. v. Kapstadt; *K. Hoorn,* Südspitze Südamerikas; *K. Canaveral,* im Osten Floridas, Raketenstartgelände der USA; *K. Tscheljuskin,* Nordspitze Sibiriens; *K. Verde,* Westspitze Afrikas.

Kapaun *m,* kastrierter gemästeter Hahn.

Kapazität *w* (lat.), **1)** Fassungskraft. **2)** hervorragender Fachmann. **3)** Fassungsvermögen für Wärme od. elektr. Ladungen; beim ∕Kondensator das Verhältnis von elektr. Ladung zu der durch diese hervorgerufenen Spannung, Einheit das ∕Farad. **4)** Produktionsvermögen.

Kap Canaveral ∕Kap.

Kapelle, 1) kleiner kirchl. Raum. **2)** ∕Hofkapelle. **3)** (urspr. kirchl.) Musikergruppe.

Kaperei *w* (v. niederländ. *kapen* = auflauern), Wegnahme feindl. od. Konterbande führender neutraler Schiffe durch dazu v. ihrer Regierung durch *Kaperbrief* ermächtigte *Kaperschiffe;* 1856 international verboten.

Kapern, in Essig eingelegte Blütenknospen des Kapernstrauchs aus dem Mittelmeergebiet; Gewürz.

Kapetinger (Mz.), das v. Hzg. Hugo Capet († 996) begründete frz. Königsgeschlecht; herrschte 987/1328, in den Nebenlinien ∕Valois, ∕Bourbon u. ∕Orléans bis 1848.

Kapharnaum, ehem. Handelsplatz am See Genesareth; häufig Aufenthaltsort Jesu.

Kapillaren (Mz., lat.), **1)** feinste Blutgefäß-

Kapitolinische Wölfin

verzweigungen. **2)** physikal. Röhrchen mit geringer lichter Weite (Haarröhrchen).
Kapillarität, durch Oberflächenspannung an der Grenze v. Luft, Flüssigkeit u. Gefäßwand auftretende Erscheinung, bes. deutl. in Haarröhrchen; bei benetzender Flüssigkeit steigt diese in den Röhrchen hoch, senkt sich bei nicht benetzenden Flüssigkeiten; wichtig für Flüssigkeitstransport in Pflanzen, im Grundwasser usw. ☐461.

Kapitalisierungs-Formel:

Kapitalwert
(Ertragswert) =

$$\frac{\text{Rente (Ertrag)} \times 100}{p}$$

p = herrschender Zinssatz

$$\frac{100}{p} = \text{Kapitalisierungsfaktor}$$

Kapitell

(Haupttypen)

ägyptische Kunst:
(abgewandelt auch in der ind., pers. und assyr. Kunst):
Papyros-K. (1)
Palmen-K. (2)
Lotos-K.

griechische Antike:
dorisches K. (3)
ionisches K. (4)
korinthisches K. (5)

römische Antike:
Komposit-K. (6)
(Verbindung v. 4 u. 5)

byzantinische Kunst:
Falten-K. (7)
Korb-K. (8)
Trapez-K. (9)
(verbunden mit dem Kämpfer)

Romanik:
Würfel-K. (10)
Kelchblock-K. (11)
Pilz-K. (12) (seltener)
alle oft mit mannigfaltigem Figurenschmuck

Gotik:
Kelch-K. (13)
mit naturgetreuem, später stilisiertem Pflanzenornament:
Knospen-K. (14)
Blatt-K. (15)
Teller-K. (16)
(bes. in England)

Kapital s (lat.), hat grundverschiedene Bedeutungen: **1)** der Darlehensbetrag im Unterschied zu den Zinsen. **2)** betriebswirtschaftl. das in einem Unternehmen angelegte Geld bzw. die damit beschafften Güter, das ↗*Anlage-K.,* auch *Real-K.* gen. (↗*Investition),* im Unterschied zum *Nominal-K.,* dem Reinvermögen. **3)** volkswirtschaftl. neben Arbeit u. Boden einer der drei Produktionsfaktoren. **4)** ↗Grundkapital. **K.ertragsteuer,** Steuer auf das Einkommen aus K.vermögen; in der BRD Teil der Einkommensteuer. **K.flucht,** verstärkte K.anlage v. Inländern im Ausland, u.a. um der stärkeren inländ. Steuerbelastung zu entgehen, eine höhere Rendite zu erzielen od. bei Währungsverfall. Davon zu unterscheiden der *K.export,* z.B. in Entwicklungsländer. **K.gesellschaften,** Erwerbsunternehmen, bei denen die Gesellschafter nur mit ihrer K.einlage haften: AG, GmbH, KGaA.
Kapitalisierung, Berechnung des Barwerts einer Reihe in der Zukunft fälliger Geldleistungen nach dem herrschenden Zinssatz.
Kapitalismus, Bz. sowohl a) für die *kapitalist. Wirtschaftsweise* als auch b) für die *kapitalist. Gesellschaftsverfassung.* Für den K. als Wirtschaftsweise ist kennzeichnend die weitgehende Trennung der ↗Produktionsfaktoren, namentl. v. Kapital u. Arbeit, d.h., wer Kapital besitzt, kann sich Arbeitskraft kaufen, wer kapitallos ist, muß seine Arbeitskraft verkaufen. Die „Verfügbarkeit" der Arbeit hat im K. zu ungeheurer Ausbeutung der Arbeiter geführt, daher die vor al-

lem vom Kommunismus vorgenommene Gleichsetzung v. K. u. Ausbeutung, die theoret. durch die Lehre v. ↗Mehrwert unterbaut wurde u. in der (auch nicht-kommunist.) Arbeiterschaft zur ungerechtfertigten (u. heute noch nicht restlos überwundenen) Forderung auf den vollen ↗Arbeitsertrag geführt hat. Inzwischen hat der Arbeiter in den fortgeschrittenen Ländern weitgehend Anteil an den wirtschaftl. Ergebnissen des K. – Die kapitalist. Gesellschaftsverfassung ist gekennzeichnet als eine (Zwei-)Klassen-Gesellschaft mit den beiden Klassen der Produktionsmittelbesitzer (Kapitalisten) u. der v. Produktionsmittelbesitz freien Arbeiterschaft (↗Proletariat). Die gesellschaftl. Folgen des K. sind heute ebenfalls weitgehend durch Maßnahmen des Arbeitsrechts u. der Sozialpolitik beseitigt, während an die Stelle der Zwei-Klassen-Gesellschaft eine v. einer Vielzahl v. Interessengruppen beherrschte Gesellschaft getreten ist.
Kapitalmarkt, der ↗Markt für Beschaffung langfrist. Kredite.
Kapitalschrift, ausschließl. von Großbuchstaben (Majuskeln) gebildete Schriftart.
Kapitalverkehrsteuer, erfaßt den Umsatz beweglichen Kapitals; in der BRD: Gesellschafts-, Börsenumsatz-, Wertpapiersteuer.
Kapitel s (lat.), **1)** Buchabschnitt. **2)** geistl. Körperschaft an Dom- u. Stiftskirchen. **3)** Gesamtheit der Seelsorgepriester eines Dekanats. **4)** bei geistl. Orden Versammlung der stimmberechtigten Mitgl. od. der Vertreter größerer Verbände.
Kapitell, *Kapitäl* s (lat.), ausladender Knauf als krönender Abschluß v. Säulen, Pfeilern u. Pilastern; künstler. reich ausgestaltet u. in seiner Form wichtiges Stilmerkmal.
Kapitol s (lat.), **1)** Burgberg Roms, der Tempelhügel der Stadt. Heutige Gestaltung durch Michelangelo (vor 1540). **2)** in den USA das Kongreßgebäude in Washington.
Kapitolinische Wölfin, etrusk.-röm. Bronzeplastik, 439 v. Chr. auf dem röm. Kapitol aufgestellt. Die Zwillinge (Romulus u. Remus) aus dem 15. Jh.
Kapitular m (lat.), Mitgl. eines ↗Kapitels, bes. des Domkapitels. **K.vikar,** der Verwalter einer verwaisten Diözese.
Kapitularien (Mz., lat.), schriftl. erlassene Gesetze der fränk. Kg.e, bes. der Karolinger.
Kapitulation w (lat.-frz.; Ztw. *kapitulieren),* im Krieg der Übergabevertrag.
Kapitza, *Pjotr Leonidowitsch,* sowjet. Physiker, * 1894; Arbeiten über Magnetismus, Atomphysik, bes. Supraflüssigkeit.

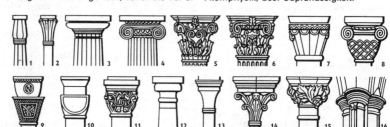

Kaplan, urspr. Hofgeistlicher; heute in vielen Bistümern Bz. für den den Pfarrer unterstützenden Hilfsgeistlichen.
Kapland, *Kapkolonie,* Halbinsel im S der Rep. Südafrika mit dem *Kap der Guten Hoffnung;* als Prov. 721224 km², 7 Mill. E.; Hst. Kapstadt. – Im 17. Jh. Kolonisierung durch die Holländ.-Ostind. Kompanie, 1814 engl., wurde 1910 Teil der Südafrikan. Union.
Kaplan-Turbine ☐ 1018, ↗Wasserturbine.
Kapok *m,* Wollhaare im Innern der Schoten der trop. K.- od. Wollbäume; Polstermaterial.
Kaposvár (: -schwar), Hst. des ungar. Komitats Somogy, 74200 E.
Kappadokien, antike Landschafts-Bz. für das östl. Kleinasien; 17 n.Chr. röm. Prov.
Kappeln, Stadt u. Ostseebad in Schleswig-Holstein, an der Schlei, 11500 E.; Fischräuchereien.
Kappes ↗Weißkohl.
Kapp-Putsch, März 1920 v. dem Führer der rechtsradikalen Vaterlandspartei *Wolfgang Kapp* (1858–1922) u. General v. Lüttwitz unternommener Versuch, die Rep. zu stürzen.
Kaprice *w* (: kapriß^e, frz.), launischer Einfall.
Kapriole *w* (it.), 1) närr. Sprung, toller Streich. 2) Sprung des Pferdes auf der Stelle. ☐ 398.
kapriziös, eigenwillig.
Kaprun, östr. Sommerfrische im Pinzgau, am Eingang zum *K.er Tal,* 2200 E. Oberhalb das größte östr. Wasserkraftwerk *(Glockner-K.)* mit jährl. 830 Mill. kWh Leistung.
Kapschaf, Sturmvogel, ↗Albatros.
Kapstadt, engl. *Cape Town,* Hst. der südafrikan. Prov. Kapland an der SW-Küste, überragt vom Tafelberg, Endpunkt der Kap-Kairo-Bahn (bis Bukama), 691000 E.; Parlamentssitz; Univ.; kath. u. anglikan. Erzb.; Ind. (Diamantschleifereien).
Kapuze *w* (mittellat.), zipfelförmige Kopfbedeckung.
Kapuziner, ein Hauptzweig der ↗Franziskaner, begr. 1525 in It. durch Matthäus v. Bascio; Hauptaufgaben: Volkspredigt u. Mission; ca. 13400 Mitgl. *K.innen,* Schwestern des 2. od. 3. franziskan. Ordens, die nach Satzungen leben, die der Regel der K. angepaßt sind. **K.affe,** ein Breitnasen-↗Affe. **K.kresse,** Kletterkraut. **K.pilz,** *Birkenröhrling,* Röhrenpilz mit dunkelbraunem Hut.
Kapverde, Inselgruppe u. Rep. an der Westküste Afrikas, ehem. portugies. Überseeprov.; regenarm u. ungesund. 1460 entdeckt, bald Kolonie, 1975 unabhängig.
Kar *s,* durch Glazialerosion ausgeweitete Gehängenischen bzw. kesselförmige Talanfänge, mit od. ohne See *(Karsee).*
Karabiner *m* (frz.), kurzläufiges Gewehr. **K.haken,** Hakenöse mit federnder Zunge.
Karabinieri, it. Gendarmen.
Karabugas *m,* die östl. Bucht des Kasp. Meeres, ca. 10000 km².
Karaganda, 1) Steinkohlenbecken in der Steppe Ostkasachstans; Kohlenbasis der UdSSR, Vorrat ca. 50 Mrd. t. **2)** Hst. von 1), kulturelles u. wirtschaftl. Zentrum der Kasach. SSR, 572000 E.; Schwer-, Maschinenbau- u. chem. Industrie.
Karageorgewitsch, serb. Dynastie, regierte

Herbert von Karajan

Kapuzineraffe

Kapverde

Amtlicher Name:
Ilhas do Cabo Verde

Staatsform:
Republik

Hauptstadt:
Praia

Fläche:
4033 km²

Bevölkerung:
320000 E.

Sprache:
Amtssprache ist Portugiesisch, Umgangssprache ist Crioulo

Religion:
überwiegend Katholiken

Währung:
1 Cabo Verde Escudo = 100 Centavos

Mitgliedschaften:
UN, OAU

Moräne
Karsee

Kar

1842/58 u. 1903/45 in Serbien bzw. Jugoslawien.
Karajan, *Herbert v.,* östr. Dirigent, * 1908; Leiter der Berliner Philharmoniker u. 56/64 der Wiener Staatsoper. 56/60 künstler. Leiter der Festspiele in Salzburg, begründete dort Osterfestspiele (erstmals 67).
Karakorum *m,* zentralasiat. Randgebirge, verbindet Hindukusch u. Transhimalaja; Gletscher (bis 72 km lang); im K2 (Godwin Austen) 8611 m hoch. Übergang nach Chines.-Turkestan der *K.paß* (5575 m).
Karakulschaf, in Westturkestan heimisch; Junglämmer liefern den Persianerpelz.
Karakum *w,* Wüstensteppe zw. Kasp. Meer u. Amu-Darja, 300000 km²; zur Turkmen. SSR. Wird durch den *K.kanal* (Baubeginn 1959), der v. Amu Darja über Aschchabad z. Kaspischen Meer führen soll (insgesamt 1400 km lang), bewässert.
Karambolage *w* (: -lasche^e, frz.), Zusammenstoß (urspr. v. Billardkugeln).
Karamel *m* (frz.-span.), *gebrannter Zucker,* braune, aromat. Masse, entsteht als Zersetzungsprodukt aus Zucker bei 200° C.
Karat *s,* **1)** Abk. k, Maßeinheit für Gold u. Edelsteine, heute das metrische K.: 1 k = 0,2000 g. **2)** Goldgehalt der Goldlegierungen in 24 Stufen: 24 K. = reines Gold.
Karate *s,* japan. Art der Selbstverteidigung mit dem Ziel, bei einem Angreifer durch schnelles Reagieren u. Täuschungsmanöver eine Blöße hervorzurufen, die im Ggs. zum ↗Judo einen tödl. Schlag gg. eine empfindl. Körperstelle ermöglicht. Auch als Wettkampfsport ausgeübt, wobei jedoch die Schläge nur angedeutet werden.
Karatschi, engl. *Karachi,* bis 1960 Hst. von Pakistan, am Indusdelta, Seehafen; 5 Mill. E.; kath. Erzb.; Univ.; TH.
Karausche *w,* karpfenähnl. Süßwasserfisch; eine Abart ist der Goldfisch.
Karavelle *w* (:-w-), span. u. portugies. mehrmastiges Segelschiff im Zeitalter der Entdeckungen. ☐ 492.
Karawane *w* (pers.), Reiseges. im Orient, zu der sich Kaufleute od. Pilger (zur Durchquerung der Wüste) zusammenschließen. *Karawanserei w,* Herberge.
Karawanken, östr.-jugoslaw. Grenzgebirge, Teil der südl. Kalkalpen, im Hochstuhl 2236 m hoch; von der *K.bahn* im *K.tunnel* (8 km) durchstoßen.
Karbid ↗Carbid.
Karbolineum *s,* ein braunes Steinkohlen-Teeröl; zur Holzimprägnierung.
Karbolsäure, *Phenol,* C₆H₅OH, farblose Kristalle, mit 5% Wasser ölige Flüssigkeit. *K.vergiftung,* wird bekämpft durch Glaubersalz u. Kalkmilch.
Karbon *s* (lat.), *Steinkohlenzeit,* geolog. Formation des Paläozoikums, in der 70% der Kohlenvorräte der Erde entstanden. Das *Unter-K.* Meeresablagerungen; das *Ober-K.* enthält Kohlenlager aus damaliger trop. Pflanzenwelt. *Karbonische Faltung,* erdumfassende Gebirgsbildung mit vulkan. Erscheinungen. ☐ 237.
Karbonate ↗Carbonate.
Karbonsäuren ↗Carbonsäuren.
Karborund *s, Siliciumcarbid,* SiC, Kristalle v.

Gelenk Welle

Kardangelenk:
1 Kardanwelle zum parallelen Versetzen einer Welle;
2 Kreuzgelenk

Gelenk

kardan. Aufhängung

Kardinalskongregationen
(K. = Kongregation)
K. für die Glaubenslehre (fr. Hl. Offizium)
K. für die Bischöfe (Errichtung und Besetzung der Bist.)
K. für die Ostkirchen
K. für die Sakramente u. den Gottesdienst
K. für den Klerus (überwacht auch die Verwaltung kirchlichen Vermögens)
K. für die Ordensleute und die Säkularinstitute
K. für die Evangelisierung der Völker bzw. für die Glaubensverbreitung
K. für die Heiligsprechungsprozesse
K. für den katholischen Unterricht

Kardinal

enormer Härte, als Schleifmittel, elektr. Silit-Widerstandsmasse.
Karbunkel m (lat.), größerer Furunkel, bes. am Nacken; Eiterpfropfbildung; entzündl. Reaktion des umgebenden Gewebes.
karburieren, Heizwerterhöhung v. Gas durch feste od. flüss. Kohlenwasserstoffe im *Karburator.* ↗Gaswerk.
Kardamomen (Mz.), ölhalt. Kapselfrüchte ingwerähnl. ind. Kulturpflanzen; Gewürz.
Kardangelenk, *Kardanwelle, Kardanantrieb,* nach *Cardano* gen. gelenkige Verbindung zw. 2 in veränderbarem Winkel zueinanderstehenden, sich drehenden Wellen; bei Kraftfahrzeugen zur Übertragung der Motorleistung v. Getriebe auf die Antriebsachse. **kardanische Aufhängung,** Lagerung eines nach allen Richtungen schwenkbaren Gerätes (Kompaß, Lampe); z.B. zur Beibehaltung der Horizontallage bei Fahrzeug-(Schiffs-)Bewegungen.
Kardätsche w, 1) Bürste zur Pferdepflege. 2) in der Tuchfabrikation: eine Art Wollkamm.
Karde w, hohe distelähnl. Staude.
Kardinal, in der kath. Kirche der höchste Würdenträger nach dem Papst. Die Kardinäle wählen den Papst. Sie werden frei v. ihm ernannt. Die seit 1586 übliche Höchstzahl v. 70 wurde erstmals 1958 v. Pp. Johannes XXIII. überschritten. Die Kardinäle residieren entweder in Rom *(Kurien-K.)* od. verwalten außerhalb eine Diözese. Rote Gewandung u. lange Schleppe; Anrede „Eminenz". Bischofsweihe wird erteilt, wenn sie bei Ernennung noch fehlt. *K.skollegium,* die Gesamtheit der Kardinäle. *K.skongregationen,* ständige Ausschüsse aus in Rom residierenden K.en als oberste kirchl. Behörde (↗Kurie). *K.staatssekretär,* der „Außenmin." der Kurie. *K.vikar,* Stellvertreter des Papstes für dessen Diözese Rom.
Kardinäle (Mz.), verschiedene am. Finkenvögel, gute Sänger.
Kardinaltugend, Haupt-↗Tugend.
Kardinalzahlen, Grundzahlen. ↗Zahl.
Kardio... (gr.), in Zss.: das Herz betreffend. *K.gramm* ↗Elektrokardiogramm.
Karelier, finn. griech.-orth. Volksstamm.
Karelische ASSR, Teil der RSFSR; 1920 Autonomes Gebiet, 23 ASSR, 40 zus. mit dem v. ↗Finnland abgetretenen Gebiet die *Karelofinnische SSR,* 56 in die K. ASSR umgewandelt; 172400 km², 736000 E.; Hst. Petrosawodsk. An Seen u. Sümpfen Holzverarbeitung, Papierkombinate, Wasserkraftwerke; Bergbau auf Titan-Magnetit-Erze u. Buntmetalle; Fischfang, Landwirtschaft.
Karelische Landenge, zw. Finn. Meerbusen u. Ladogasee.
Karenz w (lat.), Entbehrung. **K.zeit,** im Versicherungsrecht die Zeit, während der trotz bestehenden Versicherungsschutzes keine Leistungen gewährt werden, vor allem während der Wartezeit nach Abschluß einer Versicherung.
Karersee, it. *Lago di Carezza,* südtirol. See in den Dolomiten, 1534 m ü.M.
Karfreitag, Freitag der ↗Karwoche; Gedächtnistag des Todes Christi.
Kargo m (span.), Schiffsladung, Verzeichnis

der geladenen Waren. **K.versicherung,** Versicherung der transportierten Güter; Ggs.: ↗Kaskoversicherung.
Kariba-Staudamm ↗Sambesi.
Kariben, Indianerstämme im nördl. Südamerika u. in Westindien.
Karibisches Meer, der südöstl. Teil des am. Mittelmeeres, bis 7238 m tief; durch den Panama-Kanal mit dem Pazif. Ozean verbunden.
kariert (v. Karo), gewürfelt.
Karies w (lat.), 1) der Knochenfraß. 2) Zahn-K. ↗Zahnkrankheiten.
Karikatur w (it.; Ztw. *karikieren*), Zerr-, Witzbild; durch Überbetonung einzelner Züge charakterisierende (bzw. verspottende) Darstellung v. Personen u. Verhältnissen. In bes. Zschr. *(Simplicissimus* u.a.) gesellschaftskrit. geübt. Meister der K. u.a.: H. Daumier, W. Busch, G. Grosz, H. Zille, O. Gulbransson.
Karisches Meer, ein flaches, eisbedecktes Randmeer vor der westsibir. Nordküste. seit 1921 für die Schiffahrt erschlossen.
Karkasse w (frz.), beim ↗Luftreifen der Unterbau als Festigkeitsträger.

Karl I. der Große   Kaiser Karl IV.

Karl, Fürsten: *Burgund:* **K. der Kühne,** 1433–77; 67 Hzg., erstrebte ein burgund. Großreich, 76 v. den Schweizern bei Grandson u. Murten geschlagen; fiel bei Nancy; unter ihm Hochblüte der burgund. Kultur. *Deutsche Könige u. Kaiser:* **K. IV.,** 1316–78; Luxemburger, erbte das Kgr. Böhmen; 46 Kg., 55 Ks., gründete 48 in Prag die 1. dt. Univ., erließ 56 die ↗Goldene Bulle, erweiterte seine Hausmacht. **K. V.,** 1500–58; Habsburger, 06 Hzg. v. Burgund, 16 Kg. v. Spanien u. 19 Kaiser; behauptete in 4 Kriegen mit Franz I. v. Fkr. die Vorherrschaft in It.; besiegte 46/47 die ev. Fürsten im Schmalkald. Krieg, wurde aber 52 durch den Kurfürsten Moritz v. Sachsen, der sich mit der dt. Fürstenopposition u. dem frz. Kg. verbündet hatte, zur Flucht gezwungen; dankte 56 ab. Seine Bemühungen, die Einheit der Christenheit zu wahren, schlugen fehl (↗Augsburger Religionsfriede). **K. VI.,** 1685–1740; Habsburger, 1711 Ks., erhielt 1714 (↗Span. Erbfolgekrieg) die meisten span. Nebenländer; bes. in It. u. den Niederlanden; die Anerkennung der ↗Pragmat. Sanktion durch die andern Mächte kostete große Opfer. **K. VII. Albrecht,** 1697–1745; 1726 Kurfürst v. Bayern, 42 Ks., begann den ↗Östr. Erbfolgekrieg, in dem er besiegt wurde. *Fränkisches Reich:* **K. Martell** (= Hammer), karoling. Hausmeier 714/741; 732 Sieg über die Araber bei Tours u. Poitiers. **K. d. Gr.**, wohl 742–814; 768 fränk. Kg., 774 nach Eroberung des Langobardenreiches Kg. der Langobarden; beseitigte 788 mit der Absetzung Tassilos v. Bayern das letzte Stammes-Htm.; die langen Kämpfe mit den Sachsen (772–804) endeten mit der Unterwerfung u. Christianisierung dieses german. Stammes; wurde 800 v. Pp. Leo III. in Rom zum Ks. gekrönt. Er war einer der größten europ. Herrscher u. begründete die Einheit des christl. Abendlandes; er zentralisierte die Reichsgewalt u. förderte Kunst u. Wissenschaft. **K. II. der Kahle,** 823–877; erhielt 843 im Vertrag v. Verdun (↗Fränkisches Reich) den westl. Reichsteil u. 870 im Vertrag v. ↗Meerssen Westlothringen; 875 Kaiser. **K. III. der Dicke,** 839–888; 876 Kg. des Ostfränk. Reiches, 881 Ks., vereinigte 885 noch einmal das ganze Reich K.s d. Gr.; 887 abgesetzt. *Frankreich:* **K. VII.,** 1403–61; v. ↗Jeanne d'Arc zur Krönung (1429) nach Reims geführt, beendete den ↗Hundertjährigen Krieg. **K. X.,** 1757–1836; 1824 Kg., wegen seiner reaktionären Politik 30 gestürzt. *Großbritannien:* **K. I.,** 1600–1649; Stuart, 25 Kg., suchte die Parlamentsherrschaft zu brechen, im Bürgerkrieg 42/46 geschlagen; auf Betreiben Cromwells hingerichtet. Sein Sohn **K. II.,** 1630–1685; v. Cromwell vertrieben, aber 60 als Kg. zurückgeführt; mußte ↗Testakte u. ↗Habeas-Corpus-Akte bewilligen. *Neapel:* **K. I. v. Anjou,** 1220–85; Sohn Ludwigs VIII. u. Fkr., 65 v. Pp. mit Neapel u. Sizilien belehnt; ließ 68 Konradin enthaupten, wegen Gewaltherrschaft 82 aus Sizilien vertrieben. *Österreich:* **K.,** Erz-Hzg., 1771–1847; schlug 1809 Napoleon bei Aspern, wurde aber v. ihm bei Wagram besiegt. **K. I.,** 1887–1922; 1916 Ks., knüpfte im 1. Weltkrieg Friedensverhandlungen an, mußte 18 abdanken; versuchte 21 vergebl., den ungar. Thron zurückzugewinnen; nach Madeira verbannt. *Rumänien:* ↗Carol. *Sachsen-Weimar:* **K. August,** 1757–1828; 1758 Hzg., bis 75 unter Vormundschaft, 1815 Großhzg.; berief Goethe, Schiller u. Herder nach Weimar. *Schweden:* **K. XII.,** 1682–1718; 1697 Kg., floh im ↗Nordischen Krieg nach der Niederlage v. Poltawa 1709 nach der Türkei; fiel in Norwegen. **K. XIV.** ↗Bernadotte. *Württemberg:* **K. Eugen,** 1728–93; 37 Hzg., regierte absolutist., Begr. der ↗Karlsschule. **Karl Borromäus** ↗Borromäus. **Karlisten** (Mz.), die Anhänger des span. Thronprätendenten Carlos (1788–1855) u. seiner Nachkommen (1936 ausgestorben); scheiterten in den *K.kriegen* 1833/40 u. 45/49 u. im Aufstand v. 72/76. Heute die Anhänger des Prinzen Carlos Hugo v. Bourbon-Parma, den sie als ihren Thronprätendenten ansehen. **Karlmann,** fränk. Hausmeier, vor 714–754; Sohn Karl Martells, beseitigte 746 das alamann. Htm. („Blutbad bei Cannstatt"); wurde 747 Mönch. **Karl-Marx-Stadt,** bis 1953 *Chemnitz,* Hst. des gleichnamigen Bez., größte Ind.-Stadt

Kaiser Karl V.

Kaiser Karl I. von Österreich

Karlspreis
Träger des Internationalen K. der Stadt Aachen
1950 R. Coudenhove-Kalergi
1951 H. Brugmans
1952 A. De Gasperi
1953 J. Monnet
1954 K. Adenauer
1955 W. Churchill
1956 nicht verliehen
1957 P.-H. Spaak
1958 R. Schuman
1959 G. Marshall
1960 J. Bech
1961 W. Hallstein
1962 nicht verliehen
1963 E. Heath
1964 A. Segni
1965 nicht verliehen
1966 J. O. Krag
1967 J. M. A. Luns
1968 nicht verliehen
1969 EWG-Kommission
1970 F. Seydoux de Clausonne
1971 nicht verliehen
1972 R. Jenkins
1973 S. de Madariaga
1974 nicht verliehen
1975 nicht verliehen
1976 L. Tindemans
1977 W. Scheel
1978 K. Karamanlis
1979 E. Colombo
1980 nicht verliehen
1981 S. Veil

Sachsen, 314000 E.; TH, Ing.- u. Fachschulen. Bedeutende Ind.: Maschinen, Motoren, Fahrräder, Textilien. **Karlovy Vary** (:-wi wari) ↗Karlsbad. **Karlsbad,** bad. Gem. s.ö. von Karlsruhe, 12300 E.; 1971 durch Gemeindezusammenschluß gebildet. **Karlsbad,** tschech. *Karlovy Vary,* nordwestböhm. Bez.-Stadt u. Badeort, 61000 E.; 16 radioaktive Glaubersalzthermen (bis 73° C). *K.er Salz,* Sprudelsalz. – **K.er Beschlüsse,** die 1819 auf einer v. Metternich veranlaßten Min.-Konferenz in K. gefaßten Beschlüsse gg. die liberale u. nationale Bewegung in Dtl.; 48 aufgehoben. **Karlsfeld,** bayer. Gem. am nordwestl. Stadtrand von München, 14200 E. **Karlspreis, 1)** *Internationaler K.,* ben. nach Karl d. Gr., seit 1950 v. der Stadt Aachen für Verdienste um die Einigung Europas verliehen. **2)** *Europ. K.,* ben. nach Ks. Karl IV., 1957 v. der Sudetendt. Landsmannschaft für Verdienste um die Verständigung der mitteleurop. Völker gestiftet. **Karlsruhe,** Hst. des ehem. Landes Baden, Hst. des Reg.-Bez. Karlsruhe, in der Oberrheinebene, 272500 E.; Bundesgerichtshof, Bundesverfassungsgericht; Univ. (seit 1967, fr. TH), PH, Musik- u. Kunsthochschule, Fachhochschule; Schauspielschule; ev. Landesbischof; Kernreaktor u. Kernforschungsinstitute. Vielseitige Ind.: Maschinen, Majolika- u. Schmuckwaren, Parfüm. Bedeutender Rheinhafen mit Ölraffinerien. **Karlsschule,** gegr. 1770 durch Hzg. Karl Eugen auf Schloß ↗Solitüde, 1775/94 in Stuttgart; 73/80 war Schiller dort Zögling. **Karlstad,** Hst. der schwed. Län Värmland, am Vänersee, 74000 E. **Karlstadt,** *Andreas,* 1480–1541; ev. Theologe, Führer des Bildersturms in Wittenberg. **Karman,** *Karma s* (sanskrit. = Tat), in den ind. Religionen Inbegriff aller guten od. bösen Taten, die die ↗Seelenwanderung bestimmen. **Karmel s** (hebr.), höhlenreicher Kalkrücken Palästinas, im SO v. Haifa (Israel), üppige Vegetation. An der Nordspitze das Stammkloster der ↗Karmeliten. **Karmeliten** (Mz.), ein Bettelorden; ging aus v. Berge Karmel u. bestand zuerst aus Einsiedlern; im 13. Jh. rasche Verbreitung über Europa. Neben die Beschaulichkeit traten nun Seelsorge u. Lehrtätigkeit. Die Reform der hl. Theresia v. Ávila (↗Karmelitinnen) u. des hl. Johannes v. Kreuz führte 1593 zur Trennung in zwei selbständige Zweige: a) *Beschuhte K.* (v. der alten, milderen Observanz); b) *Unbeschuhte K.* (v. der strengeren Observanz). **Karmelitengeist,** Lösung v. Melissenöl in Weingeist; Arzneimittel. **Karmelitinnen,** weibl. Zweige der Karmeliten; die *Unbeschuhten K.,* zurückgehend auf die Reform der hl. Theresia (↗Karmeliten), sind der größte beschaul. Orden der Kirche; daneben die *Beschuhten K.* Beide Orden sind ausschließl. beschaul. u. haben strenge Klausur. Daneben mehrere weibl. Kongregationen des III. Ordens.

Karmin s, roter Farbstoff aus der Koschenille- od. Kaktus-Schildlaus.

Karnataka, ind. Bundesstaat im südl. Dekhan, 191773 km², 29,3 Mill. E.; Hst. Banga- **Karneol** m, roter ↗Chalzedon. [lur.

Karner m, Beinhaus auf Friedhöfen.

Karneval m, ↗Fastnacht.

Karnische Alpen, i.w.S. die Kalkalpenketten beiderseits des Gailtals (Kärnten); i.e.S. die Alpen längs der östr.-italien. Grenze (Karawanken).

Karnivoren (Mz., lat.), Fleischfresser.

Kärnten, östr. Bundesland, 9533 km², 537200 E.; Hst. Klagenfurt. Gebirgsland zw. Hohen Tauern u. Norischen Alpen einerseits, den Karnischen Alpen u. Karawanken andererseits. Wirtschaftl. Zentrum K.s ist das Klagenfurter Becken, Schnittpunkt der Verkehrslinien; Land- u. Almwirtschaft, Holzverarbeitung und Fremdenverkehr; Kraftwerke; Braunkohlen, Blei-, Zink-, Eisenerze. Die slowen. Minderheit kulturell weitgehend eingedeutscht. – Im 8. Jh. v. Baiern besiedelt, 976 Htm.; fiel 1269 an Ottokar v. Böhmen, 86 an die Grafen v. Tirol, 1335 an die Habsburger; verteidigte sich 1918/19 gg. die Jugoslawen; blieb 20 durch Volksabstimmung bei Östr.

Karo s (frz.), Raute, Viereck; rotes, auf einer Spitze stehendes Quadrat als Spielkarte.

Karolinen, ca. 500 Koralleninseln u. Klippen in der Südsee; Phosphatlager, *Große K.*: Ponape, Kusaie, Jap, Truk; 1194 km², ca. 61000 E. – 1525 entdeckt, bis 1899 span., dann dt. Schutzgebiet; 1919/45 japan. Völkerbundsmandat, seit 47 Treuhandgebiet der UN unter Verwaltung der USA.

Karolinger (Mz.), nach ↗Karl d. Gr. benanntes Herrschergeschlecht des ↗Fränkischen Reiches, begr. durch Pippin d. Ä. († 640); regierten in Dtl. bis 911, in Fkr. bis 987.

Karolingische Kunst, v. Ausgang des 8. bis Ende des 9. Jh., ging in Thematik u. Formen auf byzantin. u. antike Elemente zurück. Das Oktogon des Aachener Münsters; die Michaelskapelle in Fulda, Einhardsbasilika in Steinbach, Torhalle von Lorsch; Elfenbein- und Goldschmiedearbeiten.

Karosse w (frz.), Staatswagen.

Karosserie w (frz.), Aufbau auf dem Fahrgestell, dem Chassis, bes. bei Kraftwagen.

Karotin s, rötl. Pflanzenfarbstoff, ↗Provitamin A, in grünen Blättern u. Karotten.

Karotte, kurze, dicke ↗Möhre.

Karpaten, bewaldetes europ. Mittelgebirge, 1300 km lang; schwingt sich in weitem Bogen v. der Donau bei Preßburg bis wiederum zur Donau beim Eisernen Tor, mit den Teilen: *Kleine K., Weiße K., Ostbeskiden, Wald-K., Hohe Tatra, Ost-K.* u. *Transsilvan. Alpen;* in der Gerlsdorfer Spitze 2663 m hoch.

Karpfen, Hauptfisch der Teichwirtschaft, in pflanzenreichen Gewässern. Abarten: *Spiegel-, Leder-, Gold-K.* ☐ 912.

Karren, *Schratten*, v. fließenden Wasser auf geneigter Kalkgesteinsfläche *(K.felder)* geschaffene Rinnen.

Karrer, *Paul*, schweizerischer Chemiker, 1889–1971; 1937 Nobelpreis für Vitaminforschungen.

Karpfenfische

Name, Länge (cm) Gewicht	Farbe	Lebensraum, Nahrung
Barbe *Barbus barbus* 30–50 cm, bis 8,5 kg	wechselnd, Rücken graugrün, Seiten heller; gelbe Tiere: Goldbarben	in fließenden, klaren Gewässern mit Sand- oder Kiesgrund; nährt sich von Kleintieren
Bitterling *Rhodeus amarus* bis 9 cm	graugrüner Rücken, Seite silbrig; in der Laichzeit vielfarbig glänzende Seite beim Männchen	in stehenden Gewässern mit Schlamm und Sand, bes. im Donaugebiet
Brachsen, Blei *Abramis brama* 30–70 cm, bis 6,5 kg	dunkelblaugrau, auch grünliche Seiten, heller Bauch, weißlicher Perlmutterglanz	in Seen u. langsam fließenden Gewässern. Nahrung: Plankton, Zuckmückenlarven, Bodennahrung .
Döbel, Aitel *Squalius cephalus;* 30–60 cm, bis 3 kg	dunkelgrau u. grünlich, Seiten gelblicher Silberglanz, Bauch weiß-gelblicher Silberglanz	im Fließgewässer, Uferregionen von Seen. Nahrung: kleine Tiere, Pflanzen; im Alter Raubfisch
Elritze, Pfrille *Phoxinus phoxinus;* bis 14 cm	Rücken meist graugrün, wechselnd	an der Oberfläche klarer Gewässer. Nahrung: Kleintiere
Güster, Blikke *Blicca björkna* 20–30 cm	schwärzlich-oliv, Seiten heller mit Silberglanz	wie Brachsen. Pflanzliche Nahrung
Häsling, Hasel *Leuciscus leuciscus;* 20–30 cm, über 300 g	Rücken schwarzblau, Seiten gelblich, Bauch weiß glänzend	Oberflächenfisch, in Seen vor den Zu- u. Abflüssen; Kleintierfresser
Karausche, *Carassius carassius;* bis 80 cm	dunkelolivgrün, auch blauschillernd, Seiten heller, Bauch gelblich	Bodenfisch in flachen, stehenden Gewässern. Nahrung: Kleintiere, Pflanzen
Moderlieschen *Leucaspius delineatus;* 6–10 cm	Rücken oliv, silbern glänzende Seiten, Längsstreifen blau	in stehenden oder schwach fließenden Gewässern lebend
Nase, *Chondrostoma nasus;* bis 50 cm, bis 1,5 kg	Rücken dunkelgrau, grünlich od. bläulich; Seiten heller mit Silberglanz, unten gelblich	in Fließgewässern; Bodenfisch; nährt sich von Pflanzen u. Kleintieren
Nerfling, Aland *Idus idus* 30–75 cm, bis 6 kg	wechselnd, Rücken meist grauschwarz, Seiten heller, Bauch silbrig	bewohnt Fließgewässer (Barbenregion), Seen u. Haffe. Nahrung: kleine Bodentiere
Plötze, Rotauge, *Leuciscus rutilus* 15–30 cm	Augenkreis rot, Rücken dunkelgrau, bläulich od. grünlich; Seiten silbrig	in stehenden oder langsam fließenden Gewässern, auch in der Ostsee
Rotfeder *Scardinius erythrophthalmus* 20–30 cm	braungrün, Rücken vielfach wechselnd; messingglänzende Seiten, Bauch silbrig	Schwarmfisch stehender oder langsam fließender Gewässer, an bewachsenen Ufern
Schleie *Tinca tinca* bis 50 cm, bis 2 kg	wechselnd, Rücken dunkel- bis hellolivgrün, Bauch heller, Flossen stets dunkel	in bewachsenen, stehenden od. langsamen Gewässern mit weichem Grund. Nahrung: Bodentiere, Pflanzen

Zu den Karpfenfischen gehören u. a. noch die Laube (Ukelei), der Perlfisch, die Ziege (Messerfisch oder Stichling), Rapfen (Schied), Gründling und viele Aquarienfische, ferner der Goldfisch, eine Abart der Karausche, orange- oder goldroter Farbe; andere Färbung gefleckt, braun und silberweiß (Silberfisch). Abnorme Züchtungen sind Schleierschwanz und Teleskopfisch.

Karriere w (frz.), **1** berufl. Laufbahn. **2)** beim Pferd die schnellste Gangart. [Christi.

Karsamstag, Gedächtnistag der Grabesruhe **Karst** m, **1)** slaw. *Kras*, das im W steile Kalkhochland im nördl. Istrien, schließt sich an die Julischen Alpen an. **2)** (ben. nach 1), *Geologie:* durch ↗Korrosion in leicht wasserslösl. Gesteinen (Kalksteine, Gips) entstehender Formenschatz (Karren, Karstschlote, Höhlen, geolog. Orgeln, Dolinen, Uvalas, Poljen, Ponore, Trockentäler u.a.). Voll ausgebildet nur in reinem Kalkstein, unvollständig im Dolomit *(Halb-K.)*. **Kartäuser** (Mz.), 1084 v. hl. Bruno im Tale La Chartreuse b. Grenoble gegründeter Einsiedlerorden; nach dem Mutterkloster *Grande* ↗*Chartreuse* (☐147) heißt jedes Kloster *Kartause*. Der K.mönch lebt allein in einem Häuschen (Gebet, Studium, Handarbeit) u. ist zu strengem Stillschweigen u. Fasten verpflichtet. Die einzige dt. Kartause in Seibranz (Allgäu). **K.innen,** nach der K.regel lebende Nonnen; heute nur noch je 2 Klöster in Fkr. u. Italien.

Kartei, *Kartothek* (lat.-gr.), Sammlung v. Aufzeichnungen verschiedener Art auf losen Karten, die nach unterschiedl. Gesichtspunkten sortiert werden können.

Kartell s (it.), eine Vereinigung selbständig bleibender Unternehmen zu gemeinsamer Absatzpolitik, z.B. durch Preisabsprachen *(Preis-K.),* Regelung der Lieferbedingungen *(Konditionen-K.).* Jedes K. beeinflußt den Wettbewerb. In der BRD besteht K.verbot mit Befreiungsmöglichkeit durch das *Bundes-K.amt.*

Karten, 1) verkleinerte, vereinfachte, verebnete u. oft durch *K.zeichen* erläuterte Grundrißbilder eines Teils od. der ganzen Erdoberfläche. Die Verebnung der Kugel auf die K. erfolgt nach den Regeln der *Projektionslehre.* Der K.maßstab gibt die Verkleinerung einer Strecke auf der Karte gegenüber der gleichen Strecke in der Natur an (z.B. 1 cm Kartenstrecke im Maßstab 1:100000 = 100000 cm od. 1 km in der Natur). Nach dem K.inhalt unterscheidet man a) *physikalische* od. *topographische* K. mit *Situation* (Gewässer, Siedlungen, Verkehrswege usw.) u. Geländedarstellung, b) *thematische* K., die in einem kartographischen Grundriß Aussagen über ein begrenztes Thema geben. Die *K.herstellung* (Aufgabe der Kartographie) erfordert: a) trigonometrische Geländevermessung, heute fast ausschließlich mit Hilfe der ↗*Photogrammetrie* u. der Luftbildmessung, fr. topographisch mit Meßtisch, b) Bearbeitung des K.bildes unter Auswertung der Meßergebnisse, c) Reinzeichnung, d) Reproduktion u. Druck. **2)** ↗*Spielkarten.*

Kartenspiele, Spiele mit 32, 48 u. mehr ↗*Spielkarten*; entstanden im Orient, vielleicht aus (älteren) Brettspielen; in Europa seit dem 13. Jh.; die heute wichtigsten Spielarten sind: Skat, 66, Binokel, L'hombre, Bridge, Tarock, Poker u. Rommé; daneben Kinder-K. (Schwarzer Peter u.a.).

Kartesianismus, Lehre des R. ↗*Descartes.*

Karthago, ehem. phönik. Handelsstadt in der Nähe des heutigen Tunis, nach der Tradition um 814 v.Chr. v. Tyros aus gegr.; erlangte im 6. Jh. die Vormacht im westl. Mittelmeer, erlag aber in den ↗*Punischen* Kriegen den Römern u. wurde 146 v.Chr. zerstört. Caesar gründete K. neu; es nahm neuen Aufschwung als Hst. der röm. Prov. Africa, dann Hauptbischofssitz es im 3. Jh. n.Chr. wurde. 697 wurde das alte K. endgültig v. den Arabern zerstört. Das heutige K., *Charthage,* ist ein Vorort v. Tunis u. seit 1884 Sitz eines kath. Erzb.

Kartoffel, Nachtschattengewächs, Staude mit vielsamigen, grünen, gift. Beerenfrüchten u. blattlosen Erdtrieben, die am Ende Knollen bilden; 1530 aus Südamerika nach Europa gebracht, seit 1770 allg. verbreitet; die Welternte 1971 wird auf über 292 Mill. t geschätzt; wichtiges Nahrungsmittel wegen Gehalts an Stärke, Vitamin A, B, C; auch Futtermittel u. Rohstoff für Alkohol- u. Stärkefabrikation; *Schädlinge:* K.käfer, Drahtwürmer, Engerlinge, K.älchen. **K.älchen,** *Fadenwurm,* Schädling an K.- u. Tomatenwurzeln. **K.branntwein,** aus K.maische abdestillierter 96%iger Äthylalkohol. **K.käfer,** *Coloradokäfer,* Blattkäfer mit 9 schwarzen Längsstreifen auf den gelben Flügeldecken; die roten Larven fressen K.stauden kahl. Bekämpfung: Sammeln der Eier, Larven u. Käfer; ↗*Insektizide.*

Kartogramm s (lat.-gr.), graph. Darstellung v. Zahlenwerten auf Karten, um Wert- od. Mengenverhältnisse bildl. deutlich zu machen. **Kartograph** m (lat.-gr.), Hersteller v. Karten, als Bearbeiter des Karteninhalts,

Kartell
Formen der K.absprachen
über Preise Preis-K.
Konditionen-K. Lieferungs- u. Geschäftsbedingungen
Kontingentierungsoder Produktions-K. Begrenzung der Erzeugung oder des Absatzes
Kalkulations-K. Vereinheitlichung der Kostenrechnung
Gebiets- oder Rayonisierungs-K. Aufteilung der Absatzgebiete
Rationalisierungs-K. Typenbeschränkung u. Normung
Submissions-K. Abwehr gegen starke Marktstellung öffentl. Auftraggeber

Kartoffel: Staude mit K.knollen
1000 g gekochte K.n enthalten:
Kohlenhydrate 210 g
Eiweiß 16 g
Fett 1 g
Nährwert 3980 kJ

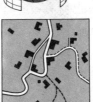

Kartenkunde

Kartenprojektionen: 1 *Azimutalprojektion.* Abbildung auf eine senkrecht zu der Projektionsachse LP stehende Ebene. **2** *Kegelprojektion.* Projektionsfläche ist der Mantel eines Kegels, der die Erdkugel im mittleren Breitenkreis des abzubildenden Gebietes berührt. **3** *Zylinderprojektion.* Projektionsfläche ist der Mantel eines Zylinders, der die Erdkugel im mittleren Parallelkreis des abzubildenden Gebietes schneidet. **4** *Polyederprojektion.* Abbildung auf einen Polyeder aus berührenden, ebenen Gradfelderflächen, deren Ränder Abschnitte von Meridianen und Parallelkreisen sind.

1:50000

1:25000

1:100000

1:10000

Generalisierung (Vereinfachung) des Karteninhaltes mit abnehmendem Maßstab

graph. Gestalter u. Zeichner. **Kartographie** w, Kartenkunde.

Karton m (frz.), **1)** Feinpappe, steifes Papier; auch Pappschachtel. **2)** meist originalgroßer, zeichner. Entwurf, wonach namentl. bei Fresko, Glasmalerei od. Wandteppichen das endgültige Bild ausgeführt wird.

Kartothek w (gr.), ↗Kartei.

Kartusche w (it.), **1)** an Bauwerken Zierstück in Form eines ornamental gerahmten Feldes mit Inschrift, Wappen oder Emblemen. **2)** Treibladung der Artilleriegeschosse in K.nbeuteln od. Metallhülsen. ☐ 1075.

Kartusche

Karussell s (frz.), drehbare Scheibe mit Reitu. Fahrattrappen zur Volksbelustigung.

Karwendelgebirge, Teil der Nordtiroler Kalkalpen zw. Isar u. Inn; gliedert sich in Vor-K. (nördl. Teil) u. Hoch-K. (südl. Teil) mit Tiroler Birkkarspitze (2756 m).

Karwin, tschechisch Karviná, tschsl. Ind.-Stadt in Schlesien, 82000 E.; Steinkohlen.

Karwoche (ahd. kara =¹ Kummer), im Kirchenjahr der Erinnerung an Christi Leiden u. Sterben gewidmete Woche v. Palmsonntag bis zur Osternacht.

Karyatide w (gr.), weibl. Figur als Gebälkträgerin anstelle einer Säule.

Karzer m (lat.), **1)** das altröm. Staatsgefängnis. **2)** fr. an Schulen u. Univ. Arrest in verschlossenem (ebenfalls K. gen.) Raum.

karzinogene Stoffe, kanzerogene S., krebserregende Stoffe, ↗z.B. Benzpyren.

Karzinom s (gr.), ↗Krebs.

Kasachen, Turkvolk in Kasachstan, Usbekistan u. Westchina, ca. 5,3 Mill. **Kasachische SSR,** Kasachstan, Sowjet-Rep. in Mittelasien, v. Kasp. Meer bis zur mongol. Grenze, 2717300 km², 14,7 Mill. E.; Hst. Alma-Ata. 93% der Fläche sind Wüste u. Steppe. Nach der Aktion „Neulandgewinnung" stieg die Anbaufläche v. 9,7 Mill. ha auf 34 Mill. ha (Weizen u. Baumwolle). Sehr reiche Bodenschätze (Steinkohle, Erdöl, Erze).

Kasack m (frz.), „Kosakenbluse", dreivertellange kittelart. Damenbluse.

Kasack, Hermann, dt. Schriftsteller, 1896 bis 1966; Lyrik, Dramen, surrealist. Roman Die Stadt hinter dem Strom.

Kasan, Hst. der Tatar. ASSR, an der Wolga, 993000 E.; Univ. u. mehrere Hochschulen. Alte Kunst- u. Baudenkmäler. Maschinen-, chem. u. Textilindustrie.

Kasanpaß, engste Stelle des ↗Eisernen Tores.

Kasatschok m, v. Kosakentanz beeinflußter moderner Tanz.

Kasbek m, Kaukasusgipfel, erloschener Vulkan, mit 8 Gletschern; 5043 m hoch.

Kaschau, slowak. Košice, slowak. Prov.-Hst. an der ungar. Grenze, 191000 E.; kath. Bischof; got. Kathedrale (13./14. Jh.). Stahlwerk.

Kaschelott m, der eigentl. ↗Pottwal.

Kaschemme w (tschech.), primitive Kneipe.

kaschieren (frz.), verbergen, tarnen; Geringwertiges mit Hochwertigerem überdecken, auch z.B. Stoffe zusammenkleben, insbes. Kunststoffolien auf Papier.

Kaschmir, ehem. Fürstentum in Brit.-Indien; 1948 wurde der südöstl. Teil v. Indien annektiert (222800 km², 3,6 Mill. E.) u. bildet

Käse
Einteilung nach
Käsegruppen und
Standardsorten:

Hartkäse:
Appenzeller, Emmentaler, Chester, Cheddar, Greyerzer, Parmesan

Schnittkäse:
Edamer, Tilsiter, Trappisten-K., Gouda

Halbfeste Schnittkäse:
Wilstermarsch-K., Steinbuscher, Butter-K., Edelpilz, Weißlacker, Gorgonzola, Roquefort

Weichkäse:
Camembert, Romadur, Limburger, Brie, Münster-K., Belpaese

Frischkäse:
Speisequark, Schicht-K., Rahmfrisch-K., Doppelrahmfrisch-K.

Sauermilchkäse:
Harzer-K., Hand-K., Mainzer-K., Korb-K., Spitz-K., Kräuter-K., Olmützer Quargel, Schabziger

Einteilung nach %
Fettgehalt in der
Trockenmasse:

Doppelrahm-K.	60
Rahm-K.	50
Vollfett-K.	45
Fett-K.	40
Dreiviertelfett-K.	30
Halbfett-K.	20
Viertelfett-K.	10
Mager-K.	unter 10

seit 57 den Staat ↗Dschammu u. K. (Jammu u. Kashmir); Hst. Srinagar; der nordwestl. Teil ist seit 48 v. Pakistan besetzt (K.problem ↗Indien). **Kaschmir** m (frz.), K.gewebe, weicher, glänzender Wollstoff aus Merinokammgarn.

Kaschnitz, Marie Luise, dt. Schriftstellerin, 1901–74; Romane, Betrachtungen (Engelsbrücke; Haus der Kindheit), Lyrik.

Kaschuben, Slawenstamm in Pommerellen.

Käse, Gemenge aus Milchbestandteilen, bes. ↗Kasein (Milcheiweiß) u. Fett; hochwert. Nahrungsmittel. Es gibt Sauermilchu. Süßmilch-K. (durch Zusatz von ↗Lab zur Milch); Lab-K.sorten sind Hart-K., Weich-K. u. Schmelz-K. (aus fertigen K.n mit chem. Zusätzen geschmolzen).

Kasein s, Käsestoff, phosphorhaltige Eiweißgruppe in der Säugetiermilch; wichtiger Nährstoff; aus Magermilch durch Gerinnenlassen mittels Lab gewonnen; Grundmaterial der Käsefabrikation; auch als techn. Ausgangsprodukt.

Kasel w (lat.), gottesdienstl. Obergewand des kath. Priesters beim Meßopfer.

Kasematte w (it.), durch Panzerung gesicherter Raum in Festungen u. Kriegsschiffen.

Käsepappel, die ↗Malve.

Kaserne w (frz.), Truppenunterkunft.

Kasimir, hl. (4. März), 1458–84; Sohn Kg. K.s IV. v. Polen, Patron Polens u. Litauens. K. III. d.Gr., Kg. v. Polen, 1333/70; gab 35 Schlesien auf, gewann 66 Wolhynien; schuf ein einheitl. Recht, gründete die Univ. Krakau. K. IV., Kg. v. Polen, 1447/92; erhielt 66 v. Dt. Orden Pommerellen u. die Lehnshoheit über Ostpreußen.

Kasino s (it.), **1)** Klubhaus, Offiziersheim. **2)** Speise-, Vergnügungsstätte. **3)** in Italien Wohnhaus mit großem Garten.

Kaskade w (it.), **1)** Wasserfall in Stufen. **2)** Feuerregen. **K.ngebirge,** engl. Cascade Range, im W der USA (Oregon), innere Hochgebirgskette der pazif. Kordilleren; steigt im N mit meist erloschenen, vergletscherten Vulkanen bis 4392 m (Mount Rainier) an.

Kasko m (span.), Schiffsrumpf, Transportmittel. **K.versicherung,** Versicherung eines Transportmittels (Ggs. ↗Kargoversicherung); in der Kraftfahrzeugversicherung Ergänzung zur Haftpflichtversicherung.

Kaspar, einer der hl. ↗Drei Könige.

Kasperletheater, Hand-/↗Puppenspiel. Im Mittelpunkt steht als Vertreter eines gesunden Mutterwitzes der Kasper, der dt. Verwandte des ↗Harlekin.

Kaspisches Meer, größter Binnensee der Erde, im S der UdSSR, 371000 km², 995 m tief, 28 m u.M.; durch überwiegende Verdunstung u. wasserwirtschaftl. Bauten nimmt Fläche ab, Salzgehalt zu; Fischerei; Erdölquellen vor Baku.

Kassa w (it.), Kasse. **K.geschäft,** Börsengeschäft, das sofort od. innerhalb weniger Tage erfüllt werden muß; Ggs. ↗Termingeschäft.

Kassai m, Nebenfluß des Kongo, 1950 km lang; viele Wasserfälle.

Kassandra, in der griech. Sage Tochter des

Hermann Kasack

Kassette: Kassetten-
decke in St. Paul vor
den Mauern (Rom)

Erich Kästner

Kasuar

Kasperletheater: der
Hohensteiner Kasper
in dem Puppenspiel
„Faust"

Priamos, trojan. Seherin. **K.rufe**, nichtbeachtete Warnungen.
Kassation w (lat.; Ztw. *kassieren*), 1) Dienstentsetzung. 2) Aufhebung eines Urteils.
Kassel, Hst. des hess. *Reg.-Bez. K.*, an der Fulda, 196300 E.; ehem. Residenz der hess. Landgrafen u. Kurfürsten. Sitz des Bundesarbeits- u. Bundessozialgerichtes; Gesamthochschule, Landwirtschaftsschulen, Lokomotiv- u. Lastwagenfabrik, opt. u. Textil-Ind. Westl. das Schloß Wilhelmshöhe (Gemäldegalerie).
Kassem, *Abdel Karim*, irakischer General, 1914–1963; 58 Führer des Staatsstreiches im ⁄Irak, dann Min.-Präs. u. Verteidigungsmin.; beim Staatsstreich Arefs ermordet.
Kasserolle w (frz.), Schmorpfanne.
Kassette w (frz.), 1) Behälter für Geld u. Wertsachen. 2) Schutzkarton für Bücher. 3) lichtdichter Behälter für photograph. Platten od. Filme *(Film-K.).* 4) kastenförm. Feld in Decken von Räumen; oft mit Ornament od. Malerei ausgefüllt.
Kassettenfernsehen, Bz. für das Abspielen von Ton-Bild-Trägern (Film, Magnetband, ⁄Bildplatte) über eigens dafür gebaute Fernsehgeräte; bes. geeignet als ⁄audiovisuelles Unterrichtsmittel.
Kassiber m (jidd.), der heiml. Brief ins, im od. aus dem Gefängnis.
Kassie w, 1) Hülsenfrüchtler, trop. Sträucher mit Fiederblättern; liefern *Sennesblätter* (Abführmittel). 2) *Kassiarinde* u. *K.öl* v. chines. Zimtbaum; als Gewürz u. gg. Blähungen. [⁄Kassation.
kassieren, 1) Geld einnehmen. 2) rechtl.
Kassiterit m, ⁄Zinnstein.
Kassner, *Rudolf*, östr. Schriftsteller, 1873 bis 1959; Vertreter einer „physiognom." Weltdeutung.
Kastagnetten (: -anje-, span.-frz.), 2 durch eine Schnur verbundene Holzplättchen, die durch Mittel- u. Ringfinger gegeneinandergeschnellt werden; dienen in Spanien u. It. der Tanzbegleitung. ☐ 650.
Kastanie w, 1) *Edel-K.*, Baum der Mittelmeerländer, auch in Süd-Dtl.; Früchte *(Maronen)* eßbar; Rinde als Gerbmaterial. 2) *Roß-K.*, Allee- u. Parkbaum aus Kleinasien u. Nordamerika, mit bitteren, ⁄Saponin enthaltenden Früchten, als Mastfutter u. zur Stärkebereitung.
Kaste w (portugies. = Stamm), urspr. unvermischte Rasse; streng abgesonderter sozialer Stand in Indien, v. ⁄Brahmanismus u. ⁄Hinduismus religiös begründet. Das *K.nwesen*, nach ritueller Reinheit abgestuft, bestimmt auch die soziale Rangordnung. Zur obersten der vier Haupt-K.n zählt der ⁄Brahmane (Priester), dann folgen ⁄Kschatriya (Krieger), ⁄Vaischya (Bauer) u. ⁄Schudra (Diener); ⁄Paria.
kasteien, abtöten.
Kastell s (lat.), kleineres befestigtes röm. Truppenlager; im MA Burg. **Kastellan**, Schloßverwalter.
Kastilien, nach ihren Burgen *(castillo)* benannte zentralspan. Landschaft, steppenhafte Hochflächen (600–800 m ü. M.), z.T. künstl. Bewässerung; durch *Kastil. Scheidegebirge* gegliedert in *Alt-K.*, Hst. Vallado-

lid; *Neu-K.*, Hst. Madrid. – 1035 Kgr.; durch die Heirat Isabellas v. K. mit Ferdinand II. v. Aragonien 1469 wurde der Grund gelegt zum Kgr. Spanien.
Kästner, *Erich*, dt. Schriftsteller, 1899–1974; satir. Zeitgedichte, Kinderbücher *Emil u. die Detektive; Pünktchen u. Anton; Das fliegende Klassenzimmer;* Zeitroman *Fabian.*
Kastor, 1) einer der ⁄Dioskuren. 2) oberer Hauptstern im Sternbild Zwillinge.
Kastration w (lat.), Ausschaltung der Geschlechtsdrüsen durch operative Entfernung od. intensive Röntgenbestrahlung der Hoden bzw. Eierstöcke; zu Heilzwecken. Im muslim. Orient waren die ⁄Eunuchen kastriert, in It. Sänger, die so ihre Knabenstimmen behielten (*Kastraten;* v. Leo XIII. verboten). – Bei *Haustieren*, um Mastfähigkeit zu steigern od. Arbeitstiere arbeitswilliger zu machen.
Kasualien (Mz., lat.), an nicht regelmäßig auftretende Ereignisse (Taufe, Trauung, Begräbnis) geknüpfte liturg. Handlungen.
Kasuar m, Straußvogel, mit hornigem Helm, flugunfähig, schneller Läufer; in den Wäldern Australiens u. Neuguineas.
Kasuarine w, hoher Baum in Australien; Holz hart, Rinde gerbstoffreich; Zweige schachtelhalmähnlich.
Kasuistik w (v. lat. *casus* = Fall), Anwendung eines allg. Prinzips auf den Einzelfall; 1) insbes. v. Prinzipien der Moral *(Moraltheologie).* 2) rechtl.: Anwendung v. Gesetzen; Sammlung v. Rechtsfällen. 3) med.: Beschreibung u. Sammlung v. Krankheitsbildern.
Kasus m (lat.), ⁄Fall 2).
Katafalk m (it.), Trauergerüst zur feierl. Aufbahrung einer Leiche od. an deren Stelle (Tumba, Bahre).
Katajew, *Valentin*, sowjet. Schriftsteller. * 1897; Roman *Die Defraudanten*, Lustspiel *Quadratur des Kreises.*
Katakombe w (gr.), frühchristl. unterird. Begräbnisanlage (bis ins 5. Jh.), bes. zahlr. in Rom erhalten; bei Verfolgungen wahrscheinl. auch Zufluchtsstätte; oft kilometerlange Gänge in mehreren Stockwerken, in den Wänden nischenartige Gräber, z.T. mit

Katakomben: Gang mit Loculi in der Katakombe S. Panfilo (3. Jh.)

Taufbrunnen, Kapellen u. reichem Freskenschmuck.

Katalanen, Bewohner der span. Prov. Katalonien, Valencia, der Balearen, des frz. Dep. Pyrénées Orientales; 5,5 Mill.

Katalaunische Felder, nach *Catalaunum* (Châlons-sur-Marne) benanntes Schlachtfeld, auf dem 451 Westgoten u. Römer den Hunnen-Kg. Attila besiegten.

Katalepsie w (gr.), ⁄Starrsucht.

Katalog m (gr.; Ztw. *katalogisieren*), (Bücher-)Verzeichnis.

Katalonien, nordostspan. Landschaft, Gebirgsland; Hst. Barcelona. – 711 maurisch, Anfang 9. Jh. fränk. (Teil der Spanischen Mark), fiel 1137 an Aragonien.

Katalysator m (gr.), chem. Stoffe, die durch ihre Anwesenheit den Ablauf chem. Reaktionen beschleunigen od. verlangsamen, dabei aber selbst unverändert bleiben. K.en im organ. Bereich sind Fermente (Enzyme).

Katalyse w (gr.), Beschleunigung od. Bremsung chem. Reaktionsgeschwindigkeiten, bewirkt durch Katalysatoren.

Katanga, die südöstl. Prov. der Rep. Zaïre, 496965 km², 3,4 Mill. E., davon 400000 Baluba; Hst. Lubumbashi. Reich an Mineralien: Kupfer, Kobalt, Zink, Gold, Germanium, die durch die Union Minière ausgebeutet werden. – Von dem unabhängig gewordenen ehem. Belg.-⁄Kongo trennte Tschombé 1960 K. los; wurde 63 wieder eingegliedert, heißt heute *Shaba.*

Kataphorese w (gr.), Wanderung kolloidaler Teilchen unter dem Einfluß eines elektr. Feldes nach den Elektroden.

Katapult m od. s (gr.-lat.), **1)** antike Wurfmaschine. **2)** Flugzeugschleuder zur Startverkürzung auf Flugzeugträgern. ☐ 283.

Katar, *el-Katr, Qatar,* arab. Sultanat auf der Halbinsel K. im Pers. Golf; Fels- u. Kieswüste; bedeutende Erdölvorräte. – 1916 brit. Protektorat, 71 unabhängig.

Katarakt m (gr.), **1)** Wasserfall, Stromschnelle. **2)** Augenkrankheit. ⁄Star.

Katarrh m (gr.), Schleimhautentzündung mit schleimiger Absonderung, so bei Schnupfen (Nase), Angina (Rachen), Bronchial-K. (Kehlkopf, Luftröhre), Durchfall (Magen, Darm), Tripper (Harnröhre).

Kataster m od. s (lat.), ein behördl. Verzeichnis der tatsächl. Verhältnisse aller Grundstücke, als Ergänzung des Grundbuchs; Unterlage für die Grundsteuer.

Katastrophe w (gr.), folgenschweres Ereignis, schweres Unglück.

Katatonie w (gr.), Spannungsirresein, eine Form der ⁄Schizophrenie.

Kate w, Haus des Kleinbauern in Nord-Dtl.

Katechese w (gr.), Unterweisung in der christl. Religion. **Katechet,** der christl. Religionslehrer. **Katechetik** w, wiss. Anleitung zur Katechese. **Katechismus** m, kurzes, vollständiges Lehrbuch der christl. Religion; für die Katholiken ist der *Catechismus Romanus* maßgebend, bei den Lutheranern *Luthers K.,* bei den Reformierten der *Heidelberger* bzw. *Genfer K.* **Katechist,** Missionshelfer.

Katechu s, Droge aus trop. Akazienholz, als Gerb- u. Färbemittel.

Antikes Katapult

Katar
Amtlicher Name:
Dawlat Katr
Staatsform:
Scheichtum
Hauptstadt:
Doha
Fläche:
22014 km²
Bevölkerung:
201000 E.
Sprache:
Arabisch
Religion:
Islam
Währung:
1 Katar-Riyal
= 100 Dirham
Mitgliedschaften:
UN, Arabische Liga

Katharina II. die Große

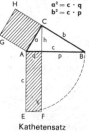

H $a^2 = c \cdot q$
     $b^2 = c \cdot p$

Kathetensatz

Katechumene m (gr.), Bz. für Taufbewerber im Frühchristentum; heute in der Mission für den, der in den Glaubenslehren unterwiesen wird; in den ev. Kirchen auch für Teilnehmer am Konfirmandenunterricht.

Kategorie w (gr.), **1)** im allg. Gruppe v. Personen od. Dingen. **2)** in der Philosophie: Grundweise des Seins, deshalb auch des Aussagens, da dieses dem Sein entspricht. Logisch sind die K.én die umfassendsten Gattungen. Im Anschluß an Aristoteles nahm Thomas v. Aquin 10 K.en an, wobei der Unterschied v. ⁄Substanz u. Akzidens fundamental ist. Kant leitete v. den verschiedenen Urteilsarten 12 K.en ab. *kategorial,* auf K.n bezüglich. **kategorisch,** unbedingt behauptend. **Kategorischer Imperativ** ⁄Kant.

Kater, 1) männl. Katze. **2)** *Katzenjammer,* Kopfweh, Übelkeit, Erbrechen u. schlechte Stimmung als Folgen v. übermäßigem Alkoholgenuß.   [hin.

katexochen (gr.), vorzugsweise, schlecht**Katgut** s (: kätg^at, kelt.), ein Faden aus Schafdarm zum Nähen von Wunden.

Katharer (gr. = Reine), manichäisch-gnost. Bewegung; verbreiteten sich im 12./13. Jh. v. Bulgarien aus über Südeuropa; nahmen einen guten u. einen bösen Urgrund an, verwarfen Sakramente, Eid, Ehe, Staat u. Kirche. ⁄Albigenser, ⁄Apokalyptiker, ⁄Waldenser.

Katharina, Heilige: **K. v. Alexandrien** (25. Nov.), legendär. Martyrin; gehört zu den 14 ⁄Nothelfern. Häufiges Attribut: zerbrochenes Rad. **K. v. Genua** (15. Sept.), 1447–1510; Mystikerin, pflegte Pestkranke. **K. v. Siena** (29. April), Dominikanerin v. 3. Orden, 1347–80; Mystikerin, Beraterin weltl. u. geistl. Fürsten, arbeitete mit Erfolg an der Rückkehr des Pp. aus Avignon. *Briefe.* **Fürstinnen: K. II. d. Gr.,** 1729–96; 62 Zarin v. Rußland dadurch, daß sie ihren Gemahl, den Zaren ⁄Peter III., stürzte; brachte Rußland durch die 3 ⁄Polnischen Teilungen u. 2 Türkenkriege großen Gebiets- u. Machtzuwachs. **K. v. Medici,** 1519–89; Gemahlin Kg. Heinrichs II. v. Fkr., nach dessen Tod sie eine einflußreiche Rolle spielte; Urheberin der ⁄Bartholomäusnacht.

Katharsis w (gr.), Reinigung; sittl. Läuterung u. seel. Entspannung.

Katheder m u. s (gr.), Kanzel, Pult, Lehrstuhl. *K.weisheit,* lebensfremde Bücherweisheit. **K.sozialisten,** Bz. für diejenigen dt. Wirtschaftswissenschaftler, die nach 1870 auf die kulturellen u. moral. Schäden infolge des dt. Wirtschaftsaufschwungs hinwiesen u. eine staatl. gelenkte Sozialpolitik forderten (L. Brentano, A. Wagner, G. Schmoller).

Kathedrale w (gr.), bischöfl. Hauptkirche; Münster, Dom. Als Kirchentyp der großartig ausgestalteter Kirchentyp bes. in der Gotik von entscheidender Bedeutung für die abendländ. Baukunst.

Kathete w (gr.), im rechtwinkligen Dreieck die Seiten des rechten Winkels. **K.nsatz,** Lehrsatz am rechtwinkl. Dreieck: Das Quadrat über einer K. ist gleich dem Rechteck aus der Hypotenuse u. der Projektion der K. auf die Hypotenuse.

Katheter *m* (gr.), med. Instrument zur Entleerung v. Körperhöhlen.

Kathetometer *s*, Meßgerät für kleine Höhenunterschiede.

Kathode *w* (gr.), die negative Elektrode. **K.nstrahlen,** ein Elektronenstrom aus der K., ausgelöst durch auf die kalte K. treffende Ionen, so in den Versuchen v. Plücker, Hittorf u. a.; heute Erzeugung durch *Glühkathoden,* ↗Elektronenröhre. K.nstrahlen werden durch elektr. u. magnet. Felder abgelenkt, erzeugen Lumineszenz, regen Gase zum Leuchten an, werden zur Erzeugung v. Röntgenstrahlen benutzt. **K.nschutz,** ein elektr. Korrosionsschutzverfahren; das zu schützende Metall liegt als K. in einem Stromkreis.

Katholikentag, Tagung bes. der kath. Laien im Dienst der Verbindung v. Kirche u. Leben; erste *Generalversammlung der Kath. Dtl.s* 1848 in Mainz, seitdem fast jedes Jahr (außer 1914/20, 23 u. 33/47), seit 1950 alle 2 Jahre; in Östr. K.e seit 1877, in der Schweiz seit 1903.

Katholikos *m* (gr.), Amts-Bz. der Vorsteher der Armenischen u. der Georgischen Kirche.

katholisch (gr. = allgemein), seit Anfang des 2. Jh. Bz. der für alle Völker gestifteten Kirche, heute die allg. gebräuchl. Bz. für die v. röm. Bischof geleitete Kirche: *röm.-k.:* für die des lat. Ritus, *griech.-k.* für die mit Rom unierten Ostkirchen.

Katholisch-Apostolische Gemeinde, die Irvingianer (↗Irving).

Katholische Akademien, seit 1950 errichtete Tagungsstätten der kath. Kirche, die der zeitnahen, offenen Gesprächsbegegnung zw. Kirche u. Welt sowie der Heranbildung v. Führungskräften dienen.

Katholische Aktion, ist nach Pius XI., der sie in die Wege leitete, „die Teilnahme der Laien am hierarch. Apostolat". Über die stets notwendige Glaubensbezeugung hinaus bevollmächtigt die Hierarchie Laien zur Mitarbeit an ihren Seelsorgeaufgaben. Die it. Form (in der Pfarrei neben den Vereinen der Lebensstände Pfarrat unter Leitung des Pfarrers, über Diözesanrat) ist für viele Länder vorbildlich geworden. I. w. S. die Tätigkeit zu bewußter Verwirklichung kath. Grundsätze im öff. Leben.

Katholische Arbeiterbewegung ↗Arbeitervereine.

Katholische Briefe, die 7 Briefe der Apostel Jakobus, Petrus, Johannes, Judas.

Katholische Jugend Deutschlands ↗Jugendverbände.

Katholische Kirche, *römisch-kath.* od. *römische Kirche,* ist nach kath. Lehre die durch den Erlöser Jesus Christus gestiftete sichtbare Gemeinschaft seiner Gläubigen. Sie versteht sich als der in der Gesch. fortlebende Christus, als der „mystische (= geheimnisvolle) Leib", dessen Haupt er ist. – Zur K. K. gehören alle Getauften, die sich zum kath. Glauben bekennen u. weder selbst davon abgefallen sind noch wegen schwerer Verstöße ausgeschlossen wurden. Merkmale des Wesens der K. K., entsprechend ihrem Selbstverständnis, sind:

Deutsche Katholikentage seit 1945:

72.	1948	Mainz
73.	1949	Bochum
74.	1950	Altötting–Passau
75.	1952	Berlin
76.	1954	Fulda
77.	1956	Köln
78.	1958	Berlin
79.	1962	Hannover
80.	1964	Stuttgart
81.	1966	Bamberg
82.	1968	Essen
83.	1970	Trier
84.	1974	Mönchengladbach
85.	1978	Freiburg
86.	1980	Berlin
87.	1982	Düsseldorf
88.	1984	München

die K. K. ist einig in Lehre, Gottesdienst u. hierarch. geordneter Gemeinschaft, heilig als v. Gott kommend u. zu Gott führend, kath. od. allg., für alle Zeiten u. Völker bestimmt, apostol., da sie auf die Apostel zurückgeht. Lehrstücke, in denen sich die K. K. außer in der Auffassung v. Sünde u. Erlösung bzw. Rechtfertigung, Kirche, Primat u. Priestertum v. den ev. Kirchen unterscheidet, sind, Meßopfer, Siebenzahl der Sakramente, Anerkennung der Überlieferung als Glaubensquelle neben der Bibel; dazu treten Marienverehrung, Anrufung der Heiligen, Reliquienverehrung, Lehre v. Fegfeuer, Ablaß. – Auf die Nachfolgerschaft zum Apostel Petrus, den Christus als den Felsen bezeichnete, auf den er seine Kirche baute, beruft sich der päpstl. Primat. Das oberste *Hirtenamt* über die gesamte K. K. besitzt der Papst. Der Bischof übt die Rechtsgewalt als Nachfolger der Apostel die, in Unterordnung unter Petrus, die Kirche leiteten. Die Priester sind die Gehilfen des Bischofs. Die göttl. Autorität u. ↗Unfehlbarkeit des kirchl. *Lehramtes* stützt sich auf die Berufung durch Christus; sie wahrt die Einheit der Glaubensüberzeugung durch den Beistand des Hl. Geistes, an dem auch die Gläubigen in der Gemeinsamkeit des Glaubens teilhaben. Das *Priesteramt* ist eng mit dem eucharist. Opfer verbunden. Der Priester feiert

Katholische Kirche

Katholische Kirche in der BRD
Vorsitzender der Dt. Bischofskonferenz Erzb. Joseph Kard. Höffner

Kirchenprovinz Bamberg	
Erzbistum Bamberg	Erzb. Elmar Maria Kredel
Bistum Eichstätt	Bisch. Alois Brems
Bistum Speyer	Bisch. Friedrich Wetter
Bistum Würzburg	Bisch. Paul-Werner Scheele

Kirchenprovinz Freiburg	
Erzbistum Freiburg	Erzb. Oskar Saier
Bistum Mainz	Bisch. Hermann Kard. Volk
Bistum Rottenburg-Stuttgart	Bisch. Georg Moser

Kirchenprovinz Köln	
Erzbistum Köln	Erzb. Joseph Kard. Höffner
Bistum Aachen	Bisch. Klaus Hemmerle
Bistum Essen	Bisch. Franz Hengsbach
Bistum Limburg	Bisch. Wilhelm Kempf
Bistum Münster	Bisch. Reinhard Lettmann
Bistum Osnabrück	Bisch. Helmut Hermann Wittler
Bistum Trier	Bisch. Josef Spital

Kirchenprovinz München und Freising	
Erzbistum München und Freising	Erzb. Joseph Kard. Ratzinger
Bistum Augsburg	Bisch. Josef Stimpfle
Bistum Passau	Bisch. Anton Hofmann
Bistum Regensburg	Bisch. Rudolf Graber

Kirchenprovinz Paderborn	
Erzbistum Paderborn	Erzb. Joh. Joachim Degenhardt
Bistum Fulda	Bisch. Eduard Schick
Bistum Hildesheim	Bisch. Heinrich Maria Jannssen

Katholische Kirche in der DDR
Vorsitzender der Berliner Bischofskonferenz — Bisch. Gerhard Schaffran

Bistum Berlin	Bisch. Joachim Meisner
Bistum Dresden-Meißen	Bisch. Gerhard Schaffran
Apost. Administrator Görlitz	Tit.-Bisch. Bernhard Huhn
Kommissariat Erfurt-Meiningen	Tit.-Bisch. Joachim Wanke
Kommissariat Magdeburg	Tit.-Bisch. Johannes Braun
Kommissariat Schwerin	Tit.-Bisch. Heinrich Theissing

es in betender Gemeinschaft mit allen Gläubigen.
Höchster Leiter ist der Papst. Als Berater u. Gehilfen beruft er ↗Kardinäle (↗Kurie). An der päpstl. Gewalt über die Gesamtkirche hat das Allg. Konzil teil. Innerhalb der Länder gliedert sich die K. K. in Diözesen (Bistümer) unter Leitung eines Bischofs. Die Diözesen sind meist wieder vereinigt zu Kirchenprovinzen unter einem Metropoliten (Erzb. od. Patriarchen), in manchen Ländern alle Diözesen unter einem Primas. Die Diözesen sind unterteilt in Pfarreien mit den Pfarrern als bleibend angestellten Seelsorgern (nach Bedarf mit Vikaren usw.). Die Missionsländer, eingeteilt in Apostol. Vikariate, Apostol. Präfekturen, unabhängige Prälaturen, unterstehen unmittelbar Rom, bis eine selbständige Volkskirche unter einheim. Hierarchie erreicht ist. Die K. K. ist mit 659 Mill. Getauften die größte Glaubensgemeinschaft der Welt.
Katholische Reform, eine v. der kath. Geschichtswissenschaft eingeführte Bz., die den Begriff ↗Gegenreformation mit der einseitigen Vorstellung v. der zwangsmäßigen Rückführung ev. Bevölkerungsteile zum kath. Glauben durch die Betonung der inneren Selbsterneuerung der kath. Kirche im 16. u. 17. Jh. ergänzt. Die K. R. wurde getragen v. Papsttum, v. einzelnen Persönlichkeiten (↗Borromäus, ↗Canisius u. a.) u. v. verschiedenen Orden (Jesuiten, Oratorianer, Kapuziner) u. fand ihren Hauptausdruck im ↗Trienter Konzil.
Katholizismus m (gr.), dem Wort Protestantismus nachgebildete Bz. für alle geschichtl. Lebensäußerungen u. Auswirkungen im geistigen, polit. u. kulturellen Bereich, die v. der kath. Kirche ausgehen, aber nicht zu ihrem Wesen gehören.
Katholizität w (gr.), „Allgemeinheit", Merkmal der christl. Kirchen; bes. v. der kath. Kirche betont.
Kation s, positiv geladenes Atom (Ion).
K.bildner, Wasserstoff u. Metalle.
Katmai m, Vulkan in Alaska, 2047 m hoch, mit 1000 m tiefem Krater.
Katmandu, Hst. v. Nepal, in einem Hochtal des Himalaja, 1450 m ü. M., 333 000 E.
Kätner, Inhaber einer ↗Kate.
Katowice ↗Kattowitz.
Kattara-Senke, wüstenhafte Depression im ägypt.-libyschen Grenzgebiet, 18 000 km², 137 m u. M.
Kattegat s, westlichster Teil der Ostsee, durch Sund, Großen u. Kleinen Belt mit der inneren Ostsee, über das Skagerrak mit der Nordsee verbunden.
Kattnigg, Rudolf, österreichischer Komponist, 1895–1955; Operette Balkanliebe; Symphonien.
Kattowitz, poln. Katowice, 1953/56 Stalinogród, Hst. u. Ind.-Zentrum der Wojewodschaft K., 350 000 E.; Eisen- und Zinkhütten, Steinkohlenbergbau; Bischofssitz.
Kattun m (arab.), ein dünnes, bedrucktes Baumwollgewebe.
Katwijk (: -weik), K. aan Zee, niederländ. Seebad westl. v. Leiden, 37 000 E.
Katyn, russ. Ort bei Smolensk; in der Nähe

Elastisches Band

Katzen: a Katzenschädel, **b** (zum Vergleich) Hundeschädel; **c** Katzenkralle, unten durch Muskelkraft ausgestreckt

Lichtstrahl

Katzenauge: a das aus einem Tripelspiegel aufgebaute Einzelelement, **b** die zu einem K. in einer Ebene aneinandergereihten Spiegel

fanden dt. Truppen 1943 Gräber v. 4143 poln., v. den Sowjets erschossenen Offizieren.
Katz (: kätß), Sir Bernard, engl. Biophysiker dt. Herkunft, * 1911; 70 Nobelpreis mit J. Axelrod u. Ulf v. Euler für Forschungen über Transmitterstoffe im Nervensystem.
Katzbach w, l. Nebenfluß der Oder in Niederschlesien; 1813 Sieg Blüchers über die Franzosen. **K.gebirge,** auch Bober-K.-Gebirge, Teil der Sudeten, 724 m hoch.
Kätzchen, Blütenstände windbestäubter Holzgewächse, stehend od. hängend.
Katzen, Familie der Raubtiere. Tropische Groß-K.: Löwe, Tiger, Panther, Jaguar, ferner am. Puma, Luchs, Gepard; Klein-K.: die v. Europa bis Mittelasien als Jagdschädling vorkommende breitköpf., langschwänzige Wild-K., die afrikan. Falb- u., von dieser abstammend, die Haus-K., letztere nützl. zur Mäuse- u. Rattenvertilgung; anspruchsloses Haustier. Es gibt Kurzhaarrassen (Tiger-, Marmor-, Siam-, Spanier-K.) u. Langhaarrassen (z. B. ↗Angora-, Perser-K.). ☐ 1044.
K.auge, 1) schillernder Quarz; Schmuckstein; auch ↗Chrysoberyll. **2)** Fahrzeugrückstrahler. **K.buckel,** höchster Berg des Odenwaldes, 626 m hoch. **K.frett,** marderähnl., graubrauner Kleinbär, in Mexiko u. Texas, nächtl. Baumtier. **K.gold,** goldfarb. Biotitglimmer. **K.hai,** meterlanger Haifisch (☐ 366). **K.kraut,** der ↗Baldrian. **K.pfötchen,** filzige Staude mit unverwelkl. Blütenköpfchen, mit dem Edelweiß verwandt. **K.silber,** Muskowit, ein Glimmer.
Katzer, Hans, dt. Politiker (CDU), * 1919; 63/77 Vors. der CDU-Sozialausschüsse, 65/69 Bundesarbeitsminister.
Kauai, Hawaii-Insel, 1427 km², 30 000 E.
Kaub, Weinstadt am Mittelrhein, 1500 E.; Schieferbergbau; mitten im Rhein die „Pfalz" (1326 erb., alte Zollburg).
Kauderwelsch s, urspr. Sprache der welschen Hausierer (Kauderer), dann unverständl., verworrenes Deutsch.
Kaudinisches Joch, das v. Speeren gebildete Joch, unter dem die v. den Samnitern 321 v. Chr. besiegten Römer in den Engpässen v. Caudium (Mittel-It.) hindurchgehen mußten; i. ü. S.: schwere Demütigung.
Kauf, ein Vertrag auf Überlassung eines Gegenstandes od. Rechtes gg. Geld. Die eine Partei verpflichtet sich zur Übertragung der Sache od. des Rechtes, die andere zur Zahlung des K.preises. Der Vertrag kann mündl. od. schriftl. geschlossen werden. Der K. eines Grundstücks muß beurkundet werden. Die Gefahr zufälligen Untergangs u. zufälliger Verschlechterung trägt bis zur Übergabe der Verkäufer. Wegen dessen Haftung für Mängel der Sache ↗Gewährleistung. Nach dt. Recht bricht K. nicht Miete, d. h., der Erwerber eines Grundstücks, v. Wohnräumen usw. übernimmt alle Rechte u. Verpflichtungen des Verkäufers aus dem Mietverhältnis.
Kaufbeuren, bayer. kreisfreie Stadt, an der Wertach, 43 000 E. 1268/1803 Reichsstadt; Mauern u. Türme erhalten. Im Stadtteil Neugablonz Glas- u. Schmuck-Ind.
Kauffmann, Angelika, schweizer. frühklas-

sizist. Malerin, 1741–1807; seit 1782 in Rom zum Kreis der Deutschrömer gehörig.

Kaufkraft, die Eigenschaft des Geldes, als Kauf-(Tausch-)Mittel zu dienen; bemißt sich nach der Warenmenge, die man mit einer Geldeinheit erwerben kann. Sie steigt bei ↗Deflation, sinkt bei ↗Inflation.

Kaufmann, wer ein Handelsgewerbe betreibt. Auch der Kleingewerbetreibende ist K., doch unterliegt er nicht allen Pflichten des Voll-K. Der Minder-K. ist befreit von der Pflicht zur Buchführung. Soll-K. ist jeder Inhaber eines gewerbl. Unternehmens, das nach Art u. Umfang einen kaufmänn. eingerichteten Geschäftsbetrieb erfordert.

Kaufungen, hessische Gem. ö. von Kassel, 11000 E.; Kunststoffabrik.

Kaufunger Wald, Buntsandsteinrücken des Hess. Berglandes; im Bilstein 642 m hoch.

Kaugummi, mit Zucker u. Geschmacksstoffen geknetete Masse aus Chicle (Milchsaft süd-am. Bäume) od. Mastix; als Kaumittel weit verbreitet, regt Speichelbildung an.

Kaukasien, Landenge zw. Kaspischem und Schwarzem Meer, durch den Kaukasus getrennt in ein nördl. Zis-K. u. südl. Trans-K.; reich an Bodenschätzen (Erdöl, Mangan, Buntmetall, Kohle). Gehört polit. zur Sowjetunion. **Kaukasische Völker,** Kaukasier, Völkerschaften des Kaukasus: Georgier, Völker des Daghestan, zahlr. kleinere Bergvölker. **Kaukasus** m, Faltengebirge im europäisch-asiat. Grenzgebiet, 1200 km lang, bis 180 km breit; fällt nach N stufenweise, nach S steil ab; höchste Erhebungen: Elbrus (5633 m) u. Kasbek (5047 m); im SW bewaldet, nach O lichter Wald u. Steppe: Querverbindung ist die ↗Grusinische Heerstraße.

Kaulbach, 1) Friedrich August v., dt. Maler, 1850–1920; Historienbilder, Frauenbildnisse. **2)** Wilhelm v., Onkel v. 1), dt. Maler, 1805–1874; monumentale Wand- u. Deckengemälde, Buchillustrationen.

Kaulquappe w (eig. Kugelfrosch), die geschwanzte Larve der ↗Froschlurche. □ 231.

Kaulun, engl. Kowloon, ↗Hongkong.

Kaunas, fr. russ. Kowno, Stadt in der Litauischen SSR, an der Memel, 370000 E.; kath. Erzb., Univ., Hochschulen; metall- u. holzverarbeitende Industrie.

Kaunertal, Seitental des Inn, bei Landeck. Einer der größten Stauseen der Alpen mit großem Kraftwerk.

Kaunitz, Wenzel Anton Fürst, 1711–94; als östr. Staatskanzler 53/92 Leiter der Außenpolitik; Mitbegr. des ↗Josephinismus.

Kauri, Gehäuse v. Porzellanschnecken des Ind. Ozeans; fr. in Afrika Münze u. Schmuck.

Kaurit m, Kunststoff aus Karbamid (Harnstoff) u. Formaldehyd; daraus K.leim.

kausal (lat.), ursächl. begründend. Ggs. ↗final. **K.gesetz,** besagt, daß „gleiche Ursachen immer gleiche Wirkungen" haben, während das ↗K.prinzip auch die freie Kausalität umfaßt. **Kausalität** w, die Ursächlichkeit; der Einfluß, wodurch ein Seiendes (Ursache) ein anderes entweder hervorbringt oder verändert (Wirkung). **Kausalnexus** m (lat.), ursächlicher Zusammenhang. **Kausalprinzip** s (lat.), der metaphysische Grund-

satz, nach dem jedes Seiende eine Ursache hat; sprich einen absolut notwendigen Zusammenhang aus u. ist aus sich selbst einsichtig; darauf stützt sich der ↗Gottesbeweis. **Kausalsatz,** begründender Satz; gibt Grund od. Ursache des im übergeordneten Satz gen. Geschehens an.

Kaustik w (gr.), Zerstörung krankhafter Körpergewebe durch ätzende (kaustisch wirkende) Chemikalien und Verfahren der ↗Elektrochirurgie.

Kautel w (lat.), Sicherheit, Vorsichtsmaßregel; Bedingung.

Kaution w (lat.), Sicherheitsleistung, Bürgschaft.

Käutner, Helmut, dt. Film- u. Fernsehregisseur; 1908–80; Romanze in Moll, Große Freiheit Nr. 7, Die letzte Brücke.

Kautschuk m (indian.), elast. Masse aus eingetrocknetem Milchsaft einiger Bäume (Wolfsmilch-, Maulbeergewächse) od. synthet. – Natur-K., gewonnen auf trop. Plantagen v. ↗Hevea brasiliensis (Amerika) u. Ficus elastica (Südasien) durch Auffangen des Milchsaftes nach Anritzen der Rinde. Der zu Roh-K. verarbeitete Natur-K., für viele Zwecke zu weich, läßt sich durch Mischen mit 2–32% Schwefel u. längeres Erhitzen bis zu Hartgummi festigen (vulkanisieren). Dabei werden die aus ↗Isopren bestehenden kettenförm. Riesenmoleküle durch Schwefelbrücken miteinander vernetzt. Synthet. Natur-K. entspricht in physikal. Eigenschaften u. chem. Aufbau dem pflanzl.; synthet. K. aus Butadien, Chloropren u. Dimethylbutadien je nach Verarbeitung zu kälte-, öl-, benzin-, alterungsfesten Sondersorten (↗Buna). 1970 wurden 2,9 Mill. t Natur-K. (fast ⁹/₁₀ in Südostasien) gewonnen u. 4,85 Mill. t synthet. K. erzeugt.

K.paragraph, unklare, deshalb dehnbare Gesetzesbestimmung.

Kautsky, Karl, dt.-östr. Sozialist, 1854–1938; Mitverf. des „Erfurter Programms" der SPD u. Gegner des ↗Revisionismus; machte die Lehren von Marx bei den Sozialisten populär. **Kauz,** verschiedene ↗Eulen-Arten. [lär.

Kavalier m (it.-frz.), ritterl. Mann; urspr. Reiter, dann Ritter, seit dem Barock der Weltmann vor vornehmem Auftreten.

Kavalkade w (frz.), Reiterzug.

Kavalla, Kawala, griech. Hafenstadt in Ostmakedonien, 47000 E.; Tabakhandelsplatz.

Kavallerie w (it.-frz.), berittene Truppe.

Kavatine w (it.), lyrisches Gesangsstück ohne Textwiederholungen u. Koloraturen.

Helmut Käutner

Kaverne (links): Kavernenbildung im rechten Lungenflügel

Kavitation (rechts): K. eines rotierenden Schiffspropellers

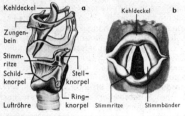

Kehldeckel — a
Kehldeckel — b
Zungenbein
Stimmritze
Schildknorpel — Stellknorpel
Luftröhre — Ringknorpel
Stimmritze   Stimmbänder

Kehlkopf: a Ansicht von der Seite (der Schildknorpel ist durchsichtig gedacht), **b** Kehlkopfspiegelung

Kaverne w (lat.), Hohlraum im Körpergewebe, bes. in der Lunge bei Tuberkulose. ☐ 473.

Kaviar m (türk.), delikates u. hochwert. Nahrungsmittel aus Fischrogen. *Echter K.,* v. Stör, großkörnig; *K.-Ersatz,* v. See- u. Flußfischarten, kleinkörnig.

Kavitation w (lat.), durch schnelle Rotation v. Maschinenteilen (Schiffspropeller, Turbinenschaufeln) in Flüssigkeiten entstehende Dampfblasen; dadurch Oberflächenbeschädigung des Maschinenteils und Leistungsverlust. ☐ 473.

Kawa s, berauschendes Getränk der Polynesier.

Kawasaki, japan. Stadt bei Tokio, 1,1 Mill. E.; Eisenwerke.

Kayseri ↗Kaiseri.

Kazan (: kᵃsan), *Elia,* am. Film- u. Theaterregisseur griech.-armen. Herkunft, * 1909; sozialkrit. Filme, u. a.: *Die Faust im Nacken; Endstation Sehnsucht.*

Kazantzakis, *Nikos,* griech. Schriftsteller, 1887–1957; Gedichte, Epen, Dramen, Romane *(Griech. Passion),* Essays.

Kazike m, Indianerhäuptling in Mittel- u. Südamerika.

Kea, *Keos,* Kykladeninsel; in Terrassen bebaut; 131 km², 2500 E.; Hauptort Kea.

Keaton (: kitⁿ), *Buster,* am. Filmschauspieler u. -regisseur, 1896–1966; bedeutender Komiker. *Der General;* (Tonfilme:) *Boulevard der Dämmerung; Rampenlicht.*

Keats (: kitß), *John,* engl. Dichter der Romantik, 1795–1821; einer der größten engl. Lyriker, der griech. Antike wahlverwandt; Oden, Sonette, Verserzählungen. *Endymion, Ode an eine Nachtigall.*

Kebnekajse, höchster schwedischer Berg, 2117 m hoch, vergletschert.

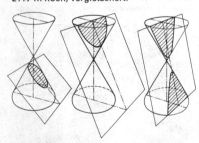

Kegelschnitte:
links: Ellipse; Mitte: Parabel; rechts: Hyperbel

Kebse, *Kebsweib,* Nebenfrau.

Kecskemét (: kätschkämet), Hauptort des ungar. Komitats Bács-Kiskun, 96 500 E.

Kedah, Sultanat Malaysias, an der Straße von Malakka, 9479 km², 965 000 E.; Hst. Alor Star; Kautschukplantagen, Zinnbergbau.

Kedron, *Kidron,* Tal bei Jerusalem.

Keelung (: ki-), *Kilung,* Hafenstadt an der Nordküste von Taiwan, 343 000 E.; Flottenstützpunkt; Werften, chem., Maschinen- u. Nahrungsmittelindustrie.

Keep-smiling (: kip ßmailing, engl. = bewahre das Lächeln), zur Schau getragenes Lächeln als Ausdruck von Selbstbeherrschung u. Optimismus.

Kefir m (türk.), Sauermilchgetränk, durch Gärung mit dem *K.ferment* gewonnen.

Keflavik, island. Hafen, gegenüber von Reykjavik, 6500 E.; nach dem 2. Weltkrieg Flotten- u. Flugstützpunkt der NATO.

Kegel, 1) geometr. Körper, bestimmt durch eine kreisförm. Grundfläche u. einen Punkt außerhalb v. ihr (S); alle durch S u. Grundkreisumfang gehenden Geraden bilden den *K.mantel;* die Gerade durch S u. Kreismittelpunkt heißt *K.achse.* 2) im (Druckerei: Maß des Letternblöckchens quer zur Schriftzeile. 3) ↗Kegelspiel. **K.schnitte,** 4 ebene Kurven, die als Schnittlinien zw. den Mänteln gerader Kreiskegel u. einer sie schneidenden Ebene entstehen können: Kreis, Ellipse, Parabel, Hyperbel. **K.spiel,** *Kegeln,* ein Kugelspiel, bei dem von einer ebenen u. glatten *K.bahn* eine Kugel (Kunststoffmasse; Vollkugel oder Lochkugel mit Grifflöchern) ggg. 10 auf dem K.feld aufgestellte genormte *Kegel* aus Hartholz gerollt wird, um sie umzuwerfen. Als Gesellschaftsspiel u. als *Sport-Kegeln* betrieben; ↗Bowling.

Kehl, bad. Grenz- u. Hafenstadt am Rhein, gegenüber v. Straßburg (Brücke), 30 000 E.; 1919/30 frz. Besatzung, 45/53 größtenteils v. Franzosen bewohnt. Fachhochschule.

Kehlkopf, stimmbildendes u. die Luftröhre abschließendes Organ; besteht aus 4 Knorpeln. Der *K.deckel* verschließt beim Schlucken den K. nach oben. Im Innern des K. die elast. Stimmbänder, werden durch die ausgeatmete Luft in Schwingungen versetzt, öffnen u. schließen die *Stimmritze,* wodurch die Stimme entsteht. **K.spiegel,** zur K.untersuchung.

Kehrreim, an jedem Strophenende wiederkehrende Zeilen; Refrain.

Kehrwert, auch *reziproker Wert* eines Bruches, entsteht durch Vertauschung v. Zähler u. Nenner, z. B. ²/₅ u. ⁵/₂.

Keil, einfachstes Maschinenelement, ableitbar aus der ↗schiefen Ebene: **1)** Holz- od. Metallstab mit scharfer od. stumpfer Kante, verwendet bei allen spanabhebenden Werkzeugen, auch als Trennwerkzeug allein. **2)** viereck. Stahlstück zur lösbaren Verbindung zw. Welle u. Rad.

Keilberg, höchster Berg des Erzgebirges, in Böhmen, 1522 m.

Keilberth, *Joseph,* dt. Dirigent, 1908–68; wirkte u. a. in Prag, Dresden, Hamburg, München; Dirigent der Bamberger Symphoniker.

Ursprüng-liches Bild	Anfänge der Keil-schrift	Be-deutung
		Ochse
		Esel
		Vogel
		Fisch
		Sonne Tag
		stehen gehen
		pflügen ackern
		Korn Getreide

Frühbaby-lonisch	Assyrisch	Be-deutung
		Ochse
		Esel
		Vogel
		Fisch
		Sonne Tag
		stehen gehen
		pflügen ackern
		Korn Getreide

Keilschrift

Kegelspiel

Hintereck
linker Hintergassenkegel — König
rechter Eckkegel
linker Vordergassenkegel — Vordereck
1   b

∅ 65 mm   ∅ 57. mm

1 Kegelstand, **2** Kegel, **a** auf Asphalt-, Bohlen- und Scherenbahn, **b** auf Bowlingbahn

Keiler, männl. Wildschwein.
Keilschrift, rechtsläufige Wort- u. Silbenschrift der alten vorderasiat. Kulturvölker (Sumerer, Babylonier usw.); Rohrgriffel wurden in Tontafeln eingedrückt; keilförm. Zeichen u. Zeichengruppen.
Keim, jede der Fortpflanzung dienende Zelle od. Zellgruppe, die sich durch Zellteilungen zu neuen, artgleichen Wesen entwickelt. **K.blätter,** a) bei Pflanzen die Erstblätter des Keimlings. b) bei Tier u. Mensch die sich am Keimling bildenden Zellschichten (äußeres, mittleres u. inneres K.blatt).
K.drüsen, Gonaden, Organe, in denen bei Tier u. Mensch die Geschlechtszellen entstehen; ↗Hoden, ↗Eierstöcke. **K.freimachung** ↗Sterilisation. **K.ling,** der ↗Embryo. **K.stimmung,** Anwendung künstl. Licht- u. Temperaturreize auf gequollene Pflanzensamen, die Keimung, Blüte und Fruchtansatz beschleunigen (Vernalisation, Jarowisation), zum rascheren Keimen u. früheren Reifen v. Nutzpflanzen; hat in Rußland den Getreidebau in nördl. Gebieten ermöglicht. **K.träger,** Bazillenträger, ↗Bazillen.
Keimung, das Weiterwachsen des Keimlings nach einer Ruheperiode.
Keitel, Wilhelm, dt. Generalfeldmarschall, 1882–1946; seit 1938 Chef des OKW; 46 im Nürnberger Kriegsverbrecherprozeß zum Tod verurteilt u. gehängt.
Kekkonen, Urho Kaleva, * 1900; 50/53 u. 54/56 finn. Min.-Präs., 56–81 Staatspräs. (Bauernpartei).
Kekulé v. Stradonitz, August Friedrich, dt. Chemiker, 1829–96; entdeckte Vierwertigkeit des Kohlenstoffs u. Ringstruktur des Benzols.
Kelantan, Sultanat in Malaysia, am Golf von Siam, 14970 km², 705000 E.; Hst. Kota Bharu; Kautschuk- u. Ölpalmenplantagen, Bergbau auf Zinn, Gold u. Eisenerze.
Kelch, 1) (liturg.) Trinkgefäß. 2) unterster Blattkreis der ↗Blüte.
Kelheim, niederbayer. Krst. an der Donau, 14300 E.; Cellulose- und chem. Ind.; Befreiungshalle, 68 m hoher Rundbau (zum Andenken an die Befreiungskriege).
Kelim m (türk.), gobelinart.. farb. oriental. Teppich, ornamentale Muster. □ 984.
Kelkheim, hess. Stadt n.ö. von Wiesbaden, 26900 E.; Möbel-Industrie.
Kelle, Werkzeug zum Mörteln.
Keller, 1) Adolf, ref. Schweizer Theologe, 1872–1963; Prof. in Zürich; Initiator des Zusammenschlusses der Schweizer ev. Kirchen, führend in der Ökumen. Bewegung.
2) Gottfried, Schweizer Dichter, 1819–90; studierte nach einer Ausbildung als Maler in München, in Heidelberg und Berlin; 1861–76 Staatsschreiber in seiner Heimatstadt Zürich; autobiograph. Roman Der grüne Heinrich; Novellenreihen (Die Leute von Seldwyla, Züricher Novellen); Alterswerk Martin Salander; Gedichte. Repräsentant des bürgerl. Realismus u. Humanismus. 3) Helen, am. Schriftstellerin, 1880 bis 1968; blind u. taubstumm; schrieb u. a. ihre Lebensgeschichte u. über Blindenerziehung. 4) Paul, schles. Heimatschriftsteller, 1873–1932; Waldwinter; Heimat.

Gottfried Keller

Kemal Atatürk

John F. Kennedy

Kenia

Amtlicher Name:
Jamhuri ya Kenya –
Republic of Kenya

Staatsform:
Republik

Hauptstadt:
Nairobi

Fläche:
582645 km²

Bevölkerung:
14,9 Mill. E.

Sprache:
Amtssprachen sind
Englisch u. Kisuaheli;
daneben Stammessprachen

Religion:
45% Animisten,
30% Protestanten,
20% Katholiken

Währung:
1 Kenia-Schilling
= 100 Cents

Mitgliedschaften:
UN, Commonwealth,
OAU, der EWG assoziiert

Kellermann, Bernhard, dt. Schriftsteller, 1879–1951; Zukunftsromane (Der Tunnel).
Kellogg, Frank Billings, 1856–1937; 1925/29 Außenmin. der USA, 29 Friedensnobelpreis. **K.pakt,** Briand-Kellogg-Pakt, nach A. ↗Briand u. F. B. ↗Kellogg ben. Vertrag v. 1928, in dem sich 15 (bis 1939 weitere 48) Unterzeichnerstaaten zum Verzicht auf den (Angriffs-)Krieg verpflichteten.
Kelsterbach, hess. Stadt s.w. von Frankfurt, 13900 E.; chem. Industrie.
Kelten (Mz.), Gallier (v. lat. Galli), indogerman. Völkergruppe; standen um 400 v. Chr. auf dem Gipfel ihrer polit. Macht; drangen v. SW-, Süd- u. Mittel-Dtl., Böhmen u. Mähren nach Fkr., Spanien, Schlesien, Britannien, auf den Balkan u. nach Kleinasien (↗Galater) vor. Die Reiche der K. fielen 3. Jh. v. Chr. – 1. Jh. n. Chr. fremden Eroberern, bes. den Römern (↗Gallien), anheim. Den Germanen vermittelten die K. die Bearbeitung des Eisens. Reste mit eigener Sprache leben noch in der Bretagne, in Wales, Schottland u. Irland.
Kelter w (lat.), Presse, bes. zum Auspressen v. Trauben u. Obst; auch Torkel od. Trotte.
Kelvin, Abk. K (früher Grad K., Abk. ° K), Basiseinheit der absoluten ↗Temperatur; Nullpunkt der ↗absolute Nullpunkt; 0 K = −273,15°C; Beispiel: 70°C = 343,15 K.
Kemal Atatürk, bis 1934 Mustafa Kemal Pascha, türkischer General und Staatsmann, 1881–1938; vertrieb 1921/22 die Griechen, ließ 22 den Sultan absetzen; 23 der 1. Staatspräs. der türk. Rep.; gestaltete die moderne Türkei.
Kemenate w, mit Kamin ausgestatteter Wohnraum (der Frauen) in einer Burg.
Kemerowo, Ind.-Stadt im Kusnezker Kohlenbecken (Westsibirien), 471000 E.
Kemi, Kemijoki m, größter Fluß Nordfinnlands, 494 km lang; zur Bottn. Meerbusen.
Kempe, Rudolf, dt. Dirigent, 1910–76; 67/74 Leiter der Münchner Philharmoniker.
Kempen, Stadt i. am Niederrhein (Kr. Viersen), 30000 E. Geburtsort des Thomas v. K.; Seidenwebereien.
Kempff, Wilhelm, dt. Pianist u. Komponist, *1895; Symphonien, Konzerte.
Kempten, Hauptort des bayer. Allgäus, fr. Freie Reichsstadt, 695 m ü. M., Bahnknoten, 58000 E.; Milchwirtschaft mit Käsereien, Baumwoll-, feinmechan., Möbel- u. Papier-Ind.
Kenia, 1) Mount Kenya, zweithöchster Berg Afrikas, in 2), 5194 m. 2) engl. Kenya, Republik, früher brit. Kolonie in Ostafrika, östl. des Victoriasees. Ausfuhr: Kaffee, Sisal, Tee. – Seit 1887 engl., 1963 unabhängig. Staatspräsident seit 78 Daniel Arap Moi.
Kennedy (: ken¹dⁱ), 1) Edward Moore, Bruder von 2) u. 3), am. Politiker (Demokrat), * 1932; seit 62 Senator v. Massachusetts. 2) John F(itzgerald), am. Politiker (Demokrat), 1917–63 (in Dallas ermordet), 53/60 Senator v. Massachusetts; seit Januar 61 US-Präs.; vertrat innenpolit. ein Programm gg. Rassendiskriminierung, außenpolit. eine Politik der Festigkeit gegenüber der UdSSR bei gleichzeitigem Versuch eines Ausgleichs.

Kentaur und Krieger (Parthenon-Tempel der Akropolis, Athen)

Johannes Kepler

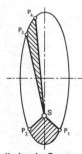

Keplersche Gesetze:
2. K. G.: S Sonne, P_1, P_2, P_3, P_4 verschiedene Stellungen eines Planeten. Die Flächen SP_1P_2 und SP_3P_4 sind gleich. Der Planet durcheilt die Bahnstücke P_1P_2 und P_3P_4 in gleichen Zeiten

3) *Robert Francis,* am. Politiker (Demokrat), 1925–68 (ermordet), 61/64 Justiz-Min., engster Mitarbeiter v. 2), seit 64 Senator v. New York.
Kenotaph *s* (gr.), **1)** leerer Grabhügel. **2)** Ehrenmal für Tote.
Kent, südostengl. Gft., Hst. Maidstone.
Kentaur *m,* **1)** Gestalt der griech. Sage mit männl. Oberkörper u. Pferdeleib. **2)** Sternbild am Südhimmel.
Kentia, austral. Palme mit Fiederblättern; Zimmerpflanze.
Kenton (: k$e$nt^{e}n), *Stan* (eig. Stanley Newcomb), am. Jazzmusiker, 1912–79; Pianist, Arrangeur u. Leiter v. Bigbands; wirkte vor allem auf den Progressive Jazz, auch auf den Swing u. moderne Jazzstile ein.
Kentucky (: -tak^i), Abk. Ky., Bundesstaat der USA, zw. dem Ohio, 104623 km², 3,4 Mill. E.; Hst. Frankfort. Anbau v. Weizen, Tabak, Baumwolle. Erdöl- u. Kohlenvorkommen.
Kenyatta, *Jomo,* 1893–1978; afrikan. Politiker (angebl. Führer der Mau-Mau), 63 Min.-, seit 64 Staats-Präs. von Kenia.
Keos, die griech. Insel ↗Kea.
Kephallinia, *Kephalonia,* eine der Ionischen Inseln, 717 km², 40000 E.; Hst. Argostolion.
Kepler, *Johannes,* dt. Astronom und Mathematiker, 1571–1630; bewies in den *3 K.schen Gesetzen* das Kopernikanische Weltsystem: a) Die Planeten bewegen sich in Ellipsen um die Sonne, die in einem Brennpunkt der Ellipse steht. b) Die Planeten bewegen sich so, daß die Verbindungslinie Sonne–Planet in gleichen Zeiten gleiche Flächen überstreicht; in Sonnennähe bewegen sich also die Planeten schneller als in Sonnenferne. c) Die Quadrate der Umlaufzeiten der Planeten verhalten sich wie die 3. Potenzen ihrer großen Bahnhalbachsen. – Weitere Untersuchungen v. K. betrafen Optik *(K.sches Fernrohr)* u. Inhaltsberechnung v. Rotationskörpern (Faßformel).
Kerala, kleinster, dichtestbevölkerter Bundesstaat Indiens, an der Malabarküste, 38855 km², 21,5 Mill. E. (davon ca. 3 Mill. Thomaschristen); Hst. Trivandrum.
Keramik *w* (gr.), eine große Gruppe v. Werkstoffen, die aus pulverförm. Rohstoffen durch Brennen bei hoher Temperatur (Sintern) verfestigt werden. Nach dem Aussehen der Scherben unterschieden in *Grob-K.,* z. B. Ziegel, Schamottesteine, Terrakotta, u. *Fein-K.,* z. B. Porzellan, Steingut, Irdenware, Fayencen. *Misch-K.* ↗Cermets. – Älteste v. Hand geformte u. verzierte K.gefäße seit der Jungsteinzeit (↗Bandkeramik). Reiche Entfaltung in der ägypt., babylon. u. griech. Hochkultur; ebenfalls in Asien (China) u. Alt-Amerika; Höhepunkte in Europa die it. *Majolica* (Fayence; 15./16. Jh.) u. im 18. Jh. (Erfindung des Porzellans).
Keratin *s,* schwefelhaltiger Eiweißkörper; ↗Horn.
Keratitis, *w,* Entzündung der Augenhornhaut.
Kerbel *m,* Doldenblütler mit 3fach gefiederten Blättern; *Garten-K.,* Gewürz. ☐ 452.

Kerbela, arab. *Meschhed Husein,* irak. Stadt u. schiit. Wallfahrtsort, Sammelpunkt der Karawanen nach Mekka, 108000 E.
Kerbholz, urspr. Holzstab, an dem durch Kerben Leistungen u. Schulden notiert wurden, älteste Form der Buchführung; daher i. ü. S. *etwas auf dem K. haben:* schuldig sein od. Schuld haben. **Kerbtiere** ↗Insekten.
Kerenskij, *Alexander,* 1881–1970; 1917 Min.-Präs. der russ. Revolutionsregierung; durch die ↗Oktoberrevolution gestürzt; floh ins Ausland, seit 38 in den USA.
Kerfe ↗Insekten.
Kergueleninseln (: -ge-), im südl. Indischen Ozean; baum- u. strauchlos, z. T. vereist; 6232 km², unbewohnt; zu Frankreich.
Kerken, niederrhein. Gem. n.w. von Krefeld, 10500 E.; 1969 durch Gemeindezusammenschluß gebildet.
Kerkuk, *Kirkuk,* Stadt in der irak. Prov. Mosul, 207000 E.; chaldäischer Erzb.; Erdölquellen. Pipelines zum Mittelmeer.
Kerkyra, griech. Name für ↗Korfu.
Kerman, *Kirman,* Hst. der iran. Prov. K., 141000 E.
Kermanschah, *Kirmanschah,* Hst. der westl. iran. Grenzprovinz, Handelsplatz, an der Strecke Bagdad–Teheran, 291000 E.
Kern, 1) Zellkern, Bestandteil im Innern der ↗Zelle. **2)** Samen v. K.obst. **3)** dem Hohlraum v. Gußkörpern entsprechendes Sandod. Lehmgebilde. **4)** Zentralteil des ↗Atoms.
Kernbeißer, Singvogel mit dickem Schnabel zum Öffnen v. Bucheckern, Kirschkernen. *Kirsch-K.,* in Europa. ☐ 1045.
Kernbrennstoff, die spaltbare Isotope enthaltende Beschickung eines Kernreaktors.
Kernchemie, befaßt sich wie die Kernphysik mit natürl. u. künstl. ↗Atomumwandlungen.
Kernenergie, *nukleare Energie, Atomenergie,* die Energie aus ↗Kernspaltung od. ↗Kernverschmelzung.
Kerner, *Justinus,* dt. Dichter, 1786–1862; Arzt, Lyriker des Schwäb. Dichterkreises.
Kernit *s,* $Na_2B_4O_7$, wichtigstes Bormineral, große Vorkommen in Kalifornien.
Kernkräfte, halten die Kernteilchen zusammen. ↗Bindungsenergie.
Kernkraftwerk, *Atomkraftwerk,* techn. Anlage, die die Bindungsenergie der Nukleonen in Atomkernen durch ↗Kernspaltung (bzw. ↗Kernverschmelzung, noch nicht realisiert) nutzbar macht. Langsame (therm.) Neutronen können diese Spaltungen auslösen, wobei neben den Spaltprodukten freie Neutronen entstehen, die weitere Spaltungen hervorrufen usw. *(Kettenreaktion).* Die hierbei frei werdende Energie wird als Wärme zur Dampferzeugung u. Antrieb v. Turbinen ausgenutzt. ↗Kernreaktor. ☐ 48, 478.
Kernladungszahl ↗Atom.
Kernmodell, modellmäß. Darstellung des aus Kernteilchen aufgebauten Atomkerns.
Kernobst, Obstarten der Rosengewächse mit unterständ. Fruchtknoten: Apfel, Birne, Quitte.
Kernphysik, Teilgebiet der Atomphysik, be-

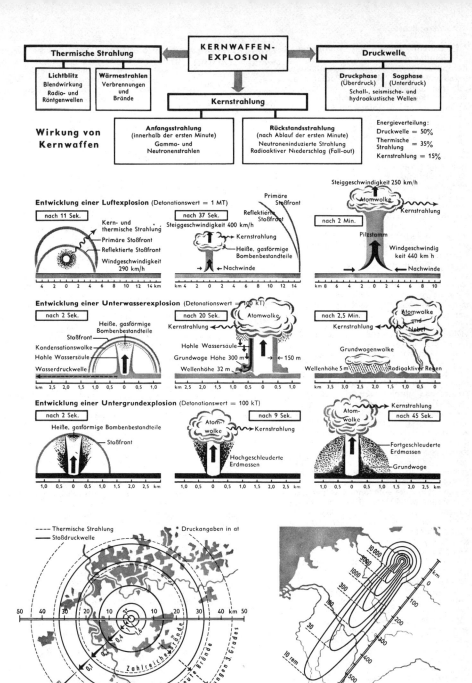

KERNWAFFEN-EXPLOSION

Thermische Strahlung		Druckwelle
Lichtblitz Blendwirkung Radio- und Röntgenwellen	**Wärmestrahlen** Verbrennungen und Brände	**Druckphase** (Überdruck) **Sogphase** (Unterdruck) Schall-, seismische- und hydroakustische Wellen

Kernstrahlung

Wirkung von Kernwaffen

Anfangsstrahlung (innerhalb der ersten Minute) Gamma- und Neutronenstrahlen	**Rückstandsstrahlung** (nach Ablauf der ersten Minute) Neutroneninduzierte Strahlung Radioaktiver Niederschlag (Fall-out)

Energieverteilung:
Druckwelle = 50%
Thermische Strahlung = 35%
Kernstrahlung = 15%

Entwicklung einer Luftexplosion (Detonationswert = 1 MT)

Steiggeschwindigkeit 250 km/h

nach 11 Sek.
Kern- und thermische Strahlung
Primäre Stoßfront
Reflektierte Stoßfront
Windgeschwindigkeit 290 km/h

4 2 0 2 4 6 8 10 12 14 km

nach 37 Sek.
Primäre Stoßfront
Reflektierte Stoßfront
Steiggeschwindigkeit 400 km/h
Kernstrahlung
Heiße, gasförmige Bombenbestandteile
Nachwinde

km 4 2 0 2 4 6 8 10 12 14

nach 2 Min.
Atomwolke
Kernstrahlung
Pilzstamm
Windgeschwindigkeit 440 km h
Nachwinde

km 8 6 4 2 0 2 4 6 8 10

Entwicklung einer Unterwasserexplosion (Detonationswert = 100 kT)

nach 2 Sek.
Heiße, gasförmige Bombenbestandteile
Stoßfront
Kondensationswolke
Hohle Wassersäule
Wasserdruckwelle

km 2,5 2,0 1,5 1,0 0,5 0 0,5 1,0

nach 20 Sek.
Atomwolke
Kernstrahlung
Hohle Wassersäule
Grundwoge Höhe 300 m → ← 150 m
Wellenhöhe 32 m

km 2,5 2,0 1,5 1,0 0,5 0 0,5 1,0

nach 2,5 Min.
Atomwolke und Nebel
Kernstrahlung
Grundwogenwolke
Wellenhöhe 5 m
Radioaktiver Regen

km 3,5 3,0 2,5 2,0 1,5 1,0 0,5 0

Entwicklung einer Untergrundexplosion (Detonationswert = 100 kT)

nach 2 Sek.
Heiße, gasförmige Bombenbestandteile
Stoßfront

1,0 0,5 0 0,5 1,0 1,5 2,0 2,5 km

nach 9 Sek.
Atomwolke
Kernstrahlung
Hochgeschleuderte Erdmassen

1,0 0,5 0 0,5 1,0 1,5 2,0 2,5 km

nach 45 Sek.
Atomwolke
Kernstrahlung
Fortgeschleuderte Erdmassen
Grundwoge

1,0 0,5 0 0,5 1,0 1,5 2,0 2,5 km

---- Thermische Strahlung
—— Stoßdruckwelle
* Druckangaben in at

50 40 30 20 10 10 20 30 40 km 50

Zahlreiche Brände
Verstreute Brände
Verbrennungen 3. Grades
Bis 130 km Glasschäden

10.000 3000 1000 300 30 500 600 10 rem
km 0 100 200 300 400

Links: Die Temperatur- und Druckauswirkungen bei der Luftexplosion einer 20-MT-Atombombe, die in ein industrielles Ballungsgebiet fällt. *Rechts:* Die Ausbreitung der Kernstrahlung einer 20-MT-Kontaktexplosion in 48 Stunden (Nordostwind, 18 km/h).

faßt sich mit Aufbau der Atomkerne u. ∕Elementarteilchen.

Kernpilze, *Pyrenomyzeten,* Schlauchpilze, in faulendem Holz, Mist; z. T. Parasiten auf Pflanzen u. Insekten.

Kernreaktion ∕Atomumwandlung.

Kernreaktor, techn. Anlage zur Ausnutzung der ∕Kernenergie mittels Kernspaltung. Als Spaltstoff kann Uran 235, Uran 233 u. Plutonium 239 in verschiedener Konzentration im Brennstoff benutzt werden. Zur Verlangsamung der Neutronengeschwindigkeit (damit zur Erhöhung der Spaltausbeute) verwendet man *Moderatoren* (Graphit, Wasser); Substanzen (Bor, Cadmium), die Neutronen leicht einfangen, dienen als Materialien der *Regeleinrichtung* zur Steuerung der Zahl der Spaltvorgänge. Als *Kühlmittel,* die die entstehende Wärme abführen (im Kernkraftwerk z. B. zur Dampfgewinnung), verwendet man leichtes u. schweres Wasser, Gase, flüssige Metalle, organ. Flüssigkeiten usw. Nach Konstruktion unterscheidet man u. a.: a) *heterogene* K.: feste Brennstoffe, Kühlmittel u. Moderator sind voneinander getrennt. b) *homogene* K.: Brennstoffe pulverig od. flüssig, das Lösungsmittel ist teilweise auch Moderator u. Kühlmittel. Beide Typen sind vielfach abgewandelt u. in ständiger Weiterentwicklung. Nach Verwendungszweck unterscheidet man: a) Forschungs-K., b) Energie- od. Leistungs-K., c) Antriebs-K., d) Brut-K., Brüter, der durch Neutroneneinfang durch Uran 238 od. Thorium 232 mehr spaltbares Plutonium 239 od. Uran 233 erzeugt, als er selbst verbraucht. – Fusions-K.en, die die Kernenergie mittels ∕Kernverschmelzung nutzbar machen sollen, konnten noch nicht realisiert werden. ☐ 48.

Kernschleifen, Bz. für ∕Chromosomen.

Kernspaltung, *Fission,* Spaltung eines schweren Atomkerns in 2 annähernd gleich schwere Bruchstücke u. oft 2–3 Neutronen (∕Kettenreaktion); meist v. Neutronen ausgelöst. Bei der vollständ. K. v. 1 kg Uran 235 werden ca. 24 Mill. kWh Energie frei (entspricht der Verbrennung v. 2500 t Kohle). ∕Bindungsenergie, kontrollierte K. im ∕Kernreaktor, unkontrollierte K. in ∕Kernwaffen.

Kernteilchen ∕Atom.

Kernteilung ∕Zellteilung.

Kernverschmelzung, *Fusion,* Vereinigung leichter Atomkerne zu schwereren, zum Beispiel Wasserstoff zu Helium. Bei der K. v. 1 kg Wasserstoff zu Helium werden ca. 190 Mill. kWh Energie frei (entsprechend der Verbrennung v. 20 000 t Kohle). Unkontrollierte K. im Innern der Sterne (Energieerzeugung) u. in ∕Kernwaffen; „kontrollierte" K. bis jetzt nur für Bruchteile v. Sekunden in Versuchsanordnungen gelungen (dabei auftretende Temperaturen v. ca. 100 Mill. Grad).

Kernwaffen sind Waffen (Raketensprengköpfe, Bomben, Granaten, Minen), deren Sprengkörperenergie ∕Kernenergie ist, wobei meist ungenau *Atombombe* (Atomwaffe) für Energiequellen aus ∕Kernspaltung *(nukleare Waffen), Wasserstoffbombe* für solche aus ∕Kernverschmelzung *(ther-*

Große Kernkraftwerke in der BRD

(in Betrieb und im Bau)

	Netto-Leistung in MW
Biblis/Rhein	2390
Brunsbüttel/Elbe	771
Esenshamm/Weser	
	1230
Grafenrheinfeld/Main	1229
Gundremmingen/Donau	2488
Krümmel/Elbe	1260
Lingen/Ems	174
Mülheim-Kärlich	1225
Nackarwestheim	805
Obrigheim/Neckar	328
Ohu/Isar	870
Philippsburg/Rh.	864
Stade/Elbe	630
Uentrop/Lippe	308
Würgassen/Weser	640

Entwicklung von Kernwaffen

1. Explosion einer Atombombe:

USA	16.7.45
UdSSR	29.8.49
Großbritannien	3.10.52
Frankreich	13.2.60
China (VR)	16.10.64

1. Explosion einer Wasserstoffbombe:

USA	1.11.52
UdSSR	12.8.53
Großbritannien	15.5.57
China (VR)	17.6.67
Frankreich	24.8.68

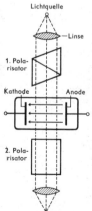

Lichtquelle
Linse
1. Polarisator
Kathode
Anode
2. Polarisator
Lichtempfänger

Kerr-Zelle

monukleare Waffen), Kobaltbombe (wenn zusätzl. ein Mantel aus Kobalt vorhanden ist, aus dem sich das hochradioaktive Kobalt-60-Isotop bildet) gesagt wird. Der Detonationswert v. K. wird in Energieäquivalenten von 1 t explodierenden Trinitrotoluols (TNT) angegeben: 1 kT = 1000, 1 MT = 1 Mill. Tonnen TNT. Die „Sauberkeit" v. K. zeigt den Energieanteil der radioaktiven Spaltprodukte an; absolut saubere K. gibt es nicht; bei jedem Kernwaffenversuch tritt eine radioaktive Verseuchung auf (☐ 477). Nach der Einsatzart unterscheidet man *taktische* u. *strategische* K. – Der bisher einzige Kriegseinsatz v. K. erfolgte 1945 durch die USA auf ∕Hiroshima u. ∕Nagasaki. Angesichts der ungeheuren Vernichtungskraft der K. fordert die Weltöffentlichkeit ihr Verbot. Verhandlungen darüber u. über einen kontrollierten Versuchsstop in Genf 58/62 (mit Unterbrechungen) zw. den USA, Großbritannien u. der UdSSR blieben ebenso ergebnislos wie die seit März 62 in Genf tagende Abrüstungskonferenz v. 17 Staaten. 63 Versuchsstop-Vertrag, 67 Vertrag über kernwaffenfreien Weltraum, 70 trat der Vertrag über Nichtweitergabe nuklearer Waffen (Atomwaffensperrvertrag) in Kraft (∕Abrüstung). – Fkr. (ab 60) u. die VR China (ab 64, 67: 1. H-Bombe) schufen eigene K. – ∕SALT.

Kerpen, rhein. Stadt an der Erft (Erft-Kr.), 53700 E.; vielseitige Industrie.

Kerr, *Alfred* (eig. Kempner), dt. Schriftsteller, 1867–1948; in den 20er Jahren einflußreicher Theaterkritiker; 1933 emigriert.

Kerr-Effekt, nach dem engl. Physiker J. *Kerr* (1824–1907) benannte Zerlegung eines Lichtstrahls durch ein elektr. Feld in 2 Teilstrahlen; ausgenutzt in der *Kerr-Zelle,* zur Steuerung der Helligkeit eines Lichtstrahls.

Kerschensteiner, *Georg,* dt. Pädagoge, 1854–1932; vertrat unter Einfluß v. J. ∕Dewey das Prinzip „produktiver Gemeinschaftsarbeit" im Schulunterricht.

Kertsch, 1) flache Landzunge im O der russ. Halbinsel Krim; Eisenerz- u. Erdöllager. **2)** sowjet. Hafenstadt, 157000 E.; Eisenerzbergwerk u. -verhüttung, Erdölquellen.

Kerygma *s* (gr. = Verkündigung), der Inhalt der christl. Heilsgeschichte, die Gott durch Christi Kreuzestod u. Auferstehung zur Erlösung der Menschheit bewirkte, u. deren legitime Verkündigung. Das K. ist somit die Norm für Dogma u. Theologie.

Kerze, 1) Beleuchtungsmittel, mit aus Baumwolle geflochtenem Docht, der v. erstarrtem Brennmaterial (Wachs, Talg, Stearin, Paraffin) mehr od. weniger dick umhüllt ist. **2)** Abk. für ∕Zünd-K. **3)** im Turnen: Nackenstand. ☐ 1020.

Kescher *m, Hamen,* Handnetz mit Stil, zum Fangen v. Fischen, Vögeln u. Insekten.

Kessel, 1) Metallgefäß, z. B. ∕Dampf-K. **2)** Hohlform der Erdoberfläche. **3)** Dachshöhle; Wildschweinlager, das in den *K.treiben* (Treibjagd) v. den Jägern eingeschlossene Raum. **4)** militär. die Einkreisung feindl. Truppen *(K.schlacht).*

Kesselbergstraße, bayer. Bergstraße, zw. Kochel- u. Walchensee.

Kette: 1 Rundglieder-, 2 Steg-, 3 Haken-, 4 Zahn-, 5 Rollen-K. 6 Kettenfahrzeuge, a Halb-, b Voll-Kettenfahrzeug

Bischof von Ketteler

Kettenbruch

$$b + \cfrac{a_1}{b_1 + \cfrac{a_2}{b_2 + \cfrac{a_3}{b_3 + \cdots}}}$$

$a_1, a_2, a_3 \ldots a_n$ heißen **Teilzähler**

$b_1, b_2, b_3 \ldots b_n$ heißen **Teilnenner**

$\dfrac{a_1}{b_1}, \dfrac{a_2}{b_2}, \dfrac{a_3}{b_3} \ldots \dfrac{a_n}{b_n}$ heißen **Teilbrüche** (Partialbrüche)

Existiert ein Teilbruch $\dfrac{a_n}{b_n}$, so ist der Kettenbruch **endlich**, sonst **unendlich**

Kesselfallenblumen, Blütenstände od. Einzelblüten, deren Staubblätter u. Narben in einem geschlossenen Kessel liegen; Osterluzei, Aronstab.
Kesselring, *Albert,* dt. Generalfeldmarschall, 1885–1960; 1936/37 Chef des Luftwaffengeneralstabes, 41/45 Oberbefehlshaber Südwest (It., Mittelmeer); 47/52 in brit. Haft.
Kesselstein, krustenart. Ablagerung an Kessel- u. Topfwänden, aus Sulfaten u. Carbonaten v. Magnesium u. Calcium, die im Wasser enthalten sind. Verhinderung durch Enthärten des Wassers (↗Härte).
Kesten, *Hermann,* dt. Schriftsteller, * 1900; 1972/76 Präs. des PEN-Clubs der BRD. Romane, Erzählungen, Essays. *Sieg der Dämonen: Ich der König; Dichter im Café.*
Ketchup *s* (: kɛtschap, engl.), *Catchup,* pikante Sauce aus Tomatenmark, Pilz- u. Fleischextrakt u. Gewürzen.
Keton *s,* Verbindungsklasse der organ. Chemie, bei der über —CO— *(Karbonylgruppe)* zwei Kohlenstoffatome miteinander verbunden sind; z. B. viele Zuckerarten, ↗Acëton. **K.körper,** Bz. für ↗Acetonkörper.
Ketschua, *Quechua,* indian. Sprachfamilie in den peruan. u. bolivian. Anden; die Gründer u. Herrscher des Reichs der ↗Inka.
Kette, 1) aus einzelnen ineinandergehängten Metallgliedern zusammengesetztes Band für Zug, Antrieb *(K.nrad)* u. Halterung. Man unterscheidet Ring- od. Glieder-K., Steg-K., Gelenk-K., Zahn-K. u. a. *Raupen-K.n* sind endlose Bänder zum Antrieb v. *K.nfahrzeugen.* **2)** beim Weben die in Längsrichtung laufenden Gewebefäden *(K.ngarn).*
Ketteler, *Wilhelm Emanuel* Frh. v., seit 1850 Bischof v. Mainz, 1811–77; Reichstags-Abg. (Zentrum), einer der Hauptführer der Kirche im ↗Kulturkampf; förderte Sozialreformen u. aktive staatl. Sozialpolitik.
Kettenbaum, Teil des Webstuhls, der die Längsfäden im richtigen Abstand führt.
Kettenbruch, mathemat. eine Folge ineinandergeschachtelter Brüche, bei der der Nenner aus einer ganzen Zahl u. einem Restbruch besteht; wichtig in der Zahlentheorie.
Kettenpanzer, aus Ringen od. Eisendraht geflochtenes Panzerhemd im MA.
Kettenreaktion, 1) in der Chemie: eine Reaktion, bei der miteinander reagierende Moleküle od. Atome durch Übertragung der Reaktionswärme beim Nachbarmolekülen u. -atomen auslösen. Der lawinenartige Verlauf führt zu Explosionen. **2)** in der ↗Kernphysik: die Tatsache, daß bei der ↗Kernspaltung, die durch 1 Neutron ausgelöst wird, 2–3 zusätzl. Neutronen frei werden, die ihrerseits so lange Spaltungen ausführen u. damit weitere Neutronen frei machen, bis alles Spaltmaterial verbraucht ist. Die K. beginnt erst oberhalb einer ↗kritischen Masse und kann durch Moderatoren u. Bremssubstanzen weitgehend gesteuert werden. ↗Kernreaktor.
Kettenstich, Zierstich beim Nähen.
Kettwig, Bahnknoten an der Ruhr, Stadtteil v. Essen (seit 1975); vielseitige Ind.

Ketzer *m,* **1)** spät-ma. Bz. für den Häretiker. **2)** heute diffamierende Bz. für den Andersgläubigen, **3)** i. w. S. auch für den v. einer allg. Meinung Abweichenden.
Keuchhusten, *Blauer Husten, Pertussis,* ansteckende Kinderkrankheit mit Hustenkrämpfen; durch Schutzimpfung bei Kleinkindern weitgehend ungefährl. ☐ 420.
Keuper *m,* oberste Stufe der (german.) Trias-Formation. ☐ 237.
Keuschbaum, 1–4 m hohes Strauch. Eisenkrautgewächs mit immergrünen Blättern u. eßbaren Beeren.
Keuschheit, das im natürl. Schamgefühl begründete, geordnete Verhalten gegenüber dem Geschlechtlichen; in der christl. Überlieferung Tugend der Mäßigkeit.
Kevelaer (: -welar), dt. Marienwallfahrtsort, an der niederländ. Grenze 21 500 E.; Gnadenkapelle (1654); vielseitige Ind.
Key, *Ellen,* schwed. Schriftstellerin u. Pädagogin, 1849–1926; trat für freie Erziehung u. die Emanzipation der Frau ein.
Keynes (: keʲns), *John Maynard,* engl. Nationalökonom, 1883–1946; entwickelte die Theorie v. der Tendenz der Wirtschaft zu dauernder Unterbeschäftigung; trat deshalb f. staatl. Vollbeschäftigungspolitik ein; lehnte 1919 die Reparationspolitik ab; schuf 40/45 das engl. Kriegsfinanzsystem.
Keyserling, 1) *Eduard* Graf v., dt. Erzähler, 1855–1918; Schicksale des dt.-balt. Adels. *Schwüle Tage.* **2)** *Hermann,* Neffe v. 1), dt. Philosoph, 1880–1946; gründete 1920 in Darmstadt die „Schule der Weisheit", die fernöstl. Geist pflegte. *Reisetagebuch eines Philosophen.*
Key West (: ki-), Hauptinsel der Key-Inseln, südl. v. Florida (USA), mit Kurort u. Kriegshafen K. W., 40 000 E.; Autostraße auf 120 km langem Viadukt nach Miami.
kg, Abk. für ↗Kilogramm.
KG, Abk. für ↗Kommanditgesellschaft.
KGaA, Abk. für ↗Kommanditgesellschaft auf Aktien.
Khaiberpaß, engl. *Khyber,* Verbindung zw. Pakistan u. Afghanistan, 1030 m hoch.
Khaki *m,* bräunlich gefärbte Stoffe für Tropen- u. Sportbekleidung.
Khanpur ↗Kanpur.
Khartum, Hst. der Rep. Sudan, am Zusammenfluß v. Blauem u. Weißem Nil, 335 000 E.; Univ., Verkehrs- u. Handelszentrum, Leder- u. Nahrungsmittel-Ind. [turian.
Khatschaturjan (: cha-), *Aram,* ↗Chatscha-
Khedive *m* (pers. = Herr, Gebieter), 1867 bis 1914 offizieller Titel der Herrscher v. Ägypten.
Khmer, hinterind. Volk in Kambodscha, ca. 3,5 Mill.; im MA Träger hoher Kunst.
Khomeini, *Ruhollah Musawi Hendi,* iran. Schiitenführer, * 1902; 64–79 im Exil, wurde 79 zum Führer der iran. Revolution.
kHz, Abk. für Kilohertz. ↗Hertz.
Kiangsi, südostchines. Provinz, Mittelgebirgs- u. Hügelland, 160 000 km², 28 Mill. E.; Hst. Nantschang.
Kiangsu, ostchines. Küstenprovinz, seenreiche fruchtbare Ebene, 100 000 km², 55 Mill. E.; Hst. Nanking.
Kiaulehn, *Walter,* dt. Schriftsteller, 1900 bis

1968; Journalist und Feuilletonist; *Die eisernen Engel; Berlin, Schicksal einer Weltstadt; Rüdesheimer Fragmente.*
Kiautschou (: -tsch<u>au</u>), ehem. dt. Pachtgebiet in Schantung (China), 515 km², 1914: 200000 E.; Hst. Tsingtau.
Kibb<u>u</u>z *m* (Mz. *Kibbuzim*), religiös-eth. fundiertes Gemeinschaftsunternehmen palästin. Juden; heute in Israel bes. als Siedlerkollektiv; als Schulträger auch kulturpolit. bedeutsam.
Kibo *m*, Hauptgipfel des ↗Kilimandscharo.
Kicherling, *Kichererbse,* Platterbse im Mittelmeergebiet mit eßbaren Samen, der Gartenerbse ähnlich.   [radmotor.
Kickstarter, Anwurfvorrichtung für Kraft-
Kidron *m*, Bach u. Tal ↗Kedron.
Kiebitz, 1) Regenpfeifervogel. K.eier gelten als Delikatesse. **2)** Zuschauer beim Spiel.
Kiefer *m*, spangenförm., meist zahntragende Knochen des Menschen u. der Wirbeltiere, die die Mundöffnung stützen; *Ober-K.*, meist mit dem Schädel fest verbunden, *Unter-K.*, bewegl. durch *K.gelenk. K.höhle* ↗Nasennebenhöhlen. *K.höhlenentzündung* ↗Nasennebenhöhlenentzündung. *K.klemme, K.sperre,* Unbeweglichkeit des Unter-K. durch Entzündung od. Muskelkrampf.
Kiefer *w, Föhre, Forle,* Nadelbaum mit gebüschelten langen Nadeln. *Wald-K.*, bis 40 m hoch, bes. auf trockensten Sandböden, auch in Mooren; liefert gutes Brenn-, Gruben-, Eisenbahnschwellen- u. Möbelholz. *Berg-* od. *Zwerg-K.*, schiefstämmig als *Moor-K.* (Spirke) od. als kriechende *Legföhre;* aus ihrem Harz das *Latschenöl.* Im Mittelmeergebiet: ↗Pinie, Schwarz-K., Strand- und Aleppo-K.; am. K.narten: Weymouths-, Gelb-. Besen-, Weihrauch-, Zukker-K. □ 400, 656. **K.neule,** Schmetterling [↗Eule, 2)]. **K.nmarkkäfer** ↗Borkenkäfer. **K.nschwärmer,** grauer Nachtschmetterling. □ 881. **K.nspanner,** Tagschmetterling, schwärzlich-braun. **K.nspinner,** graubrauner Nachtschmetterling. Raupen dieser Schmetterlinge sind Forstschädlinge.
Kiel, Hst. v. Schleswig-Holstein u. wichtiger Hafen an der *K.er Förde,* am Ostausgang des Nord-Ostsee-Kanals, 252200 E.; Univ., PH, Fachhochschule; ev. Landesbischof; Schiffs- u. Maschinenbau, Fischerei.
Kiel *m,* Schiffs-K., unterster Längsträger in der Mitte des Schiffes. **K.boot,** unkenterbares Segelboot mit tiefliegendem Kiel u. daran befestigtem Ballastkiel.
Kielce (: kj<u>e</u>ltße), Hst. der poln. Wojewodschaft K., am Westhang der Łysa Góra, 164000 E.; kath. Bischof; Eisenerzbergbau.
kielholen, 1) fr. Schiff auf die Seite legen zur Reinigung u. Reparatur des Rumpfes. **2)** fr. seemänn. Strafe, bei der ein Matrose an einem Tau unter dem Schiffskiel hindurchgezogen wurde. **Kiellinie,** Schiffe, die hintereinander fahren. **Kielwasser,** hinter einem fahrenden Schiff entstehende Spur.
Kiemen, Atmungsorgane der Wassertiere, Häutchen od. Blättchen, teils in *K.höhle,* oft durch *K.deckel* geschützt. **K.füßer,** Krebstiere des Süßwassers mit K. an den Beinen.
Kien *m, K.baum,* die ↗Kiefer; *K.äpfel,* Kie-

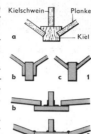

Kiel (Kielarten und
-konstruktionen):
1 Balken-K., 2 Flach-K.;
a aus Holz, b genietet,
c geschweißt

Kiemen: 1 K. beim
Knochenfisch (Rotauge), a von der Seite
(Kiemendeckel entfernt), b Mundhöhle
von oben gesehen
(nach Entfernung des
Hirnschädels);
2 Molchlarve mit äußeren K.; 3 K. in der
Mantelhöhle eines
Tintenfisches; 4 K. des
Flußkrebses (Kopfbruststück rechts
entfernt)

fernzapfen. *K.holz,* mit Harz durchtränktes Kiefernholz; früher als *K.span* zur Beleuchtung benützt. **K.öl,** dunkles Terpentinöl.
Kienzl, Wilhelm, östr. Komponist, 1857 bis 1941. Oper *Der Evangelimann.*
Kierkegaard (: kjärkegår), **Søren,** dän. Religionsphilosoph und Theologe, 1813–55; reifte in der Auseinandersetzung mit dem späteren Idealismus. Unterscheidet 3 Stadien der Existenz: ein ästhet., eth. u. religiöses. Vom Glauben der natürl. Religiosität hebt K. die christl. ab, die jene überhöht, ihr im strengen Sinne paradox ist; denn hier offenbart sich die das menschl. Selbstverhältnis setzende *ewige* Macht als ein *in der Zeit* Gewordenes (Inkarnation). Untersuchungen über Angst *(Über den Begriff der Angst)* u. Verzweiflung *(Die Krankheit zum Tode)* als menschl. Grundbefindlichkeiten haben auf die Existenzphilosophie, seine Formel für den Glauben als absolutes Paradox auf die dialekt. Theologie gewirkt.
Kierspe, westfäl. Stadt im Sauerland, 14000 E.; Kleineisen- u. Kunststoff-Ind.
Kies, 1) durch Wassertransport kantengerundetes Gesteinsmaterial mit einer Korngröße v. 2–60 mm. **2)** Bz. für Mineralien aus Verbindung v. Schwefel mit Metallen.
Kiesel, abgerollte Quarz- u. quarzähnl. Gesteine. **K.algen,** die ↗Diatomeen. **K.erde, K.gur** *w,* auch *Bergmehl,* Pulver aus K.panzern abgestorbener Algen (↗Diatomeen); in mächtigen Lagern (Lüneburger Heide); guter Wärme-Isolator, auch zum Filtrieren v. Flüssigkeiten. **K.säure,** *K.anhydr<u>i</u>d,* Siliciumdioxid, SiO₂, Quarz; Bestandteil des Glases, der Schlacken; Hauptbestandteil aller Eruptivgesteine. **k.saures Alum<u>i</u>nium,** Aluminiumsilicat; als Ton und Porzellanerde. **K.s<u>i</u>nter,** *Kieseltuff,* Mineral, Kieselsäure aus heißen Quellen.
Kieserit *m,* Magnesiumsulfat, ↗Kalisalze.
K<u>ie</u>singer, Kurt Georg, *1904; 58/66 Min.-Präs. v. Baden-Württemberg, 66/69 Bundeskanzler, 67/71 Vors. der CDU.
Kiew, Kijew, Hst. der Ukrain. SSR, am Dnjepr, 2,15 Mill. E.; berühmte Kirchen und Klöster; Ukrain. Akad. der Wiss., Univ., Fach-, Hochschulen, Nationalbibliothek; Verkehrszentrum; Flußhafen; Ind. (Werkzeugmaschinen, chem. Ind., Waggonbau, Schiffswerft); Kernreaktor.
Kigal<u>i</u>, Hst. der Rep. Ruanda, östl. des Kiwusees, 1540 m ü.M., 118000 E.; Zinnbergbau.
Kilauea *m,* Vulkan auf Hawaii, 1235 m hoch; mit von Lava erfülltem Kratersee Halemaumau.
K<u>i</u>lian, hl. (8. Juli), irischer Wanderbischof, um 689 in Würzburg auf Veranlassung der thüring. Herzogin ermordet.
Kilimandsch<u>a</u>ro *m,* höchster afrikan. Berg, auf der Grenze zw. Kenia u. Tansania; vulkan. Gebirgsmasse, Hauptgipfel: Kibo, 5895 m, mit vergletschertem Krater.
Kilo *s* (gr.), Abk. k, vor Maßeinheiten das Tausendfache; z.B. **K.gramm,** Abk. kg, die Einheit der Masse, definiert durch einen Iridium-Platin-Zylinder; 1 kg = 1000 g; **K.meter,** 1000 m; **K.pond,** Abk. kp, veraltete Einheit der Kraft, definiert als die Kraft v. 1 kg

S. Kierkegaard

Masse an einem Ort v. 45° Breite im normalen Schwerefeld der Erde. 1 kp = 1000 p = 9,80665 Newton. **K.wattstunde,** Abk. kWh, Einheit der elektr. Energie.
Kilt m, rockartiger karierter Schurz der männl. Nationaltracht der Schotten.
Kimberley (: li), südafrikan. Stadt in der Kapprovinz, 1223 m ü. M., 104 000 E.; kath. u. anglikan. Bischof. In der Umgebung eines der größten Diamantenfelder.
Kimberlit m, Explosionsbreccie, Muttergestein der südafrikan. Diamanten.
Kimbern (Mz.), *Cimbern,* nordgerman. Stamm aus Jütland; zogen Ende 2. Jh. v. Chr. mit den ↗Teutonen nach Süden; nach Siegen über die Römer (113 bei Noreia u. 105 v. Chr. bei Arausio) u. Vernichtung der Teutonen v. Marius 101 bei Vercellae (Ober-It.) entscheidend geschlagen.
Kimm w, *Kimmung,* die Horizontlinie zwischen Himmel u. Meer. **Kimme** w, Kerbe (am Visier). ☐ 1063.
Kimono m, v. Männern u. Frauen getragenes japan. Gewand (mit weiten Ärmeln).
Kindbett, *Wochenbett,* die 6–8 Wochen nach der Entbindung, während deren sich die weibl. Geschlechtsorgane (nicht die Brüste) auf ihren normalen Zustand vor der Schwangerschaft zurückbilden. **K.fieber,** gefährl. eitrige Infektion der Gebärorgane nach der Geburt; seit ↗Semmelweis sehr selten.
Kinder, rechtl.: die noch nicht das 14. Lebensjahr vollendet haben. **K.arbeit,** ist nur ausnahmsweise erlaubt, z. B. in Haus-, Land- u. Forstwirtschaft, bes. für Familienbetriebe u. nur zw. 8 u. 19 Uhr, nicht vor dem Vormittagsschulunterricht, nicht länger als 2 (während der Ferien 4) Std., bei nicht mehr Volksschulpflichtigen als 6 Std. tägl.; Nachweis der Erlaubnis durch eine Arbeitskarte.
K.dorf, *Jugenddorf,* Siedlung, in der Kinder u. Jugendliche, bes. Waisen u. Flüchtlinge, mit einer ,,Familienmutter'' in kleinen Gruppen leben. ↗SOS-Kinderdörfer.
K.garten, *Kinderhort,* alle Einrichtungen, welche Kinder v. 3–6 Jahren bis zur Aufnahme in die Grundschule stunden- od. tageweise zur Pflege u. Erziehung nehmen; von F. ↗Fröbel 1840 gegr. Die **K.gärtnerin** wird durch 2jähr. Besuch eines *Kindergärtnerinnenseminars* od. einer *Fachschule für K.gärtnerinnen* mit staatl. Abschlußprüfung ausgebildet. Aufnahmebedingungen: mittlere Reife od. schulwiss. Vorprüfung u. hauswirtschaftl. Kenntnisse, **K.geld,** steuerfreier staatl. Zuschuß an Berufstätige bis zu bestimmten Einkommensgrenzen für 2 und weitere Kinder bis zum 18., bei Berufsausbildung sogar bis zum 25. Lebensjahr. – Die Steuerreform sieht eine Ablösung des K. durch ein neues System vor. **K.krankheiten,** Infektionskrankheiten wie Masern, Scharlach, Keuchhusten, Windpocken, Diphtherie, Kinderlähmung. ☐ 420. **K.läden,** Selbsthilfeorganisationen zur antiautoritären Kollektiverziehung v. Kindern bis zum 6. Lebensjahr; ben. nach den dafür angemieteten leerstehenden Ladenlokalen. **K.lähmung,** *Spinale K., Poliomyelitis* od. *Polio,* Infektionskrankheit, bes. bei Kindern u. Ju-

Kurt Georg Kiesinger

Martin Luther King

gendlichen, durch Viren, die über Mund u. Darmkanal in Rückenmark u. Gehirn eindringen, führt zu Muskel- u. Atmungslähmungen; kann zum Tod od. zu bleibenden Schäden (Mißbildungen, Schwachsinn) führen. Bekämpfung durch *Salk-Serum* (Injektion) und *Sabin-Serum* (Schluckimpfung). ☐ 420. **K.psychologie,** untersucht das eigene Gepräge des kindl. Seelenlebens im Unterschied zu dem des Erwachsenen.
Kindesraub, strafbare Entziehung eines Minderjährigen aus der Obhut der Eltern, des Vormunds od. des Pflegers.
Kindesunterschiebung, vorsätzliche Verwechslung eines Kindes bzw. seines Personenstandes; strafbar als Personenstandsfälschung.
Kindheit-Jesu-Verein ↗Päpstl. Missionswerk der Kinder.
Kindstötung, *Kindsmord,* im dt. Strafrecht vorsätzl. Tötung eines nichtehelichen Kindes durch die Mutter in od. gleich nach der Geburt.
Kinematik w (gr.), in der Mechanik: die Bewegungslehre ohne Berücksichtigung der Kräfte, die die Bewegung hervorrufen. **Kinematograph,** Filmvorführgerät.
Kinetik, *kinetische Objekte,* bewegl. Kunstprodukte, die entweder als therm.-mechan. bewegte ↗Mobiles funktionieren oder durch elektromotor. Antrieb in Bewegung versetzt werden.
kinetische Energie, *Bewegungsenergie,* eine durch die Bewegung einem Körper innewohnende Arbeitsfähigkeit, ergibt sich aus dem halben Produkt v. Masse u. dem Quadrat der Geschwindigkeit ($^1/_2\,m\cdot v^2$).
kinetische Gastheorie, führt die grundlegenden Eigenschaften der Gase (↗Gasgesetze) auf die Bewegung der Gasmoleküle zurück.
kinetische Wärmetheorie, besagt, daß die Wärme ein Ausdruck der ↗kinetischen Energie der Moleküle eines Körpers ist; hauptsächl. auf Gase (↗kinet. Gastheorie) u. Festkörper angewandt.
King, *Martin Luther,* am. Negerführer, 1929–68 (ermordet), 1964 Friedensnobelpreis.
Kingston (: -ßt^{e}n), 1) *Kingston upon Hull,* ↗Hull. 2) Hst. u. größte Stadt Jamaikas, 118 000 E.; Univ.
Kinkerlitzchen (Mz.; v. frz. *quincaille* = Flitter), Flausen, Nichtigkeiten.
Kino s (gr.), 1) Lichtspieltheater, ↗Film. 2) aus der Rinde ostind. u. tropisch-afrikan. Bäume ausfließendes gerbstoffreiches Harz.
Kinsey-Report (: kinsej-), enthält die Ergebnisse der v. dem am. Zoologen u. Sexualforscher A. *Kinsey* (1894–1956) veranstalteten Umfrage über das sexuelle Verhalten der am. Bevölkerung.
Kinshasa (: schasa), bis 1966 *Léopoldville,* Hst. der Rep. Zaïre, am unteren Kongo, 2,7 Mill. E.; moderne Tropenstadt. Kath. Erzb., Univ.; moderner Hafen; Werft, Holz- u. Textilindustrie.
Kinzig, 1) r. Nebenfluß des Rheins, mündet bei Kehl; 112 km lang. 2) r. Nebenfluß des Mains, 82 km lang.

Kiosk *m* (östr., türk.), **1)** oriental.: Gartenhaus, erkerartiger Vorbau. **2)** Verkaufs-, Zeitungsstand.

Kioto, *Kyoto,* japan. Stadt auf Hondo, 1,4 Mill. E.; mehrere Univ., kath. Bischof; Hochburg des Buddhismus (945 Tempel); Kunstgewerbe; Textilindustrie.

KIPA, Abk. für Katholische Internationale Presse-Agentur, gegr. 1917, Sitz Freiburg (Schweiz).

Kipling, *Rudyard,* engl. Dichter (in Indien geboren), 1865–1936; realist. Lyrik u. Erzählungen, bes. Tiergeschichten; erschloß die Stoffwelt des indischen Lebens. *Das Dschungelbuch.*

Rudyard Kipling

Kippenberg, *Anton,* dt. Verleger, 1874 bis 1950; leitete seit 1905 den *Insel-Verlag.*

Kipper *m,* **1)** Bühne mit Gleis, zur Entladung aufgefahrener Eisenbahnwagen. **2)** Kraftwagen mit kippbarer Ladepritsche. **3)** Feldbahnwagen (Lore).

Kipper u. Wipper, Münzbetrüger im 17. Jh.

Kipphardt, *Heinar,* dt. Schriftsteller, * 1922; 50/59 Chefdramaturg in Ost-Berlin, seither in der BRD; Lustspiele, zeitkrit. Dramen (*In der Sache J. R. Oppenheimer; Die Soldaten*).

Kippregel, zur topograph. Kartenaufnahme gebrauchtes Visiergerät.

Kippscher Apparat, Gerät zur regelbaren Gaserzeugung in Laboratorien (z. B. Wasserstoff).

Kippschwingung, elektr. Schwingungen ohne sinusförm. Verlauf, z. B. Sägezahn- u. Rechteckschwingungen; wichtige Anwendung in der Fernseh- u. Radartechnik.

Kippschwingungen: Kippschwinggenerator mit zeitlichem Spannungsverlauf am Ladekondensator

Kirche (v. gr. *kyriake* = Haus des Herrn), Bz. für a) das christl. Gotteshaus, b) die darin versammelte Gemeinde u. den Gottesdienst, c) die Gemeinschaft aller christl. Gläubigen insgesamt od. auch nur eines Landes od. einer Konfession. – Der Begriff K. wird verschieden ausgelegt. Nach *kath.* Lehre gibt es nur eine wahre K. Christi, die in der ∕Kath. Kirche ihre sichtbare Wirklichkeit hat. – Die ∕Orthodoxen *K.n* verstehen die K. als Abbild der absoluten K. der drei göttl. Personen mit Christus als dem einzigen Haupt der ganzen K.; in diesem Amt kann kein Bischof sein Stellvertreter sein, auch nicht der Papst. – In den ∕Evangelischen *K.n* gilt die K. bei *Lutheranern* als „Versammlung aller Gläubigen, bei welchen das Evangelium rein gepredigt u. die hl. Sakramente (Taufe u. Abendmahl) laut dem Evangelio gereicht werden"; sie kennen ein Predigtamt, lehnen aber wie die *Reformierten* ein geweihtes Priestertum ab. Letztere betonen in ihrer K.auffassung die Prädestination, die K.zucht u. die bibl. Ämterordnung: Pastoren, Presbyter u. Diakone mit Wahlrecht und Selbstverwaltung der Gemeinden (∕Synode). Lutheraner wie Reformierte sind in Landeskirchen organisiert, die in Dtl. meist in der EKD zusammengeschlossen sind. – Auch die ∕Anglikan. K. lehnt den Vorrang des Papstes ab, hält aber am Bischofsamt fest. – Die ∕Ökumenische Bewegung erreichte eine Zusammenschluß fast aller nichtkath. christl. K.n im ∕Weltrat der K.n, der um

Rudolf Kirchschläger

Kirchenverträge

1924, 62, 67, 68 mit Bayern
1931 mit Preußen
1932 mit Baden
1955, 65 mit Niedersachsen
1957, 63 mit Schleswig-Holstein
1957, 58, 59, 61, 62, 69 mit Nordrhein-Westfalen
1960 mit Hessen
1962 mit Rheinland-Pfalz
1968 mit Saarland
1969 mit Baden-Württemberg
1957 über die ev. Militärseelsorge zw. der BRD u. der EKD

Wiederherstellung der Einheit aller christl. K.n in Bekenntnis u. K.n-Verf. ringt. Auch die ∕Una-Sancta-Bewegung will Mißverständnisse u. Vorurteile ausräumen. Am so begonnenen interkonfessionellen Dialog nimmt die kath. Kirche zunehmend teil.

Kirche Jesu Christi *der Heiligen der letzten Tage* ∕Mormonen.

Kirchen...; K.ältester, gewählter Vertreter einer ev. Gemeinde, auch ∕Presbyter genannt. **K.austritt,** gilt in der *kath.* Kirche, als öff. Lossagen v. der Kirche mit staatsbürgerl. Wirkung, gewöhnl. als Glaubensabfall u. unterliegt dem K.bann. Nach *ev.* Lehre kann die Kirchenzugehörigkeit aufgegeben, bzw. es kann aufgrund der Anerkennung mehrerer gleichartiger christl. Kirchen ein Wechsel vollzogen werden. **K.bann** ∕Bann. **K.bücher,** Tauf-, Trauungs-, Totenbücher usw. **K.gebote,** *i. w. S.* alle doktrinären u. disziplinären Entscheidungen der Kirche; *i. e. S.* im Unterschied v. den Geboten *Gottes* v. der *Kirche* allen Katholiken v. 7. Lebensjahr an auferlegt unter strenger Verpflichtung. **K.gemeinderat,** auch *Gemeindekirchenrat,* in ev. Gemeinden Verwaltungsorgan aus Pfarrern u. Ältesten.

K.jahr, die alljährl. Reihenfolge der kirchl. Feste u. Festzeiten; beginnt mit dem 1. Adventssonntag, geteilt in Weihnachts- u. Osterfestkreis (mit Pfingsten). **K.lehrer,** theol. Schriftsteller, der v. der Kirche wegen der Heiligkeit des Lebens u. Reinheit der Lehre ausdrückl. dazu ernannt wurde. **K.lied,** stroph. Lied in der Volkssprache, im Gottesdienst v. der Gemeinde gesungen; hat im *kath.* Gottesdienst keine *liturg.* Stellung. Das ev. K. entstand aus der Übertragung v. Texten u. Melodien des Gregorianischen ∕Chorals, an dessen Stelle es in der ev. Liturgie getreten ist, u. durch selbständ. Schöpfung u. Übernahme v. Volksliedern (Dichter: M. Luther, P. Gerhardt, Zinzendorff u. a.). **K.musik,** die Kultmusik der christl. Kirchen; entweder an das Wort gebunden (Meßkomposition, mit liturg. Texten; Auslegung des Textes u. der Heilslehre, wie z. B. in geistl. Kantaten) od. durch Form od. stilist. Merkmale kirchl. bezogen. Im Gregorianischen ∕Choral u. im Palestrinastil sieht man das Ideal der kath. K.musik. Neben Gregorian. Gesang, ∕Sequenz, ∕Tropus, traten im 11. Jh. die ersten mehrstimm. Formen (Organum; ∕Motette). Bis ins 14. Jh. bestand kein Unterschied zw. kirchl. u. weltl. Kunstmusik. Im 16. Jh. Vorherrschaft der Motette; ihr wurde um 1600 der A-cappella-Stil Palestrinas entgegengestellt, auf den sich noch der Cäcilianismus des 19. Jh. bezog. Im 16. Jh. erhielten das ∕Kirchenlied u. der ∕Choral einen bedeutenden Platz. Der ∕Barock brachte die Kirchensonate u. in der ev. Kirche die ∕Kantate. In Schütz, Buxtehude u. Bach erstanden große Meister der ev. K.musik. Für die kath. Kirche schrieben im 18./19. Jh. Haydn, Mozart, Beethoven, Bruckner große Konzertmessen. Seit der ∕Romantik versucht man die K.musik wieder stärker an ihren liturg. Zweck zu binden. **K.ordnungen,** im 16. Jh. in der ev. Kirche meist v. der Obrigkeit er-

Kirchenlehrer

(in der Reihenfolge ihrer päpstlichen Ernennung)

1295 Ambrosius
1295 Hieronymus
1295 Augustinus
1295 Gregor d. Gr.
1567 Thomas v. Aquin
1568 Athanasios
1568 Basileios[1]
1568 Gregor v. Nazianz[1]
1568 Johannes Chrysostomos[1]
1588 Bonaventura
1720 Anselm v. Canterbury
1722 Isidor v. Sevilla
1729 Petrus Chrysologus
1574 Leo d. Gr.
1828 Petrus Damiani
1830 Bernhard v. Clairvaux
1851 Hilarius v. Poitiers
1871 Alfons v. Liguori
1877 Franz v. Sales
1882 Kyrillos v. Alexandria
1882 Kyrillos v. Jerusalem
1890 Johannes v. Damaskus
1899 Beda Venerabilis
1920 Ephräm der Syrer
1925 Petrus Canisius
1926 Johannes vom Kreuz
1931 Robert Bellarmin
1931 Albertus Magnus
1946 Antonius v. Padua
1959 Laurentius v. Brindisi
1970 Katharina v. Siena
1970 Theresia v. Ávila
[1] auch in den Ostkirchen verehrte K.

Kiribati

Amtlicher Name:
Kiribati

Staatsform:
Republik

Hauptstadt:
Bairiki

Fläche:
886 km[2]

Bevölkerung:
56 000 E.

Sprache:
Gilbertese (Polynesisch) u. Englisch

Religion:
50% Katholiken Protestanten

Währung:
1 Austral. Dollar = 100 Cents

Mitgliedschaften:
UN, Commonwealth

lassene Ordnungen zur Regelung v. Kult, Recht, Verwaltung, Disziplin, Schule u. Sozialfürsorge; blieben bis ins 19. Jh. in Geltung. Nach 1945 entstanden in den Gliedkirchen der EKD neue K.ordnungen. **K.patron,** 1) Schutzheiliger einer Kirche. 2) auch der Patronatsherr. **K.präsident,** Titel für den Leiter in einigen dt. ev. Landeskirchen. **K.provinz,** Zusammenfassung mehrerer Diözesen zu einem kirchl.-rechtl. Verband; an dessen Spitze ein Metropolit (Erzbischof). **K.rat,** 1) Amts-Bz. od. bloßer Titel. 2) ╱Kirchengemeinderat. **K.raub,** jede gewaltsame Wegnahme u. Aneignung v. Kirchengut; in Dtl. als erschwerter Diebstahl bestraft. **K.recht,** die äußere Rechtsordnung einer christl. Religionsgemeinschaft. Das kath. K.recht, ╱Kanonisches Recht, für den Bereich des lat. Ritus im ╱Codex Iuris Canonici festgelegt. – Spezielle Quellen des ev. K.rechts sind in Dtl. die Grundordnungen der EKD u. der Landeskirchen, die synodalen K.gesetze u. die darauf beruhenden Kirchl. Verordnungen. **K.sprengel** m, Kirchspiel, Gebiet der Kirchengemeinde, Pfarrei. **K.staat,** das im MA u. der NZ dem Papst als souveränem Herrscher unterstehende Staatsgebiet; entstand aus dem Besitz der Röm. Kirche in Mittel- u. Süd-It. u. wurde durch die ╱Pippinische Schenkung als polit. Gebilde begründet; ging 1870 im Kgr. It. auf. ╱Römische Frage; ╱Vatikanstadt. **K.steuer,** Zwangsabgabe der Mitgl. einer Religionsgemeinschaft für Zwecke dieser Gemeinschaft; in Dtl. für Religionsgemeinschaften öff.-rechtl. Charakters erstmals in der Weimarer Reichs-Verf. verfassungsrechtl. garantiert, in das GG. u. in die Verf. der DDR (bis 68) übernommen (hier jedoch ohne Amtshilfe des Staates). In der Regel wird die K.steuer als Zuschlag (zw. 8 u. 10%) zur Einkommen- bzw. Lohnsteuer erhoben. Ihre Verwaltung obliegt grundsätzl. den Kirchen, die aber Veranlagung u. Erhebung aufgrund staatl. Ermächtigung den Finanzämtern übertragen haben. Als Sonder- bzw. Betriebsausgaben voll abzugsfähig. **K.strafen,** durch die kirchl. Obrigkeit verhängt; reichen von der Mahnung bis zur Exkommunikation. **K.töne,** Kirchentonarten, bestimmte Tonreihen in Oktavumfang, die bes. der Gregorian. Choral u. der Musik des MA zugrunde liegen. **K.vater,** Ehrenname für durch kirchl. Wiss. u. Heiligkeit ausgezeichnete Schriftsteller der älteren christl. Zeit. **K.vertrag,** Vertrag zw. einem Staat u. einer ev. Kirche zur Regelung der gegenseitigen Beziehungen. **K.vorstand,** 1) in der kath. Kirche Vorgänger des ╱Pfarrgemeinderats. 2) in der ev. Kirche gewähltes Selbstverwaltungsorgan der Gemeinde; wacht über das Vermögen, teilweise auch über Lehre u. Kirchenzucht.
Kirche von Südindien, 1947 in Madras gegr. Zusammenschluß v. 14 ev. u. anglikan. Bistümern Südindiens u. Ceylons; wegweisend für die ev. Mission; Mitgl. im ╱Weltrat der Kirchen.
Kirchhain, hess. Stadt im Kr. Marburg, 15 400 E.; Tapeten- u. Schraubenfabrik.
Kirchheim unter Teck, württ. Stadt an der

Schwäb. Alb, 31 800 E.; Schloß (16. Jh.). Papier-, Metall-, Holz-, Textil-Industrie.
Kirchheimbolanden, Krst. in der Pfalz, am Donnersberg, 6000 E.; barocke Paulskirche.
Kirchhoff, Robert, dt. Physiker, 1824–87; mit ╱Bunsen Entdecker der Spektralanalyse; grundlegende Arbeiten über Thermodynamik u. Elektrodynamik. Nach ihm ben. die K.schen Regeln, die Strom- u. Spannungsverteilung in verzweigten elektr. Netzen angeben. □ 484.
Kirchhundem, westfäl. Gem. am Fuß des Rothaargebirges, 11 700 Einwohner.
Kirchlengern, westfäl. Gem. im Kr. Herford, 14 700 E.; Kunststoff-Industrie.
Kirchner, Ernst Ludwig, dt. Maler, Graphiker, 1880–1938; Mitbegr. der ╱„Brücke", Expressionist. □ 123.
Kirchschläger, Rudolf, östr. Politiker (parteilos), * 1915; 70/74 Außenminister, seit 74 Bundespräsident. □ 482.
Kirchspiel s, ╱Kirchensprengel.
Kirchweih(e) w, 1) in der kath. Kirche: Weihe einer Kirche u. ihres Altares durch den Bischof. 2) auch der jährl. Gedenktag daran.
K.fest, Kilbe, Kirbe, Kirta, Kerwe, Kirwe, Kirmes, Volksfest am K.tag mit örtl. Bräuchen; heute weithin von der K. gelöst.
Kirgisen, Turkvolk in Mittelasien, im sowjet-chines.-afghan. Grenzgebiet, 1,5 Mill. E.; Viehzüchter, Baumwollpflücker u. Bergarbeiter. **Kirgisische SSR,** Sowjetrep. in Mittelasien, v. den Ketten des 4000–5000 m hohen Alatau durchzogen, 198 500 km[2], 3,53 Mill. E.; Hst. Frunse.
Kiribati, Gruppe v. 16 Atollen, beiderseits des Äquators im Südpazifik; Gewinnung v. Phosphat u. Kopra. Ehemalige brit. Kronkolonie, seit 1979 unabhängig.
Kirin 1) chines. Prov. der Mandschurei, 290 000 km[2], 23 Mill. E.; Hst. Tschangtschun (Changchun). 2) Stadt in 1), 700 000 E.
Kirkenes (: chir-), fr. Kirkenäs, norweg. Hafenort am Varangerfjord, 5500 E.; Aufbereitung der bed. geförderten Eisenerze.
Kirkpatrick (: kö'kpätr'k), Ralph, am. Cembalist, * 1911; führender Interpret barocker Cembalomusik.
Kirkuk, die Stadt ╱Kerkuk in Irak.
Kirman u. **K.schah,** die Städte ╱Kerman u. ╱Kermanschah.
Kirmes w, ╱Kirchweihfest.
Kirn, rheinland-pfälz. Stadt an der Nahe, 9400 E.; über der Stadt die Ruine Kyrburg.
Kirow, bis 1934 Wjatka, russ. Stadt, an der Wjatka, 390 000 E.; Bergbau auf Silber und Kupfer; Textil- und Lederindustrie.
Kirowabad, transkaukas. Stadt in Aserbeidschan, 232 000 E.; Aluminiumkombinat.
Kirowograd, russ. Stadt in der Ukraine, Traktorenwerk, Braunkohlen; 237 000 E.
Kirsche, Obstbäume mit einsamigen Steinfrüchten. Vogel- od. Süß-K., veredelt zu Obst- od. Zierbäumen; Früchte als Obst, zu ╱Kirschwasser; Holz zu Möbeln. Sauer-K. od. Baumweichsel hat säuerl. Früchte. Weitere Sorten: Strauchweichsel, Felsen-K., Japanische K. □ 400, 747.
Kirschfliege, Bohrfliege, deren Larve in Kirschen lebt. **Kirschlikör,** der ╱Cherry Brandy. **Kirschlorbeer,** am Mittelmeer, im-

Knotenpunktsregel:
Die Summe aller Ströme in einem Knotenpunkt ist unter Beachtung der Vorzeichen gleich 0

$$\Sigma I = 0$$

hier $I_1 - I_2 - I_3 = 0$

Maschenregel:
Beim Umlauf um eine Masche ist die Summe der Spannungsabfälle gleich der Summe der eingeprägten Urspannungen bei Beachtung der Vorzeichen

$$\Sigma U = \Sigma E$$

hier $U_1 + U_2 + U_3 = E$

Kirchhoffsche Regeln

Henry A. Kissinger

Kithara:
Orpheus mit K.
(griech. Vasenmalerei)

mergrüner, gift. Zierstrauch; aus den Blättern das *Kirschlorbeerwasser.* **Kirschwasser,** 38- bis 55%iger Edelbranntwein.
Kirst, *Hans Hellmut,* dt. Schriftsteller, * 1914; *08/15; Fabrik der Offiziere; Die Nacht der Generale; Die Wölfe; Kein Vaterland; Alles hat seinen Preis; Ausverkauf der Helden.*
Kiruna, schwed. Ind.-Stadt in Lappland, 31 000 E.; Erzberge Kurunavaara u. Luossavaara, mit Magnetiteisenlager (Vorrat 2 Mrd. t); mit 13 000 km² ist K. flächenmäßig größte Stadt der Erde.
Kirun(g)a-Vulkane, Gebirgsland im Zentralafrikan. Graben; 8 Vulkankegel (bis 4517 m).
Kisangani, bis 1966 *Stanleyville,* Prov.-Hst. der Rep. Zaïre, an den Stanleyfällen des Kongo, 340 000 E.; kath. Erzb.; Univ.; Verkehrsknoten.
Kisch, *Egon Erwin,* östr. Schriftsteller, 1885–1948; große Reportagen u. Reiseberichte; bekannt als „rasender Reporter".
Kischinew (: -njof), *Kischinjow,* Hst. der Moldauischen SSR, in Bessarabien, 503 000 E.; Univ.; Mühlen, Baumwollindustrie.
Kishon (: -schon), *Ephraim,* israel. Journalist u. Schriftsteller, * 1924; satir. Erzählungen u. Theaterstücke. *Der seekranke Walfisch; Pardon, wir haben gewonnen; Nicht so laut vor Jericho; Es war die Lerche.*
Kisil-Irmak, größter Fluß Kleinasiens, mündet nach 1400 km ins Schwarze Meer.
Kismet *s* (türk.), unabwendbares Schicksal; ↗Islam, ↗Fatalismus.
Kissingen, *Bad K.,* bayer. Krst. u. Staatsbad in Unterfranken, 22 500 E.; Kochsalzsäuerlinge, Moorbäder, Saline.
Kissinger (: -ß'ndseh^er), *Henry Alfred,* am. Politiker dt. Herkunft, * 1923; seit 68 Berater R. ↗Nixons für Außen- u. Sicherheitspolitik, 73/77 US-Außen-Min.; 73 Friedensnobelpreis (zus. mit dem Nordvietnamesen Le Duc Tho).
Kistna, *Krischna w,* ostind. Fluß, mündet in den Golf v. Bengalen; 1280 km lang.
Kisuaheli *s,* Sprache der ↗Suaheli.
Kitakiuschu, japan. Stadt im N der Insel Kiuschiu, 1963 gebildet durch Zusammenschluß der Städte Jawata, Tobata, Wakamatsu, Moji und Kokura, 1,05 Mill. E.; Kohlenbergbau, Stahl-, chem. u. Textil-Ind.
Kitchener (: kitsch-), *Herbert Earl,* brit. Feldmarschall, 1850–1916; gewann 1898 den angloägypt. Sudan v. den Mahdisten (↗Mahdi) zurück; 1900/02 Oberbefehlshaber im Burenkrieg, 14/16 Kriegsmin.
Kithara *w,* altgriech. Hauptmusikinstrument; hölzerner Resonanzkasten mit 4–18 Saiten, mit Plektron gezupft.
Kitsch, scheinkünstler. Gebilde.
Kitt *m,* Kleb- u. Füllmaterial, nach einiger Zeit erhärtend; aus organ. (z. B. Bitumen) od. anorgan. (z. B. Zink-, Bleioxid, Zement, Wasserglas) Grundstoffen; K. aus Kunststoffen vielseit. techn. Verwendung.
Kitz *s, Kitze w,* das Junge v. Reh-, Stein- u. Gamswild.
Kitzbühel, Tiroler Wintersportplatz u. Kurort in den nördl. *K.er Alpen,* 763 m ü.M., 8000 E.; südl. *Bad K.* (alkal. Heilquellen), n.w. der *Schwarzsee* mit Moorbad.

Kitzingen, bayer. Krst. am Main (Unterfranken), 20 300 E.; Roßhaar-, Nährmittel- und Leder-Industrie; Wein- und Gartenbau.
Kitzler, die ↗Klitoris.
Kiuschiu, drittgrößte japan. Insel, im Kirischima 1710 m hoch, 41 970 km², 12,3 Mill. E.; Tunnel nach Hondo. Bergbau (Kohle); Textil-, Porzellan-Ind.; Ackerbau.
Kivi, *Aleksis,* finn. Schriftsteller, 1834–1872. Roman *Die sieben Brüder.*
Kiwi, *m,* Schnepfenstrauß, schnellaufender, flugunfähiger Nachtvogel Neuseelands.
Kiwu *m,* See im Zentralafrikan. Graben, 1455 m ü.M. gelegen, 2650 km².
Klabautermann *m,* Schiffskobold.
Klabund (eig. Alfred Henschke), dt. Schriftsteller, 1890–1928; Vertreter des Expressionismus; Gedichte, Chansons, Romane, Dramen (bes. *Der Kreidekreis*).
Kladno, böhm. Ind.-Stadt, n.w. von Prag, 63 000 E.; Eisenwerke, Steinkohlengruben.
Klafter *w,* auch *m* od. *s,* 1) altes Längenmaß verschiedener Länge (1,6–2,9 m). 2) veraltetes Raummaß für Schichtholz (1,8–3,9 m³).
Klage, rechtl. eine Handlung, mit der eine Partei eines Rechtsstreits *(Kläger)* ein gericht schriftl. um ein ihr günstiges Urteil gg. einen bestimmten Gegner *(Beklagten)* angeht. Es kann begehrt werden: Verurteilung zu einer Leistung *(Leistungs-K.),* Feststellung des Bestehens od. Nichtbestehens eines Rechtsverhältnisses *(Feststellungs-K.),* Herbeiführung einer Rechtsänderung durch richterl. Urteil *(Gestaltungs-K.).*
Klagelieder, Buch im AT, 5 Lieder, in denen das Ende Judas u. Jerusalems beklagt wird; Einheit der Verfasserschaft umstritten; der griech. Text nennt ↗Jeremias als Verfasser.
Klagemauer, Teil der alten Ringmauer des Tempels in Jerusalem, an der jüd. Beter den Untergang des Tempels beklagen.
Klagenfurt, Hst. v. Kärnten, im *K.er Becken,* 82 500 E.; Sitz der Landesregierung u. des Bischofs v. Gurk. Straßenbahn zum Wörther See; Lederwaren-Ind.
Klages, *Ludwig,* dt. Psychologe, 1872–1956; Vertreter der Ausdrucks- u. Charakterforschung, einer der Begr. der Graphologie; Vertreter der ↗Lebensphilosophie. WW: *Der Geist als Widersacher der Seele; Handschrift u. Charakter.*
Klaipeda, litauisch für ↗Memel.
Klamm *w,* enge, tiefe Talschlucht.
Klammeraffen, süd-am. Affenarten, mit langen Armen; Fell zu Pelzwerk.
Klampfe *w,* süddt. für Gitarre.
Klang, im Gehirn entstehende Empfindung, ausgelöst durch Reizung des Gehörapparats durch period. Schwingungen; besteht aus einer Summe v. Teiltönen verschiedener Stärke u. Anzahl: *K.spektrum* u. *K.farbe.*
Klangfiguren, entstehen auf sandbestreuten Platten, wenn deren Rand mit einem Bogen in Schwingungen versetzt wird.
Klapperschlangen, sehr giftige Grubenottern, tragen am Schwanzende eine Klapper. *Eigentl. K.,* bis 2 m lang; in Nordamerika. *Rauten-K.*
Klappertopf, Rachenblütler mit gelben Blüten, Halbschmarotzer; Wiesenunkraut.

Kiwi

Klapperschlange: unten die sich überschneidenden Gesichtsfelder der beiden Grubenorgane (Infrarotaugen); die Empfindlichkeit dieser Wärmerezeptoren ist so groß, daß die Temperaturerhöhung um $^3/_{1000}$ °C durch eine Maus in 15 cm Entfernung noch registriert werden kann

Josef Klaus

Klara, hl. (11. Aug.), 1194–1253; v. hl. Franz v. Assisi für das Armutsideal gewonnen; stiftete mit ihm den *Klarissenorden.*
Kläranlage, zur Reinigung städt. od. industrieller Abwässer; als Großanlagen die *Rieselfelder.* In Faulkammern od. in biolog. K.n Bildung v. **Klärgas,** aus Methan u. anderen Gasen, als Heizgas verwendbar. ☐ 4.
Klarinette w, Holz-Blasinstrument, seit dem 18. Jh. im Orchester viel verwandt. ☐ 650.
Klasse w (lat.), **1)** gesellschaftl. im Ggs. zum Stand jede (Groß-)Gruppe mit einem speziellen Gruppeninteresse u. dem Ziel, gg. eine andere Gruppe eine bestimmte Gestaltung der gesellschaftl. Verhältnisse zu erkämpfen bzw. zu verteidigen. **2)** in der Biologie: Zusammenfassung v. Ordnungen mit gleichen Merkmalen, z. B. K. der Vögel, Insekten, Schachtelhalmgewächse. ↗Systematik. **K.nkampf,** die marxist. Lehre v. K.nkampf, beruht auf der Vorstellung, daß der Interessen-Ggs. zw. den gesellschaftl. Gruppen unauflösl. ist, daß also nur der Kampf bleibt mit dem Ziel der wirtschaftl. Entmachtung der ausbeutenden durch die ausgebeutete Klasse *(Diktatur des Proletariats).* **k.nlose Gesellschaft** ↗Marxismus. **K.nwahlrecht** ↗Dreiklassenwahlrecht. ☐ 1076.
Klassifikation w (lat.; Ztw. *klassifizieren*), Einteilung.
Klassiker, urspr. Autor des klass. Alt.; dann allg. anerkannte Geistesgröße. Mit den dt. K.n i. e. S. sind die Dichter u. Denker v. Lessing bis Goethe gemeint *(Klassik).*
klassisch, 1) i. e. S.: auf die griech. u. röm. Antike bezogen (im besonderen etwa des griech. 6./5. Jh. v. Chr.). **2)** im weiteren: mustergültig, typisch, vollendet. **3)** die vollentfaltete Entwicklung innerhalb eines Zeitabschnitts (z. B. k.e Gotik). **4)** auch auf die Lehrmeinung der großen Meister der Wiss. bezogen (k.e Physik). **5)** in der Kunst heißt k. harmonisch, in Inhalt u. Form ausgewogen, v. einer idealen, an der Antike gebildeten Norm aus bestimmt. **Klassizismus,** allg. jede Kunstrichtung, die die Umbildung nationaler u. zeitbedingter Ausdrucksformen in den antiken Formenkanon erstrebt, oft mehr eine Nach- als eine Neuschöpfung; bes. die Epoche seit 1750, deren Ausläufer teilweise weit ins 19. Jh. reichen. Die *Architektur,* in der England u. Fkr. führen, vertreten in Dtl. Schinkel, v. Klenze, Gärtner, Weinbrenner. In der *Plastik:* Canova (Italiener), Thorvaldsen (Däne), die Dt.en Rauch, Schadow u. a.; in der Malerei überragen die Franzosen J.-L. David u. Ingres. **klassizistisch,** die klass. Formensprache nachahmend, v. einem bestimmten Zeitstil her umschmelzend.
Klassizität w (lat.), Allgemeingültigkeit.
Klaue, hornige Zehenbekleidung bei Wiederkäuern u. Schweinen.
Klaus, *Josef,* östr. Politiker, * 1910; 61/63 Finanz-Min., dann Vorsitzender der ÖVP (bis 70) u. 64/70 Bundeskanzler.
Klause w (lat.), **1)** v. der Welt abgeschlossene Zelle od. Behausung; Einsiedelei. *Klausner m,* Einsiedler. **2)** Talenge *(Kluse),* z. B. *Veroneser K., Salurner K.*

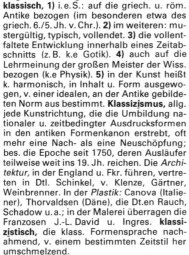

Klassizismus: oben Orangerieschloß in Kassel (1711 vollendet); unten J.-A.-D. Ingres (1780 bis 1867), „Tu Marcellus eris"

Klausel w (v. lat. ↗*clausula*), Bestimmung in einem Rechtsgeschäft, die dessen Wirkungen für gewisse Fälle aufheben od. abändern soll. ↗Clausula rebus sic stantibus.
Klausenburg, rumän. *Cluj-Napoca,* ungar. *Kolozsvár,* zweitgrößte Stadt Rumäniens, in Transsilvanien, 274 000 E. Mittelpunkt der in Rumänien lebenden Ungarn. 2 Univ., 3 Hochschulen, ev. u. orth. Bischof. Wirtschaftl. Mittelpunkt Nord- u. Westsiebenbürgens mit bedeutender Ind.
Klausener, *Erich,* dt. Jurist, 1885–1934; Ministerialdirektor, Leiter der Kath. Aktion in Berlin; am 30. 6. 34 v. der SS ermordet.
Klausenpaß, Paß in den Glarner Alpen, 1948 m hoch, verbindet das Linthtal mit der Gotthardstraße.
Klausur w (lat.), **1)** Abgrenzung der engeren Klosterräume gg. den freien Verkehr mit außen. Verboten ist im allg. jeder Zutritt v. Personen andern Geschlechts; bei der strengeren (päpstl.) K. der Nonnen auch der

Austritt aus den K.räumen u. der Eintritt aller Fremden. **2)** i. ü. S. eine Beratung z. B. polit. Parteien unter völligem Ausschluß der Öffentlichkeit. **K.arbeit,** unter Aufsicht angefertigte Prüfungsarbeit.
Klaviatur w (lat.), *Tastatur,* die Tastenreihe eines Instruments für Hände (Tastatur) od. Füße (Pedal).
Klavier s (lat.), bis ins 18. Jh. Oberbegriff für alle Tasteninstrumente, heute Bz. für das *Hammer-K.* (Piano, Flügel). Das K. entstand um 1700 aus dem Hackbrett. Es umfaßt in der Regel 8 Oktaven; jeder Ton besitzt 3 Saiten, die, über einen Metallrahmen gespannt, an Stimmwirbeln befestigt sind u. durch auf Tastendruck reagierende Filzhämmerchen angeschlagen werden. Durch Pedaltritt kann die Dämpfung aufgehoben (der Ton klingt nach) od. die Lautstärke geändert werden. Beim Piano stehen die Saiten senkrecht, beim Flügel liegen sie waagrecht. Eines der verbreitetsten Musikinstrumente. **K.auszug,** Einrichtung eines in Partitur gesetzten Tonstücks für K.
Klebe, *Giselher,* dt. Komponist, * 1925; lehrt seit 57 in Detmold; Instrumentalmusik in moderner Satztechnik, Opern (u. a. *Alkmene; Die Räuber; Figaro läßt sich scheiden; Ein wahrer Held; Das Mädchen von Domrémy).*
Kleber m, auch *Gluten* u. *Aleuron,* in Getreidekörnern enthaltene Eiweißstoffe, als Klebmittel verwendbar; bedingt das „Aufgehen" u. den Zusammenhalt des Brotes.
Kléber (: klebär), *Jean-Baptiste,* frz. General, 1753–1800 (ermordet); v. Napoleon als Befehlshaber in Ägypten zurückgelassen.
Klebstoffe, Stoffe, die durch Adhäsion u. Kohäsion von Stoffen miteinander unter Gefügeveränderung verbinden; in Wasser lösl. K. heißen Leime, wäßrige K. Kleister. Neben K.n aus Naturstoffen verbreiten sich K. aus Kunststoffen immer mehr, bes. als

Paul Klee: „Fische" (1921)

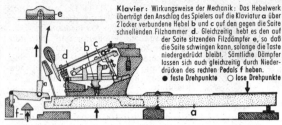
Klavier: Wirkungsweise der Mechanik: Das Hebelwerk überträgt den Anschlag des Spielers auf die Klaviatur a über 2 locker verbundene Hebel b und c auf den gegen die Saite schnellenden Filzhammer d. Gleichzeitig hebt es den auf der Saite sitzenden Filzdämpfer e, so daß die Saite schwingen kann, solange die Taste niedergedrückt bleibt. Sämtliche Dämpfer lassen sich auch gleichzeitig durch Niederdrücken des rechten Pedals f heben.
● feste Drehpunkte   ○ lose Drehpunkte

Metall-K. zur Metallverbindung (Gewichtsersparnis bei gleicher Festigkeit). K. i. w. S. sind auch die verschiedenen Arten ↗Kitt.
Klee, Schmetterlingsblütler mit dreiteiligen Blättern; bestes Futterkraut. *Wiesen-K.* führt bei aufeinanderfolgendem Anbau zur K.müdigkeit. Frostunempfindl. der *Bastard-K.* Der *Weiß-K.* ist Unkraut auf Rasenplätzen, aber gute Weidepflanze.
Klee, *Paul,* dt. Maler und Graphiker, 1879 bis 1940; seit 1933 in der Schweiz. Wegbereiter der ↗Abstrakten Kunst, lehrte am ↗Bauhaus u. in Düsseldorf (bis 1933).
Kleesalz, saures Kaliumoxalat, gift. Bestandteil des Sauerklees.
Kleesäure, *Oxalsäure,* wasserlösl. gift. Kristalle; als Beize, zum Bleichen, Entfernen v. Flecken.
Kleiber, m, *Spechtmeise,* Klettervogel; vertilgt schädl. Forstinsekten. □ 1045.
Kleiber, *Erich,* östr. Dirigent, 1890–1956; leitete 1923/35 die Berliner Staatsoper, seitdem meist im Ausland.
Kleie, Müllereiabfälle, Keimlinge u. Schalen der Getreidekörner; Kraftfutter.
Kleienflechte, 1) kleienförm. Schuppung bei Austrocknung u. Unterernährung der Haut. **2)** bei Haustieren: *Schuppenflechte,* durch Unreinlichkeit, schlechte Ernährung.
Klein, *Felix,* dt. Mathematiker, 1849–1925; Untersuchungen zur Geometrie, Gruppentheorie usw.; förderte den naturwiss.-mathemat. Unterricht.
Kleinasien, die zw. Schwarzem Meer u. östl. Mittelmeer nach W vorspringende Halbinsel, Übergangsland zw. Europa u. Asien; Hauptteil der heutigen Türkei.
Kleinbetrieb, im Gewerbe bis zu 5 Beschäftigte, in der Landwirtschaft bis zu 5 ha.
Kleindeutsche ↗Großdeutsche.
Kleine Antillen ↗Antillen.
Kleine Entente (: -antānt) ↗Entente.
Kleine Karpaten, westlichster Teil der ↗Karpaten, v. Preßburg bis zur Miavasenke, bis 767 m hoch.
Kleingarten, 100–600 m² groß, auf städt. od. staatl. Gelände, das zu niedrigem Preis verpachtet wird; kann nur mit wichtigem Grund gekündigt werden (auch *Dauer-K.).*
Kleinhirn, Teil des ↗Gehirns, unterhalb der Hinterhauptlappen des Großhirns; zur Erhaltung des Körpergleichgewichts.
Kleinmachnow (: -nö), Gem. im Kr. Potsdam, s.w. von Berlin, 14300 E., landw. Institute.
Kleinod s, kostbares Schmuckstück.
Kleinrussen ↗Ukrainer.
Kleintierzucht, die Zucht u. Haltung v. Bie-

Klavier: Saitenbespannung in einem Stutzflügel

Giselher Klebe

Otto Klemperer

nen, Geflügel, Kaninchen, Schafen, Schweinen u. Ziegen.

Kleist, 1) *Ewald v.,* dt. Dichter, 1715–59; patriot. Oden. **2)** *Heinrich v.,* dt. Dichter, 1777–1811; Offizier, studierte dann Mathematik u. Philosophie; Journalist; endete in wirtschaftl. Not, scheiternd in seinen patriot. Plänen u. menschl. Beziehungen; gab sich 1811 selbst den Tod. Die Begegnung mit Kant und Fichte führte seinen elementaren Wahrheitsdrang in verzweifeltes Forschen nach einer Gewißheit des Absoluten. Auch die Sicherheit des Gefühls, die ihm als Richtschnur für menschl. Handeln allein noch beständig schien, erwies sich ihm als relativ. Alle Gestalten werden in Verwirrungen des Gefühls gestürzt, in denen sie durch eigene innere Maßlosigkeit scheitern (die Dramen *Robert Guiscard* [Fragment], *Familie Schroffenstein, Penthesilea;* die Novelle *Michael Kohlhaas*), nur nicht der *Prinz v. Homburg* (Drama), in glückhafter Schlußfügung. Auch K.s Lustspiele entfalten sich auf dem Grund trag. Bewußtseins *(Der zerbrochene Krug, Amphitryon;* ferner das Schauspiel *Käthchen v. Heilbronn).* Vollendete sprachl. Gestalt u. straffe Durchführung im innern u. äußern Aufbau.

Kleister ⁄Klebstoffe.

Klemens v. Alexandria, Philosoph u. Kirchenschriftsteller, um 150 bis um 215 n. Chr.; wahrscheinl. aus Athen; Schulleiter in Alexandria; Initiator der theolog. Methode u. erster Meister der christl. Mystik.

Klemens, 14 Päpste, bes.: **K. I.,** hl. (23. Nov.), 92/101 Bischof v. Rom; sein Brief an die Korinther verteidigt die Unabsetzbarkeit der Kirchenvorsteher. **K. V.,** Franzose, 1305/14 Pp.; verlegte 09 die Kurie nach Avignon, war abhängig vom frz. Kg. **K. VII.,** 1478–1534; 1523 Pp., Gegner v. Ks. Karl V., dessen Söldner 27 Rom plünderten. **K. XIV.,** 1705–74; 69 Pp., verfügte 73 die Aufhebung des Jesuitenordens.

Klemperer, *Otto,* dt. Dirigent, 1885–1973; 1933–1946 in den USA, 54/62 in Zürich.

Klenze, *Leo v.,* dt. Architekt, 1784–1864; seit 1815 für Kg. Ludwig I. in München tätig; Klassizist; *Glyptothek* u. *Alte Pinakothek* in München, Befreiungshalle bei Kelheim, *Eremitage* in Leningrad.

Kleopatra (VII.), letzte ägypt. Königin aus dem Ptolemäergeschlecht, 51 v. Chr.; Verbündete u. Geliebte Caesars; Frau des Antonius, tötete sich nach dessen Niederlage und Tod. **K.schlange,** afrik. Brillenschlange, bis 2,2 m lang, sehr giftig.

Klepper, *Jochen,* dt. Schriftsteller, 1903–42 (schied mit seiner jüd. Frau aus dem Leben); Roman *Der Vater* über Friedrich Wilhelm I., Tagebuch: *Unter dem Schatten deiner Flügel, Geistl. Lieder.*

Kleptomanie *w* (gr.), krankhafter Trieb zur Aneignung fremder Gegenstände.

klerikal (gr.-lat.), zum geistl. Stand gehörend. **Klerikalismus** *m,* Kampfwort gg. kirchl. Einfluß im öff. Leben. **Kleriker** *m,* Geistlicher. **Klerus** *m* (gr.), der geistl. Stand; Zugehörigkeit beginnt in der kath. Kirche mit Empfang der Diakonatsweihe.

Klette, Köpfchenblütler, dessen Blüten-

Heinrich von Kleist

Umluft   Frischluft

Luftbehandlungskammer

Reinigung
Befeuchtung
Beheizung
oder Kühlung

Regelsignale

Nacherwärmung

Raum

Thermostat
Feuchtigkeitsmesser

Klimatisierung: schematische Darstellung einer Klimaanlage

G. Klimt: Corinna – Stehendes Mädchen im Rüschenkleid (um 1905)

köpfchen durch die Hüllblattspitzen an Kleidern u. Haaren haften.

Klettenberg, *Susanna Katharina v.,* 1723 bis 1774; Herrnhuterin, v. Einfluß auf den jungen Goethe, der ihre „Bekenntnisse einer schönen Seele" in *Wilhelm Meisters Lehrjahre* aufnahm.

Kletterfisch, ⁄Labyrinthfisch Südasiens; vermag über Land zu andern Gewässern zu wandern.

Kletterpflanzen, Gewächse, deren langer Sproß an Pflanzen, Felsen, Mauern emporklettert als Windepflanzen (Bohne), Rankenpflanzen (Erbse, Wicke), Wurzelkletterer (Efeu).

Klettgau, bad.-schweizer. Landschaft, zw. Wutach u. Rhein bis zum Randen.

Kleve, Krst. l. am Niederrhein (Hafen), nahe der niederländ. Grenze, 44 100 E.; Schwanenburg (Schauplatz der Lohengrinsage). Schuh-, Keks-, Margarinefabriken. – Ehem. Gft., 1417 Htm., im 16. Jh. mit Jülich u. Berg vereinigt; fiel im ⁄Jülich-Kleveschen Erbfolgestreit an Brandenburg, war 1757/1814 zeitweise bei Fkr., dann preußisch.

Klient *m* (lat.), Kunde, namentlich eines Rechtsanwaltes. **Klientel** *w,* Kundschaft.

Kliff *s,* durch die Brandung gebildeter Steilabfall der Küste *(K.küste).*

Klima *s* (gr.), Gesamtheit aller meteorolog. Erscheinungen innerhalb eines größeren Zeitraumes für einen bestimmten Ort. *Land-K.,* große Gegensätze der Sommer- u. Wintertemperatur, *See-K.,* ausgeglichene Sommer- u. Wintertemperaturen. Die *Klimatologie* untersucht das K. mit statist. Methoden, die *Bio-Klimatologie* die Einwirkungen des Klimas auf den Organismus.

K.anlage ⁄Klimatisierung.

Klimakterium *s* (gr.), ⁄Wechseljahre.

Klimaschwankungen, in größeren Zeitabschnitten der Erdgeschichte wiederkehrende Änderungen des Großklimas. Zur Erklärung dienen die period. Änderung der Erdbahnelemente, die sich ändernde Verteilung v. Land u. Meer od. kosmische Einflüsse, z. B. ⁄interplanetare Materie zwischen Sonne u. Erde.

Klimatisierung, auch *Konditionierung,* Einstellen der Luft geschlossener Räume auf bestimmte Temperatur und Feuchtigkeit durch *Klimaanlagen.* Anwendung in Verkehrsmitteln, Geschäfts- u. Fabrikräumen usw.

Klimsch, *Fritz,* dt. Bildhauer, 1870–1960; Aktfiguren, Denkmäler, Bildnisbüsten im Stile des Neuklassizismus.

Klimt, *Gustav,* östr. Maler u. Graphiker, 1862–1918; führender Vertreter des Jugendstils; symbol. Wandmalereien, Bildnisse, Frauenakte, Zeichnungen.

Klingel, meist die elektr. Schwachstrom-K., bei der ein Elektromagnet mit Unterbrecher den Klöppel in schneller Folge an die Glokkenschale schlägt. **K.transformator,** Kleintransformator zur Umwandlung der Netzspannung (220 V) in 3–8 V, zum Betrieb der Klingel.

Klingenthal, sächs. Krst. u. Wintersportplatz im Erzgebirge (Bez. Karl-Marx-Stadt), 14 000 E.; Musikinstrumentenbau mit Fachschule.

M. Klinger: Der Handkuß (Radierung aus der Folge „Ein Leben")

Klinger, 1) *Friedrich Maximilian,* dt. Dramatiker, 1752–1831; zuletzt russ. General. Gab mit seinem Drama *Sturm u. Drang* der Geniezeit den Namen. **2)** *Max,* dt. Maler, Graphiker u. Bildhauer, 1857–1920; mischt antike, german. u. christl. Bildungsinhalte; *Paris-Urteil, Christus im Olymp;* Plastik nach hellenist. Vorbild aus verschiedenfarbigem Material *(Beethoven).* Seine graph. Technik weist z. B. mit der *Brahms-Phantasie* in die moderne Kunst.

Klingsor, Gestalt des Zauberers in Wolframs Parzival, bei Novalis das Ideal des Dichters, bei R. Wagner die Verkörperung der Sinnlichkeit.

Klinik (gr.), Anstalt meist zur fachärztl. Behandlung Kranker.

Klinke, 1) Handgriff am Türschloß. **2)** Sperrhebel bei Hebezeugen.

Klinker, hartgebrannter Ziegel.

Klio, Muse der Geschichtsschreibung.

Klippe, an Steilküsten ein Fels über od. dicht unter der Wasseroberfläche.

Klipper *m* (engl.), ein schneller Handelssegler zum Teetransport.

Klippfisch ↗Dorsch.

Klippschliefer, *Klippdachs,* afrikan., murmeltierähnliches Huftier.

Klischee *s* (frz.), **1)** jeder Druckstock für den Hochdruck. **2)** übertragen: billige Imitation.

Klistier *s* (gr.), der ↗Einlauf.

Klitoris *w* (gr.), *Kitzler,* schwellfähiges weibl. Geschlechtsorgan an oberer Vereinigung der kleinen Schamlippen.

Kloake *w* (lat.), **1)** unterird. Abwasserkanal. **2)** Endabschnitt des Darms, wenn in diesen ebenfalls die Harn- u. Geschlechtswege münden, bei den K.ntieren, so bei Haien, Reptilien, Amphibien u. Vögeln. **3)** Eiterhöhle in Knochen. **K.ntiere,** *Monotremen,* Säugetiere mit K. u. zahnlosem Kiefer.

Kloben, 1) eiserner Beschlag, um dessen Dorn sich die Türe dreht. **2)** eisernes Widerlager. **3)** rechtwinklig abgebogener Nagel. **4)** Werkzeug, z. B. der ↗Feilkloben.

Klodnitz *w,* Nebenfluß der Oder, 75 km lang; begleitet vom *K.kanal* (zur Oder).

Kłodzko (: kᵘått ßkå) ↗Glatz.

Klondike, *Klondyke m* (: klondaik), Nebenfluß des Yukon in Kanada; durchfließt den Goldbezirk (1896 Goldfunde).

Klootschießen, dem ↗Eisschießen ähnl. Eissport mit bleigefüllten Holzkörpern.

klopfen, im Verbrennungsmotor (Otto-Motor) bei hoher Verdichtung auftretendes klopfendes Geräusch, entsteht überwiegend durch Selbstentzündung des Kraftstoff-Luft-Gemischs; z. T. behebbar durch klopffeste Kraftstoffe (hohe Oktanzahl).

Klopfkäfer, *Bohrkäfer,* kleine, schwarze, walzenförm. Käfer, deren Larven trockenes Holz unter Klopfgeräusch zernagen.

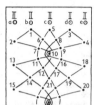

Klopfkäfer: **a** Käfer, **b** Bohrlöcher mit Bohrmehl

Klopfnächte, *Klöpfelnächte,* in Mittel- u. Süd-Dtl. im Volksbrauchtum die 3 Donnerstage vor Weihnachten, auch die „Zwölf hl. Nächte" nach Weihnachten, wo die Jugend abends lärmend Gaben heischt.

Klöppel, 1) ↗Klöppeln. **2)** Glockenschwengel. **3)** K., *Klöpfel,* Holzhammer.

klöppeln, Herstellung v. *Klöppelspitzen* v. Hand durch Wechseln, Drehen, Flechten u. Kreuzen v. Fäden, die auf kleinen Spulen *(Klöppeln)* aufgespult sind. Als Unterlage dient das Klöppelkissen mit Klöppelbrief, der das Muster zum Festhalten der Knoten durch Stecknadeln angibt.

klöppeln: oben Klöppelbrief mit Arbeitsmuster, unten die danach geklöppelte Spitze

Klopstock, *Friedrich Gottlieb,* dt. Dichter, 1724–1803; studierte ev. Theologie; Hauslehrer; Schöpfer der gehobenen dt. Dichtersprache in einer Verbindung v. Gefühl, Pathos u. Gedanke. Oden *(Zürcher See, Frühlingsfeier);* Versepos *Der Messias.*

Klose, *Hans-Ulrich,* * 1937; 74–81 1. Bürgermeister von Hamburg (SPD).

Klosett *s* (engl.), Spül-Abortanlage. ☐ 2.

Kloß (Mz. *Klöße),* südd. *Knödel,* nd. *Klops,* gekochter Ballen aus hacktem Fleisch od. Fisch (mit Zutaten), aus Kartoffeln, Mehl, Grieß od. Weißbrot.

Kloster, von der Außenwelt abgeschlossene, gemeinsame Wohnung v. Ordensleuten (↗Klausur); entwickelte sich aus den Einsiedlerkolonien des Orients; v. kopt. Mönchen im Abendland heimisch gemacht, wo es zu einer ausgedehnten Anlage mit Wirtschaftsgebäuden, Werkstätten usw. wurde. Das K. ist ein Mittelpunkt v. Seelsorge, Caritas, Gelehrsamkeit. An der Spitze der Abt, Propst, Prior, Superior, Guardian, Präses od. Rektor. Auch in der anglikan. u. versuchsweise in ev. Kirchen gibt es neuerdings Klöster. In den buddhist. Ländern, bes. in Tibet u. Japan, sind die K. ebenfalls religiöse u. kulturelle Zentren.

Klosterneuburg, niederöstr. Stadt an der Donau, 22000 E.; Augustiner-Chorherrenstift (1106 gegr.), wertvolle Kunstwerke.

Klosters, Schweizer Kurort u. Wintersportplatz in Graubünden, 1210 m ü. M., 4000 E.; Schwebebahn zum Gotschnagrat.

Kloten, schweizer. Gem. (Kt. Zürich), 16500 E.; Flughafen v. Zürich.

Klub, *Club m* (engl.), freiwill. u. geschlossene Vereinigung zur Pflege der Geselligkeit u. besonderen Interesses.

Kluge, 1) *Alexander,* dt. Schriftsteller u.

Hans-Ulrich Klose

F. G. Klopstock

Filmregisseur, * 1932; unter Verwendung v. Montagetechnik halbdokumentarische „Romane" (Schlachtbeschreibung); avantgardist. Filme (Abschied v. Gestern; Die Artisten in der Zirkuskuppel: ratlos). 2) Friedrich, dt. Germanist, 1856–1926; Etymologisches Wörterbuch der dt. Sprache. 3) Kurt, dt. Bildhauer, Maler u. Schriftsteller, 1886 bis 1940; humorist. Roman Der Herr Kortüm.
Klumpfuß, Pes varus, angeborene od. erworbene Mißbildung des Fußes mit nach innen gerichteter Fußsohle.
Klüngel m, 1) Knäuel. 2) Parteiwirtschaft.
Kluppe w, 1) Werkzeug zum Schneiden v. Außengewinden. 2) große Schublehre.
Klüse w, ovale Öffnung in der Schiffswand für Ketten u. Taue.
Klüver m, dreieckiges Vorsegel, zw. vorderstem Mast u. Bugspriet bzw. dessen Verlängerung, dem **K.baum.** ☐ 973.
Klystron s (gr.), die ⁄Triftröhre.
Klytämnestra ⁄Agamemnon.
KNA, Abk. für Katholische Nachrichten-Agentur, gegr. 1953; erfaßt u. verbreitet Nachrichten aus dem kath. Leben.
Knab, Armin, dt. Komponist, 1881–1951; Lieder, Chorwerke, Kammermusik.
Knabenkraut, einheim. ⁄Orchidee.
Knabenliebe ⁄Päderastie.
Knallgas, explosives Gemisch v. Wasserstoff mit Sauerstoff. **K.gebläse,** Vorrichtung zum Verbrennen v. Wasserstoff mit Sauerstoff; zum Schweißen u. Schneiden.
Knallquecksilber, das Quecksilbersalz der ⁄Knallsäure, Hg(ONC)₂; giftig, süß; detoniert schon bei leichtem Stoß heftig.
Knallsäure, giftige, nach bitteren Mandeln riechende Säure, HONC; ihre Salze die Fulminate (⁄Knallquecksilber, Knallsilber).
Knappe, 1) im MA Edelknabe, der noch nicht zum Ritter geschlagen war. **2)** ⁄Bergarbeiter.
Knappertsbusch, Hans, deutscher Dirigent, 1888–1965; Dirigent in München, Wien u. Bayreuth.
Knappschaft, fr. die zunftmäßig zusammengeschlossenen Knappen eines Bergwerks. **K.sversicherung,** die Kranken- u. Rentenversicherung der Arbeiter u. Angestellten im Bergbau.
Knaster, 1) fr. niederländ. Varinastabak, gen. nach der Verpackung im Rohrkorb (span. canastro). **2)** Bz. für schlechten Tabak.
Knäuel, Blütenstand mit gehäuften Blüten.
K.drüsen, Schweißdrüsen der Haut. **K.gras,** Futtergras.
Knaus-Ogino-Regel, v. den Gynäkologen H. Knaus (1892–1970) u. K. Ogino (1882 bis 1975) aufgestellte Regel zur Festlegung des optimalen Empfängniszeitpunktes der Frau bzw. zur Empfängnisverhütung.
Knautie w, Witwenblume, Kardengewächs. Acker-K., häufig auf Wiesen; seltener die Wald-K., in Bergwäldern.
Knechtsteden, ehem. Prämonstratenserabtei (1130/1802) bei Dormagen; seit 1895 philos.-theol. Hochschule der Missionare vom Hl. Geist.
Knef, Hildegard, dt. Schauspielerin u. Chansonsängerin. * 1925; textet ihre Lieder z. T.

Gewinde / Schneidbacken

1

2

Spannschraube

Werkstück

3

Kluppe: 1 Schneid-K.,
2 K. als Dickenmaß,
3 Läpp-K. (links als
Ring-K., rechts als
Backen-K.)

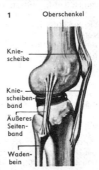

Hans Knappertsbusch

selbst; Autobiographien Der geschenkte Gaul, Das Urteil; ferner Filme, u. a. Die Mörder sind unter uns; Die Sünderin.
Kneip, Jakob, dt. Schriftsteller, 1881–1958; Heimatschrifttum, das in der christl. Überlieferung wurzelt; Gedichte (Bauernbrot), Romane (Frau Regina, Hampit).
Kneipp, Sebastian, kath. Pfarrer u. Naturarzt in Wörishofen, 1821–97; Schöpfer des Wasserheilverfahrens, der **K.kur,** mit Güssen, Bädern u. Waschungen.
Knick(e)bein, Getränk od. Füllung aus Likör u. Eidotter.
Knickerbocker (: niker-, engl.), weite Überfallhose, handbreit unter dem Knie abschließend.
Knickfuß, Pes valgus, Vortreten des inneren Knöchels; oft Entwicklung z. ⁄Plattfuß.
Knie (Mz. Knie), Gelenkverbindung v. Ober- u. Unterschenkel, davor die K.scheibe. K.kehle, an der Hinterseite des K.s. K.erkrankungen: Knie-⁄Gelenkentzündung, K.geschwulst und K.gelenkerguß. **K.geige,** Gambe, Cello. **K.holz,** Wuchsform (Legföhre) der Kiefer.
Kniebis m, Berg im nördl. Schwarzwald, 971 m hoch.
Knies, Karl, dt. Nationalökonom, 1821–98; Mitbegr. der älteren Histor. Schule der Nationalökonomie.
Knigge, Adolf Frh. v., dt. Schriftsteller, 1752–1796; sprichwörtl. geworden für den „Guten Ton" durch sein Buch Umgang mit Menschen.
Knipperdolling, Bernhard, Anführer der ⁄Täufer in Münster, Statthalter u. Henker im Dienst seines Schwiegersohnes ⁄Johann v. Leiden, mit ihm 1536 hingerichtet.
Kniprode, Winrich v., 1351/82 Hochmeister des Dt. Ordens, den er zu seiner Blüte führte.
Knistergold, das ⁄Rauschgold.
Knittel, John, Schweizer Schriftsteller, 1891–1970; psychologisierende u. abenteuerl. Romane (Therese Etienne, Via Mala).
Knittelvers ⁄Metrik.
Knobelsdorff, Georg Wenzeslaus v., dt. Architekt u. Maler, 1699–1753; Klassizist im ausklingenden Rokoko; erbaute für Friedrich d. Gr. das Neue Schloß in Charlottenburg, das Opernhaus in Berlin, Schloß Sanssouci u. a. ☐ 852.
Knoblauch, Lauch mit häutiger Zwiebel; Gewürz, Heilmittel gg. Arterienverkalkung, hohen Blutdruck.

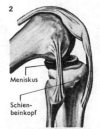

1 Oberschenkel 2

Kniescheibe

Kniescheibenband

Äußeres Seitenband

Wadenbein

Meniskus

Schienbeinkopf

Knie: Seitenansicht des Kniegelenks:
1 bei Streckung,
2 bei Beugung

Gelenk-
haut

Gelenk-
knorpel

Mark-
höhle

Schwamm-
gewebe

Knochen-
mark

Knochen-
substanz

Knochen-
haut

Ader

Knochen: Schnitt
durch einen Röhren-K.

1   2   3

Knochenbruch:
Röntgenbild eines K.
im Unterarm (die Elle,
rechts, ist zersplittert,
die Speiche seitl. ver-
schoben). Oben
Schema: **1** Spiral-,
2 Biegungsbruch,
3 desgleichen mit Aus-
sprengung eines Frag-
mentes

1   3

Knolle: 1 Kohlrabi-,
2 Kartoffel-, **3** Rote-
Rüben-K.

Knöchel, 1) Vorsprünge über dem Fußgelenk. **2)** Hand- od. Finger-K. auf Rückseite
der betreffenden Gelenke.
Knochen, harte unelast. Stützelemente der
meisten Wirbeltiere u. des Menschen aus
Calciumphosphat u. -carbonat, überzogen
mit Beinhaut (*K.haut, Periost*). Die *Röhren-
K.* der Gliedmaßen enthalten fettreiches
gelbes *K.mark,* die kurzen und platten *K.*
(Rippen, Brustbein) sind ausgefüllt mit
Schwammgewebe (Spongiosa) u. fettar-
mem rotem *K.mark,* in dem die Blutkörperchen gebildet werden. Aus Tier-K. gewinnt
man: *K.öl;* aus *K.fett* feines Schmiermittel;
K.leim (↗*Leim*); *K.mehl,* Phosphorsäuredünger; *K.kohle (Spodium, Beinschwarz),*
schwarze Malerfarbe, dient als ↗*Aktivkohle.* **K.bank,** Konservierung menschlichen K.gewebes, gewonnen bei Amputa-
tionen, zu ↗K.transplantationen. **K.brand,**
K.nekrose, Absterben v. K.gewebe. **K.bruch,**
Fraktur, Durchtrennung eines Knochens,
einfache: ohne, *komplizierte:* mit Verletzung der umgebenden Weichteile, *unvollständige (Infraktion):* teilweise, *vollstän-
dige:* vollkommene Durchtrennung des K.
K.erweichung, *Osteomalazie,* krankhafte
Brüchigkeit u. Biegsamkeit des K. infolge
Kalkschwundes, meist durch Vitamin-D-
Mangel u. Hormonstörungen. ↗Rachitis.
K.fische, *Teleostei,* Fische mit verknöcher-
tem Skelett, Mehrzahl der Fische. ☐ 912.
K.fraß, entzündl. Zerstörung des K., meist
bei ↗Knochentuberkulose. **K.geschwulst,**
Osteom: gutart. *K.auswuchs (Exostose),
Osteosarkom:* bösartige Geschwulst aus
K.gewebe. **K.hautentzündung,** *Periostitis,*
Entzündung der K.haut nach Verletzung od.
im Gefolge anderer Krankheiten. **K.hecht,**
Kaimanfisch, räuber. hechtart. Süßwasser-
fisch in den südl. USA. **K.markentzündung,**
Osteomyelitis, Entzündung des K.marks mit
Beteiligung des K. u. Zerstörung beider.
K.transplantation, Überpflanzung v. K.ge-
webe bei größeren K.defekten. ↗K.bank.
K.tuberkulose, tuberkulöser Befall v. K.,
meist der langen Röhren-K. u. der Wirbelsäule.
knock out (: nok aut, engl.; Abk.: k.o.), bezeichnet im Boxsport das Ausscheiden eines niedergeschlagenen Gegners, der sich
für 10 Sekunden nicht v. Boden erhebt.
Knödel ↗Kloß.
Knöllchenbakterien, leben in ↗Symbiose
mit Hülsenfrüchtlern, an deren Wurzeln sie
die Bildung kleiner Knollen verursachen;
binden Luftstickstoff, den die Wirtspflanzen
verbrauchen (Stickstoffanreicherung des
Bodens durch Anbau v. Hülsenfrüchtlern).
Knolle, Verdickung an Wurzeln od. Stengeln
v. Pflanzen. *Wurzel-K.n* als Reservestoffbe-
hälter. *Stengel-K.n* sind außerdem Fortpflanzungsorgane.
Knollenblätterpilz, gefährlichster Giftpilz;
erst 10–12 Stunden nach Genuß meist töd-
liche Vergiftungserscheinungen; champi-
gnonähnl.. kenntl. am knollig verdickten
Fuß. ☐ 749.
Knoller, *Martin,* östr. Barockmaler, 1725
bis 1804; Fresken in Ettal, Neresheim, Gries
bei Bozen; Bildnisse und Tafelbilder.

Knossos: Lichthof und Treppenhaus des Palastes

Knorpel, elast. Stützgewebe, bildet das
Skelett des Wirbeltierembryos, verknöchert
beim Menschen bis auf Gelenk-, Nasen-,
Ohr-, Kehlkopf-K. **K.fische,** Fische mit knor-
peligem Skelett; Haie, Rochen, Störe.
Knospe, 1) jede Anlage eines Sprosses
(Trieb, Zweig, Blüte) mit Achse u. Blattanla-
gen. Nach der Stellung unterscheidet man
Achsel-K.n, End-K.n u. Adventiv-K.n (an beliebigen Stellen). **2)** bei der Knospung der
niederen Tiere sprossen K.n am Körper hervor, die sich als Einzelwesen ablösen (Süß-
wasserpolyp) od. mit dem Muttertier Tier-
stöcke bilden (Korallen).
Knossos, Hauptstätte der kretisch-myken.
Kultur, 5 km südl. v. Heraklion auf Kreta, mit
Palast, der um 1400 v.Chr. zerstört wurde.
Knötchen, *Papel,* Erhebung bei Hautkrankheiten. **K.flechte,** *Lichen,* flechtenart. Hautausschläge mit Knötchen, Juckreiz.
Knoten, 1) Verknüpfung v. Seilen. **2)** bei
Pflanzen der meist verdickte, die Blätter tragende Teil der Sproßachsen. **3)** die 2
Schnittpunkte der Bahn eines Himmelskör-
pers mit einer Grundebene, z.B. Erdbahn
od. Ekliptik. **4)** Maß für die Geschwindigkeit
eines Schiffes (Zahl der Seemeilen pro
Stunde). **5)** Verdickung, Geschwürstelle:
Nerven-K.; Eiter-, Gicht-K. **K.blume** ↗März-
becher.
Knöterich, Unkräuter; *Wiesen-K.,* mit gewundenem Wurzelstock, auf feuchten
Bergwiesen; *Amphibien-K.,* auf festem Boden wie in tiefem Wasser; *Winden-K.,* an

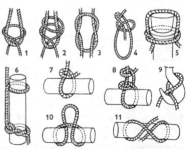

Knoten und Stiche, Schlingen und Schläge: 1 einfacher und **2** doppelter Schotenstich, **3** Kreuz-K.,
4 Pfahlstich, **5** K.bildung zur Korkbefestigung,
6 Balkenstich (mit Kopfschlag) **7** halber Schlag,
8 zwei halbe Schläge, **9** Hakenstich, **10** einfache
Schlinge, **11** Webeleinstich

Nutzpflanzen. *Kletter-K.e* Asiens überkleiden Hauswände. ☐ 454.

Know-how (: n<u>o</u>^u h<u>a</u>^u, engl. = wissen wie), Spezialkenntnisse und Erfahrungen geistiger und technischer Art.

Knox (: nox), **1)** *John,* schott. Reformator, 1505–72; zuerst kath. Priester, seit 1546 calvin. Prediger; unerbittl. Gegner Maria Stuarts; setzte die Alleinherrschaft des Protestantismus durch. **2)** *Ronald Arbuthnott,* 1888–1957; kath. Studentenseelsorger in Oxford; Bibelübersetzer, Zeit- u. Gesellschaftskritiker; Kriminalgeschichten.

Knoxville (: n<u>o</u>xwil), Stadt in Tennessee (USA), 180 000 E.; Univ.; vielseitige Ind.; Sitz der ↗Tennessee Valley Authority.

Knüllgebirge, hess. Bergland zw. Fulda u. Schwalm; im Eisenberg 636 m hoch.

Knurrhahn, Speisefisch, an Atlantikküsten, auch in der Nordsee, erzeugt knurrende Töne mit seinen Kiemendeckelknochen. ☐ 912.

Knut, dän. Könige: **K. d. Gr.,** 1018/35; wurde 16 Kg. v. Engl. u. 28 auch v. Norwegen; erhielt v. Ks. Konrad II. die Mark Schleswig. **K. IV. der Heilige** (19. Jan., 10. Juli), um 1048–86; 80 Kg., v. heidn. Bauern erschlagen; Patron Dänemarks.

k. o., Abk. für ↗knock out.

Koadjutor *m* (lat.), Amtsgehilfe (Weihbischof) eines Bischofs (oft mit Nachfolgerecht), Apostol. Vikars od. Abts; auch der Amtsgehilfe des Pfarrers.

Koagulation *w* (lat.), *Gerinnung,* Übergang kolloidaler Sole (Lösungen) in wabbelige Gele (elastisch-halbfeste Körper); entsteht durch Zusatz v. Säuren, Basen, Salzen od. durch Temperaturveränderung.

Koala *m, Beutelbär,* ausschließl. Eukalyptusblätter fressendes Beutel- u. Klettertier Ostaustraliens. Urbild des „Teddy"-Bären.

Koalition *w* (lat.), Verbindung, Zusammenschluß. Vereinigung mehrerer Parteien im Parlament zur Regierungsbildung. **K.sfreiheit,** *K.srecht,* das Recht, für jedermann u. alle Berufe zur Wahrung u. Förderung der Arbeits- u. Wirtschaftsbedingungen Vereinigungen zu bilden (so ↗Gewerkschaften) oder bestehenden Vereinigungen nicht beizutreten; in der BRD ein Grundrecht.

K.skriege, Bz. der drei Kriege der verbündeten europ. Monarchen gg. das revolutionäre Fkr. 1792/97, 1799/1802 u. 1805/07.

Koaxialkabel, in der Schwachstromtechnik ein konzentrisches Zweileiterkabel aus isoliertem Innenleiter u. Kupfergeflecht als Außenleiter; für Fernseh- u. Fernsprechübertragung.

Kobalt *s,* chem. Element, Zeichen Co, grauschwarzes säurefestes Metall, Ordnungszahl 27 (☐ 148); für harte Stahllegierungen u. Farben. **K.kanone,** med. Gerät zur ↗Supervolttherapie mit einer Strahlenquelle aus dem stark radioaktiven Kobaltisotop Co 60 *(Radiokobalt),* das auch bei der Explosion der *Kobaltbombe* (↗Kernwaffen) entsteht. **K.mineralien,** bes. *K.glanz,* CoAsS, u. *K.kies,* Co₃S₄, silberweiß, metallisch glänzend. Unter den K.salzen das *K.chlorid,* CoCl₂, Pulver, dessen Farbe je nach Luftfeuchtigkeit zw. blaßblau, blauviolett u. rosa schwankt.

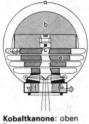

Kobaltkanone: oben Bestrahlungsanlage für die Telekobalttherapie mit gegenüberstehenden Strahlerköpfen, unten Vertikalschnitt durch den Strahlerkopf: a Blechverkleidung, b Wolframabschirmung, c Co-60-Quelle, d Druckfeder zum selbsttätigen Verschluß bei Stromausfall, e Verschlußblöcke aus Wolfram, f verstellbare Blende

Robert Koch

Zoltán Kodály

Kobe, jap. Hafen- u. Ind.-Stadt auf Hondo, an der Bucht v. Osaka, 1,3 Mill. E.; Univ., TH, Handelshochschule; Werften, Schwer-Ind.; Ausfuhrhafen bes. für Textilwaren.

Kobell, dt. Maler u. Radierer, **1)** *Ferdinand,* 1740–99; bes. Landschaften. **2)** *Wilhelm v.,* Sohn von 1), 1766–1855; Jagd- u. Schlachtenbilder, Porträts.

København (: köbenh<u>au</u>n), dän. Name für ↗Kopenhagen.

Koberger, *Anton,* um 1445–1513; Nürnberger Verleger (u. a. einer dt. Bibel u. der Schedelschen Weltchronik).

Koblenz, Hst. des Reg.-Bez. K., im Mündungswinkel zw. Rhein u. Mosel *(Dt. Eck),* 114 500 E.; Sitz des Bundesarchivs, PH, Bundes- u. Landesbehörden; Stiftskirche St. Castor (836 geweiht), Jesuitenkirche (17. Jh.), Schloß (18. Jh.); vielseitige Ind.

Kobold *m,* wohlwollender, auch neckischer u. boshafter Berg- u. Hausgeist. **K.maki,** Gespenstertier, zierl. Halbaffe mit langen Fußwurzelknochen; auf den Malaiischen Inseln.

Kobra *w* (portug.), ↗Brillenschlange.

Koch, 1) *Joseph Anton,* östr. Maler u. Radierer, 1768–1839; steht zw. Klassizismus u. Romantik; heroische Landschaften; Danteillustrationen. **2)** *Robert,* dt. Arzt u. Bakteriologe, 1843–1910; entdeckte 1882 den Tuberkelbazillus, 1883 den Kommabazillus, schuf bakteriolog. Forschungsmethoden, Arbeiten über Sterilisation, Desinfektion, Malaria, Tuberkulose, Pest, Lepra, Rückfallfieber, Schlafkrankheit; 1905 Nobelpreis. **3)** *Rudolf,* dt. Meister der Schreibkunst, 1876–1934; Schöpfer der *K.-Schriften.*

Kochel am See, oberbayer. Kurort, 4200 E.; am *K.see* (5,9 km², 66 m tief), 600 m ü. M.; K.see mit dem ↗Walchensee verbunden.

Köchel, *Ludwig* Ritter v., östr. Musikschriftsteller, 1800–77; von ihm das chronolog.-themat. Verzeichnis der Werke Mozarts, das **K.verzeichnis.**

Kochem ↗Martin v. Cochem.

Kocher *m,* r. Nebenfluß des Neckars im nördl. Württemberg, 180 km lang.

Köcherfliegen, *Pelzflügler,* mottenart. Insektenordnung, Larven leben im Wasser u. bauen sich aus Pflanzenteilen u. Schleim ein bewegl. Gehäuse (Köcher).

Kochkiste, Behälter mit starker Wärmeisolation; heiße Speisen behalten in ihm den Wärmegrad u. werden dabei gar.

Kochplatte, Eisen- od. Tonplatte, die durch eingelegte Widerstandsplatten elektrisch erhitzt wird.

Kochsalz, *Steinsalz,* Natriumchlorid, NaCl; in Würfeln kristallisierendes Salz; in Weltmeeren (Mittel 3,5%) vorhanden, in Sedimentgesteinen eingelagert; in den Perm-, Trias- u. Tertiärschichten; bergmännisch od. aus Solquellen durch Versieden od. aus dem Meer in *Salzgärten* durch Verdunsten gewonnen; für Mensch u. Tier unentbehrl.; bestimmt den osmot. Wert der Körpersäfte; meistgebrauchtes Speisegewürz, auch Konservierungsmittel (Einsalzen). Der Mensch braucht täglich etwa 5 g; höhere Mengen sind auf die Dauer schädlich. ☐ 147.

Kodály, *Zoltán,* ungarischer Komponist, 1882–1967; sammelte mit Bartók Volkslieder; Chor- und Orchestermusik, *Psalmus hungaricus.*

Kodein s, im Rohopium enthaltenes Nebenalkaloid des Mohns, $C_{18}H_{21}O_3N$; phosphorsaures K. als Hustenmittel. [Tieren.

Köder, Speisen zum Anlocken u. Fangen v.

Kodifikation w (lat.), Vereinigung v. Gesetzen zu einer Sammlung.

Koedukation w (lat.), **1)** die vollständ. gemeinsame schul. u. außerschul. Erziehung v. Kindern beiderlei Geschlechts außerhalb der Familien, bes. in Internatsschulen. **2)** der gemeinsame Schulunterricht für Knaben u. Mädchen (eig. *Koinstruktion*).

Koeffizient m (lat.), konstanter Faktor bei einer veränderl. mathemat. Größe.

Koexistenz w (lat.), v. Moskau ausgehendes Schlagwort für das friedliche Nebeneinander v. kommunist. u. „kapitalist." Staaten.

Koffein s, Alkaloid in Kaffee, Tee *(Tein),* Mate, Kolanuß u. Kakao; wirkt harntreibend, regt Herz, Muskeln u. Zentralnervensystem an.

Kogel, *Kofel m,* kegelförmiger Berg.

Kogge w, Handelsschiff des MA.

Kognak m (: konjak), Herkunfts-Bz. der Weinbrande aus ↗Cognac.

Kognaten (Mz., lat.), Blutsverwandte v. der mütterl. Seite. Ggs. Agnaten.

Kogon, *Eugen,* dt. Soziologe u. Publizist, * 1903; 39/45 im KZ Buchenwald, Mit-Hrsg. der *Frankfurter Hefte;* seit 51 Prof. für wiss. Politik in Darmstadt. *Der SS-Staat.*

Kohärenz w (lat.), Zusammenhang.

Kohäsion w (lat.), **1)** Zusammenhaften. **2)** der Zusammenhalt v. Molekülen gleicher Art durch gegenseit. Anziehung, groß bei festen, kleiner bei flüss. Stoffen. Ggs. ↗Adhäsion.

Koheleth, das bibl. Buch ↗Prediger.

Koh-i-noor m (: -nur), ein großer Diamant.

Kohl, *Brassica,* formenreiche Kreuzblütlerart: ↗Blätter-K.; *Rosenkohl,* Köpfchen in den Blattachseln; *Wirsing-* od. *Welsch-K.* mit lockerem Kopf; *Kopf-K. (Kraut)* mit festem kugelförm. od. längl. Kopf als *Weiß-* u. *Rot-K.;* ↗Kohlrabi; ↗Blumen-K.; *K.rübe* ↗Steckrübe.

Kohl, *Helmut,* * 1930; 69/76 Min.-Präs. v. Rheinland-Pfalz; seit Juni 73 Vors. der CDU, seit 76 Vors. der CDU/CSU-Fraktion im Dt. Bundestag.

Köhl, *Hermann,* 1888–1938; überflog 1928 zus. mit Fitzmaurice u. v. Hünefeld erstmals den Atlantik in Ost-West-Richtung.

Kohle, aus organ. Stoffen entstandene, brennbare, braune bis schwarze Ablagerungen unterschiedl. Härte; mineral. K. entsteht durch *Inkohlung* aus abgestorbenen Pflanzenteilen in feuchtwarmen geolog. Zeitabschnitten weitverbreiteten Sumpfwälder. Unter Luftabschluß entsteht zunächst ↗Torf, daraus bei Absinken der Ablagerungen u. Überdeckung mit Sanden u. Tonen ↗Braunkohle, bei Temperatur- u. Druckzunahme (bes. bei der Orogenese) ↗Steinkohle und ↗Anthrazit. Stein- und Braun-K. sind hochkomplizierte chem. Verbindungen, aus denen sich gasförmige u. flüssige organ. Verbindungen austreiben (↗Gaswerk) lassen. K. ist Energieträger u.

vielseit. chem. Rohstoffgrundlage. K.vorkommen über die ganze Erde bis in Polarzonen verteilt. **K.nchemie,** verarbeitet die Rohstoffe, die bei der K.nverwertung anfallen (Koks, Gas, Teer, Ammoniak, Benzol, Xylol, Toluol). Bedeutender Industriezweig u. Grundlage der Synthese v. Kunststoffen aller Art, Farbstoffen, Arzneimitteln. **K.ndioxid,** CO_2, farb- u. geruchloses, unbrennbares Gas; 1,5mal schwerer als Luft, sublimiert bei $-57°$ C zu festem *K.nsäureschnee;* in der Luft zu 0,03% enthalten; wird bei der ↗Atmung abgegeben u. bei der ↗Photosynthese der Pflanzen aufgenommen; bildet mit Wasser ↗K.nsäure. **K.neisenstein,** Eisenspat mit Kohle. **K.nformation,** die geolog. Schichten der Steinkohlen- (↗Karbon) od. Braunkohlen-Zeit (↗Tertiär). **K.nhydrate,** organ.-chem. Verbindungen aus K.nstoff, Wasserstoff u. Sauerstoff, primäre Oxydationsprodukte mehrwert. Alkohole, Energielieferanten, Speicher- u. Gerüststoffe der Organismen. *Monosaccharide* mit 5–7 C- u. 2–8 O-Atomen: Fruchtzucker (Fruktose), Traubenzucker (Glukose), Milchzucker (Galaktose) u.a.; *Oligosaccharide* aus mehreren Monosacchariden (meist 2: *Disaccharide),* z.B. Rohrzucker (↗Invertzucker) aus Fruktose u. Glukose. *Polysaccharide,* kettenförm. Makromoleküle aus vielen Monosacchariden: Stärke, Cellulose, Glykogen u.a. **K.noxid** s, *K.nmonoxid, K.ngas,* CO, farb- u. geruchloses. sehr gift. Gas, leichter als Luft; entsteht bei der unvollständ. Verbrennung von K.nstoff. Techn. erzeugt in Gasgeneratoren, verwandt als Heiz- u. Treibgas, als Reduktionsmittel bei der Metallverhüttung, für organ. Synthesen. **K.nsäure,** H_2CO_3, entsteht durch Einleiten v. ↗K.ndioxid in Wasser; Bestandteil der natürl. Mineralwässer, auch aller „brausenden" Getränke. Salze der K.nsäure die *Carbonate.* **K.nsäurebäder** bei Herzleiden und Stoffwechselstörungen. **k.nsaure Salze,** die Carbonate. **K.nstaub,** feinstzerriebene schwebefähige Stein- od. Braunkohle; entsteht bei Abbau, Transport u. Sortierung der Kohle; wird auch eigens hergestellt in K.nmühlen. Bei zu hoher Konzentration in der Luft gefährl. *K.nstaubexplosionen.* **K.nstaubfeuerung,** techn. wichtige Feuerungsart, bes. bei Dampfkesseln, bei der Kohlenstaub, mit Luft vermischt, bei Temperaturen über 1500° C verbrennt. **K.nstoff** m, chem. Element, Zeichen C, schwarzes Nichtmetall, Ordnungszahl 6 (☐ 148); meist hexagonal als ↗*Graphit* kristallisiert, selten regulär (kubisch) als ↗*Diamant.* K.nstoff-Atome können sich zu langen Ketten verbinden (einfach, verzweigt, ringförmig), was die große Vielfalt der organ. chem. Verbindungen erklärt. **K.nstoff 14,** Isotop des K.nstoffs, verwandt als radioaktiver ↗Indikator. **K.nwasserstoffe,** nur aus K.nstoff u. Wasserstoff bestehende organ.-chemische Verbindungen, brennbar. Natürl. als Erdgas, Erdöl, Erdwachs, Asphalt, synthet. aus der ↗K.verflüssigung, auch aus Teer. **K.papier,** *Karbonpapier,* Seidenpapier für Durchschläge. **K.verflüssigung,** Synthese flüssi-

Kogge: oben Hanse-K., unten (zum Vergleich) eine Karavelle

Helmut Kohl

Kokosnuß: Schnitt

ger ↗Kohlenwasserstoffe (Benzin, Diesel- u. Schmieröl) aus Kohlepulver od. K.noxid u. Wasserstoffgas (Hydrierung). Verfahren nach Bergius (↗Berginverfahren) od. Fischer-Tropsch. Hauptausbeute ist Benzin.
Kohleule, 1) Schmetterling. **2)** ↗Eule 2).
Kohlfliege, *Blumenfliege,* deren Larve *(Kohlmade)* die Wurzeln von Kohl anfrißt.
Kohlhernie w, Krankheit der Kohl- u. Rübenarten, bis faustgroße Anschwellungen an Wurzeln u. Stengelbasis.
Kohlmeise ↗Meisen.
Kohlrabi, a) *Ober-K.,* Kohlart mit knolligem Stengelteil über der Erde; b) *Boden-K., Kohlrübe,* Steckrübe.
Kohlweißling, *Großer K.,* Tagschmetterling; Raupen fressen Kohlblätter. *Kleiner K.,* Raupen weniger schädlich.
Kohorte w (lat.), Truppeneinheit im röm. Heer (10. Teil einer Legion).
Kohout, *Pavel,* tschech. Schriftsteller u. Regisseur, * 1928; Vertreter des Prager Reformkurses 1968, 79 ausgebürgert; Dramen: *Der Krieg mit den Molchen; August, August, August; So eine Liebe; Evol; Krieg im dritten Stock.*
Koimbatur ↗Coimbatore.
Koine w (gr.), griech. Umgangssprache der hellenist. Welt.
Koinzidenz w (lat.; Ztw. *koinzidieren*), Zusammenfallen v. Ereignissen.
Koje w, **1)** Schiffsbettstelle, kleine Kabine. **2)** durch Zwischenwände abgeteilter Raum bei Ausstellungen.
Kojote m, Präriewolf, nord-am. Wildhund.
Kokain s, Alkaloid aus den Blättern des Kokastrauches; auf Java; Einspritzungsmittel, Rauschgift. ☐ 796. [an Militärmützen.
Kokarde w (frz.), (Hoheits-)Abzeichen, bes.
Kokerei, Betriebsanlage zur Ent- bzw. Vergasung der Kohle. ↗Gaswerk.
kokett (frz.), gefallsüchtig, schmuck. **Koketterie** w, Gefall-, Putzsucht. **kokettieren,** liebäugeln.
Kokille w (frz.), gußeiserne Dauerform, bes. für Stahlguß u. Hartguß.
Kokken (Mz.), kugelförm. ↗Bakterien.
Kokon m (frz.), bei einigen Würmern, Spinnen u. Insekten eine Hülle zum Schutz der Eier od. Puppen (↗Seidenraupe). **K.verpackung,** korrosionssichere Verpackung v. hochwertigen Geräten durch eine aufgespritzte Kunststoffmasse.
Kokoschka, *Oskar,* östr. Maler, Graphiker u. Schriftsteller, 1886–1980; seit 1938 in London; nach dem 2. Weltkrieg in It., Östr. u. der Schweiz tätig. Expressionist; figürl. Kompositionen u. ausdrucksstarke Porträts, Städteansichten; Dramen v. ekstat. Stil, Erzählungen.
Kokosnuß, Frucht der ↗Kokospalme. Der harte Stein im Innern die eigentl. K. Unter der Steinschale das bis 65% Fett enthaltende Nährgewebe, Faserschicht zu Matten, Läufern; die Steinschale zu Knöpfen, Schalen, Löffeln; das Nährgewebe *(Kopra)* zu Kokosfett u. Kokosflocken.
Kokospalme, Kulturpflanze in fast allen Tropenländern; bis zu 200 Früchte jährl. (↗Kokosnuß); Holz zu Tischlerarbeiten.
Kokotte w (frz. = Hühnchen), Dirne.

Oskar Kokoschka: „Leuk, Blick ins Rhönetal"

Koks

Steinkohlen-Koks
Hütten- od. Zechen-K.: aus Fettkohle; großstückig bis fest, wird in der Eisenindustrie verwendet

Gas-Koks:
kleinstückig bis locker, wird zum Heizen und in der chem. Industrie verwendet

Halb-Koks:
bei 400–500 °C entstandener Hausbrand

Braunkohlen-Koks
Grude-Koks, Braunkohlenschwel-Koks: poröse Körner, wird als Brennstoff und in der chem. Industrie verwendet

Koks, 1) Rückstand der Steinkohle nach Austreiben aller vergas- u. verdampfbaren Stoffe unter Luftabschluß; harte poröse Kohlenstoffmasse (90%). K. brennt rauch- u. geruchlos, Heizwert 29000–34000 kJ/kg. Verwendung als Heiz- u. Reduktionsmittel für Hochöfen u. andere metallurg. Prozesse, als Brech-K. Brennstoff für Zentralheizungen. **2)** *Grude,* Rückstand der Braunkohlenverschwelung, ein Halbkoks mit 15–30% Aschegehalt u. 25000–29000 kJ/kg. Heizwert; für Öfen, Herde, in bes. Verarbeitung auch zur Eisenverhüttung.
Koks-Saghys m, Löwenzahnart, wild in Kasachstan; seit 1931 in Rußland angebaut; aus Wurzeln u. Stengeln Kautschuk.
Kokura, seit 1963 Teil v. ↗Kitakiushu.
Kola, *Murman-Halbinsel,* russ. Halbinsel zw. Nördl. Eismeer u. Weißem Meer, Gebirgstafel mit Moostundren; eisfreie russ. Häfen (Murmansk). Eisenerz-, Apatit-, Nikkelerzlager.
Kolanuß, die Samen trop. Bäume, Koffein enthaltend; Extrakte in Kolagetränken.
Kolar Gold Fields (: kol^{er} go^{u}ld filds), ind. Stadt in Maisur, 170000 E.; Hauptort des gleichnam. Goldminen-Bez.
Kolb, *Annette,* deutsche Schriftstellerin, 1870–1967; seit 1933 im Ausland (seit 36 frz. Staatsbürgerschaft); Essays, Romane *(Das Exemplar; Daphne Herbst),* 13 Briefe einer Deutsch-Französin.
Kolbe, *Georg,* dt. Bildhauer, 1877–1947; Impressionist in der Nachfolge Rodins; schuf anmutig bewegte Gestalten (bes. Akte) v. großer Ausdruckskraft. *Tänzerin.*
Kolben, 1) im chem. Laboratorium: eine bauch. Glasflasche mit längerem Hals. **2)** in der Technik: ein kurzzylindr. Maschinenteil, mit Ringnuten, durch *K.ringe* gedichtet u. einer *Pleuel-* od. *K.stange* angefügt, dient zur Druckübertragung gasförm. od. flüssiger Arbeitsmittel, z. B. in Verbrennungsmotoren, Dampfmaschinen, Pumpen. ☐ 494.
Kolbenheyer, *Erwin Guido,* dt. Schriftsteller, 1878–1962; biologist. Weltbild; v. Nat.-Soz. gefördert; Geschichtsromane: *Amor dei; Paracelsus.*

G. Kolbe: Tänzer (Bronze)

Kolbenhirse, uralte Getreideart, bis 1 m hohe Gräser mit kolbenförm. Blütenständen.
Kolbenhoff, *Walter* (eig. W. Hoffmann), dt. Schriftsteller, * 1908; Romane über Kriegs- u. Nachkriegszeit; Hörspiele.
Kolberg, poln. *Kołobrzeg,* pommer. Hafen u. Seebad an der Ostsee, 26 000 E.; got. Mariendom.
Kolbermoor, bayer. Stadt im Kr. Rosenheim, an der Mangfall, 12 400 E.; Elektro-Ind.
Kolchis w, antike Landschaft an der Südostküste des Schwarzen Meeres.
Kolchos m od. *s, Kolchose* w, russ. Abk. für Kollektiv-Wirtschaft (oft verwechselt mit der ↗Sowchose); seit 1929/30 vorherrschende Betriebsform in der Landwirtschaft der UdSSR. Der K.bauer hat Wohnung, etwas Hofland u. Vieh in Eigennutzung. Der Ertrag wird nach den Arbeitsleistungen geteilt. 58 wurden die ↗Maschinen-Traktoren-Stationen in Reparaturwerkstätten umgewandelt u. ihr Maschinenpark an die K.en verkauft. ↗Agrostädte, ↗LPG.
Kolibakterien ↗Colibazillen.
Kolibris (Mz.), *Honig-* od. *Schwirrvögel,* die kleinsten Vögel; prächtig gefärbt, metallisch glänzend; von Alaska bis Feuerland, bes. in den trop. Anden; saugen Blütenhonig und fangen Insekten. □ 1046.

Kolibris: 1 Sappho-K., **2** Adlerschnabel, **3** Krummschwanz

Kolik w (gr.), krampfart. Schmerzanfall im Leib. *Darm-K.* bei Darmkatarrh, Würmern. *Gallen-K., Nieren-K., Blasen-K.* bei Steinleiden.
Kolin, tschsl. Bez.-Stadt, 25 000 E.; 1757 Sieg der Österreicher über Friedrich d. Gr.
Kolk m, Wasserloch; tiefe Stelle im Flußbett. **K.rabe** ↗Rabe.
Kollaboration w (frz. = Zusammenarbeit; Ztw. *kollaborieren*), seit dem 2. Weltkrieg verächtl. Bz. für Zusammenarbeit mit dem Feind. *Kollaborateur* (:-tör), wer mit dem Feind zusammenarbeitet.
Kollage ↗Collage.
Kollagen s (gr.), faserbildender Eiweißkörper in Binde- u. Stützgeweben.
Kollaps m (lat.), plötzl. Versagen des Kreislaufs: Blässe, weicher, schneller Puls, Übelkeit, kalter Schweiß, Ohnmacht.
Kollation w (lat.), **1)** Textvergleich v. Ab-

Kolben 1): 1 Rund-, **2** Engler-, **3** Erlenmeyer-, **4** Dreihals-K.

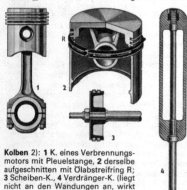

Kolben 2): 1 K. eines Verbrennungsmotors mit Pleuelstange, **2** derselbe aufgeschnitten mit Ölabstreifring R; **3** Scheiben-K., **4** Verdränger-K. (liegt nicht an den Wandungen an, wirkt durch die Verkleinerung eines bestimmten Raumes)

schrift u. Urschrift. **2)** Prüfung auf Vollständigkeit (Bogen in der Buchbinderei, Bücher im Antiquariat. **3)** kleine Stärkung an Fasttagen.
Kolleg s (lat.; Mz. *K.s*), **1)** Vorlesungen an einer Hochschule. **2)** Studienanstalt, namentl. zur Ausbildung v. Theologen. ↗College.
Kollege m (lat.), Berufsgenosse. **kollegial,** im Beruf hilfsbereit, verträglich. **Kollegialsystem,** Behörden aus gleichgestellten u. verantwortl. Mitgl., die durch Abstimmung entscheiden. **Kollegium** s (lat.; Mz. *Kollegien*), Lehrkörper, Behörde.
Kollegstufe ↗Schulreform.
Kollekte w (lat.), **1)** in der Messe das Tagesgebet vor der Epistel. **2)** die Gabensammlung (bes. im Gottesdienst).
Kollektion w (lat.), Sammlung, Auswahl.
kollektiv (lat.), zusammenfassend, gemeinschaftlich. **K.** s, Arbeits- u. Produktionsgemeinschaft, vor allem im kommunist. Raum; so ↗Kolchos, ↗Kombinat, ↗LPG.
Kollektivismus m (lat.), im Ggs. zum ↗Individualismus eine Gesellschaftsideologie, die die einzelnen ausschließl. als Glied eines gesellschaftl. Ganzen betrachtet, zentralist. Staatsverfassung sowie Gemeineigentum u. Gemeinwirtschaft anstrebt u. die selbstverantwortliche Persönlichkeit mißachtet.
Kollektivschuld, Schuld aller Angehörigen einer Gemeinschaft (z. B. Staat) für Handlungen ihrer Organe; rechtl. u. moral. nicht zu begründen, da Schuld eine persönl., freie u. zurechenbare Entscheidung voraussetzt; rechtl. mögl. ist dagegen die völkerrechtl. *Kollektivhaftung,* da der sich Unrechtsfolgen gg. die Gesamtheit der Angehörigen eines Staates richten, dessen Organe Unrecht begangen haben.
Kollektor m (lat.), **1)** der Stromwender. ↗Elektromotor. **2)** Teil des ↗Transistors.
Koller s (lat.), eig. Halsbekleidung, a) Schulterkragen der Frauen, bes. im 15./16. Jh.; b) ärmelloses Reiterwams im 16./17. Jh.
Kollergang, Mühle zur Zerkleinerung von Holz, Stein, Erz.
Kollier s (: -je, frz.), Halskette.
Kollimator m (lat.), opt. Gerät, das Lichtbündel parallel macht, bes. in Spektralapparaten.
Kollision w (lat.), **1)** Zusammenstoß. **2)** Widerstreit v. Rechten, Pflichten.
Kollodium s, alkohol. Lösung v. Dinitrocellulose (*K.wolle,* aus Baumwollabfällen); für Spritzlacke; med. zu Wundverschlüssen.
Kolloid s, Dispersion, Gemisch zweier Stoffe in feinster Verteilung, wobei der eine (*Dispersionsmittel*) den anderen (*Dispersum,* Teilchengröße 10^{-5}–10^{-7} mm) zusammenhängend umgibt. Die Bedeutung der K.e beruht auf der Oberflächenvergrößerung, von der ↗Adsorption, ↗Katalyse, Mischfähigkeit, elektr. Aufladbarkeit, Farbe, Reaktionsgeschwindigkeit abhängen. Dispersum u. Dispersionsmittel können fest, flüssig, gasförm. sein: feste-flüssige Systeme: *Emulsionen* (Milch), flüssig-feste Systeme: *Suspensionen, Sole, k.ale Lösungen* (flüssige) od. *feste Emulsionen* (Butter), flüssig-gasförm. Systeme: *Nebel, Schaum,*

Käthe Kollwitz: rechts „Brot" (Lithographie), unten Selbstbildnis (Radierung, 1912)

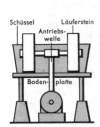

Schüssel   Läuferstein
Antriebs-
welle
Boden- platte

Kollergang

fest-gasförm. Systeme: *Staub, Rauch* od. *feste Schäume* (Bimsstein). **K.chemie**, Chemie der Kolloide, eigenes Fachgebiet. **Kolloquium** *s* (lat.), (wiss.) Gespräch. **Kollwitz**, *Käthe*, dt. Graphikerin, Malerin, 1867–1945; lebte mit ihrem Mann, einem Armenarzt, in einem Berliner Arbeiterviertel; ihr Werk klagt die Erniedrigung des Menschen an; *Weberaufstand, Bauernkrieg, Proletariat* u.a. **Köln**, Hst. des Reg.-Bez. Köln, eine der ältesten dt. Städte, l. am Rhein, in der *K.er Tieflandsbucht*, 975 000 E.; Erzb. K. ist reich an Kulturdenkmälern und Behörden; Univ., Sport- und Musikhochschule, Fachhochschule, PH, Theater, Museen. Sitz des Westdt. Rundfunks. Viele Baudenkmäler wurden im 2. Weltkrieg beschädigt od. zerstört; Dom, Prachtwerk der Hochgotik, 1248 begonnen, bis zum 16. Jh. weitergebaut, 1842/80 nach wiedergefundenen Plänen vollendet, Türme 156 m hoch; spätroman. Kirchen St. Gereon (1227), St. Severin (1287), Groß-St.-Martin (12./13. Jh.), St. Maria im Kapitol (11./12. Jh.), St. Aposteln (1219); got. Rathaus (14. Jh.). Rheinhäfen, Maschinen- u. Fahrzeug-Ind., Kabelwerke, Nahrungsmittel-Ind. – Hieß als Römerstadt *Colonia Agrippinensis*; wurde im 4./5. Jh. Bistum, unter Karl d.Gr. Erzbistum; im MA größte Stadt des Reichs, Mitgl. der Hanse, seit 1475 Freie Reichsstadt; 1028/16. Jh. besaß der Erzb. das Recht der Königskrönung, seit dem 13. Jh. die Kurwürde; 1803 wurde K. als Erzstift säkularisiert; 1815/1945 war die Stadt preußisch. **Kölner Kirchenstreit**, 1837/40 Konflikt zw. der kath. Kirche (↗Droste zu Vischering) u. dem preuß. Staat über die Mischehe. **Kölner Malerschule**, Anfang 14./Mitte 16. Jh. im Raum Köln herrschende künstler. Tradition; Wandmalerei größtenteils zerstört; die Tafelmalerei wurde v. bedeutenden Künstlern (u.a. Stephan Lochner) u. Werkstätten getragen. **Kölner Richtung** ↗Gewerkschaftsstreit. **Kołobrzeg** (: ko^uobsch^eg) ↗Kolberg.

Koloman, hl. (13. Okt.), irischer Jerusalempilger, 1012 zu Stockerau bei Wien v. Volk als angebl. Spion gemartert u. gehängt. **Kolon** *s* (gr.; Mz. *Kola*), Doppelpunkt (:); *Semikolon* („Halb-K."), der Strichpunkt (;). **Kolone** *m* (lat.), persönl. freier, aber an die Scholle gebundener Bauer der röm. Kaiserzeit; dem Grundherrn zu Abgaben u. Diensten verpflichtet. **kolonial** (lat.), die Kolonien betreffend. **Kolonialismus** *m* (lat.), nach dem 2. Weltkrieg von den Kommunisten geprägtes Schlagwort, das einseitig die Schattenseiten der europ. Kolonialherrschaft (bes. die koloniale Ausbeutung u. den kolonialen Imperialismus) bezeichnet. **Kolonialstil**, allg. die v. überseeischen Gebieten übernommene Bauweise der europ. Mutterlandes; im bes. die klassizist. Architektur in den engl. Kolonien Nordamerikas im 17. u. 18. Jh. **Kolonie, 1)** Gruppe v. Ausländern (z.B. Schweizer K. in Mailand); auch überwiegend v. Ausländern besiedelte Gebiete (z.B. dt. K.n in Brasilien). **2)** auswärtige (meist überseeische) Besitzung eines Staates; mit ihm meistens polit.-rechtl. verbunden u. seinen wirtschaftl. Zwecken untergeordnet. – Die Politik der Erwerbung v. K.n durch die abendländ. Völker begann im Zeitalter der Entdeckungen u. erreichte im Zeitalter des ↗Imperialismus ihren Höhepunkt. Heute sind die meisten ehem. K.n unabhängig. – Dtl. erwarb 1884 Dt.-Südwestafrika, Togo, Kamerun u. Neuguinea, 85 Dt.-Ostafrika u. die Marshall-Inseln, 98 das Pachtgebiet Kiautschou, 99 durch Kauf v. Spanien die Karolinen, Marianen u. Palau-Inseln u. durch Vertrag mit Engl. u. den USA die westl. Samoagruppe, 1911 Neukamerun; insgesamt 2,9 Mill. km² u. ca. 12 Mill. E.; im Versailler Vertrag gingen die Dt. Kolonien verloren, meist als Völkerbundsmandate an Engl. u. Frankreich.   [radem Gebälk. **Kolonnade** *w* (lat.-frz.); Säulengang mit ge-

Köln: Dom (Rheinseite); Grundriß ☐ 343

Adolf Kolping

Kolumbien

Amtlicher Name:
República de Colombia

Staatsform:
Republik

Hauptstadt:
Bogotá

Fläche:
1 138 914 km²

Bevölkerung:
26,3 Mill. E.

Sprache:
Spanisch

Religion:
95% Katholiken
100 000 Protestanten

Währung:
1 Kolumbian. Peso
= 100 Centavos

Mitgliedschaften:
UN, OAS, Lateinamer. Freihandelszone

Kolumbus

Entdeckungsreisen

1. Reise:
3.8.1492 Abfahrt von Palos
12.10.1492 Landung auf Guanahani (wahrscheinl. die Watlingsinsel), Entdeckung von Kuba und Haiti

2. Reise:
Sept. 1493 — Juni 1496 Entdeckung der Inseln Dominica, Guadelupe, Puerto Rico, Jamaika

3. Reise:
Mai 1498 — Nov. 1500 Entdeckung der Orinocomündung (Südamerika) und der Insel Trinidad

4. Reise:
Mai 1502 — Nov. 1504 Entdeckung der Ostküste v. Mittelamerika

Kolonne w (lat.-frz.), mehrfache Reihe (v. Personen, Zahlen usw.).

Kolophonium s, gelbbraune, spröde Masse aus Fichtenharz; zu Firnissen, Lack, Harzseife, zum Einreiben des Bogens der Streichinstrumente.

Koloratur w (lat.), mehrtönige Verzierung einer Stammnote od. einer Silbe im dramat. Gesang (K.arie).

kolorieren (lat.), färben; **Kolorit** s, Farbenwirkung, Farbgebung.

Koloß m (gr.; Bw. *kolossal*), Riese, Riesenhaftes. **Kolosseum** s (gr.-lat.), größtes Amphitheater Roms u. der Antike, für Tier- u. Gladiatorenkämpfe; 70/80 n.Chr. erbaut; hatte für 50 000 Zuschauer Platz.

Kolozsvár (: koloschwar), ungar. Name für ↗Klausenburg.

Kolping, *Adolf,* 1813–65; zuerst Schuhmachergeselle; 49 Domvikar zu Köln; organisierte einen kath. Gesellenverein, warb für religiöse Erneuerung. K.familie, Bz. für die kath. Gesellenvereine; dt. Zentrale in Köln.

Kolportage w (: -tasche, frz.), Hausierhandel mit Druckschriften. **K.roman,** Schundroman. **Kolporteur** m (: -tör), Wanderbuchhändler.

kolportieren, 1) mit Druckschriften handeln. **2)** Gerüchte verbreiten.

Koltschak, *Alexander,* russ. Admiral, 1874 bis 1920; 1918/19 Führer der weißgardist. Armee gg. die Bolschewisten; von diesen erschossen.

Kolumban, hl. (23. Nov.), irischer Mönch, um 543–615; zog 591 nach Gallien, gründete in Burgund das Kloster Luxeuil; wirkte in Bregenz; Abt v. Bobbio in Oberitalien.

Kolumbien, Rep. im NW Südamerikas, zw. dem Pazif. Ozean u. dem Karib. Meer. Etwa 50% der Fläche nehmen die Anden ein, die sich nach N fächerförmig in 3 Ketten auflösen. Östl. davon reicht K. weit in das Tiefland des Amazonas u. des Orinoco hinein. Durch seine trop. Höhenstufung hat K. Erzeugnisse aller Klimazonen: in der *Tierra caliente* (= heißes Tiefland, bis 1000 m) Bananen, Kakao, Zuckerrohr, Tabak; in der *Tierra templada* (= gemäßigte Zone, bis 2000 m) Kaffee; in der *Tierra fría* (= kalte Zone, bis 3000 m) Getreide, Hackfrüchte u. Viehzucht. In der Goldförderung steht K. an 1. Stelle Südamerikas, in der Platinförderung an 2. Stelle der Welt, daneben wichtige Ausfuhrgüter: Kaffee, Erdöl, Bananen. – Von den Spaniern 1530/40 erobert; 1819 Beseitigung der span. Herrschaft durch S. Bolívar; *Groß-K.* umfaßte bis 1830 auch Venezuela u. Ecuador, bis 1903 auch Panamá; im 19. Jh. häufige Bürgerkriege; 1886 Schaffung der Rep. K. – Staats-Präs. Julio Cesar Turbay (seit 1978).

Kolumbus, *Christoph,* it. Seefahrer in span. Diensten, 1451–1506; suchte einen westl. Seeweg nach Indien u. entdeckte dabei 1492 die Antilleninsel Guanahani sowie Kuba u. Haiti, auf 3 weiteren Reisen die Kleinen Antillen, Puerto Rico, Jamaika, Trinidad, die Orinocomündung u. die mittel-am. Küste; er hielt Amerika für (Ost-)Indien, nannte die Bewohner *Indios.*   [Spalte.

Kolumne w (lat.), **1)** Säule. **2)** Seite od.

Kolosseum

Kolumnist m (lat.), Journalist, der ständig für eine bestimmte Spalte od. Seite einer Zeitung od. Zeitschrift schreibt; auch *Leitartikler.*

Kolyma w, nordsibir. Fluß, mündet nach 2600 km ins Eismeer; 9¹/₂ Monate vereist; große Goldlager. 1970 km schiffbar.

Koma (gr.), **1)** s, tiefe ↗Bewußtlosigkeit. **2)** w, Linsenfehler, bei dem ein außerhalb der opt. Achse liegender Punkt kometenartig verzerrt wird. **3)** w, Teil des ↗Kometen.

Kombattant m (frz.), Angehöriger einer kämpfenden Truppe.

Kombinat s (lat.), Form des Zusammenschlusses u. wirtschaftl. aufeinander angewiesenen Großbetriebe in größeren Räumen durch Abstimmung v. Produkten u. Verwaltung; bes. in der kommunist. Zentralverwaltungswirtschaft.

Kombination w (lat.; Ztw. *kombinieren*), **1)** gedankl. Verknüpfen verschiedener Geschehnisse od. Möglichkeiten. **2)** Zusammenfassung, Verbindung. **3)** ↗Alpine K., ↗Nord. Wettbewerbe. **4)** aufeinander abgestimmte Kleidungsstücke.

Kombinatorik w (lat.), ein Teilgebiet der Mathematik, untersucht die Anordnungen u. Zusammenstellungen v. Elementen; man unterscheidet: a) *Permutationen,* d.h. Aufreihungen; b) *Kombinationen,* d.h. Zusammenstellung zu kleineren Gruppen ohne Rücksicht auf die Reihenfolge; c) *Variationen,* d.h. Kombinationen mit Rücksicht auf die Reihenfolge.

Kombüse ↗Kambüse.

Komet m (gr.), Himmelskörper geringer Masse aus sternartig aussehendem Kern u. einer Nebelhülle (*Koma*); vom „Kopf" geht ein meist der Sonne abgewandter Schweif aus. K.en wandern in langgestreckten Ellipsenbahnen um die Sonne u. bestehen aus feinverteilter Materie, die bei Annäherung an die Sonne ins Eigenleuchten gerät; Kern aus meteoritischen Körperchen u. Gasen; Gashülle aus chem. stabilen Gasmolekülen; Schweif aus Gasen, die durch Strahlungsdruck aus dem „Kopf" getrieben werden.

Komfort m (: kónfor, frz.; Bw. *komfortabel*), behagl. Einrichtung, Bequemlichkeit.

Komi, *ASSR der Komi,* im Nordural u. Petschorabecken, 415 900 km², 1,1 Mill. E.; Hst. Syktywkar; Kohlen-, Erdölförderung, Holzwirtschaft.

Komik w (gr.), beruht auf dem Ggs. v. Schein u. Sein; verschiedene Deutungen; u.a. von Kant (Auflösung einer gespannten

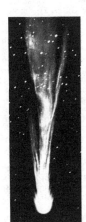

Komet

Kombinatorik

Permutationen
gesucht alle möglichen
Anordnungen (Permutationen)
Komturei: 1, 2, 3
n = 3
1 2 3, 1 3 2, 2 1 3, 2 3 1,
3 1 2, 3 2 1
möglich sind n! =
1 · 2 · 3 = 6 Fälle

Kombinationen
Zusammenstellungen
(p = 2) *ohne* Rücksicht
auf die Reihenfolge
(Komplexionen)
Beispiel: 1, 2, 3
n = 3
12, 13, 23 mögl. sind:
$$\binom{n}{p} = \binom{3}{2} = \frac{3 \cdot 2}{2!} =$$
$$\frac{3 \cdot 2}{1 \cdot 2} = 3 \text{ Fälle}$$

Variationen
Zusammenstellungen
(p = 2) *mit* Rücksicht
auf die Reihenfolge
Beispiel: 1, 2, 3
n = 3
12, 21, 13, 31, 23, 32
mögl. sind $\frac{n!}{(n-p)!} =$
$$\frac{3!}{(1)!} = \frac{1 \cdot 2 \cdot 3}{1} =$$
6 Fälle

Erwartung in Nichts), Bergson (Mechanisierung des Lebens). Zahlr. Variationen des Komischen zw. Derbheit u. Verfeinerung. In der Ggw. verbindet sich das Komische häufig mit dem Absurden od. Makabren.
Kominform s, Abk. für **Kom**munistisches **Inform**ationsbüro, Tarnorganisation zur Fortführung der ↗Komintern in Europa; 1947 gegr., 56 aufgelöst.
Komintern w, Abk. für **Kom**munistische **In**ternationale, 1919 gegr. Organisation zur Förderung des Weltkommunismus, eine Zusammenfassung der kommunist. Parteien aller Länder der Erde; 43 aufgelöst.
Komitadschi (Mz., türk.), bulgar., gg. die Türken kämpfende Freischärler des 19. Jh.
Komitat s oder m (lat.), seit dem 10. Jh. ungar. Verwaltungsbezirk.
Komma s (gr.; Mz. *Kommata*), Interpunktionszeichen (,). **K.bazillus** m, kommaförm. Erreger der asiat. Cholera.
Kommandant m (frz.), der militär. Befehlshaber eines Schiffes, Panzers, einer Festung usw. **Kommandeur** m (: -dör, frz.), Befehlshaber eines großen Truppenteils.
Kommandeur-Inseln, russisch *Kommandorskije Ostrowa,* sowjet. Inselgruppe im Beringmeer, 1850 km². Bärenrobben und Blaufüchse.
Kommanditgesellschaft (KG), Handelsgesellschaft, bei der neben den persönl. unbeschränkt haftenden Gesellschaftern (*Komplementären*) andere, die *Kommanditisten*, nur mit ihrer Vermögenseinlage haften u. an der Geschäftsführung nicht beteiligt sind. **K. auf Aktien** (KGaA), K., bei der das Grundkapital aus den Einlagen der Gesellschafter in Aktien zerlegt ist.
Kommende w (lat.), 1) urspr. eine Pfründe, deren Einkünfte ohne Amtsgeschäfte an Kleriker, auch Laien übertragen wurden. 2) ↗Komturei.
kommensurabel (lat.) heißen vergleichbare Größen, die sich durch ein gemeinsames Maß messen lassen.
Komment m (: komãn, frz. = wie?), student. Bräuche.
Kommentar m (lat.; Ztw. *kommentieren*), Erklärung u. Erläuterung.
Kommers m (lat.), student. Festkneipe.
Kommerz m (frz.), Handel. **kommerziell,** kaufmännisch. **Kommerzienrat,** Ehrentitel für Kaufleute.
Kommilitone m (lat.), Studienkamerad.
Kommis m (: -mi, frz.), Handlungsgehilfe.
Kommissar m (lat.), Bevollmächtigter.
Kommissariat s, Amt eines Kommissars.
kommissarisch, auftragsweise, zur Stellvertretung.
Kommission w (lat.), 1) Bestellung (Handel). 2) Bevollmächtigung, auch die Bevollmächtigten selbst. 3) Ausschuß. **K.sbuchhandel,** vermittelt den Verkehr zw. Verleger u. Sortimenter (Bücherverkäufer, Ladengeschäft). **K.shandel,** ein Handelsgewerbe, dessen Inhaber (*Kommissionär*) Waren im eigenen Namen, aber im Auftrag u. auf Rechnung eines Dritten (*Kommittent*) an- u. verkauft. **K.sverlag,** Bz. für den Verlag, der ein Werk auf Kosten u. Risiko eines Dritten, meist des Autors, drucken läßt u. vertreibt.

---

kommod (lat.), bequem, gemächlich.
Kommodore m (engl.), Geschwaderchef.
kommunal (lat.), die ↗Gemeinde betreffend, ihr gehörig. **Kommunalisierung,** die Überleitung von Privatbetrieben in Gemeindeeigentum.
Kommune w (lat.-frz.), 1) die ↗Gemeinde. 2) im MA Bz. für den Stadtstaat in It. 3) 1871 frz. linksradikale Sonderregierung. 4) Wohn- u. Wirtschaftsgemeinschaft linksgerichteter junger Leute.
Kommunikation w (lat.), 1) Verkehr. 2) Gedankenaustausch. **Kommunikationsmittel,** *Informationstheorie:* alle biolog., techn. od. sonstigen Mittel, die der Informationsübermittlung dienen.
Kommunion w (lat.), in der kath. Kirche Empfang der Eucharistie; für Laien im Abendland nur in Brotsgestalt (Hostie), in bestimmten Fällen seit 1964 auch unter beiden Gestalten (Brot u. Wein) gestattet. – *Kommunikant,* Bz. für den Empfänger der K.
Kommunismus m (lat.), Bz. für Theorien u. polit. Bewegungen, die im Ggs. zu der auf Privateigentum beruhenden Gesellschaftsordnung gemeinsamen Besitz allen Eigentums innerhalb einer Gruppe fordern. Der urchristl. sog. *Liebes-K.* entstand jedoch wie andere Formen des K. nicht aus grundsätzl. Ablehnung des Privateigentums. Mit dem neueren, polit. ausgerichteten K., der völlige Umgestaltung des Sozialordnung mit Überführung allen Besitzes in Gemeineigentum fordert, ist meist ↗Atheismus sowie ↗Materialismus verbunden. Am wirksamsten wurde diese Form in dem v. K. Marx begründeten ↗Marxismus u. dessen Weiterbildungen im ↗Leninismus u. ↗Stalinismus. ↗Sozialismus.
Kommunistische Partei (KP), verfolgt die Ziele des modernen ↗Kommunismus. Staatspartei ist sie in der UdSSR (K.P. der Sowjetunion, abgekürzt KPdSU) u. in den übrigen Ostblockstaaten sowie in Jugoslawien, Kuba, der VR China, in Nord-Korea u. Nord-Vietnam; in Westeuropa verfügt sie nur in Fkr. u. It. über große Wählermassen, sonst spielt sie in Europa u. auch Amerika kaum eine Rolle. **Kommunistische Partei Deutschlands** (KPD), 1918 gegr., suchte in verschiedenen Ländern Dtl.s an die Macht zu gelangen; war 32 die drittstärkste Partei im Reichstag (100 Abgeordnete); 33 verboten. 1946 wurde sie in der SBZ mit der dortigen SPD zur SED verschmolzen; in der BRD hatte die KPD seit 53 keine Abg.en mehr im Bundestag, 56 für verfassungswidrig erklärt u. aufgelöst. ↗Deutsche Kommunist. Partei. **Kommunistisches Manifest,** v. K. Marx u. F. Engels 1847/48 verfaßte Kampfschrift mit polit. wirksamer Zusammenstellung der marxist. Grundgedanken. Das K. M. beeinflußte die Entwicklung der kommunist. u. sozialist. Parteien sowie der Arbeiterbewegung erheblich.
kommunizieren (lat.), 1) die ↗Kommunion empfangen. 2) allg.: in Verbindung treten.
kommunizierende Röhren, unter sich verbundene, oben offene Röhren, in denen eine Flüssigkeit wegen der allseitigen Druckausbreitung gleich hoch steht.

Komoren

Amtlicher Name:
Etat des Comores

Staatsform:
Republik

Hauptstadt:
Moroni

Fläche:
1797 km²

Bevölkerung:
330 000 E.

Sprache:
Amtssprache ist
Französisch;
Umgangssprachen
Arabisch, Bantu-
Sprachen, Kisuaheli

Religion:
überwiegend
Muslimen

Währung:
1 CFA-Franc
= 100 Centimes

Mitgliedschaften
UN, OAU

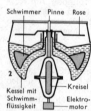

Kompaß- Pinne — Achat-
rose — hütchen

Seidenfaden — Magnete

1 — Gehäuse

Schwimmer Pinne Rose

2

Kessel mit — Kreisel
Schwimm- — Elektro-
flüssigkeit — motor

Kompaß: 1 Magnet-K.
im Schnitt (Trocken-
K.), die Magnetnadeln
zeigen stets auf die
irdischen Magnetpole.
2 Kreisel-K. im Schnitt

Kommutatjvgesetz, besagt die Vertausch-
barkeit der Summanden bzw. Faktoren in
einer Summe od. einem Produkt: a + b =
b + a; a · b = b · a.

Kommutator m (lat.), der Stromwender
(↗Elektromotor).

Komnenen (Mz.), Kaisergeschlecht, das
1057–59 u. 1081/1185 den Thron des ↗By-
zantin. Reiches, 1204/1462 den v. Trapezunt
innehatte.

Komödiant, 1) Schauspieler, oft geringschätzig. **2)** i. ü. S. Heuchler.

Komödie w (gr.), Sammelbegriff für die verschied. Arten des heiteren Bühnenspiels,
mit einer komischen Situation als Ausgangspunkt; Ggs.: ↗Tragödie. Die v. der
griech. Tradition formal herkommende
röm. K. (Plautus, Terenz) diente in der Renaissance als Vorbild, wurde dann v. span.
Barock (Lope de Vega, Calderón), v. Shakespeare u. seinen Zeitgenossen (Ben Jonson) u. v. der frz. Klassik (Molière) übernommen, v. it. Rokoko (Goldoni) vermischt
mit Bestandteilen der Commedia dell'arte.
In Fkr. Salon- u. Intrigen-K. (Beaumarchais,
Scribe), in Engl. Konversationsstück (Wilde,
Shaw), in Dtl. nur Einzelerscheinungen
(Lessing, Kleist, Hauptmann), in Östr. thea-
ternahe Werke (Alt-Wiener Volks-K., Raimund, Nestroy). Im 20. Jh. Vertiefung, Dop-
pelbödigkeit (eth. bei Hofmannsthal, satir.
bei Sternheim, Brecht, Dürrenmatt).

Komoren, Inselgruppe n.w. von Madagaskar; seit 1912 frz. Besitzung, 75 unabhängig. – Die Insel *Mayotte* (374 km²,
48 000 E.) entschied sich für Fkr. u. wurde
76 frz. Überseedepartement.

Komorn, *Komárno,* tschsl. Stadt u. Donauhafen im SO der K. Schüttinsel; 26 000 E.;
1920 u. 45 v. Ungarn abgetrennt.

Komotau, tschech. *Chomutov,* böhmische
Bez.-Stadt am Fuß des Erzgebirges, 40 000
E.; Braunkohlen, Stahl-Ind.

kompakt (lat.), gedrungen, fest.

Kompanie (lat.-frz.), fr. *Compagnie,* **1)**
Handelsgesellschaft (Co., Cie.); *Kompa-
gnon* m (: kõnpanjõn), Teilhaber. **2)** Grund-
gliederungselement der Truppe (Heer, Marine, Luftwaffe).

Komparation w (lat.), in der Sprachlehre
Steigerung des Beiworts u. Umstands-
worts.

Komparativ m (lat.), 1. Stufe der ↗Kom-
paration *(größer).*

Komparator m (lat.), Präzisionsinstrument
zur Längenmessung durch Vergleich mit
Normalmaß.

Komparse m (it.), auf der Bühne u. im Film
Darsteller mit wenig od. keinem Sprechtext.

Komparserie w, Gesamtheit der Kompar-
sen.

Kompaß m (it.); Gerät zur Bestimmung der
N-Richtung. Arten: **1)** *Magnet-K.,* besteht
aus Gehäuse mit Magnetnadel, deren Hüt-
chen auf einer Nadelspitze schwebt, u.
Kreisscheibe mit Himmelsrichtungen. Die
Nadel stellt sich durch Richtwirkung des
Feldes des ↗Erdmagnetismus in magnet.
Nord-Süd-Richtung. **2)** ↗*Kreisel-K.,* gibt
stets die geograph. Nord-Süd-Richtung.

Kompatibilität w (lat.; Bw. *kompatjbel*),

Vereinbarkeit: **1)** *rechtl.* z. B. der gleichzeit.
Bekleidung mehrerer Ämter. **2)** *techn.* z. B.
der mögl. Abspielbarkeit v. Stereoschall-
platten auf einer nichtstereophon. Anlage.

Kompendium s (lat.), kurzgefaßtes Lehrbuch.

Kompensation w (lat.; Ztw. *kompensieren*),
Kompensierung, Ausgleich. **1)** *Wirtschaftl.*
der Tausch wertgleicher Güter. **2)** ↗*Individualpsychologie:* Ausgleich psych. u. organ. Minderwertigkeit durch erhöhte Leistung. **3)** in der *Physik* u. *Technik:* Ausgleich
einer Wirkung durch eine andere. *Kom-
pensator,* Vorrichtung zur K., z. B. bei Uhren
das *K.spendel* od. in Warmwasserleitungen
ein gekrümmtes Rohrstück.

Kompetenz w (lat.), Zuständigkeit; *kom-
petent,* zuständig, befugt.

Kompilation w (lat.; Ztw. *kompilieren*), Zusammenfügen v. Auszügen aus anderen
Werken durch den *Kompilator.*

Komplement s (lat.), Ergänzung; der Winkel, der einen gegebenen zu 90° ergänzt.
K.ärfarben ↗*Gegenfarben.*

Komplet w (lat.), **1)** letzte Tagzeit des Bre-
viergebets; Abendgebet. **2)** s (: kõnplä),
in der Damenmode Mantel u. Kleid, in Stoff
u. Farbe aufeinander abgestimmt.

komplett (lat.-frz.), vollständig.

Komplex m (lat.), **1)** Gesamtheit. **2)** aus dem
Bewußtsein verdrängte zusammenhän-
gende Vorstellungen (aufgrund starker Erlebnisse), die störend auf das Seelenleben
einwirken.

komplex (lat.), zusammengesetzt, verwik-
kelt. **k.e Zahl,** eine ↗*Zahl* der Form z =
a + ib, wobei a u. b reelle Zahlen sind u.
i = $\sqrt{-1}$ (imaginäre Einheit). K. Z.en sind in
der *Gaußschen Zahlenebene* als Punkte
bzw. Vektoren darstellbar; bedeutend für
Mathematik u. Physik.

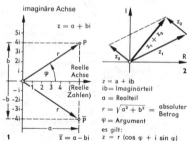

komplexe Zahl: 1 Darstellung in der Gaußschen
Zahlenebene, **2** Addition v. k.n Z.n (Addition von
Vektoren)

Komplexverbindungen, chem. Verbindungen; um meist ein Zentralatom lagert sich
eine Anzahl (meist 4 od. 6) an sich selbständ. Moleküle.

Komplikation w (lat.), Verwicklung, Hinzu-
treten weiterer Störungen im Verlauf einer
Krankheit, einer Krise.

Kompliment s (frz.), Höflichkeitsbezeigung,
Artigkeit, Schmeichelei.

Komplize m (frz.), **1)** Teilnehmer an einer
strafbaren Handlung. **2)** *allg.:* Helfershelfer.

Komplott s (frz.), Anschlag, Verschwörung.

Komponente w (lat.), **1)** Bestandteil. **2)** Teilkraft eines Kräftesystems.

Komponist m (lat.), Tonsetzer, Tondichter, Schöpfer v. Musikwerken.

Kompositen (Mz.) ↗Korbblütler.

Komposition w (lat.; Ztw. *komponieren*), künstler. Gestaltung, bes. eines musikal. Kunstwerks, auch dieses selbst.

Kompositum s (lat.; Mz. *Komposita*), ↗Compositum.

Kompost m (lat.), Humusdünger aus organ. Abfällen, wird in 1–2 Jahren bei mehrmaligem Umsetzen u. Beimengung v. erdigen Bestandteilen sowie Kalk, Jauche u. eventuell Handelsdünger durch Gärung gewonnen.

Kompott s (frz.), gekochtes Obst.

kompreß (lat.), dicht, gedrängt.

Kompresse w (lat.), feuchter Umschlag.

Kompression w (lat.), Zusammendrückung; Verdichtung eines Stoffes, z. B. v. Gasen.

Kompressor m (lat.), Apparat, der Luft, Gase, Dämpfe verdichtet (komprimiert), ausgeführt als *Hubkolben-, Umlaufkolben-* u. *Kreisel-*(Axial- u. Radial-)*K.* K.en mit geringerer Verdichtung sind Gebläse und Lüfter.

komprimieren (lat.), zusammenpressen.

Kompromiß m od. s (lat.), Übereinkunft, mit gegenseitigen Zugeständnissen.

kompromittieren (lat.), bloßstellen.

Komsomol m, russ. Kurzform für *Leninscher Kommunist. Jugendverband der Sowjetunion.*

Komsomolsk-na-Amure, sowjet. Ind.-Stadt in Ostasien, am Amur (Hafen), 264 000 E.; 2 Hochschulen; Schwer-Industrie, Werften, Ölraffinerie. – 1932 gegründet.

Komtur m (lat.), **1)** ↗Komturei. **2)** Rangklasse der Ordensträger.

Komturei w, *Kommende*, kleinste Verwaltungseinheit der Ritterorden, geleitet v. einem *Komtur*. Mehrere K.en bilden eine Ballei.

Konakry ↗Conakry.

Kondensation w (lat.), **1)** Verdichtung (Flüssigwerden) v. Gasen u. Dämpfen durch Abkühlung u. ggf. Druckerhöhung. **2)** in der Chemie: Vereinigung zweier Moleküle zu einem größeren unter Wasser-, Alkohol-, Ammoniak- od. Salzsäureabspaltung.

Kondensator m (lat.), **1)** Kessel (bei Dampfmaschinen od. Turbinen), die durch Kühlwasserschlangen gekühlt werden od. in die Kühlwasser eingespritzt wird u. in denen der Abdampf niedergeschlagen wird. **2)** elektr. K., Bauelement zur Speicherung elektr. Ladung, besteht im Prinzip aus 2 durch ein isolierendes Dielektrikum getrennten Leitern. K.en sperren Gleichstrom, lassen aber Wechselstrom durch.

Kondensor m (lat.), opt. Linsenanordnung zur Lichtkonzentration auf kleiner Fläche, bei Mikroskop u. Projektor. ☐ 222, 233.

Kondensstreifen, in großen Höhen hinter Flugzeugen entstehende, weiße Wolkenstreifen, meist gebildet durch Kondensation v. Wasserdampf an Abgasteilchen.

Kondition w (lat.), Bedingung, körperl. Leistungsfähigkeit.

konditional, *konditionell* (lat.), bedingungs-

Kondor

Luft ←□

Dampf Kühlwasser
Kondensat Kühlwasser

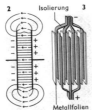
Isolierung
Metallfolien

Kondensator: 1 Oberflächen-K. für Dampfanlagen; **2** Verlauf der elektr. Feldlinien zw. 2 geladenen K.platten; **3** geschichteter Glimmer-K.

Konfuzius

weise geltend. **Konditionalsätze**, Bedingungssätze.

Konditionierung (lat.) ↗Klimatisierung.

Kondolenz w (lat.; Ztw. *kondolieren*), Beileidsbezeigung.

Kondom m (frz.), das ↗Präservativ.

Kondominium s, *Kondominat* s od. m (lat.), im Privatrecht gemeinsames Eigentum; im Völkerrecht gemeinschaftl. Gebietshoheit mehrerer Staaten, auch das Gebiet selbst.

Kondor m, größter Raubvogel (Geier), bis zu 3,6 m Flügelspannweite; der K. lebt in 3000–6000 m Höhe in den Anden.

Kondukt m (lat.), Geleit.

Kondukteur m (: -tör, frz.), Schaffner.

Konduktor m (lat.), isolierter kugelförm. Metallkörper, nimmt elektr. Ladungen auf.

Konfekt s (lat.), Zuckerwaren, Backwerk.

Konfektion w (lat.), fabrikmäßige Anfertigung v. Kleidung, Wäsche.

Konferenz w (lat.; Ztw. *konferieren*), Zusammenkunft, Beratung.

Konfession w (lat.), urspr. bestimmtes christl. ↗Glaubensbekenntnis, dann Bz. für die Gesamtheit seiner Bekenner. **K.alismus** m, meist polem. Bz. für betontes Geltendmachen der K. im öff. Leben. **k.ell**, bekenntnismäßig. **K.sschule** ↗Bekenntnisschule. **k.sverschiedene Ehe**, heute bevorzugte Bz. für die Mischehe 1).

Konfetti (Mz., it.), **1)** überzuckerte Früchte. **2)** bunte Papierblättchen.

Konfirmation w (lat.), in den ev. Kirchen die feierl. Einsegnung mit Handauflegung u. Gebet, wodurch die *Konfirmanden* (14. bis 16. Lebensjahr) nach Glaubensbekenntnis u. Erneuerung des Taufgelübdes zu mündigen Mitgl. der kirchl. Gemeinde erklärt u. zum Abendmahl zugelassen werden.

Konfiskation w (lat.), ↗Einziehung.

Konfitüre w (frz.), Marmelade mit Früchten.

Konflikt m (lat.), Widerstreit. **K.forschung** ↗Friedensforschung.

Konföderation w (lat.), Staatenbund.

konform (lat.), übereinstimmend.

Konfrontation w (lat.), Gegenüberstellung, zur Feststellung der Persönlichkeit od. zur Klärung widersprüchl. Aussagen.

Konfusion w (lat.; Bw. *konfus*), Verwirrung.

Konfuzianismus m, Lehre des ↗Konfuzius sowie deren Weiterbildung u. polit. Anwendung, bes. in China, Korea u. Japan. Der später zur Staatsreligion erhobene K. war urspr. eine auf Ehrfurcht, Gehorsam u. Liebe gegr. Familien-, Ges.- u. Staatsethik; in China seit 1912 nicht mehr offizielle Lehre, aber noch hochangesehen; erst nach 1949 von den Kommunisten verworfen.

Konfuzius, *Konfutse* (chines. *K'ung Futse* = Meister Kung), chines. Staats- u. Sittenlehrer, 551–479 v.Chr.; begann als Lehrer an Fürstenhöfen, war 501–497 hoher Beamter in seinem Heimatstaat Lu; riet in 14jähr. Wanderleben den Feudalherren vergebl. zu Reformen; lebte seit 83 wieder in Lu. Aus dem schon zu Lebzeiten hohen Ansehen erwuchs später öff. Verehrung, ab 57 v.Chr. auch durch Opfer u. Tempel. Für K. sind ↗Yin u. Yang höchstes Prinzip u. ↗Tao, das unverbrüchliche Gesetz, deren Äußerung.

kongenial (lat.), geistig ebenbürtig.
Kongestion w (lat.), Blutandrang.
Konglomerat s (lat.), Gestein aus verkitteten, abgerundeten Gesteinstrümmern.
Kongo, 1) m, zweitlängster u. wasserreichster Strom Afrikas, wird v. den Quellflüssen Lualaba u. Luapula gebildet; mündet mit einem 40 km breiten Trichter in den Golf v. Guinea. 4320 km lang; 4 schiffbare Abschnitte von insges. 2820 km Länge. **2)** Republik K., *K.-Kinshasa* ⟋Zaïre. **3)** VR K., *K.-Brazzaville* (fr. Mittel-Kongo), Rep. in Zentralafrika. – Über 50% der Fläche sind bewaldet (Edelhölzer), jedoch kaum erschlossen. 80% der Agrarfläche dienen dem Eigenbedarf. Großfarmen der Europäer exportieren Palmkerne, Erdnüsse u. Bananen. – Ehem. frz. Kolonie *Mittel-K.*, Teil v. Frz.-Äquatorialafrika; seit 1958 autonome Rep. innerhalb der Frz. Gemeinschaft, seit 60 unabhängig. Dez. 69 Ausrufung der VR; Staatschef: Oberst Denis Sassou-Nguesso (seit 79).
Kongregation w (lat. = Vereinigung), **1)** Vereinigung mehrerer selbständ. Klöster unter einem Oberen (z. B. bei ⟋Benediktinern). **2)** klösterl. Genossenschaft mit nur einfachen Gelübden (z. B. ⟋Englische Fräulein). **3)** religiöse Laienvereinigung (z. B. ⟋Marianische K.). **4)** oberste Behörden an der ⟋Kurie (⟋Kardinals-K.en).
Kongregationalisten, Mitgl. calvin.-ref. Kirchengemeinden, die die absolute Unabhängigkeit der Einzelgemeinde betonen u. in Christus ihr alleiniges Haupt sehen; bes. in Europa u. Amerika, mit voller staatl. u. kirchl. Unabhängigkeit; seit 1931 im *International Congregational Council* zusammengeschlossen. Insges. ca. 3,7 Mill. Mitgl.
Kongreß m (lat.), **1)** Zusammenkunft zum Zweck polit., wiss. u. ä. Besprechungen. **2)** Bz. der Volksvertretung mancher Staaten, z. B. der USA. **K.-Polen,** das auf dem Wiener K. 1815 geschaffene Königreich ⟋Polen.
kongruent (lat.), übereinstimmend.
Konia ⟋Konya.
Koniferen (Mz.) ⟋Nadelhölzer.
König, Titel des monarch. Oberhaupts eines Staates. – Das dt. K.tum war german. bzw. ostfränk. Ursprungs. Wie der german. K., der Gerichtsherr, Heerführer u. Oberpriester war, wurde auch der dt. K. gewählt. Er war oberster Heerführer, übte den Friedensbann u. die Hoheit über die Reichskirche u. verwaltete das Reichsgut. – In Fkr., Engl. u. anderen europ. Staaten war das K.tum schon im MA erblich. Im 20. Jh., bes. nach dem 1. u. 2. Weltkrieg, wurden die meisten europ. K.reiche in Republiken umgewandelt. K.e, deren Macht durch Parlament u. Regierung beschränkt ist (konstitutionelle Monarchie), herrschen heute noch in Belgien, Dänemark, Großbritannien, den Niederlanden, Norwegen u. Schweden. ☐ 635.
König, 1) *Franz,* * 1905; 56 Erzb. v. Wien, 58 Kard., 65–80 Präs. des vatikan. Sekretariats für die Nichtglaubenden; bes. verdient um Kontakte zu den Kirchen des Ostens u. zu den nichtchristl. Religionen. **2)** *Leo* Frh. v., dt. Maler, 1871–1944; Meister des Porträts.

Kongo
Amtlicher Name:
République Populaire du Congo
Staatsform:
Volksrepublik
Hauptstadt:
Brazzaville
Fläche:
342 000 km²
Bevölkerung:
1,5 Mill. E.
Sprache:
Staatssprache ist Französisch; Bantu-Dialekte sind Umgangssprache
Religion:
ca. 55% Anhänger von Naturreligionen,
ca. 26% Protestanten,
ca. 13% Katholiken,
ca. 1% Muslimen
Währung:
1 CFA-Franc
= 100 Centimes
Mitgliedschaften:
UN, OAU, der EWG assoziiert

Königskerze

Kardinal König

Koenig, *Friedrich,* 1774–1833; Erfinder der Buchdruck-Schnellpresse; baute Zylinderdruckmaschinen.
Könige, die atl. *Bücher der K.,* schildern die Gesch. Israels v. Tode Davids bis zur Babylon. Gefangenschaft.
Königgrätz, tschech. *Hradec Králové,* nordostböhm. Bez.-Stadt, 90 000 E.; kath. Bischof; Textil-Ind. und Musikinstrumentenbau. – Im Dt. Krieg 1866 entscheidender preuß. Sieg über Österreicher u. Sachsen; v. den Franzosen *Schlacht v.* ⟋*Sadowa* genannt.
Königsberg, russ. *Kaliningrad,* ehem. Hst. Ostpreußens, altes Kulturzentrum des Dt. Ostens, am Pregel; durch den 34 km langen *K.er Seekanal* ist der Vorhafen Pillau mit der Ostsee verbunden; 355 000 E.; Univ., Museen u. Theater. – 1255 v. Dt. Orden gegr.; Mitgl. der Hanse, seit 1457 Sitz des Hochmeisters, seit 1525 der preuß. Hzg.e; kam 1618 an Brandenburg, 1701/1861 Krönungsstadt der preuß. Könige; im 2. Weltkrieg völlig zerstört, 1945 sowjetisch.
Königsbrunn, bayer. Stadt südl. von Augsburg, 17 500 E.; metall- u. holzverarbeitende Industrie.
Königsfeld, *K. im Schwarzwald,* südbad. Höhenluftkurort, 763 m ü. M., 1806 gegr. Niederlassung der Herrnhuter Brüdergemeine; aus ihr hervorgewachsen die Ev. *Kongregation K.*
Königsfelden, Heil- und Pflegeanstalt bei Brugg (Kt. Aargau); ehem. Klosterkirche (14. Jh.) mit habsburg. Erbbegräbnis, im Chor got. Bildfenster.
Königshütte, polnisch *Chorzów,* bis 1934 *Królewska Huta,* poln. Ind.-Stadt in der Wojewodschaft Kattowitz, 152 000 E.; Steinkohlenbergbau, Hüttenwerke.
Königskerze, bis 2 m hohe, wollig behaarte Rachenblütler, mit gelben Blüten; ist Hustenmittel (Wollblume, Wollkraut).
Königskobra, eine ⟋Brillenschlange.
Königsschlange, eine ⟋Riesenschlange.
Königssee, oberbayer. Alpensee bei Berchtesgaden, fjordartig; 5,17 km², 601 m ü. M., 188 m tief; unter Naturschutz; am Westufer: St. Bartholomä mit Wallfahrtskirche.
Königsspitze, Gipfel der Ortlergruppe, 3859 m hoch.
Königsstuhl, 1) höchste Erhebung des pfälz. Donnersbergs, 687 m u. M. **2)** des Vorgebirges Stubbenkammer auf Rügen, 122 m hoch. **3)** ⟋Königstuhl.
Königstein, *K. im Taunus,* hess. Stadt u. Kurort im Taunus, 420 m ü. M., 16 500 E.; kath. philosoph.-theol. Hochschule.
Königstuhl, Berg des Odenwalds, s. ö. über Heidelberg, 568 m hoch; Zahnradbahn, Sternwarte der Univ. Heidelberg.
Königswasser, Gemisch v. Salz- u. Salpetersäure (3 : 1), löst Platin u. Gold.
Königswinter, Stadt am Rhein, am Fuß des Siebengebirges, 34 900 E.; Weinbau, Zahnradbahn auf den Drachenfels.
Königswürger ⟋Tyrann.
Königs Wusterhausen, Krst. im Bez. Potsdam, s. ö. von Berlin, 10 500 E.; Standort des Senders „Stimme der DDR".
konisch (gr.), kegelförmig.

Konjektur w (lat.), vermutl. Lesart bei unleserl. überlieferten Texten.

Konjew, Iwan Stepanowitsch, sowjet. Marschall, 1897–1973; 1955/60 Oberkommandierender der Streitkräfte des Warschauer Pakts, 61/62 der Sowjettruppen in der DDR.

Konjugation w (lat.), 1) Abwandlung des Zeitworts. 2) Verschmelzung zweier einzelliger Lebewesen.

Konjunktion w (lat.), 1) Bindewort zw. Sätzen od. Satzteilen. 2) Stand zweier Gestirne auf demselben Längenkreis (Kalenderzeichen ☌). ☐ 44.

Konjunktiv m (lat.), Möglichkeitsform des Zeitworts. **Konjunktiva,** Bindehaut des Auges; **Konjunktivitis,** ihre Entzündung.

Konjunktur w (lat.), Wechsellage; regelmäßige, über Jahre sich erstreckende, wiederkehrende wirtschaftl. Schwankungen. K.en i. e. S. gibt es seit Anfang 19. Jh. Sie haben eine sich stets gleichende Form des Ablaufs: Aufschwung mit Nachfragesteigerung, Produktionsausbau u. Arbeitskräftemangel bis zur Hoch-K. (Prosperität); danach Abschwung mit Überangebot, Nachlassen der Nachfrage, sinkenden Preisen, steigender Arbeitslosigkeit bis zum Tiefstand (Depression). K.en haben mit Saison-(Jahreszeit-)Schwankungen nichts zu tun. Die K.abläufe können heute mit Mitteln der K.politik weitgehend unter Kontrolle gehalten, aber in einer Marktwirtschaft nie ganz ausgeschaltet werden. **K.politik,** Gesamtheit der wirtschaftspolit. Maßnahmen zur Stabilisierung v. Volkseinkommen u. Beschäftigung, wie regelnde Einwirkungen auf Geldmenge, Verbrauch, Erzeugung u. Außenhandel. **K.zuschlag,** rückzahlbarer oder nicht rückzahlbarer Aufschlag auf Lohn- u. Einkommensteuer zur Verminderung der Nachfrage u. damit zur Konjunkturdämpfung.

konkav (lat.), nach innen gekrümmte Fläche bei Spiegeln u. Linsen. ☐ 556.

Konklave s (lat.), 1) der streng abgeschlossene Raum der Papstwahl. 2) Gesamtheit der zur ⟋Papstwahl versammelten Konklavisten, d. h. der Kardinäle als Wähler mit ihren Begleitern.

Konklusion w (lat.; Bw. konkludent), Folgerung, Schluß.

konkordant (lat.), übereinstimmend; in der Geologie: gleichsinnig lagernd (v. Gesteinsschichten). **Konkordanz** w, Register zum Vergleich v. Stellen eines od. mehrerer Bücher, so Bibel-K.; bei verschiedenen Ausgaben eines Werkes auch Vergleichstabelle der Seitenzahlen.

Konkordat s (lat.), Vertrag zw. einem Staat u. der durch den Pp. vertretenen kath. Kirche zur Regelung der beide interessierenden Angelegenheiten. ⟋Reichskonkordat.

Konkordienbuch, die 1580 veröffentlichte Sammlung der luth. Bekenntnisschriften; enthält u. a. die Konkordienformel v. 1577.

Konkrement s (lat.), durch Ausfällung entstandener fester Körper im Organismus (z. B. Gallen-, Nierensteine).

konkret (lat.), anschaulich, dinglich. Philosophisch ist k. das Wirkliche in seiner individuellen Besonderung, im Ggs. zum ab-

Konkordat
Die im Gebiet der BRD z. Z. geltenden Konkordate:
1. K. zw. dem Hl. Stuhl u. dem Dt. Reich vom 20. 7. 1933 (in Kraft seit 10. 9. 33). ⟋Reichs-K.
2. K. zw. Sr. Heiligkeit Pp. Pius XI. u. dem Staate Bayern vom 29. 3. 1924 (in Kraft seit 24. 1. 25); Ergänzung vom 7. 10. 1968 (in Kraft seit 30. 1. 69)
3. Vertrag des Freistaates Preußen mit dem Hl. Stuhl vom 14. 6. 1929 (in Kraft seit 13. 8. 29)
4. K. zw. dem Hl. Stuhl u. dem Freistaat Baden vom 12. 10. 1932 (in Kraft seit 11. 3. 33)
5. Vertrag des Landes Nordrhein-Westfalen mit dem Hl. Stuhl vom 19. 12. 1956 (in Kraft seit 26. 2. 57)
6. Vertrag zw. dem Lande Hessen u. den Bistümern Fulda, Limburg, Mainz u. Paderborn vom 9. 3. 1963 (in Kraft seit 31. 7. 63)
7. K. zw. dem Hl. Stuhl u. dem Lande Niedersachsen v. 26. 2. 1965 (in Kraft seit 4. 10. 65)
8. Vertrag zw. dem Hl. Stuhl u. dem Land Rheinland-Pfalz vom 29. 4. 1969 (in Kraft seit 27. 2. 70)
9. Vertrag zw. dem Hl. Stuhl u. dem Land Rheinland-Pfalz vom 15. 5. 1973 (in Kraft seit 12. 11. 73)
Darüber hinaus zahlr. spezielle Vereinbarungen u. vertragsähnl. Abmachungen zw. einzelnen Bundesländern u. einzelnen Diözesen
Die unter 2–4 genannten K.e gelten in den Gebieten der betr. ehem. Staaten

strakten Begriff, der nur das Allgemeine erfaßt. **Konkretion** w (lat.), Mineralsubstanz in einem andern Gestein, meist klumpig, v. innen nach außen gewachsen, z. B. Feuersteine in Schreibkreide.

Konkubinat s (lat.), dauerndes Zusammenleben v. Mann u. Frau in außerehel. Geschlechtsgemeinschaft.

Konkurrenz w (lat.), wirtschaftl. der Wettbewerb zw. mehreren Anbietern bzw. Nachfragern; Mittel der K. sind Preis- u. Qualitätsgestaltung, Werbung. **K.verbot,** K.klausel, im Arbeitsvertrag, besagt, daß der Arbeitnehmer auch nach der Beendigung des Arbeitsverhältnisses Geschäftsgeheimnisse in einem anderen Betrieb nicht verwenden darf; dafür ist u. a. eine Vergütung zu zahlen; ist inhaltl. begrenzt, darf nicht das Fortkommen des Angestellten unbillig erschweren; auf 2 Jahre begrenzt.

Konkurs m (lat.), die Auseinandersetzung zw. einem zahlungsunfähigen Schuldner u. seinen Gläubigern unter gerichtl. Leitung; eröffnet auf Antrag des Schuldners od. eines Gläubigers. Das noch vorhandene Vermögen, die K.masse, wird durch einen K.verwalter, dem ein Gläubigerausschuß zur Seite treten kann, aufgezeichnet u. verwaltet. Aus dem Erlös werden zunächst gedeckt die Kosten des Verfahrens, dann Arbeitslohn, Steuern, Arztkosten u. a.; der Rest wird verteilt an die übrigen Gläubiger im Verhältnis ihrer Forderungen. Nach Aufhebung des K.verfahrens können die nicht vollbefriedigten Gläubiger ihre Ansprüche gg. den Schuldner geltend machen, sobald er v. neuem Vermögen erwirbt, außer bei ⟋Zwangsvergleich. Konkursvergehen sind ⟋Bankrott, Verheimlichung von Vermögensstücken u. a.

Konnex m (lat.), Verknüpfung.

Konnossement s (it.), Ladeschein, Frachtbrief im Seefrachtgeschäft.

Konquistadoren (: -ki-, span., Mz.), die span. Eroberer Mittel- und Südamerikas im 16. Jh.

Konrad, Heilige: K. (26. Nov.), Bischof v. Konstanz, um 900–975; dargestellt mit Kelch u. Spinne. **K. v. Parzham** (21. Apr.), Kapuzinerbruder, 1818–94; Pförtner des St.-Anna-Klosters in Altötting. **Fürsten:** Dt. Könige u. Kaiser: K. I., Hzg. v. Ostfranken, 911 Kg.; gg. die Stammes-Hzg.e machtlos, ✝ 918. K. II., um 990–1039; Salier, 1024 Kg., 27 Ks.; erwarb 32 das Kgr. Burgund; stützte sich bes. auf den niederen Adel. K. III., 1093–1152; Staufer, 1127 Gegen-Kg. zu Lothar III., 38 Kg.; es gelang ihm nicht, die Welfen zu überwinden. K. IV., Sohn Ks. Friedrichs II., 1228–54; 37 zum Kg. gewählt, behauptete sich gg. die Gegenkönige nur in Süd-Dtl., starb bei der Eroberung seines it. Besitzes.

Konrad v. Soest, dt. Maler, wirkte Ende 14./Anfang 15. Jh. in Dortmund; bedeutender westfäl. Meister des ⟋weichen Stils. **K. v. Würzburg,** mhd. Dichter, um 1220–1287; unvollendetes Epos vom Trojan. Krieg, kurze Erzählungen, Legenden.

Konradin, Sohn Konrads IV., 1252–68; der letzte Staufer, in Süd-It. von Karl von Anjou besiegt, der ihn in Neapel hinrichten ließ.

Konservierungsverfahren

1 Hitze
a Sterilisation
Temp. zw. 100 und 130°C, Abtötung von Sporen u. Bakterien, (Büchsenkonserven, Gläser, Flaschen) *(Einwecken)*

b Pasteurisieren
Temp. unter 100°C, Abtötung von Bakterien, Inaktivierung von Fermenten

2 Kälte
a Kühlen
Temperatur zw. +8 u. 0°C

b Gefrieren
Temperatur unter 0°C Tiefkühlung *(Frosten);* Sonderform: Gefriertrocknung

3 Erhöhen des osmot. Druckes
Hinderung des Auskeimens schädlicher Mikroorganismen durch Zufügen v. Salz *(Einsalzen),* Zucker *(Einzuckern)* oder Pökelsalz *(Einpökeln)*

4 Zusatz von Substanzen, die das Auskeimen schädl. Mikroorganismen hemmen; Konservierungsmittel bzw. Bildung entspr. Substanzen beim Räuchern

5 Wasserentzug
Mikroorganismen benötigen einen Mindestwassergehalt zum Leben; Trocknen, Dörren, Kondensieren, Eindicken

6 Erzeugen eines tiefen pH-Wertes
Einsäuern (mit Essig oder durch Milchsäuregärung), *Silieren*

7 Filtern
flüssige Substanzen (z.B. Most) werden durch entsprechende Filtereinsätze gepreßt

8 Vakuum- bzw. Schutzgashülle
Erzeugung einer „konservierenden Spezialatmosphäre" um das Produkt (z.B. bei Erdnüssen oder Süßmost)

9 Isotopenstrahlung
energiereiche, keimtötende Strahlung

Konrektor m (lat.), Vertreter des Rektors einer Grund-, Haupt- u. Realschule.

Konsalik, *Heinz-Günther,* eig. *H. Günther,* dt. Schriftsteller, *1921; zahlr. Unterhaltungsromane, u.a. *Der Arzt von Stalingrad, Strafbataillon 999, Sie waren zehn, Eine angesehene Familie.*

Konsekration w (lat. = Weihung), *in der kath. Liturgie:* a) Wandlung v. Brot u. Wein in der Messe (/Transsubstantiation); b) v. Bischof vollzogene Weihe einer Person (Bischof, Priester, Jungfrau) od. Sache (Altar, Kelch). *In den ev. Kirchen:* a) Segnung v. Brot u. Wein beim Abendmahl; b) bei Anglikanern auch Weihe eines Bischofs.

konsekutiv (lat.), folgernd, in der Folge eintretend. **K.satz,** Folgesatz.

Konsens m (lat.), Einwilligung, Übereinstimmung.

Konsequenz w (lat.; Bw. *konsequent),* notwendige Folge, Folgerichtigkeit.

konservativ (lat.), bewahrend, beharrend, am Hergebrachten hängend. **K.e Parteien, 1)** 1848 entwickelte sich in Preußen eine konservative Richtung, die im preuß. Abgeordnetenhaus v. 1849 bereits eine eigene Fraktion hatte; 61 Abspaltung der *Freikonservativen Partei;* 76 Neuorganisation als *Deutschkonservative Partei,* die bis zum 1. Weltkrieg im Dt. Reich fast immer Regierungspartei war u. sich nach dem Krieg als /Deutschnationale Volkspartei neu bildete. **2)** Die K.e Partei in Großbritannien, eine der beiden führenden Parteien, ging aus den /Tories hervor; war Trägerin der brit. Imperialismus; zuletzt 1951/64 u. 70/74 Regierungspartei.

Konservator m (lat.), der für die Instandhaltung der Kunstwerke verantwortl. Beamte an Museen u. bei der Denkmalpflege.

Konservatorium s (lat.), höhere Lehranstalt für Musikunterricht.

Konserven (Mz., lat.; Ztw. *konservieren),* für längere Zeit haltbar gemachte Nahrungs-

Konsole: Figurensockel

Kaiser Konstantin der Große

mittel (Obst, Gemüse, Fisch, Fleisch). /Einmachen.

Konservierungsmittel, chem. Stoffe, die die Haltbarkeit eines Nahrungsmittels erhöhen sollen; weitgehend durch das Lebensmittelgesetz verboten.

Konsistenz w (lat.), Beschaffenheit eines Stoffes, z.B. spröde, schmierige K. *konsistent,* dicht, fest.

Konsistorium s (lat.), **1)** Versammlung der Kardinäle unter Vorsitz des Papstes. Am *Geheimen K.* nehmen nur die Kardinäle teil, am *halböffentl. K.* auch Bischöfe; das *öffentl. K.* ist Zeremonialversammlung. **2)** in den ev. Kirchen Aufsichts- u. Verwaltungsbehörde, aus Geistlichen und Laien *(Konsistorialräten)* zusammengesetzt, seit 1945 meist in *Landeskirchenrat* umbenannt.

Konsole w (frz.), vorkragende Unterstützung, z.B. Kragstein als Figurensockel; auch Wandbrett, Wandgestell.

Konsolidation w (lat.), *Konsolidierung,* **1)** Befestigung, Sicherung. **2)** wirtschaftl. die Umwandlung kurzfrist. in langfrist. Schulden; auch die Zusammenlegung v. Anleihen zu einer neuen Anleihe.

Konsonant m (lat.), Mitlaut.

Konsonanz w (lat.), harmon. Zusammenklang v. 2 od. mehr Tönen.

Konsorten (Mz., lat.), Genossen, Teilhaber.

Konsortium s (lat.), Ges. bürgerl. Rechts; vorübergehend v. mehreren Unternehmen gebildet zu gemeinsamen Rechtsgeschäften (z.B. von Kreditinstituten bei einer /Emission).

Konspiration w (lat.), Verschwörung.

Konstabler, Polizist in Engl. u. USA.

konstant (lat.), beständig. Ggs.: variabel.

Konstantan s, temperaturunabhängige Kupfer-Nickel-Legierung für elektr. Widerstände u. Thermoelemente.

Konstante w (lat.), in der Mathematik: jede gleichbleibende Größe (Zahl).

Konstantin d.Gr., röm. Ks., um 285–337; 306 zum Ks. ausgerufen, besiegte 312 Maxentius, 324 Licinius u. war damit Alleinherrscher; erhob 330 Byzanz (nach ihm Konstantinopel genannt) zur Residenz; gewährte 313 (/Mailänder Edikt) dem Christentum Gleichberechtigung mit den anderen Religionen; berief 325 das Konzil von Nizäa; ließ sich auf dem Totenbett taufen.

Konstantin II., ehem. Kg. v. Griechenland, *1940; 64 Kg.; verließ Griechenland nach dem gescheiterten Putsch gg. die Militärjunta (Dez. 67); 73 abgesetzt. Verheiratet mit Prinzessin Anne Marie v. Dänemark.

Konstantinische Schenkung, zw. Mitte 8. u. Mitte 9. Jh. entstandene, im 15. Jh. als Fälschung erkannte Urkunde, in der K. d. Gr. dem Pp. Rom, It. u. die westl. Reichsprovinzen mit allen Herrschaftsansprüchen geschenkt haben soll.

Konstantinopel, türk. /Istanbul, um 658 v.Chr. als *Byzanz* v. Dorern gegr. Stadt; unter Konstantin d. Gr. zur Residenz erhoben u. nach ihm K. genannt, dann Hst. des Byzantin. Reiches u. Patriarchat. 381, 553, 680/681 u. 869/870 Tagungsort allg. Konzilien. 1453 v. den Türken erobert (heißt seither Istanbul) u. bis 1923 Hst. des türk.

Reiches u. Sitz des Kalifen. – Zahlreiche Denkmäler der byzantin. (Hagia Sophia) u. islam. Kunst (Suleiman-Moschee, Ahmed-Moschee, Paläste). ☐ 138, 429; 505.
Konstantinsbogen, Triumphbogen in Rom, zu Ehren Konstantins d. Gr. 312/315 erb.
Konstantius, röm. Kaiser: **K. I. Chlorus,** Vater Konstantins d. Gr., 305 Ks., † 306. **K. II.,** Sohn Konstantins d. Gr., 317–361; 353 Alleinherrscher; begünstigte den Arianismus.
Konstanz, Krst. u. größte Stadt am Bodensee, mit der Schweizer Stadt Kreuzlingen zusammengebaut, 67700 E.; roman.-got. Münster, „Konzilsgebäude" (1388 erb., hier 1417 Papstwahl); Univ.; vielseitige Ind. – Im 3. Jh. v. den Römern gegr., 6. Jh. bis 1827 Bischofssitz; 1192 Reichsstadt; Tagungsort des ↗Konstanzer Konzils; kam 1548 zu Östr., 1805 zu Baden.
Konstanza ↗Constanţa.
Konstanze, dt. Kaiserin, Tochter Kg. Rogers II. v. Sizilien, 1152–98; Erbin Siziliens, 86 Gemahlin Ks. Heinrichs VI.
Konstanzer Konzil, das 1414/18 in Konstanz abgehaltene 16. allg. Konzil; erreichte die Beendigung des Schismas durch die Absetzung Johannes' XXIII. u. Benedikts XIII., den Verzicht Gregors XII. u. die Wahl Martins V. zum Pp.; erklärte die Superiorität des Konzils über den Pp.; ließ ↗Hus verbrennen; erließ Reformdekrete.
Konstellation w (lat.), 1) Zusammentreffen v. Umständen. 2) Stellung der Gestirne zueinander, bes. der Planeten gg. die Fixsterne. ☐ 44.
konsterniert (lat.), bestürzt.
Konstipation w (lat.), ↗Stuhlverstopfung.
konstituieren (lat.), ordnen, gründen; sich k., als Verein u. ä. zusammentreten. **K.de Versammlung,** verfassunggebende Volksversammlung, Vorparlament.
Konstitution w (lat.), 1) Zusammensetzung, Anordnung. **K.sformeln,** chem. Strukturformeln. 2) Verfassung. 3) Papstbrief. 4) die körperl. Struktur u. seelische Wesensart eines Menschen. **K.stypen** ↗Kretschmer. **K.skrankheiten** haben in der krankhaften K. ihre Hauptursache.
konstitutionell (lat.), verfassungsmäßig. **k.e Monarchie,** Regierungsform, in der die Gewalt des Monarchen durch eine Verf. (Konstitution) begrenzt u. die Volksvertretung u.a. an der Gesetzgebung beteiligt wird; entwickelte sich in West- u. Südeuropa im 19. Jh. (in Engl. seit 1689) zur Beschränkung der absoluten Fürstengewalt; die heutige Form der k. M. in Europa (auch parlamentar. Monarchie gen.), wobei die Regierung v. Vertrauen des Parlaments abhängig ist, beläßt dem erbl. Monarchen nur noch die Rechte eines Staatsoberhaupts.
konstitutiv (lat.), grundlegend.
Konstrukteur m (: -ör, lat.-frz.), Erbauer. **konstruieren,** zusammenfügen; geometr. Figuren zeichnen. **konstruktiv,** aufbauend. **Konstruktion** w (lat.), 1) Gefüge. 2) Denkgebäude. 3) Satzbau. 4) Entwurf. 5) Berechnung. 6) Bauweise.   [trauensvotum.
konstruktives Mißtrauensvotum ↗Miß-
Konstruktivismus m (lat.), um 1920 aus Kubismus u. Futurismus entwickelte Richtung

der ↗Abstrakten Kunst, bes. in Malerei u. Zweckarchitektur; betonte das Techn.-Funktionelle gegenüber den schmückenden Elementen. Vertreter u.a. N. Gabo, Le Corbusier, K. Malewitsch, A. Pevsner.
Konsul m (lat.), 1) Titel der beiden höchsten, jeweils auf 1 Jahr gewählten Beamten der röm. Republik. 2) in Fkr. 1799/1804 Titel der drei höchsten Staatsbeamten (Napoleon Erster K.). 3) bevollmächtigter Auslandsvertreter eines Staates, hauptamtl. od. nebenamtl. (dann meist Kaufmann). **Konsulat** s (lat.), Amt u. Amtsgebäude eines Konsuls.
Konsultation w (lat.), Beratung durch Sachverständigen, bes. Arzt; **konsultieren,** um Rat fragen. **konsultativ,** beratend. **Konsultativpakt,** Vertrag zw. Staaten, laut dem sie bei bestimmten Situationen sich beraten.
Konsum m (lat.; Ztw. *konsumieren*), *Konsumation* w (lat.), Verbrauch wirtschaftl. Güter, hauptsächl. in den privaten Haushalten. Art u. Umfang sind abhängig v. Einkommen u. der Lebenshaltung. **Konsument** m, der Verbraucher. **Konsumgenossenschaften,** Selbsthilfeorganisationen der Verbraucher zum verbilligten Bezug v. Waren; entstanden in Engl., seit 1850 in Dtl.; in der BRD zusammengefaßt im *Zentralverband der dt. K.en,* Sitz Hamburg. **Konsumgüter,** *Verbrauchsgüter,* wirtschaftl. Güter, die unmittelbar Bedürfnisse befriedigen. Ggs.: Investitionsgüter.
kontagiös (lat.), ansteckend.
Kontakt m (lat.), 1) Berührung, Fühlungnahme. 2) in der Elektrotechnik: Berührung zw. stromführenden Teilen. **K.gesteine,** durch Hitze u. Stoffzufuhr glühender Gesteinsschmelzen umgewandelte Schichtgesteine. **K.gifte,** wirken durch Berührung; ↗Insektizide. **K.linsen,** *Haftgläser,* direkt auf der Hornhaut als ↗Brillen-Ersatz getragene, dünne Linsen aus Kunststoff, haften durch die Tränenflüssigkeit.
Kontamination w (lat.), 1) Verseuchung durch radioaktive Stoffe. 2) grammat. Verbindung der Teile zweier Worte zu einer neuen Wortform.
Kontemplation w (lat.), Betrachtung.
Konter... (lat.), in Zss.: gegen... **K.bande,** 1) ↗Bannware. 2) Schmuggel(ware). **K.fei** s (lat.-frz.), Bildnis.
kontern (lat.-engl.), 1) entgegnen, erwidern. 2) insbes. beim Boxen: einen Angriff durch einen Gegenangriff parieren. 3) ein seitenverkehrtes Abbild herstellen.
Kontertanz, *Kontratanz,* Bz. für Tänze, in denen 2 Gruppen (offen) gegeneinander tanzen, z.B. Anglaise, Quadrille.
Kontinent m (lat.; Bw. *kontinental),* Festland, ↗Erdteil. **Kontinentalmächte,** bes. im 19. Jh. übl. Bz. für die europ. Festlandsmächte. **Kontinentalsperre,** 1806/13 Sperre für jeden Handel u. Verkehr des europ. Kontinents mit Engl.; v. Napoleon als wirtschaftliche Kampfmaßnahme angeordnet. **Kontinentalverschiebung,** von A. Wegener 1912 begründete geotekton. Theorie, nach der die urspr. zusammenhängende Festlandsmasse (*Pangaea,* nach anderen Theorien 2 Urkontinente, *Laurasia* in N, *Gondwana* im S) in Einzelschollen zerlegt wurde,

Kontaktlinse 1

Brillenglas

Flüssigkeitslinse

Kontaktlinse 2

Brillenglas

Flüssigkeitslinse

Kontaktlinsen: Ausgleich **1** einer Kurzsichtigkeit (Myopie), **2** einer Übersichtigkeit (Hyperopie) durch eine K., die zusammen mit ihrer Flüssigkeitslinse das Brillenglas ersetzt

die als leichtere Sialmassen auf dem schwereren Sima schwimmen *(Kontinentaldrift)*. Dabei sollen sich Australien, Vorderindien u. Antarktis v. Afrika, Amerika vom euras.-afrikan. Block gelöst haben. In den Trennungszonen entstanden dabei die Ozeane. An der Vorderseite der Kontinentalschollen wurden dabei die großen Gebirgszüge aufgestaucht. Die K. begann etwa vor 150 Mill. Jahren (Mesozoikum), war vor 50 Mill. Jahren bes. intensiv u. beträgt z.Z. 1–5 cm je Jahr.
Kontingent s (lat.), Beitrag, Anteil, geschuldeter Betrag. **Kontingentierung** (Ztw. *kontingentieren*), Festsetzung eines bestimmten Anteils.
Kontingenz w (lat.; Bw. *kontingent*), 1) in der Metaphysik: jene Art des Möglichseins, die im Ggs. zur Notwendigkeit das Nichtsein nicht ausschließt. Kontingent ist alles (geschaffene) Seiende, weil ihm sein Dasein nicht kraft seines Wesens notwendig zukommt. Aus der K. der Welt im ganzen schließt der *K.beweis* auf das Dasein Gottes. 2) in der Logik: eine ↗Modalität des Urteils: etwas kann sein od. nicht sein.
Kontinuität w (lat.), unmittelbarer, steter Zusammenhang; *kontinuierlich*, andauernd.
Kontinuum s (lat.), ein Ununterbrochenes.
Konto s (Mz. *Konten*, it.), in der ↗Buchführung: die Darstellung der Geschäftsvorfälle in geldmäßiger Form; bestehend aus 2 Seiten: Soll (Eingang; links) u. Haben (Ausgang; rechts). **K.korrent** s, laufende Rechnung; Geschäftsverbindung zw. 2 Partnern, in der beiderseitige Forderungen fortlaufend gebucht, d.h. aufgerechnet werden. **K.korrentgeschäft**, fortlaufende Vermittlung des Geldgeschäfts für die Kunden v. ↗Banken.
Kontor s (frz.), Geschäftsraum eines Kaufmanns. **Kontorist** m, Angestellter für Büroarbeiten.
Kontorsion w (lat.), Verrenkung.
kontra (lat.), gegen. **Kontrabaß** m, ↗Baß 3).
kontradiktorisch (lat.), widersprechend. ↗Gegensatz.
Kontrahent m (lat.), 1) Vertragspartner. 2) Gegner in einem Zweikampf. **kontrahieren**, 1) zusammenziehen. 2) Partner bzw. Gegner sein.
Kontrakt m (lat.), Vertrag. **kontraktil**, zusammenziehbar. **Kontraktion** w, Zusammenziehung. **Kontraktur** w, Verkürzung v. Weichteilen, z.B. von Haut, Muskeln, Sehnen.
Kontrapost m (lat.), Kunst: Gleichgewicht der beim bewegten Körper einander korrespondierenden Körperteile (z.B. Standbein–Spielbein); Kompositionsprinzip zuerst in der griech. Plastik, dann bes. in der Renaissance.
Kontrapunkt m (lat.), die Kunst, mehrere Stimmen gegeneinander melodisch selbständig, dabei untereinander zusammenklingend zu führen: strenge ↗Polyphonie im Ggs. zur homophonen Mehrstimmigkeit.
konträr (lat.), entgegengesetzt. ↗Gegensatz.
Kontrast m (frz.), Gegensatz; *kontrastieren*,

in Ggs. bringen od. sein. **K.mittel**, Stoffe, die für Röntgenstrahlen undurchlässig sind; z.B. Bariumsulfatbrei für Sichtbarmachung v. Magen u. Darm im Röntgenbild.
Kontrazeption w (lat.), ↗Empfängnisverhütung.
Kontribution w (lat. = Beitrag), 1) in der NZ vereinzelt Steuer zur Deckung des militär. Bedarfs. 2) v. der Zivilbevölkerung zur Deckung der Kosten eines Besatzungsheeres erhobene Abgabe.
Kontrolle w (frz.), Überwachung.
Kontrollrat, *Alliierter K.*, v. den USA, der UdSSR, Großbritannien u. Fkr. 1945 gebildetes Organ zur Ausübung der obersten Gewalt in Dtl.; stellte 48 nach dem Austritt der Sowjets seine Tätigkeit ein.
Kontroverse w (lat.), gelehrter Streit, Streitfrage; *kontrovers*, strittig.
Kontumaz w (lat.), absichtl. Versäumen eines Gerichtstermins; *in contumaciam*, in Abwesenheit verurteilen.
Kontur w (frz.), Umriß, Umrißlinie.
Kontusion w (lat.), *med.* Quetschung.
Konus m (gr.; Bw. *konisch*), Kegel; in der Technik: kegelförmige Teile.
Konvektion w (lat.), ↗Wärmeaustausch.
Konvenienz w (lat.), Sitte, Übereinkunft.
konvenieren (lat.; Bw. *konvenabel*), übereinkommen, passen, nach Wunsch sein.
Konvent m (lat.), 1) Versammlung der stimmberechtigten Mitgl. eines Klosters (Konventualen); auch das Kloster selbst. 2) Zusammenkunft einer Studentenverbindung. 3) die radikale frz. Volksvertretung 1792/95.
Konventikel s (lat.), unbedeutender Verein, private religiöse Zusammenkunft.
Konvention w (lat.), internationales Übereinkommen (z.B. *Genfer K.*). **Konventionalstrafe**, Strafe für Vertragsbruch. **konventionell**, herkömmlich, förmlich.
Konventualen (Mz., lat.), 1) Mitgl. eines ↗Konvents. 2) einer der 3 Hauptzweige der Franziskaner *(Minoriten)*.
Konvergenz w (lat.), Zusammenlaufen zweier Geraden nach einem Schnittpunkt (Ggs. Divergenz); bei ↗Reihen: die Existenz eines Grenzwertes.
Konversation w (frz.), gebildete, auch oberflächl. Unterhaltung. **K.slexikon**, alphabet. Nachschlagewerk, das in gemeinverständl. Form das Wichtigste des menschl. Wissens bietet.
Konversen (Mz., lat.) ↗Laienmönche.
Konversion w (lat.), 1) Übertritt v. einer Religionsgemeinschaft zur anderen; *Konvertit*, der Übergetretene. 2) *Konvertierung*, Umwandlung einer Schuld durch Änderung der urspr. Bedingungen, namentl. des Zinsfußes.
Konverter m (lat.-engl.), ↗Bessemerbirne.
Konvertibilität w (lat.), *Konvertierbarkeit*, freie Austauschbarkeit v. Währungen ohne staatl. Behinderungen. ↗Devisenbewirtschaftung.
Konvertiplan m (lat.), ein VTOL-↗Flugzeug mit schwenkbaren Antriebsaggregaten bzw. Tragflügeln.
konvex (lat.), nach außen gewölbt (Ggs. ↗konkav). ☐ 556.

Nat.-soz. Konzentrationslager

Hauptlager:
Amersfoort (N)
Bergen-Belsen
Buchenwald
Dachau
Dora-Mittelbau
Esterwegen
Flossenbürg
Groß-Rosen
Mauthausen (Ö)
Natzweiler-
Struthof (F)
Neuengamme
Oranienburg-
Sachsenhausen
Ravensbrück
Stutthof
Theresienstadt (T)
Vught (N)

Vernichtungslager (P):
Auschwitz
Belzec
Chełmno
Maidanek
Kulmhof
Sobibor
Treblinka

N = Niederlande;
F = Frankreich;
T = Tschechoslowakei;
Ö = Österreich;
P = Polen;
alle übrigen in
Deutschland

Die ersten dt. Konversationslexika

Großes vollständiges Universal-Lexicon aller Wiss. und Künste, hrsg. von J. H. Zedler
64 Bde und 4 Supplement-Bde (1732–54)

Brockhaus Konversationslexikon
6 Bde (1796–1808)
u. 2 Nachtrags-Bände (1809–1811)

Pierers Universallexikon
26 Bände (1822–36)

Meyers Großes Konversationslexikon
46 Bände (1840–55)

Manzsche Allg. Real-Enzyklopädie
13 Bände (1846–49)

Herdersches Konversationslexikon
5 Bände (1853–57)

Konvikt s (lat.), Knabenseminar. *Theologen-K.*, Anstalt, in der die Theologiestudierenden unter einem geistl. Vorstand wohnen.
Konvolut s (lat.), Bündel v. Schriftstücken; Sammelband.
Konvulsion w (lat.), Schüttelkrampf.
Konya, *Konia*, türk. Prov.-Hst. in Anatolien, an der Bagdadbahn, 247000 E.
Konz, Stadt in Rheinland-Pfalz, s.w. von Trier, 14700 E.
konzedieren (lat.), zugestehen.
Konzelebration w (lat.), die gemeinsame Feier der Messe durch mehrere Priester.
Konzentration w (lat.; Ztw. *konzentrieren*), **1)** gespannte Aufmerksamkeit. **2)** Zusammenballung wirtschaftl. Macht (durch Konzernbildung usw.).
Konzentrationslager, 1) Internierungslager für Zivilgefangene, in größerem Maßstab erstmals v. den Engländern im Burenkrieg angelegt. **2)** Lager (KZ), die das nat.-soz. Regime in Dtl. u. den eroberten Ländern einrichtete, um dem Regime mißliebige Menschen gefangenzusetzen, wie Sklaven für sich arbeiten zu lassen, zu foltern, zu ärztl. Versuchen zu mißbrauchen, zu Tode zu quälen u. zu ermorden; urspr. v. der SA, später v. der SS verwaltet. In den insgesamt 395 Männer- u. 17 Frauenlagern kamen mehr als 7 Mill. Menschen aller europ. Nationalitäten um, davon über 6 Mill. Juden. **3)** den sowjetischen Arbeitslagern entsprechende, v. der sowjet. Besatzungsmacht (z. T. unter Weiterbenutzung der nat.-soz. KZ) 1945 in der SBZ eingerichtete Internierungslager; 50 aufgelöst.
konzentrieren (lat.; Hw. *Konzentration*), **1)** um einen Mittelpunkt sammeln. **2)** verdichten. **3)** chem.: sättigen. **4)** *sich k.*, die Aufmerksamkeit angespannt auf einen Gegenstand richten. **konzentrisch**, mit gemeinsamem Mittelpunkt.
Konzept s (lat.; Ztw. *konzipieren*), schriftl. Entwurf.
Konzeption w (lat.; Ztw. *konzipieren*), **1)** ↗Empfängnis. **2)** als geistiger Vorgang: Gedanke, Entwurf. **Konzeptualismus,** Richtung der Universalienlehre, nach der das Allgemeine nur in den Begriffen existiert.
Konzern m (lat.-engl.), Vereinigung v. rechtl. selbständig bleibenden Unternehmungen unter einheitl. wirtschaftl. Leitung.
Konzert s (it.), **1)** öff. Aufführung v. Musikwerken. **2)** eine Kompositionsform, meist für Soloinstrument u. Orchester. **K.meister**, Titel des führenden Geigers, Cellisten od. Bratschisten im Orchester.
konzertierte Aktion, vom Bundeswirtschaftsminister einberufene Gesprächsrunde (u. a. Sozialpartner, Verbraucherverbände, Wirtschaftswissenschaftler) über Fragen der Konjunktur-, insbes. Stabilitätspolitik.
Konzession w (lat.; Ztw. *konzedieren*), Zugeständnis, Genehmigung.
konzessiv (lat.), einräumend. **K.satz**, Nebensatz, der ein Zugeständnis enthält; eingeleitet mit obwohl, obgleich. □ 855.
Konzil s (lat.), od. *Synode w* (gr.), **1)** in der *kath. Kirche:* a) Das *Allg.* od. *Ökumenische*

K. ist die Versammlung der Bischöfe u. anderer höchster kirchl. Würdenträger der ganzen Welt unter Vorsitz des Papstes. Die *v.* Papst bestätigten u. feierl. verkündigten Äußerungen zur Glaubens- u. Sittenlehre sind unfehlbar u. für die Gesamtkirche verbindlich. Bisher sind 21 anerkannte Ökumen. *K.e* abgehalten worden (vgl. Tabelle). b) *Partikular-K.e* sind Bischofsversammlungen größerer Bezirke. Die *Plenar-, National-* und *Provinzial-K.e* sind heute meist durch *Bischofskonferenzen* ersetzt. **2)** in den ev. *Kirchen* erfüllen *General-* u. *Provinzial-* ↗*Synoden* einige der K.saufgaben. **3)** die ↗*Orthodoxen Kirchen* erkennen nur die ersten 7 Ökumen. *K.e* an, mit denen für sie die dogmat. Entwicklung als abgeschlossen gilt.
konziliant (lat.; Hw *Konzilianz*), versöhnlich, vermittelnd.
Konziliarismus m (lat.), Theorie, die dem

Die von der kath. Kirche anerkannten Allgemeinen Konzilien

	Ort	Jahr	Ergebnis
1	Nizäa I	325	Annahme des Nizän. Glaubensbekenntnisses gegen den Arianismus
2	Konstantinopel I	381	Annahme des Nizäno-Konstantinopolitan. Glaubensbekenntnisses Gottheit des Hl. Geistes
3	Ephesos	431	Verurteilung des Nestorios
4	Chalkedon	451	Annahme einer Glaubensformel gegen die Monophysiten
5	Konstantinopel II	553	Verurteilung der sog. „drei Kapitel"
6	Konstantinopel III	680/681	Verurteilung der Monotheleten
7	Nizäa II	787	Erlaubtheit der Bilderverehrung
8	Konstantinopel IV	869/870	Beseitigung des Schismas des Photios
9	Lateran I	1123	Bestätigung des Wormser Konkordates
10	Lateran II	1139	Beseitigung des Schismas Anaklets II.
11	Lateran III	1179	Zweidrittelmehrheit bei der Papstwahl
12	Lateran IV	1215	Glaubensbekenntnis gegen die Katharer; Begriff der Transsubstantiation; Kirchengebot der jährl. Beichte u. Kommunion
13	Lyon I	1245	Absetzung Ks. Friedrichs II.
14	Lyon II	1274	Union mit den Griechen; Konklaveordnung
15	Vienne	1311/12	Aufhebung des Templerordens; Regelung d. Franziskan. Armutsstreites; Reformdekrete
16	Konstanz	1414/18	Beseitigung des Schismas, Verurteilung u. Verbrennung von Hus; Reformdekrete
17	Basel–Ferrara–Florenz–Rom	1431/49	Union mit den Griechen, Armeniern und Jakobiten; Reformdekrete
18	Lateran V	1512/17	Entmachtung des schismat. Konzils zu Pisa; Reformdekrete
19	Trient	1545/63	Lehre über Schrift, Tradition, Erbsünde, Rechtfertigung, Sakramente, Meßopfer, Heiligenverehrung gegen den Protestantismus; Reformdekrete
20	Vatikan I	1869/70	Definition der Lehre v. kath. Glauben, v. Primat u. v. der Unfehlbarkeit des Papstes
21	Vatikan II	1962/65	Reformdekrete (Liturgie- u. Kirchenkonstitution, Konstitution über die Kirche in der Welt von heute u.a.); Bemühung um Annäherung an die anderen christlichen Kirchen

Ökumen. Konzil die Oberhoheit über den Papst zuspricht.

Koog m, eingedeichte ↗Marsch.

Kooning (: kō-), *Willem de,* niederländ.-am. Maler, * 1904; Vertreter des ↗Action painting.

Kooperation w (lat.), Zusammenarbeit.

Kooperator m (lat.), kath. Hilfsgeistlicher.

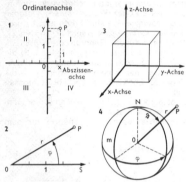

Koordinatensysteme in der Mathematik: 1 ebene, rechtwinklige Parallel-Koordinaten (kartesische Koordinaten), 2 ebene Polar-Koordinaten, 3 räumliche kartesische Koordinaten, 4 Kugel-Koordinaten (räumliche Polar-Koordinaten)

Koordinaten (Mz., lat.), **1)** Zahlen, die den Ort eines Punktes auf einer Fläche od. in einem Raum bestimmen. *Kartesische K.,* sich schneidende Geraden definieren ein *K.system:* x-Achse (Abszisse) u. y-Achse (Ordinate) bei Fläche, x-, y- u. z-Achse bei räuml. Gebilden. In *Polar-K.* wird ein Punkt durch die Distanz r (Radiusvektor) u. einen Winkel φ (Polarwinkel), im räuml. Fall durch r, φ u. einen 2. Winkel ϑ festgelegt. *Zylinder-K.,* im räuml. Fall, wenn r, φ u. z verwendet werden. **2)** geograph. u. astronom. zur Festlegung v. Orten auf der Erde (Länge u. Breite) od. an der Himmelskugel. ☐ 918.

Koordination w (lat.), Zuordnung, gegenseitige Abstimmung.

Kopal m, bernsteinähnl. hochschmelzende Harze trop. Bäume; zu Lacken, Firnissen.

Kopeke w, Scheidemünze. ☐ 1144/45.

Kopenhagen, dänisch *København* (: kōbᵉnhaun), Hst. u. Residenzstadt Dänemarks, auf Seeland, Handelsmetropole, Luftverkehrszentrum, 690 000 E. (m. V. 1,75 Mill. E.); Univ., mehrere Hochschulen, Bibliotheken, Museen; kath. Bistum für Dänemark (seit 1953); vielseit. Ind. – 1807 Beschießung durch die Engländer.

Köpenick, Berlin-K., ehem. brandenburg. Stadt, heute Stadtteil v. (Ost-)Berlin. Der Schuster Wilh. Voigt *(„Hauptmann von K.";* *Köpenickiade)* prellte 1906 in Hauptmannsuniform die Stadtkasse; Schauspiel v. C. Zuckmayer.

Köper m, Gewebe mit schrägliegenden Fäden, z.B. Cheviot, Drell.

Kopernikus, *Nikolaus,* dt. Naturforscher, 1473–1543, als Domherr Berater des Bischofs v. Ermland, später Generaladministrator der Diözese Ermland; stellte das *heliozentr.* (kopernikan.) *System* auf: die Sonne ist Mittelpunkt des Planetensystems, nicht die Erde. Exakt bewiesen v. ↗Kepler u. begründet durch ↗Newtons Gravitationsgesetz.

Kopf, oberster (vorderster) Teil des Körpers, durch den Hals v. Rumpf gelenkig abgesetzt, mit Schädelkapsel u. Gehirn, Gesichtsschädel, Sinnesorganen u. Eingängen für Atmungs- u. Verdauungswege. ☐ 618.

Köpfchenblütler ↗Korbblütler.

Kopffüßer ↗Tintenfische.

Kopfjagd, Sitte trop. Naturvölker, erschlagenen Feinden die Köpfe abzutrennen.

Kopflage, normale Lage des Kindes im Mutterleib, bei der Geburt Kopf vorausgehend.

Kopfschmerz, Begleiterscheinung bei den verschiedensten Beschwerden körperl. u. auch seel. Natur.

Kopfsteuer, von jedem Steuerpflichtigen in gleicher Höhe erhobene Steuer.

Kopfstimme, hohe Stimmlage, wobei die Stimmritze etwas weiter geöffnet ist u. nur die inneren Stimmlippenränder in Schwingung geraten.

Kopfwelle, bei Überschallgeschwindigkeit eines Körpers auftretender kegelförmig sich ausbreitender Verdichtungsstoß. ☐ 1022.

Kopie w (lat.; Ztw. *kopieren),* **1)** Abschrift, Vervielfältigung. **2)** photograph. Abzug. **3)** Nachbildung eines Kunstwerks durch fremde Hand. ↗Replik.

Kopiermaschine, eine Werkzeugmaschine, die automat. v. einer Vorlage beliebig viele gleiche, verkleinerte od. vergrößerte Werkstücke herstellt, indem ein Fühler ein Bezugsstück abtastet. **Kopierstift,** Tintenstift, radierfester Bleistift mit Anilinfarbe.

Koppel w, **1)** Hunde einer Meute, Pferde, durch Riemen (K.) verbunden. **2)** eingezäuntes Weideland. **3)** bei der Orgel Verbindung der Manuale untereinander u. mit dem Pedal. **4)** s, Leibriemen bei Uniformen.

Koeppen, *Wolfgang,* dt. Schriftsteller, * 1906; zeitkrit. Romane *(Tauben im Gras; Das Treibhaus; Tod in Rom);* Reiseberichte.

Kopplung, in der Elektrotechnik die elektr. Verbindung zweier schwingungskreise.

Kopra w, Fleisch der ↗Kokosnuß.

Köprülü, die Stadt ↗Titov Veles.

Kopten (arab.), christl. Nachkommen der alten Ägypter; leben in Oberägypten. **Koptische Kirche,** geht auf die monophysit. und nationalägypt. Abspaltung des 5. Jh. zurück; heute ca. 2,5–3 Mill. Mitgl.; Sitz des Patriarchen in Kairo. Mit Rom uniert sind etwa 80 000 K., ferner gibt es etwa 90 000 ev. K. **Koptische Kunst,** die seit dem 4. Jh. auf ägypt. Boden entstandene frühchristliche

Nikolaus Kopernikus

Kopenhagen: Schloß Amalienborg

Kunst mit altägypt., spätantiken, byzantin. u. oriental. Einflüssen. **Koptische Sprache,** die Sprache der christl. Ägypter des 3. Jh., heute nur noch Kirchensprache der Kopten. **Kopulation** *w* (lat.), **1)** Verbindung, Trauung. **2)** Verschmelzung der Geschlechtszellen bei Befruchtung. **3)** ↗veredeln.
Korach, auch *Korah, Kore,* im AT Levit u. Verschwörerhaupt gg. Moses u. Aaron.

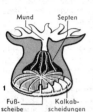 

Mund · Septen · 2 · eingezogene Polypen

1 · Fuß-scheibe · Kalkab-scheidungen · Skeletteil eines abgestorbenen Polypen

Korallen: 1 junger Polyp einer Stein-K., **2** Stockabschnitt des aus einem solchen Polypen gebildeten K.stocks

Korallen, *K.tiere, Blumentiere,* festsitzende, meist kolonienbildende Hohltiere mit od. ohne Kalkgerüst; in warmen Meeren. Man unterscheidet a) *8strahlige K.:* Horn-, Schwamm-, Edel- u. Orgel-K., Seefedern; b) *6strahl. K.:* Seerosen, Seeanemonen u. gesteinbildende Hirn-, Riff- u. Stein-K., die Erzeuger der K.bänke, K.riffe u. K.inseln (↗Atoll). **K.meer,** Nebenmeer des Pazif. Ozeans zwischen NO-Australien, Neuguinea und Neukaledonien; bis 9142 m tief. **K.-schwamm** ↗Ziegenbart.
Koran *m,* hl. Schrift u. Rechtsquelle des ↗Islam. Er enthält Glaubenssätze, Sittenlehren, Erzählungen, rituelle Vorschriften, Gebete, rechtl. Erlasse, z. T. in Anlehnung an die jüd., christl. u. altarab. Überlieferung. Die Verkündigungen Mohammeds wurden nach seinem Tod unter Mitwirkung seines Schreibers zusammengestellt u. vom 3. Kalifen Othman 650/651 endgültig redigiert. Eingeteilt in 114 Suren (Kapitel), im allg.en nach ihrer Länge geordnet.
Korbach, hess. Krst. im Waldecker Land, 23000 E.; Gummiwerke, Eisen-Ind.
Korbball, ein dem Basketball ähnl., vornehml. v. Frauen gespieltes Ballspiel zw. 2 Parteien zu je 7 Spielern. Jede Mannschaft ist bestrebt, den außerhalb des Korbraumes geworfenen Ball in den gegner. Korb zu bringen. Spielzeit 2 × 15 min.
Korbblütler, *Köpfchenblütler, Kompositen,* artenreichste Pflanzenfamilie, deren Blüten (Röhren- u. Zungenblüten) auf flachem, kegel- od. becherförm. Fruchtboden zu Körbchen od. Köpfchen vereinigt u. vom gemeinsamen Hüllkelch umschlossen sind. □ 537.
Korbinian, hl. (20. Nov.), erster Bischof v. Freising, 720/730; missionierte vor allem in Südtirol.
Korbweide, angebaute Weide; die schlanken, zähen Äste zu Korbwaren. □ 537.
Korçe (: kortsche), *Korça, Koritza,* Stadt in SO-Albanien, 51000 E.
Korčula (: -tschula), it. *Curzola,* süddalmatin. Insel, 273 km², 23000 E.

Kordilleren (: -dilje-, span. *Cordilleras* = Ketten), längstes Faltengebirge der Erde, an der Westküste Amerikas v. Alaska bis Patagonien; 15000 km lang, bis 1600 km breit. Die *nordamerikanischen K.* beginnen als ↗Alaska-Gebirge, schwenken nach SO um u. durchziehen in 2 Hauptketten, dem ↗Felsen- u. ↗Kaskadengebirge, breite Hochländer umfassend, Westkanada. In den USA umschließen sie gewaltige, etwa 1700 m hohe Hochländer; in der Mitte das Great Basin. Die *mittelamerikan. K.* bis zum Isthmus v. Tehuantepec, meist Mexikan. Hochland, beiderseits v. Gebirgsketten begrenzt. Dem Südrand sitzen gewaltige Vulkane auf. Die *südamerikan. K.* od. *Anden* ziehen bis Kap Hoorn; der Steilabfall nach W setzt sich untermeerisch fort; reiche, wenig erschlossene Erzlager; höchster Berg ↗Aconcagua. □ 25, 86.
Kordon *m* (frz.), Postenkette zur Absperrung; auch eine Art Spalier.
Korea, Halbinsel in Ostasien, zw. dem Gelben u. dem Japan. Meer, seit 1948 zweigeteilt in: a) *Nord-Korea* (VR K.) u. b) *Süd-Korea* (Rep. K.). Rückgrat der Halbinsel K. bildet ein bis 2470 m hohes Gebirge, in das fruchtbare Ebenen eingelagert sind. Je 25% der Fläche sind Ackerland u. Wald, 50% Buschwald od. Ödland. Angebaut werden Reis, Sojabohnen, Gerste, Baumwolle, Hirse. Nord-K. hat Bodenschätze (Steinkohle, Eisen- u. Wolframerze). 85% der Wasserkräfte, bes. am Jalufluß. Süd-K. dagegen hat die wertvollsten Agrargebiete. – Seit alters chines. Einfluß; im 10. Jh. ein Einheitsstaat *Koryo;* 1392/1910 regierte die Li-Dynastie, zumeist unter chines. Oberherrschaft. 1910 Einverleibung K.s durch Japan; 45 Teilung K.s am 38. Breitengrad; in *Nord-K.* bildete sich eine Volksdemokratie (Staatsoberhaupt Kim Il-sung), in *Süd-K.* die Rep. Korea (Staats-Präs. Chon Doo-hwan). Der Ggs. der Systeme führte 50 zum **K.-Krieg,** in den die USA u. die UN auf seiten Süd-K.s, chines. „Freiwillige" auf seiten Nord-K.s eingriffen; 53 Waffenstillstand u. Festlegung einer Demarkationslinie.
Korfu, *Kerkyra,* nördlichste u. größte der Ionischen Inseln, vom griech. Festland durch den seichten Kanal von K. getrennt; Ausfuhr v. Olivenöl, Wein u. Südfrüchten, 592 km², 90000 E.; Hst. Kerkyra, an der Ostküste, 37000 E.; kath. u. griech.-orthod. Erzb.
Koriander *m,* Doldengewächs des Mittelmeergebiets u. Orients; die getrockneten Früchte geben ein Küchengewürz. □ 452.
Korinth, *Korinthos,* griech. Hafenstadt am *Golf v. K.,* der Mittelgriechenland vom Peloponnes trennt; 21000 E.; griech. Erzb.; 5 km s.w. die Ruinen der antiken Bundesstadt K. – Von den Doriern im 9. Jh. v. Chr. gegr.; kämpfte 395/387 im Korinth. Krieg gg. Sparta; 146 durch die Römer zerstört, durch Caesar 44 neu besiedelt. – *Isthmus v. K.,* einzige, 6 km breite Landbrücke des Peloponnes zum griech. Festland; 1881/93 vom *Kanal v. K.* durchstoßen (6343 m lang, 25 m breit, 8 m tief).
Korinthen, getrocknete, kernlose, kleine griech. Weinbeeren.

Korea (Nord)
Amtlicher Name:
Chesun Min-chui
Inmin Konghwa-guk
(Korean. Volksdemokratische Republik)
Staatsform:
Volksrepublik
Hauptstadt:
Pjöngjang
Fläche:
120538 km²
Bevölkerung:
17,1 Mill. E.
Sprache:
Koreanisch
Religion:
Animismus, Buddhismus, Konfuzianismus
Währung:
1 Won = 100 Chon
Mitgliedschaft:
RgW

Korea (Süd)
Amtlicher Name:
Dae Han Min Guk
(Republik Korea)
Staatsform:
Republik
Hauptstadt:
Seoul
Fläche:
98477 km²
Bevölkerung:
37,6 Mill. E.
Sprache:
Koreanisch
Religion:
Animismus, Buddhismus, Konfuzianismus; ca. 740000 Protestanten, ca. 670000 Katholiken
Währung:
1 Won = 100 Chon

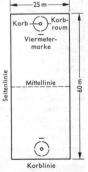

Korbball: Spielfeld

Korintherbriefe, Briefe des hl. Paulus an die Christengemeinde v. Korinth, v. denen der erste u. der sog. Zwischenbrief als verloren gelten; die beiden kanon. K. des NT *(1 u. 2 Kor)* sind wichtige Zeugnisse für die Persönlichkeit des Verf. u. die Verhältnisse in den ersten christl. Gemeinden; wohl Frühjahr u. Herbst 57 verfaßt.

Korinthischer Bund, 337 v. Chr. in Korinth v. den griech. Staaten (ohne Sparta) mit Philipp II. v. Makedonien geschlossener Bund.

Korinthischer Stil, zierl. Weiterbildung des ionischen Stils, bes. im ↗Kapitell.

Koritza, die alban. Stadt ↗Korçe.

Kork, Abschlußgewebe der Rinde bei vielen Pflanzen, wird vor allem in 2,5–20 cm dicken Lagen v. der *Korkeiche,* bes. in Portugal, Spanien u. Algerien, gewonnen; elast., dicht, leicht, schlechter Leiter für Wärme u. Schall, zu Flaschenstöpseln, Schwimmgürteln, Schwimmern (an Netzen), als Isoliermaterial *(K.mehl, K.platten).*

Kormoran *m, Scharbe,* großer u. meist schwarzer Schwimm- u. Tauchvogel des Meeres. □ 1046.

Korn, 1) das landesübliche Brotgetreide, bes. Roggen, in Süd-Dtl. auch Dinkel od. Spelt. **2)** Kornbranntwein, aus Getreidemaische gewonnen. **3)** Zielvorrichtung vorn auf dem Gewehrlauf zus. mit ↗Kimme. □ 1063. **4)** Feingehalt, Feingewicht. **5)** beim Papier die Oberflächenbeschaffenheit.

Kornberg, *Arthur,* am. Biochemiker, * 1918; 59 Nobelpreis für Synthese von Nukleinsäuren.

Kornblume, Ackerunkraut, Korbblütler mit azurblauen Blüten; die weiße od. violette gefüllte K. auch Zierpflanze.

Kornelimünster, ehem. Gem. s.ö. von Aachen, 1972 in Aachen u. Stolberg eingemeindet; Benediktinerkloster mit got. Kirche (Grab-, Schürz- u. Schweißtuch Christi; alle 7 Jahre Heiltumsfahrt).

Kornelkirsche, *Dirlitze,* Strauch mit gelben Blüten u. kirschroten Früchten; Ziergehölz.

Körner, 1) *Christian Gottfried,* dt. Schriftsteller, 1756–1831; Freund Schillers. **2)** *Hermine,* dt. Schauspielerin, 1882–1960; 19/33 Theaterleiterin in München u. Dresden. **3)** *Karl Theodor,* dt. Dichter, Sohn v. 1), 1791–1813 (fiel im Lützowschen Freikorps); patriot. Lyrik. **4)** *Theodor,* östr. General, 1873–1957; 1945 Bürgermeister v. Wien (SPÖ), seit 51 östr. Bundespräsident.

Kornett *s* (frz.), um 1820 entstandenes Horninstrument mit Ventilen (= Piston, daher auch *Piston* gen.); hoher, trompetenähnlicher Klang.

Kornett *m* (span.), fr. Fähnrich bei der Kavallerie.

Korngold, *Erich Wolfgang,* östr. Komponist, 1897–1957; seit 34 in den USA; Opern *(Die tote Stadt),* Instrumentalmusik, Filmmusik.

Kornkäfer, kleiner schwarzer Rüsselkäfer; Getreideschädling. **Kornmotte,** auch *Kornschabe,* Kleinschmetterling, dessen weiße Raupe Körner u. Dörrobst benagt.

Kornrade *w,* Nelkengewächs mit violetten Blüten u. schwarzen giftigen Samen. Getreideunkraut.

Korntal-Münchingen, württ. Stadt n.w. v.

Korona: photograph. Aufnahme der Sonnenkorona

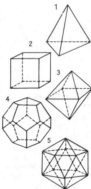

Regelmäßige **Körper:**
1 Tetraeder, 2 Würfel, 3 Oktaeder, 4 Dodekaeder, 5 Ikosaeder

Hermine Körner

Stuttgart, 17000 E.; ev. Brüdergemeine; Maschinen- u. Werkzeugbau, chem. Ind.

Kornwestheim, württ. Stadt nördl. v. Stuttgart, 27000 E.; großer Verschiebebahnhof; größte dt. Schuhfabrik.

Kornwurm, Getreideschädling; *Schwarzer* (brauner) *K.,* der ↗Kornkäfer u. seine Larve; *Weißer K.,* die Raupe der ↗Kornmotte.

Korolenko, *Wladimir Galaktionowitsch,* russ. Schriftsteller, 1853–1921; 6 Jahre in sibir. Verbannung; Romane: *Der blinde Musikant, Der Wald rauscht.*

Koromandelküste, 1000 km breiter, ebener Küstenstreifen am Golf v. Bengalen.

Korona *w* (lat.), **1)** Kranz, Kreis. **2)** Gesellschaft. **3)** Strahlenkranz der ↗Sonne, beobachtbar mit dem *Koronographen,* sonst nur bei totaler Sonnenfinsternis.

Koronararterien, Kranzgefäße des Herzens.

Körös (: -rösch), dt. *Kreisch w,* l. Nebenfluß der Theiß in Ungarn, entsteht aus der *Schnellen K.* (290 km) und *Weißen K.* (303 km), mündet nach 270 km.

Körper, 1) das räumlich Ausgedehnte u. Gestaltete. **2)** *regelmäßige K.,* 5 Körper, die v. kongruenten Vielecken begrenzt sind: Tetraeder, Würfel (Hexaeder), Oktaeder, Dodekaeder u. Ikosaeder. **3)** *menschl. K.* ↗Mensch. **K.bautypen,** zwei Grundwuchsformen: die eine kurz u. breit, die andere lang u. schmal, bei allen menschl. Rassen; ↗Kretschmer unterscheidet drei Hauptformen. **K.schaft,** *Korporation,* rechtsfähige organisierte Vereinigung natürl. oder auch ↗juristischer Personen. **K.schaftsteuer,** Einkommensteuer der juristischen Personen. **K.temperatur** *w,* Eigenwärme des lebenden Organismus; wechselt bei den poikilothermen od. wechselwarmen Tieren, ist also völlig abhängig v. der Außentemperatur u. erscheint in unseren Klimaten deshalb meist kalt *(Kaltblüter).* Bei den homoiothermen, idiothermen od. eigenwarmen Lebewesen ist die K.temperatur fast konstant u. unabhängig v. der Außentemperatur; meist übersteigt sie diese *(Warmblüter);* sie beträgt mit geringen tägl. Schwankungen bei Mensch u. Säugetieren 36–37° C, bei Vögeln 40–44°C (□ 983). **K.verletzung,** körperliche Mißhandlung od. Schädigung der Gesundheit eines andern Menschen; strafrechtl. unterschieden: fahrlässige, leichte vorsätzl. (Mißhandlung), gefährl. vorsätzliche (mit Waffe, Hinterlist), schwere vorsätzl. (Verlust eines K.glieds) u. K.verletzung mit Todesfolge.

Korporal *m* (frz. *caporal*), fr. in vielen Armeen der niederste Unteroffiziersgrad.

Korporale *s* (lat.), quadratisches Tuch, worauf die konsekrierte Hostie ruht.

Korporation *w* (lat.), **1)** ↗Körperschaft. **2)** Studentenverbindung.

Korps, *Corps s* (: kör, frz.), **1)** schlagende Studentenverbindung. **2)** Truppenverband. **K.geist,** Zusammengehörigkeitsgefühl.

korpulent (lat.), beleibt.

Korpuskel *w* (lat. = Körperchen), kleine Teilchen, i. e. S. Teilchen mit einer von Null verschiedenen Ruhemasse (z. B. ↗Elementarteilchen), bilden die **Korpuskularstrahlen.**

Korreferent *m* (lat.), Mitberichterstatter; **Korreferat** *s*, Neben- od. Gegenbericht. **korrekt** (lat.), fehlerlos, regelrecht. **Korrektiv** *s* (lat.), dem Ausgleich dienendes Mittel. **Korrektor** *m*, Druckerei- od. Verlagsangestellter, der für die Richtigkeit des Drucksatzes durch Vergleich mit dem Manuskript sorgt. **Korrektur** *w*, Verbesserung. **korrelat** (lat.), aufeinander bezogen. **Korrelation** *w*, Wechselbeziehung. **K.srechnung,** Teilgebiet der Statistik mit den Methoden der Wahrscheinlichkeitsrechnung, gibt ein Maß der Abhängigkeit z. B. zw. 2 Beobachtungsreihen. **Korrepetieren** (lat.), das Einstudieren v. Opernpartien, bes. mit Solisten, durch den **Korrepetitor.**
Korrespondent *m* (lat.), 1) Angestellter, der den Briefwechsel erledigt. 2) Berichterstatter bei Presse, Rundfunk u. Fernsehen. **Korrespondenz** *w* (lat.; Ztw. *korrespondieren*), 1) Entsprechung. 2) Briefwechsel. 3) Nachrichtenmaterial od. -stelle für die Presse.
Korridor *m* (it.), 1) Flur. 2) Gebietsstreifen od. Luftraumzone zur Aufrechterhaltung der Verbindung eines Staates mit einer Exklave od. mit dem Meer. ↗Poln. K.
Korrosion *w* (lat.), 1) durch chem. Vorgänge verursachte zerstörende Wirkung des Wassers. 2) chem. oder elektro-chem. Prozesse an Metalloberflächen, Verbindungsstellen verschiedener Metalle usw., ist ein elektr. Spannungsausgleich; führt zur Zerstörung des Materials.
Korruption *w* (lat.; Ztw. *korrumpieren*), Bestechlichkeit, Verderblichkeit.
Korsak *m*, zentralasiat. Fuchs.
Korsar *m* (it.), 1) im MA Seeräuber. 2) *Seerecht:* Kaperschiff.
Korsett *s* (frz.), Mieder, Schnürbrust.
Korsika, frz. *La Corse,* frz. Insel im Mittelmeer, 8722 km², 290000 E.; Hst. Ajaccio. K. ist ein bis 2710 m (Monte Cinto) ansteigendes, tief zertaltes Gebirgsland. Unter mildem Klima gedeihen Orangen, Zitronen, Dattelpalmen, Wein, Oliven u. Edelkastanien. Die Bewohner, *Korsen,* vorwiegend Hirten u. Fischer, leben in festungsartigen Dörfern. – 1768 v. Genua an Fkr. verkauft. Heimat Napoleons I.
Korso *m* (it.), *Corso,* Straße; Schaufahrt.
Kortdüse *w*, den Schiffspropeller umhüllende Düse, erhöht Wirkungsgrad des Propellers; drehbar als Steuer verwendbar.
Kortner, *Fritz,* dt. Schauspieler u. Regisseur, 1892–1970; 1919/33 in Berlin, dann emigriert, seit 47 in München u. Berlin. Schrieb: *Aller Tage Abend.*
Kortrijk (: -treik), frz. *Courtrai* (: kurträ), Stadt in der belgischen Prov. Westflandern, 78000 E.; Textilindustrie.
Kortscha, *Koritza,* ↗Korçe.
Kortum, *Arnold,* dt. Schriftsteller u. Arzt, 1745–1824; Verf. der Groteske *Die Jobsiade.*
Korund *m*, Mineral, Aluminiumoxid, fast diamanthart, meist blaugrau verunreinigt, als Schleifmittel gebraucht; rein blauer K. = *Saphir,* roter = *Rubin;* künstlicher K. aus reinster Tonerde.

Hans Koschnick

Kosinussatz:
$$a^2 = b^2 + c^2 - 2bc \cdot \cos\alpha$$
$$b^2 = a^2 + c^2 - 2ac \cdot \cos\beta$$
$$c^2 = a^2 + b^2 - 2ab \cdot \cos\gamma$$

Fritz Kortner

A. Kossygin

Körung *w*, Anerkennung der Zuchttauglichkeit bei Haustieren, bes. bei Hengst, Farren u. Eber.
Korvette *w*, kleines Kriegsschiff. **K.nkapitän,** Marineoffizier im Majorsrang.
Koryphäe (gr.), 1) *m*, Chorführer im griech. Drama. 2) *w*, bedeutende Persönlichkeit in Kunst u. Wissenschaft.
Kos, türk. *Istanköi,* griech. Insel der Sporaden, 282 km²; Heimat des Hippokrates.
Kosaken (Mz.; v. türk.-tatar. *kasak*), in Rußland freie Steppenkrieger, im 15./16. Jh. z. Grenzschutz eingesetzt, später eigene militär. Einheiten; auch polit. organisiert; dann Einheiten des zarist. Heeres.
Koschenille *w*, mittel-am. Schildlaus, liefert den roten Farbstoff Cochenille.
koscher, *kauscher* (hebr.), 1) rein. 2) den Juden zum Genuß erlaubt. ↗schächten.
Koschnik, *Hans,* * 1929; seit 1967 Senatspräs. u. 1. Bürgermeister v. Bremen (SPD).
Kościuszko (: koßjtßjuschko), *Tadeusz,* poln. Feldherr, 1746–1817; kämpfte 1792 u. 94 gg. Russen u. Preußen.
Kösen, *Bad K.,* Stadt u. Solbad im Bez. Halle, an der Saale, 6500 E.
Kösener Senioren-Convent-Verband, Abk. KSCV, Zusammenschluß v. schlagenden dt. Studentenverbindungen.
Kosinus *m*, ↗Winkelfunktion. **K.satz,** Lehrsatz zur Berechnung einer Seite eines beliebigen ebenen Dreiecks aus den beiden anderen Seiten u. dem v. diesen eingeschlossenen Winkel.
Köslin, poln. *Koszalin,* Stadt in Ostpommern, 12 km von der Ostsee, 87000 E.; Sitz einer Wojewodschaft.
Kosmas u. Damian, hll. (26. Sept.), wohl Zwillingsbrüder u. Ärzte in Zilizien; unter dem röm. Ks. Diokletian enthauptet.
Kosmetik *w* (gr.), Schönheitspflege.
kosmische Strahlung, *Höhenstrahlung,* äußerst energiereiche, schnelle Korpuskularstrahlen, 1912 v. V. ↗Heß entdeckt, besteht aus energiereichen Protonen u. leichten Atomkernen (*primäre* k. S.), erzeugt in Wechselwirkung mit Luftmolekülen andere Atomteilchen (*sekundäre* k. S.), die z. T. bis auf die Erdoberfläche kommen.
Kosmodrom *s* (gr.), bes. im Ostblock übl. Bz. für die ird. Abschuß- u. Kontrollanlagen der Raumflugkörper. **Kosmogonie** *w* (gr.), Lehre v. der Entstehung u. Entwicklung des ↗Weltalls. **Kosmographie** *w*, Weltbeschreibung. **Kosmologie** *w*, Lehre v. Weltganzen (↗Naturphilosophie). **Kosmonaut** *m* (gr.), der Weltraumfahrer. **Kosmopolit** *m*, 1) Weltbürger. 2) Tier od. Pflanze, die erdweit verbreitet sind. **Kosmopolitismus** *m*, Weltbürgertum. **Kosmos** *m* (gr.; Bw. *kosmisch*), ↗Weltall.
Kosovo, autonome Prov. der jugoslaw. Rep. Serbien, 10690 km², 1,5 Mill. E.; Hst. Priština.
Kossuth (: koschut), *Lájos,* 1802–94; führte 48/49 den ungar. Freiheitskampf, nach dessen Scheitern er in der Emigration lebte.
Kossygin (: kaßij), *Alexej,* Sowjet. Politiker, 1904–80; Wirtschaftsfachmann, seit 64 Min.-Präs. der UdSSR.
kostbares Blut, kath. Bz. für das Blut Jesu

Christi. Echtheit der Blutreliquien kirchl. nicht entschieden. Fest 1. Juli. Mehrere Ordensgenossenschaften mit bes. Verehrung des k. B. sind danach benannt.

Kosten (Mz.), geldmäßige Bewertung der für die Erreichung eines bestimmten wirtschaftl. Erfolges notwendigen Aufwendungen; fälschl. oft als *Unkosten* bezeichnet. Sie werden v. der *K.rechnung* erfaßt (Aufschlüsselung nach *K.arten, K.stellen* u. *K.trägern*).

Koestler, *Arthur,* engl. Schriftsteller (ungar. Herkunft), * 1905; urspr. Anhänger, später Kritiker des Kommunismus; Romane. *Sonnenfinsternis, Gottes Thron steht leer.*

Kostroma, an der Wolga, 255000 E.; 1152 gegr., eine der ältesten russ. Städte.

Kostüm s (frz.), **1)** zweiteil. Kleid aus Rock u. Jacke. **2)** Tracht, Kleidung einer bestimmten Epoche u. Gesellschaft. **3)** Verkleidung (z. B. an Fasching).

Koszalin ⁄Köslin.

Kot, *Fäkalien,* Ausscheidungsprodukte der Verdauung, beim Menschen *Stuhlgang,* beim Wild *Losung.*

Kotangens m (lat.), ⁄Winkelfunktion.

Kotau m, chines. Ehrenbezeigung (der Boden wird mit der Stirn berührt).

Kotelett s (frz.), Rippenstück v. Hammel, Kalb od. Schwein. **K.en** (Mz.), Form des Bakkenbarts.

Köth, *Erika,* dt. Sängerin, * 1925; Koloratursopranistin.

Köthen (Anhalt), Krst. im Bez. Halle, 36500 E.; Ingenieurschule für Chemie.

Kothurn m (gr.), **1)** Stiefel mit bes. hohen Sohlen u. Absätzen, im altgriech. Theater verwandt. **2)** i. ü. S. pathet. Stil.

Kotillon m (: kotijōn, frz.), Gesellschaftstanz des 18./19. Jh. mit Quadrillen- und Walzertouren.

Kotor, it. *Cattaro,* jugoslaw. Hafenstadt (Montenegro), in der *Bucht v. K. (Boka Kotorska),* 5000 E.; kath. u. griech.-orth. Bischof.

Kotschinchina, frz. *Cochinchine,* südlichster Teil v. Indochina, tropisch heißes Mekongdelta u. fruchtbares Hügelland; ein Hauptreisanbaugebiet der Erde; Hst. Saigon. – Von Annam 1862 an Fkr. abgetreten, 1887 zu Französisch-⁄Indochina; wurde 1949 ⁄Vietnam angegliedert.

A. von Kotzebue

A. Krafft: Selbstbildnis am Sockel des Sakramentshäuschens von St. Lorenz

Kraftfahrzeuge in der BRD (in 1000)

	1960		1970		1980	
	A	B	A	B	A	B
Krafträder[1]	1868,5	48,8	228,6	8,8	738,2	141,9
PKW	4066,0	888,5	12904,6	1931,4	23191,6	2426,2
Kombiwagen	271,0	54,5	1036,6	175,7		
Kraftomnibusse	31,9	3,8	47,3	5,2	70,5	6,5
LKW	644,1	90,2	990,5	138,5	1277,2	143,7
Zugmaschinen	866,6	91,3	1447,0	72,5	1640,1	53,4
Sonder-Kfz.[2]	49,1	4,0	128,8	14,5	198,6	18,9
Kfz.-Anhänger	345,0	32,9	632,8	78,7	1329,0	137,5

A = Bestand am 1. Juli
B = Neuzulassungen im angegebenen Jahr

[1] einschließl. Kraftroller, aber ohne Mopeds u. Fahrräder mit Hilfsmotor
[2] Krankenkraftwagen, Spreng-, Wasch-, Kehrmaschinen. Abschlepp-, Kabeltransport-, Ausstellungswagen, Kraftstoffkesselwagen u. dgl.

Kotzebue (: -bu), *August v.,* dt. Schriftsteller, 1761–1819; schrieb ca. 200 Familiendramen sentimentaler Art; als Gegner der Burschenschaften v. Studenten Karl Sand ermordet.

Kourtoisie w (: kurtoasi, frz.), ritterl. Benehmen, Höflichkeit.

Kuvert s (: kuwär, frz.), **1)** Briefhülle. **2)** Besteck, Gedeck.

Koweit ⁄Kuwait.

Kowno ⁄Kaunas.

Kozhikode (: koᵁdsehikoᵁd), frz. *Kalikat,* ind. Hafenstadt an der Malabarküste; 195000 E.; Ausfuhr v. Kopra, Gewürzen, Tee.

kp, Abk. für ⁄Kilopond.

KP, Abk. für ⁄Kommunistische Partei.

KPD, Abk. für ⁄Kommunistische Partei Dtl.s. **KPdSU** ⁄Kommunistische Partei.

Kr, chem. Zeichen für ⁄Krypton.

Kra, *Isthmus v. K.,* 42 km breite Landenge auf Malakka; trennt den Ind. Ozean v. Golf v. Siam.

Kraal, *Kral m,* kreisförm. Dorf der Kaffern u. Hottentotten, durch einen Wall aus Dorngestrüpp geschützt. Auch das so geschützte Einzelgehöft od. Viehpferch heißt K.

Krabbe w, got. Blattornament in Stein.

Krabben, kurzschwänzige Panzerkrebse mit rundl. Körper: *Strand-K.; Großer Taschenkrebs,* mit wohlschmeckendem Scherenfleisch, bes. in der Nordsee; ⁄Seespinne, ⁄Wollhand-K., ⁄Garnele. **K.spinne,** *Mordspinne,* ohne Fangnetz an Pflanzen, läuft wie die K. rück- u. seitwärts. ⁄Altweibersommer. **K.taucher,** *Alklumme,* ein Tauchvogel nordischer Küsten, oben schwarz, unten weiß.

kracken, Umwandeln schwerer Petroleumdestillate in leichtverdampfl. Benzine. □ 84.

Krafft, *Adam,* Nürnberger Steinbildhauer, um 1455–1508/09; spätgotisches *Sakramentshäuschen* v. St. Lorenz (Nürnberg), *Kreuzweg des Johanniskirchhofs.* □ 847.

Kraft, die Ursache für die Bewegungsänderung (Beschleunigung) v. Körpern; die K. ist gleich dem Produkt v. Masse und Beschleunigung: $F = m \cdot a$; die K. ist durch Betrag u. Richtung charakterisiert, ist also ein Vektor; mehrere Kräfte, die an einem Körper angreifen, können im *K.parallelogramm* zusammengesetzt werden. *K.einheit* ist das ⁄Newton.

Kraftfahrt-Bundesamt, Behörde des Bundesverkehrsministeriums, Sitz Flensburg; registriert u. a. Führerscheine, Kraftfahrzeugbriefe u. führt die ⁄Verkehrssünderkartei.

Kraftfahrzeug, jedes durch Maschinenkraft angetriebene, nicht an Schienen gebundene Fahrzeug. **K.brief,** Bescheinigung über bestimmte Merkmale eines K.s, ausgestellt durch den Hersteller; beurkundet das Eigentum am K. u. dient statist. Zwecken. **K.halter,** derjenige, der das K. tatsächl. betreibt. Der Eigentümer ist also nicht immer auch K.halter u. umgekehrt. **K.kennzeichen,** dienen der polizeil. Registrierung des K.s; werden durch die Zulassungsstelle erteilt; bestehen in der BRD seit 1956 aus a) dem Kennzeichen für den Verwaltungs-Bez. (1–3 Buchstaben), b) der Nummer, unter der das

Kraftwagen

LW = Luftwiderstand, RW = Rollwiderstand
SW = Steigungswiderstand, S = Schwerkraft

1 Der **Fahrwiderstand** eines Kraftwagens, der sich aus dem Rollwiderstand der Räder, dem Luftwiderstand des Aufbaus und gegebenenfalls dem Steigungswiderstand zusammensetzt, muß von dem Kraftwagenmotor (meist ↗Verbrennungsmotor) überwunden werden.

2 Bauformen von Kraftwagen. Durch eine strömungsgünstige Formgebung des Kraftwagens ist es gelungen, den Luftwiderstand auf ca. $1/4$ des ursprünglichen Wertes zu senken.

3 Fahrgestelle: a Üblicher Rahmen, **b** Mittelträger-Fahrgestell, **c** geschlossener X-Rahmen. **4 Aufbauten: d** Getrennter Aufbau, **e** selbsttragende Karosserie, **f** Zellenbauweise. **5 Motor- u. Getriebeanordnung: g** Standardanordnung, **h** Frontantrieb, **i** Heckmotor.

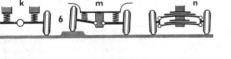

6 Radaufhängungen: k Starre Antriebsachse, **m** Pendelachse mit Schraubenfedern, **n** Schwingachse mit Blattfedern. **7 Vorderradstellungen: o** Vorspur, nichtparallele Aufhängung zur Verringerung der Flatterneigung; **p** Sturz, Neigung der Vorderräder gegen die Senkrechte, schaltet Lagerspiel aus. **8 Bremsen: a** Innenbackenbremse mit Seilzug, **b** Öldruckbremse.

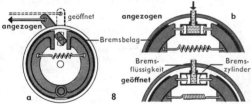

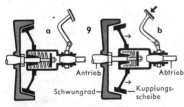

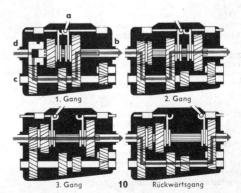

9 Mechanische **Kupplung: a** eingekuppelt, **b** ausgekuppelt. **10** Schaltstellungen eines Dreigang-**Wechselgetriebes.** Die verschiedenen Übersetzungen (Zahnradverbindungen) werden Gänge genannt. Die Pfeile zeigen den jeweiligen Weg der Kraftübertragung an. **a** Schalthebel, **b** Hauptwelle, **c** Vorlegewelle, **d** Motorwelle.

Kraftfahrzeugproduktion (in 1000)

	1960		1970		1980	
	A	B	A	B	A	B
BRD	1816,8	237,8	3528,3	310,2	3530	334
ČSSR	56,2	51,2	142,9	46,8	184	54
DDR	64,0	12,8	126,6	26,8	176	40
Frankreich	1115,6	233,5	2458,0	292,2	2939	440
Großbritannien	1352,7	458,0	1641,0	457,5	924	389
Italien	595,9	48,9	1719,7	134,5	1445	167
Japan	165,0	595,2	3178,7	2123,7	7038	4005
Schweden	108,7	20,0	262,5	31,0	256	52
UdSSR	138,8	501,3	344,2	812,7	1327	868
USA	6674,8	1194,5	6546,8	1692,4	6376	1633
Welt insgesamt	12660	3820	22420	6960	28810	—

A = Personenkraftwagen einschl. Dreiradfahrzeuge
B = Lastkraftwagen, Omnibusse, Spezialfahrzeuge

K. registriert ist (1–2 Buchstaben u. 1–4 Ziffern od. nur 1–2 Zahlengruppen mit 1–5 Ziffern). Farbe: weißer Untergrund mit schwarzem Rand u. schwarzer (für steuerbefreite K. grüner) Schrift, für Prüfungs-, Probe- u. Überführungsfahrten roter Rand u. rote Schrift. – Für Mopeds rechteckig mit weißem Untergrund. Farbe der Schrift u. Umrandung kennzeichnen das Versicherungsjahr (v. 1. März). ☐ Innenseite des Buchdeckels vorn. **K.steuer,** Steuer für K.e zum Verkehr auf öff. Straßen; Bemessungsgrundlage ist der Hubraum. ☐ 406. **K.versicherung** ↗Kraftverkehrsversicherung.

Kraftheber, wichtiges Zusatzgerät zum ↗Schlepper. **Kraftmaschine,** jede Maschine, die irgendeine Energieform in (meist) mechan. Energie umwandelt, z.B. Wärme-K., Wasser-K., Elektromotoren. **Kraftmesser,** Dynamometer, einfachste Bauart als Feder-K., die Formänderung der Feder wird an einer geeichten Skala abgelesen. **Kraftrad,** jedes 2rädr., einspur., v. einem Verbrennungsmotor angetriebene Fahrzeug; dazu gehören Motorrad, Moped, Motorroller u. Fahrrad mit Hilfsmotor. **Kraftstoffe,** Treibstoffe, sind die Energielieferanten für Verbrennungsmotoren; mit Ausnahme der Raketen-K. werden die festen, flüss. od. gasförm. K. mit Luftsauerstoff zur schnellen u. vollständigen Verbrennung eines K.-Luft-Gemisches angereichert. Je nach Verwendung als Vergaser-, Diesel- od. Strahltriebwerk-K. stellt man verschiedene Anforderungen an den K. (Oktanzahlen, Heizwert, Verdampfungswärme usw.). **Kraftverkehrsversicherung,** Kraftfahrzeugversicherung, umfaßt die gesetzl. ↗Haftpflichtversicherung, ferner die Fahrzeug-(Kasko-)Versicherung (gg. Beschädigung, Zerstörung od. Verlust) als Teil- (nur gegen Brand, Diebstahl, Glasschäden) u. als Vollversicherung mit od. ohne Selbstbeteiligung, (Insassen-)Unfall-, Gepäckversicherung. ☐ 1056.

Kraftwagen, Auto, Automobil, ein mindestens 3rädr. u. 2spur. Landfahrzeug, meist mit Antrieb durch einen Verbrennungsmotor, seltener durch Elektromotor oder Turbine, zur Beförderung v. Personen u. Lasten,

Krähe: Raben-K.

Krakau: Marienkirche

auch als Zugmaschine u. Geräteträger. Jeder K. ist aus dem Fahrgestell (Chassis, Rahmen od. vereint als selbsttragende Karosserie) mit Rädern, Lenkung u. Bremsanlage, aus dem Antrieb mit Motor, Kupplung u. Getriebe u. dem Aufbau (Karosserie) mit Inneneinrichtung, Ladefläche usw. aufgebaut u. je nach den verschiedenen Aufgaben abgewandelt. Die Übertragung der Antriebsenergie des (meist) Verbrennungsmotors auf die Räder erfolgt mit Kupplung u. Getriebe, das im wesentl. die Aufgabe hat, je nach Gegebenheit das optimale Drehmoment des Motors auszunützen. ☐ 511.

Kraftwerk, techn. Anlage zur Erzeugung v. elektr. Strom mit Hilfe v. Dynamomaschinen (Generatoren). ↗Elektrizitätsversorgung, ↗Kernkraftwerk.

Kragujevac (: -watß), jugoslaw. Stadt s.ö. von Belgrad, 72000 E.; Rüstungs-Ind.

Krähen, große Rabenvögel, Saat-K. schwarz mit nacktem Fleck unter dem Schnabel, westeurop. Rasse; Nebel-K. mit grauem Rücken u. Bauch, osteurop. Rasse der Saat-K. Raben-K., ganz schwarz, in Westeuropa. **K.beere,** heidekrautähnl., kriechender Zwergstrauch mit blaßroten Blüten u. großen blauschwarzen Beeren. **K.füße,** büschelige Hautrunzeln an den äußeren Augenwinkeln. **K.nest,** Ausguck am vorderen Schiffsmast.

Krähwinkel, Dorfname, durch Kotzebues „Kleinstädter" (1803) Inbegriff kleinstädtischer Beschränktheit.

Kraichgau m, fruchtbare Senke zw. Odenwald u. Schwarzwald, v. der Kraich durchflossen. Hauptort Bretten.

Krain, jugoslawisch Krajina, Kernlandschaft Sloweniens, Gebirgsland um das Becken v. Laibach, Hauptort Laibach (Ljubljana). – Im 6. Jh. v. Slowenen besiedelt, kam im 9. u. 10. Jh. als dt. Mark zum Htm. Kärnten; seit 1335 habsburgisch; fiel 1919 größtenteils, 47 vollständig an Jugoslawien.

Krakatau m, Inselvulkan in der Sundastraße, zw. Sumatra u. Java, 816 m hoch; 1883 gewaltige vulkan. Explosionen (40000 Tote).

Krakau, poln. Kraków (: -kuf), poln. Stadt in Westgalizien, an der Weichsel, Hauptstadt der Wojewodschaft Kraków, 694000 E.; ehem. Residenzstadt Polens, zu Füßen des Wawel mit got. u. Renaissanceburg (Nationalmuseum) u. roman.-got. Dom; kath. Erzb., Jagiellon. Univ. (1364 gegr.); got. Marienkirche mit Hochaltar v. Veit Stoß. – Anfang 11. Jh. poln., erhielt im 13. Jh. dt. Stadtrecht; Mitgl. der Hanse; 1320/1609 Residenz der dt. Könige; 1795/1809 u. 1846–1918 österr., seitdem polnisch.

Krake m, Octopus, Tintenfisch mit 8 gleich langen Armen u. sackförm. Körper. Gemeiner K., Seepolyp, Spannweite selten bis 3 m, in fast allen Meeren.

Krakowiak m, poln. Nationaltanz im $^2/_4$-Takt.

Kralik, Richard v., östr. Schriftsteller, 1852 bis 1934; Führer des Gralbundes kath. Dichter.

Krallen, Horngebilde an den Zehenspitzen

einzelner Lurche, der meisten Kriechtiere u. der Vögel, der Raub- u. Nagetiere; auch bei **K.affen,** eichhörnchenähnl. Baumäffchen Südamerikas (nur entgegenstellbare Großzehe trägt Plattnagel); *Pinsel-, Löwenäffchen.*

Krambambuli m, Studentenausdruck für einen Danziger Likor.

Krämer-Badoni, *Rudolf,* dt. Schriftsteller, * 1913; Romane (u. a. *In der großen Drift*), Erz., Essays, Kritiken.

Krammet, *Kramt m,* Wacholder. **K.**svogel, die Wacholder-↗Drossel.

Krampf, unwillkürl., meist schmerzhafte Zusammenziehungen einzelner Muskeln oder Muskelgruppen *(Waden-, Schreib-, Stimmritzen-K.)* od. des ganzen Körpers, bes. der Gliedmaßen (Epilepsie). Beim *tonischen K.* verharrt der Muskel im Spannungszustand, beim *klonischen* wechsel Anspannen u. Erschlaffen ab, oft zuckungsartig. **K.adern,** *Varizen,* Erweiterung und Schlängelung der Venen infolge Veränderung der Gefäßwände od. Hemmung des Blutstroms.

Kran m, ortsfeste od. fahrbare Anlage der Fördertechnik zum Versetzen von Lasten, als *Ausleger-* od. *Brücken-K.* gebaut. ☐ 286.

Kranich m, großer, langbein., grauer Sumpfvogel. *Gemeiner K.* bis 1,2 m lang, in Nordeuropa, Zuggebiet bis Nordafrika. *Jungfern-K.* selten, in Europa. *Pfauen-K.* in Nordafrika. ☐ 1046. **K.geier** ↗Sekretär.

Krankengeld, eine Leistung der sozialen Krankenversicherung bei Arbeitsunfähigkeit wegen Krankheit od. Heilbehandlung.

Krankengymnastik, *Heilgymnastik,* umfaßt alle Massageformen, passive u. aktive Gelenkbewegungen, Brustkorb-Atemgymnastik u. a.; bei Versteifungen, Verkrümmungen, Gelenk- u. Muskelschäden, Lähmungen usw.

Krankenkassen, die Träger der sozialen ↗Krankenversicherung.

Krankensalbung w, fr. *Letzte Ölung,* in der kath. Kirche Sakrament für Schwerkranke od. bei Todesgefahr zur Ergänzung des Bußsakraments u. zur seel. Kräftigung; gewöhnl. nach der Beichte v. Priester durch Salbung mit geweihtem Olivenöl erteilt.

Krankenversicherung. a) *Private K.* (PKV) für den der Versicherungspflicht nicht unterliegenden Teil der Bev.; seit Arbeitnehmern seit 1972 gesetzl. geregelter Zuschuß des Arbeitgebers zu den Beiträgen entspr. dem in der GKV. Träger in der BRD u. West-Berlin ca. 100 Versicherungsunternehmen (meist in der Rechtsform des Versicherungsvereins auf Gegenseitigkeit). Der Versicherungsschutz *(Hauptarten: Krankheitskosten-, Krankenhauskosten-, Krankenhaustagegeld-Versicherung)* erfolgt im Ggs. zum Sachleistungsprinzip der GKV. nach dem *Kostenerstattungsprinzip* (Erstattung der Kosten nach Maßgabe des jeweils abgeschlossenen Tarifs, aufgrund bezahlter Rechnung). b) *Soziale (Gesetzl.) K.* (GKV): rechtl. Grundlage in der BRD die *Reichsversicherungsordnung* (RVO) v. 1911 mit den laufenden Änderungen. Träger: Allgemeine ↗Ortskrankenkassen, ↗Landkrankenkas-

sen, ↗Betriebskrankenkassen, Innungskrankenkassen, ↗Ersatzkassen, ↗Knappschaftsversicherung, die Seekrankenkasse (↗Seekasse). Versicherungspflichtig sind alle gg. Entgelt beschäftigten Arbeiter, die Angestellten bis zu einem bestimmten monatl. Arbeitsverdienst (darüber hinaus Recht der freiwill. Weiterversicherung); mitversichert sind die Angehörigen der Versicherten; *(Pflicht-)Leistungen: Krankenhilfe,* bestehend aus *Krankenpflege* (freie ärztl. u. zahnärztl. Behandlung, Arzneien, Heilmittel, Krankenhauspflege) ohne zeitl. Begrenzung u. *Krankengeld,* mit Zuschuß des Arbeitgebers (↗Lohnfortzahlung); ferner ↗*Wochenhilfe, Sterbegeld, Familienhilfe.* Beiträge je zur Hälfte v. Arbeitgeber u. Arbeitnehmer getragen.

Krankheit, Störung od. Veränderung der normalen Vorgänge im Körper od. in einem Körperteil durch Infektion mit Bakterien od. Viren, Anstrengungen, Unfälle, Verletzungen, Operationen u. a. körperl. u. seel. Belastungen. ☐ 420.

Kranzarterien, die ↗Koronararterien.

Krapfen, *Berliner Pfannkuchen,* Hefegebäck, in kochendem Fett gebacken, oft gefüllt.

Krapp m, *Färberröte,* Labkraut; Wurzel enthält den Farbstoff ↗Alizarin (Türkischrot). Durch künstl. Alizarin aus Steinkohlenteer fast völlig verdrängt.

Krasiński (: -ßinjßki), *Zygmunt* Graf, poln. Dichter, 1812–59; Romantiker, Gedankendichter; polit. u. histor. Probleme; *Ungöttl. Komödie, Irydion.*

Krasnodar, bis 1920 *Jekaterinodar,* sowjet. Stadt im Nordkaukasus, am Kuban, 560 000 E.; Textilkombinat, Erdöl-Ind.

Krasnojarsk, sowjet. Stadt in Mittelsibirien, am Jenissei, 796 000 E.; stromaufwärts eines der größten Wasserkraftwerke der Erde, jährl. Stromerzeugung 20 Mrd. kWh.

Krater m (gr.), Mündung eines vulkan. Ausbruchskanals. ☐ 1073. **Krater** m (gr.), altgriech. kelch- od. glockenförmiges, meist doppelhenkel. Mischgefäß.

Krätze, 1) *Scabies,* stark juckende, übertragbare Hautkrankheit, durch Krätz-↗Milben erzeugt. **2)** bei Tieren die ↗Räude. **3)** bei Pflanzen K. der Kartoffelknollen mit unregelmäßigen Rissen, K. der Gurkenfrüchte mit stellenweisen korkigen Flecken.

Kraul s, engl. *Crawl,* Stilart beim ↗Schwimmen (☐ 887).

Kraus, *Karl,* östr. Schriftsteller, 1874–1936; in seiner Zschr. „Die Fackel" scharfer Kultur- u. Sprachkritiker, kämpfte bes. gg. die Presse. Weltkriegsdrama *Die letzten Tage der Menschheit;* Gedichte; gg. Hitler *Die dritte Walpurgisnacht.*

Krause, *Karl Christian Friedrich,* dt. Philosoph, 1781–1832; Vertreter des Panentheismus (↗Pantheismus).

Kräuselkrankheit, Pflanzenkrankheiten, bei denen die Blätter kräuselig werden u. verkrüppeln; bes. bei Kartoffel, Kohlrübe.

Krauskohl ↗Blätterkohl.

Krauss, *Clemens,* östr. Dirigent, 1893–1954; leitete die Wiener, dann die Münchener Oper.

Kranich: Kopf des Kronen-K.

Krater: **1** Voluten-, **2** Kelch-, **3** Glocken-K.

Clemens Krauss

Werner Krauß

Sternbild Krebs

Kreisauer Kreis
führende Mitglieder:
A. Delp [1]
E. Gerstenmaier
J. von Haeften [1]
Th. Haubach [1]
J. Leber [1]
H. Lukaschek
C. Mierendorff
H. J. von Moltke [1]
A. Reichwein [1]
Th. Steltzer
A. Trott zu Solz [1]
P. Yorck von
Wartenburg [1]
[1] nach dem 20. Juli
1944 hingerichtet

Elmar Maria Kredel

Krauß, *Werner,* dt. Schauspieler, 1884 bis 1959; bedeutender Charakterdarsteller.
Kräuter, nur einmal blühende, unverholzte Pflanzen, die höchstens 2 Vegetationsperioden überdauern.
Krautfäule, Kartoffelkrankheit, mit Flecken an den Blättern, Stengeln u. Knollen.
Krawatte w (frz.), **1)** Binder, Schlips. **2)** Halsgriff beim Catch-as-catch-can.
Kreation w (lat.), Schöpfung (bes. Modeschöpfung), Erschaffung, Wahl.
Kreativität w (lat.; Bw. *kreativ),* die Fähigkeit, neue Beziehungen zu sehen, ungewöhnliche Ideen u. Einfälle zu produzieren u. v. herkömml. Denkschemata abzuweichen.
Kreatur w (lat.), Geschöpf.
Krebs, 1) *Fluß-, Edel-K.,* bekanntestes K.tier, bis 10 cm lang; Fleisch weiß, zart u. saftig, aber schwer verdaulich. **2)** bösart. Geschwulst; *K.zellen* wuchern schrankenlos, bilden durch Verschleppung auf dem Blut- u. Lymphweg Tochtergeschwülste *(Metastasen)* in anderen Organen. a) *Karzinom,* Ausgang v. inneren od. äußeren Körperoberflächen *(Epithelien).* Bei vielen Karzinomarten ist eine ursächl. chem. (Berufs-K. der Schornsteinfeger, Arsen-, Anilin- u. Teerarbeiter, Raucher-K.) oder physikal. (Ultraviolett-, Röntgen-, Radiumstrahlen) Schädlichkeit bekannt. b) *Sarkom,* Ausgang v. solidem Körpergewebe (z. B. Binde-, Knochengewebe). *K.behandlung:* Radikaloperation, nur beim Fehlen v. Metastasen u. frühzeit. Erkennung ausführbar. Wachstumshemmende Stoffe (Zytostatika), wie Urethan, Toxinal, u. Röntgen- u. radioaktive Strahlen vernichten K.zellen. **3)** Sternbild am nördl. Himmel; auch das 4. Zeichen des Tierkreises (♋), nach ihm der nördliche Wendekreis benannt.
Krebstiere, *Krustentiere,* Gliederfüßer mit Hautpanzer aus Chitin, bei höheren Formen mit Kalkeinlagerung; leben im Meer od. Süßwasser, einzelne auf dem Land. *Klein-K.:* Ruder- u. Blattfüßer, Wasserflöhe, Muschelkrebse, Rankenfüßer; *Höhere K.:* Asseln, Floh- u. 10füßige Krebse (Flußkrebs, Garnele, Languste, Hummer, Krabbe, Einsiedlerkrebs).
Kredel, *Elmar Maria,* dt. kath. Theologe, * 1922; seit 77 Erzb. v. Bamberg.
Kredenz w, Anrichte. **kredenzen,** darbieten.
Kredit m (lat.; Ztw. *kreditieren),* wörtl. „das auf Vertrauen Hergegebene", wirtschaftl. die einem Schuldner gegebene Möglichkeit, etwas zu kaufen ohne gleichzeit. Gegenleistung, entweder durch *Stundungs-K.* (Bezahlung einer Ware wird gestundet) od. durch Überlassung eines Geldbetrages als Darlehen *(Darlehens-K.),* meist gegen Zins. Nach der Dauer unterscheidet man *kurz-, mittel-* u. *langfristige* (z. B. Anleihe) *K.e,* nach der gegebenen Sicherheit *Personal-* (pers. Vertrauen) od. *Real-K.* (gesichert durch Hypothek od. Waren). Volkswirtschaftl. Grundlage der Kreditgewährung ist das Sparen.
Kreditiv s (lat.), das Akkreditiv.
Kreditor m (lat.), der Gläubiger.
Krefeld, Ind.-Stadt u. Hafen westl. am Niederrhein, 223000 E.; Seiden- u. Samt-Ind.,

Edelstahlwerk, Maschinenfabrik, Fachhochschule.
Kreide, feinkörnige, erdige Kalkablagerung, weiß u. abfärbend, vorwiegend aus Foraminiferen; v. Verunreinigungen und Ton (beim *K.mergel)* durch Schlämmen getrennt *(Schlämm-K.);* als *Schreib-K.* u. weiße Deckfarbe *(K.weiß)* verwendet.
K.formation, jüngste Ablagerungen der mesozoischen Schichtenfolge (Kalke, Sandsteine, Kreide, Tone, Mergel), v. Jura unter-, vom Tertiär überlagert; Foraminiferen, Muscheln, Ammoniten, Belemniten, Knochenfische, Saurier u. a. ☐ 237.
kreieren (lat.), **1)** ernennen (z. B. zum Kardinal), wählen. **2)** etwas (z. B. ein mod. Modell) neu schaffen. **3)** erstmals aufführen.

Kreis

Kreisumfang: $2 \cdot r \cdot \pi$
Kreisfläche: $r^2 \cdot \pi$

Kreissektor:
Fläche: $F = \frac{\alpha}{360} \pi r^2$
Bogen: $b = \frac{\alpha}{360} \cdot 2 \pi r$
Sehne: $S = 2 r \sin \frac{\alpha}{2}$
Kreisabschnitt: $F = \frac{1}{2} r^2 \left(\frac{\alpha \cdot \pi}{180} - \sin \alpha \right)$
Höhe: $h = 2 r \sin^2 \frac{\alpha}{4}$

Zusammenhang zwischen Peripheriewinkel γ, Sehnentangentenwinkel β und Zentriwinkel α über gleichen Bogen: $\gamma = \beta = \frac{\alpha}{2}$

Kreisring:
Fläche: $F_R = \pi d (R + r)$

Kreis, geometr. Ort aller Punkte, die gleichweit v. Mittelpunkt entfernt sind; diese Entfernung heißt Radius oder Halbmesser.
K.funktionen Winkelfunktionen.
Kreis, in der BRD unterster Selbstverwaltungs-, zugleich staatl. Verwaltungs-Bez. Der *Land-K.* umfaßt mehrere Gemeinden, die *kreisfreie Stadt* (auch *Stadt-K.* gen.) ist eine größere Stadt, die keinem Land-K. angehört. *Organe: K.tag* (auf 4 bzw. 6 Jahre gewählt), *K.ausschuß* bzw. *K.rat* aus Mitgl. des K.tags u. der v. diesem gewählte Leiter der Verwaltung, der *Landrat* bzw. *Oberkreisdirektor.* Die Land-K.e sind im *Land-K.tag* zusammengeschlossen. Gemeinde.
Kreisauer Kreis, Gruppe der dt. Widerstandsbewegung; tagte 1942/43 auf dem schles. Gut *Kreisau* des Grafen H. v. Moltke; lehnte gewaltsames Vorgehen gg. das nat.-soz. Regime ab; erarbeitete Pläne für den Wiederaufbau Dtl.s nach dem Zusammenbruch des Nat.-Soz.
Kreisel, ein um eine feste Achse sich schnell drehender, starrer Körper, hat das Bestreben a) die Richtung der Achse im Raum beizubehalten, b) bei Krafteinwirkung auf die Achse auszuweichen (Präzession); ausgenutzt im *K.kompaß,* dessen K. (über 20000 Umdrehungen/min) sich parallel zur Erdachse, also in N-S-Richtung, einstellt u. diese Richtung beibehält. Sehr schwere K.

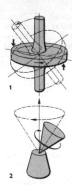

Kreisel: 1 Wirkungs-
weise der K.kraft,
2 Präzession des K.

Bruno Kreisky

Kretische Kunst:
oben sog. Priester-Kg.
aus dem Palast von
Knossos (16./15. Jh.
v. Chr.), unten Vase mit
Meerestier-Motiven
(16. Jh. v. Chr.)

werden als *Schiffs-K.* zur Stabilisierung v. Passagierschiffen verwendet. ☐ 498.
Kreiskolbenmotor ↗Verbrennungsmotor.
Kreisky, *Bruno,* * 1911; 59/66 östr. Außenminister (SPÖ); seit 67 Bundesparteiobmann u. seit 70 Bundeskanzler.
Kreislaufstörung, Schwäche der Blutzirkulation (des Kreislaufes); Ursache öfter eine Störung des vegetativen Nerven- u. Drüsensystems als eine Störung der Herztätigkeit. *Akute K.* äußert sich als Ohnmacht, Kollaps od. Schock.
kreißen, in Geburtswehen liegen. [lage.
Krematorium *s* (lat.), Feuerbestattungsanlage.
Kreml, burgartig ausgebauter Stadtteil russ. Städte. Der *K. von Moskau,* bis Peter d. Gr. u. seit der Revolution v. 1917 Sitz der Regierung u. Inbegriff der russ. Politik; Fünfeck mit 5 Toren, 21 Mauertürmen, Kirchen.
Kremnitz, slowak. *Kremnica* (: -za), Stadt in der westl. Slowakei, 5000 E.; bis 1946/47 *K.er Sprachinsel* (20000 Deutsch Sprechende).
Krempel, eine Maschine zum Auflösen u. Verziehen der Faserflocken.
Krempling, Blätterpilz mit zartfilzigem, auffallend eingerolltem Hut; eßbar bes. der *Mehlschwamm* u. der *kahle* od. *empfindl. K.* mit zottig-filzigem Hutrand.
Krems an der Donau, niederöstr. Bez.-Stadt, am Ostausgang der Wachau, 24000 E.; alte Bürgerhäuser, Burg; Weinbauschule.
Kremsmünster, oberöstr. Markt an der Krems, 5700 E.; Benediktinerabtei; Glaswaren-, Textil- u. Elektroindustrie.
Kren *m,* ↗Meerrettich.
Křenek (: krsche-), *Ernst,* östr. Komponist, * 1900; seit 37 in den USA; Vertreter einer modifizierten Zwölftontechnik. Opern: *Karl V.; Jonny spielt auf; Tarquin.*
Kreolen (Mz., span.), a) Abkömmlinge v. Spaniern u. Portugiesen in Lateinamerika. b) *Schwarze K.,* in Amerika geborene Neger.
Kreon, in der griech. Sage König v. Theben, Bruder der Iokaste; ließ seine Nichte ↗Antigone lebendig einmauern.
Kreosot *s,* Gemenge mehrerer Phenole, aus Buchenholzteer, flüss.; wirkt antiseptisch.
Krepp *m,* ↗Crêpe. **K.sohle,** Schuhsohle aus fahlgelbem Rohkautschuk.
Kresole (Mz.), v. Benzol abgeleitete chem. Verbindungen, den ↗Phenolen nächst verwandt; giftig; wirken stark antiseptisch; z. B. Lysol. Ferner Rohstoff für Farb-, Spreng- u. Duftstoffe u. a.
Kresse, Name für einige Kreuzblütler: ↗Brunnen-K., ↗Kapuziner-K., bes. Garten-K.; zu Salat.
Kreta, größte griech. Insel im östl. Mittelmeer, Kalkgebirge bis 2470 m hoch. 8331 km², 456000 E.; Hst. Heraklion (Kandia). Ausfuhr: Olivenöl, Wein, Südfrüchte. – Im 2. Jahrt. v. Chr. Höhepunkt der kret.-minoischen Kultur (Palastbau, Wand- und Vasenmalerei). 67 v. Chr. v. Rom unterworfen; im frühen MA bald byzantin., bald arab.; kam 1204 an Venedig, 1669 an die Türken, 1908 (endgültig 1913) an Griechenland.
Krethi und Plethi, 1) im AT die aus Kretern u. Philistern gebildete Leibwache Davids. **2)** verächtl. Bz. für gemischte Gesellschaft.

Kretinismus, Schwachsinnsform mit unproportioniertem Zwergwuchs durch angeborene od. in der Kindheit entstandene Unterfunktion der Schilddrüse. K.kranke *(Kretins* od. *Kretine)* sind stumpf, kindisch, antriebslos. Eine endemische Form kommt zus. mit endemischem ↗Kropf in Gebirgsgegenden vor. K. wird durch genügend Jod in der Nahrung vermieden.
Kretschmer, *Ernst,* deutscher Psychiater, 1888–1964; Prof. in Tübingen. Konstitutionsforscher; fand u.a. Zusammenhang zw. charakterl. Typen u. 3 Körperbauformen: 1) *Leptosomer,* schlankwüchsig, schizothym (verschlossen). 2) *Athletiker,* knochen- und muskelkräftig (visköses, zäh reagierendes Temperament). 3) *Pykniker,* rundwüchsig, zyklothym (umweltoffen).
Kreuder, 1) *Ernst,* dt. Schriftsteller, 1903 bis 1972; romant.-surrealist. Romane u. Erz.: *Die Gesellschaft v. Dachboden; Die Unauffindbaren;* auch literar. Essays u. Gedichte. **2)** *Peter,* dt. Komponist 1905–81; schrieb zahlreiche Filmmusiken mit z. T. bekannten Schlagern, ferner Operetten. Autobiographie: *Schön war die Zeit.*
Kreutzberg, *Harald,* östr. Tänzer u. Choreograph, 1902–68; bedeutender Vertreter des mim. Solotanzes.
Kreutzer, 1) *Konradin,* dt. Komponist, 1780–1849; Opern, u. a. *Nachtlager v. Granada;* Männerquartette *(Der Tag des Herrn).* **2)** *Rodolphe,* frz. Geiger, 1766–1831; Beethoven widmete ihm seine *K.-Sonate.*
Kreuz *s* (lat.), **1)** im Alt. Marterwerkzeug. Die *Kreuzigung* die qual- u. schmachvollste Todesstrafe bei allen oriental. Völkern außer den Juden, bei den Römern gg. Sklaven u. gemeine Verbrecher. **2)** Als Symbol des K.estodes Jesu Christi das christl. Erlö-

Kreuz

Kreuzformen:

1 Griechisches K.;
2 Lateinisches K.;
3 Tau-, Antonius- oder Ägyptisches K.;
4 Petrus-K.;
5 Andreas-K.;
6 Gabel- oder Schächer-K.;
7 Anker-K.;
8 Doppel-K.;
9 Henkel-K.;
10 Kardinals- oder Patriarchen-K.;
11 Lothringisches K.;
12 Päpstliches K.;
13 Swastika oder Haken-K.;
14 Russisches K.;
15 Wieder-K. (so genannt, weil die Enden der Balken ebenfalls ein K. ergeben);
16 Krücken-K.;
17 Jerusalem-K.;
18 Kleeblatt-K.;
19 Johanniter- oder Malteser-K.;
20 Koptisches K.

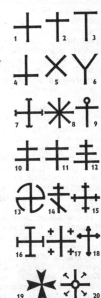

sungszeichen. In der *christl. Kunst* das monumentale Triumph-K., das kleinplast. Andachts-K., das Miniatur-K. der Buchdeckel usw.; Darstellung mit Maria, Johannes, den Schächern usw., auch des Gekreuzigten allein (Kruzifix). **3)** als *Symbol* od. *Ornamentform* in den meisten Kulturen in verschiedener Form. **4)** *Kreuzbein,* in der Anatomie: Rückengegend, wo die Wirbelsäule mit dem *K.bein,* einem aus 5 Wirbelanlagen verschmolzenen Knochen, in den Beckenring eingefügt ist. **5)** in der Musik: Versetzungszeichen (♯) zur Erhöhung um einen halben Ton. **6)** beim *Kartenspiel* Eichel od. Treff. **7)** bei Namen: Zeichen für tot (†). **8)** *K. des Südens,* Sternbild des Südhimmels. **K.band, 1)** einfache Umhüllung v. Drucksachen durch Papierstreifen für verbilligte Postsendung. **2)** Baubeschlagteil an Holzverbindungen. **K.blume,** got. Bauornament, das Türme, Fialen u. a. krönt. **K.blütler,** Pflanzenfamilie, über die ganze Erde verbreitet, viele Nutzpflanzen, 4 in Kreuzform stehende Kronblätter, meist schotenfrüchtig. **K.bund,** kath. Verband zur Bekämpfung des Alkoholismus, gegr. 1896.
Kreuzburg, poln. *Kluczbork,* oberschles. Stadt am Stober, 18 000 E.
Kreuzdorn, dem Faulbaum verwandter Strauch mit Zweigdornen u. schwarzen Beeren; diese *(Kreuzbeeren)* als Sirup Abführmittel; Holz zu Drechslerarbeiten.
Kreuzer, 1) kleine Scheidemünze, in Dtl. bis 1872, in Östr. bis 1893. **2)** schnelles Kriegsschiff, führt Geschütze od. Raketen.
Kreuzgang, an ein Kloster angebauter, meist gewölbter Wandelgang, mit Arkaden u. Toren gg. den Innenhof geöffnet.
Kreuzherren, *Kreuzbrüder,* verschiedene Orden nach der Augustiner-Chorherrenregel.
Kreuzkopf, Gelenkverbindung an Kurbelgetrieben, überträgt die geradlinige Kolbenstangenbewegung auf den Kurbelzapfen. ☐ 326.
Kreuzkraut, *Greiskraut,* Köpfchenblütler mit gelben Blüten u. später weißem Haarschopf; auf Wiesen *Jakobs-K.,* auf Äckern u. Schutt *Gemeines K.;* Unkraut.
Kreuzlingen, schweizer. Bez.-Stadt am Bodensee, unmittelbar südl. v. Konstanz, 16 500 E.
Kreuznach, *Bad K.,* rhein. Krst. an der Nahe, Kurort am Fuß des Hunsrücks, 41 200 E.; radioaktive Kochsalzquellen; Metall-, opt., chem. u. Leder-Ind.
Kreuzotter, weitverbreitete Giftschlange mit schwarzem Zickzackband auf dem Rükken, durch Mäusefang nützlich; greift nur gereizt den Menschen an. *K.biß* ruft an der Bißstelle heftige Entzündung hervor u. kann durch Herz- od. Atemlähmung tödlich sein.
Kreuzritter, 1) Kreuzzugsfahrer. **2)** Mitgl. des Deutschen Ordens.
Kreuzschnabel, Finkenart mit gekreuztem Schnabel; *Fichten-K., Kiefern-K.* ☐ 1045.
Kreuzspinne, Radnetzspinne mit kreuzförmig angeordneten weißen Flecken auf dem Hinterleib. ☐ 930.
Kreuztal, Stadt im Siegerland, 30 200 E., 1969 durch Gemeindezusammenschluß gebildet; Maschinenbau, Brauereien.

Kreuzblume

Kreuzer: 20 Kreuzer (östr. Münze v. 1830)

Kreuzotter

Kribbelmücke

Kreuzung, Paarung v. Pflanzen od. Tieren mit verschiedenen Erbanlagen; ↗Bastard.
Kreuzweg Jesu Christi zum ↗Kalvarienberg; früh v. Pilgern besucht. Im 15. Jh. entstand im Abendland die *K.andacht* mit Aufstellung v. Kreuzen (seit 17./18. Jh. 14 Stationen) od. Bildreihen.
Kreuzzüge, i. w. S. im MA Kämpfe gg. die Feinde des christl. Glaubens (Sarazenen, Türken, Wenden), i. e. S. die Züge abendländ. Ritter zur Befreiung des Hl. Landes v. der Herrschaft der Muslimen. Beim *1. Kreuzzug* (1096–1099) besetzten die Kreuzfahrer das Hl. Land u. gründeten unter Gottfried v. Bouillon das Kgr. Jerusalem u. die Lehensfürstentümer Antiochia, Edessa u. Tripolis. Der *2. Kreuzzug* (1147/49), den Bernhard v. Clairvaux nach Verlust Edessas predigte u. an dem die Dt. unter Ks. Konrad III. u. die Franzosen unter Ludwig VII. teilnahmen, endete erfolglos. Nach dem Fall Jerusalems unternahmen Ks. Friedrich I., Richard Löwenherz v. Engl. u. Philipp II. August v. Fkr. den *3. Kreuzzug* (1189/92). Dabei fand Ks. Friedrich im Saleph den Tod; den Kreuzfahrern gelang nur die Rückeroberung v. Akkon. Der *4. Kreuzzug* (1202/04) wurde durch Venedig auf Byzanz abgelenkt, das erobert u. zum ↗Latein. Kaisertum erklärt wurde. Beim *Kinderkreuzzug* (1212) kamen Tausende dt. u. frz. Kinder auf dem Marsch nach Marseille u. Genua um, während ein anderer Teil nach dem Orient in die Sklaverei verkauft wurde. Im *5. Kreuzzug* (1228 / 1229) unter Ks. Friedrich II. wurde Jerusalem durch Vertrag gewonnen. Nach dem endgült. Verlust Jerusalems 1244 bekämpfte Ludwig IX. v. Fkr. auf dem *6. Kreuzzug* (1248/54) die Heiden in Ägypten u. geriet in Gefangenschaft. Er starb auf dem *7. Kreuzzug* (1270), der sich gg. Tunis richtete. Mit dem Fall Akkons 1291 waren die K. beendet, deren eig. Ziel, die dauernde Rückgewinnung des Hl. Landes, nicht erreicht worden war. Dennoch waren sie v. großer Bedeutung durch die Hinwendung des Rittertums auf ein relig. Ziel u. damit auf ein vertieftes höf. Lebensideal, durch den verstärkten Handel mit dem Orient u. dadurch, daß arab. Technik, Philosophie u. Naturwiss. auf die abendländ. Kultur einwirkten.
Kribbelkrankheit, *Ergotismus,* Vergiftung durch mutterkornhalt. Mehl, mit Kribbelgefühl, Krämpfen, Absterben der Glieder (Brandseuche), Geistesstörungen.
Kribbelmücke, *Gnitze,* Mücke; blutsaugende Weibchen, dem Weidevieh lästig.
Kricket *s,* engl. Schlagballspiel; je 11 Spieler.
Kriechgang, bei ↗Schleppern eine Getriebestufe, die Geschwindigkeiten unter 1 km/h zur Ausführung bestimmter Arbeiten erlaubt.
Kriechspur, auf Autobahn-Bergstrecken gebaute, zusätzl. 3. Fahrspur für schwere Lastwagen u. -züge, zur Entlastung der Hauptfahrbahnen.
Kriechtiere, *Reptilien* (lat.), wechselwarme, landbewohnende, z. T. wasserliebende, meist eierlegende Wirbeltiere mit stark ver-

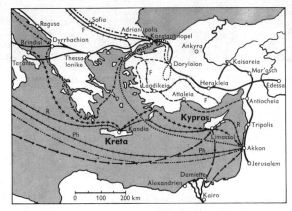

Ragusa Sofia
Adrianopolis
Brindisi Dyrrhachion Konstantinopel
Ankyra
Taranto Thessalonike Dorylaion Kaisareia
Mar'asch
Laodikeia Herakleia Edessa
Attaleia Antiocheia
Kypros Tripolis
Kandia Limassol
Kreta Akkon
Jerusalem
Damiette
Alexandrien Kairo
0 100 200 km

Kreuzzüge

——— 1. Kreuzzug

—·—·— 2. Kreuzzug (Gemeinsamer K.)
··········· 2. K. Ludwig VII.
— — — — 2. K. Konrad III.

+·+·+·+ 3. Kreuzzug (F Friedrich I., R Richard Löwenherz, Ph Philipp II.)

— —›— › 4. Kreuzzug

—·—·—·· 5. (oder nicht gezählter) Kreuzzug

+·+·+·+·+ 5. bzw. 6. Kreuzzug

——› —› 6. bzw. 7. Kreuzzug

hornter Ober- u. dicker, teilweise durch Knochenplatten verstärkter Unterhaut u. fast vollständig verknöchertem Skelett; atmen ausschließl. durch Lungen; Brückenechsen, Schildkröten, Panzerechsen (Krokodile) u. Schuppenkriechtiere (Eidechsen, Chamäleon, Schlangen).
Krieg, völkerrechtl. die Austragung zwischenstaatl. Streitfälle mit Waffen. Aus dem beschränkten *Kabinetts-K.* der Dynastien wurde das totale *Volks-K.* Der globale Zusammenhang der Interessen führte zum *Welt-K.* mit höchster K.stechnik. Diese Ausweitung des K.es stärkte im 20. Jh. polit. Bestrebungen, den K. grundsätzl. zu vermeiden (Völkerbund, Kellogg-Pakt, UN). Die Erfindung der Kernwaffen hat den Ausschluß des K.s zu einer Existenzfrage der Menschheit gemacht. Mit der geschichtl. Entwicklung wandelten sich die *Moraltheorien* über den K. Augustinus nannte nur den „gerechten Krieg" erlaubt, d. h. jenen aus gerechtem Grund, mit gerechter Kampfführung u. mit dem Ziel eines gerechten Friedens. Diese v. Thomas v. Aquin weiterentwickelte Lehre vermittelten dann Völkerrechtler der span. Scholastik (bes. ⁄Vitoria) dem 17. Jh. (⁄Grotius). Theorien des 18./ 19. Jh.s bestritten, daß die Moral über die Rechtmäßigkeit eines K.s entscheiden könne, aber man traf Vereinbarungen über die K.sführung (⁄K.srecht). Nach dem 1. Weltkrieg stellte sich die Frage nach dem gerechten K. erneut bei dem Versuch, die Rechtmäßigkeit v. dem äußeren Merkmal des Angriffs abhängig zu machen. **K.sdienstverweigerer,** *Wehrdienstverweigerer,* lehnen aus religiösen od. eth. Bedenken jeden Dienst mit der Waffe (od. überhaupt militär. Dienst) ab; ihre Weigerung in der BRD grundsätzl. anerkannt, aber ⁄Zivildienst. **K.sgräberfürsorge,** Betreuung der Grabstätten der in den beiden Weltkriegen Gefallenen; in der BRD durch den *Volksbund Dt. Kriegsgräberfürsorge.* **K.sopfer** ist nach dem Bundesversorgungs-Ges. der BRD v. 20. 12. 1950 (mehrfach geändert), wer bei einer militär. bzw. militärähnl. Dienstverrichtung od. durch Kriegseinwirkung, Kriegsgefangenschaft u. ä. gesund-

Krinoline

heitl. geschädigt wurde; hat Anspruch u. a. auf Heilbehandlung, soziale Fürsorge u. Rente. Unterhaltsberechtigte u. Hinterbliebene erhalten ebenfalls eine Rente. **K.srecht,** Normen über Kriegführung, teils Gewohnheits-, teils Vertragsrecht; bedeutsam die Genfer (1864, 99, 1906, 29) u. die Haager (1899 u. 1907) Konventionen, das Genfer Abkommen (1949), die Seerechtsdeklarationen v. Paris u. London (1856 u. 1909) sowie das Genfer Protokoll (1925). **K.sschuldfrage,** die Frage nach der Schuld an der Entstehung des 1. Weltkrieges. In Art. 231 des Versailler Vertrags wurde Dtl. zu Unrecht mit der *Alleinschuld* belastet. **K.sverbrechen,** i. e. S. des herkömmlichen Völkerrechts schwere Verstöße gg. Gesetze u. Gebräuche des Krieges *(Verbrechen gg. die Menschlichkeit);* i. w. S. (seit Versailles, bes. seit den ⁄Nürnberger Prozessen) auch alle Handlungen, die geeignet sind, einen Krieg zu verursachen, namentl. die Vorbereitung u. Entfesselung eines sog. Angriffskrieges *(Verbrechen gg. den Frieden).*
Kriemhild, im ⁄Nibelungenlied Gattin Siegfrieds, dessen Ermordung sie am Hof Etzels rächt; dafür selbst erschlagen.
Krim, *Krym w,* durch die Landenge v. Perekop mit dem russ. Festland verbundene Halbinsel im Schwarzen Meer; im N Lößsteppe mit Salzseen; Viehzucht, Getreidebau; im S das Jailagebirge, das Klimascheide der üppige Mittelmeerlandschaft an der Südküste, die russ. „Riviera", scharf abschließt; im O die Halbinsel ⁄Kertsch; 25 881 km², ca. 1,8 Mill. E.; Hst. Simferopol. Die K. gehört zur Ukrain. SSR.
Kriminalistik *w* (lat.), *Kriminologie,* Kriminal-Wiss., Inbegriff der Erkenntnisse u. Erfahrungen zur Verhütung, Erkennung u. Aufklärung v. Verbrechen. **Kriminalität** *w,* die Gesamtheit aller in einer Gemeinschaft begangener Verbrechen. □518. **Kriminalpolizei** (Kripo), Teil der ⁄Polizei zur Verbrechensbekämpfung. ⁄Bundeskriminalamt. – Die zwischenstaatl. Zusammenarbeit erfolgt über die *Interpol* in Paris.
Kriminalroman, Gattung der erzählenden Literatur, deren Motive eine verbrecherische Tat u. deren Aufdeckung sind, bes. in der Form des Detektivromans. Die ersten Detektivgeschichten schrieb E. A. Poe; Conan Doyles Romane um Sherlock Holmes; Werke v. Chesterton, Priestley, A. Christie; die „harten" Romane v. Hammett u. Chandler; K.e i. e. S. schrieb u. a. Wallace, mit literar. Anspruch Faulkner, G. Greene.
Krimkrieg, 1853/56 Krieg der Türkei mit Fkr. u. Engl. gg. Rußland; die Entscheidung wurde auf der Krim durch die Erstürmung Sewastopols erzwungen. Im Frieden v. Paris Sperrung der Dardanellen für Rußland (Neutralisierung des Schwarzen Meeres).
Krimmer, gekräuseltes Plüschgewebe, Pelzimitation.
Krinoline *w* (frz.), mit Reifen gesteifter Rock; entstand um 1840 aus dem ⁄Reifrock.
Kripo, Abk. für ⁄Kriminalpolizei.
Krippe, *Weihnachts-K.,* figürl. Darstellung der Geburt Christi. Früheste Kunst-K.n in Kirchen v. Neapel (1478).

Kriminalität in Deutschland	Abgeurteilte	Freigesprochene in % der Abgeurteilten	rechtskräftig Verurteilte							
			insgesamt A	B	Jugendliche[1] A	B	Heranwachsende[1] A	B	Erwachsene A	B
Deutsches Reich										
1910	685751	136962	20,0	538225	1184	51315	668	64340	1802	422570	1205
1930	708847	99345	14,0	594610	1187	26409	566	65612	1493	502589	1196
Bundesrepublik Deutschland										
1950	372747	30565	8,2	296356	807	21174	752	...	...	275182	843
1960	631341	42247	6,6	555212	1316	37377	1358	87428	3021	430407	1177
1970	738141	37400	5,1	643285	1346	55657	1741	81768	3303	505860	1201
1979	906232	37169	4,1	718779	1421	77857	1887	96240	3369	544682	1249

A = absolut; B = auf 100000 Einwohner der gleichen Personengruppe
[1] Jugendliche: 14 bis unter 18 Jahre; Heranwachsende: 18 bis unter 21 Jahre

Krischna, 1) einer der Hauptgötter im ↗ Hinduismus, mit seiner Gattin *Radha* im Kult des *Bhakti* (= glühende Gottesliebe) verehrt. **2)** ↗ Kistna.

Krise, *Krisis w* (gr.), **1)** entscheidende Situation, gefahrvolle Wendung. **2)** Störung, Rückschlag *(Wirtschafts-K., Krankheits-K.).*

Kristall *m* (gr.), ein Festkörper, der aus Atomen, Ionen od. Molekülen, streng regelmäßig u. period., im sog. räuml. *K.gitter* angeordnet, aufgebaut ist. Daraus resultiert eine Begrenzung des K. durch ebene Flächen. K.e ohne Störung in der Anordnung der Bauteile (Elementarzellen) heißen *Ein-K.e;* die in der Natur meist vorkommenden K.e sind aus Poly-K.en zusammengesetzt u. zeigen deshalb keine so gleichmäßige Form. K.e bilden sich aus Lösungen, Schmelzen u. Dämpfen, der Vorgang heißt *Kristallisation.* Es sind 230 verschiedene Anordnungen *(Raumgruppen)* der K.bausteine möglich, die in 32 *K.klassen* zusammengefaßt sind. Nach der Form der Elementarzellen unterscheidet man 7 *Kristallsysteme.* **K.glas,** stark lichtbrechendes Glas; speziell Böhmisches K.glas mit Kaliumoxid, Blei-K. mit mindestens 18% Bleioxid. **kristallin,** Mineralien in Kristallform; auch Bz. für Gesteine aus kristallinen Mineralgemengen.

Kristallnacht, nat.-soz. Ausschreitungen gg. die Juden am 9. 11. 1938; begannen mit der Zerstörung der Synagogen.

Kristallstrukturanalyse, die Bestimmung der Atomanordnung innerhalb eines Kristalls mit Hilfe v. Röntgen-, Elektronen- u. Neutronenstrahlen, die am Raumgitter gebeugt werden.

Kristiania, 1624/1925 Name für ↗ Oslo.

Kristiansand, norwegische Hafenstadt am Skagerrak, 59500 E.; Werften.

Kristianstad, Hst. des südschwed. Län K., 68200 E.; Tuch- und Maschinenindustrie.

Kristiansund, norwegische Hafenstadt auf Inseln an der Westküste, 19100 E.

Kriterium *s* (gr.), **1)** Kennzeichen, Unterscheidungsmerkmal. **2)** im Rad- u. Kanusport: zusammenfassende Wertung mehrerer Rennen.

Kritik *w* (gr.; Bw. *kritisch,* Ztw. *kritisieren*), Würdigung, Unterscheidung, Prüfung, Beurteilung. **Kritikaster** *m* (gr.), Nörgler. **Kritiker** *m* (gr.), **1)** der den Wert einer Sache od. eines Handelns Beurteilende (zuweilen abwertend). Im *Journalismus:* wer beurteilende Berichte, Stellungnahmen zu einem Buch, Vortrag, Film, Konzert usw. verfaßt. **2)** (beurteilender) Kunstrichter.

kritische Masse, diejenige Mindestmasse eines Materials mit spaltbaren Atomkernen (↗ Kernspaltung), in der eine ↗ Kettenreaktion erst abläuft; bei Uran 235 z. B. 13 kg.

kritischer Druck, derjenige Druck, bei dem ein Gas bei der kritischen Temperatur gerade noch verflüssigt werden kann.

kritischer Zustand, wird bei einem ↗ Kernreaktor dann erreicht, wenn die ↗ Kettenreaktion nicht mehr unterbrochen wird.

kritische Temperatur, diejenige Temperatur, oberhalb deren ein Gas, bei noch so hohem Druck, nicht mehr verflüssigt werden kann.

Kritizismus *m* (lat.), Prüfung der Möglichkeit u. Grenzen der Erkenntnis, bes. bei ↗ Kant.

Kriwoj Rog, ukrain. Ind.-Stadt am Ingulez, 650000 E.; inmitten eines der bedeutendsten Eisenerzvorkommen der Welt (Vorräte über 1,1 Mrd. t); metallurgische Werke.

Krk, jugoslaw. Adria-Insel, 428 km², 18000 meist kroat. E.; kath. Bischof.

Kroatien, kroat. *Hrvatska,* sozialist. Rep. Jugoslawiens, umfaßt das verkarstete Gebirgsland der Dinarischen Alpen zw. Adria, Kulpa u. Una u. das fruchtbare Gebiet zw.

Krokus

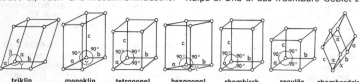

triklin	monoklin	tetragonal	hexagonal	rhombisch	regulär	rhomboedrisch
$\alpha + \beta + \gamma \neq 90°$	$\alpha = \beta = 90° \neq \gamma$	$\alpha = \beta = \gamma = 90°$	$\alpha = \beta = 90°$	$\alpha = \beta = \gamma = 90°$	$\alpha = \beta = \gamma = 90°$	$\alpha = \beta = \gamma \neq 90°$
$a \neq b \neq c$	$a \neq b \neq c$	$a = b \neq c$	$\gamma = 120°; a = b \neq c$	$a \neq b \neq c$	$a = b = c$	$a = b = c$

Kristall: die 7 möglichen Elementarzellen

Donau, Drau u. Save; hauptsächl. Agrarland; 56538 km², 4,4 Mill. E. (79% Kroaten); Hst. Zagreb (Agram). – Im 7. Jh. v. den Kroaten besiedelt, 925 Kgr., seit 1102 Personalunion mit Ungarn; im 16. Jh. weitgehend v. den Türken erobert, kam 1699 an die östr. Habsburger; 1918 Teil des Kgr. Jugoslawien, 1941–1945 nochmals selbständ. Kgr. unter Pavelić, dann wieder zu Jugoslawien.

Krocket s (engl.), Rasenspiel; Holzkugeln werden mit hölzernen Hämmern durch niedere Tore (Bogen) getrieben.

Kroki s (frz.), Geländeskizze.

Krokodil s, trop. u. subtrop. Reptil, hat horngepanzerten Körper, in der Rückenhaut große Knochenschilder; gefräß. Räuber. Nil-K. (Leviathan), bis 7 m lang; chines. Alligator, bis 2 m lang; am. Hechtalligator (Kaiman), bis 4,50 m lang; nordind. Gavial, bis 6 m lang. **K.swächter**, Regenpfeifervogel Ägyptens, sucht das K. nach Ungeziefer ab u. warnt es bei Gefahr.

Krokus m, frühblühendes Irisgewächs mit weißen, violetten od. goldgelben Blüten.

Krolow (: -lō), Karl, dt. Schriftsteller, * 1915; Lyrik (Wind u. Zeit, Fremde Körper); Essays.

Kronach, bayer. Krst. in Oberfranken; Eingangstor zum Frankenwald, am Fuß der Feste Rosenberg, 18600 E.; Porzellan-Ind.; Geburtshaus L. Cranachs d. Ä.

Kronberg, hess. Stadt am Südhang des Taunus, 17500 E.; Elektro-, Maschinen- und Kunststoff-Industrie.

Krone, 1) Herrschaftszeichen; urspr. nur ein Stirnreif, später mit Bügel u. Kronzacken u. mit reicher Goldschmiedearbeit ausgestattet. Am bekanntesten sind die alte dt. Reichs-K. (□ 803), die östr. Kaiser-K., die langobard. Eiserne K. (□ 218) u. die ungar. Stephans-K. (□ 945). 2) Münze, 1892/1925 in Österreich. 3) Währungseinheit. □ 1144/45. 4) Nördliche K., kleines Sternbild des Nordhimmels.

Kronglas, opt. Glas mit geringem Farbzerstreuungs- u. Brechungsvermögen.

Kronkolonie, brit. Kolonie, in der Gesetzgebung u. Verwaltung der Krone zusteht.

Kronland, Erbland eines Fürstenhauses; in Östr. fr. im Reichsrat vertretenes Land.

Kronos, griech. Ernte- u. Erdgott, Sohn v. Uranus u. Gäa, verschlang seine Kinder außer Zeus, dem Kroniden, der ihn bezwang.

Kronprinz, der Thronerbe eines König- od. Kaiserreichs als Sohn od. Enkel des Throninhabers.

Kronrat, in Östr. u. Preußen bis 1918 Kabinettssitzung unter Vorsitz des Monarchen; heute noch in einigen Monarchien.

Kronstadt, 1) Brașov, 1950/57 Orasul Stalin, rumän. Handels- u. Ind.-Stadt im südl. Siebenbürgen; Zentrum des Burzenlandes; 258000 E. 2) russ. Kronschtadt, Kriegshafen in der K.er Bucht vor Leningrad, 50000 E.; Docks u. Werften. – 1703 v. Peter d. Gr. gegr.; 1917 unterstützten die Matrosen v. K. die Revolution der Bolschewisten; 21 K.er Aufstand gg. die Sowjetregierung.

Krönung, 1) feierl. Einsetzung eines Herrschers durch Aufsetzen der Krone. Die dt. Kg.e wurden in Aachen, seit 1562 in Frankfurt a. M., die Ks. v. den Päpsten (zumeist in

Krone. Rangkronen:
1 Königs-, 2 Herzogs-, 3 Fürsten-, 4 Markgrafen-, 5 Grafen-, 6 Adelskrone

Sternbild Nördl. Krone

Rom) gekrönt. Die bei der K. gebrauchten Insignien: ↗Reichsinsignien. 2) Papst-K., Krönung des Pp. mit der ↗Tiara.

Kronwicke w, Schmetterlingsblütler; kleines Kraut mit gelben od. blaßvioletten kronförm. Blütenständen.

Kropf, 1) beim Menschen Bläh- od. dicker Hals (Struma), Anschwellung der Schilddrüse, bei Frauen häufiger als bei Männern; kommt meist in abgeschlossenen Gebirgsgegenden endemisch vor, auch mit ↗Kretinismus vereinigt. Geringe Mengen Jod wirken vorbeugend. K. bei ↗Basedowscher Krankheit mit übermäß. Bildung des Schilddrüsenhormons. 2) bei Vögeln Ausstülpung der Speiseröhre zur Nahrungsspeicherung u. Vorverdauung.

kröpfen, Bau- od. Maschinenteile in doppeltem Winkel abbiegen, so daß 2 parallele Längsachsen entstehen.

Kropotkin, Peter Fürst, russ. kommunist. Anarchist, 1842–1921; seit 1876 in polit. Emigration, 1917 Rückkehr nach Rußland.

Krösus, Kg. v. Lydien, 561/546 v. Chr.; v. sprichwörtl. Reichtum, verlor sein Land an die Perser.

Kröten, Froschlurche, plump, zahnlos, mit warziger Haut, ohne Sprungvermögen. Gemeine od. Erd-K., bis 12 cm lang, vertilgen Insekten u. Schnecken. ↗Geburtshelfer-K., Feuer-K. ↗Unken. □ 911.

Krotonöl, Granatillöl, stärkstes Abführmittel, aus Samen des Tiglibaums.

Kroetz, Franz Xaver, dt. Schriftsteller, * 1946; Werke: Oberösterreich; Stallerhof; Maria Magdalena; Agnes Bernauer; Mensch Meier.

Krozingen, Bad K., bad. Kurort in der Oberrheinebene, südl. Freiburg, 11400 E.; kohlensaure Thermalquellen, Glaubersalzthermen.

Krüger, 1) Franz, preußischer Hofmaler, 1797–1857; Bildnisse, Reiter- u. Paradebilder. 2) Paul („Ohm K."), 1825–1904; 1883/1900 Präs. v. Transvaal, suchte im Burenkrieg 1900 vergebl. Hilfe in Europa. **K.depesche**, Glückwunschtelegramm Ks. Wilhelms II. an Präs. K. nach Abwehr des Einfalls v. Jameson; trug zur Verschlechterung der dt.-engl. Beziehungen bei.

Krumbach (K. Schwaben), bayer. Stadt, 11800 E.; Kunststoff- und Textilindustrie.

Krümmer m, kurzer Rohrbogen.

Krummholz, Legföhre, Latsche, Wuchsform der Berg-↗Kiefer.

Krummhübel, poln. Karpacz, schles. Luftkurort u. Wintersportplatz am Nordfuß der Schneekoppe (Riesengebirge), 5500 E.

Krummstab, der Bischofs-, auch Abtsstab.

Krupp m, Croup, Halsbräune, fieberhafte Entzündung der Kehlkopf- u. Luftröhrenschleimhaut.

Krupp, Peter Friedrich (1787–1826), begr. 1810 die Firma Friedrich K., Essen. Sein Sohn Alfred (1812–87) u. dessen Sohn Friedrich Alfred (1854–1902) entwickelten das kleine Stahlwerk zum Weltunternehmen. Die Tochter des letzteren, Bertha, 1886–1957, heiratete 1906 Gustav v. Bohlen u. Halbach (1870–1950), der 1910 die Leitung der Familien-AG übernahm. Ihr

Alfred Krupp

Sohn *Alfried K. v. Bohlen und Halbach,*
1907–1967; in Nürnberg zu Gefängnis u.
Vermögensbeschlagnahme verurteilt, 53
wieder in führender Position, leitete Aufbau
bzw. Umstellung der größtenteils zerstör-
ten od. demontierten Werke.
Kruse, 1) *Käthe,* 1883–1968; schuf die le-
bensähnl. *Käthe-K.-Puppen.* **2)** *Martin,* dt.
ev. Theologe, * 1929; seit 77 Bischof der Ev.
Kirche in Berlin-Brandenburg.
Krustentiere ↗Krebstiere.
Kruziferen (Mz., lat.), die ↗Kreuzblütler.
Kruzifix *s* (lat.), Darstellung des Kreuzes
mit dem gekreuzigten Christus.
Krylow, *Iwan,* 1768–1844; russ. Fabeldichter; realistisch-volkstümlich.
Kryo... (gr.), in Zss.: Kalt...
Kryochirurgie *w* (gr.), die lokale Anwen-
dung v. niedrigen Temperaturen (bis
–190° C) mit der Kryosonde, z. B. zur Thera-
pie von Haut- u. Augenerkrankungen.
Kryolith *m* (gr.), Mineral, chem. Na₃AlF₆, für
Glas- u. Aluminiumfabrikation.
Kryotechnik *w* (gr.), Tieftemperaturtechnik,
befaßt sich mit der Erzeugung u. Anwen-
dung v. Temperaturen unter ca. –190° C.
Krypta *w* (gr.), halb od. ganz unterird., gewölbter Sakralraum, meist unter dem
↗Chor v. Kirchen.
Kryptogamen (Mz., gr.), alle Pflanzen, die
keine eigentl. Blüten haben: Bakterien,
Pilze, Algen, Moose, Bärlappe, Schachtel-
halme u. Farne. Ggs. ↗Phanerogamen.
Krypton *s,* chem. Element, Zeichen Kr,
Edelgas, Ordnungszahl 36 (□ 148); zu
0,0001% in der Luft enthalten; Füllgas für
Gasentladungslampen.
Kryptorchismus *m* (gr.), vorgeburtl. Ent-
wicklungsstörung, bei der ein od. beide Ho-
den im Bauch od. Leistenkanal verbleiben
u. nicht in den Hodensack wandern.
Kschatriya *m* (Sanskrit), Angehöriger der
Ritter-(Krieger-)Kaste.
KSZE, *Konferenz über Sicherheit u. Zusam-
menarbeit in Europa* (33 europ. Staaten –
ohne Albanien –, USA, Kanada). Tagte 73
erst in Helsinki, dann in Genf (bis 75), in
Helsinki 75 Abschluß als Gipfelkonferenz.
Behandelte unter anderem Fragen der
europ. Sicherheit, des Handels, der Ind.,
Wissenschaft, Technik, des Kulturaus-
tausches. 77/78 Folgekonferenz in Belgrad,
80/81 in Madrid.
Ktesiphon, Residenz der Parther-Kg.e u.
Sassaniden, am Tigris; verfiel rasch nach
Eroberung durch die Araber 637.
Ku, chem. Zeichen für ↗Kurtschatowium.
Kuala Lumpur, Hst. von Malaysia, an der
Westküste, 460000 E.; Univ.; kath. Bischof.
Kuango *m,* l. Nebenfluß des Kassai (zum
Kongo), Grenze zw. Angola u. der Rep.
Zaïre; 1000 km lang.
Kuangtschou, *Kwangchow,* heutiger chi-
nes. Name v. ↗Kanton.
Kuba, größte Insel der Großen Antillen;
überwiegend Hügel- u. Bergland, trop.
Klima. Im SO das einzige Gebirge, die Sierra
Maestra (bis 2560 m). Ausfuhr: Zucker, Ta-
bak, Bananen, Ananas; Hst. Havanna. –
1492 entdeckt, 1511 span.; 1898 Rep. unter
der Oberhoheit der USA, die 1934 auf alle

Krypta im Straßburger
Münster (um 1180) –
□ 826

Kubismus:
J. Lipschitz:
La rencontre (1913)

Kuba

Amtlicher Name:
República de Cuba
Staatsform:
Sozialist. Republik
Hauptstadt:
Havanna
Fläche:
114524 km²
Bevölkerung:
9,7 Mill. E.
Sprache:
Spanisch
Religion:
ca. 90% Katholiken,
260000 Protestanten
Währung:
1 Kubanischer Peso
= 100 Centavos
Mitgliedschaften:
UN, RgW

polit. Reservatrechte verzichteten. Min.-
Präs. seit 59 Fidel ↗Castro, der 61 die sozialist. Rep. ausrief; seine Zustimmung zur Er-
richtung sowjet. Raketenbasen auf K. führte
Okt. 62 zu einer bis zur Kriegsgefahr gestei-
gerten Spannung zw. den USA u. der
UdSSR (sog. *K.-Krise*). Nach einer Seeblok-
kade K.s durch die USA erfolgte der Abbau
der Raketenbasen u. der Abtransport der
offensiven Raketenwaffen. – Staatsrats-
Vors. Fidel Castro (seit 76).
Kuban *m,* Fluß im nordwestl. Kaukasus,
907 km lang, 180 km schiffbar.
Kubel, *Alfred,* * 1909; 70/76 Min.-Präs. v.
Niedersachsen (SPD).
Kubelik, *Rafael,* tschech. Dirigent u. Kom-
ponist, * 1914; 58/79 Chefdirigent am
Bayer. Rundfunk, 73/74 auch musikal. Leiter
der Metropolitan Opera, New York.
Kubik... (lat. *cubus* = Würfel), in Zss. Hin-
weis auf 3fache Ausdehnung (Länge/
Breite/Höhe), durch die Abk. c oder cb
oder die Potenzschreibweise (z. B. m³) an-
gegeben. **K.wurzel,** die 3.Wurzel. **K.zahl,** die
3. Potenz.
Kubin, *Alfred,* östr. Graphiker, 1877–1959;
Bilderserien *(Am Rande des Lebens, Die
Todsünden),* Illustrationen; spiegelt die be-
ängstigenden Gesichter des Traumbe-
reichs.
Kubismus, seit 1907 in Paris in der Malerei
(auch Plastik) einsetzende internationale
Richtung, die stereometr. Formen (Kubus,
Zylinder, Kegel u. Kreis) als Grundformen
des Bildgegenstandes hervorhebt u. daraus
den inneren Aufbau der Gegenstände v. al-
len Seiten gleichzeitig darstellen will. Ver-
treter: Picasso, Braque, Gris, Léger, Gleizes,
Archipenko, Lipschitz.
Kublai Chan, Enkel Dschingis Chans,
1216–1294; eroberte China u. gründete die
Mongolendynastie der chines. Kaiser.
Kubus *m* (lat.), ↗Würfel.
Küchenschelle ↗Kuhschelle.
Kuching, Hst. des Sultanats Sarawak (Ma-
laysia), an der N-Küste v. Borneo, 64000 E.
Kuckuck, *Gauch,* Zugvogel (in Dtl. April bis
Aug.), scheu, grau, weißgefleckt; legt etwa
25 Eier in fremde Nester. Der junge K. wirft
in den ersten beiden Tagen alle Eier u. Nest-
geschwister über den Nestrand. **K.sblume**
↗Waldhyazinthe. **K.s(licht)nelke,** Wiesen-

Heinz Kühn

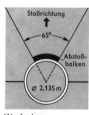

Kuckuck: Mönchs-
grasmücke füttert
Jungkuckuck

Kugelstoßen

Kugelgewichte:

Männer	7,25 kg
(ab 18 Jahren)	
Jugend	
16–17 Jahre	6,25 kg
15–16 Jahre	5,00 kg
13–14 Jahre	4,00 kg
Frauen	4,00 kg
(ab 15 Jahren)	

Wurfanlage,
unten Stoßvorgang

pflanze mit hellroten und zerfransten Blüten.

Kudrun, *Gudrun,* Gestalt des gleichnamigen Heldenepos (um 1230).

Kudu *m, Schraubenantilope w,* afrikan. Antilope, hirschähnlich, weißgestreift; Bock mit schraubenförm. Gehörn.

Kuenlun, *Kunlun, Kwenlun m,* asiat. Gebirgssystem, v. Pamir bis zur chines. Prov. Honan; 3850 km lang, bis 1000 km breit, im Ulug Muztagh 7723 m hoch.

Kufe, 1) Gleitschiene des Schlittens. **2)** hölzernes Gefäß, Bottich, v. **Küfer** hergestellt.

Kuff *w,* flacher niederländ. Küstensegler.

Kufra, Oasengruppe in der Libyschen Wüste, 12 000 km², 10 000 E.

Kufstein, Tiroler Bez.-Stadt, am Inn, 483 m ü. M., 13 000 E.; oberhalb K. die Feste Geroldseck.

Kugel, Körper, dessen Oberflächenpunkte gleichen Abstand v. Mittelpunkt haben. Alle ebenen Schnitte durch die K. sind (Klein-)Kreise, alle durch den Mittelpunkt gehenden sind Großkreise, deren Durchmesser gleich dem der K. sind. Die K. hat v. allen volumengleichen Körpern die kleinste Oberfläche. Zwei Schnittkreise zerlegen die Oberfläche in 4 *K.zweiecke;* zw. 3 Schnittkreisen entstehen *K.dreiecke;* sphärische ⁄Trigonometrie. Der v. einem Kleinkreis abgeschnittene kleinere Teil der Oberfläche heißt *K.haube;* das zw. 2 parall. Schnittkreisen liegende Oberflächenband *K.zone.* Jeder Schnittkreis zerlegt die K. in 2 *K.segmente. K.sektor* wird v. einem Kegel (Spitze im K.mittelpunkt) aus der K. herausgeschnitten (⁄Inhalts-Berechnung). **K.distel,** große Stauden, mit unterseits weißl. Blättern u. kugeligen Köpfchenblüten; *Blaue K.distel* (Südeuropa) ist oft Zierpflanze. **K.fische,** trop. Knochenfische. ⁄Igelfisch, ⁄Mondfisch.

Kügelgen, 1) *Gerhard v.,* dt. Maler, 1772 bis 1820; Bildnisse (Goethe, Schiller u. a.). **2)** *Wilhelm v.,* Sohn v. 1), Maler u. Schriftsteller, 1802–67; *Jugenderinnerungen eines alten Mannes.*

Kugellager, ⁄Lager.

Kugelmühle, rotierende Trommel, in der fallende Kugeln aus Stein od. Stahl die eingefüllten Erze, Kohlen, Steine zerkleinern.

Kugelschreiber, Schreibgerät mit schnelltrocknender Druckfarbe u. winziger Rollkugel als Schreibspitze.

Kugelstoßen, leichtathlet. Wurfdisziplin, bei der eine Messing- od. Gußeisenkugel aus einem Wurfring, der nicht übertreten werden darf, gestoßen wird.

Kuh, 1) weibl. ⁄Rind nach dem 1. Kalben. **2)** weidmänn.: weibl. Alttier bei Hirsch u. a.

Kuhantilopen, afrikan. Antilopen mit doppelt gekrümmten Hörnern.

Kuhländchen, Hügelland an der oberen Oder in Mähren; bis 1945 dt. Sprachinsel.

Kuhlaus ⁄Pelzfresser.

Kühler, 1) bei Verbrennungsmotoren die Einrichtung, um die beim Betrieb erwärmten Kühlsubstanzen, meist durch Luftstrom, rückzukühlen. **2)** in der Verfahrenstechnik Einrichtungen zum Kühlen v. Gasen od. Flüssigkeit, z. B. der Kühlturm.

Kühlkette, dient der ununterbrochenen Kühlhaltung v. Nahrungsmitteln v. Erzeuger bis zum Verbraucher mit Hilfe v. *Kühlschiff, -wagen, -haus* usw.

Kühlschrank, wärme-isolierter Schrank; früher meist mit Eiswanne *(Eisschrank),* heute mit kleiner elektrischer ⁄Kältemaschine. ☐ 522.

Kugel

Inhalt und
Oberfläche
(V = Volumen;
O = Oberfläche;
M = Mantelfläche;
π = 3,14…)

Kugel:
$V = \frac{4}{3}\pi R^3$
$O = 4\pi R^2$

Hohl-K.:
$V = \frac{4}{3}\pi(R^3 - r^3)$

K.abschnitt:
$V = \frac{1}{3}\pi h^2(3R - h)$
K.kalotte: $M = 2\pi Rh$

K.schicht: $V = \frac{1}{6}\pi h(3r_1^2 + 3r_2^2 + h^2)$

K.sektor:
$V = \frac{2}{3}\pi R^2 h$

Kühlturm, *Kühlkamin,* hoher u. weiter Turm zur Rückkühlung durch Verdunstung v. Kondensationskühlwasser.

Kuhn, *Richard,* schweizer. Biochemiker, 1900–67; 1938 Nobelpreis für Arbeiten über Enzyme u. Vitamine.

Kühn, Heinz, * 1912; 66–78 Min.-Präs. von Nordrh.-Westf.; 73–79 stellvertretender Vors. der SPD.

Kuhnau, *Johann,* deutscher Komponist, 1660–1722; Mitschöpfer der Klaviersonate; als Thomas-Kantor Vorgänger Bachs.

Kuhpilz, ein eßbarer, schmutziggelber Röhrenpilz, auf Weiden, im Nadelwald.

Kuhreiher, die große ⁄Rohrdommel.

Kuhschelle, *Küchenschelle, Osterglocke, Pulsatilla,* frühblühendes Hahnenfußgewächs, mit großen violetten Blüten, Früchte mit langem behaartem Griffel; unter Naturschutz. *Alpine K.,* die weiße od. gelbe *Teufelsbart;* die *Wiesen- u. Gemeine K.*

Kujbyschew, fr. *Samara,* Umschlaghafen für Getreide u. Erdöl, an der Wolga, 1,3 Mill. E.; 60 km flußaufwärts durch Riesenstaumauer (mit Großkraftwerk) das 580 km lange, bis 45 km breite *K.er Meer* geschaffen; jährl. 11 Mrd. kWh elektr. Strom.

Kujon *m* (frz.), Schurke, Feigling. **kujonieren,** niederträchtig behandeln.

Küken, Junges des Hausgeflügels.

Ku-Klux-Klan *m* (: kju klaks klän), polit. Geheimbund im Süden der USA, unterdrückte 1865/70 mit teilweise terrorist. Methoden die Neger; lebte 1915 wieder auf u. richtete sich jetzt gg. Neger, Katholiken u. Juden; 22/26 v. großem polit. Einfluß; seit ca. 30 in örtl. Gruppen organisiert, v. Staat scharf bekämpft; seit ca. 55 Kampf gg. die Rassenintegration. ☐ 522.

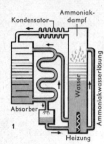

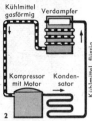

Kühlschrank: Schema
1 des Absorber-,
2 des Kompressor-K.

Kukuhoto ↗Huhehot.
Kukunor m, See im nordöstl. Tibet, 3200 m ü. M.; 100 km lang, 64 km breit.
Kukuruz m (slaw.), der ↗Mais.
Kulak m (russ.), fr. selbständiger Großbauer in Rußland.
kulant (frz.), entgegenkommend.
Kuli m, in Süd- u. Ostasien ungelernter Arbeiter, Taglöhner, Diener; i. ü. S. abschätzige Bz. für billige Arbeitskraft.
kulinarisch (lat.), auf die Küche, das Essen bezüglich, feinschmeckerisch.
Kulisse w (frz.), 1) Bühnendekoration. 2) *Börse:* nichtamtl. Börsenmarkt; auch Gesamtheit der Börsenbesucher, die sich auf eigene Rechnung am Börsenhandel beteiligen.
Kulm, *Chełmno* (:cheᵘmno), Stadt u. Festung r. der Weichsel, 18000 E., fiel 1920 an Polen.
Kulmbach, bayer. Krst. am Weißen Main, Oberfranken, 28400 E.; Textil-Ind., Brauereien; über K. die Plassenburg.
Kulmbach, *Hans v.* (eig. Hans Süß), dt. Maler, um 1485–1522; in Dürers Werkstatt tätig; *Tucheraltar* in Nürnberg.
Kulmer Land, fruchtbare westpreuß. Landschaft (Pommerellen); die Keimzelle des Deutschordens-Staates (1226). Hst. ↗Kulm.
Kulmination w (lat.), 1) Höhepunkt. 2) astronom.: Durchgang eines Gestirns durch den Ortsmeridian. **K.spunkt,** Scheitelpunkt.
Külpe, *Oswald,* dt. Philosoph, 1862–1915; Begr. der Denkpsychologie.
Kult m (lat.), ↗Kultus.
Kultivator m (lat.), der ↗Grubber.
kultivieren (lat.), urbar machen, der Kultur zuführen, sorgfältig pflegen.
Kultur w (lat.), 1) in Ggs. zur Natur alles, was dem bewußten, freien Schaffen des Menschen entspringt. 2) *landwirtschaftl.* K.: Nutzung des Bodens. K.arten: Acker-, Grün-, Garten-, Obstland usw. 3) *biolog.* K.: Züchtung v. Mikroorganismen auf Nährböden. **K.film** ↗Film. **K.geographie,** untersucht die Auswirkung der menschl. Tätigkeit auf das Landschaftsbild. **K.geschichte,** Zweig der Geschichtswiss., ergänzt die polit. Geschichte durch ein umfassendes Bild des Kulturgeschehens, seiner Gestalten (↗Kulturmorphologie), Werte u. Werke. **K.kampf,** der Kampf zw. Staat u. kath. Kirche in Dtl., der im Jahrzehnt nach der Reichsgründung bes. in Preußen geführt wurde. Er begann 1871 u. führte im Reich zur Einführung des sog. ↗Kanzelparagraphen, der Zivilehe u. zur Ausweisung der Jesuiten. In Preußen ergingen u. a. 73/74 die sog. „Maigesetze" (betrafen u. a. die Anstellung der Geistlichen) u. ein Verbot aller Orden u. Kongregationen, die nicht der Krankenpflege dienten. Die Ablehnung der Gesetze durch den kath. Klerus erwiderte der preuß. Staat mit Einbehaltung v. Zuschüssen, mit Geld- u. Gefängnisstrafen u. mit Amtsentsetzung (auch einiger Bischöfe). Angesichts der innenpolit. Folgen brach Bismarck den K. ab. 80/87 wurden die K.gesetze in mehreren Etappen abgebaut. In Kraft blieben der Kanzelparagraph, das 72 erlassene preuß. Schulaufsichtsgesetz u. die Zivilehe; die Je-

suiten blieben bis 1904 bzw. 17 des Landes verwiesen. **K.kreislehre,** völkerkundliche Richtung, sucht ähnliche K.erscheinungen, auch wenn sie an verschiedenen Stellen auftreten, in *K.kreise* mit jeweils einheitl. Ursprungszentrum zu gliedern; Vertreter bes. W. ↗Schmidt. **K.morphologie,** v. L. ↗Frobenius begr., betrachtet Kulturen als Gestalten mit Lebensaltern. **K.pflanzen,** die v. Menschen in Kultur genommenen, für ihn nutzbaren Gewächse; urspr. angebaute Wildformen, aus denen sich im Lauf der Zeit durch Mutation, Kreuzungen durch den Menschen u. Selektion die heutigen, ertragreicheren, in der Qualität besseren Kulturrassen entwickelt haben. **K.rassen,** *Zuchtrassen,* in der Pflanzenzucht auch *K.sorten,* die durch planmäß. Züchtung entstandenen Tier- u. Pflanzenrassen. **K.revolution** ↗China (Geschichte). **K.völker,** Bz. für Völker mit hochentwickelter Kultur. Ggs.: ↗Naturvölker.
Kultus, *Kult* m (lat.; Bw. *kultisch*), 1) allg. Pflege, Verehrung (z. B. *Heroenkult*). 2) in der Religion fest geordnete Formen des Umgangs mit dem Heiligen u. Göttlichen.
Kultusministerkonferenz, in der BRD von den Kultusministern der Bundesländer errichtete Institution zur Regelung überregionaler kulturpolit. Fragen; ständiges Büro in Bonn.
Kum, *Qum,* iran. Stadt u. schiit. Wallfahrtsort, s. von Teheran, 247000 E.
Kuma w, nordkaukas. Steppenfluß, erreicht nur bei Hochwasser das Kasp. Meer, 575 km lang.
Kumamoto, japan. Bez.-Hst. im Westteil v. Kiuschiu, 489000 E.
Kumarin s, Kumarsäureanhydrid, Aromastoff in Waldmeister, Ruchgras, Tonkabohne, Lavendelöl u. a.; auch synthet. herstellbar für Parfümerie, Fruchtessenzen u. a.
Kumaron s, farblos, flüssig, im Steinkohlenteer enthalten, C₈H₆O, läßt sich zu *K.harz* für Kitte u. Lacke polymerisieren.
Kumasi, Hst. der Region Aschanti, in Ghana, 350000 E.; kath. Bischof; Flughafen; Ingenieurschule.
Kümmel, *Kiem, Kemmich,* Doldengewächs, zweijährig, blüht weiß u. rosa; Früchte als Gewürz, auch Branntwein od. Likör. ☐452.
Kummet, *Kumt* s, ein Geschirr für Pferde u. Zugrinder, um den Hals befestigt.
Kumpan m (frz.), Genosse. **Kumpel,** Bergmann.
kumulieren (lat.; Hw. *Kumulation,* Bw. *kumulativ*), häufen; z. B. mehrere Stimmen einem Kandidaten geben; mehrere Ämter in einer Hand vereinigen. ↗panaschieren.
Kumyß m, *Milchwein,* schwach alkohol. Getränk bei Kirgisen, aus Stutenmilch.
Kun, *Béla,* 1886–1937 (39?; in der UdSSR hingerichtet); kommunist. Diktator in Ungarn März/Juli 1919.
Kunckel v. Löwenstern, *Johann,* dt. Alchemist, 1630–1703; Arbeiten über Glas.
Kündigung, einseitige, formlose Erklärung über die Beendigung eines auf unbestimmte Zeit geschlossenen Rechtsverhältnisses v. einem bestimmten Zeitpunkt an; Einverständnis des Vertragspartners nicht

Mitglieder des
Ku-Klux-Klan

Eduard Künneke

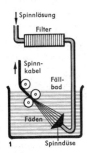

Spinnlösung
Filter
Spinnkabel
Fällbad
Fäden
1 Spinndüse

Spinnlösung
Abluft
Spinndüse
Fäden
Heißluft
Schacht
Rollen
2 Spinnkabel

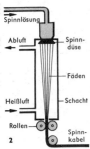

Faser
Ofen
Spinndüse
Fäden
kalter Stickstoff
Rollen
3 Spinnkabel

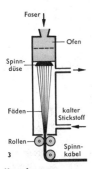

Kunstfaser:
Verspinnen von K.n:
1 Naßspinn-, **2** Trockenspinn-, **3** Schmelzspinn-Verfahren

nötig. *Arbeitsrechtlich:* a) *ordentl. K.:* bei K. durch den Arbeitgeber muß die K. nach Maßgabe der gesetzl. Bestimmungen über den ↗K.sschutz u. unter Einhaltung der gesetzl. od. vereinbarten ↗K.sfristen erfolgen. Der Betriebsrat muß vorher gehört werden, seine Zustimmung ist (außer bei entspr. Vereinbarungen) nicht erforderl.; b) *außerordentl. K.:* erfolgt aufgrund eines bes. K.sgrundes entweder *fristlos* od. *befristet;* Anhörung des Betriebsrates in der Regel nicht nötig. **K.sfristen,** a) *arbeitsrechtl.:* gesetzl. *K.sfrist,* bei gewerbl. Arbeitern 14 Tage, bei gewerbl. u. kaufmänn. Angestellten 6 Wochen. Die K.sfristen erhöhen sich für ältere Angestellte, d.h. für Angestellte über 30 Jahre mit mehr als 5jähr. Betriebszugehörigkeit (ab 12 Jahren auf 6 Monate); b) *bei Miete:* für bewegl. Sachen 3 Tage, für Grundstücke u. Räume nur auf den Schluß des Kalendervierteljahres, spätestens am 3. Werktag des Vierteljahres, bei Monatsmiete am 15. zum Monatsende. **K.sschutz,** a) *arbeitsrechtl.:* besteht nur bei ordentl. K. u. für Arbeitnehmer, die mindestens 6 Monate im selben Betrieb beschäftigt waren. Eine K. muß sozial gerechtfertigt, d. h. durch Gründe bedingt sein, die in der Person od. im Verhalten des Arbeitnehmers od. in dringenden betriebl. Erfordernissen liegen. Der Arbeitnehmer kann binnen einer Woche nach K. Einspruch beim Betriebsrat einlegen, schließl. vor dem Arbeitsgericht klagen. Bes. K.sschutz besteht für Betriebsratsmitgl., während des Wehrdienstes, für Schwerbeschädigte, werdende Mütter u. Mütter nach der Niederkunft (↗Mutterschutz); b) *im Mietrecht* ↗Mieterschutz.
K̲undrie, die häßl. Gralsbotin im Parzival Wolframs; bei R. Wagner die unfreiwill. Dienerin Klingsors.
Küng, *Hans,* schweizer. kath. Theologe, * 1928; Konzilstheologe auf dem 2. Vatikan. Konzil; bes. Arbeiten zu ökumen. Fragen.
Kunigunde, hl. (3. März, 9. Sept.), † 1033; Gemahlin Ks. Heinrichs II.
Kunkel w, ↗Rocken.
Kunl̲un ↗Kuenlun.
Kunming, fr. *Jünnan-fu,* Hst. der chines. Prov. Jünnan, 1 Mill. E.; Univ.
Künneke, *Eduard,* deutscher Komponist, 1885–1953; schrieb Film- u. Unterhaltungsmusik, Opern, Singspiele u. Operetten *(Glückl. Reise, Vetter aus Dingsda).*
Kunst, *Hermann,* * 1907; 50/77 Bevollmächtigter der EKD bei der Bundesregierung, 56/72 auch ev. Militärbischof.
Kunst, i.w.S. jede Art v. „Können" (Reit-K., Koch-K. usw.), i.e.S. ↗Dichtung, ↗Musik, ↗Bildende Künste (Malerei, Architektur, Plastik), ↗Tanz u. ↗Theater. **K.akadem̲ie,** fr. Bz. der Hochschule für die Bildenden Künste. ☐ 395.
Kunstdünger ↗Dünger.
Kunstfaser, *Chemiefaser,* künstl. Fasern aus organ. Verbindungen zu Textilien. *Halbsynthet. K.n* aus Cellulose, welche gelöst u. chem. verarbeitet wird. Je nach Lösungsmittel u. Verarbeitung unterscheidet man *Kupferseide, Acet̲atseide* u. *Visk̲oseseide. Vollsynthet. K.n:* Durch ↗Polykon-

densation gewinnt man: *Nylon,* Polyamid (↗Kunststoffe) aus Adipinsäure u. Hexamethylendiamin; *Perlon,* Polyamid aus Caprolactam; *Diol̲en (Teryl̲ene, Dacron, Trev̲ira),* Polyester aus Terephthalsäure u. ↗Glykol. Durch Strecken werden diese K.n fester als Naturfasern. Durch ↗Polymerisation: *Dralon (O̲rlon, Dol̲an, R̲edon, Acryl̲an)* aus Acrylnitril (aus ↗Äthylen-Oxid und ↗Blausäure); ferner *PeCe-Fasern* aus Polyvinylchlorid. Für Filtergewebe, Kabelhüllen, Schiffs-, Auto-, Flugzeugtextilien verwendet man u.a. *Sar̲an* aus ↗Äthylen u. ↗Acetylen. Moderne K.n sind Fasern aus Polyalkohol *(Polypropyl̲en)* u. Glas- u. Metallfasern.
Kunstglieder, *Proth̲esen,* Apparate, die bei Verlust od. angeborenem Fehlen v. Gliedmaßen deren Verrichtung möglichst ersetzen sollen. ☐ 778.
Kunsthandwerk, künstl. Gestaltung v. Gebrauchs- u. Schmuckgegenständen.
Kunstharze ↗Kunststoffe.
Kunsthonig, honigähnl. Sirup, hergestellt durch Spaltung v. Rohrzucker mittels Säure in Frucht- u. Traubenzucker (Invertzucker) mit Zusatz v. Aroma- u. Farbstoffen.
Kunstkraftsport, *Amateurartistik,* athlet. Übungen, die akrobat. od. artist. Leistungen erfordern.
Kunstspringen ↗Wasserspringen.
Kunststoffe, *Plaste,* hochmolekulare organ.-chem. Verbindungen aus Kohlenstoff, Wasserstoff, Sauerstoff, Stickstoff u. einigen anderen Elementen, die durch ↗Polymerisation, ↗Polykondensation u. ↗Polyaddition hergestellt werden. K. sind wichtig

Kunststoff-Charakteristiken

Handelsname	Herkunft N	Pm	Pk	Pa	Verarbeitung Fa	Fo	Pl	S	Kl	Anwendung Tp	Dp	Ep
Acella		■			■					■		
Acetat					■	■				■		
Araldit			■				■		■		■	
Astralon		■				■	■			■		
Bakelit			■				■		■		■	
Bemberg					■					■		
Buna		■					■					■
Cellophan						■				■		
Celluloid						■	■			■		
Diolen			■		■					■		
Dralon		■			■					■		
Formica			■				■		■		■	
Galalith			■				■				■	
Gießharze			■				■		■		■	
Hostalen		■				■	■			■		
Moltopren		■						■		■		
Nylon		■			■					■		
Orlon		■			■					■		
Perlon		■			■					■		
Plexiglas		■					■			■		
PVC		■				■	■	■		■		
Resopal			■				■		■		■	
Rhodia					■					■		
Silicone		■							■	■	■	■
Styroflex		■				■				■		
Trevira			■		■					■		
Vulkanfiber						■	■				■	
Zellglas						■				■		
Zellwolle					■					■		

N Naturstoff, Pm Polymerisation, Pk Polykondensation, Pa Polyaddition, Fa Faser, Fo Folie, Pl Platte, S Schaum, Kl Kleber, Tp Thermoplast, Dp Duroplast, Ep Elastoplast

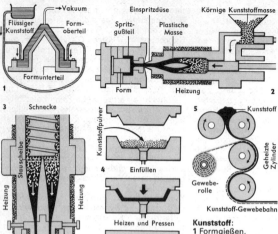

1
→ Vakuum
Flüssiger Kunststoff
Form-oberteil
Formunterteil

Einspritzdüse
Spritz-gußteil
Plastische Masse
Form
Heizung
2

Körnige Kunststoffmasse

3 Schnecke
Kunststoffpulver
Heizung
Stauscheibe
Heizung
Kunststoffschlauch

4 Einfüllen
Heizen und Pressen
Auswerfen

5
Kunststoff
Gewebe-rolle
Geheizte Zylinder
Kunststoff-Gewebebahn

Kunststoff:
1 Formgießen,
2 Spritzgießen (die Masse wird portionsweise durch eine Düse in die Form gedrückt und hier abgekühlt), 3 Strangpressen (Extrudern), 4 Formpressen, 5 Ziehen einer Kunststoffolie zusammen mit der Beschichtung auf eine Gewebebahn

zur Ergänzung der natürl. Werkstoffe, können diese aber in bes. Eigenschaften übertreffen (Stabilität, Elastizität, Reiß-, Licht-, Stoß-, Wasser-, Alterungsfestigkeit u.a.), denn sie können durch Zusatzstoffe u. gesteuerte Polymerisation chem. verändert u. den verschiedensten Verwendungszwekken angepaßt werden. Anwendungstechn. unterscheidet man: *Thermoplaste:* in der Wärme plastische, formbare K.: Celluloseester, -äther, Polyolefine, Polyvinylchlorid (PVC), -acetat, -alkohol, -äther, -ester, -benzol, Polyacrylverbindungen, Polyamide, einige Polyurethane, Silikone. *Duroplaste* sind bei der Verarbeitung flüssig od. plastisch u. erhärten durch weiteres Erhitzen irreversibel: Kunsthorn (Kasein), Phenoplaste, Aminoplaste, Polyesterharze (Epoxy-, Glyptol-, Alkyd-, Lack-, Gießharze). *Elastoplaste,* synthet. ⁄Kautschuk, ⁄Buna.
Kunstturnen, die Spitzenleistungsformen im Geräte- u. Bodenturnen. ⁄Turnen.
Kunstwissenschaft, 1) Lehre v. Wesen der ⁄Kunst; von der Ästhetik unterschieden durch Ausschluß des Naturschönen u. Einschluß auch der außerästhet. Inhalte der Kunst. **2)** *i.e.S.:* Wiss. v. den ⁄Bildenden Künsten. **3)** Bz. für die Methodenlehre der Kunstforschung; umfaßt Künstler-Gesch., Kunsttopographie, auch Kunstgeographie, ⁄Ikonographie u. Ikonologie sowie die Lehre v. den techn. Voraussetzungen der Künste; heute auch psycholog. u. soziolog. Orientierung der K.
Künzelsau, württ. Krst. im Hohenloher Land, am Kocher, 11800 E.; Motorenfabrik, Bekleidungs- u. Nahrungsmittelindustrie.
Kunzit *m,* lithiumhaltiges Aluminiumsilicat; als Edelstein violett bis rosa. ☐ 255.

Kuppel:
1 Konstruktionen: **a** Hänge-K. (Stütz-K., Böhm. Kappe), die Fußlinie der K. umschreibt den Grundriß des Unterbaus; **b** Pendentif-K. (oft über zylindr. Zwischenteil = Trommel oder Tambour err.), die Fußlinie der K. ist der Grundriß des Unterbaus einbeschrieben (K. ruht auf Eckzwickeln = Trompen). **2** Kuppel von St. Peter, Rom (linke Hälfte im Schnitt; T Tambour, L Laterne)

Kuo-min-tang, die chines. *Nationale Volkspartei;* als Geheim-Ges. gegr., 1911 führend an der Revolution beteiligt, 12 v. Sun Yatsen zur polit. Partei erhoben; Tschiang Kaischek drängte 27 durch Ausschluß der Kommunisten den seit 23/24 bestehenden sowjetruss. Einfluß zurück; seither war die K. bis zum Bürgerkrieg die herrschende Partei; heute in Taiwan Regierungspartei.
Kuopio, finn. Prov.-Hst. auf einer Halbinsel des Kavallisees, 74000 E.
Küpe *w,* in der Färberei Holzbottich zum Färben. **K.nfarbstoffe,** Farbstoffe, die sich erst auf der Faser durch Luftsauerstoff zu unlösl. Farben oxydieren, z.B. Indigo.
Kupfer *s* (lat.), chem. Element, Zeichen Cu, rötl., dehnbares Metall; Ordnungszahl 29 (☐ 148). K. färbt Flamme grün. Kommt gediegen in Australien u. Amerika, gebunden als Oxid u. Sulfid u.a. in den USA u. Chile vor. Eines der wichtigsten Schwermetalle, bes. für Elektrotechnik (geringer Leitungswiderstand) u. Maschinenbau; Legierung mit Zink (Messing), Zinn (Bronze), Zinn/Zink/Blei (Rotguß). **K.acetat,** der ⁄Grünspan. **K.carbonat,** bildet ⁄Patina. **K.druck** ⁄Tiefdruck-Verfahren. **K.glanz,** Cu_2S, natürliches Schwefel-K.erz, bleigrau bis blauschwarz. **K.glucke,** Nachtschmetterling, sitzend einem dürren Eichenblatt ähnlich; Raupe mit blauem Fleck, Obstbäumen u. Schlehen schädlich. **K.kies,** $CuFeS_2$, eisenhaltiges, messinggelbes Schwefel-K.erz. **K.lasur,** *Azurit,* blaues Mineral, K.carbonat. **K.nickel** ⁄Rotnickelkies. **K.schiefer,** stark bituminöser schwarzer Mergel, 3% Kupfer führend, wichtigstes dt. K.erz. **K.stich,** ein Tiefdruckverfahren: die mit dem Stichel in die Kupferplatte eingegrabene Zeichnung wird mit Farbe gefüllt u. durch Druck auf ein Papier übertragen. ☐ 206. **K.sulfat,** *K.vitriol,* $CuSO_4$, schwefelsaures Salz des K., giftig, prächtige, trikline, tiefblaue Kristalle, leicht wasserlöslich; Pflanzenschutz- und Holzimprägniermittel; in Mischung mit Löschkalk **K.kalkbrühe** zum Spritzen der Reben gg. Peronospora u.a.
kupieren (frz.), abschneiden, stutzen; hemmen.
Kupolofen, *Kuppelofen,* kleinerer Schachtofen in Gießereien zum Umschmelzen.
Kuppel, Überwölbung eines runden, rechtod. vieleckigen Raumes in Form eines Kugelabschnitts.
Kuppelei, Vorschubleisten zur Unzucht durch eigne Vermittlung od. Gewährung v. Gelegenheit; strafrechtl. erfaßt, wenn gewerbs- od. gewohnheitsmäßig, od. mit Mündel, Minderjährigen usw.

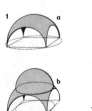

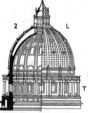

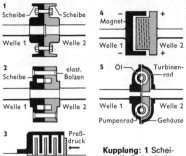

1
Scheibe — Scheibe
Welle 1 — Welle 2

2
Scheibe — elast. Bolzen
Welle 1 — Welle 2

3
Preß- druck
Welle 1 — Welle 2 — Welle Druck- ring

4
Magnet —
Welle 1 — Welle 2

5
Öl — Turbinen- rad
Welle 1 — Welle 2
Pumpenrad — Gehäuse

Kupplung: 1 Scheiben-K., 2 elastische Bolzen-K., 3 mechanische Lamellen-K., 4 elektromagnet. K., 5 Flüssigkeits-K.

Kupplung, 1) ein Maschinenelement zur lösbaren Verbindung v. 2 bewegl. Maschinenteilen, zur Kraftübertragung; a) feste K., wie Scheiben-K., b) bewegl. u. elast. K., als Gummi- od. Lederpolster-K., c) ausrückbare K., wie Klauen-, Kegel- u. Lamellen-K., d) Spezial-K., wie Flüssigkeits-K. (arbeiten analog dem ↗Flüssigkeitsgetriebe), elektromagnet. K. (Magnetkräfte zur Kraftübertragung). ☐ 511. **2)** eine lösbare Verbindung für Schienenfahrzeuge, meist als Schrauben-K., aber auch die modernere Mittelpuffer-K., die sowohl die K. als auch die Funktion des ↗Puffers übernimmt.
Kur w (lat.), **1)** Heilbehandlung. **2)** Wahl, bes. Königswahl. **Kür,** sportl. Übung nach freier Wahl, beim Wasserspringen, Boden- u. Geräteturnen, Eis- u. Rollkunstlauf.
Kura w, größter transkaukas. Fluß, aus Armenien ins Kasp. Meer; 1515 km lang.
Kurantgeld, alle Geldzeichen, die (im Ggs. zu ↗Scheidemünzen) unbeschränkt in Zahlung genommen werden müssen.
Kürassier m (frz.), Reiter mit Brustpanzer, dem *Küraß,* 15./19. Jh.
Kurat m (lat.), Vorsteher eines Seelsorgebezirks, oft lose mit einer Pfarrei verbunden.
Kuratel w (lat.), Pflegschaft, Vormundschaft.
Kurator m (lat.), Verwalter. **Kuratorium** s, Verwaltungsausschuß. **Kuratorium Unteilbares Deutschland,** 1954 gegr., widmet sich Fragen der Wiedervereinigung Dtl.s, seit 73 bes. der Auseinandersetzung mit der kommunist. Ideologie, der Information über die beiden dt. Staaten u. der Ausfüllung der Entspannungsverträge.
Kurbel, einarmiger Hebel zum Drehen am Ende einer Welle. **K.getriebe,** wandelt eine hin- u. hergehende Kolbenbewegung im Zylinder (☐ 326) in Drehbewegung des Schwungrades um. **K.welle,** die mehrfach gekröpfte Welle, an der z. B. die Pleuelstangen des Verbrennungsmotors angreifen. ☐ 1041.
Kürbis, kriechende od. kletternde, krautige Pflanze mit trichterförm. gelben Blüten. Früchte fleischig, vielsamig, oft zentnerschwer; als Schweinefutter u. Gemüse; Zier-K.: Keulen-, Eier-, Warzen-, Turban-K.

K.gewächse, Flaschen-K., Gurke, Melone, Koloquinte u. a.
Kurdistan, Bergland mit reichen Mineralschätzen u. Ölvorkommen, zw. Armenien u. dem Euphrat; Heimat der iran. *Kurden;* etwa 6 Mill. überwiegend sunnitische Muslimen, meist halbnomad. Viehzüchter; gehört polit. zu Türkei, Irak, Iran u. der Sowjetunion.
Kure, japan. Hafenstadt, östl. v. Hiroshima, 245000 E.; Schwerindustrie.
Kuren, ehem. balt. Volksstamm auf der Halbinsel ↗Kurland.
Kürenberg, *Der von K., Der Kürenberger,* östr. Minnesänger; um 1160; kraftvoll volkstüml. Lieder.
Kurfürsten, die 7 Reichsfürsten, die seit dem 13. Jh. den dt. Kg. wählten; ihre Stellung wurde in der ↗Goldenen Bulle reichsrechtl. geregelt. 1623 fiel die pfälz. Kurwürde an Bayern, 48 wurde eine 8. Stimme für die Pfalz, 92 eine 9. für Hannover geschaffen. Seit dem Ende des alten Reiches (1806) war Kurfürst nur noch Titel.
Kurgan, Hst. des westsibir. Gebietes K. der RSFSR, am Tobol, 310000 E.; Maschinen-, Nahrungsmittel-Ind., Nichteisen-Erzbergbau.
Kurie w (lat.), **1)** Gliederung der patriz. Gemeinden in Altrom (3 Tribus zu je 10 K.n). **2)** *Röm. K., päpstl. K.,* seit dem 11. Jh. die Gesamtheit der im Namen des Papstes für die Leitung der kath. Kirche in Rom tätigen Behörden; i. w. S. die gesamte Umgebung des Papstes *(päpstl. Familie).* K. i. e. S.: a) die Kardinalskongregationen (↗Kardinal); b) die Gerichtshöfe; c) die kurialen Verwaltungsämter (z. B. Kanzlei u. Staatssekretariat); d) die ständigen Kommissionen (z. B. für Bibel, Kirchenrecht). **3)** bischöfl. Verwaltungsbehörde, Ordinariat.
Kurier m (frz.), Eilbote.
kurieren (aus lat. curare), heilen.
Kurilen (Mz.), japan. *Tschischima,* sowjet. (1875–1945 japan.) Inselbogen mit ca. 30 größeren und vielen kleinen Inseln zw. Hokkaido u. Kamtschatka; 10213 km².
kurios (lat.-frz.), seltsam, wunderlich. **Kuriosität** w, **Kuriosum** s (lat.), Merkwürdigkeit, Besonderheit.
Kurisches Haff, größter Strandsee an der Küste Ostpreußens, bis auf das 500 m breite *Memeler Tief* von der Ostsee getrennt durch die 96 km lange, bis 4 km breite *Kurische Nehrung,* 1946 mit Fischern v. Kaspischen Meer besiedelt.
Kurkuma w, ingwerähnl. trop. Staude; Wurzelstock einer indisch-chines. Art, pulverisiert im Curry-Gewürz, liefert den gelben Farbstoff *Kurkumin,* der sich mit Laugen braun färbt, deshalb chem. Indikator *(K.-Papier).*
Kurland, lettisch *Kurzeme,* histor. Ostseeprovinz, zw. Ostsee, Rigaischem Meerbusen u. Düna; einst wohlhabendes Bauernland (Gottesländchen). – Kam 1237 unter die Herrschaft des Dt. Ordens; 1561 weltl. Htm. unter poln. Lehnshoheit; 1795/1918 russ., dann lettisch, seit 1940 sowjetisch.
Kurmark, Hauptteil der ehem. Mark Brandenburg.

Kuro-Schio, warme Meeresströmung im nördl. Pazif. Ozean; bedingt mildes Klima Japans u. Kaliforniens.

Kurpfuscherei, Ausübung der Heilkunde durch nicht approbierte Ärzte od. nicht zugelassene Heilpraktiker.

Kurs m (lat.), **1)** der Preis der an der Börse gehandelten Wertpapiere, Geldsorten, Waren usw. **2)** Lehrgang. **3)** Verkehr nach Fahrplänen (K.zug im Ggs. zu Extrazug). **4)** Fahrtrichtung. **K.zettel,** *Kursbericht, Kursblatt,* v. den Börsenbehörden regelmäßig veröffentlichte Liste der amtl. Börsenkurse, nach Wertpapieren u. Waren gegliedert; hinzugesetzt häufig die Notierungen des ⟋Freiverkehrs. Zur Bz. der Marktlage der Börsenpapiere werden *Kurszusätze* (Abkürzungen) verwendet.

Kürschner, Handwerker, der Pelzwerk verarbeitet (fr. auch selbst zurichtete).

Kursivschrift, *schräge* Druckschrift.

Kursk, Stadt im mittelruss. Schwarzerdegebiet, 375000 E.; im Eisenerzbecken v. K. *(K.er Magnetanomalie)* 200 Mrd. t hochwertige Eisenerze. Schwer-Ind.

kursorisch (lat.), fortlaufend, flüchtig.

Kurtisane w (frz.), eig. Hoffräulein, seit dem 16. Jh. Geliebte eines Fürsten.

Kurtschatowium s, künstl. chem. Element, 1964 entdeckt, Zeichen Ku, Ordnungszahl 104. ☐ 148.

Kurume, japan. Stadt auf Kiuschiu, 205000 E.; Textil- u. Papierindustrie.

Kurve w (lat.), krumme Linie, Krümmung. *Ebene K.* ist z. B. die Parabel; *Raum-K.* z. B. die Schraubenlinie. *K.ngetriebe,* ein durch eine *Kurvenscheibe* in vorgeschriebener Weise gesteuertes Getriebe. ⟋Nocken. ☐ 326. **K.nlineal,** zum Zeichnen beliebiger K.n. **K.nmesser,** Meßrädchen zum Abfahren v. Strecken od. K. auf Plänen, Karten, Zeichnungen; die Zahl der Umdrehungen ist ein Maß für die Streckenlänge.

Kurverein von Rhens, Versammlung der dt. Kurfürsten (ohne den böhm. Kg.) 1338 in Rhens; legte reichsrechtl. fest, daß der v. den Kurfürsten gewählte Kg. nicht päpstl. Bestätigung bedürfe.

Kurz, 1) *Hermann,* dt. Schriftsteller, 1813 bis 1873; *Schillers Heimatjahre, Der Sonnenwirt.* **2)** *Isolde,* Tochter v. 1), dt. Schriftstellerin, 1853–1944; *Florentiner Novellen, Vanadis.*

Kurzarbeit, (vorübergehende) Herabsetzung der betriebsübl. Arbeitszeit (weniger als ⁵/₆ der übl. Arbeitszeit) mit entspr. Kürzung des Lohnes bei Absatz-, Auftrags- oder Materialmangel zur Vermeidung v. Entlassungen. Zulässig nur mit Zustimmung des Landesarbeitsamtes. Unter bestimmten Voraussetzungen Zahlung v. Kurzarbeitergeld.

Kurzflügler, artenreiche Käferfamilie mit sehr kurzen Flügeldecken u. langgestrecktem, sehr bewegl. Hinterleib; K. leben v. Laub, Aas u. Moder.

Kurzgeschichte, Erz. v. knappem Umfang, konzentriert auf einen kleinen, häufig äußerl. unscheinbaren, jedoch symbol. bedeutsamen Lebensausschnitt; entwickelte sich seit dem späten 19. Jh. in Europa u.

Kurszettel

wichtige Kurszusätze

bez, bz, b = bezahlt (zu diesem Kurs Abschlüsse getätigt)	**etw, et** = etwas (zum Kurs nur geringer Umsatz)	**− G** = gestrichen Geld (ohne Notiz wegen überwiegender Nachfrage)
G = Geld (zu diesem Kurs Nachfrage, mangels Angebots aber keine Abschlüsse)	**etw bez G** = etwas bezahlt Geld (kleinere Abschlüsse, doch viel weitere Nachfrage)	**− B** = gestrichen Brief (ohne Notiz wegen überwiegenden Angebots)
B, Br = Brief (zu diesem Kurs Angebot, mangels Nachfrage aber keine Abschlüsse)	**etw bez B** = etwas bezahlt Brief (kleinere Abschlüsse, doch viel weiteres Angebot)	**rep, r** = repartiert, rationiert (anteilig beschränkt)
bez G = bezahlt Geld (Abschlüsse erfolgten, doch weitere Nachfrage)	**T** = Taxkurs (geschätzter Kurs, keine Umsätze)	**bez G rep** = bezahlt Geld repartiert (beschränkte Zuteilung)
bez B = bezahlt Brief (Abschlüsse erfolgten, doch weiteres Angebot)	**ex** = ausschließlich (z. B. Dividende, Bezugsrecht)	**bez B rep** = bezahlt Brief repartiert (beschränkte Abnahme)
	− = gestrichen (keine Abschlüsse)	***** = kleine Beträge ohne Umsatz
		■ = berichtigt. Kurs

Amerika (⟋Short Story); in der deutschsprachigen Lit. nach dem 2. Weltkrieg stark vertreten (u. a. Borchert, Böll, Eich, Aichinger, Dürrenmatt).

Kurzschluß bei elektr. Anlagen; entsteht meist durch (unfreiwilliges) Zusammenkommen od. Überbrückung nicht isolierter spannungführender Leitungen unter Funkenbildung, auch durch ⟋Erdschluß.

Kurzschrift, *Stenographie,* eine Schrift aus eigens dafür gebildeten Zeichen, Abk.en für häufig vorkommende Wörter u. Silben zum schnellen Niederschreiben v. Reden, Diktaten, Notizen usw. Man unterscheidet eine Verkehrs- u. eine Eilschrift. Schon 75 v. Chr. erfand Tiro eine röm. K., die sog. *Tironischen Noten.* F. X. ⟋Gabelsberger erfand ein graph. System, dessen Zeichen Teilzüge der gewöhnl. Buchstaben sind. 1924 wurde die *Dt. K.,* eine Einheits-K. aus den Systemen v. Gabelsberger, W. ⟋Stolze und F. Schrey, geschaffen.

Kurzsichtigkeit, *Myopie* (gr.), meist erbl. Augenfehler, bei dem parallel einfallende Strahlen sich schon vor der Netzhaut kreuzen u. dadurch ein unscharfes Bild erzeugen, bedingt durch zu starke Krümmung der Linse *(Brechungsmyopie)* od. zu langen Augapfel *(Achsenmyopie);* kann durch konkave Augengläser korrigiert werden. ⟋Brille. ☐ 50, 120.

Kurzstarter, ein Flugzeug, das mit kurzer Start- u. Landestrecke (ca. 100 m) auskommt. STOL-⟋Flugzeug.

Kurzstreckenlauf, Disziplin der Leichtathletik; Läufe über 100 m, 200 m u. 400 m (Männer) sowie 100 m u. 200 m (Frauen).

Kurztagpflanzen ⟋Photoperiodismus.

Kurzwellen, elektromagnet. Wellen zw. 10 und 100 m Wellenlänge. **K.bestrahlung** ⟋Diathermie.

Kusbass ⟋Kusnezker Kohlenbecken.

Kusch, *Polykarp,* am. Physiker, * 1911; 55 Nobelpreis für Messungen am Elektron.

Kuskokwim m, Fluß in Alaska, mündet ins Beringmeer; 950 km lang.

Kurzschrift

a b c d e f g h i j k

l m n o p q r s t u

v w x y z br ch cht

cr dr fr gr kr mp

ein eit als das es

für Geschäft her in

mit nicht Tag zu

Deutsche Einheitskurzschrift: Alphabet, Mitlautverbindungen und Kürzel

Kusnezker Kohlenbecken (Kusbass), nach der russ. Stadt *Kusnezk* (Westsibirien), 26170 km², geschätzter Kohlenvorrat 900 Mrd. t; Schwerindustrie mit eigener Erzbasis (280 Mill. t Vorrat).
Kußmaul, *Adolf,* dt. Arzt, 1822–1902; führte u. a. Auspumpung des Magens ein.
Küßnacht am Rigi, schweizer. Bez.-Hauptort, am nördlichsten Arm des Vierwaldstätter Sees *(K.er See),* 439 m ü. M., 8200 E.; östl. über K. die Ruine der Geßlerburg u. die Hohle Gasse (Tellsage).
Küstengebirge, *Coast Range,* nord-am. Kettengebirge längs der Westküste v. Kanada bis zur kaliforn. Halbinsel.
Küstengewässer, Zone, die 3–12 Seemeilen v. Strand ins Meer reicht, unterliegt der Gebietshoheit des Anliegerstaats.
Kustos *m* (lat.; Mz. *Kustoden*), wiss. Beamter an Museen u. Bibliotheken.
Küstrin, poln. *Kostrzyn nad Odra,* Stadt beiderseits der Oder, 9000 E. – Seit 1537 Festung; *K.-Kietz* westl. der Oder blieb dt.
Kutaisi, auch *Kutais,* Stadt in Westgeorgien (UdSSR); Endpunkt der Osset. Heerstraße, 194000 E.; Wasserkraftwerk, Textil- und Düngemittelindustrie.
Kutte *w* (lat.), langes u. weites Mönchsgewand mit Kapuze.
Kutter, Segler, 1 od. 2 Masten u. Hilfsmotor, meist zum Fischfang, auch mittelgroßes Beiboot für Kriegsschiffe.
Kuwait, *Kuweit, El Koweit,* arab. Scheichtum am Pers. Golf; K. verwaltet gemeinsam mit Saudi-Arabien eine 5180 km² große „Neutrale Zone". – K. birgt eines der größten Erdölvorkommen der Welt (Vorräte 10 Mrd. t). – Das Sultanat schloß 1899 mit Großbritannien einen Protektoratsvertrag, der 1961 aufgehoben wurde.
Kux *m,* Anteil an einem als ↗Gewerkschaft betriebenen Bergwerk.
KV, 1) Kartellverband der kath. Studentenvereine Dtl.s (nicht farbentragend), gegr. 1853. ↗CV. **2)** Abk. für ↗Köchel-Verzeichnis.
Kvarner, Bucht der nördl. Adria mit der nördl. Gruppe der Dalmatinischen Inseln *(K.-Inseln).*
Kwangsi-Chuang, autonomes Gebiet der VR China, im Flußgebiet des Sikiang, 230000 km², 24 Mill. E.; Hst. Nanning.
Kwangtung, südlichste Küstenprov. Chinas, 220000 km², 42 Mill. E.; Hst. Kanton.
Kwanyin (chines.), *Kwannon* (jap.), buddhist. Göttin der Barmherzigkeit, der Schiffer u. des Kindersegens.
Kwaß *m,* russ. alkoholhaltiges, würziges Hausgetränk aus Getreide, Brot od. Malz.
Kweijang, *Kweiyang,* Hst. der chines. Prov. Kweitschou, 504000 E.; PH; Papier-Ind.
Kweisui, *Kueisui,* ↗Huhehot.
Kweitschou, *Kweichow,* Prov. in SW-China, 170000 km², 24 Mill. E.; Hst. Kweijang.
Kwenlun *m,* ↗Kuenlun.
Kwidzyn (: kɟidsin) ↗Marienwerder.
Kybele, die altgriech. Göttermutter.
Kybernetik *w* (gr.), v. ↗Wiener geprägter Begriff für die Gesamtgebiete Informationsgewinnung, -austausch u. -verarbeitung; umfaßt damit auch alle Probleme der

Kutter

Kuwait

Amtlicher Name:
Dawlat al-Kuwait

Staatsform:
Scheichtum

Hauptstadt:
Kuwait

Fläche:
16000 km²

Bevölkerung:
1,3 Mill. E.

Sprache:
Arabisch

Religion:
Islam, außerdem ca. 20000 Christen

Währung:
1 Kuwait-Dinar
= 10 Dirham
= 1000 Fils

Mitgliedschaften:
UN, Arabische Liga

Regelung u. Steuerung (Automation) in Maschinen u. Organismen.
Kyffhäuser, Waldgebirge (477 m) im nördl. Thüringen, durch die Goldene Aue v. Harz getrennt; Ruinen der Rothenburg im N, der sagenumwobenen (Barbarossa-)Burg Kyffhausen mit 22 m hohem Bergfried im S. Auf dem NO-Kamm das *K.-Denkmal;* am Südhang die 350 m lange Barbarossahöhle.
Kykladen, *Zykladen,* griech. Inselgruppe (Naxos, Andros, Paros, Syros u. über 200 andere Inseln) im südl. Ägäischen Meer; als Nomos (Verwaltungs-Bez.) 2572 km², 86100 E.; Hst. Hermoupolis. **Kykladische Kultur** ↗Ägäische Kultur.
Kynologie *w* (gr.), Lehre v. Hund, seiner Zucht, Dressur u. seinen Krankheiten.
Kyoto, die japan. Stadt ↗Kioto.
Kyphose *w* (gr.), Verbiegung der ↗Wirbelsäule nach hinten bei Rachitis, Wirbelerkrankungen. **Kyphoskoliose** *w,* Buckel mit gleichzeitiger seitl. Verkrümmung.
Kyrenaika ↗Cyrenaika.
Kyriale *s* (gr.), Choralbuch.
Kyrie eleison (gr. = Herr, erbarme dich!), aus der heidn. Antike übernommener, an Jesus Christus gerichteter Gebetsruf.
Kyrillische Schrift, aus der griech. abgeleitet, angebl. v. Slawenapostel ↗Cyrill; in Bulgarien, Jugoslawien u. der UdSSR.
Kyros d. Ä., Begr. des pers. Reiches, † 529 v. Chr.; eroberte Medien, Lydien u. das Neubabylon. Reich; gab 538 den Juden in Babylonien die Erlaubnis zur Rückkehr nach Palästina.
KZ, Abk. für ↗Konzentrationslager.

I, Abk. für Liter. **L,** röm. Zahlzeichen für 50. **£,** Zeichen für Pfund. ☐ 1144/45. λ, Lambda, Formelzeichen für Wellenlänge.
La, chem. Zeichen für ↗Lanthan.
Laacher See, größtes Maar der Eifel, 275 m ü. M., 3,3 km², 53 m tief; Naturschutzgebiet.
Laaland, *Lolland,* dän. Ostsee-Insel, fruchtbar, 1241 km², 76000 E.; Hauptort Maribo.
Laatzen, niedersächsische Stadt am Südrand v. Hannover, 33400 E.; Standort der Hannover-Messe; Eisen- u. Elektro-Ind.
Lab *s,* aus Kälbermägen gewonnenes Ferment, bewirkt Gerinnen der Milch; *L.extrakt,* auch in Tablettenform, zur Käsebereitung.
Laban, *Rudolf v.,* östr. Tänzer, Choreograph u. Tanzpädagoge, 1879–1958; einer der Begr. des modernen Ausdruckstanzes; Erfinder einer Tanzschrift *(L.notation).*
Labarum *s* (lat.), v. Konstantin d. Gr. eingeführtes Feldzeichen mit dem Christusmonogramm; auch dieses allein L. genannt. ☐ 528.
Labé, *Louise,* frz. Dichterin, 1526–66; leidenschaftl. Liebeslyrik.
Laberdan *m,* eingesalzener ↗Dorsch.
Labial *m* (lat.), Lippenlaut. **L.pfeife,** Lippen- ↗Pfeife 1).
Labiaten (Mz., lat.), die ↗Lippenblütler.

Rudolf von Laban

labil (lat.), schwankend.
Labkraut, Kräuter mit kreuzförm., weißen od. gelben Blüten; Saft wirkt wie ↗Lab.
Laborant *m* (lat.), Facharbeiter, techn. Hilfskraft in Laboratorien, meist 3jährige Lehrzeit.
Laboratorium *s* (lat.), Untersuchungsraum bzw. Arbeitsstätte des Chemikers, Apothekers, Physikers u.a. **laborieren** (lat.), an etwas leiden.
Labour Party (: le^{i}b^{er} pa^{r}t^i), nichtmarxist. sozialist. Partei in Großbritannien; 1903 entstanden, seit 06 L.P. gen.; verdrängte die Liberalen; 24, 29/31, 45/51, 64/70 u. 74/79 Regierungspartei; verstaatlichte u.a. Verkehr u. Bergbau.
Labrador, Halbinsel im NO v. Nordamerika, zw. Hudsonbai u. Atlant. Ozean, 1,4 Mill. km², ca. 50 000 E., darunter ca. 4500 Indianer u. Eskimos; bildet mit Neufundland eine kanad. Provinz. Kaltes, rauhes Klima, riesige Nadelwälder, im N Tundra. Große Eisenerzlager (500 Mill. t mit 55–65% Fe-Gehalt).
Labradorstrom, kalte Meeresströmung des Nordatlantik, folgt der Küste v. Baffinland u. Labrador, trifft südl. der Neufundlandbank auf den Golfstrom.
La Bruyère (: -brüijär), *Jean de,* frz. Schriftsteller, 1645–96; gab mit *Les caractères* krit.-pessimist. Analysen des Menschen u. der Gesellschaft seiner Zeit.
Labyrinth *s* (gr.), **1)** in der Antike Gebäude mit *Gängegewirr.* **2)** Organ des Gleichgewichtssinnes im ↗Ohr. **L.fische,** trop. Süßwasserfische mit lufthalt. Kammer oberhalb der Kiemenhöhle, die als Lunge zum Atmen außerhalb des Wassers dient. Hierher ↗Kletterfisch, ↗Großflosser.
La Chaize (Chaise) (: -schäs), *François de,* SJ, 1624–1709; Beichtvater Ludwigs XIV. Der nach ihm ben. Friedhof *Père-Lachaise* in Paris war bis 1804 ein Jesuiten-Landgut.
La-Chaux-de-Fonds (: -scho d^o fōṇ), Bez.-Stadt u. Wintersportplatz im Schweizer Jura, Kt. Neuenburg, 991 m ü.M., 43 000 E.; stellt 70% der Schweizer Uhren u. Feinmeßgeräte her (Technikum u. Museum).
Lachgas, Distickstoffoxid, Stickoxydul, N₂O, Gas v. süßl. Geruch, zu Narkosezwecken.
Lachmann, *Karl,* dt. Altphilologe u. Germanist, 1793–1851; Textausgaben.
Lachs, Lachsfisch, bis 1,6 m lang, lebt im Meer, wandert in Flüsse u. Bäche zur Fortpflanzung. Sehr geschätzter Speisefisch, bes. der noch nicht geschlechtsreife *Gemeine L., Strom-L.,* am Rhein *Salm* genannt. **L.fische,** *Salmonidae,* Knochenfische mit Fettflosse; *Raubfische:* Lachs, Forelle, Huchen, Saibling; *Friedfische:* Felchen, Äsche, Stint; leben od. laichen im Süßwasser. ☐ 912.
Lack, schnell erhärtender, filmbildender Überzug; Auflösung v. natürl. od. künstl. Harz, u.a. in flücht. Lösungsmitteln. **L.farben,** Lacke mit deckenden Farbzusätzen.
L.kunst, typ. Zweig der ostasiat. Kunst: aus der Flüssigkeit des Lackbaums (heute auch künstl.) gewonnener Rohstoff wird, verschieden gefärbt, in hauchdünnen Schichten bes. auf Holz aufgetragen, die oberste Schicht mit Malerei, Einlegearbeit

Labarum: unter dem Purpurtuch die Bildnisse Konstantins d. Gr. u. seiner Söhne

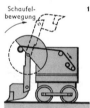

Labyrinth: Fußbodenmuster in der Kirche S. Vitale (6. Jh.) in Ravenna

od. Schnitzerei verziert. **L.leder,** hochwertiges Luxusleder mit elast. Lacküberzug.
Lackmus *m,* Farbstoff aus Färberflechten, mit Säuren rot, mit Basen blau werdend; als chem. ↗Indikator.
Lac Léman (: -lemāṇ), der ↗Genfer See.
Lacordaire (: -där), *Jean-Baptiste-Henri,* OP (im Orden: *Dominique*), frz. Kanzelredner, 1802–61; urspr. Advokat, zeitweise Politiker; trat für Freiheit der Religion u. soz. Fortschritt ein.
La Coruña (: -ruṇja), nordwestspan. Hafenstadt u. Prov.-Hst. an der Küste Galiciens, 217 000 E.; einer der größten Handels- u. Auswandererhäfen Spaniens.
Lacq (: lak), südfrz. Gem., 800 E.; Erdöl- u. große Erdgasvorkommen; petrochem. Großanlagen; Gasfernleitungen.
Lactantius *(Laktanz), Lucius,* christl. Erzieher u. Schriftsteller, * um 250 in Afrika, wirkte an den Kaiserhöfen in Nikomedien u. Trier, dort † nach 317.
Lactoflavin *s,* ↗Riboflavin.
Ladanum, *Labdanum s,* ambraartig riechendes balsam. Harz v. Zistrosen.
Ladefläche, nutzbare Bodenfläche eines Güterwagens od. Lastkraftwagens.
Lademaß, eisenbahntechn. ein Gerüst, das den zulässigen Querschnitt eines Güterwagens anzeigt.
Ladenburg, bad. Stadt östl. v. Mannheim, 11 300 E.; chem. Industrie.
Lader, 1) Maschinen zum Ent- u. Beladen v. Fahrzeugen, ortsfest oder fahrbar. ☐ 286. **2)** ↗Aufladung.

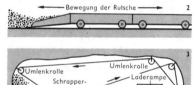

Bewegung der Rutsche

Schaufelbewegung

Umlenkrolle — Umlenkrolle — Laderampe — Schrapperkasten — Förderwagen

Lader (2 u. 3 im Bergbau):
1 Schaufellader,
2 Stoßschaufellader,
3 Schrapperanlage,
4 Frontlader

Ladeschein, Urkunde, in der sich der ↗Frachtführer verpflichtet, das zu befördernde Gut dem bezeichneten Empfänger gg. Zahlung der Fracht auszuhändigen.
lädieren (lat.), verletzen, beschädigen.
Ladiner ↗Rätoromanen. **Ladinisch** ↗Rätoromanische Sprache.
Ladislaus I., hl. (27. Juni), Kg. v. Ungarn, um 1040–95; eroberte 91 Nordkroatien.
Ladogasee, größter Süßwassersee Europas, zw. Leningrad u. der russ.-finn. Grenze; reich an Fischen (auch Robben); längs des Südufers große Kanalsysteme; 18 400 km², 30–225 m tief. Abfluß die Newa.
Ladronen, die ↗Marianen.
Ladung, 1) die in der Kartusche enthaltene Treib-L. eines Geschosses. **2)** elektrische L. ↗Elektrizität. **3)** Nutzlast eines Fahrzeugs. **L.sdichte,** die L. pro Längen-, Flächen- od. Raumeinheit.
Lady *w* (: le^{i}d^i), engl. Edelfrau; Dame.
Lafayette (: -fajät), *Joseph* Marquis de, frz. General, 1757–1834; focht im am. Unab-

radiale Belastung

1

axiale Belastung

Spur-
zapfen

2   3

Stirnzapfen

Radiallast   Axial-
                     last

4

Halszapfen

Lager (Gleitlager):
1 Trag-L., 2 Stütz-L.,
3 Stütz-L. mit Kamm-
zapfen, 4 Tragführungs-L.

Innenring   Käfig

1   2
Außenring

3

Rollen

4
Außenring   Innenring

Lager (Wälzlager):
1 Kugel-, 2 Tonnen-,
3 Rollen-, 4 Nadel-L.

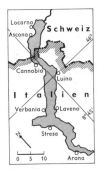

Locarno
Ascona   **S c h w e i z**

Cannobio   Luino

Verbania   Laveno

Stresa

0 5 10   Arona

Lago Maggiore:
Lageskizze

hängigkeitskrieg; 1789 u. 1830 Kommandant der frz. Nationalgarde.

Lafette w (frz.), Unterteil des Geschützes, auf dem das Rohr meist schwenkbar aufliegt. ☐ 1075.

La Fontaine (: -fõñtän), *Jean de,* frz. Fabeldichter, 1621–95.

Laforgue (: laforg), *Jules,* frz. Schriftsteller, 1860–87; symbolist., v. Pessimismus erfüllte Lyrik; verwandte den „vers libre"; auch Prosaschriften.

LAFTA ↗Lateinamerikan. Freihandelszone.

Lagarde (: -gard; eig. *Bötticher*), *Paul de,* dt. ev. Orientalist, 1827–91; Schwankerzählungen, meisterhafte *Fabeln* in eleganten Versen. Bibelkritiker; Antisemit aus religiösen u. nationalen Gründen; seine Ideen teilweise v. Nat.-Soz. aufgegriffen.

Lage, westfäl. Stadt an der Werre, n.w. von Detmold, 32 000 E.; Fachhochschule Lippe.

Lager, 1) Maschinenelement zum Halten der Zapfen meist umlaufender Maschinenteile, Wellen, Kurbeln u.ä.; nach der Reibung unterschieden in *Gleit-* (Gleitreibung) u. *Wälz-L.* (Rollreibung), nach Richtung der angreifenden Belastung in *Radial-* u. *Axial-L.* Bei Gleit-L. existiert zw. *L.schale* u. drehender Welle ein Ölfilm, der die Reibung vermindert, bei Wälz-L. läuft in einem Außenring ein Innenring, der die *Wälzkörper* aufnimmt. Arten: *Kugel-L.,* ein- oder zweireihig, u. *Rollen-L.,* als *Zylinderrollen-, Kegelrollen-, Tonnen-* u. *Nadel-L.* (mit bes. langen, dünnen Rollen). **2)** Aufbewahrungsstelle für Material, Waren usw. **L.geschäft,** gewerbsmäß. Lagerung u. Aufbewahrung v. Gütern.

Lagerkvist, *Pär,* schwedischer Schriftsteller, 1891–1974; Romane um existentielle u. religiöse Probleme *(Barabbas, Die Sibylle),* Lyrik, Dramen, 1951 Lit.-Nobelpreis.

Lagerlöf, *Selma,* schwed. Schriftstellerin, 1858–1940; Romane u. Erzählungen, teils in Legendenform, verbunden mit der Volksüberlieferung: *Gösta Berling, Jerusalem;* Kinderbuch *Nils Holgersson.* 1909 Lit.-Nobelpreis.

Lagerpflanzen ↗Thallus.

Lagerstätte, abbauwürdige Kohlen-, Erz-, Salz- od. Erdölvorkommen. ☐85.

Lago Maggiore (: -dschore) m, dt. *Langensee,* westlichster der oberit. Seen, zw. den Tessiner u. Luganer Alpen; Fremdenverkehrsgebiet mit mildem Klima; 60 km lang, 212 km², 372 m tief.

Lagos, Hst. der westafrikan. Rep. Nigeria, Hafen an der Bucht von Benin, 1,1 Mill. E.; kath. Erzb. u. anglikan. Bischof; Univ.

Lagrange (: lagrãnsch), **1)** *Albert,* OP (im Orden: *Marie-Joseph*), frz. Theologe, 1855 bis 1938; begr. die histor.-krit. Methode in der kath. Bibel-Wiss. **2)** *Joseph-Louis de,* it.-frz. Mathematiker, 1736–1813; wichtige Arbeiten zur Variationsrechnung, Himmelsmechanik usw.

Lagune w (it.), frz. *Étang,* dt. *Haff,* seichter Strandsee an Flachküsten, durch eine schmale Landzunge *(Nehrung, Lido)* vom offenen Meer getrennt; z. B. die L. v. Venedig.

La Habana ↗Havanna.   [dig.

Lähmung, Aufhebung der Tätigkeit v. Mus-

J. de La Fontaine   Selma Lagerlöf

keln u. Organen *(motor. L.),* v. Empfindungsnerven u. Sinnesorganen *(sensible L.)* infolge Schädigung des Muskels od. der zugehörigen zentrifugalen Nervenleitung des Gehirns *(zerebrale L.),* des Rückenmarks *(spinale L.),* der peripheren Nerven *(periphere L.);* vollständ. L. *(Paralyse),* unvollständ. *(Parese),* doppel- u. einseitige, spastische mit Muskelstarre; fortschreitende L. bei Geisteskranken = progressive ↗Paralyse.

Lahn, w, in Tirol und Bayern Bz. für ↗Lawine.

Lahn, 1977 aus Gießen, Wetzlar u.a. Gem. gebildete Stadt; 79 wieder aufgelöst.

Lahnstein, rhein. Stadt an der Lahn, 1969 durch Zusammenschluß der Städte Oberlahnstein u. Niederlahnstein entstanden, 19 300 E.; Metall- und Textil-Industrie.

Lahore (: engl. lehä̱r), Hst. des Pandschab, am Ravi, ca. 2,1 Mill. E.; kath. u. anglikan. Bischof, Univ.; Textil-, chem., Glas- und Nahrungsmittelindustrie.

Lahr/Schwarzwald, Große Kreisstadt in Südbaden, am Ausgang des Schuttertals (Schwarzwald), 35 300 E.; Malerfachschule; Kartonagen, Zeichengeräte.

Lahti, finn. Stadt am Vesijärvisee, 95 500 E.

Laibach, slowen. *Ljubljana,* Hst. der jugoslaw. sozialist. Rep. Slowenien, beiderseits des *Flusses L.,* 180 000 E.; kath. Erzb., Univ. (1919); Handelsmessen, versch. Ind.

Laich m, die ins Wasser abgelegten u. gallertartig umhüllten Eier der Schnecken, Fische u. Lurche. ☐275.

Laichkraut, schmutziggrüne Wasserpflanzen mit untergetauchten od. schwimmenden Blättern; Fischlaichplätze.

Laien (Mz., gr.), **1)** das auserwählte Volk Gottes (gg. zum heidn. Volk, dann (im NT) die christl. Gemeinde. **2)** *kath. Kirche:* jener Personenstand, der sich aufgrund göttl. Anordnung v. dem mit Kirchengewalt ausgestatteten Klerus unterscheidet. **3)** *ev. Kirche:* aufgrund der Lehre v. allgemeinen Priestertum besteht kein sakramentaler Unterschied zw. Geistlichen u. L. **4)** übertragen: Nichtfachleute. **L.apostolat** s, Mitarbeit der L. in der Caritas u. Seelsorge. **L.helfer, 1)** in der kath. Kirche: zur Unterstützung des Klerus in Seelsorge u. Caritas tätige L. ↗Pfarrhelfer(in). **2)** in den ev. Kirchen: ↗Diakonie. **L.kelch,** in den christl. Kirchen Empfang des Abendmahls auch unter der Gestalt des Weines durch Laien, im lat.-kath. Ritus seit 1584 untersagt (seit

1964 in bes. Fällen gestattet); im oriental. Ritus zugelassen; in den ev. Kirchen allg. eingeführt. ↗Calixtiner. **L.mönche,** L.brüder, Konversen, Bz. der kath. Ordensangehörigen im Laienstand. **L.richter,** wirken ehrenamtl. mit am Handelsgericht, als Schöffen u. Geschworene beim Schöffengericht, bei der Strafkammer u. beim Schwurgericht. Annahme des Amts ist im allg. Pflicht. **L.spiel,** Bühnenstück, durch Laien (Spielschar) aufgeführt.

Lainez (: -neß), Diego, spanischer Jesuit, 1512–65; seit 58 2. Jesuitengeneral.

laissez faire, laissez passer (aller) (: läße fär, läße paße [ale], frz. = laßt machen, laßt geschehen [gehen]), Grundsatz des wirtschaftl. ↗Liberalismus.

Laizismus m (gr.), antiklerikale Bewegung zur Ausschaltung der Religion im öff. Leben.

Lakai m (frz.), **1)** fr. herrschaftl. Diener. **2)** unterwürfiger Mensch, Liebediener.

Lake w, 10- bis 25%ige Kochsalzlösung (oft mit Natronsalpeter) zum Konservieren v. Fleisch u. Fisch.

Lakhnau, engl. Lucknow, Hst. des ind. Bundesstaates Uttar Pradesch, 830000 E.; Univ.; kath. Bischof; Seidenwebereien.

Lakkadiven, Inselgruppe vor der SW-Küste Indiens, 28 km², 32000 E.; Hst. Kavaratti; bilden zus. mit den Amindiven u. Minicoy ein zentralverwaltetes Territorium Indiens.

Lakkolith m (gr.), Tiefengestein, das beim Aufsteigen die vorhandenen Gesteinsschichten in die Höhe wölbte u. dann erstarrte.

Lakonien, altgriechische Landschaft (Lakedaimon), heute Bez. (Lakoni) im südl. Peloponnes, Hst. Sparta. **lakonisch,** kurz und bündig, nach Art der Lakonier (Spartaner).

Lakritze w (gr.-lat.), schwarzer, eingedickter Saft aus Süßholzwurzeln; gg. Husten.

Lakschmi, Hindu-Göttin der Schönheit, des Reichtums und des Glücks; Gattin des ↗Vischnu.

Laktate, Salze der ↗Milchsäure.

Laktose, der ↗Milchzucker.

Lama s, hirschgroßes, kamelart. Haustier Südamerikas; als Last-, Fleisch- u. Wolltier gezüchtet; stammt v. Guanako ab. Hierher ↗Pako u. ↗Vicuña.

Lamaismus m (v. Lama = Oberer), Form des ↗Buddhismus in Tibet, auch in der Mongolei u. in Nordchina; Einfluß der alttibet. Religion, deshalb reich an Aberglauben; streng gegliederte Hierarchie. An der Spitze der Dalai-Lama, der bis 1959, zugleich als Oberhaupt v. Tibet, in Lhasa residierte, u., urspr. mit rein religiöser Kompetenz, der Taschi-Lama (Pantschen-Lama), der 59/64 auch Präs. der tibet. Regierung war. Beide u. etwa 200 andere Lamas gelten als Wiederverkörperung göttl. Wesen. Die Klöster hatten vor dem rotchines. Einfall bis zu 4000 Insassen. Durch Erfüllung der Kultpflichten, auch durch aszet.-eth. Werke, erhofft der Gläubige, Verbesserung seiner Wiedergeburten u. das Nirwana zu erreichen.

La Manche (: -mánsch), der Ärmelkanal.

Lamantin m, Amerikanische Seekuh, bis 5 m langes plumpes Säugetier.

J.-B. de Lamarck

Lama

Lampenschaltungen:
a einpol. Ausschaltung mit Wippschalter als Ausschalter, b einpol. Gruppenschaltung mit Drehschalter als Gruppenschalter, c einpol. Wechselschaltung mit 2 Wippschaltern als Wechselschalter, d einpol. Kreuzschaltung mit 1 Kreuzschalter und 2 Wechselschaltern, alle als Drehschalter ausgeführt. R und Mp die beiden Leiter

Lamarck, Jean-Baptiste de, frz. Naturforscher, 1744–1829; bestritt als erster die Unveränderlichkeit (Konstanz) der Arten. **Lamarckismus** ↗Abstammungslehre.

Lamartine (: -tin), Alphonse de, frz. Schriftsteller, 1790–1869; Lyrik romant. Richtung, autobiograph. u. histor. Werke.

Lamb (: läm), **1)** Charles, engl. Schriftsteller, 1775–1834; geist- u. humorvoller Essayist u. Kritiker; Nacherzählungen Shakespeares. **2)** Willis Eugene, am. Physiker, * 1913; Nobelpreis 55 für Messungen am Proton.

Lambaréné, Stadt in der afrikan. Rep. Gabun, 24000 E.; Urwaldhospital, 1913 von A. ↗Schweitzer gegründet.

Lambert, hl. (17. Sept.), Bischof v. Maastricht, um 705 ermordet; bekämpfte das Heidentum in Nordbrabant.

Lambeth-Konferenzen (: lämbeß-), Welttreffen der anglikan. Bischöfe im Londoner Lambeth-Palast; seit 1867 etwa alle 10 Jahre.

Lambsdorff, Otto Graf, dt. Politiker (FDP), * 1926; seit 77 Bundeswirtschaftsminister.

Lamelle w (lat.), dünnes Blättchen.

Lamennais (: -nä), Félicité de, frz. religiöser u. sozialpolit. Schriftsteller, 1782–1854; erst ungläubig, dann kath. Priester; suchte die Kirche aus überlebten polit. u. sozialen Bindungen zu lösen; als radikaler Streiter für den Liberalismus seit der Julirevolution 1830 v. Gregor XVI. verurteilt.

Lamento s (it.), Wehklage.

Lametta w od. s (lat.-it.), Fäden aus ganz dünn ausgewalztem Zinn od. Aluminium.

Lamettrie (: -mätri), Julien-Offray de, frz. Arzt u. Philosoph, 1709–51; atheist. Materialist; v. Friedrich d. Gr. gefördert.

laminar, in der Strömungslehre: eine wirbelfreie (glatte) Strömung. ☐ 958.

laminieren, Bucheinbände mit glänzender, durchsichtiger Folie überziehen.

Lamm, das Junge v. Schaf u. Ziege bis zum vollendeten ersten Jahr.

Lampe, Lichtquelle, entweder als Verbrennungs-L. (z. B. Spiritus-, Leuchtgas-L.) oder als elektr. L. (z. B. Glüh-L., Leuchtstoff-L.).

Lampedusa, it. Mittelmeerinsel zw. Malta und Tunis, größte der Pelagischen Inseln, 20 km²; wasserarm.

Lampenfieber, nervöse Spannung, teils mit Hemmungen, vor öff. Auftreten.

Lampertheim, Stadt im Hess. Ried (Kr. Bergstraße), 31400 E.; Spargel- und Tabakanbau; Maschinen-, Textil-, chem. Ind.

Lampion m od. s (frz.), Papierlaterne.

Lamprecht, Karl, dt. Historiker, 1856–1915; betonte das Kollektive in der Geschichte.

Lamprete w (lat.), das Meer-↗Neunauge.

Län s (schwed.), Bz. der schwed. u. finn. Verwaltungsbezirke.

Lancashire (: länkᵃschᵉr), Lancaster, nordwestengl. Grafschaft an der Irischen See; Hst. Preston.

Lancaster (: länkᵃßtᵉr), **1)** die engl. Gft. Lancashire. **2)** engl. Stadt in der Gft. Lancashire, Hafen an der Morecambebai, 50000 E.; kath. Bischof; Univ.; Textil- u. Möbelindustrie.

Lancaster (: länkᵃßtᵉr), engl. Königshaus, 1399/1461; ↗Rosenkriege.

O. Graf Lambsdorff

Lanchow, die chines. Stadt ↗Lantschou.

lancieren (frz.), in Gang bringen; an eine gewünschte Stelle, ins Gespräch bringen.

Landammann, Regierungschef der Schweizer Kantone mit ↗Landsgemeinde.

Landarbeiter, Gehilfe des Bauern od. Landwirts, entweder als freier Arbeiter (nur gg. Barlohn: Zeit- od. Leistungslohn), als *Tagelöhner* od. *Deputatleute* (Bar- u. Naturallohn). Lohn- u. Arbeitsbedingungen abweichend v. denen der gewerbl. Arbeiter.

Land-Art, eine Kunstrichtung der Ggw., die Industrie- u. Naturlandschaft durch markierende Eingriffe als ständige Kommunikation od. Konfrontation zw. Mensch u. Umwelt bewußt machen will.

Land-Art:
Robert Smithson:
The Spiral Jetty
(Utah, USA), 1970

Landauer

Landau in der Pfalz, Stadtkr. u. Krst. in der SO-Pfalz, an der Queich, 36600 E.; PH; Stiftskirche (14. Jh.) mit barocker Ausstattung; spätgot. Augustinerkirche (15. Jh.); ev. Predigerseminar. – 1291 Reichsstadt, 1679/1815 frz., 1831/66 Bundesfestung.

Landau, *Lew Dawidowitsch,* bedeutender russ. Physiker, 1908–68; Nobelpreis 62, bes. für Untersuchungen am flüssigen Helium.

Landauer, 4sitziger Wagen mit aufschlagbarem Verdeck.

Landbauwissenschaft, *Landwirtschaftswissenschaft,* Landwirtschaftslehre, Sammelbegriff für alle Wiss., die sich mit der ↗Landwirtschaft befassen.

Landeck, *L. in Tirol,* östr. Bez.-Stadt u. Wintersportplatz an der Arlbergbahn, 816 m ü. M., 7300 E.

Landenge, *Isthmus,* schmale Verbindung zw. größeren Landflächen.

Landerziehungsheim, auf dem Lande gelegene private od. staatl. höhere Schule mit Internat. Erziehung in kleinen Gemeinschaften mit Lehrern, Schülerselbstverwaltung, ↗Koedukation; Kunstpflege durch Hausmusik u. Theater, Handarbeit. ↗Lietz.

Landesbischof, der ranghöchste Geistliche einer ev. Landeskirche; in einigen Landeskirchen Präses, Kirchenpräsident od. Landessuperintendent genannt.

Landeshauptmann, in Östr. der Vors. der Regierung eines Bundeslandes.

Landeshut, poln. *Kamienna Góra,* niederschles. Stadt am oberen Bober, 21000 E.

Landeskirche, in Dtl. die selbständige ev. Kirche eines Landes. ☐ 248. **Landesplanung,** Aufstellen v. Programmen zur optimalen Entwicklung der wirtschaftl. Kräfte in Gebieten, die sich für eine organ. Gliederung nach innen u. Einordnung nach außen eignen *(Planungsgebiete).* ↗Raumordnung. **Landespolizei** ↗Polizei. **Landesschützen,** Tiroler Landwehr. **Landesverrat,** Gefährdung der äußeren Sicherheit eines Landes durch Verrat von Staatsgeheimnissen; ↗Hochverrat. **Landesversicherungsanstalten** (LVA), die Träger der ↗Rentenversicherung der Arbeiter (bis 1953 auch der Angestelltenversicherung) u. der Krankenversicherung der Rentner; Anstalten des öff. Rechts. **Landeszeit** ↗Einheitszeit. **Landeszentralbanken** (LZB), bildeten bis 1957 mit der *Bank dt. Länder* das Zentralbanksystem der BRD; seitdem rechtl. unselbständ. Hauptverwaltungen der ↗Deutschen Bundesbank.

Landflucht, Abwanderung v. Lande in die Stadt, in starkem Maße seit der 2. Hälfte des 19. Jahrhunderts.

Landfrieden, staatl. Gesetze des MA, die der allg. Rechtsunsicherheit, bes. aber dem Fehdewesen, zu steuern suchten. **L.sbruch,** gemeinschaftl. Verübung v. Gewalttätigkeiten durch eine zusammengerottete Menschenmenge.

Landgericht, Justizbehörde für mehrere ↗Amtsgerichts-Bezirke; sie umfaßt Zivil-, Straf- u. Handelssachen; die *Zivilkammer* ist 1. Instanz für Fälle, die nicht den Amtsgerichten zugewiesen sind, u. Berufungsinstanz. Die *Strafkammer* ist nur Berufungsgericht, die *kleine* gegenüber Urteilen des Amtsrichters, die *große* gegenüber Urteilen des Schöffengerichts, und 1. Instanz auf Antrag der Staatsanwaltschaft. Das *Schwurgericht* ist zuständig für Verbrechen, die nicht vor das Amtsgericht od. die große Strafkammer gehören. ☐ 954.

Landgraf, im 12./13. Jh. Landesherr mit herzogl. Rechten.

Landjugendbewegung, entstand aus dem Bemühen, der Berufs- u. Bildungsnot der Landjugend Hilfe zu bringen (Gründung v. Landvolkshochschulen); organisiert in der *Kath. L.,* der *Ev. L.* u. dem *Bund der dt. L.*

Land-Kamera w, ↗Polaroid-Kamera.

Landkärtchen, *Gitterfalter,* ein einheim. Tagschmetterling; rotgelbe Frühjahrs- u. dunklere Sommerform.

Landkarte ↗Karten.

Landkrankenkassen, gesetzl. ↗Krankenversicherung für in der Landwirtschaft u. im Reisegewerbe Beschäftigte.

Landkreis ↗Kreis.

Ländler, bäuerl. Tanz im $^3/_4$-($^3/_8$-)Takt.

Landmaschinentechnik, umfaßt den Einsatz aller Maschinen für Bodenbearbeitung, Düngung, Säen u. Pflanzen, Ernten u. Verarbeitung der Produkte. Zentrale Kraftquelle ist der moderne ↗Schlepper.

Landmesser, auch Feldmesser od. Geometer, der Vermessungsingenieur.

Landpfleger, Verwalter einer röm. Prov., Statthalter.

Landrat, Leiter eines Land-↗Kreises.

Landkärtchen:
a Frühlings-,
b Sommerform

Landrecht, 1) im MA das gemeine Recht eines Stammes (Ggs. Stadt- od. Lehensrecht). **2)** in der Neuzeit das bürgerl. Recht eines dt. Landes bis zum Inkrafttreten des BGB. **Landsassen,** unterstanden im MA der landesherrlichen Gerichtsbarkeit, nicht der des Grundherrn.

Landsberg, 1) *L. am Lech,* bayer. Krst., am Südrand des Lechfelds, 18000 E.; Festungshaftanstalt. **2)** *L. an der Warthe,* poln. *Gorzów Wielkopolski,* Warthehafen u. landwirtschaftl. Zentrum der Neumark, 99000 E.; Bischof u. Priesterseminar.

Landschaft, Geländeeinheit, wie sie durch die Erdkräfte, Wasser, Luft, Pflanzen-, Tierwelt u. Mensch geformt wurde *(Natur- u. Kultur-L.).* **L.smalerei,** stellt einen Naturausschnitt als selbständiges Erlebnis u. Träger der Bildwirkung dar. **L.sschutz** ↗Naturschutz.

Landsgemeinde, in manchen Schweizer Kantonen die jährl. gesetzgebende Volksversammlung; Form der direkten Demokratie.

Landshut, Hst. des Reg.-Bez. Niederbayern, an der Isar, 55400 E.; Stadtbild mit spätgot., Renaissance- u. Barockarchitektur, überragt v. der Burg Trausnitz (13./14. Jh.). Brauereien, Schokoladefabrik.

Landsknecht, im 15./17. Jh. zu Fuß kämpfender Söldner.

Landsmål *s* (: lanßmål), die neunorweg. Schriftsprache, Ggs. ↗Riksmål.

Landsmannschaften, 1) fr. schlagende Studentenverbindungen. **2)** Zusammenschluß der heimatvertriebenen Deutschen in der BRD nach Heimatländern.

Landstände, die Stände einer Territorialherrschaft des alten Dt. Reiches: meist Prälaten, Ritter u. Städte. Ihr wichtigstes Recht war die Steuerbewilligung.

Landsteiner, *Karl,* östr.-am. Bakteriologe, 1868–1943; entdeckte Blutgruppen, Blutfaktoren M u. N u. Rhesusfaktor; Versuche über ↗Abwehrstoffe, 1930 Nobelpreis.

Landstreicher, Person, die gewohnheitsmäßig mittellos u. ohne Arbeitswillen umherzieht; mit Haft bestraft, bisweilen auch mit Arbeitshaus.

Landsturm, fr. das Aufgebot der ungedienten waffenfähigen Männer.   [der BRD.

Landtag, Volksvertretung in den Ländern

Landvogt, kaiserl. od. landesherrl. Statthalter in einem bestimmten Gebiet.

Landwehr, im früheren dt. Heer die gedienten waffenfähigen Männer.

Landwirt, Berufs-Bz. für den selbständ. Bauern u. leitenden Angestellten (Ausbildung zum *L.schaftsmeister*) in der L.schaft. *Diplom-L.,* an einer Univ. od. l.schaftl. Hochschule erworbener akadem. Grad.

Landwirtschaft, der auf der Bodenproduktion beruhende Zweig der Volkswirtschaft, gekennzeichnet durch die Lieferung der Nahrungsgüter   (Welt-Ernährungssicherung) u. als durch Bodenkultur unerschöpfl. Rohstoffquelle (im Ggs. zur Kohle-, Erdöl- u. Erzproduktion), gemeinsam mit der Forstwirtschaft die übrige Wirtschaft mit Ernährungs- u. anderen Ur-Produkten zur Verarbeitung und Veredlung beliefernd; meist

Landwirtschaftliche Organisationen in der BR Dtl.

		international:
Zentralausschuß der Deutschen Landwirtschaft, Bonn – Bad Godesberg	Bund der Deutschen Landjugend im Deutschen Bauernverband e. V., Bonn – Bad Godesberg	Verband der Europäischen Landwirtschaft (CEA), Brugg (Schweiz)
Mitglieder: Deutscher Bauernverband e. V., Bonn – Bad Godesberg	Deutscher Landfrauenverband e. V., Stuttgart	Internationaler Verband landwirtschaftlicher Erzeuger (IFAP), London
Verband der Landwirtschaftskammern, Bonn – Bad Godesberg	Arbeitgeber- und Arbeitnehmerverbände (Landarbeitergewerkschaft)	Ernährungs- und Landwirtschaftsorganisation der UN (FAO), Rom
Deutscher Raiffeisenverband e. V., Bonn – Bad Godesberg	Spezialverbände des Pflanzenbaus, der Tierzucht und der Verarbeitung	
Deutsche Landwirtschafts-Gesellschaft, Frankfurt a. M.		

verbunden mit Nutzviehhaltung. (Die landwirtschaftl. Nutzfläche umfaßt Äcker, Wiesen, Weiden, Weinberge, Obstpflanzungen, Gärten u. a.). *Betriebsmittel* sind totes (Maschinen, Geräte, Wagen usw.) u. lebendes (Arbeits- u. Nutzvieh) Inventar. Die *Wahl der Bodennutzung* (Fruchtwechsel-, Feld-Gras-, Weidewirtschaft; Getreide-, Futter- u. Hackfruchtbau) wird bestimmt v. Klima, Bodenbeschaffenheit, Marktlage u. verfügbaren Arbeitskräften. Ein wesentl. Zweig der L. ist die Tierzucht, die vielfach in speziellen Betrieben erfolgt. An erster Stelle steht das Rind als Milch-, Mast-, seltener als Zugvieh. *Betriebsgrößen:* sog. Parzellenbetriebe (0,5 bis 2 ha), kleinbäuerl. (2–5 ha), mittelbäuerl. (5–20 ha), großbäuerl. (20–100 ha) u. Großbetriebe (über 100 ha). Landw. Betriebe werden ferner in Voll-, Zu- u. Nebenerwerbsbetriebe eingeteilt. In der L. waren ursprüngl. in jeder Volkswirtschaft die meisten Menschen tätig, wie heute noch in den Entwicklungsländern. ↗Landflucht u. Entwicklung der Gewerbe auf dem Lande haben den Anteil z. B. in der BRD auf 8,4% der Erwerbspersonen gesenkt. Die Hektar-Erträge sind jedoch erhebl. gewachsen. Die bes. Schwierigkeiten der L. liegen in der Abhängigkeit v. der Witterung, damit v. den schwankenden Preisen. Zur Festigung der Marktstellung der L. dienen Selbsthilfeeinrichtungen *(Ländl. Genossenschaften)* u. staatl. agrarpolit. Maßnahmen (↗Grüner Plan). ↗Bauer. **L.liche Lehre,** *L.slehre,* prakt. Ausbildung in einem anerkannten landw. Lehrbetrieb. Voraussetzung: abgeschlossene Volksschule; nach 3 Jahren Gehilfen-, nach weiteren 3 Jahren Meisterprüfung (Landwirtschaftsmeister). **L.liche Produktionsgenossenschaft** ↗LPG. **L.liches Unterrichtswesen,** sämtl. Lehranstalten, welche den landw. Berufsgruppen, über rein prakt. Ausbildung hinaus, durch Hebung der Allgemeinbildung u. Vermittlung theoret. Fachkenntnisse berufl. fördern sollen: man unterscheidet *landw. Hochschulwesen, höheres landw. Schulwesen* u. *mittleres landw. Schulwesen.* **L.skammer,** Vertreter des landwirtschaftl. Berufsstandes, Körperschaft des öff. Rechts.

Landsknechte:
Holzschnitt von
H. L. Schäufelein

Landwirtschaft in der BR Deutschland

Landw. Betriebe Betriebsgröße (ha)	Anzahl der landwirtschaftlichen Betriebe				Landwirtschaftlich genutzte Fläche (in 1000 ha)			
	1949	1960	1971	1980	1949	1960	1971	1980
1– 2	305723	230368	138255	102911	442,1	331,8	196,9	144,5
2– 5	553061	387069	225420	154877	1828,7	1290,2	752,5	514,9
5– 20	659954	529487	466190	330420	6403,3	6473,8	5197,6	3721,2
20– 50	112421	122015	166692	177878	3244,0	3504,5	4787,6	5343,0
50–100	12621	13672	17899	26897	817,3	884,5	1154,5	1736,2
über 100	2971	2639	3241	4395	544,1	450,1	532,7	712,6
insgesamt	1646751	1385250	1017697	797378	13279,6	12934,8	12621,8	12172,4

Bodennutzung und Ernte	Anbaufläche in 1000 ha				Ertrag in dz pro ha			
	1950	1960	1970	1980	1950	1960	1970	1980
Sommerweizen	64,5	101,1	160,3	135,7	23,0	32,9	34,4	40,1
Winterweizen	932,9	1294,5	1333,1	1532,5	26,1	35,8	38,3	49,7
Sommerroggen	36,1	28,6	30,0	} 546,0	16,5	23,8	23,6	} 38,4
Winterroggen	1326,7	1287,8	835,0		22,3	28,9	31,1	
Getreide zus.	4403,7	4898,9	5184,1	5212,2	23,2	31,7	33,4	44,3
Frühkartoffeln	86,1	63,9	37,0	22,6	184,1	160,3	206,9	239,5
Spätkartoffeln	1055,3	977,1	559,8	235,4	249,9	240,7	276,6	261,4
Zuckerrüben	192,9	293,5	302,9	395,3	361,6	419,9	440,1	483,7

Viehbestand[1] (in 1000)	1949	1960	1970	1980
Pferde	1629,4	710,2	252,5	382,0
Rinder	10882,6	12867,3	14026,0	15069,5
Schweine	9697,7	15775,6	20968,9	22553,4
Schafe	2019,6	1034,8	842,5	1557,3
Hühner	39956	60034	98601	85461,4

Motorisierung (in 1000)	1949	1960	1970	1979
Schlepper	74,5	857,0	1247,9	1249

Arbeitskräfte	1949	1960	1970	1979
Betriebsinhaber hauptberuflich	1253334	940949	575000	356200
nebenberuflich	650142	662554	394900	472300
Familienangehörige vollbeschäftigt	2695104	2210031	1167000	132400
zeitbeschäftigt	546841	650296	673500	902000
Familienfremde vollbeschäftigt	1104363	329108	134300	93000
zeitbeschäftigt	479502	484500	99400	98000

Einkommensverhältnisse[2] (in Mill. DM)	1949/50	1960/61	1970/71	1979/80
Verkaufserlöse	8132	20218	32655	54651
Betriebsausgaben	6599	14931	18155	32964

[1] Zählung jeweils Anfang Dezember
[2] jeweils Wirtschaftsjahr (1. 7. – 30. 6.)

Lang, *Fritz,* östr. Filmregisseur, 1890–1976; emigrierte 1933 nach Fkr., später nach den USA (Hollywood); drehte u. a. *Metropolis; M – eine Stadt sucht einen Mörder; Liliom.*

Langbehn, *Julius,* dt. Kulturkritiker, 1851 bis 1907; mit seinem HW *Rembrandt als Erzieher* (danach gen. der „Rembrandtdeutsche") Vorläufer der Jugendbewegung; antisemit. Gedankengängen zuneigend.

Lange, 1) *Friedrich Albert,* dt. Philosoph des Materialismus, 1828–1875; *Gesch. des Materialismus; Logische Studien.* **2)** *Helene,* Führerin der deutschen Frauenbewegung, 1848–1930; *Handbuch der Frauenbewegung,* hrsg. mit G. Bäumer. Gründete die Zschr. *Die Frau.*

Länge, 1) Ausdehnung in der Hauptrichtung. **2)** *geograph. L.,* Bogenabstand in L.ngraden zw. Null- (meist Greenwich) u. Ortsmeridian, auf den Parallelkreisen von 0° bis 180° östl. bzw. westl. gezählt.

Langeland, dän. Ostseeinsel zw. Fünen u. Lolland, 275 km²; Hauptort Rudköbing. Fruchtbares Ackerland.

Langelsheim, niedersächs. Stadt bei Goslar, 14600 E.; chem. Industrie.

Fritz Lang

Langemark, *Langemarck,* belg. Gem. n.ö. von Ypern, 4800 E.; 1914 vergebl., verlustreicher Angriff dt. Kriegsfreiwilliger.

Langen, hess. Stadt nördlich v. Darmstadt, 29200 E.; Metall-, Elektro- u. Textilindustrie.

Langenau, württ. Stadt n.ö. von Ulm, 11600 E.; Textil-, Eisen- und Stahlindustrie.

Langenberg, 1) höchste Erhebung des Rothaargebirges, 843 m hoch. **2)** Stadtteil v. Velbert (seit 1975); Metall-, Elektro-, Papier-, Textil-Ind.; Großsender des Westdeutschen Rundfunks.

Langenbielau, poln. *Bielawa,* niederschles. Stadt am Ostfuß des Eulengebirges, 33000 E.; Zentrum der schles. Leinen-Ind.

Langenfeld. rhein. Stadt im Kr. Mettmann, 46600 E.; Textil-, Schuh- und eisenverarbeitende Industrie.

Langenhagen, niedersächs. Stadt nördlich v. Hannover, am Mittellandkanal, 46900 E.; Eisen-Ind.; Flughafen Hannovers.

Langensalza, *Bad L.,* thüring. Krst. r. der Unstrut (Bez. Erfurt), 17000 E.; Schloß *Dryburg* (17. Jh.); Textil-Ind., Travertinbrüche, erdige Schwefelquelle.

Langeoog, ostfries. Insel zw. Spiekeroog u. Baltrum, 19,7 km², 2700 E.; Seebad.

E. Langgässer

Laokoon: 1506 auf dem Esquilin gefunden, heute im Vatikan (seit 18. Jh. rechter Arm L.s und des jüngeren Sohnes, rechte Hand und Unterarm des älteren unrichtig ergänzt)

Langgässer, *Elisabeth,* dt. Schriftstellerin, 1899–1950; Romane *Gang durch das Ried, Das unauslöschl. Siegel, Märkische Argonautenfahrt,* Erzählungen, Lyrik mit religiöser Problematik.

Langhans, *Karl Gotthard,* dt. Architekt, 1732–1808; Klassizist; Erbauer des Brandenburger Tors in Berlin.

Langhaus, Hauptteil des Kirchenraums, meist Mittelschiff u. Seitenschiffe.

Langkofel *m,* it. *Sasso Lungo,* Berggruppe der Dolomiten, in Südtirol, 3181 m hoch.

Langlauf, Disziplin im Skisport. ↗Nordische Wettbewerbe.

Langobarden (Mz.), german. (wohl ostgerman.) Volksstamm; waren urspr. in Skandinavien beheimatet u. saßen um Christi Geburt an der Unterelbe u. im 6. Jh. in Westungarn; fielen 568 unter ↗Alboin in It. ein, konnten aber nicht die ganze Halbinsel erobern. Durch den Ggs. der L. zum Papsttum kam es zum päpstl. Bündnis mit den Franken u. zu den Zügen Pippins (754 u. 756) u. Karls d. Gr., der 774 den L.-Kg. Desiderius besiegte u. sich selbst *Kg. der L.* nannte. Süd-it. L.-Herzogtümer bestanden noch bis ins 11. Jh. ☐ 1067.

Langschiff, das ↗Langhaus.

Langspielplatte ↗Schallplatte.

Langstreckenlauf, *Leichtathletik:* Laufdisziplin über Strecken ab 1500 m, bes. über 1 Meile (1609,3 m), 3000 m, 5000 m, 10 000 m u. als ↗Marathonlauf.

Langtagpflanzen ↗Photoperiodismus.

Languedoc *s* (: lãgdok), südfrz. Landschaft zw. unterer Rhône u. oberer Garonne.

Languste *w,* scherenloser, langschwänziger Krebs mit rötl., schmackhaftem Fleisch; Mittelmeer, engl. Küste.

Langwellen, Radiowellen v. 1000–10 000 m Wellenlänge.

Lanner, *Joseph,* östr. Komponist, 1801–43; Walzer, Ländler, Galopp, Märsche.

Lanolin *s,* weißl.-gelbe Salbe aus Wollfett.

Lansing (: län-), Hst. des USA-Staats Michigan, 130 000 E.; kath. Bischof; Maschinen-Industrie.

Lanthan *s,* chem. Element, Zeichen La, seltene Erde, Ordnungszahl 57. ☐ 148.

Lanthaniden, *seltene Erdmetalle,* Gruppe v. 14 chem. Elementen des Periodensystems mit den Ordnungszahlen 58–71, die dem Lanthan folgen u. diesem sehr ähnlich sind.

Lantschou, *Lanchow,* Hst. der chines. Prov. Kansu, am Hoangho, 1,2 Mill. E.; Univ.

Lanugo *w* (lat.), Haarflaum des Kindes kurz vor od. nach der Geburt.

Lanzelot, Rittergestalt aus dem Sagenkreis um König Artus.

Lanzette *w* (frz.), zweischneid., lanzenförm. Messerchen in der Medizin.

Lanzettfisch, *Amphioxus,* fischähnl. Art der ↗Schädellosen, ohne Herz u. Gehirn, mit pulsierenden Gefäßen, 5 cm lang, durchsichtig, im Sand seichter Küstengewässer.

Joseph Lanner

Lanzettfisch:
R Rückenmark,
C Chorda dorsalis,
M Mundhöhle mit Cirren, K Kiemendarm,
L Leberblindsack,
P Porus branchialis (das durch die Mundhöhle aufgenommene Atemwasser fließt durch den Kiemendarm und von dort durch den Porus branchialis wieder hinaus),
D Mitteldarm, E Enddarm, A After

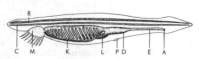

Laokoon, trojan. Priester der griech. Sage, warnte vor dem hölzernen Pferd der Griechen, mit seinen beiden Söhnen durch 2 von Athene gesandte Schlangen erwürgt. Marmorgruppe v. Hagesander, Polydor u. Athenodor aus Rhodos (1. Jh. n. Chr.).

Laon (: lãn), Hst. des frz. Dep. Aisne, alte Festung, 28 000 E.; got. Kathedrale (ab 1160).

Laos, VR im Innern Hinterindiens, eines der am wenigsten entwickelten Länder der Erde. L. ist vorwiegend ein mit Teakholz- u. anderen Hartholzwäldern bestandenes Gebirgsland, bis 2800 m hoch. Nur 8% der Fläche werden angebaut: Reis u. etwas Tabak, 90% der Einfuhren kommen über Thailand. Die Handelsbilanz ist stark passiv. Ausfuhr Zinn u. Teakholz. – 1353/1707 das Reich Lang-xang; im 19. Jh. unter siames. Herrschaft; kam 1893 zu Frz.-↗Indochina; 1949 Kgr. in der Frz. Union, aus der es 56 austrat. L. ist seit 54 ein internationaler Krisenherd; seit 58 drang die kommunistenfreundl. Pathet-Lao-Bewegung v. N her mit Waffengewalt vor u. erzielte 61 große Erfolge, dann Waffenstillstand; 62 u. 73 Regierungsbildung mit Einschluß der Kommunisten, dazwischen 63/73 erneut Kämpfe mit Pathet-Lao, der 75 unblutig die Macht ganz übernahm u. L. in eine Volks-Rep. umwandelte. Staatschef: Souphanou Vong (seit 75).

Lao-tse, neben ↗Konfuzius die einflußreichste Persönlichkeit in der chines. Geistesentwicklung; lebte im 6., nach neuerer Auffassung im 4. Jh. v. Chr.; Archivar am kaiserl. Hof, verließ das Land aus Gram über den Verfall. Gilt als Verf. des *Tao-Te-king,* nach dem vor der Schöpfung des Alls das namenlose *Tao* steht: ein geistiges, absolut vollkommenes, persönl. Wesen, unwiderstehlich wirkend. Mit ihm wird man durch „Nichthandeln" (Hingabe) eins. ↗Taoismus.

Laos

Amtlicher Name:
République démocratique populaire Lao

Staatsform:
Volksrepublik

Hauptstadt:
Vientiane

Fläche:
236 800 km²

Bevölkerung:
3,6 Mill. E.

Sprache:
Umgangssprache ist Lao, Französisch ist Bildungs- u. Verkehrssprache

Religion:
Buddhismus war bisher Staatsreligion

Währung:
1 Kip = 100 At

Mitgliedschaften:
UN

B. Lardera:
„Dramatische Gelegenheit II. 1952"
(Eisen)

Laparotomie w (gr.), chirurg. Öffnung der Bauchhöhle.
La Paz (: -páß), *La Paz de Ayacucho* (: -kutscho), Sitz der Regierung v. Bolivien (nominelle Hst. ist ↗Sucre), in einem Hochtal der Anden, 3690 m ü. M., 655 000 E.; Erzb. Univ., TH.
Lapérouse (: -rus), *Jean-François de Galaup* Graf v., frz. Seefahrer, 1741–1788; entdeckte die *L.straße* zw. Sachalin u. Jesso.
lapidar (lat.), kurz, bündig.
Lapislazuli *m* (lat.), tiefblauer Schmuckstein, bes. aus ↗Lasurit. □ 255.
Laplace (: -pláß), *Pierre-Simon* Marquis de, frz. Astronom u. Mathematiker, 1749–1827; erklärte die Bahn des Erdmondes u. der Planeten u. deren gegenseitige Störungen; wichtige Arbeiten zur Analysis; Hypothese zur Bildung des Sonnensystems (↗Kant-L.sche Theorie).
La Plata, 1) *Río de la P.*, Mündungsbucht der beiden süd-am. Ströme Paraná u. Uruguay, bis 250 km breit, aber seicht, 300 km lang mit Fahrrinne für Ozeanschiffe nach Buenos Aires u. Montevideo. **2)** Hst. der argentin. Prov. Buenos Aires, 410 000 E.; Erzb.; Univ.; Fleisch-, Textil-, Metallwaren-Ind. **La-P.-Staaten:** Argentinien, Uruguay und Paraguay.
Lappalie w, Kleinigkeit.
Lappen (= *Samen-Menschen),* Rentierzüchtervolk in ↗Lappland, mit mongolidem Einschlag u. finn.-ugrischer Sprache.
läppen, eine Art der Oberflächenfeinbearbeitung durch *Reibschleifen.*
Lappland, nördl. Teil Skandinaviens u. äußerster NW Rußlands, dacht sich v. norweg. Hochgebirge über einen seenreichen Rükken zum flachen Wald- u. Sumpfland im O ab; meist Tundrenregion; 480 000 km² (polit. zu Norwegen, Schweden, Finnland u. UdSSR), 1 600 000 Bewohner, davon 35 000 Lappen.
Lapsus *m* (lat.), Fehler, Verstoß. **L. linguae,** unbeabsichtigtes Sichversprechen.
Lärche, Nadelbaum mit schlanken Zweigen; im Winter kahl; Nadeln vergilben im Herbst. Stamm zu dauerhaftem Bauholz, Harz zu venezian. Terpentin. □ 400, 656.
Lardera, *Berto,* it. Bildhauer, * 1911; abstrakte symbolisierende Eisenplastiken.
Laren, röm. Hausgötter.
larghetto (it.), in der Musik: etwas breit.
Largo *s* (it.; Bw. *largo),* langsam-breiter Satz.
Laris(s)a, Hst. des griech. Nomos L. (Thessalien), 73 000 E.; orth. Erzb.
Lärm, ein als lästig empfundener Schall, der zur Störung der Arbeitsleistung, der Erholung u. zum Verlust des Hörvermögens führen kann. Die zunehmende Technisierung verlangt eine zunehmende **L.bekämpfung** (Abkapselung v. Lärmerzeugern, techn. Auflagen an die Ind. usw.). ↗Lautstärke.
Laroche (: larosch), *Sophie,* dt. Schriftstellerin, 1731–1807; Jugendfreundin Wielands. Durch ihre Tochter Maximiliane hatte sie Clemens u. Bettina Brentano zu Enkeln. Mit der aufklärerisch-empfindsamen *Geschichte des Fräuleins von Sternheim* begr. sie den dt. Frauenroman.

La Rochefoucauld (: -roschfuko), *François* Hzg. v., frz. Schriftsteller, 1613–80; scharfe, pessimist. Menschenkritik in den *Maximen.*
La Rochelle (: -roschäl), Hst. des frz. Dep. Charente-Maritime, Fischereihafen, 75 000 E.; Bischof; vielseitige Industrie.
Laros, *Matthias,* dt. kath. Theologe, 1882–1965; führend in der ↗Una-Sancta-Bewegung.
Larousse (: -ruß), *Pierre,* 1817–75; Lexikograph, begr. in Paris den Verlag L. (1851).
L'art pour l'art (: lār pur lār, frz.), im 19. Jh. vertretene Lehre einer zweckfreien, v. Moral, Politik, Recht usw. unabhängig. Kunst; unhaltbar in ihrer extremen Form (Ästhetizismus); sinnvoll, wenn die Eigengesetzlichkeit der Kunst gemeint ist; in dieser Bedeutung sehr folgenreiches Prinzip, das z. B. in der Lyrik des Symbolismus fruchtbar wurde.

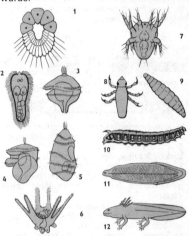

Larve. *Larvenformen:* 1 Blastula-L. eines Schwammes, 2 L. des Leberegels, 3 Trochophora-L. eines Ringelwurms, 4 Veliger-L. einer Muschel, 5 Wimper-L. eines Haarsterns, 6 Pluteus-L. eines Schlangensterns, 7 Nauplius-L., 8 L. der Kleiderlaus, 9 Fliegenmade, 10 Schmetterlingsraupe, 11 Aal-L., 12 Molch-L.

Larve, 1) Maske. **2)** Jugendform vieler Tiere, die sich in Gestalt u. Organisation v. vollentwickelten Tier unterscheidet und sich selbständig ernährt. *Raupen* (□ 795), *Maden, Engerlinge* (□ 228) bei Insekten; *Kaulquappen* bei Lurchen (□ 231).
Laryngitis w, Kehlkopfentzündung. **Laryngoskop,** Kehlkopfspiegel. **Larynx** *m* (gr.), ↗Kehlkopf.
La Salette (: -ßalät), frz. Bergdorf in der Dauphiné, 1770 m ü.M.; Marienwallfahrt.
La Salle (: -ßal), *Jean Baptiste de,* hl. (7. April), Pädagoge, 1651–1719; gründete eine Kongregation der ↗Schulbrüder.
Las Casas, *Bartolomé de,* OP, span. Indianermissionar, 1474–1566; trat für die Rechte der Indianer ein.
Lascaux (: laßko), durch Tiermalereien der jüngeren Altsteinzeit berühmte frz. Höhle in der Dordogne nahe Montignac.

Lasche, 1) Verbindungsstück an Schienenstößen, zusammengehörigen Maschinenteilen u. ä. **2)** Zunge am Schnürschuh.
Laser m (: le's^{er}, engl.), Abk. für „Light amplification by stimulated emission of radiation", opt. Gerät zur Erzeugung sehr stark gebündelter, intensiver, kohärenter Lichtstrahlung, beruht auf der Anregung einer stehenden Welle zw. einem undurchlässigen u. einem teildurchlässigen Spiegel in einem homogenen Medium (z. B. Gasplasma, Rubin- oder Neodymglasstab, Halbleiter, organ. Substanzen). Anwendung in der ↗Holographie, Medizin u. Meßtechnik, modulierte L.strahlen als Träger für Nachrichtensignale, als extrem rauscharme Verstärker, zur Konzentration hoher Energie auf kleinem Raum usw. Moderne *Riesenimpuls-* u. *Pikopuls-L.* ermöglichen die Erzeugung ultrakurzer Lichtblitze v. nur 10^{-12} Sek. Dauer u. mit Impulsleistungen v. über 1000 Gigawatt. ↗Maser.

Else Lasker-Schüler

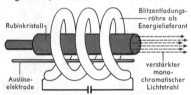

Laser: Aufbau eines Rubin-Lasers

lasieren, nichtdeckende Lackfarben *(Lasurfarben)* dünn auftragen, so daß der Untergrund durchscheint.
Lasker-Schüler, Else, dt. Dichterin, 1869 bis 1945 (im Exil in Palästina); gefühlsbetontes Gedichtwerk, teils Liebeslyrik, teils religiöse Motive. *Hebr. Balladen, Mein blaues Klavier.*
Las Palmas, Hst. der span. Insel Gran Canaria u. deren Haupthafen (Puerto de la Luz), 385000 E.; kath. Bischof.
La Spezia, it. Prov.-Hst. und Kriegshafen an der Riviera, 118000 E.; kath. Bischof.
Lassalle (: laßal), *Ferdinand,* Mitbegr. des *Allg. dt. Arbeitervereins,* 1825–64; die v. ihm begr. sozialist., v. Marx abgelehnte Richtung ging in der SPD auf.
Lasso m od. s (span.), Lederriemen mit loser Schlinge (Fangschlinge) od. Wurfkugeln (Bola), zum Einfangen v. Tieren, bes. in Amerika.
Lasso, Orlando di, niederländ. Komponist, 1532–94; seit 1564 Hofkapellmeister in München, verband die niederländ. Satzkunst mit it. Klangfreude. 1200 Motetten, Messen, Lieder.
Lastenausgleich, in der BRD die Umschichtung v. Vermögen zugunsten der im 2. Weltkrieg u. durch Kriegsfolgen, Vertreibung, Währungsverluste Sachgeschädigten; begann 1949 mit dem *Soforthilfe-Ges.,* dem 52 das L.s-Ges. (inzw. zahlr. Änderungs-Ges.e) folgte, u. soll bis 79 abgeschlossen sein. Die Ausgleichsabgaben gliedern sich in *einmalige Vermögens-,* Hypotheken- u. *Kreditgewinnabgabe.* Die Erträge fließen in den *Ausgleichsfond,* der auch v. den Ländern u. v. Bund Zuschüsse erhält; wird v. ↗Bundesausgleichsamt ver-

Ferdinand Lassalle

La-Tène-Kultur: oben Goldreifen aus dem Fürstengrab Waldalgesheim (Rheingau), unten Goldblechbelag aus einem Grab bei Schwarzenbach (Pfalz)

waltet. Leistungen: *Hauptentschädigung, Eingliederungshilfe* (Aufbau- u. Arbeitsplatzhilfe durch Darlehen), *Kriegsschadenrente* (z. B. Unterhaltshilfe), *Hausratshilfe, Sparerentschädigung* (Währungsausgleich, Altsparerentschädigung), *Ausbildungsbeihilfe, Wohnraumhilfe.*
Lastensegler, ein meist geschlepptes Großsegelflugzeug zum militär. Lasttransport.
Last, not least (: last not lißt, engl.), der (das) Letzte, aber nicht der (das) Geringste.
Lastschrift ↗Belastung.
Lasurfarbe ↗lasieren. **Lasurit** m, natürl. Ultramarin, Bestandteil des ↗Lapislazuli.
Las Vegas, Vergnügungsort in der Wüste v. Nevada (USA), am Colorado River, 125000 E.; Spielkasinos.
lasziv (lat.), schlüpfrig, unzüchtig.
Latakije, Ladikije, das alte *Laodicea,* syr. Hafenstadt, am Mittelmeer, modern ausgebaut, 126000 E.; melchit.-kath. Erzb.
Laetare (lat.), der 4. Fastensonntag.
Latein, die Sprache des Röm. Weltreichs, urspr. die im Umkreis Roms gesprochene Mundart der Latiner. Eine unter griech. Einfluß stilisierte Schriftsprache, trennte sich v. der Volkssprache, die als sog. *Vulgär-L.* zur Entstehung der roman. Sprachen führte. Straffste Formung in der *klass. Latinität* (Cicero, Caesar, Horaz, Vergil); durchbrochen in der Kaiserzeit zugunsten einer persönl. Stilkunst (*silberne Latinität:* Tacitus, Seneca). In der späteren Kaiserzeit stieg die Volkssprache in die Lit. hoch, begünstigt auch durch christl. Predigt u. Bibelübersetzung. Aus klass. u. vulgärem Latein formte sich das *Mittel-L.,* als internationale Sprache, bis weit in die Neuzeit lebendig, als Amts- u. Liturgiesprache der röm.-kath. Kirche z. T. noch heute.
Lateinamerika ↗Iberoamerika.
Lateinamerikan. Freihandelszone (LAFTA), 1960 gegr. (in Kraft seit 61); soll die Zoll- u. Handelsschranken zw. den lateinamerikanischen Ländern abbauen; Sekretariat in Montevideo.
Lateinische Kirche, die Röm. Kirche mit der lat. Kirchensprache im Ggs. zu den Ostkirchen (bes. Griech.-Kath. u. Griech.-Orth.).
Lateinisches Kaisertum, 1204/61; v. den Kreuzfahrern auf dem 4. Kreuzzug (den der Doge Enrico Dandolo v. Venedig gg. Konstantinopel lenkte) auf dem Territorium des ↗Byzantinischen Reiches errichtet.
La-Tène-Kultur (: -tän-), aus der *Hallstattkultur* hervorgegangene urgeschichtl. Kultur der Eisenzeit, ben. nach einer Fundstelle am Neuenburger See; hauptsächl. v. den Kelten getragen; gekennzeichnet durch Gebrauch des Eisens u. der Töpferscheibe; aus der L.-T.-K. stammen reich ausgestattete Fürstengräber (Bronze-, Gold- u. Silberschmuck). **La-Tène-Zeit** (: -tän-), die jüngere ↗Eisenzeit, um 400 v.Chr. bis Christi Geburt; hauptsächl. gekennzeichnet durch die ↗La-Tène-Kultur.
latent (lat.), versteckt, gebunden. **l.e Wärme** nimmt ein Körper (beim Schmelzen, Verdampfen) auf ohne Erhöhung seiner Temperatur. ↗Wärme.
Lateran m (lat.), ein päpstl. Palast in Rom,

Laterne: L. der Domkuppel zu Florenz – □ 524

Max von Laue

Lauch: Porree

Laubhölzer (Wuchs- u. Blattformen): **1** Rotbuche, **2** Erle, **3** Birke, **4** Linde, **5** Korbweide, **6** Eiche

seit 1929 exterritorial. War längere Zeit Residenz der Päpste, jetzt hauptsächl. Museum heidn. u. christl. Altertümer. Dabei die *L.basilika,* die älteste u. erste Patriarchalkirche Roms. Mit ihr verbunden ist das 8eck. *Baptisterium* (Taufkapelle) aus der Zeit Konstantins d. Gr. Seit dem 6. Jh. wurden im L. Bibliothek u. Archiv angelegt. **L.verträge,** 1929 zw. dem Hl. Stuhl u. dem it. Staat abgeschlossen, lösten die ↗Römische Frage u. regelten die Verhältnisse zw. Kirche u. Staat in It. Der Pp. anerkannte den it. Staat mit Rom als Hst., verzichtete auf den ↗Kirchenstaat u. erhielt die ↗Vatikanstadt als weltl. Hoheitsgebiet.

Laterit *m,* durch Verwitterung v. Silicatgesteinen entstandener Bodentyp der wechselfeuchten Tropen; rötlich, unfruchtbar.

Laterne *w* (lat.), **1)** Gehäuse für eine Kerze od. Lampe. **2)** durchbrochene Bekrönung einer Kuppel od. eines Turmes.

Latex *m* (lat.), natürl. ↗Kautschuk-Milchsaft.

Latifundien (Mz., lat.), seit dem 2. Jh. v. Chr. Bz. für die röm. Großgüter; davon abgeleitet für übermäßigen privaten Großgrundbesitz, bes. in Süd-It. u. Lateinamerika.

Latium, geschichtl. Landschaft um u. südl. v. Rom, Heimat der *Latiner;* ging im röm. Staat auf.

Latour (: -tur), frz. Maler, **1)** *Georges de,* 1593–1652; Nachtstücke. **2)** *Maurice-Quentin de,* 1704–88; Hofmaler, Pastellporträts.

Latsche, Legföhre, Berg-↗Kiefer.

Lattich *m,* Köpfchenblütler, meist gelbblühend, Milchsaft in Stengeln u. Blättern. *Stachel-L.,* stellt Blattflächen senkrecht u. sämtl. Blätter in Nordsüdrichtung *(Kompaßpflanze); Gift-L.,* selten, Heilpflanze. Der L. ist Stammpflanze des Kopfsalats.

Latvija ↗Lettland.

Latwerge *w,* brei- od. teigförm. Arzneigemisch; heute meist als Früchtewürfel.

Lauban, poln. *Lubań,* niederschles. Stadt am oberen Queis, 17 000 E.

Laube, *Heinrich,* dt. Schriftsteller, 1806–84; Vertreter des „Jungen Deutschland"; 1849/1867 Dir. des Wiener Burgtheaters.

Laube *w, Ukelei,* häufiger Weißfisch; silberglänzende Schuppen zur Herstellung künstl. Perlen.

Laubenvögel, Paradiesvögel, die auf dem Boden kunstvolle Spielnester od. Balzplätze bauen; bes. in Australien u. Neuguinea.

Laubfrosch ↗Frösche.

Laubhölzer, Bäume u. Sträucher verschiedener zweikeimblättr. Pflanzenfamilien; Blätter fallen meist im Herbst ab u. werden im Frühjahr neu gebildet; Holz meist härter als bei ↗Nadelhölzern.

Laubhüttenfest, 8täg. jüd. Fest im Herbst; in laubgedeckten Hütten begangen zur Erinnerung an die Wüstenwanderung.

Laubmoose, höherentwickelte ↗Moose, mit Stämmchen u. blattartigen Gebilden.

Laubsänger, flinke Singvögel; in Dtl. die *Wald-L., Weiden-L.* od. *Zilpzalp* mit kugel. u. *Fitis-L.* mit backofenförm. Bodennest.

Lauch, Liliengewächs, meist Zwiebelpflanzen; als Gemüse u. Gewürz angebaut, bes. Knoblauch, Porree, Schalotte, Schnittlauch u. Zwiebeln. Wild: ↗Bären-L. u. Alpen-L.

Lauchhammer, Stadt im Kr. Senftenberg (Bez. Cottbus), 28 000 E.; Eisen- u. StahlInd., Braunkohlengruben.

Lauchschwamm, Lauch-↗Schwindling.

Laudatio *w* (lat.), Lobrede.

Laudes (Mz., lat. = *Lobgebete*), das liturg. Morgengebet des Breviers.

Laudon, *Gideon Ernst* Frh. v., östr. Feldmarschall, 1717–90; bedeutendster militär. Gegenspieler Friedrichs d. Gr. im 7jähr. Krieg; Vertreter einer offensiven Kriegführung.

Laue, *Max v.,* dt. Physiker, 1879–1960; Nobelpreis 1914 für Entdeckung der Beugung u. Interferenz der Röntgenstrahlen an ↗Kristallen durch deren Raumgitterstruktur *(L.diagramm).*

Lauenburg, 1) Landschaft im SO Schleswig-Holsteins, ein wald- u. seenreiches Hügelland, 1182 km²; Hauptort Ratzeburg. – Ehem. Htm., 1260/1689 bildete *Sachsen-L.* die ältere Linie des askan. Hauses. L. kam 1815 an Dänemark u. fiel 65 an Preußen, in dem es 76 aufging. **2)** *L./Elbe,* schleswig-holstein. Stadt an der Mündung des Elbe-Lübeck-Kanals, 10 800 E. **3)** *L.* in *Pommern,* poln. *Lębork,* Stadt an der Leba, 25 000 E.

Lauf, 1) Grundübung für die meisten Sportarten; Hauptdisziplin der Leichtathletik: ↗Kurzstreckenlauf, ↗Mittelstreckenlauf, ↗Langstreckenlauf, ↗Marathonlauf, ↗Hindernislauf, ↗Hürdenlauf, Orientierungs- u. Geländelauf. **2)** weidmänn.: Bein des vierfüß. Wildes u. des Hundes. **3)** Teil der Feuerwaffen.

Lauf an der Pegnitz, bayer. Stadt in Mittelfranken, 21 800 E.; Wenzelschloß (Ende 14. Jh.), vielseitige Industrie.

laufendes Band ↗Fließbandarbeit.

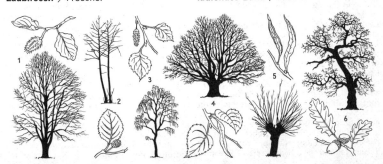

Charles Laughton   J. K. Lavater

Läufer, 1) *Rotor m* (lat.), rotierender Teil bei Maschinen, Gegenteil *Stator* (Ständer). **2)** *Schachfigur.* **L.schwein,** Schwein v. der 15. bis 26. Lebenswoche.

Lauffen am Neckar, württ. Stadt, Kr. Heilbronn, 8800 E.; Pfalzgrafenburg (12. Jh.). Geburtsort Hölderlins.

Läufigkeit, Brunst der Hündinnen, 2mal im Jahr, dauert 2–3 Wochen.

Laufkäfer, artenreiche Käferfamilie, räuber., lichtscheu, schnellaufend, häufig flügellos.

Laufkatze, Fahrgestell an Tragseil oder Schiene, trägt bei Kranen das Hebezeug.

Laufvögel, flugunfähige Vögel, z. B. Strauß.

Lauge, wäßrige Lösungen von ↗Alkali-Hydroxiden: Kali-, Natron-L. u. a.; auch Salz-, Seifen-L.

Laughton (: låtn), *Charles,* engl. Schauspieler, 1899–1963; bedeutender Charakterdarsteller, seit 1932 auch zahlr. Filmrollen, u. a. *Der Glöckner von Notre-Dame; Rembrandt; Meuterei auf der Bounty; Zeugin der Anklage.*

Laupheim, württ. Stadt n.ö. von Biberach, 14700 E.; Maschinen- und Apparatebau.

Laura *w* (gr.), urspr. ein morgenländ. Kloster, in dem die Mönche als Einsiedler unter einem Abt lebten u. sich nur zu bestimmten geistl. Übungen trafen; heute jedes größere Kloster der Ostkirche.

Laura, die „Muse" Petrarcas, gefeiert in der Lyrik des Dichters.

Laurentium, *Lawrencium,* künstl. chem. Element, Zeichen Lr, Ordnungszahl 103; 1961 erstmals hergestellt. □ 148.

Laurentius, *Lorenz,* hl. (10. Aug.), Diakon in Rom; 258 nach der Legende auf glühendem Rost verbrannt. **L. v. Brindisi,** hl. (21. Juli), Kirchenlehrer, 1559–1619; 1602/05 Generaloberer der Kapuziner, verbreitete seinen Orden in Östr. u. Dtl.; Feldprediger im Türkenkrieg.

Laurin, Tiroler Zwergkönig aus dem Sagenkreis um Dietrich v. Bern.

Lauritzen, *Lauritz,* dt. Politiker (SPD); 1910 bis 1980; 66/72 Bundeswohnungsbau-Min.; 72/74 Bundesverkehrsminister.

Laus, flügelloses Insekt, schmarotzt auf Haut von Mensch u. Säugetier. *Kopflaus,* auf Kopf (↗Weichselzopf), im Barthaar u. an Augenbrauen. *Kleiderlaus,* hält sich nur zum Saugen unmittelbar an Körperstellen auf; Eier in Kleidernähten; überträgt Fleck- u. Rückfallfieber. *Filzlaus,* bohrt sich in behaarte Hautstellen (außer Kopf), bes. Schamgegend, erregt Juckreiz u. Ekzeme.

Lausanne (: losạn), Hst. des Schweizer Kantons Waadt, Fremdenverkehrsplatz am Genfer See (Nordufer), 131500 E.; Univ., Technikum, Erziehungsinstitute; Rundfunksender (Sottens); frühgot. ev. Kathedrale (1175/1275). – Seit Ende 6. Jh. Bistum, heute mit dem Titel L.-Genf-Freiburg; 1434 Reichsstadt. – *Konferenzen v. L.:* 1923 Friedensschluß Griechenlands u. der Ententemit der Türkei u. Abkommen über die Meerengen, 27 Weltkonferenz der Ökumen. Bewegung, 32 endgültige Regelung der Frage der dt. Reparationen.

Läusekraut, Braunwurzgewächs; meist rote Blüten mit helmförm. Oberlippe; Halbschmarotzer. *Wald-L., Sumpf-L.*

Lausfliegen, auf Säugetieren u. Vögeln, blutsaugend, kommen als verpuppungsreife Larven zur Welt. *Pferde-L.,* geflügelt, rostgelb, an Pferden, Rindern u. Hunden. *Schaf-L., Schafzecke,* flügellos.

Lausitz, Landschaft zw. Elbe u. Oder, dicht bevölkert, im S die bergige *Ober-L.,* im N die flache *Nieder-L.;* Ackerbau, Spinnerei, Weberei u. Bergbau auf Braunkohle. Der Teil östl. der Neiße kam 1945 unter poln. Verwaltung. **L.er Gebirge,** zw. Elbsandstein- u. Isergebirge. Westteil der Sudeten, ostwärts der Elbe bis an die Neiße, höchste Erhebung der Jeschken (1010 m); im S das Zittauer Gebirge (Lausche 792 m), dazwischen die (geolog.) *L.er Hauptverwerfung.*

Lautangleichung, Angleichung benachbarter Laute, um die Aussprache zu erleichtern (z. B. Himbeere aus Hindbeere).

Lautbildung ↗Stimme.

Laute *w* (arab.), uraltes Saitenzupfinstrument mit halbbirnförmigem Resonanzkörper; urspr. mit 11, heute mit 6 Saiten.

Lauterbach, hess. Krst. am Vogelsberg, 14600 E.; 2 Schlösser (1680 und 1760).

Lauterberg, *Bad L. im Harz,* niedersächs. Stadt und Kurort am Südrand des Harzes, 14100 E.; Kneippsanatorium.

Lauterbrunnen, Schweizer Luftkurort, am NW-Fuß der Jungfrau, 796 m ü.M., 4000 E. **L.tal,** 18 km langes Quertal der Finsteraarhorngruppe, v. der Weißen Lütschine durchflossen; 1 km breiter Felstrog, bis 700 m tief, mit dem über 200 m hohen Staubbachfall.

läutern, Entfernen v. wasserlösl. Verunreinigungen aus Roherzen.

Lautmalerei, *Onomatopöie w,* Nachahmung von Lauten in Schallwörtern (sausen, plätschern). Auf dem malenden Spiel der Selbst- u. Mitlaute beruht die L. der Dichtung.

Lautréamont (: lotreamọ̈n), Comte de (eig. Isidore Ducasse), frz. Dichter, 1847–1870; dämon.-blasphem. *Gesänge Maldorors.*

Lautschrift, soll möglichst genau die Sprachlaute (Aussprache) wiedergeben, im Ggs. zu den gewöhnl. Buchstabenschriften.

Lautsprecher, Gerät der ↗Elektroakustik zur Umwandlung elektr. Schwingungen in Schallschwingungen auf elektromagnet., elektrostat. od. piezoelektr. Wege. Ein Schwingkörper überträgt die Schwingungen auf eine große Membran u. von dort auf die umgebende Luft.

Lautverschiebung

1. oder germanische Lautverschiebung trennte das Germanische vom Indogermanischen; spätestens um 200 v. Chr. beendet

Indo-germanisch	Germanisch
p	f
t	þ
k	ch
	Ausnahme: Grammat. Wechsel
bh	ƀ, dann b
dh	đ, dann d
gh	γ, dann g
b	p
d	t
g	k

2. oder hd. (ahd.) L. begann im 4. oder 5. Jh. n. Chr. im Süden (bei Langobarden u. Alamannen); drang verschieden weit nach Norden vor, erreichte aber das Norddeutsche nicht

Germanisch	Althoch-deutsch
b	p
d	t
g	k
p	pf oder ff
t	ts oder ss
k	kch oder chch

Laute

Laus: a Kopflaus, **b** deren Eier (Nissen), mit Kittmasse einzeln an die Haare geklebt

Lautstärke, die subjektive Empfindung einer Schallintensität, meist angegeben in *Phon.*

Lautverschiebung, die Veränderung der Artikulationsart der indogerman. bzw. german. Verschlußlaute; Bz. v. Jakob Grimm.

Lautwissenschaft, die ↗Phonetik.

Lava w (it.), schmelzflüssige Magmamassen (Temperaturen über 1000° C) aus dem Erdinnern bei Vulkanausbrüchen; fließen als L.ströme an den Flanken des Vulkans herab u. erstarren in Form v. Fladen-, Strick-, Schlacken-L. zu *Lavafeldern.* ☐ 1073.

Laval (: -wal), *Pierre,* 1883–1945; 1931/32, 35/36 u. 42/44 unter Pétain frz. Min.-Präs.; wegen Kollaboration mit den Deutschen hingerichtet.

La Val(l)etta (: -wa), Hst. der Insel Malta, 14 100 E.; kath. Bischof; Univ.; fr. Hauptsitz des Johanniterordens.

Lavant w, Nebenfluß der Drau in Kärnten, 70 km lang. *Bistum L.,* Sitz in Marburg.

Lavater, *Johann Kaspar,* Schweizer ev. Pfarrer, Philosoph, Physiognomiker u. Dichter, 1741–1801; religiöser Gegner der Aufklärung u. der Frz. Revolution; stand im Briefwechsel mit Hamann u. Goethe.

Lavelle (: lawäl), *Louis,* frz. Philosoph, 1883–1951; mit ↗Le Senne Führer des neuzeitl. frz. ↗Spiritualismus.

Lavendel m, Stauden u. Sträucher mit blauen od. violetten Lippenblüten. Aus den stark duftenden Blüten des Echten L. (Mittelmeergebiet) das **L.öl,** für die Parfümerie.

L.wasser, alkohol. Lösung des L.

lavieren, 1) urspr. gg. den Wind kreuzen; sich hindurchwinden, sich opportunist. nach allen Seiten absichern. **2)** *Malerei:* Zeichnungen durch Auftragen v. Farben mit sehr nassem Pinsel tönen; auch aufgetragene Farben mit Wasser verreiben, so daß sie fließend ineinander übergehen.

Lavigerie (: -wischᵉri), *Charles,* frz. Kard., 1825–92; Erzb. v. Karthago u. Primas v. Afrika, Stifter der ↗Weißen Väter.

Lavoisier (: lawºasje), *Antoine-Laurent,* frz. Chemiker, 1743–94; Begr. der Chemie als Wiss.; erkannte die Bedeutung des Sauerstoffs bei der Verbrennung.

Lävulose w, der ↗Fruchtzucker.

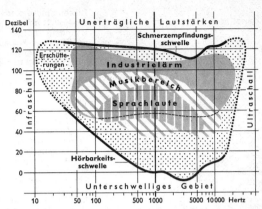

Lautstärke: Abhängigkeit von der Frequenz (in Hertz) u. der Schallstärke (in Dezibel)

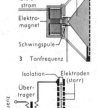

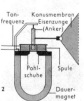

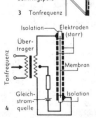

Lautsprecher: 1 elektromagnet. Fernhörer und 2 Lautsprecher (Freischwingersystem), 3 elektrodynamischer, 4 elektrostat. L. Im *Fernhörer* wird eine vor den Polen eines Dauermagneten angeordnete Membran dadurch in Schwingungen versetzt, daß der Magnetismus gestört bzw. geschwächt wird durch auf den Magnetspulen befindl. Strom, die vom Sprechwechselstrom durchflossen sind. In (permanent-) *dynamischen* bzw. *elektrodynamischen* L.n taucht eine kleine leichte Schwingspule in den kreisförmigen Luftspalt eines Topfmagneten. *Kristall-L.,* meist als Kristall-Fernhörer, nützen den piezo-elektr. Effekt zur Schwingungserzeugung aus und *elektrostat.* L. die Anziehungskraft zw. verschieden geladenen Metallflächen

Lawine w (lat.-roman.), an Steilhängen plötzl. sich loslösende Schneemassen: *Staub-L.,* aus pulverigem Neuschnee, wegen ihrer Geschwindigkeit u. des Luftdrucks bes. gefährlich; *Feuchtschnee-L.,* bei nassem Neuschnee oder im Frühjahr aus altem Schnee, der durch Tauwetter erweicht ist; *Gletscher-* od. *Eis-L.,* v. Gletschern durch ihre eigene Schwere abbrechende Eisbrocken; *Stein-L.,* herabstürzende Felspartien. **L.nschutz,** durch *L.ngalerien, L.nverbauung* u. *Bannwald.*

Lawrence (: lårᵉnß), **1)** *David Herbert,* engl. Schriftsteller, 1885–1930; kam v. der Kritik an der Zivilisation u. v. der Naturverehrung *(Der weiße Pfau, Der Regenbogen)* zu Romanen mit einer vitalist. Ideologie v. Gesellschaft u. Geschlechtssittlichkeit *(Die gefiederte Schlange, Lady Chatterley).* Dichte Naturschilderungen. Ferner: Lyrik, Essays, Kurzgeschichten. **2)** *Ernest Orlando,* am. Atomforscher, 1901–58; konstruierte das Zyklotron (Nobelpreis 39). **3)** Sir *Thomas,* engl. Bildnismaler, 1769–1830. **4)** *Thomas Edward,* engl. Archäologe, 1888–1935; 1915–1918 Organisator des arab. Unabhängigkeitskampfes gg. die Türkei. *Sieben Säulen der Weisheit; Aufstand in der Wüste.*

Lawrencium ↗Laurentium.

lax (lat.), schlaff; sittlich locker; *Laxismus,* oberflächl. sittl. Haltung.

Laxenburg, niederöstr. Marktflecken, südl. v. Wien, 1500 E.; mehrere Schlösser.

Laxiermittel, *Laxantia* (Mz., lat.), milde Abführmittel.

Laxness, *Halldór,* isländ. Erzähler, * 1902; Romane *Islandglocke; Atomstation; Weltlicht.* Lit.-Nobelpreis 1955.

Layout s (: leᶦaut, engl.), Entwurf für Texte, Bilder u. Plakate der Gebrauchsgraphik.

Lazarett s (nach Lazarus ben.), urspr. Siechenhaus, seit dem 17. Jh. Militärkrankenhaus.

Lazaristen ↗Vinzentiner.

Lazarus (hebr.), **1)** der Aussätzige u. Arme in Jesu Gleichnis vom reichen Prasser (vgl. Lazarett). **2)** *L. v. Bethanien,* hl. (17. Dez.), Bruder Marthas u. Marias, Freund Jesu, der ihn v. Tode erweckte.

Lebensdauer (in Jahren)

Haustiere

Ente	14	Kamel	bis 30
Gans	20–30	Kaninchen	5–7
Haushuhn	bis 20	Pferd	25–45
Hauskatze	bis 15	Rind	20–30
Hund	10–14	Schaf	12–15

Andere Tiere

Braunbär	30–40	Mäuse	2–3
Damhirsch	20	Nilpferd	35 bzw. 40[1]
Eisbär	34	Orang-Utan	40–50
Elch	20	Rabe	bis 100
Elefant	ca. 60	Ratte	4–7
Eule	bis 100	Regenwurm	20
Fuchs	10	Rothirsch	18–30
Gibbon	25	Schildkröte	über 100
Giraffe	18–28[1]	Schimpanse	30–40
Goldhamster	5	Singvögel	bis 25
Gorilla	50–60	Strauß	40
Hase	8–12	Tiger	11 bzw. 20[1]
Hecht	über 100	Wale	150
Hyäne	22	Wildesel	22
Karpfen	über 100	Wildkatze	9–10
Krokodil	50	Wildpferd	26
Leopard	8–12	Wildschwein	20–30
Löwe	15–23	Wisent	30–50
Luchs	14	Zebra	21

[1] in Gefangenschaft

Kräuter und Sträucher

Buchsbaum	150	Heidelbeere	25
Efeu	bis 450	Wacholder	500
Haselnuß	120	Weinstock	130
Heidekraut	40	Weißdorn	400

Bäume

Birke	120	Lärche	über 500
Buche, Esche	250	Eiche	500–1000
Pappel,	300–600	Linde	800–1000
Kiefer, Rottanne	500	Eibe	900–3000
Weißtanne	über 500	Mammutbaum	4000

Lazedämonier, im Alt. die freien Bewohner v. ↗Sparta.

Lazzarone m (it.), neapolitan. Bettler.

l. c., in Büchern Abk. für ↗loco citato (lat.), am angeführten Ort. ↗a. a. O.

Ld., Ltd., Abk. für ↗Limited.

Leander ↗Hero u. Leander.

Lear (: lïr), sagenhafter altbrit. Kg. *Kg. L.,* Tragödie v. Shakespeare.

Leasing s (: lï-, v. engl. *lease* = verpachten, vermieten), System der (Investitions-)Finanzierung, bei dem L.-(Finanzierungs-)Gesellschaften (auch Banken) Wirtschaftsgüter aller Art kaufen u. an Interessenten (Unternehmer) gg. Nutzungsentgelt vermieten.

Leba w, 135 km langer hinterpommer. Küstenfluß, bildet den **L.see** (75 km²).

Leben, 1) *naturphilos.:* ein alles Leblose übersteigender Bereich des Wirklichen. Der Grund dieses höheren Wirkens von innen heraus (*L.sprinzip,* ↗Seele) ist mit naturwiss. Methoden nicht erfaßbar. **2)** *biolog.:* Lebensäußerungen lassen Lebewesen (↗Pflanze, ↗Tier, ↗Mensch) v. leblosen Naturdingen unterscheiden. Alles Lebendige hat äußere Gestalt u. innere Struktur, ist gekennzeichnet durch Stoff- und Energiewechsel, Reizbarkeit u. Bewegung, Fortpflanzung, Entwicklung. Die kleinste l.sfähige Form ist die ↗Zelle. L. ist eine Summe geordnet ineinandergreifender chem. u. physikal. Vorgänge, stoffl. gebunden an

Riesenmoleküle aus Kohlen-, Sauer-, Wasser-, Stickstoff, auch Phosphor-, Schwefel-u. andere anorgan. Verbindungen. Das Eiweiß u. die Nukleinsäuren sind die eig. L.sträger. Störung der harmon., räuml.-zeitl. Ordnung u. gegenseitigen Steuerung der L.sprozesse im Organismus ist Krankheit, ihre Auflösung bewirkt den Tod.

Lebensbaum, *Thuja,* immergrüne Nadelbäume mit schuppig belaubten Zweigen u. kleinen Fruchtzapfen; fünf Arten in Nordamerika u. Ostasien; Zierpflanzen; liefern *Thujaöl* u. dauerhaftes Holz.

Lebenserwartung, *mittlere L.,* eine statist. Größe; gibt die durchschnittl. Lebensdauer der Angehörigen einer bestimmten Altersschicht an; in der BRD für Neugeborene 1976/78: männl. 68,99, weibl. 75,64 Jahre (1871/80: 35,58 bzw. 38,45).

Lebenshaltungsindex, Meßziffer für die in regelmäßigen Abständen amtl. ermittelten ↗Lebenshaltungskosten. **Lebenshaltungskosten,** in der amtl. Statistik: aufgrund der Haushaltungsrechnungen einer sog. *Indexfamilie* (4-Personen-Arbeitnehmerhaushalt mittleren Einkommens) mit einem bestimmten Verbrauchsschema („Warenkorb") errechnet zur Ermittlung des ↗Lebenshaltungsindex.

Lebensphilosophie, will das Leben als das Dynamische, Werdende, das von innen her Wachsende zum tiefsten Grund der Wirklichkeit erklären, der nicht durch abstrakte Begriffe, sondern nur irrational, durch Intuition u. Fühlen erfaßt werden könne. Hauptvertreter in verschiedener Ausprägung: Nietzsche, Spengler, Dilthey, Bergson (schöpferische Entwicklung aus dem *élan vital*) u. Klages (Geist als Widersacher der Seele). Wichtig ist die L. als Überwindung des mechanist. Rationalismus. Sie verwischt teilweise die Unterschiede zw. geistigem u. biolog. Leben u. gibt vielfach das Sein an das Werden preis.

Lebensqualität, engl. *Quality of Life,* im Rahmen der Umweltdiskussion geprägter Begriff, der, über den mehr materiell verstandenen Lebensstandard des einzelnen hinausgehend, auf die Verbesserung der techn. u. soz. Umweltbedingungen u. die stärkere Berücksichtigung der Gemeinschaftsaufgaben zielt.

Lebensversicherung, Vertrag, nach dem gg. Prämienzahlung ein Geldkapital zu einem bestimmten Zeitpunkt an den Versicherungsnehmer *(Erlebensfall)* od. bei dessen Tod an die Erben ausgezahlt wird. Anstelle einer Kapitalausschüttung ist auch Zahlung einer Rente, ebenso eine Kombination beider Arten mögl. Zu den verschiedenen Arten der L. zählen auch *Aussteuer-* u. *Studienhilfeversicherung;* heute daher hinaus weitere vielfältige Formen. □ 1056.

Leber, 1) *Georg,* dt. Gewerkschaftsführer (SPD), * 1920; 66/69 Bundesverkehrsmin., 69/72 Min. für Verkehr u. Post, 72/78 Bundesverteidigungsminister. **2)** *Julius,* dt. Politiker (SPD), 1891–1945; Journalist; 1924/33 im Reichstag, 33/37 KZ-Haft; als Mitglied des ↗Kreisauer Kreises Juli 1944 verhaftet, am 5. 1. 1945 hingerichtet.

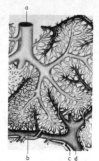

Leber (Schema):
a Lebervenen-,
b Pfortaderast,
c Gallengang
d Gallenkapillare
– □ 616/617

Lebensbaum (Thuja occidentalis): Zweig

Georg Leber

Julius Leber

Leber, *Hepar* (gr.), lebenswichtiges großes Stoffwechselorgan r. unter dem Zwerchfell. An ihrer Unterfläche münden L.arterien u. ↗Pfortader u. verläßt sie der Gallengang. Die L. bildet Galle, ist die vielseitigste chem. Umsatzstelle (Eiweiß-, Fett-, Zuckerumbau, Harnstoffbildung, Entgiftung v. Stoffwechselschlacken) u. dient als Speicherorgan für ↗Glykogen, Fett, Eiweiß, Blut u. Bluteisen. **L.atrophie** *w,* akute gelbe L., massives entzündl. Absterben v. L.zellen durch Vergiftungen od. Virusinfektion; führt zum Tode od. zur ↗L.schrumpfung. **L.blümchen,** Anemone mit hellblauen, im März erscheinenden Blüten, bes. in Buchenwäldern. **L.egel,** in der L. v. Schafen, Rindern, Schweinen, Pferden, gelegentl. auch beim Menschen schmarotzende Saugwürmer, bis 3 cm lang, oft massenhaft, verursachen *L.fäule* mit nachfolgendem Tod. **L.entzündung,** *Hepatitis,* Virusinfektion mit Fieber u. meist ↗Gelbsucht, kann zu ↗L.schrumpfung führen. **L.krebs,** fast immer als Tochtergeschwulst eines ↗Krebses anderer Organe. **L.moose,** einfachere Formen der ↗Moose, unregelmäßig-lappige, dem Boden flach aufliegende grüne, vielzellige Körper; Übergänge zu den ↗Laubmoosen. **L.pilz,** *Zungenpilz, Ochsenzunge,* Röhrenpilz mit blut- bis braunrotem, fast zungenförm. Hut, jung eßbar. **L.schrumpfung,** *L.zirrhose,* schleichender Zerfall u. Umwandlung großer Teile der L. in schrumpfende Bindegewebsfasern; Folge ist unzureichende L.funktion, häufig mit Bauchwassersucht. **L.stauung,** Stauung des Blutes in der L. infolge gestörten Blutabflusses, z. B. durch Herzschwäche. **L.tran,** traniges Öl aus frischer Dorschleber, reich an Vitaminen A u. D, jodhaltig u. leicht verdaulich, daher Nähr- u. Arzneimittel bei Rachitis u. Tuberkulose.

Lebkuchen, Backwerk aus Mehl, Honig u. Gewürzen.

Le Bon (: l⁰ bõn), *Gustave,* frz. Arzt u. Völkerpsychologe, 1841–1931; entwickelte die Gesetze der Massenpsychologie. *Psychologie der Massen.*

Le Bourget (: l⁰ burschä), nordöstl. Vorort v. Paris, 10 100 E.; großer Verkehrsflughafen.

Lebrun (: l⁰brön), *Charles,* frz. Maler u. Zeichner, 1619–90.

Lecce (: letsche), it. Prov.-Hst. in Apulien, Hafen am Adriat. Meer, 90 500 E.; Bischof. Barockbauten des 17. u. 18. Jh.

Lech, r. Nebenfluß der oberen Donau, entspringt in Vorarlberg, durchfließt die *Lechtaler Alpen* (↗Parseierspitze), mündet nach 263 km unterhalb Donauwörth; Kraftwerke an mehreren Staustufen, Schotterfeld zw. Lech u. Wertach. Bei Augsburg 955 Sieg Ottos d. Gr. über die Ungarn (sog. *Schlacht auf dem L.feld*).

Lechter, *Melchior,* dt. Maler u. Kunstgewerbler, 1865–1936; Glasgemälde; steht als Buchkünstler (Werke Stefan Georges) dem Jugendstil nahe.

Lecithin *s,* Verbindung der Glycerinphosphorsäure, ↗Lipoid, in tier. u. pflanzl. Zellen. *L.präparate* als Stärkungsmittel.

Lecksucht, krankhaftes Gelüste zum Belek-

Leber
die menschl. Leber:
Länge 30–35 cm
Breite 20–25 cm
Gewicht 1300–1700 g
(3–4% des Körpergewichts)
Verbrauch von ca. 12% des aufgenommenen Sauerstoffs
Leberläppchen:
Anzahl 0,8–1 Mill.
Länge 2 mm
Breite 1 mm

Leberblümchen

Le Corbusier: Bildnis, unten Notre-Dame-du-Haut bei Ronchamp

ken u. Fressen fremdartiger Gegenstände trotz guter Pflege, bes. bei Rindern. Ursache: Mangel an Kalk, Kochsalz u. anderen Mineralstoffen.

Leconte de Lisle (: l⁰kõnt d⁰ lil), *Charles,* frz. Lyriker, 1818–94; Haupt der Dichterschule des Parnaß; histor. od. exot. Stoffe.

Le Corbusier (: -büsje), eig. *Charles Édouard Jeanneret,* schweiz.-frz. Architekt, Maler u. Bildhauer, 1887–1965; verbindet modernste Bautechnik mit ästhet. befriedigender Form; *Wohnblock in Marseille* u. im *Hansaviertel Berlin,* Planung v. Chandigarh, *Kirche in Ronchamp* u. a.

Le Creusot (: l⁰ kröso), frz. Ind.-Stadt im Dep. Saône-et-Loire, 35 000 E.; Stahlwerk, Rüstungsindustrie.

Leda, Königstochter der griech. Sage; Geliebte des Zeus, der ihr als Schwan nahte; gebar ihm u. a. Helena.

Leder, durch ↗Gerben chem. haltbar gemachte Tierhaut (v. Wiederkäuern, Schweinen, Fischen u. a.). *Spalt-L.,* der Fläche nach in Schichten zerlegtes Leder. *Kunst-L.,* Kunststoffe mit l.artigem Aussehen und Verhalten. *Wildleder.*

Lederhaut, 1) *Corium,* die Unterhaut. **2)** *Sklera,* weiße Haut des Augapfels. □ 618.

Lederstrumpf, Spitzname des *Natty Bumppo* in *J. F. Coopers* ↗Indianergeschichten *Die Prärie; L.erzählungen.*

Ledóchowski (: ledu-), poln. Grafengeschlecht: **1)** *Maria Theresia* Gräfin Ledóchowska, Nichte v. 2), 1863–1922; Gründerin der Petrus-Claver-Sodalität. **2)** *Mieczysław Halka* Graf v., Erzb. u. Gnesen-Posen, 1822–1902; im preuß. Kulturkampf 1874 in Haft u. abgesetzt, seit 75 Kurien-Kard.; leitete 76/86 sein Erzbistum v. Rom aus.

Lee *w,* die dem Wind abgekehrte Seite eines Schiffes; Ggs.: Luv.

Leeds (: lids), engl. Ind.-Stadt in der Gft. York, beiderseits des Aire, mit 120 km langem Kanal nach Liverpool, 495 000 E.; kath. Bischof; Univ.; Tuch-, Stahlindustrie.

Leer (Ostfriesland), niedersächs. Krst., Hafen an der unteren Ems, 31 400 E.; Fachhochschule (Seefahrt); Lebensmittel-Ind., Viehmärkte, Fischereiflotte.

Leeuwarden (:l̲e̲w-), Hst. der niederländ. Prov. Friesland, 85000 E.; Jakobinerkirche (13. Jh.); Viehmärkte.

Leeuwenhoek (:l̲e̲wenhuk), *Antony van,* niederländ. Naturforscher, 1632–1723; entdeckte mit selbstgebauten Mikroskopen Mikroorganismen, Protozoen u. Blutkörperchen. [↗Antillen.

Leewardinseln (:l̲i̲w^{er}d-), Inselgruppe der **le Fort** (:l^o för), *Gertrud v.,* dt. Dichterin, 1876–1971; aus frz. Hugenottenfamilie, konvertierte zur kath. Kirche. Christl. Motive (Opfer, Liebe, Gewaltlosigkeit) bestimmen ihre Romane *(Schweißtuch der Veronika, Die Magdeburgische Hochzeit)* u. Erzählungen *(Die Letzte am Schafott).* Hymnen an die Kirche.

legal (lat.), gesetzlich. **Legalität** w, Gesetzlichkeit (des Handelns). **L.sprinzip,** Verfolgungszwang im Strafrecht; verpflichtet die Staatsanwaltschaft, bei hinreichendem Verdacht einer Straftat Anklage zu erheben.

Legasthenie w (gr.), angeborene Lese- u. Schreibschwäche sonst meist normal intelligenter Kinder. Beruht vermutl. auf partiellem Anlagemangel des Gehirns.

Legat s (lat.), Vermächtnis.

Legat m, 1) im alten Rom Gesandter, Unterfeldherr. 2) päpstl. Gesandter.

Legation w, (bes. päpstl.) Gesandtschaft. **Legationsrat,** höherer Beamter im Auswärtigen Dienst.

legato (it.), musikalisch: streng gebunden.

Legende w (lat.), 1) urspr. Lesung v. Stücken aus dem Leben der Märtyrer u. Bekenner; dann volkstüml. Erzählung aus dem Leben der Heiligen mit (sagenhaft) wunderbaren Geschehnissen; bes. im MA, auch in anderen Religionen (ind. L.n); allg. ungeschichtl. Darstellung, so die polit. L. (z. B. Dolchstoß-L.). 2) auf Gemälden, Graphiken, Plastiken Text zur Erläuterung der Darstellung. 3) auf Münzen: In- od. Umschrift. 4) die Zeichenerklärung auf Landkarten.

Léger (:leshe̲), *Fernand,* frz. Maler u. Graphiker, 1881–1955; Vertreter des Kubismus; bevorzugte technisierte Formen (röhrenförmige Bildelemente, daher *Le Tubiste* gen.) u. maschinenmäßige Darstellungen. Im Spätwerk auch rel. Thematik (u.a. Glasfenster für die Kirche v. Audincourt).

leger (:lesha̲r, frz.), ungezwungen.

Legföhre, Krummholz, Berg-/↗Kiefer.

Leghorn s (engl.), verbreitetstes weißes Legehuhn, urspr. aus Livorno (engl. *Leghorn*), in USA durchgezüchtet.

Gertrud von le Fort

Franz Lehár

F. Léger: Drei Frauen (1921)

Legierung w (lat.), durch das Zusammenschmelzen *(Legieren)* zweier od. mehrerer Metalle, auch Nichtmetalle, erhaltene Mischung, die nach dem Erstarren charakterist. Eigenschaften zeigt, wie sie keines der einzelnen Metalle hat. In der Technik bes. wichtige L.en: Stahl, Bronze, Messing, Rotguß, Weißmetall, Hartaluminium.

Legion w (lat.), 1) röm. Heereseinheit, urspr. 3000, später 6000 Mann. 2) seit der Frz. Revolution Freiwilligentruppe. 3) übertragen: riesige Menge.

legislativ (lat.), gesetzgebend. **L.e** w, gesetzgebende Gewalt.

Legislatur w (lat.), Gesetzgebung. **L.periode,** der Zeitraum, für den die Mitgl. einer gesetzgebenden Körperschaft gewählt sind.

legitim (lat.), rechtmäßig, ehelich. **Legitimation** w (lat.; Ztw. *legitimieren*), 1) Ausweis über die Person od. eine Berechtigung. 2) Versetzung eines nichtehel. Kindes in die Rechtsstellung des ehel. 3) ↗Aktiv-, ↗Passiv-L. **Legitimität** w, Rechtmäßigkeit der Staatsgewalt; Ehelichkeit. **Legitimitätsprinzip** s, der Grundsatz, daß erbl. Fürstenhäusern die Krone nicht durch Gewalt od. Volksbeschluß entziehbar ist.

Legnano (:lenja-), it. Stadt n.w. von Mailand, 50000 E.; Textil-Ind. – 1176 Sieg des Lombard. Städtebundes über Ks. Friedrich I. [rich I.

Legnica (:legnitßa) /↗Liegnitz.

Leguan w, trop. Baumeidechse, mit gezacktem Rückenkamm; in Amerika u. auf Madagaskar.

Leguminosen, *Hülsenfrüchtler;* der Fruchtknoten ist eine ↗Hülse; für Ernährung von Mensch u. Tier bes. wichtig die *Schmetterlingsblütler;* tragen in Wurzelknöllchen stickstoffsammelnde Bakterien (↗Knöllchenbakterien) u. erzeugen in ihren Hülsenfrüchten viel Eiweiß; z. B. Linse, Bohne, Erbse, Soja, Erdnuß, Klee, Esparsette.

Lehár, *Franz,* östr.-ungar. Komponist, 1870–1948; der erfolgreichste moderne Operettenkomponist, zum Opernhaften neigend. *Die lustige Witwe; Land des Lächelns; Friederike.*

Le Havre (:l^o awr), bedeutendster frz. Atlantikhafen, am 9 km breiten Mündungstrichter der Seine (Brücke), 217000 E.; Docks, Werften, Ölraffinerie. Pipeline nach Paris.

Lehen, *Belehnung,* v. Eigentümer verliehenes, mit einem gegenseitigen Treueverhältnis verbundenes Nutzungsrecht an fremdem Vermögensobjekt. **L.swesen,** konstitutives Element der Verf. des mittelalterl. Staatswesens. Der *Lehnsherr* gab Grundbesitz, Ämter usw. als L. zu lebenslängl. (in Dtl. seit dem 11. Jh. erbl.) Nutznießung an einen *Lehnsmann* (Vasall), der dafür Hof- u. Heerdienst leistete. Der Lehnsmann konnte das L. an einen andern (Aftervasall) weiterverleihen, wodurch eine feste Rangordnung (Heerschild) entstand. In Engl., Fkr. u. Spanien straffe Eingliederung der großen Lehnsträger (Herzöge, Barone) in die umfassendere Königsherrschaft. Die Emanzipation der Kronvasallen v. der königl. Gewalt kennzeichnet das Herrschaftsgefüge des Dt. Reichs u. trug zu

Lotte Lehmann

fester Schenkel

Maßschneiden

beweglicher Schenkel

Nonius

Lineal (Mit Zoll- und Milli- metereintei- lung)

Lehre: Schieblehre

W. Leibl: Drei Frauen in der Kirche

G. W. von Leibniz

dessen Machtschwächung bei. ↗Feudalismus.

Lehm, durch Eisenoxide gelbl. gefärbtes Verwitterungsprodukt silicatreicher Gesteine; enthält neben Tonanteilen sandiges Material; weniger plast. als Ton. Durch Entkalkung wird Geschiebemergel zu *Geschiebe-L.,* Löß zu *Löß-L.*

Lehmann, 1) *Arthur-Heinz,* dt. Schriftsteller, 1909–56; humorvolle Romane, u.a. *Hengst Maestoso Austria; Die Stute Deflorata.* **2)** *Lilly,* dt. Sängerin (Sopran), 1848–1929; ab 1870 am Berliner Opernhaus, 86/91 am Metropolitan Opera House, New York, später wieder in Berlin; Gesangspädagogin. **3)** *Lotte,* dt. Sängerin (Sopran), 1888–1976; wirkte u.a. 1914/38 an der Wiener Staatsoper u. 34/45 am Metropolitan Opera House, New York; Gesangspädagogin.

Lehmbruck, *Wilhelm,* dt. Bildhauer u. Graphiker des Expressionismus, 1881–1919.

Lehnin, brandenburg. Stadt s.w. von Potsdam, 3500 E.; ehem. Zisterzienserkloster (1180/1541).

Lehnwörter, Wörter fremder Herkunft, aber eingedeutscht (Ggs. Fremdwort).

Lehre, 1) Meßgerät zum Prüfen der Maße u. Formen der Werkstücke. *Grenz-L.n* zeigen 2 feste Maße (Gutseite, Ausschußseite), deren Spielraum festgelegt ist. **2)** ↗Lehrling.

Lehrer(in), 1) i.w.S. Bz. für jeden unterrichtend od. ausbildend Tätigen. **2)** i.e.S. Angehöriger einer Berufsgruppe, die nach vorgeschriebener Ausbildung den Lehrberuf an einer Lehranstalt (z.B. Grund- u. Hauptschul-L., Real-L., Gymnasial-L.) od. privat ausübt (z.B. Musik-, Sport-, Fahr-L.). **Lehrfilm,** ein Film, der wiss. od. handwerkl. Verfahren vorführt. **Lehrfreiheit,** die durch die Verf. garantierte Freiheit, ohne staatl. Zwang in Stoff u. Richtung zu lehren. **Lehrling,** *Auszubildender,* Jugendlicher in der berufl. Ausbildung (*Lehre;* meist 3 Jahre); zu unterscheiden: *gewerbl., kaufmänn.* u. *Handwerks-L.e.* Die Ausbildung erfolgt aufgrund eines *Lehrvertrages* zw. *Lehrherrn* u. L. u. bezweckt nicht die Leistung produktiver Arbeit; Pflicht zum Besuch der ↗Berufsschule. Die Ausbildung wird durch eine Abschlußprüfung vor der Handwerks- bzw. Ind.- u. Handelskammer abgeschlossen: *Gesellen-* od. *kaufmänn. Gehilfenprüfung.* ↗Anlernling. **Lehrmittel,** Unterrichtshilfen für den Lehrer zur Veranschaulichung des Lehrstoffes und der Einsichtgewinnung (z.B. Karten, Modelle, Filme). **Lehrplan,** *Bildungsplan,* Lehrordnung, in der Richtlinien für den Unterricht (u.a. Lehrstoff) für bestimmte Altersstufen u. Schultypen festgelegt sind. **Lehr- und Lernmittelfreiheit,** kostenlose Bereitstellung v. Lehr- u. Lernmitteln für Lehrer u. Schüler durch den Staat.

Lehrte, niedersächs. Stadt u. Bahnknoten östl. Hannover, 38300 E.; Maschinen- und chem. Industrie.

Leibeigenschaft, Zustand der persönl. u. wirtschaftl. Unfreiheit. Die ältere, aber mildere west- u. süddt. L., die bes. in der Neuzeit den Aufstieg in die Hörigkeit offenließ, ist v. der harten ostdt. zu unterscheiden, die

zur ↗Erbuntertänigkeit führte. Beide äußerten sich in der persönl. Zugehörigkeit zu einem Grundherrn bzw. Gutsherrn, im Mangel an Freizügigkeit u. in der Verpflichtung zu Abgaben u. Diensten (Frondienst). Im 18./19. Jh. überall beseitigt, zuletzt 1861 in Rußland.

Leibesübungen ↗Sport, ↗Turnen, ↗Gymnastik.

Leibgarde, *Leibwache,* kleine, auserlesene Mannschaft; urspr. zum Schutz eines Heerführers, dann auch eines Fürsten bestimmt.

Leibgeding ↗Altenteil.

Leibl, *Wilhelm,* dt. Maler, 1844–1900; Vollender des dt. Realismus, mit scharfer Beobachtung; bes. Jagd- u. Bauernbilder, auch bedeutend als Porträtist.

Leibniz, *Gottfried Wilhelm v.,* der universalste Geist des 17. Jh., 1646–1716; seit 1676 Hofrat u. Bibliothekar in Hannover; Briefwechsel mit den Gelehrten Europas; diplomat. u. wiss. Reisen nach Paris, Wien u. Rom; regte Akademiegründungen in Berlin, Wien u. St. Petersburg an. Als gläubiger ev. Christ für polit. u. konfessionellen Frieden u. Kirchenunion. In der Physik verdient um die Entwicklung der Mechanik. In der Mathematik fand er später als Newton, aber unabhängig v. ihm, die Differential- u. Integralrechnung. Auch als Historiker u. Jurist bedeutend. Vor allem gewann er als Philosoph großen Einfluß durch seine Lehre v. den ↗Monaden. Mittelpunkt der Welt ist danach Gott, die unendl. *Urmonade* u. der Schöpfer dieser „besten aller Welten''.

Leibrente, lebenslängl. Recht auf regelmäßige u. gleichmäßige Leistungen v. Geld- od. anderen vertretbaren Sachen.

Leibung, 1) *Laibung,* innere Begrenzungsfläche einer Wandöffnung. **2)** bei Wölbungen die innere Wölbung.

Leicester (: lĕßt[er]), Hst. der engl. Grafschaft L., 284000 E.; Univ.; anglikan. Bischof; vielseitige Ind.: Wirkwaren, Schuhe, Maschinen.

Leich *m,* a) altgerman. kultisches Chor- u. Tanzlied; b) mhd. Tanz-, religiöse od. Minnedichtung.

Leichtathletik-Wettkampfarten

MÄNNER

1. Laufwettbewerbe:
Olympische
Disziplinen:
100 m
200 m
400 m
800 m
1500 m
5000 m
10000 m
Marathonlauf
(42195 m)
Andere offizielle
Disziplinen:
1000 m
2000 m
3000 m
20000 m
25000 m
30000 m
Stundenlauf
Distanzen in englisch-
sprachigen Ländern:
100 Yards (91,44 m)
220 Yards (201,17 m)
440 Yards (402,34 m)
= Viertelmeile
880 Yards (804,65 m)
= halbe Meile
1 Meile (1609,3 m)
2 Meilen (3218,6 m)
3 Meilen (4827,9 m)
6 Meilen (9655,8 m)
10 Meilen (16093 m)
15 Meilen (24139,5 m)

**2. Hürden-
wettbewerbe:**
Olympische
Disziplinen:
110 m
400 m
3000-m-Hindernislauf
Andere offizielle
Disziplinen:
200 m
120 Yards (109,78 m)
220 Yards (201,17 m)
440 Yards (402,34 m)

**3. Sprung-
wettbewerbe:**
Olympische
Disziplinen:
Hochsprung
Stabhochsprung
Weitsprung
Dreisprung

4. Wurfwettbewerbe:
Olympische
Disziplinen:
Kugelstoßen
Diskuswerfen
Hammerwerfen
Speerwerfen

5. Gehwettbewerbe:
Olympische
Disziplinen:
20 km
50 km
Andere offizielle
Disziplinen:
30 km
20 Meilen (32186 m)
30 Meilen(48279 m)
2 Stunden

6. Mehrkämpfe:
Olympische
Disziplin:
Zehnkampf:
100-m-Lauf
Weitsprung
Kugelstoßen
Hochsprung
400-m-Lauf
110-m-Hürdenlauf
Diskuswerfen
Stabhochsprung
Speerwerfen
1500-m-Lauf
Andere offizielle
Disziplin:
Internat. Fünfkampf:
Weitsprung
Speerwerfen
200-m-Lauf
Diskuswerfen
1500-m-Lauf
– □ 303.

**7. Staffel-
wettbewerbe:**
Olympische
Disziplinen:
4×100 m
4×400 m
Andere offizielle
Disziplinen:
4×200 m
4×800 m
4×1500 m
4×100 Yards
4×220 Yards
4×440 Yards
4×880 Yards
4×1 Meile

FRAUEN

1. Laufwettbewerbe:
Olympische
Disziplinen:
100 m
200 m
400 m
800 m
1500 m
3000 m
Andere offizielle
Disziplinen:
60 m
100 Yards
220 Yards
440 Yards
880 Yards
1 Meile

**2. Hürden-
wettbewerbe:**
Olympische Disziplin:
100 m
Andere offizielle
Disziplin:
200 m

**3. Sprung-
wettbewerbe:**
Olympische
Disziplinen:
Hochsprung
Weitsprung

4. Wurfwettbewerbe:
Olympische
Disziplinen:
Kugelstoßen
Diskuswerfen
Speerwerfen

5. Mehrkämpfe:
Olympische
Disziplin:
Olymp. Fünfkampf
100-m-Hürdenlauf
Kugelstoßen
Hochsprung
Weitsprung
800-m-Lauf
Andere offizielle
Disziplin:
Internat. Fünfkampf:
80-m-Hürdenlauf
Kugelstoßen
Hochsprung
Weitsprung
200-m-Lauf

**6. Staffel-
wettbewerbe:**
Olympische
Disziplinen:
4×100 m
4×400 m
Andere offizielle
Disziplinen:
4×200 m
3×800 m
4×800 m
4×110 Yards
4×220 Yards
4×440 Yards
3×880 Yards

Leichdorn, das ↗Hühnerauge.
Leichen, tote tierische u. menschl. Körper.
L.gifte, gebildet durch Fäulnis, verursachen Geschwüre u. Zerfall des Hautgewebes.
L.schau, äußere Besichtigung einer Leiche in staatl. Auftrag, bezweckt Feststellung des Todes u. der Todesursache; erfolgt durch den amtl. bestellten *L.beschauer* oder durch Ärzte. **L.starre,** *Totenstarre,* Steif- u. Hartwerden der quergestreiften Muskulatur. Totenflecke, bläulichrot, durch Absinken des Blutes u. Ausbreitung des Blutfarbstoffes. **L.verbrennung,** *Feuerbestattung,* eine in manchen Kulturen übliche Form der Bestattung; in Europa durch die Frz. Revolution u. die Freimaurerei aus Gegnerschaft zur Kirche propagiert. Die Asche wird in eigenen Urnenhainen aufbewahrt od. erdbestattet. Die ev. Kirchen lassen sie seit Anfang des 20. Jh. zu. Auch die kath. Kirche, die sie früher scharf ablehnte, gestattet sie seit 1963 unter bestimmten Voraussetzungen.
Leichlingen, rhein. Stadt im Rheinisch-Bergischen Kr., 24700 E.; Obstbau und Erdbeerkulturen; Textilindustrie.

Leichtathletik *w,* Sammel-Bz. für die Sportübungen Lauf, Sprung, Wurf, Stoßen und Gehen.
Leichter, flaches Wasserfahrzeug zur Entladung größerer Schiffe.
Leichtgewicht ↗Gewichtsklasse.
Leichtmetalle, Metalle mit einer Dichte unter ca. 4,5 g/cm^3. L. sind u.a. Aluminium, Magnesium, Natrium, Kalium, Calcium, Strontium, Barium, Beryllium, Lithium, Rubidium, Caesium, Scandium.
Leichtöl, leicht entzündl. Gemisch aus ↗Kohlenwasserstoffen, durch Destillation bis zu 170° C gewonnen.
Leid, bezeichnet im Ggs. zu Liebe u. Freude das zugefügte Böse, Kränkende, also den objektiven Sachverhalt der Betrübnis.
Leiden, das Erdulden v. schmerzl. Erlebnissen in Krankheit, Angst u. Schicksalsschlägen; Grunderfahrung des menschl. Lebens, um dessen Deutung alle Völker in Religion, Philosophie u. Kunst gerungen haben. – Das L. ist in christl. Verständnis eine Folge der Sünde od. eine göttl. Prüfung.
Leiden, niederländ. Stadt, am Rheindelta, v. Grachten durchzogen, 105000 E.; älteste

Univ. der Niederlande (1575 gegr.); got. Kirchen, Renaissance-Rathaus. **L.er Flasche,** innen u. außen mit Stanniol belegtes Glasgefäß; zur Anhäufung größerer Elektrizitätsmengen; ursprüngl. Form des Kondensators.

Leidenfrostsches Phänomen, die Erscheinung, daß Wassertropfen auf glühender Metallplatte herumtanzen, ohne sofort zu verdampfen; bedingt durch Dampfhülle um den Tropfen (benannt nach J. G. Leidenfrost, 1715–94).

Leier, 1) Zupfinstrument, bestehend aus einem Schallkörper u. 2 Saitenstäben; in Antike u. MA weit verbreitet. **2)** *Drehleier,* Musikinstrument, dessen Saiten durch eine Drehscheibe zum Erklingen gebracht werden. **3)** Sternbild des Nordhimmels, mit dem Hauptstern ↗Wega.

Sternbild Leier

Leierkasten, *Drehorgel,* kleine Orgel, mechanisch betrieben.

Leierschwanz, austral., fasanengroßer Waldvogel; Männchen hat leierförmig gekrümmte Schwanzfedern.

Leif Erikson, norweg. Seefahrer; erreichte um 1000 auf einer Fahrt nach Grönland Labrador.

Leigh (: li), *Vivien* (eig. Vivian Mary Hartley), engl. Schauspielerin, 1913–67; 40/60 mit L. ↗Olivier verheiratet; Filme: *Vom Winde verweht; Cäsar und Cleopatra; Endstation Sehnsucht.*

Leihe, Vertrag, durch den sich der *Verleiher* verpflichtet, dem *Entleiher* eine Sache unentgeltl. zum Gebrauch zu überlassen; bei Fehlen einer Frist Rückforderung jederzeit möglich.

Leihhaus, *Leihanstalt,* ↗Pfandhaus.

Leierschwanz

Leih- u. Pachtgesetz, Gesetz v. 1941, das den Präs. der USA bevollmächtigte, jedem Land, dessen Verteidigung er als lebenswichtig für die USA erachtete, Kriegsmaterial u. Versorgungsgüter leih- od. pachtweise od. käufl. zu überlassen; bis 46 in Kraft.

Leim, ein Klebemittel. *Tierische L.e* werden durch Auskochen v. Eiweißstoffen aus Knochen, Häuten u. Fischabfällen gewonnen *(Tischler-L.),* pflanzliche *L.e* u. a. aus Stärke, Dextrin oder Kautschuk. *Kunst-L.* sind Lösungen v. Nitrocellulose, Celluloid oder Kunstharzen in organ. Lösungsmitteln.

Leimkraut, Nelkengewächsgattung; in Dtl. bes. der *Taubenkropf* u. das *Nickende L.*

Lein, *Flachs,* dünnstengelige Pflanze mit Fruchtkapseln. Verwendung: a) als *Faser-L.,* zur Gewinnung der Gespinstfasern; liefert ↗Leinwand; b) als *Kleng-* od. *Klang-Lein,* zur Gewinnung v. ↗Leinöl.

Leine *w,* l. Nebenfluß der Aller, 280 km lang; auf 112 km (ab Hannover) schiffbar.

Leinengarn, Gespinst aus Flachsgarn, für Leinwand u. Zwirn.

Leinfelden-Echterdingen, württ. Stadt auf den Fildern, 35 100 E.; elektrotechn. und Metall-Ind.; Flugplatz v. Stuttgart.

Leinkraut, Rachenblütler, Kräuter od. Halbsträucher; in Dtl. *Löwenmäulchen.* Zierpflanzen: *Alpen-L.* (☐451), *Zymbelkraut.*

Leinkuchen, Ölkuchen der Leinölgewinnung; Futtermittel. **Leinöl,** aus ↗Leinsamen

Vivien Leigh

Lein (Flachs)

durch Auspressen gewonnenes Öl; für Firnisbereitung, Ölfarben, Lacke, Kitte, Druckerfarbe, Stoffe, Linoleum; für Brandsalben. **Leinsamen,** zur Ölgewinnung, als Vogelfutter, zu heißen Kompressen.

Leinwand, *Leinen,* Gewebe aus Leinen, seltener Hanf od. Werg; *Halb-Leinen,* wenn Baumwolle beigemischt; *Leinenbatist* ist feinfädige L.; *Steifleinen* als Einlagematerial stark appretiert.

Leip, *Hans,* dt. Schriftsteller, auch Graphiker, * 1893; Roman *Das Muschelhorn; Die Taverne z. mus. Schellfisch;* Lyrik.

Leipzig, sächs. Handels-, Verkehrs- u. Ind.-Zentrum, Bez.-Hst. in der *L.er Tieflandsbucht,* 565 000 E.; *L.er Messe* (seit 1268); Univ. (1409 gegr.), Handelshochschule, Hochschulen für Musik, Körperkultur, Graphik u. Buchkunst, Theater, Binnenhandel u. für Bauwesen. Museen, Deutsche Bücherei; Opern- u. Schauspielhaus; Buchhandel und -verlage, Musikalienhandel; Pelzhandel; Druckmaschinen. – Urspr. slaw. Gründung, erhielt zw. 1161 u. 70 dt. Stadtrecht; 1813 in der *Völkerschlacht bei L.* Sieg der Verbündeten über Napoleon. **L.er Disputation,** 1519 theolog. Streitgespräch zw. Eck u. Karlstadt, dann zw. Eck u. Luther.

Leis *m,* ahd. u. mhd. geistl. Volkslied.

Leisewitz, *Johann Anton,* dt. Dramatiker des Sturm u. Drang, 1752–1806; *Julius v. Tarent.*

Leiste, 1) Übergangsstelle vom Rumpf zum Oberschenkel. **2)** Hangabsatz im Gebirge; Abhang. **3)** der seitl. Geweberand. **L.n,** hölzerne Schuhschublade.

Leistung, 1) pro Zeiteinheit geleistete ↗Arbeit; fr. *Effekt.* Einheit: ↗Watt; die ↗Pferdestärke ist gesetzl. nicht mehr zulässig. **2)** *wirtschaftl.* das erstrebte Ergebnis des Produktionsprozesses, auch die Dienste des Dienstleistungsgewerbes. **3)** *rechtl.* die Erfüllung einer Verbindlichkeit. **L.sort** ↗Erfüllung. **L.sverzug,** *Schuldnerverzug,* ↗Verzug.

Leitbündel, Zusammenschluß röhrenförmiger Gewebeelemente für den Stofftransport in höheren Pflanzen. [Wärme fortleitet.

Leiter *m,* Stoff, der Elektrizität, Schall, **Leitfossilien,** Versteinerungen v. Tieren od. Pflanzen, die für bestimmte Zeitalter der Erdgeschichte kennzeichnend sind.

Leitha *w,* Nebenfluß der Donau, 178 km lang; bis 1918 Grenze zw. Östr. u. Ungarn. **L.gebirge,** Höhenrücken (483 m) zw. den Zentralalpen u. den Kleinen Karpaten.

Leitmeritz, tschech. *Litoměřice* (: -mjerschitße), tschsl. Bez.-Stadt an der Elbe, 18 000 E.; bis 1945 viele Dt.; kath. Bischof; Wein-, Obstbau.

Leitmotiv, prägnantes musikal. Thema, das im gleichen Werk zur Charakterisierung v. Personen od. Vorgängen mehrfach auftaucht; bes. bei Richard Wagner; i. ü. S. für wiederkehrende Motive einer Dichtung.

Leitstrahl, durch ein Richtfunkfeuer abgestrahlte elektr. Kursmarkierung.

Leitung, dient zum Transport v. Substanzen, meist als Röhren, wie Wasser-, Gas-, Öl-L. usw., od. Energie in elektr. L., z. B. in ↗Kabeln, Freileitern, Litzen usw.

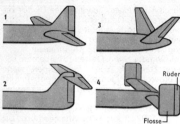

Leitwerk; Leitwerksformen v. Flugzeugen:
1 Normal-L., 2 T-Leitwerk, 3 V-Leitwerk, 4 Endscheiben-L.

Leitwerk, 1) beim Flugzeug die Steuervorrichtung am Heck (Höhen- u. Seitenruder). **2)** im Flußbau ein die Fließrichtung bestimmender Damm.
Leitzahl, bei Blitzlichtgeräten das Produkt aus Blendenzahl mal Entfernung des Blitzes bis z. Objekt in Metern.
Lek m, der mittlere Teil des nördl. Rheinarmes in den Niederlanden.
Lektion w (lat.), **1)** Lehre. **2)** Abschnitt eines Lehrbuches.
Lektor m (lat.), **1)** Hochschullehrer, meist nicht habilitiert, der Sprachkurse u. Übungen abhält. **2)** in der christl. Liturgie der Vorbeter od. Vorleser beim Gottesdienst. **3)** Verlagsmitarbeiter, der neue Manuskripte
Lektüre w (frz.), Lesen, Lesestoff.   [prüft.
Le Locle (: l° lokl), Bez.-Stadt im Schweizer Kt. Neuenburg, 925 m ü. M., 15000 E.; Uhren-Ind. mit Technikum.
Lemaitre (: l°mätr°), Georges, belg. Astronom u. Physiker, 1894–1966; Prof. u. Domherr in Löwen. Arbeiten zur Kosmogonie.
Le Mans (: l° mãn), Hst. des westfrz. Dep. Sarthe, 150500 E.; Bischof, got. Kathedrale (11./15. Jh.). Autorennstrecke (24-Stunden-Rennen).
Lemberg, russ. Lwow, ukrain. Stadt am Ostabfall der Podolischen Platte, Handels-, Verkehrs- u. Bildungszentrum Galiziens, 667000 E.; kath. Erzb., orth. u. armen. Bischof; Univ., TH u. andere Hochschulen; Erdölindustrie.
Lemgo, westfäl. Stadt im Lippischen Hügelland, 39600 E.; Nikolaikirche (13. Jh.), Marienkirche (14. Jh.); Fachhochschule, Ingenieurschule; Möbelfabriken.
Lemmer, Ernst, 1898–1970; 1922/33 Generalsekretär der Hirsch-Dunckerschen Gewerkvereine, 45 Mitbegr. der CDU in der SBZ; 56/57 Bundespostmin., 57/62 Bundesmin. für Gesamtdt. Fragen, 64/65 für Vertriebene, seit 65 Sonderbeauftragter des Bundeskanzlers für Berlin.
Lemming m (dän.), skandinav. Wühlmaus; rasche Fortpflanzung, weite Wanderungen.

Lemming

Lemnitzer, Lyman Louis, am. General, * 1899; 1962/69 Oberbefehlshaber der am. Streitkräfte in Europa, 63/69 zugleich der NATO-Streitkräfte.
Lemnos, neugriech. Limnos, griech. Insel im nördl. Ägäischen Meer, 476 km², Hauptort Kastron; Korn-, Wein- u. Olivenkulturen.
Lemuren (Mz., lat.), **1)** röm. Totengeister. **2)** Lemuriden, Halbaffen, Nachttiere, ausschließl. auf Madagaskar.
Lena w, sibir. Strom; mündet nach 4400 km mit 200 km breitem Delta in das Nördliche Eismeer; 4000 km schiffbar. Das L.gebiet ist reich an Gold.
Le Nain (: -nãn), frz. Maler, 3 Brüder: Antoine, um 1588–1648; Louis, um 1593–1648; Mathieu, 1607–77; volkstüml. Szenen.
Lenard, Philipp, dt. Physiker, 1862–1947; Erforschung der Kathodenstrahlen (Nobelpreis 1905) u. des lichtelektr. Effekts.
Lenau, Nikolaus (eig. Niembsch Edler v. Strehlenau), östr. Dichter, 1802–50; Musikalität der Sprache, Schwermut u. Weltschmerz bestimmen seine Lyrik; daneben Versepen.
Lenbach, Franz v., dt. Maler, 1836–1904; gefeierter Porträtist der Gründerjahre.
Lende w, Lumbus, unterster Teil des Rückens zw. den unteren Wirbeln, den unteren Rippen u. dem Darmbeinkamm.
Lendringsen, Stadtteil v. Menden (seit 1975); Eisen- u. Papier-Ind., Kalkwerke.
Lengerich, westfäl. Stadt im Tecklenburger Land, 20400 E.; Zement- u. Maschinen-Ind.
Lenin (eig. Uljanow), Wladimir Iljitsch, 1870–1924; übernahm 1903 bei der Spaltung der russ. Sozialisten die Leitung der radikalen Bolschewisten, 1900/05 u. 07/17 im Exil; kehrte mit dt. Hilfe nach Rußland zurück u. riß dort die Macht an sich. Er schuf den Sowjetstaat, trat an die Spitze des neugegr. Rates der Volkskommissare u. warf im 4jähr. Bürgerkrieg die inneren Gegner nieder. L. entwickelte die kommunist. Lehre v. Marx u. Engels zum sog. ⟋Leninismus weiter. Er vertrat die Ansicht, der Weltkapitalismus werde durch die Weltrevolution beseitigt.
Leninakan, russ. Stadt in der Armen. SSR, nahe der türk. Grenze, 207000 E.; Textil- u. chem. Industrie.
Leningrad, bis 1914 St. Petersburg, bis 1924 Petrograd, zweitgrößte Stadt der Sowjetunion, wichtigste sowjet. Hafenstadt an der Mündung der Newa in den Finn. Meerbusen, 4,1 Mill. E. (m. V. 4,6 Mill. E.). Ehem. Residenz der Zaren u. eine der schönsten russ. Städte; orth. Metropolit; Univ. u. weitere Hochschulen, Akademie der Wiss., eine der größten Bibliotheken der Welt. Berühmte Kunstgalerie (Eremitage). In den Vorstädten große Ind.-Werke: Maschinen-, Elektro-, chem. Ind.; Werften. – 1703 v. Peter d.Gr. als St. Petersburg gegr., 1712 Residenz; 1917 hier Sturz des Zaren, 18 Verlegung der Regierung nach Moskau.
Leninismus m, seit 1924 Bz. für die v. ⟋Lenin zur Theorie des Weltkommunismus weiterentwickelte Lehre v. ⟋Marx u. ⟋Engels. Im atheist.-materialist. fundierten L. sind die kosmopolit.-humanitären Aspekte

Nikolaus Lenau

F. von Lenbach (Selbstbildnis)

Lenin

Ernst Lemmer

des ↗Marxismus v. totalitär-diktator. u.
kollektivist. Elementen verdrängt, wird die
Theorie v. der absoluten Herrschaft der
kommunist. Kampfpartei sowie v. der Strategie u. Taktik der Weltrevolution ausführl.
entwickelt.
Leninsk-Kusnezkij, bis 1925 *Koltschugino,*
sowjet. Ind.-Stadt im Kusnezker Kohlenbek-
ken, 132000 E.; Steinkohlenbergbau.
Lenksysteme, Vorrichtungen, um Flugkörper u. Hochleistungsflugzeuge in ein vorbe-
stimmtes Ziel zu führen, bes. als *Fern-L.*
(Kommando-L.) u. als *Selbst-L.* (Zielsuch-,
Leitstrahl- und Programm-L.).
Lenné, *Peter Joseph,* 1789–1866; Mitbegr.
des landschaftl. Gartenstils; Tiergarten in
Berlin, Anlagen bei Sanssouci.
Lennestadt, 1969 durch Zusammenschluß
mehrerer Gem. entstandene westfäl. Stadt,
Kr. Olpe, 26000 E.; Schwefelkies- u.
Schwerspatgruben.
Le Nôtre (:lǒ nǒtr[e]), *André,* frz. Garten-
architekt, 1613–1700; leitete seit 1661 die
Gestaltung der Schloßgartenanlage in Ver-
sailles, Schöpfer des frz. geometr. Garten-
stils des Barock.
Lens (: lãñß), nordfrz. Ind.-Stadt im Dep.
Pas-de-Calais, 40000 E.; Steinkohlenbergbau, chem. u. Maschinen-Ind.
lento (it.), *Musik:* langsam, schleppend.
Lenya, *Lotte,* östr. Sängerin u. Schauspielerin, * 1900; war mit K. ↗Weill verheiratet;
bes. Interpretin der Lieder Weills, berühmt
als Jenny in der „Dreigroschenoper".
Lenz, 1) *Desiderius* (eig. Peter), OSB, Bildhauer, 1832–1928; begründete die ↗Beu-
roner Kunst. 2) *Jakob Michael Reinhold,* dt.
Dichter, 1751–92; lebte zuletzt geistig umnachtet in Moskau; Dramen *Der Hofmeister; Die Soldaten.* ↗Sturm u. Drang. 3)
Siegfried, dt. Schriftsteller, * 1926; Romane, Erzählungen u. Dramen, u. a. *So zärtlich war Suleiken; Brot u. Spiele; Stadtge-
spräch; Deutschstunde; Zeit der Schuldlo-
sen; Das Vorbild; Der Geist der Mirabelle.*
Lenzerheide, Schweizer Hochtal in Graubünden, 1400–1560 m hoch; Wintersport.
Leo, 13 Päpste, bes. **L. J. d. Gr.,** hl. (10. Nov.),
Kirchenlehrer, 440/461; setzte sich als
überragender Vertreter des Papsttums in
dogmat. u. disziplinären Fragen gegenüber
den Bischöfen des Okzidents u. Orients
durch; rettete Rom vor Attila u. Geiserich.
L. III., hl. (12. Juni), 795/816; krönte 800 Karl
d. Gr. zum Ks. **L. IX.,** hl. (19. April), 1002–54;
dt. Graf, 49 Pp.; ging gg. Priesterehe, Simonie u. Laieninvestitur vor; unter ihm endgültige Trennung der griech. u. der abendländ. Kirche. **L. X.,** 1475–1521; ein Medici,
1513 Pp.; prachtliebender Renaissancefürst, förderte Künstler u. Gelehrte (u. a.
Raffael, Michelangelo); sein Ablaß für den
Bau der Peterskirche gab den äußeren Anstoß zur Reformation. **L. XIII.,** 1810–1903;
1878 Pp., erreichte Beendigung des ↗Kul-
turkampfes in Dtl.; öffnete 81 die Vatikanischen Archive für die histor. Forschung;
sein die soziale Frage behandelndes Rundschreiben *Rerum novarum* war v. großer
Wirkung.
Leoben, steirische Bez.-Stadt, Bahnknoten,

Lotte Lenya

Siegfried Lenz

Papst Leo XIII.

Lenksysteme

Fernlenkung
(Kommandolenkung)
Steuerimpulse und
Kontrolle von außer-
halb des Fluggerätes,
Kommandoübertra-
gung durch Draht,
Funk, Licht usw.

Programm-Lenkung
Flugkörper fliegt
nach vorherbestimm-
tem Programm; stän-
diger Vergleich und
Korrektur von Ist- und
Soll-Wert. *Trägheits-
Lenkung* mit kreisel-
stabilisierter Platt-
form, evtl. mit
Schulerpendel oder
Astronavigation oder
Autopilot gekoppelt

Selbstlenkung
Flugkörper sucht
selbst das Ziel

passiv: Energie-
quellen des Ziel-
objektes geben
Steuerungsimpulse
zur Ortung und Fest-
stellung (z. B. Infra-
rotsuchköpfe in
Raketen)
aktiv: Flugkörper be-
leuchtet das Ziel mit
Radar und wertet
Echo selbst aus
halbaktiv: Ziel wird
von unabhängiger
Stelle mit Radar be-
leuchtet, sonst wie
aktives Verfahren

Leitstrahl-Lenkung
Flugkörper fliegt
längs eines von
außen gegebenen
Leitstrahls. Ständige
Kontrolle der Abwei-
chung und Korrektur
im Flugkörper

35000 E.; Montan-Hochschule; Braunkohlenbergwerk, Walz- u. Hüttenwerke, Zell-
stoffabrik. – 1797 Vorfriede Napoleons mit
Östr.
León, 1) span. Prov.-Hst. auf der Hochfläche
Altkastiliens, 121000 E.; Bischof; got. Kathedrale (13./14. Jh.). Nahrungsmittel-Ind.
2) *L. de los Aldamas,* mexikan. Stadt im
Bundesstaat Guanajuato, 526000 E.; Bischof; Textil-Ind., Metallbergbau.
León, Fray *Luis Ponce de,* span. Dichter, Gelehrter, 1527–91; Augustinermönch; bedeutende religiöse Oden, myst. Schriften.
Leonardo da Vinci (: -wintschi), Universal-
genie der it. Hochrenaissance, 1452–1519;

Leonardo da Vinci:
Selbstbildnis
(ca. 1510–13; Turin)
und Namenszug in
Spiegelschrift (wie
fast alle seine Auf-
zeichnungen)

Pläne und Skizzen zu
techn. Problemen
(Auswahl):

Panzerwagen
Sichelwagen
selbstzündende
Bomben
Riesengeschütze
Orgel- und Fächer-
geschütze
Dampfgeschütze
Festungsbaupläne
Hebelwerk gegen
Sturmangriffe
Hochstraßen

Haus mit freischwe-
benden Doppel-
treppen
Kanalisation
Feilenhaumaschine
Seilspinnmaschine
Walzwerk
Flußregulierung
Turbinen
Unterseeboot
Tauchergeräte
(Schnorchel, Flossen)
Radantrieb f. Schiffe
Luftschrauben
Gleitflugzeug
Fallschirm

Leonardo da Vinci: Christus

sein Werk als Forscher (Geometrie, Mechanik, Anatomie u. a.), Ingenieur (Kriegstechnik, Flugmaschinen, Bauwerke u. a.), als Philosoph u. als Künstler bedeutet eine auf Einzelerfahrung gegr. neue Hinwendung zur Natur. Seine Malerei kennzeichnet die Einheit der Atmosphäre, die im Helldunkel Mensch, Architektur und Landschaft verschmilzt. *Abendmahl, Mona Lisa, Madonna in der Felsgrotte, Anna Selbdritt.* □ 460.

Leonberg, württ. Stadt westl. v. Stuttgart, 37900 E.; Schuh-, Werkzeugfabrik. **Leonberger,** Hunderasse, Kreuzung zw. Bernhardiner, Neufundländer u. Pyrenäenhund.

Leoncavallo (: -walo), *Ruggiero,* it. Komponist, 1858–1919; schrieb Bühnenwerke, u. a. Oper *Der Bajazzo;* damit neben Mascagni Hauptmeister der verist. Oper.

Leone, *Giovanni,* it. Politiker (DC), * 1908; 63 u. 68 Min.-Präs., 71–78 Staats-Präs.

Leonhard, hl. (6. Nov.), wohl fränk. Missionar in Aquitanien; wahrscheinl. 6. Jh.; am *L.*itag bes. in Bayern Umritte.

Leonidas, Kg. v. Sparta, fiel 480 v. Chr. bei den ↗Thermopylen.

Leoniden (Mz.), periodischer Sternschnuppenschwarm, zw. dem 10. u. 20. Nov. aus dem Sternbild Löwe (Leo).

Leopard m, *Panther,* Großkatze, gelbl. mit schwarzen Flecken; in Asien u. Afrika; gefährliches Raubtier. Abart: *Schwarzer Panther;* auf den Sundainseln. □ 1044.

Leopardi, *Giacomo,* it. Lyriker, 1798–1837; körperl. Mißbildung u. ein unglückl. Leben führten zum Pessimismus (der Tod Zugang zum Nichtsein, Erlösung aus den Illusionen des Daseins); philosoph. Betrachtungen, Aphorismen.

Leopold, Fürsten: *Anhalt-Dessau:* **L. I.,** der „Alte Dessauer", preuß. Feldmarschall, 1676–1747; Organisator der preuß. Armee. *Belgien:* **L. I.,** 1790–1865; Prinz v. Sachsen-Coburg, 1831 zum belg. Kg. gewählt. Sein Sohn **L. II.,** Kg. 1865/1909; Schöpfer des Kongostaates. **L. III.,** * 1901; 34 Kg., kapitu-

lierte 40 gegenüber den Deutschen; dankte 51 zugunsten seines Sohnes ↗Baudouin ab (da v. den belg. Sozialisten als Kg. abgelehnt). *Dt. Kaiser:* **L. I.,** 1640–1705; Habsburger, 58 Ks.; seine Feldherren (u. a. Prinz Eugen) begr. in den Türkenkriegen u. den Kriegen gg. Ludwig XIV. v. Fkr. die Großmachtstellung Östr.s. **L. II.,** Sohn Maria Theresias, 1747–92; 90 Ks., 91 Schutzbündnis mit Preußen gg. die Frz. Revolution. *Hohenzollern-Sigmaringen:* **L.,** Fürst von, 1835–1905; gab 1870 durch seine Thronkandidatur in Spanien den äußeren Anlaß zum ↗Dt.-Frz. Krieg. *Österreich:* **L. I.,** um 1290–1326; Habsburger, 1308 Hzg.; 15 bei Morgarten v. den Schweizern geschlagen. Sein Neffe **L. III.,** 1351–86; 65 Hzg., fiel gg. die Schweizer bei Sempach.

Leopoldshöhe, westfäl. Gem. bei Bielefeld, 1969 durch Gem.-Zusammenschluß gebildet, 12700 E.; Textil-Industrie.

Léopoldville (: -wil) ↗Kinshasa.

Lepanto ↗Naupaktos.

Lepidodendron, *Schuppenbaum,* fossiles, bis 30 m hohes baumförm. Bärlappgewächs mit schuppenartigen Blattnarben auf der Oberfläche; im ↗Karbon.

Lepidopteren (gr.) ↗Schmetterlinge.

Lepra w (gr.), der ↗Aussatz.

Leptis, phönik. Kolonien; *L. Magna,* ehem. Hauptort v. Tripolitanien, 1920 freigelegt.

Leptonen ↗Elementarteilchen.

leptosom (gr.) ↗Kretschmer.

Leptospiren, krankheitserregende Spiralbakterien; verursachen *Leptospirosen* (↗Rückfallfieber, ↗Weilsche Krankheit). Ansteckung z. B. durch schmutziges Wasser.

Le Puy (: l⁰ püi), Hst. des frz. Dep. Haute-Loire, 27000 E.; kath. Bischof; roman. Kathedrale (12. Jh.) mit Marienwallfahrt; Spitzen- u. Stickerei-Ind.

Lerche, erdfarbener Singvogel. In Dtl.: *Feld-L.,* Zugvogel, steigt singend senkrecht in die Höhe; *Heide-L.,* in Heidegegenden; *Hauben-L.,* mit Federhaube am Hinterkopf.

Lerchensporn, Mohngewächs mit gespornten Blüten. *Hohler L.,* Frühlingsblume mit weißen od. violetten Blüten; *Gelber L.,* Zierpflanze, an Mauern.

Lérida, nordostspan. Prov.-Hst. im Ebrobecken, 109000 E.; Bischof; 2 Kathedralen (13. Jh. u. 18. Jh.).

Lermontow, *Michail Jurjewitsch,* russ. Schriftsteller, 1814–41; 37/38 u. später erneut verbannt; fiel im Duell; romant.-pessimist. Lyrik, Versepos *Der Dämon,* psycholog. Roman *Ein Held unserer Zeit.*

Lermoos, Tiroler Kurort u. Wintersportplatz an der Fernpaßstraße, 995 m ü. M., 800 E.

Lernet-Holenia, *Alexander,* östr. Schriftsteller, 1897/1976; Romane u. Novellen *(Die Standarte, Mars im Widder),* Dramen, Lyrik.

Lernmaschinen ↗programmiertes Lernen.

Lernmittel, Unterrichtshilfen u. Übungsmittel für den Schüler (z. B. Lehrbücher).

Lersch, *Heinrich,* deutscher Schriftsteller, 1889–1936; beschreibt in seiner Lyrik die Erlebniswelt des Arbeiters; *Mensch in Eisen; Stern und Amboß.*

Lesage (: l⁰ßasch), *Alain-René,* frz. Satiriker,

Giovanni Leone

Lerche: oben Feldlerche, unten singende L. beim Auffliegen

A. Lernet-Holenia

Lesotho

Lesotho
Staatsform:
Unabhängiges Königreich im Commonwealth
Hauptstadt:
Maseru
Fläche:
30 355 km²
Bevölkerung:
1,3 Mill. E.
Sprache:
Sesuto u. Englisch
Religion:
30% Katholiken,
30% Protestanten,
15% Anglikaner
25% Anhänger von
Naturreligionen
Währung:
1 (südafrikan.) Rand
= 100 Cents
Mitgliedschaften:
UN, Commonwealth,
OAU

G. E. Lessing

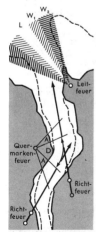

L Leitsektor, W₁ + W₂
Warnsektoren, D Drehsektor, A Achtungssektor

Leuchtfeuer: Anordnung von L.n zur Fahrwasserkennzeichnung

1668–1747; Begr. des frz. Sittenromans; *Gil Blas, Hinkender Teufel.*
lesbische Liebe, wohl zu Unrecht nach ↗Sappho aus Lesbos benannte ↗Homosexualität unter Frauen.
Lesbos, *Mytilene,* größte griech. Insel in der nördl. Ägäis, 1630 km², 120 000 E.; Hst. Mytilene.
Le Senne (: lᵒ ßän), *René,* frz. Philosoph, 1882–1954; Vertreter des ↗Spiritualismus.
Lesina, die dalmatin. Insel ↗Hvar.
Leskow (: ljeßkof), *Nikolai,* russ. Erzähler, 1831–95; Romane um einfache religiöse Menschen u. die Eigenart russ. Lebens. *Die Klerisei, Lady Macbeth v. Mzensk.*
Lesotho, südafrikan. Kgr.; allseits v. der Rep. Südafrika umgebenes Gebirgsland (bis 3487 m hoch), v. Oranje u. Caledon durchflossen. Agrarland; Anbau v. Mais, Weizen, Hirse u. Bohnen; Viehzucht. Diamantenvorkommen. – 1868 brit., 1871 als Basutoland Teil der Kapkolonie, 1884 Kronkolonie, 1966 unabhängig, 70 Entmachtung Kg. Moshoeshoes II.
Lesseps, *Ferdinand* Vicomte de, frz. Ingenieur, 1805–94; Erbauer des Suezkanals; Vorarbeiten am Panamakanal.
Lessing, *Gotthold Ephraim,* dt. Dichter und Kritiker, 1729–81; 52 in Berlin Redakteur der Vossischen Zeitung, 67 Dramaturg in Hamburg, 70 Bibliothekar zu Wolfenbüttel. L. war Vollender der dt. Aufklärung; sein Werk bezeichnet die Weiterentwicklung zur Klassik. Mit seiner *Hamburgischen Dramaturgie* befreite er das Theater v. der Vorherrschaft des frz. Dramas u. seiner starren Regeln u. wies auf Shakespeare hin. Seine Stücke Muster der einzelnen Gattungen: Lustspiel: *Minna v. Barnhelm;* Trauerspiel: *Emilia Galotti;* Schauspiel: *Nathan der Weise;* sie vertreten inhaltl. wie seine philosoph.-theolog. Schriften *(Erziehung des Menschengeschlechtes)* eine humanitäre Weltanschauung. Zahlr. krit. *(Laokoon)* u. theolog. (deist.) Schriften. Am bedeutendsten als Prosastilist.
Leszczyński (: leschtschinjski), *Stanisław,* 1677–1766; poln. Fürst, durch Karl XII. v. Schweden 1704 Kg. v. Polen, 09 vertrieben, 33 wiedergewählt, 35 mit dem Htm. Lothringen abgefunden.
Letalität *w* (lat.; Bw. *letal*), **1)** Tödlichkeit. **2)** Zahl der Todesfälle in der Medizinalstatistik.
L'État c'est moi (: leta ßä mᵒa, frz. = der Staat bin ich), angebl. Ausspruch Ludwigs XIV. v. Frankreich.
Lethargie *w* (gr.), Schlafsucht; Abgestumpftheit.
Lethe *w* (gr.), Unterweltfluß, aus dem Tote Vergessen des ird. Lebens trinken.
Letmathe, Stadtteil v. Iserlohn (seit 75), an der Lenne; Metall-, Elektro-Ind.; 2 km östl. die Dechenhöhle (Tropfsteinhöhle).
Letten *m,* plast. bunter Ton.
Letter, seit 1974 Ortsteil v. Seelze, 12 500 E.; Maschinenbau.
Lettern (Mz., lat.), im Buchdruck verwendete Buchstaben, Typen aus *L.metall* (Blei-Antimon-Zinn-Legierung). **L.holz,** hartes, wertvolles Holz eines süd-am. Maulbeerbaumes; schwerer als Wasser.

Lettner im Münster zu Breisach (spätgotisch)

Lettland, lett. *Latvija,* einer der 3 balt. Staaten, 63 700 km², 2,5 Mill. E., davon 59% Letten; Hst. Riga. – L. ist ein seenreiche, zu 25% bewaldete Moränenlandschaft. – L. entstand 1918 als unabhängige Rep. bes. aus den geschichtl. Gebieten ↗Kurland u. ↗Livland; 40 Annexion durch die Sowjetunion als *Lettische SSR.*
Lettner *m,* im MA in Kirchen zw. Chor u. Langhaus errichtete Trennwand mit Empore zum Verlesen v. Epistel u. Evangelium.
Lettow-Vorbeck, *Paul v.,* dt. General, 1870–1964; verteidigte im 1. Weltkrieg die Kolonie Dt.-Ostafrika.
Letzte Dinge ↗Eschatologie.
Letzte Ölung ↗Krankensalbung.
Leu *m,* dichterisch für ↗Löwe.
Leuchtbakterien erzeugen durch oxydative Stoffwechselprozesse Licht (an faulendem Fleisch, Fisch, Holz od. in Symbiose mit manchen Tiefseefischen).
Leuchtfarben, enthalten *Leuchtstoffe,* die bei od. nach Anregung durch Strahlung aufleuchten (↗Lumineszenz, ↗Fluoreszenz, ↗Phosphoreszenz). Meist Sulfide der Erdalkalimetalle od. des Zinks, auch Silicate; Verwendung als Orientierungshilfe im Dunkeln, in Leuchtstofflampen usw. Zusatz v. radioaktiven Stoffen ergibt Dauerleuchten.
Leuchtfeuer, Lichtsignaleinrichtungen für See- u. Luftverkehr; geben als Blink-, Blitz- od. Festfeuer Kursweisungen; ausgestattet mit Linsen, Hohlspiegeln und Farbgläsern. ☐ 550, 890.
Leuchtgas, besser *Stadtgas,* im allg. Steinkohlen-, Ölgas, Acetylen; i. e. S. das im ↗Gaswerk hergestellte Gas.
Leuchtkäfer, *Glühwürmchen,* Weichkäfer mit Leuchtorganen am Hinterleib. ☐ 914.
Leuchtmoos, unter Felsen, in Höhlen; leuchtet durch Reflexion des schwachen Tageslichts; Zellen des Vorkeims wirken als Linsen.
Leuchtpilz ↗Hallimasch; seine Myzelfäden lassen Baumstrünke im Dunkeln phosphoreszieren.
Leuchtröhre, eine Gasentladungslampe mit z. B. Helium- od. Neonfüllung (Neonröhren), die bei hoher Spannung u. niedrigem Druck zum Leuchten angeregt wird.
Leuchtschirm, mit Leuchtfarben versehener Bildschirm, zur Beobachtung unsichtbarer, energiereicher Strahlung (↗Fluoreszenz); z. B. bei der Fernseh-Bildröhre u. Röntgenschirm.

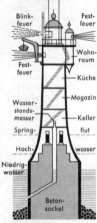

Leuchtturm („Roter Sand") im freien Fahrwasser als Hauptansteuerungsfeuer für Weser und Jade; unten Längsschnitt

Wilhelm Leuschner

Leuchtstofflampe, eine Quecksilbergasentladungslampe mit Glühelektroden, die innen mit Leuchtfarbe versehen ist, die durch die schwache Ultraviolettstrahlung verdampfenden Quecksilbers zum starken Leuchten angeregt wird.

Leuchtturm, ein Gebäude, das ein größeres ↗Leuchtfeuer bedeutender Sichtweite trägt.

Leukämie w (gr.), akute od. chron. Vermehrung der weißen Blutkörperchen in der Art einer bösartigen Wucherung. Behandlung mit Röntgenstrahlen u. Zytostatika.

Leukas, Ionische Insel (Griechenland), 302 km², 28 000 E.; Schaf- u. Ziegenzucht.

Leukipp, griech. Naturphilosoph, 5. Jh. v. Chr.; Lehrer ↗Demokrits; lehrte als erster, im leeren Raum seien unendl. viele unveränderl. ↗Atome, deren Schwere rein mechanisch ihre ewige Bewegung verursache.

Leukotomie w (gr.), Durchtrennung bestimmter Nervenbahnen im Gehirn bei unstillbaren Schmerzen u. Erregungszuständen.

Leukozyten (Mz., gr.), weiße Blutkörperchen, dienen der Abwehr v. Krankheitserregern, Hauptbestandteil des Eiters.

Leumund m, guter od. schlechter Ruf eines Menschen. Der Beweiswert v. L.szeugnissen vor Gericht hängt entscheidend v. der Persönlichkeit des Zeugen ab.

Leuna, Stadt im Bez. Halle, 11 000 E.; TH für Chemie; die L.werke, große chem. Industrieanlage, erzeugt synthetisches Benzin, Stickstoffdünger u. Kunststoffe.

Leuschner, Wilhelm, dt. Politiker (SPD) u. Gewerkschaftsführer, 1890–1944; 1933/35 im KZ, als Mitgl. der Widerstandsbewegung gg. Hitler hingerichtet.

Leuthen, schles. Dorf westl. v. Breslau. – 1757 Sieg Friedrichs d. Gr. über Österreich.

Leutkirch, württ. Stadt u. Kurort im Allgäu, 19 900 E.; Textilindustrie.

Leutnant, unterster Offiziersdienstgrad, meist zwei Chargen: L. u. Ober-L.; bei der Marine: L. bzw. Ober-L. zur See.

Leuzit m, Mineral, Gemengteil jungvulkan. Eruptivgesteine.

Levante w (it.), die Länder des östl. Mittelmeeres: Kleinasien, Syrien, Libanon, Israel, Ägypten, die das Levantin. Meer (östl. Mittelmeer) begrenzen, Bev. der L.

Levantiner, kreisfreie Ind.-Stadt rechts am Rhein, zw. Köln u. Düsseldorf, 161500 E.; Farbenfabriken Bayer AG (chem. Ind.).

Leverkusen, kreisfreie Ind.-Stadt rechts am Rhein, zw. Köln u. Düsseldorf, 161500 E.; Farbenfabriken Bayer AG (chem. Ind.).

Leverrier (: lᵁwärje), Joseph, frz. Astronom, 1811–77; errechnete die Bahn des unbekannten Planeten Neptun.

Levi, 3. Sohn des Patriarchen Jakob im AT.

Leviathan m, 1) bibl. Meerungeheuer, Symbol der ägypt. u. assyr. Weltmacht. 2) das Nil-↗Krokodil. 3) Titel eines Werkes von ↗Hobbes über den Staat. 4) Waschmaschine für (meist) Rohwolle; aus dem Waschwasser Gewinnung v. ↗Lanolin.

Leviratsehe, Schwagerehe, die eine jüd. kinderlose Witwe mit dem Bruder ihres früheren Gatten einzugehen hatte, um dem Toten gesetzl. Erben zu zeugen.

Lévi-Strauss, Claude, frz. Ethnologe u. Anthropologe, * 1908; Hauptvertreter des

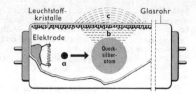

Leuchtstofflampe: Lichterzeugung in einer L.; **a** aus einer Elektrode abgestrahltes Elektron stößt auf seinem Weg im Glasrohr mit einem Quecksilberatom zusammen; **b** nach dem Zusammenprall strahlt das Quecksilberatom UV-Strahlung ab; **c** die UV-Strahlung wird von Leuchtstoffkristallen absorbiert, die sichtbares Licht ausstrahlen.

Strukturalismus, der bestimmte Gesetzmäßigkeiten u. geistige „Strukturen" des soz. u. hist. Geschehens aufzudecken sucht.

Levite m, 1) im AT Angehöriger des Stammes ↗Levi, als solcher Priester od. Priesterdiener. 2) Kleriker, die als Diakon u. Subdiakon beim feierl. Amt od. Hochamt (↗Messe) dem Priester dienen.

Levkoje w, Kreuzblütler der Mittelmeerländer; in Dtl. die Garten-L.

Lew, Währungseinheit. □ 1144/45.

Lewis (: ljuiß), 1) Clive S., engl. Schriftsteller, 1898–1963; Prof. in Cambridge; utop. Romantrilogie (Die böse Macht), religiöse Schriften, Kinderbücher. 2) John, am. Gewerkschaftsführer, 1892–1969; bis 1960 Leiter der US-Bergarbeitergewerkschaft; gründete 35 die ↗CIO. 3) Sinclair, am. Schriftsteller, 1885–1951; satir. Darstellung des Durchschnittsamerikaners in Romanen: Babitt; Main Street; Elmer Gantry. 1930 Lit.-Nobelpreis.

Lex w (lat.; Mz. leges), Gesetz.

Lexikon s (gr.; Mz. Lexika), Wörterbuch, alphabet. Nachschlagewerk, z. B. das ↗Konversations-L.

Ley, Robert, dt. nat.-soz. Politiker, 1890 bis 1945 (Selbstmord); Gründer u. Leiter der Dt. ↗Arbeitsfront.

Leyden, die holländ. Stadt ↗Leiden.

Leysin (: läsän), Schweizer Höhenkurort im Kt. Waadt, 1265–1450 m ü. M., 4000 E.

Leyte, Insel der Philippinen, gebirgig, reich an Bodenschätzen, 7250 km², 1,3 Mill. E.; Hauptort Tacloban.

Lhasa, die Hst. Tibets, Mittelpunkt des ↗Lamaismus, buddhist. Wallfahrtsort, heute mehr eine chines. Militär- u. Verwaltungsstadt, 3630 m ü. M., 120000 E.; auf steilem Felsen der Potala, der einstige Palast des Dalai Lama.

L'Hombre (: lónbrᵉ, frz.), ein Kartenspiel.

Lhotse m, Berg im Everestgruppe des Himalaja, 8501 m hoch. 1956 v. Schweizern erstmals bestiegen.

Li, chem. Zeichen für ↗Lithium.

Liane w (frz.), allg. jede Kletterpflanze; im engern Sinn solche mit holzigem Stamm; in Dtl.: Waldrebe, Efeu.

Liaison w (: liäsón, frz.), Verbindung, Liebschaft zw. einem Mann u. einer Frau.

Liaoning (: liau-), chines. Prov. in der Mandschurei, wurde 1954 aus den ehem. Prov. Liausi und Liautung gebildet, 230000 km², 33 Mill. E.; Hst. Shenyang (Mukden).

Lias *m, Schwarzer Jura,* untere Stufe der Juraformation. ☐ 237.

Liautung, südmandschur. Halbinsel; von Gebirgsketten durchzogen, mit den Häfen Dairen u. Port Arthur.

Libanon *m,* **1)** 160 km langes syr. Gebirge, ein v. Hochgipfeln (Dahr el-Chodib 3066 m) überragtes Kalkplateau; die Westseite mit Oliven, Reben od. Getreide bebaut. **2)** die nach dem Gebirge benannte *Rep. L.* im Vorderen Orient, zw. der Mittelmeerküste u. dem Antilibanon; vorwiegend Gebirgsland, nur 22% der Fläche werden landw. genutzt. – Kam 1920 mit dem Mandat ↗Syrien an Fkr., 41 unabhängig; 58 Beginn innerer Unruhen; seit 69 mehrfach israel. Einfälle (zuletzt 81); seit 75 bürgerkriegsähnl. Kämpfe, 76 garantiert Syrien innere Stabilität. Staats-Präs. Elias Sarkis (seit 76).

Libau, lett. *Liepaja,* eisfreier Hafen u. Handelsstadt in der Lett. SSR, Hst. v. Kurland, 108 000 E.

Libby, *Willard Frank,* am. Chemiker, 1908 bis 1980; 60 Nobelpreis für Arbeiten über ↗Kohlenstoff 14.

Libelle *w* (lat.), die ↗Wasserwaage.

Libellen, *Wasserjungfern,* Raubinsekten; jagen fliegend andere Insekten; Larven große Räuber. Goldjungfer, Schmaljungfer.

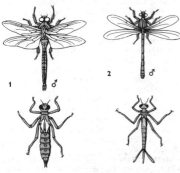

Libellen: **1** Groß-L. (Königs-L.) mit Larve; die Augen der Libelle stoßen oben aneinander, die Hinterflügel sind größer als die Vorderflügel. **2** Klein-L. (Teichjungfer) mit Larve; alle Flügel sind gleich groß, charakteristisch für Klein-L. sind die drei Schwanzplättchen der Larve

liberal (lat.), freiheitlich, freisinnig, auch großzügig, hochherzig. ↗Liberalismus.

Liberal-Demokratische Partei Deutschlands (LDPD), 1945 in der SBZ gegr. Partei; durch die SED polit. weitgehend ausgeschaltet.

Liberalisierung, a) v. Kontingentierungen im zwischenstaatl. Handel, b) v. Handelsschranken überhaupt.

Liberalismus, 1) die allseitige Autonomie des einzelnen verkündende Geistesbewegung im 18. u. 19. Jh. Der *weltanschaul. L.* bekennt sich zu einer kirchen- u. offenbarungsfreien, nur auf Vernunfteinsicht gründenden natürl. Religion (teilweise auch atheist. Richtung), zur wesentl. Güte des Menschen u. zur absoluten Selbstbestimmung der Vernunft. **2)** Der *polit. L.* brach sich Bahn in Engl. 1688 in der Glorious Re-

volution (↗Bill of Rights), in Amerika 1776 mit der Unabhängigkeitserklärung der USA, in Fkr. 1789 in der Erklärung der Menschen- u. Bürgerrechte. In den Verfassungskämpfen des 19. Jh. wurden seine Grundsätze verteidigt od., wie z. B. in Dtl., erst mit unterschiedl. Erfolg erkämpft. Der L. hält die Freiheit des Individuums grundsätzl. nur in einem Rechtsstaat für gesichert, der nach dem Prinzip der Gewaltenteilung konstruiert ist u. Grundrechte, Vereins-, Versammlungs- u. Pressefreiheit, Freizügigkeit, Gewerbefreiheit u. Religionsfreiheit garantiert. Die Verbindung des polit. L. mit dem Bürgertum führte zur Bildung liberaler Parteien mit allerdings stark voneinander abweichenden Zielsetzungen. **3)** Der *wirtschaftl. L.* erstrebt die private u. gesellschaftl. Wohlfahrt durch freie Entfaltung des Selbstinteresses des einzelnen nach dem Grundsatz des *freien Wettbewerbs* (↗laissez faire), den die sog. klass. Nationalökonomie in den Mittelpunkt ihrer Lehre stellte (↗Smith, ↗Ricardo, J. Mill, J. St. ↗Mill) u. der am frühesten in Engl. im *Manchester-L.* zum Durchbruch kam. Der mit fortschreitender Industrialisierung sich entfaltende Liberal-↗Kapitalismus führte bei unbestreitbar großen wirtschaftl. Erfolgen zu schwersten Störungen des sozialen Lebens. Gegenüber dem L. des 19. Jh. führten neue Überlegungen über die Bedingungen der Wettbewerbswirtschaft seit dem 1. Weltkrieg im sog. *Neo-L.* zu der Erkenntnis, daß wirtschaftl. Freiheit institutioneller Sicherung bedarf, u. zur Einbeziehung der sozialen Frage, ohne daß damit die individualist. Grundlagen verlassen worden wären.

Liberec (:-retß) ↗Reichenberg.

Liberia, Rep. in Westafrika, am Atlant. Ozean. Hinter einer versumpften Flachküste erhebt sich ein v. trop. Regenwald u. Savanne bedecktes Hügelland, bis 790 m hoch. Die Bev. lebt vorwiegend v. primitivem Tauschhandel u. Hackfruchtbau. Große Eisenerzlager (etwa 200 Mill. t) werden v. ausländischen Gesellschaften erschlossen. Riesige (am.) Kautschukplantagen. – Von der *Amerikan. Kolonial-Ges.* 1821/22 für freigelassene Negersklaven gegr., seit 47 unabhängige Rep. Staats-Präs. Samuel Doe (seit 1980).

Libero *m* (it.), *Fußball:* takt. freibeweglicher Spieler (ohne direkten Gegenspieler), der neben Abwehraufgaben auch offensive Aufgaben hat.

Libertas *w* (lat.), Freiheit.

Liberté, Égalité, Fraternité (frz. = Freiheit, Gleichheit, Brüderlichkeit), Losung der Frz. Revolution.

Libertiner (lat. = Freigelassene), **1)** im alten Rom Bz. für freigelassene Sklaven u. deren Nachkommen. **2)** Synagogengemeinde zu Jerusalem im 1. Jh. **3)** pantheist.-spiritualist. Richtung der Reformierten im 16. Jh.

Libido *w* (lat.), Geschlechtstrieb.

Liborius, hl. (23. Juli), Bischof v. Le Mans (4. Jh.). Reliquien seit 836 in Paderborn.

Libretto *s* (it.), Opern- od. Operettentextbuch. *Librettist,* dessen Verfasser.

Libanon

Amtlicher Name:
Al-Dschumhurija al-Lubnanija

Staatsform:
Republik

Hauptstadt:
Beirut

Fläche:
10 400 km²

Bevölkerung:
3,01 Mill. E.

Sprache:
Arabisch; Verkehrssprachen sind Englisch und Französisch

Religion:
55% Christen (u. a. 30% maronitische, 11% griech.-orth., 7% katholische), 43% Muslimen

Währung:
1 Libanes. Pfund = 100 Piastres

Mitgliedschaften:
UN, Arabische Liga

Libelle

Liberia

Amtlicher Name:
The Republic of Liberia

Staatsform:
Republik

Hauptstadt:
Monrovia

Fläche:
111 369 km²

Bevölkerung:
1,76 Mill. E.

Sprache:
Amtssprache ist Englisch, daneben zahlr. Sudansprachen

Religion:
vorwiegend Anhänger von Naturreligionen, ca. 300 000 Muslimen, ca. 150 000 Christen

Währung:
1 Liberian. Dollar = 100 Cents

Mitgliedschaften:
UN, OAU

Libreville (:librᵉwil), Hst. der Rep. Gabun in Westafrika, 187000 E.; kath. Erzb. Hafen an der Gabunbucht des Atlantik.
Libussa, sagenhafte Gründerin Prags u. Ahnmutter der Přemysliden.
Libyen, Arab. Rep. in Nordafrika, zw. der Kleinen Syrte u. dem Golf v. Sollum, am Mittelmeer. – Bis 1959 war das wüstenhafte Land eines der ärmsten der Erde. Erdölbohrungen südl. der Großen Syrte waren sehr ergiebig (Pipelines zum Mittelmeer) u. stellen die Haupteinkünfte des Landes. – Seit dem 16. Jh. türk., 1911/12 v. It. erobert; im Verlauf des 2. Weltkriegs kamen Tripolitanien u. die Cyrenaika unter brit., Fessan unter frz. Verwaltung; auf Beschluß der UN 1951 unabhängiges Kgr.; 69 Sturz der Monarchie durch Militär; Enteignung ausländ. Kapitals; 71 Zusammenschluß mit Ägypten u. Syrien zur *Föderation Arab. Rep.en;* 73/ 74 Versuche, L. mit Ägypten bzw. Tunesien zu *einem* Staat zu vereinen. Staatsoberhaupt Moamer al-Gaddafi (seit 69); 77 krieger. Konflikt mit Ägypten. **Libysche Wüste,** Teil der Sahara zw. Fessan, Tibesti u. Nil; 2 Mill. km², 5 Oasen.
Lic., Abk. für ↗Lizentiat.
Lichnowsky, *Felix* Fürst, 1814–48; kath. konservativer Abg. in der Paulskirche, beim Sept.-Aufstand erschlagen.
Licht, eine ↗elektromagnet. Strahlung, die v. einer ↗Lichtquelle ausgeht u. v. ↗Auge beim Sehen wahrgenommen wird (Wellenlängen zwischen ca. 380 u. 780 nm). Fällt L. auf Materie, wird es entweder reflektiert (↗Reflexion), absorbiert (↗Absorption) od. bei schrägem Durchsetzen gebrochen (↗Brechung, ↗Linse) u. spektral zerlegt (↗Spektrum). Das Licht zeigt teils Wellen-, teils Korpuskelverhalten (↗Lichtquant, ↗Dualismus). **L.behandlung,** durch Sonnenbäder od. künstl. Heimsonne, Quarzlampe, Quecksilberdampflampe. **L.bild** ↗Photographie. **L.bogen,** eine Form der Gasentladung, bes. in ↗Bogenlampen; auch zum Schmelzen u. Schneiden v. Metallen. **L.druck, 1)** ein Flachdruck; die Druckform wird durch Übertragung eines Negativs auf eine lichtempfindl. Schicht (Chromgelatine) erzeugt. **2)** der ↗Strahlungsdruck.
lichte Höhe, *lichte Weite,* die nutzbare innere Höhe (Weite) eines Hohlkörpers.
lichtelektrischer Effekt ↗Photoeffekt.
lichtelektrische Zelle ↗Photozelle.
lichten, den Anker v. Grund hochholen.
Lichtenberg, *Georg Christoph,* dt. Physiker u. Schriftsteller, 1742–99; satir. Schriften u. Aphorismen.
Lichtenfels, bayer. Krst. in Oberfranken, am oberen Main, 20400 E.; schöne Altstadt mit Stadtkirche (15. Jh.); Korbwaren-, Lederbekleidungs-Ind.
Lichtenstein, 1) sächs. Stadt n.ö. von Zwickau, am Rand des Erzgebirges, 15000 E.; Textil-Ind. **2)** Schloß östl. v. Reutlingen; durch Hauffs Roman *Lichtenstein* bekannt.
Lichtenstein, *Roy,* am. Maler, * 1923; Vertreter des abstrakten Expressionismus, später der Pop-art.
Lichtfilter ↗Farbfilter. **Lichtgeschwindig-**

Libyen

Amtlicher Name:
Arabische Sozialistische Volksrepublik Libyen
Staatsform:
Volksrepublik
Hauptstadt:
Tripolis
Fläche:
1759540 km²
Bevölkerung:
2,7 Mill. E.
Sprache:
Arabisch; Handelssprachen sind Englisch und Italienisch
Religion:
Islam; kleine christl. Minderheit
Währung:
1 Libyscher Dinar = 1000 Dirhams
Mitgliedschaften:
UN, Arabische Liga, OAU

G. C. Lichtenberg

Schloß Lichtenstein auf der Schwäb. Alb

keit, Abk. c, eine wichtige Naturkonstante; beträgt im Vakuum 299792456,2±1 m/s. **Lichthof, 1)** photograph. eine Überstrahlungserscheinung um helle Objekte. **2)** ein meist mit Glasdach überdeckter Hof. **Lichthupe,** ein opt. Warnsignal, ausgelöst durch kurzzeitiges Aufblinken des Fernlichtes eines Kraftfahrzeugs. **Lichtjahr,** Abk. Lj, astronom. Entfernungsmaß, diejenige Strecke, die ein Lichtsignal in 1 Jahr durchläuft, 9,461 Billionen Kilometer. **Lichtkasten,** med. Wärmebehandlung durch strahlende Glühlampen; bei Ischias, Rheuma, Hautleiden. **Lichtmaschine,** ein Gleichstrom- oder Drehstromgenerator in Kraftfahrzeugen zur Eigenversorgung mit elektr. Strom (z. B. für Zündung, Beleuchtung, Laden der Batterie usw.).
Lichtmeß ↗Darstellung Jesu im Tempel. Der volkstüml. Name L. weist auf Kerzenweihe u. Lichterprozession der kirchl. Liturgie hin. **Lichtmotten** ↗Zünsler.   [gie hin.
Lichtnelke, Wiesenpflanzen mit roten od. weißen Blüten; *Rote L.* u. *Weiße L.; ↗Kukkucks-L.* Auch als Zierpflanzen.
Lichtpause, Übertragung einer auf Transparentpapier befindlichen Strichzeichnung auf lichtempfindl. Papier durch Lichteinwirkung. **Lichtquant** *s, Photon,* das durch den ↗Dualismus v. Welle u. Korpuskel jeder Lichtwelle entsprechende Teilchen, nachweisbar im ↗Compton-Effekt; wird zu den ↗Elementarteilchen gezählt. **Lichtquelle,** jeder Körper, der Licht aussendet; physikal. entweder Temperaturstrahlung heißer Körper od. ↗Lumineszenz.
Lichtreligionen verehren das Licht als kosmisch-dynamisches Prinzip. ↗Gnostizismus, ↗Manichäismus, ↗Parsismus.
Lichtschranke, Strahlenbündel, das auf eine Photozelle trifft. Unterbrechung des Strahles (z. B. durch Hindurchschreiten) löst über Relais einen Mechanismus (Leucht- oder Tonsignal, Ein- oder Ausschaltung v. Maschinen usw.) aus.
Lichtsetzmaschine, *Photosetzmaschine,* stellt für Offset- u. Tiefdruck direkt kopierbare Filmvorlagen her. Die Matrizen tragen durchsichtige Negativ-Buchstabenbilder, die auf photograph. Schichten projiziert werden; entwickelt aus den normalen ↗Setzmaschinen. **Lichtsignalanlage,** meist als Farb-, oft als Formsignal, zur Verkehrsregelung, auch als Rufsignale. **Lichtstärke,** physikal. Grundgröße; Einheit ist die Candela, Abk. cd. 1 cd ist die L., mit der ¹/₆₀ cm² der Oberfläche eines Schwarzen Strahlers bei der Temp. des beim Druck 101325 N/m² erstarrenden Platins senkrecht zu seiner Oberfläche leuchtet. **Lichttechnik,** untersucht die Wirkung v. Licht und der Lichtfarbe in bezug auf Arbeitshygiene, Bequemlichkeit u. Wirtschaftlichkeit.
Lichttonverfahren, beim Tonfilm die photograph. Tonaufzeichnung entweder als *Zakken-* od. als *Sprossenschrift.* **Lichtwert,** beim photograph. Objektiv einzustellende Zahl, eine Kombination aus Blendenöffnung u. Belichtungszeit.
Licinius, röm. Ks., 308/324; Mitregent Konstantins d. Gr. im O, v. diesem besiegt.

Lid, bewegl. Schutzhaut des Auges.
Liderung w, Abdichten v. Wellen u. Kolbenstangen in ∕ Stopfbüchsen.
Lidice (: lidjize), tschech. Dorf bei Kladno; wurde 1942 auf den Verdacht hin, die Attentäter Heydrichs unterstützt zu haben, v. der SS zerstört; die Männer getötet, die Frauen, Kinder u. Greise deportiert.
Lido m (it.), Küste, Gestade, Badestrand.
Lie, Trygve, 1896–1968; im 2. Weltkrieg Außenmin. der norweg. Exilregierung; 1946/53 UN-Generalsekretär, 63/65 norweg. Ind.-Min.
Liebe, allg. dem Haß entgegengesetztes soz. Streben, gefühlsbetonte willentl. Bejahung der eigenen od. einer anderen Person; umfaßt das leibl.-seel. Streben der Erotik u. Sexualität u. das seel.-geistige Prinzip der selbstlosen Hingabe bis zur Aufopferungsbereitschaft; i. w. S. die L. zu einer Sache od. einem Wert (Wahrheits-, Freiheitsliebe).
Lieben, Robert v., östr. Physiker, 1878 bis 1913; erfand 1906 die Verstärkerröhre (gleichzeitig mit L. de Forest).
Liebeneiner, Wolfgang, dt. Regisseur, * 1905; Filme: Ich klage an; Großstadtmelodie; Liebe 47; Taiga; Das letzte Kapitel.
Liebenstein, Bad L., thüringischer Kurort (Bez. Suhl), 8600 E.; kohlensaure Eisen-Mangan-Arsen-Quelle u. Kochsalzsprudel.
Liebenwerda, Bad L., Krst. u. Moorbad an der Schwarzen Elster (Bez. Cottbus), 6500 E.
Liebenzell, Bad L., württ. Stadt, Kurort im nördl. Schwarzwald, 6100 E.; radiumhaltige Kochsalzquelle; Sitz der ev. L.er Mission.
Liebermann, 1) Max, dt. Maler u. Graphiker, 1847–1935; Hauptthemen: der arbeitende Mensch, atmosphär. Naturschilderungen; entwickelte sich zum Führer des dt. Impressionismus. 2) Rolf, schweizer. Komponist, * 1910; 59/73 Intendant der Hamburger Staatsoper, 73/80 Leiter der Pariser Opéra u. der Opéra Comique; Vertreter der Zwölftontechnik; Opern: Leonore 40/45; Penelope; Die Schule der Frauen.
Liebesmahl, die urchristl. ∕ Agape.
Liebig, Justus v., 1803–73; dt. Chemiker, Schöpfer des Laboratoriumsunterrichts u. der Düngerlehre.
Liebknecht, 1) Karl, Sohn v. 2), 1871–1919; dt. Politiker (SPD), begr. mit R. Luxemburg den ∕ Spartakusbund; während des Berliner kommunist. Januaraufstandes bei einem angebl. Fluchtversuch mit ihr erschossen. 2) Wilhelm, dt. Politiker, 1826–1900; nach dem bad. Aufstand (1849) in Engl. im

Exil, dort Kontakte zu K. Marx; gründete mit Bebel 69 die Sozialdemokrat. Arbeiterpartei.
Liebstöckel ∕ Maggipflanze.
Liechtenstein, Ftm. zw. Vorarlberg u. den Schweizer Kantonen Graubünden u. St. Gallen; Ackerbau u. Viehzucht; L. gehört zum Währungs- u. Zollgebiet der Schweiz. Fremdenverkehr. – Das östr. Fürstengeschlecht L. erwarb die Herrschaften Vaduz u. Schellenberg, aus denen 1719 das reichsunmittelbare Ftm. L. gebildet wurde; dieses gehörte 1815/66 zum Dt. Bund, lehnte sich bis 1919 an Östr., seitdem an die Schweiz an; seit 38 regiert Fürst Franz Joseph II. (* 1906).
Lied, in der Lit. bedeutendste Form der Lyrik, schlichter Ausdruck menschl. Empfindung, als ∕ Volkslied od. Kunstlied. Höhepunkte in der Entwicklung: Minnesang, geistl. L. des Barock, L.er des jungen Goethe, Romantik. Das L. urspr. gesungen, auch später wieder zur Vertonung drängend. In der Musik: eine in sich geschlossene Form mit regelmäßiger Gliederung u. geprägter, sanghafter Melodik. Man unterscheidet u. a. nach der histor. Form Chanson, Ballade, Hymne, Madrigal, Ode, Rondeau; nach dem Formaufbau Strophen-L. (alle Textstrophen haben gleiche Melodie) u. durchkomponiertes L. (jede Strophe hat eine eigene Melodie); nach der Anzahl der Stimmen ein- od. mehrstimm. L. u. Chor-L.; nach der Begleitung Klavier- u. Orchester-L.
Liège (: ljäsch), frz. Name für ∕ Lüttich.
Liegendes, Gesteinsschicht, die unter einer zu betrachtenden Gesteinsschicht liegt. Ggs.: Hangendes.
Liegenschaften, Grundstücke.
Liegnitz, poln. Legnica, eine der schönsten Städte Niederschlesiens; am Zusammenfluß v. Schwarzwasser u. Katzbach, 87000 E.; got. Liebfrauenkirche, Peter-Paul-Kirche (beide 14. Jh.), Piastenschloß (15./19. Jh.). – Seit 1163 Residenz der schles. Hzg.e (Hzg. Heinrich II. v. Niederschlesien fiel 1241 in der Mongolenschlacht bei L.); kam 1675 an Östr., 1742 an Preußen, 1945 unter poln. Verwaltung.
Lienz, Hauptort v. Osttirol, am Nordfuß der L.er Dolomiten (2772 m), 675 m ü. M., 12000 E.; Schloß Liebburg (16. Jh.); im Schloß Bruck (13. bis 16. Jh.) Heimatmuseum. Südwestlich die L.er Klause (Talenge der Drau).

Max Liebermann: oben „Flachsspinnerinnen", unten Selbstbildnis

Liechtenstein

Amtlicher Name:
Fürstentum Liechtenstein

Staatsform:
Fürstentum

Hauptstadt:
Vaduz

Fläche:
157 km²

Bevölkerung:
25000 E.

Sprache:
Deutsch

Religion:
92% Katholiken, 7% Protestanten

Währung:
1 Schweizer Franken = 100 Rappen

Wilhelm Liebknecht

Karl Liebknecht

Lieschgras, Wiesengräser mit kolbenförm. Blütenstand.

Liestal, Hauptort des Schweizer Kt. Basel-Land, 11 600 E.; Textil- und chem. Industrie.

Lietz, *Hermann,* deutscher Schulreformer, 1868–1919; Begr. der ↗Landerziehungsheime.

Lifar, *Serge,* russ. Tänzer u. Choreograph, * 1905; lebt in Paris.

Life and Work (: laif änd wö^rk, engl. = Leben u. Wirken), 1925 v. N. ↗Söderblom gegr., Bz. des ev. Ökumen. *Rates für Prakt. Christentum;* seit 48 Zweig des ↗Weltrats der Kirchen. ↗Faith and Order.

Lift *m* (engl.), Fahrstuhl, Aufzug. **Liftboy,** der Fahrstuhlführer.

Liga *w* (span.), Bund, Bündnis; bes. im 16. bis 17. Jh. Bz. für polit. Bündnisse: 1508 *L. v.* ↗*Cambrai,* 1511 *Heilige L.* zw. Pp. Julius II. u. anderen Partnern gg. Fkr.; 1526 *L. v. Cognac* gg. Ks. Karl V.; 1609 *Liga* der kath. Fürsten gg. die ↗Union v. 1608. **L. für Menschenrechte,** 1898 in Paris zur Revision des ↗Dreyfus-Prozesses gegr., seit 1922 internationale Föderation; setzt sich für Menschenwürde u. friedl. Beilegung internationaler Streitfälle ein.

Ligament *s* (lat.), **1)** Band. **2)** in der Medizin: bindegewebiger Strang.

Ligatur *w* (lat.), **1)** Verbindung gleich hoher Töne, die durch einen Taktstrich getrennt sind, durch einen Haltebogen. **2)** chirurg. Abbindung v. Blutgefäßen.

Ligne (: linj^e), *Charles Joseph* Fürst v., östr. Feldmarschall u. Schriftsteller, 1735–1804; stand mit Friedrich d. Gr., Katharina II. v. Rußland, Voltaire u. Goethe u. a. in Briefwechsel.

Lignin *s,* organ. Stoff, der v. Pflanzen in ihre Cellulosezellwände eingelagert wird; sie werden so zu Holz (bis 30% L.).

Lignit *m,* Braunkohle mit deutl. Holzstruktur.

Ligny (: linji), belg. Dorf n.w. von Namur, 2500 E. – 1815 Sieg Napoleons I. über Blücher (2 Tage vor ↗Waterloo).

Ligroin *s,* Destillat des Roherdöls; Lackbenzin, Testbenzin, Terpentinölersatz; hauptsächl. aus Heptan u. Oktan.

Ligurien, ober-it. Landschaft u. Region am *Ligur. Meer* (Golf v. Genua). *Ligur. Alpen,* bis 2649 m hoch. **Ligurische Republik,** das v. Napoleon I. aus der Rep. Genua gebildete Staatswesen, 1797/1805.

Liguster, Ölbaumgewächs, immergrün, mit schwarzen Beeren. **L.schwärmer,** Nachtschmetterling; Raupe grün.

liieren (frz.), eng vereinigen, verbinden.

Likör *m* (lat.-frz.), süßes, alkohol. Getränk mit aromat. Pflanzen- u. Fruchtauszügen od. äther. Ölen.

Liktoren (Mz., lat.), im alten Rom Amtsdiener der höheren Beamten u. Priester, trugen die ↗Fasces.

Lilie, Zwiebelgewächse mit schönfarb. Blüten; Zierpflanzen. Arten: weiße L. (älteste Zierpflanze), Feuer-L., ↗Türkenbund, Pracht-L., Tiger-L., Goldband-L.

Liliencron, *Detlev v.,* dt. Schriftsteller, 1844–1909; gestaltete als Impressionist in Lyrik u. Novellen *(Adjutantenritte)* den un-

Otto Lilienthal: unten Bildnis, rechts L. mit einem seiner Gleiter

Ligatur

Bischof Lilje

Lilie (Harlequin Hybrids)

mittelbaren Sinneseindruck; Motive: Soldatentum, Natur, Liebe. Lyr. Epos *Poggfred.*

Lilienthal, *Otto,* dt. Ingenieur, 1848–96 (abgestürzt); 91 1. Gleitflug über 100 m Weite, grundlegende Beobachtungen zum Vogelflug; Mitbegründer der Flugtechnik.

Liliputaner, 1) die daumengroßen Bewohner des Märchenlandes *Liliput* in Swifts satir. Roman „Gullivers Reisen". **2)** ↗Zwergwuchs.

Lilith (hebr. = Nachteule), im AT u. im jüd. Volksglauben weibl. Nachtdämon, der bes. Säuglinge bedroht.

Lilje, *Hanns,* 1899–1977; 1947/71 Bischof der Ev.-luth. Kirche Hannover, 52/57 Präs. des Luther. Weltbundes, 55/61 Rats-Vors. der EKD.

Lille (: lil), fläm. *Rijssel,* Hst. des frz. Dep. Nord u. Hst. Frz.-Flanderns, nahe der belg. Grenze, 172 000 E. Bildet zus. mit den Städten Roubaix, Tourcoing u. Armentières eines.der größten Textilindustriegebiete der Welt. Kath. Bischof; 2 Univ.; Börse.

Lima, Hst. Perus, in der Küstenebene, 12 km v. Meer (Hafen Callao), 2,8 Mill. E. (m. V. 4,3 Mill.); Erzb.; 2 Univ.; zahlr. Bauwerke in span. Kolonialstil. Pazifikmesse.

Liman *m,* erweiterte Flußmündung.

Limbach-Oberfrohna, sächs. Stadt, n.w. von Karl-Marx-Stadt, 25000 E.; Textilfachschule; Wirkerei- u. Maschinenindustrie.

Limbaholz, *gelbes Mahagoni,* mittelhartes, eichenholzähnl. Holz eines trop.-afrikan. Baumes. ☐400.

Limburg, 1) belg.-niederländ. Landschaft an der Maas; fruchtbares Land, im S Kohlenlager; seit 1839 geteilt: a) die *belg. Prov. L.,* Hst. Hasselt; b) die *niederländ. Prov. L.,* Hst. Maastricht. **2)** *L. an der Lahn,* hess. Krst. im *L.er Becken,* 28600 E.; Bahnknoten; St.-Georgs-Dom (spätromanisch-frühgotisch, 13. Jh.); Bischof.

Limburgit *s,* vulkanisches Ergußgestein.

Limbus *m* (lat. = Saum, Rand), **1)** Bz. der kath. Theologie für den Aufenthaltsort a) Verstorbener, die nicht in Himmel, Hölle od. Fegfeuer sind, z. B. ungetauft verstorbener Kinder (*L. puerorum*); b) jener vorchristl. Gerechten, die erst nach Christi Abstieg in die *Vorhölle* (*L. patrum* = L. der Väter) u. nach seiner Auferstehung selig werden konnten. **2)** Gradkreis an Winkelmeßinstrumenten.

Limerick, irisch *Luimneach,* Hst. der ir. Grafschaft *L.,* am Shannon (Hafen), 56000 E.; kath. u. anglikan. Bischof.

Limerick *m,* in angelsächs. Ländern volkstüml. lit. Form: groteskes 5zeiliges Gedicht. Reimschema *aabba;* häufig mündl. überliefert.

Limes: Rekonstruktion eines Teilstücks mit Graben, Palisadenzaun, Wall und Wachtturm

Limes *m* (lat.), 1) röm. Grenzwall, v. den Römern seit 83 zur Sicherung der Nordgrenze gg. die Germanen zw. Rhein u. Donau errichtet; reichte v. Rheinbrohl (Kr. Neuwied) bis Kelheim; bestand aus Palisaden, Graben, Wall u. Wachttürmen; um 260 v. den Alamannen endgültig durchbrochen; ähnl. Anlagen in Britannien, im unteren Donauraum u. im Osten. 2) ↗Grenzwert.
Limfjord *m*, 180 km lange Meeresstraße in Dänemark zw. dem Kattegat u. der Nordsee.
Limit *s* (engl.), (Preis-, Gewichts-)Grenze; *off l.s*, Zutritt verboten. **Limitation** *w* (lat.; Ztw. *limitieren*), Einschränkung, Beschränkung. **Limited** (: -tid, engl.), beschränkt; anglo-am. Recht abgekürzt für *L. Company* (Ltd.), Bz. für eine Handelsgesellschaft, Zwischenform zw. GmbH u. AG. **Limitierte Aufträge**, im Geschäftsverkehr Vorschrift des Auftraggebers über Mengen u. Preise, zu denen ein Geschäft getätigt werden soll (vor allem an der Börse).
Limmat *w*, Nebenfluß der Aare, Abfluß des Zürichsees, 34 km lang.
Limnologie *w* (gr.), Seenkunde, Lehre v. Süßwasser u. den darin lebenden Organismen.
Limoges (:-mosch), Hst. des frz. Dep. Haute-Vienne in der Landschaft Limousin, 137000 E.; Bischof; got. Kathedrale; altfrz. Fayencen-, Porzellan- u. Email-Ind.; in der Nähe Kaolin- u. Uranvorkommen.
Limonade *w* (v. it. *limone* = Zitrone), Erfrischungsgetränke aus Fruchtsäften oder künstl. Essenzen mit Wasser u. Zucker.
Limousin *s* (: limusän), mittelfrz. Landschaft, im SW des Zentralplateaus.
Limousine *w* (frz.), Personenkraftwagen mit festem Verdeck.
Limpopo *m*, südafrikan. Fluß; mündet nach 1600 km in den Indischen Ozean.
Lincke, *Paul,* dt. Komponist, 1866–1946; Vertreter der Berliner Operette u. Revue; *Frau Luna; Ein Liebestraum.*
Lincoln (: link°n), 1) Hst. der nordostengl. Grafschaft L., 74500 E.; bedeutende got. Kathedrale (11./14. Jh.). 2) Hst. v. Nebraska (USA), 150000 E.; kath. Bischof; 2 Univ.; Großschlächtereien.
Lincoln (: link°n), *Abraham,* am. Politiker, 1809–65; 61 Präs. der USA (Republikaner); gg. die Sklaverei, suchte im ↗Sezessions-Krieg die Einheit des Landes zu bewahren; bald nach seiner Wiederwahl v. einem Fanatiker ermordet.

Abraham Lincoln

Lind, *Jenny,* schwed. Sängerin, gen. ,,Schwed. Nachtigall'', 1820–87; bedeutendste Sopranistin des 19. Jh.
Lindau (Bodensee), bayer. Krst., die Altstadt auf einer Insel im östl. Bodensee, mit dem Festland durch eine Brücke u. einen Eisenbahndamm verbunden, 24400 E.; Peterskirche (10. bis 12. Jh.) mit Holbeinfresken, Stefanskirche (16./18. Jh.); vielseitige Ind.; Fremdenverkehr. Jährl. Tagungen der Nobelpreisträger.

Jenny Lind

Lindbergh, *Charles,* am. Flieger, 1902–74; überquerte 1927 im Alleinflug als erster den Nordatlantik v. West nach Ost.
Linde, L.ngewächs, Bäume mit grüngelben Blüten; diese enthalten Schleim, Glykoside

Charles Lindbergh

und äther. Öle; getrocknet als Heilmittel (L.nblütentee); Holz weich, für Bildschnitzereien. *Sommer-* und *Winter-L.,* dt. Waldbäume. *Schwarz-L., Silber-L.* und *Krim-L.* ☐ 400, 537.
Linde, 1) *Carl v.,* dt. Ingenieur, 1842–1934; erfand die ↗Kältemaschine. 2) *Otto zur,* dt. Schriftsteller, 1873–1938; gedankl. Lyrik, Mithrsg. der Zschr. ,,Charon''.
Lindenberg, bayer. Stadt n.ö. von Lindau, 10100 E.; Käsewerk, Hut- u. Textilindustrie.
Linderhof, oberbayer. Schloß westl. v. Ettal; 1869/78 für Ludwig II. erbaut.
Lindgren, *Astrid Anna Emilia,* schwed. Schriftstellerin, * 1907; 78 Friedenspreis des Dt. Buchhandels; erfolgreiche Jugendbücher, u. a. *Pippi Langstrumpf.*
Lindlar, rhein. Gem. im Oberbergischen Kreis, 16800 E.; Papier- u. Möbel-Industrie.
Lindwurm, ungeflügelter Drache der german. Sage. [maschinen.
Linearbeschleuniger ↗Beschleunigungs-
Lingen (Ems), niedersächs. Krst. an der Ems (Hafen) u. am Dortmund-Ems-Kanal (Hafen), 43900 E.; Textilindustrie.

Paul Lincke   Theo Lingen

Lingen, *Theo* (eig. Schmitz, Theo), dt.-östr. Schauspieler, 1903–78; Komiker, auch Charakterdarsteller; zahlr. Filmrollen.
Linguist *m* (lat.), Sprachforscher. **Linguistik** *w,* Sprachwissenschaft.
Linie *w* (lat.), 1) eine Kurve, bes. die Gerade; Grenze. 2) Richtung. 3) Geschlechterfolge.
L.nrichter, überwacht die Seiten-L. des Sportfeldes auf Ausball, Abseits u.ä. hin.
L.nschiff, früher großes Schlachtschiff.
L.ntaufe, *Äquatortaufe,* scherzhafter Seemannsbrauch, Schiffspassagiere, die erstmals den Äquator überqueren, mit Wasser zu begießen od. sie ins Wasser zu tauchen.
L.nverkehr, regelmäßige Verkehrsverbindung.
Liniment *s* (lat.), flüss. od. salbenart. Arzneimittel zu Einreibungen.
Linke *w,* Bz. für die (v. Präs. aus gesehen) links sitzenden Abgeordneten eines Parlaments, i.ü.S. für Sozialisten u. Kommunisten.
Linköping (:-tschö-), Hst. des schwed. Län Östergötland, 111500 E.; luther. Bischof; got. Dom (12./15. Jh.) u. Schloß (13./15. Jh.).
Linné, *Carl v.,* schwed. Naturforscher, 1707–78; faßte die bekannten Pflanzen nach Blütenmerkmalen in ein Ordnungssystem; führte die binäre Nomenklatur ein.

Linnich, rhein. Stadt an der Rur, n.w. von Jülich, 13300 E.; Papier- u. Klebstoffwerk.

Linoleum s (lat.), elastischer, wasserfester Fußbodenbelag; besteht aus Jutegewebe, auf das eine Mischung aus oxydiertem Leinöl u. Korkmehl in dünner Schicht aufgepreßt ist. **Linolschnitt,** dem Holzschnitt entspr. Art der künstler. Druckgraphik, bei der statt einer Holz- eine Linolplatte benutzt wird.

Linotype w (: lainotaip, engl.), eine ↗Setzmaschine.

Linse, 1) Hülsenfrüchtler; Nahrungsmittel mit 26% Eiweiß, 53% Stärke u. 2% Fett; in Mittelmeerländern. **2)** Teil des ↗Auges. **3)** aus durchsichtigem Material, v. sphärischen od. (u.) ebenen Flächen begrenzter Körper; ermöglicht durch ↗Brechung v. Licht die Bilderzeugung. Fehler in der Abbildung heißen **L.nfehler** od. *Abbildungsfehler,* die durch **L.nsysteme** z.T. behebbar sind: sphärische Aberration durch Aplanate, chromatische Aberration durch Achromate (Achromasie), Astigmatismus durch Anastigmate; andere L.nfehler sind ↗Koma, Bildfeldwölbung u. Verzeichnung. **4)** Einschlüsse v. Gestein od. Mineralien in anderen Gesteinen.

Linters (Mz., lat.-engl.), kurze, nicht verspinnbare Baumwollhaare; Rohmaterial für Kunstseiden.

Lintorf, Stadtteil v. Ratingen (seit 75); Maschinenbau, Metall- u. Papier-Ind.

Linus, hl. (23. Sept.), Nachfolger des hl. Petrus als Bischof v. Rom.

Linz, 1) *L. an der Donau,* Hst. v. Ober-Östr., 203000 E.; Sitz der Landesregierung; kath. Bischof; Univ.; Schloß (1490/93); barocker Alter Dom (1670), Neuer Mariendom (1862/1924); Hütten- u. Stahlwerk, Stickstoffwerk, Hafen mit Werft. **2)** *L. am Rhein,*

Linse (Lens culinaris)

Stadt r. am Rhein, gegenüber der Ahrmündung, 6200 E.; Basaltbrüche.

Linzgau, südöstlichste bad. Landschaft, nördl. v. Bodensee.

Lioba, hl. (28. Sept.), OSB, † um 782; v. hl. Bonifatius aus Engl. nach Dtl. gerufen, Äbtissin von Tauberbischofsheim. **L.schwestern,** *Benediktinerinnen v. der hl. Lioba,* 1920 gegr. für Seelsorgehilfe, Erziehung u. Fürsorge; Mutterhaus in Freiburg i. Br.

Lions international (: laiens internäschenäl), 1917 in den USA gegründete int. caritative Vereinigung v. Persönlichkeiten des öff. Lebens; Hauptsitz Chicago, für Europa Zürich; ca. 24000 Clubs mit 900000 Mitgl.

Liotard (: -tar), *Jean Étienne,* Schweizer Maler; 1702–89; meisterhafte Pastellbildnisse.

Liparische Inseln, *Äolische Inseln,* 7 größere u. 11 kleinere süd-it. vulkan. Inseln, nördl. Sizilien; davon sind Stromboli u. Vulcano noch tätig; Wein, Korinthen, Öl, Feigen; Schwefel u. Bimsstein; 117 km², 15000 E.; Hauptort Lipari auf Lipari; Bischof.

Liparit m, vulkan. Gestein.

Lipasen (Mz., gr.), fettspaltende ↗Fermente.

Lipezk, sowjet. Stadt nördl. Woronesch, 396000 E.; Hütten- und Traktorenwerk.

Lipide (Mz., gr.), Sammel-Bz. für ↗Fette u. fettähnliche Stoffe (↗Lipoide).

Lipizzaner, Warmblutpferde (meist Schimmel) des fr. östr. Hof-(heute jugoslaw. Staats-)Gestüts Lipizza bei Triest. Reitpferde der ↗Span. Reitschule in Wien.

Lipmann, *Fritz Albert,* dt.-am. Biochemiker, * 1899; 1953 Nobelpreis für Arbeiten über Stoffwechsel u. Enzyme.

Lipoide (Mz., gr.), fettähnl. Stoffe, Bestandteile der Zelle; *Phosphatide* (Lecithin), *Sterine* (Cholesterin) u. a.

Lipom s (gr.), ↗Fettgeschwulst.

Lippe w, r. Nebenfluß des Rheins; mündet nach 255 km bei Wesel. Der 107 km lange *L.-Seitenkanal* verbindet den Rhein mit Hamm.

Lippe, Landschaft zwischen Westfalen u. Lippe, westlich der mittleren Weser, Hst. Detmold. – Von den durch Erbteilungen 1621 entstandenen Linien der Herrschaft L. wurden 2 Länder gebildet: *L.-Detmold* (seit 1720 Reichs-Ftm.) und *Schaumburg-L.* (Hst. Bückeburg); beide gehörten zum Dt. Bund und zum Dt. Reich u. wurden 1918 Freistaaten; kamen nach dem 2. Weltkrieg zu Nordrhein-Westfalen bzw. Niedersachsen.

Lippen, paarige Gewebsfalten; umschließen Körperöffnungen, z.B. den Mund.

Lippenblütler, Pflanzenfamilie; Blüten mit Ober- u. Unterlippe; Fruchtknoten zerfällt in 4 Nüßchen; v. Insekten bestäubt.

Lippenstift, Schminkstift zum Färben der Lippen, aus Wachs u. Farbstoff.

Lippert, *Peter,* SJ, dt. Theologe, 1879–1936; religiös-erzieher. Wirkung durch feinsinnige Essays: *Credo; Von Seele zu Seele; Einsam u. gemeinsam.*

Lippfisch, prächtig gefärbter Knochenfisch, an trop. u. gemäßigten Küsten. ☐ 912.

Lippi, Maler der florentin. Frührenaissance; **1)** *Filippino,* Sohn v. 2), um 1457–1504;

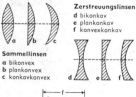

Zerstreuungslinsen
d bikonkav
e plankonkav
f konvexkonkav

Sammellinsen
a bikonvex
b plankonvex
c konkavkonvex

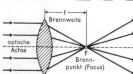

Lichtstrahlen, parallel zur optischen Achse, werden im Abstand der Brennweite in dem Brennpunkt (Focus) gesammelt

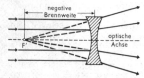

Lichtstrahlen, parallel zur optischen Achse, werden so zerstreut, als kämen sie aus dem negativen Brennpunkt

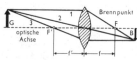

Die Zeichnung zeigt, wie man das Bild B des Gegenstandes G mit Hilfe der Hauptstrahlen konstruiert

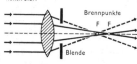

Linsenfehler: Ein allgemeiner Fehler bei der Linsenabbildung ist der Schnittfehler (sphärische Aberration): jeder Lichtstrahl bildet einen eigenen Brennpunkt; Verringerung der Abbildungsfehler durch Abblenden der randnahen Strahlen

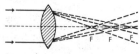

Licht ungleicher Wellenlänge (gerissene Linien) wird durch die Linse verschieden stark abgelenkt (chromatische Aberration). Durch Kombination von Glassorten in einem Linsensystem vermeidbar

Linsen:
Abbildung durch optische Linsen

Linsengleichung:
Abbildungsformel

$$\frac{1}{a'} + \frac{1}{a} = \frac{1}{f}$$

a′ = Bildweite,
a = Gegenstandsweite,
f = Brennweite

Liparische Inseln
(Fläche der Hauptinseln in km²)

Lipari	37,3
Salina	26,4
Vulcano	20,9
Stromboli	12,2
Filicudi	9,5
Alicudi	5,1
Panarea	3,3

Schüler Botticellis. **2)** *Fra Filippo*, um 1406–1469; Andachtsbilder; Fresken in Prato u. Spoleto.

Lippl, *Alois Johannes*, dt. Schriftsteller u. Regisseur, 1903–57; Laienspiele u. Volksstücke. *Die Pfingstorgel.*

Lippspringe, *Bad L.*, westfäl. Stadt u. Kurort an der Lippequelle, 11 600 E.; Bitterquellen.

Lippstadt, westfäl. Stadt an der oberen Lippe, 64 500 E.; Strumpffabrik, Metall-Ind.

Lipschitz (Lipchitz), *Jacques*, litauisch-am. Bildhauer, 1891–1973; kubist. Plastiken mit streng geometr. Flächen, später kurvig bewegte Formen. ☐ 520.

liquid (lat.), flüssig, verfügbar, besonders bei Geldforderungen u. Vermögensteilen.

Liquidae, *Liquide*, ⟋Stimme. **Liquidation** *w* (lat.), Auflösung eines Handelsgeschäfts unter Rückzahlung des Kapitals an die Inhaber. **liquidieren, 1)** einen Sachwert in Geld umwandeln. **2)** ein Geschäft auflösen. **3)** in Rechnung stellen. **4)** einen Streit beilegen. **5)** jemanden ermorden. **Liquidität** *w*, das Vorhandensein flüss. Mittel (Bargeld, Bankguthaben), auch der Grad der Umwandelbarkeit v. Sachgütern in Geld. **Liquor** *m* (lat.), **1)** flüssige Arzneizubereitung. **2)** *L. cerebrospinalis, Nervenwasser*, Hirn und Rückenmark umgebende Flüssigkeit.

Lira *w*, Währungseinheit. ☐ 1144/45.

Liselotte v. der Pfalz, eig. *Elisabeth Charlotte*, 1652–1722; Tochter des pfälz. Kurfürsten Karl Ludwig, 1671 Gattin Hzg. Philipps v. Orléans; kritisierte in ihren Briefen freimütig den Hof Ludwigs XIV.

Lisene *w*, aus der Mauer vortretende senkrechte Wandleiste; in der roman. Baukunst oft durch Rundbögen verbunden.

Lisieux (: lisjö), frz. Wallfahrtsort, in der Normandie, 24 000 E.; prachtvolle Basilika (1929), Grab der hl. Theresia v. Kinde Jesus.

lispeln, *Sigmatismus*, ⟋Sprachstörungen.

Lissabon, *Lisboa*, Hst. von Portugal, bedeutender Hafen- und Handelsplatz und Luftverkehrsstützpunkt, am Tejo, 835 000 E.; Kard.-Patriarch; Univ., TH, Landw. Hochschule; Werften, vielfältige Ind.

Lissajoussche Figuren (: -schu-), nach dem frz. Physiker *J.-A. Lissajous* (1822–80) benannte Schwingungsfiguren (Sichtbarmachung z. B. auf Oszillographenschirm), die dann entstehen, wenn ein Punkt gleichzeitig in 2 zueinander senkrechten Richtungen sinusförmig schwingt; z. B. in der Hochfrequenztechnik zur Bestimmung v. Frequenzen u. Phasenverschiebungen benutzt.

Lissitzky, *El*, russ. Maler, Graphiker u. Architekt, 1890–1941 (47?); Mit-Begr. des Konstruktivismus.

List, *Friedrich*, dt. Volkswirt, 1789–1846; wies in seinem *Nationalen System der polit. Ökonomie*, im Ggs. zu A. ⟋Smith, auf die Nation als das Bindeglied zw. Einzelwesen u. Menschheit hin; für Schutz- u. Erziehungszölle; 1817 Prof. in Tübingen, 22 wegen „Aufreizung zur Staatseinrichtungen" verurteilt u. 25 zur Auswanderung nach den USA gezwungen, kehrte 32 als am. Konsul nach Leipzig zurück; endete durch Selbstmord.

Listenwahl, ein ⟋Wahlverfahren.

Lipizzaner bei einer Courbette

Lisene

El Lissitzky: Abstraktion mit aufgeklebter schwarzer Kreisfläche

Fra Filippo Lippi: Krönung Mariä (Ausschnitt)

Listeriose *w*, Infektionskrankheit bei Tieren, auf den Menschen übertragbar, befällt einzelne Organe od. den ganzen Körper.

Listland, nördl. Teil der Insel Sylt mit dem Seebad List; Naturschutzgebiet.

Liszt (: lißt), *Franz*, dt.-ungar. Komponist u. Pianist, 1811–86; 48/59 Hofkapellmeister in Weimar; empfing 65 die niederen Weihen. Übertrug symphon. Stil auf die Klavier. Vollender der Programmusik. 13 symphon. Dichtungen, 19 *Ungar. Rhapsodien* u. a.

Liselotte von der Pfalz   Franz Liszt

Li Tai-po (eig. Li Po od. Li Pai), chines. Dichter, 699–762; den ⟋Anakreontikern ähnl. Lyrik.

Litanei *w* (gr.), aus Bittrufen bestehendes Wechselgebet zw. Vorbeter bzw. Sänger u. formelhaft antwortender Gemeinde, bes. in der christl. Liturgie. In der kath. Kirche Anrufungen Gottes u. der Heiligen, z. B. *Allerheiligen-L., Lauretanische L.;* bei Anglikanern u. luth. Kirchen ohne Heiligenanrufung; in ref. Kirchen keine L.en.

Litauen, litauisch *Lietuva*, einer der balt. Staaten an der Ostsee, kam 1940 als *Litauische SSR* zur Sowjetunion, 65 200 km²; 3,4 Mill. E., davon 80% Litauer; Hst. Wilnjus. Ein leichtgewelltes Hügelland, reich an Wäldern, Sümpfen u. Seen. – Im 14. Jh. Schaffung eines litauischen Großreiches; Großfürst ⟋Jagiello wurde durch Heirat 1386 Kg. v. Polen; die Personalunion ging 1569 in eine Vereinigung mit Polen über; 1772 u. 93 kam L. an Rußl., 1918 Rep., 40 v. der UdSSR annektiert.

Liter *s, m*, Abk. l, Einheit der Raummaße, 1 l = 1000 cm³.

literarisch (lat.), schriftstellerisch. **Literat**, Schriftsteller, mitunter abwertend. **Literatur** w, Inbegriff aller sprachl. Werke in Schrift u. Druck. **L.preise**, Auszeichnungen für dichterische Werke, meist in Form einer Geldspende aus öff. od. privaten Mitteln. **L.wissenschaft**, Wiss. v. der Literatur. Zweige u. a. Lit.-Geschichte, Interpretation, Lit.-Soziologie.

Litewka w (poln.), blusenartiger Uniformrock.

Litfaßsäule, Anschlagsäule, zuerst 1855 v. Berliner Verleger E. Litfaß errichtet.

Lithium s, chem. Element, Zeichen Li, Alkalimetall, Ordnungszahl 3 (☐ 148); silberglänzend, weich; steigert Härte vieler Legierungen.

Lithographie w (gr. = Steinzeichnung), ein v. A. Senefelder 1796 erfundenes Flachdruckverfahren, bei dem die Zeichnung mit Fettusche direkt auf den L.stein (Solnhofener Plattenkalk) od. heute meist photograph. auf Zink- od. Aluminiumplatten aufgebracht wird. Das darauffolgende Ätzen mit einer Gummiarabikum-Salpetersäurelösung bewirkt, daß beim Einfärben mit fetter Druckfarbe nur die Zeichnung Farbe annimmt, während die feuchtgehaltenen bildfreien Stellen farbfrei bleiben.

Lithopone w, aus Zinksulfid u. Bariumsulfat gebildete ungiftige Weißpigmente.

Lithosphäre w (gr.), Erdrinde, Erdmantel.

Litoměřice (:-mjerschitße) ↗Leitmeritz.

Litoral s (lat.), Strandzone, die noch v. Sonnenlicht durchstrahlt ist u. deshalb noch Wasserpflanzen beherbergt.

Litorina-Meer, Zwischenstadium der Ostsee-Entwicklung in der Jungsteinzeit; benannt nach der Meeresschnecke *Litorina litorea*.

Litschipflaume, süße Lieblingsfrüchte der Chinesen v. immergrünen, bis 6 m hohen Litschibaum.

Litt, *Theodor*, dt. Philosoph u. Pädagoge, 1880–1962; v. ↗Dilthey, der ↗Phänomenologie u. dem Dt. Idealismus beeinflußter Theoretiker der Geisteswiss.; *Individuum u. Gemeinschaft.*

Little Rock (: litl-), Hst. v. Arkansas (USA), beiderseits des Arkansas River, 135 000 E. Kath. Bischof; Univ.-Institute; Baumwoll-Ind., in der Nähe Bauxitgruben.

Littmann, *Enno*, dt. Orientalist, 1875–1958; vollständige Übersetzung v. *Tausendundeine Nacht* (6 Bde.).

Liturgie w (gr., urspr. Stiftung für das Volk; Bw. *liturgisch*), Gesamtheit der geregelten gottesdienstl. Handlungen einer Religionsgemeinschaft. – Die *kath. L.* besteht bes. in der ↗Messe, dem kirchl. Stundengebet (↗Brevier) u. der Spendung der ↗Sakramente. Die liturg. *Zeiten* (↗Kirchenjahr), Formen u. Texte sind in den liturg. *Vorschriften* (↗Rubriken) u. in den liturg. *Büchern* (u. a. Meßbuch, Brevier, Rituale) festgelegt. In Form u. Text unterscheidet sich die morgenländ. (z. B. *Chrysostomus-L.*) u. die abendländ. L.n (vorherrschend die *Röm. L.*, daneben die *Ambrosianische L.* in Mailand, die *Mozarabische L.* in Toledo u. Salamanca). Griechisch und Latein sind die

Enno Littmann

David Livingstone

hervorragendsten liturg. *Sprachen.* – Aus den prakt. liturg. Bedürfnissen entstanden die liturg. *Geräte* (z. B. Kelch, Monstranz). Die liturg. *Gewänder* (z. B. Meßgewand, Stola) zeigen die liturg. *Farben.* – Die Ordnung der *Anglikan. L.* ist im *Book of Common Prayer* festgelegt, die der *ev. Kirchen* in Dtl. in den *Agenden* der einzelnen Landeskirchen. **L.wissenschaft**, *Liturgik*, wiss. Darstellung u. Deutung der L.

Liturgische Bewegung, Bestrebungen seit Beginn des 20. Jh. zur Erneuerung der ↗Liturgie u. zu stärkerer Beteiligung der Laien daran. – In der *kath. Kirche* bes. v. Benediktinern begründet u. v. den Päpsten gefördert, ergriff die L. B. weite Kreise, führte zu Reformen (Karwochen- u. Osterliturgie) u. fand weitgehend Erfüllung durch das 2. Vatikan. Konzil. – In den *luth. Kirchen* bes. die L. B. heute alle ev. Gemeinschaften erfaßt hat.

Litvak, *Michael Anatol*, russ.-am. Filmregisseur, 1902–74; Filme: *Die Schlangengrube; Entscheidung vor Morgengrauen; Anastasia.*

Litwinow, *Maxim*, 1876–1951; Mitarbeiter Lenins, 1930/39 sowjet. Außenmin., 41/43 Botschafter in den USA.

Litze, **1)** schmales Band, **2)** biegsame elektr. Leitung.

Liudger, *Ludger*, hl. (26. März), um 742–809; 792 Leiter der Friesen- u. Sachsenmission, 804 1. Bischof v. Münster.

Liudolfinger (Mz.), *Ludolfinger*, sächs. Herrschergeschlecht, das mit Heinrich I. 919 das dt. Königtum gewann u. 1024 ausstarb.

Liutizen (Mz.), westslaw. Stamm zw. mittlerer Elbe u. Oder; im 12. Jh. v. den Dt. unterworfen u. christianisiert.

Liutprand, **1)** König der Langobarden, 712–744; erweiterte sein Herrschaftsgebiet, bedrohte 729 u. 738 Rom. **2) L. v. Cremona**, it. Geschichtsschreiber u. Diplomat, um 920 bis (wohl) 972; 961 Bischof v. Cremona, u. a. im Dienst Ks. Ottos I.

Liven, westfinn. Stamm an den Küsten des nordwestl. Kurlands.

Liverpool (: ljw^{er}pūl), zweitgrößte engl. Hafenstadt, am Mündungstrichter des Mersey, 607 000 E.; kath. Erzb., anglikan. Bischof; anglikan. u. kath. Kathedrale, Univ.; Baumwollbörse; mit ↗Birkenhead zus. eine die ganze Mündung umschließende Hafen- u. Ind.-Landschaft, ca. 100 Docks, Werften, Nahrungsmittel- u. Textil-Ind.

Livia Drusilla, röm. Kaiserin, 58 v. Chr. – 29 n. Chr.; Gemahlin des Augustus, Mutter des Tiberius.

Livingstone (: ljwingßt^{e}n), *David*, engl. Afrikaforscher, 1813–73; erforschte die Kalahari, den Sambesi, die Kongoquellflüsse, die Viktoria-Fälle u. mehrere afrikan. Seen. **L.fälle**, 32 Wasserfälle am unteren Kongo. **L.gebirge**, Gebirgsrand im NO des Malawisees.

Literatur des Abendlandes

Altertum

Griechische Literatur
Homer (8. Jh. v. Chr.)
Äsop (6. Jh. v. Chr.)
Sappho (um 600 v. Chr.)
Pindar (um 520 – um 445 v. Chr.)
Äschylus (525/524 – 456/455 v. Chr.)
Sophokles (um 497 – um 406 v. Chr.)
Euripides (um 480 – 406 v. Chr.)
Aristophanes (um 445 – um 385 v. Chr.)
Theokrit (um 310 – um 250 v. Chr.)
Lukian (um 120–180 n. Chr.)

Römische Literatur
Plautus (um 250–184 v. Chr.)
Terentius (200–159 v. Chr.)
Cicero (106–43 v. Chr.)
Catull (84–54 v. Chr.)
Vergil (70–19 v. Chr.)
Horaz (65–8 v. Chr.)
Tibull (um 54–19 v. Chr.)
Ovid (43 v. Chr. – um 18 n. Chr.)

Mittelalter

Hildebrandslied (2. Hälfte 8. Jh.)
Rolandslied (um 1100)
Nibelungenlied (um 1200)
Kudrun (um 1230/40)
Hrotsvith von Gandersheim (um 935 – nach 973)
Chrétien de Troyes (vor 1150 – vor 1190)
Wolfram von Eschenbach (um 1170 – nach 1220)
Hartmann von Aue (um 1165 – um 1215)
Gottfried von Straßburg (2. Hälfte 12. Jh.)
Walther von der Vogelweide (um 1170 – um 1230)
Dante Alighieri (1265–1321)
F. Petrarca (1304–74)
G. Boccaccio (1313–75)
G. Chaucer (1340?–1400)
Johannes von Tepl (Saaz) (um 1350–1414)
F. Villon (1431? – nach 1463)

Neuzeit

Renaissance – Humanismus
L. Ariost (1474–1533)
J. Sannazaro (1456–1530)
S. Brant (1458–1521)
N. Machiavelli (1469–1527)
M. Luther (1483–1546)
J. C. Scaliger (1484–1558)
F. Rabelais (1494–1553)
H. Sachs (1494–1576)
P. de Ronsard (1524–1585)

M. de Montaigne (1533–92)
T. Tasso (1544–95)
E. Spenser (1552–99)
Ch. Marlowe (1564–93)
W. Shakespeare (1564–1616)

Barock
M. de Cervantes Saavedra (1547–1616)
L. de Góngora y Argote (1561–1627)
L. F. de Vega Carpio (1562–1635)
M. Opitz (1597–1639)
P. Calderón de la Barca (1600–81)
P. Corneille (1606–84)
P. Gerhard (1607–76)
J. Milton (1608–74)
F. de la Rochefoucauld (1613–80)
A. Gryphius (1616–64)
J. de La Fontaine (1621–95)
Chr. v. Grimmelshausen (um 1622–76)
Molière (1622–73)
Angelus Silesius (1624–77)
J. Racine (1639–99)

Aufklärung – Empfindsamkeit – Klassik
D. Defoe (1660–1731)
J. Swift (1667–1745)
A. Pope (1688–1744)
S. Richardson (1689–1761)
Prévost d'Exiles (1697–1763)
J. Ch. Gottsched (1700–66)
C. Goldoni (1707–93)
H. Fielding (1707–54)
A. v. Haller (1708–77)
M. Lomonossow (1711–65)
L. Sterne (1713–68)
D. Diderot (1713–84)
Ch. F. Gellert (1715–69)
L. Gleim (1719–1803)
F. G. Klopstock (1724–1803)
G. E. Lessing (1729–81)
C. de Beaumarchais (1732–99)
Ch. M. Wieland (1733–1813)
J. Macpherson (1736–96)
J. G. Herder (1744–1803)
J. W. v. Goethe (1749–1832)
F. v. Schiller (1759–1805)
Jean Paul (1763–1825)
F. Hölderlin (1770–1843)
H. v. Kleist (1777–1811)

Romantik – Rokoko – Biedermeier
W. Wordsworth (1770–1850)
W. Scott (1771–1832)
F. Schlegel (1772–1829)
Novalis (1772–1801)
T. Coleridge (1772–1834)
L. Tieck (1773–1853)
W. H. Wackenroder (1773–98)
E. T. A. Hoffmann (1776–1822)

C. Brentano (1778–1842)
A. v. Chamisso (1781–1831)
A. v. Arnim (1781–1831)
A. Manzoni (1785–1873)
J. v. Eichendorff (1788–1857)
G. G. N. Byron (1788–1824)
F. Cooper (1789–1851)
F. Raimund (1790–1836)
A. de Lamartine (1790–1867)
F. Grillparzer (1791–1872)
P. B. Shelley (1792–1822)
J. Keats (1795–1821)
A. Puschkin (1799–1837)
J. Nestroy (1801–62)
W. Hauff (1802–27)
R. W. Emerson (1803–82)
N. Hawthorne (1804–64)
E. Mörike (1804–75)
H. Ch. Andersen (1805–75)
A. E. Poe (1809–49)

Realismus – Naturalismus
Stendhal (1783–1843)
A. v. Droste-Hülshoff (1797–1848)
H. Heine (1797–1856)
J. Gotthelf (1797–1854)
H. de Balzac (1799–1850)
V. Hugo (1802–85)
A. Dumas (père) (1802–1870)
P. Mérimée (1803–70)
A. Stifter (1805–68)
N. Gogol (1809–52)
W. Thackeray (1811–63)
Ch. Dickens (1812–70)
G. Büchner (1813–37)
F. Hebbel (1813–63)
G. Freytag (1816–95)
Th. Storm (1817–88)
I. Turgenjew (1818–83)
H. Melville (1819–91)
G. Keller (1819–90)
Th. Fontane (1819–98)
G. Flaubert (1821–80)
F. Dostojewskij (1821–81)
E. de Goncourt (1822–96)
C. F. Meyer (1825–98)
L. Tolstoi (1828–1910)
H. Ibsen (1828–1906)
J. de Goncourt (1830–70)
W. Raabe (1831–1910)
B. Björnson (1832–1910)
W. Busch (1832–1908)
Mark Twain (1835–1910)
E. Zola (1840–1902)
A. Strindberg (1849–1912)
A. Holz (1863–1929)
J. Schlaf (1862–1941)
H. Conradi (1862–90)
G. Hauptmann (1862–1946)

Moderne
W. Withmann (1819–92)
Ch. Baudelaire (1821–67)
St. Mallarmé (1842–98)
H. James (1843–1916)
P. Verlaine (1844–96)
A. Rimbaud (1854–91)
O. Wilde (1856–1900)
G. B. Shaw (1856–1950)
K. Hamsun (1859–1952)

A. Tschechow (1860–1904)
E. Dujardin (1861–1949)
M. Maeterlinck (1862–1949)
A. Schnitzler (1862–1931)
G. d'Annunzio (1863–1938)
F. Wedekind (1864–1918)
W. B. Yeats (1865–1935)
P. Claudel (1865–1955)
R. Kipling (1865–1936)
R. Rolland (1866–1944)
L. Pirandello (1867–193b)
M. Gorkij (1868–1936)
St. George (1868–1933)
A. Gide (1869–1951)
M. Proust (1871–1922)
P. Valéry (1871–1945)
H. Mann (1871–1950)
Th. Dreiser (1871–1945)
A. Jarry (1873–1907)
H. v. Hofmannsthal (1874–1929)
R. M. Rilke (1875–1926)
G. v. le Fort (1876–1971)
Th. Mann (1875–1955)
H. Hesse (1877–1962)
A. Döblin (1878–1957)
C. Sternheim (1878–1942)
G. Kaiser (1878–1945)
G. Apollinaire (1880–1918)
R. Musil (1880–1942)
A. Block (1880–1921)
St. Zweig (1881–1942)
J. Joyce (1882–1942)
J. Giraudoux (1882–1944)
V. Woolf (1882–1941)
J. Hašek (1883–1923)
F. Kafka (1883–1924)
A. N. Tolstoj (1883–1945)
O. Loerke (1884–1941)
D. H. Lawrence (1885–1930)
S. Lewis (1885–1951)
E. Pound (1885–1972)
H. Ball (1886–1927)
G. Benn (1886–1956)
H. Broch (1886–1951)
G. Heym (1887–1912)
G. Trakl (1887–1914)
T. S. Eliot (1888–1965)
E. O'Neill (1888–1953)
K. Mansfield (1888–1923)
G. Bernanos (1888–1948)
F. Werfel (1890–1945)
K. Tucholsky (1890–1935)
W. Bergengruen (1892–1964)
W. Majakowskij (1893–1930)
H. H. Jahnn (1894–1959)
Ch. Morgan (1894–1958)
A. Breton (1896–1966)
L. Bromfield (1896–1954)
Th. Wilder (1897–1975)
Ph. Soupoult (*1897)
B. Brecht (1898–1956)
F. García Lorca (1898–1936)
E. Langgässer (1899–1950)
E. Hemingway (1899–1961)
A. de Saint-Exupéry (1900–44)

A. Malraux (1901–76)
J. Klepper (1903–42)
St. Andres (1906–70)
W. Borchert (1921–47)
B. Pasternak (1890–1960)
I. Ehrenburg (1891–1967)
H. Miller (1891–1980)
N. Sachs (1891–1970)
I. Andrić (1892–1975)
A. Huxley (1894–1963)
H. Kasack (1896–1966)
H. v. Doderer (1896–1966)
M. A. Asturias (1899–1974)
N. Sarraute (* 1902)
R. Queneau (1903–76)
G. Orwell (1903–50)
R. P. Warren (*1905)
M. Scholochow (* 1905)
J.-P. Sartre (1905–80)
E. Canetti (*1905)
S. Beckett (* 1906)
W. H. Auden (1907–73)
G. Eich (1907–72)
A. Moravia (*1907)
Chr. Fry (*1907)
J. Andrzejewski (*1909)
J. Anouilh (*1910)
J. Genet (*1910)
M. Frisch (*1911)
L. Durrell (*1912)
E. Ionesco (*1912)
A. Camus (1913–60)
A. Schmidt (1914–79)
T. Williams (*1914)
D. M. Dylan (1914–53)
S. Bellow (*1915)
A. Miller (*1915)
P. Weiss (*1916)
W. Hildesheimer (*1916)
C. McCullers (1917–67)
H. Böll (*1917)
A. Solschenizyn (*1918)
V. D. Dudinzew (* 1918)
J. D. Salinger (*1919)
R. Pinget (*1920)
P. Celan (1920–70)
F. Dürrenmatt (*1921)
I. Aichinger (*1921)
H. Kipphardt (*1922)
A. Robbe-Grillet (*1922)
N. Mailer (*1923)
J. Baldwin (*1924)
T. Capote (*1925)
D. Wellershoff (*1925)
H. Piontek (*1925)
S. Lenz (*1926)
I. Bachmann (1926–73)
M. Butor (*1926)
M. Walser (*1927)
G. Grass (*1927)
E. Albee (*1928)
P. Hacks (*1928)
J. Osborne (*1929)
H. M. Enzensberger (*1929)
M. Bulatović (*1930)
H. Pinter (*1930)
R. Hochhuth (*1931)
F. Arrabal (*1932)
J. Updike (*1932)
J. Jewtuschenko (*1933)
P. Härtling (*1933)
U. Johnson (*1934)
P. Handke (*1942)

Livistona (L. chinensis)

Livistona, Schirmpalmen; in Indien und Australien.

Livius, *Titus,* röm. Geschichtsschreiber, 59 v. Chr. – 17 n. Chr.; verf. eine Geschichte Roms *(Ab urbe condita)* v. der Gründung der Stadt bis 9 v. Chr.

Livland, balt. Landschaft zw. dem Rigaer Meerbusen u. dem Peipussee; hügeliges Land mit zahlr. Seen; Hauptort Riga. – Gehörte seit dem 13. Jh. dem Dt. Orden; 1561 poln., 1629 schwed., 1721 russ.; 1918 zw. ↗Lettland u. ↗Estland geteilt.

Livorno, it. Prov.-Hst. u. Hafenstadt am Ligur. Meer, 177 000 E.; Bischof. Eisenhütten, Schiffbau; Metall- u. keram. Ind.

Livree *w* (frz.), uniformartige Bedienstetenkleidung.

Lizentiat (lat.; Lic.), **1)** *s,* bis 1944/45 im ordentlichen Promotionsverfahren verliehener akadem. Grad bei ev.-theol. Fakultäten; seit 45 bes. v. einigen kath.-theol. Fakultäten verliehener akadem. Grad. **2)** *m,* Inhaber des Lizentiats.

Lizenz *w* (lat.), **1)** Berechtigung zur Benutzung einer Einrichtung, Erfindung. **2)** Abgabe an den Staat für Ausübung bestimmter Gewerbe (z. B. Alkoholausschank). **3)** heute allg. Druckerlaubnis für Bücher, Zeitungen usw.

Ljadow, *Anatol,* russischer Komponist, 1855–1914; Klavier- u. Orchesterwerke.

Ljubljana, die slowen. Stadt ↗Laibach.

Llanos (: ljanos, Mz.), baumarme Hochgrasebenen im Stromgebiet des Orinoko (Südamerika).

Lloyd (: loid), Vereinigung v. Schiffsversicherern; erste im 1700 in Edward L.s Kaffeehaus in London gegr.; auch Name v. Schiffahrtsgesellschaften u. Zeitungen.

Lloyd George (: loid dscho͡rdsch), *David Earl,* 1863–1945; öfters brit. Min., 1916/22 Min.-Präs. (Liberaler); setzte sich auf der Pariser Friedenskonferenz 19 (↗Versailler Vertrag) erfolgreich für eine Milderung der Bedingungen gegenüber Dtl. ein.

Loanda ↗Luanda.

Lob *m* (engl.), hoher Flugball im Tennis.

Lobatschewskij, *Nikolai Iwanowitsch,* russ. Mathematiker, 1793–1856; Begr. einer Geometrie u. der Gültigkeit des Parallelenaxioms (nichteuklid. Geometrie).

Lobau *w,* Flußauen an der Donau, unterhalb Wiens; Naturschutzgebiet.

Löbau, Krst. in der Oberlausitz, s.ö. von Bautzen, 18 000 E.; Textil- und Nährmittelindustrie.

Paul Löbe

Lobelie (Lobelia fulgens)

Lochkarte: Jede Spalte kann eine Zahl durch eine einfache Lochung oder einen Buchstaben durch eine zweifache Lochung ausdrücken

Stephan Lochner: Geburt Christi (Ausschnitt)

Lobbyismus (v. engl. *lobby* = Vorhalle eines Parlaments), Einflußnahme v. Interessenverbänden *(pressure groups)* durch ihre Vertreter *(Lobbyisten)* auf die Abgeordneten; unkontrollierter L. gefährdet die Unabhängigkeit parlamentar. Entscheidungen.

Löbe, *Paul,* dt. Politiker (SPD), 1875–1967; 1920/32 meist Reichstagspräs., 49 Präs. des Dt. Rats der Europa-Bewegung, 54/61 Präs. des Kuratoriums „Unteilbares Deutschland".

Lobelie, den Glockenblumen verwandte Gattung mit etwa 200 Arten.

Locarno, Kurort der Südschweiz (Kt. Tessin), am Lago Maggiore; zu Füßen der Wallfahrtskirche *Madonna del Sasso,* 15 600 E.

L.pakt, 1925 in L. vereinbarter, in London abgeschlossener Vertrag, der eine Garantie der dt. Westgrenzen durch Dtl., Fkr. u. Belgien u. eine Zusicherung der Entmilitarisierung des Rheinlandes durch Dtl. beinhaltete; hatte die Aufnahme Dtl.s in den Völkerbund zur Folge; v. Hitler 36 durch militärische Besetzung des Rheinlandes gebrochen.

Loccum, *Kloster L.* 1163 als Zisterzienserabtei gegr., Ende 16. Jh. ev. Stift, seit 1815 ev. Predigerseminar, seit 1952 auch Ev. Akademie; niedersächs. Stadt *Rehburg-L.*

Locheisen, Werkzeug zum Ausstanzen runder Löcher.

Lochkarte, ein Arbeitsmittel, um Informationen zu speichern; jeder Information (auch Befehl, Vorgang) entspricht eine bestimmte Lochkombination, die mechan., elektromagnet. od. elektron. in Sortier- u. Tabelliermaschinen gelesen u. ausgewertet wird (bes. für Statistik, Planung usw.). *Lochstreifen* sind lange Streifen, die die Lochung eines meist festen Programms zur Steuerung eines Vorgangs enthalten.

Lochner, *Stephan,* dt. Maler, um 1410–51; Hauptmeister der Kölner Malerschule u. Überwinder des „Weichen Stils" der Gotik; *Weltgerichtsaltar; Kölner Dombild.*

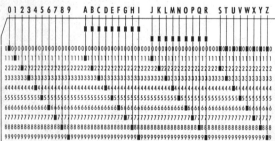

John Locke

Logarithmus

Definition

$$b^{b\log n} \equiv n$$
$$l = {}_b\log n$$

(l ist der Logarithmus von n [Numerus] zur Basis b)

Die wichtigsten Basiszahlen

Basis 10, Zehner-L., lg
Basis 2, Zweier-L., ld
Basis e, natürl. L., ln

Logarithmieren: die Umkehrung des Potenzierens

$x = b^y$ (Exponentialfunktion)

Umkehrfunktion

$y = {}_b\log x$ (Logarithmusfunktion)

$y = \ln x$
$y = \lg x$

$${}_b\log 0 = -\infty$$
$${}_b\log 1 = 0$$
$${}_b\log b = 1$$
$${}_b\log (u \cdot v) = {}_b\log u + {}_b\log v$$
$${}_b\log (u/v) = {}_b\log u - {}_b\log v$$
$${}_b\log a^n = n \cdot {}_b\log a$$
$${}_b\log (\sqrt[n]{a}) = \frac{1}{n} \cdot {}_b\log a$$
$${}_b\log x \cdot {}_a\log b = {}_a\log x$$
$${}_{10}\log x = {}_{10}\log e \cdot {}_e\log x$$
$$\left[\begin{array}{l} {}_{10}\log e = 0{,}43429 \\ = \text{Modul} \end{array} \right.$$
$${}_a\log b \cdot {}_b\log a = 1$$

Locke, *John,* 1632–1704; Philosoph der engl. Aufklärung, Begründer des neuzeitl. Empirismus; seine Staatslehre fordert Volkssouveränität und Gewaltenteilung; seine Erkenntnistheorie beeinflußte bes. Leibniz u. Kant.

Locus *m* (lat.), Ort; *loco citato* (l. c.), am angeführten Ort.

Loden *m*, gewalktes, oft wasserfest imprägniertes Tuch; für Sportanzüge u. Wettermäntel.

Lodoicea, hohe Fächerpalme der Seychellen; ihre Früchte *(Seychellennüsse,* bis $^1/_2$ Zentner schwer) enthalten eßbaren Samen.

Łódź (: ᵁudßj), Hst. der poln. Wojewodschaft Ł., zweitgrößte Stadt Polens, 826 000 E.; kath. Bischof; Univ., mehrere Hochschulen; größtes Textil-Kombinat Europas.

Loeb, *Jacques,* dt.-am. Biologe, 1859–1924; forschte über Entwicklung u. Parthenogenese.

Löffelente ↗Enten.

Löffelkraut, Kreuzblütlergattung. *Echtes L.,* gg. Vitaminmangel u. als Salat.

Löffler, *Löffelibis,* Storchvogel mit löffelartig geformtem Schnabel; in Asien, Afrika, Süd- u. Osteuropa.

Löffler, *Friedrich,* dt. Hygieniker, 1852 bis 1915; entdeckte unter anderem den Erreger der Diphtherie.

Lofoten, *Lofotinseln,* Inselgruppe vor der NW-Küste Norwegens, 1308 km²; Hauptorte Svolvær u. Kabelvåg. Zentrum der norweg. Dorsch- u. Heringsfischerei.

Log *s* (engl.), Gerät zur Bestimmung der Schiffsgeschwindigkeit im Wasser (nicht über Grund). *Hand-L.* aus L.brett, das als feststehend im Wasser angesehen wird, an einer ablaufenden L.leine, deren Geschwindigkeit ein Maß der Schiffsgeschwindigkeit ist. *Patent-L.* aus rotierendem Körper; Zahl der Umdrehungen gibt die Geschwindigkeit; beim *Steven-L.* ist der Druck des strömenden Wassers ein Geschwindigkeitsmaß.

Logarithmus *m* (gr.), Abk. log oder $_b$log, Bz. für den Exponenten einer festen Grundzahl b in einer Potenz, die die Zahl n ergibt. Logarithmen mit gleicher Basis bilden ein **L.system;** meist wird das *Briggssche L.-system* mit der Basis 10 benutzt, z. B.: 10^2 = 100, also $_{10}$log 100 = 2, od. $10^{0,3010}$ = 2, also log 2 = 0,3010, od. $10^{1,3010}$ = 20, also log 20 = 1,3010; in Physik u. Mathematik auch das *natürl. L.system* mit der Basis e = 2,71828 ... Multiplizieren, Dividieren, Potenzieren u. Radizieren werden durch das Rechnen mit L. auf Addition u. Subtraktion bzw. Multiplikation u. Division v. L. zurückgeführt.

Logau, *Friedrich v.,* schles. Barockdichter, 1604–55; Meister des Sinngedichts.

Logbuch, das Fahrzeugtagebuch, z. B. Schiffstagebuch, enthält alle wichtigen Beobachtungen u. Ereignisse einer Fahrt, die das Fahrzeug, die Ladung u. die Besatzung betreffen.

Loge *w* (: lösch^e, frz.), **1)** im Theater kleiner, abgetrennter Sitzraum. **2)** Freimaurerverband u. dessen Versammlungshaus. **3)** kleiner Raum des Pförtners (Portier-L.).

Logger *m* (niederl.), ein Motorschiff zum Hochseefischfang.

Loggia *w* (: lodscha, it.), Laube, offener Vorbau, Bogenhalle.

Logik *w* (gr.), Teil der Philosophie, der die Denkinhalte nach ihrer Form (Begriff, Urteil, Schluß) u. ihren Beziehungen zueinander (log. Gesetze) betrachtet.

Logis *s* (: loschi, frz.; Ztw. *logieren*), Wohnung, Unterkunft.

logisch (gr.), folgerichtig, entsprechend den Regeln u. Gesetzen der ↗Logik.

Logistik, 1) Teilgebiet der ↗Logik, versucht durch Zeichenanwendung in der Philosophie ähnl. wie in der Mathematik rechnerische Exaktheit zu erreichen. **2)** militär. Nachschubwesen.

Logos *m* (gr.), Rede, sinnvolles Wort, dann der darin ausgedrückte gedankl. Gehalt. Oft heißt L. der ganze Bereich des Ideenhaften im Ggs. zum organ. Leben (Bios) u. zu den sittl. Haltungen (Ethos). Auch der alle Ideen umfassende Weltgrund wird L. genannt; so die ordnende Weltvernunft bei ↗Heraklit, die Weltseele der Stoa, das Mittelwesen zw. Gott u. der Welt bei ↗Philon u. die absolute Idee bei ↗Hegel. Das Johannes-Evangelium nennt L. die zweite Person Gottes, insofern der Vater sie durch Denken zeugt.

Logroño (: -gronjo), span. Prov.-Hst. in Altkastilien, am oberen Ebro, 85 000 E.; Mittelpunkt der Ebene Rioja (Weinbau).

Log: Handlog

Lohe *w,* **1)** gerbstoffhaltige Baumrinden, die beim ↗Gerben zur chem. Behandlung der Tierhäute dienen. Der *Lohgerber* (Ggs. Weißgerber) stellt gröberes Leder her. **2)** lodernde Glut.

Löhe, *Wilhelm,* dt. luth. Theologe, 1808–72; förderte ↗Innere Mission u. ↗Diakonie, regte die ev. ↗Liturg. Bewegung an; wirkte in Neuendettelsau.

Loheland, Schule für Gymnastik, Landbau u. Handwerk bei Fulda in der Rhön.

Lohengrin, der Sage nach Sohn Parzivals. Oper v. R. Wagner.

Lohenstein, *Daniel Casper v.,* dt. Dichter, 1635–83; Lyrik, Trauerspiele u. Romane (Schwulst der 2. Schles. Dichterschule des Barock).

Lohfelden, hess. Gem. am SO-Rand von Kassel, 11 700 E.; Maschinen-Industrie.

Lohkäfer, der Gemeine ↗Nashornkäfer.

Lohmar, rhein. Gemeinde, 19 500 E.; Ind.

Lohn, Entgelt für die Arbeit, i. e. S. die Bezahlung des Arbeiters im Unterschied zum ↗Gehalt des Angestellten od. Beamten u. dem Honorar für freiberufl. Tätige. Die Höhe bestimmt sich wie jeder Preis durch Angebot u. Nachfrage, hier auf dem Arbeitsmarkt. **L.fortzahlung,** im Krankheitsfall der Anspruch des L.empfängers während der ersten 6 Wochen der Erkrankung auf den ganzen Netto-L. aus den vorhergehenden 4

Lohnsteuer

Steuerklassen der Lohnsteuertabelle (seit 1965)

Steuerklasse I

Ledige, Geschiedene, Verwitwete, dauernd getrennt lebende Ehegatten

Steuerklasse II

die unter I Genannten über 50 Jahre oder mit Kindern unter 18 Jahren

Steuerklasse III

Verheiratete, bei denen nur ein Ehegatte erwerbstätig ist

Steuerklasse IV

Verheiratete, die beide erwerbstätig sind

Steuerklasse V

auf Antrag für einen arbeitenden Ehegatten, der mitverdienende Ehegatte dann in III

Steuerklasse VI

auf Antrag für einen Arbeitnehmer mit zwei oder mehr Dienstverhältnissen

Wochen; die Differenz zw. Krankengeld u. Netto-L. zahlt der Arbeitgeber. **L.pfändung,** ↗Pfändung v. Lohn- od. Gehaltsansprüchen in der Zwangsvollstreckung; ein als Existenzminimum festgelegter Betrag u. bestimmte Arten u. Teile v. Bezügen sind unpfändbar. **L.-Preis-Spirale,** die Wechselwirkung zw. L.- u. Preiserhöhung in einer vollbeschäftigten Wirtschaft; inflationist. Tendenz. **L.steuer,** Erhebungsform der ↗Einkommensteuer bei Einkommen aus nicht selbständ. Arbeit (also auch bei Gehalt); erfolgt durch den Arbeitgeber; Steuerschuldner bleibt jedoch der Arbeitnehmer. Berücksichtigt werden Familienstand u. Freibeträge für Werbungskosten und Sonderausgaben. ☐ 949. **L.steuerjahresausgleich,** nachträgl. Feststellung, ob die während eines Kalenderjahres einbehaltene Lohnsteuer mit der Steuerschuld, gemessen am Jahreseinkommen, übereinstimmt; zuviel gezahlte Lohnsteuer wird vom Arbeitgeber (bei mehr als 10 Beschäftigten) oder vom zuständigen Finanzamt auf Antrag des Arbeitnehmers (bis spätestens 30. 4. des folgenden Jahres) erstattet. **L.summensteuer,** Teil der ↗Gewerbesteuer; muß v. Unternehmer nach der an die Arbeitnehmer gezahlten L.summe entrichtet werden. ☐ 949.

Lohne, *L. (Oldenburg),* niedersächs. Stadt, 18 500 E.; Kork-, Bürsten- u. Kartonagen-Ind.

Löhne, westf. Stadt nördl. v. Herford, an der Werre, 37 200 E.; Möbel- u. Zigarren-Ind.

Lohr am Main, bayer. Krst. in Unterfranken, am Spessart, 16 800 E.; Kapuzinerkloster, Mutterhaus der Franziskanerinnen; Holzindustrie.

Loipe *w* (skandinav.), Spur, Bahn bei Skilangläufen.

Loire *w* (: lºar), größter Fluß Fkr.s; entspringt in den Zentralcevennen, mündet nach 1010 km bei St-Nazaire in den Atlant. Ozean; bis Nantes für Seeschiffe befahrbar.

Lohn

Lohnarten und Lohnformen

Geld- und Natural-Lohn (u. a. in Form von Waren, ↗Trucksystem)

Nominal-Lohn (Geld-Lohn ohne Rücksicht auf die Kaufkraft)

Real-Lohn (Nominal-Lohn bezogen auf damit kaufbare Gütermenge)

Zeit-Lohn (für einen Zeitraum ohne Berücksichtigung der Leistung, Stunden-Lohn)

Prämien-Lohn (Zeit-Lohn mit Prämienzulage)

Akkord-Lohn oder Leistungs-Lohn (nach Arbeitsergebnis, z. B. Stücke)

Sozial- oder Familien-Lohn (berücksichtigt Familienstand und Zahl der Kinder)

Am Unterlauf in anmutiger Hügellandschaft viele Burgen u. Schlösser (u. a. Blois, Chambord).

lokal (lat.), örtlich. **L.** *s,* Örtlichkeit, Gaststätte. *L.ität w,* Räumlichkeit. *l.isieren,* auf einen bestimmten Raum beschränken, einer ganz bestimmten Stelle zuordnen. **L.anästhesie** *w* (lat.-gr.), örtl. ↗Narkose. **L.farben,** in der Malerei die reinen Farben eines Gegenstandes ohne Veränderung durch Licht- u. Schattenwirkung od. Einbezug in einen Gesamtton.

Lokativ *m* (lat.), im Latein u. in einigen slaw. Sprachen Beugefall der Ortsbezeichnung auf die Frage wo?

Loki, nord. Gott, urspr. wohl Feuerdämon, tötete den Lichtgott Baldur.

Lokomobile *w* (lat.), liegende Dampfmaschine, auf Rauchröhrenkessel montiert; teils auf Rädern (zum Selbstfahren), teils ortsfest; als Antrieb v. Dreschmaschinen, Wasserpumpen, Stromerzeugern usw.

Lokomotive *w* (lat.), *Lok,* die fahrbaren Kraftmaschinen zur Zugförderung im ↗Eisenbahn-Betrieb. Nach Antrieb werden

Lokomotiven:

Dampflokomotive 001 (fr. 01) der DB für den Fernschnellzug- und Schnellzugdienst. 110 t Gewicht, 23,9 m Länge, 1650 kW, 140 km/h Höchstgeschwindigkeit.

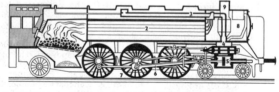

1 Kohlenfeuerung
2 Kessel mit Dampfrohren
3 Dampfleitungsrohr
4 Schieberkasten
5 Zylinder mit Kolbenstange
6 Treibstange
7 Treibrad
8 Rauchkammer
9 Schornstein

Elektr. Schnellzuglokomotive 110 (fr. E 10) der DB. 83 t Gewicht, 16,1 m Länge, 3300 kW, 150 km/h Höchstgeschwindigkeit

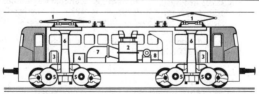

1 Stromabnehmer
2 Hauptumspanner
3 Zusatzumspanner
4 Batterie
5 Fahrmotoren
6 Vertikallüfter für Motoren
7 Ölkühler
8 Lüfter für Ölkühler

Diesellokomotive 220 (fr. V 200) der DB, verwendet für Fernschnellzug-, Schnellzug- und Güterzugdienst. 75 t Gewicht, 18,5 m Länge, 1500 kW, 140 km/h Höchstgeschwindigkeit.

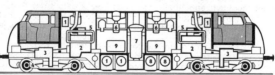

1 Kraftstoffbehälter
2 Dieselmotoren
3 Getriebe
4 Achstriebe
5 Auspuff
6 Kühler
7 Heizkessel
8 Heizölbehälter
9 Speisewasserbehälter

London:
Westminsterabtei

unterschieden: a) *Dampf-L.*, meist mit
Heiß-/Dampf betrieben, die Kraftübertragung v. den Kolben erfolgt über 1 (od. mehrere) Treibachsen. Die Wasser- u. Kohlevor-
räte werden in einem eigenen Wagen,
Tender, dann *Schlepptender-L.,* od. auf der
L. selbst, dann *Tender-L.,* mitgeführt. Son-
derbauarten sind Dampfturbinen-L. (sehr
selten), L. mit Kohlenstaubfeuerung u. die
Druckluft-L. (z. B. in Bergwerken). Die
Dampf-L. verliert heute zunehmend an Bedeutung. b) *Diesel-L.,* besitzt einen Dieselmotor, der entweder direkt über ein Getriebe antreibt od. über einen Stromerzeuger einen Elektromotor antreibt *(dieselelektr. Antrieb).* c) *elektr. L.* (*E-Lok*) mit
Stromzuführung aus einer Oberleitung
(/elektr. Bahnen) od. aus mitgeführten Akkumulatoren (meist für Triebwagen, auch
im Bergwerk usw.). – Große Steigungen
werden mit *Zahnrad-L.* überwunden.
Lokris, griech. Küstenland v. Böotien bis zu
den Thermopylen.
Lolch, Gräser mit vielblüt. Ährchen. *Wie-
sen-L.,* Futtergras; *it. Raygras,* für Gartenra-
sen; *Taumel-L.,* wirkt giftig.
Lolland, die dänische Insel /Laaland.
Lollarden (Mz.), 1) andere Bz. für /Alexia-
ner. 2) die Anhänger J. Wiclifs.
Lollobrigida (: -dschida), *Gina,* it. Filmschauspielerin, * 1928; Filme u. a.: *Liebe,
Brot und Phantasie; Trapez; Anna von
Brooklyn.*
Lombardei w, it. *Lombardia,* ober-it. Land-
schaft, Mittelteil der Poebene; Hauptort
Mailand. – Das Kgr. der /Langobarden
wurde 774 durch Karl d. Gr. mit dem Fran-
kenreich, 951 durch Otto I. mit dem Dt.
Reich verbunden; gg. die Herrschaft der dt.
Ks. kämpfte im 11./13. Jh. der *Lombard.
Städtebund;* nach dem Ende der Kaiser-
herrschaft löste sich die L. in Stadtrepubliken u. Signorien auf; nach wechselnder
Herrschaft Östr.s u. Fkr.s 1815/59 zu Östr.,
dann mit dem Kgr. It. vereinigt.
Lombardi, *Riccardo,* SJ, italien. Theologe,
1908–79; wirkungsvoller Kanzel- und Rund-
funkredner.

M. Lomonossow

Jack London

Lombardkredit, *Lombard m,* meist kurzfrist.
Bankkredit gg. Verpfändung leicht verkäufl.
Güter (Waren u. Wertpapiere).
Lombardo, venezianische Architekten und
Plastiker der Früh-Renaissance: *Pietro*
(1435–1515), seine beiden Söhne *Tullio*
(1455–1532) u. *Antonio* (um 1458–1516).
Lombardus /Petrus Lombardus.
Lombok, eine der Kleinen Sundainseln (zu
Indonesien), östl. v. Bali, 4660 km², 900000
E.; Hst. Mataram. **L.-Straße,** Meeresstraße
zw. Bali u. L.
Lome, *Lomé,* Hst. der Rep. Togo, am Golf
von Guinea, 230000 E.; kath. Erzb.
Lomonossow, *Michail,* russ. Universalge-
nie, 1711–65; Gründer der 1. russ. Univ.,
wichtige Arbeiten zur Chemie, Astronomie,
Physik; auch Fabel- u. Liederdichter.
Lomonossow-Land, amtl. sowjet. Bz. für
/Franz-Joseph-Land.
London (: land^{e}n), 1) Hst. Großbritanniens
u. des Commonwealth, eine der größten
Städte der Erde, 2,1 Mill. E. (als Groß-L. 6,9
Mill. E.). L. liegt im *L.er Becken,* am End-
punkt der Schiffahrt auf der Themse, 75 km
v. offenen Meer. Residenzstadt, Sitz der
Reg. u. des Parlaments. Kath. u. anglikan.
Erzb., ein kath. u. mehrere anglikan. Bischöfe. Univ. u. andere Hochschulen; Mu-
seen u. Theater. Buckinghampalast (königl.
Residenz), Parlamentsgebäude (1840), got.
Westminsterabtei (1245/69), Tower mit
Tower Bridge, U-Bahn. L. hat einen der
größten Häfen der Welt; führender Geldmarkt u. Handelsplatz (Börse). Hochentwik-
kelte, vielseitige Ind. – In röm. Zeit Straßen-
knotenpunkt u. Hafen *Londinium;* um 1600
bedeutende Handelsstadt; 1851 1. Weltausstellung; 2) kanad. Stadt in Ontario, 241000
E.; kath. u. anglikan. Bischof; Univ.
London (: land^{e}n), 1) *George,* kanad. Sänger
(Baßbariton), * 1919; bes. Mozart- u. Wag-
ner-Interpret. 2) *Jack* (eig. John Griffith),
am. Erzähler, 1876–1916; Tier-, See- u.
Abenteuerromane u. -erzählungen: *Wolfs-
blut, Ruf der Wildnis, König Alkohol.*
Londonderry (: land^{e}nder^i), *Derry,* Hst. der
Gft. L. (Nordirland), 55000 E.; Textil-Ind.
Long Beach (: -bitsch), Seebad u. Hafen-
stadt in Kalifornien, am Pazif. Ozean,
360000 E.; Stahlwerke, Erdölquellen.
Long Drinks (engl. = lange Getränke), Bar-
getränke, die viel Flüssigkeit enthalten u.
nur geringen Alkoholgehalt haben.
Longe w (: lõnsch, frz.), 1) lange Leine, an
der das Pferd im Kreis zur Dressur u. Bewegung geführt wird. 2) Sicherungsleine in der
Akrobatik, beim Kunstturnen oder beim
Trampolinspringen beim Einüben neuer,
schwieriger Bewegungsabläufe.
Longfellow (: -lo^u), *Henry Wadsworth,* am.
Schriftsteller, 1807–82; schuf bes. Lyrik u.
idyll. Vers-Epik; wirkte als Vermittler europ.
Lit. u. Kultur.
Longhena (: -ge-), *Baldassare,* it. Architekt,
1598–1682; führender Meister des Hochba-
rocks in Venedig (Kirche *S. Maria della Salute,* 1631/82). ☐ 71.
Longhi (: -gi), *Pietro,* it. Maler, 1702–1785;
beliebter Porträtist u. wirklichkeitsgetreuer
Genremaler des venezian. Rokokos.

Long Island (: -ai̱länd), Insel an der Ostküste der USA, 3630 km². Auf der Westseite die New Yorker Stadtteile Brooklyn, Queens, *L. I. City* u. Jamaica. Durch Brücken u. Tunnels Verbindung über den East River mit Manhattan.

Longseller *m* (engl.), Buch oder Schallplatte, die sich längere Zeit gut verkauft. ↗Bestseller.

Longyearbyen (: -jörbüᵉn), Bergbausiedlung u. Hafen in West-Spitzbergen.

Löns, *Hermann,* deutscher Schriftsteller, 1866–1914 (gefallen); Dichter der Lüneburger Heide in Roman, Erzählung u. Lied. *Mein grünes Buch, Mein braunes Buch, Der Wehrwolf.*

Looping *m* (: lu̱ping, engl.), Kunstflugfigur: ein stehender Kreis, nach oben mit einem Steigflug od. (schwerer) nach unten mit einem Sturzflug begonnen.

Looping: **a** aufwärts, **b** abwärts

Lope de Vega ↗Vega Carpio.

Lop Nor *m,* Sumpfgebiet in der Tarim-Senke O-Turkestans (China), ca. 7000 km² mit ca. 2500 km² großem See, abflußloses Mündungsgebiet des Tarim.

Lorbeer, der *Edle L.,* immergrüner Charakterbaum der Mittelmeerländer; Blätter u. Früchte als Gewürze; aus den Beeren *L.öl.* – In der Antike dem Apollo heilig, diente zur Ehrung bei den Spielen in Delphi, für die röm. Triumphatoren, für Dichterkrönungen in der Renaissance; seitdem in Geltung als Ehrenzeichen. ↗Silbernes Lorbeerblatt.

Lorca, span. Dichter, ↗García Lorca.

Lorcheln, Scheibenpilze, mit gewulsteter Hut; Speisepilze. Arten: *Speise-L., Gruben-L., Inful-L., Riesen-L., Herbst-L.* ☐ 750.

Lord (engl.), urspr. Grundherr; heute Titel aller höheren engl. Adligen, der Bischöfe der Staatskirche u. einzelner hoher Beamter; i. e. S. sind L.s die Mitgl. des Oberhauses (House of L.s).

Lord

Amtstitel für höhere Beamte:	für Regierungsmitglieder:
Lord Chief Justice (Oberrichter)	Lord Chancellor (Justizminister und Präs. des Oberhauses)
Lord Justice (Richter)	Lord Privy Seal (Geheimsiegelbewahrer)
Lord Steward (Hofmarschall)	Lord President of the Privy Council (Präs. des Geheimen Rats)
Lord Mayor (Oberbürgermeister mehrerer engl. Großstädte)	Lord Chamberlain (Großkämmerer)

Lordose *w* (gr.), Verkrümmung der ↗Wirbelsäule nach vorn.

Lore *w,* offener Feldbahnwagen.

Lorelei *w,* 132 m hoher Felsen, oberhalb St. Goarshausen, v. der Bahnlinie Frankfurt–Köln in Doppeltunnel durchfahren. – Dichtungen (u. a. Brentano, Heine) um die Gestalt der Zauberin L., die die Schiffer anlockt, durch deren Unachtsamkeit die Schiffe am Felsen zerschellen.

Loren, *Sophia,* it. Filmschauspielerin, * 1934; verh. mit Carlo Ponti; Filme u. a.: *Gier unter Ulmen; Die schwarze Orchidee; Zwei Frauen; Boccaccio 70; Ehe auf italienisch; Die Übermenschliche.*

Lorentz, *Hendrik Antoon,* holländ. Physiker, 1853–1928; Elektronentheorie. 1902 Nobelpreis.

Lorenz, hl., ↗Laurentius.

Lorenz, *Konrad,* östr. Verhaltensforscher, * 1903; Begr. der „Vergleichenden Verhaltenslehre". 73 Nobelpreis.

Lorenzstrom, der ↗Sankt-Lorenz-Strom.

Loreto, Marienwallfahrtsort in der mittel-it. Provinz Ancona. Die im 15. Jh. erbaute Basilika umschließt das angebl. Haus der Hl. Familie v. Nazareth (Marmorumbau nach Bramante, 1510).

Lorgnette *w* (: lornjäte, frz.), Stielbrille.

Lori, 1) afrikanische u. asiat. großäugige, nahezu schwanzlose nächtl. Halbaffen (Schlank-, Plump-L.). **2)** Papageien (Australien): *Breitschwanz-* u. *Gebirgs-L.* ☐ 1046.

Lorient (: lor'ā̱n), frz. Kriegs- u. Fischereihafen in der Bretagne.

Loriot (eig. Vico v. Bülow), dt. Zeichner u. Karikaturist, * 1923; schuf den *Wum.*

Loerke, *Oskar,* dt. Schriftsteller, 1884–1941; anschaul., präzise Lyrik (Natur, Großstadt): *Atem der Erde, Der Silberdistelwald;* Essays.

Lörrach, südbad. Krst. im Wiesental, nahe der Schweizer Grenze, 41 600 E.; PH; Schokoladefabrik, Textil-Ind.

Lorrain (: lorā̱n), ↗Claude Lorrain.

Lorsch, hess. Stadt, 10 800 E.; Zigarren-, Metall- u. Holz-Ind. – Ehem. Benediktinerabtei, 764 gegr., 772 Reichsabtei; von der karoling. Klosteranlage nur die Torhalle (um 774) erhalten.

Lortz, *Joseph,* dt. kath. Kirchenhistoriker, 1887–1975; *Die Reformation in Deutschland.*

Lortzing, *Albert,* dt. Komponist, 1801–51; komische Opern *Zar u. Zimmermann, Wildschütz, Undine, Waffenschmied.*

Los, 1) das von der Gottheit bestimmte Geschick. **2)** bei den alten Juden, Griechen, Römern, Germanen gebräuchl. Mittel zur (meist abergläub.) Befragung des Schicksals bzw. des göttl. Willens, bes. mittels Stäbchen. **3)** Anteil; Teile v. Arbeitsvergaben. **4)** numerierter Anteilschein einer Lotterie. **5)** auf Auktionen die nach dem Zuschlag v. Käufer abzunehmende Menge.

Los Angeles (: -ändsçẹⁱẹ̱ß), eine der größten Städte der USA, in sonniger Küstenebene Kaliforniens, 2,8 Mill. E. (m. V. 7 Mill. E.). 3 Univ.; kath. Erzb.; Seehafen; bedeutende Ind.; in der Umgebung Erdölvorkommen. In der Vorstadt ↗Hollywood Film-Ind.

Losbaum ↗Clerodendron.

Konrad Lorenz

Lorsch: Torhalle (Mauerfläche mit roten und weißen Steinplatten belegt)

Albert Lortzing

Löschkammer, Hartpapierzylinder bei elektr. Schaltgeräten, in dem der beim Schalten entstehende Lichtbogen gelöscht wird.

Loschmidtsche Zahl, nach dem Physiker *Joseph Loschmidt* (1821–1895): in 1 Mol sind $6,023 \cdot 10^{23}$ Moleküle enthalten.

Los Ojos del Salado (: -ochos-), 6880 m, zweithöchster Berg der Anden.

Löß, feinstkörniges Sediment aus Quarz, Kalk, Feldspäten, Glimmer u. a.; fruchtbar, primär ungeschichtet, v. senkrechten Haarröhrchen durchzogen, weit verbreitet; bedeckt große Gebiete in China; entstand durch Ausblasen der diluvialen Ablagerungen; in China rezente Bildung.

Lößnitz w, fruchtbares Hügelland r. der Elbe zw. Dresden u. Meißen: Obst-, Gemüse- u. Weinbau.

Lostage, Tage, die mit alten Wetter- u. Erntehoffnungen verknüpft sind. Hinter abergläub. Beiwerk existieren auch echte Wetterbeobachtungen, z. B. die ↗Eisheili-

Losung ↗Kot. [gen.

Lösung, feinste molekulare Verteilung v. Stoffen ineinander, meist Bz. für Flüssigkeit, in der ein anderer Stoff gleichmäßig verteilt ist. Man unterscheidet L.smittel u. gelösten Stoff. L.smittel sind: Wasser u. organ. Flüssigkeiten. Gase u. feste Stoffe sind nur begrenzt lösl. Wenn kein weiterer Stoff mehr gelöst werden kann, heißt die L. gesättigt. Bei *kolloidalen* L.en bleiben bei der Auflösung jeweils mehrere Moleküle in Klümpchen beisammen. Bei *echten* L.en geht die Verteilung bis zu den einzelnen Molekülen. Bei *dissoziierten* L.en sind auch die Moleküle noch in elektr. geladene ↗Ionen zerteilt.

Los-von-Rom-Bewegung, 1) v. ↗Schönerer geführte Bewegung; forderte im 19. Jh. die dt.-östr. Katholiken zum Anschluß an den Protestantismus als die dt. Konfession auf. **2)** auch Bz. für alle neuzeitl. Bewegungen, die die Errichtung romfreier Nationalkirchen erstrebten.

Lot s, **1)** mathemat.: die Gerade, die auf einer anderen Geraden senkrecht steht. **2)** *Senk-L., Senkblei,* ein schweres Gewicht an einer Schnur zur Feststellung der Senkrechten an Bauteilen. **3)** seemänn.: zur Bestimmung der Wassertiefe als *Hand-L.* wie 2), aber markierte Schnur, als *Patent-L.,* bei dem durch v. der Tiefe abhängenden Wasserdruck eine Substanz verfärbt wird, als *Echo-L.,* bei dem die Laufzeit eines ausgestrahlten u. am Meeresboden reflektierten Schallsignals ein Tiefenmaß ist. **4)** Metall zum ↗Löten. **5)** altes Edelmetall-, Münz- u. Massemaß.

Lot, atl. Stammvater der Moabiter u. Ammoniter, Neffe Abrahams, auf dessen Fürbitte beim Untergang Sodomas gerettet.

löten, Verbinden v. Metallen durch leichtschmelzbares, eine Legierung eingehendes Bindemetall, das *Lot,* u. Flußmittel zur Beseitigung störender Metalloxide; *Weich-L.,* mit meist Blei-Zinn- und Zink-Zinn-Lot, Schmelzpunkt 180–250°C, *Hart-L.,* mit meist Kupfer-Zink-, Aluminium-Silicium-Lot, Schmelzpunkt über 500°C. *Lötkolben,*

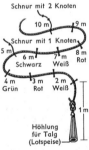

Schnur mit 2 Knoten

10 m | 9 m

Schnur mit 1 Knoten

5 m | 8 m

6 m | 7 m | Rot
Schwarz | Weiß

4 m | 3 m | 2 m
Grün | Rot | Weiß

1 m

Höhlung
für Talg
(Lotspeise)

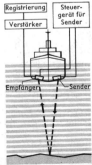

Lot: oben Handlot mit der Markierung der Lotleine, unten Echolot

Registrierung | Steuergerät für Sender
Verstärker

Empfänger | Sender

Lösung
Lösungstypen:

1 L. von Gasen in Gasen (z. B. Luft, Leuchtgas), unbegrenzt mischbar

2 L. von Gasen in Flüssigkeiten (z. B. Luft oder Kohlendioxid in Wasser), Löslichkeit sinkt mit steigender Temperatur und steigt bei Druckerhöhung

3 L. von Gasen in festen Stoffen (bes. Wasserstoff in Metallen)

4 L. von Flüssigkeiten in Flüssigkeiten (z. B. Alkohol in Wasser)

5 L. von festen Stoffen (z. B. Legierungen)

6 L. von festen Stoffen in Flüssigkeiten (z. B. Kochsalz oder Zucker in Wasser, Alkohol u. a.), wird im allg. Sprachgebrauch als L. verstanden, in Wiss. und Technik der wichtigste Lösungstyp

Angabe des Gehalts (der Stärke oder Konzentration) einer L. durch:

1 Gewichtsprozente: Anzahl Gramm gelöster Substanz in 100 g L.

2 Volumenprozente: Anzahl cm^3 gelöster Substanz in 100 cm^3 Lösung

3 Angabe der Gewichtsmenge des gelösten Stoffes, die in 100 Gewichtsteilen des reinen Lösungsmittels gelöst wurden

4 Angabe des Mischungsverhältnisses

5 molare Konzentration (Molarität): Anzahl Mole gelöster Substanz in 1 l L.

6 normale Konzentration (Normalität): Anzahl Grammäquivalente gelöster Substanz in 1 l L.

erhitzt als Wärmeüberträger auf Lötstelle u. Lötzinn. *Lötlampe,* erzeugt heiße Flamme. *Lötrohr,* gebogenes Metallrohr mit Mundstück zum Herausblasen einer Stichflamme aus z. B. einer Öllampenflamme.

Lothar, Fürsten: **L. I.,** Sohn Ludwigs des Frommen, 795–855; 817 v. seinem Vater zum Ks. u. Mitregenten erhoben, 841 von seinen Brüdern Pippin u. Ludwig dem Dt. besiegt. 843 zum Vertrag v. Verdun gezwungen (↗Fränkisches Reich); ging 855 ins Kloster. Sein Sohn **L. II.,** Kg., des nach ihm ben. Lotharingien (↗Lothringen), 855 bis 869. **L. III.,** Graf von Supplinburg, 1075(?) bis 1137; 1106 Hzg. v. Sachsen, 25 zum Kg. gewählt, 33 zum Ks. gekrönt; förderte die Ostkolonisation; gewann u. a. ↗Heinrich den Stolzen als Helfer im Kampf gg. die Staufer.

Lothringen, frz. *Lorraine,* eine fruchtbare Schichtstufenlandschaft (200–400 m hoch) zw. Vogesen u. Pariser Becken, zu dem sie sich langsam senkt; bes. Hopfen- u. Weinbau; Bodenschätze: Eisen, Kohle, Salz;

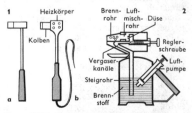

1 Heizkörper
Kolben

Brenn- Luft-
rohr misch- Düse
rohr

Reglerschraube

Vergaserkanäle

Luftpumpe

Steigrohr

a | b

Brennstoff

2

löten: 1 Lötkolben, **a** durch Flamme erhitzter Hammer, **b** elektrisches Lötgerät, **2** Lötlampe

Hochöfen, Eisen- u. Stahlwerke; Textil-, Glas-, Porzellan-Ind.; Flußtäler dicht besiedelt; Durchgangs- u. Übergangsland; Hst. Nancy. – „Lotharingien", der nördl. Teil des v. Lothar I. im Vertrag v. Verdun erworbenen Zwischenreiches (↗Fränkisches Reich), war urspr. das Herrschaftsgebiet ↗Lothars II.; kam 870/880 u. endgültig 925 zum Ostfränk. Reich (Dtl.); Otto d. Gr. teilte es 959 in Ober- u. Nieder-L.; letzteres zerfiel im 12. Jh.; der Name L. blieb auf Ober-L. beschränkt; dieses gehörte 1048/1735 den Grafen v. Elsaß, fiel dann an S. ↗Leszczyński u. 66 an Fkr. 1871/1919 gehörte der östl. Teil im Rahmen des „Reichslandes ↗Elsaß-Lothringen" zu Dtl.

Lotos m, L.blume, Wasserrose, mit großen Blüten u. schildförm. Blättern; den Ägyptern früher, den Indern u. Chinesen heute heiliges Symbol.

Lötschental, Schweizer Alpental im Kt. Wallis, 26 km lang. Der Lötschbergtunnel (14,6 km lang) vermittelt den Verkehr der elektr. Lötschbergbahn zw. Bern u. Brig mit der Simplonbahn.

Lotse, Berater des Schiffskapitäns in schwierigem Fahrwasser; auch in der Flußschiffahrt.

Lotsenfisch, Pilot, Makrelenart; begleitet Haifische; folgt Schiffen, auf Abfälle lauernd.

Lotterie, Glücksspiel; die Gewinne werden durch Ziehung (Aussonderung) einzelner Lose bestimmt. Bei der Klassen-L. gibt es mehrere, zeitlich getrennte Verlosungen (Klassen, Serien), die höchsten Gewinne kommen erst bei der letzten Ziehung heraus. Jede L. bedarf behördlicher Erlaubnis.

Lotto s (it. = Los), 1) ein Glücksspiel (Zahlen-L.). 2) Gesellschaftsspiel mit Karten.

Lotto, Lorenzo, venezianischer Maler, 1480–1556; dramat. bewegte rel. Gemälde in kühlen Farben u. psycholog. eindringl. Porträts im Übergang zum Manierismus.

Lotze, Rudolf Hermann, dt. Philosoph, 1817–81; unter Einfluß v. ↗Leibniz suchte seine theist. Metaphysik eine Synthese zw. Idealismus u. Naturwiss. u. führte zu einer bedeutsamen ↗Wertphilosophie.

Lötzen, poln. Giżycko, Stadt in Masuren, auf der Landenge zw. Löwentin- u. Mauersee, 18 000 E.

Lough m (: loch), irisch = See. L. Leane, berühmter See im Bergland SW-Irlands.

Louisdor m (: luidor), frz. Goldmünze v. 1640 bis zur Französ. Revolution; ben. nach dem Bild Ludwigs XIII. auf der Vorderseite.

Louis Ferdinand, 1) eig. Friedrich Ludwig Christian, Prinz v. Preußen, 1772–1806; Neffe Friedrichs d. Gr., preuß. Heerführer; fiel bei Saalfeld im Kampf gg. die Franzosen. **2)** Prinz v. Preußen, * 1907; Enkel Ks. Wilhelms II.; seit 51 Chef des Hauses Hohenzollern.

Louisiana (: luisiän[a]), Abk. La., Südstaat der USA, 125674 km², 3,6 Mill. E.; Hst. Baton Rouge. Großplantagen für Zuckerrohr, Reis, Baumwolle, Mais, Tabak, Südfrüchte; Erdöl.

Louis-Philippe (: lui filip), 1773–1850; 1830 zum frz. König erhoben, der „Bürgerkönig";

Louis-Quatorze

Louis-Quinze

Louis-Seize

Lotos-Blüte

Sternbild Löwe

Carl Loewe

Garten-Löwenmaul

begünstigte das Großbürgertum, in der Februarrevolution 48 gestürzt.

Louis-Quatorze (: lui kat<u>o</u>rs), **Louis-Quinze** (: lui kã<u>ns</u>), **Louis-Seize** (: lui ßäs); nach den frz. Kg.en Ludwig XIV., XV. u. XVI. ben. Stilepochen: a) strenges Barock (Versailles), b) Verbindung v. Rokoko u. Klassizismus, c) (seit 1750) Klassizismus.

Louisville (: l<u>u</u>iwil), Stadt in Kentucky (USA), 385000 E.; Univ.; kath. Erzb.; Welthandelsplatz für Tabak; Großschlächtereien.

Lourdes (: lurd), südfrz. Stadt, am Nordfuß der Pyrenäen, 18000 E.; Marienwallfahrtsort (1858 Marienerscheinungen der B. ↗Soubirous): Grotte mit Quelle, die als wunderkräftig gilt; darüber neugot. Basilika; Rosenkranzkirche (Kuppelbau); unterird. Basilika; jährlich 1½ Mill. Pilger. Bischof.

Lourenço Marques (: lorãnßu markesch), ehem. Name der Hst. v. Mozambique, 1976 umbenannt in ↗Maputo.

Louvain (: luwãn), frz. für ↗Löwen.

Louvois (: luw<u>oa</u>), François-Michel Le Tellier Marquis de, 1641–91; Kriegsmin. Ludwigs XIV; für die Verwüstung der Pfalz 88/89 verantwortlich.

Louvre m (: luwr), 1546 begonnener Königspalast in Paris, seit 1793 Museum.

Lövenich, Stadtteil v. Köln (seit 75).

Löwe, 1) katzenart. Raubtier; Männchen mit Mähne; Vierhäuber; greift Menschen nur gereizt an; v. Afrika bis Vorderindien verbreitet; Berber-L. ausgerottet, der Indische L. unter Schutz. ☐ 1044. **2)** Sternbild am Nordhimmel, 5. Tierkreiszeichen (♌).

Loewe, 1) Carl, dt. Komponist, 1796–1869; vertonte bes. Balladen (Die Uhr, Erlkönig). **2)** Frederick, öströ.-am. Komponist, * 1904; komponierte Musicals, u. a. My Fair Lady.

Löwen, fläm. Leuven, frz. Louvain, belg. Stadt in der Prov. Brabant, 33000, meist fläm. E.; got. Tuchhalle (14. Jh.), spätgot. Rathaus (15. Jh.), barocke Michaelskirche (17. Jh.); kath. Univ.; Spitzenherstellung u. Nahrungsmittel-Ind. – Im MA Tuch-Ind.

Löwenäffchen, ↗Krallenaffe Brasiliens.

Löwenmaul, Kräuter mit rachenförm. Blüten. Groß-L., Zierpflanze; Klein-L., Unkraut.

Löwenstein, ein süddt. Reichsfürstengeschlecht; 1611 in 2 Linien geteilt: a) L.-Wertheim-Freudenberg (ev.): Hubertus Friedrich Prinz zu, Politiker (FDP, dann DP, heute CDU) u. Historiker, * 1906; Werke zur neueren dt. Geschichte. b) L.-Wertheim-Rosenberg (kath.): 1) Alois Fürst zu, 1871–1952; Zentrumspolitiker, 1920/48

Löwenzahn: Pflanze
a Knospe, b aufge-
blüht; c Fruchtstand

Lucia: schwed. Kind
mit Luciakrone

Lübeck: Holstentor

Heinrich Lübke

Präs. des Zentralkomitees der Katholiken Dtl.s. **2)** *Karl* Fürst zu, Sohn v. 1), * 1904; 48/68 Präs. des Zentralkomitees der dt. Katholiken.
Löwenzahn, Korbblütler mit hohem Blütenschaft u. goldgelben Blüten; Samen mit Haarfallschirmen, fliegen bei Wind kilometerweit; Heilmittel gg. Gallen- u. Leberleiden; junge Blätter liefern Salat.
Loewi, *Otto,* deutsch-am. Pharmakologe, 1873–1961; 1936 Nobelpreis für Forschungen über die Übertragung v. Nervenimpulsen im Organismus.
Loxodrome *w* (gr.), auf der Erdkugel eine Linie, die alle Meridiane im gleichen Winkel schneidet; auf Seekarten als Gerade.
loyal (frz.; Hw. *Loyalität*), gesetzmäßig; bieder; treu, anhänglich.
LPG, Abk. für Landwirtschaftl. Produktionsgenossenschaft; durch Zwangskollektivierung in der DDR seit 1952 nach sowjet. Muster zusammengefaßte bäuerl. Betriebe.
LSD, Abk. für Lysergsäurediäthylamid, ein modernes Rauschmittel. ↗psychedelisch. ☐ 796.
Ltd. (engl.), Abk. für ↗Limited Company.
Lu, chem. Zeichen für ↗Lutetium.
Lualaba *m,* westl. Quellfluß des Kongo, 1000 km lang, 640 km schiffbar.
Luanda, *São Paulo de L.,* fr. *Loanda,* Hst. v. Angola, Hafen an der Westküste Afrikas, 600000 E.; Univ., kath. Erzb.
Luang Prabang, Residenzstadt v. Laos, am Mekong, 45000 E.; buddhist. Wallfahrtsort.
Lübbecke, westfäl. Stadt im Ravensberger Land, 21300 E.; Textil- u. chem. Industrie; Hafen am Mittellandkanal.
Lübeck, Hansestadt in Schleswig-Holstein, an der Trave, 20 km s.w. der ↗L.er Bucht, 222200 E.; See- und Binnenhafen (Elbe-Trave-Kanal); viele mittelalterl. Backsteinbauten: got. Marienkirche (13./14. Jh.), Holstentor u. Burgtor (15. Jh.). Medizin. Akademie der Univ. Kiel, Fachhochschulen (für Technik u. Seefahrt u. für Musik), Ingenieurschule; Schiffswerft, Sauerstoff-, Hochofenwerk; Maschinen- u. Apparatebau, Eisenwaren-, chem.-pharmazeut. u. Foto-Ind. – 1143 gegr., 1226 Reichsstadt; als Haupt der ↗Hanse führende Handelsstadt in Nordeuropa; 1160/1803 Bistum; 1815/66 Mitgl. des Dt. Bundes, dann des Norddt. Bundes u. des Dt. Reiches; 1937 Eingliederung in Preußen.
Lübecker Bucht, dt. Ostseebucht, der 32 km lange u. 16 km breite Mündungstrichter der Trave, 8,5 m tief, mit dem Hafen Lübeck.
Lubitsch, *Ernst,* deutscher Filmregisseur, 1892–1947; seit 1923 in Hollywood; Filme: *Carmen; Madame Du Barry; Alt-Heidelberg; Ehe im Kreise; Sein oder Nichtsein.*
Lübke, *Heinrich,* dt. Politiker, 1894–1972; 1947/52 Landwirtschaftsmin. in Nordrhein-Westfalen, 49/50 u. 53/59 MdB (CDU), 53/59 Bundesmin. für Ernährung u. Landwirtschaft, 59/69 Bundespräs. der BRD.
Lublin (: ljub-), Hst. der poln. Wojewodschaft L., 291000 E.; staatl. u. kath. Univ., kath. Bischof; vielseitige Industrie.
Lubumbashi (:-schi), bis 1966 *Elisabethville,* Hst. u. Ind.-Zentrum der Prov. Shaba

(Zaïre), 452000 E.; kath. Erzb., Univ., Kunst- u. Musik-Akad. Bergbauzentrum.
Lucas van Leyden, niederländ. Kupferstecher u. Maler, 1494–1533; v. Dürer beeinflußt; Genreszenen mit scharfer Naturbeobachtung; rel. Gemälde u. bedeutende Porträts.
Lucca, it. Prov.-Hst. in der Toskana, n.ö. von Pisa, 91000 E.; Erzb.; Dom mit roman. Marmorfassade (12./13. Jh.), alte Stadtbefestigungen u. Paläste. Im NO *Bagni di L.,* salzhaltige heiße Quellen.
Luchs, katzenart. Raubtier, mit Ohrpinseln u. Schnurrhaaren; in Nordeuropa bis Sibirien. *Kanad. L.,* im nördl. Amerika; *Pardel-L.,* in Südeuropa. ☐ 1044. **L.katze,** Wildkatze in Afrika, West- u. Südasien.
Lucia, hl. (13. Dez.), Martyrium in Syrakus, wohl unter Diokletian; im Brauchtum als Gaben- u. Lichtbringerin gefeiert.
Lücke, *Paul,* 1914–76; 57/65 Bundesmin. für Wohnungsbau, 65/68 für Inneres (CDU).
Luckenwalde, brandenburg. Krst. (Bez. Potsdam), 29000 E.; Tuch-, Wollwaren-, Landmaschinen-, Holz-, Metall-Ind.; Pianos.
Luckner, *Felix* Graf v., 1881–1966; führte den (Segler-)Hilfskreuzer „Seeadler", der 1916 die Blockade durchbrach u. 14 Schiffe kaperte; Berichte: *Seeteufel; Seeteufel erobert Amerika.*
Lucknow (: laknau), die ind. Stadt ↗Lakhnau.
Lucrezia Borgia (: -dscha) ↗Borgia.
Ludendorff, *Erich,* dt. General u. Politiker, 1865–1937; im 1. Weltkrieg Generalstabschef Hindenburgs (seit 1916 1. Generalquartiermeister); 23 am Hitlerputsch in München beteiligt; bekämpfte mit seiner Frau *Mathilde* Juden, Christen, Freimaurer u. Marxisten *(Tannenbergbund).*
Lüdenscheid, westfäl. Krst. im Sauerland, 74600 E.; Metall- und Eisenindustrie.
Lüderitz, *Adolf,* dt. Großkaufmann, 1834 bis 1886; erwarb 83 in Südwestafrika den Hafen Angra Pequeña u. wurde so der Begr. der 1. dt. Kolonie (↗Dt.-Südwestafrika). **L.bucht,** Hafenplatz in Südwestafrika, 6000 E.; Diamantenfelder.
Lüdinghausen, westfäl. Stadt, 18000 E.; Holz-, Eisen- und Textil-Industrie.
Ludolfinger ↗Liudolfinger.
Ludolfsche Zahl, die Zahl π (↗Pi).
Ludwig, Fürsten: *Baden:* **L. Wilhelm I.,** „Türkenlouis", 1655–1707; 1677 Markgraf v. Baden-Baden, besiegte 83 als kaiserl. Feldmarschall die Türken am Kahlenberg.

Erich Ludendorff

Ludwig Wilhelm I.,

Bayern, Könige: **L. I.**, 1786–1868; 1825 Kg.; verlegte die Landshuter Univ. nach München, das er zur 1. Kunststadt Dtl.s machte; urspr. liberale, dann reaktionäre Regierung; dankte nach der Affäre um Lola ⁄Montez 1848 ab. Sein Enkel **L. II.**, 1845–86; 64 Kg., nahm wenig Anteil an den Staatsgeschäften; ließ die Schlösser Neuschwanstein, Herrenchiemsee und Linderhof erbauen; förderte Richard Wagner; er wurde für geisteskrank erklärt; ertrank im Starnberger See. **L. III.**, 1845–1921; 1912 Prinzregent, nahm 13 den Königstitel an, 18 abgesetzt. *Fränkische u. deutsche Herrscher:* **L. I. der Fromme,** Sohn Karls d. Gr., 778–840; 813 v. seinem Vater zum Mitkaiser erhoben, teilte 817 das Reich unter seine 3 Söhne (Lothar I., L. den Dt., Karl den Kahlen); als er diese Anordnung 829 abänderte, erhoben sich seine Söhne gg. ihn u. besiegten ihn auf dem ⁄Lügenfeld. **L. der Deutsche,** Sohn L.s des Frommen, um 805–876; erhielt im Vertrag v. ⁄Verdun das ostfränk. Reich, im Vertrag v. ⁄Meerssen den größeren Teil Lothringens. **L. II.**, Sohn Lothars I., um 822–875; 850 Ks., 855 Nachfolger seines Vaters in It. **L. III. der Blinde,** Enkel Ks. L.s II., 882–928; 887 Kg. der Provence, 900 auch v. It.; 901 Ks.; 905 v. Berengar v. Friaul geblendet. **L. IV. das Kind,** Sohn Arnulfs v. Kärnten, 893–911; letzter ostfränk. Karolinger, 900 Kg. (Regentschaft Hattos v. Mainz); unter ihm Verfall des Reichs. **L. IV. der Bayer,** 1282–1347; 1302 Hzg. v. Oberbayern, 14 zum Kg. gewählt, besiegte den Gegenkönig Friedrich den Schönen v. Östr. 22 bei Mühldorf; im Kampf mit Pp. Johannes XXII. v. diesem 24 abgesetzt, nahm 28 die Kaiserkrone aus den Händen des röm. Volkes an; seine Hausmachtpolitik führte zum Konflikt mit den Fürsten. *Frankreich:* **L. IX. der Heilige** (25. Aug.), 1214–70; 26 Kg., baute die Zentralverwaltung weiter aus, förderte Kunst u. Wiss.; trat als Schiedsrichter Europas auf; unternahm den 6. u. 7. ⁄Kreuzzug. **L. XI.**, 1423–83; 61 Kg., kämpfte gg. den Burgunder-Hzg. Karl den Kühnen. **L. XIII.**, 1601–43; 10 Kg., übertrug 24 Richelieu die Regierung. Sein Sohn **L. XIV.**, der „Sonnenkönig", 1638–1715; übernahm 1661 nach dem Tode Mazarins die Regierung, vollendete den Absolutismus; als Gegner der Hugenotten hob er 85 das Edikt v. ⁄Nantes auf; in verschiedenen Kriegen gg. Holland u. das Dt. Reich (⁄Reunionen) erweiterte er das frz. Territorium, büßte aber im ⁄Spanischen Erbfolgekrieg seine führende Stellung in Europa ein; sein prunkvolles Hofleben u. seine absolutist. Staatsführung dienten vielen dt. Fürsten als Vorbild; während seiner Herrschaft erreichte die frz. Literatur in der Klassik ihren Höhepunkt. Sein Urenkel **L. XV.**, 1710–74; 15 Kg., seit 23 mündig; überließ die Regierung weitgehend seinen Ratgebern; seine Mätressen Pompadour u. Dubarry gewannen polit. Einfluß; verlor im ⁄Siebenjährigen Krieg Kanada an Engl. Sein Enkel **L. XVI.**, 1754–93; heiratete 70 ⁄Marie Antoinette, 74 Kg.; konnte trotz verschiedener Reformversuche seiner Min. den Ausbruch

König Ludwig II. von Bayern.

Karl Lueger.

König Ludwig XIV.

der Frz. Revolution nicht verhindern; 92 abgesetzt, 93 öff. hingerichtet. Sein Sohn **L. XVII.**, 1785–95; 93 v. Nationalkonvent dem Schuster Simon übergeben, bei dem er bald starb. **L. XVIII.**, Bruder L.s XVI., 1755–1824; in der Emigration, nach Napoleons Sturz 1814 Kg., versöhnl. Politik. *Thüringen:* **L. IV. der Heilige** (11. Sept.), 1200–27; 17 Landgraf, Gemahl der hl. Elisabeth; starb auf dem 5. Kreuzzug. *Ungarn:* **L. I. d. Gr.**, 1326–82; aus dem Hause Anjou, 42 Kg. u. 70 auch Kg. v. Polen.

Ludwig, 1) *Emil,* deutscher Schriftsteller, 1881–1948; seit 32 schweizer. Bürger; erfolgreiche psychologisierende Biographien (u. a. *Goethe, Napoleon, Bismarck*). 2) *Otto,* dt. Schriftsteller, 1813–65; grübler. Novellist (*Zwischen Himmel u. Erde; Die Heiterethei*); Theoretiker des Dramas.

Ludwigsburg, württ. Krst. nördlich v. Stuttgart, 81 800 E.; ehem. Residenzschloß (jetzt Archiv u. Kunstsammlungen); PH; Strickwaren; Orgelbau; früher Porzellanmanufaktur.,

Ludwigshafen am Rhein, kreisfreie Stadt in Rheinland-Pfalz, Rheinhafen, Schwesterstadt von Mannheim, 160 500 E.; chem. Groß-Ind. (Bad. Anilin- u. Sodafabrik); größte Getreidemühle Dtl.s.

Ludwigslied, ahd. Preislied auf Kg. Ludwig III. v. Frankreich, um 881.

Ludwigslust, mecklenburg. Krst. (Bez. Schwerin), 12 000 E.; Schloß (1771/76); Wurstkonservenfabrik.

Lueger, *Karl,* östr. Politiker, 1844–1910; Gründer der ⁄Christlich-sozialen Partei, scharfer Kritiker des Liberalismus, seit 1897 Bürgermeister Wiens.

Lues *w* (lat.), ⁄Syphilis.

Luffa *w,* Kürbisgewächs; in Ägypten u. Japan; Leitbündelkörper der Früchte dient zu Tropenhelmen, Einlegesohlen, Schwämmen.

Luft, die Atmosphäre, das die Erde umgebende Gasgemisch; setzt sich zus. aus: 21% Sauerstoff, 78% Stickstoff, 0,03% Kohlendioxid, 0,9% Argon u. 0,07% Spuren anderer Edelgase; 1 Liter enthält 1,293 g. *Flüssige L.,* entsteht bei Druckerhöhung über 37,7 bar (krit. Druck) u. Abkühlung unter −140,7° C (krit. Temperatur). ⁄Lufthülle.

Luftbad, Aufenthalt im Freien, nackt od. leicht bekleidet; Abhärtungsmittel.

Luftballon ⁄Ballon, ⁄Freiballon.

Luftbereifung, ein aufblasbarer Gummikörper, der die Verbindung zw. Fahrzeug u. Boden herstellt. a) *L. mit Schlauch;* der prall aufgeblasene Schlauch ist v. dem Reifen umgeben, der aus Unterbau (Karkasse),

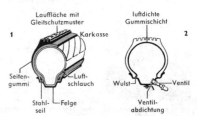

Luftbereifung:
1 Schlauch-,
2 schlauchloser Reifen

Lauffläche mit Gleitschutzmuster — Karkasse

luftdichte Gummischicht

Seitengummi — Luftschlauch

Stahlseil — Felge

Wulst — Ventil

Ventilabdichtung

Zwischenbau u. Lauffläche mit hochabriebfestem Profil besteht. b) schlauchlose Reifen sind innen u. auf der Felge luftdicht montiert.

Luftbild, jede Photographie der Erdoberfläche v. einem Luftfahrzeug aus.

Luftbrücke, Versorgung abgeschnittener Gebiete auf dem Luftwege; in großem Maßstab v. den Westmächten eingerichtet bei der Blockade ↗Berlins durch die Sowjets (26. 6. 1948 bis 12. 5. 1949).

Luftdruck ↗Atmosphäre 2).

Luftelektrizität w, die in der Atmosphäre ablaufenden elektr. Vorgänge.

Luftembolie w (gr.), ↗Thrombose.

Lüfter ↗Ventilator.

Luftfahrt, nach Art des Fluggerätes unterscheidet man: Luftfahrzeuge „leichter als Luft" (↗Ballon, Luftschiff) u. „schwerer als Luft" (↗Segel- u. Motor-↗Flugzeuge). Bei Flügen in über 50 km Höhe spricht man meist v. ↗Weltraumfahrt. – Die L. begann mit Ballonflügen (1783 Heißluftballon der Brüder Montgolfier) u. der Entwicklung der ↗Luftschiffe (Parseval, Zeppelin). Mit ↗Lilienthal u. ↗Wright begann die L. mit Flugzeugen, heute ausschließl. Träger des ↗*Luftverkehrs* (Personen-, Post- u. Materialtransport im Binnen- u. Fernverkehr; ☐ 570). Durch Flugzeuge mit Strahltriebwerken verlagerte sich die L. in immer größere Höhen (über 7000 m) bei gleichzeitig höheren Geschwindigkeiten. Seit 1961 auch Flüge in den Weltraum. ☐ 1100.

Luftfeuchtigkeit, Wasserdampfgehalt der Luft; *absolute L.:* g in 1 m³; *relative:* Verhältnis der absoluten L. zum größtmögl. Wasserdampfgehalt bei der jeweil. Temperatur; wird gemessen mit dem ↗Hygrometer od. Aspirationspsychrometer.

Lufthammer, ein durch Luftdruck betätigter Maschinenhammer.

Lufthülle, die Atmosphäre der Erde, gliedert sich in einzelne Schichten; in der Troposphäre spielt sich das eigentl. Wettergeschehen ab, in der ↗Stratosphäre gibt es fast keine ↗Luftfeuchtigkeit mehr. An die durch elektr. Leitfähigkeit gekennzeichnete ↗Ionosphäre schließt sich die ↗Magnetosphäre, auch Exosphäre, an.

Luftkissenfahrzeuge, *Bodeneffekt-Fluggeräte,* sind Fahrzeuge mit einem durch kräftige Gebläse erzeugten Luftpolster zw. dem Fahrzeugboden u. dem Untergrund (Wasser, Erde, Eis). Der Vortrieb der fast reibungsfreien L. erfolgt mit Propellern od. Turbinen.

Luftkorridor, 1) Luftstraße. **2)** ↗Korridor 2). ☐ 88.

Luftlandetruppen, schnellbewegl. Elitetruppen moderner Heere, die als Fallschirmtruppe od. mit Flugzeugen (Lastensegler, Hubschrauber), oft hinter den feindl. Linien, eingesetzt u. aus der Luft mit Waffen, Munition u. Verpflegung versorgt werden können. 1. größerer Einsatz im Frankreichfeldzug 1940 durch Dtl.

Luftlinie, die kürzeste Verbindung zw. 2 Punkten auf der Erdoberfläche.

Luftpiraterie, erpresserische Entführung von Verkehrsflugzeugen aus materiellen

---

Randdichtung
Ringstrahlgerät

Vor- und Auftrieb getrennt

Vor- und Auftrieb integriert

Luftstromsysteme

Vollkammergerät

Levapadgerät

Rückstromdichtung

Labyrinthgerät

Diffusorgerät

Luftkissenfahrzeug: die sechs Grundsysteme

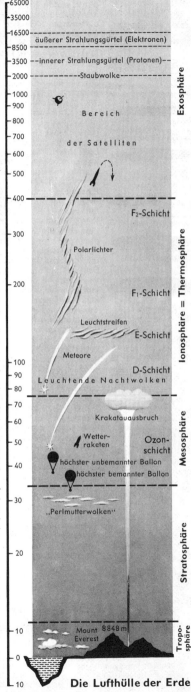

Höhe in km

65000
35000
16500
8500
3500
2000
1000
900
800
700
600
500
400
300
200
100
90
80
70
60
50
40
30
20
10
0
10

äußerer Strahlungsgürtel (Elektronen)

innerer Strahlungsgürtel (Protonen)

Staubwolke

Bereich

der Satelliten

Exosphäre

F₂-Schicht

Polarlichter

F₁-Schicht

Leuchtstreifen

E-Schicht

Meteore

D-Schicht

Leuchtende Nachtwolken

Krakatauausbruch

Wetterraketen

Ozonschicht

höchster unbemannter Ballon

höchster bemannter Ballon

„Perlmutterwolken"

Mount 8848 m
Everest

Ionosphäre = Thermosphäre

Mesosphäre

Stratosphäre

Troposphäre

Die Lufthülle der Erde

LZ 1
Baujahr 1900, Länge 128 m

LZ 4
bei Echterdingen zerstört
Baujahr 1908, Länge 136 m

LZ 13 Hansa
erstmals Leitwerk am Heck
Baujahr 1912, Länge 148 m

LZ 10
erster reiner Kriegstyp
Baujahr 1915, Länge 163 m

LZ 71
letzter Typ des 1.Weltkriegs
Baujahr 1918, Länge 211 m

LZ 120 Bodensee
Baujahr 1919, Länge 121 m

LZ 127 Graf Zeppelin
Baujahr 1928, Länge 235 m

LZ 129 Hindenburg
Baujahr 1936, Länge 248 m

Luftschiff: die
Entwicklungsreihe
der Zeppelin-L.e

oder politischen Motiven; zur Bekämpfung der L. wurde 1970 von 65 Staaten die *Int. Konvention gg. L.* unterzeichnet.
Luftpumpe, 1) Gerät zum Ansaugen v. Luft, um ein ↗Vakuum zu erzeugen. Älteste Form v. ↗Guericke 1649 die *Kolben-L.;* die *Wasserstrahl-L.* zur Erzeugung eines mäßigen Vorvakuums bis zu 1 mbar, zur Erzeugung eines Hochvakuums die *Kapsel-* od. *Drehschieber-L.* (mit einem rotierenden, exzentrischen Kolben) für bis zu 10^{-3} bzw. 10^{-5} (2stufige Anordnung) mbar, die *Quecksilberdiffusions-L.* bis zu 10^{-7} mbar, die *Molekular-* u. *Ionengetter-L.* bis zu 10^{-9} mbar. **2)** ein Gerät zum Verdichten v. Luft, z. B. zum Aufpumpen v. Luftreifen.
Luftröhre, *Trachea,* Verbindungsrohr zw. Kehlkopf u. Lunge; teilt sich in die beiden Stammbronchien; am unteren Ende ist sie mit Schleimhaut ausgekleidet. ☐ 617.
L.nschnitt, operative Öffnung der L.; ermöglicht Atmung bei Verlegung der oberen Luftwege (z. B. durch Geschwülste, Diphtherie od. Atemlähmung).
Luftschiff, ein Luftfahrzeug leichter als Luft, v. längl. Form, mit Eigenantrieb u. Steuerung; entweder als *Prall-L.* (Überdruck gibt die Form der Gasbehälter, v. ↗Parseval gebaut) od. als *Starr-L.* (Gerüst gibt die Form, v. ↗Zeppelin gebaut).
Luftschleuse, Zwischenkammer zum Verkehr zw. Druckkammer u. Außenwelt, bei Senkkastengründung zum Umgewöhnen des menschl. Körpers u. gegen Druckluftverluste; auch in der bemannten Raumfahrt.
Luftschraube, *Propeller,* mit bis zu 6 L.nblättern aus Metall, oft verstellbar; bewirkt Vorwärtsbewegung v. Luftfahrzeugen.
Luftschutz ↗Ziviler Bevölkerungsschutz.
Luftsicherung, *Flugsicherung,* umfaßt alle Maßnahmen, um sichere Bewegungen v. Flugzeugen am Boden u. in der Luft zu gewährleisten; dazu gehören u. a. die Markierung v. Luftstraßen, Flugplätzen, Kontrolle der Flugzeugbewegungen.
Luftspiegelung ↗Fata Morgana.
Luftstrahltriebwerk ↗Strahltriebwerk.
Luftverkehr, gewerbsmäß. Beförderung v. Personen, Frachtgut u. Post auf dem Luftwege; Vorteil: große Geschwindigkeit, keine Verkehrshindernisse; ermöglicht in schwer zugängl. Erdstrichen Binnen- u. transkontinentalen Verkehr. Die Zeitersparnis im Binnen-L. geht oft wieder durch zeitraubende An- u. Abreise zu den meist weit

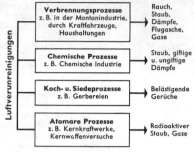

Luftverunreinigungen	Verbrennungsprozesse z. B. in der Montanindustrie, durch Kraftfahrzeuge, Haushaltungen	Rauch, Staub, Dämpfe, Flugasche, Gase
	Chemische Prozesse z. B. Chemische Industrie	Staub, giftige u. ungiftige Dämpfe
	Koch- u. Siedeprozesse z. B. Gerbereien	Belästigende Gerüche
	Atomare Prozesse z. B. Kernkraftwerke, Kernwaffenversuche	Radioaktiver Staub, Gase

Luftverschmutzung:
Herkunft der luftverschmutzenden Substanzen

vor den Städten liegenden Flughäfen verloren.
Luftvermessung, großräumige Landvermessung unter Verwendung v. Luftaufnahmen (statt Kartenaufnahme im Gelände); bes. zur Herstellung v. Landkarten.
Luftverschmutzung, eine die öff. Gesundheit bedrohende Anreicherung v. festen, flüssigen u. gasförmigen Fremdstoffen durch Immissionen v. Ind., Hausbrand u. Kraftfahrkehr.
Luftwaffe, der Teil der Streitkräfte, der den Luftkrieg zu führen hat; in der BRD gegliedert u. a. in L.nführungsstab, L.ngruppen u. diese in Flieger- u. Luftverteidigungsdivisionen.
Luftwege, 1) Nase, Rachen, Kehlkopf, Luftröhre, Bronchien. ☐ 617. **2)** die Linien des Luftverkehrs.
Luftwiderstand, die bremsende Kraft, die auf einen in Luft bewegten Körper einwirkt, wird bestimmt durch dessen Form, Stirnflächengröße u. dessen Geschwindigkeit. ↗Stromlinienform.
Luftwurzeln, Wurzeln an oberird. Stammteilen, frei herabhängend od. in den Boden wachsend (Nähr- u. Stützfunktion).
Luganer See, vielgliedriger Alpensee, in den *Luganer Alpen,* 48,9 km², 35 km lang, bis 288 m tief; Mittelteil um Lugano gehört zum Schweizer Kt. Tessin, der Rest zu Italien.
Lugano, südlichste Stadt der Schweiz (Kt. Tessin), am Luganer See, 29200 E.; Bischof; Fremdenverkehr.
Lugansk, bis 1935 und 1958–70 Name v. ↗Woroschilowgrad.
Lugau/Erzgebirge, sächs. Ind.-Stadt zw. Zwickau u. Karl-Marx-Stadt, 10000 E.; Steinkohlenbergbau, Eisen-Ind.
Lüge, *i.w.S.:* jedes auf Täuschung zielende Verhalten (z. B. Heuchelei), *i.e.S.:* eine Aussage, die in bewußtem Widerspruch zur eigenen, für wahr gehaltenen Erkenntnis steht.
Lügendetektor, *Polygraph,* ein in den USA entwickeltes Gerät, das Blutdruck, Herzströme u. Hautfeuchtigkeit mißt, wird dazu verwandt, die Aussagen v. Personen auf ihren Wahrheitsgehalt zu prüfen (Registrierung der Erregung). In der BRD, in Östr., in der Schweiz darf die L. nicht als Beweismittel verwendet werden.

Luftverkehr	1960	1970	1979
insgesamt (in Mill.):			
Flugkilometer	3110	7090	9058
Flugstunden	8,6	12,3	—
beförderte Passagiere	106	307	—
Passagier-Kilometer	109000	387000	1048410
Fracht-Tonnen-Kilometer	2160	10770	28049
Post-Tonnen-Kilometer	610	2740	3430

In dieser Tabelle sind die Daten der Fluggesellschaften von 119 Staaten erfaßt; von den größeren Staaten fehlen lediglich die UdSSR und die Volksrepublik China.

Luftverkehrsgesellschaften	Staatsanteil (in %)	Streckennetz einfach	Beförderte Passagiere	Passagierkilometer (in 1000)	FrachtTonnenkm (in 1000)
Air Afrique Elfenbeinküste	72	119430	360172	778336	66808
Air Canada Kanada	100	133784	7275281	10596192	280628
Air France Frankreich	98,5	415000	6057752	10233282	347886
Air India Indien	100	118111	427396	1720514	83644
Alitalia Italien	81,7	318000	5555974	7765310	273416
Austrian Airlines, Österreichische Luftverkehrs AG Österreich	98,1	32222	511411	451856	5874
BEA, British European Airways Ltd. Großbritannien	100	111000	8538362	5062305	65626
BOAC, British Overseas Airways Corporation Großbritannien	100	516102	1867605	10540895	382533
Deutsche Lufthansa AG (DLH) Deutschland–BRD	82,16	410000	6498012	8254516	484459
East African Airways Corporation Kenia	100	141504	503306	751729	27695
El Al, Israel Airlines Ltd. Israel	75	122555	484760	2425148	98470
Iberia, Lineas Aéreas de España, S.A. Spanien	98,68	244974	5576160	5526612	86283
JAL, Japan Airlines Japan	49,95	167416	6102973	9199242	350369
KLM, Koninklijke Luchtvaart Maatschappij NV (Royal Dutch Airlines) Niederlande	70	343750	2422989	5142712	376176
Olympic Airways SA Griechenland	—	81087	1614715	2126482	31147
Pan Am, Pan American World Airways, Inc. USA	—	137000	10126796	26402043	973239
Qantas Airways Ltd. Australien	100	268542	685212	4056113	148445
SAA, South African Airways Südafrika	100	162271	1498874	2864771	56593
Sabena, Soc. Anonyme Belge d'Exploitation de la Navigation Aérienne Belgien	90	200000	1352720	2361632	183990
SAS, Scandinavian Airlines Schweden	50	229000	5121057	5368626	218940
Swissair, Swiss Air Transport Company Ltd. Schweiz	23,4	249337	3357207	4165377	159021
TWA, Trans World Airlines, Inc. USA	—	95602	13852043	29931509	657028
VARIG S.A., Viaçao Aérea Rio Grandense Brasilien	—	208000	1391169	2857171	147345

Im Hinblick auf die Tabelle „Luftverkehr" wurden die Daten von 1970 angegeben. – BEA und BOAC bilden seit 1974 die *British Airways.*

Lügenfeld, Schlachtfeld bei Colmar, auf dem sich Ks. Ludwig der Fromme 833 seinen aufständ. Söhnen ergeben mußte.
Luginbühl, *Bernhard,* schweizer. Bildhauer, * 1929; Vertreter der abstrakten Eisenplastik mit monumentalen Kompositionen aus v. der Technik geprägten Elementen.
Luise, Königin v. Preußen, 1776–1810; 1793 Gemahlin Friedrich Wilhelms III., bestärkte den Kg. im Widerstand gg. Napoleon; beim Volke sehr beliebt.
Luitpold, Sohn Kg. Ludwigs I. v. Bayern, 1821–1912; seit 1886 Prinzregent.
Lukács, *Georg,* ungar. marxist. Literarhistoriker u. Philosoph, 1885–1971; bes. v. Hegel

Georg Lukács

u. Max Weber beeinflußter Theoretiker; schrieb u. a. *Die Seele u. die Formen; Theorie des Romans; Geschichte u. Klassenbewußtsein; Die Zerstörung der Vernunft; Ästhetik.*
Lukas der Evangelist, hl. (18. Okt.), mit einem Stier dargestellt; literar. gebildeter Arzt, vermutl. aus Antiochia; Begleiter des hl. Paulus; nach altchristl. Überlieferung Verf. des wohl kurz nach 70 n. Chr. entstandenen *L.evangeliums* u. der ↗Apostelgeschichte.
Lukmanier *m,* it. *Lucomagno* (: -manjo), Alpenpaß zw. Graubünden u. dem Tessin, 1916 m.
lukrativ (lat.), gewinnbringend.
Lukrez (*Titus Lucretius Carus*), röm. Dichter, um 98 bis um 55 v. Chr.; vertrat im Lehrgedicht *De rerum natura* das materialist. Weltbild Epikurs.
Lukull, eig. *Lucullus,* röm. Feldherr, um 106–57 v. Chr.; liebte üppige Mahlzeiten; daher **lukullisch,** üppig, schwelgerisch.
Luleå, Hst. des schwed. Län Norrbotten, 67200 E.; Erzausfuhrhafen, Stahlwerk. **L.Ofoten-Bahn,** nördlichste skandinav. Querbahn, v. Narvik bis Luleå, 485 km lang; erschließt das nordschwed. Erzgebiet.
Lule Älv *w,* Fluß Nordschwedens, 450 km.
Lul(lus), hl. (16. Okt.), OSB, um 710–786; Mitarbeiter u. als Erzb. v. Mainz Nachfolger des hl. Bonifatius.
Lullus ↗Raimundus Lullus.
Lully (: lüli), *Jean-Baptiste,* frz. Komponist it. Herkunft, 1632–87; Hofkomponist Ludwigs XIV., schuf die frz. Musiktragödie.
Lumbeck-Verfahren, Klebeverfahren in der Buchbinderei, bes. für Taschenbücher.
Lumberjack *m* (: lamber dschäk, engl.), sportl. Ärmelweste, meist mit Reißverschluß.
Lumbus ↗Lende; *lumbal* ..., zur Lende gehörig.
Lumen *s* (lat.), Abk. lm, der v. 1 Candela gleichmäßig in die Raumwinkeleinheit abgestrahlte Lichtstrom.
Lumière (: lümjär), *Auguste,* 1862–1954, u. Bruder *Louis-Jean,* 1864–1948, frz. Phototechniker; erfanden 1895 den Kinematographen.
Lumineszenz *w* (lat.), Eigenleuchten (Strahlung) verschiedenster Stoffe, weit unterhalb der Glühtemperatur. Überdauert das Leuchten die energetische Anregung, so spricht man von ↗Phosphoreszenz, sonst v. ↗Fluoreszenz.
Lummen, schwimmende u. tauchende nord. Meeresvögel. *Trottel-L.,* auf Helgoland; *Dickschnabel-L.,* im höchsten Norden. Auch ↗Papageitaucher.
Lumumba, *Patrice Emergy,* kongoles. Politiker, 1925–61 (ermordet); Führer im Kampf gg. die belg. Kolonialherrschaft, 60 1. Min.Präs. der Rep. Kongo (heute Zaïre).
Luna *w,* röm. Göttin des Mondes.
Luna-Programm, sowjet. Raumsondenprogramm zur Erprobung weicher Mondlandungen.
Lunch, *Luncheon* *m* (: lantsch, lantschen, engl.), Gabelfrühstück, leichtere Mahlzeit um die Mittagszeit.

J. M. A. Luns

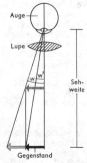

Lupe: Das vergrößerte
Bild des Gegenstands,
den das Auge ohne L.
unter dem Sehwinkel
w' sehen würde, er-
scheint mit L. unter
dem Sehwinkel w.
Vergrößerung:

$$V = \frac{\tan w}{\tan w'} = \frac{S}{f} + 1$$

f = Brennweite,
S = deutl. Sehweite
(25 cm)

Lupine
(Lupinus polyphyllus)

Lund, südschwed. Stadt, nördl. v. Malmö,
78 000 E.; Univ. (1666 gegr.) mit Sternwarte
1103/1536 Erzbistum, jetzt luth. Bischof; ro-
man. Dom (1080/1145).
Lüneburg, Hst. des niedersächs. *Reg.-Bez.*
L., am NO-Rand der ↗*L.er Heide,* 62 200 E.;
altes Stadtbild mit Backsteingotik: Micha-
elskirche (14./15. Jh.), Nikolaikirche (15.
Jh.), Rathaus (13. Jh.). PH, Verwaltungs- u.
Wirtschaftsakademie. Sol- u. Moorbad. **L.er
Heide,** größte dt. Heidelandschaft, zw. Elbe
u. Aller; Naturschutzpark um den Wilseder
Berg (171 m).
Lünen, westfäl. Stadt am Nordrand des
Ruhrgebiets und an der Lippe, 85 700 E.;
Steinkohlenbergbau, Kupfer-, Aluminium-
u. Eisenhütte; Kraftwerk.
Lünette *w* (frz.), **1)** halbkreisförm. Wandfeld,
z. B. über Türen. **2)** Vorrichtung zum Stützen
langer Werkstücke beim Drehen. **3)** Fe-
stungswerk.
Lunéville (: lünewil), frz. Stadt im Dep.
Meurthe-et-Moselle, 25 000 E.; Schloß; Me-
tall-, Motoren-, Fayence-Ind. – Der *Friede
von L.* 1801 zw. Napoleon u. Östr. beendete
den 2. ↗Koalitionskrieg.
Lunge, Atmungsorgan; beim Menschen
zwei *L.*nflügel, rechter mit 3, linker mit 2
*L.*nlappen; die Gesamtatmungsfläche
80–100 m²; Luftfassungsvermögen beim
Mann 3–5, bei der Frau 2–3 l. Im Tierreich
haben Vögel, Reptilien u. Säuger L.n; Lurche haben als Larven ↗Kiemen, im vollentwickelten Stadium L.n u. können zeitlebens
im Wasser u. auf dem Lande leben. □ 617.
L.nabszeß, eitriger Gewebszerfall in der L.
L.nbrand, Fäulnisprozeß im L.ngewebe mit
stinkendem Auswurf. **L.nembolie,** Verstopfung v. L.nschlagaderstamm od. -ästen
durch Blutpfropf. **L.nentzündung,** *Pneumonie,* Infektionskrankheit durch Bakterien
od. Viren; beginnt mit Schüttelfrost, hohem
Fieber; Behandlung mit Sulfonamiden od.
Antibiotika. □ 420. **L.nfische,** Süßwasserfische, benützen Schwimmblase als Lunge
neben der Kiemenatmung; im Amazonas-
gebiet, trop. Afrika u. in Australien.
L.nkraut, Borretschgewächs, frühblühend;
in Laubwäldern. **L.nödem,** Eindringen v.
Blutflüssigkeit in die L.nbläschen bei Herz-
schwäche. **L.npest** ↗Pest. **L.nschwindsucht**
↗Tuberkulose. **L.nseuche,** ansteckende
Lungen- u. Brustfellentzündung des Rindes.
L.nspitzenkatarrh, tuberkulöser Prozeß der
L.nspitzen.
Lunker *m,* durch Schrumpfung verursachte
Hohlräume in Metallgußstücken.
Lunochod, sowjet. automat. Mondfahr-
zeug; wurde 1970 auf dem Mond gelandet.
Luns (: lüns), *Joseph Marie Antoine,*
* 1911; 56/71 niederländ. Außenmin.; seit
71 NATO-Generalsekretär.
Lunte, 1) Schnur zur Entzündung v. Spreng-
ladungen. **2)** Schwanz des Fuchses.
Lupe *w,* Vergrößerungsglas, Sammellinse
mit kurzer Brennweite.
Lupine *w,* Leguminosengattung. *Gelbe,
Blaue* u. *Weiße L.,* im Mittelmeergebiet heimische Kräuter; als Viehfutter od. zur Gründüngung angebaut, heute als gezüchtete
bitterstofffreie *Süß-L.;* Zierpflanze.

Luppe *w,* kohlenstoffarmes, schlackehalti-
ges Zwischenprodukt der Stahlerzeugung
direkt aus Eisenerz.
Lupus *m* (lat.), häufigste Hauttuberkulose.
Lurche, *Amphibien,* Wirbeltiere mit nackter
Haut u. 4 Gliedmaßen; *Schwanz-L.* (Sala-
mander, Molche), ↗*Frosch-L.; Schlei-
chen-L.;* fossile *Panzer-L.* □ 911.
Lure *w* (dän.), Blasinstrument der Bronzezeit. □ 121.
Lurex, flaches, bandförmiges Metallgarn,
aus Aluminiumfolie oder metallisiertem
Polyesterfilm; farbige Effekte durch Zugabe
von Pigmenten, durch Gravurdruck oder
Überfärbverfahren.
Lusaka, Hst. von Sambia, 520 000 E.; Univ.,
kath. Erzb.; Bergbau.
Lusignan (: lüsinjãn), frz. Adelsgeschlecht,
Kg.e v. ↗Zypern (12./15. Jh.) u. Jerusalem
(12./13. Jh.).
Lust, positive Tönung v. Gefühlen, der Be-
findlichkeit überhaupt (im Ggs. zu Schmerz
u. Unlust); i. e. S. an körperl. (Organ-)Emp-
findungen gebunden, i. w. S. auch Gefühl
der Befriedigung, Glückserleben.
Lüst, *Reimar,* dt. Physiker, * 1923; seit Nov.
71 Präs. der Max-Planck-Gesellschaft.
Lüster *m* (frz.), **1)** Kronleuchter mit geschlif-
fenen Glasgehängen. **2)** Glasur auf keram.
Erzeugnissen od. Glas.
Lüstergarn, glänzendes Kammgarn.
Lustmord ↗Mord.
Lustrum *s* (lat.), Entsühnung der röm. Bür-
gerschaft am Schluß des ↗Zensus; alle 5
Jahre; auch Bz. für diesen Zeitraum.
Lustseuche, die ↗Syphilis.
Lustspiel *s,* i. w. S. Komödie, i. e. S. deren
verfeinerte Form, weniger äußerlich; bei
Shakespeare, Lessing, in der dt. Romantik.
Lüta, die ehem. Doppelstadt Dairen-↗Port
Arthur, in der nordchines. Prov. Liaoning,
4,2 Mill. E.
Lutein *s,* tier. gelber Farbstoff, färbt z. B. den
Eidotter.
Lutetium *s,* fr. *Cassiopeium,* chem. Element, Zeichen Lu, seltene Erde; Ordnungs-
zahl 71. □ 148.
Luther, 1) *Hans,* dt. Politiker, 1879–1962;
1922 Reichsernährungs-, 23/25 Reichsfinanzmin. (parteilos); 25/26 Reichskanzler
(unterzeichnete den Locarnopakt), 30/33
Reichsbankpräsident. **2)** *Martin,* dt. Reformator, * 10. 11. 1483 als Sohn eines Bergmanns in Eisleben, † 18. 2. 1546 ebd.;
beigesetzt in Wittenberg. Urspr. Jurist, mit
22 Jahren Augustiner-Mönch zu Erfurt, 1508
bis zum Tode Prof. der Theologie an der
Univ. Wittenberg. Im Studium der Hl.
Schrift, bes. der Paulin. Briefe, kam er zu
seiner Lehre, daß die Rechtfertigung des
Menschen vor Gott durch den Glauben *allein* geschieht. Der Mißbrauch des Ablaß-
handels, gg. den L. durch Veröffentlichung
seiner 95 Thesen am 31. 10. od. 1. 11. 1517
einschritt, wurde zum äußeren Anlaß der
Auseinandersetzungen mit der kath. Kirche
(mit J. ↗Eck in Leipzig u. Kard. ↗Cajetan in
Augsburg); 20 Bannandrohung durch Papst
Leo X., 21 Exkommunikation. Durch seine 3
großen Programmschriften *An den christl.
Adel, Von der Freiheit eines Christenmen-*

Martin Luther   Luthers Vater Hans   Luthers Mutter
Margarete

schen, *Von der Babylonischen Gefangenschaft der Kirche* gewann er die öffentl.
Meinung für sich; 21 auf dem Reichstag zu
Worms Weigerung, zu widerrufen. Gg. die
Reichsacht schützte ihn sein Kurfürst Fried-
rich der Weise v. Sachsen durch Gewahr-
sam auf der Wartburg. Dort übersetzte er
das NT, später die gesamte Hl. Schrift ins
Deutsche. 25 heiratete er Katharina v.
↗Bora; er griff mahnend in den Bauern-
krieg ein, bekämpfte die Schwärmer- u.
Täuferbewegung, beriet seine Kurfürsten u.
andere Herren (Philipp v. Hessen in Dingen
seiner Doppelehe), griff immer heftiger den
Papst an *(Wider das Papsttum zu Rom, vom
Teufel gestiftet).* Zusammenfassung seiner
Lehre in katechet. Schriften *(Großer u. Kleiner Katechismus, Schmalkald. Artikel;* Confessio Augustana, von ↗Melanchthon mit
L.s Billigung verfaßt); Abgrenzung auch gg.
Zwingli. Verfestigung zur ev. Kirche (Visita-
tions- u. Kirchenordnungen). Dabei schwerer innerer Konflikt L.s wegen der obrigkeitl.
Einflüsse. L. glaubte persönl., nicht eine
neue Kirche gegr., sondern nur die alte eigentliche Kirche wiederhergestellt zu haben. Er lehnte die Tradition als Glaubensquelle ab, anerkannte aber neben der Bibel
die altchristl. Symbole u. als Sakramente
die Taufe u. das Abendmahl. Als religiöse
Persönlichkeit gehört L. zu den größten Gestalten. Er ist auch der bahnbrechende Gestalter der dt. Hochsprache. □ 800.
Lutheraner, *Lutherische Kirche,* Bz. für diejenigen ev. Christen, die sich eng an die in
der ↗Augsburgischen Konfession (1530) u.
in der Konkordienformel (1577) zusammengefaßte Glaubenslehre Luthers anschließen. Diese weicht bes. in der Auffassung v.
Abendmahl u. v. der Willensfreiheit v. den
andern ev. Bekenntnissen (↗Reformierte,
Anglikaner) ab. Im ehem. Kgr. Preußen verbanden sich L. u. Reformierte 1817 zur Altpreuß. Union. Im Ggs. dazu sonderten sich
die Alt-L. ab. Die "Vereinigte Ev.-Luther.
Kirche Deutschlands" (VELKD) als Zusammenschluß der entsprechenden Landeskirchen gab sich 1948 eine Verfassung. **Lutherischer Weltbund,** 1947 gegr., aus dem
1923 entstandenen *Luth. Weltkonvent* hervorgegangene freie Vereinigung v. luther.
Kirchen.
Luthertum, konfessionskundl. Bz. für diejenigen Bildungen innerhalb des Protestantismus, die auf das Werk Luthers zurückgehen (keine rechtl. Einheit als Luther. Kirche).

Albert Luthuli

Luxemburg

Amtlicher Name:
Grand-Duché de
Luxembourg –
Großherzogtum
Luxemburg

Staatsform:
Großherzogtum

Hauptstadt:
Luxemburg

Fläche:
2586 km^2

Bevölkerung:
360000 E.

Sprache:
Staatssprachen sind
Französisch u. Hoch-
deutsch, Umgangs-
sprache ist "Letze-
burgisch", ein mosel-
fränkischer Dialekt

Religion:
95% Katholiken

Währung:
1 Luxemburg. Franc
= 100 Centimes

Mitgliedschaften:
UN, EG, NATO, WEU,
Europarat, OECD,
Benelux

Erst in jüngster Zeit organisator. Zusam-
menschluß im ↗Lutherischen Weltbund.
Luthuli, *Albert,* südafrikan. Politiker,
1898–1967; seit 52 Präs. des 60 verbotenen
"Afrikan. Nationalkongresses"; für friedl.
Beseitigung der ↗Apartheid, deshalb
mehrfach verbannt; Friedensnobelpreis
1960.
Luton (: ljüt°n), engl. Stadt in der Gft. Bedford, 161500 E.
Lutte *w,* im Bergbau: ein weites leichtes
Rohr zur Wetterführung unter Tage.
Lutter am Barenberge, niedersächs. Flek-
ken im Kr. Gandersheim, 2700 E. – 1626
Sieg Tillys über Christian IV. v. Dänemark.
Lüttich, frz. *Liège,* fläm. *Luik,* Hst. der ostbelg. *Prov. L.,* Zentrum des hochofenrei-
chen Industriebezirks L.; nahe dabei Stein-
kohlen- u. Zinkerzlager; 150000 E.; Univ.;
kath. Bischof. – Seit 717/718 Bischofssitz,
seit 10. Jh. Fürstbistum; kam durch Ks. Maximilian an die span. Niederlande; wurde
1801 an Fkr. abgetreten, fiel 15 an die Niederlande, 30 an Belgien.
Lützen, Stadt in der Leipziger Bucht (Bez.
Halle), 5500 E.; Zuckerfabrik. – 1632
Schlacht zw. ↗Gustav II. Adolf v. Schweden
(dabei gefallen) u. Wallenstein.
Lützow (: -o), *Adolf* Frh. v., preuß. Offizier,
1782–1834; führte in den Befreiungskriegen
ein Freikorps *(Schwarze Schar).*
Luv *w,* Windseite eines Schiffes. Ggs. ↗Lee.
Lux *s* (lat.), Abk. lx, die Beleuchtungsstärke
einer Fläche v. 1 m^2, auf die gleichmäßig ein
Lichtstrom 1 Lumen fällt.
Luxation *w* (lat.), Verrenkung der ein Gelenk
bildenden Knochenenden.
Luxemburg, frz. *Luxembourg,* **1)** Großherzogtum zw. Dtl., Fkr. u. Belgien. – Im N
das bewaldete Hochfläche der Ardennen, im S
das dichtbesiedelte, fruchtbare Gutland, ein
Teil des Lothringer Stufenlandes. Mit Belgien bildet L. seit 1921 eine Wirtschaftsunion, beide zus. mit den Niederlanden die
↗Benelux. Wichtigster Wirtschaftszweig ist
die Schwer-Ind. – Alte dt. Gft. (ben. nach der
Lützelburg); mit Heinrich VII. kamen die L.er
1308 auf den dt. Thron (↗Deutschland,
□ 179). L. fiel 1443 an Burgund u. war dann
wechselnd habsburg. u. frz.; 1815 als
Groß-Htm. in Personalunion mit den Niederlanden, aber beim Dt. Bund; 39 der größere, westl. Teil an Belgien abgetreten. Napoleons III. Versuch, 67 das Land durch Kauf
zu erwerben, führte zur Auseinandersetzung mit Bismarck; eine Londoner Konferenz erklärte L. für neutral. Seit dem Ende
der Personalunion mit den Niederlanden
(90) herrscht in L. das Haus ↗Nassau (z. Z.
Großherzog Jean). **2)** Hst. u. Residenzstadt
v. 1), 77000 E.; die alte Oberstadt liegt auf
der Hochfläche, die Ind.-Vorstädte in den
Tälern u. Petrusse. Kath. Bischof.
Sitz der Hohen Behörde der Montanunion
bis 1967; seitdem Sitz mehrerer anderer
Dienststellen von europäischen Organisationen.
Luxemburg, *Rosa,* dt. Politikerin poln. Herkunft, 1870–1919; radikale Sozialistin, stieß
1898 z. SPD, begr. 1917 mit K. ↗Liebknecht
den ↗Spartakusbund, 19 die KPD; mit Lieb-

knecht erschossen. Theoretikerin des Kommunismus.

Luxor, Luksor, oberägypt. Touristen- u. Winterkurort, 50000 E.; Ammontempel (1400 v. Chr.); am Ort des alten ↗Theben.

Luxus m (lat.; Bw. luxuriös), der über das Notwendige hinausgehende, kostspieligere Lebensaufwand, Verschwendung, Prunk. Was als L. betrachtet wird, richtet sich nach den Zeitansichten u. den wirtschaftl. Möglichkeiten der Allgemeinheit.

Luzern, 1) Schweizer Kt., seenreiches Hügel- u. Gebirgsland; Fremdenverkehr; 1494 km², 292000 E. **2)** Kt.s-Hst. L., am Vierwaldstätter See, Touristenverkehr, 63100 E.; kath. theol. Fakultät; Schweizer Caritasverband; Sanatorien; Eisen-, Seiden-, chem. Ind.; Gletschergarten.

Luzerne w, Staude mit violetten Schmetterlingsblüten; mineral- u. eiweißreiche Futterpflanze. Schwedische L., mit gelben Blüten; Sand-L., mit grünen Blüten.

Luzifer (lat. = Lichtbringer), Name für den Satan, im Anschluß an Jes 14, 12; dort die gottfeindl. babylon. Weltmacht L. gen.

Luziferin s, ein kompliziert aufgebauter Eiweißkörper, der ↗Leuchtbakterien u. anderen niederen Lebewesen die Erzeugung v. Licht ermöglicht.

Luzón (: -ßon), Hauptinsel der Philippinen, 104647 km², 18 Mill. E.; Hst. Manila.

Lwoff, André, frz. Mikrobiologe, * 1902; 65 Nobelpreis für Erforschung v. Regelvorgängen in den Zellen.

Lwow (: lwof), russ. für ↗Lemberg.

Lyallpur, Stadt im Pandschab (Pakistan), 825000 E.; Baumwollindustrie; heißt heute Faisalabad.

Lyck, poln. Ełk, ostpreuß. Krst. in Masuren, Bahnknoten am 49 km² großen L.see, 28000 Einwohner.

Lydien, im Alt. Landschaft an der mittleren Westküste Kleinasiens (Hst. Sardes); Ursprungsland der Münzprägung. Die Lyder erlagen unter Kg. ↗Krösus den Persern.

Lyell (: laiᵃl), Sir Charles, engl. Geologe, 1797–1875; Begr. der modernen Geologie.

Lykien, im Alt. Landschaft im südwestl. Kleinasien.

Lykurg, 1) sagenhafter Gesetzgeber v. Sparta. **2)** athen. Politiker u. Redner, um 395–325 v. Chr.; Schüler Platons; entschiedener Gegner Philipps II. u. Makedoniens.

Lymphe w (gr.), **1)** Impfstoff (Vakzine) gg. Pocken. **2)** farblose Gewebsflüssigkeit, entsteht durch Austritt v. Blutflüssigkeit aus den Kapillarwänden. Die L. versorgt die Zellen mit Nährstoffen u. transportiert Abfallstoffe u. Fremdkörper ab. In **Lymphgefäßen** wird die Lymphe gesammelt u. der Blutbahn zurückgeführt.

Rosa Luxemburg

Luxor: Papyrossäulen vom Ammontempel

Lymphgefäße: Lymphbahnen und Lymphknoten (links vergrößerte Darstellung) des Menschen

Randsinus — einströmende Lymphe
Kapsel — Rindenknötchen
Blutgefäße — ausströmende Lymphe

Lymphknoten (fr. Lymphdrüsen), bis haselnußgroße, plattrunde, in die Lymphbahn eingeschaltete Organe; Bildungsstätte der Lymphozyten; Filter für Bakteriengifte u. kleine Fremdkörper; bevorzugter Entstehungsort v. Tochtergeschwülsten (Metastasen) bei ↗Krebs.

Lymphogranuloma inguinale ↗vierte Geschlechtskrankheit.

Lymphogranulomatose w (gr.), Hodgkinsche Krankheit, krebsige Wucherung v. Lymphgewebe; führt meist zum Tode.

Lymphozyten (Mz., gr.), Lymphkörperchen, weiße Blutzellen; wehren Giftstoffe ab.

Lynchjustiz, ungesetzl. Tötung eines Menschen, meist durch eine Volksmenge zur Bestrafung für ein wirkl. od. vermeintl. Verbrechen.

Lynen, Feodor, dt. Biochemiker, 1911–1979; u. a. Forschungen über den Phosphatkreislauf, 64 Nobelpreis für Arbeiten über Cholesterin- u. Fettsäurestoffwechsel.

Lynkeus, Gestalt der griech. Mythologie; in Goethes Faust II der Turmwächter.

Lyon (: liõn), Hst. des frz. Dep. Rhône, am Zusammenfluß v. Rhône u. Saône; Flußhafen, Verkehrsknoten; führende Seidenstadt Europas, 455000 E.; kath. Erzb.; Kathedrale (12. Jh.); 2 Univ., TH; Messe; 400 Seiden- u. Kunstseidenfabriken, 900 Seidenspinnereien; chem., graph. u. Maschinen-Ind.; Wallfahrtskirche Notre-Dame (11. Jh.) – 43 v. Chr. als röm. Siedlung gegr., seit dem 2. Jh. Bischofssitz; kam 1033 zum Dt. Reich u. wurde Freie Reichsstadt; Tagungsort der allg. Konzilien v. 1245 u. 74 (☐ 505); fiel 1312 an Fkr.

Lyra w (gr.), dt. Leier, griech. Saiteninstrument (Kultgerät).

Lyrik w (gr.), urspr. alle zur ↗Lyra gesungenen Gedichte; mit Epik u. Dramatik eine der drei Grundformen der Dichtung, häufig als ihre eig. zentrale Form angesehen, da am stärksten durch Sprachliches bestimmt. Nach verbreiteter Auffassung subjektiv, Stimmungs- u. Gefühlsausdruck eines Ich; dies gilt bes. für liedhafte Lyrik, etwa der Romantik. Auch hier aber Objektivierung im Sprachkunstwerk entscheidend. In den strengeren Formen (wie Ode, Hymne, Sonett) stets Zurücktreten des Subjekts vor Gegenstand u. Gattungsprinzip, ähnlich die Lyrik bestimmter Epochen wie die des Barock. – L. steht der Musik nahe: Rhythmus wesentlich, entweder als freier Rhythmus od. bei gebundener Form in Spannung zu einem Metrum (↗Metrik). – Höhepunkte der Gesch. der L.: griech., röm. L., Minnesang, it. Renaissance-L., L. der dt. Klassik, der europ. Romantik, frz. L. des Symbolismus; im 20. Jh. eine allg. Tendenz der L. zur Betonung des Sachlich-Thematischen in oft sprachl. neuer Form.

Lys w (: liß), Leye, 214 km langer Nebenfluß der Schelde.

Łysa Góra (: ᵘißa gura), bewaldeter Höhenrücken des Poln. Mittelgebirges, ca. 50 km lang, bis 611 m hoch. Reiche Erzlager.

Lysander, spartan. Feldherr, † 395 v. Chr.; beendete 405 v. Chr. mit einem Sieg über die Athener den Peloponnesischen Krieg.

Lysimachus, Feldherr Alexanders d. Gr., um 360–281 v. Chr.; Statthalter, seit 306 Kg. v. Thrakien, gewann Kleinasien u. Makedonien; fiel im Diadochenkrieg.

Lysin s, eine essentielle ↗Aminosäure.

Lysipp, griech. Bildhauer, ca. 370–300 v. Chr.; Vollender der griech. Klassik.

Lysoform s, Schmierseifenlösung, mit 4% ↗Formaldehyd versetzt; zur Desinfektion.

Lysol s, Lösung aus Roh-↗Kresol u. Schmierseife; 0,25–2%ige wässerige Lösungen hieraus zur Desinfektion.

Lyssenko, *Trofim,* ukrain. Züchtungsforscher, 1898–1976; erweiterte die Anbaumöglichkeiten v. Kulturpflanzen; seine Theorien (u. a. vegetative Hybridisation) werden heute allg. abgelehnt.

Lyzeum (Mz. *Lyzeen*), **1)** das altgriech. Apolloheiligtum *Lykeion* bei Athen mit Schule, in der Aristoteles lehrte. **2)** bis zum 19. Jh. Bz. für theol. Fachhochschule. **3)** in Dtl. fr. Bezeichnung für höhere Mädchenschule.

LZB, Abk. für ↗Landeszentralbanken.

Macbeth (: mäkbäß), Kg. v. Schottland, 1040/57. Tragödie v. Shakespeare.

Macchia *w* (: -kia), frz. *Maquis,* in den Mittelmeerländern trockenheitsfeste Pflanzenformation aus fast undurchdringl., immergrünem, 3–4 m hohem Gebüsch u. kleinen Bäumen.

Macdonald (: mäkdonᵉld), James *Ramsay,* 1866–1937; Mitbegr. u. zeitweise Führer der Labour Party, 1924 u. 29/35 brit. Premier.

Macedonianer, nach dem Bischof *Macedonius v. Konstantinopel* († vor 364) benannte Sekte; leugnete die Wesensgleichheit des Hl. Geistes mit Vater u. Sohn.

Maceió (: maßeʲo), Hst. des brasilian. Bundesstaates Alagôas, Hafen 324 000 E.; Erzb.

Mach, *Ernst,* östr. Physiker u. Philosoph, 1838–1916; sein *Empiriokritizismus* lehrt, es gebe nichts als die Sinnesempfindungen. ↗Positivismus, ↗Pragmatismus, ↗Mach-Zahl. ↗Wiener Kreis.

Machado y Ruiz (: matschado i rᵘiß), *Antonio,* span. Dichter, 1875–1939; Lyrik u. Versdramen.

Machandel *m,* ↗Wacholder.

Machatschkala, Hst. der ASSR Daghestan, an der Westküste des Kasp. Meeres, 250 000 E.; Univ.; Erdöl- u. Getreidehafen, Textil-, chem. u. Nahrungsmittel-Ind.

N. Machiavelli — Ernst Mach

m, Abk. für **1)** ↗Meter. **2)** ↗Milli. **m²,** Abk. für Quadratmeter; **m³,** Abk. für Kubikmeter.

M, Abk. für **1)** ↗Mark. **2)** ↗Mach-Zahl. **3)** ↗Mega. **4)** röm. Zahlzeichen = 1000.

Mäander *m,* **1)** *Menderes,* vielgewundener Fluß in Kleinasien, 450 km lang. **2)** nach 1) ben. windungsreicher Flußlauf. **3)** i. ü. S. ein rechteckig gebrochenes od. wellenförmig sich überschlagendes Linienornament.

Maar *s,* mit Seen od. Sümpfen erfüllte, kraterartige Geländevertiefung, z. B. in der Eifel, Schwäbischen Alb; vulkan. Ursprungs.

Maas *w,* frz. *Meuse,* Hauptfluß Belgiens; entspringt bei Langres, mündet, mit den Rheinarmen Waal u. Lek verbunden, in die Nordsee; 925 km lang, bis Sedan schiffbar.

Maastricht, Hst. der niederländ. Prov. Limburg, an der Maas, nahe der belg. Grenze, 110 000 E.; Liebfrauenkirche (10./16. Jh., früher Stiftskirche), Rathaus (15. Jh.); Fayencen-, Glasfabriken.

Maat *m* (niederländ.), Unteroffiziersdienstgrad in der Marine.

Mabillon (: -bijõ), *Jean,* OSB (↗Mauriner), frz. Kirchenhistoriker, 1632–1707; Begr. der Paläographie, Chronologie u. Diplomatik.

Macao, *Territorium v. M.,* autonomes portugies. Pachtgebiet in Südchina; Halbinsel mit 2 Eilanden an der Mündung des Kantonflusses, 16 km², 280 000 E.; davon ca. 8000 Portugiesen; Hst. M.; kath. Bischof.

MacArthur (: mäkaᵣßᵉʳ), *Douglas,* am. General, 1880–1964; im 2. Weltkrieg Oberbefehlshaber im Fernen Osten, 50 im Koreakrieg, 51 aus polit. Gründen abgesetzt.

Macaulay (: mäkále‍ⁱ), **1)** *Rose,* engl. Schriftstellerin, 1881–1958; satir. Romane (*Gefährliche Jahre*), Gedichte, Milton-Biographie. **2)** *Thomas Babington* Lord, brit. Politiker u. Historiker, 1800–59; 39/41 Kriegsmin. (Liberaler). *Gesch. Englands.*

Mache-Einheit, Maß für die Stärke der Radioaktivität einer Heilquelle.

Machete *w* (: -tschete, span.), in Südamerika gebräuchl. Buschmesser.

Machiavelli (: makiaweli), *Niccolò,* it. Staatsmann u. Geschichtsschreiber, 1469 bis 1527; 1498/1512 als Sekretär des „Rates der Zehn" der Rep. Florenz mit diplomat. Missionen betraut, nach der Rückkehr der Medici entlassen u. verbannt. *Il Principe.* **M.smus** *m,* Bz. für die v. M. entwickelte Lehre, nach der Wesen u. Selbstzweck des Staates die Macht ist u. im Falle eines Konfliktes Recht u. Moral dem Machtinteresse des Staates unterzuordnen sind.

Mächtigkeit, Dicke einer geolog. Schicht, eines Erzganges od. Flözes.

Machu Picchú (: matschu piktschu), Ruinenstadt der Inka in den Anden, bei Cuzco.

Mach-Zahl, nach E. ↗Mach benanntes Verhältnis v. Geschwindigkeit eines Körpers zur Schallgeschwindigkeit; M = 1 entspricht etwa 340 m/s od. 1200 km/h.

Macías N'Guema, bis 74 ↗Fernando Póo.

Macke, *August,* dt. Maler, 1887–1914; führender Vertreter des Expressionismus; Mitgl. des „Blauen Reiters"; durch große

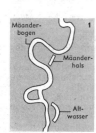

Mäander: 1 Darstellung eines Fluß-M., 2 Linienornament, **a** als rechtwinklig gebrochenes, **b** als Wellenband-Ornament (sog. „laufender Hund")

A. Macke:
Der Seiltänzer (1914)

farbl. Heiterkeit u. zugleich durch Melancholie bestimmte Bilder.

Mackensen, 1) *August v.,* dt. Generalfeldmarschall, 1849–1945; 1916/18 Oberbefehlshaber in Serbien u. Rumänien. **2)** *Fritz,* deutscher Maler, 1866–1953; Mitbegr. der ↗Worpsweder Künstlerkolonie.

Mackenzie *m* (: mäk̲e̲ns̲ i), Hauptstrom Westkanadas. Abfluß des Athabaska-, Sklaven- u. Bärensees, mündet nach 3512 km ins Eismeer; 2100 km schiffbar; 3 Monate eisfrei.

Mackenzie (: mäk̲e̲ns̲ i), *Compton,* engl. Schriftsteller, 1883–1972; Entwicklungsromane, später zahlr. humorist. Romane *(Das Whiskyschiff).*

MacLaine (: mäkl̲e̲ i n), *Shirley,* am. Filmschauspielerin, * 1934; Filme, u.a. *Irma la Douce.*

MacLeish (: mäkl̲i̲sch), *Archibald,* amerik. Schriftsteller, * 1892; Gedichte, Versepos *Conquistador,* Dramen *(Spiel um Job),* Essays.

Mac-Mahon (: makma̲o̲n̲), *Patrice-Maurice* Marquis de, frz. Marschall u. Staatsmann, 1808–93; siegte 59 bei Magenta, schlug 71 den Aufstand der Pariser Kommune nieder; 73/79 Präs. der Republik.

MacMillan (: mäkm̲i̲l̲e̲ n), *Harold,* * 1894; 1954 brit. Verteidigungs-, April 55 Außenmin.; Dez. 55 Schatzkanzler, 57/63 Premiermin. (Konservativer).

Mâcon (: mak̲o̲n̲), Hst. des frz. Dep. Saône-et-Loire, an der Saône (Hafen), 39 400 E.; Weinbau (roter Tischwein).

Macpherson (: mäkf̲ö̲ r ß̲e̲ n), *James,* schott. Dichter, 1736–96; erweiterte Fragmente alter Heldenlieder u. gab sie als Werke v. „Ossian" heraus.

MAD, der ↗Militärische Abschirmdienst.

Madagaskar, Rep. auf der gleichnam. Insel im Indischen Ozean, v. afrikan. Festland durch die 392 km breite Straße v. Moçambique getrennt. – M. ist ein Hochland mit In-

Madagaskar

Amtlicher Name:
Demokratische
Republik Madagaskar
Staatsform:
Republik
Hauptstadt:
Antananarivo
Fläche:
587 041 km²
Bevölkerung:
8,3 Mill. E.
Sprache:
Amtssprachen sind
Malagasy und
Französisch
Religion:
57% Anhänger von
Naturreligionen,
20% Katholiken,
18% Protestanten,
5% Muslimen
Währung:
1 Madagaskar-Franc
= 100 Centimes
Mitgliedschaften:
UN, OAU, der EWG
assoziiert

selbergen u. Vulkanen. Im O u. im Küstenland Anbau v. Vanille (⁴/₅ der Weltproduktion), Zuckerrohr, Kaffee, Kakao, Baumwolle; im Hochland Viehzucht. Bergbau auf Graphit, Glimmer, Phosphat, Kupfer, Nickel, Gold, Kohle. – 1506 von den Portugiesen entdeckt; 1896 frz. Kolonie; 1958 autonome, seit 60 unabhängige Rep. in der Frz. Gemeinschaft. Staatspräsident: Didier Ratsiraka (seit 75).

Madame (: mad̲a̲m, frz.; *Mme),* Frau, Dame, gnädige Frau.

Madariaga y Rojo (: -i r̲o̲cho), *Salvador de,* span. Diplomat u. Schriftsteller, 1886–1978; liberaler Politiker; als Gegner Francos im Exil; Werke über span. Geschichte u. Kultur, Romane, Dramen.

Mädchenhandel, Anwerben v. weibl. Personen zur Prostitution.

Mädchenschutz, die Betreuung alleinstehender Mädchen, bes. in erschwerten Lebensverhältnissen (Ortsfremdheit usw.), so durch Bahnhofsmission, den *Kath. M.verband* im Dt. Caritasverband, Sitz Freiburg i. Br., u. den ev. Verein *Freundinnen junger Mädchen,* dt. Zentrale in Stuttgart.

Made in ... (: me̲ i d-, engl.), Ursprungs-Bz. v. Importwaren, z. B. *M. in (Western) Germany,* in (West-)Dtl. gefertigt.

Madeira (: mad̲e̲ i ra), **1)** *Rio M.,* m, r. Nebenfluß des Amazonas an der Grenze zw. Bolivien u. Brasilien, 3240 km lang, 1300 km schiffbar. **2)** portugies. Inselgruppe im Atlant. Ozean, 610 km westl. v. Nordafrika, 797 km², 264000 E.; Hst. Funchal. M. ist ein tiefzerschluchtetes Gebirge; Winterkurort. Ausfuhr: Wein, Früchte. Der **M.,** Süßwein mit 16 bis 20 Vol.-% Alkohol; feinste Sorte ist der *Malvasier.*

Mädelegabel, aussichtsreiches Bergmassiv der Allgäuer Alpen, 2645 m, südl. v. Oberstdorf.

Mademoiselle (: madm̲°̲as̲ä̲l, frz.; *Mlle),* Fräulein.

Maden, fußlose Insektenlarven.

Madenwurm, *Springwurm,* im Darm des Menschen, bes. der Kinder, schmarotzender weißer Fadenwurm, bis 12 mm lang, legt seine Eier am After ab; starkes Jucken, bes. während der Nachtruhe.

Maderna, *Bruno,* it. Komponist, 1920–73; serielle Vokal- u. Instrumentalmusik sowie elektron. Musik.

Maderna, *Maderno,* ober-it. Künstlerfamilie; bes. **1)** *Carlo,* 1556–1629; Baumeister; schuf das Langhaus v. *St. Peter* mit Fassade u. Vorhalle. ☐ 71. **2)** *Stefano,* Bruder v. 1), Bildhauer, 1576–1636; pathet. Barockskulpturen u. Kleinplastik.

Mädesüß *s, Wiesenkönig, Spierstaude,* Rosengewächs feuchter Wiesen mit gefiederten Blättern u. elfenbeinfarb., wohlriechenden Blütchen; zu Blutreinigungstee.

Madhya Pradesch, ind. Bundesstaat, 443450 km², 42 Mill. E.; Hst. Bhopal.

Madison (: mäd̲i̲s̲e̲ n), Hst. v. Wisconsin (USA), zw. 4 Seen, 173000 E.; kath. Bischof; Staatsuniversität.

Madonna (it. = meine Herrin), die Gottesmutter Maria bzw. ihre Darstellung in der Kunst.

Madras, 1) bis 1968 Name des ind. Bundesstaates ↗Tamil Nadu. **2)** Hst. des ind. Bundesstaates Tamil Nadu, Hafen an der Koromandelküste, 2,6 Mill. E.; Univ.; kath. Erzb.; Thomaskathedrale.
Madrid, Hst. Spaniens u. der *Prov. M.,* am Manzanares, 655 m ü. M., 4,1 Mill. E.; Bischof; Univ., Hochschulen, Akademien, Prado-Museum; vielseit. Ind. – 1083 durch Alfons VI. v. Kastilien den Mauren entrissen; seit 1561 Residenz der span. Könige.
Madrigal s (it.), **1)** bes. in der it. Lit. entwickelte kurze, meist einstrophige Liedform. **2)** im 14. u. 15. Jh. v. Instrumenten begleitetes Kunstlied; im 16. u. 17. Jh. mehrstimmiges Gesellschaftslied im A-cappella-Satz.
Madruzzo, Südtiroler it. Adelsgeschlecht, daraus 1539/1658 die Fürstbischöfe v. Trient; besonders *Cristoforo M.,* † 1578.
Madura, 1) indones. Insel, n. ö. von Java, 4560 km², 3 Mill. E.; Hst. Pamekasan. **2)** *Madurai,* ind. Stadt, im Staat Tamil Nadu, 550 000 E.; kath. Erzb.; Schiwa-Tempel.
maestoso (: maëßtoso, it.), in der Musik: majestätisch.
Maestro *m* (it. = Meister), ehrende Anrede, bes. für bedeutende Musiker.
Maeterlinck (: ma-), *Maurice,* belg. Dichter, 1862–1949; Dramatiker des Symbolismus *(Der blaue Vogel; Pelléas et Mélisande);* mystisch spekulative Prosaschriften, zoolog. Studien *(Das Leben der Ameisen).* 1911 Lit.-Nobelpreis.
Mäeutik *w* (gr. = Hebammenkunst), die Methode des Sokrates, im Menschen schlummernde Erkenntnis durch geschicktes Fragen hervorzubringen.
Mafia, *Maffia w* (it.), sizilian. Geheimbund, bes. seit napoleonischer Zeit Selbsthilfeorganisation gg. die Besitzenden; besteht als heute als verbrecher. Organisation; durch Auswanderung z. T. in Verbindung mit dem Gangstertum in den USA.
Magalhães (: -ljan̄'sch), *Fernão de* (dt. *Magellan),* portugies. Seefahrer, 1480 bis 1521; durchfuhr erstmals die *M.straße* u. den Pazif. Ozean, entdeckte die Philippinen, wo er im Kampf fiel. **M.straße,** Meerenge zw. dem festländ. Südamerika u. Feuerland, 583 km lang.
Magallanes (: -galja-), südchilen. Prov., die Südspitze des süd-am. Festlandes; Hst. Punta Arenas.
Magazin s (arab.), **1)** Lagerraum, Lagerhaus für Warenvorräte; in Bibliotheken Aufbewahrungsraum für die Bücherbestände. **2)** bei Gewehren u. Pistolen die Patronenkammer. **3)** auf Massenabsatz berechnete bebilderte Zeitschrift.
Magdalena ↗Maria Magdalena.
Magdalenenstrom, *Río Magdalena,* Hauptstrom Kolumbiens aus den nördl. Anden ins Karib. Meer, 1550 km lang.
Magdalenerinnen (Mz.), *Büßerinnen v. der hl. Maria Magdalena,* ein 1224/27 gegr. Frauenorden zur Betreuung sittl. gefährdeter Frauen u. Mädchen.
Magdalénien s (:-len'an̄), *Madeleinekultur,* in West- u. Mitteleuropa letzte Kulturstufe der jüngeren Altsteinzeit, ben. nach der Höhle *La Madeleine* in der Dordogne (Fkr.);

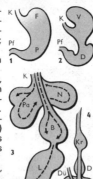

K Kardia (Eingang), F Fundusdrüsenabschnitt, P Pylorusdrüsenabschnitt, Pf Pförtner (Ausgang), V Vorratsmagen, D Drüsenmagen (Verdauungsmagen), N Netzmagen, Pa Pansen, B Blättermagen, L Labmagen, Kr Kropf, Dü Dünndarm, Mu Muskelmagen

Magen (Magenformen): **1** Mensch, **2** Rind, **3** Rind, **4** Vogel (Körnerfresser)

Maurice Maeterlinck

F. de Magalhães

getragen v. späteiszeitl. Jägern; Tier- u. Menschendarstellungen in Höhlen.
Magdeburg, Hst. des *Bez. M.,* an der Elbe (Ind.-Hafen) und in der fruchtbaren *M.er Börde,* 284 000 E.; frühgotischer Dom (1208–1336) mit Gräbern Ottos d. Gr. u. seiner Gemahlin; roman. Liebfrauenkirche (11. Jh.); TH, Medizin. Akademie; ev. Bischof, kath. Weihbischof. Schiff-, Maschinen-, Lokomotivenbau, Eisen-Ind. – 805 erstmals erwähnt, durch Otto d. Gr. Erzbistum (bis zur Reformation); Hansestadt. Das M.er Stadtrecht war maßgebend für viele Städte des Ostens; während der Reformation Hochburg des Luthertums; fiel 1680 an Brandenburg.
Magellan ↗Magalhães. **M.sche Wolken,** *Kapwolken,* 2 kleinere, unserem Milchstraßensystem benachbarte Sternsysteme am Südhimmel.
Magelone, als schöne u. treue Dulderin die Heldin eines frz. Ritterromans (1457) u. des dt. Volksbuches *Die schöne M.* (16. Jh.).
Magen, weitester Teil des Verdauungskanals, faßt 1,5–2,5 l; Form wechselnd, meist hakenförmig; am Übergang zum Zwölffingerdarm durch Ringmuskel, *Pförtner, Pylorus,* verschlossen. Die im M. gespeicherte Nahrung wird zur ↗Verdauung v. *M.saft* der *M.schleimhaut* (tägl. 1,5 l) übergossen u. durch die M.muskulatur in den Zwölffingerdarm weitergetrieben. □ 616.
M.bitter, Bitterlikör zur M.stärkung. **M.blutung,** das ↗Blutbrechen. **M.brennen** ↗Sodbrennen. **M.entzündung,** *M.katarrh, Gastritis,* entzündl. Schleimhautkatarrh durch übermäß. Genuß v. Alkohol, Nikotin, fettreichen Speisen, Medikamenten u. a. **M.erweiterung,** Ausdehnung der gesamten M.wand durch ständige Überfüllung, Geschwülste od. narbige Schrumpfung des Pförtners od. Schwäche der M.muskulatur. **M.geschwür,** Aufbruch der M.schleimhaut durch fehlerhafte Absonderung v. M.saft, bes. durch nervöse Fehlsteuerung od. Schädigung der M.wand, mit Schmerzen nach Mahlzeiten, Erbrechen (evtl. blutig), Sodbrennen, ↗Teerstühlen. **M.krampf,** plötzl. heftige, wiederkehrende Schmerzen, krampfen die M.gegend zus., bei M.erkrankungen, auch nervöser Art. **M.krebs,** eine der verbreitetsten ↗Krebserkrankungen. **M.sonde, M.schlauch,** weicher Gummischlauch zur Aushebung des M. zwecks Untersuchung des M.saftes u. zur M.spülung mit warmen, verdünnten Salzlösungen; durch die Speiseröhre eingeführt.
Magenta (: -dschän-), ober-it. Stadt westl. v. Mailand, 19 000 E. – 1859 Sieg der Piemontesen u. Franzosen über die Österreicher.
Magerö, norweg. Insel; ↗Nordkap.
Magersucht, Neigung zu abnormer Abmagerung durch innere od. psychische Störungen.
Maggipflanze, *Liebstöckel,* Doldenblütler, bis 2 m hohe Staude, Gewürz. □ 452.
Maghreb (arab. = Westen), der westl. v. Ägypten gelegene Teil der islam. Welt; i. e. S. Tunesien, Algerien u. Marokko.
Magie *w* (gr.), der bei Naturvölkern, aber auch noch in den alten Hochkulturen ver-

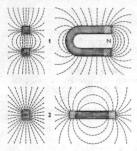

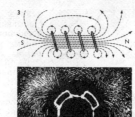

Magnetismus:
Magnetfeld 1 Huf-
eisen-, 2 Stabmagnet,
3 Spule, 4 Feldlinien
eines Dynamo-
magneten

**Magistrate
im alten Rom**

ordentliche M.
Konsul
Prätor
Ädil
Quästor
Volkstribun

außerordentliche M.
Diktator
Magister equitum
Zensor

Anna Magnani

breitete Glaube, daß in bestimmten Gegenständen, vor allem in Getränken, Steinen,
Wurzeln, gute oder böse Geister (Dämonen)
anwesend seien, die durch genau vorgeschriebene Sprüche, Gebärden, Zeichnungen „beschworen", zur Hilfe herbeigerufen
(Weiße M.) oder auch gebannt werden
könnten *(Schwarze M.).* In hochentwickelten Kulturen findet sich anstelle v. M. oft
Aberglaube. **Magier,** zuerst Angehöriger eines heilkundigen priesterl. Stammes, später Zauberer u. Wahrsager.
Maginot (: -schino), André, 1877–1932;
1922/24, 29/30 u. 31/32 frz. Kriegsmin. **M.li-
nie,** unter M. geschaffenes Befestigungssy-
stem an der frz. Ostgrenze.
magisches Auge, opt. Abstimmröhre, bei
Rundfunkgeräten zum genauen Senderein-
stellen.
Magister m (lat. = Meister, Lehrer), 1) fr.
akadem. Grad mit Lehrbefugnis. 2) in der
BRD 1960 wiedereingeführter, vorwiegend
v. den philos. Fakultäten vergebener akadem. Grad; kann nach 8 Semestern v. Studierenden erworben werden, die weder
Staatsexamen noch Doktorprüfung anstreben.
Magistrat m (lat.), 1) Amt u. Beamter im alten Rom. 2) Organ der Gemeindeverwaltung, dem bei einer *M.sverfassung* (↗Ge-
meinde) als kollegialem Organ unter dem
Vorsitz des Bürgermeisters die Leitung der
Gemeindeverwaltung obliegt; in der BRD
bes. in Hessen, Schleswig-Holstein, West-
Berlin.
Magma s (gr.), Gesteinsschmelze.
Magna Carta w (M. Charta), eig. M. Carta li-
bertatum (lat. = der große Freibrief), engl.
Verfassungsurkunde, 1215 durch Klerus u.
Adel Kg. Johann ohne Land abgenötigt; si-
chert u. a. Freiheit der Kirche u. der Person;
bis heute ein Grundpfeiler engl. Verfas-
sungslebens.
magna cum laude (lat. = mit großem Lob),
Prädikat „sehr gut"; in der BRD die zweitbe-
ste Note bei der ↗Promotion.
Magna mater (lat.), röm. Bz. der ↗Kybele.
Magnani (: manjani), Anna, it. Schauspielerin, 1908(10?)–73; Filme: *Rom, offene
Stadt; Vulcano; Die tätowierte Rose; Der
Mann in der Schlangenhaut; Die Wölfin.*
Magnaten (Mz., lat.), 1) seit dem MA Bz. für
den Hochadel in Polen u. Ungarn. 2) heute
auch für Großindustrielle (Ind.-M.).
Magnesia w, *Magnesiumoxid*, MgO,
schneeweißes, sehr leichtes Pulver, schwer

schmelzbar; techn. zu feuerfesten Geräten;
*M.zement*für Steinholz, Kunstmarmor u. a.;
medizinal als *M. usta* (gebrannte M.) gg.
übermäßige Magensäure; so auch *M. alba,*
basisches ↗Magnesiumcarbonat.
Magnesit m, *Bitterspat,* Magnesiumcarbo-
nat. Bei 600–700° C gebrannt, liefert er
↗Magnesia; bei 1600° C entsteht *Sinter-M.,*
zu *M.ziegeln* für feuerfeste Ausmauerung.
Magnesium s, chem. Element, Zeichen Mg;
silberweißes, leichtes Erdalkalimetall, Ord-
nungszahl 12 (☐ 148); verbrennt an der Luft
mit blendendweißem Licht (Leuchtbom-
ben, Blitzlicht); Bestandteil für Aluminium-
Legierungen; kommt gebunden in Dolomit,
Magnesit, Serpentin, in Beimengungen der
Kalisalze, in Meerschaum u. a. vor. ☐ 613.
M.carbonat, MgCO₃, ↗Magnesit, künstl.
bereitet als ↗Magnesia alba. **M.sulfat,**
MgSO₄, ↗Bittersalz.
Magnet m (gr.), ↗Magnetismus. **M.band**
↗Tonband. **M.berg,** bei ↗Magnitogorsk.
M.eisenstein, *Magnetit* m, Fe₃O₄, stark magnet. Eisenerz. **m.ische Abweichung** ↗De-
klination. **m.ische Erdpole** ↗Erdmagnetis-
mus. **M.ismus,** Eigenschaft mancher metal-
lischer Körper *(M.e),* andere anzuziehen u.
festzuhalten, bes. bei eisenhalt. Metallen
(Ferro-M.). ↗Magneteisenstein besitzt M.is-
mus von vornherein, während man ihn
weichem Eisen vorübergehend, Stahl dauernd durch Streichen mit einem Magneten
od. durch elektr. Strom *(↗Elektro-M.)* mitteilen kann. Am stärksten ist die Anziehungskraft an den Enden (Pole) des Magneten. Ein bewegl. aufgehängter M. stellt sich
so ein, daß ein Pol *(Nordpol)* nach N, der andere *(Südpol)* nach S zeigt (↗M.nadel). Bei
Annäherung zweier M.e stoßen sich die
gleichnam. Pole ab, die ungleichnam. ziehen sich an. Der Raum, in dem magnet.
Kräfte wirken, heißt *magnetisches Feld.*
Beim M.isieren werden die Elektronenbah-
nen in den ↗Atomen einheitlich ausgerichtet; die atomaren Kreisströme erzeugen das
magnet. Feld. Nach Art u. Stärke unterscheidet man *Para-, Dia-* u. *Ferro-M.* **M.it** m,
↗M.eisenstein. **M.nadel,** dünnes M.stäb-
chen, auf einer vertikalen (Deklinationsna-
del) od. horizontalen Achse (Inklinationsna-
del) drehbar angeordnet, zeigt die Richtung
des Erd-M.feldes. ↗Kompaß.
Magnetohydrodynamik w (gr.), untersucht
die Wechselwirkung zw. einem flüssigen
oder gasförmigen elektr. leitenden Material
(z. B. Plasma) u. einem Magnetfeld. **Magne-
tohydrodynamischer Generator,** erzeugt
elektr. Strom aus der Bewegung eines
↗Plasmas (oder elektr. leitende Flüssigkeit)
in einem Magnetfeld. **Magneton** s, ein Maß
für atomare magnet. Momente, z. B. *Bohrsches M.* **Magnetosphäre** w (gr.), der
oberste Teil der ird. Atmosphäre; in ihr liegen mehr od. weniger deutlich ausgeprägt
die verschiedenen ↗Strahlungsgürtel.
Magnetostriktion, die Verformung ferromagnet. Substanzen durch Magnetisierung; ausgenutzt zur Erzeugung schneller
mechan. Schwingungen. **Magnetron,** *Ma-
gnetfeldröhre,* eine Elektronenröhre zur
Erzeugung v. mm- u. cm-Wellen, z. B. in der

Radartechnik. **Magnetscheider,** zur Trennung magnet. u. nichtmagnet. Substanzen, z.B. Erze. **Magnettongerät** ↗Tonbandgerät.

Magnificat s (m. anima mea Dominum, lat. = hoch preiset meine Seele den Herrn), im NT Marias Lobgesang beim Besuch ihrer Base Elisabeth. Teil der Vesper.

Magnifizenz w (lat. = Herrlichkeit), Titel der Hochschul-Rektoren, fr. auch der Bürgermeister der Freien Reichsstädte.

Magnitogorsk, sowjet. Stadt am Oberlauf des Uralflusses, 406000 E., am Fuße des Magnetbergs, mit Vorrat v. 500 Mill. t durchschnittl. 47%iger Magneteisenerze. Bedeutendste Hütten-Ind. der UdSSR.

Magnolia, Sträucher u. Bäume mit großen weißen, z.T. außen roten, tulpenähnl. Blüten, meist vor den Blättern hervorbrechend. Heimat SO-Asien u. östl. Nordamerika; bei uns Ziergehölz. Verwandt mit ↗Tulpenbaum.

Magnus (lat.), der Große.

Magnus-Effekt, nach Heinrich G. Magnus (1802–70) benannter Effekt: ein rotierender Körper erfährt eine ablenkende Kraft, wenn ein Luftstrom senkrecht auftrifft (z.B. bei Geschossen, geschnittenen Tennisbällen u. Bällen mit Effet im Fußball).

Magog ↗Gog u. Magog.

Magot m, schwanzloser Affe, in Felsgebirgen Nordafrikas u. als einzige in Europa wildlebende Affenart auf Gibraltar. □ 7.

Magritte (: magrit), René, belg. Maler, 1898–1967; Vertreter des verist. Surrealismus.

Magyaren (: madjaren) ↗Ungarn.

Mahabharata s, ind. Nationalepos, entstanden um die Mitte des 1. Jahrt. v. Chr.; enthält u.a. Göttersagen, Tierfabeln, philosoph. Stücke.

Mahagoni s, Holz verschiedener M.bäume, meist aus Westindien u. Zentralamerika, zimt- bis rotbraun gefärbt od. gemasert; sehr politurfähig, u.a. zu Möbeln. □ 400.

Mahalla el-Kubra, Mehallah el-Kebir, ägypt. Stadt im Nildelta, 288000 E.; moderne Textilfabriken.

Maharadscha m, ↗Radscha.

Maharashtra, Maharaschtra, ind. Bundesstaat, entstand 1960 durch Aufteilung des Staates Bombay, 307762 km², 50,4 Mill. E.; Hst. Bombay.

Mahatma (Sanskrit = große Seele), ind. Ehrentitel für ehrwürdige Persönlichkeiten, z.B. für ↗Gandhi.

Mahayana s, (= Großes Fahrzeug), neben dem Hinayana Hauptform des ↗Buddhismus.

Mähbinder, eine Erntemaschine, die Getreide mäht, bindet u. in Garben ablegt. Antrieb durch Schlepperzug od. über Kraftzapfwelle des Schleppermotors.

Mahdi m (: mach-, arab. = der Geführte), im Islam der erhoffte, gottgesandte Erlöser u. Glaubenserneuerer. Als solcher gab sich 1881/82 Mohammed Ahmed aus, der im Kampf gg. die Engländer den ägypt. Sudan gewann; seine Anhänger, die Mahdisten, wurden 98/99 v. ↗Kitchener besiegt.

Mähdrescher, eine Vollerntemaschine, in der Mäh- und Dreschmaschine kombiniert

Magnolienblüte

Gustav Mahler

Auftrieb, Kraft

Magnuseffekt
an einem umströmten rotierenden Zylinder

Reinhold Maier

sind, meist selbstfahrend, aber auch mit Schlepperzug.

Mahler, Gustav, östr. Komponist u. Dirigent, 1860–1911; Schüler Bruckners, 1897/1907 Dir. der Hofoper Wien. Symphonien (10) als Vollendung der Romantik; Spätwerke harmonisch-kühn, polyphon. Das Lied v. der Erde; Kindertotenlieder.

Mahlzähne, Molaren, ↗Zähne.

Mähmaschinen, mit einem Mähwerk ausgerüstete landwirtschaftl. Maschinen; an einem Mähbalken sind dreieckige hin- u. hergehende Mähmesser angebracht, die das Erntegut in einstellbarer Höhe abschneiden.

Mahnung, nach Fälligkeit an den Schuldner ergehende Aufforderung zur Leistung, bringt ihn in ↗Verzug; bei kalendermäß. Fälligkeit überflüssig.

Mahnverfahren. Auf Antrag des Gläubigers erläßt das Amtsgericht einen Zahlungsbefehl mit der Aufforderung, binnen bestimmter Frist zu zahlen od. Widerspruch einzulegen (in letzterem Falle Klage). Wird kein Widerspruch erhoben u. nicht gezahlt, so erläßt das Gericht auf Antrag einen Vollstreckungsbefehl (↗Zwangsvollstreckung).

Mahomet ↗Mohammed.

Mahón (: maon), Hst. u. Hafenstadt der span. Insel ↗Menorca, 18000 E.

Mahonia, immergrüne ↗Berberitze aus Mexiko; Zierpflanze mit gelben Blüten u. dunkelblauen Beeren.

Mahr, Nachtmahr, Quälgeist im Schlaf (Alp).

Mahratten ↗Marathen.

Mähren, tschech. Morava, Teil der Tschechoslowakei zw. Böhmen u. Slowakei, Flußgebiet der oberen u. mittleren March. An ihrem Oberlauf Becken v. Olmütz mit der fruchtbaren Landschaft Hanna, das sich über die Mähr. Pforte (Paßlücke zw. Sudetengesenke u. Westbeskiden) ins Odergebiet fortsetzt; am Mittellauf March-Thaya-Becken mit Landes-Hst. Brünn. – Im 6. Jh. v. den slaw. Morawern besiedelt; Hzg. Swatopluk (870/894) machte sich v. der fränk. Oberherrschaft frei u. schuf ein großmähr. Reich, das im Kampf gg. die Ungarn zerfiel; M. war 1182/97 eine reichsunmittelbare Mark-Gft. u. fiel dann an ↗Böhmen.

Mährische Brüder ↗Böhmische Brüder.

Mährisch-Ostrau ↗Ostrau.

Maia, in der griech. Mythologie Tochter des Atlas, in der röm. die Maigöttin.

Maiandacht, volkstümliche kath. Andacht zu Ehren Marias im Mai.

Maiano, it. Bildhauer u. Architekten der toskan. Frührenaissance; Hauptmeister: Benedetto da M., 1442–97; Kanzelreliefs, Altäre, Büsten.

Maie w, Maien m, 1) der Maibaum. 2) mundartlich für Birke.

Maier, Reinhold, 1889–1971; 1945/52 Min.-Präs. v. Württ.-Baden, 52/53 v. Baden-Württ.; 57–60 Bundesvors. der FDP.

Maiestas Domini (lat. = Herrlichkeit des Herrn), in der Bildenden Kunst Darstellung des thronenden Christus.

Maifeier, Weltfeiertag der Arbeiterschaft am 1. Mai, seit Beschluß der 2. Internationa-

Maiglöckchen

W. Maihofer

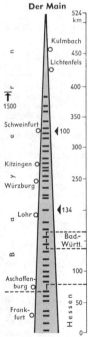

Der Main
524 km
Kulmbach
450
Lichtenfels
400
1500
350
Schweinfurt
◀100
300
Kitzingen
250
Würzburg
Lohr
◀134
Bad.-Württ.
100
Aschaffen-burg
Hessen
50
Frank-furt
0

befahrbar für Schiffe bis ...t

Staustufen mit Kraftwerk und Schleuse

◀ Wasserführung in m³/s

len (1889); in vielen Ländern, so auch in der BRD, gesetzl. Feiertag.

Maifisch, die ↗Alse.

Maigesetze, preuß. Gesetze des ↗Kulturkampfes v. Mai 1873 u. Mai 74.

Maiglöckchen, Liliengewächs, Frühlingsstaude mit langgestielter Traube aus starkduftenden, weißen Blütenglöckchen; giftig. *Großes M.* Weißwurz od. ↗Salomonsiegel.

Maihofer, *Werner,* dt. Jurist und Politiker (FDP), * 1918; 72/74 Bundes-Min. für bes. Aufgaben, 74/78 Bundes-Innen-Min.

Maikäfer, Blatthornkäfer, dessen Larve (Engerling) 3 Jahre im Boden an Pflanzenwurzeln frißt u. größeren Schaden verursacht als der im 4. (in Süd-Dtl. im 3.) Jahr erscheinende blattfressende Käfer. □ 914.

Maikop, sowjet. Stadt im Nordkaukasus, 128 000 E.; Erdölgebiet. Hüttenwerk, Maschinen-Ind.

Mailand, it. *Milano,* bedeutendste Handels- u. Ind.-Stadt It.s, Hst. der oberit. *Prov. M.* (Lombardei), 1,7 Mill. E.; Erzb.; got. Dom aus weißem Marmor (1386/1576 erb.) über dem Grab des hl. Karl Borromäus, roman. Basilika Sant'Ambrogio (12. Jh.), Zentralbau v. San Lorenzo, Renaissance- u. Barockkirchen; Brera-Gemäldegalerie, Bibliothek der Ambrosiana; Staats- u. kath. Univ., Hochschulen u. Akademien; Opernhaus (Scala); Eisen-, Maschinen-, Seiden- u. Kunstseiden-Ind. – Um 400 v. Chr. gegr., 303/402 n. Chr. Residenz der röm. Ks. im W; trat als Erzbistum bes. unter ↗Ambrosius hervor; seit Otto d. Gr. unter dt. Herrschaft, stand als Haupt des *Lombard. Städtebundes* im Kampf gg. die Ks. u. wurde 1162 v. Ks. Friedrich I. zerstört; 83 freie Stadt unter Oberhoheit des Reiches, erreichte seinen Höhepunkt unter den ↗Visconti; nach dem Aussterben der ↗Sforza span.; 1714/1859 mit Unterbrechung östr., kam 1861 zum Kgr. Italien.

Mailänder Edikt, 313 in Mailand zw. ↗Konstantin d. Gr. u. ↗Licinius vereinbartes religionspolit. Programm, durch das das Christentum Gleichberechtigung erhielt; seit 17. Jh. zu Unrecht als Edikt bezeichnet.

Mailer (: me̱i̱ᵉʳ), *Norman,* am. Schriftsteller, * 1923; *Die Nackten und die Toten; Der Alptraum; Heere aus der Nacht; Gefangen im Sexus; Auf dem Mond ein Feuer; Marilyn Monroe; Gnadenlos. Das Lied vom Henker.*

Maillol (: maijo̱l), *Aristide,* frz. Bildhauer u. Graphiker, 1861–1944; Expressionist; massige, kraftvolle Akte, häufig mit symbol. Bedeutung.

Mail Order (: me̱i̱l ȧʳde̱ʳ), Form des Buchvertriebs, bei dem der Interessent durch Werbematerial (per Post, Annoncen, Zeitungsbeilagen) zum Kauf einer bestimmten Buchreihe gewonnen werden soll.

Maimon, *Salomon,* jüdischer Philosoph, 1753–1800; Wegbereiter des ↗Deutschen Idealismus.

Maimonides, *Moses,* jüd. Arzt u. Philosoph, 1135–1204; aus Córdoba, in Kairo Oberhaupt der ägypt. Juden; fußte auf Aristoteles, als Systematiker von großem Einfluß auf die ↗Scholastik.

Main *m,* r. Nbfl. des Rheins, entsteht bei

Norman Mailer

Enrico Mainardi

Kulmbach aus den Quellflüssen *Weißer M.* u. *Roter M.,* durchfließt die fränk. Muschelkalkplatte, umfließt den Spessart, mündet nach 524 km gegenüber v. Mainz. Ab Bamberg kanalisiert u. Teil des ↗Rhein-Main-Donau-Kanals.

Mainardi, *Enrico,* it. Violoncellist, 1897 bis 1976; auch Dirigent, Komponist u. Hochschullehrer.

Mainau *w,* Insel im Überlinger See (Bodensee), 0,6 km²; Parkanlage mit subtrop. Pflanzen, Schloß (18. Jh.). – Seit 1928 im Besitz des schwed. Grafen L. Bernadotte.

Maine (: me̱i̱n), Abk. *Me.,* nordöstlichster Staat der USA, Hügelland mit 1620 Seen, 86 027 km², 1,05 Mill. E.; Hst. Augusta.

Maine de Biran (: mä̱n do̱ bira̱n), *François,* frz. Philosoph, 1766–1824; sieht im Willen (dem tätigen Ich) u. dem, was ihm widerstrebt (Nicht-Ich), die Urtatsache des Bewußtseins („Ich will, also bin ich"); Einfluß auf die frz. Existenzphilosophie.

Mainlinie, 1866/71 die ungefähre Grenze zw. Norddt. Bund u. den süddt. Staaten.

Maintal, hess. Stadt (Main-Kinzig-Kreis), 1974 gebildet, 36 600 E.

Maintenon (: mã̱ntᵉno̱n), *Françoise* d'Aubigné Marquise de, 1635–1719; Mätresse Kg. Ludwigs XIV., Erzieherin seiner Kinder; 1684 mit ihm heimlich vermählt; v. großem polit. Einfluß.

Mainz, Hst. v. Rheinland-Pfalz, l. am Rhein (Hafen), gegenüber Mainmündung, 187 000 E.; kath. Bischof; roman. Dom (1239 vollendet); Schloß (1627/1752; Renaissancebau); Univ. (1477/1803 u. seit 1946), Akademie der Wissenschaften, Akademie der Bundeswehr, Fachhochschulen; Sitz des ZDF, Gutenbergmuseum; vielseitige Ind.; Zentrum

A. Maillol: Kauernde Figur

des rhein. Weinhandels. – Röm. Militärlager *Moguntiacum;* um 200 bereits Bistum, um 780 Erzbistum (bis 1803); die M.er Erzb.e waren im alten Dt. Reich Erzkanzler, Kurfürsten u. Leiter der Königswahl; 1797/1814 war M. frz., fiel 1816 an Hessen-Darmstadt u. war Festung des Dt. Bundes, dann des Dt. Reiches; kam 1946 z.T. an Rheinland-Pfalz, z.T. an Hessen.

maior (lat.), größer, der Ältere.

Maipilz, *Georgi-Ritterling,* wohlschmekkender Blätterpilz mit gelbl. Haut. Vorkommen Mai bis Juni, oft im Hexenring.

Maire *m* (: mär, frz.), in Fkr. u. der frz. Schweiz Bürgermeister. **Mairie** *w,* Rathaus.

Mais, *Welschkorn, Kukuruz,* Nutzpflanze aus Amerika, Welthandelsgut; in wärmeren Ländern weit verbreitet; einjähr., bis 2 m hohes, breitblättr. Gras mit dicken Halmen u. Fruchtkolben, dem die gelben, auch rötl. od. violetten Körner in Reihen dicht ansitzen. In Dtl. als Körnermais u. als Grünfutter angebaut. Körner liefern Kraftfutter u. werden als vielseit. Nahrungsmittel bes. in Amerika verwendet; bei uns zu Maisstärkemehl (Maizena, Mondamin u. a.), Traubenzucker (Dextropur) u. Sirup verarbeitet. M.grießspeisen bes. in It. als Polenta, in Serbien als Progara, in Rumänien u. Südrußland als Mamaliga beliebt. 1971 ca. 306 Mill. t erzeugt, davon 46% in den USA.

Maische *w,* gärfähige Mischung (Obst, Getreide, Kartoffeln) bei der Herstellung v. Spiritus, Bier, Wein usw.

Maistre (: mäßtr[e]), *Joseph* Comte de, frz. Philosoph, 1753 (od. 54)–1821; Vertreter einer kath. konservativen Staatsphilosophie u. der Kath. Bewegung. *Der Papst.*

Maisur, *Mysore,* **1)** der heutige ind. Bundesstaat ↗Karnataka. **2)** Stadt im ind. Bundesstaat Karnataka, 360000 E.; Univ.

Maître *m* (: mätr[e], frz.), Herr, Meister, Lehrer; in Fkr. Titel der Rechtsanwälte u. Richter. **M. de plaisir** (: -d° pläsir), Leiter v. gesellschaftl. Vergnügungen. **Maitresse** *w* (: mäträß = Herrin), *Mätresse,* Geliebte, früher bes. eines Fürsten.

Maizière (: mäsjär), *Ulrich de,* dt. General, * 1912; 64 Inspekteur des Heeres, 66/72 Generalinspekteur der Bundeswehr.

Majakowskij, *Wladimir Wladimirowitsch,* sowjet. Schriftsteller, 1893–1930 (Selbstmord); führender Vertreter des russ. Futurismus u. der Revolution; Dramen u. Gedichte.

Majestät *w* (lat.; Bw. *majestätisch*), Titel u. Anrede für Ks. (seit dem MA) u. Kg.e (seit dem 16. Jh.) u. später auch für deren Gemahlinnen. **M.sbrief,** kaiserl. Privileg; der M.sbrief Ks. Rudolfs II. 1609 gab den böhm. Protestanten Religionsfreiheit.

Majolika *w,* it. Bz. für ↗Fayence, nach der Insel Mallorca, über die zuerst Fayencen nach Italien kamen.

Major *m* (lat.), in Dtl. seit dem 18. Jh. unterster Grad der Stabs-↗Offiziere.

Majoran *m,* Lippenblütler; getrocknetes Kraut Küchen- u. Wurstgewürz. □ 452.

Majorat *s* (neulat.), Erbfolgeordnung, die dem ältesten Sohn Vorzugsrechte gewährt; auch das Erbgut selbst.

Mais: 1 Zahn-M. *(Zea mays var. dentiformis):* dominiert in Amerika, 95% der Anbaufläche, auch in der UdSSR und Rumänien, ertragreichste Varietät, 2–6 m hoch. **2** Hart-M. *(Zea mays indurata):* bes. in Europa, bes. als Hybridmais (Kreuzung aus Hart- u. Zahn-M.)

Makarios III.   W. W. Majakowskij

Majordomus (lat.), der ↗Hausmeier.

majorenn (neulat.), volljährig.

Majorität *w* (lat.), (Stimmen-)Mehrheit. ↗Abstimmung 1).

Majuskel *w* (lat.), Großbuchstabe der lat. Schrift.

makaber (frz.), schauerlich, unheimlich, auch die frivole Einstellung dazu.

Makadam *m,* feste Straßendecke (nach dem Schotten *MacAdam,* 1756–1836); auf Schotterunterlage kommt Splitt in Teer- od. Bitumenbindung.

Makak *m,* meist geschwänzte Meerkatzenaffen, mit fliehender Stirn u. vorspringender Schnauze; u. a. *Gemeiner M.,* ↗Rhesusaffe, ↗Magot. □ 7.

Makalu *m,* einer der höchsten Berge der Erde, in der Everestgruppe des Himalaja, 8470 m hoch; 1955 erstmals v. frz. Bergsteigern bestiegen.

Makarios III., 1913–77; seit 50 griech.-orth. Erzb. v. Zypern; Führer der Selbständigkeitsbewegung auf Zypern, 56/59 v. den Briten verbannt; seit 59 Staatspräs. der Insel; 74 nach Putsch eine Zeit im Exil.

Makart, *Hans,* östr. Maler, 1840–84; allegor. u. histor. Gemälde; auch kunstgewerbl. Entwürfe; sein neubarocker Stil beeinflußte Mode u. Kunsthandwerk der Gründerjahre (sog. *M.stil*).

Makassar, fr. Name der indones. Stadt Ujung Pandang.

M.straße, Meeresarm zw. Borneo u. Celebes.

Makedonien, *Mazedonien,* **1)** serbokroat. *Makedonija,* jugoslaw. Rep. zw. Albanien u. Bulgarien, 25713 km², 1,9 Mill. E.; Hst. Skopje. **2)** *Griechisch-M.,* das Küstenland NO-Griechenlands, bis zur Halbinsel Chalkidike, 14 Nomoi (Verwaltungsgebiete) mit 34203 km², Hst. Saloniki. – Im Alt. thrak. u. illyr. Bevölkerung, überlagert v. dem nordwestgriech. Stamm der *Makedonen,* die v. den Griechen zu den Barbaren gerechnet wurden; der Makedonen-Kg. Philipp II. (359–336 v. Chr.) eroberte Griechenland, sein Sohn ↗Alexander d. Gr. das Perserreich; in der Diadochenzeit stand M. unter den Antigoniden, deren Herrschaft durch die Römer vernichtet wurde; 146 v. Chr. röm. Prov.; nach 395 n. Chr. abwechselnd unter byzantin., bulgar. u. serb., seit dem 14. Jh. unter türk. Herrschaft; 1878 Bulgarien zugesprochen, seit 93 Selbständigkeitsbewegung; nach den Balkankriegen 1913 Aufteilung unter Griechenland u. Serbien (u.

Hans Makart: Dora Gabillon

Bulgarien, das 19 fast alle makedon. Gebiete verlor); das an Serbien gefallene Gebiet seit 45 eine Rep. Jugoslawiens.
Makejewka, ukrain. Stadt im Donezbecken, 436000 E.; Kohlenbergbau, Hüttenwerke.
Make-up *s* (: me'kạp, engl. = Aufmachung), mit kosmet. Mitteln bewirkte (Gesichts-) Verschönerung bei Frauen, auch Schauspielern.
Maki *m,* ⟋Halbaffe mit fuchsart. Kopf, weichem Pelz u. langem Schwanz.
Makkabäer (hebr. = Hammer), Bz. des ⟋Judas (des M.), seiner Familie u. der jüd. Glaubenshelden des 2. Jh. v. Chr.; die bibl. *Bücher der M.* handeln v. ihnen.
Makkaroni (Mz., lat.-it.), Röhrennudeln aus Hartweizengrieß.
Makler *m,* Unterhändler, der gewerbsmäßig Geschäfte vermittelt, ohne für eine Vertragspartei ständig tätig zu sein.
Mako *w, Jumel,* langfaser. ägypt. Baumwolle, gelbl. glänzend.
Makoré, *afrikan.* Birnbaum, hellrotes Holz, v. der Guineaküste; bes. für Möbel.
Makrele *w* (german.), bunter Stachelflosser im nördl. Atlantik u. Mittelmeer, geschätzter Speisefisch. Nahverwandt die ⟋Gold-M., ⟋Thunfisch, ⟋Schiffshalter. ☐ 912.
makro... (gr.), groß, vergrößert; häufig in Zss., z. B. *makroskopisch,* mit bloßem Auge erkennbar (Ggs. mikroskopisch).
Makrokosmos *m* (gr. = große Welt), das Weltall, im Ggs. zum *Mikrokosmos,* der Welt im Kleinen.
Makromoleküle (Mz., gr.), Moleküle, die sich aus mehr als 1000 Atomen aufbauen u. deren Molekulargewicht wenigstens 10000 beträgt. *Makromolekulare (hochpolymere) Stoffe* sind z. B. Cellulose, Eiweiße, Kunststoffe, Kautschuk.
Makronen (Mz., it.-frz.), würziges Gebäck aus Marzipan, Zucker, Mandeln u. Eiweiß.
Makropoden (Mz., gr.) ⟋Großflosser.
Makulatur *w* (lat.), beim Druck unbrauchbar gewordenes Papier; allg. Altpapier.
Malabarküste, *Pfefferküste,* die SW-Küste Vorderindiens; schmale Küstenebene zu Füßen der Westghats; Hauptort Kozhikode Hauptsitz der ⟋Thomaschristen.
Malabo, fr. *Santa Isabel,* Hst. v. Äquatorialguineá, auf Macías N'Guema; 37300 E.
Malachias, *Maleạchi,* letzter der alt. Kleinen Propheten. – Das atl. *Buch M.* entstand in der 1. Hälfte des 5. Jh. v. Chr.
Malachit *m,* smaragdgrünes Mineral, Kupferspat, Schmuckstein. ☐ 255. **M.grün,** grüner Teerfarbstoff.
Maladetta, Granitmassiv in den Zentralpyrenäen; im Pic d'Anéthou 3404 m hoch.
Málaga, südspan. Prov.-Hst. am Mittelmeer, 431000 E.; kath. Bischof; wichtigster Hafen der span. Südküste; Winterkurort; Ausfuhr v. *M.wein* (aromat. Likörwein).
Malaien, große mongol. Völkergruppe in Asien, über den ⟋*Malaiischen Archipel,* die Halbinsel Malakka und Taiwan verbreitet; ca. 100 Mill. Menschen. Klein, hellbraune Hautfarbe, breites Gesicht, vorspringende Backenknochen. **Malaiische Föderation,** *Malaiischer Bund,* auch *Malaya,* Mitgl. ⟋Malaysias im S der Halbinsel Malakka.

131312 km², 8,9 Mill. E.; davon 49% Malaien, 36% Chinesen, 11% Inder; Islam ist Staatsreligion; Hst. Kuala Lumpur. – Hinter flacher Mangrovenküste ein urwaldbedecktes Bergland, bis 2000 m hoch. Reiche Zinnvorkommen, große Kautschukplantagen (jeweils 1. Stelle der Weltproduktion); weiterhin Ausfuhr v. Edelhölzern u. Palmprodukten. – 1948 gebildet, seit 57 unabhängig; 63 erweitert zu ⟋Malaysia. **Malaiischer Archipel,** auch *Insulinde, Australasien,* Inselwelt zw. Südostasien u. Australien, größter Archipel der Erde.
Malakka, 1) *Malaya, Malaiische Halbinsel,* schmaler SW-Ausläufer Hinterindiens, durch die seichte *Straße v. M.* v. Sumatra getrennt; Gebirge u. landwirtschaftl. ausgenützte Tiefebene; Maniok, Kopra, Kautschuk, Nutzhölzer, Bergbau auf Zinn, Silber. Die nordwestl. Küstenzone u. der S bilden die Malaiische Föderation, der Rest gehört zu Thailand. – Seit 1826 besaß Großbritannien die ⟋Straits Settlements (67 Kronkolonie); 1874/1909 trat eine ganze Reihe v. Malaienstaaten unter brit. Schutz; die 1946 geschaffene *Malaiische Union* unter brit. Herrschaft wurde 48 durch die ⟋Malaiische Föderation ersetzt. **2)** Staat der Malaiischen Föderation, im SW von 1), 1658 km², 430000 E., Hst. M. (vgl. 3). – 1511 portugies., 1641/1795 niederländ., wurde 1824 brit.; gehörte bis 1924 zu den Straits Settlements; seit 48 Mitgl. der Malaiischen Föderation. **3)** Hst. v. 2), Hafen an der M.-Straße, 87000 E.; Päd. Akademie; Ausfuhr v. Kautschuk u. Kopra.
Malang, Stadt auf Java, 425000 E.
Malaparte, *Curzio,* it. Journalist u. Schriftsteller, 1898–1957; Sensationsromane *(Kaputt; Die Haut),* Reiseberichte, Dramen.
Malaria *w* (it.), Sumpf-, *Wechselfieber,* ⟋Infektionskrankheit, vorwiegend in warmen Ländern; Erreger, ausschließl. durch Mückenstich (Anopheles) übertragen, zerstört die roten Blutkörperchen. Heftiger Schüttelfrost u. Fieberanstieg an jedem 3. *(M. tertiana,* Erreger *Plasmodium vivax)* od. 4. Tag *(M. quartana,* Erreger *Plasmodium malariae)* od. in kurzen Abständen *(M. tropica,* Erreger *Plasmodium immaculatum).* Heilmittel Resochin u.a., fr. Chinin. Künstl. *M.infektion* bei Paralyse.
Mälarsee, südschwed. See, 117 km landeinwärts v. Stockholm, mit der Ostsee verbunden; 1200 Inseln u. Klippen; 1163 km².
Malaspinagletscher, 115 km langer Gletscher, an der Westküste Alaskas.
Malatesta, it. Fürstengeschlecht; herrschte 1295/1503 in Rimini, starb 1708 aus.
Malawi, ostafrikan. Rep. am Njassasee. M. ist ein 750–1200 m hohes, fruchtbares Savannenhochland; vorwiegend Landwirtschaft (Kaffee, Tee, Tabak, Tungöl, Erdnüsse, Baumwolle, Viehzucht; Bodenschätze (Bauxit, Eisenerze). – 1891 brit. Protektorat, hieß seit 1907 Nyassaland, 53–63 Föderation mit Nord- u. Südrhodesien, 64 als M. unabhängig. Staats-Präs. Hastings Kamuzu Banda (seit 66).
Malaya ⟋Malaiische Föderation; ⟋Malakka.

Curzio Malaparte

Malerei (wichtigste Techniken[1])
Aquarellmalerei (⟋Aquarell)
Emailmalerei (⟋Email)
Enkaustik
Freskomalerei
Glasmalerei
Guaschmalerei
Ölmalerei
Seccomalerei
Temperamalerei
Tuschmalerei
[1] siehe die einzelnen Artikel

Malawi

Amtlicher Name: Republic of Malawi
Staatsform: Republik
Hauptstadt: Lilongwe
Fläche: 118484 km²
Bevölkerung: 5,82 Mill. E.
Sprache: Englisch u. Stammessprachen (u.a. Njanja u. Tumbuka)
Religion: überw. Anhänger von Naturreligionen, 25% Christen
Währung: 1 Malawi-Kwacha = 100 Tambala
Mitgliedschaften: UN, Commonwealth, OAU

Malaysia, Staatenbund in SO-Asien, umfaßt auf der Halbinsel Malakka die *Malaiische Föderation* u. auf der Insel Borneo die ehem. brit. Besitzungen *Sabah* und *Sarawak.* – Landwirtschaft, Kautschukplantagen; reich an Bodenschätzen (Zinn, Eisen, Bauxit, Gold). – 1963 gebildet aus der Malaiischen Föderation, Singapur (65 ausgetreten), Sabah u. Sarawak; 63–65 Konflikt mit Indonesien. Staatsoberhaupt Sultan Ahmad Shah Al Mustain Billan (seit 79).

Malbork ↗Marienburg.

Malebranche (: malbrãnsch), *Nicole,* frz. Philosoph, 1638–1715; Oratorianer; suchte durch Verbindung des Augustinismus mit Lehren v. ↗Descartes die Möglichkeit wahrer Erkenntnis aufzuweisen; vertrat den ↗Okkasionalismus u. ↗Ontologismus.

Malediven, die Rep. der M. umfaßt die 880 km lange Koralleninselgruppe im Ind. Ozean, s.w. von Ceylon (13 Koralleninseln mit ca. 300 bewohnten Inseln). – Seit 12. Jh. Sultanat, 1887 brit. Protektorat, 1953/54 Freistaat; 65/68 konstitutionelle Monarchie, 68 Ausrufung der Republik. Staats-Präs. Maumoon Abdul Gayoom (seit 78).

Malefiz s (lat.), veraltet für Untat. **M.kerl,** Teufelskerl.

Malenkow, *Georgij Maksimilianowitsch,* *1902; 39 Sekretär des ZK der KPdSU; 53/55 Min.-Präs. der UdSSR (v. ↗Chruschtschow verdrängt); 55/57 Min. für Energiewirtschaft, 61 Ausschluß aus der Partei.

Malente, Luftkurort u. Heilbad *(M.-Gremsmühlen)* in der Holsteinischen Schweiz, 10700 E.

Malerei, ein Zweig der ↗Bildenden Künste. *Gattungen:* ↗Miniaturmalerei, ↗Tafelmalerei, ↗Wandmalerei, ↗Glasmalerei und ↗Mosaik; v. Motiv her: Landschafts-, Porträt-, Genre-M., Stilleben, Historien- u. mytholog. Malerei.

Maler Müller (eig. Friedrich Müller), dt. Dichter (u. Maler) des Sturm u. Drang, 1749–1825; Dramen *(Fausts Leben),* Idyllen.

Malewitsch, *Kasimir,* russischer Maler, 1878–1935; um 1915 Begr. des Suprematismus mit programmat. Schriften u. abstrakten Konstruktionen.

Malaysia	Fläche in km²	Hauptstadt
Malaiische Föderation:		
Johore	18985	Johore Bharu
Kedah	9479	Alor Star
Kelantan	14892	Kota Bharu
Malakka¹	1658	Malakka
Negri Sembilan	6643	Seremban
Pahang	35931	Kuantan
Penang¹	1031	Penang
Perak	20668	Ipoh
Perlis	803	Kangar
Selangor	8202	Kuala Lumpur
Trengganu	13020	Kuala Trengganu
West-Malaysia	131312	
Sabah	76115	Kota Kinabalu
Sarawak	125205	Kuching
Ost-Malaysia	201320	
¹ Settlements, die übrigen sind Sultanate		

Malaysia
Amtlicher Name:
Federation of Malaysia
Staatsform:
monarchisch verfaßter Staatenbund
Hauptstadt:
Kuala Lumpur
Fläche:
332632 km²
Bevölkerung:
12,9 Mill. E.
Sprache:
Malaiisch; Verkehrs- u. Bildungssprache ist Englisch
Religion:
Islam ist verfassungsmäßig Staatsreligion; daneben Buddhisten, Konfuzianisten, Hindus, Christen
Währung:
1 Ringgit
= 100 Sen
Mitgliedschaften:
UN, Commonwealth, Colombo-Plan

Malediven
Amtlicher Name:
Republic of Maldives
Staatsform:
Republik
Hauptstadt:
Malé
Fläche:
298 km²
Bevölkerung:
143000 E.
Sprache:
Staatssprache ist Maledivisch, eine Sonderform des Singhalesischen, Verkehrssprache ist Englisch
Religion:
Islam
Währung:
1 Malediven-Rupie
= 100 Laris
Mitgliedschaften:
UN, Colombo-Plan

Mali
Amtlicher Name:
République du Mali
Staatsform:
Republik
Hauptstadt:
Bamako
Fläche:
1240000 km²
Bevölkerung:
6,29 Mill. E.
Sprache:
Staatssprache ist Französisch, Umgangssprachen sind Arabisch, Ful, sudanes. u. Berbersprachen
Religion:
65% Muslimen, 30% Animisten, christl. Minderheiten
Währung:
1 Mali-Franc
= 100 Centimes
Mitgliedschaften:
UN, OAU, der EWG assoziiert

Malherbe (:-ärb), *François de,* frz. Dichter, 1555–1628; Gegner von Allegorie und Schwulst, Wegbereiter des klass. Stils.

Malheur s (: malör, frz.), Unglück.

Mali, Rep. in Westafrika. M. liegt in der Übergangszone zw. Steppe u. Wüste. Im N (Sahara) nomad. Viehzucht; im S Anbau v. Erdnüssen, Hirse u. Mais für den Eigenverbrauch; geringer Außenhandel. – Die 1958 auf dem Boden v. Frz.-Westafrika entstandenen autonomen Rep.en ↗Sudan u. ↗Senegal schlossen sich 59 innerhalb der Frz. Gemeinschaft zur *M.föderation* zus., die jedoch bereits 60 auseinanderbrach; die unabhängige Rep. Sudan nahm die Bz. *Mali* an u. löste alle polit. Bindungen zu Frankreich, 62 Wiederannäherung an Fkr.; 68 Militärputsch. Staatschef Oberst Moussa Traoré (seit 69).

Malipiero, *Gian Francesco,* it. Komponist, 1882–1973; Vertreter der it. Neuen Musik.

maliziös (frz.), boshaft, tückisch.

Mallarmé, *Stéphane,* frz. Dichter, 1842–98; Symbolist, erlesene, oft schwer deutbare Gedichte; *Nachmittag eines Fauns.*

Mallinckrodt, *Hermann v.,* dt. Politiker, 1821–74; Mit-Begr. u. einer der Führer des ↗Zentrums.

Mallorca (: maljorka), *Majorca,* größte der span. Balearen im Mittelmeer, 3660 km², ca. 450000 E.; Hst. Palma; im NW Gebirge, nach S hügelige Gartenlandschaft.

Mallung, ständ. Richtungswechsel schwacher Winde; auch die ↗Kalmenzone u. die ↗Roßbreiten.

Malm m, Weißer Jura, oberste Schichtgruppe der ↗Juraformation. ☐ 237.

Malmédy, belg. Krst. (Prov. Lüttich), im Hohen Venn, 6500 E.; Mineralquellen. – Im ↗Versailler Vertrag v. Dtl. abgetreten.

Malmö, Haupteinfuhrhafen Schwedens, am Öresund, Hst. des Län *Malmöhus,* 237000 E.; Schiffsbau, Maschinen-, Textilindustrie.

Kasimir Malewitsch: Rotes Kreuz auf schwarzem Kreis

St. Mallarmé (Gemälde v. É. Manet)

Maloja, Schweizer Alpenpaß (1815 m) in Graubünden, verbindet Engadin mit Bergell.

Malpighi (: -pigi), *Marcello,* it. Arzt u. Naturforscher, 1628–94; begr. die mikroskopische (u. Pflanzen-)Anatomie.

Malraux (: -ro), *André* (eig. A. Berger), frz. Schriftsteller u. Politiker, 1901–76; Romane über das Problem der menschl. Existenz (Stoff der chines. u. span. Bürgerkriege): *Conditio humana; Die Hoffnung;* Schr. über Kunst: *Psychologie der Kunst; Das imaginäre Museum;* 1959/69 Kultusminister.

Malskat, *Lothar,* dt. Maler, * 1913; bekannt durch seine Fälschungen „got." Wandmalereien in der Lübecker Marienkirche.

Malta, Staat auf der gleichnamigen Inselgruppe zw. Sizilien u. der tripolitan. Küste; umfaßt die Inseln M., Gozo u. Comino sowie die unbewohnten Eilande Cominotto u. Filfla; Anbau v. Frühkartoffeln, Gemüse. – Im Alt. Besitz der Phöniker u. Karthager, 218 v. Chr. röm.; 870 v. den Arabern, 1090 v. den Normannen erobert (damit Teil des ⁄Johanniter (Malteser), seit 1800 brit., 1964 unabhängig; 71 Auszug des NATO-Flottenkommandos, 72 neues Stationierungsabkommen mit Großbritannien. **M.fieber,** typhusähnl. Infektionskrankheit.

Maltase w, Ferment in Hefe, Speichel, Pankreas- u. Darmsaft; spaltet *Maltose,* Malzzucker (Disaccharid; ⁄Kohlenhydrate), in leichtverdaul. Traubenzucker.

Malter m od. s, altes Getreidemaß.

Malteser, 1) Bewohner v. ⁄Malta. **2)** ⁄Johanniter. **3)** weißer Schoßhund. **4)** *blauer M.,* Taubenrasse.

Malteserkreuzgetriebe, wandelt eine stetige Bewegung in eine schrittweise um, z. B. im Filmvorführgerät zum Filmtransport.

Malthus (: mälß^eß), *Thomas Robert,* engl. Nationalökonom u. Sozialphilosoph, 1766 bis 1834; führender Theoretiker der klass. Nationalökonomie. **M.ianismus** ⁄Bevölkerungslehre.

Maltose w, ⁄Maltase.

malträtieren (frz.), mißhandeln.

Malvasier m, Süßwein; Traubensorten.

Malve w, behaarte Kräuter od. Stauden mit gelappten Blättern. Blätter u. Blüten der rosa blühenden *Roß-M.* sind Heilmittel gg. Katarrhe, auch zu Gurgelwasser, Umschlägen u. Tee. Andere Arten Zierpflanzen.

Malvinas, *Malwinen,* die ⁄Falklandinseln.

Malz, gekeimte Gerste (auch Roggen, Weizen) zur Bereitung v. Bier, Spiritus, M.extrakt; durch Rösten M.kaffee. □ 116.

Mameluken (Mz., arab. = Sklaven), *Mamluken, Mamelucken,* ehem. Sklaven, die in Bagdad u. Ägypten als Söldner dienten; sie entwickelten sich zur herrschenden Schicht; ihre Führer regierten 1250–1517 als Sultane; v. ⁄Mehemed Ali beseitigt.

Mamilla w (lat.), Brustwarze.

Mamillaria, *Warzenkaktus,* Zierkakteen, meist kugelig od. keulig, mit kegelförmigen, bestachelten Warzen besetzt.

Mamma w (lat.), Milchdrüse, weibl. Brust.

Mammalia, die Säugetiere.

Mammon m (aram.-gr.), Reichtum, Besitz.

Mammut: links Skelett eines sibirischen M., rechts Rekonstruktion

Malta

Amtlicher Name:
Repubblika
Ta' Malta

Staatsform:
Republik

Hauptstadt:
Valetta

Fläche:
316 km²

Bevölkerung:
350000 E.

Sprache:
Maltesisch; Englisch ist anerkannte Zweitsprache

Religion:
fast nur Katholiken

Währung:
1 Malta-Pfund
= 100 Cents
= 1000 Mils

Mitgliedschaften:
UN, Commonwealth, Europarat, der EWG assoziiert

André Malraux

Mammut s, ausgestorbene Elefantenart mit mächtigen, nach oben gebogenen Stoßzähnen; langhaar. Pelz; lebte bis zur letzten Eiszeit in Eurasien. **M.baum,** immergrüner Nadelholzbaum bes. Kaliforniens; Durchmesser bis zu 13 m u. Höhe um 100 m. **M.höhle,** in Kentucky (USA) ein 240 km langes Gangsystem (Kalkstein); Nationalpark.

Mamonowo ⁄Heiligenbeil.

Man, *Isle of M.* (: ail of män), brit. Insel in der Irischen See, im S reich an Erzen, im N fruchtbare Ebene; Badeorte; 572 km², 61000 kelt. E.; Hst. Douglas.

Mänaden w (gr.), rasende Begleiterinnen des Dionysos.

Management s (: mänidschment, engl.), die Gesamtheit der Führungskräfte eines Unternehmens; *Top-M.,* Mitglieder der obersten Leitungsgremien.

Manager m (: mänidsch^er, engl.), **1)** Wirtschafts- u. Unternehmensführer ohne Miteigentum u. Kapitalrisiko. **2)** Organisator, Veranstalter, Geschäftsführer, bes. eines Berufssportlers od. Künstlers. **M.krankheit,** gesundheitl. Erschöpfungszustand (Herz-, Kreislauf- u. Magenstörungen, ⁄Magenschwür) hauptsächl. infolge nervl. Überbelastung.

Managua, Hst. v. Nicaragua, 410000 E.; kath. Erzb.; kath. Universität. M. wurde im Dez. 72 durch heftiges Erdbeben zu ca. 70% zerstört.

Manasse, im AT **1)** ältester Sohn des Patriarchen Joseph, Vater des *Stammes M.* **2)** König v. Juda (7. Jh. v. Chr.), geriet in Abhängigkeit v. Assyrien.

Manaus, fr. *Manáos,* Hst. des brasilian. Staats Amazonas; Haupthafen des Amazonasgebiets, nahe der Mündung des Rio Negro in den Amazonas, 390000 E.; Univ., Erzbischof.

Mancha, *La M.* (: -mantscha), weite baumlose Hochsteppe in Zentralspanien; Viehwirtschaft.

Manche, *La M.* (: -mãnsch), frz. Name des Ärmel-⁄Kanals.

Manchester (: mäntsch^ister), engl. Stadt in der Gft. Lancashire, Hafenplatz mit Verbindung durch den 57 km langen *M.-Schiffskanal* zur Merseymündung oberhalb Liverpool, 542000 E. (m.V. 2,6 Mill. E.); Univ., TH; anglikan. u. kath. Bischof; fr. Verteilungs- u. Produktionszentrum der Welt für Baumwolle; Maschinen-, chem., Seiden- u. Papier-Ind. **Manchester** m, baumwollene gerippte Samtart.

Manchestertum (: mäntsch^ißt-), benannt nach einem 1838 in Manchester zusammengetretenen Kreis liberaler Politiker; für schrankenlosen Freihandel u. Wettbewerb unter Ablehnung jedes staatl. Eingriffs.

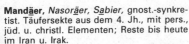

Mammutbaum, wächst in 1450–2000 m Höhe

Mandäer, *Nasoräer, Sabier,* gnost.-synkretist. Täufersekte aus dem 4. Jh., mit pers., jüd. u. christl. Elementen; Reste bis heute im Iran u. Irak.

Mandala s (Sanskrit), 1) Kreis- od. Vieleckbild als meditatives Hilfsmittel der Buddhisten. 2) Bz. C. G. ↗Jungs für urtüml. Traumbilder, die symbolhaft unbewußte Prozesse der Persönlichkeit darstellen.

Mandalay, *Mandaleh,* die ehem. Hst. v. Birma, Hafen am Irawadi, 418 000 E.; buddhist. Wallfahrtsort; kath. Erzbischof.

Mandant m (lat.), ↗Mandat.

Mandarin m, europ. Bz. für hohe chines. Beamte, bes. der Kaiserzeit.

Mandarine w, kleine apfelsinenähnl. Citrusfrucht, urspr. aus China.

Mandat s (lat. = Auftrag), 1) bürgerlichrechtl.: der Vertrag, durch den jemand *(Mandant)* einen anderen *(Mandatar)* mit der Besorgung v. Geschäften beauftragt. 2) Amt des Volksvertreters. ↗imperatives Mandat. 3) Völkerrecht: *Mandatsgebiet,* nach dem 1. Weltkrieg aufgrund der Völkerbundssatzung einem Staat *(Mandatarstaat)* als Treuhänder zur Verwaltung übergebenes Gebiet; heute selbständig oder ↗Treuhandgebiet der UN. Mandatsgebiete waren die ehem. dt. Kolonien u. die v. der Türkei im Frieden v. Lausanne (1923) abgetretenen asiat. Gebiete. **Mandatar** m (lat.), ↗Mandat.

Mandel w, 1) nd. Zählmaß, 15 Stück; 4 M.n = 1 Schock. 2) *Gaumen-M., Tonsille,* paarig zw. beiden Gaumenbögen gelegenes Abwehrorgan (↗Lymphe); bildet zus. mit *Rachen-* u. *Zungen-M.n* den lymphat. Rachenring. *M.entzündung, Tonsillitis* (↗Angina), Entzündung der Mandeln durch verschiedenste Erreger; kann zu akuter od. schleichender Allgem.-Infektion führen. ☐ 660. **M.baum,** nahe mit Pfirsich verwandter subtrop. Obstbaum mit rosafarbenen Blüten u. eiförm. Steinfrüchten, die den Kern, die eigentl. M., enthalten. Süße M.n für Küche u. Konditorei (Marzipan u. a.), bittere M.n als Gewürz, zu ↗Bittermandelöl u. ä.; Spielarten mit gefüllten, auch weißen Blüten u. hängenden Zweigen als Zierpflanzen. *Grüne Mandeln,* die ↗Pistazien-Nüsse. **M.kirsche,** mandelbaumähnl. Zierstrauch mit halbgefüllten rosaroten Blüten. **M.krähe,** *Blaurake,* fluggewandter, blaugefärbter Vogel; in den Mittelmeerländern u. NO-Europa; überwintert in Südafrika. **M.öl,** aus süßen od. bittern M.n durch Auspressen gewonnen (Preßrückstände: M.kleie); als Speiseöl, für Seifen u. in der Medizin.

Mandibeln (Mz., lat.), 1) die *Oberkiefer* der Gliedertiere. 2) die den *Unterkiefer* bildenden paarigen Knochen der Säuger.

Mandoline

Mandoline w (it.), Saiteninstrument mit halbkugelförm. Resonanzkörper u. 8 Saiten (paarweise abgestimmt).

Mandorla w (it.), in der Kunst: mandelförm. ↗Aureole 1); seit frühchristl. Zeit hauptsächl. für Darstellungen des verherrlichten Christus u. der Gottesmutter.

Mandrill m, westafrikan. kräftiger Affe; Männchen: rote Nase, tiefgefurchte blaue Wangen, gelber Bart, buntes Gesäß. ☐ 7.

Christus in der Mandorla (Relief vom Taufstein der Stiftskirche Freckenhorst i. W.; um 1129)

Manessische Handschrift: Das Verlöbnis (Miniatur)

Mandschu, 1) *Mandschuren,* ostasiat., in der Mandschurei beheimatete Tungusen, fast vollständig im chines. Volkstum aufgegangen. 2) ↗Mandschurei.

Mandschurei w, chines. *Tuang-san-scheng,* nordostchinesisches Land, heute die drei Provinzen Kirin, Liaoning u. Heilungkiang, 1,2 Mill. km², 88 Mill. E. Die M. wird begrenzt v. Ostsibirien, der Mongol. VR, der Inneren Mongolei u. Korea. Nur im S ist sie durch einen schmalen Hals zum Meere offen; fruchtbare Mulde mit dem Nonni-Sungari-Stromgebiet im N u. dem Liauhogebiet im S. – Geriet im 4. Jh. v. Chr. z. T. unter chines. Herrschaft; nach 352 n. Chr. meist v. nichtchines. Völkern (wiederholt v. Mongolen) beherrscht; im 16./17. Jh. Vereinigung verschiedener Stämme zur Nation der *Mandschu,* deren Herrscher 1644/1912 Ks. v. China waren; die M. wurde eine chines. Prov.; v. Rußland beim Boxeraufstand völlig besetzt, was 1904 zum Russ.-Japan. Krieg führte; im Frieden v. Portsmouth 05 Teilung der M. in eine (nördl.) russ. u. eine (südl.) japan. Einflußsphäre. Japan besetzte 31 die M. u. errichtete 34 das Kaiserreich *Mandschukuo;* 45 Besetzung des Landes durch sowjet. Truppen, dann Rückgabe an China; die UdSSR übergab 52 die Verwaltung der Bahnen u. Dairen, 55 Port Arthur an China; die M. gehört damit wieder ganz zu China.

Manege w (: -sche, frz.), Reitbahn; Dressurbühne, Vorführungsfläche im Zirkus.

Manen, im alten Rom die bes. verehrten Geister der Toten.

Manessische Handschrift, 14. Jh., nach dem Züricher Ratsherrn R. Manesse ben., in der Schweiz entstanden; jetzt in Heidelberg; enthält die Lieder v. 140 dt. Minnesängern u. 138 ganzseitige Miniaturen.

Manet (: manä), *Édouard,* frz. Maler, 1832–1883; machte erstmals die Bohème u. das alltägl. Großstadtleben zum Thema

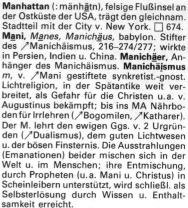

É. Manet: Argenteuil
(Ausschnitt)

einer neuartig hellfarbigen, vorwiegend figürl. Freilichtmalerei, die wegweisend für den ⟋Impressionismus wirkte. ☐ 583.
Mane, thekel, phares ⟋Menetekel.
Manfred, natürl. Sohn Ks. Friedrichs II., 1231–66; 58 Kg. v. Sizilien, fiel im Kampf gg. Karl v. Anjou.
Mangalore (: -lur), ind. Hafenstadt an der Malabarküste, 215 000 E.; kath. Bischof; Nahrungsmittel-Ind.
Mangan *s,* chem. Element, Zeichen Mn, Metall der Eisengruppe, Ordnungszahl 25 (☐ 148). M.erzlager in der Ukraine, im Kaukasus (zus. die Hälfte des Weltvorrats), Indien, Brasilien u. in Ghana. Verwendet hauptsächl. zu harten, verschleißfesten Legierungen, z. B. *M.stahl* für Maschinenbau. *M.verbindungen:* ⟋Braunstein; *Kaliumpermanganat,* KMnO₄, dessen violette wäßr. Lösung Desinfektionsmittel.
Mängel, rechtl.: Der Verkäufer haftet dafür, daß eine Sache zur Zeit des Gefahrenübergangs nicht mit M.n behaftet ist, die ihren gewöhnl. od. vertragl. vorausgesetzten Gebrauch aufheben od. mindern. Wegen solcher M. kann der Käufer Rückgängigmachung des Kaufs od. Herabsetzung des Kaufpreises verlangen. Die *M.rüge* hat sofort zu erfolgen.
Mangelkrankheiten, durch unzureichende Ernährungsweise ausgelöste Krankheiten. ⟋Avitaminosen, ⟋Hungerödeme.
Mangfall *w,* linker Nebenfluß des Inn in Oberbayern, mündet nach 55 km bei Rosenheim.
Mango *m* (malaiisch), immergrüner Baum aus Indien, wegen seiner eßbaren saftigen Steinfrüchte in den Tropen kultiviert.
Mangold *m,* Gemüsepflanze mit breiten, gewellten Blättern an dicken Blattstielen.
Mangostane *m,* trop. Baum mit eßbaren Früchten u. fetthaltigen Samen. ☐ 748.
Mangrove *w,* trop. Küstenwaldformation, meist niedriger Wald, bes. aus *M.bäumen* mit im Schlamm verankerten Stelzwurzeln od. besond. Atmungswurzeln. Holz- u. gerbstoffreiche Rinde sehr nutzbar.

Mangobaum: Zweig
mit Mangopflaumen

Manhattan (: mänhătn), felsige Flußinsel an der Ostküste der USA, trägt den gleichnam. Stadtteil mit der City v. New York. ☐ 674.
Mani, Manes, Manichäus, babylon. Stifter des ⟋Manichäismus, 216–274/277; wirkte in Persien, Indien u. China. **Manichäer,** Anhänger des Manichäismus. **Manichäismus** *m,* v. ⟋Mani gestiftete synkretist.-gnost. Lichtreligion, in der Spätantike weit verbreitet, als Gefahr für die Christen u.a. v. Augustinus bekämpft; bis ins MA Nährboden für Irrlehren (⟋Bogomilen, ⟋Katharer). Der M. lehrt den ewigen Ggs. v. 2 Urgründen (⟋Dualismus), dem guten Lichtwesen u. der bösen Finsternis. Die Ausstrahlungen (Emanationen) beider mischen sich in der Welt u. im Menschen; ihre Entmischung, durch Propheten (u. a. Mani u. Christus) in Scheinleibern unterstützt, wird schließl. als Selbsterlösung durch Wissen u. Enthaltsamkeit erreicht.
Manie *w* (gr.), 1) krankhafte, triebhafte Neigung. 2) gehobene Phase bei ⟋manischdepressivem Irresein.
Manier *w* (it.), Art u. Weise, Stil, techn. Verfahren. **M.en,** Benehmen; **manieriert,** gekünstelt. **Manierismus** (Bw. *manieristisch*), ein durch Überbetonung klass. Formen (Manier) gekennzeichneter Spätstil der Kunst, teils Ringen um Neues, teils Versiegen schöpfer. Kräfte; bes. die Stilstufe im Renaissance u. Barock (1520/1600) als Ausdruck der Spannung u. Unruhe der Zeit. Merkmale: kunstvolle Licht-, Raum- u. Farbkontraste, langgestreckte, gebärdenreiche Figuren (Tintoretto, El Greco u. a.).
Manifest *s* (lat.), öff. Erlaß, Proklamation. *manifest,* handgreiflich. **M.ation** *w* (Ztw. *manifestieren*), Kundgabe, Darstellung, Sichtbarwerden.
Maniküre *w* (frz.), Handpflege.
Manila, Hst. der Philippinen, Hafen auf der Insel Luzón, 1,4 Mill. E. (m.V.: 7,5 Mill.); mehrere Univ.; kath. Erzb.; Tabak- u. andere Industrien.
M.hanf, Bastfaser einer Bananenpflanze, gröber, aber leichter als Hanf, zu Hüten, Möbelstoffen, Matten u. Tauen.
Maniok, Manihot, trop. Staude, Wolfsmilchgewächs. Die stärkereichen Wurzelknollen werden durch Auswaschen, Kochen od. Rösten v. der gift. Blausäure befreit u. gegessen od. als *Maniokmehl* verbacken. Die daraus gewonnene *Maniokstärke* kommt als *Tapioka* od. brasilian. *Arrowroot* in den Handel.
Manipel *m* (lat.), Truppeneinheit im röm. Heer (3. Teil einer Kohorte).
Manipulation *w* (lat.), 1) Verfahren, Hand-, Kunstgriff, Geschäftskniff. 2) außengesteuerte Beeinflussung des Menschen durch polit. Propaganda, Werbung u. a.
Manipulator *m* (lat.), ermöglicht Handgriffe außerhalb der natürl. Reichweite der Hände durch mechan., elektr. od. hydraul. Vorrichtungen, z. B. bei Strahlengefährdung.
Manipur, Manipore, ein zentralverwalteter Bundesstaat Indiens, im Grenzgebiet zu Assam u. Birma, 22 347 km², 1,1 Mill. E.; Hst. Imphal.
manisch-depressives Irresein, *zirkuläres Ir-*

Heinrich Mann   Thomas Mann

resein, erbl. Geisteskrankheit; Manie (gehobene Stimmung) wechselt mit Depression; bes. beim Pykniker.

Manitu, Bz. der nord-am. Indianer für Geist, überird. Kraft, Naturgesetz.

Manizales (: -ßaleß), Prov.-Hst. Kolumbiens, 2140 m ü.M., 270 000 E.; kath. Erzbischof.

Manko *s* (it.), Mangel, Fehler.

Mann, 1) *Golo,* dt. Historiker, Sohn v. 3), * 1909; 47/60 Prof. in Claremont (USA), 60/64 an der TH Stuttgart. *Dt. Gesch. im 19. u. 20. Jh.; Wallenstein.* **2)** *Heinrich,* Bruder v. 3), dt. Schriftsteller, 1871–1950; emigrierte über Paris nach den USA. Satirisch überspitztes Bild des Verfalls der bürgerl. Gesellschaft in seinen Romanen *(Prof. Unrat; Der Untertan).* Geschichtl. Romane um *Henri Quatre.* Autobiogr. *Ein Zeitalter wird besichtigt.* **3)** *Thomas,* dt. Schriftsteller, 1875–1955; Kindheit in Lübeck, lebte bis 1933 in München; emigrierte in die Schweiz u. die USA; 29 Nobelpreis, 49 Goethepreis der BRD u. der DDR. – Schon in seinen Novellen *(Tristan; Tonio Kröger; Tod in Venedig)* ein Grundthema: Spannung zw. Bürgerlichkeit und Künstlertum, Leben u. Geist. Großer Erfolg der Familienroman *Die Buddenbrooks.* Bildungsroman *Der Zauberberg;* ein bibl. Stoff, psycholog. behandelt: *Joseph u. seine Brüder. Doktor Faustus:* eine „dt. Tragödie". Nicht vollendet die heiteren *Bekenntnisse des Hochstaplers Felix Krull.* – Wichtigste Bildungsmächte für M. waren Schopenhauer, Nietzsche, Wagner. Grundhaltung die Ironie; virtuose Sprachkunst. – WW: *Königl. Hoheit; Lotte in Weimar; Die Betrogene;* Essays u. Reden.

Manna *s* od. *w,* **1)** eingetrockneter Saft der *M.esche,* leichtes Abführmittel. Der Name M. auch für andere zuckerhalt. Ausschwitzungen. **2)** im AT wunderbare, v. Himmel gefallene Nahrung der Israeliten bei ihrer Wüstenwanderung.

Mannequin *m* od. *s* (: -kán, frz.), urspr. Gliederpuppe; heute Vorführdame in der Modebranche. /Dressman.

Männerbünde, bei zahlr. Naturvölkern mit mutterrechtl. Kultur; wahrscheinl. gg. die Vormachtstellung der Frau erwachsen.

Mannerheim, *Karl Gustav* Frh. v., finn. Marschall u. Politiker, 1867–1951; befreite 1918 Finnland v. den Bolschewisten; 39/40 u. 41/44 Oberbefehlshaber im Krieg gg. die UdSSR, 44/46 Staatspräsident.

Männerkindbett, *Couvade,* eine Sitte mancher Naturvölker, wonach der Vater nach der Geburt eines Kindes die Rolle der Mutter imitiert.

Männertreu, der /Ehrenpreis.

Mannesmann, *Reinhard,* dt. Großindustrieller, 1856–1922; erfand mit seinem Bruder *Max* (1861–1915) das Schräg- u. Pilgerschritt-Walzverfahren zur Erzeugung nahtloser Stahlröhren *(M.-Röhren).* Begr. der *M.-Röhrenwerke,* jetzt *M. AG,* Düsseldorf. ☐ 1080.

Mannheim, größte Stadt Badens, an der Mündung des Neckars in den Rhein, gegenüber von Ludwigshafen, 304 000 E.: schachbrettförm. Stadtanlage. Binnenhafen (50 km Verladeufer); Umschlag- u. Stapelplatz, reiche, vielfält. Ind.; Univ., Musikhochschule Heidelberg/M., Fachhochschule; Schloß (1720/60); barocke Jesuitenkirche; Nationaltheater. – Seit 1606 Stadt, 1720/78 kurpfälz. Residenz, 1802 bad.

Manning (: män'ng), *Henry Edward,* engl. Kardinal, 1808–92; urspr. anglikan. Geistl., 51 kath., 65 Erzb. v. Westminster. War neben /Newman Führer der engl. Katholiken.

Mannsschild, rosetten- u. polsterbildende kleine Schlüsselblumen; z.T. geschützte Alpenpflanzen; oft in Steingärten. ☐ 451.

Mannstreu *w, Eryngium,* distelart. Doldenblütler, bes. Stranddistel u. Feld-M.

Manometer *s* (gr.), Gerät zum Messen des Druckes bei Flüssigkeiten u. Gasen. *Flüssigkeits-M.,* arbeitet wie das /Barometer. *Röhren-M.,* die Veränderung der Krümmung einer gebogenen Röhre ist ein Maß für den Druck. *Membran-M.,* durch den Druck wird eine Membran meßbar deformiert.

Manöver *s* (frz.), **1)** kriegsmäßige Truppenübung. **2)** Geschwindigkeits- u. Kursänderung eines Schiffes, Flugzeuges usw. **3)** Dreh, Scheinmaßnahme.

Mansarde, Dachgeschoß, Dachzimmer. **M.ndach,** v. J. /Mansart eingeführt. ☐ 165.

Mansart (: mánßar), **1)** *François,* 1598 bis 1666; frz. Baumeister. **2)** *Jules* Hardouin-M., Großneffe v. 1), 1646–1708; Hofbaumeister Ludwigs XIV., Klassizist; *Invalidendom* in Paris.

Mansfeld, Stadt am Ostrand des Harzes, in der *M.er Mulde* (Bez. Halle), 6000 E.; alter Kupferschieferbergbau.

Mansfeld, *Peter Ernst II.* Graf v., dt. Heerführer im 30jähr. Krieg, 1580–1626; 1603/10 im Dienst der Habsburger, später der Union.

Mansfield (: mänßfild), engl. Stadt, Grafschaft Nottingham, 56 000 E.; Kohlengruben.

Mansfield (: mänßfild), *Katherine* (eig. Kathleen Beauchamp), engl. Schriftstellerin, 1888–1923; impressionist. Erz. u. Kurzgeschichten *(Das Gartenfest; Dein großes Herz).*

Mansholt, *Sicco Leendert,* niederländ. Politiker (Sozialist), * 1908; 45/58 Landwirtschafts-Min., 58/67 Vize-Präs. der EWG-Kommission, 67/72 der Europ. Kommission, 72 deren Präsident; schuf 60 den sog. *M.-Plan* für die landwirtschaftl. Integration der EWG-Länder.

Mansura, *el-M.,* ägypt. Stadt im Nildelta, 232 000 E.; Textilindustrie.

Membranfeder

1 ↑ Druck

2 Druck

Druck

3

Manometer: 1 Membran-, **2** Röhren-, **3** Flüssigkeits-M.

S. L. Mansholt

Mantegna (: -tenja), *Andrea,* Maler und Kupferstecher der it. Frührenaissance, 1431 bis 1506; heroisch-idealistischer Stil. ☐ 808.
Mantel *m* (lat.), **1)** bei Wertpapieren der Hauptbogen, ohne Zinsscheinbogen. **2)** *Firmen-M.,* die Rechtsform u. gesamten Anteilrechte einer Kapitalgesellschaft, die ohne den urspr. Geschäftsbetrieb verkauft werden können. **M.gesetz,** bringt für mehrere zusammenhängende Einzelgesetze grundlegende Bestimmungen. **M.tarif,** *Rahmentarif,* enthält allg. bleibende Bestimmungen über das Arbeitsverhältnis. **M.tiere,** *Tunikaten,* Chordatiere, meist festsitzende Meerestiere, deren Larven eine ⟋Chorda haben; Körper sack- od. tonnenförm. v. Cellulosemantel umhüllt. ⟋Salpen.

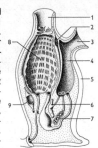

Manteltiere: Längsschnitt durch eine Seescheide: **1** Mund, **2** Nerv, **3** Ausströmungsöffnung, **4** Peribranchialraum, **5** Mantel, **6** Hoden, **7** Eierstock, **8** Kiemen, **9** Herz

Manteuffel, 1) *Edwin* Frh. v., preuß. Feldmarschall, 1809–85; 66 u. 70/71 Armeeführer, seit 79 Statthalter v. Elsaß-Lothringen. **2)** *Otto* Frh. v., Vetter v. 1), 1805–82; 50/58 preuß. Min.-Präsident.
Mantik *w* (gr. = Seherkunst), Wahr- u. Weissagung auf der Grundlage der Ekstase od. mit Hilfe komplizierter, meist auf gelehrter antik-oriental. Tradition beruhender Verfahren (⟋Astrologie, ⟋Chiromantie).
Mantilla *w* (: -tilja), **1)** Spitzenschleier um Kopf u. Schultern, bes. bei Spanierinnen. **2)** Kragenumhang um Schultern.
Mantinea, im Alt. Stadt im östl. Arkadien; 362 v. Chr. Sieg des Epaminondas über die Spartaner.
Mantisse *w* (lat.), beim ⟋Logarithmus der Exponent ohne Berücksichtigung des Stellenwertes.
Mantua, it. *Mantova,* Hst. der ober-it. Prov. M., am Mincio, 67000 E.; Bischof; Heimat Vergils. – 1328–1708 Herrschaft der Gonzaga, kam dann zu Östr., 1866 zu It.; 1810 Erschießung Andreas Hofers.
Manu (Sanskrit = Mensch), im Hinduismus myth. Urvater der Menschheit; ihm wird ein z. T. noch heute gültiges altind. Rechtsbuch zugeschrieben.
Manual *s* (lat.), Klaviatur für die Hände (z. B. bei der Orgel); Ggs. *Pedal* (Klaviatur für die Füße). ☐ 705.
Manuel, Fürsten: **M. I. Komnenos,** byzantin. Ks. 1143/80; besiegte die Normannen, Serben u. Ungarn; erstrebte wieder d. röm. Kaiserkrone. **M. I. d. Gr.,** Kg. v. Portugal, 1495/1521; Höhepunkt der portug. Macht.
Manuel, *Nikolaus,* gen. *Deutsch,* Schweizer Maler, Graphiker u. Dichter, um 1484–1530; schuf Altartafeln, mytholog. Gemälde u. Porträts; schrieb Satiren u. papstfeindl. Schwänke.
manuell (lat.), mit der Hand. ☐ Schwänke.
Manufaktur *w* (neulat.), Gewerbebetrieb mit vorwiegend Handarbeit. **M.waren,** Textilwaren.
manu propria (lat.), eigenhändig.
Manuskript *s* (lat.), **1)** Vorlage für den Druck. **2)** handschriftl. Fassung eines Werks. **3)** aus dem Alt. od. MA erhaltene Handschrift.
Manzanares *m* (: -ßa-), r. Nebenfluß des Jarama, berührt Madrid, 85 km lang.
Manzoni, *Alessandro* Graf, Dichter der it. Romantik, 1785–1873; wurde v. Rationalisten zum Künder des erneuerten Katholizismus u. des it. Nationalgefühls. Sein histor.

Roman *Die Verlobten* gehört zur Weltliteratur. *Geistliche Hymnen.*
Manzù (eig. *Manzoni*), *Giacomo,* it. Bildhauer u. Graphiker, * 1908; stilisierte Porträtbüsten, Akt- u. Gewandfiguren, auch rel. Plastiken u. Reliefs.
Maori, polynes. Ur-Bev. Neuseelands.
Mao Tse-tung, chines. Politiker, 1893–1976; 1921 Mitbegr. der KP Chinas, seit 35 ihr Vors.; besiegte mit seinen Truppen 47/49 ⟋Tschiang Kai-schek u. eroberte das chines. Festland; 49–54 Vors. der Zentralen Volksregierung in Peking, 54/59 Staatspräs. der VR China. Führender Theoretiker des chines. Marxismus-Leninismus sowie der Guerillakriegführung.
Maputo, bis 1976 *Lourenço Marques,* Hst. u. wichtigster Hafen v. Mozambique, 355000 E.; kath. Erzb., Univ.
Maquis *m* (: -ki, frz., v. it. *macchia* = Buschwald), die nach 1940 in Fkr. gg. die dt. Besatzung kämpfenden Partisanen.
Marabu *m,* afrikan. Storch mit gewaltigem Schnabel. ☐ 1046.
Maracaibo, venezolan. Hafenstadt an der *Lagune v. M.,* durch einen Schiffskanal mit dem offenen Meer verbunden, 690000 E.; kath. Erzb., Univ. In der Lagune, die durch eine über 9 km lange Brücke überspannt wird, sehr reiche Erdölfelder.
Marajó (: -scho), brasilian. Insel zw. Amazonas- u. Rio-Pará-Mündung, 47573 km².
Maranen, *Marranen* (Mz., spanisch = Schweine), ein (Schimpf-)Name für die zwangsweise getauften Juden der Pyrenäenhalbinsel; im 15. und 16. Jh. wanderten wegen der Inquisition viele aus.
Maranhão (: -njãu), nordbrasilian. Staat am Atlant. Ozean, 328663 km², 3,8 Mill. E.; Hst. *São Luiz do M.*
Maraschino *m* (: -ßki-, lat.-it.), Kirschlikör.
Marasmus *m* (gr.), ⟋Abzehrung.
Marat (: mara), *Jean-Paul,* 1744–93 (ermordet); fanat. Führer der Frz. Revolution.
Marathen, *Mahratten,* skytho-drawidisches Volk in Vorderindien (westl. Dekhan); in den 3 *M.kriegen* (1775/80, 1803, 1817/19) v. Engl. niedergeworfen.
Marathon, griech. Dorf an der Ostküste v. Attika; 490 v.Chr. Sieg des Miltiades über die Perser; nach dem Lauf des Boten, der die Siegesnachricht v. M. nach Athen gebracht haben soll, benannt der **M.lauf,** Langstreckenlauf über 42,187 km, seit 1896 Disziplin der Olymp. Spiele.
Marbach am Neckar, württ. Stadt, 12000 E.; Geburtsort Schillers (Museum). ☐ 866.
Marbod, Kg. der Markomannen, 9 v. Chr. bis 19 n. Chr.; begr. ein Reich in Böhmen, † um 37 in Ravenna.
Marburg, 1) *M. an der Lahn,* hessische Krst., 74800 E.; Deutsch-Ordens-Haus (12. Jh.), frühgot. Elisabethkirche (1235/83); Univ. (erste prot., 1527 gegr.), Westdt. Bibliothek, Herder-Institut für Ostforschung, pharmazeut. u. opt. Ind. – 1529 erfolgloses Religionsgespräch zw. Luther u. Zwingli. **2)** *M. an der Drau,* slowen. *Maribor,* in Jugoslawien, 98000 E.; kath. Bischof; Obst- u. Weinmarkt.
Marburger Schule, Richtung des ⟋Neukantianismus (⟋Cassirer, ⟋Cohen, ⟋Natorp).

Mao Tse-tung

Jean-Paul Marat

Gabriel Marcel　　Königin Margareta II.

Marc, *Franz,* dt. Maler und Graphiker, 1880–1916 (gefallen); Expressionist, Mitbegr. des ↗„Blauen Reiters", Farbenmystik, bes. Tierbilder; *Turm der blauen Pferde; Tierschicksale.* ☐ 103.
Marc Aurel, 121–180; 161 röm. Ks., pflichtbewußter Herrscher, ein Hauptvertreter des Stoizismus; besiegte die Markomannen.
Marceau (: -ßo), *Marcel,* frz. Schauspieler, * 1923; Erneuerer der Pantomime, weltberühmt als Clown „Bip".
Marcel (: -ßäl), *Gabriel,* frz. christl. Existenzphilosoph und Dramenautor, 1889–1973; seit 1929 kath.; *Homo Viator; Sein u. Haben; Der Mensch als Problem.*
Marcellinus u. Petrus, hll. (2. Juni), 303 bei Rom hingerichtet.
March *w,* tschech. *Morava,* l. Nebenfluß der Donau, durchfließt Mähren u. mündet nach 378 km (davon 129 km schiffbar) oberhalb Preßburg; umschließt im Unterlauf mit der Donau das niederöstr. *Marchfeld* (750 km²); auf diesem 1278 bei Dürnkrut Niederlage u. Tod Ottokars II. v. Böhmen gg. Rudolf v. Habsburg, 1809 Schlachten v. Aspern u. Wagram.
Märchen, Erzählungen v. realen u. wunderbaren Begebenheiten, stark phantasiebestimmt; Verbindung aller Naturbereiche (Tier, Pflanze, Stoffe) mit den Figuren, dazu übernatürl. Wesen; fast immer guter Ausgang trotz häufig schreckensvoller Handlung. Alle Literaturen besitzen einen M.schatz, der im Unbewußten, im Mythos wurzelt. – Die Erforschung des dt. M. begann mit den Brüdern Grimm. *Kunst-M.:* Wieland, Goethe, Novalis, Tieck, E. T. A. Hoffmann, C. Brentano, Andersen.
Marchese (: markese), it. Adelstitel.
Marcion, kleinasiat. Sektenstifter, um 85 bis

H. von Marées:
Selbstbildnis mit F. v. Lembach (mit Hut)

um 160 n. Chr.; lehrte, der ntl. gute Liebesgott Christus habe auf Erden einen Scheinleib angenommen u. die Erlösten aus der Macht des atl. bösen Schöpfergottes (Demiurg) befreit. **M.iten,** v. den Anhängern ↗Marcions im 2. bis 5. Jh. n. Chr. gebildete gnost. Sekte.
Marcks, *Gerhard,* dt. Bildhauer u. Graphiker, 1889–1981; Expressionist; Büsten, Tierskulpturen, biblische Gestalten.
Marconi, *Guglielmo,* it. Physiker, 1874 bis 1937; einer der Mitbegr. der Funktechnik; 1897 erste drahtlose Übertragung (1902 über den Atlantik). Nobelpreis 1909.
Marco Polo, Weltreisender, ↗Polo. **M.-P.-Gebirge,** 6000 m hohe zentralasiat. Bergkette im mittleren Kuenlun.
Marcuse, 1) *Herbert,* dt.-am. Philosoph u. Soziologe, 1898–1979; verließ 1932 Dtl.; beeinflußt v. Heidegger, Marx u. Freud. *Vernunft und Revolution; Der eindimensionale Mensch; Kultur u. Gesellschaft; Repressive Toleranz.* 2) *Ludwig,* dt. Schriftsteller, 1894–1971; 1933–63 im Ausland; *Pessimismus, ein Stadium der Reife; Obszön, die Geschichte einer Entrüstung;* Autobiographie: *Mein 20. Jh.*
Mar del Plata, argentin. Seebad am Atlantik, 400 km südl. Buenos Aires, 304 000 E.
Marder, Säugetiere, kleine Raubtiere mit Stinkdrüsen am After. Wertvolle Pelztiere; *Baum-, Edel-M.,* braun mit goldgelbem Kehlfleck; *Haus-, Stein-M.,* graubraun, Kehle weiß; beide blutgierige Geflügelmörder; ferner ↗Frettchen, ↗Hermelin, ↗Iltis, ↗Nerz, ↗Vielfraß, ↗Wiesel, ↗Zobel.
Marderhund, fuchsart. plumpes Raubtier v. Schweden bis Ostasien. Pelz als „Seefuchs".
Marduk, Hauptgott v. ↗Babylonien.
Marées (: -re), *Hans* v., dt. Maler, 1837–87; bedeutendster der jüngeren Deutschrömer; symbolkräftige Monumentalmalerei v. antikennaher Idealität u. Einfachheit.
Maremmen, mittel-it. Küstenstreifen am Tyrrhen. Meer, sumpfiges Schwemmland; seit 19. Jh. Entwässerung u. Neubesiedlung.
Marengo, Vorort v. Alessandria (Nord-It.). – 1800 Sieg Napoleons über die Österreicher. **Marengo** *m,* ein Streichgarngewebe.
Margareta, Heilige: **M.** (20. Juli), Jungfrau u. Martyrin in Antiochia (Pisidien), wohl unter Diokletian; gehört zu den 14 ↗Nothelfern. Fürstinnen: **M. I.,** Königin v. Dänemark, 1353–1412; schloß die ↗Kalmarer Union. **M. II.** (dän. *Margrethe II.),* Königin v. Dänemark, * 1940; seit 72 Königin. **M. v. Parma,** natürliche Tochter Ks. Karls V., 1522–86; 59/67 Statthalterin der Niederlande.
Margaret Rose (: maᵣgäᵣᵉt roᵘs), engl. Prinzessin, * 1930; Schwester der Königin Elisabeth II.
Margarine *w* (gr.), Speisefett aus pflanzl. Fetten u. Ölen, auch aus Tranen u. anderem Tierfett. Die Rohstoffe werden zu rahmart. Emulsionen verarbeitet (gekirnt), diese mit Kochsalz, Lecithin, Karotin u. Aromastoffen bis zu butterartiger Konsistenz kalt gerührt u. geknetet.

G. Marcks: Prophet

Marcel Marceau in der Maske des Clowns „Bip"

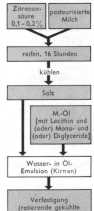

Margarine
Herstellungsverfahren

| Zitronensäure 0,1 – 0,2% | pasteurisierte Milch |

reifen, 16 Stunden

kühlen

Salz

M.-Öl [mit Lecithin und (oder) Mono- und (oder) Diglyceride]

Wasser- in Öl-Emulsion (Kirnen)

Verfestigung (rotierende gekühlte Trommeln)

Ausformen, Verpackung in Würfel

Margate (: mạrge[i]t), engl. Seebad, an der Nordküste der Insel Thanet, 50000 E.

Marge w (: marseh, frz.), Verdienstspanne.

Margerite ⁄Wucherblume.

Marginalie w (lat.; Mz. *Marginalien*), in Handschriften, Akten od. Büchern Randbemerkungen (Glossen).

Mari, *ASSR der Mari*, autonome Sowjetrepublik zw. Wolga u. Wjatka, 23200 km², 703000 E., davon ca. 85% ostfinn. *Mari;* Hst. Joschkar-Ola; Forstwirtschaft, Getreidebau.

Maria (hebr. *Mịrjam*), die Mutter Jesu. Nach kath. Lehre wurde sie im Hinblick auf ihren Sohn frei v. Erbsünde geschaffen (⁄Unbefleckte Empfängnis) u. blieb frei v. jeder persönl. Schuld. Unter Wahrung ihrer Jungfräulichkeit empfing sie aus der „Kraft des Allerhöchsten" den Erlöser, brachte ihn in Bethlehem zur Welt u. zog ihn mit Joseph, ihrem Gemahl, auf. In Jesu Sterbestunde stand sie unter dem Kreuz. Sie wurde nach kath. Lehre nach ihrem Tod mit Leib u. Seele in den Himmel aufgenommen (Dogmatisierung 1950). ⁄Marienverehrung.

Maria, bibl. Frauen (außer der Mutter Jesu): **M. v. Bethạnien**, Schwester des Lazarus u. der Martha. **M. Klẹophae**, Schwester der Mutter Jesu u. Frau des Klopas (nicht Kleophas). **M. Magdalẹna**, *M. aus Magdala*, hl. (22. Juli), eine der von Jesus geheilten Frauen; wanderte mit Jesus u. unterstützte ihn; wurde später mit M. v. Bethanien u. der bei Lk 7,36ff gen. Sünderin identifiziert.

Maria, Fürstinnen: *England:* **M. I. die Katholische**, Tochter Heinrichs VIII., 1516 bis 1558; 53 Königin, suchte den kath. Glauben wieder einzuführen, verfolgte die Protestanten; heiratete Philipp II. v. Spanien. *Frankreich:* **M. v. Medici**, 1573–1642; 1600 Heirat mit Kg. Heinrich IV. v. Fkr., führte nach dessen Tod für ihren Sohn Ludwig XIII. die Regentschaft; urspr. Gönnerin, später eine erbitterte Gegnerin Richelieus; sie ging 31 ins Ausland. **Marie-Antoinette** (: -ãnt°anät), Tochter Maria Theresias, 1755–93; Gattin Kg. Ludwigs XVI., in der ⁄Halsbandaffäre zu Unrecht verdächtigt; in der Frz. Revolution hingerichtet. **Marie-Louise**, Tochter Ks. Franz' II., 1791–1847; 1810 2. Gemahlin Napoleons I., 14 v. ihm getrennt. *Österreich:* **M. Theresia**, 1717–80; heiratete 36 den späteren Ks. ⁄Franz I. Stephan, seit 40 Kaiserin; führte siegreich den ⁄Östr. Erbfolgekrieg, verlor aber in den ⁄Schles. Kriegen Schlesien an Friedrich II. v. Preußen; ihre Reformen begr. den modernen östr. Gesamtstaat; seit 65 ihr Sohn Joseph II. Ks. u. Mitregent in Östr. *Schottland:* **M. Stuart**, 1542–87; 60 Königin, erhob Ansprüche auf den engl. Thron; heiratete 65 ihren Vetter Lord Darnley u. 67 dessen Mörder Bothwell; 68 v. ev. Adel gestürzt; floh nach Engl. zu ⁄Elisabeth I., die sie 19 Jahre festhielt u. dann hinrichten ließ. – Drama v. Schiller.

Maria Laach, Benediktinerabtei am Laacher See; int. Benediktinerakademie zur Pflege der Wiss.; Zentrum der ⁄Liturgischen Bewegung; sechstürmige romanische Basilika. – 1093 gegr., 1797–1802 stufenweise

Königin M. Stuart   Kaiserin M. Theresia   Marie-Antoinette

aufgehoben, 1862/72 Jesuitenkolleg, 92 v. den Beuroner Benediktinern erworben.

Mariamne, 2. Gemahlin ⁄Herodes' I. d. Gr., der sie 29 v. Chr. wegen angebl. Ehebruchs hinrichten ließ. – Drama v. Hebbel: *Herodes u. Mariamne.*

Mariana, *Juan de,* SJ, span. Theologe u. Historiker, 1536–1624; vertrat entgegen der Ansicht des Ordens die Erlaubtheit des Tyrannenmords.

Marianen, *Ladrones,* nördlichste Inselgruppe Mikronesiens, 16, teilw. vulkan. Inseln, 953 km², 121000 E.; Hst. Garapan auf Saipan. – 1521 entdeckt, seit 65 span.; 1898 kam Guam an die USA, 99 der Rest an Dtl.; dieser nach dem 1. Weltkrieg japan. Mandatsgebiet, 47 UN-Treuhandgebiet der USA; mit diesen 75 Assoziationsvertrag; seit 78 Commonwealth der USA.

Marianische Kongregationen od. *Sodalitäten,* nach Alter, Geschlecht u. Ständen gegliederte kath. Vereinigungen mit bes. Verehrung Marias; seit 1563.

Marianisten, *Marienbrüder,* eig. *Ges. Mariä,* 1817 gegr. Priester- u. Laienkongregation für Seelsorge u. Unterricht.

Mariannhill, ehem. Trappistenabtei in Natal, 1882 gegr.; durch wirtschaftl., kulturelle u. soziale Einrichtungen führendes Missionszentrum; 1909 v. Trappistenorden getrennt u. in die *Missionskongregation v. M.* umgewandelt; seit 51 Bistum.

Mariánské Lázně (: -lạsnje) ⁄Marienbad.

Mariatheresientaler, urspr. östr. Taler mit dem Bild Maria Theresias; in der Levante *(Levantetaler)* u. in einigen Gegenden Afrikas z. T. bis heute Zahlungsmittel.

Maria-Theresiopel ⁄Subotica.

Mariaviten, nationalkirchl. mystizist. Sekte in Polen mit bes. Verehrung Marias; seit 1893.

Mariawald, Trappistenabtei in der Eifel; bis 1804 berühmter Marienwallfahrtsort.

Mariazell, bedeutendster Wallfahrtsort (steir. Stadt) Östr.s (1157 gegr.), an der Salza, 862 m ü. M., 2200 E.

Maribor ⁄Marburg an der Drau.

Marica w (: -tßa), bulgar. Fluß ⁄Maritza.

Marie de France (: -d° frãnß), frz. Dichterin des 12. Jh.; Verserzählungen, meist nach breton. Sagenstoffen.

Marienbad, tschech. *Mariánské Lázně,* nordwestböhm. Stadt, Weltbad, am Kaiserwald, 13000 E.; über 40 Mineralquellen.

Marienbild, in der Bildenden Kunst in verschiedenen Typen (auch ⁄Madonna). In der *byzantin.* Kunst die Bestimmung im

Liturgisch gefeierte Marienfeste

Hochfest der Gottesmutter Maria (1. 1.)
Verkündigung des Herrn (25. 3.)
Mariä Heimsuchung (2. 7.)
Mariä Aufnahme in den Himmel (15. 8.)
Maria Königin (22. 8.)
Mariä Geburt (8. 9.)
Mariä Namen (12. 9.)
Hochfest der ohne Erbsünde empfangenen Jungfrau und Gottesmutter Maria (8. 12.)

Mariatheresientaler: oben Vorderseite mit Bildnis der Kaiserin, unten Rückseite mit Doppeladler

Marienburg: Ansicht von der Nogatseite, links Mittel-, rechts Hochschloß

göttl. Heilsplan betont. Das streng frontal sitzend dargestellte M. im Abendland durch menschl.-natürl. Gefühl belebt. Die *Gotik* zeichnet das M. nach der Braut des Hohen Liedes. Der Mystik entsprechen die Marienleben. Die Frömmigkeit des *Spät-MA* bewirkt ikonographische Neuschöpfungen: ↗Pietà, Schmerzensmutter (Mater dolorosa), Maria im Strahlenkranz auf der Mondsichel. In der *Renaissance* das Ideal edler Menschlichkeit weithin herrschend. Im *Barock* die Darstellung der Unbefleckten Empfängnis (Immaculata).

Marienborn, Landgem. im Bez. Magdeburg, s.ö. von Helmstedt, 600 E.; Kontrollstelle des innerdt. Verkehrs an Autobahn u. Bahnlinie Braunschweig–Magdeburg.

Marienburg, *M. in Westpreußen,* poln. *Malbork,* Stadt an der Nogat, 30 000 E. – 1276 Stadt des Dt. Ordens, 1460/1772 poln., dann preuß.; kam 1945 unter poln. Verwaltung. Das *Schloß M.,* eine Deutschordensburg, wurde Ende 13. Jh. erbaut, 1309/1457 Sitz des Hochmeisters; im 19. Jh. erneuert; im 2. Weltkrieg zerstört, wieder aufgebaut.

Marienfeste, in ostkirchl. u. abendländ. Liturgien Tage zu Ehren Marias, der Mutter Jesu.

Mariengras, das ↗Glanzgras.

Marienkäfer, mit roten od. gelben, schwarzpunktierten Flügeldecken, vertilgen Blattläuse; am häufigsten der *Siebenpunkt.* ☐ 914.

Marienkanalsystem, der ↗Wolga-Ostsee-Wasserweg.

Marienschwestern, zahlreiche religiöse Frauenkongregationen.

Marienverehrung, Element der *kath.* Frömmigkeit, gründet in der bes. heilsgeschichtl. Stellung Marias als Gottesmutter. ↗Marienfeste. – Die M. der *orth. Kirchen* ist ebenfalls stark ausgeprägt. – Die *ev. Kirchen* lehnen die M. grundsätzlich ab, obwohl z.B. Luther sie noch in begrenztem Umfang beibehielt, sehen aber in Marias demütiger Hingabe an Gottes Willen ein Vorbild christl. Lebens.

Marienwerder, poln. *Kwidzyń,* Stadt in Westpreußen, an der Liebe, 23 000 E.; wird beherrscht v. got. Dom u. Schloß des Dt. Ritterordens (14. Jh.) mit einem 55 m hohen Bergfried. – 1236 Stadt des Dt. Ordens, 1527 preuß., 1945 unter poln. Verwaltung.

Marihuana *s,* mexikanisches Rauschgift, entspricht dem ↗Haschisch. ☐ 796.

Marillac (: -rijak), *Louise de,* hl. (15. März), 1591–1660; Mitbegründerin der Barmherzigen Schwestern des hl. Vinzenz v. Paul.

Marillen, kleine ↗Aprikosen.

marin (lat.), im Meer lebend, abgelagert, zum Meer gehörig. **Marine** *w,* Handels- u. Kriegsflotte.

Marinetti, *Filippo Tommaso,* it. Schriftsteller, 1876–1944; Begr. des ↗Futurismus; Gedichte, Dramen, Romane.

Marini, 1) *Giambattista,* it. Dichter, 1569 bis 1625; Sprachvirtuose. Nach ihm die schwülstige Ausdrucksfülle *Marinismus* genannt. **2)** *Marino,* it. Bildhauer, 1901–80; blockhafte, abstrahierende Formen.

marinieren (frz.) ↗beizen. *Marinade,* **1)** Beizflüssigkeit. **2)** Fischkonserve.

Mariologie *w* (gr.), in der kath. Theologie die Lehre über die Gottesmutter ↗Maria.

Marionette, an Schnüren befestigte Gliederpuppe des *M.ntheaters;* meist bieten Märchen u. Volksstücke den Stoff.

Mariotte (: mariot), *Edmé,* frz. Physiker, 1620–84; fand das nach ihm u. dem engl. Physiker Robert *Boyle* (1627–91) benannte ↗Gasgesetz.

Maristen, *Ges. Mariens,* 1824 in Belley gegr. Kongregation für Erziehung, Volks- u. Heidenmission; dt. Provinzialat Ahmsen über

M. Marini: Il Miracolo (1953; Bronze)

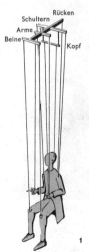

Rücken / Schultern / Arme / Beine / Kopf

1

2

Marionette: 1 Faden-M. mit Lenkkreuz, **2** Marionettenbühne

Marienbilder

a erzählende Darstellungen u. Zyklen

Geburt, Jugend Mariens

Verkündigung; Heimsuchung

Geburt Christi; Anbetung der Könige; Flucht nach Ägypten

Kreuzigung; Kreuzabnahme; Beweinung Christi; Grablegung Christi

Tod (in der Byzantin. Kunst Entschlafung) Mariens; Himmelfahrt Mariens; Verherrlichung; Marienkrönung

b Einzeldarstellungen

Anna Selbdritt; Engl. Gruß; Hl. Familie;

Immaculata; Mater dolorosa; Pietà; Rosenkranzmadonna; Sieben Freuden und Schmerzen Mariens; Sacra Conversazione; Schutzmantelmadonna

c symbolische Darstellungen

M. als Neue Eva; Ecclesia; M. im Strahlenkranz; M. im Ährenkleid; M. auf der Mondsichel; M. im Rosenhag; M. im Garten

Attribute

brennender Dornbusch; verschlossener Garten; blühender Stab Aarons; Bundeslade; Vlies Gideons; Elfenbeinturm; Lilie; myst. Rose

Jacques Maritain

Igor Markevitch

Meppen. M.-Schulbrüder, 1817 in Süd-Fkr. gegr. Laienkongregation für Unterricht u. Jugend. Sitz des dt. Provinzialates Furth bei Landshut.

Maritain (: -tãn), *Jacques*, frz. Philosoph, 1882–1973; 1906 kath.; seit 40 Lehrtätigkeit in Kanada u. USA, 45/48 frz. Botschafter beim Vatikan, seitdem Prof. in Princeton (USA). Zuerst v. Bergson bestimmt, vertrat er später einen zeitnahen ↗Thomismus.

maritim, Meer u. Seewesen betreffend.

Maritza, *Marica*, Hauptfluß im O der Balkanhalbinsel, vom Rhodopegebirge, fließt ins Ägäische Meer, 514 km lang; bildet im Unterlauf die türk.-griech. Grenze.

Mariupol ↗Schdanow.

Marius, *Gaius*, röm. Feldherr, 156–86 v. Chr.; kämpfte 107/106 gg. ↗Jugurtha, besiegte 102 die ↗Teutonen u. 101 die ↗Kimbern; floh 88 im Bürgerkrieg vor Sulla, eroberte 87 Rom zurück.

Marivaux (: -wo), *Pierre de*, frz. Lustspieldichter, 1688–1763; *Die falschen Vertraulichkeiten*; auch Romane.

Mark *s*, 1) ↗Knochen-, ↗Rücken-M., auch M. des Gehirns, der Niere u.a. im Ggs. zu Rinde. 2) lockeres Zellgewebe innerhalb des Gefäßbündelrings in Pflanzenstengeln; vertrocknet oft u. bildet einen Hohlraum.

Mark *w*, 1) Feld- u. Landesgrenze, Grenzgebiet (↗Markgraf). 2) M., Zeichen für Gewicht u. Geld; zunächst Metallbarren mit behördl. Stempel; dann Gewichtseinheit, ¹/₂ Pfund Silber od. Gold; schließl. Silbermünze v. bestimmtem Gewicht. 1873 Bz. der neuen dt. Währungseinheit (²⁵/₆₉ g Feingold), 1923 *Renten-M.*, seit 24 *Reichs-M.*, seit 48 ↗*Deutsche Mark*. ☐ 1144/45.

Mark *w*, 1) ehem. Gft. in Westfalen; fiel im ↗Jülich-Kleveschen Erbfolgestreit an Brandenburg. 2) M. Brandenburg ↗Brandenburg.

markant (frz.), hervorstehend.

Markenartikel, eine Ware, deren gleichbleibende Qualität eine Firma mit ihrem Namen garantiert. ↗Preisbindung. **Markenrecht**, Schutz v. Fabrik- od. Handelsmarken; setzt Eintragung ins Markenregister voraus.

Marketender *m* (it.), weibl. *M.in*, fr. den Truppen ins Feld folgender Händler(in).

Marketing *s* (: maʳkēting, engl.), alle Maßnahmen zur Absatzsteigerung aufgrund sorgfält. ↗Marktforschung.

Markevitch, *Igor*, russ. Dirigent, * 1912; seit 65 Leiter des Staatsorchesters Moskau; auch Hochschullehrer u. Komponist.

Markgenossenschaft, die urspr. aus gemeinsamer Sippensiedlung, später aus dem Nachbarschaftsverhältnis sich ergebende Genossenschaft der in einer Feldmark Angesiedelten. In ihrem Eigentum die ↗Allmende; Reste bis in die NZ erhalten.

Markgraf, seit Karl d. Gr. mit Sondervollmachten versehener Graf einer Mark, d. h. eines Grenzgebiets des Fränk. Reiches; wurde mit der Zeit aus einem militärischen Befehlshaber zum Landesherrn seiner *M.schaft*.

Markgräflerland, südbad. Landschaft in der Rheinebene und an den weinreichen Schwarzwaldhängen; Hauptort Müllheim.

Der *Markgräfler* beliebter Weißwein (Gutedel).

markieren (frz.), kennzeichnen; verdeutlichen; umgangssprachlich: etwas vortäuschen.

Markise *w* (frz.), Sonnenschutz vor Fenstern u. auf Balkonen, meist aufrollbar.

Markkleeberg, sächs. Stadt südl. v. Leipzig, 22 000 E.; Ind.; Gartenbau.

Markneukirchen, sächs. Stadt im Vogtland, 9000 E.; Musikinstrumenten- u. Saitenfabrikation mit Fachschule.

Markomannen (Mz.), einer der Volksstämme der ↗Sueben; im 1. Jh. v. Chr. im Maingebiet, dann v. ↗Marbod nach Böhmen geführt; erhoben sich z. Z. ↗Marc Aurels gg. die Römer; kamen im 3. Jh. nach Bayern, wo sie wohl in den Bajuwaren aufgingen.

Markranstädt, sächs. Ind.-Stadt westl. von Leipzig, 9800 E.; Rauchwaren, Maschinen- u. Zuckerfabriken.

Markscheidekunde, umfaßt die für den Bergbau nötigen geometr. Messungen über u. unter Tage u. die Herstellung v. Grubenplänen; ausgeübt v. *Markscheider*.

Markt, a) ein Platz, an dem Käufer u. Verkäufer zum Austausch v. Waren zusammenkommen (z. B. *Wochen-M.*, ↗*Messe*); b) i. w. S. die Gesamtheit aller Wirtschaftshandlungen in einem bestimmten Wirtschaftszweig (z. B. der *dt. Weizen-M.*, der *internationale Kupfer-M.*, der *Kapital-M.*). Bei beiden M.arten handelt es sich um das Zusammentreffen v. Angebot u. Nachfrage. Die Verhältnisse auf einem M. können aber je nach der Zahl der Anbieter u. Nachfrager sehr verschieden geordnet sein. **M.forschung**, Untersuchung der Absatzmöglichkeiten einer Ware auf dem M., z. B. hinsichtl. Art der Käuferschichten, des Käufergeschmacks.

Marktheidenfeld, bayer. Stadt in Unterfranken, am Main, 9500 E.; Elektro- u. Klein-Ind.

Marktoberdorf, bayer. Krst. im östl. Allgäu, 15 600 E.; Schlepper- u. Maschinenfabrik; Textil-, Glas- u. Schmuckwaren-Ind.

Marktredwitz, bayer. Stadt im Fichtelgebirge, 19 600 E.; Porzellan-, Textil-, chemische u. Maschinenfabriken.

Mark Twain ↗Twain.

Marktwirtschaft, im Ggs. zur ↗Zentralverwaltungswirtschaft stehende Wirtschaftsverfassung, in der sich der Austausch zw. den Wirtschaftseinheiten im freien Wettbewerb (*Wettbewerbswirtschaft*) auf den Märkten vollzieht. Der Staat hat in den Wirtschaftsablauf möglichst wenig einzugreifen, muß allerdings Verzerrung des Wettbewerbs, z. B. durch Monopole u. Kartelle, verhindern. Die M. führt zu einem Höchstmaß wirtschaftl. Leistung, birgt aber die Gefahr der Benachteiligung sozial schwacher Gruppen in sich, der die ↗Soziale M. in bes. Weise begegnen will.

Markus, hl. (25. April), Evangelist (Symbol der Löwe); begleitete Paulus auf dessen erster Missionsreise, ging 52 mit Barnabas nach Zypern, war 63 u. 66/67 in Rom. Vielleicht der erste Bischof v. Alexandrien u. Martyrer. Verfaßte nach altkirchl. Überlieferung das *M.evangelium*.

Marl, westfäl. Stadt im Ruhrgebiet, 89500 E.; Steinkohlengruben, chem. Ind.

Marlborough (: ma‿ᵣlbᵉrᵉ), *John Churchill,* (seit 1702) Hzg. v., englischer Feldherr, 1650–1722; führte die engl. Truppen im Span. Erbfolgekrieg, 1711 entlassen.

Marlowe (: ma‿ᵣloᵘ), *Christopher,* 1564 93; größter engl. Dramatiker vor Shakespeare: *Dr. Faustus; Eduard II.* Epos: *Hero u. Leander.*

Marmarameer, die alte *Propontis,* türk. Binnenmeer, durch die Dardanellen mit dem Ägäischen u. durch den Bosporus mit dem Schwarzen u. Meer verbunden; 11500 km², 280 km lang, 30–80 km breit, bis 1356 m tief.

Marmelade w (span.-frz.), zu Mus eingekochte Früchte mit hohem Zuckerzusatz.

Marmolata, auch *Marmolada w,* mit 3342 m höchster Berg der Südtiroler Dolomiten.

Marmor, durch ↗Metamorphose aus dichtem Kalkstein oder Dolomit entstandenes kristallines Gestein (Calciumcarbonat) in allen Farben v. rein weiß (z. B. von Carrara) bis tief schwarz (bes. aus Belgien), meist gewölkt od. gebändert. Bildhauerstein.

Marne w (: marn), größter r. Nebenfluß der Seine; entspringt auf dem Plateau v. Langres, durchfließt die Champagne, mündet nach 525 km bei Charenton; bis Épernay schiffbar, durch Kanäle mit Saône, Aisne u. Rhein verbunden. **M.schlacht,** die Entscheidungsschlacht im 1. Weltkrieg 5./12. 9. 1914 im M.gebiet: der Vormarsch des rechten dt. Flügels kam durch die frz. Strategie zum Stehen, was zum Stellungskrieg überleitete.

marode (frz.), marschmüde, erschöpft. **Marodeur** m (: -dör), plündernder Soldat.

Marokko, Kgr. im NW Afrikas. Als westlichstes der Atlasländer reicht M. von der Straße von Gibraltar im N bis zum Wadi Draa im S. Das steil zum Mittelmeer abfallende, 2500 m hohe Rifgebirge geht über in das bis 4000 m hohe Atlasgebirge, das im S in die Sahara ausläuft. 70% der Bev. leben v. der Landwirtschaft (Getreide, Ölpflanzen, Wein, Citrusfrüchte). Feudalsystem, seit 1964 Agrarreform im Gange; Bergbau auf Phosphat, Kobalt-, Mangan- u. Bleierze; Erdölvorkommen; Nahrungsmittel-, Textil- u. chem. Ind. – Das antike *Mauretanien,* 42/45 v. Rom unterworfen, 429 vandal., 534 byzantin.; um 700 v. den Arabern unterworfen, die ihre Herrschaft gg. portugies. Übergriffe im 16., gg. span. u. frz. im 19. Jh. behaupteten; 1904 begann Fkr. M. zu unterwerfen, was zu den beiden ↗M.krisen führte; 12 wurde der größere Teil frz. Protektorat (Französisch-M.), das Rif span. Protektorat (Spanisch-M.) u. ↗Tanger internationalisiert; 56 wurden die einzelnen Teile wieder vereinigt u. M. unabhängig, 57 Königreich, 69 Rückgabe Ifnis durch Spanien; 75 Annexion v. Spanisch-Sahara (Westsahara). König (seit 61) Hassan II. **M.krisen,** die polit. Krisen 1905/06 u. 11, veranlaßt durch die frz. Politik in M. u. dt. Gegenaktionen. Die *1. M.krise* entstand durch die Landung Ks. Wilhelms II. in Tanger als Antwort auf die „friedl. Durchdringung" M.s durch Fkr. Die *2. M.krise* wurde veranlaßt durch die frz. Besetzung v. Fes u. die Entsendung des dt.

Christopher Marlowe

Mars: oben photograph. Aufnahme im blauen Spektralbereich, die deutlich eine Polkappe zeigt; rechts Photo von Mariner 9 (Nov. 1971) aus 1977 km Höhe: eine mehrere hundert Kilometer lange u. bis zu 120 km breite Rille. Die 1976 auf dem M. gelandeten Viking-Sonden erbrachten keinen sicheren Hinweis auf die Existenz v. Leben.

Marokko

Amtlicher Name:
Al-Mamlakah al-Maghrebija

Staatsform:
Königreich

Hauptstadt:
Rabat

Fläche:
445050 km²

Bevölkerung:
19,5 Mill. E.

Sprache:
Arabisch, Bildungs- u. 2. Amtssprache Französisch, im Norden Spanisch

Religion:
Islam; christl. u. jüd. Minderheiten

Währung:
1 Dirham
= 100 Centimes

Mitgliedschaften:
UN, Arabische Liga, OAU, der EWG assoziiert

Kanonenboots Panther („Panthersprung") nach Agadir.

Maronen (Mz., it.), die echten ↗Kastanien.

M.pilz, Röhrling, Speisepilz mit schwach blau anlaufendem Fleisch. ☐ 750.

Maroniten, christl. Völkerschaft syr. Ursprungs; ben. nach dem hl. Abt *Maron* († vor 423); im 7. Jh. relig. Absonderung; seit 15. Jh. mit der röm. Kirche uniert; eigener Patriarch, arab. u. syr. Kirchensprache.

Maroquin m (: -kän, frz.), feingeripptes weiches Ziegenleder, urspr. aus Marokko.

Maros m (: -sch), *Mureş,* dt. *Mieresch,* Hauptfluß Siebenbürgens, mündet nach 876 km bei Szeged in die Theiß.

Marot (: -ro), *Clément,* frz. Dichter, 1496 bis 1544; mehrfach als Hugenotte verfolgt; satir. u. allegor. Werke; Lyrik; Psalmenübersetzungen.

Marotte w (frz.), 1) Narrheit. 2) Vorliebe.

Marquesasinseln (: -ke-), 11 vulkan., seit 1842 frz. Gebirgsinseln im östl. Polynesien, 1240 km², 5500 E.

Marquet (: -kä), *Albert,* frz. Maler, 1875 bis 1947; urspr. Fauvist, dann wieder gegenständl.; Landschaftsmaler.

Marquis m (: -ki), frz. Adelstitel.

Marrakesch, marokkan. Stadt am Fuß des Hohen Atlas, 335000 E.; Univ.; zeitweise Sultansresidenz.

Marranen ↗Maranen.

Mars, röm. Kriegsgott (der griech. Ares).

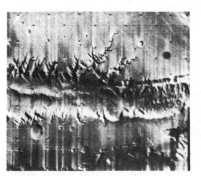

Mars m, Zeichen ♂, der erdähnlichste ↗Planet des Sonnensystems, mit Jahreszeiten (doppelt so lang wie die Erde) u. Tag- u. Nachtwechsel (24¹/₂ h Tagesdauer). An den Polen zeigt der M. weiße Flecken (gefrorenes Kohlendioxid), deren Größe v. den Jahreszeiten des M. abhängt; im M.-Sommer sind grünl.-braune Flächen beobachtbar. Spuren v. Leben konnten bisher nicht nachgewiesen werden. Die Atmosphäre besteht überwiegend aus Kohlendioxid, Wasserdampf u. (nur in Spuren) Sauerstoff. Die *M.kanäle* sind opt. Täuschungen; hingegen zeigen Aufnahmen v. *M.sonden* eine reich strukturierte, mit Kratern (bis ca. 150 km Durchmesser) übersäte M.oberfläche. Die mittlere Temperatur liegt bei –23° C, schwankt aber zwischen +20° u. –100° C. 2 kleine Monde umkreisen den M. ☐ 757, 918, 1101.

Mars m, auf Segelschiffen Plattform am oberen Ende des Untermasts.

Marsala, sizilian. Hafenstadt, am Kap Boeo, 86 500 E.; Ausfuhr v. *M.wein*, einem dunkelroten bis schwarzen Dessertwein.

Marsch, 1) *w* (Mz. Marschen; nd. = Niederung), ein feinschlammiges, fruchtbares Schwemmland an Flüssen (Fluß-M.) u. Meeren (See-M.), durch Kanäle entwässert u. durch Deiche in *Kooge* (niederländ. *Polder*) aufgeteilt. Landeinwärts ist die M. v. der ↗Geest begrenzt. **2)** *m*, geradtakt. Musikstück in straffem Rhythmus, zur Begleitung sich in gleichmäßigem Tempo bewegender Gruppen; auch in der Kunstmusik.

Marschall, fränk. Hofbeamter zur Aufsicht über die Pferde; im alten Dt. Reich eines der ↗Erzämter; in Dtl. seit dem 16. Jh. Befehlshaber des Heeres (Feld-M.). Heute in vielen Ländern der ranghöchste General *(Generalfeld-M.)*.

Marschkompaß, Magnetnadelkompaß mit Visiereinrichtung u. Ablesespiegel.

Marschner, *Heinrich*, dt. romant. Komponist, 1795–1861; Oper *Hans Heiling*.

Marseillaise *w* (: marßäijäs), frz. Nationalhymne; 1792 für die frz. Rheinarmee geschaffen, nach einem Bataillon aus Marseille benannt. ↗Allons enfants de la patrie.

Marseille (: -ßäij), größter Handelshafen Frankreichs u. des Mittelmeergebiets, mit der Rhône durch den 90 km langen *M.-Rhône-Kanal* verbunden; Hst. des Dep. Bouches-du-Rhône, 902 000 E.; Schiffswerften; Erzb.; Univ. Aix-M., tropenmedizin. Institute; Hafen mit 25 km Kailänge. Auf 160 m hohem Fels die Wallfahrtskirche Notre-Dame de la Garde (1853/64); prächtige Küstenpromenade *La Corniche*. – Von den Griechen um 600 v. Chr. gegr., 49 v. Caesar erobert (röm. Name *Massilia*); gehört seit 1481 zu Frankreich.

Marsfeld, 1) lat. *Campus Martius*, im alten Rom das dem Mars geweihte Exerzier- u. Versammlungsfeld. **2)** *Champ de Mars* (: schãñ dᵒ-), großer Platz in Paris, l. der Seine, mit Eiffelturm.

Marshall (: maʳschᵉl), **1)** *Bruce*, engl. Erzähler, * 1899; humorvolle, handlungsreiche Romane mit religiösen Motiven: *Das Wunder des Malachias; Du bist schön, meine Freundin.* **2)** *George*, am. General u. Politiker, 1880–1959; 1939/45 Generalstabschef, 47/49 Außenmin., 50/51 Verteidigungsmin. **M.-Plan** (ERP), das v. George M. ins Leben gerufene Wiederaufbauprogramm für Europa nach dem 2. Weltkrieg; 1948 angelaufen; gewährte Kredite, aber auch nicht zurückzuzahlende Zuschüsse; auch Lieferungen v. Lebensmitteln, Rohstoffen, Halb- u. Fertigwaren. Bis zum 30. 6. 52 (Ende der M.-Plan-Hilfe für Westeuropa) erhielt die BRD Mittel im Wert v. ca. 1,5 Mrd. $. Der M.-Plan hatte entscheidenden Anteil am Wiederaufbau der westeurop., bes. auch der westdt. Wirtschaft.

Marshall-Inseln (: maʳschᵉl-), in Mikronesien, 2 v. SO nach NW gerichtete Bögen (Ralik- u. Ratakinseln): 353 Inseln, davon 33 Atolle, 182 km², 27 100 E.; Hauptinsel Dschalut. – Im 16. Jh. v. den Spaniern entdeckt, 1885 dt. Schutzgebiet; 1920 Mandatsgebiet v. Japan, seit 47 der USA.

Marsilius v. Padua, it. Staatstheoretiker, um 1275 bis um 1342; vertrat eine Zweigewaltenlehre; unterstellte im Weltl.-Politischen die Kirche dem Staat; Rektor der Univ. Paris; beriet ↗Ludwig IV. den Bayern; v. Papst gebannt. Schrieb den *Defensor Pacis*.

Marstall *m*, fürstliche Stallung.

Marsyas, phryg. Quelldämon; in der griech. Sage ein Faun, der Apollo im Flötenspiel unterlag; dafür enthäutet.

Martensit *m*, Strukturgefüge des gehärteten Stahls.

Martha, hl. (29. Juli), im NT Schwester v. Lazarus u. Maria.

Martial, um 40 – um 104 n. Chr.; Meister des röm. Epigramms (Xenien).

martialisch (lat.), kriegerisch, wild.

Martigny (: -tinji), dt. *Martinach*, schweizer. Bez.-Stadt am Rhône-Knie (Wallis), 11 200 E.; Ausgangspunkt der Straße über den Großen St. Bernhard.

Martin, 5 Päpste, **M. V.**, 1368–1431; ein Colonna, 1417 v. Konstanzer Konzil zum Pp. gewählt; stellte die Herrschaft in Rom wieder her, v. ernstem Reformwillen beseelt.

Martin v. Cochem, Kapuziner, 1634–1712; volkstümlicher Prediger u. Schriftsteller.

Martin v. Tours, hl. (11. Nov.), um 316–397; aus heidn. Familie, Soldat im röm. Heer; nach der Taufe Einsiedler, Klostergründer in Gallien; 371 Bischof v. Tours; Nationalheiliger der Franken. Nach der Legende teilte er als Soldat seinen Mantel mit einem Bettler. Der M.stag *(Martini)* mit Volksbräuchen (z. B. Umzügen der Kinder mit Laternen) verknüpft.

Frank Martin

Martin (: martãñ), *Frank*, schweizer. Komponist, 1890–1974; Ballette, Solokonzerte, Kammermusik, Friedensoratorium *In terra pax*; Opern *Der Zaubertrank, Der Sturm*.

Martin, *Ludwig*, * 1909; 1963/74 Generalbundesanwalt in der BRD.

Martinique (: -nik), tropische frz. Vulkaninsel (Mont Pelé) der Kleinen Antillen, 1102 km², 325 000 E.; Hauptort u. Kohlenstation Fort-de-France; Ausfuhr v. Rum, Zucker, Ölen, Kakao. – 1502 v. Kolumbus entdeckt, 1635 v. Franzosen besiedelt; 1946 wurde die frz. Kolonie in ein Überseedepartement umgewandelt.

Martinofen, *Siemens-M.*, ein allseitig geschlossener Herdofen zur Erzeugung v.

George Marshall

Martinstahl, aus Roheisen u. Schrott. Benannt nach dem frz. Techniker *Pierre Martin* (1824–1915) u. seinem Vater *Émile*.

Martinsvogel, der ↗Eisvogel.

Martinů (: martjinu) *Bohuslav*, tschech. Komponist, 1890–1959; Opern, Ballette, Symphonien u. Solokonzerte, Kammermusik, Vokalwerke.

Martyrer *m* (gr. = Zeuge), urspr. der Zeuge des Lebens u. Wirkens Christi, dann derjenige Christ, der in der Verfolgung den Glauben mit seinem Blut besiegelte. In der kath. Kirche führte die Sitte, auf den Gräbern der kirchl. anerkannten Blutzeugen Messen zu lesen, zur Vorschrift, in alle Altäre M.reliquien einzuschließen. **Martyrium** *s*, das Leiden, i. e. S. das der Martyrer. **Martyrologien** (Mz.), Verzeichnisse der Heiligengedenktage, entstanden im 5. Jh. durch Erweite-

rung der liturg. Kalendarien mit Angaben über Todestag, Begräbnis u. Reliquienübertragung. Das für die röm.-kath. Kirche geltende *Martyrologium Romanum* seit 1584 als offizielles M. vorgeschrieben.
Marx, 1) *Karl,* dt. Sozialökonom u. Begr. des wiss. Sozialismus, * 1818 in Trier als Sohn eines jüd. Notars, † 1883 London; trat 24 mit der elterl. Familie zum Protestantismus über; studierte 35/41 Rechtswiss. u. Philosophie, 42 Redakteur der liberalen „Rheinischen Zeitung"; emigrierte nach Paris, v. dort nach Brüssel; Zusammenarbeit mit ↗Engels; 48 vorübergehend Schriftleiter der „Neuen Rhein. Zeitung", Mitverfasser des ↗Kommunist. Manifestes. Nach Ausweisung aus Dtl. seit 49 in London. Schrieb dort *Das Kapital.* M. begründete, v. L. Feuerbach u. der Dialektik Hegels ausgehend, den histor. ↗Materialismus u. den wiss. Sozialismus (↗Marxismus). **2)** *Wilhelm,* 1863–1946; 1923/1925 u. 26/28 dt. Reichskanzler (Zentrum).
Marxismus *m,* die v. K. ↗Marx u. ↗Engels begr. Gesellschafts- u. Wirtschaftstheorie; urspr. in gemäßigter Form v. sozialist. u. sozialdemokrat. Parteien vertreten, bildet er in seiner durch Lenin erheblich umgeprägten extremen Form als M.-↗Leninismus die geist. Grundlage des heutigen ↗Kommunismus, während sich der heutige demokrat. ↗Sozialismus weitgehend davon entfernt hat. – Nach der leitenden Auffassung des histor. ↗Materialismus wird die Entwicklung der menschl. Gesellschaft v. den wirtschaftl. Produktionsverhältnissen bestimmt, zu denen das geistige, polit. u. soziale Leben nur den *Überbau* bildet. Nach seiner ökonom. ↗*Mehrwert*-Theorie fließt das *Kapital* in den Händen weniger *Kapitalisten* zusammen, während die Klasse der Arbeiter *(Proletarier)* immer mehr verelendet. Durch Überführung der im Kapitalisten aufgehäuften *Produktionsmittel* in *Gemeineigentum* nach rücksichtslosem *Klassenkampf* u. zeitweiliger *Diktatur des Proletariats* lösen sich die Klassen u. schließl. auch der Staat in eine *klassenlose Gesellschaft* auf.
Mary, fr. *Merw,* Lößoase in der Wüste Karakum (Turkmenische SSR), am Murgab, 4000 km², Baumwollanbau. *Stadt M.,* 64 000 Einwohner.
Maryland (: mär'länd), Abk. *Md.,* Staat im O der USA, an der Chesapeakebai des Atlant. Ozeans, 27 394 km², 4,1 Mill. E.; Hst. Annapolis.
Märzbecher, *Knotenblume,* frühblühendes Narzissengewächs mit glockenförm. weißen Blüten.
Märzfliege, die ↗Haarmücke.
Marzipan *m* od. *s* (arab.), Zuckerwerk aus ²/₃ feucht zerriebenen Mandeln, ¹/₃ Zucker u. Aromastoffen.
Märzrevolution, die bürgerlich-liberale Revolution in Dtl., Preußen u. Östr. 1848; führte zu zahlreichen liberalen Reformen.
Masaccio (: -ßatscho), eig. *Tommaso di Ser Giovanni di Simone Guidi,* it. Maler der Frührenaissance, 1401–28; plast. Stil; Fresken in Kirchen v. Florenz.

Pietro Mascagni

Karl Marx

Giulietta Masina

Masai ↗Massai.
Masaryk, 1) *Jan,* Sohn v. 2), 1886–1948; 1945 tschsl. Außenmin., starb nach dem kommunist. Staatsstreich durch Selbstmord od. Mord. **2)** *Tomáč Garrigue,* tschech. Staatsmann und Philosoph, 1850 bis 1937; 1882 Prof. in Prag, kämpfte für einen tschech. Volksstaat; 1918–1935 tschsl. Staatspräsident.
Mascagni (: -ßkanji), *Pietro,* it. Opernkomponist, 1863–1945; *Cavalleria rusticana; Freund Fritz.* ↗Verismus.
Maschine *w* (lat.), leistet unter Ausnutzung v. Naturkräften Arbeit *(Energie-M.)* u. ersetzt die Handarbeit des Menschen *(Arbeits-M.)* weithin, der nur mehr überwachend und leitend in den Arbeitsgang eingreift. **M.nbauschulen,** fr. Bz. für die auf Ausbildung v. Maschinenbauingenieuren spezialisierten Ingenieurschulen; heute meist Fachhochschulen. **M.nelemente,** die immer wieder benutzten Bauelemente der M.n; unterschieden in lösbare u. unlösbare Verbindungsglieder, in Drehelemente (z. B. Wellen, Achsen), in Elemente zur Momentübertragung (z. B. Zahnräder, Kettentrieb), in Kraftmaschinenelemente (z. B. Kolben, Kurbeln) u. Rohrleitungselemente. **M.ngenossenschaft,** Selbsthilfeeinrichtung der Landwirtschaft zur gemeinsamen Anschaffung u. Nutzung v. M.n. **M.nkunst,** Bz. für das künstler. Werk W. ↗Tatlins, in dem dieser die raumfunktionalen Bedingungen techn. Konstruktion im abstrakten Modell entwickelte. **M.nsatz,** auf einer Setz-M. hergestellter Schriftsatz; Ggs.: Handsatz. **M.nstraße** ↗Transferstraße. **M.ntelegraph,** überträgt auf Schiffen die Fahrbefehle vom Ruderhaus in den Maschinenraum. **M.n-Traktoren-Station** (MTS), die urspr. staatl. Landmaschinenparks in der UdSSR u. DDR; seit 1958 in Reparaturwerkstätten umgewandelt u. meist im Besitz der LPGs. **M.nwaffe,** moderne Waffe, die entweder den Gasdruck der Pulvergase od. den Rückstoß zum Laden, Verschlußspannen, Zünden u. Auswerfen ausnutzt; je nach verwendeter Munition als *M.npistole* (Handfeuerwaffe), *M.ngewehr* od. *M.nkanone,* die beiden letzten auf Lafetten, oft in Zwillings- bis Vierlingsanordnung. □ 1075.
Masefield (: me'ßfild), *John,* engl. Schriftsteller, 1878–1967; realist. Verserzählungen u. Volksballaden.
Maser *m* (: engl. me'ser), ein Verstärker für Mikrowellen; ↗*Laser,* wenn für Licht.
Masereel, *Frans,* belg. Graphiker u. Maler, 1889–1972; Holzschnittfolgen gg. Krieg u. soziale Not. □ 596.
Masern, *Rotsucht,* ↗Infektionskrankheit, beginnt mit Katarrh, Bindehautentzündung, worauf unter Fieber grobfleck. Hautausschlag auftritt; bes. im Kindesalter. □ 271.
Maseru, Hst. v. Lesotho (Südafrika), 45 000 E.; kath. Erzb.; anglikan. Bischof.
Maserung, Linienstruktur auf Hölzern, entstanden durch die ↗Jahresringe.
Masina, *Giulietta,* it. Filmschauspielerin, * 1921(?); verheiratet mit F. ↗Fellini; Filme u. a.: *La Strada; Die Nächte der Cabiria.*
Maskarenen, vulkan. Inselgruppe östl. v.

F. Masereel: Lesender (Holzschnitt, 1948)

Madagaskar; fruchtbar (Zuckerrohr); zu ihnen gehören die Inseln ⟋Réunion, ⟋Mauritius u. Rodriguez.

Maskat, Muscut, ⟋Oman.

Maske w (arab.), Gesichtshülle, die den Träger zur Verkörperung des in der M. Dargestellten macht. Grundlage kult.-zauber. Vorstellungen; die M.nträger verkörpern Götter u. Dämonen. M.n oft auch Zeichen eines Geheimbundes. Fast allen M.n eignet abschreckende Bedeutung, daher groteskschaurige Züge, in denen sich auch menschl. u. tier. Formen mischen. Sonderformen: Kriegs-M., Theater-M. Den Fastnachts-M.n liegt (bes. in Süd-Dtl. u. der Schweiz) altes Brauchtum zugrunde (Hexenwesen, Perchtenspringen).

Maskotte w (frz.), Glücksbringer.
Maskulinum s (lat.), Hauptwort männl. Geschlechts.

Masochismus m, nach dem Schriftsteller Sacher-Masoch (1836–95) benannte sexuelle Perversion: Befriedigung durch erlittene Schmerzen u. Demütigungen. Ggs. ⟋Sadismus.

Masora, Massora w, die jüd. literar. Bemühungen um Reinerhaltung des hebr. Bibeltextes. **Masoreten,** Massoreten, die mit der Masora befaßten jüd. Gelehrten.

Masowien, poln. Mazowsze (: masofsche), fruchtbare Landschaft beiderseits der Weichsel u. des unteren Narew. – 1138 bis 1793 poln., dann preuß., seit 1807 wieder polnisch.

Massa, Hst. der it. Prov. M. e Carrara in der Toskana, mit dem Hafen Marina di M., 66 1000 E.; Bischof; Verschiffung des carrarischen Marmors.

Massachusetts (: mäß[ä]tschuß[e]tß), Abk. Mass., einer der Neuenglandstaaten der USA, zw. den nördlichen Appalachen u. dem Atlantischen Ozean, 21 386 km^2, 5,8 Mill. E.; Hst. Boston.

Massage w (: -asch[e], frz.), Streichen, Kne-

ten, Reiben, Klopfen, Erschütterung mit der Hand, auch mit elektr. M.apparaten (Vibrations-M.); regt die Blutzirkulation an u. kräftigt die Muskulatur. Bindegewebs-M., M.methode, bei der durch Streichen mit den Fingern u. a. bes. das Bindegewebe getroffen werden soll.

Mas(s)ai, ostafrikan., hochwüchs. Hirtenkrieger, Rinder- u. Schafzüchter, hauptsächl. in der M.steppe zw. Kilimandscharo, Kenia u. Viktoriasee.

Massaker s (frz.), Blutbad, Metzelei. **massakrieren,** niedermachen.

Maßanalyse, Titrationsanalyse, quantitative chem. Bestimmung gelöster Stoffe durch Zufügen einer Lösung v. bestimmtem Gehalt an Reagenz, bis ein zugesetzter Indikator das Ende der Reaktion anzeigt. Die verbrauchte Lösungsmenge ist der gesuchten Stoffmenge proportional.

Massary, Fritzy (eig. Friederike Massaryk), östr. Sängerin, 1882–1969; Operetten-Sopranistin, wirkte bes. in Berlin; lebte seit 33 in den USA.

Massaua, Haupthafen v. Eritrea, westl. am Roten Meer, 30 000 E.; Bahn nach Agor Dat.

Masse, 1) in der Gesellschaftslehre: im Ggs. zur ⟋Gemeinschaft eine meist zufällig zusammengekommene, ungegliederte Vielheit v. Menschen, die jedoch bei bestimmten Anlässen in gemeinsamer Weise handelt u. geführt werden kann. Sie ist bes. durch Gefühlsgründe, weniger durch Vernunft ansprechbar. In einem anderen Sinne zählen diejenigen Menschen zur M., die sich in ihrer sittl., relig. u. geist. Haltung nicht v. ihrer Umwelt abheben u. in allem der gerade herrschenden Meinung ohne eigenen Standpunkt folgen. **2)** grundlegende Eigenschaft der Materie, eine Grundgröße der Physik; a) träge M., bewirkt das Auftreten v. Kräften bei Bewegungsänderung (Trägheitskräfte); b) schwere M., ist die Ursache der Massenanziehung (Gravitation) der Körper. Träge u. schwere M. sind einander gleich. Einheit der M. ist das ⟋Kilogramm. **M.-Energie-Äquivalenz** ⟋Energie-Masse-Äquivalenz.

Maßeinheiten, Einheiten zur Messung physikal. Größen. ⟋Maßsysteme.

Massenanziehung, Gravitation, die allgemeine Eigenschaft der schweren ⟋Masse, eine Anziehungskraft auf eine andere Masse auszuüben; äußert sich auf der Erde z. B. als ⟋Fall. ⟋Schwerkraft. **Massendefekt** ⟋Bindungsenergie.

Massenet (: -nä), Jules, frz. Komponist, 1842–1912; Opern (Manon), Orchestermusik, Oratorien.

Massenmedien, Mittel, die der Verständigung weitverstreuter Menschen dienen: Presse, Film, Funk u. Fernsehen; wichtiger Integrationsfaktor der Massengesellschaft, vor allem bei der Bildung einer öff. Meinung.

Massenspektroskopie, Methode zur Trennung v. Isotopen (die verschiedene Massen haben), beruht auf der Wirkung elektr. u. magnet. Felder, die Ionen nach ihrer Geschwindigkeit u. Masse trennen können. Von ⟋Aston begründet. **Massenzahl,** die

Masken

Südamerika

Afrika (Kongo)

Neuguinea

Holzgeschnitzte Fastnachts-M. aus dem Elztal (Schwarzwald)

Gesamtzahl der Nukleonen im ⟋Atom-Kern.
Masseur m (: -ör, frz.), *Masseuse* w (: -öse), führt die Massage aus.
massiv (frz.), schwer, ganz mit Masse erfüllt (Ggs. hohl); gediegen; grob.
Massiv s, Massen-⟋Gebirge.
Maßliebchen ⟋Gänseblümchen.
Massora ⟋Masora.
Maßstab, 1) ein einfaches stabförmiges Längenmeßgerät. **2)** ⟋Karten.
Maßsysteme sind aus den Grundgrößen u. mit dafür festgesetzten Maßeinheiten u. den daraus abgeleiteten Größen gebildet; z.B. das mks-System, gebildet aus den Grundeinheiten Meter, Kilogramm u. Sekunde, das cgs-System aus Zentimeter, Gramm u. Sekunde. Das techn. System verwendet statt der Masse die Kraft. In der BRD seit 1970 gesetzl. eingeführt ist das *Internationale Einheitensystem (SI)* mit den 7 Grundgrößen *Länge, Masse, Zeit, elektr. Stromstärke, thermodynam. Temperatur, Stoffmenge* u. *Lichtstärke* u. den entsprechenden Grundeinheiten *Meter* (m), *Kilogramm* (kg), *Sekunde* (s), *Ampere* (A), *Kelvin* (K), *Mol* (mol) u. *Candela* (cd). Aus diesen lassen sich alle anderen physikal. Größen bzw. Einheiten ableiten.
Maßwerk, geometr., steinernes Bauornament der Gotik.
Massys (: -ßeis), *Quinten*, niederländ. Maler, 1466–1530; zw. Gotik u. Renaissance; *Beweinung Christi, Der Geldwechsler u. seine Frau.*
Mast w, **1)** *Mästung*, Überernährung des Schlachtviehs zur Steigerung der Fleisch- u. Fettbildung. **2)** Samen v. Buchen u. Eichen.
Mastaba w (arab.), altägypt. Schachtgrab mit kastenförmigem Überbau, im Innern Inschriften, Bilder u. die Statue des Verstorbenen.
Mastdarm, *Rectum,* unterster Abschnitt des Dick-⟋Darms bis zum After. ☐ 617. **M.spiegel,** *Rektoskop,* optisches Instrument zur Untersuchung der Schleimhaut des M.s.
Master (engl.), **1)** Meister od. Herr, Gebieter. **2)** akad. Grad in angelsächs. Ländern, dem ⟋Magister entsprechend. *M. of Arts* = M. der Geistes-Wiss., *M. of Science* = M. der Naturwissenschaften.
Mastiff m (: mastif), doggenart. Hunderasse Englands, 80 cm hoch; Luxushund.
Mastix m, Harz einer mediterranen Pistazie *(M.strauch);* zu Firnis, Kitt, Räucherwerk, Pflastern, Lacken.
Mastodon s (gr.), fossiler Elefant, 5 m lang, 3,5 m hoch, mit geraden Stoßzähnen.
Mastroianni, 1) *Marcello,* it. Theater- u. Filmschauspieler, * 1924; Filme u.a.: *Das süße Leben; Scheidung auf italienisch.* **2)** *Umberto,* it. Bildhauer, * 1910; konstruktivist.-abstrakte Arbeiten.
Masturbation w (lat.), ⟋Onanie.
Masuren, südl. Teil v. Ostpreußen, bewohnt v. slaw. Volksstamm der M., mit den *Masur. Seen* (Mauer-, Spirdingsee u.a.).
Masurium ⟋Technetium.
Masut s (russ.), dickflüssiger Destillationsrückstand des Erdöls; zu Heizzwecken u. als Treibstoff verwendbar.

Maß-Vorsilben

T	Tera-	10^{12}	=	1 000 000 000 000	billionenfach
G	Giga-	10^9	=	1 000 000 000	milliardenfach
M	Mega-	10^6	=	1 000 000	millionenfach
k	Kilo-	10^3	=	1 000	tausendfach
h	Hekto-	10^2	=	100	hundertfach
da	Deka-	10^1	=	10	zehnfach
d	Dezi-	10^{-1}	= 0,1		zehntel
c	Zenti-	10^{-2}	= 0,01		hundertstel
m	Milli-	10^{-3}	= 0,001		tausendstel
μ	Mikro-	10^{-6}	= 0,000001		millionstel
n	Nano-	10^{-9}	= 0,000000001		milliardstel
p	Piko-	10^{-12}	= 0,000000000001		billionstel
f	Femto-	10^{-15}	= 0,000000000000001		billiardstel
a	Atto-	10^{-18}	= 0,000000000000000001		trillionstel

Maßwerk: 1 Dreipaß, **2** Vierpaß, **3** Fünfpaß, **4** got. Fenster mit Drei- u. Vierpaß-M. – Fensterrose (☐ 265), Fischblase (☐ 275), Flamboyant (☐ 277)

Matadi, wichtigster Hafen der Rep. Zaïre, am Kongo, 135 km oberhalb der Mündung, noch für Seeschiffe erreichbar, 143000 E.; kath. Bischof.
Matador m (span. = Töter), Stierkämpfer; *i.ü.S.:* Hauptperson.
Mata Hari (malaiisch = Himmelsauge), eig. *Margareta G. Zelle,* niederländ. Schönheitstänzerin, 1876–1917; in Paris der Spionage für Dtl. beschuldigt u. deshalb erschossen.
Matanzas (: -ßaß), Prov.-Hst. u. Hafenstadt an der Nordküste v. Kuba 86000 E.; kath. Bischof; Zuckerindustrie.
Matapan, *Kap M.,* südl. Vorgebirge des Peloponnes (Griechenland).
Mataré, *Ewald,* dt. Bildhauer u. Graphiker, 1887–1965; Mosaiken, Intarsien mit Tierdarstellungen, Tierplastiken; Bronzetüren der Dome zu Köln u. Salzburg.

E. Mataré: „Liegende Kuh" (Bronze)

Match m od. s (: mätsch, engl.), Wettkampf, Partie.
Mate m, *Yerba, Paraguay-Tee,* Aufguß der getrockneten Blätter v. süd-am. Stechpalmen; enthält wenig Koffein.
Mater w (lat.), ⟋Matrize.
Mater (lat.), Mutter. **M. dolorosa** (schmerzhafte Mutter); ein Titel, unter dem die Gottesmutter Maria v. 13.Jh. an verehrt wird. ⟋Pietà. **M. et magistra** (lat. = Mutter u. Lehrerin), Sozialenzyklika Pp. Johannes' XXIII. v. 15.5.1961 über die Gestaltung des heutigen Sozialebens im Licht der christl. Lehre.
Material s (lat.; Mz. *M.ien*), der zu gestaltende od. zu verarbeitende Stoff. **Materialisation** w, **1)** ⟋Spiritismus. **2)** in der Atomphysik: die ⟋Paarbildung.
Materialismus m (lat.), philosoph. Lehre, die im Ggs. zum ⟋Idealismus alles Seiende einschl. des Menschengeistes auf sinnl. erfahrbaren Stoff (Materie) zurückführen will; als konsequenter ⟋Monismus, der als Wirkursache nur mechan. Kausalität an-

U. Mastroianni: „Frau" (1953, Bronze)

erkennt u. einen übernatürl. Weltschöpfer leugnet, zugleich ⁄Atheismus. – Der v. Demokrit u. Epikur vertretene antike M. fand in der Aufklärung nach Wiederaufnahme durch Gassendi u. Hobbes bes. bei Lamettrie u. Holbach seine klass. Gestalt. In *mechanist.* Form v. C. Vogt, Moleschott u. L. Büchner weitergeführt, als *dynam.-energet. M.* bes. von Naturforschern wie Darwin u. Haeckel begr. – Im 19. Jh. entstand der *Dialektische M. (Diamat),* die unter Umstülpung Hegelscher Thesen v. Feuerbach, Marx u. bes. Engels entwickelte Theorie, wonach nicht Ideen die Wirklichkeit begründen, sondern die Materie aus sich selbst ist u. sich bewegt, wobei quantitative Änderungen *dialektisch* in qualitative umschlagen; v. Plechanow, Lenin u. Stalin weitergeführt. – Der ebenso im 19. Jh. entstandene *Historische M. (Histomat),* v. Marx begr. u. bes. v. Lenin ausgebaut, lehrt in Anwendung des dialekt. M. auf die menschl. Gesellschaft u. Geschichte, alles Geschehen sei durch wirtschaftl. Vorgänge bestimmt, wobei die Klassenkämpfe dereinst durch dialekt. Umschlag in eine klassenlose Ges. zum sozialen Fortschritt führen (⁄Marxismus).

Materialprüfung ⁄Werkstoffprüfung.
Materie *w* (lat.), allg. Stoff, Gegenstand, stoffl. Grundlage. **1)** philosoph.: im Ggs. zur ⁄Form der Stoff, bes. der noch nicht geformte Urstoff, jenes Etwas, das erst durch die Form gestaltet u. damit wahrnehmbar wird. **2)** physikal.: Bz. für alle ⁄Elementarteilchen u. die aus ihnen aufgebauten Atome u. Moleküle, die ihrerseits Gase, Flüssigkeiten u. Festkörper bilden. Wegen der ⁄Energie-Masse-Äquivalenz zählen i.w.S. auch die Felder als Träger v. Masse u. Energie zur M. **M.wellen,** in der höheren Physik den bewegten Korpuskeln zugeordnete Wellen.

Mathematik *w* (gr.), die „Wiss. v. Raum u. Zahl" (Leibniz), wobei heute in mehreren mathemat. Zweigen Raum u. Zahl nicht mehr ihre gewöhnl. Bedeutung haben (n-dimensionale Räume, komplexe Zahlen). Sie leitet aus einfachen Begriffen u. Voraussetzungen (Axiomen) durch rein log. Schlüsse Ergebnisse (Sätze) her. Werden Voraussetzungen und Ziel naturwissenschaftl., volkswirtschaftl. od. techn. Aufgaben angepaßt, so können Zweige der „Reinen M." zur „Angewandten M." werden, z. B. Wahrscheinlichkeitsrechnung. Die M. arbeitet (im Ggs. zu den Naturwissenschaften) deduktiv u. wird zu den Geisteswissenschaften gerechnet. Man teilt die M. ein in Algebra, Analysis u. Geometrie. *Algebra* umfaßt Arithmetik, Kombinatorik, Zahlen-, Gruppen-, Körper-, Invariantentheorie, Lineare Algebra u. Mengenlehre. *Analysis* umfaßt Differential-, Integral-, Differenzenrechnung, Reihenlehre, Funktionentheorie, Differential-, Integralgleichungen, Variationsrechnung u. Potentialtheorie. *Geometrie* umfaßt Planimetrie, Trigonometrie, Stereometrie, Analytische Geometrie, n-dimensionale Geometrie, Axiomatik, Nichteuklid. Geometrie, Projektive (Synthet.)

Geometrie, Algebraische Geometrie, Differential-Geometrie u. Topologie.
Mathieu (: mat'ö), **1)** *Georges,* frz. Maler, * 1921; begründete den frz. Tachismus; psychograph. Öl- u. Guaschmalerei, dem ⁄Action painting verwandt. **2)** *Mireille,* frz. Chansonsängerin, * 1946.
Mathilde, hl. (14. März), um 895–968; Gemahlin Kg. Heinrichs I., gründete das Kloster Quedlinburg. **M. v. Tuszien,** 1046–1115; Markgräfin v. Tuszien; ihren Besitz, die **Mathildischen Güter,** vermachte sie dem Papsttum; Ks. Heinrich V. anerkannte die Schenkung nicht; die M. G. blieben Gegenstand des Streites zw. Rom u. den dt. Ks.n, bis Friedrich II. 1213 sie dem Pp. zuerkannte.
Mathusala ⁄Methusalem.
Matinée *w* (frz.), Morgenveranstaltung.
Matisse (: -tiß), *Henri,* frz. Maler, Graphiker u. Bildhauer, 1869–1954; Führer des ⁄Fauvismus; dekorativ-flächiger Stil; Interieurs, Akte, Stilleben; zuletzt kirchl. Kunst.
Matjeshering (niederländ.), junger Fetthering, kommt schwach gesalzen in den Handel.
Matlock (: mätlok), engl. Badeort in der Gft. Derby, 18 000 E.; Thermen.
Mato Grosso, fr. *Matto Grosso,* Binnenstaat Brasiliens, an der Grenze gg. Bolivien u. Paraguay, 1 231 549 km², 2,4 Mill. E., Hst. Cuiabá. Hochländer; extensive Rinderzucht.
Matrei, 2 Tiroler Marktflecken: **1)** *M. am Brenner,* Sommerfrische, s.ö. von Innsbruck, 992 m ü. M., 1000 E. **2)** *M. in Osttirol,* Touristenstation (für Großglockner u. Großvenediger), 975 m ü. M., 4000 E.
Mätresse *w* (frz.), ⁄Maîtresse.
Matriarchat *'s* (lat.-gr.), ⁄Mutterrecht.
Matrikel *w* (lat.), Verzeichnis v. Personen

Matrix

$$A = \begin{pmatrix} a_{11} & a_{12} & a_{13} & \cdots & a_{1n} \\ a_{21} & a_{22} & a_{23} & \cdots & a_{2n} \\ a_{m1} & a_{m2} & a_{m3} & \cdots & a_{mn} \end{pmatrix}$$

$i = 1, 2, 3 \ldots m \equiv$ Zeile
$k = 1, 2, 3 \ldots n \equiv$ Kolonne Spalte

Addition als Beispiel des Rechnens mit Matrizen:

$A + B =$

$$= \sum_{k=1}^{n}\left(\sum_{i=1}^{m} a_{ik}\right) + \sum_{k=1}^{n}\left(\sum_{i=1}^{m} b_{ik}\right)$$

$$= \sum_{i=1}^{m}\left(\sum_{k=1}^{n} a_{ik}\right) + \sum_{i=1}^{m}\left(\sum_{k=1}^{n} b_{ik}\right)$$

a) $A + B = B + A$
b) $(A + B) + C = A + (B + C)$
c) $A + \Theta = A$

Henri Matisse: Selbstbildnis

Mathematische Zeichen

Zeichen	Bedeutung	Zeichen	Bedeutung
+	plus, und	$\overset{\frown}{AB}$	Bogen AB
−	minus, weniger	$\sqrt[n]{\ldots}$	n-te Wurzel aus
±	plus oder minus	a^n	n-te Potenz von a
=	ist gleich	log	allgemeiner Logarithmus
≠	ist ungleich	lg	Logarithmus zur Basis 10
≡	ist identisch	ln	natürlicher Logarithmus
× od ·	mal	ld (lb)	Logarithmus zur Basis 2
: ⟩	geteilt durch	e	Basis des natürlichen Logarithmus ln
—	Bruchstrich	∞	unendlich
>	größer als	!	Fakultät, z. B. n!
≧	größer od. gleich	i	imaginäre Einheit
≫	groß gegen	lim	Grenzwert, Limes
<	kleiner als	f	Funktion, z. B. f(x)
≦	kleiner od. gleich	|a|	absoluter Betrag, z. B. |−2| = 2
≪	klein gegen	d	vollständiges Differential
~	proportional, ähnl.	∂	partielles Differential
≅	kongruent	δ	Variation
≙	entspricht	∫	Integral
Δ	Delta, Differenz	π	Zahl Pi (3, 141 5926...)
Σ	Summe	∈	Element von
Π	Produkt	∉	nicht Element von
$\vec{a}$	Vektor	⊂	echt enthalten in
△	Dreieck	∪	vereinigt mit
∡	Winkel	∩	geschnitten mit
⊥	senkrecht zu	\	Bildung der Restmenge
‖	parallel	∅ od. { }	leere Menge
°	Grad	∧	log. Junktor „und" (Konjunktion)
'	Minute	∨	log. Junktor „oder" (Disjunktion)
''	Sekunde	¬	log. Junktor „nicht" (Negation)
$\overline{AB}$	Strecke AB	⇒	folgt, impliziert
		⇔	ist äquivalent

od. Einkünften; z. B. *Kirchen-, Univ.-M.* (↗Exmatrikulation, ↗Immatrikulation).
Matrikularbeiträge, im ↗Finanzausgleich die Beiträge v. nachgeordneten an übergeordnete Gebietskörperschaften.
Matrix *w* (lat.), mathemat. eine formale Rechengröße bei Transformationen, auch in der Quantenmechanik, hängt mit den ↗Determinanten zusammen.
Matrize *w* (lat.), **1)** in der Stanzerei od. Zieherei: ein Stahlwerkzeug in Hohlform (Untergesenk) zur Formung v. Blechen durch einen entsprechend profilierten Stempel. **2)** in der Stereotypie: negative Originalform aus Papierstoff *(Mater)* für den Guß ebener od. zylindr. Stereotypieplatten. **3)** in der Schriftgießerei: die Buchstabengußform.
Matrone *w* (lat.), ursprüngl. verheiratete Römerin; heute allg. eine ältere Frau.
Matsujama, japan. Bez.-Hst. im W v. Schikoku, 368000 E.
Matsumoto, japanische Stadt, im mittleren Hondo, 186000 E.; Seidenraupenzucht.
matt, 1) allg.: schwach, kraftlos, erschöpft; glanzlos, farblos, lichtarm. **2)** *schachmatt:* der das Schachspiel entscheidende Zug, so daß der Kg. sich dem gebotenen Schach nicht entziehen kann.
Matterhorn *s,* Gipfel der Walliser Alpen an der schweizer.-it. Grenze, 4477 m hoch; Erstbesteigung 1865 durch E. Whymper.
Matthäus, hl. (21. Sept.), Apostel u. Evangelist; predigte in Palästina, vielleicht in Äthiopien u. Parthien. Martyrer; nach ihm ben. das *M.evangelium,* dessen Verfasserschaft jedoch umstritten ist.
Matthias, hl. (24. Febr.), für Judas Iskarioth zum Apostel gewählt; Martyrer; Reliquien nach der Überlieferung in Trier (M.basilika).
Matthias, Fürsten: **M.,** 1557–1619; Bruder Rudolfs II. v. Habsburg, der ihm 1608 Östr., Ungarn u. Mähren, 11 Böhmen abtreten mußte; 12 dt. Kaiser, erstrebte vergeblich einen interkonfessionellen Ausgleich. **M. I. Corvinus,** 1443–90; 58 Kg. v. Ungarn; vertrieb die Türken aus Bosnien, führte siegreiche Kriege in Böhmen u. Polen; bekämpfte seit 77 Ks. Friedrich III.; gründete die Univ. Preßburg.
Matthöfer, *Hans Hermann,* * 1925; 74/78 Bundes-Forschungs-Min., seit 78 Bundes-Finanz-Min. (SPD).
mattieren, 1) Glas- od. Metallflächen mittels ↗Sandstrahlgebläses od. Säuren glanzlos machen. **2)** Holz mit mattem Lack überziehen.
Matto Grosso ↗Mato Grosso. [ziehen.
Matura *w* (lat.), die ↗Reifeprüfung.
Matutin *w* (lat.), Morgengebet, erste Tagzeit des kath. Breviers (Mette). [der Juden.
Matze *w* (hebr.), ungesäuertes Passahbrot
Maubeuge (: mobösch), frz. Stadt u. alte Festung im Dep. Nord, an der Sambre; 33000 E.; Hochöfen, Hüttenwerke.
Mauerläufer, 16 cm langer Hochgebirgsvogel mit roten Flügeln, an Felswänden ruckweise kletternd; Nest in Felsspalten.
Mauerpfeffer, *Fetthenne, Sedum,* Fettblattgewächse an Felsen u. Mauern; z. T. Zierpflanzen (für sonnige Plätze)
Mauerraute *w,* ein ca. 15 cm hoher Farn.
Mauerschwamm, der ↗Hausschwamm.

H. H. Matthöfer

F. A. Maulpertsch: Selbstbildnis (1790)

Maulwurf

Guy de Maupassant

Maureske

Mauersee, einer der Masur. Seen, in Ostpreußen, 102 km².
Mauersegler, schwalbenähnl. Zugvogel; Nest in Turm- u. Felsenlöchern.
Maugham (: máᵉm), *William Somerset,* engl. Schriftsteller, 1874–1965; Romane *(Der Menschen Hörigkeit),* Erzählungen, Lustspiele *(Der Kreis).*
Maui, zweitgrößte der Hawaii-Inseln, bis 3060 m hoch; viele Zuckerrohrplantagen; 1885 km², 40000 E.; Hst. Wailuku.
Mauke *w,* Hautkrankung in der Fesselbeuge der Pferde.
Maulbeerbaum, *Morus,* Bäume od. Sträucher mit saftigen, brombeerart. Sammelfrüchten. *Schwarzer M.,* aus Westasien, liefert schwarzrote Früchte zu Marmelade, Wein u. a.; *Weißer M.,* mit dünneren Blättern (Hauptfutter für Seidenraupen) u. bleichen Früchten; winterharter *Roter* od. *Kanadischer M.,* ist ein Schattenbaum.
Maulbeerfeigenbaum ↗Sykomore.
Maulbrüter, die ↗Cichliden.
Maulbronn, württ. Stadt im Enzkreis, 5900 E.; ehem. Zisterzienserabtei (1138 gegr., seit 1558 ev. theolog. Seminar); Klosteranlage mit Teilen aus allen mittelalterl. Stilperioden fast vollständig erhalten.
Maulesel, eselähnl. Bastard v. Pferdehengst u. Eselstute.
Maulpertsch, *Franz Anton,* 1724–96; Maler des östr. Spätbarocks; v. Rubens u. Rembrandt beeinflußt; Fresken u. Altarbilder in Wien, Kremsier u. a.
Maultier, unfruchtbarer Bastard von Eselhengst u. Pferdestute, pferdeähnl., genügsam, ausdauernd, leistungsfähig (bis 150 kg Traglast); schrittsicher. Reit-, Zug-, Lasttier.
Maul- u. Klauenseuche, Virus-↗Infektionskrankheit der Klauentiere (z. B. Rinder, Schweine, Ziegen, Schafe); auch auf den Menschen übergehend durch Genuß v. roher Milch kranker Tiere; bis nußgroße Blasen u. schnell abheilende Geschwüre auf Lippen, Zahnfleisch, Zunge u. in der Haut der Klauen; Abmagerung, Fieber, Lahmheit; anzeigepflichtig, erfordert strenge Absperrung der Gehöfte. Gegenmittel: Heilserum- baw. Schutzimpfung mit Vakzine (6- bis 9monat. Immunität).
Maulwurf, im Boden lebendes Säugetier; Insektenfresser mit schwarzem, samtartigem Fell, rückgebildeten Augen, Rüsselschnauze u. schaufelart. umgebildeten Vorderbeinen; wirft beim Graben *M.shaufen* auf. *M.grille,* *Werre,* ↗Grillen.
Mau-Mau, Geheimbund der Bantus in Kenia; 1952/56 blutiger Aufstand gg. die brit. Kolonialherrschaft.
Maupassant (: mopaßán), *Guy de,* frz. Schriftsteller, 1850–93; v. Flaubert beeinflußt; beginnender Naturalismus; etwa 300 Novellen (v. oft erotischer Thematik); Romane *(Bel ami).*
Mauren, 1) ursprüngl. die Araber in Spanien, heute an der marokkan. Küste. **2)** arabisierte Nomadenstämme in der westl. Sahara.
Maureske *w* (span.-frz.), streng stilisiertes, flächenhaftes Pflanzenornament, in der islam. Kunst aus hellenist. Formen entwickelt.

Mauretanien

Amtlicher Name:
Al-Jamhuria al-Muslemija al-Mauritanija – République Islamique de la Mauritanie

Staatsform:
Republik

Hauptstadt:
Nuakschott

Fläche:
1 030 700 km²

Bevölkerung:
1,5 Mill. E.

Sprache:
Arabisch u. Französisch sind offizielle Landessprachen

Religion:
Islam; christliche Minderheit

Währung:
1 Ouguiya = 5 Khoums

Mitgliedschaften:
UN, Arabische Liga, OAU, der EWG assoziiert

Mauritius

Amtlicher Name:
Mauritius

Staatsform:
Monarchie im Commonwealth

Hauptstadt:
Port Louis

Fläche:
2045 km²

Bevölkerung:
924 000 E.

Sprache:
Staatssprache ist Englisch, Umgangssprache Kreolisch, daneben Hindi und Urdu

Religion:
49% Hindus,
33% Christen,
14% Muslimen,
2% Buddhisten

Währung:
1 Mauritius-Rupie = 100 Cents

Mitgliedschaften:
UN, Commonwealth, OAU

Maus: links Haus-, rechts Brandmaus

Mauretanien, 1) röm. Provinz, ↗Marokko. **2)** *Islam. Rep.,* in Westafrika, zw. der Atlantikküste u. der Südgrenze Algeriens. M. ist als riesiges Wüstengebiet eines der ärmsten Länder der Erde. Landwirtschaft, nomadische Viehzucht; große Vorkommen phosphatarmer Eisenerze bei Fort Gouraud u. v. Kupfererzen bei Akjoujt. – 1903 frz. Protektorat, 20 frz. Kolonie, Teil v. Frz.-Westafrika; 60 unabhängig. Staats-Präs. Oberstleutnant Mohamed Khouna Ould Haidalla (seit 80).

Mauriac (: morjak), *François,* frz. Schriftsteller u. Publizist, 1885–1970; zahlr. Romane um Einsamkeit, Verschuldung u. Sünde; Nobelpreis für Lit. 1952. *Thérèse Desqueyroux; Die Einöde der Liebe; Natterngezücht; Die schwarzen Engel.*

Mauriner (Mz.), frz. Benediktinerkongregation v. hl. Maurus, 1618 gegr., 1789 aufgelöst; widmeten sich den Wiss., bes. der Gesch. v. Kirche u. Orden (Ausgabe der Kirchenväter).

Maurische Kunst ↗Islam (Kunst).

Mauritius, Inselstaat im Ind. Ozean, umfaßt die Insel M. sowie die Inseln *Rodrigues* (100 km²) u. *Agalega* (70 km²). Vulkan. Inseln mit trop. Seeklima; Anbau v. Zuckerrohr, Kokospalmen, Tee, Tabak. – 1510 v. den Portuguesen entdeckt, 1598/1710 niederländ.; 1715 frz.; 1810 v. den Briten erobert, 14 Kronkolonie. 1968 unabhängiger Staat.

Mauritius, hl. (22. Sept.), als Anführer der ↗Thebaischen Legion zw. 280 u. 300 bei Agaunum (Saint-Maurice) hingerichtet.

Maurois (: mor°a), *André* (eig. *Émile Herzog*), frz. Schriftsteller, 1885–1967; Ehe- u. Familienromane, romanartige psycholog. Biographien: *Shelley; Voltaire; Byron; Olympio* (V. Hugo); *Die drei Dumas;* auch literarhistorische Essays.

Maurras (: moraß), *Charles,* frz. Schriftsteller, 1868–1952; Nationalist u. Klassizist; Mit-Begr. der „Action Française"; Anhänger Pétains. Essays, Gedichte.

Maurus, 1) hl. (15. Jan.), OSB, 6. Jh.; Schüler u. Gehilfe des hl. Benedikt, wohl Abt v. Subiaco. **2)** ↗Hrabanus Maurus.

Maus, kleines Nagetier, in rund 300 Arten über die ganze Erde verbreitet. *Hausmaus,* grau, mit rattenart. Kopf; *Brandmaus,* rotbraun, Feldschädling; *Waldmaus,* gelbl. rotbraun, mit heller Unterseite; *Zwergmaus,* benagt die Ähren; *Weiße M.,* zu physiolog. Versuchen. ↗Ratte, ↗Spitzmaus, ↗Wühlmaus.

Mausbach, *Joseph,* kath. Moraltheologe, 1861–1931; 1919/20 Abg. der Weimarer Nationalversammlung.

Mauser, *Wilhelm,* 1834–82, u. *Paul,* 1838 bis 1914; dt. Konstrukteure v. selbstspannenden Gewehren u. Selbstladewaffen.

Mauser(ung), alljährl. Wechsel des Gefieders bei Vögeln.

Mäuseturm, eig. ↗Maut-Turm, bei ↗Bingen.

Mausoleum s (gr.), Grabkirche od. Grabdenkmal, benannt nach dem Grabmal des Kg. *Mausolos* (4. Jh. v. Chr.) v. Halikarnassos.

Maut w, Wegezoll. [sos.

Mauthausen, oberöstr. Markt an der Donau, 4500 E.; nat.-soz. Konzentrationslager.

mauve (: möw, frz.), malvenfarbig, lila.

Mauvein s (: möwejn), Anilinviolett, erster Teerfarbstoff, 1856 v. Perkin gewonnen.

Max, Prinz v. Baden, 1867–1929; letzter Reichskanzler des dt. Kaiserreiches, verkündete die Abdankung Ks. Wilhelms II., übertrug sein Amt an F. Ebert.

Maxentius, Sohn Maximians, röm. Ks. 306/312; v. Konstantin d. Gr. an der Milvischen Brücke geschlagen.

maximal... (lat.), in Zss.: höchst..., äußerst.

Maxime w (lat.), oberste Regel, Grundsatz, Denkspruch.

Maximian, Mitkaiser Diokletians, 286/305; führte die Christenverfolgung durch, † 310.

Maximilian, dt. Fürsten: *Bayern:* **M. I.,** 1573–1651; 1597 Hzg., reorganisierte das Htm.; der bedeutendste kath. Reichsfürst im 30jähr. Krieg. **M. II. Emanuel,** 1662–1726; 1679 Kurfürst, kämpfte gg. die Türken; im ↗Span. Erbfolgekrieg auf frz. Seite. **M. I. Joseph,** 1756–1825; 1799 Kurfürst v. Pfalz-Bayern (M. IV.), durch Napoleon 1806 Kg.; sein Min. Montgelas machte aus Bayern einen modernen Verwaltungsstaat. – *Dt. Könige u. Kaiser:* **M. I.,** Sohn Ks. Friedrichs III., 1459–1519; 1477 durch Heirat mit Karls des Kühnen Tochter Maria Hzg. v. Burgund, 93 Ks.; begr. durch die Verbindung mit Spanien (96 Heirat seines Sohnes Philipp mit

François Mauriac

Mausoleum von Halikarnassos

Prinz Max von Baden

Kaiser Maximilian I.

der span. Erbtochter Johanna der Wahnsinnigen) u. mit Ungarn-Böhmen (1515 Doppelhochzeit zweier seiner Enkel) die Weltmachtstellung Habsburgs; schuf das Reichskammergericht. **M. II.,** Sohn Ks. Ferdinands I., 1527–76; 64 Ks., neigte zum Protestantismus. *Mexiko:* **M.,** Bruder v. Ks. Franz Joseph I., Erzhzg. v. Östr., 1832–67; 64 v. Napoleon III. zum Ks. v. Mexiko eingesetzt, nach dem Rückzug der frz. Truppen erschossen.
Maximinus, hl. (29. Mai), Bischof v. Trier, † 346; Freund des Athanasius.
Maximum *s* (lat.), Höchststand, Hoch (beim Wetter); bes. *Höchstwert,* größter Wert einer Messung, Zählung (z. B. der Temperatur an einem Tag). Ggs. ↗Minimum.
Maximus Confessor (= der Bekenner), hl. (13. Aug.), 580–662; bedeutender griech. Theologe, Gegner des Monotheletismus.
Max-Planck-Gesellschaft *zur Förderung der Wissenschaften* (MPG), 1948 gegründet, Sitz Göttingen, Präs. seit 72 R. ↗Lüst; führt die Tradition der 1911 in Berlin gegründeten *Kaiser-Wilhelm-Ges. zur Förderung der Wiss.en* fort, die auch ausländ. Gelehrten offenstand u. als Präs.en A. ↗Harnack, M. ↗Planck u. O. ↗Hahn hatte.
Max-Planck-Institute (MPI), Forschungsinstitute der MPG; ca. 60 Institute u. Forschungsstellen.
Maxwell (: mäkßwäl), *James Clerk,* engl. Physiker, 1831–79; formulierte die gegenseitige Wechselwirkung elektr. u. magnet. Feldänderungen *(M.sche Theorie),* entwickelte die elektromagnet. Lichttheorie u. fand das Gesetz für die Geschwindigkeitsverteilung v. Gasmolekülen *(M.sche Geschwindigkeitsverteilung).*

James Clerk Maxwell   Karl May   Kardinal Mazarin

May, 1) *Ernst,* dt. Architekt, 1886–1970; schuf 1925/30 in Frankfurt a. M. richtungweisende Stadtrandsiedlungen, nach 45 Generalbebauungspläne; err. die Wohnstadt „Neue Vahr" in Bremen. **2)** *Karl,* dt. Erzähler, 1842–1912; mit seinen zahlr. Reiseu. Abenteuerromanen aus Orient u. Wildwest bes. als Jugendschriftsteller sehr erfolgreich.
Maya, Bz. für mehrere sprachverwandte Indianerstämme Mittelamerikas, insbes. für die M. auf Yucatán u. in Campeche. Das *Alte Reich* der M. in Guatemala, Honduras u. Südmexiko im 5./6. Jh. n. Chr. Das *Neue Reich* in Nord-Yucatán; Blüte im 10./12. Jh.; später v. den ↗Azteken abhängig, im 16. Jh. v. den Spaniern unterworfen. Die M. lebten

Maya: rechts Observatorium in Chichen-Itzá (Mexiko), unten Stele (776 n. Chr.) in Quirígua (Guatemala) – ☐ 150, 716, 995

in Clanverbänden in Städten u. Dörfern ohne gemeinsamen Herrscher; monumentale Steinarchitektur u. Plastik, Wandmalereien. Polytheismus; hohe Entwicklung v. Astronomie u. Arithmetik. Hauptfundort ↗Chichen-Itzá.
Māyā, *Maja* (sanskr. = Täuschung, Schein), in der ind. Philosophie Bz. der Welt, die scheinbar wirkl. ist, bis die Einsicht kommt, daß es infolge der Identität v. Welt, Ich u. Gott nur das ↗Brahman als Wirkliches gibt.
Maybach, *Wilhelm,* deutscher Ingenieur, 1846–1929; erfand u. a. Spritzdüsenvergaser, Geschwindigkeitsgetriebe, konstruierte Luftschiff- u. Automobilmotoren.
Mayen, rhein. Stadt in der Eifel, 21 300 E.; Genovevaburg (13. Jh.); Reste der Stadtbefestigungen; Basalt-, Schieferindustrie.
Mayer, 1) *Julius Robert,* dt. Naturforscher u. Arzt, 1814–78; entdeckte den ↗Energieerhaltungssatz. **2)** *Rupert,* SJ, 1876–1945; Seelsorger in München, mutiger Prediger; unter dem Nat.-Soz. mehrfach verhaftet.
Mayerling, Ort im Wienerwald; im ehem. Jagdschloß starb Kronprinz ↗Rudolf.
Mayflower (: me'flau^er, engl.), Auswandererschiff der ↗Pilgerväter.
Mayonnaise *w* (: majonäs^e, frz.), sämige Soße, zubereitet aus Eigelb, Speiseöl, Salz u. Gewürzessig.
Mayor (: mej^er, engl.), Bürgermeister. *Lord-M.,* Oberbürgermeister.
Mayotte (: jot), frz. Insel der ↗Komoren.
Mayröcker, *Friederike,* östr. Schriftstellerin, * 1924; Gedichte, Hörspiele, Prosa.
Mazarin (: masarän), *Jules,* frz. Staatsmann it. Herkunft, 1602–61; 41 Kard.; leitete seit 43 als Nachfolger Richelieus die frz. Politik, setzte sich gg. den Aufstand der ↗Fronde durch; errang außenpolit. Erfolge im Westfäl. u. im Pyrenäenfrieden.
Mazdaismus *m,* ↗Parsismus.
Mazedonien ↗Makedonien.
Mäzen *m* (lat.), ein Gönner u. Förderer v. Kunst u. Wiss.; benannt nach dem reichen Römer *Gaius Maecenas* († 8 n. Chr.), der Vergil u. Horaz gefördert hat.
Mazeppa (: mas-), *Iwan Stepanowitsch,* 1652(?)–1709; Kosakenführer unter Peter d. Gr., ging zu Karl XII. v. Schweden über; kämpfte für eine v. Rußland unabhängige Ukraine.

Mazeration w (lat.), Verfahren zum Auflösen u. Erweichen organ. Gewebe in Flüssigkeiten zur kalten Extraktion v. Drogen.
Mazurka w (: mas-), poln. Nationaltanz in schnellem Dreiertakt; auch in der Kunstmusik (Chopin).
Mazzini, *Giuseppe*, it. Politiker, 1805–72; Vorkämpfer einer freien einheitl. Rep. It., begr. das ⁄*Junge Italien;* war 49 Triumvir der Röm. Republik; Gegner ⁄*Cavours.*
MBFR, Abk. für *Mutual Balanced Forces Reduction,* gegenseitige u. ausgewogene Truppenreduzierung zw. Mitgliedern der NATO u. des Warschauer Paktes; seit 1971 Sondierungsgespräche, 73 Beginn der Konferenz unter der Bezeichnung *Mutual Reduction of Forces and Armament and Associated Measures in Central Europe* (MURFAAMCE).
McCarthy (: mäkaᵃrßi), **1)** *Joseph,* 1909–57; seit 46 am. Senator, schärfster Verfolger des Kommunismus in den USA, ob seiner berüchtigten Methoden *(McCarthyismus)* 54 offiziell v. Senat getadelt. **2)** *Mary Therese,* am. Schriftstellerin, * 1912; Essays, Romane, Erzählungen, u. a. *Die Clique; Vietnam-Report; Ein Sohn der Neuen Welt.*
McCloy (: mäkloi), *John Jay,* * 1895; 1949–1952 am. Hoher Kommissar in Dtl.
McDougall (: mäkdugᵉl), *William,* am. Psychologe, 1871–1938; Arbeiten zur Sozialpsychologie u. Psychologie der Gefühle.
McKinley, Mount M. (: maunt mäkinli), höchster Berg Nordamerikas (Alaska), 6229 m.
McKinley (: mäkinli), *William,* 1843–1901 (ermordet); seit 1897 Präs. der USA (Republikaner); Vertreter des ⁄Imperialismus.
McNamara (: mäknᵃmarᵃ), *Robert S.,* * 1916; 61/68 Verteidigungsmin. der USA (Republikaner), Präs. der Weltbank (bis 81).
Md, chem. Zeichen für ⁄Mendelevium.
MdB, Mitgl. des Bundestags der BRD; **MdL,** Mitgl. des Landtags; **M.d.R.,** Mitgl. des Reichstags.
mea culpa (lat. = durch meine Schuld), Selbstanklage im ⁄Confiteor.
Mechanik w (gr.), Teilgebiet der Physik, beschäftigt sich mit den Bewegungen u. Kräften, die Bewegung hervorrufen od. miteinander im Gleichgewicht stehen. Teilgebiete: *Dynamik,* Untersuchung der Bewegungen im Zusammenhang mit den sie verursachenden Kräften; *Kinematik,* Untersuchung der reinen Bewegungsvorgänge; *Statik,* Untersuchung der Zusammensetzung der Kräfte, meist bei Gleichgewichtsproblemen. Weitere Teilgebiete: die *M. der deformierbaren Medien,* wie Gase od. Flüssigkeiten; die *relativistische M.* wendet die Relativitätstheorie auf die M. an; die *Quanten-M.* ist die in der Mikrophysik gültige M.
mechanisch (gr.), zur ⁄Mechanik gehörig; zwangsläufig, gedankl. unbeteiligt.
mechanisches Wärmeäquivalent, Umrechnungsfaktor der früher in ⁄Kalorien gemessenen Wärmeenergie in eine mechan. Energieeinheit; z. B. 1 cal = 4,1868 Joule.
Mechanismus m (gr.), **1)** maschinenmäßiger, selbsttätiger Ablauf; ⁄Mechanik. **2)** *Mechanistische Weltanschauung,* will das

Giuseppe Mazzini

Mecklenburg

Naturgeschehen mechanisch, d. h. aus bloßen Ortsbewegungen von Masseteilchen, erklären. Dabei werden Kräfte (Bewegungen) nur durch Druck u. Stoß weitergegeben; jede ⁄Finalität wäre danach ausgeschlossen. Der M. reicht zur Erklärung der materiellen Gesamtwirklichkeit, bes. ihres Gehalts an Formen, nicht aus.
Mecheln, fläm. Mechelen, Krst. in der belg. Prov. Antwerpen, 79000 E.; got. St.-Rumolds-Kathedrale (13./14. Jh.); Sitz des Erzbischof-Primas v. Belgien; vielseit. Ind. Die *M.er Spitze,* eine feingeklöppelte Ziernetzspitze, hat Weltruf.
Mechernich, rhein. Gem. im Kr. Euskirchen, 26600 E.; Maschinenbau.
Mechow, *Karl Benno v.,* dt. Schriftsteller, 1897–1960; *Vorsommer, Das ländl. Jahr.*
Mechthild, Mystikerinnen: **M. v. Hackeborn,** hl. (19. Nov.), dt. Zisterzienserin, 1241–99; Leiterin der Klosterschule in Helfta. **M. v. Magdeburg,** um 1210–82 (od. 94); bedeutendste dt. Mystikerin des MA; *Das fließende Licht der Gottheit,* niederdt. geschrieben, enthält Gedichte u. Visionen; zuletzt Zisterzienserin in Helfta.
Mecklenburg, norddt. Land an der Ostsee; Teil des Balt. Landrückens mit Seen *(M.ische Seenplatte),* Wäldern, Heide u. fruchtbarem Lehmboden; vorwiegend Ackerbau, Viehzucht, See- u. Binnenfischerei. – Vor der Völkerwanderung v. Germanen, seit dem 7. Jh. v. Slawen bewohnt; v. Heinrich dem Löwen im 12. Jh. unterworfen, wurde zu einem vorwiegend dt. Land; 1348 Htm., 1621 Teilung in die Linien *M.-Schwerin* u. *M.-Güstrow* (1695 ausgestorben); 1701 Schaffung der Linie *M.-Strelitz;* 1815 M.-Schwerin u. M.-Strelitz Großherzogtümer mit gemeinsamer landständ. Verf.; 1918 wurden beide M. Freistaaten, Auflösung der Union; 34 Vereinigung zum Land Mecklenburg; seit 45 mit Vorpommern westl. der Oder Land der DDR, 52 in die Bez. Rostock, Schwerin u. Neubrandenburg aufgeteilt.
Medaille w (: medaije, frz.), Schau- od. Denkmünze. **Medaillon** s (:-daijōn, frz.), **1)** runder Anhänger als Schmuck. **2)** gemaltes od. plast. Rundbild.
Medan, indones. Stadt im O Sumatras, 636000 E.; Univ.; Tabakbau u. -handel.
Medea, Gestalt der griech. Sage, v. ihrem Gatten Iason verlassen, ermordete sie ihre Kinder u. ihre Nebenbuhlerin Kreusa. Thema in Dichtung u. Kunst (Euripides, Grillparzer, Feuerbach).
Medellín (: -deljin), Hst. des Dep. Antioquía in Kolumbien, 1,2 Mill. E.; Erzb.; staatl. u. kath. Univ.; Bergbau u. Industrie.
Medenspiele, seit 1921 veranstaltete Tenniswettkämpfe, zunächst v. Vereinen, dann der Länder, benannt nach dem ehem. Präs. des Dt. Tennisbundes, Graf v. der Meden.
Mediae (Mz., lat.), *Medien, Mittellaute,* stimmhafte Verschlußlaute: b, d, g.
Mediatisierung w (lat.), 1803/06 die Unterstellung v. bisher reichsunmittelbaren Herrschaften unter einen Landesherrn; begann mit dem ⁄Reichsdeputationshauptschluß.

Medici (: -tschi), Florentiner Fürstengeschlecht; seit dem 13. Jh. als Kaufleute u. Bankiers aufgestiegen, gewannen 1434 die Stadtherrschaft v. Florenz; 1530 Hzg.e, 69 Groß-Hzg.e v. Toskana; starben 1737 aus; bekannt als Förderer v. Wiss. u. Kunst. Bedeutendste Vertreter: *Cosimo der Alte* (1389–1464), sein Enkel *Lorenzo il Magnifico* (1449–92); die frz. Königinnen ↗*Katharina* u. ↗*Maria;* die Päpste ↗*Leo X.* u. ↗*Klemens VII.*

Medien, im Alt. Landschaft im nordwestl. Iran; das *Mederreich,* um 675/653 v. Chr. gegr., wurde 550 v. Chr. v. den Persern erobert.

Medien (Mz., lat.) ↗Massenmedien. **M.verbund,** Zusammenfassung mehrerer Kommunikationsmittel zu einem einheitl. System, z. B. Fernsehen, Rundfunk, Buch, Zeitung.

Medikament s (lat.), Arzneimittel.

Medina, *Medinet en-Nebi,* muslim. Wallfahrtsort im Hedschas (Saudi-Arabien), 199000 E.; Moschee, mit den Gräbern Mohammeds, seiner Tochter Fatima und seiner ersten Nachfolger; Universität.

Medinawurm, ein Fadenwurm, Gewebeparasit bei Mensch, Pferd, Rind u. Hund, bes. im Orient vorkommend; Weibchen bis zu 1 m lang.

Medinet el-Fajum, Hst. der Oase ↗Fajum.

Medio m (lat. = in der Mitte), im Bank- u. Börsenverkehr übl. Bz. für den 15. des Monats. ↗Ultimo. **M.geld,** *M.wechsel,* kurzfrist. Kredit (Wechsel), fällig am 15. des Monats. ↗Ultimogeld.

Mediokrität w (lat.), Mittelmäßigkeit.

Meditation w (lat.; Ztw. *meditieren*), nachsinnende Betrachtung, urspr. rel., heute mehr weltanschaul. neutrale Übung seel. Entspannung.

mediterran (lat.), sich auf das Mittelmeer od. die Mittelmeerländer beziehend.

Medium s (lat. = Mitte; Mz. *Medien*), 1) Mittel, bestimmendes Element. 2) psycholog.: ↗Okkultismus. 3) naturwiss.: Umgebung mit ihrer physikal. u. chem. Beschaffenheit, in der sich ein Vorgang abspielt.

Medizin w (lat.), Heilkunst, Heilkunde, ärztl. Wiss.; volkstüml. auch für Arznei. Die M. schafft durch Studium des Aufbaues des menschl. Körpers *(Anatomie)* u. der Lebensvorgänge *(Physiologie)* die Grundlagen für die Erforschung u. Abgrenzung krankhafter Vorgänge, deren Ursachen, Ablauf u. Folgen. Die *innere* M. unterstützt die natürl. Heilkräfte des Körpers wirksam durch Schonung, Hebung des Gesundheitswillens, Zufuhr lebenswichtiger Mangelstoffe, Steigerung der Abwehrkräfte durch chem. u. physikal. Mittel. Die *Chirurgie* behebt durch äußere Maßnahmen krankhafte Zustände. Durch die medizin. Fortschritte im letzten Jahrhundert entstanden zahlr. Sonderfächer: Frauen-, Augen-, Kinderheilkunde, Psychiatrie, Röntgenologie, Hygiene, Bakteriologie u. a. Richtungen innerhalb der M.: ↗Allo-, ↗Homöopathie, ↗Naturheilkunde.

Medizinball, großer Vollball, 2–3 kg schwer, für Wurf- u. Stoßübungen.

Cosimo de' Medici
der Alte

Lorenzo I. de' Medici

Medizinisch-technische Assistentin, Abk. *MTA,* med. Hilfskraft mit bes. Fachausbildung, führt u. a. mikroskop. u. bakteriolog. Untersuchungen durch.

Medizinmann, Zauberarzt bei Naturvölkern, wendet zur Heilkunst Geheimmittel, Magie u. Geisterbeschwörung an.

Médoc s, frz. Landschaft an der Gironde; roter Bordeauxwein.

Medusa w, eine der ↗Gorgonen, deren abgeschlagenes Haupt noch die Kraft hatte, Feinde zu versteinern. **Meduse** w, ↗Qualle.

Meegeren (: mech^{e}r^e), Han van, holländ. Maler, 1889–1947; bekannt durch Fälschungen im Stile P. de Hoochs u. Vermeers van Delft.

Meer, die erdumspannende Wassermasse, aus der die Erdteile herausragen; bedeckt zusammenhängend 360,8 v. 510 Mill. km^2 der Erdoberfläche. Verteilung v. Land u. M. ist ungleichmäßig: auf der Landhalbkugel (Pol in der Nähe der Loire-Mündung) bedeckt das M. 52%, auf der Wasserhalbkugel (Pol s.ö. von Neuseeland) 90,5%. Man teilt das Welt-M. in den ↗Pazif., ↗Atlant. u. ↗Indischen Ozean mit ihren Neben-M.en. Die mittlere Tiefe des gesamten Welt-M. beträgt 3 793 m, größte bekannte *M.tiefe* im Pazif. Ozean im Marianengraben, 11 034 m. Der Rauminhalt umfaßt 1368,5 Mill. km^3. *M.wasser* hat einen Salzgehalt von ca. 3,5%. *M.salz* besteht aus Kochsalz (77,8%), Magnesiumchlorid (10,9%), Magnesiumsulfat (Bittersalz, 4,7%), Gips u. a. Auch Gase (Sauerstoff, Kohlendioxid, Stickstoff) sind im Wasser gelöst. Sie bilden die Voraussetzung für das Leben der Organismen. Die mittlere Temperatur des Oberflächenwassers liegt zw. der Gefriertemperatur (–1,7° bis –1,9°) im Nordpolar-M. u. etwa +29° im der Westind. Gewässern u. im trop. Pazif. Ozean. In M.bodennähe liegt die Temperatur zwischen –1 u. +3°. *M.esströmungen* u. andere Bewegungen des M.wassers (↗Gezeiten, ↗Wellen, ↗Dünung) sind hauptsächl. auf Anziehungskräfte v. Sonne u. Mond, auf Wind, aber auch auf Dichteunterschiede, Verdunstung u. a. zurückzuführen. Wichtigste Strömungen: nördl. u. südl. Passattrift, Golf-, Ostgrönland-, Labrador-, Brasil-, Benguelastrom. Das M. ist urspr. Lebensraum *(M.esflora, -fauna).* Jeder m^3 M.wasser enthält (als Durchschnitt aus Pflanzen- u. Tierleben) 1,5 g Eiweiß u. 3,9 g Kohlenhydrate.

Meeralpen, *Seealpen,* der südlichste Teil der Gneiskette der Westalpen vor der Mittelmeerküste. Punta Argentera 3297 m.

Meere	Pazifischer Ozean	Atlantischer Ozean	Indischer Ozean
Fläche (Mill. km²)	179,68 (165,25)	106,20 (82,22)	74,92 (73,44)
Erdoberfläche	35,2%	20,8%	14,7%
Volumen (Mill. km³)	723,70 (707,56)	352,83 (318,08)	291,95 (291,03)
mittlere Tiefe (in m)	4028 (4282)	3322 (3868)	3897 (3963)
größte Tiefe (in m)	11034	9219	7455
Salzgehalt	32–36,9‰	35–37‰	33–40‰

Die Angaben in Klammern beziehen sich auf die jeweiligen Ozeane ohne ihre Nebenmeere (Mittelmeere, Randmeere)

Meerschweinchen und Wirbelhaar-M.

Mehlkäfer, oben die Larve (Mehlwurm)

Meerane, sächs. Stadt, n.w. von Glauchau, 25 000 E.; Textil-, Maschinen- u. chem. Ind.

Meeräsche, Knochenfisch mit großen Schuppen u. 2 Rückenflossen; in Brack- u. Süßwasser. Dünn- u. Dicklippige M. in Nord- u. Ostsee; Speisefisch.

Meerbusch, durch Gemeindezusammenschluß entstandene Stadt am Niederrhein, 49 800 E.; vielseitige Industrie.

Meerdattel ↗Miesmuschel, 5–7 cm lang.

Meerestiere, *marine Tiere,* alle Wassertiere, die an einen Salzgehalt des Wassers v. 30–35⁰/₀₀ gebunden sind.

Meerkatzen, 1) gewandt kletternde, afrikan. Affen mit Backentaschen u. -bärten; *Grüne M., Rotnasen-M., Weißkehl-M.* ☐ 7. **2)** Fischart, ↗Seedrachen.

Meerkohl, *Crambe maritima,* Kreuzblütler, Staude mit sparrigen Blütenständen u. blaugrünen fleischigen Blättern. Die jungen Schosse liefern ein spargelähnl. Gemüse.

Meerlattich, bis 60 cm große, eßbare Grünalge der europ. Meere.

Meerleuchten, Leuchten des Wassers, bes. trop. Meere, durch Lebewesen (Leuchtalgen, ↗Leuchtbakterien u. a.).

Meerrettich, *Kren,* Kreuzblütler mit scharfschmeckender, verdickter Wurzel, als Gewürz u. Gemüse, reich an Vitamin C.

Meerrohr *s,* ↗Rotangpalme.

Meersburg, bad. Stadt am Nordufer des Bodensees, 5 200 E.; Altes Schloß (hier lebte u. starb Annette v. Droste-Hülshoff), Neues Schloß (1740/62); Weinbau.

Meerschaum *m, Sepiolith,* Magnesiumsilicat, poröses Mineral aus Kleinasien; zu Raucherutensilien.

Meerschweinchen, schwanzloses Nagetier, in vielen Farb- und Haarrassen gezüchtet; Haustier bereits bei den Inkas.

Meerspinne, kurzschwänziger Krebs mit langen Beinen; eßbar.

Meerssen, *Meersen,* niederländ. Dorf, Prov. Limbург, 9000 E. – 870 Vertrag zw. Ludwig dem Dt. u. Karl dem Kahlen: Teilung Lothringens entlang der Maas-Mosel-Linie.

Meerut, *Merath,* ind. Stadt in Uttar Pradesch, n.ö. von Delhi, 250 000 E.

Meerzwiebel, *Scilla maritima,* Liliengewächs der Mittelmeerküste mit großer Blütentraube u. bis kopfgroßer, gift. Zwiebel. Diese enthält herzanregende u. harntreibende Stoffe; auch als Rattengift.

Meeting *s* (: mī-, engl.), ein Treffen; Sportveranstaltung.

Mega (gr.), Abk. M, vor Maßeinheiten das Millionenfache (10^6).

Megalithgräber, Sippen- u. Sammelgräber aus Steinplatten (↗Dolmen) od. geschichteten Steinen; oft v. einem Hügel (↗Hünengrab) bedeckt; danach benannt die *Megalith-Kultur* der Jungsteinzeit in West- u. Nordeuropa.

Megaphon *s* (gr.), Schalltrichter zur Verstärkung der menschl. Stimme; heute das *elektroakust. M.*

Megära, Furie, eine der 3 ↗Erinnyen.

Megäre *w* (gr.), ein böses Weib.

Megaron *s* (gr.), lang-rechteckiger Haustyp im antiken ägäisch-griech. Raum. Aus dem M. entwickelte sich der griech. Tempel.

Megatherium *s* (gr.), fossiles Riesenfaultier aus der Eiszeit, bis 7 m lang; der starke Schwanz diente als Stütze.

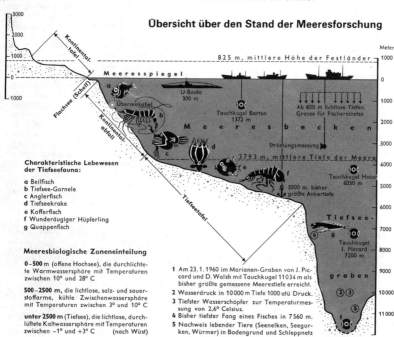

Übersicht über den Stand der Meeresforschung

Charakteristische Lebewesen der Tiefseefauna:

a Beilfisch
b Tiefsee-Garnele
c Anglerfisch
d Tiefseekrake
e Kofferfisch
f Wunderäugiger Hüpferling
g Quappenfisch

Meeresbiologische Zoneneinteilung

0–500 m (offene Hochsee), die durchlichtete Warmwassersphäre mit Temperaturen zwischen 10° und 28° C

500–2500 m, die lichtlose, salz- und sauerstoffarme, kühle Zwischenwassersphäre mit Temperaturen zwischen 3° und 10° C

unter 2500 m (Tiefsee), die lichtlose, durchlüftete Kaltwassersphäre mit Temperaturen zwischen –1° und +3° C   (nach Wüst)

1 Am 23. 1. 1960 im Marianen-Graben von J. Piccard und D. Walsh mit Tauchkugel 11034 m als bisher größte gemessene Meerestiefe erreicht.
2 Wasserdruck in 10000 m Tiefe 1000 atü Druck.
3 Tiefster Wasserschöpfer zur Temperaturmessung von 2,6° Celsius.
4 Bisher tiefster Fang eines Fisches in 7560 m.
5 Nachweis lebender Tiere (Seenelken, Seegurken, Würmer) in Bodengrund und Schleppnetz

Mehemed Ali, *Mehmed Ali,* 1769–1849; 1805 türk. Statthalter für Ägypten, beseitigte 1811 die Mamelukenherrschaft; erkämpfte 31/39 gg. den Sultan die innere Unabhängigkeit; seine Nachkommen herrschten bis 1953 in Ägypten.

Mehl, ein durch Mahlen von ⁄Getreide gewonnenes Nahrungsmittel, wird hauptsächl. zu Brot verbacken. Ihrer Zusammensetzung nach enthalten die gebräuchlicheren M.e etwa 72% Stärke, 12% Eiweiß, 1% Fett, 13% Wasser, Rest Schalenteile u. Asche. Nährwert v. 1 kg M. ca. 15 000 kJ.

Mehlbeerbaum, der Eberesche ähnlich, mit mehl., eßbaren Früchten *(Mehlbeeren).*

Mehlkäfer, bis 2 cm langer schwarzer Laufkäfer; lebt wie seine gelbl. Larve *(Mehlwurm,* als Fisch- u. Vogelfutter) in Mehl, Kleie u. a.

Mehlmotte, grau-schwarzer Kleinschmetterling, Spannweite 2,5 cm; wichtiges Versuchstier der Vererbungsforschung; Larve hellrot, 1,5 cm; Mehlschädling.

Mehltau *m,* schimmelartige od. weißmehlige Überzüge auf grünen Pflanzenteilen durch Schlauchpilze. Am schädlichsten *Äscherich* u. *Rosenschimmel.*

Mehlwurm ⁄Mehlkäfer.

Mehrarbeit, die ⁄Arbeitszeit, die über die gesetzl. hinausgeht. Für M. ist Zuschlag zu zahlen, jedoch nicht bei Vor- u. Abschlußarbeiten od. unvermeidl. Störungen.

Mehrfarbendruck ⁄Farbdruck.

Mehrheit ⁄Majorität. **M.ssozialisten** ⁄Sozialdemokrat. Partei Deutschlands. **M.swahl** ⁄Wahlverfahren.

Mehring, *Franz,* dt. sozialist. Schriftsteller u. Politiker, 1846–1919; Mitbegr. der KPD. *Gesch. der dt. Sozialdemokratie.*

Mehrkampf, Vereinigung mehrerer Übungen zu einem sportl. Wettkampf; ⁄Dreikampf, ⁄Fünfkampf, ⁄Zehn- u. ⁄Zwölfkampf. ☐ 303, 544.

Mehrlinge entstehen durch Spaltung einer befruchteten Eizelle *(eineiige M.)* od. durch Befruchtung mehrerer Eizellen *(zweieiige M.).* Beim Menschen kommt auf 85 Geburten eine *Zwillings-,* auf 7600 eine *Drillings-,* auf 500 000 eine *Vierlings-* u. auf 40 Mill. eine *Fünflingsgeburt.*

Mehrstimmigkeit ⁄Polyphonie.

Mehrwert, in der auf der Grundlage der Arbeitswertlehre D. Ricardos v. K. Marx entwickelten *M.-Theorie* der Teil des v. Arbeiter geschaffenen Wertes eines Erzeugnisses, der über den v. Unternehmer bezahlten Lohn hinausgeht u. dem Unternehmer allein zufließt.

Mehrwertsteuer, *Nettoumsatzsteuer,* System der ⁄Umsatzsteuer (seit 1968 auch in der BRD); bei dem bei jedem Umsatzvorgang nur die zusätzl. Wertschöpfung besteuert wird. Steuersatz in der BRD: 12%; einige Bereiche haben einen niedrigeren Satz.

Mehrzahl ⁄Numerus.

Meier, 1) im MA herrschaftl. Gutsverwalter auf dem *M.hof* (Fronhof). **2)** Verwalter einer *Meierei,* ⁄Molkerei.

Meier Helmbrecht ⁄Wernher der Gartenaere.

Meile, eig. Längenmaß v. tausend Schritten, schwankt zw. 1,470 km u. 8,9 km Länge.

Meiler, 1) kuppelförm. aus Holz aufgeschichteter Haufen, überdeckt mit einer Erd- u. Rasenschicht, unter das entzündete Holz langsam glimmt; dient der Holzkohlengewinnung. **2)** ⁄Kernreaktor.

Meinberg, *Bad M.,* ⁄Horn-Bad Meinberg.

Meinecke, *Friedrich,* dt. Historiker, 1862 bis 1954; u. a. 1914/28 u. seit 48 Prof. in Berlin. *Weltbürgertum u. Nationalstaat; Die Entstehung des Historismus.*

Meineid (mhd. mein = falsch), das vorsätzl. falsche Schwören vor Gericht od. einer anderen zur Eidesabnahme berechtigten Stelle; mit Freiheitsstrafe nicht unter einem Jahr bestraft.

Meinerzhagen, westfäl. Stadt, Sommer- u. Winterkurort im Sauerland, 18 800 E.; Elektro- u. Kleineisen-Ind.; ev. Internatsschule, wahrt die Tradition v. ⁄Schulpforta.

Meiningen, Hst. des früheren Sachsen-M., thüring. Krst. an der Werra, 25 000 E.; Schloß (1509/1700); Maschinen- u. Farbenfabriken. 1680/1918 herzogl. Residenz.

Meininger, Schauspieltruppe des Hzg. Georg II. v. Sachsen-Meiningen um 1880; spielte mit histor. getreuer Ausstattung; berühmt durch die Ausbildung des Ensemblespiels.

Meinrad, hl. (21. Jan.), Ende 8. Jh. – 861; Mönch auf der Reichenau, als Einsiedler an dem Ort des späteren Klosters Einsiedeln v. 2 Räubern ermordet.

Meinrad, *Josef,* östr. Schauspieler, * 1913; erhielt 59 den ⁄Ifflandring; bes. als Raimund- u. Nestroy-Darsteller bekannt.

Meinungsforschung ⁄Demoskopie.

Meinungsfreiheit, die Freiheit, die eigene Meinung in Wort, Schrift u. Bild zu äußern u. sich aus allg. zugängl. Quellen zu unterrichten; in der BRD in Art. 5 GG garantiert; Beschränkung zum Schutz der Jugend u. der persönl. Ehre.

Meinwerk, um 970–1036; seit 1009 Bischof v. Paderborn; Domerbauer.

Meir, *Golda,* 1898–1978; 1956/66 israel. Außenministerin, 69/74 Ministerpräsidentin.

Meise, klettergewandter Singvogel, brütet in Höhlen, Mauerlöchern u. Briefkästen, nützlich durch Insektenfang in Dtl. die *Blau-, Kohl-, Tannen-, Schwanz-, Hauben-, Sumpf-M.;* in S-Europa *Beutel-M.* ☐ 1045.

Meißel, keilförm. Werkzeug aus Stahl mit gehärteter Schneide zur Metall- u. Steintrennung u. spanenden Bearbeitung.

Meißen, sächs. Krst. im Bez. Dresden, 46 000 E.; über der Elbe got. Dom (1230 begonnen), dabei die spätgot. Albrechtsburg (1471/85); Rathaus (1479); bedeutende Ind.; älteste europ. Porzellanmanufaktur (Meißner Porzellan). – 929 als Burg M. v. Kg. Heinrich I. gegr., kam 1423 an Sachsen-Wittenberg. Das *Bistum M.* 968 gegr., 1581 säkularisiert, 1921 als exemtes Bistum (Sitz Bautzen) wiederhergestellt. ☐ 606.

Meistbegünstigung, die in zwischenstaatl. Handelsverträgen enthaltene Klausel, wonach jede einem 3. Staat gewährte Vergünstigung auch dem Vertragspartner zugute kommen soll.

Meile
(Umrechnung in Meter)

Römische M.	1478,7
Norddt. M.	7532,5
Russ. M.	7467,6
Bayern	7420,4
Württemberg	7448,7
Sachsen	7500,0
Baden	8900,0
Schweiz	4808,0

Landmeile:
engl. L.-M.
(1 mile brit.)
= 1,6093426 km
1 statute mile (USA)
= 1,6093472 km

Seemeile:
1 imp. nautica
(admiralty knot)
mile (brit.)
= 6080 imp. feet
= ·1853,181 m
1 US nautical mile
= 1853,248 m

geographische Meile
= 1/15 Äquatorialgrad
= 7420,44 m

1 international
nautical mile
= 1/60 Äquatorialgrad
= 1852 m

Josef Meinrad

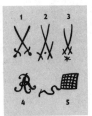

Meißner Porzellan:
Markenzeichen:
1 1725–30, **2** 1763 bis 1774, **3** 1774–1813, (Marcolinizeit),
4 Augustus Rex (im Auftrag des Kg. hergestellt), **5** Papierdrache (1720–25, für Export in den Orient)

Meister ↗Meisterprüfung.
Meister Bertram ↗Bertram.
Meistermann, *Georg,* dt. Maler, * 1911; gegenständl. u. abstrakt-zeichenhafte Gemälde, abstrakte Glasmalerei.
Meisterprüfung, nach der ↗Gesellenprüfung od. industriellen Facharbeiterprüfung u. mehrjähriger Gesellenpraxis abgelegte prakt. (Meisterstück) u. theoret. Prüfung; wird v. besonderen Ausschüssen der höheren Verwaltungsbehörde in Zusammenarbeit mit den Handwerkskammern abgenommen u. berechtigt nach Aushändigung des *Meisterbriefes* zur selbständigen Führung eines Handwerksbetriebes, zur Ausbildung v. Lehrlingen u. zur Führung des Titels *Meister.* Neben dem Handwerksmeister gibt es im Großgewerbe den *Ind.-* od. *Werkmeister* als Leiter v. Arbeitsgruppen.
Meistersang, eine bürgerl. Fortsetzung der höf. Spruchdichtung u. des Minnesangs im 15. u. 16. Jh., bes. in Nürnberg; feste Regeln für Text u. Melodie (Tabulatur); Hans Sachs, Rosenplüt, Hans Folz. Die M.strophe besteht aus Aufgesang (2 gleich gebaute „Stollen") u. Abgesang. □ 972.
Meit *(Meigt), Conrad,* dt. Bildhauer, um 1485 – nach 1544; Vertreter der dt.-niederländ. Renaissance mit realist. durchgeformten Figuren; Kleinplastik u. monumentale Grabmäler.
Meitner, *Lise,* östr. Atomphysikerin, 1878 bis 1968; Mitarbeiterin v. Otto Hahn.
Mekka, *Mecca,* Hst. des Hedschas, in Saudi-Arabien, als Geburtsort Mohammeds Hauptwallfahrtsort der Muslimen. 95 km v. Hafenplatz Dschidda, 367 000 E.; 7türm. Moschee El-Haram (775/785 erb.) mit der ↗Kaaba.
Meknès, *Mekines,* Stadt in Marokko, 250 000 E.; arab. Altstadt *(Medina);* Sommerresidenz des Königs. Olivenanbau.
Mekong *m,* Hauptstrom Hinterindiens, entspringt in Südosttibet, teilweise Grenze zw. Indochina u. Birma bzw. Thailand; mündet mit einem großen Delta in das Südchinesische Meer, 4500 km lang.
Mélac, *Ezéchiel* Graf v., frz. General, † 1709; verheerte 1688/89 die Pfalz.
Melancholie *w* (gr.), eines der 4 ↗Temperamente; der grüblerische, menschenscheue, stark auf negative Erlebnisse reagierende Typ. – Gesteigert zu Geisteskrankheiten, bes. dem ↗manisch-depressiven Irresein.
Melanchthon (griech. = Schwarzerd), *Philipp,* dt. reformator. Theologie u. Humanist, 1497–1560; Mitarbeiter Luthers, nach dessen Tod Führer der Lutheraner, wegen Neigung zum Ausgleich mit kath. u. calvin. Lehren umstritten; Verf. der luth. Grundschriften ↗Augsburgische Konfession, Apologie u. Loci communes. – Als Humanist für die Entwicklung ev. Univ. u. höherer Schulen bedeutsam; schuf das ev. Gelehrtenschulen; daher Ehrentitel *Praeceptor Germaniae* (lat. = Lehrer Dtl.s).
Melanesien, Inselflur in der Südsee, n.ö. von Australien: Neuguinea, Bismarckarchipel, Salomon-, Santa-Cruz-Inseln, Neue Hebriden, Neukaledonien, Loyalty- u. Fidschiinseln, 960 000 km², ca. 1,5 Millionen E.;

Meißner Porzellan: Terrine vom Speiseservice des Kölner Kurfürsten Clemens August (um 1740)

G. Meistermann: Fronleichnam – Herz-Jesu (Glasfenster im Würzburger Dom)

Lise Meitner

Ph. Melanchthon

dunkelhäutige *Melanesier* mit einem breitnasigen östlichen u. einem schmalnasigen westlichen Typ sowie den ↗Papua.
Mélange *w* (: -lãⁿseh^e, frz.), Mischung; Milchkaffee.
Melanit *m,* titanhaltiger ↗Granat.
Melanom *s* (gr.), bösart. Hautgeschwulst.
Melanophoren (Mz., gr.) ↗Chromatophoren.
Melasse *w,* bei der Zuckergewinnung brauner Rückstand, enthält bis 50% Zucker; Futtermittel u. zur Fabrikation v. Preßhefe.
Melbourne (: melbö^rn), Hst. des austral. Staates Victoria; Ind.- u. Handelsplatz, bes. für Wolle, bedeutendster Bahnknoten u. Flughafen, als *Greater M.* 2,7 Mill. E.; kath. Erzb., anglikan. Bischof; 2 Univ. – Bis 1927 Bundeshauptstadt; 1956 Olymp. Spiele.
Melchers, *Paulus,* 1813–95; 66 Erzb. v. Köln; im Kulturkampf v. der preuß. Regierung 74 inhaftiert, 76 für abgesetzt erklärt; verzichtete 85; darauf Kard. in Rom.
Melchior ↗Drei Könige.
Melchior (: melkior), *Lauritz,* am. Sänger dän. Herkunft, 1890–1973; Heldentenor, bes. Wagner-Partien.
Melchisedech, im AT Priesterkönig v. Jerusalem, segnete Abraham.
Melchiten, *Melkiten,* Christen im Vorderen Orient mit byzantin. Ritus in arab. Sprache. Im Patriarchatsgebiet der mit Rom *Unierten M.* (Residenz wechselnd zw. Damaskus u. Kairo) leben ca. 250 000 Gläubige, in der Emigration 150 000. Die v. Rom getrennten M., ca. 0,5 Mill. unter dem Patriarchen v. Antiochien, nennen sich *Griech.-Orthodoxe.*
Melde *w,* in Dtl. häufige Unkräuter mit unscheinbaren, grünl. Blüten; *Garten-M.,* deren junge Blätter als Gemüse.
Meldepflicht, 1) geregelt in den *Meldeordnungen* der Bundesländer; a) bei Zuzug u. Wegzug binnen 1 Woche (auch innerhalb der gleichen Gemeinde) für die Umziehenden u. den Hauseigentümer; b) für Beherbergungsunternehmen, die anreisende Gäste melden müssen. **2)** Eine M. des Arztes besteht bei mehreren Infektionskrankheiten. □ 420.
Meldorf, Hauptort des schleswig-holstein. Kreises Dithmarschen, 7300 E.; Dithmarscher „Dom" (1250). Konservenfabrik.
Melibocus *m, Malchen,* höchste Erhebung des Odenwalds über der Bergstraße, 517 m.
meliert (frz.), mischfarbig (namentl. v. angegrautem Haar).
Melilla (: -lilja), Hafenstadt in Marokko, polit. zu Spanien, 65 000 E.
Melioration *w* (lat.), Bodenverbesserung, bes. durch Ent- od. Bewässerung.
Melisse *w,* aus dem Orient stammender Lippenblütler; die stark nach Zitrone duftenden Blätter zu Tee u. *M.engeist* (↗Karmelitengeist). □ 452.
Melitipol, Stadt in der Ukraine; 161 000 E.; Maschinen-, Möbel-Ind.
Melk, niederöstr. Stadt an der Donau, 5100 E.; Benediktinerstift (1089 gegr.) mit humanist. Gymnasium; Barockbauten, Stiftskirche mit reicher Innenausstattung.
melken, Gewinnung der Milch v. Hand od.

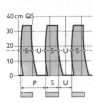

P Pulstakt, S Saugtakt
(Länge des Milchstrahls),
U Unterbrechungstakt

Melkmaschine:
oben Melkbecher mit
Milchsammel- und
Luftverteilerstück,
unten Diagramm der
Saug- und Unter-
brechungstakte

Max Mell

mit *Melkmaschine* durch Saug- u. Druck-
wirkung auf die Striche (Zitzen) des Euters.
Melkiten ↗Melchiten.
Mell, *Max*, östr. Schriftsteller, 1882–1971;
Lyrik, Erz., symbol.-realist. Legendenspiele.
Das Apostelspiel; Nachfolge-Christi-Spiel.
Melle, niedersächs. Stadt u. Solbad im Kr.
Osnabrück, 40800 E.; Landmaschinen- u.
Putzmittel-Ind.
Mellum w, *Alte M.*, ungeschützte Insel im
Wattenmeer bei Wilhelmshaven, Vogel-
schutzgebiet mit Vogelschutzwarte.
Melodie w (gr.), leicht auffaßbare Folge v.
Tönen, in sich gegliedert, als Ganzes abge-
schlossen. M.n können gebildet werden
durch Wiederholung, Variation u. Fortspinnung eines Motivs od. durch Reihung u. Gegenüberstellung mehrerer Motive. Eine gut
sangbare Tonfolge nennt man *melodisch.*
Melodrama s (gr.), 1) Bühnenstück od. dich-
terischer Vortrag, begleitet v. Instrumentalmusik. 2) Bz. für engl. u. frz. Schauerstücke
des 19. Jh.
Melone w, Kürbisgewächs mit gelben Blüten u. kürbisähnl., erfrischenden Früchten,
glattschalig als *Malta-M.*, gerippt od. ge-
warzt als *Kantalupe* u. netzförmig gerieft als
Netz-M. unterschieden; *Wasser-M., Arbuse*,
mit grünschaliger, saftiger Frucht; stammen aus den Tropen der Alten Welt. ☐ 748.
M.nbaum, trop. Obstbaum mit melonen-
ähnl., süßen Früchten u. unverzweigtem
Stamm. Milchsaft mit pepsinähnlicher Wirkung.
Melos, *Milos, Milo*, griech. Kykladeninsel,
151 km², 4900 E.; Fundort (1820) der „Venus
von Milo".
Melos s (gr.), urspr.: Melodie; heute: das
Liedhaft-Sangliche in dieser.
Melozzo da Forli, it. Renaissancemaler,
1438–94; umbr. Schule; gemalte Architek-
tur, wuchtige Figuren, reiche Farben.
Melpomene w, ↗Muse der Tragödie.
Melsungen, hess. Stadt an der Fulda, 13200
E.; Schloß aus dem 16. Jh., Fachwerkrat-
haus (1556).
Meltau m, die nach der Häutung zurückblei-
benden Bälge der Blattläuse.
Melton m, ↗Molton.
Melusine, Nixe in der frz. Sage.
Melville (: -wil), *Herman*, am. Schriftsteller,
1819–91; Schöpfer bedeutender See-
romane; symbolträchtiges HW *Moby Dick*
(Jagd auf den weißen Wal). *Billy Budd; Be-
nito Cereno;* Erzählungen.
Melvilleinsel (: -wil-), 1) kanad.-arktische Insel, nördl. des *Melvillesunds*, 41000 km²;
s.ö. davon die *Melville-Halbinsel*, nordöstlicher Ausläufer des amerikan. Festlands,
65000 km². 2) Insel vor Nordaustralien, in
der Timorsee, 4350 km².
Membran(e) w (lat.), 1) Häutchen (z.B.
Trommelfell). 2) dünnes schwingungsfäh.
Metallplättchen, bes. zur Aufnahme u. Abgabe v. Schallschwingungen. ☐ 539.
Memel, 1) w, russisch *Njemen*, litauisch
Nemunas, auch *Neman*, osteurop. Fluß,
entspringt in Weißrußland u. mündet in
mehreren Armen (Gilge, Ruß u.a.) in das
Kurische Haff, 879 km lang. 2) **M.**, litauisch
Klaipeda, einziger Hafen Litauens an der

Mündung der Dange in das Kurische Haff,
176000 E. 3) **M.land**, Teil der früheren Prov.
Ostpreußen nördl. der M. mit der Hst. M.,
2848 km². Durch den Versailler Vertrag v.
Dtl. getrennt u. Freistaat, kam 1924 zu Li-
tauen (innere Autonomie); 39 an Dtl. zu-
rückgegeben; seit 45 bei der Litauischen
SSR (Sowjetunion).
Memento (lat. = gedenke!), Erinnerungs-
ruf; im Meßkanon Gebet für die Lebenden
u. Toten. **M. mori**, Gedenke des Todes!
Memling, *Hans*, niederländ. Maler, um
1433–1494; undramat. Themen, feierl.-stille
Andachtsbilder u. bürgerl.-realist. Porträts.
Johannesaltar u. *Ursulaschrein* in Brügge.
Memmingen, bayer. Stadt (Stadtkreis) in
Schwaben, 37900 E.; alte Stadtbefestigungen; Textil-Ind., Apparatebau.
Memnon, in der Sage Kg. v. Äthiopien.
M.säulen bei Theben: 2 Kolossalstatuen Kg.
Amenophis' III. (um 1400 v.Chr.), deren
nördl. fr. bei Sonnenaufgang ertönte.
Memoiren (: -m°ar^en, frz., Mz.), Denkwürdigkeiten, auch Lebenserinnerungen. **Me-
morandum** s (lat.), Denkschrift. **Memoria**
(lat.), die Erinnerung. *In memoriam*, zur
Erinnerung. **Memorial** s (lat.), 1) Denkschrift. 2) in der ↗Buchführung das Journal.
memorieren (lat.), auswendig lernen.
Memphis, 1) fr. Hst. Ägyptens (ca. 3000
v.Chr. gegr.), am Nil, 30 km südl. v. Kairo;
die Ruinenstätte 1930/31 ausgegraben. **2)**
größte Stadt v. Tennessee (USA), am Mississippi, 665000 E.; presbyterian. Univ. u.
staatl. Teiluniv.; Baumwollmarkt.
Menage w (: -sch^e, frz.), 1) Haushalt, Verpflegung. 2) Tischgestell für Öl, Essig, Salz,
Pfeffer. **Menagerie** w (: -sch^eri, frz.), Schaustellung lebender Tiere.
Menam m, Hauptstrom Thailands, 800 km
lang; zum Golf v. Siam; bis Nangdoi schiffbar.

Hans Memling: Maria im Rosenhag

Menander, griechischer Komödiendichter, 342–291 v. Chr.

Menarche w (gr.), ↗Menstruation.

Mencius ↗Meng-tse.

Mende, Erich, * 1916; 60/67 Bundesvors. der FDP; 63/66 Bundesmin. für gesamtdt. Fragen u. Vizekanzler; 70 Übertritt zur CDU.

Mendel w, it. **Mendola,** Südtiroler Paß (1363 m), s.w. von Bozen, verbindet Etsch- u. Nonsbergtal.

Mendel, Johann Gregor, dt. Botaniker, 1822–84; seit 1868 Abt des Augustiner-Eremitenklosters in Brünn; entdeckte durch Erbsenkreuzungsversuche die sog. Mendelschen Gesetze (↗Vererbung). Versuche über Pflanzenhybriden (1865). ☐ 1050.

Mendelejew, Dimitri Iwanowitsch, russ. Chemiker, 1834–1907; fand gleichzeitig mit J. L. ↗Meyer das ↗Periodensystem.

Mendelevium s, künstl. chem. Element, Zeichen Md, Actinidenelement, Ordnungszahl 101 (☐ 148).

Mendelssohn, Moses, jüd. Aufklärungsphilosoph, 1729–86; Freund Lessings; leitete die Emanzipation der Juden in Dtl. ein.

Mendelssohn Bartholdy, Felix, Enkel v. M. ↗Mendelssohn, dt. Komponist, 1809–47; Leiter der Leipziger Gewandhauskonzerte; verband Romantik u. Klassizismus; Wiedererwecker Bachscher Musik (Matthäuspassion); 5 Symphonien, Musik zum „Sommernachtstraum", Oratorien, Lieder, Klavierstücke.

Menden (Sauerland), westfäl. Stadt (Märk. Kr.), 53200 E.; Metall-, Elektro-Ind.

Mendès-France (: mãdäß frãß), *Pierre,* * 1907; 54/55 frz. Min.-Präs. u. Außenmin. (Radikalsozialist), legte den Krieg in Indochina bei. 59 Ausschluß aus der Radikalsozialist. Partei.

Mendikant m (lat.), Mitgl. eines ↗Bettelordens.

Mendoza (: -ßa), argentin. Prov.-Hst. am Ostfuß der Anden, 120000 E.; Univ.; Erzb., Obst- u. Weinbau.

Menelaos, *griech. Sage:* Kg. v. Sparta, gewinnt seine Gattin ↗Helena im Trojan. Krieg zurück.

Menelik, Menilek, 1844–1913; 1889 Ks. v. Äthiopien, behauptete sich gg. Italien.

Menes, nach ägypt. u. griech. Überlieferung Begründer des ägypt. Einheitsstaates (um 3000 v. Chr.).

Menetekel s (aram.), Warnzeichen; nach dem atl. Buch Daniel erschien Kg. ↗Belsazar an der Wand die Spruch: mane thekel phares (gezählt, gewogen, geteilt); daher auch das Sprichwort „Gewogen u. zu leicht befunden".

Mengelberg, Willem, 1871–1951; holl. Dirigent, 1895/1945 Leiter des Concertgebouw-Orchesters in Amsterdam.

Mengenlehre, math. Grundlagen-Wiss., behandelt die Eigenschaften v. *Mengen,* d. h. v. Zusammenfassungen beliebiger Objekte, den *Elementen* der Menge, bes. ihrer gegenseitigen Zuordnungen (Relationen), der Struktur der Abbildungen v. Mengen aufeinander. Die M. wurde von G. *Cantor* (1845–1918) eingeführt und nimmt heute eine zentrale Stellung in der ↗Mathematik

ein, da die meisten mathemat. Teilgebiete auf ihr aufbauen, eine Tatsache, der der moderne mathemat. Unterricht an den Schulen der BRD durch Einführung der Mengenlehre Rechnung trägt.

Mengs, Anton Raphael, östr. Maler u. Kunsttheoretiker, 1728–1779; Klassizist, griech.-mytholog. u. bibl. Themen, Porträts; *Parnaß* in der Villa Albani (Rom).

Johann Gregor Mendel

Dimitri Iwanowitsch Mendelejew

A. R. Mengs: Selbstbildnis (Pastell)

Meng-tse, Mencius, chines. Sitten- und Staatslehrer, 372–289 v. Chr.; entwickelte den ↗Konfuzianismus weiter.

Menhir m (kelt.), in der ↗Megalithkultur senkrecht im Boden aufgestellter kult. Stein, auch in Reihen od. kreisförmig (↗Stonehenge).

Meningitis w (gr.), die ↗Gehirnhautentzündung.

Meniskus m (gr.), 1) halbmondförm. Knorpelscheiben im ↗Knie. 2) konvexe od. konkave Oberfläche v. Flüssigkeiten in Kapillarröhrchen. **M.glas,** nach einer Seite durchgebogene Linse.

Mennige w, Pb_3O_4, Mineral; hellrotes Pulver, in Wasser unlöslich; zu Rostschutz, Ölfarbe (Pariser Rot), Kitt, Bleiglas.

Mennoniten, v. dem fries. Priester *Menno Simons* (1496–1561) gegr. gemäßigte Gruppe der ↗Täufer; Lehre im wesentl. calvin.; lehnen meist Eid u. Waffendienst ab; wegen häufiger Verfolgung wanderten viele aus; ca. 400000 Mitgl., meist in den USA.

Menopause w (gr.), Aufhören der ↗Menstruation.

Menorca, Minorca, zweitgrößte Baleareninsel; Mais-, Weizen-, Weinbau; 668 km², 52000 E.; Hst. Mahón.

Menotti, Gian Carlo, it.-am. Komponist, * 1911; Opern: *Amelia geht zum Ball, Der Konsul, Das Medium.*

Mensa w (lat.), Tisch, Altartisch. **Mensa academica,** Studentenküche.

Mensch, Homo sapiens, das am meisten differenzierte Lebewesen, im Laufe der Stammesgeschichte aus tier. Vorformen entwickelt (↗Abstammung). Alle derzeit lebenden Menschen bilden eine biolog. Art, die sich in eine Reihe v. ↗Rassen untergliedern läßt. Stammesgeschichtl. Alter der Art *Homo sapiens* ca. 100000 Jahre.

Der M. ist ein Lebewesen v. einmaliger Sonderstellung, kann im Ggs. zu anderen Lebewesen seine Handlungen vorausplanen u. abwägen, Dinge benennen u. sie sich

F. Mendelssohn Bartholdy

A ∩ B

A ∩ B = Durchschnitt von A und B

A ∪ B

A ∪ B = Vereinigung von A und B

Mengenlehre: „Venn-Diagramm" für die Operationen Durchschnitt und Vereinigung

dienstbar machen, in schöpfer. Gestaltung schaffen u. nach dem Ursprung u. den Grundlagen für die Existenz aller Dinge, einschließl. seiner selbst, forschen. Die Biologie hat nachgewiesen, daß auch der M. sich aus einfacheren Lebensformen entwikkelt hat u. sich aufgrund der anatom. Merkmale in das System der Lebewesen einordnen läßt. Selbstverständl. bestehen auch im biolog. erfaßbaren Bereich auffällige Unterschiede zu den höheren Säugetieren, z. B. der aufrechte Gang u. die damit verbundene Umformung des Skeletts, die Rückbildung des Haarkleides, die Vergrößerung des Gehirnschädels u. die bes. ausgeprägte Entwicklung der Großhirnrinde, die lange jugendl. Entwicklungsphase, die Verarmung der Instinkte bei gleichzeitiger Steigerung der Lernfähigkeit u. des Vermögens, eine Situation zu übersehen u. nicht instinktmäßig, sondern über einen Denkprozeß frei zu reagieren. ☐ 615–618. – *Philosophische Anthropologie:* Der durch seine *Körperlichkeit* an die Raum-Zeit-Gesetze der materiellen Natur u. durch seine *Leiblichkeit* an die Form- u. Entwicklungsgesetze der org. Natur gebundene M. ist durch seine *Geistigkeit* u. *Personalität* zugleich aus diesem Naturzusammenhang heraus- u. in die alles Endliche transzendierende ⟋*Freiheit* gestellt. Sein personales Sein als dialog. Mitsein bedeutet zugleich, in ⟋*Gemeinschaft* zu sein. In seiner Geistigkeit, kommunikativen Personalität u. Freiheit ist der M. zugleich bestimmt durch Endlichkeit und Geschichtlichkeit. – Die *christl. Theologie* versteht den M. als geschaffenes, rel.-sittl. Wesen in geistig-leibl. Einheit (⟋*Seele* als Form des Leibes), als den v. Gott aufgerufenen weltl.-leibhaftigen Partner Gottes. – ⟋Anthropologie.
Menschenaffen ⟋Anthropoiden. ☐ 7.
Menschenfresserei ⟋Kannibalismus.
Menschenopfer, im Kult der Frühstufe vieler Kulturen u. bei Naturvölkern.
Menschenraub, jede durch List, Drohung od. Gewalt begangene Verschleppung eines Menschen in fremde Kriegsdienste od. in die Machtzone eines anderen Staates od. jeder Zwang auf das Opfer zum Verbleiben in einer Gefahrenzone; mit Freiheitsstrafe bedroht.
Menschenrechte, Bz. für die im Wesen des Menschen begründeten, zur Erfüllung seiner sittl. Aufgaben nötigen, unveräußerl.

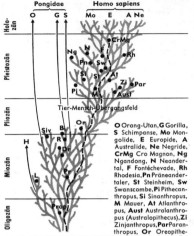

Mensch: eine Stammbaumrekonstruktion der engeren Vorfahrenreihe (Phylogenetik)

O Orang-Utan, **G** Gorilla, **S** Schimpanse, **Mo** Mongolide, **E** Europide, **A** Australide, **Ne** Negride, **CrMg** Cro Magnon, **Ng** Ngandong, **N** Neandertal, **F** Fontéchevade, **Rh** Rhodesia, **Pn** Präneandertaler, **St** Steinheim, **Sw** Swanscombe, **Pi** Pithecanthropus, **Si** Sinanthropus, **M** Mauer, **At** Atlanthropus, **Aust** Australanthropus (Australopithecus), **Zi** Zinjanthropus, **Par** Paranthropus, **Or** Oreopithecus, **Siv** Sivapithecus, **B** Bramapithecus, **R** Ramapithecus, **Dr** Dryopithecus, **H** Hylobatiden, **L** Limnopithecus, **Pr** Proconsul, **Prop** Propliopithecus. Gestrichelte Linie: Weg zu Homo sapiens.

Rechte: Recht auf Leben, Freiheit, Unverletzlichkeit u. Sicherheit der Person, auf Erwerbsmöglichkeit, Eigentum, Erziehung u. Unterricht, Berufswahl, Religionsübung. Nord-am. *Erklärung der Rechte* (1776); *Erklärung der Menschen- u. Bürgerrechte* zu Beginn der Frz. Revolution (1789); als ⟋*Grundrechte* in vielen Verfassungen garantiert. *Internationale Charta der Menschenrechte,* proklamiert v. den UN 1948 in 30 Artikeln.
Menschenrechtskonvention, 1950 vom ⟋Europarat beschlossen, seit 53 in Kraft; stellt bestimmte Rechte u. Freiheiten unter den bes. Schutz der Mitgliedstaaten. Zur Sicherung wurde 59 der *Europ. Gerichtshof für Menschenrechte* geschaffen, Sitz Straßburg.
Menschensohn, Selbstbezeichnung Jesu, womit er Charakter u. Amt des ⟋Messias für sich in Anspruch nimmt.
Menschewiki (Mz., russ.) ⟋Bolschewismus.
Menschikow, *Alexander* Fürst, russ. Staatsmann u. Feldherr, 1672–1729; Günstling Peters d. Gr., unter Katharina I. Beherrscher Rußlands; 1727 gestürzt.
Menschwerdung, 1) Entstehung des Menschen. ⟋Abstammungslehre. **2)** *M. des*

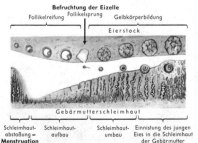

Befruchtung der Eizelle
Follikelreifung Follikelsprung Gelbkörperbildung
Eierstock
Schleimhaut- Schleimhaut- Schleimhaut- Einnistung des jungen
abstoßung = aufbau umbau Eies in die Schleimhaut
Menstruation der Gebärmutter
Gebärmutterschleimhaut

Follikelreifung Follikelsprung Gelbkörperbildung Rückbildung des Gelbkörpers
Eierstock
Absterben des unbefruchteten Eies
Schleimhaut- Schleimhaut- Schleimhaut- Schleimhaut-
abstoßung = aufbau umbau abstoßung =
Menstruation **Menstruation**
Gebärmutterschleimhaut

Menstruation: Darstellung der Vorgänge in der Gebärmutterschleimhaut nach erfolgter (links) und ausbleibender Befruchtung der Eizelle

Sohnes Gottes, die Annahme der menschl. Natur durch Christus (Inkarnation).

Mens sana in corpore sano (lat.), gesunder Geist im gesunden Körper.

Menstruation w (lat.), *Menses, Periode, Regel, Monatsblutung* der Frau (u. bei weibl. Affen), die Abstoßung der für die Einnistung des ∕Eies vorbereiteten, aber nicht beanspruchten Gebärmutterschleimhaut; findet v. der Menarche (11./14. Lebensjahr) bis zur Menopause (∕Wechseljahre) etwa alle 28 Tage statt, solange keine ∕Schwangerschaft eintritt; sie dauert 3–8 Tage. Gesteuert wird die M. durch ein Hormon der Hirnanhangdrüse (∕Hypophyse) u. Hormone des Eierstocks. Der Zyklus *(Genitalzyklus)* beginnt mit der Eireifung im Eierstock; am 15. Tag vor der M. wird das reife Ei ausgestoßen (Ovulation) u. wird durch die Eileiter in die Gebärmutter befördert. Findet keine Befruchtung des Eies statt, tritt die M. ein. Ausbleiben der M. *(Amenorrhöe)*, zu starke *(Menorrhagie)* od. schmerzhafte M. *(Dysmenorrhöe)* sind krankhaft. ☐ 609.

Mensur w (lat.), **1)** beim ∕Fechten die Entfernung der beiden Fechter voneinander. **2)** student. Zweikampf mit blanken Waffen (Schläger-, Säbel-M.). **3)** in der Musik: a) das Verhältnis von Weite zu Länge bei den Blasinstrumenten; b) allg. Maßbezeichnung bei Instrumenten, so die Griffweite; c) die verschiedene Zeitdauer der Notenwerte im Verhältnis zueinander. **Mensuralmusik,** die in der Mensuralnotation notierte, rhythmisch bestimmte, mehrstimm. Musik vom 13./16. Jh. im Ggs. zur Notierung des Gregorianischen Gesangs.

mental (lat.), den Geist betreffend. **Mentalität** w (lat.), seelisch-geistige Einstellung. **Mentalreservation,** *Mentalrestriktion* w (lat.), ∕Reservatio mentalis.

Menthol s, aromat. Alkohol *(Terpen)*; hauptsächl. aus Pfefferminzöl gewonnen; erfrischend, kühlend, antisept.; gg. Kopfschmerzen, Schnupfen.

Menton (: mãtõ), it. *Mentone*, frz. Stadt u. Kurort an der Riviera, 26000 E.; Orangen- u. Zitronenanbau.

Mentor m (gr.), urspr. Lehrer des ∕Telemach; danach allg. Erzieher, Ratgeber.

Menü s (frz.), Speisekarte; Essen mit festgesetzter Speisenfolge.

Menuett s, altfrz. Tanz im ³/₄-Takt; dreiteilig; zw. die Wiederholung des M. tritt im Trio. Urprüngl. Suitentanz, dann in die Symphonie eingeführt, v. Beethoven durch das ∕Scherzo ersetzt.

Menuhin, *Yehudi*, amerikan. Meistergeiger, * 1916; auch Dirigent u. Musikpädagoge, 79 Friedenspreis des Dt. Buchhandels.

Menzel, *Adolph v.*, dt. Maler u. Graphiker, 1815–1905; Prof. in Berlin; Genrebilder u. zeithistor. Gemälde, die die impressionist. Farbgebung u. Unmittelbarkeit der Darstellung vorwegnehmen. *Flötenkonzert; Tafelrunde.*

Menzinger Schwestern, *Lehrschwestern v. Hl. Kreuz,* 1844 v. Th. Florentini gegr. Schwesternkongregation für Erziehung, Unterricht u. Fürsorge; Generalmutterhaus in Menzingen (Zentralschweiz).

Yehudi Menuhin   M. Mercouri

1	2	3	4	5	6
7	8	9	10	11	12
13	14	15	16	17	

Pausenzeichen

Mensuralmusik:
Mensuralnoten,
1 Maxima, 2 Longa,
3 Brevis, 4 Semibrevis,
5 Minima, 6 Semiminima; nach 1450:
7 Maxima (kommt in der Regel nicht mehr vor), 8 Longa,
9 Brevis, 10 Semibrevis, 11 Minima,
12 und 13 Semiminima, 14 und 15 Fusa, 16 und 17 Semifusa

Mephistopheles, *Mephisto,* Teufel, Verführer ∕Fausts.

Meppen, niedersächs. Krst., an der Mündung der Hase u. des Dortmund-Emskanals in die Ems, 28100 E.; Textil- und Eisen-Ind.

Meran, it. *Merano,* Südtiroler Stadt an der Etsch, 34000 E.; sehr mildes Klima; Obst- u. Weinbau (Traubenkuren). Nördl. v. M. das Schloß Tirol.

Merapi m, aktiver Vulkan nördl. v. Djokjakarta auf Java, 2911 m hoch.

Mercator (eig. Kremer), *Gerhard,* Kartograph, 1512–94; gab 1569 eine Weltkarte in winkeltreuer *M.projektion* heraus.

Mercedarier (Mz., lat.), *Nolasker,* urspr. ein Ritterorden zum Loskauf christl. Gefangener im Hl. Land, 1218 v. hl. Petrus Nolascus gegr.; widmen sich heute der Mission, der Caritas u. der Erziehung; in Europa nur noch in Spanien u. It. verbreitet. **M.innen,** der weibl. Ordenszweig.

Mercier (: mersĵe), *Désiré,* belg. Kard. u. Philosoph, 1851–1926; seit 1906 Erzb. v. Mecheln; Vertreter der ∕Neuscholastik.

Merck, *Johann Heinrich,* dt. Schriftsteller, 1741–91; Mittelpunkt eines Darmstädter Geniekreises; wirkte auf den jungen Goethe.

Mercouri (: -ku-) (eig. Mersouris), *Melina,* griech. Schauspielerin, * 1925; zahlr. Filme, u. a. *Sonntags nie; Topkapi.*

Mer de Glace w (: mär d⁰ glaß), 12,1 km langer, 41,4 km² großer Montblanc-Gletscher.

Meredith (: -diß), *George,* engl. Schriftsteller, 1828–1909; HW der Roman *Der Egoist.*

Mereschkowskij, *Dmitrij,* russ. Schriftstel-

Adolph v. Menzel:
Eisenwalzwerk

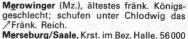

ler, 1865–1941 (Paris). Vertrat ein gnost.-myst. Christentum. Essays u. histor. Romane; *Leonardo; Peter der Gr.; Napoleon.*

Mergel, Sedimentgestein, kalkhaltiger Ton, meist schiefrig, aber auch erdig, leicht verwitterbar, ergibt fruchtbare Böden.

Mergentheim, *Bad M.,* württ. Stadt an der Tauber, 19300 E.; ehemaliges Deutschordensschloß u. 2türmige Schloßkirche (1730, von B. Neumann); glauber-, bitter-, kochsalzhaltige Quellen.

Merian, Basler Künstlerfamilie: 1) *Maria Sibylla,* Tochter v. 2), Malerin, 1647–1717; illustrierte Blumen- u. Insektenbücher. 2) *Matthäus d. Ä.,* 1593–1650; Kupferstecher; seit 1625 Besitzer eines Verlags in Frankfurt a. M.; Hrsg. der v. ihm selbst mit architekton. getreuen Kupfern illustrierten Topographie Europas mit Text v. M. Zeiller. 3) *Matthäus d. J.,* Sohn v. 2), 1621–87; Porträtmaler.

Maria Sibylla Merian: Goldgelbe Lilie (Kupferstich, koloriert)

Mérida, 1) span. Stadt in der Prov. Badajoz, 38000 E.; Ruinen der Hst. des röm. Lusitanien. 2) Hst. des mexikan. Staats Yucatán, 251000 E.; Erzb.; Univ.

Meridian *m* (lat.), Mittagslinie; 1) auf der Erdkugel jeder durch die beiden Pole u. einen bestimmten Erdort hindurchgehende Großkreis. Null-M. ist der M. v. Greenwich. 2) M. am Himmelsgewölbe: der durch Himmelspol u. Zenit des Beobachterorts hindurchgehende Großkreis. **M.kreis,** astronom. Instrument zur Messung der Gestirnsörter; nur in der M.ebene beweglich.

Mérimée, *Prosper,* frz. Schriftsteller, 1803 bis 1870; realist. Novellen *Carmen; Die Venus von Ille; Colomba.*

Merino *m,* M.wolle, die fein gekräuselte, weiche Wolle des *M.schafs;* daraus hergestelltes Kammgarngewebe, geschoren u. glänzend appretiert. ☐ 858.

Meristem *s* (gr.), bei Pflanzen jedes wachsende u. sich teilende Zellgewebe.

Merkantilismus *m* (lat.), Bz. für die Wirtschaftspolitik im 16./18. Jh.; bezweckte vor allem die Hebung der produktiven Kräfte in Handel u. Gewerbe, woraus dem absolutist. Staat die Mittel für Beamtenapparat u. Heer zufließen sollten; prägte sich in den einzelnen Ländern verschieden aus (Colbertismus, Kameralismus).

Merkaptane, schwefelhaltige Alkoholabkömmlinge mit unangenehmem Geruch.

Merkur, 1) römischer Gott des Handels. 2) Zeichen ☿, der Sonne nächster, mondloser ⁄Planet. Nach Photos u. Meßdaten der am. M.sonde Mariner 10 besitzt M. eine mondähnl. Oberfläche u. ein schwaches Magnetfeld u. eine dünne, u. a. aus Helium, Argon u. Neon bestehende Atmosphäre; starke Temperaturgegensätze zw. Tag- (+400°C) u. Nachtseite (−200°C). ☐ 757, 918.

Merkurialismus, die Quecksilbervergiftung.

Merlan *m,* bis 60 cm langer Schellfisch der nordeurop. Küsten.

Merleau-Ponty (: märlọ põṇtị), *Maurice,* frz. Philosoph, 1908–61; entwickelte eine ⁄Existenzphilosophie eigener Prägung: *Phänomenologie der Wahrnehmung.*

Merlin *m,* 1) Zwerg-⁄Falke. 2) Zauberer in der breton. Artussage.

Merowinger (Mz.), ältestes fränk. Königsgeschlecht; schufen unter Chlodwig das ⁄Fränk. Reich.

Merseburg/Saale, Krst. im Bez. Halle, 56000 E.; 4türm. Dom (roman. u. got., 13./16. Jh.), dabei 3türm. Schloß (Gotik u. Renaissance, 15./17. Jh.), TH Leuna-M.; Maschinen- u. chem. Ind., ⁄Leuna-Werke.

Merseburger Zaubersprüche, 2 ahd., im 10. Jh. aufgezeichnete Zaubersprüche heidn.-german. Inhalts.

Merthyr Tydfil (: mörß^er tịdw'l), engl. Stadt am oberen Taff, 55000 E.; Eisen- u. Stahlwerke, Kohlengruben.

Meru *m,* Vulkan in Tansania, s.w. vom Kilimandscharo, 4567 m hoch.

Merwede *w,* Unterlauf des Waal, südl. Teil der Rheinmündung.

merzerisieren, ein Verfahren, um Baumwollgarne u. -gewebe mit starker Natronlauge straff u. seidig zu machen.

Merzig, Krst. im Saarland, an der Saar, 30500 E.; roman. Pfarrkirche (um 1200); keram. Ind.

Mésalliance *w* (: -jãṇß, frz.), Mißheirat, nichtebenbürtige Verbindung.

Meschede, westfäl. Krst. im Sauerland, an der Ruhr, 31600 E.; Benediktinerkloster Königsmünster; Abtlg. der Gesamthochschule Paderborn; Leichtmetall-Ind.

Meschhed, Hst. der iran. Prov. Khorasan, schiit. Wallfahrtsort, 671000 E.

Meskalin *s,* Alkaloid mexikan. Kakteen, erzeugt den *M.rausch* mit eigentüml. Farbvisionen. ☐ 796.

Mesmer, *Franz Anton,* dt. Arzt, 1734–1815, Begr. der Lehre v. der Heilkraft des sog. tierischen Magnetismus (*Mesmerismus*).

Mesoderm *s* (gr.), mittleres ⁄Keimblatt.

Meson *s* (gr.), ⁄Elementarteilchen.

Mesopotamien (gr. = *Zwischenstromland*), Land zw. Euphrat u. Tigris; auch das ganze Gebiet zw. Wüste u. den pers. Randketten, etwa 350000 km², Hst. Bagdad. – Im Alt. Hauptteil der Reiche Assyrien u. Babylonien; heute größtenteils zum Irak.

Mesozoikum *s* (gr.), das Mittelalter der Erdgeschichte; Trias, Jura, Kreide. ☐ 237.

Messalina, sittenlose Gattin des röm. Ks. Claudius, 48 n.Chr. hingerichtet.

Meßdiener ⁄Ministrant.

Merkur: rechts die mondähnliche Oberfläche aus 34720 km Entfernung, der große Krater am unteren Bildrand hat ca. 80 km Durchmesser; oben M. aus 1,8 Mill. km Entfernung; der M. zeigt wie Mond u. ⁄Venus Phasen (Aufnahmen der am. Raumsonde Mariner 10 vom 29. 3. 1974)

Messe w (lat.), 1) in der kath. Kirche gottesdienstl. Vollzug der ↗Eucharistie, von Jesus Christus beim Letzten Abendmahl gestiftet zum Gedächtnis an sein heilbringendes Leben u. Leiden, seinen Tod u. seine Auferstehung (Paschamysterium). Die nach dem Entlassungsruf „Ite, missa est" geprägte Bz. ist seit dem 5. Jh. gebräuchlich; andere, meist ältere Bz.en, wie Brotbrechen, Herrenmahl, Opfer, Versammlung, (Hoch-) Amt, (Gottes-)Dienst, weisen auf verschiedene Wesenszüge dieser zentralen liturg. Feier hin. Das über die Gaben gesprochene Dankgebet bildet die Grundgestalt, die nach Sprachen, Ländern, Kulturen differenzierte u. geschichtl. Wandel unterliegende Ausformungen erfahren hat (Riten der östl. u. abendländ. Liturgien). Der röm. Ritus, seit dem 2. Vatikan. Konzil tiefgreifenden Reformen unterworfen, umfaßt nach einer Eröffnung (mit Begrüßung, Schuldbekenntnis, Kyrie, Gloria, Tagesgebet) 2 Hauptteile: den Wortgottesdienst mit Lesungen, Zwischengesängen, Evangelium, Predigt, Glaubensbekenntnis (Credo), Allg. Gebet (Fürbitten) u. die Eucharistiefeier mit Bereitung der Gaben v. Brot u. Wein, Eucharist. Hochgebet (Präfation, Sanctus, Kanon mit Einsetzungsbericht), Kommunion (Vaterunser, Friedensgruß, Agnus Dei, Kommunionspendung u. Schlußgebet); abschließend folgen Segen u. Entlassung. – Die Feier der M. ist Kennzeichen des christl. Sonntags, die Teilnahme an ihr ein unterscheidendes Merkmal christl. Lebensweise; daher das Gebot zur Mitfeier für kath. Gläubige (Sonntagspflicht). 2) in der Kirchenmusik Kompositionen zur musikal. Gestaltung feststehender M.gebete (des Ordinariums): Kyrie, Gloria, Credo, Sanctus, Agnus Dei. 3) Handels-M., Form des Großhandels-↗Marktes, auf dem vor allem Waren des gehobenen Verbrauchs od. Investitionsgüter angeboten werden; meistens zu regelmäßig wiederkehrenden Zeiten (Frühjahrs-, Herbst-M.); entweder als allg. M. od. als Fach-M. (z.B. Buch-M.).

Messenien, altgriech. Landschaft im südwestl. Peloponnes; v. Sparta 8./5. Jh. v. Chr. in 3 Kriegen unterworfen; heute griech. Bez.

Messerschmitt, Willy, dt. Flugzeugkonstrukteur, 1898–1978; erfolgreiche, bes. Kriegsflugzeuge (Strahltriebflugzeuge).

Meßgewand ↗Kasel.

Messiaen (: -siã̃n), Olivier, frz. Kirchenmusiker u. Komponist, * 1908; Klavier-, Orgel-, Orchesterwerke.

Messianismus m, die Erwartung eines gottgesandten od. göttl. Erlösers (↗Messias) in vielen Religionen, bes. in Israel bei den atl. Propheten; bei den Juden seit dem babylon. Exil z.T. auch polit. bestimmt.

Messias m (hebr. = Gesalbter; gr. = ↗Christus), der Erlöser. ↗Erlösung.

Messieurs, Mz. von ↗Monsieur.

Messina, Hst. der it. Prov. M. auf Sizilien; an der 42 km langen, an der engsten Stelle 3,2 km breiten Straße von M., die das Festland v. der Insel trennt; 275 000 E.; Erzb.; Univ. – Im 8. Jh. v. Chr. als griech. Kolonie gegr., Anlaß zum 1. Pun. Krieg.

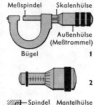

Meßspindel   Skalenhülse
Außenhülse (Meßtrommel)
Bügel   1

2

Spindel   Mantelhülse
Skalenhülse   Ratsche
Werkstück   3

Meßschraube:
1 Bügel-, 2 Innen-, 3 Tiefen-M.

feststehendes Zifferblatt (ganze mm)
drehbares Zifferblatt (1 Teilstrich = ¹/₁₀₀ mm)
bewegl. Einstellmarken
drehbarer Ring
Taststift
Meßuhr

W. Messerschmitt

Olivier Messiaen

Messing, Kupfer (50–80%)-Zink-Legierung, durch den Zinkzusatz härter als Kupfer, chem. widerstandsfähig, zäh u. gut verarbeitbar.

Meßkirch, bad. Stadt im Kr. Sigmaringen, 6800 E. Meister v. M., schwäb. spätgot. Maler, nach 1525; vielleicht Jörg Ziegler; M.er Alter.

Meßopfer ↗Messe.

Meßprojektor, gestattet den direkten Vergleich v. Zeichnung u. kompliziertem Feinwerkstück nach opt. Vergrößerung.

Meßschraube, Schraublehre, Mikrometer, ein mechan. Instrument zur Messung kleiner Abstände bis ca. ¹/₁₀₀₀ mm.

Meßter, Oskar, dt. Filmtechniker, 1866 bis 1943; Erfinder des ↗Malteserkreuzgetriebes.

Meßtisch, waagrechter Zeichentisch auf Stativ mit Lineal u. damit kombiniertem Fernrohr. Durch Anvisieren fester Punkte, Einzeichnen der Richtungen u. Eintragen der Entfernungen entsteht das M.blatt, Karte eines Geländestückes im Maßstab 1:25000.

Meßuhr, ein Meßgerät für Vergleichsmessungen, das die Bewegung eines Taststiftes auf einen Zeiger über einer Skala überträgt.

Meßzahl ↗Index (Indexziffer).

Mestize m (span.), Mischling aus Weißem u. Indianer.

Mestre, die Vorstadt Venedigs auf der Landseite des durch die Lagune führenden Dammes, 30000 E.; vielseitige Industrie.

Meštrović (: meschtrowitsch), Ivan, kroat.-am. Bildhauer, 1883–1962; Expressionist, v. Maillol u. Rodin beeinflußt.

Met m, Honigwein, Getränk aus vergorenem Honig, Wasser u. Gewürzen.

Meta m, l. Nebenfluß des mittleren Orinoko, 1100 km lang.

meta... (gr.), in Zss.: mit, zwischen, nach, jenseits.

Metagalaxis w (gr.), die Gesamtheit aller beobachtbaren ↗Galaxien, einschließlich des ↗Milchstraßensystems.

Metalldampflampe, eine ↗Gasentladungslampe mit Edelgasfüllung u. leicht verdampfendem Metall, z.B. Natrium, Quecksilber. Jede Leuchtstofflampe ist eine M.

Metalle, etwa 75 chem. Elemente, ausgezeichnet durch Glanz u. Leitfähigkeit für Elektrizität u. Wärme; undurchsichtig, bei gewöhnl. Temperatur fest (mit Ausnahme v. Quecksilber); gehen untereinander Legierungen ein. Metall-Ionen sind elektropositiv, aus Lösungen scheiden sich die M. daher an der Kathode ab. Einige Elemente, wie Arsen u. Selen, können sowohl als M. wie als Nichtmetalle auftreten (↗Halbmetalle). In der Natur kommen nur wenige M., bes. die Edel-M. u. Kupfer, gediegen vor, meist findet man sie als Oxide, Sulfide, Carbonate; sie müssen dann durch chem. Umsetzung (Verhüttungsprozesse) gewonnen werden. Nach der Dichte unterscheidet man Schwer- u. Leicht-M., nach ihrem chem. Verhalten edle (schwach reaktionsfähige) u. unedle (stark reaktionsfähige) M., ferner die Gruppen der Alkali-, Erdalkali-, Erd-M. usw. Technisch unterteilt man in Eisen- und

Metalle	Abbauwürdige Mineralien	Mechan. Eigenschaften; Verhalten an der Luft	Wichtige technische Anwendung als Metall
Aluminium	Bauxit, Laterit, Alunit, Kaolinit, Labradorit, Andalusit	weich; oxydiert sehr leicht	rein in der chemischen Industrie oder als Leitungsmaterial; Zusatzstoff in Stahl und anderen Legierungen; Ausgangsmaterial für Leichtmetalle
Blei	Bleiglanz, Cerussit, Anglesit	weich, biegbar; oxydierend	elektrische Kabel und Akkumulatoren; Lettern- u. Lötmetall; für Strahlenschutz
Cadmium	kleine Mengen in Zinkerzen	zäh, weich; oxydiert oberflächlich nicht	elektrolytischer Überzug oder Aufspritzung auf Eisen; Legierungsstoff; Stahl-Akkumulator; Regelstäbe in Kernreaktoren
Chrom	Chromit (Chromeisenstein)	zäh; nicht oxydierend	Legierungsstoff, vor allem im Stahl; Überzug von Stahl; zus. mit Nickel elektrisches Widerstandsmaterial
Eisen	große Zahl von Erzen, z.B. Magnetit und Pyrit	reines Eisen ziemlich weich, zäh; stark oxydierend	Stahl, Gußeisen; reines Eisen als weichmagnetisches Material und bisweilen als Ersatz f. Nickel, z.B. in Elektronenröhren
Gold	rein, zus. mit Silber; auch in Kupfer- und Arsenlagerstätten	sehr weich; sehr widerstandsfähig gg. chem. Agenzien	Blattgold; Pigment in Keramikfarben; Anode bei elektrolytischer Vergoldung
Iridium	rein oder zus. mit Platin und Osmium	spröde; unveränderlich	Legierung mit Platin in Lagern für Uhrenbauteile; Spitze von Füllfederhaltern usw.; Thermoelement
Kupfer	Kupferkies, Kupferglanz, Malachit, Azurit, Cuprit; gediegen	weich, dehnbar, zäh; gegen Laugen unbeständig	elektrische Leitungen aller Art; Apparatebau; Legierungsstoff bei besonderen Festigkeitsansprüchen
Magnesium	Magnesit, Dolomit, Carnallit	weich, dehnbar; sehr schnell oxydierend	Magnesium- u. Aluminiumlegierungen; rein in Feuerwerkskörpern, Leuchtraketen u. Leuchtspurmunition; Rostschutz
Nickel	Pentlandit, Pyrrhotin, Garnierit, nickelhaltiger Magnetkies	zäh; praktisch unveränderlich	Bleche und Rohre in der chem. Industrie; hitzebeständige und Stahllegierungen; Akkumulatoren; Anoden b. Vernickeln
Platin	gediegen zus. mit Iridium od. Osmium, Mineral Sperrylith	dehnbar; unveränderlich	Thermoelemente; Artikel für Laboratorien; Legierungen für hohe Temperaturen
Quecksilber	Zinnober	flüssig; oxydiert oberflächlich nicht	Gleichrichter, Stromschalter, Thermometer, Barometer; Knallquecksilber in Zündhütchen; Amalgam
Silber	silberhaltige Blei- u. Kupfererze; gediegen; Argentit u. Pyrargyrit	weich; durch Luft nicht oxydierend, durch Sulfidbildung geschwärzt	Legierungen für Münzen, Eßbestecke u. Versilberungen; Draht in elektr. Schmelzsicherungen; Kontakte; Apparatebau
Tantal	Tantalit, Kolumbit	stahlähnl. Festigkeit, stark dehnbar; gegen Säuren unempfindl.	Oberflächenbelag, chemische Apparate; Anoden und Gitter in Elektronenröhren; Zusatzstoff im Stahl
Titan	Ilmenit, Rutil, Monazit	stahlhart, schmiedbar; an der Luft beständig	Zusatzstoff in Stahl und Aluminiumlegierungen; Belag auf Kompressor- und Gasturbinenrädern, Schweißelektroden
Wolfram	Scheelit, Wolframit, Ferberit	spröde; an der Luft u. gegen Säuren beständig	Zusatzstoff in Stahl; Glühdraht in Glühlampen; spezielle Thermoelemente; Elektroden für Punktschweißgeräte
Zink	Zinkblende, Galmei	zäh, spröde; nicht oxydierend	Feuerverzinken von Eisen; im Messing; Klischees und Offsetplatten
Zinn	Zinnstein	weich, härter als Blei; nicht oxydierend	Überzug von Eisen und Kupfer; Folien, Lagermetall, Lötzinn; in Bronzen und anderen Legierungen

Die physikalischen Daten dieser für die Technik wichtigsten Metalle finden sich in der Tabelle „Chemische Elemente" (148/149).

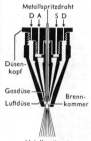

Metallspritzdraht
D A S D

Düsenkopf

Gasdüse
Luftdüse — Brennkammer

Metallspritzgut

D Druckluft, A Acetylen
S Sauerstoff

Metallspritzverfahren: Schnitt durch den Kopf einer Spritzpistole

Nichteisen-M. (NE-Metalle); die unedlen Schwer-M. (außer Eisen) heißen *Bunt-M.*
Metallgummi, meist als Federn, Puffer usw. verwendete Werkstücke, die aus Metall u. vulkanisiertem Gummi bestehen.
metallisieren, Nichtmetalle, auch Kunststoffe, mit Metallüberzug versehen, z.B. durch Galvanisieren, Niederschlag des Metalls im Vakuum. ↗metallspritzen.
Metallkeramik ↗Pulvermetallurgie.

metallkeramische Werkstoffe, die ↗Cermets.
Metallkleber, Kunstharzklebstoffe zum Leimen v. Metallwerkstoffen; vor allem im Flugzeugbau.
Metallkunde, Lehre v. den physikal., chem. u. techn. Eigenschaften der Metalle u. ihrer Legierungen.
Metallographie *w* (gr.), untersucht die Struktur der Metalle u. Legierungen, durch

die ihre techn. Verwendbarkeit bestimmt wird.

Metalloide (gr.), die Nichtmetalle; sind schlechte Wärme- u. Elektrizitätsleiter. Die Ionen der M. sind (mit Ausnahme v. Wasserstoff) negativ geladen.

metallspritzen, Werkstücke aller Art mit metall. Überzug versehen; das geschmolzene Schutzmetall wird mit einer Spritzpistole auf das Werkstück gebracht. ☐613.

Metallurgie w (gr.), Hüttenkunde, Lehre v. der Gewinnung der Metalle aus ihren Erzen u. ihrer Weiterverarbeitung.

Metalogik w (gr.), Aussagen über den Logikkalkül in der ↗Logistik.

Metamorphose w (gr.), Verwandlung, 1) in der Mythologie: v. Menschen in Tiere, Bäume, Steine u.a.; oft in der (antiken) Dichtung behandelt. 2) in der Botanik: Abwandlung des Blattes als Laub-, Kelch-, Kron-, Staub-, Fruchtblatt u.a. 3) in der Zoologie: indirekte Entwicklung, bei der sich das Ei über Zwischenstadien (Larve, Made, Raupe, Puppe) mit meist bes. Larvenorganen ohne Geschlechtsreife zum fertigen Tier entwickelt. 4) *Geologie:* Gesteinsumwandlung im Inneren der Erdkruste infolge Temperatur- u. Druckveränderung; die neu entstehenden Gesteine erleiden bei der Umwandlung eine Veränderung des Gefüges oder des Gefüges u. des Mineralbestandes. *Dynamo-M.* durch Druck, *Kontakt-M.* durch Magma-Berührung.

Metanoeite (gr. = Ändert euren Sinn!), ntl. Aufruf zur Abkehr v. Bösen u. Hinwendung zur christl. Lehre.

Metapher w (gr.; Bw. *metaphorisch*), bildl. Ausdruck (ohne das vergleichende „wie"), bes. in der Dichtung.

Metaphrase w (gr.), Umschreibung.

Metaphysik w (gr. = nach der Physik), Lehre v. den letzten Gründen des Seins, im Gesamtwerk des ↗Aristoteles nach der Physik (= Naturwiss.) behandelt, daher diese Bz. als philosoph. Grunddisziplin untersucht die *allg. M.* in der Seinslehre *(Ontologie)* das, was alles Seiende seiend macht, das Sein als solches, u. in der Gotteslehre *(philosoph. Theologie)* das Seiende, insofern es über sich selbst hinaus auf ein höchstes Sein (Gott) als Grund u. Ziel alles Seienden verweist. Die *besondere M.* umfaßt die *Philosoph.* ↗Anthropologie u. die *Kosmologie* (↗Naturphilosophie).

Metastase w (gr.), Verschleppung u. Ablagerung v. Geschwulstzellen u. Krankheitskeimen an andere Körperstellen, sekundärer Krankheitsherd. ↗Krebs.

Meteoriten

mittlere chemische Zusammensetzung (in % des Gesamtgewichts)

Meteoritenart mit Angabe ihrer Häufigkeit in %	Fe	Ni	Si	Mg	O
Eisen-M. (69)	90,8	8,5	—	—	—
Stein-M. (24)	15,5	1,1	21,0	14,3	41,0
Stein-Eisen-M. (7)	55,5	5,4	8,0	12,3	18,6

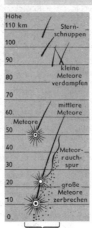

Bereich der meteoritischen Fallspur

Meteor: Höhenbereiche der Atmosphäre mit verschiedenen Meteorerscheinungen

Meter: Prototyp des Urmeters

Meteoritenkrater vom Cañon Diablo in Arizona, 1260 m Durchmesser, 175 m tief

Metastasio, *Pietro,* it. Dichter, 1698–1782; lebte in Wien, seine Libretti bes. v. Händel u. Mozart vertont.

Metazentrum s (gr.-lat.), im Schiffsbau der Schnittpunkt der Symmetrieachse mit der Auftriebsrichtung; der Abstand Gewichtsschwerpunkt v. M., *metazentrische Höhe,* ist ein Maß für die Schiffsstabilität. ☐865.

Metazoen (Mz., gr.), im Ggs. zu den ↗Protozoen alle vielzelligen Tiere.

Metempsychose w, ↗Seelenwanderung.

Meteor m od. s (gr.), die v. ↗Meteoriten hervorgerufenen Leuchtspuren in der Hochatmosphäre: Sternschnuppen u. die hellen ↗Feuerkugeln.

Meteoriten (Mz., gr.), feste Kleinkörper, die sich um die Sonne bewegen, in der Erdatmosphäre durch die Bremsung u. die damit verbundene Erhitzung als ↗Meteore sichtbar werden (mittels Radar auch bei Tage nachweisbar). Die meisten M. haben Massen bis zu einigen Gramm u. werden als *Sternschnuppen* sichtbar, massereichere als ↗Feuerkugeln; die nicht verdampften Reste fallen je nach chem. Zusammensetzung als *Eisen-* od. *Stein-M.* auf die Erdoberfläche u. können Krater schlagen, in denen oft ↗Coesit vorkommt. Ein Teil der M. stammt v. aufgelösten Kometen.

Meteorologie w (gr.), Lehre v. den Wettererscheinungen in der ↗Lufthülle der Erde. Die durch Funk u. Fernschreiber übermittelten Beobachtungen u. Messungen zahlreicher Wetterstationen u. die Erforschung der höheren Luftschichten (Aerologie) mit Flugzeugen, Ballonradiosonden, Raketen u. Wettersatelliten liefern das wiss. Material für die Wettervorhersage. ↗Wetter.

Meter s (gr.), Abk. m, Einheit des Längenmaßes. 1 m ist gleich der Länge des Platin-Iridium-Urmeters im Pavillon v. Breteuil bei Paris, seit Okt. als 1650763,73 Wellenlängen der orangeroten Strahlung des Isotops Krypton 86 definiert. **M.kilopond** s, Abk. mkp, gesetzl. nicht mehr zulässige techn. Energie-(Arbeits-)Einheit; 1 mkp wird geleistet, wenn 1 kp 1 m hoch gehoben wird; 1 mkp = 9,80665 J.

Methan s, einfachster gesättigter Kohlenwasserstoff, CH_4, gasförmig, farb- u. geruchlos, brennbar; Hauptbestandteil des Erdgases, in manchen Kohlenflözen als *Grubengas* unter Druck gelöst (schlagende Wetter), auch im Leuchtgas enthalten. Cellulose (in Abwasser-Sinkstoffen, Schlamm) wird bei Luftabschluß u. M.bakterien, bes. in Gegenwart v. Hefen, zu M. vergoren *(Sumpfgas, Faulgas).* Verwendung im Leucht-, Stadt- u. Treibgas u. für viele organ. Synthesen (z.B. Acetylen, Methanol).

Methanol s, ↗Alkohol.

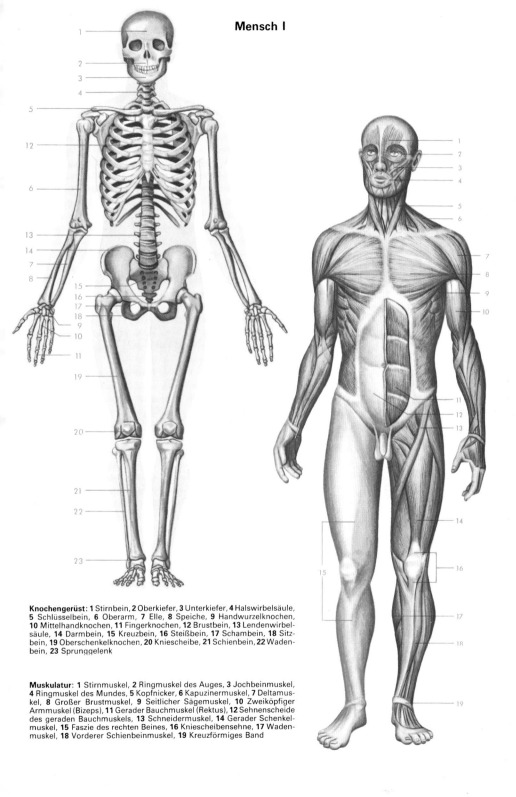

Mensch I

Knochengerüst: 1 Stirnbein, **2** Oberkiefer, **3** Unterkiefer, **4** Halswirbelsäule, **5** Schlüsselbein, **6** Oberarm, **7** Elle, **8** Speiche, **9** Handwurzelknochen, **10** Mittelhandknochen, **11** Fingerknochen, **12** Brustbein, **13** Lendenwirbelsäule, **14** Darmbein, **15** Kreuzbein, **16** Steißbein, **17** Schambein, **18** Sitzbein, **19** Oberschenkelknochen, **20** Kniescheibe, **21** Schienbein, **22** Wadenbein, **23** Sprunggelenk

Muskulatur: 1 Stirnmuskel, **2** Ringmuskel des Auges, **3** Jochbeinmuskel, **4** Ringmuskel des Mundes, **5** Kopfnicker, **6** Kapuzinermuskel, **7** Deltamuskel, **8** Großer Brustmuskel, **9** Seitlicher Sägemuskel, **10** Zweiköpfiger Armmuskel (Bizeps), **11** Gerader Bauchmuskel (Rektus), **12** Sehnenscheide des geraden Bauchmuskels, **13** Schneidermuskel, **14** Gerader Schenkelmuskel, **15** Faszie des rechten Beines, **16** Kniescheibensehne, **17** Wadenmuskel, **18** Vorderer Schienbeinmuskel, **19** Kreuzförmiges Band

Mensch II

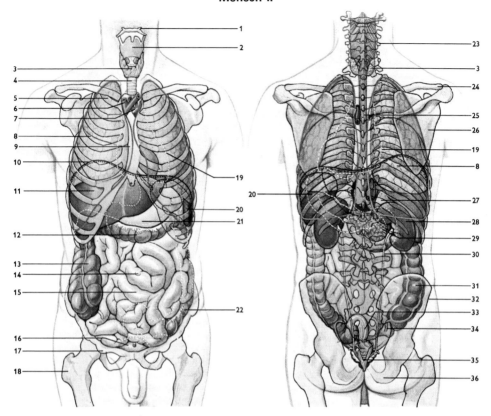

Brust- und Baucheingeweide: links Vorderansicht, rechts Rückansicht mit ergänzten Organumrissen und teilweiser Darstellung des Knochengerüstes. **1** Zungenbein; **2** Schildknorpel; **3** Schilddrüse; **4** Luftröhre; **5** Erste Rippe; **6** Obere Hohlvene; **7** Aorta; **8** Rechte Lunge; **9** Brustbein; **10** Umriß der Zwerchfellkuppel; **11** Leber; **12** Querdarm; **13** Dickdarm, aufsteigender Teil; **14** Nabel; **15** Dünndarm; **16** Harnblase, mit ergänztem Umriß; **17** Schambein; **18** Rechter Oberschenkelknochen; **19** Herzbeutelumriß; **20** Milz, mit ergänztem Umriß; **21** Magen, mit ergänztem Umriß; **22** Dickdarm, absteigender Teil; **23** Wirbelsäule; **24** Schlüsselbein; **25** Speiseröhre; **26** Schulterblatt; **27** Rechte Nebenniere; **28** Rechte Niere; **29** Bauchspeicheldrüse; **30** Rechter Harnleiter; **31** Dickdarm, aufsteigender Teil; **32** Darmbeinschaufel; **33** Mastdarm; **34** Wurmfortsatz; **35** Steißbeinspitze; **36** Sitzbein

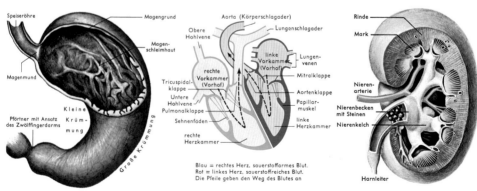

Magen, aufgeschnitten, mit Darstellung des Schleimhautreliefs.

Schema vom Aufbau des Herzens

Blau = rechtes Herz, sauerstoffarmes Blut.
Rot = linkes Herz, sauerstoffreiches Blut.
Die Pfeile geben den Weg des Blutes an

Flach angeschnittene *Niere* des Menschen

Mensch III

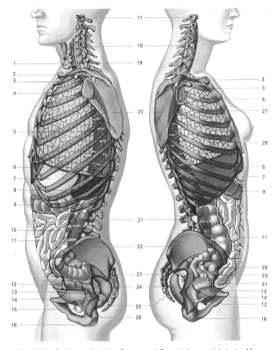

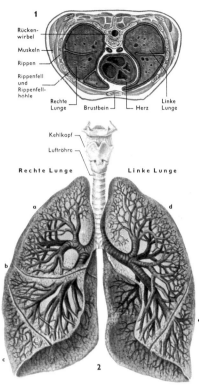

Rückenwirbel
Muskeln
Rippen
Rippenfell und Rippenfellhöhle
Rechte Lunge
Brustbein
Herz
Linke Lunge

Kehlkopf
Luftröhre
Rechte Lunge
Linke Lunge

a
d
b
e
c
2

Links: Linke Seitenansicht der Brust- und Baucheingeweide beim Mann
Rechts: Rechte Seitenansicht der Brust- und Baucheingeweide bei der Frau

1 Schilddrüse, **2** Schlüsselbein, **3** 1. Rippe, **4** 2. Rippe, **5** linke Lunge, **6** Leber, **7** Magen, **8** Milz, **9** Querdarm, **10** Dickdarm (absteigender Teil), **11** Dünndarm, **12** Harnleiter (durchtrennt), **13** Blase, **14** Schambein, **15** Vorsteherdrüse, **16** Sitzbein, **17** Atlas, **18** Halswirbelsäule, **19** Speiseröhre, **20** Schulterblatt, **21** Lendenwirbelsäule, **22** Darmbeinschaufel, **23** Kreuzbein, **24** Mastdarm, **25** Steißbein, **26** Samenblase, **27** Brustbein, **28** rechte Lunge, **29** Eierstock, **30** Eierstock, **31** Gebärmutter

1 Querschnitt durch die Brusthöhle. 2 Lungen mit freigelegten Bronchialverzweigungen; a Ober-, b Mittel-, c Unterlappen, d Ober-, e Unterlappen

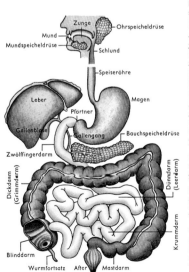

Zunge
Ohrspeicheldrüse
Mund
Mundspeicheldrüse
Schlund
Speiseröhre
Leber
Magen
Pförtner
Gallenblase
Gallengang
Bauchspeicheldrüse
Zwölffingerdarm
Dickdarm (Grimmdarm)
Dünndarm (Leerdarm)
Krummdarm
Blinddarm
Wurmfortsatz
After
Mastdarm

Phasen des Herzschlages (zu Abb. rechts)
1 Die Vorkammer **VK** füllt sich mit Blut. **2** Die gefüllte Vorkammer zieht sich zusammen und preßt durch die Segelklappe **S** das Blut in die Kammer **K** (Diastole). **3** Die gefüllte Kammer zieht sich zusammen, preßt die Segelklappe nach oben zu, die Taschenklappe **T** nach oben auf und das Blut in die Ader **A** (Systole). **4** Die Taschenklappe wird durch den Blutdruck zugepreßt, die Vorkammer füllt sich von neuem (siehe 1).

Verdauungstrakt (Magen-Darm-System) mit einmündenden Verdauungsdrüsen

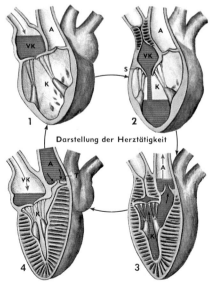

A
VK
K
1

A
VK
S
K
2

Darstellung der Herztätigkeit

VK
A
T
K
4

A
K
3

Mensch IV

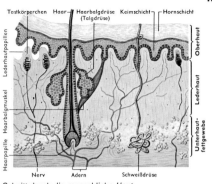

Tastkörperchen Haar Haarbalgdrüse (Talgdrüse) Keimschicht Hornschicht Oberhaut Lederhaut Unterhaut-fettgewebe

Lederhautpapillen · Haarbalgmuskel · Haarpapille

Nerv Adern Schweißdrüse

Schnitt durch die menschliche *Haut*

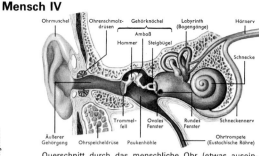

Ohrmuschel Ohrenschmalz-drüsen Gehörknöchel Labyrinth (Bogengänge) Hörnerv Amboß Hammer Steigbügel Schnecke Äußerer Gehörgang Ohrspeicheldrüse Trommelfell Ovales Fenster Rundes Fenster Schneckennerv Paukenhöhle Ohrtrompete (Eustachische Röhre)

Querschnitt durch das menschliche Ohr (etwas auseinandergezogen und z. T. vergrößert)

Lage des *Gehirns* im Schädel mit Rückenmark im Wirbelkanal. 1 Scheitelhirn, 2 Hinterhauptshirn, 3 Stirnhirn, 4 Stirnhöhle, 5 Keilbeinhöhle, 6 Nasenhöhle, 7 Rückenmark, 8 Speiseröhre, 9 Luftröhre, 10 Zunge

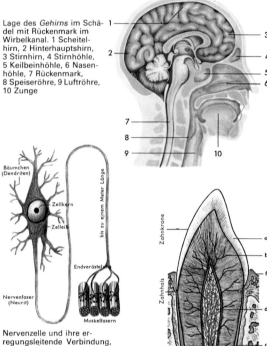

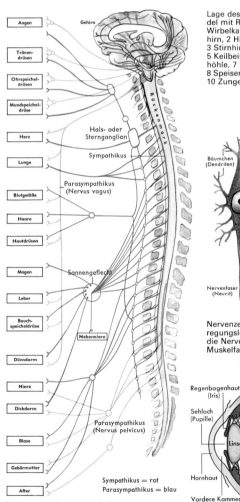

Augen Gehirn Tränendrüsen Ohrspeicheldrüsen Mundspeicheldrüse Herz Lunge Blutgefäße Haare Hautdrüsen Magen Leber Bauchspeicheldrüse Dünndarm Niere Dickdarm Blase Gebärmutter After

Rückenmark

Hals- oder Sternganglion Sympathikus Parasympathikus (Nervus vagus) Sonnengeflecht Nebenniere Parasympathikus (Nervus pelvicus)

Sympathikus = rot
Parasympathikus = blau

Vegetatives (autonomes) Nervensystem des Menschen mit Darstellung seiner Gliederung u. Arbeitsleistung an den verschiedenen Organen

Bäumchen (Dendriten) Zellkern Zelleib bis zu einem Meter Länge Nervenfaser (Neurit) Endverästelung Muskelfasern

Nervenzelle und ihre erregungsleitende Verbindung, die Nervenfaser, mit den Muskelfasern

Regenbogenhaut (Iris) Netzhaut Aderhaut Lederhaut Glaskörper Sehloch (Pupille) Aufhängebänder der Linse Gelber Fleck Linse Sehnervpapille Ziliarkörper mit Ziliarmuskel Hornhaut Sehnerv Vordere Kammer Muskelansatz

Schnitt durch das menschliche *Auge*

Zahnkrone Zahnhals Zahnwurzel a b f d c g h e

Längsschnitt durch einen gesunden Zahn:
a Zahnschmelz; b Zahnbein; c Zementschicht; d Zahnmark, mit ernährenden Blutgefäßen und Nerv; e Wurzelloch; f Zahnfleisch; g Wurzelhaut; h Knochen

C. Meunier:
Der Lastträger (Bronze)

Metopen

Metrik
graphische Zeichen
für lange Silben bzw.
Hochton:
— oder x́ oder ′
für kurze Silben bzw.
Tiefton:
∪ oder x oder `
wichtigste Versfüße
Iambus
Trochäus
Anapäst
Kretikus
Ionischer Vers
Choriambus
Daktylus
Spondeus

wichtigste Versmaße
Dimeter
Trimeter
Tetrameter
Pentameter
Hexameter

Metronom

Methionin s, eine essentielle Aminosäure.
Methode w (gr. = Weg zu etwas; Bw. *methodisch*), planmäßiges, dem jeweil. Gegenstand angemessenes wiss. Verfahren. **M.nlehre,** *Methodologie,* Begründung, Entwicklung u. systemat. Zusammenfassung wiss. Methoden. **Methodik** w, i.w.S. die Methodenlehre; i. e. S. die Lehre v. der Anwendung der Unterrichtsmethode (Didaktik).
Methodisten, Gruppe v. ev. Freikirchen, 1738 v. J. ↗Wesley in England gegr.; pietist. Erweckungsbewegung zur persönl. Heiligung u. Heidenmissionierung, um Vertiefung des ev. religiösen Lebens verdient. Heute weltweit verbreitet, bes. in den USA, Kanada u. England; 43 Mill. Mitglieder. Die meisten M.-Kirchen gehören dem 1951 gegr. *World Methodist Council* an, der alle 5 Jahre tagt.
Methodius ↗Cyrill.
Methusalem, *Mathusala,* atl. Urvater, Sohn des ↗Henoch, soll 969 Jahre alt geworden sein.
Methyl s, einwertiger Rest zahlreicher organ. Verbindungen, –CH_3. *M.aldehyd* = ↗Formaldehyd; *Methylalkohol* ↗Alkohol; *M.violett,* Anilinfarbe für Tinten, Teerfarbstoff für Wolle u. Seide.
Methylen s, 2wertige, in organ. Verbindungen häufige Gruppe =CH_2; z.B. im *M.blau,* schwefelhalt. Teerfarbstoff zum Färben mikroskop. Präparate, v. Baumwolle u. Leinen, auch zum Einreiben gg. Rheuma.
Metier s (: metje, frz.), Handwerk, Beruf.
Metöken (Mz., gr. = Mitbewohner), in den altgriech. Städten ansässige Fremde, ohne polit. Rechte.
Metonymie w (griech.), rhetor. Figur: Ersetzung eines Wortes durch ein anderes, mit ihm in sachl. Zusammenhang stehendes; z.B.: die ganze Stadt (= alle Bewohner).
Metope w, eine viereckige, meist reliefgeschmückte Platte am dorischen Tempel zw. den Triglyphen über dem Architrav.
Metrik w (gr.), Lehre v. den Versmaßen. Unterschieden werden bes. das quantitierende System der antiken M. (Längen u. Kürzen) u. das akzentuierende der german. Sprachen (nach betonten u. unbetonten Silben, Hebung u. Senkung). *Versfüße:* Folge v. Senkung u. Hebung (∪–): Iambus; v. Hebung u. Senkung (–∪): Trochäus; Hebung mit zweisilbiger Senkung (–∪∪): Daktylus; Hebung nach zweisilbiger Senkung (∪∪–): Anapäst. – Verse: 2-, 3-, 4-, 5- u. mehrhebig. 4hebig, beliebige Füllung der Senkungen: Knittelvers. 5hebiger Iambus, ungereimt: Blankvers. 6hebig, ein- od. zweisilbige Senkungen: Hexameter. 6hebiger Iambus mit Pause nach der 3. Hebung: Alexandriner.
Metronom s (gr.), ein v. J. N. Mälzel konstruiertes Gerät mit Pendel zur Kontrolle des musikal. Tempos. Die Angabe ,,M. M. 80'' bedeutet 80 Schläge pro Minute.
Metropole w (gr. = Mutterstadt), Hauptstadt, Mittelpunkt, Hochburg.
Metropolit m (gr.), in der kath. Kirche Erzb., der eine Kirchenprovinz leitet u. bestimmte Befugnisse gegenüber den ↗Suffraganen hat; in der Ostkirche oft ↗Exarch.

Metropolitan Opera House (:metrᵉpol̩itᵉn opᵉrᵃ hau̲s), Abk. *Met,* berühmtes Opernhaus in New York, 1883 eröffnet, 1966 Neubau (4000 Sitzplätze).
Metsu (:-ßü), *Gabriel,* niederländ. Maler, 1629–67; Genrebilder, auch rel. Gemälde u. Porträts.
Mette w (lat.), a) ↗*Matutin.* b) *Christ-M.,* die Matutin v. Weihnachten; auch volkstüml. Bz. für die Messe in der Hl. Nacht. c) *Trauer-M.,* Matutin u. ↗Laudes der Kartage.
Metternich, *Clemens Wenzel Nepomuk Lothar,* (seit 1813) Fürst v., 1773–1859; aus rhein. Reichsadel; 1809 östr. Außenmin., 21 Staatskanzler; trat auf dem Wiener Kongreß u. in den folgenden Jahrzehnten für ein Gleichgewicht unter den europ. Mächten ein u. verfocht das Prinzip der Legitimität gg. die liberale u. nationale Bewegung *(System M.);* bis zu seinem Sturz durch die Revolution v. 48 der einflußreichste Staatsmann Europas.
Metteur m (:-ör, frz.), Setzer, der den ↗Umbruch besorgt.
Mettmann, rhein. Krst. im Niederbergischen Land, 36800 E.; metallverarb. Industrie.
Metz, Hst. des frz. Dep. Moselle, Metropole Lothringens, an der Mosel, 110000 E.; kath. Bischof; gotische Kathedrale St. Stephan (1120/1400); Schuh- u. Konserven-Ind.; Gartenbau. – Urspr. kelt. Siedlung, kam 870 an das ostfränk. (dt.) Reich, 13. Jh. Freie Reichsstadt, kam 1552 zu Fkr., war 1871/ 1918 deutsch.
Metze w, 1) altes Hohlmaß. 2) Dirne.
Metzger, *Max Josef,* dt. kath. Priester, 1887–1944; als Pazifist u. Gegner des Nat.-Soz. hingerichtet; Mitbegründer der ↗Una-Sancta-Bewegung.
Metzingen, württ. Stadt im Kr. Reutlingen, 19200 E.; Textil- u. Lederindustrie.
Meuchelmord, hinterhältiger Mord.
Meunier (: mönje), *Constantin,* belg. Maler u. Bildhauer, 1831–1905; an Rodin geschult, Hauptthema: der Arbeiter; *Denkmal der Arbeit* (Brüssel).

Mexiko (Stadt): Bibliothek der modernen Universitätsstadt mit Mosaiken von Diego Rivera

Meuselwitz, thüring. Stadt im Kr. Altenburg, 10500 E.; Textil-, Porzellanindustrie, Braunkohlenbergbau.
Meuterei *w* (frz.), Auflehnung einer unter militär. od. anderer Disziplin (z. B. Strafvollzug) stehenden Gruppe v. Menschen. /Militär. Straftaten.
Mexicali, Hst. des mexikan. Staates Baja California, 361000 E.; Univ.
Mexiko, 1) span. *México* (: mechiko), Bundesstaat im N der mittel-am. Landbrücke, zw. dem Pazif. Ozean u. dem Golf v. M. M. gehört – mit Ausnahme der Ebenen an den beiden Golfküsten u. der Kalktafel der Halbinsel Yucatán – dem Kordillerensystem an u. ist größtenteils ein reich gekammertes, über 2000 m hohes Gebirgsland. Über dieses ragen Hunderte v. z. T. tätigen Vulkanen bis 5452 m (Popocatépetl) u. 5700 m (Citaltépetl) hinaus. Das südl. Hochland, die Mesa Central, ist das wirtschaftl. Kernland M.s. Hier leben über 50% der Bev. Nur ¹/₃ der Fläche wird landwirtschaftl. genutzt, 8% als Ackerland (Mais, Weizen, Zuckerrohr, Sisal, Baumwolle). M. ist reich an Bodenschätzen (Silber, Gold, Zinn, Zink, Erdöl). Die Ölindustrie wurde 1950 verstaatlicht. – Nach Vernichtung des Reiches der Azteken durch Cortés (1519/26) span., 1821 unabhängig; 46/48 im Krieg gg. die USA Verlust v. Texas, Neumexiko u. Teilen v. Kalifornien; der v. Napoleon III. 64 als Ks. eingesetzte östr. Erzhzg. Maximilian wurde 67 erschossen; 1877/1911 Diktatur v. Porfirio Diaz; danach Bürgerkrieg, in den 20er Jahren blutiger Kampf gg. die kath. Kirche; 68 blutige Studentenunruhen. Staats-Präs. Jose López Portillo (seit 1976). **2)** Bundesstaat v. 1), 21461 km², 6,7 Mill. E.; Hst. Toluca. **3)** amtl. *Ciudad de México,* auch *Mexico City,* Hst. u. größte Stadt M.s, 2278 m ü. M., 8,9 Mill. E. (als Agglomeration 14 Mill. E.); Stadtbild in span. Kolonialstil, National-Univ. in neuer Univ.-Stadt; kath. Erzb.; Kathedrale in span. Renaissance-Stil (1525). ☐ 619.
Mey, *Reinhard,* dt. Chansonsänger, * 1942; interpretiert vorwiegend eigene Chansons.
Meyer, 1) *Conrad Ferdinand,* schweizer. Schriftsteller, 1825–98; v. aristokrat. Geist, feinnervig; geschichtl. Studien; das Bildungserlebnis der Renaissance bestimmt seine kühl-leidenschaftl. Dichtung; bes. hist. Novellen, Lyrik. *Jürg Jenatsch; Der Heilige; Die Versuchung des Pescara.* **2)** *Eduard,* dt. Historiker, 1855–1930; 1902/23 Prof. in Berlin. *Gesch. des Alt.* **3)** *Joseph,* 1796–1856; begr. das Bibliograph. Institut in Leipzig, schuf *M.s Konversationslexikon.* **4)** *Julius Lothar,* dt. Chemiker, 1830–95; schuf unabhängig v. Mendelejew ein /Periodensystem.
Meyerbeer, *Giacomo* (eig. Jakob Liebmann Meyer Beer), dt. Komponist, 1791–1864; seit 26 in Paris; Stil der großen frz. Oper; *Die Hugenotten, Die Afrikanerin.*
Meyerhof, *Otto Fritz,* dt. Physiologe, 1884–1951; erforschte die energet. Vorgänge in (Muskel-)Zellen; 1922 Nobelpreis für Medizin.
Meyers, *Franz,* * 1908; 58/66 Min.-Präs. v. Nordrhein-Westfalen (CDU).

Mezzotinto: Bildnis der Eleonore Gonzaga in M.technik von L. v. Siegen

Mexiko

Amtlicher Name:
Estados Unidos Mexicanos
Staatsform:
Föderative Republik
Hauptstadt:
Mexiko
Fläche:
1972546 km²
Bevölkerung:
69,4 Mill. E.
Sprache:
Spanisch, daneben indian. Dialekte
Religion:
über 90% Katholiken, 900000 Protestanten, 110000 Juden
Währung:
1 Mexikan. Peso = 100 Centavos
Mitgliedschaften:
UN, OAS, Lateinamer. Freihandelszone

Meyrink, *Gustav,* östr. Schriftsteller, 1868 bis 1932; phantast.-groteske Erz. u. Romane; *Der Golem.*
Meysenbug, *Malvida v.,* dt. Schriftstellerin, 1816–1903; mit F. Nietzsche, R. Wagner u. R. Rolland befreundet; *Memoiren einer Idealistin; Der Lebensabend einer Idealistin.*
MEZ, Abk. für Mitteleuropäische Zeit.
Mezquite *w* (: meßkite), *M.gras, Grammagras,* Futtergräser in den USA-Prärien.
Mezzanin *s* (it.), Zwischenstockwerk, bes. in Bauten der Renaissance u. des Barock.
mezzo (it.), mittel, halb; **m.forte** (mf), halbstark. **M.giorno** (: -dschorno), der südl. (v. Rom) Teil It.s. **M.sopran,** Frauen- od. Knabenstimme zw. Sopran u. Alt. ☐ 951.
Mezzotinto *s* (it.), **1)** *Schabkunst,* im 17. Jh. durch *L. v. Siegen* eingeführte Kupferstichtechnik, bei der die Metallplatte gleichmäßig aufgerauht und die Flächen, die hell erscheinen sollen, mit einem Schabeisen geglättet werden. **2)** *Malerei:* Übergangston zw. Licht u. Schatten.
Mg, chem. Zeichen für /Magnesium.
Mgr., Abk. für /Monsignore, /Monseigneur.
Miami (: maiämi), Winterkur- u. Badeort an der SO-Küste v. Florida, 340000 E. – Auf einer Düne in der Biscayne-Bai vor M. das Modebad *M. Beach* (: -bitsch), 75000 E.
Michäas, *Micha,* einer der atl. Kleinen Propheten, um 700 v. Chr.; bibl. *Buch M.*
Michael (hebr. = wer ist wie Gott?), hl. (29. Sept.), Erzengel; Schützer der Kirche, Patron Dtl.s. Kunstdarstellungen als Wächter, Seelengeleiter, Streiter Gottes u. Bekämpfer Luzifers.
Michael, Fürsten: *Byzantin. Reich:* **M. VIII. Palaiologos,** 1224–82; beseitigte 61 das Latein. Kaisertum. *Rumänien:* **M.,** Sohn Carols II., * 1921; 27/30 und 40/47 Kg., v. den Kommunisten zur Abdankung gezwungen.
Michaelis, *Georg,* dt. Politiker, 1857–1936; Juli bis Okt. 1917 Reichskanzler u. preuß. Min.-Präs.; v. der Heeresleitung abhängig.
Michaelis (: mika-), *Karin,* dän. Schriftstellerin, 1872–1950; Frauenromane *(Das gefährliche Alter)* u. Jungmädchenbücher *(Bibi).*
Michael Kerullarios, Patriarch v. Konstantinopel, 1043/58; unter ihm endgült. Trennung der griech.-orth. v. der kath. Kirche.
Michaelsbruderschaft, aus dem /Berneuchener Kreis erwachsene ev. Erneuerungsbewegung, 1931 in Marburg begr.; nähert sich in Liturgie u. Konventsleben kath. Formen.

C. F. Meyer

Julius Lothar Meyer

Giacomo Meyerbeer

Michelangelo (: mikelandschelo), eig. *Michelagniolo, Buonarroti,* it. Bildhauer, Maler, Architekt u. Dichter, * 6. 3. 1475 in Caprese (Toscana), † 18. 2. 1564 in Rom; im Dienste der Medici in Florenz u. der Päpste in Rom; einer der bedeutendsten bildenden Künstler des Abendlandes, vollendete die Hochrenaissance, nahm mit expressiv-dynam. Gestaltung zugleich das Pathos des Barock vorweg; bezeugt auch in der Malerei vorwiegend plast. Begabung. Plastik: *Pietà* (in St. Peter); *David* (Florenz); *Grabmal Julius' II.* mit Moses (Rom); *Medici-Gräber* mit

Michelangelo: Pietà (Rom, St. Peter)

den Tageszeiten (Florenz). Malerei: *Hl. Familie; Sixtin. Fresken* (u. a. das Weltgericht). Architektur: Vollendung des *Palazzo Farnese* (Rom); *Kuppel v. St. Peter.* Dichtung: Sonette (u. a. an Vittoria Colonna).
Michelet (: misch°lä), *Jules,* frz. Geschichtsschreiber, 1798–1874; *Gesch. Fkr.s.*
Michelozzo *di Bartolomeo* (: mike-), it. Bildhauer u. Architekt, 1396–1472. ☐ 809.
Michelson (: maik°lß°n), *Albert Abraham,* am. Physiker, 1852–1931. Nobelpreis 1907 für den Nachweis, daß Lichtausbreitung durch Erdbewegung nicht beeinflußt wird; wichtig für die ↗Relativitätstheorie.
Michelstadt, hess. Stadt im Odenwald, 13900 E.; Fachwerkrathaus (1484); im nahen *Steinbach* die Einhardsbasilika (821), Hauptzeuge karoling. Kunst.
Michigan (: mischigän), Abk. *Mich.,* Staat im N der USA, im Gebiet der Großen Seen, 150779 km², 9,1 Mill. E.; Hst. Lansing.
Michigansee (: mischigän-), *Lake Michigan,* drittgrößter der ↗Großen Seen, 58016 km², 281 m tief; mit dem Huronsee durch die Mackinac-Straße, mit dem Mississippi durch den Illinois-Waterway verbunden.
Mickiewicz (: mizkjewitsch), *Adam,* poln. Dichter, 1798–1855; lebte seit 1829 in der Emigration; bedeutendster Vertreter der poln. Romantik; relig.-patriot. Werke; Sonette; Balladen; *Herr Thaddäus.*
Midas, sagenhafter phryg. König; was er berührte, wurde zu Gold.

Middelburg (: -börch), Hst. der niederländ. Prov. Seeland, auf der Insel Walcheren, 37600 E.; got. Rathaus (1510/17); ehem. Prämonstratenserabtei (15./16. Jh.).
Middlesbrough (: midlsbr°), ehem. engl. Stadt. ↗Teesside.
Middlesex (: midlsäx), ehem. engl. Grafschaft westl. v. London; 1965 aufgelöst.
Midgard, in der nord. Sage die Menschenwelt, umgeben v. der im Weltmeer liegenden *M.schlange.*
Midi *m* (frz.), Süden, Mittag; ↗Canal du M.
Midinette *w* (: -nät, frz.), Pariser Putzmacherin od. Näherin; allg. lebenslust. Pariserin.
Midrasch *m* (hebr. = Forschung, Mz. *M.im*), den Bibeltext auslegende Schr. jüd. Rabbinen.
Miegel, *Agnes,* dt. Dichterin, 1879–1964; *Balladen u. Lieder; Geschichten aus Altpreußen; Herbstgesang.*
Miere, Bz. für zahlreiche kleine Nelkengewächse, z. B. ↗Vogel-M.
Mierendorff, *Carlo,* dt. Politiker (SPD), 1897–1943; 1933/38 im KZ; Mitgl. des ↗Kreisauer Kreises.
Mieres, nordspan. Ind.-Stadt in Asturien, 75000 E.; Bergbau auf Eisenerze und Quecksilbererze, Schwefel u. Steinkohle.
Miesbach, oberbayer. Krst., n.ö. des Tegernsees, 9100 E.; Hutfabrik, Brauereien; Fremdenverkehr.
Miesmuschel, eßbare, dunkle Meeresmuschel, lebt an Pfählen u. Steinen in der Nord- u. Ostsee u. im Mittelmeer; *Pfahlmuschel, Meerdattel.*
Mies van der Rohe, *Ludwig,* dt.-am. Architekt, 1886–1969; 1930/33 Leiter des ↗Bauhauses, seit 38 in den USA; *Weißenhof-Siedlung* (Stuttgart), *Institute of Technology* (Chicago). ☐ 622.
Miete, 1) Überlassung einer Sache auf Zeit zum Gebrauch gg. Entgelt, vor allem Wohnraum. **2)** zur Überwinterung (meist oberird.) geschichteter Haufen v. Kartoffeln, Rüben u. a., mit Stroh u. Erde abgedeckt.
Mieterschutz, besonderer Schutz v. Wohnräumen, bis 1967 (in West-Berlin 1968) aufgrund des M.gesetzes v. 1942. Die 1971 in der BRD durch Bundesgesetz eingeführte Kündigungsschutzregelung für Wohnraum-Mietverhältnisse sieht ein berechtigtes Interesse des Vermieters an einer Kündigung nur noch als gegeben an, wenn der Mieter seine Verpflichtungen schuldhaft „nicht unerhebl. verletzt", der Vermieter die Wohnung für sich od. Personen seines

Michelangelo: oben „Erschaffung Adams" (Teil der Fresken aus der Sixtinischen Kapelle, Rom). Unten Selbstbildnis (Teil) und Namenszug

Carlo Mierendorff

A. B. Mickiewicz

Hausstandes benötigt od. durch Fortsetzung des Mietverhältnisses an einer angemessenen wirtschaftl. Verwertung des Grundstücks gehindert wird u. dadurch erhebl. Nachteile erleiden würde. Kündigungen zum Zweck der Mieterhöhung sind im Gesetz ausdrückl. ausgenommen.
Mietvorauszahlung, v. Mieter an den Wohnungseigentümer zu Aufbauzwecken geleistet u. in der Regel durch Anrechnung bestimmter Teilbeträge auf die Miete zurückgezahlt; ist voll abwohnbar. ↗Baukostenzuschuß.
Migma *s* (gr.), Mischung aus juvenilem Magma und Gesteinsschmelze (beim Absinken verfestigter Gesteine ins Erdinnere entstanden).
Mignard (: minjạr), *Pierre,* 1612–95; Hofmaler Ludwigs XIV.
Migne (: mịnjᵉ), *Jacques Paul,* frz. Theologe u. Verleger, 1800–75; Hrsg. der Kirchenväter-Schr.: *Patrologiae cursus completus,* lat. 221 u. griech. 161 Bde.
Mignon (: minjõn, frz. = Liebling), Mädchengestalt aus Goethes Wilhelm Meister.
Migräne *w* (frz.), meist einseitige, anfallsweise auftretende Kopfschmerzen mit Lichtscheu, Erbrechen u.a.; als Ursache werden Gefäßkrämpfe im Gehirn angenommen.
Mihailović (: -witsch), *Draža,* jugoslaw. General, 1893–1946 (hingerichtet); organisierte Partisanen *(Tschetniks)* gg. die dt. Besatzung; verfeindete sich mit Tito.
Mihrab *m* (arab.), die Gebetsnische in der Moschee, zeigt die Gebetsrichtung an; auch als Muster auf Orientteppichen.
Mikado (japan. = Erhabenes Tor), **1)** *m,* fr. ehrende Bz. des ↗Tenno. **2)** *s,* Geschicklichkeitsspiel mit Stäbchen.
Miklas, *Wilhelm,* östr. christl.-sozialer Politiker, 1872–1956; 1928/38 Bundespräsident.
Mikojan, *Anastasij,* 1895–1978; 1953/55 Binnenhandelsmin. der UdSSR, 55/64 1. stellvertretender Min.-Präs., 64/65 Staats-Präs.

L. Mies van der Rohe:
Lake Shore Drive Apartments (Chicago)

Mikrominiaturisierung

benutztes Verfahren Packungsdichte elektronischer Bauelemente	Packungsdichte Bauelemente pro cm³
konventionelle Technik m. gedruckter Schaltung	0,4
Mikrominiatur-Elektronik (Mikromodultechnik)	15
integrierte Schalttechnik (Integrated Circuits)	200
Molekular-Elektronik, Festkörper-Schaltkreise (Solid Circuits)	1000

Mikro... (gr.), in Zss.: klein, schwach.
Mikro *s* (gr.), Abk. μ (My), als Vorsilbe v. Maßeinheiten = ¹/₁ ₀₀₀ ₀₀₀, z.B. *M.meter,* ein millionstel Meter.
Mikroben (Mz., gr.) ↗Mikroorganismen.
Mikrobiologie *w* (gr.), die Lehre v. den ↗Mikroorganismen.
Mikrokopie *w* (gr.), die stark verkleinerte photograph. Abbildung von Schriftstücken u. Zeichnungen, z.B. als *Mikrofilm, Mikrokarte,* die mit Lesegeräten leicht lesbar sind.
Mikrokosmos *m* (gr.), Klein-, Innenwelt.
Mikrometer *s* (gr.), ↗Meßschraube.
Mikrominiaturisierung *w* (gr.-lat.), Entwicklungsrichtung der elektron. Technik, die elektron. Bauteile u. Schaltungen immer kleiner werden zu lassen, um Gewicht u. Raum einzusparen, die Zuverlässigkeit zu erhöhen und die Teile möglichst wirtschaftl. zu fertigen. Verfahren: *Mikromodultechnik, integrierte Schalttechnik* u. *Festkörper-Schaltkreise (Molekularelektronik).*
Mikromodultechnik ↗Mikrominiaturisierung.
Mikronesien, Inselgruppe im westl. Pazif. Ozean; umfaßt Gilbert-, Marshallinseln, Karolinen, Palau und Marianen; zus. ca. 3420 km²; bewohnt v. Polynesiern. – Die Gilbertinseln sind brit.; die übrigen mikrones. Inseln waren bis 1885 bzw. 98 span., dann (außer Guam) dt. Schutzgebiet; 1920 japan. Mandat, seit dem 2. Weltkrieg Mandat der USA. ☐ 714.
Mikroorganismen (Mz., gr.), mikroskop. kleine Lebewesen. Zu den M.: ↗Bakterien, ↗Viren, Faden- u. Schleimpilze, ↗Protozoen.
Mikrophon *s* (gr.), elektroakust. Gerät zur Umwandlung akustischer Schwingungen (Schallwellen) in elektrische Spannungsschwankungen, bes. beim Fernsprecher u. Rundfunk.
Mikrophotographie *w* (gr.), photograph. Aufnahmen durch das ↗Mikroskop (die Kamera an Stelle des beobachtenden Auges).
Mikroskop *s* (gr.), Instrument zum Sichtbarmachen sehr kleiner, nicht mit bloßem Auge erkennbarer Gegenstände. **1)** *Licht-M.,* enthält 2 Linsensysteme, oben Okular, unten Objektiv. Letzteres entwirft v. darunterliegenden Gegenstand (wenn durchsichtig, v. unten her mittels Spiegel od. Lampe durchleuchtet) ein stark vergrößertes, umgekehrtes, reelles Bild im Tubus, welches durch das als Lupe wirkende Okular nochmals vergrößert wird. Bei Benutzung v. ↗Immersionssystemen sind Vergrößerungen bis ca. 3000fach möglich. Das *Ultra-M.* macht sehr kleine Objekte (Kolloidteilchen) durch starke seitl. Be-

Schutzblech — 1
Filzring
Kohleelektrode
Kohlegrieß
Kohlemembran

Aluminiummembran
Kristallzelle
Steg
Schutzkappe
Ableitung — 2

Gegenelektrode
Membran
Bohrungen
Isolation
Ableitung — 3

Dauermagnet
Leichtmetallmembran
Tauchspule (Schwingspule) — 4

geriffeltes Leichtmetallbändchen
Polschuh
Anpassungsübertrager
Dauermagnet — 5

Mikrophon: 1 Kontakt-(Kohle-)M. beim Fernsprecher, **2** Kristall-Membran-M., **3** Kapsel eines Kondensator-M., **4** Tauch- u. **5** Bändchen-M.

leuchtung im Dunkelfeld als runde Beugungsscheibchen (↗Tyndall-Phänomen) sichtbar. Für spezielle Zwecke dienen das *Phasenkontrast-* u. das *Polarisations-M.* **2)** Das *Elektronen-M.* (☐222) verwendet anstelle v. Licht Elektronenstrahlen (Arbeitsspannungen ca. 100 000 Volt, bei *Hochvolt-Elektronen-M.en* bis 3 Mill. Volt), die im luftleeren Tubus elektr. od. magnet. Felder („Elektronenlinsen") passieren müssen, v. denen sie wie Licht durch opt. Linsen abgelenkt werden. Vergrößerungen bis ca. 600000fach. Noch stärkere Vergrößerungen gibt das ↗*Feldelektronen-* bzw. *Feldionen-M.* – Eine moderne Entwicklung ist das *Raster-Elektronen-M.*, Vergrößerungen 30fach bis 50000fach; bes. plastische Objektwiedergabe und großer Scharfeinstellungsbereich.

Mikrotom *s* (gr.), Instrument zur Herstellung v. sehr feinen Schnittpräparaten (1 bis 50 μm Dicke) zur mikroskop. Untersuchung.

Mikrovibration *w* (gr.-lat.), die ständige, rhythm. Zitterbewegung des Menschen u. der Warmblüter mit 7–13 Schwingungen pro Sekunde.

Mikrowellen, elektr. Wellen v. Zentimeter- bis Millimeter-Wellenlänge; Anwendung in der Nachrichtentechnik, Radartechnik, in der physikal. Forschung, zur Erwärmung v. Gegenständen (u. a. für *M.herd*). **M.spektroskopie** *w*, ↗Hochfrequenzspektroskopie.

Milan *m*, Gabelweihe, ↗Raubvogel mit langen, spitzen Flügeln und Gabelschwanz.

Milben, kleine Spinnentiere, oft Parasiten, mit beißenden, stechenden od. saugenden Mundwerkzeugen. *Tier-M.*, blutsaugend an Hausgeflügel; *Haus-M.* (Süßmaul) an zukkerhaltigen Stoffen; *Krätz-M.*, erzeugen ↗Räude. Ferner ↗Zecken.

Milch, 1) die aus Wasser, Fett, Eiweiß, M.zucker, Salzen u. Vitaminen bestehende Emulsion; wird v. den *M.drüsen* weibl. Säuger zur Ernährung der Jungen abgeschieden. Kuh-M. ist ein wertvolles Nahrungsmittel, enthält Vitamin A, B, C, D, E, F u. als Eiweiß bes. ↗Kasein, das alle essentiellen ↗Aminosäuren enthält. *M.säurebakterien* wandeln M.zucker in M.säure um, die M. wird „sauer" od. „dick" *(Sauer-M.).* Um Krankheitskeime abzutöten (Tuberkulosebakterien, Maul- und Klauenseucheviren u. a.), reinigt man die M. in M.zentrifugen oder Filtern u. kühlt sie, nach Erhitzen auf 65°C (30 Minuten) od. 71–74°C (40 Sekunden lang) oder 85°C (einen Augenblick;

↗pasteurisieren), stark ab (Tiefkühlung). M. wird zu Butter, Käse u. Quark verwertet, außerdem zu Kondens-M. *(Dosen-M.)* od. zu *M.pulver (Trocken-M.),* das als Voll-M.*pulver* auf durchschnittl. 27% Fett, 25% Eiweiß u. 37% M.zucker angereichert u. fast wasserfrei ist. ☐ 468. **2)** *Milchsaft,* weißer od. gelbl. Saft in Pflanzen, enthält Zucker, Stärke, Kautschuk, Gerbstoffe u. viele andere Pflanzenstoffe. **3)** rahmart. Samenflüssigkeit geschlechtsreifer männl. Fische.

Milchdrüsen, Milch absondernde Hautdrüsen, bei Mensch u. Säugetier auf der Bauchseite des Körpers, münden in einer Saugwarze (Zitze). ↗Euter, ↗Brüste.

Milchfieber, leichte Temperaturerhöhung beim Einschießen der Milch in den ersten Tagen des Wochenbettes.

Milchgebiß, *Milchzähne,* Wechsel-↗Zähne beim Kind. ☐ 1125.

Milchglas ↗Glas.

Milchhof ↗Molkerei.

Milchlinge, Blätterpilze mit milchartig., meist weißem Saft; Speisepilze, bes. ↗Reizker u. ↗Brätling; ungenießbar der rotbraune Milchling.

Milchner, geschlechtsreifer männl. Fisch.

Milchsäure, CH₃–CHOH–COOH, α-*Hydroxy-propionsäure* (Salze die *Laktate*), bildet sich beim Sauerwerden der ↗Milch, im Magensaft, Sauerkraut u. a., durch die Tätigkeit der *M.bakterien*; auch Stoffwechselprodukt der Muskeln; techn. aus zuckerhalt. Lösungen durch künstl. Vergären mit M.bakterien hergestellt; in der Gerberei, Lebensmittel-Ind., Medizin usw. verwendet.

Milchschorf, Hautausschlag bei Säuglingen infolge Ernährungsstörung.

Milchschwamm, der echte ↗Reizker.

Milchstern, *Vogelmilch,* Liliengewächs, Zwiebelpflanze mit meist porzellanweißen, sternförm. Blüten. Blüten: Europa u. Asien.

Milch

Mittlerer Gehalt der Milcharten (in Prozent)

	Wasser	Fett	Eiweiß	Kohlen-hydrate	Milchsalze u. Mineralstoffe
Kuhmilch					
Vollmilch	87,5	3,5	3,5	4,8	0,7
Magermilch	90,5	—	4,0	4,5	0,7
Buttermilch	90,5	0,2–0,5	3,2	3,0–4,5	0,7
Ziegenmilch	87,0	4,0	3,9	4,4	0,7
Schafmilch	83,6	6,0	5,5	4,1	0,8
Büffelmilch	82,0	7,7	5,0	4,5	0,7
Stutenmilch	92,2	1,0	1,9	6,6	0,3

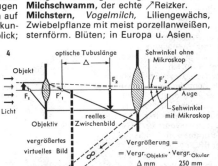

angelieferte Milch
Vorwärmer
Zentrifuge
Erhitzer
Kühler (3° C)
Milchbehälter
Entrahmungszentrifuge
Trockenmilch — Flaschenmilch — Kannenmilch — Butterei — Käserei

Milch: Verarbeitung in der Molkerei – ☐ 138

Mikroskop: 1 Teile und Anordnung, **2** Objektiv (Achromat), **3** Okular (Huygens-Typ), **4** Abbildungsstrahlengang

1 Okular, Grobtriebknopf, Tubus, Objektiv-Revolver, Objektiv, Objekttisch, Feintriebknopf, Kondensortriebknopf, Spiegel

4 optische Tubuslänge Δ
Objekt, F_2, F'_2, Auge, Sehwinkel ohne Mikroskop, Sehwinkel mit Mikroskop
Licht, F_1, F'_1, Objektiv, reelles Zwischenbild
vergrößertes virtuelles Bild
∞

Vergrößerung =
= Vergr.$_{Objektiv}$ · Vergr.$_{Okular}$
$$= \frac{\Delta \text{ mm}}{f'_{Obj.}} \cdot \frac{250 \text{ mm}}{f'_{Ok.}}$$

Milchstraße, *Galaxis,* in klaren Nächten deutl. wahrnehmbares Band, das den ganzen Himmel in einem nahezu größten Kreis umzieht; besteht aus Sternen u. Sternwolken. Die M. ist die Symmetrieebene des ⁄Milchstraßensystems.

Milchstraßensystem, das Sternsystem, dem unser Sonnensystem angehört; besteht aus etwa 100 Mrd. Sternen. Es hat, räuml. gesehen, die Gestalt eines Spiral-⁄Nebels mit 90000–100000 Lichtjahren Durchmesser u. 15000 Lichtjahren größter Dicke. Die massenreiche Zentralpartie des M.nsystems liegt in etwa 30000 Lichtjahren Entfernung v. unserer Sonne in Richtung auf das Sternbild des Schützen. Um diesen Mittelpunkt kreist das ganze System in 200 Mill. Jahren. Anhand der aus dem M. auf die Erde einfallenden Radiostrahlung wurde die Spiralstruktur des M.nsystems erschlossen. Das Alter des M. wird auf 10 Mrd.

Milchwein ⁄Kumyß. [Jahre geschätzt.

Milchwirtschaft ⁄Molkerei.

Milchzucker, *Laktose,* Disaccharid (⁄Kohlenhydrate) aus Galaktose u. Glukose, weißes Pulver, in der Milch der Säugetiere gelöst, wird aus süßen Molken gewonnen.

mildernde Umstände, tatsächl. Verhältnisse, bei denen die gesetzl. Regelstrafe als unangemessen hoch erscheint; bewirken eine Unterschreitung des Strafrahmens.

Milet, im Alt. bedeutendste griech. Stadt an der Westküste Kleinasiens; Blüte im 8. bis 6. Jh. v. Chr. u. unter den Römern.

Milhaud (: miǒ), *Darius,* 1892–1974; frz. Komponist der Neuen Musik; Opern *(Columbus; Der arme Matrose),* Orchestermusik, Klavierwerke, Lieder.

miliar (lat.), hirsekorngroß. **M.tuberkulose,** Überschwemmung eines Organs od. des ganzen Körpers mit Tuberkelknötchen.

Milieu (: milǒ, frz.), Umwelt. **M.theorie** *w* (frz.-gr.), *Psychologie:* Annahme, daß die psych. Entwicklung des Menschen allein oder vorwiegend durch das Milieu (im Ggs. zur ⁄Vererbung) bestimmt sei.

Militär *s* (lat.), Heerwesen, Heer, Soldatenstand. **M.attaché** *m* (: -schě, frz.), ein als militär. Sachverständiger einem diplomat. Vertretung im Ausland beigegebener Offizier. **M.hoheit** ⁄Wehrhoheit. **M.ischer Abschirmdienst,** MAD, der Abwehr- u. ⁄Geheimdienst der ⁄Bundeswehr. **m.ische Straftaten** sind in der BRD nach dem Wehrstraf-Ges. v. 1957 u.a. Straftaten gg. die Pflicht zur militär. Dienstleistung (u.a. Abwesenheit v. der Truppe, Fahnenflucht,

Milchstraßensystem: rechts M. (a–b Rotationsachse des M.), links Darstellung der radioastronomisch erschlossenen Spiralarme

John Stuart Mill

Darius Milhaud

Arthur Miller

Selbstverstümmelung), gg. die Pflichten der Untergebenen (Gehorsamsverweigerung, ⁄Meuterei), gg. die Pflicht der Vorgesetzten (u.a. Mißhandlung, Mißbrauch der Befehlsbefugnis) sowie gg. andere militär. Pflichten (u.a. Wachverfehlungen, rechtswidriger Waffengebrauch). **Militarismus** *m* (lat.), seit ca. 1870 polit. Schlagwort, das ganz allg. u. rein negativ das Überwiegen des militär. Denkens über das polit. bezeichnet. **Militärregierung,** Militärbehörde, die die Regierungsgewalt ausübt; häufig nach innerstaatl. Revolution od. bei Besetzung fremden Staatsgebietes im Krieg. **Militärseelsorge,** in der BRD geregelt für die *kath. M.* durch das Reichskonkordat v. 1933, für die *ev. M.* durch Ges. v. 57. Ev. Militärbischof: Bischof Sigo Lehmig, kath.: Erzb. E. M. Kredel v. Bamberg. Zentrale Verwaltungsorganisation beim Bundesverteidigungsministerium: *Ev. Kirchenamt für die Bundeswehr* u. das *Kath. Militärbischofsamt.* Für die M. zur See: *Dienststelle des Leitenden Militärgeistlichen See* in Flensburg.

Military *w* (: mǐlitᵉri, engl.), *Große Vielseitigkeitsprüfung,* Leistungsprüfung des Reitsports, bestehend aus Dressurprüfung, Geländeritt u. Jagdspringen; olymp. Diszplin.

Miliz *w* (lat.), die im Frieden nur kurz ausgebildeten Waffenfähigen eines Landes, die im Kriegsfall in vorbereiteten Einheiten eingezogen werden. Ggs. stehendes Heer.

Mill, *John Stuart,* engl. Philosoph u. Nationalökonom, 1806–73; vertrat in der Philosophie den ⁄Empirismus, in der Ethik einen eudämonist. ⁄Utilitarismus u. in der Wirtschaftslehre den ⁄Liberalismus.

Millais (: milĕ), *John Everett,* engl. Maler u. Zeichner, 1829–96; Mitbegr. der ⁄Präraffaeliten; bibl. u. histor. Bilder, Porträts.

Mille *s* (lat., it., frz.), Tausend; *pro m.,* Schreibweise: ⁰/₀₀, = vom Tausend.

Mille (: mil), *Cecil Blount de,* am. Filmregisseur u. -produzent, 1881–1959; Monumentalfilme, u.a. *Samson u. Delilah; Cleopatra; Die 10 Gebote.*

Millefioritechnik *w* (it.-gr.), Kunstglas: Verschmelzen verschiedenartiger, zu einem Bündel mit verschiedenen Mustern im Querschnitt geordneter farbiger Glasstäbe; schon im alten Ägypten bekannt, im 15.–16. Jh. in Venedig wiederverwendet.

Millennium *s* (lat.), Zeitraum v. 1000 Jahren. ⁄Chiliasmus.

Miller, 1) *Arthur,* am. Dramatiker, * 1915; realist. soziale Dramen: *Tod des Handlungsreisenden; Hexenjagd; Blick v. der Brücke; The Creation of the World and other Business.* **2)** *Glenn,* am. Jazz- u. Tanzmusiker, 1904–44; leitete seit 37 eigene Band, die durch einen besonderen Saxophonklang u. den *Glenn-Miller-Stil* bekannt wurde. **3)** *Henry,* am. Schriftsteller, 1891–1980; anarch. Prosawerke, antizivilisatorisch, kraß sexuell: *Wendekreis des Krebses; Wendekreis des Steinbocks; Schwarzer Frühling; Insomnia.* **4)** *Oskar v.,* dt. Ingenieur, 1855 bis 1934; erbaute Walchensee- u. Bayernkraftwerk; Begr. des Dt. Museums in München.

Mimikry: a Hornisse
und **b** ihr Nachahmer,
der wehrlose Hornis-
senschwärmer
(Schmetterling)

Karl Millöcker

Glenn Miller

Henry Miller

Milleschauer, der ⊅Donnersberg 2).

Millet (: miljä), *Jean François,* frz. Maler u. Graphiker, 1814–75; Bilder bäuerl. Lebens.

Milli, Abk. m, Vorsilbe v. Maßeinheiten: $^1/_{1000}$ der Einheit, z. B. *M.gramm* (mg) = 0,001 g; *M.meter* (mm) = 0,001 m.

Milliarde w (lat.-frz.), tausend Millionen.

Millibar s (lat.-gr.), Abk. mb oder mbar, Maßeinheit für den barometr. Luftdruck. 1000 mbar (= 1 bar) entsprechen dem durchschnittl. Luftdruck in den europ. Tiefebenen, genau 750,076 mm Quecksilbersäule.

Millikan (: -k^{a}n), *Robert Andrews,* am. Physiker, 1868–1953; 1923 Nobelpreis für Untersuchungen über die ⊅elektr. Elementarladung.

Million w (lat.-it.), tausend mal tausend, 10^6 =¹ 1 000 000.

Millöcker, *Karl,* östr. Operettenkomponist, 1842–99; *Bettelstudent, Gasparone.*

Millstatt, Kärntner Markt u. Kurort, am *Millstätter See* (13,25 km²), 3100 E.

Milo-Korn s, die ⊅Mohrenhirse.

Milos, Kykladeninsel ⊅Melos.

Milosch Obrenowitsch, 1780–1860; Führer im serb. Freiheitskampf gg. die Türken, Begr. der serb. Dynastie Obrenowitsch.

Milstein, *Nathan,* Geiger russ. Herkunft, * 1904; lebt seit 29 in den USA; int. bekannter Virtuose.

Miltenberg, bayer. Krst. am Main, zw. Spessart u. Odenwald, 9300 E.; altes Stadtbild mit dem Schloß Mildenburg (13./16. Jh.).

Miltiades, athen. Feldherr, † 489 v. Chr.; besiegte 490 die Perser bei Marathon.

Milton (: milt^{e}n), *John,* engl. Dichter, 1608–74; 52 erblindet; religiöse u. polit. Dichtung in klassizist. gezügeltem Barockstil; Epos: *Das verlorene Paradies;* Lyrik; Drama: *Samson der Kämpfer; Verteidigung des englischen Volkes* (seiner Revolution).

Milvische Brücke, Tiberbrücke bei Rom; 312 Sieg Konstantins d. Gr. über Maxentius.

Milwaukee (: -wäki), größte Stadt v. Wisconsin (USA), Hafen u. Handelsplatz (bes. für Getreide u. Kohlen) am Michigansee, 720 000 E., viele dt. Abstammung; Erzb.; Marquette-Univ.; Brauereien; Leder-, Maschinen-Ind.

Milz w, bis faustgroßes, im Bau einem ⊅Lymphknoten ähnl. Organ an der linken Körperseite zw. 9. u. 11. Rippe. Bildungsstätte v. ⊅Lymphozyten, Abbaustätte v. Erythrozyten u. a. Blutkörperchen, Speicherorgan für Bluteisen. Abwehrorgan entsprechend den Lymphknoten. *M.schwellung,* bei Infektions- u. vielen Blutkrankheiten. ☐ 616/617.

Milzbrand, durch *M.bazillus* verursachte Infektionskrankheit bes. bei Rindern, Schweinen, Pferden, Schafen; mit Krämpfen, blut. Ausflussen, Milzschwellung; meist todl.; auf den Menschen übertragbar.

Milzkraut, Steinbrechgewächs mit grünen Blüten; in Dtl. *Wechselblättriges M.* u. das seltene *Gegenblättrige M.*

Mime, *Mimir,* in der nord. Mythologie zukunftskund. Quelldämon, Ratgeber Odins; in der german. Heldensage kunstfertiger Waffenschmied.

Mime m (gr.), in der Antike Darsteller, Schauspieler. **Mimik** w (lat.), Ausdruck v. Gefühl, Stimmung usw. durch Gesichtsausdruck u. Gebärden.

Mimikry w (engl.), Nachahmung u. Farbanpassung bei gewissen Tieren u. Pflanzen an ihre Unterlage od. an Lebewesen u. Gegenstände ihres Lebensraums zur opt. Täuschung ihrer Feinde od. Opfer.

Mimose w, Gattung der M.ngewächse (Leguminosen) in wärmeren Ländern mit kleinen Blüten in Kugelköpfchen. *Mimosa pudica (Sinnpflanze)* faltet die doppeltgefiederten Blätter bei Berührungs-, Erschütterungs- od. Temperaturreizen zusammen.

Mimus m (gr.), realist.-derbe altgriech. u. altröm. Volkskomödie.

Minarett s (arab.), Turm der ⊅Moschee.

Minas Gerais (: -nasch scheraiß), fr. *Minas Geraes,* ostbrasilian. Binnenstaat, Hochland mit Kaffee-, Zuckerrohr- u. Maisbau, Viehzucht; Bergbau auf Eisen-, Manganerze, Gold, Silber, Diamanten; 587 172 km², 13,4 Mill. E.; Hst. Belo Horizonte.

Mincio m (: mintscho), l. Nebenfluß des Po, kommt aus dem Gardasee, mündet nach 192 km unterhalb Mantua.

Mindanao, zweitgrößte Insel der Philippinen, 94 600 km², 7,5 Mill. E.; meist Filipinos; Hst. Zamboanga.

Mindeleiszeit, zweitälteste der pleistozänen ⊅Eiszeiten, ben. nach der *Mindel,* bayer. Nebenfluß der Donau (75 km lang).

Mindelheim, bayer. Krst. an der Mindel, 12 300 E.; metallverarbeitende, Schmuck- u. Textil-Ind.

Minden, westfäl. Krst. nördl. der Porta Westfalica, an der Weser, die hier v. Mittellandkanal überquert wird (Hafen), 78 000 E.; roman.-frühgot. Dom (11./14. Jh.); vielseit. Ind. – Bis 1648 Bistum (v. Karl d. Gr. gegr.); Hansestadt, fiel 1648 an Brandenburg.

Minderbrüder ⊅Franziskaner.

Minderheit, *Minorität* w, kleinere, geschlossene Gruppe innerhalb eines größeren Ganzen. Die *nationale M.* unterscheidet sich v. der Mehrheit durch ein bes. Merkmal (z. B. Volkstum, Sprache, Religion). Völkerrechtl. Verträge sichern M.en häufig ein Recht auf Sprache u. eigene Schule.

Minderjährigkeit ⊅Alter im Recht.

Minderkaufmann, im Sinne des HGB der Warenhandwerker (u.a. Bäcker, Fleischer, Schneider) u. Kleingewerbetreibende; ist v. einigen für den ⊅Vollkaufmann geltenden Vorschriften befreit (vor allem über die Buchführung).

Minderung, das bei ⊅Kauf od. ⊅Miete u.a. bei Sachmängeln gegebene Recht des Käufers bzw. Mieters zur Herabsetzung des Kaufpreises bzw. der Miete.

Minderwertigkeitsgefühl, ein Gefühl der Schwäche u. des Versagens, der Unsicherheit gegenüber Anforderungen; Begriff bes. der Psychologie v. A. ⊅Adler. Ausgleich möglich (Kompensation) mit guten Leistungen, aber auch Fehlhaltungen (Überkompensation). Verdrängung des M. ins Unbewußte führt zum *Minderwertigkeitskomplex.*

Mindestreserven, Geldsummen, die die

Banken bei der Zentralbank halten müssen; Mittel der ⁄Geldmarktpolitik, bes. zur Beeinflussung der Kreditgewährung der Banken.

Mindoro, bewaldete vulkan. Philippineninsel; bis 2930 m hoch, 9734 km², 640000 E.; Hauptort Calapán.

Mindszenty (: -dsenti), *Josef,* ungar. Kardinal (seit 1946), 1892–1975; 44 Bischof v. Veszprém, seit 45 Erzb. v. Esztergom (Gran) u. Primas v. Ungarn; 48 verhaftet, 49 nach Schauprozeß zu lebenslängl. Zuchthaus verurteilt; 56 bei der ungar. Revolution befreit, danach in der am. Botschaft in Budapest; verließ Ungarn 71; 74 als Erzbischof v. Esztergom v. Pp. Paul VI. amtsenthoben.

Mine *w* (frz.), **1)** eine schwimmende, eingegrabene, aufgehängte, frei aufgelegte, v. Minenlegern od. U-Booten gelegte, v. Flugzeugen abgeworfene od. auf kürzere Entfernung (bis 5 km) durch *M.nwerfer* geworfene Sprengladung. **2)** im Bergbau: Ader od. Lagerstätte nutzbarer Mineralien; auch Bergwerk. **3)** altoriental. u. griech. Gewichts- u. Münz-Bz.; 1 M. = 100 Drachmen. **4)** das farbgebende Füllstäbchen im Bleistift od. Kugelschreiber.

Mineral *s* (lat.), Mz. ⁄M.ien. **M.bad,** Bad mit mineral. Heilstoffen (Kohlensäure, Salze; ⁄Heilquellen); dabei wirken therm. u. physikal.-chem. Hautreize auf Blutkreislauf u. Stoffwechsel. **M.farben,** Erdfarben: als Farben dienende anorgan. Präparate: Bleiweiß, Mennige u.a. **M.fette,** fettähnl. Schmiermittel aus höheren Kohlenwasserstoffen, farblos od. gelbl.; werden nicht ranzig, z.B. Paraffine, Vaseline. **M.ien,** Minerale, natürl. entstandene, die Erdkruste aufbauende homogene Stoffe, entweder chem. Verbindungen oder Elemente; die meisten der über 3000 bisher bekannten M. bilden ⁄Kristalle. **M.ogie** *w,* Lehre v. den M.ien, ihrer Entstehung, Gestalt, Struktur usw. **M.öle** ⁄Erdöl, ⁄Öl. **M.quellen** ⁄Heilquellen. **M.säuren,** die anorgan. Säuren. **M.urgie** *w,* Gewinnung u. Verarbeitung v. Mineralien. **M.wasser** ⁄Heilquellen.

Minerva, röm. Göttin der Handwerker, Künstler, Ärzte.

Minimal Art, von Robert Morris (lackiertes Metall; 1967)

Kardinal Mindszenty

Minette *w* (frz.), kalkreiches, oolith. Brauneisenerz mit bis zu 40% Eisengehalt, bes. in Luxemburg u. Lothringen.

Ming, chines. Dynastie. ⁄China.

Minho ⁄Minkiang.

Miniaturisierung ⁄Mikrominiaturisierung.

Miniaturmalerei (lat.), **1)** ⁄Buchmalerei. **2)** Bildniskunst kleinen Formats, bes. des 15./19. Jh., auf Pergament, Metall, Papier u. Seide. ☐ 585, 826.

minieren, in Bergwerken Gänge („Stollen") bauen.

Minigolf, *Miniaturgolf,* dem ⁄Golf ähnl. Geschicklichkeitsspiel auf kleiner Fläche u. mit festen Bahnen verschiedener Schwierigkeitsgrade.

minimal (lat.), äußerst gering.

Minimal Art (: -mᵉl aʼt), Kunstrichtung der 60er Jahre des 20. Jh. mit starker Abstraktionstendenz; bemüht sich um eine Rückführung der Form auf Primärstrukturen.

Minimen (Mz., lat.), *Mindeste Brüder, Paulaner,* 1454 v. hl. Franz v. Paula gegr. Bettelorden mit verschärfter Franziskanerregel u. dem Gelübde steten Fastens.

Minimum *s* (lat.), das Kleinste, Niedrigste; kleinster Wert; Tiefstand. Ggs. ⁄Maximum.

Minister *m* (lat.), ein unmittelbar dem Staatsoberhaupt unterstellter bzw. dem Parlament verantwortl. Träger eines höchsten öff. Amtes; leitet eine oberste Verwaltungsbehörde als *Ressort-M.,* sonst *M. ohne Portefeuille* bzw. *Geschäftsbereich (Sonder-M.).* Die M. zus. bilden das Kabinett. In der BRD ⁄Bundesminister u. M. der Bundesländer. ☐ 130/131.

Ministerialen (Mz., mittellat.), im alten Dt. Reich urspr. unfreie Beamte weltl. u. geistl. Fürsten; im 12. Jh. in die Lehenshierarchie eingegliedert; gingen im niederen Adel auf.

Ministerium *s* (lat.), oberste Behörde der staatl. Verwaltung. An der Spitze steht der ⁄Minister, dem mehrere Staatssekretäre direkt unterstellt sind. Gliederung in *Abteilungen* u. *Referate* mit *Ministerialdirektoren, -dirigenten, -räten.*

Ministerpräsident *m* (lat.), *Premierminister,* der Vorsitzende eines Kabinetts u. Leiter der Regierungsgeschäfte; bestimmt in der Regel die Richtlinien der Regierungspolitik; in einigen Staaten zugleich Staatsoberhaupt.

Mineralien

Anteil einzelner M. am Aufbau der Erdkruste (in Prozent)		Gliederung nach Klassen	6 Nitrate
			7 Borate
		1 Elemente (Metalle, Metalloide, Nichtmetalle)	**8 Sulfate** (wasserfreie u. wasserhaltige Sulfate)
Feldspate	55	**2 Sulfide u. Sulfosalze** (Kiese, Glanze, Fahle, Blenden)	**9 Molybdate u.** Wolframate
Meta- u. Ortho-silicate	15		**10 Chromate**
Quarz, Opal, Chalzedon	12	**3 Oxide u. Hydroxide** (Quarz, Magneteisen, Spinell, Eisenhydroxide u. a.)	**11 Phosphate,** Arsenate, Vanadate (wasserfreie u. wasserhaltige Phosphate)
Glimmer	3	**4 Halogenide** (Steinsalz, Flußspat)	**12 Silicate** (Insel-, Gruppen-, Ring-, Ketten-, Band-, Schicht- u. Gerüstsilicate)
Tonmineralien	1,5		
sonstige M.	4,5	**5 Carbonate** (Kalkspat- u. Aragonitgruppe)	
freies u. gebundenes Wasser	9		

In der BRD u. in Östr. heißt der Kabinetts-
u. Regierungschef ↗Bundeskanzler, während in der BRD die Regierungschefs der
Bundesländer (außer in Bremen u. Ham-
burg) M.en heißen. ☐ 130, 710 u. bei den
einzelnen Bundesländern.
Ministrant m (lat.), *Meßdiener,* Laienhelfer
des kath. Priesters bei der Liturgiefeier.
Mink m, der nord-am. ↗Nerz.
Minkiang m, *Minho,* linker Nebenfluß des
Jangtsekiang in Setschwan, 800 km lang.
Minkowski, *Hermann,* dt. Physiker, 1864
bis 1909; mathemat. Grundlage der Re-
lativitätstheorie (Raum-Zeit-Kontinuum).
Minne ↗Minnesang.
Minne (: min), *George,* belg. Bildhauer u.
Graphiker des Jugendstils, 1866–1941.
Minneapolis (: miniápoliß), größte Stadt v.
Minnesota (USA), einer der größten Wei-
zenmärkte der Welt, beiderseits des Missis-
sippi, 435000 E. (als Ballungsgebiet 2 Mill.
E.); bildet mit der Nachbarstadt Saint Paul
eine Großraumsiedlung *(Twin Cities)* v.
741000 E.; Staats-Univ.
Minnesang, die Liebeslyrik des MA, ausgeübt v. ritterl., später auch v. bürgerl. *Minne-*
sängern. Die Gedichte – vorwiegend in
Liedform – kreisen meist um das Thema der
Minne, der Liebe in der höfisch-vornehmen
Gesellschaft, bes. in der Form der Verehrung einer verheirateten Frau. Die Lieder
entstanden in der Regel als Einheit v. Wort
u. Melodie. Über arab., mittellat. u. vor allem frz. Vorbilder kam es in Dtl. zu Ende des
12. Jh. (↗Walther v. der Vogelweide,
↗Heinrich v. Morungen) zu einer Hochblüte
des M. Der „Frauendienst" wurde eine der
vornehmsten Ritterpflichten. Mit dem Verfall des Rittertums Wandel: einerseits ver-
rohten die Stoffe in der sog. Dorfpoesie
(„niedere Minne"), od. aber der M. verbür-
gerlichte u. verblaßte (↗Meistersang).
Minnesota, Abk. *Minn.,* Bundesstaat der
USA am oberen Mississippi, westl. des
Oberen Sees, 217735 km², 4 Mill. E.; Hst.
Saint Paul. Flachwelliges Hügelland mit
mehr als 10000 Seen. Ackerbau u. Milchwirtschaft.
Minnesota River, 512 km langer r. Nebenfluß des Mississippi, mündet bei Saint Paul.
Miño m (: mínjo), *Minho,* span.-portugies.
Grenzfluß, 340 km lang.
Minorat, *Juniorat s* (lat.), Erbfolge, bei wel-
cher der dem Verwandtschaftsgrad Nächste
u. bei mehreren gleich nahen Verwandten
der Jüngste zur Nachfolge gelangt; Ggs.
Minorca ↗Menorca. [*↗*Majorat.]
minorenn (lat.), minderjährig. **Minorität** w
(lat.), ↗Minderheit. **Minoriten** ↗Konven-
tualen.
Minos, in der griech. Mythologie König v.
Knossos (↗Kreta), daher: *Minoische Kul-*
tur.
Minotauros m (gr. = Stier des ↗Minos), in
der griechischen Sage Ungeheuer; lebte v.
Menschenopfern, bis Theseus es erlegte.
Minsk, Hst. der Weißruss. SSR, 1,3 Mill. E.;
Univ., vielseit. Industrie.
Minucius Felix, röm. Schriftsteller, verfaßte
um 200 den Dialog *Octavius,* die älteste
christl. Apologie in lat. Sprache.

J. Miró: „Composition"

Minuend m (lat.), die zu vermindernde
Größe bei der ↗Subtraktion. **Minus** s (lat.
= weniger; math. Zeichen: –), Bz. der Sub-
traktion sowie der negativen Größen, des
Fehlenden.
Minuskel w (lat.), der kleine Buchstabe im
Ggs. zur Majuskel.
Minute w (lat.), 60. Teil einer Stunde (*Zeit-*
M.: Zeichen min) od. Teil eines Grades
(*Bogen-M.:* Zeichen '). ☐ 346.
minuziös (lat.), genau, kleinlich.
Minze w, *Mentha,* Lippenblütler, Blüten
klein u. meist bläul. *Pfeffer-M.* ist Bastard v.
Wasser- u. *Ähren-M.;* die *Krause-M.* wird
wegen des „Pfefferminzöls" (↗Menthol)
angebaut. Verwendung der M.n auch als
Magenmittel u. Haustee.
Miozän s (gr.) Abteilung der ↗Tertiär-For-
mation. ☐ 237.
Mirabeau (: -bo), *Honoré Gabriel* de Riqueti
Graf, 1749–91; 89 Abg. des Dritten Standes
in der Frz. Nationalversammlung; für eine
konstitutionelle Monarchie.
Mirabelle w (it.-frz.), eine ↗Pflaumen-Sorte.
Mirakel s (lat.), Wunder, mittelalterliches
Drama; ↗Mysterienspiel.
Miró, *Joan,* span. Maler, * 1893; Surrealist;
gestaltet skurrile u. unheiml. Visionen u.
traumhaft-mag. Märchenwesen.
Misanthrop m (gr.), Menschenfeind. **Mis-**
anthropie w, Menschenhaß, -scheu.
Misburg, seit 1974 Stadtteil v. Hannover, am
Mittellandkanal (Hafen), 21500 E.; Zement-
Ind., Erdölraffinerie.
Mischabelhörner, vergletscherter Gebirgs-
stock in den Walliser Alpen, bis 4545 m.
Mischehe w, 1) Ehe zw. Christen u. Nichtchristen od. zw. Christen verschiedener
Konfession (letztere heute vielfach *konfes-*
sionsverschiedene Ehe gen.). Die M. ist eines der Hauptthemen im interkonfessionellen Gespräch. 2) Ehe zw. Angehörigen
verschiedener Rassen.

Minze (Mentha
silvestris)

H. G. Graf von
Mirabeau

Mischling, menschl. ↗Bastard.
Mischna w (hebr.), mündl. überlieferte Sammlung jüd. Gesetze, Teil des ↗Talmud.
Mischnick, *Wolfgang,* *1921; 61/63 Bundesvertriebenenminister; seit 1968 Fraktions-Vors. der FDP.
Mischpolymerisate (Mz.) entstehen durch ↗Polymerisation verschied. Stoffe miteinander, z. B. Igelit.
Mischsaat ↗Gemenge.
Misdroy, poln. *Międzyzdroje,* pommer. Ostseebad auf Wollin, 6000 E.
miserabel (lat.), schlecht, elend; nichtswürdig. **Misere** w (frz.), Jammer, Not, Elend.
Misereor (lat.), dt. kath. Hilfswerk gg. Hunger u. Krankheit in der Welt; 1959 gegr.
Miserere s (lat. = Erbarme dich), Anfang v. Psalm 50 (51); oft vertontes Bußlied.
Miskolc (: mischkolz), Hst. des nordungar. Komitats Borsod-Abaúj-Zemplén, 211000 E.; ruthen. Exarch, ref. Bischof; TU; Eisenhütte, Maschinen- u. Zement-Ind.
Misogyn m (gr.), Frauenfeind.
Mispel w, strauch- od. baumförm. Rosengewächs; Blüten weiß, groß; birnenförm. Früchte nach Vollreife genießbar.
Miss (engl. aus: mistress), Fräulein.
Missa w (lat.), Bz. für die ↗Messe 1).
Missale Romanum s, röm. Meßbuch, in lat. Sprache; für den Gottesdienst heute vielfach landessprachige Meßbücher im Gebrauch.
Mißgeburt, jede ausgestoßene Frucht, die durch fehlerhafte Entwicklung v. normalen Körperbau abweicht.
Mißhandlung, Art der ↗Körperverletzung.
Missio canonica w (lat.), in der kath. Kirche allg. Übertragung kirchl. Hirtengewalt, bes. Ermächtigung zur Verkündung des Gotteswortes; für den Religionsunterricht auch an Laien möglich.
Mission w (lat.), 1) allg.: Auftrag, Sendung, Vollmacht. 2) die Bemühungen der verschiedenen Religionen und Religionsgemeinschaften um Ausbreitung ihres Glaubens. – In der *kath. Kirche* leitet der Papst die M. durch die *Kongregation für die Evangelisierung der Völker* (bis 1968 *Propagandakongregation*), bestimmte Gebiete durch die *Kongregation für die Ostkirchen.* Träger der M.sarbeit sind die *M.sorden, M.sgesellschaften* u. *M.sseminare* (meist für Weltpriester), aber auch Laienhelfer, mit dem (teils bereits verwirklichten) Ziel der Gründung einer einheim. Hierarchie u. der Entfaltung einer aus landes- u. volkseigenen Kräften bestehenden kirchl. Arbeit. Hauptstützen des M.swerkes sind M.svereine (zusammengefaßt im Päpstl. Werk der Glaubensverbreitung). – Die ev. *M.sarbeit* tragen die vielen *M.sgesellschaften* der einzelnen Länder (in Dtl. größtenteils im *Dt. Ev. M.s-Tag* zusammengefaßt, geschäftsführendes Organ ist der *Dt. Ev. M.srat);* ihre lose Dachorganisation war der 1921 gegr. *Internationale M.srat,* der 61 in New Delhi dem ↗Weltrat der Kirchen als *Abteilung für Evangelisation u. Weltmission* eingegliedert wurde.
Mission Ouvrière w (: mißiŏn uwriär), 1957 in Fkr. gegr. Arbeitermission. Eigens dafür

Wolfgang Mischnick

Mispelzweig mit Früchten

Mistel

Gabriela Mistral

freigestellte Seelsorger arbeiten nicht selbst in Fabriken, wirken aber durch Laienhelfer bei den Arbeitern.
Missionsärztliche Fürsorge, Tätigkeit v. Ärzten u. Krankenpflegern als Laienhelfer der Missionare; ein kath. *Missionsärztl. Institut* 1922 in Würzburg gegr., das ev. *Dt. Institut für ärztl. Mission* 1906 in Tübingen.
Missionswissenschaft, die systemat. Lehre von der Glaubensverbreitung, an vielen Hochschulen mit Lehrstühlen vertreten.
Mississippi, 1) größter Strom Nordamerikas u. bedeutendste Schiffahrtsstraße der USA, mit seinem Nebenfluß Missouri der drittlängste der Erde, 3820 km, mit Missouri 6420 km lang; kommt aus Minnesota, durchfließt eine weite, fast ebene Stromlandschaft und mündet mit 3 Deltaarmen, die sich jährl. bis 100 m weiter ins Meer hinausbauen, in den Golf v. Mexiko. Auf 3150 km schiffbar. **2)** Abk. *Miss.,* Staat der USA am Unterlauf des M., 123584 km², 2,4 Mill. E. (über 50% Neger); Hst. Jackson. Hauptanbaugebiet der USA für Baumwolle, Mais, Reis, Zuckerrohr, Südfrüchte; zahlreiche Erdölfelder.
Missouri (: -ßuri), **1)** r. *Nebenfluß* des Mississippi, 4740 km lang; kommt v. Felsengebirge; ab Kansas City schiffbar, doch Schiffahrt erschwert. **2)** Abk. *Mo.,* Staat der USA, am Unterlauf des M., 180486 km², 4,8 Mill. E.; Hst. Jefferson City. Steinkohlenfelder; Blei- u. Zinkbergbau; Viehzucht.
Mißtrauensvotum, jedes Verhalten der Volksvertretung, das ausdrückt, daß die Regierung od. einzelne Min. nicht mehr das Vertrauen des Parlaments genießen; kann zum Rücktritt der Regierung od. einzelner Min. führen. – Art. 67 GG läßt ein M. gg. den Bundeskanzler nur in Verbindung mit einem Vorschlag für einen neuen Bundeskanzler zu (sog. *konstruktives M.*).
Mißweisung, die magnet. ↗Deklination.
Mist, Dünger, aus tierischen Exkrementen u. Streu, reich an Humussubstanzen, Stickstoffverbindungen und Salzen. **M.beet,** mit wärmendem, frischem (Pferde-)M., Laub od. Lohe unterlegtes od. mit Heizröhren durchzogenes Beet unter Glasschutz, um Pflanzen zur rascheren Entwicklung zu bringen.
Mistel w, immergrüner Halbschmarotzer auf Bäumen, aus deren Ästen er mittels Senkwurzeln Wasser u. Mineralsalze zieht. Die weißen Beeren dienen der M.-↗Drossel als Futter, die den unverdaubaren Samen verbreitet. *M.saft* zu Heilmitteln.
Mister (engl.), Abk. Mr., Herr (Anrede in Verbindung mit Familiennamen, sonst ↗Sir), in der Briefanschrift ↗Esq.
Misti m, Vulkan in der Westkordillere Südperus, 5842 m hoch; meteorolog. Station.
Mistkäfer, verschiedene schwarze, stark gewölbte, bis 2 cm lange Blatthornkäfer. ☐ 914.   [im Rhônetal.
Mistral m, trockener, Kühler Fallwind, bes.
Mistral, 1) *Frédéric,* frz. Schriftsteller, 1830–1914; erneuerte in seinen Versepen provenzal. Kultur u. Sprache; *Mirèio.* **2)** *Gabriela* (eig. Lucila Godov Alcayaga), chilen. Schriftstellerin, 1889–1957; 1945 Literatur-

Nobelpreis. Lyrik: *Sonette des Todes; Desolación* u.a.
Mistress (: mistres, engl.), Abk. (so vor dem Namen) *Mrs.* (: missis), in angelsächs. Ländern die verheiratete Frau.
Miszelle w (lat.), kleinere Abhandlung.
Mitau, lett. *Jelgava,* Stadt in Lettland, an einem Arm der kurländ. Aa, 58000 E.; Holz-, Getreide-, Viehhandel. – 1266 als Deutschordensburg gegr., 1561/1795 Residenz der kurländ. Herzöge.
Mitbestimmung, im Sinne der v. den Gewerkschaften nach 1945 erhobenen Forderung die gleichberechtigte Beteiligung der Arbeitnehmer am Wirtschaftsgeschehen (in den 20er Jahren „Wirtschaftsdemokratie" gen.). Der Sache nach unterscheidet man M. in sozialen, bes. personellen u. in wirtschaftl. Angelegenheiten, als *Mitsprache, Mitwirkung* od. *Mitentscheidung;* dem Wirkungs- u. Geltungsbereich nach: *innerbetriebl.* u. *überbetriebl.* M. Rechtl. Grundlage in der BRD: u.a. das ↗*Betriebsverfassungsgesetz* u. das *Ges. über M. der Arbeitnehmer in den Aufsichtsräten u. Vorständen der Unternehmen des Bergbaus u. der eisen- u. stahlerzeugenden Ind.* v. 51, das *Ges. über die M. in Holdinggesellschaften* v. 56 u. das ↗*Personalvertretungs-Gesetz.* Dieses Recht geht einen Mittelweg zw. Mitwirkungs- u. Mitentscheidungsrecht. Ein echtes Mitentscheidungsrecht steht den Arbeitnehmern bei den Kapitalgesellschaften zu ($^1/_3$ der Aufsichtsratsmitgl.). In Unternehmen des Bergbaus u. der Eisen- u. Stahl-Ind. sind die Arbeitnehmer parität. an der Unternehmensleitung beteiligt. Für arbeits-, personal- u. sozialpolit. Fragen ist ein Arbeitsdirektor gleichberechtigtes Vorstandsmitglied. Das 76 in Kraft getretene *Ges. über die Mitbestimmung der Arbeitnehmer* sieht vor, daß in Großbetrieben die Aufsichtsräte zu gleichen Teilen mit Vertretern der Anteilseigner u. Arbeitnehmer besetzt werden.
Mitchell (: -schᵉl), *Margaret,* am. Schriftstellerin, 1900–49; Welterfolg der Roman *Vom Winde verweht,* aus der am. Bürgerkriegszeit.
Mitesser, *Komedo,* verstopfte Talgdrüse, hauptsächl. im Gesicht u. am Rücken.
Mitgift w, Aussteuer. ↗eingebrachtes Gut.
Mithras, *Mithra,* arischer Lichtgott in Indien und Persien; die M.verehrung (Stierkult), auch im Röm. Reich bis zum 5. Jh. n. Chr., gefährdete die Kirche durch Aufnahme christl. Gedanken.
Mithridates VI. Eupator, 132–63 v. Chr.; 111 Kg. v. Pontus, eroberte ganz Kleinasien, v. den Römern in 3 Kriegen (88/84, 83/81 u. 74/64) besiegt; gab sich selbst den Tod.
Mitochondrien (M7, gr), *Chondriosomen,* kugel- bis stäbchenförm. Gebilde im Protoplasma lebender Zellen, aus feinen, doppelwand. Lamellen aufgebaut. Zentren der Zellatmung. □ 1129.
Mitose w (gr.), indirekte ↗Zellteilung.
Mitra w (gr.), 1) Kopfbinde der griech. u. röm. Frauen. 2) *Infu*l, liturg. Kopfbedeckung der Bischöfe u. Äbte.
Mitropoulos (: -pu-), *Dimitri,* griech.-am. Di-

Mittelalter
Die wichtigsten historischen Daten

481–511	Regierung des Merowingers *Chlodwig;* begründete das Fränkische Reich
553	Untergang des Ostgotenreiches in Italien
622	Hedschra. Flucht *Mohammeds* von Mekka nach Medina; Ausgangspunkt der islamischen Zeitrechnung
632	Tod *Mohammeds;* bald danach (634) Beginn der kriegerischen Ausbreitung des Islam: 635–637 Syrien und Palästina, 639–641 Ägypten, 640–644 Persien, 653–655 Armenien, bis 700 ganz Nordafrika
687	durch *Pippin d. M.* werden die Hausmeier der Merowinger die eigentlichen Herrscher des Fränkischen Reiches
711	Invasion der Araber in Spanien (über die Straße von Gibraltar), Untergang des Westgotenreiches
732	Sieg *Karl Martells* über die Araber bei Tours u. Poitiers
751	*Pippin d. J.* setzt die Merowinger ab und wird selbst König
768–814	Regierung *Karls d. Gr.,* Begründer des fränk. Großreichs
800	Kaiserkrönung *Karls d. Gr.* in Rom
843	Teilung des Fränkischen Reiches im Vertrag von Verdun
870	Vertrag von Meerssen: Teilung Lotharingiens
911	Wahl *Konrads I.* zum deutschen König
919	Wahl *Heinrichs I.* zum deutschen König
933	*Heinrich I.* besiegt die Ungarn an der Unstrut
955	Sieg *Ottos I.* auf dem Lechfeld beseitigt Ungarngefahr
962	*Otto I.* wird in Rom zum Kaiser gekrönt
1054	Schisma zwischen Rom und der Ostkirche
1066	Schlacht bei Hastings; die Normannen erobern England
1076	Beginn des Investiturstreites [bann
1077	Bußgang *Heinrichs IV.* in Canossa; Lösung vom Kirchen-
1096–99	1. Kreuzzug; endet mit der Eroberung Jerusalems (1187 von Sultan *Saladin* zurückerobert)
1122	Wormser Konkordat, legt Investiturstreit in Dtl. bei
1198–1216	Regierung des Papstes *Innozenz III.,* Höhepunkt der Macht des Papsttums
1204	Kreuzfahrer erobern Konstantinopel und gründen ein Lateinisches Kaiserreich (1261 wieder zerstört)
1206–27	*Dschingis Chan* errichtet ein mongolisches Großreich: erobert 1215 Peking, 1219 Turkestan, 1220 Samarkand, 1221 Afghanistan, 1224 Südrußland bis zum Dnjepr
1215	engl. Barone erzwingen die „Magna Carta libertatum"
1226	Beginn der Eroberung Preußens durch d. Deutschen Orden
1241	Mongolenschlacht bei Liegnitz
1242	in Südrußland Gründung des Mongolenreiches der Goldenen Horde
1254–73	in Deutschland Interregnum, beendet durch die Wahl *Rudolfs von Habsburg* zum deutschen König
1270	letzter Kreuzzug (1291 fällt Akko, der letzte christliche Stützpunkt im Heiligen Land)
1288–1326	Regierung *Osmans I.,* Beginn der türkischen Vorherrschaft in Kleinasien
1291	die Schweizer Waldstätte Uri, Schwyz und Unterwalden gründen einen „Ewigen Bund"
1309–76	die Päpste residieren in Avignon
1315	die drei Schweizer Waldstätte erringen in der Schlacht von Morgarten ihre Unabhängigkeit von Österreich
1339–1453	Hundertjähriger Krieg zwischen Frankreich und England
1356	„Goldene Bulle" *Karls IV.,* Reichsgrundgesetz (bis 1806); übertragt Königswahl endgültig auf die Kurfürsten
1378–1417	Abendländisches Schisma, tatsächlich beendet durch das Konzil von Konstanz 1414/18)
1386	Schlacht bei Sempach; hier und in der Schlacht bei Näfels erringen die Eidgenossen ihre endgültige Unabhängigkeit v. der habsburgischen Territorialherrschaft – Union Polen-Litauen wird europ. Großmacht
1410	Der Dt. Orden unterliegt bei Tannenberg Polen-Litauen
1419–36	Hussitenkriege, Verwüstung der Nachbarländer Böhmens
1438	„Pragmatische Sanktion" von Bourges; das von *Karl VII.* erlassene Reichsgesetz regelte die Verhältnisse der Kirche Frankreichs bis 1516
1453	die Türken erobern Konstantinopel; Untergang des Oströmischen Reiches
1462–1505	Regierung *Iwans III.,* Großfürst von Moskau; unterwirft sich die übrigen russischen Fürstentümer und befreit 1480 Rußland von der Herrschaft der Goldenen Horde
1466	2. Thorner Friede; beendet die Macht des Deutschen Ordens (Gebietsverlust u. Anerkennung poln. Oberhoheit)
1492	die Spanier erobern Granada, damit endet die Maurenherrschaft in Spanien – *Kolumbus* entdeckt Amerika

rigent u. Komponist, 1896–1960; leitete 49–58 das New York Philharmonic Orchestra.
Mitscherlich, 1) *Alexander,* dt. Arzt u. Psychologe, * 1908; Vertreter der ↗Psychosomatik; erhielt 69 den Friedenspreis des Dt. Buchhandels. 2) *Eilhard,* dt. Chemiker, 1794–1863; fand die Beziehungen zw. chem. Konstitution u. Kristallform.
Mittag, Zeitpunkt, an dem für einen bestimmten Erdort die Sonne im ↗Meridian steht; als Himmelsrichtung der Süden.
M.sblume, *Eiskraut,* Strandpflanze mit fleischigen Blättern; die weißen bis roten Blüten öffnen sich nur bei M.ssonne.
Mittasch, *Alwin,* dt. Chemiker, 1869–1953; entwickelte die katalyt. Ammoniak- u. Benzinsynthese; Naturphilosoph.
Mittel ↗Mittelwert.
Mittelalter, in der abendländ. Gesch. Bz. für den Zeitraum zw. Alt u. NZ; gegliedert in Früh-, Hoch- (962/1250) u. Spät-M.; reicht etwa v. Ende d. Röm. Reiches (5. Jh.) bis zum Beginn v. Renaissance u. Reformation (um 1500); der Begriff wurde v. den Humanisten des 15. Jh. geprägt; gelegentl. auch für den mittleren Zeitraum anderer Kulturkreise verwendet. ☐ 629.
Mittelamerika, schmale Landbrücke, die Nord- u. Südamerika zw. dem Isthmus v. Tehuantepec im südöstl. Zipfel Mexikos u. dem Golf v. Darien in der NW-Ecke Kolumbiens verbindet; 2200 km lang, 836000 km². Im Inneren Hochflächen mit zerstückelten Randgebirgen. Etwa 90 Vulkane, bis über 4000 m hoch, erschüttern häufig das Gebiet. Aus den Küstentiefländern Bananen, Kakao u. Kautschuk, aus der gemäßigten Zone als wichtigstes Ausfuhrgut Kaffee. Die Spanisch sprechenden, meist kath. E. sind Indianer, Mestizen, Neger als Landarbeiter, Chinesen als Händler sowie Weiße. ☐ 56.
Mitteldeutsche Gebirgsschwelle, die geschlossene Reihe v. Mittelgebirgen, die das norddt. Flachland v. den süddt. Beckenlandschaften trennt.
Mitteleuropa, Europas Kerngebiet zw. den nördl., westl. u. südl. Halbinseln u. dem osteurop. Tiefland. **Mitteleuropäische Zeit,** MEZ, ↗Einheitszeit.
Mittelfranken, bayer. Reg.-Bez. im NW des Landes, überwiegend fruchtbares Ackerland; 7244,7 km², 1,51 Mill. E.; Hst. Ansbach, größte Stadt Nürnberg.
Mittelgewicht ↗Gewichtsklassen. ☐ 327.
Mittelhochdeutsch, die Form der dt. Sprache von etwa 1050 bis 1350.
Mittellandkanal, Schiffahrtskanal zw. dem Dortmund-Ems-Kanal u. der Elbe, 325 km lang, 3,40 m tief, für 1000-t-Schiffe befahrbar; wird zw. Bergeshövede u. der DDR-Grenze für 1350-t-Schiffe ausgebaut.
Mittellateinische Literatur, als Fortsetzung der spätröm. Lit. die christl.-lat. v. etwa 200 bis 1300, umfaßt vor allem Theologie, Philosophie, Geschichtsschreibung, Epik (Waltharilied), Drama (Hrotsvith), geistl. Spiele, Lyrik (Hymnen, Carmina Burana, Archipoeta, Hildegard v. Bingen).
Mittellaute (Sprachlehre) ↗Mediae.
Mittelmächte, im 1. Weltkrieg zunächst für

Dtl. u. Östr., dann auch für ihre Verbündeten Bulgarien u. die Türkei.
Mittelmeer, *Mittelländisches Meer,* zw. Südeuropa, Vorderasien u. Nordafrika, mit dem Atlantik durch die Straße v. Gibraltar, mit dem Indischen Ozean künstl. durch den Suezkanal verbunden; mit 2969000 km² größtes Binnenmeer der Erde. Das Westbecken sinkt zw. Sardinien-Korsika u. Mittelitalien auf 3730 m ab. Die Teile des Ostbeckens, mit der größten Tiefe des M. (5599 m), sind das Ion., Adriat., das inselreiche Ägäische Meer u. das Hauptbecken (Levantin. Meer) zw. Kleinasien, Syrien u. Ägypten; die engen Straßen der Dardanellen u. des Bosporus mit dem Marmarameer dazwischen verbinden zum Schwarzen Meer. Salzgehalt 3,64–3,93% (Salzgewinnung); 13° Winter- u. bis 29° Sommer-Oberflächentemperatur. Das M. u. die Randländer haben heiße Sommer u. feuchte, warme Winter; das Niederschlagsmittel liegt um 760 mm, die mittlere Jahrestemperatur zw. 13° u. 22°. – Das geschichtl. Schwergewicht des M.raumes lag zunächst im O beim Reich der alten Ägypter u. bei den vorderasiat. antiken Großreichen. Phöniker u. Griechen drangen ins westl. M. vor u. gründeten an dessen Küsten zahlreiche Handelsniederlassungen bzw. Kolonien. Das Röm. Reich umfaßte das ganze M.becken. Im MA grenzten ans M. die roman.-german., die byzantin.-slaw. u. die muslim.-arab. Völker; zw. ihnen kam es zu häufigen krieger. Auseinandersetzungen, aber auch zu wirtschaftl. u. geistigem Austausch. Mit der Entdeckung des Seewegs nach Indien verlor das M. an Bedeutung, die es mit der Eröffnung des Suezkanals im 19. Jh. teilweise zurückgewann. Die ↗Oriental. Frage führte seit Anfang 19. Jh. bis zum 1. Weltkrieg zu immer neuen Auseinandersetzungen der Großmächte im östl. Mittelmeer.
Mittelmeerfieber, das ↗Maltafieber.
Mittelohr, Paukenhöhle einschließl. der Lufträume im Warzenfortsatz u. Eustachische Röhre (Ohrtrompete). ☐618. **M.entzündung,** *Otitis media,* eitrige Entzündung des M., eventuell mit Durchbrechung des Trommelfelles.
Mittelschule *w,* 1) ↗Realschule. 2) in Östr. u. in der Schweiz ist M. Bz. der ↗Höheren Schule.
Mittelschullehrer(in) ↗Realschullehrer(in).
Mittelstand, Bz. für soziale Gruppen, deren Angehörige durch Einkommen u. Lebensführung eine Mittelstellung einnehmen, z. B. Angestellte, Beamte, Handwerker. Eine eindeutige Abgrenzung gibt es nicht.
Mittelstreckenlauf, *Leichtathletik:* die Laufdisziplin über 800 m; *i. w. S.* auch der 400-m-Lauf, der meist noch zum ↗Kurzstreckenlauf, u. der 1500-m-Lauf, der mehr zum ↗Langstreckenlauf zählt.
Mittelwellen, Radiowellen mit Wellenlängen zw. 100 u. 1000 m.
Mittelwert, *Mittel,* der Durchschnittswert; *arithmet. M.,* bei 2 Zahlen die Hälfte, bei 3 das Drittel usw. ihrer Summe; *geometr. M.* zw. n Zahlen ist die n-te Wurzel aus ihrem Produkt, z. B. geometr. Mittel v. 3 u. 12:

Münster · Ems · Lingen
DEK
Osnabrück
Minden
Weser
Hannover
Hildesheim
Salzgitter
Braun-·schweig
Wolfsbg.
Magdebg.
Elbe
EHK
Brandenbg.
0   50 km
N   Havel
Berlin

━━━ Mittelland-K.
DEK Dortmund-Ems-K.
EHK Elbe-Havel-K.
Mittellandkanal

$\sqrt{3 \cdot 12} = 6$. Der M. ist eine Maßzahl in der ↗Statistik u. ↗Ausgleichsrechnung.

Mittenwald, oberbayer. Luftkurort u. Wintersportplatz zw. Wetterstein- u. Karwendelmassiv, 920 m ü.M., 8700 E.; Geigenbauschule. Die *M.bahn* v. Garmisch nach Innsbruck.

Mitterand (:-rãn), *François,* frz. Politiker (Sozialist), * 1916; wurde 81 als Kandidat einer Linksunion zum Staats-Präs. gewählt.

Mitternacht, Zeit des tiefsten Sonnenstandes, im bürgerl. Leben 24 Uhr, als Himmelsrichtung Norden. **M.ssonne,** die in den Polarzonen während des Sommers nicht unter den Horizont sinkende Sonne; bedingt durch die Neigung der Erdachse.

mittlere Reife *w,* heute inoffizielle Bz. für Abschluß der Realschule od. der 6. Klasse der ↗Höheren Schule.

Mittlerer Osten, der Raum zw. dem Nahen u. Fernen Osten mit den Ländern Iran, Afghanistan, Pakistan, Indien u. Bangla Desh.

Mittweida, sächs. Stadt an der Zschopau, nördl. v. Karl-Marx-Stadt, 19500 E.; Ingenieurschule; Metall- u. Textil-Ind.

MIVA, Abk. für die v. P. ↗Schulte 1927 gegr. **Missions-Verkehrs-Arbeitsgemeinschaft** z. Ausstattung der Missionare mit Verkehrsmitteln, in Dtl. seit 49 als *Diaspora-M.* Zweig des ↗Bonifatiuswerks.

Mixed Media (:mikßt midjä), *Kunst:* interdisziplinärer Verbund der Medien (Musik, Film, Licht, Ton); auch Bz. für ein Kunstobjekt aus heterogenem Materialien u. Sammelbegriff für verschiedene Formen der Collagierung (Assemblage, Combine Painting, Environment).

Mixed Pickles (:mikßt pikls, engl.), gemischtes Eingemachtes aus vielen Gemüsearten in Essig.

mixen (v. engl. mix), mischen, bes. Getränke (Mixgetränke) in einer Bar.

Mixtum compositum (lat.), Durcheinander.

Mixtur *w* (lat.), **1)** allg. Gemisch. **2)** flüssiges Arzneigemisch. **3)** gemischte Orgelstimme aus Grundton u. Obertönen.

Miyazaki (:-saki), japan. Prov.-Hst. auf Kiuschiu, 235000 E.

Mjösa-See, größter norweg. See, n.ö. von Oslo, 366 km², 443 m tief.

mkp, Abk. für ↗Meterkilopond.

mks-System ↗Maßsysteme.

Mlle, Abk. für ↗Mademoiselle.

Mme, Abk. für ↗Madame.

Mn, chem. Zeichen für ↗Mangan.

Mnemosyne, griech. Göttin des Gedächtnisses, Mutter der 9 Musen.

Mnemotechnik *w* (gr.), Gedächtnisstärkung durch Hilfsmittel, z. B. Merkverse.

Mitternachtssonne: der Zeitraum um die „untere" Kulmination

François Mitterand

Mixed Media von Nam June Paik (1971)

Mo, chem. Zeichen für ↗Molybdän.

Moabit, Stadtteil v. West-Berlin.

Moabiter, im AT semitisches Volk. ↗Lot.

Mob *m* (engl.), Pöbel, Gesindel.

mobil (lat.), beweglich.

Mobile *s* (lat.), an Drähten beweglich., asymmetr. u. freischwebend ausbalanciertes Gebilde aus vielfältigen, oft farbigen Formen; bes. v. A. ↗Calder ausgebildet.

Mobile (:moᵁbil), Seehafen in Alabama (USA), an der Mündung des *M.flusses* in den Golf v. Mexiko, 220000 E.; kath. Bischof; Baumwollbörse, Schiffbau.

Mobiliar *s* (lat.), bewegl. Sachen, Hausrat, Möbelstücke. **M.kredit,** kurzfrist. Kredit gg. Verpfändung bewegl. Sachen (Waren, Wertpapiere). **Mobilien** (Mz.), bewegliche Güter.

Mobilität *w* (lat.), **1)** Beweglichkeit. **2)** *soziale M.,* Bz. für alle Änderungen des Berufs, Einkommens, Vermögens usw. (Positionswechsel) v. einzelnen oder Personengruppen innerhalb oder zw. den soz. Schichten.

Mobilmachung, die Überführung v. Wehrmacht u. Wirtschaft in den Kriegszustand.

Mobutu, *Joseph Désiré,* kongoles. General u. Politiker, * 1930; seit 65 Staats- u. seit 66 auch Min.-Präs. v. ↗Zaïre.

Moçambique ↗Mozambique.

Mock, *Alois,* öst. Politiker, * 1934; seit 79 Bundesobmann der ÖVP.

modal (lat.), durch Verhältnisse bedingt.

Modalität, die Art u. Weise. In der klass. Logik gibt es 4 Modalitäten od. Modi: notwendig, unmöglich, möglich, tatsächlich.

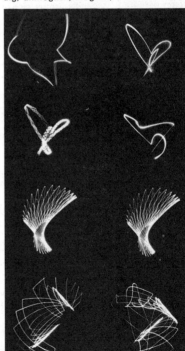

Mode w (frz.), Bz. für eine vorherrschende, zeitbedingte Geschmacksrichtung in Kleidung, Wohn- u. Lebensstil, deren Wandel auch geistiges Verhalten, Kunst, Tanz u. Spiel berührt.
Model m (lat.), **1)** erhabener, hölzerner Druckstock für Tapetendruckerei. **2)** Hohlform für Gips- u. Metallguß. **3)** Holz-Hohlrelief für Backwerk usw. **4)** Bildvorlagen für Stickerei.
Modell s (lat.-it.), **1)** Muster. **2)** Probegestaltung. **3)** das gegenständl. Vorbild eines Kunstwerks, oft der menschl. Körper (Akt-M.). **4)** eine räumliche Vorstellung, die man sich v. Bau nicht beobachtbarer Naturdinge macht (z. B. das Bohrsche Atom-M.).

P. Modersohn-Becker: Selbstbildnis (1903) A. Modigliani: Bildnis „Anna"

Modellierton, Plastilin s, Paste aus Ton u. Ölsäure, nicht erhärtend.
Modena, Hst. der ober-it. Prov. M., 181000 E.; Erzb., Univ. (1182 gegr.); Tierärztl. Hochschule; roman. Dom (11./12. Jh.) mit 102 m hohem Glockenturm; Gemäldegalerie. – 1288–1797 unter den Este, 1814/59 bei Östr.-Este, 1860 zum Kgr. Italien.
Moder (nd. Modder), die ↗Fäulnis.
moderato (it.), in der Musik: gemäßigt.
Moderator m (lat.), **1)** im ↗Kernreaktor eine Bremssubstanz, die die schnellen, aus Kernspaltungen stammenden Neutronen abbremst; M.en sind z. B. schweres Wasser, Graphit, Beryllium usw. **2)** Rundfunk u. Fernsehen: Leiter einer Rundfunk- oder Fernsehsendung. **moderieren,** Rundfunk u. Fernsehen: durch eine Sendung führen, sie mit verbindenden Worten versehen.
Modernismus, eine um 1900 im Katholizismus entstandene Bewegung, die die christliche Glaubens- u. Sittenlehre an die moderne Wissenschaft u. Denkweise anpassen wollte; urspr. erwachsen aus dem Bestreben, das Christentum zeitgemäß zu verwirklichen, gab der M. teilweise wesentl. Glaubensgut preis. Seit der Verurteilung durch Pp. Pius X. 1907 war allen Geistlichen der Antimodernisteneid vorgeschrieben (1967 abgeschafft).
Modersohn, Otto, dt. Landschaftsmaler, 1865–1943; Mitbegr. der Künstlerkolonie in Worpswede. **M.-Becker,** Paula, dt. Malerin, Gattin v. Otto M., 1876–1907; leitete mit Stilleben, Bildnissen usw. den Expressionismus in Dtl. ein.
Modi (Mz., lat.) ↗Modus.
Modifikation w (lat.), Änderung v. Form, Eigenschaften; biolog. ausschließl. durch Umweltbedingungen (Ggs. ↗Mutation).
Modigliani (: -dilja-), Amedeo, it. Maler u. Bildhauer, 1884–1920; vom Kubismus u. Futurismus beeinflußt; Porträts u. Akte.
Modistin w, Putzmacherin.
Mödling, niederöstr. Bez.-Stadt am südl. Stadtrand Wiens, 19000 E.; theolog. Lehranstalt St. Gabriel der SVD.
Modul m (lat.), Verhältniszahl mathemat. od. techn. Größen; bei Logarithmen Verhältnis zw. natürlichen u. Briggsschen Logarithmen.
Modulation w (lat.), **1)** musikalisch der Übergang v. einer Tonart in die andere. **2)** Änderung einer hochfrequenten Schwingung z. B. eines Rundfunksenders in Ampli-

tude, Frequenz od. Phase durch die niederfrequente Schwingung der Sprache u. Musik. ☐ 838.
Modus m (lat.), **1)** Art u. Weise. **2)** Aussageweise des ↗Zeitworts. **M. vivendi,** verträgl. Miteinanderleben.
Möen, dän. Møn, dän. Ostseeinsel zw. Falster u. Seeland, 218 km², 13000 E.; Hauptort Stege.
Mofa ↗Moped.
Mofette w (it.), Kohlendioxidquelle in Vulkangegenden (z. B. Eifel).
Mogadischu, Mogadiscio, Hst. u. größter Hafen v. Somalia, 350000 E.
Mogilew, auch Mohilew, Mogiljow, Stadt in der Weißruss. SSR, Hafen am oberen Dnjepr, 290000 E.; vielseit. Ind.
Mogul, die Dynastie der ↗Großmogule.
Mohács (: mohätsch), südungar. Stadt an der Donau, Hafen für das Kohlenrevier v. Pécs; 20000 E. – 1526 Sieg der Türken über Ludwig II. v. Ungarn.
Mohair m (: -här, engl.), Garn u. Gewebe aus dem Haar der M.ziege.
Mohammed (arab. = der Gepriesene), ibn 'Abd Allah, Stifter des ↗Islam, * um 570 in Mekka, † 632 in Medina; fühlte sich seit 610 zum Propheten berufen. Mit seiner Auswanderung nach Medina 622 (Hedschra) beginnt die islamische Zeitrechnung. M. eroberte 630 Mekka und fast ganz Arabien. M. verstand sich als der letzte der Propheten; seine Anhänger schrieben ihm Sünden- u. Irrtumslosigkeit u. zahlr. Wunder zu. Seine Prophetenreden u. Gesetze sind im ↗Koran gesammelt.
Mohammed, türk. Sultane: **M. II. d. Gr.,** 1430–81; 51 Sultan, Förderer der Kultur; vernichtete 53 das Byzantin. Reich, führte siegreiche Kriege auf dem Balkan. **M. VI.,** 1861–1926; 1918/22 letzter türk. Sultan.
Mohammedaner, Anhänger des ↗Islam. ↗Muslim.
Mohammed Reza Schah Pahlewi ↗Pahlewi.
Mohavewüste, abflußloses Becken in Kalifornien, Teil des Great Basin, 35000 km²; im Salton Lake 75 m u. M., im Death Valley 85,4 m u. M.
Mohendscho Daro, Fundstätte der ↗Induskultur, n.ö. von Karachi (ca. 3000–1500 v. Chr.); 1922 entdeckte Ruinenstadt in Ziegelbauweise (Kanalisationssystem, Wasserleitungen u. Bäderanlagen). ☐ 419.
Mohikaner, ausgestorbener nord-am. Indianerstamm am unteren Hudson.

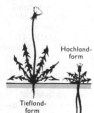

Hochlandform

Tieflandform

Modifikation: Umwelteinflüsse auf zwei durch Teilung (mit Messer) aus einer Pflanze entstandene Löwenzahnpflanzen

Trägerwelle

Modulationswelle

Amplitudenmodulation

Phasenmodulation

Frequenzmodulation

Modulation: Amplituden-, Phasen- und Frequenz-M. einer sinusförmigen Trägerwelle durch sinusförmiges Signal

J. A. Möhler

Klatschmohn mit Fruchtkapsel

Alexander Moissi

Molière

Mohilew, die russ. Stadt ↗Mogilew.

Möhler, *Johann Adam,* dt. kath. Theologe, 1796–1838; führender Kirchenhistoriker u. Dogmatiker seiner Zeit. Haupt der kath. Tübinger Schule. *Symbolik od. Darstellung der dogmat. Gegensätze der Katholiken u. Protestanten.*

Mohn *m, Papaver,* Kräuter mit 4 Kron-, 2 Kelchblättern u. Frucht in Löcherkapsel. *Schlafmohn,* Samen zu Mohnöl gepreßt; Milchsaft der angeritzten unreifen Samenkapseln liefert in Indien das ↗Opium. ☐454.

Möhne *w,* 55 km langer, r. Nebenfluß der Ruhr, die Günne die *Möhnetalsperre* mit Kraftwerk (135 Mill. m³).

Mohole-Projekt (: mo^uho^ul-), ein am. Versuch, durch Tiefstbohrungen durch die feste Erdkruste den Erdmantel zu erreichen u. so Auskunft über das Erdinnere zu erhalten.

Moholy-Nagy (: mohoj nådj), *László,* ungar. Maler, Graphiker, Bildhauer, Designer u. Kunstschriftsteller, 1857–1946; Mit-Begr. des Konstruktivismus; lehrte 1923/26 am Bauhaus.

Mohr, *Joseph,* östr. kath. Geistlicher, 1792 bis 1848; verfaßte 1818 das Weihnachtslied *Stille Nacht, heilige Nacht* (vertont v. F. X. Gruber).

Möhre *w,* Mohrrübe, Kulturform der wilden M. *Gelbe Rübe* mit langer, spindelförm., als *Karotte* mit kurzer, knoll., eßbarer Pfahlwurzel mit reichl. Karotin.

Mohrenhirse, *Sorgho,* ostind. Getreideart, bis 7 m hohe Gräser; in Afrika *(Durrha)* Brotfrucht; auch in Nordamerika u. It. kultiviert; liefert als *Besenhirse* die „Reisbesen".

Moira *w* (gr.), bei den Griechen: das Schicksal, dem Götter u. Menschen unterworfen sind.

Moiré *m* od. *s* (: m°are, frz.), feingerippte, schillernde Stoffart.

Moiren (Mz.), 3 griech. Schicksalsgöttinnen.

Moissi (: meu-), *Alexander,* östr. Schauspieler, 1880–1935; spielte bes. in Wien, Prag u. Berlin; Darsteller zwiespältiger Charaktere.

Mokassin *m,* Fußbekleidung der nord-am. Indianer, aus einem Stück Leder ohne angesetzte Sohle.

mokieren, *sich m.* (frz.), spotten, sich lustig machen. *mokant,* spöttisch.

Mokka, südarab. Hafenstadt in Jemen, am Roten Meer, 6000 E.; einst Hauptausfuhrort des Kaffees. Danach benannt **M.** *m,* heute allg. für starkes Kaffeegetränk.

Mol *s,* Zeichen mol, Einheit der Stoffmenge; 1 mol ist die Stoffmenge eines Systems, das ebenso viele Teilchen enthält, wie Atome in $^{12}/_{1000}$ kg des Nuklids ^{12}C enthalten sind (entspricht der Anzahl Gramm, die das Molekulargewicht angibt, fr. auch als *Grammmolekül* bezeichnet).

Molaren (Mz., lat.), *Mahlzähne,* die 3 hintersten Backenzähne des zweiten Gebisses.

Molasse *w* (lät.-frz.), Tertiärgesteine, hauptsächl. am Nordrand der Alpen aus Konglomeraten (Sandstein u. Mergel).

Molch, Schwanzlurch. Außer dem Salamander in Dtl. die wasserlebenden Arten: *Kamm-M.,* 12–17 cm lang; *Berg-, Alpen-M.,*

10 cm lang; *Streifen-M.,* gelbbraun, 7 cm. ☐ 911.

Molchfisch, afrikan. Lungenfisch.

Moldau, 1) tschech. *Vltava,* l. Nebenfluß der Elbe in Böhmen, mündet bei Melnik; 425 km lang, ab Stechowitz schiffbar. **2)** *Moldova,* histor. Landschaft Rumäniens, zw. Siebenbürgen u. Bessarabien; im W die Ostkarpaten mit Erdöl- u. Salzlagern, im O zw. Sereth

L. Moholy-Nagy: Photogramm

u. Pruth fruchtbare Schwarzerde- u. Lößböden; heute rumän. Prov., Hst. Iași. **3)** *Moldauische SSR,* Sowjetrep. zw. Pruth u. Dnjepr, nördl. der rumänischen Grenze, 33 700 km², 3,9 Mill. E.; Hst. Kischinew. Wein- u. Obstbau.

Mole *w* (it.), gemauerter Schutzdamm der Häfen; auch *Molo.* ☐ 365.

Molekül *s* (lat.-frz.), *Molekel* *w* (lat.), aus Atomen zusammengesetztes, kleinstmögl. Teilchen der chem. Verbindungen od. der elementaren, unter Normalbedingungen stehenden Gase (außer Edelgase). Von den kleinen, leichten Wasserstoff-M.en mit dem Molekulargewicht 2 bis hinauf zu den ↗Makromolekülen gibt es alle Übergänge.

molekular, zum ↗Molekül gehörig, in Moleküle zerteilt, zu Molekülen verbunden. **Molekularbewegung** ↗Brownsche Bewegung. **Molekularbiologie,** untersucht die Lebenserscheinungen auf molekularer Ebene, u.a. mit biochem. Forschungsmethoden. Die *Molekulargenetik,* ein Teilgebiet der M., erforscht u.a. die Struktur u. Funktion der Desoxyribonukleinsäure (Träger der genet. Information) u. den Mechanismus der Eiweißsynthese. **Molekularelektronik** ↗Mikrominiaturisierung. **Molekulargewicht,** die Summe der relativen ↗Atommassen (Atomgewichte) aller zu einem Molekül vereinigten Atome. **Molekularkräfte,** Kräfte, die zw. den Molekülen wirken; betreffen z.B. den Aggregatzustand. **Molekularkrankheiten,** Krankheiten, die ihre Ursache in einem durch Gendefekt bedingten fehlerhaften Bau eines Eiweißmoleküls haben, z.B. die Sichelzellenanämie.

molestieren (lat.), belästigen.

Molfetta, it. Hafenstadt am Adriat. Meer, n.w. von Bari, 67 000 E.; Bischof; Dom (12. Jh.).

Molière (: moljär; eig. Jean-Baptiste Poquelin), frz. Komödiendichter, 1622–73; Hofschauspieler und Theaterdichter Ludwigs XIV.; gilt als Schöpfer der modernen Charakterkomödie; seine klass. gewordenen Stücke (erhalten 32, darunter: *Der Geizige, Der Misanthrop, Der eingebildete Kranke, Die Schule der Frauen, Tartüff*) geißeln menschl. Schwächen u. Torheiten u. setzen dafür mit elegantem Witz eine natürl. Lebensordnung.

Molina, 1) *Luis de,* SJ, span. Theologe u. Jurist, 1535–1600. *Molinismus,* nach M. ben. Gnadenlehre; besagt, daß sich der Menschenwille innerhalb des göttl. Wirkens frei entscheiden kann, weil Gott seine Entscheidung zwar von jeher kennt, aber nicht vorherbestimmt. **2)** ↗Tirso de Molina.

Molke, wässerige Lösung v. Milchzucker, etwas Eiweiß u. Salzen, die bei geronnener Milch aus der Käsemasse abläuft od. abgepreßt wird. **Molkerei,** *Meierei,* milchwirtschaftl. Betrieb, häufig auf genossenschaftl. Basis; verarbeitet Rohmilch zu ↗Milch-Sorten u. -Produkten. ☐ 138, 468, 623.

Moll, das „weiche" der beiden seit dem 17. Jh. gebräuchl. Tongeschlechter; im *M.dreiklang* die kleine Terz; Ggs. ↗Dur.

Möller m, die Mischung aus Erz, Zuschlagstoffen u. Koks für den Hochofen.

Moeller-Barlowsche Krankheit, der ↗Skorbut bei Säuglingen u. Kleinkindern.

Moeller van den Bruck, *Arthur,* dt. kulturpolit. Schriftsteller, 1876–1925 (Selbstmord); bekämpfte Liberalismus u. Marxismus u. forderte eine Synthese v. Nationalismus u. Sozialismus. *Das dritte Reich* (↗Drittes Reich).

Mollmaus, *Schermaus, Wasserratte,* rattenähnliche ↗Wühlmaus.

Mölln, holstein. Stadt südl. v. Lübeck, an den *M.er Seen,* 15800 E.; spätroman. Nikolaikirche mit Grabstein des hier 1350 angebl. gestorbenen Till Eulenspiegel.

Mollusken, *Weichtiere,* Tierstamm mit ca. 130000 Arten. Wirbellose Tiere mit ungegliedertem und meist beschaltem Körper. Schnecken, Muscheln, Tintenfische; fossil die ↗Belemniten u. ↗Ammoniten.

Molnár, *Ferenc,* ungarischer Schriftsteller, 1878–1952; zahlr. witzige, effektvolle Theaterstücke *(Liliom),* Romane.

Moloch, 1) im AT scharf bekämpfter Gott, dem auch Menschen geopfert wurden. **2)** *i.ü.S.:* eine vergötzte Idee od. Institution.

Molotow (eig. Skrjabin), *Wjatscheslaw,* * 1890; 1930/41 Vors. des Rats der Volkskommissare (Min.-Präs.) der UdSSR, 39/49 (39 Abschluß des Nichtangriffspaktes mit Dtl.) u. 53/56 Außenmin.; 57/60 Botschafter in Ulan Bator, 60/61 bei der Internationalen Atomenergieorganisation in Wien; wurde 1962 als Stalinist aus der KPdSU ausgeschlossen.

Molotow, 1940/56 Name der sowjet. Stadt ↗Perm. **Molotowsk** ↗Sewerodwinsk.

Moltebeere, die ↗Torfbeere.

Moltke, 1) *Helmuth* Graf v., dt. General, 1800–91, 57/88 preuß. Generalstabschef, leitete 66 den Dt. u. 70/71 den Dt.-Frz. Krieg; militär. Werke. **2)** *Helmuth* Graf v., Neffe v. 1), dt. General, 1848–1916; 1906/14 Generalstabschef; nach Abbruch der Marneschlacht ins Heimatheer versetzt. **3)** *Hel-*

H. J. von Moltke   Helmuth von Moltke 1)

muth James Graf v., Urgroßneffe v. 1), 1907–45; war im 2. Weltkrieg Berater für Völkerrecht im OKW; führender Mitarbeiter im ↗Kreisauer Kreis; nach dem 20. 7. 44 verhaftet u. hingerichtet.

molto (it.), viel, sehr.

Molton (frz.), *Melton* m (engl.), dichtgewalktes Streichgarngewebe, ein schwerer Flanell.

Moltopren s, schaumgummiart. Kunststoff aus Diisocyanaten, Glykolen u. Polyestern.

Molukken, indones. *Maluku,* auch *Gewürzinseln,* östlichste Inselgruppe Indonesiens, zw. Celebes u. Neuguinea, als indones. Prov. 74505 km², ca. 1 Mill. E.; Hst. Ambon (Amboina). Fr. bes. Ausfuhr v. Gewürzen, heute Ausfuhr v. Reis, Kaffee, Tabak, Kopra u. Duftstoffen; Gewinnung v. Kautschuk u. Teakholz.

Molybdän s, chem. Element, Zeichen Mo, silberweißes, beständ. Schwermetall; Ordnungszahl 42 (☐ 148); Hauptvorkommen USA (80–90%). Verwendung in der Rundfunk- u. Glühlampentechnik u. bes. als Legierungsbestandteil für Edel-↗Stahl; auch für *Titan-M.-Legierung* als Hochtemperaturwerkstoff.

Mombassa, *Mombasa,* Prov.-Hst. u. Haupthafen Kenias, auf einer Koralleninsel vor der Küste, 340000 E.; Technikum; kath. Bischof. Ausgangspunkt der Ugandabahn.

Mombert, *Alfred,* deutscher Schriftsteller, 1872–1942; wurde als Jude verfolgt; myth. Gedichtwerke *(Die Schöpfung),* Dramen *(Aeon).*

Moment (lat.), **1)** m, Zeitpunkt, Augenblick. **2)** s, ausschlaggebender Umstand. **3)** physikal.: die Dreh- od. Biegewirkung einer Kraft; *Drehmoment,* das Produkt Kraft mal Hebelarm bezügl. der Drehachse. ☐ 377.

Mommsen, *Theodor,* dt. Jurist u. Historiker, 1817–1903; seit 1858 Professor in Berlin; 1881/84 nationalliberaler Abg. im Reichstag; Gegner Bismarcks. *Röm. Staatsrecht; Röm. Strafrecht; Röm. Gesch.* Nobelpreis 1902.

Mömpelgard ↗Montbéliard.

Mon, altes Kulturvolk in Hinterindien; bilden mit den ↗Khmer, Moi u.a. die mongol. Träger der austroasiat. Sprachen.

Mon, *Franz,* dt. Schriftsteller, * 1926; experimentelle Literatur; Gedichte, Essays, Hörspiele.

Monaco, 1) selbständ. Fürstentum an der frz. Riviera. M. ist ein Stadtstaat mit den 3 Stadt-Bez.en M. (vgl. 2), La Condamine u.

Mollusken: Schema des Bauplans

Mantelhöhle — Genitalhöhle
Fühler — Schale — Herz
Auge
Nervensystem — Fuß — Mantel
Kiemen

Theodor Mommsen

Monatsnamen

	alte deutsche	englische	französische	italienische	spanische
Januar	Hartung, Schneemond	January	janvier	gennaio	enero
Februar	Hornung	February	février	febbraio	febrero
März	Lenzing, Lenzmond	March	mars	marzo	marzo
April	Ostermond	April	avril	aprile	abril
Mai	Maien, Wonnemond	May	mai	maggio	mayo
Juni	Brachet, Brachmond	June	juin	giugno	junio
Juli	Heuert, Heumond	July	juillet	luglio	julio
August	Ernting, Erntemond	August	août	agosto	agosto
September	Scheiding, Herbstmond	September	septembre	settembre	setiembre
Oktober	Gilbhard, Weinmond	October	octobre	ottobre	octubre
November	Nebelung, Windmond	November	novembre	novembre	noviembre
Dezember	Julmond, Christmond	December	décembre	dicembre	diciembre

Monaco

Amtlicher Name:
Principauté de Monaco

Staatsform:
Monarchie

Hauptstadt:
Monaco

Fläche:
1,49 km²

Bevölkerung:
30000 E.

Sprache:
Staatssprache ist
Französisch

Religion:
90% Katholiken

Währung:
1 Franz. Franc
= 100 Centimes

Monte Carlo u. liegt auf einer felsigen Halbinsel u. einem schmalen Küstenstreifen. M. steht in Währungs- u. Zollunion mit Fkr.; erhebt keine Einkommensteuer. – 968 unabhängiges Ftm., seit 1297 unter der Herrschaft der genues. /Grimaldi, erhielt 1911 eine konstitutionelle Verf.; 18 Schutzvertrag mit Fkr.; seit 49 regiert Fürst Rainier III. **2)** Stadt-Bez. u. Hst. v. 1), 2000 E.; kath. Bischof, Schloß (13., 16. Jh.), Ozeanographisches Museum; bedeutender Fremdenverkehr.

Monade w (gr. = Einheit), Begriff der Philosophie *(Monadologie)* v. /Leibniz. Die M. ist der einfache, seelenartige Urträger des substantiellen Seins. Von der unendl. *Ur-M.* (Gott) werden die endl. M.n geschaffen. Da sie „ohne Fenster" sind, wirken sie nicht aufeinander, sind jedoch von Gott aufeinander abgestimmt (prästabilierte Harmonie). In jedem Lebewesen durchwaltet eine Seelen- od. Geist-M. eine Vielzahl unbewußter Körper-M.n, die den Leib bilden. Als geordnetes System von M.n ist die Welt die bestmögliche.

Mona Lisa, auch *La Gioconda* (: -dschokonda), Bildnis vielleicht der Gattin des Francesco del Giocondo, 1503 v. Leonardo da Vinci gemalt; im Louvre in Paris.

Monarchianer, altchristl. Irrlehrer; leugneten die /Dreifaltigkeit u. hielten Jesus Christus für einen bloßen Menschen od. für eine Erscheinung des einen Gottes; von Papst Kalixt I. verurteilt.

Monarchie w (gr. = Einherrschaft), eine Staatsform, in der ein einzelner (Monarch)

auf Lebenszeit die Herrschaft ausübt. Ggs. /Republik. Formen: bes. Absolute (/Absolutismus) und /konstitutionelle Monarchie.

Monasterium s (gr.-lat.), Kloster.

Monat m, Umlaufzeit des Mondes um die Erde, auch die entsprechende Zeiteinteilung; *sider. M.,* die Zeit, bis der Mond beim gleichen Stern steht: 27d 7h 43min 11,5s; *synod. M.,* die Zeit v. Neumond zu Neumond: 29d 12h 44min 2,9s, aus ihm entstanden die *Kalender-M.e.* **M.sgeld** /Ultimogeld.

monaural (gr.-lat.), in der Elektroakustik: die Tonwiedergabe ohne Raumklangeffekte.

Monazit m, Mineral, bes. in *M.sanden;* Rohmaterial zur Gewinnung von Cer.

Mönch m, Gebirgsstock in den Berner Alpen, zw. Jungfrau u. Eiger, 4099 m hoch.

Mönch /Orden.

Mönchengladbach, rhein. Ind.-Stadt in der westl. Kölner Bucht, 258000 E.; eines der Zentren der dt. Textil- u. Textilmaschinen-Ind.; Fachhochschule, Philosoph.-theolog. Studienanstalt der Franziskaner; roman. Münster (12./13. Jh.).

Mond, der *Erdmond,* bewegt sich um die Erde in 1 /Monat in einer ellipt. Bahn u. dreht sich dabei genau 1mal um seine eigene Achse (gebundene Rotation), zeigt dadurch der Erde immer die gleiche Seite. Die mittlere Entfernung Erde–Mond beträgt 384400 km, der M.durchmesser 3476 km, die Masse ¹/₈₁ der Erdmasse, die mittlere Dichte der M.materie 3,34 g/cm³, die Schwerkraft ist ¹/₆ derjenigen der Erde. Der

Monarchien	Dynastie	Titel	Regierender (seit)
Belgien	Sachsen-Coburg	König	Baudouin (1951)
Dänemark	Schleswig-Holstein-Sonderburg-Glücksburg	Königin	Margrethe II. (1972)
Großbritannien	Windsor	Königin	Elizabeth II. (1952)
Japan		Tenno	Hirohito (1926)
Jordanien	Haschemiten	König	Hussein II. (1952)
Liechtenstein	Liechtenstein	Fürst	Franz Josef II. (1938)
Luxemburg	Nassau	Großherzog	Jean (1964)
Marokko	Sa'd	König	Hassan II. ben Mohammed (1961)
Monaco	Grimaldi	Fürst	Rainier III. (1949)
Niederlande	Oranien	Königin	Juliana (1948)
Norwegen	Schleswig-Holstein-Sonderburg-Glücksburg	König	Olav V. (1957)
Saudi-Arabien	Wahhabiten	König	Chalid ibn Abdul Asis (seit 1975)
Schweden	Bernadotte	König	Carl XVI. Gustaf (1973)
Spanien	Bourbon y Bourbon	König	Juan Carlos I. (1975)
Thailand	Ramádhibadi	König	Bhumibol Adulyadej, Rama IX. (1946)

Mond: Oberfläche, über dem Horizont die Erdsichel (Apollo 14, aus Mondumlaufbahn)

Mond: Astronaut Jack Schmitt untersucht einen Felsbrocken (Apollo 17)

M. ist eine atmosphärenlose tote Welt ohne Wasser mit Temperaturschwankungen zw. M.tag u. M.nacht zw. + 130°C u. −160°C. Charakteristisch für den M. sind die zahlr. Ringgebirge u. Krater bis zu 250 km Durchmesser; Vorder- u. Rückseite des M. unterscheiden sich kaum; lediglich die „Mondmeere" (Mare) fehlen auf der Rückseite nahezu vollständig. Der M. leuchtet nur im reflektierten Licht der Sonne; bei der Betrachtung v. der Erde aus entstehen dadurch die Lichtgestalten des M., die sog. Phasen, deren Aufeinanderfolge M.wechsel heißt. Geht der Voll-M. durch den Erdschatten, entsteht eine M.finsternis. – Zusammen mit der Sonne bewirkt der M. durch seine Anziehungskraft auf der Erde die ↗Gezeiten, ↗Nutation usw. Der M. war der 1. Himmelskörper, der mit Raumsonden v. der Erde aus erreicht wurde. Zwei Amerikaner betraten am 21. 7. 1969 als erste Menschen den Mond. ↗Apollo-Programm. ☐ 918, 1100, 1101.

Mondale (:-e¹l), Walter Frederick, am. Politiker (Demokrat), * 1928; 76/81 Vize-Präs. der USA.

mondän (frz.), in der modischen Aufmachung der großen Welt; leichtlebig, elegant.

Monde, Trabanten, Satelliten, die um die ↗Planeten kreisenden Himmelskörper, insgesamt 34 bekannt. ☐ 757.

Mondfisch, schuppenloser Kugelfisch, bis 500 kg schwer, im Atlantik u. Mittelmeer.

Mondrian, Piet, niederländ. Maler u. Kunstschriftsteller, 1872–1944; Begr. u. Hauptmeister der ↗Stijl-Gruppe, abstrakte Gemälde aus Linien u. Farbflächen.

Mondsee, oberöstr. Markt, 2500 E., am Mondsee (14,2 km²) im Salzkammergut.

Mondstein, ein Schmuckstein, milchigweiß opalisierender Kalifeldspat.

Mondvogel, Mondfleck, ein Schmetterling (Spinner); Flügel silbergrau mit großem, endständigem, gelbem Fleck; an Linden, Eichen, Weiden, Pappeln.

Monegassen, die Einwohner v. Monaco.

Monet (:-nä), Claude, frz. Maler, 1840 bis 1926; Meister des Impressionismus, farbig-duftige Landschaftsbilder voller Licht und Atmosphäre; u. a. Seinelandschaften. ☐ 415.

monetär (lat.), das Geld(wesen) betreffend.

Mongolei
Amtlicher Name:
Bughut Nairamdakh Mongol Arat Ulus
(Mongolische Volksrepublik)
Staatsform:
Volksdemokratie
Hauptstadt:
Ulan-Bator
Fläche:
1 565 000 km²
Bevölkerung:
1,58 Mill. E.
Sprache:
Mongolisch
Religion:
fr. lamaistischer Buddhismus, weitgehend verschwunden
Währung:
1 Tugrik = 100 Mongo
Mitgliedschaften:
UN, RgW

Mondfisch

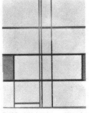

P. Mondrian: „Komposition" (1936)

Monferrato, ehem. Mark-Gft. in Ober-It., im heutigen Piemont; 1574 Htm.

Mongolei w, Steppen- u. Wüstenlandschaft Innerasiens, mit der ↗Gobi im SO u. der Bergmongolei im NW; 3 Millionen km², 1000–2000 m hoch. Ihr Rückgrat bildet das Khangaigebirge; westlichster Gebirgsknoten ist der Altai (größtenteils zur UdSSR), Grenze zw. der Bergmongolei u. der Gobi bildet der Mongol. od. Ektagh-Altai. Politisch ist die M. aufgeteilt in die zu China gehörende ↗Innere M. und die ↗Mongol. Volksrepublik. ↗Mongolen.

Mongolen, mongolide Völkergruppe in Mittel- u. Ostasien, hauptsächl. in der ↗Mongolei, 2,5–3 Mill. Menschen; mittelgroß, gelbe bis braune Hautfarbe, breites, flaches Gesicht mit stumpfer Nase, vorstehenden Backenknochen u. Schlitzaugen (↗M.falte). Die M. sind die Steppenbewohner Nomaden mit Pferde-, Rinder-, Kamel- u. bes. Schafzucht u. geringfügigem Ackerbau. Ihre Wohnung außerhalb der Städte ist die Jurte. – Mongol. Steppenvölker fielen wiederholt ins Abendland ein (↗Hunnen, ↗Avaren). Die eig. Gesch. der M. begann mit der Schaffung eines mongol. Großreiches durch ↗Dschingis Chan († 1227); unter seinem Enkel Kublai Chan († 1294) kamen Korea, Oberbirma, Persien, der Irak u. ganz China hinzu. 1237/41 entstand in Rußland das Teilreich der ↗Goldenen Horde, das bis etwa 1500 bestand; 1241 M.schlacht bei Liegnitz. Tolerante Chane duldeten zeitweise den Handel mit Europa (Marco Polo) u. die europ. Mission. Nach 1360 erneuerte ↗Timur die mongol. Herrschaft in Mittel- u. Vorderasien. Alle mongol. Reiche zerfielen v. der Mitte des 14. Jh. an; nur das v. Babur 1526 in Indien begr. Reich der Großmogule, das unter ↗Akbar seinen Höhepunkt erreichte, bestand bis 1857. Die Mongolei kam im 17. Jh. unter chines. Herrschaft; 1912 fiel der nördl. Teil v. China ab u. wurde 24 zur ↗Mongol. Volksrepublik proklamiert. **M.falte**, eine Hautfalte am oberen Augenlid bei den Mongoliden, erweckt den Eindruck des „Schlitzauges". **M.fleck**, bläulich schimmernde Hautstelle in der Kreuz-Steiß-Gegend: neugeborenen Mongoliden eigentümlich; selten bei Europäerkindern.

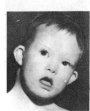

Mongolismus:
Gesichtsausdruck
eines mongoloiden
Kindes, unten Auge
mit Mongolenfalte

Mongolide (Mz.), eine der Menschheits-/Rassen; *mongoloid*, Auftreten v. den M.n ähnl. Erscheinungsmerkmalen.
Mongolische Volksrepublik, kommunist. VR in Zentralasien, zw. der UdSSR u. China. – ²/₃ des Landes gehören zur Bergmongolei, der Rest zur Gobi. Grundlage der Wirtschaft sind die reichen Viehbestände auf den riesigen Steppenweiden; die Viehwirtschaft bestreitet 80% der Ausfuhr: Wolle, Leder, Häute, Pelze, lebende Tiere. Unbedeutender Ackerbau in Kollektivwirtschaften; Bodenschätze (Gold-, Kupfer-, Mangan- und Eisenvorkommen). – 1924 gegr., kam unter zunehmenden sowjetruss. Einfluß.
Mongolismus, *mongoloider Schwachsinn*, eine Form des angeborenen Schwachsinns mit mongolenähnl. Schlitzaugen, vorspringenden Backenknochen u. hormonalen Störungen, bedingt durch Chromosomenstörung (1 überzähliges Chromosom Nr. 21).
Monheim, rhein. Stadt südl. v. Düsseldorf, am Rhein, 40000 E.; Erdölraffinerie, Zündholz-, Papier-, pharmazeut. u. Nahrungsmittel-Ind.
Monier (: monje), *Joseph,* frz. Gärtner, 1823–1906; Erfinder des Stahlbetons.
monieren (lat.), beanstanden, erinnern.
Monitum s, Ermahnung, Rüge.
Monika, hl. (27. August), um 332–387; Mutter des Augustinus.
Monilia, *Polsterschimmel,* Nebenfruchtform eines Schlauchpilzes, erzeugt die Grindfäule des Kernobstes: Früchte werden lederbraun mit konzentr. Schimmelringen, fallen ab od. vertrocknen am Baum.
Monismus *m* (gr.), philosoph. Lehre, die im Ggs. zu /Dualismus u. /Pluralismus nur eine Art v. Wirklichkeit zuläßt. Der *spiritualist. M.* (Spinoza, Hegel) begründet alles aus dem Geist u. führt zum /Pantheismus; der *materialist. M.* (E. Haeckel, W. Ostwald) ist /Atheismus, weil er alles Seiende aus der Materie herleitet. Letztere Form vertritt der **Monistenbund,** 1906 v. /Haeckel gegr., 46 erneuert.
Monitor *m* (lat.), 1) Flußkanonenboot. 2) Kontrollgerät, bes. in der Fernsehtechnik u. Kernphysik.
Moniuszko (: -juschko), *Stanisław,* poln. Komponist, 1819–72; Lieder; Oper *Halka.*
Monnet (: monä), *Jean,* frz. Wirtschaftspolitiker, 1888–1979; Miturheber des Schuman-Plans für die Montanunion; 52–55 Präs. der Hohen Behörde; gründete 55 das Aktionskomitee für die Vereinigten Staaten v. Europa, löste es 75 auf.
Monnier (: monje), *Thyde,* frz. Schriftstellerin, 1887–1967; Familienromane in südfrz. Milieu: *Liebe – Brot der Armen: Wein u. Blut; Der jungfräuliche Ölbaum.*
mono... (gr.), ein..., allein...
Monochord *s* (gr.), ein einsaitiges Musikinstrument mit verschiebbarem Steg zur Demonstration der Saitenlängen- und Schwingungsverhältnisse der Intervalle.
monochromatisch (gr.), einfarbig; einfarb. Licht z. B. mit dem *Monochromator* erzeugt.
Monod (: mono), *Jacques,* frz. Chemiker,

1910–76; 65 Nobelpreis zus. mit F. Jacob u. A. Lwoff für Untersuchungen zur genet. Steuerung der Enzymsynthese. *Zufall u. Notwendigkeit.*
Monodie *w* (gr.), 1) unbegleiteter einstimmiger Gesang im Alt. u. MA; 2) im 17. Jh. der Stil mit führender Melodiestimme, der die Polyphonie ablöst.
Monogamie *w* (gr.), Einehe.
Monoglyceride (Mz.), Ester aus 1 Fettsäure- u. 1 Glycerinmolekül. Als Emulgatoren in Fettmischungen u. als Diätmittelzusatz.
Monogramm *s* (gr.), Figur aus einzelnen Kapitalbuchstaben des Namens.
Monographie *w* (gr.), wiss. Abhandlung über ein Einzelproblem.
Monokel *s* (frz.), Einglas.
Monokotyledonen, *Monokotylen* (Mz.), Klasse der Blütenpflanzen, mit *einem* Keimblatt; Blüten meist 3zählig.
Monokultur *w* (gr.-lat.), einseit. Bodennutzung, mit meist nur einer Kulturpflanze.
Monolith *m* (gr.), Säule od. Denkmal aus einem einzigen Steinblock.
Monolog *m* (gr.), Selbstgespräch, bes. im Drama.
Monomanie *w* (gr.), fixe Idee.
monomer (gr. = einteilig), heißt ein nur aus einem Molekül bestehender, zur /Polymerisation befähigter Stoff.
Monophysitismus *m* (gr.), im 5. Jh. entstandene, v. den armen., jakobit. u. kopt. Kirchen bis heute vertretene Lehre, daß in Christus die Einheit der Person die Verschiedenheit seiner zwei Naturen (göttl. u. menschl.) aufhebe. Dagegen lehrte 451 das Konzil v. Chalzedon, daß in Christus zwei weder vermischte noch getrennte Naturen sind (/Hypostat. Union).
Monopol *s* (gr.), die den Wettbewerb ausschließende marktmäß. Machtstellung eines Anbieters od. Käufers am Markt für eine bestimmte Ware od. Warengattung. beruht entweder auf der alleinigen Verfügung über ein beschränktes natürl. Vorkommen, auf wirtschaftl. Maßnahmen (Preisunterbietung, /Kartell) od. staatl. Anordnung (z. B. Zündwaren-, Branntwein-M.). Wegen ihrer Preisgestaltung u. der Ausschaltung anderer sind M.e für jede Volkswirtschaft schädlich. In den USA seit Ende 19. Jh. starke Antimonopolpolitik (/Anti-Trust-Bewegung). **M.kapitalismus,** vor allem v. kommunist. Seite gebrauchtes Schlagwort zur Bz. des /Kapitalismus, der in seiner Spätform bes. stark durch die Ausbildung v. M.en gekennzeichnet sei.
Monosaccharide (Mz.) /Kohlenhydrate.
Monotheismus *m* (gr.), Religionsform, die im Ggs. zum /Polytheismus eine transzendente Persönlichkeit als einzige Gottheit anerkennt; so bes. bei den Juden, im Christentum u. im Islam. Die ausschließl. Verehrung einer Gottheit ohne Leugnung anderer (z. B. im /Hinduismus) ist *Henotheismus.*
Monotheleten (Mz., gr.), aus dem /Monophysitismus hervorgegangen; lehrten, daß Christus zwar in zwei Naturen sei, aber *einen* Willen, *eine* Wirkweise habe; 680/681 auf dem Konzil v. Konstantinopel verurteilt;

Jean Monnet

Jacques Monod

auch Pp. ↗Honorius I. wurde verurteilt, weil er mit unglückl. Formulierungen in den monothelet. Streit eingegriffen hatte.
monoton (gr.; Hw.: *Monotonie*), eintönig.
Monotype w (: -taip, gr.-engl.), ↗Setzmaschine.
Monreale, sizilian. Stadt, s.w. von Palermo, 26000 E.; Erzb.; normann.-byzantin. Dom (12. Jh., mit berühmten Mosaiken).
Monroe (: m^enro^u), *Marilyn* (eig. Norma Jean Mortenson od. Baker), am. Filmschauspielerin, 1926–62; 56–61 mit A. ↗Miller verheiratet. Filme u. a.: *Der Prinz u. die Tänzerin; Manche mögen's heiß.*
Monroedoktrin (:m^enro^u-), v. dem am. Präs. *J. Monroe* (1758–1831) 1823 proklamierter Grundsatz der US-Außenpolitik, der den europ. Mächten jede Einmischung in Amerika u. den USA in Europa untersagte; Anlaß war die Furcht vor einem Eingreifen der Hl. Allianz in die Freiheitskämpfe Südamerikas u. vor einer russ. Expansion in Alaska.
Monrovia, Hst. u. Haupthafen der westafrikan. Rep. Liberia, 209000 E.; Internuntius, Apost. Vikar.
Mons (: mõß), fläm. u. dt. *Bergen,* Hst. der belg. Prov. Hennegau, 98000 E.; Mittelpunkt der Schwer-Ind. u. des Steinkohlengebiets des Borinage; Bergakademie.
Monsalvatsch, *Monsalvat,* Gralsberg.
Monschau, rhein. Stadt am NO-Rand des Hohen Venn, an der Rur, 11000 E.; Textil-Ind.; Fremdenverkehr.
Monseigneur (: mõñßänjör), Abk. Mgr., frz. Titel für fürstl. Personen u. Bischöfe.
Monsieur (: m^oßjö, frz.), Abk. M., Herr. *Messieurs* (: meßjö, frz.), Abk. MM., (meine) Herren.
Monsignore (: monsinjore, it.), Abk. Mgr., Msgr., Titel für Prälaten; in Dtl. nur für päpstl. geistl. Kammerherren.
Monstera, trop. Aronstabgewächs mit gelbweißen Blütenkolben. Zimmerpflanze.
Monstranz w (lat.), künstler. gestaltetes Schaugefäß, in dem die Eucharistie (große Hostie) zur Anbetung auf dem Altar ausgesetzt od. in Prozessionen (↗Fronleichnam) mitgetragen wird.

Monstranz: links got. Turm-M. (letztes Drittel 15. Jh.); oben moderne „Lebensbaum"-M. (1952 von F. Schwerdt).

Monstrum, *Monster* s (lat.), Ungeheuer, Mißgeburt; *monströs,* mißgebildet, ungeheuerlich; *Monster...,* in Zss.: riesig.
Monsun m (portugies.), jahreszeitl. wechselnder Wind, bes. in Indien u. Ostasien; bringt im Sommer v. Meer her den *M.regen;* bedingt durch ungleiche Erwärmung v. Land u. Wasser.
Mont m (: mõñ, frz.), *Monte* m (it., span. u. portugies.), *Mount* m (: maunt, engl.), Berg; häufig in Bergnamen.
Montabaur, Krst. u. Luftkurort in Rheinland-Pfalz, im Westerwald, 10600 E.; ehem. kurtrier. Schloß (13./18. Jh.).
Montafon, *Montavon* s, das Illtal in Vorarlberg, 34 km lang; Hauptorte Schruns u. Tschagguns. Fremdenverkehr.
Montage w (: montasche, frz.; Ztw. *montieren*), 1) Zusammenbau der Teile einer Maschine, eines Apparates, einer Brücke u.a. an Ort u. Stelle der Verwendung durch den *Monteur.* 2) *Bild-, Film-, Photo-M.:* Zusammenfügung eines Bildes aus Teilbildern.
Montagnards (: mõñtanjar, Mz.), frz. Bz. für die Mitglieder der ↗Bergpartei.
Montaigne (: mõñtänj^e), *Michel Eyquem de,* frz. Moralphilosoph und Schriftsteller, 1533–1592; v. ↗Stoizismus beeinflußter Skeptiker; schuf die neue Gattung des Essays.
Montalambert (: mõñtalâñbär), *Charles-Forbes-René de,* frz. Schriftsteller u. Politiker, 1810–70; vertrat einen liberalen Katholizismus; gg. das Unfehlbarkeitsdogma.
montan (lat.), den Bergbau betreffend.
Montana, Abk. *Mont.,* Kordillerenstaat der USA, 381084 km², 748000 E.; Hst. Helena. Im O Getreidebau u. Viehzucht, im W Bergbau auf Gold, Silber, Mangan, Kupfer, Blei, Erdöl, Kohle.
Montand (: mõtãñ), *Ives,* frz. Schauspieler u. Sänger, * 1921.
Montanismus, um 160 n. Chr. v. *Montanus* in Phrygien gegr. chiliast. Erweckungsbewegung mit ethischem Rigorismus.
Montanunion ↗Europäische Gemeinschaft für Kohle u. Stahl.
Montauban (: mõñtobãñ), Hst. des frz. Dep. Tarn-et-Garonne, an Tarn, 49000 E.; Bischof; Seidenindustrie.
Montbéliard (: mõñbeliar), Stadt im frz. Dep. Doubs, am Rhein-Rhône-Kanal, 30000 E. – Die Gft. M. (dt.: *Mömpelgard*) war 1397–1793 württembergisch.
Montblanc m (: mõñblãñ), höchstes Bergmassiv Europas, kristalliner Hauptstock der Savoyer Alpen im Grenzgebiet zw. Fkr., It. u. der Schweiz, stark vergletschert; Hauptgipfel mit der frz.-it. Grenze, 4807 m hoch (Erstbesteigung 1786). Haupttouristenorte mit Bergbahnen: Chamonix, Saint-Gervais, Entrèves. 11,6 km langer Straßentunnel durch den M. (Chamonix-Entrèves).
Montbretia, richtiger *Tritonia,* Irisgewächs aus Südafrika; Zierpflanze mit schwertförm. Blättern u. orangeroten zierl. Blüten.
Mont Cenis (: mõñ ßeni) m, frz.-it. Alpenpaß (Grajische Alpen), 2083 m; *M.-C.-Tunnel* (13 km lang) der elektrischen *M.-C.-Bahn* Turin–Chambéry–Lyon.
Monte Carlo, ein Stadtteil im Fürstentum

Marilyn Monroe

M. E. de Montaigne

Claudio Monteverdi

Lola Montez

Montecassino: die wiederaufgebaute Abtei

↗Monaco, Riviera-, Kur- u. Badeort, 10000 E. Weltberühmt das Spiel-Casino von M. C.
Montecassino, Mutterkloster der Benediktiner (Erzabtei), westl. über der unter-it. Stadt Cassino; 529 v. Benedikt v. Nursia gegr.; im 2. Weltkrieg völlig zerstört, 45/59 neu errichtet.
Monte Ceneri m (: -tsche-), Berggipfel, im Kt. Tessin; Standort des Schweizer Landessenders M. C.
Montenegro, serbokroat. *Crna Gora*, jugoslaw. Gebirgslandschaft u. sozialist. Rep., 13812 km², 590000 E.; Hst. Titograd; ein steil zur Adria abfallendes Hochland, durch die Zeta in 2 Teile geschieden: im W Karstlandschaft, im O frucht- und waldreiche Schieferlandschaft. Viehzucht, Ackerbau; Eisen-, Kupfererze. – Um 600/1389 serb., dann selbständig; 1852 erbl. Ftm., 78 auf dem Berliner Kongreß Anerkennung der Unabhängigkeit, 1910 Kgr.; 18 Anschluß an ↗Jugoslawien.
Monte Rosa m, mächtigster Gebirgsstock der Walliser Alpen (it.-schweizer. Grenze), in der Dufourspitze 4634 m hoch.
Monterrey, Hst. des mexikan. Staats Nuevo León, 1,2 Mill. E.; Erzb.; Hauptsitz der mexikan. Metall- u. Textil-Ind.
Montesquieu (: mõnᵉßkjö), *Charles de Secondat*, Baron de la Brède et de M., frz. Staatstheoretiker, 1689–1755; forderte in *Vom Geist der Gesetze* ↗Gewaltenteilung.
Montessori, *Maria*, kath. it. Pädagogin u. Ärztin, 1870–1952; schuf die als **M.methode** bezeichnete Pädagogik der Selbsterziehung des Kindes in freigewählter Tätigkeit mit besonderen Arbeits- u. Lernmitteln u. das *M.-Kinderhaus* als Sonderform des Kindergartens.
Monteverdi, *Claudio*, it. Komponist, 1567 bis 1643; Opern v. ausdrucksbetontem Stil *(Orfeo)*, Kirchenmusik.
Montevideo, Hst. u. Haupthafen v. Uruguay, am Nordufer des Río de la Plata, 1,35 Mill. E.; Univ.; Börse; Fleisch-, Leder- u. Woll-Ind.
Montez (: -teß), *Lola*, 1818–61; Tänzerin aus Schottland; Geliebte Ludwigs I. v. Bayern, der sie 48 nach öff. Unruhen ausweisen u. selbst abdanken mußte.
Montezuma (: span. -ßu-), *Moctezuma*, aztek. *Motecuhzoma*, Aztekenherrscher: **M. I.**, 1440/69; begr. die Vormacht der Azteken.

Sein Urenkel **M. II.**, 1466–1520; 1502 Herrscher, unterwarf die Mixteken; beim Aztekenaufstand getötet.
Montfort (: mõnfor), *Simon de*, frz. Graf, 1155–1218; Heerführer gg. die ↗Albigenser.
Montgelas (: mõnsehõla), *Maximilian* Graf v., 1759–1838; schuf als absolutist. eingestellter bayer. Min. (1799/1817) unter Maximilian IV. den modernen bayer. Beamtenstaat.
Montgolfier (: mõngolfje), Brüder *Joseph-Michel* (1740–1810) u. *Jacques-Étienne* (1745–1799), Erfinder des Heißluftballons *Montgolfière*.
Montgomery (: -gamᵉrⁱ), Hst. v. Alabama (USA), am Alabama River, 133000 E.; Textil- u. chem. Ind., Baumwollhandel.
Montgomery (: -gamᵉrⁱ), *Bernard Law*, Viscount of Alamein, brit. Feldmarschall, 1887 bis 1976; im 2. Weltkrieg Armeeführer (u. a. in Nordafrika gg. Rommel); 1945 Oberbefehlshaber der brit. Besatzungstruppen in Dtl.; 51/58 stellvertr. NATO-Oberkommandierender.
Montherlant (: mõnterlãn), *Henry de*, frz. Schriftsteller, 1896–1972; in seinen Romanen Stilkünstler u. Individualist: *Erbarmen mit den Frauen*, eine sarkast. Psychologie der Geschlechter; *Die Junggesellen*. Über Stierkampf: *Tiermenschen*. Dramen: *Port Royal, Die tote Königin, Der Bürgerkrieg.*
Montini, *Giovanni Battista*, Pp. ↗Paul VI.
Montluçon (: mõnlüßõn), frz. Ind.-Stadt, am Cher u. am Kanal v. Berry, 60000 E.; Eisen- u. Stahlwerke, Maschinen- u. Glas-Ind.
Montmartre (: mõnmartrᵉ), Stadtteil im nördl. Paris, Künstler- u. Vergnügungsviertel; Nationalkirche Sacré-Cœur.
Montmorillonit, Mineral, ein Aluminiumhydrosilicat, wichtig für die Wasserhaltung u. Fruchtbarkeit der Böden.
Montparnasse (: mõnparnaß), südlicher Stadtteil v. Paris, Künstlerviertel.
Montpellier (: mõnpälje), Hst. des süd-frz. Dep. Hérault, 11 km vom Mittelmeer, 179000 E.; Bischof; Univ. (1289); Weinbau, Seidenraupenzucht.
Montreal (: -r'ål), wichtigste Ind.-Stadt Kanadas, 2,8 Mill. E. (²/₃ Frankokanadier); auf 35 km langer u. 16 km breiter Insel zw. dem St.-Lorenz-Strom u. dem Mündungsarmen des Ottawa; größter Getreidehafen Amerikas; kath. Erzb., anglikan. Bischof; ev. u. kath. Univ., Fachhochschulen.
Montreuil, M.-*sous-Bois* (: mõntröj ßu b°a), frz. Stadt, östl. v. Paris, 96000 E.
Montreux (: mõntrö), schweizer. Kurort, n.ö. am Genfer See, 21500 E.; Schloß Chillon; Weinbau. Fernsehfestspiele (*Rose von M.*). – 1936 Meerengen-Vertrag (↗Dardanellen).
Mont-Saint-Michel (: mõn ßãn mischäl), Felseiland an der frz. Westküste (Dep. Manche); gekrönt von einer ehem. Benediktinerabtei (709/1790). Wallfahrtsstätte.
Montserrat m, zerklüfteter Bergstock des Katalon. Gebirges in der span. Prov. Barcelona, 1241 m hoch. An der Ostseite (Zahnradbahn) *Benediktinerabtei* u. *Wallfahrtsort M.* (schwarze Madonna).

Die Brüder Montgolfier und ihre Montgolfière

H. de Montherlant

Montesquieu

einsetzende Verlandung

Leber- Schlamm- See- Tone
mudde see kreide

Moräne

a

verlandeter See

Algen, Laichkräuter, Seerosen und Seggen rücken
hintereinander gegen den See vor, der sich
mit Lebermudde füllt

b

Moor: a und **b** Entstehung eines Flach-M.
aus einem Moränen-
see; **c** und **d** Entstehung eines Hoch-M.
aus dem Flach-M.

beginnende Hochmoorbildung

c

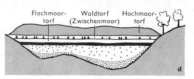

Flachmoor- Waldtorf Hochmoor-
torf (Zwischenmoor) torf

d

Montur w (it.), **1)** militär. Kleidung. **2)** Spe-
zialkleidung.
Monument s (lat.), Denkmal. *monumental,*
großartig, gewaltig.
Monumenta Germaniae Historica (MGH,
MG), Hauptquellensammlung der deutschen Gesch. v. 500 bis 1500; begr. 1819 v.
Frh. v. Stein.
Monza, ober-it. Ind.-Stadt n.ö. von Mailand,
124000 E.; got. Marmordom (mit Lango-
bardenschatz, u. a. Eiserne Krone); Hut-Ind.
M.-Bahn, Autorennstrecke.
Moon, estn. *Muhu,* Ostseeinsel zw. Ösel u.
dem Festland; 207 km².
Moor s, sumpf. Gelände mit pflanzenstoff-
reichem Boden (↗Torf). Beim mineralrei-
chen *Flach-M.* (Niederungs-, Wiesen-M.)
wachsen Sumpf- u. Wasserpflanzen v.
Rande her in die offenen Wasserflächen
hinaus, die dadurch „verlanden"; oft ist nur
die Oberfläche v. *Schwingrasen* dünn überdeckt. Das mineralarme, saure *Hoch-M.* (mit
seiner Mitte über der Randhöhe) entsteht
entweder unmittelbar auf kalkfreiem, nassem Untergrund od. über älteren Flach-M.n,
aufgebaut v. ↗Torfmoosen.
Moorbäder, Schlammasse aus oft eisen- od.
schwefelhalt. Moorerde mit Wasser gg.
Rheuma, Nerven- u. Frauenleiden.
Moore (: mūr), **1)** *George,* anglo-irischer
Schriftsteller, 1852–1933; naturalist. Romane *(Schwester Teresa),* symbolist. Werke
(Der See). **2)** *Henry,* engl. Bildhauer, * 1898;
monumentale, symbol.-abstrakte Figuren;
*Thronendes Königspaar, Krieger mit Schild,
Liegende Figur* (u.a. Paris, Unesco-Ge-
bäude). **3)** *Thomas,* irischer Schriftsteller,
1779–1852; volksliedhafte Lyrik. *Irish Melo-
dies.*
Moorhuhn, nordeurop. Vogel mit braunem

Sommer- u. weißem Winterkleid; ähnlich
dem ↗Schneehuhn.
Moorkultur, Umwandlung v. Moor in kul-
turfähiges Land; setzt voraus: Entwässerung, Beseitigung hinderl. Vegetation, Behebung der Nährstoffarmut durch Düngung, Einebnung u. Herrichtung eines
garen Saatbettes durch besondere *M.ver-
fahren.*
Moorleiche, im Moor konservierte Leiche;
wichtige Zeugen aus german. Frühzeit.
Moosbart ↗Bartflechte 2).
Moosbeere, der Preiselbeere nächstverwandtes Beerensträuchlein auf Hochmooren, mit leuchtendroten großen, säuerl.
Beeren.
Moosbrugger, *Caspar Andreas,* schweizer.
Architekt, 1656–1723; Benediktinerbruder,
ein Meister der Vorarlberger Barock-Bau-
schule; HW: Kloster u. Klosterkirche in Einsiedeln.
Moosburg a. d. Isar, oberbayer. Stadt s.w.
von Landshut, 13 200 E.; Maschinen-, chem.
u. Elektro-Ind.
Moose, *Bryophyten,* Abteilung der Kryptogamen, kleine grüne Pflanzen ohne Wurzeln, mit feinen Wurzelhaaren, ohne verholzte Gefäße. Fortpflanzung mit ↗Gene-
rationswechsel, Verbreitung durch Sporen.
Moosfarne, Gruppe der Bärlappgewächse,
hauptsächl. in den Tropen. **Moostierchen,**
Bryozoen, festsitzende, koloniebildende
Tiere, wenige mm groß, mit bewimpertem,
bewegl. Tentakelkranz um die Mundöffnung, im Meer u. Süßwasser.
Moped s, Fahrrad mit organ. eingebautem
Motor v. weniger als 50 cm³ Hubraum; Ggs.
das Fahrrad mit Hilfsantrieb *(Mofa).*
Mops, Hunderasse, Zwergform des Bären-
beißers, mit kurzer Schnauze, Rollschwanz;
glatthaarig.
Moral w (v. lat. mores =¹ Sitten), **1)** die sittl.
Verfassung einer Person, einer Gemein-
schaft, einer Zeit- od. Kulturperiode. **2)** Gesamtheit der sittl. Ordnung (↗Sittengesetz).
3) Wiss. v. der Sittlichkeit. ↗Ethik, ↗Moral-
theologie. **moralisch,** der Sitte gemäß, sit-
tenstreng. **Moralische Aufrüstung** w, v. F.
↗Buchman gegr. christl. sozialeth. Bewegung; will durch sittl.-religiöse Änderung
der Menschen den Weltfrieden herbeiführen; Tagungen in ↗Caux u. auf der Insel
Mackinac (Michigan). **moralisieren,** lehrhaft
od. aufdringl. über Moral reden. **Mo-
ralismus** m, **1)** in der ↗Ethik Versuch, die

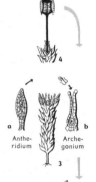

4

Anthe- Arche-
ridium gonium

Moose: Entwicklung
eines zwittrigen M.
1 Spore, **2** Protonema
3 Moosstämmchen
(Gametophyt) mit
Antheridien (**a**) und
Archegonien (**b**),
4 Moosstämmchen mit
dem Sporophyten

Henry Moore: „Liegende" (Freiburg i. Br.)

Moostierchen-Kolonie
auf einem Stück Holz
im Süßwasser

Alberto Moravia

Morgenstern (Schlagwaffe): 2 Formen

Ch. Morgenstern

Eduard Mörike

Moritz von Sachsen

Moral ohne Religion zu begründen. **2)** Überbewertung des Sittl. gegenüber dem Religiösen.

Moralist *m,* **1)** Lehrer der Moral, bes. Moraltheologe. **2)** verächtl. für Sittenrichter.

Moralitäten (Mz.), erbaul. Schauspiele im Spät-MA. **Moralphilosophie** *w,* die ⌐Ethik. **Moraltheologie** *w,* die kath. wiss. Lehre v. der in der Offenbarung begründeten übernatürl. sittl. Ordnung; Teil der ⌐Dogmatik.

Moräne *w* (frz.), v. ⌐Gletschern mitgeführter u. abgelagerter Gesteinsschutt.

Morat (: -ra), frz. für ⌐Murten.

Moratorium *s* (lat.), Zahlungsaufschub.

Morava *w,* **1)** r. Nebenfluß der Donau, Hauptfluß Serbiens; 500 km lang. **2)** tschech. Name für ⌐March u. ⌐Mähren.

Moravia, *Alberto* (eig. A. Pincherle), it. Schriftsteller, * 1907; krit. Darstellung des Bürgertums, häufig erotische Thematik. *Die Gleichgültigen, Adriana, Agostino, La noia.*

morbid (lat.), überfeinert, ungesund, morsch.

Morbidität *w* (lat.), Häufigkeit v. Erkrankungen im Verhältnis zur Bevölkerungszahl.

Morcheln, Schlauchpilze; hohe, fleischige Fruchtkörper, v. den sehr ähnl. ⌐Lorcheln durch die viel tieferen Gruben der Hutoberfläche unterschieden; *Speise-M.,* ockergelb bis hellbraun; *Spitz-M.,* mit kegelförm. braunem Hut; ⌐Stink-M. □ 750.

Mord, vorsätzl., überlegt ausgeführte Tötung eines Menschen, aus M.lust, Habgier od. sonstigen niedrigen Beweggründen, zur Befriedigung des Geschlechtstriebs *(Lust-M.),* heimtückisch od. grausam, od. um eine andere Straftat zu verdecken bzw. zu ermöglichen. In der BRD mit lebenslängl. Freiheitsstrafe geahndet. ⌐Totschlag.

Mordent *m* (it.), kurzer Ziertriller. □ 1059.

Mordwinen, 1) osteurop. Volksgruppe im mittleren Wolgagebiet, 1,3 Mill. Menschen. **2)** *ASSR der M.,* autonome Sowjetrep. zw. Moskau und Kujbyschew; 26200 km², 1020000 E.; Hst. Saransk. Ackerbau.

Morea, neugriech. für ⌐Peloponnes.

Moréas, *Jean* (eig. Joannis Papadiamantopoulos), frz. Schriftsteller griech. Herkunft, 1856–1910; Mit-Begr. der neuklassizist. „École romane"; Lyrik, Tragödie *Iphigénie,* Romane, Essays.

Moreau (: moro), *Jean-Victor,* frz. General, 1763–1813; 1796 und 1800 Heerführer in Süd-Dtl., 13 in russ. Diensten.

Morelia, Hst. des mexikan. Staats Michoacán, westl. v. Mexiko, 1880 m ü. M., 231000 E.; kath. Erzb.; kath. Univ.

Morelle *w* (it.), eine Sauer-⌐Kirsche.

Mores (Mz., lat.), Sitten, Lebensart.

Mörfelden-Walldorf, 1977 durch Zusammenschluß entstandene hess. Stadt, 29500 E.; ehem. Jagdschloß *Mönchbruch.*

Morgan (: ma̱ʳgᵉn), **1)** *Charles,* englischer Schriftsteller, 1894–1958; philosoph. Romane: *Das Bildnis; Der Quell;* Ideendramen, Essays. **2)** *John Pierpont,* 1837–1913; gründete 1871 das Bankhaus *J. P. Morgan & Co* in New York. **3)** *Thomas Hunt,* am. Biologe, 1866–1945; entdeckte an ⌐Drosophila die stoffl. Grundlage der Erbanlagen; 1933 Nobelpreis.

morganatische Ehe, *Ehe zur linken Hand,* standesungleiche Ehe beim Hochadel, wobei die unebenbürt. Frau u. die Kinder v. Standesvorrechten u. Erbfolge ausgeschlossen waren.

Morgarten, Höhenzug in den Schwyzer Alpen, 1242 m hoch. – 1315 Sieg der Schweizer über Hzg. Leopold I. v. Östr.

Morgen, altes Feldmaß; urspr. Ackerfläche, die ein Gespann an einem M. umpflügt: in Nord-Dtl. 25,532 a, in Bayern 34,07 a, in Württemberg 31,51 a, in Baden 36 a.

Morgengabe, Geschenk, das nach altem dt. Recht der Mann seiner Gattin nach der Brautnacht gab.

Morgenland, der ⌐Orient. **Morgenländische Kirchen** ⌐Orientalische Kirchen.

Morgenstern, 1) ⌐Abendstern. **2)** mittelalterl. keulenartige Schlagwaffe mit Eisenzacken.

Morgenstern, *Christian,* dt. Schriftsteller, 1871–1914; wurde Anhänger R. Steiners. Gedichte voll Ironie u. Tiefsinn; *Galgenlieder; Palmström.*

Morgenthau-Plan, Plan des am. Staatssekretärs (1934/45) *Henry M.* (1891–1967): Umwandlung Dtl.s in reinen Agrarstaat durch radikale Demontagen u. Internationalisierung des Ruhrgebiets; am Ende des 2. Weltkriegs der alliierten Politik zugrunde gelegt, seit 1947 rasch aufgegeben.

Mörike, *Eduard,* schwäb. Dichter, 1804–75; prot. Pfarrer; Mensch u. Werk nach innen gewandt; mit seinen liedhaften Gedichten der nach Goethe bedeutendste dt. Lyriker des 19. Jh. Künstlerroman *Maler Nolten;* Novelle *Mozart auf der Reise nach Prag.*

Moritat, Mordgeschichte im Bänkelsängerton; Vorstufe der Ballade.

Moritz, Fürsten: Prinz **M. v. Oranien,** Graf v. Nassau, 1567–1625; 1585 Statthalter der Niederlande, besiegte die Spanier. **M. v. Sachsen,** 1521–53; 41 Hzg., erhielt 47 für den Verrat an seinem ev. Mitfürsten der sächs. Kurwürde; übte 52 Verrat an Ks. Karl V.; gab die Bistümer Metz, Toul u. Verdun an Fkr. preis.

Moritz, *Karl Philipp,* dt. Schriftsteller, 1757–1793; autobiograph. Entwicklungsroman *Anton Reiser.*

Moritzburg, Jagdschloß n.w. von Dresden, 1722/30 v. Pöppelmann ausgebaut.

Mormonen (Mz.), Selbst-Bz. *Kirche Jesu Christi der Heiligen der letzten Tage,* adventist.-chiliast. Sekte, 1830 in den USA gegr. v. J. ⌐Smith, dessen Buch *Mormon* neben der Bibel maßgebend ist. 47 Gründung der M.stadt Salt Lake City, in der die Wiederkunft Christi stattfinden soll. Erbsünde u. Kindertaufe abgelehnt, Alkohol verboten; bis 90 Vielweiberei. Gute Schulen u. zivilisator. Leistungen. Ca. 2,7 Mill. Mitgl.

Morpheus, griech. Traumgott.

Morphin, *Morphium s,* Alkaloid des ⌐Opiums, Arzneimittel u. Rauschgift, wirkt in kleinen Dosen beruhigend, einschläfernd, schmerzlindernd. Dauernder Mißbrauch *(M.ismus)* führt zu geistigem u. körperl. Verfall. □ 796.

Morphologie *w* (gr. = Gestaltlehre), Wiss. v. den Formen u. Gestalten, erforscht deren

Entstehung, Entwicklung, Umbildung u. Gesetzmäßigkeiten mit der Methode des Vergleichs. Teilgebiet der Biologie, Geologie, Geographie, Medizin usw. ↗Kulturmorphologie.

Morris, *William,* englischer Dichter, Maler, Kunstgewerbler u. Sozialreformer, 1834 bis 1896; bekämpfte jede Industrialisierung, err. 61 eine kunstgewerbl. Werkstatt; beeinflußt v. den ↗Präraffaeliten, bahnbrechend für den ↗Jugendstil; spätromant. Epen *(The Earthly Paradise; A Dream of John Ball)* u. Romane *(News from Nowhere).*

Moers (:mörß), Stadt am Niederrhein, westl. v. Duisburg, 100 200 E.; Steinkohlenbergbau, eisenverarbeitende Industrie.

Morse, *Samuel,* 1791–1872; am. Erfinder; v. ihm der *M.apparat* u. die *M.schrift* für telegraph. Nachrichtenübermittlung (v. Hand bis 120, maschinell bis 400 Zeichen in der Minute); Kombination aus kurzen u. langen Zeichen.

Mörser *m* (lat.), 1) Gefäß zum Zerstoßen harter Stoffe. 2) kurzrohriges Steilfeuergeschütz.

Mortalität *w* (lat.), Sterblichkeit.

Mörtel, Bindemittel für Mauerwerk, auch Wandverputz; breiartiges Gemisch aus Kalk bzw. Zement, Sand u. Wasser.

Morungen ↗Heinrich v. Morungen.

Morus (More), *Thomas,* hl. (22. Juni), engl. Staatsmann u. Humanist, 1478–1535; 1529 Lordkanzler Heinrichs VIII., trat 32 aus Widerstand gg. die staatskirchl. Pläne des Kg. zurück; wegen Verweigerung des Suprematseides enthauptet. *Utopia.*

Mosaik *s* (arab.), *musivische Arbeit,* ornamentaler od. bildl. Flächenschmuck aus verschiedenfarb., in Mörtel eingesetzten Steinen od. Glasperlen.

Mosaikkrankheit, Virus-Erkrankung vieler Kulturpflanzen mit hellgefleckten, manchmal gekräuselten *(Kräuselmosaik)* Blättern.

mosaisch, 1) v. ↗Moses stammend. 2) jüdisch, israelitisch.

Mosasaurier, *Maasechsen,* ausgestorbene marine Echsen der Kreidezeit.

Mosbach, nordbad. Krst. an der Elz, im Bauland, 23 400 E.; spätgot. Stadtkirche (1410/ 68), Rathaus (1558).

Moschee *w,* islam. Kultgebäude mit Nische (Mihrab) zum Anzeigen der Gebetsrichtung u. Kanzel (Mimbar); meist ein Hof mit einem Waschungsbecken vorgelagert. Vom glokkenlosen Turm ruft der ↗Muezzin. □ 429.

Moscherosch, *Johann Michael,* dt. satir. Schriftsteller, 1601–69; *Gesichte des Philander v. Sittewald.*

Moschus *m,* fr. *Bisam,* Sekret der M.drüse des männl. ↗Moschustieres; für Parfüm verwendet. **M.bock,** Bockkäfer, mit 2 M.drüsen. **M.kraut,** Kräutchen mit kopfig gehäuften Blüten; duftet nach M. **M.ochse,** *Bisamochse,* Horntier mit herabhängendem Haar; in Tundren Nordamerikas u. der Polarinseln. **M.tiere,** hirschartige, geweihlose Paarhufer Innerasiens mit M.drüsen.

Mosel *w,* l. Nebenfluß des Rheins; entspringt in den Vogesen, durchbricht das Rheinische Schiefergebirge, mündet nach 545 km bei Koblenz *(Dt. Eck);* 344 km schiff-

bar, Kanalisierung mit 14 Staustufen (u. 12 Kraftwerken) zw. Koblenz u. Diedenhofen für 1500-t-Schiffe. Anbaugebiet edler Riesling-Weine; Fremdenverkehr.

Moseley (:moᵘslᶦ), *Henry,* engl. Physiker, 1887–1915; fand 1913 das **M.sche Gesetz:** die Frequenz (bzw. Wellenlänge) der Linien des Röntgenspektrums eines Elements hängt v. dessen Ordnungszahl ab.

Moselle (: -säl), frz. Name für ↗Mosel.

Moser, 1) *Hans,* östr. Schauspieler, 1880 bis 1964; Interpret v. Wiener Volkstypen. **2)** *Lukas,* schwäb. Maler des 15. Jh.; *Tiefenbronner Altar.*

Möser, *Justus,* deutscher Schriftsteller, Geschichtsschreiber u. Staatsmann, 1720–94; 64/83 Leiter der Verwaltung des ev. Fürstbistums Osnabrück; Gegner der Aufklärung; als Vertreter einer organ.-hist. Staatsauffassung Wegbereiter des Konservativismus u. der Romantik; v. großem Einfluß auf die Entwicklung des dt. Nationalgefühls. *Patriotische Phantasien; Osnabrückische Gesch.*

Thomas Morus

Justus Möser

Moses, *Mose,* jüd. Prophet, lebte im 15./13. Jh. v. Chr.; größte religiöse u. polit. Gestalt des AT; führte sein Volk aus der ägypt. Knechtschaft u. wurde zum Begr. u. Gesetzgeber Israels u. dessen Religion, indem er die einende Grundlage gab. – Die M.überlieferung besteht aus zahlr. Erzählungsschichten. – ↗Zehn Gebote; ↗Pentateuch.

Moses, am. Malerin, ↗Grandma M.

Mösien, antike Landschaft an der unteren Donau; 29 v. Chr. v. den Römern unterworfen, um 9 n. Chr. Provinz; seit dem 7. Jh. slawisch.

Moskau, russ. *Moskwa,* Hst., größte Stadt sowie Kultur-, Wirtschafts- u. Verkehrszentrum der Sowjetunion u. der RSFSR; Sitz der Sowjetregierung; heute 875 km² mit 7,8 Mill. E. (m. V. 8,1 Mill. E.). Um die Altstadt mit ↗Kreml, Kirchen u. ↗Rotem Platz gliedern sich konzentr. die neuen Stadtteile; U-Bahn, 3 Flughäfen; 2 Univ. (1755 u. 1960 gegr.), ca. 80 Hochschulen u. 200 Forsch.-Institute, zahlr. Fachschulen; Akademie der Wiss.en, zür. Landwirtschaft, für Planung; Lenin-Bibliothek, Museen; bedeutende Industrien: Maschinenbau, Kugellagerwerk, Automobilbau, Elektrotechnik, Feinmechanik, chem. u. Textil-Ind.; orth. Patriarch. – 1147 erstmals erwähnt, im 13./14. Jh. Mittelpunkt des selbständ. Ftm. M., seit 1328 Sitz der russ. Metropoliten (später Patriar-

Moskau: die Basilius-
kathedrale auf dem
Roten Platz; links die
Mauer des Kreml

chen); seit dem 15. Jh. Hst. des russ. Reiches, 1712 Verlegung der Zarenresidenz nach St. Petersburg; 1812 zwang u.a. der Brand v. M. Napoleon zum Rückzug. Seit 1922 ist M. Hst. der UdSSR. **M.er Kohlenbecken,** 200 km südl. v. Moskau; Vorrat ca. 24 Mrd. t Braunkohle. **M.er Meer,** Stausee der oberen Wolga, nördl. v. Moskau, 327 km²; Staumauer bei Iwankowo.
Moskito m (span.), ↗Stechmücke.
Moskwa, 1) w, Nebenfluß der Oka, 502 km lang, v. Moskau an schiffbar. **2)** russ. Name für ↗Moskau. **M.-Wolga-Kanal,** verbindet die M. über das Moskauer Meer mit der oberen Wolga; 128 km lang.
Moslem ↗Muslim.
Moslemliga, 1906 in Indien gegr. Organisation zur Vertretung der Interessen der muslim. Minderheit gegenüber der Hindu-Mehrheit; erkämpfte unter Führung v. M. A. Dschinnah den selbständ. Staat ↗Pakistan, dessen führende polit. Partei sie wurde.
Mosley (:mosli), Sir *Oswald,* 1896–1980; 29/30 brit. Min. (Labour Party); 31 Begr. einer faschist. Bewegung; 40/43 in Haft.
Mossaddegh, *Mohammed,* iran. Politiker, um 1880–1967; 1951 Min.-Präs., verstaatlichte die Öl-Ind., 53 gestürzt u. bis 56 im Gefängnis.
Mössbauer, *Rudolf,* dt. Physiker, * 1929; Nobelpreis 61 für Entdeckung des M.-Effektes. **M.-Effekt,** Spezialfall der Absorption v. Gammastrahlen in Atomkernen; gestattet die exaktesten physikal. Messungen, z.B. Rotverschiebung des Lichtes im Schwerefeld der Erde.
Mössingen, württ. Stadt im Kr. Tübingen, 14100 E.; Textil-Ind.
Mossul, die irak. Stadt ↗Mosul.
Most ↗Brüx.
Most m, gepreßter, unvergorener Trauben- u. Obstsaft; auch vergorener Apfel- u. Birnenwein. *Süßmost* ist unvergorener, sterilisierter M.
Mostaert (:-ärt), *Jan,* niederländ. Maler, 1475–1555/56; Altarbilder, Bildnisse.
Mostar, jugoslaw. Stadt mit starkem oriental. Gepräge, Hauptort der Herzegowina, an der Neretva, 58000 E. (50% Muslimen); kath. u. orth. Bischof.

Mostrich, *Mostert m,* Senf.
Mosul, *Mossul,* Prov.-Hst. im Irak, am Tigris u. an der Bagdadbahn, 295000 E.; Mittelpunkt eines großen Erdölfeldes. Sitz eines unierten syr. Erzb. u. chaldäischen Bischofs.
Motala (: mu-), südschwed. Stadt, am Götakanal, 50000 E.; Wasserkraftwerk; Rundfunksender.
Motel, Abk. aus **Mot**orists' **Hotel,** Hotel für motorisierte Reisende, mit bes. Anlagen zur Unterbringung u. Wartung der Kraftfahrzeuge.
Motette w (lat.-it.), geistl. Chorstück, Blüte in Renaissance u. Barock (Lasso, Palestrina, Bach).
Motherwell and Wishaw (: maß^er wäl änd wischå), schott. Stadt in der Gft. Lanark, 78000 E.; Eisen- u. Stahlwerke, Eisenerz- u. Kohlengruben.
Motion w (lat.), in der Schweiz parlamentar. Antrag.
Motiv s (lat.), 1) Beweggrund des Wollens u. Handelns, kann auch unbewußt sein. 2) in der Dichtung u. bildenden Kunst: der Gegenstand des Werkes. 3) in der Musik: kleinstes selbständiges Glied einer größeren Form. **Motivierung** (Ztw. *motivieren*), Begründung aus den M.en.
moto (it.), *con m., Musik:* mit Bewegung.
Moto-Cross s (engl.), Motorrad-Querfeldeinrennen.
Motor m (lat.), Kraftmaschine, die Energie in Bewegungsenergie umwandelt; z.B. ↗Verbrennungsmotor, ↗Dampfmaschine, ↗Elektromotor. *motorisch,* bewegend, treibend. **M.boot,** jedes durch einen Verbrennungsmotor angetriebene Boot. Neben den reinen Verdrängungs- od. Rundspanten-M.booten gibt es ↗Gleitboote u. ↗Tragflügelboote. **M.rad,** *Kraftrad,* ein einspuriges, zweirädriges, meist zweisitziges Kraftrad, im Reitsitz gefahren, gelegentlich auch mit Beiwagen. Angetrieben v. luftgekühltem 2- od. 4-Zylinder-Otto-Motor mit Kickstarter oder Wechselgetriebe u. Kupplung u. Kraftübertragung durch Kette od. Gelenkwelle auf das Hinterrad. Die Motoren haben hohe Literleistung und hohe Drehzahlen bei Hubräumen bis über 750 cm³. **M.roller,** dem Motorrad ähnliches, meist zweisitz. Kraftrad, im Sesselsitz gefahren; kleinere Räder, aber verhältnismäß. größerer Radstand als das M.rad u. umfangreichere Verkleidung. Hubraum bis zu 250 cm³. **M.schiff,** Abk. MS, jedes Schiff, das durch einen Verbrennungsmotor angetrieben wird. **M.schlitten,** motor. angetriebener Raupenkettenschlitten oder durch Luftschraube getriebener Schlitten.
Mott, *John Raleigh,* am. methodist. Theologe, 1865–1955; u.a. Generalsekretär der YMCA. Haupttriebkraft der ↗Ökumen. Bewegung; 46 Friedensnobelpreis.
Motta, *Giuseppe,* schweizerischer Politiker, 1871–1940; seit 1920 als schweizer. Bundesrat Leiter des Polit. Departments (Konservat. Volkspartei), Förderer der Völkerbundsidee.
Motte, Kleinschmetterling; Raupen der *Kleider-* u. *Pelz-M.* befallen Wollsachen, Kleider, Pelzwerk, Teppiche, Polstermöbel.

Rudolf Mössbauer

Motte (von oben):
Pelz-, Tapeten- und
Kleidermotte

Leopold Mozart | Wolfgang Amadeus Mozart

Mottl, *Felix,* östr. Dirigent u. Komponist, 1856–1911; in München u. Bayreuth.
Motto *s* (it.), Sinnspruch.
Motuproprio *s* (lat.), Erlaß aus persönl. Entschluß des Papstes.
Moulage *m* od. *w* (: mulaseʰᵉ, frz.), Abguß von Körperteilen in wachsartiger Masse.
Mouliné *m* (: mu-, frz.), Zwirn aus verschiedenart. gefärbten Fäden u. das Gewebe daraus.
Moulins (: mulā̃), Hst. des frz. Dep. Allier, 28000 E.; kath. Bischof; got. Kathedrale.
Mounds (: maunds, engl.), indian. Grabhügel in Nord- u. Mittelamerika.
Mounier (: munje), *Emmanuel,* frz. Philosoph u. Kulturkritiker, 1905–50; Hauptvertreter des frz. christl. ⁄ Personalismus.
Mount *m* (: maunt, engl.), Berg. ⁄ Mont.
Mountbatten (: mauntbätᵉn), seit 1917 Name des engl. Zweiges des Hauses ⁄ Battenberg: **1)** *Louis* Earl M. of Burma, 1900–79 (ermordet); eroberte als Oberbefehlshaber in Südostasien 44/45 Birma zurück, 47/48 Vize-Kg. bzw. General-Gouv. v. Indien, 55/59 Oberbefehlshaber der brit. Marine, 48/65 Chef des Verteidigungsstabes. **2)** *Philip,* Hzg. v. Edinburgh, Neffe v. 1), * 1921; Sohn des griech. Prinzen Andreas, Gemahl der Königin Elisabeth II.
Mount Palomar (: maunt pälᵉmaʳ), 1871 m hoher Berg Südkaliforniens; Sternwarte mit zweitgrößtem Spiegelteleskop der Erde v. 5,10 m Durchmesser.
Mount Vernon (: maunt wȫʳnᵉn), Landsitz u. Grab George Washingtons, am Potomac River, s.w. von Washington.
Mousseron *m* (: mußᵉrõ, frz.), *Echter M.,* der Knoblauch- ⁄ Schwindling.
moussieren (: mu-), Aufschäumen v. stark kohlensäurehaltigen Getränken.
Moustérien *s* (: mußterjā̃), letzter Kulturabschnitt der älteren Alt- ⁄ Steinzeit, benannt nach dem frz. Fundort Le Moustier (Dordogne); Kulturträger: Neandertaler.
Mouvement Républicain Populaire (: muwᵉmã̃ republikā̃ populär; MRP), 1944 unter Bidault u. Schuman gegr. Partei in Fkr. mit sozialer u. demokrat. Zielsetzung; eine der stärksten Parteien der 4. Republik; löste sich 1967 auf.
Möwe, Wasservogel an Meeresküsten, Flüssen (Rhein) u. Binnenseen; *Silber-M.,* Nord- u. Ostsee; *Sturm-M.,* Nord- u. Ostseeländer; *Zwerg-M., Lach-M.*
Mozambique, *Mosambik, Moçambique,* Rep. in O-Afrika. Hinter einer feuchthei-

ßen, versumpften Küste ein gesundes Savannenhochland. M. ist ein Agrarland. Ausgeführt werden aus Plantagenbetrieben Zucker, Tee, Sisal, Baumwolle u. Kopra. – Im 16./17. Jh. v. den Portugiesen erobert; 1752 Generalgouvernement, 1951 Portugies. Übersee-Prov.; seit 64 Guerilla-Tätigkeit der FRELIMO gegen die portugies. Kolonialherrschaft, 75 unabhängig.
Mozaraber, die 711/1492 unter arab. Herrschaft stehenden span. Christen.
Mozart, 1) *Leopold,* Vater u. Lehrer v. 2), östr. Komponist, 1719–1787; Geiger, Kapellmeister u. Hofkomponist des Salzburger Fürstbischofs. **2)** *Wolfgang Amadeus,* Sohn v. 1), östr. Komponist, * 27. 1. 1756 Salzburg, † 5. 12. 1791 Wien; als musikal. Wunderkind 6- u. 7jähr. erste Konzertreisen. 69 erzbischöfl. Konzertmeister in Salzburg. 81, nach Bruch mit dem Erzb., nach Wien als freier Musiker; 82 Heirat mit Constanze Weber. Trotz großer Erfolge in Wien u. auf Reisen (Prag, Berlin, Dresden, Leipzig) lebte M. in ärml. Verhältnissen. Von einzigartiger Schöpferkraft, war er jedoch kein Erneuerer musikal. Formen. Die musikal. Techniken seiner Zeit verschmolz er in seinem Stil; bes. seine Opern, dann die Orchesterwerke, sind Höhepunkte der jeweil. Gattung in der Musikgeschichte. Durchsichtige Formen u. vollständige Klarheit des Ausdrucks bergen das Gefühl ständiger Gefährdung u. der Auseinandersetzung mit dem Schicksal. – Werke: Opern u. a. *Idomeneo, Die Hochzeit des Figaro, Don Giovanni, Cosi fan tutte;* Singspiele u. a.: *Bastien u. Bastienne, Die Entführung aus dem Serail, Die Zauberflöte;* 51 Symphonien (2 davon zweifelhaft); Divertimenti u. Serenaden für Orchester; Solokonzerte, darunter 21 für Klavier u. 9 für Violine (3 zweifelhaft); 26 Streichquartette, 6 Streichquintette; 41 Violinsonaten (6 zweifelhaft), 19 Klaviersonaten, 18 Messen u. ein Requiem, Kantaten u. a. M.s Werke werden nach dem ⁄ Köchel-Verzeichnis (KV) zitiert.
Mozarteum *s,* Musikverein u. Konservatorium in Salzburg, seit 1841.
M. P., Abk. für **1)** Member of Parliament, engl. = Unterhaus-Abg. **2)** Military Police, Militärpolizei.
m. pp., *m. pr.,* Abk. für ⁄ manu propria.
Mr., engl. Abk. für **Mister,** Herr.
Mrożek (: mrosehek), *Slawomir,* poln. Schriftsteller, * 1930; satir. Grotesken; Dramen *(Die Polizei; Der Truthahn; Auf hoher See; Tango; Striptease; Watzlaff oder Alles Theater),* Erzählungen *(Die Hochzeit in Atomweiler).*
MRP, Abk. für ⁄ Mouvement Républicain Populaire.
Msgr., Abk. für Monsignore.
Mucius Scaevola (= Linkshänder), versuchte nach Livius 508 v. Chr. den Etruskerkönig Porsenna, der Rom belagerte, zu töten, wurde ergriffen u. ließ als Mutprobe seine rechte Hand im Feuer verbrennen.
Mücke, zweiflügeliges Insekt; Larven im Wasser; Weibchen einiger Arten saugen Blut („stechen"); sind oft Krankheitsüberträger. Wichtigste Familien: *Gall-, Pilz-,*

Philip Mountbatten, Herzog v. Edinburgh

Muffel-Ofen

Mufflon-Bock

Mozambique
Amtlicher Name:
Republica Popular de Moçambique
Staatsform:
Volksrepublik
Hauptstadt:
Maputo
Fläche:
783030 km²
Bevölkerung:
9,94 Mill. E.
Sprache:
Staatssprache ist Portugiesisch; daneben Bantusprachen
Religion:
meist Anhänger von Naturreligionen, 1,2 Mill. Katholiken, 800000 Muslimen, 300000 Protestanten
Währung:
1 Limpad = 100 Centavos
Mitgliedschaften:
UN, OAU

*Haar-, Kriebel-, Stech-, Zuck-M.*n u. *Schnaken.* ☐ 28.

Muckermann, 1) *Friedrich,* SJ, Bruder v. 2), dt. Schriftsteller, 1883–1946; Hrsg. der Zschr. *Gral;* bekämpfte Nat.-Soz. u. Bolschewismus. **2)** *Hermann,* Bruder v. 1), bis 1926 SJ, dann Weltpriester, Eugeniker, 1877–1962; Gegner der nat.-soz. Rassenpolitik.

Mudéjarstil (: -dechar-), aus maurischen u. abendländ. Elementen gemischter span. Bau- u. Dekorationsstil des 12./16. Jh., ben. nach den *Mudejaren* (arab. Künstler u. Handwerker).

Muezzin *m* (arab.), ruft vom Minarett der Moschee die Gebetszeiten aus.

Muffe *w,* kurzes Rohrverbindungsstück.

Muffel *w,* Behälter im sog. *Muffelofen,* der keram. Gut vor direkter Feuer- u. Gaswirkung schützt. **M.käfer** ↗Samenkäfer.

Mufflon *m* (frz.), fast ausgerottetes Gebirgsschaf mit weicher Winterwolle; Sardinien, Korsika; in Dtl. erfolgreich ausgesetzt.

Mufti *m* (arab.), im Islam Rechtsgelehrter, der Rechtsgutachten religiöser Art erstellt.

Müggelsee, östl. v. Berlin, v. der Spree durchflossen; südl. die 115 m hohen *Müggelberge.*

Mühlacker, württ. Stadt n.ö. von Pforzheim, 24 200 E.; Großsender Stuttgart; Industrie.

Mühlberg/Elbe, Stadt im Bez. Cottbus, 4000 E. – 1547 Sieg Ks. Karls V. im Schmalkaldischen Krieg.

Mühldorf am Inn, oberbayer. Krst. am Inn, 14 500 E. – 1322 Sieg Ks. Ludwigs IV. des Bayern über Friedrich den Schönen v. Östr.

Mühle, 1) Vorrichtung, auch das Gebäude, zum Fein- u. Feinstzerkleinern fester Stoffe *(Getreide-M., Kaffee-M.* usw.), auch zum Trennen v. Holz *(Säge-M.)* od. Auspressen v. Öl *(Öl-M.).* Nach Antrieb Hand-, Wasser-, Dampf-, Wind- u. Motor-M. **2)** Brettspiel für 2 Spieler mit je 9 Steinen.

Mühlhausen i. Thür., Krst. u. Kurort im Bez. Erfurt, an der Unstrut, 47 000 E.; Textil-Ind. mit Fachschule.

Mühlheim am Main, hess. Stadt n.ö. von Offenbach, 24 600 E.; Metall-, Elektro- u. Leder-Ind.

Mühlviertel, oberöstr. Landschaft zw. Donau u. Böhmerwald; Hauptort Freistadt.

Mukden, chines. ↗Schenjang.

Mulatte *m* (arab.-span.), *Mulattin w,* Mischlinge zw. Weißen u. Negern.

Mülhausen, *M. im Elsaß,* frz. *Mulhouse,* Stadt im frz. Dep. Haut-Rhin, 120 000 E.; Hafen am Rheinseitenkanal, Bahnknoten, Flughafen *(Basel-M.);* Textil-, Textilmaschinen-, Kali- u. chem. Ind.; Stoffärbereien. Univ.

Mülheim a. d. Ruhr, Ind.-Stadt (Stadtkr.) in Nordrhein-Westfalen, 183 000 E.; Institut für Kohlenforschung; Steinkohlenzechen und Eisenwerke.

Mull, 1) feinkrümeliger ↗Humus. **2)** locker gewebter Baumwollstoff; als Standardstoff.

Müll, organ. u. anorgan. Abfall der Haushaltungen, Betriebe usw. Zentrale Beseitigung durch Verbrennen, Kompostierung usw. Jährlicher Anfall v. Haus-M. in der BRD ca. 250 kg pro Kopf.

Otto Mueller:
Selbstbildnis

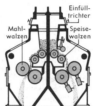

Mahl-
walzen

Einfüll-
trichter

Speise-
walzen

Müllerei: Doppelwalzenstuhl (über den Mahlwalzen sorgen Speisewalzen für gleichmäßigen Mahlgutstrom aus dem Einlauf)

H. Multscher:
Bihlafinger Madonna
(Ulm, Museum)

Müller, 1) *Adam Heinrich,* dt. Staatswissenschaftler u. Politiker, 1779–1829; Vertreter der romant. Staats- u. Gesellschaftslehre gg. die Staatslehre der Aufklärung, gg. Liberalismus u. Revolution. **2)** *Friedrich,* ↗Maler M. **3)** *Gebhard,* * 1900; 48/52 Staatspräs. v. Südwürtt.-Hohenzollern, 53/68 Min.-Präs. v. Baden-Württ. (CDU), 59/71 Präs. des Bundesverfassungsgerichts. **4)** *Hermann,* gen. *M.-Franken,* 1876–1931; 1919/20 dt. Außenmin. (SPD), unterzeichnete den Versailler Vertrag; 20 u. 28/30 Reichskanzler. **5)** *Johann,* ↗Regiomontanus. **6)** *Johannes,* dt. Physiologe, 1801–58; förderte vergleichende Anatomie, Entwicklungsgeschichte u. Gewebelehre. **7)** *Johannes v.,* schweizer. Historiker, 1752–1809; in kurmainz., östr. u. preuß. Diensten. *Reisen der Päpste; Die Geschichten schweizer. Eidgenossenschaft.* **8)** *Paul,* schweizer. Chemiker, 1899–1965; schuf Bekämpfungsmittel ↗DDT gg. krankheitsübertragende Insekten; 1948 Nobelpreis. **9)** *Wilhelm,* dt. Schriftsteller, 1794–1827; volkstüml. Lieder *(Wanderlieder, Müllerlieder,* v. Schubert vertont); *Griechenlieder.*

Mueller, *Otto,* dt. Maler u. Graphiker des Expressionismus, 1874–1930; Mitglied der ↗Brücke.

Müller-Armack, *Alfred,* deutscher Nationalökonom, 1901–78; 58/63 Staatssekretär im Bundeswirtschaftsministerium; prägte den Begriff „Soziale Marktwirtschaft".

Müllerchen, die Zaun-↗Grasmücke.

Müllerei, Verfahren zur mehlfeinen Zerkleinerung v. Getreide, Mais, Reis u. Hülsenfrüchten. Getreide wird maschinell gereinigt, ausgelesen, geschält u. in der eigentl. Mühle durch Walzenstühle zu Schrot, Grieß u. Mehl vermahlen.

Müllheim, bad. Stadt im Markgräfler Land, 12 500 E.; Textil-Ind., Weinbau u. -handel.

Mullit *m,* Aluminiumsilicat, Hauptbestandteil v. Porzellan.

Multan, Stadt im Pandschab (Pakistan), 680 000 E.; kath. Bischof.

multilateral (lat.), mehrseitig, bes. bei Verträgen. Ggs.: ↗bilateral.

multipel (lat.), vielfach.

multiple Sklerose, Erkrankung des Zentralnervensystems mit unbekannter Ursache, mit wechselnden Symptomen u. meist schubweisem Verlauf; unheilbar.

Multiplier *m* (: maltiplai[er]), der ↗Elektronenvervielfacher.

Multiplikation *w* (lat.), Vervielfachung; eine Grundrechnungsart; Sonderfall des Addierens gleicher Summanden; Schema: a · b = c; a ist der Multiplikand, b der Multiplikator (beide auch ↗Faktoren) c das Produkt.

Multscher, *Hans,* dt. got. Bildhauer u. Maler, um 1400–67; *Schmerzensmann* am Ulmer Münster, *Sterzinger* u. *Wurzacher Altar.*

multum, non multa (lat.), viel, nicht vielerlei, d. h., nicht die Menge, sondern der Wert entscheidet.

Mumie *w* (arab.), eine durch ↗Einbalsamieren vor der Verwesung bewahrte Leiche, bes. im alten Ägypten. ☐ 791. **M.nbildnis,** vor dem Gesicht v. Mumien angebrachtes Bild, auf Holz od. Leinwand gemalt.

Edvard Munch: „Geschrei" (Lithographie)

Mummelsee, Bergsee im nördl. Schwarzwald, an der Hornisgrinde, 1032 m ü.M., 3,7 Hektar groß.

Mummenschanz m, Maskerade.

Mumps m, auch *Ziegenpeter, Bauernwetzel,* übertragbare Virus-Entzündung der Ohrspeicheldrüse; befällt meist Kinder. ☐ 420.

Munch (: munk), *Edvard,* norweg. Maler und Graphiker, 1863–1944; Expressionist; Landschaften, figürliche Szenen, Bildnisse; rhythm.-lineare Bildgestaltung, schwermütig; Themen des Leides u. des Todes.

Münchberg, bayer. Stadt in Oberfranken, 12000 E.; Textil- u. Granit-Ind.; Textilfachschule u. Abtlg. der Fachhochschule Coburg.

München, Landes-Hst. Bayerns u. Hst. des Reg.-Bez. Oberbayern, an der Isar, 518 m ü.M., 1,30 Mill. E.; Sitz des Erzbistums M. u. Freising, ev. Landesbischof; Univ.; Bundeswehrhochschule, TU, mehrere Max-Planck-Institute, Hochschulen für Musik u. für Fernsehen und Film, Akademie der Bildenden Künste, Akademie der Wiss., Haus der Kunst, Bayer. Nationalmuseum, Dt. Museum, Alte u. Neue Pinakothek, Glyptothek, Schackgalerie, Neue Staatsgalerie, Staatsbibliothek, Staatsoper, Cuvilliéstheater, Schlösser Nymphenburg u. Schleißheim; Bundesfinanzhof, Bundespatentamt. Spätgotischer Liebfrauendom (1468/88); Alter Peter (älteste Pfarrkirche, 1181); Residenz (16.–19. Jh.), Altes (1470) und Neues Rathaus (19. Jh.); vielseitige Ind.: Brauereien, Verlage, Fahrzeug- u. Maschinenbau; Börse. – Wohl eine Gründung Tegernseer Mönche, 1158 v. Heinrich dem Löwen zur Stadt erhoben; seit dem 13. Jh. Residenz der Wittelsbacher; seit 1821 Erzbistum M. u. ↗Freising; durch Kg. Ludwig I. u. seine Nachfolger wurde M. zur Stadt der Wiss. u. Kunst. **M.er Abkommen,** 1938 Vertrag zw. Hitler, Chamberlain, Daladier u. Mussolini, der die Abtretung der sudetendt. Gebiete an Dtl. verfügte u. eine Garantie der Rest-Tschechoslowakei durch Fkr. u. Engl. beinhaltete.

Münchhausen, 1) *Börries* Frh. v., Nachfahre v. 2), dt. Lyriker, 1874–1945; *Balladen; Idyllen* u. *Lieder.* **2)** *Karl Friedrich Hieronymus* Frh. v., 1720–97; schildert als „Lügenbaron" seine Feldzüge u. Fahrten.

Münchinger, *Karl,* dt. Dirigent, * 1915; Leiter des von ihm 45 gegründeten Stuttgarter Kammerorchesters.

Mund, *M.höhle,* Eingang in den Verdauungskanal, begrenzt oben v. Gaumen, vorn u. seitlich v. den Zähnen, hinten v. Rachenring. *Mundkrankheiten:* ↗Hasenscharte, ↗Wolfsrachen, M.fäule.

Mundart, *Dialekt,* orts-, zeit- u. sozialgebundene (Volks-)Sprache, die sich v. geregelter Schrift- od. Einheitssprache abhebt, aber v. ihr, ebenso wie v. den angrenzenden M.en, dauernd beeinflußt wird; die M.en unterscheiden sich durch lautl. u. formale Verschiedenheiten, in Sprachmelodie, Wortschatz u. Satzbau. **M.dichtung,** die in der Mundart verfaßte, volksnahe Dichtung.

Munda-Völker, Völkergruppe im nordöstl. Vorderindien, auch in Hinterindien, benannt nach dem Stamm der *Munda.*

Mundbeatmung, künstl. Beatmung, bei der der Retter seine ausgeatmete Luft dem Verunglückten einbläst, auch als *Atemspende* bezeichnet. ☐ 241.

Mündel m od. s, unter Vormundschaft od. Pflegschaft stehende Person jeden Alters. **m.sichere Papiere,** festverzinsl. Wertpapiere, die sicher wie M.gelder (v. Vormund verwaltetes Kapitalvermögen eines M.) angelegt sind: u. a. Pfandbriefe u. Schuldverschreibungen kommunaler Körperschaften u. Kreditanstalten.

Münden, *Hannoversch M.,* niedersächs. Stadt an der Vereinigung v. Werra u. Fulda zur Weser (Hafen), 26100 E.; Sitz der forstl. Fakultät der Univ. Göttingen; Rathaus (14./17. Jh.), Welfenschloß (1070); vielseitige Ind.: Schmirgel, Cellulose, Chemikalien.

Münder, *Bad M. am Deister,* niedersächs. Stadt u. Heilbad, 19800 E.; Heilquellen.

Mundharmonika, Volksmusikinstrument mit kleinen Metallzungen, die beim Atmen schwingen; in allen Erdteilen verbreitet.

Mündigkeit ↗Volljährigkeit.

Mundraub, Entwendung v. Nahrungs- u. Genußmitteln, gering nach Wert oder Menge, zum alsbald. Verbrauch; gilt als Übertretung.

Mundschenk, *Schenk,* im Fränk. Reich mit der Aufsicht über königl. Keller u. Weinberge betrauter Beamter; im alten Dt. Reich eines der ↗Erzämter.

Mundstück, bei einem Blasinstrument die zw. die Lippen genommene od. an die Lippen gepreßte Anblasvorrichtung, deren Konstruktion den Klang entscheidend beeinflußt.

Mungo m, Schleichkatze; in Vorderindien u. Ceylon; Schlangen- u. Rattenvertilger.

Munizipium s (lat.), (Stadt-)Gemeindeverwaltung.

K. F. H.
von Münchhausen

Mundstücke verschiedener Blasinstrumente **1** Kessel-M. des Waldhorns, **2** Trichter-M. der Trompete, **3** M. der Blockflöte, **4** M. der Klarinette und **5** des Fagotts (wie bei der Oboe), beide sog. Rohrblatt-M.e

Münsingen, württ. Stadt auf der Alb, 11 300 E.; Truppenübungsplatz.

Munster, niedersächs. Stadt in der Lüneburger Heide (Kr. Soltau), 18 200 E.; nahebei der Truppenübungsplatz *Munsterlager*.

Münster *s* (v. lat. monasterium = Kloster), fr. Bz. für ganze Kloster- u. Stiftsanlagen; heute Bischofs- u. Stiftskirchen. ↗Dom.

Muräne:
Muraena helena,
bis 1,5 m lang

Münster, 1) *M. in Westfalen,* Hst. des Reg.-Bez. M., im Zentrum der *M.schen Bucht* u. am Dortmund-Ems-Kanal (Hafen), 268 000 E.; kath. Bischof; Univ., Fachhochschule, PH; romanischer Dom (12./13. Jh.), got. Lambertikirche (14./15. Jh.), got. Überwasserkirche (14./15. Jh.); Prinzipalmarkt; fürstbischöfl. Schloß (1767/79, jetzt Univ.); vielseitige Ind. – Hier u. in Osnabrück 1648 Abschluß des ↗Westfäl. Friedens. 2) *Bad M. am Stein-Ebernburg,* Kurort an der Nahe, südl. v. Bad Kreuznach, 3600 E.; Burgruine Rheingrafenstein; 8 radioaktive Solquellen.

Sebastian Münster

Münster, *Sebastian,* deutscher Kosmograph, 1488–1552; schrieb die erste dt. Länderkunde.

Münstereifel, *Bad M.,* rhein. Stadt u. Kneippkurort in der Nordeifel, an der Erft, 14 800 E.; roman. Basilika (9.–10. Jh.); Radioteleskop. ☐ 789.

Munt *w,* ein Zentralbegriff des german. Rechts, die Schutzgewalt u. Schutzpflicht des Hausvaters od. der väterl. Sippe über die Hausgenossen; auch die Gewalt eines Grundherrn über Hörige, die Vogtei über Kirchen u. Klöster.

Münter, *Gabriele,* dt. Malerin u. Graphikerin, 1877–1962; Mitgl. des ↗Blauen Reiters; Landschaften, Stilleben, Porträts.

Munthe, *Axel,* schwed. Arzt u. Schriftsteller, 1857–1949; schrieb auf Capri *Das Buch von San Michele.*

Thomas Müntzer

Müntzer (*Münzer*), *Thomas,* dt. Theologe u. Revolutionär, um 1490–1525; erst Freund, dann Gegner Luthers; als einer der Führer im Bauernaufstand hingerichtet.

Münze *w* (lat.), geprägtes Metallstück in Scheibenform, auch die Stätte, an der M.en hergestellt werden (*Münzstätte*), die durch Kennbuchstaben auf der M. bezeichnet ist. Die M. ist ↗Scheide-M. od. Gedenk-M. Gesamtgewicht der M. ist das *Rauhgewicht* od. *Schrot, Feingewicht* das Gewicht der Edelmetalle darin, *Korn* das vorgeschriebene Verhältnis zw. beiden. Münzmetalle: Gold, Silber, meist mit härtenden Zusätzen, für kleinere vor allem Kupfer. **Münzfälschung** ↗Falschgeld. **Münzfernsprecher,** ein meist öff. aufgestellter Fernsprecher, der eine Verbindung erst nach Münzeinwurf ermöglicht; auch für die Fernwahl. **Münzfuß,** das Verhältnis der Anzahl von Rechnungseinheiten einer Währung zur Gewichtseinheit des betr. Währungsmetalls. **Münzgewinn,** der ↗Schlagschatz. **Münzhoheit,** das aus-

Münzstätte
Münzbuchstaben der BRD
D München
F Stuttgart
G Karlsruhe
J Hamburg

schließl. Recht des Staates, das Münzwesen zu regeln; umfaßt auch das Recht, Münzen zu prägen od. prägen zu lassen *(Münzregal).*

Münzkabinett, Münzsammlung. **Münzkonvention,** Vertrag zw. Staaten bes. über den ↗Münzfuß u. die gegenseit. Aufnahme der Münzen. **Münzkunde,** *Numismatik w,* die Wiss. v. den Münzen u. der Münzgeschlchte.

Mur, *Mure w,* Schutt- u. Schlammstrom.

Mur *w,* slowen. *Mura,* l. Nebenfluß der Drau, 440 km lang; bildet teilweise die Grenze zw. Jugoslawien u. Östr.

Muräne *w,* aalartiger Raubfisch mit giftigem Biß; Speisefisch.

Murasaki Shikibu, japan. Hofdame; begr. um 1000 mit ihren *Erzählungen vom Prinzen Genji* die japanische Kunstprosa.

Murat (: mürа), *Joachim,* frz. Reitergeneral, 1767–1815 (erschossen); Schwager Napoleons I., 1808/15 Kg. v. Neapel; Oberbefehlshaber im Rußlandfeldzug; 13/15 auf seiten Österreichs.

Muratori, *Ludovico Antonio,* it. Historiker, 1672–1750; schuf verschiedene Sammlungen it. Geschichtsquellen.

Murcia (: murßia), südostspan. Prov.-Hst. im Tal der Segura, 275 000 E.; Univ.; Bischof; got. Kathedrale mit Barockfassade; Seidenwebereien.

Murg *w,* 96 km langer r. Nebenfluß des Oberrheins; mündet unterhalb Rastatt. Oberhalb Forbach die *M.-Schwarzenbach-Talsperre* (14,3 Mill. m³).

Murger (: mürschär), *Henri,* frz. Schriftsteller, 1822–61; Roman *Bohème* (v. Puccini vertont).

Murillo (: -rljo), *Bartolomé Esteban,* span. Maler, 1617–82; bedeutender Maler des Barock; lyr., religiöse Darstellungen (*Unbefleckte Empfängnis, Madonnen* usw.) u. wirklichkeitsnahe Volksszenen (*Bettelbuben, Melonenesser*).

B. E. Murillo: „Unbefleckte Empfängnis"

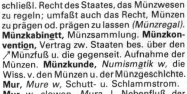

Musicals

In Klammern Name des oder der Komponisten und Jahr der Uraufführung

Anatevka (Fiddler on the Roof) (J. Bock; 1964)
Annie Get Your Gun (I. Berlin; 1946)
Anything Goes (C. Porter; 1934)
Babes in Arms (R. Rodgers, L. Hart; 1937)
Bells are Ringing (J. Styne; 1956)
Bloomer Girl (H. Arlen; 1944)
The Boys from Syracuse (R. Rodgers, L. Hart; 1938)
Brigadoon (F. Loewe; 1947)
Cabaret (J. Kander; 1966)
Camelot (F. Loewe; 1960)
Can Can (C. Porter; 1953)
Candide (L. Bernstein; 1956)
Carousel (R. Rodgers, O. Hammerstein; 1945)
Charleys neue Tante (L. Olias; 1965)
Do Re Mi (J. Styne; 1960)
Fade Out, Fade In (J. Styne; 1964)
Fanny (H. Rome; 1954)
Feuerwerk (P. Burkhard; 1950)
Flower Drum Song (R. Rodgers, O. Hammerstein; 1958)
Funny Girl (J. Styne; 1964)
Gentlemen Prefer Blondes (J. Styne; 1949)
Girl Crazy (G. Gershwin; 1930)
Guys and Dolls (F. Losser; 1950)
Gypsy (J. Styne; 1959)
Hair (G. MacDermot; 1967)
Hello Dolly (J. Herman; 1964)
How to Succeed in Business Without Really Trying (F. Loesser; 1961)
I Can Get it for You Wholesale (H. Rome; 1962)
I Do! I Do! (H. Schmidt; 1966)

Irma la Douce (M. Monnot; 1956)
Jamaica (H. Arlen; 1957)
The King and I (R. Rodgers, O. Hammerstein; 1951)
Kiss Me, Kate (C. Porter; 1948)
Lady in the Dark (K. Weill; 1941)
Lost in the Stars (K. Weill; 1949)
Miss Liberty (I. Berlin; 1949)
Mr. President (I. Berlin; 1962)
The Most Happy Fella (F. Loesser; 1956)
The Music Man (M. Willson; 1957)
My Fair Lady (F. Loewe; 1956)
No, No, Nanette (V. Youmans; 1925)
Of Thee I Sing (G. Gershwin; 1931)
Oklahoma (R. Rodgers, O. Hammerstein; 1943)
Oliver (L. Bart; 1960)
One Touch of Venus (K. Weill; 1943)
On the Town (L. Bernstein; 1944)
On Your Toes (R. Rodgers, L. Hart; 1936)
Paint Your Wagon (F. Loewe; 1951)
Pal Joey (R. Rodgers, L. Hart; 1940)
Prairie-Saloon (L. Olias; 1958)
Show Boat (J. Kern; 1927)
The Sound of Music (R. Rodgers, O. Hammerstein; 1959)
South Pacific (R. Rodgers, O. Hammerstein; 1949)
Street Scene (K. Weill; 1947)
Subways are for Sleeping (J. Styne; 1961)
40 Grad im Schatten (H. Schmidt; 1963)
West Side Story (L. Bernstein; 1957)
Wonderful Town (L. Bernstein; 1953)

Müritz w, größter See der Mecklenburgischen Seenplatte, 117 km², 33 m tief.

Murmanbahn, elektr. Bahn v. Leningrad nach Murmansk, 1752 km lang.

Murmansk, eisfreier sowjet. Hafen an der Nordküste der Halbinsel Kola, 381 000 E.; nördl. Endpunkt der Murmanbahn. Eismeerfischerei, Werften, Docks. Institut für Ozeanographie.

Murmeltier, Nagetier der Hochgebirge; bewohnt selbstgegrabene Höhlen. Alpen-M., ↗Präriehund, ↗Ziesel.

Murner, *Thomas,* elsäss. Satiriker u. Prediger (Minorit), 1475–1537; humanist. gebildet, Schüler Brants; kämpfte um kath. Reform u. gg. die Reformation. *Narrenbeschwörung, Schelmenzunft* u. a.

Murray m (: mạrĭ), größter Strom Australiens, 2570 km lang; mündet bei Wellington (SO-Küste); Wasserkraftwerke.

Murrhardt, württ. Stadt u. Luftkurort, an der Murr, 13 400 E.; Plastik-Ind.

Murten, Bez.-Hst. im Schweizer Kt. Freiburg, am *M.see,* 4200 E.; Metall-Ind. – 1476 Sieg der Schweizer über Karl den Kühnen v. Burgund.

Mürzzuschlag, steir. Stadt u. Kurort am Fuß des Semmerings, 679 m ü. M., 12 000 E.; Eisenindustrie.

Musaget m (gr. = Führer der Musen), Beiname ↗Apollos.

Musäus, *Musaios,* griech. Dichter, um 500; Epos *Hero und Leander* (Stoff für Grillparzers „Des Meeres u. der Liebe Wellen").

Musäus, *Johann Karl,* dt. Schriftsteller, 1735–1787; Romane; Volksmärchen.

Muschelkalk, mittlere Abteilung der Trias-

Formation; vorwiegend Flachmeerablagerungen; mächtige Kalke. ☐ 237.

Muschelkrebs, in zweiklappiger Schale eingeschlossenes Krebschen, bis 1 mm groß.

Muscheln, kopflose ↗Mollusken mit zweiklappiger Schale, die durch 1 od. 2 starke Schließmuskeln verschlossen werden kann, leben v. Plankton, das sie mit feinen Flimmern filtrieren, bohren sich in Sand od. Holz ein; *Herz-, Fluß-, Perl-M.* u. a.; eßbar ↗Austern u. ↗Mies-M.

Muschik m, russ. Kleinbauer.

Muselman, fälschl. Bz. für ↗Muslim.

Musen, 9 griech. weibl. Gottheiten der Künste u. Wissenschaften.

Musenalmanach m, jährl. erscheinende Lit.-Sammlung; so der frz. „Almanac des Muses"; seit 1770 in Dtl. heimisch der *Göttinger M.* u. der 1796/1800 v. Schiller herausgegebene M.

Museum s (gr.), Sammlung v. Gegenständen der Kunst, Gesch., Kulturgesch., Völkerkunde, Naturwiss., Technik, auch das Gebäude hierfür. Die Form des modernen M. entwickelte sich seit dem 19. Jh. aus privaten, oft fürstl. Sammlungen.

Musical s (: mjußik^el), singspiel- u. revueartiges Bühnenstück aus den USA, seit einigen Jahrzehnten auch in Europa eingeführt (Nachfolge der Operette); häufig Bearbeitungen v. Dramen.

Musik (gr.), eine nach bestimmten Gesetzen geordnete Folge v. Tönen. Das Verhältnis v. langen Tönen zu kurzen, v. hohen Tönen zu tiefen läßt sich durch Zahlen ausdrücken. Musik verläuft in der Zeit. Die Ordnung wird in der Form klar u. deutbar. Die Form bilden

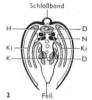

Muscheln:
1 Längs- u. 2 Querschnitt durch M.

A Ausfuhröffnungen
E Einfuhröffnungen
D Darm
H Herz
L Leber
M Magen
K Keimdrüsen
Ki Kiemen
Mu Mund
Nv Nerven
N Nieren
S Muskel

Die Neun Musen

Erato *(Liebesdichtung)*
Euterpe *(Musik)*
Kalliope *(ep. Dichtung)*
Klio *(Geschichte)*
Melpomene
  (Tragödie)
Polyhymnia
  (feierlicher Gesang)
Terpsichore *(Tanz)*
Thalia *(Komödie)*
Urania *(Astronomie)*

Musik des Abendlandes

Mittelalter

Gregorian. Choral gesammelt (um 600)
Notker der Stammler (um 840–912)
Hucbald (um 840–930)
Tutilo (um 850 913)
Guido von Arezzo (um 992–1050)
Bertran de Born (um 1140–1215)
Walther von der Vogelweide (um 1170 bis nach 1229)
Carmina Burana (12./13. Jh.)
Perotin (um 1225)
Franco von Köln († 1247)
Adam de la Halle (um 1237 – um 1287)
Leonin (um 1275)

Renaissance

Philippe de Vitry (1291–1361)
Guillaume de Machault (um 1300–1377)
F. Landini (um 1335–1397)
J. Ciconia (um 1335–1411)
J. Dunstable (um 1380–1453)
G. Binchois (um 1400–60)
G. Dufay (um 1400–74)
G. Binchois (um 1400–60)
C. Paumann (1409–73)
J. Ockeghem (um 1435–1521)
J. Desprez (um 1435–1521)
H. Finck (1445–1527)
H. Isaac (um 1450–1517)
J. Obrecht (um 1450–1505)
P. Hofhaymer (1459–1546)
M. Luther (1483–1546)
L. Senfl (um 1490–1543)
A. Willaert (um 1490–1562)
H. Sachs (1494–1576)
Ch. de Morales (um 1500–53)
A. de Cabezón (1510–66)
A. Gabrieli (um 1510–86)
G. P. da Palestrina (um 1525–94)
O. di Lasso (1532–94)
W. Byrd (1543–1623)
G. Caccini (um 1550 1618)
L. Lechner (um 1553–1606)
G. Gabrieli (1557–1613)
Th. Morley (1557–1603)
J. Peri (1561–1633)
J. Dowland (1562–1626)
J. P. Sweelinck (1562–1621)

J. Bull (1563–1628)
H. L. Haßler (1564–1612)

Barock

C. Monteverdi (1567–1643)
M. Praetorius (1571–1621)
G. Frescobaldi (1583–1643)
O. Gibbons (1583–1625)
H. Schütz (1585–1627)
J. H. Schein (1586–1630)
S. Scheidt (1587–1654)
F. Cavalli (1602–76)
J. Ch. Chambonnières (um 1602 – um 1672)
H. Albert (1604–51)
G. Carissimi (1605–74)
J. J. Froberger (1616–67)
M. Cesti (1623–69)
J. B. Lully (1632–87)
A. Krieger (1634–66)
D. Buxtehude (1637–1707)
A. Stradella (1642–82)
H. I. F. Biber (1644–1704)
A. Corelli (1653–1713)
J. Pachelbel (1653–1706)
H. Purcell (1659–95)
J. J. Fux (1660–174 ?)
J. Kuhnau (1660–1722)
A. Scarlatti (1660–1725)
F. Couperin (1668–1733)
A. Vivaldi (1669–1741)
A. Caldara (um 1670–1736)
A. C. Destouches (1672–1749)
G. Ph. Telemann (1681–1767)
J. Ch. Graupner (1683–1760)
J. Ph. Rameau (1683–1764)
J. S. Bach (1685–1750)
G. F. Händel (1685–1759)
D. Scarlatti (1685–1757)
J. J. Quantz (1697–1773)
G. B. Sammartini (1698–1775)
J. A. Hasse (1699–1783)

Frühklassik u. Klassik

C. H. Graun (1703–59)
F. X. Richter (1709–89)
F. Bach (1710–84)
G. Pergolesi (1710–36)
Ph. E. Bach (1714 88)
Ch. W. Gluck (1714–87)
G. H. Wagenseil (1715–77)
J. Stamitz (1717–57)
J. A. Hiller (1728–1804)
N. Piccini (1728–1800)
J. Ch. Cannabich (1731–98)
J. Haydn (1732–1809)

K. Ditters von Dittersdorf (1739–99)
G. Paisiello (1740–1816)
L. Boccherini (1743–1805)
D. Cimarosa (1749–1801)
J. F. Reichardt (1752–1814)
W. A. Mozart (1756–91)
C. F. Zelter (1758–1832)
S. Cherubini (1760–1842)
L. van Beethoven (1770–1827)
G. Spontini (1774–1851)

Romantik

C. Kreutzer (1780–1849)
F. Auber (1782–1871)
L. Spohr (1784–1859)
C. M. von Weber (1786–1826)
G. Meyerbeer (1791–1864)
G. Rossini (1792–1868)
H. Marschner (1795–1861)
K. Loewe (1796–1869)
G. Donizetti (1797–1848)
F. Schubert (1797–1828)
C. G. Reißiger (1798–1859)
J. F. Halévy (1799–1862)
V. Bellini (1801–35)
A. Lortzing (1801–51)
A. Ch. Adam (1803–56)
H. Berlioz (1803–69)
M. Glinka (1804–57)
F. Mendelssohn-Bartholdy (1809–47)
F. Chopin (1810–49)
O. C. E. Nicolai (1810–39)
R. Schumann (1810–56)
F. Liszt (1811–86)
A. Thomas (1811–96)
F. v. Flotow (1812–83)
G. Verdi (1813–1901)
R. Wagner (1813–83)
N. W. Gade (1817–90)
Ch. Gounod (1818–93)
S. Moniuszko (1819–72)
J. Offenbach (1819–80)
F. von Suppé (1819–95)
C. Franck (1822–90)
A. Bruckner (1824–96)
P. Cornelius (1824–74)
F. Smetana (1824–84)
J. Strauß Sohn (1825–99)
A. P. Borodin (1833–87)
J. Brahms (1833–97)
C. Saint-Saëns (1835–1921)
M. A. Balakirew (1836–1910)
G. Bizet (1838–75)
M. Bruch (1838–1920)
M. Mussorgskij (1839–81)

P. Tschaikowskij (1840–93)
A. Dvořák (1841–1904)
J. Massenet (1842–1912)
K. Millöcker (1842–99)
A. Sullivan (1842–1900)
E. Grieg (1843–1907)
N. A. Rimskij-Korssakow (1844–1908)
L. Janáček (1854–1928)
R. Leoncavallo (1858–1913)
G. Puccini (1858–1924)
I. Albéniz (1860–1909)
G. Charpentier (1860–1956)
G. Mahler (1860–1911)
I. J. Paderewski (1860–1941)
H. Wolf (1860–1903)
E. MacDowell (1861–1908)
H. Kaun (1863–1932)
P. Mascagni (1863–1945)
E. d'Albert (1864–1932)
R. Strauss (1864–1949)
J. Sibelius (1865–1957)
F. Busoni (1866–1924)
E. A.-L. Satie (1866–1925)
E. Granados (1867–1916)
H. Pfitzner (1869–1949)
A. Roussel (1869–1937)
V. Novák (1870–1949)
M. Reger (1873–1916)

Impressionismus

C. Debussy (1862–1918)
F. Delius (1862–1934)
A. N. Skrjabin (1872–1915)
M. Ravel (1875–1937)
M. de Falla (1876–1946)
O. Respighi (1879–1936)
C. M. Scott (1879–1970)

Neue Musik

R. V. Williams (1872–1958)
S. W. Rachmaninow (1873–1943)
R. Glière (1874–1956)
Ch. E. Ives (1874–1954)
A. Schönberg (1874–1951)
E. von Dohnányi (1877–1960)
J. Haas (1879–1960)
E. Bloch (1880–1959)
B. Bartók (1881–1945)
Z. Kodály (1882–1967)
G. F. Malipiero (*1882)
I Strawinsky (1882–1971)
K. Szymanowski (1882–1937)
J. M. Hauer (1883–1959)
A. von Webern (1883–1945)
A. Berg (1885–1935)
E. Varèse (1885–1965)

E. Wellesz (1885–1974)
O. Schoeck (1886–1957)
F. Martin (1890–1974)
B. Martinu (1890–1959)
J. B. Hilber (* 1891)
S. S. Prokofjew (1891–1953)
A. Honegger (1892–1955)
D. Milhaud (1892–1974)
A. Hába (* 1893)
R. R. Bennet (* 1894)
P. Dessau (* 1894)
J. N. David (* 1895)
P. Hindemith (1895–1963)
C. Orff (* 1895)
R. Sessions (* 1896)
J. Weinberger (1896–1967)
G. Gershwin (1898–1937)
F. Poulenc (1899–1963)
G. Antheil (1900–59)
A. Bush (* 1900)
A. Copland (* 1900)
H. Reutter (* 1900)
K. Weill (1900–50)
H. E. Apostel (1901–72)
W. Egk (* 1901)
E. Popping (* 1901)
B. Blacher (1903–75)
A. I. Chatschaturjan (1903–78)
L. Dallapiccola (1904–75)
K. A. Hartmann (1905–63)
A. Jolivet (* 1905)
M. Tippett (* 1905)
D. Schostakowitsch (1906–75)
G. Bialas (* 1907)
W. Fortner (* 1907)
H. Distler (1908–42)
O. Messiaen (* 1908)
S. Barber (* 1910)
R. Liebermann (* 1910)
P. Schaeffer (* 1910)
H. Sutermeister (* 1910)
G. C. Menotti (* 1911)
J. Cage (* 1912)
J. Français (* 1912)
B. Britten (1913–76)
H. Searle (* 1915)
K.-B. Blomdahl (1916–68)
L. Bernstein (* 1918)
G. von Einem (* 1918)
B. Maderna (1929–73)
G. Wimberger (* 1923)
G. Klebe (* 1925)
H. W. Henze (* 1926)
R. Kelterborn (* 1931)
K. Penderecki (* 1933)

Elektronische Musik

H. Eimert (1897–1972)
E. Křenek (* 1900)
W. Lutoslawski (*1913)
G. Ligheti (* 1923)
L. Nono (* 1924)
L. Berio (* 1925)
P. Boulez (* 1925)
K. Stockhausen (* 1928)
H. Pousseur (* 1929)
M. Kagel (* 1931)
W. Hiller (* 1941)

**Musik-
instrumente**

Idiophone (Selbstklinger):
Becken, Kastagnetten
Triangel, Xylophon, Vibraphon
Gefäßrasseln, Schellenbaum
Schnarren

Becken (Cymbal)

Triangel
mit
Schlegel

Rassel

Holzrohrtrommel
mit Schlegel

Kastagnetten

(Rumbakugel)

Sambaratsche

Membranophone (Fellklinger): Trommeln, Pauken, Reib- und Klirrtrommeln

Kleine
Trommel
(Wirbel-
trommel)

Violine

Gitarre

Chordophone (Saitenklinger):
Zither, Cembalo, Hammerklavier
Violen, Violinen
Gitarren, Mandolinen, Lauten,Harfe

Kubanische Conga

Signalhorn

Mandolin-
banjo

Klarinette (mit aufgesetzter Kapsel)

Jazztrompete

Oboe

Alt-Blockflöte

Konzert-Piccolo (Metall)

Aerophone (Luftklinger):
Signalhörner, Waldhörner (Natur- u. Ventilhörner)
Trompeten, Posaunen · Blockflöten, Querflöten
Oboen, Fagotte · Klarinetten, Saxophone
Dudelsack · Orgel
Harmonium, Hand- und Mundharmonika

Rhythmus, Melodie, Harmonie, Lautstärke, Tempo, Klangfarbe, Tonlage, also die Kompositionsmittel. Die Form gestalten Wiederholung, Aneinanderreihung, Fortspinnung, Gegenüberstellung, also die Verbindung v. ähnl. u. gegensätzl. Formteilen. Ihre Gestalt wechselt mit der Anschauung, die der Mensch von ihr hat, u. der Aufgabe, die er ihr zuweist. Dies äußert sich in der Auswahl der Töne aus der unendl. Fülle des Tonmaterials, im techn. Stand der Tonwerkzeuge u. ihrer Auswahl sowie im Wandel der Formen. Vom christl. MA, dem die Lehre v. der M. grundlegendes Bildungsgut war u. das die M. einteilte in *Musica mundana* (Sphärenmusik), *Musica humana* (die Harmonie des Menschen) u. *Musica instrumentalis* (die wirklich erklingende M.), bis zur heutigen Trennung v. kirchl., ernster u. Unterhaltungs-M. haben sich die Anschauung der M. u. diese selbst vielfach gewandelt. **Musikalität** w, das unreflektierte Empfinden für musikal. Vorgänge; *i. e. S.:* die besondere Eignung zum Ausüben v. Musik,

Robert Musil

Muskelfaser-
bündel — Muskel-
faser
Blut-
gefäß — Binde-
gewebe
2 \ Sehne a

Plasma — Fibrillen-
bündel
Faser-
haut — Myo-
fibrille
— Kern
Nerv b

3

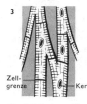

Zell-
grenze — Kern

Muskel: 1 glatter M.;
2 quergestreifter M.,
a Teilansicht, b Aufbau der einzelnen
Fasern; 3 Herzmuskelfasern im Längsschnitt

Musterung
Tauglichkeitsgrade in
der Bundeswehr:
tauglich (I, II, III)
beschränkt tauglich
(IV)
vorübergehend untauglich (V)
dauernd untauglich
(VI)

zum Reproduzieren musikal. Vorgänge od.
die Fähigkeit zur ästhet. Wertung v. Musik.
Musikdrama s, eigentl. jede Oper, seit R.
Wagner das durchkomponierte, Text, Musik
u. Bühnenbild zu einer künstlerischen Einheit verschmelzende Werk.
Musikhochschulen, staatl. Einrichtungen,
unterrichten in Gesang, Instrumentalspiel
u. anderen Disziplinen der Musik. ☐ 395.
Musikinstrumente, Vorrichtungen zur Erzeugung v. Tönen mit fixierbarer Tonhöhe,
v. Klängen, die aus verschiedenen Tönen
zusammengesetzt sind, u. v. Geräuschen,
die, rhythm. geordnet, musikal. verwertbar
sind. Die frühere Einteilung unterschied
nach Erregungsart zw. *Blas-, Saiten-*
(Streich- u. Zupf-) u. *Schlaginstrumenten,*
eine neuere Systematik nach der Beschaffenheit des (primär) schwingenden Materials zw. *Idio-, Membrano-, Chordo-, Aero-*
u. *Elektrophonen.*
Musil, *Robert,* östr. Schriftsteller, 1880 bis
1942; mit dem großangelegten Roman *Der
Mann ohne Eigenschaften* einer der bedeutendsten Romanciers dieses Jh.; zeitkrit.,
mit philosoph.-essayist. Einschlag. Tagebücher, Aufsätze, Erzählungen.
musisch (gr.), für die Künste begabt.
musivische Arbeit ↗Mosaik.
Musivsilber, Bronzefarbe aus Zinn-Wismut-Amalgam, *Musivgold* aus Zinndisulfid.
Muskarin, gift. Alkaloid des Fliegenpilzes.
Muskateller m, Traubensorte mit großen
Beeren; daraus die würzigen *M.weine.*
Muskatnuß, trop. Baum (auf den Molukken); steinharte Samen als Gewürz.
Muskau, sächs. Stadt an der Neiße (Bez.
Cottbus), 6000 E.; Renaissanceschloß der
Fürsten Pückler (im 2. Weltkrieg zerstört).
Muskel m (lat.), faseriges Körpergewebe bei
Mensch u. Tier, das durch Zusammenziehen u. Erschlaffen die aktive Bewegung bewirkt. 2 Arten: *Quergestreifter M.* (Skelettu. Herz-M.), *Glatter M.* (Eingeweide-M.).
☐ 615. **M.dystrophie** w (gr.), Funktionsschwäche des M. durch Atrophie u. Gewebsumbildung. **M.kater,** *M.schmerzen,*
durch starke Inanspruchnahme der M.n.
M.rheumatismus, schmerzhafte M.erkrankung, verstärkt sich bei Druck u. Bewegung.
M.schwund, *Atrophie,* beruht auf Verminderung der Zahl der M.fasern, vor allem bei
Nichtgebrauch u. als Alterserscheinung.
M.starre ↗Leichenstarre. **M.zerrung,** Überdehnung durch plötzl. Überanstrengung.
Muskete w (frz.), Gewehr mit Luntenschloß,
seit dem 16. Jh. **Musketier** m, fr. der mit einer Muskete bewaffnete Soldat, allg. der Infanterist.
Muskowit m, ein ↗Glimmer.
Muskulatur w (lat.), die Gesamtheit der
↗Muskeln. ☐ 615.
Muslim m (arab. = der sich Gott Hingebende), Selbst-Bz. der Anhänger des ↗Islams; sprachl. unkorrekt die Bz. *Moslem,*
sachl. unkorrekt *Mohammedaner.*
Musselin m (frz.), zarter u. leichter ↗Kattun.
Musset (: müßä), *Alfred de,* frz. Schriftsteller der Romantik, 1810–57; Liebesverhältnis
zu George Sand, gespiegelt in seiner Lyrik.
Verserzählungen, Dramen.

Benito Mussolini   Modest Mussorgskij

Mussolini, *Benito,* it. Politiker, 1883–1945;
urspr. radikaler Sozialist, 1914 Gründer einer Kampfzeitung; begr. 1919 den ↗Faschismus und wurde 22 als dessen Führer
(Duce) it. Min.-Präs.; gewann trotz diktator.
Herrschaft durch innenpolit. Leistungen u.
durch eine zunächst friedl. Außenpolitik das
Vertrauen des In- u. Auslandes; wurde
durch die bedenkenlose Annexionspolitik
seit 35 (↗Italien) gezwungen, auf dt. Seite
in den 2. Weltkrieg einzutreten; geriet immer mehr in Abhängigkeit v. Hitler. 43 v. Kg.
gestürzt u. verhaftet, v. den Dt. befreit, rief
die „Soziale Republik" aus (oft als „Republik v. Salò" bez.); auf der Flucht nach der
Schweiz v. Partisanen erschossen.
Mussorgskij, *Modest,* russ. Komponist,
1839–1881; Vertreter der „russ. Schule",
Vorläufer des Impressionismus. Musikdrama *Boris Godunow;* Klavierwerke: *Bilder einer Ausstellung* u. a.
Mustafa, 4 türk. Sultane: **M. II.,** 1695/1703;
verlor 1699 im Frieden v. Karlowitz u. a. den
größten Teil Ungarns.
Mustag Ata, Gipfel des ↗Pamir, 7546 m.
Mustang m, verwildertes am. Pferd.
Musterschutz, *Modellschutz,* alle Rechtssätze für den Schutz v. *Gebrauchsmustern*
(Neuerung an Arbeitsgeräten oder an Gebrauchsgegenständen, die techn. Fortschritt in Gestaltung, Anordnung od. Vorrichtung darstellt) u. *Geschmacksmustern*
(gewerbl. Muster u. Modelle, die neu u. eigentüml. sind) gegen Nachahmung; Gebrauchsmuster-Ges. v. 1961, i.d.F. v. 1965
(Höchstdauer des Schutzes 6 Jahre), Geschmacksmuster-Ges. v. 1876 (Höchstdauer
des Schutzes 15 Jahre).
Musterung, Untersuchung der Wehrpflichtigen auf Tauglichkeit für den Wehrdienst.
Mutation w (lat.), **1)** eine spontan auftretende richtunglose Änderung des Erbguts.
M.en in der Natur gelten als Grundlage für
die stammesgeschichtl. Entstehung neuer
Rassen u. Arten. ↗Abstammungslehre. **2)**
↗Stimmbruch.
mutatis mutandis (lat.), mit den entsprechenden Änderungen (sonst gleich).
Muth, *Carl,* dt. Publizist, 1867–1944; Gründer u. 1903/41 Hrsg. der Zschr. *Hochland;*
förderte die dt. kath. Literatur.
Muthesius, *Hermann,* Architekt des Jugendstils, 1861–1927; Begr. des ↗Werkbunds.
mutieren (lat.), Stimmwechsel, Stimmbruch erleiden. **Mutismus,** *Mutazismus,*
Stummheit; bei Geisteskrankheiten.

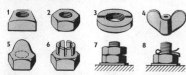

Mutter:
1 Vierkant-M.,
2 Sechskant-M.,
3 Schlitz-M., 4 Flügel-
M., 5 Hut-(Über-
wurf-)M., 6 Kronen-M.
Muttersicherungen:
7 Gegen-(Konter-)M.,
8 Splintsicherung

Mutsuhito, Ks. v. Japan, 1868/1912; unter ihm Entwicklung Japans zum modernen Rechtsstaat u. zur Großmacht. **Mutter,** ein Maschinenelement, zus. mit ⁄Schrauben verwendet. **Mutter,** die Frau, die ein Kind geboren hat. **Mütterberatung,** v. den kommunalen u. staatl. Gesundheitsämtern in meist eigenen *M.stellen* durchgeführte kostenlose Beratung in Fragen der Säuglings- u. Kleinkinderpflege. **Müttergenesungswerk,** v. Elly *Heuss-Knapp* gegr. gemeinnützige Stiftung (Sitz Stein bei Nürnberg) zur Erholung v. Müttern in eigenen Müttergenesungsheimen. **Muttergesellschaft,** ein Unternehmen, das verschiedene Zweig-*(Tochter-)* Unternehmen besitzt, die durch Kapitalverflechtung mit ihm verbunden sind. **Mutter Gottes** ⁄Maria. **Mütterhilfe,** *Mütterfürsorge,* wird für unterstützungsbedürftige Mütter durch die behördl. u. bes. die freie Wohlfahrtspflege durchgeführt: u. a. Beratung, Unterstützung durch Helferinnen, Kindergärten, Entbindungs- u. Erholungsheime. **Mutterkoller,** übermäßiger weibl. Geschlechtstrieb bei Tieren außerhalb der normalen Brunstzeit. **Mutterkorn,** gift. Schlauchpilz, schmarotzt auf Gräsern u. Getreide (bes. Roggen), enthält Ergotin, med. hauptsächl. zur Anregung od. Verstärkung v. Wehen. **Mutterkornvergiftung,** *Ergotismus,* ⁄Kribbelkrankheit. **Mutterkuchen,** *Placenta,* blutreiches Organ; vermittelt Stoffwechsel u. Atmung zw. Mutter u. Frucht, nach der Geburt ausgestoßen. **Mutterlauge,** nach Kristallisation eines Stoffes zurückbleibende Lösung. **Muttermal,** angeborene Mißbildung der Haut; Leberfleck, ⁄Feuermal. **Muttermilch,** Absonderung der weibl. Brustdrüsen in der Stillperiode; enthält alle für den Säugling notwend. Nährstoffe u. Abwehrstoffe gg. Krankheiten. **Muttermund,** Öffnung der ⁄Gebärmutter. **Mutterrecht,** bei Natur- u. Kulturvölkern, macht die Mutter für die Berechnung der Abstammung *(Mutterfolge)* u. für die Nachfolge im Besitz maßgeblich; während der Vater zur Familie seiner Mutter zählt, übernimmt der Bruder seiner Frau (Mutterbruder) die Erziehung der Kinder. Damit oft wirtschaftl. u. polit. Vorherrschaft der Mutter (Matriarchat, Ggs. ⁄Patriarchat). **Mutterring** ⁄Pessar. **Mutterschutz,** besteht in der BRD insbes. als Kündigungsschutz für werdende Mütter u. Mütter nach der Niederkunft (Beschäftigungsverbot im allg. 6 Wochen vor u. 8 nach der Niederkunft, außer wenn sich die Frau freiwillig zur Arbeit bereit erklärt) sowie im allg. gesetzl. Schutz der ⁄Frauenarbeit. Außerdem wird werdenden Müttern u. Wöchnerinnen nach dem M.gesetz Mutterschaftshilfe und Mutterschaftsgeld gewährt. ⁄Wochenhilfe. **Muttertag,** Tag der

Mutterkorn

Myron: Diskuswerfer (um 450 v. Chr.)

Mykene: Blick auf die innere Anlage

Ehrung der Mutter, in Dtl. am 2. Maisonntag. **Mutter Teresa** ⁄Teresa. **mutual,** *mutuell* (lat.), wechselseitig. **Mutung,** Gesuch an die Bergbehörde um Verleihung des Bergwerkseigentums. **Muzin** s, Stoff im Sekret der Schleimhaut- u. Speicheldrüsen. **MWD,** russ. Abk. für das Ministerium (bis 1946: Volkskommissariat) des Inneren der UdSSR. **Mycostatika** (Mz.), ⁄Antibiotika gg. Pilze u. Pilzerkrankungen. [dung. **Myelitis** w (gr.), ⁄Rückenmarksentzün-**My house is my castle** (: mai hauß is mai käßl), „mein Haus ist meine Burg", engl. Sprichwort für den Schutz der Wohnung gg. willkürl. Staatsgewalt. **Mykene,** griech. Burg u. Stadt im NO des Peloponnes, gab der griech. Kulturepoche vor der dor. Einwanderung den Namen; Burganlage mit ries. Mauern u. dem berühmten Löwentor, Schacht- u. Kuppelgräber; Ausgrabungen durch Schliemann. Die Träger der 2. Jahrt. v. Chr., verbunden mit den Kretern (1400 v. Chr. unter myken. Herrschaft), sind die Achäer Homers. ☐ 9. **Mykorrhiza** w (gr.), ⁄Symbiose zw. Waldbäumen u. Hutpilzen, die Baumwurzelspitzen umhüllen. **Mykosen** (Mz., gr.), alle durch höhere Pilze verursachten Krankheiten bei Mensch, Tier, Pflanze. **Mylord** (: m'lậᵣd, engl.), Anrede für einen ⁄Lord. **Mynheer,** *Mijnheer* (: menehr, holländ.), Anrede: Herr; mein Herr. **Myo...** (gr.), den Muskel betreffend. **Myokard** s, Herzmuskel. **Myokardinfarkt** m (gr.-lat.), ⁄Herzinfarkt. **Myokarditis** w, die Herzmuskelentzündung. **Myom** s (gr.), Muskelgeschwulst, bes. in der Gebärmutter. **Myopie** w (gr.), ⁄Kurzsichtigkeit. **Myrdal,** 1) *Alva,* schwedische Soziologin, Schriftstellerin u. Politikerin, * 1902; verheiratet mit 2); 70 Friedenspreis des Dt. Buchhandels. 2) *Gunnar,* schwed. Nationalökonom, Politiker u. Schriftsteller, * 1898; verheiratet mit 1); 1947/57 Leiter der Europ. Wirtschaftskommission (ECE) der UN; 70 Friedenspreis des Dt. Buchhandels. **Myriade** w (gr.), eig. 10000; Riesenzahl. **Myron,** griech. Bildhauer in Athen, zw.

Mythologie

Ägyptische Gottheiten

Amun, Amon	Götterkönig, Bringer des Lebenshauches
Anubis	Totengott
Aton	Sonnengott
Atum	Urgott und Weltschöpfer
Geb	Erdgott
Hathor	Himmels- u. Liebesgöttin (Kuhgestalt)
Horus	Himmelsgott u. Königsgott (Falkengestalt)
Isis	Muttergöttin
Nut	Himmelsgöttin
Osiris	Fruchtbarkeitsgott, Herrscher der Unterwelt
Ptah	Gott der Handwerker, später auch als Weltschöpfer verehrt
Re	Sonnengott
Schu	Luftgott
Seth	Herr der Wüste, Verkörperung des Bösen
Tefnut	Göttin d. Feuchtigkeit
Thot	Mondgott, Gott der Zeitrechnung und der Schreibkunst (mit Ibiskopf dargestellt)

Babylonisch-assyrische Gottheiten

Addad, Ramman	Gott des Sturmes, auch des Orakels
Anu	Göttervater
Assur	Stadtgott von Assur
Ea	Gott der Tiefe u. der Beschwörungen
Ellil, Bel	Gott der Sturmdämonen
Ereschkigal	Göttin der Unterwelt
Ischtar	Göttin der Liebe, der Wollust, des Kampfes und des Sieges
Marduk	Stadtgott von Babylon, später Götterherr und Weltschöpfer
Nabu, Nebo	Herold u. Schreiber der Götter, Gott der Sterndeuter, Schriftgelehrten, des Handels und des Verkehrs
Nergal	Gott der Unterwelt
Ninurta	Gott des Naturlebens, assyr. Kriegs- und Jagdgott
Schamasch	Sonnengott, himmlischer Richter und Orakelgeber
Sin	Mondgott, himmlischer Lenker u. Erleuchter

Germanische Gottheiten

Baldr, Baldur	Gott des Lichtes und des Frühlings, der Schönheit u. Weisheit
Bragi	Gott der Dichtkunst u. der Beredsamkeit
Donar, Thor	Gott des Donners
Forseti	Schirmer des Rechts
Freyr	Gott des Friedens und der Fruchtbarkeit
Freyja	Göttin der Schönheit u. der Liebe, Schirmherrin des Ackers u. der Feldfrüchte
Frija, Frigg	Göttin des häuslichen Herdes
Heimdall	Himmelsgott, Urvater des Menschengeschlechts
Hel	Göttin der Unterwelt
Idun	Hüterin der goldenen, ewige Jugend verleihenden Äpfel
Loki	Gott des Feuers, Dämon der Vernichtung und des Weltunterganges
Njörd	Gott der Schiffahrt, des Reichtums und der Fruchtbarkeit
Sif	Göttin der fruchtbaren Erde
Skuld	Norne der Zukunft
Tyr, Ziu	urspr. oberster Gott, später nur noch Kriegsgott
Urd	Norne der Vergangenheit
Werdandi	Norne der Gegenwart
Wodan, Odin	oberster der Götter, Gott des Todes, des Krieges u. des Siegs, auch Gott der Dichtung u. d. Weissagung

Griechisch-römische Gottheiten

griech. Namen	römische Namen	
Aphrodite	Venus	Göttin der Liebe und der Schönheit
Apollon (Phoibos)	Apollo	Gott des Todes u. des Bogenschießens, später des Lichtes, der Reinheit, der Musik
Ares	Mars	Gott des Krieges
Artemis	Diana	Göttin des Todes, der Jagd, aber auch des Wachstums, der Geburt
Athene	Minerva	Göttin der Weisheit, Wissenschaft, der Handwerker
Demeter	Ceres	Göttin der Erdfruchtbarkeit, d. Ackerbaues
Dionysos	Bacchus	Gott der Vegetation, des Weines und des Rausches
Eos	Aurora	Göttin d. Morgenröte
Eros	Cupido, Amor	Gottheit der menschl. Liebe
Hades	Pluto	Gott der Unterwelt, später Spender des Reichtums und Erdsegens
Hebe	Juventas	Göttin der ewigen Jugend
Helios	Sol	Sonnengott
Hephaistos	Vulcanus	Gott des Feuers, der Schmiede- u. Baukunst
Hera	Juno	Göttin der Ehe und Familie
Hermes	Mercurius	Götterbote, Gott des prakt. Verstandes u. der List u. Geschicklichkeit, des Handels, der Reisenden u. d. Diebe
Hestia	Vesta	Göttin des Herdes u. des Herdfeuers
Nike	Victoria	Göttin des Sieges
Pan	Faunus	Gott des Waldes u. der Weide, Beschützer der Herden, Hirten u. der Jäger
Poseidon	Neptun	Gott der Gewässer, bes. des Meeres, Erreger der Erdbeben
Selene	Luna	Göttin des Mondes
Tyche	Fortuna	Göttin des Glückes u. des Zufalls
Zeus	Jupiter	Göttervater, Gott des Himmels, des Blitzes, Hüter der staatl. Ordnung, Wächter über Verträge u. Eide

470/430 v. Chr.; arbeitete vorwiegend in Erz; stellt erstmals den Körper im Moment der Bewegung dar; *Marsyas u. Athene, Diskuswerfer* (in Kopien erhalten).

Myrrhe w (altsemit.), dem arab. Gummi ähnl. Pflanzenstoff; in Südarabien u. Äthiopien; Räuchermittel u. in Mundwässern.

Myrte w, immergrüner Strauch; in Hartlaubgehölzen um das Mittelmeer. *M.nöl,* aus M.nlaub gewonnen; wirkt keimtötend.

Mysien, antike Gebirgslandschaft im N der kleinasiat. Westküste.

Myslowitz, poln. *Mysłowice* (:mißuowize), Stadt in Oberschlesien, 77 000 E.; Zinkwalzwerk, Steinkohlengruben.

Myrte (Myrtus communis)

Mysore (: maißö^r), engl. für ↗Maisur.

Mysterienspiel, seit dem 10. Jh. aus der latein. Österliturgie entwickelt u. stofflich im Weihnachts- od. Antichristspiel erweitert. In kath. Gegenden bis Ende des 18. Jh., als ↗Passionsspiele bis zur Gegenwart.

Mysterium s (gr.-lat.; Mz. *Mysterien*), das Geheimnis. Im Alt. waren Mysterien geheime, nur Eingeweihten zugängl. Götterkulte; im Röm. Reich Höhepunkt im 3. u. 4. Jh. n. Chr. Die Einweihung bestand aus Reinigung, Gesängen, Opfermahl, Darstellung der hl. Geschichte u. der Vorweisung hl. Gegenstände. Hierdurch sollte der Seele Entsühnung, Erlösung u. Gemeinschaft mit der

Gottheit vermittelt werden. Der Einweihende hieß *Mystagoge*, der Eingeweihte *Myste*. Mysterien zu Eleusis, weiter die des Orpheus, Dionysos, Adonis, der Kybele u. des Attis, der Isis u. des Osiris, des Mithras. Manche Formen hat das Christentum übernommen u. veredelt. Andere Ähnlichkeiten erklären sich aus der gleichen kulturellen Umwelt. Im *NT*, bes. für Paulus, ist M. die Gottestat der Erlösung u. damit Christus selbst. Die urchristl. Literatur bezeichnet bes. die Auswirkungen der Erlösung: Kirche, Taufe, Eucharistie als M., lat. mit „sacramentum" wiedergegeben.

Mystifikation *w* (frz.), Täuschung.

Mystik *w* (gr.), innere Versenkung; bes. Erfahrung des Göttlichen; auch außerchristl. M., z. B. im Islam, Buddhismus. Die christl. M. ist die im rein Geistigen der Seele sich vollziehende *bewußte* Erfahrung der Gegenwart und Wirksamkeit Gottes (eingegossene Beschauung, geistliche Vermählung). *Mystiker*, der damit Begnadete. Die Seele verhält sich mehr passiv. Doch gibt es vorbereitende Stufen: den Weg der Reinigung (vom Sündhaften) u. Erleuchtung (Fortschritt in Tugend u. Gebet bis zur erworbenen Beschauung). Privatoffenbarungen, ↗Visionen, ↗Ekstase, ↗Stigmatisation können mit M. verbunden sein, sind aber nicht wesentlich. Die Unterscheidung zw. echter u. unechter M. ist schwierig. Darum ist die kath. Kirche zurückhaltend. *Beispiele:* älteres Mönchtum, Ephräm, Augustinus, Bernhard, Franziskus, Mechthild v. Magdeburg, Eckehart, Seuse, Groote; Theresia v. Ávila, Johannes v. Kreuz, Maria Marg. Alacoque u. a. **mystisch** (gr.), zur Mystik gehörig. *mysteriös*, geheimnisvoll, dunkel. **Mystizismus** *m* (gr.-lat.), Übersteigerung der ↗Mystik; schwärmer. Gotterleben. **mystizistisch**, geheimnistuerisch.

Mythen, zwei Schweizer Berge n.ö. von Schwyz; 1899 m u. 1815 m hoch.

mythisch (gr.), sagenhaft, im ↗Mythos überliefert.

Mythologie *w* (gr.), Bz. für die Summe v. Mythen od. die Lehre v. Wesen des ↗Mythos. ☐ 653.

Mythos, *Mythus m*, *Mythe w* (gr. = Rede, Sage; Mz. *Mythen*), Götter- od. Heldensage aus der Vorzeit; die aus der naiven Schau eines Volkes geborene, in Bildern sich vollziehende Deutung der Welt u. ihrer Entstehung.

Mytilene, neugriech. *Mytilíni*, 1) die griech. Insel ↗Lesbos. 2) Hafen auf Lesbos, 31 000 E.; orth. Metropolit; Kastell (14. Jh.).

Mytilotoxin *s*, ein Giftstoff der Miesmuscheln, wird beim Kochen zerstört.

Myxödem *s* (gr.), durch Schilddrüsenunterfunktion verursachte Krankheit mit Verlangsamung aller Lebensfunktionen: gedunsenem Gesicht, erniedrigter Körpertemperatur u. a.

Myxomatose *w* (gr.), Viruskrankheit v. Hasen u. Kaninchen; tödlich.

Myxomyzeten (Mz., gr.) ↗Schleimpilze.

Myzel *s* (gr.-lat.), *Mycelium*, meist unterird. Vegetationskörper der Pilze, an denen die Fortpflanzungsorgane entstehen.

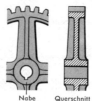

Nabe   Querschnitt

Nabe:
Teil des Zahnrads

V. Nabokow

n, Abk. 1) für ↗Nano, 2) für ↗Neutron. **N**, Abk. 1) für ↗Norden, 2) für ↗Newton. 3) chem. Zeichen für ↗Stickstoff.

Na, chem. Zeichen für ↗Natrium.

Naab, *Nab w*, l. Nebenfluß der Donau; mündet nach 145 km bei Regensburg.

Nabe, das auf der Achse laufende Mittelstück des Rades.

Nabel, Narbe des Bauches, an der das Neugeborene den eingetrockneten Rest der abgeschnittenen N.schnur abgestoßen hat. **N.bruch**, Vortreten der Baucheingeweide durch den N.; bes. bei Kindern. **N.schnur**, ca. 60 cm langer, spiralig gedrehter Strang, der v. N. des ungeborenen Kindes zum Mutterkuchen führt. **N.schwein**, Wildschwein im trop. Amerika mit Moschusdrüse.

Nablus, *Nabulus*, Stadt im Bergland v. Samaria, 60 000 E.; Jakobsbrunnen. N. ist das alte ↗Sichem.

Nabob, 1) ind. Fürstentitel. 2) i. ü. S. steinreicher Mann.

Nabokow, *Vladimir*, russ.-am. Schriftsteller, 1899–1977; seit 1940 in den USA; Romane *König, Dame, Bube; Lolita; Pnin; Ada*.

Nabopolassar, Begr. des neubabylon. Reiches, 626/605 v. Chr.

Nabuchodonosor ↗Nebukadnezar.

Nachbrenner ↗Strahltriebwerk.

Nachbürge, ein zweiter Bürge, leistet dem Gläubiger ↗Bürgschaft für den Fall, daß der erste Bürge nicht zahlt.

Nachdruck, 1) die wörtl. od. inhaltl. Wiedergabe fremder, urheberrechtl. geschützter Druckwerke. 2) Druck einer neuen Auflage v. noch stehendem Satz od. v. Matern.

Nacherbe ↗Testament.

Nachfolge Christi *w* (lat. = imitatio Christi) 1) Begriff der christl. Lebens, geht zurück auf Christi Forderung an seine Jünger: „Folget mir nach!" 2) Titel eines vor 1427 entstandenen Erbauungsbuches *Über die N. C.*, das Weltentsagung fordert; Verfasserschaft (Thomas v. Kempen, G. Groote?) umstritten.

Nachformen, meist mit der ↗Kopiermaschine ausgeführt.

Nachfrage, *wirtschaftl.*: ↗Markt, ↗Preis.

Nachgeburt ↗Geburt.

Nachhall, Fortwirkung der Schallenergie nach Aufhören der Schallerzeugung durch viele schnell aufeinanderfolgende Reflexionen im Unterschied zum ↗Echo. **N.zeit** heißt der Zeitraum, bis der N. unter einen gegebenen Wert gesunken ist; bestimmt die akust. Güte v. Konzertsälen usw.

Nachitschewan, ASSR in der Aserbeidschan. SSR (UdSSR), 5500 km², 239 000 E.; Hst. N. (35 000 E.).

Nachlaß, 1) Vermögen des Erblassers. ↗Erbrecht. 2) Preisabschlag. **N.gericht**, ist grundsätzl. das Amtsgericht am Wohnsitz des Erblassers. ↗Erbrecht. **N.gläubiger**, wer einen Anspruch auf Befriedigung aus einem N. hat. **N.konkurs**, Konkursverfahren über einen überschuldeten Nachlaß; der zur Beantragung des N.konkurses verpflichtete Erbe haftet für Nachlaßverbindlichkeiten nur mit dem Nachlaß. **N.pfleger**, für einen noch unbekannten od. ungewissen Erben v. N.gericht eingesetzter Pfleger, der den Erben zu ermitteln u. für diesen den N. zu erhalten u. zu verwalten hat. **N.verwaltung,** erfolgt durch einen v. N.gericht ernannten Verwalter zur gleichmäßigen Befriedigung der N.gläubiger auf Antrag des (der) Erben od. eines N.gläubigers.

Nachnahme, die Sicherung einer Geldforderung durch Einkassierungsauftrag od. durch Vorbelastung der Ware im Frachtgeschäft.

Nachrede, üble N., eine Form der ↗Beleidigung; das Behaupten u. Verbreiten v. Tatsachen, die einen anderen verächtlich machen.

Nachrichtenagentur, auch *Nachrichtenbüro, Nachrichtendienst,* sammelt Nachrichten u. Berichte aus aller Welt zur Veräußerung an Zeitungen, Rundfunk, Fernsehen od. an besondere Interessenten.

Nachrichtendienst, 1) ↗Nachrichtenagentur. **2)** ein ↗Geheimdienst.

Nachrichtensatellit, ein Satellit für den Funkverkehr über Kontinente, als *aktiver N.,* wenn die v. Sender abgestrahlte Welle im N. aufgefangen, verstärkt u. dann zur Bodenstation weitergegeben wird, *passiver N.,* wenn lediglich die Wellen am N. reflektiert werden; *stationäre N.en,* wenn ihre Umlaufsdauer gleich der Rotationsdauer der Erde ist (Bahnhöhe dann 35880 km).

Nachrichter, Henker, Scharfrichter.

Nachschußpflicht, im Gesellschafts- u. Genossenschaftsrecht die Pflicht zu zusätzl. finanzieller Leistung der Gesellschafter od. Genossen, wenn die Einlagen für die Erfül-

lung der Verbindlichkeiten nicht ausreichen. Befreiung durch ↗Abandon möglich.

Nachsichtwechsel (Nach-Sicht-Wechsel), ein bestimmte Zeit nach Vorlage fälliger ↗Wechsel.

Nachsilben (lat. *Suffixe*): -heit, -keit, -haft, -lich usw.

Nacht, Zeit zw. Untergang u. Aufgang der Sonne; beträgt am Äquator stets, sonst nur am Frühlings- u. Herbstpunkt (Tagundnachtgleiche) 12 Std.; auf der Nordhalbkugel der Erde zw. dem 23. September u. dem 21. März ist die N. länger als der Tag, im Sommer u. auf der Südhalbkugel umgekehrt. **N.affen,** kleine, eulenhafte, nachtaktive Affen mit großen Augen, in Mittel- u. Südamerika. **n.aktive Tiere,** an das N.leben angepaßte Tiere, z. T. mit gesteigertem Seh-, Hör- u. Tastvermögen: Fledermäuse, Eulen, viele Säugetiere u. Insekten. **N.arbeit,** die Arbeit v. 20 bis 6 Uhr; für Frauen u. Jugendliche unter 16 Jahren verboten; Ausnahmen u. a. für Gaststätten, Beherbergungsunternehmen, Bäckereien. Die Tarife sehen für N.arbeit, die ↗Schichtarbeit, also nicht Mehrarbeit ist, einen Zuschlag v. 10%, sonst Überstundenzuschlag v. 50% vor. **N.blindheit,** *Hemeralopie,* verminderte Anpassungsfähigkeit der Netzhaut des Auges an herabgesetzte Beleuchtung. Ursachen: erbl. Mangel oder Vitamin-A-Mangelzustand. **N.falter,** Zusammenfassung von verschiedenen Schmetterlingsgruppen, die im Ggs. zu Tagfaltern keine keulenförm. verdickten Fühlerspitzen

Nacht: oben Länge der N. und des Tages für die einzelnen Breiten der Erde z. Z. der Sommersonnenwende, 21. Juni. Unten dasselbe bei dem Sonnenstand am 21. März und 23. Sept.; bei allen Breiten gleiche Nacht- und Taglänge

1 passiver Satellit

2 aktiver Satellit

mit eingebautem Sender und Empfänger

S Sender, E Empfänger

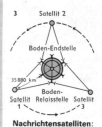

3 Satellit 2

Boden-Endstelle

35880 km

Boden-Satellit Relaisstelle Satellit
1 3

Nachrichtensatelliten: 1 Prinzip der Nachrichtenverbindung mit einem passiven, 2 mit einem aktiven N., 3 weltweite Nachrichtenverbindung mit drei in stationären Bahnen befindlichen N.

Nachrichtenagenturen

AA	Agence d'Athènes	Athen		Hsinhua	↗NCNA	
AAP	Australian Associated Press	Melbourne		JP	Jiji Press	Tokio
				KNA	Katholische Nachrichten-Agentur	Bonn
ADN	Allgemeiner Deutscher Nachrichtendienst	Berlin (DDR)		Kyodo	Kyodo News Service	Tokio
				MTI	Magyar Távirati Iroda	Budapest
AFP	Agence France Presse	Paris		NCNA	New China News Agency	Peking
AIF	Agenzia Internazionale Fides	Vatikanstadt		Nowosti	↗APN	
Anop	Agencia Noticiosa Portuguesa	Lissabon		NTB	Norsk Telegrambyrå	Oslo
				PA	The Press Association	London
ANP	Algemeen Nederlands Persbureau	Den Haag		PAP	Polska Agencia Prasowa	Warschau
Ansa	Agenzia Nazionale Stampa Associata	Rom		PTI	Press Trust of India	Bombay
				RB	Ritzaus Bureau	Kopenhagen
AP	The Associated Press	New York		Reuter	Reuters Ltd.	London
APA	Austria-Presse-Agentur	Wien		SAPA	The South African Press Association	Johannesburg
APN	Agentstwo petschati Nowosti	Moskau		SDA-ATS	Schweizer. Depeschenagentur – Agence Télégraphique Suisse – Agenzia Telegrafica Svizzera	Bern
APP	The Associated Press of Pakistan	Karachi				
Belga	Agence Télégraphique Belge	Brüssel		SST-FNB	Suomen Tietotoimisto – Finska Notisbyron	Helsinki
BTA	Bulgarska Telegrafna Agencija	Sofia		TANJUG	Telegrafska Agencija Nova Jugoslavija	Belgrad
CP	Canadian Press Ltd.	Ottawa		TASS	Telegrafnoje Agentstwo Sowjetskogo Sojusa	Moskau
ČTK	Československá tisková kancelář	Prag				
dpa	Deutsche Presse-Agentur	Hamburg		TT	Tidningarnas Telegrambyrå	Stockholm
EFE	Agencia EFE	Madrid		UNI	United News of India	New Delhi
epd	Evangelischer Pressedienst	Bethel bei Bielefeld		UPI	United Press International	New York
Extel	The Exchange Telegraph	London				

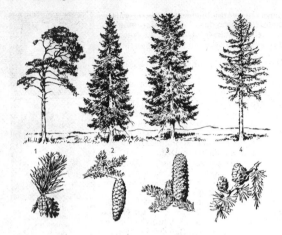

Nadelhölzer und ihre Fruchtstände: **1** Kiefer od. Föhre, **2** Fichte, **3** Weiß- od. Edeltanne, **4** Lärche

Gemeine Nachtkerze

Möndchen

Nagel-bett · Nagel-häutchen · Nagel-wurzel

Blut-gefäße · aufgeklappter Nagelwall

Nagel: Fingernagel

Nagetiere: Schädel der Feldmaus von d. Seite

haben: Spinner, Spanner, Eulen, Schwärmer.

Nachtigal, *Gustav,* dt. Afrikaforscher, 1834 bis 1885; bereiste Sahara u. Sudan; Begr. der ehem. dt. westafrikan. Kolonien.

Nachtigall, kleiner bräunl. Singvogel mit sehr schönem Gesang; singt nachts; in Gärten u. Parkanlagen. □ 1045.

Nachtkerze, Staude aus Amerika mit großen, gelben, nachts geöffneten Blüten; in Dtl. die *Gemeine N.* eingebürgert. **Nachtpfauenauge,** Nachtfalter mit großen Flecken auf den Flügeln; *Großes* od. *Wiener N.,* größter europ. Schmetterling. □ 913.

Nachtragshaushalt, nachträgl. Ergänzung des ⁄Haushaltsplanes; enthält die über den ordentl. u. außerordentl. Haushaltsplan hinaus entstandenen Ausgaben.

Nachtschatten, Pflanzengattung, bes. in Südamerika; Zier- u. Heilpflanzen; in Dtl. ⁄Bittersüß u. *schwarzer N.* □ 453. **Nachtschattengewächse,** aus Mittel- u. Südamerika; hierzu viele Giftpflanzen u. einige Kulturgewächse (Tomate u. Kartoffel). **Nachtschmetterlinge,** die ⁄Nachtfalter. **Nachtschwalbe,** *Ziegenmelker,* insektenfressender Nachtvogel Mitteleuropas u. Asiens. **Nachtviole,** europ.-asiat. Kreuzblütler mit wohlriechenden Blüten. **nachtwandeln** ⁄schlafwandeln.

Nachwehen, Zusammenziehung der Gebärmutter nach der Geburt.

Nacken, *Genick,* hinterer Teil des Halses.

Nacktkultur ⁄Freikörperkultur.

Nacktsamer, die ⁄Gymnospermen.

Nacktschnecken, Egel- u. Wegschnecken, mit zurückgebildeter Schale; fressen junge Blätter, schaden in Gärten sehr.

Nadel, 1) spitzes Werkzeug zum Durchstechen, Nähen, Sticken, Häkeln usw., meist aus Metall, aber auch aus Kunststoffen. **2)** n.förmiges Blatt der ⁄Nadelhölzer. **N.fisch,** sehr schlank, durchsichtig, tagsüber in der Kloakenöffnung der Seegurke. **N.geld,** urspr. v. Ehemann seiner Frau für persönl. Zwecke gegebenes Bargeld. **N.hölzer,** *Koniferen,* ⁄Gymnospermen, bes. in nördl. gemäßigter Zone; immergrün; Blätter

schmallinear (Nadeln); Fruchtstände zapfenförmig. Liefern Holz, Harz, Terpentin, Kolophonium, Pech u. Zellstoff. □ 400.

Nadelkap, das Kap ⁄Agulhas.

Nadir *m,* Punkt der Himmelskugel senkrecht unter dem Beobachter, Ggs. ⁄Zenit.

Nadler, *Josef,* östr. Literaturhistoriker, 1884 bis 1963; *Literaturgeschichte der deutschen Stämme u. Landschaften.*

Nagaika *w,* russ. Lederpeitsche.

Nagaland, ind. Bundesstaat an der birman. Grenze, 16488 km², 520000 E.; Hst. Kohima.

Nagasaki, Bez.-Hst. u. größter Überseehafen Japans, auf Kiuschiu, 445000 E.; Univ.; kath. Erzb.; Schiffbau. – Am 9. 8. 1945 durch den Abwurf einer am. Atombombe zerstört.

Nagel, 1) Befestigungs- od. Verbindungsmittel, aus hartgezogenem Eisendraht, aus keilförm. Blech maschinell hergestellt od. aus Vierkantstabeisen handgeschmiedet. Dünne Nägel heißen *Stifte.* **2)** dünne, im *N.bett* liegende Hornplatte an den Endgliedern der Finger u. Zehen beim Menschen. **N.fleck,** ein Nachtschmetterling. **N.fluh** *w,* reichl. Bachgeröll enthaltender Molassesandstein. **N.geschwür** ⁄Panaritium.

Nagetiere, kleine, pflanzenfressende Säugetiere, gekennzeichnet durch je 2 nachwachsende Schneide-(Nage-)Zähne aus Ober- u. Unterkiefer. Mäuse, Ratten, Hamster, Eichhörnchen, Biber, Hasen u. a.

Nagib, *Ali Mohammed,* ägypt. General, * 1901; nach dem Militärputsch gg. Kg. Faruk 52 Min.-Präs. u. 53 auch Staatspräs. der Rep. Ägypten, 54 abgesetzt.

Nagoja, *Nagoya,* japan. Stadt auf Mittelhondo, 2,1 Mill. E.; kath. Univ.; kath. Bischof; Maschinen-, Baumwoll- u. Porzellanindustrie.

Nagold, württ. Stadt u. Kurort im Kr. Calw, an der *Nagold* (rechts zur Enz), 19700 E.

Nagpur, ind. Stadt im Bundesstaat Maharaschtra, 870000 E.; kath. Erzb., anglikan. Bischof; Univ.; Textilindustrie.

Nagy (: nådj), *Imre,* ungar. Politiker (Nationalkommunist), 1895 (od. 96)–1958; 1953/55 u. 56 z. Z. des Aufstands Min.-Präs., v. den Sowjets verhaftet u. nach einem Geheimprozeß hingerichtet.

Nagyvárad ⁄Großwardein.

Nahe *w,* l. Nebenfluß des Rheins; mündet nach 116 km bei Bingen; Weinbau u. Mineralquellen.

Naher Osten, auch *Vorderer Orient,* die Länder um das östl. Mittelmeer (Ägypten, Syrien, Türkei) u. auf der Arab. Halbinsel.

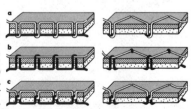

Nähmaschinennaht: links Doppelstich, rechts Zickzackstich; **a** bei zu lockerer, **b** bei zu starker Spannung des Oberfadens. Bei **c** sind Ober- und Unterfaden richtig gespannt.

Nahrungsmittel

Nährwert und Zusammensetzung wichtiger Lebensmittel[1]

Lebensmittel (100 g eßbarer Anteil)	Nährwert[3] kcal	kJ	Wasser g	Eiweiß g	Fette g	Kohlenhydrate g	Lebensmittel (100 g eßbarer Anteil)	Nährwert[3] kcal	kJ	Wasser g	Eiweiß g	Fette g	Kohlenhydrate g
Aal	285	1193	60,7	12,7	25,6	0	Mandeln	598	2503	4,7	18,6	54,2	19,5
Ananas	47	197	86,7	0,4	0,2	12,2	Margarine	698	2921	19,7	0,5	78,4	0,4
Äpfel (süß)	58	243	84,0	0,3	0,6	15,0	Marmelade	272	1138	29	0,6	0,1	70,0
Aprikosen	51	214	85,3	0,9	0,2	12,8	Mayonnaise	718	3005	15,1	1,1	78,9	3,0
Bananen	85	356	75,7	1,1	0,2	22,2	Möhren	40	167	88,6	1,1	0,2	9,1
Bier, hell	47	197	90,6	0,5	3,6²	4,8	Öle (Speiseöle)	883	3695	Spur	0	99,9	0
dunkel	48	201	90,6	0,2	3,5²	5,4	Orangen	49	205	87,1	1,0	0,2	12,2
Birnen	61	255	83,2	0,5	0,4	15,5	Paranüsse	654	2737	4,6	14,3	66,9	10,9
Blumenkohl	27	113	91,0	2,7	0,2	5,2	Pfifferlinge	21	88	91,5	1,5	0,5	3,8
Bohnen (grüne)	32	134	90,1	1,9	0,2	7,1	Pfirsiche	46	193	86,6	0,6	0,1	11,8
Branntweine	245–	1026–	—	—	35–	—	Pflaumen	50	209	85,7	0,7	0,1	12,3
	280	1172	—	—	40²	—	Preiselbeeren	42	176	87,4	0,3	0,5	11,6
Brombeeren	58	243	84,5	1,2	0,9	12,9	Pumpernickel	246	1029	34,0	9,1	1,2	53,1
Butter	716	2998	17,4	0,6	81,0	0,7	Quark, mager	86	360	79,4	17,2	0,6	1,8
Camembert	287	1202	51,3	18,7	22,8	1,8	fett	198	829	70	14	14	4
Champignons	22	92	90,8	2,8	0,24	3,1	Rahmkäse	338	1414	50,5	14,6	30,5	1,9
Cola-Getränke	39	163	90	—	—	10	Reis (Vollreis)	360	1507	12,0	7,5	1,9	77,4
Edamer Käse	232	971	43,4	26,1	23,6	3,5	Rindfleisch						
Ei (Hühnerei, roh)	162	678	74,0	12,8	11,5	0,7	(Braten, mager)	194	812	67	19,3	13,0	0
Emmentaler Käse	398	1666	34,9	27,4	30,5	3,4	Roggenbrot	227	950	38,5	6,4	1,0	52,7
Endiviensalat	20	84	93,1	1,7	0,1	4,1	Rosenkohl	47	197	84,8	4,7	0,4	8,7
Erbsen (grüne)	84	352	75,0	6,3	0,4	17,0	Rotkohl	26	109	91,8	1,5	0,2	5,9
Erdbeeren	37	155	89,9	0,7	0,5	8,4	Salat (Kopfsalat)	14	59	95,1	1,3	0,2	2,5
Erdnüsse	582	2437	1,8	26,2	48,7	20,6	Sardinen	214	896	61,8	24,0	11,1	1,2
Forelle	101	423	77,6	19,2	2,1	0	Schellfisch	79	331	80,5	18,3	0,1	0
Gurken	13	54	95,6	0,8	0,1	3,0	Schinken (roh)	345	1444	53,0	15,2	31,0	0
Haferflocken	387	1620	10,3	13,8	6,6	67,6	Schlagsahne	288	1205	64,1	2,2	30,4	2,9
Haselnüsse	627	2625	6,0	12,7	60,9	18	Schmelzkäse	293	1226	51,3	14,4	23,6	6,1
Hecht	89	373	80,2	18,2	1,2	0	Schokolade						
Heidelbeeren	62	260	83,2	0,7	0,5	15,3	(Milchschok.)	520	2176	0,9	7,7	32,3	56,9
Hering	243	1017	62,8	17,3	18,8	0	Schweinefleisch						
Himbeeren	57	239	84,2	1,2	0,5	13,6	(mittelfett)	291	1218	58	16,4	25,0	0
Honig	304	1273	17,2	0,3	0	82,3	Sellerie (Knollen)	40	167	88,4	1,8	0,3	8,5
Huhn	138	578	72,7	20,6	5,6	0	Spaghetti	369	1544	10,4	12,5	1,2	75,2
Joghurt	71	297	86,1	4,8	3,8	4,5	Spinat	26	109	90,7	3,2	0,3	4,3
Johannisbeeren							Stachelbeeren	39	163	88,9	0,8	0,2	9,7
schwarze	62	260	82	1,0	0,1	16,1	Thunfisch	290	1214	52,5	23,8	20,9	0
rote und weiße	50	209	85,7	1,4	0,2	12,1	Tomaten	22	92	93,5	1,1	0,2	4,7
Kabeljau	78	327	81,2	17,6	0,3	0	Trauben	67	280	81,4	0,6	0,3	17,3
Kakao	299	1252	5,6	19,8	24,5	43,6	Traubenzucker	385	1611	Spur	0	0	99,5
Kalbfleisch							Walnüsse	651	2724	3,5	14,8	64,0	15,8
(Braten, mager)	231	967	56,5	32,2	11,3	0	Wein	60–	251–	—	—	8,8–	0,2–
Karpfen	145	607	72,4	18,9	7,1	0		120	502	—	0	12,5²	8,0
Kartoffeln	76	318	79,8	2,1	0,1	17,7	Weißbrot	284	1189	38,3	8,2	1,2	58
Kirschen	60	251	83,4	1,2	0,4	14,6	Weißkohl	25	105	92,1	1,4	0,2	5,7
Knäckebrot	379	1461	7,0	10,1	2,0	78	Weizenmehl	363	1519	12,0	10,5	1,0	76,1
Kuhmilch (frisch)	64	268	88,5	3,2	3,7	4,6	Whisky (Scotch)	245	1025	—	—	35²	—
Magermilch	34	142	90,9	3,5	0,07	4,8	Zucker (raffiniert)	385	1611	Spur	0	0	99,5

[1] Nicht bekannte Zahlenwerte sind durch waagerechte Striche gekennzeichnet. – [2] g Alkohol. – [3] Wird heute statt in Kilokalorien (kcal) in Kilojoule (kJ) angegeben (1 kcal = 4,1868 kJ).

Nähmaschine, verwendet zur Nahtbildung 2 Fäden; ein Oberfaden wirft nach jedem Nadeleinstich auf der Stoffunterseite eine Schlinge auf, die um den Unterfaden gelegt wird. Die sich aufwärts bewegende Nadel zieht die Schlinge um den Unterfaden zu. Greifer, Nadelstange, Fadengeber u. Stoffschiobor durch Wellen u. Kurbeltriebe mit Hand, Fuß od. Elektromotor angetrieben. N.n auch zum Sticken, Stopfen u. für Sonderarbeiten, z. B. Knopflochnähen.

Nährböden, keimfreie Stoffe zur Züchtung v. Bakterien u. Pilzen.· **Nährgewebe,** *Endosperm,* nährstoffreiches Zellgewebe im Pflanzensamen; füllt den Embryosack aus.

Nährhefe, *Nährflocken,* getrocknete Hefe mit hohem Nährwert. **Nährpräparate,** Nährmittel mit Eiweiß, Zucker, Mineralstoffen, Vitaminen, die die natürl. Ernährung ergänzen. **Nährsalze,** anorgan. Salze, die für die Ernährung der Pflanze unentbehrl. mit den Elementen K, Ca, Mg, Fe, N, S, P u. ∕Spurenelementen. **Nährstoffe,** alle anorgan. u. organ. Stoffe zum Aufbau u. zur Erhaltung v. Lebewesen.

Nahrungsmittel, alle tier. u. pflanzl. Produkte, die der ∕Ernährung dienen. Verdaulichkeit richtet sich nach Art, Menge u. Zubereitung der N. Den Sättigungswert der N. bestimmt ihre Verweildauer in Magen und Darm. ☐ 658, 1042. **N.gesetzgebung,** richtet sich u.a. gg. gesundheitsschädigende Gewinnung, Herstellung, Zubereitung, Verpackung, Aufbewahrung u. Beförderung v. N.n, schreibt die Kennzeichnung von erlaubten Konservierungsstoffen vor;

Kontrolle durch öff. chem. Untersuchungsämter. **N.vergiftung,** durch Aufnahme verunreinigter od. verdorbener N., durch Bakterien (sehr gefährl. Botulinus) u. deren Gifte, Metalle, Giftpilze, bestimmte Konservierungsmittel, verdorbenen Fisch. **Nährwert,** Energiegehalt (,,Brennwert") von Nahrungsmitteln. ⟋Ernährung. □ 657.

Nahua, Indianer Altmexikos.

Nahum, einer der atl. Kleinen Propheten, im 7. Jh. v. Chr.; biblisches *Buch N.*

Nairobi, Hst. v. Kenia, an der Ugandabahn; 1663 m ü. M., 835 000 E., davon 20 000 Europäer; kath. Erzb., anglikan. Bischof; Ingenieurschulen.

naiv (lat.-frz.; Hw.: *Naivität w*), kindlich, unbefangen; einfältig. **naive Malerei,** auch *Laien-* od. *Sonntagsmalerei,* seit dem 19. Jh. gepflegte dilettant. Malerei, unbeeinflußt v. hist. Stilentwicklungen wie v. Formen der Volkskunst.

Najaden (Mz.), in der griech. Mythologie die ⟋Nymphen der Quellen u. Flüsse.

Naltschik, Hst. der Karbadin. ASSR, Kurort im nördl. Kaukasus, 207 000 E.

Namaland, südafrikanische Landschaft am Oranje; Diamanten; a) *Groß-N.,* Hochland Südwestafrikas. b) *Klein-N.,* Teil der Kapprovinz.

Namangan, Stadt in der Usbek. SSR, im Ferganatal, 227 000 E.; Baumwollanbau u. -verarbeitung, Nahrungsmittel-Ind.

Namenspapiere, 1) allg. ⟋Wertpapiere, die im Ggs. zu den ⟋Inhaberpapieren auf einen bestimmten Gläubiger lauten, z. B. *Namensaktie.* **2)** ⟋Orderpapiere.

Namenstag, Festtag des mit dem Taufnamen erwählten hl. Schutzpatrons.

Namib *w,* 500 km langer Wüstengürtel an der SW-Küste Afrikas; Diamantenfelder.

Namibia, 1968 durch UN-Beschluß eingeführte Bz. für ⟋Südwestafrika.

Namur (: -mür), fläm. *Namen,* belg. Prov.-Hst. an der Maas, Verkehrsknoten, 101 000 E.; Bischof; Kathedrale (18. Jh.); vielseitige Ind.: Stahlwaren, Glas; Kohlengruben.

Nancy (: nãßi), Hst. des frz. Dép. Meurthe-et-Moselle, am Rhein-Marne-Kanal, 107 000 E. (m. V. 279 000 E.); Bischof; Univ., Musik-

Nahrungsmittel

Verbrauch in der BR Dtl.[1]	1950/51	1960/61	1970/71	1979/80
Getreideerzeugnisse[2]	98,8	79,8	65,1	67,0
Speisekartoffeln	184,0	132,0	100,0	86,0
Gemüse	49,3	48,8	70,0	73,4
Frischobst[3]	40,3	81,4	91,7	88,8
Südfrüchte[3]	7,7	21,9	21,2	20,5
Fleisch insgesamt	36,6	57,0	78,5	90,6
darunter Geflügel	...	4,4	8,5	9,9
Käse	3,9	4,5	5,5	13,5
Frischkäse	1,3	2,5	4,6	5,9
Butter (Produktgewicht)	6,3	8,5	8,2	7,2
Fette (zus., Reinfett)	20,6	25,2	26,2	26,6
Eier u. Eiprodukte	7,4	13,1	16,1	17,0
Fische (Frischgewicht)	11,8	11,6	11,2	9,9

[1] in kg pro Jahr und Einw., Bundesgebiet u. West-Berlin
[2] in Mehlwert
[3] 1970/71: Frischobst einschl. Südfrüchte, Südfrüchte = Zitrusfrüchte

Nandu

hochschule; barocke Kathedrale (1706/42), Wallfahrtskirche Notre-Dame-de-Bon-Secours (1738/41); got. ehem. Herzogspalast; Hochöfen u. Walzwerke.

Nandu *m,* süd-am. Straußenvogel.

Nanga Parbat, mit 8126 m höchster Gipfel des westl. Himalaja, 1953 erstmals bezwungen.

Nanking, amtl. *Kiang-ning,* Hst. der chines. Prov. Kiangsu, am Jangtsekiang, Handelszentrum, Luftverkehrsknoten, 3 Mill. E.; mehrere Univ., Akademien; Rundfunksender; Industrie, bes. Seidenweberei; Grab Sun Yat-sens (Nationalheiligtum). ~ 1928/ 48 Hst. Chinas.

Nanning, 1913/45 *Yungning,* Hst. der chines. autonomen Region Kwangsi-Chuang, am Jükiang, 290 000 E.

Nano, Abk. n, vor Maßeinheiten das Milliardstel (10^{-9}), z. B. **N.meter,** 1 Milliardstel Meter.

Nansen, *Fridtjof,* norweg. Polarforscher u. Diplomat, 1861–1930; durchquerte 1888 als erster das grönländ. Inlandeis; leitete 93/96 die Fram-Expedition ins Nordpolarmeer; 1906/08 norweg. Gesandter in London, 18 Völkerbundskommissar; 22 Friedensnobelpreis. **N.paß,** Paßersatz für russ. Emigranten, auf Anregung N.s vom Völkerbund ausgestellt; später auch an andere Flüchtlinge.

Nantes (: nãt), Hst. des frz. Dep. Loire-Atlantique, an der Loire (Hafen), 438 000 E. (m. V.); Bischof; got. Kathedrale; Schloß; Schiffbau, Eisen-Ind., Konserven. – 1598 gewährte Heinrich IV. v. Fkr. im *Edikt v. N.* den ⟋Hugenotten Gewissens- u. örtl. begrenzte Kultfreiheit (1685 aufgehoben).

Nantschang, *Nanchang,* Hst. der südchines. Prov. Kiangsi, am Kankiang, 600 000 E.

Napalmbombe, eine moderne Brandbombe, mit Benzin u. Natriumpalmitat gefüllt; die Masse wird über 2000°C heiß u. ist praktisch unlöschbar.

Naphtali ⟋Nephtali.

Naphtha *w* od. *s,* **1)** fr. Bz. für Erdöl. **2)** in USA die zw. 150 u. 200°C siedenden Anteile des Erdöls, Schwerbenzin. **N.lin** *s,* Kohlenwasserstoff, $C_{10}H_8$; zwei kondensierte Benzolringe; in mittlerer Fraktion des Steinkohlenteers; Schmelzpunkt 80°C, Siedepunkt

naive Malerei:
Grandma Moses,
,,Das alte Zollhaus"

Dänemark
Holstein
Hambg.
Mecklen-burg
Hannover
Holland
Westfalen
Kassel
Magdebg.
Antwerpen
Köln
Frankreich
Luxembg.
Mainz
Lunéville
Baden
Württ.
Bayern
München
Ulm
Regensbg.
Passau
Donau
Rhein
Zürich
Schweiz
Wallis
Tirol
Bozen
Innsbruck
Salzbg.
Kgr. Italien
Mailand
Mantua
Marengo
Po
Campoformio
Triest
Illyrische Prov.
Klagenfurt
Drau
Save
Türkei
Sachsen
Leipzig
Dresden
Erfurt
Jena
Thüring.
Fr.
Böhmen
Prag
Eger
Mähren
Olmütz
Austerlitz
Österreich
Wagram
Wien
Linz
Preßbg.
Ungarn
Budapest
Schlesien
Breslau
Glogau
Oder
Krakau
West-Galizien
Lublin
Preußen
Brandenburg
Berlin
Küstrin
Stettin
Elbe
Pommern
Kolberg
Danzig
Graudenz
Ostpreußen
Königsbg.
Friedland
Tilsit
Rußland
Bialystok
Warschau
Posen
Weichsel
Das französische Kaiserreich 1807
Französische Vasallenstaaten
Von Frankreich verwaltete Gebiete
Grenze des Rheinbundes 1806–14
Größte Ausdehnung Fkr.s 1809–1810
Großhzt. Warschau 1807–1813
Großhzt. Frankfurt

Europa im Zeitalter Napoleons I.

218°C; für Farben u. für Medikamente. **Naphthene** (Mz.), gesättigte Kohlenwasserstoffe mit ringförm. Bau; zu Seifen, Anstrichmitteln u. Insektiziden. **Naphthol** *s*, Naphthalinabkömmlinge, $C_{10}H_7 \cdot OH$; für Farb- u. Riechstoffe; als Medikament.
Napier (: neⁱpjer), *John*, schott. Mathematiker, 1550–1617; Erfinder der Logarithmen.
Napoleon I., Ks. der Franzosen, * 15. 8. 1769 Ajaccio, † 5. 5. 1821 St. Helena; Sohn des kors. Advokaten C. ↗Bonaparte; warf 1795 als Brigadegeneral in Paris den Royalistenaufstand gg. das Direktorium nieder; errang als Oberbefehlshaber im it. Feldzug gg. Östr. große Siege, unternahm 98 die Expedition nach Ägypten, verlor durch Nelson in der Schlacht v. Abukir seine Flotte; ließ das Heer in Ägypten zurück u. stürzte im Staatsstreich v. 18. Brumaire (9. 11.) 99 das Direktorium; war nach der neuen Verf. Erster Konsul, krönte sich 1804 zum erbl. Ks. der Franzosen. Seine Flotte wurde 05 v. Nelson bei Trafalgar geschlagen, doch besiegte er die Östr. u. Russen 05 bei Austerlitz, die Preußen 06 bei Jena u. Auerstedt; damit war ganz Europa (außer Engl. u. Rußland) frz. beherrscht. N. schuf neue Staaten u. setzte in den v. ihm begr. Kgr.en vielfach seine Brüder als Herrscher (↗Bonaparte) ein; die süd- u. westdt. Fürsten band er durch den Rheinbund an sich; gg. Engl. verhängte er die ↗Kontinentalsperre. Gg. die 08 beginnenden Guerillakämpfe der Spanier konnte er sich nicht durchsetzen, dagegen schlug er 09 die Erhebung in Östr. nieder u. heiratete (nach der Scheidung v. J. ↗Beauharnais) 10 die östr. Kaisertochter Marie-Louise. Der russ. Feldzug v. 12, in dem N. in Moskau einzog, endete mit einer völligen Niederlage. N. floh nach Paris, um neu zu rüsten, wurde aber in den ↗Befreiungskriegen entscheidend geschlagen u. 15 nach der Insel St. Helena verbannt. – Der Feldherr, Diktator u. Eroberer N. war Verfassungs- u. Gesetzgeber für Fkr. (Konsulatsverf. v. 1799, Verwaltungszentralisation, ↗Code N.) u. für Dtl. (↗Reichsdeputationshauptschluß, Rheinbund u. Auflösung des alten Dt. Reiches 1806). **N. (II.)**, Sohn N.s I. und Marie-Louises, 1811–32; 17 Hzg. von Reichstadt. **N. III.**, Kaiser der Franzosen, 1808–73; Sohn Louis ↗Bonapartes; unternahm 36 u. 40 Putschversuche, 48 zum Präs. der 2. frz. Rep. gewählt; 51 durch Staatsstreich Präs. auf 10 Jahre, 52 durch Volksabstimmung erbl. Ks.; errang außenpolit. Erfolge im ↗Krimkrieg u. 59 im Befreiungskrieg ↗Italiens; 70 im ↗Dt.-Frz. Krieg gefangengenommen, abgesetzt u. kurze Zeit auf Schloß Wilhelmshöhe interniert; seit 71 mit seiner Gemahlin Eugenie in England.

Napoleon I.

Napoleon III.

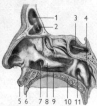

Nase:
rechte Nasen-
höhle nach Weg-
nahme der Nasen-
scheidewand; 1 Stirn-
höhle, 2 Sonde im
Stirn-Nasenhöhlen-
kanal, 3 Keilbeinhöhle,
4 Rachenmandel,
5 Oberlippe, 6 Zahn-
reihe, 7 Sonde im
Tränen-Nasenkanal,
8 untere Nasen-
muschel, 9 harter,
10 weicher Gaumen,
11 Tubenmündung

Nasenaffe

Nasenbär

Nashornvogel

Nasser

Narbada w, indischer Fluß; mündet nach 1300 km in den Golf v. Cambay.
Narbe, 1) Verschluß einer Wunde durch Bindegewebe. **2)** in der Gerberei: oberste Schicht der enthaarten Haut. **3)** bei Pflanzen der oberste Teil des ↗Stempels.
Narbonne (: -bon), südfrz. Stadt im Dep. Aude, 40000 E.; war zur Römerzeit Mittelmeerhafen; got. Kathedrale (14. Jh.).
Narde w, Baldriangewächs aus dem Himalajagebiet; aus der Wurzel Öl u. Salbe.
Narenta w, der Fluß ↗Neretva.
Narew m, Nebenfluß des nördl. Bug in Polen, 435 km lang.
Nargileh w (pers.), oriental. Tabakpfeife mit Schlauch u. Wassersack.
Narkose, Anästhesie w (gr.), ↗Betäubung.
Narkotika (Mz., gr.), betäubende Mittel.
Narses, Feldherr Ks. Justinians I., um 478–573; vernichtete 553 das Ostgotenreich.
Narvik, nordnorweg. Hafenstadt am Ofotenfjord, 20000 E.; Endpunkt der Ofotenbahn; Ausfuhrhafen für nordschwed. Eisenerze.
Narwal m, See-Einhorn, ein Gründelwal mit spiraligem Stoßzahn im Oberkiefer; in nördl. Meeren.
Narziß, Figur der griech. Sage, v. ↗Echo begehrt; verliebte sich in sein eigenes Spiegelbild (in einer Quelle), wurde in eine Narzisse verwandelt. Danach Narzißmus, Begriff der Psychoanalyse; erot. Strebungen, auf das Ich u. den eigenen Körper gerichtet.
Narzisse w, Zwiebelgewächs; Mittelmeergebiet u. Westeuropa gelbe, in Südeuropa weiße N.; als Topfpflanze die südeurop. N. Jonquilla. **N.nlilie** ↗Amaryllis.
NASA, Abk. für National Aeronautics and Space Administration, seit 1957 die Weltraumforschungsbehörde der USA.

Nasal m (lat.), Nasenlaut: m, n, ng (frz. ãn, ãn, õn, õn). **n., 1)** näselnd. **2)** die Nase betreffend.
Nase, Geruchsorgan bei Mensch u. Wirbeltier. Knöchernes Gerüst ist das N.bein. N.nscheidewand trennt die N. in 2 N.nhöhlen. An der seitl. Wand jeder N.nhöhle befinden sich 3 N.nmuscheln, die im obersten Teil die Riechzellen enthalten. **N.naffe,** Affe Borneos mit langer N. **N.nbär,** Rüsselbär, Kleinbär mit Rüsselschnauze; Südamerika.
N.nbluten, durch Verletzungen und Geschwüre; bei Gefäßbrüchigkeit. **N.nnebenhöhlen,** mit N.nschleimhaut ausgekleidete, durch schmale Öffnungen mit dem N.nraum verbundene Knochenhöhlen: Kiefern-, Stirn-, Siebbein-, Keilbeinhöhlen. **N.nnebenhöhlenentzündung,** bakterielle,

Indisches Panzernashorn

oft eitrige Entzündung der Schleimhaut der N.nnebenhöhlen, auch als ↗Fokalinfektion.
Nash (: näsch), Paul, engl. Maler u. Graphiker, 1889–1946; Landschaften, auch abstrakte Motive.
Nashorn s, dickhäut. Säugetier; ind. u. Sumatra-N. mit 1, schwarzes u. weißes N. in Afrika mit 2 Hörnern auf Nase bzw. Stirn; pflanzenfressende Unpaarhufer. **N.käfer,** großer, schwarzer Blatthornkäfer; das Männchen trägt ein Horn auf der Stirn. **N.vögel,** größere Waldvögel der Alten Welt mit hornart. Auswüchsen auf Schnabel od. Stirn; Allesfresser.
Nashville (: näschwil), Hst. v. Tennessee (USA), am Cumberland River, 447000 E.; kath. u. methodist. Bischof, 2 Univ.
Nasiräer (hebr.), Juden, die sich befristet od. lebenslänglich in besonderer Weise Jahwe weihten; mußten sich des Weines enthalten, Berührung mit Toten meiden u. ihr Haupthaar wachsen lassen. **Nasoräer,** die ↗Mandäer.
Nassau, ehem. dt. Grafengeschlecht, teilte sich 1255 in 2 Linien: a) Die Walramsche Linie: Zu dieser gehörte Kg. ↗Adolf v. N.; 1806 wurden alle Gebiete dieser im Lauf der Zeit mehrfach gespaltenen Linie zum Htm. N. vereinigt; dieses fiel 66 an Preußen u. wurde ein Teil der Prov. ↗Hessen-N.; der letzte Hzg., Adolf v. N. (1817–1905), wurde 90 Großherzog v. Luxemburg. b) Die Ottonische Linie: Sie teilte sich 1544 in die ↗Wilhelm I. v. Oranien begr. u. 1702 mit Kg. ↗Wilhelm III. v. Großbritannien erloschene ältere Linie N.-↗Oranien u. die Linie N.-Dillenburg, v. der sich u. a. die jüngere Linie N.-Oranien abzweigte; zu dieser gehörte Wilhelm VI., der 1815 als Wilhelm I. Kg. der Niederlande u. Großherzog v. Luxemburg wurde; Luxemburg fiel 90 an die Walramsche Linie, während in den Niederlanden seit 1948 Königin Juliana, die Ururenkelin Wilhelms I., regiert.
Nassau, 1) Luftkurort in Rhld.-Pfalz, an der Lahn, 4700 E. Über der Stadt die Ruine der Burg N. **2)** Hst. der Bahamas, auf der Insel Providence, 130000 E.; kath. Bischof.
Nasser, ungenau für Gamal 'Abd an-Násir, 1918–70; 52 beteiligt am Putsch gg. Kg. Faruk, als Nachfolger Nagibs seit 54 Min.-Präs. u. Staatspräs. v. ↗Ägypten; verfolgte eine Politik der Einigung der arab. Staaten.
Natal, 1) östliche Prov. der Rep. Südafrika, 86967 km², 4,3 Mill. E.; Hst. Pietermaritzburg. **2)** Hst. des brasilian. Bundesstaates Rio Grande do Norte, 344000 E.; Erzb.; transatlant. Flughafen, Seehafen.

Nathan, atl. Prophet zur Zeit Davids.
Nathanael, einer der ersten Jünger Jesu, wahrscheinl. ↗Bartholomäus.
Nation w (lat.), Schicksals- u. Lebensgemeinschaft eines Volkes als polit. Willensod. völk. Abstammungsgemeinschaft, als *Staats-* od. *Kultur-N.* Die Geschichte der N. gipfelt im ↗Nationalstaat. Antike u. MA kannten noch keine N.en. Das Wort N. wurde im MA im Sinne v. Landsmannschaft gebraucht. Erst der moderne Staat hat in den Formen der Monarchie die N.en geschaffen.
National-Demokratische Partei Deutschlands, *NPD,* 1964 gegr. rechtsradikale Partei in der BRD; in den Parlamenten der BRD nicht mehr vertreten.
Nationale Befreiungsfront ↗FLN.
Nationaleinkommen ↗Sozialprodukt.
Nationales Olympisches Komitee, *NOK,* oberste Organisation in einem Staat zur Pflege des olymp. Gedankens, Durchführung v. olymp. Spielen u. Regelung aller die nationale Olympiamannschaft betreffenden Fragen. Mitgl. des IOK.
Nationale Volksarmee, die Wehrmacht der DDR, 1956 geschaffen durch Umbildung der kasernierten Volkspolizei; Stärke ca. 200 000 Mann.
Nationalfarben, *Landesfarben,* die in Nationalflaggen, Kokarden, Ordensbändern usw. geführten Farben eines Staates; haben oft symbol. Bedeutung. ☐ 188/189.
Nationalfeiertag, ein Tag, an dem alljährl. eines bedeutenden Ereignisses in der Geschichte einer Nation od. eines Volkes gedacht wird. ☐ 264.
Nationalgarde, 1) 1789/1871 Bürgerwehr in Frkr. **2)** in den USA der Teil des Heeres, der für den örtl. Einsatz dem Gouverneur des Einzelstaates untersteht.
Nationalhymne, ein Lied, das bei offiziellen Anlässen gesungen wird u. die Zusammengehörigkeit eines Volkes zum Ausdruck bringen soll.
Nationalisierung, Verstaatlichung. ↗Sozialisierung.
Nationalismus m (lat.), aus dem Selbstbewußtsein der ↗Nation u. des ↗Nationalstaates entstandener übersteigerter nationaler Individualismus; in der Ggw. bes. als Reaktion auf den Kolonialismus bei den polit. unabhängig gewordenen Völkern.
Nationalität w, Zugehörigkeit zu einer ↗Nation; als soziolog. Begriff zu unterscheiden v. jurist. der ↗Staatsangehörigkeit; im Völkerrecht Bz. für die nationale ↗Minderheit. **N.enprinzip,** undurchführbarer Grundsatz u. Anspruch, wonach jede ↗Nation auch innerhalb der Grenzen ihres Nationalstaates wohnen solle. **N.enstaat,** ein aus mehreren rechtl. gleichgestellten Nationen od. nationalen Gruppen zusammengesetzter Staat (z. B. Belgien, Schweiz).
Nationalliberale Partei, 1867 in Preußen aus dem rechten Flügel der Fortschrittspartei hervorgegangene dt. Partei, unterstützte Bismarck; zerfiel 1918, der Rest bildete die ↗Deutsche Volkspartei.
Nationalökonomie ↗Wirtschaftswissenschaft.

Nationalsozialismus

Die wichtigsten Daten

1919 *5. 1.:* in München wird die D.A.P. (Deutsche Arbeiterpartei) gegründet; *12./16. 9.:* Hitler wird Mitglied der D.A.P.
1920 *24. 2.:* Verkündigung des Parteiprogramms; *7./8. 8.:* die D.A.P. schließt sich mit anderen Gruppen zur NSDAP (Nationalsozialistische Deutsche Arbeiterpartei) zusammen
1921 *29. 7.:* Hitler wird Parteivorsitzender; *3. 8.:* Gründung einer „Turn- u. Sportabteilung", aus ihr wird am *4. 11.* die SA (Sturmabteilung)
1923 *8. 11.:* Putschversuch Hitlers in München, wird am *9. 11.* von Polizei niedergeschlagen; *23. 11.:* Auflösung der NSDAP im ganzen Reich
1925 *27. 2.:* Hitler gründet in München die NSDAP neu; in dieser Zeit Gründung einer „Stabswache", später SS (Schutzstaffel) gen.
1928 *20. 5.:* Reichstagswahl bringt der NSDAP 12 Mandate (von 491)
1930 *14. 9.:* Reichstagswahl bringt der NSDAP 107 Mandate (von 577)
1932 *25. 2.:* Hitler erhält die deutsche Staatsbürgerschaft; *31. 7.:* die Reichstagswahl bringt 230 Mandate (von 608), die NSDAP ist die stärkste Fraktion; *6. 11.:* Reichstagswahl, die NSDAP erhält 196 Mandate (von 584)
1933 *30. 1.:* Hitler Reichskanzler in einem Koalitionskabinett; *27. 2.:* Brand des Reichstagsgebäudes; *28. 2.:* „Verordnung zum Schutz von Volk und Staat" setzt wesentliche Grundrechte außer Kraft; *5. 3.:* Reichstagswahl bringt 288 von 647 Sitzen (44% der Stimmen); *24. 3.:* Ermächtigungsgesetz „zur Behebung der Not von Volk und Reich" überträgt Legislative auf der Reichsregierung
1934 *30. 4.:* Aktion Hitlers gegen die oberste SA-Führung (sog. Röhm-Putsch); *2. 8.:* Tod des Reichspräsidenten P. v. Hindenburg, Hitler übernimmt dessen Amt und läßt Reichswehr auf seine Person vereidigen
1935 *16. 3.:* Einführung der allgemeinen Wehrpflicht; *15. 9.:* Verkündigung der antisemitischen „Nürnberger Gesetze"
1936 *1. 12.:* Die HJ (Hitlerjugend) wird durch Gesetz Staatsjugend
1938 *13. 3.:* Anschluß Österreichs an das Reich; *29./30. 9.:* Viererkonferenz beschließt im Münchener Abkommen die Vereinigung des Sudetenlandes mit dem Deutschen Reich; *9./10. 11.:* „Kristallnacht", Beginn der direkten Aktionen gg. die Juden.
1939 *14. 3.:* die Slowakei erklärt ihre Unabhängigkeit; *16. 3.:* die Rest-Tschechei wird zum „Reichsprotektorat Böhmen und Mähren"; *23. 8.:* Unterzeichnung des deutsch-sowjetischen Nichtangriffspaktes; *1. 9.:* die deutsche Wehrmacht marschiert in Polen ein, der 2. Weltkrieg beginnt
1944 *20. 7.:* mißglücktes Attentat auf Hitler
1945 *30. 4.:* Hitler endet in Berlin durch Selbstmord; *7. 5.:* die Wehrmacht kapituliert, die Alliierten übernehmen die Regierungsgewalt in Deutschland

Nationalfeiertage
Frankreich
14. 7. (1789 Sturm auf die Bastille)
Österreich
26. 10. (1955 Abzug der letzten Besatzungstruppen und Beschluß der östr. Neutralität)
Schweiz
1. 8. (1291 Gründung d. Eidgenossenschaft)
UdSSR
7. 11. (1917 Oktoberrevolution)
USA
4. 7. (1776 Unabhängigkeitserklärung)

Nationalpreis, in der DDR höchste Auszeichnung, jährl. in 3 Klassen für Wiss. u. Technik, Kunst u. Lit. verliehen.
Nationalrat, in Östr. (neben dem Bundesrat) u. in der Schweiz (neben dem Ständerat) die gesetzgebende Körperschaft, vom Volk auf längstens 4 Jahre gewählt. ☐ 710, 886.
Nationalsozialismus, polit. Bewegung in Dtl. nach dem 1. Weltkrieg, geführt von A. ↗Hitler u. organisiert in der 1920 gegr. *Nationalsozialist. Dt. Arbeiterpartei* (NSDAP); seine „Weltanschauung" war dargelegt in Hitlers Buch „Mein Kampf": Im Zentrum standen der Rassengedanke mit seiner Höherbewertung der sog. „arischen Rasse" u. einem schrankenlosen Antisemitismus, die Vorstellung v. der „Volksgemeinschaft" als einer Kampfgemeinschaft, in der der „Führer" den Volkswillen verkörpert, u. der Drang zur Eroberung neuen Lebensraumes für die „german.-dt. Herrenrasse". Der N. ging darauf aus, die Macht in Dtl. mit allen Mitteln der Demagogie u. der Gewalt zu erobern. Der erfolglose Münchener Putsch Hitlers 23 führte zu einem Verbot der NSDAP, die 25 neu gegr. wurde. Seither versuchte Hitler, auf „legalem" Wege an die

Macht zu kommen. Trotz des rapiden Anstieges seit 30 infolge einer hemmungslosen Massenpropaganda, der sozialen Krise (Arbeitslosigkeit) u. des bürgerl. Versagens errang der N. in freien Wahlen nie die absolute Mehrheit. Die ansteigende Kurve war bereits gebrochen, als Hindenburg am 30. 1. 33 Hitler als Führer der stärksten Partei zum Reichskanzler berief. Nach dieser „Machtergreifung" wurde die Demokratie in Dtl. durch eine Reihe v. Gesetzen beseitigt. Die NSDAP, die zur einzigen Partei erklärt wurde, beherrschte mit ihrer Organisation (Reichs-, Gau-, Kreis-, Ortsgruppen-, Zellen- und Blockleiter), ihren Gliederungen (SA, SS, HJ, BDM, NS-Frauenschaft u. a.) u. Verbänden (Dt. Arbeitsfront, NS-Volkswohlfahrt, NS-Beamtenbund u. a.) das ganze gesellschaftl., wirtschaftl. u. polit. Leben. Jede Kritik am N. wurde durch die Überwachung mittels der Geheimen Staatspolizei u. des Sicherheitsdienstes (SD) verhindert oder unterdrückt (↗Konzentrationslager). Der Kampf gg. Juden, Christen, Liberale, Sozialisten u. Kommunisten wurde mit zunehmender Brutalität geführt. Im 2. Weltkrieg wurde das Gewaltsystem in noch gesteigerter Form auf die besetzten Gebiete angewandt. Das Ende des 2. Weltkrieges brachte den Zusammenbruch des N. u. die Aburteilung seiner Organisationen u. Führer in den ↗Nürnberger Prozessen.

Nationalstaat, der Staat, der im wesentlichen eine ↗Nation umfaßt; vor allem Schöpfung der Französ. Revolution, die das Recht der Selbstbestimmung der Völker verkündete. Die Ausbildung der N.en im 19. Jh. führte bis zum ↗Nationalismus.

Nationalversammlung, 1) Versammlung gewählter Volksvertreter zur Ausarbeitung einer Verf.; in Dtl. die ↗Frankfurter N. 1848/49 u. die ↗Weimarer N. 1919; in Fkr. 1789/91, 1848/51, 1871/75 u. 1945/46. **2)** in Fkr. heute das Abgeordnetenhaus.

NATO, Abk. für North Atlantic Treaty Organization. ↗Nordatlantik-Pakt.

Natorp, *Paul,* dt. Philosoph u. Sozialpädagoge, 1854–1924; Neukantianer, mit ↗Cohen Gründer der ↗Marburger Schule.

Natrium *s,* chem. Element, Zeichen Na, silberweißes Alkalimetall, Ordnungszahl 11 (□ 148); zersetzt Wasser heftig unter Wasserstoffentwicklung, oxydiert sehr leicht an der Luft u. wird daher in Petroleum aufbewahrt, brennt mit gelber Flamme. In der Natur im Kochsalz (N.chlorid). **N.amalgam,** N.-Quecksilber-Legierung; starkes Reduktionsmittel. **N.bicarbonat,** NaHCO₃, ↗doppeltkohlensaures Natron. **N.carbonat,** Na₂CO₃·10 H₂O, ↗Soda. **N.chlorat** ↗Chlorat. **N.hydrosulfit,** Na₂S₂O₄ · 2 H₂O; als Bleichmittel, zur Fleckenbeseitigung. **N.hydroxid,** NaOH; in Wasser gelöst *Natronlauge.* **N.nitrat,** *N.salpeter,* NaNO₃, ↗Chilesalpeter. **N.silicat,** das Natronwasserglas, Na₂SiO₃. **N.sulfat,** Na₂SO₄·10 H₂O, ↗Glaubersalz. **N.tetraborat,** Na₂B₄O₇ · 10 H₂O, ↗Borax.

Natriumdampflampe, eine ↗Metalldampflampe.

Natternkopf
(Echium vulgare)

Nationalsozialistische Deutsche Arbeiterpartei (NSDAP)

Organisation:
Reichsleiter
Gauleiter
Kreisleiter
Ortsgruppenleiter
Zellenleiter
Blockleiter

Gliederungen:
SA (Sturmabteilung)
SS (Schutzstaffel)
NS-Kraftfahrer-Korps
NS-Flieger-Korps
HJ (Hitler-Jugend)
BDM (Bund Deutscher Mädchen)
Nat.-soz. Dt. Studentenbund
Nat.-soz. Dt. Dozentenbund
NS-Frauenschaft

Angeschlossene Verbände u. a.
Dt. Arbeitsfront
NS-Volkswohlfahrt
NS-Kriegsopferversorgung
Nat.-soz. Dt. Ärztebund
NS-Lehrerbund
Reichsbund Dt. Beamter
NS-Rechtswahrerbund

Natron *s,* ↗doppeltkohlensaures N.
Natronlauge ↗Natriumhydroxid.
Nattern, umfangreiche Schlangenfamilie; europ. Arten ohne Giftzähne: *Ringel-N., Würfel-N.* u. a.; viele ausländ. Arten mit Giftzähnen: z. B. *Brillenschlange.* **N.kopf,** blaublühendes Borretschgewächs, verbreitetes Unkraut.

Natur *w* (lat.), **1)** Stoffe, Kräfte, Formen u. Verhaltensweisen der materiellen Wirklichkeit, soweit sie v. Menschen nicht beeinflußt sind. Um Erforschung u. Deutung der N. bemühen sich ↗Naturwissenschaft u. ↗Naturphilosophie. **2)** *philosophisch* das *Wesen* jedes Seienden.

Naturalien (Mz., lat.), Naturerzeugnisse. **N.kabinett,** naturkundliche Sammlung.

Naturalisation *w* (lat.; Ztw. *naturalisieren),* Erwerb der ↗Staatsangehörigkeit durch Ausländer.

Naturalismus *m* (lat.), **1)** philosoph.-weltanschaul. Auffassung, nach der die Natur den einzigen Seinsgrund darstellt; Leugnung der Eigenständigkeit des Geistes u. der personalen Freiheit. **2)** *Theologie:* als eine Form des Positivismus die Leugnung einer Metaphysik, einer Offenbarungsreligion u. einer Ethik. **3)** *Literatur:* eine europ. Strömung des ausgehenden 19. Jh., nahm v. Fkr. ihren Ausgang (Zola) u. forderte eine möglichst getreue Registrierung des Tatsächlichen; sah den Menschen vornehml. als Triebwesen u. verstand ihn aus seiner Umwelt. Der N., als Reaktion auf die bürgerl. Lit. des 19. Jh., bevorzugte Stoffe aus proletar. Milieu. In Dtl. bes. die Werke v. A. ↗Holz u. J. ↗Schlaf. **4)** In der *Kunst* suchte der N. eine unmittelbare Nachbildung der Natur. In einem weiteren Sinn jedoch ist N. als Realismus das Streben nach Wirklichkeitsnähe u. insofern ein zu allen Zeiten gg. die idealist. Normkunst gerichteter Stil.

Naturallohn □ Lohn (562). [satz.
Naturalrestitution *w* (lat.), ↗Schadensersatz. **Naturalwirtschaft, 1)** Deckung der Bedürfnisse ausschließl. durch Eigenproduktion. **2)** arbeitsteilige Tauschwirtschaft ohne das Geld als Wertmesser.

Naturbeseelung ↗Animismus.
Naturdenkmäler, bemerkenswerte Gebilde der Natur, z. B. Landschaften, Wasserfälle, Bäume, seltene Pflanzen, Tiere; N. im gesetzl. Sinn unterstehen dem ↗Naturschutz.
Naturell *s* (lat.-frz.), natürliche Eigenart.
Naturfreunde, internationale, sozialistisch orientierte Wander- u. Bergsteigerorganisation, 1895 gegr.; unterhält Ferien-, Wander- u. Bergheime, vor allem in den Alpen u. den dt. Mittelgebirgen. Sitz seit 1934 in Zürich, Leitung für Dtl. in Stuttgart.
Naturgas, das ↗Erdgas.
Naturgesetze, jene unter gleichen Bedingungen immer gleichen, meßbaren Verhaltensweisen, die schon mit dem Wesen der materiellen Dinge u. Kräfte gesetzt sind u. aus ihm mit Notwendigkeit hervorgehen. Sie sind nur durch Beobachten (Experiment) möglichst vieler ähnl. Einzelfälle zu entdecken; sie bewirken nicht das Weltgeschehen, sondern sind Aussagen über des-

Naturschutz

Geschützte Tiere

Säugetiere	*Kriechtiere*	*Amphibien*	*Kerbtiere*
Igel; Spitzmäuse (außer Wasserspitzmaus); Fledermäuse; Sieben-, Baum- u. Gartenschläfer; Haselmaus	Sumpf- u. Teichschildkröte; Mauer-, Smaragd-, Berg- u. Zauneidechse; Ringel-, Würfel-, Schling- u. Äskulapnatter; Blindschleiche	Feuer- u. Alpensalamander; Kröten u. Unken; Laubfrosch; Frösche aller Arten (außer Teich- u. Grasfrosch)	Segel- u. Apollofalter; Wiener Nachtpfauenauge; Puppenräuber; Hirschkäfer; Rote Waldameise; Alpenbock; Pechschwarzer Wasserkäfer

Vögel
Sämtliche nichtjagdbare wildlebende Vögel, ausgen. Krähen, Sperlinge, Eichelhäher und Elstern

Geschützte Pflanzen

Straußfarn Hirschzunge Königsfarn Federgras Lilien (mit Türkenbund) Schachblume Siegwurz (Schwertlilie)	Orchideen Pfingstnelke Berghähnlein (narzissenblütiges Windröschen) Alpenanemone Großes Windröschen Akelei	Kuhschelle Frühlingsadonisröschen Weiße und Gelbe Seerosen Diptam Seidelbast Blaudistel (Alpenmannstreu)	Aurikel Gelber Fingerhut Enzian (alle Arten) Edelweiß Edelrauten Alpenrose Blaue Schwertlilie Alpenveilchen

Teilweise geschützte Pflanzen

Die Wurzelstöcke oder Zwiebeln dürfen nicht beschädigt oder entfernt werden

Maiglöckchen Meerzwiebeln Wilde Hyazinthe Gem. Schneeglöckchen	Schneeglöckchen (Märzenbecher) Schwarze Nieswurz Alle rosetten- u. polsterbildenden Arten	der Gattungen Leimkraut, Hauswurz, Steinbrech und Mannsschild	Alle Primeln, die nicht zu den vollständig geschützten Pflanzen gehören

sen regelmäßigen Ablauf; sie zeigen einen Kausalzusammenhang und erlauben daher Vorausberechnung künftiger Ereignisse aus gegebenen Vorbedingungen. Der Mensch gestaltet durch Anwendung erkannter N. weitgehend seine Umwelt (↗Technik).

Naturheilkunde, Lehre v. den Behandlungsmethoden, die durch natürl. Einflüsse und Reize auf den Körper dessen Abwehr-, Selbstheilungs- u. Aufbaukräfte zu verstärktem Einsatz bringen sollen: Wärme, Kälte, Licht, Luft, Klima, Massage, Ernährung, Gymnastik, Entspannung u. a.

natürliche Person, im Recht die Einzelperson; Ggs. ↗juristische Person.

Naturparke, in sich geschlossene, durch ihre Schönheit herausgehobene u. für die Erholung bedeutsame großräumige Landschaften; sind im Sinne der Naturschutzgesetze Landschaftsschutzgebiete; in der BRD ca. 45 N.

Naturphilosophie, *Kosmologie,* erforscht auf der Grundlage der ↗Naturwiss. das Wesen der Naturdinge u. des Naturgeschehens.

Naturrecht, in der abendländ. Philosophie Bz. für sittl. u. rechtl. überzeitl., überall u. unabhängig v. der Aufnahme in menschl. Rechtssatzung gültige Rechtsnormen. Gegenposition ist ein extremer Rechtspositivismus. Die Idee des N. ist wesentl. eine metaphys. Antwort auf die Frage nach den letzten Grundlagen des Rechts.

Naturreligion, 1) die Religion der Naturvölker. **2)** die relig. Verehrung der Natur in Gestirnen, Tieren usw. ↗Animismus.

Naturschutz, Bestrebungen u. Maßnahmen zur Erhaltung der Reste v. Ur- u. Naturlandschaft mit ihrer Pflanzen- u. Tierwelt als

Stätten der Freiland-Forschung sowie der seel.-geistigen u. körperl. Erholung. **N.gebiete,** abgegrenzte Bezirke, in denen ein besonderer Schutz der Natur in ihrer Ganzheit oder in einzelnen ihrer Teile im öff. Interesse steht; in der BRD ca. 950 N.

Naturvölker, Sammelname für Völker, die noch in größerer Abhängigkeit v. der Natur leben. Obgleich auf einer niedrigen Entwicklungsstufe stehend, sind sie weder kulturlos („Wilde") noch geistig unterentwikkelt, sondern haben eigene Kulturformen; ihr Denken ist verhaftet in der Welt der Dämonen, Naturgottheiten, in Seelenglauben u. Magie. Bei der Berührung mit dem Weißen geben sie ihre Eigenheit rasch auf zugunsten einer fragwürdigen Halbzivilisation. Die Erforschung der N. ist Aufgabe der Völkerkunde (Ethnologie). – Die **Kunst** der N. dient häufig kult. Zwecken. *Baukunst:* einräumige Wohnbau, Grabanlagen. *Plastik:* Masken, Ahnenfiguren, Totemtiere. *Malerei:* meist in Fels gezeichnete Kriegs-, Tanz-, Jagd- u. Kultszenen. Reiche Ornamentik.

Naturwissenschaft, die Gesamtheit der Wissenschaften, die sich mit der Erforschung der unbelebten u. belebten Natur befassen. Ihr Gegenstand ist die Gestalt u. das gesetzmäßige Geschehen an den Dingen, nicht deren Sein u. Wesen selbst (↗Naturphilosophie). Entsprechend der Einheit der Natur gibt es auch nur *eine* N. Aus prakt. Gründen unterscheidet man je nach dem Teilgebiet der zu erforschenden Natur: Physik, Chemie, Astronomie, Meteorologie, Geologie, Geographie, Biologie u. a. Als *angewandte* N. gehört z. B. die Technik zur Physik, die Medizin zur Biologie, die Bergbauwissenschaft zur Geologie.

Naturschutzgebiete

Voll-Naturschutzgebiete
Gebiete, in denen die Natur in ihrer Ganzheit geschützt ist; verboten ist Entfernung oder Einbringung von Pflanzen- oder Tierarten, Tourismus, allgemeines Betreten; begrenzte wirtschaftl. Nutzung

Teil-Naturschutzgebiete
mit speziellen Schutzzielen und begrenzter wirtschaftl. Nutzung

1 Pflanzenschutzgebiete
Gebiete, in denen seltene Pflanzenarten oder Pflanzengesellschaften aus wiss., ästhet. oder heimatkundl. Gründen erhalten werden sollen

2 Vogelschutzgebiete
Gebiete, die als Brut-, Durchzugs- oder Rastgebiete von Vögeln erhalten werden sollen

3 Schutzgebiete für einzelne Tierarten
Gebiete, in denen bestimmte Tierarten (z. B. Biber) erhalten werden sollen

Naumburg:
Naumburger Meister,
Stifterfiguren „Ekkehard und Uta"

Nauru

Amtlicher Name:
Nauru
Staatsform:
unabhängige Republik
im Commonwealth
Hauptort:
Yaren
Fläche:
21 km²
Bevölkerung:
8000 E.
Sprache:
Staatssprache ist
Englisch
Religion:
Anhänger von
Naturreligionen;
ca. 43% Protestanten
Währung:
1 Austral. Dollar
= 100 Cents
Mitgliedschaft:
Commonwealth

nautisches Dreieck

Nauen, brandenburg. Krst. im Bz. Potsdam, 11800 E.; seit 1905 Großfunkstelle.
Nauheim, *Bad N.,* hess. Heilbad am Ostabhang des Taunus, 26900 E.; eisen- u. kochsalzhaltige kohlensaure Quellen, Thermalsprudel- u. Moorbäder, bes. gg. Herzleiden. Institute für Heilquellen- u. Herzforschung.
N.er Kreis, 1948 gegr. polit.-wirtschaftl. Vereinigung unter Führung v. U. Noack, die sich für die polit. Neutralisierung eines wiedervereinigten Dtl.s einsetzte.
Naumann, 1) *Friedrich,* dt. liberaler Sozialpolitiker, ev. Theologe, 1860–1919; suchte die Arbeiterschaft für einen christl. Sozialismus u. die SPD zur Mitarbeit am Staat zu gewinnen, 1918 Mit-Begr. u. 19 Vors. der Dt. Demokrat. Partei. **2)** *Johann Friedrich,* dt. Ornithologe, 1780–1857; grundlegende *Natur-Gesch. der Vögel Dtl.s,* 12 Bde.
Naumburg/Saale, Krst. im Bez. Halle, 37500 E.; roman.-got. Dom (12./14. Jh.) mit Skulpturen aus der Werkstatt des *N.er Meisters.* – 1028 Stadt u. Bistum (1564 säkularisiert), 1564/1815 kursächs., bis 1945 preußisch.
Naupaktos, it. *Lepanto,* griech. Ort am Eingang zum Golf v. Korinth; 1571 Seesieg der span., venezian. u. päpstl. Flotte unter Don ↗Juan de Austria über die Türken (Schlacht v. Lepanto).
Nauru, Koralleninsel u. Rep. im Pazif. Ozean, große Phosphatlager (300 Mill. t). – 1798 entdeckt, 1888/1920 dt. Kolonie, bis 1968 brit., austral. u. neuseeländ. Mandat; seitdem Rep. im Commonwealth.
Nausea *w* (gr. = Ekel), Übelkeit, die ↗Seekrankheit.
Nausikaa, Tochter des Phäakenkönigs Alkinoos, die den gestrandeten Odysseus findet.
Nautik *w* (gr.), ↗Navigation; *nautische Karten* ↗Seekarten.
Nautilus, *Schiffs-* od. *Perlboot,* 4kiemiger Tintenfisch mit gewundener Schale; im Ind. Ozean; auch fossil (↗Ammoniten).
nautisches Dreieck, aus Bogenstücken v. 3 Großkreisen gebildetes Kugeldreieck.
Navarino, im Alt. u. heute *Pylos,* griech. Stadt im südwestl. Peloponnes; 1827 im griech. Freiheitskampf Vernichtung der türk. durch die engl.-frz.-russ. Flotte.
Navarra, span.-frz. Landschaft beiderseits der westl. Pyrenäen, im SW die span. *Prov. N.,* Hst. Pamplona. Der NO zum frz. Dep. Basses-Pyrénées. – Das Kgr. N. entstand aus der Span. Mark Karls d. G.; wechselnd bei Aragonien od. Fkr.; 1512 Ober-N. span. Vizekönigtum, dann Prov.; Nieder-N. seit 1589 endgültig bei Frankreich.
Navigation *w* (lat.), *Nautik,* „Schiffahrtskunde", Bestimmung des jeweiligen Standorts (Besteck) u. Festlegung des Kurses v. See-, Luft- u. Raumfahrzeugen auf ihrem Reisewveg mit Hilfe v. *terrestr. N.* (Bezugspunkte auf der Erde), *astronom. N.* (Gestirnsbeobachtungen) u. ↗*Funknavigation.* ↗Trägheitsnavigation. **N.sakte** *w,* ein 1651 erlassenes engl. Gesetz; reservierte die Einfuhr aus Übersee u. einen großen Teil der europ. Einfuhr nach Engl. sowie die Küstenschiffahrt u. den Handel mit den Kolonien engl. Schiffen; diente der Förderung

Friedrich Naumann

Nautilus-Schale

der engl. Schiffahrt (gegenüber den Niederlanden) u. der straffen Eingliederung der Kolonien in das Weltreich; 1849 bzw. 54 endgültig aufgehoben. **N.ssatellit** *m,* ein Satellit mit konstanter, genau bekannter Umlaufbahn, dient mit seinem Sender als Bezugspunkt für die Standortbestimmung v. Schiffen.
Naxos, neugriech. *Naxia,* größte Insel der griech. Kykladen, 449 km², 20000 E.; Hst. N.
Nay, *Ernst Wilhelm,* dt. Maler u. Graphiker, 1902–68; *Lofoten-Bilder;* seit 50 abstrakte Malerei.
Nazarener, 1) auch *Nazaräer,* ein Beiname Jesu, dann auch seiner judenchristl. Anhänger. **2)** urspr. Spott-Bz. einer romant. Malerschule, 1809 v. J. F. Overbeck u. F. Pforr in Wien gegr.; sie stellten religiöses Leben in einem röm. Kloster, Vorbilder ihres an bibl. Stoffen orientierten Schaffens waren Dürer, Raffael, Fra Angelico u. a.; repräsentativ die Fresken in der Casa Bartholdy in Rom; zu den N.n („Deutsch-Römer") gehörten ferner: P. v. Cornelius, die Brüder Veit, Schnorr v. Carolsfeld, Führich, Dürr.
Nazareth, arab. *En-Nasira,* Stadt in Galiläa, Hst. des Nord-Distrikts in Israel, 32900 E.; Vaterstadt Jesu u. Wohnort der Hl. Familie; zahlr. Heiligtümer, bes. Verkündigungs- u. Josephskirche.
Nb, chem. Zeichen für ↗Niob.
N. B., *n. b.,* Abk. für ↗Nota bene.
n. Br., Abk. für nördl. Breite.
Nd, chem. Zeichen für ↗Neodym.
N'Djamena, *Ndjemena,* seit 1973 Name v. ↗Fort Lamy.
Ne, chem. Zeichen für ↗Neon.
Neandertaler, nach dem Skelettfund im Neandertal bei Düsseldorf (1856) benannte, in der letzten Eiszeit ausgestorbene Menschenform, aus der Alt-↗Steinzeit; war in Europa, Asien u. Afrika verbreitet. Kennzeichen: großer niedriger Schädel mit fliehender Stirn u. starken Überaugenwülsten, plumper Körperbau; etwa 1,60 m hoch.
Neapel, 1) it. *Napoli,* nach Genua bedeutendster Hafen It.s, Hst. der *Prov. N.* am *Golf v. N.,* westl. v. Vesuv, beherrscht v. mächtigen Zwingburgen der Staufer, Anjous u. Spanier, 1,26 Mill. E.; Erzb.; Univ., Hochschulen; Teatro San Carlo (18. Jh.); Museo Nazionale mit Antikensammlung, bes. aus Pompeji; Zoologische Station; Lebensmittel-, Textil- u. Keramik-Ind. – Im 7./6. Jh. v. Chr. als griech. Kolonie gegr., 326 Bundesgenosse Roms; im frühen MA byzantin., gehörte seit der normann. Eroberung im 12.

Jh. zum Kgr. N. u. war 1266/1860 dessen Hst. **2)** *N.-Sizilien,* ehem. Kgr., nach der normann. Eroberung Unter-It.s u. Siziliens v. dem Normannenkönig Roger II. im 12. Jh. begr., fiel 1186 an die Staufer, 1266 an Karl v. Anjou; Sizilien kam 82, N. 1442 an Aragonien; nach erneuter Trennung wurden N. u. Sizilien 1503 wieder vereinigt u. span. Nebenland, das 1713 an die östr. Habsburger kam, 1735/1860 (unterbrochen v. Napoleons Herrschaft) v. den span. Bourbonen (seit 1814 als *Kgr. beider Sizilien*) regiert wurde u. dann an das Kgr. It. fiel.

Nearch, *Nearchos,* Jugendfreund u. Feldherr Alexanders d. Gr., * um 360 v. Chr.; führte 325 v. Chr. eine Flottenexpedition den Indus abwärts u. dann zum Pers. Golf.

Nebel, *Gerhard,* dt. Schriftsteller, 1903 bis 1974; Essays, Reiseberichte.

Nebel, 1) *physikal.:* in einem Gas fein verteilte schwebende Flüssigkeitströpfchen. **2)** *meteorolog.:* Trübung der Luft in Erdnähe durch viele, fein verteilte Wassertröpfchen. *Strahlungs-N.* (*Boden-N., N.meer* im Gebirge) bildet sich bei Abkühlung der Luft unter ⁄Taupunkt durch Wärmeausstrahlung. Bei lebhaftem Wind entsteht *Mischungs-N.,* wenn warme Luft über kaltes Land od. über kalte Luft vordringt. **3)** *astronom.:* lichtschwache Gebilde am Himmel, die sich im Fernrohr meist nicht in Einzelsterne auflösen lassen (*N.flecke*). **a)** N. des Milchstraßensystems, *galaktische N.; planetarische N.* in der Nähe der Milchstraße, scheibenod. ringförm. Gasmassen mit einem Zentralstern in der Mitte, z. B. Ring-N. in der Leier, u. *diffuse N.* aus feinverteilter Materie; der bekannteste der Orion-N. **b)** *Extragalaktische N.* sind die ⁄Galaxien, die als größte Strukturelemente des Kosmos Aufschluß geben über die beobachtbare Größe der Welt; die entferntesten mit dem Fernrohr beobachtbaren N. sind in 4–6 Mrd. Lichtjahren Entfernung; ihre Gesamtzahl wird auf viele Mrd. geschätzt. **N.höhle,** Tropfsteinhöhle in der Schwäb. Alb, n.w. vom Lichtenstein. **N.horn, 1)** akust. Gerät auf Schiffen u. Leuchttürmen für N.signale. **2)** Aussichtsberg in den Allgäuer Alpen, n.ö. von Oberstdorf, 2224 m hoch. **N.kammer,** *Wilsonkammer,* in der Kernphysik benutztes Gerät zur Sichtbarmachung elektr. geladener Teilchen u. der v. ihnen ausgelösten Reaktionen, die als Kondensationskeime in übersättigtem Wasserdampf wirken u. ihre Bahn als feine Spur v. Wassertröpfchen markieren, die photographiert wird. Nach einem ähnl. Prinzip arbeitet die ⁄Blasenkammer. **N.parder,** braungraue Raubkatze in Hinterindien u. auf den Sunda-Inseln. **N.scheinwerfer,** golbl., tief angebrachtes Autoscheinwerferlicht, durchdringt wegen seiner größeren Wellenlänge den N. besser. **Nebenbeschäftigung,** eine regelmäßige Erwerbstätigkeit neben einem Hauptberuf; statthaft, wenn alle arbeitsvertragl. Pflichten erfüllt werden u. dem Hauptarbeitgeber keine Konkurrenz gemacht wird. **Nebenhoden,** dem Hoden aufsitzendes Organ, nimmt die Samenkanälchen auf, geht in den Samenstrang über.

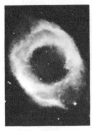

Nebel: oben unregelmäßig geformter galaktischer N. (durch Nachbarstern beleuchtet), darunter planetarischer N., rechts der extragalaktische Andromeda-N.

Beobachtungsraum

Kolben

Lochplatte

Gummimembran

Wasserbad

Schwammgummi

Aluminiumplatte — Trockeneis

Nebelkammer: Aufbau 1 einer Expansions- u. 2 einer Diffusions-N. für kontinuierlichen Betrieb

Nebenwinkel — Winkel

Nebenwinkel

Nebenhöhlen ⁄Nasennebenhöhlen.

Nebenklage, Anschluß Privater an die öff. Klage des Staatsanwalts.

Nebennieren, paarige, innersekretor. Drüsen am oberen Nierenpol. Das *N.mark* bildet ⁄Adrenalin, die *N.rinde* männl. Sexualhormone u. Kortikoide, die den Wasser- u. Salzhaushalt regulieren u. den Eiweiß u. Fettstoffwechsel beeinflussen. *N.rindenunterfunktion,* die ⁄Addisonsche Krankheit; *Cushingsche Krankheit* durch *N.rindenüberfunktion* od. durch hohe Gaben v. N.rindenhormonen (⁄Cortison) mit Fettsucht u. Blutdrucksteigerung.

Nebennierenrindenhormone werden als Arzneimittel bei vielen Krankheiten verwandt. ☐ 404.

Nebenschilddrüsen, *Epithelkörperchen,* 4 linsengroße, innersekretor. Drüsen an der Schilddrüse; fördern das Wachstum, regulieren den Calciumgehalt des Blutes; bei Schädigung od. Entfernung ⁄Tetanie, bei Überfunktion Kalkablagerungen im Körper. ☐ 404.

Nebensonnen, entstehen wie auch die Gegensonnen durch Brechung an Eiskristallen. ⁄Halo.

Nebenwinkel, ergänzt einen gegebenen Winkel zu 180°.

ne bis in idem (lat.), Grundsatz (in Art. 103 III GG festgelegt), daß niemand wegen derselben Tat mehrmals strafrechtl. verfolgt werden darf.

Nebo, Berg in Moab, v. dem aus Moses das Land der Verheißung schauen durfte; heute *Dschebel Neba,* 1225 m hoch.

Nebraska (: nibräßk²), Abk. *Nebr.,* einer der Mittelstaaten der USA, zw. dem Felsengebirge u. dem Missouri, 200017 km², 1,6 Mill. E., Hst. Lincoln.

Nebukadnezar, Vulgata *Nabuchodonosor,* babylon. Könige: **N. I.,** 1128/06 v. Chr.; erfolgreich im Kampf gg. die Elamiter. **N. II.,** Sohn ⁄Nabopolassars, bedeutendster Kg. des neubabylon. Reiches, 605/562 v. Chr.; eroberte 597 u. 587 Jerusalem u. führte viele Juden in die ⁄Babylon. Gefangenschaft.

Necessaire *s* (: neßeß**ä**r, frz.), Behälter für Toilettengegenstände, Nähzeug u. Besteck.

Neckar, r. Nebenfluß des Rheins, entspringt am südöstl. Schwarzwaldrand, durchfließt das Schwäb. Stufenland, durchbricht den Odenwald und mündet bei Mannheim; 367 km lang; bis Plochingen kanalisiert, bis Stuttgart schiffbar. **Neckarsulm,** württ. Stadt nördl. v. Heilbronn, am Neckar, 21500 E.; Deutschordensschloß (1484/1806); Metall-Ind., Motoren- u. Kraftfahrzeugwerke, Jutespinnerei. **Necker,** *Jacques,* frz. Bankier, 1732–1804; 1777/81, 88/89 u. 89/90 Leiter der frz. Finanzen, forderte die Einberufung der Generalstände; seine Entlassung Anlaß zum Sturm auf die Bastille. Vater v. Mme de ↗Staël. **Neer,** *Aert van der,* niederländ. Maler, 1603–1677; poet. Landschaften. **Negation** *w* (lat.; Ztw. *negieren*), Verneinung. **negativ** (Ggs. positiv), verneinend. **Negativ** *s* (lat.), 1) das direkt erzeugte Bild auf photograph. Schicht mit Umtauschung der Helligkeitswerte. 2) jeder Abdruck eines Reliefs in Wachs, Gips u. a., in dem die Erhabenheiten des Originals zu Vertiefungen geworden sind. **negative Zahl,** eine Zahl, die kleiner als Null ist u. nicht als Quadrat einer reellen Zahl darstellbar ist. **Negeb** ↗Negev. **Neger** (aus lat. *niger* u. span. *negro* = schwarz), die dunkelhäutigen Völker der negriden Rasse, bes. in ihrem Stammland Afrika, zw. der Sahara u. dem Kapland. Mittelgroß; hell- bis dunkelbraune Hautfarbe; kurzes dunkles Kraushaar; spärl. Körperbehaarung; stumpfe, breite Nase; starke Prognathie; Wulstlippen. – Nach ihrer Sprache unterscheidet man *Bantuide* od. *Kafride* (↗Bantu) in Mittel-, Ost- u. Südafrika, *Sudanide* (Sudan-N.) zw. dem Äquator u. der Sahara u. *Nilotide* in den Sumpflandschaften am oberen Nil; in Afrika insges. ca. 200 Mill. Seit dem 16. bis Ende 19. Jh. wurden 10–15 Mill. N.sklaven nach Amerika verkauft, wo sie sich stark mit Weißen (= *Mulatten*) u. Indianern (= *Zambos*) vermischten. Heute stellen sie einen starken Anteil an der Gesamt-Bev. bes. in den USA (22,7 Mill. N.), in Westindien, Brasilien (7,7 Mill. N.) u. Venezuela (7–9 Mill. N.). Insges. sind ca. 7,5% der Erd-Bev. N. u. Mulatten. – Urspr. ackerbautreibende Naturvölker mit gesellschaftl. u. relig. Eigenart; diese wurden seit der Kolonisierung Afrikas v. den Weißen zurückgedrängt. Zusammenstoß mit den Errungenschaften der Weißen weckte Rassenbewußtsein u. Willen zu polit., kultureller u. wirtschaftl. Selbständigkeit, bes. in den jungen *N.staaten* Afrikas, u. führte zu schweren sozialen Konflikten, so in Südafrika (↗Apartheid) u. in den USA, wo die tatsächl. soziale Gleichstellung der N. erkämpft wird. **Negerhirse,** in Afrika heimische u. darüber hinaus verbreitete Getreideart mit hirseähnl. Körnern, deren nicht backfähiges Mehl zu Grütze („Kuskus") u. auch zu Bier verarbeitet wird. Andere Arten Ziergräser. **Negerliteratur** ↗Neoafrikan. Literatur. **Negev,** *Negeb,* der südl., wüstenhafte Teil Israels, reicht im S bis zum Golf v. Akaba;

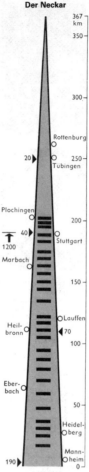

Der Neckar

367 km
350

300

Rottenburg

20 ▶   250
         Tübingen

Plochingen   200

40 ▶   Stuttgart
1200
Marbach

150

Heil-   Lauffen
bronn   70
           100

Eber-
bach

50

Heidel-
berg

Mann-
190 ▶   heim
        0

befahrbar für Schiffe bis ... t

Staustufen und Kraftwerke

◀ Wasserführung in m³/s

geht im SW in die Halbinsel Sinai über; 12954 km², Hauptorte Beerseba, Elat. Bodenschätze: Phosphate, Pottasche, Kupfererze; Bewässerungsanlagen; Ölleitung v. Elat. [kleid. **Negligé** *s* (: -sch̲e̲, frz.), Morgenkleid, Haus- **Negoi** *m,* höchster Berg der Südkarpaten, in Rumänien, 2535 m hoch. **Negri,** *Ada,* it. Schriftstellerin, 1870–1945; v. proletar. Herkunft; Gedichte, Romane. **Negride,** Gesamtheit der (nicht immer miteinander verwandten) schwarzen Rassen; dazu gehören bes. die Neger, Pygmäen u. einige Gruppen in Indien u. Melanesien (Indomelanide, Melaneside, Negritos). **Negritos** (Mz., span. = Negerlein), Urbewohner in den Rückzugsgebieten Ost- u. SO-Asiens, auf den Andamanen (etwa noch 500 *Andamaner*), auf Malakka (1500 *Semang*), Philippinen (40000 *Aëta* in Nord-Luzón) u. Reste in Neuguinea; nur etwa 1,50 m groß, mit sehr dunkler Haut, krausem Haar, flacher Nase. **Négritude** *w* (-tüd, frz.), zuerst in den 30er Jahren v. A. *Césaire* verwandte Bz. für die geistige u. seel. Eigenart der negro-afrikan. Welt; auch die Gesamtheit ihrer kulturellen Werte. **negroid,** den Negriden ähnlich. **Negros,** Philippineninsel, bis 2497 m hoch; 12098 km², 2 Mill. E. **Negro Spirituals** (: ni̲groᵘ ßpir̲ʼtjuᵉls), ↗Spirituals. **Negus** *m,* äthiopischer Königstitel. **Negusa Nagast,** ehem. amtl. Titel des Ks. v. Äthiopien; europäisiert: *Negus Negesti.* **Neheim-Hüsten,** ehem. Stadt im Sauerland, an der oberen Ruhr, seit 1975 Stadtteil v. Arnsberg; Walzwerk, Elektro-Ind. Nahebei die Möhne u. Sorpetalsperre. **Nehemias,** *Nehemia,* jüd. Reformer, leitete seit 445 v. Chr.(nach dem Babylon. Exil) den Wiederaufbau Jerusalems u. führte nach ihm benannt die relig. Erneuerung weiter; nach ihm benannt das biblische *Buch N.* **Neher,** 1) *Carola,* dt. Schauspielerin, 1900 bis 1942; mit ↗Klabund verheiratet; emigrierte 33 in die UdSSR, dort verfolgt u. erschossen. 2) *Caspar,* dt. Maler, Bühnenbildner, 1897–1962; bedeutender Bühnenbildner der Ggw.; arbeitete bes. mit ↗Brecht zus.; schrieb auch Opernlibretti. **Nehru,** *Jawaharlal,* ind. Politiker, 1889 bis 1964; neben Gandhi führende Gestalt des ind. Freiheitskampfes, 9mal eingekerkert; mehrmals Präs. des Indischen Nationalkongresses, 33/54 Vors. der Indischen Kongreßpartei; seit 47 Min.-Präs. u. Außenmin.; seit 62 auch Verteidigungsmin.; verschaffte Indien weltweites Ansehen durch seine Neutralitätspolitik innerhalb des Ost-West-Konflikts u. seine Vermittlung bei internationalen Krisen. **Nehrung** *w,* it. *Lido,* schmale Landzunge, trennt ein Haff v. Meer, z. B. Kurische N. **Neidenburg,** poln. *Nidzica,* ostpreuß. Krst. in Masuren, 8500 E.; Ordensburg (14. Jh.). **Neidhart v. Reuental,** mhd. bayer.-östr. Lyriker, 1. Hälfte des 13. Jh.; Begr. der derben Dorfpoesie (z. T. parodist. gemeint). **Neigung,** 1) geneigte Lage; so bei Eisen-

Jawaharlal Nehru

Nelken: links Garten-, rechts Bart-N.

bahnen, wo bei Gefällwechsel der *N.sanzei-ger* Grad u. Länge der Neigung angibt. 2) in der Astronomie die ∕Inklination.
Neiße, zwei l. Nebenflüsse der Oder: *Glatzer N.,* kommt v. Glatzer Schneegebirge, mündet nach 195 km oberhalb Brieg; *Lausitzer* od. *Görlitzer N.,* aus dem Isergebirge, mündet nach 225 km unterhalb Guben. ∕Oder-Neiße-Linie.
Neisse, poln. *Nysa,* Stadt an der Glatzer Neiße, 30100 E.; Renaissance- u. Barockbauten; Eisengießerei, Maschinenfabriken. – Um 1220 gegr., 1742 preuß., 1945 unter poln. Verwaltung.
Nekrassow (: -of), *Nikolai,* russ. Schriftsteller, 1821–78; *Wer lebt glücklich in Rußland?*
Nekrolog *m* (gr.), **1)** Nachruf für einen Toten. **2)** Totenverzeichnis. **Nekromantie** *w* (gr.), ∕Toten-, Geisterbeschwörung durch den *Nekromanten.* **Nekropole** *w,* Begräbnisstätte im Altertum.
Nekrose *w* (gr.), ∕Brand.
Nektar *m,* **1)** in der griech. Sage der Trank der Götter, der mit ∕Ambrosia Unsterblichkeit verlieh. **2)** zucker- u. aromastoffhalt. Flüssigkeiten der Honigdrüsen *(Nektarien)* in den Blüten.
Nekton *s* (gr.), im Ggs. zum ∕Plankton die aktiv im Wasser schwimmende Tierwelt, Fische, Tintenschnecken, Krebse u. a.
Nelken, Stauden mit grasähnl. Blättern u. endständigen vielfarb., oft wohlriechenden Blüten; in Dtl. Heide-N., Kartäuser-N., auf trockenen Grasböden; *Pracht-N.,* auf Wiesen; *Garten-N.,* Zierpflanze. **N.öl,** äther. Öl aus ∕Gewürznelken, enthält Eugenol. **N.pfeffer,** der ∕Piment. **N.wurz,** Rosengewächs mit rötl.-gelben Blüten; Wurzelstock duftet nach N.
Nell-Breuning, *Oswald v.,* dt. Sozialwissenschaftler, SJ, * 1890; sozialphilosoph. u. sozialeth. Grundlegung der Gesellschafts- u. Wirtschaftspolitik.
Nellingen, *N. auf den Fildern,* Ortsteil v. Ostfildern (seit 1975); Maschinen-Ind.
Nelson *m,* im Ringen: Nackenhebelgriff, bes. der *Doppel-N.* mit beiden Armen.
Nelson (: nelßℯn), *Horatio* Viscount, brit. Admiral, 1758–1805; besiegte die frz. Flotte 1798 bei Abukir u. 1805 in der Schlacht bei Trafalgar, in der er fiel.
Nematoden ∕Fadenwürmer.
Nemea, Tal s.w. von Korinth, in dem Herakles den *Nemeischen Löwen* getötet haben soll; altgriech. Kultstätte, Ort der *Nemeischen Spiele.*

Nemesis *w,* griech. Göttin der Vergeltung menschl. Frevels.
Nemisee, mittel-it. Kratersee, im Albanergebirge, 1,67 km², 34 m tief; 1928/32 ausgepumpt, um 2 Prunkschiffe Caligulas zu bergen.
Nenndorf, *Bad N.,* niedersächs. Kurort s.w. von Hannover, 8500 E.; Schwefelquellen, Solquelle, Schlammbäder.
Nenner, beim ∕Bruch der Teiler.
Nennform ∕Zeitwort.
Nenni, *Pietro,* Führer der it. Linkssozialisten, 1891–1980; 1945/46 u. 63/69 stellvertr. Min.-Präs., 46/47 u. 68/69 Außenminister.
Nennwert, *Nominalwert,* der bes. auf ∕Wertpapieren genannte Betrag, im Ggs. zu dem im ∕Kurs ermittelten Handelswert.
neo... (gr.), neu..., in Zss.
Neoafrikanische Literatur, im Ggs. zur afrikan. Volksdichtung die aus der Berührung mit der Welt der Weißen seit 1900 in Afrika u. auf den Antillen entstandene Lit., meist in frz. od. engl. Sprache; verwendet weitgehend afrikan. Stilmittel (Betonung des Rhythmischen, eigene Bildlichkeit). Bes. Lyrik: L. S. Senghor, A. Césaire; Prosa: A. Tutuola u. a.
Neodym *s,* chem. Element, Zeichen Nd, seltene Erde, Ordnungszahl 60 (☐ 148); stets mit dem ähnl. ∕Praseodym zusammen; Salze sind violett, dienen zu Glas- u. Glasurfarben.
Neofaschismus *m* (gr.-lat.), nach 1945 wiederaufgelebte faschist. Bewegung in verschiedenen europ. Ländern, bes. in It.; propagiert eine autoritäre u. antikommunist. „Neuordnung" Europas.
Neoliberalismus ∕Liberalismus.
Neolithikum *s* (gr.; Bw. *neolithisch*), die Jung-∕Steinzeit.
Neomalthusianismus ∕Bevölkerung.
Neon *s,* chem. Element, Zeichen Ne, Edelgas, Ordnungszahl 10 (☐ 148); spurenweise in der Luft. **N.röhre,** mit Neon gefüllte ∕Leuchtröhre.
Neophanglas, Spezialglas mit Zusatz v. seltenen Erden, absorbiert stark ultraviolette Strahlen; z. B. für Sonnenbrillen.
Neozoikum ∕Känozoikum.
NEP, russ. Abk. für „Neue ökonom. Politik", die 2. Hauptphase der wirtschaftl. Entwicklung der UdSSR (1921/28); gekennzeichnet durch weitgehende Liberalisierung.
Nepal, Kgr. im Himalaja, an der Nordgrenze Indiens, bewohnt v. hinduist. Gurkha u. lamaist.-buddhist. tibetan. Bergvölkern, u. a. den Sherpas. – N. umfaßt die höchsten Gebirgsmassive des Himalaja u. im S eine 20 km breite Randzone der Gangesebene mit den Vorbergen der Siwaliks u. dem Dschungel des Tarai. In den Hochtälern u. in der Gangesebene Anbau v. Getreide, Tee, Zuckerrohr für den Eigenverbrauch. In Lagen über 3000 m Viehzucht (Schafe, Ziegen, Yaks). – 1769 v. Gurkhas erobert. Seit 1951 konstitutionelle Monarchie. Kg. Maharadjadjiradja Birendra Bir Bikram Schah (seit 1972).
Nephelin *m,* ein Feldspat.
Nephrit *m,* ∕Jade.
Nephritis *w* (gr.), doppelseitige ∕Nierenentzündung.

Admiral Nelson

Nepal

Amtlicher Name:
Sri Nepála Sarkár
Staatsform:
Königreich
Hauptstadt:
Katmandu
Fläche:
140797 km²
Bevölkerung:
13,7 Mill. E.
Sprache:
Nepali; daneben tibet. Dialekte
Religion:
Buddhismus und Hinduismus
Währung:
1 Nepalesische Rupie = 100 Paisa
Mitgliedschaften:
UN, Colombo-Plan

Neptun mit Dreizack, Delphin u. Schiffsbug (hellenist. Plastik)

Kaiser Nero

Pablo Neruda

Nerz

Nephrose w (gr.), degenerative Nierenerkrankung mit verschiedenen Ursachen.
Nephtali, *Naphtali,* im AT Sohn des Patriarchen Jakob; nach ihm der *Stamm N.* ben.
Nepomuk ↗Johannes v. Nepomuk.
Nepos, *Cornelius,* röm. Geschichtsschreiber, um 100–25 v. Chr.; *Über berühmte Männer.*
Nepotismus m (v. lat. *nepos* = Neffe), ungerechtfertigte Begünstigung bes. v. Verwandten durch weltl. u. geistl. Machthaber; berüchtigt der N. von Pp.en im 15./17. Jh.
Neptun, 1) röm. Gott des Meeres, bei den Griechen Poseidon. **2)** Zeichen Ψ, der v. der Sonne aus 8. der großen ↗Planeten mit 2 Monden. Einzelheiten sind auf der Scheibe des als Stern 8. Größe leuchtenden N. nicht zu erkennen; die Oberflächentemperatur liegt bei etwa −200° C. N. wurde aufgrund hypothetischer Rechnungen aufgefunden. ☐ 757, 918.
Neptunium s, radioaktives, künstl. chem. Element, Zeichen Np, Ordnungszahl 93 (☐ 149); erstes der ↗Transurane.
Nereiden, 50 griech. Meernixen, Töchter des ↗Nereus, u. a. ↗Amphitrite, ↗Galatea u. ↗Thetis.
Neresheim, württ. Stadt bei Aalen, 6800 E.; Benediktinerabtei (1095/1803 u. seit 1920); Barockanlage (Kirche v. B. Neumann). ☐ 671.
Neretva, it. *Narenta* w, jugoslawischer Fluß, mündet nach 230 km in die Adria.
Nereus, griechischer Meergott, Vater der ↗Nereiden.
Nerfling, *Aland* m, karpfenart. Fisch, häufig Beisatzfisch in Karpfenteichen. ☐ 466.
Neri, *Philipp,* hl. (26. Mai), it. Volksapostel, 1515–95; Stifter der it. ↗Oratorianer.
Nernst, *Walter,* dt. Physiker u. Chemiker, 1864–1941; Nobelpreis 1920; Hauptgebiet: Thermodynamik *(N.sches Wärmetheorem).*
Nero, 37–68; 54 röm. Ks.; ließ u. a. seine Mutter Agrippina d. J. u. seine Gemahlin Octavia umbringen, führte als Ablenkung für den ihm zugeschriebenen Brand Roms (64) die 1. Christenverfolgung durch; ließ sich nach seinem Sturz den Tod geben.
Nerthus, altgerman. Erdgöttin.
Neruda, *Pablo,* chilen. Schriftsteller u. Diplomat, 1904–73; Lyriker *(Aufenthalt auf Erden; Der große Gesang; Elementare Oden);* 71 Nobelpreis für Literatur.
Nerva, röm. Ks., 96/98 n. Chr.
Nerval (: -wal), *Gérard de,* frz. romant. Schriftsteller, 1808–55; zuletzt geistig umnachtet; Übersetzung v. Goethes „Faust", Gedichte, Erzählungen.
Nerven, Bündel v. N.fasern, die v. Bindegewebe durchzogen u. umgeben sind. Die *N.fasern (Neurite)* sind Fortsätze v. N.zellen (Ganglienzellen) u. leiten Erregungen v. den Körperteilen u. Sinnesorganen zum Zentral-N.system *(sensible N.)* od. erregen Bewegung, Gefäßspannung, Drüsentätigkeit, Ernährung der Gewebe *(motorische N.).* Sie enden im Gewebe entweder als freie N.-endigungen (Tastkörperchen in der Haut, Endplatte in den Muskeln) od. in den Sinnesorganen. ☐ 618. **N.krankheiten,** funktionelle, mit ↗Nervosität und Neurose.

Nest: 1 Napfnest der Eiderente, 2 Töpfernest (aus Lehm) des Töpfervogels, 3 Wabennest der Wespe, 4 Kugelnest des Afrikan. Webervogels, 5 Schwimmnest des Haubentauchers

Hierher gehören u. a. *N.entzündung* ↗Neuritis; *N.schmerzen* ↗Neuralgie; *N.schwäche* ↗Neurasthenie. **N.system,** Organsystem höchster Differenzierung, bei Mensch u. Wirbeltieren unterteilt in *Zentral-N.system,* aus ↗Gehirn u. ↗Rückenmark, u. *peripheres N.system* aus den 12 Hirn-N. u. 31 Rückenmarks-N. (Spinal-N.) u. deren Verzweigungen im Körper, den N.knoten, außerhalb des Rückenmarks (Spinalganglien) u. dem *vegetativen* od. *autonomen N.-system* aus ↗Sympathikus u. ↗Parasympathikus, das dem Willen nur beschränkt zugänglich ist. ☐ 618. **N.zusammenbruch,** volkstüml. Bz. für Versagensreaktion auf Schreckerlebnisse od. ständige Überbeanspruchung.
Nervi, *Pier Luigi,* it. Architekt, 1891–1979; Bauten u. a. *Palazzetto dello Sport,* Rom.
Nervosität w (lat.), allg. Nervenschwäche, äußert sich in erhöhter Reizbarkeit u. Ermüdbarkeit, Unlustempfindungen, Kopfschmerz, Schlafstörungen, berufl. Leistungsminderung. ↗Neurasthenie.
Nervus rerum (lat. = Nerv der Dinge), Haupttriebfeder (bes. Geld).
Nerz m, Nörz, Sumpfotter, Wasserwiesel, glänzend brauner Marder, guter Schwimmer, frißt Fische, Krebse, Frösche; in Europa fast ausgestorben, in Nordamerika als *Mink* bekannt. Des kostbaren Pelzes wegen in *N.farmen* gezüchtet.
Nessel, ein kattunartiges Gewebe.
Nesselausschlag, *Nesselsucht, Urticaria,* heftig juckender Hautausschlag mit rötl. od. weißl. Quaddeln, z. B. nach Berührung der Brennessel, nach Insektenstichen od. nach wiederholter Einnahme eines Arzneimittels; im allg. Ausdruck einer ↗Allergie od. ↗Idiosynkrasie; häufig mit leichtem Fieber *(Nesselfieber);* meist schnell verschwindend. *N. des Schweines,* der ↗Rotlauf.

Nesselpflanzen, *Urticaceen,* Kräuter, Stauden u. Holzpflanzen mit Brennhaaren. Als Faserpflanzen sind wichtig die Ramie (↗Chinagras), die persische Hanfnessel u. die große ↗Brennessel.
Nesselrode, *Karl Robert* Graf v., 1780–1862; 1817 russ. Außenmin., seit 44 auch Kanzler; vertrat eine Politik im Sinne Metternichs; trat 56 nach dem Krimkrieg zurück.
Nesseltiere, *Cnidaria,* festsitzende, häufig koloniebildende Hohltiere mit Nesselkapseln an den Fangarmen um die Mundöffnung; giftiger Inhalt lähmt die Beute.
Nest, die v. Tieren gebaute Wohnstätte zum Schutz vor Feinden u. Unbilden der Witterung sowie Brutstätte zur Aufzucht der Jungen; findet sich bei Insekten, Spinnen, Fischen u. Säugetieren. Mannigfaltig entwickelt ist der N.bau bes. bei Vögeln. *N.hocker,* Vögel, deren Junge im N. verbleiben u. dort gefüttert werden; Ggs. *N.flüchter,* die nach dem Ausschlüpfen laufen od. schwimmen.
Nestor, 1) Kg. der griech. Sage, bei Homer vor Troja der beratende Greis. 2) i. ü. S. ältester Vertreter einer wiss. Disziplin.
Nestorianismus *m,* nach *Nestorios* (428/431 Patriarch v. Konstantinopel) ben. theolog. Lehre, die die ↗Hypostatische Union Jesu Christi leugnet; 431 auf dem Konzil v. ↗Ephesus verurteilt. 486 Lehre einer pers. Nationalkirche, der *Nestorianer,* die Missionserfolge bei Mongolen, Chinesen u. Indern (↗Thomaschristen) hatten, bis sie im 14. Jh. durch Verfolgung unter ↗Timur fast vernichtet wurden; um 1550 z. T. als *Chaldäer* mit Rom uniert; Reste der v. den Türken 1914/17 fast völlig ausgerotteten nicht-unierten *Assyrer* heute in Nahost, Indien u. Amerika.
Nestroy, *Johann Nepomuk,* östr. Lustspieldichter u. Schauspieler, 1801–62; nach Raimund letzter Höhepunkt der ↗Alt-Wiener Volkskomödie; Satiriker; *Lumpacivagabundus; Einen Jux will er sich machen; Der Talisman.*

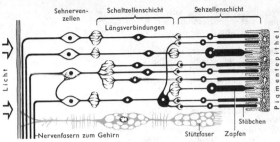

J. N. Nestroy

Nestwurz, bleichbraune, chlorophyllfreie Orchidee mit nestförm. verflochtenen Wurzeln, im Wald auf Baumwurzeln.
Néthou (: netu), *Pic de N., Pic d'Anéthou,* ↗Maladetta.
Netphen, westfäl. Gem. im Rothaargebirge, 1969 durch Gem.-Zusammenschluß gebildet, 22 100 E.; Ind., Fremdenverkehr.
Nettelbeck, *Joachim,* preuß. Seehandelskapitän, 1738–1824; verteidigte Kolberg als Vorsteher der Bürgerschaft 1806/07 gg. den Franzosen.
Nettetal, niederrhein. Stadt, 37 400 E., 1970 durch Gem.-Zusammenschluß gebildet; Maschinen-, Eisen- u. Stahl-Ind.
netto (it.), reln; bei Gewichtsangaben Ware ohne Verpackung *(Nettogewicht);* auch Summe nach Abzug der Kosten *(N.ertrag,* N.gewinn). Ggs. ↗brutto u. ↗tara. **N.preis,** Preis abzügl. ↗Rabatt u. ↗Skonto.
Netz, 1) techn. ein Leitungssystem (Kabel, Rohre) zum Energie- od. Materialtransport. **2)** med. ein Teil des Bauchfells. **3)** Garn- od. Drahtgeflecht zu Schutz, Absperrung u. Fischfang. ☐ 276.

F. C. Neuber

Sehnerven-zellen · Schaltzellenschicht · Sehzellenschicht · Längsverbindungen · Licht · Pigmentepithel · Nervenfasern zum Gehirn · Stützfaser · Zapfen · Stäbchen

Netzhaut: oben schematischer Bau (vgl. auch ☐ 618); unten Zahl der Lichtsinneszellen pro mm² in der N.

Frosch	95 000
Tintenfisch	160 000
Huhn	265 000
Katze	397 000
Mensch	400 000
Waldkauz	680 000

Netzätzung, die ↗Autotypie.
Netze *w,* poln. *Noteć,* r. Nebenfluß der Warthe, entwässert das ehem. Sumpfgebiet des *N.bruchs* u. mündet oberhalb Landsberg; 370 km lang; durch Bromberger Kanal mit Brahe u. Weichsel verbunden.
Netzflügler, Insekten mit 4 gleichartigen, häutigen, netzart. Flügeln, z. B. Florfliege.
Netzgewölbe ↗Gewölbe der Spätgotik.
Netzhaut, *Retina,* innerste, sehempfindl. Schicht des ↗Auges aus Sehzellen (Stäbchen u. Zapfen), Schalt- u. Ganglienzellen u. deren Nervenfortsätzen, entstanden durch Hirnausstülpungen. **N.ablösung** v. der darunterliegenden Aderhaut bewirkt schwere Sehstörungen, operativ heilbar. **N.entzündung,** *Retinitis,* bildet gelbl. u. weißl. Herde.
Netzmagen, *Haube,* Teil des Magens bei Wiederkäuern. ☐ 577.
Netzmittel, Substanzen, die durch Verminderung der Oberflächenspannung eine leichtere Benetzung ermöglichen, z. B. in Wasch- u. Spülmitteln.
Netzschlange, die ↗Gitterschlange.
Neuapostolische Kirche, 1865 v. den Irvingianern (E. ↗Irving) abgetrennte adventist.-chiliast. Sekte, will in Lehre u. Kult dem Urchristentum nahekommen; ca. 700 000 Mitglieder.
Neubeckum, Stadtteil v. Beckum (seit 75); Bahnknoten; Zement- u. Baustoff-Ind., Maschinenfabrik.
Neuber, *Friederike Caroline* (gen. Neuberin), dt. Schauspielerin u. Theaterleiterin, 1697–1760; trat mit Gottsched für das klass. Kunstdrama ein; verbannte den Hanswurst v. ihrer Bühne.
Neubrandenburg, mecklenburg. Bez.-Hst. am Tollensee, 73 300 E.; schöne Bauwerke in Backsteingotik (1945 z. T. zerstört): got. Marienkirche (14. Jh.), 4 got. Stadttore, Johanniskirche (13./14. Jh.). Landmaschinen- u. Papierfabrik.
Neubraunschweig, *New Brunswick,* kanad. Prov. am Sankt-Lorenz-Golf, 73 437 km², 700 000 E.; Hst. Fredericton.
Neubritannien, engl. *New Britain,* größte Insel des ↗Bismarck-Archipels, 33 700 km², ca. 220 000 E.; Hauptort Rabaul; Ausfuhr v. Kopra. – Hieß 1884–1919 Neupommern.
Neuburg, 1) *N. an der Donau,* bayer. Krst. in Schwaben, oberhalb Ingolstadt, 24 000 E.; ehem. fürstl. N.sches Stammschloß, Hofkirche (1607/17), Rathaus (1603/09); alte Stadtmauern. 2) *N. am Neckar,* Benediktinerabtei bei Heidelberg; seit 1130 Kloster

verschiedener Orden; vor 1572 ev.; Sammelpunkt der Heidelberger Romantiker; 1926 v. den Beuroner Benediktinern erworben.

Neuchâtel (: nöschatäl) ↗Neuenburg.

Neudelhi, *New Delhi,* ↗Delhi.

Neudeutschland (ND), 1919 als kath. Schülerorganisation gegr.; entwickelte sich in der Begegnung mit der ↗Jugendbewegung. Der *Bund N.* umfaßt heute *Männerring, Hochschulring* u. *Jungengemeinschaft.*

Neue Ära, Bz. für den Anfang der Regierung Wilhelms I. in Preußen (1859/62); gekennzeichnet durch eine liberale Politik.

Neue Hebriden, 26 Inseln im äußeren Gürtel Melanesiens, 14763 km², 113000 E.; Hauptort Port Vila; frz.-brit. Condominium. Plantagen (Kaffee, Kakao, Vanille). ↗Vanuatu.

Neue Musik, Bz. für die wesentl. Richtungen der Musik des 20. Jh.; Beginn um 1890 im Impressionismus (Debussy) durch Auflösung der funktionalen Harmonielehre u. neue Sinngebung des Klanges als Farbe u. Impression; verstärkte Tonalitätsauflösung seit etwa 1900 im Expressionismus (Wiener Schule: Schönberg, Webern, Berg) bis zum Übergang in reine (freie) Atonalität, die seit 24 in der ↗Zwölftontechnik neue, nichttonale Bindungen erhielt. Daneben gewichtigere Betonung der Rhythmik u. Aufhebung der auf der Funktionsharmonik beruhenden Periodengliederung bei Bartók, Strawinsky, Satie; seit 20 Rückgriff auf vorromantische Kompositionsprinzipien u. -stile in Neoklassizismus (Strawinsky, die Franzosen) u. Neobarock (Hindemith) sowie Jazz-Einflüsse. Im Westen seit 45 Ausbreitung der Zwölftontechnik, seit etwa 52 der ↗Seriellen Musik u. der ↗Elektronischen Musik (Boulez, Nono, Stockhausen, Strawinsky). Daneben mehr konventionell: Hindemith, Egk, Orffs archaisierendes Musiktheater, Copland, Barber, Menotti, Britten.

Neuenahr-Ahrweiler, *Bad N.-A.,* rheinland-pfälz. Krst. an der Ahr, 26100 E.; kohlensäurehaltige alkal. Quellen, kohlensaure Gasbäder; Spielkasino; aus Bad Neuenahr u. Ahrweiler gebildet.

Neuenburg, frz. *Neuchâtel,* 1) Kt. in der Westschweiz, 797 km², 159700 E.; Hst. N. [vgl. 2)]. N. ist ein Hochland mit dem *N.er Jura,* im Chasseral 1610 m hoch. – Kam 1032 mit Burgund zum Dt. Reich; 1648 Ftm.; fiel 1707 durch Wahl der Stände an Preußen; 1806/14 frz., seither Kt. der Schweiz. 2) Hst. v. 1), am Westufer des *N.er Sees,* 35100 E., 90% frz. sprechend; Stiftskirche (13. Jh.), Schloß (12., 15./17. Jh.); Univ., Handelshochschule, viele Privatschulen.

N.er See, frz. *Lac de Neuchâtel,* drittgrößter See der Schweiz, am Rand des Schweizer Jura, 218 km², 153 m tief.

Neuendettelsau, bayer. Gem. in Mittelfranken, 6800 E.; seit 1947 Sitz der „Augustana-Hochschule" (seit 72 kirchl. Gesamthochschule) der Lutherischen Landeskirche Bayerns u. der *N.er Missionsgesellschaft.*

Neuengland, *New England,* der Anfang des 17. Jh. vorwiegend v. engl. Puritanern besiedelte nordöstl. Teil der USA, mit den

Neue Sachlichkeit: „Telegraphendrähte im Rauhreif" von A. Kanoldt

Staaten Maine, New Hampshire, Vermont, Massachusetts, Rhode Island u. Connecticut. Diese bildeten 1643–1684 die *N.-Konföderation.*

Neuenhagen bei Berlin, Gem. im östl. Vorortbereich Berlins (Bez. Frankfurt), 13400 E.

Neuerer, in der Arbeitspolitik der DDR Leute, die neue Arbeitsmethoden anregen. Die FDGB-Organisationen u. die Betriebe haben je ein *N.aktiv* mit der Aufgabe, die neuen Arbeitsmethoden durchzusetzen.

Neue Sachlichkeit, Stilrichtung in Architektur, Malerei u. Kunstgewerbe im 1. Viertel des 20. Jh., die im Ggs. zum Expressionismus u. zu den historisierenden Stilen Sachlichkeit, Materialgerechtigkeit u. Zweckmäßigkeit (↗Bauhaus, ↗Werkbund), in der Malerei klare, nüchterne Form- u. Farbgebung anstrebt (Hauptvertreter A. Kanoldt u. G. Schrimpf).

Neues Testament (NT) ↗Bibel.

Neue Welt ↗Alte Welt.

Neufundland, *Newfoundland,* nord-am. Insel vor dem St.-Lorenz-Golf, 110677 km²; umfaßt als kanad. Prov. (404517 km², 573000 E.) noch die NO-Küste Labradors, Hst. Saint John's; öde, seen- u. moorbedeckte Hochfläche mit Steinkohlen-, Kupfer-, Eisen- u.a. Erzlagern; Fischerei; Flugstützpunkt für den Nordatlantikverkehr (Flughafen Gander). – 1497 entdeckt, 1713 v. Fkr. an Engl. abgetreten; 1855 Dominion; 1927 Erwerb v. Labrador, seit 49 kanad. Provinz. **N.bank,** untermeerische Schwelle östl. u. s.ö. von Neufundland, 500 km lang, 40–100 km breit; der kalte Labrador- u. der warme Golfstrom treffen hier zusammen; deshalb reiches Plankton u. einer der besten Fischgründe der Erde (Kabeljau, Hering).

Neufundländer, großer, langhaar., meist schwarzer Hund mit buschigem Schwanz.

Neugeistbewegung, theosophisch-lebensreformer. Bewegung, nach deren monist. Lehre der Menschengeist ein Teil Gottes ist u. systemat. Selbstschulung zur Herrschaft des Geistes über die Materie führt. Dt. Zweig: *Dt. Neugeistbund,* Sitz Pfullingen/Württ.

Neufundländer

Neugliederung des Bundesgebiets ↗territoriale Neugliederung des Bundesgebietes.
Neugrad ↗Winkelmessung.
Neuguinea, zweitgrößte Insel der Erde, im Pazif. Ozean; v. Australien durch die 150 km breite Torresstraße getrennt, 785000 km². In 2000 km Länge durchzieht das in der Carstenszspitze 5030 m hohe Zentralgebirge die Insel. Ihm ist im S eine malariaverseuchte, mit trop. Urwald bedeckte Schwemmlandebene vorgelagert. Die Bev. besteht an der Küste aus Melanesiern, im Innern aus Papuas, Negritos u. Zwergvölkern. *Polit. Gliederung:* **1)** der westl. Teil bis 141° ö. L. war bis 1962 niederländische Kolonie, kam 63 zu ↗Indonesien: *Irian Jaya,* 416781 km², ca. 930000 E.; Hst. Djajapura. Anbau v. Gewürzen, Reis, Maniok, Kopra. **2)** *Papua,* ehem. austral. Territorium, ↗Niugini. **3)** *N.,* ehem. austral. Treuhandgebiet, ↗Niugini.
Neuhochdeutsch, die hochdeutsche Sprache seit etwa 1350; *früh-n.* 1350/1650.
Neuhumanismus *m,* die v. den dt. Klassikern u. bes. v. *W. v.* ↗*Humboldt* geförderte Neubelebung des Humanismus im 18. u. 19. Jh. mit besonderer Betonung der Altphilologie. Die Idee der Humanität wurde zur Grundlage der Erziehung u. Ausbildung in Schulen u. Universitäten.
Neuilly-sur-Seine (: nöji ßür ßän), westl. Vorort v. Paris, 66000 E. – 1919 Friedensschluß der Alliierten mit Bulgarien.
Neuirland, *New Ireland,* zweitgrößte Insel des ↗Bismarck-Archipels, 7800 km², ca. 77000 E.; Hauptort Kavieng. Hieß 1884/1919 *Neumecklenburg.*
Neu-Isenburg, hess. Stadt 5 km südl. v. Frankfurt a. M., 35900 E.; Fleischwaren- u. fotochem. Fabrik.
Neukaledonien, Insel östl. v. Australien; Übersee-Territorium der Frz. Gemeinschaft; 19103 km², 140000 E.; Hst. Numea. Ausfuhr: Kopra, Kobalt u. andere Erze.
Neukantianismus *m,* führende Richtung

Balthasar Neumann: Inneres der Klosterkirche Neresheim. – □ 70

Neunauge: Meer-N. und (unten) Bach-N.

bes. der dt. Philosophie v. 1870–1920, die in Weiterführung des Kritizismus v. Kant in der ↗Marburger Schule die Philosophie bes. auf Erkenntnistheorie der exakten (Natur-) Wiss.en beschränkt, während sie in der Badischen Schule (↗Rickert, ↗Windelband) bes. die Methodologie der histor. (Geistes-) Wiss.en erforscht.
Neukirchen-Vluyn (: -flün), Ind.-Gemeinde am l. Niederrhein (Kr. Wesel), 25300 E.; Steinkohlenbergbau. Ev. Missionsseminar.
Neuklassizismus, *Neuklassik,* Rückwendung zu klass. Themen u. Stilhaltungen (↗*Klassizismus),* insbes. in der Malerei bei A. v. Hildebrand, A. Feuerbach u. H. v. Marées; im 20. Jh. bes. der v. Nat.-Soz. propagierte Stil in Plastik u. Architektur. In der dt. Lit. die Bestrebungen v. P. Ernst u. W. v. Scholz nach der Jh.wende.
Neukölln, *Berlin-N.,* Verwaltungs-Bez. im SO v. (West-)Berlin.
Neumann, 1) *Alfred,* dt. Schriftsteller, 1895 bis 1952; emigrierte 1933; psychologische Erz. u. Romane bes. über historische Stoffe *(Der Teufel).* **2)** *Balthasar,* dt. Architekt, 1687–1753; Vollender des dt. Hochbarock mit phantasievollen Raumkonstruktionen, häufig in Verbindung v. Lang- u. Zentralbau; *Würzburger Residenz* u. *Schönbornkapelle;* Schlösser *Werneck* u. *Seehof.* Kirchen *Vierzehnheiligen* u. *Neresheim.* **3)** *Robert,* dt. Schriftsteller, 1897–1975; Zeitromane, Parodien *(Mit fremden Federn).*
Neumark, der nordöstl. Teil der Mark Brandenburg, östl. der Oder, Hst. Küstrin; kam 1945 unter poln. Verwaltung.
Neumarkt in der Oberpfalz, bayer. Krst. im Fränk. Jura, 30300 E.; got. Pfarrkirche (15. Jh.), Schloß (16. Jh.), Mutterhaus der Niederbronner Schwestern.
Neumecklenburg ↗Neuirland.
Neumen (Mz.), Notenschrift des frühen MA für das Gregorian. Choral; gibt als lat. im Ggs. zur byzant. Notenschrift die Melodie nur in ihrem Bewegungsverlauf; läßt Tonhöhe u. Rhythmus unbestimmt.
Neumexiko ↗New Mexico.
Neumünster, Stadt (Stadtkreis) in Schleswig-Holstein, 80400 E.; Textil- u. Maschinenfabriken, Aluminiumwerk.
Neunauge, ↗Rundmaul, saugt sich an anderen Fischen fest u. saugt sie aus; besitzt boiderseits 9 Öffnungen (7 Kiemenspalten, 1 Auge, 1 Nasenloch). *Meer-N., Lamprete,* bis 1,5 kg schwer; *Fluß-N.,* daumendick.
Neunkirchen, 1) *N./Saar,* Krst. im Saarland, an der Blies, 52300 E.; Steinkohlenbergbau, Eisenhütten, Aluminiumwerk. **2)** *N. am Steinfeld,* niederöstr. Bez.-Stadt, s.w. von Wiener Neustadt, 11000 E.
Neuntöter, Rotrückiger ↗Würger. □ 1045.
Neuorleans ↗New Orleans.

Robert Neumann

Neumen:
1 Punctus, Punctum (kürzere Note), **2** Virga (höherer Ton), **3** Pes, Podatus (steigendes Intervall), **4** Flexa oder Clivis (absteigendes Intervall), **5** Quilisma (Triller), **6** Salicus (2 steigende Töne mit Halbtonschritt), **7** Scandicus (2 steigende Töne), **8** Climacus (2 fallende Töne), **9** Torculus oder Pes flexus (3 Töne in der Folge tief, hoch, tief), **10** Porrectus oder Resupina (3 Töne in der Folge hoch, tief, hoch)

Neuphilologie w (gr.), Wiss. v. den lebenden (angelsächs., german., roman., slaw. usw.) Sprachen u. Literaturen.

Neuplatonismus m, die unter Einfluß v. Hellenismus, Christentum u. Orient bes. durch ↗Plotin pantheist.-myst. umgeformte Ideenlehre ↗Platons, im 3.–6. Jh. n. Chr. führende philosoph. Richtung; wirkte bes. auf Augustinus, Scholastik, christl. Mystik u. auf den Humanismus. Nach Plotin bildet sich die Wirklichkeit durch stufenweisen Abstieg v. Ausflüssen *(Emanationen)* aus dem unerkennbaren höchsten Wesen, dem „ur-einen" Weltgeist *(Nus)*, bis zum Umschlag in „böse" Materie. Der Menschengeist soll sich nach der Läuterung *(Katharsis)* v. der Befleckung durch den sinnl.-materiellen Leib ganz dem Geistigen zuwenden u. so durch Vereinigung mit dem Ur-Einen die Seinseinheit wiederherstellen.

Neupommern ↗Neubritannien.

Neupositivismus ↗Wiener Kreis.

Neuralgie w (gr. = Nervenschmerz), heftiger Schmerzzustand im Versorgungsbereich eines Hirn- od. peripheren Nervs.

Neurasthenie w (gr.), nervöse Erschöpfung als Folge lang anhaltender körperl. od. seel. Überanstrengung; ist beim *Neurastheniker* vererbt.

Neurath, Konstantin Frh. v., 1873–1956; 1932/38 dt. Außenmin., 39 Reichsprotektor v. Böhmen u. Mähren, 41 v. Hitler abgesetzt; im Nürnberger Prozeß zu 15 Jahren Gefängnis verurteilt, 54 entlassen.

Neureut, Stadtteil v. Karlsruhe (seit 1975); Getränke-Ind.

Neuritis w (gr.), *Nervenentzündung*, äußert sich durch Ausfälle des Gefühls, Kribbeln, Muskellähmungen und -schwund, Ernährungsstörungen an Haut u. Nägeln.

Neurode, poln. *Nowa Ruda*, niederschles. Ind.-Stadt, 19500 E.

Neurologe m (gr.), Facharzt für Nervenkrankheiten. **Neurologie** w, Lehre v. den Nerven u. ihren Krankheiten.

Neuromantik, künstler. Bewegung um 1900 gg. den Naturalismus, angeregt v. frz. Symbolismus; betonte Mythisches, Phantasie; irrationale Züge; literar. zeitweise vertreten durch Rilke, Hofmannsthal, Hauptmann, R. Huch, H. Hesse; in der Malerei: Böcklin, Thoma, Klinger.

Neurophysiologie w (gr.), Physiologie des Nervensystems, erforscht die normale u. krankhafte Tätigkeit der ↗Nerven.

Neurose w (gr.), körperl. u. seel. Erkrankung, die als Ausdruck nicht bewältigter Lebenskonflikte zu verstehen ist. Bei der N. werden vor allem in den Organen, deren Funktionen dem Willen entzogen sind, die aber auf Gefühlsregungen reagieren, Störungen erzeugt als Folge einer „Verdrängung" (z. B. Angst-N., Herz-N., asthmat. Zustände, Magen-Darm-N.). Seel. Symptome: Zwangs-, Angsthaltung usw.; Behandlung ist Aufgabe der ↗Psychotherapie.

Neuruppin, brandenburg. Krst., n.w. am Ruppiner See (Bez. Potsdam), 22000 E.

Neusalz, poln. *Nowa Sól*, niederschles. Stadt an der Oder (Hafen), 32000 E.; Eisenhütten-, Textil- u. Papierindustrie.

Neusatz, serb. *Novi Sad*, Hst. der Wojwodina u. der Batschka (Jugoslawien), an der Donau (Hafen), 142000 E.; vielseitige Industrie.

Neuscholastik w, philosoph. u. theolog. Wiederbelebung der ↗Scholastik seit dem 19. Jh.; auf den durch histor. Forschungen v. Baeumker, Denifle, Ehrle, Grabmann, Gilson, Landgraf u. a. erschlossenen Schriften der scholast. Denker basiert bei Dempf, Garrigou-Lagrange, Gemelli, Geyser, Maréchal, Maritain, Mausbach, Willmann u. a. eine fruchtbare Auseinandersetzung mit heutigen Schulen, wie ↗Neukantianismus, ↗Phänomenologie und ↗Existenzphilosophie. Neben dem führenden, an ↗Thomas v. Aquin orientierten Neuthomismus knüpfen andere Richtungen bes. bei ↗Duns Scotus od. ↗Suárez an.

Neuschottland, *Nova Scotia*, kanad. Provinz, die Halbinsel N. u. die Insel Cape Breton, 55490 km², 846000 E.; Hst. Halifax. – Nach den Wikingern 1497 wiederentdeckt, 1604 teilweise frz., 1713 engl.; seit 1867 bei Kanada.

Neuschwanstein ↗Schwangau.

Neuseeland, *New Zealand*, Staat im südl. Pazif. Ozean, 2000 km s.ö. von Australien. N. besteht aus der 114729 km² großen *Nordinsel* u. der 153947 km² großen *Südinsel*, beide sehr gebirgig *(Neuseeländ. Alpen* bis 3784 m) u. durch die Cookstraße voneinander getrennt. 94% der landwirtschaftl. Nutzfläche sind Naturweide mit Rinder- u. Schafzucht. Ausfuhr: Wolle, Gefrierfleisch, Felle u. Milchprodukte. bes. nach Großbritannien. – 1642 v. Tasman entdeckt, die Küsten 1769 v. J. Cook erforscht; 1840 förml. brit. Kolonie, 1907 Dominion, 47 volle Autonomie.

Neusibirische Inseln, stark vergletscherter Archipel im Nördl. Eismeer; 28000 km²; gehört zur Jakutischen ASSR der UdSSR.

Neusiedler See, ungarisch *Fertö-tó*, großer See im östr. Burgenland u. im ungar. Komitat Ödenburg, schwach salzhaltig; 190 km², 1–3 m tief; Vogelschutzgebiet.

Neusilber, silberweiße Kupfer-Zink-Nickel-Legierung; politur- u. widerstandsfähig; zu Instrumenten u. Geräten.

Neuss, linksrhein. Ind.-Stadt, Krst., mit dem gegenüberliegenden Düsseldorf durch mehrere Brücken verbunden, 150000 E.; roman.-got. Dom St. Quirinus (13. Jh.), Vogteihaus (16. Jh.); PH; Hafen; vielseitige Ind.

Neustadt, 1) *N. am Rübenberge*, niedersächs. Stadt an der Leine, 38000 E.; chem. Ind., Pappenfabrik. 2) *N. an der Aisch*, bayer. Krst. in Mittelfranken, an der Aisch, 10800 E.; Textil- u. Kunststoff-Ind. 3) *N. an der Orla*, Stadt im Thüringer Wald (Bez. Gera), 10000 E. Textil-, Leder- u. Möbelfabriken. 4) *Bad N. an der Saale*, bayer. Krst. in Unterfranken, an der Fränk. Saale, 14600 E.; kohlensaure Kochsalzquellen; elektro- u. feinwerktechn. Ind. 5) *N. an der Weinstraße*, kreisfreie Stadt in Rheinland-Pfalz, Sitz der Bezirksregierung Rheinhessen-Pfalz, 50500 E.; Forschungsanstalt für Wein- u. Gartenbau. Konservenfabriken, Weinbau u. -han-

$$HCl + NaOH \rightarrow NaCl + H_2O$$

| Salz- | Natron- | Koch- | Wasser |
| säure | lauge | salz | |

Neutralisation von Salzsäure durch Natronlauge

Neuseeland

Amtlicher Name:
New Zealand

Staatsform:
Monarchie im Commonwealth

Hauptstadt:
Wellington

Fläche:
268676 km²

Bevölkerung:
3,14 Mill. E.

Sprache:
Englisch, daneben Maori

Religion:
34% Anglikaner, 22% Presbyterianer, 16% Katholiken, 16 andere christl. Gemeinschaften

Währung:
1 Neuseeland-Dollar = 100 Cents

Mitgliedschaften:
UN, Commonwealth, ANZUS-Pakt, SEATO, Colombo-Plan

del. **6)** *N. bei Coburg,* bayer. Stadt in Oberfranken, am Südhang des Thüringer Waldes, 17300 E.; elektrotechn. Ind. **7)** *N. im Schwarzwald* ↗Titisee-Neustadt. **8)** *N. in Holstein,* Stadt u. Ostseehafen an der Lübecker Bucht, 15300 E.; Seebad; got. Stadtkirche (13. Jh.), Kondensmilchfabrik. **9)** *N. in Oberschlesien,* poln. *Prudnik,* Krst. nördl. des Altvatergebirges, nahe der tschsl. Grenze, 20000 E.

Neustettin, poln. *Szczecinek,* Stadt auf der Pommerschen Seenplatte, 28000 E.

Neustrelitz, mecklenburg. Stadt am Zierker See (Bez. Neubrandenburg), 28000 E.; ehem. großherzogl. Schloß (1726/31, 1945 ausgebrannt).

Neustrien, der westl. Teil des Fränkischen Reichs.

Neusüdwales (: -wels), engl. *New South Wales,* südöstl. Bundesstaat Australiens, 801431 km², 5,01 Mill. E.; Hst. Sydney.

Neuthomismus m, ↗Neuscholastik.

Neutitschein, tschech. *Nový Jičín,* tschsl. Bez.-Stadt, 19000 E.; Hauptort des ↗Kuhländchens.

Neutra, *Richard Joseph,* östr.-am. Architekt u. Städtebauer, 1892–1970; seit 1923 in den USA; bes. bemüht um soziale Aspekte des Wohnbaus.

neutral (lat.), unparteiisch. **Neutrale** ↗blockfreie Staaten. **N.e Zone,** Gebiet, in dem die Hoheit des Staates zugunsten anderer Staaten beschränkt ist (z.B. Entmilitarisierung) od. wo keine Kriegshandlungen stattfinden dürfen. **neutralisieren, 1)** ausgleichen; für neutral erklären. **2)** zu einer Säure eine Base od. umgekehrt zugeben, bis ein ↗Indikator (Lackmus) weder saure noch alkal. Reaktion anzeigt. **Neutralität** w (lat.), Unparteilichkeit eines Staates im Kriege zw. zwei Staaten od. bei militär. Zwangsmaßnahmen aufgrund völkerrechtl. Kollektivsanktionen; die N. kann auf freiwilliger Selbstverpflichtung beruhen (dauernd neutraler Staat, z.B. Schweiz) od. v. anderen Mächten auferlegt u. garantiert sein (neutralisierter Staat, z.B. Östr.).

Neutralsalze, reagieren in wäßriger Lösung weder sauer noch basisch; z.B. Kochsalz.

Neutrino s, ein Elementarteilchen, Zeichen ν, elektr. neutral, keine Ruhmasse; erst 1956 nachgewiesen. ☐223.

Neutron s, Abk. n, elektr. neutrales Elementarteilchen; Atomgewicht 1,0089; ein freies N. zerfällt in ein Proton, Elektron u. ein Neutrino (Halbwertszeit ca. 12 min); durchdringt leicht Materie, weil es nicht ionisiert; als Geschoß für Kernumwandlung. Das N. ist ein Nukleon; ↗Atom. ☐223.

Neutronenstern ↗Pulsare.

Neutrum s (lat.), sächl. Geschlecht.

Neu-Ulm, bayer. Krst. r an der Donau, gegenüber der Stadt Ulm, 47300 E.; Lederwaren-, Maschinen- u. Alpakawarenfabriken.

Neuwied, Krst. in Rhld.-Pfalz, r. am Rhein, 60000 E.; Barockschloß der Fürsten zu Wied (1707/52). Bimsstein- u. Zement-Ind. **N.er Becken,** Einbruchsbecken des Rheinischen Schiefergebirges, im Mündungsgebiet von Mosel u. Lahn; Hauptort Neuwied, 10–15 m dicke Bimsschichten; Schwemmstein-Ind.

Neuzeit
(Frühe Neuzeit und Neuere Zeit)
Die wichtigsten historischen Daten

1517	Luthers 95 Thesen, der Beginn der Reformation; die religiöse Einheit des Abendlandes zerbricht – ☐ 800
1524–25	Der große deutsche Bauernkrieg
1530	Reichstag zu Augsburg, Vorlage der „Confessio Augustana", der wichtigsten Bekenntnisschrift der Lutheraner
1534	Durch Heinrich VIII. Trennung der engl. Kirche von Rom
1545–63	Konzil von Trient
1546–47	Krieg des Kaisers gegen den prot. Schmalkaldischen Bund
1555	Augsburger Religionsfriede
1562–98	In Frankreich Hugenottenkriege (1572 Bartholomäusnacht); beendet durch das Edikt von Nantes
1567–1609	Freiheitskampf der Niederlande gegen die Spanier
1584	Erste englische Kolonie in Nordamerika: Virginia
1588	Vernichtung der span. Armada durch engl. Flotte (u. Sturm)
1618–48	Dreißigjähriger Krieg: 1618–23 böhm.-pfälz. Krieg; 1624–29 niedersächs.-dän. Krieg; 1630–35 schwed. Krieg; 1635–48 schwed.-franz. Krieg; durch Westfäl. Frieden beendet
1682–99	Türkenkrieg (1683 belagern die Türken erfolglos Wien), endet mit dem Frieden von Karlowitz
1688	Glorreiche Revolution in England
1700–21	Nordischer Krieg gegen Schweden (1709 besiegt Peter d. Große den schwed. Kg. Karl XII. bei Poltawa entscheidend)
1701	Der Kurfürst von Brandenburg krönt sich als Friedrich I. zum „König in Preußen"
1701–14	Span. Erbfolgekrieg (1704 wird Gibraltar englisch)
1713	Pragmatische Sanktion Karls VI.: Unteilbarkeit der habsburgischen Lande und Möglichkeit weiblicher Thronfolge
1740–42	Erster Schlesischer Krieg
1744–45	Zweiter Schlesischer Krieg
1756–63	Siebenjähriger Krieg; für Europa beendet durch Frieden von Hubertusburg, der engl.-frz. Kolonialkrieg in Indien u. Amerika durch Frieden von Paris, in dem Frankreich fast alle Besitzungen in diesen Ländern verliert
1772	Erste poln. Teilung (an Preußen, Östr. u. Rußland); 1793: Zweite poln. Teilung (an Preußen u. Rußland); 1795: Dritte poln. Teilung (Auflösung unter Preußen, Östr. u. Rußland)
1775–83	Unabhängigkeitskrieg der nordamerikanischen Kolonien gegen England (1776: Unabhängigkeitserklärung)
1789	Französische Revolution; 1792: Frankreich wird Republik; 1793–94 Terrorherrschaft des Konvents; 1795: Direktorium; 1799: Bonaparte stürzt das Direktorium und wird 1. Konsul
1803	Reichsdeputationshauptschluß
1804	Bonaparte als Napoleon I. „Kaiser der Franzosen"
1806	Franz II. legt die dt. Kaiserkrone nieder, das Ende des Heiligen Römischen Reiches Deutscher Nation
1810–25	Unabhängigkeitskampf der span. u. portugies. Kolonien in Süd- und Mittelamerika (z.T. unter Simon Bolívar)
1813	Völkerschlacht bei Leipzig
1814–15	Wiener Kongreß, erarbeitet eine Neuordnung Europas
1815	Schlacht bei Waterloo beendet endgültig Napoleons Macht – in Wien wird der Deutsche Bund gegründet (bis 1866)
1821–29	Unabhängigkeitskrieg Griechenlands gegen die Türkei
1830	Julirevolution in Frankreich – Belgien trennt sich von den Niederlanden und wird ein unabhängiger Staat
1833	Gründung des Deutschen Zollvereins (ohne Österreich)
1840–42	Opiumkrieg; Großbritannien erzwingt Öffnung Chinas
1848	Februarrevolution in Frankreich (wird zum 2. Mal Republik); Märzrevolution in Deutschland und Österreich, Nationalversammlung in der Frankfurter Paulskirche
1853	Die USA erzwingen die Öffnung Japans
1861	Gründung des Königreichs Italien
1861–65	In Nordamerika Sezessionskrieg zwischen der Konföderation u. der Union; die industrialisierten Nordstaaten siegen
1866	Deutscher Krieg zwischen Preußen und Österreich
1870/71	Deutsch-Französischer Krieg
1870	Truppen des Kgr. Italien besetzen den Rest-Kirchenstaat
1871	Der König von Preußen wird Deutscher Kaiser
1882	Dreibund Deutschland-Österreich-Italien
1904	Begründung der engl.-franz. Entente cordiale
1904–05	Russ.-Japan. Krieg; Japan wird Großmacht
1905–06	Revolution in Rußland; führt zu Scheinkonstitutionalismus
1912	China wird nach Abdankung der Mandschu Republik
1912–13	Balkankriege zur Befreiung der türkischen Herrschaft und der Balkanstaaten untereinander
1914	Der östr. Thronfolger wird ermordet, löst 1. Weltkrieg aus

Neuzeit, an der Gesch. Europas orientierte Epochen-Bz. für die dem ↗Mittelalter folgende Zeit bis zur Ggw.; Beginn: etwa 1500; vielfach gebrauchte Untergliederungen: *Frühe N.* (bis 1789), *Neuere Zeit* (1789/1914) u. *Neueste Zeit* (seit 1914; ☐ 1128). ☐ 673.

Nevada (: -wạdᵃ), Abk. *Nev.,* südwestl. Felsengebirgsstaat der USA, im Bereich des wüstenhaften Großen Beckens gelegen, 286 296 km², 633 000 E.; Hst. Carson City.

Nevermann, *Paul,* 1902–79; 61/65 Erster Bürgermeister der Freien u. Hansestadt Hamburg (SPD); seit 67 Vors. des Dt. Mieterbundes.

Nevers (: nᵒwạr), Hst. des frz. Dep. Nièvre, 45 000 E.; Porzellan- u. Metall-Ind.; Bischof.

Neviges, Marienwallfahrtsort (Hardenberg) im Bergischen Land, Stadtteil v. Velbert (seit 1975); Franziskanerkloster; Textil-, Eisen-, elektron. Ind.

Newa w, Abfluß des Ladogasees; mündet mit einem Delta (bei Leningrad) in den Finn. Meerbusen; Länge 74 km.

Newark (: njuᵉʳk), größte Stadt v. New Jersey (USA), im westl. Vorortbereich v. New York, 382 000 E.; kath. Erzb., episkopalist. Bischof; Univ.; vielseitige Industrie.

New Bedford (: nju bedfᵉʳd), Hafenstadt in Massachusetts (USA), an der Buzzard Bay, 102 000 E.; Baumwollindustrie.

New Britain (: nju britn) ↗Neubritannien.

Newcastle (: njuḳäßl), **1)** *N. upon* (on) *Tyne* (: -ᵃpon tain), Hst. der engl. Gft. Northumberland, 223 000 E.; kath. u. anglikan. Bischof. Großer Hafen; N. bildet zus. mit übrigen Tynehäfen ein geschlossenes Ind.-Gebiet: Schiffsbau, Hütten-Ind., Walzwerke; Schiffs- u. a. Maschinen, Chemikalien. **2)** südostaustral. Ind.-Stadt u. Kohlenausfuhrhafen, 363 000 E.; Schiffsbau, Stahl- u. chem. Industrie.

New Deal (: nju dīl, engl. = Neuverteilung), die v. F. D. Roosevelt 1933 eingeleiteten wirtschaftl. u. sozialen Reformen zur Überwindung der Wirtschaftskrise. Ähnl. das Programm *„Fair Deal"* Trumans.

New Delhi, *Neudelhi,* ↗Delhi.

New Hampshire (: nju hämpschᵉʳ), Abk. *N. H.,* einer der Neuenglandstaaten der USA, 24 097 km², 818 000 E.; Hst. Concord.

New Haven (: nju heᶦwᵉn), größte Stadt v.

J. H. Newman

Elly Ney

Sir Isaac Newton

New York: Blick auf Manhattan – ☐ 1119

Connecticut (USA), Hafen am Long-Island-Sund, 138 000 E.; Yale-Univ.; Rüstungs-Ind.

New Ireland (: nju aiᵉʳländ) ↗Neuirland.

New Jersey (: nju dschöʳsᶦ), Abk. *N. J.,* Staat im NO der USA, 20 295 km², 7,4 Mill. E.; Hst. Trenton.

New Look *m* (: nju lūk, engl.), Bz. für eine mod. Neuheit.

Newman (: njumᵃn), *John Henry,* engl. kath. Theologe, 1801–90; urspr. anglikan. Geistlicher u. führend in der ↗Oxford-Bewegung, 45 kath., 79 Kardinal. N. trug als Apologet bes. dem Entwicklungsgedanken Rechnung u. war ein bedeutender Prediger, religiöser Erzieher u. Schriftsteller. *Apologia pro vita sua; Der Traum des Gerontius* (dramat. Dichtung); *Predigten.*

New Mexico (: nju mekßᶦkoᵘ), *Neumexiko,* Abk. *N. M.,* Bundesstaat im SW der USA, größtenteils im Felsengebirge, 315 113 km², 1,21 Mill. E.; Hst. Santa Fé.

New Orleans (: nju ạʹlieⁿs), *Neuorleans,* größte Stadt in Louisiana (USA), Seehafen im Delta des Mississippi, 175 km v. offenen Meer, doch Seeschiffen zugänglich, 594 000 E. (45% Neger); kath. Erzb., anglik. u. methodist. Bischof; 5 Univ.; Börse; Baumwoll- u. Erdöl-Ind., Werften. – 1718 v. Franzosen gegr., seit 1803 bei den USA. – N. O. Ursprungsort des ↗Jazz.

Newport (: njupạʳt), engl. Hafenstadt in der Gft. Monmouth, 115 000 E.; Eisen- u. chem. Ind.

Newport News (: njupạʳt njūs), Hafenstadt in Virginia (USA), an der Mündung des James River, 138 000 E.; Werftanlagen.

New South Wales (: nju ßauß wels) ↗Neusüdwales.

Newton (: njutᵉn), *Sir Isaac,* engl. Physiker, Astronom u. Mathematiker, 1643–1727; begründete die klass. Mechanik; Entdecker der Gravitation u. deren Gesetzmäßigkeit; erforschte Zerlegung u. Zusammensetzung des Lichts; Begr. der Infinitesimalrechnung.

Newton *s* (: njutᵉn), Abk. N, Einheit der Kraft; 1 N = 1 kg·m/s².

New York (: nju joʳk), *Neuyork,* **1)** größte Stadt der USA, an der Mündung des Hudson River, im Staat N. Y. [vgl. 2)], nur 10 km v. offenen Meer; die 5 Stadtteile (Boroughs) Manhattan, Bronx, Brooklyn, Queens u. Richmond, aus denen die Stadt *N. Y.* besteht, haben zus. 9,3 Mill. E.; m. V. hat N. Y. als *Metropolitan Area* 13,8 Mill. E., der *Großraum N. Y.,* zu dem noch Teile des Bundesstaates New Jersey zählen, 16,7 Mill. E. In N. Y. leben Angehörige v. mehr als 60 Nationen; 50% der Bev. sind ausländ. Herkunft, nur 20% in N. Y. geboren. N. Y. ist Mittelpunkt der Weltpolitik (Sitz der UN), des Finanzwesens (Wall Street), des Welt-Luftverkehrs (4 Großflughäfen) sowie des Welt-See-Handelsverkehrs (hat 1240 km Kaianlagen). N. Y. hat 36 Universitäten u. Colleges, über 50 Museen, 300 Theater u. über 50 Rundfunk- u. Fernsehsender. Sitz eines kath. Erzb. u. Bischofs sowie mehrerer Bischöfe anderer Konfessionen. 50% des am. Außenhandels gehen über N. Y., das zugleich die größte Ind.-Stadt der USA ist. **2)** Abk. *N. Y.,* Bundesstaat der USA, zw. der

Blick auf die Niagara-fälle: rechts der Horseshoe Fall, links der Amerikanische Fall (American Rapids)

Hudsonmündung und dem Ontariosee. 128401 km², 18,1 Mill. E., Hst. Albany. **New York State Barge Canal** (: nju joᵗk ßteᵗt baᵈdseh kᵃnäl), Kanalverbindung zw. dem Hudson River (Atlantik) u. den Großen Seen, 840 km lang; Hauptabschnitt ist der ↗Eriekanal.
Ney, *Elly,* dt. Pianistin, 1882–1968; bes. Beethoven-Interpretin. □ 674.
Ney (: nä), *Michel,* frz. Marschall, 1769 bis 1815; zeichnete sich unter Napoleon aus; nach der 2. Rückkehr der Bourbonen erschossen.
Ngo Dinh Diem, 1901–63; 53 Min.-Präs. u. seit 55 Staatspräs. v. Süd-Vietnam; ermordet.
Ngwane ↗Swasiland. [det.
Ni, chem. Zeichen für ↗Nickel.
Niagara (: naiägᵃrᵃ), 53 km langer Strom zw. Erie- u. Ontariosee in Nordamerika; bildet nach 8 km die *N.fälle.* Diese durch Ziegeninsel zweigeteilt; 48 bzw. 60 m hoch; wandern jährl. 1–1,3 m zurück; am. u. kanad. Kraftwerke.
Niagara Falls (: naiägᵃrᵃ fåls), Stadt im Staat New York (USA), an den Niagarafällen, 85000 E.; Univ. der Lazaristen. Elektrotechn. u. Flugzeug-Ind.
Niamey (: njamä), Hst. der Republik Niger, 131000 E.; kath Bischof. Eisenerzlager.
Nibelungenlied, mhd. Epos, wohl um 1200 entstanden; unbekannter Verfasser. Der im Kern myth. Siegfried-Brunhild-Kriemhild-Stoff u. der Sagenstoff v. Untergang der Burgunder am Hof des Hunnenkönigs Etzel sind verschmolzen. German.-heidn. Elemente stehen neben mittelalterl.-höfischen u. christlichen. 1755 in der Schweiz wiederentdeckt. – Drama v. Hebbel; Operntetralogie *Ring des Nibelungen* v. R. ↗Wagner.
Nibelungenstrophe, Strophenform des dt. Heldenepos, besteht aus 4 Langzeilen zu je **Nicäa** ↗Nizäa. [2 Kurzzeilen.
Nicaragua, *Nikaragua,* mittel-am. Rep. zw. Pazif. Ozean u. Karib. Meer. Kernzone sind die mit Vulkanen besetzten Ketten der Kordilleren, denen an der Mosquitoküste in versumpftes, mit Urwald bedecktes Tiefland vorgelagert ist. 60% der Fläche sind Wald, 15% Agrarland: Kaffee- u. Bananenplantagen, bes. an der Westküste. Ausfuhr: Kaffee, Baumwolle, Gold, Edelhölzer, Vieh, Zucker. – 1522 entdeckt; seitdem bis 1821 unter span. Herrschaft; seit 1838 selbständige Rep.; kam nach häufigen Revolutionen 1910 unter starken am. Einfluß, 48/59

Grenzkonflikte mit Costa Rica u. Honduras. Dez. 72 Erdbebenkatastrophe; Bürgerkrieg (78) endet mit Sturz des Somoza-Regimes. **N.see,** größter See Mittelamerikas, auf der Zentralen Hochebene v. N. 8430 km², 88 m tief entwässert zum Karib. Meer.
nichteheliches Kind, seit 1970 übl. Bz. für *uneheliches Kind.* Die rechtl. Stellung des n. K. wurde durch das seit 1. 7. 70 gültige Gesetz verbessert. Die Bestimmung des BGB, nach der das n. K. mit seinem Vater als nicht verwandt gilt, wurde aufgehoben. Das n. K. erhält den Familiennamen der Mutter; die ↗elterliche Gewalt übt die Mutter aus (Beistandschaft des Jugendamtes), der bislang nur das Personensorgerecht zustand. Das n. K. besitzt Erbersatzanspruch gegenüber dem Vater im Werte des dem ehel. Kinde zustehenden Erbteils. Unterhaltspflicht des Vaters bis zum 18. Lebensjahr bzw. bis zum Ende der Ausbildung des Kindes.
nichteuklidische Geometrie, Teil der Geometrie; in ihr gilt ein Teil der Euklidischen Axiome nicht mehr. I. e. S. ist die n. G. die Geometrie auf hyperbol. bzw. ellipt. Flächen (auf denen das Parallelenaxiom nicht mehr gilt); sie ist v. großer Bedeutung für die ↗Relativitätstheorie.
Nichtigkeit, Unwirksamkeit eines Urteils, Verwaltungsaktes od. Rechtsgeschäfts bei Fehlen wesentl. Voraussetzungen, z.B. der Geschäftsfähigkeit beim Rechtsgeschäft. **N.sklage,** soll im Zivilprozeß bei schweren Verfahrensmängeln zur Wiederaufnahme des abgeschlossenen Verfahrens führen.

Ez wúohs in Búrgóndèn	ein vil édel mágedin,
dáz in állen lánden	niht schóeners möhte sin,
Kríemhilt gehéizèn:	sie wárt ein scóene wíp.
dar úmbe múosen dégenè	vil verlíesén den líp.

Nichtmetalle ↗Metalloide.
Nickel *s,* chem. Element, Zeichen Ni, silberweißes Metall, Ordnungszahl 28 (□ 149); Schutzüberzug auf Eisen, Messing, für Münzmetalle u. Stahllegierungen. □ 613.
Nicolai, 1) *Christoph Friedrich,* dt. Schriftsteller, 1733–1811; Freund Lessings; starrer Verfechter der Aufklärung; Hrsg. der „Allg. dt. Bibliothek". **2)** *Otto,* dt. Komponist, 1810–49; Oper *Die lustigen Weiber v. Windsor;* auch Kirchen- u. Instrumentalmusik.
Nicolsches Prisma *s,* v. engl. Physiker *William Nicol* (1768–1851) erfundenes Prisma zur Erzeugung u. Analyse polarisierten

Nicaragua

Amtlicher Name: República de Nicaragua
Staatsform: Republik
Hauptstadt: Managua
Fläche: 130000 km²
Bevölkerung: 2,4 Mill. E.
Sprache: Spanisch; daneben Englisch als Verkehrssprache
Religion: 87% Katholiken, 3% Protestanten
Währung: 1 Córdoba = 100 Centavos
Mitgliedschaften: UN, OAS

Nibelungenstrophe

Otto Nicolai

Lichtes: besteht aus doppeltbrechendem, geteiltem Kalkspatprisma, mit Kanadabalsam zu 4seit. schiefer Säule zusammengekittet.

Nicosia ↗Nikosia.

Nidda, hess. Stadt an der Nidda, 16 400 E.; Holz- u. Papier-Ind., Fremdenverkehr.

Nidwalden, Schweizer Halb-Kt., ↗Unterwalden.

Nidzica (: nidsitßa) ↗Neidenburg.

Niebelschütz, *Wolf von*, dt. Schriftsteller, 1913–60; Romane, Dramen, Lyrik, Essays.

Niebergall, *Ernst*, dt. Mundartdichter (Hesse), 1815–43; Komödie *Datterich*.

Niebuhr, 1) *Barthold Georg*, dt. Historiker, 1776–1831; 1816/23 preuß. Gesandter beim Vatikan; Begr. der histor. Quellenkritik. *Röm. Gesch.* 2) *Reinhold*, am. ref. Theologe, 1892–1971; Vertreter der ↗Dialekt. Theologie; einflußreicher Sozialkritiker.

Niederalteich, niederbayer. Gem. an der Donau, 1700 E.; OSB-Abtei *Niederaltaich* (um 735/1803 u. seit 1918) mit Spätbarockkirche.

Niederbayern, östlichster bayerischer Reg.-Bez., 10 344 km², 992 800 E., Hst. Landshut; Grenzland gg. Tschechoslowakei u. Ostr.; Graphit-, Porzellan-, Textil- u. Glas-Ind.

Niederbronner Schwestern, *Kongregation der Schwestern v. Allerheiligsten Heiland*, 1849 v. E. Eppinger im Elsaß für Armen- u. Krankenpflege gegr.; Generalmutterhaus in Oberbronn.

Niederdeutsch, *Plattdeutsch*, ↗Deutschland (Sprache).

Niederdrucktechnik, in der Verfahrenstechnik alle Verfahren, die bei Drücken v. wenigen Atmosphären ausgeführt werden.

Niederfrequenz, Bereich v. Schwingungen zw. ca. 16 u. 20 000 Hertz; auch *Tonfrequenz.*

Niederkassel, rhein. Gem. nördl. von Bonn, 1969 durch Gem.-Zusammenschluß entstanden; 25 500 E.; chem. u. Bau-Ind.

Niederlahnstein, seit 1969 Stadtteil von ↗Lahnstein.

Niederlande, konstitutionelle Monarchie (2 Kammern) in NW-Europa, im Mündungsgebiet v. Rhein, Maas u. Schelde, bis zur Nordsee. Das Gebiet der heutigen N. wurde größtenteils v. Rhein, Maas u. Schelde aufgeschüttet. 38% liegen, durch Deiche geschützt, bis 6,61 m unter dem Meeresspiegel u. werden durch Wasserhebeanlagen trocken gehalten. Östl. des Marschengürtels eine sandige Geestzone (Kiefernwälder, Heide), entlang der Ostgrenze Moore. Hervorragende Landwirtschaft (Milchprodukte, Gemüse, Eier, Blumen). Hochentwickelte Veredlungsind.: Elektrotechnik, Schiff- u. Maschinenbau, Textilien.

G e s c h i c h t e : Das urspr. v. den Batavern u. Friesen bewohnte Gebiet teilte im großen ganzen v. der röm. Eroberung bis 1581 das Schicksal des heutigen ↗Belgien; 1581 sagten sich die 7 nördl. (ev.) Prov.en der span. N. v. Spanien los u. erklärten sich 88 zur *Rep. der Vereinigten N.*, die 1648 im Westfäl. Frieden als souveräner Staat anerkannt wurde u. formell aus dem dt. Reichsverband ausschied; im 17. Jh. waren die N. die führende See- u. Kolonialmacht Euro-

Niederlande

Amtlicher Name:
Koninkrijk der Nederlanden

Staatsform:
Königreich

Hauptstadt:
Amsterdam –
Regierungssitz:
's-Gravenhage (Den Haag)

Fläche:
40 844 km²

Bevölkerung:
14,03 Mill. E.

Sprache:
Niederländisch

Religion:
41% Protestanten
40% Katholiken

Währung:
1 Holländ. Gulden
= 100 Cents

Mitgliedschaften:
UN, EG, NATO, WEU, Europarat, Benelux, OECD

Statthalter und Könige der Niederlande

Statthalter (seit 1674 Erbstatthalter) aus dem Haus Nassau-Oranien:		Wilhelm V.	1751/95
		Batavische Republik	1795/1806
		König Louis	
Wilhelm I.	1572/84	Bonaparte	1806/10
Moritz	1585/1625	französisch	1810/15
Friedrich Heinrich	1625/47	*Könige aus dem Haus*	
Wilhelm II.	1647/50	*Nassau-Oranien:*	
Statthalterwürde ruht	1650/72	Wilhelm I.	1815/40
		Wilhelm II.	1840/49
Wilhelm III.	1672/1702	Wilhelm III.	1849/90
Statthalterwürde ruht	1702/47	Wilhelmina	1890/1948
		Juliana	1948/80
Wilhelm IV.	1747/51	Beatrix	seit 80

pas. Nach einer Zeit des innen- u. außenpolit. Verfalls im 18. Jh. kamen sie 1795 als „Batavische Rep.'' u. 1806 als „Kgr. Holland'' unter frz. Herrschaft. Der Wiener Kongreß 14/15 schuf für Wilhelm I. v. Nassau-Oranien das die N. u. Belgien umfassende Kgr. der Vereinigten N., mit dem Luxemburg in Personalunion verbunden war. Infolge der Revolution v. 30 konstituierte sich ↗Belgien als selbständ. Kgr.; die Personalunion mit Luxemburg endete 90 mit dem Aussterben des Mannesstammes des Hauses ↗Nassau-Oranien. Die königliche Macht wurde 1848 durch ein Staatsgrundgesetz zugunsten des Parlaments entscheidend eingeschränkt. Im 1. Weltkrieg waren die N. neutral, im 2. 1940/44 v. dt. Truppen besetzt; das ehem. ↗Niederländ.-Indien erklärte sich 45 zur Republik ↗Indonesien, trennte sich 56 ganz v. den N. u. konnte 62/63 seinen Anspruch auf Niederländ.-↗Neuguinea (den Rest v. Niederländisch-Indien) durchsetzen. Seit 80 regiert Königin Beatrix.

K u n s t. Die niederländ. Kunst umfaßt sowohl die eig. holländ. wie die fläm.-wallon. Gebiet, also auch das heutige Belgien, wo erst im 19. Jh. eine eigene nationale Kunst erwuchs. Romanik u. Gotik laufen parallel zur gesamteurop. Kunst; seit dem Ausgang des MA eigenständ. Entwicklung. Lebensvolle Sinnlichkeit, Plastizität, tief beobachtende, realist. Geräumigkeit, aber auch Visionen des Dunklen, Dämonischen u. Bösen werden ihre Charakteristika. Niederländ. Kunst befruchtete bes. die dt. Kunst im 15./16. Jh. durch die Werke der Brüder van Eyck, R. van der Weydens, Memlings; die als „flandr. Kästen'' berühmten Schnitzaltäre gingen nach ganz Europa; bedeutend die Miniaturmalerei der Stundenbücher (Brüder Limburg). Um die Mitte des 15. Jh. besinnliche Art bei Dirk Bouts, Hans Memling, Geertgen tot sint Jans, Hugo van der Goes. Im 16. Jh. got. Hallenkirchen (Amsterdam, Utrecht, Haarlem), reiche bürgerl. Bauten (Brügge, Antwerpen). Nur langsames Eindringen der Renaissance bei Orley, Massys, B. van Scorel u. a.; eigenständig niederländ. bleibt das Schaffen der Brueghels u. H. Boschs. Polit. u. religiöse Trennung des N u. S führten auch in der Kunst des 17. Jh. zu Verschiedenheit. Hauptgestalten sind Rembrandt im N u. Rubens im S. Innerlichkeit, Realismus, Sachlichkeit u. Sinnenfreude, Prunk, Lebensfülle stehen sich gegenüber. Im prot. N entwickeln Frans Hals das Gruppenbild, Terborch das Porträt, Rysdael, Seghers, Hobbema, Jan Steen, Ostade Landschafts-, Sittenbild u. Stilleben, P. de Hooch u. V. van Delft die Stillen Interieurs. Im flandr. S üppigere Genremalerei v. Teniers, Snyders u. Jordaens, Porträtmalerei v. A. van Dyck. Erst wieder im 19. u. 20. Jh. erringen niederländ. Künstler übernationale Bedeutung: van Gogh erweist erneut die niederländ. Begabung der maler. Landschaftsschilderung. Internationale Anerkennung fanden auch die Künstler der ⁄Stijl-Gruppe, die Maler P. Mondrian, T. van Doesburg, der Plastiker Vantongerloo, die Architekten van de Velde, H. P. Berlage u. J. J. P. Oud. In Belgien ragen hervor F. Masereel, J. Ensor u. der Bildhauer C. Meunier.

Literatur (einschließlich der flämischen). Im späten MA religiöses u. myst. Schrifttum (Thomas v. Kempen). Bedeutendste Gestalt des Humanismus: Erasmus v. Rotterdam. Im 17. Jh. Blütezeit: J. van den Vondel, mit rel. Gedichten u. geistlichen Spielen. Nach zeitweil. Verfall im 18. Jh. brachte das 19. Jh. im Zusammenhang mit der Romantik u. durch die Bewegung v. 1880 („Tachtigers") einen nationalen Aufschwung. Im 20. Jh. bes. Erzähler (Timmermans, Claes, Streuvels); häufig experimentierende u. avantgardist. Lyrik.

Musik. Unter niederländ. Musik wird die Musik v. Komponisten verstanden, die etwa 1430–1600 in einem durch die Hzg.e v. Burgund geeinten Gebiet wirkten: Niederländ. Schule. Ihr Stil ist vorwiegend vokal, bildet kontrapunkt. Formen aus u. findet in Messeu. Motettenkompositionen seinen stärksten Ausdruck. Hauptmeister: Binchois, Dufay, Ockeghem, Obrecht, Josquin, Isaac, Willaert, Orlando di Lasso. Um 1600 Sweelinck als Organist u. durch seine Orgelkompositionen der Vater der sog. Norddt. Schule des 17. Jh. Danach traten die N. in der Musik erst im 20. Jh. wieder stärker hervor, u. a. durch den Komponisten Henk Badings.

Niederländisch-Guayana ⁄Surinam.

Niederländisch-Indien, das ehem. niederländ. Kolonialreich im Malaiischen Archipel; heute die selbständig. Republik ⁄Indonesien.

Niederländisch-Westindien, auch Niederländische Antillen, die niederländ. Besitzungen in Mittel- u. Südamerika, mit den Inseln Curaçao, Aruba, Bonaire, St. Martin, St. Eustatius u. Saba mit 993 km² u. 294000 E.; Hst. Willemstad.

Niederösterreich, Österreich unter der Enns, österr. Bundesland, 19170 km², 1,4 Mill. E.; Hst. Wien; beiderseits der mittleren Donau, greift im S auf die Nördl. Kalkalpen über; im W Viehwirtschaft, Kartoffel-, Roggenbau, im O Weizen-, Zuckerrüben-, Gemüse-, Obst-, Weinkultur; Erdölgewinnung bei Zistersdorf; Ind. bes. im Wiener Becken.

Niedersachsen, 1) niederdt. Volksstamm zw. Ems, Nordsee, Elbe, Harz u. Weserge-

Niedersachsen Verwaltungsgliederung	Fläche in km²	Einw. in 1000	Einw. pro km²
Regierungsbezirke:			
Braunschweig	8089,59	1633,0	202
Hannover	9040,83	2053,7	227
Lüneburg	15339,11	1441,7	94
Weser-Ems	14948,36	2097,2	140
Land insgesamt	47417,89	7225,5	152

Niedersachsen

Niederschlesien

Niederwalddenkmal

birge; der Typ des niedersächs. ⁄Bauernhauses blieb erhalten. **2)** Land der BRD, wurde 1946 gebildet aus der ehem. preuß. Prov. Hannover u. den ehem. Freistaaten Schaumburg-Lippe, Braunschweig und Oldenburg; liegt zw. der Nordsee u. den dt. Mittelgebirgen, zw. der Elbe u. der niederländ. Grenze, 47418 km², 7,2 Mill. E.; Hst. Hannover. – An der Küste ein fruchtbarer Marschengürtel, eines der wichtigsten dt. Viehzuchtgebiete. Nach S anschließend eine sandige Geestzone mit Heiden (Lüneburger Heide) und Mooren (Emsland). Entlang den Mittelgebirgen ein Lößband, das zu den fruchtbarsten dt. Landschaften gehört (Weizen, Zuckerrüben, Gemüse).

Niederschachtofen, ein niedrig gebauter Schmelzofen zur Eisengewinnung mit weichem Braunkohlenkoks und eisenarmem Erz.

Niederschlag, 1) aus feuchter Luft ausfallende Teilchen (Regen, Schnee, Hagel u.a.); Teil der ⁄Hydrometeore; die Menge wird im N.smesser festgestellt. **2)** Körper, die sich durch Fällungsmittel in einer Lösung absetzen.

Niederschlesien, 1919/45 preuß. Provinz beiderseits der mittleren Oder; 1939: 26596 km², 3,2 Mill. E.; Hst. Breslau. – 1919 wurden 511 km² mit 26000 E. an Polen abgetreten; 45 kam N. bis zur Görlitzer Neiße unter poln. Verwaltung; die Dt. wurden fast alle ausgewiesen. ⁄Schlesien.

Niederspannung, elektr. Spannung unter 1000 Volt.

Niederwald, südwestl. Teil des Taunus, zw. Rüdesheim u. Aßmannshausen, mit dem Niederwalddenkmal (Sessellift v. Rüdesheim aus).

Regierungen von Niedersachsen

	Ministerpräsident	Regierungsparteien
seit 25.11.1946	H. W. Kopf (SPD)	SPD, CDU, NLP*, FDP, KPD
seit 11. 6.1947	H. W. Kopf (SPD)	SPD, CDU, DP, FDP, Zentrum, KPD
seit 9. 6.1948	H. W. Kopf (SPD)	SPD, CDU, Zentrum
seit 13. 6.1951	H. W. Kopf (SPD)	SPD, BHE bzw. GB/BHE, Zentrum
seit 26. 5.1955	H. Hellwege (DP)	CDU, DP, FDP, GB/BHE
seit 12.11.1957	H. Hellwege (DP)	SPD, CDU, DP
seit 12. 5.1959	H. W. Kopf (SPD)	SPD, FDP, GB/BHE
seit 29.12.1961	G. Diederichs (SPD)	SPD, FDP, GB/BHE
seit 12. 6.1963	G. Diederichs (SPD)	SPD, FDP
seit 19. 5.1965	G. Diederichs (SPD)	SPD, CDU
seit 5. 7.1967	G. Diederichs (SPD)	SPD, CDU
seit 15. 6.1970	A. Kubel (SPD)	SPD
seit 10. 7.1974	A. Kubel (SPD)	SPD, FDP
seit 6. 2.1976	E. Albrecht (CDU)	CDU, FDP (seit 19.1.77)
seit 28. 6 1978	E. Albrecht (CDU)	CDU

* Niedersächsische Landespartei, 1947 zur DP umgebildet

Asta Nielsen   Martin Niemöller   F. W. Nietzsche
                                             Plastik von O. Dix

Niehans, *Paul,* Schweizer Arzt, 1882–1971; Begr. der Frischzellentherapie (↗Zellulartherapie).

Niello *s* (it.), Verzierungstechnik der Goldschmiedekunst; die in den Metallgrund eingravierte Zeichnung wird durch Einschmelzen einer schwärzl. Masse u. durch Polieren hervorgehoben.

Nielsen, *Asta,* dän. Filmschauspielerin der Stummfilmzeit, 1885–1972; *Hamlet, Die freudlose Gasse.*

Niemeyer Soares Filho (: -ß^{u}ariß filju), *Oscar,* brasilian. Architekt, * 1907; bekannt u.a. durch seine Bauten in ↗Brasilia.

Niemöller, *Martin,* dt. ev. Theologe, * 1892; 1933 Begr. der ↗Bekennenden Kirche, 37/45 im KZ; 45 Mitbegr. der EKD u. bis 56 Leiter ihres Außenamtes; 47/64 Kirchenpräs. der Ev. Landeskirche v. Hessen u. Nassau u. seit 49 Vors. des Reichsbruderrates der Bekennenden Kirche; 61/68 einer der 6 Präs. des Weltrats der Kirchen.

Nienburg an der Weser, Krst. in Niedersachsen, 30 300 E.; Fachhochschule, vielseitige Ind.

Nieren, bei Mensch u. Wirbeltieren Hauptausscheidungsorgan, liegen paarig an der Rückwand der Bauchhöhle nahe der Wirbelsäule; bestehen aus *N.rinde, N.mark u. N.becken;* sondern aus Blut den Harn mit Stoffwechselabbauprodukten u. vielen eingeführten Fremdstoffen (z. B. Arzneimittel) ab; regulieren den Wasser- u. Salzhaushalt des Körpers. ☐616. **N.beckenentzündung,** infolge Infektion der Harnblase. **N.entzündung,** entzündliche Veränderung der N. **N.grieß,** *N.steine,* kleine ↗Harnsteine. **N.kolik,** schmerzhafter Krampf des Harnleiters. **N.sand,** kleinste ↗Harnsteine. **N.schrumpfung,** Schrumpfung der N.rinde; bes. bei Vergiftung u. Arterienverkalkung; führt zur ↗Urämie. **N.senkung** ↗Wanderniere. **N.steine** ↗Harnsteine.

Nierstein, linksrhein. Gem. im Kr. Mainz-Bingen, 6000 E.; Weinbau. Reste einer karoling. Pfalz.

Niesky, Krst. in der Oberlausitz (Bez. Dresden), 9500 E.; wurde v. der Herrnhuter Brüdergemeine 1742 gegr.

Nießbrauch, das dingl., durch Rechtsgeschäft od. kraft Gesetzes begründete, unübertragbare Recht vom Besitz u. zur Nutzung v. Sachen, Rechten u. Vermögen.

Nieswurz *w, Helleborus,* Gattung der Hahnenfußgewächse; *Christrose,* Blüten weiß oder rötlich, giftig (☐ 155). *Stinkende N.* u. *Grüne N.* mit grünen Blüten.

Niger

Amtlicher Name: République du Niger

Staatsform: Republik

Hauptstadt: Niamey

Fläche: 1 267 000 km²

Bevölkerung: 4,99 Mill. E.

Sprache: Amtssprache ist Französisch, Verkehrssprachen sind Ful, Hausa, Jerma

Religion: 85% Muslimen, 14,5% Anhänger von Naturreligionen

Währung: 1 CFA-Franc = 100 Centimes

Mitgliedschaften: UN, OAU, der EWG assoziiert

Nigeria

Amtlicher Name: Federal Republic of Nigeria

Staatsform: Republik im Commonwealth

Hauptstadt: Lagos

Fläche: 923 768 km²

Bevölkerung: 80,62 Mill. E.

Sprache: Englisch ist Amts- u. Handelssprache; Verkehrssprachen sind Ful, Hausa, Yoruba, Ibo, Tiv

Religion: 44% Muslimen, 34% Animisten, 22% Christen

Währung: 1 Naira = 100 Kobo

Mitgliedschaften: Commonwealth, UN, OAU, der EWG assoziiert

Niet *m* od. *s,* Bolzen aus Metall zum Verbinden v. Werkstücken, mit Kopf an einem Ende; durch Schläge od. Druck wird beim Nieten am anderen Schaftende der Schließkopf gebildet. **N.maschine,** zum Anstauchen des Schließkopfes an eingezogene Nieten.

Nietzsche, *Friedrich Wilhelm,* dt. Philosoph u. Dichter, 1844–1900; ev. Pfarrerssohn; 1869/79 Prof. für Altphilologie in Basel, wegen Krankheit emeritiert; lebte meist in der Schweiz u. in Italien; 89 geist. Zusammenbruch. – N.s Philosophie läßt in der 1. Schaffensperiode unter Einfluß v. Antike, Schopenhauer u. R. Wagner den *Weltgrund* als Urwiderspruch des *Dionysischen* zum *Apollinischen* erscheinen *(Geburt der Tragödie aus dem Geist der Musik; Unzeitgemäße Betrachtungen).* In der 2. Periode nach Bruch mit Wagner Hinwendung zum Menschen; will die bisherige Metaphysik, Religion u. Moral als Illusion entlarven. Sein Ruf „Gott ist tot" meint nicht Gottesleugnung überhaupt, sondern Kampfansage an das (v. ihm mißverstandene) Christentum *(Menschliches-Allzumenschliches; Morgenröte; Fröhliche Wissenschaft).* In der 3. Periode erscheint der dionys. Weltgrund als *Wille zur Macht* (↗Nihilismus). Nach *Umwertung aller Werte,* d.h. nach Ersatz der (christl.) *Sklavenmoral* durch *Herrenmoral* bei den Vornehmen, werden diese Vorläufer des v. Weltgrund gezeugten *Übermenschen (Also sprach Zarathustra,* 83/85, 91 gedruckt; *Jenseits v. Gut u. Böse; Götzendämmerung).* – Da N.s vieldeutige Lehre Umbiegungen begünstigt, wirkte sie verhängnisvoll im rassischen Biologismus u. in der totalitären Machttheorie. Sein eig. Anliegen aber ist noch heute Anregung für philosoph. u. theolog. Forschung. – Seine musikal. Prosa u. impressionist. Lyrik wirkten auf alle literar. Strömungen im 20. Jh.

Niflheim, die Nebelwelt der nord. Mythologie; Totenreich (Niflhel).

Niger: 1) *m,* westafrikan. Strom, 4160 km lang, 2,1 Mill. km² Stromgebiet; berührt die südl. Sahara, mündet als Delta in den Golf v. Guinea. Schiffahrt bis Bamako (Quellgebiet). **2)** Rep. im Innern Westafrikas: Der nördl. Teil, mit dem Hochland v. Aïr u. dem Plateau v. Djado, gehört zur Sahara, die im Mittelteil in Steppe übergeht (Rinder, Schafe u. Ziegen). Im S Anbau v. Hirse, Erdnüssen, Bohnen u. Maniok, in den Flußlandschaften auch Reis u. Baumwolle. Ausfuhr: Erdnüsse, Zinnerz, Salz, Gummiarabikum u. Natron. – 1922 frz. Kolonie, Teil v. Frz.-Westafrika; 58 autonome Rep. in der Frz. Gemeinschaft, 60 unabhängige Rep. April 74 Militärputsch, seither Generalstabschef Seyni Kountché Staats-Präs.

Nigeria, Bundesstaat in Westafrika. Reicht v. Golf v. Guinea im S bis zum Tschadsee im N u. ist vorwiegend Steppe mit Viehzucht. Es gehört zu den größten Weltlieferanten v. Kakao, Ölpalmerzeugnissen u. Erdnüssen. Weiterhin liefert die Landwirtschaft, in der 90% der E. als Kleinbauern arbeiten, Bananen u. Baumwolle; Bergbau auf Zinn, Kohle, Gold u. bes. Kolumbit (90%

Nikolaus von Flüe

Nikolaus von Kues

des Weltvorkommens). – Seit 1861 v. den Briten nach u. nach besetzt, 1914 einheitl. brit. Kolonie; seit 60 unabhängig; 67/70 Bürgerkrieg gg. ⁄Biafra. Staatspräsident A. Shehu Shagari (seit 79).

Nightingale (: naịt'nge'l), *Florence*, engl. Diakonissin, 1820–1910; organisierte im Krimkrieg die Versorgung der Kranken u. kämpfte für ein hygien. Lazarettwesen.

Nihilismus m (v. lat. *nihil* = nichts), radikale Verneinung aller Werte od. positiver Glaubens- u. Lehrsätze, im ⁄Relativismus u. ⁄Skeptizismus seit je mitenthalten.

nihil obstat (lat. = es steht nichts im Wege), Formel bei der kirchl. Druckerlaubnis u. bei der Erteilung der ⁄Missio canonica.

Niigata, japan. Bez.-Hst. und Hafen auf Hondo, 433 000 E.; Univ.; kath. Bischof.

Nijinskij, *Wacław*, russ. Tänzer, 1890–1950; Mitgl. v. Diaghilews Ballets Russes; bis zur geistigen Umnachtung 1919 berühmtester Tänzer seiner Zeit.

Nijmegen (: neị'mechen) ⁄Nimwegen.

Nikaragua ⁄Nicaragua.

Nike, griech. Siegesgöttin; ihr gewidmet der *N.tempel* der Akropolis.

Nikias, athen. Feldherr u. Staatsmann, † 413 v. Chr.; schloß im Peloponnesischen Krieg 421 Frieden mit Sparta; v. den Syrakusanern gefangengenommen u. hingerichtet.

Nikisch, *Arthur*, dt. Dirigent, 1855–1922; setzte sich für Bruckner ein.

Nikobaren, ind. Inselgruppe im Golf v. Bengalen, gehört verwaltungsmäßig zu den ⁄Andamanen.

Nikodemus, Pharisäer u. Mitgl. des jüd. Hohen Rates; im NT sein Nachtgespräch mit Christus, zu dem er sich später offen bekannte.

Nikolajew, ukrain. Hafenstadt an der Mündung v. Bug u. Ingul in das Schwarze Meer, 441 000 E.; große Werften.

F. Nightingale

Arthur Nikisch

Nikolaus, Heilige: **N.** (6. Dez.), Bischof v. Myra in Kleinasien, wahrscheinl. 1. Hälfte 4. Jh.; der *N.tag* ist ein Kinderfest mit Bescherung. **N. v. Flüe** (25. Sept.), *Bruder Klaus* gen., 1417–87; kinderreicher Bergbauer, lebte seit 67 als Einsiedler, wirkte als polit. Ratgeber u. Vermittler; Nationalheiliger der Schweiz. 5 **Päpste: N. I.**, hl. (13. Nov.), 858/867; verteidigte die päpstl. Autorität gegenüber Bischöfen u. Königen. **N. V.**, 1397–1455; 1447 Papst, legte das kirchl. Schisma bei; Förderer v. Kunst u. Wiss., Begr. der Vatikanischen Bibliothek. Russ. **Zaren: N. I. Pawlowitsch,** 1796–1855; 1825 Zar, vertrat einen schroffen Absolutismus; siegte 28/29 über die Türken, schlug 30 u. 48 den poln. Aufstand nieder; seine Orientpolitik führte 53 zum ⁄Krimkrieg. **N. II. Alexandrowitsch**, 1868–1918; 1894 Zar, unter dem Einfluß Rasputins; verlor 1904/05 den Krieg gg. Japan, mußte nach der Revolution v. 1905 die Einrichtung der ⁄Duma zugestehen; durch die Februarrevolution 17 zur Abdankung gezwungen, mit Familie v. den Bolschewisten erschossen.

Nikolaus v. Kues, auch *N. Cusanus*, dt. Theologe u. Philosoph, 1401–64; 48 Kard., 50 Bischof v. Brixen; päpstl. Legat, u. a. bei den Unionsverhandlungen mit den Griechen. Dem Universalwissen dieses humanist. Gelehrten ist u. a. die erste Landkarte Mitteleuropas, eine Kalenderreform u. die Lehre v. der Achsendrehung der Erde zu verdanken. Als Philosoph verband er unter neuplaton.-myst. Einfluß die Scholastik mit naturwiss.-mathemat. Weltsicht; er lehrte, das Erfassen Gottes beschränke sich auf das Wissen des Nichtwissenkönnens (*docta ignorantia*) u. alle endl. Gegensätze fielen im Unendlichen, d. h. in Gott, zus. (*coincidentia oppositorum*). **N. v. Verdun** (: -wärdọ̈n), lothring. Goldschmied u. Emailkünstler, nachweisbar zw. 1181 u. 1205; *Verduner Altar* (in Klosterneuburg bei Wien), *Marienschrein* in Tournai; aus seiner Werkstatt der *Kölner Dreikönigsschrein*.

Nikolsburg, tschech. *Mikulov*, südmähr. Stadt; 1866 im Dt. Krieg Vorfriede zw. Östr. u. Preußen.

Nikomachische Ethik ⁄Aristoteles.

Nikomedien, heute *Ismid*, im Alt. Hst. v. Bithynien in Kleinasien.

Nikopol, ukrain. Ind.-Stadt u. Hafen am Dnjepr, 146 000 E.; Röhrenwalzwerk. Nahebei das *N.er Manganerzvorkommen*.

Nikosia, *Nicosia*, griech. *Leukosia*, Hst. der Rep. Zypern, 148 000 E.; Sitz der Reg. und mehrerer Bischöfe.

Nikotin s, $C_{10}H_{14}N_2$, Alkaloid aus den Blättern der Tabakpflanze; sehr giftig. **N.säure**, Oxydationsprodukt des N., Vitamin der B_2-Gruppe (Anti-Pellagra-Vitamin), tägl. Bedarf 10–18 mg. **N.vergiftung**, äußert sich in Herzklopfen, Übelkeit, Schwindel, Zittern der Hände, Schweißausbruch; tödl. Dosis 50–60 mg; durch übermäß. Rauchen, durch Kauen od. Verschlucken v. Tabak, durch Berührung offener Wunden mit Tabak.

Nil *m*, mit 6671 km längster Strom der Erde, entfließt dem Viktoria- u. dem Albertsee, vereinigt sich als *Weißer N.* bei Khartum mit

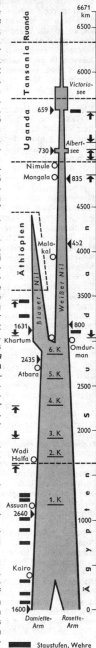

Der Nil

Ruanda	6671 km	
	6500	
Tansania	6000	Victoria-see
Uganda	659 ▶	
	730 ▶	Albert-see
Nimule ○		
Mongala ○		◀835
Äthiopien		4500
	Mala-kal ○	◀452 4000
	Weißer Nil / Blauer Nil	3500
1631 ▶ Khartum ○		◀800
	6. K	Omdurman
2435 ▶		
Atbara	5. K	2500
	4. K	
	3. K	2000
Wadi Halfa ○	2. K	
Assuan ○ 2640 ▶	1. K	1000
Kairo ○		Ägypten
1600 ▶		0
	Damiette-Arm	Rosette-Arm

 Staustufen, Wehre
— Katarakte (K)
▶ Wasserführung in m³/s
↑ schiffbare Strecke

dem *Blauen N.*, durchquert die nordostafrikan. Wüstentafel, bedingt als Stromoase die Fruchtbarkeit schon ab Albertsee; durch Katarakte in Nubien unterbrochen; Stauwerke regeln Wasserführung, als größter der neue ↗Assuan-Staudamm. ☐ 975.
Nilpferd ↗Flußpferd.
Nilsson, *Birgit,* schwed. Sängerin (Sopran), * 1918; bes. Wagner-Interpretin.
Nimbus *m* (lat.), **1)** Regenwolke, bes. als *Nimbostratus.* **2)** ↗Heiligenschein. **3)** Ansehen.
Nîmes (: nim), Hst. des südfrz. Dep. Gard, 128000 E.; röm. Prachtbauten: Amphitheater, Maison Carée, Festungsturm, Dianatempel, Augustusbogen; kath. Bischof; Börse, Weinbauversuchsstation.
Nimmersatt, Storch in Mittelamerika, gefräßig, Fischräuber.
Nimrod, 1) im AT Herrscher v. Babylon. **2)** „gewaltiger Jäger''.
Nimwegen, holländ. *Nijmegen,* niederländ. Stadt am Waal, in der Prov. Geldern, 150000 E.; got. Stephanskirche (13. Jh.), karoling. Pfalzkapelle (799 geweiht); kath. Univ.; Metall-, Töpferwarenfabriken. – War Mitgl. der Hanse; 1678/79 Friede u. a. zw. Fkr. u. den Niederlanden.
Ningsia-Hui, autonomes Gebiet innerhalb der chines. Prov. Kansu, 170000 km², 3 Mill. E.; Hst. Jintschuan (Yinchuan).
Ninive (hebr.), assyr. *Ninua,* eine der Hauptstädte ↗Assyriens, am oberen Tigris gegenüber dem heutigen Mosul. – 612 v. Chr. durch die Babylonier u. Meder völlig zerstört; die berühmte Tontafelbibliothek z. T. aufgefunden.
Niob *s, Niobium,* chem. Element, Zeichen Nb, Metall, Ordnungszahl 41 (☐ 149); enthalten in Tantalit, Niobit, Dysanalyt u. Koppit; für Legierungen u. Thermoelemente.
Niobe, Gestalt der griech. Sage, verlor zur Strafe für ihre ↗Hybris ihre 7 Söhne u. 7 Töchter, erstarrte vor Schmerz zu Stein.
Niort (: nior), Hst. des frz. Dep. Deux-Sèvres, 63000 E.
Nipkow (:-o), *Paul,* dt. Ingenieur, 1860 bis 1940; erfand Gerät zur opt. Zerlegung und Zusammensetzung von Bildern *(N.-Scheibe)* für Fernsehtechnik.
Nippel *m,* zylindr., durchbohrtes Metallstück mit Gewinde: a) zum Festklemmen elektr. Leitungslitze; b) als Rohrverbindungsstück; c) zur Befestigung der Fahrradspeiche.
Nippflut, niedrigster Gezeitenstand.
Nippon ↗Japan.
Nippsachen, v. frz. *nippes,* kleinere Ziergegenstände; seit dem 19. Jh. meist kitschige Massenware.
Nirosta, Abk. für nicht rostender Stahl.
Nirwana *s* (Sanskrit), nach buddhist. Lehre das gänzl. Auslöschen des Ichs.
Nisan *m* (hebr.), der 1. Monat des jüd. Festjahres, Mitte März bis Mitte April; darin ↗Passah; auch 7. Monat des bürgerl. Jahres.
Nisch, serb. *Niš,* jugoslaw. Stadt in Serbien, an der Morawa, Bahnknoten, 133000 E.; orth. Erzb.; Textil-Ind. – 1689 Sieg des Türkenlouis über die Türken.

Nischinomija, *Nishinomiya,* japan. Ind.-Stadt auf der Insel Hondo, 391000 E.; Stahl-, chem. u. Textilindustrie.
Nischni-Nowgorod ↗Gorki.
Nischni Tagil, sowjet. Ind.-Stadt östl. des Urals, 398000 E.; Bergbau auf Eisen- und Kupfererze, Gold u. Platin; Eisenhüttenwerke, metallurgisches Kombinat.
Niterói, bis 1975 Hst. des brasil. Bundesstaates Rio de Janeiro, 377000 E.; kath. Erzb. Werften.
Nithardt, *Mathis,* ↗Grünewald.
Nitralampe, mit Stickstoff gefüllte ↗Glühlampe; in der Photographie bes. die helle *Nitraphotlampe.*
Nitrate, Salze der ↗Salpetersäure.
Nitride, Verbindungen des Stickstoffs mit Metallen. **nitrieren,** die Nitrogruppe (−NO₂) in organ. Verbindungen einfügen; bes. d. mit
Nitriersäure, Gemisch aus konzentrierter Salpeter- u. Schwefelsäure; dabei entstehen ↗Nitroverbindungen.
Nitrifikation *w* (lat.), Umwandlung der Ammoniakverbindungen des Bodens in Nitrite od. Nitrate durch Bakterien.
Nitrite ↗salpetrige Säure.
Nitritvergiftung, durch ungesetzl. starke Anwendung v. Nitropökelsalz (NaNO₂) zur Erhaltung der frischen Farbe v. Fleischwaren.
Nitrobenzol *s,* C₆H₅NO₂, nach bitteren Mandeln riechende, gift. Flüssigkeit, als *Mirbanöl* zur Parfümierung, z. B. v. Seifen.
Nitrocellulose *w,* Salpetersäureester der Cellulose; in der Technik „Schießbaumwolle''; verpufft bei Entzündung od. Erschütterung blitzartig; Grundstoff vieler Sprengmittel. ↗Celluloid.
Nitroglycerin *s,* C₃H₅(NO₃)₃, Salpetersäureester des 3wert. Alkohols Glycerin; seine Dämpfe giftig; geringe Erschütterungen bewirken heftigste Detonationen; nach A. ↗Nobel in Kieselgur aufgesaugt, bildet es Dynamit; auch Heilmittel gg. Asthma.
Nitromethan *s,* CH₃−NO₂, einfachste Nitroverbindung; Lösungsmittel für organische Stoffe.
Nitroverbindungen, organ.-chem. Verbindungen, die die Nitrogruppe (−NO₂) enthalten; für Spreng- u. Farbstoffe, z. B. ↗Nitroglycerin, ↗Nitrocellulose.
Niugini, aus dem austral. Territorium Papua u. dem austral. Treuhandgebiet Neuguinea gebildeter Staat, umfaßt den östl. Teil ↗Neuguineas, den ↗Bismarck-Archipel u. zahlr. andere Inseln. Anbau v. Kokospalmen, Kaffee, Kakao; Kautschukgewinnung; Bodenschätze (Gold, Silber, Kupfer, Zink, Nickel). – Der südl. Teil wurde 1884 brit., kam 1901 an Australien, 06 austral. Territorium *(Territory of Papua).* Der nördl. Teil *(Kaiser-Wilhelms-Land)* u. der Bismarck-Archipel waren 1884/1919 dt. Schutzgebiet, 19/73 austral. Mandat bzw. Treuhandgebiet; 73 autonomer Staat, 75 unabhängig.
Niveau *s* (: niwo, frz.), **1)** allg.: Hoch- od. Tiefstand, Rang, Gesichtskreis. **2)** waagrechte Ebene. **N.fläche,** in der Geodäsie die Bezugsfläche für Höhenmessungen. **N.kreuzung,** schienenebener Bahnübergang. **N.verschiebung,** Veränderung des

R. Nixon

Alfred Nobel (Darstellung auf einer Nobelpreismedaille)

Niugini
Staatsform: Republik
Hauptstadt: Port Moresby
Fläche: 461691 km²
Bevölkerung: 3,08 Mill. E.
Sprache: Amtl. Verkehrssprache ist Englisch
Religion: meist Anhänger von Naturreligionen, 27% Katholiken
Währung: 1 Kina = 100 Toea
Mitgliedschaften: UN, Commonwealth

Meeresspiegels, erkennbar an Küstenstrandlinien. **nivellieren, 1)** gleich hoch machen. **2)** Messen des Höhenunterschieds v. Geländepunkten mittels *Nivellierinstrument* (Fernrohr mit Fadenkreuz u. Libelle).

Nixen, im dt. Volksaberglauben Wassergeister: *Nix, Nöck m.* meist kleiner, bösartiger Alter; *Nixe w,* meist halb Weib, halb Fisch.

Nixon (: nịkßn), *Richard,* am. Politiker (Republikaner), * 1913; Anwalt; 53/60 Vize-Präs., 69/74 (Rücktritt) Präs. der USA.

Nizäa, heute *Isnik,* Stadt im nordwestl. Kleinasien, Tagungsort der allg. Konzilien v. 325 u. 787. ☐ 505.

Nizza, frz. *Nice,* Hst. des frz. Dep. Alpes-Maritimes, größter Rivierakurort, an der Côte d'Azur, 330 000 E.; Univ.; Bischof; Spielbank, Filmateliers.

Njassaland, *Nyasaland,* ∕ Malawi.

Njassasee, See im Ostafrikan. Graben, 28 480 km², 786 m tief. Abfluß zum Sambesi.

Njemen, russ. Name der ∕ Memel.

Nkrumah, *Kwame,* 1909–72; 57/66 Min.-Präs., 60/66 auch Staats-Präs. v. Ghana.

NKWD, russ. Abk. für „Volkskommissariat des Inneren", 1934 geschaffen; seit 46

NN, Abk. für ∕ Normalnull.   [∕ MWD.

N. N., Abk. für lat. **1)** *nomen nescio* = den Namen weiß ich nicht. **2)** *nomen nominandum* = der zu nennende Name.

No, chem. Zeichen für ∕ Nobelium.

Nô ∕ Nô-Spiele.

NO, Abk. für Nordosten.

Noah ∕ Noe.

Nobel, *Alfred,* schwed. Chemiker, 1833–96; erfand Dynamit u. Sprenggelatine; gewann durch Sprengstoffabriken großes Vermögen; stiftete den Fonds des ∕ Nobelpreises.

Nobelgarde, päpstl. Ehrenwache, aus Mitgl. adliger Familien; 1969 in *Päpstl. Ehrengarde* umben., 70 aufgelöst.

Nobelium *s,* künstl. chem. Element, Zeichen No, radioaktiv, Ordnungszahl 102; bekannt seit 1957. ☐ 149.

Nobelpreis, v. Alfred ∕ Nobel 1895 gestiftet; 5, seit 1969 6 Preise, meist jährl. verliehen für bes. Leistungen auf dem Gebiet der *Physik, Wirtschaftswissenschaften, Chemie* (v. der Schwed. Akademie der Wiss.), *Physiologie* bzw. *Medizin* (v. Karolinischen Institut in Stockholm); dazu der *Lit.-N.* (v. der Schwed. Akademie) u. der ∕ *Friedenspreis* (v. norweg. Parlament). ☐ 682–684.

Nobile, *Umberto,* it. Luftschiffkonstrukteur, 1885–1978; überflog 1926 u. 28 den Nordpol.

Nobilität *w* (v. lat. *nobilitas* = Adel), in der röm. Rep. die führende Schicht des aus Patriziern u. Plebejern bestehenden Amtsadels; besetzte die höchsten Ämter.

Nobility *w,* der engl. Hochadel.

Noblesse *w* (: noblẹß, frz.), **1)** der Adel in Fkr. **2)** vornehme Gesinnung. **N. oblige** (:-obliʒe), Adel verpflichtet.

Nocken *m,* Welle od. Scheibe mit leichtem Vorsprung. **N.welle,** steuert Ventilbewegungen v. Verbrennungsmotoren.

Nocturne *w* (:-türn, frz.), ∕ Notturno.

Noe, *Noah,* baute nach dem Bericht des AT vor der ∕ Sintflut die Arche; im NT Vorbild des wahren Glaubens.

Noël-Baker (: noʷel beˈkᵉʳ), *Philip J.,* engl. Politiker (Labour Party), * 1889; Experte für Abrüstungsfragen; 1959 Friedensnobelpreis.

Noetik *w* (gr.), Denk-, Erkenntnislehre.

Nofretete, altägypt. Königin, Gemahlin Amenophis' IV.; ihre farbige Büste wurde 1912 v. Amarna nach Berlin gebracht. *Die sittl. Grunderfahrungen.*

Nogat *w,* östl. Mündungsarm der Weichsel.

Nohl, *Hermann,* dt. Philosoph u. Pädagoge, 1879–1960; Schüler Diltheys; Bildungstheorie u. Ästhetik. *Stil u. Weltanschauung;*

Nokturn *w* (lat. = nächtlich), Teil der ∕ Matutin. **Nokturno** *s* (it.), ∕ Notturno.

Nolde, *Emil* (eig. E. Hansen), dt. Maler u. Graphiker, 1867–1956; führender Expressionist u. Mitgl. der „Brücke"; Bilder v. leuchtender Farbigkeit; religiöse Themen; Landschaften. ☐ 250.

nolens volens (lat.), ob gern od. ungern.

Noli me tangere (lat. = Rühr mich nicht an!), **1)** in der Kunst: Szene, in der Magdalena vor dem auferstandenen Christus kniet. **2)** ∕ Mimose u. ∕ Springkraut.

Nomaden (Mz., gr.), Hirtenvölker ohne feste Wohnsitze.

Nomen *s* (lat.; Mz. *Nomina*), Hauptwort, Fürwort u. Beiwort.

Nomen et omen (lat.), nach Plautus: Name u. (zugleich) Vorbedeutung.

Nomenklator *m, Nomenklatur w* (lat.), Wörter-, Namenverzeichnis.

N.einkommen ∕ Einkommen.

Nominalismus *m,* philosoph. Lehre seit dem 11. Jh., die im Allgemeinbegriff den bloßen Namen für eine Gruppe v. Einzeldingen sieht, dem aber keine Wirklichkeit entspricht. ∕ Universalien, ∕ Realismus, ∕ Wilhelm v. Ockham.

Nominallohn ☐ Lohn (562).

Nominalwert ∕ Nennwert.

Nomination *w* (lat.; Ztw. *nominieren*), Benennung eines Kandidaten.

Nominativ *m* (lat.), der Wer-Fall.

Nomographie *w* (gr.), graph. Darstellung (*Nomogramm*) v. Gleichungen; ermöglicht die oft einfachere graph. Lösung anstelle der rechnerischen.

Nomos *m* (gr. = Gesetz; Mz. *Nomoi*), Verwaltungs-Bez. im alten Ägypten u. im heutigen Griechenland.

Non *w* (lat.), *None,* Tagzeit des ∕ Breviers.

Nonchalance *w* (: nõnschalãß, frz.), Ungezwungenheit; *nonchalant* (:-lãn), lässig.

None *w* (lat.), **1)** ∕ Non. **2)** in der Musik: 9. Stufe der diatonischen Tonleiter.

Nonfiction (: nonfịkschᵉn), Bz. für Lit., in der im Ggs. zur fiktionalen schönen Lit. Tatsachen dargestellt werden, z. B. Sachbuch, Industriereportage, Feature.

Ph. J. Noël-Baker

Büste der Nofretete (um 1370 v. Chr.)

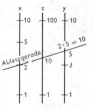

Leiter-Nomogramm für

$$z = x \cdot y$$

mit drei logarithm. Skalen

Nobelpreisträger

A = Österreich, Ä = Ägypten, AUS = Australien, B = Belgien, CDN = Kanada, CH = Schweiz. ČS = Tschechoslowakei, D = Deutschland (BRD), DK = Dänemark, E = Spanien, F = Frankreich, GB = Großbritannien, GCA = Guatemala, GR = Griechenland, H = Ungarn, I = Italien, IND = Indien, IRL = Irland, IS = Island, ISR = Israel, J = Japan, N = Norwegen, NL = Niederlande, P = Portugal, PAK = Pakistan PL = Polen, RA = Argentinien, RCH = Chile, S = Schweden, SF = Finnland, SU = Sowjetunion (vor 1917: Rußland), US = USA, VN = Vietnam, YU = Jugoslawien, ZA = Südafrika

Jahr	Physik	Chemie	Medizin	Literatur	Friedenspreis
1901	W. Röntgen D	J. H. van 't Hoff NL	E. A. v. Behring D	R. F. A. Sully-Prudhomme F	H. Dunant CH
1902	H. A. Lorentz NL P. Zeeman NL	E. Fischer D	R. Ross GB	Th. Mommsen D	F. Passy F E. Ducommun CH A. Gobat CH
1903	H. A. Becquerel F P. u. M. Curie F	S. A. Arrhenius S	N. R. Finsen DK	Bj. Björnson N	W. R. Cremer GB
1904	J. W. S. Rayleigh GB	W. Ramsay GB	I. P. Pawlow SU	Fr. Mistral F J. Echegaray E	Institut für internat. Recht B
1905	Ph. Lenard D	A. v. Baeyer D	R. Koch D	H. Sienkiewicz PL	B. v. Suttner A
1906	J. J. Thomson GB	H. Moissan F	C. Golgi I Ramón y Cajal E	G. Carducci I	Th. Roosevelt US
1907	A. A. Michelson US	Ed. Buchner D	Ch. L. A. Laveran F	R. Kipling GB	E. T. Moneta I L. Renault F
1908	G. Lippmann F	E. Rutherford GB	I. Metschnikow SU P. Ehrlich D	R. Eucken D	Kl. P. Arnoldson S Fr. Bajer DK
1909	G. Marconi I F. Braun D	W. Ostwald D	Th. Kocher CH	S. Lagerlöf S	A. M. F. Beernaert B P. H. B. d'Estournelles de Constant F
1910	J. D. van der Waals NL	O. Wallach D	A. Kossel D	P. Heyse D	Intern. Friedensbüro
1911	W. Wien D	M. Curie F	A. Gullstrand S	M. Maeterlinck B	T. M. C. Asser NL A. H. Fried A
1912	G. Dalén S	V. Grignard F P. Sabatier F	A. Carrel F	G. Hauptmann D	E. Root US
1913	H. Kamerlingh-Onnes NL	A. Werner CH	Ch. Richet F	R. Tagore IND	H. La Fontaine B
1914	M. v. Laue D	Th. W. Richards US	R. Bárány A		———
1915	W. H. Bragg GB W. L. Bragg GB	R. Willstätter D	———	R. Rolland F	———
1916		———	———	V. v. Heidenstam S	
1917	Ch. G. Barkla GB	———	———	K. Gjellerup DK H. Pontoppidan DK	Internat. Rotes-Kreuz-Komitee
1918	M. Planck D	F. Haber D			
1919	J. Stark D		J. Bordet B	C. Spitteler CH	W. Wilson US
1920	Ch. E. Guillaume F	W. Nernst D	A. Krogh DK	K. Hamsun N	L. Bourgeois F
1921	A. Einstein D	F. Soddy GB	———	A. France F	K. Hj. Branting S Ch. L. Lange N
1922	N. Bohr DK	F. W. Aston GB	A. V. Hill GB O. Meyerhof D	J. Benavente E	Fr. Nansen N
1923	R. A. Millikan US	F. Pregl A	F. G. Banting CDN J. J. R. Macleod CDN	W. B. Yeats IRL	———
1924	K. M. G. Siegbahn S	———	W. Einthoven NL	W. S. Reymont PL	———
1925	J. Franck D G. Hertz D	R. Zsigmondy D	———	G. B. Shaw GB	A. Chamberlain GB Ch. G. Dawes US
1926	J. Perrin F	T. Svedberg S	J. Fibiger DK	Gr. Deledda I	A. Briand F G. Stresemann D
1927	A. H. Compton US Ch. Th. R. Wilson GB	H. Wieland D	J. Wagner-Jauregg A	H. Bergson F	F. Buisson F L. Quidde D
1928	O. W. Richardson GB	A. Windaus D	Ch. Nicolle F	S. Undset N	
1929	L. V. de Broglie F	A. Harden GB H. v. Euler-Chelpin S	Chr. Eijkman NL Fr. G. Hopkins GB	Th. Mann D	F. B. Kellogg US
1930	Ch. V. Raman IND	H. Fischer D	K. Landsteiner US	S. Lewis US	N. S. Söderblom S
1931	———	C. Bosch D Fr. Bergius D	O. H. Warburg D	E. A. Karlfeldt S	J. Addams US N. M. Butler US
1932	W. Heisenberg D	J. Langmuir US	Ch. Sherrington GB E. D. Adrian GB	J. Galsworthy GB	
1933	E. Schrödinger A P. A. M. Dirac GB	———	Th. H. Morgan US	I. A. Bunin F	N. Angell GB
1934	———	H. Cl. Urey US	G. Minot, W. Murphy, G. Whipple US	L. Pirandello I	A. Henderson GB
1935	J. Chadwick GB	F. Joliot F I. Curie-Joliot F	H. Spemann D	———	C. v. Ossietzky D
1936	C. D. Anderson US	P. J. W. Debye NL	H. Hallet Dale GB	E. G. O'Neill US	C. de Saavedra Lama RA

Jahr	Physik	Chemie	Medizin	Literatur	Frieden
1937	V. Fr. Heß A C. J. Davisson US G. P. Thomson GB	W. N. Haworth GB P. Karrer CH	O. Loewi D A. Szent-Györgyi von Nagyrapolt H	R. Martin du Gard F	E. A. Cecil of Chelwood GB
1938	E. Fermi I	R. Kuhn D	C. Heymans D	P. S. Buck US	Int. Nansen-Amt für Flüchtlinge,
1939	E. O. Lawrence US	L. Ružička CH J. Butenandt D	G. Domagk D	Fr. E. Sillanpää SF	—

1940/42 wurden keine Nobelpreise verliehen

Jahr	Physik	Chemie	Medizin	Literatur	Frieden
1943	O. Stern US	G. de Hevesy H	H. Dam DK E. A. Doisy US	—	
1944	I. I. Rabi US	O. Hahn D	J. Erlanger US H. S. Gasser US	J. V. Jensen DK	Internat. Rotes-Kreuz-Komitee
1945	W. Pauli A	A. I. Virtanen SF	A. Fleming GB E. B. Chain GB H. Florey GB	G. Mistral RCH	C. Hull US
1946	P. W. Bridgman US	J. B. Sumner US J. H. Northrop US W. M. Stanley US	H. J. Muller US	H. Hesse CH	E. Gr. Balch US J. R. Mott US
1947	E. V. Appleton GB	R. Robinson GB	C. F. Cori US G. T. Cori US B. A. Houssay RA	A. Gide F	American Friends Service Committee US Friends Serv. Council GB
1948	P. M. St. Blackett GB	A. W. K. Tiselius S	P. H. Müller CH	Th. St. Eliot GB	—
1949	H. Yukawa J	W. Fr. Giauque US	W. R. Heß CH A. C. Moniz P	W. Faulkner US	J. Boyd Orr GB
1950	C. F. Powell GB	O. Diels D K. Alder D	E. C. Kendall US T. Reichstein CH Ph. Sh. Hench US	B. Russell GB	R. Bunche US
1951	J. D. Cockcroft GB E. Th. S. Walton IRL	E. McMillan US G. T. Seaborg US	M. Theiler ZA	P. Lagerkvist S	L. Jouhaux F
1952	F. Bloch US E. M. Purcell US	A. J. P. Martin GB R. L. M. Synge GB	S. A. Waksman US	F. Mauriac F	A. Schweitzer F
1953	F. Zernike NL	H. Staudinger D	F. A. Lipmann US H. A. Krebs GB	W. Churchill GB	G. C. Marshall US
1954	M. Born D W. Bothe D	L. C. Pauling US	J. Enders US F. Robbins US T. Weller US	E. Hemingway US	UN-Flüchtlingskommissariat
1955	W. E. Lamb US P. Kusch US	V. du Vigneaud US	H. Theorell S	H. Laxness IS	—
1956	W. Shockley US J. Bardeen US W. H. Brattain US	C. Hinshelwood GB N. Semjonow SU	A. Cournand US W. Forssmann D D. W. Richards US	J. Ramón Jiménez E	—
1957	Tsung Dao Lee US Chen Ning Yang US	A. Todd GB	D. Bovet I	A. Camus F	L. Pearson CDN
1958	P. A. Tscherenkow SU I. M. Frank SU I. Tamm SU	F. Sanger GB	G. W. Beadle US E. L. Tatum US J. Lederberg US	B. Pasternak SU	G. Pire B
1959	E. Segrè US O. Chamberlain US	J. Heyrovsky ČS	S. Ochoa US A. Kornberg US	S. Quasimodo I	P. Noël-Baker GB
1960	D. Glaser US	W. F. Libby US	F. Burnet AUS P. B. Medawar US	Saint-John Perse F	A. J. Luthuli ZA
1961	R. Mössbauer D R. Hofstadter US	M. Calvin US	G. v. Békésy H	I. Andrič YU	D. Hammarskjöld S
1962	L. D. Landau SU	J. Kendrew GB M. Perutz GB	F. H. C. Crick GB M. H. F. Wilkins GB J. D. Watson US	J. Steinbeck US	L. C. Pauling US
1963	E. P. Wigner US M. Goeppert-Mayer US H. D. Jensen D	K. Ziegler D G. Natta I	J. C. Eccles AUS A. L. Hodgkin GB A. F. Huxley GB	G. Seferis GR	Internat. Rotes-Kreuz-Komitee
1964	C. H. Townes US N. Basow US A. Prochorow SU	D. Crowfoot-Hodgkin GB	F. Lynen D K. Bloch US	J.-P. Sartre F	M. L. King US
1965	Sh. Tomonaga J R. P. Feynman US J. S. Schwinger US	R. B. Woodward US	F. Jacob F A. Lwoff F J. Monod F	M. Scholochow SU	UNICEF
1966	A. Kastler F	R. Mulliken US	P. Rous US Ch. B. Huggins US	S. J. Agnon IS N. Sachs S	—
1967	H. A. Bethe US	M. Eigen D R. G. W. Norrish GB G. Porter GB	R. Granit S G. Wald US H. K. Hartline US	M. A. Asturias GCA	—
1968	L. W. Alvarez US	L. Onsager US	M. W. Nirenberg US H. G. Khorana US R. W. Holley US	Y. Kawabata J	R. Cassin F

Jahr	Physik	Chemie	Medizin	Literatur	Frieden/*Wirtschaft
1969	M. Gell-Mann *US*	D. H. Barton *GB* O. Hassel *N*	M. Delbrück *US* A. Hershey *US* S. Luria *US*	S. Beckett *IRL*	Internat. Arbeits- organisation * R. Frisch *N* * J. Tinbergen *NL*
1970	H. Alfvén *S* L. Néel *F*	L. Leloir *RA*	B. Katz *GB* U. S. v. Euler *S* J. Axelrod *US*	A. Solschenizyn *SU*	N. Borlaug *US* * P. Samuelson *US*
1971	D. Gabor *GB*	G. Herzberg *CDN*	E. W. Sutherland *US*	P. Neruda *RCH*	W. Brandt *D* * S. S. Kuznets *US*
1972	J. Bardeen *US* L. N. Cooper *US* J. R. Schrieffer *US*	Ch. Anfinsen *US* St. Moore *US* W. Stein *US*	G. M. Edelman *US* R. Portner *GB*	H. Böll *D*	– * J. R. Hicks *GB* * K. J. Arrow *US*
1973	L. Esaki *J* I. Giaver *US* B. D. Josephson *GB*	E. O. Fischer *D* G. Wilkinson *GB*	K. v. Frisch *A* K. Lorenz *A* N. Tinbergen *NL*	P. White *AUS*	H. Kissinger *US* Le Duc Tho *VN (Nord)* * W. Leontieff *US*
1974	M. Ryle *GB* A. Hewish *GB*	P. J. Flory *US*	A. Claude *B* Ch. R. de Duve *B* G. E. Palade *US*	H. Martinson *S* E. Johnson *S*	E. Sato *J* S. McBride *IRL* * F. A. v. Hayek *A* * G. Myrdal *S*
1975	J. Reinwater *US* A. Bohr *DK* B. Mottelsen *DK*	J. W. Cornforth *GB* V. Prelog *CH*	R. Dulbeco *US* D. Baltimore *US* H. Temin *US*	E. Montale *I*	A. Sacharow *SU* * L. Kantorowitsch *SU* * T. Ch. Koopmans *US*
1976	B. Richter *US* S. C. Ting *US*	W. N. Lipscombe *US*	B. S. Blumberg *US* D. C. Gajdusek *US*	S. Bellow *US*	B. Williams *GB* M. Corrigan *GB* (= Nordirland, 1977 verliehen) * M. Friedman *US*
1977	P. W. Anderson *US* J. H. van Vleck *US* N. F. Mott *GB*	I. Prigogine *B*	R. Guillemin *US* A. Schally *US* R. S. Yalow *US*	V. Aleixandre *E*	Amnesty international * B. Ohlin *S* * J. Meade *GB*
1978	P. L. Kapitza *SU* R. W. Wilson *US* A. A. Penzias *US*	P. Mitchell *GB*	D. Nathans *US* H. O. Smith *US* W. Arber *CH*	I. B. Singer *US*	A. el Sadat *Ä* M. Begin *ISR* * H. A. Simon *US*
1979	S. L. Glashow *US* S. Weinberg *US* Abdus Salam *PAK*	G. Wittig *D* H. Ch. Brown *US*	A. M. Cormack *US* G. N. Hounsfield *GB*	O. Elytis *GR*	Mutter Teresa *IND* * T. W. Schultz *US* * Sir A. Lewis *GB*
1980	J. Cronin *US* V. Fitch *US*	F. Sanger *GB* P. Berg *US* W. Gilbert *US*	B. Benacerraf *US* G. Snell *US* J. Dausset *F*	C. Milosz *US/PL*	A. Peres Esquivel *RA* * L. R. Klein *US*
1981	K. M. Siegbahn *S* N. Bloemberg *US* A. L. Schawlow *US*	K. Fukui *J* R. Hoffmann *PI/US*	R. W. Sperry *US* D. A. Hubel *US* T. N. Wiesel *US*	E. Canetti *GB*	J. Tobin *US* * UNHCR

* Der Nobel-Gedächtnispreis für Leistungen auf dem Gebiet der Wirtschaftswissenschaften wurde 1968 durch die Schwedische Reichsbank gestiftet und 1969 erstmals verliehen.

Nonius *m*, Hilfsmaßstab, läßt sich auf der Hauptskala verschieben zum sicheren Ablesen v. Skalenbruchteilen. Prinzip: 9 Maßeinheiten der Hauptskala sind auf dem N. in 10 Teile geteilt.

Nonne, *Fichtenspinner, Nachtschmetterling,* Forstschädling; Raupen befallen Nadel-, selten Laubbäume, bis zum Kahlfraß.

Nonne *w* (spätlat.), Ordens-, Klosterfrau.

Nonnenwerth, Rheininsel bei Bad Honnef; Franziskanerinnenmutterhaus.

Nono, *Luigi,* it. Komponist, * 1924; bedeutender Vertreter der ↗Seriellen Musik; Opern *(Intolleranza; Al gran sole carico d'amore),* Vokal-, Instrumentalwerke.

non olet (lat.), „es stinkt nicht" (näml. das Geld); angebl. Rechtfertigung der Kloakensteuer durch Ks. Vespasian. [grad.

Nonpareille *w* (: nõnparäjͤ, frz.), ↗Schrift-

Non plus ultra *s* (lat.), „nicht darüber hinaus"; das Höchste.

Non-Proliferation *w* (lat.), ↗Proliferation.

Nonsens *m* (lat.-engl.), Unsinn.

Non-stop (engl.), ohne Halt.

Noppen, als Webfehler vorkommende

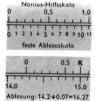

Nonius-Hilfsskala

0   0,5   1,0

0 1 2 3 4 5 6 7 8 9 10 11

feste Ableseskala

0   0,5   **K**

14,0   15,0

Ablesung: 14,2+0,07=14,27

K Koinzidenz zweier Teilstriche, siebter Noniusstrich mit einem Skalenstrich

Nonius

Knötchen auf Webwaren. **N.gewebe,** mit N. versehene Kleiderstoffe.

Noradrenalin *s,* Überträgersubstanz des Sympathikus-Nerven, Hormon des Nebennierenmarks zus. mit ↗Adrenalin. ☐ 404.

Norbert, hl. (6. Juni), wahrscheinlich 1082 bis 1134; Stifter des ↗Prämonstratenser, 1126 Erzb. v. Magdeburg u. 32 zugleich Erzkanzler Ks. Lothars III.

Nordamerika, Nordhälfte des Doppelkontinents ↗Amerika, reicht geograph. v. Eismeer bis zur Landenge v. Tehuantepec (Mexiko); wird im O v. Atlantik, im W v. Pazifik begrenzt; ca. 23,5 Mill. km², ca. 308 Mill. E.; die große Tiefebene N.s zw. Appalachen u. am. Kordilleren ist zum arkt. u. trop. Raum geöffnet, dadurch kalten Nordwinden zugängl. u. Entstehungsraum v. Zyklonen u. Wirbelstürmen; die ↗Großen Seen sind Gebilde der Eiszeit; im Innern ausgedehnte Grassteppen (Prärien); Bev.: 80% Weiße, 8% Indianer, 9,8% Neger u. Asiaten. Polit. Einteilung: Grönland, Kanada, USA (mit Alaska) u. (zu N. i. w. S.) auch Mexiko. – Nach der Entdeckung Amerikas wurde N. im

S im 16./17. Jh. v. Spaniern, im östl. Teil des heutigen Kanada u. längs des Mississippi v. 16./18. Jh. v. Franzosen kolonisiert, während zw. Atlantik u. Appalachen 1607/1733 13 engl. Kolonien entstanden, die religiös Verfolgte (Puritaner, Katholiken, Quäker) u. auch nichtengl. Kolonisten aufnahmen. Nach dem ↗Siebenjährigen Krieg trat Fkr. 1763 ↗Kanada u. das Gebiet östl. des Mississippi an Engl. ab. Der Widerstand der 13 engl. Kolonien gg. die Besteuerung durch das Mutterland führte zum am. Unabhängigkeitskrieg (1775/83); unter der militär. Führung G. ↗Washingtons u. der diplomat. Leitung B. ↗Franklins (Bündnisse mit Fkr. u. Spanien) konnten die seit 1781 zu einem lockeren Staatenbund zusammengeschlossenen 13 Kolonien, die ↗Vereinigten Staaten v. Amerika, ihre 76 proklamierte Unabhängigkeit behaupten. ☐ 22, 56.

Nordatlantik-Pakt, engl. *North Atlantic Treaty Organisation, NATO;* 1949 in Washington geschlossener kollektiver Sicherheitspakt zur Verteidigung v. Frieden u. Freiheit im atlant. u. westeurop. Bereich; integrierte militär. Kommandobehörden; gegenseitige militär. Beistandsverpflichtung für den Fall eines bewaffneten Angriffs auf einen od. mehrere Vertragspartner; verstärkte polit., wirtschaftl. u. kulturelle Zusammenarbeit. – 1966 trat Fkr., 1974 Griechenland aus der militär. Integration aus, blieben aber Mitgl. des N.

Nordaustralien, engl. *Northern Territory of Australia,* Territorium im N Australiens, 1 346 200 km², 112 500 E.; Hst. Darwin.

Nordbrabant, niederländ. Prov., südl. der Maas; Hst. Herzogenbusch.

Nord-Carolina ↗North Carolina.

Nord-Dakota ↗North Dakota.

Norddeich ↗Norden.

Norddeutscher Bund, 1866/71 Bund der 22 dt. Staaten nördl. des Mains unter preuß. Führung; ging im Dt. Reich auf.

Norden, zum *Nordpunkt* (Schnittpunkt des Meridians mit dem Horizont in Richtung ↗Nordpol) weisende Himmelsrichtung; Hauptbezugsrichtung auf der Erde.

Norden, niedersächs. Krst., nahe der Nordsee (Schiffskanal), 24 300 E.; Ludgerikirche mit Arp-Schnitger-Orgel; Seehafen *Norddeich* (Hauptsendestelle für den deutschen Seefunkdienst).

Nordenham, niedersächs. Stadt an der Unterweser, 30 400 E.; Hafen, Werften, Hochseefischerei, Kabelwerke.

Nordenskjöld (: nu ͬdenschöld), **1)** *Adolf Erik v.*, schwed. Polarforscher, 1832–1901; leitete schwed. Polarexpeditionen, fand 1878/79 die Nordostpassage. **2)** *Erland*, Sohn v. 1), 1877–1932; durchforschte Südamerika. **3)** *Otto, Neffe v.* 1), 1869–1928; leitete 1901/03 schwedische Südpolarexpeditionen. *N.-See w,* auch *Laptewmeer,* Bucht des Nördl. Eismeers zw. den Neusibir. Inseln u. der Taimyrhalbinsel.

Norderney, 1) ostfries. Insel (Niedersachsen), 25,5 km². **2)** Stadt auf 1), 8200 E.; Leuchtturm, Wetterstation.

Norderstedt, Stadt in Schleswig-Holstein, 64 400 E.; verschiedene Ind.

Nordatlantik-Pakt (NATO)
Mitgliedsstaaten
Gründungsmitglieder:
Belgien
Dänemark
Frankreich
Großbritannien
Island
Italien
Kanada
Luxemburg
Niederlande
Norwegen
Portugal
USA
später beigetreten:
Griechenland   1952
Türkei   1952
BRD   1955

Nordfriesische Inseln
Fläche und Einwohner (Stand vom 1.1.1972)
Sylt
99,2 km², 22 516 E.
Föhr
82,1 km², 8 782 E.
Nordstrand
50,1 km², 2 881 E.[1]
Pellworm
37,1 km², 1 453 E.[2]
Amrum
20,4 km², 2 101 E.
Nordmarsch-Langeneß
11,1 km², 184 E.[3]
Hooge
5,9 km², 161 E.
Gröde-Appelland
2,8 km², 13 E.
[1] mit Nordstrandischmoor
[2] mit Süderoog und Südfall
[3] mit Oland

Nord-Ostsee-Kanal

Nordfriesland, der Küstensaum hinter den *Nordfriesischen Inseln.*

Nordhausen, thüring. Krst. am Harz (Bez. Erfurt), 45 000 E.; got. Dom (12./14. Jh.), St.-Blasii-Kirche (13. Jh.); Kornbrennereien, Brauereien, Kautabak-, Maschinenfabriken.

Nordhorn, Stadt in Niedersachsen, an der Vechte, 48 600 E.; Baumwoll-Ind.

Nordirland, engl. *Northern Ireland,* der nördl., bei Großbritannien verbliebene Teil der Insel Irland; 6 Grafschaften u. 2 Stadtgrafschaften mit 14 139 km², 1,53 Mill. E.; Hst. Belfast.

Nordische Kombination, *Skisport:* zusammenfassende Wertung des 15-km-Langlaufs u. des Kombinationssprunglaufs als Teil der ↗Nord. Wettbewerbe. ↗Alpine Kombination.

Nordische Kunst, Bz. bes. der frühen Kunst Skandinaviens u. Nord-Dtl.s seit der Jungsteinzeit *(Nord. Kulturkreis).* Zeugnisse der Jungsteinzeit (4000/1600 v. Chr.) sind bes. die als Grabbeilagen gefundenen Keramiken. Unterscheidung in der Megalith-Keramik nach den Formen der Gräber, denen sie entstammen: *Dolmen-, ältere* u. *jüngere Ganggräber-* u. *Steinkistenperiode;* in der Bronzezeit (1600/400 v. Chr.) reiche eigenständ. Entfaltung. ↗Skandinav. Kunst.

Nordischer Krieg, 1700/21 Krieg Dänemarks, Sachsen-Polens, Rußlands u. später auch Preußens u. Hannovers gg. Karl XII. von Schweden; 09 wurde Karl bei Poltawa v. Peter d. Gr. vernichtend geschlagen. Durch den N. K. verlor Schweden u. a. seine dt. Territorien u. die Vormachtstellung im Ostseeraum.

Nordischer Rat, beratende Versammlung der Länder Schweden, Norwegen, Dänemark, Island u. (seit 1955) Finnland; 1951 geschaffen mit dem Ziel stärkerer wirtschaftl., rechtl., sozialpolit. u. kultureller Zusammenarbeit; seine wirtschaftlichen Bestrebungen durch Gründung v. EWG und EFTA überholt.

Nordische Wettbewerbe, *Skisport:* umfassen für Männer die Langläufe über 15, 30, 50 km, die 4 × 10-km-Staffel, den Spezialsprunglauf u. die ↗Nord. Kombination; für Frauen den Langlauf über 10 km u. die 3 × 5-km-Staffel.

Nordkap, Vorgebirge auf der norweg. Insel Magerö; galt als nördlichster Punkt Europas; dieser liegt aber 1¹/₂ km weiter nördlich *(Kap Knivskjelodden* auf Mageröy).

Nordkorea ↗Korea.

Nordlicht, das nördl. ↗Polarlicht.

Nördlingen, bayer. Stadt in Schwaben, Hauptort des *Rieses* (gilt als Meteoritenkra-

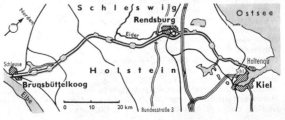

ter, Fundort v. ⁄Coesit), 18600 E.; kreisrunde Stadtanlage, in der Mitte die spätgot. St.-Georgs-Kirche (1427/1505). – 1634 entscheidender Sieg der Kaiserlichen über die Schweden.
Nordostpassage (: -aseᵉ), *Nördlicher Seeweg,* Seeweg v. Atlant. zum Pazif. Ozean längs der eurasiat. Nordküste, 6500 km lang, 8–9 Monate zugefroren; 1878/79 erstmals v. ⁄Nordenskjöld bezwungen.
Nord-Ostsee-Kanal, fr. *Kaiser-Wilhelm-Kanal,* zw. Kieler Förde u. Elbmündung; 98,73 km lang, 102 m breit, 11,3 m tief; wird jährl. v. über 80000 Schiffen mit ca. 80 Mill. BRT passiert. Schleusen bei Holtenau u. Brunsbüttelkoog. ☐ 685.
Nordpol, der nördliche Durchstoßpunkt der Erdachse, liegt im Nördl. Eismeer; wurde erstmals am 6.4.1909 v. Peary erreicht, 26 erstmals überflogen v. Byrd, später V. Amundsen u. Nobile, 58 v. am. Atom-U-Boot „Nautilus" erstmals unterfahren. ☐ 41. *Magnet. N.* ⁄Erdmagnetismus.

Nordrhein-Westfalen Verwaltungsgliederung	Fläche in km²	Einw. in 1000	Einw. pro km²
Regierungsbezirke:			
Düsseldorf	5287,74	5211,1	986
Köln	7373,13	3888,7	527
Münster	6896,08	2402,6	348
Detmold	6514,46	1804,9	277
Arnsberg	7997,88	3658,8	461
Land insgesamt	34069,29	16993,2	499

Nordpolarmeer, nördliches Eismeer.
Nordrhein-Westfalen, Land der BRD, wurde 1946 gebildet aus den Reg.-Bez. Köln, Düsseldorf u. Aachen der preuß. Rheinprov., den Reg.-Bez. Arnsberg u. Münster der preuß. Prov. Westfalen; hinzu kam der aus dem Reg.-Bez. Minden u. dem Freistaat Lippe neugebildete Reg.-Bez. Detmold; 34069 km², 16,9 Mill. E.; Hst. Düsseldorf. – Um den Rhein als natürl. Achse gruppieren sich linksrheinisch Eifel u. Niederrhein, rechtsrheinisch Westerwald, Sauerland u. die Westfäl. Bucht; die östl. Grenze bildet die Weser. Wirtschaftl. Kern ist das ⁄Ruhrgebiet, um das sich der größere Ring des Rhein.-Westfäl. Industriegebietes entwikkelt hat, das v. der Landwirtschaft des Münsterlands u. des Niederrheins mit Agrarprodukten versorgt wird.
Nordrhodesien ⁄Sambia.
Nordsee, Randmeer des nördl. Atlantik im NW Europas; 575000 km², 100 m tief; 32 bis 35⁰/₀₀ Salzgehalt u. bis 15° Wärme verhindern Eisbildung; Flutwelle der Gezeiten dringt 67 km in Weser u. Elbe vor; reicher Fischfang (60% Hering, 11% Kabeljau); Weltschiffahrtsstraße. **N.kanal,** verbindet Amsterdam mit der N. bei Ymuiden.
Nordstrand, nordfriesische Insel vor der Westküste Schleswigs, 50 km², 3000 E.
Nordwestpassage (: -aseᵉ), Seeweg v. Atlant. zum Pazif. Ozean um die Nordküste Nordamerikas herum; ca. 5800 km lang, 1903/06 v. Amundsen erstmals durchfahren.
Nordwestterritorien, engl. *North West Territories,* der Teil Kanadas nördl. des 60.

Nordrhein-Westfalen

Breitengrades, zw. der Hudsonbai im O u. dem Yukon im W; dazu die Inseln in der Hudsonbai, Jamesbai u. der Ungavabai, 3379683 km², 46400 E.; Verwaltungssitz ist Yellowknife.
Norfolk(: nåʳfᵉk), Stadt in Virginia (USA), 308000 E.; Hafen am Atlantik; Werften, Textil-, Auto-Ind.
Norfolk (: nåʳfᵉk), der Herzogstitel des englischen Adelsgeschlechts Howard: *Thomas,* 1536–72; wegen seines Versuchs, ⁄Maria Stuart zu befreien, hingerichtet.
Norfolktanne (: nåʳfᵉk-) ⁄Araukarie.
Noricum, im Alt. das Gebiet des heutigen Östr. v. Inn bis zum Wienerwald u. v. der Donau bis zur Drau; 16 v. Chr. v. den Römern erobert.
Norilsk, sowjet. Bergarbeiterstadt in Nordsibirien, auf der Halbinsel Taimyr, 180000 E.; TH, Hüttenwerke. Bergbau auf Kohle, Nickel-, Kobalt- u. Platinerze.
Norische Alpen, südöstl. Teil der zentralen Ostalpen, bestehen aus Gneis.
normal, regelrecht; Bz. für international vereinbarte Maße (so Normalspur). *normativ,* normgebend. *normen, normieren,* einheitlich regeln. ⁄Normen.
Normale *w* (lat.), 1) jede Senkrechte auf einer Ebene od. Linie. 2) das Lot auf der Tangente an einer Kurve im Berührungspunkt.
Normalelement ⁄galvanisches Element.
Normalnull, Abk. NN, Nullfläche des Meeresspiegels; Basis für Höhenmessungen; für die BRD allg. das Mittelwasser des Amsterdamer Pegels, für die DDR das des Pegels v. Kronstadt.
Normalspurweite ⁄Eisenbahnbau. ☐ 934.
Normalton ⁄Kammerton. **Normaluhr,** eine Präzisionsuhr, z. B. die Mutteruhr, die Nebenuhren (die öff. angebrachten Uhren heißen fälschl. N.en, sind .aber Nebenuhren) steuert, auch Hauptuhr einer Sternwarte.
Normandie, nordwestfrz. Landschaft u. ehem. Prov. an der Kanalküste, mit Halbinsel Cotentin; Hst. Rouen. – 911 Htm. der ⁄Normannen; 1066/1204 fast immer in Personalunion mit Engl.; seit 1450 endgültig bei Fkr. **Normannen** (Mz.), Wikinger, nordgerman. Seefahrer. Eroberer, die im 8. bis 11. Jh. in ganz Europa Beute- u. Eroberungszüge unternahmen u. verschiedene Staaten gründeten. Norwegische N. besetzten u. a. Island u. Grönland u. stießen

Regierungen von Nordrhein-Westfalen

	Ministerpräsident	Regierungsparteien
seit 17. 8. 1946	R. Amelunxen (Zentrum)	CDU, SPD, FDP, Zentrum, KPD
seit 17. 6. 1947	K. Arnold (CDU)	CDU, SPD, Zentrum, bis 1948 auch KPD
seit 27. 7. 1950	K. Arnold (CDU)	CDU, Zentrum
seit 27. 7. 1954	K. Arnold (CDU)	CDU, FDP, Zentrum
seit 20. 2. 1956	F. Steinhoff (SPD)	SPD, FDP, Zentrum
seit 21. 7. 1958	F. Meyers (CDU)	CDU
seit 23. 7. 1962	F. Meyers (CDU)	CDU, FDP
seit 8. 12. 1966	H. Kühn (SPD)	SPD, FDP
seit 27. 7. 1970	H. Kühn (SPD)	SPD, FDP
seit 4. 6. 1975	H. Kühn (SPD)	SPD, FDP
seit 21. 9. 1978	J. Rau (SPD)	SPD, FDP
seit 4. 6. 1980	J. Rau (SPD)	SPD

um 1000 bis nach Amerika vor (↗Winland); bedrohten bes. die Küstengebiete des Fränk. Reiches, wurden v. Kg. Arnulf 891 bei Löwen geschlagen u. ließen sich dann in der nach ihnen benannten ↗Normandie nieder. Von hier aus nahmen sie unter Wilhelm dem Eroberer 1066 Engl. in Besitz u. schufen in Unter-It. u. Sizilien ein großes Reich (1130 Kgr. unter ↗Roger II.), das 1189 die Staufer erbten. Schwedische N. *(Waräger)* gründeten in Rußland die Teilreiche v. Nowgorod (862, ↗Rurik) u. v. Kiew (822) u. gelangten bis nach Konstantinopel.

Normen, die einheitl. festgelegten Bz.en, Formen, Maße u. Qualitäten v. Leistungen, Rohstoffen, Werkstücken u. anderen Produkten. In der BRD erfolgt die *Normung* durch den Dt. N.ausschuß (DNA), der die N. in Form v. Normblättern mit dem Zeichen ↗DIN herausgibt.

Normenkontrolle, *Normenkontrollverfahren,* gerichtliche Nachprüfung einzelner Rechtsvorschriften auf ihre Rechtsgültigkeit, insbes. Verfassungsmäßigkeit.

Nornen, nord. Schicksalsgöttinnen, bes. in der ↗Edda: Urd (Wurd), Werdandi u. Skuld; als Vergangenheit, Ggw. u. Zukunft gedeutet.

Norrköping (: -tschö-), schwed. Hafen- u. Ind.-Stadt im Län Östergötland, 121000 E.

North (: nåᵣß, engl.), Norden.

Northampton (: nåßämtᵉn), engl. Stadt-Gft. u. Hst. der *Grafschaft N.,* 127000 E.; kath. Bischof. Normann. Kirchen St. Peter u. St. Sepulchre (beide 12. Jh.).

North Carolina (: nåᵣß kärᵉlainᵉ), *Nord-Karolina,* Abk. *N. C.,* Bundesstaat der USA, zw. den Appalachen u. dem Atlant. Ozean, 136524 km², 5,5 Mill. E.; Hst. Raleigh.

North Dakota (: nåᵣß dᵃkoᵘtᵃ), *Nord-Dakota,* Abk. *N.D.,* Bundesstaat der USA, beiderseits des oberen Missouri, an der kanad. Grenze, 183022 km², 653000 E.; Hst. Bismarck.

Northeim, niedersächsische Krst., an der Rhume, 32400 E.; Zuckerfabrik.

Northumberland (: nåᵣßambᵉrländ), engl. Gft. an der schott. Grenze, Hst. Newcastle.

Norwegen, norweg. *Norge,* Kgr. in Nordeuropa, an der Westflanke der Skandinav. Halbinsel. Zu N. gehören ferner: Spitzbergen (Svalbard) mit der Bäreninsel, Hopen, König-Karls-Land u. Kvitöya sowie Jan Mayen. In der Antarktis liegen die Bouvet-Inseln, Peter I.-Insel u. Königin-Maud-Land. N. ist 1750 km lang u. 15–400 km breit; es gehört größtenteils zum Skandinav. Gebirge, hat zahlr. Fjorde, 150000 Küsteninseln u. Schären, ist oberste die ↗Lofoten u. ↗Vesterålen. In mehreren Talschaften konzentrieren sich Bev., Verkehr u. Landwirtschaft; bodoutondor Fischfang u. große Handelsflotte. Bergbau auf Eisen-, Kupfer-, Blei- u. Zinkerze, Schwefelkies u. Titan. Ausfuhr: Zellstoff u. Papier, Erze u. Metalle, tier. Produkte, Öle u. Fette. – Im 9. Jh. Einigung der norweg. Stämme durch Kg. Harald Harfagr; Besiedlung der ↗Färöer, ↗Grönlands u. ↗Islands durch norweg. Normannen; im 10./11. Jh. Christianisierung N.s durch ↗Olav I. u. ↗Olav II., 1319 schwed., 97 dän.

Norwegen
Amtlicher Name: Kongeriket Norge
Staatsform: Königreich
Hauptstadt: Oslo
Fläche: 323883 km²
Bevölkerung: 4,07 Mill. E.
Sprache: Bokmåal, danehen noch Nynorsk
Religion: 96% Protestanten
Währung: 1 Norweg. Krone = 100 Øre
Mitgliedschaften: UN, NATO, Nordischer Rat, Europarat, OECD

(↗Kalmarer Union), 1536 dän. Prov.; 1814 in Personalunion mit Schweden; seit 1905 selbständig, Wahl des Prinzen Karl v. Dänemark zum Kg. (Haakon VII.), der dem Land eine demokrat. Verf. gab; 40/45 v. dt. Truppen besetzt (Min.-Präs. der Faschist ↗Quisling); Kg. (seit 57) Olav V.

Norwich (: nåritsch), Hst. der engl. Gft. Norfolk, 122000 E.; normann. Dom (11. Jh.), Normannenschloß; Univ.

Noske, *Gustav,* dt. Politiker (SPD), 1868 bis 1946; 1919/20 Reichswehrminister, schlug den Spartakistenaufstand in Berlin nieder.

Nô-Spiele, dramat. Spiele in Japan, mit Gesang u. Tanz; Mythenstoffe.

Nossack, *Hans-Erich,* dt. Schriftsteller, 1901–77; Erz., Romane *(Spätestens im November; Der jüngere Bruder; Dem unbekannten Sieger; Die gestohlene Melodie; Bereitschaftsdienst; Ein glücklicher Mensch),* Dramen, Essays, Gedichte.

Nostalgie *w* (gr.), **1)** med.: Heimweh, Sehnsucht. **2)** allg.: Sehnsucht nach Vergangenem.

Nostradamus (eig. Michel de Notre-Dame), 1503–66; frz. Astrologe; dunkle Prophezeiungen in Reimform.

Nota *w* (lat.), Rechnung.

Notabeln (Mz., frz.), angesehene Männer. **N.versammlung,** in Fkr. v. 13. Jh. bis 1788 v. Kg. einberufene Ratsversammlung der 3 Stände (Klerus, Adel, 3. Stand).

Nota bene (N. B.), wohlgemerkt, nebenbei.

Notar (lat.), öff. Urkundsperson; daneben Erledigung bestimmter Angelegenheiten der freiwill. Gerichtsbarkeit (u. a. Nachlaßangelegenheiten) u. der vorsorgenden Rechtspflege (Hilfe bei der Abfassung v. Vertragsentwürfen).

Notaufnahme, dauernde Aufenthaltsgenehmigung in der BRD für Deutsche aus der DDR, bes. bei Gefahr für Leib, Leben u. persönl. Freiheit (N.-Ges. vom 22. 8. 1950).

Notbremse, Eisenbahnbremse in jedem Wagen, ermöglicht den Fahrgästen, bei Gefahr durch Ziehen eines Handgriffes den Zug durch Auslösen der Druckluftbremsen zum Stehen zu bringen.

Notburga, hl. (13. od. 14. Sept.), lebte wohl im 9. od. 10. Jh., nach der Legende Dienstmagd in Tirol.

Note *w* (lat.), **1)** musikal. N., ↗Notenschrift. **2)** Anmerkung (Fuß-N.). **3)** Beurteilung im Schulzeugnis. **4)** offizielle Erklärung zw. Staaten auf diplomat. Wege: *Verbal-N.,* ohne Unterschrift, meist Zusammenfassung einer münd. Verhandlung; *Zirkular-N.,* die an mehrere Staaten, *Kollektiv-N.,* die gemeinsam v. mehreren Staaten erlassene N. **5)** ↗Banknote.

Notenbank, ↗Bank mit dem Vorrecht, ↗Banknoten auszugeben; steht heute nur noch der *Zentral-N.* zu. Diese regelt gleichzeitig den Zahlungsmittelumlauf der Volkswirtschaft (↗Geldmarktpolitik) u. beeinflußt dadurch Stabilität der Währung, Beschäftigung, Preise u. Konjunktur. N. in der BRD ist die ↗*Deutsche Bundesbank,* in der DDR die *Staatsbank der DDR* (↗Dt. Notenbank), in Ostr. die *Östr. Nationalbank,* in der Schweiz die *Schweizer. Nationalbank.* In

einer freien Marktwirtschaft besitzt die Zentral-N. eine gewisse Unabhängigkeit v. der Regierung, obwohl sie deren Wirtschafts- u. Finanzpolitik im allg. unterstützt. **Notenschrift,** zur Aufzeichnung v. Musik; heutige Form im 17. Jh. entstanden; 5 *Linien,* erweitert durch Hilfslinien, zeigen die Tonhöhe an, die auch durch einen der ganzen Tonreihe vorgesetzten *Notenschlüssel* (heute meist Violin- [G-] u. Baßschlüssel, dazu Altschlüssel) festgelegt wird. Die Vorzeichen erhöhen (♯) od. erniedrigen (♭) um einen Halbton. Die *Notenlänge* (Wert) wird durch die Gestalt der Note, der ↗*Takt* durch Zahlen ($^3/_4$, $^4/_4$) angegeben, seine Einheiten durch *Taktstriche.* Dazu noch Vortragsbezeichnungen. ☐ 1055.
Notgemeinschaft der dt. Wissenschaft, 1920 gegr., Zusammenschluß dt. Hochschulen u. Institute zur Abwehr des wirtschaftlichen Zusammenbruchs; 51 in die ↗Deutsche Forschungsgemeinschaft übergeführt. – *N. der dt. Kunst,* 1949 gegr., zur Unterstützung der Kunstinstitute.
Nothelfer, v. kath. Volk bes. in Zeiten der Not angerufene Heilige, vor allem die seit dem 14. Jh. verehrte Gruppe der *Vierzehn Nothelfer.*
Nothilfe, 1) behördl., gemeindl. od. industrielle Maßnahmen zur Hilfe bei techn. *Notstand* (Brand, Überschwemmung, Katastrophen aller Art). Die *N.-Organisationen* (z. B. ↗Techn. Hilfswerk) sind mit bes. Hilfsmitteln ausgerüstet. **2)** rechtl. ↗Notwehr.
Notierung *w* (lat.), an der Börse die Feststellung des ↗Kurses.
Nötigung, strafrechtl. jede unzulässige Beeinflussung des Willens- u. Entschlußfreiheit zu einem dem freien Willen des Genötigten nicht entsprechenden Verhalten.
Notiz *w* (lat.), Bemerkung.
Notke, Bernt, dt. spätgot. Maler u. Bildhauer, 1440–1509; Plastik u. a. *Der hl. Georg* (Stockholm), *Triumphkreuz* (Lübeck).
Notker, Mönche v. St. Gallen: **N. Balbulus** (der Stammler), sel. (6. April), Dichter u. Gelehrter, um 840–912; lat. Sequenzen. **N. Labeo,** *der Deutsche,* um 950–1022; begr. eine wiss. dt. Prosa, Übersetzungen.
notleidendes Papier, Wertpapier, das keine Zinsen abwirft; Wechsel, dessen Annahme oder Zahlung verweigert wird.
notorisch (lat.), bei Gericht offenkundig; unverbesserlich.
Notparlament, volkstüml. Bz. für den *Gemeinsamen Ausschuß;* besteht aus 22 Bundestagsabgeordneten u. je einem Vertreter der Bundesländer; nimmt die Rechte des Bundesrates u. Bundesrates wahr, wenn der Bundestag am Zusammentreten gehindert ist; kann außerordentl. Ges. erlassen.
Notre-Dame (: notr^e dam, frz.), „Unsere (liebe) Frau", Bz. der Mutter Jesu u. der ihr geweihten Kirchen (u. a. in Paris).
Notreife, vorzeit. Reifwerden v. Früchten bei ungünst. Bedingungen (Trockenheit, Krankheitsbefall).
Notstand, 1) Gefahrenzustand für ein rechtl. geschütztes Gut, der nur durch Verletzung eines anderen Rechtsgutes behebbar ist. Die Verletzung ist nicht widerrechtl. u. bleibt straflos: a) zivilrechtl.: wenn die Einwirkung auf eine fremde Sache zur Überwindung einer durch sie drohenden *(Verteidigungs-N.)* od. zur Abwendung einer gegenwärtigen Gefahr *(Angriffs-N.)* dient u. der Schaden nicht außer Verhältnis zur Gefahr steht; b) strafrechtl.: beim *Leibes-* u. *Lebens-N.,* d. h. einer gegenwärtigen, unverschuldeten Gefahr für Leib u. Leben des Handelnden selbst od. seiner Angehörigen, wenn die Verletzung fremder Rechtsgüter der einzige Ausweg ist. **2)** techn. N. ↗Nothilfe. **3)** polit. N. ↗Staatsnotstand.
Notstandsverfassung, *Notstandsrecht,* in der BRD besondere Vorsorgen des Verfassungsrechts zur Bewältigung v. Not- u. Krisenlagen; ermächtigt die Regierung zu Maßnahmen, die über die normalen verfassungsrechtl. Mittel hinausgehen; Kernstück ist das 17. Ges. zur Ergänzung des GG (24.

Nothelfer
die Namen der sogenannten „Vierzehn Nothelfer"

Ägidius, Akazius, Barbara, Blasius, Christophorus, Cyriak, Dionysius, Erasmus, Eustachius, Georg, Katharina von Alexandrien, Margareta, Pantaleon, Vitus

Notenschrift

Notenschlüssel:

c¹   c¹
Baß- oder   Bariton-
F-Schlüssel   Schlüssel

c¹   c¹
Tenor-   Bratschen-,
Schlüssel   Alt- oder C-Schl.

c¹   c¹
Sopran- oder   Violin- oder
Diskant-Schl.   G-Schlüssel

Oktavbenennungen:
,C – ,H   C – H

Kontra-   große
Oktave   Oktave

c – h   c¹ – h¹

kleine   1-gestrichene
Oktave   Oktave

c² – h²   c³ – h³

2-gestrichene   3-gestrichene
Oktave   Oktave

Taktvorzeichen und Zähleinheiten:
gerade Taktarten:

ungerade Taktarten:

Notennamen:

c   cis   d   dis

e   f   fis   g   gis

a   ais   h   c

c   des   d   es   e

f   ges   g, as   a

b   h   c

Noten- und Pausenwerte:

1   ¹/₂   ¹/₄

¹/₈   ¹/₁₆   ¹/₃₂   ¹/₆₄

ganze, halbe, Viertel-Note bzw. Pause usw.

³/₄

³/₈

Der Punkt verlängert eine Note um die Hälfte ihres Wertes

6. 1968), das Vorkehrungen für den äußeren, inneren u. Katastrophennotstand beinhaltet; umfaßt daneben 2 Schutzgesetze (Selbstschutz, Schutzbauten, seit 1965 in Kraft) u. einfache Notstandsgesetze (Arbeits-, Wirtschafts-, Verkehrs-, Ernährungsu. Wasserslcherstellungs-Ges., seit 1968 in Kraft). ↗Notparlament.

Nottaufe, Spendung der Taufe durch Laien als Privattaufe, wenn der Täufling in Lebensgefahr schwebt.

Nottingham (: nọtingäm), engl. Stadt-Gft. u. Hst. der *Grafschaft N.,* am Trent, 300 000 E.; kath. Bischof; Univ.; Textilindustrie.

Notturno *s* (it.), *Nocturne,* in der Musik: stimmungsvolles Nachtstück, u. a. bei Chopin.

Notverordnung, in demokrat. Verfassungen verschiedentl. vorgesehene Notlösung für den Fall, daß die normale Gesetzgebung (z. B. infolge Arbeitsunfähigkeit des Parlaments mangels tragfähiger Mehrheiten) nicht mögl. ist. Das *N.srecht* steht meist dem Staatsoberhaupt zu. Die Gültigkeit ist zeitl. beschränkt. In Dtl. in der Weimarer Republik (↗Weimarer Verfassung).

Notwehr, die die Rechtswidrigkeit ausschließende erforderl. Verteidigung, um einen gegenwärtigen, rechtswidrigen Angriff von sich abzuwenden; weder Schadensersatzpflicht noch Strafbarkeit (anders bei N.überschreitung, wenn diese nicht aus Bestürzung, Furcht od. Schrecken geschehen ist). ↗Notstand 1).

Notzucht, *Vergewaltigung,* durch Gewalt od. Drohung erzwungene Duldung außerehel. Beischlafs; mit Freiheitsstrafe bedroht. ↗Schändung.

Nouveau roman (: nuwọ romãn), die Erzählweise einer Reihe frz. Autoren seit den 50er Jahren des 20. Jh.: Romane mit wenig Handlung, Betonung der Dingwelt, Reduzierung der Figuren bis zur Ununterscheidbarkeit; Vertreter bes. A. Robbe-Grillet, M. Butor, N. Sarraute, M. Duras, Cl. Mauriac.

Nouveauté *w* (: nuwote, frz.), Neuheit, Modeartikel.

Nọva *w* (lat.), *Neuer Stern,* ein Stern, der durch explosionsartige Vorgänge im Sterninnern plötzlich 5000–100 000fach heller als vorher aufleuchtet u. einen Teil seiner Materie in den Weltraum abstößt. Eine *Super-N.* leuchtet 10 Mill. bis einige Mrd. mal heller als vorher, wobei wahrscheinlich das Grundgefüge des Sterns verändert wird. Nach dem Ausbruch nimmt die Helligkeit langsam ab; nach einigen Jahren bzw. Jahrzehnten hat die N. wieder ihre ursprüngl. Helligkeit. Das N.-Phänomen ist wahrscheinl. ein Teil im Lebenslauf eines Sternes

Novalis (eig. Friedr. Leopold Frh. v. Hardenberg), dt. Dichter der Frühromantik, 1772–1801. Fichtes Philosophie u. der frühe Tod seiner Verlobten Sophie v. Kühn wurden bestimmend. Versenkung in die Innerlichkeit; universalist. Weltbild; zentrale Macht die Poesie, die wieder zur Ureinheit führen soll. Ihr Symbol ist die „Blaue Blume". *Hymnen an die Nacht; Heinrich v. Ofterdingen* (unvollendeter Künstler- u.

Nova: oben vor dem Ausbruch, in der Mitte während des Helligkeitsmaximums, unten während der Helligkeitsabnahme

Novalis

Erziehungsroman); philosophische *Fragmente; Die Christenheit od. Europa.*

Novara, Hst. der ober-it. Prov. N., 102 000 E.; Bischof; Seiden-, Baumwoll-, Maschinen-Ind. – 1849 Sieg Radetzkys über Karl Albert v. Sardinien.

Novatianer, christl. Sekte vom 3./7. Jh.; Anhänger des Gegenpapstes *Novatian,* der den in der Verfolgung Abgefallenen die Wiederaufnahme in die Kirche verweigerte.

Novelle (v. it. *novella* = Neuigkeit), **1)** meist prosaepische Dichtung (auch *Vers-N.*), durch Knappheit, strengen Aufbau u. objektive Erzählweise gekennzeichnet; seit der Renaissance, Blüte in der Romantik u. im 19. Jh. **2)** Nachtrag zu einem Gesetz.

Novemberrevolution, die Revolution in Dtl. v. November 1918; ausgelöst durch die Meuterei der Marine in Kiel, führte zur Abdankung Ks. Wilhelms II. u. der übrigen dt. Fürsten u. zur Ausrufung der Rep. im Reich u. in den dt. Einzelstaaten.

Novene *w* (lat.), in der kath. Kirche Andacht an 9 aufeinanderfolgenden Tagen bei bes. Anliegen.

Novi Sad ↗Neusatz.

Novität *w* (lat.), Neuheit; neues Buch.

Novizenmeister, Leiter des ↗Noviziats.

Noviziat *s* (lat.), in kath. Orden u. Kongregationen nach vorausgegangenem ↗Postulat. Einführungs- u. Probezeit zu Beginn des Ordenslebens vor Ablegung der ↗Gelübde; beginnt mit der Einkleidung, endet mit der ↗Profeß.

Novocain *s,* p-Aminobenzol-Diäthylamino-Äthanol, ungiftig, ohne Rauschwirkung, besonders für örtl. Betäubung.

Novotný (: nọw-), *Antonin,* 1904–75; 51/68 Generalsekretär der ZK der tschsl. KP u. 57/68 zugleich Staatspräsident.

Novum *s* (lat.), etwas Neues.

Nowa Huta, poln. Ind.-Stadt 10 km östl. Krakau, 180 000 E.; Hüttenkombinat, Stahlwerke, Maschinen-Ind.; seit 1950 erbaut.

Nowaja Semlja, sowjetische Doppelinsel (81 400 km²) im Nördl. Eismeer, die nördl. Fortsetzung des Urals, mit Tundra u. Inlandeis bedeckt; fast unbewohnt. Auf beiden Inselseiten meteorolog. Dauerstationen; Versuchsgelände für Kernwaffen.

Nowgorod, sowjet. Stadt am Wolchow, Gebiet Leningrad, 186 000 E.; im 10. Jh. gegr.; Sophienkathedrale (1045/52), Kreml (1333).

Nowokusnezk, bis 1961 *Stalinsk,* sowjet. Ind.-Stadt im Kusnezker Kohlenbecken, 541 000 E.; Kohlengruben, Schwerindustrie.

Nowomoskowsk, bis 1961 *Stalinogorsk,* sowjet. Stadt im Moskauer Kohlenbecken, 147 000 E.

Noworossijsk, sowjet. Stadt am Schwarzen Meer, 159 000 E.; größte russ. Zementwerke (jährlich über 2 Mill. t); Hafen.

Nowoschachtinsk, sowjet. Stadt im Donezbecken, 104 000 E.; Steinkohlenbergbau.

Nowosibirsk, bis 1926 *Nowo-Nikolajewsk,* größte Stadt Sibiriens, beiderseits des aufgestauten ↗Ob. Ausgangspunkt der ↗Turkestan-Sibirischen Eisenbahn; 1,3 Mill. E.; Univ. (1959 gegr.), Hochschulen; Maschinen-, Flugzeugbau, Textil-Ind., Großkraftwerke.

Nowotscherkassk, sowjet. Ind.-Stadt, im Dongebiet, 183000 E.

Noxe w (lat.), Schädlichkeit, Krankheitsursache.

Np, chem. Zeichen für ↗Neptunium.

NPD ↗National-Demokrat. Partei Dtl.s.

NRT, Abk. für Netto-↗Registertonne.

NSDAP ↗Nationalsozialismus.

NTSC, Abk. für National Television System Committee, erstes Farbfernsehsystem, in den USA entwickelt; in den USA, Kanada u. Japan eingeführt.

Nuakschott, frz. Nouakchott, Hst. der Rep. Mauretanien, am Atlantik, 135000 E.

Nuance w (:nüānß, frz.; Ztw. nuancieren), Abstufung, Spielart, Kleinigkeit.

Nubien, Steppen- u. Wüstenland am mittleren Nil, zw. Assuan u. Khartum, geteilt zw. Ägypten u. Sudan.

Nubier, hamit. Volk im mittleren Niltal.

Nubische Wüste, östl. des Nils zw. Wadi Halfa u. Abu Hamed, 400000 km².

Nucleolus m (lat.), Kernkörperchen im Zellkern. ↗Zelle.

Nucleus m (lat.), der Zellkern. ↗Zelle.

Nudismus m (lat.), ↗Freikörperkultur.

Nudität w (lat.), Nacktheit.

Nufenenpaß, Schweizer Paß, 2438 m hoch, verbindet das Rhône- mit dem Tessintal.

Nugat, Nougat m od. s, Konditorware aus Mandeln, Nüssen, Zucker, Honig u. a., auch mit Kakaozusatz.

nuklear (lat.), den Atomkern betreffend. **n.e Energie** ↗Kernenergie. **n.e Waffen** ↗Kernwaffen. **N.medizin** w (lat.), Atommedizin, diagnostische u. therapeutische Anwendung der Kernenergie (speziell radioaktiver ↗Isotope) in der Medizin.

Nukleinsäuren, Verbindungen aus Zucker, Phosphorsäure, Purin- u. Pyrimidinbasen; die Ribo-N. u. die Desoxyribo-N. bilden die chem. Grundlage der Eiweißsynthese bzw. [Vererbung.

Nukleon s, ↗Atom.

Nukleoproteide, Verbindungen aus Eiweiß u. ↗Nukleinsäuren, meist in Zellkernen.

Nuklid s, Atomkernart.

Null w, Zeichen 0, 1) die Zahl, die, zu einer Zahl a addiert, wiederum die Zahl a ergibt: a + 0 = a. 2) als Ziffer ein bestimmter Stellenwert im ↗Dezimalsystem.

nulla poena sine lege (lat.): Eine Tat darf nur bestraft werden, wenn ihre Strafbarkeit schon vor der Tat gesetzl. bestimmt war.

Nullserie w, Fertigungstechnik: die vor der Großserie aufgelegte kleine Serie eines techn. Gegenstandes; z. Überprüfung v. Konstruktion u. Technologie.

Null-Tarif, 1) allg.: die kostenlose Benutzung öff. Einrichtungen, z. B. Theater. **2)** die unentgeltl. Beförderung mit öff. Nahverkehrsmitteln; soll durch Verringerung des Individualverkehrs (PKW) den innerstädt. Verkehr entlasten.

nullum crimen sine lege (lat. = kein Verbrechen ohne Ges.), strafrechtl. Grundsatz, wonach nur Handlungen als Straftaten anzusehen sind, die als solche gesetzl. umschrieben sind. ↗nulla poena sine lege.

Numa Pompilius, altröm. Kg., 715–672 v. Chr.; nach der Sage Nachfolger des Romulus.

Rudolf Nurejew

Paavo Nurmi

Numea, frz. Nouméa, Hst. von Neukaledonien, 75000 E.; Apostol. Vikar.

Numen s (lat.), Wille, Wink, Macht der Gottheit u. diese selbst. numinos, auf das Sich-Offenbaren der Gottheit bzw. auf das Heilige bezogen. Numinose s, die göttliche Macht, die sich dem Menschen offenbart.

Numerale s (lat.), Zahlwort, der sprachl. Ausdruck für einen Zahlbegriff.

Numeri (lat.), das atl. Buch N.; Name nach der darin berichteten Volkszählung. ↗Pentateuch.

numerieren (lat.), zählen, beziffern.

numerisch (lat.), zahlenmäßig.

Numerus m (lat., Mz. numeri; Bw. numerisch), 1) Zahl; grammatikal.: Einzahl (Singular) od. Mehrzahl (Plural). 2) ↗Logarithmus. **N. clausus,** geschlossene Zahl; beschränkte Zulassung zu Berufen, Ämtern od. Studien.

Numidien, im Alt. das Hinterland v. Karthago; im 2. Jh. v. Chr. Kgr., 46 v. Chr. röm. Prov., 648 v. den Arabern erobert.

Numismatik w (gr.), ↗Münzkunde.

Nummuliten (lat.), Kalkschalen tertiärer ↗Foraminiferen, bilden N.kalkfelsen.

Nunatakker (Eskimosprache), aus dem Inlandeis eisfrei emporragende Berge.

Nuntius (lat., Mz. Nuntien), Apostol. N., ständiger päpstl. Botschafter bei Regierungen, in kleineren Staaten oft als Internuntius. Nuntiatur w, Amt, Amtssitz u. Personal des N.

Nürburgring, Motorrennstrecke (28,3 km), um die Nürburg bei Adenau (Eifel).

Nurejew, Rudolf, russ. Tänzer u. Choreograph, * 1938; emigrierte 61, seither vorwiegend beim Royal Ballet (London) tätig.

Nurmi, Paavo, finn. Sportler, 1897–1973; erfolgreichster Leichtathlet seiner Zeit; stellte über 20 Weltrekorde auf; bei den Olymp. Spielen 1920/28 9 Gold- u. 3 Silbermedaillen.

Nürnberg, zweitgrößte Stadt Bayerns, beiderseits der Pegnitz, 485000 E., als einheitl.

Nürnberger Prozesse	
Die Urteile in dem Verfahren vor dem Internationalen Militärgerichtshof	Zu Gefängnis verurteilt wurden: Heß (lebenslängl.) Funk (lebenslängl.) Raeder (lebenslängl.) v. Schirach (20 Jahre)
Zum Tode verurteilt wurden (Vollstreckung am 16. 10. 1946, außer bei Bormann und bei Göring, der Selbstmord beging): Göring v. Ribbentrop Keitel Kaltenbrunner Rosenberg Frank Frick Streicher Sauckel Jodl Seyß-Inquart Bormann (in Abwesenheit)	Speer (20 Jahre) v. Neurath (15 Jahre) Dönitz (10 Jahre) Freigesprochen wurden: Fritsche v. Papen Schacht Ley beging vor dem Urteil Selbstmord Zu verbrecherischen Organisationen erklärt wurden: Gestapo mit Sicherheitsdienst (SD) Führerkorps der NSDAP SS

Stadtsiedlung mit ↗Fürth ca. 610000 E.; mittelalterl. Grundriß der Altstadt, bis zum 2. Weltkrieg fast unversehrt erhalten. Wertvolle Bauten: Sebalduskirche (roman. u got., 13./14. Jh.), got. Lorenzkirche (13./15. Jh.); Kaiserburg Barbarossas (12./16. Jh.), Rathaus (Renaissance), Patrizierhäuser, Dürerhaus, German. Nationalmuseum, Univ. Erlangen-N., Verwaltungs- und Wirtschafts-Akad., Kunst-Akad. und Fachhochschule; Metall-, Elektro-Ind., Bierbrauereien, Blei- u. Farbstiftfabriken; Spielwarenmesse; weltbekannt sind *N.er Lebkuchen.* – Zuerst Königsstadt, 1219/1806 Freie Reichsstadt; 1191/1427 waren die ↗Hohenzollern Burggrafen v. N.; die Stadt war Ort vieler Reichstage, im 14./16. Jh. Zentrum der Kunst (Dürer, Vischer, Stoß, Krafft), der Dichtung (H. Sachs) u. der Wiss. (Pirckheimer, Behaim); seit 1806 bayerisch (↗Fürth). **N.er Eier,** Taschenuhren in eiförm. Gehäusen (17. Jh.). **N.er Gesetze,** die 1935 auf dem nat.-soz. Reichsparteitag in N. erlassenen Gesetze; schlossen die Juden v. der Reichsbürgerschaft aus (bes. das Verbot der Eheschließung mit „Dt.-blütigen"; „Ariernachweis" der Beamten usw.). **N.er Prozesse,** die v. den Siegermächten des 2. Weltkriegs 1945/49 in N. durchgeführten Prozesse: **1)** das nach eigenem Recht (aufgrund des Londoner Abkommens v. 8. 8. 45) durchgeführte Verfahren vor dem Internationalen Militärgerichtshof (IMG). Angeklagt waren die sog. „Hauptkriegsverbrecher" wegen Verbrechen gg. den Frieden, Kriegsverbrechen und Verbrechen gegen die Menschlichkeit sowie verbrecherische nat.-soz. Organisationen. **2)** die 12 Prozesse vor am. Militärgerichten gg. Ärzte, Juristen, Industrielle, Südostgenerale, das Auswärtige Amt u. das OKW u. a. **N.er Religionsfriede,** *N.er Anstand,* 1532 geschlossener Vertrag, in dem Ks. Karl V. den ev. Reichsständen bis zum geplanten Konzil freie Religionsübung gewährte. **N.er Trichter,** Bz. für mechan. Lehrmethoden, durch die auch Dumme etwas lernen; nach dem „poet. Trichter" von G. Ph. Harsdörffer (17. Jh.).
Nurse (: nöᶜß, engl.), Amme, Pflegerin.
Nürtingen, württ. Stadt am Neckar, 35100 E.; spätgot.·Heiliggeistkirche (1455). Textil-, Zement-, Möbelindustrie.
nur zur Verrechnung, Quervermerk auf einem Scheck *(Verrechnungsscheck),* der bewirkt, daß der Betrag dem Inhaber nicht bar ausgezahlt, sondern auf dessen Konto gutgeschrieben wird.
Nusa Tenggara, seit 1954 indones. Name für die Kleinen ↗Sundainseln.
Nuß, einsamige Schließfrucht mit trockenor, harter Schale, so Haselnuß, Eichel; fälschl. auch für Steinfrucht. **N.baum,** *Wal-N.,* in Europa eingebürgerter, oriental. Baum mit Steinfrüchten („Nüssen") u. unpaarig gefiederten, großen Blättern. Nußkerne ölhaltig, wohlschmeckend. Blätter, Rinde, grüne Fruchtschale dienen zum Braunbeizen, das hochwertige harte Holz zu Möbeln. **N.bohrer,** Rüsselkäfer, legen ihre Eier in Nüsse u. Eicheln.
Nüstern, Nasenlöcher des Pferdes.

Pol der Ekliptik Himmelspol

Nutation: Überlagerung von astronomischer Nutation (N) und Präzession (P) der Erde. Dauer eines Umlaufes 25730 Jahre, Dauer einer Schwingung T = 18,6 Jahre

Nußbaum: Wuchs- u. Blattform; F Frucht

Nut, altägypt. Himmelsgöttin, Mutter des ↗Osiris. ↗Hathor.
Nut *w,* rinnenförm. Vertiefung zum Verkeilen v. Naben auf Wellen, Verspunden v. Brettern (durch Nut u. Feder).
Nutation *w* (lat.), die durch die Anziehung Mond–Erde hervorgerufene wellenförm. Schwankung der Erdachse v. 18 ²/₃jähr. Periode, der ↗Präzession überlagert.
Nutria, 1) *w,* ↗Sumpfbiber. **2)** *m,* Fell v. 1), wertvoller Edelpelz. *Seal-N.* ist schwarz gefärbt.
Nutzeffekt ↗Nutzleistung.
Nutzlast, 1) Gewicht des durch Fahrzeuge beförderten Gutes. **2)** bei Brücken, Decken die tragbare Last im Ggs. zum Eigengewicht (tote Last).
Nutzleistung, *Nutzeffekt, effektive Leistung,* nach außen abgegebene, tatsächl. Leistung einer Maschine oder eines z. B. elektr. Gerätes (Transformator usw.). ↗Wirkungsgrad.
Nutznießung, das gesetzl. Nutzungsrecht an fremdem Vermögen (z. B. Kindesvermögen) aufgrund familienrechtl. Verhältnisse (z. B. ↗Elterl. Gewalt). ↗Nießbrauch.
Nutzungen, nach bürgerl. Recht Früchte einer Sache od. eines Rechts (z. B. Zinsen einer Forderung) u. die Gebrauchsvorteile.

Nydam-Schiff

Nydam-Schiff, 1863 im Moor bei Nydam (Nordschleswig) gefundenes Holzboot aus dem 4. Jh. mit Waffen, Geräten, Schmuck u. a. aus dem 3./5. Jh.; wahrscheinl. Weihegabe; heute im Landesmuseum Schleswig.
Nyköbing (: nüköbᵉng), dän. Hafenstadt, an der Westküste von Falster, 26000 E.
Nyköping (: nütschöping), Hst. des schwedischen Län Södermanland, an der Ostsee, 64000 E.
Nylon *s* (: nailon, engl.), leichte, bes. reißfeste u. elastische Kunstfaser, zu Textilien.
Nymphen, *griech. Mythologie:* Naturgottheiten, bewohnen Meere *(Okeaniden, Nereiden),* Quellen u. Flüsse *(Najaden),* Wälder u. Bäume *(Dryaden),* Berge *(Oreaden).*
Nymphenburg, nordwestl. Stadtteil von München, mit einem barocken Lustschloß (1663/1750) in großem Park. **N.er Porzellan,** Erzeugnisse der 1747 gegr., 1761 nach N. verlegten bayer. Manufaktur; Leiter u. a.: F. A. Bustelli, D. Auliczek, J. P. Melchior u. F. v. Gärtner.
Nymphomanie *w* (gr.), die *Mannstollheit,* krankhaft gesteigerter weibl. Geschlechtstrieb, meist gepaart mit Mangel an moral. Hemmung u. echter Liebesfähigkeit.
Nysa ↗Neisse.

O

Obelisk mit Hieroglyphen vor dem Pylon des Tempels von Luxor (19. Dynastie)

O, 1) Abk. für ↗Osten. **2)** chem. Zeichen für ↗Sauerstoff. Ω = Zeichen für Ohm. Ω ↗A u. Ω. **O'**, in irischen Namen soviel wie Abkömmling.

Oahu, die drittgrößte der ↗Hawaii-Inseln, 1549 km², 631000 E.; Hst. Honolulu; Hauptflugplätze der US-Marine im Pazif. Ozean. Kriegshafen Pearl Harbor.

Oakland (: oᵘkländ), kaliforn. Hafen- u. Ind.-Stadt, mit San Francisco durch eine 13 km lange Brücke verbunden, 362000 E.

OAPEC, Abk. für Organization of Arab Petroleum Exporting Countries *(Organisation der arab. Erdölexportländer),* 1968 gegr., Sitz in Kuwait. ☐ 700.

OAS, 1) Abk. für Organization of American States (= Organisation der Am. Staaten), kollektiver Sicherheitspakt der nord-, mittel- u. süd-am. Staaten (außer Kanada u. Guyana); 1948 gegr., auch mit dem Ziel der Förderung der kulturellen, wirtschaftl. u. polit. Zusammenarbeit (↗Panamerikanismus); Jan. 62 Ausschluß Kubas. **2)** Abk. für Organisation de l'Armée Secrète (= Organisation der geheimen Armee), frz. rechtsradikale Untergrundbewegung, 1960 entstanden, bis April 62 unter Führung des Generals R. Salan, trat für ein Verbleiben Algeriens bei Fkr. ein; arbeitet seit 62 als Conseil National de Résistance (= Nationaler Widerstandsrat, Abk. CNR) gg. den Gaullismus.

Oase w (gr.), Vegetationsinsel in der Wüste, bedingt durch natürl. od. künstl. Wasservorkommen.

Ob m, mit Irtysch 5410 km lang, entsteht aus den Altaiflüssen Bija u. Katun bei Bijsk; ist von hier an bis zur Mündung ins Nördl. Eismeer (3680 km) schiffbar. Bei Nowosibirsk wird der O. zum 200 km langen u. 25 km breiten *Obmeer* (9 Mrd. m³ Inhalt) aufgestaut (Bewässerung, Kraftwerke).

Obadja ↗Abdias.

Obduktion w (lat.), Leichenöffnung zur Feststellung der Todesursache.

Obelisk m (gr.), sich verjüngender, meist monolith. Steinpfeiler mit viereckig. Grundriß; urspr. paarweise vor ägypt. Tempeln.

Oberammergau, oberbayer. Gem. im Ammertal, am Fuß des Ammergebirges, 4800 E. Berühmt durch seine Passionsspiele (seit 1634) u. seine Holzschnitzkunst.

Oberbau ↗Eisenbahnbau.

Oberbayern, südöstl. u. größter Reg.-Bez. Bayerns, das an Seen, Flüssen u. Mooren reiche Alpenvorland zw. Lech u. Salzach, im S Vor- u. Kalkalpen, 17534 km², 3,61 Mill. E.; Hst. München.

Oberbruch-Dremmen, seit 72 Ortsteil v. Heinsberg, 12500 E.; Kunstfaser- u.a. Ind.

Oberer See, einer der nord-am. ↗Großen Seen, größter Süßwassersee der Erde, 82414 km², bis 393 m tief.

Oberfläche, Summe der Flächen eines Körpers, die ihn begrenzen; elementar od. durch Integration berechenbar. ☐ 421. **o.n-aktive Stoffe,** vermindern die O.nspannung des Wassers; z. B. als Seifen und Waschhilfsstoffe, in der Färbetechnik usw. **O.n-schutz,** der Schutz aller metall. Oberflächen vor ↗Korrosion. **O.nspannung,** Wir-

Oberflächenspannung: Tropfenbildung

kung v. ↗Molekularkräften, welche die O. v. Flüssigkeiten zusammenhält u. möglichst klein machen will (Kugelform, Tropfenbildung). Im Innern der Flüssigkeit heben sich diese molekularen Anziehungskräfte gegenseitig auf. ↗Kapillarität. ☐ 461.

Oberfranken, nordöstlicher Reg.-Bez. Bayerns, 7229km², 1,05 Mill. E.; Hst. Bayreuth. Liegt zw. Steigerwald, Fichtelgebirge u. Frankenwald, durch den Fränk. Jura zerlegt in die Becken v. Bamberg u. Bayreuth.

Oberhaus, 1) eine an der Gesetzgebung beteiligte Erste Kammer des Parlaments. **2)** ↗House of Lords.

Oberhausen, Ind.-Stadt im W des Ruhrgebiets, an der Emscher u. am Rhein-Herne-Kanal, 230000 E.; Kohlenbergbau, Stahlindustrie.

Oberhessen, hess. Landschaft um Vogelsberg, nördl. Wetterau u. nordöstl. Taunusrand, 3288 km².

Oberkiefer ↗Kiefer.

Oberkommando der Wehrmacht (OKW), 1938 v. Hitler anstelle des Reichskriegsministeriums geschaffene höchste militär. Kommandostelle.

Oberlahnstein, seit 1969 Stadtteil v. ↗Lahnstein.

Oberlandesgericht, höchstes Landesgericht für Zivil- u. Strafsachen; in Zivilsachen ist das O. nur Rechtsmittelinstanz, in Strafsachen in besonderen Fällen (u. in Staatsschutzfällen) auch erstinstanzl. Gericht.

Oberleitung ↗elektrische Bahnen.

Oberlicht, durch Glas bedeckter Lichteinlaß über einem Lichthof, in einer Dachfläche od. über einer Tür.

Oberlin, *Johann Friedrich,* elsäss. ev. Theologe u. Sozialpädagoge, 1740–1826; verdient durch sein umfassendes Volksbildungswerk.

Oberon, *Alberich,* der Elfenkönig.

Oberösterreich, *Ostr. ob der Enns,* östr. Bundesland beiderseits der Donau, 11979 km², 1,27 Mill. E.; Hst. Linz. Im S die Alpen u., mit dem ↗Salzkammergut in der Mitte, das fruchtbare Alpenvorland, nördl. der Donau das Mühlviertel.

Oberpfalz, bayer. Reg.-Bez., 9672 km², 964900 E.; Hst. Regensburg. Grenzland gg. die Tschechoslowakei; Waldhügelland zw. Fränk. Jura, Fichtelgebirge u. Böhmerwald, senkt sich zur Donau.

Oberrealschule, fr. in der BRD ↗Höhere Schule, in der die naturwiss. Fächer stark betont wurden.

Oberrheinebene, das 280 km lange und 30–50 km breite, fruchtbare Tal des Oberrheins v. Basel bis Mainz, zw. Vogesen u. Hardt im W, Schwarzwald u. Odenwald im O; geologisch ein tertiärer Grabenbruch.

Obersalzberg, Berghang, 1000 m ü. M., bei Berchtesgaden (Seilschwebebahn); „Berghof" Hitlers u. andere nat.-soz. Bauten April 1945 zerstört. Touristenzentrum.

Oberschenkel, oberer Teil des Beines.
O.knochen, größter Knochen des Menschen. ☐ 615.

Oberschlema, *Radiumbad O.,* im sächs. Erzgebirge, 1945 nach Schneeberg eingemeindet.

Oberschlesien

Hermann Oberth

Obervolta
Amtlicher Name:
République de
Haute-Volta
Staatsform:
Republik
Hauptstadt:
Wagadugu
Fläche:
274 200 km²
Bevölkerung:
6,55 Mill. E.
Sprache:
Verwaltungs- und
Bildungssprache ist
Französisch, daneben
Ful und sudanesische
Dialekte
Religion:
70% Anhänger von
Naturreligionen,
25% Muslimen,
5% Christen
Währung:
1 CFA-Franc
= 100 Centimes
Mitgliedschaften:
UN, OAU, der EWG
assoziiert

Oberschlesien, südöstl. Teil ↗Schlesiens, 1919/45 preuß. Provinz, 1939: 1,7 Mill. E., Hst. Oppeln. Fruchtbares Westodergebiet mit den Vorbergen der Sudeten; das wellige Ostoderland mit einst. Großgrundbesitz birgt im S Zink-, Blei-, Brauneisenerze, dazu Steinkohlen (Vorrat über 100 Mrd. t), Grundlage der oberschles. Ind.; kam 45 unter poln. Verwaltung.
Oberschule ↗Höhere Schule.
Obersee, Hauptteil des ↗Bodensees.
Oberstadtdirektor in Niedersachsen u. Nordrhein-Westfalen die beamtete Spitze des nicht polit. Verwaltungsapparates in kreisfreien Städten.
Oberstaufen, bayer. Luftkurort u. Wintersportplatz in den Allgäuer Alpen, 792 m ü. M., 6400 E.
Oberstdorf, Kurort u. Wintersportplatz des bayer. Allgäus, 843 m ü. M., 11500 E., Schwebebahn zum Nebelhorn.
Oberste Heeresleitung (OHL), oberste dt. Militärbehörde des 1. Weltkriegs, führte die gesamten Landstreitkräfte.
Oberster Sowjet, die aus 2 Kammern bestehende Volksvertretung der ↗Sowjetunion, nominell das höchste Staatsorgan; sein Präsidium übt kollektiv die Funktionen des Staatsoberhauptes aus.
Oberstes Bundesgericht, im GG vorgesehen, bisher nicht errichtet; soll der Wahrung der Einheit des Bundesrechts dienen. Statt dessen soll jetzt laut Gesetz v. 1968 ein Senat der obersten Bundesgerichte gebildet werden.
Oberth, *Hermann,* dt. Raketenforscher, * 1894; grundlegende Arbeiten zur Raketentechnik; ↗Stufenprinzip, Flüssigkeitsraketentriebwerk, Raumstation.
Obertöne, gleichzeitig mitklingende höhere Töne eines Grundtones, in der Frequenz ein ganzzahliges Vielfaches der Grundfrequenz; bestimmen die Klangfarbe v. Instrumenten u. der Stimme.
Oberursel (Taunus), hess. Stadt im Taunus, n. w. von Frankfurt, 39 500 E.; Luth. Theol. Hochschule, Bundesschule des DGB.
Obervolta, Rep. in Westafrika. Durch Ghana u. die Elfenbeinküste v. Meer getrennt, erstreckt es sich vom Niger im O bis zum Quellgebiet des Weißen u. Schwarzen Volta. Die Eingeborenen leben v. Ackerbau (Hirse, Mais, Reis) u. Viehzucht. Ausfuhr: Vieh, Fische, Erdnüsse, zu 90% nach Fkr. u. Ghana. – 1919 frz. Kolonie, teil v. Frz.-Westafrika; 32 auf andere frz. Kolonien aufgeteilt, 47 wiederhergestellt; 58 autonome Rep. in der Frz. Gemeinschaft, 60 unabhängig; weitere Zusammenarbeit mit der Frz. Gemeinschaft.
Oberwesel, Stadt in Rheinland-Pfalz, l. am Rhein, 4500 E. Altes Stadtbild; got Liebfrauenkirche (1308/81). Weinbau.
Oberwiesenthal, sächs. Stadt u. Kurort, bedeutendster Wintersportplatz im Erzgebirge, 914 m ü. M.; 6800 E.
Objekt *s* (lat.), Gegenstand: **1)** philosoph.: der Gegenstand, auf den sich die Vorstellungen oder Akte eines ↗Subjektes richten. Während der Realismus dem O. eigene Gegenständlichkeit zuerkennt, gilt es im Idea-

lismus nur als eine v. den subjektiven Denkformen abhängige Erscheinungsweise. **2)** grammatikal.: der Teil des Satzes, der den Gegenstand der Handlung bezeichnet. ☐ 855. **objektiv** (Hw. *Objektivität*), zum Objekt gehörend, sachlich. **Objektiv** *s,* bei opt. Geräten die dem Gegenstand zugekehrte, das Bild erzeugende Linse (Linsensystem). ☐ 694.
Objektsteuern ↗Ertragsteuern.
Oblast *w,* Verwaltungsgebiet der Sozialist. Sowjetrepubliken in der UdSSR.
Oblate *w* (lat.), weiße, dünne Scheibe aus gärfrei mit Wasser bereitetem Weizenmehlteig; als ↗Hostie Abendmahlsbrot; auch als Unterlage für Pfefferkuchen u. a. sowie als Arzneikapsel verwandt.
Oblaten (lat.), **1)** Laien, die sich ohne Gelübde einem Mönchsorden anschließen. **2)** eine Reihe v. religiösen Genossenschaften, u. a. die *Missionare O. der Unbefleckten Jungfrau Maria* u. die *O. des hl. Franz v. Sales.* **Oblatinnen,** weibl. Gegenstück der ↗Oblaten 1) u. 2).
obligat (lat.), verbindlich, unerläßlich. In der Musik: unentbehrl. Begleitstimme.
Obligation *w* (lat.), ↗Schuldverschreibung.
obligatorisch, pflichtgemäß.
Obligo *s* (lat.-it.), Verpflichtung, Verbindlichkeit, Gewähr.
Obödienz *w* (lat.), kirchl. Gehorsam, Unterordnung; fr. bei Doppelwahl v. Päpsten auch Anhängerschaft.
Oboe *w* (it.), Holzblasinstrument mit 9–14 Klappen, Doppelrohrblatt, kon. Bohrung u. leicht näselnder Klangfarbe. ☐ 650.
Obolus *m* (gr.), **1)** kleine altgriech. Silbermünze. **2)** kleiner (freiwilliger) Beitrag.
Obotriten (Mz.), *Abodriten,* im MA Slawenstamm in Mecklenburg; durch Heinrich den Löwen im 12. Jh. unterworfen u. christianisiert.
Obrenowitsch, serb. Dynastie, regierte (im Wechsel mit ihren Gegnern ↗Karageorgewitsch) 1817/42 u. 1858/1903, erlosch mit ↗Alexander I.
Obrigkeitsstaat, Herrschaftssystem, in dem die öffl. Angelegenheiten meist durch die Staatsgewalt unter Ausschaltung selbstverantwortl. soz. Kräfte geregelt werden.
Obschtschij Syrt *m,* südruss. Höhenrücken, Wasserscheide zw. Uralfluß u. Wolga, damit zw. Asien u. Europa.
Observanten (Mz., lat.), Mitgl. der strengeren Richtung in Orden, bes. der Franziskaner. **Observanz** *w,* **1)** Herkommen, Zugehörigkeit. **2)** Beobachtung der (Mönchs-) Regel.
Observatorium *s* (lat.), Beobachtungsstelle für astronom. (↗Sternwarte), physikal. od. meteorolog. Aufgaben.
Obsidian *m* (lat.), glasiges, aus Lava gebildetes Gestein, gibt erhitzt ↗Bimsstein. Des. im alten Mittelamerika zu Geräten verwendet.
obskur (lat.), dunkel, unbekannt.
Obst, eßbare Früchte v. Bäumen, Sträuchern u. Stauden: a) *Kernobst,* wie Apfel, Quitte, Birne; b) *Steinobst,* wie Pfirsich, Pflaume, Kirsche; c) *Beerenobst,* wie Johannisbeere, Stachelbeere, Himbeere,

Weintraube; d) *Schalenobst*, wie Eßkastanie, Nüsse. Dazu *Südfrüchte:* Bananen, Kokosnüsse, Datteln, Oliven, Feigen, Ananas, Zitrusfrüchte u. a. □ 747/748. **Obstbau,** Pflege, Zucht u. ↗Veredeln v. Obstbäumen in Kleingärten od. Obstplantagen. **Obstfliege** ↗Drosophila.

obstinat (lat.), widerspenstig, hartnäckig.
Obstipantia (lat.), stopfende Mittel.
Obstipation (lat.) ↗Stuhlverstopfung.
Obstkuren mit rohem, ungeschältem Obst od. mit Obstsäften, entlasten den Stoffwechsel u. regen die Darmtätigkeit an.
Obstpresse, eine Fruchtpresse, die entweder den Saft gemahlenen Obstes durch Druck mit einer Schraubspindel od. die oft noch ganzen Früchte durch rotierende Teile *(Entsafter)* ausdrückt. **Obstwein,** durch Gärung aus Obstsäften mit Wasser- u. Zuckerzusatz hergestelltes alkohol. Getränk, wie Apfel-, Beerenwein, auch Obstschaumwein.
Obstruktion w (lat., Ztw. *obstruieren*), planmäßiger Widerstand.
obszön (lat.), unzüchtig, schamlos.
Obus, Abk. für Oberleitungs-Omni**bus,** auch *Trolleybus,* ein durch doppelte Oberleitung mit Strom versorgter, elektr. angetriebener u. schienenloser Omnibus; kann bis zu 4,5 m v. der Leitungsmitte nach beiden Seiten ausweichen.
Obwalden, Halbkanton v. ↗Unterwalden.
OCarm, lat. Abk. für Beschuhte ↗Karmeliten. **OCart,** lat. Abk. für ↗Kartäuser.
O'Casey (: oᵘk̲e̲'si), *Sean,* ir. Dramatiker, 1884–1964; Gesellschaftskritiker; *Juno u. der Pfau.*
Occam ↗Wilhelm v. Ockham.
OCD, lat. Abk. für Unbeschuhte ↗Karmeliten.
Ochlokratie w (gr. = Pöbelherrschaft), Bz. für Entartungen der Demokratie.
Ochoa (: otsch-), *Severo,* am. Biochemiker, * 1905; 59 Nobelpreis für die synthet. Darstellung der ↗Nukleinsäuren.
Ochotskisches Meer, *Tungusisches Meer,* Randmeer des Pazif. Ozeans zw. Kamtschatka, den Kurilen, Sachalin u. dem sibir. Festland; 1,6 Mill. km², bis 3372 m tief.
Ochrana w, zarist. Geheimpolizei seit 1881. Bischof.
Ochrida, *Ohrid,* jugoslaw. Stadt am Nordostufer des *O.sees,* 800 m ü. M., 19000 E.; orth. Bischof.
Ochse, kastriertes männl. ↗Rind. **O.nauge,** häufiger Tagschmetterling, dunkelbraun, Augenfleck auf Vorderflügeln.
Ochsenfurt, bayer. Stadt am Main, 11500 E.; got. Rathaus (1497); Zucker-, Stein-, Werkzeug-Ind. Malerisches Stadtbild.
Ochsenzunge, 1) Borretschgewächs, Unkraut mit rauhhaarigen (Name!) Lanzettblättern u. blauen Blüten. **2)** ↗Leberpilz.
Ochslegrade, geben das spez. Gew. v. ↗Most an; sind ein Maß für Zuckergehalt u. damit des Alkoholgehaltes des späteren Weines.
Ochtrup, westfäl. Ind.-Stadt im westl. Münsterland, 16400 E.; Textilindustrie.
Ocker m, durch Eisenoxid gelb bis rot gefärbter Farbton, wichtige Erdfarben, bes. *gebrannter O.*
Ockham ↗Wilhelm v. Ockham.

Objektiv (Kamera-O.):
1 Normal-O (Summarit), 2 Tele-O. (Hektor), 3 Weitwinkel-O. (Summaron)

Ochsenauge

Ochsenzunge

O'Connell (: oᵘkon̲e̲l), *Daniel,* irischer Politiker, 1775–1847; erreichte durch Androhung des Bürgerkriegs 1829 die Katholikenemanzipation in Großbritannien.
OCR, lat. Abk. für ↗Trappisten.
Octavia, Schwester des Ks. Augustus, v. ihrem Gatten Antonius 32 v. Chr. Kleopatras wegen verlassen, † 11 v. Chr.
Octavianus ↗Augustus.
Octopus ↗Krake.
Oculi (lat.), 3. Fastensonntag; nach dem Anfangswort des Introitus der Messe.
Odaliske w (türk.), weiße Sklavin des türk. Sultans.
Ode w (gr.), in der Antike urspr. singbares Gedicht; feierl., meist reimlos, strophisch. Bei Pindar, Horaz, Klopstock, Hölderlin; im 20. Jh. bes. Weinheber.
Ödem s (gr.), örtl. od. allgemeine Wassersucht, verstärkte Flüssigkeitsansammlung im Gewebe od. in den Körperhöhlen durch Blutstauung (z. B. bei Herzkrankheiten), Entzündung, hormonale Störungen od. Eiweißmangel (↗Hungerödem). *Gasödem* ↗Gasbrand.
Ödenburg, ungar. *Sopron,* ungar. Stadt s.w. des Neusiedlers Sees, 54000 E.; Ev.-Theolog. Fakultät der Univ. Pécs, Forsthochschule.
Odense, Hauptort der Insel Fünen u. einer der größten Häfen Dänemarks, an der Nordküste der Insel, 168000 E.; luther. Bischof, Geburtshaus H. Chr. Andersens.
Odenthal, rhein. Gemeinde im Berg. Land, 12200 E.; Fremdenverkehr; zu O. gehört die ehem. Zisterzienserabtei ↗Altenberg.
Odenwald, dt. Mittelgebirge zw. unterem Main u. Neckar, im Katzenbuckel 626 m hoch; am Westhang die ↗Bergstraße.
Odeon s (gr.), urspr. ein dem griech. Theater ähnl. Gebäude für musikal. Aufführungen; später Bz. für Theater-, Konzert- u. Vergnügungsstätten.
Oder w, mitteleurop. Strom, 860 km, davon 717 schiffbar. Die O. entspringt in Mähren, durchfließt Ober- u. Niederschlesien, mündet als *Ost-O.* in den Dammschen See, der gemeinsam mit der verkehrsreichen *West-O.* als *Papenwasser* ins Stettiner Haff strömt. O.-Spree- u. Friedrich-Wilhelms-Kanal verbinden die O. mit der Spree, der Finowkanal mit der Havel, der Bromberger Kanal mit der Weichsel, der Hohenzollernkanal mit Havel u. Spree.
Odermennig, Rosengewächs, kleines Kraut mit gelber Blütenähre.
Oder-Neiße-Linie, Linie längs der Oder u. der Görlitzer Neiße, durch das ↗Potsdamer Abkommen 1945 als vorläufig Westgrenze Polens festgelegt; 50 in einem Abkommen zw. Polen u. der DDR u. danach auch v. der UdSSR als endgültig bezeichnet; seit 70 durch den dt.-poln. Vertrag bis zu einer endgültigen friedensvertragl. Regelung auch v. der BRD anerkannt.
Odessa, größte ukrain. Hafenstadt am Schwarzen Meer, 1,1 Mill. E.; Univ.; Werften, Stahl- u. Walzwerk, Maschinenbau, chem. Ind.; Erdölraffinerie. – 1794 gegr. an der Stelle einer türkischen Festung.
Odeur s (: odör, frz.), Duft.

Odilia, *Ottilia,* hl. (13. Dez.), elsäss. Herzogstochter, um 660 bis um 720; nach der Legende blind geboren u. bei der Taufe sehend; Gründerin der Klöster ↗Odilienberg u. Niedermünster.

Odilienberg, Vogesenberg bei Barr (Elsaß), 826 m hoch; mit der „Heidenmauer", einem frühgeschichtl. Ringwall; mit dem Odilienkloster u. Wallfahrtskirche.

Odilo, hl. (1. Jan.), frz. Benediktiner, um 962–1048; als Abt v. Cluny (seit 994) Förderer der Cluniazens. Reform.

Odin, *Wodan,* in der nord. Mythologie Göttervater, Führer des Totenheeres; versammelt die Helden in Walhall. ↗Freyja.

Ödipus, Held der griech. Sage, erschlug unwissentl. seinen Vater Laios, den König v. Theben, u. heiratete die eigene Mutter Iokaste. Nachdem er v. seiner Schuld erfahren hat, blendet er sich. Tragödien v. Sophokles, Corneille u. a. **Ö.komplex,** nach der Lehre der ↗Psychoanalyse triebhafte Neigung des Knaben zur Mutter (bei Abneigung gg. den Vater); abgeschwächt im Verhältnis das Tochter zu den Eltern; stark ausgeprägt mögliche Ursache späterer Neurosen.

Odium *s* (lat.), Haß, Ungunst, Makel.

Ödland, Land, das nicht zum Anbau v. Kulturpflanzen dient. ↗Wüstung.

Odo, hl. (18. Nov.), frz. Benediktiner, um 878–942; 927 Abt v. Cluny, Ordensreformer.

Odoaker, *Odowakar,* 433–493; westgerman. Heerführer in röm. Diensten, wurde zum Kg. ausgerufen; setzte 476 den letzten weström. Ks. ab; v. Theoderich d. Gr. besiegt u. erschlagen.

Odysseus, lat. *Ulixes,* bei Homer der „listenreiche" König v. Ithaka, der nach Trojas Fall in 10jähr. Irrfahrt *(Odyssee)* zur Gattin Penelope u. dem Sohn Telemach zurückkehrt. [rat.

OECD, OEEC ↗Europäischer Wirtschafts-

OESA, lat. Abk. für ↗Augustiner-Eremiten.

Œuvre *s* (: öwr^e, frz.), (Gesamt-)Werk.

OEZ ↗Einheitszeit.

Ofen (Buda), Stadtteil v. ↗Budapest.

Ofen, 1) geschlossene Feuerstätten für Haus u. Gewerbe, ↗Heizung. **2)** Apparate od. Bauwerke zur techn. Ausnützung des Wärmeinhalts v. Brennstoffen od. Elektrizität, die sog. *Industrie-Ö.;* nach der Verwendung eingeteilt in Heiz-, Brenn-, Destillier-, Schmelz-, Verbrennungs-, Röst-, Trocken-Ö. usw.

Offenbach am Main, hess. Ind.-Stadt, im W mit Frankfurt verwachsen, l. am Main (Hafen), 112000 E., ehem. Schloß (1559/78); Zentralamt das dt. Wetterdienstes, Bundesmonopolverwaltung für Branntwein. Dt. Ledermuseum; Messe u. Fabriken für Lederwaren, chemische Ind.; Schriftgießerei; Hochschule für Gestaltung.

Offenbach, *Jacques,* frz. Komponist dt. Herkunft, 1819–80; seit 33 in Paris; einer der Schöpfer der Operette; *Orpheus in der Unterwelt, Die schöne Helena.* Oper *Hoffmanns Erzählungen.*

Offenbarung, 1) *allg.:* Kundgabe v. Verborgenem. **2)** *allg. Religions-Gesch.:* Zur O. gehört ein Wesen, das Verborgenes kundgibt

(jede höhere Macht, näherhin Gott), eine beglaubigte Mittelsperson, die die Kundgabe entgegennimmt u. vermittelt (u. a. Propheten, Wahrsager, Priester), u. als Inhalt eine (geoffenbarte) Wahrheit, die gewöhnl. über Existenz, Handlungen, Wille oder Wesen des Sich-Offenbarenden aussagt. Religionen, die sich für ihren wesentl. Lehrgehalt u. ihre grundlegenden Einrichtungen auf (übernatürl.) O. en berufen, heißen *O.sreligionen* (u. a. Judentum, Christentum, Islam, Zoroastrismus, Wedismus). **3)** *christl. Theologie:* O. ist nach *kath.* Verständnis die Selbstmitteilung Gottes durch seine Schöpfung *(natürl. O.),* die in der natürl. Erkenntnis erfaßt wird, u. durch sein Wort *(übernatürl. O.),* das der Glaube bejaht. Gottes O. an die Menschheit begann mit der Ur-O. im Paradies, wurde durch die *atl. O.* fortgesetzt u. in der *ntl. O.* durch Jesus Christus abgeschlossen. Sie ist nach kath. Lehre in der Bibel u. in der kirchl. Lehrtradition als den *O.quellen* niedergelegt. Nach *ev.* Verständnis bezieht sich der Begriff der O. auf die Bibel als einzige *O.quelle* bzw. auf die persönl. Begegnung des Menschen mit dem Anruf Gottes. [↗Apokalypse.

Offenbarung des Johannes, *Geheime O.,* **Offenbarungseid** ↗Eid.

Offenburg, bad. Krst. am Austritt der Kinzig in die Rheinebene, 50500 E.; Fachhochschule, Druckerei. Glas- u. Textil-Ind.

Offene Handelsgesellschaft (OHG), eine Personalgesellschaft, die unter gemeinsamer Firma ein Handelsgewerbe betreibt u. bei der jeder Gesellschafter den Gesellschaftsgläubigern unbeschränkt haftet. Durch Eintragung im Handelsregister werden den Gesellschafter offenkundig.

Offene Tür, 1) die völkerrechtl. Grundsatz, wonach ein Land im Handelsverkehr allen gleich offensteht. **2)** Bz. a) für Einrichtungen, die einem möglichst weiten Besucherkreis offenstehen, z. B. „Tag der O. T.", Jugendheime u. -horte der O. T.; b) in der Seelsorge für Einrichtungen, die Möglichkeit bieten zur Beantwortung v. Lebensfragen aller Art.

Offenmarktpolitik *w,* Beeinflussung des Geldumlaufs durch die ↗Notenbank durch An- u. Verkauf festverzinsl. Wertpapiere. Teil der ↗Geldmarktpolitik.

offensiv (lat.), angreifend, verletzend. Ggs. defensiv. **Offensive** *w,* Angriff.

öffentliche Anleihen, Anleihen des Staates, der Gemeinden usw. **öffentliche Hand,** die öff. Gebietskörperschaften (Bund, Länder, Gemeinden) u. sonstige öff. Körperschaften, wenn sie als Fiskus in der Wirtschaft in unternehmer. Funktion auftreten. **öffentliche Meinung,** gemeinhin herrschende Meinung; wird durch die ↗Massenmedien stark beeinflußt. Sie ist für den demokrat. Staat v. größter Bedeutung; wird durch bes. Institute erforscht (↗Demoskopie). **öffentlicher Haushalt** ↗Haushalt. **Öffentliches Recht,** regelt die Beziehungen zw. der Gemeinschaft (Staat, Gemeinde, Körperschaft des Ö.R.) u. dem Einzelmenschen als Glied der Gemeinschaft. Gebiete: u. a. Verfassungs-, Verwaltungs-, Straf-, Gerichtsver-

Odermennig
(Agrimonia eupatoria)

Jacques Offenbach

Ohmsches Gesetz

Offiziere

Dienstgradgruppen
der Bundeswehr

Generale

Heer und Luftwaffe:
General
Generalleutnant
Generalmajor
Brigadegeneral

Marine:
Admiral
Vizeadmiral
Konteradmiral
Flottillenadmiral

Sanitätsdienst:
General-
oberstabsarzt
Admiral-
oberstabsarzt
Generalstabsarzt
Admiralstabsarzt
Generalarzt
Admiralarzt
Generalapotheker

Stabsoffiziere

Heer und Luftwaffe:
Oberst
Oberstleutnant
Major

Marine:
Kapitän z. See
Fregattenkapitän
Korvettenkapitän

Sanitätsdienst:
Oberstarzt
Flottenarzt
Oberstapotheker
Flottenapotheker
Oberstveterinär
Oberfeldarzt
Flottillenarzt
Oberfeldapotheker
Flottillenapotheker
Oberfeldveterinär
Oberstabsarzt
Oberstabsveterinär
Oberstabsapotheker

Hauptleute

Heer und Luftwaffe:
Hauptmann
Stabsingenieur

Marine:
Kapitänleutnant
Stabsingenieur

Sanitätswesen:
Stabsarzt
Stabsveterinär
Stabsapotheker

Leutnante

Heer und Luftwaffe:
Oberleutnant
Leutnant

Marine:
Oberleutnant z. See
Leutnant z. See

fassungs-, Prozeßrecht, Völker- u. Kirchenrecht.
Öffentlichkeit, 1) Allgemeinheit, Zugänglichkeit od. Wahrnehmbarkeit des öff. Lebens für einen unbegrenzten Kreis v. Personen; auch dieser Personenkreis selbst; in der Demokratie Institution zur Kontrolle der polit. Macht. 2) *Öffentlichkeitsprinzip,* im Prozeßrecht Grundsatz der Ö. der Verhandlung vor einem Gericht.
Offergeld, *Rainer,* dt. Politiker (SPD), * 1937; seit 78 Bundes-Min. für wirtschaftl. Zusammenarbeit.
offerieren (lat.), anbieten. **Off**erte *w,* Anerbieten, Angebot.
Offertorium *s* (lat.), in der Messe Gesang der Schola während der Gabenbereitung; wurde fr. vor der Gabenbereitung auch vom Priester gesprochen.
Office s (: ofiß, frz.; ofiß, engl.), Büro, Amt.
Offizialvergehen (lat.), strafbare Handlung, bei der die Staatsanwaltschaft v. sich aus einschreitet, im Ggs. zu den Antragsdelikten. **Offizialverteidiger,** der v. Gericht für den Beschuldigten bestellte Verteidiger.
offiziell, amtlich, steif, feierlich.
Offizier (frz.), Vorgesetzter beim Militär u. bei der Polizei. Beim Militär 4 Rangklassen.
Offizin *w* (lat. = Werkstatt), 1) Apotheke. 2) Buchdruckerei. **offizinell** heißen Chemikalien u. Arzneimittel, die in jeder Apotheke vorrätig sind.
offiziös, halbamtlich, v. einer Behörde od. höheren Stelle veranlaßt od. beeinflußt.
Offizium *s* (lat.), 1) Pflicht, Amt. 2) *Hl. O.,* fr. eine Kardinalskongregation der Kurie. ↗Kardinal. 3) Beten des ↗Breviers.
off limits ↗Limit.
Offsetdruck, Gummidruck, Flachdruckverfahren, bei dem die Druckfarbe v. der Druckplatte nicht unmittelbar auf das Papier, sondern durch einen mit Gummituch bespannten Zylinder übertragen wird. Der O. ermöglicht rasche u. billige Herstellung großer Auflagen.
O'Flaherty (: oᵘfläᵉʳti), *Liam,* ir. Schriftsteller, * 1897; naturalist. soziale Romane. *Die Nacht nach dem Verrat; Der Mörder;* Erzählung *Irische Schattenbilder.*
OFM, lat. Abk. für ↗Franziskaner. **OFMCap,** lat. Abk. für ↗Kapuziner.
Ofotenfjord, nordnorweg. Fjord, die Fortsetzung des Westfjords, mit dem Hafen ↗Narvik.
Ogbomosho, Stadt in Nigeria, 432000 E.; Lehrerseminar, Baumwoll-Ind.
O'Hara, *John,* am. Schriftsteller, 1905–70; sozialkrit. u. psychol. Romane (u. a. *Stolz u. Leid*) u. Erzählungen. [schaft.
OHG, Abk. für ↗Offene Handelsgesell-
Ohio (: ohaioᵘ), 1) größter l. Nebenfluß des Mississippi, entsteht bei Pittsburgh aus 3 Quellflüssen, mündet nach 1586 km bei Cairo; schiffbar. 2) Bundesstaat der USA, zw. dem Eriesee u. dem oberen Ohio, 106765 km², 10,7 Mill. E.; Hst. Columbus.
Ohlau, poln. *Oława,* niederschles. Stadt zw. Ohle u. Oder, 17000 E.
Oehlenschläger, *Adam Gottlob,* dän. Dichter (dt. Abstammung), 1779–1850; Romantiker, Tragödien, Verse, Märchen *(Aladin).*

Rainer Offergeld   David Oistrach

Ohm *s,* Abk. Ω, nach ↗Ohm benannte Einheit des elektrischen Widerstandes. Ein Leiter hat den Widerstand 1 Ohm, wenn durch ihn bei 1 Volt Spannung ein Strom v. 1 Ampere fließt.
Ohm, *Georg Simon,* dt. Physiker, 1787 bis 1854; er entdeckte das *Ohmsche Gesetz:* Durchfließt ein Strom der Stärke I (Ampere) ein Leiterstück v. Widerstand R (Ohm), so ist die Spannung U (Volt) = I · R.
Ohmd *s,* ↗Grummet.
Ohnmacht, plötzl. Zusammenbruch mit kürzerer od. längerer Bewußtlosigkeit, oft mit Schwindel u. Schwächegefühl infolge Blutleere des Gehirns.
Ohren, paariges Gehörorgan bei Mensch u. Wirbeltier. Das *äußere Ohr* mit Ohrmuschel u. äußerem Gehörgang leitet die Schallwellen über das Trommelfell zum ↗*Mittelohr.* Dort werden sie über einen schalleitenden Apparat aus 3 Gehörknöchelchen (Hammer, Amboß, Steigbügel) durch das ovale Fenster auf das *Innenohr* übertragen, das als häutiges Labyrinth im Felsenbein (knöchernes Labyrinth) in einer Flüssigkeit liegt u. aus den 3 Bogengängen u. den Statolithen *(Gleichgewichtsorgan)* u. der Schnecke (eigentl. *Gehörorgan)* besteht. Der Hör- u. Gleichgewichtsnerv leitet die Reize zum Gehirn. □ 618. **O.sausen,** krankhafte Gehörempfindung (Innengeräusche), u. a. bei hohen Dosen bestimmter Arzneimittel. **O.-spiegel,** zur Untersuchung des Ohres.
Ohreulen, Nachtraubvögel mit Federohren. Uhu, Wald-O., Sumpf-O.
Öhringen, württ. Stadt in der Hohenloher Ebene, 16000 E.; spätgot. Stiftskirche, Barockschloß der Fürsten v. Hohenlohe-Ö.
Ohrspeicheldrüse, *Parotis,* vor dem Ohr gelegene größte Speicheldrüse; sondert ein wäßriges ferment- u. eiweißhalt. Sekret in die Mundhöhle ab.

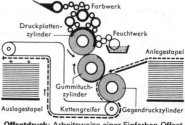

Offsetdruck: Arbeitsweise einer Einfarben-Offsetmaschine (Weg der Druckbogen gestrichelt)

Igor Oistrach

Gemeiner Ohrwurm

Okapi

Okarina

Oberfläche: $O = 2a^2\sqrt{3}$
Volumen: $V = \frac{a^3}{3}\cdot\sqrt{2}$
Oktaeder

Ohrwurm, bis 1,5 cm langes Insekt (Geradflügler) mit Zange am Hinterleib; für den Menschen völlig harmlos.
Oise w (: ^{0}äs), r. Nebenfluß der Seine, aus den Ardennen, mündet nach 302 km unterhalb Pontoise.
Oistrach, bedeutende russ. Geiger: **1)** *David,* 1908–74. **2)** *Igor,* Sohn v. 1), * 1931.
Oka w, r. Nebenfluß der Wolga, mündet nach 1480 km bei Gorki, 1340 km schiffbar.
Okapi s, giraffenart. Paarhufer, am Hinterteil u. an den Beinen schwarzbraun u. weiß gezeichnet. Erst 1901 im nördl. Kongogebiet entdeckt.
Okarina w (it.), Topfschnabelflöte aus Ton od. Porzellan mit hohlem Klang.
Okayama, *Okajama,* japan. Prov.-Hst. nahe der Südküste Hondos, 531 000 E.; medizin. Hochschulen, Textilindustrie.
Okeaniden (Mz.), in der griech. Mythologie die Kinder des *Okeanos.*
Oken, *Lorenz,* 1779–1851, dt. Naturphilosoph; lehrte in München u. Zürich.
Oker w, l. Nebenfluß der Aller, entspringt im Harz, mündet bei Müden; 105 km lang. Wird in der 47,4 Mill. m^3 fassenden *O.talsperre* aufgestaut.
Okinawa-Inseln, 1) auch ↗ *Riu-Kiu-Inseln.*
2) *Okinawa,* die größte der Riu-Kiu-Inseln. 1254 km^2, 1,04 Mill. E.; Hst. Naha. 1945/72 wichtige Militärbasis der USA; 72 an Japan zurückgegeben.
Okkasionalismus m (lat.), spricht den endl. Wesen Wirkursächlichkeit aus eigener Kraft ab; *unmittelbare* Ursache allen Geschehens sei Gott. ↗ *Malebranche.*
Okklusion w (lat.), **1)** Einschließung, Verschluß. **2)** in der Wetterkunde: die Vereinigung einer Kalt- mit einer Warmfront; über der O. ist immer Warmluft.
Okkultismus m (lat.), Bz. für die sog. Geheim-Wiss.en,,die sich mit Erscheinungen der Natur u. des Seelenlebens befassen, deren Einordnung in bekannte Zusammenhänge nicht mögl. erscheint. Bis zum Beginn der Neuzeit waren bes. Sterndeutung u. Alchemie verbreitet; dann Glaube an Hellsehen, ↗ *Telepathie,* ↗ *Telekinese* und Spukerscheinungen. Der ↗ *Spiritismus* glaubt an die Wirkung v. Geistern; wiss. Erforschung durch die ↗ *Parapsychologie.* Menschen mit paranormalen Fähigkeiten: Medien.
Okkupation w (lat.; Ztw. *okkupieren*), Besetzung, Aneignung; im Völkerrecht die Besetzung eines fremden Staatsgebietes od. eines herrenlosen Landes.
Oklahoma (: o^{u}kläho^{u}m^a), Abk. *Okla.,* Bundesstaat der USA, am mittleren Arkansas, 181 090 km^2, 2,8 Mill. E.; Hst. **O. City** (: ßit'), am North Canadian River, 375 000 E.; kath. Bischof, Univ., petrochem. Ind.
Ökolampadius, *Johann,* schweizer. Reformator, 1482–1531; setzte die Reformation in Bern u. Basel durch; mit Zwingli beim Marburger Religionsgespräch; war in der Abendmahlslehre Gegner Luthers.
Ökologie w (gr.), Zweig der Biologie, untersucht die Beziehungen der Lebewesen untereinander u. zu Klima, Bodenbeschaffenheit, Standort usw.

Ökonom m (gr.), Wirtschaftler; Landwirt.
Ökonomie w (gr.), a) Haushaltsversorgung, b) Wirtschaftlichkeit, c) Wirtschaftskunde, d) Landwirtschaft. **ökonomisch,** wirtschaftlich; sparsam.
Oktaeder s (gr.), regelmäß. Körper, v. 8 gleichseitigen Dreiecken begrenzt.
Oktanzahl ↗ *Klopfen*
Oktav w (lat.), auf 8 Tage ausgedehnte kirchl. Feier hoher Feste. **Oktave** w (lat.), achte Stufe der diaton. ↗ *Tonleiter,* auch der Raum zw. den beiden Oktavtönen od. ihr Zusammenklang.
Oktavformat, Buchformat, *kl. 8°:* Bücher bis zu 18,5 cm Höhe; *8°:* bis zu 22,5 cm; *gr. 8°, Lexikon-8°:* bis zu 25 cm Höhe.
Oktett s (it.), Tonstück v. 8 (meist instrumental) Solostimmen.
Oktoberrevolution, der bolschewist. Umsturz in Rußland am 7./8. Nov. (25./26. Okt. nach dem Julian. Kalender); Beseitigung der Regierung ↗ *Kerenskij* durch Lenin.
Oktogon s (gr.), Achteck.
oktroyieren (frz.), aufnötigen, verleihen.
Okular s (lat.), der dem Auge zugewandte Teil des Linsensystems eines opt. Geräts zur Betrachtung des v. ↗ *Objektiv* erzeugten Zwischenbildes des Gegenstandes.
okulieren (lat.), Form des ↗ *Veredelns.*
Ökumene, *Oikumene* w (gr.), **1)** die bewohnten Räume der Erde insgesamt. **2)** die für die ganze Menschheit bestimmte *allgemeine* Kirche. **Ökumenische Bewegung,** *i. w. S.* alle Bestrebungen innerhalb der verschiedenen Kirchen u. Konfessionen, die die Einheit der Christen zum Ausdruck bringen. *I. e. S.* die Bemühung der ev. u. orth. Kirchen um eine sichtbare Gemeinsamkeit. Durch Zusammenschlüsse u. Konferenzen ev. Gruppen im 19. Jh. (z. B. ↗ *Lambeth-Konferenzen*) vorbereitet, wurde im 20. Jh. durch ↗ *Life and Work,* ↗ *Faith and Order,* den Internationalen Missionsrat u. durch die Arbeit v. Kirchenführern wie N. ↗ *Söderblom,* G. ↗ *Bell* u. J. ↗ *Mott* die Gründung des ↗ *Weltrates der Kirchen* 1948 in Amsterdam ermöglicht. – Die kath. Kirche ist nicht Mitglied des Weltrates der Kirchen. **Ökumenische Konzile** ↗ *Konzil.*
OKW ↗ *Oberkommando der Wehrmacht.*
Okzident m (lat.), das ↗ *Abendland.*
ö. L., Abk. für östliche Länge.
Öl, Bz. für mehrere Gruppen wasserunlösl., dickflüss., chem. verschiedener Stoffe, bes. **1)** *Mineralöl:* gesättigte od. ungesättigte, schwerflücht. ↗ *Kohlenwasserstoffe* (Paraffine) aus Erdöl od. Teer. **2)** *Fettes Öl;* flüss. Fette, d. h. Glycerin-Ester einiger ↗ *Fettsäuren,* die ungesättigten durch Sauerstoffaufnahme trocknend u. harzend, Herkunft aus Pflanzen- u. Tierreich, viele als Nahrungsmittel. **3)** ↗ *ätherisches Öl.*
Olaf ↗ *Olav.*
Öland, schwedische Insel an der Küste v. Småland, 1345 km^2, 27 000 E.; Hauptort Borgholm.
Olav, *Olaf,* norweg. Könige: **O. I. Tryggvason,** um 960–1000; 995 Kg., führte das Christentum ein. **O. II. Haraldsson,** hl. (10. Juli), 995–1030; 1015 Kg., vollendete die Christianisierung, 28 vertrieben; Schutzpatron

Norwegens. **Olav V.**, Sohn Haakons VII., * 1903; seit 57 König.

Ölbaum, *Olivenbaum,* immergrüner Baum, im Mittelmeergebiet, in Südamerika u. im S der USA kultiviert; Steinfrucht die ⁄Olive; Holz für Drechslerei benützt.

Ölberg, fünfkuppiger, bis 827 m hoher Berg im bis 1967 jordan. Teil Jerusalems, mit dem Gebäude der hebr. Univ., dem dt. Bau der Augusta-Viktoria-Stiftung u. mehreren Kirchen. Nach christl. Überlieferung Schauplatz des Leidensbeginns u. der Himmelfahrt Christi.

Olbrich, *Josef Maria,* östr. Architekt u. Kunstgewerbler, 1867–1908; Mit-Begr. der Wiener Sezession; Mitgl. der Darmstädter Künstlerkolonie, Hauptvertreter des ⁄Jugendstils.

Olbricht, *Friedrich,* dt. General, 1888–1944; Chef des Allg. Heeresamtes beim OKW; wegen Beteiligung am Putschversuch vom ⁄Zwanzigsten Juli 1944 erschossen.

Oelde, westfäl. Stadt im Münsterland. 27 400 E.; Metall-, Möbel- u. Textil-Ind.

Oldenburg, 1) Landschaft an der Nordseeküste (Jadebusen), dichtbesiedelte, deichgeschützte Marsch mit Gras- u. Weidewirtschaft, die Grundlage der O.er Pferde- u. Rindviehzucht; Geestrücken im S mit Heiden u. Mooren. – Seit dem 12. Jh. im Besitz der Grafen v. O., 1667 vorübergehend dän., 1777 Htm.; in der Napoleonischen Zeit erweitert u. wenige Jahre mit Fkr. vereinigt; 1815 Groß-Htm., 1918 Freistaat, seit 46 niedersächs. Verwaltungs-Bez. **2)** Hst. des Verwaltungs-Bez. O., an der Hunte u. am Küstenkanal (Umschlaghafen), 137 000 E.; Univ., PH, Fachhochschule; ev. Landesbischof, Großherzogl. Schloß (17./19. Jh.), Lambertikirche (z. T. 13. Jh.). Glas-, Fleischwaren- u. Tabakfabriken. – 1785/1918 Residenz der Herzöge bzw. Großherzöge v. O. **3)** O. in Holstein, Stadt nahe der Ostseeküste, 9500 E.; Torfwerke. – Das 948 v. Otto d. Gr. gegr. Bistum O. wurde 1160 nach Lübeck verlegt.

Oldesloe (: -lo), *Bad O.,* Hst. des holstein. Kr. Stormarn, an der Trave, 20 000 E.; Moor-, Sol- u. Schwefelbäder.

Oldham (: oᵘldhäm), mittelengl. Ind.-Stadt in der Gft. Lancaster, 106 000 E.; Baumwollspinnerei.

Oleander *m,* südeurop. Hundsgiftgewächs, verwandt mit dem einheim. ⁄Immergrün; hoher Strauch mit ledrigen Blättern u. rosenroten, weißen, selten gelben Blüten; Zierstrauch, in allen Teilen giftig. **O.schwärmer,** moosgrüner Schmetterling mit weiß, rosa u. violett getönter Zeichnung; Raupe an Oleander u. Immergrün.

Oleaster *m, Wilder Ölbaum,* Strauch od. Baum der Mittelmeerländer, Stammpflanze des ⁄Ölbaums.

Oleate, Salze der ⁄Ölsäure.

Olefine (Mz.), ungesättigte, kettenförm. Kohlenwasserstoffe mit einer Doppelbindung: Äthylen, Propylen u. a.

Oleg (: aljeg), Warägerfürst, 879/912; Begr. des Kiewer Reiches.

Olein *s,* ungereinigte ⁄Ölsäure. **O.säure** *w,* ⁄Ölsäure.

König Olav V.

Ölbaum: blühender Zweig und Frucht

Sir L. Olivier

Oleander: Zweig mit Blüte

Oleum *s* (lat.), bes. in der Pharmazie: fette u. äther. Öle.

Ölfarben, mit trocknenden Ölen angeriebene Farben.

Ölfeuerung, vielseitig anwendbare Heizung v. Kesseln mit Mineralölen u. a., die, durch Düsen fein vernebelt, dem Verbrennungsraum zugeführt werden. Einfache, oft automatisierte Bedienung, schnelle Regel- u. Bedienbarkeit.

Ölfische, fetthalt. Tiefseefische mit rückgebildeten Knochen. Nordpazifik, Baikalsee, Michigan- u. Ontariosee.

Olga, um 890–969; Gemahlin des Kiewer Warägerfürsten Igor, nach dessen Tod 946/955 Regentin; nahm das Christentum an (Taufname *Helena*) u. wird v. der russ.-orth. Kirche als Heilige (11. Juli) verehrt.

Ölgas, *Fettgas,* durch therm. Zersetzung v. Mineralölen gewonnenes Brenngas mit hohem Heizwert.

Ölhärtung ⁄Fetthärtung.

Oligarchie *w* (gr.), Herrschaft weniger, einer kleinen Gruppe. Sonderform der ⁄Aristokratie.

Oligozän *s* (gr.), mittleres ⁄Tertiär.

olim (lat.), einst, daher: *zu O.s Zeiten,* vor undenklicher Zeit.

Oliva, 1178/1831 Zisterzienserabtei bei Danzig; die Klosterkirche ist heute die Kathedralkirche des Bistums Danzig.

Olivares (: -wa-), *Gaspar* de Guzmán Graf v., 1587–1645; 1621 Leiter der span. Politik unter Philipp IV., 43 entlassen u. verbannt.

Olive, eßbare, erst grüne, dann blauschwarze Steinfrucht des ⁄Ölbaums. Aus ihrem Fleisch od. (seltener) den Steinkernen das **O.nöl,** blaßgelbes bis grünl. Speiseöl.

Olivier (: -wje), Sir *Laurence,* engl. Schauspieler u. Regisseur, * 1907; bes. Shakespeare-Darsteller; Intendant des Brit. Nationaltheaters; 40/60 mit ⁄Leigh verheiratet. Filme: *Heinrich V., Hamlet, Richard III.*

Olivin *m,* Magnesium-Eisen-Silicat, braungrünes Mineral, bes. in Basalten. Als Edelstein: Peridot u. Chrysolith.

Oljescha, *Jurij,* russ. Schriftsteller, 1899 bis 1960; Roman *Neid,* Erzählungen.

Ölkuchen ⁄Ölmühle. **Ölleitung** ⁄Pipeline.

Ollenhauer, *Erich,* dt. Politiker, 1901–63; 33 Mitgl. des Vorstands der SPD, 33/46 in der Emigration; seit 46 MdB, 46 stellvertr., seit 52 1. Vors. der SPD.

Ölmalerei, das Malen mit ⁄Ölfarben, auf grundierter Leinwand, auch auf Holz od. Pappe, wobei die Farben sich neben- u. aufeinandersetzen lassen, ohne ineinanderzufließen, deckende u. durchsichtige Farben gleichzeitig verwertbar sind, Glanz u. Tonwert beim Trocknen behalten u. individuellen Pinselstrich zulassen.

Olme, Schwanzlurchfamilie mit ständigen äußeren Kiemen u. rückgebildeten Augen. ⁄Grottenolm. ☐ 911.

Olmeken, Indianerstamm mit eigener Sprache an der Golfküste Mexikos; waren Träger einer höheren indian. Kultur (Steinbauten, Steinfiguren v. Jaguarmenschen, Altäre, Stelen), die bereits in den letzten vorchristl. Jhh. in Mittel- u. Südmexiko verbreitet war.

Ölmühle, gewinnt Öl aus ölhalt. Samen

durch Schroten, Pressen *(Ölschlägerei)* u. Extrahieren. *Ölkuchen,* stärke- u. eiweißreiche Preßrückstände, Kraftfutter.

Olmütz, tschech. *Olomouc,* tschsl. Krst. in Mähren, an der March, 99 000 E.; got. Dom; Erzb.; Univ., Handelsakademie; Metall- u. Lederwaren-Ind. – In der **O.er Punktation** v. 1850 zw. Östr. u. Preußen mußte Preußen seine dt. Unionspolitik aufgeben.

Ölpalme, bis 30 m hohe trop. Fiederpalme mit 3–7 m langen Blättern u. pflaumengroßen Steinfrüchten. Fruchtfleisch liefert das gelbliche *Palmöl,* der Samen („Palmkerne") schneeweißes *Palmkernöl;* beide zur Herstellung v. Margarine, Seifen u. Kerzen. Blätter u. Fasern zu Flechtwerk, Zuckersaft der männl. Blüten zu *Palmwein.*

Olpe, westfäl. Krst. im südl. Sauerland, 22 300 E.; Mutterhaus der Franziskanerinnen. Hammerwerk. – War Hansestadt.

Ölpest, Verseuchung v. Grundwasser, Binnengewässern u. Meeresgebieten durch Öl oder Ölprodukte.

Oels, poln. *Oleśnica,* niederschles. Krst. n.ö. von Breslau, 26 000 E.; Schloß (14./16. Jh.).

Ölsäure, *Oleinsäure,* $C_{17}H_{33}COOH$, ungesättigte Fettsäure, ölig. Bestandteil der meisten Fette u. fetten Öle. Mannigfache techn. Anwendung; auch als Medikament.

Ölschiefer, Schiefer mit etwa 2–15% destillierbarer od. extrahierbarer erdöl- od. asphaltähnl. Masse. Verarbeitung auf Treib- u. Schmieröle u. Asphalt.

Oelsnitz, 2 sächs. Städte: 1) *Oe. im Erzgebirge,* Zentrum des Oe.-Lugauer Steinkohlenbeckens, 17 500 E.; 2) *Oe. im Vogtland,* an der Weißen Elster, 15 600 E.; Teppich-, Gardinenfabriken, Ledergerbereien.

Olsztyn (: ọlschtin) ↗Allenstein.

Olten, Stadt im Schweizer Kt. Solothurn, an der Aare, 21 600 E.; Maschinen-, Schuh-, Seifen-Ind., Buchdruckereien. [560 km.

Oltu, dt. *Alt,* rumän. l. Nebenfluß der Donau,

Ölweide, *Eleagnus,* Bäume, Sträucher mit weidenähnl., silbergrauen Blättern. *Paradiesbaum,* Zierbaum aus Südeuropa.

Olymp *m,* 1) mit 2911 m die höchste Erhebung Griechenlands, am Golf von Saloniki; galt seit Homer den Griechen als Sitz der Hauptgötter *(Olympier).* 2) kleinasiat. Gebirge beim Marmarameer, 2500 m hoch.

Olympia, die altgriech. Feststätte der *Olympischen Spiele* in Elis mit zahlr. Tempeln (Kolossalbild des Zeus v. Phidias)

Olympiade *w* (gr.), 1) Zeitraum v. 4 Jahren zw. 2 Olymp. Spielen der alten Griechen. 2) heute fälschl. Bz. der Spiele selbst. **Olympisches Gelöbnis,** verpflichtet die Teilnehmer der Olymp. Spiele zu ehrenhaftem Kampf. **Olympische Spiele** feierten die alten Grie-

Olympisches Gelöbnis

abgelegt von einem Sportler aus der Mannschaft des Gastgeberlandes

„Im Namen aller Wettkämpfer gelobe ich, daß wir an diesen Olympischen Spielen teilnehmen, indem wir sie geltenden Regeln respektieren und einhalten, in echtem Sportgeist, zum Ruhme des Sports und zur Ehre unserer Mannschaften."

Die modernen Olympischen Spiele

I	1896	Athen
II	1900	Paris
III	1904	St. Louis
IV	1908	London
V	1912	Stockholm
VI	1916	(Berlin; ausgefallen)
VII	1920	Antwerpen
	1924	Chamonix (W)
VIII	1924	Paris
	1928	St. Moritz (W)
IX	1928	Amsterdam
	1932	Lake Placid (W)
X	1932	Los Angeles
	1936	Garmisch-Partenkirchen (W)
XI	1936	Berlin
XII	1940	(Tokio; ausgefallen)
XIII	1944	(London; ausgefallen)
	1948	St. Moritz (W)
XIV	1948	London
	1952	Oslo (W)
XV	1952	Helsinki
	1956	Cortina d'Ampezzo (W)
	1956	Stockholm (Reiterspiele)
XVI	1956	Melbourne
	1960	Squaw Valley (W)
XVII	1960	Rom
	1964	Innsbruck (W)
XVIII	1964	Tokio
	1968	Grenoble (W)
XIX	1968	Mexico City
	1972	Sapporo (W)
XX	1972	München
	1976	Innsbruck (W)
XXI	1976	Montreal
	1980	Lake Placid (W)
XXII	1980	Moskau
	1984	Sarajewo (W)
XXIII	1984	Los Angeles
	1988	Calgary (W)
XXIV	1988	Seoul

chen alle 4 Jahre in Olympia zu Ehren des Zeus als Nationalfest; sagenhafter Stifter Pelops, Aufzeichnung der Sieger seit 776 v. Chr. Theodosius I. hob die O.n S. 394 n. Chr. auf. 1896 nahm man in Athen die Tradition wieder auf, nachdem Baron de Coubertin 1894 in Paris das *Olymp. Komitee* gegr. hatte. Seither wetteifern hier alle 4 Jahre die besten Sportler der ganzen Welt (seit 1924 auch Olymp. Winterspiele).

Omaha (: ọumäha), größte Stadt des Staats Nebraska, USA, am Missouri, 347 000 E.; kath. Erzb., episkopalist. Bischof, 2 Univ.; Silber- u. Bleihütten, Großschlächtereien.

Omajjaden (Mz.), 1. Dynastie der ↗Kalifen.

Oman, 1) fr. *Maskat u. Oman,* Sultanat an der SO-Küste der Arab. Halbinsel. O. besteht vorwiegend aus einer Wüstentafel, die im N bis 3325 m Höhe ansteigt. Nur die Küstenebene *Batina* ist dicht besiedelt. Im Küstengebiet Anbau v. Dattelpalmen, Feigen u. Bananen; Erdölvorkommen. – Seit 1741

Olympische Fahne: Die Farben der Ringe symbolisieren die 5 Erdteile (ohne genaue Zuweisung)

Olympische Spiele im antiken Griechenland

Wettkampfarten: Stadionlauf (192,27 m)
später erweitert um: Pferderennen Stadiondoppellauf Pentathlon (Fünfkampf) Sprung Lauf Diskuswurf Speerwurf Ringen
Ringen
Faustkampf
Pankration (ein gemischter Ring- und Faustkampf)

Oman

Amtlicher Name: Sultanat Oman
Staatsform: Sultanat
Hauptstadt: Maskat
Fläche: 212 457 km²
Bevölkerung: 840 000 E.
Sprache: Arabisch
Religion: Islam
Währung: 1 Rial Omani = 1000 Baizas
Mitgliedschaften: UN, Arabische Liga

unter der Herrschaft der heutigen Dynastie.
2) Vertragsstaaten O., *Trucial O.,* ↗Föderation Arab. Emirate.
Omar I., Freund Mohammeds, † 644 (ermordet); 634 Kalif, der eig. Begr. des islam. Weltreiches.
Ombudsman, in Schweden, inzwischen auch in anderen Ländern Bevollmächtigter der Reg., der die Rechtsanwendung u. den Rechtsschutz der Bürger überwacht; in der BRD bisher nur in Rheinland-Pfalz (seit 73).
Omdurman, Stadt im Sudan, am Weißen Nil, gegenüber v. Khartum; 300000 E.; Hauptmarkt für Elfenbein, Gummi, Kamele.
Omega (= Ω, ω) *s,* letzter Buchstabe des griech. Alphabets: langes, offenes o.
Omen *s* (lat.), günst. od. ungünst. Vorzeichen. **ominös,** unheilvoll.
Ommochrome (Mz., gr.), Farbstoffe in Augen, Haut u. Flügeln v. Insekten.
Omnibus (lat. = für alle, Abk. Bus), *Autobus,* Kraftfahrzeug zur Beförderung v. mindestens 8 Personen. ↗Obus ↗Gyrobus.
Omnipotenz *w* (lat.), Allmacht.
Omnivoren (lat.), ↗Allesfresser.
Omsk, sibir. Stadt am Einfluß des Om in den Irtysch (Hafen), 1,01 Mill. E.; bedeutende chem. u. Gummi-Ind.
Omuta, japan. Hafenstadt auf Kiuschiu, 166000 E.; chem. u. eisenverarbeitende Ind.
Onan, im AT der Sohn Judas, in Leviratsehe mit der Witwe seines Bruders; v. Gott mit dem Tode bestraft, weil er jedesmal den ehelichen Akt unterbrach. **Onanie** *w,* fälschl. nach Onan benannte geschlechtl. Selbstbefriedigung *(Masturbation)* durch Reizung der Geschlechtsteile.
Oncken, *Hermann,* dt. Historiker, 1869 bis 1945; *Das dt. Reich u. die Vorgesch. des Weltkrieges.* [Gerede.
Ondit *s* (: õndi, frz. = man sagt), Gerücht,
Onega *w* (: anje-), nordwestruss. Fluß, 411 km lang. **O.see,** zweitgrößter Binnensee Europas, in Karelien, 9549 km², bis 115 m tief; Abfluß ist der Swir, zum Ladogasee.
O'Neill (: oníl), *Eugene Gladstone,* am. Dramatiker, 1888–1953; Begr. des modernen am. Dramas; v. Pessimismus u. dem Glauben an die Notwendigkeit der „Lebenslüge" erfüllt. 1936 Lit.-Nobelpreis. *Der große Gott Brown; Seltsames Zwischenspiel; Trauer muß Elektra tragen* (Trilogie).
Onestep (:wan-), Gesellschaftstanz um 1910 im ²/₄ od. ⁶/₈-Takt.
Onkelehe, volkstüml. für Zusammenleben einer Witwe (mit Kindern) mit einem Mann ohne Eheschließung, um nicht Versorgungsansprüche zu verlieren.
Önologie *w* (gr.), Lehre v. Weinbau u. v. der Weinbereitung.
On parle français (: õn parl frãñßä, frz.), man spricht französisch.
Ontario (:-tär'oᵘ), **1)** *O.see,* östlichster u. kleinster der nord-am. ↗Großen Seen, 19477 km², bis 237 m tief. **2)** südostkanad. Provinz zw. Großen Seen u. Hudsonbai, 1068464 km², 8,5 Mill. Einw.; Hst. Toronto.
Ontogenie, *Ontogenese w* (gr.), Entwicklungsgesch. des Organismus v. der befruchteten Eizelle bis zum geschlechtsreifen Individuum.

Op-Art: R. Anuszkiewicz: Of The Same Brilliance (1964)

Ontologie *w* (gr.), philosoph. Lehre vom ↗Sein, Hauptteil der klass. Metaphysik, seit Beginn des 20. Jh. erneuert (N. ↗Hartmann, E. ↗Husserl, M. ↗Heidegger, ↗Neuscholastik).
Ontologismus *m* (lat.), v. ↗Malebranche u. ↗Gioberti vertretene philosoph. These, der menschl. Verstand könne das unendl. Sein (Gott) direkt erfassen; v. der kath. Kirche wegen Gefahr des ↗Pantheismus abgelehnt.
Onyx *m,* schwarze Abart des Quarzes (Achat).
o. ö., Abk. für ordentl. öffentl. (Professor).
Oolith *m,* jedes Gestein aus schaligen Mineralkügelchen, meist Kalk u. oolithische Eisenerze.
OP, lat. Abk. für ↗Dominikaner.
opak (lat.), undurchsichtig, aber durchscheinend.
Opal *m,* eine Abart des Quarzes, als Edelsteine bes. der milchige, in allen Farben schillernde (opalisierende) *Edel-* u. der *rote Feuer-O.* ☐255. **O.glas** ↗Glas.

Opanken

Opanken (Mz., serb.), in Dalmatien gebräuchl. Schuhart ohne Absatz u. feste Sohle; aus einem einzigen Lederstück geschnitten.
Op-Art *w* (op aʳt), stark dekorativ geprägte Richtung der modernen Kunst, die durch mit mechan. Präzision experimentierende Farb-, Form- u. Materialkontraste u. -variationen im Auge des Betrachters bei wechselndem Standpunkt spontane Reaktionen hervorrufen will; dient zugl. Mitvollzug herausfordern will; Vertreter u. a.: F. Stella, V. Vasarély, R. Anuszkiewicz.
Opava ↗Troppau.

Eugene G. O'Neill

OPEC, Abk. für Organization of Petroleum Exporting Countries *(Organisation der Erdölexportländer),* gegr. 1960, Sitz Wien.
Oper *w* (it.), in szen. musikal. Bühnenwerk, das meist in mehrere Teile (Akte) gegliedert ist. – Entstand um 1580 in der Florentiner Camerata. Im Barock repräsentative Musizierform. Monteverdi war der erste große Meister der dramat. Monodie. Die *Nummern-O.* mit der Trennung v. ↗Rezitativ u. ↗Arie u. das Zeitalter des ↗Belcanto seit Ende des 17. Jh. Aus den zw. den Akten der (heroischen) *Opera seria* gespielten heiteren Intermezzi bildet sich bei Pergolesi die (heitere) *Opera buffa.* Im 18. Jh. Opernreform Glucks. Bei Mozart finden sich ernste u. heitere O.n u. in der Nachfolge des Wiener Singspiels die dt. O. *(Zauberflöte),* die über Beethoven im 19. Jh. zur romant.

Opern und Operetten

Opern

Aida (G. Verdi; 1871)
Alessandro Stradella (F. v. Flotow; 1844)
Aufstieg und Fall der Stadt Mahagonny (K. Weill; 1930)
Bajazzo, Der (R. Leoncavallo; 1829)
Ballade im Moor (R. R. Bennot; 1965)
Barbier von Sevilla, Der (G. Rossini; 1816)
Besuch der alten Dame, Der (G. v. Einem; 1971)
Bohème, La (G. Puccini; 1896)
Boris Godunow (M. P. Mussorgskij; 1874)
Cardillac (P. Hindemith; 1926)
Carmen (G. Bizet; 1875)
Cavalleria Rusticana (P. Mascagni; 1890)
Cosi fan tutte (W. A. Mozart; 1790)
Don Giovanni (W. A. Mozart; 1787)
Don Pasquale (G. Donizetti; 1843)
Dreigroschenoper, Die (K. Weill; 1928)
Elektra (R. Strauss; 1909)
Entführung aus dem Serail, Die (W. A. Mozart; 1782)
Ernani (G. Verdi; 1844)
Eugen Onegin (P. T. Tschaikowskij; 1879)
Fidelio (L. van Beethoven; 1814)
Fliegende Holländer, Der (R. Wagner; 1843)
Flut, Die (B. Blacher; 1947)
Fra Diavolo (D. F. E. Auber; 1830)
Freischütz, Der (C. M. v. Weber; 1821)
Fürst Igor (A. P. Borodin; 1890)
Geschichte von Aucassin und Nicolette, Die (G. Bialas; 1969)
Hänsel und Gretel (E. Humperdinck; 1893)
Herzog Blaubarts Burg (B. Bartók; 1918)
Hochzeit des Figaro, Die (W. A. Mozart; 1786)
Hoffmanns Erzählungen (J. Offenbach; 1881)
Jenufa (L. Janáček; 1904)
Jesus Christ Superstar (A. L. Webber, T. Rice; 1971)
Johanna auf dem Scheiterhaufen (A. Honegger; 1942)
junge Lord, Der (H. W. Henze; 1965)
Kluge, Die (C. Orff; 1943)
Liebestrank, Der (G. Donizetti; 1832)
Lohengrin (R. Wagner; 1850)
Lucia di Lammermoor (G. Donizetti; 1835)
lustigen Weiber von Windsor, Die (O. Nicolai; 1849)
Macht des Schicksals, Die (G. Verdi; 1862)
Madame Butterfly (G. Puccini; 1904)
Männer von Blackmoor, Die (A. Bush; 1956)
Margarethe (Ch. Gounod; 1859)

Martha (F. v. Flotow; 1847)
Maskenball, Ein (G. Verdi; 1859)
Mathis der Maler (P. Hindemith; 1938)
Meistersinger von Nürnberg, Die (R. Wagner; 1868)
Mignon (A. Thomas; 1866)
Moses und Aaron (A. Schönberg; 1957)
Nabucco (G. Verdi; 1842)
Norma (V. Bellini; 1831)
Oedipus Rex (I. Strawinsky; 1928)
Orpheus und Eurydike (Ch. W. Gluck; 1762)
Parsifal (R. Wagner; 1882)
Peer Gynt (W. Egk; 1933)
Penthesilea (O. Schoeck; 1927)
Peter Grimes (B. Britten; 1945)
Porgy and Bess (G. Gershwin; 1935)
Postillon von Lonjumeau, Der (A. Adam; 1836)
Raub der Lukretia, Der (B. Britten; 1946)
Regimentstochter, Die (G. Donizetti; 1840)
Rienzi, der letzte der Tribunen (R. Wagner; 1842)
Rigoletto (G. Verdi; 1851)
Ring der Nibelungen, Der (R. Wagner): Das Rheingold
(1869), Die Walküre (1870), Siegfried (1876), Götter-
dämmerung (1876)
Rosenkavalier, Der (R. Strauss; 1911)
Rusalka (A. Dvořák; 1901)
Ruslan und Ludmila (M. I. Glinka; 1842)
Salome (R. Strauss; 1905)
schlaue Füchslein, Das (L. Janáček; 1924)
sizilianische Vesper, Die (G. Verdi; 1855)
Sommernachtstraum, Ein (B. Britten; 1960)
Tannhäuser (R. Wagner; 1845)
Teufel von Loudun, Die (K. Penderecki; 1969)
Tiefland (E. d'Albert; 1905)
Tosca (G. Puccini; 1900)
Traum des Liu-Tung, Der (I. Yun; 1965)
Traviata, La (G. Verdi; 1853)
Tristan und Isolde (R. Wagner; 1865)
Troubadour, Der (G. Verdi; 1853)
Turandot (G. Puccini; 1926)
verkaufte Braut, Die (F. Smetana; 1866)
Verurteilung des Lukullus, Die (P. Dessau; 1951)
Wozzeck (A. Berg; 1925)
Zar und Zimmermann (A. Lortzing; 1837)
Zauberflöte, Die (W. A. Mozart; 1791)

Operetten

Balkanliebe (R. Kattnig; 1937)
Ball im Savoy (P. Abraham; 1932)
Bettelstudent, Der (K. Millöcker; 1882)
Blume von Hawaii, Die (P. Abraham; 1931)
Boccaccio (F. v. Suppé; 1879)
Bunbury (P. Burkhard; 1965)
Clivia (N. Dostal; 1933)
Csárdásfürstin, Die (E. Kálmán, 1915)
Dollarprinzessin, Die (L. Fall; 1907)
Dreimäderlhaus (H. Berté; 1916)
Dubarry, Die (K. Millöcker, Th. Mackeben; 1931)
Fledermaus, Die (J. Strauß; 1874)
Försterchristl, Die (G. Jarno; 1907)
Frau Luna (P. Lincke; 1899)
Frau ohne Kuß, Die (W. Kollo; 1926)
Friederike (F. Lehár; 1928)
Gasparone (K. Millöcker; 1884)
Giuditta (F. Lehár; 1934)
Glückliche Reise (F. Künnecke; 1932)
Gräfin Mariza (E. Kálmán; 1924)
Graf von Luxemburg, Der (F. Lehár; 1909)
Hochzeit am Bodensee (R. Stolz; 1969)
Hochzeitsnacht im Paradies (F. Schröder; 1942)
Im Weißen Rößl (R. Benatzky; 1930)
Käpt'n Bay-Bay (N. Schultze; 1957)
keusche Susanne, Die (J. Gilbert; 1910)
Land des Lächelns, Das (F. Lehár; 1929)
liebe Augustin, Der (L. Fall; 1912)

Liebestraum, Ein (P. Lincke; 1940)
lustige Witwe, Die (F. Lehár; 1905)
Maske in Blau (F. Raymond; 1938)
Mikado, Der (A. Sullivan; 1885)
Monika (N. Dostal; 1937)
Nacht in Venedig, Eine (J. Strauß; 1883)
Obersteiger, Der (C. Zeller; 1894)
Opernball, Der (R. Heuberger; 1898)
Orpheus in der Unterwelt (J. Offenbach; 1858)
Paganini (F. Lehár; 1925)
Perle von Tokay, Die (F. Raymond; 1941)
Polenblut (O. Nedbal; 1913)
Rose von Stambul, Die (L. Fall; 1916)
Saison in Salzburg (F. Raymond; 1938)
schöne Galathee, Die (F. v. Suppé; 1865)
Schön ist die Welt (F. Lehár; 1931)
Schwarzwaldmädel (L. Jessel; 1917)
ungarische Hochzeit, Die (N. Dostal; 1939)
Vetter aus Dingsda, Der (E. Künnecke; 1921)
Viktoria und ihr Husar (P. Abraham; 1930)
Vogelhändler, Der (C. Zeller; 1891)
Walzertraum, Ein (O. Straus; 1907)
Wiener Blut (J. Strauß; 1899)
Zarewitsch, Der (F. Lehár; 1927)
Zigeunerbaron, Der (J. Strauß; 1885)
Zigeunerliebe (F. Lehár; 1910)
Zirkusprinzessin, Die (E. Kálmán; 1926)
Zwei Herzen im Dreivierteltakt (R. Stolz; 1933)

In Klammern Name des oder der Komponisten und Jahr der Uraufführung

Volks-O. (C. M. v. Weber) u. Märchen-O. (Lortzing) wird. R. Wagner unternahm in seinen Musikdramen den Versuch, ein Gesamtkunstwerk zu schaffen. In der Ggw. Mischformen (Ballett-O., szen. Oratorium) od. ältere Formen.
Operation w (lat.; Ztw. *operieren*), **1)** Unternehmung, Verrichtung, zielgerichtetes Zusammenwirken. **2)** chirurg. Eingriff zur Erhaltung des Lebens u. zur Beseitigung störender od. entstellender Zustände.
Operations Research (: op^{e}re^{i}sch^{e}ns r^{i}ßö^{r}tsch, engl.), Unternehmens-, Entscheidungsforschung, die Anwendung math. Forschungsmethoden zur Ermittlung optimaler Unternehmerentscheidungen.
Operette w (frz.), eig. „kleine Oper"; szen. musikal. Bühnenwerk mit leicht verständl. Handlung u. leicht eingängiger Musik. In der Mitte des 19. Jh. entstand in Paris die frz. O. mit meist witzig-parodist. Text (Offenbach) u. in Wien aus der bodenständigen Lokalposse die Wiener O. (Suppé, J. Strauß, Millöcker, Zeller, Lehár, Kálmán). Auf die Berliner O. (Lincke) folgte seit 1900 die Tanz- u. Revue-O. ☐ 701. ⟋Musical.
Opfer, sittlich-religiöse Hingabe an Gott (durch Gebet, Abtötung, Reue u. a.); als Kult-O. die Darbringung einer sichtbaren Gabe an die Gottheit. **O.gang,** fr. bei der Messe Gang der Gläubigen zum Altar zur Darbringung einer Gabe.
Opferung, in der ⟋Messe fr. Bz. für die Gabenbereitung.
Ophir, *Ofir,* im AT Land, aus dem ⟋Salomons Flotte Gold u. andere Kostbarkeiten holte, wahrscheinl. an der Somaliküste ge- [legen.
Ophrys ⟋Ragwurz.
Ophthalmologie w (gr.), Augenheilkunde.
Ophthalmoskop s (gr.), ⟋Augenspiegel.
Ophüls (eig. Oppenheimer), *Max,* dt. Filmregisseur, 1902–57; seit 33 im Ausland, Filme u. a.: *Liebelei; Der Reigen; Le Plaisir; Lola Montez.*
Opitz, *Martin,* dt. Dichter, 1597–1639; Haupt der 1. Schles. Dichterschule; war einflußreich mit seinem *Buch von der dt. Poeterei.*
Opium s (gr.), *Laudanum, Meconium,* aus ⟋Mohn gewonnener u. getrockneter Saft, wird an der Luft dunkelbraun u. dickflüssig; enthält bis zu 20% Morphin sowie Narkotin, Kodein, Papaverin u. andere Alkaloide. In der Medizin gg. Durchfall, als Schmerz-, Beruhigungs- u. Betäubungsmittel verwandt, im Orient sowie in China als narkot. Genußmittel (Rauschgift) gegessen od. meist geraucht. O.genuß führt leicht zur *O.sucht* mit körperl. u. geist. Verfall (☐ 796). In der BRD fallen O. u. *Opiate* (Morphin, O.präparate u. a.) unter das Betäubungsmittelgesetz *(O.gesetz),* das Ein- u. Ausfuhr, Gewinnung, Herstellung u. Verarbeitung, Handel, Abgabe in Apotheken u. a. regelt. **O.krieg,** Krieg Großbritanniens gg. China 1840/42; veranlaßt durch das chines. Verbot der O.einfuhr aus Indien; führte zur Öffnung der chines. Häfen für den europ. Handel u. zur Abtretung Hongkongs an Großbritannien.
Opladen, Stadtteil v. Leverkusen (seit 1975), an der Wupper; Maschinenbau, chem. u. Textil-Ind., Färbereien.

Opossum

Max Ophüls

Martin Opitz

Opole ⟋Oppeln.
Opossum s, baumbewohnende Beutelratte Nordamerikas. Das *Wasser-O.* lebt in Waldbächen v. Fischen. **O.fell,** geschätztes Pelzwerk v. O. u. v. ⟋Fuchskusu.
Oppeln, poln. *Opole,* Hst. der Wojewodschaft O., an der Oder (Hafen), die ehem. Hst. der preuß. Prov. Oberschlesien, 112000 E.; Bisch.; Zementwerke.
Oppenheimer, 1) *Franz,* dt. Arzt u. Soziologe, 1864–1943; seit 38 in den USA; vertrat einen liberalen Sozialismus. **2)** *Robert,* am. Physiker, 1904–67; beteiligt an der Entwicklung der Kernwaffen.
opportun (lat.), gelegen, förderlich. **Opportunismus** m, das gesinnungslose Handeln u. Reden nach der herrschenden Meinung um des eigenen Vorteils willen. **Opportunitätsprinzip** s (lat.), Grundsatz, der als Ausnahme vom ⟋Legalitätsprinzip die Strafverfolgung v. Amts wegen in das pflichtgemäße Ermessen der Staatsanwaltschaft stellt.
Opposition w (lat.; Ztw. *opponieren),* **1)** allg. Gegensatz, Widerstand. **2)** im Parlamentarismus die Gegenpartei(en) der Regierung. **3)** *Gegenschein,* Zeichen ☌°, die Stellung zweier Gestirne auf einander gegenüberliegenden Seiten der Erde. ☐ 44.
OPraem, lat. Abk. für ⟋Prämonstratenser.
Optativ m (lat.), Wunschform des Ztw.
Optik w (gr.), Lehre v. Licht, untersucht Wesen, Entstehung, Ausbreitung u. Wechselwirkung des Lichtes mit materiellen Körpern. Infolge der Wellen-Korpuskel-Natur des Lichtes erhält man verschiedene Betrachtungsweisen: geometrische, Wellen-, Quanten-O. Die prakt. O. wendet die opt. Gesetze auf Herstellung opt. Instrumente (Linsen, Spiegel, Fernrohr, Mikroskop, Photoapparate usw.) an. Die physiolog. O. beschäftigt sich mit dem Bau u. der Funktion des ⟋Auges. ⟋Elektronenoptik. **Optiker,** Fachmann für opt. Instrumente, bes. für Brillen.
Optimaten (Mz.), Gruppe der röm. Nobilität in der Spätzeit der Rep., Verfechter der senator. Standesinteressen; Gegner der Popularen.
Optimismus m (lat.), Neigung, die Dinge in günstiges Licht zu rücken bzw. in jeder Situation einen günstigen Ausgang zu erwarten. Der O. im philosoph. Sinne sieht die bestehende Welt als die bestmögliche (Leibniz). – Ggs. ⟋Pessimismus.
Optimum s (lat.), das Bestmögliche; *optimal,* am besten.
Option w (lat.; Ztw. *optieren),* **1)** *Bürgerl. Recht:* eine Verabredung *(O.svertrag),* durch die einer Partei die (meist zeitl. begrenzte) Befugnis eingeräumt wird, durch entspr. Willenserklärung ein dem Inhalt nach bereits festgelegtes Rechtsverhältnis zu begründen. **2)** *Völkerrecht:* die verschiedentl. in Staatsverträgen u. a. bei Gebietsabtretungen den Bewohnern freigestellte Wahl der Staatsangehörigkeit.
optische Täuschung, durch das Auge vermittelte irreführende Wahrnehmung, eine geometrische Täuschung des Augenmaßes, die auf der bes. Beschaffenheit des be-

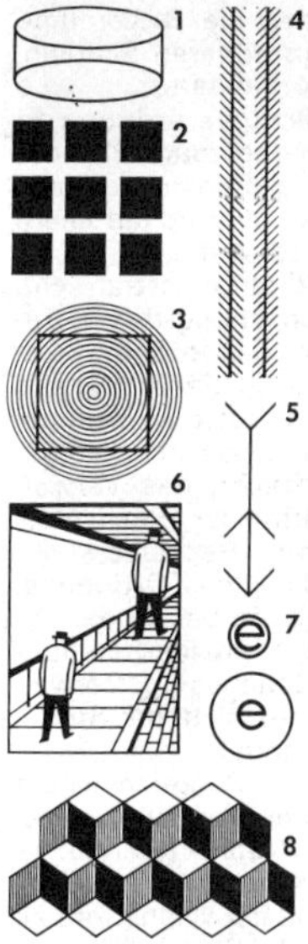

1
2
3
4
5
6
7
8

optische Täuschung: **1** Wundtsche Serviettenringfigur, **2** graue Nachbilder in den Gitterkreuzungen, **3** Quadrat in konzentr. Kreisen, **4** parallele Geraden, **5** halbierte Strecke, **6** Größentäuschung (Perspektive), **7** zwei gleichgroße „e", **8** Würfel sichtbar

trachteten Gegenstandes beruht. Sie wird durch ablenkende Kontraste, falsche Perspektive, Beifügung irreführender Einzelheiten u. a. hervorgerufen.

opulent (lat.), üppig, reichlich.

Opuntia *w*, ↗Feigenkaktus. □ 449, 748.

Opus *s* (lat.; Mz. *Opera*), Abk. Op., (Kunst-) Werk, namentl. Komposition.

Oradea Mare ↗Großwardein.

Oradour (: -dur), frz. Gem. im Limousin, 1939: 650 E.; wurde 1944 zur Vergeltung für einen Partisanenüberfall v. der SS mit fast allen Einwohnern vernichtet.

ora et labora (lat.), bete u. arbeite; Wahlspruch der Benediktiner.

Orakel *s* (lat.), **1)** im Alt. Weissagung od. Zeichen der Götter, auch Bz. der hl. Stätten dafür (z. B. ↗Delphi). **2)** Rätselspruch, dunkle Weissagung.

oral (lat.), auf den Mund bezogen.

Oran (: orãn), alger. Hafen- u. Departement-Hst. an der *Bucht von O.*, 486000 E.; kath. Bischof; Ausfuhr v. Wein, Obst, Getreide u. Wolle. – 8. 11. 1942 Landung der Alliierten.

Orange (: orãnsch^e), Stadt im südfrz. Dep. Vaucluse, 26000 E.; römisches Theater u. Triumphbogen. – 1365/1790 Hst. der Gft. ↗Oranien.

Orange *w* (: orãnsch^e), ↗Apfelsine. **O.ade** *w* (: -schad^e), Getränk aus Orangen.

Orangeat *s* (: orãnschat), kandierte Apfelsinen-(Pomeranzen-)Schalen.

Orangeweber, *Orangevogel* (: orãnsch^e-), Webervogel in Mittelafrika; das Männchen im Hochzeitskleid mit scharlachrotem Hals, Rücken u. Schwanzdecken; kugelrundes Nest.

Orang-Utan, Menschenaffe, nur auf Sumatra u. Borneo, lebt in Baumkronen v. Früchten u. Blättern. Männl. O.-U., ausgewachsen mit Backenwülsten u. Kehlsack, wird bis 1,80 m hoch u. bis 100 kg schwer. □ 7.

Oranien, frz. *Orange*, ehem. frz. Ftm., fiel 1544 an die ottonische Linie des Hauses ↗Nassau, wodurch die ältere Linie Nassau-O. begr. wurde; kam 1713 zu Frankreich. Der Titel „Fürst v. O." verblieb bei dem Haus Nassau-Diez (Abzweigung v. Nassau-Dillenburg), dem heutigen niederländ. Königshaus.

Oranienburg, brandenburg. Krst. nördl. v. Berlin (Bez. Potsdam), an der Havel, 20500 E.; Maschinen- u. chem. Fabriken, Hüttenwerke. Nördl. das ehem. nationalsozialist. KZ Sachsenhausen.

Oranje, Fluß in Südafrika, mündet nach 1860 km bei *O.mond* in den Atlantik. **O.-Freistaat**, engl. *Orange Free State*, Prov. der Rep. Südafrika, Hst. Bloemfontein; 1200 m hohe Hochfläche, im N vom Vaal, im S v. Caledon u. Oranje begrenzt; Viehzucht, Diamantminen, Eisen- u. Kohlenlager; Goldfunde. – 1842 Rep. der ↗Buren, 54 v. Großbritannien als selbständig anerkannt; 1902 brit. Kronkolonie, seit 1910 Prov. der Südafrikan. Union bzw. Rep. Südafrika.

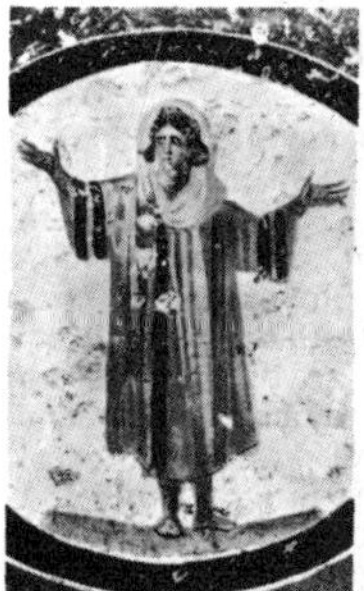

Orant (röm. Katakombenmalerei, 2. Hälfte 3. Jh.)

Oranten (Mz., lat.), in der (christl.) Kunst stehende Beter mit ausgestreckten Armen.

Oration *w* (lat.), liturgisches Gebet.

Orator *m* (lat.; Bw. *oratorisch*), Redner.

Oratorianer, 2 Weltpriestervereinigungen; in der Seelsorge, Erziehung u. Wiss. tätig; die *it. O.* 1552 v. hl. Philipp Neri in Rom, die *frz. O.* 1611 v. Bérulle in Paris gegr.; auch in Dtl. verbreitet.

Oratorium *s* (lat.; Mz. *Oratorien*), **1)** Hauskapelle, Betsaal. **2)** Haus der ↗Oratorianer. **3)** Musikstück für Orchester, Chor u. Solostimmen mit geistl. od. weltl. Text; eine Folge v. Orchestervor- u. -zwischenspielen, Chorsätzen, Rezitativen, Arien, Duetten usw.; zu Anfang des 17. Jh. entstanden. Oratorien schrieben u. a. Händel (z. B. *Messias*), Haydn *(Jahreszeiten)*. In der Ggw. Neubelebung u. a. durch Honegger *(Johanna auf dem Scheiterhaufen)* u. Strawinsky *(Oedipus Rex)*.

Orb, *Bad O.*, hess. Stadt im Spessart, 8300 E.; 3 kohlensäurereiche Solquellen.

Orbis *m* (lat.), Kreis. **O. pictus**, die „gemalte Welt", Werk des Comenius mit bildl. Darstellung aller Dinge, 1658 in Nürnberg erschienen. **O. terrarum**, Erdkreis.

Orbita *w* (lat.), Augenhöhle.

Orchester *s* (gr.), Instrumentalensemble, in dem mehrere Instrumente mehrfach besetzt sind. Die Besetzung ändert sich nach Funktion u. Zeitstil. Gegenüber der Grundbesetzung der *Wiener Klassik* wurde im 19. Jh. das O. erhebl. vergrößert u. bes. die Gruppe der Bläser verstärkt. Für die Musik des 20. Jh. gibt es keine Grundbesetzung.

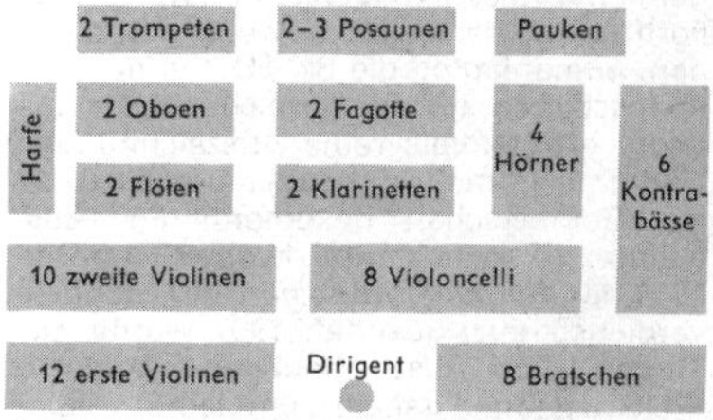

2 Trompeten
2–3 Posaunen
Pauken
Harfe
2 Oboen
2 Fagotte
4 Hörner
6 Kontrabässe
2 Flöten
2 Klarinetten
10 zweite Violinen
8 Violoncelli
12 erste Violinen
Dirigent
8 Bratschen

Orchester: die Besetzung der Wiener Klassik

Orchestrion *s*, orgelähnl. Musikautomat mit Zungenstimmen, bei dem die Musikstücke auf gelochten Papierrollen od. Stiftwalzen aufgezeichnet sind.

Orchideen, *Knabenkrautgewächse*, einkeimblättr. Pflanzenfamilie mit ca. 20000 Arten vorwiegend der Tropen, mit oft großen, prächtig gefärbten u. mannigfaltig gestalteten Blüten. In Mitteleuropa ca. 50 Arten (alle geschützt), ↗Frauenschuh, Knabenkraut, ↗Waldhyazinthe, ↗Nestwurz u. a. Viele O. werden im Warmhaus als Zierpflanzen gezogen.

Orchitis *w* (gr.), die ↗Hodenentzündung.

Ordal *s* (angelsächs.), ↗Gottesurteil.

Orden *m* (lat.), **1)** *religiöser Orden:* v. der *kath. Kirche* bestätigter bes. Lebensstand v. Männern (Mönchen, Patres, Brüdern) od. Frauen (Nonnen, Schwestern), die nach den ↗Evangel. Räten leben, eine Ordenstracht tragen u. sich mit lebenslängl. oder zeitl. begrenzten ↗Gelübden binden. Die *beschaul. O.* widmen sich dem Gottesdienst u. vorzugsweise der Betrachtung, die *tätigen* auch der Krankenpflege, Caritas, Erziehung

u. Unterricht, Seelsorge, Mission usw. Die ersten Mönche waren im 3. Jh. n. Chr. Einsiedler in der ägypt. Wüste (Antonius d. Gr., ↗Pachomius). Im Orient wurde die Regel des Basilius maßgebend, im Westen die Benedikts v. Nursia, dessen Orden hier mehrere Jh.e allein bestand. Seit dem hohen MA Gründung der Cluniazenser, Zisterzienser, Prämonstratenser, Ritter-O., Augustiner-Chorherren u. der *Bettel-O.*; Franziskaner (einschl. Minoriten u. Kapuziner), Dominikaner, Augustiner-Eremiten u. Karmeliten. Vom 16. Jh. an kamen Jesuiten, Redemptoristen u. a. dazu, ferner zahlreiche *Kongregationen* u. *religiöse Genossenschaften.* Einem O. steht meist ein O.sgeneral (Generaloberin) vor, den Klöstern eines Landes od. einer O.sprovinz ein Provinzial. Die einzelnen Häuser (Klöster) leitet ein Abt, Guardian, Prior, Superior od. Rektor. – Die *orth. Kirchen* haben das O.swesen noch stärker als die lat. Kirche ausgebaut. – In den *ev. Kirchen* zeigen sich nach scharfer Ablehnung durch die Reformatoren seit dem Pietismus einzelne, heute verstärkte Ansätze zu ordensähnl. Gemeinschaften: ↗Diakonissen, die ↗Michaelsbruderschaft, ↗Taizé. – Auch *andere Religionen,* wie Buddhismus, Lamaismus u. Islam (↗Derwisch), kennen Orden. **2)** Verdienstauszeichnung: Die seit dem 17. Jh. v. Fürsten geschaffenen weltl. Verdienst-O., Vereinigungen verdienstvoller Männer, waren eine Fortführung der geistl. u. weltl. ↗Ritterorden. Allmähl. ging die Bz. „O." v. den Gemeinschaften auf die Abzeichen über, die heute größtenteils reine Auszeichnungen sind u. nicht mehr die Zugehörigkeit zu einer Gemeinschaft dokumentieren (Ausnahme: ↗Pour le Mérite). In der BRD wurde 1951 der *Verdienstorden der BRD* (Bundesverdienstkreuz) gestiftet. 1957 wurde das Tragen v. O. u. Auszeichnungen aus dem 2. Weltkrieg (ohne nat.-soz. Embleme) wieder gestattet. Dem Bundesverdienstkreuz entspricht in Östr. das „Ehrenzeichen für Verdienste um die Rep. Östr." In der Schweiz gibt es keine Orden.

Ordensband, ein Nachtschmetterling mit schwarz gebänderten Hinterflügeln. ☐ 913.

Order *w* (frz.), Befehl, Auftrag. **O.papiere,** durch ↗Indossament übertragbare Wertpapiere, müssen (ausgenommen beim ↗Wechsel) die O.*klausel* (an Herrn N. N. od. dessen Order) enthalten.

ordinär (lat.), gewöhnlich, gemein.

Ordinariat *s* (lat.), **1)** in der kath. Kirche die bischöfl. Verwaltung meist einer Diözese; auch das Gebäude dieser Behörde. **2)** der Lehrstuhl eines ordentl. Professors.

Ordinarium *s* (lat.), **1)** in der kath. Kirche die feststehenden Teile der Messe u. des ↗Brevier-Gebets im Ggs. zu den veränderl. Teilen *(Proprium);* die Melodien der gesungenen Teile enthält das *Kyriale.* **2)** in manchen ev. Liturgien die gleichbleibenden Teile der Hauptgottesdienst-Liturgie: Kyrie, Gloria, Credo, Sanctus u. Agnus Dei.

Ordinarius *m* (lat.), **1)** im kath. Kirchenrecht ein Oberer mit ordentl. Jurisdiktionsgewalt, meist der Diözesanbischof. **2)** ordentl.

Orden
Verdienstorden
der BRD (Bundes-
verdienstkreuz)
a Verdienstkreuz
  am Bande
b Verdienstkreuz
c Großes Verdienst-
  kreuz
d Großes Verdienst-
  kreuz mit Stern
e Großes Verdienst-
  kreuz mit Stern
  und Schulterband
f Großkreuz
Die Sonderstufe des
Großkreuzes mit
Stern wird nur an
ausländ. Staatsober-
häupter verliehen
und vom Bundes-
präsidenten bei feierl.
Anlässen getragen

Orden: Großes Verdienstkreuz der BRD

↗Professor einer Hochschule. **3)** veraltete Bz. für Klassenlehrer an höheren Schulen.

Ordinate *w* (lat.), ↗Koordinaten.

Ordination *w* (lat.), **1)** ärztl. Verordnung, in Östr. auch ärztl. Behandlungsraum. **2)** in der kath. Kirche Erteilung der Priester- od. der Bischofsweihe. **3)** in den ev. Kirchen feierl. Übertragung eines geistl. Amtes.

Ordnungsstrafe, 1) ↗Ordnungsstrafrecht. **2)** Strafen der Verwaltungsbehörden u. Gerichte wegen Störung des ordentl. Geschäftsganges u. ungebührl. Benehmens in amtl. Verhandlungen. O. auch im Vereinsrecht mögl., wenn es in der Satzung festgelegt ist. **Ordnungsstrafrecht,** das *Verwaltungsstrafrecht,* Inbegriff der Rechtsvorschriften, die bestimmte Rechtsverstöße minderer Bedeutung, die sog. ↗Ordnungswidrigkeiten, mit Geldbuße bedrohen.

Ordnungswidrigkeiten, Zuwiderhandlungen nicht kriminellen Gehaltes gg. Verwaltungsvorschriften; werden nicht mit Strafe, sondern mit Buße geahndet.

Ordnungzahl, gibt im ↗Periodensystem die Stellung eines Elements an, stimmt mit der Kernladungszahl (↗Atom) überein.

Ordo *m* (lat. = Reihe, Ordnung, Regel), **1)** in der kath. Theologie: a) der Weihegrad eines Klerikers; b) der kirchl. Stand, z. B. Priester- *(o. clericalis)* oder Laienstand *(o. laicalis);* c) die feststehenden Teile der Messe *(o. missae);* d) der religiöse Orden. **2)** in der Philosophie (bes. in der ↗Scholastik): Zentralbegriff der sinnvollen Ordnung, die das Sein zw. allen Einzelerscheinungen als deren Wurzel u. Ziel herstellt.

Ordonnanz *w* (lat.), **1)** zu bes. Dienst abkommandierter Soldat od. Offizier. **2)** in Fkr. fr. königl. Erlaß.

Ordrup (: ɔrdrɔb), Vorort v. Kopenhagen mit dem königl. Schloß Bernstorff (1764).

Ordschonikidse, bis 1932 *Wladikawkas,* 1944/45 *Dsaudschikau,* Hst. der Nordosset. ASSR, am Nordrand des Kaukasus u. am Terek, 279 000 E.; große Kupferhütte.

Örebro (: ørebru), Hst. des mittelschwed. Län Ö., 117 000 E.; Nikolaikirche (13. Jh.).

Oregon (: ɔrˈgⁱgen), Abk. *Oreg.,* Kordillerenstaat der USA, am Pazif. Ozean, 251 180 km², 2,5 Mill. E.; Hst. Salem.

Orel, *Orjol,* sowjet. Stadt an der Oka, 305 000 E.; Maschinenbau; Leder-Ind.

Orenburg, 1938/57 *Tschkalow,* sowjet. Stadt am Uralfluß, 459 000 E.; Nickelkombinat, Leder-Industrie.

Orense, span. Prov.-Hst. am Miño, 84 000 E.; Bischof; Kathedrale (13. Jh.); Mühlen.

Oer-Erkenschwick (: ɔːr-), westfäl. Stadt am Nordrand des Ruhrgebiets, 26 800 E.; Steinkohlenbergbau, Stickstoffwerke.

Orest, *Orestes,* in der griech. Sage Sohn Agamemnons, den er an dessen Mörder Ägisth u. der Mutter Klytämnestra rächt. Von den Erinnyen verfolgt. Dramen v. Äschylus *(Orestie),* Goethe *(Iphigenie)* u. a.

Öresund, *Sund,* Meerenge zwischen Schweden u. Seeland (Dänemark), an der schmalsten Stelle 4,5 km breit.

Orff, *Carl,* dt. Komponist, * 1895; erstrebt mit seinen Bühnenwerken die Erneuerung des Musiktheaters aus dem Geist des

Carl Orff

Rhythmus u. der Sprache, mit seinem *Schulwerk* die Begründung eines jugendgemäßen Musizierens. HW: *Carmina Burana; Der Mond; Die Kluge; Die Bernauerin; Trionfo di Afrodite.*
Organ *s* (gr.), **1)** Stimme; auch i. ü. S.: Zeitung, Zeitschrift. **2)** *Recht:* die durch Satzung oder Gericht bestellten Vertreter jur. Personen des privaten u. öff. Rechts. **3)** zu einer gestaltl. u. funktionellen Einheit verbundener Gewebskomplex (Auge, Muskel).
Organdy, *Organdin m,* leichtes, durchscheinendes Baumwollgewebe.
Organisation *w* (gr.; Ztw. *organisieren*), Planung, planvolles Zusammenwirken, Vereinigung.
Organisation für die Afrikanische Einheit, engl. *Organization of African Unity* (OAU), 1963 in Addis Abeba gegr. Vereinigung afrikan. Staaten für polit., wirtschaftl., techn., soz. u. kulturelle Zusammenarbeit. Organe: Generalsekretariat, Sitz Addis Abeba; jährl. Gipfelkonferenz der Regierungschefs.
Organisator *m,* Planender, Leiter.
organisch, 1) ein Organ betreffend; zu einem Organismus (Lebewesen) gehörig. **2)** bruchlos weitergeführt, verbindend.
organische Chemie, Chemie des ⁄Kohlenstoffs u. seiner Verbindungen.
Organismus *m* (gr.), ein Lebewesen als physiolog. Einheit: Mensch, Tier, Pflanze.
Organist *m,* Orgelspieler.
Organsin *m, Kettseide,* aus Rohseidefäden zusammengezwirnter Faden.
Organum *s* (lat.), älteste Form der musikal. Mehrstimmigkeit; fr. Orgel.
Organverpflanzung ⁄Transplantation.
Orgasmus *m* (gr.), Höhepunkt der Lustempfindung beim Geschlechtsverkehr.

Orgel, ein Blasinstrument, das mittels Tastenreihen gespielt wird u. dessen Pfeifen durch verdichtete Luft zum Erklingen gebracht werden. Der sichtbare Teil der O. ist der *O.prospekt.* Der Spieler bedient am Spieltisch 1–5 (meist 2) Manuale u. ein Pedal. Jede Klaviatur wirkt auf mehrere Pfeifenreihen (Register); diese haben einheitl. Klangfarbe, z. B. Lippen- u. Zungenpfeifen. – Die O. war bereits um 170 v. Chr. als *Wasser-O.* bekannt, galt in der Spätantike als wichtiges weltl. Instrument u. kam unter den Karolingern als Kirchenmusikinstrument ins Frankenreich. Seither zahlr. Wandlungen in Bauform u. Klangcharakter.

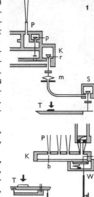

Orgel: **1** Schema einer pneumatischen Steuerung: Druck auf Taste T läßt Trakturwind aus Spielkästchen S durch die Leitung zur Membranleiste m, welche Relaiskegel r hebt; neuer Trakturwind aus Relaiskanzelle K hebt darauf Pfeifenkegel p, so daß Pfeifenwind in Pfeife P strömt. **2** Schema einer mechanischen Steuerung: Drücken der Taste T hebt über die Abstrakten i und Wippe v Ventil V, so daß Wind aus dem Windkasten W in die Tonkanzelle K kann. Da vorher durch Ziehen einer Registerschleife entsprechende Bohrungen b freigegeben wurden, strömt Wind durch sie in die Pfeifen P
links: Spieltisch einer O. mit 154 Registern; **1** Manuale, **2** Handregister und Koppeln, **3** Pedal, **4** Pedalkoppeln, **5** Crescendowalze, **6** Schwelltritte

Sternbild Orion

Orgelpunkt, liegender Baßton, über ihm die übrigen Stimmen.
Orgien (Mz., gr.; Bw. *orgiastisch*), urspr. die ekstat. Feier in den antiken Mysterienkulten, meist in Verbindung mit Fruchtbarkeitsriten; zügellose Handlungen.
Orient *m* (lat.), *Morgenland,* die Länder des Sonnenaufgangs, alle Gebiete östl. Europas; in der NZ bes. der sog. *Vordere O.* ⁄Naher Osten. – Im Alt. u. a. die Großreiche der Ägypter, Assyrer, Babylonier, Hethiter, Meder u. Perser. **Orientale** *m,* Bewohner des Orients.
Orientalische Frage, 1822 geprägte Bz. für alle mit dem Niedergang des türk. Reiches verbundenen Probleme der europäischen Politik.
Orientalische Kirchen, *Morgenländ. Kirchen, Ostkirchen,* Sammel-Bz. für die ⁄Orthodoxen Kirchen u. die mit Rom ⁄Unierten Kirchen. **Orientalisches Kirchenrecht** ⁄Codex Iuris Canonici.
Orientalistik *w,* die Wiss. v. den Sprachen, Literaturen u. Kulturen des Orients.
Orientbeule, *Aleppobeule,* infektiöse, durch Mücken übertragene Hauterkrankung.
orientieren (lat.; Hw. *Orientierung*), in Kenntnis setzen, seinen Standort bzw. Weg bestimmen. **Orientierungspunkte,** Geländepunkte zur Festlegung der Richtung im Raum. **Orientierungsstufe** ⁄Schulreform.
Orientteppich ⁄Teppich.
Oriflamme *w* (frz.-lat.), v. 12. Jh. bis 1415 Kriegsbanner der frz. Könige.
Origenes, christl. Kirchenschriftsteller, um 185 bis um 254; bedeutendster Lehrer der frühen griech. Kirche, als strenger Asket Vorbild des frühen Mönchtums; wegen seines Glaubens gefoltert; schuf die größte Bibelausgabe der alten Zeit (*Hexapla*) und zahlr. Kommentare dazu; suchte die Glaubenslehren in Auseinandersetzung mit der griech. Philosophie verstandesmäßig zu durchdringen; Teile seiner Lehren wurden v. der Kirche verworfen.
Original *s* (lat.), Urschrift, Urfassung, Eigenschöpfung; auch Sonderling. **Originalität** *w* (Bw. *originell*), Ursprünglichkeit.
Orinoco, *Orinoko m,* süd-am. Strom, entspringt an der Grenze v. Venezuela u. Brasilien, mündet nach 2500 km mit mächtigem Delta in den Atlant. Ozean.
Orion, 1) Jäger der griech. Sage. **2)** Sternbild des Winterhimmels.
Orissa, ind. Bundesstaat am Golf v. Bengalen, 155 825 km², 22 Mill. E.; Hst. Bhuwaneswar.
Orizaba (: -ßawa), mexikan. Stadt im Staat Vera Cruz, s. ö. vom Citlaltépetl (*Pik v. O,* mit 5700 m höchster Berg Mittelamerikas), 75 000 E.
Orkan *m* (karib.), Sturm mit Windgeschwindigkeiten über 117 km/h (☐ 1111), bes. heftig die trop. O.e ⁄Taifun u. ⁄Hurrikan.
Orkneyinseln, brit. Inselgruppe mit ca. 90 Inseln, vor der Nordspitze Schottlands; 975 km², 18 800 E.; Hst. Kirkwall auf Mainland. Haupterwerb sind Schafzucht u. Fischfang.
Orkus *m,* das röm. Totenreich.
Orléans (: orleãn), **1)** Hst. des frz. Dep. Loi-

ret, an der Loire, 100000 E.; 70 km langer Kanal zur Seine. Bischof, spätgot. Kathedrale (17. Jh. erneuert). Textil- u. Nahrungsmittel-Ind. – 1429 durch Jeanne d'Arc v. der engl. Belagerung befreit. **2)** Herzogstitel mehrerer Seitenlinien des frz. Königshauses Bourbon: a) *Louis-Philippe-Joseph,* gen. *Philippe-Égalité,* 1747–93; stimmte für die Hinrichtung Ludwigs XVI., dann selbst guillotiniert. Sein Sohn ↗*Louis-Philippe.* b) *Philippe II.;* 1674–1723; seit 1715 Regent für Kg. Ludwig XV.

Orley, *Bernaert (Barend) van,* fläm. Renaissancemaler, um 1492–1542; Altäre, Glasfenster- u. Teppichentwürfe.

Oerlinghausen (:ör-), westfäl. Stadt im Teutoburger Wald, 14600 E.; Textil- u. graph. Ind.; Freilichtmuseum.

Orlon *s,* ↗Kunstfaser, durch Polymerisation aus Acetylen u. Blausäure hergestellt.

Orly, frz. Großflughafen v. Paris.

Ormazd, *Ormuzd, Ahura Mazda,* Lichtgott des ↗Parsismus.

Ornament *s* (lat.; Beiwort *ornamental*), Schmuckform, bes. in Baukunst u. Kunstgewerbe; in reicher Vielfalt schon an den vorgeschichtl. Kunstgegenständen mit geometr., abstrakt-symbol. Motiven. **Ornamentik** *w,* **1)** Gesamtheit der Ornamentformen in einem bestimmten Kulturkreis od. einer Epoche. **2)** Verzierung in der Musik.

Ornat *m* (lat.), feierl. Amtstracht.

Ornithologie *w* (gr.), Vogelkunde; *Ornithologe,* Vogelkenner. **ornitholog. Beobachtungsstation** ↗Vogelwarte.

Orogenese *w* (gr.), *Gebirgsbildung,* tekton. Bewegungen, bei denen das Gefüge der Erdkruste verändert wird u. die zur Bildung v. Gebirgskörpern führen.

Orographie *w* (gr.), *Morphographie,* Beschreibung der Oberflächenformen der Erde.

Orontes *m,* arab. *Nahr el-Asi,* Hauptfluß Nordsyriens, 570 km lang; ins Mittelmeer.

Orosius, *Paulus,* span. Presbyter u. lat. Kirchenschriftsteller, † nach 418; v. Augustinus an Hieronymus empfohlen; schrieb einen apologet. bestimmten Abriß der Weltgeschichte.

Orpheus, sagenhafter griech. Dichter u. Sänger göttl. Ursprungs; verlor seine Gattin Eurydike, die er wieder aus der Unterwelt holte, durch vorzeitiges Umblicken nach ihr; wurde v. Mänaden zerrissen.

Orphiker, Anhänger eines griech.-asket. Reinigungsglaubens.

Orplid, märchenhafte Insel in Mörikes Roman *Maler Nolten;* v. daher verallgemeinert: Traumland.

Orsini, röm. Adelsgeschlecht seit dem 11. Jh.; ihm entstammten die Päpste Cölestin III., Nikolaus III. u. Benedikt XIII.

Orsk, sowjet. Ind.-Stadt, r. am Ural-Fluß, 247000 E.; Ölraffinerien; Erdölleitung aus dem Embagebiet (870 km).

Ørsted (:ör-), *Hans Christian,* dän. Physiker, 1777–1851; entdeckte 1820 die Ablenkung der Magnetnadel durch elektrische Ströme; nach ihm ben. eine (veraltete) Einheit der magnet. Feldstärke, Abk. Oe.

J. Ortega y Gasset

Ort, 1) ↗geometrischer O. **2)** in der Astronomie: die durch die Festlegung zweier Koordinaten bestimmte Lage eines Gestirns.

Ortasee, it. *Lago Cusio, Lago d'Orta,* westlichster ober-it. Alpenrandsee, 18,2 km².

Ortega y Gasset, *José,* span. Kulturphilosoph u. Soziologe, 1883–1955; 36/48 im Exil; vertrat eine neuvitalist. Seinslehre; einflußreicher Zeitkritiker. *Aufstand der Massen; Das Wesen geschichtl. Krisen; Betrachtungen über die Technik.*

Ortelsburg, poln. *Szczytno,* ostpreuß. Stadt, s.ö. von Allenstein, 16500 E.; Deutschordensschloß.

Ortenau, mittelbad. Landschaft v. Breisgau bis zur Oos; Mittelpunkt Offenburg; Wein- u. Obstbau.

Orthikon *s* (gr.), eine Bildspeicherröhre (Aufnahmeröhre) im Fernsehen; bes. das *Image-O.* □ 267.

ortho... (gr.), gerade..., recht...

orthochromatisch (gr.), Eigenschaft photograph. Schichten, mit Ausnahme v. Rot alle Farben richtig in Grautonwerte umzusetzen.

Orthodoxe Kirchen, Selbst-Bz. für diejenigen Ostkirchen, die aus der seit dem 11. Jh. von Rom getrennten oströn. (byzantin.) Reichskirche hervorgingen u. im Ggs. zu den ↗Unierten Kirchen den Papst nicht als Oberhaupt anerkennen. Die in Liturgie u. Hierarchie gleichförmigen, in Verwaltung u. rechtl. Verf. jeweils selbständigen (autokephalen) O. K. entsprechen gebietsmäßig meist den nationalen Bereichen (Griech., Russ., Serb. usw. Orth. Kirche). Ihre Leiter sind meist Patriarchen, auch Metropoliten od. Erzbischöfe, bei Armeniern u. Georgiern der Katholikos. Der Patriarch der *Griech. Orth. Kirche* in Konstantinopel genießt einen

H. Ch. Ørsted

Orthodoxe Kirchen

A Autokephale O. K.	9 Orth. Patriarchat v. Rumänien	des Ökumen. Patriarchats v. Konstantinopel
1 Ökumen. Patriarchat v. Konstantinopel (mit Auslandsjurisdiktionen u. a. in Amerika, Australien, Mittel- u. Westeuropa)	10 Orth. Kirche v. Georgien	4 Orth. Kirche v. China (Jurisdiktion des Moskauer Patriarchats)
	11 Orth. Kirche in Polen	
	12 Orth. Kirche v. Albanien (mit Auslandsjurisdiktion in Amerika)	5 Orth. Kirche v. Japan (Jurisdiktion des Moskauer Patriarchats u. der unabhängigen Russ.-Orth. Griech.-Kath. Kirche v. Amerika)
2 Griech.-orth. Patriarchat v. Alexandria		
3 Griech.-orth. Patriarchat v. Antiochia (mit Auslandsjurisdiktion in Amerika)		
4 Griech.-orth. Patriarchat v. Jerusalem	13 Orth. Patriarchat v. Bulgarien (mit Auslandsjurisdiktion in Amerika u. Australien)	**C Unabhängige orth. Auslandskirchen**
5 Russ.-orth. Patriarchat v. Moskau (mit Auslandsjurisdiktionen in Amerika, West- u. Mitteleuropa)	14 Orth. Kirche in der Tschechoslowakei	1 Russ.-Orth. Griech.-Kath. Kirche v. Amerika
	B Autonome O. K.	2 Russ.-Orth. Auslandskirche (USA/Kanada, Südamerika, Australien/ Neuseeland, West- u. Mitteleuropa)
6 Orth. Kirche v. Zypern	1 Orth. Kirche der Ukraine (Jurisdiktion des Moskauer Patriarchats)	
7 Orth. Kirche v. Griechenland	2 Orth. Kirche v. Makedonien (Jurisdiktion des Serb. Patriarchats)	3 Ukrain.-Orth. Auslandskirche (USA, Kanada, Europa/Australien/ Südamerika)
8 Orth. Patriarchat v. Serbien (mit Auslandsjurisdiktionen in Amerika u. Dtl.)	3 Orth. Kirche v. Finnland (Jurisdiktion	

Ehrenvorrang; diesen bedrohte zeitweise die seit 1589 selbständige *Russ. Orth. Kirche* mit dem Patriarchat Moskau („3. Rom"), die 1721/1917 statt durch einen Patriarchen v. einer Kollegialbehörde (Hl. Synod) geleitet wurde. – Die Lehren der 7 ersten ökumen. ∕Konzile werden anerkannt, die weiteren röm.-kath. Dogmen abgelehnt, bes. Teile der Trinitätslehre (∕Filioque), die ∕Unbefleckte Empfängnis Mariens (z. T.) u. die ∕Unfehlbarkeit des Papstes. – Die Kirchensprache ist jeweils verschieden, die (byzantin.) Gottesdienstform aber überall gleich. In den Kirchen steht der Altar meist hinter einer Bilderwand (Ikonostase); die Heiligen u. ihre Bilder (Ikonen) genießen bes. Verehrung; Orgelmusik fehlt. Die Kirchenfeste mit Ostern als Höhepunkt bestimmen weithin auch das Alltagsleben des Ostchristen; Fastengebote werden streng gehalten. – Die Priester (Popen) tragen Bart, langes Haar, schwarzen Talar u. zylinderförm. Kopfbedeckung; nur Mönche u. Bischöfe, die meist nach der Regel des hl. Basilius leben, sind zur Ehelosigkeit verpflichtet. – Die meisten O. K. sind Mitgl. des ∕Weltrats der Kirchen.

Orthodoxie w (gr.; Bw. *orthodox*), 1) v. einer Kirchengemeinschaft gg. Irrlehren (Häresien) beanspruchte Rechtgläubigkeit. 2) die Gesamtheit der ∕Orthodoxen Kirchen.
Orthogon s (gr.), Rechteck. **orthogonal,** rechteckig, rechtwinklig.
Orthographie w (gr.; Bw. *orthographisch*), Rechtschreibung.
Orthoklas m, KAlSi₃O₈, *Kalifeldspat,* zu Kaolin verwitternd, Gemengteil v. Graniten, Syeniten, Porphyren u. a.
Orthopädie w (gr.), Zweig der Heilkunde; befaßt sich mit der Entstehung, Verhütung u. Behandlung v. Mißbildungen, Erkrankungen u. Funktionsstörungen des Knochen- u. Bewegungssystems.
Ortler m, mit 3899 m höchster Gipfel der vergletscherten *O.gruppe,* in Südtirol.
Ortolan m (it.), ∕Ammer.
Ortsbestimmung, die Ermittlung der Koordinaten (Länge u. Breite), welche die Lage eines Ortes eindeutig bestimmen.
Ortscheit, an Fuhrwerken das Querholz zur Befestigung der Stränge.
Ortsklasse, Einstufung eines Ortes je nach Teuerungsverhältnissen; in der BRD fr. 3 O.n: S (für bes. teure Orte), A u. B, jetzt einheitlich O. S für alle Gemeinden. Nach den O.n richteten sich z. B. Besoldung für Beamte, Tarifverträge.
Ortskrankenkassen, *Allgemeine O.* (AOK), umfassen alle Versicherungspflichtigen der sozialen ∕Krankenversicherung u. freiwillig Versicherte, die nicht einer anderen Krankenkasse angehören. Ferner sind Rentenberechtigte der Rentenversicherung ohne Beitrag versichert od. erhalten, wenn Mitgl. einer anderen Krankenkasse, den Beitrag der O. ausbezahlt.
Ortstein, bes. bei Bleicherde (∕Podsol) auftretender, stark verfestigter B-Horizont des Bodenprofils.
Ortszeit, diejenige Zeit, die auf dem Meridian des Beobachtungsortes bezogen ist;

ist für alle Orte auf dem gleichen Längengrad gleich. ∕Einheitszeit.
Ortung, 1) im Bergbau: Bestimmung v. Punkten unter Tage durch Vergleich mit solchen über Tage. 2) die Festlegung v. Positionen in der ∕Navigation.
Oruro, Dep.-Hst. im westl. Bolivien, 3700 m ü. M., 125000 E.; Bischof; Univ.; Mittelpunkt des bolivian. Zinnbergbaus.
Orvieto, mittel-it. Stadt in der Prov. Terni, 24000 E.; Bischof; roman.-got. Dom (Fassade 13./14. Jh.).
Orwell (: oᵣwel), *George* (eig. Eric Blair), engl. Schriftsteller, 1903–50; satir. Utopie *1984* gg. die Diktaturen. Polit.-satir. auch *Tierfarm.* Essays.
Os, 1) (lat. *os,* Gen. *ossis*), Knochen, Bein. 2) (lat. *os,* Gen. *oris*) Mund. 3) chem. Zeichen für ∕Osmium.
OSA, lat. Abk. für ∕Augustiner.
Osaka, zweitgrößte Stadt Japans u. dessen wichtigste Ind.-Stadt, Hafen an der Südwestküste v. Hondo, 2,6 Mill. E.; kath. Bischof; 2 Univ.; Schwer- u. Textil-Ind.
OSB, lat. Abk. für ∕Benediktiner.
Osborne (: oßboᵣn), *John,* engl. Dramatiker, * 1929; *Blick zurück im Zorn; Martin Luther; Jill and Jack; At the End of Me Old Cigar.*
Oscar, volkstüml. Bz. für 24 alljährl. verliehene Preise im am. Filmschaffen in Form einer vergoldeten Statuette.
Oschatz, sächs. Krst. n.w. von Meißen (Bez. Leipzig), 16700 E.; Textil-Ind., Schuhfabrik.
Oschersleben/Bode, Krst. s.w. von Magdeburg, am Rand der Magdeburger Börde, 18000 E.; Maschinenfabrik, Süßwaren-Ind.
Oschogbo, Stadt in Nigeria (Prov. Oyo), 282000 E.; kath. Bischof, Baumwoll-Ind.
Oseberg (: ußebärg), norweg. Stadt am Oslofjord, bekannt durch den *O.fund* (1899), einen Wikinger-Grabhügel aus dem 10. Jh. n. Chr. mit Geräten, Schmuck, Wagen u. einem reich verzierten Schiff.
Osee, 1) *Hosea,* einer der atl. sog. Kleinen Propheten, um 750 v. Chr.; bibl. *Buch Hosea* (fr. auch *Buch O.*) nach ihm benannt. 2) *Hoschea,* letzter Kg. v. Israel, um 725 v. Chr., v. Assyrerkönig Salmanassar V. gefangengesetzt.
Ösel, estn. *Saaremaa,* Ostseeinsel vor der Bucht v. Riga, zur Estn. SSR, 2714 km²; Hauptort Kuresaare (Arensburg).
Öser, *Adam Friedrich,* dt. Maler u. Bildhauer, 1717–99; Klassizist, mit Goethe u. Winckelmann befreundet.
OSF, lat. Abk. für ∕Franziskaner(innen).
Osiander, *Andreas,* dt. luth. Theologe, 1498–1552; seit 22 Reformator Nürnbergs; seit 49 Prof. in Königsberg. Der *Osiandrische Streit* ging um die ev. Rechtfertigungslehre.
Osijek, die jugoslawische Stadt ∕Esseg.
Osiris, ägypt. Königs-, Nacht- u. Totengott; Sohn v. ∕Nut; v. seinem Bruder ∕Seth getötet, v. seiner Schwester u. Gemahlin ∕Isis wiederbelebt u. von seinem Sohn Horos gerächt.
Oskar II., 1829–1907; 1872 Kg. v. Schweden u. Norwegen, mußte 1905 die Union mit Norwegen lösen.
Oslo, 1624/1925 *Kristiania,* Hst. u. Resi-

George Orwell

John Osborne

Filmpreisstatuette „Oscar"

Osebergfund: Stevenverzierung des Osebergschiffes

Osmose: Durch Diffusion des Lösungsmittels in die Lösung wird das Quecksilber in den rechten Schenkel verdrängt, bis der Druck der Quecksilbersäule dem Druck, unter dem das Lösungsmittel in die Lösung hereingezogen wird, das Gleichgewicht hält

Osterinsel: Tuffsteinköpfe einer versunkenen Kultur

Oslo: Rathaus

denzstadt (seit 1814) Norwegens, am reich gegliederten O.fjord (Bucht des Skagerrak), 458000 E.; kath. u. luther. Bischof; Univ., norweg. Nobelinstitut; U-Bahn. Über den Hafen v. O. gehen 50% des norwegischen Außenhandels. Nahebei ↗Holmenkollen.
Osman, türk. Sultane: **O. I.,** 1259–1326; eroberte große Teile Nordwest-Kleinasiens.
Osmanisches Reich, das v. Osman I. begr. Reich (das türk. Reich bis 1922);
Osmium, chem. Element, Zeichen Os, Metall der Platingruppe, Ordnungszahl 76 (☐149); in der Natur meist legiert mit Iridium als *Osmiridium,* sehr hart, schwerster Stoff. Als Glühdraht in Metallfadenlampen, für Füllfederspitzen u. als Katalysator in der Ammoniaksynthese heute durch billigere Stoffe verdrängt.
Osmose w (gr.), ↗Diffusion gelöster Stoffe durch eine halbdurchlässige *(semipermeable)* Wand (z. B. aus Tierhaut), welche verschiedene Lösungen trennt; dem Konzentrationsverhältnis der gelösten Stoffe entsprechend, entsteht dabei auf einer Seite ein Überdruck *(osmot. Druck).* O. bewirkt z. B. das Steigen des Wassers in die oberen Pflanzenteile. Es können dabei osmot. Drücke zw. 10 u. 40 bar auftreten.
Osmotherapie w (gr.), Heilverfahren; Erhöhung des osmot. Druckes im Blut durch Einspritzen von Dextroselösung; dadurch strömt Gewebsflüssigkeit ins Blut. Zur Entlastung u. Entgiftung.
Osnabrück, Hst. des niedersächs. *Reg.-Bez. O.,* an der Hase, 159000 E.; Bischof; roman. Dom (1254), got. Rathaus (1487/1512). PH (im Barockschloß), Univ., Fachhochschule; Stichkanal zum Mittellandkanal; Eisen-, Textil-, Papier- u. Möbel-Ind. – Seit Karl d. Gr. Bistum; Mitgl. der Hanse; hier u. in Münster 1648 Abschluß des Westfäl. Friedens.
Oesophagus m (gr.), Speiseröhre, ca. 25 cm langer Muskelschlauch, mit Schleimhaut ausgekleidet. ☐616/617.
Osservatore Romano, L'O. R., halbamtl. Tageszeitung des Vatikans; gegr. 1861.
Osseten, iran. Volksstamm beiderseits des Kaukasus, etwa 488000 Angehörige.
Ossetien, kaukas. Gebirgslandschaft; zerfällt in 1) *Nord-Ossetische ASSR,* 8000 km², 600000 E.; Hst. Ordschonikidse; 2) *Süd-Ossetisches Gebiet,* zur Grusinischen SSR, 3900 km², 102000 E.; Hst. Chinvali.

Ossetische Heerstraße, verbindet das Terek- mit dem Rion-Tal.
Ossian ↗Macpherson.
Ossietzky, *Carl v.,* dt. Publizist, 1889–1938 (infolge KZ-Haft); Hrsg. der linksradikalen Wochenschrift „Weltbühne"; ihm wurde die Annahme des Friedensnobelpreises 1935 untersagt.

Carl von Ossietzky   Albert Osswald

Osswald, *Albert,* dt. Politiker (SPD), * 1919; 62/64 Wirtschafts-, 64/69 Finanz-Minister, 69/76 (zurückgetreten) Min.-Präs. v. Hessen.
Ostade, 1) *Adriaen van,* holländ. Maler u. Radierer, 1610–85; derbe Sitten- u. Genreszenen. 2) *Isaac,* Bruder v. 1), 1621–49; Landschaftsbilder.
Ostafrika, das ca. 1000 m hohe afrikan. Hochland zw. Indischem Ozean u. Zentralafrikan. Graben, 2,5 Mill. km²; dazu gehören Kenia, Tansania, Uganda, Malawi u.a.
Ostafrikanischer Graben, junge tekton., nordsüdl. Grabenzone, mit hohen Vulkanen umrandet; erfüllt v. den *Ostafrikan.* ᚪeen.
Ostblock, i. w. S. die nach dem 2. Weltkrieg als (urspr.) geschlossener Machtblock auftretenden kommunist. Staaten; i. e. S. die im ↗Warschauer Pakt zusammengeschlossenen Staaten.
Ostchinesisches Meer, ostasiat. Randmeer zw. den Riukiu-Inseln u. dem chines. Festland, bis 2719 m tief.
Osten, *Ost* (O), internationale Bz. *E(ast),* die Himmelsrichtung des Sonnenaufgangs.
Ostende, Hauptseebad Belgiens, Fischereihafen in Westflandern, 72000 E.; Fähre nach England (Dover). Werften.
ostentativ (lat.), herausfordernd.
osteo... (gr.), Knochen od. Knorpel betreffend. **O.logie** w, Lehre v. den Knochen. **O.malazie** w, ↗Knochenerweichung.
Österbotten, finn. *Pohjanmaa,* westfinn. Landschaft, westl. der Finn. Seenplatte.
Osterglocke, Zierpflanze mit einblüt. Stengeln, gelben od. gelb-weißen Blüten u. doppelter Blütenkrone. Wildform geschützt.
Osterholz-Scharmbeck, niedersächs. Krst. nördl. v. Bremen, am Südrand des Teufelsmoores, 23300 E.; St.-Willehadi-Kirche (10. Jh.). Nährmittel-Ind., Viehmärkte.
Osteria w, it. Wirtshaus.
Osterinsel, vulkan. Insel im Pazif. Ozean, 3500 km westl. v. Chile, zu dem sie polit. gehört, 165 km², 1200 E.; 600 monumentale Standbilder aus der Vorzeit.
Osterluzei w, Kräuter u. Schlingstauden; als Zierpflanze die gelbe O. (Tabakpfeifenstrauch); z. T. Heilpflanzen.

Die Bundesländer Österreichs

0   50   100 km

Ostern, als Feier der ↗Auferstehung Christi ältestes u. höchstes christl. Fest am Sonntag nach dem 1. Frühlingsvollmond (zwischen 22. März und 25. April; ☐ 269). Der *Osterfeststreit* im 2./3. Jh. ging um das Osterdatum. Im kath. Kirchenjahr dauert die *österl. Bußzeit* von Aschermittwoch bis Karsamstag, die *Osterzeit* von der Osternacht bis Pfingstsonntag. In der *österl. Zeit* (Abgrenzung sehr unterschiedlich) verpflichtet ein Kirchengebot jeden Katholiken zum Empfang der hl. Kommunion. – *Osterbräuche u. -symbole,* wie Osterfeuer, -eier, -hasen, erinnern an vorchristl. Frühlings- u. Fruchtbarkeitsriten.

Osternacht, in der kath. Liturgie durch die 1955 erfolgte Neugestaltung der ↗Karwoche wieder als nächtl. Vigilfeier gestaltet: u. a. Ausbau der Lichtsymbolik, Erneuerung des Taufgelübdes, 1. Ostermesse wieder anstelle der bisherigen ,,Auferstehungsfeier''.

Osterode, 1) *O. am Harz,* niedersächs. Krst. am südl. Harzrand, 28 500 E.; Metallwalzwerk. **2)** *O. in Ostpreußen,* poln. *Ostróda,* am Drewenzsee, 20 500 E.

Österreich, Bundesrep. im südl. Mitteleuropa, im Bereich der Ostalpen u. des östl. Alpenvorlandes. – 64% der Fläche gehören zu den Alpen, unter deren Fernwirkung auch die übrigen Gebiete stehen: die Voralpen, das österr. Gneis- u. Granitplateau, das Hügelland Nieder-Ö.s u. des Burgenlandes. Nur 21% Ö.s sind Ackerland, weitere 28% Weideland u. Almen (Milchwirtschaft), 36% sind Wald. Grundlage der Ind. sind die Bo-

denschätze der Alpen (Eisenerze, Magnesit, Braunkohle, Salz), Erdöl (nördl. Wien) u. reiche Wasserkräfte. Die Ind.-Zentren liegen im Wiener Becken, im Raum v. Linz sowie im steir. Mur- u. Mürztal; Vorarlberg hat eine bedeut. Textil-Ind. Die Zahl der Beschäftigten blieb zw. 1971 u. 78 fast gleich (3,006 bzw. 3,05 Mill.), in der Landwirtschaft sank die Zahl von 523 000 auf 331 000. Größter Devisenbringer ist der Fremdenverkehr, gefolgt v. der Eisen- u. Stahl-Ind. **Verfassung:** Ö. ist eine demokrat. Rep. aus 9 Bundesländern. Staatsoberhaupt ist der ↗Bundespräs., der den Bundeskanzler u. auf dessen Vorschlag die übrigen Mitgl. der Bundesregierung ernennt. Die Volksvertretung besteht aus dem Nationalrat (165 auf 4 Jahre gewählte Abg.) u. dem ↗Bundesrat (mindestens 3 Mitgl. je Land). An der Spitze eines Bundeslandes steht der Landeshauptmann, in Wien der Bürgermeister. **Geschichte:** Ö. entstand aus der v. Karl d. Gr. u. Otto I. geschaffenen Ostmark, die 976/1246 Besitz der Babenberger war, 1156 v. Ks. Friedrich I. zum Htm. erhoben wurde; kam 1278 aus dem Besitz ↗Ottokars II. v. Böhmen an ↗Rudolf v. Habsburg, der es 82 mit Steiermark an seine Söhne verlieh. Die Habsburger (↗Habsburg), die 1438/1806 (außer 1740/45) röm.-dt. Ks. waren, verloren im 14./15. Jh. ihre Besitzungen in der ↗Schweiz, konnten aber im 14. Jh. Kärnten, Krain, Tirol, den Breisgau, Teile Vorarlbergs u. Triest erwerben. 1453 wurde Ö. Erzherzogtum. Durch die Heiratspolitik Ks. ↗Maximilians I. (1493/1519) fielen Burgund u. die Niederlande sowie Spanien, Böhmen u. Ungarn an die Habsburger. Ks. ↗Karl V. (1519/56) überließ die österr. Länder seinem Bruder ↗Ferdinand I., der die Türkenabwehr organisierte. Der in Ö. eingedrungene Protestantismus erreichte unter Ks. Maximilian II. († 1576) seinen Höhepunkt, wurde dann aber durch die Gegenreformation zurückgedrängt, so daß Ö. ein Bollwerk des Katholizismus blieb. Als Schützer des Reichs gg. W (Ludwig XIV. v. Fkr.) u. O (Türken) wuchs Ö. unter Ks. ↗Leopold I. (1658/1705) zur Großmacht empor; im Span.

Österreich

Amtlicher Name:
Republik Österreich

Staatsform:
Bundesstaatl. Republik

Hauptstadt:
Wien

Fläche:
83 850 km²

Bevölkerung:
7,54 Mill. E.

Sprache:
Deutsch

Religion:
89% Katholiken
6% Protestanten

Währung:
1 Schilling
= 100 Groschen

Mitgliedschaften:
UN, Europarat,
EFTA, OECD

Österreich Bundesländer	Fläche in km²	Einwohner insgesamt	pro km²	Hauptstadt
Burgenland	3 965	272 600	69	Eisenstadt
Kärnten	9 533	537 200	56	Klagenfurt
Niederösterreich	19 170	1 439 600	75	Wien
Oberösterreich	11 979	1 274 300	106	Linz
Salzburg	7 154	442 200	62	Salzburg
Steiermark	16 386	1 184 200	72	Graz
Tirol	12 647	586 300	46	Innsbruck
Vorarlberg	2 601	305 600	117	Bregenz
Wien	415	1 504 200	3 624	Wien
Österreich	83 850	7 546 200	90	Wien

Österreich

Regierungen	Bundeskanzler	Regierungsparteien
seit 27. 4. 1945	K. Renner (SPÖ)	ÖVP, SPÖ, KPÖ
seit 20. 12. 1945	L. Figl (ÖVP)	ÖVP, SPÖ, KPÖ
seit 9. 11. 1949	L. Figl (ÖVP)	ÖVP, SPÖ
seit 28. 10. 1952	L. Figl (ÖVP)	ÖVP, SPÖ
seit 1. 4. 1953	J. Raab (ÖVP)	ÖVP, SPÖ
seit 23. 6. 1956	J. Raab (ÖVP)	ÖVP, SPÖ
seit 16. 7. 1959	J. Raab (ÖVP)	ÖVP, SPÖ
seit 11. 4. 1961	A. Gorbach (ÖVP)	ÖVP, SPÖ
seit 27. 3. 1963	A. Gorbach (ÖVP)	ÖVP, SPÖ
seit 2. 4. 1964	J. Klaus (ÖVP)	ÖVP, SPÖ
seit 19. 4. 1966	J. Klaus (ÖVP)	ÖVP
seit 21. 4. 1970	B. Kreisky (SPÖ)	SPÖ
seit 21. 10. 1971	B. Kreisky (SPÖ)	SPÖ
seit 25. 10. 1975	B. Kreisky (SPÖ)	SPÖ
seit 5. 6. 1979	B. Kreisky (SPÖ)	SPÖ

Erbfolgekrieg 1701/14 gewann es die span. Niederlande (Belgien), Mailand, Mantua, Neapel u. Sizilien. ↗Maria Theresia (1740/80) behauptete sich im ↗Östr. Erbfolgekrieg, gewann u. a. Galizien (72) u. das Innviertel (79), verlor aber Schlesien an Friedrich d. Gr. (↗Schlesische Kriege). Ks. ↗Joseph II. führte eine Reihe v. Reformen durch. In den Kriegen gg. Napoleon verlor Ö. Belgien, den Breisgau, den it. Besitz u. große Teile der Kernlande. Ks. ↗Franz II., seit 1804 als Franz I. Ks. v. Ö., legte 06 die röm.-dt. Kaiserkrone nieder. Die östr. Erhebung gg. Napoleon 09 scheiterte. Auf dem ↗Wiener Kongreß verzichtete Franz II. endgültig auf Belgien u. die süddt. Besitzungen, erhielt aber die Lombardei u. Venetien. In der Folgezeit war Ö. unter ↗Metternich ein Hort der absoluten Monarchie gg. Liberalismus u. Nationalismus. In der Revolution v. 48 dankte Ferdinand I. zugunsten v. ↗Franz Joseph I. (1848/1916) ab; die Aufstände in Wien, Ungarn u. It. wurden niedergeschlagen. Die Niederlagen im it. Einigungskrieg 59 (↗Italien) u. im ↗Deutschen Krieg 66 führten zum Verlust der Lombardei bzw. zur Auflösung des Dt. Bundes (u. damit zum Ausscheiden Ö.s aus der dt. Politik) u. zum Verlust Venetiens. 67 wurde Ö. zur Doppelmonarchie Ö.-Ungarn umgebildet: Die in Personalunion verbundenen beiden selbständ. Reichsteile Zisleithanien (Ö.) und Transleithanien (Ungarn) hatten nur das Heer, die auswärtige Politik u. die Finanzen gemeinsam. 79 Abschluß des Zweibundes mit dem Dt. Reich. Das Nationalitätenproblem belastete die östr. Politik sehr stark; die Annexion Bosniens u. der Herzegowina 1908 führte zu einer europ. Krise. Die Ermordung des östr. Thronfolgers Franz Ferdinand war der Anlaß zum 1. ↗Weltkrieg, in dessen Verlauf die Doppelmonarchie zerschlagen wurde. Im Frieden v. Saint-Germain 19 anerkannte Ö. Ungarn, Tschechoslowakei, Polen, das spätere Jugoslawien als selbständ. Staaten, akzeptierte die Gebietsverluste u. trat Südtirol, die adriat. Gebiete u. Teile v. Kärnten u. Krain an It. u. Jugoslawien ab; v. Ungarn erhielt es 21 das Burgenland. Der Rep. Ö. (Verf. v. 10. 11. 20) wurde v. den Siegermächten der Anschluß an Dtl. verboten. 33 hob Bundeskanzler ↗Dollfuß die parlamentar. Verf. auf und re-

gierte autoritär; ↗Schuschnigg setzte diese Politik fort; Febr. 38 mußte er auf Druck Hitlers ↗Seyß-Inquart ins Kabinett aufnehmen; im März erzwang Hitler durch militär. Besetzung den Anschluß Ö.s ans Dt. Reich. Nach dem 2. Weltkrieg wurde Ö. wie Dtl. in 4 Besatzungszonen, Wien in 4 Sektoren (u. die Innenstadt) aufgeteilt. Der Staatsvertrag (Friedensvertrag) v. Mai 55 brachte den Abzug der Besatzungstruppen u. die Wiederherstellung der östr. Souveränität. Im Okt. 55 verpflichtete sich Ö. durch Parlamentsbeschluß zu dauernder Neutralität. Das Problem ↗Südtirol belastete 45/69 das Verhältnis zu Italien. 45/66 Koalitionsregierungen der beiden größten Parteien, ÖVP u. SPÖ, 66/70 Alleinregierung der ÖVP (Bundeskanzler: ↗Figl, ↗Raab, ↗Gorbach, ↗Klaus), seitdem Regierung der SPÖ unter B. ↗Kreisky.
K u n s t. Die kulturelle Einheit Ö.s mit Dtl. bewirkte eine der dt. Kunst parallel laufende Entwicklung. Die Gotik wird, v. Fkr. kommend, später rezipiert. Als Vermittler zw. It. u. Dtl. jedoch wird Ö. führend in Renaissance u. Barock. – Hauptdenkmal des MA ist der Stephansdom in Wien (roman.-got.); östr. Sonderentwicklung ist die 2schiff. Kirche mit Hallenchor. Die spätgot. Malerei ist hauptsächl. vertreten durch R. Frueauf d. Ä. u. die Donauschule. Malerei u. Plastik sind in Prachtwerken spätgot. Schnitzaltäre vereinigt (St. Wolfgang, Kefermarkter Altar); Hauptmeister: L. Luchsberger, A. Pilgram, N. Gerhart und M. Pacher. Hauptwerke der Renaissance: die Landhäuser der Stände (Graz u. Klagenfurt) u. der Salzburger Dom, in der Plastik das Maximiliansgrab (Innsbruck). In wuchtig-repräsentativer Form übernahmen J. Prandtauer (Melk), Fischer v. Erlach (Karlskirche in Wien) u. L. v. Hildebrandt (Schloß Belvedere) den Barock. Führende Maler des Spätbarock: P. Troger, A. Maulpertsch u. M. Knoller, daneben der Bildhauer G. R. Donner. Im 19. Jh. wurde J. A. Koch Anreger der Romantik, F. Waldmüller bedeutender Vertreter des Biedermeier. An der Entwicklung der modernen Kunst beteiligten sich maßgebend C. Holzmeister,

Die Bundespräsidenten Österreichs

Karl Seitz
(vorläufiges Staatsoberhaupt)
1919–20

Michael Hainisch
1920–28

Wilhelm Miklas
1928–38

beim Dt. Reich
1938–45

Karl Renner
1945–50

Theodor Körner
1951–57

Adolf Schärf
1957–65

Franz Jonas
1965–74

Rudolf Kirchschläger
seit 1974

Österreich – Nationalratswahlen

	ÖVP		SPÖ		FPÖ		KPÖ	
	%	Sitze	%	Sitze	%	Sitze	%	Sitze
1945	49,8	85	44,6	76	–	–	5,4	4
1949	44	77	39	67	12	16	5,4	5
1953	41	74	42	73	11	14	5,3	4
1956	46	82	43	74	6,5	6	4,4	3
1959	44	79	45	78	7,7	8	3,3	–
1962	45,4	81	44	76	7,1	8	3,0	–
1966	48,3	85	42,5	74	5,3	6	3,2	–
1970	44,7	79	48,4	81	5,5	5	1,0	–
1971	43,1	80	50,1	93	5,5	10	1,3	–
1975	42,9	80	50,4	93	5,4	10	1,2	–
1979	41,9	77	51	95	6	11	0,9	–

ÖVP = Österreichische Volkspartei
SPÖ = Sozialistische Partei Österreichs
FPÖ = Freiheitl. Partei Östr.s; vor 1956 vor allem Verband der Unabhängigen
KPÖ = Kommunist. Partei Östr.s; oft zus. mit anderen Linksparteien
(1949: Linksblock, 1953: Östr. Volksopposition)

Die Herrscher Österreichs

Die regierenden Markgrafen, Herzöge (seit 1156), Erzherzöge (seit 1453) und Kaiser (seit 1804)

Babenberger:

Leopold I.	976/994
Heinrich I.	994/1018
Adalbert	1018/1055
Ernst	1055/1075
Leopold II.	1075/1095
Leopold III.	1095/1136
Leopold IV.	1136/1141
Heinrich II.	1141/1177
Leopold V.	1177/1194
Friedrich I.	1194/1198
Leopold VI.	1198/1230
Friedrich II.	1230/1246

Markgraf Hermann v. Baden	1248/1250
König Ottokar II. v. Böhmen	1251/1278

Habsburger:

Albert I. (dt. Kg.)	1282/1308
Friedrich III. (dt. Kg.)	1308/1330
Albrecht II.	1330/1358
Rudolf IV.	1358/1365
Albrecht III., Leopold III. (gemeinsam)	1365/1379

1379 Teilung in die Steirische Linie (Leopoldiner) und die Österreichische Linie (Albertiner)

Steirische Linie (Leopoldiner)

Leopold III.	1379/1386
Wilhelm	1386/1406
Leopold IV.	1386/1411

1406 und 1411 Teilungen in die Steirische und die Tiroler Linie

Steirische Linie

Ernst I.	1406/1424
Friedrich V. (als dt. Ks. Friedrich III.)	1424/1493

Wiedervereinigung aller habsburg. Erbländer:

Maximilian I. (dt. Ks.)	1493/1519
Karl V. (dt. Ks.)	1519/1521 bzw. 1522
Ferdinand I. (dt. Ks.)	1521 bzw. 1522/1564

1564 Teilung in die Steirische, die Österreichische und die Tiroler Linie

Steirische Linie

Karl II.	1564/1590
Ferdinand II. (dt. Ks.) 1590 (Regierungsantritt 1596)/1637	
Ferdinand III. (dt. Ks.)	1637/1657
Leopold I. (dt. Ks.)	1657/1705
Joseph I. (dt. Ks.)	1705/1711
Karl VI. (dt. Ks.)	1711/1740
Maria Theresia	1740/1780

Haus Habsburg-Lothringen:

Joseph II. (dt. Ks.)	1780/1790
Leopold II. (dt. Ks.)	1790/1792
Franz I. (seit 1804 Ks. v. Östr., als dt. Ks. bis 1806 Franz II.)	1792/1835
Ferdinand I.	1835/1848
Franz Joseph I.	1848/1916
Karl I.	1916/1918

Die bei der Teilung von 1379 entstandene Österreichische Linie (Albertiner)

Albrecht III.	1379/1395
Albrecht IV.	1395/1404
Albrecht V. (als dt. Kg. Albrecht II.)	1404/1439
Ladislaus Posthumus (Kg. v. Böhmen u. Ungarn)	1404/1457

Die bei den Teilungen von 1406 und 1411 entstandene Tiroler Linie

Friedrich IV.	1406/1439
Sigmund	1439/1490

Die bei der Teilung von 1564 entstandene Österreichische Linie

Maximilian II. (dt. Ks.)	1564/1576
Rudolf II. (dt. Ks.)	1576/1612
Matthias (dt. Ks.)	1612/1619

Die bei der Teilung von 1564 entstandene Tiroler Linie

Ferdinand (II.)	1564/1595

Jüngere Tiroler Linie

Leopold V.	1619/1632
Ferdinand Karl	1632/1662
Sigmund Franz	1662/1665

A. Loos u. J. Hoffmann, O. Kokoschka, A. Kubin u. F. Wotruba. **Literatur.** Sie ist untrennbar mit der dt. Sprache u. Lit. verbunden. Im MA endgült. Gestaltung des german. Heldenliedes u. Sagengutes (Dietrich-Epen); höfische Lyrik Walthers. In Verbindung mit dem Babenberger-Hof schufen unbekannte Dichter das Nibelungen- u. das Gudrunlied. In voller Eigenart hat sich die östr. Lit. erstmals im ↗Barock entfaltet: Oper, Festspiele, Jesuiten- und Benediktinerdrama; Abraham a Sancta Claras Predigten; Passionsspiel; Stegreifkomödie. Die großen Perioden der dt. Lit., Sturm u. Drang u. Klassik, ergriffen die östr. Lit. kaum. Die Romantik fand in Wien eine Heimstätte; spätromant. ist der Weltschmerz Lenaus. Mit dem Tragiker Grillparzer fand die östr. Lit. vollendeten Ausdruck. Höhepunkt des Alt-Wiener Volkstheaters: Raimund u. Nestroy. Stifter wurde zum bedeutendsten Prosaisten des 19. Jh.; im 20. Jh. bes. Lyrik u. Drama (Hofmannsthal, Trakl, Rilke, Schnitzler, Mell) u. eine Epik teils konservativer (Zweig, Roth, Doderer), teils neuer Form (Kafka, Musil, Broch). Nach dem 2. Weltkrieg: Romane v. Gütersloh u. Doderer; Lyrik v. I. Bachmann u. a. bis zu experimenteller Lyrik der Wiener Schule.

Österreichischer Erbfolgekrieg, der Krieg um die Anerkennung der ↗Pragmatischen Sanktion 1741/48 zw. Maria Theresia u. dem bayerischen Kurfürsten Karl Albert (Ks. ↗Karl VII.), dessen Ansprüche auf Östr. u. das Reich v. Fkr., Spanien u. Preußen u. a. unterstützt wurden. 1745 konnte Maria The-resia, die u. a. die Hilfe Engl.s u. Rußlands fand, ihre Thronfolge u. die Kaiserkrönung ihres Gatten ↗Franz I. Stephan durchsetzen; im Frieden v. Aachen verlor sie Parma u. Piacenza u. a. an die span. Bourbonen.

Österreichische Volkspartei (ÖVP), 1945 gegr., hervorgegangen aus der ↗Christl.-Sozialen Partei; für eine freiheitliche demokrat. Ordnung auf christl. Grundlage; bildete seit 45 mit der SPÖ, 66/70 allein die Regierung; seit April 70 in der Opposition.

Österreich-Ungarn ↗Österreich (Gesch.).

Osteuropäische Zeit ↗Einheitszeit.

Ostfildern, württ. Gem. (Kr. Esslingen), 28 700 E.; 1975 neu gebildet.

Ostfranken, 1) *Austrasien,* östl. Teil des Fränk. Reichs der Merowinger. **2)** östl. Teil des 843 geteilten ↗Fränk. Reichs der Karolinger (das spätere Dt. Reich).

Ostfriesische Inseln, Inselkette vor der dt. Nordseeküste, zwischen Ems- und Wesermündung.

Ostfriesland, die niedersächs. Küstenlandschaft an der Nordsee, davor die ↗Ostfriesischen Inseln, mit fetten Küstenmarschen. Ackerbau, Viehzucht; Hst. Emden.

Ostgebiete, die ehem. dt. Gebiete östl. der ↗Oder-Neiße-Linie, die gemäß dem Potsdamer Abkommen bis zur endgültigen Regelung durch einen Friedensvertrag unter sowjet. u. poln. Verwaltung gestellt wurden. Die Bevölkerung wurde zum allergrößten Teil vertrieben (↗Flüchtling). Im Ggs. zu den Westmächten betrachten die UdSSR, Polen u. die DDR die O. als endgültig abgetrennt. Die BRD hat in den ↗Ostverträgen die De-facto-Zugehörigkeit zu Polen bzw.

Ostfriesische Inseln

Borkum	30,6 km²
Norderney	25,5 km²
Langeoog	19,7 km²
Spiekeroog	17,6 km²
Juist	16,2 km²
Baltrum	6,4 km²
Memmert	5,2 km²
Wangerooge	4,7 km²

zur UdSSR bis zu einer endgültigen friedensvertragl. Regelung anerkannt.

Ostgermanen ↗Germanen.

Ostgoten (Mz.), ostgerman. Volksstamm, Teil der ↗Goten; schufen im 2./3. Jh. ein Reich in Südrußland, das 375 v. den Hunnen vernichtet wurde; zogen 488/489 nach It., wo sie unter ↗Theoderich d. Gr. ein Reich gründeten, das nach dessen Tod v. den byzantin. Feldherren Belisar u. ↗Narses zerstört wurde. ☐ 1067.

Ostia, im Alt. die Hafenstadt Roms an der Tibermündung.

Ostinato s (it.), markantes musikal. Thema, das, ständig wiederholt, einen Abschnitt beherrscht, bes. im Baß (Basso ostinato) bei Chaconne u. Passacaglia.

Ostindien, Südasien mit Inselwelt.   [nien.

Ostindische Kompanien ↗Handelskompaostische Rasse, die alpine ↗Rasse.

Ostitis w (gr.), die Knochenentzündung.

Ostjaken, finn.-ugr. Volksstamm in Westsibirien; etwa 20000 Menschen.

Ostkirchen ↗Orientalische Kirchen.

Ostkolonisation, die Erweiterung des dt. Kultur- u. Siedlungsraumes bes. im späteren MA über die Elbe u. Saale hinaus.

Ostmark, 1) Bayer. O., v. Karl d. Gr. zw. Enns, Leitha u. March errichtete Mark, das spätere Östr. **2)** Sächs. O., v. den Karolingern errichtet, etwa die heutige Lausitz. **3)** 1938/45 nat.-soz. Bz. für Österreich.

Ostpreußen, ehem. preuß. Provinz, 1939: 36895 km², 2,48 Mill. E.; Hst. Königsberg; Nehrungen vor dem Frischen u. Kurischen Haff; im S u. SO der Baltische Landrücken (bis 313 m) u. die ↗Masurischen Seen. – Urspr. v. Preußen besiedelt, 1226 dem ↗Dt. Orden übertragen; 1525 prot. Htm. unter poln. Lehenshoheit, fiel 1618 an Brandenburg (↗Preußen). Im Vertrag v. Versailles 1919 durch den ↗Poln. Korridor v. übrigen Dtl. abgetrennt, Verlust des ↗Memellandes; der nördl. Teil kam 1945 unter sowjet., der südl. Teil unter poln. Verwaltung.

Ostrakismos m (gr. = Scherbengericht), Ostrazismus, athen. Volksgericht (487/417 v. Chr.) zur Verbannung polit. mißliebiger Bürger auf 10 Jahre.

Ostrau, Ostrava (: -wa), bis 1945 Mährisch-Ostrau, tschech. Prov.-Hst. nahe der poln. Grenze, 320000 E.; eine der größten Ind.-Städte der Tschechoslowakei: Kohlenbergbau, Eisenhütten u. chem. Industrie.

Ostrazismus ↗Ostrakismos.   [Reich.

Oström. Reich ↗Byzantinisches

Ostrowski, Alexander, russ. Dramatiker, 1823–86; Gesellschaftsstücke, Komödien. Das Gewitter; Wölfe u. Schafe.

Ostrumelien, südostbulgar. Landschaft, Hst. Philippopel.

Ostsee, Baltisches Meer, europ. Binnenmeer, durch Sund, Großen u. Kleinen Belt u. Nord-Ostsee-Kanal mit der Nordsee verbunden; gliedert sich in mehrere Becken (Bottn., Finn., Rigaischer u.a. Meerbusen); 422000 km², 86 m mittl. Tiefe; Salzgehalt 2–20‰.

Ostverträge, zusammenfassende Bz. für die 1970 zw. der BRD u. der Sowjetunion bzw. Polen abgeschlossenen Gewaltverzichts-

abkommen (72 ratifiziert); fixieren den territorialen Status quo bis zu einer endgültigen friedensvertragl. Regelung.

Ostwald, Wilhelm, 1853–1932; Schöpfer der physikal. Chemie; Nobelpreis 1909.

Oswald v. Wolkenstein, östr. (Tiroler) Lyriker, um 1377–1445; unternahm abenteuerl. Fahrten nach Ost-, Nordeuropa u. in den Orient.

Oszillation w (lat.; Ztw. oszillieren), Schwingung. **Oszillator,** ein Schwingungserzeuger.

Oszillograph m (lat.-gr.), Gerät zur Aufzeichnung od. Beobachtung (Oszilloskop) schnell ablaufender Vorgänge, z. B. mit Kathodenstrahl auf Fluoreszenzschirm.

Ot...,Oto... (gr.), das Ohr betreffend; Otitis w, ↗Mittelohrentzündung. Otologie w, Lehre v. Ohr u. seinen Erkrankungen. Otosklerose w, Verhärtung des Labyrinths.

Otaru, japan. Handelshafen auf Hokkaido, 186000 E.; Fischkonserven-Ind.

Otavi, südwestafrikan. Bergland; blei- u. vanadinhaltiges Kupfererz um Tsumeb.

Otfrid v. Weißenburg, Mönch des Klosters Weißenburg im Elsaß; verfaßte um 860 in Rheinfränkisch eine Evangelienharmonie mit Endreim.

Ottawa (: ɔt°w°), **1)** O. River, l. Nebenfluß des St.-Lorenz-Stroms, 1100 km lang, mündet bei Montreal; 400 km schiffbar. **2)** Hst. v. Kanada, in der Prov. Ontario, am O. River, 694000 E.; Sitz der Bundesregierung u. des Parlaments; kath. Erzb.; anglikan. Bischof; Univ.; Papier-, chem. u. Holz-Ind.

Otter, 1) m, im Wasser lebendes Säugetier; ernährt sich v. Fischen; Fischotter, ↗Seeotter. **2)** w, ↗Viper.

Ottilia ↗Odilia.

Otto v. Bamberg, hl. (30. Juni); um 1060 bis 1139; Kanzler Heinrichs IV., 1102 Bischof v. Bamberg; 24/25 u. 28 Missionsreisen nach Pommern. **Fürsten: Bayern:** O. v. Northeim, Hzg., 1061/70; Gegner Heinrichs IV. O. I., 1848–1916; 1886 Kg., da geisteskrank, Regentschaft Luitpolds u. Ludwigs III. **Dt. Könige u. Kaiser: O. I. d. Gr.,** Sohn Heinrichs I., 912–973; 936 Kg., schränkte die Herzogsgewalt ein, stützte sich auf die geistl. Fürsten; sicherte das Reich gg. die Ungarn, die er 955 in der Schlacht auf dem ↗Lechfeld endgültig besiegte, gg. die Böhmen u. die Wenden; errichtete das Erzbistum ↗Magdeburg; erwarb 951 Ober-It. durch die Heirat mit Adelheid v. Burgund; wurde v. Pp. Johannes XII. zu Hilfe gerufen u. 962 in Wiederaufnahme der Tradition Karls d. Gr. zum Ks. gekrönt. Sein Sohn **O. II.,** 955–983; 961 zum Kg. gewählt, 967 zum Mitkaiser gekrönt; 972 Heirat mit der byzant. Prinzessin Theophanu; unterlag 982 den Sarazenen in Süditalien. Sein Sohn **O. III.,** 980–1002; 983 Kg., übernahm 994 die Regierung, 996 Ks.; erstrebte eine Erneuerung des Röm. Reiches in christl. Sinne. **O. IV. v. Braunschweig,** Sohn Heinrichs des Löwen, um 1175 od. 1182–1218; 1198 als Gegenkönig zu ↗Philipp v. Schwaben gewählt, nach dessen Ermordung allg. anerkannt, 1209 Ks.; nahm die stauf. Italienpolitik auf, v. Pp. Innozenz III. gebannt; unterlag

Ostpreußen

Kaiser Otto I. d. Große

A. Ostrowski

N. Otto

14 bei Bouvines gg. Fkr. u. Friedrich II. *Griechenland:* **O. I.**, 1815–67; Sohn Kg. Ludwigs I. v. Bayern, 32 zum griech. Kg. gewählt, 62 zur Abdankung genötigt. **Otto v. Freising**, dt. Geschichtsschreiber u. -philosoph, Zisterzienser, um 1112–58; Onkel Friedrich Barbarossas u. dessen Biograph, 38 Bischof v. Freising. *Weltchronik.* **Otto, 1)** *Nikolaus,* dt. Ingenieur, 1832–91; baute ersten Viertakt-Leuchtgas-Motor *(Otto-Motor).* ↗Verbrennungsmotor. **2)** *Rudolf,* ev. Theologe u. Religionsphilosoph, 1869–1937; führender Vertreter einer Theologie auf religionsphänomenolog. u. -vergleichender Grundlage.
Ottobeuren, bayer. Markt in Schwaben, s. ö. von Memmingen, 7300 E.; Benediktinerabtei (764/1802 u. seit 1834) mit barocker Stiftskirche (1737/66) v. J. M. Fischer. □ 70.
Ottobrunn, oberbayer. Gemeinde am SO-Rand v. München, 19500 E.; Luftfahrt-Ind.
Ottokar II. Přemysl, um 1230–78; 53 Kg. v. Böhmen; erwarb Östr., Steiermark u. Kärnten; verweigerte Rudolf v. Habsburg die Anerkennung als Kg., kam nach der Niederlage bei Dürnkrut (↗March-Feld) auf der Flucht ums Leben. – Drama v. ↗Grillparzer.
Ottomane *w* (türk.), breites Sofa.
Ottomanen, die Osmanen, Türken.
Ottonen (Mz.), die sächs. Ks. Otto I., II., III.
Ottonische Kunst, die Kunst zur Zeit der Sachsenkaiser (936/1024), in der sich, v. den byzantin. Einflüssen lösend, erstmals eine spezif. dt. Stilprägung durchsetzt, zugleich Beginn der ↗Romanik. Dome in Quedlinburg, Magdeburg, Merseburg, Hildesheim, Münster u. Paderborn. Charakteristika sind Doppelchoranlage mit zwei Querhäusern, reiche plast. Durchdringung, Kryptenbau u. Wechsel zw. Säule u. Pfeiler. Stark entwickelt ist die Goldschmiedekunst (Basler Antependium, Mathilda- und Lotharkreuz, Reichsinsignien); daneben Elfenbeinreliefs u. Steinplastiken. Malerei, außer den Fresken der Reichenau (Oberzell), hauptsächl. Buchmalerei (u. a. Schulen in St. Gallen, auf der Reichenau, in Köln u. Fulda).
Ottweiler, Stadt im Saarland, an der Blies, 15800 E.; Eisengießerei.
Ötztal, Seitental des Inn; Obst- u. Getreidebau, Viehzucht; Fremdenverkehr; mit den höchsten östr. Kirchdörfern Vent u. Obergurgl (1896 bzw. 1910 m). **Ötztaler Alpen,** vergletscherte Ostalpengruppe in Tirol; in der Wildspitze 3774 m hoch.
Oujda (: usehda), auch *Oudjda,* marokkan. Prov.-Hst. an der alger. Grenze, 176000 E.; Bahnknoten; Phosphatlager.
Oulu (: oᵘlu), schwed. *Uleåborg,* Hst. des finn. Län O., Hafen am Bottn. Meerbusen, 94000 E.; Univ.
Ourthe *w* (: urt), Nebenfluß der Maas in Belgien, 166 km lang; mündet bei Lüttich.
Outsider (: autßaidᵉʳ, engl.), Außenseiter.
Ouvertüre *w* (: uwär-, frz.), Instrumentalvorspiel zu Opern u. a.
Oval *s* (lat., Bw. *oval*), *Eilinie,* eine symmetr. konvexe Kurve, auch Fläche.
Ovambo, südwestafrikan. Bantuvolk, etwa 100000 Menschen.
Ovarium *s* (lat.), der ↗Eierstock.

Ottonische Kunst: St. Pantaleon, Köln (Westwerk, 2. Hälfte 10. Jh.)

Ovation *w* (: ow-, lat.), Huldigung.
Overath, rhein. Gem. im Rheinisch-Bergischen Kreis, östl. v. Köln, 21100 E.; Bergbau auf Zink u. Blei.
Overbeck, *Johann Friedrich,* dt. Maler, 1789–1869; Haupt der ↗Nazarener, Fresken der *Casa Bartholdy* in Rom.
Overijssel (: owᵉreißᵉl), *Overijssel,* niederländ. Prov. an der dt. Grenze, Hst. Zwolle. Viehzucht, Textilindustrie.
Ovid (Publius Ovidius Naso), röm. Dichter, 43 v. Chr. bis 18 n. Chr. (in der Verbannung am Schwarzen Meer); ein Stilkünstler, weltstädtisch-elegant, empfindsam, oft frivol. *Liebeskunst; Metamorphosen* (Verwandlungssagen).
Oviedo, Hst. der span. *Prov. O.,* 166000 E.; Erzb.; Kathedrale (14. Jh.); Univ.; Eisenerz- u. Kohlenbergbau, Textil-Ind.
ÖVP, Abk. für ↗Österreichische Volkspartei.
Ovulation *w* (neulat.), bei der Frau die monatl. Ausstoßung eines befruchtungsreifen Eies aus dem Eierstock. ↗Menstruation.
O.shemmer, Mittel zur ↗Empfängnisverhütung; bestehen aus Schwangerschaftshormon, kombiniert mit Östrogen; hemmen, einer bestehenden Schwangerschaft gleich, die ↗Ovulation u. damit das Eintreten der Schwangerschaft. ↗Anti-Baby-Pille.
Owen (: oᵘin), *Robert,* engl. Industrieller, 1771–1858; trat für Arbeiterschutzgesetze ein; sozialist. Experimente mißlangen ihm.
Owens (: oᵘins), *Michael Josef,* 1859–1923, am. Techniker; erfand Hohlglas-Blasmaschine für Flaschen u. Glühlampen. □ 277.
Oxalsäure, ↗Kleesäure, HOOC–COOH, zweibasige organ. Säure.
Oxenstjerna (: ukßᵉnschärna), *Axel* Graf, 1583–1654; 1612 schwed. Reichskanzler,

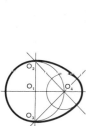

O₁, O₂, O₃ und O₄ sind die Mittelpunkte der Krümmungslinie
Konstruktion eines Ovals

seit Gustavs II. Adolfs Tod (32) Leiter der schwed. Politik.
Oxer *m*, ein Hindernis bei ↗Springprüfungen. ☐ 723.
Oxford (: oxf^erd), Hst. der engl. *Grafschaft O.*, an der oberen Themse, 110 000 E.; berühmte Univ. (12./13. Jh. gegr.), mit 29 Colleges. Anglikan. Bischof. Viele mittelalterl. Kirchen. Maschinenindustrie.
Oxford-Bewegung (: -f^erd-), theolog.-liturg. Bewegung, die seit 1833 versuchte, die ↗Anglikan. Kirche durch Rückführung auf die „kath." u. apostol. Überlieferung zu erneuern; von J. Keble u. J. H. ↗Newman (bis zur Konversion) geführt; später maßgebend an der ↗Ökumenischen Bewegung beteiligt.
Oxford-Gruppen-Bewegung (: -f^erd-), die ↗Moralische Aufrüstung.
Oxid *s*, Verbindung der Elemente mit Sauerstoff; in Wasser gelöstes Metall-O. ist Hydroxid.
Oxus *m*, alter Name des ↗Amu Darja.
Oxydation *w*, *Oxidation*, Verbindung chem. Elemente mit Sauerstoff od. Erhöhung des Sauerstoffgehalts chem. Verbindungen; allg. der Übergang des Elements in höhere Wertigkeitsstufe bzw. der Entzug v. Elektronen aus den Atomen eines Elements. O.svorgänge sind Verbrennungsprozesse, Explosionen, Selbstentzündung, Rosten, Verwitterung.
Oxydator *m* (gr.-lat.), *Raketentechnik:* die den Sauerstoff enthaltende Komponente des Raketentreibstoffs.
Oxydul *s*, veraltete Bz. für Oxide der niedrigsten Oxydationsstufe.
Oxygenium *s* (gr.-lat.), der ↗Sauerstoff.
Oxyuren (Mz., gr.), die ↗Madenwürmer.
Oeynhausen, *Bad Oe.* (: -ö̱n-), westfäl. Stadt u. Kurort zw. Wesergebirge u. Teutoburger Wald (Kr. Minden-Lübbecke), 45 000 E.; kohlensäurereiche Solquellen u. Chlorcalciumquelle. [ren.]
Ozalidverfahren, ein ↗Lichtpaus-Verfahren.
Ozäna *w* (gr.), *Stinknase*, chron. Nasenkatarrh, mit widerl. riechender Absonderung.
Ozanam (: osana̱m), *Antoine-Frédéric*, frz. Literarhistoriker, 1813–53; einer der Führer der kath. Bewegung in Fkr.; Gründer der ersten Vinzenz-Konferenz (↗Vinzenz-Verein).
Ozean *m* (gr.), Welt-↗Meer.
Ozeanien, *Australasien*, Inselwelt des mittleren Pazif. Ozeans, bes. Admiralitäts-, Salomon-, Santa-Cruz-, Fidschi-, Tonga-Inseln u. Neue Hebriden (zus. 1,23 Mill. km²), ferner die Inseln Mikro- u. Polynesiens (etwa 50 000 km²).
Ozeanographie *w* (gr.), Meereskunde.
Ozelot *m*, *Pantherkatze*, Wildkatze in Wäldern Südamerikas. ☐ 1044.
Ozokerit *s*, das ↗Erdwachs.
Ozon *s*, Form des ↗Sauerstoffs: je 3 Atome zu Ringen zusammengeschlossen; entsteht durch Einwirkung elektr. Hochspannungsentladungen und ultravioletten Lichts auf Luftsauerstoff; zur Desinfektion v. Trinkwasser *(Ozonisierung)*. Verflüssigtes O. explosiv. **O.schicht**, in 30–50 km Höhe, Teil der Atmosphäre mit hohem O.gehalt u. starker Erwärmung.

Ozeanien	Hauptstadt bzw. Verwaltungssitz	Fläche km²	Bevölkerung insgesamt in 1000	Anzahl ie km²
Fidschi	Suva	18 274	610	33
Kiribati	Bairiki	862	56	65
Nauru	Yaren	21	8	381
Neuseeland	Wellington	268 676	3 100	12
Niugini	Port Moresly	461 691	3 080	7
Salomonen	Honiara	28 446	210	7
Tonga	Nukualofa	699	93	133
Tuvalu	Funafuti	24	8	333
Westsamoa	Apia	2 842	154	54
Abhängige Gebiete:				
Australien:				
Kokos-Inseln	Bantam	14	1	71
Norfolk-Inseln	Kingston	36	2	56
Weihnachtsinsel	Flying Fish Cove	135	3	22
Großbritannien:				
Pitcairn	Adamstown	5	0,1	20
Frankreich:				
Neukaledonien	Numéa	19 058	144	8
Polynesien, Frz.-[1]	Papeéte	4 000	146	37
Neuseeland:				
Cook-Inseln	Avarua	234	26	111
Niue	Alofi	259	6	23
Tokelau	Fakaofo	10	2	200
USA:				
Guam	Agaña	549	113	206
Samoa, Amerik.-	Fagatogo	197	30	152
Sonstige[2]	–	14	5	357
Unter UN-Treuhandverwaltung				
Pazif. Inseln (USA)[3]	–	1 779	134	75
Kondominien				
Canton u. Enderbury (brit.-amerik.)	–	70	–	–
Neue Hebriden (brit.-frz.)	Vila	14 763	104	7

[1] einschl. Austral-, Gambier-, Marquesas-, Rapa- u. Tuamotu-Inseln
[2] Midway, Wake u. einige weitere kleine Inseln
[3] Karolinen, Marianen u. Marshall-Inseln

p, Abk. 1) für ↗Pond; 2) für ↗Pico; 3) für ↗Proton; 4) für piano (leise). **P, 1)** chem. Zeichen für ↗Phosphor. 2) Abk. v. Pater oder Père.
Pa, chem. Zeichen für ↗Protactinium.
p. A., Abk. für per (durch die) Adresse, über welche ein Brief an einen andern geleitet wird.
Paarbildung, die Erzeugung eines Paares v. ↗Elementarteilchen, nämlich Teilchen u. Antiteilchen (z. B. Elektron-Positron) aus einem Strahlungsquant *(Materialisation)*; der umgekehrte Prozeß ↗Annihilation.
Paarhufer, *Paarzeher*, ↗Huftiere, die mit der 3. u. 4. Zehe den Boden berühren; Kamel, Hirsch, Flußpferd, Schwein, Horntiere.
Paasikivi, *Juho Kusti*, 1870–1956; Mai/Nov. 1918 finn. Min.-Präs. (Fortschrittspartei), führte 20 die Friedens-Verhandlungen mit Rußland; 44 Min.-Präs., seit 46 Staatspräs.
Pabst, *Georg Wilhelm*, östr. Filmregisseur, 1885–1967; bedeutender Regisseur der

Niccolò Paganini   Mohammed Reza Schah Pahlewi

Stummfilm- u. frühen Tonfilmzeit. Filme u.a.: *Die freudlose Gasse; Die Dreigroschenoper; Don Quichotte; Der Prozeß.*
Pachelbel, *Johann,* dt. Komponist, 1653 bis 1706; Vorläufer J. S. Bachs als Orgelmeister.
Pacher, *Michael,* östr. Maler u. Bildschnitzer, um 1435–98; führender Meister der Spätgotik; schuf Schnitzereien u. Tafelbilder für Wandelaltäre mit plast. durchgeformten Gestalten in perspektiv. erfaßten Innenräumen. *Hochaltar in St. Wolfgang.*
Pachomius, hl. (14. Mai), um 287–347; gründete am Nil das 1. Kloster.
Pacht *w,* vertragl. Überlassung des Gebrauchs u. der sich bei ordnungsgemäßer Wirtschaft ergebenden Erträgnisse eines Gegenstandes od. Rechtes für bestimmte Zeit gg. *P.zins.*   [gepreßte Meereis.
Packeis, das aufgetürmte und zusammen-**pacta sunt servanda** (lat.) ∕Völkerrecht.
Pädagoge *m* (gr.), Erzieher. **Pädagogik** *w,* die Wiss. v. der ∕Erziehung. **Pädagogische Hochschule,** Abk. *PH,* auch *Erziehungswissenschaftl. Hochschule,* fr. *Pädagog. Akademie,* seit 1962 Bz. für Hochschulen, die der Ausbildung v. Grund- u. Hauptschullehrern (z. T. auch Realschullehrern) u. der pädagog. Forschung dienen; in einigen Ländern der BRD in Univ. oder Gesamthochschulen eingegliedert, sonst Rektorats-Verf.; Aufnahmebedingung Abitur; Studiendauer 6 Semester.
Pädagogium *s,* höhere Schule mit Internat.
Padang, Hafen in West-Sumatra, 197000 E.; kath. Bischof; Univ.-College. Kaffeeausfuhr.
Paddel *s,* Ruder ohne Führung mit einfachem *(Stech-P.)* od. doppeltem Blatt *(Doppel-P.).* **P.boot,** das ∕Faltboot.
Päderastie *w* (gr.), *Knabenliebe,* sexuelle Beziehungen von Männern zu Knaben.
Paderborn, westfäl. Krst., an den Quellen der Pader, 110000 E.; kath. Erzb.; Theolog. Fakultät, Gesamthochschule. Roman.-got. Dom (12./14. Jh.), Bartholomäuskapelle (älteste dt. Hallenkirche); Spätrenaissance-Rathaus (1613/16). Sitz des Bonifatiuswerkes u. der ∕MIVA; Kunststoff-, Baustoff-, metallverarbeitende u. Möbel-Ind. – War Mitgl. der Hanse; unter Karl d. Gr. Bistum, seit 1930 Erzbistum.
Paderewski, *Ignacy,* poln. Pianist, Komponist u. Politiker, 1860–1941; 1919 Min.-Präs.; 40 Präs. des Exilparlaments in Fkr.
Pädiatrie *w* (gr.), Kinderheilkunde.

Padua, it. *Padova,* nord-it. Prov.-Hst. westl. v. Venedig, 243000 E.; Bischof; eine der ältesten europ. Univ. (1222 gegr.). Antoniusbasilika mit Grab des hl. Antonius. Renaissancekirchen, Arenakapelle mit Fresken Giottos.
Paesiello, *Giovanni,* it. Komponist, 1740 bis 1816; Vertreter der Opera buffa.
Paganini, *Niccolò,* it. Violinvirtuose, 1782 bis 1840; auch Violinkompositionen.
Paganismus *m* (lat.), Heidentum.
Page *m* (: pasche, frz.), 1) im MA Edelknabe. 2) Hotel-P., für kleine Dienstleistungen.
Pagnol (: panjol), *Marcel,* frz. Schriftsteller u. Filmregisseur, 1895–1974; Dramen *(Marius–Fanny–César; Die Tochter des Brunnenmachers; Zum Goldenen Anker;* z.T. von ihm verfilmt); Prosa.
Pagode *w,* Turmbau buddhist. Tempel in Indien, China u. Japan seit dem 6. Jh. n. Chr.
Pahang, Teilstaat der Malaiischen Föderation, an der Ostküste v. Malakka, 35931 km²; 505000 E.; Hst. Kuantan; Export v. Kautschuk, Zinn, Gold, Kopra.
Pahlewi (: pach-), seit 1925 Dynastietitel des Schahs v. Persien: *Mohammed Reza Schah P.,* 1919–80; folgte 41 seinem Vater *Reza* auf den Thron v. ∕Iran, 79 gestürzt; war seit 59 in 3. Ehe mit *Farah Diba* verheiratet (67 z. Kaiserin gekrönt).
Paillette *w* (: paijete, frz.), dünnes, auf Stoff aufgenähtes Metallblättchen, Flitter.
Paine (: pe'n), *Thomas,* engl. Politiker u. Schriftsteller, 1737–1809; trat für die am. Unabhängigkeitsbewegung ein, war 1792 Mitgl. des frz. Nationalkonvents.
Paionios, griech. Bildhauer, schuf im 5. Jh. n. Chr. die *Nike* v. Olympia.
Pairs (: pärß, frz.; Mz.), in Fkr. seit dem 13. Jh. die höchsten Vasallen, 1814/48 die Mitgl. der 1. Kammer.
Pakistan (Wortbildung aus Pandschab, Afghan-Frontier, Kaschmir, Sindh und Belutschistan), Rep. im Mittleren Osten; umfaßt mit Belutschistan einen Teil des Hochlands v. Iran, die Indusebene, das Pandschab (Fünfstromland) sowie Teile des Hindukusch und Karakorum. In den Flußtälern u. künstl. bewässerten Gebieten Anbau v. Weizen, Baumwolle u. Dattelpalmen; geringe Bodenschätze (Erdöl, Erdgas, Eisen- u. Chromerz, Braun- u. Steinkohle); Baumwoll-Ind. – P. entstand 1947 durch Teilung Britisch-Indiens; 48 u. 65 militär. Konflikt mit Indien um ∕Kaschmir; 71 separatist. Bewegung in ehem. *Ost-P.* (Bengalen) u. Loslösung Ost-P.s, das als ∕Bangla Desh die Unabhängigkeit erlangte; 72 Austritt aus dem Commonwealth.
Pako *m, Alpaka,* schafgroßes Lama; wegen Wolle *(Alpakawolle)* u. Fleisch in Südamerika gezüchtet.   [Bündnis.
Pakt *m* (lat.; Ztw. *paktieren*), Vertrag, polit.
PAL, Abk. für Phase Alternation Line, v.W. ∕Bruch entwickeltes Farbfernsehsystem; in den meisten europ. Ländern (außer Fkr. u. den Ostblockstaaten) eingeführt.
Palacky (: palatßki), *Franz,* tschech. Historiker u. Politiker, 1798–1876; für föderalist. Umbildung der östr. Monarchie. *Gesch. Böhmens.*

Pagode: sog. „fünfdachiger Tempel" in Bhadgaom (Nepal)

Michael Pacher: „Hl. Florian" (Hochaltar in St. Wolfgang)

Pakistan

Amtlicher Name:
Islamic Republic of Pakistan

Staatsform:
Republik

Hauptstadt:
Islamabad

Fläche:
803943 km²

Bevölkerung:
76,77 Mill. E.

Sprache:
Urdu; daneben noch regionale Amtssprachen

Religion:
97,2% Muslimen

Währung:
1 Pakistan. Rupie = 100 Paisa

Mitgliedschaften:
UN, Colombo-Plan

Palenque:
Der Sonnentempel

Paladin m (lat.), **1)** in den Epen des MA ein Ritter am Hofe Karls d. Gr. **2)** allg.: treuer Gefolgsmann.
Palais s (: palä, frz.), Palast.
paläo... (gr.), in Zss. alt..., ur...; **Paläographie** w (gr.), die Wiss. v. den alten Schriften u. deren Entzifferung. **Paläolithikum** s, die Alt-↗Steinzeit. **Paläologen** (Mz.), letzte Kaiserfamilie des Byzantin. Reiches, 1261/1453. **Paläomagnetismus**, der ↗Erdmagnetismus in den verschiedenen Epochen der Erd-Gesch.; rekonstruierbar aus der Magnetisierung v. Gesteinen bekannten Alters; erlaubt Rückschlüsse auf die Lage der Magnetpole während der Erd-Gesch. **Paläontologie** w (gr.), Lehre v. den Lebewesen der Vorzeit, die oft als ↗Fossilien erhalten sind. Paläobotanik behandelt die urzeitl. Pflanzen, Paläozoologie die Tiere. **Paläozoikum** s (gr.), Erdaltertum, Ablagerungen des Kambriums, Silurs, Devons, Karbons u. Perms. Lebewesen der Vorzeit, ☐ 237.
Palästina, das Gelobte Land der Juden, das Hl. Land der Christen u. des Islam. – Seit dem 3. Jahrt. v. Chr. überwiegend v. Semiten bewohnt; seit der 2. Hälfte des 13. Jh. Einfall u. Landnahme des Volkes Israel. P. wurde nach 721 assyr., dann Teil des Neubabylon. Reichs, des Perser- u. Alexanderreichs; kam um 320 zum Ptolemäer-, 198 zum Seleukidenreich, wurde 63 v. Chr. röm., später byzantin., 638 arab.; in der Kreuzzugszeit 1099/1187 als Kgr. Jerusalem in den Händen christl. Fürsten, wurde 1517 türkisch. Im 1. Weltkrieg v. den Engländern erobert u. seit 1920 brit. Mandatsgebiet; 22 Schaffung v. ↗Transjordanien, das v. übrigen Gebiet getrennt verwaltet wurde. Die seit der ↗Balfour-Deklaration (1917) erfolgende jüd. Einwanderung führte zu wachsenden Reibungen mit den Arabern; 47 stimmten die UN für eine Teilung P.s in einen jüd. u. einen arab. Staat mit ↗Jerusalem als int. Enklave, doch rief nach dem Erlöschen des brit. Mandats 48 der jüdische Nationalrat den Staat ↗Israel aus. Ein Teil P.s kam dann zu (Trans-)↗Jordanien, doch 67 eroberte Israel diese Gebiete.
Palästra w, altgriech. Ringschule.
Palatin m, einer der 7 Hügel u. sagenhafte Urstätte Roms; röm. Kaiserpaläste, Farnesische Gärten.
Palatina w, die kurpfälz. Bibliothek in Heidelberg; 1622 dem Papst geschenkt; 1816 teilweise nach Heidelberg zurückgegeben.

Paletot (rechts Gehrock-P.)

Palimpsest: sichtbar gemachte Erstschrift (senkrecht)

Pallium

Palatinechtfarbstoffe, Gruppe v. Säurefarbstoffen (Chromfarblacke) zum Färben v. Seide, Wolle, Perlon, Nylon u.a.
Palau-Inseln, 27 vulkan. Südsee-Inseln, 487 km², 13600 E.; USA-Treuhandgebiet.
Palaver s (portugies.), **1)** urspr. Besprechung zw. Weißen u. afrikan. Eingeborenen. **2)** allg.: müßiges Gerede.
Palazzo m (it.), Palast.
Palembang, größte Stadt Sumatras u. Hst. der indones. Prov. Süd-Sumatra, 583000 E.; Univ.-Colleges; kath. Bischof; Seiden-Ind.
Palenque (: -ke), Maya-Ruinenstätte in Mexiko; stumpfe Stufenpyramiden, Reliefs.
Palermo, Hst. Siziliens, Hafen an der Bucht V. P., in der Conca d'Oro, 694000 E.; Stadtbild aus der Sarazenen-, Normannen- u. Stauferzeit: normann. Dom (1185/14. Jh.), Palazzo Reale (11. Jh.), sarazen.-normann. Schloß (9. Jh., mit Mosaiken); Erzb.; Univ., TH, Handelshochschule. Tabak-, Nahrungsmittel- u. Maschinen-Ind. – Phönik. Gründung, 254 v. Chr. röm., 831 arab., 1072 normann.; seit 1130 Hst. des normann., dann stauf. Sizilien; 1282 aragonisch, 1503/1860 beim Kgr. ↗Neapel, dann zu Italien.
Palestrina, eig. Giovanni Pierluigi), it. Kirchenkomponist, 1525–94; Hauptmeister der kath. Kirchenmusik des 16. Jh.; sein Stil (P.stil) entsprach den Forderungen des Trienter Konzils. Messen, Magnificats, Litaneien, Hymnen, Motetten, Madrigale.
Paletot m (: -to, frz.), anliegend gearbeiteter, leicht taillierter Herrenmantel.
Palette w (it.), eine Tafel, auf welcher der Kunstmaler die Farben zubereitet.
Pali s, mittelind. Lit.-Sprache; Kultsprache des südl. Buddhismus.
Palimpsest m (gr.), Handschrift, deren 1. Beschriftung durch Abwaschen od. Rasur gelöscht wurde, so daß der Beschreibstoff (Papyrus u. Pergament) neu benutzt werden konnte; mittels Fluoreszenz-Photographie wird die Erstschrift wieder lesbar.
Palisade w (lat.), Schutzwand aus zugespitzten Pfählen.
Palisadenwurm, bis 1 m langer parasit. Fadenwurm in Leibeshöhle u. Nieren v. Säugetieren. Beim Menschen sehr selten.
Palladio, Andrea, it. Architekt, 1508–80; leitet v. der Renaissance zum Barock über; sein monumentaler klassizist. Stil u. seine 4 Bücher der Architektur wirkten bes. in England, Fkr. u. den Niederlanden. (Palladianismus).
Palladium s, Kultbild der bewaffneten Göttin Pallas Athene.
Palladium s, chem. Element, Zeichen Pd, Metall der Platingruppe, Ordnungszahl 46 (☐ 149); silberweiß, weich, säurebeständig; für Widerstandsdrähte, Feinmeßgeräte; als Katalysator.
Pallas, Beiname der Göttin ↗Athene.
Pallasch m (slaw.), langer, schwerer gerader Stichdegen mit Schutzkorb, Waffe bes. der Kürassiere.
Palliativmittel (lat.), mildern quälende od. bedrohl. Krankheitserscheinungen, ohne den Fortgang der Krankheit zu beeinflussen.
Pallium s (lat.), im W Insignie des Papstes u. der Erzbischöfe, im Osten aller Bischöfe,

eine weiße Binde mit 6 schwarzen Kreuzen; um die Schulter gelegt.

Pallotti, *Vinzenz,* hl. (22. Jan.), it. Priester, 1795–1850; Stifter der Pallottiner, wirkte in Rom auf fast allen Gebieten der Seelsorge. **Pallottiner,** *Gesellschaft des Kath. Apostolats,* 1835 v. ⤳Pallotti gegr. Priester- u. Brüdergemeinschaft ohne Gelübde zur Förderung des apostol. Gedankens, für Exerzitien u. Mission. Generalat in Rom. **P.innen,** *Schwestern v. Kath. Apostolat,* 1843 v. Pallotti gegr. caritative Kongregation mit einfachen Gelübden; seit 95 selbständ. dt. Missionskongregation (Mutterhaus Limburg a. d. Lahn).

Palm, *Johann Philipp,* Nürnberger Buchhändler, 1766–1806; auf Befehl Napoleons erschossen, weil er eine anti-frz. Flugschrift verlegt hatte.

Pampashase

Palma, 1) *P. de Mallorca* (: -maljorka), die Hst. der Balearen, wichtigster Hafen und Handelsstadt auf Mallorca, 310000 E.; Bischof; got. Kathedrale (13./14. Jh.); Fremdenverkehr. **2)** *San Miguel de la P.* (: -gel-), westlichste der Kanar. Inseln, 728 km², 70000 E.; Hst. Santa Cruz de P.

Palma, *Jacopo,* gen. *P. Vecchio* (= P. d. Ä.), eig. *J. d'Antonio Negreti,* venezian. Maler der Hochrenaissance, 1480–1528; weibl. Bildnisse; weicher, toniger Stil.

Palmas, *Kap P.,* westafrikan. Vorgebirge.

Palm Beach (: pām bitsch), Bade- u. Winterkurort in Florida (USA), 10000 E.

Palmen, einkeimblättrige Pflanzenfamilie der Tropen; P.arten: ⤳*Kokos-,* ⤳*Öl-, Dattel-,* ⤳*Sago-P.;* Nahrungs- und Werkstoffgrundlage; bestehen aus Hochstämmen, gekrönt v. einem Schopf fächerart., zerschlitzter Blätter (Palmwedel); an trop. Küsten und Oasen; nuß- (z. B. Kokos-) oder pflaumenförmige (z. B. Öl-, Dattel-P.) Früchte; einzige europ. wildwachsende Art die Zwerg-Fächerpalme (Mittelmeergebiet).

Palmerston (: pãm^{er}ßt^{e}n), *Henry John Temple Viscount,* 1784–1865; Vorkämpfer der liberalen Ideen in Europa, 1855/58 u. 59/65 brit. Premiermin.

Palmette w (frz.), Palmblattornament.

Palmette

Palmettopalme, nördlichste Palme Amerikas, liefert *Palmettofasern* zu Papier.

Palmfarne, palmähnl. Gruppe der ⤳Gymnospermen. ⤳Cycas.

Palmitinsäure, eine Fettsäure, $C_{15}H_{31}COOH$, neben Stearin- u. Ölsäure Hauptbestandteil fester tier. Fette.

Palmkernöl ⤳Ölpalme.

Palmlilie, *Yucca,* palmähnliche Liliengewächs-Arten mit weißen Blüten in Mittelamerika.

Palmöl ⤳Ölpalme.

Palmlilie

Palmsonntag, *Palmarum,* im christl. Kirchenjahr Beginn der Karwoche, Erinnerung an Christi Einzug in Jerusalem; in der kath. Kirche Palmweihe.

Palmwein, alkohol. Getränk aus zuckerhalt. Palmsaft, z. B. der ⤳Ölpalme.

Palmyra, heute *Tadmur,* im Alt. Handelsstadt n.ö. von Damaskus; 266/273 Residenz der Königin ⤳Zenobia; 744 v. Arabern zerstört.

Palolowurm, Borstenwurm in Korallenrif-

Panama

Amtlicher Name:
República de Panamá

Staatsform:
Republik

Hauptstadt:
Panama

Fläche:
75650 km²

Bevölkerung:
1,88 Mill. E.

Sprache:
Spanisch

Religion:
93% Katholiken
6% Protestanten

Währung:
1 Balboa
= 100 Centésimos

Mitgliedschaften:
UN, OAS

fen der Fidschi- u. Samoa-Inseln, zeigt ausgeprägten Mondrhythmus.

Palpation w (lat.), Betastung; ärztl. Untersuchungsmethode.

Palucca, *Gret,* dt. Tänzerin, * 1902; Vertreterin des Ausdruckstanzes.

Pamir m, „Dach der Welt", zentralasiat. Gebirgsknoten; besteht aus steppen- u. wüstenhaften Hochflächen (3000–5000 m ü. M.), überragt v. Gebirgsketten (Mustag Ata, 7546 m, Kungur Tag, 7684 m); entsendet Gebirgssysteme des Tienschan, Kuenlun, Karakorum, Himalaja u. Hindukusch.

Pampa w, argentin. Steppenlandschaft zw. Atlantik und Anden; Viehzuchtgebiet und Hauptkornkammer. **P.sgras,** hohes Gras mit langen Blättern; in Südamerika. **P.shase,** Nagetier; in patagonischen Steppen.

Pampelmuse w, *Adamsapfel, Grapefruit,* Baum der Citrusarten; liefert bis pfundschwere Früchte (ostind. Apfelsine); in Tropen, Südeuropa. ☐748.

Pampero m, Südweststurm in den La-Plata-Gebieten Südamerikas.

Pamphlet s (gr.), Schmähschrift.

Pamphylien, antike Küstenlandschaft im südl. Kleinasien.

Pamplona, Hst. der nordspan. Prov. Navarra, 175000 E.; Erzb.; got. Kathedrale; kath. Univ.; Aquädukt; Textil-Ind.

Pan, urspr. ein griech. Hirten- u. Jägergott. Halb bocks-, halb menschengestaltig; bläst die Flöte (Panflöte) u. erschreckt Mensch u. Tier (*panischer* Schrecken).

Pan m (poln., tschech.), Herr.

pan... (gr.), in Zss.: all..., ganz...

Panama m, kleingewürfeltes wollenes od. baumwollenes Gewebe zu Hemden u. Kleidern.

Panamá, 1) Rep. an der schmalsten Stelle Mittelamerikas, zw. Kolumbien u. Costa Rica. P. ist ein v. dichtem Urwald erfülltes Berg- u. Hügelland, das gg. W zur 1500 m hohen Kordillere ansteigt, 60% der Bev. arbeiten zur Eigenversorgung in der Landwirtschaft. Über 50% des Sozialprodukts liefert direkt od. indirekt der ⤳P.kanal. Wichtigstes Ausfuhrprodukt sind Bananen aus den Plantagen der am. United Fruit Co. 80% der Ausfuhr gehen in die USA. – 1501 entdeckt, 13 span. Prov.; 1821 unabhängig u. Anschluß an Kolumbien, 1903 mit Hilfe der USA selbständig. Staats-Präs. Aristides Royo (seit 78). **2)** *Panama City,* span. *Ciudad de Panamá,* Hst. Panamas am Südende des P.kanals, 460000 E.; kath. Erzb., ev. Bischof; 2 Univ. Balboa, der Hafen v. P. C., liegt in der Kanalzone.

Panama-Kanal, Seekanal auf der Landenge v. Panama, zw. Atlant. u. Pazif. Ozean, 81,5 km lang, 91–305 m breit, 13,7 m tief, 26 m ü. M. (Schleusen). Die Hoheitsrechte über die Kanalzone (1432 km², 45000 E.) besitzen seit 1903 die USA. Da der P. dem zunehmenden Verkehr nicht mehr gewachsen ist, planen die USA einen 2. Kanal. ☐718.

Panamapalme, süd-am. Palmenart; Blätter liefern Stroh für *Panamahüte.*

Panamarinde ⤳Quillaja.

Panamerican Highway (pänämer^{i}k^{a}n haiwe^i), 34620 km lange Autostraße in

Nordsüdrichtung durch Amerika, v. Alaska bis Feuerland; z. T. noch im Bau. **Panamerikanische Union** ↗Panamerikanismus. **Panamerikanismus,** Bz. für die Gesamtheit der Bemühungen um polit., wirtschaftl. u. kulturelles Zusammenwirken der selbständigen nord- u. süd-am. Staaten (außer Kanada), nach 1820 entstanden in der Abwehr nicht-am. Einflüsse; die seit 1890 bestehende *Panamerikanische Union* als permanentes Organ zur Vorbereitung der panamerikan. Konferenzen wurde 1948 auf der Konferenz v. Bogotá zur ↗OAS 1) erweitert. **Panaritium,** *Fingerwurm, Fingerentzündung, Nagelgeschwür, Umlauf,* eitrige Entzündung an Fingern u. Hand. **panaschieren** (frz.), im Wahlrecht: trotz grundsätzl. Listenwahl seine Stimme auch Bewerbern aus verschiedenen Listen geben, evtl. auch neue Kandidaten eintragen. ↗**kumulieren. Panaschierung** *w,* Buntblättrigkeit bei Pflanzen. **panchromatisch** (gr.), die v. Rot bis Blau empfindl. gemachten photograph. Schichten. **Pandanus** ↗Schraubenbaum. **Pandekten,** *Digesten,* bedeutendster Teil des ↗Corpus Iuris Civilis; enthalten hauptsächl. Auszüge aus der röm. Rechtsliteratur. **Pandit,** ind. Titel brahman. Gelehrter. **Pandora,** im griech. Mythos das erste, v. Hephaistos geschaffene Weib, öffnete die Büchse des Übels, brachte so das Leid über die Menschen. Dramenfragment v. Goethe. **Pandschab** *s,* „Fünfstromland" im NW Vorderindiens; teils kultivierte, teils wüstenhafte Ebene, im NO Hochgebirge. a) *West-P.* (Pakistan), 206012 km², Hst. Lahore. b) der östl. Teil bildet die *ind. Bundesstaaten P.,* 50513 km², 13,5 Mill. E., und *Haryana,* 43175 km², 10,1 Mill. E.; gemeinsame Hst. *Tschandigarh* (Chandigarh). **Panduren** (Mz.), urspr. Leibgarde des kroat.-slowen. Adels; 1741 bildete v. der ↗Trenck daraus ein Freikorps, das 56 dem östr. Heer eingegliedert wurde. **Paneel** *s* (holländ.), Holztäfelung. **Panegyrikus** *m* (gr.; Bw. *panegyrisch*), Lobrede; ihr Verfasser: *Panegyriker.* **Panem et circenses,** Ruf des röm. Volkes nach Brot u. Zirkusspielen. **Panentheismus** ↗Pantheismus. **Paneuropa-Bewegung,** v. Graf ↗Coudenhove-Kalergi gegr. Bewegung, die 1926 in Wien ihren 1. Kongreß abhielt; setzte sich

Panama-Kanal
Länge: 81,5 km
Breite: 91–305 m
Tiefe: 12,8–13,7 m
Scheitelhöhe: 26 m
Schleusen: 6
Durchfahrtsdauer: 7–9 Stunden
Verkürzung des Seewegs:
New York – San Francisco 14000 km, New York – Valparaíso 7000 km
Kapazität: 45 Schiffe pro Tag

O. Pankok: Selbstbildnis (Holzschnitt)

den föderativen Zusammenschluß der europ. Staaten zum Ziel; dieser Gedanke nach dem 2. Weltkrieg v. der ↗Europ. Bewegung aufgegriffen; Coudenhove-Kalergi erneuerte 47 die P.-B. durch die Gründung der *Europ. Parlamentar. Union* (Vereinigung v. Parlamentariern der europ. Länder). **Pange lingua** (lat.), Thomas v. Aquin zugeschriebener Hymnus auf das Altarsakrament (↗Tantum ergo). **Panier** *s* (frz.), Fahne, Banner. **panieren** (lat.), Fleisch od. Fisch vor dem Braten in Ei u. Semmelmehl wälzen. **Panik** *w* (gr.), Schrecken u. sinnlose Verwirrung einer Menschenmasse. **Pankok,** *Otto,* dt. Maler, Graphiker u. Bildhauer, 1893–1966; Expressionist. **Pankow,** *Berlin-P.,* Verwaltungs-Bez. im N v. (Ost-)Berlin. **pankratisches System** (gr.), opt. meist im Sinne v. ↗Gummilinse gebraucht. **Pankratius,** *Pankraz,* hl. (12. Mai), nach der Legende im 3./4. Jh. in Rom enthauptet; einer der Eisheiligen. **Pankreas** *s* (gr.), *Bauchspeicheldrüse,* an der Rückwand des Oberbauches; sondert in seinem Sekret Eiweiß-, Fett- u. Kohlenhydrate spaltende Fermente in den Zwölffingerdarm ab; enthält die ↗Insulin bildenden *Langerhansschen Inseln.* ☐ 404, 617. **Panlogismus** *m* (gr.), philosoph. Lehre, die alles Seiende als Entwicklungsstufen der sich im dialekt. Prozeß selbst entfaltenden Weltvernunft erklärt (↗Hegel). **Pannonien,** röm. Prov. zw. Ostalpenrand, Donau u. Save; 12/9 v. Chr. v. Tiberius unterworfen. **Pannwitz,** *Rudolf,* dt. Schriftsteller, 1881 bis 1969; suchte Philosophie, Wissenschaft und Kunst zu verschmelzen. **Panoptikum** *s* (gr. = Gesamtschau), Sammlung v. Kuriositäten; porträttreue Nachbildung berühmter Persönlichkeiten, meist in Wachs (Wachsfigurenkabinett). **Panorama** *s* (gr.), Gesamtansicht einer Landschaft; Rundblick. **Panpsychismus** ↗Pantheismus. **Pansen** *m,* erster u. größter Abschnitt des Magens bei ↗Wiederkäuern. ☐ 577. **Panslawismus** *m,* Bz. für die auf Zusammenschluß aller Slawen gerichteten Bewegungen im 19. u. 20. Jh.; diente der russ. Politik als Mittel zur Zersetzung des türk. Reiches u. des Vielvölkerstaates Östr., v. der UdSSR während des 2. Weltkrieges wiederbelebt. **Pantaleon,** hl. (27. od. 28. Juli bzw. 18. Febr.), um 305 unter Ks. Maximian gemartert; einer der 14 ↗Nothelfer. **panta rhei** (gr.), „alles fließt". Heraklit zugesprochener Grundgedanke; begreift das Sein als in stetem Wandel befindlich. **Pantelleria,** it. Mittelmeerinsel s.w. v. Sizilien, 83 km², 9000 E.; Hst. P. **Pantheismus** *m* (gr.), Behauptung der Wesenseinheit Gottes mit der Welt u. Leugnung seiner Personalität. In seinen religiösen od. philosoph. Formen behauptet der P. v. Gott: a) er gehe völlig in den Dingen auf *(materialist. Atheismus* od. *Monismus);* b) er lasse sie stufenweise aus sich hervorge-

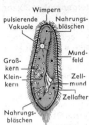

Wimpern
pulsierende Vakuole
Nahrungsbläschen
Großkern
Kleinkern
Mundfeld
Zellmund
Zellafter
Nahrungsbläschen
Wimpernschopf
Pantoffeltierchen

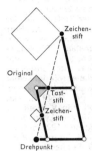

Zeichenstift
Original
Taststift
Zeichenstift
Drehpunkt

Pantograph: zeichnet je nach Einstellung gleichartige oder verkehrte oder spiegelbildliche Abbildungen des Originals

Franz von Papen

hen *(Emanations-P.)*; c) er belebe sie als Weltseele *(Panpsychismus)*; d) er gelange erst im Werdeprozeß der Welt zum Gottsein *(Evolutions-P.)*; e) er sei das einzig wahrhaft Seiende, u. die Dinge seien seine bloßen Erscheinungsformen *(Manifestations-P.)*; f) er gehe als Ganzes den Dingen voraus, sie seien nur Vereinzelungen seiner selbst in ihm [*Panentheismus,* mit e) verwandt].

Pantheon s (gr.), allen Göttern geweihter Tempel, Gedächtnisstätte; in Rom Rundbau mit kassettierter Kuppel (27 v. Chr. errichtet; heute Kirche S. Maria Rotonda); innerer Durchmesser gleich Höhe: 43,4 m. In Paris die nationale Gedächtnisstätte, 1764/90 v. Soufflot erbaut. ☐ 1131.

Panther ↗Leopard. **P.katze** ↗Ozelot.

Panthersprung ↗Marokkokrisen.

Pantoffelblume, *Calceolaria,* süd-amerikan. Braunwurzgewächse, z. T. Zierpflanzen mit bunten pantoffelförm. Blüten.

Pantoffeltierchen, pantoffelförm. Wimpertierchen, 0,1–0,3 mm groß.

Pantograph m (gr.), Storchschnabel, Gerät zur mechan. Übertragung v. Zeichnungen in beliebigem Maßstab.

Pantokrator m (gr.), Christus als Weltherrscher; byzantin. Kunstmotiv.

Pantomime w (gr.), Darstellung eines Vorgangs od. Charakters ohne Worte, nur mit Bewegungen u. Mimik.

Pantschatantra (Sanskrit), ind. Fabelbuch, um 300 n. Chr. entstanden; weitverbreitet u. viel übersetzt.

Pantschen-Lama ↗Lamaismus.

Panzer, 1) Schutz des Körpers aus Metall, Leder u. ä. gg. fremde Einwirkungen, bes. v. Hieb- u. Stichwaffen. **2)** starres, v. der Haut gebildetes Schutz- u. Stützelement bei Tieren. **3)** feuer- u. einbruchssichere Umhüllung für Wertgegenstände; auch Schutz gg. radioaktive Strahlung (Beton-, Blei-P.). **4)** ein motorisierter, geländegängiger, meist mit Gleisketten versehener Waffenträger für Land- od. Amphibieneinsatz (Gewicht bis zu über 70 t, Geschwindigkeit bis zu 80 km/h, Reichweite oft über 400 km). Als Kernwaffe des modernen Heeres wurde eine Vielzahl Typen für bestimmte Aufträge entwickelt, z. B. Jagd-P., Sturm-P., Schützen-P., Flak-P., P.-Spähwagen, Schwimm-P., Räum-P., Brückenbau-P. usw. – Die P.waffe ist in modernen Heeren eine eigene, oft selbständig operierende Waffengattung. **P.abwehrwaffe,** zur Bekämpfung feindl. Panzer, a) Sprenggeschosse mit hoher Anfangsgeschwindigkeit, b) ↗Hohlladungen, oft als Raketengeschosse abgefeuert (z. B. Panzerfaust), ☐ 1075, c) künstliche Hinder-

nisse (Panzersperren). **P.echsen,** die ↗Krokodile. **P.fische,** *Plakodermen,* fossile Fische mit einem knöchernen Hautskelett; älteste Gruppe der Wirbeltiere. **P.herz,** Ablagerung v. Kalksalzen zw. Herz u. Herzbeutel. **P.lurche,** fossile Lurche mit Hautknochenpanzer.

Päonia, die ↗Pfingstrose.

Paotow, die chines. Stadt ↗Pautou.

Papageien, buntfarbige, meist trop. Klettervögel mit je 2 nach vorn u. hinten gestellten Zehen u. kräftigem Zangenschnabel; leicht zähmbar; lernen schnell (bes. die Afrikan. *Jakos* u. süd-am. *Grau-* u. *Amazonas-P.*) Worte u. ganze Sätze nachsprechen. *Aras,* größte P., in Amerika, austral. *Kakadus, Wellen-* u. *Nymphensittiche, Loris.* ☐ 1046.

P.finken ↗Tangaren. **P.krankheit,** *Psittacosis,* Infektionskrankheit, bes. der Wellensittiche, mit Freßunlust, Darmkatarrh, Federausfall; meist Tod nach 4 u. mehr Tagen. Von Tier auf Mensch u. v. Mensch zu Mensch übertragbar, schwere Allgemeinerkrankung mit Lungenentzündung. **P.taucher,** *Larventaucher,* nord. Meeresvogel mit scharfem, hohem Schnabel.

Papaija, die Frucht des ↗Melonenbaums.

papal (lat.), päpstlich. [☐ 748.

Papel w (lat.), Haut-↗Knötchen.

Papen, *Franz v.,* dt. Politiker, 1879–1969; Juni/Nov. 1932 dt. Reichskanzler (trat bei Antritt des Amtes aus dem Zentrum aus); setzte sich nach seinem Sturz für die Kanzlerschaft Hitlers ein, Jan. 33/Juni 34 Vizekanzler; 46 im Nürnberger Kriegsverbrecherprozeß freigesprochen, im Spruchkammerverfahren 47 zu 8 Jahren Arbeitslager verurteilt, 49 freigelassen.

Papenburg, niedersächs. Krst. (Kr. Aschendorf-Hümmling) an der unteren Ems (Hafen), 27500 E.; Werften, Maschinenfabriken.

paperback (: pe'pᵉʳbäk, engl.), Buchtyp mit einfacher Bindung (,,Papierrücken'').

Paperling m, starartiger Vogel Nordamerikas, schädigt Reis- und Getreidefelder.

Papier, um 100 n. Chr. erstmals in China hergestellt, v. dort um 750 im arab. Kulturkreis; seit 14. Jh. in Europa. Die Rohmaterialien der P.fabrikation sind Holzschliff, Altpapier, Zellstoff u. die wertvollen Lumpen (Hadern) v. Leinen- u. Baumwollzeug. Nach sorgfält. Reinigung gelangen sie in den Holländer (☐ 399) z. Vermahlen unter Zusatz v. Wasser, Kaolin, Leimstoffen u. Anilinfarben; der wässerige, dünne P.brei passiert Sand- u. Knotenfänger u. fließt dann auf das ,,Sieb'', ein aus feinsten Metalldrähten gewebtes, breites, über Walzen laufendes endloses Metalltuch. Die verfilzten Fasern werden zw. ,,Naßwalzen'' halb-

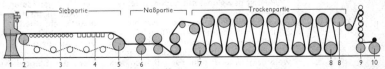

Siebpartie — Naßpartie — Trockenpartie

1 2 3 4 5 6 7 8 8 9 10

Papier: Schema einer Langsieb-Papiermaschine für die Papierherstellung: 1 Stoffauflauf, 2 Brustwalze, 3 Registerwalzen (Tragwalzen), 4 Saugerteil, 5 Saugwalze, 6 von da ab unter der Dunsthaube die Trockenzylinder 7 und die Kühlzylinder 8. Die Kalander des Trockenglättwerks 9 und der Rollapparat 10 folgen als Abschluß dahinter

Papierformate
(nach DIN)
Ausgang ist Format
A 0 = 1 m². Jedes
genormte Format entsteht durch Hälfteln
des nächstgrößeren
seiner Reihe; das Verhältnis der langen
zur kurzen Seitenkante beträgt
$1 : \sqrt{2} = 1 : 1,414$
Grundgröße ist
841 × 1189 mm

1 = Bezeichnung
2 = Größe in mm

1	2	1	2	1	2
A 0	841 x 1189	B 0	1000 x 1414	C 0	917 x 1297
A 1	594 x 841	B 1	707 x 1000	C 1	648 x 917
A 2	420 x 594	B 2	500 x 707	C 2	458 x 648
A 3	297 x 420	B 3	353 x 500	C 3	324 x 458
A 4	210 x 297	B 4	250 x 353	C 4	229 x 324
A 5	148 x 210	B 5	176 x 250	C 5	162 x 229
A 6	105 x 148	B 6	125 x 176	C 6	114 x 162
A 7	74 x 105	B 7	88 x 125	C 7	81 x 114
A 8	52 x 74	B 8	62 x 88	C 8	57 x 81

Die B-Reihe (geometr. Mittelformate zw. den Formaten der A-Reihe) und die C-Reihe (geometr. Mittelwerte zw. den Formaten der A- und B-Reihe) sind Zusatzreihen für z. B. Briefhüllen, Aktendeckel, Fahrscheine

Manometer
Sicherheitsventil
Dampf
Wasser
Quecksilber
Papinscher Topf

Pappel (Schwarz-P.):
Wuchs- und Blattform;
F Frucht

trocken gequetscht, u. anschließend läuft das *P.band* über dampfbeheizte Zylinder, wobei es völlig trocknet. Zum Schluß wird das P. evtl. gestrichen u. zw. Walzen des ⁄Kalanders geglättet (satiniert). Zu großen, bis zu 6 m breiten Rollen aufgespult, wird das P. dann geschnitten, sortiert u. verpackt. Billige Massen-P.e (z. B. Zeitungs-P.e) bestehen vorwiegend aus Holzschliff, vergilben wegen ihres Ligningehaltes am Licht rasch u. werden brüchig. Schreib-P. muß stark geleimt sein. **P.chromatographie** ⁄Chromatographie. **P.formate**, fast ausschließlich nach dem DIN-Format der A-Reihe angegeben. Die Ausgangsbogengröße A 0 ist 1 m² = 841 × 1189 mm, durch fortgesetztes Halbieren ergeben sich die weiteren Formate (z. B. A 4 Briefbogen, A 6 Postkarte). **P.geld,** Bargeld in Form v. ⁄Banknoten. **P.maché** (: -masche, frz.), formbare Masse aus zerkochten Papierabfällen, Holzmehl, Leim usw., in Formen gepreßt, getrocknet; zu Spielzeug, Gefäßen, Bieruntersetzern u. a. **P.nautilus** m, 8armiger, meist graue Tintenfisch der wärmeren Meere. **P.staude** ⁄Papyrus.
Papier collé s (: papje kole), Kombination verschiedenfarbiger Tapetenfragmente zu abstrakten Klebebildern; v. P. ⁄Picasso u. G. ⁄Braque entwickelte ⁄Collage-Technik.
Papille w (lat.), Warze, Brustwarze od. warzenartr. Erhebungen auf Haut u. Schleimhaut, so auf der Zunge.
Papillom s (lat.), Warzengeschwulst.
Papin (: -pán), Denis, frz. Physiker, 1647 bis 1714; erfand den *Papinschen Topf* (Dampfdrucktopf) u. eine atmosphärische Dampfmaschine.
Papini, Giovanni, it. Schriftsteller, 1881 bis 1956; kam vom Skeptizismus zum kath. Offenbarungsglauben; *Geschichte Jesu Christi; Briefe Cölestins VI.; Das Jüngste Gericht.*
Papismus m, in der Zeit der Glaubensspaltung polem. Bz. für das Papsttum.
Pappe w, ein dickes, steifes Papier, aus einzelnen Papierbahnen zusammengepreßt. *Well-P.* ist gewelltes, mit gegengeklebtem, glattem Papier.
Pappel, Weidengewächse, zweihäusige Bäume mit hängenden Blütenkätzchen (Windblütler); *Schwarz-P.,* bis 25 m hoch, rautenförm. Blätter gelappt, unterseits weißfilzig; *Zitter-P.* oder *Espe,* Blätter kreisrund; *Kanad. P., Ontario-P.,* Zierbäume. P.n liefern helles, leichtes, zähes u. weiches Holz.
Pappenheim, Gottfried Heinrich Graf zu P.,

1594–1632; kaiserl. Reitergeneral im 30jähr. Krieg, fiel bei Lützen.
Paprika m, *Spanischer Pfeffer, Capsicum,* Nachtschattengewächs aus dem trop. Amerika; auch in Spanien u. Ungarn kultiviert. Früchte reich an Vitamin C, schmekken süß, herb od. brennend scharf, werden roh od. gekocht gegessen, getrocknet u. gemahlen nur als Gewürz verwandt. ☐452.
Papst m (v. lat. *papa* = Vater), in der kath. Kirche Amts-Bz. für den Bischof v. Rom, der als Nachfolger des hl. Petrus Oberhaupt der Gesamtkirche u. die Petrus v. Christus übertragene „Schlüsselgewalt", d. h. die volle Binde- u. Lösegewalt, besitzt. Nach der Lehre des 1. Vatikanischen Konzils über ⁄Primat u. ⁄Unfehlbarkeit des P. ist dieser oberster Richter, Gesetzgeber, Aufseher u. Lehrer der Kirche; seit dem 2. Vatikan. Konzil stärkere Betonung der Kollegialität der Bischöfe. Früher war der P. auch weltl. Herr des ⁄Kirchenstaates, heute ist er weltl. Oberhaupt der ⁄Vatikanstadt. – **Päpstliche Familie,** *Famiglia Pontificia,* der gesamte Hofstaat des P. einschließl. der Ehrenmitglieder (⁄Kurie). **Päpstliches Missionswerk der Kinder,** in Dtl. *Kindheit-Jesu-Verein,* Missionsverein für Kinder, 1843 in Fkr. gegr., seit 46 auch in Dtl. **Päpstl. Werk der Glaubensverbreitung,** 1822 in Lyon gegr. kath. Missionshilfswerk; seit 1922 auf die Gesamtkirche ausgedehnt; Zentrale in Rom. **Papstwahl** w, am 15./19. Tag nach dem Tod eines Papstes durch die bis zur Erzielung eines Ergebnisses streng v. der Außenwelt abgeschlossenen u. auf Geheimhaltung vereidigten Konklavisten (⁄Konklave), meist in der ⁄Sixtinischen Kapelle. Wählbar ist jeder rechtgläubige, mündige, männl. Katholik; wahlberechtigt sind alle Kardinäle (seit 1970 aktives u. passives Wahlrecht nur noch für Kardinäle bis zum 80. Lebensjahr); seit 1389 nur Kardinäle u. seit 1523 nur Italiener gewählt. Wahlform gewöhnlich geheime Abstimmung mit Stimmzetteln; gewählt ist, wer eine Stimme mehr als ²/₃ der gültigen Stimmen aller Anwesenden erhält. Ergebnis jedes Wahlgangs mit der *Sfumata* (Rauch, fr. v. den verbrannten Stimmzetteln) nach außen angezeigt: schwarz = ergebnislos, weiß = gewählt. Mit Annahme der Wahl empfängt der Gewählte die volle päpstl. Jurisdiktionsgewalt (⁄Primat).
Papua, 1) die Eingeborenen Neuguineas u. der Nebeninseln, Teil der Melanesier, dunkelhäutig, kraushaarig; leben noch auf der Kulturstufe der Steinzeit, in Pfahl- u. Baumbauten in dörfl. Gemeinschaft. **2)** *P.territorium,* austral. Teil v. ⁄Neuguinea; Teil des 1973 gebildeten Staates ⁄Niugini.
Papyrus m (gr.-lat., Mz. *Papyri*), *Papierstaude* am Riedgras, Sumpfpflanze bis 4,5 m hoch; im Alt. bes. im Nildelta kultiviert. Aus den in dünne Streifen geschnittenen, kreuzweise übereinandergelegten Mark der Stengel wurden Schreibblätter hergestellt. Im 5. Jh. n. Chr. v. Pergament verdrängt.
par... od. **para...,** griech. Vorsilbe: neben..., bei..., entgegen.

Papstliste

Bis Papst Viktor I sind die Daten nicht völlig gesichert. Die Namen der Gegenpäpste sind *kursiv* gesetzt. In manchen Fällen (mit [1] gekennzeichnet) ist die Frage der Legitimität historisch nicht mit letzter Sicherheit zu klären.

Name	Daten
Petrus	† 64 od. 67
Linus	64/79
Anaklet I	70/90 (92)
Klemens I	(90) 92/101
Evaristus	(99) 101/107
Alexander I	107/116
Sixtus I	116/125
Telesphorus	125/138
Hyginus	138/142
Pius I	142/154(155)
Anicet	(154)155/166
Soter	166/174
Eleutherus	174/189
Viktor I	189/198 (199)
Zephyrinus	199/217
Kalixt I	217/222
Hippolytos	*217/235*
Urban I	222/230
Pontianus	230/235
Anterus	235/236
Fabianus	236/250
Cornelius	251/253
Novatianus	*251/258*
Lucius I	253/254
Stephanus I	254/257
Sixtus II	257/258
Dionysius	(259) 260/(267) 268
Felix I	(268) 269/(273) 274
Eutychianus	(274) 275/(282)283
Cajus	(282) 283/(295) 296
Marcellinus	296/304
Marcellus I	307/308 (?)
Eusebius	310 [309, 310]
Miltiades	310/314
Silvester I	314/335
Marcus	336
Julius I	337/352
Liberius	352/366
Felix II	*355/358*
Damasus I	366/384
Ursinus	*366/367*
Siricius	384/399
Anastasius I	399/402
Innozenz I	402/417
Zosimus	417/418
Eulalius	*418/422*
Bonifatius I	418/419
Coelestin I	422/432
Sixtus III	432/440
Leo I	440/461
Hilarius	461/468
Simplicius	468/483
Felix II (III)	483/492
Gelasius I	492/496
Anastasius II	496/498
Symmachus	498/514
Laurentius	*498/506*
Hormisdas	514/523
Johannes I	523/526
Felix III (IV)	526/530
Bonifatius II	530/532
Dioskur	*530*
Johannes II	533/535
Agapet I	535/536
Silverius	536/537
Vigilius	537/555
Pelagius I	556/561
Johannes III	561/574
Benedikt I	575/579
Pelagius II	579/590
Gregor I	590/604
Sabinian	604/606
Bonifatius III	607
Bonifatius IV	608/615
Deusdedit	615/618
Bonifatius V	619/625
Honorius I	625/638
Severinus	640
Johannes IV	640/643
Theodor I	643/649
Martin I	649/653
Eugen I	654/657
Vitalianus	657/672
Adeodatus II	672/676
Donus	676/678
Agatho	678/681
Leo II	682/683
Benedikt II	684/685
Johannes V	685/686
Konon	686/687
Theodor	*687*
Paschalis	*687/692*
Sergius I	687/701
Johannes VI	701/705
Johannes VII	705/707
Sisinnius	708
Constantinus I	708/715
Gregor II	715/731
Gregor III	731/741
Zacharias	741/752
Stephan II	*752*
Stephan II (III)	752/757
Paul I	757/767
Constantinus II	*767/768*
Philipp	*768*
Stephan III (IV)	768/772
Hadrian I	772/795
Leo III	795/816
Stephan IV (V)	816/817
Paschalis I	817/824
Eugen II	824/827
Valentin	827
Gregor IV	827/844
Johannes	*844*
Sergius II	844/847
Leo IV	847/855
Benedikt III	855/858
Anastasius III	*855*
Nikolaus I	858/867
Hadrian II	867/872
Johannes VIII	872/882
Marinus I	882/884
Hadrian III	884/885
Stephan V (VI)	885/891
Formosus	891/896
Bonifatius VI	896
Stephan VI (VII)	896/897
Romanus	897
Theodor II	897
Johannes IX	898/900
Benedikt IV	900/903
Leo V	903
Christophorus	903/904
Sergius III	904/911
Anastasius III	911/913
Lando	913/914
Johannes X	914/928
Leo VI	928
Stephan VII (VIII)	929/931
Johannes XI	931/935
Leo VII	936/939
Stephan VIII (IX)	939/942
Marinus II	942/946
Agapet II	946/955
Johannes XII	955/963
Leo VIII	963/965
Benedikt V	964
Johannes XIII	965/972
Benedikt VI	973/974
Bonifatius VII	*974*
Benedikt VII	974/983
Johannes XIV	983/984
Bonifatius VII	*984/985*
Johannes XV	985/996
Gregor V	996/999
Johannes XVI	*997/998*
Silvester II	999/1003
Johannes XVII	1003
Johannes XVIII	1003(04)/1009
Sergius IV	1009/1012
Benedikt VIII	1012/1024
Gregor VI	*1012*
Johannes XIX	1024/1032
Benedikt IX	1032/1045
Silvester III	1045
Gregor VI	1045/1046
Klemens II	1046/1047
Damasus II	1048
Leo IX	1049/1054
Viktor II	1055/1057
Stephan IX (X)	1057/1058
Benedikt X	1058/1059
Nikolaus II	1058/1061
Alexander II	1061/1073
Honorius II	*1061/1071 (72)*
Gregor VII	1073/1085
Klemens III	*1080/1100*
Viktor III	1086/1087
Urban II	1088/1099
Paschalis II	1099/1118
Theoderich	*1100/1102*
Albert	*1102*
Silvester IV	*1105/1111*
Gelasius II	1118/1119
Gregor VIII	*1118/1121*
Kalixt II	1119/1124
Honorius II	1124/1130
Coelestin II	*1124*
Innozenz II[1]	1130/1143
Anaklet II	1130/1138
Viktor IV	*1138*
Coelestin II	1143/1144
Lucius II	1144/1145
Eugen III	1145/1153
Anastasius IV	1153/1154
Hadrian IV	1154/1159
Alexander III	1159/1181
Viktor IV	*1159/1164*
Paschalis III	*1164/1168*
Kalixt III	*1168/1178*
Innozenz III	*1179/1180*
Lucius III	1181/1185
Urban III	1185/1187
Gregor VIII	1187
Klemens III	1187/1191
Coelestin III	1191/1198
Innozenz III	1198/1216
Honorius III	1216/1227
Gregor IX	1227/1241
Coelestin IV	1241
Innozenz IV	1243/1254
Alexander IV	1254/1261
Urban IV	1261/1264
Klemens IV	1265/1268
Gregor X	1271/1276
Innozenz V	1276
Hadrian V	1276
Johannes XXI	1276/1277
Nikolaus III	1277/1280
Martin IV	1281/1285
Honorius IV	1285/1287
Nikolaus IV	1288/1292
Coelestin V	1294
Bonifatius VIII	1294/1303
Benedikt XI	1303/1304
Klemens V	1305/1314
Johannes XXII	1316/1334
Nikolaus V	*1328/1330*
Benedikt XII	1334/1342
Klemens VI	1342/1352
Innozenz VI	1352/1362
Urban V	1362/1370
Gregor XI	1370/1378
Urban VI[1]	1378/1389
Klemens VII[1]	1378/1394
Bonifatius IX[1]	1389/1404
Benedikt XIII[1]	1394/1423
Innozenz VII[1]	1404/1406
Gregor XII[1]	1406/1415
Alexander V[1]	1409/1410
Johannes XXIII[1]	1410/1415
Martin V	1417/1431
Klemens VIII	*1423/1429*
Eugen IV	1431/1447
Felix V	*1439/1449*
Nikolaus V	1447/1455
Kalixt III	1455/1458
Pius II	1458/1464
Paul II	1464/1471
Sixtus IV	1471/1484
Innozenz VIII	1484/1492
Alexander VI	1492/1503
Pius III	1503
Julius II	1503/1513
Leo X	1513/1521
Hadrian VI	1522/1523
Klemens VII	1523/1534
Paul III	1534/1549
Julius III	1550/1555
Marcellus II	1555
Paul IV	1555/1559
Pius IV	1559/1565
Pius V	1566/1572
Gregor XIII	1572/1585
Sixtus V	1585/1590
Urban VII	1590
Gregor XIV	1590/1591
Innozenz IX	1591
Klemens VIII	1592/1605
Leo XI	1605
Paul V	1605/1621
Gregor XV	1621/1623
Urban VIII	1623/1644
Innozenz X	1644/1655
Alexander VII	1655/1667
Klemens IX	1667/1669
Klemens X	1670/1676
Innozenz XI	1676/1689
Alexander VIII	1689/1691
Innozenz XII	1691/1700
Klemens XI	1700/1721
Innozenz XIII	1721/1724
Benedikt XIII	1724/1730
Klemens XII	1730/1740
Benedikt XIV	1740/1758
Klemens XIII	1758/1769
Klemens XIV	1769/1774
Pius VI	1775/1799
Pius VII	1800/1823
Leo XII	1823/1829
Pius VIII	1829/1830
Gregor XVI	1831/1846
Pius IX	1846/1878
Leo XIII	1878/1903
Pius X	1903/1914
Benedikt XV	1914/1922
Pius XI	1922/1939
Pius XII	1939/1958
Johannes XXIII	1958/1963
Paul VI	1963/1978
Johannes Paul I	1978
Johannes Paul II	seit 1978

Pará, 1) nordbrasilian. Staat am unteren Amazonas, 1 248 024 km², 2,9 Mill. E.; Hst. u. Exporthafen Belém. Die trop. Wälder liefern den *P.-Kautschuk*. **2)** *Rio P. m,* Mündungsbucht des Tocantins u. der südl. Mündungsarme des Amazonas. **3)** amtl. *Belém do P.,* Hst. v. 1), Hafen für ganz Amazonien, am Rio P., 772 000 E.; Erzb.

Parabel *w* (gr.), **1)** in der Literatur: gleichnishafte Erzählung, indirekt lehrhaft, doch mitunter schwer deutbar. **2)** mathemat. ein Kegelschnitt, eine ebene Kurve, deren Punkte v. einer festen Geraden, der Leitgeraden, u. einem festen Punkt, dem Brennpunkt, den gleichen Abstand haben. ☐ 474.

parabolisch (gr.), **1)** vergleichsweise. **2)** in Art einer Parabel.

Paraboloid *s* (gr.), eine Drehfigur, die durch Rotation einer Parabel entsteht. Je nach der Figur bei Schnitt mit einer bestimmten Ebene spricht man v. *elliptischen* bzw. *hyperbolischen P.en.*

Parabolspiegel *m* (gr.), Hohlspiegel in Form eines Paraboloids, z. B. als Scheinwerferspiegel.

Paracelsus (eig. Philippus Aureolus Theophrastus Bombastus v. Hohenheim), dt. Arzt, Naturforscher und Philosoph, 1493 bis 1541. Von bedeutendem Einfluß auf die Medizin durch dynam. Betrachtung der Lebensvorgänge u. Einführung v. chem. Heilmitteln.

Parade *w* (lat.; Ztw. *paradieren, parieren*), **1)** prunkvoll-formvollendete Darbietung; insbes. die im Vorbeimarsch ihre Disziplin und Stärke demonstrierenden Truppen. **2)** in der Reitkunst: das Verhalten des Pferdes aus der Bewegung zur nächsttieferen Gangart od. zur Ruhe. **3)** beim Boxen und Fechten: Abwehr eines Angriffs; auch i. ü. S.

Paradentose ⟋Parodontose.

Paradies *s* (gr. = Garten), **1)** in den meisten Kulturen u. Religionen Ausdruck für Vorstellungen v. einem glückl. Ur- od. Endzustand. **2)** im AT Heimat des Menschen vor dem Sündenfall. **3)** *i. ü. S.* auch Bz. für Himmel. **4)** Baukunst: an Kirchen des MA das ⟋Atrium 2). **P.apfel,** die ⟋Tomate. **P.baum** ⟋Ölweide. **P.fisch** ⟋Großflosser. **P.vögel,** kleine Rabenvögel in Neuguinea u. Australien, Männchen farbenprächtig. ☐ 1046.

Paradigma *s* (gr.), Beispiel.

Paradox *s* (gr., auch Bw.), *Paradoxon,* eine wirkl. od. nur scheinbar widersinnige Behauptung: letztere will eine sonst nicht faßbare Wahrheit gerade im Widerspruch aussprechen.

Paraffin *s* (lat.-frz.), Gemisch verschiedener ⟋Paraffine; *Hart-P.,* Schmelzpunkt 50 bis 62°C, wachsartig; *flüssiges P., P.öl* od. *Weißöl,* ölartig, geruch- u. farblos.

Paraffine (Mz.), gesättigte Kohlenwasserstoffe, C_nH_{2n+2}, z. B. Methan, Äthan, Propan, Butan usw. Je nach Molekulargewicht gasförmig, flüssig oder fest.

Paragraph *m* (gr.), Zeichen §, Absatz in einem Schriftwerk, Gesetz u. a.

Paraguay, 1) Rep. in Südamerika, am Unterlauf v. Paraná u. Pilcomayo. Das Kernland östl. des Río P. ist eine flache Parklandschaft, fruchtbares Weideland (= 40% der

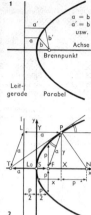

Scheitelgleichung: $y^2 = 2 \cdot p \cdot x$

Parabel: Die P. mit ihren Bestimmungsstücken (1) u. ihre Konstruktion (2)

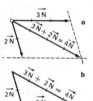

Parallelogramm der Kräfte: a Parallelogramm-Konstruktion u. **b** Kräfteplan-Konstruktion zur Summenbildung

Paraguay

Amtlicher Name:
República del Paraguay

Staatsform:
Republik

Hauptstadt:
Asunción

Fläche:
406 752 km²

Bevölkerung:
2,97 Mill. E.

Sprache:
Spanisch und Guaraní

Religion:
über 90% Katholiken, ca. 37 000 Protestanten

Währung:
1 Guaraní
= 100 Céntimos

Mitgliedschaften:
UN, OAS, LAFTA

Staatsfläche, Pferde, Rinder, Schafe). Westl. des Río P. liegt der trockene Chaco Boreal (54% der Fläche), der das gerbstoffreiche Quebrachoholz liefert. Ausfuhr: Fleischwaren, Häute, Holz, Quebracho-Extrakt, Baumwolle. – 1515 entdeckt; 1537 span. Kolonie, berühmt durch die ⟋Reduktionen der Jesuiten; 1811 unabhängig; durch den Krieg mit Brasilien, Argentinien u. Uruguay 64/70 große Gebietsverluste; 1932/35 ⟋Chaco-Krieg gg. Bolivien. Staats-Präs. General Alfredo Stroessner (seit 54). **2)** *Río P.,* Strom in Südamerika, fließt am Gran Chaco entlang, mündet nach 2200 km in den Paraná. Bis Corumbá schiffbar.

Paraiba, fr. *Parahyba,* **1)** Bundesstaat an der Nordostküste Brasiliens, 56 372 km², 2,9 Mill. E.; Hst. João Pessoa. Im Küstentiefland Baumwolle u. Zuckerrohr, im Innern Viehzucht. **2)** *Rio P. do Sul,* südbrasilian. Fluß, 1058 km lang; mündet in den Atlantik.

Paraklet *m* (gr. = Beistand), der Hl. Geist als Tröster u. Helfer.

Paralipomena (Mz., gr.), **1)** Nachträge. **2)** im AT die ⟋Chronik.

Parallaxe *w* (gr.), **1)** der Winkel zw. 2 Sehstrahlen von auseinanderliegenden Ausgangspunkten zu einem fernen Objekt; ist bei bekannter Distanz der Ausgangspunkte (Basis) ein Entfernungsmaß, z. B. in Astronomie u. Geodäsie. **2)** scheinbare Verschiebung v. 2 in verschiedenen Entfernungen befindlichen Objekten, wenn der Beobachter eine seitl. Bewegung ausführt, z. B. beim Skalenablesen.

parallel (gr.), gleichlaufend, heißen Geraden *(P.en),* die überall gleichen Abstand haben; sie schneiden sich im Endlichen nicht. **Parallele** w, **1)** allg. die Vergleichung. **2)** ⟋parallel *w.* **Parallelepipedon** *s* (gr.), *Spat,* ein v. sechs paarweise gleichen Parallelogrammen begrenzter Körper.

Parallelismus *m,* die Gleichförmigkeit.

Parallelkreis *m* (gr.), jeder zum Äquator parallel gedachte Kreis; auf der Erde die *Breitenkreise.*

Parallelogramm *s* (gr.), Viereck mit paarweise parallelen Gegenseiten. **P. der Kräfte,** geometr. Konstruktion zur Ermittlung der Gesamtkraft (Resultante), zu der 2 auf einen Körper wirkende Kräfte zusammensetzbar sind.

Paralyse *w* (gr.; Bw. *paralytisch*), vollständige ⟋Lähmung. *Progressive P., Dementia paralytica,* Gehirnerweichung, syphilit. Späterkrankung der Großhirnrinde, oft mit ⟋Tabes verbunden.

Paramaecium *s,* das ⟋Pantoffeltierchen.

paramagnetisch (gr.) ⟋diamagnetisch.

Paramaribo, Hst. u. wichtigster Hafen v. Surinam, 152 000 E.; Bischof.

Paramente (Mz., lat.), die in der christl. Liturgie verwendeten Gewänder u. Tücher.

Parameter *m* (gr.), **1)** bei Kegelschnitten die Sehne durch den Brennpunkt senkrecht zur Hauptachse bzw. Achse. **2)** eine unterscheidende Konstante in einer Kurven- od. Funktionsschar. **3)** eine Variable zur Beschreibung der Abhängigkeit einer Größe v. einer anderen.

Paraná, 1) *Río P. m,* zweitgrößter Strom

Parasiten

Endo-Parasiten (Ento-P.)	Pflanzliche Parasiten
bei innerem Befall des Wirtes	1 Bakterien (Krankheitserreger bei Mensch, Tier und Pflanze)
Ekto-Parasiten bei äußerem Befall des Wirtes	2 Pilze
Tierische Parasiten (aus fast allen Tierklassen bekannt, bes. häufig bei Einzellern, z. B. Blut-P., Sporozoen)	3 Samenpflanzen a Voll-P. (bilden kein Chlorophyll aus), u. a. Kleeseide, Fichtenspargel, Sommerwurzarten
1 Würmer, u. a. Band- u. Fadenwürmer	b grüne Halb-P. (bauen org. Stoffe auf, entziehen den Wirtspflanzen Wasser und Salze), u. a. Mistel, Klappertopf
2 Insekten, u. a. Federlinge, Läuse, Flöhe, Pflanzengallen	

Südamerikas, entspringt in Mittelbrasilien, mündet nach 3900 km mit 3 Hauptarmen in die Trichterbucht des Río de la Plata (Atlant. Ozean). **2)** Bundesstaat in Südbrasilien, zw. dem Río P. u. der Küste, 199554 km², 9,8 Mill. E.; Hst. Curitiba. **3)** Hst. der argentin. Prov. Entre Ríos, am Río P., 130000 E.; Erzb. War 1853/62 Hst. Argentiniens.
Paranoia w (gr.), Geisteskrankheit, Form der Schizophrenie, mit Sinnestäuschungen u. systematisierten Wahnideen (z.B. Verfolgungswahn); *paranoid*, v. Wahnideen befallen.
Paranuß, Samen eines brasilian. Baumes *(Bertholletia)*, dreikantig, hartschalig, wohlschmeckend; zu Speiseöl.
paraphieren (frz.), mit den Anfangsbuchstaben des Namens od. in sonst abgekürzter Form *(Paraphe)* unterzeichnen.
Paraphrase w (gr.), erweiternde Umschreibung einer Schriftstelle, musikalisch einer Melodie.
Parapluie m od. s (: -plüj, frz.), Regenschirm.
Parapsychologie w (gr.), wiss. Erforschung der paranormalen (parapsychischen) Phänomene (↗Okkultismus); Untersuchung der Einzelfälle u. ihrer seel. Grundlagen; experimentelle Forschung.
Parasit m (gr.), Schmarotzer.
Parasiten (Mz., gr.), *Schmarotzer-Tiere*, die in *(Endo-P.)* od. auf *(Ekto-P.)* anderen Tieren leben. Von der Giftigkeit ihrer Stoffwechselprodukte hängt der Grad ihrer Schädlichkeit ab. Ebenso *Schmarotzer-Pflanzen*, die in od. auf Wirtspflanzen od. -tieren leben.
Parasolpilz, *Schirmpilz*, Speisepilz mit hohem Stiel, Kragen u. braunem, beschupptem Hut.
Parasympathikus m (gr.), Teil des vegetativen ↗Nervensystems; Gegenspieler des ↗Sympathikus; hemmt die abbauenden Stoffwechselfunktionen; Überträgersubstanz der Nervenerregung ist Acetylcholin.
parat (lat.), bereit, fertig. [□ 618.
Paratyphus m (gr.), Infektionskrankheit; dem ↗Typhus ähnlich, aber leichter. □420.
Parchim, mecklenburg. Krst. an der Elde (Bez. Schwerin), 20500 E.

Paranüsse in der Frucht

Parasolpilz

Parcours m (: -kur, frz.), die abgesteckte Hindernisbahn bei ↗Springprüfungen und Hindernisrennen.
Pardon m (: pardõ, frz.), Verzeihung.
Pardubice ↗Pardubitz.
Pardubitz, tschech. *Pardubice*, tschsl. Bez.-Stadt an der Elbe, 90000 E.; ehem. kaiserl. Schloß mit got. Kapelle. Maschinen u. Leder-Ind., Pferderennen.
Parentel w (lat.), Blutsverwandte mit gleichem Stammvater.
Parenthese w (gr.), Einschub in ein Satzgefüge; auch die Zeichen, welche ihn trennen: ( ); – –.
Parerga (Mz., gr.; Ez. *Parergon*), gesammelte kleinere Schriften.
Parese w (gr.), unvollständige ↗Lähmung.
par excellence (: -ekßeläns, frz.), ganz besonders, recht eigentlich.
par exemple (: -änplᵉ, frz.), zum Beispiel.
Parforce (: -forß, frz.), mit Gewalt. **P.jagd**, Hetzjagd zu Pferd mit Hunden; gesellschaftliches Jagdreiten.
Parfüm s, frz. *Parfum* (: -fõn), Wohlgeruch, Riechmittel aus ↗Riechstoffen.
pari, *al pari* (it.), steht ein Wertpapier, wenn Nennwert u. Kurs gleich sind; *über p.*, wenn der Kurs höher, *unter p.*, wenn er niedriger als der Nennwert ist.
Paria m, i. w. S. Verachteter, Ausgestoßener; i. e. S. Name einer niedrigen ind. Kaste, v. Europäern fälschl. auf die als *Unberührbare* ausgestoßenen *Kastenlosen* übertragen; ↗Gandhi, der für sie eintrat, nannte letztere *Gottesvolk*. ↗Kasten.
parieren, **1)** (lat. *parere*), gehorchen. **2)** (frz. *parer*), einen Angriff abwehren; beim Reiten: eine ↗Parade ausführen.
Paris, Sohn des troischen Königs Priamos, gab Aphrodite den Schönheitspreis vor Hera u. Athene *(Paris-Urteil)*, entführte ↗Helena u. entfachte so den Trojanischen Krieg.
Paris (: parj), Hst. Fkr.s u. des Dep. Seine, 2,3 Mill. E. *(Groß-P.*, in den Dep. Seine, Seine-et-Oise u. Seine-et-Marne hat 9,8 Mill. E.). P. liegt verkehrsgünstig, v. der Seine durchflossen, in der Mitte des fruchtbaren *Pariser*

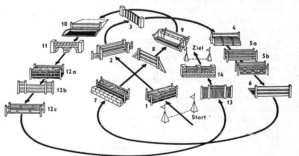

Parcours eines Großen Jagdspringens auf 775 m: **1** Hecke mit Barriere; **2** Schwedischer Doppelzaun; **3** Gutstor; **4** Südamerikanischer Schweinestall (Hochweitsprung); **5a** Birkenstangen; **5b** Birkengatter; **6** Wassergraben mit Tripelbarre; **7** Niedrige Mauer mit Doppelstangen; **8** Palisade; **9** Wassertrog mit Stangen; **10** Wassergraben; **11** Rote irländische Gartenmauer; **12a** Oxer; **12b** Tivoli-Barrieren; **12c** Offener Oxer; **13** Riviera-Gartenzaun; **14** Parkmauer

Beckens. Breite Boulevards, die sich in riesigen Sternplätzen vereinigen, bewältigen den starken Verkehr. Parkanlagen: Tuilerien mit dem Louvre, Jardin du Luxembourg, Marsfeld mit Eiffelturm, Bois de Boulogne im W. Links der Seine das Quartier Latin (seit dem MA geistige Hochburg mit Sorbonne u. Panthéon), der Montparnasse (modernes Künstlerviertel), die internationale Cité Universitaire u. der Faubourg Saint-Germain; r. der Seine der Montmartre, gekrönt v. der Kirche Sacré-Cœur. Saint-Germain-des-Prés, die älteste roman. Kirche v. P. (6. Jh. begr.), got. Kathedrale Notre-Dame (1163/1240) mit 2türm. Westfassade, in Renaissance der Louvre u. das Palais du Luxembourg, in Barock Palais Royal, Hôtel des Invalides (Armeemuseum) mit Kirche u. Invalidendom; klassizist. Panthéon, Palais Bourbon (Deputiertenkammer), Odéon, Kirche La Madeleine, aus dem 19./20. Jh. die Grand'Opéra, Rathaus u.a.; künstlerisch gestaltet die Place de l'Étoile mit dem Arc de Triomphe (darunter Grab des Unbekannten Soldaten), Place de la Concorde mit Obelisk v. Luksor, Place Vendôme, Place des Vosges (Spätrenaissance), Place de la Bastille mit Juli-Säule. Kath. Erzb.; Univ. (1202 gegr.), Collège de France, Institut Catholique (kath. Univ.), freie Fakultät für ev. Theologie; zahlr. Hochschulen u. Konservatorien, Institut Pasteur für Biologie u. Infektionskrankheiten, Radiuminstitut, National- u.a. Bibliotheken; über 60 Museen, 200 Kunstgalerien; 60 Theater. U-Bahn; Sitz der UNESCO u. der OECD. P. ist mit seinen Vororten vielseitiger Ind.-Raum Fkr.s, der fast 50% der frz. Exportgüter erzeugt (Kunst- u. Luxus-Ind.; Metall-, Maschinen-, Leder-Ind.); jährl. Muster- u. Spezialmessen; 21 Hafenanlagen. Flughäfen Le Bourget, Orly, Issy-les-Moulineaux, Paris-Nord und Charles de Gaulle. – Alte keltische Siedlung; im 3. Jh. Bischofssitz (seit 1622 Erzbistum); seit 987 Hst. Fkr.s; im MA be-

Paris: Île de la Cité:
1 Notre-Dame;
2 Île Saint-Louis;
3 Kirche Saint-Gervais;
4 Hôtel de Ville (Rathaus);
5 Pont d'Arcole;
6 Hôtel-Dieu (Hospital);
7 Polizeipräfektur;
8 Sainte-Chapelle;
9 Justizpalast;
10 Handelsgericht;
11 Pont Notre-Dame;
12 Pont au Change;
13 Théâtre Sarah Bernhardt;
14 Tour Saint-Jacques;
15 Place de Châtelet;
16 Théâtre du Châtelet;
17 Pont Neuf

rühmt durch seine Universität. *Friedensschlüsse in P.:* a) 1763 zur Beendigung des Kolonialkrieges zw. Engl. u. Portugal einerseits, Fkr. u. Spanien andrerseits; b) 1. u. 2. P.er Friede ↗Befreiungskriege; c) ↗Krimkrieg; d) die Vorortsfriedensschlüsse am Ende des 1. ↗Weltkriegs; e) eine Reihe v. Friedensverträgen am Ende des 2. ↗Weltkriegs.

Pariser Bluthochzeit, andere Bz. für die ↗Bartholomäusnacht.

Pariser Verträge, nach Ablehnung der EVG durch das frz. Parlament 1954 zw. Belgien, der BRD, Fkr., Großbritannien, It., Kanada, Luxemburg, den Niederlanden u. den USA abgeschlossene Verträge; traten im Mai 55 in Kraft; regelten die Zusammenarbeit der BRD mit den Westmächten; umfaßten u.a. den Beschluß des Beitritts der BRD zum ↗Nordatlantik-Pakt, der Erweiterung des ↗Westpaktes zur ↗Westeurop. Union und den ↗Generalvertrag.

Parität w (lat.), **1)** Gleichheit, Gleichstellung. **2)** *Währungs-P.:* der Vergleichswert zweier Währungen; ergibt sich bei Goldwährung aus dem Goldgehalt der entspr. Währungseinheiten *(Gold-P.).* ↗Wechselkurs.

Park m, **1)** nach den Regeln der Gartenkunst gestaltete Landschaft. **2)** Sammellager für Material verschiedenster Art, z.B. *Fuhr-P.* für Fahrzeuge.

Parkett s (frz.), **1)** Hartholzfußboden aus Brettchen od. Tafeln (Eiche, Ahorn od. Buche). **2)** *Theater:* der Hauptzuschauerraum (auf etwa gleicher Höhe der Bühne) bzw. dessen vorderer Teil. **P.versiegelung,** Überzug v. P.böden mit Kunstharzlacken zum Schutz u. zur leichteren Pflege.

Parkhaus, als Tief- od. Hochgarage, zum zeitl. befristeten Einstellen v. Kraftwagen gg. Gebühr.

Parkinsonsche Krankheit (: pa^{r}kinß^{e}n-), *Schüttellähmung,* im Alter auftretende Nervenkrankheit mit beständigem Ruhezittern.

Parkleuchte, eine nach vorn weiß, nach hinten rot strahlende Leuchte auf der linken Seite des parkenden Kraftfahrzeugs.

Parkplatz, Ort zum Abstellen v. Kraftfahrzeugen.

Parkscheibe, sichtbar im Wageninnern mit eingestellter Uhrzeit des Parkbeginns angebracht, gibt in bestimmten Stadtbereichen befristete, kostenlose Parkerlaubnis.

Parkuhr, gibt gg. Münzeinwurf zeitl. befristete Parkerlaubnis.

Parlament s (frz.), *Volksvertretung,* eines der obersten Staatsorgane der konstitutionellen od. parlamentar. Monarchie od. demokrat. Republik; die wichtigste verfassungsrechtl. Institution zur Verwirklichung der mittelbaren ↗Demokratie. Die ↗Abgeordneten werden nach Wahlkreisen in freier Wahl v. Volk gewählt. Das älteste P., das engl., war urspr. Versammlung der geistl. u. weltl. Großen, die P.e in Fkr. waren bis zur Revolution die höchsten Gerichtshöfe. Die modernen P.e entwickelten sich mit der Durchsetzung des Prinzips der ↗Volkssouveränität aus den Interessenvertretungen der Stände gegenüber den Monarchen. Diese Standesvertretungen beanspruchten

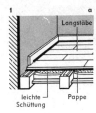

leichte Schüttung — Pappe

Bitumen-klebemasse — Blindboden

Parkett: 1 Verlegungsarten, a Langstäbe direkt auf Balkenlage, b Kurzstäbe auf Blindboden; 2 Beispiele von Verlegemustern

Peter Parler: Selbstbildnis (Prag, Dom)

zunächst vor allem das Recht der Steuerbewilligung. Auch heute ist das Steuerbewilligungsrecht eines der wichtigsten verfassungsrechtlichen Mittel der P.e. Aus ihm entstand das Gesetzgebungsrecht, heute Hauptaufgabe der P.e. Die stärkste Stellung erlangt das P. in der parlamentar. Demokratie (↗Parlamentarismus). Als Institution entstand es aus prakt. Erfordernissen, weil die unmittelbare Demokratie durch ↗Volksentscheide in der Regel nicht durchführbar ist. In der heutigen parlamentar. Demokratie sind die polit. ↗Parteien Träger der polit. Willensbildung. – In Dtl. kam es in der 1. Hälfte des 19. Jh. zur Bildung demokrat. P.e. Erstes gesamtdt. demokrat. P. war die ↗Frankfurter Nationalversammlung; P. des Reichs seit 1871 war der ↗Reichstag. P. der BRD ist der ↗Bundestag (daneben die P.e der Bundesländer). In vielen Staaten besteht das P. aus einer 1. (meist die Volksvertretung) u. einer 2. ↗Kammer, so in Engl. (Unterhaus, Oberhaus), in den USA (Repräsentantenhaus, Senat), in der BRD (Bundestag, Bundesrat), in der Schweiz (Nationalrat, Ständerat).

Parlamentär m (frz.), Unterhändler.

Parlamentarischer Rat, 1948/49 in Bonn unter Vorsitz v. K. ↗Adenauer tagende Versammlung zur Ausarbeitung der GG; bestand aus 65 Mitgl. der Westzonen-Landtage. **parlamentarischer Staatssekretär** ↗Staatssekretär. **Parlamentarismus** m, parlamentar. System, Regierungssystem, bei dem das Parlament unmittelbar an der Regierung insofern teilnimmt, als das Kabinett v. seinem Vertrauen abhängig ist u. v. ihm zum Rücktritt gezwungen werden kann (↗Mißtrauensvotum).

parlando (it.), schnelle, dem natürl. Redefluß nahe kommende Gesangsart.

Parler, Baumeistergeschlecht des 14. Jh.; kam v. Köln nach Schwäbisch Gmünd, wo Heinrich P. den Hallenchor der Heiligkreuzkirche baute (1351). Sein Sohn Peter (1330–1399), Dombaumeister u. Bildhauer in Prag; Chor des Veitsdoms, Triforiumsbüsten, Grabmäler, Karlsbrücke; bes. dessen Söhne (Wenzel, Hans) Nachfolger in Böhmen, Breslau, Wien, Mailand. Heinrich P., vermutl. sein Bruder, in Nürnberg: Chor v. St. Sebald, Schöner Brunnen; ein Johannes P. an den Münstern Basel u. Freiburg tätig.

parlieren (frz.), in fremder Sprache reden, eifrig, wichtigtuerisch reden.

Parma, 1) ober-it. Prov.; von den Pp.en im 16. Jh. gegr. Htm., gehörte 1748/1802 u. 1847/59 einer Nebenlinie der span. Bourbonen, dann mit dem Kgr. It. vereinigt. 2) Hst. v. 1), in der Emilia, 177 000 E.; Bischof; alte Univ.; roman. Dom (11. Jh.), fünfstöckiges roman. Baptisterium (12./14. Jh.) u. andere wertvolle Kunstdenkmäler.

Parmenides, griech. Philosoph, um 540 bis um 480 v. Chr.; Hauptvertreter der ↗Eleaten; lehrte einen rationalist. ↗Monismus: es gebe weder Werden u. Vergehen noch Vielheit, sondern nur ein ewiges, allumfassendes (statisches) Sein. Lehrgedicht Über die Natur.

Parmesankäse, Hartkäse aus der Gegend

um Parma u. Mailand; gerieben zum Würzen v. Speisen.

Parnaíba m, Fluß in Nordost-Brasilien, mündet nach 1716 km in den Atlantik.

Parnaß m, 1) neugriech. Liakura, mittelgriech. Kalkgebirge, bis 2459 m hoch. Galt als Sitz des Apoll u. der Musen. 2) symbol. für das Reich der Dichtkunst.

Parnaß m, Parnasse, frz. Dichterschule (ihre Mitgl.: Parnassiens), die sich um 1860 bildete; stellte der Romantik eine klass.-strenge Versform u. objektive Darstellung gegenüber.

Parochie w (gr.; Bw. parochial), Pfarrei.

Parodie w (gr.), verspottende Nachahmung einer ernsten bzw. ernstgemeinten Dichtung.

Parodontose w (gr.), fr. Paradentose, vorzeitiger Schwund des Halteapparats v. Zahngruppen, mit Degeneration des Zahnfleisches u. Zahnausfall.

Parole w (frz.), Erkennungswort, Losung.

Paroli s (lat.-it.), beim ↗Pharao-Spiel die Verdoppelung des Einsatzes. **P. bieten,** Widerstand entgegensetzen.

par ordre (: -ordr^e, frz.), auf Befehl.

Paros, griech. Kykladeninsel, 209 km², 9000 E.; Bergland, z. T. aus weißem (parischem) Marmor. Hst. P. od. Parikia, 3000 E.

Parotis w (gr.), ↗Ohrspeicheldrüse. **Parotitis** w, ↗Mumps.

Paroxysmus m (gr.), Verschlimmerung von Krankheiten; Krampfanfall.

Parricida ↗Johannes Parricida.

Parry (: päri), Sir William Edward, engl. Polarforscher, 1790–1855; entdeckte die P.-Inseln im am.-arkt. Archipel, 145 000 km².

Parsec s, Parallaxensekunde, Abk. pc, astronom. Längeneinheit; entspricht einer Entfernung, aus der der Erdbahnhalbmesser unter einem Winkel von 1 Bogensekunde erscheint; 1 pc = 3,2633 Lichtjahre = 30,857 Bill. km.

Parseierspitze, mit 3038 m höchster Berg der Lechtaler Alpen (Tirol).

Parsen, Anhänger des ↗Parsismus; wanderten im 8. Jh. n. Chr. größtenteils nach Indien aus; heute noch ca. 130 000.

Parseval, August v., 1861–1942; dt. Konstrukteur, baute unstarre ↗Luftschiffe.

Parsifal, bei R. Wagner, ↗Parzival.

Parsismus m, Bz. für die Spätform der ↗Zarathustra gegr. dualist. Lichtreligion, urspr. Mazdaismus gen.; nach ihrem hl. Buch, dem Avesta, steht dem Lichtreich des ↗Ormazd das der Finsternis unter dem Ahriman entgegen; ehem. Feuerkult; bei den heutigen ↗Parsen noch rituelle Waschungen, Rezitation hl. Sprüche u. Totenaussetzung auf Türmen.

pars pro toto (lat.), „ein Teil fürs Ganze genommen", als Redewendung z. B. „30 Köpfe" statt „30 Mann".

Part m (frz.), Teil, Anteil.

Partei w (lat.), 1) allg.: Anhängerschaft, Zusammenschluß Gleichgesinnter zur Erreichung eines gemeinsamen Zieles. 2) im Zivilprozeß: Personen, v. denen u. gg. die Rechtsschutz im eigenen Namen verlangt wird (Kläger, Beklagter); daneben P.en kraft Amtes: u. a. Nachlaßpfleger, Konkurs- und

Zwangsverwalter. **3)** polit.: organisierte Vereinigung von Personen zur Durchsetzung gemeinsamer polit. Ziele. Jede P. will ihren polit. Willen zu dem im Staat geltenden machen. Während das eine totalitäre P. mit allen Mitteln ohne Achtung gleicher Rechte anderer P.en versucht, um schließl. die unkontrollierte Alleinherrschaft u. die völlige Ausschaltung der gegner. P.en zu erreichen, hält sich eine demokrat. P. an die Formen demokrat. polit. Willensbildung, bes. der demokrat. Wahlen. Eine echte polit. P. darf nicht Vertreterin von Gruppeninteressen sein, sondern muß eine polit. Gesamtauffassung vom Wohle aller Staatsbürger entwickeln u. durchzusetzen versuchen. Hauptfunktionen der polit. P.en im demokrat. Staat: a) die P.en stellen in der Regel die Personen für die leitenden Stellen im staatl. Herrschaftsapparat, b) kontrollieren als ↗Opposition die polit. Führung, c) schaffen die Verbindung zw. dem Volk (Wählern) u. Parlament, d) ermöglichen den Einfluß des Volkes auf die polit. Willensbildung, e) üben durch Vorentscheidung bes. mittels der Fraktionen umfassenden Einfluß auf die Gesetzgebung aus. Das Recht der polit. P.en auf Mitwirkung bei der polit. Willensbildung ist in der BRD verfassungsrechtl. garantiert (sofern eine P. nicht verfassungsfeindlich ist). Sperrklauseln (5%-Klausel), die eine das Funktionieren des parlamentarischen Systems gefährdende Parteienzersplitterung verhindern sollen, sind zulässig.

Parterre s (: partär, frz.), **1)** Erdgeschoß. **2)** Theater: fr. Bz. für den Hauptzuschauerraum, heute mitunter für dessen hinteren Teil.

Parthenogenese w (gr.), *Jungfernzeugung,* die Fortpflanzung aus Keimzellen ohne Befruchtung, z. B. bei Habichtskräutern, Blattläusen, Schmetterlingen, Würmern.

Parthenon m, unter Perikles 447/438 v. Chr. v. Iktinos erbauter Athenetempel auf der Akropolis; barg einst die goldelfenbeinerne Athenestatue des Phidias u. Darstellungen in Giebel, Metopen u. Fries (u. a. von der Geburt Athenes); wurde christl. Kirche u. Moschee, 1687 durch Pulverexplosion zerstört; 1929 z. T. wiederaufgebaut. □352.

Parthien, antike Landschaft im NO des Iran, im 3. Jh. v. Chr. v. einem iran. Reitervolk, den *Parthern* (ben. nach der Landschaft), erobert; wurden zu einem der gefürchtetsten Gegner der Römer (Partherkriege); 224 n. Chr. v. den Sassaniden unterworfen.

partial, partiell (lat.), teilweise.

Partie w (frz.), **1)** Teil, Warenmenge. **2)** vorteilhafte Heirat. **3)** Bühnenrolle.

Partikel w (lat.), **1)** Teilchen. **2)** unwandelbare Wörter (auf, so usw.). **partikular,** gesondert, einen Teil betreffend, einzeln.

Partikularismus m, polit. Richtung, die die Sonderinteressen einzelner Länder od. Landschaften über das Gesamtinteresse des Staates stellt.

Partikuliere (Mz.), die einen privaten Schiffer in der Binnenschiffahrt.

Partisan m (frz. = Parteigänger), im 19. u. 20. Jh. Freischärler, der im Rücken des

Parteien in Deutschland

Bayerische Volkspartei: gegr. 1918 durch Abspaltung vom Zentrum, mit diesem zeitweilig Fraktionsgemeinschaft; 1933 verboten.
Christlich-Demokratische Union (CDU): 1945 gegr., 1947 Trennung der CDU West-Berlins von der CDU der SBZ; in der BRD Fraktionsgemeinschaft mit der CSU, 1949/69 Regierungspartei
Christlich-Soziale Union (CSU): ausschließl. bayer. Partei, 1945 gegr.; Fraktionsgemeinschaft mit der CDU, 1949/69 Regierungspartei
Deutsche Demokratische Partei (DDP), 1918 gegr., seit 1930 *Deutsche Staatspartei,* 1933 aufgelöst
Deutsche Friedensunion (DFU): 1960 in der BRD gegr.
Deutsche Kommunistische Partei (DKP): 1968 in der BRD gegr.
Deutsche Partei (DP): 1945 als *Niedersächsische Landespartei* gegr., 1947 umbenannt; 1949/61 im Bundestag vertreten, 1949/60 Regierungspartei; 1961 mit Gesamtdt. Block/BHE zur GDP verschmolzen
Deutsche Volkspartei (DVP): 1918 gegr., 1933 aufgelöst
Deutschnationale Volkspartei (DNVP): 1918 gegr., 1933 aufgelöst
Die Grünen: 1980 in der BRD auf Bundesebene gegr.
Freie Demokratische Partei (F.D.P.): seit 1945 Gründung liberaler Parteien, in den Westzonen 1948 Zusammenschluß zur FDP (1956 Abspaltung der *Freien Volkspartei,* die sich 1957 mit der DP vereinigte); 1949/56, 1961/66 und seit 1969 Regierungspartei
Gesamtdeutsche Partei (GDP): 1961 durch Vereinigung von DP und Gesamtdeutschem Block/BHE entstanden
Gesamtdeutscher Block/BHE: 1950 gegr. als *Bund der Heimatvertriebenen und Entrechteten,* 1952 umbenannt; 1953/57 im Bundestag vertreten, 1953/56 Regierungspartei; 1961 mit der DP zur GDP vereinigt
Kommunistische Partei Deutschlands (KPD): 1918 gegr., 1933 verboten, 1945 neu gegr.; in der SBZ 1946 mit der SPD zur SED verschmolzen, in der BRD nur im 1. Bundestag vertreten, 1956 als verfassungswidrig verboten
Liberal-Demokratische Partei Deutschlands (LDPD): 1945 in der SBZ gegr.
Nationaldemokratische Partei (NPD): 1964 in der BRD gegr.
National-Demokratische Partei Deutschlands (NDPD): 1948 in der SBZ gegr.
Nationalsozialistische Deutsche Arbeiterpartei (NSDAP): 1919 als *Deutsche Arbeiterpartei* gegr., 1920 umbenannt, 1945 von den Besatzungsmächten verboten (□ Nationalsozialismus, S. 661)
Sozialdemokratische Partei Deutschlands (SPD): 1863 *Allgemeiner Deutscher Arbeiter-Verein* gegr., 1869 *Sozialdemokratische Arbeiterpartei* gegr., 1875 Vereinigung beider zur *Sozialistischen Arbeiterpartei Deutschlands,* 1878 verboten, 1890 als SPD neu gegr., 1933 verboten, 1945 neu gegr.; in der SBZ 1946 mit der KPD zur SED verschmolzen, in der BRD seit 1966 Regierungspartei
Sozialistische Einheitspartei Deutschlands (SED): 1946 in der SBZ gegr. durch Verschmelzung von KPD und SPD; die führende Partei der DDR
Sozialistische Reichspartei (SRP): 1949 in der BRD gegr., 1952 als verfassungswidrig verboten
Zentrumspartei (Zentrum): 1870 gegr., 1933 aufgelöst, 1945 in der brit. Besatzungszone neu gegr., 1949/57 im Bundestag vertreten

Vgl. □ Bundesregierungen (S. 130/131), □ Bundestagswahlen (S. 133) und □ Weimarer Republik (S. 1090)

Partisane: 2 verschiedene Formen

feindl. Heeres operiert; allg. auch für Untergrundkämpfer.

Partisane w (frz.), Stoßwaffe des 16./18. Jh.

Partita w (it.), die ↗Suite.

Partitur w (it.), die Aufzeichnung eines mehrstimmigen Satzes auf übereinandergesetztem Notensystem.

Partizip s (lat.), Form des Verbums mit nominalem Charakter, Verbaladjektiv, z. B. gebend (P. der Gegenwart), gegeben (P. der Vergangenheit). **partizipieren,** teilnehmen, sich beteiligen.

Partnach w, r. Nebenfluß der Loisach in Oberbayern, bildet bei Garmisch die 500 m lange, 200 m tief eingeschnittene *P.klamm.*

Partner m (lat.), Teilhaber, Gegenspieler.

partout (: -tu, frz.), durchaus, überall.

Party w (: pa'ti, engl.), geselliges, zwangloses Zusammensein. [krankheiten.]

Parulis w (gr.), das Zahngeschwür. ↗Zahn-

Parusie w (gr.), Wiederkunft Christi in der Vollendung der Heils- u. Weltgeschichte.
Parvenu m (: parw^e nü, frz.), Emporkömmling.
Parzelle w (frz.), Grundstücksteil, Teilstück einer aufgeteilten Fläche.
Parzen, die 3 röm. Schicksalsgöttinnen. ↗Nornen. ↗Moiren.
Parzival, Sagengestalt aus dem frz. König-Artus-Kreis; ↗Wolfram dichtete den Percevalroman v. ↗Chrétien um: P. versäumt die Frage nach dem Leiden des Gralskönigs Amfortas; erlöst ihn später, nach einer Zeit der Gottverlassenheit, u. wird selbst Gralskönig. Oper v. R. Wagner.
Pas m (: pa, frz.), Tanzschritt, auch Bz. für Tänze nach der Zahl der Mitwirkenden (p. seul, p. de deux,).
Pasadena (: päß^a din^a), Villenstadt in Kalifornien, n.ö. von Los Angeles, 115000 E.; Institute of Technology (1891 gegr.); Obstbau; Elektro- u. feinmechan. Ind.
Pasargadä, pers. Ruinenstätte n.ö. von Schiras, Residenz Kyros' II. (gegr. 550 v. Chr.) mit Palastbauten u. Grabanlagen; unter Kyros II. Hst. der Perser.
Pascal, Blaise, frz. Naturwissenschaftler u. Philosoph, 1623–62; schrieb mit 17 Jahren eine Abhandlung über Kegelschnitte (P.sche Sätze), baute dann Kombinatorik u. Wahrscheinlichkeitsrechnung aus, konstruierte Rechenmaschinen u. fand das P.sche Dreieck. – Seine Pensées, Bruchstücke einer Apologie des Christentums, nehmen heutiges existentielles Denken vorweg: in seinem Zwiespalt rufe der Mensch nach Christus als seinem Erlöser; Vernunft sei durch Logik des Herzens zu ergänzen, die allein das Absolute erreiche. P.

$$\begin{matrix} & & & 1 & & & \\ & & 1 & & 1 & & \\ & & 1 & 2 & 1 & & \\ & 1 & 3 & & 3 & 1 & \\ & 1 & 4 & 6 & 4 & 1 & \\ 1 & 5 & 10 & & 10 & 5 & 1 \\ 6 & 15 & 20 & & 15 & 6 \end{matrix}$$

Pascalsches Dreieck

Blaise Pascal

Partitur: Anfang des Adagios aus der Symphonie Nr. 104 (1795) von Joseph Haydn

war als Anhänger des ↗Jansenismus u. als ethischer Rigorist mit den Jesuiten (Lettres à un provincial) verfeindet.
Pascal s, Abk. Pa, Einheit für den Druck oder die mechan. Spannung; 1 Pa = 1 N/m² = 1 kg/ms² (N = Newton).
Pascha s, das ↗Passah-Fest.
Pascha m, fr. Titel hoher Offiziere u. Beamter in der Türkei u. in Ägypten.
Paschalis, Päpste: P. I., hl. (14. Mai), 817/824; erlangte v. Ludwig dem Frommen die Bestätigung der ↗Pippinischen Schenkung. P. II., 1099/1118; versuchte 1111 vergeblich, den ↗Investiturstreit beizulegen.
Paschasius Radbertus, hl. (26. Apr.), OSB, um 790 bis um 859; um 844 bis um 852 Abt v. Corbie; schrieb über die Eucharistie.
Pas-de-Calais (: pa d° kalä), 1) frz. engste Stelle des ↗Kanals. 2) nordfrz. Dep. an der Kanalküste; Hst. Arras.
Pasewalk, mecklenburg. Krst. (Bez. Neubrandenburg), 15000 E.; Eisenwerk, Mühlen.
Paso doble m (span.), urspr. Marsch; Tanz im ²/₃- od. ⁴/₈-Takt.
Pasolini, Pier Paolo, it. Schriftsteller u. Filmregisseur, 1922–75; Romane (Ragazzi di vita; Vita violenta; Teorema); Filme (Accatone; Mamma Roma; Decamerone; Die 120 Tage von Sodom oder Salò).
Pasquill s (it.), Schmähschrift.
Paß m, 1) Reisepaß, ein Personalausweis für die Grenzüberschreitung. P.zwang in Europa für viele Länder abgeschafft. 2) Übergang, Durchgang in Gebirgen als Einsattelung, Engtal zw. Gebirgsmassen. □ 18. 3) got. Maßwerk als Kreisfigur: z. B. Dreipaß, wenn aus 3, Vierpaß, wenn aus 4 Bogenteilen. □ 597.
passabel (frz.), angängig, erträglich.
Passacaglia w (: -kalja, it.), urspr. span. Volkstanz; in der Kunstmusik: eine Variationsreihe über einem ostinaten Baß.
Passage w (: paßasch^e, frz.), 1) Durchgang. 2) kurze Partie in Musik- od. Textstück. 3) Reitkunst: ein schwungvoller, versammelter Trab, bei dem jeder Tritt vor dem Aufsetzen der Beine in der Luft ausgehalten wird.
Passage-Instrument (: paßasch^e-), Durchgangsinstrument, in der Astronomie: ein dem ↗Meridiankreis ähnl. Instrument zur Zeitbestimmung ("Durchgang" eines Sterns durch ein Fadenkreuz).
Passah s (hebr. = Vorübergang), eines der jüd. Hauptfeste im ↗Nisan (Ende März od. Anfang April); Gedächtnis des Auszugs aus Ägypten; anstelle des früher verzehrten P.lammes heute ungesäuertes Brot (Matzen); im christl. Osterfest mit neuem Sinn erfüllt. [gehender.
Passant m (frz.), Durchreisender, Vorüber-
Passarge w, Fluß in Ostpreußen, mündet nach 120 km ins Frische Haff.
Passat m (niederländ.), trop. Windsysteme mit beständigem trockenen Winden, die das ganze Jahr über v. den Hochdruckgürteln der ↗Roßbreiten zur äquatorialen Tiefdruckfurche wehen; sie werden durch Erdrotation u. Reibungseffekte abgelenkt u. erscheinen auf der Nordhalbkugel als NO-Wind (Nordost-P.), auf der Südhalbkugel als

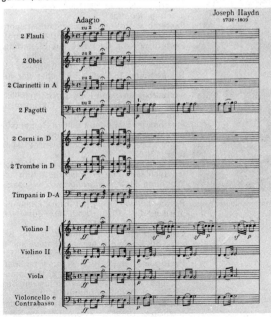

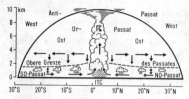

30°S 20°S 10°S 0° 10°N 20°N 30°N

SO-Wind *(Südost-P.)*; eine in der Hochatmosphäre vermutete (Ausgleichs-)Gegenströmung *(Anti-* oder *Gegen-P.)* ist nicht sicher nachgewiesen.

Passau, kreisfreie Stadt in Niederbayern, an der Mündung v. Inn u. Ilz in die Donau, 50400 E.; Bischof; Univ., Philosoph.-theolog. Hochschule; Dom St. Stephan (3schiffige Basilika mit größter Orgel der Erde); einstige bischöfl. Feste Oberhaus (1219 erb., heute Museum u. Jugendherberge). Leder-, Porzellan- u. Tabakfabriken, Brauereien. – Kelt. Siedlung u. Römerkastell *(Castra Batava),* seit 739 Bischofssitz; seit 1803 bayerisch. **P.er Vertrag,** 1552 zw. Kg. Ferdinand u. Moritz v. Sachsen, gewährte den Anhängern der Augsburgischen Konfession einen vorläufigen Religionsfrieden; bereitete den ⟋Augsburger Religionsfrieden vor.

passé (frz.), vorbei, vergangen, veraltet.
Passeier *s,* l. Seitental der Etsch bei Meran in Südtirol, 38 km lang. Hauptort St. Leonhard. Heimat Andreas Hofers.
Passepartout *s* (: paßpartu, frz.), **1)** Hauptschlüssel. **2)** dauernd gültige Einlaßkarte. **3)** Umrahmung (Karton) für Graphiken u. Aquarelle.
Paßgang, Gangart bei Tieren, bei der die Beine einer Seite gleichzeitig gehoben u. aufgesetzt werden; z. B. bei Kamel, Giraffe.
Passiergewicht, das Gewicht v. Münzen, das diese auch nach Abnutzung noch haben müssen, um gesetzliches Zahlungsmittel zu sein.
passim (lat.), da u. dort, zerstreut.
Passion *w,* **1)** (frz.) Leidenschaft, Liebhaberei, Vorliebe. **2)** (lat.) a) das Leiden Christi, b) die Evangelienberichte darüber, c) Darstellung der Leidensgeschichte Christi im ⟋Passionsspiel, in der Bildenden Kunst od. in Oratorien (z. B. *Matthäus-P.).* **passioniert,** begeistert, leidenschaftlich.
Passionisten (Mz.), *Congregatio Passionis* (CP), 1720 v. hl. Paulus v. Kreuz gegr. Priesterkongregation; tätig in der Volks- u. äußeren Mission. **Passionistinnen,** der weibl. Zweig mit streng beschaul. Leben; 1770 v. Paulus v. Kreuz gestiftet.
Passionsblume, am. ausdauerndes Rankengewächs, bei uns Zierpflanzen, mit prächt. Blüten, deren Organe die Leidenswerkzeuge Christi darstellen sollen; Früchte einiger Arten eßbar *(Grenadillen).*
Passionssonntag *(Judica),* fr. Bz. für den vorletzten Sonntag vor Ostern.
Passionsspiel, neben dem Osterspiel die bedeutendste Gattung der geistl. Spiele. Im späteren MA u. auch noch bis zum 17. Jh. erlebten die P.e bes. im süddt., östr. u. schweizer. Raum ihre Blütezeit; dargestellt

Passung: 1 Grundbegriffe für eine Bohrung und **2** für eine Welle. N Nenn-, K Kleinst-, G Größtmaß, Ao oberes und Au unteres Abmaß, T Toleranz

Louis Pasteur

Passionsblume: Blüte

Passat: Schema des Passatkreislaufs

wurde das Leiden Christi. In der neueren Zeit u. in der Ggw. haben sich P.e nur noch vereinzelt erhalten (vor allem in *Oberammergau,* auch in *Erl).*
passiv (lat.), leidend, untätig, willensschwach (Ggs. aktiv).
Passiv *s* (lat.), beim Ztw. die Leideform.
Passiva (Mz., lat.), a) Gesamtheit der Schulden; b) das auf der rechten Seite der ⟋Bilanz ausgewiesene Kapital.
passives Wahlrecht ⟋Wahlrecht.
Passivgeschäft ⟋Banken.
Passivität *w* (lat.), untätiges Verhalten.
Passivlegitimation *w* (lat.), die Prozeßführungsbefugnis des Beklagten im Zivilprozeß.
Passung, Genauigkeitsmaß für das Zusammenpassen zusammengehörender Maschinenteile (z. B. Wellenzapfen u. Lagerschale).
Passus *m* (lat.), **1)** der Doppelschritt, Einheit des röm. Wegmaßes ($^1/_{1000}$ röm. Meile = 1,47 m). **2)** Stelle od. Satz, z. B. in einem Buch.
Pasta, Paste *w* (it.), teigartige Zubereitung für med., kosmet. od. Nahrungszwecke, Zahn-, Früchte-P.
Pastellmalerei, Malerei, bei der auf rauhem Malgrund mit *Pastellstiften* (Kreide mit Farbstoffen u. Bindemitteln gemischt) die Farbe aufgetragen u. mit dem Finger verwischt wird; bes. v. Rokokomalern (Watteau, Boucher) u. Impressionisten (Renoir, Degas) geübt; ruft zarte, duftig-helle Farbtöne hervor.
Pasternak, *Boris,* russ. Schriftsteller, 1890 bis 1960; symbolistische Lyrik; Roman *Dr. Schiwago:* setzt das Individuum gg. das Kollektiv; Erzählungen; Übers. (Goethes Faust); Lit.-Nobelpreis (1958), aber zur Ablehnung genötigt.
Pasterze *w,* größter Gletscher der Ostalpen, am Großglockner, 9,4 km lang, ca. 24 km².
Pastete *w* (lat.), Backwerk aus Blätterteig, meist mit Füllung aus Fleisch, Fisch u. a.
Pasteur *(:-ßtör), Louis,* frz. Chemiker u. Bakteriologe, 1822–95; Erforscher der Infektionskrankheiten u. ihrer Bekämpfung.
pasteurisieren (: -ßtö-), Flüssigkeiten (Milch u. a.) durch Erhitzen auf 65–80° C keimfrei u. begrenzt haltbar machen.
Pastinak *m,* Staude mit gelben Doldenblüten; Wurzel zu Gemüse u. Futter.
Pasto, Dep.-Hst. in Kolumbien, 2594 m ü. M., 160000 E.; Bischof; Univ.
Pastor (lat.), ev., im Rheinland u. in Westfalen auch kath. Pfarrer. *Pastorat s,* Amt od. Wohnung des P. *Pastoration w* (Ztw. *pastorieren,* Bw. *pastoral),* Seelsorge.
Pastor, *Ludwig* Frh. v., dt. kath. Kirchenhistoriker, 1854–1928; *Gesch. der Päpste seit dem Ausgang des MA.*
Pastoralbriefe, seit 2. Hälfte 18. Jh. übl. Bz. der 3 ntl. Briefe des Apostels Paulus an Timotheus u. Titus; Echtheit umstritten.
Pastorale *s* (lat.), **1)** Hirtenstab; Hirtenbrief. **2)** in der Malerei: Hirtenidyll. **3)** Hirtenmusik. bes. in den Weihnachtsmusiken des 17./18. Jh. **4)** 6. Symphonie Beethovens.
Pastoralmedizin *w* (lat.), Grenzgebiet der Medizin u. Theologie, vermittelt dem Seel-

Paestum:
Poseidontempel

Boris Pasternak

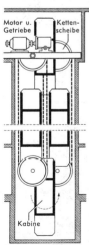

Motor u.
Getriebe

Ketten-
scheibe

Kabine

Paternosteraufzug
(Vorderseite)

sorger die für seine Aufgaben erforderl. biolog., psycholog., med. u. hygien. Kenntnisse.
Pastoraltheologie w (lat.-gr.), Zweig der Theologie, untersucht Grundlagen, Methoden u. Ziele der kirchl. Verkündigung in Predigt, Unterricht u. Seelsorge; in den ev. Kirchen meist *Praktische Theologie* genannt.
pastos (it. = teigig), in der Ölmalerei dicker Farbauftrag.
Paestum, röm. Name der um 600 v. Chr. gegr. griech. Kolonie *Poseidonia* am Golf v. Salerno; berühmt durch 3 dor. Tempel u. Ausgrabung eines griech. Stadtviertels.
Patagonien, süd-am. Großlandschaft, zw. Río Negro u. Magalhãesstraße. Die fjordreichen chilen. *Patagon. Anden* mit immergrünem Regenwald gehen ostwärts in die argentin. Patagonische Tafel über.
Pataria w (it.), polit.-religiöse Volksbewegung in der Lombardei im 11. Jh., gg. die Verweltlichung des höheren (bes. kaiserl.) Klerus.
Pate (lat.), Zeuge bei Taufe od. Firmung; für Erziehung des P.nkindes mitverantwortlich; zwischen P. u. Täufling kirchl. Ehehindernis der geistl. Verwandtschaft.
Patene w (lat.), tellerartiges Gefäß für die Hostie bzw. das Abendmahlsbrot bei der Eucharistie bzw. Abendmahlsfeier.
patent (lat.), schneidig, tüchtig, nett.
Patent s (lat.), Rechtseinrichtung, die dem Erfinder das ausschließl. Recht an einer ⟋Erfindung sichert. Der P.inhaber ist im allg.en 18 Jahre lang allein befugt, die Erfindung wirtschaftl. zu nutzen. Das P.recht ist vererbl. u. veräußert. (⟋Lizenz). Die P.erteilung erfolgt in der BRD durch das *Deutsche P.amt* in München durch Eintragung in ein öff. Register *(P.rolle)* gg. Gebühr *(P.gebühr).* P.e werden durch DBP (fr. DRP) gekennzeichnet. **patentieren, 1)** eine Erfindung durch ⟋Patent schützen. **2)** eine Wärmebehandlung v. Stahlrohprodukten; ermöglicht leichtere Kaltverformung.
Pater (lat. = Vater; Mz. *Patres*), Titel für Ordensgeistliche; Abk. P.
Pater (: pe̹'t^{er}), *Walter,* engl. Schriftsteller, 1839–94; Schönheitskult, verfochten in Romanen u. Essays.
Pater familias, im Röm. Recht Träger der väterl. Gewalt.
Paternoster s (lat.), Vaterunser. **P.aufzug,** Personenaufzug, bei dem Kabinen zw. einer ständig gleichmäß. umlaufenden Doppelkette hängen. **P.baum,** Strauch aus dem Himalaja; rote Samen *(P.erbsen,* Jequirity) zu Rosenkränzen benützt.

Paterson (: pe̹'t^{er}ß^en), Stadt in New Jersey (USA), an den Passaicfällen, 145 000 E.; kath. Bischof. Kraftwerke, Seiden- u. Motoren-Ind.
Pathan, in Pakistan Bz. für die im Grenzgebiet zu Afghanistan lebenden indo-europ. Afghanen.
patho... (gr.), eine Krankheit betreffend.
pathogen, krankheitserregend.
Pathologie, Wiss. v. den krankhaften Veränderungen im Organismus.
Pathos s (gr.), Leidenschaft, Feierlichkeit, machtvoller, bewegter Ausdruck der Ergriffenheit; *pathetisch,* feierlich, theatralisch.
Patience w (: paßjãß^e, frz.), Spiel für eine od. mehrere Personen mit Karten, die nach bestimmter Reihenfolge aufgelegen sollen.
Patient m (lat.), Kranker.
Patina w (it.), *Edelrost,* blaugrüner Belag (basisches Carbonat) auf Kupfer u. Kupferlegierungen, durch Einwirkung der Luft.
Patinir *(Patenier), Joachim,* niederländ. Maler, um 1480–1524; stille, weite Landschaften, als Hintergrund bibl. Szenen.
Patmos, griech. Insel der Sporaden, 40 km², 3000 E.; nach frühchristl. Tradition Verbannungsort des Evangelisten Johannes.
Patna, Hst. des ind. Bundesstaates Bihar, am Ganges, 491 000 E.; kath. Bischof; Univ. u. Hochschule für Medizin; Teppich-Ind., Opiumhandel.
Patois s (: pat^oa̹), frz. Bz. für Mundart.
Patras, neugriech. *Pátrai,* griech. Hafen auf dem Peloponnes, am *Golf v. P.,* 115 000 E.; orth. Erzb.; Korinthen- u. Weinausfuhr.
Patria w (lat.), Vaterland.
Patriarch m (gr.), **1)** Ur- u. Stammvater im AT (Adam, Abraham usw.). **2)** *christl. Kirchen:* a) *lat. Kirche:* Ehrentitel für Bischöfe bestimmter Bischofsitze, gelegentl. mit bestimmten Hoheitsrechten; b) *kath. Ostkirchen:* mit besonderen Hoheitsrechten ausgestatteter Bischof, dessen ordentl. Gewalt sich über ein Patriarchalgebiet od. einen Ritus erstreckt; c) *orth. Kirchen:* Titel der Vorsteher einiger autokephaler Kirchen; gilt als primus inter pares unter den Bischöfen seiner Kirche u. gleichberechtigt neben den anderen P.en; einen Ehrenprimat genießt der P. v. Konstantinopel. **patriarchalisch,** alt-, hausväterlich.
Patriarchat s (gr.), **1)** Würde u. Gebiet der kirchl. Patriarchen. **2)** ⟋Vaterrecht.
Patricius m (lat.), seit Konstantin d. Gr. byzantin. Hoftitel, regelmäßig dem Exarchen v. Ravenna verliehen; seit 754 (Pippin d. J.) bezeichnet der teils v. fränk. u. dt. Königen u. Kaisern, teils v. röm. Adligen bis ins 12. Jh. geführte Titel P. *Romanorum* die Schutzherrschaft über die röm. Kirche bzw. die Stadt Rom.
Patrick (: pä-), lat. *Patricius,* hl. (17. März), um 385–457/464; engl. Missionar, Apostel Irlands.
Patrimonialgerichtsbarkeit, Erb-, Guts- u. Privatgerichtsbarkeit, besonders der adligen Gutsherrn bis zur Mitte 19. Jh. **Patrimonialstaat,** Staatsform, die auf der Staatsgewalt als Eigentum des Fürsten aufbaute.

Paulskirche (Stahlstich, 1833)

Patrimonium s (lat.), im altröm. Recht das väterl. Erbteil; das Vermögen besonders der röm. Kaiser. **P. Petri** s, der urspr. Grundbesitz der röm. Kirche, entwickelte sich zum ↗Kirchenstaat.
Patriot m (gr.), Vaterlandsfreund.
Patriotismus, vaterländ. Gesinnung.
Patristik w (gr.), ↗Patrologie.
Patrize w (lat.), Stempel, Gegenstück zur Hohlform (↗Matrize).
Patriziat s (lat.), **1)** die Würde des ↗Patricius. **2)** Gesamtheit der ↗Patrizier.
Patrizier (Mz., lat.), **1)** Angehörige des altröm. Geburtsadels, mußten nach langen Kämpfen seit Mitte bis Ende des 4. Jh. v. Chr. alle wesentl. polit. Vorrechte mit den ↗Plebejern teilen. **2)** die ratsfähigen Geschlechter der Städte im MA.
Patroklus, bester Freund des ↗Achilles.
Patrologie w (gr.), Patristik, die Wiss., die sich mit Person u. Lehre der ↗Kirchenväter befaßt.
Patron m (lat.), **1)** Schutzherr, Gönner. **2)** Schutzheiliger. **Patronat** s, **1)** Schirmherrschaft. **2)** Amt u. Würde des ↗Patrons **1). 3)** Inbegriff der Privilegien (u. a. Präsentationsrecht des Geistlichen) u. Pflichten (u. a. Baupflicht), die den kath. Stiftern einer Kirche, Kapelle od. eines Benefiziums zustehen; Neubegründung nach dem CIC verboten.
Patrone w (lat.), Munition für Handfeuerwaffen; in einer Hülse Geschoß, Pulver u. Zündhütchen vereint. ☐ 1075.
Patronit m, techn. wichtigstes Vanadinmineral, in den peruan. Anden.
Patrouille w (: patruˈje, frz.), Spähtrupp, kleiner militär. Erkundungstrupp.
Patrozinium s (lat.), Fest eines Diözesan-, Kirchen-, Ordens- (usw.) ↗Patrons.
Patscherkofel m, Aussichtsberg südl. v. Innsbruck, 2247 m hoch (Seilbahn).
patt (it.), unentschieden im Schach, wenn der Kg. od. eine Figur nicht mehr gezogen werden kann, aber kein Schach geboten ist.
Pau (: po), Hst. des südfrz. Dep. Basses-Pyrénées, 94000 E.; Schloß; Lederindustrie.
Pauke, Schlaginstrument im Orchester, halbkugelförmig, mit Haut bespannter Kupferkessel, stimmbar. **P.nhöhle,** Teil des ↗Mittelohres zw. Trommelfell u. Innenohr mit den 3 Gehörknöchelchen. ☐ 618.

Paul, 6 Päpste: **P. III.,** 1468–1549; 1534 Pp., Renaissancefürst; berief das Trienter Konzil. **P. VI.,** vorher *Giovanni Battista Montini,* 1897–1978; 1922/54 im päpstl. Staatssekretariat, seit 52 als Prostaatssekretär; 54 Erzb. v. Mailand u. 58 Kard.; seit 63 Papst; führte das 2. Vatikan. Konzil fort u. beendete es 65; um Annäherung der Christen, bes. um Kontakte mit den Ostkirchen bemüht; erließ mehrere Enzykliken, u. a. *Ecclesiam suam* u. *Humanae vitae.* Fürsten: *Griechenland:* **P. I.,** 1901–64; als Nachfolger seines Bruders Georg II. seit 47 Kg. *Jugoslawien:* **P.,** 1893–1976; 1934/41 Prinzregent für Kg. Peter II. *Rußland:* **P. I.,** 1754–1801; 1796 als Nachfolger seiner Mutter Katharina II. Zar, fiel einer Verschwörung zum Opfer.
Paula, hl. (26. Jan.), röm. Adlige, 347–404; ging 385 mit dem hl. Hieronymus nach Palästina, begr. u. leitete in Bethlehem ein Mönchs- u. Nonnenkloster.
Paulaner ↗Minimen; ↗Barnabiten.
Pauli, *Wolfgang,* östr. Physiker, 1900–58; 45 Nobelpreis für quantenmechan. Arbeiten *(P.-Prinzip).*
Pauliner ↗Vinzentiner.
Pauling, *Linus,* am. Chemiker, * 1901; 54 Nobelpreis für Chemie für die Aufstellung v. Strukturmodellen der Kettenproteine; 62 Friedens-Nobelpreis für seinen Einsatz gegen die Anwendung v. Kernwaffen.
Paulinus v. Nola, hl. (22. Juni), um 353–431; um 411 Bischof v. Nola, Freund des hl. Augustinus.
Paulinzella, thüring. Gem. im Kr. Rudolstadt, 300 E.; Ruine der roman. Säulenbasilika (12. Jh.; Hirsauer Bauschule) der ehem. Benediktiner-Abtei.
Paulisten, 1) frühchristl. Sekte des ↗Paulus v. Samosata. **2)** *Paulist Fathers* (: pǎlißt faˈers), kath. innere Mission, 1858 in New York v. I. Th. ↗Hecker gegründet.
Paulsen, *Friedrich,* dt. Philosoph, 1846 bis 1908; Vertreter des ↗Voluntarismus.
Paulskirche, 1833 in Frankfurt a.M. fertiggestellte ev. Kirche, 48/49 Tagungsort der ↗Frankfurter Nationalversammlung.
Paulus, Heilige: **P.** (Feste Pauli Bekehrung 25. Jan.; Peter u. Paul 29. Juni); *Apostel,* mit jüd. Namen *Saul,* hervorragend als Missionar, Organisator u. Theologe; * um 10 n. Chr. in Tarsus (Kilikien), aus streng jüd. Familie, erbte das röm. Bürgerrecht; bereitete sich als Schüler ↗Gamaliels in Jerusalem auf das Rabbinenamt vor; erlernte das Handwerk des Zeltmachers; als gesetzeseifriger Pharisäer wurde er einer der heftigsten Gegner der Bekenner Jesu; hatte vor den Stadttoren v. Damaskus das sog. *Damaskuserlebnis,* in dem Christus ihn zum Christen u. Apostelamt berief; wurde in Damaskus getauft, verkündete in den Synagogen das Evangelium und begann sein missionar. Wirken bes. unter den Heiden; um 44 holte ihn ↗Barnabas zur Mitarbeit nach Antiochia (Syrien), v. wo aus sie die *1. Missionsreise* über Zypern nach Galatien antraten; auf dem ↗Apostelkonzil suchte er zw. ↗Heidenchristen u. Judaisten (↗Judenchristen) zu vermitteln; besuchte auf der *2.* u. *3. Missionsreise* die fr. gegr. klein-

Papst Paul VI.

Linus Pauling

Pauke: Konzert-P.

Paulusbriefe
(in der Reihenfolge ihrer zeitlichen Entstehung)

1. und 2. Thessalonicherbrief
Galaterbrief
1. und 2. Korintherbrief
Römerbrief
Kolosserbrief
Philemonbrief
Epheserbrief
Philipperbrief
1. Timotheusbrief
Titusbrief
2. Timotheusbrief
Hebräerbrief
(Verfasserschaft umstritten)

asiat. Gemeinden u. gründete weitere in Makedonien (u. a. Philippi, Thessalonike, Beroia) u. Achaia (u.a. Athen, Korinth), wirkte anschließend in Ephesus, wandte dann sein Missionsinteresse dem Westen zu; nach schweren Zusammenstößen mit den Juden in Jerusalem Verhaftung durch die röm. Behörden; 2jähr. Haft in Caesarea und Deportation nach Rom, dort weitere 2 Jahre Haft (61/63); soll dann (nach außerbibl. Zeugnissen) in Spanien missioniert haben; zw. 64 u. 68 erlitt er nach altkirchl. Tradition den Martertod. Seine Lehre u. Theologie ist in den ntl. P.briefen niedergelegt; er betont bes. die Gnade Gottes, die Ohnmacht des Menschen u. die Macht des Hl. Geistes über die Schwachheit des „Fleisches“, die Wirklichkeit u. Ggw. des Heils in Christus. **P. v. Kreuz** (28. Apr.), it. Bußprediger u. Volksmissionar, 1694–1775; Stifter der ⁄Passionisten. **P. v. Theben** (15. Jan.), angebl. 228–341; soll nach der Flucht vor der Decischen Christenverfolgung 90 Jahre in der Wüste in Ägypten gelebt haben („Ureinsiedler“).

Paulus Diaconus, OSB, um 720–799 (?); langobardischer Geschichtsschreiber. **P. v. Samosata,** 260 Bischof v. Antiochia; leugnete die Gottheit Jesu Christi, 68 abgesetzt. ⁄Paulisten.

Paulus, *Friedrich,* dt. Generalfeldmarschall, 1890–1957; 1942 Oberbefehlshaber der 6. dt. Armee, mit der er 43 in ⁄Stalingrad kapitulierte; 53 aus sowjet. Gefangenschaft entlassen.

Paumgartner, *Bernhard,* östr. Komponist u. Dirigent, 1887–1971; Mitbegr. u. seit 60 Präs. der Salzburger Festspiele. 1945/59 Dir. des Salzburger Mozarteums.

Pauperismus *m* (lat.), Massenarmut.

Pausanias, 1) spartan. Feldherr, † 468 v. Chr.; besiegte 479 die Perser bei Plataä. 2) griech. Schriftsteller, schrieb zw. 160 u. 180 n. Chr. über seine Reisen in Griechenland.

Pauschale *s* od. *w* (neulat.), die Abgeltung v. Leistungen in einer Gesamtsumme.

Pauschen (Mz.), Haltebügel am Turnpferd. ☐ 741.

Pauspapier, 1) durchscheinendes Zeichenpapier für Vorlagen zur ⁄Lichtpause. 2) das ⁄Kohlepapier.

Pautou, amtl. *Paotow,* chines. Stadt in der Inneren Mongolei, am Hoangho, 1 Mill. E.; Stahlwerke, Atomreaktoren.

Pavane *w* (span. = Pfauentanz), seit dem 16. Jh. bekannter geradtakt. Schreittanz, im 17. Jh. häufig 1. Satz der ⁄Suite.

Pavelić (: p̲a̲welitsch), *Ante,* kroat. Politiker, 1889–1959; organisierte die kroat. Unabhängigkeitsbewegung; 1941/45 unter dem Schutz dt. Truppen Staatsführer ⁄Kroatlens.

Pavese, *Cesare,* it. Schriftsteller, 1908–50; Gedichte, Erzählungen, Romane *(Junger Mond),* Tagebücher.

Pavia, ober-it. Prov.-Hst., l. am Tessin, 87 000 E.; Bischof; Univ. (seit 1361); San Michele (roman. Gewölbebau, ehem. Krönungskirche) u. San Pietro (mit Grabmal des hl. Augustinus); Ind. – 572/774 Hst. der Langobarden; 1361 v. den Visconti unter-

Pavian: Mantelpavian

I. P. Pawlow

Pazifischer Ozean

Fläche: 179,7 Mill. km² (einschließl. Nebenmeere) = 35,3% der Erdoberfläche

mittlere Tiefe: 4028 m

größte Tiefe: 11 034 m (Witjastiefe im Marianengraben)

mittlerer Salzgehalt: 35‰ (Ochotskisches Meer 32‰, am südl. Wendekreis 36,9‰)

Rand- und Nebenmeere:
Beringmeer
Ochotskisches Meer
Japanisches Meer
Ostchinesisches Meer
Südchinesisches Meer
Australasiatisches Mittelmeer
Rossmeer
Bellingshausensee

Inselgruppen:
Melanesien
(u. a. Neuguinea
Bismarckarchipel
Salomonen
Santa-Cruz-Inseln
Neue Hebriden
Fidschi-Inseln
Tonga-Inseln)
Mikronesien
(u. a. Marianen
Karolinen
Marshallinseln
Samoa-Inseln
Gesellschaftsinseln
Hawaii-Inseln)

worfen; teilte seitdem das Schicksal Mailands. In der *Schlacht v. P.* 1525 Sieg Karls V. über Franz I. v. Frankreich.

Pavian *m, Hundskopffaffe,* 70–110 cm lang (ohne Schwanz); Gesicht auffällig bunt gefärbt, Gesäßschwielen grell rot u. blau; Herdentier in Arabien u. Afrika; Erd- u. Felsbewohner, Raubtier; *Mantel-P.* Männchen mit grauem Haarbehang. ☐ 7.

Pavillon *m* (: -wij̲o̲n, frz.), kleineres, ganz od. teilweise offenes Gebäude auf meist vieleckigem od. rundem Grundriß *(Konzert-, Ausstellungs-P.);* auch vorgebauter Teil an Gebäuden.

Pawlodar, Hst. der Oblast P. der Kasach. SSR, am Irtysch, 273 000 E.; Erdölraffinerie, Aluminiumhütte, Fahrzeug-, Lebensmittel- u. holzverarbeitende Ind.

Pawlow (: -of), *Iwan Petrowitsch,* russ. Physiologe, 1849–1936; erforschte die Herznerven u. die bedingten Reflexe; 1904 Nobelpreis.

Pawlowa, *Anna,* russ. Tänzerin, 1882(?) bis 1931; ihr bekanntester Tanz *Der sterbende Schwan.*

Pax *w* (lat.), altröm. Göttin des Friedens.

Pax Christi *w,* Friedensbewegung, 1944 v. Bischof Théas v. Lourdes formell gegr.; dt. Zweigstelle in Frankfurt a. M. **Pax Romana** *w,* Weltvereinigung der kath. Studenten (1921 gegr.) u. seit 1947 auch der kath. Akademikerverbände.

Payer, *Julius* Ritter v., östr. Polarforscher u. Historienmaler, 1842–1915.

Pazifikation *w* (lat.), Befriedung.

Pazifik-Pakt ⁄ANZUS-Pakt.

Pazifischer Ozean, auch *Stiller Ozean, Großer Ozean,* größtes Weltmeer, zw. der Westküste Amerikas u. den Ostküsten Asiens u. Australiens, reicht v. N nach S v. der Arktis bis zur Antarktis. Mit 179,68 Mill. km² nimmt der P. O. mehr als ein Drittel der Erdoberfläche ein.

Pazifismus *m* (lat.), geistige u. polit. Haltung, die grundsätzl. jeden Krieg ablehnt u. Kriegsdienstverweigerung fordert; unterscheidet sich v. der auf kriegsvermeidende int. Organisationen gerichteten ⁄Friedensbewegung.

Pb, chem. Zeichen für ⁄Blei.

p. Chr., Abk. für *post Christum* (natum), nach Christi Geburt.

PC-Stoffe, *PVC-Stoffe, PeCe-Stoffe,* vollsynthet. ⁄Kunststoffe aus Polyvinylchlorid.

Pd, chem. Zeichen für ⁄Palladium.

Pearl Harbor (: pö̲ʳl ha̲ʳbeʳ), seit 1900 Flottenstützpunkt der USA auf der Hawaii-Insel Oahu, n.w. von Honolulu; am 7. 12. 41 verheerender See- u. Luftüberfall ⁄Japans.

Pears (: pi̲ʳß), *Peter,* engl. Sänger (Tenor), * 1910; bes. Opern- u. Oratoriensänger.

Pearson (: pi̲ʳßᵉn), *Lester Bowles,* 1897 bis 1972; 1948/57 kanad. Außenmin. (Liberaler), 1963–68 Premiermin.; maßgebl. an der Gründung der UN u. der NATO beteiligt. 57 Friedensnobelpreis.

Peary (: pi̲ʳl), *Robert Edwin,* am. Polarforscher u. Admiral, 1856–1920; bewies die Inselnatur Grönlands, erreichte 1909 den Nordpol.

PeCe-Stoffe ⁄PC-Stoffe.

Pech, Rückstand der Teer- u. Erdöldestillation; schwarz, mit muscheligem Bruch; mit Schweröl vermischt, zur Brikettfabrikation; in Teeröl gelöst, Dachpappe (Dachlack), in Terpentinöl Eisenlack. *Weich-P.* für *P.draht* des Schuhmachers.

Pechblende, *Uran-P.*, *Uran-Pecherz*, das wichtigste Uranmineral, enthält durchschnittl. 70% Uran.

Pechel, *Rudolf*, dt. Publizist, 1882–1961; Mitgl. der Widerstandsbewegung gg. Hitler; Hrsg. der *Deutschen Rundschau.*

Pechkiefer w, ↗Pitchpine.

Pechkohle, kontaktmetamorph veränderte u. dadurch stärker inkohlte Braunkohle.

Pechnelke, rotblühende Nelke mit pechiger Ausscheidung, auch gefüllte Spielarten.

Pechstein, die zu einem fettglänzenden, kompakten Glas erstarrten ↗Porphyre; kommt u. a. bei Meißen vor.

Pechstein, *Max*, dt. Maler u. Graphiker, 1881–1955; Mitgl. der ↗,,Brücke", Vorliebe für das Exotische; flächig-dekorativer Stil.

Pécs (: petsch), die ungarische Stadt ↗Fünfkirchen.

Pectorale *s* (lat.), Brustkreuz des Bischofs.

Pedal *s* (lat.), 1) Tretkurbel an Fahrrad u. Moped; am Kraftwagen Fußhebel für Gas, Bremse u. Kupplung. 2) bei Musikinstrumenten mit den Füßen zu bedienende Hebel, mit denen Baßtöne gespielt (Orgel), Saiten od. Membranen (Harfe, Pauke) umgestimmt od. die Dämpfung aufgehoben u. das Tonvolumen verändert (Klavier) werden. ☐ 486, 730.

Pedant *m* (it.), kleinlicher Mensch.

Pedanterie *w*, Kleinigkeitskrämerei.

Peddigrohr ↗Rotangpalme.

Pedell *m*, Schul-, Universitätsdiener.

Pediküre *w* (frz.), Fußpflege.

Pedro, Fürsten: *Brasilien:* **P. I.,** 1798–1834; 1822/31 Ks. des unabhängigen Brasilien, als *P. IV.* März/Mai 26 Kg. v. Portugal. Sein Sohn. **P. II.,** 1825–91; 31 Ks., dankte 89 ab. *Portugal:* **P. II.,** 1648–1706; 1667 Kg., nahm auf östr. Seite am Span. Erbfolgekrieg teil. **P. IV.** ↗Pedro I.

Peel (: pīl), Sir *Robert*, 1788–1850; 1834/35 u. 41/46 brit. Premiermin., führte die Einkommensteuer ein, schaffte die Getreidezölle ab; Begr. der Konservativen Partei.

Peene *w*, mecklenburg. Fluß, mündet nach 112 km in den gleichnam. Mündungsarm des Stettiner Haffs.

Peenemünde, Fischerdorf an der Nordwestspitze der Insel Usedom, 600 E.; war bis 1945 das dt. Raketen-Forschungszentrum.

Peer *m* (: pīr, Mz. *Peers*), Mitgl. des engl. Hochadels mit Sitz im Oberhaus.

Pegasus, 1) in der griech. Sage geflügeltes Roß, sein Hufschlag schuf die den Musen geweihte Quelle Hippokrene. 2) großes Sternbild des Nordhimmels.

Pegel *m* (nd.), auch *Peil*, Niveauhöhe einer Flüssigkeit; auch Wasserstand-Anzeiger bei Flüssen u. Seen, entwedar *Skalen-P.*, lotrechte Latte an Brückenpfeiler, Ufermauer, od. *P.uhr*, deren Zeiger durch einen Schwimmer bewegt wird.

Pegnitz *w*, 1) fränk. Fluß, entspringt in der Fränk. Schweiz, durchfließt Nürnberg u.

Max Pechstein: Selbstbildnis (1918)

Pekinese

Pegasus: Darstellung auf einem Gewebe (6. Jh.)

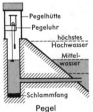
Pegel

vereinigt sich nach 85 km bei Fürth mit der Rednitz zur Regnitz. 2) oberfränk. Stadt in der Fränk. Schweiz, 13500 E.; Metall- u. Textil-Ind., Eisenerzbergbau.

Péguy (: pegi), *Charles Pierre*, frz. Schriftsteller, 1873–1914; hymn.-religiöse Lyrik; Vorkämpfer eines christl. Sozialismus. *Das Mysterium v. der Erbarmung der Jeanne d'Arc, Die Tapisserie, Eva.*

Peilung, 1) in der Navigation: die Feststellung der Richtung zu einem Objekt, opt., meist aber durch ↗Funkmeßwesen u. ↗Funknavigation gewonnen. 2) in der Schiffahrt: das Messen v. Wassertiefen.

Peine, niedersächs. Krst. n.ö. von Hildesheim, am Mittellandkanal, 47600 E.; Hütten- u. Walzwerk, Brauerei.

Peiping = ↗Peking.

Peipussee, nordwestruss. See mit sumpfigem westl. u. bis 10 m hohem östl. Ufer; 3600 km², bis 14,6 m tief.

Peirce (: pī'ß), *Charles Sanders*, am. Philosoph, 1839–1914; Begr. des am. ↗Pragmatismus.

Peisistratos, Tyrann v. Athen, 560/527 v. Chr.; Nachfolger seine Söhne ↗Hippias u. ↗Hipparch.

Peitschenfische, Knochenfische des Indischen u. Großen Ozeans mit verlängertem 4. Strahl der Rückenflosse; *Geißler*, 20 cm lang, gelb, silberweiß u. schwarz.

Peitschenkaktus ↗Schlangenkaktus.

Peitschenschlange, ungiftige, 1,5 m lange Baumschlange des trop. Asiens.

Peitschenwurm, bis 5 cm langer Fadenwurm, harmloser Schmarotzer im menschl. Darm.

Pekalongan, indones. Hafenstadt auf Java, 110000 E.; Textil-Ind.

Pekinese, 15–25 cm große, kurzbeinige Hunderasse mit langem Haar, gerader Stirn, nach vorn stehenden großen Augen; kaiserlicher Luxushund im alten China, wird seit 1896 in Europa gezüchtet.

Peking, Hst. der VR China, m. V. 8,5 Mill. E.). Kern bildet die rechteckige ,,Verbotene Stadt" mit dem kaiserl. Prunkpalast, ringsherum die ehem. ,,Kaiserstadt", reich an Palästen u. Anlagen, ihrerseits umgeben v. der ,,Mandschu-" od. ,,Tatarenstadt"; südl. daran die Chinesenstadt. Chines. Baukunst aller Jahrhunderte, darunter der Himmelstempel; reiche Kunstschätze; mehrere staatl. Univ.; Sternwarte; Seiden-, Porzellan-, Teppich- u. Leder-Ind. ☐ 151.

Pektin *s*, hochmolekularer, kohlenhydratähnl. Pflanzenstoff in Früchten, Wurzeln, Blättern, bes. als Kittsubstanz zw. den Zellen; als Geliermittel im Handel.

Pektorale *s* (lat.), ↗Pectorale.

pekuniär (lat.), geldlich.

Pelagianismus, theol. Lehre, v. dem Mönch *Pelagius* (Anfang 5. Jh.), seinem Schüler *Caelestius* u. v. *Julian v. Eclanum* entwickelt: leugnet die Erbsünde u. die Notwendigkeit der Gnade zu einer heils. u. heilshaften Befolgung des Sittengesetzes; u. Augustinus bekämpft, 431 auf dem Konzil v. Ephesus verworfen.

pelagisch (gr.), dem Meeresbereich v. über 800 m Wassertiefe angehörig.

Pegelhütte
Pegeluhr
höchstes Hochwasser
Mittelwasser
Schlammfang

Pelagische Inseln, it. Inselgruppe im Mittelmeer, s.w. von Sizilien, u.a. Hauptinseln Lampedusa u. Linosa.
Pelagius ↗Pelagianismus.
Pelargonie, Storchschnabelgewächs aus Südafrika mit schönfarb. Blüten; Zierpflanzen, fälschl. Geranien genannt.
Pelasger (Mz.), vorgriech. Bevölkerung.
Pelerine w (frz.), urspr. v. Pilgern getragener ärmelloser Umhang; heute andere Bz. für ↗Cape 2).
Pelide m, Beiname des ↗Achilles, des Sohnes des Peleus.
Pelikan m, Wasservogel wärmerer Länder, mit langem Schnabel u. weitem Hautsack am Unterkiefer; Fischräuber. ☐ 1046.
Pelkum, Stadtteil v. Hamm (seit 1975); Steinkohlenbergbau, Maschinenfabrik.
Pellagra s (it.), chron. Mangelkrankheit infolge Fehlens des Vitamins B_2, bes. bei überwiegender Maisernährung.
Pel(l)uschke w, Erbsenart mit kleinem, grau-schwarz gemasertem Korn. Fälschl. Bz. für Feld-, Futtererbse, Linsenwicke.
Pellworm, eine der Nordfries. Inseln, 37 km², 1200 E.
Pelopidas, theban. Feldherr, befreite 379 v. Chr. Theben v. den Spartanern; fiel 364.
Peloponnes m, eig. w, neugr. Morea; südgriech., v. Gebirgen wildzerklüftete Halbinsel; nur durch den Isthmus v. ↗Korinth mit dem Festland verbunden, 21410 km², 1,1 Mill. E. **Peloponnesischer Krieg,** der 431 bis 404 v. Chr. zw. Sparta u. Athen um die Vorherrschaft in Griechenland geführte Krieg; Sieg Spartas mit pers. Hilfe.
Pelota w (span.), bask. Ballspiel.
Pelotas, brasilian. Stadt, im Staat Rio Grande do Sul, 130000 E.; Bischof.
Peltier-Effekt (: -tje-) ↗Thermoelektrizität.
Peltonturbine ↗Wasserturbine.
Pelz, mit Haaren oder Federn besetzte, nur auf der Fleischseite gegerbte Tierbälge, v. der Pelz-Ind. zu Rauchwaren veredelt u. v. der Kürschnerei verarbeitet. **P.flatterer,** Säugetier zw. Insektenfressern u. Halbaffen, katzengroß, mit Flughaut als Fallschirm; Kaguang, Flattermaki, im Malaiischen Archipel. **P.fresser,** Federlinge, lausförm., flügellose Insekten auf Säugetieren u. Vögeln; Kuhlaus, Hühnerlaus. **P.käfer,** ein ↗Speckkäfer. **P.tiere,** Säuger, deren weiches, dichtes Fell zu wertvollem P.werk verarbeitet wird. ☐ 795.
Pemba, eine Koralleninsel vor der ostafrikan. Küste, nördl. v. Sansibar, 984 km², 165000 E. Ausfuhr: Gewürznelken, Kopra; polit. zu ↗Tansania.
Pemphigus m, der ↗Blasenausschlag.
PEN, P.E.N.-Club, internationale Schriftstellervereinigung (Poets, Essayists, Novelists); gegr. 1921; über 60 Zentren in über 50 Ländern; Sitz des PEN-Zentrums der BRD Darmstadt.
Penang, die Insel ↗Pinang.
Penaten, die röm. Hausgötter.
Pence (: penß) Münzeinheit. ☐ 1144/45.
Penck, Albrecht, dt. Geograph, 1858–1945; Geomorphologe u. Gletscherforscher.
Pendant s (: pãndã̃, frz.), Seiten-, Gegenstück.

Pendel s (lat.), ein schwingungsfähig aufgehängter, starrer Körper, bes. als Schwere-P. (physikal. P.), mit dem Schwerpunkt unterhalb der waagerechten Drehachse. Ein P. führt nach kleiner Auslenkung aus der Ruhelage harmon. Schwingungen aus. Eine Idealisierung, das mathemat. P., hat eine im Schwerpunkt vereinigte, punktförmige Masse, die an einem gewichtslosen Faden aufgehängt ist. Seine Schwingungsdauer ist unabhängig v. der Masse. P. werden benutzt, um den Gang v. Uhren zu regeln, die Fallbeschleunigung zu bestimmen usw.
P.achse, Radaufhängung am Kraftwagen. ☐ 511.
Pendentif s (: pãndã̃tif, frz.), Verbindungsstück zw. einer Kuppel u. ihrer häufig vier-(viel-)eckigen Basis (P.kuppel): Eckzwickel in der Form sphär. Dreiecke od. Trompen.
Penderecky (: -retßki), Krzysztof, poln. Komponist, * 1933; lehrt an der Folkwang-Hochschule für Musik, Essen; bedeutendster poln. Komponist der Ggw.; geistl. Musik, Orchesterwerke, Oper Die Teufel v. Loudun, Chorwerk Magnificat.
Penelope, Gattin des ↗Odysseus; im Widerstand gg. die Freier Vorbild der Gattentreue.
penetrant (lat.), durchdringend, aufdringlich.
penibel (frz.), peinlich genau, mühsam.
Penicillin s, erstes, v. A. ↗Fleming 1928 entdecktes ↗Antibiotikum. Stoffwechselprodukt eines Schimmelpilzes (Penicillium notatum); synthet. herstellbar. Verwendet gg. viele Infektionskrankheiten. Vorsicht im Gebrauch wegen ↗Resistenzbildung.
Penis m (lat.), das männl. Glied. ☐ 323.
Penn, William, engl. Quäkerführer, 1644 bis 1718; gründete 1681 in Nordamerika den Freistaat ↗Pennsylvania, gab ihm eine v. religiöser Toleranz bestimmte Verf.
Pennal s, Penne w (aus lat. penna = Feder), in der Schülersprache Bz. für höhere Schule. **Pennäler** m, Schüler des Pennals.
Penninische Alpen, Walliser Alpen, die südl. Westalpen v. Großen St. Bernhard bis zum Simplon. **Penninische Kette,** nordengl. Gebirgszug; bis 893 m hoch.
Pennsylvania, Pennsylvanien, Abk. Pa., Staat im NO der USA, zw. Eriesee u. Delaware, 117412 km², 11,8 Mill. E.; Hst. Harrisburg. – 1681 v. W. ↗Penn gegründet.
Pensa, sowjet. Stadt westl. v. Kuibyschew, 483000 E.; Metall- u. Holz-Ind.
Pensée s (: pãnße, frz.), ↗Stiefmütterchen.
Pension w (: pãnßjõ, frz.), 1) Fremdenheim, Gaststätte. 2) Ruhegeld, Altersrente.
Pensionär m, 1) im Ruhestand Lebender. 2) Kostgänger. **Pensionat** s (frz.), Erziehungsheim, bes. für Mädchen. **Pensionierung,** Versetzung bzw. Übertritt in den Ruhestand. ↗Altersgrenze.
Pensum s (lat.), Aufgabe; Lehrstoff.
penta... (gr. pente), fünf... **Pentagon** s (gr.), 1) Fünfeck. 2) der fünfeckigen Grundriß err. Gebäudekomplex des US-Verteidigungsministeriums in Washington.
Pentagramm s (gr.), ↗Drudenfuß.
Pentameter m, griech. Vers mit 5 Füßen.
Pentan s (gr.), Kohlenwasserstoff (↗Paraf-

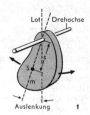

Pendel: **1** physikal. P.
Die Schwingungsdauer ist
$T = 2\pi\sqrt{\Theta/m \cdot g \cdot s}$
(Θ Trägheitsmoment, m Masse, g Erdbeschleunigung, s Schwerpunktabstand von der Drehachse).
2 mathemat. P. Die Schwingungsdauer ist
$T = 2\pi\sqrt{s/g}$.
3 Drehpendel

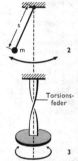

William Penn

Pentagramm

fine), C_5H_{12}, farblos, brennbar, aus Erdöl, Siedepunkt 36° C, Benzingeruch.
Pentateuch *m* (gr. = Fünfrollenbuch), Bz. für die 5 Bücher Moses' des AT: *Genesis, Exodus, Leviticus, Numeri, Deuteronomium;* ihre mosaische Verfasserschaft wird bes. seit der Reformationszeit angezweifelt.
Pentatonik *w* (gr.), 5stuf. Tonsystem ohne Halbtöne, bes. in China u. Indonesien.
Penthesilea, in der griech. Sage Königin der Amazonen, fällt durch Achilles. Tragödie v. Kleist (Penthesilea tötet Achill).
Penthouse *s* (: pänthauß), exklusive Wohnung auf dem Dach eines (Hoch-)Hauses.
Pentlandit *m,* wichtigstes Nickelerz; größtes Vorkommen in Kanada.
Pentode *w* (gr.), eine ↗Elektronenröhre mit 5 Elektroden.
Penzberg, oberbayer. Stadt bei Weilheim, 11900 E.; Fahrzeugbau, Textil-Ind.
Penzoldt, *Ernst,* dt. Schriftsteller, Bildhauer u. Maler, 1892–1955; heitere Romane *(Powenzbande),* Dramen.
Peoria (: pio^{u}rj^e), Stadt in Illinois (USA), am Illinois River, 130000 E.; kath. Bischof; Kohlenbergbau.
Pepita *m* od. *s* (span.), meist schwarz-weißes Gewebe mit kleiner Karomusterung.
Pepping, *Ernst,* dt. Komponist, * 1901; Orgel-, Orchester- u. Choralwerke.
Pepsin *s,* Ferment des Magensaftes, verdaut Eiweiß zu löslichen, nicht mehr gerinnbaren Spaltprodukten *(Peptonen),* die durch die Darmwand aufgenommen werden.
Pepusch, *Johann Christoph,* dt. Komponist, 1667–1752; wirkte in Engl.; Opernparodie *The Beggar's Opera.*
per (lat.), durch, mit.
Peräa, das jüdische Ostjordanland.
Perak, Bundesstaat der Malaiischen Föderation, liegt an der Westküste Malakkas, 20668 km², 1,8 Mill. E.; Hst. Ipoh.
per aspera ad astra (lat.), auf rauhen Pfaden zu den Sternen; durch Nacht zum Licht.
Perbunan *m,* quellungsfester ↗Kunststoff; Mischpolymerisat aus Butadien u. Acrylnitril.
Perche *w* (: pärsch, frz.), elast. Balancierstange für Drahtseilartisten. *P.akt,* artist. Nummer mit der P.
Percy (: pö^{r}ßi), *Thomas,* engl. anglikan. Bischof, 1729–1811; Hrsg. v. Volksballaden, die J. G. Herder anregten.
pereat (lat.), er (sie, es) gehe zugrunde!
Pereira (: -re^{i}r^e), *Nuno Álvares,* sel. (6. Nov.), portugiesischer Feldherr u. Nationalheld, 1360–1431; verteidigte 1385 Portugals Unabhängigkeit gg. Kastilien, 1423 Karmelit.
peremptorisch (lat.), *peremtorisch,* (einen Rechtsanspruch) vernichtend bzw. aufhebend.
perennierend, ausdauernd, bes. bei Pflanzen: überwinternd.
Pérez Galdós (: pereß-), *Benito,* span. Schriftsteller u. Politiker, 1843–1920; bedeutender realist. Erzähler mit Romanen aus der span. Geschichte (*Episodios nacionales,* 46 Bde) u. aus seiner Zeit.
perfekt (lat.), vollkommen. **Perfektum** *s,* Vergangenheitsform des Zeitwortes.

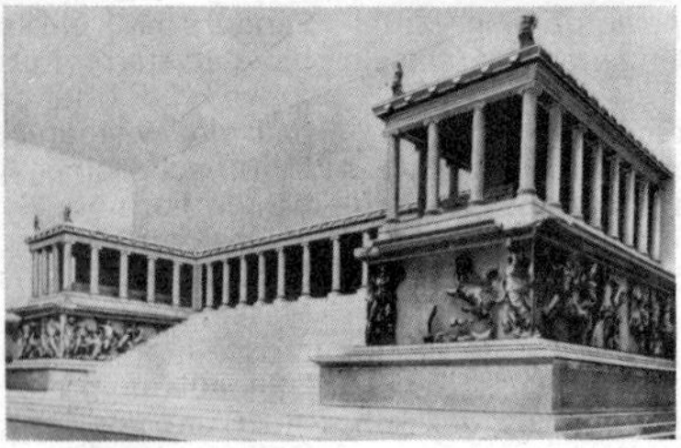
Pergamon: Westseite des großen Altars (180/160 v. Chr.; Berlin, P.-Museum)

perfid (lat.), treulos, hinterlistig.
Perforation *w* (lat.), **1)** Durchbruch, z. B. eines Darmgeschwürs in die Bauchhöhle, Durchbohrung, z. B. des Trommelfells bei einer Mittelohrentzündung. **2)** reihenweise Durchlöcherung v. Leder, Papier u. ä.
Pergament *s,* nach ↗Pergamon benannter, im MA meistbenutzter Schreibstoff zu Urkunden, Briefen, Büchern; aus ungegerbter, geglätteter Tierhaut; wurde v. Papier verdrängt; heute fast nur noch für Bucheinbände u. zum Bespannen v. Trommeln.
P.papier, ungeleimtes Hadern- od. Zellstoffpapier, dessen Fasern durch Schwefelsäure od. Chlorzink sich p.artig verfestigen; ist fett- u. luftdicht.
Pergamon, altgriech. Stadt in Mysien, Kulturzentrum in der Zeit des *Pergamenischen Reiches* (280/133 v. Chr.), danach röm. Provinz-Hst., 716 n. Chr. v. den Arabern zerstört. Ausgrabungen u. a. der *P.-Altar,* hellenist. Bauwerk mit Reliefplastik, den Kampf zw. Göttern u. Giganten darstellend; 1929 nach Berlin gebracht, 45/58 in Moskau. **P.-Museum,** Berlin, 1912/30 erb.; enthält u. a. Teile der Funde aus Pergamon.
Pergamos, Burg im alten Troja.
Pergola *w* (it.), offener Laubengang.
Pergolesi, *Giovanni Battista,* it. Komponist, 1710–1736; Meister der neapolitan. Schule; Buffo-Opern *(La serva padrona), Stabat mater.*
perhorreszieren (lat.), verabscheuen.
Peri, *Jacopo,* it. Komponist, 1561–1633; schuf die erste (verschollene) Oper: *Dafne.*
Periander, um 627 – um 586 v. Chr.; Tyrann v. Korinth, einer der 7 Weisen.
Perigäum *s* (gr. = Erdnähe), der erdnächste Ort der Mond- bzw. einer Satellitenbahn. Ggs. *Apogäum.* ↗Apsiden.
Périgueux (: -gö), Hst. der südwestfrz. Landschaft *Périgord* sowie des Dep. Dordogne, an der Isle, 35500 E.; Bischof; roman.-byzantin. Kathedrale (1125/50), röm. Ruinen; Trüffel-, Frühgemüse-, Viehmarkt.
Perihel *s* (gr.), Sonnennähe; ↗Apsiden.
P.bewegung, langsame Drehung der Bahnellipse bei der ↗Planeten-Bewegung.
Perikard *s* (gr.), Herzbeutel. **Perikarditis** *w,* Herzbeutelentzündung.
Perikles, nach 500–429 v. Chr.; seit 443 Leiter des Stadtstaates Athen, der unter ihm eine polit. u. kulturelle Blütezeit *(Perikleisches Zeitalter)* erlebte (u. a. Neubau der Akropolis).
Perikopen (Mz., gr.), in der christl. Liturgie Bz. für die bibl. Abschnitte, die im liturg. Gottesdienst als Epistel od. Evangelium

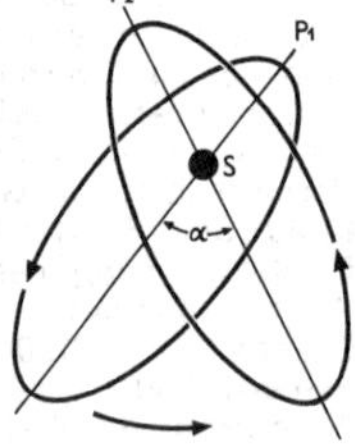

Perihelbewegung einer Planetenbahn. Perihel P_1 am Anfang, P_2 nach einer gewissen Zeit (z. B. 100 Jahren). S Sonne. Pfeile zeigen Bewegungsrichtung des Planeten u. der P. Sie wird gemessen als Winkel α der beiden großen Bahnachsen

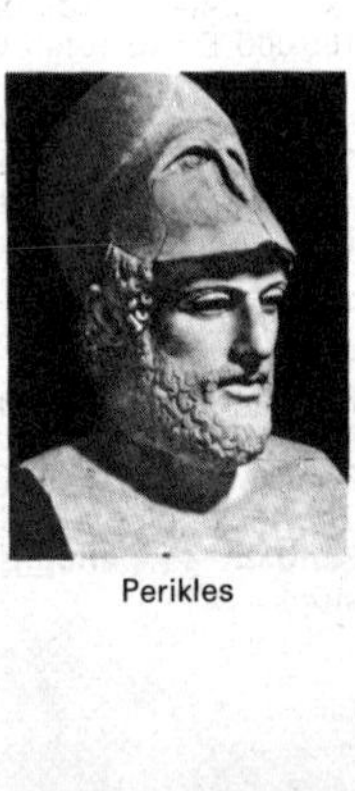
Perikles

Das Periodensystem der Elemente

Periode	Gruppe 0	Gruppe I a	b	Gruppe II a	b	Gruppe III a	b	Gruppe IV a	b	Gruppe V a	b	Gruppe VI a	b	Gruppe VII a	b	Gruppe VIII		
0	1 H Wasserstoff 1,00797																	
1	2 He Helium 4,0026	3 Li Lithium 6,940		4 Be Beryllium 9,0122		5 B Bor 10,811		6 C Kohlenstoff 12,01115		7 N Stickstoff 14,0067		8 O Sauerstoff 15,9994		9 F Fluor 18,9984				
2	10 Ne Neon 20,183	11 Na Natrium 22,9898		12 Mg Magnesium 24,312		13 Al Aluminium 26,9815		14 Si Silicium 28,086		15 P Phosphor 30,974		16 S Schwefel 32,064		17 Cl Chlor 35,453				
3	18 Ar Argon 39,948	19 K Kalium 39,102	29 Cu Kupfer 63,54	20 Ca Calcium 40,08	30 Zn Zink 65,37	21 Sc Scandium 44,956	31 Ga Gallium 69,72	22 Ti Titan 47,90	32 Ge Germanium 72,60	23 V Vanadium 50,942	33 As Arsen 74,9216	24 Cr Chrom 51,996	34 Se Selen 78,96	25 Mn Mangan 54,94	35 Br Brom 79,909	26 Fe Eisen 55,85	27 Co Kobalt 58,9332	28 Ni Nickel 58,71
4	36 Kr Krypton 83,80	37 Rb Rubidium 85,47	47 Ag Silber 107,870	38 Sr Strontium 87,62	48 Cd Cadmium 112,40	39 Y Yttrium 88,905	49 In Indium 114,82	40 Zr Zirkonium 91,22	50 Sn Zinn 118,69	41 Nb Niob 92,906	51 Sb Antimon 121,75	42 Mo Molybdän 95,94	52 Te Tellur 127,60	43 Tc Technetium [99]	53 J Jod 126,9044	44 Ru Ruthenium 101,07	45 Rh Rhodium 102,905	46 Pd Palladium 106,4
5	54 Xe Xenon 131,3	55 Cs Caesium 132,905	79 Au Gold 196,967	56 Ba Barium 137,34	80 Hg Quecksilber 200,59	57–71 Lanthaniden*	81 Tl Thallium 204,37	72 Hf Hafnium 178,5	82 Pb Blei 207,19	73 Ta Tantal 180,948	83 Bi Wismut 208,980	74 W Wolfram 183,85	84 Po Polonium [210]	75 Re Rhenium 186,2	85 At Astatin [210]	76 Os Osmium 190,2	77 Ir Iridium 192,2	78 Pt Platin 195,09
6	86 Rn Radon [222]	87 Fr Francium [223]		88 Ra Radium [226]		89–103 Actiniden**		104 Ku Kurtschatowium [260]		105 Ha Hahnium [261]								

*Lanthaniden

57 La Lanthan 138,91	58 Ce Cer 140,12	59 Pr Praseodym 140,907	60 Nd Neodym 144,24	61 Pm Promethium [147]
62 Sm Samarium 150,35	63 Eu Europium 152,0	64 Gd Gadolinium 157,25	65 Tb Terbium 158,924	66 Dy Dysprosium 162,50
67 Ho Holmium 164,930	68 Er Erbium 167,26	69 Tm Thulium 168,934	70 Yb Ytterbium 173,04	71 Lu Lutetium 174,97

** Actiniden

89 Ac Actinium [227]	90 Th Thorium 232,038	91 Pa Protactinium [231]	92 U Uran 238,03	93 Np Neptunium [237]
94 Pu Plutonium [242]	95 Am Americium [243]	96 Cm Curium [247]	97 Bk Berkelium [247]	98 Cf Californium [251]
99 Es Einsteinium [254]	100 Fm Fermium [257]	101 Md Mendelevium [258]	102 No Nobelium [255]	103 Lr Laurentium [256]

Masse der langlebigsten der bekannten Isotope in [ ]

nach einer bestimmten Ordnung verwendet werden.

Perim, Insel am Südeingang des Roten Meeres, 13 km², 280 E.; 1857–1967 brit., heute zur VR Jemen.

Periode w (gr.), 1) regelmäßige, räuml. od. zeitl. Wiederkehr bestimmter Erscheinungen, z.B. Pendelschwingungen, Planetenumläufe usw. 2) in der Mathematik: die Wiederholung der Ziffernfolge in einem periodischen Dezimalbruch, z.B. $^2/_{13} =$ 0,153846153846... 3) in der Medizin: ↗Menstruation. 4) Satzgefüge aus Hauptsatz u. Nebensätzen. **P.-Leuchtkraft-Beziehung,** wichtige Beziehung in der Astrophysik, besagt, daß die P. des Lichtwechsels bestimmter veränderlicher Sterne (Cepheiden-Sterne) proportional zu ihrer Leuchtkraft ist. Dient zur Entfernungsbestimmung v. Sternsystemen.

Periodensystem, *P. der chem. Elemente,* 1869 gleichzeit. v. L. Meyer u. D. Mendelejew veröffentlicht. Anordnung nach steigender Kernladungszahl (Ordnungszahl). Dabei treten Perioden zutage, die, untereinandergestellt, senkrechte Gruppen einander ähnl. Elemente ergeben (z.B. Edelgase, Halogene, Alkali-Metalle, die jeweils in ihren chem. u. physikal. Eigenschaften einan-

der entsprechen. Das P. spiegelt den Aufbau der Atome der einzelnen Elemente aus Kernen u. Elektronenhüllen wider. Viele Daten, Eigenschaften u. Zusammenhänge der Elemente lassen sich aus dem P. unmittelbar ablesen.

Periodizität w (gr.), regelmäß. Wiederkehr.

Periöken (Mz., gr.), die vordorische Bev. in den Gebieten um Sparta; waren persönl. frei, aber ohne polit. Rechte u. heerespflichtig.

Periost s (gr.), Knochenhaut. [tig.

Peripatetiker (Mz., gr.), von ↗Aristoteles begr. Philosophenschule; ben. nach den Wandelgängen *(Peripatoi)* des Lykeions in Athen, wo Aristoteles lehrte.

Peripetie w (gr.), Umschwung, Schicksalswendung, bes. im Drama.

Peripherie w (gr.), Umfang, Begrenzungslinie einer Fläche, bes. des Kreises; Rand, Außenseite.

Periskop s (gr.), ↗Sehrohr.

Peristaltik w (gr.), sich wellenförm. fortpflanzende Kontraktion eines Hohlmuskels (z. B. Magen, Darm).

Peristyl s (gr.), die einen Hof umschließende Säulenhalle des griech. u. ital. Hauses. ☐49.

Peritonaeum s (gr.), Bauchfell.

Peritonitis w (gr.), Bauchfellentzündung.

Perkal m (frz.), einfaches Baumwollgewebe.

Perkeo, *Klemens,* Zwerg aus Tirol, um 1720 Hofnarr am kurfürstl. Hof in Heidelberg.
Perkussion *w* (lat.), med. Verfahren, durch das aus der Verschiedenheit des Schalles beim Beklopfen der Körperoberfläche Lage u. Beschaffenheit tiefer gelegener Organe erkannt wird; mit Finger od. *P.shammer.*
Perlboot, der ↗Nautilus.
Perle *w,* die v. den ↗Perlmuscheln um einen eingedrungenen Fremdkörper od. Schmarotzer abgeschiedene Schalensubstanz aus Calciumcarbonat, meist rund od. eiförm.; in Japan auch gezüchtet *(Kultur-P.n).* Schmuck v. eigentüml. Glanz. *Künstliche P.,* kleine Glaskugel, mit *P.nessenz* (aus den Schuppen der ↗Laube) bestrichen.
Perleberg, brandenburg. Krst. an der Stepenitz (Bez. Schwerin), 14500 E.; Großschlachthof; Bahn- u. Straßenknoten.
Perlfluß, der Kantonfluß in China.
Perlgras, Wald- u. Ziergras mit kleinen perlförm. Ährchen in Rispen.
Perlhuhn, Hühnervogel mit lichten Perlflekken auf meist graublauem Gefieder. *Hauben-P.* in West-, *Geier-P.* in Ostafrika beheimatet. Eier u. Fleisch geschätzt.
Perlit *m,* 1) vulkan. Glas. 2) ein Gemenge aus Ferrit u. Zementit, bildet das Gefüge des techn. Eisens. ↗Eisencarbid.
Perlmuscheln, Muschelarten, die Perlen bilden können; *See-P.* (z. B. *Echte P.*) an Küsten warmer Meere auf *Perlenbänken* in 6–30 m Tiefe; *Fluß-P.* im europ. Süßwasser.
Perlmutter *w, Perlmutt s,* die innere, farbig glänzende, irisierende Schicht der Muschelschale od. des Gehäuses mehrerer Schneckenarten; zu Knöpfen, Messerschalen u.a. *P.falter,* Gruppe der Tagschmetterlinge, hierzu der ↗Kaisermantel.
Perlon *s,* widerstandsfähige ↗Kunstfaser (Polyamidfaser), laugenfest, wasserabstoßend, reißfest; empfindl. gegen Säuren, Oxydationsmittel u. Sonnenlicht.
Perlschrift, ein ↗Schriftgrad.
Perlsucht, Tuberkulose beim Rind.
Perlwein, kohlendioxidhalt. Wein, der perlt, aber nicht schäumt; muß v. Sekt klar unterscheidbar sein.
Perlzwiebel, *Schlangenlauch,* Form des Lauchs mit kleinen runden Zwiebeln und Brutzwiebeln im Blütenstand; Gewürz.
Perm, 1940/57 *Molotow,* sowjet. Ind.-Stadt im westl. Ural, an der Kama (großes Wasserkraftwerk, Hafen), 999000 E.; Univ.; petrochem. Ind.
Perm *s, Dyas,* oberste geolog. Formation des ↗Paläozoikums. ↗Erdzeitalter. ☐237.
permanent (lat.), fortdauernd.
Permanganate (Mz.) ↗Mangan.
permeabel (lat.), durchlässig. **Permeabilität** *w,* 1) Durchlässigkeit für Lösungen u. Lösungsmittel durch eine Membran; *Semi-P.* ↗Osmose. 2) beim Magnetismus Maß für die Änderung der magnet. Feldstärke in magnetisierten Stoffen.
Permoser, *Balthasar,* deutscher Bildhauer, 1651–1732; einer der Hauptmeister des Barock, u.a. Figuren am Dresdener Zwinger.
Permutation *w* (lat.), ↗Kombinatorik.
Permutite (Mz.), künstl. hergestellte Ionenaustauscher zur Enthärtung des Wassers.

Perlgras

Perlhuhn

B. Permoser:
Hl. Augustinus

Pernambuco, ostbrasilian. Staat am Atlantik, 98281 km², 6,4 Mill. E.; Hst. Recife; in der Küstenebene Zuckerrohr, Tabak, Kakao, im Hügelland Kaffee, Baumwolle, Phosphate, Viehzucht.
perniziös (lat.), gefährlich, **p.e Anämie** *w* (lat.-gr.), die ↗Biermersche Krankheit.
Perón, 1) *Isabel* Martínez de, * 1931; 3. Frau v. 2); 73 Vize-Präs., 74/76 Staats-Präs. 2) *Juan Domingo,* argentin. General u. Politiker, 1895–1974; 1944 Vize-Präs., Kriegsu. Arbeits-Min., 45 gestürzt, errichtete seit 46 als Staats-Präs. ein auf Armee u. Gewerkschaften gestütztes autoritäres Regime *(Peronismus);* 55 erneut gestürzt, ging nach Spanien ins Exil; Juni 73 Rückkehr, seit Okt. 73 Staats-Präs. 3) *Maria Eva* Duarte de („Evita"), 2. Frau v. 2), 1919–52; an der Politik ihres Mannes aktiv beteiligt.
Peronospora *w,* Gattung der Algenpilze; schädl. Schmarotzer an Kulturpflanzen.
Perowo, ehem. russ. Stadt östl. v. Moskau, 143000 E.; Maschinen- u. chem. Ind.; seit 1960 Stadtteil v. Moskau.
Peroxide, *Superoxide,* chem. Verbindungen mit 2 direkt miteinander verketteten Sauerstoffatomen; z. B. H–O–O–H, Wasserstoff(su)peroxid.
per pedes *(apostolorum)* (lat.), zu Fuß (wie die Apostel).
Perpendikel *s* (lat.), 1) Lot-, Senkrechte; Lot, Senkblei. 2) Pendel an der Uhr. **Perpendikularstil,** engl. Spätgotik, mit geradlinigem Maßwerk, flachen Kielbögen und Fächergewölben. ☐ 343.
Perpetua ↗Felicitas u. Perpetua.
Perpetuum mobile *s* (lat.), Maschine, die ohne Energiezufuhr von außen dauernd Energie abgibt. Nach dem Gesetz v. der Erhaltung der ↗Energie unmöglich.
Perpignan (: -pinjã), Hst. des frz. Dep. Pyrénées-Orientales, nahe dem Mittelmeer u. der span. Grenze, 102000 E.; maur. Zitadelle, Kathedrale (14./16. Jh.). Bischof.
perplex (lat.), bestürzt, verwirrt.
Perrault (: päro), 1) *Charles,* frz. Schriftsteller, 1628–1703; Nach-Erz.en v. Volksmärchen. 2) *Claude,* Bruder v. 1), frz. Architekt, 1613–1688; *Ostfassade des Louvre.*
Persante *w,* Ostseefluß bei Kolberg, 165 km lang.
Perseiden (Mz.), ein jährl. zw. dem 1. u. 20. August auftretender Sternschnuppenschwarm aus dem Sternbild Perseus, Auflösungsprodukt eines Kometen. ↗Meteor.
Persenning *w,* wasserdichte Schutzdecke, Bootsverdeck.
Persephone, lat. *Proserpina,* griech. Göttin, v. Hades als Gemahlin in die Unterwelt entführt, v. ihrer Mutter Demeter in Eleusis wiedergefunden.
Persepolis, v. Dareios I. erbaute, v. Alexander d. Gr. verbrannte Hst. des Perserreiches.
Perserkriege, die Kriege zw. Griechen u. Persern im 5. Jh. v. Chr., in denen die Griechen ihre Unabhängigkeit behaupteten; begannen mit dem Aufstand der ↗Ionier; entscheidende Siege der Griechen 490 v.Chr. bei ↗Marathon, 480 bei ↗Salamis u. 479 bei ↗Plätää; 448 Friedensschluß.
Perseus, 1) in der griech. Sage Sohn des

Sternbild Perseus

Radtrommel Kammer

Kugel 1

schiefe Ebene 2

Wasser

Schwamm- Kette aus
band Gewichten

Perpetuum mobile:
Entwürfe **1** Rad mit Gewichtsübertragung (die Kugeln in den rechts befindlichen Kammern entfernt als jene links). **2** Congreves P. m. (die Gewichte pressen das Wasser aus dem über die Ebene laufenden Schwamm, so daß der ins Wasser eintauchende und sich vollsaugende Abschnitt das Übergewicht erhalten soll)

Perspektive:
1 Linear-(Zentral-)P.;
2 Frosch-P.;
3 Vogel-P.;
A Augenpunkt,
H Horizontlinie

Zeus u. der Danae, hieb der ↗Medusa das Haupt ab; befreite Andromeda v. einem Meeresungeheuer u. gewann sie zur Frau. **2)** Sternbild des Nordhimmels mit dem veränderl. ↗Algol.
Persianer, Pelz des ↗Karakulschafes.
Persien, bis 1935 Name des Kaiserreichs ↗Iran. – Erste Einwanderung indogerman. Stämme spätestens um 1650 v.Chr.; das erste größere Reich war das der Meder (↗Medien), das v. Kyaxares (625/585) zur Großmacht erhoben, 550 aber v. den Persern unter ↗Kyros d.Ä., der der Dynastie der Achämeniden angehörte, erobert wurde. Kyros zerstörte 546 das lyd. Reich (↗Lydien) u. eroberte 539 Babylon. Sein Sohn ↗Kambyses II. eroberte 525 Ägypten, während ↗Dareios I., der große Organisator des Perserreiches, u. sein Sohn ↗Xerxes (485/465) im Kampf gg. die Griechen (↗Perserkriege) erfolglos blieben. 331 verlor Dareios III. sein Reich an ↗Alexander d.Gr.; dessen Nachfolger, die Seleukiden, wurden um 250 v. den parth. Arsakiden verdrängt (↗Parthien); diese behaupteten sich gg. die Römer, erlagen aber 224 n.Chr. den Sassaniden, die das 2. pers. Großreich begründeten. 651 fiel P. an die Araber, im 11. Jh. an die Seldschuken, 1220 an die Mongolen unter ↗Dschingis Chan. Die türk. Dynastie der Safawiden (1502/1722) begr. das neupers. Reich. Abbas d.Gr. (1587/1629) entriß den Türken Armenien, Irak, Mesopotamien, Täbris und Bagdad. 1794/1925 herrschte die Dynastie der Kadscharen in P., das im 19. Jh. kaukas. Grenzgebiete u. Afghanistan verlor u. 1907 bis nach dem 1. Weltkrieg in ein russ. u. ein engl. Interessengebiet u. eine neutrale Zone aufgeteilt war. Nach dem Sturz der Kadscharen wurde Dez. 25 der Min.-Präs. Reza ↗Pahlewi z. erbl. Schah ausgerufen; damit begann die moderne Entwicklung des Landes.
Persiflage w (: -flasch[e], frz.; Ztw. *persiflieren*), versteckter Spott, Verspottung.
Persische Kunst. Sie entwickelte sich in ihrer Frühzeit in Anlehnung an die assyr.-babylon. Kunst (HW: *Palast v. Persepolis*); seit Alexander hellenist., seit dem 7. Jh. n.Chr. islam., seit dem 13. Jh. ostasiat. Einflüsse. Im 16. Jh. Höhepunkt einer nationalen Kunstentwicklung, bes. sichtbar an der pers. Moschee; hervorragende Leistungen in der Miniaturmalerei, Teppichknüpferei (Täbris, Isfahan, Schiras u.a.) u. im Kunsthandwerk.
Persischer Golf, Nebenmeer des Indischen Ozeans, zw. Iran u. der Halbinsel Arabien, 284000 km², bis 40 m tief; Perlenfischerei;

an seinem Rand liegen 40% der bekannten Erdölreserven der Welt.
Person w (lat.), mit einer geistigen Natur ausgestattetes Einzelwesen, das sich im Bewußtsein selbst besitzt u. in der Freiheit über sich selbst verfügt. **persona grata** w, eine in Gunst stehende, genehme Person. **persona ingrata,** *persona non grata,* im Gesandtschaftsrecht ein Diplomat, dessen Aufenthalt der Regierung des Empfangsstaates nicht (mehr) genehm ist. **Personalausweis,** in der BRD einheitl., mit Lichtbild versehener u. 5 Jahre geltender amtl. (für zahlr. Staaten auch als Paßersatz gültiger) Inlandsausweis über eine Person. Alle über 16 Jahre alten meldepflichtigen Personen im Gebiet der BRD müssen einen gültigen P. (oder ↗Paß) besitzen. **Personalien** (Mz.), nähere Angaben über Lebensgang u. Verhältnisse einer Person. **Personalismus,** eine v. E. ↗Mounier begr. u. über Fkr. hinausgehende Bewegung, welche die Würde der menschl. Person in den Mittelpunkt einer sozialen u. geistigen Erneuerung stellt, sie jedoch in Verbindung mit Welt u. Gemeinschaft u. ihrem geschichtl. Wandel sieht. **Personalkredit** m (lat.), ↗Kredit. **Personalpronomen** s (lat.), persönl. Fürwort: ich, du, er, sie, es, wir, ihr, sie. □ 1118. **Personalsteuern,** *Subjektsteuern,* im Ggs. zu den Objekt-(↗Ertrag-)Steuern die auf die Leistungsfähigkeit der einzelnen abgestellten Steuern: Einkommen-, Vermögensteuer. **Personalunion** w (lat.), **1)** Vereinigung mehrerer Ämter in einer Person. **2)** Verbindung zweier Staaten nur durch die Person des Staatsoberhaupts. **Personalvertretung,** entspricht der öff. Verwaltung den Einrichtungen des ↗Betriebsverfassungsgesetzes in den privaten Betrieben; geregelt im P.s-Ges. v. 5.8. 1955 für die Bundesverwaltung (für die Länderverwaltung entspr. Gesetze). **persona non grata** (lat.) ↗persona ingrata.
Personenrecht, die die Person im Rechtssinn betreffenden gesetzl. Bestimmungen, bes. die grundlegenden Normen des ↗Bürgerl. Rechts. **Personenstand,** das familienrechtl. Verhältnis einer Person zu anderen; begr. durch Geburt, Eheschließung, Tod, Annahme an Kindes Statt; Eintragung in das Standesregister. P.sbücher, v. Standesbeamten geführte öff. Bücher über den P., bes. Familienbuch, ferner Geburten-, Sterbebuch. **Personenversicherung,** alle Versicherungszweige, die sich auf das menschl. Leben beziehen, z.B. ↗Lebens-, ↗Kranken-, ↗Unfallversicherung. Ggs.: ↗Sachversicherung. □ 1056.
Personifikation w (lat.; Ztw. *personifizieren*), Verkörperung einer unpersönl. Macht, z.B. ↗ des Bösen.
Persönlichkeitsrechte, Bz. für das allg. Recht des einzelnen auf Erhaltung, Unverletzlichkeit, freie Entfaltung seiner Persönlichkeit; in der BRD durch Art. 1 u. 2 GG geschützt.
Perspektiv s (lat.), ausziehbares Fernrohr.
Perspektive w, Darstellung räuml. Gebilde, wie sie dem Auge erscheinen, auf einer Zeichenebene. Die Fluchtlinien aller in Wirk-

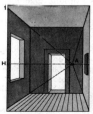

lichkeit parallelen Linien laufen in 2 *Flucht-punkten* durch den Augenpunkt in Augenhöhe des Betrachters zus. Bei der *Front-(Zentral-)P.* liegt einer der Fluchtpunkte im Unendlichen, so daß ein Körper nach der Tiefe verkürzt erscheint.
Perth (: pö⸢ß), Hst. v. Westaustralien, 15 km vor der Mündung des Swan River, 865 000 E.; kath. Erzb., anglikan. Bischof; Univ.
Perthes, *Johann Georg Justus,* dt. Verleger, 1749–1816; begr. 1785 in Gotha die *Verlagsanstalt J. P.* (seit 1953 in Darmstadt). Geographie u. Kartographie.
Pertinax *s,* Gemisch aus Papier u. Kunststoffen, ergibt einen vielseitigen Werkstoff für elektr. Isolationen.
Pertini, *Sandro,* it. Politiker (Sozialist), * 1896; 1968–76 Präs. der Abgeordnetenkammer, seit 78 Staats-Präs.
Peru, Rep. im W Südamerikas, erstreckt sich, 2300 km lang, an der Pazifikküste. Hinter einem 50 bis 100 km breiten, wüstenhaften Küstensaum, der *Costa,* schließen die Andenketten (die *Sierra*) eine 3800–4000 m hohe Hochfläche *(Altiplano)* ein, die 65% der Staatsfläche einnimmt. Hier leben über 50% der Bev. Am Ostabfall der Anden schließen sich die Urwälder Amazoniens (der *Oriente*) an. In Bewässerungsoasen der Costa Zuckerrohr, Baumwolle, Reis, Wein u. Oliven in Großplantagen. In der Sierra Indianerwirtschaften: Mais, Kartoffeln. Bedeutender Fischfang. Bergbau auf Eisen, Kupfer, Zink u. Blei. – Ein Teil des Reiches der ⟋Inka, 1531/34 von Pizarro erobert, wurde span. Vize-Kgr.; 1821 für unabhängig erklärt, doch noch jahrelange Kämpfe mit Spanien; im Salpeterkrieg gg. Chile 79/84 verlor P. die Salpeterprovinzen, gewann aber Tacna 1929 zurück. 68 Staatsstreich des Militärs, radikale Agrarreform u. Verstaatlichungen. Staats-Präs. Fernando Bilaunde Terry (seit 80).
Perubalsam, aus dem zentral-am. Balsambaum *Myroxylon* gewonnene, dunkelbraune, zähe Flüssigkeit; Wundheil- und Krätzemittel, auch Aromastoff.
Perücke *w* (frz.-it.), Kopfbedeckung aus Haaren, als Zierde, zur Verkleidung (Theater-P.) od. z. Verdecken v. Kahlköpfigkeit; in Europa bes. z. Z. Ludwigs XIV. ☐ 17.
Perugia (: -rudscha), it. Prov.-Hst. u. Hst. Umbriens, am Tiber, 140 000 E.; Erzb.; Univ., Ausländer-Univ., Kunstakademie; got. Kathedrale (1345/1490), Basilika San Pietro (wurde um 1000 erbaut), Sant'Angelo (Rundbau des 5./6. Jh.); Etruskermuseum. Textil- u. Maschinenindustrie.
Perugino (: -dschino), *Pietro,* it. Maler 1445/49–1523; Lehrer Raffaels; *Fresken in der Sixtina, Kreuzigung,* Madonnen.
Perutz, *M. Ferdinand,* engl. Chemiker, * 1914; Nobelpreis für Chemie 1962 für Strukturuntersuchungen an Eiweißstoffen.
pervers (lat.), verkehrt, abnorm. **Perversion** *w,* naturwidrige Richtung der Gefühle u. Triebe, bes. des Geschlechtstriebs. **Perversität** *w,* abnorme sexuelle Befriedigung.
Pervitin *s,* Anregungsmittel, wirkt den Narkotika entgegen, unterliegt dem Betäubungsmittelgesetz. ☐ 796.

Peru
Amtlicher Name:
República Peruana
Staatsform:
Republik
Hauptstadt:
Lima
Fläche:
1 285 216 km²
Bevölkerung:
17,3 Mill. E.
Sprache:
Spanisch, als Indianersprachen Ketschua u. Aimará
Religion:
meist Katholiken, 128 000 Protestanten
Währung:
1 Sol = 100 Centavos
Mitgliedschaften:
UN, OAS, Lateinamerik. Freihandelszone

Helder Pessoa Câmara

J. H. Pestalozzi

Pestwurz

Perzeption *w* (lat.; Ztw. *perzipieren*), Aufnehmen, bes. v. Sinneseindrücken, Erkennen, Empfinden; ⟋Apperzeption.
Pesaro, Hst. der mittel-it. Prov. P. u. Urbino, an der Adria (Hafen), 91 000 E.; Bischof; Seiden- u. Leinen-Ind., Majolika.
Pescadores, *Fischerinseln,* Inselgruppe westlich v. Taiwan, 127 km², 125 000 E.; Haupthafen Mako; polit. zu Taiwan.
Pescara, Hst. der mittel-it. *Prov. P.,* an der Adria (Hafen), 138 000 E.; Bischof; chem. Ind., Teigwarenfabriken.
Pescara, *Fernando Francisco* de Ávalos, span. Feldherr, 1490–1525; kämpfte im Dienst Karls V.; ging auf das Angebot, v. Kaiser abzufallen, nur zum Schein ein.
Pesch, *Heinrich,* SJ, dt. Sozialphilosoph u. Nationalökonom, 1854–1926; Begr. des ⟋Solidarismus. *Lehrbuch der Nationalökonomie.*
Peschawar, *Peschaur,* Hst. der pakistan. Prov. North-West Frontier, östl. des Khaiberpasses, 269 000 E.; Univ.
Peseta *w,* Währungseinheit. ☐ 1144/45.
Pesne (: pän), *Antoine,* frz. Maler am preuß. Hof, 1683–1757; mytholog. Fresken, Genre-Bilder, Porträts. [heit. ☐ 1144/45.
Peso *m,* alte span. Münze, Währungseinheit.
Pessar *s* (lat.), **1)** *Mutterring,* Vorrichtung, um die gesunkene Gebärmutter zu stützen. **2)** *Kappen-* u. *Okklusiv-P.,* dient zum Abschluß der Gebärmutter, zur Empfängnisverhütung.
Pessimismus *m* (lat.), die Neigung, die Dinge im ungünstigen Licht zu sehen; philosoph. die Verneinung v. Wert u. Sinn der Wirklichkeit, daher negative Einstellung zu Welt u. Leben (Weltschmerz). Ggs. ⟋Optimismus. **Pessimist** *m,* Vertreter der ⟋Pessimismus. **pessimistisch,** schwarzseherisch.
Pessoa Câmara, *Helder,* brasilian. kath. Theologe, * 1909; seit 64 Erzb. v. Olinda u. Recife; setzt sich nachdrückl. für eine Verbesserung der soz. Verhältnisse in Lateinamerika ein.
Pest, epidemische ⟋Infektionskrankheit durch *P.bazillen.* Hauptsächl. in 2 Formen: die weniger gefährl. *Beulenpest,* durch Infektion v. Kratzwunden od. Stich infizierter Rattenflöhe, mit Fieber, entzündl. Schwellungen *(P.beule)* u. Vereiterungen; die *Lungenpest,* durch Tröpfcheninfektion; bewirkt Lungenentzündung, meist schon nach 4 Tagen tödlich. Die P. war schon im Altertum bekannt, raffte 1349–51 als „schwarzer Tod" ¹/₄ der europ. Bev. dahin; heute selten.
Pest (: pescht), Stadtteil v. ⟋Budapest.
Pestalozzi, *Johann Heinrich,* Schweizer Pädagoge, 1746–1827; forderte Erziehung zu natürl. Denken durch Anschauen u. Selbsttun; lehnte mechan. Auswendiglernen ab; befruchtete die moderne Pädagogik.
Pestizide (Mz.), alle Mittel zur Bekämpfung v. pflanzl. u. tier. Schädlingen.
Pestwurz, Staude (Köpfchenblütler) mit riesigen Blättern, häufig an nassen Stellen.
Pétain (: -tä͂n), *Henri-Philippe,* frz. Marschall u. Politiker, 1856–1951; 1917/19 Oberbefehlshaber des frz. Heeres; 40/42 Min.-Präs.

Zar Peter I. d. Gr.

Peterskirche:
1 Plan von Bramante
(Zentralbau), 2 Plan
von Michelangelo
(Zentralbau mit Kuppel), 3 C. Maderna
(Verbindung zw. Zentralbau- u. Langhauskonzeption [ausgeführt]; Vorhalle und
Kolonnaden v. Bernini)

der Vichy-Regierung, 40/44 Staatschef; 45
wegen Kollaboration zum Tod verurteilt (zu
lebenslängl. Haft begnadigt).
Peter, Fürsten: *Brasilien* u. *Portugal* ↗Pedro. *Jugoslawien:* **P. I.,** 1844–1921; 1903 Kg.
v. Serbien, seit 18 v. Jugoslawien. Sein Enkel **P. II.,** 1923–70; 34 Kg. unter der Regentschaft des Prinzen Paul, 41 vertrieben, 45
abgesetzt. *Rußland:* **P. I. d. Gr.,** 1672–1725;
1682 Zar, bereiste inkognito 97/98 die Niederlande u. Engl.; seine Reformen nach
westl. Muster scheiterten teilweise; gründete 1703 St. Petersburg, gewann durch den
↗Nordischen Krieg die russ. Vorherrschaft
im Ostseegebiet; ersetzte 21 das Patriarchat
v. Moskau durch den Heiligen Synod. Sein
Enkel **P. III.,** Herzog v. Holstein-Gottorp,
1728–62; 62 Zar, schloß Friede mit Friedrich
d. Gr.; v. seiner Gattin Katharina II. gestürzt;
bald danach ermordet.
Petermännchen *s,* 40 cm langer Knochenfisch, mit Giftdrüse an stacheliger I. Rückenflosse; Speisefisch.
Peters, *Carl,* dt. Kolonialpolitiker, 1856 bis
1918; begr. 1884 die Kolonie Dt.-Ostafrika.
Petersberg, Basaltkuppe des Siebengebirges gegenüber Bad Godesberg; 1949/52
Sitz der Alliierten Hohen Kommission.
Petersilie, Doldenblütler, wegen ihres würzigen ätherischen Öls Küchenkraut. □452.
Peterskirche in Rom. Unter Konstantin
d. Gr. über dem Petrusgrab als 5schiff. Basilika erbaut; am Neubau seit 1506 wirkten
Bramante, Raffael, Sangallo, Michelangelo
(endgült. Gestalt der Kuppel), Maderna
(Langhaus), Bernini (Petersplatz); 211,5 m
lang, im Querschiff 152 m breit. Grabungen
seit 1940 förderten unterhalb der P. einen
altchristl. Friedhof u. (wahrscheinlich) das
Grab Petri zutage. □71.
Peterspfennig, 1) im MA jährl. Abgabe einzelner Herrscherhäuser u. Länder an den Hl.
Stuhl. **2)** seit 1860 jährl. freiwillige Gabe der
Katholiken an den Papst; heute ausschließl.
Liebesgabe v. Bistümern.
Peterstal-Griesbach, *Bad P.-G.,* im Renchtal, 3400 E.; bad. Mineral- u. Moorbad.
Peterwardein, jugoslaw. Stadt u. Festung
Petrovaradin, an der Donau, 9000 E.; 1716
Sieg Prinz Eugens über die Türken.
Petit *w* (: pᵒti, frz.), ein ↗Schriftgrad.
Petition *w* (lat.), Bitte, Eingabe.
Petition of rights (: pᵉtisch⁰n of raitß, engl.
=ˡ Bitte um Recht), Beschwerde des engl.
Unterhauses gg. Mißbrauch der königl. Gewalt durch Karl I.; erklärte u. a. Steuererhebungen ohne Zustimmung des Parlaments
u. willkürl. Verhaftungen für ungesetzl.: am
7. 6. 1628 v. Karl I. angenommen.
Petitionsrecht, das Recht eines jeden Bürgers, Bittgesuche an Behörden u. Volksvertretungen zu richten; in der BRD in Art. 17
GG fixiert.
Petöfi, *Sándor,* ungar. Dichter, 1823–49;
freiheitliche Lyrik und Epik.
Petrarca, *Francesco,* it. Dichter, 1304–74;
Humanist und Lyriker: politische Gedichte;
Liebesgedichte (auf Laura); Meister des
Sonetts. Religiöses Spätwerk.
Petrefakt *s* (gr.-lat.), andere Bz. für ↗Versteinerung.

Petrographie *w* (gr.), ↗Gesteinskunde.
Petroläther *m, Gasolin,* ein Leichtbenzin;
Gemisch v. Kohlenwasserstoffen, das als
erstes zw. 40 u. 70° C bei der Erdöldestillation übergeht; Lösungsmittel.
Petrolchemie, *Petrochemie,* umfaßt alle
techn. Verfahren u. chem. Synthesen, die
der industriellen Gewinnung v. Produkten
aus Erdöl u. Erdgas dienen.
Petroleum *s* (gr.-lat.), das ↗Erdöl.
Petronius Arbiter, röm. Dichter, † 66 n. Chr.;
realist.-satir., auch derb-erot. Prosa. *Gastmahl des Trimalchio.*

Petermännchen

Petropawlowsk, 1) sowjet. Stadt in Kasachstan, an der Transsibir. Bahn, 207000 E. **2)**
P.-Kamtschatskij, sowjet. Hafenstadt an der
Küste Kamtschatkas, 215000 E.
Petropolis, brasilian. Stadt, nördl. von Rio
de Janeiro, 205000 E.; kath. Bischof.
Petrosawodsk, Hst. der Karelischen ASSR,
am Onegasee, 234000 E.
Petrosjan, *Tigran Wartanowitsch,* sowjet.
Schachspieler, * 1929; 63–69 Schachweltmeister.
Petrus, Heilige: **P.,** urspr. *Simon,* Sohn des
Jonas, Bruder des Andreas; Fischer aus
Bethsaida, in Kapharnaum verheiratet;
Jünger v. Johannes dem Täufer. Christus
berief ihn, nannte ihn den „Fels" (gr. Petros,
aramäisch Kepha), auf den er seine Kirche
gründen wolle, übertrug ihm die Schlüsselgewalt u. das oberste Hirtenamt u. setzte ihn
dadurch nach kath. Lehre als 1. Papst ein
(↗Primat). Nach Christi Auferstehung
wirkte P. in Jerusalem, Kleinasien u. als Bischof v. Rom, wo er unter Nero 64 od. 67
gekreuzigt wurde (mit Kopf nach unten);

Petrus: Petrusgrab. Rekonstruktion der
Apostel-Memorie (2. Jh.)

über seinem Grab die ↗Peterskirche. Feste: 29. Juni (Peter u. Paul), 22. Febr. (Petri Stuhlfeier). Von den 2 *P.briefen* des NT ist der 1. wohl v. P. unter Mitarbeit des Paulusschülers Silvanus verfaßt, der 2. v. einem unbekannten Verf. unter dem Pseudonym des Petrus. **P. v. Alcántara** (19. Okt.), OFM, 1499–1562; span. Mystiker; begr. die strengste franziskan. Reformkongregation *(Alcantariner).* **P. Canisius** ↗Canisius. **P. Claver** (9. Sept.), SJ, 1581–1654; span. Missionar unter den Negersklaven in Kolumbien. *P.-Claver-Sodalität,* 1894 gegr. Ges. zur Unterstützung der afrikan. Mission (↗Ledóchowski). **P. Damiani** (21. Febr.), OSB, it. Kirchenlehrer, 1007–72; 57 Kardinalbischof v. Ostia; Anhänger einer Ordensu. Kirchenreform. **P. Nolascus** (28. Jan.), frz. Ritter, 1182–1256; 1218 Begr. der Mercedarier u. bis 49 deren General. **P. Venerabilis** (25. Dez.), OSB, um 1094–1156; theolog. Schriftsteller, 1122 Abt von Cluny. **Petrus Lombardus,** it. Theologe u. Philosoph, um 1095–1160; 1159 Bischof v. Paris; seine *Sentenzen* waren das entscheidende theolog. Handbuch des Spät-MA. **P. de Vinea,** Kanzler u. Hofrichter Ks. Friedrichs II., um 1190–1249 (Selbstmord); wegen Unterschlagungen 1248 geblendet. **P. Waldes** ↗Waldenser.

Petruswerk, *Päpstl. Werk v. hl. Petrus,* ein kath. Missionsverein, der die Ausbildung einheim. Priester unterstützt; dt. Zweig mit Sitz in Aachen.

Petschaft *s* (slaw.), Handstempel (mit eingraviertem Namenszug, Wappen u. a.) zum Siegeln.

Petschenga, bis 1947 *Petsamo,* sowjet. Hafenstadt am eisfreien *P.fjord* (in das Nördl. Eismeer), 3500 E. Wurde 1947 zus. mit einem 11000 km² großen Hinterland (Nickelerze) v. Finnland abgetreten.

Petschora *w,* nordruss. Fluß, 1789 km lang, kommt v. Ural, fließt durch das *P.becken* (Kohlen- u. Erdölvorkommen), mündet in die Barentssee.

Pettenkofer, *Max v.,* dt. Mediziner, 1818 bis 1901; Begr. der wiss. Hygiene.

Petticoat *m* (: pɛtikoᵘt, engl.), Halbrock, der das Kleid krinolinenartig aufbauscht.

Petting *s* (engl.), Form des Liebesspiels mit Austausch intimer Zärtlichkeiten ohne Vollzug des Coitus.

petto (it. = Brust) ↗in petto.

Petunie *w,* süd-am. Nachtschattengewächs mit glockenförm., schönfarb. Blüten; Zierpflanze.

peu à peu (: pö a pö̱, frz.), allmählich.

Peutinger, *Konrad,* Augsburger Humanist, 1465–1547; nach ihm ben. die ma. Kopie einer röm. Wegekarte (*P.sche Tafel*) der Alten Welt bis zum Ind. Ozean.

Pevsner, *Antoine,* russ.-frz. Maler u. Bildhauer, 1886–1962; Mit-Begr. des ↗Konstruktivismus; plast. abstrakte Konstruktionen aus Blech, Kunststoff u. Draht; sein Bruder N. ↗Gabo.

Peyrefitte (: pärfi̱t), *Roger,* frz. Schriftsteller, * 1907; Romane: *Heimliche Freundschaften; Diplomaten; Die Schlüssel von Sankt Peter; Die Söhne des Lichts; Die Juden.*

Petrus: Bronzestatue in der Peterskirche, Rom (13. Jh.)

Pfahlbauten in Tumaco (Kolumbien)

M. von Pettenkofer

Petunie: „Himmelsröschen"

Pfadfinder, internationale Jugendorganisation; Erziehung zu Kameradschaft u. Gehorsam durch jugendl. Führer. Das P.gesetz verpflichtet u. a. zur „tägl. guten Tat". Die *International Boy Scouts Association* 1908 in Engl. durch Baden-Powell gegr.; 1910 gründete Lady Baden-Powell den weibl. Zweig. In Dtl. erste Gründung 1909.

Pfäfers, Schweizer Kurort im Kt. St. Gallen, 2100 E.; Benediktinerabtei (vor 730 bis 1838); *Bad P.,* Therme 52° C.

Pfaffenhofen a.d. Ilm, oberbayer. Krst. im SW der Hallertau, 15600 E.; Hopfenbauschule; Nahrungsmittel-, Maschinen- u. Textil-Ind.

Pfaffenhütchen, *Pfaffenkäppchen,* Volksname für die Früchte des ↗Spindelbaums.

Pfahlbauten, Hütten u. dorfartige Siedlungen auf Pfahlrosten an Ufern od. in seichtem Wasser in N- u. Mitteleuropa während der Jungsteinzeit u. Bronzezeit, heute noch bei Naturvölkern, vor allem in Südostasien u. Ozeanien, in Südamerika u. Afrika.

Pfahlbürger, *Ausbürger,* im MA Bürger einer Stadt, die außerhalb der Stadt wohnten, jedoch dieser gegenüber Pflichten hatten.

Pfahlmuschel, die ↗Miesmuschel.

Pfahlrost, Fundament aus eingerammten Holz-, Eisen- od. Eisenbetonpfählen für Bauten auf Böden geringer Tragfähigkeit.

Pfalz *w,* im MA königl. bzw. kaiserl. Hofburg.

Pfalz, *Rheinpfalz,* Landschaft zw. Rhein, Elsaß u. Saarland. – Die *P.grafschaft bei Rhein* (Rheinpfalz) entstand aus den rheinfränk. Gütern der Salier u. der lothring. Pfalzgrafschaft; kam 1214 an die Hzg.e v. Bayern, die Wittelsbacher; bei der Spaltung der Linie 1329 v. Bayern abgetrennt. Pfalzgraf Ruprecht I. erhielt 1356 die Kurwürde (daher *Kurpfalz*). Die pfälz. Kurfürsten traten 1561 bzw. 83 zum Calvinismus über u. wurden 1608 Führer der ↗Union; im 30jähr. Krieg verlor Friedrich V. Land u. Kurwürde an Maximilian I. v. Bayern, sein Sohn gewann 48 beides zurück. Nach dem Aussterben der 1559/1685 in der Kurpfalz regierenden Linie *P.-Simmern* suchte Ludwig XIV. v. Fkr. im Pfälzer Erbfolgekrieg 1688/97 (in dem die P. v. den Truppen ↗Mélacs furchtbar verwüstet wurde) seine Erbansprüche durchzusetzen, scheiterte aber an einer Koalition verschiedener europ. Mächte. 1777 fiel die Kurpfalz an Bayern; der linksrhein. Teil kam 1797 zu Fkr., 1815 zu Bayern u. ist seit 1945 Teil des Landes Rheinland-P.; die rechtsrhein. Gebiete gingen 1803 an Baden u. Hessen über.

Pfalzgraf, im fränk. u. im alten Dt. Reich Vertreter des Kg. als Gerichtsherr.

Pfand, ein Gegenstand, der einem Gläubiger als Sicherheit für eine Forderung gegeben wird *(Faustpfand).* **P.brief,** Hypotheken-*P.brief,* langfristige, festverzinsl. Inhaberschuldverschreibung einer Bodenkreditanstalt.

Pfänder *m,* Gipfel (1063 m) in Vorarlberg, über dem Bodensee bei Bregenz. Schwebebahn.

Pfandhaus, *Leihhaus, Leihanstalt,* Einrichtung, die gg. Verpfändung kleinere Darlehen gewährt; bedarf gewerbl. Erlaubnis.

Pfandrecht, ein ↗dingliches Recht, sich durch Verwertung einer fremden Sache Befriedigung für eine Forderung im Falle der Nichterfüllung zu verschaffen; an Grundstücken z. B. ↗Hypothek; Verwertung im allg en durch Pfandverkauf in öff. Versteigerung. ↗Sicherungsübereignung. **Pfändung,** Zwangsvollstreckung in das bewegl. Vermögen, durch den Gerichtsvollzieher; darf nur bis zur Befriedigung des Gläubigers u. zur Deckung der Kosten gehen. Der P. sind gewisse zum Lebensunterhalt nötige Dinge nicht unterworfen.

Pfarrei w, *Pfarre, Pfarrgemeinde,* kleinster selbständiger Bezirk christl. Seelsorge u. kirchl. Verwaltung. **Pfarrer** m, Träger der ordentl. Seelsorge einer ↗Pfarrei od. eines besonderen Personenkreises (Jugend-, Studenten-, Militär-P.); in der kath. Kirche v. Bischof bestimmt, in ev. Kirchen v. der Gemeinde gewählt od. durch Kirchenbehörde bzw. ↗Patron eingesetzt; Theologiestudium u. Bestehen kirchl. Examina Voraussetzung für P.beruf. **Pfarrgemeinderat,** *kath. Kirche:* Laienrat in der Pfarrei zur Förderung u. Durchführung seelsorgerl. Aufgaben; meist v. der Pfarrgemeinde gewählt. **Pfarrhelfer(in),** *Gemeinde-, Seelsorgehelfer(in),* Laienhelfer(in) einer Pfarrei; in der kath. Kirche für Verwaltung, Caritas u. Religionsunterricht eingesetzt, in den ev. Kirchen z. T. auch zum vollen Ersatz des Pfarrers. **Pfarrkirche** w, Hauptgotteshaus einer Pfarrei. **Pfarrkirchen,** niederbayer. Krst. (Kr. Rottal-Inn) a. d. Rott, 10100 E.; Schuh-Fabrik. **Pfarrverweser** m, nicht endgültig ernannter amtl. Seelsorger einer Pfarrei. **Pfarrvikar** m, amtl. Vertreter des Pfarrers.

Pfau, ostind. Hühnervogel; Männchen hat lange, bunte Schwanzfedern mit Augenflecken, in Europa meist Ziervogel.

Pfauenauge, in Dtl. das *Tag-P.,* 6–7 cm breit; *Abend-P.,* Schwärmer mit blauem Augenfleck auf rosa Hinterflügeln; ↗Nachtpfauenauge. ☐ 913.

Pfeffer, scharfes Gewürz; *Schwarzer P.* aus unreifen, getrockneten, *Weißer P.* aus reifen, geschälten u. in Wasser fermentierten Samen des vorderind. Kletterstrauchs *Piper nigrum.* Hauptkulturen in Indonesien; *Spanischer P.* (Paprika) ist mit dem echten P. nicht verwandt. ↗Cayenne-Pfeffer.

Pfefferfresser, *Tukan,* süd-am. Spechtvogel, groß, bunt, mit gezähntem, hohlwandigem Schnabel. ☐ 1046.

Pfefferkorn, *Johannes,* 1469 bis vor 1524; getaufter Jude; kämpfte gg. christenfeindl. jüd. Lit. u. den Talmud; ↗Reuchlin.

Pfefferkraut, ↗Bohnenkraut. **Pfefferkuchen,** Art ↗Lebkuchen. **Pfefferküste, 1)** ↗Malabarküste. **2)** die sumpfige Oberguinea-Küste v. Liberia. **Pfefferminze** ↗Minze; daraus das erfrischende, mentholhaltige *Pfefferminzöl.* **Pfefferpilz,** *Bitterling,* mehrere, stark nach Pfeffer schmeckende Pilze.

Pfeife, 1) allg. Bz. für luftgefüllte Röhren, in denen durch Anblasen Töne entstehen, z. B. *Orgel-P.n;* im Prinzip alle Musik-Blasinstrumente. **2)** Rauchgerät. ↗Tabakspfeife.

Pfeifengras, hohes Gras mit harten Blättern u. schiefergrauer Rispe; Futtergras.

Pfeiler: oben freistehender Gewölbe-P., unten Wand-P. – ☐ 957

ledergepolsterter Rumpf — Beine in der Höhe verstellbar. 110–170 cm

|— 175 cm —|
—| 45 |—
Pauschen

Pferd (Turngerät)

1 Lippe, Schneide
Luftstrom

2 Zunge, Blatt

offen   gedackt
3

Pfeifen: 1 Lippen- oder Labial-P. (Flöten- und Orgel-P.), **2** Zungen-P. (z. B. Klarinette, Oboe, Orgel-P.), **3** Schwingungsformen der stehenden Schallwelle in einer offenen und in einer gedackten Pfeife

Pfeifenkraut, *Pfeifenwinde,* Kletterstrauch mit herzförmigen Blättern u. tabakspfeifenförmigen Blüten; bis 10 m hoch.

Pfeifenstrauch, 1) falscher Jasmin, Steinbrechgewächs, Blüten weiß mit goldgelben Staubblättern. **2)** auch ↗Osterluzei.

Pfeifhase, kaninchengroße, schwanzlose Nagetiere mit pfeifendor Stimme; im Norden Asiens u. Amerikas.

Pfeiler, stützendes Bauglied mit eck. Querschnitt (mit rundem Querschnitt ↗Säule). Im got. Innenbau ist der *Bündel-* u. der *Wand-P.* häufig, im Außenbau der *Strebe-P.*

Pfeilgifte, Giftstoffe meist eingedickter Pflanzensäfte (z. B. ↗Curare).

Pfeilkraut, Froschlöffelgewächs seichter Gewässer mit pfeilförm. Überwasserblättern; auch Aquarienpflanze.

Pfennig, 1) im dt. MA Silbermünze, sank zur ↗Scheidemünze (Kupfer-P.) herab. **2)** kleinste dt. Münzeinheit (= ¹/₁₀₀ DM). **P.kraut,** Primelgewächs; rundl. Blätter sind beiderseits des Stengels wie Pfennige am Boden ausgelegt; Blüten goldgelb.

Pferch m, Einfriedung aus bewegl. Zäunen, worin die Schafe über Nacht gehalten werden; auch der Schlafkarren des Schäfers.

Pferd s, Turngerät für Schwing-, Stütz- u. Sprungübungen. **Pferde,** Säugetiere mit kräftig entwickelter Mittelzehe, dem Huf. Heute leben noch 6 wilde P.arten: Euras. Wildpferd, Asiat. Halbesel, Afrika. Wildesel u. 3 Zebra-Arten. Die Haus-P. sind aus 2 Wildformen entstanden. Das männl. Tier heißt *Hengst,* kastriert *Wallach,* das weibl. *Stute,* das junge *Fohlen* od. *Füllen.* **P.rassen,** nach Temperament u. Körperbau werden unterschieden: *Vollblüter,* schlank, feingliedrig u. temperamentvoll, *Reitpferde,* vorwiegend aus arab. u. engl. Zuchten: Araber, Engl. Vollblut; *Warmblüter,* Körperbau etwas schwerer, durch Einkreuzung v. Vollblut in bodenständ. Rassen entstanden, als Renn-, Reit-, Wagen-P.: Ostpreuße, Holsteiner, Hannoveraner, Ostfriese, Oldenburger, Lipizzaner; *Kaltblüter* mit ruhigem Temperament, schwerem Körperbau u. langsamer Gangart, Acker- u. Transport-P.: Belgier (rhein.-dt. Kaltblut), Schleswiger, Noriker, in Fkr. Ardenner, Percheron, in Engl. Shire, Clydesdale u. a. ☐ 742. **P.rennen** ↗Rennreiten.

Pferdestärke, Abk. PS, gesetzl. nicht mehr zulässige Leistungseinheit; 1 PS = 75 mkp/s = 735,5 Watt.

Pfetten, tragen beim Dach die Sparren mit den Dachlatten.

Pfifferling, auch *Eierpilz, Eierschwamm,* ein Gelbling, guter Speisepilz, in Laub- u. Nadelwäldern. ☐ 750.

Pfingstbewegung w, chiliastische religiöse Gruppen, die sich im Besitz der urchristl. Charismata (Zungenreden, Weissagung, Krankenheilung) glauben und in der „Geistestaufe" die Fülle des Hl. Geistes erstreben; entstanden in den USA (↗Church of God); heute auch in Dtl. als *Gemeinde Gottes* od. *Gemeinde Jesu Christi.*

Pfingsten (v. gr. *pentekoste* = 50. Tag [nach Ostern]), **1)** Hochfest im christl. Kirchenjahr, am 7. Sonntag nach Ostern (zw. 10. Mai

1/2

3/4

Pferde:
1 Araberhengst,
2 Trakehnerhengst,
3 Kleinpferdhengst,
4 Westfälische Kaltblutstute

u. 13. Juni); Erinnerung an die Herabkunft des Hl. Geistes auf die Jünger Jesu in Jerusalem. ☐ 269. **2)** bei den Juden Erntedankfest, 7 Wochen nach ↗Passah.

Pfingstrose, *Paeonia,* Hahnenfußgewächs mit großen, roten od. weißen Blüten.

Pfirsich *m* (lat.), meist mit feinem Haarpelz überzogene, saftige, am Stein meist rötl. Frucht des rosarot blühenden *P.baumes* (Rosengewächs). Unbehaarte Fruchtsorten mit leicht sich v. Stein lösendem Fleisch heißen *Nektarinen.* ☐ 747.

Pfitzner, Hans, dt. Komponist, 1869–1949; Vertreter der Spätromantik. Opern: *Der arme Heinrich; Palestrina; Das Herz;* Kantate *Von deutscher Seele* u. a.

Pflanzen, Organismen mit vegetativem Leben, aus Zellen aufgebaut. Im Ggs. zu Tieren richten sie ihre Nahrung aufnehmenden Körperflächen nach außen und besitzen Chlorophyll, mit dessen Hilfe sie aus Kohlendioxid, Wasser u. Mineralstoffen organ. Stoffe aufbauen können (↗Photosynthese, Ausnahmen bilden heterotrophe P., wie Pilze, Schmarotzer u. a.). Bei Einzellern sind die Unterschiede zw. P. u. Tier z. T. kaum erkennbar (Flagellaten). Tier und Mensch sind direkt (als Nahrungsquelle) od. indirekt (als Futtermittel für Nutztiere) auf P. als alleinige Erzeuger organ. Substanz angewiesen. Ferner liefern P. viele Rohstoffe für Wohnung, Kleidung, Genuß- u. Heilmittel, in fossilen Massen als techn. Energiequellen (fossile Brennstoffe, wie Kohle, Erdöl). **P.fasern,** Stützgewebe der P. aus langgestreckten Zellen mit dicken Cellulosewänden, Flachs, Hanf, Jute, Kokosfasern, Baumwolle u. a. **P.fett,** pflanzl. Reservestoffe aus Samen u. Früchten, zu ↗Margarine u. Speisefett. **P.kunde,** untersucht Bau u. Entwicklung der P. u. a. ↗Botanik. **P.reich,** alle pflanzl. Organismen; Einteilung in ↗Kryptogamen (Sporen-P.) u. ↗Phanerogamen (Samen-P.). **P.schutz, 1)** die Bekämpfung v. Kulturpflanzen-Schädlingen aus Tier- u. Pflanzenreich; gg. Pilze u. Insek-

Hans Pfitzner

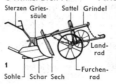

Pflug: 1 gewöhnlicher P. mit Einzelteilen, 2 Voll-Dreh-P., 3 Winkel-Dreh-P.

Sterzen Gries- Sattel Grindel
säule
Land-
rad
1
Sohle Schar Sech
Furchen-
rad

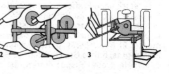

2   3

ten Bekämpfung durch Chemikalien; gg. größere schädl. Tiere Fallen u. Giftköder; ferner Züchtung schädlingsfester Sorten. **2)** Gesetzl. Schutz seltener Wildpflanzen durch Verbot, sie zu pflücken (↗Naturschutz). **P.züchtung,** Herauszüchtung bes. ertragreicher, nährstoffhaltiger, klimaharter Sorten v. Kulturpflanzen; arbeitet nach den Gesetzen der Erblehre (↗Vererbung).

Pflaster *s* (gr.-lat.), **1)** *Wund-P.,* zum Zusammenhalten der Wundränder, z. B. *Heft-P.* mit einer Klebmasse aus Kautschuk u. Zinkoxid. **2)** Befestigung v. Straßen- u. Hofflächen; als *Granit-, Beton-, Asphalt-, Kunststein-Holz-P.* **P.käfer,** sondern das giftige, blasenziehende Kantharidin (↗Kantharide) ab; Ölkäfer, Spanische Fliege u. a.

Pflaume, baumförmiges Rosengewächs; 3 Stämme: a) *Zwetschge,* gezüchtet aus Schlehe u. vorderasiat. Kirsch-P.; daraus Frühzwetschge, Reineclaude, Mirabelle; b) *Burbank-P.,* fad u. säuerlich; c) *Kirsch-P.,* klein, wässerig u. fad. ☐ 747. **P.npilz,** der Mehlschwamm.

Pflegschaft, im Unterschied zur Vormundschaft (↗Vormund) Fürsorge für einzelne Angelegenheiten unter Aufsicht des Vormundschaftsgerichts durch einen v. diesem bestellten *Pfleger,* der dem Vormund entsprechende Befugnisse hat. Der Pflegling behält seine Geschäftsfähigkeit. Hauptfälle: *Abwesenheits-, Nachlaß-, Gebrechlichkeits-P.*

Pflichtteil, ein Geldanspruch gg. den Erben in Höhe der Hälfte des gesetzl. Erbteils; erhalten Abkömmlinge des Erblassers, Eltern u. Ehegatten (↗Erbrecht); steht dem Erbberechtigten auch zu, wenn der Erblasser ihn v. der Erbfolge ausgeschlossen hat.

Pflug, Gerät zum Auflockern, Wenden u. Mischen des Ackerbodens. *P.schar,* Schaufelmesser, schneidet den Bodenstreifen waagrecht, Vorderkante des Streichblechs senkrecht. Arten: a) *Beet-P.,* zum einseitigen Wenden der Scholle; b) *Wechsel-, Kehr-* od. *Wende-P.,* für links- u. rechtswendendes Pflügen in derselben Furche. *Schäl-P.,* schält nur oberste Ackerschicht ab. *Scheiben-P.* zur Bearbeitung schwerer, trockener Böden. – Nach Antrieb unterscheidet man *Gespann-, Schlepper-, Seilzug-* u. *Anbau-(Aufsattel-)P.*

Pforr, Franz, dt. Maler u. Graphiker, 1788 bis 1812; ↗Nazarener.

Pfortader, starkes Blutgefäß, bringt venöses Blut der Eingeweide zur Leber.

Pförtner ↗Magen.

Pforzheim, bad. Stadt-Kr. u. Krst. am nördl. Schwarzwaldrand, 107 000 E.; Barfüßerkirche (1274); Fachhochschulen; Schmuckwaren-, optische u. feinmechan. Ind.; Institut für Edelmetalle.

Pfriem(en) *m,* die ↗Ahle.

Pflanzenkunde

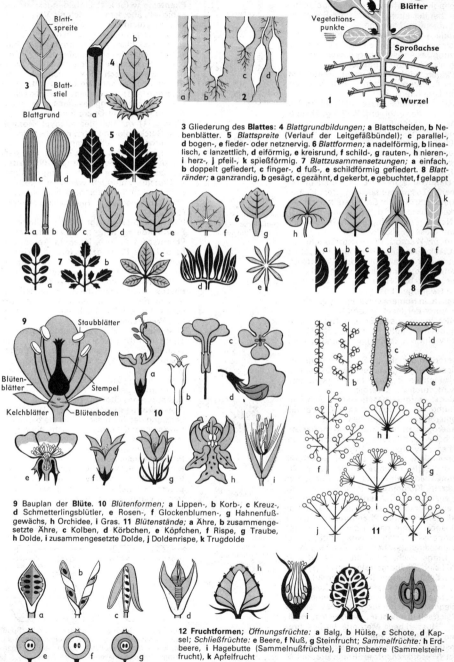

1 Grundorgane im **Bauplan einer Samenpflanze**: Wurzel, Sproßachse, Blatt. Durch Umbildung und Differenzierung dieser drei Grundorgane entsteht die Mannigfaltigkeit der Formen. **2 Wurzelbildungen: a** Pfahl-, **b** Rüben-, **c** Speicherwurzel, **d** Wurzelknolle

Blatt-spreite

Blatt-stiel

Blattgrund

Blätter

Vegetations-punkte

Sproßachse

Wurzel

3 Gliederung des **Blattes: 4** *Blattgrundbildungen;* **a** Blattscheiden, **b** Nebenblätter. **5** *Blattspreite* (Verlauf der Leitgefäßbündel); **c** parallel-, **d** bogen-, **e** fieder- oder netznervig. **6** *Blattformen;* **a** nadelförmig, **b** linealisch, **c** lanzettlich, **d** eiförmig, **e** kreisrund, **f** schild-, **g** rauten-, **h** nieren-, **i** herz-, **j** pfeil-, **k** spießförmig. **7** *Blattzusammensetzungen;* **a** einfach, **b** doppelt gefiedert, **c** finger-, **d** fuß-, **e** schildförmig gefiedert. **8** *Blattränder;* **a** ganzrandig, **b** gesägt, **c** gezähnt, **d** gekerbt, **e** gebuchtet, **f** gelappt

Staubblätter

Blüten-blätter

Kelchblätter

Stempel

Blütenboden

9 Bauplan der **Blüte. 10** *Blütenformen;* **a** Lippen-, **b** Korb-, **c** Kreuz-, **d** Schmetterlingsblütler, **e** Rosen-, **f** Glockenblumen-, **g** Hahnenfußgewächs, **h** Orchidee, **i** Gras. **11** *Blütenstände;* **a** Ähre, **b** zusammengesetzte Ähre, **c** Kolben, **d** Körbchen, **e** Köpfchen, **f** Rispe, **g** Traube, **h** Dolde, **i** zusammengesetzte Dolde, **j** Doldenrispe, **k** Trugdolde

12 Fruchtformen; *Öffnungsfrüchte:* **a** Balg, **b** Hülse, **c** Schote, **d** Kapsel; *Schließfrüchte:* **e** Beere, **f** Nuß, **g** Steinfrucht; *Sammelfrüchte:* **h** Erdbeere, **i** Hagebutte (Sammelnußfrüchte), **j** Brombeere (Sammelsteinfrucht), **k** Apfelfrucht

Pfronten, bayer. Kurort u. Wintersportplatz im Allgäu, 875 m ü. M., 6900 E.

Pfropfen, eine Form des /Veredelns.

Pfropfpolymerisation w, eine Art der Mischpolymerisation (/Mischpolymerisate), bei der einer Stammkette Seitenketten aufgepfropft werden.

Pfründe w (lat.), nutzungsfähige Vermögensmasse, mit der ein Kirchenamt zur Nutzung des Amtsinhabers ausgestattet ist; auch als *Benefizium* bezeichnet.

Pfullingen, württ. Stadt im Kr. Reutlingen, 16000 E.; Baumwollspinnereien u. -webereien, Lederfabriken.

Pfund, 1) veraltetes Massemaß, seit 1858 in Dtl. $^1/_2$ kg; das engl.-am. P. 454 g. **2)** Geldeinheit, □ 1144/45.

Pfungstadt, hess. Stadt südl. v. Darmstadt, 23400 E.; Großbrauerei, Kunststoffverarbeitung, Möbelfabrik, Maschinen- u. Apparatebau.

PGH, Abk. für **P**roduktions-**G**enossenschaft des **H**andwerks, in der DDR die staatl. betriebene Zusammenfassung der kleinen Warenproduktion; in *Stufe I* stellt der Handwerker Maschinen u. Werkzeug der PGH zur Nutzung zur Verfügung, in *Stufe II* übernimmt diese es als Eigentum.

pH m, **pH-Wert** od. Wasserstoffionenexponent, Abk. aus pondus **H**ydrogenii, negativer dekadischer Logarithmus der Wasserstoffionenkonzentration; dient zur Angabe der Wasserstoff- bzw. Hydroxylionenkonzentration in wäßrigen Lösungen.

Phäaken, in Homers Odyssee die gastfreien Bewohner der Insel Scheria.

Phädra, in der griech. Sage Gattin des Theseus, sucht vergebl. ihren Stiefsohn Hippolyt zu verführen. Dramen v. Euripides u. Racine.

Phaeton, in der griech. Sage der Sohn des Helios, der ihm gestattet, den Sonnenwagen zu lenken. P. kommt der Erde zu nahe u. wird durch Zeus vernichtet.

Phalanx w (gr.), geschlossene Schlachtordnung der /Hopliten; ca. 8 Glieder tief.

Phallus m (gr.), männliches Glied.

Phanerogamen (Mz., gr.), *Samenpflanzen,* der höher entwickelte Teil des Pflanzenreichs; /Gymno- u. /Angiospermen.

Phänologie w (gr.), verzeichnet Eintrittszeiten der Blüte, Fruchtreife usw.; sucht Zusammenhang mit klimat. Bedingungen zu ermitteln. **Phänomen** s (gr.), Erscheinung, Gegenstand; i. e. S. Ausnahmeerscheinung, seltenes Vorkommnis. **phänomenal,** auffallend, außerordentl. **Phänomenalismus** m, philosoph. Lehre nach Kant u. a., wonach Erkenntnis- u. Erfahrungsgegenstände nur Bewußtseinstatsachen od. Erscheinungen der Dinge, nicht aber diese selbst („an sich") sind. **Phänomenologie** w, allg. Lehre v. den Erscheinungen (Phänomen). In der Philosophie: a) bei /Hegel Bz. für die Erfahrungen, die der Geist auf seinen verschiedenen Erscheinungsstufen v. sich u. mit sich selbst macht *(P. des Geistes);* b) die v. E. /Husserl begr. Methode der Beschreibung u. Erhellung des Wesens eines Gegenstandes, so wie er sich v. sich selbst her zeigt *(Wesensschau);* eröffnete u. a. bei M.

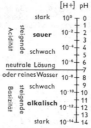

stark 10⁰ 0
saure 10⁻² 2
3
schwach 10⁻⁴ 4
5
neutrale Lösung 10⁻⁶ 6
oder reines Wasser 10⁻⁸ 7
8
schwach 9
10⁻¹⁰ 10
alkalisch 11
10⁻¹² 12
13
stark 10⁻¹⁴ 14

pH-Werte für Säuren und Laugen

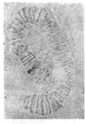

Phase: durch den Phasenunterschied φ erreicht die Schwingung II die Nullage um die Zeit φ später als I

Phasenkontrast-verfahren: oben ein Speicheldrüsen-chromosom in einer Hellfeld-, unten in einer Phasenkontrast-aufnahme

/Scheler, N. /Hartmann u. M. /Heidegger neue Zugänge zur Seinsfrage. **Phänotypus** m (gr.), Erscheinungsbild v. Lebewesen.

Phantasie w (gr.), **1)** Einbildungskraft; die Fähigkeit, aus dem Gedächtnis Vorstellungen hervorzurufen u. schöpferisch neue Vorstellungen zu bilden. **2)** in der Musik: Instrumentalstück mit improvisator. Einschlag; näherte sich später dem /Potpourri. **Phantasma** s, Phantasiebild, Trugbild. **phantastisch** (Hw. *Phantast),* von übersteigerter Phantasie beherrscht.

Phantom s, **1)** Scheinbild, Geisteserscheinung. **2)** Nachbildung des menschl. Körpers zur Einübung von Operationen.

Pharao, 1) m, Titel der altägypt. Könige. **2)** s, Glücksspiel mit 2 frz. Kartenspielen.

Pharaonsratte /Ichneumon.

Pharisäer m (aram.), Mitte 2. Jh. v. Chr. entstandene jüd. religiöse Gruppe od. Partei, die das mosaische Gesetz streng befolgte, v. Christus mehrfach wegen nur äußerl. Frömmigkeit u. Selbstgerechtigkeit getadelt. **Pharisäismus** m, Heuchelei, Selbstgerechtigkeit.

Pharmakognosie w (gr.), Drogenkunde.

Pharmakologie w (gr.), Arzneimittellehre.

Pharmazeut m (gr.), jeder im Apothekerberuf Tätige. **Pharmazie** w (gr.), die Wiss. v. den Arzneimitteln, umfaßt Drogenkunde, Arzneimittelgewinnung u. -synthese und sachgemäßen Umgang mit Arzneimitteln.

Pharos, ehem. Insel (heute Halbinsel) bei Alexandria, mit berühmtem Leuchtturm (280 v. Chr.), 180 m hoch, eines der /Sieben Weltwunder.

Pharsalos, lat. *Pharsalus,* antike Stadt in Thessalien (heute *Farsala);* 48 v. Chr. entscheidender Sieg Caesars über Pompejus.

Phase w (gr.), **1)** Erscheinungsform, Entwicklungsstufe. **2)** Lichtgestalten v. Mond u. Planeten. □ 918, 1040. **3)** Schwingungszustand im augenblickl. Zeitpunkt. **4)** chem. Zustand eines Stoffes.

Phasenkontrastverfahren, eine Weiterentwicklung des Mikroskops, die die Beobachtung solcher Objekte ermöglicht, die wegen zu geringer Absorption im Dünnschnitt sonst unsichtbar bleiben würden.

Phasenverschiebung, die zeitl. Verschiebung z. B. v. Wechselstrom u. -spannung.

Phenacetin s, Oxyäthylacetanilid; Kristallpulver, Schmelzpunkt 135° C; Arzneimittel gegen Fieber u. Schmerzen.

Phenanthren s, Anthracen-Isomer, $C_{14}H_{10}$; Kristalle, Schmelzpunkt 99° C, Siedepunkt 340° C, in Steinkohlenteer enthalten.

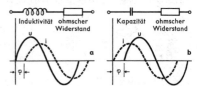

Induktivität ohmscher Widerstand

Kapazität ohmscher Widerstand

a

b

Phasenverschiebung: a induktiver Kreis: Spannung u eilt dem Strom i um den Phasenwinkel φ voraus. **b** kapazitiver Kreis: Strom i eilt der Spannung u um den Phasenwinkel φ voraus

2 Pampelmuse, 3 Zitrone, 4 Johannisbrot, 5 Granatapfel, 6 Feige, 7 Netzmelone, süß, 8 Bananen, 10 Ananas, 11 Mangostane, apfelgroß, 12 Advokatenbirne, 13 Eierpflanze, 14 Guajave, birn- bis apfel- Zimtapfel, 16 Brotfrucht, Artocarpus, kürbisgroß, 17 Kaschu-Apfel, 18 Kaktusfeige, Opuntia, 19 Papaya, apote

Phenole s, organ. Verbindungen; Grundform das Phenol $C_6H_5 \cdot OH$, /Karbolsäure. P.e sind antiseptisch; P.e mit Methylgruppe: /Kresole. P.e als Kunststoffbasis; bilden mit Formaldehyd die *P.harze.*

Phenoplaste (Mz., gr.), Kunstharz-Preßstoffe aus Phenol u. Formaldehyd.

Phenylalanin s, eine essentielle /Aminosäure.

Phenylhydrazin s, organ. Base; Reagens auf Aldehyde, Ketone u. Zucker. [Alphabets.

phi, φ, Φ, der 21. Buchstabe des griech.

Phiale w, griech. Opferschale.

Phidias, griech. Bildhauer in Athen, 5. Jh. v. Chr.; Vollender des klass. Stils; seine berühmtesten (durch Nachbildungen u. Beschreibungen rekonstruierbaren) WW sind die Gold-Elfenbein-Statuen der *Athena Parthenos* im /Parthenon u. des *Zeus* im Zeustempel v. Olympia. Die Zuschreibung anderer WW ist umstritten.

Phil..., *Philo...* (gr.), Freund von ...

Philä, Nilinsel mit spätägypt. Ruinen; durch Assuan-Stausee überflutet.

Philadelphia, Stadt in Pennsylvania u. einer der größten Seehäfen der USA, am Unterlauf des Delaware River, 1,95 Mill. E. (m. V. 4,9 Mill. E.); 2 kath. Erzb., mehrere ev. Bischöfe; 2 Univ.; Zentrum des am. Musiklebens; Textil- u. Stahlwerke.

Philanthrop m (gr.), ein Menschenfreund.

P.inismus m, von /Basedow beg. u. von /Rousseau beeinflußte pädagog. Bewegung der Aufklärung; betonte handwerkl.-körperl. Erziehung, Selbsttätigkeit des Schülers u. eine dogmenfreie Religion.

Philatelie w (gr.), /Briefmarken-Kunde.

Philemon, Christ in Kolossä, durch dessen Sklaven Onesimus der hl. Paulus ihm um 62 n. Chr. den *Brief an P.* sandte.

Philemon u. Baucis, in der griech. Sage ländl. Ehepaar, dem Zeus gewährt, gleichzeitig zu sterben; Motiv in Goethes *Faust II* aufgenommen.

Philharmonie w (gr.; Bw. *philharmonisch*), Bz. für musikal. Gesellschaften, Orchester usw., wie das Berliner Philharmonische Orchester (auch: Philharmoniker).

Philhellenen (Mz.; gr. = Griechenfreunde), die Europäer, die durch Propaganda, Spenden od. persönl. Einsatz den Freiheitskampf der Griechen gg. die Türken (1821/1829) förderten.

Philipp, Fürsten: *Burgund:* **P. II. der Kühne,** 1342–1404; 1363 Hzg., erwarb durch Heirat Flandern, Artois u. die Freigrafschaft Burgund. Sein Enkel **P. III. der Gute,** 1396–1467; 1419 Hzg., begr. die burgund. Großmacht durch Erwerb v. Namur, Brabant, Limburg, Holland, Seeland, Hennegau u. Luxemburg. *Dt. König:* **P. v. Schwaben,** jüngster Sohn Friedrich Barbarossas, um 1170–1200; 1198 Kg., konnte sich gg. den welf. Gegenkönig /Otto IV. durchsetzen; v. Otto v. Wittelsbach ermordet. *Frankreich:* **P. II. August,** 1165–1223; 1180 Kg., verdrängte die Engländer v. Festland, siegte mit Ks. Friedrich II. 1214 über Otto IV. u. die Engländer bei Bouvines. **P. IV. der Schöne,** 1268–1314; 1285 Kg., stärkte die Macht der Krone, setzte Pp. Bonifatius VIII. gefangen; erreichte die

Übersiedlung der Päpste nach /Avignon u. die Aufhebung des Templerordens, dessen Besitz er sich aneignete. *Hessen:* **P. I. der Großmütige,** 1504–67; 09 Landgraf, führte 26 die Reformation ein; als Führer des Schmalkald. Bundes nach dessen Niederlage 47/52 Gefangener Karls V. *Makedonien:* **P. II.,** um 382–336 v. Chr.; Vater Alexanders d. Gr., seit ca. 355 Kg.; unterwarf ganz Griechenland (338 Sieg bei Chäronea); während der Planung eines Krieges gg. Persien ermordet. *Spanien:* **P. I. der Schöne,** Sohn Ks. Maximilians I. u. Vater Karls V. u. Ferdinands I., 1478–1506; erbte 1482 Burgund, heiratete 96 die Erbin des span. Reiches, Johanna die Wahnsinnige. **P. II.,** Sohn Ks. Karls V., 1527–98; 56 Kg., siegte über Fkr. u. die Türken (Schlacht v. Lepanto) u. gewann 80 Portugal; konnte den Abfall der nördl. Niederlande nicht verhindern; 88 Vernichtung seiner Flotte (/Armada) durch die Engländer; seine Innenpolitik: Staatskirchentum u. Gegenreformation.

Philipperbrief, v. hl. Paulus aus der Gefangenschaft an die makedon. Gemeinde Philippi geschrieben.

Philippeville (: filipwil) /Skikda.

Philippi, antike Stadt in Ostmakedonien; 42 v. Chr. Sieg Oktavians über die Caesarmörder Cassius u. Brutus.

Philippika w, Kampfrede, benannt nach den Reden des /Demosthenes gg. Kg. Philipp II. v. Makedonien.

Philippinen, Inselgruppe des Malaiischen Archipels u. Rep. in Ostasien. Die 11 größten der 7100 P.-Inseln sind bewohnt u. nehmen 95% der Landesfläche ein, Luzón u. Mindanao, die größten, allein $^2/_3$. 53% der Oberfläche tragen trop. Regenwald (Mahagonihölzer); 28% sind Ackerland. 60% der Bev. arbeiten in der Landwirtschaft. Sie liefert Reis, die Hauptnahrung der Bev., sowie Kopra, Hanf u. Zucker auf den Weltmarkt. Bodenschätze (Gold, Silber, Eisen, Blei, Zink, Kupfer, Platin, Uran, Chrom u. Mangan). – 1521 v. Magalhães entdeckt, seit ca. 65 in span. Besitz; 1898 an die USA abgetreten, seit 1946 unabhängig; 47 Stützpunkt-Vertrag mit den USA. Staats-Präs. Fernando E. Marcos (seit 65). **P.graben,** Tiefseegraben im Pazif. Ozean östl. der P., bis 10793 m.

Philippopel, bulgar. Stadt /Plovdiv.

Philippus, Heilige: **P.,** Apostel (3. Mai) aus Bethsaida, predigte in Kleinasien; als Martyrer verehrt. **P.,** Diakon (6. Juni); wirkte in Samaria u. Caesarea.

Philister, 1) ein vermutl. indogerm. Volk in Südpalästina, Hauptfeind Israels im AT, v. /David besiegt. **2)** Alter Herr einer Studentenverbindung. **3)** Bz. für Spießbürger.

philiströs, engherzig.

Philodendron s (gr.), trop.-am. Aronstabgewächse, Klet
 sträucher mit Luftwurzeln u. großen Kolbenblüten; Zierpflanzen.

Philologie w (gr.), wiss. Beschäftigung mit Sprache u. Lit.; bis ins 18. Jh. vorwiegend *Klass. (Alt-) P.* (griech. u. lat. Sprache), dann auch *Neu-P.* (moderne Sprachen).

Philomele, in der griech. Sage entehrte Königstochter, in eine Nachtigall verwandelt.

König Philipp II. von Spanien

Philippinen

Philippinen

Amtlicher Name:
Republika Ng Pilipinas – República de Filipinas – Republic of the Philippines

Staatsform:
Republik

Hauptstadt:
Quezón City (Regierungssitz: Manila)

Fläche:
300 000 km²

Bevölkerung:
47,7 Mill. E.

Sprache:
Staatssprachen sind Tagalog, Spanisch und Englisch

Religion:
70% Katholiken, 7,5% Protestanten, 5% kath. Filipino-Nationalkirche 4% Muslimen

Währung:
1 Philippin. Peso = 100 Centavos

Mitgliedschaften:
UN, SEATO, Colombo-Plan

Philon von Alexandrien, jüd. Philosoph, um 25 v. bis um 50 n. Chr.; seine myst. ↗Logos-Lehre vereint jüd., platon. u. stoische Elemente.

Philosophia perennis (gr.-lat. = immerwährende Philosophie), Bz. für den Grundgehalt der abendländ. Philosophie.

Philosophie w (gr. = Weisheitsliebe), Wiss. v. den letzten Gründen u. Normen der Gesamtwirklichkeit, die sie im Ggs. zu der auf übernatürlicher Offenbarung beruhenden Theologie mit dem natürlichen Licht der menschl. Vernunft zu erfassen sucht; gliedert sich in die Lehren v. Sein (↗Metaphysik), Erkennen (↗Erkenntnistheorie), Handeln (↗Ethik) u. Denken (↗Logik) als Hauptdisziplinen u. in Geschichts-, Kunst-, Rechts-, Religions-, Sprach-P. u. a. als Grund-Wiss.en spezieller Seinsbereiche. – Unabhängig v. bedeutenden philosoph. Leistungen in China u. Indien begann die abendländ. P. im alten Griechenland, wo Sokrates, Platon (↗Idealismus) u. Aristoteles (↗Realismus) sie entscheidend formten; bei Augustinus und Thomas v. Aquin (↗Scholastik) ging sie eine Bindungen mit der christl. Theologie ein; daraus lösten sie die bedeutendsten Denker der Neuzeit wieder: Bacon u. Locke (↗Empirismus), Descartes u. Leibniz (↗Rationalismus) bes. aber Kant (↗Kritizismus), Fichte u. Hegel (↗Dt. Idealismus). In der Ggw. zeigen bes. ↗Neuscholastik und ↗Existenz-P. neue Wege zur Erhellung der stets wiederkehrenden philosoph. Grundprobleme.

Philosophisch-Theologische Hochschule, Studienanstalt für künftige kath. Geistliche.

Philothea, Erbauungsbuch, hrsg. 1609 v. hl. Franz v. Sales.

Phimose w (gr.), meist angeborene, seltener entzündl. bedingte Verengung der Vorhaut des männl. Gliedes.

Phiole w (gr.), bauchige Glasflasche mit langem Hals.

Phlegma s (gr.; Bw. *phlegmatisch*), Trägheit, Schwerbeweglichkeit. **Phlegmatiker,** schwerfäll., langsamer Mensch.

Phlegmone w (gr.), Zellgewebsentzündung.

Phlogiston s (gr.), in den brennbaren Stoffen enthaltenes Element, das bei jeder Verbrennung herausgehe u. negatives Gewicht habe; eine widerlegte Theorie.

Phlox m, Himmelsleitergewächs: in Nordamerika u. Nordasien; in Europa als Gartenpflanzen: *Rispige* u. *Einjähr. Flammenblume*, mit roten od. weißen Blüten.

Phnom Penh ↗Pnom Penh.

Phöbe, bei den Griechen Name der ↗Artemis als Mondgöttin; bei den Römern Beiname der ↗Diana.

Phobie w (gr.), übersteigerte Angst vor etwas. ↗Platzangst.

Phöbus, Beiname des ↗Apollo.

Phokis, antike Landschaft um Delphi.

Phokomelie w (gr.), die Mißbildung v. Säuglingen (verkürzte Gliedmaße); beruht auf Schädigung des einige Wochen alten Embryos. ↗Thalidomid.

Phon s (gr.), Einheit der ↗Lautstärke.

Phonetik w (gr.), Lautlehre, Lehre v. der Lautbildung, ↗Stimme.

Phlox paniculata

Photoeffekt: Anordnung zum Nachweis des P.

Phöniker (Mz.), *Phönikier,* die semit. Bev. ↗Phönikiens, bedeutendes Handels- u. Seefahrervolk der Antike; gründeten im westl. Mittelmeer viele Handelsniederlassungen, u. a. Utica u. ↗Karthago; wurden 332 v. Chr. v. Alexander d. Gr., 63 v. Chr. v. den Römern unterworfen. **Phönikien,** im Alt. die syr. Küstenlandschaft westl. des Libanons mit den Handelsstädten Tyros, Sidon u. Byblos.

Phönix m, 1) sagenhafter Vogel; steigt nach Selbstverbrennung verjüngt aus der Asche; Symbol für Unsterblichkeit. 2) Sternbild des Südhimmels.

Phoenix (: fī-), Hst. v. Arizona (USA), 590 000 E.; Aluminiumwerke, Stahl-Ind.; Indianer-College. Bewässerungskulturen.

Phonolith m (gr.), porphyr. Ergußgestein; z. B. im Hegau u. im Kaiserstuhl.

Phonotypistin ↗Stenotypistin.

Phosgen s, Gas, mit Siedepunkt 8,2° C, $COCl_2$; geringe Mengen führen zu Erstikkung u. Tod; Kampfstoff.

Phosphate (Mz.), Salze der Ortho-↗Phosphorsäure. **Phosphatide** (Mz.) ↗Lipoide.

phosphatieren, Aufbringen einer Phosphatschicht auf Stahl als gute Haftunterlage für Anstriche bzw. für Fette zum besseren Tiefziehen od. Strangpressen.

Phosphor m (gr.), chem. Element, Zeichen P, gelbl.-weißes, gift. Nichtmetall; Ordnungszahl 15 (□ 149); oxydiert an der Luft u. leuchtet im Dunkeln; entzündet sich bei 50° C; rote Modifikation ungiftig, Bestandteil v. Zündhölzern, gewonnen aus Phosphaten, Asche u. Tierknochen; Pflanzen- u. Tiernährstoff. P.salze sind gute Düngemittel (Thomasmehl). **P.eszenz** w (gr.-lat.), Lichterscheinung, Photo-↗Lumineszenz, überdauert die anregende Strahlung (Nachleuchten). Ggs. Fluoreszenz. **P.it** m, Form des natürl. phosphorsauren Kalks; Düngemittel. **P.pentoxid** s, P_2O_5, zieht Feuchtigkeit an (Trockenmittel). Ortho-**P.säure,** H_3PO_4, bildet farblose Kristalle; ihre Salze die *Phosphate.* **P.vergiftung,** bei Aufnahme v. 0,2–0,5 g P. in gelbl.-weißer Form tödlich; verursacht Schwäche u. Stoffwechselstörungen.

Photios, um 820–891; 2mal Patriarch v. Konstantinopel, v. Rom nicht anerkannt; verschärfte die Spaltung zw. röm. u. griech. Kirche.

Photo... (gr.), in Zss. = Licht...

Photoapparat m (gr.-lat.), Kamera, zur Aufnahme des Bildes in der ↗Photographie; grundsätzl. aufgebaut aus Objektiv, Verschluß mit Blende, Sucheinrichtung, Filmhalterung u. Filmtransporteinrichtung u. oft Belichtungsmesser; die einzelnen Funktionen weitgehend automatisiert.

Photochemie w (gr.), Lehre v. chem. Vorgängen unter Lichteinwirkung.

Photodiode w (gr.), ein Photoelement, das in bestimmter Schaltung als Photowiderstand benutzt wird.

Photoeffekt m (gr.-lat.), *lichtelektr. Effekt,* bewirkt die Veränderung v. elektr. Eigenschaften v. Stoffen durch Wellenstrahlung, bes. Licht. a) *äußerer P.,* Ablösung v. Elektronen aus der Oberfläche der bestrahlten

1 Aprikose, 2 Danziger Kantapfel, 3 Boskop, 4 Pastorenbirne, 5 Sauerkirsche, 9 Reineclaude, 10 Zwetschge, 11 Stachelbeere, 12 Süßkirsche, 13 Pflaume, 16 Schwarze Johannisbeere, 17 Geishirtle, 18 Himbeere, 19 Moosbeere, 20 22 Heidelbeere, 23 Preiselbeere

Pilze I

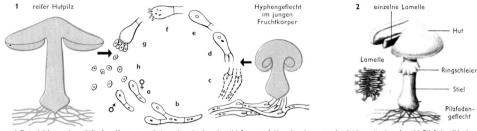

1 reifer Hutpilz

Hyphengeflecht im jungen Fruchtkörper

2 einzelne Lamelle

Hut

Lamelle

Ringschleier

Stiel

Pilzfaden-geflecht

1 Entwicklung eines Ständerpilzes: a auskeimende männl. und weibl. Sporen; **b** Verschmelzung von haploiden männl. und weibl. Pilzfäden (Hyphen) zu einem diploiden Paarkernmyzel; **c** Ausbildung des Fruchtkörpers; **e–g** Entwicklung der Ständer (Basidien) an der Pilzlamelle; **d** zweikernige, diploide Ständer, **e** Verschmelzung der Kerne, **f** Ausbildung der haploiden Sporen, **g** reifer Ständer mit paarweise geschlechtsverschiedenen Sporen; **h** abfallende Sporen vom reifen Hutpilz. **2 Bau eines Champignons;** im Ausschnitt eine einzelne Lamelle, darunter vergrößerter Querschnitt derselben

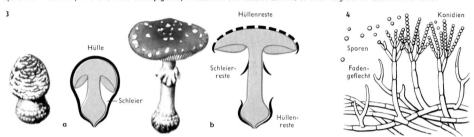

3

Hülle

Schleier

Hüllenreste

Schleier-reste

Hüllen-reste

4

Konidien

Sporen

Faden-geflecht

a
b

3 Entwicklung des Fliegenpilzes: a junger, von einer äußeren Hülle umgebener Fruchtkörper, zwischen Hut und Stiel ist ein Schleier gespannt, der beim ausgebildeten reifen Fliegenpilz **b** am Stiel als Ring zurückbleibt. Die weißen Flecke auf der Hutoberfläche und die Warzenkränze am verdickten Fuß (beim Knollenblätterpilz als scharf vom Stiel abgesetzte Scheide) sind die Überreste der äußeren Hülle. **4 Fadengeflecht eines Schlauchpilzes** (Pinselschimmel, Penicillium) mit pinselförmigen Konidien, vegetativ abgeschnürte Sporen

Satanspilz
Giftig, aber nicht lebensgefährlich

Grüner Knollenblätterpilz
Gefährlichster Giftpilz

Fliegenpilz
Giftig. Form und Farbe veränderlich

Weißer und Gelblicher Knollenblätterpilz
Giftig. Werden oft mit dem Champignon verwechselt

Steinpilz
Feinster Speisepilz von großer Ergiebigkeit

Wiesen- oder Feldchampignon
Feiner Speisepilz

Pilze II

Butterpilz
Sehr guter Speisepilz (nach Abziehen der Oberhaut)

Echter Reizker
Guter Speisepilz

Maronen-Röhrling
Vorzüglicher Speisepilz

Grünblättriger Schwefelkopf¹ – Stockschwamm ²
1 Ungenießbar. 2 Vorzüglicher Speisepilz

Nelkenschwindling¹ – Eierbovist²
1 Eßbar. 2 Jung eßbar, verfärbte Pilze schädlich

Pfifferling (Eierschwamm)¹ – Semmelporling²
1 Sehr guter Speisepilz, aber schwer verdaulich. 2 Eßbar

Birkenreizker (Giftreizker)
Ungenießbar

Krause Glucke oder Echter Ziegenbart
Guter Speisepilz

Hallimasch
Eßbar (junge Exemplare, bis zum Ring)

Speisemorchel
Vorzüglicher Speisepilz, wenn nicht wässerig und alt

Kartoffelbovist¹ – Französischer (Winter-)Trüffel ²
1 Ungenießbar, schwach giftig. 2 Eßbar

Frühlorchel
Nur bedingt eßbar

Philosophie des Abendlandes

Altertum

Griechische Philosophie

Vorsokratiker:

Ionier
Thales (640/639 [624/623?]–546/545 v. Chr.)
Anaximander
(um 610–546 v. Chr.)
Anaximenes
(zw. 585–525 v. Chr.)
Diogenes von Apollonia
(5. Jh. v. Chr.)

Eleaten
Xenophanes (580/577 bis 485/480 v. Chr.)
Parmenides
(um 500 v. Chr.)
Zenon von Elea
(um 490–430 v. Chr.)
Melissos von Samos
(5. Jh. v. Chr.)

Pythagoreer
Pythagoras (um 580 bis um 500 v. Chr.)
Philolaos (5. Jh. v. Chr.?)

Mechanisten
Empedokles
(um 490–430 v. Chr.)
Leukipp (5. Jh. v. Chr.)
Demokrit (um 460–370 v. Chr.)

keiner Schule angehörend:
Heraklit (um 544 bis um 480 v. Chr.)
Anaxagoras (um 499 bis um 428 v. Chr.)

Attische Philosophie:
Sokrates (469–399 v. Chr.)
Platon (427–347 v. Chr.)
Aristoteles
(384–322/321 v. Chr.)

Hellenistisch-römische Philosophie

Megariker
Euklid von Megara
(um 450 bis um 380 v. Chr.)
Eubulides von Milet
(4. Jh. v. Chr.)

Kyniker
Antisthenes (um 450 bis um 370 v. Chr.)
Diogenes von Sinope
(um 412–323 v. Chr.)
Krates von Theben
(4. Jh. v. Chr.)

*Akademie –
ältere Akademie:*
Xenokrates
(396–314 v. Chr.)
Aristoteles
(384–322/321 v. Chr.)

mittlere Akademie:
Arkesilaos (315/314 bis 241/240 v. Chr.)

neuere Akademie:
Karneades (214–129 v. Chr.)
Cicero (106–43 v. Chr.)

Peripatetiker
Theophrast
(372–287 v. Chr.)
Eudemos von Rhodos
(um 320 v. Chr.)
Straton († 270 v. Chr.)
Andronikos von Rhodos
(um 70 v. Chr.)

Epikureer
Epikur (341–270 v. Chr.)
Lukrez (97–55 v. Chr.)

Skeptizismus
Pyrrhon (360–270 v. Chr.)

Stoa – ältere Stoa:
Zenon von Kition
(um 300 v. Chr.)

mittlere Stoa:
Panaitios (2. Jh. v. Chr.)
Poseidonios
(um 135–50 v. Chr.)

jüngere Stoa:
Seneca (um 4 v. Chr.
bis 65 n. Chr.)
Epiktet (um 50 bis um 138 n. Chr.)
Marc Aurel (121–180)

*Neuplatonismus –
alexandrinische Schule:*
Ammonios Sakkas
(175–242)
Plotin (um 205–270)
Porphyrios
(um 234 bis um 305)

syrische Schule
Iamblichos (um 330)

athenische Schule
Plutarch (um 350–432)
Proklos (412 oder 410–485)
Damaskios (* um 470)

Christliches Altertum und MA

Patristik
Irenäus († 202)
Tertullian (um 160 bis nach 220)
Origenes
(um 185 bis um 254)
Gregor von Nyssa († 394)
Augustinus (354–430)
Dionysios Areopagita
(um 500)

Vor- und Frühscholastik
Anselm von Canterbury
(1033/34–1109)
Abaelard (1079–1142)
Bernhard von Clairvaux
(um 1090–1153)

Hochscholastik
Albertus Magnus
(um 1200–1280)
Bonaventura
(1217/18–1274)
Thomas von Aquin
(1225/26–1274)
R. Bacon
(um 1220 bis nach 1292)
Duns Scotus
(um 1265–1308)

Mystik
Eckhart (um 1260 bis um 1328)
J. von Ruysbroek
(1293–1381)
Johannes Tauler
(um 1300–1361)
Heinrich Seuse
(um 1300–1366)

Spätscholastik und Nominalismus
Johannes Buridanus
(vor 1300 bis nach 1358)
Wilhelm von Ockham
(um 1300–1349/50)
Nikolaus von Autrecourt
(† nach 1350)
Nikolaus von Kues
(1401–64)
F. de Suárez (1548–1617)

Neuzeit

Renaissance
M. Ficinus (1433–99)
G. Pico della Mirandola
(1463–94)
M. E. de Montaigne
(1533–92)
G. Bruno (1548–1600)
F. Bacon (1561–1626)
T. Campanella (1568–1639)
J. Böhme (1575–1624)

Rationalismus
Th. Hobbes (1588–1679)
P. Gassendi (1592–1655)
R. Descartes (1596–1650)
B. Pascal (1623–62)
B. de Spinoza (1632–77)
G. W. von Leibniz
(1646–1716)

Aufklärung und Empirismus
J. Locke (1632–1704)
P. Bayle (1647–1700)
Ch. Wolff (1679–1754)
B. Berkeley (1685–1753)
F. M. Voltaire (1694–1778)
D. Hume (1711–76)
J.-J. Rousseau (1712–78)

Kritizismus und Deutscher Idealismus
I. Kant (1724–1804)
J. G. Fichte (1762–1814)
G. W. F. Hegel (1770–1831)
F. W. J. von Schelling
(1775–1854)
F. E. D. Schleiermacher
(1768–1834)
J. F. Herbart (1776–1841)
A. Schopenhauer
(1788–1860)

Nachidealistische Philosophie bis zur Gegenwart
S. Kierkegaard (1813–55)
F. Nietzsche (1844–1900)

*Neukantianismus –
Hauptrichtungen:
Marburger Schule*
H. Cohen (1842–1918)
P. Natorp (1854–1924)
E. Cassirer (1874–1945)
N. Hartmann (1882–1950)

Badische Philosophenschule
W. Windelband
(1848–1915)
H. Rickert (1863–1936)

Empiriokritizismus
E. Mach (1838–1916)
R. Avenarius (1843–96)

*Neupositivismus
(Wiener Kreis)*
M. Schlick (1882–1936)
L. Wittgenstein
(1889–1951)
R. Carnap (1891–1970)

Neurealismus
N. Whitehead (1861–1947)
B. Russell (1872–1970)
G. E. Moore (1873–1958)

Neuscholastik
O. Willmann (1839–1920)
J. Geyser (1869–1948)
J. Maréchal (1878–1944)
J. Maritain (1882–1973)
E. Przywara (1889–1972)

Lebensphilosophie
W. Dilthey (1833–1911)
R. Eucken (1846–1926)
G. Simmel (1858–1918)
H. Bergson (1859–1941)
E. Troeltsch (1865–1923)
L. Klages (1872–1956)
O. Spengler (1880–1936)

Phänomenologie
E. Husserl (1859–1938)
M. Scheler (1874–1928)

Existenzphilosophie
K. Jaspers (1883–1969)
M. Heidegger (1889–1976)
G. Marcel (1889–1973)
J.-P. Sartre (1905–1980)

Photoelement (Aufbau)

Substanz, bes. bei Halbleitern; der entstehende Strom (Stromstärke) hängt v. der Lichtintensität ab. b) *innerer P.*, Erhöhung (Erzeugung) elektr. Leitfähigkeit bei Bestrahlung. c) *Sperrschicht-P.*, Ablösung v. Elektronen im Innern v. Halbleitern, die an eine Sperrschicht grenzen, die den Elektronenfluß nur in einer Richtung zuläßt. **Photoelemente** (Mz.), nutzen den inneren u. den Sperrschicht-↗Photoeffekt aus; Photometer, Belichtungsmesser.

photogen, wirkungsvoll zu photographieren, bildwirksam.

Photogrammetrie *w* (gr.), *Bildmessung,* Verfahren, um Vermessungsunterlagen aus Photographien zu erhalten, entweder v. der Erde aus *(terrestr. P.)* oder v. Fluggeräten aus *(Aero-P.);* bei der *Stereo-P.)* werden

Doppelaufnahmen v. den Endpunkten einer kurzen Basis aus angefertigt.
Photographie w (gr.), *Phototechnik, Lichtbildkunst*, die bildl. Wiedergabe v. Gegenständen mit Hilfe v. Stoffen, die sich unter dem Einfluß v. Licht verändern, mit den Stufen: *Aufnahme* des Gegenstandes mit der Kamera, *Entwickeln, Fixieren* u. *Kopieren* bzw. *Vergrößern.* Die photograph. Schicht ist gekennzeichnet durch allg. Empfindlichkeit für Helligkeitswerte u. Empfindlichkeit für Farben. ⁄Farbphotographie.
Photogravüre w (gr.-frz.), ⁄Heliogravüre.
Photokopie w (gr.-lat.), photograph. hergestelltes, originalgleiches Zweitstück v. Dokumenten, Schriftstücken usw.
Photolithographie w (gr.), in der ⁄Lithographie die photograph. Übertragung der Druckvorlage.
Photometrie w (gr.), Lehre v. der Messung der lichttechn. Größen, entweder subjektiv (Beurteilung durch das Auge) od. objektiv mit Photometern in Verbindung mit Photozelle, -element usw.
Photomontage w (: -tasch[e], gr.-frz.), Komposition aus Teilen u. Einzelfiguren mehrerer Photos, durch Retusche zu einheitl. Wirkung gebracht.
Photon s (gr.), ⁄Lichtquant. ☐ 223.
Photoperiodismus m (gr.), Beeinflussung v. Entwicklungsvorgängen durch die Tageslänge, z. B. der Blüten (*Kurztagspflanzen* blühen bei kurzer, *Langtagspflanzen* bei langer Tagesdauer).
Photosphäre w (gr.), die ca. 5700° C heiße, hell strahlende Oberflächenschicht der ⁄Sonne, in ihr die Sonnenflecken, über ihr die Chromosphäre u. die Korona.
Photosynthese w (gr.), an den grünen Blattfarbstoff ⁄Chlorophyll gebundener Stoffwechselvorgang der Pflanzen, bei dem unter Lichteinwirkung nach der chem. Gleichung $6 CO_2 + 6 H_2O \rightarrow C_6H_{12}O_6 + 6 O_2$ Kohlenhydrate aufgebaut werden (*Assimilation* v. CO_2).   [terie.
Phototransistor m (gr.-lat.), ⁄Sonnenbat-
Phototypie w (gr.), *Strichätzung,* Herstellung v. Druckstöcken mittels Photographie u. Hochätzung.
Photowiderstand, nützt den inneren ⁄Photoeffekt aus, bei Bestrahlung wird der Widerstand verringert. Anwendung z. B. als Lichtschranke in der Regel- u. Steuerungstechnik (Betätigen von Relais usw.).
Photozelle, beruht auf dem äußeren ⁄Photoeffekt, besteht aus luftleerem Rohr mit eingeschmolzener Photokathode u. Anode; eine Verbesserung ist der *Photo-* od. *Elektronenvervielfacher (Photomultiplier),* der die ausgelösten Primärelektronen in bis zu 10 Stufen vervielfacht (bis über millionenfache Verstärkung des Photostroms).
Phrase w (gr.), Redewendung; gedankenloser, hochtrabender Ausspruch. **Phraseologie** w (gr.), Sammlung v. Redensarten, die einer Sprache eigen sind. **Phrasierung** w (gr.), Gliederung eines musikal. Ablaufs durch sinnvolle Zusammenfassung v. Abschnitten (Phrasen); nur gelegentl. durch P.sbögen gekennzeichnet.
Phrenologie w (gr.), *Schädellehre,* schließt

v. der Oberflächengestalt des Kopfes auf geistige Anlagen; veraltet.
Phrygien, antike Landschaft im Innern des westl. Kleinasiens; v. den indogerman. *Phrygern* bewohnt.
Phthalocyanine (Mz.), Gruppe wichtiger synthet. Pigmentfarbstoffe, den natürl. Blut- u. Blattfarbstoffen verwandt; zur Färbung v. Kunststoffen u. Lacken.
Phthalsäure, die *Benzol-o-dicarbonsäure,* $C_6H_4(COOH)_2$; weiße Kristalle, Ausgangsstoff für Farbstoffe.
Phthisis w (gr.), Lungenschwindsucht.
pH-Wert ⁄pH. ☐ 417.
Phyle w (gr.), Untergliederung der altgriech. Stämme u. Stadtstaaten.
Phyllit m, feinkörniger kristalliner Schiefer; durch Metamorphose aus Tonschiefern entstanden.
Phylogenie w (gr.), die Stammesgeschichte (⁄Abstammungslehre) der Organismenarten, -familien, -klassen u. -stämme. ☐ 609, 996.
Physik w (gr.), Zweig der Natur-Wiss., der die Vorgänge in der unbelebten Natur erforscht, soweit sie ohne Veränderung der Eigenschaften der Stoffe vor sich gehen, u. ihren Zusammenhang mit einem umfassenderen Gesetz sucht. Die *Experimental-P.* stellt geeignete Versuchsordnungen auf, mißt, leitet das Gesetz aus den Meßwerten her. Die *Theoret. P.* verknüpft experimentell gefundene Gesetze mit Hilfe mathemat. Sätze zu einem in sich geschlossenen System. *Hauptgebiete der P.:* Mechanik einschließl. Akustik, Wärmelehre (Thermodynamik), Optik, Elektrizität u. Magnetismus, Atom-P., Kern-P., Quanten- u. Relativitätstheorie. Nachbargebiete: *Astro-P., Geo-P., Bio-P.* usw. *Physikal. Chemie* erforscht die den chem. Reaktionen zugrunde liegenden physikal. Kräfte.
Physikalisch-Technische Bundesanstalt, seit 1947 Nachfolgerin der 1887 gegr. *Physikal.-Technischen Reichsanstalt;* wiss. Forschungsstätte zur Förderung der dt. Technik; Sitz in Braunschweig.
Physikum s (gr.-lat.), Vorprüfung der Medizinstudenten nach zweijährigem Medizin-

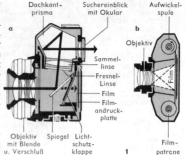

1

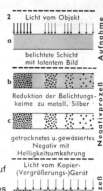

2

Photographie:
1 moderner Kameratyp; **a** Längsschnitt einer einäugigen Spiegelreflex-Kamera im Kleinbildformat 24x36 mm mit eingezeichnetem Strahlengang für das Sucherbild durch das geöffnete Aufnahmeobjektiv; **b** vereinfachter Querschnitt der Kamera.
2 Entwickeln, Fixieren, Kopieren (photochemischer Prozeß): Das einfallende Licht erzeugt in der photographischen Schicht das latente Bild durch Abspalten eines Außenelektrons vom Bromion des in der Emulsion enthaltenen lichtempfindlichen Silberbromids. Diese sog. Belichtungskeime werden durch das Entwickeln sichtbar gemacht. **a** exponierter Film, **b** Entwicklung (das latente Bild wird sichtbar gemacht), **c** Fixierung (Herauswaschung des nicht reduzierten Silberbromids), **d** Durchleuchten des Negativs (c) beim Kopier-(Vergrößerungs-)Prozeß, **e** belichtete Positivschicht bei Papierbild oder Diapositiv

Phrasierung: Beispiel (Orgelfuge J. S. Bachs)

studium in Chemie, Physik, Biologie, Anatomie, physiolog. Chemie, Physiologie, med. Psychologie u. med. Soziologie.
Physikus *m* (gr.-lat.), fr. Bz. für Stadt- od. Kreisarzt.
Physiognomie *w* (gr.), Aussehen, bes. Form u Ausdruck des Gesichts. **Physiognomik** *w,* Deutung des Charakters aus der Physiognomie.
Physiokratismus *m* (gr.), eine v. Naturrecht der Aufklärung beeinflußte Wirtschafts- u. Gesellschaftslehre des 18. Jh., nach der eine „natürl. Ordnung" erreicht wird, indem jeder einzelne seinem Vorteil nachgeht. Wirtschaftl. Werte schaffe nur die Landwirtschaft. Eintreten für Handels- u. Gewerbefreiheit im Sinne des laissez faire, laissez aller; enthielt bereits wesentl. Elemente der Klass. Nationalökonomie. Vertreter: Quesnay, Turgot u. a., in Dtl. Markgraf Karl Friedrich v. Baden-Durlach u. J. A. Schlettwein.
Physiologie *w* (gr.), Wiss. v. den Lebensvorgängen bei Pflanze, Tier u. Mensch; sucht die Funktionsabläufe auf chem. u. physikal. Gesetzmäßigkeiten zu gründen.
physiologische Kochsalzlösung, eine 0,95%ige Lösung aus Natriumchlorid mit Calcium- u. Kaliumsalzen; entspricht in ihrer Salzzusammensetzung der Körperflüssigkeit.
Physis *w* (gr.), Natur; Körperbeschaffenheit.
Pi, π, **1)** griech. Buchstabe für P. **2)** in der Mathematik: die Kreiszahl od. Ludolfsche Zahl, gibt an, wie oft der Durchmesser eines Kreises im Umfang enthalten ist; π = 3,1415926535 …
Piacenza (: -tsch**e**nza), Prov.-Hst. in Norditalien, am Po, 109000 E.; Bischof, roman. Dom (12./13. Jh.), got. Rathaus (13. Jh.); u. a. Nahrungsmittel-Ind.
Piaf, *Edith,* frz. Chansonsängerin, gen. „Spatz v. Paris", 1915–63; anfangs Straßensängerin, seit 1935 (bes. eigene) Chansons.
Piaffe *w* (frz.), Gangart in der ↗Hohen Schule; Trab auf der Stelle, wobei das Pferd die Beine stark anhebt *(piaffieren).*
piano (it.), Bz. in der Musik: leise (p); *pianissimo,* ganz leise (pp). **P.,** *Pianoforte s,* das ↗Klavier; *Pianino s,* kleines Klavier.
Piaristen (Mz.), 1617 v. hl. Joseph v. Calasanza in Rom gegr. männl. Lehrorden.
Piasten (Mz.), erste poln. Dynastie; ca.

960/1370 Kg.e v. Polen; bis 1526 Hzg.e v. Masowien, bis 1675 schles. Fürsten.
Piaster *m* (it.), **1)** alte türkische Münze. **2)** Währungs- u. Münzeinheit. ☐ 1144/45.
Piauí, fr. *Piauhy,* Bundesstaat in NO-Brasilien, 250934 km², 2,2 Mill. E.; Hst. Teresina.
Plave *w,* nord-it. Fluß; mündet nach 213 km ins Adriatische Meer.
Picabia (: -b**i**a), *Francis,* frz. Maler, Graphiker u. Dichter, 1879–1953; führender Vertreter des Dada; später surrealist., seit 1945 abstrakte Arbeiten.
Picard, *Max,* schweizer. Schriftsteller, 1888–1965; Kulturkritiker. *Die Flucht vor Gott; Der Mensch u. das Wort.*

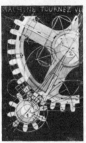
F. Picabia: „Machine, tournez vite" (1916)

Picardie *w,* nordfrz. Landschaft beiderseits der Somme; Hst. Amiens.
Picasso, eig. *Ruiz y P., Pablo,* span. Maler, Graphiker und Plastiker, * 25. 10. 1881 Málaga, † 8. 4. 1973 Mougins (Côte d'Azur); der bedeutendste Anreger der modernen Kunst; seit 1900 in Paris. Sein vielseitiges, techn. virtuoses Schaffen ist durch Suche nach immer neuen Formen gekennzeichnet. Um 1901/04 „Blaue Periode" (Porträts, Café- u. Straßenszenen), 1905 melanchol. Gaukler-Bilder, 05/07 „Rosa Periode"; um 07 erste Ansätze zum ↗Kubismus; 09 Beginn des „analyt.", seit 12 des „synthet. Kubismus" (u.a. Collagen). Seit ca. 20 monumental-klass. Periode, zw. 25 u. 27 Einfluß des ↗Surrealismus. Im Span. Bürgerkrieg auf republikan. Seite, 36/39 Dir. des Prado, Madrid. In dieser Zeit suggestive Bilder v. Grauen u. Chaos des Krieges (monumentales Wandbild *Guernica* für den span. Pavillon der Pariser Weltausstellung u. Radierungen). Plastiken in verschiedensten Materialien, oft bemalt, wie auch die seit 47 in Vallauris geschaffenen Keramiken, die eigenwillig tierische u. menschl. Formen mit Gefäßformen verbinden. Daneben maler. u. graph. Arbeiten.
Piccard (: pik**a**r), *Auguste,* schweizer. Physiker, 1884–1962; am bekanntesten durch seine Vorstöße in die Stratosphäre (1931 u. 32 bis auf 16940 m) u. in die Tiefsee mit dem ↗Bathyskaph, in dem sein Sohn *Jacques* (* 1922) eine Tiefe v. 10906 m erreichte.
Piccolomini, ehem. it. Adelsgeschlecht: **1)** *Enea Silvio de',* Pp. ↗Pius II. **2)** *Octavio,* 1599–1656; kaiserl. General im 30jähr. Krieg.

Edith Piaf

Pablo Picasso; links Picassos Gemälde „Guernica" (1937)

Pic du Midi (: -dü-), Berg in den frz. Pyrenäen, 2865 m hoch; meteorolog. u. astrophysikal. Observatorium.
Pickel, 1) Spitzhacke, *Eis-P.*, das Eisbeil. **2)** Eiterpustel. **P.haube,** dt. Helm bis 1914.
Picknick s (engl.), Imbiß im Freien.
Pico, *Piko,* Abk. p, vor Maßeinheiten das Billionstel, also 10^{-12}.
Pico della Mirandola, *Giovanni,* it. Humanist u. Philosoph, 1463–94; vertrat den ∕Platonismus. *De dignitate hominis.*
Pidgin English (: pidseh'n inglisch), in Ostasien u. Polynesien verbreitete Mischsprache aus hauptsächl. engl., auch portugies. Bestandteilen mit vereinfachtem Wortschatz u. Satzbau nach dem Chinesischen.
Pieck, *Wilhelm,* dt. Politiker, 1876–1960; 1918 Mitbegr. der KPD; war 34/45 in der UdSSR (dort u. a. Sekretär des Exekutivkomitees der ∕Komintern); seit 45 Vors. der KPD bzw. (mit O. Grotewohl) der SED u. seit 49 Präs. der DDR.
Piedestal s (: pië-, frz.), Sockel.
Piemont, it. *Piemonte,* Landschaft um den oberen Po, umrahmt v. Westalpen u. Ligur. Apennin; als Region 25 399 km², 4,5 Mill. E.; Hst. Turin. Eisen, Kupfer, Zink. – Die Gft. P. fiel 1050 u. endgültig 1418 an ∕Savoyen. Kernland der Einigung Italiens.
Pieper, drosselgroße, braungesprenkelte Zugvögel; so *Wiesen-, Baum-, Wasser-, Brach-P.*
Pieper, *Josef,* dt. Philosoph, * 1904; vertritt eine an Thomas v. Aquin u. Aristoteles orientierte phil.-theol. Anthropologie.
Pier m, dammartiger Hafenvorbau, Landungsbrücke.
Pierre (pjär), *Abbé P.* (eig. Henri Grouès), frz. Kapuziner, * 1912; errichtete umfassendes Hilfswerk für Notleidende.
Pierrot m (: pjäro, frz.), Figur der Komödie.
Pietà w (it.), *Vesperbild,* meist plast. Andachtsbild (seit dem 13. Jh.): die Gottesmutter mit dem Leichnam Christi auf dem Schoß. ☐ 621. [Verhalten.
Pietät w (lat.), verehrungsvoll-dankbares
Pietermaritzburg, Hst. der südafrikan. Prov. Natal, 115 000 E.; anglikan. Bischof; Univ.-College; Metall-, Textil- u. andere Ind.
Pietismus m (v. lat. *pietas* = Frömmigkeit), im 17. Jh. in Dtl. durch J. ∕Spener begründete ev. Erneuerungsbewegung; forderte verinnerlichte Frömmigkeit u. werktätigen Glaubenseifer. Unter A. H. ∕Francke war die Univ. Halle Zentrum; bleibender Einfluß auf das ev. Kirchenlied (P. ∕Gerhardt), Erweckungsbewegungen u. ev. Mission.
Piezoelektrizität w, Auftreten elektr. Ladungen auf Kristallflächen bei mechan. Beanspruchung (Druck, Zug, Torsion); umgekehrt erfolgt Dehnung oder Kürzung des Kristalls bei elektr. Aufladung der Flächen (*Elektrostriktion);* vielfältige Anwendung, zur Erzeugung v. Ultraschall, Konstanthaltung der Frequenz, z. B. bei Rundfunksendern u. Quarzuhren, für Mikrophone, Lautsprecher, Tonabnehmer u. Gasanzünder.
Pigalle (: -gal), *Jean-Baptiste,* frz. Bildhauer, 1714–85; zw. Rokoko u. Klassizismus; nach ihm die *Place P.* benannt, Zentrum des Pariser Vergnügungsviertels.

Wilhelm Pieck

Pierrot (Gemälde von Watteau)

Pilaster

A. Pilgram: Selbstbildnis am Orgelfuß in St. Stephan, Wien

Pigment s (lat.), natürliche Farbstoffe in menschl., tier. u. pflanzl. Geweben. **P.druck,** photograph. Kopierverfahren unter Verwendung v. Kohle, Ruß, Rötel usw.
Pik, **Pick** (frz. *pique* = Spieß), **1)** m, heiml. Groll. **2)** s, Farbe im frz. Kartenspiel, im Dt. Grün od. Schippen.
Pik m, frz. *Pic,* engl. *Peak,* Bergspitze; oft in geograph. Namen. So *P.* von ∕Orizaba, *P. Kommunismus,* Gipfel des Pamir, liegt auf sowjet. Gebiet, 7495 m hoch; dabei der *P. Lenin,* 7134 m hoch; beide sind die höchsten Berge der UdSSR.
pikant (frz.), **1)** scharf (gewürzt), anregend. **2)** prickelnd, aufreizend. **Pikanterie** w, Geschmackskitzel, Witz, Pointe, Schlüpfrigkeit.
Pikarden, nach ihrer Herkunft aus der Picardie (Nord-Fkr.) ben. häret. Bewegung; um 1400 entstanden; hielten sich bis ins 19. Jh. bes. in Böhmen u. Mähren.
Pike w (frz. *pique),* Spieß der Landsknechte; ∕Partisane.
Pikett s (frz.), **1)** fr. kleine Gruppe v. Soldaten. **2)** ein Spiel mit 32 Karten.
pikieren (frz.), Sämlinge verpflanzen. **pikiert,** verletzt, gereizt, beleidigt.
Pikkolo, *Piccolo* (it.), **1)** m, Kleiner, bes. Kellnerlehrling. **2)** s, kleine ∕Flöte. ☐ 650.
Pikrinsäure, $C_6H_2(NO_2)_3(OH)$, *Trinitrophenol,* Kristallplätchen; explosiv.
Pikten (Mz.), Urbewohner ∕Schottlands.
Piła (: piᵘa) ∕Schneidemühl.
Pilaster m (lat.-frz.), flacher Wandpfeiler.
Pilatus m, Aussichtsberg (2120 m) am Vierwaldstätter See; steile Zahnradbahn.
Pilatus, *Pontius P.,* 26/36 n. Chr. röm. Statthalter v. Judäa; wegen seiner Härte verhaßt; fällte das Todesurteil über Christus.
Pilcomayo m, r. Nebenfluß des Paraguay in Südamerika, 1100 km lang; mündet bei Asunción. Grenze Argentinien/Paraguay.
Pilger, *Pilgrim* m (v. spätlat. *pelegrinus* = Fremdling), Wallfahrer zu hl. Stätten.
Pilgerväter, 41 Puritaner, wanderten ihres Glaubens wegen mit der ,,Mayflower'' v. Engl. nach Nordamerika aus u. gründeten 1620 in Massachusetts ein neues Gemeinwesen.
Pilgram, *Anton,* östr. Bildhauer u. Architekt, um 1460/65 – um 1515; Dombaumeister an St. Stephan in Wien.
Pilgrim, 971/991 Bischof v. Passau, Erneuerer der Diözese.
Pillau, russ. *Baltijsk,* ostpreuß. Hafenstadt u. Seebad am *P.er Tief,* 18 000 E.; Fischereikombinat.
Pillendreher, Käfer Mittel- u. Südeuropas; formt aus Dünger von Huftieren Kugeln. ∕Skarabäus, im Mittelmeergebiet.
Pilot m (it.), **1)** Steuermann, Lotse. **2)** Flugzeugführer. **3)** ∕Lotsenfisch. **P.ballon,** unbemannt, zur Ermittlung v. Windrichtung u. -geschwindigkeit.
Piloty, *Karl Theodor v.,* dt. Maler, 1826–86; seit 74 Dir. der Münchner Akad.; monumentale Geschichtsbilder, u. a. *Seni an der Leiche Wallensteins.*
Pilsen, tschech. *Plzeň,* Hst. des tschsl. Westböhm. Kreises, im *P.er Becken,* 165 000 E.; Hochschulen, Schwer-Ind. (Leninwerke, fr. Skodawerke), Großbrauereien (*P.er Bier).*

Piłsudski (: piᵁß-), *Józef,* poln. Marschall u. Politiker, 1867–1935; Sozialist; kämpfte 1914/16 mit seiner „Poln. Legion" gg. Rußland; 18/22 Staatspräs., herrschte seit 26 als Kriegsmin. (26/28 u. 30 auch als Min.-Präs.) autoritär.

Pilze, Pflanzen ohne Chlorophyll, leben v. organ. Stoffen aus lebenden od. toten Organismen; ihr Körper besteht aus schlauchförm. Fäden (Mycel), woraus sich die oberird. Fruchtkörper entwickeln. **1)** *Algen-P.,* mikroskop. klein od. schimmelartig, z. B. Fliegenschimmel, Pillenschleuderer, Köpfchenschimmel, Falscher Mehltau u. a. **2)** *Höhere P.,* gliedern sich in: a) *Schlauch-P.,* erzeugen je 8 Sporen in einem geschlossenen Schlauch; hierher: Hefen, Pinselschimmel, Mutterkorn, Trüffeln, Morcheln. b) *Basidien-P.,* tragen je 4 Sporen an einzelligen Höckerchen (Basidien); stehen in ausgedehnten Lagern zusammen; Röhrenpilze (Schwämme, Steinpilz, Satanspilz) u. Blätterpilze (Täubling, Champignon). ☐ 749/ 750. ·

Piment *m, Nelkenpfeffer,* Gewürz; unreife Früchte des mittel-am. *P.baumes.*

Pimpernuß, Strauch mit aufgeblasenen Kapselfrüchten, in denen Samen klappern; Holz zu Drechslerarbeiten.

Pimpinella, der ↗Bibernell.

Pinakothek *w* (gr.), Bildersammlung; z. B. *Alte* u. *Neue P.* in München.

Pinang, *Penang,* **1)** Insel vor der Westküste v. Malakka (Hinterindien), 280 km²; Hst. Georgetown; gehört zum Bundesstaat P. [vgl. 2)]. **2)** Teilstaat der Malaiischen Föderation mit der Insel P. u. einem Küstenstreifen auf dem Festland, 1036 km², 779000 E.; Hst. Georgetown.   [boot.

Pinasse *w* (niederländ.), Kriegsschiffbei-

Pincheffekt (: pintsch-), beim künstl. erzeugten ↗Plasma dessen magnet. Selbstfokussierung, wodurch dieses zusammengehalten wird (magnet. Flasche). Von großer Bedeutung für die Versuche zur ↗Kernverschmelzung.

Pindar, griech. Dichter, um 518 bis um 446 v. Chr.; Hymnen auf Götter, Adel u. a.

Pinder, *Wilhelm,* dt. Kunsthistoriker, 1878 bis 1947; schrieb bes. über die dt. Plastik.

Pindos *m,* nordgriech. Gebirge, bis 2637 m hoch.

Pinguin *m,* flugunfähiger, aufrecht gehender Meeresvogel, mit als Ruder dienenden

Marschall Piłsudski

Luigi Pirandello

K. Th. von Piloty: Seni an der Leiche Wallensteins

Flügeln; schwimmt u. taucht gut. Hauptsächl. in antarkt. Gebieten. *Riesen-P., Kaiser-P., Königs-P., Adelie-P.*

Pinie *w,* Kiefer der Mittelmeerländer mit ölhalt. Samen *(P.nnüsse).*

Pinne *w,* Hebelarm des Steuerruders.

Pinneberg, Krst. in Holstein, nördl. v. Hamburg, 36900 E.; Lederfabrik; Baumschulen.

Pinscher, glatthaarige Hunderasse. ↗Dobermann-P., ↗Schnauzer.

Pinseläffchen, kleiner Krallenaffe.

Pinselschimmel, *Penicillium,* ↗Penicillin.

Pinselschwein, Flußschwein Westafrikas mit langen Ohrpinseln.

Pint *s,* Hohlmaß, in Großbritannien 0,568 l, in den USA 0,473 l.

Pinter, *Harold,* engl. Schriftsteller, * 1930; Vertreter eines zugleich realist. u. zum Absurden neigenden Dramas *(Der stumme Diener; Die Geburtstagsfeier; Der Hausmeister; Die Heimkehr; No Man's Land).*

Pin-up-Girl *s* (: pinapgö'l, engl. = Anheftmädchen), Bild eines (meist leicht bekleideten) Mädchens zur Wandbebilderung.

Pinzette *w* (frz.), kleine, meist spitze, selbstfedernde Zange zum Fassen und Halten kleinster Teile.

Pinzgau, Tal der Salzach mit Nebentälern: *Ober-, Mittel-* u. *Unter-P.;* Viehzucht, Kraftwerke; Hauptort ist Zell am See.

Piombo (eig. Luciani), *Sebastiano del,* it. Maler, 1485–1547; Pietà; Violinspieler.

Pionier *m* (frz.), **1)** Angehöriger der techn. Truppengattung des Heeres, ausgerüstet für den Bau und die Instandhaltung von Feldbefestigungen, Brücken, Verbindungswegen. **2)** der Vorkämpfer, Wegbereiter einer Idee, eines Verfahrens usw.

Pipeline *w* (: paiplain, engl.), unter- od. oberird. verlegtes Rohrleitungs- u. Pumpensystem zum Transport v. flüss. oder gasförm. Betriebsstoffen (z. B. Erdöl, Erdgas).

Piper (: paipᵉʳ), *John,* engl. Maler u. Illustrator, * 1903; realist.-romant. Landschaftsmalerei, Zeichnungen v. Schloß Windsor.

Pipette *w* (frz.), Stechheber für kleine Flüssigkeitsmengen mit cm³-Skala.

Pippin, Hausmeier u. Kg.e des ↗Fränk. Reiches. *P.sche Schenkung,* 754 versprochene, 756 vollzogene Gebietsschenkung Kg. Pippins d. J. an Pp. Stephan II.; begründete den ↗Kirchenstaat.

Pips *m,* Schnupfen des Geflügels.

Pique *s* od. *m* (: pik, frz.), ↗Pik.

Pirandello, *Luigi,* it. Schriftsteller, 1867 bis 1936; die Probleme v. Schein u. Sein u. der menschl. Identität gestaltet in Dramen *(6 Personen suchen einen Autor),* Romanen, Erzählungen.

Piranesi, *Giovanni Battista,* it. Kupferstecher u. Baumeister, 1720–78; großformatige Veduten des barocken Rom. ☐ 756.

Pirat *m* (lat.-gr.), **1)** Seeräuber. **2)** eine Einheitssegeljolle mit 10 m² Segelfläche. **P.enküste,** auch *Vertragsstaaten Oman* od. *Befriedetes Oman,* engl. *Pirate Coast* od. *Trucial States,* ↗Föderation Arab. Emirate.

Piräus, amtl. *Peiraieus,* zweitgrößte Stadt Griechenlands u. Teil v. Groß-Athen, am Golf v. Ägina, 190000 E.; Hafen v. ↗Athen,

Handels- u. Industriezentrum, Sitz der griech. Reedereien.

Piraya, *Piranha,* bis 30 cm langer, dunkler Sägesalmler süd.-am. Flüsse mit scharfer Sägebezahnung; fallen bei Blutgeruch in großer Zahl über die Beute her u. skelettieren sie; auch für Menschen gefährlich.

Pirckheimer, 1) *Charitas,* Schwester v. 2), dt. Klarissin, 1467–1532; hochgebildete Äbtissin des Nürnberger Klara-Klosters. **2)** *Willibald,* dt. Humanist, 1470–1530; Nürnberger Ratsherr u. Haupt des Nürnberger Humanistenkreises.

Pire (: pir), *Dominique G.,* belg. Dominikaner, 1910–69; Gründer der ⁄Europadörfer; Friedensnobelpreis 1958.

Pirmasens, Stadtkr. u. Krst. im Pfälzer Wald, 50 300 E.; Zentrum der dt. Schuh-Ind.; Fachschule u. Museum; Schuhmesse.

Pirmin, hl. (3. Nov.), OSB, † 753; Missionsbischof westgot. Herkunft: gründete die Klöster Murbach, Reichenau u. Hornbach.

Pirna, sächs. Krst. an der Elbe, Bez. Dresden, 50 000 E.; Technolog. Institut im Schloß Sonnenstein; Kunstseidenspinnerei, Papierfabrik, Maschinen-, Glas- u. elektrotechn. Ind.

Pirog *m* (Mz. *Piroggen*), russ. Pastete aus Hefeteig, mit Fisch, Fleisch, Eiern u.a. gefüllt. [Indianerboot.

Piroge *w* (span.-frz.), Einbaum, primitives

Pirol *m, Goldamsel,* Singvogel; Männchen goldgelb, Weibchen smaragdgrün; zieht im Winter nach Süden. ☐ 1045.

Pirouette *w* (: piruät-, frz.), **1)** Kreiselbewegung beim Tanz, Eis- u. Rollkunstlauf. **2)** beim Reiten Drehen des Pferdes beim Galopp auf einer Hinterhand.

Pirquet (: pirke), *Clemens* Frh. v., östr. Kinderarzt, 1874–1929; *P.sche Reaktion:* Hautimpfung zur Feststellung der Tuberkulose.

Pirsch, *Birsch w,* Einzel-, Spürjagd (Ggs. Treibjagd); *p.en,* mit dem Spürhund jagen.

Pisa, it. Prov.-Hst. in der Toskana, am Arno, 104 000 E.; Erzb.; Dom (5schiff. roman. Basilika) 1063/1118, mit Schiefem Turm u. Baptisterium (1153 begonnen), mit Plastiken der Pisanos; mit Fresken „Triumph des Todes". Univ. (1343 gegr.); Marmor-, Porzellan- u. Flugzeug-Ind. – Im 10./13. Jh. bedeutende See- u. Handelsmacht, kam 1399 an die Visconti; 1406/94 v. Florenz beherrscht; fiel 1509 an Florenz.

Pisanello, *Antonio,* it. Maler, um 1395 bis nach 1450; Meister der Bildnismedaille.

Pisang *m,* die ⁄Bananen-Staude.

Pisano, it. Bildhauer u. Baumeister. **1)** *Andrea,* 1290–1348. ☐ 343. **2)** *Giovanni,* Sohn v. 3), um 1250–1314/19. **3)** *Niccolò,* um 1220 bis nach 1278; Arbeiten in Florenz, Pistoia, Pisa, Siena u. Perugia.

Piscator, *Erwin,* dt. Regisseur, 1893–1966; proletar.-polit. Theater im Berlin der 20er Jahre; emigrierte; seit 1953 wieder in Dtl. (Leiter der Freien Volksbühne in West-Berlin).

Pissarro, *Camille,* frz. Maler, 1830–1903; Impressionist; gelangte zum Neo-Impressionismus *(Pointillismus);* Landschaftsbilder, Großstadt-Ansichten.

Pistazie *w,* ein Baum im Mittelmeergebiet.

G. B. Piranesi: San Giovanni in Laterano (Rom)

Lauf   Schlagbolzen
Patrone   Hahn
Rückholfeder
Magazinfeder

Pistole: Schnitt durch eine Selbstlade-P.

Erwin Piscator

Bruno Pittermann

Echte *P.,* mit mandelähnlichem Samen *(P.nnüsse);* als Gewürz, zur Ölbereitung.

Piste *w* (it.-frz.), **1)** nicht ausgebauter Verkehrsweg. **2)** Start- u. Landebahn eines Flugplatzes. **3)** *Sport:* für den Wettkampf abgesteckte Strecke, u.a. beim Skilaufen.

Pistoia, it. Prov.-Hst. in der Toskana, 94 000 E.; Bischof; kunstreiche Paläste; Keramik-, Textil-, Metall-Ind.

Pistole *w,* **1)** in der Hand geführte, kurzläufige Schußwaffe für den Nahkampf; meist als Selbstlade-P.; optimale Schußweite 30–40 m, die *Maschinen-P.* ist eine ⁄Maschinenwaffe. **2)** in Dtl. im 17./19. Jh. Bz. für das goldene 5-Taler-Stück.

Piston *s* (: -on, frz.), *Kornett,* Horninstrument hoher Lage.

Piston (: pißt°n), *Walter,* am. Komponist, 1894–1976; Orchester-, Kammermusik, Ballett.

Pitchpine *w* (: pitschpain, engl.), *Pitschpain, Pechkiefer,* Kiefernart in den USA; harziges Holz für Zimmerböden u. Bootsbau.

Pitotrohr (: -to-), zur Druckmessung in einem strömenden Medium, z.B. zur Geschwindigkeitsmessung eines Flugzeugs in der Luft.

Pitt, 1) *William* P. d. Ä., Earl of Chatham, 1708–78; 56/61 Leiter der engl. Außenpolitik, unterstützte im 7jähr. Krieg Friedrich d. Gr.; gewann Kanada u. begr. die engl. Machtstellung in Indien. **2)** *William* P. d. J., Sohn von 1), 1759–1806; 1783/1801 u. 04/ 06 engl. Premiermin. (Tory); Gegner Napoleons; erreichte 1800 die staatsrechtl. Union mit Irland.

Pittermann, *Bruno,* * 1905; 57/67 Vors. der SPÖ, 57/66 östr. Vizekanzler u. 59/66 zugleich Min. für verstaatlichte Betriebe.

Pittsburgh (: -börg), einer der größten Ind.-Städte der USA, in Pennsylvania, am Ohio River (Hafen), 530 000 E.; kath. u. episkopalist. Bischof, 2 Univ.; große Stahlwerke, elektrotechn., Aluminium- u. Glasindustrie.

Pittura metafisica *w* (it. = metaphys. Malerei), v. G. de Chirico u. C. Carrà ca. 1917/20 entwickelte Richtung der it. Malerei, die im ⁄Surrealismus weiterwirkte.

Pityusen, span. Inseln, s.w. der Balearen, 730 km²; als größte Ibiza u. Formentera.

Pius, 12 Päpste: **P. II.,** 1405–64; hieß vorher

Enea Silvio de' Piccolomini, 58 Pp.; bedeutender Gelehrter. **P. V.**, hl. (30. Mai), OP, 1504–72; 66 Pp., gab, Beschlüsse des Trienter Konzils verwirklichend, den Catechismus Romanus, das Römische Brevier und das Missale Romanum heraus. **P. VI.**, 1717–99; 75 Pp., verlor 97 an Napoleon I. die nördliche Hälfte des Kirchenstaats, starb in Fkr. in der Gefangenschaft. **P. VII.**, 1742–1823; 1800 Pp., schloß 01 mit Fkr. ein Konkordat; salbte 04 Napoleon I. zum Ks. u. exkommunizierte ihn 09 wegen Annexion des restl. Kirchenstaates; 09/14 in frz. Gefangenschaft; bekam 14 den Kirchenstaat zurück u. stellte den Jesuitenorden wieder her. **P. IX.**, 1792–1878; 1846 Pp., verkündete 54 das Dogma der Unbefleckten Empfängnis Marias, verurteilte 64 eine Reihe v. Zeitirrtümern; berief 69 das 1. ⁄Vatikanische Konzil; Verlust des Kirchenstaates. **P. X.**, hl. (21. Aug.), 1835–1914; 1893 Patriarch v. Venedig u. Kard., 1903 Pp.; unter ihm 05 Trennung v. Staat u. Kirche in Fkr.; bekämpfte den ⁄Modernismus; erließ 10 Dekrete über die häufige Kommunion u. die Kinderkommunion. 54 heiliggesprochen. **P. XI.**, 1857 bis 1939; 1914 Präfekt der Vatikanischen Bibliothek, 19 Nuntius in Polen, 21 Erzb. v. Mailand u. Kard., 22 Pp.; schloß 29 die ⁄Lateranverträge, 33 das ⁄Reichskonkordat; erließ Rundschreiben über die Ehe u. über die Gesellschaftsordnung (⁄Quadragesimo anno) sowie zur Verurteilung des Nat.-Soz. u. des atheist. Kommunismus; förderte tatkräftig die ⁄Kath. Aktion. **P. XII.**, 1876–1958; vorher Eugenio Pacelli; 1917 Nuntius in Bayern, 20/29 in Berlin; 30 Kardinalstaatssekretär, 39 Pp.; gab Antwort auf die verschiedensten Zeitfragen; verurteilte den Kommunismus; erließ 43 die für das Selbstverständnis der Kirche bedeutsame Enzyklika „Mystici Corporis Christi" u. verkündete 50 das Dogma v. der Aufnahme Marias in den Himmel.

Piz m (roman.), Berggipfel; bei Schweizer Bergnamen: z. B. *Piz Linard* (3411 m), *Piz Bernina* (4049 m), *Piz Palü* (3905 m).

Pizarro (: -ß-), *Francisco*, span. Entdecker u. Eroberer, um 1475–1541; unterwarf die ⁄Inkas; gründete 1535 Lima (⁄Peru).

Pizza w, it. Gericht aus dünnem Hefeteig u. Belag aus Tomaten, Salami, Sardellen, Käse, Spezialgewürzen.

pizzicato (it.), Abk. *pizz.*, Vorschrift, die Sai-

Papst Pius XI.

Papst Pius XII.

Max Planck

ten v. Streichinstrumenten mit den Fingern anzureißen.

Pjöngjang, *Pyongyang*, Hst. Nordkoreas, am Taendongfluß, m. V. 1,5 Mill. E.; Univ.; Textilindustrie.

PKW, Abk. für Personen-Kraftwagen.

placieren, *plazieren* (frz.), 1) *allg.*: einen Platz anweisen, in einer Stellung unterbringen. 2) bei Ballspielen mit Zielsicherheit aufs gegner. Tor werfen bzw. schießen; im Wettkampf einen der vorderen Plätze erreichen. 3) Wertpapiere bei Emissionen absetzen, evtl. bei bestimmten Käuferschichten.

plädieren (frz.), eine Sache (vor Gericht) vertreten. **Plädoyer** s (: plädⁿaje), Rede des Staatsanwalts u. Gegenrede des Verteidigers vor Gericht.

Plafond m (: -fõn, frz.), (Flach-)Decke eines Raumes.

Plagiat s (lat.), geistiger Diebstahl, bes. an künstler. Werken. Rechtl. ist das P. Verletzung des Urheberrechts. **Plagiator** m, wer ein Plagiat begeht.

Plagioklase (Mz., gr.), *Kalknatronfeldspäte*, isomorphe Mischung v. Kalk- u. Natronfeldspat; Gemengteil magmat. Gesteine.

Plaid m od. s (: ple̱id, engl.), Reisedecke.

Plakat s (frz.), öff. angebrachte Mitteilung, meist im Dienst der Werbung; seit dem 19. Jh. als wichtiger Zweig der Gebrauchsgraphik v. künstler. Bedeutung.

Plakette w (frz.), im Ggs. zur ⁄Medaille meist rechteckige Metalltafel mit ein- od. beidseitigem Reliefbild.

Planck, *Max*, dt. Physiker, 1858–1947; Prof. in Berlin. Prägte das physikal. Weltbild entscheidend u.; Präs. der Kaiser-Wilhelm-Gesellschaft, erhielt 1918 Nobelpreis; Forschungsgebiete Wärmelehre u. Energie-Erhaltungsgesetz; formulierte 1900 neues ⁄Strahlungsgesetz u. kam zur ⁄Quantentheorie. Nach ihm die ⁄Max-Planck-Gesellschaft.

Plancksche Konstante, *Plancksches Wirkungsquantum*, Abk. h, Naturkonstante v. der Dimension einer Wirkung (= Energie mal Zeit); $h = 6,626 \cdot 10^{-34}$ J·s.

Plane w, wasserabstoßend imprägnierte Schutzdecke; für Fahrzeugladungen, zum Zeltbau.

Planetarium s (gr.-lat.), Vorrichtung zur Darstellung der scheinbaren Bewegungen v. Fixsternen, Planeten, Erdsatelliten usw. am Himmel mittels Projektionsapparaten.

Die Planeten unseres Sonnensystems		mittlerer Sonnenabstand Mill. km	sider. Umlaufzeit Jahre	Entfernung von der Erde		Äquatordurchmesser		Masse	Mittlere Dichte g/cm³	Rotationsperiode				Zahl der Monde
				kleinste in AE²	größte in AE²	km	Erde = 1	Erde = 1		d	h	min	s	
Merkur	innere	57,91	0,24	0,53	1,47	4840	0,38	0,056	5,62	58	15			0
Venus	P.	108,21	0,62	0,27	1,73	12112	0,95	0,8148	5,23	42	23	4		0
Erde		149,60	1,0	–	–	12756	1,00	1,000	5,51		23	56	4	1
Mars		227,9	1,88	0,38	2,67	6800	0,53	0,107	3,95		24	37	23	2
Jupiter		778,3	11,86	3,95	6,45	143650	11,24	317,82	1,30		9	50		14
Saturn	äußere	1427	29,46	8,00	11,07	120670	9,47	95,11	0,68		10	14		15
Uranus	P.	2870	84,02	17,29	21,07	47100	3,70	14,52	1,58		10	49		5
Neptun		4496	164,79	28,80	31,31	49200	3,86	17,22	1,65		15	40		2
Pluto[1]		5946	247,7	28,7	50,3	5000	0,39	0,18	4	6	9			1

[1] Alle Werte sehr unsicher
² = Astronomische Einheit, die mittlere Entfernung Erde – Sonne; 1 AE = 1,496 · 10⁸ km

Planeten (gr.; Ez. *Planet), Wandelsterne,* Himmelskörper, die sich entsprechend den ⌐Keplerschen Gesetzen in kreisähnl. Ellipsen um einen Zentralkörper (Sonne) bewegen u. v. diesem bestrahlt (Licht u. Wärme) werden. Wahrscheinl. haben auch viele andere Fixsterne dunkle, kleinere Begleiter als P. ☐ 757, 918. **P.getriebe,** Umlaufgetriebe aus feststehenden *(Sonnenrad)* u. mit Steg verbundenen, beweglichen *(Planetenräder)* Zahnrädern, die um das Sonnenrad kreisen; verwendet als raumsparende Getriebe hoher Übersetzung.

Planetoiden, *Asteroiden, Kleine Planeten,* ein aus weit mehr als 50000 Mitgl. bestehender Schwarm kosm. Körper bis zu 1000 km Durchmesser, die sich wie ⌐Planeten um die Sonne zw. Mars- u. Jupiter-Bahn bewegen. Die Gesamtmasse beträgt weniger als einige Tausendstel der Erdmasse. Möglicherweise sind die P. Reste eines in der Frühgeschichte des Sonnensystems explodierten Planeten.

planieren (lat.), einebnen. **Planierraupe,** ein mit Gleisketten ausgerüstetes Fahrzeug mit meist bewegl. Brustschild zum Grobplanieren; zur Feinplanierung dient der *Erdhobel* (Fahrzeug mit Radantrieb). **Planimeter** *s* (lat.-gr.), mißt Flächeninhalt ebener Figuren. **Planimetrie** *w,* ebene ⌐Geometrie.

plankonkav, plankonvex, ⌐Linsen.

Plankton *s* (gr.), die im Wasser freischwebenden pflanzl. u. tier. Kleinlebewesen; Nahrung für Wassertiere.

Plantage *w* (: -tasche[e], frz.), große trop. Pflanzung v. Kulturpflanzen, meist in ⌐Monokultur.

Plantagenet (: pläntädschinit), Beiname des frz. Adelsgeschlechtes der Anjou; das Haus *Anjou-P.* hatte 1154/1399 in gerader Linie, bis 1461 in der Linie Lancaster u. bis 85 in der Linie York den engl. Thron inne.

Planwirtschaft ⌐Zentralverwaltungswirtschaft.

Pläsier *s* (frz. *plaisir),* Vergnügen.

Plasma *s* (gr.), **1)** biologisch: a) ⌐Zytoplasma, ⌐Protoplasma. b) eiweißhaltige Flüssigkeit im ⌐Blut; c) *Neo-P.,* Geschwulst. **2)** in der Physik: hochionisiertes, quasineutrales Gas aus neutralen u. angeregten Atomen, Elektronen u. positiven Ionen; in der Natur z. B. Feuer, Ionosphäre. Strahlungsgürtel, künstl. bei Bogenentladungen u. ⌐Kernverschmelzung. Ein P. emittiert, absorbiert, beugt u. reflektiert elektromagnet. Wellen. ⌐Pincheffekt.

Plasmodium *s,* Erreger der ⌐Malaria.

Plaste (Mz.), *Plastics,* die ⌐Kunststoffe.

Plastiden (Mz.), geformte Gebilde in Pflanzenzellen mit bestimmten Stoffwechselfunktionen; grüne P. *Chloroplasten,* rote u. gelbe P. *Chromoplasten,* farblose P. *Leukoplasten.*

Plastik *w* (gr.), **1)** umfassende Bz. für alle Arten körperhaften Gestaltens bzw. deren Produkt; dazu gehört das Modellieren in Ton, Gips, Wachs, das Schneiden in Holz, Elfenbein, Edelstein, das Hauen in Stein (⌐Bildhauerei, Skulptur), das Treiben u. Gießen von Metall; älteste P.-Statuetten aus der Altsteinzeit; *plastisch,* körperhaft.

Planetengetriebe:
Ausführung für das
Getriebe eines Propellers eines Turboprop-Triebwerkes

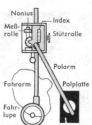

Planimeter: Polar-P.

Platane: Wuchs- und
Blattform; F Frucht

Platereskenstil:
Fassade der Universität Salamanca

2) operativer Ersatz eines Gewebedefekts. **P.bombe,** Waffe aus Sprengstoff, der in Plastikkörper eingebettet ist, leicht verformbar. **Plastilin** *s,* knetbarer ⌐Modellierton. **Plastische Chirurgie,** *Wiederherstellungschirurgie,* ersetzt fehlende Gewebe od. Körperteile bei Verunstaltungen u. Verletzungen u. a. **Plastizität** *w,* Bildsamkeit; Fähigkeit fester Körper zu bleibender Formveränderung bei mechan. Beanspruchung.

Plastron *s* (frz.), **1)** Brustschutz beim Fechten. **2)** breit gelegte Seidenkrawatte.

Plata ⌐La Plata.

Plataä, antike Stadt in Böotien; 479 v. Chr. Sieg des Pausanias über die Perser.

Platane w, Park- u. Alleebäume mit glatter Borke, ahornähnlichen Blättern u. kugeligen Fruchtständen.

Plateau *s* (: plato, frz.), Hochebene.

Platen, *August* Graf v., dt. Dichter, 1796 bis 1835; streng geformte, klassizist. Lyrik, v. Ideal der Schönheit bestimmt.

Platereskenstil (v. span. *plateresco* = silberschmiedeartig), Schmuckstil der span. Renaissancebaukunst (Ende 15. u. 16. Jh.); charakterist. bes. Fassaden mit überreichem, kleinteiligem Dekor aus antiken, spätgot. u. Elementen des ⌐Mudejarstils.

Platin *s,* chem. Element, Zeichen Pt, hellgraues Edelmetall, Ordnungszahl 78 (☐ 149); Vorkommen in Kolumbien, Ural, Südafrika; als Körner u. Plättchen; dehnbarstes aller Metalle; für Elektroden, Thermoelemente; feinverteilt als Katalysator. **P.chlorid** *s,* Ausgangsprodukt für P.katalysatoren. **P.cyanür,** zum Sichtbarmachen v. Röntgen- u. Kathodenstrahlen.

Platitüde *w* (frz.), nichtssagende Bemerkung, Plattheit.

Platon (gr. = der Breite), lat. *Plato,* hieß eig. *Aristoteles,* griech. Philosoph, mit ⌐Aristoteles Begr. der abendländ. Philosophie, * 428/427 v. Chr. Athen, † 348/347 v. Chr. ebd.; Schüler des ⌐Sokrates; Lehrer in Athen, wo er 387 eine Akad. gründete. – P. hinterließ keine systemat. Abhandlungen, sondern entwickelte seine Gedanken in Gesprächsform (Dialog), wobei mehrere gedachte Partner gemeinsam ein Thema herausarbeiten. Kern seiner Lehre ist die Unterscheidung der Welt der veränderl. u. deshalb nicht wahrhaft „seienden" Sinndinge u. der Welt der unveränderl. Grundgestalten, Wesenheiten oder „Ideen", die allein wahrhaft sind. Nach dem Vorbild der Ideen wurde aus den vier Elementen (Feuer, Luft, Wasser, Erde) durch den Weltbildner (Demiurg) die Welt der wahrnehmbaren Dinge gestaltet. Deren Erkenntnis beruht auf Wiedererkennen der Ideen, die v. der Seele vor ihrer selbstverschuldeten Verbannung in den Leib unmittelbar geschaut wurden. Die Ideen selbst sind erleuchtet v. der höchsten Idee, der „Idee des Guten" *(agathon),* die selbst jedoch nicht erkannt werden kann. – P.s Lehre vom Idealstaat bildet die Grundlage aller staatsphil. ⌐Utopien des Abendlandes. **P.iker** *m,* Vertreter des ⌐Platonismus. **p.ische Liebe** *w,* nach P.s Dialog *Symposion* (Gastmahl) die rein geistige Liebe des Mannes zum Jüngling;

heute fälschl. für „sinnlichkeitsfreie Liebe" zw. Mann u. Frau. **P.ismus** *m,* P.s Lehre u. ihre Fortwirkungen; bildete mehrere Richtungen aus, bes. den ↗*Neuplatonismus;* wirkte in der frühchristl. Theologie u. in der Mystik; im ↗Idealismus bis heute lebendig.

Plattdeutsch, Niederdeutsch, ↗Deutschland (Sprache).

Plattensee, ungar. Balatón, größter See Mitteleuropas, in Ungarn; 82 km lang, 591 km², bis 11 m tief.

Plattenspieler, ein elektroakust. Gerät zur Umwandlung der in einer ↗Schallplatte gespeicherten Toninformationen (früher) unmittelbar od. (heute) über Verstärker u. Lautsprecher in hörbare Schallschwingungen. Der *Plattenwechsler* wechselt automat. bis zu 10 Schallplatten u. spielt sie ein- od. beidseitig ab; der *Plattenspielautomat (Musikbox)* wählt u. spielt nach Münzeinwurf ausgesuchte Platten ab.

Platterbse, Gattung der Schmetterlingsblütler, Ranken-P., ↗Kicherling, Wiesen-, Frühlings-, Wohlriechende u. Garten-P.

Plattfische, Ordnung der Knochenfische mit asymmetr., seitl. stark abgeflachtem, hohem Körper; liegen meist auf dem Grund; Scholle, Steinbutt u. a.

Plattfuß, Senkung des Fußgewölbes; Folge des ↗Knickfußes, bei Überbelastung; verursacht Schmerzen an Fuß u. Bein.

plattieren, *dublieren,* eine Schicht aus Edelmetall auftragen.

Plattwürmer, afterlose, abgeplattete niedere Würmer; Strudel-, Saug-, Bandwürmer.

Platzangst, krankhafte Furcht, freie Plätze od. Straßen zu überschreiten. **Platzwette,** bei Pferderennen Wette über den Einlauf der Pferde nach dem Sieger (Platz 2–4).

Plauen, Hauptstadt des Vogtlandes (Bez. Karl-Marx-Stadt), an der Weißen Elster, 80000 E.; alte Spitzen- u. Stickerei-Ind., Gardinenfabriken.

plausibel (lat.), einleuchtend.

Plautus, Titus Maccius, röm. Dichter, um 250–184 v. Chr.; übertrug in freier Bearbeitung griech. Komödien; Werke z. T. v. Shakespeare, Molière u. a. als Vorlage verwandt.

Play-back *s* (: ple[i] bäk, engl.), Nachsynchronisation einer Tonfilm- bzw. Fernseh-, auch einer Tonbandaufnahme.

Playboy *m* (: ple[i]boi, engl. = Spieljunge), wohlhabender junger Mann, Frauenheld, der hauptsächl. dem gesellschaftl. Vergnügen lebt.

Plazenta *w* (lat.), der ↗Mutterkuchen.

Plazet *s* (lat.), Erlaubnis, Zustimmung.

Plebejer (Mz.), *Plebs,* der nicht zu den ↗Patriziern gehörende Teil des röm. Volkes; waren persönl. frei, erhielten aber erst im Verlauf des Ständekampfes (bis 287 v. Chr.) polit. Gleichberechtigung. **Plebiszit** *s* (lat.), unmittelbare Mitwirkung des gesamten Staatsvolks an der polit. Willensbildung. Formen: ↗Volksabstimmung, ↗Volksbegehren, ↗Volksentscheid. [bel.]

Plebs *w* (lat.), 1) ↗Plebejer. 2) i. ü. S. der Pöbel.

Plechanow, Georgij Walentinowitsch, 1856–1918; führender Theoretiker des russ.

Plejaden: oben die Hauptsterne, unten eine langbelichtete Aufnahme der P. mit deutlich sichtbarer interstellarer Materie (Reflexionsnebel). Die P. sind ca. 450 Lichtjahre von der Sonne entfernt und haben einen Durchmesser von ca. 30 Lichtjahren

Plattfuß: a normaler Fuß mit gut ausgeprägtem, **b** P. mit eingesunkenem Fußgewölbe

Plesiosaurus

G. W. Plechanow

Marxismus, hielt die ↗Oktoberrevolution für verfehlt.

Pleinair *s* (: plänär, frz.), *Pleinairmalerei,* ↗Freilichtmalerei.

Pleistozän *s* [gr.], neue Bz. für ↗Diluvium.

Pleite *w* (jidd.), Bankrott, Reinfall.

Plejaden (Mz.), auch *Siebengestirn,* offener Sternhaufen im Stier mit etwa 120 Sternen.

Plektron *s* (gr.), Plättchen od. Ring mit Dorn, womit man die Saiten der Mandoline u. Zither zupft; früher Stäbchen zum Spielen der ↗Kithara.

Plenum *s* (lat.), *Plenarsitzung,* Vollversammlung, bes. eines Parlaments, im Ggs. zu den Ausschüssen.

Pleonasmus *m* (gr.), überflüssige Doppelbezeichnung (z. B. weißer Schimmel).

Plesiosaurus *m,* fossiles Meeresreptil der Jura- u. Kreideformation.

Pleskau, dt. Name für ↗Pskow.

Plettenberg, westfäl. Stadt, im Sauerland, 29000 E.; Kleineisen-Ind., Walzwerk.

Pleuelstange, *Schubstange,* verbindet beim Kurbeltrieb den hin- u. hergehenden Kolben mit der rotierenden Kurbelwelle. ☐ 326.

Pleura *w* (gr.), Brustfell; *Pleuritis* ↗Brustfell-Entzündung.

Pleven, *Plewna,* nordbulgar. Stadt in der Donauebene, 119000 E. – 1877 Kapitulation der Türken im Russ.-Türk. Krieg.

Plexiglas, Warenzeichen eines ↗Kunststoff-Glases; Polymerisationsprodukt aus Methacrylsäureester, biegsam, farblos, splittersicher.

Plexus *m* (lat.), netzartige Vereinigung von Lymphgefäßen od. Nerven.

Pleydenwurff, 1) *Hans,* dt. Maler, † 1472; einflußreichster Nürnberger Meister vor Dürer. **2)** *Wilhelm,* Sohn v. 1), um 1450 bis 1494; Holzschnitte der Schedelschen Weltchronik.

Plievier (: pliwje), *Theodor,* dt. Erzähler, 1892–1955; 1934/45 in Moskau, später in West-Dtl. Realistische Romane: *Des Kaisers Kuli; Haifische; Stalingrad, Moskau, Berlin* (Trilogie).

Plinius, 1) *Gajus P. Secundus* (d. Ä.), röm. Schriftsteller, 23(od. 24)–79 n. Chr. (beim Ausbruch des Vesuvs); *Naturgeschichte,* eine Stoffsammlung aller Wissensgebiete. **2)** *Gajus P. Caecilius Secundus* (d. J.), Neffe u. Adoptivsohn v. 1), Statthalter Ks. Trajans in Bithynien u. Pontus (od. 62) bis um 113; seine Briefe eine Quelle für die Haltung des röm. Staates gegenüber den Christen.

Pliozän *s* (gr.), ↗Tertiär.

Plissee *s* (frz.), gefältelter Stoff.

Plitvicer Seen (: -tßer-), Seengruppe im Quellgebiet der Korana im jugoslaw. Karst-Gebirge, Kroatien; 16 durch Kalktuff aufgestaute Seen, durch 35 Wasserfälle u. Stromschnellen verbunden.

PLO, Abk. für *Palestinian Liberation Organisation,* 1964 gegr. Dachorganisation der palästinens. Befreiungsorganisationen.

Plochingen, württ. Stadt am Neckar, 12700 E.; Textil- u. Maschinen-Ind.

Plock (: p[u]ozk), *Plozk,* Hst. der Wojewodschaft P., an der Weichsel, 97000 E.; kath. Bischof; roman. Dom; petrochem. Ind.

Plöcken *m,* it. *Monte Croce,* kärntn.-it. Paß

in den Karnischen Alpen, 1362 m hoch; alte Römerstraße.

Ploeşti (: ploeschtj), *Ploiesti*, rumän. Ind.-Stadt am Fuß der Karpaten, in der Walachei, 200000 E.; Mittelpunkt des rumän. Erdölgebietes. Pipelines nach Constanţa u. Giurgiu.

Plombe *w* (lat.), **1)** kleines Bleisiegel an Schnüren od. Drähten. **2)** ∕Zahnfüllung.

Plön, Krst. u. Kurort in der Holsteinischen Schweiz, an den *P.er Seen;* 10400 E.; hydrobiolog. Anstalt; Fleischwarenfabrik.

Plotin, griech. Philosoph, etwa 205–270 n.Chr.; Hauptvertreter des ∕Neuplatonismus.

Plovdiv, fr. *Philippopel,* bulgar. Stadt an der Maritza, 333000 E.; Univ.; orth. Metropolit; Bauwerke aus der Türkenzeit; Mustermessen; vielseitige Industrie.

Plumeau *s* (: plümo, frz.), halblanges Federdeckbett.

Plumpbeutler, der ∕Wombat.

Plumpudding *m* (: plam-, engl.), heißer Pudding, brennend aufgetischt.

Plural *m* (lat.), *Pluralis,* die Mehrzahl. *Pluralis maiestaticus (maiestatis) m,* Verwendung der Wir-Form durch einen Sprechenden od. Schreibenden.

Pluralismus *m* (lat.; Bw. *pluralistisch*), **1)** philosoph. Lehre (u. a. W. ∕James), wonach die Wirklichkeit mehrere voneinander unabhängige Seinsschichten hat; Ggs. ∕Monismus u. ∕Dualismus. **2)** in der polit. Theorie u. Gesellschaftslehre die These, daß die verschiedenen Lebensbereiche u. Gestaltungskräfte der modernen (pluralist.) Gesellschaft sich nicht auf die gleiche geschichtl. Wurzel zurückführen lassen, daher auch nicht allseitig in eine Grundordnung, etwa des Staates, eingeordnet werden können bzw. dürfen.

plus (lat.), mehr; Additionszeichen (+).

Plüsch *m* (frz.), samtartiges Gewebe mit hohem Flor.

Plusquamperfekt *s* (lat.), Zeitform der Vorvergangenheit (z. B. *ich hatte gepackt).*

Plutarch, griech. Schriftsteller, um 46 bis um 120; *Moralia; Lebensbeschreibungen* (berühmter Griechen u. Römer).

Pluto, Zeichen ⠏, entferntester Planet des Sonnensystems, erst 1930 entdeckt; die stark exzentr. Bahn u. die große Neigung gg. die ∕Ekliptik deuten darauf hin, daß P. urspr. vielleicht nicht zum Sonnensystem gehörte. Über seine physikal. Eigenschaften, Oberfläche u. Atmosphäre ist nahezu nichts bekannt. ☐ 757, 918.

Plutokratie *w* (gr.), Reichtums-, bes. Geldherrschaft, Staat, in dem die großen Vermögen maßgebend die Politik bestimmen.

Pluton, *Pluto,* in der griech. Mythologie Gott des Totenreiches u. der Erdfrüchte.

Pluton, in der Erdkruste (unter 5 km) erstarrter Tiefengesteinskörper. **Plutonismus** *m,* **1)** von J. Hutton begr. Lehre, nach der die meisten Gesteine durch Erstarrung aus silikat. Schmelzen entstanden sind. Ggs. Neptunismus. **2)** zusammenfassende Bz. für alle Erscheinungen, die durch die Bewegung u. das Erstarren v. Magma innerhalb der Erdrinde verursacht werden. Ggs. ∕Vulkanismus.

Plutonium *s,* chem. Element, Zeichen Pu, radioaktives ∕Transuran, Ordnungszahl 94 (☐ 149); zerfällt in Uran 235; entsteht im Kernreaktor durch Beschuß von Uran 238 mit Neutronen. Neben Uran 238 wichtigster Kernbrennstoff.

Plutos, griech. Gott des Reichtums.

Pluviale *s* (lat.), ∕Rauchmantel.

Pluvialzeit *w* (lat.), die den Eiszeiten entsprechende Zeit starker Niederschläge im eisfreien Gebiet.

Pluviometer *m* (lat.-gr.), ∕Regenmesser.

Plymouth (: plimeß), engl. Übersee- u. Kriegshafen, am *P. Sound,* 240000 E.; kath. Bischof; Schiffs- u. Maschinenbau.

Plzeň (: plsenj), die tschsl. Stadt ∕Pilsen.

Pm, chem. Zeichen für ∕Promethium.

p. m., Abk. für post meridiem (lat.), nachmittags.

Pneuma *s* (gr.), Atem, Hauch, Geist. Im NT der Heilige Geist.

Pneumatiker *m* (gr.), **1)** durch außerordentl. Geistesgaben *(Charismen)* ausgezeichnete Person.

pneumatisch (gr.), **1)** in der Theologie: v. Hl. Geist erfüllt. **2)** in der Technik: Saug- od. Druckluft enthaltend, damit arbeitend.

Pneumokoniose *w* (gr.), Bz. aller durch Staubeinatmung entstandenen Lungenveränderungen, beeinträchtigen im fortgeschrittenen Stadium die Atemfunktion (Aluminiumlunge, Asbeststaublunge, Kohlenstaublunge, Silikose).

Pneumonie *w* (gr.), ∕Lungenentzündung.

Pneumothorax *m* (gr.), Eindringen v. Luft in den Brustkorb infolge Verletzung oder Durchbruchs der Lunge. *Künstl. P.,* durch Einführung v. Luft (bei Tuberkulose).

Pnom-Penh, *Pnompenh,* Hst. v. Kambodscha, am Mekong (für 6000-t-Schiffe erreichbar), 1974: 1,8 Mill., 1975: 100000 E.; Seiden- u. Baumwollindustrie.

Po, chem. Zeichen für ∕Polonium.

Po *m,* Hauptstrom Italiens, durchfließt die *Poebene,* mündet nach 676 km mit breitem Delta ins Adriat. Meer.

Pocci (: potschi), *Franz Graf v.,* dt. Schriftsteller, Zeichner u. Musiker, 1807–76; Spätromantiker, schuf Kasperlespiele, Kinderbücher, Märchen; Landschaftsaquarelle u. -zeichnungen.

Poche, *Pochette w* (: posch, poschät, frz.), Taschengeige des 17./19. Jh.

Pochwerk, eine Zerkleinerungsmaschine mit Stempeln; zerstampft Steine u. Erze.

Pocken, *Blattern,* schwere Infektionskrankheit mit eitr. Pusteln, die rundl. Narben hinterlassen. P. mit Blutungen in den Knötchen *(schwarze P.)* tödlich. Vorsorge durch P.-*Schutzimpfung* (in Dtl. Pflicht). ☐ 420.

Pocket-book (: pok't buk) ∕Taschenbuch.

Pockholz, Holz des mittel-am. ∕Guajakbaumes; Nutzholz.

poco (it.), wenig, ein wenig; in der Musik z. B. *p. presto* =' ein wenig schnell.

Podagra *s* (gr.), Gicht der großen Zehe.

Podest *s* (lat.), Absatz einer Treppe.

Podestà *m* (it.), **1)** seit Beginn 12. Jh. oberster Beamter, seit 1158 kaiserl. Statthalter der ober-it. Städte. **2)** 1926/45 Bürgermeister in it. Städten.

N. Podgorny

Edgar Allan Poe

Podgorny, *Nikolai,* sowjet. Politiker, * 1903; 65/77 als Vors. des Präsidiums des Obersten Sowjets Staatsoberhaupt der Sowjetunion; schied 79 aus dem Obersten Sowjet aus.
Podiebrad (: podi^e-), *Georg v.,* Führer der ↗Calixtiner, 1420–71; 58 Kg. v. Böhmen.
Podium *s* (lat.), erhöhter Teil des Fußbodens in Konzertsälen usw.
Podolien, ukrain. Landschaft westl. des Bug, 40 000 km², Hauptteil der *Podol. Platte.*
Poldolsk, sowjet. Stadt südl. von Moskau, 202 000 E.; Zinnhütte, Kalkwerke, Maschinen-Ind.
Podsol *m* (russ.), *Bleicherde,* Bodentyp feucht-kühler Klimate; unter einer Rohhumusdecke folgt ein ausgebleichter grauer A-Horizont, darunter ein eisenangereicherter B-Horizont *(Ortstein);* unfruchtbar, vielfach mit Zwergstrauchformationen.
Poe (: po^u), *Edgar Allan,* am. Schriftsteller, 1809–49; führte ein unstetes Leben, meist in Armut; verfiel zeitweise der Trunksucht; starb unter ungeklärten Umständen; Schöpfer der Detektivgeschichte; phantastische, oft unheiml. Erzählungen; symbolist. Gedichte.
Poem *s* (gr.-lat.), Gedicht.
Poesie *w* (gr.), *i. w. S.:* die ↗Dichtung; *i. e. S.:* Versdichtung im Ggs. z. ↗Prosa.
Poet *m* (Bw. *poetisch),* Dichter. **Poeta laureatus** (lat.), (lorbeer)gekrönter Dichter); im Humanismus verbreitete Dichterehrung *(Dichterkrönung),* in England noch heute übl. *(Poet Laureate).* **Poetik** *w* (gr.), Lehre v. Wesen u. Form der Dichtung.
Pogrom *m* (russ.), urspr. die planmäßige Judenverfolgung in Rußland 1881/1917; dann allg. Bz. für Ausschreitungen gg. Juden u. nationale Minderheiten.
Pohlheim, hess. Gem. 50 km nördl. v. Frankfurt, 1970 durch Gem.-Zusammenschluß gebildet, 13 700 E.
Poilu *m* (: p^olü, frz. = behaart), spött. Bz. für den frz. Soldaten.
Poincaré (: p^oãkare), **1)** *Henri,* frz. Mathematiker, 1854–1912; Arbeiten über Funktionentheorie, Differentialgleichungen und Himmelsmechanik. **2)** *Raymond,* Vetter v. 1), 1860–1934; 1913/20 frz. Staatspräs.; 12/13, 22/24 u. 26/29 Min.-Präs.; förderte vor dem 1. Weltkrieg die Entente gg. Dtl.; unter ihm 23 Ruhrbesetzung.
Pointe *w* (: p^oãt^e, frz.), Spitze, Knalleffekt (eines Witzes, einer Anekdote). **pointieren** (durch eine dialekt. Formulierung) scharf zuspitzen.
Pointillismus *m* (: p^oãn-, frz.), Malerei mit punktart. Auftragen der Farben, Technik des Neo-↗Impressionismus um 1885, insbes. v. Pissarro, Seurat u. Signac geübt.
Poitiers (: p^oatje), Hst. des frz. Dep. Vienne, 82 000 E.; Univ.; berühmte mittelalterl. Kirchen; Bischof. – 732 Sieg Karl Martells über die Araber.
Poitou *s* (: p^oatu), westfrz. Landschaft, Hügelland; Hst. Poitiers.
Pokal *m* (lat.), **1)** kelchart. Trinkgefäß. **2)** sportlicher Siegespreis. **P.spiele** ↗Spielsysteme. ☐ 169, 305.
pökeln ↗einmachen, einlegen.

Polarhund

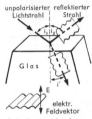
unpolarisierter Lichtstrahl | reflektierter Strahl
Glas
E
elektr. Feldvektor
Polarisation durch Spiegelung und Brechung

Poker *s* (po^uk^er), engl. Kartenglücksspiel.
Pol *m* (gr.), **1)** der Durchstoßpunkt einer Rotationsachse durch den rotierenden Körper, z. B. die Erd-P.e. **2)** in der Mathematik: a) der Ausgangspunkt eines ↗Koordinatensystems in Polarkoordinaten, b) Singularität (Unstetigkeitsstelle) gebrochen rationaler (auch meromorpher) Funktionen. **3)** in der Elektrotechnik: die Klemmen einer Stromquelle. **4)** beim Magnetismus die Quellen des Magnetfeldes.
Pola ↗Pula.
Polanski, *Roman,* poln. Filmregisseur, * 1933; avantgardist., psychol., auch groteske Spielfilme: *Ekel; Wenn Katelbach kommt; Tanz der Vampire; Rosemarys Baby; Östl. v. Sierra Nevada; Chinatown.*
Polarfuchs, *Eisfuchs,* Raubtier der Polarzonen. **Polargebiete,** die ↗Antarktis u. die ↗Arktis. **Polarhund,** ausdauernde u. witterungsfeste, wolfsähnl. Hunde.
Polarimeter *s* (gr.), Gerät zur Konzentrationsbestimmung opt. aktiver Substanzen.
Polarisation *w* (frz.), **1)** *dielektr. P.,* die Wirkung eines elektr. Feldes auf einen Nichtleiter, in dem dessen Ladungen so verschoben werden, daß sie einen Dipol bilden. **2)** *elektrolyt. P.,* die bei der Elektrolyse u. in galvan. Elementen auftretende Gegenspannung. **3)** *opt. P.,* das Schwingen der Lichtwellen nur in einer Ebene (Schwingungsebene), die Ebene senkrecht dazu heißt *P.sebene.* Linear polarisiertes Licht entsteht durch Reflexion, bei Durchgang durch sog. doppeltbrechende Kristalle *(P.sprisma,* ↗Nicolsche Prismen) u. durch *P.folien.* Anwendung u. a. in der Kristallphysik *(P.mikroskop)* u. im Polarimeter *(P.sapparat).*
Polarität *w* (gr.), das gespannte Gegen- wie Zueinander zweier zu einer Geschehensod. Lebenseinheit gefügter Kräfte.
Polarkreise, Breitenkreise v. 66¹/₂° nördl. u. südl. Breite, bilden die Abgrenzung der gemäßigten Klimazone gg. die Polarzone.
Polarlicht, Lichterscheinung in der Hochat-

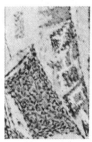
Pointillismus: rechts Paul Signac, „Segelboote im Hafen von St-Tropez", oben ein Ausschnitt, der die Punktsetzung zeigt

Polarlicht (Bande)

mosphäre (60–1000 km Höhe) der Erde über den beiden Polgebieten *(Nord-* bzw. *Südlicht);* ausgelöst durch Korpuskularstrahlung v. der Sonne bzw. aus den Strahlungsgürteln, die überwiegend Sauerstoff- u. Stickstoffatome zum Leuchten anregen. Mit Auftreten v. P. sind Störungen des erdmagnet. Feldes u. damit auch der Ionosphäre verbunden. **Polarmeer,** das ↗Eismeer.
Polarnacht, die Zeit, in der die Sonne für Orte polwärts der Polarkreise nicht über den Horizont kommt, kann am Pol theoret. $\frac{1}{2}$ Jahr dauern; Ggs. der Polartag.
Polaroid-Kamera, nach dem am. Erfinder auch *Land-Kamera;* ein modernes photograph. Verfahren, das innerhalb kürzester Zeit *(1-Minuten-Kamera)* in schwarz-weißes od. farb. Papierbild liefert; beruht auf dem ↗Silberdiffusionsverfahren.
Polarstern, bekannter Fixstern im Sternbild des Kleinen Bären, weniger als 1° v. Himmels-Nordpol entfernt. [↗Marsch.]
Polder *m* (fries.), *Koog,* eingedeichte
Pole (: po⁴l), *Reginald,* engl. Humanist u. Theologe, 1500–58; 36 Kard., 53/57 päpstl. Legat für Engl., 56 (letzter kath.) Erzb. v. Canterbury; unter Pp. Paul IV. der Häresie angeklagt.
Polemik *w* (gr.; Bw. *polemisch;* Ztw. *polemisieren),* (unsachl.) Kritik, Anfeindung.
Polen, VR im östl. Mitteleuropa, zw. der Ostsee u. den Karpaten. P. ist größtenteils ein v. breiten Urstromtälern durchquertes Tiefland, an das sich im S die noch das Mittelgebirge anschließen (in der Łysa Góra 611 m hoch). Sie gehen über in das Karpatenvorland u. schließlich in die Karpaten (Meeraugenspitze in der Hohen Tatra 2499 m hoch). P. ist ein Agrarstaat. 65,4% des Bodens sind landwirtschaftliche Nutzfläche, davon 51,3% Ackerland. 83,6% der landwirtschaftl. Betriebe sind in Privatbesitz, 14,9% sind Staatsgüter (zu $\frac{3}{4}$ in den ehem. dt. Ostgebieten). Die Landwirtschaft stellt jedoch nur noch 29% des Sozialprodukts, Ind. u. Bergbau dagegen 71%; Steinkohle, Zink u. Blei in Oberschlesien, Braunkohle in der Oberlausitz. Die Schwer-Ind. ist in Oberschlesien konzentriert (Stahlwerke, Maschinenbau, Energieerzeugung), die Textil-Industrie um Łódź. Alle Betriebe sind verstaatlicht u. produzieren nach Mehrjahresplänen u. im Rahmen des RgW.

Polarstern und seine relative Lage zu benachbarten Sternbildern

Kardinal Pole

Polen

Amtlicher Name:
Polska Rzeczpospolita Ludowa
Staatsform:
Volksrepublik
Hauptstadt:
Warschau
Fläche:
312 677 km²
Bevölkerung:
35,22 Mill. E.
Sprache:
Polnisch
Religion:
95% Katholiken
Währung:
1 Złoty = 100 Groszy
Mitgliedschaften:
UN, RgW,
Warschauer Pakt

Geschichte: Nach Abzug der Germanen im 6. Jh. Einwanderung v. Westslawen; im 10. Jh. Einigung u. Christianisierung der poln. Stämme unter der ↗Piasten-Dynastie. 1138 zerfiel P. bis zum Anfang des 14. Jh. in Einzelfürstentümer; der letzte Piast, ↗Kasimir III. d. Gr. (1333/70), anerkannte den Besitz Böhmens (Schlesien) u. des Dt. Ordens, dehnte dafür das Reich nach O aus u. reorganisierte den poln. Gesamtstaat. 1386 kam mit Großfürst ↗Jagiello v. Litauen die Dynastie der Jagiellonen auf den poln. Thron. Sie schufen ein litauisch-poln. Großreich: erwarben Großrußland u. schles. Gebiete, erhielten im 2. Thorner Frieden (1466) v. Dt. Orden Westpreußen u. das Ermland u. bekamen 1525 die Lehnshoheit über ↗Ostpreußen. 1572 wurde P. ein Wahlkönigreich (↗Wasa, ↗Sachsen). Der Adel gewann immer mehr die Oberhand. Im 18. Jh. kam P. als Objekt der Großmächte unter den ständig wachsenden Einfluß Rußlands. Die 3 ↗Polnischen Teilungen 1772/95 brachten das Ende des poln. Staates; Napoleon schuf 1807 das Htm. Warschau (in Personalunion mit Sachsen); der Wiener Kongreß 14/15 gab Westpreußen u. Posen an Preußen, Galizien an Östr. u. vereinigte den Rest als Kgr. P. *(Kongreß-P.)* in Personalunion mit Rußland, dem es nach den Aufständen 30/31 u. 63 vollständig eingegliedert wurde. Die im 1. Weltkrieg gebildete poln. Rep. erhielt im Frieden v. Versailles u. St-Germain fast ganz Westpreußen (den ↗Poln. Korridor) u. Posen sowie Galizien, erwarb durch den Krieg gg. Rußland (Apr./Okt. 1920) ein großes Gebiet jenseits der ↗Curzon-Linie u. bekam 21 den wertvolleren Teil Ober-↗Schlesiens. ↗Danzig wurde „Freie Stadt" u. gehörte seit 22 zum poln. Zollgebiet. 26 errichtete ↗Piłsudski ein autoritäres Regime; er schloß 34 einen Nichtangriffspakt mit Dtl. Die Forderungen Hitlers nach einem Anschluß Danzigs an Dtl. u. einer Bahn- u. Straßenverbindung durch den Poln. Korridor nach Ostpreußen lehnte die poln. Regierung ab; Hitler griff daraufhin P. am 1. 9. 39 an u. löste damit den 2. ↗Weltkrieg aus; die Aufteilung P.s zw. Dtl. u. der UdSSR wurde 41 durch den Ausbruch des Krieges zw. den beiden Staaten hinfällig. 44/45 wurde P. v. den sowjet. Truppen befreit, mußte jedoch das Land östl. der Curzon-Linie an die UdSSR abtreten; gleichzeitig kamen das südl. Ostpreußen u. die dt. Gebiete östl. der ↗Oder-Neiße-Linie unter seine Verwaltung. P. ist seit 47 eine Volksdemokratie u. seit 55 Mitgl. des Warschauer Paktes; nach einem Arbeiteraufstand in Posen 56 bahnte der als Generalsekretär der KP zurückgeholte W. ↗Gomułka eine Milderung des Systems u. eine unabhängigere Politik gegenüber der UdSSR an, aber seit 58 machte die Demokratisierung keine weiteren Fortschritte mehr. Nach den durch drast. Preissteigerungen Dez. 70 hervorgerufenen Unruhen wurde Edward ↗Gierek neuer Generalsekretär der KP. Das 70 mit der BRD abgeschlossene Gewaltverzichtsabkommen brachte die Anerkennung des territorialen Status quo bis zu einer frie-

Polens Könige und Staatspräsidenten

Könige	**Jagiellonen**	August II. 1697/1733
Piasten	Wladislaw II.	Stanislaus I. Le-
Miseko I. (Hzg.)	1386/1434	szczyński (während
um 960/992	Wladislaw III.	Augusts II. Verzicht)
Boleslaw I. Chrobry	1434/44	1704/09
992/1025	Kasimir IV. 1447/92	August III. 1733/63
Miseko II. 1025/34	Johann I. Albrecht	Stanisl. II. August
Kasimir I. (Hzg.)	1492/1501	(Poniatowski)
1034/58	Alexander 1501/06	1764/95
Boleslaw II. 1058/79	Sigmund I. 1506/48	**Staatspräsidenten**
Wladislaw I.	Sigmund II. August	J. Piłsudski 1918/22
1079/1102	1548/72	G. Narutowicz 1922
Zbigniew 1102/1107	**Wahlkönige**	S. Wojciechowski
Boleslaw III. 1103/38	Heinrich von Valois	1922/26
Teilreiche 1138/1320	1572/74	I. Mościcki 1926/39
Wladislaw I. 1320/33	Stephan Báthory	B. Bierut 1947/52
Kasimir III. d. Gr.	1575/86	**Vorsitzende des**
1333/70	Sigmund III. Wasa	**Staatsrats**
Ludwig von Anjou	1587/1632	A. Zawadzki 1952/64
1370/82	Wladislaw IV. Wasa	E. Ochab 1964/68
Hedwig 1382/86	1632/48	M. Spichalski
	Johann II. Kasimir	1968/70
	1648/68	J. Cyrankiewicz
	Michael Wiśnio-	1970/72
	wiecki 1669/73	H. Jablonski
	Johann III. Sobieski	seit 1972
	1674/96	

densvertragl. Regelung durch die BRD. Streikbewegung v. 80 führte zur Bildung unabhängiger Gewerkschaften („Solidarität") u. zu erhebl. pol. Zugeständnissen seitens der Partei u. Reg.; Absetzung Giereks u. Wahl S. Kanias zum neuen Generalsekretär der KP, der 81 durch W. Jaruzelski abgelöst wurde. Staats-Präs. Henryk Jablonski

Polenta w, it. /Mais-Speise. [(seit 72].

Polhöhe, die Höhe des Himmelspols über dem Horizont, gleich der geograph. Breite.

Poliakoff, *Serge,* russ. Maler, 1906–69; emigrierte 17; seit 40 abstrakte Arbeiten (großflächige Gemälde u. Guaschen).

Police w (: -liß^e, frz.), Versicherungsschein.

Polier, *Palier* m (frz.), Bauhandwerker, der die Arbeiten auf dem Bau leitet.

polieren (frz.), eine glänzende Oberfläche, die *Politur,* schaffen, z. B. mittels Schmirgelscheiben, Mineralfeilen.

Poliklinik w (gr.), einer /Klinik angeschlossenes Institut, in dem ambulante Patienten untersucht u. behandelt werden.

Poliomyelitis w (gr.), /Kinderlähmung.

Polis w (gr.), der altgriech. Stadtstaat.

Politbüro, das polit. Büro des ZK der KP in den kommunist. Ländern; Führungsorgan der Partei u. eig. Entscheidungsinstanz in Partei u. Staat; hieß in der UdSSR 1952/66 *Präsidium des ZK der KPdSU.*

Politesse w (: -teß, frz.), **1)** *allg.:* Höflichkeit, gutes Benehmen. **2)** v. der Gemeinde angestellte Hilfspolizistin mit bes. Aufgaben.

Politik w (gr.), **1)** Staatslenkung. Die Mannigfaltigkeit der für die Wahrnehmung des Gemeinwohls erforderl. Tätigkeiten führte zu einer Aufteilung der P. nach Sachgebieten (u. a. *Außen-, Innen-P.),* im modernen Staat v. Ministerien verantwortl. geleitet. **2)** allg. die Beschäftigung mit öff. Angelegenheiten. **3)** die /Politologie.

Politische Ökonomie w, fr. Bz. für Volkswirtschaftslehre.

Politischer Katholizismus m, Schlagwort

Polizei

Polizeiverbände des Bundes:
Hausordnungsdienst des Bundestags-Präs.
Bahnpolizei
Bundeskriminalamt
Bundesamt für Verfassungsschutz
Bundesgrenzschutz
Wasser- und Schifffahrtsdirektionen
Zollgrenzdienst
Kraftfahrt-Bundesamt
Bundesanstalt für Flugsicherung
Luftfahrt-Bundesamt

Dienstgrade im Polizeivollzugsdienst:
mittlerer Dienst
Polizeianwärter
Unterwachtmeister
Wachtmeister
Oberwachtmeister
Hauptwachtmeister
Meister
Obermeister
gehobener Dienst
Kommissar
Oberkommissar
Hauptkommissar
höherer Dienst
Polizeirat
Polizeioberrat
Polizeidirektor
Polizeipräsident

zur meist abschätzigen Kennzeichnung des Strebens der Katholiken im 19. Jh., ihre polit. Gleichberechtigung u. die Grundsätze des Naturrechts u. des christl. Sittengesetzes in der Politik durchzusetzen.

Politische Verbrechen, Straftaten, die sich gegen die Grundwerte des Staates, seinen Bestand nach innen u. außen richten; strafrechtl. in der BRD vor allem /Hochverrat, /Landesverrat, /Staatsgefährdung.

Politologie w (gr.), *Polit. Wissenschaften,* Wiss. von der rationalen Ordnung der menschl. Existenz in Gesellschaft u. Geschichte; begr. v. Platon u. Aristoteles.

Polizei w (gr.), a) urspr. die gesamte Tätigkeit des Staates als weltl. Obrigkeit, b) heute der Zweig der öff. Verwaltung, der durch Befehl u. Zwang Gefahren zu bekämpfen hat, die die öff. Ordnung stören. Die P. wird tätig durch /Polizeiliche Verfügungen u. /P.verordnungen. Zur Durchsetzung verfügt sie über gesetzl. Zwangsmittel. In der BRD ist die P. grundsätzl. Ländersache (ausgenommen Bundeskriminalamt, Bundesgrenzschutz, die Bundeszentrale zur Sammlung von Unterlagen für den Verfassungsschutz). Die P.gewalt wird grundsätzl. v. staatl. Behörden ausgeübt. In Bayern, Baden-Württemberg, Hessen ist (in größeren Städten) auch kommunale P. möglich. Nach der polizeil. Tätigkeit unterscheidet man *Verwaltungs-* (u. a. Gewerbe-, Bau-) *P.,* *Sicherheits-P.* (Abwehr von Gefahren) u. /Kriminal-P.; für Sonderaufgaben u. a. *Bahn-, Hafen-,* /Bereitschafts-P. **P.aufsicht,** vor allem Aufenthaltsverbot für bestimmte Orte u. unbeschränkte Zulässigkeit v. Haussuchungen; kann neben Freiheitsstrafe als Maßregel der Sicherung u. Besserung verhängt werden. **P.hund,** Diensthund der P., bes. Dt. Schäferhund, Rottweiler, Boxer, Schnauzer u. ä. **P.liche Verfügungen,** Anordnungen der P. für bestimmte Personen bzw. einen bestimmten Personenkreis. **P.staat,** Bz. für einen Staat, in dem die staatl. Verwaltungsorgane bis in das Privatleben des einzelnen eingreifen; charakteristisch für den Staat des Absolutismus. **P.stunde,** Zeitpunkt, v. dem an das Schank- u. Vergnügungsgewerbe aus Gründen der öff. Sicherheit u. Ordnung nicht mehr ausgeübt werden dürfen; Verlängerung unter bestimmten Umständen möglich. **P.verordnungen,** Anordnungen der P. für eine unbestimmte Zahl v. Fällen u. eine unbestimmte Zahl v. Personen.

Polka w (tschech.), Rundtanz im ²/₄-Takt.

Pollaiuolo, it. Maler, Bildhauer, Kupferstecher u. Goldschmiede: **1)** *Antonio del,* um 1433–98; Tafelmalerei u. Fresken, Kleinbronzen antiker Thematik, monumentale Bronzegrabmäler für Pp. Sixtus VI. u. Pp. Innozenz VIII. in St. Peter (Rom). **2)** *Piero del,* 1443–96, arbeitete zus. mit seinem Bruder Antonio.

Pollen m, *Blütenstaub,* männl. Fortpflanzungszellen der Blütenpflanzen (P.körner), die durch Wind od. Insekten auf die Narben od. unmittelbar auf die Samenanlagen übertragen werden (/Bestäubung). Eingeatmete P. können (/Heufieber erzeugen.

J. Pollock: Der weiße
Kakadu (1948)

Poller: **a** gewöhnl. P.,
b Kreuz-, **c** Doppel-P.

Polo

Polyklet: Diadumenos
(röm. Kopie)

P.analyse *w,* die Zusammensetzung des aus vergangenen Erdzeitaltern in See- u. Moorablagerungen erhaltenen Blütenstaubs gibt Aufschluß über die frühere Pflanzendecke der Erde seit dem Tertiär.

Poller *m,* auf dem Schiff u. am Kai zylindr. Körper zum Befestigen der Schiffsleinen.

Pollock, *Jackson,* am. Maler, 1912–56; abstrakte Arbeiten; Mit-Begr. des ↗Action painting.

Pollution *w* (lat.), **1)** allg.: die Umweltverschmutzung. **2)** unwillkürl. Samenabgang, meist im Schlaf.

Pollux, 1) ↗Dioskuren. **2)** der untere Hauptstern im Sternbild der Zwillinge.

Polnischer Korridor, im Vertrag v. Versailles v. Dtl. an Polen abgetretener Landstreifen zw. Pommern u. der Weichsel, der Polen freien Zugang zur Ostsee ermöglichte.

Polnische Teilungen, die 1772, 93 u. 95 zw. Rußland, Preußen u. Östr. durchgeführten Teilungen ↗Polens.

Polo *s* (nordind.), dem Hockey ähnl. Ballspiel zu Pferd od. auf dem Rad *(Rad-P.).*

Polo, *Marco,* 1254–1324; Venezianer, berichtete über seine Reisen in Asien.

Polonäse, *Polonaise* w (frz.), urspr. Defiliermusik des poln. Adels im ³/₄-Takt, dann Eröffnungstanz; stilisiert bei Weber, Chopin.

Polonium *s,* radioaktives chem. Element, Zeichen Po, Ordnungszahl 84 (☐ 149); kurzlebiges Zerfallsprodukt des Urans.

Polschwankungen ↗Nutation.

Poltawa, sowjet. Stadt in der Ukraine, s.w. von Charkow, 279 000 E. – 1709 Sieg Peters d. Gr. über Karl XII. v. Schweden.

Polwechsler ↗Zerhacker.

Poly... (v.gr. *polys*), viel...

Polyacrylnitril *s,* ↗Kunstfaser aus Acrylnitril.

Polyaddition *w* (gr.-lat.), chem. Herstellungsverfahren hochmolekularer Stoffe mit intramolekularer Umlagerung der Ausgangsstoffe ohne Abspaltung einfacher Moleküle. ↗Kunstfasern. **Polyamide** (Mz.), hochpolymere Stoffe mit der fortlaufenden Gruppierung –CO·NH–. Natürl. P.: Wolle, Kasein, Seide; künstliche Polyamide ↗Kunstfasern.

Polyandrie *w* (gr.), ↗Polygamie.

Polybios, griech. Geschichtsschreiber, um 200–120 v. Chr.; Geisel in Rom; beschrieb in der *Weltgesch.* das Werden der röm. Weltmacht in pragmat. Form.

Polychromie *w* (gr.), Vielfarbigkeit, bes. v. Architektur, Plastik od. Kunstgewerbe.

Polydeukes ↗Dioskuren.

Polyeder *s* (gr.), Vielflächner, v. ebenen Flächen begrenzter Körper.

Polyesterharze, ↗Kunststoffe mit esterart. Kettenverbindungen.

Polygamie *w* (gr.), gleichzeitige eheähnl. Verbindung eines Mannes mit mehreren Frauen *(Polygynie)* od. umgekehrt einer Frau mit mehreren Männern *(Polyandrie).*

Polyglotte *w* (gr.), mehrsprachiges Werk.

Polygnot, griech. Maler der 1. Hälfte des 5. Jh. v. Chr.; Nachbildungen erhalten.

Polygon *s* (gr.), das ↗Vieleck.

Polygonierung *w* (gr.), im Vermessungswesen: die Verbindung mehrerer Festpunkte durch geknickte Linien-(Polygon-)Züge.

Polygynie *w* (gr.), ↗Polygamie.

Polyhistor *m* (gr.), Gelehrter auf verschiedenen Wissensgebieten.

Polyhymnia, Muse des feierl. Gesangs.

Polykarp, hl. (23. Febr.), Martyrer, † 155/156 od. vor 168/169; Apostelschüler, Bischof v. Smyrna.

Polyklet, griech. Bildhauer aus Argos, 5. Jh. v. Chr.; widmete sich ganz der männl. Figur, der er durch das ausgewogene Verhältnis zw. Stand- u. Spielbein eine kanon. Geltung verlieh. HW: *Doryphoros; Diadumenos; Herakles.* ☐ 352.

Polykondensation *w* (gr.-lat.), Zusammenlagerung niedermolekularer Stoffe zu hochmolekularen Stoffen unter Abspaltung einfacher Moleküle. ↗Kunstfasern.

Polykrates, Tyrann v. Samos, um 538/522 v. Chr.; v. den Persern gekreuzigt.

Polymere (Mz.), durch Polymerisation entstandene chem. Verbindungen.

Polymerisation *w* (gr.), *Polymerie,* Zusammenlagerung kleiner, ungesättigter Moleküle zu größeren unter Aufspaltung der Doppelbindungen ohne Abspaltung einfacher Moleküle. ↗Kunstfasern.

Polynesien (gr.), die Inselwelt des östl. Ozeanien, über die Hälfte des Pazif. Ozeans verteilt; kleine Gruppen v. Korallen- od. Vulkaninseln, 45 600 km²; polit. zu den USA, Großbritannien, Fkr. u. Chile. **Polynesier,** hellhäutige Bewohner Polynesiens; aus SO-Asien über den Malaiischen Archipel eingewandert, urspr. ohne Metallbearbeitung, Töpferei u. Schrift (außer: Osterinsel).

Polynom *s* (gr.), Summe od. Differenz aus mehr als 2 Gliedern.

Polyp *m* (gr.), **1)** ↗Hohltiere. **2)** gestielte Geschwulst aus Schleimhaut *(Schleim-P.),* Drüsengewebe *(Drüsen-P.)* od. am Herzen *(Herz-P.).*

Polyphem, einäugiger Riese (Kyklop) der griech. Sage; verschlingt die Gefährten des Odysseus, der ihn dann betrunken macht u. blendet.

Polyphonie w (gr.; Bw. polyphon); in der Musik mehrstimmige Satzweise mit verhältnismäßig selbständ. Einzelstimmen.

Polyploidie w (gr.), Genom- ↗Mutation als Vervielfachung der arteigenen (Auto-P.) oder artverschiedener (Allo-P.) Chromosomensätze in Zellen. Auto-P. entsteht gelegentl. spontan, aber auch künstl. durch Mitosegifte. Allo-P. kann beim Bastardieren nur fern verwandter Formen entstehen. P. ist mit Zell- u. Individuenvergrößerung verknüpft.

Polysaccharide (Mz.) ↗Kohlenhydrate.

Polytechnikum s (gr.), techn. Lehranstalt.

Polytetrafluoräthylen s, Teflon, Polymerisationsprodukt von Tetrafluoräthylen, $(-F_2C-CF_2-)_n$; besitzt ungewöhnliche Beständigkeit gg. Temperatureinflüsse (bis 260° C) u. chem. Agenzien.

Polytheismus m (gr.), Verehrung mehrerer göttl. Wesen; entstand durch Personifikation der Naturkräfte u. Vermischung v. Kulturen (Übernahme fremder Götter). Ggs.: ↗Monotheismus.

Polyvinylchlorid s, aus Vinylchlorid durch ↗Polymerisation entstandene Riesen-Molekülgruppen $(H_2C=CHCl)_n$; ein Kunststoff, u. a. zu ↗Astralon.

Polyzythämie w (gr.), krankhafte Vermehrung der roten Blutkörperchen.

Poelzig, Hans, dt. Architekt, 1869–1936; wirkte in Breslau, Dresden u. Berlin; Vorkämpfer der Moderne mit phantasievollen, später monumentalen Zweckbauten.

Pomade w (frz.), salbenart. Fettmischung für kosmet. Zwecke.

Pomeranze w (it.), Bitterorange, ein Südfruchtbaum mit orangenart. Früchten; zu Marmelade, Likör.

Pomesanien, Landstreifen östl. der Weichsel v. Graudenz bis Marienburg.

Pommer, Erich, dt. Filmproduzent, 1889 bis 1966; seit 1933 in Hollywood, nach dem 2. Weltkrieg wieder in Dtl.; produzierte u. a. Das Kabinett des Dr. Caligari; Der blaue Engel.

Pommerellen, poln. Pomorze, Landschaft westl. der unteren Weichsel; Hst. Thorn.

Pommern, Landschaft u. bis 1945 preuß. Prov. an der Ostsee; durch die Oder in Vor- u. Hinter-P. geteilt; im S v. Hinter-P. die kuppige Pommersche Seenplatte. – Seit dem 6. Jh. v. Slawen u. Liutizen besiedelt; im 12. Jh. Christianisierung durch Bischof ↗Otto v. Bamberg u. dt. Einwanderung. 1181 wurden die Hzg.e v. P. dt. Reichsfürsten. 1231/1338 unter brandenburg. Lehnshoheit; 1648 kam Vor-P. an Schweden, Hinter-P. an Brandenburg; 1815/1945 war ganz P. preuß.; Hinter-P. kam 1945 unter poln. Verwaltung. **Pommersches Haff** ↗Stettiner Haff.

Pommes frites (: pom frit, frz., Mz.), in siedendem Fett gebackene Streifen aus rohen Kartoffeln.

Pomoranen (Mz.), westslaw. Stamm des frühen MA zw. Oder u. Weichsel.

Marquise de Pompadour

Pompeji: Atrium im Haus der Vettier

Pomp m (frz.; Bw. pompös), Schaugepränge, Pracht.

Pompadour (: põñpadur), Jeanne Antoinette Poisson Marquise de, 1721–64; beeinflußte als Mätresse Ludwigs XV. die frz. Politik.

Pompeji, antike Stadt in Kampanien; 79 mit Herculaneum u. Stabiae durch Vesuvausbruch verschüttet; größtenteils freigelegt.

Pompejus, Gnaeus P. Magnus, röm. Feldherr u. Politiker, 106–48 v. Chr.; besiegte 67 die Seeräuber, 66/63 ↗Mithridates; beseitigte 64 die Reste der seleukid. Herrschaft; schloß 60 mit Caesar u. Crassus das 1. Triumvirat; v. ↗Caesar 48 bei Pharsalus geschlagen; in Ägypten ermordet.

Georges Pompidou

Pommern

Pompidou (: põñpidu), Georges, frz. Politiker, 1911–74; seit 44 Mitarbeiter de Gaulles, 62/68 Min.-Präs., seit 69 Staats-Präs.

Ponape, die größte Insel der Karolinen, 375 km², 21 000 E.; Treuhandgebiet der USA.

Ponce (: ponße), Dep.-Hst. auf Puerto Rico, 189 000 E.; kath. Bischof, kath. Univ.

Poncelet (: põñß°le), Jean-Victor, frz. Mathematiker u. Ingenieur, 1788–1867; begr. die projektive Geometrie; Erfinder des P.schen Wasserrades, einer Wasserturbine.

Poncho m (: -tscho, indian.-span.), in Mittel- u. Südamerika getragene Schulterdecke mit Kopfschlitz.

Pond s (lat.), Abk. p, gesetzl. unzulässige Krafteinheit; 1 p = $9,80665 \cdot 10^{-3}$ N.

Pondichéry (: põñdischeri), ehem. frz. Besitzung in Indien, 291 km², 471 000 E.; Hst. P.; wurde 1954 nach Indien eingegliedert; kath. Bischof.

Pongau, östr. Talschaft im Land Salzburg, wird v. der Salzach, der Gasteiner Ache u. der großen Arlache durchflossen.

Poniatowski, poln. Adelsgeschlecht: Stanislaus II. August, 1732–98; Geliebter Katharinas II. v. Rußland; 64/95 der letzte Kg. v. ↗Polen.

Pönitent m (lat.), Beichtender, Büßender. Pönitenz w, Buße. **Pönitentiar** m, Beichtvater, namentl. der mit bes. Absolutions-

Pop-Art: G. Segal, Frau am Waschtisch

vollmachten ausgestattete. **Pönitentiarie** w, *Apostolische*, päpstl. Behörde für Absolutionen, Dispensationen, Gnaden-, Gewissensfragen.
Ponten, *Josef,* dt. Schriftsteller, 1883–1940; u.a. Roman *Volk auf dem Wege.*
Ponti, *Carlo,* it. Filmproduzent, * 1913; verheiratet mit S. ↗Loren; produzierte u.a. *La Strada; Boccaccio '70; Blow Up.*
Pontianak, indones. Prov.-Hst. im Westen Borneos, 218000 E.; Univ., kath. Erzb.
Pontifex Maximus m (lat.), oberster Priester Altroms, seit 5. Jh. Titel des Papstes. **Pontificale** s, liturg. Buch für bischöfl. Funktionen außerhalb der Messe. **Pontifikalamt,** feierl. Hochamt, das ein Bischof, Abt od. dazu berechtigter Prälat hält. **Pontifikalien** (Mz.), bes. Würdezeichen der Bischöfe u. Äbte bei liturg. Handlungen: Krummstab, Mitra u.a. **Pontifikat** s od. m, Amt u. Regierungszeit des Papstes.
Pontinische Sümpfe, it. *Paludi Pontine, Agro Romano,* frühere Sumpfebene s.ö. von Rom, 750 km²; 1926/39 trockengelegt.
Ponto, *Erich,* dt. Schauspieler, 1884–1957; Charakterdarsteller; auch zahlr. Filme; bedeutender Rezitator.
Ponton m (: põ̃tõ̃, frz.), Tragschiff für Schiffsbrücken.
Pontoppidan, *Henrik,* dän. Schriftsteller, 1857–1943; realist. Romane, u.a. *Hans im Glück;* Lit.-Nobelpreis 1917.
Pontresina, schweizer. Kurort im Kt. Graubünden, 1800 m ü.M., 1800 E.
Pontus m, nordöstliche Küstenlandschaft Kleinasiens; das *Pontische Reich* (um 280/ 64 v. Chr.) geriet durch den Sieg des Pompejus über Mithridates in röm. Abhängigkeit.
Pony s (engl.; Mz. *Ponies*), kleines Pferd, Widerristhöhe bis 1,32 m. ☐ 742.
Pool m (: pul, engl. = Tümpel), 1) Spieleinsatz, Gewinntopf. 2) wirtschaftl. Interessengemeinschaft, die die Gewinne zusammenfaßt u. nach einem festgelegten Schlüssel verteilt. 3) *Swimming P.,* Schwimm-Bassin.
Poole (pul), engl. Hafenstadt an der Kanalküste, 107000 E.; Maschinen-, Schiffbau, Tonwaren-Ind.

Alexander Pope

Erich Ponto

Ferdinand Porsche

Poona, *Puna,* ind. Stadt im Bundesstaat Maharaschtra, 856000 E.; kath. Bischof; Priesterseminar, Univ., Forschungs-Inst.
Popanz m (tschech.), Schreckgestalt, Vogelscheuche, lächerl. Figur.
Pop-Art (: påp a᷃t), neuere Kunstrichtung, setzt sich mit der banalen Alltagswirklichkeit auseinander; bevorzugt Collagen, Montagen aus Photos, Zeitungsausschnitten, Abfallteilen v. Gebrauchsgütern od. deren realist. Wiedergabe in satir., krit. od. schockierender Absicht.
Pope m (gr.-russ.), orth. Weltgeistlicher.
Pope (: po̍ᵘp), *Alexander,* engl. Schriftsteller, 1688–1744; bedeutender Klassizist; Satiren, komisches Epos *Lockenraub.*
Popeline w (frz.), geripptes Gewebe in Leinwandbindung für leichte Mäntel, Kleider, Hemden.
Popitz, *Johannes,* 1884–1945; 1933/44 preuß. Finanzmin.; als Widerstandskämpfer gegen Hitler hingerichtet.
Popocatepetl m, tätiger Vulkan Mexikos, 5452 m hoch.
Popow, *Alexander,* russischer Physiker, 1859–1906; Erfinder der Rundfunkantenne u. Pionier der Rundfunktechnik.
Pöppelmann, *Matthäus Daniel,* dt. Architekt, 1662–1736; begr. mit Profanbauten für August den Starken den sächs. Spätbarock. HW: *Dresdner Zwinger* (☐ 202).
populär (lat.; Hw. *Popularität*), volkstümlich, allgemeinverständlich. **Popularen** (Mz., lat.), Gruppe der röm. Nobilität im 1. Jh. v. Chr.; Gegner der ↗Optimaten. **Population** w (lat.), Bevölkerung.
Populorum progressio (lat. = Fortschritt der Völker), Sozialenzyklika Pp. Pauls VI. v. 26. 3. 1967.
Pore w (gr.), der Ausführungsgang der Schweißdrüse in der Haut. ☐ 618.
Pori, schwed. *Björneborg,* westfinn. Stadt am Kokemäenjoki, 80000 E.; Holz-Ind.
Porjus, nordschwed. Großkraftwerk, 50 m unter Tage; zur Versorgung des Bergbaugebietes v. Kiruna u. Gällivare u. der ↗Luleå-Ofoten-Bahn.
Porkkala, finn. Flottenbasis, 25 km s.w. von Helsinki; war 1944/56 bei der UdSSR.
Porlinge (Mz.), korkige od. holzige Röhrenpilze; *Schafeuter, Schwefel-P., Eichhase* u.a. ☐ 750.
Pornographie w (gr.), obszöne Literatur, auch Filme u. Bilder.
porös (gr.-lat.), durchlässig, porig.
Porphyr m (gr.), *i.w.S.* rötl. alte Ergußgesteine, die in einer dichten oder feinkörnigen Grundmasse größere Einsprenglinge enthalten; *i.e.S.* kieselsäurereiches, oft rötl. Ergußgestein, das Orthoklas enthält.
Porphyrios, griech. Philosoph, um 234 bis um 305 n. Chr.; Schüler ↗Plotins, vertrat den ↗Neuplatonismus; seine Einführung *(Eisagoge)* in die aristotel. Kategorien im MA berühmtes Schulbuch.
Porree m (frz.), Küchen-↗Lauch, als Gewürz u. Gemüse. [brei.
Porridge s (: porridsch, engl.), Hafermehl-
Porsche, *Ferdinand,* dt. Ingenieur, 1875 bis 1951; erfolgreicher Kraftwagenkonstrukteur (Volks-, Renn- u. Panzerwagen).

Porst m, Sumpf-P., Heidekrautgewächs, Strauch mit immergrünen Rollblättern; **Port** m (v. lat. portus), Hafen. [giftig.

Porta Nigra w (lat. = schwarzes Tor), Torbau des 1. od. 4. Jh. n. Chr. in Trier; bedeutendstes Römerdenkmal in Dtl.

Port Arthur (: -aᵣ$ß^{er}$), Kriegshafen auf der chines. Liautung-Halbinsel; urspr. chines., 1898 an Rußland verpachtet; 1905 japan., 45 sowjet.; seit 55 chines., Teil v. ↗Lüta.

Portativ s (lat.), kleine, tragbare ↗Orgel.

Port-au-Prince (: port o prã͂ß), Hst. u. größter Hafen v. Haiti, 459000 E., meist Neger; kath. Erzb.; Univ.

Porta Westfalica, Stadt an der ↗ Westfäl. Pforte, 34800 E.; 1973 gebildet.

Portefeuille s (: portföij^e, frz.), 1) Brieftasche, Aktenmappe. 2) Wertpapierbestand einer Bank. 3) Amt, Amtsbereich. Minister ohne P. ↗Minister.

Port Elizabeth (: -eljsᵃbeß), südafrikan. Hafen- u. Ind.-Stadt am Indischen Ozean, 390000 E.; kath. Bischof; Wollbörse.

Portemonnaie s (: portmonä, frz.), Geldbeutel.

Portepee s (frz.), fr. im dt. Heer versilberte Degenquaste für Offiziere u. P.-Unteroffiziere (ab Feldwebel).

Porter m (: på$^{r}t^{er}$), dunkles engl. Bier.

Porter (: på$^{r}t^{er}$), 1) Cole, am. Komponist, 1893–1964; komponierte Kiss me, Kate. 2) William Sidney, Pseudonym O. Henry, am. Schriftsteller, 1862–1910; zahlr. Kurzgeschichten (The four Millions; Roads of Destiny).

Portici (: -tschi), it. Stadt, am Golf v. Neapel, 84000 E.; erbaut auf den Ruinen v. Herculaneum.

Portier m (: -tje, frz.), Pförtner. **Portière** w (: -tjär), Türvorhang.

Portikus m (lat.), Säulenhalle.

Portion w (lat.), zugemessener Teil.

Portiunkula w, Kapelle unterhalb Assisi, Lieblingsaufenthalt des hl. Franz, heute überbaut v. der Kirche Santa Maria degli Angeli. **P.ablaß**, am 2. Aug. u. folgendem Sonntag nach Beichte u. Kommunion durch Besuch einer Franziskanerkirche od. bestimmter Pfarrkirchen gewinnbarer vollkommener Ablaß.

Portland (: -på^{r}tländ), größte Stadt v. Oregon (USA), Seehafen am Columbia River, 382000 E.; kath. Erzb., ev. u. methodist. Bischof; Staats-Univ. u. kath. Univ.

Port Louis (: på^{r}t luis), Hst. des Staates Mauritius, 143000 E.; kath. Bischof.

Portmann, Adolf, schweizer. Zoologe, * 1897; bedeutende Arbeiten über Entwicklungsgeschichte u. Morphologie.

Porto s (it.), die Postbeförderungsgebühr.

Porto (: portu), Oporto, zweitgrößte Stadt Portugals, Prov.-Hst. am Douro, 336000 E.; kath. Bischof; Univ. Ausfuhr v. Portweinen. P.s moderner Hafen Leixões liegt außerhalb der Douromündung.

Pôrto Alegre (: portu alägri), Hst. des brasilian. Staats Rio Grande do Sul, 1,04 Mill. E.; Erzb.; 2 Univ.; moderner Seehafen.

Port of Spain (: på^{r}t of ßpe͜in), Hst. v. Trinidad u. Tobago, auf der Insel Trinidad, 63000 E.; Erzb.

Porta Nigra in Trier

Cole Porter

Portugal

Amtlicher Name:
República Portuguesa

Staatsform:
Republik

Hauptstadt:
Lissabon

Fläche:
91632 km²
(einschl. Azoren und Madeira)

Bevölkerung:
9,87 Mill. E.

Sprache:
Portugiesisch

Religion:
98,3% Katholiken

Währung:
1 Escudo
= 100 Centavos

Mitgliedschaften:
UN, NATO, EFTA, OECD, Europarat

Adolf Portmann

Porto Novo, Hst. der Rep. Benin. Hafen an der Bucht v. Benin 104000 E.; kath. Bischof.

Porto Rico ↗Puerto Rico.

Porträt, Portrait s (: -trä, frz.), ↗Bildnis.

Port Said, ägypt. Hafenstadt u. Freihandelszone am Nordende des Suezkanals, 342000 Einw.

Portsmouth (: -m^{e}ß), brit. Hauptkriegshafen, auf der Insel Portsea, 197000 E.; Docks, Schiffs- u. Schwerindustrie; kath. u. anglikan. Bischof.

Port Sudan (: på^{r}t-), Haupthafen u. Haupthandelszentrum des Sudans, am Roten Meer, 133000 E.; Erdölraffinerie.

Portugal, Rep. im W der Iberischen Halbinsel. P. ist ein 550 km langes u. 180 km breites Küstenland am Atlantik. In der schmalen Küstenebene, bes. an den Flußmündungen, größere Städte mit Seeverkehr, Handel u. Fischerei. Im Innern stark zerschnittene, mit Stachelginster bedeckte Gebirge; Landwirtschaft (Weizen, Mais, Wein, Oliven) u. Fischerei sind die Grundlagen der Wirtschaft. Ausfuhr: Kork, Fischkonserven, Baumwollwaren, Wein.

Geschichte: Urspr. v. den iber. Lusitaniern bewohnt; 27 v. Chr. röm. Prov. Lusitania; 585 n. Chr. v. den Westgoten, 711 v. den Arabern erobert; der N, u. Ferdinand I. v. Kastilien († 1065) erobert u. 1095 einer burgund. Dynastie übertragen, wurde 1139 selbständ. Kgr., dem Alfons III. um 1250 die südl. Gebiete hinzukamen. Im 15. u. 16. Jh. entwickelte sich P. zu einer der führenden europ. See- u. Kolonialmächte (↗Indien, ↗Brasilien); es kam 1580 an Philipp II. v. Spanien; der Großteil des ind. Kolonialgebiets fiel an die Niederlande. 1640 wurde P. wieder selbständ. unter dem Haus ↗Bragança; außenpolit. Niedergang; 1822 Verlust v. Brasilien. Im 19. Jh. dynast. u. revolutionäre Kämpfe; 1910 Sturz des Königtums u. Ausrufung der Rep.; längere innenpolit. Unruhen; 26 Staatsstreich des Generals ↗Carmona, durch ihn ↗Salazar 32 Min.-Präs. (68 folgte M. Caetano); 25. 4. 74 stürzte Militär das autoritäre Regime u. leitete die Demokratisierung ein, die Kolonien wurden unabhängig. Nach Machtkämpfen zw. Linksgruppen u. Militär kam es zu Putschversuchen 2. 4. 76 neue Verf., 25. 4. 76 demokrat. Parlamentswahlen. – Staats-Präs.: Antonio Ramalho Eanes (seit 76).

Literatur: Im MA: volkstüml. u. höf. Lyrik. Im 16. Jh.: der Dramatiker Gil Vicente;

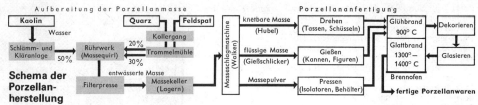

Aufbereitung der Porzellanmasse | Porzellananfertigung

| Kaolin | | Quarz | Feldspat | | knetbare Masse (Hubel) | Drehen (Tassen, Schüsseln) | | Glühbrand 900° C | Dekorieren |

Schema der Porzellanherstellung

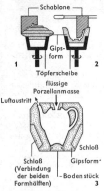

1 2

Töpferscheibe

Luftaustritt

flüssige Porzellanmasse

Schloß

Schloß Gipsform·
(Verbindung
der beiden — Bodenstück
Formhälften) 3

Porzellan: 1 Überformen eines Tellers, **2** Eindrehen eines Bechers; die Gipsform verleiht dem Gegenstand die äußere, die Schablone die innere Form. **3** Gießen einer Kanne; in die Form wird flüssige Masse gegossen, die sich in einer Schicht (Scherbendicke) niederschlägt, der Überschuß ausgegossen

Zug-Posaune

Camões besingt in seinen *Lusiaden* die große nationale Zeit. Im 19. Jh. erwachte das Nationalgefühl in der Romantik; in der 2. Hälfte herrschte der realistische Roman (Eça de Queiroz). Die Lyrik vertreten seit der Jh.wende Teixeira de Pascoães, António Nobre, Eugenio de Castro, Lopes Vieira, Sá-Carneiro; sie hat auch heute noch den Vorrang. Der moderne Roman ist psychol. u. sozialkritisch. K u n s t. Die portugies. Kunst zeigt, ähnl. wie die span., unter dem Einfluß der Mauren reichen ornamentalen Schmuck, bes. im Emanuelstil der Spätgotik: Kirchen v. Belém, Batalha, Coimbra u. Tomar. Hervorragendes Barockbauwerk ist das Riesenkloster Mafra (18. Jh.). Bedeutende Maler u.a.: Nunho Goncalves (Hofmaler 1451/71) u. D. A. de Sequeira (um 1800). F. de Holanda († 1584) führte als Zeichner u. Kunsttheoretiker die Renaissance ein.
Portugiesisch-Guinea ↗Guinea-Bissau.
Portugiesisch-Indien, portugies. Kolonialgebiete Goa, Damão und Diu, 3983 km², 1961 v. Indien annektiert.
Portugiesisch-Ostafrika ↗Mozambique.
Portugiesisch-Westafrika ↗Angola.
Portulak m (lat.), *Bürzelkraut,* Gattung der P.gewächse; u. a. *P.röschen,* Steingartenpflanze, *Gemüse-P.,* Salat-, Gemüse-, Suppenpflanze.
Portwein, portugies. Dessertwein, weiß u. rot, mit hohem Zucker- u. Alkoholgehalt.
Porz, Stadtteil v. Köln (seit 1975), r. v. Rhein; Flughafen Köln-Bonn; u.a. Glas-Ind.
Porzellan s (lat.-it.), Erzeugnis der Feinkeramik, meist weiß, durchscheinend, hart; besteht aus Kaolin (P.erde; 40–65%), Quarz u. Feldspat; im Hart-P. weniger Quarz u. Feldspat als im Weich-P. P. zuerst in China (7. Jh.), in Europa im 18. Jh. durch Böttger u. Tschirnhaus erfunden; hierauf P.manufakturen an Fürstenhöfen. Verwendung: zum Isolieren in der Elektrotechnik, als Tafelgeschirr, aber auch, bes. im Rokoko, Herstellung v. Plastiken. ↗Meißen, ↗Nymphenburger P. **P.schnecke,** Schnecke mit porzellanartiger Schale; ↗Kauri. **P.tee** ↗Steinsame.
Posamenten (Mz., lat.-frz.), Fransen, Quasten, Borten, Besätze.
Posaune w, trompetenartiges Messingblasinstrument v. feierl. Klang.
Pose w (lat.; Ztw. *posieren*), Körperstellung; geziertes od. wichtigtuerisches Gebaren. *Poseur* m (: -sör, frz.), Wichtigtuer.
Poseidon, griech. Gott des Meeres.
Poseidonios, griech. Philosoph, Geograph u. Historiker, um 135 bis um 51 v. Chr.; Haupt des mittleren ↗Stoizismus; Lehrer Ciceros.

Posen, poln. *Poznań,* Hst. der *poln.* Wojewodschaft P.,* an der Warthe, 537000 E.; kath. Erzb.; Univ., Handelshochschule. Mustermesse. Chem. u. Maschinen-Ind. – 968 Bistum, bis 1296 Residenz der poln. Hzg.e; Mitgl. der Hanse; 1793/1806 u. 1815/1918 preuß. **P.-Westpreußen** ↗Grenzmark P.-Westpreußen.
Position w (lat.), Stellung, Lage. **P.slichter,** Lichter der Wasser- u. Luftfahrzeuge; links (backbord) rot, rechts (steuerbord) grün.
positiv (lat.), bejahend, tatsächlich; mathemat.: größer als Null. **Positiv, 1)** s, kleine, pedallose ↗Orgel. **2)** m, Grundform od. -stufe des Beiworts. **positives Recht, 1)** das durch einen Rechtssetzungsakt gesetzte Recht. **2)** das für eine bestimmte Gemeinschaft zu einer bestimmten Zeit wirksam geltende Recht.
Positivismus m (lat.), **1)** philosoph. Lehre, daß nur sinnl. wahrnehmbare Sachverhalte erkennbar seien; leugnet Metaphysik und Naturrecht; Sonderform des ↗Empirismus, im 19. Jh. bes. v. A. ↗Comte ausgeprägt. **2)** wiss. Methode der Beschränkung auf Tatsachenforschung, bes. in den Geisteswiss. unzureichend. *Neu-P.* ↗Wiener Kreis.
Positron s, das ↗Antiteilchen zum Elektron.
Positronium s, eine instabile, molekülartige Verbindung v. Elektron u. Positron.
Positur w (lat.), gewollte Haltung.
Posse, derb-komisches Theaterstück.
Possessivpronomen s (lat.), besitzanzeigendes Fürwort, wie *mein, euer* u. a.
Pößneck, thüring. Krst. südl. v. Jena, 19000 E.; Textil-, Leder-, Schokolade-Ind.
Post, öff. Einrichtung zur Beförderung v. Briefen usw., Paketen, Geld, Personen u. für das Telegraphen- u. Fernsprechwesen u. die Rundfunk- u. Fernseh-Sendeanlagen. Bankartige Einrichtungen sind P.scheck u. P.sparkasse. 1516 erhielt Franz v. Taxis ausschließl. P.recht in Dtl.; 1871 Gründung der Reichspost (↗Dt. Bundespost). **postalisch,** postamtlich.
Postament s (it.), Untersatz einer Säule od. eines Standbilds.
Postanweisung, übermittelt Geldbeträge in bar, auch telegraphisch. **Postaufträge,** Geldeinzug durch die Post.
post Christum (natum) ↗p. Chr.
Poster m, s (:engl. po^ußter), als Wandschmuck dienendes Plakat. [hinterher.
post festum (lat.), nach dem Fest, zu spät
Postgeheimnis, Pflicht der Post, den durch sie übermittelten Postverkehr einschließl. Telegraphen- u. Fernsprechverkehr geheimzuhalten, auch gegenüber Behörden; in der BRD durch Art. 10 GG u. § 6 Post-Ges. gewährleistet u. strafrechtl. geschützt. Ausnahmen vom P. sind durch das Ges. zur Be-

Postleitzahlen der BRD und West-Berlins

Karte Legende:
— Grenze der Leitzonen
— Grenze der Leiträume
West-Berlin ①

schränkung des Brief-, Post- u. Fernmeldegeheimnisses vom 13. 8. 1968 geregelt.
posthum, besser **postum** (lat.), nachgeboren, nachgelassen.
Postille w (lat.), fortlaufende Erklärungen der Bibel, Predigtsammlung.
Postillion m (frz.), fr. der Postkutscher. **P. d'amour** (: -damur), Liebesbote.
postlagernd, frz. poste restante, Vermerk auf Postsendungen, die durch den Empfänger bei der Postanstalt abgeholt werden.
Postleitzahl, Leitvermerk für Postsendungen nach einem Zahlenschlüssel (Leitzone, Leitraum, Leitgebiet, Leitbereich). Der P. einer ausländischen Post wird das entspr. Kfz-Nationalitätszeichen hinzugefügt (z. B. F–0000), bei einer DDR-P. ein x.
postnumerando (lat.), nachträglich zahlbar; Ggs. ⁄praenumerando.
Postscheckverkehr, bankmäßige Posteinrichtung für bargeldlosen Zahlungsverkehr, in der BRD v. den Postscheckämtern wahrgenommen; Überweisungen gebührenfrei, Guthaben nicht verzinst.
Postskriptum s (lat.), Abk. PS, Nachschrift zu einem Schreiben.
Postulant(in) (lat.), Bewerber(in) um Aufnahme in kath. Orden während der Probezeit vor dem ⁄Noviziat.
Postulat s (lat.), 1) allg.: Forderung, Setzung. 2) philosoph.: sachl. u. log. notwendige Annahme eines unbeweisbaren Sachverhalts, z.B. bei ⁄Kant. 3) Probezeit in Orden (⁄Postulant).
Postvollmacht, schriftl. Erklärung (nach bestimmter Form), durch die eine Person eine andere ermächtigt, für sie Postsendungen anzunehmen.
Potemkin (: patjomkin), Grigorij Fürst, russ. Feldherr u. Politiker, 1739–91; eroberte 83 die Krim; Günstling Katharinas II., der er

angebl. durch die zum Schein aufgebauten **P.schen Dörfer** eine wirtschaftl. Blüte vorspiegelte.
potent (lat.), mächtig, vermögend.
Potential s (lat.), 1) allg.: die Möglichkeit zu einer bestimmten Leistung unter Inanspruchnahme aller Mittel (z. B. Ind.-P.). 2) physikal.: ein Maß für die Stärke eines ⁄Feldes in einem Punkt, als *P.differenz* meßbar. **Potentialis** m (lat.), Möglichkeitsform des Zeitwortes. **potentiell** (lat.), möglich. **Potentiometer** s (lat.-gr.), ein elektr. Spannungsteiler, z. B. zur Lautstärkeregelung im Lautsprecher. **Potenz** w (lat.), 1) Kraft, Zeugungsfähigkeit. 2) philosoph.: die Fähigkeit od. Möglichkeit, etwas zu tun od. zu werden (Ggs. ⁄Akt). 3) in der Mathematik: abgekürzte Schreibweise für ein Produkt gleicher Faktoren, z. B. $a^3 = a \cdot a \cdot a$.
Potenza, Hst. der unter-it. Prov. P., 65 000 E.; kath. Bischof.
potenzieren, steigern. **Potenzreihe** ⁄Reihe.
Potiphar ⁄Putiphar.
Potomac (: poto^{u}mäk), Grenzfluß zw. Maryland u. Virginia (USA); 670 km lang.
Potosí, bolivian. Dep.-Hst. in den Anden, 4040 m ü.M., 78 000 E.; Bischof; Univ.
Potpourri s (: -pu-, frz.), 1) lose Zusammensetzung v. Melodien. 2) Fleisch- u. Gemüsemischung.
Potsdam, Bez.-Hst. u. Stadtkreis, s.w. von Berlin, auf einer Havelinsel (P.er Werder), 127 000 E.; ehem. preuß. Residenzstadt; Schloß Sanssouci, Schloß Charlottenhof (1825/27), Neues Palais (1763/69), Nikolaikirche (1837 v. Schinkel). Astrophysikal., Geodät., Meteorolog.-Magnet. Institute. Zentralarchiv der DDR. In P.-Babelsberg Hochschule für Filmkunst. **P.er Abkommen**, nach Abschluß der v. Truman, Stalin, Churchill bzw. Attlee u. ihren Außenmin. abgehaltenen P.er Konferenz am 2. 8. 1945 gefaßte gemeinsame Entschließung; betraf bes. die Regelung der dt. Verhältnisse: Errichtung des Alliierten ⁄Kontrollrats, Durchsetzung v. Reparationsansprüchen (bes. durch Demontagen), Entmilitarisierung Dtl.s, vorläufige Unterstellung der dt. ⁄Ostgebiete unter poln. u. sowjet. Verwaltung, ordnungsgemäße u. humane Ausweisung der dt. Bevölkerung aus Polen, der Tschechoslowakei u. Ungarn. Fkr. trat am 4. 8. dem P. A. bei.
Pottasche w, Kaliumcarbonat, K_2CO_3, fr. wichtig in der Seifen- u. Glasfabrikation.
Potter, 1) Paulus, niederländ. Maler u. Radierer, 1625–54; bes. Tiergruppen. 2) Philip, ev. Theologe, * 1921 (Dominica/brit. Antillen), seit 72 Generalsekretär des ⁄Weltrats der Kirchen.
Pottwal m, Wal, 20 m lang; in wärmeren Meeren; Kopf liefert ⁄Walrat, der Speck Tran, die Eingeweide ⁄Ambra.

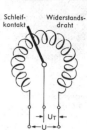

Schleifkontakt
Widerstandsdraht
U_T
U

Potentiometer
(U = Gesamt-,
U_T = Teilspannung)

Potenz

$a \cdot a \cdot a \ldots = a^n$
n heißt Exponent,
a die Grundzahl oder Basis
a^n die nte Potenz von a
$a^0 = 1$
$(a \neq 0)$
$a^{-n} = \frac{1}{a^n}$
$\sqrt[n]{a} = a^{\frac{1}{n}}$
$a^{\frac{m}{n}} = \sqrt[n]{a^m}$

In $a^n = b$ wird b durch Potenzieren, a durch Radizieren, n durch Logarithmieren bestimmt

Oberkiefer
Unterkiefer

Pottwal, oben
Schädel eines P.

Poularde w (: pu-, frz.), gemästetes, vor der Geschlechtsreife geschlachtetes Hähnchen.
Poulenc (: pulắnk), *Francis*, frz. Komponist, 1899–1963; Ballette, Opern, Orchester-, Kammermusik.
Poulet s (: pulä, frz.), 8–12 Wochen alte Junghühner, durch Schnellmast auf 1 kg gebracht.
Pound s (: paund, engl.), **1)** das engl. u. am. Pfund, 453,59 g. **2)** Pfund Sterling. ☐ 1144.
Pound (: paund), *Ezra*, am. Dichter, 1885 bis 1972; einflußreich durch seinen eigenwilligen, mit zahlr. Anspielungen arbeitenden Gedichtstil *(Cantos, Pisaner Gesänge).* Auch Essays u. Übersetzungen.

Ezra Pound

Pour le mérite (: pur l⁰ merit, frz. = für das Verdienst), 1740 v. Friedrich d. Gr. gestifteter, bis 1920 (seit 1810 nur für Kriegsverdienste) verliehener preuß. Orden. 1842 Schaffung u. 1952 Neubelebung einer bes. Friedensklasse als Ordensgesellschaft für 30 inländ. u. 30 ausländ. Mitgl.   [flirten.
poussieren (: pu-, frz.), den Hof machen;
Poussin (: pußắn), *Nicolas*, frz. Maler, 1593 (od. 94) bis 1665; heroische Landschaftsmalerei mit mytholog. u. rel. Szenen.
Poznań (: posnanj), die poln. Stadt ↗Posen.
Pozzo, *Andrea*, it. Architekt, Maler u. Kunsttheoretiker d. Barock, 1642–1709.
Pozzuoli, it. Hafen- u. Ind.-Stadt am *Golf v. P.*, westl. v. Neapel, 71000 E.; röm. Ruinen; Bischof.
pp, musikal.: pianissimo, sehr leise.
P. P., Abk. für lat. **praetermissis praemittendis:** unter Weglassung des Vorauszuschickenden, näml. v. Titel u. Anrede.
ppa., Abk. für per **procura** (lat.), ↗Prokura.
Pr, chem. Zeichen für ↗Praseodym.
Präambel w (lat.), Vorspruch bei Gesetzes- u. Vertragstexten.
Präbende w (lat.), Einkünfte der Kanoniker; *i.w.S.* auch jede Pfründe.
Praeceptor Germaniae (lat. = Lehrer Deutschlands), Ehrentitel bedeutender Gelehrter (Hrabanus Maurus; Ph. Melanchthon; J. Wimpfeling).
Prachtfinken, *Weberfinken,* farbenprächt. Webervögel in afrikan. Steppen, ca. 420 Arten. Beliebte Käfigvögel.
Prädestination w (lat. = Vorausbestimmung, Auserwählung), *christl. Theologie:* Begriff, der das Verhältnis Gottes zum endgültigen Geschick des einzelnen Menschen bestimmen soll; die atl. Idee der göttl. Er-

Pour le mérite:
oben Kriegs-, unten Friedensklasse

Prag: Blick über die Moldau auf den Hradschin

wählung wird im NT, bes. in der paulin. Theologie, zur „P." weitergebildet: Gott will, daß alle Menschen gerettet werden; er prädestiniert wirksam zum Heil u. verwirft nie ohne Schuld des Menschen. Ob Gott selbst die freie Tat des Menschen in seiner freiheitschaffenden Allwirksamkeit oder in der die Entscheidung des Menschen übergreifenden göttl. Erkenntnis begr. u. bewirkt, bleibt in der *kath. Theologie* offen. – Nach *reformator. Verständnis* ist die Erwählung des Menschen durch Gott das geschichtl. Ereignis der Berufung: sie ergeht an den Menschen nicht aus eigener Willenswahl, sondern aus Gottes Gnadenwahl. Der ↗Calvinismus lehrt die *doppelte P.* zur Seligkeit oder zur Verdammnis.
Prädikat s (lat.), **1)** in der Sprachlehre: die Satzaussage. **2)** Note bei einer Prüfung.
Prado m (span.), **1)** öff. Anlagen in span. Städten. **2)** Nationalmuseum in Madrid.
Präexistentianismus m (lat), die Lehre v. der Ewigkeit der einzelnen Geistseele des Menschen bzw. v. der Geschaffenheit aller dieser Seelen gleichzeitig am Anfang der Schöpfung.
Präfation w (lat.), in der Messe Dank- u. Lobgebet vor dem ↗Kanon.
Präfekt m (lat.), Vorsteher; in Fkr. der Leiter eines Departements.
Präferenz w (lat.), Vorzug. **P.system**, handelspolit. Maßnahme, bei der sich Staaten gegenseitig wirtschaftl. Bevorzugung gegenüber anderen Staaten zusichern, z.B. durch *P.zölle.*
Präfix s (lat.), Vorsilbe.
Prag, tschech. *Praha,* Hst. der Tschechoslowakei, beiderseits der Moldau, europ. Verkehrsknoten, Handelszentrum u. Ind.-Stadt; 1,2 Mill. E.; Burg Hradschin Sitz des Staatspräs.; kath. Erzbistum. Bedeutende Kunst- u. Baudenkmäler, *gotisch:* St.-Veits-Dom, Allerheiligenkirche, Stiftskirche Karlhof, Teynkirche; *barock:* Niklaskirche; Patriarchat u. Zentralrat der tschech. Nationalkirche; 2 Univ., TH, Kunstakademie; Nationalmuseum, Nationalgalerie; Maschinen-, Nahrungsmittel-, Bekleidungs- und chem. Ind. – Wurde im 10. Jh. Residenz der ↗Přemysliden u. Bistum; erhielt im 13. Jh. dt. Stadtrecht; Blüte unter Ks. Karl IV.: 1344 Erzbistum, 48 Gründung der 1. dt. Univ.; der *P.er Fenstersturz* (zweier kaiserl. Statthalter) 1618 eröffnete den 30jähr. Krieg. Der *P.er Friede* 1866 beendete den ↗Dt. Krieg.
prägen, ein Werkstück (auch Münzen u. Papier *[Prägedruck]*) durch Stauchen im Gesenk umformen.
pragmatisch (gr.; Hw. *Pragmatik*), sachlich, tatsächlich. **P.e Geschichtsschreibung,** sucht aus den geschichtl. Tatsachen prakt. Lehren abzuleiten. **P.e Sanktion,** feierl. Erlaß; die *P.e Sanktion* ↗Karls VI. 1713 bestimmte die Unteilbarkeit der Habsburg. Monarchie und (zugunsten ↗Maria Theresias) der weibl. Thronfolge. **Pragmatismus** m, Abart des ↗Relativismus; leugnet allgemeingültige Wahrheit; wahr sei nur, was erkenntnisfördernd u. für das jeweilige Tun fruchtbar sei, u.a. bei ↗Mach, ↗James u. ↗Dewey.

Prachtfinken:
1 Zebra-, 2 Tiger-,
3 Band-, 4 Reisfink

Präriehund

Ludwig Prandtl

prägnant (lat.), bündig, genau. **Prägnanz** w (lat.), Schärfe, Genauigkeit.
Prähistorie w (lat.), ↗Urgeschichte.
Prahm m, flaches, offenes Hafenlastschiff.
Präjudiz s (lat.), **1)** Vorentscheidung. **2)** Recht: Entscheidung, die bei einer späteren Entscheidung herangezogen wird, wenn dasselbe Rechtsverhältnis betroffen wird. **präjudizieren,** vorgreifen, benachteiligen.
Präkambrium, der gesamte vor dem ↗Kambrium liegende Zeitraum, gegliedert in Archaikum u. Algonkium. ☐ 237.
Prakrit s, Sammel-Bz. für alle mittelind. Sprachen; urspr. Volks-, später Lit.-Sprachen.
Praktik w (gr.), meist Mz. Praktiken, Verfahren, Kunstgriffe. **Praktikant** m, eine lernende, noch nicht fest angestellte Person. **Praktikum** s, prakt. Übung od. Anwendung des Erlernten; **praktizieren,** ausüben.
Prälat m (lat.), in der kath. Kirche eig. jeder Inhaber eines höheren Kirchenamtes; bes. die Inhaber bestimmter Ämter der röm. Kurie; auch reiner Ehrentitel (Ehren-P.) als päpstl. Auszeichnung für verdiente Geistliche. **2)** bei höheren ev. Geistlichen gelegentl. Amtstitel.
Präliminarien (Mz., lat.), Einleitung, Vorbereitungen. Präliminarfriede, Vorfriede, vorläufiger Friedensvertrag.
Praline w (frz.), mit Schokolade überzogener Füllkörper aus Marzipan, Nougat u.a.
Präludium s (lat.), musikal. Vorspiel.
Prämie w (lat.; Ztw. prämiieren), **1)** Belohnung für bes. Leistung, **2)** Vergütung, Entschädigung, **3)** bei Versicherungen der an den Versicherer zu zahlende Betrag. **P.nanleihen,** mit regelmäßiger Gewinnziehung ausgestattete ↗Anleihen. **P.nsparen, 1)** Sparform, bei der alle Zinsen auf einige der Sparer wie bei einer Lotterie verlost werden. **2)** prämienbegünstigtes Sparen, in der BRD Form staatl. begünstigten Sparens, bei der der Sparer für bestimmte im Jahr geleistete u. auf bestimmte Zeit festgelegte Sparbeträge aus Bundesmitteln eine Prämie (gestaffelt nach Familienstand u. Höhe der Sparsumme) erhält. **3)** das Bausparen gemäß Wohnungsbauprämien-Gesetz.
Prämisse w (lat.), Voraussetzung, Vordersatz beim logischen Schluß.
Prämonstratenser (OPraem), 1121 v. hl. Norbert gegr. Orden regulierter Chorherren; ben. nach dem Stammkloster Prémontré bei Laon; verbinden Pflege feierl. Liturgie mit Apostolat jeder Art; bes. verdient um Kolonisation u. Christianisierung des östl. u. nördl. Dtl. **P.innen,** der weibl. Zweig.
Prandtauer (Prandauer), Jakob, östr. Architekt des Hochbarock, 1658–1726; bes. Klosterbauten Melk, St. Florian, Dürnstein.
Prandtl, Ludwig, dt. Physiker, 1875–1953; Begr. der Strömungsforschung.
Pranger m (mhd.), Halseisen, Ort, an dem der Delinquent, an einen Pfahl gefesselt, ausgestellt wurde; Ehrenstrafe für ehrlose Gesinnung u. Sittlichkeitsdelikte; an den P. stellen, anprangern = bloßstellen.
Pränomen s (lat.), Vorname.
praenumerando (lat.), im voraus zu zahlen; Ggs. ↗postnumerando.

Präparat s (lat.), künstl. Zubereitetes: Arzneien, Chemikalien, Gewebeschnitte (zur mikroskop. Untersuchung), konservierte Tierkörper u.a. **Präparation** w (Ztw. präparieren), Vorbereitung.
Präponderanz w (lat.), Übergewicht.
Präposition w (lat.), Verhältniswort, z. B. vor, wegen.
Präpositus m (lat.), Vorsteher, Propst.
Präraffaeliten, 1848 begr. Gemeinschaft engl. Künstler, die ähnlich den dt. ↗Nazarenern die Kunst „vor Raffael'' zum Vorbild wählten; empfindsamer Ausdruck. Hauptvertreter: H. Hunt, Millais, Rossetti.
Prärie w (frz. = Wiese), weite, baumlose Grassteppen im Innern Nordamerikas; im O regenreicher, im W trockener. **P.fuchs,** Raubtier; in Nordamerika. **P.huhn,** in baumlosen Grasfluren Nordamerikas. **P.hund,** Nagetier mit bellender Stimme; in Nordamerika. **P.wolf,** kleine am. Wolfsart.
Prärogativ s, Prärogative w (lat.), Vorrecht, Vorzug.
Präsens s (lat.), die Gegenwartsform des Ztw. **präsent,** gegenwärtig, anwesend. **Präsent** s, Geschenk. **Präsentation** (Ztw. präsentieren), Vorzeigung; auch Vorschlag. **Präsenz** w, Anwesenheit.
Praseodym s, chem. Element, Zeichen Pr, seltenes Erdmetall, Ordnungszahl 59. ☐ 149.
Präservativ s (lat.), Kondom, Schutzmittel gg. Ansteckung beim Geschlechtsverkehr, auch empfängnisverhütendes Mittel.
Präses m (lat.), (geistl.) Vorsitzender. **Präsident** m (Ztw. präsidieren), **1)** Vorsitzender. **2)** Amts-Bz. des republikan. Staatsoberhaupts; auch für Vorsitzende oberster Staatsorgane (z.B. Bundestag) u. für Leiter der zentralen u. regionalen Behörden der Verwaltung u. Rechtsprechung. **3)** ev. Kirche: ↗Kirchenpräsident. **präsidial,** vom Präsidenten ausgehend. **P.demokratie** ↗Demokratie. **Präsidium,** Vorsitz.
prästabilierte Harmonie, nach ↗Leibniz die v. Gott seit Ursprung angeordnete Übereinstimmung zw. den ↗Monaden.
präsumieren (lat.; Hw. Präsumtion), voraussetzen. **präsumtiv,** mutmaßlich.
Prätendent m (lat.), Bewerber um einen Thron od. um ein Erbe. **Prätention,** Prätension w, Anspruch, Anmaßung; **prätentiös,** anmaßend.
Prater m, Wiener Park an der Donau; Vergnügungsort mit dem Riesenrad.
Präteritum s (lat.), Vergangenheitsform des Zeitworts.
Prätigau, Prättigau, schweizer. Tallandschaft im Kt. Graubünden; 40 km lang; Fremdenverkehr.
Prato, ober-it. Stadt, in der Toskana, 159000 E.; Bischof; got.-roman. Dom. Textil-Ind.
Prätor m (Mz. Prätoren), im alten Rom mit der Zivilgerichtsbarkeit betrauter Beamter.
Prätorianer (Mz.), die 312 aufgelöste Leibwache der röm. Ks.; griffen bei Thronwirren oft entscheidend ein.
Praetorius, Michael, deutscher Komponist, 1571–1621; schuf barocke ev. Kirchenmusik. [schend.
prävalent (lat.), vorwiegend, vorherr-

Prävention w (lat.), Zuvorkommen, Vorbeugung. **präventiv**, vorbeugend. **P.behandlung**, Schutzimpfungen. **P.krieg**, Krieg, um dem (wirkl. od. vermeintl.) Angriff des Gegners zuvorzukommen.
Praxis w (gr.), im Ggs. u. in Ergänzung zur Theorie: das wirkliche Tun; insbes. die Ausübung eines Berufs (Arzt, Anwalt usw.). ↗Praktik.
Praxiteles, griechischer Bildhauer, tätig ca. 370/320 v. Chr.; lockerte die kultische Feierlichkeit der griech. Plastik durch anmutig gelöste Haltung. *Apollon, Aphrodite v. Knidos, Hermes.*
Präzedenz w (lat.), Vortritt, Vorrang. **P.fall**, Fall, dessen grundsätzl. Entscheidung für künftige gleiche u. ähnl. Fälle maßgebl. ist.
Präzeptor m (lat.), (Haus-)Lehrer.
Präzession w (lat.), **1)** allg.: die kreisende Bewegung der Rotationsachse eines Kreisels, auf den ein äußeres Kraftmoment einwirkt. **2)** in der Astronomie: die Bewegung der Erdachse in ca. 26000 Jahren um den Pol der Ekliptik u. damit das Vorrücken der Äquinoktien auf der Ekliptik von W nach O. Die P. ist Folge der Gravitationswirkung v. Sonne u. Mond auf den massereichen Äquatorwulst der Erde, die versucht, die Erdachse senkrecht zur Ekliptik zu stellen.

Praxiteles: Hermes mit dem Dionysosknaben

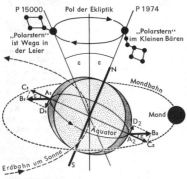

Präzession:
P.sbewegung der Erde als Folge der Gravitationskraft $A_1 B_1$ und $A_2 B_2$ von Sonne und Mond. Die Kräfte $A_1 C_1$ und $A_2 C_2$ sind gleich und heben sich auf, $A_1 D_1$ und $A_2 D_2$ versuchen die Erdachse zu kippen und bedingen so die P. ε Schiefe der Ekliptik, NS Erdachse, P 1974 Himmelsnordpol im Jahre 1974, P 15000 im Jahre 15000. Graue Fläche: der massereiche Äquatorwulst

Präzipitat s (lat.), chem. Niederschlag.
Präzipitation w (lat.), chem. ↗Fällung.
Präzision w (lat.; Bw. *präzis*), Genauigkeit. **P.sinstrumente**, feine Meßgeräte. ↗Feinwerktechnik.
Predeal m, Tömöschpaß, Paß in den Südkarpaten (Rumänien), 1033 m hoch.
Predella w (lat.), Untersatz eines Altaraufsatzes. ☐ 281.
Prediger *(Ekklesiastes;* hebr. *Koheleth),* Buch des AT.
Predigerorden ↗Dominikaner. **Predigerseminare**, Anstalten zur Vorbildung ev. Theologen.
Predigt w (lat.; Ztw. *predigen*), öff. Verkündigung u. Auslegung des Gotteswortes durch die v. den christl. Kirchen dazu Beauftragten. In den ev. Kirchen Mittelpunkt des Gottesdienstes überhaupt. ↗Homiletik.
Prednisolon s, dehydriertes Hydrocortison, in Wirkung u. Anwendung wie ↗Prednison.
Prednison s, dehydriertes ↗Cortison, wirksames Nebennierenrindenhormon. Als

Heilmittel u. a. gg. Nebennierenunterfunktion (↗Nebennieren). ☐ 404.
Preetorius, *Emil*, dt. Graphiker u. Bühnenbildner, 1883–1973; begr. 1909 die Münchner Schule für Illustration u. Buchgewerbe; beeinflußte die moderne Buchkunst; bahnbrechend auch als Bühnenbildner.
Preetz, schleswig-holstein. Stadt im Kr. Plön, 15100 E.; ev. Predigerseminar, ehem. Benediktinerinnenkloster mit frühgot. Kirche.
Pregel m, schiffbarer Fluß in Ostpreußen; mündet nach 128 km ins Frische Haff.
Pregl, *Fritz*, östr. Chemiker, 1869–1930; entwickelte die organ. Mikroanalyse, 1923 Nobelpreis.
Preis, der Tauschwert eines Gutes, in der Geldwirtschaft in Geld ausgedrückt. Die *P.bildung* erfolgt in der Marktwirtschaft durch *Angebot u. Nachfrage.* Übersteigt das Angebot die Nachfrage, so haben die P.e sinkende, im umgekehrten Falle steigende Tendenz. Man sagt daher, P.e zeigen die Knappheit eines Gutes an. Die freie P.bildung kann durch den Staat, durch wirtschaftl. Machtbildung am Markt (Kartelle, Monopole) verfälscht od. für einzelne Güter sogar ganz aufgehoben werden. **P.bindung** *der zweiten Hand,* vertikale *P.bindung,* Festsetzung v. Verkaufs-P.en für den Handel durch die Produzenten. In der BRD seit 1. 1. 1974 aufgehoben, außer für Verlagserzeugnisse. **P.differenzierung**, der Verkauf einer Ware durch den Produzenten zu unterschiedl. P.en an verschiedene Käufer. Diese Form der P.politik ist jedoch nur unter ganz bestimmten Voraussetzungen möglich. ↗Dumping.
Preiselbeere, Zwergstrauch, Heidekrautgewächs mit immergrünen Blättern; Beeren zum Einmachen. ☐ 747.
prekär (frz.), heikel, unsicher, bedenklich.
Prellung, Verletzung durch stumpfen Stoß, meist mit Bluterguß, ohne wesentl. Gewebszerstörungen.
Premier (: pr°mje, frz.), *P.minister*, Ministerpräsident. **Première** w (: pr°mjär^e, frz.), Erstaufführung.
Preminger, *Otto*, östr. Filmregisseur, *1906; seit 35 in den USA; Filme u.a.: *Carmen Jones; Porgy and Bess; Exodus; Der Kardinal.*
Přemysliden (: prsehemiß-, Mz.), böhm. Dynastie; erhielten 1198 die erbl. Königswürde, starben 1306 aus.
Prenzlau, Krst. in der Uckermark (Bez. Neubrandenburg) am Unter-Uecker-See, 22000 E.; Maschinen-, Zucker-Ind.
Přerov (: prseherof), dt. *Prerau*, tschsl. Bez.-Stadt u. Bahnknoten, 38000 E.
Presbyopie w (gr.), ↗Weitsichtigkeit.
Presbyter m (gr.), in der Urkirche Vorsteher der Gemeinde; in der kath. Kirche Bz. für Priester; bei den Evangelischen ein gewähltes Gemeindemitglied (Kirchenältester). **P.ianer**, i.w.S. ↗Reformierten, weil sie die kirchl. Gewalt dem Kollegium der P. zuerkennen; i.e.S. die calvin.-kirchl. Gemeinschaften im Bereich der engl. Sprache; in Schottland noch heute die Staatskirche; zahlr. Gruppen in Nordamerika. **Pres-**

Otto Preminger

byterium *s,* 1) in der kath. Kirche Kollegium v. Presbytern bzw. der für diese in der Kirche bestimmte Altarraum. 2) ev. Kirchengemeinderat aus den Kirchenältesten unter Vorsitz des Pfarrers.
Presley (: preßlⁱ), *Elvis,* am. Schlagersänger, 1935–77; eigener /'Rock-'n'-Roll-Stil; auch Filme.
Pressage *w* (: -ßasehᵉ), *Objektkunst:* Pressung v. Metallgegenständen; soll die Destruktion als verborgene Eigenschaft der Dinge bewußt machen.
Preßburg, slowak. *Bratislava,* Hst. der Slowakei u. drittgrößte Stadt der Tschechoslowakei, an der Donau, nahe der östr. u. ungar. Grenze, 357000 E. Alte Krönungsstadt der ungar. Könige. Donauhafen, Univ., TH, slowak. Akademie der Wiss.; ev. Bischof u. ev. Theolog. Hochschule. Textil-, Metall- u. chem. Ind. – des habsburg. Ungarn; 1805 Friede zw. Östr. u. Napoleon.
Presse, 1) Maschine zum Zusammendrükken v. Körpern bzw. Ausüben großer Drücke *(Buch-P., Öl-, Obst-P.),* zum Umpressen eines Stahlblocks in Werkzeug od. Werkstück *(Schmiede-P.).* 2) /Zeitung. **P.freiheit,** Freiheit der Verbreitung v. Meinungen, Nachrichten, Mitteilungen durch die Presse. Die verfassungsrechtl. Gewährleistung der P. in Art. 5 GG sichert das persönl. Freiheitsrecht, in Druckschriften Meinungen auszusprechen u. zu verbreiten; weitergehende Interpretation sieht in Art. 5 die sog. Garantie eines freien Pressewesens im Sinne einer rechtl. Verpflichtung der Staatsgewalt, auch aktiv alles zu unternehmen, um Presseorganen ein Tätigwerden im Sinne eines freien Pressewesens zu ermöglichen. Schranken der P. sind die allg. Gesetze, Jugend- u. Persönlichkeitsschutz.
Preßglas /Glas.
pressieren (frz.), es eilig haben.
Pression *w* (lat.), starker Druck, Erpressung.
Preßkohlen, die /Briketts.
Preßluft, *Druckluft,* v. /Kompressoren auf mehrere Atmosphären Druck verdichtete Luft; bes. für P.werkzeuge, P.lokomotiven, /Druckluftbremsen, für Sandstrahlgebläse und Farbspritzpistolen, für Arbeiten in /Caissons. **P.krankheit,** Berufskrankheit durch Arbeiten in Räumen mit erhöhtem Druck. **P.werkzeuge,** für Schlag u. Stoß: Bohr-, Niethämmer u.a.
Preßspan *m,* mit Kunstharzen verklebte u. gepreßte Pappe, Isolierstoff der Elektrotechnik.
Pressure Group (: preschᵉʳ grup, engl.), eine organisierte Gruppe, sofern sie polit. Druck ausübt (Wirtschafts-, Berufsverbände, Gewerkschaften), u.a. gg. Sozialpartner, Parlament (/Lobbyismus), Parteien, Regierung, Verwaltung. Oft wird gleichzeitig die öff. Meinung mobilisiert.
Prestige *s* (: -isehᵉ, frz.), Ansehen.
presto (it.), musikal.: eilig; *p. assai, p. molto,* sehr eilig; *prestissimo,* schnellstens.
Preston (: preßtᵉn), Hst. der engl. Gft. Lancashire, 97000 E.; Baumwoll-, Eisen-Ind.
Pretoria, Reg.-Sitz der Rep. Südafrika und Hst. der Prov. Transvaal, 1365 m ü. M.; 493000 E.; kath. Erzb., anglikan. Bischof;

Preußen

Könige:
Friedrich I.	1701/13
Friedrich Wilhelm I.	1713/40
Friedrich d. Gr.	1740/86
Friedrich Wilhelm II.	1786/97
Friedrich Wilhelm III.	1797/1840
Friedrich Wilhelm IV.	1840/61
Wilhelm I.	1861/88
Friedrich III.	1888
Wilhelm II.	1888/1918

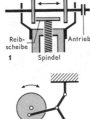

Reibräder
(Auf- und Abwärtsbewegung)

Reibscheibe
Antrieb
1   Spindel

2   zum Stößel

3   Spindel

Presse: 1 Reibradspindel-P., **2** Kniehebel-P. (Prinzip); **3** (Hand-)Spindel-P.

2 Univ.; Stahl- u. Walzwerke, chem., elektrotechn. u. Metallwaren-Ind.
Preugo, Abk. für *Preußische Gebührenordnung* für Ärzte vom 1. 9. 1924. /Adgo.
Preußen, der größte u. wirtschaftl. wichtigste ehem. Gliedstaat des Dt. Reiches; umfaßte bis 1937 die Prov.en /Ostpreußen, /Brandenburg, /Berlin, /Pommern, /Grenzmark Posen-Westpreußen, /Ober- u. /Niederschlesien, /Sachsen, /Schleswig-Holstein, /Hannover, /Westfalen, /Hessen-Nassau, die Rheinprovinz (/Rheinland) u. /Hohenzollern; hatte 1937 293825 km² u. 39,69 Mill. E. (62,48% der Fläche u. 60,11% der Bev. des Dt. Reiches). P. entstand aus der Mark *Brandenburg,* einer v. Heinrich I. gegr. Grenzmark des alten Dt. Reiches, die unter den /Askaniern (1134/1319) christianisiert wurde, 1356 offiziell die Kurwürde erhielt u. 1415 den /Hohenzollern übertragen wurde. Kurfürst /Joachim II. führte 1539 die Reformation ein, sein Urenkel Johann Sigismund gewann 1614 Kleve, Mark u. Ravensberg u. 18 das Htm. /Ostpreußen als polnisches Lehen. /Friedrich Wilhelm der Große Kurfürst erhielt 48 Hinterpommern u. die Bistümer Magdeburg, Halberstadt u. Minden u. erreichte 60 die Befreiung Ostpreußens von der poln. Lehnshoheit. Sein Sohn /Friedrich I. gab darum bei Annahme des Königstitels (1701) dem brandenburg. Staat den Namen Preußen. /Friedrich Wilhelm I. organisierte Heer u. Verwaltung u. bekam 1720 Vorpommern bis zur Peene. /Friedrich II. d. Gr. erhob P. zur europ. Großmacht u. eroberte im Kampf gg. Östr. /Schlesien. Bei den 3 /Poln. Teilungen erhielt P. u.a. Westpreußen, das Ermland, den Netzedistrikt, Danzig, Thorn, Gnesen, Posen, Kalisch, Warschau u. das Gebiet zw. Weichsel, Bug u. Njemen (Neu-Ostpreußen). /Friedrich Wilhelm III. unterlag gg. Napoleon 1806 bei Jena u. Auerstedt u. verlor im Frieden v. Tilsit 07 die Hälfte seines Landes. Die innere Erneuerung des preuß. Staates erfolgte durch die Reformen /Steins und /Hardenbergs; die /Befreiungskriege 13/15 nahmen v. P. ihren Ausgang. Auf dem Wiener Kongreß 14/15 verlor P. Warschau u. Neu-Ostpreußen an Rußland, gewann aber den Rest Vorpommerns, die Rheinprovinz, Westfalen u. fast die Hälfte des Kgr. Sachsen. Die Zeit des Vormärz war bestimmt v. der mit Östr. gemeinsam betriebenen Reaktionspolitik. Nach Überwindung der Märzrevolution v. 48 in Berlin erließ /Friedrich Wilhelm IV. 48 eine (50 revidierte) Verf. (/Dreiklassenwahlrecht, 2 Kammern: Abgeordnetenhaus u. Herrenhaus). /Wilhelm I. berief 62 O. v. /Bismarck, der sich mit der Heeresreform gg. das Abgeordnetenhaus durchsetzte, 64 den Dän. Krieg um Schleswig-Holstein führte u. 66 durch den /Dt. Krieg das Ausscheiden Östr.s aus der dt. Politik, die Gründung des /Norddeutschen Bundes u. die Vergrößerung P.s um Schleswig-Holstein, Hannover, Hessen, Nassau u. Frankfurt a.M. erreichte. Der /Deutsch-Frz. Krieg 70/71 führte zur Gründung des neuen Dt. Reiches, in dem P.

(mit dem Kg. als erbl. dt. Ks.) die Führung erhielt. Deshalb wirkten sich seine innenpolit. Auseinandersetzungen (↗Kulturkampf, ↗Sozialistengesetz) auf ganz Dtl. aus. Durch die Novemberrevolution v. 1918 wurde P. in einen Freistaat umgewandelt; im ↗Versailler Vertrag 19 mußte es große Gebietsverluste hinnehmen. 32 beseitigte v. ↗Papen das Kabinett Braun u. übernahm die Regierungsgewalt. Nach der „Machtergreifung" Hitlers 33 verlor P. seine Sonderstellung im Reich. 45 kamen die Gebiete östl. der Oder-Neiße-Linie unter poln. bzw. sowjet. Verwaltung, 47 wurde der preuß. Staat durch Kontrollratsgesetz aufgelöst.
Preußisch-Eylau ↗Eylau.
Prévert (: prewär), *Jacques*, frz. Schriftsteller, 1900–77; Lyrik *(Gedichte u. Chansons; Wenn es Frühling wird in Paris);* auch Filmdrehbücher (u. a. *Kinder des Olymp).*
Prévost d'Exiles (: prewo dekßil), *Antoine-François* (gen. Abbé P.), OSB, frz. Schriftsteller, 1697–1763; Liebesroman *Manon Lescaut.*
Prey, *Hermann,* dt. Sänger (Bariton), * 1929; hervorragender Lied- u. Opernsänger.
Preysing, *Konrad* Graf v. P.-Lichtenegg-Moos, 1880–1950; seit 1935 Bischof v. Berlin u. seit 46 Kard.; Gegner des Nat.-Soz.
preziös (frz.), geziert. **Preziosen** (Mz., lat.), Kostbarkeiten, Geschmeide.
Priamos, bei Homer Kg. v. Troja.
Priel *m,* Fahrwasserrinne des Nordsee-Wattenmeeres.
Priem *m* (niederländ.), der Kautabak.
Prien am Chiemsee, oberbayer. Kurort, 8800 E.; Jachtschule.
Priene, antike griech. Stadt in Kleinasien, in der Mündungsebene des Menderes; hellenist. Stadtanlage aus dem 4. Jh. v. Chr.
Prießnitz, *Vincenz,* schlesischer Bauer, 1799–1851. **P.-Umschlag,** nach P. benannter feuchter Leibumschlag, nach sich unter trockener Wollumhüllung erwärmt.
Priester, 1) *allg. Religionsgeschichte:* Kultdiener als Mittler zu den transzendenten Wesen. **2)** *kath. Kirche:* ein Kleriker mit sakramentaler P.weihe; dem *Weihe-* od. *Amtspriestertum* obliegt die Führung der Kirche *(Hirtenamt),* Verkündigung der Heilsbotschaft *(Lehramt)* u. Verwaltung der Sakramente *(P.amt).* ↗Zölibat. **3)** Die *ev. Kirchen* kennen nur ein allgemeines ↗P.tum. **P.seminar,** Stätte zur wiss. (in Dtl. z. T. an der Univ.) u. prakt. Bildung u. sittl. Erziehung der kath. Priesteramtskandidaten. **P.tum,** *Allgemeines P.,* christl. *Theologie:* an dem v. Jesus Christus ausgehenden P. nehmen alle Getauften seit Kirche als Glieder des Neuen Bundes teil. **P.weihe,** *Ordination,* 6. Sakrament der kath. Kirche, v. Bischof durch Handauflegung mit nachfolgendem Weihegebet erteilt, dazu Überreichung v. Kelch u. Patene, Salbung der Hände u. Erteilung der Binde- u. Lösegewalt. Ihr gingen fr. die Tonsur, die 4 *niederen Weihen* zum Ostiarier, Lektor, Exorzisten u. Akolythen u. die *2 höheren Weihen* des Subdiakons u. Diakons voraus, heute nur noch die Weihe des Diakons.

Joseph Priestley

Hermann Prey

Priestley (: prißtl[i]), **1)** *John Boynton,* engl. Schriftsteller, * 1894; humorvoll, volkstüml., sozialkrit.; Romane: *Die guten Gefährten, Engelgasse.* Dramen: *Gefährliche Kurven, Seit Adam u. Eva.* **2)** *Joseph,* engl.-am. Theologe, Philosoph, Physiker u. Chemiker, 1733–1804; Entdecker des Sauerstoffs.
Prim *w* (lat.), **1)** beim Breviergebet das Morgengebet. **2)** auch *Prime,* musikal.: Intervall der 1. Stufe: Grundton. ☐ 425.
Prima *w* (lat.), oberste Klasse an höheren Schulen. **P.ballerina** ↗Ballerina. **P.donna** *w* (it.), Hauptdarstellerin der it. Oper; erste Sängerin einer Bühne.
Primamalerei (v. it. *alla prima),* Technik bes. der Ölmalerei, bei der das Bild ohne Untermalungen u. Lasuren in einer Schicht gemalt wird.
primär (lat.), ursprüngl., wesentl., zuerst. **P.affekt,** erstes Stadium der ↗Syphilis.
Primas *m* (lat.), fr. erster Bischof eines Landes, mit Rechten über die anderen Erzb. u. Bischöfe. **Primat** *m* od. *s,* Vorrang des ↗Papstes als höchste Autorität in Sachen des Glaubens, der Sitte u. der kirchl. Verwaltung. Christus hat nach kath. Lehre den P. unmittelbar auf Petrus übertragen, v. dem er auf den jeweiligen Bischof v. Rom übergeht.
Primaten (Mz., lat.), höchstentwickelte Säugetiere (Halbaffen, Affen). [singen.
prima vista (it.), vom Blatt spielen oder **Primel** *w* (lat.), *Schlüsselblume, Himmelsschlüssel,* frühblühende Kräuter mit gelben Blütendolden; *Hohe P.,* hellgelb; *Arznei-P.,* goldgelb; *Aurikel,* Alpenpflanze.
Primgeiger, Spieler der 1. Violine.
primitiv (lat.), urspr., einfach, dürftig.

Priester

Formen des Priestertums in der Religionsgeschichte:

Sumerer	*China*	*Römer*
P.fürst, hatte auch polit. Macht, der Kg. auch priesterl. Charakter	in der Frühzeit schamanist. P.tum, im Konfuzianismus vollzog allein der Kaiser das jährliche Opfer	urspr. Kg. Hoher-P.; dazu stark gegliederte P.schaft
Assyrien der Kg. war Oberhaupt aller P.		*Germanen* Sakralfunktionen lagen beim Stammesoberhaupt
Ägypten der Gottkönig war der eigentliche Hohe-P., P.schaft in 2 Klassen geteilt	*Taoismus* organisierte P.schaft, befaßte sich stark mit okkultist. Praktiken	*Kelten* Druiden
Iran hierarchisch gestufte P.klasse, die auch polit. und richterl. Funktionen ausübte	*Japan* frühes Schamanentum, dann beamtetes Schreins-P.tum	*Slawen* Verhältnisse ungeklärt
Indien schon früh stark differenziertes P.tum und mächtige P.kaste	*Altamerikanische Hochkulturen* einflußreiche zölibatäre P. (meist aus dem Adel), die vielfach Menschenopfer darbrachten	*Israel* Patriarchenzeit kannte kein P.tum, das Opfer wurde vom Familienoberhaupt dargebracht, Moses bestimmte den Stamm Levi zu P.n, Aaron zum Hohenpriester. Mit der Zerstörung des Tempels zu Jerusalem erlosch das jüd. P.tum
Buddhismus urspr. priesterlos, später, besonders im Mahayana-Buddhismus, erhielten die Mönche priesterliche Funktionen	*Griechenland* im homer. Hellas P.könig; später P. mit nur lokaler Geltung; keine P.klasse	*Islam* kein P.tum, da nur Gebetsgottesdienst

Wiesen-Primel

Primzahlen

2	17	41	67
3	19	43	71
5	23	47	73
7	29	53	79
11	31	59	83
13	37	61	89
			97

Primfaktorenzerlegung

$$m = p_1{}^{n_1} \cdot p_2{}^{n_2} \cdot p_3{}^{n_3} \ldots p_r{}^{n_r}$$

z. B.
$$200 = 2^3 \cdot 5^2$$
$$370\,279 = 7 \cdot 13^2 \cdot 313$$

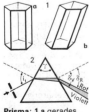

Prisma: 1 a gerades,
b schiefes P.;
2 Strahlenablenkung
im P.

primitive Kunst, 1) Kunst der ↗Naturvölker. **2)** *Primitivismus*, i. ü. S.: Bz. für den Rückgriff auf Kunstformen der Naturvölker, auf den naiven Realismus kindl. u. volkstüml.-laienhafter Kunstausübung (↗naive Malerei) seit Anfang des 20. Jh.

Primiz w (lat.), erste Messe eines neugeweihten Priesters (des *Primizianten*).

Primo de Rivera, 1) *José Antonio* Marqués de Estella, Sohn v. 2), span. Politiker, 1903–1936; begr. 33 die ↗Falange; im Bürgerkrieg v. den Kommunisten erschossen. **2)** *Miguel* Marqués de Estella, span. General u. Politiker, 1870–1930; errichtete 1923 eine Militärdiktatur, 30 abgesetzt.

Primogenitur w (lat.), Erbfolge des Erstgeborenen u. seiner Linie.

Primus m (lat.), der Erste, der Beste. **P. inter pares,** Erster unter Gleichrangigen.

Primzahlen (lat.), alle positiven ganzen Zahlen (außer der 1), die ohne Rest nur durch sich selbst u. durch 1 teilbar sind. Es gibt unendl. viele P. Alle natürl. Zahlen lassen sich in eindeutiger Weise in ein Produkt von P.potenzen zerlegen *(Primfaktoren).*

Princeps m (lat. = der Erste), im alten Rom allg. führender Mann im Staat; v. ↗Augustus zur Bz. seiner Stellung (lebenslängl. Inhaber republikan. Ämter) aufgenommener Titel; bis zu Konstantin d. Gr. nichtamtl. Bz. der röm. Ks.

Printen (Mz., niederländ.), braunes Gewürzgebäck in schmalen, langen Stangen.

Prinz m, **P.essin** w (v. lat. *princeps*), nichtregierender Angehöriger eines Fürstenhauses. **P.gemahl,** Gemahl einer regierenden Herrscherin.

Prinzip s (lat.; Mz. *Prinzipien*; Bw. *prinzipiell*), Grundsatz, Grundlage.

Prinzipal m (lat.), veraltet für Geschäftsinhaber.

Prinzipat m od. s, **1)** die Regierungsform des Augustus (↗Princeps). **2)** umstrittene Epochenbezeichnung für die röm. Kaiserzeit v. Augustus bis Diokletian ausschließlich.

Prinzregent m, Stellvertreter eines nicht regierungsfähigen Herrschers.

Prinz v. Wales (: -wē¹ls) ↗Wales.

Prior m (lat.), im Benediktiner- u. dessen Zweigorden der Stellvertreter des Abts; bei Dominikanern, Kartäusern u. a. der Vorsteher eines Klosters.

Priorität w (lat.), Vorrang.

Pripet m (: -pjet), russ. *Pripjat*, r. Nebenfluß des Dnjepr; bildet die *P.-(Rokitno-)Sümpfe*, mündet nach 775 km bei Kiew.

Prise w (frz.), **1)** im Seekrieg erbeutetes feindl. bzw. rechtmäßig beschlagnahmtes neutrales Eigentum. **2)** eine kleine Menge.

Prisma s (gr.), **1)** geometr. eine Säule, die v. 2 parallelen kongruenten Vielecken als Grundfläche u. v. mehreren Parallelogrammen als Seitenflächen begrenzt wird. **2)** opt. a) ein durchsicht. Körper aus lichtbrechendem Material, bei dem 2 Begrenzungsflächen gegeneinander geneigt sind; durchfallendes weißes Licht wird durch ↗Brechung und ↗Farbenzerstreuung spektral zerlegt; b) ein Körper zur Umlenkung von Lichtstrahlen durch Totalreflexion, z. B. im *Prismenfeldstecher*. ☐ 264.

privat (lat.), einzelnen zugehörig (Ggs.: öffentlich, staatlich), persönlich, vertraut. **Privatdozent** (lat.), veraltet für Hochschullehrer ohne Professur; heute meist Dozent gen. **Privateigentum** ↗Eigentum. **Privatier** (: priwatje, frz.; Ztw. *privatisieren*), wer ohne Beruf od. als Rentner lebt. **Privatisierung,** Überführung öff. Eigentums in Privathand zur Verhinderung übermäßiger staatl. Machtkonzentration u. zur breiten Eigentumsstreuung. In der BRD wurde das Kapital der Preuß. *Bergwerks- u. Hütten-AG* (1959), das der *Volkswagenwerk-AG* (1961) u. das der *Veba* (1965) z. T. an Kleinaktionäre veräußert (Volks-↗Aktie). **privatissime,** im engsten Kreis. **Privatissimum** s, an der Hochschule Vorlesung od. Übung mit beschränkter Teilnehmerzahl. **Privatklage,** Strafklage vor dem Amtsgericht, die v. dem durch ein Vergehen Geschädigten selbst erhoben wird. **Privatrecht,** Teil der Rechtsordnung, regelt die Rechtsbeziehungen zw. Gleichgeordneten (Ggs.: ↗Öffentl. Recht); umfaßt vor allem Bürgerl. Recht, Handels- u. Arbeitsrecht. **Privatschulen,** Schulen, deren Träger nicht der Staat oder eine Körperschaft des öff. Rechts ist, sondern ein einzelner, eine Gesellschaft oder kirchl. Organisation. In der BRD ist das Recht auf Errichtung v. P. im GG Art. 7 gewährleistet. Der Staat behält sich ein Aufsichtsrecht vor. Man unterscheidet *Ersatzschulen* (für entspr. öff. Schulen; genehmigungspflichtig) u. *Ergänzungsschulen* (für Fächer, die an öff. Schulen nicht gelehrt werden; anzeigepflichtig).

Privileg s (lat.; Mz. *Privilegien*), Sonderrecht, Alleinberechtigung.

Prix m (: pri, frz.), Preis. ☐ 558.

Probabilismus m (lat.), Moralsystem, nach dem bei unlösbaren Zweifeln des ↗Gewissens über das Erlaubtsein einer Handlung diese erlaubt ist, falls ernste (probable) Gründe dafür sprechen, obwohl andere dagegenstehen.

Probabilität w (lat.; Bw. *probabel*), Wahrscheinlichkeit.

probat (lat.), bewährt.

Probierkunst, die nicht-chemische Untersuchung auf Nutzmetalle. **Probierstein,** zur Schätzung des Edelmetallgehaltes aufgrund eines durch Reibung erzeugten Striches im Vergleich zum Strich v. *Probiernadeln* bekannten Metallgehalts.

Problem s (gr.), eine nur schwer lösbare Frage; Forschungsaufgabe. **Problematik** w, Fragwürdigkeit; ein Gefüge v. Problemen. **problematisch,** schwierig, fraglich.

Probst, *Christoph*, 1919–43; ein Vorkämpfer der Münchener Studentenbewegung gg. den Nat.-Soz.; mit H. u. S. ↗Scholl hingerichtet.

pro domo (lat.), in eigener Sache.

Produkt s (lat.), das Erzeugnis. **P.enbörse** ↗Börse. **Produktion** w (lat.), die Gewinnung u. Herstellung v. Sachgütern. *Ur-P.:* Land- u. Forstwirtschaft, Fischerei, Jagd, Bergbau; *gewerbl. P.:* Bearbeitung u. Verarbeitung v. Stoffen in Handwerk u. Ind. I. w. S. rechnen zur P. auch Handel u. Verkehr, überhaupt jede werteschaffende Tätigkeit.

P.sfaktoren, die grundlegenden Mittel zur P.; die *urspr. P.sfaktoren* Arbeit u. Boden (einschließl. Naturkräfte) u. der (aus diesen beiden) *abgeleitete P.faktor* Kapital, d.h. produzierte P.smittel. Wirtschaftlich kommt es darauf an, die P.sfaktoren so zu kombinieren, daß damit ein größtmöglicher Erfolg erreicht wird. **P.sgenossenschaft** ↗Genossenschaft. **P.smittel,** *P.sgüter,* wirtschaftl. Güter, die zur P. neuer Güter dienen (Rohstoffe, Maschinen, Werkzeuge). **produktiv,** fruchtbar. **Produktivität** w (lat.), Verhältnis v. Produktionsleistung zu eingesetzten Kosten. ↗Rentabilität. **Produzent** (Ztw. *produzieren*), Erzeuger, Hersteller.
Pro Ecclesia et Pontifice (lat. = für Kirche u. Papst), niedrigster päpstl. Orden.
Pro familia, *Dt. Gesellschaft für Sexualberatung u. Familienplanung e.V.,* überparteil. u. überkonfessionelle Gesellschaft mit Beratungsstellen für Eheprobleme, Fragen der Geburtenregelung u. des sexuellen Verhaltens; Bundesgeschäftsstelle in Frankfurt a.M.
profan (lat.), weltlich, unheilig. **profanieren** (Hw. *Profanation*), entweihen.
Profeß w (lat.), Ablegung der Ordens-↗Gelübde. *Professe,* wer sie abgelegt hat.
Profession w (lat.), Beruf. *professionell,* berufsmäßig. **Professional** m (:-feschᵉⁿᵃl, engl.), Abk. *Profi,* Sportler, der Sport berufsmäßig. (zum Gelderwerb) betreibt.
Professor m (lat.), Amts-Bz. für Hochschullehrer u. akadem. Würde; als Amts-Bz. Unterscheidung zw. *ordentl., außerordentl. P., Abteilungsvorsteher u. P., P. an wiss. Hochschulen* sowie *P. an Fachhochschulen;* als akadem. Würde Unterscheidung zw. *außerplanmäßigem P. u. Honorar-P.;* auch an Gelehrte u. Künstler verliehener Titel. Auch Bz. für Lehrer an höheren Schulen.
Profil s (frz.) 1) Längs- od. Querschnitt. **2)** *Geologie:* Schichtfolge in einem Aufschluß oder einer Bohrung, auch vertikaler Schnitt durch die Erdkruste. **3)** Seitenansicht des Gesichts. **4)** techn. ein Vertikalschnitt durch einen Körper, z.B. bei *P.eisen, Kanal-P., Lichtraum-P.* bei Eisenbahnfahrzeugen.
Profit m (frz.; Ztw. *profitieren*), Gewinn, **pro forma** (lat.), zum Schein. [Vorteil.
Profoß m (lat.), *Profos,* in Dtl. im 16. u. 17. Jh. Regimentspolizist.
profund (lat.), tief, gründlich.
Progesteron s, Schwangerschafts-↗Hormon. ☐ 404.
Prognathie w (gr.), Vortreten des Oberkiefers mit vorstehender oberer Zahnreihe.
Prognose w (gr.), Voraussage.
Programm s (gr.), Reihenfolge, Arbeitsplan; Zielsetzung. **programmatisch,** zielsetzend.
programmierter Unterricht, urspr. jeder Unterricht nach einem bestimmten Plan; heute meist Unterricht mit einer genau festliegenden Lehrstoffeinteilung (↗programmiertes Lernen) unter Verwendung v. Lehr- u. Lerngeräten. **programmiertes Lernen,** auf den am. Lerntheoretiker B. F. Skinner zurückgehende Lehr- u. Lernmethode, bei der mit Hilfe v. Lehr- u. Lerngeräten (Buch, Tonband, Film usw.) der Lehrstoff in kleinen Schritten geboten wird u. der Schüler sei-

Anfang
was ist 52 mal 48?
52·48 = 2496
ist Ihr Ergebnis richtig?
ja / nein
brauchten Sie weniger als ¼ Minute?
nein / ja
Sie brauchen kein Programm
Ende
mit einem Trick geht es leichter:
zerlegen Sie 52 und 48 in (50+2) und in (50−2)
kennen Sie die Formel (a+b) (a−b) = a²−b²
nein / ja
mit dieser Formel brauchen Sie nur zwei Quadratzahlen voneinander abzuziehen
teilen Sie z.B. das Produkt 11·9 entsprechend auf
(10+1) (10−1) = 10²−1² = 100−1 = 99
rechnen Sie jetzt (50+2) (50−2) = 50²−2² = 2500−4 = 2496
richtig?
ja / nein
probieren Sie in, gleicher Weise: 17·23 und 61·59
17·23 = (20−3) (20+3) = 400−9 = 391
61·59 = (60+1) (60−1) = 3600−1 = 3599
richtig?
ja / nein
jetzt kennen Sie den Trick!
Ende

rechnen Sie noch einmal

versuchen Sie es noch einmal

programmiertes Lernen: Beispiel eines Lernprogramms

nen Lernerfolg sofort kontrolliert; ermöglicht bessere Anpassung an Begabungsniveau u. Lerngeschwindigkeit des einzelnen Schülers als der Klassenunterricht. Die Kontrollfunktion u. Steuerung wird in steigendem Maß v. sog. *Lehrgeräten* übernommen. Davon zu unterscheiden sind Übungsgeräte ohne Kontrollfunktion, sog. apparative *Lernhilfen* oder *Lerngeräte* (nicht korrekt: *Lernmaschinen*). **Programmierung** w, die Aufstellung eines *Programms,* d.h. einer (meist) festgelegten Aufeinanderfolge v. Befehlen (Anweisungen, oft in einer Programmiersprache), die zur automat. Behandlung u. Lösung des so programmierten Problems mit Hilfe eines Automaten (Rechenautomat, Datenverarbeitungsanlage, Prozeßrechner) führt.
Programmusik w (gr.), sucht im Ggs. zur absoluten Musik, die nach ausschließl. musikal. Gesetzen geformt ist, außermusikal. Vorgänge od. Stimmungen zu schildern (z.B. symphon. Dichtungen v. F. Liszt od. R. Strauss). **Programmsteuerung,** bei der ↗Automation die Steuerung eines Funktionsablaufs nach vorher festgelegtem (programmiertem) Zeitplan.
Progreß m (lat.), Fortschritt. **Progression** w, 1) Stufenfolge. **2)** mathem. die ↗Reihe. **Progressionstarif** ↗Steuertarife. **progressiv,** fortschreitend; so p.e Paralyse.
prohibieren (lat.), verhindern. **Prohibition** w (lat.), Verbot, bes. das staatl. Verbot der Herstellung u. des Verkaufs alkoholhaltiger Getränke. **Prohibitivzoll,** besonders hoher ↗Schutzzoll.
Project Art (: prodsehekt aʳt, engl.), Kunstrichtung, die Entwürfe für eine veränderte Gestaltung der Umwelt produziert, um Veränderungen in der Realität als Zeitablauf bewußt zu machen.
Projekt s (lat.; Ztw. *projektieren*), Plan, Vorhaben.
Projektil s (lat.), ein fliegender Gegenstand, meist das Geschoß.
Projektion w (lat.; Ztw. *projizieren*), 1) Abbildung eines Gegenstandes durch parallele bzw. zentrale, v. einem *P.szentrum* durch die einzelnen Körperpunkte gehende Strahlen; zum techn. Zeichnen. **2)** in der Geographie: ↗Karte. **P.sapparat,** *Bildwerfer,* ein opt. Gerät zum vergrößerten Vorführen undurchsicht. Bilder (Episkop) od. durchsicht. Bilder *(Diaskop)* od. beider Arten *(Epidiaskop;* ☐ 233); Spielfilme werden v. *Kinoprojektor* in der Art des Diaskops projiziert.
Proklamation w (lat.; Ztw. *proklamieren*), Kundgebung, Aufruf.
Proklos, griech. Philosoph, 410(?)–485 n. Chr.; Vertreter des ↗Neuplatonismus.
Prokofjew, *Sergej,* russ. Komponist, 1891 bis 1953; auch Pianist und Dirigent; 1948 amtl. gemaßregelt wegen „volksfremden Formalismus'''; Opern, Ballette, Orchesterwerke *(Peter u. der Wolf).*
Prokonsul, Statthalter einer (senatorischen) röm. Prov. (ehem. Konsul).
Prokop d. Gr. od. **Kahle,** *Andreas,* Feldherr der hussit. Taboriten, um 1380–1434; ehem. Priester, seit 24 Nachfolger Žiškas.

Dynamo-
meter

Feder-
waage

Gewicht

Pronyscher Zaum
(einfachste Form)

Propheten

die Schrift-P. des AT
nach der Vulgata- und
nach der ökumeni-
schen Schreibweise
(unterschieden nach
dem Umfang ihrer
Schriften)

Große Propheten
Isaias / Jesaja-
Jeremias / Jeremia
Ezechiel / Ezechiel
Daniel / Daniel

Kleine Propheten
Osee / Hosea
Joel / Joel
Amos / Amos
Abdias / Obadja
Jonas / Jona
Michäas / Micha
Nahum / Nahum
Habakuk / Habakuk
Sophonias / Zefanja
Aggäus / Haggai
Zacharias / Sacharja
Malachias / Maleachi

S. Prokofjew

Prokopjewsk, sowjet. Ind.-Stadt, im Kusnezker Becken, 266000 E.; Kohlenbergbau.
Prokrustes, Unhold der griech. Sage, der
seinen Opfern die Glieder ausrenkte od. sie
verstümmelte, bis sie in sein Bett *(P.bett)*
paßten.
Prokura w (lat.), handelsrechtl. Vollmacht,
die zu allen Rechtsgeschäften ermächtigt,
die der Betrieb eines Handelsgewerbes
überhaupt mit sich bringen kann (jedoch
nicht Veräußerung u. Belastung v. Grundstücken). *Einzel-P.:* ein einzelner ist allein,
Gesamt-P.: mehrere Personen sind nur gemeinsam berechtigt zu handeln. Die P. muß
mit dem Namen der Firma ins Handelsregister eingetragen werden. Der zur P. Ermächtigte *(Prokurist)* zeichnet gewöhnl. mit
einem ppa. vor seinem Namen. ↗Hand-
lungsvollmacht.
Prokurator, 1) kaiserl. Statthalter (Landpfleger) od. v. Statthalter unabhängiger Finanz-
beamter einer röm. Prov. **2)** im kath. Kirchenrecht: der bevollmächtigte Stellvertreter einer Amts- od. Privatperson.
Prokyon m, Stern im Kleinen Hund. ☐ 947.
Prolapsus m (lat.), Vorfall; Heraustreten v.
Organen.
Prolegomena (Mz., gr.), Vorbemerkungen.
Prolet (geringschätzige Abk. v. Proletarier),
Schwätzer, Lümmel. **Proletariat** s (lat.), **1)**
im alten Rom die unterste Klasse der Bev.;
v. Steuern u. Heeresdienst befreit. **2)** in der
Lehre des Marxismus Bz. jener Menschen,
die v. Eigentum an den Produktionsmitteln
ausgeschlossen sind u. um des unmittelbaren Lebensunterhalts willen ihre Arbeitskraft unter willkürl. Bedingungen dauernd
in fremdem Dienst verwerten müssen. *Diktatur des P.* ist das Ziel des ↗Klassenkamp-
fes. *Entproletarisierung* will dem P. Besitz u.
gesichertes, ausreichendes Einkommen
geben. – Als *geistiges P.* bezeichnet man
jene Gruppen v. Intellektuellen, deren Ein-
kommensentwicklung hinter der anderer
Gruppen zurückgeblieben ist u. die daher
teilweise eine Kampfstellung gg. Staat u.
Ges. eingenommen haben.
Proliferation w (lat.), **1)** *Medizin:* Zellver-
mehrung bei Entzündungen u. Granula-
tionsgewebe. **2)** *Politik:* Bz. für die Auswei-
tung der Kernwaffenherstellung auf Länder,
die bisher noch keine Kernwaffen produzie-
ren. Ggs.: *Non-P.,* die Nichtweitergabe und
-weiterverbreitung von Kernwaffen.
Prolin s, eine ↗Aminosäure.
Prolog m (gr.), Einleitung, Vorrede.
Prolongation w (lat.), Verlängerung einer
Frist (bei Wechseln usw.).
Promemoria s (lat. = zur Erinnerung),
Denkschrift.
Promenade w (frz.; Ztw. *promenieren*),
Spaziergang, Spazierweg.
Prometheus, raubt in der griech. Sage v.
Olymp das Feuer für die Menschen; zur
Strafe dafür an den Kaukasus geschmiedet;
ein Adler frißt tägl. an seiner Leber.
Promethium s, radioaktives chem. Element,
Zeichen Pm, seltenes Erdmetall, Ordnungs-
zahl 61. ☐ 149.
Promille (lat.), für je 1000, Zeichen ‰. ↗Al-
koholtest.

prominent (lat.), hervorragend. **Prominenz**
w, führende Persönlichkeiten.
Promiskuität w (lat.), regelloser Verkehr der
Geschlechter ohne gegenseit. Bindung.
Promoter m (engl.), Veranstalter berufs-
sportl. Wettkämpfe, bes. Box- u. Ring-
kämpfe.
Promotion w (lat.; Ztw. *promovieren*), Beförderung, Verleihung u. Erwerb der Doktorwürde. *P.sprädikate:* ↗summa cum
laude, ↗magna cum laude, ↗cum laude,
↗rite.
prompt (lat.), genau, pünktlich, schlagfertig.
Promulgation w (lat.; Ztw. *promulgieren*),
Verkündung (bes. eines Gesetzes).
Pronomen s (lat.), das Fürwort.   [prägt.
prononciert (: -nõßiert, frz.), scharf ausge-
Prontosil s, das erste, von ↗Domagk entwickelte Sulfonamid.
Pronyscher Zaum, gibt durch Abbremsen
rotierender Kraftmaschinen ein Maß ihrer
Leistung.
Proömium s (lat.), Vorspiel, Vorrede.
Propädeutik w (gr.), Einführung in eine
Wiss.
Propaganda w (lat.; Ztw. *propagieren*), auf
breite Aufnahme u. planvolle Verbreitung
polit., weltanschaul. od. rel. Ideen ausge-
richtete Beeinflussungsform, im Unter-
schied zur wirtschaftl. ↗Werbung. Polit. P.
ist bes. in autoritären u. totalitären Regimen
Instrument der Massenführung. **P.kongre-
gation** ↗Mission.
Propan s, gasförmiger Kohlenwasserstoff,
$CH_3-CH_2-CH_3$; Nebenprodukt der Benzin-
synthese; verflüssigt in Stahlflaschen als
Brennstoff.
pro patria (lat.), fürs Vaterland.
Propeller m (lat.), ↗Luftschraube.
Propellerturbinen-Luftstrahltriebwerk od.
Turboprop, ↗Strahltriebwerk.
proper (frz.), sauber, nett.
Properdin w, eine Gruppe hochmolekularer
Serumeiweißkörper, die für den Widerstand gg. körperfremde Stoffe (↗Abwehr-
stoffe) u. Infektionserreger verantwortlich
ist.
Properz, röm. Dichter, um 50 – um 15 v.
Chr.; v. leidenschaftl. Liebe erfüllte Elegien.
Propheten (Mz., gr.), **1)** *religionsgeschichtl.:*
gott- od. geistgefüllte Sprecher numinoser
Mächte, die den Willen Gottes öff. kundtun
bzw. kommende Geschehnisse mit dem
göttl. Anspruch der Endgültigkeit weissa-
gen, z. B. Zarathustra u. Mohammed. **2)** *biblisch:* im AT charismat. Gottesboten u. Seher, die Gottes Offenbarungen verkündeten. Höhepunkt des atl. P.tums ist die sog.
Schrift-P. Im NT ist Jesus „der Prophet"; in
der Urkirche hatten P. neben Aposteln u.
Lehrern große Bedeutung für das Gemein-
deleben; Apg berichtet von Wander-P.
Prophezeiung w (gr.), **1)** *Prophetie,* die Gabe
eines ↗Propheten, verborgene (oft zukünftige) Ereignisse v. heilsgeschichtl. Bedeutung aufgrund göttl. Offenbarung zu erkennen u. öff. kundzutun. **2)** auch Weissagung
hist. Ereignisse u. Wahrsagen der individuellen Zukunft. – ↗Wahrsagen; ↗Mantik.
Prophylaxe w (gr.; Bw. *prophylaktisch*),
vorbeugende Maßnahme od. Behandlung.

Proportion w, 1) Verhältnis v. Größen zueinander. 2) mathemat.: eine Verhältnisgleichung von der Form a : b = c : d oder a · d = b · c. **proportional,** im Verhältnis, verhältnismäßig. **proportioniert,** im richtigen Verhältnis (zugeteilt), wohlgestaltet.
Proporz m, volkstümlich für *Proportionalwahl.* ☐ 1076.
Proprium s (lat.), enthält in Brevier u. Missale die besonderen Tagestexte.
Propst m (lat.), meist der erste Würdenträger in Dom- u. Stiftskapiteln; Vorsteher größerer Pfarreien; bei den Evangel.: Pfarrer an einer Hauptkirche od. Superintendent.
Propstei, Amtswohnung, auch Amtsbereich des Propstes.
Propyläen (Mz., gr.), monumentaler Torbau in der griech. Architektur, z. B. die P. der Akropolis u. Athen.
Prorektor m (lat.), Stellvertr. des ⁄Rektors an Hochschulen mit Rektoratsverfassung.
Prosa w (lat.), Rede- u. Schreibweise des Alltags, nicht metrisch gebunden; kann zur Kunstform erhoben werden in Roman, Essay u. Erzählungen, hier z. T. mit eigenem Rhythmus. **prosaisch,** nüchtern-alltäglich.
Prosektor m (lat.), 1) Anatom; bereitet bestimmte Präparate vor. 2) patholog. Anatom.
Proselyt m (gr.), in die relig. Gemeinschaft Israels eingetretener Heide. **P.enmacherei,** aufdringliches Werben für eine Religion od. Anschauung.
Proserpina, röm. Göttin, ⁄Persephone.
prosit (lat.), es nütze! zum Wohl!
Proskription w (lat.), im alten Rom urspr. öff. Bekanntmachung, seit Sulla Ächtung.
Prosna w, Nebenfluß der Warthe, 229 km.
Prosodie w (gr.), in der Antike Lehre v. der Silbenmessung u. -betonung im Vers.
Prospekt m (lat.), 1) Ankündigung, bebilderte Werbeschrift. 2) Gemälde, Zeichnung eines Gebäudes od. einer Landschaft. 3) Hintergrund (bei der Bühne). 4) bei der Orgel äußere Pfeifenreihe. 5) Darstellung der wirtschaftl. Situation eines Unternehmens bei Kapitalaufnahme.
Prospektion w (lat.), das mit wiss. Methoden ausgeführte Aufsuchen v. nutzbaren Lagerstätten, z. B. mit Hilfe v. ⁄Geoelektrik, Geomagnetismus, ⁄Geochemie, aber auch mit bergmänn. Verfahren.
prosperieren, gedeihen. **Prosperität** w, wirtschaftl. Blüte; Hoch-⁄Konjunktur.
Proßnitz, tschech. *Prostějov,* tschsl. Krst. in Nordmähren, 38 000 E.; Textil-Ind. mit Fachschule.
Prostata w (gr.), Vorsteherdrüse des Mannes. **P.hypertrophie** w (gr.), Vergrößerung der P.; stört Harnentleerung.
Prostitution w (lat.), die gewerbsmäßige Selbstdarbietung weiblicher (auch männl.) Personen zum Geschlechtsverkehr. *Prostituierte,* Dirne; *sich prostituieren,* sich preisgeben.
Proszenium s (lat.), in der Antike die Bühne, heute ihr vorderer Teil zw. Vorhang u. Rampe.
Protactinium s, radioaktives chem. Element, Zeichen Pa, gehört zu den ⁄Actiniden, Ordnungszahl 91. ☐ 149.

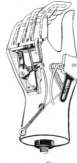
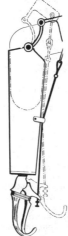

Prothese: oben
Hand-P. System
Trautmann; der
Daumen für sich und
die 4 übrigen Finger
gemeinsam bewegbar. Unten Unterarm-P. System
L. Röser, eine P. für
grobe Arbeiten;
Hebelwirkung überträgt die Beugung
und Streckung im
Ellenbogengelenk auf
die „Greifklaue"

Protagonist m (gr.), 1) in der Antike erster Schauspieler. 2) Vorkämpfer einer Idee.
Protagoras, griech. Philosoph, um 480–410 v. Chr., vertrat den ⁄Skeptizismus u. lehrte, der Mensch sei das Maß aller Dinge.
Protégé m (: -schē, frz.), Schützling. **protegieren** (: -schē-), begünstigen.
Proteide, Proteine ⁄Eiweißstoffe.
Protektion w (lat.), Gönnerschaft, Förderung. **P.ismus** m, ein handelspolit. System, das u. a. durch hohe Zölle, Kontingentierung der Einfuhr den einheimischen Markt abschirmt. Ggs.: ⁄Freihandel. **Protektor,** Schutzherr, Förderer.
Protektorat s (lat.), 1) die die außenpolit. Handlungsfähigkeit eines Staates einschränkende od. aufhebende Schutzgewalt. 2) das Gebiet, über das die Schutzgewalt ausgeübt wird.
Protest m (lat.), 1) Einspruch, Verwahrung. 2) im Wechselrecht: das Zeugnis einer Urkundsperson (Notar, Postbeamter) über Erfolglosigkeit der Vorzeigung des Wechsels.
Protestantismus m, ben. nach dem „Protest" der ev. Reichsstände gg. den Beschluß des 2. Reichstags v. Speyer (1529), keine weitere religiöse Neuerung mehr zuzulassen; umfaßt alle im Anschluß an die ⁄Reformation entstandenen Kirchen u. kirchl. Gemeinschaften. Die *Hauptgruppen:* ⁄Lutheraner, ⁄Reformierte, Unierte, ⁄Methodisten, ⁄Kongregationalisten, ⁄Baptisten, ⁄Anglikan. Kirche. In sich stark unterscheiden, ist die theol. Grundlehre aller prot. Kirchen: Allein der auf der Bibel gründende ⁄Glaube schenkt ⁄Rechtfertigung; es gibt 2 Sakramente, ⁄Taufe u. ⁄Abendmahl.
Proteus, griech. Meeresgott mit der Gabe der Weissagung und fortwährender Verwandlung. Daher *i. ü. S.:* ein Mensch, der sich sehr häufig wandelt.
Prothese w (gr.), künstl. Gliederersatz; ⁄Kunstglieder, ⁄Zahnersatz.
Protokoll s (lat.), 1) schriftl. Feststellung einer Verhandlung usw. durch den *P.führer;* 2) Regelung der im diplomat. Verkehr gebräuchl. Formen; auch Bz. für die dafür zuständige Abt. **protokollarisch,** Tatsachen, die im Protokoll stehen.
Proton s (gr.), elektr. positiv geladenes ⁄Elementarteilchen, mit dem Neutron Baustein des Atomkerns (Nukleon), Masse $1,673 \cdot 10^{-24}$ g, Atomgewicht 1,00728, positive Elementarladung ($1,602 \cdot 10^{-19}$ Coulomb). ⁄Atom.
Protonotar m, Notar der päpstl. Kanzlei; auch Ehrentitel: Apostol. P.
Protoplasma s (gr.), Bz. für die Gesamtheit aller Bestandteile der ⁄Zelle, ausgenommen die Zellwand; umfaßt das Zytoplasma mit Organellen u. den Zellkern.
Prototyp m (gr.), Ur-, Vorbild.
Protozoen (Mz., gr.), *Urtiere, Einzeller,* mikroskop. kleine Organismen mit einem od. mehreren Zellkernen; Fortpflanzung durch Zweiteilung od. Befruchtung. 4 Klassen: **1)** *Flagellaten, Geißeltierchen,* mit einer od. mehreren Geißeln am Ende der Zelle; parasit. Arten erregen Schlafkrankheit u. Orientbeule. **2)** *Rhizopoden, Wurzelfüßer,* bewegen sich durch Plasmafortsätze (⁄Pseudo-

podium); Amöben, Sonnentierchen, Foraminiferen. **3)** *Sporozoen, Sporentierchen,* Parasiten; Plasmodium, Erreger der Malaria. **4)** *Ciliaten,* Wimpertierchen mit kompliziertem Bau, fester Form u. 2 Zellkernen; Glocken-, Trompeten-, Pantoffeltierchen **Protuberanzen** (Mz., lat.) ↗Sonne. [u. a. **Proudhon** (: prudōn), *Pierre-Joseph,* frz. Sozialphilosoph, 1809–65; erstrebte Abschaffung der staatl. Gewalt sowie der Geld- u. Zinswirtschaft; „Eigentum ist Diebstahl". **Proust** (: prüßt), *Marcel,* frz. Schriftsteller, 1871–1922; mit dem Zyklus *Auf der Suche nach der verlorenen Zeit* einer der bedeutendsten Erneuerer des Romans im 20. Jh.: subtile Psychologie, Analyse der Erinnerung.

Provence w (: prowānß), südostfrz. Landschaft zw. unterer Rhône und den Seealpen; Hst. Aix-en-P.; künstl. bewässerte Kulturen (Obst, Wein, Oliven). Bewohner die *Provençalen* (auch *Provenzalen*) mit eigener Mundart. Zum Teil auch eigene Literatur. **Provenienz** w (lat.), Herkunft (v. Waren). **Proviant** m (it.), Verpflegung, Speisevorrat. **verproviantieren,** mit P. versehen. **Providence** (: prowidenß), Hst. des Staats Rhode Island (USA), Hafen an der Narragansett Bay, 180000 E.; kath. u. episkopalist. Bischof. Baptistische Univ.; Textil-, Maschinen- u. Schmuckindustrie. **Providenz** w (lat.), Vorsehung. **Provinz** w (lat.), größerer Verwaltungsbezirk. **Provinzial,** der Obere einer geistl. Ordensprovinz. **Provinzialismus, 1)** einem Sprachgebiet eigentüml. Redensart. **2)** auf die Provinz beschränkte Einstellung. **Provision** w (lat.), im Handel die meist nach Prozenten berechnete Vergütung für eine Tätigkeit. **Provisor** m (lat.), veraltete Bz. des angestellten Apothekers. **provisorisch,** behelfsmäßig. [helf. **Provisorium,** vorläufige Einrichtung, Be- **Provitamine** (Mz., lat.), Stoffe, die im Körper zu den eigentl. ↗Vitaminen auf- od. umgebaut werden; z. B. Karotin (Provitamin A). **Provokateur** m (: -tör), jemand, der sich als Gesinnungsgenosse anderer ausgebend, diese durch sein Verhalten zu bestimmten Handlungen herausfordern will. ↗Agent provocateur. **Provokation** w (lat.; Ztw. *provozieren*), Herausforderung. **Prozedur** w (lat.), Verfahren; Rechtsgang. **Prozent,** *Perzent,* Zeichen %, Abk. v. H. oder p.c., gibt an, wieviel auf das Hundert entfallen. **Prozeß** m (lat.), **1)** Vorgang, Verfahren. **2)** gerichtl. Verfahren zur Entscheidung von Rechtsstreitigkeiten; geregelt in *P.ordnungen.* ↗Zivil-P., ↗Straf-P. **Prozession** w (lat.), liturg. Umzug v. Klerus u. Volk in od. außerhalb der Kirche: *Lichter-P.* (2. Febr.), *Palm-P., Bitt-(Flur-)P., Fronleichnams-P.;* dazu außerordentl. P.en; seit dem 4. Jh. üblich. **Prozessionsspinner,** Schmetterling; die schädl. Raupen wandern in langer „Prozession" zum Futterplatz. In Europa *Eichen-, Kiefern-* u. *Pinien-P.*

Marcel Proust

Prozentrechnung

Wie groß ist der Zinsfuß, wenn ein Kapital von 6000 DM jährlich 330 DM Zins einbringt?

Ansatz:
6000 DM bringen 330 DM Zins
100 DM bringen ? DM Zins

Ausrechnung:
6000 DM ergeben 330 DM Zins
$$1 \text{ DM ergibt } \frac{330}{6000} \text{ DM Zins}$$
$$100 \text{ DM ergeben } \frac{330 \cdot 100}{6000} =$$
$$5\tfrac{1}{2}\% = 5{,}50 \text{ DM}$$

Tageszinsen gesucht:
$$\frac{\text{Kapital} \times \text{Tage} \times \text{Zinsfuß}}{36000}$$
Jeder Monat wird mit 30 Tagen gerechnet

Abzüge gesucht (Skonto, Rabatt, Abschreibung, Verschnitt) in DM, kg usw.:
$$\frac{\text{Betrag (k)} \times \text{Prozentsatz (p)}}{100}$$

Prozentsatz gesucht:
$$\frac{\text{Abzug} \times 100}{\text{Betrag (DM), Unkosten usw.}}$$

Kapital gesucht:
$$\frac{\text{Betrag (Skonto, Gewinn)} \times 100}{\text{Prozentsatz}}$$

Prozessionsspinner: Raupen des Eichen-P. im Prozessionszug

Prozeßkunst, zeitgenöss. Kunstrichtung, die die Trennung zw. Kunstobjekt u. erlebter Wirklichkeit aufhebt; will Konzeptionen u. Relationen wirkl. Sachverhalte sichtbar machen; Demonstrationscharakter; Medien u. a. Film, Videotape. **Prudentius,** *Aurellus Clemens,* 348 bls nach 405; altchristl. Dichter, aus Spanien; lat. Hymnen u. Martyrerlieder; *Psychomachia:* allegor. Dichtung v. Kampf der Tugenden u. Laster um die Menschenseele. **Prüderie** w (frz.), Ziererei; übertriebene (oft geheuchelte) Schamhaftigkeit. **Prurigo** w (lat.), *Juckflechte,* Hautausschlag mit kleinen Knötchen. **Pruritus** m (lat.), Hautjucken (Krätze). **Prut** m, *Pruth,* l. Nebenfluß der Donau, Grenzfluß zw. Rumänien u. der Moldauischen SSR; 953 km lang. Mündet bei Reni. **Przemyśl** (: pschemißjl), poln. Stadt in Galizien, am San, Grenzstadt gg. die UdSSR, 60000 E.; kath. Bischof. Textilindustrie. **Przewalski** (: psche-), *Nikolai,* russ. General u. Erforscher Innerasiens, 1839–88; entdeckte das P.pferd u. das Wildkamel. **Przywara** (: pschü-), *Erich,* SJ, dt. Philosoph u. Theologe, 1889–1972; *Analogia Entis.* **PS,** Abk. für: **1)** Pferdestärke. **2)** ↗Postskriptum. **Psalmen** (Mz., v. gr. *psalmos* = Gesang mit Saitenspiel), die 150 im atl. *Buch der P.* gesammelten rel. Lieder Israels. Die Überlieferung schreibt David die meisten P. zu, doch wurde ein bedeutender Teil der P. erst nach dem Exil verfaßt. **Psalmist,** Psalmendichter. **Psalmodie** w (gr.), Psalmengesang. **Psalter** m (gr.), lat. *Psalterium,* **1)** Sammlung der Psalmen. **2)** *Rhythmischer Psalter* im MA außerliturg. Andachtsdichtung aus 150 Reimstrophen. **Psalterium** s (gr.-lat.), ↗Psalter. **2)** zitherähnl., in der griech. Antike u. im MA verbreitetes Instrument. **Pseudo...** (gr.), Falsch..., Schein... **Pseudodionysius** ↗Dionysius Areopagita. **Pseudoisidor,** *Pseudoisidorische Fälschungen,* um 850 wohl in der Kirchen-Prov. Reims entstandene Sammlung größtenteils gefälschter Papstdekretalen u. meist echten Konzilsmaterials unter dem fingierten Verf.-Namen eines *Isidor Mercator.* **Pseudonym** s (gr.), Deckname. **Pseudopodium** s (gr.), Scheinfüßchen der Rhizopoden (↗Protozoen) u. Leukozyten; zur Fortbewegung. **Pskow** (: pßkof), dt. *Pleskau,* russ. Stadt am Peipussee, 127000 E.; alte Bauwerke, bes. der Kreml (12./16. Jh.) u. viele Kirchen. **Psoriasis** w (gr.), *Schuppenflechte,* Hautleiden mit Schuppenhäufchen. **Psychasthenie** w (gr.), seelische Krankheit (Selbstunsicherheit, Frage- und Grübelzwang, Angst). **Psyche** w (gr.) **1)** Seele. **2)** in der Kunst: Geliebte des Eros. **psychedelisch,** die durch ↗LSD und andere Halluzinogene erzeugten Glückszustände. **Psychiater** m (gr.), Facharzt für ↗Geisteskrankheiten. **Psychiatrie** w, ↗Seelenheilkunde. **psychisch,** seelisch. **p.e Krankheiten** ↗Geisteskrankheiten. **Psychoanalyse** w (gr.), v. S. ↗Freud entwickelte Lehre u. Methode der ↗Psychotherapie. Grundbegriffe: Libido (Trieb), ↗Unbewußtes, ↗Verdrängung, Ödipus-Komplex der frühen Kindheit. Die Analyse soll Gründe seel. Störungen bewußt machen. – Von Anfang an umstritten, jedoch durch den Hinweis auf das Unbewußte v. großem Einfluß auf das Menschenbild der Gegenwart. Die P. steht am Anfang der modernen ↗Tiefenpsychologie. [risch.

psychogen (gr.), seelisch bedingt, hyste-**Psychohygiene** w (gr.), Lehre v. der seel. u. geistigen Gesundheit, begr. u.a. von Feuchtersleben; will schädigende Wirkungen der Zivilisation u. der sozialen Lebensbedingungen für die seel. Verfassung erforschen u. die menschl. Persönlichkeit stärken.

Psychokinese w (gr.), *Fernbewegung*, Parapsychologie: direkter Einfluß eines Menschen auf ein physikal. System ohne Beteiligung irgendeiner bekannten physikal. Energie bzw. mechan. Vorrichtung; ältere Bz.: *Telekinese*.

Psychologie w (gr.), Wiss. oder Lehre vom Erleben u. Verhalten u. von den diesen „Äußerungsweisen des Seel." zugrunde liegenden Bestimmungskräften. Die *phil. (metaphys.* oder *rationale) P.* fragt nach dem aprior. Wesen (Geistigkeit, Substantialität, Leibbezogenheit) der Seele, ihrer mögl. Freiheit u. Unsterblichkeit (↗Metaphysik). Die *empir. (theoret.* u. *prakt.) P.* untersucht die psych. Erscheinungen mit empir. Methoden, davon bes. wichtig: *Selbstbeobachtung* (phänomenolog. Erhellung, Motivationsanalyse) und *Fremdbeobachtung*, z.B. Analyse des Ausdrucks, der Schrift (↗Graphologie) der soz. Beziehung, *Befragung, Experiment* u. ↗*Test.*

Psychologismus m (gr.), Anschauung, die die Psychologie gegenüber der Philosophie absolut setzt u. alles auf seel. Zustände zurückführt. Denkinhalte werden v. Denkvorgängen nicht unterschieden. Bes. gg. Ende des 19. Jh.

Psychoneurose ↗Neurose. **Psychopathie** w (gr.), angeborene, anlagebedingte seel. Abnormität der Persönlichkeit; keine Geisteskrankheit, Psychopathen sind z.B. Menschen mit ausgeprägter ↗schizoider Veranlagung.

Psychopathologie w (gr.), die Lehre vom krankhaften Seelenleben.

Psychopharmaka (Mz., gr.), chem. Substanzen, die auf die seelische Verfassung einwirken, u.a. zur Dämpfung v. Erregungen u. Aufhellung v. Depressionen; einige P. finden bei der experimentellen Erforschung v. Geisteskrankheiten Anwendung.

Psychose w (gr.), ↗Geisteskrankheit.

Psychosomatik w (gr.), die Lehre v. der Entstehung körperl. Krankheitserscheinungen durch seel. Ursachen (etwa in krisenhaften Lebenssituationen).

Psychotechnik w (gr.), prakt. Anwendung der Psychologie in ↗Eignungsprüfung u.a.

Psychotherapie w (gr.), erstrebt Heilung seel. Erkrankungen u. ihrer körperl. Folgen durch Einwirkungen auf seel. Wege. Neben den Methoden der Psychoanalyse heute auch verschiedene andere Verfahren: z.B. Existenzanalyse, Gruppentherapie.

Psychrometer s (gr.), ein Gerät zur Messung der Luftfeuchtigkeit.

Pt, chem. Zeichen für ↗Platin.

Pterosaurier (Mz., gr.), fossile Flugechsen aus Jura u. Kreide; z.B. der *Pterodactylus.*

Ptolemäer (Mz.), makedon. Dynastie, beherrschte 323/30 v. Chr. Ägypten; ben. nach Ptolemäus I. Soter (Feldherr und Freund Alexanders d. Gr.).

Ptolemäus, *Claudius*, ca. 87–165 n. Chr., Astronom, Geograph des Alt. in Alexandria; HW *Almagest*; begr. *Ptolemäisches (geozentrisches) Weltsystem* (Erde Mittelpunkt der Welt); in der *Geographike hyphegesis* (geograph. Lehrbuch) Tabellen mit Breiten- u. Längengraden vieler Orte.

Pu, chem. Zeichen für ↗Plutonium.

Pubertät w (lat.), Zeit der ↗Geschlechtsreife; beruht auf Reifung der Geschlechtsdrüsen, äußert sich in Ausbildung der Geschlechtsorgane, Auftreten der sekundären Geschlechtsmerkmale u. seel. Erscheinungen.

publice (lat.), öffentlich, allgemein. [gen.

Publicity w (: pàblißiti, engl.), öff. Geltung od. Anerkennung.

Public Relations (: pablik rele'schens, engl. = öff. Beziehungen), Form der wirtschaftl. Werbung; verzichtet auf direkte Absatzreklame u. wirbt um das Vertrauen der Käufer in das Produkt durch Angaben über den Betrieb. **Public Schools** (: pablik ßkuls = öff. Schulen), **1)** in Engl. exklusive private höhere Schulen u. Erziehungsanstalten mit Internaten. **2)** in den USA, Schottland u. den Ländern des Commonwealth öff. Schulen.

publik (lat.), offenkundig, öffentlich. **Publikation** w (Ztw. *publizieren*), Veröffentlichung. **Publikum** s, Öffentlichkeit, Menschenmenge. **Publizistik** w, Unterrichtungen u. Veröffentlichungen, die zu Fragen der Zeit, vor allem der Politik, Stellung nehmen u. somit bei der Bildung der öff. Meinung mitwirken. Mittel der P. sind u.a. Buch, Zeitung, Zeitschrift, Film, Rundfunk u. Fernsehen. **Publizität** w (lat.), **1)** Öffentlichkeit, Offenkundigkeit. **2)** Offenlegung, bes. des Geschäftsergebnisses einer AG (rechtl. vorgeschrieben).

Puccini (: putschi-), *Giacomo*, it. Komponist, 1858–1924; spätromant., teilweise sehr gefühlsselige Opern: *Manon Lescaut; La Bohème; Tosca; Madame Butterfly; Das Mädchen aus dem Goldenen Westen; Turandot.*

Pucelle (: püßäl, frz. = Jungfrau), volkstüml. Bz. der ↗Jeanne d'Arc.

Puck ↗Eishockey.

Pückler-Muskau, *Hermann* Fürst von, dt. Schriftsteller, 1785–1871; Reisebeschreibungen; schuf Parkanlagen in Schlesien.

puddeln, Verfahren zur Gewinnung v. Schweißstahl im Flammofen.

Pudel, wollhaarige Hunderasse, gezüchtet durch Kreuzung des Schäferhundes mit der Bracke; gelehrig, einfarbig. ☐ 1043.

Puder, feinstgepulverte Gemenge aus organ. od. anorgan. Substanzen, oft mit Farbstoffen, Parfüm, Heilmitteln u. zu kosmet. Zwecken.

Puebla (: pwewla), *P. de Zaragoza*, Hst. des

Samuel von Pufendorf

G. Puccini

mexikan. *Staates P.*, östl. v. Popocatepetl, 517000 E.; Stadtbild im span. Kolonialstil. Kath. Erzb.

Puebloindianer (: pw**e**wlo-), Gruppe v. Indianerstämmen im SW der USA; gemeinsame Kulturformen; wohnen in festungsartigen Dörfern *(Pueblos)* aus mehrstöckigen, wabenförmig gebauten Häusern.

Pue**lche** (: -tsche), ehem. Stamm der Pampasindianer. **E**nde 19. Jh. aufgerieben.

Pue**rto** *m* (span.), Hafen. **Pu**e**rto Montt,** südchilenische Prov.-Hst., Hafen am Pazif. Ozean, 112000 E. (viele Dt.). Bischof. – 1960 durch Erdbeben schwere Schäden. **Pu**e**rto R**i**co,** fr. *Porto Rico,* kleinste Insel der Großen Antillen, östl. v. Haiti, ist als *Commonwealth of P. R.* mit den USA verbunden u. hat innere Autonomie. 8897 km^2, 3,3 Mill. span. sprechende E.; 80% Weiße, 20% Neger u. Mulatten. Wichtigste Produkte: Zukkerrohr, Kaffee, Zigarrentabak u. Ananas. – 1493 v. Kolumbus entdeckt; 1898 v. Spanien an die USA abgetreten.

Pufendorf, *Samuel v.,* dt. Rechtsphilosoph u. Historiker, 1632–94; entfaltete in seinem HW *De jure naturae et gentium* das Naturrecht als eine bloß auf Vernunfterkenntnis gegründete Rechts- u. Staatssoziologie u. zugleich als Pflichtenlehre; prägte damit die Naturrechtslehre der dt. Aufklärung.

Puffer, federnder Kolben in einem Zylinder mit flacher od. gewölbter Abschlußplatte, zur Aufnahme von Stößen; bei der Eisenbahn. **P.batteri**e, elektr. ⁄Akkumulatoren, zum Speichern von überflüssiger Energie. **P.staat,** kleinerer Staat zw. Großmächten (oft von diesen errichtet), der deren Reibungsmöglichkeiten mindert.

Puffotter, gelbbraune afrikan. Giftschlange.

Pula, fr. *Pola,* jugoslaw. Hafenstadt an der Südspitze Istriens, 48000 E.; Werften, Zement- und Tabakfabriken. – War 1815/1918 Hauptkriegshafen Österreichs.

Pulheim, rhein. Gem. westl. v. Köln (Kr. Euskirchen), 43500 E.

Pulitzer, *Joseph,* am. Journalist, 1847 bis 1911; stiftete den *P.-Preis,* seit 17 jährl. für Leistungen in Lit. u. Journalistik verliehen.

Pullach, *P.* im *Isartal,* oberbayer. Gem., 15 km südl. v. München, 7800 E.

pullen, 1) rudern. **2)** hartes Aufliegen des Pferdes mit dem Maul auf dem Gebiß. **3)** strafbares Ausreiten im Rennen.

Pullman (: -m^{e}n), *George Mortimer,* am. Industrieller, 1831–97; baute erstmals die nach ihm ben. Eisenbahnschlafwagen mit Seitengang *(P.wagen).*

Pullover *m* (engl.), gestricktes Kleidungsstück für den Oberkörper zum Überziehen.

Pul**mo** *w* (lat.), die ⁄Lunge. **pulmon**a**l,** zur

Lunge gehörig. **Pulmon**a**lart**e**rie** *w,* Lungenschlagader. ☐ 616.

Pulpa *w* (lat.), Nerven- u. Blutgefäße führendes Mark der Zahnhöhle.

Pülpe *w,* **1)** Obstbrei; Rohmaterial für Marmeladefabriken. **2)** Rückstand der Stärkefabrikation; Viohfutter.

Pu**lque** *m* (: -ke, span.), alkohol. Getränk der Mexikaner aus jungen Agavenschäften.

Puls *m,* der Zusammenziehung u. Erschlaffung des Herzmuskels entspr. rhythm. Druckschwankung in den Schlagadern. ☐ 387, 617.

Pulsare (Mz., lat.), kosm. Radioquellen, die äußerst regelmäßige Radioimpulse aussenden; P. sind vermutl. schnell rotierende *Neutronensterne* (Durchmesser ca. 10 km, Dichte ca. 100 Mill. Tonnen pro cm^3!) mit starken Magnetfeldern u. werden als Überreste v. Supernovaausbrüchen angesehen; die P. wurden 1967 entdeckt.

Pulsation, fühl- od. sichtbarer Pulsschlag.

Pulso**meter** *s* (lat.-gr.), eine kolbenlose Pumpe, nutzt die Kondensation v. Dampf zur Förderung v. Wasser aus.

Pulvermetallurgie *w* (gr.), ein wichtiges technolog. Verfahren, um aus Pulvern v. Metallen od. Metallverbindungen, auch v. Nichtmetallen, durch Pressen, Walzen u. anschließendes Sintern Halbzeuge u. Fertigteile herzustellen.

Pulververschwörung, der mißglückte Plan einiger kath. engl. Adliger, 1605 Kg. Jakob I. u. das Parlament in die Luft zu sprengen.

Puma *m, Silberlöwe* od. *Kuguar,* Großkatze, zähmbar; in Amerika. ☐ 1044.

Pumpe, Maschine zum Fördern v. Flüssigkeiten, Gasen od. Dämpfen. Arten: a) *Hubkolben-P.:* Bauarten: Kolben-P. für Saugod. Druckförderung, Membran-P. mit elast. Membran anstelle des Kolbens, Flügel-P. mit schwingendem Kolben; b) *Umlaufkolben-P.:* Bauarten: Zahnrad-P., Spindel-P. od. Kreiskolben-P.; c) *Kreiselrad-P.;* d) *Strahl-P.* (ein Strahl [Dampf, Wasser, Gas] reißt das Fördergut mit, z. B. der ⁄Injektor); e) *Mammut-P.* (eingeführte Druckluft erniedrigt das spez. Gew. der Flüssigkeit durch Bildung eines Flüssigkeit-Luft-Gemisches so stark, daß dieses unter der Wirkung des Luftdrucks selbst steigt); f) *elektromagnet. P.,* zur Förderung flüss. Metalle, die Wirkungen v. Magnetfeld u. elektr. Strom erteilen dem Fördergut einen Vorwärtsschub. ⁄Luftpumpen.

Pumpernickel *m,* aus Westfalen stammendes Roggenschrotbrot; bei niedriger Temperatur lange gebacken.

Pumps (: pömpß, engl., Mz.), leichte Damenschuhe ohne Schnürung.

Pumpspeicherkraftwerk, ein Wasserkraftwerk, dessen Wasser mit billigem Nachtstrom ins Staubecken zurückgepumpt wird; dient am Tag zur Deckung des Strombedarfs bei Spitzenbelastung.

Puna, die ind. Stadt ⁄*Poona.*

Punchingball (: p**a**ntschingbål, engl.), birnenförm. Lederball zum Boxtraining.

Punier (Ez. u. Mz.), *Karth*a*ger,* Bewohner v. ⁄Karthago.

Pun**ische Kriege,** die 3 Kriege zw. Rom und

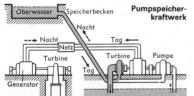

Oberwasser / Speicherbecken — **Pumpspeicherkraftwerk**
Nacht / Nacht / Tag / Netz / Tag / Turbine / Turbine / Pumpe / Generator

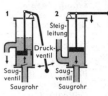

1 · 2
Steigleitung
Druckventil
Saugventil / Saugventil
Saugrohr / Saugrohr

Saugventil / Druckventil
Treibflüssigkeit / Membran
3

Windkessel 4
Druckventile
Saugventile
Saugstutzen

Druckstutzen 5
Saugstutzen

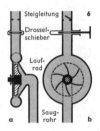

Steigleitung 6
Drosselschieber
Laufrad
Saugrohr
a / b

Magnetfluß / S
Stromrichtung / N
Förderrichtung
7

Pumpe: 1 Hub- oder Saug-P. (als einfache Brunnen-P.); 2 Druck-P.; 3 Membran-P.; 4 Flügel-P. mit schwingenden Kolben; 5 Zahnrad-P. für Schmieröl; 6 Kreisel-P.; a Längs- und b Querschnitt; 7 elektromagnetische P.

↗Karthago, die mit dem Untergang der karthag. Macht endeten. Der *1. Pun. Krieg* (264/241 v. Chr.) führte zur Eroberung Siziliens durch Rom. Im *2. Pun. Krieg* (218/201) errang ↗Hannibal zunächst einige Siege in It. (bes. 216 bei ↗Cannae), erlag aber 202 den Römern bei ↗Zama; im Frieden mußte Karthago u. a. Spanien abtreten u. seine Flotte ausliefern. Der *3. Pun. Krieg* (149/146) endete mit der Zerstörung Karthagos.
Punjab (: pandschab, engl.) ↗Pandschab.
Punkt, 1) in der Geometrie: ein Gebilde mit einer bestimmten Lage, aber keiner Ausdehnung, erzeugt z. B. durch den Schnitt zweier Geraden. **2)** gesetzl. nicht mehr zulässige Maßeinheit der Schriftgröße v. 0,3759 mm in der Drucktechnik. **3)** Schlußzeichen eines Satzes. **4)** Bewertungseinheit bei Spiel od. Sport. **5)** in der Musik: Verlängerungszeichen hinter einer Note od. Pause. □ 688.
Punktalgläser, Brillengläser, die den ↗Astigmatismus aufheben.
Punktation *w* (lat.), Vorvertrag zur Festlegung der Hauptpunkte eines Vertrags.
Punktiermanier *w* (lat.-frz.), **1)** *Punzenmanier,* Technik des ↗Kupferstichs, bei der statt der Linien mit einem feingezahnten Rädchen (*Roulette*) oder einem *Punzeisen* Punkte in beliebiger Stärke u. Dichte in die Platte eingegraben werden. **2)** *Bildhauerkunst:* Methode zur maßstabgerechten Übertragung des Modells auf den Block durch Festlegung der wichtigsten Punkte v. Hand oder mit der *Punktiermaschine.*
Punktion *w* (lat.), Entnahme v. Flüssigkeit aus Körperhöhlen mittels Hohlnadel.
Punsch *m,* heißes Getränk aus Wasser, Frucht, Tee, Zucker, Alkohol.
Punta *w* (span.-it.), Spitze, Vorgebirge.
Punta Arenas, 1927/37 *Magallanes,* südlichste größere Stadt der Erde, Hst. der chilen. Prov. Magallanes, an der Magellanstraße, 77 000 E.; Bischof.
Punze *w,* Werkzeug für ↗Treibarbeit.
Pupille *w* (lat.), Sehloch in der Regenbogenhaut des ↗Auges. *P.nerweiterung,* nach Verdunkelung, psych. Erregungen. *P.nverengung,* bei plötzl. Belichtung. □ 618.
Pupinspule, verbessert die Güte v. Fernsprechkabelübertragung durch Selbstinduktion u. unterdrückt die Leitungskapazität; benannt nach dem ungar.-am. Elektroingenieur *Michael Pupin* (1858–1935).
Puppe *w,* **1)** Kinderspielzeug, Nachbildung einer menschl. (meist kindl.) Gestalt. **2)** Figur des ↗Puppenspiels. **3)** bei Insekten mit vollkommener Verwandlung (z. B. Schmetterling) ein nach dem Larvenstadium eingeschalteter Ruhezustand, in dem die ↗Metamorphose zum fertigen Insekt erfolgt.
Puppenspiel, Theaterspiel mit Puppen. In Asien teilweise, im Abendland seit dem 13. Jh. bekannt; mit Handpuppen (↗Kasperletheater) oder ↗Marionetten.
Purcell (: pö'ß*ᵉ*l), *Henry,* engl. Komponist, 1659–95; bedeutendste engl. Musiker, Barockmeister; Kirchenmusik, Oper *Dido u. Aeneas.*
Püree *s* (frz.), Brei aus Hülsenfrüchten, Kartoffeln od. Gemüse.

A. Puschkin

Hans Purrmann: Selbstbildnis

Puppe aus Garmisch (um 1850)

Puppe des Schwalbenschwanzes

Purgatorium *s* (lat.), ↗Fegfeuer.
purgieren (lat.), abführen. **Purgier-Kroton,** der ↗Tiglibaum. **Purgiermittel,** Abführmittel, so *Purgierkörner* und *-nüsse.*
Purimfest, bei den Juden, am 14. u. 15. Tag des Frühlingsmonats zur Erinnerung an die Errettung durch ↗Esther.
Purin *s,* organische Verbindung, $C_5H_4N_4$; Stammsubstanz v. Koffein, Harnsäure.
Purismus *m* (lat.), **1)** übertriebenes Bestreben, die Landessprache v. Fremdwörtern zu reinigen. **2)** v. A. Ozenfant u. Le Corbusier 1918 begr. Bewegung; erstrebt in Abwandlung des ↗Konstruktivismus eine rationale Malerei ohne Deformation des Objekts.
Puritaner (Mz., lat.), Bz. (urspr. Spottname) für die „Reinheit" der Lehre fordernden streng calvin. Vertreter des engl. Protestantismus im Ggs. zur ↗Anglikan. Kirche; in viele Gruppen gespalten: ↗Baptisten, ↗Kongregationalisten, ↗Quäker, Unabhängige (Independents) usw. **Puritanismus** *m,* die Grundhaltung der ↗Puritaner, bes. ev. Reinheit der Lebensführung, strikte Sonntagsheiligung, religiöses Ethos in Beruf u. Politik; prägte (durch die ↗Pilgerväter auch in den USA) Geistesart, Politik u. Lebensstil der angelsächs. Völker entscheidend. ↗Reformierte.
Purpur *m* (lat.), rotvioletter Farbton; früher aus dem Sekret der P.schnecken, heute synthet. gewonnen. **Purpura** ↗Blutfleckenkrankheit. **Purpurschnecke,** eine Stachelschnecke in wärmeren Meeren.
Purrmann, *Hans,* dt. Maler, 1880–1966; Schüler v. Matisse; Stilleben u. südl. Landschaften in kraftvoller Farbgebung.
Purús, *Rio P. m,* r. Nebenfluß des Amazonas, 3200 km lang.
Pusan, fr. japan. *Fusan,* größte, moderne Hafenstadt Südkoreas, an der Koreastraße, m. V. 2,4 Mill. E.; kath. Bischof. Textil-, Metall- u. Nahrungsmittel-Ind.
Puschkin, *Alexander,* russ. Dichter, 1799 bis 1837; gilt als Nationaldichter, gab der russ. Lit. weltliterar. Rang. Versroman *Eugen Onegin* (vertont v. Tschaikowskij), Drama *Boris Godunow* (vertont v. Mussorgskij), Lyrik, Novellen.
Pusey (: pjus¹), *Edward Bouverie,* engl. anglikan. Theologe, 1800–82; seit ↗Newmans Konversion 45 Führer der ↗Oxford-Bewegung.
Pustel *w* (lat.), eitergefüllte Hautblase.
Pustertal, alpines Längstal der Rienz u. oberen Drau, 100 km lang; westl. Teil it., östl. Teil östr.; Hauptort Bruneck.
Puszta *w* (: pußta), die Landschaft der Ungar. Tiefebene; früher weites Grasland, heute mit künstl. Bewässerung intensiver Ackerbau (Weizen, Mais, Tabak).
putativ (lat.), vermeintlich.
Putbus, mecklenburg. Kurort auf Rügen, mit Seebad *Lauterbach,* 6500 E.; Schloß.
Pute *w,* Truthenne. **Puter** *m,* Truthahn.
Putiphar, *Potiphar,* im AT ägypt. Gefängnisaufseher, an den Jakobs Sohn Joseph verkauft wurde; P.s Frau suchte vergebl. Joseph zu verführen. [streich.
Putsch *m* (schweizer. = Stoß), Staats-
Putten (Ez. *Putto,* it.), in der Kunst kleine,

Putten: Putto
(Der Honigschlecker)
in der Wallfahrtskirche
Birnau

Inhalt: $V = \frac{G \cdot h}{3}$

Pyramide

$V = \frac{h}{3} (G_1 + G_2 + \sqrt{G_1 \cdot G_2})$

Pyramidenstumpf

**Pythagoreischer
Lehrsatz**

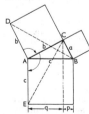

Beweis des Euklid:
Dreieck A B D = Dreieck A E C,
d. h. $\frac{b^2}{2} = \frac{cq}{2}$, also $b^2 = cq$,
ebenso $a^2 = cp$ (Kathetensatz),
deshalb $a^2 + b^2 = c (q + p) = c^2$

---

meist nackte Knaben; bes. im Barock u. Rokoko beliebt.
Puttgarden, Ortsteil v. Bannesdorf, an der Nordküste der Insel Fehmarn, Fährbahnhof an der ⁄Vogelfluglinie.
Puttkamer, *Johanna v.,* ⁄Bismarck.
Püttlingen, Stadt im Saarland, 20700 E.; Redemptoristinnenkloster. Kohlengruben.
Putumayo *m,* im Unterlauf *Içá,* l. Nebenfluß des Amazonas, 1580 km lang.
Puvis de Chavannes (: püwi d$^{\circ}$ schawan), *Pierre Cécile,* frz. Maler, 1824–98; Erneuerer der Monumentalmalerei.
Puy-de-Dôme *m* (: püi d$^{\circ}$ dom), erloschener Vulkan der ⁄Auvergne, 1465 m hoch.
Pu-Yi, chines. Prinz, 1906–67; 08/12 (als *Hsuan-tung*) Ks. v. ⁄China, 34/35 (als *Kang Teh*) Ks. v. Mandschukuo (⁄Mandschurei); 45/59 bei Sowjets bzw. Chinesen in Haft.
Puzzle *s* (: pasl), Gedulds- u. Geschicklichkeitsspiel, bei dem ein Bild aus zahlr., unterschiedl. geformten Teilen zusammengesetzt wird.
PVC-Stoffe ⁄PC-Stoffe.
Pyämie *w* (gr.), die ⁄Blutvergiftung.
Pygmäen, i. w. S. die Zwergvölker der Erde *(Pygmide),* in Asien die Negritos u. Semang, in Afrika die P. i. e. S.: 110–155 cm groß, gelb bis dunkelbraun, krauses Haar; leben als primitive Sammler u. Jäger in Horden in den trop. Wäldern Innerafrikas.
Pygmalion, sagenhafter Kg. v. Zypern, verliebte sich in eine v. ihm geschaffene Mädchenstatue, die Aphrodite belebte.
Pyjama *m* od. *s* (: pidsch-, hindustan.), Schlafanzug; in Indien: lange Hose.
Pykniker *m* (gr.), ⁄Kretschmer.
Pyknometer *s* (gr.), Gerät zur Dichtebestimmung v. Flüssigkeiten.
Pylon *m,* **1)** in Ägypten seit dem Neuen Reich (1580/1075 v. Chr.) vorherrschendes Tempelportal mit 2 das Tor flankierenden, schräg geböschten, mit riesigen Reliefs geschmückten Türmen. **2)** Pfeiler.
Pyramide (ägypt.-gr.), **1)** geometr. Körper aus einem Vieleck als Grundfläche u. entsprechender Anzahl Seitenflächen in Dreiecksform, deren Spitzen sich in der *P.nspitze* vereinigen. *Pyramidenstumpf,* entsteht durch einen grundflächenparallelen Schnitt durch eine P. **2)** Form der Grabmäler ägypt. Kg.e aus dem 3. u. 2. Jahrt. v. Chr. (geometr. P. mit viereck. Grundriß); bes. die P.n in ⁄Giseh. □ 10. **3)** in alt-am. Kulturen P.nstümpfe als Tempelunterbauten. □ 150, 716.
Pyrenäen, Gebirgswall zw. Mittelmeer u. Biscaya-Golf, 450 km lang, 80–140 km breit; seit 1659 frz.-span. Grenze. Gliederung: *Zentral-P.* (Pic de Néthou in der vergletscherten Maladetta 3404 m), *West-P.* bewaldet; die *Ost-P.* gehen gg. O allmählich in fruchtbares Hügelland über. Eisenwerke, Kraftwerke, Kurorte, Sportplätze; 2 Bahnlinien durchbrechen im Tunnel die P. Isoliert in den P. liegt der Zwergstaat ⁄Andorra.
P.friede, 1659 Friede zw. Fkr. u. Spanien, in dem Spanien die Gebiete nördl. der Pyrenäen und Teile der Niederlande abtrat.
P.halbinsel, *Iberische Halbinsel,* die v. den Pyrenäen im N begrenzte westlichste der 3

großen südeurop. Halbinseln; umfaßt polit. Spanien u. Portugal.
Pyrethrum *s, Kaukas. Kamille* od. *Pers. Wucherblume,* rotblühende Chrysantheme; ihr Duft tötet Insekten; aus ihr Insektenpulver.
Pyridin *s,* C_5H_5N, farblose, unangenehm riechende Flüssigkeit, Gewinnung aus Steinkohlenteer; u. a. zum Vergällen v. Alkohol.
Pyridoxin, organ. Stoff im ⁄Vitamin B₆.
Pyrit *m* (gr.), *Eisen-* od. *Schwefelkies,* FeS_2, goldfarb. Mineral, zur Schwefelgewinnung.
Pyrmont, *Bad P.,* niedersächs. Staatsbad zw. Teutoburger Wald u. Weserbergland, 21900 E.; Eisen- u. Kochsalzsäuerlinge.
Pyrogallol *s, Pyrogallussäure,* Trioxybenzol, $C_6H_3(OH)_3$, gift. organ. Verbindung.
Pyrogene (Mz., gr.) ⁄Fieberstoffe.
Pyromanie *w* (gr.), krankhafter Brandstiftungstrieb.
Pyrometer *s* (gr.), Instrument zum Messen hoher Temperatur, die meist aus der abgegebenen Strahlung abgeleitet wird.
pyrophore Metalle, z. B. Eisen, Blei, entzünden sich als Pulver an der Luft; *p. Legierungen* für Zündsteine in Feuerzeugen.
Pyroxene (Mz., gr.), wichtige Mineralien, dazu z. B. der ⁄Augit, ⁄Jade usw.
Pyrrhus II., Kg. v. Epirus, 319–272 v. Chr., wollte ein hellenist. Reich im W gründen; besiegte 279 die Römer bei Ausculum in Apulien unter großen Verlusten; daher **P.sieg,** verlustreicher Sieg.
Pyrrol *s,* C_4H_5N, ölige organ. Verbindung; Grundbaustein der *P.farbstoffe* (Chlorophyll, Hämoglobin u. a.).
Pythagoras, griech. Philosoph, um 570 bis um 497 v. Chr.; lehrte die Zahl als Urgrund aller Dinge, Sphärenharmonie u. Seelenwanderung. Nach ihm der **Pythagoreische Lehrsatz:** im rechtwinkligen Dreieck ist die Summe aus den Quadraten über den beiden Katheten gleich dem Quadrat über der Hypotenuse: $a^2 + b^2 = c^2$.
Pythia, Priesterin des ⁄Apollo in ⁄Delphi; weissagte, auf einem Dreifuß über einem Felsspalt sitzend. **pythisch,** orakelhaft, schwer verständlich. **Pythische Spiele,** altgriech. panhellen. Kultfeste zu Ehren des Apollo v. Delphi, mit musischen, gymnast. u. pferdesportl. Wettkämpfen; seit 582 v. Chr. wahrsch. alle 4 Jahre gefeiert.
Pythonschlangen ⁄Riesenschlangen.
Pyxis *w* (gr.), Gefäß zur Aufbewahrung geweihter Hostien im ⁄Tabernakel.

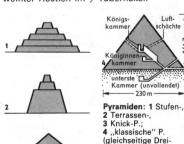

Pyramiden: 1 Stufen-,
2 Terrassen-,
3 Knick-P.;
4 „klassische" P.
(gleichseitige Dreiecke mit einem Neigungswinkel von ca. 45°): Cheops-P.

Inhalt: $V = a \cdot b \cdot c$
Oberfläche: $2\,(ab + ac + bc)$
Diagonale: $\sqrt{a^2 + b^2 + c^2}$

wenn $a = b = c \rightarrow$ Würfel

Quader

$a = b$
Fläche: $F = a^2$
Umfang: $U = 4\,a$
Diagonale: $d = a \cdot \sqrt{2}$

Quadrat

quadratische Gleichung

$$x^2 + px + q = 0$$

die Lösungen lauten:

$$x_1 = -p/2 + \sqrt{[p/2]^2 - q}$$
$$x_2 = -p/2 - \sqrt{[p/2]^2 - q}$$

$[p/2]^2 - q$ ist die Diskriminante; ist sie kleiner als Null, ist die Lösung der q. G. komplex

q, in Maßbezeichnungen Abk. für ⁄Quadrat; z. D. qm für Quadratmeter; gesetzl. ist vorgeschrieben: m².
Qatar ⁄Katar.
Q-Fieber, Infektionskrankheit, durch ⁄Rikkettsien erregt u. durch Rinder übertragen.
Quaddel w, Hautschwellung.
Quaden (Mz.), Teilstamm der ⁄Sueben, folgten den ⁄Markomannen nach Böhmen u. gingen mit ihnen in den Bajuwaren auf.
Quader m od. w (lat.), 1) 4seit. rechtwinkl. ⁄Prisma. 2) behauener Baustein.
Quadflieg, *Will,* dt. Schauspieler, * 1914; bes. Gestalter klass. Rollen; auch Filme.
Quadragesima w (lat.), 40tägige Fastenzeit, die österl. Bußzeit. **Quadragesimo anno,** Sozialenzyklika Pius' XI., 1931; mit ⁄Rerum novarum u. ⁄Mater et magistra wichtigste kath. Lehräußerung zur Gesellschafts- u. Wirtschaftsreform; fordert eine ⁄Berufsständische Ordnung.
Quadrant m (lat.), 1) der Viertelkreis, z. B. beim Äquator der Erd-Q. 2) ein Winkelmeßgerät, ähnl. dem Sextant. 3) im rechtwinkl. ⁄Koordinatensystem der 4. Teil der Fläche, z. B. zw. der positiven x- u. y-Achse.
Quadrat s (lat.), 1) ein Viereck mit gleichen Seiten u. gleichen Winkeln. 2) die zweite Potenz.
quadratische Gleichung, Gleichung, in der die Variablen höchstens in der 2. Potenz vorkommen. ☐ 334.
Quadratur w (lat.), 1) mathemat. die Inhaltsberechnung (⁄Integralrechnung) einer beliebig begrenzten Fläche. Q. des Kreises, Umwandlung eines Kreises in ein flächengleiches Quadrat; mit Zirkel u. Lineal nicht lösbar. 2) astronom. die Stellung zweier Gestirne, deren Winkelabstand v. der Erde aus 90° beträgt. ☐ 44.
Quadratwurzel ⁄Wurzel.
Quadriga w (lat.), röm. Streit-, Renn- oder Triumphwagen mit 4 Pferden. Nachbildung auf dem Brandenburger Tor in Berlin.
Quadrille w (: kadrijᵉ, frz.), Gesellschaftstanz des 18. u. 19. Jh. im ³/₈- u. ²/₄-Takt.
Quadrilliarde w, tausend ⁄Quadrillionen, also 10^{27}.
Quadrillion w, 4. Potenz einer Million, eine 1 mit 24 Nullen = 10^{24}.
Quadrivium s (lat.), im MA die Oberstufe der 7 ⁄Freien Künste; die untere Stufe Trivium.
Quadrophonie w (lat.-gr.), Weiterentwicklung der Zweikanal- zur Vierkanal-⁄Stereophonie, bei der die entspr. aufgenommene akust. Information (Musik, Sprache) über 4 Kanäle übertragen u. über 4 Lautsprecher (z. B. für links, rechts, vorn u. hinten) wiedergegeben wird. Die Q. ermöglicht eine weit bessere Wiedergabe der Akustik des Aufnahmeraums als die gewöhnl. Stereophonie.
Quadrupelallianz (lat.-frz.), Bündnis zw. 4 Mächten. [art.
Quagga s, ausgerottete südafrikan. Zebra-
Quai m (: kä, frz.), ⁄Kai. **Quai d'Orsay** (: -dorßä), 1) Straße am Seine-Ufer in Paris. 2) Bz. für das frz. Außenministerium, das dort liegt.
Quäker (engl. = *Zitterer,* urspr. Spottname), amtl. Bz. *Ges. der Freunde,* Mitte 17. Jh. in

Engl. v. G. ⁄Fox gegr., 1681 v. ⁄Penn z. T. nach den USA (Pennsylvanien) verpflanzt; christliche Laienbewegung mit demokrat. Verf.; betont die Erleuchtung des Einzelmenschen durch Gott als Antrieb zu christl. Handeln, lehnt deshalb Priesteramt ab; verwirft Kriegsdienst u. Eid; hält Gottesdienst als „schweigende Anbetung"; ca. 190000 Anhänger, meist in den USA. Für ihre Hilfsaktionen nach beiden Weltkriegen erhielten die Q. 1947 den Friedensnobelpreis.
Qualifikation w (lat.), Befähigung, Eigenschaft. **qualifiziert,** befähigt. **q.e Mehrheit** ⁄Abstimmung 1). **Qualität** w (lat.), 1) Beschaffenheit, Wert. 2) als eine ⁄Kategorie philosoph. Grundbegriff.
Qualle w, *Meduse,* gallert. Geschlechtstier der ⁄Hohltiere, schwimmt durch rhythm. Kontraktion der Schwimmglocke, an der lange Fangarme mit Nesselkapseln hängen.
Qualtinger, *Helmut,* östr. Schauspieler u. Schriftsteller, * 1928; Kabarettist, bes. erfolgreich mit dem satir.-zeitkrit. Monolog *Herr Karl* (v. Q. u. Carl Merz).
Quanten (Mz.), in der Atomphysik: diejenigen Teilchen, die Feldern komplementäre sind, z. B. durch ⁄Dualismus v. Welle u. Korpuskel, insbes. die Licht-Q. (Photonen). **Q.mechanik,** moderne Form der Quantentheorie, v. Heisenberg u.a. begründet; beschäftigt sich bes. mit dem Atom u. seinen Bausteinen. **Q.theorie,** v. M. Planck stammende Theorie, nach der die Atome Strahlungsenergie nicht stetig, sondern nur in Form v. Quanten (Energieelementen) aufnehmen u. abgeben (⁄Plancksche Konstante). Die Weiterentwicklung zur Quanten- u. Wellenmechanik brachte den Verlust der Anschaulichkeit. Ein Gegenstand intensiver Forschung ist die Quantentheorie der Felder, insbes. die Quantenelektrodynamik.
Quantität w (lat.), 1) allg. = Menge. 2) als eine ⁄Kategorie philosoph. Grundbegriff für die jeden Körper kennzeichnende Grundbeschaffenheit, kraft deren er ausgedehnt ist u. im räuml. Nebeneinander seiner Teile existiert. **quantitativ,** der Menge nach. **Quantité négligeable** (: kãtite negliſchablᵉ, frz.), geringfügige, außer acht zu lassende Menge, Belanglosigkeit.
Quantum s, eine bestimmte Menge, Größe; ⁄Quanten.
Quantz, *Johann Joachim,* dt. Flötist u. Hofkomponist Friedrichs d. Gr., 1697–1773.
Quappe w, *Aal-Q.,* Raubfisch; in Europa, Nordasien u. Nordamerika.
Quarantäne w (lat.-frz.), fr. die 40täg. Absperrung v. Pestverdächtigen aus verseuchten Häfen; heute jede Isolierung Seuchenkranker od. -verdächtiger.
Quark, *Topfen,* bei der Milchgerinnung ausgeflockter, eiweißreicher Käsestoff, zu *Speise-Q.* u. ⁄Käse.
Quarks (: kwảkß, engl. Mz.), experimentell noch nicht nachgewiesene Elementarteilchen, aus denen sich viele Elementarteilchen zusammensetzen sollen; Ladung + ²/₃ e bzw. −¹/₃ e (e = Elementarladung, Ladung des Elektrons).
Quart (lat.), 1) s, altes Hohlmaß, zw. 0,3 u. 1,2 l. 2) älteres Buch- und Papierformat,

22,5 × 28,5 cm, durch DIN A 4 ersetzt. **3)** *w,*
Q.hieb beim Fechten, auf die linke Gesichts-
od. Brusthälfte.
Quarta *w* (lat. = die vierte), die 3. (v. der
↗Prima her gerechnet die 4.) Klasse an hö-
heren Schulen
Quartal *s* (lat.), Vierteljahr.
Quartär *s,* jüngste geolog. Formation, um-
faßt ↗Diluvium u. ↗Alluvium. ☐ 237.
Quarte *w,* die 4. diaton. Stufe v. Grundton
aus; 4stufiges Intervall. ☐ 425.
Quartett *s,* **1)** Gruppe v. 4 Sängern od. In-
strumentalisten. **2)** Werk für diese Beset-
zung. **3)** bebildertes Kartenspiel, bei dem jeweils 4 zu einer Motivgruppe gehörende
Karten einen „Stich" einbringen. [kunft.
Quartier *s* (frz.), **1)** Stadtviertel. **2)** Unter-
Quartole *w* (it.), Gruppe von 4 gleich langen
Noten in einem rhythmisch an sich dreiwer-
tigen Zeitraum.
Quarz *m,* SiO₂, das am häufigsten vorkommende Mineral, kommt *kristallisiert* z. B. als
Bergkristall, *körnig* z. B. als Rosenquarz,
stengelig z. B. als Tigerauge, *kristallin* z. B.
als Achat u. Chalzedon u. *amorph* als Opal
vor. Verwendung als Edelsteine u. wegen
der piezoelektr. Eigenschaften als Schwing-
quarze (Sender, Ultraschallsender). ☐ 255.
Quarzit *m,* Gestein, das fast nur aus Quarz
besteht.
Quarzlampe, eine ↗Metalldampflampe, die
bes. reich an Ultraviolettstrahlung ist, als
Heimsonne (↗Höhensonne) u. zur Analyse
in der Wiss. **Quarzporphyr** *m,* ein weitver-
breitetes Ergußgestein aus Quarz u. Feldspat. **Quarzuhr,** eine Präzisionsuhr, v. einem
Schwing-↗Quarz angetrieben u. gesteuert;
Gangabweichung ca. 1 s in 3 Jahren.
Quasare (Mz., lat.), *quasistellare Radioquellen,* opt. als sternartige Gebilde erscheinende kosm. Radioquellen mit sehr starker
Radiostrahlung und auffallend hoher
↗Rotverschiebung, die, als ↗Doppler-Ef-
fekt gedeutet, auf Entfernungen der Q. von
mehreren Mrd. Lichtjahren schließen läßt
(diese Deutung ist 1974 noch umstritten).
Die 1963 entdeckten Q. sind vermutl. Stät-
ten extrem hoher Energieproduktion.
quasi (lat.), gleichsam; Schein...
Quasimodo, *Salvatore,* it. Lyriker, 1901–68;
Hauptthemen seiner Gedichte sind Land-
schaft u. Geschichte Siziliens u. die Antike;
Das Leben ist kein Traum. 1959 Lit.-Nobel-
preis.
Quästor *m* (lat.), **1)** im alten Rom Finanzbe-
amter. **2)** in Dtl. u. Östr. Kassenbeamter an
Univ. **Quästur** *w,* Amt u. Amtsraum des
Quästors.
Quatember *m* (lat.), der Mittwoch, Freitag u.
Samstag nach dem 3. Advents-, dem 1. Fa-
stensonntag, in der Pfingstwoche u. nach
Kreuzerhöhung (14. Sept.).
Quattrocento *s* (: -tschento, it. = 400, Abk.
v. 1400), in der it. Kunst das 15. Jh.
Quebec, Hst. der kanad. *Prov. Q.,* am unte-
ren St.-Lorenz-Strom, m. V. 543000 E.; gro-
ßer Seehafen; kath. Erzb., anglikan. Bi-
schof; kath. Univ.; vielseitige Industrie.
Quebracho *m* (: kebratscho), trop. Baum in
Amerika; liefert *Q.-Extrakt* für Gerbereien;
Holz für Eisenbahnschwellen.

3/4 ♩♩♩ |♩♩♩ |♩♩

⏟
4
Quartole: Beispiel

1   Quelle
Quelle   a
b

2   Quelle

3
Quelle

4 Quelle   Quelle

5   Quelle

------ Grundwasserspiegel

Quellen: 1a Talquelle,
1b absteigende
Schichtquelle, **2** auf-
steigende Schicht-
quelle, **3** Schutt-,
4 Überlauf-, **5** Ver-
werfungsquelle

Quersumme

9 182 939

9+1+8+2+9+3+9 = 41

Dreier-Probe:

41 : 3 = 13   Rest 2
9 182 939 : 3 =
3 060 979   Rest 2

Neuner-Probe:

41 : 9 = 4   Rest 5
9 182 939 : 9 =
1 020 326   Rest 5

Quecke *w,* Wildweizen mit langen Wurzel-
stöcken (Volksheilmittel); Unkraut.
Quecksilber, chem. Element, Zeichen Hg,
flüss. Metall, Ordnungszahl 80 (☐ 149); sehr
giftig; hohe ↗Oberflächenspannung. Verwendung: Barometer, Thermometer;
Q.dampflampe, Q.gleichrichter; fur Zahn-
füllungen, Spiegelbeläge. Verbindungen:
Q.chlorid, a) *Sublimat,* HgCl₂, höchst giftig;
Desinfektionsmittel. b) *Kalomel,* HgCl, kri-
stallin. Pulver; für medizin. Zwecke.
Q.dampfgleichrichter, ein ↗Gleichrichter.
Q.dampflampe, eine ↗Gasentladungs-
lampe. **Q.oxid,** HgO, rotes od. gelbes Pulver.
Q.sulfid, HgS, wichtiges (rotes) Q.mineral,
bekannt als ↗Zinnober.
Quedlinburg, Krst. im nördl. Harzvorland
(Bez. Halle), an der Bode, 31 000 E.; in der
Krypta des roman. Domes (997/1129) die
Gräber Kg. Heinrichs I. u. seiner Gemahlin
Mathilde; frühroman. Wipertikirche 9. Jh.).
Queen *w* (: kwin, engl.), Königin.
Queensland (: kwinsländ), Gliedstaat des
Austral. Bundes, 1 727 522 km², 2,16 Mill. E.;
umfaßt den Nordostteil v. Australien;
Agrarland; Kohle, Kupfer, Bauxit, Gold; Hst.
Brisbane.
Quelle, natürl. Austritt v. Wasser aus dem
Erdboden, meist vom Niederschlag gespei-
stes ↗Grundwasser, oft als ↗Heilquelle.
↗Brunnen. [in der Formosastraße.
Quemoy, polit. zu Taiwan gehörende Insel
Quendel *m,* ↗Thymian.
Queneau (: k°no), *Raymond,* frz. Schriftstel-
ler, 1903–76; durch Sprachexperimente ge-
kennzeichnete Gedichte, Romane (*Zazie in
der Metro*) u. Prosatexte (*Stilübungen*).
Quent *s,* urspr. *Quint, Quentchen,* altes klei-
nes Gewicht, etwa 1,66 Gramm.
Quercia (: kᵘärtscha), *Jacopo della,* it. Bildhauer im Übergang v. der Gotik zur Frührenaissance, 1374–1438.
Querlage, anomale Geburtslage, erfordert
ärztl. Hilfe (Wendung auf Fuß oder Kopf).
Querpfeife, kleine klappenlose Flöte.
Querschiff, *Querhaus,* in Kirchen über
kreuzförm. Grundriß der quer zw. Langhaus
u. Ostchor errichteter Raum; an der Kreuzung entsteht die Vierung. ☐ 826. **Quer-
schnittsverletzung** des Rückenmarks, bei
Wirbelsäulenbruch mit völliger Lähmung u.
Empfindungslosigkeit der unteren Körper-
hälfte (Querschnittslähmung). **Quersumme,** Summe der Ziffern einer Zahl;
wichtig für die Teilbarkeit großer Zahlen:
jede Zahl ist durch 3 oder 9 teilbar, wenn
ihre Q. durch 3 bzw. 9 teilbar ist.
Querulant *m* (lat.; Ztw. *querulieren*), Klage-
süchtiger, Nörgler.
Quesnay (: känä), *François,* frz. Arzt u. Nationalökonom, 1694–1774, Begr. des ↗Phy-
siokratismus; entwickelte in seinem *Ta-
bleau économique* erstmals eine Theorie
des wirtschaftl. Kreislaufs.
Quetschung, Verletzung durch stumpfen
Stoß, Druck u. ä.
Queue (: kö, frz.), **1)** *w,* Schwanz, Ende. **2)** *s,*
der Stab beim ↗Billard.
Quevedo y Villegas (: kewędo i wilję-), *Francisco Gómez de,* span. Erzähler u. Satiriker;
1580–1645; *Sueños* (Traumbilder).

Quezón City (: kes<u>o</u>n ßit[i]), Hst. der Philippinen, unmittelbar n.ö. von Manila, 961 000 E.; Univ.; 1940 gegr., seit 48 offizielle Hst.
Quickborn *m*, 1909 entstandener kath. Jugendbund; entwickelte sich nach dem 1. Weltkrieg durch Begegnung mit der Jugend- u. Liturg. Bewegung zu einer Kulturu. Lebenserneuerungsbewegung (Tagungen auf Burg Rothenfels a. M.); 39 aufgelöst, 46 neugegr.
Quickborn, Gem. in Schleswig-Holstein, nördl. v. Hamburg, 17 900 E.
Quidde, *Ludwig*, dt. Historiker u. Politiker (Demokrat), 1858–1941; 1914/29 Vors. der Dt. Friedensges.; 27 Friedensnobelpreis.
Quierschied, Gem. im Saarland, n.ö. von Saarbrücken, 16 000 E.; Kohlengruben.
Quietismus *m* (lat.), theolog. u. philosoph. Lehre, bes. im 17./18. Jh.; fordert Passivität der Seele, um Gott allein wirken zu lassen; v. der kath. Kirche verurteilt. Ein Hauptvertreter war Fénelon.
Quillaja, süd-am. Bäume, bes. in Chile; davon die *Q.rinde,* auch *P<u>a</u>namarinde;* saponinhaltig.
Quinta *w* (lat. = die fünfte), die 2. (v. der ↗Prima her gerechnet die 5.) Klasse an höheren Schulen.
Quinte *w* (lat.), **1)** die 5. diaton. Stufe v. Grundton aus; 5stufiges ↗Intervall. **2)** ein Fechthieb. **Q.nzirkel** *m* (lat.), *Musik:* die v. einem Grundton (c) ausgehende Folge v. 12 Quinten, die, in eine Oktave zurückversetzt, die chromat. Tonleiter ergibt u. die Verwandtschaft der Tonarten untereinander anzeigt.
Quintessenz *w* (lat.), urspr. „fünftes Element" (Äther, den man für das wichtigste Element hielt), daher: Hauptsache, Kernpunkt.
Quintett *s* (lat.), **1)** Gruppe v. 5 Sängern od. Instrumentalisten. **2)** Werk für diese Besetzung.
Quintillion *w*, 5. Potenz einer Million, eine 1 mit 30 Nullen = 10^{30}.
Quintole *w* (it.), Gruppe v. 5 gleich langen Noten in einem rhythm. an sich vierwertigen Zeitraum.
Quirinal *m*, einer der 7 Hügel Roms. Der auf ihm zw. 1574 u. 1740 erbaute *Palazzo del Quirinale* (auch Q. gen.) war bis 1870 päpstl. Sommerresidenz, dann Residenz des it. Kg.; heute Sitz des Staatspräsidenten.
Quirinus, altröm. Kriegsgott neben ↗Mars.
Quiriten (Mz.; lat. *Quirites*), Ehrentitel der Bürgerschaft im alten Rom.
Quisling, *Vidkun,* norweg. Offizier u. Politiker, 1887–1945; 1933 Begr. einer faschist. Partei; während der dt. Besetzung 42/45 Min.-Präs.; als Landesverräter erschossen.
Quislinge, im 2. Weltkrieg Bz. für Kollaborateure mit der dt. Besatzungsmacht; ben. nach ↗Quisling.
Quisquilien (Mz., lat.), Kleinigkeiten.
Quito (: k<u>i</u>to), Hst. v. Ecuador, in der *Kordillere v. O.,* 2850 m ü.M., 560 000 E.; Erzb.; staatl. u. kath. Univ., Mineralquellen.
Quitte *w*, Rosengewächs, buschförmig; in Vorderasien u. Südeuropa bis Süd-Dtl.; birnenförm. Früchte für Gelee und Kompott. *Feuerbusch,* Zierstrauch. □ 747. **Q.nvogel,**

Quintenzirkel
aufsteigend:
g, d, a, e, h,
fis, cis, gis, dis,
ais, eis, his (= c)
absteigend:
f, b, es, as,
des, ges, ces,
fes, heses, eses,
asas, deses (= c)

Quintole: Beispiel

brauner, gelb gebänderter Schmetterling Mitteleuropas.
Quittung, schriftl. Bestätigung über eine empfangene Leistung. Der Überbringer einer quittierten Rechnung gilt als bevollmächtigt, die Leistung zu empfangen (↗Inkasso).
Quiz *s* (: kwiß, engl.), Frage- u. Antwortspiel.
Qumran (: kum-), Höhlenbezirk am Nordwestufer des Toten Meeres, seit 1947 durch Funde atl. hebr. Handschriften u. Dokumente der ↗Essener bekannt geworden.
Quod erat demonstrandum (lat.), was zu beweisen war; nach Euklid.
Quod licet Jovi, non licet bovi (lat.), was dem Jupiter erlaubt ist, ist nicht auch dem Ochsen erlaubt.
Quote *w* (lat.), Bruchteil eines Ganzen; der auf jemanden entfallene Anteil.
Quotient *m* (lat.), das Ergebnis der mathemat. Teilung. ↗Division.

R

r, Abk. für ↗Dosis u. ↗Radius. **R,** Abk. **1)** für rechten Winkel, **2)** für (Grad) Réaumur, **3)** für den elektr. Widerstand, **4)** für die Gaskonstante (↗Gasgesetz), **5)** in Taschenuhren am Gangregler für Retard (langsam).
Ra, chem. Zeichen für ↗Radium.
Ra ↗Rê.
Raab, 1) *w,* r. Nebenfluß der Donau, 398 km lang. Mündet bei R. [vgl. 2)]. **2)** ungar. *Györ,* Hst. des ungar. Komitats Györ-Sopron, an der Mündung der R. in die Donau, 105 000 E.; kath. Bischof.
Raab, *Julius,* 1891–1964; 1951/60 Vors. der ÖVP, 53/61 östr. Bundeskanzler.
Raabe, *Wilhelm,* dt. Dichter, 1831–1910; Vertreter eines verinnerlichten, späten Realismus; in seinen WW teils Pessimismus u. Weltverneinung, teils Gelassenheit u. Humor. *Chronik der Sperlingsgasse; Hungerpastor; Abu Telfan; Schüdderump; Stopfkuchen.*
Rab, jugoslaw. Insel vor der dalmatin. Küste, 103 km², 17 000 E.; Hauptort R., Seebad.
Rabat, Hst. Marokkos, Hafen am Atlant. Ozean, 531 000 E. (m. V.); kath. Erzb., Univ.
Rabatt *m* (it.), Preisnachlaß; vor allem als ↗Skonto od. Mengen-R.; im Einzelhandel in Form v. *R.sparmarken.* Darüber hinaus ist ein R. nur in bestimmten Fällen (z. B. Behörden-R.) erlaubt. [beet.
Rabatte *w* (niederländ.), schmales Garten-
Rabbi *m* (hebr. = mein Herr), im AT u. Talmud Bz. des jüd. Gesetzeslehrers; Anrede für Lehrer od. Meister, im NT auch für Christus. **Rabbiner** *m,* Titel des jüd. Schriftgelehrten, bes. des Vors. des rabbin. Gerichtshofes einer Gemeinde; heute auch jüd. Prediger u. Seelsorger.
Rabe, großer ↗Rabenvogel; Kolk- u. afrikan. Schild-R.
Rabelais (: rab[e]lä), *François,* frz. Humanist, Schriftsteller u. Gelehrter, 1494(?)–1553; zeitsatirisch, derb und grotesk sein HW *Gargantua und Pantagruel.*

Julius Raab

Wilhelm Raabe

Rabenvögel, allesfressende Vögel, Stand-od. Strichvögel; Raben, Krähen, Häher, Dohlen, Elstern. [wut.
rabiat (it.), wütend. **Rabies** w (lat.), ↗Toll-**Rabitzwand,** eine leichte, mit Mörtel od. Gips ausgefüllte, aus Drahtgeflecht bestehende Trennwand.
Rabulist m (lat.), Rechtsverdreher.
Rachel, Doppelgipfel im Böhmerwald, s.ö. von Zwiesel; *Großer R.* 1453 m, *Kleiner R.* 1399 m hoch; am Südosthang der *R.see.*
Rachel, *Rahel,* im AT die Frau Jakobs.
Rachen m, *Pharynx,* Verbindung zw. Mundhöhle u. Schlund, nach oben begrenzt durch das *R.dach,* nach vorn durch Zungenwurzel u. weichen Gaumen, nach hinten unten durch Kehldeckel und Speiseröhre, seitlich durch die Gaumenbögen; der obere Teil *(Nasen-R.-Raum)* durch die Choanen mit der Nasenhöhle verbunden. **R.mandeln,** **R.tonsillen,** wulstförm. Gebilde aus drüsigem Gewebe u. Lymphknötchen am R.dach. ☐ 660.
Rachitis w (gr.), *Englische Krankheit,* durch Vitamin-D- und Licht-Mangel verursachte Stoffwechselstörung des Kindesalters, die besonders den Aufbau des Knochensystems schädigt. ☐ 1064.
Rachmaninow, *Sergej,* russ. Komponist, 1873–1943; lebte zeitweise in den USA; Orchester- u. Kammermusik.
Rachmanowa, *Alja,* russ. Schriftstellerin, * 1898; lebt in der Schweiz; Romane (teils biograph.); *Meine russ. Tagebücher.*
Racibórz (: ratßjibusch) ↗Ratibor.
Racine (: -ßin), *Jean-Baptiste,* frz. Dichter, 1639–99; bedeutendster frz. Tragiker; Gestaltung der Leidenschaften im Kampf mit Ehre, Pflicht u.Tugend. *Britannicus; Iphigenie; Phädra; Esther; Athalie.*
Rackelhuhn, *Rakelhuhn,* Bastard zw. Auerhenne u. Birkhahn.
Racken, Gruppe krähenart., buntgezeichneter Baum- u. Bodenvögel; brüten in Höhlen; *Blauracke, Sägeracke.*
Racket s (: räk't, engl.), der Tennisschläger.
Radar, Abk. für **Ra**dio **d**etection **a**nd **r**anging (engl., Ortung durch Funk u. Entfernungsmessung), wichtigstes Gerät des Funkmeßwesens, auch Bz. für das Funkmeßwesen selbst. **R.astronomie,** Anwendung des Funkmeßwesens auf astronom. Fragestellungen, bes. Entfernungsbestimmung im Sonnensystem u. Meteoritenforschung.

Radball, 2 Mannschaften auf Rädern (je 2 bzw. 6 Spieler), versuchen mit Rad u. Körper (ausgenommen Hände und Füße) einen Stoffball ins gegnerische Tor zu stoßen.
Radbertus ↗Paschasius Radbertus.
Radbruch, *Gustav,* dt. Rechtsphilosoph, Strafrechtler u. Politiker (SPD), 1878–1949; 1921/23 zweimal Reichsjustizminister.
Raddampfer ↗Schaufelrad.
Rade w, die ↗Kornrade.
Radeberg, sächs. Stadt n.ö. von Dresden, 19 000 E.; Glas-Ind., Brauerei.
Radebeul, sächs. Stadt n.w. von Dresden, 40 000 E.; pharmazeut. u. Metall-Ind.
Radecki (: -dezki), *Sigismund v.,* dt. Schriftsteller, 1891–1970; Feuilletonist u. Übersetzer. *Wort u. Wunder; Im Vorübergehen.*
Raeder, *Erich,* dt. Großadmiral, 1876–1960; 1935/43 Oberbefehlshaber der Kriegsmarine; im Nürnberger Prozeß 46 zu lebenslängl. Haft verurteilt, 55 entlassen.
Rädergetriebe, ein Getriebe mit Zahn- od. Reibrädern, meist für Übersetzungen verwendet. ☐ 788.
Rädertiere, *Rotatorien,* bis 0,5 mm große, im Wasser lebende niedere Würmer. Wimpern am Vorderende, an rotierende Räder erinnernd, zum Einstrudeln der Nahrung.
Radetzky, *Joseph Wenzel* Graf R. v. Radetz, östr. Feldmarschall, 1766–1858; Organisator der östr. Armee, schlug 1848/49 den it. Aufstand nieder.
Radevormwald, rhein. Ind.-Stadt im Bergischen Land, 23 600 E.; metallverarb. u. Textil-Ind., Talsperren.
Radhakrishnan, *Sarvapalli,* ind. Religionsphilosoph (Wortführer des modernen Hinduismus) u. Politiker, 1888–1975; 1949 Botschafter in Moskau, 52 Vizepräs., 62/67 Präs. der Ind. Republik; erhielt 61 den Friedenspreis des dt. Buchhandels; betont das Gemeinsame der Weltreligionen.
radial, *radiar* (lat.), strahlig, auf den Halbmesser (Radius) bezüglich. **Radiant** m (lat.), Abk. rad, der ebene Winkel, bei dem der Kreisbogen gleich lang ist wie der dazugehörige Radius. ↗Bogenmaß. **Radiator** m, Wärme ausstrahlender Körper (Heizkörper).
Radierung w (lat.), Tiefdruckverfahren, bei dem die Zeichnung in eine wachsüberzogene Platte mit der Radiernadel eingeritzt und durch Säure in das Metall eingeätzt wird, um dann die Druckerschwärze aufzunehmen. ☐ 488.

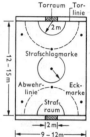

Radball: Spielfeld

Rädertier

S. Rachmaninow

J.-B. Racine

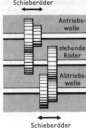

Schieberäder

Antriebswelle

stehende Räder

Abtriebswelle

Schieberäder

Rädergetriebe: viergängiges Dreiwellengetriebe

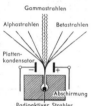

Gammastrahlen

Alphastrahlen   Betastrahlen

Plattenkondensator

Abschirmung

Radioaktiver Strahler

Radioaktivität: die Beeinflussung von α-, β- und γ-Strahlen durch ein elektrisches Feld

Kern   Scheinfüßchen

Radiolarien: Schnitt durch das Radiolar Hexacontum mit 3 Gitterkugeln

Licht

Spiegel

Radiometer mit Glimmerblättchen (unten)

Radieschen s, raschwüchsige rote Frühjahrsspielart des ↗Rettichs.
Radiguet (: -gä), *Raymond*, frz. Schriftsteller, 1903–1923; Romane: *Den Teufel im Leib, Der Ball des Comte d'Orgel.* Lyrik.
radikal (lat.), kompromiß-, rücksichtslos.
Radikale (Mz., lat.), bes. in der organ. Chemie, nicht selbständig existenzfähige Atomgruppen mit freien Bindungskräften.
Radikalismus m (lat.), der kompromiß- u. rücksichtslose Wille zur „gründl. Erneuerung" im Sinne einer Idee od. Ideologie (Links- u. Rechts-R.).
Radikalsoziale Partei, *Radikalsozialisten,* 1901 gegr. bürgerl. frz. Partei; spaltete sich 56 wegen der Algerienfrage.
Radikand m (lat.), ↗Wurzel 2).
Radio... (lat.), in Zss. Strahlung..., Funk...
R. s (lat.), ↗Rundfunk(empfänger).
radioaktiver Niederschlag, der ↗Fallout.
radioaktive Zeitmessung, die Zeitmessung aufgrund der Zerfallsgeschwindigkeit radioaktiver Isotope; es können je nach Wahl des Radionuklids Zeiträume v. einigen 10 Mrd. bis zu einigen Dutzend Jahren überbrückt u. bestimmt werden; bes. wichtig die ↗Radiokohlenstoffmethode.
Radioaktivität w (lat.), die Erscheinung bei natürl. od. künstl. hergestellten Atomarten, daß sich deren Kerne ohne äußere Einwirkung unter Aussendung v. Wellen- u. Korpuskelstrahlung in Kerne anderer Atomarten umwandeln; physikal. ist R. der Übergang instabiler Atomkerne in stabile Kerne unter Energieabgabe. Der radioaktive Zerfall erfolgt im allg. über eine Reihe weiterer instabiler Kerne (*radioaktive Familie*) bis zum stabilen End-Isotop der Zerfallsreihe. Die Zerfallsgeschwindigkeit ist für jede Atomart verschieden; meist wird die *Halbwertszeit* angegeben, d.h. der Zeitraum, in dem die Hälfte der strahlungsfähigen Kerne zerfallen ist (□ 366). *Natürl. R.* zeigen alle Elemente v. der Ordnungszahl 83 ab u. einige leichtere (z. B. Kalium); sie emittieren beim Zerfall: α-*Strahlen,* das sind Heliumkerne der Ladung 2 u. Masse 4; das strahlende Element rückt im Periodensystem um 2 Stellen nach links; die α-Teilchen haben eine einheitl. Energie bzw. Energiestufen; β-*Strahlen,* das sind Elektronen der Ladung 1 u. Masse nahe 0; das strahlende Element rückt im Periodensystem um 1 Stelle nach rechts; die β-Strahlen haben ein kontinuierliches Geschwindigkeits-(Energie-)Spektrum, maximale Geschwindigkeit ist 99% der Lichtgeschwindigkeit. *Gammastrahlen,* das sind extrem energiereiche kurzwellige Strahlen, ändern nur die Energiestufen im Atomkern; die Stellung im Periodensystem bleibt erhalten. *Künstl. R.* zeigen fast alle durch Kernreaktion erzeugten Isotope, v. jedem Element herstellbar; überwiegend sind die Beta- u. Gammastrahlen; emittieren häufig *Positronenstrahlung,* wodurch das Element im Periodensystem eine Stelle nach links rückt. Die energiereiche radioaktive Strahlung dient med. z. Bestrahlung, techn. zur ↗radioaktiven Zeitmessung, als radioaktive Spurenelemente (Isotope) usw.

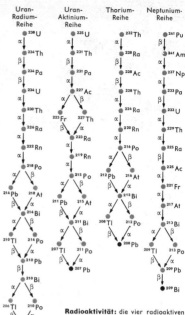

Uran-Radium-Reihe	Uran-Aktinium-Reihe	Thorium-Reihe	Neptunium-Reihe

Radioaktivität: die vier radioaktiven Zerfallsreihen (die Neptuniumreihe gehört zur künstl. R.)

Radioastronomie w (lat.-gr.), Teilgebiet der Astrophysik, untersucht die Strahlung der Himmelskörper im Wellenlängenbereich v. einigen mm bis zu etwa 20 m. Erzeugt wird die Radiostrahlung entweder als thermische Strahlung (genauso wie Licht) od. als nichtthermische Strahlung (Schwingungen von ↗Plasma, z. B. bei Bewegung von Ionen in Magnetfeldern usw.). Modernste Forschungsobjekte der R. sind die ↗Quasare u. ↗Pulsare. **radiochemische Altersbestimmung** ↗radioaktive Zeitmessung. **Radiographie** w, die ↗Autoradiographie. **Radioindikator** m, ↗Indikator. **Radioisotope** (Mz.), die radioaktiv strahlenden ↗Isotope. **Radiokohlenstoffmethode** w, die Altersstimmung mit Hilfe des radioaktiven Kohlenstoff-14-Isotops (C 14), das durch die kosm. Strahlung in der Atmosphäre erzeugt wird; die R. beruht auf dem Vergleich der Radioaktivität (β-Aktivität) von C 14 in der Prüfsubstanz mit der in einer rezenten Probe; in der Archäologie mit großem Erfolg benutzt. **Radiolarien** (lat.), die ↗Strahlentierchen. **Radiometer** s (lat.-gr.), *Lichtmühle,* mechan. Strahlennachweisgerät (bes. für Infrarot); besteht aus einem an Quarzfaden in evakuiertem Glaskolben drehbar aufgehängten System v. geschwärzten u. blanken Glimmerblättchen. **Radiosonde** w (lat.-gr.), ein unbemannter Wetterballon, der die Beobachtungen über Funk selbsttätig übermittelt. **Radiospektroskop** s (lat.-gr.), in der Sonnenphysik verwendetes Radioteleskop, das schnell hintereinander die solare Radio-

Radioteleskop (Effelsberg; Münstereifel); größtes bewegl. R. mit 100 m Spiegeldurchmesser

strahlung in verschiedenen Wellenlängen abtastet.

Radioteleskop s (lat.-gr.), Beobachtungsgerät der Radioastronomie, entweder als parabolisch geformter Hohlspiegel (bis zu 100 m Durchmesser) mit Antenne (Dipol) im Brennpunkt od. als entsprechend gebildetes Antennensystem (Yagi-, Horn-Antenne usw.); zur Vergrößerung des Auflösungsvermögens oft als *Radiointerferometer* ausgebildet (Basislänge einige km).

Radiotherapie w (lat.-gr.), ⁄Radiumbehandlung.

Radiothorium s (lat.-gr.), radioaktives Zerfallsprodukt u. Isotop des ⁄Thoriums.

Radium s, radioaktives chem. Element, Zeichen Ra, weißglänzendes Erdalkalimetall, Ordnungszahl 88 (☐ 149); zerfällt in andere Elemente (⁄Radon), Halbwertszeit 1620 Jahre; Zerfallsprodukt des Urans; 1 g R. aus ungefähr 7000 kg Uranerz. **R.behandlung,** *Radiotherapie,* Behandlung von Haut- und Krebskrankheiten mit Strahlen v. Radium od. radioaktiven Substanzen. **R.emanation** ⁄Radon.

Radius m (lat.), ⁄Halbmesser bei Kreis u.

Radix w (lat.), Wurzel.   [Kugel.

radizieren, die ⁄Wurzel einer Zahl suchen.

Radnetzspinnen, *Kreuzspinnen,* ca. 2500 Arten, bauen komplizierte radförm. Fangnetze.

Radolfzell, badische Stadt am Boden-(Unter-)See, 23700 E.; got. Münster (1436). Nahebei die Vogelwarte *Möggingen.*

Radom, poln. Ind.-Stadt südl. v. Warschau, 184000 E.; Zentrum der poln. Leder-Ind.

Radom, ein kugelförmiger, durch ein Gebläse mit Luft aufgefüllter und prall gehaltener Wetterschutz z. B. von Radargeräten.

Radon s, fr. *Radium-Emanation, Niton,* radioaktives chem. Element, Zeichen Rn, Edelgas, Ordnungszahl 86 (☐ 149); entsteht beim ⁄Radium-Zerfall u. zerfällt selbst mit einer Halbwertszeit v. 3,83 Tagen.

Radowitz, *Joseph Maria v.,* preuß. General, 1797–1853; kath.-konservativer Politiker unter Friedrich Wilhelm IV., trat für eine kleindt. Union unter preuß. Führung ein.

Radpolo, 2 Damenmannschaften auf Rädern (je 2 Spieler) versuchen einen filzüberzogenen Holzball mit Hammerschlägern ins gegner. Tor zu treiben.

Radrennbahn, ovale, mit einer Zement-, Makadam- (Sommerbahn) od. Holz-Piste (überdachte Winterbahn) versehene, 200–500 m lange, 5–8 m breite Rundbahn mit überhöhten Kurven (25–45°).

Radscha (Sanskrit = Kg., Fürst), ind. Fürstentitel. *Maharadscha,* Herrscher über mehrere R.s.

Radschastan, amtl. *Rajasthan,* ind. Bundesstaat in Nordwestindien, 342268 km², 26 Mill. E.; Hst. Dschaipur (Jaipur). R. umfaßt die als *Radschputana* bekannte Landschaft.

Radschkot, amtl. *Rajkot,* ind. Stadt im Staat Gudscherat, 300000 E.

Radsport, Wettkämpfe auf Spezialrädern, ausgetragen als Bahn-, Straßen- u. Querfeldeinrennen sowie als Saalradsport.

Raffael (eig. Raffaello Santi), it. Maler u. Architekt, 1483–1520; neben Tizian, Leonardo,

Raffael: Selbstbildnis

Radsport-Wettbewerbe

Straßenrennen

Bergrennen: Zeitfahren über mehrere Steigungen und ca. 5 km Distanz

Etappenrennen: über einzelne Teilstrecken zu täglich neuen Zielorten

Kriterium: eine Distanz von mehr als 50 km wird auf einem 1–2,5 km langen Rundkurs abgefahren

Rundstreckenrennen: unter 5 km Länge, Start und Ziel an der gleichen Stelle

Streckenfahren: mit Massenstart, im Gegensatz zum Zeitfahren

Zeitfahren: die Fahrer starten in Abständen und fahren gegen die Uhr

Querfeldeinrennen: über nicht mehr als 25 km Distanz mit zahlreichen natürlichen Hindernissen; Strecke muß zu 2/3 befahrbar sein

Bahnrennen

Ausscheidungsfahren: bei jeder Wertung scheidet der jeweils letzte aus

Fliegerrennen: ein Kurzstreckenrennen über 1000 m mit Zeitmessung der letzten 200 m

Omnium: freie Zusammenstellung verschiedener Konkurrenzen

Sechstagerennen: ein Zweiermannschaftsrennen, jeweils einer im Rennen, der andere neutralisiert

Steherrennen: hinter Schrittmachermaschinen, über 10–70 km (Amateure) oder 100 km (Profis) oder über 1 Stunde

Tandemrennen: auf Tandemrädern über 2000 m, die letzten 200 m gesondert gestoppt

Verfolgungsrennen: Start in gleichen Abständen, Eingeholte scheiden aus

Vorgaberennen: Fahrer schwächerer Leistungsklassen erhalten einen Vorsprung

Zeitfahren: wie bei Straßenrennen

Saalradsport

Kunstradfahren: artistischer Radwettbewerb

Radball: Ballspiel mit Torwertung für Zweiermannschaften auf Fahrrädern

Radpolo: Ballspiel mit Torwertung für Zweier-Damenmannschaften auf dem Fahrrad mit hammerartigen Schlagstöcken

Raffael: „Sistina" (Sixtinische Madonna)

Michelangelo Vollender der Renaissance in Werken klassischer Schönheit u. Harmonie; Schüler Peruginos; 1504/08 in Florenz; seit 08 in Rom; 15 als Nachfolger Bramantes Bauleiter v. St. Peter. HW: Madonnen, Fresken (↗Stanzen) im Vatikan: *Parnaß, Schule v. Athen, Disputa,* Bildnisse *(Paul II.).* Bauten: u. a. Entwurf für den *Palazzo Pandolfini* (Florenz).

Raffiafaser, Bast von ↗Raphia.
Raffinade *w* (lat.-frz.), Weißzucker, aus Rohzucker durch Raffination gewonnen.
Raffination, *raffinieren, läutern,* Verfahren zur Reinigung od. Veredlung v. Naturstoffen (z. B. Zucker- ↗Raffinade), meist durch Destillation, Extraktion, Hydrierung usw. in der *Raffinerie* (z. B. bes. bei Erdöl, aber auch bei Erzen). **Raffinement** (: -mãn), *Raffinesse* (frz.), höchste Feinheit; Verschlagenheit.
Rafflesia, *R. arnoldii,* auf Sumatra, eine Schmarotzerpflanze mit 1 m großen rötl. Blüten.
Ragaz, *Bad R.,* schweizer. Badeort, im Kt. St. Gallen, 3700 E.; Thermalbäder (37°C, Leitung aus Bad Pfäfers).
Rage *w* (: räscẖe, frz.), Wut, Aufregung.
Raglan *m* (: rägḻan, engl.), über die Achsel führender Ärmelschnitt, bes. bei Sportmänteln.
Ragnarök (Mz.), in der nord. Sage Untergang der Welt u. der Götter (nach Kampf mit Fenriswolf u. ↗Midgard-Schlange).
Ragnit, russ. *Neman,* Stadt an der Memel, 10000 E.; ehem. Deutschordensschloß (1379/1409).
Ragout *s* (: rag̱u, frz.), Fleisch od. Fischstücke in pikanter Tunke.
Ragtime *m* (: rägtaim, engl.), um 1900 aufgekommene, in Beziehung zum Jazz stehende Klaviertechnik mit rollenden Bässen u. synkopierten Läufen in der höheren Lage.
Ragusa, 1) die jugoslaw. Stadt ↗Dubrovnik.

2) it. Prov.-Hst. auf Sizilien, 67000 E.; Bischof.
Ragwurz, *Ophrys,* Orchideengattung, im südl. Dtl. *Fliegen- Bienen-, Spinnen-* u. *Hummel-R.,* mit braun-gelb-weißen Blüten.
Rahe, *Raa w,* eine waagrecht quer vor dem Mast aufgehängte Stange zum Befestigen der viereckigen *Rahsegel.* ☐ 973.
Rahel ↗Rachel.
Rahm, *Sahne, Schmant, Obers,* fettreichster (10–15% Fett) Teil der ↗Milch.
Rahmen, im Fahrzeugbau Hauptträger des Fahrgestells. ☐ 511. **R.erzählung,** Mittel der Strukturierung eines Erzählwerkes: eine od. mehrere Erz. werden von einer R. „rahmenartig" eingeschlossen; z. B. *Tausendundeine Nacht.* **R.gesetz,** Gesetz, das nur in allg. Umrissen eine Materie regelt. *R.gesetzgebung,* im Bundesstaat Gesetzgebungszuständigkeit der Zentralgewalt (Bund), die sich auf R.e beschränkt; für die BRD geregelt in Art. 75 GG. **R.tarif** ↗Manteltarif.
Rahne, die ↗Rote Rübe.
Rahner, *Karl,* SJ, dt. Theologe, * 1904; führender Dogmatiker; Religionsphilosoph; 63 Konzilstheologe. *Hörer des Wortes; Schriften zur Theologie;* Mit-Hrsg. des *Lexikons für Theologie u. Kirche,* des *Handbuchs der Pastoraltheologie,* des *Kleinen Konzilskompendiums,* der *Quaestiones disputatae* u. a.
Raiffeisen, *Friedrich Wilhelm,* Begr. des dt. ländl. Genossenschaftswesens, 1818–88; schuf u. a. Spar- u. Darlehenskassenvereine *(R.kassen).* ↗Deutscher R.verband.
Raimund, *Ferdinand,* östr. Schauspieler u. Dramatiker, 1790–1836; mit seinen Märchendramen Vollender des Wiener Zauberspiels; *Der Bauer als Millionär; Der Alpenkönig u. der Menschenfeind; Der Verschwender.*
Raimund v. Peñafort (: -penja-), hl. (7. Jan.), OP, span. Kanonist, um 1175/80–1275; Mitbegr. der ↗Mercedarier u. 1238/40 deren Ordensgeneral.
Raimundus Lullus (span. *Ramón Llull*), sel. (3. Juli), span. Theologe, Mystiker u. Philosoph, 1232–1315/16; Missionar bei den Muslimen; Lehrer in Montpellier u. Paris; als Verf. v. zahlr. theol., philosoph. u. dichter. WW „Vater der katalan. Literatur".
Rainald v. Dassel, Erzb. v. Köln (seit 1159), um 1120–1167; seit 56 Reichskanzler Ks. ↗Friedrichs I.; radikaler Verfechter der Reichsrechte gegenüber dem Papst u. den lombard. Städten.
Rainfarn, Chrysanthemum-Art, Staude mit goldgelben Köpfchen in Doldentrauben; Kraut u. Blüten giftig, auf Bahndämmen.
Rainier, *Mount R.* (: maunt re̱'nje̱r), *Tacoma,* nord-am. Vulkan im Kaskadengebirge, 4392 m hoch, vergletschert.
Rainier III. (: ränj̱e) G r i m a l d i, * 1923; seit 49 Fürst v. Monaco, heiratete 56 die am. Filmschauspielerin Grace Kelly.
Rainweide, Strauch, der ↗Liguster.
Raisting, oberbayer. Gem. südl. des Ammersees (Kr. Weilheim-Schongau), 1500 E.; Bodenstation für Satelliten-Funkverkehr.
Rajasthan, der ind. Staat ↗Radschastan.
Rajkot, die ind. Stadt ↗Radschkot.
Rakel *w,* Farbschaber beim ↗Tiefdruck.

Karl Rahner

F. W. Raiffeisen

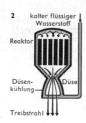
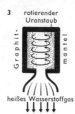
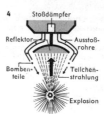
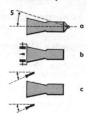

1 Treibstoffbehälter — Reflektor — Wellenlängentransformator — Zerstrahlungsreaktor — Treibstrahl aus Photonen

2 kalter flüssiger Wasserstoff — Reaktor — Düsenkühlung — Düse — Treibstrahl

3 rotierender Uranstaub — Graphit — mantel — heißes Wasserstoffgas

4 Stoßdämpfer — Reflektor — Ausstoßrohre — Bombenteile — Teilchenstrahlung — Explosion

5 a b c

Rakete w, ein Fluggerät mit Strahlantrieb *(R.nantrieb)* u. Treibstoffen, die mit mitgeführtem Sauerstoff verbrannt werden; die R. führt zus. mit dem *R.nmotor* sämtliche Stoffe, die zur *Energieerzeugung* u. als *Arbeitsmedium* dienen, mit sich, der R.nantrieb ist also unabhängig v. der Umgebung *(autonomer Strahlantrieb)* u. daher der einzige für die Raumfahrt geeignete Antrieb; die Steuerung erfolgt mit den verschiedenen ⁄Lenksystemen. Die Bewegungsverhältnisse der R. werden durch die *Grundgleichung der R.ntheorie* beschrieben; aus ihr folgen die Forderung nach maximaler Brennkammer-Temp. (Temp. 3000°C), minimalem Molekulargewicht der Treibgase und einem maximalen Massenverhältnis (führt zum Stufenprinzip); aus der Kombination dieser Forderungen gelingt es, die für die Raumfahrt notwendigen hohen Geschwindigkeiten (Ausströmgeschwindigkeit bis 3000 m/s) mit vernünftigen Nutzlasten zu erreichen. Die Antriebsleistung einer R. kann aus chem., elektr. u. nuklearen *(atomarer Antrieb)* Reaktionen gewonnen werden; der Photonenantrieb ist hypothetisch. ⁄Weltraumfahrt. **R.napparat,** schießt mit einer Rakete eine Leine zu einem verunglückten Schiff; mittels Hosenboje kann die Besatzung gerettet werden. **R.nschlitten,** v. Raketen angetriebenes, auf Schienen laufendes Fahrzeug höchster Geschwindigkeit zur technolog. u. med. Forschung. **R.nwaffen,** unbemannte, Sprengwaffen (oft Kernwaffen) tragende Flugkörper mit Raketenantrieb; für Reichweiten von einigen Kilometern bis zu globalen Distanzen *(Interkontinentalrakete),* v. Land-, See- u. Luftstreitkräften einsetzbar u. für deren Zwecke abgewandelt.
Rakhiot Peak (: -pïk), Gipfel des Nanga-Parbat-Massivs, im Himalaja, 7070 m hoch.
Rákóczi (: rakõtßi), ehem. ungar. Adelsgeschlecht: **1)** *Franz II.,* Fürst v. Siebenbürgen, 1676–1735; im Span. Erbfolgekrieg Führer des ungar. Aufstandes gg. die Habsburger. **2)** *Georg I.,* Fürst von Siebenbürgen, 1593 bis 1648; im 30jährigen Krieg Führer der ev. Ungarn.
Raleigh (: råle¹), Sir *Walter,* engl. Seefahrer, 1552–1618; gründete 1585/86 die 1. engl. Kolonie in Nordamerika (Virginia); unter Jakob I. wegen Seeräuberei hingerichtet.
Ralik-Inseln ⁄Marshall-Inseln.
Rallen (Mz.), hühnerart. Sumpfvögel mit langen Zehen; Bläß-, Teich-, Sumpfhuhn, Wasserralle (Riedhuhn), Wachtelkönig.
Rallye s od. w (: ralï, frz.), *Automobilsport:* Straßenwettbewerb, bei dem in verschie-

denen Klassen die Einhaltung vorgeschriebener Zeiten u. bestimmte Streckenprüfungen gewertet werden.
Rama, der Held des ⁄Ramayana, gilt den Hinduisten als Inkarnation ⁄Vischnus.
Ramadan m (arab.), 9. Monat des muslim. Mondjahres; Fastenzeit, in der nur nachts gegessen u. getrunken werden darf; Abschlußfest der *Kleine* ⁄Bairam.
Ramakrischna, bengal. Brahmane u. Religionsreformer, 1834–86; gilt als hinduist. Heiliger.
Ramaneffekt, die Erscheinung, daß bei Bestrahlung v. Molekülen außer den Spektrallinien des eingestrahlten Lichts noch energiereichere bzw. energieärmere Spektrallinien in der Streustrahlung auftreten, die Rückschlüsse auf den Bau dieser Moleküle zulassen. Entdeckt v. ind. Physiker *C. V. Raman* (1888–1970; Nobelpreis 1930).
Ramat Gan, Ind.-Stadt in Israel, 3 km östl. v. Tel Aviv, 121000 E.; Textil-, Maschinen- u. Nahrungsmittel-Ind.
Ramayana s (Sanskrit = Reise des Rama), ind. Epos v. Helden ⁄Rama; um 400 v. Chr. bis 200 n. Chr. entstanden; 7 Bücher mit zus. 24000 Doppelversen (Schlokas).
Rameau (: ramõ), *Jean-Philippe,* frz. Komponist, 1683–1764; klass. Harmonielehre.
Ramie w (engl.), ⁄Chinagras.
Ramin, *Günther,* dt. Kirchenmusiker, 1898 bis 1956; Thomaskantor in Leipzig.
Ramme w, Vorrichtung zum Feststampfen v. Erde, Steinen u. Beton od. zum Eintreiben *(R.n)* v. Pfählen u. a.; Hand-, Explosions-, Winden-, Dampf-, Preßluft-R.n mit Rammbär, Rammbock, Rammhammer als Fall- u. Schlaggewicht.
Rampolla del Tindaro, *Mariano,* 1843–1913; Kardinalstaatssekretär Papst Leos XIII. 1887/1903; suchte Ausgleich mit (dem laizist.) Fkr.; 1903 infolge östr. Einspruchs nicht zum Papst gewählt.
ramponieren (frz.), beschädigen.
Ramsay (: rämse¹), Sir *William,* engl. Chemiker, 1852–1916; fand das Argon (mit ⁄Rayleigh), Helium, Neon, Krypton, Xenon. Nobelpreis 1904.
Ramsch m (hebr.), Ware, für die der Verkäufer keine Haftung übernimmt (nicht nur Ausschußware).
Ramses, 11 ägypt. Pharaonen der 19. u. 20. Dynastie, bes. **R. II. d. Gr.,** 1290/1223 v. Chr., kämpfte mit den Hethitern, errichtete viele Bauten (⁄Abu Simbel).
Ramsey (: räms⁰ei), *Arthur Michael,* anglikan. Theologe, * 1904; 56 Erzb. v. York, 61/74 v. Canterbury u. Primas der anglikan. Kirche. Förderer der Ökumen. Bewegung.

Raketen: 1 Photonentriebwerk; 2 nukleares Triebwerk mit Wärmeaustauscher, 3 mit Kernreaktion im Treibgas, 4 mit Explosionen außerhalb des Fahrzeugs. 5 Steuerungsmöglichkeiten einer R.: a durch Schwenken, b durch hitzebeständige Ruder im Gasstrom, c durch Ablenktriebwerke (Spoiler). – ☐ 1101.

Leopold von Ranke

Mumie Ramses' II.

Erzb. A. M. Ramsey

Ramsgate (. rämsge[i]t), engl. Hafenstadt u. Seebad nördl. v. Dover, 40000 E.; Benediktinerabtei.

Ramstein-Miesenbach,   rheinland-pfälz. Gemeinde westl. v. Kaiserslautern, 7700 E.; Textil- u. Stahl-Ind.; größter europ. NATO-Flughafen. 1969 durch Zusammenschluß v. Ramstein u. Miesenbach gebildet.

Ramuz (:-mü), *Charles Ferdinand,* schweizer. Romanschriftsteller frz. Sprache, 1878 bis 1947; zahlreiche Bauernromane. *Das große Grauen in den Bergen.*

Ranch w (: räntsch, engl.), am. Farm mit reiner Viehwirtschaft.

Rand, Währungseinheit. ☐ 1144/45.

Randen m, ein Waldhöhenzug zwischen Schwäb. u. Schweizer Jura, bis 924 m hoch.

Randers (: ranerß), Hst. u. Hafen des dän. Amts R., am *R.fjord,* 65000 E.

Rangun, *Rangoon,* Hst. u. Haupthandelsplatz v. Birma, an der Vereinigung dreier Flüsse zum breiten *R.fluß,* 34 km v. Meer; Ausfuhrhafen bes. für Reis; 2,1 Mill. E.; kath. Erzb., anglikan. Bischof; Univ.; 170 m hohe u. vergoldete Schwe-Dagon-Pagode, ein buddhistisches Haupteiligtum.

Rank (: ränk), *Joseph Arthur,* engl. Filmproduzent, 1888–1972; beherrschte einen Großteil der engl. Filmproduktion.

Ranke, *Leopold v.,* dt. Historiker, 1795 bis 1886; 1825/71 Prof. in Berlin; Vertreter der histor. Quellenkritik, Begr. einer stark außenpolit. ausgerichteten dt. Geschichtsschreibung. *Die röm. Pp.e im 16. u. 17. Jh., Dt. Gesch. im Zeitalter der Reformation, Frz. Gesch., Engl. Geschichte.* ☐ 791.

Ranken, fadenförmige Haftorgane der Kletterpflanzen, so der Rebe. **R.füßer,** festsitzende Meereskrebse mit r.artigen Spaltfüßen zum Herbeistrudeln der Nahrung: *Entenmuscheln, Seepocken.*

Ranküne w (frz.), Rachsucht, Groll.

Ranunkel w, der ↗Hahnenfuß.

Ranzigkeit der Fette, hervorgerufen durch chem. Veränderung der Fette durch Mikroorganismen, Sauerstoff, Licht u. a., mit Geschmacksverschlechterung.

Rapacki (:-patßki), *Adam,* poln. Politiker, 1909–70; 56/68 Außenmin. **R.-Plan,** der v. R. 1957 erstmals gemachte Vorschlag einer atomwaffenfreien Zone in Mitteleuropa.

Rapallo, it. Winterkurort u. Seebad am *Golf v. R.,* an der Riviera di Levante, 27000 E. – 1922 dt.-russ. Vertrag; enthielt u. a. den beiderseitigen Verzicht auf Ersatz v. Kriegskosten, die Wiederaufnahme diplomat. Beziehungen u. den Grundsatz der wirtschaftl. Meistbegünstigung; beendete die int. Isolierung Dtl.s nach dem 1. Weltkrieg.

Raphael (hebr.), Erzengel; Fest 29. Sept. **R.sverein,** zur Hilfe für kath. Auswanderer, 1871 gegr.; Sitz Hamburg.

Raphia, Palmen im trop. Afrika; Fasern als *Raffiabast* für Gärtnereien.

rapid (lat.), reißend, schnell.

Rapier s (frz.), langer Stoßdegen.

Rappbodetalsperre, Talsperre der Rappbode, bei Wendefurth im Harz (Bez. Magdeburg). Staumauer 106 m hoch, Fassung 110 Mill. m³.

Rappe m, schwarzes Pferd.

1

Staub-   Blüten-
blatt   blatt

Griffel   Kelch-
        blatt

2

3

4

Raps: 1 Blüte,
2 Blütenlängsschnitt
3 Blütendiagramm
4 Schote

Rapsglanzkäfer

G. Rasputin

Rappen ☐ 1144/45.

Rappenau, *Bad R.,* bad. Stadt u. Solbadkurort nördl. v. Heilbronn, 11000 E.

Rapperswil, Schweizer Bez.-Stadt im Kt. St. Gallen, am Nordufer des Zürichsees, 8800 E.; Schloß (13. Jh.). Textil-, Maschinen-Ind.

Rapport m (frz.), **1)** Meldung, Bericht. **2)** die ↗Bindung 1). **3)** *Kunsthandwerk:* regelmäßige Wiederkehr in sich geschlossener Einheiten eines Musters, z. B. auf Teppichen.

Raps m, *Reps,* eine zu den Kreuzblütlern gehörige Ölfrucht, liefert rauhschmeckendes, bräunl. ↗Rüböl. **R.glanzkäfer,** metallischgrün glänzender Schädling, frißt die Blütenknospen v. R., Rübsen und anderen Kreuzblütlern aus.

Rapünzchen s, der ↗Feldsalat.

Rapunzel w, die ↗Teufelskralle.

Ras m (arab.), **1)** äthiop. Fürstentitel. **2)** Vorgebirge, Gipfel.

rasant (frz.), **1)** flachverlaufend, z. B. die Geschoßbahn. **2)** umgangssprachlich: rasend.

Rasenkraftsport, schwerathlet. Sportart, bestehend aus Hammer-, Gewichtwerfen u. Steinstoßen.

Raskolniki (russ. = Spalter), *i. e. S.* Sekte der russ.-orth. Kirche, die gg. die Liturgiereform (seit 1653) des Patriarchen Nikon an der altruss. Überlieferung festhielt; *i. w. S.* die Schismatiker der russ.-orth. Kirche.

Rasmussen, *Knud,* grönländisch-dän. Arktis- u. Eskimoforscher, 1879–1933.

Räson, *Raison* w (: räsõn, frz.), Vernunft, Einsicht. **räsonieren,** nörgeln; über etwas Überlegungen anstellen. **Räsonnement** s (: -n[e]mã̱n), Überlegung, Vernünftelei.

Raspel w, feile mit zähnchenförm. Hieb zur Holz- u. Hornbearbeitung.

Rasputin, *Grigorij,* 1871–1916 (ermordet); sibir. Bauer u. Wandermönch, gewann seit 1907 unheilvollen Einfluß am Zarenhof.

Rasse, *Varietät,* in der Biologie: Untergruppe einer ↗Art mit bestimmten erbl. Merkmalen. Beim *Menschen* ist die R. begriffl. scharf zu trennen v. Volk als kultureller u. Nation als polit. Einheit. Die Systematik der R.n innerhalb der Menschheit wird im wesentl. auf körperl. Merkmalen aufgebaut. Die psycholog. R.nkunde *(R.npsychologie)* steckt noch in den Anfängen. Ideologien im Sinne v. R.nwertlehren (Gobineau, H. St. Chamberlain, A. Rosenberg) sind wiss. nicht haltbar. Es lassen sich 3 R.nkreise unterscheiden, die sich in die eigentl. R.n mit Neben-R.n, Sonder- und Zwischenformen gliedern: a) *Europider Typ,* zeigt eine bes. hell-farb. Gruppe im N (nord., fälisch, ostbalt.), eine mitteleuropäisch-vorderasiat., weniger hellfarb. Rundkopfform (alpin, dinarisch, armenid) im S, v. Mittelmeer bis Indien eine dunklere, schmallangköpfige Schicht (mediterran, orientalid, indid). Polynesier, Wedda u. Ainu (mit mongoliden Anklängen) werden dazugerechnet, ebenso v. manchen die urtüml. Australiden, als Übergang zu den Negriden. b) *Negrider Typ,* vor allem in Afrika südl. der Sahara; im N die Sudaniden, im O die Nilotiden, im S die Bantuiden u. im Urwaldgürtel Pälänegride. Gemeinsam sind ihnen lange Gliedmaßen, kurzer Rumpf, sehr dunkle Hautfär-

Gliederung der menschlichen Rassen
(nach v. Eickstedt)

Europide	Südmongolide
Blondrassengürtel	Palämongolide
Nordide	Palaungide
Teutonordide	Neside
Dalofaelide	*Indianide*
Fennonordide	*Nordindianide*
Osteuropide	Pazifide, Zentralide
Braunrassengürtel	Silvide, Planide
Mediterranide	Appalacide, Margide
Grazilmediterranide	*Südindianide*
Eurafrikanide	Andide
Berberide	Patagonide
Orientalide, Indide	Brasilide
Grazilindide	Lagide, Fuegide
Nordindide	Südfuegide
Indobrachide	Huarpide
Pazifide	
Polyneside	**Negride**
Mikroneside	*Kontaktgürtel*
Bergrassengürtel	Äthiopide
Alpinide, Westalpine	Nordäthiopide
Lappide, Dinaride	Ostäthiopide
Armenide, Turanide	Zentraläthiopide
Aralide, Pamiride	Indomelanide
Alteuropide	Südmelanide
Weddide, Wedda	Nordmelanide
Gondide, Malide	*Westnegride*
Toalide, Ostweddide	Sudanide, Nilotide
Ainuide	Kafride, Palänegride
	Ostnegride
Mongolide	Neomelaneside
Polargürtel	Palämelaneside
Sibiride	Australide
Westsibiride	
Ostsibiride	*Khoisanide*
Eskimide	Khoisanide
	Khoide, Sanide
Nordmongolide	*Pygmide*
Tungide, Sinide	Bambutide
Nordsinide	Negritide, Aetide
Mittelsinide	Semangide
Südsinide	Andamanide

bung, Kraushaar, Breitnasigkeit, Wulstlippen. Kongopygmäen heben sich deutl. v. den echten Negern ab, noch stärker die Buschmann-Hottentotten-Gruppe (Khoisanide), die auch als Zwischenform zw. negrid u. mongolid gelten. Als asiat. Negride werden R.n in Indien (Melanide) u. im melanes. Archipel (Melaneside) bezeichnet, so die ↗Negritos. c) *Mongolider Typ,* ist v. seinem eiat. Lebensraum aus in den Malaiischen Archipel u. in das vorkolumb. Amerika gelangt. Gedrungenheit, vorwiegende Rundköpfigkeit, betonte Jochbogenbreite, gelbl. Hauttönung, Mongolenfalte u. a. zeigen Tungide u. Sinide im N Asiens stärker als die südlichen Palämongoliden. In die Neben-R. der Indianiden werden in Nordamerika die Pazifiden, Silviden usw., in Südamerika die Andiden, Pampiden u. a. zusammengefaßt. Eskimide sind arktische Sonderform.

Rastatt, bad. Krst., an der Murg, 37000 E.; Markgräfliches Schloß, 1698/1705 erbaut. Herd-, Papier- und Waggonfabriken. – Der R.er Frieden 1714 beendete den ↗Span. Erbfolgekrieg zw. Fkr. u. dem dt. Ks.
Rastede, niedersächs. Gem., nördl. v. Ol-

denburg, 17300 E.; Schloß (war 1121/1529 Benediktinerkloster).
Rastenburg, poln. Kętrzyn, ostpreuß. Stadt am Rand der Masur. Seenplatte, 18500 E.; ehem. Ordensburg (14. Jh.). Bei R. im 2. Weltkrieg Hitlers Hauptquartier *Wolfs-* ⌊*schanze.*
Raster *m,* ↗Autotypie.
Rasterelektronenmikroskop, ein Elektronenmikroskop, bei dem das Objekt durch einen schmalen Elektronenstrahl zeilenförmig abgetastet wird; ermöglicht Vergrößerungen zw. 30fach u. 50000fach u. eine plastische Objektwiedergabe (durch großen Scharfeinstellungsbereich).
Rat der Volksbeauftragten, die 1. Regierung der dt. Rep., 1918/19.
Rätesystem *s,* der Aufbau der Staatsgewalt in Rußland nach der Oktoberrevolution 1917; hervorgegangen aus der Tradition der *Räte* (russ. = Sowjets) *der Arbeiterdeputierten* der Revolution 1905 u. den in der Februarrevolution 1917 gebildeten *Arbeiter-* u. *Soldatenräten,* in denen die Bolschewiki allmählich die Mehrheit gewonnen hatten. Arbeiter u. Bauern (das Proletariat) wählten in den lokalen Räte, diese ihrerseits die nächsthöheren Räte usw. bis hinauf zum Allruss. Rätekongreß, der das Zentralexekutivkomitee delegierte; v. diesem wurde der Rat der Volkskommissare (die Räteregierung) bestimmt. – Die neue Verf. v. 36 führte das allg. u. gleiche Wahlrecht ein, schaffte den Rätekongreß ab u. ersetzte das Zentralexekutivkomitee durch den ↗Obersten Sowjet.
Rat für gegenseitige Wirtschaftshilfe, Abk. COMECON, RgW, Gegenstück der Ostblockstaaten zur EWG; 1949 gegr.; ersetzte 57 die bis dahin im Handel des Ostblocks praktizierte bilaterale durch multilaterale Verrechnung.
Rathausparteien, polit. Vereinigungen, beschränkt auf eine polit. Gemeinde; vor allem die sog. Freien Wählervereinigungen; keine polit. Parteien im Sinne des GG.
Rathenau, *Walther,* dt. Politiker, 1867–1922; Mai/Okt. 1921 Reichsmin. für Wiederaufbau (Demokrat. Partei), 22 Außenmin.; suchte die Erfüllung des Versailler Vertrags als unmögl. zu erweisen; v. antisemit. Nationalisten ermordet.
Rathenow, brandenburg. Krst. an der Havel (Bez. Potsdam), 30000 E.; opt. Ind.
Ratibor, poln. Racibórz, oberschles. Stadt a. d. Oder (Hafen), 42000 E.; vielseitige Ind.
Rätien, 15 v. Chr. errichtete, teilweise v. den *Rätern* bewohnte röm. Prov. zw. Alpen, Donau u. Unter-Inn.
Ratifikation *w* (lat. = Bestätigung; Zw. *ratifizieren),* Genehmigung eines v. Unterhändlern festgelegten völkerrechtl. Vertrages durch das dafür zuständige Staatsorgan; zu unterscheiden v. dem in Staaten mit Volksvertretung vielfach erforderl. Zustimmung des Parlaments zum Abschluß eines völkerrechtl. Vertrages.
Rätikon, *Rhätikon s,* Gruppe der Nördl. Kalkalpen, zw. Vorarlberg u. der Schweiz; in der Scesaplana 2965 m hoch.
Ratingen, rhein. Stadt n.ö. von Düsseldorf, 89100 E.; Metall-, Papier- u. Textil-Ind.

Rat der Volksbeauftragten

Mitglieder
Friedrich Ebert (SPD)
Philipp
Scheidemann (SPD)
Otto Landsberg (SPD)

bis 29.12.1918:
Hugo Haase (USPD)
Wilhelm
Dittmann (USPD)
Barth (USPD)

seit 29.12.1918:
Gustav Noske (SPD)
Rudolf Wissell (SPD)

Rat für gegenseitige Wirtschaftshilfe

Gründungsmitglieder:
Bulgarien
ČSSR
Polen
Rumänien
UdSSR
Ungarn

später beigetreten:
Albanien (1949; 1962
ausgeschlossen)
DDR (1950)
Mongolische VR (1962)
Kuba (1972)
Vietnam (1978)

assoziiertes Mitgl.:
Jugoslawien (1964)

Organe:
Ratstagung
Exekutivkomitee
Ständiges Sekretariat
(Sitz Moskau)
Ständige Kommissionen
Büro für Fragen der
Wirtschaftsplanung

*einige gemeinsame
Einrichtungen:*
Internationale Bank
für wirtschaftliche
Zusammenarbeit
Internationale
Investitionsbank
Institut für
Standardisierung

Walther Rathenau

Ration w (lat.), Zuteilung, Anteil. *Rationierung w,* in Krisenzeiten die Ein- u. Zuteilung an Verbrauchsgütern. **rational,** vernunftentsprechend. **rationale Zahlen,** alle Zahlen, die sich durch Anwendung der 4 Grundrechnungsarten aus den ganzen Zahlen bilden lassen: alle positiven und negativen ganzen Zahlen, die Brüche und die Null. ⟋Zahl.
Rationalisierung w (lat.), die Gesamtheit der techn. u. organisator. Maßnahmen zur Senkung der Kosten je Leistungseinheit.
Rationalismus m (lat.), i.w.S. philosoph. Richtung, die v. der Entsprechung zw. göttl. u. menschl. Vernunft ausgeht u. daher die Welt für vernunftmäßig erklärbar hält, im Ggs. zur myth.-bildhaften Weltsicht ohne Begrifflichkeit u. zum ⟋Empirismus, der nur Sinneserfahrung gelten läßt; i. e. S. einseitige Betonung der Vernunft unter Vernachlässigung des Gefühls, des Eigenwertes geschichtl. Besonderheit u. dessen, was menschl. Begriffe übersteigt; Höhepunkt die ⟋Aufklärung im 17./18. Jh. (Descartes, Spinoza, Leibniz, Wolff). **rationell,** vernunftgemäß, überlegt; sparsam, wirtschaftlich.
Rätische Alpen, *Rhätische Alpen,* Bz. für die zentralen Ostalpen zw. Veltlin im S, Reschenpaß u. Inntal im O, Arlberg u. Klostertal im N, Splügen u. Rhein im W; im Piz Bernina 4049 m hoch.
Rätoromanen, Reste der romanisierten Räter (⟋Rätien) in der Schweiz (Vorder-, Hinterrhein, Engadin, Münstertal u. Domleschg), 18 000 in Südtirol (⟋*Ladiner*) u. Friaul *(Friauler);* insgesamt ca. 600 000 R.
Rätoromanische Sprache, eine Gruppe aus dem Vulgärlatein entwickelter Idiome mit Beimischung aus der urspr. Sprache der Räter. Heute noch gesprochen in Graubünden (Westladinisch, Ober- u. Unterengadinisch, Surselvisch, Subselvisch u. Rumauntsch), in Südtirol (Ladinisch) u. im Friaul (Ostladinisch, Friaulisch). In der Schweiz seit 1938 die 4. Landessprache.
Ratten, allesfressende, den ⟋Mäusen nächstverwandte Nagetiere; übertragen die Pest u. Trichine. Braunschwarze *Haus-R.,* meist in menschl. Wohnungen, bevorzugen Getreide, Obst u. a.; bräunl.-graue *Wander-R.,* am Wasser, in Kellern, Kanälen u. Ställen, fressen bes. Fleisch, Fische, Geflügel, haben die Haus-R. fast ganz verdrängt. **R.fänger von Hameln,** nach der Sage ein Zauberer, der mit seiner Pfeife die Ratten in die Weser trieb u., v. der Stadt Hameln um den Lohn betrogen, alle Kinder in den Koppenberg lockte, der sich hinter ihnen schloß. **R.gift,** Phosphorlatwerge, Meerzwiebelpräparate und Getreidekörner mit Strychnin, Phosphor-, Barium-, Titan-Verbindungen u. a.
Rattigan (: rätigän), *Terence Mervyn,* engl. Autor, 1911–77; Komödien, Problemstücke *(Der Fall Winslow; Tiefe, blaue See).*
Ratzeburg, Krst. des schleswig-holstein. Kreises Htm. Lauenburg, auf einer Insel des *R.er Sees,* 12 700 E.; spätroman. Dom (1173). Ehem. Ftm.; 1154/1550 Bistum.
Ratzel, *Friedrich,* dt. Geograph, 1811–1904; Begr. der Anthropo- u. polit. Geographie.

Kardinal Ratzinger

Johannes Rau

Raubtiere: Schädel
(Luchs)

Ch. Rauch:
Selbstbildnis

Ratten: Hausratte

Ratzinger, *Joseph,* dt. kath. Theologe, * 1927; seit 77 Erzb. v. München und Kardinal.
Rau, *Johannes,* dt. Politiker (SPD), * 1931; seit 78 Ministerpräsident v. Nordrhein-Westfalen.
Raub m, Wegnahme einer fremden bewegl. Sache mit Gewaltverübung gg. eine Person oder unter Drohungen für Leib u. Leben; mit schwerer Freiheitsstrafe belegt. **R.bau,** 1) *i. w. S.:* eine Form der Wirtschaftsführung, die für den Augenblick hohe Erträge erstrebt, ohne auf die Erhaltung der Erzeugungsgrundlagen zu achten, z. B. beim Fischfang (überfischen). **2)** *i. e. S.:* Bz. für die Nutzung des Bodens bis zur Erschöpfung ohne Rücksicht auf die Erhaltung der Bodengare u. Pflanzennährstoffreserven, auch Abholzen der Wälder ohne die notwendigen Aufforstungen. Auch im übertragenen Sinn: *mit der Gesundheit R. treiben.*
R.fische, ernähren sich v. Fischen, Amphibien u. Wassergeflügel; z. B. Hecht, Forelle.
R.käfer ⟋Kurzflügler. **R.mord,** Zusammentreffen v. R. u. Mord; kein strafrechtl. Begriff; die Bestrafung erfolgt wegen Mordes.
R.tiere, fleischfressende Säugetiere mit großen Eck-, starken Reißzähnen u. scharfen Krallen: Löwe, Tiger, Katze, Hund, Wolf, Fuchs, Bär, Marder u. a.; auch die Robben. ☐ 1043, 1044. **R.vögel,** kräftige Vögel mit scharfem Hakenschnabel u. bekrallten Zehen; leben meist von lebendig gefangenen Tieren, deren unverdaul. Teile als „Gewölle" ausgespien werden. *Nacht-R.vögel:* Eulen, Käuze. *Tag-R.vögel:* Falken, Adler, Geier u. a. ☐ 1065.
Rauch, *Christian,* dt. klassizist. Bildhauer, 1777–1857; Grabmäler *(Königin Luise),* Standbilder *(Scharnhorst),* Bildnisbüsten *(Goethe).*
rauchen s, Einatmen od. Ansaugen des Rauchs, bes. v. ⟋Tabak u. ⟋Opium. Tabak-R. geht zurück auf die Maya u. Azteken; kam Mitte des 16. Jh. nach Europa. Genußwirkung durch ⟋Nikotin. ☐ 319.
Räucherwaren, durch Pökeln u. anschließendes Räuchern im Kamin haltbar gemachte Fleisch- u. Fischwaren.
Rauchfang m, unterer, trichterförm. Teil des Schornsteins, über offenen Feuerstätten.
Rauchfaß s (lat. *Thuribulum*), an Ketten schwenkbares Metallgefäß zum Abbrennen v. ⟋Weihrauch in der Liturgie.
Rauchgase, vor allem Kohlendioxid u. Stickstoff, auch Wasserdampf u. Schwefeldioxid, entstehen bei Verbrennung v. Kohle und Kohlenwasserstoffverbindungen mit Luft. Ihre Zusammensetzung wird mit dem **Rauchgasprüfer,** z. B. Orsatapparat, bestimmt.
Rauchmantel m (lat. *Pluviale*), *Chor-* od. *Vespermantel, kath. Liturgie:* Schultermantel mit schild- od. kapuzenförmigem Rückenstück.
Rauchopfer s, das Verbrennen v. wohlriechendem Holz od. Harz (⟋Weihrauch) zur Ehre einer Gottheit als Ausdruck der Hingabe, z. B. bei den Israeliten des AT.
Rauchtopas, *Rauchquarz,* dunkler Bergkristall, als Schmuckstein.

Rauchvergiftung, durch Einatmen v. ↗Kohlenoxid; Atemnot, Ohnmacht, Erstikkung.
Rauchwaren, 1) (v. mhd. *rauch* = rauh), Pelzwaren. *Rauchhandel,* Handel mit Pelzwaren. **2)** volkstüml. für Tabakwaren.
Räude, *Krätze,* durch Milben verursachte ansteckende Hautkrankheit der Haustiere.
Rauhbrand, *Luter,* erstes, schlechtes Destillat beim Brennen v. Branntwein; 25–30%ig.
Rauhe Alb, Teil des Schwäbischen Jura.
Rauhes Haus, Hamburg, Anstalt zur Betreuung gefährdeter männl. Jugend, 1833 v. J. H. ↗Wichern gegr.; umfaßt heute Diakonenanstalt, Wichern-Schule mit Internat, Verlag.
Rauhfußhühner, hühnerartige Bodenvögel des Waldes, Alpenschnee-, Auer-, Birk-, Ha-
Rauhgewicht ↗Münze. [selhuhn.
Rauhnächte, *Rauchnächte,* die zwölf Nächte zw. Weihnachten u. Dreikönig, in denen die Geisterwelt lebendig sein soll; Maskenumzüge u. Lärmbräuche.
Rauhreif ↗Reif.
Raum, der anschauliche R. der Erfahrung (Länge, Breite, Höhe), der sog. *euklid. R.,* wurde durch die Ergebnisse und die Methoden der modernen Naturwissenschaften (Quantentheorie, Relativitätstheorie, Mathematik) zu einem unanschaulichen, nur noch mathematisch erfaßbaren R. erweitert *(nichteuklid. R.,* in dem z. T. nur die nichteuklid. Geometrie gilt, u. *vieldimensionale Räume).*
Raumbildmessung ↗Photogrammetrie.
räumen, ein spanendes Metallbearbeitungsverfahren zur Herstellung v. Vertiefungen und profilierten Bohrungen mit einer *Räumnadel* auf *Räummaschinen* mit vielen hintereinander liegenden, verschieden hohen Schneiden.

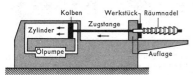

räumen: Waagrecht-Räummaschine

Raumer, *Friedrich v.,* dt. Historiker, 1781 bis 1873; *Geschichte der Hohenstaufen.*
Raumfahrt ↗Weltraumfahrt.
Raumkunst, *Innenarchitektur,* künstler. Gestaltung u. Einrichtung v. Wohn-, Arbeits- u. Repräsentationsräumen. Die R. der Gegenwart entstand im Zusammenhang mit den Bestrebungen des ↗Jugendstils.
Raummaße, die Hohlmaße.
Raummedizin *w* (lat.), med. Spezialfach, das die Lebensbedingungen u. das Verhalten des Organismus im Weltraum untersucht. Die Probleme der R. ergeben sich aus dem Fehlen der Atmosphäre, der künstl. Atmosphäre der Raumfahrzeuge, dem Auftreten extremer Beschleunigungen u. der Schwerelosigkeit sowie dem Einfluß kosm. Strahlen.
Raummeter, gesetzl. unzulässige Volumeneinheit, 1 m³ geschichtetes Holz = 1 Ster.

Rauchfaß (10. Jh.; Trier, Domschatz)

Rauchwaren
Pelzart, Herkunft (in Klammern) und Haar

Astrachan (UdSSR) moiréartig geflammt, nicht gelockt	*Otter* (Skandinavien) braun
Biber (Nordamerika) blaugraue Unterwolle, auf dem Rücken dunkler und lockerer	*Ozelot* (Mittel- und Südamerika) braun bis rötl.-grau mit schwarzen Flecken
Bisam (Nordamerika) blaugraue Unterwolle, Granne braun	*Persianer* (Buchara, Afghanistan, SW-Afrika) grau, braun, schwarz
Chinchilla (Peru, Bolivien, auch gezüchtet) blaugrau, zu den Seiten weiß-grau	*Polarfuchs* (Labrador, Grönland, Sibirien) grau, weiß, hellblau bis braun
Feh (Sibirien) dunkelgrau, tiefdunkel mit rötlichem Schimmer, dunkelblauschwarz	*Seehund, Sealskin* (Nordamerika und Nordsibirien) grau bis goldbraun
Hamster (Deutschland, Österreich, Südeuropa) gelblichbraun mit blauer Unterwolle, Bauch schwärzlich	*Silberfuchs* (Nordamerika, Nordsibirien, Kamtschatka) Grundhaar schwarz, Grannen silbrig
Maulwurf (Mittel- u. Nordwesteuropa) samtartig schillernd, grauschwarz	*Skunk* (Nordamerika) graubraun bis blau mit 2 weißen Streifen auf dem Rücken
Nutria (Südamerika) Oberhaar rotbraun, Unterhaar bläulich	*Wallaby* (Tasmanien, Südaustralien) rötlich-braun
Opossum (Amerika) Oberhaar schwarz und weiß, Unterhaar weiß, Bauch gelblich	*Waschbär* (Nordamerika) weiß
	Zobel (Sibirien) rauchig, dunkel, silbrig; orange Fleck an der Kehle

Raumordnung, *Nationalplanung,* in der Entwicklung begriffene überörtl. Planung der Flächennutzung auf Bundesebene, der sich die ↗Landesplanung einzufügen hat.
Raumsonde *w, i.e.S.:* Instrumententräger auf einer geschlossenen Bahn um die Sonne zur Erforschung des interplanetaren Raums; *i.w.S.:* auch die Instrumententräger zur Erforschung von Mond und Planeten. □ 1101.
Raumtransporter, *Space Shuttle,* wiederholt verwendbares Trägersystem mit Raketenmotoren; der Antriebsteil *(Spaceplane)* kann ein Raumlabor aufnehmen (z. B. ↗Spacelab) od. beförderт Nutzlasten zu Raumstationen u. zurück. 1981 erstmals eingesetzt.
Räumung, kann bei einer vermieteten od. verpachteten Sache verlangt werden bei Ablauf der Mietzeit, Aufhebung des Mietvertrages usw.; besteht ↗Mieterschutz, muß angemessene Frist gesetzt werden.
Raumwellen, die Radiowellen, die sich frei im Raum ausbreiten u. an der Ionosphäre reflektiert werden. Ggs. ↗Bodenwelle.
Raunheim, hess. Stadt s.w. von Frankfurt, 11900 E.; chem. Ind.
Raupen, wurmförm. Larven der Schmetterlinge u. Blattwespen. **R.fliegen,** *Schnellfliegen,* struppig beborstete Fliegen; Larven

Brust- After- Nach-
füße füße schieber
Raupen: Raupe des Ligusterschwärmers

Die wichtigsten Rauschmittel

	Wirkstoff	Herkunftsland	Anwendung	Gewöhnung bzw. Suchtgefahr
Opium	getrockneter Milchsaft des Schlafmohns *(Papaver somniferum)*; zähe braune Masse	Orient, Indien, Türkei, Bulgarien	Rauchen, zum Teil auch geschluckt (bis zu 10 g täglich)	schnelle Gewöhnung, nach kurzer Zeit Sucht
Morphin *(Morphium)*	Hauptalkaloid des Opiums [$C_{17}H_{19}O_3N$], farblose Flüssigkeit	—	Injektion subkutan; bis zu 4 g täglich (bei Gewöhnung), sonst 0,4 g letal	schnelle Gewöhnung, Steigerung der Dosis, Sucht
Heroin	Diacetylmorphin aus Morphin; weißes Pulver	—	als Pulver geschnupft, subkutan und intravenös bis zu 5 g täglich, bei Nichtgewöhnung 0,2 g letal	außerordentlich hohe Suchtgefahr
Kokain	Hauptalkaloid aus den Blättern von *Coca (Erythroxylon coca)*	Peru, Bolivien, Java, Sumatra	Kauen der Blätter (mit Kalk oder Pflanzenasche) oder Schnupfen des reinen Pulvers, bis zu 15 g täglich	schnelle Gewöhnung, Steigerung der Dosis, Sucht
Haschisch Marihuana	Hauptalkaloid *Cannabinol* (und Derivate) im Harz der weiblichen Blütenstände des Indischen Hanfes *(Cannabis indica)*	Orient, Indien (Haschisch), Mexiko	zusammen mit Tabak inhaliert, seltener in Kaffee getrunken oder mit Süßigkeiten gegessen	Gewöhnung
Meskalin	Hauptalkaloid aus der Kakteenart *Echinocactus Lewinii* und *E. Williamsii*; getrocknetes oder gepulvertes Kaktusfleisch	Mexiko	Kauen oder Schlucken	keine direkte Suchtgefahr
Teonanacatl	Hauptalkaloid *Psilocybin* aus Blätterpilzen; getrocknetes Kaktusfleisch	Mexiko	Schlucken	keine
Ololiuqui	Wirkstoff Abkömmling der Lysergsäure, in bestimmten Trichterwinden (Gattung der Ipomoea); flüssiger Extrakt	Mexiko	Trinken	unbekannt
LSD *(Lysergsäure-diäthylamid)*	durch Amidierung der Lysergsäure (Mutterkorn-Alkaloid) herstellbar; farblose Flüssigkeit	—	auf Zucker oder Löschpapier aufgeträufelt und geschluckt	keine Suchtgefahr
Weckamine *(Amphetamine)*	Derivate des Adrenalins (zum Beispiel Pervitin, Preludin, Benzedrin)	—	intravenös, Schlucken als Tabletten	schnelle Gewöhnung, Steigerung der Dosis, Sucht

schmarotzen in R., durchweg nützlich.
Rauschbeere, 1) *Sumpfheidelbeere, Duhnbeere, Vaccinium,* Erika-Gewächs auf sauren Torfmooren; Beeren in größerer Menge angebl. berauschend. 2) ↗Krähenbeere.
Rauschbrand, bösartige Infektionskrankheit der Rinder, erzeugt mit Gasen gefüllte Geschwülste; anzeigepflichtig.
Rauschenberg, *Robert,* am. Maler u. Plastiker,. * 1925; Vertreter der Pop-Art.
Rauschgift ↗Rauschmittel.
Rauschgold, *Knistergold,* sehr dünnes Messingblech, wird zu Flitter verarbeitet.
Rauschmittel, *Rauschgifte,* verschiedene, auf das Zentralnervensystem einwirkende Stoffe, die Erregungszustände, Euphorie u. Kritiklosigkeit, Sinnestäuschungen der Körperfühlsphäre u. andere Sinnesqualitäten (z. B. opt. Halluzinationen bei Meskalin) bewirken. Viele R. führen zur Sucht u. damit zu geistigem u. körperlichem Verfall.
Rauschning, *Hermann,* * 1887; 1933 Senatspräs. des Freistaats Danzig u. Vertrauter Hitlers; trat 34 zurück u. bekämpfte dann im Ausland den Nat.-Soz.; *Die Revolution des Nihilismus; Gespräche mit Hitler.*

Maurice Ravel

Raute *w,* 1) *Garten-, Wein-R.,* gelbblühender Strauch; die balsamisch riechenden Blätter enthalten äther. Öl *(R.nöl);* Gewürz. 2) ↗Rhombus.
Ravel, *Maurice,* frz. Komponist, 1875–1937; Impressionist; Opern, Ballette *(La valse, Boléro),* Klaviermusik.
Ravenna, nord-it. Prov.-Hst., durch den Canale Corsini mit dem Außenhafen Marina di R. am Adriat. Meer verbunden, 140000 E.; Erzb.; TH, Pädagog. Seminar, Kunstakademie, Museum; altchristl. Mosaikkunstwerke; Baptisterium der Orthodoxen (5. Jh., über einem röm. Bad erb.) u. Baptisterium der Arianer (6. Jh.), Grabkapelle der Galla Placidia (440), San Vitale (Zentralbau, 526/534); Sant'Apollinare in Classe (schönste altchristl. Basilika, 549); Grabmal des Theoderich (um 520); Dante-Grab im Minoritenkloster (1482). – 404 Residenz der weström. Ks., dann der ostgot. Kg.e; 553/751 Sitz der byzantin. Exarchen; 754/1860 fast dauernd beim Kirchenstaat.
Ravens, *Karl,* dt. Politiker (SPD), * 1927; 74/78 Bundes-Min. für Städtebau.
Ravensberg, ehem. Gft. in Westfalen (Hst.

Man Ray: Rayograph
(1927; Photogramm)

Ready-made (Bicycle
Wheel, 1913/14)
von M. Duchamp

Ronald Reagan

Ravenna: Grabmal
Theoderichs d. Gr.
(um 520)

Rebhuhn

Bielefeld); fiel 1346 an Jülich u. 1614 an Brandenburg.

Ravensburg, württ. Krst. u. Hauptort Oberschwabens, 42100 E.; mittelalterl. Stadtbild; Fachhochschule; Textil-Ind.

Rawalpindi, 1959/65 Hst. v. Pakistan, n.w. von Lahore, 616000 E.; kath. Bischof; Erdölraffinerie, Textil-, Metall- u. chem. Ind.

Raxalpe od. *Rax w,* Kalkgebirgsstock an der Grenze zw. Nieder-Östr. u. Steiermark, in der Heukuppe 2007 m hoch.

Ray (: re¹), *Man,* am. Maler u. Photograph, 1890–1976; wirkte 1921/40 u. seit 51 in Paris; Mit-Begr. des am. Dadaismus u. Surrealismus.

Raygras, andere Bz. für ⁊Lolch.   [mus.

Rayleigh (: re̱'li), *John William Strutt,* Lord, engl. Physiker, 1842–1919; Arbeiten über Strahlung, Lichtstreuung u.a.; entdeckte mit Ramsay das Edelgas Argon, hierfür beide 1904 Nobelpreis.

Raymond, *Fred,* dt. Komponist, 1900–54; Schlager u. Operetten, u.a. *Maske in Blau; Saison in Salzburg.*

Rayon *m* (: räjo̱n, frz.), 1) Umkreis, Bezirk. 2) am. Bz. für halbsynthet. ⁊Kunstfaser.

Razzia *w* (it.), Massenaktion der Polizei zur Verfolgung strafbarer Handlungen od. auch bloßer Polizeiwidrigkeiten. Die Polizei ist berechtigt, Personen, die sich nicht ausweisen können, zum Mitkommen auf die Wache aufzufordern.

Rb, chem. Zeichen für ⁊Rubidium.

re..., in Zss. wieder, zurück.

Re, chem. Zeichen für ⁊Rhenium.

Rē, *Ra,* ägypt. Sonnengott.

Ré, *Île de Ré,* befestigte Insel an der frz. Westküste, 85 km², 9000 E.

Read (: rid), Sir *Herbert,* engl. Schriftsteller, 1893–1968; Essays zu Lit. und Kunst; auch Lyrik.

Reading (: re̱d'ng), Hst. der engl. Gft. Berkshire, 133000 E.; Univ.; Gartenbauhochschule; Ind.

Ready-made *s* (: re̱di me̱'d, engl.), v. M. ⁊Duchamp geprägte Bz. für Gegenstände des tägl. Lebens u. Gebrauchs, die, ihrer eig. Funktion entfremdet, zu einer für sich bestehenden künstler. Wirklichkeit vereinzelt werden.

Reagan (: reig⁵n), *Ronald,* am. Politiker (Republikaner), * 1911; 67–75 Gouverneur v. Kalifornien, seit 1981 Präs. der USA.

Reagenz, *Reagens* s (lat.; Mz. *Reagenzien*), Substanz, die mit einer anderen eine spezif. Reaktion ergibt (z. B. Niederschlag, Färbung); zum chem. Nachweis. **R.glas,** Glasröhrchen für chem. Nachweisreaktionen.

Reaktion *w* (lat.; Ztw. *reagieren*), Gegenwirkung, Erwiderung; 1) in der Psychologie: Antwort auf einen Reiz. 2) chem. R. ⁊chem. Verbindung; ⁊Ketten-R. 3) in der Politik: eine gg. Neuordnung u. Fortschritt gerichtete Haltung. **Reaktionär,** Verfechter einer Politik der Reaktion.

Reaktor, der ⁊Kernreaktor.

real (lat.), wirklich. *realisieren,* verwirklichen; zu Geld machen; *realiter,* tatsächlich.

Realeinkommen ⁊Einkommen.

Realgymnasium *s,* frühere Form der ⁊Höheren Schule, der heute das neusprachl. od. naturwiss. Gymnasium entspricht.

Realismus *m* (v. lat. *res* = Sache), 1) *allg.:* wirklichkeitsnahe Einstellung zu den Dingen. 2) Philosophie: a) *erkenntnistheoret.* Lehre, daß Wirkliches unabhängig v. unserer Erkenntnis besteht u. so erfaßt werden kann, wie es an sich ist (Ggs. ⁊Idealismus); b) *metaphys.,* bes. in der Philosophie des MA, im Ggs. zum ⁊Nominalismus, die Anschauung, daß die Allgemeinbegriffe (Universalien) wirkl. sind, insofern ihre gedachten Inhalte in den Dingen, freilich individuell, verwirklicht sind. Der *kritische R.* prüft die Sinnesgegebenheiten auf ihren wirkl. Gehalt. 3) *Literatur: i.w.S.:* die wirklichkeitsnahe – bes. im Hinblick auf soz. Wirklichkeit u. Alltägliches – literar. Darstellung; *i.e.S.:* Bz. für die europ. Lit. v. ca. 1830/80; bes. in Fkr. entwickelt (Balzac, Flaubert u.a.); in Dtl. auch als „poet. R." bezeichnet. 4) in *Malerei, Graphik* u. *Plastik:* die möglichst wirklichkeitsgetreue u. unmittelbare Wiedergabe der Erscheinungswelt, meist im Ggs. zu idealisierenden u. stilisierenden Kunstrichtungen. **Realist** *m,* Anhänger des R.; auf Berechenbares u. Nützliches gerichteter Tatsachenmensch. **realistisch,** wirklichkeits-, naturgetreu.

Realität *w,* 1) Wirklichkeit, Tatsächlichkeit. 2) östr. für Grundstück.

Realkonkurrenz *w* (lat.), *Strafrecht:* Zusammentreffen mehrerer selbständiger strafbarer Handlungen desselben Täters bei gleichzeitiger Aburteilung.

Realkredit ⁊Kredit.

Reallast, Belastung eines Grundstücks mit wiederkehrenden Leistungen

Reallohn ☐ Lohn (562).

Realpräsenz *w* (lat.), v. Luther gg. die ⁊Transsubstantiation u. gg. Zwingli vertretene Lehre, daß Christus nur für die Dauer der Abendmahlshandlung in Brot u. Wein leibhaftig gegenwärtig sei.

Realschulen, seit 1961 allg. Bz. für *Mittelschulen,* weiterführende Schulen ohne Latein, führen zur ⁊Mittleren Reife.

Realsteuern ⁊Ertragsteuern.

Realunion *w* (lat.), Staatenverbindung, in der mehrere völkerrechtl. selbständige Staaten (Monarchien) aufgrund übereinstimmender vertragl. Regelung in ihrem Staatsrecht einen gemeinsamen Monarchen haben.

Réaumur (: reomür), *René de,* frz. Physiker u. Zoologe, 1683–1757; führte eine 80teilige Temperaturskala (*R.-Skala*) ein. ☐ 983.

Rebe *w,* ⁊Wein.

Rebekka, ⁊Frau des atl. Patriarchen Isaak.

Rebell *m* (lat.), Aufrührer. **Rebellion** *w,* Aufruhr.

Rebenstecher, Zigarrenwickler, blauer od. grüner schädl. Rüsselkäfer, rollt die Blätter v. Rebe, Kernobst u.a. zigarrenförmig.

Rebhuhn, fasanart. Hühnervogel, erdfarben, kurzflügelig; in Gruppen (Ketten) auf angebautem Gelände.

Reblaus, 0,3–1,5 mm lange grünlich-gelbe Pflanzenlaus, gefürchteter Rebenschädling, saugt als *Wurzel-R.* an Wurzeln u. bringt die Rebe zum Absterben; erzeugt als *Blattlaus* im Frühjahr erbsengroße Gallen an der Blattunterseite.

Rechenautomat:
rechts Aufbau, unten elektrische Darstellung der Zahl 13 durch Stromimpulse im Dualsystem

Spannung

Zeit

elektrische Darstellung der Zahl L L 0 L

0 = stromlos   L = Stromstoß

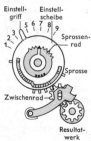

Einstell-griff   Einstell-scheibe

Sprossen-rad

Sprosse

Zwischenrad

Resultat-werk

Rechenmaschine:
oben Sprossenrad-, rechts Staffelwalzen-konstruktion

Rebus m od. s (lat.), Bilderrätsel.
Rechenarten, die 4 ↗Grundrechnungsarten, dazu Potenzieren, Radizieren und Logarithmieren.
Rechenautomat, eine programmgesteuerte Rechenmaschine, überwiegend aus Halbleiterbauelementen aufgebaut, entweder als *Ziffer-(Digital-)* oder als *Funktionen-(Analog-)R.* Ist universell verwendbar zur ↗Datenverarbeitung, bes. in der Regel- u. Steuertechnik. Extrem hohe Rechengeschwindigkeit (einige Mill. Operationen mit vielstelligen Zahlen in der Sekunde).
Rechenmaschine, zum mechan. oder elektr. Ausführen (mech. od. digitaler) Rechnungen, in den 4 Grundrechnungsarten *(4-Spezies-Maschine; Additionsmaschine,* wenn nur für Addition u. Subtraktion); nach der Konstruktion unterscheidet man den *mechan. R.* Sprossenrad-, Schaltklinken-, Staffelwalzen- und Proportionalhebelmaschinen. Diese werden in zunehmendem Maße durch *elektron. Tisch-R.* ersetzt.

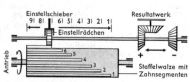

Einstellschieber
9| 8| 7| 6| 5| 4| 3| 2| 1|
Einstellrädchen
Antrieb
Resultatwerk
+ −
Staffelwalze mit Zahnsegmenten

Rechenschieber, *Rechenstab,* Rechengerät, bei dem die Multiplikation (u. Division) durch Aneinandersetzen logarithm. Skalen ausgeführt wird; auf höhere Rechenarten u. für spezielle Aufgaben erweitert (z. B. Potenzieren, Radizieren, Exponential- u. trigonometr. Funktionen).

Stabkörper
1   1,5   2   2,5   3   3,5   4   4,5   5   5,5   6   6,5   7   7,5   8   8,5   9   10
bewegliche Zunge
1   1,5   2   2,5   3   3,5   4   4,5   5   6

Rechenschieber:
Rechenstab mit eingestellter Teilung für eine Multiplikationsaufgabe. Aufgabe 2 · 3: „Stelle die 1 der Zungenteilung auf die 2 der Körperteilung und lies über 3 das Ergebnis (6) ab."

Recherche w (: rºschärsch, frz.; Ztw. recherchieren), Nachforschung.
Rechnungseinheit, Einheit, in der Mengen oder Preise ausgedrückt werden, im allg. die Währungseinheit.
Rechnungshöfe, oberste rechnungsprüfende Behörden zur Kontrolle der öff. Haushalte. In der BRD: ↗Bundesrechnungshof, Landesrechnungshof, Gemeindeprüfungsämter.
Rechnungsjahr, *Haushaltsjahr, Wirtschaftsjahr,* braucht sich grundsätzl. nicht mit dem Kalenderjahr zu decken, in der BRD aber durch Ges. diesem seit 1962 angepaßt.
Rechnungslegung, geordnete Aufstellung der Ein- u. Ausgaben mit Belegen.

Recht, 1) *objektives R.,* die *R.ordnung,* die auf Dauer angelegte, allgemeinverbindl. abstrakte Ordnung soz. Beziehungen in einer bestimmten Gruppe v. Menschen. Das R. regelt im allgemeinen typ. Sozialverhältnisse u. setzt so einen Rahmen für das der Gesellschaft bedeutsame Verhalten der Gruppenangehörigen, es bestimmt ihr *Sollen.* – Das R. wird durch Sanktionen geschützt u. durchgesetzt, durch Klage u. Zwangsvollstreckung zur Erfüllung der R.pflichten, in schwerwiegenden Fällen durch Strafen. – Dem Gegenstand nach wird das Recht unterteilt in ↗Privatrecht u. ↗Öff. R. Beides bezieht sich auf R. im *staatl.* Bereich; v. staatl. R. abgeleitet, gibt es R. auch in kleineren R.gemeinschaften; außerdem besteht zwischenstaatl. R. (↗Völkerrecht, ↗supranationales R.); v. staatl. R. nicht abgeleitet ist das als R. eigener Ordnung anzuerkennende u. in der BRD auch anerkannte R. der Kirchen (↗Kirchenrecht).
2) *subjektives R.,* die Macht, die dem einzelnen durch das objektive R. verliehen ist zur Befriedigung seiner als schutzwürdig anerkannten Interessen.
Rechteck, ebenes Viereck mit 4 rechten Innenwinkeln; ↗Quadrat, wenn gleichseitig.
rechter Winkel, ein Winkel v. 90°.
Rechtfertigung w, nach *kath.* Lehre die Erhebung des Menschen aus dem Zustand der Sünde in den Stand der (heiligmachenden) Gnade; Gott rechtfertigt, indem er die Sünde tatsächl. tilgt u. durch die in Christi Kreuzestod verdiente Erlösungsgnade übernatürl. Leben antreibt; tätige Mitwirkung des sittl. verantwortl. Menschen mit der Gnade gehört unabdingbar zur R. – Die reformator. Theologie versteht die R. als Sünders grundlegend im Sinne v. *Gerechtsprechung:* Gott spricht den seinem Gericht verfallenen Menschen allein aus Gnade v. seiner Schuld los. Nach Luther geschieht die R. allein durch den Glauben; die Sünde wird v. Gott bloß zugedeckt, Christi Verdienst dem Sünder nur äußerl. zugerechnet u. die menschl. Mitwirkung an der R. abgelehnt; auch der gerechtfertigte Christ ist demnach vor Gott immer zugleich auch Sünder *(simul iustus et peccator).*
Rechtgläubigkeit ↗Orthodoxie.
rechtläufig, die Bewegung der Himmelskörper in Richtung zunehmender Längen, also v. Westen nach Osten.
Rechtsanwalt, staatl. berechtigter, freiberuflicher Berater u. Vertreter in Rechtssachen. Vorbedingung ist die Befähigung zum Richteramt.
Rechtsbehelfe, sind formlose ↗Beschwerde, ↗Einspruch, ↗Gegenvorstellung. **Rechtsbeugung,** begeht, wer als Richter, Schöffe, Geschworener od. Schieds-

richter das Recht vorsätzl. falsch anwendet; mit Freiheitsstrafe bestraft. **Rechtsfähigkeit,** die Fähigkeit natürl. od. ↗jurist. Personen, Träger v. Rechten u. Pflichten zu sein; beginnt bei natürl. Personen mit Vollendung der Geburt. ↗Alter im Recht. **Rechtsgeschäft,** Tatbestand, der gewollte Rechtswirkungen herbeiführt, enthält immer eine *(einseitiges R.)* od. mehrere *(Vertrag, Beschluß)* mit ↗Geschäftsfähigkeit abgegebene Willenserklärungen. **Rechtshilfe,** die Vornahme richterl. Handlungen durch ein anderes als das Prozeßgericht, u. a. bei Beweisaufnahme. Die Gewährung der R. durch die Gerichte od. andere Behörden fremder Staaten ist durch Staatsverträge geregelt. **Rechtsmittel,** ermöglichen die Nachprüfung einer noch nicht rechtskräftigen Entscheidung durch ein höheres Gericht: ↗Berufung, ↗Beschwerde, ↗Revision. **Rechtspflege,** *Just̲i̲z,* die der Streiterledigung auf allen Rechtsgebieten gewidmete Tätigkeit. **Rechtsphilosoph̲i̲e,** Zweig der Philosophie u. der Rechts-Wiss., der, beide verbindend, sich mit dem Wesen des Rechts u. dem Sinn der Rechtsordnung beschäftigt. **Rechtsstaat,** ein Staat, der die Staatsgewalt in Übereinstimmung mit den grundlegenden Prinzipien der materiellen Gerechtigkeit ausübt, bei dem diese Bindung an „Gesetz u. Recht" institutionell gewährleistet ist u. der die Art u. Weise seines Tätigwerdens sowie die freie Sphäre seiner Bürger in „der Weise des Rechts" genau bestimmt u. verbindlich sichert. **Rechtstitel, 1)** der Rechtsgrund, auf dem ein Anspruch beruht. **2)** Urteil, gerichtlicher Vergleich, Schiedsspruch, vollstreckbare notarielle Urkunde. **3)** eine behördliche Konzession. **Rechtsweg,** die Möglichkeit, in Streitfällen eine Entscheidung der ordentl. Gerichte zu erlangen. **Rechtswissenschaft,** *Jurisprud̲e̲nz,* die der wiss. Erkenntnis des Rechts dienende Ergründung u. Bearbeitung der Rechtsordnungen u. -normen u. ihrer Entwicklung. R. ist Universitätsfakultät. Mindestens 7 Semester Fachstudium mit 1. Staatsprüfung (Referendar), mindestens 2jährig. Vorbereitungsdienst bei Gerichten u. Anwaltschaft für spätere Richter u. Anwälte, bei Regierungsbehörden für spätere höhere Regierungsbeamte; Abschluß 2. Staatsprüfung (Gerichtsassessor). **Rec̲i̲fe** (: -ß-), fr. *Pernambuco,* Hst. u. wichtigster Hafen des brasilian. Staates Pernambuco, am Atlantik, 1,3 Mill. E.; 2 Univ., Erzbischof.
Reck s, Turngerät: eine an 2 Ständern befestigte, in der Höhe verstellbare waagrechte Stange.
Recklingh̲a̲usen, Kreis- u. Ind.-Stadt am Nordrand des Ruhrgebiets, 120 000 E.; Hafen am Rhein-Herne-Kanal, Kohlenbergbau, Eisenwerke, Maschinen- u. chem. Ind.; seit 1947 alljährl. die ↗Ruhrfestspiele.
Reclam, *Anton Philipp,* dt. Verleger, 1807–96; gründete 28 den R.-Verlag (seit 1958 *Philipp Reclam* jun.).
Recorder m (: rik̲ǎ̲'d̲e̲r, engl.), Gerät zur magnet. oder mechan. Speicherung u. Wiedergabe v. Sprache u. Musik mittels Tonband

Fläche: $F = a \cdot b$
Diagonale: $d = \sqrt{a^2 + b^2}$

Rechteck

Reckstange, bis 2,50 m Höhe verstellbar

1,45 m
⊢—2,40 m—⊣

Reck

(als schnell auszuwechselnde Kassette ausgebildet: *Kassetten-R.* und *Radio-R.*) oder Platte. Mit *Video-R.* lassen sich Fernsehdarbietungen aufzeichnen. ↗Bildplatte, ↗Kassettenfernsehen.
Redakteur m (: -ö̲r, frz.), Schriftleiter; wer mit Auswahl, Überarbeiten u. Druckfertigmachen *(Redigieren)* v. Manuskripten, auch mit der Abfassung eigener Artikel, bes. bei der Presse, beschäftigt ist; redaktionelle Tätigkeit auch bei Verlagen, Rundfunk, Fernsehen u. Nachrichtenagenturen.
Redemptor̲i̲sten, *Kongregation des allerheiligsten Erlösers,* 1732 v. Alfons v. Liguori gegr. Orden, bes. für Volksmissionen u. Exerzitien. **Redemptor̲i̲stinnen,** *Schwestern des allerheiligsten Erlösers,* 1731 unter Mitwirkung v. Alfons v. Liguori gegr. beschaul. Orden mit strenger Klausur.
redigieren (lat.) ↗Redakteur.
Rediskont̲i̲erung w, ↗Diskont.
Redn̲i̲tz w, mittelfränk. Fluß, 40 km lang; ↗Regnitz.
Redoute w (: r̲e̲d̲u̲t, frz.), **1)** fr. geschlossene Schanze. **2)** Maskenball; Ballhaus.
Red River (: -r̲i̲w̲er̲), **1)** der südl. R. R., r. Nebenfluß des Mississippi, mündet nach 2040 km in Louisiana. **2)** der nördl. R. R., Zufluß des Winnipegsees, 1200 km lang.
Redukt̲i̲on w (lat.; Ztw. *reduzieren*), **1)** allgemein: Zurückführung, Herabsetzung, Einschränkung; **2)** biolog.: Rückbildung, Verkümmerung v. Organen. *R.s-Teilung,* Reifeteilung bei der Bildung der Geschlechtszellen; der bei der Befruchtung entstandene doppelte (diploide) Chromosomensatz wird wieder auf den einfachen (haploiden) zurückgeführt. **3)** chemisch: Sauerstoffwegnahme oder Wasserstoffeinführung in eine Verbindung bzw. Elektronenzuführung. Ggs. ↗Oxydation.
Redukt̲i̲onen (Mz., lat.), im 17. u. 18. Jh. v. Orden (Franziskanern u. Jesuiten) errichtete geschlossene Siedlungen bekehrter Indianer in Lateinamerika; bedeutsam vor allem die um 1609 geschaffenen R. der SJ in Paraguay; verfielen nach der Ausweisung des Ordens (1768).
Reede w, geschützter Ankerplatz für Seeschiffe in Hafennähe. **Reeder,** Schiffseigner. **Reederei** w, **1)** Schiffahrtsgesellschaft, die in der Binnen- od. Seeschiffahrt mit eigenen od. gemieteten (gecharterten) Schiffen Handels- od. Passagierfahrten unternimmt. Im jurist. Sinn besondere Gesellschaftsform des Seerechts. **2)** Luftfracht-Unternehmen.
reell (frz.), wirklich, zuverlässig.
Reep s, geteertes Hanftau.
REFA, *Verband für Arbeitsstudien, REFA e. V.,* Nachf. des 1924 gegr. **Reichsaus**schusses für Arbeitszeitermittlung, Sitz Darmstadt; bildet durch Kurse *R.ingenieure* aus, die u. a. Arbeitszeitermittlung, Arbeitsplanung, Arbeitsplatzbewertung und Leistungslohnvorbereitung durchführen.
Refektor̲i̲um s (lat.), Speisesaal in Klöstern, bei geistl. Ritterorden *Remter* genannt.
Refer̲a̲t s, Vortrag.
Referend̲a̲r m (lat.), Akademiker im Vorbereitungsdienst zur höheren Beamtenlaufbahn nach der 1. Staatsprüfung.

Reformation
die wichtigsten Ereignisse im Verlauf der R.

1517 Veröffentlichung der 95 Thesen Luthers	1524/25 Bauernkrieg
1519 (27.6.–16.7.) Leipziger Disputation	1529 (19.4.) Protest der ev. Reichsstände auf
1520 (10.12.) öffentliche Verbrennung der päpstlichen Bannandrohungsbulle durch Luther	dem Reichstag zu Speyer
	1529 (1.–3.10.) Marburger Religionsgespräch zw. Luther und Zwingli
1521 (3.1.) päpstliche Bannbulle gegen Luther	1530 (25.6.) Überreichung der Augsburger Konfession auf dem Reichstag zu Augsburg
1521 (26.5.) Verhängung der Reichsacht über Luther durch das Wormser Edikt	
	1536 Calvin veröffentlicht „Instituto religionis Christianae"
1522 (Sept.) Veröffentlichung von Luthers Übersetzung des Neuen Testaments	1546/47 Sieg Ks. Karls V. im Schmalkald. Krieg über die ev. Fürsten
1523 (29.1.) Darlegung v. Zwinglis reformatorischem Programm in 67 Thesen auf der 1. Zürcher Disputation	1555 (29.9.) Anerkennung des luth. Bekenntnisses durch den Augsburger Religionsfrieden

Referendum s (lat.), der ⁄Volksentscheid.
Referent m, Berichtstatter, Sachbearbeiter bei Behörden. **Referenzen**, Empfehlungen.
reffen, die Segelfläche verkleinern. [gen.
reflektieren (lat.), zurückstrahlen; überlegen, auf etwas aus sein.
Reflektor m, 1) opt. Hohlspiegel. 2) Teil einer Richtantenne. ⬚29.
Reflex m (lat.), unwillkürl. Reaktion auf einen bestimmten äußeren Reiz unter Zwischenschaltung nur einer od. weniger Schaltstellen im Zentralnervensystem (Husten-R., Pupillen-R., Knie-R. u. a.).
Reflexion w (lat.), Nachdenken, Überlegung. 2) Zurückwerfen v. Wellen od. elast. Körpern an Grenzflächen; dabei gilt das R.gesetz: Einfallswinkel = Reflexionswinkel, und: Einfallslot, Einfallsrichtung u. Reflexionsrichtung liegen in einer Ebene. **reflexiv** (lat.), rückbezüglich.
Reform w (lat.), planmäßige Verbesserung.
Reformation w (lat. = Wiederherstellung), die rel. Bewegung Westl- u. Nordeuropas im 16. Jh., die zur Gründung der v. der kath. Kirche getrennten ev. Konfessionen führte (⁄Protestantismus). Die R. entstand innerhalb der Kirche aus dem Geist des Evangeliums; sie begann 1517 mit der Veröffentlichung v. Luthers 95 Ablaßthesen u. wurde in Dtl. durch antiröm. Nationalismus, fürstl. Landeskirchentum u. ⁄Bauernkrieg gefördert. Der Augsburger Religionsfriede 55 brachte die reichsrechtl. Anerkennung des luth. Bekenntnisses neben der kath. Konfession; damit hatte Luther sein Ziel einer R. der Gesamtkirche ebensowenig erreicht wie die kath. Kirche ihr Ziel, die R. zu überwinden. Die v. Zwingli u. Calvin geführten ⁄Reformierten sowie die ⁄Anglikan. Kir-

che entwickelten eigene Formen der R.
R.sfest, ev. Fest zur Erinnerung an den Beginn der R. durch Luthers Thesenveröffentlichung, in Dtl. am 31. Oktober (bzw. am Sonntag danach) gefeiert.
Reformer m, Urheber einer R. **Reformator** m, meist Bz. für die Urheber der ⁄Reformation.
Reformierte (Mz.), Bz. jener ev. Christen, deren Kirchen histor. u. dogmat. auf die Reformation v. ⁄Zwingli u. bes. ⁄Calvin zurückgehen: Presbyterialverfassung; Prädestinationsglaube; die Bibel gilt als oberste Autorität in allen Glaubens- u. Lebensfragen (⁄Calvinismus, ⁄Puritaner, ⁄Presbyterianer); breiteten sich v. der Schweiz nach Dtl., Fkr., Schottland, Holland, Polen, Ungarn und Nordamerika aus. Der R. Weltbund umfaßt über 120 Gliedkirchen mit ca. 60 Mill. Gläubigen.
Refrain m (: reᵉfrãn, frz.), Kehrreim.
Refraktion w (lat.), die Brechung des ⁄Lichts.
Refraktor m (lat.), das Linsen-⁄Fernrohr.
Réfugiés (: refüschje, frz. = Flüchtlinge), die im 16. u. 17. Jh. ihres Glaubens wegen aus Fkr. in die umliegenden europ. Länder ausgewanderten ⁄Hugenotten.
Rega w, hinterpommer. Fluß, mündet nach 188 km bei Deep in die Ostsee.
Regal s (lat.; Mz. R.e), 1) Gestell mit Fächern, Bücherbrett. 2) ⁄Regalien.
Regalien (Mz., lat.; Ez. Regal), im MA dem Kg. zustehende, v. ihm selbst ausgeübte od. lehensweise übertragene Hoheitsrechte; sie umfaßten als höhere R. bes. Gerichtsbarkeit u. Heerbann, als niedere R. Rechte vorwiegend fiskal. Charakters, wie Münz-, Markt- u. Zollrecht. Die R. gingen infolge der territorialstaatl. Entwicklung größtenteils an die Landesherren über. **R.recht**, im MA v. Kg. erhobener Anspruch auf Nutzung der Rechte eines Bistums od. einer Abtei während der Sedisvakanz.
regalieren (frz.), bewirten.
Regatta w (it.), Wettrennen über einen festgelegten Kurs beim Segel-, Ruder-, Kanu- u. Motorbootsport.
Regel (lat.), 1) Vorschrift. 2) ⁄Menstruation.
Regelation w (lat.), das Schmelzen v. Eis unter Druckeinwirkung, z. B. v. Gletschereis u. beim Schlittschuhlaufen; Ursache ist die Erniedrigung des Schmelzpunkts mit steigendem Druck.
Regeldetri, v. lat. regula de tribus = Dreisatz(rechnung); z. B. 1. Satz: 6 kg Äpfel gehen in 3 Tüten; wieviel Tüten braucht man für 14 kg?; 2. Satz: 1 kg in ³/₆ = ¹/₂ Tüte; 3. Satz: 14 kg gehen in 14·³/₆ = 7 Tüten.
regelmäßige Körper ⁄Körper.
Regelung, ein Vorgang, bei dem eine Größe, der Regelgröße (z. B. Temp.), auf einen vorgeschriebenen Wert (Sollwert), Folge-R., wenn variabel, Festwert-R., wenn konstant u. nicht veränderl., gebracht u. gehalten wird, indem der Wert dieser Größe durch einen Fühler gemessen (Istwert) u. in der Regeleinrichtung, dem Regler, mit dem vorgeschriebenen Wert verglichen u. gegebenenfalls durch einen Korrekturmechanismus, das Stellglied, wieder

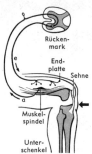

Reflex: Kniereflex als Beispiel für einen Reflexbogen. Der Schlag auf die Sehne führt zur Dehnung und damit Erregung der Muskelspindel; nach Leitung über eine afferente (a) und nach Umschaltung im Rückenmark auf eine efferente (e) Nervenzelle gelangt die Erregung auf die motor. Endplatte im Muskel, der sich dadurch kontrahiert und den Unterschenkel hebt

Reflexion: Einfallswinkel = Reflexionswinkel

Regenbogen: Verlauf des zweimal gebrochenen und einmal totalreflektierten Strahls in einem Regentropfen zur vereinfachten Deutung des R. (nach Descartes)

Regenwurm:
1 Längs-, 2 Querschnitt

Max Reger

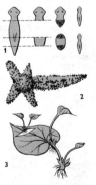

Regeneration: 1 bei einem Strudelwurm (die herausgeschnittenen Stücke bilden jeweils ein neues Tier), 2 eines ganzen Seesterns aus einem abgeschnittenen Arm, 3 Bildung von Regeneraten am eingeschnittenen Begonienblatt

---

Regelung: Blockschaltbild eines Regelkreises. Der jeweilige Zustand der Regelgröße (Istwert) wird durch ein Meßgerät (Fühler) registriert. Die Meßwerte werden über eine Leitung an ein regulierendes Zentrum (Regler) übertragen, das auf den Empfang der Meßwerte mit der Aussendung der Steuersignale für den Korrekturmechanismus (Stellglied) antwortet

Regler
Vorzeichenumkehr zwischen ein- und ausgehender Meldung
Meßgerät (Fühler)
Regelgröße
Stellgröße *Korrekturmechanismus (Stellglied)* *Konstant zu haltender Zustand oder Versorgung* *Störgröße* *Außeneinflüsse auf die Regelgröße*

auf den Sollwert gebracht wird. Der geschlossene Wirkungskreis heißt *Regelkreis.* Die R. ist grundlegend für die ⫋Automation u. eine Erweiterung der ⫋Steuerung. Im biolog. Bereich ist das Prinzip der R. vielfach verwirklicht, z. B. R. von Körper-Temp., Blutdruck, Stoffwechselvorgängen u. a. Bei vielen R.en dienen dabei Sinnesorgane als Fühler, Nervenbahnen zur Signalübertragung, nervöse Zentren als Regler, Ausführungsorgane (z. B. Muskeln) als Stellglied. So können z. B. die die Regelgröße verändernden Außeneinflüsse *(Störgröße)* kompensiert werden.
Regelungstechnik, Teilgebiet der Ingenieurwiss., befaßt mit Entwurf u. Herstellung v. Regelkreisen. ⫋Regelung.
Regen, 1) *m,* l. Nebenfluß der Donau, mündet nach 184 km bei Regensburg. **2)** niederbayer. Krst., 11 000 E.; opt. u. Holz-Ind.
Regen, Grundelement der ⫋Hydrometeore, bildet sich an Kondensationskeimen (Staub, Salzkörner) in einer wasserdampfhaltigen, sich abkühlenden Atmosphäre. Die Tropfengröße v. 0,1–0,6 mm bei *Nieselregen* wächst, wahrscheinl. über Eiskristalle als Zwischenstufe, bis zu 5–8 mm bei R. aus Wolkenbrüchen. **R.bogen,** entsteht durch Brechung u. Reflexion des Lichtes (meist Sonne) in den einzelnen Wassertropfen; zu beobachten, wenn die Lichtquelle, im Rükken des Beobachters, ein Regengebiet beleuchtet. *Hauptregenbogen* mit 42°, *Nebenregenbogen* mit 51° Öffnungswinkel; beim Hauptregenbogen liegt Violett innen, Rot außen, beim Nebenregenbogen umgekehrt. **R.bogenhaut,** *Iris w,* ⫋Auge. **R.bogenhautentzündung,** *Iritis,* mit Schmerzen, Lichtscheu, Verfärbung der Bindehaut. **R.bogenpresse,** Wochenzeitschriften, bei denen im Ggs. zu den Illustrierten die Illustration eine untergeordnete Rolle spielt; stark leserorientierte Themen, z. B. Berichte über das Leben prominenter Persönlichkeiten, Skandale u. a. **R.brachvogel** ⫋Brachvogel. **R.bremse,** eine ⫋Bremsen-Art.
Régence *s* (: reschãß, frz.), nach der Regentschaft Philipps II. v. Orléans (1715/23) ben. frz. Kunstepoche im Übergang zw. Louis-Quatorze u. Rokoko.
Regeneration *w* (lat.), Wiederherstellung, Heilung; Ersatz von Organteilen od. ganzen

Organen, die entweder regelmäßig abgestoßen werden *(Restitution),* wie Haare, Federn, Bandwurmglieder, Hirschgeweihe, od. durch Verletzung verlorengingen.
Regenmesser, geeichtes Gefäß zur Messung der gefallenen Regen- bzw. Schneemengen.
Regenpfeifer, meist auffällig gezeichnete Schnepfenvögel in Dtl.: *Fluß-R.* u. *Sand-R.,* grau u. weiß, amselgroß; *Gold-R.* in Tundren; *Halsband-R.* an Küsten. ☐ 881.
Regens *m* (lat.), Leiter, Vorsteher, bes. einer theolog. Ausbildungsanstalt.
Regensburg, Hst. des Reg.-Bez. Oberpfalz, r. an der Donau (Hafen), 133 000 E.; Dom St. Peter (got., um 1230/40); Rathaus mit dem Reichssaal, Thurn u. Taxissches Schloß, Stadtburgen (13. u. 14. Jh.); kath. Bisch.; Univ., Fachhochschule; Elektro-, Textil-, Leder-, Nahrungsmittel- u. chem. Ind., Schiffswerften. – Urspr. kelt. Siedlung, 179 n. Chr. röm. Legionslager *Castra Regina;* seit 10. Jh. Hst. der bayer. Hzg.e; 1245 Freie Reichsstadt; 1663/1806 Sitz des ⫋Reichstags; fiel 1810 an Bayern. – Höchstwahrscheinl. schon in der Römerzeit Bistum, 739 neu organisiert.
Regent *m* (lat.), **1)** monarch. Staatsoberhaupt. **2)** Vertreter für einen minderjährigen od. regierungsunfähigen Monarchen; oft auch mehrere Vertreter *(R.schaft).*
Regenwurm, zwittriger Ringelwurm mit 140–180 Körperringen; frißt Erde, entnimmt ihr Fäulnisstoffe, stößt die unverdaul. Teile wieder aus, lockert dadurch den Boden u. erleichtert so den Luft- u. Wasserzutritt.
Reger, *Max,* dt. Komponist, 1873–1916; auch gefeierter Pianist u. Dirigent; an Bach anknüpfende Polyphonie mit teilweise spätromant. Harmonik; Orgelmusik, Orchesterwerke, Kammermusik, Lieder.
Regest *s* (lat.), knappe Zusammenfassung des wesentl. Inhalts einer Urkunde.
Reggio (: redseho), **1)** *R. di Calabria,* Hst. der süd-it. *Prov. R.,* an der Straße v. Messina, 182 000 E.; Erzb. **2)** *R. nell'Emilia,* Hst. der ober-it. *Prov. R.,* 130 000 E.; Bischof.
Regie *w* (: reschi, frz.), **1)** staatl. Verwaltung v. Wirtschaftsbetrieben *(R.betriebe),* z. B. bei Tabak. **2)** künstler. Leitung v. Theateraufführungen, Film- u. Fernseh-Dreharbeiten durch den *Regisseur.*
Regierender Bürgermeister, Amts-Bz. des Bürgermeisters v. West-⫋Berlin; als Vors. des Senats (Regierung) Leiter der Stadtgemeinde u. Regierungschef des Landes.
Regierung *w* (lat.), **1)** allg.: die oberste Staatsleitung; die leitenden u. richtunggebenden Akte im staatl. Hoheitsbereich; im organisator.-personellen Sinn alle mit staatl. Hoheitsgewalt ausgestatteten Organe. **2)** Völkerrecht: die Exekutivorgane der souveränen Staaten. **R.sbezirk,** staatl. Verwaltungs-Bz. der Mittelstufe, d. h. zw. den Ländern u. den Stadt- u. Landkreisen.
Regime *s* (: reschim, frz.), Regierungsform; auch abwertende Bz. für ein bestimmtes Regierungssystem.
Regiment *s* (lat.), **1)** allg. Leitung, Herrschaft. **2)** selbständige Truppeneinheit.
Regina (lat.), Königin.

Haut Muskel Rückenblutgefäß
Darm
Bauchmark Bauchgefäß Schleifenkanal
Borsten Muskel
Bauchgefäß Bauchmark

Regino v. Prüm, OSB, fränk. Kanonist u. Chronist, um 840 bis 915; 892/899 Abt des Klosters Prüm, dann v. St. Martin in Trier.

Regiomontanus (eig. Johannes Müller), Astronom u. Mathematiker, 1436–1476; erbaute in Nürnberg die erste dt. Sternwarte.

Region w (lat.), Gegend, Bezirk, Bereich.

regional, auf eine Gegend od. ein Gebiet bezogen.

Register s (lat.), 1) Verzeichnis. 2) öff. Urkundsbuch, in das rechtserhebl. Tatsachen eingetragen werden (Personenstands-, Handels-, Straf-R. usw.). *Registrator m,* Aktenverwalter. *Registratur w,* Aufbewahrungsraum u. -einrichtung für Akten usw. *registrieren,* eintragen. 3) bei der *Orgel* eine vollständige Pfeifenreihe (Stimme), v. einheitl. Klangcharakter. **R.tonne,** Abk. *RT* und *Reg.T.,* Raummaß der Schiffsvermessung, 2,832 m³.

Registrierapparat, zeichnet selbsttätig und fortlaufend Meßwerte auf.

Registrierballon ↗Radiosonde.

Reglement s (: regl°mãn, frz.), Dienstanweisung, Vorschrift.

reglementieren, behördl. regeln.

Regler, die gesamte Einrichtung, die an einer *Regelstrecke* im Regelkreis die ↗Regelung bewirkt; z.B. der Fliehkraft-R. einer Dampfmaschine z. Regelung der Drehzahl.

Regnitz w, Nebenfluß des Mains, entsteht aus Rednitz u. Pegnitz; 75 km lang.

Regreß m (lat.), Rückgriff, Ersatzanspruch gg. einen Dritten (den R.pflichtigen), z.B. gg. einen Mitbürgen; beim Wechsel Sicherstellungs- u. Zahlungs-R.; Rückgriff des Staates, der haftbar gemacht wird, auf den pflichtsäumigen Beamten. **Regression** w, Rückgang. **regressiv,** rückläufig.

Regula w (lat.), Regel. **regula falsi** (lat. = Regel des Falschen), ein Näherungsverfahren zur Lösung v. Gleichungen. **regulär,** regelrecht, regelmäßig. **Regularen** (Mz.), Mitgl. der eigentl. kath. Orden mit feierl. ↗Gelübden. **Regularkleriker,** *i. w. S.* die Ordens- im Ggs. zu den Weltpriestern; *i. e. S.* die Mitgl. bestimmter Priestergenossenschaften mit feierl. Gelübden (z. B. Jesuiten, Kamillianer).

Regulationsstörungen, Erkrankungen, die auf einer Fehlsteuerung v. Körperfunktionen beruhen, nervös: z. B. ↗Magenschwür; hormonal: z. B. ↗Zuckerkrankheit.

Regulativ s (lat.), Verhaltungsmaßregel, Durchführungsbestimmung.

regulieren (lat.), ordnen, regeln.

Regulierte Chorherren, Kanoniker nach der Regel des hl. Augustinus.

Regulus m, Hauptstern im Sternbild Löwe.

Reh, zierl., bis 1,3 m langer Paarhufer aus der Familie der Hirsche; im Sommer rotbraun bis fuchsrot, im Winter graubraun, am Hinterteil („Spiegel") weiß. Beim Bock im 1. Jahr Stirnzapfen für das spätere Gehörn. □ 326, 881.

Rehabeam, Vulgata: *Roboam,* Sohn u. Nachfolger Salomons als Kg. v. Juda, 932/ 917 v.Chr.

rehabilitieren (lat.; Hw. *Rehabilitation*), 1) die verletzte Ehre wiederherstellen (durch Wiedereinsetzung in ein Amt od. öff. Wider-

ruf). 2) gesellschaftl. Rückgliederung eines Kranken, Verletzten oder Strafgefangenen.

Rehau, bayer. Stadt in Oberfranken, an der tschsl. Grenze, 10900 E.; Porzellan-Ind.

Rehburg-Loccum, niedersächs. Stadt (Kr. Nienburg), 9900 E.; Kurort; Ev. Akad.

Rehpilz ↗Habichtsschwamm.

reiben, Bohrungen in Metall mit zylindr., scharf geriffelten *Reibahlen* ausarbeiten.

Reibräder *(Friktionsräder)* dienen zur Übertragung v. Kräften u. Bewegungen, wobei die Umfangsreibung des reibenden u. getriebenen Rades die Kraft überträgt.

Reibung, der Widerstand, der einen Körper an der Bewegung auf einem anderen zu hindern sucht; *Haft-R.,* wenn noch keine, *Gleit-R.,* wenn eine Bewegung auftritt; bes. klein ist die *Roll-(Wälz-)R.* einer Rolle, Walze usw. Durch Schmierung wird die R. vermindert. **R.sbahn,** die normale Reibung ausnutzende Schienenbahn; Ggs. Zahnradbahn. ↗Bergbahn. **R.skupplung,** eine die Haft-↗Reibung ausnutzende und ausrückbare ↗Kupplung. □ 511.

Reich, größeres Herrschaftsgebiet, so im Alt. das Pers. R., das R. Alexanders d. Gr., das Röm. R.; im MA das Byzantin. R., das Fränk. R., das Heilige Röm. R. Dt. Nation; in der NZ das brit. Welt-R. (Empire), das frz. Kaiser-R. Der Begriff *Dt. Reich* bezieht sich i. e. S. auf das 1871 gegr. Kaiserreich u. die Weimarer Rep., die die Bz. beibehielt (unter dem Nat.-Soz. 1933 Einführung der Bz. *Drittes Reich,* seit 38 auch *Großdt. R.* gen.); i. w. S. auf das Heilige Röm. R. Dt. Nation (das alte Dt. R.).

Reichenau, bad. Bodenseeinsel im Untersee, im O durch 2 km langen Damm mit dem Festland verbunden; 4,5 km², meist Gartenland. Gem. R. mit 4700 E. – Die 724 v. hl. Pirmin gegr. Benediktinerabtei R. war ein bedeutender Kulturmittelpunkt des frühen MA (Klosterbibliothek u. -schule); wurde 1535 dem Bistum Konstanz einverleibt, 1803 säkularisiert. Die Kirchenbauten in Ober-, Mittel- u. Unterzell reichen ins 9. u. 10. Jh. zurück; gut erhaltene roman. Fresken in der Kirche v. Ober- u. Unterzell. □ 872.

Reichenbach, 1) *R. im Eulengebirge,* poln. *Dzierżoniów,* niederschles.Krst. am Fuß des Eulengebirges, 35000 E.; Textil-Ind. 2) *R. im Vogtland,* sächs. Krst. am Nordfuß des Erzgebirges, 28500 E.; bedeutende Textil-Ind. mit Fachschule.

Reichenberg, tschech. *Liberec,* Stadt in der nördl. Tschechoslowakei, an der Görlitzer Neiße, 84000 E.; Handelsakademie; Wollwaren-, Metall-, Holzfabrikation.

Reichenhall, *Bad R.,* oberbayer. Krst. u. Kurort in einem Talkessel der Saalach, 18000 E.; 24 starke Solquellen (gg. Krankheiten der Atmungsorgane); Gradierwerk.

Reichensperger, *August,* 1808–95; mit seinem Bruder *Peter* (1810–92) Mitbegr. und Führer des ↗Zentrums.

Reichsabschied, im alten Dt. Reich die Gesamtheit der auf einem Reichstag gefaßten Beschlüsse; am Schluß des Reichstags in Form eines Vertrages zw. Ks. u. Reichsständen zusammengefaßt. Letzter R. 1654.

Reichsadler, das Wappenzeichen des Dt.

Registertonne
Brutto-R. (BRT) gibt den Bruttoraumgehalt, d. i. der ganze umbaute Raum *ohne* Ruderhaus, Hilfsmaschinenräume, Doppelboden und Räume mit Vermessungsöffnungen
Netto-R. (NRT) gibt den gewinnbringenden Raum der Lade- und Fahrgasträume, nach dem die Abgaben des Schiffes berechnet werden

Reichsinsignien

die zur Krönung erforderlichen R.:
Reichskrone (wohl unter Otto d. Gr. angefertigt)
Reichsapfel (12. Jh.)
Reichszepter (14. Jh.)
Reichsschwert (11. Jh.)

weitere R.:
Heilige Lanze
Krönungsornat
Zeremonienschwert
zahlreiche Reliquien und Heiligtümer

Aufbewahrungsort der R.:
unter Friedrich II.
Waldburg in Schwaben
seit 1246 Burg Trifels
seit 1273 Kiburg bei Winterthur
unter den Luxemburgern in Prag und auf Burg Karlstein
1424–1797
seit 1800 in der kaiserlichen Schatzkammer der Wiener Hofburg
(1938–46 in Nürnberg)

Reh: junger Rehbock

Reiches, ihm nachgebildet in der BRD der Bundesadler. ☐ 179, 182.
Reichsämter, 1) im alten Dt. Reich die ↗Erzämter. **2)** im Deutschen Reich 1871/1918 die dem Reichskanzler unterstellten obersten Reichsbehörden.
Reichsapfel, eines der ↗Reichsinsignien: Kugel mit Kreuz als Symbol der christl. Weltherrschaft.
Reichsarbeitsdienst ↗Arbeitsdienst.
Reichsbahn ↗Deutsche Reichsbahn.
Reichsbank, die Notenbank des ehem. Dt. Reichs. Nachfolgerin in der BRD ist die ↗Deutsche Bundesbank, in der DDR die Staatsbank der DDR (↗Dt. Notenbank).
Reichsbanner Schwarz-Rot-Gold, 1924/33 Schutzorganisation der Parteien der Weimarer Koalition gg. die antirepublikan. Organisationen der Rechtsparteien.
Reichsdeputation, Reichstagsausschuß des alten Dt. Reichs. **R.shauptschluß,** letzter Beschluß der R. 1803; verfügte unter dem Druck Fkr.s u. Rußlands die ↗Säkularisation u. den Beginn der ↗Mediatisierung, um die dt. Fürsten für den Verlust ihrer linksrhein. Gebiete an Fkr. zu entschädigen.
Reichsfinanzhof, 1918/45 in München oberste Spruch- u. Beschlußbehörde in Reichssteuersachen. ↗Bundesfinanzhof.
Reichsgericht, 1879/1945 höchstes dt. Gericht in Zivil- u. Strafsachen, Sitz Leipzig; Gliederung, Besetzung u. Zuständigkeit entsprachen der des ↗Bundesgerichtshofs.
Reichshof, Gem. u. Luftkurort im Oberbergischen Kreis, 1969 durch Gem.-Zusammenschluß gebildet, 15 700 E.

Reichsinsignien, die Herrschaftszeichen der dt. Könige u. Kaiser.
Reichskammergericht, 1495/1806 das oberste Reichsgericht; seit 1693 in Wetzlar.
Reichskanzler, 1) *im alten Dt. Reich* der ↗Erzkanzler für Dtl. **2)** *im Dt. Reich 1871–1918* der v. Ks. ernannte einzige Reichsmin.; Vors. des Bundesrats; leitete die Verwaltung des Reichs, bestimmte zus. mit dem Kaiser die Richtlinien der Reichspolitik. **3)** *in der Weimarer Rep.* der Chef der Reichsregierung; v. Reichspräsidenten ernannt, v. Vertrauen des Reichstags abhängig. **4)** im nat.-soz. Dtl. nur noch ein Titel A. Hitlers innerhalb der Bz. „Führer u. R." ☐ 180.
Reichskonkordat, das am 20. 7. 1933 zw. der dt. Reichsregierung u. dem Hl. Stuhl abgeschlossene, am 10. 9. 1933 in Kraft getretene

Reichsinsignien
(von links nach rechts):
Reichskrone, Reichsapfel, Reichszepter und Reichsschwert

Reichsstädte	auf der Schwäbischen Städtebank:	19. Schweinfurt
		20. Kempten
		21. Windsheim
auf der Rheinischen Städtebank:	1. Regensburg	22. Kaufbeuren
	2. Augsburg	23. Weilderstadt
	3. Nürnberg	24. Wangen i. A.
	4. Ulm a. D.	25. Isny
1. Köln	5. Esslingen	26. Pfullendorf
2. Aachen	6. Reutlingen	27. Offenburg
3. Lübeck	7. Nördlingen	28. Leutkirch
4. Worms	8. Rothenburg o. T.	29. Wimpfen
5. Speyer	9. Schwäbisch Hall	30. Weißenburg
6. Frankfurt a. M.	10. Rottweil a. N.	(Bayern)
7. Goslar	11. Überlingen	31. Giengen a. B.
8. Bremen	12. Heilbronn	32. Gengenbach
9. Hamburg	13. Schwäb. Gmünd	33. Zell a. H.
10. Mühlhausen (Thür.)	14. Memmingen	34. Buchhorn
11. Nordhausen	15. Lindau	(Friedrichshafen)
12. Dortmund	16. Dinkelsbühl	35. Aalen
13. Friedberg	17. Biberach	36. Buchau a. F.
14. Wetzlar	18. Ravensburg	37. Bopfingen

↗Konkordat; trat ergänzend mit Geltung für das ganze Dt. Reich neben die Länderkonkordate. – In der BRD gemäß Urteil des Bundesverfassungsgerichtes vom 26. 3. 1957 zu innerstaatl. verbindl. Recht geworden. – In der DDR wird das R. als nicht existent betrachtet.
Reichskreise, urspr. (seit 1500) 6, dann (seit 1512) 10 Bezirke, in die das Gebiet des alten Dt. Reiches gegliedert war; u. a. mit der Wahrung des Landfriedens, der Truppenaufstellung u. der Erhebung v. Reichssteuern betraut.
Reichspräsident, in der Weimarer Rep. v. Volk auf 7 Jahre gewähltes Staatsoberhaupt; ernannte u. entließ den Reichskanzler u. die Reichsmin., war Oberbefehlshaber der Wehrmacht. Seine Rechte, ↗Notverordnungen zu erlassen u. den Reichstag aufzulösen, spielten bes. seit 1930 eine wichtige Rolle. Die R.en: 1919/25 Ebert, 25/34 Hindenburg, 34/45 (verfassungswidrig) Hitler.
Reichsrat, 1) in der Weimarer Rep. die Ländervertretung, wirkte mit bei Gesetzgebung u. Verwaltung des Reichs; 1934 ausdrückl. aufgehoben. **2)** in Östr. 1867/1918 die Volksvertretung.
Reichsritterschaft, im alten Dt. Reich die Genossenschaft der reichsunmittelbaren Ritter; gehörte zum niederen Adel; zählte nicht zu den ↗Reichsständen.
Reichsstädte, die reichsunmittelbaren Städte des alten Dt. Reichs; das Kollegium der R., seit 1489 einer der Reichsstände, war unterteilt in die Rhein. Städtebank mit zuletzt 14 u. in die Schwäb. Städtebank mit zuletzt 37 Mitgliedern; 1803/10 wurden die R. mediatisiert, nur Hamburg, Bremen, Lübeck u. Frankfurt 1815 wiederhergestellt.
Reichsstände (Mz.), im alten Dt. Reich die reichsunmittelbaren Glieder, die *Reichsstandschaft* (Sitz u. Stimme im ↗Reichstag) besaßen.
Reichstadt, Hz. v., ↗Napoleon (II.).
Reichstag, 1) *im alten Dt. Reich* die Versammlung der Reichsstände; hatte Anteil an der Reichsgesetzgebung; tagte seit 1489 in 3 Kollegien: Kurfürsten, Fürsten u. Reichsstädte; seit 1663 ständiger Gesand-

tenkongreß in Regensburg. 2) *im Norddt. Bund* (1867/71) u. *im Dt. Reich* (1871/1918) die Volksvertretung, gewählt in allg., direkter u. geheimer Wahl; wirkte bei der Gesetzgebung mit u. kontrollierte das Finanzgebaren der Regierung. 3) *in der Weimarer Rep.* die auf 4 Jahre gewählte Volksvertretung; hatte die Gesetzgebungsgewalt, konnte durch ein ↗Mißtrauensvotum die Regierung zum Rücktritt zwingen; 4) *im nat.-soz. Dtl.* war der nach Einheitsliste (zuletzt 1938) gewählte R. polit. bedeutungslos. **R.sbrand,** der Brand des R.sgebäudes in der Nacht des 27. 2. 1933; die nat.-soz. Regierung machte die Kommunisten dafür verantwortl.; ob nat.-soz. Politiker (Göring) selbst zum Brand angestiftet haben, ist nicht nachgewiesen.
Reichstein, *Tadeusz,* schweizer. Biochemiker, * 1897; Erforschung der Vitamine u. Hormone. 1950 Nobelpreis.
reichsunmittelbar waren im alten Dt. Reich die nur Ks. u. Reich, keinem Landesherrn unterstehenden Personen u. Gebiete.
Reichsversicherungsordnung, *RVO,* Gesetz vom 19. 7. 1911 (mehrfach geändert) zur Zusammenfassung der Bestimmungen über die Kranken-, Unfall- u. Invaliden-(Renten-)Versicherung.
Reichswehr, die nach dem Versailler Vertrag dem Dt. Reich zugestandene Wehrmacht (100000 Mann Heer u. 15000 Mann Marine).
Reif, feine Eisnadeln, die bei Temperaturen unter 0°C aus der Luftfeuchtigkeit durch Sublimation ausscheiden u. Rauhigkeit des Bodens u. Pflanzen bedecken (Rauhreif).
Reifen ↗Luftbereifung.
Reifeprüfung *w, Abitur s, Matura w,* schriftl. u. mündl. Abschlußprüfung an ↗Höheren Schule; berechtigt zum Hochschulstudium. ↗Zweiter Bildungsweg.
Reifrock, weiter Frauenrock, durch Reifen gesteift; 2. Hälfte 16. Jh. bis 2. Hälfte 18. Jh. in Mode, seit etwa 1840 als ↗Krinoline.
Reihe, mathemat. eine Summe aus endl. od. unendl. vielen Gliedern mit einem bestimmten Bildungsgesetz; die R. ist konvergent, wenn die Summe einen Grenzwert hat, sonst divergent. *Arithmet.R.:* konstante Differenz zw. den Gliedern, *geometr. R.,* gleicher Quotient zw. den Gliedern, *Potenz-R.:* die Glieder sind aus den Potenzen einer Variablen gebildet (z. B. $a_1x + a_2x^2 + a_3x^3 + ... a_nx^n$); *Fourier-R.,* period. Funktionen in der ↗harmonischen Analyse.
Reiher, Storchvögel; in Europa ↗*Grau-R., Silber-R., Purpur-R.* und *Zwerg-R.* ☐ 1046.
R.schnabel, Storchschnabelgewächs mit rosafarb. Blüten. Die schnabelähnl. Fruchtknoten zerfallen in Teilfrüchte, die sich korkzieherartig aufrollen, bei Feuchtigkeit sich jedoch wieder strecken u. sich dabei in die Erde bohren.
Reim, Gleichklang v. Silben, der Redeteile, meist Verse, verbindet. Die german. Dichtung kannte nur den ↗Stabreim. Der Endreim stammt aus der lat. Lit. (auch in anderen Sprachen bekannt); er drang nach roman. Vorbild im 9. Jh. ins Dt. ein u. verdrängte den Stabreim; bis ins 12. Jh. wurde

Reim
(Reimformen)

männlicher oder stumpfer Reim
Betonung der letzten Silbe des R.wortes (Gewalt – Gestalt)

weiblicher oder klingender Reim
Betonung der ersten von 2 Silben (singen – springen)

rührende Reime
R.e, bei denen auch der Konsonant vor dem Vokal mit dem Haupton gleich ist (im Dt. nur selten möglich)

reiche Reime
Reime mit 3 oder mehr gleichklingenden Silben

Max Reinhardt

Bischof Reinkens

Reiherschnabel

nicht volle Reinheit gefordert (Gleichklang vom Vokal an, der den Haupton des Wortes trägt); es genügte Vokalgleichklang *(Assonanz;* diese auch später bes. in der span. Dichtung u. in der dt. Romantik). Im 12. Jh. setzte sich der reine R. durch.
Reimarus, *Hermann Samuel,* dt. ev. Theologe, Philosoph u. Orientalist, 1694–1768; vertrat die Vernunftreligion der ↗Aufklärung u. radikale Bibelkritik; Lessing veröffentlichte seine *Fragmente eines Wolfenbüttelschen Ungenannten.*
Reims (: rǟnß), frz. Stadt im Dep. Marne, Mittelpunkt der Champagne, am Aisne-Marne-Kanal, 178000 E.; Erzb.; Univ., Musikhochschule; got. Kathedrale (1211 begonnen, im 14. Jh. vollendet) mit bedeutenden Plastiken; Champagnerweinkellereien, Woll-Ind. – Im Alt. Hst. der kelt. *Remer,* dann der röm. Prov. Belgica; 496 Taufe ↗Chlodwigs; nach 1179 Krönungsort der frz. Kg.e. 1945 Unterzeichnung der dt. Kapitulation.
Reinbek, holstein. Stadt zw. Hamburg u. dem Sachsenwald, 24900 E. Im Schloß (1544/86) Bundesforschungsanstalt für Forst- u. Holzwirtschaft.
Reineclaude *w* (: rän^eklod, frz.), *Reneklode,* eine grüne, süße Pflaumensorte. ☐ 747.
Reineke Fuchs, Tierdichtung im MA, erst in lat. u. altfrz. Fassungen, zunehmend satirisch; nd. Volksbuch *Reineke de Vos* (1498); hd. v. Goethe.
Reinhardswald, Höhenzug des Weserberglands, zw. Weser u. Diemel, 472 m hoch.
Reinhardt, *Max* (eig. Goldmann), östr. Schauspieler und Theaterleiter, 1873–1943; entwickelte nach Übernahme des Dt. Theaters in Berlin (1905, Leiter bis 32) einen neuen impressionist., szen. u. opt. bestimmten Regiestil; bes. Ausnützung der Drehbühne; Mit-Begr. der Salzburger Festspiele; 33 Emigration nach den USA.
Reinkarnation *w* (lat.), ↗Seelenwanderung.
Reinkens, *Joseph Hubert,* dt. Kirchenhistoriker, 1821–96; urspr. kath., Gegner des Unfehlbarkeitsdogmas, 72 exkommuniziert; 1. Bischof der ↗Altkatholiken.
Reinkultur, 1) Bodennutzung durch *eine* Kulturpflanzen- od. Gehölzart. **2)** Zucht v. Bakterien, Hefen u. ä., die nur eine einzige Art enthalten; erstmalig 1877 v. Pasteur.
Reinmar der Alte, auch *R. v. Hagenau* (Elsaß), Minnesänger, † um 1210; Vollender des konventionellen Minnesangs.
Reinstoffe, in Kernreaktor- u. Halbleitertechnik benötigte Substanzen größter Reinheit, z.B. auf 10^{10} Atome nur 1 Fremdatom; herstellbar z.B. durch ↗Zonenschmelzverfahren.
Reis *m,* bis 1,5 m hohes Rispengras mit einblütigen Ährchen. Abgesehen v. *Berg-R.* (bis in 1500 m Höhe), verlangt *Wasser-R.* 23°C Durchschnittstemperatur u. große Bodenfeuchte. In Hügelgegenden werden R.felder terrassenförmig angelegt, künstl. unter Wasser gesetzt, dann bepflanzt. Die gedroschenen R.körner werden in R.mühlen geschält u. meist poliert, wobei Kleberschicht (Vitamin B, Eiweiß) u. Keim entfernt werden (↗Beri-Beri). Neben Weizen die Hauptnahrung der Menschheit. *R.schleim*

auch als Säuglingskost; ferner Herstellung v. *R.wein* (Sake) u. *R.branntwein* (Arrak) sowie Stärke; Abfälle zu Kraftfutter, Stroh für Geflechte u. Papier.

Reis, junger Zweig, als Edel- oder Pfropfreis zur Veredlung v. Obstbäumen oder Weinstöcken; auch Besenreis.

Reis (Mz. für *Real*), bis 1913 Geldeinheit in Portugal.

Reis, *Johann Philipp*, dt. Lehrer, 1834–74; der dt. Erfinder des Fernsprechers (1861).

Reisescheck, *Travellerscheck*, auf feste Beträge lautender, bei den meisten Banken im In- u. Ausland einlösbarer Scheck.

Reisläufer (mhd. *reise* = Feldzug), fr. Söldner im Dienst auswärtiger Mächte.

Reißbrett, rechtwinkl. Weichholzplatte, als Zeichenunterlage. **Reißfeder** ↗Reißzeug. **Reißschiene**, Lineal mit rechtwinkl. Führungsleiste zum Ziehen paralleler Linien auf dem Reißbrett.

Reißverschluß, Metall- od. Kunststoffnaht aus 2 sich gegenüberliegenden Reihen bes. geformter Verschlußglieder (Krampen); der R. für Kunststoff besteht aus 2 ineinandergreifenden Profilstreifen.

Reißzeug, Besteck zum techn. Zeichnen, besteht aus *Reißfeder* zum Zeichnen v. Linien in Tusche (verschieden stark einstellbar) u. Zirkeln verschiedener Art. ☐ 1135.

Reitgras, Gattung hoher Waldgräser mit lockeren Rispen; bis über 1 m hoch.

Reit im Winkl, oberbayer. Luftkurort, südl. des Chiemsees, 700 m ü. M., 2600 E.

Reitsport, *Pferdesport*, umfaßt Rennreiten, Dressur-, Spring-, Vielseitigkeitsprüfungen, Fahrsport, Geländeritt, Hohe Schule, Voltigieren, Kunstreiten, Reiterspiele (z. B. Polo).

Reiz, jede Einwirkung v. außen od. auch aus dem eigenen Organismus auf lebende Zellen, Gewebe, Organe, die dort Empfindung, Bewegung, Sekretion, Wachstum od. andere Wirkungen hervorruft.

Reizker, Blätterpilz; *Echter R., Blut-R.*, mit rotgelbem Saft, eßbar, im Nadelwald. *Gift-R., Zotten-R., Birken-R*, mit weißem Milchsaft; giftig. ☐ 750.

Reizschwelle, Mindeststärke eines Reizes, die gerade noch eine Reaktion auslöst.

rekapitulieren (lat.), wiederholen.

Reken, westfäl. Gemeinde im Münsterland, 11 200 E.; Nahrungsmittel-Ind.

Reklamation *w* (lat.), Beanstandung, bes. die Anzeige v. Mängeln im Kaufrecht.

Reklame *w* (lat.), Form der ↗Werbung; sucht mehr einen einmaligen Überraschungserfolg, nicht dauerhafte Verbindung zum Kunden.

Reklusen ↗Inklusen.

rekognoszieren (lat.), ausspähen, auskundschaften; als echt erkennen.

rekommandieren (lat.), empfehlen.

rekonstruieren (lat.), *Hw. Rekonstruktion*), Gewesenes wiederherstellen, nachbilden.

Rekonvaleszenz *w* (lat.), Periode der Genesung nach Krankheiten. *Rekonvaleszent*, Genesender.

Rekonziliation *w* (lat.), **1)** Aussöhnung. **2)** Lossprechung v. Kirchenstrafen.

Rekord *m* (engl.), Höchst-, Bestleistung, Meisterschaft. Im *Sport* Höchstleistung, die

J. Ph. Reis

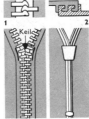

Reißverschluß:
1 R. mit Zahn-, **2** mit Rillenverschluß
(für Kunststoffe)

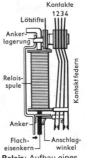

Relais: Aufbau eines
Fernsprech-Flach-R.

Rektifikation einer
Kurve durch einbeschriebene Sehnenpolygone. Die
Näherung wird um
so besser, je feiner
die Unterteilung der
Polygonzüge ist

nach den Wettkampfbestimmungen erzielt u. von den zuständ. Verbänden anerkannt ist. [rung.

Rekreation *w* (lat.), Erfrischung, Erneue-**Rekrut** *m* (frz.), der neu ausgehobene Soldat in der ersten Ausbildungszeit; *sich rekrutieren*, sich zusammensetzen.

rektal (lat.), zum Mastdarm gehörig.

Rektapapiere, ↗Wertpapiere, die auf eine namentl. bezeichnete Person ausgestellt sind.

Rektaszension *w* (lat.), die der geograph. Länge auf der Erde entsprechende Koordinate eines Gestirns an der Himmelskugel, gemessen auf dem Äquator zwischen dem Frühlingspunkt u. dem Stundenkreis des Gestirns.

Rektifikation *w* (lat.), **1)** Berichtigung, Richtigstellung. **2)** chem.: mehrfaches Destillieren eines Flüssigkeitsgemisches zur Reindarstellung seiner Bestandteile. **3)** mathemat.: Bestimmung der Länge eines Kurvenstücks, meist durch Integralrechnung.

Rektor *m* (lat.), Leiter a) einer mehrklass. Grund- u. Hauptschule, z. T. auch von Realschulen, b) einer Univ. od. Hochschule (Anrede ↗Magnifizenz), c) einer kath. kirchl. Anstalt, d) einer kath. Nichtpfarrkirche od. Pfarrkuratie *(Pfarr-R.)*. **Rektorat** *s*, Amtszeit u. Amtsraum des Rektors. **Rektorenkonferenz** *w* (lat.), *Westdeutsche R.*, Abk. *WRK*, 1949 gegr. Zusammenschluß aller Univ. u. wiss. Hochschulen im Univ.-Rang in der BRD, Vertretung durch die amtierenden Rektoren; arbeitet Empfehlungen zu Hochschulfragen aus. Sekretariat Bonn-Bad Godesberg.

Rektoskopie *w* (lat.-gr.), *Proktoskopie*, Untersuchung des Mastdarms mit dem *Rektoskop*; nach Einführen des röhrenförmigen Instruments u. Lufteinblasung kann die entfaltete Darmschleimhaut besichtigt werden.

Rekurs *m* (lat.), **1)** allg.: Rückgriff. **2)** Rechtsmittel an höhere Gerichts- od. Verwaltungsbehörden, in der BRD nicht mehr.

Relais *s* (: r°lä, frz.), elektromagnet. Schaltorgan, im Prinzip bestehend aus einem Elektromagneten, der einen Anker mit Kontakten anzieht und zur Ein- u. Ausschaltung eines Stromkreises durch einen anderen Stromkreis. Heute wird die Funktion von R. in vielen Fällen (z. B. bei elektron. Rechenanlagen) u. a. von Transistoren übernommen.

Relation *w* (lat.), **1)** Beziehung. **2)** in der Philosophie eine der ↗Kategorien. **relativ**, bedingt, in Beziehung stehend, verhältnismäßig (Ggs. absolut). *Relativsatz*, rückbezügl. Nebensatz. **Relativismus** *m* (lat.; Bw. *relativistisch*), a) erkenntnistheoret. Lehre, die Wahrheit gelte nicht allg., sondern nur in bezug auf ein jeweil. Subjekt (Person, Typus, Kulturkreis usw.); b) eth. These, das sittl. Handeln sei an wechselnden Maßstäben ausgerichtet (↗Positivismus, ↗Pragmatismus).

Relativitätstheorie, umfaßt die v. A. ↗Einstein u.a. aufgrund optischer Beobachtungen v. ↗Michelson vorgenommene Erweiterung des klass. Relativitätsprinzips (z. B. Nichtunterscheidbarkeit, welches v. zwei gegeneinander bewegten Systemen ruht, etwa beim Blick aus einem Eisenbahnfenster auf einen Nachbarzug) auf elektromagnet. Erscheinungen: *spezielle R.* (1905). Durch die Endlichkeit u. Konstanz der Lichtgeschwindigkeit, die zugleich die höchste mögl. Geschwindigkeit ist, ergab sich dabei auch eine Neudiskussion des Begriffes der „Gleichzeitigkeit". Für kleine Geschwindigkeiten bleibt die alte „klassische Physik" erhalten, bei Annäherung an die Lichtgeschwindigkeit ergeben sich Modifikationen, z.B. Zunahme der Masse, Zeitdilatation, Längenkontraktion. Wichtige Folgerungen sind weiter die Äquivalenz v. Masse u. Energie u. die Entbehrlichkeit des ↗Äthers. Die spezielle R. ist eine gesicherte Theorie der modernen Physik. Die *allgemeine R.* (ab 1915) umfaßt die nochmalige Erweiterung durch Betrachtung der beschleunigten u. Gravitationssysteme. Hier brachte die R. vertiefte Einblicke in die Struktur v. Raum u. Zeit. Die allg. R. konnte an einigen Phänomenen (↗Perihelbewegung, Ablenkung bzw. Rotverschiebung des Lichts in Gravitationsfeldern) im wesentlichen bestätigt werden.

Relegation w (lat.; Ztw. *relegieren*), Verweisung, bes. von der Hochschule.

relevant (lat.), aufschlußreich, v. Belang, Ggs. ↗irrelevant.

Relief s (frz.), **1)** das Formenbild der Erdoberfläche. **2)** die körperl.-plast., maßstabgetreue Nachbildung der Oberflächenformen eines unebenen Teils der Erdoberfläche (↗Blockdiagramm). **3)** eine Form der Bildhauerkunst, die plast. Darstellungen auf einer Fläche entwickelt; entspr. dem Hervortreten der Darstellung aus der Fläche unterscheidet man: *Flach-, Halb-* u. *Hoch-R.*; beim *versenkten R.* Eingrabung der Figuren.

Reliquiar: oben
Kuppel-R. (um 1175;
aus dem Welfenschatz);
unten Kopf-R.
(Anfang 15. Jh.)

Reliefdruck, Prägedruck (↗prägen).

Religion w (lat.), bezeichnet allg. das Verhältnis des Menschen zum Heiligen, das als subjektive R. Verehrung u. Anbetung ist u. sich als objektive R. in Bekenntnis, Kult u. Recht verkörpert. Mehrere R.en berufen sich auf geschichtl. ↗Offenbarung. **R.sfreiheit,** *Bekenntnisfreiheit,* das Recht, die Religion (Konfession), der man angehören will, frei zu bestimmen u. auszuüben. Im GG als Grundrecht der Glaubens- u. Kultusfrei-

Relief: links Flach-R. (attische Grabstele, um 420 v.Chr.); rechts Hoch-R. (Teil des Peringsdörferschen Epitaphs, 1498; Nürnberg, Frauenkirche)

heit gesichert. **R.sgemeinschaft,** *R.sgesellschaft,* die Organisation der zur gemeinsamen Religionsausübung innerhalb eines Landes zusammengeschlossenen Angehörigen eines Bekenntnisses. Sie ordnet in der BRD ihre Angelegenheiten frei u. selbständig, erwirbt die Rechtsfähigkeit nach den Vorschriften des Bürgerl. Rechts. Auf Antrag sind die Öffentlichkeitsrechte zu verleihen, wenn ihre Verfassung u. Mitgliederzahl Dauer versprechen. Die öff.-rechtl. R.sgesellschaften dürfen Kirchensteuer erheben. **R.sphilosophie** ↗Religionswissenschaft. **R.sunterricht,** ist in der BRD an den Grund-, Haupt-, Berufs-, Real- und höheren Schulen ordentl. Lehrfach, jedoch entscheiden über die Teilnahme die Erziehungsberechtigten, v. beginnenden 15. Lebensjahr an die Schüler selbst. – In der DDR darf R. nur außerhalb der Schulzeit erteilt werden. **R.svergehen,** *Religionsdelikte,* Vergehen, die sich gg. die Religion u. ihre Ausübung richten. **R.swissenschaft,** Erforschung der Religion als allg. Menschheitserscheinung nach ihrer geschichtlichen (*Religionsgeschichte*), erlebnismäßigen (*Religionspsychologie*) u. sozialen Seite (*Religionssoziologie*). Die Fragen nach Wesen u. Wahrheit der Religion behandelt die *Religionsphilosophie*.

Religiosen (Mz., lat.), allg. Bz. für die Mitgl. v. religiösen Orden u. Genossenschaften. **R.kongregation,** seit 1967 *Kongregation für die Ordensleute und die Säkularinstitute*, **Relikt** s (lat.), Überrest.   [↗Kardinal.

Reling w, Schutzbrüstung um die Decks eines Schiffes.

Reliquiar s (lat.), kunstvolles Behältnis für Reliquien. **Reliquien** (Mz.), Überreste von Heiligenleibern od. durch Gebrauch eines Heiligen bzw. durch Berührung mit seinen Überresten ausgezeichnete Gegenstände.

Remagen, rhein. Stadt l. am Rhein, unterhalb der Ahrmündung, 14400 E.; über der Stadt die Apollinariskirche mit Wandbildern der Nazarenerschule.

Remake s (: rime'k), Neuverfilmung.

Remarque (: r^emark), *Erich Maria,* dt. Schriftsteller, 1898–1970; schuf mit *Im Westen nichts Neues* den Prototyp des desillusionist. Kriegsromans; wurde 38 ausgebürgert; seit 47 am. Staatsbürger, lebte seit 48 in der Schweiz. Weitere WW: *Der Triumphbogen; Die Nacht v. Lissabon; Schatten im Paradies.*

Rembours m (: raṅbur, frz.), Deckung, Ausgleich, Vergütung. **R.kredit,** im Überseehandel gebräuchl. Bankkredit gg. Verpfändung der Schiffsdokumente.

Rembrandt (eig. R. Harmensz van Rijn), niederländ. Maler u. Radierer, 1606–69; Sohn eines Müllers in Leiden; ging 1631 nach Amsterdam, heiratete Saskia van Uijlenburgh, anerkannter Porträtist (*Selbstbildnis mit Saskia*). Die urspr. hellen Farben weichen dem alle Konturen auflösenden *Helldunkel*; bibl. u. mytholog. Gemälde, Landschaften, Einzel- u. Gruppenbildnisse. Nach dem Tod Saskias Leben mit Hendrickje Stoffels, nach deren Tod (1664) völlige Vereinsamung (*Selbstbildnis* 1668). R. schuf etwa 700 Gemälde, 300 Radierungen, 1600 Handzeichnungen, HW: *Rückkehr des verlorenen Sohnes; Anatomie des Dr. Tulp; Danae; Nachtwache; Jakobssegen; Staalmeesters; Judenbraut;* Radierungen: *Die drei Bäume; Hundertguldenblatt (Christus predigt den Armen).* **Rembrandtdeutscher** ↗Langbehn.

Remigius, hl. (1. Okt.), um 436–533(?); Bischof v. Reims, taufte ↗Chlodwig.

Reminiszenz w (lat.), Erinnerung, Anklang.

remis (: rᵉmi, frz.), im Schach: unentschieden. ↗patt.

Remise w (frz.), Schuppen zum Unterstellen v. Wagen, Geräten u.a.

Remission w (lat.; Ztw. *remittieren*), **1)** Rücksendung. **2)** Milderung v. Abgaben u. Strafen. **3)** vorübergehendes Nachlassen v. Fieber usw.

Remittenden (Mz., lat.), im Buchhandel die nicht verkauften u. an den Verleger zurückgeschickten Bücher od. Zeitschriften. **Remittent** m, beim ↗Wechsel die Person, an die od. an deren Order zu zahlen ist.

Remonstration w (lat.), Einwand, ↗Gegenvorstellung.

Remonten (Mz., frz.), junge, noch nicht gerittene od. in Ausbildung befindl. Pferde.

Remoulade (: rᵒmu-, frz.), Kräutermayonnaise, zu Fisch u. Fleisch.

Remscheid, kreisfreie rhein. Ind.-Stadt im Bergischen Land, 130000 E.; Hauptsitz der dt. Werkzeug-Ind.; Geburtsort Röntgens (Museum).

Remter, *Rempter* m (lat.), ↗Refektorium.

Remuneration w (lat.), Belohnung, Vergütung. [tung.

Remus, Bruder des ↗Romulus.

Ren s (schwed.), ↗Rentier.

Renaissance w (: rᵒnäßãñß, frz.); it. *rinascimento* = Wiedergeburt), das Neuerwachen der it. Kunst u. die Wiederbelebung der Antike im 15./16. Jh. u. die geist. Umformung des mittelalterl. Welt- und Menschenbildes.

R. als Gesamtkultur: Starke Betonung der Persönlichkeit, modernes Naturerlebnis, das Interesse für das einzelne in seinem individuellen Charakter sind Hauptzüge der R., in welcher die religiöse Ganzheit des MA zwar noch weithin fortlebt, aber nun doch in einer ausdrückl. Hinwendung zu dieser Welt gewandelt wird. Der allseitig gebildete Mensch (uomo universale) wird das neue Ideal. Der ↗Humanismus glaubt in der Antike das Vorbild seines eigenwertigen Menschentums zu finden, das dichterisch, bes. v. Petrarca u. Boccacio, gestaltet wird. Wissenschaftstheoret. bereitete die R. den Rationalismus vor, mit ihren polit. Theorien (↗Machiavelli) den modernen Machtstaat. Der gesellschaftliche Raum der R. waren die Fürstenhöfe u. Stadtrepubliken. Im Humanismus wirkte die it. R. auch stark auf den Norden, der jedoch viel stärker, auch in der Reformation, dem MA verbunden blieb. Die *Kunst der R.* nimmt ihren Ausgang von ↗Giotto. Thematisch treten weltl., antik-mytholog. od. geschichtl. Themen gleichrangig neben religiöse, wie sich neben dem Kirchenbau der Palastbau entwickelt. In der *Architektur* werden bewußt Formen der

Rembrandt: oben „Die Nachtwache" (1642); unten Selbstbildnis (um 1668)

Antike in schöpfer. Umwandlung übernommen. Der Kirchenbau empfängt aus dem Vorbild der byzantin. Kunst mit Kuppel- u. Zentralbau die entscheidende Anregung (Alberti, Brunelleschi, Bramante, Michelangelo). Die *Plastik*, aus der architekton. Bindung gelöst (Denkmal, Bildnisbüste), erreicht bes. in der Gestaltung des menschl. Leibes die Größe antiker Kunst (della Robbia, Donatello, Verrocchio, Cellini, Michelangelo). In der *Malerei der Früh-R.* (etwa 1420/1500) verstärkt sich die intensive Erfassung des Raumes und des Körpers (Masaccio, Mantegna, Ghiberti, Ghirlandajo und der frühe Leonardo), daneben Fortleben gotischer Stilelemente (Botticelli, Fra Angelico u.a.); Zentrum ist Florenz. Die *Hoch-R.* (1500/1540) schafft in freier Beherrschung der Neuerrungenen, v. einem Kanon menschl. Schönheit geleitet, eine ausgewogene „klassische" Welt, in der sich Irdisches u. Jenseitiges durchdringen (Bramantes röm. Bauten, Leonardo, Raffael, Michelangelo), Zentrum wird Rom. Die *Spät-R.* ist bestimmt v. Alterswerk Michelangelos. Von hier führt die Linie zum ↗Manierismus u. über den späten Tizian u. Tintoretto zum Barock. Außerhalb It.s setzt die R. nach 1500 ein: in *Frankreich* unter Franz I. mit der Grundlegung des frz. Klassizismus (zahlreiche Schlösser); in *England* durch H. Holbein d.J. vermittelt, dann im Palladianismus des 17. Jh. Grundformen der angelsächs. Architektur ausbildend. In *Deutschland* greift Dürer (Italienreise) die Probleme der R. am leidenschaftlichsten auf. Auch die übrigen dt. Maler folgen, bleiben jedoch stärker der mittelalterl. Tradition verbunden (Baldung Grien, Grünewald, Altdorfer, Cranach). In der Architektur prägt R. bes. die bürgerl. u. Palastbauten. □808/809.

Renan (: rᵒnãñ), *Ernest,* frz. Orientalist u. Religionswissenschaftler, 1823–92; verf. 1862 *Das Leben Jesu,* eine romanhaft-sentimentale Biographie des schwärmer. Naturkindes Jesus, das sich zum idealen Anarchisten entwickelt.

Renaissance

Deutschland **Frankreich** **Italien**

1 Lucas Cranach d. Ä. (1472–1553): Die heilige Sippe. Mittelstück des sog. Torgauer Fürstenaltars. Frankfurt a. M., Städelsches Kunstinstitut
2 Schule des Jean Clouet (16. Jh.): Sabina Poppaea. Genf, Musée d'Art et d'Histoire.
3 Andrea Mantegna (1431 bis 1506): Hl. Sebastian. Paris, Louvre.

1   2   3

4 Elias Holl (1575–1646): Das Reichsstädtische Zeughaus (1602 bis 1607) in Augsburg.
5 J. Castagné: Innenhof des Hôtel d'Assézat (1555–58). Toulouse.
6 Filippo Brunelleschi (1377 bis 1446): Inneres der Kirche S. Spirito (1435 ff.). Florenz.

4   5   6

7 Peter Vischer (um 1460–1529): Bronzegrabplatte für Peter Salomon. Krakau.
8 Germain Pilon (um 1535–1590): Drei weibl. Figuren, die eine Urne tragen. Paris.
9 Donatello (1386 bis 1466): Verkündigung Mariä. Marmorrelief. Florenz, S. Croce.

7   8   9

Weitere bedeutende Künstler der Renaissance:

Plastik		Adolf Daucher	um 1460–1523	**Architektur**	
Jacopo della Quercia		Andrea Sansovino	1460–1529	Leon Battista Alberti	1404–1472
	um 1364–1438	Michelangelo	1475–1564	Bramante um	1444–1514
Lorenz Ghiberti	1378–1455	Conrad Meit	um 1485–1544	Baldassare Peruzzi	1481–1536
Luca della Robbia	um 1400–1482	Loy Hering	um 1485–1554	Andrea Palladio	1508–1580
Desiderio		Jacopo Sansovino	1486–1570	Juan Bautista	
di Settignano	um 1428–1464	Peter Flötner	um 1490–1546	da Toledo	† 1567
Andrea della Robbia	1435–1525	Alonso Berruguete	um 1490–1561	Cornelis Floris	1514–1575
Andrea		Jean Goujon	um 1510–1564	Juan Herrera um	1530–1597
del Verrocchio	1436–1488				

Renaissance

Italien   **Spanien**   **Niederlande**

1 Tizian (1476/77 bis 1576): Die Toilette der Venus. Leningrad, Eremitage.
2 Juan Pantoja de la Cruz (1551 bis 1608): Isabella von Valois. Madrid.
3 Maarten van Heemskerk (1498 bis 1574): Familienbildnis (Teil). Kassel, Gemäldegalerie.

4 Michelozzo di Bartolommeo (1396–1472): Palazzo Medici-Riccardi (um 1444). Florenz.
5 Juan de Herrera (um 1530–97): Mittelteil der Fassade des Escorial (vollendet 1584).
6 Lieven de Key (1560–1627): Fleischhalle (1603) in Haarlem.

7 Benvenuto Cellini (1500–71): Perseus mit dem Haupt der Medusa. Florenz, Loggia del Lanzi.
8 Gil de Siloé (nachweisbar 1486/99): Alabastergrabmal des Infanten Alonso. Burgos, Cartuja de Miraflores.
9 Jan Delcour (1627–1707): Grabmal (Teil). Hasselt, Notre-Dame.

Malerei

Jacopo Bellini	um 1400–1470	Domenico Ghirlandajo	1449–1494
Masaccio	1401–1428	Leonardo da Vinci	1452–1519
Fra Filippo Lippi	um 1406–1469	Vittore Carpaccio	1455–1525
P. della Francesca	um 1416–1492	Matthias Grünewald	1460–1528
Benozzo Gozzoli	1420–1497	Albrecht Dürer	1471–1528
Gentile Bellini	um 1429–1507	Giorgione	1477–1510
Giovanni Bellini	um 1430–1516	Jan Gossaert	um 1478–1533
Sandro Botticelli	1444–1510	Hans Baldung	um 1480–1545

Albrecht Altdorfer	um 1480–1538
Raffael	1483–1520
Andrea del Sarto	1486–1531
Correggio	1489–1543
Giovanni Batt. Rosso	1494–1540
Jan van Scorel	1495–1562
Hans Holbein d. J.	1497–1543
Primaticcio	1504–1570
Paolo Veronese	1528–1588

Rendant m (frz.), Kassenverwalter.
Rendezvous s (: randewu̱, frz.), verabredete Zusammenkunft, Stelldichein. **R.-Technik,** *Weltraumfahrt:* die Technik, einen Raumflugkörper in Kontakt mit einem anderen, z.B. in einer Erd- oder Mondumlaufbahn befindlichen Flugkörper zu bringen.
Rendite w (it.), **1)** Ertrag. **2)** die Realverzinsung v. Wertpapieren od. Immobilien.
Rendsburg, schleswig-holstein. Krst. am Nord-Ostsee-Kanal (Straßentunnel), 32900 E.; Altstadt auf einer Eiderinsel.
Renegat m (lat.), Abtrünniger.
Reneklode ↗Reineclaude.
Renger, *Annemarie,* dt. Politikerin (SPD), * 1919; 72/76 Präs. des Dt. Bundestages.
Reni, *Guido,* it. Maler u. Bildhauer, 1575 bis 1642; schuf meist religiöse Bilder in einer oft süßl. wirkenden gefühlsbetonten Art. ☐ 71.
renitent (lat.), widerspenstig.
Renke, schlanker Lachsfisch in europ. Seen; beliebter Speisefisch.
Renkontre s (: ranko̱ntr, frz.), Begegnung, (feindl.) Zusammenstoß.
Rennenkampf, *Paul v.,* 1854–1918; russ. Armeeführer im 1. Weltkrieg, mitschuldig an der Niederlage bei Tannenberg; v. den Bolschewisten erschossen.
Renner, *Karl,* östr. Politiker, 1870–1950; 1918/20 Staatskanzler (SPÖ), 31/33 Präs. des Nationalrats, seit 45 Bundespräsident.
Rennert, *Günther,* dt. Opernregisseur u. Intendant, 1911–78; 46/56 Intendant der Hamburger Staatsoper, 67/76 Intendant der Bayer. Staatsoper München.
Rennes (: rän), Hst. des frz. Dep. Ille-et-Vilaine, Mittelpunkt der Bretagne, 194500 E.; Erzb.; Univ.; Textil-, Leder-Ind.
Rennreiten, *Pferderennen,* Bz. für nach sportl. Regeln öff. veranstaltete Pferdeleistungsprüfungen, die der Auslese für die Vollblutzucht dienen; die Vollblüter kommen mit 18/20 Monaten in den Rennstall, 2jährig erstmals auf die Rennbahn, erreichen ihren Höhepunkt als Dreijährige.
Rennsteig, *Rennstieg,* Kammweg des Thüringer Waldes, v. der Hohen Sonne bis zum Großen Finsterberg; 170 km lang.
Rennverfahren, modernisiertes, sehr altes Eisengewinnungsverfahren; benutzt minderwert. Erze u. geringwert. Brennstoffe; in Form von ↗Luppen wird das Eisen als Schrottersatz verwendet.
Renoir (: rᵒnᵒar), **1)** *Jean,* frz. Filmregisseur, 1894–1979; Sohn von 2); lebte in den USA; Filme: *Nana; Madame Bovary; French Cancan; Der Strom; Frühstück im Freien.* **2)** *Pierre-Auguste,* frz. Maler, Graphiker u. Plastiker, 1841–1919; Impressionist; Szenen des Alltags, Porträts, Akte.
Renommee (frz.), Leumund, guter Ruf. **renommieren,** prahlen. **renommiert,** bekannt, **renovieren** (lat.), erneuern. [angesehen.
rentabel (lat.), einträglich, lohnend. **Rentabilität** w, das Verhältnis v. Reingewinn u. Kapitaleinsatz. ↗Produktivität.
Rentamt, Verwaltung größerer Grundherrschaften. Sein Vorstand der *Rentmeister.*
Rente w, **1)** regelmäßig wiederkehrendes Einkommen, ohne dafür zur Zeit des Emp-

Karl Renner

Günther Rennert

Rennreiten
Galopprennen
Flachrennen
Hindernisrennen
Trabrennen
Flach- und Trabrennen werden unterteilt in:
Fliegerrennen
Meilenrennen
Steherrennen
Ausgleichsrennen
(Handikaps)

P.-A. Renoir: Badende
(Bleistiftzeichnung)

fanges v. Empfänger zu leistende Arbeit; aus staatl. ↗R.nversicherung, ↗Lebens-, Unfallversicherungen, Anstellungsverträgen, Stiftungen, Erbschaften, Grundstücken (↗Rentenschuld). **2)** Zinsertrag festverzinsl. Wertpapiere. **3)** ein Kosten- od. Ertragsvorteil, der dem einzelnen Wirtschafter, gemessen am Marktpreis, entsteht; wichtigste Form: die ↗Grundrente. **R.nmark,** Okt. 1923 eingeführte dt. Währungseinheit, die als Zwischenwährung die Inflation beendete. Nachfolgerin war 24 die Reichsmark.
R.nschuld, die Verpflichtung, regelmäßig wiederkehrend einen Geldbetrag aus einem Grundstück zu zahlen, besondere Art der ↗Grundschuld. **R.nversicherung, 1)** staatl. R.nversicherung, Teil der ↗Sozialversicherung; besteht aus der R.nversicherung der Arbeiter (fr. Invalidenversicherung), der Angestellten (Angestelltenversicherung) u. der knappschaftlichen R.nversicherung (↗Knappschaftsversicherung). Die R.nversicherung der Arbeiter u. Angestellten wurde mit Wirkung v. 1.1.1957 neu geordnet. Die R.nreform bezweckt, dem Versicherten Anteil an der wirtschaftl. Entwicklung, d.h. an der Einkommenssteigerung der arbeitenden Bevölkerung, zu geben (sog. *dynam. R.*). Die Zugehörigkeit zur R.nversicherung beruht auf Zwang für die im Ges. bezeichneten Personengruppen. Die Pflichtversicherungsgrenze in der Angestelltenversicherung wurde ab 68 aufgehoben. Die freiwillige Weiterversicherung (mindestens 60 Beitragsmonate in 10 Jahren) ist möglich, ebenso Höherversicherung. *Leistungen:* a) Maßnahmen zur Erhaltung, Besserung u. Wiederherstellung der Erwerbsfähigkeit; b) R.n wegen Berufsod. Erwerbsunfähigkeit od. nach Erreichung der Altersgrenze (Altersruhegeld), Witwen-(Witwer-) u. Waisen-R.n. Voraussetzung ist eine Wartezeit v. 60 Kalendermonaten, beim Altersruhegeld v. 180 Monaten sowie Vollendung des 65. Lebensjahres (↗Flexible Altersgrenze). Berücksichtigt werden dabei ↗Ersatzzeiten u. ↗Ausfallzeiten. Bei bereits festgesetzten laufenden R.n erfolgt je nach der gesamtwirtschaftlichen Lage eine Anpassung durch Gesetz. Die Mittel werden durch Beiträge (im allg. je zur Hälfte v. Arbeitgeber u. Arbeitnehmer getragen) u. durch Bundeszuschüsse aufgebracht. **2)** in der *Individualversicherung* entsteht die R. durch Abschluß eines Privatversicherungsvertrages.
Rentier, *Ren,* ca. 1,1 m hohe Hirschart der nördl. Polarzone mit reich verzweigtem asymmetr. Geweih bei beiden Geschlechtern; lebt in Rudeln. Bei Lappen halbzahmes Arbeits- u. Reittier, bei kanad. Eskimos als Jagdtier wichtige Lebensgrundlage.
reorganisieren, um-, neugestalten.
Reparationen (Mz., lat.), Kriegsentschädigungen. Nach dem 1. Weltkrieg wurde Dtl. im Versailler Vertrag zur Zahlung v. R. in unbestimmter Höhe u. Sachlieferungen verpflichtet. 1921 forderten die Siegermächte 226 Mrd. Goldmark (später verschiedentl. herabgesetzt). Durch den Dawes- und Young-Plan wurden Dtl.

Anleihen zur Sicherstellung der Zahlungen zur Verfügung gestellt (v. Nat.-Soz. nach 33 eingestellt). Beendigung der R.zahlungen durch die Lausanner Konferenz 32; die Anleihen wurden v. der BRD aufgrund des Londoner Schuldenabkommens v. 53 zurückgezahlt. – Nach dem 2. Weltkrieg erfolgten R. hauptsächl. durch ↗Demontagen. Außerdem wurden die dt. Handelsflotte u. Auslandsvermögen enteignet, Patente, Herstellungsverfahren, Handelsmarken u.a. beschlagnahmt. Nachdem die Besatzungsmächte schon bald eine getrennte R.spolitik verfolgt hatten, verzichtete die UdSSR 54 gegenüber der DDR auf weitere R., während die Westmächte in den Pariser Verträgen die R. offiziell beendeten. Der Wert der R. wird auf ca. 75 Mrd. RM (zu Preisen des Jahres 38) geschätzt.

Reparatur w (lat.), Ausbesserung.

repartieren (frz.), im Verhältnis der Beteiligten verteilen, umlegen.

Repatriierung w (lat.; Ztw. *repatriieren*), 1) Wiedereinbürgerung, Zuerkennung der urspr. Staatsangehörigkeit. 2) Rückführung v. Kriegs- od. Zivilgefangenen, Flüchtlingen u. Evakuierten in ihre Heimat.

Repertoire s (: r⁰pärt⁰ar, frz.), die zur Aufführung bzw. zum Vortrag einstudierten Stücke, Texte od. Musikwerke eines Theaters, Ensembles od. einzelnen Künstlers.

Repertorium s (lat.), Verzeichnis, Nachschlagebuch.

repetieren (lat.; Hw. *Repetition*), wiederholen. **Repetitor**, Lehrer, der vor allem durch Wiederholungskurse *(Repetitorium)* zum Examen vorbereitet.

Repin, *Ilja Jefimowitsch*, russ. Maler, 1844 bis 1930; realist. Historien- u. Genrebilder, Porträts; auch rel. Werke.

Replik w (lat.), 1) Entgegnung. 2) v. Meister selbst wiederholtes Kunstwerk.

Reportage w (: -taꞩhᵉ, frz.), Berichterstattung (bes. bei Presse, Funk u. Fernsehen) durch den *Reporter* als Augenzeugen.

Repräsentant m (lat.-frz.), 1) allg. Vertreter einer Gruppe bzw. einer Sache od. Idee. 2) Volksvertreter. **Repräsentation** w, 1) Vertretung. 2) Auftreten. 3) Aufwand (dafür die *Repräsentationsgelder*). **repräsentativ**, 1) würdig vertreten. 2) charakteristisch. **repräsentieren**, 1) etwas darstellen. 2) sich gesellschaftl. zur Geltung bringen.

Repressalien (Mz., frz.), 1) Druckmittel. 2) Gewaltmaßnahmen als Vergeltung für völkerrechtswidriges Verhalten.

Repression w (lat.), 1) allg. Unterdrückung, Hemmung. 2) Behinderung der freien Persönlichkeitsentfaltung durch die Gesellschaft.

Reprints (Mz., engl.), unveränderte Neudrucke meist älterer WW (Bücher, Zeitungs- u. Zschr.-Jahrgänge, auch einzelner Artikel u. Aufsätze), u.a. im Faksimile-Druck u. im Nachdruckverfahren.

Reprise w (: r⁰prisᵉ, frz.), 1) Zurücknahme. 2) Wiederholung, Wiederaufführung (z. B. v. älteren Filmen). 3) *Musik:* im Sonatenhauptsatz die Wiederaufnahme der Exposition nach der Durchführung.

Reproduktion w (lat.), Vervielfältigung v. Werken der Malerei u. Graphik durch Druck. **reproduzieren**, wiedergeben, vervielfältigen, nachschaffen.

Reptilien (Mz., lat.-frz.) ↗Kriechtiere.

Reptilienfonds m (: -fōn, lat.-frz.), auf Bismarck zurückgehende Bz. für geheime, vom Parlament nicht kontrollierte Mittel, die einer Regierung zu besonderen Zwecken zur Verfügung stehen.

Republican Party (: ripablikän paʳti), *Republikaner*, eine der beiden großen polit. Parteien in den USA (↗Democratic Party); 1854 gegr.; stellte 1860/1933 meist, 1953/61, 69/77 u. seit 81 den Präsidenten.

Republik w (v. lat. *res publica* = Gemeinwesen, Staat), Staatsform, bei der die Staatsgewalt im Unterschied zur Monarchie nicht einem einzelnen, sondern einer Personenmehrheit zusteht, in der aristokrat. R. einer bevorzugten Minderheit, in der demokrat. R. dem Volke. **Republikaner** ↗Republican Party.

Republikflucht ↗Abwerbung 2).

Reputation w (lat.), guter Ruf.

Requiem s (lat.), Toten-, Seelenmesse (ben. nach dem Introitus). **Requiesca(n)t in pace** (R. I. P.), er (sie) möge(n) in Frieden ruhen.

Requisiten (Mz., lat.), 1) *allg.:* Zubehör. 2) *Theater:* die in einer Aufführung verwandten Gegenstände, z. B. Waffen, Schmuck.

Requisition w (lat.; Ztw. *requirieren*), militär. Beschlagnahme.

Rerum novarum, Enzyklika Papst Leos XIII. v. 1891 über Arbeiterfrage u. christl. Sozialreform; fortgeführt in ↗Quadragesimo anno 1931 u. ↗Mater et magistra 1961.

Reschenpaß, it. *Passo di Resia*, Südtiroler Paß zw. Inn u. Etschtal, 1504 m. Südl. des Passes der *Reschensee* (91 ha).

Rescht, auch *Rasht*, Prov.-Hst. im nördl. Iran, nahe dem Kasp. Meer, 188 000 E.; Teppich- u. Seiden-Ind.

Reseda, meist niedrig liegende Kräuter mit dichten, endständ. Blütentrauben. *Garten-R.*, wohlriechend, rot-, gelb- od. grünblühende Zierpflanze; *Färber-R., Wau*, bis 1,5 m hoch, wegen gelben Farbstoffs fr. angebaut.

Resektion w (lat.), operative Entfernung eines (erkrankten) Organteils.

Reserpin, ein Psychopharmakon aus einer ind. Pflanze; beseitigt Angstzustände u. erniedrigt den Blutdruck.

Reservat s (lat.), 1) das Vorbehaltene. 2) Sonderrecht. 3) Sondergebiet. ↗Reservation.

Garten-Reseda

Rentier: das eurasische Ren

Reservatio mentalis w (lat.), *Gedankenvorbehalt;* rechtl.: der insgeheime Vorbehalt, das Erklärte nicht zu wollen; die Erklärung ist dennoch verpflichtend, nur nicht gegenüber dem, der den Vorbehalt kennt. **Reservation** w (lat.), 1) Vorbehalt. 2) ein Eingeborenen vorbehaltenes Wohngebiet, fest umgrenzt, mit Eigenverwaltung u. -gerichtsbarkeit; zuerst in Nordamerika (18. Jh.). ↗Reduktionen. 3) Teilnaturschutzgebiete, die sog. *Wald-R.en.* 4) die dem Apostol. Stuhl od. dem Bischof vorbehaltene Absolution, Verleihung usw. **Reserve** w (frz.), 1) Zurückhaltung. 2) Rücklage. 3) ausgediente Mannschaft *(Reservisten)* zur Auffüllung des Heeres im Krieg; zur Unterstützung od. zu bes. Einsatz ausgesonderte Truppe. **reservieren,** aufbewahren, vorbehalten. **reserviert,** zurückhaltend, vorbehalten. **Reservoir** s (: -w⁰ar, frz.), Vorrat, Behälter.   [ger. **Resident** m (lat.), Statthalter, Geschäftsträger. **Residenz** w (Ztw. *residieren),* Wohnsitz, bes. der dauernde Amtssitz eines hohen weltl. od. geistl. Würdenträgers. **R.pflicht** der kath. Bischöfe u. Pfarrer, dauernd innerhalb des Amtsbezirks anwesend zu sein u. die Pflichten des Amtes persönl. zu erfüllen. **Resignation** w (lat.; Ztw. *resignieren),* 1) Entsagung, Ergebung ins Schicksal. 2) die freiwillige Niederlegung eines Amtes. **Résistance** w (: resißtãnß, frz. = Widerstand), im 2. Weltkrieg die frz. Widerstandsbewegung gg. die dt. Besatzung. ↗Maquis. **Resistenz** w (lat.), 1) Widerstand(sfähigkeit), Härte. 2) in der Medizin: die ererbte Infektions- u. Giftfestigkeit im Ggs. zur erworbenen ↗Immunität. **R.bildung.** Mikroorganismen können durch ↗Mutation gg. Arzneimittel (Sulfonamide, Antibiotika) resistente Stämme bilden. Die Mittel werden dadurch unwirksam. Die R.bildung wird durch übermäßige Arzneimittelanwendung gefördert. **Reskript** s (lat.), 1) Antwortschreiben. 2) Erlaß. **Resnais** (: ränä), *Alain,* frz. Filmregisseur, * 1922; Filme: *Hiroshima mon amour; Letztes Jahr in Marienbad; Muriel; Der Krieg ist* **resolut** (lat.), entschlossen, derb. [vorbei. **Resolution** w, Beschluß, Erklärung. **Resonanz** w (lat.), 1) Mitklingen, Widerhall, Anklang. 2) physikal.: Mitschwingen eines schwingungsfähigen Gebildes bei Anregung mit Frequenzen, die bei der Eigenfrequenz liegen, z. B. das Ertönen einer Stimmgabel im Schallfeld. **R.boden,** das mitschwingende u. klangverstärkende, aus dünnem Holz verfertigte Brett bei Saiteninstrumenten. **Resonator** m (lat.), ein schwingungsfähiges System zur Anzeige v. Schwingungen aufgrund v. Resonanz. **Resorcin** s, m-Dihydroxybenzol, $C_6H_4(OH)_2$, zu Farbstoffen, weil schwach ätzend u. antiseptisch, auch in Schälsalben, Seifen gg. Hautausschläge u. Frostbeulen; in Haarwässern. **Resorption** w (lat.), Aufnahme meist wasserlösl. Stoffe in die Blut- u. Lymphbahn durch die Schleimhäute (↗Verdauung) od. die Haut. **R.sfieber,** das ↗Wundfieber.

Ottorino Respighi

Josef Ressel

Resonanz-Kurve bei erzwungenen Schwingungen

Retorte mit Vorlage zum Gebrauch im chem. Laboratorium

Rettich: Wurzelverdickung (rechts beim Radieschen)

Respekt m (lat.; Ztw. *respektieren),* Achtung. **respektabel,** achtenswert.   [weise. **respektive** (lat.), Abk. *resp.,* beziehungs-**Respighi** (: -gi), *Ottorino,* it. Komponist, 1879–1936, Impressionist; Opern, Orchesterwerke *(Pinien v. Rom).* **Respiration** w (lat.), die ↗Atmung. **Responsorium** s (lat.; Ztw. *respondieren* = antworten), in Messe u. Stundengebet v. Wiederholungen umrahmter Vers. **Ressel,** *Josef,* östr. Forstbeamter, 1793 bis 1857; Erfinder der Schiffsschraube. **Ressentiment** s (: reßãntimã, frz.), gefühlsmäßige Befangenheit, Groll, ablehnende Haltung. **Ressort** s (: reßor, frz.), 1) Aufgabenbereich. 2) Geschäftsbereich einer Behörde, bes. eines Ministers. **Restaurant** s (: ßtorã, frz.), Gaststätte. **Restauration** w (lat.; Ztw. *restaurieren),* 1) *allg.:* Wiederherstellung der polit. od. religiösen Zustände einer fr. Epoche; in der *R.szeit* nach 1815 Versuch, die Folgen der Frz. Revolution rückgängig zu machen. 2) ↗Restaurierung. 3) Gastwirtschaft. **Restaurierung** w (frz.-lat.), Wiederherstellung beschädigter od. durch spätere Veränderungen beeinträchtigter WW der Bildenden Kunst, wertvoller Bücher u. Archivalien durch den *Restaurator.* ↗Denkmalpflege. **Restefond-Paß** (: -ᵉfõn), höchste Paßstraße Europas, in den frz. Seealpen, v. Jausiers (Dep. Basses-Alpes) zur Côte d'Azur; 2802 m hoch. **Restitution** w (lat.; Ztw. *restituieren),* Zurückerstattung, Wiedergutmachung, Wiederherstellung. **R.sedikt,** 1629 v. Ks. Ferdinand II. erlassen, 48 aufgehobene Verfügung; forderte die Rückgabe aller seit 1552 ev. gewordenen geistl. Gebiete. **Restriktion** w (lat.), Einschränkung. **Resultante** w (lat.), *Resultierende,* Gesamtkraft, erhalten durch Zusammensetzung v. Teilkräften. ↗Parallelogramm der Kräfte. **Resultat** s (lat.; Ztw. *resultieren),* Ergebnis. **Resümee** s (frz.; Ztw. *resümieren),* kurze Zusammenfassung. **retardieren** (lat.), aufhalten, hemmen. **Rethel,** *Alfred,* dt. Maler u. Graphiker, 1816 bis 1859; *Aachener Rathausfresken; Auch ein Totentanz* (Holzschnitte). **Retina** w (lat.), Augen-↗Netzhaut. **retirieren** (frz.), sich zurückziehen. **Retorte** w (lat.), 1) Destillierblase, -kolben. 2) Entgasungsraum in Gaswerken. **retour** (: r⁰tur, frz.), zurück. **retournieren,** zurückgeben. **Rettenbacher,** *Simon,* östr. Barockdichter, 1634–1706; Benediktiner in Salzburg; lat. u. dt. Gedichte, zahlreiche Dramen. **Rettich,** Kreuzblütler, mit weißen, gelben od. violetten Blüten. Rübenartige Wurzel schmeckt durch Gehalt an Senföl u. Zucker würzig, enthält reichl. Vitamin C. Sorten: Radieschen, Monats-, Sommer-, Winter-R.e. *Acker-R.* ↗Hederich. **Rettungsgeräte,** a) Luftfahrt: ↗Fallschirm; b) Schiffahrt: ↗Raketenapparat mit Hosenboje, Rettungsringe, -boote u. -flöße, Schwimmweste; c) Feuerwehr: Sprungtuch, Rettungsschlauch, Drehleiter.

Rettungsschwimmer-Abzeichen der Deutschen Lebens-Rettungs-Gesellschaft

Retusche: oben Vorlage vor, unten nach Ausführung einer Maschinen-R.

Ernst Reuter

Fritz Reuter

Rettungsmedaille (: -medaij[e]), Auszeichnung für Rettung aus Lebensgefahr unter Einsatz des eigenen Lebens; in der BRD durch die Min.-Präs.en der Bundesländer verliehen.

Rettungsschwimmen, Inbegriff aller Leistungen (Schwimmen in Kleidern, Strecken-, Tieftauchen u. a.), Techniken u. Maßregeln (z. B. Wiederbelebungsversuche), die der Rettung Ertrinkender dienen; Schulung durch Lehrgänge der *Deutschen Lebens-Rettungs-Gesellschaft* (DLRG). ☐ 241.

Retusche w (frz.), das Verändern, meist Deutlichermachen, eines photograph. Bildes oder seines Negativs durch *Retuschieren;* auch das Ergebnis selbst.

Reuchlin, *Johann,* dt. Humanist, 1455 bis 1522; Verf. hebräischer Handbücher u. griech. Ausgaben; um die jüd. Schr., welche Pfefferkorn mit Ausnahme der bibl. vernichten wollte, entstand der *R.sche Streit* mit den ↗Dunkelmännerbriefen.

Reue, als wichtigster Akt der ↗Buße 2) der Schmerz über begangene Sünden, verbunden mit dem Vorsatz, künftig nicht mehr zu sündigen. Nach kath. Lehre unterschieden als *unvollkommene R.,* die aus dem Abscheu über die Sünde u. der Furcht vor der Hölle hervorgeht, u. als *vollkommene R.,* die in der Liebe zu Gott gründet.

Réunion (: reünjon), Vulkaninsel u. überseeisches frz. Dep., östl. v. Madagaskar, 2511 km², 500000 E.; Hst. St-Denis. Ausfuhr: Zucker, Rum, Vanille, Gewürze.

Reunionen (Mz., frz.), die v. Ludwig XIV. aufgrund der Entscheidungen der ↗Reunionskammern 1679/81 vorgenommenen Annexionen dt. Gebiets; mußten 1697 außer dem Elsaß, Straßburg u. Landau im Frieden v. Rijswijk zurückgegeben werden.

Reunionskammern, v. Ludwig XIV. eingesetzte Sondergerichte; beanspruchten alle Gebiete, die v. den seit 1648 v. Dtl. an Fkr. abgetretenen Territorien fr. abhängig waren, als frz. Besitz (↗Reunionen).

Reuse w, korbartige Fischfalle, aus Weidengeflecht od. Netzwerk, am Grund befestigt.

Reuß w, r. Nebenfluß der Aare, vom St. Gotthard, durchfließt den Vierwaldstätter See, mündet nach 159 km bei Windisch.

Reuß, ehem. dt. Fürstengeschlecht; die beiden Zweige *R. ältere Linie* (Greiz) u. *R. jüngere Linie* (Gera u. Schleiz) regierten bis 1918; ihre Gebiete 1920 zu Thüringen.

reussieren (: reüß-, frz.), Erfolg haben.

Reuter, *Reuters Telegraphenbüro,* maßgebendes brit. Nachrichtenbüro; gegr. 1849 v. *P. J. Frh. v. Reuter* (1816–99).

Reuter, 1) *Christian,* dt. Schriftsteller, 1665 bis um 1712; Lustspiel *Frau Schlampampe;* grotesker Roman *Schelmuffskys Reisebeschreibung.* 2) *Ernst,* dt. Politiker (SPD), 1889–1953; als Emigrant 1939/45 Prof. in Ankara; seit 47 Oberbürgermeister bzw. (seit 50) Regierender Bürgermeister v. (West-)Berlin; trat nachdrückl. für Freiheit u. Selbständigkeit West-Berlins gegenüber dem Osten ein. 3) *Fritz,* dt. Schriftsteller, 1810–74; bedeutendster nd. Dichter; schildert das Leben der ländl. u. kleinstädt. Heimat, gestaltet aus tiefem Humor. *Kein Hü-*

sung; Ut mine Festungstid (aus der 7jähr. Festungshaft des Burschenschaftlers); Meisterwerk *Ut mine Stromtid.*

Reutlingen, württ. Krst. an der Echaz, 94800 E.; got. Marienkirche (vollendet 1343); PH, Volkssternwarte; Fachhochschule (u. a. für Textil-Technik); Textil-, Metall-Ind.

Reutter, *Hermann,* dt. Komponist, * 1900; 56/65 Dir. der Stuttgarter Musikhochschule; Opern *(Dr. Johannes Faust),* Bühnen-, Orchester- u. Chormusik.

Rev., Abk. für ↗Reverendus.

Reval, estn. *Tallinn,* Hst. der Estn. SSR, Hafen am Finn. Meerbusen der Ostsee, 430000 E.; Hochschulen; Werften, Waggon- u. Maschinenbau, Textil-, Papier- u. chem. Ind. – Alte Hansestadt.

Revanche w (: r°wansch[e], frz.; Ztw. *revanchieren*), 1) Rache, Vergeltung. 2) im Sport: Rückkampf zw. Sieger u. Besiegtem.

Reverdy (: r°wärdi), *Pierre,* frz. Schriftsteller, 1889–1960; surrealist. Lyriker.

Reverendus (lat.) (Abk. Rev.), ehrwürdig; fr. Titel der Geistlichen; engl.: Reverend.

Reverenz w (lat.), Ehrfurchtsbezeigung.

Revers m (: r°wär, frz.), 1) die Rückseite einer Münze. 2) schriftl. Erklärung, Verpflichtungsschein. 3) Aufschlag an Jacken u. Mänteln, **reversibel,** umkehrbar, umwendbar; Ggs. ↗irreversibel.

revidieren (lat.), 1) prüfen. 2) ändern.

Revier s (frz.), Umkreis, Bezirk.

Review w (: r'wju, engl.), Rundschau.

Revirement s (: -wirman, frz.), Umbesetzung, bes. im diplomat. u. militär. Dienst.

Revision w (lat.; Ztw. *revidieren*), 1) Überprüfung, Nachprüfung. 2) als ↗Rechtsmittel Überprüfung der richtigen Anwendung des Rechts auf den Tatbestand; *R.sgerichte* sind die Oberlandes- bzw. Oberverwaltungs- u. die Oberen Bundesgerichte.

Revisionismus m (lat.), Streben nach Änderung eines polit. Zustands od. Programms; der v. E. Bernstein Ende 19. Jh. im Sinne einer Mäßigung des Marxismus in der SPD eingeleitete R. forderte u. a. die aktive Mitarbeit in den Parlamenten. [u. a.]

Revisor, Prüfer v. Rechnungen, Büchern u. a.

Revolte w (lat.), Aufruhr. **Revolution** w (lat.), 1) gewaltsamer Umsturz der polit. u. soz. Ordnung. 2) der Umlauf eines Planeten (Mondes) um den Zentralkörper.

Revolver m (engl.), 1) Mehrladepistole mit drehbarer Trommel als Patronenlager. 2) Trommel od. Scheibe, am Umfang mit Werkzeugen, Linsensystemen, Patronenlagern u. a. besetzt, die nacheinander auf die Stelle des Gebrauchs gedreht werden.

Revolving s (: r°wolwing, engl.), Bz. für eine bes. Art der Kreditgewährung; eine Kreditsumme wird nach teilweiser Inanspruchnahme automat. wieder an den urspr. Betrag erhöht.

revozieren (lat.), widerrufen.

Revue w (: r°wü, frz.), 1) Rundschau; Titel für illustrierte Blätter od. Bz. für Zschr., die eine polit., wiss. od. kulturelle Überschau bieten wollen. 2) auf Ausstattung angelegte Darbietung.

Rey (: rē), *Jean,* belg. Politiker, * 1902; 67–70 Präs. der Europ. Kommission.

Reykjavik, Hst. v. Island, Hafen- u. Handelsplatz an der Westküste, Stützpunkt für nordatlant. Luftverkehr, 84000 E.; Apost. Vikar, luther. Bischof; Univ.; Fisch-Ind.

Reymond, *Władysław,* poln. Schriftsteller, 1867–1925; zahlr. Romane, darunter *Die Bauern.* 1924 Lit.-Nobelpreis.

Reynolds (: ṛenolds), Sir *Joshua,* engl. Maler u. Kunsthistoriker, 1723–92; lehnte sich an van Dyck an, bes. in den Bildnissen.

Reynoldssche Zahl, beschreibt in der Strömungslehre den Strömungscharakter, ob laminar od. turbulent (↗Turbulenz).

Rezension w (lat.), die Buchbesprechung (durch den *Rezensenten*).

rezent, 1) frisch, neu, anregend. **2)** noch vorhanden; Ggs. ↗fossil.

Rezept s (lat.), **1)** allg. Zubereitungsvorschrift (Koch-, Back-R.). **2)** Abk. RP., ärztl. Anweisung für den Apotheker zur Verabreichung oder Anfertigung einer Arznei.

Rezeption w (lat.; Ztw. *rezipieren),* **1)** Annahme, Aufnahme (z. B. in eine Studentenverbindung). **2)** *i. w. S.:* die Übernahme fremder Rechtsgedanken u. -einrichtungen; *i. e. S.:* die Aufnahme des Röm. Rechts in Dtl. v. MA bis zum 16. Jh.

rezeptiv (lat.), empfänglich.

Rezession w (lat.), engl. *Recession,* Verlangsamung des volkswirtschaftl. Wachstums durch leichten Konjunkturrückgang, im Unterschied zur Depression.

rezessiv (lat.), „überdeckt" (↗Vererbung).

Rezidiv s (lat.), Rückfall bei einer scheinbar geheilten Krankheit.

reziprok (lat.), wechsel- od. gegenseitig.

reziproker Wert ↗Kehrwert.

Rezitation w (lat.; Ztw. *rezitieren),* Vortrag v. Gedichten usw. **Rezitativ** s, in der Musik (bes. Oper) der Sprechgesang.

Rezniček (: ṛesnitschek), *Emil Nikolaus* Frh. von, österr. Komponist, 1860–1945; Oper *Donna Diana;* Symphonien.

RgW, Abk. für ↗Rat für gegenseitige Wirtschaftshilfe.

Rh, 1) chem. Zeichen für ↗Rhodium. **2)** rh, ↗Rhesusfaktor.

Rhabanus Maurus ↗Hrabanus Maurus.

Rhabarber, Knöterichgewächs, großblättrige Staude mit dickfleisch. Stielen (zu Kompott, R.wein) u. großen, gelbgrünen Blütenrispen; Wurzelstöcke einiger Arten für magenstärkendes u. abführendes Heilmittel.

Rhapsodie w (gr.), **1)** urspr. v. *Rhapsoden* (wanderndem Rezitator der Antike) vorgetragene Dichtung. **2)** bruchstückhaft wirkendes Gedicht. **3)** Vokal- od. Instrumentalstück in freier Form.

Rhätikon ↗Rätikon.

Rhea, *Rheia,* in der griech. Göttersage Tochter des Uranos u. der Gaia, Mutter des Zeus; der Kybele gleichgesetzt.

Rheda-Wiedenbrück, westfäl. Stadt an der oberen Ems, 1970 durch Gem.-Zusammenschluß gebildet, 37800 E.; Wasserburg; Möbelindustrie.

Rhede, westfäl. Gemeinde östl. von Bocholt, 15100 E.; Textil-Ind.

Rheiderland, fruchtbares Marschland in Ostfriesland; Viehzucht.

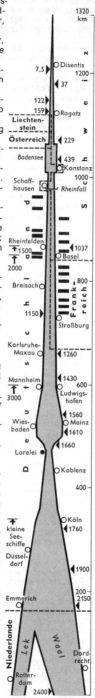

Der Rhein (mit Vorderrhein)

↑ befahrbar für Schiffe bis... t

▬ Staustufen, Wehre und Kraftwerke

▶ Wasserführung in m³/s

Rhein m, frz. *Rhin,* größter dt. Strom u. wichtigste Binnenwasserstraße Europas, 1320 km lang, davon 867 km in Dtl., Einzugsgebiet 225000 km². *Vorder-R.* u. *Hinter-R.,* die beiden Quellflüsse, vereinigen sich bei Chur zum *Alpen-R.,* der bei Bregenz in den Bodensee fließt. Der *Hoch-R.* verläßt den Untersee u. wendet sich, bei Rheinfelden schiffbar geworden, bei Basel nach N. Als *Ober-R.* durchfließt er die Oberrheinebene, als *Mittel-R.* in engem Durchbruchstal das Rhein. Schiefergebirge u. tritt unterhalb Bonns als *Nieder-R.* in das Norddt. Tiefland ein. Auf niederländ. Gebiet entsendet er einen Arm, die *Ijsel,* zum Ijselmeer u. mündet mit 2 mächtigen Armen, dem (nördl.) *Lek* u. dem (südl.) *Waal,* in die Nordsee. Jährlicher Güterverkehr 180–200 Mill. t.

Rheinbach, rhein. Stadt s.w. von Bonn, 21100 E.; Glasfachschule; Keramik- u. Glas-Ind.

Rheinberg, rhein. Stadt (Kr. Wesel), am 3,3 km langen *R.er Kanal* (Rheinhafen R.-Ossenburg), 26300 E.; chem., Textil-, Nahrungs- u. Genußmittel-Ind.

Rheinbund, 1) 1658/68 Bündnis mehrerer westdt. Fürsten mit Mazarin gg. den Ks. **2)** 1806 v. 16 süd- u. westdt. Fürsten unter Napoleons Protektorat geschlossen; zerfiel durch die ↗Befreiungskriege □ 659.

Rheine, westfäl. Stadt an der Ems u. am Dortmund-Ems-Kanal (Hafen), 71600 E.; Textil-Ind., Maschinenfabriken.

Rheinfall bei ↗Schaffhausen.

Rheinfelden, 2 Nachbarstädte beiderseits des Hochrheins, östl. v. Basel; Ende der Rheinschiffahrt; **1)** bad. Stadt, 27400 E.; Aluminium- u. chem. Ind., Rheinkraftwerk. **2)** Stadt u. Solbad im Schweizer Kt. Aargau, 7000 E.; alte Mauern u. Türme.

Rheingau m, rebenreiches Hügelland östl. des Rheins, zw. Wiesbaden-Biebrich und Lorch.

Rheinhausen, Stadtteil v. Duisburg (seit 1975); wichtiger Rheinhafen; Kohlenbergbau, Hüttenwerk, Eisen-, Stahl-, Textil-Ind.

Rhein-Herne-Kanal, Kanalverbindung zw. Duisburg-Ruhrort u. Herne, wo er in den Dortmund-Ems-Kanal übergeht; 45,6 km lang, 3,5 m tief. □ 459.

Rheinhessen, ehem. Prov. Hessens, l. des Rheins, zw. Mainz u. Worms; ein weinreiches Hügelland; 1946/68 Reg.-Bez., seit 68 als *R.-Pfalz* Reg.-Bez. v. Rheinland-Pfalz (6823 km², 1,8 Mill. E.), Hst. Neustadt a.d.W.

Rheinisches Schiefergebirge, westl. Block der dt. Mittelgebirgsschwelle, beiderseits des Mittelrheins, zu einer rauhen, 300–600 m hohen Hochfläche abgetragen, die v. einzelnen Höhenzügen u. Erhebungen überragt wird; zergliedert linksrhein. in Eifel mit Ardennen u. Hunsrück, rechtsrhein. in Bergisches Land, Sauerland mit Rothaarge-

(Diagramm-Beschriftungen, von oben nach unten):

1320 km

○ Disentis 7,5▶ 1200 —

◀ 37 —

122▶ Liechten- 159▶ ○ Ragatz stein

Österreich ◀ 229 ▷

Bodensee ◀ 439 ↙ ○ Konstanz

1000 — Schaffhausen ↙ Rheinfall

1037 Rheinfelden ↑1500 ○ Basel 2000

800 — Breisach ○

1150▶ ○ Straßburg

Karlsruhe-Maxau ○ ◀ 1260

Mannheim ◀ 1430 ○ 600 — Ludwigshafen 3000

◀ 1560 Wiesbaden ○ Mainz ◀ 1610

Lorelei ● ◀ 1660

○ Koblenz 400 —

○ Köln 1760 kleine Seeschiffe Düsseldorf ◀ 1900

200 — 2150 Emmerich

Lek Waal ○ Dordrecht

Rotterdam 2400▶

Regierungen von Rheinland-Pfalz

	Ministerpräsident	Regierungsparteien
seit 2.12.1946	W. Boden (CDU)	CDU, SPD, KPD
seit 13. 6.1947	W. Boden (CDU)	CDU
seit 9. 7.1947	P. Altmeier (CDU)	CDU, SPD, FDP, KPD
seit 9. 4.1948	P. Altmeier (CDU)	CDU, SPD
seit 20.10.1949	P. Altmeier (CDU)	CDU
seit 6. 6.1951	P. Altmeier (CDU)	CDU, FDP
seit 1. 6.1955	P. Altmeier (CDU)	CDU, FDP
seit 19. 5.1959	P. Altmeier (CDU)	CDU, FDP
seit 18. 5.1963	P. Altmeier (CDU)	CDU, FDP
seit 18. 5.1967	P. Altmeier (CDU)	CDU, FDP
seit 19. 5.1969	H. Kohl (CDU)	CDU, FDP
seit 18. 5.1971	H. Kohl (CDU)	CDU
seit 20. 5.1975	H. Kohl (CDU)	CDU
seit 2.12.1976	B. Vogel (CDU)	CDU
seit 18. 3.1979	B. Vogel (CDU)	CDU

birge, Westerwald, Taunus; Basaltbrüche, Mineralquellen, Fremdenverkehr. **Rheinisch-Westfälisches Industriegebiet,** größtes dt. Ind.-Gebiet auf Grundlage der reichen Steinkohlenvorkommen u. der günstigen Verkehrslage am Rhein; entspricht in seinen Grenzen etwa Nordrhein-Westfalen. Um den Kern, das ↗Ruhrgebiet, liegen kleinere Ind.-Gebiete, untereinander u. mit dem Ruhrgebiet verflochten: Bergisches Land (Kleineisenwaren, Werkzeuge, usw. Textilien), Sauer- u. Siegerland (NE-Metalle, Bleche, Zinkwaren), Kölner Bucht (Braunkohle), Düsseldorf (metallverarb. Ind.), Krefeld–Mönchengladbach (Textilien), Bielefeld u. Nord-Münsterland (Textilien). **Rheinkamp,** bis 1950 *Repelen-Baerl,* Stadtteil v. Moers (seit 1975); Steinkohlenbergbau, chem. Industrie. **Rheinland,** bis 1946 preuß. Provinz *(Rheinprovinz)* mit 24 477 km² u. 7,7 Mill. E., reichte linksrhein. von Saarbrücken (bis 1919), rechtsrhein. v. Ehrenbreitstein an bis zur niederländ. Grenze; jetzt zu Nordrhein-Westfalen (Reg.-Bez. Köln u. Düsseldorf) u. zu R.-Pfalz (Reg.-Bez. Koblenz u. Trier). **Rheinland-Pfalz,** Land der BRD an Mittelrhein, Mosel u. unterer Lahn, entstand 1946 aus dem südl. Teil der ehem. preuß. Rheinprov., der preuß. Prov. Hessen-Nassau, den linksrhein. Teilen v. Hessen u. der bayer. Pfalz; Hst. Mainz. – Den größten Teil des Landes nimmt das Rhein. Schiefergebirge ein, an das sich im S das Saar-Nahe-Bergland u. das Pfälzer Bergland anschließen. Vielseitige Landwirtschaft mit Wein- u. Obstbau. Ind. im Neuwieder Becken u. um Ludwigshafen. **Rhein-Main-Donau-Kanal,** im Bau befindl. Großschiffahrtsstraße für Schiffe bis 1500 t zw. Rhein u. Donau; folgt dem Main bis Bamberg, z. T. der Regnitz u. wird die Donau bei Kelheim erreichen. Scheitelhöhe 406 m (Beilngries), Mainz 88 m, Kelheim 342 m; bis Nürnberg fertiggestellt. – Vorläufer: Ludwigskanal (für 120-t-Schiffe), 1845 fertiggestellt, 1941 stillgelegt. **Rhein-Main-Flughafen,** der Flughafen v. ↗Frankfurt a. M., größter dt. u. drittgrößter europ. Flughafen. **Rhein-Marne-Kanal,** verbindet den Rhein bei Straßburg mit der Marne; 314 km lang, für Schiffe bis 300 t. 1838/53 erbaut.

Rheinland-Pfalz

Rheinpfalz ↗Pfalz.
Rheinprovinz ↗Rheinland.
Rhein-Rhône-Kanal, v. Straßburg über Mülhausen durch den Doubs u. die Saône nach Lyon; 323 km lang. Anschluß an den Rheinseitenkanal bei Kembs. 1783/1834 erbaut.
Rheinsberg, brandenburg. Städtchen am *R.er See,* nördl. v. Neuruppin, 5500 E.; Rokokoschlößchen (1734) Friedrichs d. Gr.; Kernkraftwerk.
Rheinseitenkanal, frz. *Grand Canal d'Alsace,* im Bau befindl. Schiffahrtskanal auf dem frz. Ufer des Oberrheins, zw. Hüningen (bei Basel) u. Straßburg, 8,5 m tief, 122 km lang; benutzt z. T. das Rheinbett; 8 Staustufen (z. T. fertiggestellt), um Absinken des Grundwasserspiegels zu vermeiden. Kraftwerke mit 3,5 Mrd. kW.
Rheinwaldhorn, Gipfel der westl. Adula-Alpen, 3402 m hoch; östl. davon der *Rheinwaldfirn,* das Quellgebiet des Hinterrheins.
Rhenium *s,* chem. Element, Zeichen Re, seltenes Metall; Ordnungszahl 75. ☐ 149.
Rhens, *Rense,* rhein. Gem. zw. Koblenz u. Boppard, 2800 E.; *R.er Sauerbrunnen;* Königsstuhl v. R. – 1338 ↗Kurverein v. Rhens.
Rheologie *w* (gr.), Teilgebiet der Physik, befaßt sich mit Fließvorgängen v. Stoffen, deren Viskosität v. Druck, Temperatur v. abhängig ist. [stand.
Rheostat *m* (gr.), elektr. Regulierwider-
Rhesusaffe, zierl. Schmalnasenaffe. ☐ 7.
Rhesusfaktor, erbl. Blutkörperchenmerkmal (dessen Besitz mit Rh-positiv u. dessen Fehlen im Blut mit rh-negativ bezeichnet). Die Unverträglichkeit v. Rh u. rh kann bei bestimmten Erbverhältnissen zum Tod v. Neugeborenen führen *(Erythroblastose).*
Rhetor *m* (gr.), 1) Redner. 2) Lehrer der Beredsamkeit. **Rhetorik** *w,* Redekunst, auch Anleitung zu deren Erlernung u. Ausübung.

Rheinland-Pfalz

Verwaltungsgliederung	Fläche in km²	Einw. in 1000	Einw. pro km²
Regierungsbezirke:			
Koblenz	8 093,00	1 359,4	168
Trier	4 923,96	471,0	96
Rheinhessen-Pfalz	6 822,06	1 800,5	264
Land insgesamt	19 839,02	3 630,9	183

rhetorisch, 1) rednerisch. **2)** phrasenhaft.
rhetorische Frage, als Stilmittel eine Frage, in der die Antwort vorweggenommen ist.
rheumatisches Fieber, der akute ↗Gelenkrheumatismus.
Rheumatismus *m* (gr.), *Rheuma s,* schmerzhafte Zustände an Muskeln u. Gelenken; Symptom der *rheumat. Erkrankungen,* die verschiedene Ursachen haben können.
Rheydt, Stadtteil von Mönchengladbach (seit 1975), in der Niersniederung; bedeutende Textil-Ind., Kabel- u. Elektromotorenfabrik. Wasserschloß (16. Jh.).
Rhin *m,* r. Nebenfluß der Havel, durchfließt den Rheinsberger u. Ruppiner See, als *R.kanal* das *R.luch,* 105 km lang.

Rhinozeros (gr.), das ↗Nashorn.
Rhizom s (gr.), der ↗Wurzelstock.
Rhizopoden (Mz., gr.) ↗Protozoen.
Rhode Island (: ro^ud ailänd), Abk. R. I., kleinster Bundesstaat der USA, an der Nordostküste, umfaßt die gleichnam. Insel u. flaches Küstenland, 3144 km², 940000 E.; Hst. Providence.
Rhodes (: ro^uds), *Cecil*, brit. Kolonialpolitiker, 1853–1902; unter ihm Erwerb v. ↗Rhodesien; 90/96 Premier-Min. der Kapkolonie.
Rhodesien, 1) nach C. ↗Rhodes ben. ehem. brit. Besitzung in Südafrika; 1889/90 v. der *Brit. Südafrikan.-Gesellschaft* in Besitz genommen; *Süd-R.* 1923 Kronkolonie, *Nord-R.* 24 Kronkolonie; 53 Zusammenschluß bei der R. mit Njassaland zur *Föderation v. R. u. Njassaland*, auch *Zentralafrikan. Föderation;* 63 Auflösung der Föderation; *Nord-R.* (↗Sambia) u. *Njassaland* (↗Malawi) unabhängig; *Süd-R.* erklärte 65 als R. einseitig seine Unabhängigkeit. **2)** *Zimbabwe,* südafrikan. Binnenstaat. R. ist ein ca. 1200 m hohes Hochland, das von Inselbergen u. Gebirgszügen überragt wird; gesundes Höhenklima. Reiche Bodenschätze (Chromerz, Gold, Kupfer, Asbest, Steinkohle), Anbau v. Mais, Tabak, Tee, Baumwolle, Erdnüssen; Eisen- u. Stahl-Ind. – 1923/53 als Süd-R. brit. Kronkolonie, 53/63 Teil der Föderation v. Rhodesien u. Njassaland, 65 einseitige Unabhängigkeitserklärung, 70 Ausrufung der Rep. u. völlige Trennung v. Großbritannien. 78 Bildung einer Übergangs-Reg. unter Einbeziehung brit. Politiker; seit 80 als Rep. Zimbabwe unabhängig. Staats-Präs. C. Bonana (seit 80).
Rhodium s, chem. Element, Zeichen Rh, Edelmetall der Platingruppe, Ordnungszahl 45 (☐ 149); zu Tiegeln, Spiegeln, ↗Katalysatoren, Oberflächenschutz u. a.
Rhododendron, artenreiche Heidekrautgewächse, meist asiat. Sträucher mit ledrigen Blättern u. farbenprächt. Blüten; Alpen- u. Zierpflanzen.
Rhodonit m, roter Schmuckstein. ☐ 255.
Rhodopegebirge, waldreiches Gebirge der Balkanhalbinsel zw. Maritza, Struma u. der ägäischen Küste, mit dem ↗Rilagebirge.
Rhodos, 1) griech. Insel im Ägäischen Meer, vor der Küste Kleinasiens, 1404 km², 69000 E.; Hst. R. [vgl. 2)]. Ein 1215 m hohes Bergmassiv, umsäumt v. fruchtbarem Tiefland. – 1310/1522 Sitz der Johanniter; bis 1911 türk., bis 45 it. **2)** Hst. u. Hafen an der Nordostspitze der Insel, 32000 E.; orth. Erzb. u. kath. Erzb. Altes Stadtbild aus der Kreuzfahrerzeit. – 305/304 v. Chr. wurde der über 30 m hohe bronzene *Koloß v. R.* (eines der 7 Weltwunder) im Hafen errichtet.
Rhomboeder s (gr.), v. 6 Rhomben begrenzte Kristallform. **Rhomboid** s, ungleichseitiges, schiefwinkliges Parallelogramm. **Rhombus** m, Raute, gleichseit., schiefwinkliges Parallelogramm.
Rhön, rauhes, vielkuppiges Bergland zw. Werra u. Fulda. Hänge für Wintersport u. Segelflug (Wasserkuppe, 950 m).
Rhondda (:-d^a), engl. Ind.-Stadt in Südwales, 89000 E.; Mittelpunkt eines Kohle- u. Eisenreviers. Hüttenwerke.

Rhönrad (Reifendurchmesser 2 m), wird durch Gewichtsverlagerung zum Rollen gebracht

Rhodesien

Amtlicher Name:
Republic of Zimbabwe
Staatsform:
Republik
Hauptstadt:
Salisbury
Fläche:
390 580 km²
Bevölkerung:
6,93 Mill. E.
Sprache:
Amtssprache ist Englisch;
Bantudialekte
Religion:
Vorwiegend Anhänger von Naturreligionen; 10% Katholiken; von den Weißen sind 36% Anglikaner, 15% Katholiken, 12% Presbyterianer
Währung:
1 Rhodes. Dollar = 100 Cents

Rhododendron
(R. ponticum)

Kardinal Richelieu

Rhône, der wasserreichste Strom Fkr.s, kommt v. *R.gletscher* in den Berner Alpen, durchfließt den Genfer See, quert den Jura, fließt v. Lyon ab südwärts ins Mittelmeer; riesiges Delta ab Avignon; 812 km lang, davon 489 km schiffbar; 22 Staustufen.
Rhönrad s, Sportgerät aus 2 mit Querstäben verbundenen Reifen (Ø 2 m), zu Schwung- u. Rollübungen; 1925 geschaffen.
Rhythmus m (gr.), **1)** gegliederte Abfolge v. Bewegungen in der Zeit, mit mehr od. weniger regelmäßiger Wiederkehr v. in Dauer u. Akzentuierung ähnl. Teilen. **2)** in der Lit.: Prosarhythmus durch Betonungen, Versrhythmus durch Spannung zw. dem Sinnakzent u. dem starren Metrum (↗Metrik). **3)** in der Musik: Zeitordnung nach Längen u. Kürzen.
Ribbentrop, *Joachim v.,* 1893–1946; 36 dt. Botschafter in London, 38/45 Außenmin.; mitverantwortl. für die nat.-soz. Kriegspolitik; im Nürnberger Kriegsverbrecherprozeß zum Tod verurteilt u. hingerichtet.
Ribera (: -we-), *Jusepe de,* span. Maler, 1591–1652; rel. u. mytholog. Gemälde v. oft grausamem Realismus der Darstellung. ☐ 70.
Ribnitz-Damgarten, mecklenburg. Krst. am *R.er Bodden* (Bez. Rostock), 15000 E.
Riboflavin, *Lactoflavin, Flavin,* gelber Farbstoff in lebenden Zellen, ↗Vitamin B₂; spielt als Bestandteil v. ↗Fermenten eine wichtige Rolle im Stoffwechsel. ☐ 1064.
Ribonukleinsäure ↗Nukleinsäuren.
Ricardo, *David,* engl. Nationalökonom, 1772–1823; bedeutendster Vertreter der klass. Nationalökonomie [/↗Liberalismus 3)]; seine Arbeitswertlehre v. Einfluß auf Marx.
Rice (: raiß), *Elmer,* am. Schriftsteller, 1892 bis 1967; sozialkrit. Dramen *(Die Rechenmaschine; Straßenszene).*
Richard, Fürsten: *Deutschland:* R. v. Cornwall, Sohn des engl. Kg. Johann ohne Land, 1209–72; 57 in Dtl. zum Gegenkönig Alfons' X. v. Kastilien gewählt, konnte sich nicht durchsetzen. *England:* R. I. Löwenherz, 1157–99; 89 Kg., geriet 92 auf der Heimfahrt v. 3. Kreuzzug in die Gefangenschaft Hzg. Leopolds V. v. Östr. u. wurde v. diesem an Ks. Heinrich VI. ausgeliefert, 94 gg. Lösegeld u. Leistung des Lehnseides entlassen. R. III., der letzte Plantagenet, 1452–85; 83 durch Beseitigung seiner Verwandten Kg.; sein Tod im Kampf gg. Heinrich VII. beendete die Rosenkriege. – Drama v. Shakespeare.
Richardson (: ritschᵉʳdßᵉⁿ), *Samuel,* engl. Schriftsteller, 1689–1761; Begr. des empfindsamen Familienromans.
Richelieu (: rischᵉljö), *Armand-Jean* du Plessis, Hzg. v., frz. Kard. u. Staatsmann, 1585–1642; seit 1624 als Min. Ludwigs XIII. Leiter der frz. Politik; Begr. der frz. Großmachtstellung; sicherte die Macht des Königtums gegenüber dem Hochadel; beseitigte 29 die polit. Sonderstellung der Hugenotten; trat 35 auf schwed. Seite in den 30jähr. Krieg ein.
Richmond (: ritschmᵉnd), Hst. v. Virginia (USA) am James River, 250000 E.; kath. Bi-

schof; Baptisten- u. Neger-Univ.; Viskose-
u. Möbelfabriken.
Richmond upon Thames (: rịtschmᵉndᵉpọn
tems), Stadtteil v. Groß-London, 166000 E.;
1965 durch Verschmelzung mehrerer
Stadt-Bez. gebildet.
Richtantenne, ein ↗Richtstrahler.
Richter, unabhängige u. unparteiische Personen, die als Berufs- u. ↗Laien-R. die
Rechtsprechung ausüben. Das R.amt ist
durch besondere Unabhängigkeitsrechte
(Weisungs-, Entscheidungs-, Verantwor-
tungsfreiheit) ausgezeichnet, objektiviert
durch Gesetzesgebundenheit u. Verfah-
rensrecht (Straf-, Zivilprozeßrecht). – In der
BRD sind die R. als v. Beamtentum abgeho-
bener, die Staatsgewalt in ihrem 3. Zweig
ausübender Stand in der Hauptsache Berufs-R. Berufs-R. kann in der BRD nach dem
R.-Ges. v. 1961 (geändert 71) nur werden,
wer nach mindestens 3¹/₂jähr. Universitäts-
studium die 1. (Referendar-Examen) u. nach
mindestens 2jähr. Vorbereitungsdienst
auch die 2. Staatsprüfung (Assessor-Ex-
amen) bestanden hat. Anstellung zunächst
R. auf Probe (Gerichts-Assessor), nach frühestens 3, spätestens 6 Jahren als *R. auf Lebenszeit.*
Richter, Bz. für die atl. charismat. Führer Israels in der Zeit zw. Josue u. Saul (12 R. u.
die Richterin Debora), regierten nicht nacheinander, sondern traten je nach der Notlage des Volkes auf; danach ben. das atl.
Buch der R.
Richter, 1) *Johann Paul Friedrich,* ↗Jean
Paul. **2)** *Ludwig,* dt. Maler u. Graphiker,
1803–84; Märchenbilder u. Idyllen. ☐825.
3) *Swjatoslaw,* russ. Pianist, * 1915; einer
der größten Klaviervirtuosen der Ggw.
Richthofen, *Ferdinand* Frh. v., dt. Geograph,
1833–1905; Ostasienforscher.
Richtstrahler, Kurzwellenantenne, die nach
einer bestimmten Richtung sendet.
Ricke, weibl. Jungreh.
Rickert, *Heinrich,* dt. Philosoph, 1863–1936;
vertrat die „Bad. Schule" des ↗Neukantia-
nismus.
Rickettsien (Mz.), zw. Bakterien u. Viren stehende Mikroorganismen; Erreger vieler
durch Insekten übertragener Infektionskrankheiten, meist der Tiere: Q-Fieber,
Fleckfieber.
Riechsalz, mit ätherischen Ölen getränkte
Kristalle zur Belebung bei Ohnmachten.
Riechstoff, pflanzl. u. tier. Herkunft oder
synthet. hergestellt. ↗Parfüm.
Ried, Sumpfgegend. **R.bock,** afrikan. Antilopenart. **R.gras,** grasartige Kräuter mit
ausdauerndem Wurzelstock, auf Sumpfböden. **R.huhn,** die Wasser-↗Ralle.
Riedinger (Ridinger), **1)** *Georg,* dt. Baumeister, um 1568–1616; *Schloß in Aschaffen-
burg,* zw. Renaissance u. Barock. **2)** *Johann
Elias,* dt. Kupferstecher u. Zeichner, 1698
bis 1769.
Riehen, schweizer. Stadt bei Basel, an der
Wiese, 21000 E.
Riehl, 1) *Alois,* östr. Philosoph, 1844–1924;
suchte Kants Denken realist. weiterzufüh-
ren. **2)** *Wilhelm Heinrich* v., dt. Kulturhisto-
riker, 1823–97; Begr. der wiss. Volkskunde.

Swjatoslaw Richter

T. Riemenschneider:
Marienaltar (1505/10),
Creglingen
(oben Selbstbildnis,
rechts Apostelköpfe)

Antrieb (Drehzahl)
n₁ n₂

$$1 \; |{\leftarrow}d_1{\rightarrow}| \qquad |{\leftarrow} \; d_2 \; {\rightarrow}|$$

einfache Übersetzung

$$n_1 \cdot d_1 = n_2 \cdot d_2$$

Übersetzungsverhältnis i

$$i = \frac{n_1}{n_2} = \frac{d_2}{d_1}$$

Riementrieb. 1 ein-
facher R.: Übersetzung
und Übersetzungs-
verhältnis;
2 Ausführungen:
a geschränkter,
b halbgeschränkter R.,
c Kegeltrieb

Riemann, 1) *Bernhard,* dt. Mathematiker,
1826–66; Funktionentheorie *(R.sche Fläche),* n-dimensionale Geometrie *(R.sche
Geometrie).* **2)** *Hugo,* dt. Musikwissenschaftler, 1849–1919; *Musiklexikon.*
Riemen, 1) schmales, langes Brett. **2)** einzeln beidarmig zu bedienende Stange mit
schaufelart. Blatt zum Bewegen eines Bootes. **3)** *Treib-R.,* endlos genähtes od. gekleb-
tes Band aus Leder usw.
Riemenschneider, *Tilman,* dt. spätgot. Bildhauer u. -schnitzer, um 1460–1531; lebte
seit 1483 in Würzburg, schuf ausdrucksstarke, beseelte Figuren; Altäre in Dett-
wang, Rothenburg, Creglingen, Grabmäler
in Würzburg und Bamberg.

Riementrieb, Verbindung zweier od. mehrerer mit Riemenscheiben versehener Wel-
len durch Treibriemen zur Kraftübertra-
gung.
Riemenzunge, eine ↗Orchidee.
Riemerschmid, *Richard,* dt. Architekt u.
Kunstgewerbler, 1886–1957; Mit-Begr. des
Dt. Werkbundes; bahnbrechende kunstgewerbl. Entwürfe im Jugendstil; Entwurf der
Gartenstadt Hellerau bei Dresden, Bau der
Dt. Werkstätten ebd.
Rienzi (Rienzo), *Cola di,* röm. Volkstribun,
1313–54; rief 47 die röm. Rep. aus, unterlag
aber dem Adel; wurde bei einem Volksaufstand erschlagen. – Oper v. R. Wagner.
Ries *s,* **1)** Papierzählmaß: 1 R. Papier = 480
Bogen Schreib- bzw. 500 Bogen Druckpa-
pier. **2)** *Nördlinger R.,* rundes, flaches Bek-
ken zw. Fränk. u. Schwäb. Jura, mit Löß-
decke, 300 km², Hauptort ↗Nördlingen;
nach neueren Forschungen ein Meteoritenkrater.
Riesa, sächs. Krst. an der Elbe (Hafen), n.w.
von Meißen, 52000 E.; Stahl- u. Walzwerk.
Riese, *Adam,* dt. Rechenmeister, 1492 bis
1559; Verf. der ersten dt. Rechenbücher.
Rieselfelder, eingedämmte Äcker u. Wiesen, auf welche die städt. Abwässer nach
Vorreinigung in Klärbecken geleitet werden. Durch Überstauen od. Berieseln ver-
sickert das Abwasser u. setzt Dungstoffe ab.
Riesenblume, die ↗Rafflesia.
Riesengebirge, Teil der Sudeten, zw. Landeshuter Pforte u. Schreiberhauer Paß,

37 km lang, 20–25 km breit. Hauptkamm mit der dt.-böhm. Grenze trägt eiszeitl. Kare und Granitgipfel, so die Schneekoppe (1603 m); das R. ist reich an Wäldern u. Wasserkräften; Holz- u. Viehwirtschaft, Glas-Ind.

Riesenschlangen, 3–9 m lange, ungiftige trop. Schlangen, ersticken ihre Beute (bis zur Größe eines Schweines) durch Umschlingen. 2 Gruppen: a) die eierlegenden, vorwiegend altweltl. *Pythonschlangen* (Tiger-, Gitterschlange, Assala); b) vorwiegend neuweltl. *Boa* od. *Schlinger, Abgottschlange,* häufig lebendgebärend (Anakonda, Königs-, Sandschlange).

Riesensterne ⁄Sterne größter Ausdehnung u. Leuchtkraft.

Riesentorlauf, *Riesenslalom,* Teil der ⁄Alpinen Wettbewerbe, steht zw. Abfahrtslauf u. Torlauf (⁄Slalom); Höhenunterschied 400 m (Männer) bzw. 300 m (Frauen). ⁄Alpine Kombination.

Riesenwuchs, krankhafte Entwicklung einzelner Körperabschnitte (Akromegalie). Frühzeitiger Ausfall der Keimdrüsenhormone führt zu eunuchoidem Hochwuchs mit langen Beinen.

Riesling *m,* eine dt. Keltertraube.

Rietberg, westfäl. Stadt an der oberen Ems, 23 300 E.; Franziskanerkloster (1619 gegr.), Missionshaus der Weißen Väter; Möbel-, Maschinen- u. metallverarbeitende Ind.

Rietschel, *Ernst,* dt. Bildhauer, 1804–61; klassizistische Denkmäler; *Goethe-Schiller-Denkmal* (Weimar) und *Lessing-Denkmal* (Braunschweig).

Rif *s* (arab.), *Er-Rif,* schwer zugängl. schluchtenreiches Küstengebirgsland in Marokko, im Dschebel Tasaran 2500 m hoch; v. berberischen *Rifkabylen* bewohnt.

Riff, unterseeische, oft bis unmittelbar unter die Wasseroberfläche reichende Aufragung; am häufigsten das Korallenriff.

Riga, Hst. der Lettischen SSR, an der Düna, 15 km oberhalb ihrer Mündung in den *R.ischen Meerbusen;* wichtigster Hafen des Baltikums; 835 000 E.; kath., luth. u. orth. Erzb.; Univ., Bauwerke der Hanse u. des Dt. Ordens, darunter das Schwarzhäupterhaus. – 1201 v. Bischof Albert v. Livland gegr., 55 Erzbistum, 82 Mitgl. der Hanse; 1582 poln., 1621 schwed., 1710 russ.; 1918/40 Hst. der Rep. Lettland; seither sowjetisch.

Rigel *m,* hellster Stern im Orion. □ 947.

Rigi *m,* auch *w,* Gebirgsmassiv zw. Vierwaldstätter u. Zuger See, 1797 m hoch; Bergbahnen v. Vitznau, Arth-Goldau und Scheidegg her. [pflügen.

rigolen (frz.), Boden tief umgraben od. tief

Rigorismus *m* (lat.), übertriebene Strenge.

rigoros (lat.), streng, hart. **Rigorosum** *s,* mündl. Doktorprüfung.

Rigveda *m,* ältester Teil des ⁄Veda; Hauptquelle für Mythologie u. Weltanschauung des Vedismus.

Rijeka, it. *Fiume,* wichtigster Überseehafen Jugoslawiens, Ausgangspunkt der Bahnen nach Triest, Ljubljana, Zagreb, 133 000 E.; kath. Bischof; rege Ind. – 1471/1918 habsburg., 20 Freistaat, 24 it., 47 jugoslaw.

Rijswijk (: rɛˈßweˑk), niederländ. Stadt, südl.

Vorort v. Den Haag, 53 000 E. – Der Friede v. R. beendete 1697 den Pfälzischen Erbfolgekrieg (⁄Pfalz, ⁄Reunionen).

Rikscha, *Jinrikscha* (: dschin-), in China u. Japan v. Kulis gezogener Wagen auf 2 hohen Rädern zur Personenbeförderung.

Riksmål (: -mol), die auf dem Dänischen basierende Sprache Norwegens; seit etwa 100 Jahren stark v. ⁄Landsmål zurückgedrängt, bes. in größeren Städten noch gesprochen.

Rilagebirge, Gebirgsmassiv n.w. des Rhodopegebirges, im Mus-Alla 2925 m hoch. Im Innern das *Rilakloster* (10. Jh.), fr. bulgar. Heiligtum, jetzt „Staatsmuseum".

Rilke, *Rainer Maria,* östr. Dichter, 1875 bis 1926; 1899 Reise nach Rußland, 1901 in Worpswede, Ehe mit Clara Westhoff, 02 Sekretär bei Rodin, dann in Paris, It., Berlin, München u. der Schweiz. Frühwerk *Die Weise v. Liebe u. Tod des Cornets Christoph Rilke; Stundenbuch,* in einer mystischen Gebetssprache. Dann Hinwendung zu den Dingen: die *Neuen Gedichte;* lyr. Roman *Aufzeichnungen des Malte Laurids Brigge.* In den *Duineser Elegien* u. den *Sonetten an Orpheus* faßte R. nach 10jähr. Schweigen alle seine Motive zu einer Verkündigung des Daseins zus., das rein innerweltl. verstanden wird.

Rimbaud (: rãˑbo), *Arthur,* frz. Dichter, 1854–91; Wanderleben, Verbindung mit ⁄Verlaine; entsagte mit 19 Jahren der Dichtung, wurde Händler in Übersee; visionäre rebellische Lyrik *(Das trunkene Schiff),* rhythm. Prosa *(Une saison en enfer).*

Rimesse *w* (it.), an Zahlungs Statt gegebener od. gekaufter Wechsel.

Rimini, it. Hafenstadt und Seebad an der Adria, 128 000 E.; Bischof, Dom.

Rimskij-Korsakow, *Nikolai* Andrejewitsch, russ. Komponist, 1844–1908; verband Volksliedelemente mit verfeinerter Instrumentation. Opern *(Sadko),* Orchestermusik.

Rinaldo Rinaldini, Räubergestalt im Roman des Chr. A. ⁄Vulpius.

Rinascimento (: -schi-, it.) ⁄Renaissance.

Rinckart, *Martin,* dt. Barockdichter, 1586 bis 1649; ev. Kirchenlieder; *Nun danket alle Gott.*

Rinde, bei Pflanzenstämmen das Gewebe außerhalb des ⁄Kambiums: Bast u. Borke.

Rinder, 1) Familie wiederkäuender Paarhufer mit über 200 Arten, hierzu Echte Rinder (s. 2), Moschusochsen, Gemsen, Antilopen, Ziegen u. Schafe. R. sind weltweit verbreitet, u. aus vielen sind Haustiere gezüchtet. **2)** *Echte R.,* ältestes Nutztier. Das männl. R. heißt Stier, Farren od. Bulle, kastriert Ochse, das weibl. vor der ersten Trächtigkeit Kalbin

Rainer Maria Rilke

Joachim Ringelnatz

N. A. Rimskij-Korsakow

Rinder: links Schwarzbuntes Niederungsvieh, rechts Braunvieh

od. Färse, danach Kuh. In Dtl. gezüchtet: a) Norddt. Tieflandvieh: Schwarzbuntes, Rotbuntes R.; b) Süddt. Höhenvieh: Höhenfleck-R., Graubraunes Höhen-R. c) Mitteldt. Gebirgsvieh: Einfarbig gelbes R., Rotes R., Schecken. R.**malaria** ↗Texasfieber. **R.pest**, Infektionskrankheit der Rinder; in wenigen Tagen tödlich. In Europa ausgerottet.
Ringe, Geräteturnen: 2 an (der Länge nach verstellbaren) Seilen befestigte Schaukelringe. ☐ 1020.
Ringelblume, ein Korbblütler, Gartenzierpflanze mit behaarten, scharf riechenden Blättern u. gelblichen Strahlenblüten.
Ringelnatz, häufigste dt. Schlange, bis 1,5 m lang, ungiftig u. harmlos; unterscheidet sich durch langen, zugespitzten Schwanz, die gelben, schwarzgesäumten „Mondflecken" hinter den Schläfen u. die Zeichnung v. der giftigen Kreuzotter. Steht unter Naturschutz.
Ringelnatz, *Joachim* (eig. Hans Bötticher), dt. Schriftsteller u. Kabarettist, 1883–1934; bes. satirische Gedichte.
Ringelröteln, die ↗Bläschenkrankheit.
Ringelspinner, rotgelber Nachtfalter, legt seine Eier gürtelförmig um dünne Äste; Raupen an Obstbäumen.
Ringeltaube, *Holz-*, *Wald-* od. *Wildtaube*, graubrauner Zugvogel. ☐ 978.
Ringelwürmer, *Anneliden*, in gleichgestalt. Abschnitte gegliederte höhere Würmer; ↗Blutegel u. ↗Borstenwürmer.

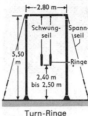

Ringen, waffenloser Zweikampf, wobei der Gegner zur Berührung des Bodens mit beiden Schultern gezwungen werden soll; a) beim griech.-röm. Ringkampf ist die Anwendung v. Griffen begrenzt (nur Griffe v. Scheitel bis Hüfte); b) beim Freistilringen am ganzen Körper weitgehend erlaubt. Einteilung in ↗Gewichtsklassen. Der jahrtausendealte Sport des R. war Disziplin der altgriech. Olymp. Spiele seit 708 v. Chr.
Ringflügelflugzeug, ein Flugzeug mit zu einem Ring geformtem Tragflügel; gehört zu den VTOL-↗Flugzeugen.
Ringgebirge, auf dem Mond auftretende typ. Gebirgsform.
Ringofen, gemauerter Ind.-Ofen in der Ziegelei u. zum Kalkbrennen.
Rinser, *Luise*, dt. Schriftstellerin, * 1911; psycholog. Romane, z. T. mit rel. Motiven: *Mitte des Lebens; Daniela; Die vollkommene Freude.*
Rinteln, Krst. des niedersächs. Kr. Grafschaft Schaumburg, an der Weser, 26000 E.; got. Nikolaikirche (13. Jh.), Renaissancerathaus (16. Jh.). – 1621/1809 (luth.) Univ.
Rio (: rĩu, portugies.), *Río* (span.) *m,* 1) Fluß. 2) Abk. für ↗Rio de Janeiro.
Rio Branco, 1) l. Nebenfluß des Río Negro, 1340 km lang. 2) bis 1965 Name des nordbrasilian. Bundesterritoriums ↗Roraima.

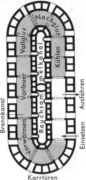

Turn-Ringe

Ringofen: Materialfluß in einem R.

Ringen: Brückenlage bei seitlicher Fesselung im griech.-röm. Stil

Rippenquallen: schwimmende Seestachelbeere

Luise Rinser

Rio de Janeiro (: rĩu di sehane͡ru), 1) brasilian. Bundesstaat an der mittleren Ostküste, 44268 km², 11,7 Mill. E.; Hst. Rio d. J. [vgl. 2]. 2) kurz „Rio", bis 1960 Hst. Brasiliens, seit 75 Hst. von 1), Haupthafen des Landes, an der W-Seite der Guanabarabucht in einer schmalen, von bizarren Einzelbergen, u. a. dem 387 m hohen „Zuckerhut", überragten Küstenebene, 4,9 Mill. E.; Erzb.; 3 Univ. u. weitere Hochschulen; Textil-, Metall-, Maschinen-, Fahrzeug-, Elektro-, chem. u. a. Industrie. Über der Stadt, auf dem 697 m hohen Corcovado, eine 38 m hohe Christusfigur, das Wahrzeichen der Stadt.
Río de la Plata ↗La Plata.
Rio Grande, 1) Quellfluß des Paraná in Mittelbrasilien, 1230 km lang, 528 km schiffbar. 2) **R. G. del Norte**, Strom im südwestl. Nordamerika, bildet auf 1600 km die Grenze zw. USA u. Mexiko, mündet in den Golf v. Mexiko; 2870 km lang. 3) **R. G. do Norte**, nordostbrasilian. Küstenstaat, 53015 km², 2,1 Mill. E.; Hst. Natal. 4) **R. G. do Sul**, südlichster Bundesstaat Brasiliens, 282184 km², 8,2 Mill. E.; Hst. Pôrto Alegre.
Río Magdalena, der ↗Magdalenenstrom.
Río Muni ↗Äquatorialguinea.
Río Negro, 1) l. Nebenfluß des Amazonas, mündet unterhalb Manaus; 2300 km lang. Durch den Casiquiare über eine Bifurkation mit dem Orinoco verbunden. 2) Fluß in Patagonien, 1000 km lang; mündet in den Südatlantik.
Riopelle (: rǐopäl), *Jean-Paul*, kanad. Maler, * 1924; Tachist; mosaikartige Kompositionen.
R. I. P., Abk. für ↗Requiesca(n)t in pace.
Riposte *w* (it.), Abwehrstoß beim Fechten.
Rippen, platte Knochen, sitzen der Wirbelsäule beiderseits beweglich an, umfassen spangenartig die Brusthöhle. Die ersten 7 R.paare beim Menschen *(wahre R.)* sind unmittelbar, v. den nächsten 5 *(falsche R.)* die 8.–10. mittelbar mit dem Brustbein knorplig verbunden, während die 11. u. 12. frei in der Bauchmuskulatur endigen. ☐ 615.
R.**farn**, immergrüner Farn der Nadelwälder; Blattfiedern am Stiel wie Rippen gestellt. ☐ 260. R.**fell** ↗Brustfell. R.**quallen**, durchsichtige, frei schwimmende Hohltiere mit z. T. farbig leuchtenden Ruderplättchen; mit u. ohne Tentakeln. R.**speer**, meist gepökeltes u. geräuchertes Rippenstück v. Schwein.
Rippoldsau-Schapbach, Bad R.-S., Mineral- u. Moorbad im bad. Schwarzwald, 2600 E.
Rips *m*, geripptes Gewebe.
Ripuarier (Mz.), Teilstamm der Franken.
Risalit *s* (it.), in der ganzen Höhe vorspringender Teil eines Gebäudes.
Risiko *s* (it.), Wagnis, Gefahr, bes. einen Vermögensbestandteil zu verlieren. Häufig auftretende Risiken sind versicherbar (z. B. Brand, Diebstahl, Krankheit). **R.prämie** 1) ein Zuschlag auf Versicherungsprämien bei überdurchschnittl. R. 2) der Teil des ↗Unternehmereinkommens, der dem Unternehmer für sein Wagnis zufällt.
Risorgimento *s* (: -dsehi-), die Einigungsbewegung in ↗Italien 1815/60.
Risotto *m*, it. Speise aus Reis mit Parmesankäse, Pilzen od. Tomaten.

Rispe, aufgelockerte Form des Blütenstandes. ☐ 743. **R.ngras,** Gräsergattung mit zwei- od. mehrblütigen Ährchen in Rispen. *Wiesen-R.ngras,* ertragreiches Futter. *Einjähriges R.ngras,* äußerst widerstandsfähiges Unkraut, auf begangenen Wegen, zw. Pflastersteinen.

Riß w, r. Nebenfluß der Donau in Württ., mündet nach 60 km bei Ulm. **R.eiszeit,** nach der R. ben. vorletzte u. ausgedehnteste pleistozäne Eiszeit, lagerte die Altmoränen ab. ☐ 218.

Rist m, 1) Handgelenk. 2) Fußrücken. 3) bei den Wirbeltieren der höchste Teil des Rückens vorn (Widerrist).

ritardando (it.), *Musik:* langsamer werdend.

rite (lat. = ordnungsgemäß), Prädikat „genügend" bei akadem. Prüfungen, bes. bei der Promotion.

Riten (Mz., lat.), ↗Ritus. **R.streit,** *Akkommodationsstreit,* im 17. Jh. wegen der v. den Jesuitenmissionaren geübten Anpassung an die japan. u. chines. religiösen Bräuche; 1742 v. Röm. Stuhl gg. die Jesuiten entschieden. 1936/37 hat Rom festgestellt, die japan. u. chines. Riten seien im Lauf der Zeit zu rein bürgerl. Ehrungen verblaßt u. daher zu gestatten.

Ritornell s (it.), Strophe der it. Volkslyrik v. 3 Zeilen (1. u. 3. gereimt).

Ritschl, *Albrecht,* dt. ev. Theologe, 1822–89; seine Bibelkritik beeinflußte ↗Harnack.

Rittelmeyer, *Friedrich,* dt. ev. Pfarrer, 1872–1938; Begr. der ↗Christengemeinschaft.

Ritter, 1) im alten Rom Angehöriger des 2. Standes. **2)** im MA adliger Berufskrieger; war zum Kriegsdienst verpflichtet u. wurde durch ein ↗Lehen entlohnt. Im Hoch-MA verdrängte das Aufgebot der R. das alte Volksaufgebot; z.Z. der Kreuzzüge höchste Blüte des Rittertums (↗Minnesang); durch den R.schlag Aufnahme des Knappen in den Ritterstand. Im Spät-MA durch das Fehlen großer polit. Aufgaben, Umstellung des Kriegswesens auf Feuerwaffen u. wachsende wirtschaftl. Bedrängnis Zerfall u. fast völliger Untergang des Rittertums; teilweise Entartung zum Raubrittertum.

Ritter, 1) *Carl,* 1779–1859; dt. Geograph, begr. die moderne Geographie. **2)** *Gerhard,* dt. Historiker, 1888–1967; 1926/56 Prof. in Freiburg i. Br.; *Stein; Luther, Gestalt u. Tat; Die Dämonie der Macht; Staatskunst u. Kriegshandwerk.*

Ritterfalter, große, farbenprächtige Tagfalter mit ca. 600, meist trop. Arten. In Dtl. *Schwalbenschwanz* u. *Segelfalter.* ☐ 913.

Rittergut, bis ins 19. Jh. bes. im dt. O ein Landgut, dessen Besitzer gewisse Vorrechte (Landstandschaft, Steuerbegünstigung, Gerichtsbarkeit u.a.) besaß.

Ritterling, Blätterpilze, mit fleisch. Stil u. häutigen, ausgerandeten Blättern; viele eßbar: ↗Maipilz, ↗Grünling u.a.

Ritterorden (Mz.), *Geistliche R.,* eine Verbindung v. Ritter- u. Mönchtum, entstanden z.Z. der Kreuzzüge; zunächst zum Schutz der Pilger, später bes. zum Glaubenskampf gg. Muslimen u. Heiden.

Rittersporn, Hahnenfußgewächse mit ge-

Rispengras *(Poa annua)*

Geistliche
Ritterorden
Alcántara-Orden
Annunziaten
Calatrava-Orden
Christusorden
Deutscher Orden
Hospitaliter
Johanniter
Lazarusorden
Schwertbrüder
Templerorden

Rittersporn

Robben: 1 Seebär,
2 Seelöwe, **3** Walroß,
4 Klappmütze,
5 Sattelrobbe,
6 Seehund

spornten, in lockeren Rispen stehenden weißen, roten u. blauen Blüten, Zierpflanzen.

Ritterstern ↗Amaryllis. [zen.

ritual, *rituell* (lat.), zum Ritus gehörend. **R.bücher,** schriftl. Sammlungen v. Normen u. Texten der Kulthandlungen einer Religionsgemeinschaft; für die röm.-kath. Kirche ist das *Rituale Romanum* als Rahmen-Rituale maßgebend. **R.ismus** m, katholisierende Richtung in der ↗Oxford-Bewegung seit Mitte 19. Jh. **R.mord** m, Tötung eines Menschen aus rituellen Gründen; Frühchristen u. Juden öfter fälschl. nachgesagt. **Ritus** m (lat., Mz. *Riten*), feste kult. Form.

Ritzel s, kleines Zahnrad.

Riu-Kiu-Inseln, *Ryukyu-Inseln, Liukiu-Inseln,* japanische Inselkette zw. Kiuschiu u. Taiwan; besteht aus der (nördl.) Tanega-schima-, der (mittleren) Okinawa- u. der (südl.) Sakischima-Gruppe; insgesamt 3780 km², 1 Mill. E.; Hauptort Naha. Der südl. Teil der Inselgruppe war 1951/72 unter US-Verwaltung, seither noch Benutzungsrecht der USA für Militärstützpunkte.

Riva, it. Kur- u. Badeort am Nordende des Gardasees, 12000 E.

Rivale m (frz.), Nebenbuhler, Mitbewerber; **rivalisieren,** wetteifern.

Rivel, *Charlie,* span. Clown, * 1896; einer der beliebtesten u. begabtesten Clowns.

River m (: -w^er, engl.), Fluß.

Riviera w (it.), frz.-it. Mittelmeerküste zw. Cannes u. La Spezia, westl. v. Genua die *R. di Ponente,* östl. die *R. di Levante;* mildes Klima, viel Sonne, subtrop. Pflanzenwuchs. Küstenorte meist internat. Kurplätze.

Rizinus, oft baumartig aussehendes Wolfsmilchgewächs („Wunderbaum"), in Indien u. Afrika, auch in Brasilien u. USA angebaut; die giftigen Samen liefern das *R.öl,* Blätter Viehfutter, Faser, Gewebe u. Seilwaren. *Gemeiner R.,* Zierpflanze. **R.öl,** *Kastoröl,* gelbl., klares, reines Öl v. eigenart. Geschmack; Abführmittel, zu Schmierölen u. Salben.

Rjasan, Stadt s. ö. von Moskau, 453000 E.; alte Bauwerke, u.a. der Kreml (12. Jh.).

RKW, Abk. für Rationalisierungs-Kuratorium der dt. Wirtschaft; zentrale Förderungsstelle für Rationalisierung, Sitz Berlin. **Rn,** chem. Zeichen für ↗Radon.

Robbe-Grillet (: rob grijä), *Alain,* frz. Schriftsteller, * 1922; Vertreter u. Theoretiker des ↗Nouveau roman.

Robben sind Säugetiere, deren Füße zu Schwimmflossen umgebildet sind; Meeresraubtiere mit glatt anliegendem Fell; gehen zur Fortpflanzung an Land. *Ohren-R.*

(↗Seebär, ↗Seelöwe), ↗*Seehunde* und ↗*Walrosse.*

Robbia, florentin. Künstlerfamilie, **1)** *Andrea della,* 1435–1525, Neffe v. 2) u. Erbe seiner Werkstatt; berühmt seine weich modellierten Terrakotten (Madonnen). **2)** *Luca della,* um 1400 bis 1482; Mitbegr. der Frührenaissance; Reliefs u. Vollplastiken am Dom v. Florenz.

Robe *w* (frz.), **1)** festl. Frauengewand (langes Abendkleid). **2)** Amtstracht der Richter.

Robert, Fürsten: **R. v. Anjou,** 1309/43 Kg. v. Neapel, Gegner Heinrichs VII. u. Ludwigs des Bayern. **R. Guiscard,** um 1015–85; normann. Eroberer in Süd-It.; 1059 Hzg. v. Apulien u. Kalabrien.

Robespierre (: rob^{e}ßpjär), *Maximilien de,* 1758–94; fanat. Jakobiner in der Frz. Revolution; führte die Schreckensherrschaft zum Höhepunkt, wurde selbst hingerichtet.

Robin Hood (: -hud), Held der engl. Sage des späten MA; Räuber, der die Armen beschützte.

Robinie *w, Silberregen,* nord-am. Schmetterlingsblütler, in Dtl. Park- u. Zierbaum, fälschl. „Akazie" genannt, mit Fiederblättern, weißen, auch rosafarbenen Blütentrauben u. hartem Holz.

Robinson (: -ß^{e}n), **1)** *Edwin Arlington,* am. Schriftsteller, 1869–1935; erzählende u. Gedanken-Gedichte; lyr. Charakterporträts. **2)** *Henry Morton,* amerikan. Schriftsteller, 1898–1961; Romane: *Der Kardinal; In den Schnee geschrieben; Wasser des Lebens.* **3)** Sir *Robert,* engl. Chemiker, 1886–1975; Alkaloid- u. Penicillinforscher; Nobelpreis 1947.

Robinson Crusoe (: -ß^{e}n krußo^u), Titelheld des Abenteuerromans v. ↗Defoe. Der Stoff des einsamen Schiffbrüchigen in der Welt-Lit. häufig *(Robinsonaden);* bedeutendste dt. Nachfolge: J. G. Schnabels *Insel Felsenburg.*

Robinson-Insel (: -ß^{e}n-) ↗Juan Fernández.

Roboam ↗Rehabeam.

Roborantia (Mz., lat.), stärkende Mittel.

Robot *w* (slaw.), Fronarbeit.

Roboter *m,* **1)** *Maschinenmensch,* eine menschenähnl. aussehende Puppe, die fern- oder programmgesteuert Handlungen ausführt. **2)** ein kompliziertes, elektron. gesteuertes Gerät.

robust (lat.), stark, unempfindlich.

Roca, *Kap R.,* westlichster Punkt des europ. Festlandes, in Portugal, westl. Lissabon.

Rocaille *w* (: -kaj^e, frz.), Schmuckmotiv des Rokoko, benannt nach der unsymmetr. Grundform der Muschel.

Rochade *w* (: roschad^e, frz.), im Schachspiel das Um- u. Nebeneinanderstellen v. Kg. u. Turm. □ 857.

Rochefort (: roschfor), fr. *R.-sur-Mer,* frz. Kriegs- u. Handelshafen, r. an der Charente, 15 km v. Atlantik, 40000 E.; Werften.

Rochen *m,* Knorpelfisch mit flachem Leib, flügelart. Brustflossen u. peitschenförmigem Schwanz, meist im Sand liegend, an allen europ. Meeresküsten. *Glatt-R.,* bis 1 m lang u. 50 kg schwer; *Nagel-R.,* in südl. Meeren bis 4 m lang u. 200 kg; *Zitter-R.,* bis 1,5 m lang, ein ↗Zitterfisch. □ 1136.

Rochester (: rotsch^{i}ßt^{er}), **1)** engl. Hafenstadt in der Gft. Kent, am Medway, mit Chatham verwachsen, 57000 E.; anglikan. Bischof, normann.-got. Kathedrale (1077/1130). **2)** Stadt im Staat New York (USA), am Eriekanal, 263000 E.; kath. Bischof, baptist. Univ.; Photo- (Eastman Kodak), opt., Elektro- u. Nahrungsmittel-Ind.

M. de Robespierre

Robinie: Falsche Akazie

Franz Josef Röder

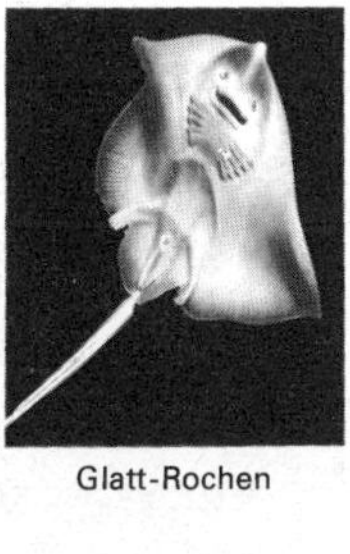

Glatt-Rochen

Rochett *s* (: -schet, frz.), Gewand höherer kath. Geistlicher, ähnl. dem oft fälschl. R. gen. ↗Chorrock.

Röchling, 1) *Hermann,* Sohn von 2), dt. Großindustrieller, 1872–1955; trat nach dem 1. Weltkrieg für die Rückgliederung des Saargebiets an Dtl. ein. **2)** *Karl,* dt. Großindustrieller, 1827–1910; Gründer der Röchlingschen Eisen- u. Stahlwerk GmbH.

Rochus, hl. (16., 17. od. 18. Aug.), um 1295–1327(?); aus Montpellier, pflegte u. heilte in It. Pestkranke, deshalb Pest-Patron.

Rockefeller (: rokifäl^{er}), **1)** *John Davison,* am. Großindustrieller, 1839–1937; Gründer des beherrschenden Öl-Trusts der USA. **2)** *John Davison jr.,* Sohn v. 1), 1874–1960; stiftete große Summen für soz., wiss. u. rel. Zwecke, u. a. den UN zum Aufbau ihres Arbeitssitzes in New York. **R.-Stiftungen,** bedeutende Schenkungen der Familie R. zu wiss. u. wohltätigen Zwecken.

Rocken *m,* **1)** Stab des Handspinnrades, um den das Fasergut gewunden wird; auch das Faserbündel, die *Kunkel,* selbst. **2)** ↗Heinze.

Rocker, Banden v. Jugendlichen, motorisiert, einheitl. gekleidet, die vielfach ihre Umgebung terrorisieren.

Rockford (: -f^{er}d), Stadt in Illinois (USA), am Rock River, 150000 E.; kath. Bischof; Möbel-, Landmaschinen-Ind.

Rock 'n' Roll *m* (: -ro^{u}l), nach 1950 aus den USA gekommene Form der Tanzmusik im 4/4-Takt mit einfacher Harmonik, gleichförm. Rhythmik u. ekstatischer Singweise.

Rocky Mountains (: -maunt^{i}ns) ↗Felsengebirge.

Roda Roda, *Alexander,* östr. Schriftsteller, 1872–1945; seit 33 in den USA; Komödie *Der Feldherrnhügel* (mit C. Rössler), Erzählungen, Romane, Autobiographie.

Rödbyhavn, dän. Fährhafen der Vogelfluglinie an der Südspitze der Insel Lolland.

Rode, *Christian Bernhard,* dt. Maler u. Kupferstecher des Spätbarock, 1725–97; Hofmaler Friedrichs d. Gr.

Rodelschlitten, mit Füßen gesteuerter ein- od. mehrsitziger Schlitten.

roden, durch Abholzen u. Ausstocken ein Gelände urbar machen.

Rodenberg, *Julius* (eig. J. Levy), dt. Schriftsteller, 1831–1914; gründete die „Dt. Rundschau".

Rodenkirchen, südl. Stadtteil von Köln (seit 1975); Maschinen-Ind.; Autobahnbrücke über den Rhein.

Röder, *Franz Josef,* 1909–79; seit 59 Min.-Präs. des Saarlandes (CDU).

Roderich, letzter König der Westgoten, 710/711; fiel im Kampf gg. die Araber.

Rodgers (: rodsch^{e}rß), *Richard,* am. Komponist, 1902–79; Musicals: *Oklahoma; Der König und ich; South Pacific; Two by Two.*

Rodin (: rodañ), *Auguste,* frz. Bildhauer u. Graphiker, 1840–1917; Impressionist; gestaltete den Augenblickseindruck äußeren Geschehens u. innerer Bewegung; v. der Gotik u. Michelangelo beeindruckt, Wegbereiter des Expressionismus; *Das eherne Zeitalter, Johannes der Täufer, Die Bürger v. Calais, Der Kuß, Der Denker, Balzac.*

Roermond (: rur-), niederländ. Stadt an der Mündung der Roer (/Rur) in die Maas, 37000 E.; kath. Bischof, spätgot. Kathedrale.

Rogen *m,* Eimasse im Fischleib; /Kaviar.

Rogener, *Rogner,* geschlechtsreifer weiblicher Hering. Ggs. Milchner.

Roger, normann. Fürsten in Sizilien: **R. I.,** Bruder /Robert Guiscards, 1031–1101; verdrängte 1057/91 die Araber v. Sizilien. Sein Sohn **R. II.,** um 1095–1154; erwarb 1127 Apulien; 30 als päpstl. Lehnsmann Kg. v. Sizilien; seine Tochter /Konstanze.

Roggen, neben Weizen wichtigstes Getreidegras Europas. Wildformen aus Kleinasien; Körner liefern gut backfähiges Mehl, Branntwein („Korn") u. Futter (Kleie); das Stroh Binde- u. Flechtmaterial; gedeiht auf armen (auch lehmigen) Sandböden in kälterem, gemäßigtem Klima; ist winterhart, daher vorwiegend Winterfrucht. ☐ 325.

Rogier van der Weyden (: rochir), niederländ. Maler, um 1400–64; neben den van Eyck bedeutendster Vertreter der altniederländ. Malerei; monumentale, klare Kompositionen von höchster Ausdruckskraft und leuchtenden Farben; verband Realismus der Darstellung mit bewußter Idealisierung. *Kreuzabnahme; Johannes-Altar.*

Rohan (: ro̱a̱n), *Louis,* frz. Kard., 1734–1803; 1779/1801 Fürstbischof v. Straßburg; in die Halsbandaffäre verwickelt; mußte Fkr. 1791 als Gegner der Frz. Revolution verlassen.

Rohde, *Helmut,* dt. Politiker (SPD), * 1925; 74/78 Bundes-Min. für Bildung u. Wiss.

Rohkost, Nahrungsmittel in rohem Zustand genossen, bes. Gemüse u. Gemüsesäfte, Salate, Obst, Nüsse u. a., enthalten Vitamine u. Mineralstoffe in ursprüngl. Form.

Rohlfs, 1) *Christian,* dt. Maler u. Graphiker, 1849–1938; ging v. realist. zu impressionist., dann zu expressionist. Architektur-, Landschafts-, Blumen- u. Figurenbildern v. schimmernder Farbigkeit über. **2)** *Gerhard Friedrich,* dt. Afrikaforscher, 1831–1896; *Quer durch Afrika.*

Röhm, *Ernst,* dt. Offizier, 1887–1934; seit 1931 Stabschef der SA; beim **R.-Putsch,** einer ihm unterstellten Verschwörung gg. Hitler, mit ca. 100 polit. mißliebigen Personen 30. 6. (bis 2. 7.) 34 erschossen.

Rohöl, noch nicht destilliertes /Erdöl.

Rohr, 1) botan.: Bz. für hohe Grasarten in Wasser u. Sumpf: *Italienisches R.,* bis 3 cm dick u. 5 m hoch; *Schilf-* od. *Teich-R.,* bis 6 m hoch; beide zu Flechtwaren, Dachbelag u. a. **2)** techn.: im Querschnitt kreisförm. Leitung für Flüssigkeiten u. Gase; aus Blechen genietet od. geschweißt, aus Eisen od. Beton gegossen, aus verschiedenen Metallen gezogen od. gewalzt, auch aus Holz, Glas od. Kunststoffen.

Rohr, *R. in Niederbayern,* Markt (Kr. Kelheim), 2700 E.; im Augustiner-Chorherrenstift (1133/1803) seit 1946 die aus Böhmen ausgesiedelte Benediktinerabtei Braunau.

Auguste Rodin: „Honoré de Balzac" (1897)

—Weiche
—Empfangsrohr
—Zwischensender

Empfangs-
station

Zwischen-
sender

Sende-
station

Gebläse

Rohrpost

Rohrammer, *Rohrspatz,* /Ammer. **Rohrdommel** *w, Kuhreiher,* brauner, plumper, bis 75 cm langer Reiher; versteckt im Schilf. **Rohrdrossel,** Drossel-/Rohrsänger.

röhren, schreien (Rothirsch in der Brunft).

Röhrenpilze, *Röhrlinge, Löcherpilze,* Basidien-/Pilze; an ihrer Hutunterseite öffnen sich Röhren, deren Innenseite die Fruchtschicht trägt. Speisepilze: Butterpilz, Feuerschwamm, Ziegenlippe, Maronen-, Kapuziner-, Steinpilz u. a.; giftig der Dickfuß, Satanspilz u. a. **Röhrenquallen,** frei schwimmende Nesseltierstöcke. **Röhrenwürmer,** vielborstige Ringelwürmer des Süß- u. Salzwassers, leben in selbstgebauten Röhren aus Schlamm, Gallerte od. Chitin.

Rohrhuhn, das /Teichhuhn. **Rohrkolben,** *Teichkolben, Lieschkolben,* schilfähnliche Sumpfstauden mit 2 endständigen, den Stengel umschließenden Blütenkolben (oberer aus männl., unterer aus weibl. Blüten); zu Flechtwerk u. Spinnfaser *(Typha-* **Rohrpalme,** die /Rotangpalme. [*faser).*

Rohrpost, Förderanlage für Zettel, Briefe, Akten, die, zusammengerollt in Hülsen gesteckt, mittels Druck- od. Saugluft durch Fahrrohre befördert werden. *Stadt-R.* (erste in Berlin 1876) für Briefe u. Karten v. Postamt zu Postamt einer Stadt.

Rohrsänger, Singvögel, bauen geflochtene Nester an Röhricht. Teich-, Sumpf-, Drossel-R. (Rohrdrossel) u. /Schwirl sind einheimische Zugvögel.

Rohrspatz, die Rohr-/Ammer. **Rohrzucker** /Zucker, /Zuckerrohr.

Roi (: ro̱a̱, frz.), König. **R. Soleil** (: -sole̱j), Sonnenkönig (Ludwig XIV.).

Rokitnosümpfe /Pripet-Sümpfe.

Rokoko *s* (v. /Rocaille), Stilstufe zw. 1730 u. 80, bes. in Fkr. (/Louis-Quinze) u. Dtl. als *Dekorationsstil* ausgebildet, vor allem in Innenarchitektur, Kleinkunst, Kunstgewerbe. Im R. klingt der /Barock ab, dessen Schwere sich ins Spielerische wandelt. In der dt. Architektur zeigt sich das R. meist in der Dekoration sonst spätbarocker Bauten (Kirchen: Birnau, Vierzehnheiligen, Wies u. a.; fürstl. Bauten: Amalienburg in München, Residenz in Würzburg, Sanssouci). In der *Plastik* Pigalle, Houdon u. a. in Fkr.; R. Donner, J. A. Feichtmayr, B. Permoser u. a. im dt. Sprachgebiet. Sonderform der Plastik

Rokoko:
D. Zimmermann (1685–1766), Wallfahrtskirche Wies (Oberbayern)

Romain Rolland

Stopper

Wettkampf-Rollschuh

Jules Romains

im ↗Porzellan. Auch die *Malerei* oft im Dienst der Baukunst. Halbtöne mit schimmernden Lichteffekten sind Kennzeichen bes. frz. Meister (Watteau, Boucher, Fragonard); in Dtl. trockener od. pathetisch: Maulpertsch, Oeser, Zick u. a.; Italien: Tiepolo, Guardi; in England Reynolds, Gainsborough, Hogart. – In der Lit. Gesellschaftskunst, betont galant; erotisch; detailreiche Kleinkunst. In Fkr. Prevost, Lesage, in Dtl. ↗Anakreontiker; überhöht bei Wieland, dem jungen Goethe.

Roland, in der Heldensage Paladin Karls d. Gr.; fiel 778 im Nachhutgefecht gg. die Araber im Pyrenäental ↗Roncesvalles. **R.slied**, mhd. Epos des Pfaffen Konrad, nach dem altfrz. „Chanson de R." frei gestaltet (um 1130/70).

Rolland (: -lãn), *Romain*, frz. Schriftsteller, 1866–1944; Künstlermonographien; zehnbändiger Roman *Jean Christophe*, als Ausdruck seiner Begegnung mit der Musik Beethovens; Anwalt der Menschlichkeit u. des Friedens. 1915 Lit.-Nobelpreis.

Rolle, 1) kleines Rad, Radscheibe mit Rille; Walze. **2)** Soziologie: Stellung des Individuums im soz. Zusammenleben, die ein bestimmtes Verhalten *(Rollenverhalten)* bedingt. **3)** in Film u. Theater: Text des einzelnen Schauspielers; auch die v. ihm zu verkörpernde Gestalt. **4)** Übung beim Boden- u. Geräteturnen u. im Judo. **5)** Kunstflugfigur. **6)** fr. Form des Buches.

Roller, 1) *Harzer R.*, Kanarienvogel. **2)** Kinderfahrzeug. **3)** der ↗Motorroller.

Rollfeld, zum Starten u. Landen v. Flugzeugen; meist straßenartige betonierte Bahn.

Rollgeld, v. Spediteuren erhobene Gebühr für die Beförderung v. Gütern v. Bahnhof zum Empfänger u. umgekehrt.

Rollgerste ↗Graupen.

Rollschuh, Sportgerät, mit 4 meist auf Kugellagern laufenden Rädchen; *R.sport:* Sammelbegriff für Rollkunstlauf, Rolltanz, Rollhockey u. Rollschnellauf.

Rollschwanzaffen, breitnasige Affen mit behaartem Greifschwanz, z. B. Kapuzineraffe.

Rolltreppe ↗Fahrtreppe.

Rom, it. *Roma*, Hst. Italiens, Residenz des Papstes (↗Vatikanstadt), im Tibertal, auf urspr. 7 Tuffhügeln inmitten der feuchten Tiberniederung, 2,9 Mill. E. Die Zeugen des antiken R. sind heute organisch in das moderne Stadtbild eingegliedert: Forum Romanum, Colosseum, Caracalla-Thermen, Pantheon, Mausoleum Hadrians od. die ↗Engelsburg, Triumphbögen. Die Päpste retteten R.s Erbe als einst glanzvollster Stadt des Abendlandes bes. durch den Bau der ↗Peterskirche. 403 Kirchen, 197 Kapellen u. 66 Oratorien, hauptsächl. in den alten Stadtteilen, prägen stärker das Antlitz R.s als die weltberühmten Palazzi des 16. u. 17. Jh. u. mehr als die Zeugen R.s als Hst. des geeinten Italien auf dem Quirinal u. am Kapitol (Nationaldenkmal); 5 Patriarchalbasiliken: außer der *Peterskirche S. Giovanni in Laterano, Santa Maria Maggiore, San Paolo fuori le mura* u. *San Lorenzo*, die beiden Pilgerkirchen *Santa Croce in Gerusa-*

lemme (330 gegr., 1743 umgebaut; mit Passionsreliquien) u. *San Sebastiano* über den Katakomben der Via Appia (478); sehenswürdig sind ferner: *Santa Sabina* (440), *San Pietro in Vincoli* mit Michelangelos *Moses, Santi Cosma e Damiano* (526/530) mit den schönsten Mosaiken R.s, *Santa Maria sopra Minerva, die Sixtin. Kapelle*, die Jesuitenkirche *Il Gesù* (1568) mit Grab des hl. Ignatius v. Loyola. Daneben Brunnen (*Fontana dei Fiumi, Fontana di Trevi* u. a.), Brücken (*Ponte Sant'Angelo)*, Tore. Seit 1931 Neugestaltung der Stadt mit modernem Verkehrsnetz u. neuen Wohnvierteln. Kunstsammlungen: ↗Vatikan, Museo Nazionale Romano, Palazzo Venezia, Palazzo Borghese, Palazzo Farnese, Villa Giulia (etrusk. Kunst), Palazzo Barberini (Nationalgalerie). Bibliotheken, Univ., TH u. a. Hochschulen, Akademien; päpstl. Universitäten: Gregoriana, Lateranense, Urbaniana u. Angelicum; mehrere Ordensathenäen, Bibelinstitut, Oriental. Institut, Institute für Missionen, Kirchenmusik und christl. Archäologie, päpstl. Akademien, Germanicum u. a. Nationalkollegien. – Fahrzeug-, Maschinen-, Motoren-, Glas-, chem., Elektro-, Textil-, Film- u. a. Ind. – Im 8. od. 7. Jh. v. Chr. aus 7 Hügeldörfern entstandene Ursprungs- u. Hauptstadt des ↗Römischen Reichs; in der Kaiserzeit bis zu ↗Konstantin d. Gr. Residenzstadt mit vielen Prachtbauten; während der Völkerwanderung mehrfach geplündert. Im MA erhielt die Stadt als Sitz der Pp.e neue Bedeutung; das Verhältnis zw. Papsttum u. Kaisertum beeinflußte stark das Schicksal R.s. Eine beherrschende Rolle spielten die stadtröm. Adelsparteien, die immer wieder heftige Kämpfe miteinander führten. Unter den Renaissancepäpsten wurde R. im 15. und 16. Jh. erneut zu einem bedeutenden Kulturzentrum. Nach der Besetzung durch it. Truppen 1870 wurde die Stadt 71 zur Hst. It.s ausgerufen (↗Römische Frage).

Røm, dän. *Rømø*, dän. Nordseeinsel (bis 1920 dt.), 99,7 km², 800 E.; Hauptort Kirkeby, Damm zum Festland.

Roma w, lat. u. it. Name Roms sowie dessen Personifikation (auf altröm. Münzen).

Romagna (: -mánja), ober-it. Landschaft, mit den Provinzen Ravenna, Ferrara u. Forlì; bis 1860 Teil des Kirchenstaates.

Romains (: romãn), *Jules* (eig. L. Farigoule), frz. Schriftsteller, 1885–1972; Romanzyklus *Die guten Willens sind* (27 Bde.), breites Bild Pariser Lebens; ferner *Die Erlebnisse der Madame C.* u. a.

Roman m (lat.), urspr. ein Schriftwerk, das nicht mehr in der lat. Hochsprache, sondern in der roman. Volkssprache *(lingua romana)* verfaßt ist. In Dtl. ist der Begriff R. seit dem 17. Jh. gebräuchl. für eine größere epische Dichtung in Prosa; vom Epos unterschieden: geschlossene Form, stärker realistisch, auf das Schicksal einzelner konzentriert; Gesellschaft als Gegenstand u. Hintergrund, nicht mehr Mythos; subjektiv und psychologisch; daher typischste u. verbreitetste Dichtungsform der Neuzeit. Seit dem Roman des Hellenismus zentral das erot.

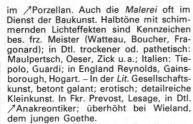

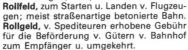

Berühmte Romane

Abenteuer des braven Soldaten Schwejk, Die (J. Hašek; 1921/23)

Abenteuerliche Simplicissimus, Der (Ch. v. Grimmelshausen; 1669)

Achte Schöpfungstag, Der (Th. Wilder; 1967)

Alte Mann und das Meer, Der (E. Hemingway; 1952)

Amerikanische Trägödie, Eine (Th. Dreiser; 1925)

Am Himmel wie auf Erden (W. Bergengruen; 1940)

Anna Karenina (L. N. Tolstoi; 1875)

Ansichten eines Clowns (H. Böll; 1963)

Asche und Diamant (J. Andrzejewski; 1948)

Auf der Suche nach der verlorenen Zeit (M. Proust; 1913/27)

Auferstehung (L. N. Tolstoi; 1900)

Augenzeuge, Der (A. Robbe-Grillet; 1955)

August 1914 (A. Solschenizyn; 1972)

Aus der Triumphgasse (R. Huch; 1902)

Aus meinem Leben. Dichtung und Wahrheit (J. W. v. Goethe; 1811/14, 1833)

Babbitt (S. Lewis; 1922)

Barbara oder die Frömmigkeit (F. Werfel; 1929)

Bel-Ami (G. de Maupassant; 1885)

Ben Hur (L. Wallace; 1880)

Berlin Alexanderplatz (A. Döblin; 1929)

Bildnis des Dorian Gray, Das (O. Wilde; 1891)

Billard um halbzehn (H. Böll; 1959)

Blechtrommel, Die (G. Grass; 1959)

Brücke von San Luis Rey, Die (Th. Wilder; 1927)

Brüder Karamasow, Die (F. M. Dostojewskij; 1881)

Buddenbrooks, Die (Th. Mann; 1901)

„Caine" war ihr Schicksal, Die (H. Wouk; 1951)

Chronik der Sperlingsgasse, Die (W. Raabe; 1857)

Dämonen, Die (H. v. Doderer; 1956)

Dämonen, Die (F. M. Dostojewskij; 1873)

David Copperfield (Ch. Dickens; 1850)

Denn sie sollen getröstet werden (A. Paton; 1948)

Deutschstunde, Die (S. Lenz; 1968)

Doktor Faustus (Th. Mann; 1947)

Doktor Schiwago (B. Pasternak; 1957)

Don Quijote (M. de Cervantes Saavedra; 1605/15)

Drei Musketiere, Die (A. Dumas père; 1844)

Effi Briest (Th. Fontane; 1895)

Ehepaare (J. Updike; 1968)

Ehen in Philippsburg (M. Walser; 1957)

Ein Tag im Leben des Iwan Denissowitsch (A. Solschenizyn; 1962)

Ekel, Der (J.-P. Sartre; 1938)

Ekkehard (J. V. v. Scheffel; 1855)

Elenden, Die (V. Hugo; 1862)

Elmer Gantry (S. Lewis; 1927)

Émile oder Über die Erziehung (J.-J. Rousseau; 1762)

Eugen Onegin (A. Puschkin; 1833)

Fänger im Roggen, Der (J. D. Salinger; 1951)

Falschmünzer, Die (A. Gide; 1925)

Fanny Hill (J. Cleland; 1749)

Feuersturm, Der (H. Wouk; 1972)

Feuerzangenbowle, Die (H. Spoerl; 1933)

Finnegans Wake (J. Joyce; 1939)

Flegeljahre (Jean Paul; 1804/05)

Forsyte Saga, Die (J. Galsworthy; 1922)

Früchte des Zorns, Die (J. Steinbeck; 1939)

Gargantua und Pantagruel (F. Rabelais; 1532/52)

Geschichte des Gil Blas von Santillana, Die (A.-R. Lesage; 1715/35)

Glanz und Elend der Kurtisanen (H. de Balzac; 1838/47)

Glasperlenspiel, Das (H. Hesse; 1943)

Glöckner von Notre-Dame, Der (V. Hugo; 1832)

Gösta Berling (S. Lagerlöf; 1891)

Golem, Der (G. Meyrink; 1915)

Graf von Monte Christo, Der (A. Dumas père; 1845/46)

Großtyrann und das Gericht, Der (W. Bergengruen; 1935)

Grüne Heinrich, Der (G. Keller; 1854/55)

Gruppenbild mit Dame (H. Böll; 1971)

Gullivers Reisen (J. Swift; 1726)

Gute Erde, Die (P. S. Buck; 1931)

Hauptmannstochter, Die (A. Puschkin; 1837)

Haut, Die (C. Malaparte; 1948)

Held unserer Zeit, Ein (M. Lermontow; 1840)

Henri Quatre (H. Mann; 1938)

Homo Faber (M. Frisch; 1957)

Huckleberry Finn (Mark Twain; 1884)

Hundejahre (G. Grass; 1963)

Hungerpastor, Der (W. Raabe; 1864)

Hyperion (F. Hölderlin; 1797/99)

Idiot, Der (F. M. Dostojewskij; 1874)

Im Westen nichts Neues (E. M. Remarque; 1929)

Irrungen, Wirrungen (Th. Fontane; 1888)

Ivanhoe (W. Scott; 1819)

Jahrmarkt der Eitelkeiten (W. M. Thackeray; 1848)

Jenseits von Eden (J. Steinbeck; 1952)

Joseph und seine Brüder (Th. Mann; 1933/43)

Jud Süß (L. Feuchtwanger; 1925)

Jürg Jenatsch (C. F. Meyer; 1876)

Julie oder Die neue Héloïse (J.-J. Rousseau; 1761)

Kaltblütig (T. Capote; 1965)

Kameliendame, Die (A. Dumas fils; 1848)

Kardinal, Der (H. M. Robinson; 1950)

Kim (R. Kipling; 1901)

Kraft und die Herrlichkeit, Die (G. Greene; 1940)

Krebsstation (A. Solschenizyn; 1968)

Krieg und Frieden (L. N. Tolstoi; 1868)

Kristin Lavranstochter (S. Undset; 1920/22)

Lady Chatterley (D. H. Lawrence; 1928)

Lebensansichten des Katers Murr (E. T. A. Hoffmann; 1820/22)

Leiden des jungen Werthers, Die (J. W. v. Goethe; 1774/87)

Lied von Bernadette, Das (F. Werfel; 1941)

Lienhard und Gertrud (H. Pestalozzi; 1781/87)

Lolita (V. Nabokov; 1955)

Madame Bovary (G. Flaubert; 1857)

Mann ohne Eigenschaften, Der (R. Musil; 1930/43)

Manon Lescaut (A.-F. Prévost d'Exiles; 1731)

Mein Name sei Gantenbein (M. Frisch; 1964)

Mensch lebt nicht vom Brot allein, Der (V. Dudincev; 1957)

Mitte des Lebens (L. Rinser; 1950)

Moby Dick (H. Melville; 1851)

Nachsommer, Der (A. Stifter; 1857)

Nackten und die Toten, Die (N. Mailer; 1948)

Nana (É. Zola; 1880)

1984 (G. Orwell; 1949)

Nonne, Die (D. Diderot; 1796)

Oblomow (I. A. Gontscharow; 1859)

Onkel Toms Hütte (H. Beecher-Stowe; 1852)

Pallieter (F. Timmermans; 1916)

Pamela oder die belohnte Tugend (S. Richardson; 1740)

Pest, Die (A. Camus; 1947)

Professor Unrat (H. Mann; 1905)

Prozeß, Der (F. Kafka; 1925)

Quo vadis? (H. Sienkiewicz; 1896)

Robinson Crusoe (D. Defoe; 1719)

Rote, Die (A. Andersch; 1960)

Rot und Schwarz (Stendhal; 1830)

Ruf der Wildnis (J. London; 1903)

Scharlachrote Buchstabe, Der (N. Hawthorne; 1850)

Schatzinsel, Die (L. Stevenson; 1883)

Schau heimwärts Engel (Th. Woolfe; 1929)

Schloß, Das (F. Kafka; 1926)

Schloß Gripsholm (K. Tucholsky; 1931)

Schöne neue Welt (A. Huxley; 1932)

Schuld und Sühne (F. M. Dostojewskij; 1877)

Sexus (H. Miller; 1949)

Sieben Säulen der Weisheit, Die (Th. E. Lawrence; 1926)

Söhne und Liebhaber (D. H. Lawrence; 1913)

Soll und Haben (G. Freytag; 1855)

Spieler, Der (F. M. Dostojewskij; 1866)

Stille Don, Der (M. Scholochow; 1941)

Stiller (M. Frisch; 1954)

Stopfkuchen (W. Raabe; 1891)

Tagebuch eines Diebes (J. Genet; 1949)

Tagebuch eines Landpfarrers (G. Bernanos; 1936)

Tartarin aus Tarascon (A. Daudet; 1872)

Tauwetter (I. Ehrenburg; 1954/56)

Titan (Jean Paul; 1800/03)

Tod des Vergil, Der (H. Broch; 1945)

Tom Sawyer (Mark Twain; 1876)

Totenschiff, Das (B. Traven; 1926)

Toten Seelen, Die (M. Gogol; 1842)

Uli der Pächter (J. Gotthelf; 1849)

Ulysses (J. Joyce; 1922)

Unauslöschliche Siegel, Das (E. Langgässer; 1946)

Ungeduld des Herzens (St. Zweig; 1938)

Untertan, Der (H. Mann; 1918)

Vater, Der (J. Klepper; 1937)

Väter und Söhne (I. Turgenjew; 1862)

Verlobten, Die (A. Manzoni; 1840/42)

Vom Winde verweht (M. Mitchell; 1936)

Wahlverwandtschaften, Die (J. W. v. Goethe; 1809)

Wem die Stunde schlägt (E. Hemingway; 1940)

Wendekreis des Krebses (H. Miller; 1934)

Wer einmal aus dem Blechnapf frißt (H. Fallada; 1934)

Wilhelm Meister (J. W. v. Goethe; 1795–1829)

Wind, Sand und Sterne (A. de Saint-Exupéry; 1939)

Witiko (A. Stifter; 1865/67)

Wunder des Malachias, Das (B. Marshall; 1931)

Wunschkind, Das (I. Seidel; 1930)

Zauberberg, Der (Th. Mann; 1924)

Zitadelle, Die (A. J. Cronin; 1937)

Zwanzigtausend Meilen unter dem Meer (J. Verne; 1870)

Thema, heute mehr im Unterhaltungsroman. Grundtypen des R.: ↗*Schelmen-R.; Entwicklungs-* u. *Bildungs-R.,* bes. in Dtl. (Goethe, Stifter, Keller); der gesellschaftl. u. psycholog. R.: Balzac, Flaubert, Gogol, Tolstoj, Dostojewskij; Nachwirkungen bes. im am. R. bis ins 20. Jh. Im 20. Jh. neben zahlr. der Tradition zugehörigen Werken Wandlungen u. Erweiterungen der R.form bes. durch Proust, Joyce, Kafka, Woolf, Faulkner, Musil. Bes. bedeutsam die Durchleuchtung des Bewußtseins im modernen R.; veränderter Standpunkt des Erzählers (ironisch, distanziert, reflektierend); akontinuierliche Erzählweise, Zurücktreten v. Handlung; Bemühung um Objektivierung; charakterist. etwa der ↗Nouveau roman. Ferner polit. R. (↗Utopie), christl. R. (Bernanos, Mauriac, le Fort, Schaper, Böll), der eher konservative Gesellschafts-R. (Doderer, frz. R.).

Romanen, Völker, deren Sprachen aus dem Vulgärlatein, deren Kultur aus dem Röm. Reich hervorgingen; Franzosen (mit Provenzalen), Italiener, Portugiesen, Rätoromanen, Spanier (mit Katalanen), Rumänen.

Romanik, Epoche der Bildenden Kunst zw. karoling. u. got. Kunst (950/1200); Früh-R. in Dtl. ist die ↗Ottonische Kunst. Kennzeichen der roman. *Architektur* sind der Rundbogen u. eine Vorliebe für massige, wehrhafte Bauten; letzteres führt im Kirchenbau zur Anhäufung v. West-, Ost- u. Vierungstürmen u. oft zwei Querhäusern („Burgen Gottes"). Die innere Gliederung ist gekennzeichnet durch das Vierungsquadrat als Grundmaß (in den Seitenschiffen auf die Hälfte verkleinert). Die Wände der Hochschiffe werden meist im Wechsel v. Säule u. Pfeiler getragen. Als Kapitellform wird das Würfelkapitell, oft reich mit Ornament od. Relief geziert, entwickelt. Entscheidend ist der Schritt v. der urspr. flachgedeckten zur gewölbten Kirche (anfangs Tonnengewölbe, dann Kreuzgratgewölbe). Meist unter dem Chor eine Krypta. Kirchen, Dome u. Kathedralen in Fkr.: Cluny, Arles, Poitiers, Toulouse; in Dtl.: Speyer, Mainz, Worms, Köln (u. a. St. Gereon, Groß-St.-Martin, St. Maria im Kapitol), Fulda, Maria Laach, Reichenau. Die *Plastik* der R. ist weitgehend Bauplastik u. bevorzugt das Relief, mit dem insbes. die Türbogenfelder (↗Tympanon) geschmückt sind. Angeregt durch die Kleinplastik der Goldschmiedekunst (Essener Madonna u. a., Reliquiare) entsteht allmähl. echte Rundplastik (Santiago de Compostela; zur Gotik überleitend: Bamberger Reiter, Stifterfiguren v. Naumburg). Die urspr. Formelhaftigkeit der Plastik in Gebärden u. Mimik kennzeichnet auch die *Malerei,* die außer in der Buchmalerei nur in wenigen Fresken (Reichenau) überliefert ist. Sie hat meist erzähler. Charakter, wirkt in flächig bizarren Formen dramatisch erregt oder monumental feierlich. ☐ 826/827.

Romanische Philologie, *Romanistik* w, Wiss. v. den roman. Sprachen, Lit. u. Kulturen; ihr Erforscher: *Romanist.* **Romanische Sprachen,** entwickelten sich aus dem Vulgärlatein in den v. den Römern besetzten

Gebieten unter Einwirkung kelt., german., slaw., arab. Elemente; ↗Romanen.

Romanow, ein altes Moskauer Adelsgeschlecht; 1613/1917 (seit 1762 in der Linie *Holstein-Gottorp-R.*) auf dem Zarenthron.

Romantik, in der *Literatur* die Epoche v. Ende des 18. Jh. bis etwa 1830. Die ältere R. wandte sich gg. die verstandesbetonte Aufklärung (vorbereitet v. der engl. Vor-R., Rousseau u. dem Sturm u. Drang) u. das strenge Formideal der Klassik; die jüngere R. wollte darüber hinaus zur geschichtlichen Überlieferung, Volkstum, Volkskunst (Volkslieder-Sammlung „Des Knaben Wunderhorn") zurück (teilweise in Resignation u. Reaktion endend). In Dtl. sind Zentren der Jenaer (Fichte, Schleiermacher, Schlegel, Novalis, Schelling) u. Berliner Kreis (Wackenroder, Tieck) in der Früh-R. u. der Heidelberger Kreis (Arnim, Brentano, Görres) in der Spät-R. Starker Anteil der Frau (Bettina Brentano, Caroline Schelling, Dorothea Schlegel, Rahel Varnhagen u. a.). F. Schlegel bestimmte die romant. Dichtung als „progressive Universalpoesie"; Goethes Wilhelm Meister, Shakespeare, Cervantes, Calderón galten als Vorbild. Entscheidend: Streben zum Unendlichen, Haltung v. Sehnsucht u. Humor, Ironie; Sinn für das Wunderbare; bes. in der Spät-R. Wendung zum Christentum. Der fragmentar., lyrische Roman kennzeichnende Form; dichterisch am wertvollsten die Lyrik (Brentano, Eichendorff). Die in Dtl. Gestalt gewordene R. wirkt auf die Länder zurück, aus denen ihr Anregungen kamen; Engl.: Wordsworth, Coleridge, Byron, Shelley, Keats, Scott; Skandinavien; Grundtvig, Oehlenschlaeger, Steffens; Fkr.: Mme. de Staël, Constant, Chateaubriand, Vigny, Hugo; It.: Manzoni, Leopardi. Abwandlungen in den slaw. Ländern (Puschkin u. a.) u. Amerika (Emerson, Poe u. a.). In der *Philosophie:* der Universalismus Fichtes u. Schellings, Ges. als Organismus (A. Müller); in der Wiss: Entfaltung der Geschichte u. Philologie u. eine die romant. Einheit suchende Natur-Wiss. (Carus u. a.). Für die *Theologie* der Früh-R. ist die Subjektivität Schleiermachers kennzeichnend. Neigungen zur kathol. Kirche (hohe Wertschätzung des MA) führten zu Konversionen. Die *Kunst* ist mit verschiedenart. In-

Romantik:
Ludwig Richter
„Der Brautzug" (Teil)

Romanik

Spanien   Deutschland   Deutschland

Dom zu Worms

Dom zu Speyer

1 Christus in der Mandorla. Fresko (um 1123) in der Apsis der Kirche S. Climent in Tahull. – 2 Apostel Johannes. Westfälisches Tafelbild im spätromanisch „gezackten Stil" (um 1250/70). Berlin, Staatliche Museen. – 3 Verkündigung Mariä. Miniatur einer Handschrift aus dem Kloster Weingarten (um 1240). New York, Sammlung P. Morgan. – 4 Propheten am Gewände des Pórtico de la Gloria, dem Westportal der Kathedrale von Santiago de Compostela (nach 1188). – 5 Thronender Christus vom Nordtympanon der Marienkirche zu Gelnhausen (um 1220). – 6 Die Propheten Jonas und Osee. Relief von den Chorschranken des Bamberger Doms (um 1235). – 7 Bischofsportal der Kathedrale von Zamora (1151/74). – 8 Chorkrypta des Doms zu Speyer mit roman. Taufstein (1030/61). – 9 Ostansicht von St. Aposteln in Köln (1192/1219)

Romanik

Frankreich   Frankreich   Italien

Sta. María in
Ripoll, 9./11. Jh.

St-Sernin in
Toulouse, 12. Jh.

1 Eroberung Englands durch die Normannen. Teil des Teppichs von Bayeux (11. Jahrh.). − 2 Mann mit
Schale. Fresko (12. Jahrh.) in der Kapelle Saint Martin de Fenollar in Maureillas. − 3 Sienesisches Kreuz
(Anfang 13. Jahrh.) mit gemaltem Korpus und Szenen aus der Leidensgeschichte Christi. Florenz, Museum. −
4 Archivolten und Gewändefiguren vom Südportal der Kathedrale in Bourges (um 1160). − 5 Himmelfahrt
Mariä. Kapitellplastik aus der Kathedrale von Autun (Anfang 12. Jh.). − 6 Taufe Christi. Bronzerelief vom
Portal des Doms von Monreale von Bonanno da Pisa (um 1186). − 7 Langhauswand der Kirche Ste-Trinité in
Caen (11./12. Jahrh.). − 8 Ostchoranlage und Vierungsturm der Abteikirche St-Paul in Issoire (1130/50). −
9 Portal der Basilika S. Zeno in Verona (1123)

Römische Kunst

obere Reihe: Männl. Kopf, 3. Jh. n. Chr. – Trajansmärkte, Rom, Anfang 2. Jh. n. Chr. – Büste des Maximinus Thrax, 235/238 n. Chr.; untere Reihe: Titusbogen, Rom, 70 n. Chr. – Statue des Marcus Nonius Balbus, Florenz, 62/79 n. Chr. – Reiterstandbild des Marc Aurel, Rom, um 170 n. Chr.

tentionen mehr durch die Ideen der R. als v. einem eig. Stil bestimmt; Rückwendung zum MA bei ↗Nazarenern u. ↗Präraffaeliten, Märchenwelt bei Schwind u. Richter, erlebnishafte Landschaftsmalerei u. Porträts bei Runge, Friedrich u. dem Engländer Turner, dramat. bewegt u. exot. Delacroix, Karikatur u. Ironie bei Goya u. Daumier. In der *Musik* reicht die R. i. e. S. von Weber bis etwa zur Mitte des 19. Jh. Harmonik u. Klang werden bereichert u. erzielen malerische Wirkungen. Anstelle der früheren Formen sollen dichterische Vorstellungen formbildend wirken: Symphonische Dichtung. Die Musik soll einmal natürlich u. volkstümlich sein: Singspiel, romantische u. Märchenopern, Ballade; spiegelt aber auch Ideen. Berlioz, Mendelssohn, Schumann, Brahms, Bruckner, Liszt u. Tschaikowskij suchen die Symphonie aus dem Banne Beethovens zu befreien. Die Klaviermusik wird v. Schumann, Chopin u. Liszt poetisiert. Lied: Schumann, Loewe. Oper: das Musikdrama Wagners, die romant. Oper, das dt. Singspiel (Weber, Lortzing, Humperdinck) u. die große frz. Oper, die v. der Opéra comique abgeleitete Operette. Kirchenmusik: Orchestermessen Bruckners. Die Spätromantik reicht in das 20. Jh. hinein: Mahler, Pfitzner, Strauss, Sibelius.

Romanze w (span.), 1) episch-lyrische, der Ballade verwandte Gedichtform. 2) in der Musik: balladenhaftes Lied, liedhaftes Instrumentalstück.

Rombach, *Otto,* dt. Schriftsteller, * 1904; kulturhistor. Romane: *Adrian, der Tulpendieb; Der junge Herr Alexius; Anna v. Oranien; Der gute König René; Ital. Reisen;* Dramen: *Vorwärts, rückwärts, meine Spur.*

Römer, 1) Bewohner Roms. **2)** Bürger des ↗Röm. Reichs. **3)** das Rathaus in Frankfurt a. M., in dem seit 1356 die dt. Könige gewählt wurden. **4)** Kelchglas.

Römerbrief, Brief des Apostels Paulus an die heidenchristl. Gemeinde in Rom; 58 n. Chr. verfaßt.

Romfahrt, im MA die Heerfahrt des dt. Kg. nach Rom zur Erlangung der Kaiserkrone.

Rominte w, l. Nebenfluß der Pissa in Ostpreußen; durchfließt die *R.r Heide* u. mündet nach 80 km bei Gumbinnen.

Römische Frage, 1870/71 durch die Eingliederung des ↗Kirchenstaats in das Kgr. It. u. die Erhebung Roms zur it. Hst. entstandene Frage nach dem Verhältnis der Kurie zum it. Staat; bis zur Lösung der R. F. in den ↗Lateranverträgen 1929 fühlten sich die Pp.e als „Gefangene im Vatikan".

Römische Kunst, die Kunst des antiken Rom, der Stadt u. des v. ihr bestimmten Reichsgebietes; ist abhängig v. etrusk. u. bes. v. griech.-hellenist. Formen (Tempelbau). Hervorragende Leistungen in der Baukunst: Pantheon, Kaiserpaläste, Amphitheater, Thermen, Triumphbögen, Brükken u. Aquädukte, daneben die ↗Basilika (Markt u. Gerichtshalle) als Vorbild des christl. Kirchenbaus. Die Plastik (Denkmäler, Porträtbüsten) ist naturalist., ebenso die v. Hellenismus beherrschte Malerei (Pompeji).

Römische Kurie ↗Kurie. [peji].

Römische Literatur, das lat. Schrifttum Roms u. des Röm. Reiches bis zum Ausgang der Antike; erste Vermittler des griech. Vorbilds: Livius Andronicus (3. Jh. v. Chr.), dann die „neue Komödie" v. Plautus u. Terenz (2. Jh. v. Chr.); das klass. Zeitalter des Augustus ist geprägt v. der Redekunst Cice-

Die römischen Kaiser

Augustus	27 v. Chr./ 14 n. Chr.
Tiberius	14/37
Caligula	37/41
Claudius	41/54
Nero	54/68
Galba, Otho, Vitellius	68/69
Vespasian	69/79
Titus	79/81
Domitian	81/96
Nerva	96/98
Trajan	98/117
Hadrian	117/138
Antoninus Pius	138/161
Marc Aurel (bis 169 mit Lucius Verus)	161/180
Commodus	180/192
Pertinax, Didius, Julian	193
Pescennius Niger	193/194

Septimius Severus	193/211
Caracalla (bis 212 mit Geta)	211/217
Macrinus	217/218
Elagabal	218/222
Severus Alexander	222/235
Maximinus Thrax	235/238
Gordian I. u. II., Pupienus u. Balbinus	238
Gordian III.	238/244
Philippus Arabs	244/249
Decius	249/251
Trebonianus Gallus	251/253
Aemilianus	253
Valerianus (mit Gallienus)	253/260
Gallienus	260/268

Claudius II.	268/270
Aurelian	270/275
Tacitus	275/276
Probus	276/282
Carus	202/203
Carinus	283/285
Numerian	283/285
Diokletian (seit 286 mit Maximian)	284/305
Konstantius I. Chlorus u. Galerius	305/306
306/324:	
Galerius	(306/311),
Severus	(306/307),
Maxentius	(306/312),
Konstantin I. d. Gr.	(306/324),
Licinius	(308/324),
Maximinus Daia	(310/313)

Konstantin I. d. Gr.	324/337
337/350:	
Konstantin II.	(337/340),
Konstans I.	(337/350),
u. Konstantius II.	(337/350)
Konstantius II., Magnentius	350/353
Konstantius II.	353/361
Julian	360/363
Jovian	363/364
Valentinian I. (Westen)	364/375
Valens (Osten)	364/378
Gratian (seit 375 Ks. im Westen)	367/383
Theodosius I. d. Gr. (Osten)	379/395

Valentinian II. (seit 383 Ks. im Westen)	375/392
Eugenius	392/394
Reichsteilung	395

Weströmisches Reich

Honorius	395/423
Valentinian III.	425/455
Petronius	455
Avitus	455/456
Maiorianus	457/461
Libius Severus	461/465
Anthemius	467/472
Olybrius	472
Glycerius	473/474
Julius Nepos	474/475
Romulus Augustulus	475/476

ros, den Geschichtsschreibern Caesar, Sallust u. Livius, in der Dichtung v. Lukrez, Catull, Ovid, alle überragt v. Vergil u. Horaz. Im 1. Jh. n. Chr. noch der Philosoph Seneca u. Tacitus, der letzte große röm. Geschichtsschreiber.

römische Religion, urspr. eine nüchterne Bauernreligion mit Verehrung unpersönl. göttl. Mächte; Vermenschlichung der Götter (Jupiter, Juno, Mars, Minerva) erst unter Einfluß der griech. ↗Mythologie; allmähl. Anerkennung der Götter der unterworfenen Völker; später auch Vermischung mit oriental. Kulten. Die r. R. war schon früh Bestandteil der polit.-staatl. Ordnung.

Römischer König, im MA seit 1125 üblicher Titel des dt. Kg. vor der Kaiserkrönung.

Römisches Recht, urspr. das Recht für die Bürger v. Rom; erstmals 450 v. Chr. im Zwölftafelgesetz aufgezeichnet; entwickelte sich mit Ausbreitung des Röm. Reichs zum allg. geltenden röm. Reichsrecht, im ↗Corpus Iuris Civilis zusammengefaßt; zeichnet sich durch Sachbetonung u. Systematik aus. Bis heute auch v. großem Einfluß auf das dt. Recht (↗Deutschland, Recht; ↗Rezeption).

Römisches Reich, *Imperium Romanum*, das im Alt. v. Rom aus begr. Reich. Nach der Sage wurde ↗Rom 753 v. Chr. v. ↗Romulus gegr.; 510 endete die Herrschaft der (zuletzt etrusk.) Kg.e mit der Einführung der Rep.; in den Ständekämpfen des 5./3. Jh. errangen die ↗Plebejer die polit. Gleichstellung mit den ↗Patriziern, doch blieb bis zum Ausgang der Rep. der aristokrat. Charakter des Staates gewahrt. Nach schweren Kämpfen mit den ital. Völkern beherrschten die Römer seit Mitte des 3. Jh. außer der v. Kelten besetzten Poebene ganz It., seit den ↗Punischen Kriegen das westl. Mittelmeer; im O gelang es, im Kampf gg. die hellenist.

römische Ziffern

I	= 1	XXX	= 30
II	= 2	XL	= 40
III	= 3	L	= 50
IV	= 4	LX	= 60
V	= 5	LXX	= 70
VI	= 6	LXXX	= 80
VII	= 7	XC	= 90
VIII	= 8	C	= 100
IX	= 9	CC	= 200
X	= 10	CCC	= 300
XI	= 11	CD	= 400
XII	= 12	D	= 500
XIII	= 13	DC	= 600
XIV	= 14	DCC	= 700
XV	= 15	DCCC	= 800
XVI	= 16	CM	= 900
XVII	= 17	M	= 1000
XVIII	= 18	MD	= 1500
XIX	= 19	MCM	= 1900
XX	= 20	MM	= 2000

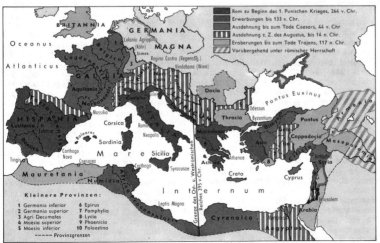

Das Römische Reich zur Zeit seiner größten Ausdehnung (117 n. Chr.)

W. C. Röntgen

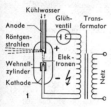

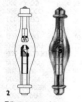

Röntgenstrahlen:
1 elektr. Anordnung einer Röntgenanlage,
2 Aufbau einer Röntgenröhre

Reiche ↗Makedonien (146 Zerstörung Korinths) u. Vorderasien (63 nach Besiegung des ↗Mithridates Neuordnung durch ↗Pompejus) zu erobern. Der Aufstieg Roms zur Weltmacht führte zu einer inneren Krise des Staatswesens (Niedergang des Bauerntums, Ansammlung des Großgrundbesitzes u. des Kapitals in den Händen weniger Adliger bzw. Ritter); die innerröm. Auseinandersetzungen begannen mit den durch T. u. G. ↗Gracchus (133/121) hervorgerufenen Unruhen u. führten zu den Bürgerkriegen zw. Marius u. Sulla (88/82) sowie Pompejus u. Caesar (49/48). Nach dem Sieg über Antonius 31 begr. Octavian (seit 27 ↗Augustus) die Kaiserherrschaft; er ordnete die Verwaltung neu u. sicherte die Grenzen an Rhein, Donau u. Euphrat. Das Julisch-Claudische Herrscherhaus (Augustus, Tiberius, Caligula, Claudius) starb 68 n. Chr. mit Nero aus; es folgten die flavischen Ks. Vespasian, Titus u. Domitian. Unter Trajan (98/117) erreichte das Reich seine größte Ausdehnung; Hadrian (117/138) ging zur Defensivpolitik über; unter Marc Aurel (161/180) kam es zu ersten schweren Kämpfen mit den Germanen (↗Markomannen). Im 3. Jh. wurde das innerl. schwache Reich durch dauernde Kämpfe mit den Germanen u. den Parthern bzw. Persern gewaltig erschüttert; die Ks. wurden v. Heer u. einzelnen Heeresteilen bestimmt (Soldatenkaiser), was zu manchen Machtkämpfen führte. Die Neuordnung der Herrschaft durch Diokletian (284/305) hatte keinen Bestand; Konstantin d. Gr. (306/337) gab dem Christentum religiöse Gleichberechtigung u. verlegte den Schwerpunkt des Reiches nach Byzanz (Konstantinopel); Theodosius (379/395) erhob das Christentum zur Staatsreligion u. teilte das Reich in eine östl. u. eine westl. Hälfte. Westrom erlag dem Ansturm der Germanen: 476 setzte der german. Heerführer Odoaker den letzten Ks. Romulus Augustulus ab. Ostrom nahm als ↗Byzantin. Reich eine eigene Entwicklung.
römische Ziffern, Zahlbuchstaben, die nicht nach Stellenwerten zusammengesetzt werden; bereits im MA durch die ↗arab. Ziffern im Rechnen abgelöst. ☐ 829.
Römisch-Kath. Kirche ↗Kath. Kirche.
Rommé s (engl.-frz.), Kartenspiel.
Rommel, Erwin, dt. Generalfeldmarschall, 1891–1944; 1941/43 Oberbefehlshaber des Afrikakorps, mit dem er bis ↗El Alamein vorstieß; 44 Führer einer Heeresgruppe in Fkr.; forderte Hitler auf, Frieden zu schließen; v. diesem z. Selbstmord gezwungen.
Romney (: -n¹), George, englischer Maler, 1734–1802; Bildnisse; Lady Hamilton.
Romulus, sagenhafter Gründer Roms; soll seinen Zwillingsbruder Remus, mit dem zus. er als Kind v. einer Wölfin gesäugt worden sei, nach der Gründung Roms erschlagen haben. R. **Augustulus** ↗Römisches Reich.
Roncalli, Angelo G., Pp. ↗Johannes XXIII.
Roncesvalles (: ronßeßwaljeß), 1057 m hoher Paß im span.-frz. Grenzgebiet in den Pyrenäen, n.ö. v. Pamplona; am Fuße des Passes der Ort Roncevaux. 778 Vernichtung der

Nachhut Karls d. Gr. durch Mauren (↗Roland).
Ronchamp (: rõnschã), frz. Wallfahrtsort in den Vogesen, westl. v. Belfort, 1950/55 v. Le Corbusier erbaute Kirche. ☐ 541.
Rondell s (frz.), Rundbau.
Rondo s (it.), Rondeau (: -o, frz.), Rundgesang mit gleichbleibendem Refrain zw. wechselnden Strophen; auch in der Instrumentalmusik: Zwischensätze u. immer wiederkehrender gleichbleibender Teil; häufig Schlußsatz v. Sonaten, Symphonien usw.
Rondônia, bis 1956 Guaporé, Bundesterritorium im W Brasiliens, an der bolivian. Grenze, 243044 km², 166000 E.; Hst. Pôrto Velho.
Ronkalische Felder, bei dem ober-it. Ort Roncaglia gelegene Ebene; im MA Sammelplatz der dt. Heere vor dem Zug nach Rom.
Ronneburg, thüring. Stadt, s.ö. von Gera, 11000 E.; Textil-, Metall- u. Holz-Ind.; Heilbad mit radioaktiven Eisenquellen.
Ronnenberg, niedersächs. Gem. bei Hannover, 1969 durch Gem.-Zusammenschluß gebildet, 18900 E.; Kali-Bergbau.
Ronsard (: rõßar), Pierre de, frz. Dichter, 1525(1524?)–85; Erneuerer der frz. Versdichtung; klassizistische Oden, Sonette, Eklogen u. Hymnen.
Röntgen, Wilhelm Conrad, dt. Physiker, 1845–1923; entdeckte 1895 in Würzburg die nach ihm benannten Strahlen; Nobelpreis 1901. **R.bildverstärker,** ein ↗Bildwandler zur leichteren Betrachtung v. lichtschwachen R.schirmbildern in der Medizin. **R.röhre,** zur techn. Herstellung v. R.strahlen; ein Vakuumrohr mit Kathode, die die Elektronen ausstrahlt, bei deren Aufprall (plötzl. Abbremsung) auf die meist aus Wolfram bestehende Anode (Antikathode) die R.strahlung erzeugt wird; die „Härte" der Strahlung wird durch die Geschwindigkeit der Elektronen u. durch das Anodenmaterial bestimmt. **R.strahlen,** X-Strahlen, sehr kurzwell. elektromagnet. Strahlung v. ca. 10⁻³ nm Wellenlänge u. hohem Durchdringungsvermögen für die meisten Stoffe. Entstehen bei Abbremsung schneller Elektronen beim Aufprall auf Materie: a) sog. Bremsstrahlung als kontinuierliches R.-↗Spektrum, b) die sog. charakteristische Eigenstrahlung als Strahlungsübergänge in den innersten Elektronenschalen des Atoms, ergibt ein Linien-↗Spektrum. Anwendung der R.strahlen in der Medizin zur Diagnostik (Knochen- u. Gewebe-Aufnahmen u. visuelle Betrachtung v. R.schirmbildern, ggf. mit Kontrastmittel zur Erkennung der Umrisse eines weichen Organs) u. Therapie (bes. bei wuchernden Zellen [Krebs], die vollständig zerstört werden), in der Materialprüfung (Feststellung v. Fehlern in Werkstücken) u. in der physikal. u. chem. Forschung (z. B. R.strukturanalyse). **R.strukturanalyse** ↗Kristallstrukturanalyse mit R.strahlen.
Roon, Albrecht Graf v., preuß. Generalfeldmarschall, 1803–79; 59/73 preuß. Kriegsmin.; führte die Heeresreform durch.
Roosendaal, niederländ. Ind.-Stadt in Nord-

Erwin Rommel

brabant, an der belg. Grenze, 54500 E.; Zucker- und Zigarrenfabriken.

Roosevelt (: rußwelt), **1)** *Anne Eleanor,* Gattin v. 2), Nichte v. 3), 1884–1962; 1947/51 Vors. der UN-Kommission für Menschenrechte. **2)** *Franklin Delano,* 1882–1945; 1933/45 Präs. der USA (Demokrat); bekämpfte 33 die Wirtschaftskrise durch ↗New Deal; unterstützte im 2. Weltkrieg die Alliierten durch das ↗Leih- u. Pachtgesetz; verkündete mit Churchill die ↗Atlantik-Charta; nach Kriegseintritt der USA führend an allen großen Kriegskonferenzen beteiligt. **3)** *Theodore,* 1858–1919; 1901/09 Präs. der USA (Republikaner); vermittelte 05 den Frieden im Russ.-Japanischen Krieg, erhielt dafür 06 den Friedensnobelpreis.

Roquefort (: rokfọr), südfrz. Dorf im Dep. Aveyron, 1500 E. **R.käse,** v. grünem Pinselschimmel durchwachsen.

Roraima, bis 1965 *Rio Branco,* Bundesstaat im NW Brasiliens, 230104 km², 55000 E.; Hst. Boa Vista.

Rorschach, schweizer. Stadt am Bodensee (Hafen), 12000 E.; Stickerei- u. Maschinenindustrie.

Rosaceen, *Rosengewächse,* z.B. Apfel, Birne, Quitte; Aprikose, Pflaume, Kirsche, Mandel; Rose, Erd-, Brom- u. Himbeere.

Rosario, *R. de Santa Fé,* Handelsstadt Argentiniens, in der Prov. Santa Fé, Seehafen am unteren Paraná, 810000 E.; kath. Bischof; Univ.; Getreidemühlen, Großschlächtereien u. Großgerbereien.

Rosbaud, *Hans,* östr. Dirigent, 1895–1962; Dirigent u.a. des Südwestfunk-Orchesters Baden-Baden; bes. Interpret neuer Musik.

Rose, Gattung der ↗Rosaceen, Sträucher mit Stacheln und gefiederten Blättern. Blüten oft duftend, bei Wildformen rot, weiß od. gelb, Sammelfrucht die ↗Hagebutte. Gartenzierpflanze und Schnittblume, in vielen Zuchtformen, bes. sattsamtige, vorgefüllte R.n, wie Étoile de Hollande (dunkelrot), Golden Ophelia (gelb), Kaiserin Augusta Viktoria (weiß). Wild in Dtl. bes. Hunds-R. u. Hecken-R.

Rose, 1) *Erysipel* (gr.), durch Eitererreger v. einer Wunde ausgehende ↗Infektionskrankheit, mit hohem Fieber, flächenhafter, flammend roter, scharfrandig begrenzter Hautentzündung, Blasen- u. Eiterbildung, Kreislaufschwäche; im Gesicht *(Gesichts-R.),* an Operationswunden *(Wund-R.).* **2)** ↗Gürtel-R.

Rosegger, *Peter,* östr. Volksschriftsteller, 1843–1918; Romane, Erz., Autobiographien *(Schriften des Waldschulmeisters; Als ich noch der Waldbauernbub war).*

Rosenberg, 1) *Alfred,* 1893–1946; 1933 Reichsleiter der NSDAP, 41 Reichsmin. für die besetzten Ostgebiete; propagierte in seinem Buch *Der Mythus des 20. Jh.* die nat.-soz. Rassentheorie; im Nürnberger Kriegsverbrecherprozeß zum Tod verurteilt. **2)** *Ludwig,* 1903–77; 62/69 Vors. des Dt. Gewerkschaftsbundes.

Rosengarten, it. *Catinaccio,* formenreiche Gruppe der westl. Dolomiten in Südtirol, 3004 m hoch. In der dt. Sage Heimat des Zwergkönigs Laurin.

F. D. Roosevelt

Tee-Rose

Rosetta: 1 Stein von R. (Schema), **a** altägyptischer, **b** demotischer, **c** griechischer Text. **2** der Name des Ptolemaios in demot. und hieroglyph. Schrift, führte als Schlüsselwort zur Entzifferung der Hieroglyphen

Rosenheim, kreisfreie oberbayer. Stadt und Krst. am Inn, 51500 E., Fachhochschule (bes. Holz-Technik); vielseitige Ind.

Rosenholz, meist harte, leicht polierbare, angenehm duftende Möbelhölzer v. rosenroter Farbe; meist brasilian. u. afrikan. R.

Rosenkäfer, lebhaft gefärbte Blatthornkäfer, Larven in alten Bäumen, Ameisen-, Termitennestern; in Dtl. der *Gemeine R.,* grüngold mit kupferrotem Bauch, auf Blumen (Rosen u.a.), u. der Goliathkäfer. ☐ 914.

Rosenkohl ↗Kohl.

Rosenkranz m, *Rosarium,* **1)** kath. Gebet, 5mal je ein Vaterunser u. 10 Ave Maria unter Betrachtung v. 5 Geheimnissen der Heilsgeschichte (freudenreicher, schmerzhafter u. glorreicher R.). **2)** die dabei verwendete Perlenschnur.

Rosenkreuzer, Geheimbünde im 16./18. Jh.; der Freimaurerei ähnlich.

Rosenkriege, 1455/85 die Thronkämpfe der Nebenlinien Lancaster (Abzeichen: Rote Rose) u. York (Weiße Rose) der engl. Dynastie ↗Plantagenet.

Rosenöl, äther. Öl für Parfümerie, in Bulgarien, Süd-Fkr., Iran durch Extraktion aus Blütenblättern feldmäßig angebauter Rosen gewonnen; auch aus synthet. Aromastoffen kombiniert.

Rosenplüt, *Hans,* dt. Meistersinger des 15. Jh., aus Nürnberg; Fastnachtsspiele.

Rosenquarz, ein rötlich durchscheinender Quarz, ein Schmuckstein. ☐ 255.

Roseolen (Mz., lat.), Hautausschlag mit roten od. bläul., linsengroßen Flecken.

Rosetta, *Rosette,* arab. *Raschid,* ägypt. Hafenstadt 12 km oberhalb der Mündung des *R.arms* des Nils, 40000 E. – Der sog. *Stein v. R.* aus Basalt trägt einen Erlaß Ptolemaios' V. (203/180 v. Chr.) in griech., demot. u. Hieroglyphenschrift u. führte zur Entzifferung der ↗Hieroglyphen.

Rosette w (frz.), sehr altes, kreisförmiges Ornament; Großform die ↗Fensterrose.

Rosinante w, Name v. Don Quijotes Pferd; danach Bz. für Klepper.

Rosinen, getrocknete Weinbeeren aus Griechenland, Kleinasien, Spanien, Kalifornien; *Back-R.,* groß mit Kernen; *Sultaninen,* hell, kernlos: *Korinthen,* klein, dunkel, kernlos.

Roskilde (: rọßkile), dän. Stadt auf Seeland, am 50 km langen *R.fjord,* 50000 E.; war 10./15. Jh. zeitweise kgl. Residenz. Dom (13. Jh.), die Gruftkirche dän. Könige; lutherischer Bischof.

Rosmarin m, immergrüner Strauch des Mittelmeergebiets mit hellvioletten Blüten. ☐ 452. *R.öl* für nervenstärkende Salben u. Kölnischwasser. **R.heide,** *Gränke,* niederer Halbstrauch der Hochmoore, mit eingerollten Blättern u. weißrötl. Glockenblüten.

Rosmini-Serbati, *Antonio* Graf, it. Theologe u. Philosoph, 1797–1855; sein Ontologismus v. der kath. Kirche verurteilt.

Rösrath, rhein. Gem. s.ö. von Köln, 21400 E.; roman. Kirche (12. Jh.).

Ross, 1) Sir *James Clarke,* engl. Polarforscher, Neffe v. 2), 1800–62; entdeckte Süd-Viktoria-Land. **2)** Sir *John,* engl. Polarforscher, 1777–1856, entdeckte u.a. den magnet. Nordpol.

Roberto Rossellini

G. Rossini

Roßbach, Gem. s.w. von Merseburg (Bez. Halle), 3000 E.; Braunkohlentagebau. – 1757 Sieg Friedrichs d. Gr. über die Reichsarmee u. die Franzosen.

Roßbreiten, die zwischen 20° u. 35° n. u. s. Br. gelegenen windarmen subtrop. Hochdruckgebiete; das unser Wetter beeinflussende Azorenhoch ist ein Teil der nördl. R.

Rössel, der Springer im ↗Schachspiel, der immer schräg-grad bzw. grad-schräg aufs übernächste Feld zieht. **R.sprung,** Rätsel, bei dem die Silben nach der Zugweise des R. auf die einzelnen Felder verteilt sind.

Rossellini, *Roberto,* it. Filmregisseur, 1906–77; *Rom, offene Stadt; Stromboli.*

Rossetti, 1) *Christina Georgina,* engl. Schriftstellerin it. Herkunft, 1830–94; vor allem religiöse Lyrikerin. 2) *Dante Gabriel,* Bruder v. 1), Maler u. Lyriker, 1828–82; einer der ↗Präraffaeliten.

Roßhaar, Mähnen- und Schweifhaare der Pferde, zu Seilen, Bezügen v. Violinbögen usw., die kürzeren gekräuselt als Polsterfüllung.

Rossini, *Gioacchino,* it. Komponist, 1792 bis 1868; kom. Oper *Barbier von Sevilla;* Begr. der frz. großen Oper mit *Wilhelm Tell.*

Ross-Insel, Insel im ↗Rossmeer, mit dem 3794 m hohen Mount Erebus.

Rossitten, russ. *Rybatschij,* ostpreuß. Fischerdorf auf der Kurischen Nehrung, 1939: 800 E.; hatte eine Vogelwarte (seit 1945 in Möggingen bei Radolfzell).

Roßkäfer, der ↗Mistkäfer.

Roßkastanie ↗Kastanie.

Roßlau, Krst. an der mittleren Elbe, nördl. v. Dessau, 17500 E.; Werft, chem. Ind.

Rossmeer, das v. James ↗Ross entdeckte antarktische Meer östl. von Viktoria-Land; 891000 km², der südl. Teil ist vom bis zu 1000 m mächtigen Ross-Schelfeis (ca. 550000 km²) bedeckt. □ 29.

Roßtrappe w, steiler Granitfels im Harz, gegenüber dem Hexentanzplatz, 437 m.

Rost, 1) braunroter Überzug auf Eisen, entsteht durch Luftsauerstoff bei Feuchtigkeit; chem. ↗Eisenhydroxid. *R.schutz* durch Einfetten blanker Teile u. Oberflächenschutz. 2) ↗Rostkrankheit bei Pflanzen.

Rost, bei ↗Feuerungen durchbrochene Auflage, auf der das Brennmaterial verbrennt.

Rostand (: -ßtāñ), *Edmond,* frz. Dramatiker, 1868–1918; *Cyrano de Bergerac.*

rösten, 1) auf dem Rost braten od. dörren. 2) Erze unter Luftzutritt erhitzen, um Schwefel, Arsen, Kohlendioxid, Wasser u. a. zu entfernen. 3) Hanf u. Flachs gären lassen zur Gewinnung v. Bastfasern.

Rostgans, *Zimmetgans,* Entenvögel in Südeuropa, Nordafrika u. Mittelasien. □ 1046.

Rostkrankheiten, durch schmarotzende *Rostpilze* bes. an Getreide u. Hülsenfrüchten, an Rüben, Birnen, Rosen, Kiefern; gelbe, braune od. schwarze Sporenlager, bringen Blätter u. Stengel zum Absterben.

Rostock, Hst. des Bez. R. u. Seehafen (mit Vorhafen ↗Warnemünde und eigenem neuem Überseehafen), in Mecklenburg, an der unteren Warnow, 225000 E.; Nicolai- (13. Jh.), Jakobi- (13./15. Jh.) u. Petrikirche

(13. bis 16. Jh.), z.T. zerstört; Rathaus (13. Jh.) u. Marienkirche (Gotik); Univ. (1419), Inst. für Hochseefischerei, Musikhochschule; Schiff- u. Maschinenbau, chem., Lebensmittel-Ind. – Erhielt 1218 Stadtrecht; war Mitgl. der Hanse.

Rostow am Don, sowjet. Ind.-Stadt am unteren Don, 934000 E.; Univ.; bedeutender Umschlagshafen; vielseitige Industrie.

Rostpilze, sehr schädl. Schmarotzerpilze, leben hauptsächl. an Blättern höherer Pflanzen. ↗Rostkrankheiten.

Rostropowitsch, *Mstislaw,* russ. Musiker, * 1927; lehrt in Moskau; bedeutender Violoncellist; auch Komponist.

Roswitha v. Gandersheim ↗Hrotsvith.

Rota w (lat.), amtl. *Sacra Romana R.,* das ordentl. Berufsgericht des Hl. Stuhles.

Rotalgen, überwiegend Meertange, enthalten neben Blattgrün roten Farbstoff.

Rotangpalme, *Calamus,* lianenartig an Urwaldbäumen kletternde Palmen. Die elast. 1–3 cm dicken Stämme (Span. Rohr, Meerrohr) zu Stöcken, die Längsstreifen aus dem Stamminnern *(Peddigrohr)* zu Korbmöbeln u. Stuhlgeflecht verarbeitet.

Rotary-Club (: roᵘtäri klab, engl.), *Rotarier,* 1905 in Chicago gegr., seit 22 internationale Organisation, konfessionell u. polit. neutral; will internationale Verständigung u. eth. Grundsätze im Geschäftsleben fördern.

Rotation w (lat.), drehende Bewegung eines Körpers um eine Achse, so daß jeder Punkt eine Kreisbahn mit dem Mittelpunkt in der Achse beschreibt. **R.skolbenmotor,** ein ↗Verbrennungsmotor z. B. Wankel-Motor), auch Kreiskolbenmotor. **R.skörper,** die Körper, die durch Drehung einer Fläche um eine feste Achse entstehen; ihre Inhaltsberechnung durch die ↗Guldinsche Regel. **R.smaschine,** eine Druckmaschine, deren Druckformen auf rotierenden Zylindern befestigt sind, bes. für höhere Auflagendrucke verwendet; für Buch-, Offset- od. Tiefdruck, auch für Mehrfarbendruck.

Rotatorien, die ↗Rädertiere.

Rotbuch ↗Farbbücher.

Rotdorn ↗Weißdorn.

Rote Garde, chin. polit. Jugendorganisation v. Anhängern Mao Tse-tungs, die erstmals 1966 in radikalen Massendemonstrationen für die sog. Kulturrevolution u. gg. bestimmte politische Funktionäre auftraten.

Roteisenstein, Fe_2O_3, wichtiges Eisenerz, ein Hämatit.

Rötel *m,* roter Eisenocker, mit Ton gemischtes Eisenoxid; als Malerfarbe u. als R.stifte für *R.zeichnung* gebraucht.

Röteln (Mz.), *Rubeolae,* gutart., masernähnl. ↗Infektionskrankheit der Kindesalters. Wenn eine Frau in den ersten Schwangerschaftsmonaten an R. erkrankt, kann dies schwere Mißbildungen des Kindes zur Folge haben. □ 420.

Rotenburg (Wümme), niedersächs. Krst. u. Luftkurort am Westrand der Lüneburger Heide, 19700 E.

Roterde, trop. Bodentyp, entsteht bei großer Wärme u. genügend Feuchtigkeit; Rotfärbung durch Humusarmut u. Eisenhydroxide; geht in ↗Laterit über.

Roter Halbmond, dem ↗Roten Kreuz entsprechendes Hilfswerk in der Türkei.
Roter Platz in ↗Moskau zw. nordöstl. Kremlmauer u. innerer Stadt; Basiliuskathedrale u. Leninmausoleum. ☐643.
Roterturmpaß, Verkehrsweg (Straße u. Eisenbahn) der Südkarpaten zw. Walachei und Siebenbürgen, 352 m ü.M.
Rote Rübe, *Rahne,* Abart der ↗Rübe.
Rotes Kreuz, 1) von H. ↗Dunant angeregtes *Symbol* der ↗Genfer Konvention. **2)** die *Organisation* des 1928 im Haag gegr. *Internationalen R. K.* (IRK), umfaßt das Internationale Komitee v. R. K. (IKRK), die Liga der Rotkreuz-Gesellschaften u. die nationalen Rotkreuz-Gesellschaften. Das *IKRK* in Genf vermittelt zw. den nationalen Rotkreuz-Gesellschaften, betreut die Kriegsgefangenen (Kontrolle der Lager, Nachrichten, Rückführung), forscht nach Vermißten usw. Die *Liga der Rotkreuz-Gesellschaften,* 1919 gegr., unterstützt die Rotkreuz-Vereine in der freien Wohlfahrtspflege. Das *Deutsche R. K.* (DRK), 37 in die Wehrmacht eingegliedert u. deshalb 45 v. den Alliierten aufgelöst, hat sich 1950 wieder gebildet u. widmet sich u. a. der Gesundheitsfürsorge, freien Wohlfahrtspflege, dem Katastrophendienst u. Suchdienst. Die hauptamtl. Vollschwestern gehören einem Mutterhaus an.
Rotes Meer, arab. *Bahr el-Ahmar,* Nebenmeer des Indischen Ozeans, zw. Afrika u. Arabien, 460000 km², mit dem Mittelmeer durch den Suezkanal in Verbindung; steilrandiger, bis 2359 m tiefer Grabenbruch mit salzreichem (bis über 4%) Wasser u. Korallenriffen an den Küsten.
Rotforelle, der ↗Saibling.
Rotgültigerz, Mineral mit über 60% Silber; *helles R.,* Silber-Arsensulfid, Ag₃AsS₃; *dunkles R.,* Silber-Antimonsulfid Ag₃SbS₃.
Rotguß *m,* Legierungen des Kupfers mit Zink- u. Zinnzusätzen, als Lagermetall.
Roth, bayer. Krst., südl. von Nürnberg, 21400 E.; Kabel-, Draht- und Textil-Ind.
Roth, 1) *Eugen,* dt. Schriftsteller, 1895–1976; heitere Lyrik über menschl. Schwächen (*Ein Mensch* u. a.). **2)** *Joseph,* östr. Schriftsteller, 1894–1939; Romane über jüd. Leben (*Hiob*) u. den Untergang der Donaumonarchie (*Radetzkymarsch*).
Rothaargebirge, Teil des Rheinischen Schiefergebirges, laubwaldreich, zw. Eder und Lenne; im Kahlen Asten 841 m hoch.
Rothäubchen, eßbarer Röhrenpilz.
Rothäute, Bz. für ↗Indianer.
Röthenbach a. d. Pegnitz, bayer. Stadt östl. v. Nürnberg, 12500 E.; Herstellung elektr. u. galvan. Kohlen, Metall-, Guß- u. Preßwerk.
Rothenberger, *Anneliese,* dt. Sängerin (Koloratur- u. lyr. Sopran), * 1924; int. bekannte Opernsängerin; Autobiographie *Melodie meines Lebens.*
Rothenburg ob der Tauber, bayer. Stadt in Mittelfranken, r. über der Tauber, 11900 E.; mittelalterl. Stadtbild. St.-Jakobs-Kirche mit Heiligblut-Altar v. Riemenschneider; Rathaus (Gotik u. Renaissance).
Rothenfelde, *Bad R.,* niedersächs. Kurort am Teutoburger Wald, Kr. Osnabrück, 6200 E.; kohlensäurereiche, radioaktive Quellen.

M. A. Rothschild

Rotkehlchen

Eugen Roth

A. Rothenberger

Rothenfels, bayer. Stadt am Ostfuß des Spessarts u. am Main, 1100 E.; darüber *Burg R.,* seit 1919 Stammsitz des ↗Quickborn. [um 1150.
Rother, *König R.,* mhd. Spielmannsepos,
Rotholz ↗Farbhölzer, ↗Brasilholz.
Rothschild, internationale Bankiersfamilie; *Meyer Amschel R.* († 1812) gründete eine Bank in Frankfurt a. M., seine Söhne Bankhäuser in Paris, Wien, London u. Neapel.
Rotkehlchen, kleiner brauner Drosselvogel mit roter Kehle; guter Sänger; baut sein Nest auf dem Boden. [fererz.
Rotkupfererz, *Cuprit,* Cu₂O, wichtiges Kupfer.
Rotlauf, Infektionskrankheit der Schweine im Sommer u. Herbst, mit Fieber, Hautrötung (bes. an Bauch, inneren Schenkeln).
Rotliegendes, die untere Abteilung der Permformation. ☐237.
Rotnickelkies *m, Kupfernickel,* NiAs, hellrotes Nickelerz.
Rotor *m* (lat.), **1)** der Läufer, der sich drehende Teil in elektr. Maschinen; Ggs. Stator. **2)** der Drehflügel bei Hubschraubern.
Rotschwänzchen, Singvogel; *Haus-R.,* baut kunstloses Nest an Häusern od. in Felsen; *Garten-R.* in Baumhöhlen u. Holzstößen.
Rottanne, die ↗Fichte. [☐ 1045.
Rottenburg am Neckar, württ. Stadt im Kr. Tübingen, 31500 E.; kath. Bischof.
Rottenhammer, *Johann,* dt. Maler, 1564 bis 1625; in Augsburg u. Bückeburg tätig; Altarbilder u. Fresken im Übergang v. Manierismus zum Barock. ☐70.
Rotterdam, zweitgrößte niederländ. Stadt, 583000 E. (m.V. 1,1 Mill. E.); zweitgrößter, nach Fertigstellung v. *Europoort* (für Schiffe bis zu 200000 t) größter Seehafen der Welt, Rhein- u. Maasschiffahrt, an der Mündung der Rotte in die Nieuwe Maas, durch den Nieuwen Waterweg für Seeschiffe ohne Schleusen erreichbar. Güterumschlag jährl. 150–160 Mill. t. Erdölleitung nach Köln. Werften, Maschinen-, Textil- u. chem. Ind. Gotische St.-Laurentius-Kirche (1412/36); Handels-Univ., Museen; kath. Bischof. – Die 1940 durch dt. Bomber fast völlig vernichtete Innenstadt wurde inzwischen modern wiederaufgebaut.
Rottmann, *Carl,* dt. Maler, 1797–1850; heroisch-romant. Landschaften.
Rottmayr, *Johann Michael,* östr. Maler, 1654–1730; v. Rubens beeinflußt; hochbarocke Fresken in Salzburg u. Wien.
Rottweil, württ. Krst. über dem oberen Neckar, 23800 E.; ehem. Freie Reichsstadt; Salinen *Wilhelmshall* mit Solbad. Kunstfaser-, Metallwarenfabrik.
Rotunde *w* (lat.), Rundbau.
Rotverschiebung, die Verschiebung von Spektrallinien nach größeren Wellenlängen hin. Als Ursachen sind möglich: a) *Doppler-Effekt* bei Fortbewegung der Lichtquelle (z. B. „Flucht der Spiralnebel", deutet auf Expansion des Weltalls hin); b) Wirkung der *Gravitation* bei Quellen, deren Strahlung (Photonen) gegen ein Schwerefeld „anlaufen" muß u. dadurch Energie verliert (durch ↗Mössbauereffekt meßbar). ↗Quasare.
Rotwelsch, Gaunersprache.
Rotwild, weidmännisch ↗Hirsch.

Rotz, anzeigepflichtige Infektionskrankheit des. der Einhufer mit Nasenausfluß, Geschwüren auf den Schleimhäuten der Atmungswege, Abmagerung, Fieber; meist tödl.; geht auch auf den Menschen über.
Rotzunge, grauer bis rotbrauner, wohlschmeckender Plattfisch der Nordsee.
Rouault (: ru_o_), *Georges,* frz. Maler u. Graphiker, 1871–1958; Expressionist; urspr. Glasmaler; der Darstellung v. Clowns u. Dirnen folgen religiöse Themen *(Ecce homo; Miserere).*
Roubaix (: rubä), Stadt im frz. Dep. Nord; zus. mit Tourcoing Zentrum der nord-frz. Textil-Ind., 110 000 E.; Kanal zur Schelde.
Rouen (: ru_ãn_), frz. Einfuhrhafen, an der Seine, 90 km oberhalb ihrer Mündung. Hst. des Dep. Seine-Maritime, 114 000 E. Kathedrale Notre-Dame (13./16. Jh.), got. Kirche (St-Ouen [1318/39]); Justizpalast (15./16. Jh.); kath. Erzb., calvin. Konsistorium; Kunstmuseum *(R.er Fayencen);* Textil-, Maschinen-, chem. Ind., Schiffbau. – In R. wurde 1431 ↗Jeanne d'Arc v. den Engländern verbrannt.
Rouge (: rūsch, frz.), rot. **R. et Noire** (: rūsch e n°ar, frz. = rot u. schwarz), Glücksspiel mit 312 Karten auf einem Tisch mit roten u. schwarzen Feldern.
Rouget de Lisle (: ruschä d° lil), *Claude Joseph,* frz. Schriftsteller, 1760–1836; Verf. u. Komponist der ↗Marseillaise; Lyrik und Opernlibretti.
Roulade w (: ru_lad_e, frz.), mit Speck, Kräutern u. Gurken gefüllte, gerollte Fleischschnitte.
Rouleau s (: ru_lo_), *Rollo,* Rollvorhang.
Roulett s, **Roulette** w (: ru_let_, frz.), 1) gezahntes Rädchen an einem Griff, Werkzeug, z. B. zum Rastern. 2) Glücksspiel, ben. nach der gleichnam. Drehscheibe mit numerierten (0–36), abwechselnd roten u. schwarzen Fächern.
Round-Table-Konferenz (: r_au_nd te'bl-, engl.), Beratung am „runden Tisch" zur Vermeidung v. Rangstreitigkeiten bei der Sitzordnung.
Rourkela (: ru_er_k_e_la), ind. Ind.-Stadt im Bundesstaat Orissa, 173 000 E. 1955–60 erbaut; eines der größten ind. Hüttenwerke (Jahreskapazität 1,8 Mill. t), 1955/61 v. dt. Firmen erbaut; Walzwerk, Drahtgemetallfabrik.
Rousseau (: ru_ß_o), 1) *Henri,* frz. Maler, 1844–1910; Autodidakt; seine exot. Land-

H. Rousseau: La charrette

schaften, Figurenbilder u. Stilleben verbanden banale Alltagswelt u. Traumvision; starker Einfluß auf die moderne Kunst u. die Bewertung der ↗naiven Malerei. 2) *Jean-Jacques,* frz.-schweizer. Schriftsteller u. Philosoph, 1712–78; Gegner der ↗Aufklärung u. Wegbereiter der Frz. Revolution; stellte Herzensempfindung über Verstandeserkenntnis; lehrte, der v. Natur aus gute Mensch sei durch die Gesellschaft verdorben; forderte im Erziehungsroman Émile: „Zurück zur Natur", in der *Nouvelle Héloïse* das Recht auf Leidenschaft u. entwickelte im *Contrat social* die Lehre v. der Volkssouveränität; die *Confessions* sind schonungslose Selbstbekenntnisse.
Roussel (: ru_ßä_l), *Albert,* frz. Komponist, 1869–1937; Symphonien, Kammermusik.
Roussillon s (: ru_ßij_ōn), südfrz. Landschaft am Mittelmeer; fruchtbare Ebene; Hauptort Perpignan; vorzügl. Weine.
Route w (: ru_t_e, frz.), Weg, Reiseweg.
Routine w (: ru-, frz.), Gewandtheit. **Routinier** (: rutin_je_), gewandter Mensch.
Rovigo (: row-), Hst. der ober-it. Prov. R., 53 000 E.; Bischof.
Rowdy m (: r_au_di, engl.), Strolch, Raufbold.
Roxane, asiat. Fürstentochter, 327 v. Chr. Gattin Alexanders d. Gr., 310 od. 309 ermordet.
royal (: ro_a_jal, frz.; : ro_i_el, engl.), königlich. **Royal Air Force** (: ro_i_el är fo'ß), RAF, die engl. Luftwaffe. **Royalisten,** Anhänger des Königtums.
Royce (: roiß), *Josiah,* am. Philosoph, 1855–1916; führender Neuidealist in den USA. [nimm!
Rp., auf Rezepten Abk. für lat. **recipe** =
RSFSR, Abk. für ↗Russische Sozialistische Föderative Sowjet-Republik.
RT, Abk. für ↗Registertonne.
Ru, chem. Zeichen für ↗Ruthenium.
Ruanda, *Rwanda,* Rep. in Ostafrika, der nördl. Teil des ehem. belg. Protektorats *Ruanda-Urundi.* R. hat teil am Ostafrikan. Graben u. steigt in den Kirunga-Vulkanen auf 4507 m an. Anbau: Baumwolle, Kaffee, Ölfrüchte, Tabak. – Früher ein Teil v. ↗Dt.-Ostafrika, 1920/62 mit ↗Burundi zus. belg. Mandat; 61 Ausrufung der Rep., 62 volle Unabhängigkeit.
rubato (it.), musikal.: ↗Tempo rubato.
Rübe w, stark verdickte, als Speicherorgan entwickelte Pfahlwurzel; weit verbreitet, bes. in den Gattungen *Brassica* (↗Kohl), *Beta* (Melde-R.) mit Runkel-, Zucker-, Rote R. Zu den Doldengewächsen gehören Kerbel-R., Karotte, Gelbe R. R.n sind kohlenhydratreiche Nahrungsmittel für Mensch u.
Rubel, Währungseinheit. ☐ 1144/45. [Tier.
Ruben, 1) im AT Erstgeborener Jakobs. 2) *Stamm R.* im südl. Ostjordanland.
Rübenaaskäfer, schwarzer Aaskäfer, gefürchteter Rübenschädling durch Blattfraß.
Rübenälchen, mikroskop. kleiner Fadenwurm, gefährl., schwer zu bekämpfender Rübenschädling.
Rübenkraut, *Rübensirup,* eingedickter Zuckerrübensaft, als Brotaufstrich.
Rubens, *Peter Paul,* niederländ. Maler, 1577–1640; lebte meist in Antwerpen; ne-

J.-J. Rousseau

Ruanda

Amtlicher Name:
Republica y'u
Rwanda – République
Rwandaise

Staatsform:
Republik

Hauptstadt:
Kigali

Fläche:
26 338 km²

Bevölkerung:
4,5 Mill. E.

Sprache:
Amtssprachen sind Kinya-Rwanda und Französisch; daneben Kisuaheli

Religion:
45% Anhänger von Naturreligionen,
45% Katholiken,
9% Protestanten,
1% Muslimen

Währung:
1 Ruanda-Franc = 100 Centimes

Mitgliedschaften:
UN, OAU, der EWG assoziiert

Rübe: Rübenbildung der **1** Zucker-, **2** Futter-(Runkel-), **3** Roten Rübe

P. P. Rubens: rechts „Raub der Töchter des Leukippos"; unten Selbstbildnis

Artur Rubinstein

ben Rembrandt der bedeutendste Maler des niederländ. Barock. Lebensvolle, dynamisch-bewegte Kompositionen mit leuchtend warmen Farben. HW: *Madonna mit Heiligen, Kreuzaufrichtung u. -abnahme, Jüngstes Gericht, Höllensturz, Pauli Bekehrung, Venusfest*; Bildnisse, Landschaften.
Rübenzucker ↗Zuckerrübe, ↗Zucker.
Rubeolae, die ↗Röteln.
Rübezahl, Berggeist des Riesengebirges.
Rubidium s, chem. Element, Zeichen Rb, Alkalimetall; Ordnungszahl 37 (☐ 149); in Karnallit; entzündet sich auf Wasser u. an feuchter Luft; zur Herstellung hochschmelzender Gläser.
Rubikon, kleiner Apenninfluß; einst Grenzfluß zw. der Prov. Gallia Cisalpina u. It., mit dessen Überschreitung Caesar 49 v. Chr. gg. Pompejus den Bürgerkrieg eröffnete.
Rubin m, tiefroter ↗Korund.
Rubinstein, 1) *Anton,* russ. Komponist u. Pianist, 1829–94; gründete das Konservatorium v. St. Petersburg. **2)** *Artur,* am. Pianist (poln. Herkunft) v. Weltruf, * 1886; schrieb *Erinnerungen.*
Rubljew (: -jof), *Andrej,* russ. Maler, 1360/70 bis um 1430; bedeutendster Vertreter der altruss. Malerei der Moskauer Schule; Fresken u. Ikonen.
Rüböl, fettes Öl aus Raps- u. Rübsensamen, hauptsächl. als Brenn- u. Schmieröl.
Rubrik w (v. lat. *rubrica* = Rötel), **1)** urspr. rot gemalte Initiale. **2)** allg. Überschrift, Abschnitt. **Rubriken,** in kath. liturg. Büchern die (meist rot gedruckten) Vorschriften.
Rubruck (*Rubruc* od. *Ruysbroeck*), *Wilhelm* v., fläm. Franziskaner, um 1215 bis um 1270; reiste 53/55 als Missionar v. Konstantinopel durch Südrußland nach dem Karakorum; *Reisebericht.*
Rübsen m, Kohlart, dem Raps ähnlich, liefert Frühjahrs-Futter; Samen ↗Rüböl.
Rubzowsk, sowjet. Stadt im Territorium Altai (Sibirien), 157000 E.; Landmaschinenfabrik.
Ruchgras, anspruchslose, duftende Gräser mit schmalen Scheinähren; *Gemeines R.,* mit Waldmeistergeruch.
Rückenmark, Teil des zentralen ↗Nervensystems; zylindrischer Nervenstrang im

Wirbelkanal, v. *R.sflüssigkeit* u. 3 *R.shäuten* umgeben, setzt die Leitungsbahnen des Gehirns fort vom 1. Hals- bis zum 2. Lendenwirbel; entsendet 31 *R.snerven* (motorische u. sensible Nerven) zur Versorgung v. Rumpf u. Gliedmaßen, Erkrankungen des R. sind durch Lahmung, Empfindungsstörungen, Neuralgie gekennzeichnet. ☐ 618.
R.sentzündung, *Myelitis,* bei Typhus, Ruhr, Diphtherie, Lungenentzündung, Tripper. **R.sschwindsucht** ↗Tabes dorsalis.
Rückert, *Friedrich,* dt. Schriftsteller u. Orientalist, 1788–1866; virtuose Übertragungen aus oriental. Sprachen, bedeutender als das eigene Gedichtwerk.
Rückfall, *Strafrecht:* wiederholte Begehung einer Straftat durch einen Vorbestraften; bei bestimmten Delikten (z. B. Diebstahl, Betrug, Raub) unter besonderen Voraussetzungen zwingend strafverschärfend. **R.fieber,** *Rekurrensfieber* (↗Leptospiren), durch Läuse od. Zecken übertragene Infektionskrankheit mit Schüttelfrost, hohem Fieber, Schmerzen; nach 5–7 Tagen Abfall des Fiebers u. nach fieberfreier Woche meist mildere Rückfälle.
Rückgrat, die ↗Wirbelsäule.
Rückgriff ↗Regreß.
Rückkopplung, ges. in der Funk- u. Regeltechnik: die Rückführung eines Teils einer verstärkten Größe (z. B. Strom, Spannung) zum Eingang des verstärkenden Systems; unterschieden in *Mitkopplung,* wenn die zurückgeführte Energie zur Verstärkung, od. in *Gegenkopplung,* wenn sie zur Abschwächung des verstärkenden Systems dient.
rückläufig, *retrograd,* die scheinbare Bewegung der Planeten an der Sphäre im Sinne abnehmender Längen, also von Ost nach West. Ggs.: rechtläufig.
Rückstoß, aufgrund des Impulserhaltungssatzes auftretende Kraftwirkung einer zu einem physikal. System durch innere Kräfte ausgestoßenen Masse auf das Restsystem, das sich dadurch in entgegengesetzter Richtung wie die fortgeschleuderte Masse bewegt; auf R. beruht z. B. die Wirkung der Strahltriebwerke u. des Raketenmotors.
Rücktritt, zivilrechtl.: die rückwirkende Beendigung eines Vertrages durch Erklärung einer Partei gegenüber der anderen; nur möglich, wenn vereinbart od. gesetzl. vorgesehen.
Rückversicherung, gibt einem Erstversicherer bei einem anderen (Rückversicherer) volle od. teilweise Deckung der Wagnisfälle. **R.svertrag,** 1887 geschlossener Geheimvertrag, in dem sich Rußland u. Dtl. für den Fall eines Krieges (außer bei einem Angriff eines der Vertragspartner auf Östr. od. Fkr.) zu wohlwollender Neutralität verpflichteten; 90 v. Bismarcks Nachfolger Caprivi nicht erneuert.
Rückwechsel, *Ricambio,* handelsübl. Bz. für den mangels Zahlung mit od. ohne ↗Protest an den Aussteller zurückgelangenden [Wechsel.
Rudbeckia ↗Sonnenhut.
Rüde m, das Männchen beim Hund, Frettchen u. Raubwild, außer Bär.
Rudel s, größere Gruppe v. Großwild.
Ruder s, **1)** am Heck eines Schiffes od. Flug-

zeuges angebrachte Steuervorrichtung. ☐ 865. **2)** ↗Riemen 2), ↗Skull. **R.füßer, 1)** kleine, niedere Krebse, z. B. Hüpferling, Karpfenlaus, frei schwimmend od. festsitzend; Fischnahrung. **2)** Wasservögel mit kurzen Läufen u. Ruderfüßen, leben v. Fischen; Pelikane, Tölpel, Scharben u. a. **Rüdersdorf bei Berlin,** Gem. östl. v. Berlin (Bez. Frankfurt), 11000 E. Nahebei die *R.*er *Kalkberge.*
Rudersport, Wassersportart mit Ruderbooten. Diese werden nach der Bauart unterschieden in *Gig* (außen schmale übereinandergelegte Holzplanken u. Außenkiel) für den Wander-R. und *Rennboote* (glatte Außenhaut aus Zeder, Mahagoni od. Sperrholz u. Innenkiel). In beiden Arten *Riemenboote* mit beidhändig zu bedienenden Rudern (Riemen) u. *Skullboote* mit je 2 einhändig geführten Skulls. Je nach der Zahl der Ruder *Einer, Zweier, Vierer, Achter,* bei Skullbooten *Doppel-Zweier, -Vierer, -Achter,* mit u. ohne Steuermann. Nach Art der Ruderauflage unterscheidet man *Ausleger-* u. *Dollenboote.* Bei Sportbooten anstelle der Ruderbänke Rollsitze.

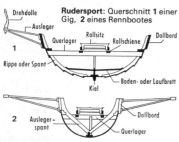

Rudersport: Querschnitt **1** einer Gig, **2** eines Rennbootes

Drehdolle — Ausleger — Querlager — Rollsitz — Rollschiene — Dollbord — Rippe oder Spant — Boden- oder Laufbrett — Kiel — Ausleger-spant — Dollbord — Querlager

Rüdesheim (Rhein), hess. Stadt im Rheingau-Taunus-Kr., r. am Rhein (Hafen), am Fuß des Niederwalds, 10300 E.; Weinbau u. -verarbeitung; Fremdenverkehr.
Rudiment *s* (lat.), Rückstand, Rest. **r.äres Organ,** im Laufe v. Generationen durch Nichtgebrauch verkümmertes Organ.
Rudolf, Fürsten: *Dt. Könige u. Kaiser:* **R. I.,** Graf v. Habsburg, 1218–91; 73 zum dt. Kg. gewählt (damit Ende des Interregnums); eroberte Östr. durch seinen Sieg über ↗Ottokar II. v. Böhmen, begr. die habsburg. Hausmacht. **R. II.,** 1552–1612; Habsburger, 1576 röm.-dt. Ks.; unfähiger Herrscher; erließ 1609 den ↗Majestätsbrief. *Österreich:* **R.,** Kronprinz, einziger Sohn Ks. Franz Josephs, 1858–89; schriftstellerisch begabt; neigte polit. dem Liberalismus zu; der Selbstmord in Mayerling zus. mit der Baronesse Vetsera ist ungeklärt.
Rudolf v. Ems, mhd. Epiker, um 1200 bis um 1250; aus Vorarlberg; *Der gute Gerhard; Weltchronik.*
Rudolfsee, abflußloser Salzsee im Ostafrikanischen Graben, 8600 km², 300 km lang, 73 m tief.
Rudolstadt, thüring. Krst. an der Saale (Bez. Gera), 32000 E.; Rokokoschloß *Heidecksburg* (1735/86; ehem. Residenz des *Ftm. Schwarzburg-R.*). Porzellan-Ind.

Rufmord, Verleumdung, die den guten Ruf einer Person zerstört.
Rugby (: ragb¹), engl. Stadt in der Gft. Warwick, am Avon u. am Oxfordkanal, 56000 E.
Rugby *s* (: ragb¹), Ballspiel zw. 2 Mannschaften zu je 15 Spielern mit eirundem fußballgroßem Ball, der vorwärts getreten u. getragen, aber nur rückwärts geworfen werden darf u. der über die gegnerische Mal-(Tor-)Linie getragen od. niedergelegt werden muß; äußerst vielseitiges u. hartes Spiel; entstand 1823 in der Stadt R.
Rüge, 1) strenger Tadel, Verweis. **2)** im Kaufrecht: die Beanstandung einer Ware (↗Mängel-R.). **3)** im Prozeßrecht (Rechtsmittelverfahren): das Geltendmachen eines Verstoßes des Urteils gg. das Gesetz.
Rügen, größte dt. Insel, in der Ostsee, mit dem Festland (Mecklenburg) durch den 2540 m langen *R.damm* über den Strelasund verbunden, 968 km², 93000 E.; Hauptort Bergen. Halbinseln, Landzungen u. Bodden gliedern die waldarme Kreideinsel, die in der Steilküste v. Stubbenkammer 122 m Höhe erreicht. Badeorte: Saßnitz, Binz, Sellin, Göhren u. a.; Eisenbahnfähre v. Saßnitz nach Trelleborg.
Rugier (Mz.), ostgerman. Stamm; urspr. in Pommern, begr. im 5. Jh. ein Reich an der Donau, das v. ↗Odoaker zerstört wurde; zogen mit den Ostgoten nach It.
Ruhestörung, strafbare Übertretung (Geldstrafe oder Haft) bei ungebührl. Verursachung ruhestörenden Lärms oder Verstoß gg. die zur Erhaltung der Ruhe in der Öffentlichkeit erlassenen Polizeiverordnungen.
Rühmann, *Heinz,* dt. Film- u. Bühnenschauspieler, * 1902; Charakterdarsteller; Filme u. a.: *Der Mustergatte; Die Feuerzangenbowle; Quax, der Bruchpilot; Der Hauptmann v. Köpenick; Der brave Soldat Schwejk.*
Rühmkorf, *Peter,* dt. Schriftsteller, * 1929; iron.-parodist. Lyrik; Autobiographie.
Ruhpolding, oberbayr. Kurort südl. von Traunstein, 690 m ü. M., 6400 E.
Ruhr, r. Zufluß des Niederrheins, durchfließt, häufig zu Stauseen (Hengstey-, Harkort-, Baldeneysee) erweitert, das ↗Ruhrgebiet, mündet bei Duisburg-R.ort; 235 km lang; Großschiffahrtsstraße bis Mülheim/R.; mit dem Mittellandkanal verbunden. Wichtig für die Wasserversorgung des R.gebiets (15 Talsperren im Flußgebiet).
Ruhr *w,* *Dysenterie,* anzeigepflichtige Infektionskrankheiten: a) *Bakterienruhr* mit kolikartigen Leibschmerzen, Durchfällen u. Fieber, mit Sulfonamiden u. Antibiotika heilbar; b) ↗*Amöbenruhr.* ☐ 420.
Ruhrfestspiele, seit 1947 jährl. v. Deutschen Gewerkschaftsbund in Recklinghausen veranstaltet (Schauspiel, Oper, Vorträge, Kunstausstellungen).
Ruhrgebiet, auch *Revier,* volkstüml. *Kohlenpott,* größtes europ. Industriegebiet, entwickelte sich v. der Ruhr über den Emscher bis zur Lippe u. von Hamm bis etwa 30 km über den Rhein, ca. 4600 km², ca. 5,5 Mill. E.; einer der größten industriellen Ballungsräume der Welt; Grundlage der Ind. die reichen Steinkohlenlager (ca. 35 Mrd. t

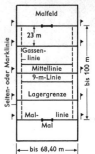

Malfeld — 23 m — Gassen-linie — Mittellinie — 9-m-Linie — Lagergrenze — Mal-linie — Mal — bis 100 m — bis 68,40 m

Das Mal ist 5,67 m breit, die Querlatte 3 m hoch u. die Malstangen (Seitenpfosten) mindestens 3,50 m lang

Rugby: Spielfeld

Heinz Rühmann

Rudersport
Bootsklassen im Rennrudern:
Einer
Doppelzweier
Zweier ohne Steuermann
Zweier mit Steuermann
Vierer ohne Steuermann
Vierer mit Steuermann
Achter

Kaiser Rudolf II.

abbauwürdige Vorräte) u. die günstige Verkehrslage am Rhein, dem Rhein-Herne- u. Lippe-Seitenkanal (Erzanlieferung). Seit 1958 einschneidender Strukturwandel (Zechenstillegungen, Rückgang der im Kohlenbergbau Beschäftigten, teilweise Ansiedlung neuer Industrien). Das R. liefert ca. 80% der westdt. Kohlenförderung (74 Mill. t) u. ca. 70% des Rohstahls (29 Mill. t) u. Roheisen (23 Mill. t); ferner chem. Ind., Erdölraffinerien. Große Siedlungsdichte, enges Netz von Straßen u. Eisenbahnen. **Ruhrkampf,** dt.-frz. Konflikt: wegen angebl. vorsätzl. Vernachlässigung v. Reparationsleistungen durch Dtl. besetzten 1923/25 frz. u. belg. Truppen das Ruhrgebiet; der 8monatige passive Widerstand der dt. Bevölkerung verhinderte zwar die Ausbeutung des Ruhrgebiets durch Fkr., brachte aber auch den Zusammenbruch der dt. Wirtschaft. **Rührmichnichtan,** das ↗Springkraut. **Ruhrort,** Stadtteil v. ↗Duisburg. **Ruhrstatut** v. von den USA, Fkr., Großbritannien u. Benelux 1948 beschlossen. Die *Internationale Ruhrbehörde* (auch die BRD darin vertreten) setzte bis zum Inkrafttreten der Montanunion den Exportanteil der Kohle- u. Stahlproduktion fest. **Ruin** *m* (lat.), Verfall, Untergang. **Ruine** *w,* verfallenes od. zerstörtes Bauwerk. **ruinieren** (frz.), vernichten, verderben. **ruinös** (frz.), schadhaft, verderblich. **Ruisdael** (: reusdal), *Jakob van,* ↗Ruysdael. **Ruiz de Alarcón y Mendoza** (: ruiß- -oßa), *Juan,* span. Dramatiker, 1581–1639; Begr. der Sitten- u. Charakterkomödie. **Rum** *m,* Branntwein aus Zuckerrohrmelasse *(Jamaica-R.);* meist als Verschnitt. **Rumänien,** rumänisch *Romînja,* sozialist. VR in Südosteuropa, nördl. der unteren Donau, vorwiegend v. Rumänen bewohnt; daneben starke Minderheiten v. Madjaren (1,6 Mill.) u. Volksdeutschen (385000 Siebenbürger Sachsen u. Banater Schwaben). Die Karpaten, die das Land in großem Bogen durchziehen, schließen im W das Hügelland Siebenbürgen (= Transsilvanien) ein. An ihrer Südflanke erstreckt sich das steppenhafte Tiefland der Walachei bis zur Donau u. bulgar. Grenze. Im N breitet sich zw. den

Karpaten u. dem Pruth das lößbedeckte Hügelland der Moldau aus. R. ist ein Agrarland. 53% des Bodens dienen der Landwirtschaft, davon 39% Ackerland: Weizen, Mais, Raps, Sonnenblumen, Flachs, Tabak, Baumwolle. Etwa 90% des Bodens gehören Kollektivwirtschaften. 59% der Bev. arbeiten in der Landwirtschaft, ca. 26% in der Ind. Bei Ploești Erdölfelder u. Erdgasvorkommen; daneben reiche Braunkohlen- u. Bauxitvorkommen. – Das geschichtl. Kerngebiet die seit Ks. Trajan bis ins 3. Jh. bestehende röm. Prov. *Dazien;* trotz Eroberung durch verschiedene Völker u. Einwanderung v. Slawen erhielt sich die roman. Bev. als Grundlage der heutigen Rumänen. Im 14. Jh. entstanden die Ftm.er Moldau u. Walachei, die in den folgenden Jh.en unter türk. Herrschaft gerieten; 1859 wurden sie in Personalunion verbunden u. 61 zum Ftm. R. erhoben, das unter ↗Carol I. (durch Teilnahme am Russ.-Türk. Krieg) 78 die Unabhängigkeit erhielt u. 81 zum Kgr. erklärt wurde. Im 1. Weltkrieg schloß sich R. 16 der Entente an u. gewann durch die Pariser Friedensverträge Bessarabien, die Bukowina, Siebenbürgen u. das östl. Banat. Kg. ↗Carol II. hob 38 die Verf. auf u. errichtete ein autoritäres Regime, wurde aber 40 v. dem zum Staatsführer ernannten ↗Antonescu gestürzt; dieser vollzog während des 2. Weltkriegs den Anschluß an die Achsenmächte. Im Krieg aber beim Einmarsch der Sowjets 44 durch Kg. ↗Michael abgesetzt. Im Friedensvertrag 47 trat R. Bessarabien u. die Nordbukowina an die UdSSR, die südl. Dobrudscha (gewonnen im 2. Balkankrieg [↗Balkanhalbinsel] v. Bulgarien ab u. erhielt das im Krieg an Ungarn abgetretene nördl. Siebenbürgen zurück. Ende 47 wurde nach Abdankung Kg. Michaels die VR ausgerufen. 58 zog die UdSSR ihre Truppen ab; seit 63 Politik nationaler Selbständigkeit gegenüber der UdSSR. 65 Ceaușescu Generalsekretär der KP, 67 auch Vorsitzender des Staatsrates, 74 Präs. der Rep. **Rumba** *w,* urspr. kuban. Tanz im ⁴/₄-Takt. **Rumelien,** bis 1864 türk. Statthalterschaft, umfaßte Thrakien u. Ostmakedonien. **Rumor** *m* (it.), Lärm, Tumult.

Rumänien

Amtlicher Name: Republica Socialistă România
Staatsform: Volksrepublik
Hauptstadt: Bukarest
Fläche: 237500 km²
Bevölkerung: 22,07 Mill. E.
Sprache: Rumänisch
Religion: 80% rum.-orth. Christen, 5% röm.-kath. Christen, 5% Protestanten
Währung: 1 Leu = 100 Bani
Mitgliedschaften: UN, RgW, Warschauer Pakt

Rundfunk-teilnehmer	Tonrundfunk						Fernsehrundfunk					
	1960		1970		1979		1960		1970		1979	
	A	B	A	B	A	B	A	B	A	B	A	B
Ägypten	1500	58	4400	132	—	—	50	2	475	14	—	—
Argentinien[1]	3500	167	9000	370	—	—	450	21	3500	144	—	—
Belgien	2644	289	3604	373	3999[2]	407[2]	618	68	2087	216	2285[2]	293[2]
Brasilien[1]	4570	70	5700	60	—	—	1200	18	6100	66	—	—
BRD	15892	287	19622	318	22750	375	4635	83	16750	272	20762	335
Dänemark	1523	332	1597	325	1929	377	542	119	1311	266	1830	357
DDR	5574	323	5985	370	6289[2]	375	1035	60	4499	282	5539[2]	331[2]
Frankreich	10981	241	15995	315	18000[3]	336	1902	41	10968	216	15609	291
Großbritannien	15163	289	18390	330	40000[3]	710	11076	211	16316	293	18267	235
Italien	8005	162	11702	218	13634	243	2124	43	9717	181	13170	235
Japan	12410	133	57000	551	—	—	6860	73	22658	215	—	—
Niederlande	3126	272	3616	278	4315	306	801	69	3086	233	4111	292
Österreich	1977	279	2026	273	2640	352	193	27	1426	192	2114	282
UdSSR	44000	205	94600	390	122477[4]	450[4]	4800	22	34800	143	50000[4]	200[4]
USA[1]	176150	975	290000	1412	413000[5]	1890	55600	310	84600	412	125300[5]	585[5]

A = Anzahl der Genehmigungen/Geräte in 1000   B = Genehmigungen/Geräte je 1000 Einwohner
[1] Anzahl der Empfangsgeräte; [2] 1978; [3] Geräte; [4] Geräte 1975; [5] 1976

Rundfunk

Der Weg einer Sendung vom Mikrophon bis zum Empfänger

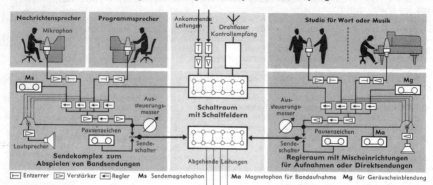

Nachrichtensprecher · Mikrophon · Programmsprecher · Ankommende Leitungen · Drahtloser Kontrollempfang · Studio für Wort oder Musik

Ms · Aussteuerungsmesser · Schaltraum mit Schaltfeldern · Aussteuerungsmesser · Mg

Pausenzeichen · Ma

Lautsprecher · Sendeschalter · Abgehende Leitungen · Sendeschalter · Pausenzeichen · Lautsprecher

Sendekomplex zum Abspielen von Bandsendungen

Regieraum mit Mischeinrichtungen für Aufnahmen oder Direktsendungen

⊢ Entzerrer ▷ Verstärker ◁ Regler **Ms** Sendemagnetophon **Ma** Magnetophon für Bandaufnahme **Mg** für Geräuscheinblendung

Im Studio eines Funkhauses werden bei einer Sendung die Schallwellen in einem Mikrophon in elektrische niederfrequente Ströme umgewandelt, z. T. in Tonband und Schallplatte gespeichert, und die verstärkten Signale zum Sender geleitet. Dieser erzeugt die ihm zugeteilte Sendefrequenz bzw. Trägerwelle, der man durch den Modulationsvorgang (Frequenzmodulation für UKW, Amplitudenmodulation für Kurz-, Mittel-, Langwelle) die vom Funkhaus ankommende Tonmodulation aufprägt, diese verstärkt und von einer Sendeantenne ausstrahlt

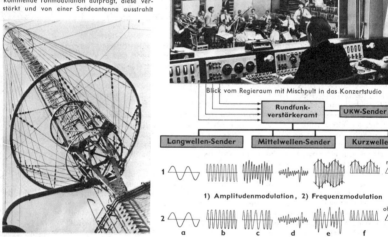

Blick vom Regieraum mit Mischpult in das Konzertstudio

Rundfunk-verstärkeramt · UKW-Sender

Langwellen-Sender · Mittelwellen-Sender · Kurzwellen-Sender

1) **Amplitudenmodulation**, 2) **Frequenzmodulation**

mit Störung · ohne Störung

a b c d e f g

Antennenmast eines Großsenders zum Ausstrahlen der Mittel-, Langwellen- und UKW-Programme

a zu übertragendes Signal, **b** Trägerwelle, **c** Trägerwelle + Signal, **d** Störungen, **e** Trägerwelle + Signal + Störungen, **f** Demodulation, **g** übertragenes Signal

F-Schicht 250 km · E-Schicht 120 km · D-Schicht 65 km · Kurzwelle · Mittelwelle · Langwelle · Erde · Sender **1**

2 · Elektrische · Kraftlinien · 18 m · **3a** · 60 m · Elektr. Feldlinien · 800 m · **3b**

1 Radiowellen werden nach Wellenlänge an verschiedenen Schichten der Ionosphäre reflektiert, und ermöglichen so den Fernempfang. **2** Sende-Antenne für den Mittelwellenbereich. **3a** Mast eines UKW-Senders mit aufgesetzter Schlitzrohr-Antenne und **3b** ihren Feldlinien

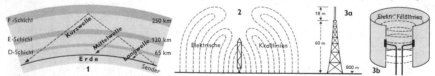

b · a · c · d · e · f · g · h · Empfangsantenne · Lautsprecher

Im Rundfunkempfänger werden die schwach ankommenden Signale verstärkt und durch Demodulation die ursprünglichen Tonfrequenz-Schwingungen im Lautsprecher wieder in Schallwellen umgewandelt: Die von der Empfangsantenne (a) aufgenommenen Signale (b) werden verstärkt (c), mit einer neuen Trägerwelle überlagert (d), die negative Halbwelle abgeschnitten (e), erneut verstärkt (f), wieder die Halbwelle abgeschnitten (g), Signal und Trägerwelle getrennt (h) und das Signal dem Lautsprecher zugeführt

Rundfunk- und Fernseh-Gesellschaften und -Anstalten – Abkürzungen

ABC	American Broadcasting Company, New York	NDR	Norddeutscher Rundfunk, Hamburg
AFN	American Forces Network, Frankfurt a. M.	NRU	Nederlandse Radio-Unie, Hilversum
ARD	Arbeitsgemeinschaft der öff.-rechtl. Rundfunk-	NTS	Nederlandse Televisi Stichting, Hilversum
	anstalten der BRD, Bonn	ORF	Österreichische Rundfunk GmbH, Wien
BBC	The British Broadcasting Corporation, London	RAI	Radiotelevisione Italiana, Rom
BFBS	British Forces Broadcasting Service, Köln	RB	Radio Bremen, Bremen
BR	Bayerischer Rundfunk, München	RFE	Radio Free Europe, München
BRT	Belgische Radio en Televisie, Brüssel	RIAS	Rundfunk im amerikanischen Sektor Berlins,
CBC	Canadian Broadcasting Company, Montreal		Berlin (West)
CBS	Columbia Broadcasting System, New York	RTB	Radiodiffusion-Télévision Belge, Brüssel
CFN	Canadian Forces Network, Werl	SDR	Süddeutscher Rundfunk, Stuttgart
DLF	Deutschlandfunk, Köln	SFB	Sender Freies Berlin, Berlin (West)
DW	Deutsche Welle, Köln	SR	Saarländischer Rundfunk, Saarbrücken
HR	Hessischer Rundfunk, Frankfurt a. M.	SRG	Schweizer. Radio- und Fernsehgesellschaft, Bern
ITA	Independent Television Authority, London	SWF	Südwestfunk, Baden-Baden
JRT	Jugoslovenska Radio-Televizija, Belgrad	WDR	Westdeutscher Rundfunk, Köln
NBC	National Broadcasting Company, New York	ZDF	Zweites Deutsches Fernsehen, Mainz

Rumpfparlament s, 1) die Minderheit, die 1648/53 die Herrschaft über das engl. Parlament besaß. 2) allg. die Restversammlung eines Parlaments, z.B. die nach Auflösung der ↗Frankfurter Nationalversammlung 6.–18. 6. 1849 in Stuttgart tagende Minderheit des Abg.-Parlaments.
Rumpsteak s (: rumpßtek, engl.), Lendenstück des Rindes, in Scheiben gebraten, geschmort oder gegrillt.
Run m (: ran, engl.), Ansturm.
Rundfunk, Radio, engl. Broadcasting, die drahtlose Übertragung v. Wort u. Ton (Ton-R., Hör-R.) oder Bild (Fernseh-R., Bild-R.) durch elektromagnet. Wellen (hochfrequente Trägerwellen), denen durch ↗Modulation die Ton- bzw. Bildinformation in Form von niederfrequenten elektr. Schwingungen aufgeprägt wird (□ 632). Aus der vom Sender abgestrahlten u. von der Empfangsantenne aufgenommenen Schwingung wird die Ton- bzw. Bildinformation u. a. durch Demodulation wieder zurückgewonnen. Für Weitempfang dienen überwiegend Kurz-, Mittel- u. Langwellen, für Nahempfang Ultrakurzwellen (UKW), die wegen ihrer quasioptischen Ausbreitung nur kleine Gebiete ausreichend mit Sendeenergie versorgen. – In der BRD wird der R. v. öff.-rechtl. Anstalten betrieben u. durch Hörergebühren u. Werbung finanziert. – Das Programm gliedert sich in Wortsendungen: Nachrichten, Reportagen, Vorträge, Kirchen-, Schul-, Jugend-, Kinderfunk, Kulturelles Wort (Nachtprogramm od. Abendstudio, ↗Feature, Hörspiel) u. Musiksendungen. – Die Problematik des R. als Massenmedium ist heute zurückgetreten vor der des noch stärker wirkenden ↗Fernsehens. □ 837.
Rundling, Runddorf, ↗Siedlungsformen.
Rundmäuler, primitivste Gruppe der Wirbeltiere, aalähnl. Wassertiere mit Chorda u. Knorpelschädel. ↗Neunauge.
Runen (Mz.), die ältesten Schriftzeichen der Germanen; wurden in Holz, Stein, Knochen, Werkzeuge u. Waffen eingeritzt. Jede Rune bezeichnete zugleich einen Buchstaben u. ein Wort u. hatte eine kult.-mag. Bedeutung (R.zauber).
Runge, 1) Friedlieb Ferdinand, dt. Chemiker, 1795–1867; Entdecker des Anilins. **2)** Philipp

F. F. Runge

Ph. O. Runge: Selbstbildnis

Runen: rechts R.alphabet, oben R.stein (Kleiner Sistryggstein, 10. Jh.; Kiel, Museum)

Otto, dt. Maler u. Schriftsteller, 1777–1810; Romantiker; Natursymbolik.
Runkelrübe, Futterrübe, Hackfrucht, außen weiß, gelb od. rot.
Ruodlieb, mittel-lat. Versroman, um 1040 entstanden; wohl v. einem Tegernseer Mönch verfaßt.
Rupert, Ruprecht, hl. (24. Sept.), † um 720; Missionar in Bayern, 1. Bischof v. Salzburg.
Rupert v. Deutz, OSB, dt. Mystiker, um 1075 bis um 1130, seit etwa 1120 Abt in Deutz.
Rupfen, Wandbespannungsstoff, aus groben Jute- od. Werggarnen.
Rupie, Währungseinheit. □ 1144/45.
Ruprecht, Fürsten: Bayern: R., Rupprecht, Sohn Ludwigs III., 1869–1955; Kronprinz, Heerführer im 1. Weltkrieg. Dt. König: R. I. (als Kurfürst v. der Pfalz R. III.), 1352–1410; 1400 für den abgesetzten Kg. Wenzel gewählt, nur in Süd- u. West-Dtl. anerkannt.
Ruprecht, Knecht R., auch Aschenmann, Bullerklas, Butz, Hans Muff, Hans Trapp (Elsaß), Krampus (Östr.), Pelzmärtel, Pelznikkel, Schmutzli (Schweiz); Schreckgestalt in der Begleitung des hl. Nikolaus; auch der vorweihnachtl. Gabenbringer selbst.
Ruprechtskraut, ein rauhhaariges Storchschnabelgewächs mit kleinen roten Blüten.
Ruptur w (lat.), Zerreißung, z.B. v. Blutadern, Blase, Darm u.a.
Rur w, Roer, Eifelfluß, mündet nach 207 km in die Maas; wird bei Schwammenauel in der R.talsperre (205 Mill. m³) aufgestaut.
Rurik, Warägerfürst in Nowgorod, 862/879(?); gilt als Begr. des ältesten russ. Staates.
Rus (slaw.), urspr. Bz. für die Waräger, die Gründer der 1. russ. Staaten, u. für die von ihnen beherrschten Gebiete.
Ruse, Russe, fr. türk. Rustschuk, wichtigster bulgar. Donauhafen; mit dem rumän. Giurgiu durch Brücke verbunden, 169000 E.; orth. Metropolit, kath. Bischof.

Ruskin (: ra̱ßk^{i}n), *John*, engl. Kunstschriftsteller, Maler, Graphiker u. Sozialreformer, 1819–1900; setzte sich für eine Wiederbelebung der Kunst auf sozialer u. rel. Grundlage ein; Vorkämpfer einer Erneuerung des Kunstgewerbes.

Ruß, feinverteilter Kohlenstoff, bildet sich aus Verbrennungsgasen; als Farbstoff u. zur Kautschukverarbeitung.

Rüsselbär ↗Nasenbär.

Rüsselkäfer, artenreiche Käferfamilie mit rüsselartig verlängertem Kopf, keulenförmigen, geknickten Fühlern u. breiten Flügeldecken, z. T. Schädlinge. ↗Apfelblütenstecher, ↗Kornkäfer.

Russell (: ra̱ß^{e}l), 1) *Bertrand* Earl of, engl. Philosoph u. Mathematiker, 1872–1970; bedeutende Arbeiten zur mathemat. Logik. Sozialist u. Pazifist, öfter in polit. Konflikten mit der Regierung; Gegner des Christentums. 1950 Lit.-Nobelpreis. 2) *Charles Taze,* am. Kaufmann, 1852–1916; am. Gründer der ↗Zeugen Jehovas. 3) *George William* (Pseud. AE), Schriftsteller der ir. literar. Renaissance, 1867–1935; Theosoph; Lyriker.

Rüsselrobbe, der ↗See-Elefant.

Rüsselsheim, hess. Stadt am unteren Main, 62 700 E.; Auto-Ind. (Opel-Werke); Abteilungen Maschinenbau u. Elektrotechnik der Fachhochschule Wiesbaden.

Rüsseltiere, größte Landsäugetiere, mit langem Greifrüssel aus Nase u. Oberlippe, mit Stoßzähnen u. säulenförmigen, 5zehigen Beinen. Elefant, Mammut u. a.

Russen, der großruss. Hauptstamm der Ostslawen; i. w. S. neben den Groß-R. auch die Weiß-R. u. Ukrainer (fr. auch Klein-R.), insgesamt ca. 180 Mill.; im weitesten Sinne die Gesamt-Bev. der UdSSR. ☐ 921.

Russische Kirche ↗Russisch-Orth. Kirche.

Russische Sozialistische Föderative Sowjetrepublik (RSFSR), größte u. bedeutendste Unionsrepublik der Sowjetunion, 17 075 400 km² (= 76% der UdSSR), 137,5 Mill. E. (= 52% der UdSSR); Hst. Moskau.

Russisch-Japanischer Krieg, 1904/05; die russ.-japan. Spannungen bezüglich der ↗Mandschurei u. Koreas führten zu einem japan. Überfall auf die russ. Flotte bei Port Arthur; die Japaner siegten 05 bei Mukden u. zur See bei Tsuschima; im Frieden v. Portsmouth (bei Boston) trat Rußland Port Arthur u. das südl. Sachalin an Japan ab u. anerkannte Korea als japan. Interessengebiet.

Russisch-Orthodoxe Kirche, größte der ↗Orth. Kirchen, mit griech. Ritus u. Altbulgarisch (Kirchenslawisch) als Kultsprache. Seit Ende 10. Jh. Kiew, seit 1329 Moskau Sitz des Metropoliten; seit 1589 unter einem Patriarchen v. Moskau (als dem sog. „3. Rom") kirchl. selbständig, aber staatl. abhängig. Peter d. Gr. ersetzte den Patriarchen 1721 durch eine Kollegialbehörde (Hl. Synod); seit 1917 wieder Patriarchat. Nach heftiger Verfolgung bestimmt der russ. Staat heute die Oberhoheit des Moskauer Patriarchats über alle orth. Kirchen im sowjet. Einflußbereich aus polit. Motiven. Seit 1961 Mitgl. im ↗Weltrat der Kirchen.

Russisch-türkische Kriege ↗Türkenkriege.

Rußland, *Russisches Reich,* ehem. Kaiserreich in Osteuropa u. Asien. 1914: 22,55 Mill. km² mit 180,7 Mill. E. Hst. war Sankt Petersburg. – Heutiges R. ↗Sowjetunion. Geschichte: Im 9. Jh. Unterwerfung der ostslaw. Stämme durch Waräger (↗Normannen); im 10. u. 11. Jh. Blüte des Kiewer Reiches unter der allmähl. slawisierten Rurik-Dynastie; unter Wladimir d. Heiligen (980/1015) nach dynast. Verbindung mit Byzanz Annahme des Christentums; im 12. Jh. Zerfall in Teilreiche; im 13. Jh. Eroberung R.s durch die ↗Mongolen. Die Befreiung v. der „Tatarenherrschaft" erfolgte durch die Großfürsten von Moskau; ↗Iwan III. beseitigte 1480 die mongol. Tributherrschaft u. dehnte sein Reich nach N, S u. O aus; ↗Iwan IV. nahm 1547 den Zarentitel an. Auf die Rurik-Dynastie folgten 1613 die ↗Romanows; unter ↗Peter I. d. Gr., der 1703 St. Petersburg gründete u. 1712 zur Hst. erhob, wurde R. eine europ. Großmacht; ↗Katharina II. d. Gr. verschaffte dem Reich großen Territorialgewinn u. den Zugang zum Schwarzen Meer; ↗Alexander I. konnte sich gegenüber ↗Napoleon behaupten u. erwarb Finnland, Bessarabien, die Kaukasusgebiete sowie Kongreß-↗Polen; ↗Nikolaus I. betrieb eine reaktionäre Innen- u. Außenpolitik; der zeitweise dominierende Einfluß R.s in der Türkei ging im ↗Krimkrieg verloren; ↗Alexander II. hob 1861 die Leibeigenschaft der Bauern auf u. führte 64 die lokale Selbstverwaltung ein; die Erfolge des Russ.-Türk. Kriegs 1877/78 gingen auf dem Berliner Kongreß (↗Balkanhalbinsel) größtenteils wieder verloren; bedeutende russ. Expansion in Zentralasien u. im Fernen Osten. Nach der Niederlage im ↗Russisch-Japan. Krieg 1904/05 kam es 05 zur 1. russ. Revolution, die die Einrichtung der ↗Duma erzwang. Die russ. Mobilmachung am 27. 7. 14 gab den unmittelbaren Anstoß zum Ausbruch des 1. ↗Weltkriegs, in dem R. 14/15 schwere militär. Niederlagen erlitt; im März 17 (Februarrevolution) Sturz des Zaren ↗Nikolaus II., dann Bildung der Regierung ↗Kerenskij; in der ↗Oktoberrevolution rissen die Bolschewisten unter der Führung ↗Lenins die Macht an sich, schlossen mit den Mittelmächten 18 den Frieden v. Brest-Litowsk u. schufen eine völlige Neuordnung des Staates nach dem ↗Rätesystem; nach der Eroberung aller Teile des russ. Reiches in einem mehrjährigen Bürgerkrieg gründeten sie im Dez. 22 die Union der Sozialist. Sowjetrepubliken. ↗Sowjetunion. Kunst. Die russ. Kunst erwuchs aus byzantin. u. oriental. Stilelementen. Die ältesten Kirchen in byzantin. Stil in Kiew (1037) u. Nowgorod (1052); auch roman. u. arab. Einflüsse, bes. in der reichen Ornamentik. Während der Mongolenzeit traten Kielbögen, Zwiebelkuppeln u. die bunten Kuppeldächer hinzu: Moskauer Kreml mit seinen Kathedralen, Basilius-Kirche (1555/60). Im Ggs. zur Plastik die ↗Ikonen-Malerei stark entwickelt. Erst in der neuruss. Kunst Zusammenhang mit den europ. Stilen. Seit Peter d. Gr. viele it., frz., holländ. u. dt.

Rüsselkäfer: Erdbeerblütenstecher

Bertrand Russell

Halsberge — Visierhelm
Schulterstück — Oberarmröhre
Bruststück — Armkachel
Bauchreifen — Unterarmröhre
Panzerhemd — Handschuh
Diechling
Kniekachel
Schuh — Beinröhre
Geliger — Roßstirne
Kanz
Fürbug

Rüstung und Pferdeharnisch

Russische Schrift

Druckschrift	Schreibschrift	Umschrift	Aussprache
А а	*А а*	a	a
Б б	*Б б*	b	b
В в	*В в*	v	w
Г г	*Г г*	gh	g
Д д	*Д g д*	d	d
Е е	*Е е*	e(je)	je
Ж ж	*Ж ж*	ž	sch
З з	*З з*	z	s
И и	*И и*	i	i ji
Й й	*Й й*	j	i j[1]
К к	*К к*	k	k
Л л	*Л л*	l	l
М м	*М м*	m	m
Н н	*Н н*	n	n
О о	*О о*	o	o
П п	*П п*	p	p
Р р	*Р р*	r	r
С с	*С с*	s	sz
Т т	*Т т*	t	t
У у	*У у*	u	u
Ф ф	*Ф ф*	f	f
Х х	*Х х*	ch	ch
Ц ц	*Ц ц*	c	z
Ч ч	*Ч ч*	č	tsch
Ш ш	*Ш ш*	š	sch
Щ щ	*Щ щ*	šč	scht-sch
Ы ы	*ы*	y	y[2]
ь	*ь*		3
Э э	*Э э*	e	e
Ю ю	*Ю ю*	ju	ju
Я я	*Я я*	ja	ja

seit 1918 außer Gebrauch:

I i	*I i*	i	i[4]
Ѣ ѣ	*Ѣ ѣ*	ě	e je
Ъ ъ	*ъ*		5
Ѳ ѳ	*Ѳ ѳ*	f	f
Ѵ ѵ	*Ѵ ѵ*	ỹ	i

[1] Diphthong-i; [2] i mit zurückgebogener Zunge; [3] Weichheitszeichen; [4] vor Vokalen; [5] Härtezeichen

---

Künstler (Schlüter). Im 18. Jh. klassizist. Stil, der herrschend bleibt. Führender Architekt: B. Rastelli. Der Historienmaler I. Repin wird im 19. Jh. zum Entdecker russ. Volkstums. In der Malerei des 19./20. Jh. sind alle europ. Stile vertreten, Chagall, Jawlenskij u. Kandinsky übten in der abstrakten Malerei außerhalb Rußlands hohen Einfluß aus. Nach wechselvollen Kämpfen verschiedener Richtungen (Proletkult, Objektismus) seit 1932 ein staatl. geförderter *Sozialist. Realismus,* der dokumentar.-bildl. Veranschaulichung der Revolution, Teilnahme am Klassenkampf u. Aufbau der proletar. Kultur fordert. Doch erlangten in der bodenständigen Illustration u. Graphik Krawtschenko u. Faworski europ. Bedeutung. Sozialist. Realismus auch in der Plastik. Die Architektur nahm zunächst noch Anregungen des Konstruktivismus u. Funktionalismus auf, wurde aber bald ebenfalls v. sozialist. Stil beherrscht, der in seinen öff. Gebäuden nach pomphafter Monumentalität u. klassizist. Formen strebt.

Sprache u. Schrift. Die russ. *Sprache* bildet den nordöstl. Zweig der slaw. Sprachfamilie (das Ukrainische u. das Weißrussische sind selbständige Sprachen). Das Altruss. reicht bis ins 14. Jh. zurück; A. Puschkin gab der heutigen russ. Schriftsprache ihre endgültige Form. – Die russ. *Schrift* ist eine Abart der kyrill. Schrift, die Ende des 17. Jh. an die Antiqua angepaßt u. durch Peter d. Gr. allg. eingeführt wurde. Nach der Revolution Vereinfachung der Schrift.

Literatur. Die russ. *Lit.* reicht zurück in die vorchristl. Zeit. Durch Byzanz u. Bulgarien wurden geistl. Legenden u. weltl. Sagen vermittelt; Chronik des Mönchs Nestor (11. Jh.); Igor-Epos. Erst unter Iwan IV. (1533/84) wurde der Niedergang der Tatarenzeit überwunden. Mit Peter d. Gr. ausländ. Einflüsse. Der Schöpfer der russ. Metrik, M. Lomonossow, reformierte die Sprache. Oden Derschawins u. Fabeldichtung Krylows. Die russ. Klassik v. Puschkin eingeleitet; die großen Erzähler des 19. Jh.: Gogol, N. Leskow, Turgenjew, Gontscharow, L. Tolstoj u. Dostojewskij; bedeutendster Dramatiker Ostrowski. Um die Jh.mitte Gruppe sozialer revolutionärer Schriftsteller: Tschernischewskij, Dobroljubow, Pissarew; aus dem Ausland Wirkung v. Herzen. Zunehmender Pessimismus, um 1900 Höhepunkt in A. Tschechow, der als Humorist begann. Gorki wurde "Sturmvogel" der Revolution. Poetische Renaissance durch die Symbolisten u. Futuristen: Achmatova, Balmont, Solowjew, Mereschkowskij, Bjely, Blok, Sologub. Daneben die Lyrik v. Jessenin. Revolutionsdichter Majakowskij. Die Lenin-Zeit duldete noch eine gewisse künstler. Freiheit. Später Herrschaft des doktrinären "sozialist. Realismus": viele Autoren verstummten, andere paßten sich an. Emigranten v. hohem literar. Rang: Mereschkowskij, Remizow, Bunin, Samjatin, Nabokow. Nach Stalins Tod setzte eine gewisse Lockerung im literar. Leben ein, die sog. "Tauwetter"-Periode (ben. nach I. Ehrenburgs Roman *Tauwetter*). Es traten hervor:

Großfürsten von Moskau bzw. Zaren
(Zarentitel seit 1547)

Rurikiden

Iwan I.	1325/40
Simeon	
Gordij	1340/53
Iwan II.	1353/59
Dmitrij Donskoj	1359/89
Wassilij I.	1389/1425
Wassilij II.	1425/62
Iwan III.	1462/1505
Wassilij III.	1505/33
Iwan IV.	1533/84
Feodor I.	1584/98

Boris Godunow	1598/1605
der falsche Dmitrij	1605/06
Wassilij IV.	1606/10
pol. Besatzungszeit	1610/13

Haus Romanow

Michael Feodorowitsch	1613/45
Alexej Michailowitsch	1645/76
Feodor III.	1676/82
Iwan V.	1682/89
Peter I.	
d. Gr.	1689/1725
Katharina I.	1725/27
Peter II.	1727/30
Anna Iwanowna	1730/40
Iwan VI.	1740/41
Elisabeth	1741/62

Haus Holstein-Gottorp-Romanow

Peter III.	1762
Katharina II.	
d. Gr.	1762/96
Paul I.	1796/1801
Alexander I.	1801/25
Nikolaus I.	1825/55
Alexander II.	1855/81
Alexander III.	1881/94
Nikolaus II.	1894/1917

Ehrenburg, Dudinzew, bes. Pasternak. Die Lyrik erfuhr eine Neubelebung (Twardowskij, Jewtuschenko). In der letzten Zeit war bes. A. ↗Solschenizyn heftigen Angriffen ausgesetzt.

Musik. Die russ. *Volksmusik* ist äußerst vielgestaltig. Sie verwendet Zupfinstrumente (Balalaika), Streichinstrumente, Schalmeien u. Flöten. Die Volksmusik drang in die altruss. Kirchenmusik, die v. byzant. Kirchengesang herkommt, ein; sie bildete auch die Grundlage der Entstehung einer nationalen russ. *Kunstmusik* im 19. Jh.: Glinka u. die "Gruppe der Fünf" mit Balakirew, Borodin, Mussorgskij, Cui, Rimskij-Korsakow. Tschaikowskij stand unter dem Einfluß der dt. Musik. Glasunow, Skrjabin u. Rachmaninow leiten über zu Strawinsky, Prokofieff u. zur ↗Neuen Musik. Die Sowjetmusik propagiert volksnahen "Realismus" gg. "konstruktiven Formalismus": Chatschaturian, Schostakowitsch.

Rußtau, rußart. Überzug auf Blättern u. Früchten v. Schlauchpilzen, die auf zuckrigen Blattlausausscheidungen leben.

Rüster w, ↗Ulme.

Rustika w (lat.-it.), Quadermauerwerk, bei dem die roh behauenen Steine aus der Wand herausstehen. ↗bossieren.

rustikal (lat.), ländlich, bäuerlich.

Rustschuk ↗Ruse.

Rüstung, 1) im Alt. u. MA Schutzkleidung des Kriegers. **2)** die Waffen u. alle der Kriegführung dienenden wirtschaftl. u. militär. Anstrengungen u. Anlagen eines Staates. **R.kontrolle,** vertragl. Vereinbarung zw. Staaten oder einseitige Vertragsauflage für einen Staat, die sich auf die Begrenzung der Rüstung u. die Kontrolle der Einhaltung der Begrenzung bezieht; seit Ende des 1. Weltkriegs Gegenstand polit. Bestrebungen. Beim Bemühen um int. Abrüstung wurden nach dem 2. Weltkrieg versch. Abkommen über R. getroffen, bes. über Herstellung u. Anwendung v. Kernwaffen. ⟋Abrüstung.

Rüstzeiten ⟋Einkehrtage.

Rute, 1) Zweig od. Stab. **2)** das männl. Geschlechtsglied des Schalenwildes u. der Hunde. **3)** Schwanz des Hundes, Raubwilds, Eichhörnchens. **4)** alte Längenmaße (3–5 m). **R.ngänger** ⟋Wünschelrute.

Ruth, Hauptgestalt im *Buch R.;* Stammmutter Davids; Vorbild einer Frau u. Mutter.

Ruthenen, Bz. für die Ukrainer im nordöstl. Karpatengebiet, im östl. Galizien u. im NW der Bukowina; ca. 4 Mill.

Ruthenische Kirche, *Ukrainer,* eine mit Rom unierte Kirche; fr. bes. in Galizien; Anhänger wegen kommunist. Verfolgung bes. nach Nordamerika u. Australien emigriert.

Ruthenium *s,* chem. Element, Zeichen Ru, seltenstes Platinmetall; Ordnungszahl 44 (☐ 149); säurefest, leicht oxydierbar.

Rutherford (: raßᵉʳfᵉʳd), *Ernest* Baron R. of Nelson, engl. Physiker, 1871–1937; Schöpfer der Grundlagen der modernen Atomphysik (Atomaufbau, Radioaktivität); 1919 erste künstl. Atomumwandlung. 1908 Nobelpreis.

Rutherfordium *s* (: raßᵉʳfᵉʳd-), von den Amerikanern vorgeschlagene Bz. für das ⟋Kurtschatowium.

Rutil *m,* rotbraunes bis schwarzes Mineral, chem. Titanoxid (TiO_2), wichtiges Titanerz.

Rütli *s,* Waldwiese am Urner See; gilt als Stätte des Geheimbundes *(R.schwur)* der 3 Schweizer Urkantone 1291 gg. Habsburg.

Rüttler, *Vibratoren,* in der Bautechnik zur Verdichtung v. Beton u. Böden benützte Maschinen aus elektr., mechan. od. pneumat. bewegten, vibrierenden Massen.

Ruwer *m,* r. Nebenfluß der Mosel, kommt v. Hunsrück, mündet nach 40 km unterhalb Trier; Weinbaugebiet.

Ruysbroek (: reußbrük), *Jan van,* sel., 1293–1381; niederländ. Mystiker; beeinflußte mit seinen Schr. bes. G. ⟋Groote.

Ruysdael, *Ruisdael* (: reußdäl), holländ. Landschaftsmaler: **1)** *Jacob van,* 1628–82; anfangs stille Naturmotive, steigern sich später ins Großartig-Pathetische. **2)** *Salomon van,* Onkel v. 1), um 1600–70.

Ruyter (: reuter), *Michiel Adriaanszoon de,* niederländ. Admiral, 1607–76; mehrmals siegreich gg. die Engländer.

Ružička (: ruschitschka), *Leopold,* schweizer. Chemiker, 1887–1976; arbeitete über cyclische Kohlenstoffverbindungen, Nobelpreis 1939. [nung.

RVO, Abk. für Reichsversicherungsord-

Rybinsk, fr. *Schtscherbakow,* sowjet. Stadt u. Hafen an der oberen Wolga, unterhalb des ⟋R.er Meers, 239000 E.; Werften, Fischkombinate, großes Wasserkraftwerk.

R.er Meer, Stausee der oberen Wolga, oberhalb R., 4580 km²; seit 1941 Teil der Schiffahrtsstraße Wolga–Ostsee.

Rychner, *Max,* schweizer. Schriftsteller, 1897–1965; lit. Kritiken, Essays, Lyrik.

Rysanek, *Leonie,* östr. Sängerin, * 1926; bes. Wagner- u. Strauss-Interpretin.

Rzeszów (: scheschuf), Hst. der gleichnam. poln. Wojewodschaft in Mittelgalizien, 113000 E.

Ernest Rutherford

Leopold Ružička

Max Rychner

s, Abk. für ⟋Sekunde. **S, 1)** chem. Zeichen für ⟋Schwefel, **2)** Abk. für ⟋Süden.

SA, Abk. für Sturmabteilung, 1921 gegr. nat.-soz. Wehrverband; nach dem Hitlerputsch 23 verboten, 24/25 unter Röhm neu organisiert; wurde v. Hitler als Terrororganisation eingesetzt; verlor nach dem sog. Röhmputsch 34 ihre Bedeutung an die SS.

S.A., Abk. für frz. *Société Anonyme,* frz. Rechtsform der Aktiengesellschaft.

Saadi *(Sa'dí),* pers. Dichter, 1213/19–1292; Anekdoten, Spruchgedichte, Erzählung *Der Fruchtgarten.*

Saalburg, röm. Limeskastell im Taunus; seit 1868 ausgegraben, 1897/1900 rekonstruiert.

Saale, 1) *Fränk. S.,* r. Nebenfluß des Mains, mündet nach 135 km bei Gemünden. **2)** *Thüring.* od. *Sächs. S.,* l. Nebenfluß der Elbe, entspringt im Fichtelgebirge, mündet nach 427 km oberhalb Barby; ab Halle schiffbar; Talsperren u. Kraftwerke.

Saaleck, Burgruine bei Bad Kösen.

Saalfeld an der Saale, thüring. Krst. im Bez. Gera, 34000 E.; Barockschloß (1677). Feengrotten (ehem. Bergwerk) aus farbigen Eisensinter-Tropfsteinen; Phosphor-Arsen-Eisensulfatquellen; vielseitige Ind.

Saar *w,* frz. *Sarre,* Nebenfluß der Mosel, durchfließt das lothring. Stufenland u. das Saarland, mündet nach 246 km bei Konz; ab Saargemünd schiffbar.

Saar, *Ferdinand v.,* östr. Schriftsteller, 1833–1906; *Novellen aus Österreich,* Idylle *Hermann u. Dorothea;* Lyrik, Dramen.

Saarbrücken, Hst. des Saarlands, an der Saar, 195000 E.; Univ. (seit 1947), PH, Musikhochschule, Fachhochschule; Stahl- u. Hüttenwerke, Steinkohlenbergbau, elektrotechn. u. feinmechan. Ind.

Saarinen, 1) *Eero,* am. Architekt finn. Herkunft, Sohn v. 2), 1910–61; auch Innenarchitekt; Bauten u. a.: Music Center in Lennox (Mass.), Flughafengebäude der TWA in Idlewild. **2)** *Eliel,* finn.-am. Architekt, 1873 bis 1950; Mitschöpfer des sog. finn. Baustils, Weltgeltung als Städteplaner; Bauten u. a.: Bahnhof in Helsinki; Kleinhans Music Hall (Buffalo).

Saarkanal *m,* v. der Saar zum Rhein-Marne-Kanal; 63 km lang; für 800–900-t-Schiffe.

Saarland, Land der BRD, an der frz. Grenze, umfaßt das dichtbesiedelte, fruchtbare Tal der unteren Saar zw. Saargemünd u. Mettlach, an das sich nach O ein 600 m hohes Waldhügelland anschließt. Reiche Steinkohlenlager (abbauwürdige Vorräte 16,5 Mrd. t), bedeutende Schwer-Ind. – 1919/20 aus Teilen d. preuß. Rheinprov. u. der bayer.

Saarland

Verwaltungs-gliederung	Fläche in km²	Einw. in 1000	Einw. pro km²
Stadtverband Saarbrücken	410,83	366,8	893
Landkreise	2162,40	703,1	325
Land insgesamt	2573,23	1069,9	416

Regierungen des Saarlandes

	Ministerpräsident	Regierungsparteien
seit 15. 12. 1947	J. Hoffmann (CVP)	CVP, SPS
seit 13. 4. 1951	J. Hoffmann (CVP)	CVP
seit 23. 12. 1952	J. Hoffmann (CVP)	CVP,SPS
seit 12. 7. 1954	J. Hoffmann (CVP)	CVP
seit 29. 10. 1955	H. Welsch	Übergangsregierung
seit 10. 1. 1956	H. Ney (CDU)	CDU, DPS, SPD
seit 4. 6. 1957	E. Reinert (CDU)	CDU, SPD, DPS
seit 26. 2. 1959	E. Reinert (CDU)	CDU, CVP, SPD
seit 30. 4. 1959	F. J. Röder (CDU)	CDU, SPD, CVP/CSU
seit 3. 1. 1961	F. J. Röder (CDU)	CDU, DPS/FDP
seit 10. 7. 1965	F. J. Röder (CDU)	CDU, FDP
seit 13. 7. 1970	F. J. Röder (CDU)	CDU
seit 23. 1. 1974	F. J. Röder (CDU)	CDU
seit 1. 3. 1977	F. J. Röder (CDU)	CDU, FDP
seit 5. 7. 1979	W. Zayer (CDU)	CDU, FDP

Rheinpfalz geschaffen u. einer Völkerbundskommission unterstellt; 35 nach einer Volksabstimmung (90,8% für Dtl.) an das Dt. Reich zurückgegeben. 45 frz. besetzt; 47 um Teile v. Rheinland-Pfalz vergrößert u. mit Autonomiestatut dem frz. Wirtschafts- u. Zollgebiet eingegliedert. Das zw. Fkr. u. der BRD vereinbarte *Saarstatut* sah Europäisierung des S. vor, wurde 55 durch Volksabstimmung abgelehnt; 1. 1. 57 Eingliederung in die BRD; wirtschaftl. Rückgliederung 6. 7. 59 abgeschlossen.

Saarland

Saarlouis (:-lui), Krst. im Saarland, an der Saar, 39100 E.; Tabakfabriken, Metallgießerei, Kohlengruben, Hüttenwerke.

Saat, Einbringen v. Samen in den Boden, Verteilung *(säen)* des *S.guts* (↗beizen) erfolgt mit der Hand od. mit ↗Sämaschinen in Breit-, Drill-, Dibbel- u. Einzelsaat.

Saaz, tschech. *Žatec,* tschsl. Stadt am Eger, 15000 E.; Hopfenanbaugebiet, Nahrungsmittel-, Metall- u. a. Ind.

Saba, Landschaft in Südarabien (Jemen) mit der Hst. Maríb. Das Land der urspr. in Nordarabien wohnenden Sabäer; Kultur- u. Schriftdenkmäler mit Zeichen der ältesten semit. Schrift.

Sabadell, span. Ind.-Stadt n.w. von Barcelona, 160000 E.; Textil-, Woll- u. Papier-Ind.

Sabadill *m,* am. Liliengewächs; der giftige Samen des *S.-Germers* gg. Kopfläuse.

Sabah, Gliedstaat ↗Malaysias, im N von ↗Borneo, 76115 km², 1 Mill. E.; Hst. Kota Kinabalu (Jesselton); bis 1963 brit. Kolonie Nordborneo. [↗Palmettopalme u. a.

Sabal, mittel-am. Fächerpalmengattung;

Sabaoth ↗Zebaoth.

Sabata, *Vittore de,* it. Dirigent u. Komponist, 1892–1967; 1927/57 Operndirigent der Mailänder Scala.

Sabbat *m* (hebr.), der als „Tag Jahwes" ausgezeichnete 7. Wochentag der Juden (Samstag), Tag der Gottesverehrung mit strengen Bestimmungen zur *S.ruhe.* **Sabbatarier,** *Sabbatisten,* christl. Sekten mit Sabbatheiligung, z. B. ↗Adventisten.

Säbel *m,* a) gekrümmte einschneidige Hiebwaffe; b) Fechtwaffe für Hieb u. Stich, student. nur für Hieb. ☐ 262. **S.antilope,** mit geringelten, säbelartig gebogenen Hörnern; im Sudan. **S.schnäbler,** hochbeiniger Strandvogel mit säbelförmig nach oben gebogenem Schnabel.

Sabiner (Mz.), Italiker-Stamm in Mittel-It.; an der ältesten Entwicklung Roms beteiligt (Sage v. Raub der *S.innen*); seit 290 v. Chr. v. den Römern unterworfen. **S.baum** ↗Sadebaum. **S.gebirge,** *S.berge,* kalkige Apenninvorkette n.ö. von Rom, im Monte Pellecchia 1368 m hoch.

Sabin-Serum ↗Kinderlähmung.

Sabotage *w* (: -tasch[e], frz.; Ztw. *sabotieren*), 1) böswillige Hemmung eines Betriebes durch bewußt sachwidrige Einwirkung. 2) Außer-Tätigkeit-Setzen v. öff. Verkehrs-, Versorgungs- u. Nachrichtenmitteln, bes. aus polit. Gründen *(verfassungsverräterische S.).*

Saccharin *s,* künstl. Süßstoff, aus Toluol gewonnen; 550mal so stark wie Rohrzucker.

Sacco di Roma *m* (it.), 1527 Plünderung Roms durch die Landsknechte Ks. Karls V.

SACEUR, Abk. für engl. **S**upreme **A**llied **C**ommander **Eur**ope, der Oberbefehlshaber der NATO-Streitkräfte in Europa; sein Hauptquartier ↗SHAPE.

Sachalin, ostasiat. Insel zw. Ochotskischem u. Japanischem Meer, 76400 km², ca. 650000 E. (Russen, Ainu, Tungusen); Hauptort Juschno-Sachalinsk. Erdöl, Steinkohlen, Gold, Holz. – 1875 ganz S. russ.; Südteil 1905/45 japan., seither sowjet.

Sacharja ↗Zacharias.

Sachbeschädigung, die gewollte, unbefugte Beschädigung od. Zerstörung einer fremden Sache; Strafverschärfung bei S. bestimmter Sachen (z. B. Gebäude).

Sachbezüge, Teil des Einkommens in Form v. Sachgütern, z. B. freier Verpflegung.

Sachbuch, Sammel-Bz. für Bücher zur Information u. Bildung über bestimmte Sachgebiete, auf einen nichtfachgebildeten Leserkreis abgestimmt; starke Entwicklung seit dem 2. Weltkrieg.

Sachenrecht, alle gesetzl. Vorschriften, die das Rechtsverhältnis an Sachen regeln, z. B. Besitz, Eigentum, Grundschuld, Hypothek.

Sacher, *Paul,* schweizer. Dirigent, * 1906; bes. interpret zeitgenöss. Musik; gründete das Basler Kammerorchester u. die *Schola Cantorum Basiliensis.*

Paul Sacher

Sacher-Masoch, *Leopold* Ritter von, östr. Schriftsteller, 1836–95; Romane u. Erzählungen; nach ihm der ↗Masochismus benannt (wegen seiner Werke mit erot. Themen: *Venus im Pelz; Grausame Frauen).*

Sachs, 1) *Hans,* dt. Dichter, 1494–1576; Schuhmachermeister in Nürnberg, humanist. gebildet; trat seit 1523 für die Reformation ein; bedeutendster Meistersinger, schuf über 4000 Meisterlieder, ferner Schwänke, Fastnachtsspiele. 2) *Nelly,* dt. Lyrikerin, 1891–1970; Darstellung des jüd. Schicksals; lebte in Schweden. 1966 Nobelpreis für Lit.

Hans Sachs

Sachsa, Bad S., niedersächs. Stadt u. Sommerfrische im Südharz, 8500 E.

Sachseln, schweizer. Sommerfrische im Kt. Obwalden am Sarner See, 3000 E.

Sachsen, 1) (Mz.) westgerman. Volksstamm; besiedelten nach Abwanderung eines Teils nach Britannien (↗Angelsachsen) im 6. Jh. Nordwest-Dtl.; ihr Stammesgebiet zerfiel in West- u. Ostfalen, Engern u. Nord-

Nelly Sachs

Sachsen

albingien (Holstein); wurden 772/804 v. ↗Karl d. Gr. unterworfen u. christianisiert. **2)** ehemaliges *Land S.,* 16992 km², 5,7 Mill. E., 85% ev.; Hst. Dresden. S. liegt im östl. Mittel-Dtl.; es dacht sich ab v. Erzgebirge, Lausitzer u. Vogtländ. Bergland nach N zur Norddt. Tiefebene. In der Niederung westl. u. östl. der Elbe Getreidebau, im Gebirge neben Viehzucht Heim-Ind. Steinkohlengruben um Zwickau, Braunkohlenfelder um Zittau u. Borna, Wasserkraftwerke u. dichtes Verkehrsnetz entwickelten vielseitige Ind., so Textilfabriken in Plauen, Zwickau u. Chemnitz (hier auch Maschinenbau), Waggonbau in Bautzen. – Während des Verfalls des Fränk. Reichs entstand auf sächs. Stammesgebiet [↗Sachsen 1)] das Htm. der ↗Liudolfinger, die 919/1024 dt. Kg.e waren; ihnen folgten die ↗Billunger; die v. diesen im 10. Jh. begonnene Ostkolonisation erreichte unter Lothar v. Supplinburg, Albrecht dem Bären u. ↗Heinrich dem Löwen im 12. Jh. ihren Höhepunkt (Besiedlung v. Mecklenburg, Pommern, Brandenburg u. der Lausitz); 1180 Zerschlagung des Htm.: der westl. Teil fiel als Htm. Westfalen an Köln; der östl. Teil kam als Htm. S. an die Askanier u. wurde 1260 in *S.-Lauenburg* u. *S.-Wittenberg* geteilt; dieses wurde Kurfürstentum (Kur-S.) u. fiel nach dem Aussterben der Askanier 1423 an die ↗Wettiner, die Markgrafen v. Meißen u. Landgrafen v. Thüringen waren. 1485 teilte sich das Haus der Wettiner: die Ernestiner bekamen Kur-S. u. den Hauptteil ↗Thüringens, die Albertiner Meißen u. Nordthüringen; im Schmalkald. Krieg verloren die Ernestiner 1547 die Kurwürde u. den größten Teil ihres Gebietes an den Albertiner ↗Moritz v. S.; 1635 fiel die Lausitz an Kursachsen. Die Kurfürsten Friedrich August I. u. II. waren als ↗August II. u. III. Kg.e v. Polen (1697/1763). 1806 wurde S. durch Napoleon I. zum Kgr. erhoben, verlor aber 15 den nördl. Landesteil an Preußen (das daraus die *Prov. S.* bildete). 1918 wurde S. Freistaat. Das nach 45 daraus (u. später noch aus den westl. der Oder-Neiße-Linie gelegenen Teilen Schlesiens) gebildete *Land S.* wurde 52 in die Bez. Leipzig, Dresden, Chemnitz (seit 53: Karl-Marx-Stadt) u. Cottbus aufgeteilt.

Sachsen-Altenburg, ehem. dt. Htm. in Thüringen; 1825 neu begr., 1918 Freistaat; kam 20 zum Land ↗Thüringen.

Sachsen-Anhalt, ehem. mitteldt. Land um mittlere Elbe u. Saale, 24669 km², 4,2 Mill. E., davon 80% ev.; Hst. Halle; steigt vom ebenen N u. O gg. die Ost- bzw. Nordausläufer vom Harz u. dt. Mittelgebirge an. Akker- u. Gartenland mit Zuckerrüben-, Getreide- u. Obstbau, bes. in der Altmark u. in der Magdeburger Börde, Braunkohlenlager (Zeitz, Weißenfels, Merseburg, Bitterfeld), Kali- (Staßfurt) u. Steinsalzgruben am Harzrand, Ind.-Zentrum um Leuna, Halle, Magdeburg; um Eisleben u. im Harz alter Bergbau. – 1946 u.a. aus dem ehem. preuß. Prov. ↗Sachsen u. dem Land ↗Anhalt gebildet, 49 Land der DDR, 52 in die Bez. Magdeburg u. Halle aufgeteilt.

Sachsen-Coburg-Gotha, ehem. dt. Htm. in Thüringen; 1680 gegr. als *Sachsen-Saalfeld,* 1918 Freistaat; 20 aufgelöst. Coburg kam zu Bayern, Gotha zu ↗Thüringen.

Sachsenheim, württ. Stadt n.w. von Stuttgart, 13800 E.; Stanz- und Preßgußwerk; durch Gem.-Zusammenschluß entstanden.

Sachsen-Meiningen, ehem. dt. Htm. in Thüringen; 1680 gegr., 1918 Freistaat; kam 20 zum Land ↗Thüringen.

Sachsenspiegel, ältestes umfassendes dt. Rechtsbuch, in niedersächs. Sprache, wohl um 1220 v. Eike v. Repgow aufgezeichnetes Land- u. Lehnsrecht des östl. Sachsens.

Sachsen-Weimar-Eisenach, ehem. dt. Htm. in Thüringen; entstand 1603 bzw. 72, 1815 Groß-Htm., 1918 Freistaat; kam 20 zu ↗Thüringen. [birge.

Sächsische Schweiz ↗Elbsandsteinge-
Sachversicherung, alle Versicherungszweige, die den Ersatz v. Schäden an Sachgütern bezwecken. Ggs.: ↗Personenversicherung. □ 1056.

Sachwert, der in der Sache an sich liegende Wert, der v. Geldschwankungen unabhängige Substanzwert. Ggs.: Liebhaberwert.

Säckingen, bad. Stadt rechts am Hochrhein, 13800 E.; Fridolinsmünster; Schönausches Schloß; 2 jod-, brom- u. lithiumhaltige Thermen (25°C); Rheinkraftwerk.

Sackniere, *Hydronephrose,* schmerzhafte Ausweitung des Nierenbeckens durch krankhafte Behinderung des Harnabflusses.

Sackpfeife, der ↗Dudelsack.

Sackträger, *Sackspinner,* Kleinschmetterlinge, deren Raupen sackförmige Gehäuse aus Pflanzenteilen bauen.

Sackville (: ßäkwil), *Thomas* Lord Buckhurst, engl. Dichter u. Politiker, 1536–1608; Beiträge zu den nationalen Geschichtsbuch *A Mirror of Magistrates;* Tragödie *Gorboduc* nach Seneca.

Sackville-West (: ßäkwil-), *Victoria Mary,* engl. Schriftstellerin, 1892–1962; Verdichtungen, Lyrik, Romane, Biographien (*Adler u. Taube; Tochter Fkr.s).*

Sacramento, 1) *S. River,* Fluß in Kalifornien, durchfließt u. bewässert das Kaliforn. Längstal, mündet in die Bucht v. San Francisco; 615 km lang. **2)** Hst. Kaliforniens, östl. v. San Francisco, am Unterlauf des S. River, 260000 E.; kath. u. episkopalist. Bischof.

Sacré-Cœur *s* (: -kör, frz.), Herz-Jesu-Kirche auf dem Montmartre in Paris.

Sadat, *Anwar el,* ägypt. Politiker, 1918–81 (ermordet); 60 u. 64/69 Präs. der Nationalversammlung, 69 Vize-Präs.; seit 70 Staatspräs.

Sadduzäer, z. Z. Jesu wichtige jüdische Partei; anerkannte nur das geschriebene Gesetz des Moses; römerfreundlich; mit der Zerstörung Jerusalems aus der Gesch. verschwunden.

Sadebaum, *Sabinerbaum, Juniperus,* wacholderartiger Strauch, sehr giftig.

Sadismus *m,* nach dem frz. Schriftsteller *Marquis de Sade* (1740–1814) ben. sexuelle Perversität. Befriedigung durch körperl. u. seel. Mißhandlung v. Menschen u. Tieren. Ggs. ↗Masochismus.

Sadowa, Dorf bei ↗Königgrätz; nach ihm in Fkr. die Schlacht v. 1866 benannt.

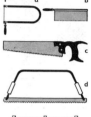

Säge: 1 Holzsägen, **a** Laub-, **b** Fein-S., **c** Fuchsschwanz, **d** Bügel-, **e** Spann-S. **2** Sägezahnformen bei Maschinen-S., **a** bei einer Kreis-S. mit eingesetzten Schnellstahlzähnen und mit Hakenzähnen, **b** bei einer Gatter-S. in wechselweiser Schärfung

Sadebaum: Fruchtzweig

Safe m (:ßeⁱf, engl.), Schrankfach in den diebes- u. feuersicheren Bank-/Tresors. /Geldschrank. [ges Ziegenleder.
Saffian m, S.leder, sumachgegerbtes, farbi-
Saflor m, distelähnl. Korbblütler mit roten, später gelben Blüten; fr. zum Färben.
Safran m, Blütennarben des S.krokus, würzig riechend, bitter schmeckend; zum Gelbfärben v. Nahrungsmitteln u. als Gewürz.
Saftlinge, Glaspilze, saftige, lebhaft gefärbte, schleimige Blätterpilze, unschädlich.
Saga w, urspr. mündl. überlieferte, im 12./13. Jh. schriftl. festgehaltene altisländ. Prosa-Erz. myth. u. hist. Inhalts.
Sagan, poln. Żagań, niederschles. Stadt am Bober, 23000 E.; Wallenstein-Schloß (17./18. Jh.); Textil-, Schuh-, Glas-Ind.
Sagan (: ßagān), Françoise, frz. Schriftstellerin, * 1935; Romane: Bonjour Tristesse; Ein gewisses Lächeln; Lieben Sie Brahms?; Ein bißchen Sonne im kalten Wasser; Ein verlorenes Profil.
Säge, Werkzeug zum Trennen v. Holz, Metall, Stein, Kunststoff; das S.blatt trägt eine Reihe dreieckiger, scharfer Zähne, die geschränkt (nach links bzw. rechts ausgebogen) sind, um Festklemmen zu verhindern. Das S.blatt ist bei Handbetrieb meist gerade, für maschinelles Sägen meist rund (Kreis-S.) od. als endloses Band (Band-S.) ausgebildet. **S.fisch**, ein längl. /Rochen.
Säger, entenähnl. Wasservögel mit langem, sägeartig gezähntem u. an der Spitze hakig gebogenem Schnabel; Gänse-S., schädl. Fischräuber an norddt. Flüssen u. Seen.
Sago m, gekörnte, quellfähige Stärke; Perl-S. aus dem Mark der Sagopalme; Tapioka-S. aus /Maniok; Dt. S. aus Kartoffelstärke.
Sagorsk, sowjet. Stadt n.ö. von Moskau, 107000 E.; Troiza-Sergej-Kloster, wichtigstes relig. u. polit. Zentrum des Moskauer Staates, heute noch Zentrum der russ.-orth.
Sahak /Isaak d. Gr. [Kirche.
Sahara w (arab. = Wüste), größte Wüste der Erde, 7 Mill. km²; erstreckt sich v. Atlantik bis zum Roten Meer (5000 km) und vom Atlas bis zum Sudan (1500–2000 km). Politisch haben Marokko, Algerien, Tunesien, Libyen, Ägypten, Spanien, Mauretanien, Mali, Niger, Tschad u. der Sudan Anteil an der S. Die S. ist reich gegliedert in Gebirgsmassive (Ahaggarmassiv 3003 m, Hochland v. Tibesti 3415 m), Geröllflächen, Sanddünenfelder, Salzsümpfe u. Wadis. ³/₄ sind ohne Vegetation; der Rest Wüstensteppe. In den 200000 km² Oasen leben 1,5 Mill. muslim. Araber u. Berber, zu ³/₄ seßhafte Bauern u. Händler. Reiche Erdöl- u. Erdgasfelder, bes. in der alger. u. libyschen S. Weitere Bodenschätze: Salz, Kohle, Kupfer, Mangan, Eisen, Wolfram, Titan u. Zinn.
Saharanpur, ind. Stadt am Südfuß des Siwalikgebirges (Uttar Pradesch), 230000 E.
Sahib m (arab.), ind. u. iran. Anrede für Europäer.
Saibling m, Rotforelle, bunter Lachsfisch mit schmackhaftem Fleisch.
Saier, Oskar, dt. kath. Theologe, * 1932; 72 Weihbischof, seit 78 Erzb. v. Freiburg i. Br.
Saida, Seida, Stadt im Staat Libanon, Mit-

Saigaantilope

A. de Saint-Exupéry

Erzbischof Saier

telmeerhafen, Endpunkt der Erdölleitung aus Arabien, 25000 E.; melchit., maronit. u. griech.-orth. Bischof. Im Altertum Sidon, See- u. Handelsstadt Phönikiens.
Saigaantilope, Steppenantilope, plump, mit rüsselartiger Nase; Männchen mit geringelten, gelbl. Hörnern; in asiat. Steppen.
Saigon, bis 1975 Name v. /Ho-Tschi-Minh-Stadt.
Sailer, Johann Michael, dt. kath. Theologe, 1751–1832; Bischof v. Regensburg; förderte die innere Erneuerung des dt. Katholizismus gg. Aufklärung u. Rationalismus; Vorbereiter der Romantik.
Saima, Saimaa, weitverzweigtes Seensystem in Südost-Finnland, 4400 km², bis 59 m tief. Durch den 59 km langen S.kanal (1844/56 erb.) mit dem Finn. Meerbusen verbunden.
Saint (: ßān, frz.; ßeⁱnt, engl.), frz. weibl. Form Sainte (: ßānt), heilig.
Saint-Acheul (: ßāntaschöl), frz. Ort, Vorstadt v. Amiens; nach ihm benannt das Acheuléen, da in der Nähe Werkzeuge aus der /Steinzeit gefunden wurden.
Saint Albans (: ßeⁱnt ålb^ens), engl. Stadt, n.w. von London, 53000 E.; älteste engl.-normann. Kathedrale (1077/88 u. später).
Saint-Denis (: ßān d^oni), 1) Stadt im frz. Dep. Seine, nördl. v. Paris, an der Seine, 97000 E.; frühgot. Kathedrale (Gruftkirche der frz. Könige), ehem. Benediktinerabtei (um 624 gegr.); Metall-Ind. 2) Hst. u. Hafen der frz. Insel Réunion, 85000 E.; kath. Bischof.
Sainte-Beuve (: ßānt böw), Charles-Augustin de, frz. Schriftsteller, 1804–69; Literaturkritik, kulturgeschichtl. Werke; über den /Jansenismus die Histoire de Port-Royal; Lyrik; Roman Volupté.
Saint-Étienne (: ßāntetjän), Hst. des frz. Dep. Loire, 220000 E.; Univ., kath. Bischof; Bergbauschule; Kohlengruben, Rüstungs-, Textil-Ind.
Saint-Exupéry (: ßāntekßüperi), Antoine de, frz. Schriftsteller u. Flieger, 1900–44; kontemplative, zum Lyrischen neigende Prosa. Nachtflug; Wind, Sand u. Sterne; Der kleine Prinz.
Saint-Germain, S.-G.-en-Laye (: ßān schermān ān lä), frz. Stadt im Vorortbereich v. Paris, an der Seine, 42000 E.; im Schloß 1919 Frieden der Entente mit Österreich.
Saint-John Perse (: ßān dschon pärß), (eig. Alexis Saint-Léger Léger), frz. Lyriker, 1887–1975; 1960 Nobelpreis für Literatur.
Saint John's (: ßeⁱnt dschons), Hst. v. Neufundland, Hafen am Atlantik, 86000 E.; Univ.; kath. Erzb., anglikan. Bischof.
Saint-Laurent (: ßān lorān), Yves, frz. Modeschöpfer, * 1936; Schüler Diors.
Saint-Louis (: ßān lui), Stadt in der Rep. Senegal, an der Senegalmündung, 88000 E.
Saint Louis (: ßeⁱnt luiß), Stadt im Staat Missouri, USA, am Mississippi, 630000 E.; Mittelpunkt des Katholizismus in den USA; kath. Erzb.; Staats-Univ. mit Kunsthochschule, Jesuiten-Univ. u. TH; Schwer-Ind.; Großschlächtereien; Getreidemarkt.
Saint Lucia, gebirgige, teilweise bewaldete Insel der Kleinen /Antillen; Ausfuhr von Zucker, Bananen, Nüssen. 1500 entdeckt,

---

Saint Lucia

Amtlicher Name:
Saint Lucia

Staatsform:
konstitutionelle Monarchie

Hauptstadt:
Castries

Fläche:
616 km²

Bevölkerung:
120000 E.

Sprache:
Amtssprache Englisch
Umgangssprache Kreolisch

Religion:
90% Katholiken
10% Baptisten, Methodisten, Anglikaner

Währung:
Ostkaribischer Dollar
= 100 Cents

Mitgliedschaften:
UN, Commonwealth, EG (assoz.)

1650 frz., 1814 brit., 1967 innere Autonomie, 79 unabhängig.
Saint-Malo (: ßã̱n-), frz. Stadt im Dep. Ille-et-Vilaine (Bretagne), auf einer mit dem Festland verbundenen Granitinsel in der Mündungsbucht der Rance, mit Bauten des 14./18. Jh., 45000 E.; Seebad; Fischerei; Gezeitenkraftwerk.
Saint-Martin (: ßã̱n martã̱n), *Louis-Claude de*, frz. Philosoph, 1743–1803; Theosoph, v. J. Böhme beeinflußt.
Saint-Maurice (: ßã̱n moriß), Bezirkshauptort im schweizer. Kt. Wallis, 4000 E.; 515 Gründung einer Abtei am ↗Mauritius-Grab, 1128 Augustinerchorherrenstift.
Saint-Nazaire (: ßã̱n nasä̱r), frz. Hafenplatz und Seebad, Vorhafen v. Nantes 70000 E.; größte frz. Werften, Metall-Ind.
Saint Paul (: ße'nt på̱l), Hst. v. Minnesota (USA) u. wichtigster Hafen der Mississippi-schiffahrt, 310000 E.; bildet zus. mit Minneapolis eine Zwillingsstadt. Kath. Erzb.; methodist. Univ.; Großschlächtereien.
Saint Petersburg (: ße'nt pi̱t^{er}sb^{or}g), Stadt in Florida (USA), auf der Halbinsel Pinellas, 220000 E.
Saint-Pierre-et-Miquelon (: ßã̱n pjär e mik^{e}lo̱n), frz. Inselgruppe im Nordatlantik, südl. v. Neufundland, 8 Inseln mit 242 km², 5500 E.; Hauptort Saint-Pierre. Fischerei-stützpunkt. 1604 frz. (1702/63 brit.), seit 1946 frz. Überseeterritorium.
Saint-Quentin (: ßã̱n kã̱ntã̱n), frz. Stadt im Dep. Aisne, an der Somme, 68000 E.; got. Kollegiatkirche (13./15. Jh.).
Saint-Saëns (: ßã̱n ßã̱nß), *Camille*, frz. Komponist, 1835–1921; Opern, darunter *Samson u. Dalila*, auch Orgelkonzerte u. Kammermusik.
Saint-Simon (: ßã̱n ßimo̱n), *Claude-Henri de Rouvroy Comte de*, frz. Sozialreformer, 1760–1825; suchte im Sinne einer rein diesseitig verstandenen Nächstenliebe die soziale Frage zu lösen; gilt als Begr. des utop. Sozialismus. **S.-S.ismus**, die v. Schülern S.-S.s in sozialist. Richtung weiterentwickelte Lehre.
Saint Vincent, vulkan., dicht bewaldete Insel der Kleinen ↗Antillen; Export v. Bananen, Zucker, Kakao. 1498 v. Columbus entdeckt, seit 1672 brit., 1979 unabhängig.
Saipan, Hauptinsel der pazif. Marianen, 185 km², 9000 E.; Hauptort Garapan.
Sais, altägypt. Stadt am Rosettaarm des Nil; Residenz im 7. u. 6. Jh. v. Chr.
Saison w (: ßäso̱n, frz.), **1)** Jahreszeit. **2)** jährl. wiederkehrende Zeit erhöhter wirtschaftl. Tätigkeit in einzelnen Wirtschaftszweigen *(S.betriebe)*. **S.schwankungen,** beruhen u. a. auf natürl. jahreszeitl. Einflüssen, Verbrauchsgewohnheiten; z. B. im Baugewerbe und Fremdenverkehr; keine ↗Konjunktur.
Saiten, die aus Schafsdärmen, Seide, Kunststoffen od. Metall gefertigten u. z. T. mit feinem Draht umwickelten Bezüge für die *S.instrumente:* Sammel-Bz. für Musikinstrumente, die mit S. bespannt sind.
Saitenwürmer, die ↗Fadenwürmer.
Sajanisches Gebirge, schließt das mittelsibir. Tafelland im S ab, bis 3491 m hoch.

Sakramentshäuschen in St.Lorenz (Nürnberg) – ☐ 510

Camille Saint-Saëns

Saint Vincent

Amtlicher Name:
Saint Vincent

Staatsform:
konstitutionelle Monarchie

Hauptstadt:
Kingstown

Fläche:
388 km²

Bevölkerung:
113300 E.

Sprache:
Amtssprache Englisch
Umgangssprache Kreolisch

Religion:
überwiegend Protestanten, Katholiken

Währung:
Ostkaribischer Dollar = 100 Cents

Mitgliedschaften:
UN, Commonwealth EG (assoz.)

Sakai, japan. Hafenstadt in Südhondo, südl. v. Osaka, 778000 E.; Textilindustrie.
Sake, *Saki m,* japan. Reiswein.
Sakkara, unterägypt. Dorf bei Memphis; Stufenpyramide, Überreste kopt. Kunst.
Sakko m (it.), Herrenjackett.
sakral (lat.), **1)** sich auf Religion u. Kult beziehend. **2)** *S.gegend,* Kreuzbeingegend.
Sakrament s (lat. = geheiligte Sache), ein v. Jesus Christus eingesetztes Zeichen, durch das das in der Menschwerdung Christi u. seiner Erlösungstat offenbar gewordene Gnade Gottes weiterhin sichtbar den Menschen vermittelt wird. – Nach *kath. Lehre* gibt es 7 S.e: Taufe, Firmung, Eucharistie, Buß-S., Krankensalbung, Priesterweihe, Ehe. – Die *Orth. Kirchen* u. die *Altkatholiken* haben dieselben 7 S.e; die *ev. Kirchen* anerkennen meist nur Taufe u. Abendmahl als S.e. **Sakramentalien** (Mz., lat.), kath. u. orth. Liturgie: die nicht v. Jesus Christus, sondern v. der Kirche eingesetzten, den Sakramenten ähnl. Riten od. geweihten Gegenstände. **Sakramentshäuschen,** in kath. Kirchen Nischen, Schreine, die bis ins 17. Jh. zur Aufbewahrung konsekrierter Hostien dienten.
Sakrileg *s* (lat.), Gottesraub, Verunehrung v. gottgeweihten Personen, Orten u. Sachen od. v. Kulthandlungen. **Sakristan** m (lat.), der Küster. **Sakristei** w, Raum an der Kirche zur Vorbereitung des Gottesdienstes u. Aufbewahrung der gottesdienstl. Geräte.
sakrosankt (lat.), hochheilig, unverletzlich.
säkular (lat.), **1)** nur alle 100 Jahre wiederkehrend. **2)** weltlich. **Säkularinstitute** (Mz., lat.), *kath. Kirche:* kirchenrechtl. anerkannte rel. Genossenschaften v. Klerikern u. Laien, deren Mitgl. den ↗Evangelischen Räten folgen u. normalerweise in ihrer weltl., berufl. Umgebung verbleiben. **Säkularisation** w (lat.; Ztw. *säkularisieren*), Einziehung v. Kirchengut zu weltl. Zwecken, Umwandlung v. geistl. Herrschaftsbereichen in weltl.; bes. im Zeitalter der Reformation, der Aufklärung u. der Frz. Revolution; bei der S. in Dtl. durch den ↗Reichsdeputationshauptschluß 1803 wurden die geistl. Territorien aufgehoben, um die Fürsten für den Verlust linksrheinischer Gebiete an Fkr. zu entschädigen. **Säkularisierung** w, **1)** Verweltlichung. **2)** Überführung eines kath. Ordenspriesters in den Weltpriesterstand. **Säkulum** s, **1)** Jahrhundert, Zeitalter. **2)** Zeitlichkeit.
Saladin, Sultan v. Syrien u. Ägypten, 1138–1193; Schöpfer eines großen Reichs v. Nil bis zum Euphrat, eroberte 87 im Kampf mit den Kreuzfahrern Jerusalem.
Saläm (arab.), Heil, Friede; **S. aleikum,** arab. Gruß: Friede, Heil über euch!
Salamanca, westspan. Prov.-Hst. auf der Hochfläche Altkastiliens, 137500 E.; Bischof; Univ. (1243 gegr.); Doppelkathedrale; viele geistl. Schulen. S. ist reich an alten Bauwerken u. Kunstschätzen; Zentrum des ↗Platereskenstils.
Salamander m, Land-↗Molch; *Alpen-S.,* völlig schwarz, bis 16 cm lang, in feuchten Wäldern; Larven mit Kiemen, Gliedmaßen

u. Ruderschwanz in Bächen, wo sie sich zur Landform entwickeln. ☐ 911.

Salami w (it.), geräucherte od. an der Luft getrocknete, gewürzte Dauerrohwurst.

Salamis, *Kuluri,* griech. Insel im Golf v. Ägina, 93 km², 18000 E.; Hst. S. – 480 v. Chr. Seesieg der Griechen über die Perser.

Salangane, schwalbenähnl. Vögel; Nester gekittet mit Speichel, gemischt mit Mageninhalt, an Felswänden klebend, in Indien u. China Delikatesse *(Ind. Schwalbennester).*

Salär s (frz.), Lohn, das Gehalt.

Salazar (: -sar), *Antonio de* Oliveira S., 1889–1970, 1932/68 portugies. Min.-Präs. u. 36/47 Außenmin., 61/62 auch Verteidigungsmin.; begr. 33 ein autoritäres Regime.

Salbader m, wortreicher Wichtigtuer.

Salbei m od. w, *Salvia,* Kräuter u. Sträucher mit Lippenblüten; *Wiesen-S.,* blaublühend; *Garten-S.,* mit aromat. Blättern, Heilmittel.

Saldo m, (it.; Ztw. *saldieren*), in der Buchführung: Unterschied zw. Soll u. Haben.

Salem, bad. Ort, 6 km n.ö. des Bodensees, 7600 E.; ehem. Zisterzienser-Abtei, seit 1803 Sitz des Markgrafen v. Baden u. höhere Internatsschule.

Salem (: ßeꞌleˢm), 1) Hst. v. Oregon (USA), am schiffbaren Willamette, 80000 E.; methodist. Univ. 2) Stadt im ind. Staat Tamil Nadu, 310000 E.; kath. Bischof.

Salerno, süd-it. Prov.-Hst. am *Golf v. S.,* 155000 E.; Erzb.; roman. Dom. Baumwoll- u. Papierindustrie.

Salesianer (Mz.), *Ges. des hl. Franz v. Sales,* v. Don Bosco 1857 gegr. Priestergenossenschaft zur Erziehung der männl. Jugend u. für Missionsarbeit. **S.innen,** 1) weibl. Zweig der S. zur Erziehung der weibl. Jugend. 2) 1610 v. hl. ↗Franz v. Sales gegr. Schwesternorden für Armen-, Krankenpflege, Jugenderziehung.

Salford (: ßälfᵉrd), mittelengl. Stadt, Schwesterstadt v. Manchester, 135000 E.; kath. Bischof; Baumwoll-, Eisenindustrie.

Salicylsäure w, $C_4H_4(OH)(COOH)$, süßlichsaures, weißes Pulver; desinfizierend u. konservierend; zu Heilmitteln.

Salier (Mz.), 1) Teilstamm der Franken am Niederrhein. 2) die dt. Ks. aus fränk. Haus 1024/1125. ☐ 179.

Salieri, *Antonio,* it. Komponist, 1750–1825; in Wien als Hofkomponist Gegner Mozarts; Opern, Instrumental- u. Kirchenmusik.

Salimbene de Adam, OFM, 1221–87/88; it. Chronist; Anhänger Joachims v. Fiore.

Saline w (lat.), Anlage zur Salzgewinnung aus Sole.

Salinger (: ßalindschᵉr), *Jerome David,* am. Schriftsteller, * 1919; Romane u. Erzählungen, u. a. *Der Fänger im Roggen; Franny u. Zooey.*

Salisbury (: ßålꞌsbᵉrꞌ), 1) Hst. der südengl. Gft. Wilts, am Avon, 38000 E.; anglikan. Bischof; Kathedrale; Stahlwaren-, Instrumenten- u. Leder-Ind. 2) Hst. v. Zimbabwe, 633000 E.; kath. Erzb., anglikan. Bischof.

Salisbury (: ßålꞌsbᵉrꞌ), 1) ↗Johann v. S. 2) *Robert* Marquess of, 1830–1903; 1878/80 brit. Außenmin. (Konservativer); 1885/1902 mehrmals Premiermin.; erweiterte die brit. Machtstellung in Afrika.

Wiesen-Salbei

Salomonen

Amtlicher Name:
Solomon Islands

Staatsform:
konstitutionelle Monarchie

Hauptstadt:
Honiara

Fläche:
29785 km²

Bevölkerung:
196900 E.

Sprache:
Umgangssprache
Pidgin-Englisch

Religion:
überwiegend
Protestanten
Animisten

Währung:
Solomon-Island-
Dollar =
Australischer Dollar
= 100 Cents

Mitgliedschaften:
UN, Commonwealth

Antonio Salieri

Salisches Gesetz, das ↗Volksrecht der salischen Franken; bedeutendstes german.

Salk-Serum ↗Kinderlähmung. [Recht.

Sallust, röm. Geschichtsschreiber, 86 bis um 34 v. Chr.; Anhänger Caesars. *Verschwörung Catilinas; Jugurthin. Krieg.*

Salm m, der aufsteigende ↗Lachs.

Salmiak m, *Ammoniumchlorid,* NH_4Cl, weißes Salz, wasserlöslich. **S.geist,** wäßrige Lösung v. Ammoniak, NH_4OH, wirksame Lauge, Reinigungsmittel.

Salmler, artenreiche Knochenfischfamilie; z. T. farbenprächtige Aquarienfische.

Salmonellen, stäbchenförm. Bakterien, rufen Darm- u. Allgemeininfektionen hervor.

Salome, 1) im NT eine der Anhängerinnen Jesu, die der Kreuzigung beiwohnte u. am Ostermorgen das Grab besuchte; wahrscheinl. Mutter der Apostel Jakobus d. Ä. u. Johannes. 2) Tochter der Herodias, forderte auf deren Anstiften v. König Herodes Antipas für ihren Tanz das Haupt Johannes' des Täufers. – Oper v. R. Strauss.

Salomon (hebr. = Friedreicher), im AT Sohn Davids u. der Bethsabe, seit ca. 972 v. Chr. König v. Israel, dessen Machtstellung er vollendete; erbaute den Tempel in Jerusalem; das AT rühmt seine Weisheit; im atl. Kanon wurden ihm, außer Teilen aus dem Buch der Sprüche, einzelne Psalmen, die Bücher Prediger, Hoheslied u. Weisheitsbuch zugeschrieben.

Salomon, *Ernst von,* dt. Schriftsteller, 1902–72; wegen versuchter Beihilfe zur Ermordung Rathenaus 22 zu 5 Jahren Zuchthaus verurteilt; Romane, Drehbücher, Autobiographie *Der Fragebogen.*

Salomoninseln, *Salomonen,* 1) 2 Inselreihen im Pazif. Ozean, die südöstl. Fortsetzung des Bismarck-Archipels, von Melanesiern z. T. in Pfahlbauten bewohnt, 1885 und 1899 zw. Dtl. u. Großbritannien geteilt, die dt. Inseln (10619 km²) 1920/73 austral. Mandat, seit 73 Teil u. ↗Niugini. 2) unabhängiger Staat, umfaßt den fr. brit. Teil der S.; erhielt 75 innere Autonomie, seit 78 unabhängig.

Salomonssiegel, *Weißwurz,* Liliengewächs in Laubwäldern, mit hängenden, weißl. Blütenglöckchen.

Salon m (: ßalõ, frz.), 1) Gesellschaftszimmer. 2) Kreis v. Gelehrten, Künstlern usw., meist um eine Dame der Gesellschaft. 3) Ausstellungsraum; heute auch Arbeits- und Verkaufsraum (z. B. Mode-, Friseur-S.).

Saloniki, *Thessalonike,* griech. Prov.-Hst., Hafen am Golf v. S., 350000 E.; Sophienkirche u. Demetrius-Basilika (beide 8. Jh.), Apostelkirche (8. Jh.); Apostol. Vikar, griech.-orth. Metropolit; Univ.; Baumwoll-, Metall-, Tabak-Ind. – 316 v. Chr. als *Thessalonike* gegr.; bedeutendste Handelsstadt des Byzantin. Reiches; 1430 (als *Selanik*) türk., seit 1913 griechisch. [gezwungen.

salopp (frz.), nachlässig, unordentlich; un-

Salpen, Meerestiere, frei schwimmende Manteltiere, durchsichtig, tonnenförmig.

Salpeter m, ↗Kali-S., ↗Kalk-S., Natron-S. (↗Chile-S.). **S.säure,** HNO_3, wasserhelle, rauchende, stechend riechende Flüssigkeit; durch katalyt. Oxydation des Ammoniaks gewonnen; starke Säure, löst einige edlere

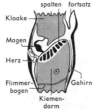

Kiemen- Rücken-
spalten fortsatz
Kloake
Magen
Herz
Flimmer- Gehirn
bogen
Kiemen-
darm

Salpe: Schnittbild

Die Altstadt von Salzburg mit dem Dom, der Kollegienkirche, der Franziskanerkirche, dem St.-Peters-Stift und der Feste Hohensalzburg

Metalle (außer Gold) auf *(Scheidewasser)*, nicht dagegen Eisen, Chrom u. Aluminium; dient zur Herstellung v. Schießbaumwolle, Nitroglycerin, der meisten organ. Nitro- u. Aminoverbindungen, ferner zur Herstellung v. Düngemitteln, zum Ätzen u. Beizen. ↗Königswasser, ↗Nitriersäure; die Salze der S.säure sind die *Nitrate.* **salpetrige Säure,** HNO_2, zur Synthese der Azo- u. Diazoverbindungen; ihre Salze: *Nitrite.*

SALT (: ßȧlt), **S**trategic **A**rms **L**imitation **T**alks, am.-sowjet. Gespräche über Begrenzung strateg. Kernwaffen.

Salten, *Felix* (eig. Siegmund Salzmann), östr. Schriftsteller, 1869–1945; Romane, Erz., bes. Tiergeschichten *(Bambi).*

Salt Lake City (: ßȧlt le'k ßit'), Hst. v. Utah (USA), Hauptsitz der Mormonen, am Einfluß des Jordan in den Großen Salzsee, 1400 m ü. M., 175 000 E.; Univ.; kath. Bischof; „Mormonen-Tempel" (1853/93); Großschlächtereien, Silber-, Blei- u. Kupferschmelzen, Salzgewinnung.

Salto *m* (it.), *Sport:* freier Überschlag vor- od. rückwärts mit ein- od. mehrfacher Drehung des gestreckten od. gewinkelten Körpers um die Querachse.

Saluen, der hinterind. Strom ↗Salwen.

Salurn, it. *Salorno,* Südtiroler Ort an der Etsch, 3000 E. An der *S.er Klause* verläuft die dt.-it. Sprachgrenze.

Salut *m* (frz.), militär. Ehrengruß durch Flaggen od. Kanonenschüsse.

Salvador, 1) ↗El Salvador. **2)** *São S. da Bahia,* Bahia, Hst. des brasilian. Bundesstaates Bahia, Haupthafen Nordbrasiliens, am Atlantik, m. V. 1,2 Mill. E.; Erzb.; Univ.

Salvarsan *s,* organ. Arsenpräparat gg. Spirochäten-Infektionskrankheiten, bes. Syphilis.

Salvator *m* (lat.), Heiland, Erlöser. **Salvatorianer** (Mz.), *Ges. des Göttl. Heilandes,* 1881 v. Johann Baptist Jordan (1848–1918) in Rom gegr. kath. Genossenschaft für Volks- u. Heidenmission. **S.innen,** der weibl. Zweig, 1888 gegr. für Unterricht u. caritative Aufgaben.

Salve *w* (lat.), gleichzeitiges Abfeuern mehrerer Gewehre od. Geschütze.

salve (lat. = sei gegrüßt), altröm. Gruß. **S. Regina** („Gegrüßet seist du, Königin"), alte Hymne an die Gottesmutter Maria.

1 ← Wasser
→ Sole
verrohrtes Bohrloch
Sole

2 Wassernebel
Salz
Salzlauge, Sole

3 Blindschacht Strecke
Salz
Wasser
Laist   Sole

Salzgewinnung: Abbau **1** über verrohrte Bohrlöcher, **2** über Wasserspülung von einer horizontalen Strecke aus, **3** im Sinkwerkbau

Salwen, *Saluen m,* chines. *Lukiang,* südostasiat. Strom, entspringt in Tibet, mündet nach 3200 km in den Golf v. Martaban.

Salz, allg. das ↗Kochsalz; ↗Salze.

Salzach, r. Nebenfluß des Inn, entspringt in den Kitzbüheler Alpen, durchfließt den Pinzgau, den Pongau u. Salzburg, mündet nach 220 km bei Burghausen.

Salzbildner ↗Halogene.

Salzbrunn, *Bad S.,* poln. *Szczawno Zdrój,* niederschlesisches Bad, 10 000 E.; kohlensäurereiche alkal. Quellen; Eisengießerei.

Salzburg, 1) östr. Bundesland beiderseits der Salzach, 7154 km², 442 200 E.; Hst. S. [vgl. 2)]; meist Gebirgsland: *S.er Schieferalpen, S.er Kalkalpen,* Hohe u. Niedere Tauern; dazu Pinzgau, Lungau u. Pongau, das seenreiche *S.er Becken* (Flachgau) u. Westteil des Salzkammerguts; Viehzucht, Almbetrieb u. Holzwirtschaft. Bergbau auf Salz (Hallein) u. Kupfer. **2)** Hst. v. 1), an der Salzach, 129 000 E.; umrahmt v. Mönchs- u. Kapuzinerberg. Über S. ragt die Feste Hohen-S. Renaissance-Bürgerhäuser, Dom (1614/28; it. Frühbarock) u. weitere Barockkirchen (Dreifaltigkeits-, Kollegien-, Kajetanerkirche), Benediktinerabtei St. Peter (im 7. Jh. gegr.), erzbischöfl. Residenz (1596), Schloß Mirabell; Univ., Museum in Mozarts Geburtshaus; Akad. für Musik u. darstellende Kunst Mozarteum, Lehrerbildungsanstalt; Festspielhaus; alljährl. die *S.er Festspiele.* – Röm. Kolonie *Iuvavum;* Begr. der Stadt der Wanderbischof ↗Rupert; 739 Bistum, 798 Erzbistum; 1731/32 Ausweisung der Lutheraner; das Erzbistum wurde 1803 säkularisiert u. kam 16 endgültig an Östr.; 25 Restitution des Erzbistums.

Salzburger Festspiele, seit 1920 alljährl. im Sommer (Schauspiel, Oper, auch Konzerte; begr. von Max Reinhardt u. Hugo v. Hofmannsthal.

Salzdetfurth, *Bad S.,* niedersächs. Solbad, s. ö. von Hildesheim, 14 200 E.; Saline, Kaliwerke.

Salze, chem. Verbindungen, entstehen aus Säuren, wenn deren Wasserstoffatome teilweise *(saure S.)* od. ganz *(neutrale S.)* durch Basenreste ersetzt werden; S. bestehen also stets aus Basen- u. Säurerest. Man kann auch v. (metallhaltigen) Basen ausgehen u. deren OH-Gruppen teilweise *(basische S.)* od. ganz *(neutrale S.)* durch Säurereste ersetzen. ↗Kochsalz. ☐856.

Salzgarten, Becken z. Gewinnung v. Kochsalz durch Verdunsten v. Meerwasser.

Salzgitter, bis 1951 *Watenstedt-S.,* niedersächs. kreisfreie Stadt im nördl. Harzvorland (Verwaltungs-Bez. Braunschweig), 114 000 E.; moderne Eisen-Ind. mit Hochöfen, Walzwerken, Gießereien. 18 km langer Stichkanal zum Mittellandkanal. Große Eisenerzlager (1,5–2 Mrd. t, 28% Fe-Gehalt).

Salzkammergut, seenreiche östr. Alpenlandschaft (Traun-, Atter-, Mond-, St.-Wolfgang-, Fuschl-, Hallstätter-, Grundlsee) im Flußnetz der oberen Traun; gehört zu den Bundesländern Ober-Östr., Steiermark u. Salzburg. Waldreiche Berge der Schieferalpen wechseln mit schroffen Wänden der Kalkalpen.

Salzpflanzen, *Halophyten,* gedeihen nur auf kochsalzreichem Boden.

Salzsäure, *Chlorwasserstoffsäure,* wäßrige Lösung des Chlorwasserstoffs, HCl; wasserklare Flüssigkeit, eine der stärksten Säuren, löst die meisten Metalle unter Bildung ihrer Salze; kommt in vulkan. Dämpfen u. im Magensaft des Menschen (0,1–0,5%) vor; Darstellung aus Natriumchlorid u. Schwefelsäure oder aus Wasserstoff u. Chlor; vielfältige chem. Verwendung; ihre Salze heißen *Chloride.*

Salzseen, abflußlose Seen, deren Salzgehalt sich durch andauernde Verdunstung erhöht, wie im Toten Meer.

Salzuflen, *Bad S.,* westfäl. Stadt im Kr. Lippe, 51200 E.; kohlensaure Kochsalzthermen, Solquellen; Gradierwerk.

Salzungen, *Bad S.,* thüring. Kurort u. Krst. (Bez. Suhl), 16000 E.; Solquellen, Kaliwerk, Saline.

Salzwedel, Krst. in der Altmark (Bez. Magdeburg), 20000 E.; 3 got. Kirchen (13.–15. Jh.); Zucker- u. Schwefelsäurefabrik.

Sam *m,* ostasiat. Staude, ↗Ginseng.

Samaden, Hauptort des Oberengadin im schweizer. Kt. Graubünden, 1728 m ü. M., am Inn, 2500 E.

Samara, 1) ↗Kujbyschew. **2)** l. Nebenfluß des Dnjepr, 311 km lang, mündet bei Dnjepropetrowsk.

Samaria, 1) Bergfeste im mittleren Palästina u. Hst. des Kgr. Israel bis zu ihrer Zerstörung 722 v. Chr. durch die Assyrer; heute das Araberdorf *Sebastije.* **2)** hügelige Landschaft um 1), heutige Hst. Nablus.

Samariter, 1) *Samaritaner,* Bev. der Landschaft ↗Samaria; Nachfahren v. Juden u. assyr. Kolonisten; als religiöse Sondergruppe in scharfem Ggs. zu den Juden. Durch Christi Gleichnis wurde der *Barmherzige S.* zum Vorbild tätiger Nächstenliebe; daher S. i. ü. S.: hilfreicher Mensch. **2)** ↗Sanitäter.

Samarium *s,* chem. Element, Zeichen Sm, seltene Erde; Ordnungszahl 62. □149.

Samarkand, sowjet. Stadt in Mittelasien (Usbek. SSR), 476000 E.; oriental. Altstadt mit muslim. Prachtbauten, Univ. – 329 v. Chr. v. Alexander d. Gr., 1220 n. Chr. v. Dschingis-Chan zerstört; seit 1868 russisch.

Samarra, irak. Stadt am Tigris, n.w. von Bagdad, 16000 E. Ruinenstätte einer frühchalkolith. Kultur; im 9. Jh. Kalifenresidenz.

Sämaschinen, Maschinen für eine gleichmäßige Verteilung der ↗Saat.

Sambesi *m,* Hauptstrom Südafrikas, entspringt in Angola, bildet die Viktoriafälle, mündet nach 2660 km bei Chinde in den Indischen Ozean; gestaut durch den Kariba-Staudamm (Stausee 5180 km², Kraftwerk mit – voll ausgebaut – 1500 MW Leistung) u. den ↗Cabora-Bassa-Staudamm.

Sambia, fr. *Nordrhodesien,* südafrikan. Binnenstaat. S. ist ein flachgewölbtes, im Mittel 1000–1300 m hohes Plateau auf der Südabdachung der östl. Lundaschwelle, das von den Muchinga-Bergen (über 1800 m) überragt wird. Reiche Bodenschätze (Kupfer, Kobalt, Blei, Zink, Mangan); Anbau v. Tabak u. Mais. – S. ist dem. brit. Protektorat

Dosier- Verteiler-
gerät kopf

Gebläse — Drill-
schar

Lochmagazin
(rotierend) — Druck-
rolle

Schar

Zustreicher

Kartoffeln

Sämaschinen: 1 Drillmaschine, **2** Einzelkorn-S., **3** Kartoffellegemaschine

abnehmbarer Kragen

Ventil — Luft-
öffnungen

Wasser- — Heiz-
kessel rohr

— Rost

Asche — Luft-
öffnungen

Samowar

Sambia

Amtlicher Name:
Republic of Zambia

Staatsform:
Republik

Hauptstadt:
Lusaka

Fläche:
752614 km²

Bevölkerung:
5,65 Mill. E.

Sprache:
Staatssprache ist
Englisch; versch.
Bantu-Dialekte

Religion:
meist Anhänger von
Naturreligionen,
20% Christen

Währung:
1 Kwacha
= 100 Ngwee

Mitgliedschaften:
UN, Commonwealth,
OAU

Nord-↗Rhodesien; 1952/62 Mitgl. der Zentralafrikan. Föderation; 64 als S. unabhängige Rep. Staats-Präs. Kenneth David Kaunda (seit 64).

Samen, 1) vielzelliger Fortpflanzungskörper der *S.pflanzen* (↗Phanerogamen), entwickelt sich aus der befruchteten *S.anlage* (Behälterchen auf Fruchtblättern sitzend mit Eizelle, *S.knospe* u. 1 od. 2 *S.hüllen*), enthält im Innern das junge Pflänzchen (Embryo) mit Würzelchen, kurzem Stengel, 1–10 Keimblättern u. Knospe, ferner Nährstoffe. Der Verbreitung durch Wind dienen Flügel u. Haare; andere S. werden v. Wasser od. durch Tiere verschleppt, manche beim Öffnen der Früchte selbsttätig fortgeschleudert. Die S. vieler Pflanzen dienen als Nahrungs- od. Genußmittel. **2)** *Sperma,* Sekret der männl. Geschlechtsdrüsen mit zahlreichen *S.zellen* (Samenfäden, Spermien, Spermatozoen).

S.bläschen, beim Mann zw. Harnblase u. Mastdarm gelegene paarige Drüse; alkal. Sekret wird der *S.flüssigkeit* beigemischt.

□323. **S.käfer,** *Muffelkäfer,* eine kurzrüsselige Käfer, entwickeln sich im S. v. Hülsenfrüchten, so der *Bohnen-, Erbsen-* u. *Linsenkäfer.* **S.leiter,** Ausführungsgang des Hodens, leitet den S. bei Mensch u. Säugetier in die Harnröhre.

sämisch, sämisch-↗gerben.

Samisdat, *Selbstverlag,* in der UdSSR Bz. für nicht in den staatl. Verlagen erschienene, daher unzensierte Lit. (meist Schreibmaschinen-Ms.).

Samland, ostpreuß. Küstenlandschaft zw. Kurischem u. Frischem Haff; Bernsteingewinnung an der Küste (Palmnicken). – 1255 von Dt. Orden erobert; das 1258 err. Bist. S. wurde 1525 säkularisiert.

Sammet, der ↗Samt. **S.blume,** *Studentenblume,* stark duftender Korbblütler.

Samniter, *Samniten* (Mz.), mittel- u. süditalische Volksstämme; v. Rom in 3 *S.kriegen* (343/290 v. Chr.) geschlagen, 82 v. Chr. v. Sulla endgültig unterworfen.

Samoa, *S.inseln,* Inselgruppe Polynesiens im Pazif. Ozean, mit 10 bewohnten u. vielen unbewohnten Gebirgsinseln vulkan. Ursprungs, ca. 3039 km²; Zuckerrohr, Kokospalmen; gegliedert in ↗West-S. mit den Inseln Sawaii, Apolima, Manonu u. Upolu u. *Ost-S.* mit Tutuila u. den Manua-Inseln, 197 km², 31000 E.; Hst. Pago Pago. – 1722 entdeckt, 1899 Teilung in West-S. u. Ost-S. (kam in den USA, 1956 Selbstverwaltung).

Samojeden, mongolide Völkergruppe, etwa 20000 Köpfe, in Nordwestsibirien; Rentierzüchter, Jäger, Fischer.

Samos, griech. Sporaden-Insel, vom Kleinasien durch die *Straße von S.* getrennt, 468 km², als griech. Nomos 778 km², 42000 E.; Hst. Vathý. Wein- u. Olivenanbau.

Samothrake, griech. Felseninsel in der nordöstl. Ägäis, 177 km², 4000 E., meist Hirten. Im Alt. berühmte Mysterien.

Samowar *m,* russ. Teewassererhitzer; im Innenraum glühende Holzkohlen.

Sampan *m,* in Ostasien viel gebrauchter breiter, flachbodiger Ruderkahn, als Verkehrs- u. Hausboot üblich.

Samson, *Simson,* im AT einer der jüd.

↗Richter; kämpfte gg. die Philister; durch ↗Dalila seiner Locken (Sitz der Kraft) beraubt u. geblendet; brachte mit wiedergeschenkter Kraft über sich u. den Philistern den Tempel des Dagon zum Einsturz.

Samt m, Gewebe mit kurzem Flor auf leinwand- od. köperbindigem Grundgewebe, verschleißfest.

Samuel, der letzte Richter u. erste Prophet Israels; setzte Saul zum 1.König ein, salbte David. Nach ihm die 2 bibl. *Bücher S.* ben., die die Gesch. Israels v. der Geburt S.s bis zu David einschließl. erzählen.

Samuelson (: ßämju^elßn), *Paul Anthony,* am. Wirtschaftswissenschaftler, * 1915; 1970 Nobelpreis. [wind.

Samum m, heißer nordafrikan. Wüsten-

Samurai m (japan.), Ende 8./19.Jh. Angehöriger des erbl. japan. Kriegerstandes.

San (it., span.) heilig.

San m, r. Nebenfluß der Weichsel in Galizien, 450 km lang, bildet z.T. die sowjet.-poln. Grenze.

Sana, Hst. der Arab. Rep. Jemen, im Landesinnern, 2200 m ü.M., 450000 E.

San Antonio (: ßän äntо^unio^u), Ind.-Stadt u. Winterkurort in Texas (USA), 660000 E.; kath. Erzb., ev. Bischof; 2 Univ.; Erdöl- u. Erdgasfelder.

Sanatorium s (lat.), Heilanstalt.

San Bernardino, *Sankt Bernhardin,* Paß in den Adula-Alpen Graubündens, 2065 m hoch; 6,6 km langer Straßentunnel.

Sancho Pansa (: ßantscho-), in Cervantes' Roman *Don Quijote* dessen Knappe.

Sancta simplicitas! (lat.), heilige Einfalt!

Sanctissimum s (lat.), das Allerheiligste.

Sanctus s (lat. = heilig), **1)** in der kath. Messe der Lobgesang nach der Präfation. **2)** in der luth. Liturgie: Teil des Ordinariums.

Sand m, Anhäufung v. Mineralkörnchen mit 0,06–2 mm ∅; entsteht durch Verwitterung v. Gesteinen u. Sortierung des Verwitterungsmaterials durch bewegte Medien; durch Eisenhydroxid gelb bis braun gefärbt.

Sand (: ßãd), *George,* frz. Schriftstellerin, 1804–76; Geliebte v. Musset u. Chopin; in ihren frühen Romanen Verfechterin freiheitl. Ideen, bes. der Emanzipation der Frau u. der freien Liebe; später mehr soz. Themen.

Sand, *Karl Ludwig,* 1795–1820 (hingerichtet); dt. Burschenschaftler. ↗Kotzebue.

Sandaal m, aalähnl. Knochenfisch, gräbt sich bei Ebbe in Sand ein; Köderfisch.

Sandbiene, die ↗Erdbiene.

Sandblatt, die 2–5 größeren, hochwertigen Tabakblätter oberhalb der bodennächsten; meist als Zigarrendeckblatt benutzt.

Sandburg (: ßändbö^rg), *Carl,* am. Schriftsteller, 1878–1967; Gedichte über das Leben der Arbeiter u. Farmer in den USA; *Guten Morgen, Amerika.*

Sanddorn, *Weiden-S.,* dorniger Strauch mit silbergrauen Blättern, gelbl. Blüten u. rotbraunen Scheinbeeren (Vitamin C), auf Sandböden; zur Dünen- u. Dammbefestigung.

Sandelholz, trop. Hölzer verschiedener Herkunft: *Echtes (Weißes) S.* des S.baumes aus Hinterindien, duftet rosenähnl.; zu

Schnittholz u. bes. zur Gewinnung v. *S.öl* (Heilmittel, Parfüm) *Rotes S.* ↗Farbhölzer.

Sander, Fisch, ↗Zander.

Sanderbse, *Sandwicke,* Futterpflanze auf Sandböden; Samen als Fischfutter. **Sandfloh,** 1 mm langer gelber Floh in Südamerika, Asien u. Afrika; Weibchen bohrt sich unter die Zehen ein (schmerzhafte Entzündung u. Eiterung).

Sandhausen, bad. Gemeinde n.w. von Wiesloch, 12300 E.; Holz-, Zigarren- und Textil-Industrie.

Sandhüpfer, Flohkrebs mit gedrungenem Körper, 1–2 cm lang, am Meeresstrand.

San Diego (: ßän di^e^go^u), Hafenstadt Kaliforniens (USA), Marinestützpunkt, 710000 E.; kath. Bischof; Univ.; Flugzeug-Ind.

Sandkraut, Nelkengewächse, rasenbildende Steingartenpflanzen.

Sandlaufkäfer, grün, mit 4 weißen Randflecken auf den Flügeldecken.

Sandpilz, eßbarer, sandfarb. Röhrenpilz.

Sandrart, *Joachim v.,* dt. Maler u. Kunstschriftsteller, 1606–88; schrieb *Teutsche Academie der edlen Bau-, Bild- u. Malereykünste* (kunstgeschichtl. Quellenwerk).

Sandrock, *Adele,* dt. Schauspielerin, 1864–1937; berühmt als Heroine; auch Filme.

Sandstein, durch Verfestigung v. Sand entstandenes, verschieden festes Sedimentgestein unterschiedl. Alters; nach dem Bindemittel unterscheidet man u.a. Ton-, Kalk-, Mergel-, Kiesel- u. Eisensandstein.

Sandstrahlgebläse, bläst Sand (auch Stahlkies) mit hohem Druck auf eine Oberfläche, um diese zu reinigen od. zu mattieren.

Sanduhr, *Stundenglas,* mit Sand teilweise gefülltes Glasgefäß mit einer Verengung, durch die eine der Zeit proportionale Sandmenge durchläuft.

Sandwespe, eine schlanke ↗Grabwespe.

Sandwich s (: ßändwitsch, engl.), belegte Weißbrotschnitte. **S.bau,** auch *Verbundplattenbau,* gewichtsparende, oft festigkeitserhöhende Bauweise mit exklusive aufgebauten Platten. **S.-Inseln, 1)** alte Bz. für ↗Hawaii. **2)** antarkt. *Süd-Sandwich-Inseln* gehören zum Südantilenbogen.

sanforisiert, Bz. v. mechan. behandeltem Gewebe, das beim Waschen nicht eingeht.

San Francisco (: ßän fränßißko^u), volkstüml. *Frisco,* Welthafen an der nord-am. Westküste, in Kalifornien, auf einer Halbinsel, die die S.-F.-Bucht umschließt u. einen nur 11 km breiten Zugang offenläßt: das mit einer Hängebrücke überspannte Golden Gate (Goldenes Tor); zum Festland 13 km lange Brücke nach Oakland; 720000 E. (m. V. 3,2 Mill. E.); kath. Erzb., 4 Univ. Nahebei Erdölgebiete; vielseitige Ind. – 1906 durch Erdbeben zerstört.

Sänfte, *Tragstuhl,* im Orient weit verbreitet, heute noch in Ostasien.

Sangallo, da S., Florentin. Baumeisterfamilie: **1)** *Antonio d.Ä.,* 1455–1534. **2)** *Antonio d. J.,* Neffe v. 1) u. 3), 1483–1546; folgte 1520 Raffael als Baumeister v. St. Peter; *Palazzo Farnese* in Rom. **3)** *Giuliano,* Bruder v. 1), 1445–1516; auch Ingenieur; *Palazzo Gondi* in Florenz.

Adele Sandrock

Deckplatte

Deckplatte   Wabenkern

Punktschweißungen

Deckblech   Sicken

Sandwichbau: 2 verschieden aufgebaute Strukturelemente

Sanger (: ßäng^{er}), *Frederick,* engl. Chemiker, * 1918; erforschte das Insulin; 58 u. 80 Nobelpreis.
Sänger, kleine, meist unscheinbar gefärbte Singvögel; Insektenfresser, meist Zugvögel. *Rohr-S., Laub-S., Grasmücken* u. a.
Sänger, *Eugen,* dt. Raketenforscher, 1905–64; grundlegende Untersuchungen über Raketenantriebe (bes. über Photonenantrieb).
Sangerhausen, Krst. im Bez. Halle, am Nordostrand der Goldenen Aue, 33 000 E.
Sanguiniker *m* (lat.), nach der antiken Lehre v. den ↗Temperamenten der lebhafte, heitere Typ.
Sanherib, Kg. v. Assyrien 705/681 v. Chr.; belagerte 701 Jerusalem, zerstörte 689 Babylon; v. seinen Söhnen ermordet.
Sanierung *w* (lat.), **1)** wirtschaftl. Maßnahmen zur Wiederherstellung einer gesunden ↗Rentabilität v. Unternehmen. **2)** *Städtebau:* Maßnahmen zur Verbesserung der baul. Anlagen meist älterer Stadtteile in bezug auf die Wohn- u. Verkehrsverhältnisse.
sanitär (lat.), das Gesundheitswesen betreffend. **Sanitäter,** in der Schweiz *Samariter,* ärztl. Hilfsperson, für Erste Hilfe bei Unfällen, Katastrophen; für Krankentransporte u. ä. ausgebildet.
San José (: -choße), **1)** Hst. u. größte Stadt v. Costa Rica, 1180 m ü. M., 240 000 E.; kath. Erzb.; Univ. **2)** *San J. de Cúcuta,* Prov.-Hst. in Kolumbien, 180 000 E.; Kaffeehandel. **3)** Stadt in Kalifornien (USA), s. ö. von San Francisco, 446 000 E.; Univ.; chem., Papier-, Zement- u. Elektro-Ind.
San-José-Schildlaus (: -choße-), gefährl. Obstbaumschädling mit rundem, gräul. Rückenschild.
San Juan (: -chuan), *S. J. de Puerto Rico,* Hst. v. Puerto Rico; m. V. 1,1 Mill. E.; guter Hafen; kath. Erzb.; kath. Univ., Hochschule für Tropenmedizin.
Sankhya, altind. philosoph. System, lehrt Dualismus v. ewigem Werden u. Sein.
Sankt (lat.; Abk. St.), heilig. ↗Saint.
Sankt Andreasberg, *Bergstadt S. A.,* niedersächs. Höhenkurort im Oberharz, 3100 E.; Wintersport.
Sankt Anton am Arlberg, Tiroler Sommerfrische u. Wintersportplatz am Arlbergpaß, 1287 m ü. M., 2100 E.
Sankt Augustin, rhein. Gemeinde östl. v. Bonn, 47 300 E.; Computer-, Kunststoff- u. Eisen-Ind., Maschinenbau; 1969 durch Gemeindezusammenlegung entstanden.
Sankt Bartholomä ↗Königssee.
Sankt Bernhard, 2 Westalpenpässe: **1)** *Großer St. B.* im Kt. Wallis, an der it. Grenze; verbindet die Täler der Rhône u. der Dora Baltea (Aosta), Paßhöhe 2469 m. 1958/64 Straßentunnel auf ca. 1900 m Höhe (5828 m lang) gebaut. Augustinerchorherrenstift, um 1049 v. hl. Bernhard v. Menthon gegr., 1557 neu erbaut; unterhält ein *Hospiz des Großen St. B.* auf der Paßhöhe. **2)** *Kleiner St. B.,* s. ö. vom Mont Blanc an der Dora Baltea u. der Isère, Paßhöhe 2188 m. Südl. der Paßhöhe Hospiz, bis 1752 v. Chorherren des Großen St. B., seitdem v. it. Mauritius- u. Lazarusorden versehen.

Eugen Sänger

Sankt Blasien, bad. Höhenkurort im Südschwarzwald, 762 m ü. M., 4200 E.; frühklassizist. Kuppeldom, ehem. Benediktinerabtei St. B. (945/1807), seit 1934 Jesuitengymnasium; Lungensanatorium.
Sankt Florian, *Markt S. F.,* oberöstr. Gem. s. ö. von Linz, 4000 E.; Augustinerchorherrenstift, 1071 gegr.; in der Barockkirche berühmte Orgel; Grabstätte A. Bruckners.
Sankt Gallen, 1) Kanton der Schweiz, 2016 km², 384 000 E.; zw. Alpenrhein, Bodensee u. Zürichsee, durchflossen v. der Thur; im S Hochalpen, im N Mittelgebirge mit Weidewirtschaft, am Rhein u. am Walensee alte Stickerei-(Heim-)Ind.; Kraftwerke. **2)** Hst. v. 1), 670 m ü. M., 74 600 E.; Stifts-, heute Kathedralkirche (1755/67); kath. Bischof; Handelshochschule; Textil-Ind. Ehem. berühmte Benediktinerabtei (720 gegr.), jetzt Sitz der Kt.-Regierung; Bischofspalais, Stiftsbibliothek.

St. Gallen: Klosterkirche

Sankt Georgen im Schwarzwald, Ind.-Stadt u. Luftkurort n. w. von Villingen-Schwenningen, 15 300 E.; Uhren- und Elektro-Ind.
Sankt-Georgs-Kanal, Meerenge zw. Irland u. Wales, 160 km lang, 80–150 km breit.
Sankt Goar, Stadt in Rheinland-Pfalz, l. am Rhein, 3500 E. Burgruine Rheinfels. Gegenüber am r. Rheinufer **Sankt Goarshausen,** Stadt in Rheinland-Pfalz, 1700 E.; Burg Katz; Weinbau.
Sankt Gotthard *m,* ↗Gotthard.
Sankt Helena, brit. Insel im Südatlant. Ozean, ein vulkan. Bergland (825 m), 122 km², 5200 E.; Hauptort Jamestown. 1815/21 Verbannungsort ↗Napoleons I.
Sankt Ingbert, Stadt im Saarland, 41 900 E.; Eisenhütte, Glashütten, Textil-Ind.
Sanktion *w* (lat.), **1)** Bestätigung. **2)** Erhebung eines Gesetzentwurfs zum Gesetz. **3)** wichtiges Staatsgesetz (z. B. ↗Pragmatische S.). **S. en,** wirtschaftl. u. militär. Zwangsmaßnahmen zur Durchsetzung völkerrechtl. Verpflichtungen u. Bestrafung v. Völkerrechtsbruch.

Sankt Johann, 1) *Sankt J. im Pongau,* östr. Sommer- u. Winterkurort in Salzburg, 7000 E.; nahebei die Liechtensteinklamm. **2)** *Sankt J. in Tirol,* östr. Sommer- u. Winterkurort am Fuß des Kaisergebirges, 6000 E.; radiumhaltige Heilquelle.

Sanssouci: Terrassen und Gartenfront

Sankt-Lorenz-Strom, Abfluß der Großen Seen in Kanada, 1240 km lang, seit 1959 Seeweg für 20000-t-Schiffe (*Sankt-Lorenz-Seeweg;* ☐ 356), v. Quebec an breiter Trichter, mündet in den *Sankt-Lorenz-Golf* zw. Neufundland u. Neuschottland.
Sankt Michaelsbund ∕Borromäusverein.
Sankt Moritz, schweizer. Höhenluftkurort u. Wintersportplatz im Oberengadin, Kt. Graubünden, 5600 E.; am *St.-M.-See* das mondäne *St. M.-Dorf,* 1856 m ü.M., u. *St. M.-Bad,* 1775 ü.M., Eisensäuerlinge.
Sankt Ottilien, 1887 gegr. Erzabtei in Oberbayern, n.w. des Ammersees; Sitz einer Benediktinerkongregation für auswärtige Missionen; philosoph. Hochschule u. Missionsseminar.
Sankt Peter, Höhenluftkurort im Schwarzwald, n.ö. von Freiburg, 722 m ü.M., 2200 E.; Priesterseminar im ehem. Benediktinerkloster (1093/1806); Barockkirche (18. Jh.).
Sankt Petersburg ∕Leningrad.
Sankt Pölten, niederöstr. Stadt, an der Traisen, 51000 E.; Bischof; Dom; Industrie.
Sankt Veit, *Sankt V. an der Glan,* östr. Bez.-Stadt in Kärnten, nördl. v. Klagenfurt, 12000 E.; Kirche (12. Jh.); Mineralbad.
Sankt Wendel, saarländ. Krst. an der Blies, 26900 E.; vielseitige Industrie.
Sankt Wolfgang, oberöstr. Kurort im Salzkammergut, nördl. am *St.-W.-See* u. am Fuß des Schafbergs (1783 m), 2200 E.; got. Kirche (1430/79) mit Flügelaltar ∕Pachers.
San Luis Potosí, Hst. des gleichnam. Bundesstaats in Mexiko, 1885 m ü.M., 304000 E.; kath. Bischof. Bergbau auf Arsen, Silber, Gold u. Blei; große Schmelzwerke.
San Marino, 1) Rep. in Mittelitalien; an der Spitze 2 „regierende Kapitäne", die halbjährl. wechseln; Großer Rat aus 60 Mitgl. – Seit dem 13. Jh. unabhängiger Staat unter dem Schutz der Hzg.e v. Urbino, seit 1631 des Pp. u. seit 1862 Italiens. **2)** Hst. v. 1) auf einem Gipfel des Monte Titano (743 m), 4700 E.
San Remo, it. Winterkurort an der Riviera di Ponente, 65000 E.; Spielkasino.

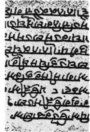

Sanskrit-Schrift des 17. Jh.

San Marino
Amtlicher Name:
Repubblica di San Marino
Staatsform:
Republik (unter dem Schutz Italiens)
Hauptstadt:
San Marino
Fläche:
61 km²
Bevölkerung:
21000 E.
Sprache:
Italienisch
Religion:
Katholiken
Währung:
1 Lira
= 100 Centesimi
(Währungsunion mit Italien)

San Salvador, Hst. der mittel-am. Republik El Salvador, am gleichnam.Vulkan, 400000 E.; Erzb.; Univ.; Kaffeeplantagen.
Sansculotten (: ßãñßkü-, Mz.; frz. = ohne Kniehosen), in der Frz. Revolution Bz. für die Revolutionäre, die im Ggs. zur aristokrat. Mode keine Knie-, sondern lange Hosen trugen.
San Sebastián, Seebad, Hst. der span. Prov. Guipúzcoa, auf einer Halbinsel im Golf v. Biscaya, 171500 E.; kath. Bischof.
Sansevieria, Liliengewächse im trop. Afrika u. Indien; die langen, festen Plattfasern zu Bogensehnen, Seilerwaren.
sans gêne (: ßãñ schän, frz.), ungezwungen.
Sansibar, *Zanzibar,* ostafrikan. Koralleninsel, 1658 km², 476000 E.; Ausfuhr: Gewürznelken, Kopra, Zuckerrohr. Bildet zus. mit Pemba u. Mafia den *S.-Archipel,* 2643 km²; bis 1963 muslim. Sultanat unter brit. Schutz. Hst. *S.,* Haupthandelshafen an der Westküste, 90000 E.; Apostol. Vikar; anglikan. Bischof. – 1890 überließ Dtl. das Protektorat über S. Großbritannien u. erhielt dafür Helgoland; 1963 autonom, 64 Zusammenschluß mit Tanganjika zu ∕Tansania.
Sanskrit *s* (= zurechtgemacht), Sprache der klass. ind. Literatur, schon im 6. Jh. n. Chr. durch Dialekte verdrängt.
Sansovino, it. Renaissancebildhauer u. Architekten, **1)** *Andrea,* 1460–1529; Altäre, Grabmäler; *Taufe Christi* in Florenz. **2)** *Jacopo,* Schüler v. 1), 1486–1570; Stadtbaumeister in Venedig.
Sanssouci (: ßãñßußi, frz. = sorgenfrei), Friedrichs des Großen Lustschloß mit Park bei Potsdam; 1745/47 v. Knobelsdorff erbaut.
San Stefano, türk. *Yeşilköy,* westl. Vorort v. Istanbul; der Friede v. S. S. 1878 beendete den Russisch-Türk. Krieg 77/78.   [Form).
Santa (it., span., portugies.), heilig (weibl.
Santa Catarina, südbrasilianischer Staat, 95985 km², 3,8 Mill. E.; Viehzucht, Ackerbau, Kohle, Kupfer, Blei, Nickel; viele dt. Siedler; Hst. Florianopolis.
Santa Cruz (: -krúß), *S. C. de Tenerife,* Hst. der Kanarischen Inseln an der Ostküste von Teneriffa (Hafen), 207000 E.; Univ.
Santa Fé, argentin. Prov.-Hst. am Paraná 320000 E.; kath. Erzb.; Univ.
Santa Isabel, fr. Name der Hst. v. Äquatorialguinea; heißt heute ∕Malabo.
Santander, Hst. der nordspan. *Provinz S.,* Seebad u. Hafen am Golf v. Biscaya, 173000 E.; Bischof; Univ.; Biolog. Meeresstation; got. Kathedrale (13. Jh.); Textil-, Metall-Ind.
Santayana, *George,* am. Philosoph span. Herkunft, 1863–1952; vertrat den krit. Realismus in *Life of Reason;* Roman *Der letzte Puritaner.*
Santiago, 1) *S. de Chile* (: -tschile), Hst. Chiles u. der *Prov. S.,* am Westfluß der Anden, m.V. 4,2 Mill. E.; Erzb.; 2 Univ.; in S. sind über 50% der chilen. Ind. konzentriert. **2)** *S. de Compostela,* größter span. Wallfahrtsort im Bergland Galicien, 71000 E.; Erzb.; kath. Univ.; Kathedrale, die nach archäolog. nicht erhärteter Überlieferung das Grab des Apostels Jakobus d. Ä. birgt. Zahlr. Kirchen u. Klöster; war im MA einer der berühmte-

sten Wallfahrtsorte der Christenheit. **3)** *S. de Cuba*, Prov.-Hst. u. Hafen an der Westküste Kubas, 280 000 E.; Erzb.; Univ.

Säntis *m*, der Hauptgipfel der *S.gruppe* in den Appenzeller Alpen (Schweiz), 2501 m hoch, Wetterwarte.

Santo (it., span., portugies.: sãntu), heilig.

Santo Domingo, 1936/61 *Ciudad Trujillo*, Hst. u. größte Stadt der Dominikan. Rep., 1,1 Mill. E.; Erzb.; Univ.

Santorin, *Thera, Thira*, südlichste Insel der griech. Kykladen, Rest eines untermeerischen Kraters, 31 km², 20 000 E.; Hauptort u. -hafen Thira. Kath. Bischof, orth. Metropolit.

Santos, südbrasilian. Seehafen auf einer Insel vor der Küste des Staates São Paulo, 396 000 E.; Bischof. Größter Kaffeehafen Brasiliens. Kaffeebörse.

São (: ßãnᵘ, portugies.), heilig; für Santo vor Namen mit konsonantischem Anlaut.

São Francisco (: ßãnᵘ frãnßißku), *Rio S. F. m*, größter Strom Ostbrasiliens, 2900 km.

São Luis (: ßãnᵘ lᵘis), Hst. des brasilian. Staats Maranhão, 331 000 E.; Erzb.

São Miguel (: ßãnᵘ migel), größte Insel der Azoren, 747 km², 190 000 E.; Hst. Ponta Delgada.

Saône *w* (: ßõnᵉ), rechter Nebenfluß der Rhône, mündet nach 482 km bei Lyon, 374 km schiffbar; durch Kanäle mit Rhein, Seine u. Loire verbunden.

São Paulo (: ßãnᵘ paᵘlu), **1)** südbrasilian. Staat zw. dem Paraná u. dem Atlantik, 247 898 km², 23,3 Mill. E.; Hst. São P. [vgl. 2]. Wirtschaftlich und geistig führend in Brasilien. **2)** Hst. v. 1), größte Stadt Brasiliens, in gesunder Höhenlage, 7,2 Mill. E.; Erzb.; 4 Univ.; TH; moderne Textil-Ind.

São Tomé e Príncipe (: ßãnᵘ tumɛ i prĩnßⁱpᵉ), vulkan. Inseln u. Staat (seit 1975) im Golf v. Guinea. Seit 1471 portugiesisch, ältestes trop. Plantagengebiet.

Saphir *m*, blauer ↗Korund; für Tonabnehmer synthet. Produkte. ☐ 255.

Saponin *s*, ↗Glykoside, die in wäßriger Lösung stark schäumen; für Waschmittel, Zahnpasten, Heilmittel u. a.

Saporoschje, bis 1921 *Alexandrowsk*, ukrain. Stadt am Dnjepr, 781 000 E.; Wasserkraftwerk, Eisen- und Aluminiumhütten.

Sapote *w*, *S.-Apfel*, Sapotillbaum in Mittelamerika; Früchte eßbar. ☐748.

Sappho, griech. Dichterin aus Lesbos, um 600 v. Chr.; Liebesgedichte (in der Sapphischen Strophe); nur wenig erhalten.

Sapporo, Hst. der nordjapan. Insel Hokkaido, 1,3 Mill. E.; kath. Bischof; Univ.

Saprophyten (Mz., gr.), ↗heterotrophe Pflanzen, die v. toten organ. Stoffen leben, Bakterien, Pilze u. a. Sind wesentl. an den Fäulnis- u. Verwesungsprozessen beteiligt.

Sara, im AT Halbschwester u. Frau Abrahams, Mutter des Patriarchen ↗Isaak.

Sarabande *w* (pers.), gravität. span. Tanz im ³/₂ od. ³/₄-Takt; im 17./18. Jh. Teil der Suite.

Saragat, *Giuseppe*, Führer des gemäßigten Flügels der it. Sozialisten, * 1898; 1947/49 u. 54/57 stellvertretender Min.-Präs., Dez. 63 Außenmin., 64/71 Staats-Präs.

Saragossa, *Zaragoza*, Hst. der nordostspan. Prov. S. u. der Landschaft Aragonien, am

Ebro, 573 000 E.; Erzb.; Univ. (1474); Salvatorkirche (fr. Hauptmoschee), zus. mit der Wallfahrtskirche Nuestra Señora del Pilar seit 1675 Kathedrale; Kastell Aljafería (11. Jh.), Justizgebäude (1537); vielseit. Ind.

Sarajewo, Hst. der jugoslaw. sozialist. Rep. Bosnien-Herzegowina, 250 000 E.; oriental. Altstadt. Kath. Erzb., orth. Metropolit; Univ.; Teppichherstellung, Tabak-Ind. – Die Ermordung des östr. Thronfolgers Franz Ferdinand in S. am 28. 6. 1914 war Anlaß für den Ausbruch des 1. Weltkriegs.

Sarapis, *Serapis*, ägypt. Vegetations- u. Totengott; Hauptheiligtum in Alexandria.

Sarasate, *Pablo de*, span. Geiger u. Komponist, 1844–1908; gefeierter Violinvirtuose.

Saratow, sowjet. Hafenstadt an der Wolga, 856 000 E.; Univ., Hochschulen; Erdölraffinerien, Wasserkraftwerk.

Sarawak, *Serawak*, Mitgliedsstaat ↗Malaysias in Nordwest-Borneo, 125 205 km², 1,2 Mill. E. (Malaien, Dajaks, Chinesen); Erdöl, Kautschuk, Kopra, Sago; Hst. Kusching. – Gehört seit 1963 zu Malaysia.

Sarazenen (Mz.), im MA Bz. für die Muslimen, bes. die Araber.

Sardelle ↗Anschove, ↗Sardine.

Sardes, im Alt. Hst. ↗Lydiens; 1402 v. Timur zerstört; heute das Dorf *Sart*.

Sardine *w*, *Pilchard*, bis 20 cm langer, in großen Schwärmen ziehender Hering der westeurop. Meere; im Handel: eingesalzen als *Sardelle*, in Öl als *Öl-S*.

Sardinien, it. *Sardegna*, it. Insel des Mittelmeers, südl. v. Korsika, 23 812 km², als Autonome Region 24 090 km², 1,6 Mill. E.; Hst. Cagliari; Bergland (Gennargentu 1834 m hoch) mit Macchien u. Weiden (Schafzucht); in Tälern Oliven, Mandeln, Südfrüchte, Wein; Bergbau auf Zink, Blei, Eisen, Kupfer, Mangan u. Antimon. – 540 v. Chr. karthag., 238 röm. Prov.; Mitte 8. Jh. bis Anfang 10. Jh. n. Chr. v. den Arabern beherrscht; 1164 Kgr.; kam 1326 an Aragonien, 1713 an Östr.; fiel 20 im Tausch gg. Sizilien an die Hzg.e v. ↗Savoyen.

sardonisches Lachen (lat.), grimmig od. höhnisch wirkendes Lachen bei Krämpfen.

Sardou (: -du), *Victorien*, frz. Schriftsteller, 1831–1908; Gesellschaftskomödien, Opern.

Sargasso *m*, Beerentang, Braunalgen mit beerenförm. Schwimmblasen; treiben in zahllosen Büscheln u.a. im *S.-Meer* (zw. Florida, Azoren u. Kapverden).

Sargent (: -dsehᵉnt), *John Singer*, am. Maler, 1856–1925; elegante Porträts, Landschafts- u. Genrebilder.

Sargon II., Kg. v. Assyrien, 722/705 v. Chr.; eroberte Samaria u. 710 Babylonien.

Sari *m* (arab. = gelb), großes Umschlagtuch der ind. Frauen, das, kunstvoll gewickelt, Körper u. Kopf umhüllt.

Sarkasmus *m* (gr.; Bw. *sarkastisch*), beißender Spott.

Sarkom *s* (gr.), ↗Krebs.

Sarkophag *m* (gr.), Monumentalsarg, meist aus Stein; mit Reliefs, auch mit plast. Darstellung des Toten geschmückt.

Sarmaten (Mz.), iran. Nomadenvolk; lösten im 4./3. Jh. v. Chr. die Herrschaft der Skythen in Südrußland ab.

William Saroyan

Jean-Paul Sartre

São Tomé e Príncipe

Amtlicher Name:
República
Democrática
de São Tomé
e Príncipe

Staatsform:
Republik

Hauptstadt:
São Tomé

Fläche:
964 km²

Bevölkerung:
85 000 E.

Sprache:
Amtssprache ist
Portugiesisch,
Umgangssprache
Crioulo

Religion:
überwiegend
Katholiken

Währung:
1 Escudo de S. T. e P.
= 100 Centavos

Mitgliedschaften:
UN, OAU

Sarnen, Hauptort des schweizer. Halbkantons Obwalden, am Nordufer des *Sarner Sees,* 7100 E.; Fremdenverkehr.
Sarntal, Südtiroler Talgau, durchflossen v. der Talfer (rechts zum Eisack).
Sarong *m* (malaiisch), Batikstoff, Hüfttuch der Frauen in Hinterindien u. Indonesien.
Saros-Periode ↗Sonnenfinsternis.
Saroyan (: ßárojᵃn), *William,* am. Schriftsteller (armen. Herkunft), 1908–81; Erzählungen, Dramen, Romane *(Die menschliche Komödie).* ☐853.
Sarraute (: ßaroṭ), *Nathalie,* frz. Schriftstellerin, *1902; Vertreterin des Nouveau roman: *Martereau; Das Planetarium; Die goldenen Früchte; Hören Sie das?*
Sarstedt, niedersächs. Stadt s.ö. von Hannover, 16900 E.; Obstbau-Inst. der TH Hannover, Metall-, chem.- u. Papier-Ind.
Sarto, *Andrea del,* it. Maler, 1486–1530; ein Hauptvertreter der florentin. Hochrenaissance mit Fresken u. rel. Tafelbildern.
Sartre (: ßartrᵉ), *Jean-Paul,* frz. Schriftsteller und Philosoph, 1905–80; Hauptvertreter des frz. Existenzialismus in philosoph. Schriften, Romanen u. Dramen; Leugnung der Transzendenz; der Mensch steht in einem absurden Dasein u. setzt sich selbst in seinen Handlungen; Annäherung an den Marxismus (Bedeutung der Gruppe, „Solidarität"). *Das Sein u. das Nichts; Critique de la raison dialectique.* Roman: *Der Ekel* u.a., Dramen: *Die Fliegen; Die schmutzigen Hände; Der Teufel u. der liebe Gott;* autobiograph. *Die Wörter.* Lehnte 1964 Nobelpreis für Literatur ab. ☐853.
Saseho, *Sasebo,* japan. Hafenstadt an der Westküste von Kiuschiu, 254000 E.
Saskatchewan (: ßeßkätschʼwän), **1)** *m,* kanad. Fluß, fließt v. Felsengebirge in den Winnipegsee; 1760 km lang, schiffbar. **2)** mittelkanad. Prov., 651900 km², 953000 E., Hst. Regina.
Sassafras *m,* nord-am. Lorbeerbaum; liefert Nutzholz u. *S.öl* (Riechstoff).   [226/651.
Sassaniden (Mz.), Dynastie ↗Persiens
Sassari, Prov.-Hst. u. zweitgrößte Stadt auf Sardinien, 120000 E.; Erzb.; Univ.
Saßnitz, mecklenburg. Ostseebad auf Rügen, großer Fischereihafen, 13500 E.; Eisenbahnfähre nach Trelleborg.
Satan *m* (hebr.), im AT Widersacher Gottes, Anstifter zum Bösen; im NT v. Himmel gestürzter Urfeind Gottes, auch *Belial* gen. (↗Teufel). *satanisch,* teuflisch. **S.saffe, 1)** im Amazonasgebiet, mit gescheiteltem Kopfhaar, schwarzem Bart u. buschigem Schwanz. **2)** auch *Teufelsaffe,* westafrik. Stummelaffe. **S.spilz,** sehr giftiger Röhrenpilz in Laubwäldern, v. Steinpilz durch blaurot anlaufendes Fleisch zu unterscheiden. ☐749.
Satellit *m* (lat.), **1)** Trabant, Leibwächter. **2)** in der Astronomie ↗Monde; in der Weltraumfahrt die Raumflugkörper in geschlossenen Umlaufbahnen um einen Zentralkörper. ☐ 1101. **Satellitenstaat,** von einer Großmacht abhängiger Staat; bes. Bz. für die dem Führungsanspruch der UdSSR folgenden sozialist. Staaten (↗Breschnew-Doktrin).

Saturn mit Ring

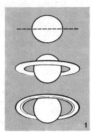

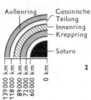

Außenring — Cassinische Teilung
— Innenring
— Kreppring
— Saturn

139000 km | 118000 km | 89000 km | 72000 km | 60000 km | 0 km

Saturn: 1 Wechsel der Sichtbarkeit und **2** Aufbau des S.ringes, wie er sich im Fernrohr präsident

Saudi-Arabien

Amtlicher Name:
Al-Mamlaka
al-'Arabiya
as-Sa'udiya
Staatsform:
Königreich
Hauptstadt:
Er-Riad
Fläche:
2 149690 km²
Bevölkerung:
7,86 Mill. E.
Sprache:
Arabisch
Religion:
Muslimen
Währung:
1 Saudi Riyal
= 20 Qirshes
= 100 Halalas
Mitgliedschaften:
UN, Arabische Liga

Sathmar ↗Satu Mare.
Satin *m* (: ßatã̃, frz.), Sammelbegriff für glänzende Gewebe in Atlasbindung.
satinieren, Glätten des Papiers durch Druck u. Reibung mittels besonderer ↗Kalander.
Satire *w* (lat.), spött. Kritik an menschl. Unzulänglichkeit, gesellschaftl. Zuständen usw., die man an Idealvorstellungen mißt. *Lit.: i.e.S.* als Spottgedicht eine Schöpfung der röm. Lit.; *i.w.S.* finden sich satir. Elemente in zahlr. WW der Welt-Lit.
Satisfaktion *w* (lat.), Genugtuung (durch Widerruf od. im Duell).
Satrap *m,* altpers. Statthalter.
Sattel, Sitzvorrichtung für Reiter (Reit-S.); Haltevorrichtung für Lasten (Pack-S.). **S.pferd,** Wagenpferd links der Deichsel; Ggs. Handpferd. **S.schlepper,** Vorspannkraftfahrzeug ohne Laderaum. Auf Drehschemel über Hinterachse wird ein langer Anhänger ohne Vorderachse aufgesetzt.
Sättigung, chem.: Zustand einer ↗Lösung, in dem sie keinen zu lösenden Stoff mehr aufnehmen kann.
Satu Mare, dt. *Sathmar,* rumän. Stadt nahe der ungar. Grenze, 85000 E. (zu ²/₃ Ungarn); kath. Bischof; Maschinen-, Fahrzeug-, Leder-, Textil- u. Nahrungsmittel-Ind.
saturieren (lat.), sättigen, Ansprüche befriedigen.
Saturn, 1) altröm., v. den Etruskern übernommener Bauerngott. Ausgelassenes Fest der Saturnalien am 17. Dez.; später auf 7 Tage ausgedehnt. **2)** *m,* Zeichen ♄, nach Jupiter größter Planet des Sonnensystems u. diesem in seiner Beschaffenheit ähnlich. S. besitzt 15 Monde und ist von einem freischwebenden System konzentrischer flacher Kreisringe *(S.ring),* aus Mikro-↗Planetoiden umgeben; die Dicke des S.rings ist ca. 20 km, der Durchmesser des Systems 280000 km. ☐ 757, 918, 1101.
Satyr *m* (gr.), halbtier. Naturdämon mit Bocksbeinen. **S.piel,** heiteres Schlußspiel, nach der altgriech. dreitägigen Tragödie, häufig obszön.
Satz, 1) die normale Einheit des sprachl. Geschehens, in dem eine Mitteilung erfolgt. ↗Syntax. **2)** in der *Musik:* Teil eines zykl. Werkes, auch Kompositionsweise: z.B. homophon od. polyphon. **3)** *Sport:* Spielabschnitt bei verschiedenen Sportarten (u.a. Tennis u. Tischtennis). **4)** ↗setzen.
Satzung, 1) Gesamtheit der Bestimmungen, durch die eine Körperschaft od. Anstalt ihre inneren Angelegenheiten selbständig regelt. **2)** jedes geschriebene, „gesetzte" Recht im Ggs. zum Gewohnheitsrecht.
Sau *w,* Mutterschwein.
Sau *w,* der Fluß ↗Save.
Saud, 1902–69; 53/64 Kg. v. Saudi-Arabien.
Saudi-Arabien, Kgr. auf der Arab. Halbinsel, umfaßt Nedsch u. Hedschas u. die Ftm.er Asir u. Hasa. S.-A. umfaßt den größten Teil der Arab. Halbinsel; ein Hochland mit Lavafeldern, Inselbergen, Sandsteinplateaus, die v. Wadis zerrissen sind. Größtenteils Wüstensteppe u. Wüste mit Oasen. Extensive Viehzucht der Nomaden (Kamele, Schafe, Ziegen). Reiche Erdölfelder (auf ca. 18,6 Mrd. t geschätzt), die v. staatl. konzes-

Der Satz
(Satzlehre = Syntax)

A. Satzarten
1. Aussagesatz: Das Auto fährt.
2. Aufforderungssatz: Komm bald!
3. Ausrufesatz: Wie schön das ist!
3. Fragesatz
  a. Entscheidungsfragen: Kannst du?
  b. Ergänzungsfragen: Wer fehlt?
  c. rhetorische Fragen: Habe ich es nicht gesagt?
B. Satzformen
1. einfacher Satz (Subjekt [Satzgegenstand] und Prädikat [Satzaussage]): Der Baum blüht.
2. erweiterter Satz, durch
  a. Objekte (Ergänzungen): Der Vater trägt *das Kind.*
  b. Adverbia (Umstandsbestimmungen): Der Baum wächst *schnell.*
  c. Attribute (Beifügungen): Der *alte* Baum blüht.
  d. Prädikativa (Nennergänzungen): Einigkeit macht *stark.*
3. Satzreihe (mehrere zusammengehörige Hauptsätze): Das Flugzeug startet und gewinnt schnell an Höhe, es dreht noch eine Platzrunde und verschwindet dann in der Ferne.
4. Satzgefüge (Hauptsatz und – mindestens ein – Nebensatz): Er tat, was ich wollte.

Einteilung der Nebensätze

A. Nach der Stellung
1. Vordersatz: *Wer zuerst kommt,* mahlt zuerst.
2. eingeschobener oder Mittelsatz: Hunde, *die bellen,* beißen nicht.
3. Nachsatz: Man soll das Eisen schmieden, *solange es warm ist.*
B. Nach der Art der Verknüpfung, durch
1. bezügliches Fürwort (Relativsatz): ..., *der* nicht nachgab.
2. Frage(für)wort (abhängiger Fragesatz): ..., *was* geschehen solle.
3. Bindewort (Konjunktionalsatz): ..., *sondern* reiste ab.
C. Nach ihrem Inhalt
1. Subjektsatz: *Wer wagt,* gewinnt.
2. Prädikatsatz: Die Ungewißheit war's, *die ihn schreckte.*
3. Objektsatz: Er fordert, *daß die Entscheidung vertagt werde.*
4. Attributsatz: Das Fahrrad, *das er gestohlen hat,* gehört mir.
5. Adverbialsatz
  a. Orts-(Lokal-)Satz: *Wo man singt,* da laß dich nieder.
  b. Zeit-(Temporal-)Satz: Er kam, *während es regnete.*
  c. Begründungs-(Kausal-)Satz: Er fand keine Wohnung, *weil er Kinder hatte.*
  d. Absichts-(Final-)Satz: Schau um dich, *damit du die Schönheit der Natur siehst.*
  e. Folge-(Konsekutiv-)Satz: Der Redner sprach so undeutlich, *daß ihn keiner verstand.*
  f. Bedingungs-(Konditional-)Satz: *Wenn es nicht regnet,* gehen wir spazieren.
  g. Einräumungs-(Konzessiv-)Satz: *Obwohl er Bedenken hegte,* stimmte er zu.
  h. Art-und-Weise-(Modal-)Satz: Der Dieb stieg ein, *ohne daß ihn jemand bemerkte.*
  i. Gegenteil-(Adversativ-)Satz: Er überredete die Zuhörer, *anstatt sie zu überzeugen.*
  k. Vergleichs-(Komparativ-)Satz: Der Bau kostete mehr, *als ursprünglich vorgesehen war.*
  l. Einschränkungs-(Restriktiv-)Satz: *Soviel ich weiß,* wurden alle gerettet.

sionierten int. Gesellschaften ausgebeutet werden (1972: 272 Mill. t). – Von ↗Ibn Saud nach Eroberung v. Hedschas (1924/26) in ↗Arabien geschaffen; seit 75 regiert Kg. Chalid ibn Abdul Asis.
Sauer w, frz. *Sure,* l. Nebenfluß der Mosel, bildet im Unterlauf die dt.-luxemburg. Grenze, 173 km lang.
Sauerampfer ↗Ampfer.
Sauerbruch, *Ernst Ferdinand,* dt. Chirurg, 1875–1951; Begr. des Unterdruckverfahrens (↗Pneumothorax) bei operativer Behandlung v. Lungentuberkulose u. a.
Sauerbrunnen, *Säuerling,* Mineralwasser mit mehr als 1 g freier Kohlensäure in 1 Liter. **Sauerdorn,** die ↗Berberitze.
Sauergras, das ↗Riedgras.

F. Sauerbruch

Sauerklee, *Oxalis,* zarte Waldpflanze mit weißen Blüten u. vierteil. Blättern, die ↗Oxalsäure enthalten. **Sauerkraut,** zerschnittener, gesalzener u. gewürzter Weißkohl, durch Milchsäuregärung konserviert.
Sauerland, nördl. Teil des Rheinischen Schiefergebirges, zw. Sieg, Möhne u. Ruhr, bewaldete Hochfläche, im Langenberg 843 m hoch; in den Tälern Eisen- u. Stahlindustrie.
Sauerstoff, *Oxygenium,* chem. Element, Zeichen O, geschmack-, geruch- u. farbloses Gas, O_2 (O_3↗Ozon), Ordnungszahl 8 (☐ 149). S. brennt nicht, unterhält jedoch die Verbrennung (↗Oxydation) u. ↗Atmung, deshalb lebenswichtig; verbreitetstes Element, in Wasser u. Luft enthalten. S. wird durch fraktionierte Destillation flüssiger Luft dargestellt. **S.geräte,** als Atemschutz- u. Tauchergeräte zur ausreichenden Versorgung v. der Luft abgeschnittener Menschen mit Sauerstoff. **S.metallurgie,** Anwendung v. Sauerstoff (od. Luft mit Sauerstoffanreicherung) bes. beim Hochofen- u. Stahlgewinnungsprozeß *(Sauerstoffblasen).*
Sauerteig, aus Hefe u. Milchsäurebakterien bestehendes Treibmittel für Brotbereitung.
Sauerwurm, der ↗Heuwurm.
Säugetiere, *Mammalia,* höchstentwickelte, warmblütige Wirbeltiere mit Haarkleid. 2 Paar Gliedmaßen sind angepaßt an die Lebensweise auf dem Lande (z.B. Affe, Reh, Elefant), im Wasser (Wale, Robben) u. in der Luft (Fledermäuse). S. sind bis auf Kloakentiere lebendgebärend u. säugen ihre Jungen. Drei Unterklassen: a) Kloakentiere, b) Beuteltiere, c) Plazentatiere *(höhere S.* mit Mutterkuchen); hierher: Insektenfresser, Pelzflatterer, Fledermäuse, Zahnarme, Nagetiere, Raubtiere, Flossenfüßer, Wale, Huftiere, Seekühe, Primaten.
Säugling, Kind bis zum 12. Lebensmonat, Geburtsgewicht ca. 3–4 kg.
Saugwürmer, *Trematoden,* parasitische, meist zwittrige Plattwürmer mit Haftorganen; z.B. ↗Leberegel.
Saul, im AT 1. Kg. Israels im 11. Jh. v. Chr., besiegte die Amalekiter, Philister u. Ammoniter; tötete sich nach Sieg der Philister.

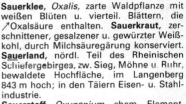

Säuglings-sterblichkeit[1]	1950	1960	1970	1979
BRD	55,2	33,8	23,4	12,6[2]
DDR	71,9	38,8	20,2	12,9
Chile	139,4	127,3	91,6	8,9
Dänemark	30,7	21,5	16,4	9,1
Frankreich	52,0	27,4	16,9	10,0[2]
Großbritannien	31,4	22,4	18,6	12,9
Italien	63,8	43,8	32,7	15,3
Japan	60,1	30,7	15,3	8,0[2]
Kolumbien	123,9	96,9	78,3	—
Mexiko	96,2	75,1	68,4	44,1[3]
Niederlande	25,2	16,5	13,2	8,6[2]
Polen	108,0	56,6	34,3	21,3
Schweiz	31,2	21,1	17,1	8,5
Tschechoslowakei	77,7	23,5	22,1	18,7
USA	29,2	25,6	21,8	13,0

[1] im 1. Lebensjahr, von 1000 Lebendgeborenen; [2] 1980; [3] 1978

Säule, meist als Stütze verwendetes Bauglied, im Ggs. zum Pfeiler rund, häufig kanneliert u. nach oben konisch verjüngt; setzt sich vielfach aus Fuß (Basis), Schaft, Hals u. ↗Kapitell zusammen. In der Antike Ausbildung bestimmter S.*nordnungen.* In der Kunst des europ. MA Verwendung v. S.n neben Pfeilern, zunächst ohne Kannelierung u. mit Würfelkapitell (Romanik). In der Gotik S.*nbündel* u. S.*nportal* mit S.*nfiguren.* **S.nfigur, 1)** an got. Kirchenportalen Verbindung einer S. mit der davorstehenden Figur. **2)** auf einer S. stehende Figur, bes. Denkmaltyp der Antike (Trajans-S.). **S.nheilige,** *Styliten* (gr. = Säulensteher), oriental. Einsiedler im 5./12. Jh., die auf Säule lebten.

Saulgau, württ. Stadt in Oberschwaben, 15 400 E.; Landmaschinenbau, Möbel-, Textil- u. Papier-Ind.

Saulus, Name des Apostels ↗Paulus vor der Bekehrung.

Sauna *w,* finn. Heißluft- u. Dampfbad, in verschiedenen Abarten verbreitet.

Säure, chem. Verbindung, die in wäßriger Lösung zerfällt (dissoziiert) u. dabei Wasserstoff-(H^+-)Ionen (Protonen) abspaltet; die H^+-Ionen bedingen den Säurecharakter, färben Lackmus rot u. bilden mit Basen unter Wasseraustritt ↗Salze.

Säuren	Formel	Salze
Mineralsäuren:		
Borsäure, Ortho-	H_3BO_3	Borate
Bromwasserstoffsäure	HBr	Bromide
Chlorwasserstoffsäure (Salzsäure)	HCl	Chloride
Fluorwasserstoffsäure (Flußsäure)	HF	Fluoride
Jodwasserstoffsäure	HJ	Jodide
Kieselsäure, Ortho-	$Si(OH)_4$	Silicate
Kohlensäure	H_2CO_3	Carbonate
Phosphorsäure, Ortho-	H_3PO_4	Phosphate
Pyrophosphorsäure	$H_4P_2O_7$	Pyrophosphate
Salpetersäure	HNO_3	Nitrate
Salpetrige Säure	HNO_2	Nitrite
Schwefelsäure	H_2SO_4	Sulfate
Schwefelwasserstoffsäure	H_2S	Sulfide
Schweflige Säure	H_2SO_3	Sulfite
Thioschwefelsäure	$H_2S_2O_3$	Thiosulfate
Organische Säuren:		
Ameisensäure	HCOOH	Formiate
Cyanwasserstoffsäure (Blausäure)	HCN	Cyanide
Essigsäure	CH_3COOH	Acetate
Oxalsäure	$HOOC \cdot COOH$	Oxalate
Weinsäure (Weinsteinsäure)	$(COOH)_2$ $(CHOH)_2$	Tartrate
Zitronensäure	$(CH_2COOH)_2 \cdot$ $C(OH)COOH$	Citrate

Saurier, *Echsen,* Reptilien, die ihre größte Verbreitung im Erdmittelalter hatten, z.T. große, bis 40 m lange schwerfällige Tiere; Wasser-, Land- u. fliegende Tiere. **Sauropoden** (Mz.) ↗Dinosaurier.

Sauternes (: ßotärn), Weinort im frz. Dep. Gironde, 600 E.; weiße Bordeauxweine.

Savannah (: ßäwän[a]), **1)** *m, S. River,* Grenzfluß zw. Georgia u. South Carolina (USA), mündet nach 720 km in den Atlantischen Ozean. **2)** Stadt in Georgia (USA), Seehafen am unteren S. River, 120 000 E.; kath. Bischof; Werften, Papierindustrie.

Savanne *w* (span.), Vegetationsform der wechselfeuchten Tropen, mit ausgeprägtem Unterschied zw. Regen- u. Trockenzeit; Grasformationen vorherrschend.

Savart (: ßawar), *Félix,* frz. Physiker, 1791–1841; entdeckte zus. mit Biot das Biot-S.sche Gesetz.

Save, dt. *Sau w,* r. Nebenfluß der mittleren Donau, entspringt in den Jul. Alpen, mündet nach 712 km bei Belgrad, auf 590 km schiffbar.

Savigny (: ßawinji), *Friedrich Carl v.,* dt. Jurist, 1779–1861; Vertreter der ↗Histor. Rechtsschule; 42/48 preuß. Min. für Revision der Gesetzgebung.

Savoi (: ßaw°a) ↗Savoyen. [bensart. **savoir vivre** (: ßaw°ar wiwr, frz.), gute Le-**Savona,** Hst. der it. Prov. S., an der Riviera, 80 000 E.; Bischof; Eisen- u. Stahlwerke; Hafen (Importhafen der Schweiz).

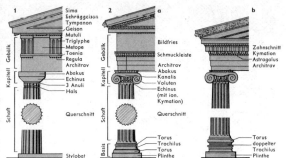

Säulenordnung

1 *Dorische S.:* ohne Basis; kannelierter Schaft, nach oben sich verjüngend; Hals mit Anuli (= Riemchen); Kapitell bestehend aus Echinus und Abakus; Gebälk bestehend aus dem glatten Architrav (Epistyl) und dem Fries (mit Triglyphen und Metopen; darunter Taenia [vorspringende Leiste] mit Regulae u. Guttae); über dem Fries das Geison (Gesims), das mit dem Schräggeison und der Sima das Giebelfeld (Tympanon) umrahmt.

2 *Ionische S.:* **a** mit Bildfries (att.-ion.) Basis, (häufig) auf der Plinthe ruhend; kannelierter Schaft, schlanker und höher als bei der Dor. Säule, sich nach oben hin verjüngend, mit Entasis; Kapitell bestehend aus Echinus, Kanalis mit Voluten, verziertem

Abakus; Gebälk bestehend aus einem dreifach abgetreppten Architrav und dem Bildfries; Giebel wie bei 1 (aber ohne Mutuli),
b mit reicherer Basis (doppeltem Trochilus) und ohne Bildfries: an den Architrav schließen sich Astragalus, Kymation und Zahnschnitt an; sonst wie a. *Korinthische S.* (ohne Abb.): entspr. Ion. S., aber mit reichem Blattkapitell (□ 462)

Saurier: 1 Tyrannosaurus, **2** Stegosaurus, **3** Brontosaurus, **4** Pteranodon (Flug-S.), **5** Triceratops (weitere Abbildungen auf den Seiten 287, 411, 412, 759)

Savonarola (: ßaw⁰-), *Girolamo*, OP, it. Bußprediger, 1452–98; gab 94 der Stadt Florenz eine demokrat. Verf. auf rel. Basis; 97 v. Pp. Alexander VI. gebannt; 98 v. Volk gestürzt u. gehenkt.

Savoyen, frz. *Savoie,* südostfrz. Landschaft, im O Hochgebirge (Montblanc, 4807 m), im NW Hügelland mit Viehweiden u. Getreidebau; unterteilt in die 2 Dep.: Savoie u. Haute-Savoie. – 121 v. Chr. röm., seit 443 n. Chr. v. Burgundern besiedelt; kam 1033 mit Burgund zum Dt. Reich. Das Anfang 11. Jh. begr. Haus S. erwarb 1050 ⁄Piemont u. erhielt 1416 die Herzogswürde; das 1713 erworbene Sizilien 20 gg. ⁄Sardinien getauscht; die Hzg. e v. S. nannten sich seither Kg. e v. Sardinien; Kg. Karl Albert übernahm 1848/49 die Führung im Kampf lt. s gg. Östr.; sein Sohn Viktor Emanuel II. trat das Stammland S. u. Nizza 60 an Fkr. ab u. wurde 61 erster Kg. des geeinten ⁄Italien.

Sawallisch, *Wolfgang,* dt. Dirigent, * 1923; 60/70 Leiter der Wiener Symphoniker, 60/63 Generalmusikdir. in Köln, 61/73 auch der Hamburger Philharmonie, seit 71 zugleich Generalmusikdir. der Bayer. Staatsoper, seit 73 Chefdirigent des Orchestre de la Suisse Romande.

Saxophon *s,* metallenes Blasinstrument; in der Höhe scharf, Mittellage u. Tiefe weich, bes. in der Jazzmusik verwandt; 1841 v. *Adolpho Sax* gebaut.

Sayers (: ßäjᵉʳs), *Dorothy,* engl. Schriftstellerin, 1893–1957; religiöse Lyrik, dann Detektivromane, zuletzt wieder religiöse Dramen u. Essays.

Sb, chem. Zeichen für ⁄Antimon.

s. Br. = südliche ⁄Breite.

SBZ, Abk. für Sowjetische Besatzungszone, der seit 1945 von der sowjet. Armee besetzte u. verwaltete Teil Dtl.s; aus ihr 49 die DDR gebildet. ⁄Deutschland.

Scabies, *Skabies* w (lat.), ⁄Krätze.

Scala w (it.), **1)** Leiter, Treppe. **2)** Tonleiter. **S.,** eig. *Teatro alla S.,* berühmtes Opernhaus in Mailand.

Scaliger, *Scala,* ober-it. Adelsgeschlecht, 1260/1387 Stadtherren v. Verona: *Cangrande I.,* 1291–1329; Gönner Giottos u. Dantes, Führer der Ghibellinen.

Scandium *s,* chem. Element, Zeichen Sc, sehr seltenes Erdalkalimetall; Ordnungszahl 21. ☐ 149.

Scapa Flow (: ßkäpᵃ floᵘ), Bucht an der Südküste der brit. Orkneyinsel Pamona, 23 km lang, 12 km breit; bis 1956 brit. Flottenstützpunkt. – Die nach dem Waffenstillstand 1918 dort internierte dt. Kriegsflotte wurde 19 v. der dt. Besatzung versenkt, um ihre Übergabe an Großbritannien zu verhindern.

Scarborough (: ßkₐʳbᵉrᵉ, -brᵉ), engl. Hafenstadt u. Seebad, nördl. v. Hull, 242 000 E.

Scarlatti, 1) *Alessandro,* it. Komponist, 1660–1725; Haupt der neapolitan. Opernschule. **2)** *Domenico,* it. Komponist, Sohn v. 1), 1685–1757; zahlr. Stücke für Klavier bzw. Cembalo.

Scarron (: ßkarõn), *Paul,* frz. Dichter, 1610–60; schrieb den realist. Roman einer Schauspielertruppe (*Le roman comique*).

Schaben: 1 Larvenstadium, 2 Weibchen der Dt. Hausschabe

Schach: 1 Schachbrett mit Grundstellung der Figuren: Turm a 1 und h 1, Springer b 1 und g 1, Läufer c 1 und f 1, Dame d 1, König e 1. 2–4 Gangarten der einzelnen Figuren, mit den 2 besonderen Zugregeln: Schlagen eines Bauern en passant und Rochade (g große, k kleine Rochade)

Saxophon

W. Sawallisch

Scesaplana (: sche-), höchster Berg des Rätikon, auf der Grenze zw. Graubünden u. Vorarlberg, 2965 m hoch.

Schaben, lichtscheue Insekten mit flachem Körper, in dunklen Verstecken; die schädl. schwarzen *Küchen-S.* auch *Schwaben, Kakerlaken, Russen, Franzosen* genannt.

Schabkunst ⁄Mezzotinto.

Schablone w (frz.), Muster, Vorlage.

Schabracke w (türk.), verzierte Pferdedecke.

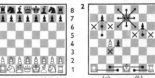

Schach *s* (v. pers. *schah* = Kg.), auf der ganzen Erde verbreitetes Brettspiel; entstand in Indien, kam durch die Araber im 9. Jh. nach Europa. Auf dem quadrat. *S.*brett mit 64 schwarzen u. weißen Feldern spielen 2 Personen mit je 16 Figuren gegeneinander mit dem Ziel, den Kg. des Gegners ⁄matt zu setzen; mißlingt dies, so endet das Spiel unentschieden (⁄remis bzw. ⁄patt). *S. bieten:* den Kg. bedrohen. **S.blume,** Zwiebelgewächs mit großen, schachbrettartig gemusterten Glockenblüten.

Schächer, fr. allg. Räuber, Übeltäter, bes. die 2 mit Jesus gekreuzigten Übeltäter.

Schacht, im Bergbau der meist senkrechte Zugang zu einer Lagerstätte. ☐ 85.

Schacht, *Hjalmar,* 1877–1970; 1924/30 u. 33/39 Reichsbankpräs., 34/37 zugleich Reichswirtschaftsmin. u. bis 43 Reichsmin. ohne Geschäftsbereich; 44/45 im KZ; im Nürnberger Kriegsverbrecherprozeß freigesprochen.

Schachtelgesellschaft, durch vielseitige Kapitalverflechtungen verbundene Unternehmen.

Schachtelhalm, Gefäß-Sporenpflanzen, im Erdaltertum große Bäume, heute nur noch klein, höchstens 1¹/₂ m hoch *(Riesen-S.).* *Acker-S.,* Unkraut, Heilpflanze; wegen Kieselsäuregehalt als Poliermittel benutzt *(Zinnkraut).*

schächten, nach jüd. Reinheitsvorschrift schlachten: am nicht betäubten Tier wird der Hals v. unten nach oben bis auf die Wirbelknochen durchschnitten; das Fleisch blutet völlig aus u. wird so ⁄koscher.

Schachtofen *m,* Schmelz-, auch Schwelofen mit eisernem oder gemauertem Schacht. ⁄Kupolofen, ⁄Hochofen.

Schachty, fr. *Alexandrowsk-Gruschewski,* Ind.-Stadt im östl. Donezbecken, 211 000 E.

Schack, *Adolf Friedrich* Graf v., dt. Kunstschriftsteller u. Übersetzer, 1815–94; Begr.

der Münchner *S.-Galerie* (Malerei des 19. Jh.).

Schädel, Kopfabschnitt des Knochengerüstes bei Wirbeltier u. Mensch. *Hirn-S.* umschließt als Knorpel od. knöcherne Kapsel Gehirn, Gehör- u. Sehorgan; *Gesichts-S.* bildet die knöchernen Teile v. Nase, Rachen, Kiefer u. Mund. **S.lage,** normale Lage des Kindes in der Gebärmutter, bei der der Kopf zuerst erscheint. ☐ 312. **S.lehre,** die ↗Phrenologie. **S.lose,** *Akranier,* fischförm. kleine Meerestiere ohne Gliedmaßen mit ↗Chorda. ↗Lanzettfisch.

Schaden, Einbuße an Rechtsgütern durch eigenes od. fremdes Handeln bzw. Unterlassen. Man unterscheidet *Vermögens-* od. *materiellen* u. *ideellen (immateriellen) S.* **S.sersatz,** setzt im allg. Vermögens-S. voraus; besteht grundsätzl. in der Schaffung eines dem früheren voll entsprechenden Zustandes *(Naturalrestitution).* Nicht berücksichtigt wird der bes. Liebhaberwert. Ersatz v. immateriellem S. nur in wenigen, gesetzl. bestimmten Fällen (u. a. als ↗Schmerzensgeld).

Schädling, jedes pflanzl. u. tier. Lebewesen, das dem Menschen u. seiner Wirtschaft Schaden zufügt an Kulturpflanzen, Lebensmitteln, Stoffen u. Erzeugnissen od., wie die ↗Parasiten, an Haus-, Jagdtieren u. am menschl. Körper selbst. **S.sbekämpfung:** a) mechan. Mittel: Sammeln der S., Abschneiden u. Vernichten der befallenen Pflanzenteile, Anlegen von Leimringen; b) biolog.: Zucht u. Verbreitung natürl. Feinde der S.; c) chem.: pflanzl., mineral. od. synthet. Bekämpfungsstoffe. ↗Insektizide.

Schadow (: -do), *Johann Gottfried,* dt. Bildhauer u. Graphiker, 1764–1850; Klassizist; Studium in It., Lehrer Rauchs; schuf zahlr. Büsten, Denkmäler: *Quadriga auf dem Brandenburger Tor; Kronprinzessin Luise u. ihre Schwester.*

Schaf, Paarhufer (Wiederkäuer) mit wolligem od. zottigem Fell, behaartem Schwanz und beim Bock schneckenförmig gewundenen Hörnern. *Hausschaf* (Stammformen wahrscheinl. ↗Mufflon, Steppenschaf, Argali); liefert im wesentl. Wolle u. Fleisch, daneben Milch, Dung u. Felle. 3 Hauptrassen: a) *Merino-S.,* mit bes. feinem Wollhaar. b) *Fleisch-S.,* frühreif, mit großer Fleischleistung. c) *Land-S.,* bes. in Süd-, Mittel- u. Nordwest-Dtl.; hierher u.a. ↗Heidschnucken, ↗Karakulschaf. ☐ 279.

Schaefer, *Oda,* dt. Lyrikerin; * 1900; *Die Windharfe;* Feuilletons, Erzählungen.

Schäfer, *Wilhelm,* dt. Schriftsteller, 1868–1952; meist histor. Stoffe; Anekdoten, Romane, Erzählungen.

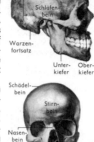

Hinterhaupt-schuppe — Stirnbein — Schädelbein — Schläfenbein — Warzenfortsatz — Unterkiefer — Oberkiefer — Schädelbein — Stirnbein — Nasenbein — Oberkiefer — Unterkiefer

Schädel des Menschen

a b c d

Schall-Schwingungen:
a Ton (reine Sinusschwingung), **b** Klang (überlagerte Sinusschwingung), **c** Geräusch (nichtperiodische Schwingung), **d** Knall. Die Bilder zeigen die Druckschwankungen der Luft

Schäferhund, 1) *Deutscher S.,* stock-, rauhod. drahthaarige Hunderasse. Wach- u. Diensthund. ☐ 1043. **2)** *Schottischer S., Collie,* langhaarig.

Schäferroman, Hauptform der Schäferdichtung, bes. im Barock; idyllisches ländl. Leben als Wunschbild.

Schafeuter, eßbarer Pilz, ↗Porling.

Schaeffer, *Albrecht,* dt. Dichter, 1885–1950; geprägt v. St. George u. der Antike; Romane *(Helianth),* Homer-Übersetzung, Dramen, Erzählungen.

Schaffermahlzeit, in Bremen am 2. Freitag im Februar gehaltene Mahlzeit der Schaffer (Reeder, Kapitäne, Kaufleute) mit traditioneller Rede- u. Speisefolge; erstmals 1545 bezeugt; heute mit geladenen Persönlichkeiten des öff. Lebens.

Schaffhausen, Hst. des Schweizer *Kt. S.* am Hochrhein, 32000 E. Altstadt mit roman. Münster „Allerheiligen" (jetzt Museum). Unterhalb der Stadt der Rheinfall (21 m Fallhöhe). – Seit 1501 eidgenössisch.

Schäffler, Böttcher. **S.tanz,** in München alle 7 Jahre Figurentanz der S.gesellen.

Schaffner, 1) *Jakob,* Schweizer Romanschriftsteller, 1875–1944; *Johannes-Trilogie.* **2)** *Martin,* schwäb. Maler u. Bildschnitzer, 1478/79–1546/49; Altar im Ulmer Münster.

Schafgarbe, Korbblütler mit weißen, zu Trugdolden gehäuften Blütenköpfen; Tee aus Blättern u. bes. Blüten als Heilmittel.

Schafott *s* (frz.), Gerüst für Hinrichtungen, Blutgerüst (↗Guillotine).

Schafstelze, eine Art der ↗Bachstelze.

Schäftlarn, oberbayer. Gem. s.w. von München, 5100 E.; berühmte Benediktinerabtei (762 gegr.), mit Rokokokirche (1733/64).

Schah *m* (pers. = Kg.), in Persien seit dem 3. Jh. Herrschertitel; heute Bz. für den pers. Kaiser.

Schakal *m* (pers.), schmutzig graugelber Wildhund auf dem Balkan, in Asien u. Afrika; streift nachts in Rudeln umher.

Schalen, 1) Hüllen v. Früchten. **2)** krankhafte Knochenauftreibungen an der Fessel v. Pferden. **3)** Klauen der wilden Huftiere *(S.wild).*

Schalapin, *Fjodor,* russ. Sänger (Baß), 1873–1938.

Schalksmühle, westfäl. Gemeinde (Kr. Lüdenscheid), 11300 E.; Elektro- u. Eisen-Ind.

Schall, v. menschl. Ohr wahrnehmbare Schwingungen zw. 16 u. ca. 20000 Hertz, die sich in elast. Medien, flüssigen od. gasförm. Medien als S.wellen ausbreiten. Regelmäßige Schwingungen werden als ↗Ton u. ↗Klang, unregelmäß. als Geräusch od. Knall wahrgenommen. ↗Akustik, ↗Lärm.

S.analyse, Zerlegung eines Schalls in seine Bestandteile; ↗Klang-Spektrum und ↗Klang-Farbe. **S.aufzeichnung,** die Speicherung akust. Informationen, z. B. auf ↗Schallplatte u. ↗Tonband. ↗Lichttonverfahren. **S.druck** ↗Lautstärke. **S.geschwindigkeit,** in Luft ca. 343 m/s (bei 20°C), in Wasser 1440, Kupfer 3710, Eisen 5100 m/s. **S.intensität** ↗Lautstärke. **S.mauer** ↗Überschallgeschwindigkeit. **S.platte,** Träger einer ↗Schallaufzeichnung

Schafe: links Schwarzköpfiges Fleischschaf, rechts Merinolandschaf

nach dem Nadeltonverfahren, bei dem auf einer runden Scheibe aus Kunststoff (fr. Schellack) ein gewellter Tonrillenzug v. außen nach innen spiralförmig aufgezeichnet wird. Man unterscheidet *seitl.* (radiale) *(Seitenschrift)* u. senkrechte (vertikale oder axiale) Auslenkung *(Tiefenschrift)* der Tonrille. Die *Stereoschrift* ist eine kombinierte Seiten- u. Tiefenschrift. Bei der Herstellung v. S.n wird das Schallgeschehen zunächst auf Band aufgenommen u. dann auf eine 30 mm starke Wachsplatte überspielt. Sodann wird deren Oberfläche durch Aufdampfen v. Metall leitend gemacht u. eine Matrize hergestellt, mit der dann die S.n gepreßt werden. Bei der Wiedergabe schwingt, durch die Nadel (Saphir) in der Tonrille geführt, der Anker des Tonabnehmers *(magnet. dynam. Tonabnehmer)* in einem Magnetfeld u. induziert in der Magnetspule eine elektr. Spannung, beim *Kristalltonabnehmer* wird ein Piezokristall (bei Stereowiedergabe) verformt u. liefert so die Spannung. ↗Bildplatte.

Schalmei w, altes Holzblasinstrument.

Schalotte w (frz.), Lauch mit walnußgroßen Haupt- u. vielen Nebenzwiebeln.

Schaltjahr ↗Jahr, ↗Kalender.

Schaltung, 1) allg. die Verbindung v. Maschinen od. Vorrichtungen untereinander; bei Kraftfahrzeugen die Änderung u. Bedienung der Gänge im (Schalt-)Wechselgetriebe. ☐511. 2) *elektr.-S.,* leitende Verbindung elektr. Anlageteile oder Bauelemente zu funktionsfähigen Schaltkreisen. ↗gedruckte Schaltung.

Schalung, 1) Holzform beim Betonbau. 2) Bretterverkleidung v. Bauwerken u. 3) der Deckenbalken beim Hausbau.

Schaluppe w (frz.), kleines einmast. Segelschiff; auch Beiboot.

Scham, die äußeren Geschlechtsteile.

Schamanismus, ein Zauberkult bes. sibir., indian. u. afrikan. Völker, die männl. od. weibl. *Schamanen* (Zauberern) die Kraft zuschreiben, in (meist narkot.) Ekstase Geister bannen od. befragen zu können.

Schamgefühl, unlustbetonte Gefühlsreaktion des Menschen bei Einbruch in seine leibl. u. seel. Intimsphäre; Scheu vor Entblößung der eigenen Unvollkommenheit.

Schamotte w, feuerfestes Gemisch aus Ziegelmehl, Quarzsand, Korundpulver und Ton (Kaolin), das nach Formung scharf gebrannt wird; zur Aufmauerung v. Öfen.

Schandau, *Bad S.,* sächs. Kurort im Elbsandsteingebirge, 5000 E.; Eisenquelle, Kneippanstalt.

Schändung, 1) Vornahme schimpfl., anstößiger Handlungen an verehrungswürdigen Gegenständen (z. B. Grab-S.). 2) Mißbrauch einer willen-, bewußtlosen od. geisteskranken Frau zum außerehel. Beischlaf. ↗Notzucht liegt vor, wenn der Täter diesen Zustand selbst herbeigeführt hat.

Schanghai, *Shanghai,* größte Stadt u. wichtigster Hafen Chinas, mit europ. Stadtbild, direkt der Zentralregierung unterstellt; m. V. 11 Mill. E.; Hafen am Hwangpu; Univ.; mehrere Hochschulen, vielseitige Ind. – Wurde 1843 dem europ. Handel geöffnet.

Schankara, südind. Brahmane, um 800; stellte das einflußreichste ↗Vedanta-System auf.

Schanker m, Geschlechtskrankheit, 1) *Weicher S.,* durch Ansteckung übertragenes schmerzhaftes Geschwür der Geschlechtsorgane. 2) *Harter S.,* schmerzloses Geschwür; ↗Syphilis. ☐420.

Schankkonzession, *Schankgerechtigkeit,* berechtigt zum Betrieb einer Gast- od. Schankwirtschaft.

Schansi, nordchines. Prov., zw. dem Hoangho und der Großen Mauer, 157 100 km², 23 Mill. E.; Hst. Taijüan.

Schantung, nordchines. Prov. am Gelben Meer, umfaßt die *S.*halbinsel u. Teile der Großen Ebene, 153 300 km², 72 Mill. E.; Hst. Tsinan.

Schanze, 1) fr. bei Feldbefestigungen geschlossener Stützpunkt. 2) *Skisport:* ↗Sprungschanze.

Schaper, *Edzard,* balt.-dt. Schriftsteller, * 1908; lebt in der Schweiz; konvertierte zum Katholizismus; Romane um das Schicksal der russ. Kirche u. um das Verhältnis des Menschen zu Gott. *Der Henker; Der Gouverneur; Die sterbende Kirche; Die Freiheit des Gefangenen; Degenhall.*

Schappe w (frz.), Abfallseide v. Kokons; zu billigeren Garnen versponnen.

Scharade w (frz.), Silbenrätsel. *Lebende S.,* aus pantomim. Szenen sollen die Silben bzw. Teile eines Wortes erraten werden.

Scharbock m, der ↗Skorbut. **S.skraut,** *Feigwurz,* Hahnenfuß mit goldgelben Blüten; Frühlingsblüher.

Schärding, oberöstr. Bez.-Stadt an der bayerischen Grenze u. am Inn, 6000 E.

Schären (Mz.), vom Gletschereis rundgeschliffene Felsinseln, bes. vor der schwed. u. finnischen Küste.

Scharf, *Kurt,* dt. ev. Theologe, * 1902; 45 Propst für Brandenburg, 61/67 Vors. des Rats der EKD, 66/76 Bischof der Ev. Kirche in Berlin-Brandenburg (72/77 nur noch für Regionalsynode West).

Schärf, *Adolf,* 1890–1965; 1945 Vors. der SPÖ u. östr. Vizekanzler, seit 57 Bundespräs.

Schärfentiefe, in der Photographie derjenige Bereich, innerhalb dessen die Objektivabbildung scharf erscheint; die S. wächst mit zunehmender Abblendung.

Schari, Zufluß des Tschadsees, 1400 km lang.

Nadel Spule Dauermagnet

Polschuhe   Weicheisenstift

○ links ○

○ rechts ○

Schallplatte: *Tonaufzeichnungen:* **1** Seitenschrift (Normalschallplatte, Berliner Schrift), **a** Rillentiefe konstant, **b** Rillenschnitt in Wellenlinien, **c** Nadelkräfte seitlich. **2** Tiefenschrift (verwendet bei Sprechwalzen, Edisonschrift), **a** Rillentiefe wechselnd **b** Rillenschnitt in die Tiefe, **c** Nadelkräfte senkrecht. **3** Stereoschrift: kombinierte Seiten- und Tiefenschrift. **4** Kräfte bei Stereoschrift (T Tiefen-, S Seitenbewegung; R rechter, L linker Kanal). *Tonabnehmer:* **5** elektromagnet. Mono- und **6** Stereo-Tonabnehmer (A Anker mit Stift und Nadel)

1   Schattenraum

Punktlichtquelle   Schatten

2

3

Halbschatten Kernschatten

Schatten: **1** bei Zentralbeleuchtung, **2** bei einer, **3** bei zwei Lichtquellen

Bischof Scharf

Hans Scharoun: oben
Neue Philharmonie
(Berlin), unten Bildnis

Schattenriß:
Bruckner an der Orgel
(von A. Böhler)

Scheck
wesentliche Erfordernisse des S.:
1 die Bz. „Scheck"
2 unbedingte Anweisung auf Zahlung eines bestimmten Betrages
3 Name der bezogenen Bank
4 Zahlungsort
5 Tag und Ort der Ausstellung
6 Unterschrift des Ausstellers

Scharlach m, 1) hochrote Farbe. Biebricher S., Azofarbstoff; zur Färbung v. Seide. 2) meldepflichtige ansteckende ⁄Infektionskrankheit; Merkmale des Verlaufs: Fieber, Halsschmerzen, Rötung des Rachens, Hautausschlag am ganzen Körper, Abschuppen der Haut in Fetzen. ☐ 271. [pfuscher.
Scharlatan m (frz.-it.), Schwindler, Kur-
Scharnhorst, Gerhard v., preuß. General, 1755–1813; seit 1801 in preuß. Diensten, schuf durch Umbau v. Heer u. Offizierskorps den Rahmen für das preuß. Volksheer; 13 Generalstabschef Blüchers.
Scharnier s (frz.), Drehgelenk für Deckel od. Türen. ☐ 66.
Scharoun (: -run), Hans, dt. Architekt, 1893–1972; moderne Stadtplanungen u. Bauten, u. a. Siemensstadt, Neue Philharmonie (Berlin). [zum Gelbfärben.
Scharte, Färber-S., distelähnl. Kräuter; fr.
Scharteke w (it.), altes, wertloses Buch.
Scharwache, fr. für patrouillierende Nachtwache, Polizeiwache.
Schaschlik m (türk.), am Spieß geröstete Fleisch- u. Schinkenstücke mit Gewürzen.
Schatt el-Arab m, der 150 km lange Unterlauf v. Euphrat u. Tigris; mündet in den Persischen Golf.
Schatten, bei Licht u. Schall der „dunkle" Raum hinter einem absorbierenden od. reflektierenden (undurchlässigen) Hindernis. ☐ 859. Auch Wind-S., Bereich der Windstille. **S.blume,** Kleine Maiblume, Liliengewächs, Staude mit weißer Blütentraube. **S.kabinett,** die entspr. den Sachgebieten der Regierung spezialisierte Führungsmannschaft der Opposition. **S.riß,** auch Silhouette genannt, figürl. Darstellung durch einen mit Schwarz ausgefüllten Umriß; lebt im ⁄Scherenschnitt fort. **S.spiel,** Form des Theaters, bei der die Schatten v. Figuren, meist im Profil, auf eine Leinwand geworfen werden; bes. gepflegt in China, Indonesien, Türkei (Karagözspiel).
Schatulle w (lat.), 1) (Schmuck-)Kästchen. 2) fr. Privatkasse des Fürsten.
Schatzanweisung, Schuldurkunde des Staates zur meist kurz- od. mittelfristigen Geldbeschaffung; im allg. nominell unverzinsl., jedoch wie ein Wechsel diskontiert; aber v. der Notenbank nicht rediskontiert.
Schatzwechsel, Wechsel, für die der Staat haftet; wie Schatzanweisungen verkauft u. diskontiert, aber v. der Notenbank rediskontiert. [kontiert.
Schaubild, das ⁄Diagramm.

Schaubrote, bei den atl. Juden 12 in Stiftshütte od. Tempel ausgestellte flache Weizenbrote, am Sabbat erneuert.
Schauerleute, Hafenarbeiter, die Schiffe be- u. entladen.
Schäufele, Hermann, 1906–77; 55 Weihbisch., seit 58 Erzb. v. Freiburg i. Br.
Schäufelein (Schäuffelin), Hans Leonhard, dt. Maler u. Graphiker, 1480/85–1539/40; Schüler Dürers; Ziegler-Altar in Nördlingen, Illustrationen zu Theuerdank u. Weißkunig.
Schaufelrad, 1) der mit Schaufeln besetzte Rotor an Turbinen. 2) das Förderelement des S.baggers. 3) das Antriebsrad (mit meist verstellbaren Schaufeln) der Raddampfer.

G. von Scharnhorst   Erzbischof Schäufele

Schauinsland m, Schwarzwaldberg bei Freiburg i. Br., 1284 m; Sonnenobservatorium; Seilschwebebahn. Bergrennen.
Schaukal, Richard v., östr. Schriftsteller, 1874–1942; Gedichte, Erzählungen.
Schaum ⁄Kolloid.
Schaumann, Ruth, dt. Graphikerin, Bildhauerin, Schriftstellerin, 1899–1975; vom christl. Glauben bestimmtes Werk: Lyrik, Prosa (Amei; Yves).
Schaumburg, ehem. Gft. in Westfalen; fiel 1640 an S.-⁄Lippe, an Hessen-Kassel u. Braunschweig-Lüneburg. **S.-Lippe** ⁄Lippe.
Schaumgummi, Kautschuk-Latex, durch Treibmittel porös gemacht; z. B. für Polsterung.
Schaumkraut, Gattung der Kreuzblütler. Wiesen-S., mit lila gefärbten Blüten. Bitteres S., mit weißen Blüten.
Schaumlöscher ⁄Feuerlöschwesen.
Schaumstoffe, schaumartig aufgetriebene u. erstarrte ⁄Kunststoffe geringer Dichte.
Schaumwein, Sekt, schäumender Wein; die edleren S.e in Flaschen vergoren; enthält viel Kohlendioxid. ⁄Champagner, ⁄Perlwein.
Schauspiel, i. w. S.: Oberbegriff für alle Arten des Dramas; i. e. S.: Bz. eines ernsten, aber nicht tragisch endenden Dramas.
Schauspielkunst ⁄Theater.
Schdanow, bis 1948 Mariupol, ukrain. Hafenstadt am Asowschen Meer, 503 000 E.; Hüttenwerk.
Scheck, ein ⁄Wertpapier, schriftliche, v. keinerlei Bedingung abhängige Anweisung an eine Bank auf Zahlung einer bestimmten Geldsumme. Ein Verrechnungs-S. (Vermerk: nur zur Verrechnung) darf nur zur Gutschrift verwendet werden, der Bar-S. gilt für Barauszahlung.

Schauspiele

(Deutsche Titel und Jahr der Uraufführung)

Agnes Bernauer (Hebbel; 1852)
Amphitryon (Molière; 1668)
Amphitryon (Kleist; 1898)
Amphitryon 38 (Giraudoux; 1929)
Andorra (Frisch; 1961)
Andromache (Racine; 1667)
Antigone (Sophokles; 442 v. Chr.)
Antigone (Anouilh; 1944)
Antonius und Cleopatra (Shakespeare; 1607)
Arme Vetter, Der (E. Barlach; 1921)
Balkon, Der (J. Genet; 1957)
Baumeister Solness (Ibsen; 1892)
Belagerungszustand (Camus; 1948)
Bernarda Albas Haus (García Lorca; 1945)
Besuch der alten Dame, Der (Dürrenmatt; 1955)
Biberpelz, Der (Hauptmann; 1893)
Biedermann und die Brandstifter (Frisch; 1958)
Biografie (Frisch; 1968)
Bluthochzeit (García Lorca; 1933)
Braut von Messina, Die (Schiller; 1803)
Bürger als Edelmann, Der (Molière; 1670)
Bürger von Calais, Die (Kaiser; 1917)
Candida (Shaw; 1895)
Caesar und Cleopatra (Shaw; 1906)
Cid, Der (Corneille; 1636)
Clavigo (Goethe; 1774)
Cocktail-Party (Th. S. Eliot; 1949)
Coriolan (Shakespeare; 1608)
Cyrano de Bergerac (Rostand; 1897)
Dame ist nicht fürs Feuer, Die (Chr. Fry; 1947)
Dame Kobold (Calderón; 1629)
Dantons Tod (G. Büchner; 1902)
Diener zweier Herren (Goldoni; 1747)
Don Carlos (Schiller; 1787)
Don Gil von den grünen Hosen (Tirso de Molina; 1617)
Don Juan (Frisch; 1953)
Dr. med. Hiob Prätorius (Goetz; 1932)
Egmont (Goethe; 1791)
Ehe des Herrn Mississippi, Die (Dürrenmatt; 1952)   [1673]
Eingebildete Kranke, Der (Molière; 1673)
Emilia Galotti (Lessing; 1772)
Ende gut, alles gut (Shakespeare; 1598)
Endspiel (Beckett; 1957)
Endstation Sehnsucht (Williams; 1947)
Erdgeist (Wedekind; 1898)
Eurydike (Anouilh; 1942)
Faust (Goethe; I: 1829, II: 1854)
Fiesco, Die Verschwörung des (Schiller; 1783)
Fliegen, Die (Sartre; 1943)
Florian Geyer (Hauptmann; 1896)
Fräulein Julie (Strindberg; 1889)
Fröhliche Weinberg, Der (Zuckmayer; 1925)
Frühlings Erwachen (Wedekind; 1906)
Fuhrmann Henschel (Hauptmann; 1898)
Geizige, Der (Molière; 1668)   [1898]
Gespenster (Ibsen; 1882)
Gewitter, Das (A. Ostrowskij; 1859)
Gier unter Ulmen (O'Neil; 1924)
Glasmenagerie, Die (Williams; 1944)
Glas Wasser, Das (E. Scribe; 1840)
Götz von Berlichingen (Goethe; 1774)
Guerillas (Hochhuth; 1970)
Gyges und sein Ring (Hebbel; 1889)
Hamlet (Shakespeare; 1602)   [1893]
Hanneles Himmelfahrt (Hauptmann; 1893)
Hauptmann von Köpenick, Der (Zuckmayer; 1931)
Hausmeister, Der (Pinter; 1960)
Hedda Gabler (Ibsen; 1891)

Heilige Johanna, Die (Shaw; 1923)
Heilige Johanna der Schlachthöfe, Die (Brecht; 1959)
Heimat (Sudermann; 1893)
Herodes und Mariamne (Hebbel; 1849)
Hose, Die (Sternheim; 1911)
Iphigenie (Racine; 1674)
Iphigenie auf Tauris (Goethe; 1799)
Iphigenie in Aulis (Hauptmann; 1943)
Iphigenie in Delphi (Hauptmann; 1941)
Irre von Chaillot, Die (Giraudoux; 1945)
Jedermann (Hofmannsthal; 1911)
Judith (Hebbel; 1840)
Jugend (M. Halbe; 1893)
Julius Cäsar (Shakespeare; 1601)
Jungfrau von Orleans, Die (Schiller; 1801)
Jux will er sich machen, Einen (Nestroy; 1842)
Kabale und Liebe (Schiller; 1784)
Kalte Licht, Das (Zuckmayer; 1955)
Kassette, Die (Sternheim; 1911)
Käthchen von Heilbronn, Das (Kleist; 1810)
Katze auf dem heißen Blechdach, Die (Williams; 1955)
Kaufmann von Venedig, Der (Shakespeare; 1596)
Kirschgarten, Der (Tschechow; 1904)
Kleine Stadt, Unsere (Wilder; 1938)
Kollege Crampton (Hauptmann; 1892)
Komödie der Irrungen (Shakespeare; 1594)
König Heinrich IV. (Shakespeare; 1597)
König Heinrich V. (Shakespeare; 1598)
König Heinrich VI. (Shakespeare; 1590)
König Heinrich VIII. (Shakespeare; 1613)
König Lear (Shakespeare; 1606)
König Nicolo (Wedekind; 1902)
König Ödipus (Sophokles; 425 v. Chr.)
König Ottokars Glück und Ende (Grillparzer; 1825)
König Richard II. (Shakespeare; 1596)
König Richard III. (Shakespeare; 1593)
König stirbt, Der (Ionesco; 1963)
König Ubu (A. Jarry; 1896)
Kreidekreis, Der (Klabund; 1925)
Lady Windermere's Fächer (Wilde; 1892)
Lästerschule, Die (Sheridan; 1777)
Leben des Galilei (Brecht; 1943)
Leben, ein Traum, Das (Calderón; 1635)
Leonce und Lena (G. Büchner; 1895)
Liebelei (Schnitzler; 1895)
Lumpazivagabundus (Nestroy; 1833)
Lustigen Weiber von Windsor, Die (Shakespeare; 1600)
Lysistrata (Aristophanes; 411 v. Chr.)
Macbeth (Shakespeare; 1606)
Maria Magdalena (Hebbel; 1846)
Maria Stuart (Schiller; 1800)
Marquis v. Keith, Der (Wedekind; 1901)
Maß für Maß (Shakespeare; 1604)
Medea (Grillparzer; 1821)
Medea (Euripides; 431 v. Chr.)
Meeres und der Liebe Wellen, Des (Grillparzer; 1831)
Mensch und Übermensch (Shaw; 1905)
Michael Kramer (Hauptmann; 1900)
Minna von Barnhelm (Lessing; 1767)
Misanthrop, Der (Molière; 1666)
Moral (L. Thoma; 1908)
Mord im Dom (Th. S. Eliot; 1935)
Möwe, Die (Tschechow; 1896)
Mutter Courage (Brecht; 1941)
Nachtasyl (Gorkij; 1902)
Napoleon (Ch. D. Grabbe; 1868)
Nashörner, Die (Ionesco; 1959)

Nathan der Weise (Lessing; 1783)
Nibelungen, Die (Hebbel; 1861)
Nora (Ibsen; 1879)
Ödipus (A. Gide; 1931)
Onkel Wanja (Tschechow; 1899)
Orestie (Äschylus; 458 v. Chr.)
Othello (Shakespeare; 1604)
Peer Gynt (Ibsen; 1876)
Penthesilea (Kleist; 1876)
Perser, Die (Äschylus; 472 v. Chr.)
Phädra und Hippolyt (Racine; 1677)
Plötzlich im letzten Sommer (Williams; 1958)
Prinz Friedrich von Homburg (Kleist; 1821)
Privatsekretär, Der (Eliot; 1953)
Pygmalion (Shaw; 1913)
Ratten, Die (Hauptmann; 1911)
Räuber, Die (Schiller; 1782)
Reigen (Schnitzler; 1920)
Revisor, Der (Gogol; 1836)   [1643]
Richter von Zalamea, Der (Calderón; 1595)
Romeo und Julia (Shakespeare; 1595)
Rose Bernd (Hauptmann; 1903)
Salzburger Große Weltheater, Das (Hofmannsthal; 1922)
Sappho (Grillparzer; 1818)
Scherz, Satire, Ironie und tiefere Bedeutung (Ch. D. Grabbe; 1876)
Schmutzigen Hände, Die (Sartre; 1948)
Schwierige, Der (Hofmannsthal; 1921)
Sechs Personen suchen einen Autor (Pirandello; 1921)
Seidene Schuh, Der (Claudel; 1943)
Soldaten, Die (Hochhuth; 1967)
Sommernachtstraum, Ein (Shakespeare; 1594)
Stellvertreter, Der (Hochhuth; 1963)
Sturm, Der (Shakespeare; 1611)
Stützen der Gesellschaft, Die (Ibsen; 1877)
Tartuffe (Molière; 1664)
Tätowierte Rose, Die (Williams; 1950)
Teufels General, Des (Zuckmayer; 1946)
Tod des Handlungsreisenden, Der (A. Miller; 1949)
Torquato Tasso (Goethe; 1807)
Totentanz (Strindberg; 1905)
Trauer muß Elektra tragen (O'Neill; 1931)
Traumspiel, Ein (Strindberg; 1907)
Treuer Diener seines Herrn, Ein (Grillparzer; 1828)
Trojanische Krieg findet nicht statt, Der (Giraudoux; 1935)
Undine (Giraudoux; 1939)
Venus im Licht (Ch. Fry; 1950)
Verfolgung und Ermordung Jean Paul Marats... (P. Weiss; 1964)
Viel Lärm um nichts (Shakespeare; 1599)
Vögel, Die (Aristophanes; 414 v. Chr.)
Wald (A. Ostrowskij; 1871)
Wallenstein (Schiller; 1799)
Warten auf Godot (Beckett; 1953)
Was ihr wollt (Shakespeare; 1600)
Weber, Die (Hauptmann; 1893)
Weh' dem, der lügt (Grillparzer; 1838)
Wer hat Angst vor Virginia Woolf? (E. Albee; 1962)
Widerspenstigen Zähmung, Der (Shakespeare; 1595)   [1599]
Wie es euch gefällt (Shakespeare; 1599)
Wilhelm Tell (Schiller; 1804)
Wir sind noch einmal davongekommen (Wilder; 1942)
Woyzeck (G. Büchner; 1913)
Zerbrochene Krug, Der (Kleist; 1808)
Zofen, Die (J. Genet; 1947)

Schecke *m*, geflecktes Pferd od. Rind.

Scheckkarte, *Euro-Scheckkarte*, v. Banken u. Sparkassen an Inhaber v. Kontokorrent- bzw. Spargirokonten ausgegebene Ausweiskarte mit Einlösungsgarantie bis zu einem Höchstbetrag v. je 300 DM für besondere Barschecks *(Euroschecks, eurocheques)*, in vielen europ. Ländern gültig.

Schedel, *Hartmann*, Humanist u. Arzt in Nürnberg, 1440–1514; *Weltchronik*.

Scheeben, *Matthias*, kath. Theologe, 1835–1888; einflußreicher Dogmatiker.

Scheel, *Walter*, * 1919; 61/66 Bundesmin. für wirtschaftl. Zusammenarbeit; 68/74 Bundes-Vors. der FDP; 69/74 Bundes-Min. des Auswärtigen und Vizekanzler; 74/79 Bundespräsident der BRD.

Scheele, *Karl Wilhelm*, schwed. Chemiker, 1742–86; Mitbegründer der modernen Chemie, entdeckte Sauerstoff, Stickstoff, Chlor, Glycerin u. a.

Scheelit *m*, *Tungstein*, Calciumwolframat, CaWO$_4$, wichtiges Wolframerz.

Scheffel *m*, altes Hohlmaß, bes. für Getreide, zw. 50 und 222 l, je nach Gegend.

Scheffel, *Josef Victor v.*, dt. Schriftsteller, 1826–86; Kommerslieder, Versepos *Der Trompeter v. Säckingen*, Roman *Ekkehard*.

Scheffler, *Johannes*, ⟋Angelus Silesius.

Scheherezade *w* (pers.), Erzählerin aus ⟋Tausendundeiner Nacht.

Scheich *m*, *Scheik* (arab. = Greis), im Orient Ehrentitel, bes. v. Gelehrten u. Richtern; bei den Beduinen Stammesführer, im Osman. Reich Prediger u. Führer der Derwische.

Scheide, *Vagina*, Gebärmutter und die äußeren weibl. Geschlechtsteile verbindendes Schleimhautrohr, nach außen bis zur Defloration durch das Jungfernhäutchen verschlossen. ☐ 323.

Scheidegg *w*, schweizer. Alpenpässe: a) *Große S.*, 1961 m ü.M., zw. Meiringen u. Grindelwald; b) *Kleine S.*, 2064 m ü.M., zw. Grindelwald u. Lauterbrunnen.

Scheidemann, *Philipp*, dt. Politiker (SPD), 1865–1939; 1918 im Kabinett Prinz Max v. Baden, rief am 9. 11. 18 die Rep. aus; Febr. bis Juni 19 Min.-Präs.; 20/25 Oberbürgermeister v. Kassel, nach 33 in Dänemark.

Scheidemünzen, unterwertig ausgeprägte Münzen; brauchen (außer von Staatskassen) nur in beschränkter Höhe in Zahlung genommen zu werden.

Scheidt, *Samuel*, dt. Komponist, 1587–1654; Organist in Halle, Barockmeister.

Scheidung ⟋Ehescheidung. [ster.

Schein, *Johann Hermann*, dt. Komponist, 1586–1630; 1616 Thomaskantor in Leipzig.

Scheiner, *Christoph*, dt. Astronom u. Mathematiker, 1575–1650; Mitentdecker der Sonnenflecken u. Erfinder des Pantographen.

Scheiner-Grad, fr. ein Maß der Lichtempfindlichkeit v. Negativen (heute ⟋DIN-Grad).

Scheintod, Zustand, bei dem bei oberfläch. Betrachtung keine Lebenszeichen, speziell keine Atmung u. Herzaktion, mehr wahrnehmbar sind, z. B. bei Überdosierung v. Schlaf- u. Narkosemitteln, nach Ertrinken u. nach elektr. Unfällen.

Walter Scheel

Schellenbaum

F. W. von Schelling

Scheinwerfer, opt. Gerät zum Aussenden gebündelter Lichtstrahlen; eine Lichtquelle befindet sich im Brennpunkt eines Hohlspiegels. ☐ 99.

Scheitel, höchste Stelle des Kopfes. **S.punkt, 1)** der Zenit. **2)** höchster Punkt einer Kurve.

Schelde *w*, frz. *Escaut*, Hauptfluß Belgiens, 430 km lang; teilt sich unterhalb Antwerpen in *Wester-* u. *Ooster-S.*; bis Gent für Seeschiffe befahrbar, internationalisiert.

Scheler, *Max*, dt. Philosoph u. Soziologe, 1874–1928; stellt gg. Kants formale Pflichtethik unter Einfluß der ⟋Phänomenologie seine materiale Wertethik; seine Metaphysik lehrt Selbsterlösung des Geistes im „Erlösungswissen" u. bestimmt die *Stellung des Menschen im Kosmos* im Sinne des ⟋Personalismus.

Schelf *m*, *Kontinentalsockel*, vom *S.meer* bedeckter Randbereich der Kontinentalscholle, bis 200 m tief. S.meere sind Nord- u. Ostsee. ☐ 604.

Schellack *m*, harzart. Ausscheidungsprodukt südostasiat. Schildläuse; für Polituren, Siegellack u. a.

Schellenbaum, mit Schellen u. Roßschweifen behängter Stab; aus der Türkei in die europ. Militärkapellen übernommen.

Schellfisch, 60 cm langer Knochenfisch; im Atlantik, in Nord- u. Ostsee.

Schelling, 1) *Friedrich Wilhelm v.*, dt. Philosoph, 1775–1854; eine führende Gestalt des ⟋Dt. Idealismus u. der Romantik; sein Identitätssystem führt den Unterschied zw. Geist u. Natur auf das Absolute als totale Indifferenz zurück. S. lehrt gg. Hegel: Gott, der die Natur als „Urgrund" einschließe, entwickle sich in der Religion, die er Mythologie zur Offenbarung vorangehe. **2)** *Karoline*, 1763–1809; einflußreich im Kreis der Jenaer Romantik; war verheiratet mit J. F. W. Böhmer, A. W. Schlegel u. F. W. v. S.; *Briefe*.

Schellkraut, *Schöllkraut*, Mohngewächs; Blüten gelb; Kapselfrucht; Samen ölhaltig; Milchsaft giftig.

Schelmenroman, *Picaro-Roman*, pikaresker *Roman*, urspr. in Spanien beheimatete Spielart des Abenteuerromans um die Figur des Picaro (Schelm); in Dtl. Grimmelshausens *Simplicissimus*; Nachwirkungen bis zur Ggw. (Th. Manns *Felix Krull*.)

Schema *s* (gr.), Muster, einheitl. Form. **schematisch**, formal gegliedert; starr, unlebendig. **Schematismus** *m*, Personalverzeichnis (bes. v. Diözesen od. Ordensgemeinschaften).

Schemen *m*, wesenloser Schatten.

Schenefeld, schleswig-holstein. Stadt n.w. von Hamburg, 15800 E.; metallverarbeitende, Maschinen- u. chem. Ind.

Schenjang, *Shenyang*, bis 1945 *Mukden*, Stadt in NO-China, Handelszentrum der südl. Mandschurei, 4,4 Mill. E.; Univ., TH; Textil-, chem. u. Maschinen-Ind. – 1905 japan. Sieg über die Russen.

Schenkel, 1) das Bein ober- u. unterhalb des Knies (Ober- bzw. Unter-S.). *S.hals*, Ober-S.knochen zw. Kopf u. Schaft. **2)** die einen Winkel einschließenden Strahlen.

Schenkendorf, *Max v.,* dt. Liederdichter der Befreiungskriege, 1783–1817.

Schenkung, unentgeltl. Vermögenszuwendung, ist Vertrag, bedarf daher der Annahme; die sofort vollzogene S. *(Handschenkung)* ist – anders als das S.sversprechen (gerichtl. od. notarielle Beurkundung nötig) – formlos gültig.

Schensi, nordchines. Prov. s.w. des Hoangho, 195800 km², 27 Mill. E.; Hst. Sian.

Scherbengericht ↗Ostrakismos. [sen.

Scherbenkobalt, Mineral, gediegenes ↗Arsen.

Scherchen, *Hermann,* dt. Dirigent, Komponist u. Musikschriftsteller, 1891–1966; lebte in der Schweiz; bes. Interpret moderner Musik.

Scheren, Werkzeuge u. Maschinen zum Schneiden v. Werkstoffen, mit einem feststehenden u. einem vorbeigleitenden Messer. **S.fernrohr,** Doppel-↗Fernrohr mit 2 schwenkbaren Armen; zur geschützten Beobachtung; mit großem Objektivabstand zur Erhöhung der Raumwahrnehmung (binokulares Tiefensehen). **S.schnitt,** mit der S. aus Papier oder Seide geschnittene Darstellungen, auf einfarbigen Untergrund geklebt.

Scherer, *Maria Theresia,* 1825–88; 56 Mitgründerin der ↗Ingenbohler Schwestern.

Scherif, *m* (arab. = erhaben), Titel der Nachkommen Mohammeds.

Schermaus ↗Mollmaus, ↗Wühlmaus.

Scherpa, *Sherpa,* nepalesischer Volksstamm südl. des Mount Everest. Gute Bergsteiger.

Scherzo *s* (: ßkär-, it.), lebhafter Satz heiteren Charakters, seit Beethoven in Symphonie u. Sonate meist anstelle des Menuetts.

Scheveningen (: ßche-), westl. Vorort v. Den Haag, größtes Seebad der Niederlande.

Scheyern, oberbayer. Gem., s.w. von Pfaffenhofen, 3600 E.; Benediktinerabtei in der ehem. Stammburg des bayer. Königshauses.

Schi ↗Ski. [ses.

Schibboleth *s* (hebr.), Losungswort, Erkennungszeichen.

Schichau, *Ferdinand,* dt. Ingenieur, 1814–96; Pionier des Dampfschiffbaues.

Schichtarbeit, Einteilung der Arbeitszeit derart, daß ein Arbeitsplatz tägl. hintereinander v. verschiedenen Personen nach bestimmten Zeitabschnitten besetzt wird. ↗gleitende Arbeitswoche.

Schichtgesteine ↗Sedimentgesteine.

Schichtkäse, geschichteter quarkähnl. Frischkäse, der nicht wie Quark vermahlen, sondern geschöpft wird.

Schichtlinien, die ↗Höhenlinien.

Schichtpreßstoffe, Werkstoffe aus schichtweise zusammengepreßten u. mit Gießharzen getränkten Substanzen.

Schickele, *René,* dt. Schriftsteller, 1883 bis 1940; expressionist. Lyrik; in Romanen Problem des Elsässers, des Verhältnisses Fkr.–Dtl. *Das Erbe am Rhein;* starb im Exil.

Schickschuld, eine Schuld, die der Schuldner auf seine Kosten u. Gefahr dem Gläubiger zu übersenden hat.

Schiebebühne, brückenartige Rollvorrichtung mit Gleisstück; zur Querverschiebung v. Eisenbahnfahrzeugen.

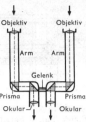

Scherenfernrohr: Strahlengang

Scherenschnitt

$$\frac{F}{G} = \frac{H}{L} = \sin\alpha$$

schiefe Ebene (ohne Berücksichtigung der Reibung)

Schiene: **1** Breitfuß-, **2** Rillen-, **3** Doppelkopf-, **4** Kranschiene

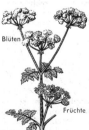

Geflecker Schierling

Schieber, ein Maschinenteil, meist zum Verschließen v. Rohrleitungen.

Schieblehre, ein Längenmeßgerät, Schiene mit verschiebbarem Schnabel. ☐543.

Schiedam (: ßchi-), niederländ. Stadt westl. von Rotterdam, 76000 E.; Branntweinherstellung (S.-Genever).

Schieder, *Theodor,* dt. Historiker, * 1908; WW zur neueren Geschichte, bes. zur Geschichte der polit. Ideen. WW u.a. *Staat u. Gesellschaft im Wandel unserer Zeit; Geschichte als Wissenschaft.*

Schiedsgerichte, Gerichte, bei denen die Verbindlichkeit der Entscheidung auf der freiwilligen, im Schiedsvertrag vereinbarten Unterwerfung der Parteien unter die Entscheidung beruht. – Internationale S. dienen der Beilegung internationaler Streitigkeiten. ↗Haager Friedenskonferenz.

Schiedsrichter, 1) der Richter eines Schiedsgerichts. **2)** Kampfrichter im Sport; entscheidet unanfechtbar.

Schiefblatt ↗Begonie.

schiefe Ebene, gg. die Horizontale geneigte Ebene; angewendet beim Keil, bei der Schraube; einfaches Maschinenelement.

Schiefer, Gesteine, die sich leicht in dünne Platten spalten lassen; entstanden durch Ablagerung blättchenart. Mineralien od. durch Umlagerung unter Druck; als Dachdeck- u. Isolierstoff. *Kalk-, Mergel-, Ton-* u. *kristalline S.*

Schielen, *Strabismus,* ungleiche Stellung der Augen, wodurch das binokulare (plastische) Sehen gestört wird. Entsteht durch Ungleichheit od. Lähmung v. Augenmuskeln.

Schienbein, der größere v. vordere der Unterschenkelknochen. ☐615.

Schiene, 1) profilierte Fahr- od. Bahnschiene aus Stahl, zur Führung v. Gegenständen und der Fahrzeugräder. ↗Gleis, ↗Eisenbahnbau. **2)** meist starre Vorrichtung zur Ruhigstellung gebrochener Glieder. **S.nomnibus,** ein kleiner, mit Verbrennungsmotor ausgerüsteter ↗Triebwagen.

Schierling, giftige Doldenblütler; *Geflecker S.,* meterhohes Kraut mit purpurn geflecktem Stengel; enthält das giftige Alkaloid Coniin. *Wasser-S.,* mit hohlem, quer gefächertem Wurzelstock. ☐453. **S.stanne,** die ↗Hemlocktanne.

Schießbaumwolle ↗Nitrocellulose.

Schießpulver, schon den Chinesen bekannt um 1300 angebl. v. dem Franziskaner Berthold Schwarz wiedererfunden; aus hochbrennbaren Stoffen, die Stickstoff u. Sauerstoff so gebunden enthalten, daß ohne Bedarf an Luftsauerstoff die Verbrennung spontan unter Entwicklung großer Gasmengen bei starker Hitze- u. Druckentwicklung verläuft; z.B. *Schwarzpulver* aus Kalisalpeter, Holzkohle u. Schwefel, *Nitroglycerinpulver, Schießbaumwolle* u.a. Verwendung als Treibmittel für Geschosse u. zu Sprengungen.

Schießsport, sportl. Schießen mit Bogen, Armbrust, Kleinkalibergewehr, Gewehr (bei ↗Biathlon) u. Pistole auf Schießscheiben, Figuren oder Tontauben. ☐864.

Schiff, 1) jedes größere Wasserfahrzeug,

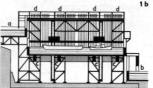

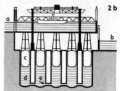

das zum Transport v. Personen od. Fracht (od. beidem gleichzeitig) dient. Ein S. schwimmt, wenn das Gewicht des v. ihm verdrängten Wassers gleich seinem eigenen Gewicht ist (Archimedisches Prinzip). Der Vortrieb erfolgt mit Segeln od. Rudern, überwiegend aber durch Schrauben u. Propeller, die v. Dampfturbinen(maschinen), Diesel- od. Elektromotoren, auch mit Kernreaktoren als Energielieferanten, angetrieben werden. 2) das Langhaus der Kirche im Ggs. zum Chor; bei unterteilten Räumen Mittel-, Seiten-, Querschiff. **Schiffahrt**, *Handels-S.*, Verkehrszweig zur Beförderung v. Personen u. Gütern auf dem Wasser durch Schiffe. Hauptzweige: ∕Binnen-S. u. See-S. Die Binnen-S. hat im Vergleich zu Eisenbahn-, Kraftfahrzeug- u. Luftverkehr bes. niedrige Beförderungstarife, steht aber an Schnelligkeit zurück; ist bes. geeignet zum Transport v. Massengütern. Die See-S., unter den Flaggen der einzelnen Länder (☐ 370), gliedert sich dem Fahrtbereich nach in Küstenfahrt, mittlere u. große od. ozeanische Fahrt. Die Flagge, unter der ein Schiff fährt, sagt nicht immer, aus welchem Staat der Eigentümer stammt. Die Schiffe der See-S. laufen entweder in der *Linienfahrt* (regelmäßiger Verkehr zw. bestimmten Häfen) od. in der *Trampfahrt* (nicht an Fahrplan gebunden). Bes. in der Linienfahrt ein Netz v. internationalen Preisabsprachen (sog. *Konferenzen*), die einen echten Wettbewerb erschweren. **S.sbehörden, 1)** die *Seemannsämter* zur Musterung der Besatzung u. *Seeämter* zur Untersuchung v. Seeunfällen. **2)** die Wasser- u. Schiffahrtsdirektionen. **S.sgesellschaft** ∕Reederei.

Schiffbrücke ∕Brücke.
Schiffchen, 1) *Schütze,* beim Webstuhl der Spulenhalter für das Schußgarn. **2)** bei der Nähmaschine der Garnspulenbehälter.
Schifferstadt, Stadt in Rhld.-Pfalz, zw. Speyer und Ludwigshafen, 17 200 E.; Gemüse- u. Tabakanbau u. -verarbeitung.
Schiffsbohrwurm, wurmförmige ∕Bohrmuschel. **Schiffsboot** ∕Nautilus. **Schiffshalter,** Knochenfisch; saugt sich mit Haftscheibe an Haifischen u. Schiffen fest.
Schiffshebewerk, Bauwerk in Binnenwasserstraßen, um große Niveauunterschiede zu überwinden; ein abschließbarer Trog nimmt das zu befördernde Schiff auf u. wird dann senkrecht v. der einen Wasserhaltung zur anderen geführt. **Schiffsjunge** ∕Seemann. **Schiffskreisel** ∕Kreiselkompaß.
Schiffsregister s, ein dem Grundbuch ähnl. öff. Verzeichnis der Schiffe u. der Rechtsverhältnisse an ihnen.
Schiiten, nach den ∕Sunniten 2. islam. Hauptkonfession (für etwa 8% aller Muslimen); erkennen nur Nachkommen Alis, des Schwiegersohnes ∕Mohammeds, als Imame (Oberhäupter) an; erwarten Erscheinen des ∕Mahdi als Welterlöser.
Schikane w (frz.), kleinliche Quälerei.
Schikaneder, Johann Emanuel, dt. Bühnenschriftsteller u. Theaterdir., 1751–1812; gründete 1801 das Theater an der Wien, Text zu Mozarts *Zauberflöte.*
Schikiachwang, *Shihkiachwang,* 1947/49 *Schihmen,* chines. Stadt in der Prov. Hopei, s.w. von Peking, 610 000 E.; Bahnknoten, Textil- u. Glasfabriken.
Schikoku, japan. Insel; 18 768 km², 4 Mill. E.; Hst. Tokoschima; Reisbau.
Schild m, **1)** älteste Schutzwaffe gg. Hiebe, Stiche, Stöße v. Pfeilschüsse, aus Metall, Holz oder Leder; in Europa bis Ende des MA gebräuchlich. Heute gelegentl. v. der Polizei benutzt. **2)** in der Reaktortechnik: Schutzeinrichtung gg. schädl. Strahlungen (therm. *S.,* biolog. *S.*).
Schildbürger, Vertreter kleinbürgerl. Spießertums, wahrscheinl. benannt nach *Schildau* (einer Kleinstadt im Bez. Leipzig), dem literar. Schauplatz der *S.streiche.*
Schilddrüse, größte Drüse, Kehlkopf u. Luftröhre aufgelagert, sondert das jodhaltige ∕Hormon *Thyroxin* ab, das Stoffwechselfunktionen regelt. □404. ∕Basedowsche Krankheit, ∕Kretinismus, ∕Kropf, **Schildfarn** ∕Wurmfarn. [∕Myxödem.
Schildkraut ∕Steinkraut.
Schildkröten, schwerfällige Reptilien mit Knochenpanzer, in den sie Kopf u. Glieder einziehen können. Fleisch mancher Arten eßbar. Land- u. Wassertiere; bis zu 2 m groß, 400 kg schwer u. über 100 Jahre alt;

Schiffshebewerk (Schema): **1a** Quer- und **1b** Längsschnitt des S. Niederfinow für 36 m Hubhöhe: ein Gegengewichtshebewerk für 1000-t-Kähne; a obere, b untere Haltung, c Gegengewichte an Drahtkabeln, d Seilscheiben der Drahtkabel. **2a** Quer- und **2b** Längsschnitts des S. Henrichsburg mit 14 m Hubhöhe: ein Trog wird vo 5 Schwimmern in Tauchschächten getragen; a obere, b untere Haltung, c Schwimmer, d Tauchschacht, e Spiegelausgleichskanäle

Schild: **1** böotischer S., **2** fränkischer S., **3** deutscher Prunk-S. (12. Jh.), **4** Buckeler

---

Schiffe

1 Die **Schwimmfähigkeit** u. die Stabilität eines Schiffes hängen ab von seinem Gewicht, dem erzeugten Auftrieb und der Fähigkeit, sich wiederaufzurichten (Lage des Metazentrums); die Dynamik vom Schiffswiderstand, der von dem Antrieb überwunden wird.

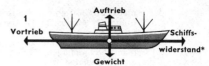

* Schiffswiderstand = Form- + Reibungs- + Wirbel- + Luftwiderstand

2 Die Lagen des **Metazentrums: a** *Stabilität* (F1=F2,) G und A liegen in der Symmetrieachse. **b** *Aufrichtbestreben* (F1<F2), A ist nach rechts gerückt. **c** *Kentern* (F1>F2), A ist nach der aufgetauchten Seite zurückgewandert.

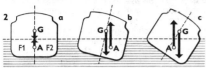

G Gewichtsschwerpunkt, **A** Auftriebsmittelpunkt

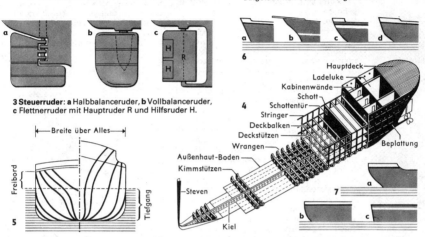

3 Steuerruder: a Halbbalanceruder, **b** Vollbalanceruder, **c** Flettnerruder mit Hauptruder R und Hilfsruder H.

4 Aufbau eines Schiffes bis zum Hauptdeck, darüber liegen nach Bedarf Aufbaudecks. **5** Die Form des Schiffsrumpfes wird durch die Spantformen bestimmt. Hier die **Spantenrisse** eines Schiffes mit Wulst-Bug, links: nach dem Heck zu, rechts: nach dem Bug zulaufende Formen. **6 Bugformen: a** Bug mit ausfallendem Steven, **b** Klipper-, **c** Maier-, **d** Eisbrecherbug. **7 Heckformen: a** Dampfer-, **b** Maier-, **c** Spiegelheck.

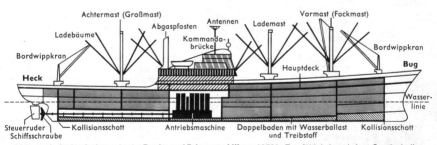

8 Längsschnitt durch ein modernes **Fracht- und Fahrgastschiff** von 10700 t Tragfähigkeit und einer Geschwindigkeit von 20 Seemeilen in der Stunde. Schiffsführung Besatzung Fahrgäste Ladung Querschott

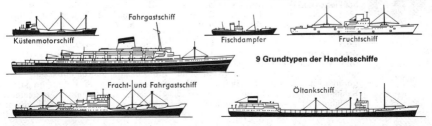

9 Grundtypen der Handelsschiffe

meist trop. Arten. In Europa: *Teich-* u. *Sumpf-S., Maurische Wasser-S., Griech. Land-S.*

Schildläuse, Insekten, Pflanzensauger, Männchen geflügelt, Weibchen ungeflügelt; Schädlinge, bes. ↗San-José-S.

Schildpatt s, *Schildkrott,* Hornplatten des Rücken- od. Bauchschilds der Schildkröten; zu Kämmen, Knöpfen.

Schilf s, *Schilf-, Teichrohr,* ↗Rohr.

Schill, Ferdinand v., preuß. Husarenmajor, 1776–1809; rief 09 in Nord-Dtl. vergebl. zum Kampf gg. Napoleon auf; fiel in Stralsund; 11 seiner Offiziere in Wesel standrechtl. erschossen.

Schiller, Friedrich v., dt. Dichter; * 10. 11. 1759 Marbach/Württ., † 9. 5. 1805 Weimar; 1773/80 Besuch der Militärakademie auf Schloß Solitüde (Karlsschule), 80 Regimentsmedikus, 82 Flucht, 83 Theaterdichter in Mannheim, 87 nach Weimar, 89 durch Goethes Vermittlung Prof. der Geschichte in Jena, 90 Heirat mit Charlotte v. Lengefeld, seit 94 Freundschaftsbund mit Goethe, seit 99 in Weimar. Sein Werk konstituiert neben dem Goethes die dt. Klassik. S. setzte sich selbst v. ,,naiven'' Dichter Goethe als ,,sentimentalischer'' Dichter ab. Zusammenhang mit der idealist. Philosophie (Kant), daneben realist. Gegenströmung, starke Neigung zum Geschichtlichen u. Politischen, zu Theater u. großer Rhetorik. Dramat., willensbetontes, Gegensätze herausstellendes Temperament; zentrale Ideen Freiheit, Humanität, Menschenwürde. Revolutionär: *Die Räuber* (82); Recht des Gefühls u. bürgerl. Menschlichkeit gg. die höfische Gesellschaft: *Kabale u. Liebe* (84); Empörung gg. Tyrannei: *Fiesko* (83), *Don Carlos* (87). *Wallenstein*-Trilogie (98/99), Tragödie des polit. Realismus wie auch Idealismus. Trauerspiele: *Maria Stuart* (1800), *Die Jungfrau v. Orléans* (01); Versuch, das antike Schicksalsdrama zu erneuern: *Die Braut v. Messina* (03). *Wilhelm Tell* als nationales Volksspiel. Fragmente, u.a. *Demetrius. Die Briefe über die ästhet. Erziehung des Menschen* zielen auf den Zusammenklang v. Natur u. Geist; Schönheit, die das Wahre u. Gute in sich schließt, wird zum obersten Gesetz. *Über naive u. sentimentalische Dichtung* ist eine Rechtfertigung seiner Ideendichtung. Die Lyrik: Balladen verschiedenen Ranges, bedeutende Gedankengedichte. Histor. Darstellungen (*Geschichte des Abfalls der Niederlande; Geschichte des Dreißigjährigen Krieges*).

Schillerfalter, Tagschmetterling, Männchen schillert blau, violett od. braun. ☐ 913.

Schillerlocke, 1) tütenförmiges Blätterteiggebäck, mit Schlagsahne gefüllt. **2)** geräucherte Streifen v. Dornhai u. Rochen.

Schiller-Nationalmuseum in Marbach, seit 1903.

Schillerwein, frz. *Rosé,* Bz. für einen hellroten Wein, aus Zusammenlese v. roten u. weißen Trauben od. Kelterung nur angegorener Maische roter Trauben. ☐ 1091.

Schilling m, Währungseinheit. ☐ 1144/45.

Schillings, Max v., dt. Dirigent u. Komponist, 1868–1933; Oper *Mona Lisa.*

Friedrich von Schiller, oben Bildnis um 1780, unten 1804 (von G. Schadow)

F. von Schillers Geburtshaus in Marbach

Schimmel, Überzüge von kleinen, fädigen Pilzen, die sich an organ. Stoffen entwikkeln; verderben Nahrungsmittel *(S.pilze).*

Schimonoseki, *Shimonoseki,* japan. Hafenstadt auf Hondo, 263 000 E. – Unter der *Straße v. S.,* zw. den Inseln Hondo u. Kiuschiu, ein 3614 m langer Tunnel. – 1895 *Friede v. S.* zw. China u. Japan.

Schimpanse m, afrikan. Menschenaffe, bis 120 cm hoch u. 75 kg schwer. ☐ 7.

Schindanger, 1) Platz zum Vergraben v. Tierleichen. **2)** fr. auch Begräbnisplatz für Ehrlose.

Schindel w, dünnes Brettchen zum Dachdecken u. Belegen v. Außenwänden.

Schinderhannes, eig. Johann Bückler, 1783–1803 (enthauptet); Anführer einer Räuberbande, die im Rheinland hauste.

K. F. Schinkel: Nikolaikirche in Potsdam

Schinkel, Karl Friedrich, dt. Baumeister u. Maler, 1781–1841; klassizist. Bauten v. schlichter Würde u. strenger Monumentalität; *Neue Wache, Altes Museum, Schauspielhaus* in Berlin, *Nikolaikirche* in Potsdam.

Schinken, gepökelte u. geräucherte Hinterschenkel od. Schulter v. Schwein.

Schintoismus, japan. Nationalreligion, v. Buddhismus u. Konfuzianismus beeinflußter Natur- u. Ahnenkult; die Sonnengöttin *Amaterasu* gilt als Stammutter des Kaiserhauses; der *Tenno* (Himmelsherr), seine Ahnen u. die Vorfahren aller anderen Familien werden in Schreinen durch Gebete, Opfer u. Tänze verehrt. Grundprinzipien des S. sind Gerechtigkeit, Reinheit u. Barmherzigkeit. Der *Staats-S.* mit beamteten Priestern 1946 abgeschafft. [1333 m.

Schipkapaß, Balkanpaß in Bulgarien;

Schirach, Baldur v., nat.-soz. Politiker, 1907–74; 33 Reichsjugendführer, 40/45 Reichsstatthalter in Wien; beim Nürnberger Kriegsverbrecherprozeß 46 zu 20 Jahren Gefängnis verurteilt, nach deren Verbüßung in Spandau 66 entlassen.

Schiras, *Shiraz,* Prov.-Hst. im südl. Iran, 415 000 E.; Univ., Teppich- u. Seidenwebereien. Grabstätten der in S. geborenen Dichter Hafis u. Saadi.

Schirmpilz, der ↗Parasolpilz.
Schirmpalme, Palmbaum mit fächerförm. Blättern; Fasern als Flecht- u. Papierstoff.
Schirokko, der ↗Scirocco.   [webe.
Schirting m (engl.), grobes Baumwollge-
Schisma s (gr.), Trennung v. der Einheit der Kirche, Verweigerung der Unterordnung unter die Gemeinschaft der Kirche mit dem Papst; der Häresie verwandt, die aber nicht nur die Einheit verweigert, sondern auch einzelne Glaubenswahrheiten leugnet. Histor. bedeutsam waren bes.: das *Morgenländ. S.* 1054 (Abtrennung der ↗Orthodoxen Kirchen v. Rom) u. das *Große Abendländ. S.* 1378/1417, durch Wahl Papst Martins V. beendet.
Schistosomum ↗Bilharziose.
Schitomir, ukrain. Stadt in Wolhynien, westl. v. Kiew, 244000 E.; Holz- u. Textil-Ind.
Schivelbein, poln. *Świdwin,* pommer. Stadt, 9500 E.; ehem. Deutschordensschloß.
Schiwa, Siwa, bildet zus. mit ↗Brahman u. ↗Vischnu die Dreiheit (↗Trimurti) der hinduist. Hauptgötter; als Asket mit 3. (Stirn-) Auge, Schlange u. Mondsichel dargestellt.
Schiwkoff, *Todor,* bulgar. Politiker, * 1911; seit 54 Erster Parteisekretär der bulgar. KP, seit 62 Min.-Präs., seit 71 Vors. des Staatsrates.
schizoid (gr.), nach Kretschmer der stark kontaktscheue, introvertierte, innerlich gespaltene Typ mit Möglichkeit der Steigerung zum Psychopathischen; Vorstufe die *Schizothymie* bei leptosomem Körperbau.
Schizophrenie w (gr.), *Dementia praecox, Spaltungsirresein,* Gruppe v. Geisteskrankheiten. Symptome: Gefühlsverödung, Halluzinationen, verschrobene Handlungsweise, Verschlossenheit. Schwerste Form *Hebephrenie:* Jugendirresein mit Verblödung; ferner ↗Paranoia u.a. Ähnliches Krankheitsbild bei manchen Neurosen, bei schizoiden Psychopathen. Bei S. erbl. Belastung.
Schizothymie w (gr.), ↗schizoid.
Schizuoka, *Shizuoka,* japan. Stadt auf Hondo, 453000 E.; vielseitige Industrie.
Schkeuditz, sächs. Stadt n.w. von Leipzig, an der Weißen Elster, 16000 E.; Flughafen.
Schlabrendorff, *Fabian v.,* dt. Widerstandskämpfer, 1907–80; nach dem 20.7.44 verhaftet, von Himmler zum Tode verurteilt; verfaßte *Offiziere gegen Hitler.*
Schlachtschiff, fr. der größte u. kampfstärkste Schiffstyp einer Kriegsflotte; heute v. Flugzeugträger verdrängt.
Schlacke w, 1) Verbrennungsrückstände v. Kohle u. Koks; Abfallstoffe bei Hüttenprozessen (z.B. Hochofen-S., Thomas-S. beim Thomas-Verfahren), vielseit. verwendbar für Schotter, Düngemittel usw. 2) Lavabrokken an Unter- u. Oberseite v. Lavaströmen.
Schladming, östr. Kurort u. Wintersportplatz (Steiermark), 745 m ü.M., 3500 E.
Schlaf m, Entspannungs- u. Erholungszustand des Körpers. Das Bewußtsein u. die Aufnahmefähigkeit der Sinnesorgane für äußere Reize sind im S. durch aktive Hemmung einzelner Hirnabschnitte ausgeschaltet (keine volle ↗Bewußtlosigkeit); andere

Todor Schiwkoff

Schlagball: Spielfeld

F. von Schlabrendorff

Abschnitte des Zentralnervensystems ruhen währenddessen nicht; die vom vegetativen Nervensystem gesteuerten Organe arbeiten weiter, sind aber auf Ergänzung der verbrauchten Stoffe eingestellt.
Schlaf, *Johannes,* dt. Schriftsteller, 1862–1941; begr. mit Λ. ↗Holz den dt. ↗Naturalismus; Drama *(Meister Oelze),* naturschwärmer. Romane u. Lyrik.
Schläfe w, bes. dünne Stelle der Schädelseitenwand hinter dem Auge ☐ 858.
Schläfer, *Schlafmäuse, Bilche,* Familie der Nagetiere. ↗Garten-, ↗Sieben-, Baumschläfer, ↗Haselmaus.
Schlafkrankheit, chron. Infektionskrankheit des trop. Afrika, durch Stich der Tsetsefliege übertragen, mit Fieber, Schlafsucht u. Auszehrung; leicht heilbar.
Schlafmäuse ↗Schläfer.
Schlafmittel, *Hypnotika,* die Erregbarkeit des Zentralnervensystems herabsetzende Mittel, bei Schlafstörungen angewandt; unterschieden werden Einschlaf- u. Durchschlafmittel sowie Kombinationen v. beiden; am gebräuchlichsten sind Barbitursäure-Präparate.
Schlafstörungen haben vegetativ-nervöse od. organ. Ursachen. ↗Schlafmittel.
Schlafwandeln, *Nachtwandeln, Somnambulismus,* Schlafzustand mit Umhergehen, ohne Ansprechbarkeit; danach keine Erinnerung; durch Hypnose, auch spontan.
Schlagader ↗Arterie.
Schlaganfall, *Apoplexie, Hirnschlag, Schlagfluß,* schlagartig auftretende Gehirnblutung, meist mit Bewußtlosigkeit, Sprachverlust, oft einseitigen Lähmungen.
Schlagball, Rasenspiel zw. 2 Mannschaften (je 12 Spieler), der Schlagpartei am Schlagmal u. der Fangpartei im Spielfeld. Ein Schläger nach dem andern schlägt mit dem *Schlagholz* den *„Schlagball"* möglichst weit ins Feld, läuft im Spielfeld zum Laufmal u. zurück zum Schlagmal, während die Fänger versuchen, den Läufer mit dem Ball zu
Schlägel m, der ↗Fäustel.   [treffen.
Schlager, 1) Bz. zunächst für ein allg. beliebtes Musikstück gleich welchen künstler. Ranges, dann eingeengt auf solche Stücke (bes. Gesangsstücke), die bes. leicht eingängig sind u. nur geringe musikal. u. textl. Ansprüche stellen, in Herstellung u. Verbreitung kommerzialisiert. 2) bes. preisgünstig angebotene Waren.
Schläger, 1) Raufbold. 2) Sportgerät: Golf-, Tennis-, Hockey-S. u.a. 3) student. Hiebwaffe mit Korb od. Glocke.
Schlageter, *Albert Leo,* dt. Freikorpskämpfer, 1894–1923; im ↗Ruhrkampf v. den Franzosen wegen Sabotage zum Tode verurteilt u. erschossen.
Schlagintweit, dt. Alpen-, Indien- u. Zentralasienforscher, die Brüder *Adolf v. S.* (1829–57; Erstbesteiger des Monte Rosa), *Hermann v. S.* (1826–82), *Robert v. S.*
Schlaglot, *Hartlot,* ↗löten.   [(1833–85).
Schlagschatz, *Prägeschatz, Münzgewinn,* die fr. für die Ausprägung v. Edelmetall erhobene Gebühr.
Schlagseite, Überliegen eines Schiffes nach einer Seite durch ungleiche Belastung.

F. Schleiermacher

A. W. von Schlegel

F. von Schlegel

Schlagwetter, *Schlagende Wetter,* im ↗Bergbau die Gemische v. Luft mit ↗Grubengas; leicht entzündlich.

Schlagzeug, im Orchester die v. einem oder mehreren Spielern gespielte Gruppe v. Schlag- u. anderen Rhythmusinstrumenten; ihre Auswahl wechselt.

Schlamm, lockere u. feinkörnige Ablagerungen in stehenden Gewässern; ↗Fango. **S.bäder** ↗Moorbäder. **S.beißer,** *S.peitzger, Wetterfisch,* aalförmiger Karpfenfisch, lebt im Süßwasser-S. **S.fisch,** Raubfisch im Mississippi, verschläft den Winter zw. Wasserpflanzen. **S.fliegen,** bis 3 cm große ↗Netzflügler an sumpfigen Gewässern.

Schlämmkreide ↗Kreide.

Schlammspringer, afrikan. Küstenfisch, springt bei Ebbe über trocknen Sand.

Schlammspringer

Schlangen, fußlose Schuppenkriechtiere mit gespaltener Zunge (Tast- u. Riechorgan), sehr erweiterungsfähigem Mund u. Schlund; z. T. lebendgebärend. Haut wird mehrmals im Jahr abgestreift. ↗Riesen-S., ↗Gifttiere, ↗Nattern, ↗Vipern.

Schlangenbad, hess. Kurort im Taunus, 300 m ü. M., 5600 E., 9 alkalische Thermen.

Schlangengift, Absonderung der Giftdrüsen der Giftschlangen, lähmt Atmung od. Herz. Schon einige Hundertstel mg wirken tödlich. In Dtl. nur die Kreuzotter gefährlich.

Schlangenkaktus, *Peitschenkaktus,* hängende, gerippte Triebe u. kleine Blüten.

Schlangenlauch, die ↗Perlzwiebel.

Schlangensterne, Stachelhäuter mit dünnen, sehr beweglichen Armen.

Schlangenträger, lat. *Ophiuchus,* Sternbild nördl. v. Skorpion.

Schlangenwurz ↗Drachenwurz.

Schlankaffen, südasiat. feingliedrige Affen; Schwanz und Finger lang, Gesicht nackt; *Guerezas, Hulmans, Nasenaffen.* ☐ 7.

Schlaraffenland, Märchenland für Faulenzer u. Schlemmer, aus ältester Überlieferung; Märchen in der Grimmschen Sammlung, Schwank v. Hans Sachs.

Schlauchboot, ein aufblasbares Sport- u. Rettungsboot (Gummi, Plastik); mit Riemen-od. Außenbordmotorantrieb; oft auch mit einfacher Segelausrüstung.

Schlauchpilze, mit schlauchförm. Sporenbehältern; Hefe, Penicillium, Mutterkorn, Morcheln, Trüffel u. a. ☐ 749/750.

Schlaun, *Johann Conrad v.,* dt. Architekt, 1695–1773; Hauptmeister des westfäl. Barock; baute die Schlösser *Brühl* u. *Clemenswerth,* den *Erbdrostenhof* u. die *Fürstbischöfl. Residenz* in Münster.

Schlangen: Skelett einer Ringelnatter

Schlangensterne:
1 Großer S.,
2 Medusenstern

Schlegel, 1) *August Wilhelm v.,* dt. Schriftsteller u. Gelehrter, 1767–1845; 1796/1803 mit Karoline, geb. Michaelis, verheiratet (dann Gattin ↗Schellings); gehörte zum Jenaer Kreis der ↗Romantik. Krit.-ästhet. Schriften; Übertragungen aus der Weltliteratur (Shakespeare, Calderón u. a.); Begr. der altind. Philologie. **2)** *Dorothea v.,* dt. Schriftstellerin, 1763–1839; Tochter v. M. Mendelssohn, Gattin v. 3), Mittelpunkt geist. Geselligkeit in Berlin, Jena, Paris, Wien. **3)** *Friedrich v.,* Bruder v. 1), dt. Philosoph, Kritiker u. Schriftsteller, 1772–1829; prägte als Haupt des Jenaer Kreises (Zschr. Athenäum) Grundgedanken der Früh-↗Romantik; Roman *Lucinde;* 1808 mit seiner Gattin Dorothea zur kath. Kirche übergetreten; *Über Sprache u. Weisheit der Inder; Philosophie des Lebens, der Geschichte.* **4)** *Karoline* ↗Schelling 2). [bis 1396.

Schlegler (Mz.), schwäb. Ritterbund 1393

Schlehe, *Schleh-, Schwarzdorn,* dorniger Wildpflaumenstrauch mit hartem Holz (zu Drechslerarbeiten), weißen Blüten (zu Tee) u. blauen Früchten (zu Wein u. Schnaps).

Schlei w, schmale Meeresbucht an der Ostseeküste Schleswig-Holsteins. Am Westende liegt die Stadt Schleswig.

Schleicher, *Kurt v.,* dt. General, 1882–1934; 1932 Reichswehrmin., 3. 12. 32 bis 28. 1. 33 Reichskanzler; Gegner der NSDAP, die er zu spalten versuchte; Hitler ließ ihn beim Röhmputsch erschießen.

Schleichkatzen, marderähnliche, meist nächtliche Raubtiere: Ginette, Mungo u. a.

Schleie w, wohlschmeckender Karpfenfisch, 20–50 cm lang; in ruhigen, bewachsenen Gewässern. ☐ 466.

Schleiermacher, *Friedrich,* dt. ev. Theologe u. Philosoph, 1768–1834; bildete als einer der führenden Romantiker Kants ↗Kritizismus weiter u. bestimmte die Religion im Ggs. zur ↗Aufklärung als Bewußtsein schlechthinniger Abhängigkeit v. Unendlichen, das nur der Anschauung u. dem Gefühl, nicht aber dem Verstand zugängl. sei.

Schleierschwanz, Spielart des Goldfischs mit herabhängender Schwanz- u. Afterflosse. Aquariumfisch (20° C Wasserwärme).

schleifen, 1) spangebende Bearbeitung, bei der nur wenig Substanz abgetragen wird, auch zum Schärfen u. Entgraten v. Werkstücken; erfolgt durch eine große Zahl v. *Schleifkörnern* auf einem *Schleifkörper.* **2)** Beseitigung militär. Einrichtungen.

Schleiflack, Lack, nach Trocknen durch Schleifen u. Polieren geglättet.

Schleifpapier, zähes Papier mit Sand-, Glasod. Schmirgelkörnern als Schleifkörpern.

Schleifscheibe, runde Scheibe, die mit

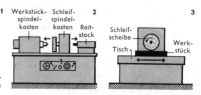
schleifen: 1 Schleifbock, 2 Rund- 3 Waagrecht-Schleifmaschine

Schleifkörpern aus Korund, Siliciumcarbid, Diamant usw. besetzt ist.

Schleim, zähflüssige Absonderung der *S.drüsen;* befeuchtet ständig die *S.häute,* die mit S.drüsen bedeckt, Verdauungskanal, Atemwege, Ausführungsgänge der Horn u. Geschlechtsorgane, Mittelohr u. Augenbindehautsack auskleiden. **S.beutel,** mit S. angefüllter Bindegewebssack, vermeidet Reibung zw. Muskel, Sehne u. Knochen. **S.pilze,** Myxomyzeten, amöbenartig kriechende hautlose Protoplasmamassen (Plasmodien), die sich nur zur Fortpflanzung in Sporenbehälter v. bestimmter Gestalt umbilden; auf faulendem Holz, Laub.

Schleinzer, *Karl,* östr. Politiker (ÖVP), 1924–75; 61/64 Verteidigungs-, 64/70 Landwirtschafts-Min.; 70 Generalsekretär, seit 71 Bundesobmann der ÖVP.

Schleißheim, als *Ober-S.* nördl. Vorort Münchens; Barockschloß (1701/27) mit Gemäldegalerie.

Schleiz, thüring. Krst. im Vogtland (Bez. Gera), 8000 E.; ehem. fürstl. Reuß-S.sche Residenz; Textil-, Metall- u. Holz-Ind.

Schlemihl *m,* geduldiger Pechvogel; Chamissos Märchen: *Peter Schlemihl.*

Schlemmer, *Oskar,* dt. Maler, Zeichner, Bildhauer u. Bühnenkünstler, 1888–1943; Gemälde meist stereometr. konstruierten Figuren, plast. Arbeiten (Reliefs), Bühnenbilder. [Viehfutter.

Schlempe *w,* Rückstand aus der ↗Maische;

O. Schlemmer: Figurinen des Triadischen Balletts

Schlepper, 1) universell anwendbares Gerät, bes. in der Landwirtschaft, als Zuggerät u. Kraftquelle verwendbar. Bauarten: v. Hand geführte *Einachs-S., Zug-S., Trag-S., Geräteträger;* der Antrieb kann über Gleisketten od. (meist) über Räder erfolgen. Motorische Kraft kann abgegeben werden über Getriebe-, Motor- u. Wegzapfwelle u. durch Riemenantrieb. **2)** *Schleppschiff,* zum Schleppen, oft im *Schleppzug,* motorloser Lastkähne od. zum Bugsieren großer Schiffe im Hafen.

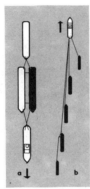

Schlepper: a Talzug, b Bergfahrt eines Motorschleppers mit Lastkähnen (schwarzbeladene Kähne)

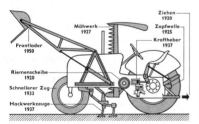

Schlepper: Entwicklung des S. zur zentralen Energiequelle und gerätetragenden Antriebseinheit

Schlesien, geschichtl. Landschaft beiderseits der oberen u. mittleren Oder, wurde größtenteils v. den preuß. Provinzen Nieder- u. Ober-S. eingenommen. Von der Oderniederung steigt ein waldiges Hügelland westl. zum Sudetenkamm, östl. zur Podolischen Platte, südl. zu den Westkarpaten auf; gg. N weitet sich die fruchtbare Niederschles. Tieflandsbucht. In Oberschlesien u. Waldenburg große Steinkohlenfelder (Förderung 1939: 70 Mill. t); nördl. Beuthen Blei- u. Zinkerze. In Oberschlesien bedeu-

tende Schwer-Ind. – Nach Illyriern, Kelten, Vandalen seit dem 5. Jh. n. Chr. v. Slawen besiedelt; seit Ende 10. Jh. unter poln. Oberhoheit, 1163 zwei selbständige Htm.er (*Ober-S. u. Nieder-S.)* unter den Piasten. Das im 13. Jh. durch dt. Siedler kolonisierte Land kam 1327/29 unter böhm. Lehnshoheit u. fiel mit Böhmen 1526 an Habsburg; in den ↗Schlesischen Kriegen 1740/63 fast ganz v. Preußen erobert. Durch den Versailler Vertrag 1919 kam Österreich.-S. mit dem Hultschiner Ländchen an die Tschechoslowakei; die preuß. Prov. S. wurde 19 in die Prov.en ↗Ober- u. ↗Niederschlesien geteilt; 20 fiel ein Teil Teschens u.a. an Polen; nach Volksabstimmung (60% für Verbleiben bei Dtl.) kam 21 der wirtschaftl. bedeutendste Teil Ober-S.s an Polen. 45 Aufteilung der beiden preuß. Prov.en: das Gebiet östl. der ↗Oder-Neiße-Linie kam unter poln. Verwaltung, der Rest wurde mit dem Land ↗Sachsen vereinigt. **Schlesische Dichterschulen,** fr. übl. Bz. für die schles. Dichter des 17. Jh. v. Opitz bis Chr. Günther; *1. S. D.:* rationalist., klassizist. (Opitz, dann Fleming, Gryphius); *2. S. D.:* bes. Hofmannswaldau u. Lohenstein. **Schlesische Kriege,** 3 Kriege zw. Friedrich II. d. Gr. u. Maria Theresia um den Besitz Schlesiens: *1740/42;* Eroberung Schlesiens u. der Gft. Glatz durch Preußen. – *44/45;* Preußen behauptete durch den Sieg bei Hohenfriedeberg Schlesien u. anerkannte Franz I. als Ks. – *56/63;* ↗Siebenjähriger Krieg. – Die ersten beiden S.n K. waren Teile des ↗Östr. Erbfolgekriegs.

Schleswig, Krst. in Schleswig-Holstein, Hafen am Westende der Schlei, 33000 E.; ev. Bischof, roman.-got. Dom (12./15. Jh.). Landesmuseum im Schloß Gottorp.

Schleswig-Holstein, nördlichstes Land der BRD, im S der jütländ. Halbinsel, Hst. Kiel. Der Geestrücken scheidet das Hügelland (Holsteinische Schweiz) an der Ostseeküste v. der fruchtbaren Marsch an der Nordseeküste im W (hinter den vorgelagerten Nordfries. Inseln). Ackerbau u. Viehzucht. An den Förden der Ostküste Hafenstädte mit Ind. u. Handel. – Die v. Karl d. Gr. begr. Mark *Schleswig* fiel 1035 an ↗Knut d. Gr. v. Dänemark; kam 1386 als dän. Lehen zur dt. Grafschaft (seit 1474 Htm.) *Holstein;* nach dem Aussterben der Schauenburger in Holstein wählten die Stände S.-H.s 1460 den Kg. v. Dänemark zum Hzg. mit der Bedingung, daß S.-H. „ewich tosamende ungedelt" bleibe. 1815 wurde Holstein Mitgl. des Dt. Bundes, Schleswig nicht. Angesichts der Gefahr einer Trennung der Htm.er durch die Eingliederung Schleswigs in den dän. Staat

Schleswig-Holstein

Verwaltungsgliederung	Fläche in km²	Einw. in 1000	Einw. pro km²
kreisfr. Städte[1]	452,22	645,7	1428
Kreise	15257,00	1948,5	128
Land insgesamt	15709,22	2594,2	165

[1] Flensburg, Kiel, Lübeck, Neumünster

Regierungen von Schleswig-Holstein

seit	Ministerpräsident	Regierungsparteien
23. 8.1946	Th. Stelzer (CDU)	CDU, SPD, KPD
25.11.1946	Th. Stelzer (CDU)	CDU, SPD
29. 4.1947	H. Lüdemann (SPD)	SPD
29. 8.1949	B. Diekmann (SPD)	SPD
5. 9.1950	W. Bartram (CDU)	CDU, BHE, FDP, DP
25. 6.1951 (vorläufig)	F. W. Lübke (CDU)	CDU, FDP
28. 7.1951	F. W. Lübke (CDU)	CDU, BHE, FDP (bis 52)
11.10.1954	K.-U. v. Hassel (CDU)	CDU, FDP, BHE
2.10.1958	K.-U. v. Hassel (CDU)	CDU, FDP, BHE (bis 59)
14. 1.1963	H. Lemke (CDU)	CDU, FDP
16. 5.1967	H. Lemke (CDU)	CDU, FDP
24. 5.1971	G. Stoltenberg (CDU)	CDU
27. 5.1975	G. Stoltenberg (CDU)	CDU
22. 5.1979	G. Stoltenberg (CDU)	CDU

erhoben sich die S.-H.er, wurden aber im *dt.-dän. Krieg 48/50* v. Dänemark geschlagen; im *dt.-dän. Krieg 64* erhielten Preußen u. Östr. nach ihrem Sieg über Dänemark die Htm.er; nach dem ⁄Deutschen Krieg 66 fiel S.-H. ganz an Preußen. 1920 kam Nord-Schleswig durch Volksabstimmung an Dänemark. 1946 wurde die preuß. Prov. zum Land S.-H. umgebildet.

Schleswig-Holstein

Schlettstadt, frz. *Sélestat,* elsäss. Stadt an der III, 15000 E.; roman. Basilika (10./12. Jh.), got. Münster (12./15. Jh.); Humanisten-Bibl.
Schleuder, 1) Wurfwaffe für Steine od. Bleikugeln. **2)** ⁄Zentrifuge. **S.ball,** Mannschaftsspiel für 2 Parteien zu je 5–8 Spielern. Jede Mannschaft versucht, innerhalb des Spielfeldes einen S. (Vollball v. 1¹/₂ kg Gewicht mit Schlaufe v. höchstens 28 cm Länge) über das Tor (Hintergrenze) des Gegners zu schleudern. Spieldauer: 2 × 20 min. **S.guß,** ⁄Gießen hohler zylindr. Werkstücke aus Metall od. Beton *(S.beton)* in rotierenden Hohlformen. **S.sitz,** ein mit Raketen bei Gefahr aus einem Flugzeug herausschleuderbarer u. mit Fallschirm versehener Pilotensitz.
Schleuse, 1) mit Toren versehener Trog in Flüssen, Kanälen, Deichen zum gegenseit. Abschluß verschieden hoher Wasserstände u. bes. zum „Durchschleusen" v. Schiffen v. einer höheren Wasserhaltung in eine tiefere od. umgekehrt. **2)** allg. ein durch Scheide-

Schlieren: nach der S.methode gewonnenes Bild einer Überschallströmung um einen Körper

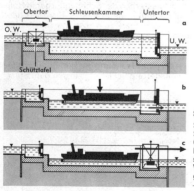

Schleuse:

Schleusen eines Schiffes: **a** Einfahren, Obertor geöffnet; **b** Obertor geschlossen, Ausströmen des Wassers; **c** Untertor geöffnet. Ausfahren.
– ☐ 864

wand abgeschlossener Raum, der period. Durchgang v. Personen od. Material erlaubt, so z. B. als *Licht-S., Gas-S.* od. als *Strahlungs-S.* in der Atomtechnik, als *Druck-S.* z. B. in der Raumfahrt.
Schlichtung, im Arbeitsrecht Beilegung v. Meinungsverschiedenheiten zw. Tarifvertragsparteien über Abschluß, Änderung u. Auslegung v. Tarifverträgen (sog. *Regelungsstreitigkeiten* im Ggs. zu den Rechtsstreitigkeiten der Arbeitsgerichtsbarkeit).
Schlick *m,* an Ufern angelandeter Schlamm.
Schlick, *Moritz,* dt. Naturphilosoph, 1882–1936; Gründer des ⁄Wiener Kreises.
Schlieffen, *Alfred* Graf v., preuß. Generalfeldmarschall, 1833–1913; 1891/1906 Generalstabschef; entwickelte den **S.-Plan:** beim Zweifrontenkrieg hinhaltende Verteidigung gg. Rußland, Umfassungssieg über Fkr. nach dem Durchmarsch durch Belgien. Im 1. Weltkrieg nur in abgeschwächter Form durchgeführt.
Schliemann, *Heinrich,* dt. Archäologe, 1822–1890; Ausgrabungen zus. mit Dörpfeld in Troja, Tiryns, Mykene u. Ithaka.
Schlieren, in Gasen od. Flüssigkeiten räuml. u. zeitl. unregelmäßig verteilte „Pakete" mit höherer od. niederer Dichte als die Umgebung; ein durchfallender Lichtstrahl wird unregelmäßig gebrochen. **S.methode,** Sichtbarmachung v. S. u. damit kleinster Unterschiede der Brechzahl, z. B. zur Photographie eines fliegenden Geschosses.
Schliersee, 1) oberbayer. See, 2,2 km², 37 m tief. **2)** Kurort u. Wintersportplatz am Nordufer v. 1), 5900 E.; seit 1891 das *S.er Bauerntheater* in oberbayer. Mundart.
Schließfach, 1) *Post-S.:* v. der Post vermietetes verschließbares Fach, in das Postsendungen gelegt werden, die v. Mieter jederzeit abgeholt werden können. **2)** *Bank-S.:* ⁄Safe. **3)** Fach zur Aufbewahrung v. Handgepäck auf Bahnhöfen. **Schließzellen** ⁄Spaltöffnungen.
schlingern, pendelnde Bewegung eines Schiffs um seine Längsachse; Gegenmittel sind längsseitige *Schlingerkiele,* beiderseits angeordnete *Schlingertanks,* seitlich ausfahrbare, v. Kreiseln gesteuerte Stahlflossen unter Wasser.
Schlingpflanzen, die ⁄Kletterpflanzen.
Schlitten, 1) Fahrzeug mit gleitenden Kufen (beim Hörner-S. auch aufgebogen), zum Transport auf Eis, Schnee, Wald- u. Wiesenboden. Für Wintersport: ⁄Rodel-S., ⁄Skeleton, ⁄Bob, ⁄Toboggan. **2)** ein in Nuten verschiebbarer Teil bei Werkzeugmaschinen. ☐ 201, 294. **3)** Walzenträger bei Schreibmaschinen.
Schlittschuh, Gleitgerät auf dem Eis. Der S. aus Stahl ist jetzt vorwiegend Sportgerät mit Sonderformen für Eisschnell-, Eiskunstlauf u. Eishockey.
Schloß, 1) Abschließvorrichtung für Türen, Schränke u. a. mit Zuhaltungen im Innern des Schlosses; gefederte Bleche, die in Einschnitte des Riegels eingreifen u. ihn dadurch in seinen Endlagen festhalten; beim Schließen od. Öffnen hebt der Schlüsselbart zuerst die Zuhaltungen hoch, so daß der damit freigegebene Riegel durch weite-

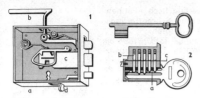

res Drehen des Schlüssels vor- bzw. zurückgeschoben wird. *Sicherheits-Schlösser* besitzen mehrere Zuhaltungen. **2)** bei Feuerwaffen hinterer Verschluß des Laufes, zum Entzünden der Patrone sowie zum Spannen u. Laden. **3)** meist unbefestigter fürstlicher od. Herren-Wohnsitz der nachmittelalterlichen Zeit.

Schlosser, 1) *Friedrich Christoph,* dt. Historiker, 1776–1861; *Weltgesch. für das dt. Volk.* **2)** *Johann Georg,* dt. Schriftsteller, 1739–99; Goethes Jugendfreund, verheiratet mit dessen Schwester Cornelia.

Schloß Holte-Stukenbrock, westfäl. Gemeinde am Westrand des Teutoburger Waldes, 20 400 E.; Landmaschinenfabrik, Textil-Ind.

Schloß Neuhaus, Stadtteil v. Paderborn (seit 1975); Wasserschloß (16. Jh.); Stahlwerk, Möbel-Ind., Papierverarbeitung.

Schlot *m,* **1)** der ↗Schornstein. **2)** bei Vulkanen der Eruptionskanal.

Schlözer, 1) *August Ludwig v.,* dt. Historiker u. Publizist, 1735–1809; *Vorstellung der Universalhistorie.* **2)** *Kurd v.,* Enkel v. 1), 1822–94; 82/92 dt. Gesandter beim Hl. Stuhl; verdient um die Beilegung des Kulturkampfes.

Schluchsee, südbad. Schwarzwaldsee, s.ö. vom Feldberg, 930 m ü. M., 5,1 km². Am Nordostufer der *Luftkurort S.* (2600 E.). **S.werk,** eines der ersten dt. ↗Pumpspeicherkraftwerke.

Schlüchtern, hess. Stadt u. Luftkurort an der Kinzig, 13 900 E.; metallverarbeitende, Möbel-, Schuh-, Bekleidungs-Ind.

Schluckauf, *Schlucksen, Singultus,* reflektor. Zwerchfellzuckung, u. a. bei Genuß zu heißer oder kalter Speisen oder Getränke, krankhaft bei Bauchfellentzündung u. a.

Schluckimpfung, Impfung gg. ↗Kinderlähmung, bei der der Impfstoff geschluckt wird.

Schluckpneumonie *w,* Lungenentzündung, im Gefolge einer anderen Erkrankung, durch Eindringen v. Keimen in die Lunge.

Schlupf *m,* das Zurückbleiben eines sich drehenden Maschinenteils gegenüber einem andern bei kraftschlüssiger Kupplung, z. B. durch Rutschen.

Schlupfwespen, Hautflügler, legen ihre Eier mittels Legebohrer in Eier od. Larven anderer Insekten.

Schlusnus, *Heinrich,* dt. Opern- u. Liedersänger (Bariton), 1888–1952.

Schluß *m,* in der Logik: die Ableitung eines Satzes aus einem od. mehreren anderen Sätzen. Der S., in dem mindestens 2 Vordersätze (Prämissen) den Nachsatz (Konklusion) begründen, heißt *Syllogismus.*

Schlüssel, 1) Teil des Schlosses, das er öffnet u. schließt. **2)** Noten-S. **3)** Regel für Text-

Schloß: 1 einfaches Tür-S. mit Schlüssel, **a** Schloßkasten, **b** Klinke, **c** Hauptriegel, **d** Riegel **2** Zylinder-S. mit Schlüssel, **a** Schlüsselzacken, welche die Enden der Stifte **b** auf gleiche Höhe bringen, so daß der Zylinder **c** sich drehen läßt

Gotischer Schlußstein (mit Fischsymbol)

A. Schlüter: „Sterbender Krieger" (Berlin, Zeughaus)

Schlupfwespen: **a** Kohlweißling-S., **b** Raupe mit Kokons der schlüpfenden S.

Max Schmeling

umwandlung in od. aus einer vereinbarten Geheimform. **S.bein,** Knochen des Schultergürtels zw. Brustbein u. Schulter. ☐ 615. **S.blume** ↗Primel. **S.burg,** russ. *Petrokrepost,* sowjet. Stadt am Ausfluß der Newa aus dem Ladogasee, 20 000 E.; Inselfestung, bis 1917 polit. Gefängnis. **S.gewalt, 1)** *kath. Theologie:* Bz. für die Summe der Ämter u. Gewalten, die Jesus Christus seiner Kirche eingestiftet hat, bes. die dem Petrus u. seinen Nachfolgern verliehene höchste kirchl. Regierungsgewalt. **2)** Berechtigung der Ehefrau, innerhalb ihres häusl. Wirkungskreises ihren Mann zu vertreten, ihn durch entspr. Rechtsgeschäfte zu berechtigen u. zu verpflichten. **S.roman,** schildert wirkl. Verhältnisse mit veränderten Namen.

Schlußschein, v. Handelsmakler auszustellende Urkunde über das vermittelte Geschäft.

Schlußstein, tellerförm., oft figürl. geschmückter, auch tropfenförm. Stein im Scheitel eines Bogens od. Gewölbes.

Schlußverkauf ↗Ausverkauf.

Schlüter, *Andreas,* dt. Bildhauer u. Baumeister des norddt. Barock, um 1660–1714; *Zeughaus, Berliner Schloß, Masken sterbender Krieger, Großer Kurfürst* u. a.

Schmalenbach, *Eugen,* Begr. der modernen Betriebswirtschaftslehre, 1873–1955.

Schmalkalden, thüring. Krst. am Südhang des Thüringer Waldes (Bez. Suhl), 14 000 E.; Ingenieurschule; got. Kirche (1437/1509), Renaissanceschloß (16. Jh.); Fachwerkhäuser, Solbad. **Schmalkaldische Artikel,** v. M. ↗Luther 1536 verf. ev. Glaubensbekenntnis in 23 Artikeln; 1580 in das ↗Konkordienbuch aufgenommen. **Schmalkaldischer Bund,** 1531 in Schmalkalden geschlossenes polit. Bündnis der meisten ev. dt. Fürsten u. Städte; im *Schmalkaldischen Krieg* 46/47 v. Ks. Karl V. besiegt; löste sich daraufhin auf.

Schmallenberg, Stadt im Sauerland, 25 000 E.; Textil-Ind.; ehem. Kloster *Grafschaft.*

Schmalte *w, Smalte,* blaues Kalium-Kobalt-Silicat zum Färben v. Glas u. Keramik.

Schmaltier ↗Hirsch.

Schmarotzer ↗Parasiten.

Schmätzer, kleine, lebhafte Singvögel; *Stein-S.* mit pfriemenförmigem, *Wiesen-S.* mit kurzem, breitem Schnabel, so das ↗Braunkehlchen.

Schmaus, *Michael,* dt. kath. Theologe, * 1897; *Kath. Dogmatik.*

Schmeil, *Otto,* dt. Biologe u. Pädagoge, 1860–1943; verfaßte biolog. Schulbücher.

Schmeißfliegen, *Brummer,* große, blauschwarze, dichtbehaarte Fliegen, legen ihre Eier bes. an Fleisch, Käse, Aas.

Schmeling, *Max,* dt. Boxer, * 1905; war 1930/32 Weltmeister aller Klassen.

Schmeljow (: -jof), *Iwan,* russ. Schriftsteller, 1875–1950; seit 22 in Fkr.; Anklage gg. den Bolschewismus in Romanen u. Erzählungen; *Die Sonne der Toten; Wanja im hl. Moskau.*

schmelzen, feste Körper in flüss. Zustand überführen. S. tritt ein bei bestimmtem *Schmelzpunkt.* ↗latente Wärme. **Schmelzöfen,** Schacht-, Flamm-, Elektro-, Kupol- u. Tiegelöfen.

Schmelz- und Siedepunkte
(in ° C)

	Schmelz-punkt	Siede-punkt
Alkohol (Äthyl-)	− 114	78
Ammoniak	− 77	− 34
Äther	− 117	35
Benzol	5	80
Chloroform	− 63	78
Glas	1100−1400	..
Glycerin	19	290
Gußeisen (grau)	1130	..
Kochsalz	806	1439
Kohlensäureschnee	..	− 78
Luft	− 213	− 193
Messing	1015	..
Naphthalin	80	217
Porzellan	1500	..
Schwefelkohlenstoff	− 112	46
Terpentin	− 10	160
Wachs (Bienen-)	64	..
Wasser	0	100

Für die chem. Elemente vgl. □ 148/149.

Schmelzpunkt, die Temperatur, bei der ein reiner Stoff schmilzt; der S. ist druckabhängig; dem S: entspricht beim Erstarren der Erstarrungspunkt.

Schmelzschupper, Fische mit perlmutterglänzenden Ganoidschuppen; *Störe* u. a.

Schmer *m* od. *s,* Fettgewebe des Schweines an Rippen u. Nieren.

Schmerle *w,* Karpfen mit 6 Bartfäden *(Bartgrundel),* in Bächen u. Teichen. [Hut.

Schmerling, Speisepilz mit schmierigem

Schmerz, Sinnesempfindung durch Reizung bestimmter Schmerzfasern des Nervensystems, führt je nach Art (Oberflächen-, Tiefenschmerz) zu bestimmten Reaktionen (Aktivierung, Hemmung); kann ein Krankheitszeichen sein.

Schmerzensgeld, Ausgleich für immateriellen ↗Schaden.

Schmetterlinge, *Lepidopteren, Schuppenflügler,* Insekten mit 4 beschuppten Flügeln, saugenden Mundwerkzeugen (Rüssel) u. vollkommener ↗Metamorphose; etwa 200000 Arten; leben v. Nektar, Pflanzensäften, Wasser. ↗Motten, ↗Tag- u. ↗Nachtfalter. □ 913.

Schmetterlingsblütler, Pflanzenfamilie mit 5blättr., schmetterlingsförm. Blüten. ↗Le-

Schmiedekunst: perspektivisches Gitter (Mittelzell, Reichenau; 1744)

guminosen. **Schmetterlingsfisch** ↗Fahnenfisch. ↗Schuppenflosser. **Schmetterlingsstil,** Stilart beim ↗Schwimmen.

Schmid, *Carlo,* dt. Politiker (SPD), 1896 bis 1979; Prof. für Völkerrecht; 1947/50 Justizminister von Württemberg-Hohenzollern, 48/49 Mitgl. des Parlamentar. Rats, 49/66 und 69/72 Vizepräs. des dt. Bundestags, 66/69 Bundesrats-Min.

Schmidlin, *Joseph,* dt. kath. Kirchen- u. Missionshistoriker, 1876−1944 († im KZ).

Schmidt, 1) *Arno,* dt. Schriftsteller, 1914−79; Erzählungen *(Die Umsiedler; Rosen & Porree),* Romane *(Brand's Haide; Das steinerne Herz; Die Gelehrtenrepublik; Zettels Traum),* Essays. **2)** *Franz,* östr. Komponist, 1874−1939; Orchester- u. Kammermusik, Opern. **3)** *Helmut,* * 1918; 1967/69 Vors. der SPD-Bundestagsfraktion, 69/72 Bundes-Min. für Verteidigung; Juli bis Nov. 72 Wirtschafts- und Finanz-Min., dann nur noch Finanz-Min.; seit Mai 74 Bundeskanzler. **4)** *Joseph,* dt. Sänger (Tenor), 1904−42; emigrierte 33; wirkte wegen seiner geringen Körpergröße fast ausschließl. als Rundfunk-, Film- u. Schallplattensänger. **5)** *Wilhelm,* SVD, dt. Ethnologe, 1868−1954; vertrat die ↗Kulturkreislehre.

Schmidtbonn, *Wilhelm,* eig. W. Schmidt (aus Bonn), dt. Schriftsteller, 1876−1952; Dramen, Novellen u. Romane aus rheinischem Leben.

Schmidt-Rottluff, *Karl,* dt. Maler u. Graphiker, 1884−1976; Expressionist; Mitbegr. der ↗Brücke; kubisches Formprinzip.

Schmidtspiegel, ein komafreies Spiegelteleskop mit Kugelspiegel u. Korrektionsplatte, bietet großes Gesichtsfeld u. hohe Lichtstärke; ben. nach dem dt. Optiker *Bernhard Schmidt* (1879−1935).

Schmiedeberg im Riesengebirge, poln. *Kowary,* niederschles. Stadt u. Luftkurort, am Fuß der Schneekoppe, 12000 E.

Schmiedekunst, die künstler. Gestaltung v. Gegenständen aus Schmiedeeisen (Gitter, Grabkreuze u. a.); Höhepunkte in der Renaissance in Dtl., im Barock u. Rokoko.

schmieden, spanlose Umformung dehnbarer Metalle im glühenden Zustand durch Schlagen od. Pressen, als *Freiform-S.* od. als ↗Gesenk-S.

Schmiele *w,* Rispengräser; *Rasen-S.* auf moorigen Böden.

Schmierbrand, der ↗Steinbrand.

Schmiermittel, Stoffe, welche Reibung, Erwärmung u. Abnützung aufeinander gleitender Maschinenteile verringern. Die zw. den Flächen liegende S.schicht *(Schmierfilm)* muß druckbeständig, haftfest u. dicker als die Unebenheiten der zu schützenden Oberfläche sein. Als S. dienen meist Mineralöle (↗Öl) u. -fette, Molybdänsulfid-Verbindungen, Graphit u. Silikone.

Schminke *w,* pulverförm., flüssiges od. salbenart. Mittel zur Verschönerung der Haut u. zur Gestaltung der Maske.

Schmirgel *m,* Schleifmittel aus Korund. ↗Schleifpapier.

Schmitt, *Carl,* dt. Staats- u. Völkerrechtslehrer, * 1888; bis 1936 an der Reichsgesetzgebung beteiligt.

Carlo Schmid

Helmut Schmidt

K. Schmidt-Rottluff: Selbstbildnis

Schmetterlinge: frischgeschlüpfter Schwalbenschwanz auf der leeren Puppenhülle

Schmitthenner, *Paul,* dt. Achitekt, 1884 bis 1972; Wohn- u. Siedlungsbau.
Schmoller, *Gustav v.,* dt. Nationalökonom, 1838–1917; Vertreter der jüngeren Histor. Schule der Nationalökonomie.
Schmollis *s,* student. Trinkgruß.
Schmölln, sächs. Krst. im Bez. Leipzig, 14000 E.; Werkzeug- u. Textil-Ind.
Schmucklilie, reichblühendes Liliengewächs mit blauen Blüten, aus dem Kapland.
Schmude, *Jürgen,* dt. Politiker, * 1936; 78 bis 81 Bundes-Min. für Bildung u. Wissenschaft, seit 81 Bundes-Min. für Justiz.
Schmuggel *m,* die Ein-, Aus- u. Durchfuhr v. Waren unter Umgehung des ↗Zolls.
Schmutz-und-Schund-Literatur, unsittliche, verrohend wirkende, zu Gewalttätigkeit, Verbrechen oder Rassenhaß anreizende sowie den Krieg verherrlichende Schriften; kann strafrechtl. verfolgt werden.
Schnabel, der mit Hornscheiden überdeckte, nach Lebensweise verschieden gestaltete Ober- u. Unterkiefer der Vögel, auch bei S.tier, Schildkröten, Ameisenigel.

Schnee-Kristalle

Schnabel, 1) *Artur,* östr. Pianist u. Komponist, 1882–1951; hervorragender Klavierpädagoge u. bes. Beethoven-Interpret. 2) *Ernst,* dt. Schriftsteller, * 1913; Romane, Erzählungen, Hörbilder. 3) *Franz,* dt. Historiker, 1887–1966; *Dt. Gesch. im 19. Jh.* 4) *Johann Gottfried,* dt. Schriftsteller, 1692 bis 1752; Robinsonade *Die Insel Felsenburg.*
Schnabelkerfe, wanzenartige Insekten, Kiefer zu bewegl. Stech- u. Saugborsten umgebildet. Blattflöhe, Wanzen, Zikaden.
Schnabeltier, eierlegendes Säugetier (Kloakentier) mit zahnlosem, entenähnl. Schnabel, Grabkrallen u. Schwimmhäuten; in Australien u. Tasmanien.
Schnack, *Friedrich,* dt. Schriftsteller, 1888–1977; Gedichte u. Erz., bes. Naturdichtung. *Große Insel Madagaskar; Das Waldkind.*
Schnaderhüpferl, *Schnadahüpfl,* im bayer.-östr. Alpenraum zum Tanz improvisierte, meist gesungene Vierzeiler neckenden od. streitenden Inhalts.

Schnaken, 1) schlanke, nicht stechende Mücken mit langen, dünnen Beinen u. fadenförmigen Fühlern; z.T. Pflanzenschädlinge; Winter-S. 2) die ↗Stechmücken.
Schnauzer, rauhhaariger Pinscher, drahtod. zottelhaarige Hunderasse mit Schnurr- u. Knobelbart. ☐ 1043.
Schnecken, 1) *Gastropoden,* land- (lungenatmende, zwittrige) und wasserbewohnende (kiemenatmende, zwittrige od. getrennt-geschlechtige) Weichtiere mit plumpem Körper, z.T. mit meist spiralig nach rechts gewundener Schale („S.haus"). Aus dem Ei entwickelt sich bei Meeres-S. eine frei schwimmende Wimperkranzlarve; Land-S. entwickeln sich direkt. Pflanzenfressende S. sind häufig Gartenschädlinge. 2) techn.: breitgängige Schrauben auf einer drehbar gelagerten Achse, greifen in **S.ngetriebe** in die schrägen, ausgerundeten Zähne eines Zahnrades *(S.rades)* ein, die Achsen stehen rechtwinklig zueinander; für große Untersetzungen. ☐ 1126. **S.klee,** Gattung kleiner Schmetterlingsblütler mit gebogenen od. gerollten Hülsen; *Luzerne.*
Schnecklinge, Blätterpilze, schleimige weiße Speisepilze.
Schnee, ein ↗Hydrometeor, gebildet aus mikroskopisch kleinen Eiskristallen, die durch Sublimation v. Wasserdampf zu *S.kristallen* (meist sechsstrahlig) anwachsen; *S.flocken* sind zusammengebackene S.kristalle. **S.ball,** Geißblattgewächse: a) mit gelappten Blättern, weißen Blüten, roten Beeren; Abart mit kugel. Blütenstand *(gefüllter S.ball),* Zierstrauch. b) *Wolliger S.ball, Schlinge,* mit einfachen, filzigen Blättern u. schwarzen Beeren. **S.ballsystem,** Verkaufs- u. Werbesystem, bei dem der Käufer einen Rabatt erhält, wenn er weitere Käufer benennt, diese unter der gleichen Bedingung ebenfalls usw.; ohne Genehmigung unverbindlich u. strafbar. **S.beere,** nord-am. Geißblattgewächs mit rosenroten Blüten u. kirschgroßen, weißen Beeren.
Schneeberg, 1) höchster Berg des Fichtelgebirges, 1053 m hoch. 2) Gebirgsstock in den Niederöstr. Kalkalpen, im Klosterwappen 2075 m hoch. 3) *Großer* od. *Glatzer S.,* höchster Berg des Glatzer Schneegebirges, 1424 m hoch.
Schneeberg, sächs. Stadt im Erzgebirge, s.ö. von Zwickau, 21000 E.; Bergbau auf Kobalt, Wismut, Uran.
Schneeblindheit, Sehstörung durch blendenden Reflexlicht der Schneefelder u. in der Hochgebirgsluft bes. starke ultraviolette Strahlung; Schutz durch **Schneebrille** mit braunen od. grüngelben Gläsern.
Schneegans, weiße, arkt. Wildgans mit grauen Handschwingen. **Schneeglöckchen,** frühblühendes Narzissengewächs mit glokkenförm., dreiblättrigen weißen Blüten.
Schneehuhn, Hochgebirgshuhn mit befiederten Beinen; im Sommer rotbraun, im Winter fast ganz weiß. *Alpen-S., Moor-S.*
Schneekette, über die Reifen der Autoräder zu spannende Stahlketten- od. Gumminetz; verhindert das Gleiten im Schnee.
Schneekoppe, höchster Gipfel des Riesengebirges, 1603 m; mit Wetterwarte.

Schnabel. Formen:
1 Insektenfresser (Bachstelze)
2 Körnerfresser (Kernbeißer),
3 Meißel-S. (Specht),
4 Seih-S. (Ente),
5 Raubvogel-S. (Fischadler)

Schnecken:
Bauplan einer Lungen-S.

J. Schmude

Schneeball-Blüten

Schneeglöckchen

Schneemensch ↗Yeti.
Schneeräumgeräte, zur Beseitigung v. Schnee auf Straßen, Plätzen usw.: *Schneepflug,* schiebt mit Keil den Schnee zur Seite, *Schneeschleuder,* wirft ihn zur Seite, *Schneefräse* für festen u. hohen Schnee, lockert ihn u. wirft ihn zur Seite. **Schneerose,** die ↗Nieswurz. **Schneeschimmel,** Krankheit des Wintergetreides; die mit Pilzgeflecht überzogenen jungen Pflänzchen faulen ab. **Schneeschuh** ↗Ski.
Schneeziege, *Schneegemse,* ziegenähnl. weiße Antilope der nord-am. Felsengebirge.
Schneidemühl, poln. *Piła,* Hst. der Wojewodschaft P., 1922/38 preuß. Prov.-Hst., an der Küddow; 55100 E.; Verkehrsknotenpunkt.
schneiden, 1) meist das *Brenn-S.,* das Trennen v. metall. Werkstoff, entweder als *autogenes S.* mit dem *Schneidbrenner* (heiße Flamme aus Sauerstoff u. dem Brenngas, meist Wasserstoff, die den Werkstoff verbrennt) od. *elektr. S.,* bei dem im Lichtbogen der Werkstoff wegschmilzt; beide Verfahren auch unter Wasser möglich. **2)** bei Film u. Funk das Zusammensetzen eines vorführfertigen Film- od. Tonbandstreifens durch den ↗Cutter.

Dorn

Schnellkäfer: Hochschleudern eines auf dem Rücken liegenden S. durch einen zurückschnellenden Dorn

Erzb. Schneider

Reinhold Schneider

W. Schneiderhan

Schneider, 1) *Erich,* dt. Nationalökonom, 1900–70; Vertreter der mathemat. u. ökonometr. Methode; Hauptwerke u.a. *Einführung in die Wirtschaftstheorie* (4 Bde.); *Industrielles Rechnungswesen.* **2)** *Joseph,* * 1906; 45 Prof. für Moral- u. Pastoraltheologie, 55/76 Erzb. v. Bamberg. **3)** *Reinhold,* dt. Schriftsteller, 1903–58; behandelt vor allem das Tragische in der Gesch., die Probleme v. Macht u. Gewissen in Dramen *(Der große Verzicht; Innozenz u. Franziskus),* Erzählungen *(Las Casas vor Karl V.),* Essays *(Das Leiden des Camões; Philipp II.);* autobiographisch: *Verhüllter Tag; Winter in Wien.*
Schneiderhan, *Wolfgang,* östr. Meistergeiger, * 1915.
Schneidervogel, bunter Fliegenschnäpper der Sundainseln; baut sein Nest zw. 2 großen Blättern, die er an den Rändern mit Pflanzenfasern zusammennäht.
Schneifel w, Schnee- ↗Eifel.
Schneise w, geradlinig ausgehauener Grenz- bzw. Waldstreifen.
Schnellbahn, eine elektr. betriebene Stadt- u. Vorortbahn, als Hoch- od. U-Bahn.
Schnellfliegen, die ↗Raupenfliegen.

Schneidervogel mit Nest

Schnurkeramik

Schnellkäfer, schlank, flach gewölbt; schnellen sich aus der Rückenlage hoch u. fallen auf die Bauchseite. ↗Drahtwurm.
Schnellkochtopf ↗Dampfkochtopf.
Schnellpresse, eine Buchdruckmaschine, bei der die Druckform horizontal hin- u. herbewegt, der Papierbogen durch einen umlaufenden Zylinder gg. die Form gedrückt wird (Walze gg. Fläche); 1811 v. Friedrich ↗Koenig erfunden.
Schnepfe, Zugvogel mit langem, dünnem, biegsamem Schnabel; in Dtl. *Heer-S.* od. *Bekassine, Sumpf-* u. *Wald-S.*
Schnepfenstrauß, der ↗Kiwi.
Schneverdingen, niedersächs. Gemeinde nördl. v. Soltau, 15300 E.; Schuh- u. Nahrungsmittel-Ind.
Schnirkelschnecken, pflanzenfressende, landbewohnende Lungenschnecken mit gestielten Augen u. gewundenen Gehäusen: Acker-, Weinberg-, Gartenschnecke.
Schnitt, 1) Mengenlehre: *Durchschnitt* zweier Mengen, ist die Menge der Elemente, die beiden Mengen zugleich angehören, Zeichen ∩; entsprechend in der Geometrie der *S.punkt* zweier Kurven od. die *S.linie* zweier Flächen. **2)** beim Film ↗schneiden 2).
Schnittlauch, ↗Lauch-Art, kugelige, rötlichblaue Doldenblüte; die röhrigen Blätter enthalten Vitamine A, B und C. ☐ 452.
Schnitzeljagd, Verfolgungsspiel, auch im Reit-, Ski- u. Motorsport, wobei die Partei der Verfolgten ihre Spur durch Papierschnitzel kennzeichnet.
Schnitzler, *Arthur,* östr. Schriftsteller, 1862–1931; anfangs Arzt; melanchol., psycholog. zergliedernde Dramen *(Liebelei; Der grüne Kakadu u. ein einsamer Weg)* u. Erzählungen *(Sterben; Fräulein Else).* Erot. Szenen *Der Reigen.*
Schnorr v. Carolsfeld, *Julius,* dt. Maler u. Zeichner, 1794–1872; ↗Nazarener; it. Landschaften, Bildnisse, monumentale Fresken, Holzschnitte zur Bibel.
Schnupfen, katarrhal. Entzündung der Nasenschleimhaut, die wäßrige od. eitrige Flüssigkeit absondert. ↗Heufieber.
Schnupftabak, zerkleinerter u. angefeuchteter Tabak in Pulverform zum Einführen in die Nase; verursacht Niesen.
Schnürboden, 1) im Theater der Rollboden über der Bühne mit einer Maschinerie zum Aufziehen v. Kulissen u. Prospekten. **2)** im Schiffbau die Halle, in der Teile des Schiffes (z. B. Spanten) in natürl. Größe aufgezeichnet u. Schablonen hergestellt werden.
Schnurkeramik, jungsteinzeitl., indogerman. Kultur (2300/1600), auch *Streitaxtkultur;* verbreitete sich v. Südrußland aus nach Mittel- u. Nordeuropa; ben. nach ihrer mit Schnurabdrücken verzierten Keramik; Bestattungsform: Hockergrab.
Schnurre, *Wolfdietrich,* dt. Schriftsteller, * 1920; Lyrik, Romane, Hörspiele, Erz. *(Als Vaters Bart noch rot war; Man sollte dagegen sein; Das Los unserer Stadt).*
Schnütgen-Museum, aus der Sammlung mittelalterl. Kunst des Domkapitulars A. *Schnütgen* (1843–1918) entstandenes Museum in Köln (seit 1910).

Othmar Schoeck

Arnold Schönberg

Arthur Schnitzler

Schober, *Johannes,* östr. Politiker, 1874 bis 1932; 1921/22 u. 29/30 Bundes-, seit 30 Vizekanzler u. Außenmin.; stärkte 29 durch Änderung der Verf. die Stellung des Bundespräs.

Schock *m,* 1) plötzl. Zusammenbruch wichtiger Lebensfunktionen infolge reflektor. Erschlaffung der großen Blutgefäße, nach Verkehrsunfällen, Operationen od. schweren Infektionskrankheiten. Der *tox. S.* entsteht im Gefolge v. Vergiftungen. *Anaphylakt. S.* schwerste Form der ↗Allergie. 2) *seel. S.,* ↗Nervenzusammenbruch. **S.behandlung,** Heilverfahren bei Geisteskrankheiten: Insulinschock, Cardiazolschock, Elektroschock. Heute durch ↗Psychopharmaka weitgehend verdrängt.

Schock, *Rudolf,* dt. Sänger (Tenor), * 1915; Opern-, Operetten- u. Filmsänger.

Schoeck, *Othmar,* Schweizer Komponist, 1886–1957; Kammermusik, Opern, Chöre.

schockieren, erschrecken, in Entrüstung versetzen.

Schöffe, ↗Laienrichter eines S.ngerichts. **S.ngericht,** in der BRD beim Amtsgericht gebildeter Spruchkörper aus einem Berufsrichter u. 2 Schöffen; im wesentl. für mittelschwere Strafsachen zuständig; in umfangreicheren Sachen *erweitertes S.* mit 2 Berufsrichtern.

Schogun, 1192/1868 (außer 1573/1603) fakt. der (meist erbl.) Inhaber der Herrschaft in ↗Japan.

Schokolade *w,* nährwertreiches Genußmittel aus Kakaomasse, Kakaobutter, bis zu 60% Zucker u. Zusätzen (Vanillin, Zimt, Milchpulver, Nüsse, Marzipan).

Schola *w* (lat.), Schule. **S. cantorum,** (liturg.) Sängerchor; Musik-, bes. Chorschule.

Scholapur, ind. Stadt im Staat Maharaschtra. 400000 E.; Baumwoll-Ind.

Scholar, *Scholast m* (lat.), im MA Schüler od. Student. **Scholastik** *w* (lat.), die auf Aristoteles u. den Kirchenvätern fußende u. in den Schulen des MA ausgebaute theolog.-philosoph. Lehrweise; unterscheidet bewußt zw. Glauben u. Wissen, sieht aber beides in gegenseit. Zuordnung, da ihr Natur u. Übernatur als ein einheitl. gestuftes Ganzes erscheinen (↗Ordo). – Früh-S. (9./12. Jh.): Anselm v. Canterbury; Hoch-S. (13. Jh.): Albertus Magnus, Thomas v. Aquin, Bonaventura, Duns Scotus; Spät-S. (14./15. Jh.): Wilhelm v. Ockham. Neuzeitl. S. (16. bis 17. Jh.): Suárez, Bellarmin. ↗Neuscholastik.

Scholastika, hl. (10. Febr.), um 480 bis um 547; Schwester des hl. Benedikt v. Nursia.

Scholien (Mz., gr.), am Rand v. alten Handschriften angefügte gelehrte Anmerkungen od. Kommentare.

Scholl, Geschwister S.: *Hans* (1918–1943) u. *Sophie* (1921–43); als führende Mitgl. der ↗Weißen Rose hingerichtet.

Schollen, Familie der ↗Plattfische, geschätzte Speisefische, bis 7 kg schwer. Heilbutt, Goldbutt, Steinbutt u. a. ☐ 912.

Schöllenen *w,* Durchbruchsschlucht der Reuß zw. Andermatt und Göschenen (Schweiz) mit der *S.bahn.*

Schöllkraut, das ↗Schellkraut.

Scholochow (: -of), *Michail,* russ. Schriftsteller, * 1905; HW: *Der stille Don; Neuland unterm Pflug.* 1965 Lit.-Nobelpreis.

Scholz, 1) *Werner,* dt. Maler, * 1898; Expressionist. 2) *Wilhelm v.,* dt. Schriftsteller, 1874–1969; Neuklassizist: Dramen, Gedichte, Romane, Erzählungen *(Zwischenreich; Die Gefährten),* Essays *(Der Zufall u. das Schicksal),* Nachdichtungen Calderóns.

Schön, *Helmut,* dt. Fußballtrainer, * 1915; 64/78 Trainer der dt. Fußballnationalmannschaft.

Schönberg, *Arnold,* östr. Komponist, 1874–1951; seit 34 in den USA. Vertreter der ↗Neuen Musik, Begr. der ↗Zwölftontechnik. Seine expressionist. WW übten zus. mit denen seiner wichtigsten Schüler Berg u. Webern großen Einfluß auf die Musik des 20. Jh. aus. Oper *Moses u. Aaron,* Lieder, Orchester- u. Kammermusik.

Schönborn, altes kath. rhein. Adelsgeschlecht, daraus bedeutende Fürstbischöfe: 1) *Friedrich Karl,* Fürstbischof v. Bamberg u. Würzburg, 1674–1746; Vollender der Würzburger Residenz. 2) *Johann Philipp,* Fürst v. Mainz u. Fürstbischof v. Würzburg u. Worms, 1605–73; begr. den ↗Rheinbund 1658. 3) *Lothar Franz,* Fürstbischof v. Bamberg u. Kurfürst v. Mainz, 1655–1729; Erbauer der Bamberger Residenz u. v. Schloß Pommersfelden.

Schönbrunn, ehemal. kaiserl. Schloß in Wien; der barocke Plan Fischers v. Erlach wurde 1744/49 v. Pacassi vereinfacht.

Schöndruck, bei beidseitig bedrucktem Druckbogen die zuerst gedruckte Seite. Ggs. Widerdruck.

Schönebeck, Ind.-Stadt an der Elbe, oberhalb Magdeburg (Bez. Magdeburg), 46000 E.; Salzbergbau, Zement- u. Farben-Ind.

Schöneck, hess. Gemeinde n.ö. von Frankfurt, 10300 E.; durch Gemeindezusammenschluß entstanden.

Schonen, schwed. *Skåne,* südschwed. Landschaft zw. Kattegat u. Ostsee.

schönen, Klären des Weins mit Kohle, Tannin, Kaliumferrocyanid, Hausenblase u. a.

Schoner *m,* ein Segelschiff, ausschließl. mit Gaffel-/Segel.

Schönerer, *Georg* Ritter v., 1842–1921; Verfechter eines rass. Antisemitismus; Führer der östr. ↗Los-von-Rom-Bewegung. ↗Alldeutsche.

Schongau, oberbayer. Stadt oberhalb des Lech, 10100 E.; Textil-, Leder-, Metall-, holzverarbeitende und Elektro-Industrie.

Helmut Schön

Hans und Sophie Scholl

M. Schongauer: Der hl. Antonius, von Teufeln versucht und von Teufeln in die Lüfte gehoben

Schongauer, *Martin,* dt. Maler u. Graphiker, um 1450–91; Kupferstiche v. höchster Prägnanz; Gemälde *Madonna im Rosenhag* in Colmar; *Fresken* im Münster zu Breisach.
Schönheitspflästerchen, schwarze, aufgeklebte Taftstückchen, um die Weiße der Haut hervorzuheben od. Hautflecke zu verbergen; Mode im 17. u. 18. Jh.
Schönherr, *Karl,* östr. Dramatiker, 1867 bis 1943; bes. Heimat- u. Bauerndramen *(Weibsteufel; Erde),* auch Gedichte.
Schöningen, niedersächs. Stadt im Kr. Helmstedt, 15400 E.; Salinen, Braunkohlen.
Schönstatt, 1901 gegr. Studienheim der ↗Pallottiner bei Vallendar am Rhein. **S.-Bewegung,** 1914 mit Zentrale in S. gegr. Apostol. Bewegung im Geiste V. ↗Pallottis. Schutzherrin ist die Gottesmutter Maria, die bes. Verehrung genießt.
Schonung, *Hege,* Jungwuchs-Wald.
Schonzeit, *Hegezeit,* Zeitraum, in dem zwecks Erhaltung der Arten Jagen u. Fangen jagdbarer Tiere u. Fische verboten ist. Auch die Nachtzeit gilt als S.
Schopenhauer, 1) *Adele,* dt. Schriftstellerin, Schwester v. 2), 1797–1849; verfaßte Tagebücher u. Märchen. **2)** *Arthur,* dt. Philosoph, 1788–1860; vertrat unter buddhist. Einfluß metaphys. Pessimismus u. ↗Voluntarismus: die Erfahrungswelt ist vor allem Vorstellung; der sich unbewußt, aber instinktsicher bis zum Bewußtsein im Menschen entfaltende *Urwille* ist das Ding an sich, Quelle des Leides in dieser „schlechtesten aller Welten" das Fortschreiten des Urwillens zur Besonderung. Daher ist das metaphys. Ziel die Ertötung alles *Lebenswillens;* eth. Fundament ist das *Mitleid. – Die Welt als Wille u. Vorstellung* (1819). **3)** *Johanna,* 1766–1838, Mutter v. 1) u. 2), Mittelpunkt eines literar. Kreises in Weimar.
Schopfheim, südbad. Stadt am südl. Schwarzwaldrand, 15700 E.; Textil-, Holz- und Maschinen-Industrie.

Schöpfung *w,* die Welterschaffung *(S.stat)* u. die so geschaffene Welt *(S.swerk),* in der religiösen Überlieferung vieler Völker geschildert. Nach dem jüd.-christl. **S.sbericht** im atl. *Buch Genesis* erschuf Gott die Welt aus dem Nichts.
Schöps *m* (tschech.), Hammel.
Schorf *m,* **1)** harte Kruste auf Wunden u. Geschwüren, durch Eintrocknen v. Blut u. Gewebssaft. **2)** Pflanzenkrankheiten durch Pilze, mit schorfigen Flecken.
Schorfheide, Forst mit Seen- u. Jagdgebiet, n.w. von Eberswalde (Bez. Frankfurt/Oder).
Schorndorf, württ. Stadt an der Rems, 33600 E.; vielseitige Industrie.
Schornstein, *Esse, Schlot, Kamin,* aufsteigender Kanal zur Ableitung der Rauchgase v. Feuerungen; je höher der S., desto stärker der Luftzug.
Schortens, niedersächs. Gemeinde n.w. von Wilhelmshaven, 20300 E.; Büromaschinenfabrik.
Schostakowitsch, *Dimitrij,* russ. Komponist, 1906–75; anfangs Nähe zur ↗Neuen Musik, später mehr konservativ, auch dann noch wegen „bourgeoiser u. formalist." Tendenzen offiziell getadelt. Opern, Orchester- u. Kammermusik.
Schote, *w,* **1)** *Schötchen,* eine ↗Frucht. **2)** *Schot* (nd.), Tau zum Segelspannen.
Schotenklee, der ↗Hornklee.
Schott *m,* arab. *Sebcha,* abflußlose Becken mit seichten Salzseen südl. des Großen Atlas (Nordafrika).
Schott *s, Schotte w,* wasserdichte Wände, die den Schiffsrumpf in Zellen teilen, so daß bei Beschädigungen nur einzelne Teile sich mit Wasser füllen. ☐865.
Schott, *Anselm,* OSB, dt. Theologe, 1843 bis 1896; schuf weitverbreitete dt. Übersetzung des ↗*Missale Romanum.*

Arthur Schopenhauer

D. Schostakowitsch

Schonzeiten (nach der Verordnung vom 13. 7. 1967)

männliches Rotwild 1.2. – 31.7.	Seehunde 1.1. – 15.7.	Bekassinen 1.1. – 31.7.
männliches Dam- und Sikawild 1.2. – 31.8.	Auer- und Rackelhähne, Birkhähne 1.6. – 19.4.	Große Brachvögel 16.10. – 15.9.
weibliches Rot-, Dam- und Sikawild sowie Kälber beiderlei Geschlechts 1,2. – 31.7.	Rebhühner 1.12. – 31. 8.	Möwen 1.4. – 31.7.
	Fasanen 16.1. – 30.9.	Graureiher 1.2. – 31.8.
männliches Rehwild 16.10. – 15.5.	Wildtruthähne 16.5. – 30.9. und 16.1. – 31.3.	Mäuse- und Rauhfußbussarde,
weibliches Rehwild und Kitze beiderlei Geschlechts 1.2.–31.8.	Wildtruthennen 16.1. – 30.9.	Habichte und Sperber 1.3. – 31.10
Gamswild 16.12. – 31.7.	Ringel- und Türkentauben 1.5. – 15.8.	
Muffelwild 1.2. – 31.7.	Wildgänse 16.1. – 30.9.	*Keine Schonzeiten* bestehen vorbehaltl. der Bestimmung des § 22 Abs. 4 des Bundesjagdgesetzes für:
Hasen 16.1. – 15.10.	Wildenten (außer Brand-, Eider- und Kolbenenten) 16.1. – 31.7.	
Stein- und Baummarder 1.2. – 30.11.	Säger 16.2. – 30.9.	Schwarzwild, Wildkaninchen, Füchse, Iltisse, Wiesel, Nerze, Bläßhühner und Haubentaucher
Dachse 16.1. – 30. 6.	Waldschnepfen 16.4. – 15.10.	

Schotter, 1) vom Wasser verfrachtete Gerölle. **2)** *Steinschlag,* mit Hämmern od. Maschinen zerkleinerte Steine zum Straßenbau u.a.

Schottisch, andere Bz. für ↗Écossaise.

Schottland, *Scotland,* der Nordteil Großbritanniens mit Hebriden, Orkney- und Shetlandinseln; kulturell eigenständig; 78772 km²; 5,2 Mill. E.; Hst. Edinburgh. In der Mitte Hügel- u. Flachland *(Lowlands),* im N Hochland *(Highlands)* mit dem ↗Ben Nevis, im S Bergland *(Southern Uplands).* Moore, Hochweiden; Schafzucht, Kohle- u. Eisenlager, große Ind.en, bes. um den Clyde u. um Glasgow. *Alban;* im 16. Jh. Einführung der Reformation; 1568 die kath. Königin ↗Maria Stuart gestürzt; ihr Sohn vereinigte 1603 Irland, S. u. ↗Engl. als Kg. Jakob I. v. ↗Großbritannien u. Irland; 1707 willigte das schott. Parlament in die Vereinigung mit Engl. zu Großbritannien ein. – kelt. Pikten bewohnten Landes röm. besetzt; im 6. Jh. Verbreitung des Christentums; 844 Vereinigung der Pikten u. ↗Skoten zum Kgr.

Schraffen, *Berg-S.,* kurze Striche in Fallrichtung auf Landkarten als Art der Geländedarstellung.

Schrägaufzug, eine Fördereinrichtung auf einer geneigten Bahn, bes. bei Hochöfen u. bei Großbauten im Gebirge. □394.

Schram *m,* mit Keilhauen od. *Schrämmaschinen* hergestellter Einschnitt in Flözen, erleichtert die Kohlengewinnung.

Schramberg, württ. Stadt im Schwarzwald, 19300 E.; Uhren-Großindustrie.

Schrammelmusik, volkstüml. Unterhaltungs- u. Tanzmusik in östr. Weinlokalen u. Biergärten; ben. nach den Brüdern *Johann* und *Josef Schrammel,* die 1877 das 1. Schrammeltrio gründeten.

Schrapnell *s* (engl.), ein mit Blei- od. Stahlkugeln gefülltes Artilleriegeschoß.

Schrapper *m,* Gerät zum oberfläch. Abschürfen u. Fördern v. losem (leichtem) Gut.

Schrat *m,* Waldgeist. □528.

Schraube, 1) ein lösbares Verbindungselement mit geradem *(Metall-S.)* od. konischem Schaft *(Holz-S.);* nicht-einschraub-

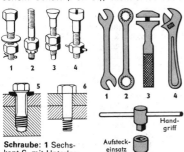

Schraube: 1 Sechskant-S. mit Unterlegscheibe, Mutter und Sicherungssplint; **2** Stift-S. mit Kronenmutter; **3** Senk-S. mit Doppelmutter; **4** Zylinderkopf-S.; **5** Dehn-S.; **6** Paß-S.

Schraubenschlüssel: 1 Maul-, **2** Ring-, **3** Hammerkopf- (Engländer), **4** Roll- gabel-, **5** Steck-S.

bare S.n werden mit einer *Mutter* festgehalten; *S.nschlüssel* u. *S.nzieher* dienen zum Anziehen bzw. Lockern v. S.n. **2)** die ↗Luft-S. **3)** die Schiffs-S., ein meist 3- od. 4flügeliger Propeller aus Bronze od. Stahlguß als Schiffsantrieb. **S.nantilope,** der ↗Kudu. **S.nbakterien,** *Spirochäten,* Bz. für verschiedene krankheitserregende Mikroorganismen, z. B. v. Syphilis. □ 63. ↗Leptospiren. **S.nbaum,** *S.npalme, Pandanus,* trop. Bäume mit Stelzwurzeln; Blätter als Flechtmaterial. **S.nlinie,** eine räuml. Kurve, die man sich durch Abwicklung eines rechtwinkl. Dreiecks auf einen Zylindermantel entstanden denken kann.

Schraubstock, ein festes Werkstattgerät zum Festhalten v. Werkstücken bei der Bearbeitung; lose die *Schraubzwinge.*

Schrebergärten, nach dem Arzt *Daniel Schreber* (1808–61) benannt, der in Leipzig öffentl. Spielplätze errichtete. Später um den „Schreberplatz" Gartenbeete, die sich zu Kleingärten mit Lauben entwickelten.

Schreckhorn, *Großes S.* 4078 m, *Kleines S.* 3494 m hoch, Berge der Finsteraarhorngruppe der Berner Alpen.

Schreiber, *Georg,* dt. kath. Kirchenhistoriker, 1882–1963; Kulturpolitiker (1920/33 Zentrumsabg. im Reichstag) u. Mitbegr. der religiösen Volkskunde.

Schraubstock:
1 Zangen-, **2** Parallel-S.

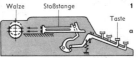

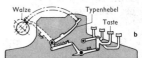

Schreiberhau, poln. *Szklarska Poręba,* Luftkurort in Niederschlesien, 600–900 m ü. M., 8000 E.; Kristallglas-Ind. (Josephinenhütte). Hier wurde 1947 das ↗Kominform gegr.

Schreibmaschine, kleine Druckmaschine, deren Typen (Buchstaben, Zeichen, Zahlen), am Ende v. Hebeln od. auf Stoßstangen *(Typenhebelmaschine)* angebracht, durch Tastenanschlag mit dem Finger, auch durch Zwischenschaltung elektr. Bauteile zur Kraftersparnis, nacheinander auf Papier mittels Farbband zum Abdruck gelangen. Dabei rücken Farbband u. Papierwalze nach jedem Anschlag weiter. Mittels Kohlepapier mehrere Durchschläge. Bei der *Schreibkopfmaschine* sitzen alle Zeichen auf einem kugelförm. Schreibkopf, der jeweils gedreht u. weitergerückt wird.

Schreyvogl, *Friedrich,* östr. Schriftsteller, 1899–1976; Dramaturg; schrieb Romane (Grillparzer; *Eine Schicksalssymphonie; Der Friedländer),* Dramen, Gedichte, Essays.

Schrift, sichtbare u. lesbare Darstellung der Sprache mittels Zeichen bzw. Buchstaben, urspr. auf Ton geritzt, in Stein gemeißelt, in Holz gekerbt, später auf Papyrus, Pergament, Seide, seit dem 13. Jh. auf Papier mit Pinsel, dann mit Kielfeder geschrieben. Älteste S. ist die *Bilder-S.* der Ägypter, Chinesen (4. Jahrt. v. Chr.), Azteken. Mit der *Keil-S.* Wandlung zur *Wort-S.* der Assyrer, Perser, Araber u. Semiten. Über die *Silben-*

Schreibmaschine:
1 Anschlagarten von Typenhebelmaschinen, **a** geführter Stoßanschlag, **b** freier Hebelanschlag.
2 Schreibkopfmaschine, **a** Schreibkopf (etwa 30 mm Ø) aus metallüberzogenem Kunststoff, **b** durch Drehen und Kippen des Schreibkopfes wird der gewünschte Buchstabe in die richtige Stellung zum Abdrucken (Schreiben) gebracht

Schrift

Historische Schriftentwicklung

NATETV Nccreuic Cc

Capitalis quadrata (4. Jh.)   Karoling. Minuskel (9. Jh.)

qu|or⳽ıɴı ɱovſr̃ nolɯ
deɴdıſcoɴ Curnúcττn

Halbunziale (6. Jh.)   Rotunda (14. Jh.)

Moderne Druckschriften

Herder-Bücherei   *Herder-Bücherei*
Fette Fraktur   Künstlerschreibschrift

Herder-Bücherei   *Herder-Bücher*
Garamond-Antiqua   Maxim

Nichtlateinische Schriften

אֶבֶץ נְנֵוּשׁ֩ אֲשֶׁר
וּ עַל. בֹּוָים עֲבוּדָה
Hebräisch

ἐλθέτω ἡ βασι
οὐρανοῖς καὶ ἐπ
Griechisch

пьянству и разве
его, он был нер
Russisch

で で
あ 、
る 方
・
Japanisch

本 免 行 在
書 我 於 天
の 債 地 我
方 如 如 父
法 我 於 者
表 亦 天 我
現 免 焉 等
は 負 我 願
野 我 等 爾
は 債 望 名
者 爾 。
本

Chinesisch

لتكن مشيئتك كما فى
الأرض، كذلك على
Arabisch

हमारा प्रतिदिन
हमें दे, और हमारे
Hindi

S. Entwicklung zur *Laut*- od. *Buchstaben-S.* (Phöniker 1200/900 v. Chr.). Aus ihr wuchs über die griech. S. die lat. (Antiqua), kopt. u. kyrill. S., im MA die abgerundete Unziale u. Halbunziale (die 1. Kleinbuchstaben-S.). Man unterscheidet heute hauptsächl. 2 **S.arten:** *Fraktur* (gebrochen-eckige, sog. dt. [auch *gotische*] Schriften) u. *Antiqua* (einfach-ungebrochene, sog. lat. Schriften), je in verschiedenen ⟋S.graden. Zur Hervorhebung verwendet man Schreib- u. Kursiv-, halbfette u. fette Schriften. **S.gelehrte,** im Judentum seit dem Ende der Babylonischen Gefangenschaft (Esdras) autoritative Erklärer des atl. Gesetzes, meist ⟋Pharisäer. **S.gießerei,** Herstellung der Lettern für Buchdruck. **S.grade,** die im Buchdruck verwendeten Schriftgrößen. Maßeinheit typograph. Punkt (= 0,3750 mm) ist gesetzlich nicht mehr zulässig.
Schrittmacher, 1) ⟋Radsport. 2) elektromed. Gerät, regt durch elektr. Impulse krankes Herz zu normalem Schlagen an.
Schrobenhausen, oberbayer. Stadt an der Paar, 14600 E.; Textil-, Papier-, Porzellan-, Holz- u. chem. Ind., Münz- u. Prägeanstalt.
Schröder, 1) *Gerhard,* dt. Politiker (CDU), * 1910; 53/61 Innenmin. der BRD, 61/66 Außenmin., 66/69 Verteidigungsminister. 2) *Rudolf Alexander,* dt. Schriftsteller, 1878–1962; urspr. Architekt; Mit-

Schriftgrade

Höhe des Schriftkegels in Punkten	Name der Schriftgrade	Schriftbild	Schriftkegel
3	Brillant	H	▮
4	Diamant	H	▮
5	Perl	H	▮
6	Nonpareille	H	▮
7	Kolonel	H	▮
8	Petit	H	▮
9	Borgis	H	▮
10	Korpus	H	▮
12	Cicero	H	▮
14	Mittel	H	▮
16	Tertia	H	▮
20	Text	H	▮
24	Doppelcicero	H	▮

begr. des Insel-Verlages; formstrenge weltliche u. geistl. Lyrik; Sonette, Aufsätze u. Reden, Übersetzungen.
Schröder-Devrient (: defrįnt), *Wilhelmine,* dt. Sängerin, 1804–60; Sopranistin mit bedeutenden schauspieler. Fähigkeiten.
Schrödinger, *Erwin,* östr. Physiker, 1887–1961; Nobelpreis 33 für Arbeiten über Wellenmechanik u. Quantentheorie. **Sch.-Gleichung,** in der ⟋Wellenmechanik die grundlegende Bewegungsgleichung (Wellengleichung) für atomare Teilchen.
Schröffer, *Joseph,* dt. kath. Theologe, * 1903; 48 Bisch. v. Eichstätt, seit 67 in Rom; 68 Titular-Erzb., 76 Kardinal.
schröpfen, Heilverfahren: a) örtl. Blutstauung durch erwärmte od. mit Saugpumpe versehene Glasglocken; b) Blutentziehung durch Saugglocken nach Einschnitten, auch durch Ansetzen v. Blutegeln.
Schrot s od. m, 1) grob zermahlene Körner für Viehfutter; auch S.brot. 2) Bleikügelchen für Jagdgeschosse. 3) ⟋Münze.
Schröter, *Corona,* dt. Sängerin u. Schauspielerin, 1751–1802; v. Goethe nach Weimar verpflichtet. [satz.
Schrott m, Alteisen, wicht. Hochofen-Zu-
Schruns, östr. Kurort in Vorarlberg, Hauptort des Montafon, 689 m ü. M., 3600 E.
schruppen, Grobbearbeitung von Werkstücken durch Abheben großer Späne.
Schtscherbakow, 1946/57 Name v. ⟋Rybinsk.
Schub, die v. einem Propeller-, Strahl- oder Raketentriebwerk erzeugte Vortriebskraft.
Schubart, *Christian Friedrich,* dt. Lyriker des Sturm u. Drangs, 1739–91; wegen Polemik gg. den Hzg. v. Württemberg 10 Jahre in Haft (Hohenasperg); Gedichte aus dem Kerker *(Fürstengruft);* Schr. zur Musik.
Schubert, *Franz,* östr. Komponist, 1797 bis 1828; lebte in materielle Bedrükkung; über 600 Lieder; Symphonien u. Sonaten stehen harmonisch am Beginn der Romantik. 6 lat. u. 4 dt. Messen, 8 Symphonien (darunter die ,,Unvollendete''). Liederzyklen *Die schöne Müllerin; Winterreise; Schwanengesang.*
Schublehre, die ⟋Schieblehre.
Schubschiff, genormte Frachtkähne werden durch S. gedrückt (nicht geschleppt). Vorteil z.B. größere Steuerfähigkeit.
Schubstrahlumkehr, bei ⟋Strahltriebwerken die Umlenkung des Schubstrahls auf Bremswirkung (bei der Landung).
Schudra m (Sanskrit), Mitgl. der Kaste der Dienenden; im altind. Kastenwesen (⟋Kaste) der 4. Stand.
Schuh, Fußbekleidung aus Leder, Gummi, Holz, Kunststoffen u. Textilien; wird heute fast ausschließl. fabrikmäßig in genormten Größen u. wechselnden modischen Formen hergestellt.
Schuh, *Oscar Fritz,* dt. Theaterregisseur u. Intendant, * 1904; wirkte u.a. in Wien, Salzburg, Berlin, Köln u. Hamburg.
Schuhplattler, derber oberbayer. Volkstanz im Ländlertakt.
Schuhschnabel, *Abu Markub,* mattblauer Riesenreiher am Weißen Nil mit großem Kopf u. holzschuhähnl. Schnabel.

Franz Schubert

R. A. Schröder

Erwin Schrödinger

Kardinal Schröffer

Oscar Fritz Schuh

Schuhschnabel

Schukow, *Grigorij,* sowjet. Marschall, 1895 bis 1974; verteidigte 1941 Moskau, siegte 43 bei ↗Stalingrad, nahm 45 Berlin ein; 55 Verteidigungsmin., 57 abgesetzt, 65 rehabilitiert. *Erinnerungen u. Gedanken.*

Schulbrüder, mehrere kath. Kongregationen für Erziehung u. Unterricht; bes. die 1681/84 v. J.-B. de ↗La Salle gegr. S.

Schuld w, **1)** in der Ethik: jede bewußt freie u. daher verantwortl. Entscheidung eines Einzelmenschen gg. Gewissen *(subjektive S.)* od. Sittengesetz *(objektive S.).* ↗Kollektivschuld. **2)** S. in der Religion: ↗Sünde. **3)** rechtl.: a) bürgerl.-rechtl. eine Verbindlichkeit, d. h. die Verpflichtung des S.ners zu einer Leistung an den Gläubiger; entsteht hauptsächl. durch Hergabe v. ↗Kredit, auch durch Verpflichtung zum Schadensersatz; b) strafrechtl. diejenige vorwerfbare Einstellung des Täters zu seiner Tat, die eine persönl. strafrechtl. Haftung begr. u. daher Strafe eintreten läßt. **Schuldner,** wer zu einer Leistung verpflichtet ist. **S.verzug,** *Leistungsverzug,* ↗Verzug.

Schuldrama, im Humanismus u. zur Reformationszeit entwickelte Form des Dramas, v. Schülern u. Studenten gespielt, bes. der Förderung der Beredsamkeit dienend; mit bibl., aber auch antiken Stoffen.

Schuldrecht, *Obligationenrecht,* Vorschriften, die Entstehung, Übertragung, inhaltl. Veränderung u. Untergang eines privatrechtl. Schuldverhältnisses regeln.

Schuldschein, v. Schuldner auf Verlangen u. Kosten des Gläubigers auszustellendes Beweispapier über eine Forderung. **Schuldverschreibung,** *Obligation,* ein festverzinsl. ↗Wertpapier. Auf den Inhaber lautende S.en bedürfen staatl. Genehmigung. 3 Typen v. S.en: öff. Anleihe (einschließl. Schatzanweisung), Pfandbrief, Industrieobligation *(Order-S.en); Teil-S.en:* die in einzelne Stücke aufgeteilten öff. Anleihen. ↗Wandel-S.en.

Schule w, öff., kirchl. od. private Bildungsanstalt (zu den einzelnen Schularten ↗Grund-S., ↗Haupt-S., ↗Real-S., ↗Höhere-S. [↗Gymnasium], ↗Hoch-S., ↗Berufs-S. usw.). In der BRD ist das Schulwesen landesrechtl. geregelt; die öff. S.n (↗Schulpflicht) stehen unter staatl. Aufsicht (Schulrat); das ↗Elternrecht ist durch Mitwirkung an Schulpflege u. -aufsicht *(Elternbeirat* usw.) verfassungsmäßig verankert, das Verhältnis v. S. u. Kirche (↗Bekenntnis-S., Gemeinschafts-S.) meist durch Konkordate geregelt. *Geschichte:* Das i. MA übernommene antike Schulwesen diente in Kloster-, Stifts- u. Dom-S.n bes. der Klerikerausbildung; der Lese- u. Schreibunterricht stand allen offen; daneben seit dem 13. Jh. Stadtod. Rats-S.n; nach der Reformation entstanden ev. Latein-S.n neben den Jesuiten-S.n; seit dem 18. Jh. entwickelte sich die Volks-S. ↗Schulreform.

Schulenburg, *Friedrich Werner* Graf v. der, 1875–1944; 1934/41 dt. Botschafter in Moskau; warnte bis zuletzt vor einem Krieg gg. Rußland; als Widerstandskämpfer hingerichtet.

Schülerlotse, zum Verkehrshelfer für Mit-

schüler ausgebildeter Schüler, durch weiße Mütze, Gürtel u. Signalstab gekennzeichnet.

Schülermitverwaltung, *Schülermitverantwortung,* SMV, Form der Mitverantwortung der Schüler für Belange des Schullebens als Vorschule der staatsbürgerl. demokrat. Erziehung; umfaßt u. a. das Recht zur Wahl v. Klassen-, Schulsprechern, Vertrauenslehrern, zur Herausgabe einer Schülerzeitung u. Mitsprache bei Aufstellung einer Schulordnung; in den Bundesländern der BRD unterschiedl. entwickelt.

Schulfunk m, regelmäß. Rundfunksendungen zur Ergänzung od. Vertiefung des Unterrichts.

Schullandheim, ein Heim städt. Schulen auf dem Lande, das v. den Klassen abwechselnd für oft mehrere Wochen aufgesucht werden kann; dient bes. der Erziehung zur Gemeinschaft.

Schulpflicht w, Zwang zum Besuch einer allgemeinbildenden Grundschule in fast allen europ. u. vielen außereurop. Ländern; in der BRD für alle Kinder v. 6.–15. Lebensjahr Pflicht zum Besuch der Volksschule (↗Grundschule, ↗Hauptschule), danach ↗Berufsschulpflicht (ersetzbar durch Besuch einer Realschule oder eines Gymnasiums).

Schulpforta, ehem. Zisterzienserkloster *Pforta* (1137/1540), heute Ortsteil Schulpforte v. Bad Kösen (Bez. Halle); seit 1543 prot. Fürstenschule; berühmte humanist. Internatsschule.

Schulrat, päd. vorgebildeter, dem Regierungspräsidium unterstellter Beamter im Aufsichts- u. Verwaltungsdienst der Schule; zuständig für Volks-, Sonder- u. in mehreren Ländern der BRD für Realschulen. Ihm entspricht gelegentl. im höheren Schulwesen der *Oberschulrat.*

Schulreform, Bemühungen, die Schulen u. die Organisation des Schulwesens den Anforderungen der modernen Gesellschaft anzupassen u. eine gleichmäßige Förderung aller Begabungen zu erreichen. In der BRD durch die Saarbrücker Rahmenvereinbarung der Kultus-Min. (1960) u. durch das Hamburger Abkommen der Bundesländer (1964) eingeleitet: einheitl. Schuljahresbeginn, Pflichtschulzeit mindestens 9 Jahre (Ausweitung auf 10 Jahre mögl.), einheitl. Bz. u. Gliederung der Schultypen (Grund-, Haupt-, Realschule u. Gymnasium), durchgehende Klassenzählung v. 1–13, Einrichtung v. Abendrealschulen u. Abendgymnasien für die Fortbildung Berufstätiger, Einführung einer Fremdsprache an der Hauptschule, Differenzierung des Gymnasiums in verschiedene Schultypen von der 11. Klasse an, frühestens ab der 9. Klasse dritte Fremdsprache, Einführung einer gymnasialen Aufbaustufe von der Haupt- u. Realschule her; Reformvorhaben erst z. T. realisiert. Tendenzen zur Gliederung nach Schul- u. Bildungsstufen in Form der Gesamtschule (in einigen Bundesländern als Versuchsschulen eingeführt). *Grundstufe:* 1.–4. Schuljahr; *Förder- oder Orientierungsstufe:* 5. u. 6. Schuljahr; *Sekundarstufe I:* 7.–10. (11.) Schuljahr (führt zum Abitur I); *Sekundarstufe II* (auch *Studien-* od. *Kollegstufe*): 11. (12.)–13. Schuljahr (führt zum Abitur II).

Schulschwestern, im kath. Ordenswesen mehrere rel. Kongregationen für Erziehung u. Unterricht; u.a. die 1833 gegr. *Armen S. v. Unserer Lieben Frau,* die ⁄Englischen Fräulein u. die ⁄Ursulinen.

Schulte, *Paul,* dt. Missionar, 1895–1974, „fliegender Pater", Gründer der ⁄MIVA.

Schulter, Verbindung der oberen Gliedmaßen mit dem Rumpf im *S.gürtel,* aus ⁄Schlüsselbein u. dreieckigem *S.blatt* bestehend. ☐ 615/616.

Schulz, *Peter,* dt. Politiker (SPD), * 1930; Mit-Begr. des SDS, 71/74 1. Bürgermeister der Freien u. Hansestadt Hamburg.

Schulze, *Wolfgang,* ⁄Wols.

Schulze-Delitzsch, *Hermann,* dt. Sozial- u. Wirtschaftspolitiker (Liberaler), 1808–83; Begr. des gewerbl. Genossenschaftswesens.

Schumacher, 1) *Fritz,* dt. Architekt u. Fachschriftsteller, 1869–1947; Hochbau u. Städteplanung, bes. in Hamburg u. Köln. **2)** *Kurt,* dt. Politiker (SPD), 1895–1951; 1930/33 Reichstagsabg., 33/45 fast immer im KZ; seit 46 SPD-Vors.; lehnte Zusammenarbeit mit der KPD ab; scharfer Gegner der Politik Adenauers.

Kurt Schumacher   Robert Schuman

Schuman, *Robert,* frz. Politiker, 1886–1963; 1942/45 Mitgl. der Résistance; Mitbegr. des MRP; 47/48 Min.-Präs., 48/53 Außenmin., 58/60 Präs. des Europ. Parlaments. Vorkämpfer der europ. Einigung. – Der nach ihm benannte *S.plan* führte zur Gründung der ⁄Europäischen Gemeinschaft für Kohle u. Stahl.

Schumann, *Robert,* dt. Komponist, 1810–56 (seit 54 geistig umnachtet); als Komponist u. Musikschriftsteller Hauptvertreter der dt. Romantik in der Musik; seine WW sind weniger durch musikal. Formstrukturen als durch Stimmungen u. Gefühle geprägt. Klavierwerke *(Kinderszenen; Jugendalbum* u.a.); seit seiner glückl. Ehe mit der Pianistin Clara Wieck (1819–96) zahlr. Lieder, deren Begleitung der Singstimme gleichberechtigt ist; 4 Symphonien, Kammermusik.

Schummerung, auf Landkarten Art der Geländedarstellung durch ein- oder mehrfarbige Schummertöne, meist unter Annahme einer Schrägbeleuchtung v. NW.

Schupp *m,* ⁄Waschbär.

Schuppen, 1) bei Pflanzen haar- u. blattartiges Gebilde. **2)** Schutzbildungen der

Schuppentier

Kurt von Schuschnigg

Außengewebe, bei Fischen u. Kriechtieren aus Haut, bei Schmetterlingen aus Chitin. **3)** *Schinnen,* vertrocknete, v. der Oberfläche bes. der Kopfhaut sich lösende Hautteile. **S.bäume** ⁄Lepidodendron. **S.flechte** ⁄Psoriasis; bei Haustieren ⁄Kleinflechte. **.S.flosser,** schön gefärbte u. gezeichnete flache Fische, deren Schuppen auch auf die Flossen übergreifen, z.B. ⁄Fahnenfisch. **S.flügler** ⁄Schmetterlinge. **S.tanne** *w,* ⁄Araukarie. **S.tiere,** gut kletternde Säugetiere mit einrollbarem Körper, großen Hornschuppen, Grabkrallen u. langer Zunge zum Termitenfang; in Afrika, Indien und Ceylon. **S.wurz** *w,* chlorophyllfreier Schmarotzer auf Wurzeln der Laubhölzer, Stengel beschuppt (verkümmerte Blätter), Rachenblüten rosarot.

Schuppfisch, der ⁄Döbel.

schürfen, Aufsuchen v. Bodenschätzen (Erze, Salz, Öl, Wasser u.a.).

Schuricht, *Carl,* dt. Dirigent, 1880–1967; Interpret moderner Musik.

Schurz, *Carl,* dt.-am. Politiker, 1829–1906; beim pfälz.-bad. Aufstand 1849 gefangen, floh ins Ausland; im am. Sezessionskrieg General der Nordstaaten; 77/81 Innenmin. der USA.

Schuschnigg, *Kurt* Edler v., 1897–1977; 1932 östr. Justizmin. (Christl.-Soziale Partei), 34 nach der Ermordung v. Dollfuß Bundeskanzler; kämpfte für die östr. Selbständigkeit gg. den Nat.-Soz.; 38 v. Hitler gestürzt, 41/45 im KZ; seit 48 Prof. in den USA; seit 67 wieder in Österreich.

Schussenried, *Bad S.,* württ. Stadt im Kr. Biberach, 7800 E.; ehem. Prämonstratenserabtei (1183–1803); nach Plänen v. Dominikus Zimmermann neu erbaut.

Schute *w,* flachbodiges Boot.

Schütt *w,* 2 Inseln in der Donau bei Eintritt in die oberungar. Tiefebene: die nördl. *Große S.* ist tschsl., die südliche *Kleine S.* ungarisch.

Schüttbauweise, für Decken u. Wände, bei der ungeformter Baustoff zw. Schalungsbretter gegossen u. verdichtet wird; z.B. als *Schüttbeton.*

Schütte *w,* Krankheit bes. bei jungen Bäumen, mit Rotfärbung u. vorzeitigem, massenweisem Abfall („Schütten") der Nadeln od. Blätter infolge v. Trockenheit, Spätfrösten od. Pilzbefall.

Schüttelfrost, Abwehrreaktion des Körpers bei Infektions- u. Blutkrankheiten, heftige Muskelzuckungen, Zähneklappern, Frostgefühl, meist hohes Fieber. **Schüttellähmung,** die ⁄Parkinsonsche Krankheit.

Schüttelreim, Tausch der konsonant. Anlaute in den Reimwörtern, z.B. ... **R**inder **k**aufen, ... **K**inder **r**aufen.

Schutz (: schütß), *Roger,* schweizer.-frz. ev. Theologe, * 1915; begr. 42 die Communauté de ⁄Taizé.

Schütz *s,* **1)** elektromagnet. od. pneumat. fernbetätigter Schalter, z.B. zum Anlassen u. Abschalten v. Elektromotoren. **2)** ⁄Wehr.

Schütz, 1) *Heinrich* (lat. *Sagittarius*), dt. Komponist, 1585–1672; Hofkapellmeister in Dresden, Hauptmeister des dt. Frühbarock. HW: Weihnachtsoratorium, 4 Passionsora-

Robert Schumann

Schuppen auf einem Schmetterlingsflügel

torien, Dt. Magnificat, Chormusik, Oper. **2) Klaus,** dt. Politiker (SPD), * 1926; 1967/77 Regierender Bürgermeister v. Berlin. **Schutzaufsicht,** heute *Erziehungsbeistandschaft,* Überwachung v. Minderjährigen durch Helfer u. Fürsorgor zur Verhütung körperl., geistiger u. seel. Verwahrlosung; auf Anordnung des Vormundschaftsgerichts, Antrag der Eltern, des gesetzl. Vertreters od. des Jugendamtes. **Schutzbereich,** *Rayon,* Gebiet, in dem die Verfügung über das Grundeigentum aus militär. Gründen beschränkt ist. **Schütze, 1)** beim Webstuhl das Schiffchen, das den querlaufenden Faden einschießt. **2)** lat. *Sagittarius,* in der Ekliptik u. Milchstraße liegendes Sternbild, 9. Zeichen des ↗Tierkreises (♐).**3** *S. w, Schütz,* ↗Wehr. **4)** unterster Dienstgrad der Bundeswehr.

Schutztracht: oben Kiefernschwärmerpärchen – Eier des Flußregenpfeifers; unten junge Flußregenpfeifer – Rehkitz

Schutzfärbung ↗Schutztracht. **Schutzfrist** ↗Urheberrecht. **Schutzhaft** ↗Haft. **Schutzheiliger,** *Schutzpatron, kath. Kirche:* als Beschützer u. Fürsprecher eines Einzelmenschen (↗Namenstag), Volkes, Berufsstandes usw. verehrter Heiliger. **Schutzherrschaft** ↗Protektorat, ↗Mandat. **Schutzmarke** ↗Warenzeichen. **Schutztracht,** Tiertracht, die durch Farbe, Zeichnung u. Körperform ihren Trägern Schutz vor Feinden bietet. ↗Mimikry. **Schutztruppe,** ehem. Truppe in den dt. Kolonialgebieten Afrikas (↗Askari). **Schutzzoll,** ein ↗Zoll, der Ind. u. Landwirtschaft vor ausländ. Wettbewerb schützen soll. ↗Prohibitivzoll.
Schwab, *Gustav,* dt. Schriftsteller, 1792 bis 1850; gehörte zum schwäb. Dichterkreis; Balladen, Nach-Erz. der *Dt. Volksbücher* u. der *Schönsten Sagen des klass. Altertums.*
Schwabach, kreisfreie bayer. Stadt in Mittelfranken, südlich v. Nürnberg, 34 700 E.; Blattgoldschlägerei, Schrauben- u. Nadelfabriken.
Schwaben, das Siedlungsgebiet des Stammes der S. im westl. Alpenvorland u. im Allgäu, gehört polit. zu Baden-Württemberg u. zum bayer. Reg.-Bez. S. (Hst. Augsburg). **S.spiegel,** Umarbeitung (um 1275) des ↗Sachsenspiegels für süddt. Verhältnisse.

Schwäbischer Jura, *Schwäb. Alb,* südl. Teil des Dt. ↗Jura, reicht v. der Schweizer Grenze bis zum Ries: Hoher Randen, Heuberg, Alb, Albuch u. Härdtsfeld. **Schwäbisch Gmünd,** württ. Stadt u. ehem. Freie Reichsstadt im Remstal, am Rand der Schwäb. Alb, 56 700 E.; Schmuckwaren-Ind. mit Forschungs-Institut; Fachhochschule, PH; Solbad. **Schwäbisch Hall,** württ. Krst. u. ehem. Reichsstadt am Kocher, 31 600 E.; Solbad. **Schwachsinn,** erblicher od. durch frühkindl. Hirnschädigung erworbener Intelligenzmangel. Man unterscheidet: a) *Debilität,* leichte Form, Fürsorge u. Sonderschulen machen die soziale Eingliederung möglich. b) *Imbezillität,* mittelschwere Form, Erwerbsfähigkeit u. Bewährung im prakt. Leben ausgeschlossen. c) *Idiotie,* schwerste Form, Bildungsunfähigkeit u. Hilflosigkeit, bedarf der Anstaltsverwahrung.
Schwachstromtechnik, befaßt sich mit der Übertragung, Umformung u. Auswertung v. Informationen in Form v. Signalen; Teilgebiete sind Hochfrequenz-, Nachrichten- u. Regelungstechnik.
Schwaden m, **1)** Reihe gemähten Grases od. Getreides. **2)** Gattung hoher Gräser an feuchten Stellen: *Manna-S., Falten-S., Großer S.*
Schwadron w (it.), ↗Eskadron. **schwadronieren,** prahlen, daherschwätzen.
Schwägerschaft, besteht zw. einem Ehegatten u. den Blutsverwandten des anderen Ehegatten; dauert rechtl. auch nach Auflösung der ihr zugrunde liegenden Ehe fort. ☐ 1058.
Schwalbach, *Bad S.,* hess. Krst. u. Kurort im Untertaunuskreis, 9 100 E.; erdig-alkal. Eisensäuerlinge; Stahl- u. Moorbad.
Schwalbach/Saar, Gem. im Kr. Saarlouis, 34 500 E.; Kohlenbergbau, Röhrenwerk.
Schwalben, Singvögel mit spitzen Flügeln, gegabeltem Schwanz u. hervorragendem Flugvermögen; Zugvögel, in Dtl. v. April bis Sept. *Rauch-S.* mit braunem Kehlfleck; *Mehl-S.* mit weißem Bürzel; *Ufer-S.* mit braunem Brustband. **S.nester,** eßbare Nester der ↗Salangane. **S.schwanz, 1)** großer ↗Ritterfalter mit rotem Punkt auf den Hinterflügeln. Raupen grün, an Doldenblütlern. ☐ 913. **2)** trapezförmige Verbindung v. Bauteilen aus Holz, Eisen oder Stein. **S.wurz,** *Hundswürger,* giftige, bis 1,2 m hohe Pflanze mit kleinen weißl. Blüten.
Schwalm w, r. Nebenfluß der Eder, v. Vogelsberg, durchfließt die fruchtbare Landschaft S., bekannt durch alte Tracht u. alte Sitten ihrer Bewohner *(Schwälmer).*
Schwalmstadt, hess. Krst. im Schwalmtal, 1970 gebildet, 17 900 E.; vielseitige Ind.
Schwalmtal, Gem. im Kr. Viersen, 14 200 E.; Metall-, Textil-, Nahrungsmittel-Ind.
Schwämmchen, Krankheit, ↗Soor.
Schwämme, 1) *Spongiae,* festsitzende, vielgestaltige Tiere, mit innerem Skelett; leben einzeln od. bilden Stöcke; einfachst organisierte Vielzeller, meist Meeresbewohner. Grundform: ein am unteren Ende festgewachsener, v. einem einzigen Hohlraum erfüllter Schlauch mit Öffnung an sei-

Klaus Schütz

Sternbild Schütze

Schwalbenschwanz: Holzverbindung

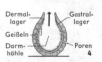

Schwämme: 1 Kolonie des Kalkschwammes (Sycon), 2 Süßwasserschwamm (Spongilla lacustris), 3 Badeschwamm (Euspongia officinalis), 4 Längsschnitt durch einen einfach gebauten Schwamm

nem oberen Ende. Nach der Art der Skelettsubstanz: *Kalk-, Kiesel-* u. *Horn-S.* (↗Badeschwamm). **2)** Luffa-S. ↗Luffa. **3)** Bz. für viele höhere Pilze.
Schwammspinner, ein schmutzigweißer Nachtschmetterling mit 4 schwarzen Zakkenbinden. Raupen Schädlinge an Bäumen.
Schwan, 1) größter, paarweise lebender Schwimmvogel. *Höcker-S.,* blendend weiß, mit schwarzem Höcker auf rosafarb. Schnabel, der zahme S. unserer Teiche; *Sing-S.* in N-Europa u. Asien. ☐ 1046. **2)** Sternbild am nördl. Himmel.
Schwandorf, bayer. Krst. in der Oberpfalz, an der Naab, 27500 E.; Braunkohlen; Porzellan- u. Aluminium-Ind.
Schwanenblume, der ↗Wasserliesch.
Schwanengesang, letztes Werk eines Dichters od. Komponisten; nach dem Glauben, ein Schwan singe vor seinem Tode.
Schwangau, bayer. Gem. im Kr. Ostallgäu, am Fuß der Alpen, 3300 E.; nahebei die Schlösser Hohenschwangau (1832 erb.) und Neuschwanstein (1869/86 durch Ludwig II. erb.).
Schwangerschaft, *Gravidität,* Zustand der werdenden Mutter, in deren Organismus sich das befruchtete Ei zum lebensfähigen Kind entwickelt; die S. dauert im allg. 263–270 Tage. Das meist im Eileiter befruchtete Ei nistet sich in der Gebärmutterwand ein u. verbindet sich unter Bildung des Mutterkuchens mit dem mütterl. Körper zu Ernährung u. Gasaustausch. *Anormale S.,* bei Einnistung des Eies in Eileiter od. Bauchhöhle. **S.unterbrechung, 1)** die künstl. Herbeiführung einer ↗Fehlgeburt. **2)** die rechtswidrige S.: ↗Abtreibung. **3)** *Moraltheologie:* als direkter Angriff auf das Leben des Kindes v. der kath. Kirche grundsätzl. als ↗Abtreibung verurteilt; erlaubt sind Behandlungen der Mutter, die für sie –

Sternbild Schwan

L. v. Schwanthaler: Tänzerin

Schwangerschaftskalender mit Geburtstermin

Erster Tag der letzten Menstruation: geradestehende Schrift; Tag der Geburt: *kursive Schrift*

Jan.	1	5	10	15	20	25	30	Jan.
Okt.	*11*	*15*	*20*	*25*	*30*	*4*	*9*	*Nov.*
Febr.	1	5	10	15	20	25	28	Febr.
Nov.	*11*	*15*	*20*	*25*	*30*	*5*	*8*	*Dez.*
März	1	5	10	15	20	25	30	März
Dez.	*9*	*13*	*18*	*23*	*28*	*2*	*7*	*Jan.*
April	1	5	10	15	20	25	30	April
Jan.	*9*	*13*	*18*	*23*	*28*	*2*	*7*	*Febr.*
Mai	1	5	10	15	20	25	30	Mai
Febr.	*8*	*12*	*17*	*22*	*27*	*4*	*9*	*März*
Juni	1	5	10	15	20	25	30	Juni
März	*11*	*15*	*20*	*25*	*30*	*4*	*9*	*April*
Juli	1	5	10	15	20	25	30	Juli
April	*10*	*14*	*19*	*24*	*29*	*4*	*9*	*Mai*
Aug.	1	5	10	15	20	25	30	Aug.
Mai	*11*	*15*	*20*	*25*	*30*	*4*	*9*	*Juni*
Sept.	1	5	10	15	20	25	30	Sept.
Juni	*11*	*15*	*20*	*25*	*30*	*5*	*10*	*Juli*
Okt.	1	5	10	15	20	25	30	Okt.
Juli	*11*	*15*	*20*	*25*	*30*	*4*	*9*	*Aug.*
Nov.	1	5	10	15	20	25	30	Nov.
Aug.	*11*	*15*	*20*	*25*	*30*	*4*	*9*	*Sept.*
Dez.	1	5	10	15	20	25	30	Dez.
Sept.	*10*	*14*	*19*	*24*	*29*	*4*	*9*	*Okt.*

unabhängig v. ihrer S. – unaufschiebbar u. lebensnotwendig sind, auch wenn sie als nicht gewollte, aber unvermeidl. Nebenfolge den Tod des Kindes bewirken; auf ev. Seite keine einheitl. Beurteilung. – ↗Fristenlösung, ↗Indikationenlösung. **S.sverhütung,** andere Bz. für ↗Empfängnisverhütung.
Schwank, derbkomisches Theaterstück, der Posse nahe; auch Erzählung.
Schwann, *Theodor,* dt. Anatom u. Physiologe, 1810–82; Begr. der Zellenlehre.
Schw_**anthaler,**_ östr.-dt. Bildhauerfamilie, Hauptvertreter: **1)** *Ludwig v.,* 1802–48; führender Bildhauer des Klassizismus unter Kg. Ludwig I. v. Bayern; *Bavaria.* **2)** *Thomas,* 1634–1707; ein Hauptmeister des oberöstr. Hochbarock; u. a. Doppelaltar für die Pfarrkirche St. Wolfgang.
Schwanz, bewegl. muskulöser Fortsatz des Wirbeltierrumpfes (außer bei Froschlurchen u. Menschenaffen), gestützt durch eine unterschiedl. Zahl v. Schwanzwirbeln. **S.lurche** ↗Lurche.
Schwärmer *m,* **1)** Hitzkopf, bes. polit. od. religiöser Fanatiker; auch Bz. für als Nebenströmungen der Reformation entstandene Sekten *(S.* od. *Schwarmgeister),* denen gemeinsam eine Spiritualisierung des Kirchen- u. Sakramentsbegriffs ist; z. B. ↗Täufer. **2)** Nachtschmetterlinge mit dickem Leib u. schmalen spitzen Vorderflügeln. Raupen unbehaart, bunt, mit Horn auf vorletztem Ring. *Abendpfauenauge, Kiefern-, Liguster-, Oleander-S., Totenkopf* u. a. **3)** Feuerwerkskörper.
Schwartau, *Bad S.,* schleswig-holstein. Jod-, Sol- u. Moorbad, bei Lübeck, an der Trave, 19300 E.; Marmeladenfabriken.
Schwarz, 1) *Berthold,* OFM, 14. Jh.; wahrscheinl. aus Freiburg i. Br., angebl. Erfinder des ↗Schießpulvers. **2)** *Rudolf,* dt. Architekt, 1897–1961; wegweisende Kirchenbauten, Städte- u. Landschaftsplanung.
Schwarzarbeit, auf Gewinnerzielung gerichtete Arbeit unter Umgehung steuer-, sozialversicherungs- u. gewerberechtl. Vorschriften; mit Geldstrafe bedroht, ausgenommen Gefälligkeitsarbeiten od. Nachbarschaftshilfe.
Schwarzburg-Rudolstadt u. **S.-Sondershausen,** 2 ehem. dt. Fürstentümer; 1918 Freistaaten, kamen 20 zu ↗Thüringen.
Schwarzdorn, die ↗Schlehe.
Schwarzdrossel, die Amsel. ↗Drosseln.
Schwarze Magie ↗Magie.
Schwarzenberg (Erzgebirge), sächs. Krst. u. Wintersportplatz im Erzgebirge, 15000 E.; Metall-Ind.
Schwarzenberg, fränk. Uradelsgeschlecht: **1)** *Felix* Fürst zu, östr. Politiker, 1800–52; nach Metternichs Sturz 48 östr. Min.-Präs.; bekämpfte alle revolutionären Kräfte, nahm die absolutist. Politik wieder auf. **2)** *Karl Philipp* Fürst zu, östr. Feldmarschall, 1771–1820; Oberbefehlshaber der verbündeten Truppen in den ↗Befreiungskriegen.
Schwarze Pumpe, Ind.-Kombinat in der Lausitz (Bez. Cottbus), zw. Hoyerswerda u. Spremberg; mit Braunkohlentagebau, Kraftwerk, Brikettfabrik u. Kokerei.

Schwarzerde, russ. *Tschernosem,* dunkelbrauner bis schwarzer Bodentyp der semiariden, winterkalten Steppen; humusreich, krümelig; entsteht vorwiegend auf Löß; sehr fruchtbar.

schwarzer Humor, Bz. für einen bes. in der Ggw. verbreiteten Typ des makaber oder zyn. wirkenden Witzes; auch als literar. Prinzip in größeren WW.

Schwarzer Jura, der ↗Lias.

Schwarzer Körper, in der Strahlungsphysik: ein Körper, der die gesamte auffallende Strahlung absorbiert u. im erhitzten Zustand die höchstmögl. Strahlungsleistung abgibt; realisierbar durch einen Hohlraum mit strahlungsundurchlässigen Wänden u. kleinem Loch.

Schwarzer Markt, illegaler Markt, auf dem zu erhöhten Preisen Waren gehandelt werden, die verknappt sind und der öff. Bewirtschaftung (Rationierung) oder einem Preisstop unterliegen.

Schwarzer Tod, die ↗Pest.

Schwarzes Meer, im Alt. *Pontus Euxinus,* 412000 km², Nebenmeer des östl. Mittelmeers, mit diesem durch Bosporus, Marmarameer und Dardanellen verbunden; Asowsches Meer im NO über die Straße v. Kertsch erreichbar. Der Südteil ist eine 2245 m tiefe, steilwandige Mulde; das S. M. ist arm an natürl. Häfen, völlig insellos, sturm- u. nebelreich. Die ins S. M. fließenden Ströme versüßen Oberflächenschicht des Wassers bis in 200 m Tiefe (1,8% Salzgehalt), darunter schwefelwasserstoffreiches Tiefenwasser mit 2% Salzgehalt. Über Don, Wolga-Don-Kanal u. Wolga Schiffsverbindung mit dem Kasp. Meer, über den Wolga-Ostsee-Wasserweg (bis 1964: Marienkanalsystem) mit der Ostsee verbunden.

Schwarzhörer u. **-fernseher,** wer ohne Genehmigung der Post Rundfunk- od. Fernsehempfang betreibt; mit Geldstrafe bestraft.

Schwarzkopf, *Elisabeth,* dt. Sängerin (Sopran), * 1915; bes. Mozartinterpretin.

Schwarzkümmel, Hahnenfußgewächs mit feinzerteilten Blättern u. blauen Blüten. *Wilder S.,* Ackerunkraut; *Türkischer S.,* „Braut in Haaren", „Gretchen im Busch", „Jungfer im Grün", Gartenpflanze.

Schwarzlot s, Farbe für ↗Glasmalerei, Mischung aus Eisen- u. Kupferoxid, durch Brennen auf das Glas gebunden.

Schwarznessel, *Schwarzer Andorn,* Lippenblütler; taubnesselartige, übelriechende Staude; Blüten meist rotviolett; auf Schutthaufen u. an Wegrändern; Volksheilmittel.

Schwarzpulver ↗Schießpulver.

Schwarzrheindorf, nördl. Stadtteil v. Bonn; roman. Doppelkirche (1151/70).

Schwarzwald, Mittelgebirge in Baden-Württemberg, steigt als Gebirgsmauer über eine Vorbergzone aus der Oberrheinebene auf, flacht ostwärts in die Baar u. das obere Gäu ab; im S durch den Hochrhein, im N durch den Kraichgau begrenzt, durch den Kinzig geteilt in *nördl. S.* (Hornisgrinde 1166 m), flacher Rücken aus Buntsandstein,

Schwebebalken

u. in *südl. S.* (Feldberg 1493 m), kuppengekrönte Gebirgsstöcke aus Granit u. Gneis. Forst- u. Landwirtschaft; Wasserkraftwerke; Holzverarbeitung, Feinmechanik; Fremdenverkehr, Wintersport. Den S. überqueren die *S.bahn* Offenburg–Konstanz u. die *Höllentalbahn* Freiburg–Donaueschingen. **S.hochstraße,** Höhenstraße im mittleren S., führt über 50 km v. Baden-Baden nach Freudenstadt.

Schwarzwasserfieber, erschwerte ↗Malaria infolge plötzl., massenhaften Zerfalls roter Blutkörperchen (schwarzroter Harn).

Schwarzwild ↗Wildschwein.

Schwarzwurzel, Korbblütler, verwandt mit Löwenzahn; die außen braunschwarze Pfahlwurzel als spargelähnliches Gemüse.

Schwaz, Tiroler Bez.-Hst. im Unterinntal, 10500 E.; Quecksilberbergwerk.

Schwebebahn, 1) eine ↗Einschienenbahn als Hängebahn. **2)** ↗Seil-S.

Schwebebalken, Turngerät beim Frauenturnen für schwierigste Haltungs- und Gleichgewichtsübungen.

Schwebende Schulden, kurzfristige Schulden des Staates zur Deckung eines vorübergehenden Defizits.

Schwebung, Überlagerung v. Schwingungen v. wenig verschiedener Frequenz, so daß sich Verstärkungen od. Schwächungen der Schwingungen (bei Schallwellen z.B. An- und Abschwellen der Lautstärke) durch ↗Interferenz ergeben.

Schweden, schwed. *Sverige,* konstitutionelle Monarchie (2 Kammern) auf der Skandinav. Halbinsel. In *Norrland,* dem nördl. S., reicht die Ostabdachung des Skandinav. Gebirges v. der norweg. Grenze bis zur buchten- u. schärenreichen Küste des Bottn. Meerbusens. Das südl. Drittel, *Svealand, Götaland* u. *Dalarne,* ist ein Hügelland mit zahlr. Seen (insges.: 38700 km²), die durch Kanäle mit Ostsee u. Kattegat verbunden sind. Der Küste vorgelagert sind die beiden großen Inseln *Gotland* u. *Öland.* Eisenerz u. Holz sind die wichtigsten Rohstoffe der Wirtschaft. 52% des Landes sind bewaldet, nördl. 60° n. Br. sogar 70%, meist Nadelwald. Nur 11% sind Acker- u. Weideland, der Rest Tundra u. Ödland (= Fjell). Bedeutende Holz- u. Papier-Ind., bes. an den Endpunkten der Flößerei, am Bottn. Meerbusen. 22,3% des Exports entfallen auf Holz u. seine Produkte, 3,3% auf Eisenerze u. 25,8% auf Maschinen u. Instrumente. An den Flüssen Kraftwerke. In Mittelschweden u. Schonen hochentwickelte Landwirtschaft. — Erste christl. Mission in dem v. Nordgermanen besiedelten S. ab 9. Jh. durch ↗Ansgar; Abschluß der Christianisierung im 12. Jh. (1164 Uppsala Erzbistum); im 13. Jh. Eroberung Finnlands; 1319 kam durch Kg. Magnus Eriksson Norwegen zu S.; 97 Vereinigung v. S., Norwegen u. Dänemark in der ↗Kalmarer Union. 1523 löste sich S. aus der Union; ↗Gustav I. Wasa wurde Kg. u. führte 27 die Reformation durch. ↗Gustav II. Adolf (1611/32) erhob S. zur europ. Großmacht; griff zugunsten der Protestanten in den ↗Dreißigjähr. Krieg ein; im Westfäl. Frieden 1648 fielen Vorpommern,

Schweden

Amtlicher Name: Konungariket Sverige

Staatsform: Königreich

Hauptstadt: Stockholm

Fläche: 449750 km²

Bevölkerung: 8,29 Mill. E.

Sprache: Schwedisch

Religion: 92% Protestanten 35000 Katholiken 14000 Juden

Währung: 1 Schwed. Krone = 100 Öre

Mitgliedschaften: UN, Nordischer Rat, Europarat, EFTA, OECD

Schwarzrheindorf: Doppelkirche (Schnitt)

Wismar, Verden u. Bremen an S., das unter Karl X. (1654/60) aus dem Haus Pfalz-Zweibrücken seine größte Ausdehnung erreichte. Im ↗Nordischen Krieg 1700/21 unter ↗Karl XII. Verlust der Vormachtstellung an Rußland. 1809 trat S. Finnland an Rußland ab, erwarb aber v. Dänemark 14 Norwegen (Personalunion bis 1905). Im 19. Jh. wurde S. konstitutionelle Monarchie (1866 Einführung des Zweikammersystems, seit 1970 nur noch 1 Kammer); seit 1818 regiert das Haus Bernadotte (seit 1973 Carl XVI. Gustav). In beiden Weltkriegen blieb S. neutral. – Kunst u. Literatur ↗Skandinavische Kunst. ↗Skandinavische Literatur.

Schwedenstaffel, Staffellauf mit den Strecken 400, 300, 200 u. 100 m.

Schwedische Gardinen, Fenstergitter im Gefängnis; *i. ü. S.:* dieses selbst.

Schwedt, S. an der Oder, kreisfreie Stadt in der Uckermark, 52 200 E.; Barockschloß (1719/23). Petrochem. Kombinat an einer Pipeline aus dem Wolgagebiet.

Schwefel, lat. *Sulfur,* chem. Element, Zeichen S, gelbl.-grünes Nichtmetall; Ordnungszahl 16 (□ 149); verbrennt an der Luft zu S.dioxid; kommt in mehreren Zustandsformen vor; für Kautschuk-Ind., Schädlingsbekämpfung, Feuerwerkerei, Medizin. **Schwefelbakterien,** *Thiobakterien,* ↗Bakterien, die aus Schwefelwasserstoff den elementaren Schwefel freimachen. **Schwefelkies,** *Eisenkies,* ↗Pyrit. **Schwefelkopf,** giftige Blätterpilze, bes. an Baumstümpfen. *Grünblättriger S.,* Hut schwefelgelb. *Ziegelroter S.,* Hut ziegelrot.

schwefeln, 1) Bestäuben der Pflanzen mit Schwefelpulver gg. Blattkrankheiten. 2) Innenbehandlung ausgewaschener Weinfässer mit Schwefeldioxid; macht Bakterien, Schimmelpilze u. Hefereste unschädlich.

Schwefelregen, gelbe Schicht auf Binnengewässern, aus Blütenstaub v. Nadelhölzern. **Schwefelverbindungen.** *Schwefelsäure,* H_2SO_4; wasserklar, ölig, Dichte 1,84 g/cm³, verkohlt organ. Stoffe durch Wasserentzug; wird gewonnen durch Oxydation v. Schwefeldioxid (SO_2). SO_3-Gas (Schwefelsäureanhydrid, Schwefeltrioxid) verbindet sich mit Wasser zu H_2SO_4. Salze der Schwefelsäure heißen *Sulfate;* in der Natur als Mineralien, z. B. Gips ($CaSO_4 \cdot 2\,H_2O$); Kunstdünger ist Ammoniumsulfat, $(NH_4)_2SO_4$; *Schweflige Säure,* H_2SO_3, entsteht aus H_2O u. SO_2; ihre Salze sind die *Sulfite; Schwefelwasserstoff,* H_2S, Gas, riecht nach faulen Eiern, giftig; seine Salze sind die *Sulfide,* z. B. CuS; viele als Erze in der Natur; *Schwefelkohlenstoff,* CS_2, Flüssigkeit, stark lichtbrechend, leicht entzündl., Lösungsmittel; *Schwefelantimon* ↗Goldschwefel.

Schweidnitz, poln. *Swidnica,* niederschles. Stadt am Fuß des Eulengebirges, 48 000 E.; Leder-, Textil-Ind.

Schweigepflicht, die Pflicht, ↗Amts-, Beicht- u. ↗Berufsgeheimnisse nicht weiterzugeben.

Schwein, paarzehiger Allesfresser mit Rüssel, borstigem Haarkleid u. 3kantigen Eckzähnen. ↗Wild-S. u. asiatisches *Binden-S.* Das *Haus-S.* wird auf Erzeugung v. Fleisch

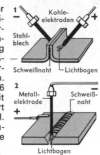

schweißen: 1 Kohle-Lichtbogen-S. (Benardos-Verfahren), 2 Metall-Lichtbogen-S. (Slavianoff-Verfahren), 3 Ellira-S., 4 Punkt-S.

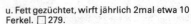

Schweine: links Dt. Edelschwein (Eber), rechts Dt. veredeltes Landschwein

u. Fett gezüchtet, wirft jährlich 2mal etwa 10 Ferkel. □ 279.

Schweinfurt, bayer. Stadtkr. u. Krst. in Unterfranken, am Main (Hafen), 53 100 E.; Kugellager-, Motoren-, Farbenfabriken.

Schweinfurth, *Georg,* dt. Forschungsreisender, 1836–1925; erforschte Teile Afrikas.

Schweinsaffe, dunkelbrauner Affe mit vorspringender Schnauze; Sundainseln.

Schweinsohr, 1) Art der Rindenpilze, Hut festfleischig, nach oben ohrförmig erweitert; Speisepilz. **2)** die ↗Drachenwurz.

Schweiß, 1) wäßrige Absonderung der *S.drüsen* zur Regelung des Wasser- u. Wärmewechsels. Flüssigkeitsabgabe durch die Haut *(Perspiration)* verstärkt sich bei S.bildung *(Transpiration).* **2)** waidmänn.: das ausgetretene Blut des Wildes. *S.fährte, S.spur,* die blutige Fährte des angeschossenen Wildes.

schweißen, wichtigstes Verfahren zum kraftschlüss. Verbinden gleichen Materials (Metalle, Legierungen, Kunststoffe) zu einem homogenen Stück *(Verbindungs-S.* u. *Auftrags-S.)* mit u. ohne Zufuhr v. gleichartigem Werkstoff. Die Hauptverfahren sind: *Schmelz-S.;* das Schmelzen an der späteren S.naht wird durch Gasflamme *(autogenes S.),* elektr. Lichtbogen, elektr. Widerstand od. durch das ↗Thermit-Verfahren bewirkt; *Preß-S.* durch Anwendung v. Druck auf die zu verbindende Stelle.

Schweißhund, verfolgt bzw. stellt angeschossenes Wild auf der Schweißfährte.

Schweitzer, *Albert,* elsäss. ev. Theologe, Philosoph, Arzt u. Musiker, 1875–1965; Kulturphilosoph, Bachforscher u. Orgelinterpret; betonte als Theologe in krit. Auseinandersetzung mit der liberalen Bibelkritik den eschatolog. Charakter der Botschaft Jesu; trat für tätiges Christentum ein; gründete u. leitete seit 1913 das Urwaldhospital in ↗Lambaréné; 52 Friedensnobelpreis.

Schweiz w, frz. *La Suisse,* ital. *Svizzera, Schweizerische Eidgenossenschaft,* Bundesstaat in Mitteleuropa mit 23 Kantonen, von denen 3 in je 2 Halbkantone gegliedert sind. – Die S. ist ein Binnenstaat, über den Rhein u. dem Meer verbunden. 60% der Fläche gehören zu den Alpen (Dufourspitze 4634 m), denen im NW der 230 km lange Schweizer Jura vorgelagert ist. Zw. beiden Großlandschaften liegt die 20–60 km breite, 400–600 m hohe Mulde des Schweizer Mittellandes, zw. Genfer See u. Bodensee. Nur 6,5% der Fläche sind Ackerland, bes. im Mittelland. 24% sind Wiesen, 22% Bergweiden mit Almwirtschaft, 24% Wald, der Rest ist Ödland. Mangel an Bodenschätzen, Reichtum an Wasserkräften (5,8 Mrd. kW) u. große Bev.s-Dichte begünstigten die Ent-

Albert Schweitzer

Kantonale und sprachliche Gliederung der Schweiz

- Kantonshauptort
- ▓ Deutsch
- ▓ Französisch
- ▓ Italienisch
- ▓ Rätoromanisch

1 Basel-Land
2 Solothurn
3 Schaffhausen
4 Zug

5 Appenzell-Außerrhoden
6 Appenzell-Innerrhoden
7 Obwalden } Unter-
8 Nidwalden } walden

Schweiz

Amtlicher Name:
Schweizerische
Eidgenossenschaft –
Confédération
Suisse –
Confederazione
Svizzera

Staatsform:
Bundesstaatlich
verfaßte Republik

Hauptstadt:
Bern

Fläche:
41 288 km²

Bevölkerung:
6,44 Mill. E.

Sprache:
Amtssprachen sind
Deutsch, Französisch,
Italienisch; Räto-
romanisch ist
anerkannte
Landessprache

Religion:
52% Protestanten,
46% Katholiken

Währung:
1 Schweizer Franken
= 100 Rappen oder
Centimes

Mitgliedschaften:
Europarat, EFTA,
OECD

wicklung einer arbeitsintensiven Veredelungs-Ind.: Maschinen, Textilien, Uhren u.
chem. Produkte. Fremdenverkehr.
Verfassung (v. 1874): Die S. ist eine demokrat. Rep., ein Bundesstaat aus 23 Kantonen. Das Parlament (die Bundesver-
sammlung) besteht aus 2 gleichberechtig-
ten Kammern: Nationalrat (nach allg.
Wahlrecht) u. Ständerat (je 2 Abg. pro Kanton); es wählt auf 4 Jahre die Regierung
(Bundesrat), an ihrer Spitze den jährlich
wechselnden Bundespräs. (zugleich Staatsoberhaupt). Seit 1971 Frauenwahlrecht auf
Bundesebene; seit 74 Abstimmungen über
Bildung eines (frz.-sprachigen) Kt. Jura.
Geschichte: Die kelt. ⁊Helvetier im W kamen 58 v. Chr., die Räter im O 15 v. Chr. un-

ter röm. Oberhoheit; nach Abzug der röm.
Truppen (406 n. Chr.) der N u. O v. Alaman-
nen, der Südwesten v. Burgundern besie-
delt; Christianisierung im 4. u. 7. Jh.; seit
1033 (Erwerb der Westschweiz mit dem Kgr.
Burgund durch Konrad II.) gehörte die
ganze S. zum Dt. Reich. 1291 schlossen Uri,
Schwyz u. Unterwalden gg. die habsburg.
Landesherrschaft einen „ewigen Bund"
(⁊Rütli), der in den Jahrzehnten nach dem
Sieg über Hzg. ⁊Leopold I. v. Östr. 1315 bei
Morgarten zur Eidgenossenschaft (8 Orte)
erweitert wurde; 1386 Sieg über Östr. bei
Sempach, 1476 über Burgund bei Grandson
u. Murten. Nach Einführung der Reformation (bes. durch ⁊Zwingli u. ⁊Calvin) sieg-
ten 1531 im 2. Kappeler Krieg die kath. Kan-

Schweiz Kantonseinteilung	Beitritts-jahr	Fläche in km²	Einwohner absolut	Einwohner pro km²	Amtssprachen	Hauptorte
Aargau	1803	1 404	443 400	316	Deutsch	Aarau
Appenzell-Außerrhoden	1513	243	46 400	191	Deutsch	Herisau
Appenzell-Innerrhoden	1513	172	13 200	77	Deutsch	Appenzell
Basel-Land	1501	428	218 800	511	Deutsch	Liestal
Basel-Stadt	1501	37	204 500	5 497	Deutsch	Basel
Bern	1353	6 049	917 500	152	Deutsch	Bern
Freiburg (Fribourg)	1481	1 670	182 100	109	Frz., Dt.	Freiburg
Genf (Genève)	1815	282	339 300	1 202	Französisch	Genf
Glarus	1352	684	35 000	51	Deutsch	Glarus
Graubünden	1803	7 109	162 300	23	Dt., Ital.	Chur
Jura	1979	838	66 800	80	Französisch	Delémont
Luzern	1332	1 494	292 300	196	Deutsch	Luzern
Neuenburg (Neuchâtel)	1815	797	159 700	200	Französisch	Neuenburg
Sankt Gallen	1803	2 016	383 800	191	Deutsch	Sankt Gallen
Schaffhausen	1501	298	68 400	229	Deutsch	Schaffhausen
Schwyz	1291	908	92 700	102	Deutsch	Schwyz
Solothurn	1481	791	219 600	278	Deutsch	Solothurn
Tessin (Ticino)	1803	2 811	262 100	93	Italienisch	Bellinzona
Thurgau	1803	1 006	181 800	180	Deutsch	Frauenfeld
Unterwalden-Nidwalden	1291	274	26 800	97	Deutsch	Stans
Unterwalden-Obwalden	1291	492	25 200	51	Deutsch	Sarnen
Uri	1291	1 075	33 600	31	Deutsch	Altdorf
Waadt (Vaud)	1803	3 211	520 900	162	Französisch	Lausanne
Wallis (Valais)	1815	5 231	213 000	41	Frz., Dt.	Sitten
Zug	1352	239	73 000	308	Deutsch	Zug
Zürich	1351	1 729	1 115 500	645	Deutsch	Zürich
Schweiz insgesamt		41 288	6 297 600	152	Dt./Frz./It.	Bern

Schweiz — Nationalratswahlen

	30.10.1955		25.10.1955		27.10.1963		29.10.1967		30.10.1971		26.10.1975		20./21.10.1979	
	Sitze	%	Sitze	%	Sitze	%	Sitze	%	Sitze	%	Sitze	%	Sitze	%
Freisinnig-demokrat. Partei	50	23,3	51	23,5	51	23,7	49	23,5	49	21,7	47	22,2	51	24,1
Sozialdemokrat. Partei[1]	53	27,0	51	26,6	53	26,7	51	24,1	46	22,9	55	25,4	51	24,4
Christl.-Demokrat. Volkspartei[2]	47	23,2	47	23,2	48	23,1	45	21,9	44	20,6	46	20,6	44	21,5
Schweizerische Volkspartei[3]	22	12,1	23	11,9	22	11,4	23	12,2	23	11,1	21	10,2	23	11,6
Landesring der Unabhängigen[4]	10	5,5	10	5,7	10	5,4	16	9,2	13	7,6	11	6,2	8	4,1
Liberal-Demokrat. Union[5]	5	2,2	5	2,4	6	2,2	6	2,4	6	2,2	6	2,3	8	2,8
Partei der Arbeit (Kommunisten)	4	.	3	2,8	4	2,2	5	3,0	5	2,6	4	2,2	3	2,1

[1] fr. Sozialistische Partei
[2] fr. Konservativ-christl.-soziale Volkspartei; davor: Konservativ-Kath. Partei
[3] fr. Bauern-, Gewerbe- u. Bürgerpartei; davor: Bauern-, Handwerker- u. Mittelstandspartei
[4] fr. Unabhängige Partei
[5] fr. Liberal-Konservative Partei; davor: Liberale Partei

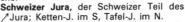

tone; im Frieden wurde jedem Bundesmitgl. religiöse Autonomie zugestanden. Die im Schwabenkrieg 1499 erreichte tatsächl. Unabhängigkeit v. Dt. Reich wurde 1648 formell anerkannt. – 1798 wurde nach einem Sieg der frz. Truppen der Staatenbund in die zentralist. *Helvetische Rep.* umgewandelt; 1803 stellte Napoleon den Staatenbund (19 Kt.e) wieder her; auf dem Wiener Kongreß 14/15 wurde die Zahl der Kt.e auf 22 erhöht u. die Neutralität der Eidgenossenschaft v. den europ. Mächten garantiert. Der Ggs. zw. den liberalen ev. u. den konservativen kath. Kt.en führte 47 zum Sonderbundskrieg, in dem die Liberalen siegten; die Eidgenossenschaft wurde 48 durch eine neue Verf. ein Bundesstaat u. eine demokrat. Rep. mit Zweikammersystem. In beiden Weltkriegen blieb die S. neutral.

Kunst. Zahlreiche Kirchen aus der *Romanik* erhalten, u. a. Dorfkirche in Zillis (mit bemalter Holzdecke), die Münster in Basel u. Zürich, Kathedrale in Chur; am Beginn der *Gotik* die Kathedralen v. Lausanne, Genf u. Sitten; Höhepunkt das Münster v. Freiburg i. Ü. Meister spätgot. Malerei sind K. Witz (Genfer Altar), H. Fries u. die sog. Nelkenmeister, hervorragendes Zeugnis der Buchmalerei ist die ↗Maness. Handschrift. Übergang zur *Renaissance* in den realist.-bewegten Landsknechtsdarstellungen Urs Grafs, N. M. Deutschs u. H. Leus d. J., durch die Porträtmalerei Jost Ammanns u. H. Aspers. Die Baukunst erhält durch prächtige Bürgerbauten und Brunnen im Profanbau ihren Schwerpunkt (Briger Stockalperpalast um 1645). Im *Barock* zahlreiche Kirchenbauten (Luzern, Einsiedeln, St. Gallen u. a.), größtenteils v. Meistern der Vorarlberger Schule (Moosbrugger u. Thumb). Zahlreiche Bauwerke im Stil des *Klassizismus* (Solothurner Kathedrale [seit 1762], Polytechnikum in Zürich [1859]). Reiche Entfaltung der Malerei im 19. Jh.: u. a. Böcklin, Buchser, Welti, Stäbli u. bes. F. Hodler. In der modernen Kunst ragen hervor: Klee, Auberjonois u. Gubler (Malerei), Haller, Hubacher u. Bill (Plastik) u. Le Corbusier (Architektur).

Literatur. Im Früh-MA war St. Gallen ein Kulturzentrum (Notker Balbulus, Notker der Deutsche, Ekkehard). Späte Blüte des Minnesangs: Steinmar, Hadlaub. Der Gebrauch des Nhd. setzte sich nur langsam durch. Mit A. v. Haller „Anfang einer nationalen Poesie" (Goethe). Abwendung v. Rationalismus der Aufklärung bei Bodmer u. Breitinger. Charakteristisch bes. die pädagog. Tendenz wie bei Pestalozzi. Im 19. Jh. bedeutende Epiker: Gotthelf, Keller, C. F. Meyer – alle auch Meister der histor. Erzählung; verbreitet daneben bäuerl. Dichtung. Um die Jh.wende Spitteler mit Epen, der hintergründige R. Walser. In der Ggw. internationale Geltung v. Frisch u. Dürrenmatt.

Schweizer, 1) ↗S.garde. 2) fr. Aufseher in der Kirche. 3) Fachkraft in der Milchwirtschaft. **S.degen,** Schriftsetzer, der zugleich Drucker ist. **S.garde,** päpstl. Palastwache in histor. Uniformen, 1505 v. Julius II. aus Schweizer Söldnern gebildet; Ordnungs- u. Ehrendienst im Vatikan u. in der Peterskirche.

Schweizer Jura, der Schweizer Teil des ↗Jura; Ketten-J. im S, Tafel-J. im N.

Schwelle, im Eisenbahnoberbau die in Schotter gebettete Schienenunterlage aus Holz, Stahl oder Spannbeton.

Schwellenwert, der kleinste Wert, der noch eine feststellbare Reaktion auslöst.

Schwellkörper, schwammige Organe mit Hohlräumen des Gefäßsystems; schwellen bei Blutandrang an (z. B. Penis).

Schwelm, westfäl. Krst. im Bergischen Land, 31300 E.; Eisengießerei, Maschinenbau, Metall-, Textil- u. Papierfabriken.

Schwelung, Tieftemperatur-Verkokung, trockene ↗Destillation v. Stein- u. Braunkohle, Torf, Holz u. a. bei 500–600° C unter Luftabschluß; liefert *Schwelgas* u. *Schwelteer* zu Heiz- u. Treiböl, Benzin, Pech u. a.

Schwemmland, ebene Flächen, deren obere Erdschichten, v. Wasser angeschwemmt, aus Geröll, Sand od. Schlamm bestehen.

Schwenckfeld, Kaspar v., schles. Mystiker u. Reformator, 1489–1561; lehrte Einwohnung Christi in seinem wahren Gläubigen auch ohne Sakrament u. äußere Kirche; die *S.ianer* heute bes. in den USA (Pennsylvanien).

Schweninger, Ernst, dt. Arzt, 1850–1924; Leibarzt Bismarcks. **S.sche Kur,** Entfettungskur durch heiße Teilbäder.

Schwenningen ↗Villingen-Schwenningen.

Schwerathletik, zusammenfassende Bz. für ↗Ringen, ↗Boxen, ↗Gewichtheben, ↗Rasenkraftsport, ↗Kunstkraftsport, ↗Judo.

Schwerbeschädigte, *Schwerbehinderte,*

Schweizergardist

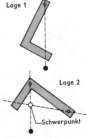

Lage 1

Lage 2

Schwerpunkt

Schwerpunkt: Auffindung des S. durch Ausloten

Behinderte, deren Erwerbsfähigkeit unabhängig von der Ursache ihrer Behinderung um wenigstens 50% gemindert ist; für größere Betriebe bestehen bestimmte Einstellungsverpflichtungen für S.; genießen bes. Kundlgungsschutz u. Steuerermäßigungen u. haben Anspruch auf zusätzl. Urlaub.

Schwerelosigkeit, das Fehlen der Schwerkraft, z. B. bei Flug in einer Umlaufbahn um die Erde oder allg. während der antriebslosen Flugphase bei Flügen im Weltraum.

schwerer Wasserstoff ↗Deuterium.

schweres Wasser, Formel D_2O, enthält 2 ↗Deuterium-Atome; im natürl. Wasser im Verhältnis 1:7000 enthalten; wichtig als Moderator (Bremssubstanz) für Kernreaktoren.

Schwergewicht, Gewichtsklasse. □ 327.

Schwerhörigkeit, alle Hörstörungen bis zur Taubheit; als Folge v. Krankheiten, Schalleinwirkungen (Explosionen, dauernder Lärm), als Alterserscheinung u. a.

Schwerin, bis 1952 die Hst. Mecklenburgs u. seither Hst. des Bez. S., am SW-Ufer des *S.er Sees* (63 km², 43 m tief), 116000 E.; Fachschulen, Konservatorium; ev. Bischof, kath. Apost. Administrator; got. Backsteindom (1249/1416), auf einer Insel im See das ehem. großherzogl. Schloß (1843/57). Maschinen-, Holz-, chem., Tabak- u. Nahrungsmittel-Ind.

Schwerindustrie, *i. e. S.* die Eisen- u. Stahl-Ind., *i. w. S.* die gesamte Montan-Ind.

Schwert: 1 römisches, **2** fränkisches, **3** japanisches S.

Schwimmen

a

a Brustschwimmen
Der Körper liegt in Strecklage im Wasser; die Arme werden bis auf Schulterhöhe seitwärts abwärts durch das Wasser gezogen, unter die Brust geführt. Dabei werden die Knie aus der Streckhaltung heraus leicht nach außen gedreht angezogen, schwingen dann nach außen und vollfuhren eine Gratschbewegung

b Schmetterlingsschwimmen
(Butterflyschwimmen) Die Arme werden von hinten über das Wasser vor- und im Wasser wieder zurückgezogen; Beinarbeit nahezu gleich wie beim Brustschwimmen

c Delphinschwimmen
Die Beinarbeit erfolgt durch Auf-und-Ab-Bewegung der geschlossenen und leicht nach einwärts gedrehten Füße. Mit dem Vorschwingen der Arme wird eingeatmet

d Kraulschwimmen
Die Arme werden abwechselnd nach vorn gestreckt und mit zur Schaufel geformten Händen durch das Wasser bis zur Hüfte gezogen. Die Beine werden aus dem Hüftgelenk heraus locker wechselseitig auf- und abwärts geschlagen

e Rückenschwimmen
(Rückenkraul) Die vorhoch abwechselnd aus dem Wasser geführten Arme vollziehen in der Luft eine leichte Außendrehung, damit die Handflächen hinter dem Kopf wieder das Wasser fassen können; der Kopf liegt locker auf dem Wasser; der Beinschlag geht von der Hüfte aus; Fußsohle und Wadenseite des Beins wirken als Schlagfläche

Schwerkraft, *Schwere, Gravitation,* der auf der Erde beobachtbare Sonderfall der ↗Massenanziehung, hängt ab v. der geograph. Breite, nimmt v. Pol zum Äquator durch Abplattung der Erde u. Zentrifugalkraft ab; ein Maß für die S. ist die Erdbeschleunigung. ↗Fall.

Schwernik, *Nikolai,* sowjet. Politiker, 1888–1970; 1946/53 als Vors. des Präsidiums des Obersten Sowjets Staatsoberhaupt der UdSSR; 57/66 Mitgl. des Präsidiums des ZK der KPdSU.

Schweröl, Mineralöl zum Betrieb v. S.-(↗Diesel-)Motoren u. zur Ölfeuerung.

Schwerpunkt, derjenige Punkt eines Körpers, in dem man sich die gesamte Masse des Körpers vereint denken kann (Massenmittelpunkt). □ 865, 886.

Schwerspat *m, Baryt,* Bariumsulfat, $BaSO_4$, ein durchsicht. Mineral; in der chem., Farben- u. Papier-Ind. verwendet, auch zum Röntgenstrahlenschutz.

Schwert, 1) Hieb- u. Stoßwaffe mit gerader, breiter Klinge u. doppelter Schneide. **2)** Teil des ↗S.bootes.

Schwertboot, meist kleinere Segelboote mit einem (meist mittschiffs) angebrachten u. oft einziehbaren Schwert, das die Abtrift verringert. S.e können bei zu starker Neigung kentern (↗Jolle, ↗Flying Dutchman).

Schwertbrüder, 1202 gegr. geistl. Ritterorden in Livland; ging 37 im Dt. Orden auf.

Schwerte, westfäl. Stadt im Sauerland, 47400 E.; roman.-got. Kirche (12. Jh.) mit Schnitzaltar (1523); Stahl- und Nickelverarbeitung.

Schwertfarn, Tüpfelfarn warmer Gegenden, Zimmerpflanze. **Schwertfisch,** Knochenfisch mit schwertform. Fortsatz am Oberkiefer; Raubfisch. □ 912. **Schwertleite** *w, Ritterschlag,* Aufnahme in den Ritterstand. **Schwertlilie,** *Iris,* Blätter schwertförm., Blüten in allen Farben; Gartenpflanze. *Dt. S.,* violett bis blau. *Florentinische S.* ↗Veilchenwurzel; *Wasser-S.,* gelbblühend. **S.ngewächse,** einkeimblättr. Pflanzenfamilie mit schwertförm. Blättern u. 6zähligen Blüten, *Schwertlilie, Krokus, Gladiole, Freesie* u. a.

Schwertwal, der ↗Butzkopf.

Schwetzingen, bad. Stadt s.ö. von Mannheim, 18300 E.; ehem. kurpfälz. Barockschloß (1715) mit Sommerfestspielen; Spargelanbau; Metall-, Konserven-Ind. **Schwiele,** Verdickung der obersten verhornten Hautschicht.

Schwimmaufbereitung ↗Flotationsverfahren.

Schwimmblase, luftgefüllter Sack bei allen Fischen außer Aal u. Flunder; gleicht als hydrostat. Organ das spez. Gew. des Fisches zu dem des Wassers aus.

c

d

Schwingkreis:
1 *Geschlossener S.* als Schwingungserzeuger. C Kapazität eines Kondensators, L Induktivität einer Spule. C entlädt sich über L, Umformung elektr. in magnet. Energie; danach gibt L wiederum Energie an C weiter; C entlädt sich nun umgekehrt über L usw. Frequenz der Schwingung

$$f = \frac{1}{2\pi \sqrt{LC}}.$$

2 *Offener Schwingkreis.* C = Kapazität zwischen Antenne und Erde. Dient der Abstrahlung oder dem Empfang elektromagnetischer Schwingungsenergie

Schwingung:
1 ungedämpfte S. T = Schwingungsdauer;
2 elastische Schwingungsmöglichkeiten eines einseitig eingespannten Stabes,
a Längs-, **b** Biege-, **c** Torsions-S.

schwimmen. 1) Ein Körper schwimmt, wenn er spezifisch leichter ist als die Flüssigkeit. Durch Vergrößern des Körpervolumens (Schiff) oder Eigenbewegung (Mensch) schwimmt auch ein spezifisch schwererer Körper. **2)** *Sport:* als Wettkampf in mehreren Stilarten ausgeübt: a) *Brust-S.;* b) *Schmetterlings-S. (Butterfly-S.);* c) *Delphin-S.;* d) *Kraul-S.;* e) *Rücken-S.* ☐ 887. Zum sportl. S. gehören noch Dauer-S., Dauer-, Tief- u. Streckentauchen, ↗Rettungs-S., ↗Wasserspringen u. ↗Wasserball.

Schwimmer, geschlossener Hohlkörper, dessen Auftrieb in einer Flüssigkeit deren Stand anzeigt od. ein Ventil öffnet bzw. schließt.

Schwimmkäfer, flugfäh. Wasserkäfer mit Schwimmbeinen, z. B. der *Gelbrand,* mit gelben Seitenrändern.

Schwind, *Moritz v.,* östr. Maler u. Illustrator, 1804–71; seit 28 in München; Hauptmeister der süddt. Spätromantik; Bilder der Sagenu. Märchenwelt.

Schwindel, Gefühl des gestörten Gleichgewichts, z. B. durch plötzl. Blutleere des Gehirns; bei Berg-, Luft-, Seekrankheit, bei Ohr-, Hirn-, Kreislauferkrankungen.

Schwindling, Blätterpilzgattung; Fruchtkörper im Alter vertrocknend; meist eßbar; Gewürzpilz. *Mousseron,* ferner *Lauchschwamm; Nelken-S.,* auch *Suppenpilz,* bildet ↗Hexenringe.

Schwindsucht ↗Tuberkulose u. ↗Tabes dorsalis.

Schwingachse, beim Kraftwagen: geteilte Radachsen, bei denen jedes Rad für sich gefedert aufgehängt ist. ☐ 511.

Schwingel, bis 1¹/₂ m hohe Rispengräser; als Futtergras der *Schaf-S.* u. *Wiesen-S.*

Schwingen, 1) im *Sport:* a) volkstüml. Form des ↗Ringens, z. B. der schweizer. Hosenlupf. b) beim Skilauf Richtungsänderung. **2)** Lostrennen der Holz- u. Rindenteile v. Flachs- u. Hanfstengeln.

Schwingkölbchen, zu Kolben umgebildete Hinterflügel der Fliegen, sichern durch schnelles Schwingen die Flugstabilität.

Schwingkreis, elektr. Schaltung, bestehend aus Kondensatoren u. Spulen zur Erzeugung, Siebung oder Sperrung elektr. Schwingungen bestimmter, vor allem hoher u. höchster Frequenzen. Anwendung in Sende- u. Empfangsgeräten der Rundfunk-, Nachrichten- u. Impulstechnik.

Schwingrasen ↗Moor.

Schwingung, *Oszillation,* jede zeitl. period. Zustandsänderung einer physikal. Größe od. eines Systems (Pendel, Luft-S. als Schall, period. Änderung der elektr. u. magnet. Feldstärke als elektromagnet. S. usw.). Die Zeit zw. zwei aufeinanderfolgenden gleichen Zuständen ist die *S.dauer* oder *Periode,* die momentane bzw. maximale Abweichung v. Ruhezustand die *Elongation* bzw. *Amplitude* u. die Zahl der S.en pro Zeiteinheit die Frequenz. Bei *ungedämpften S.en* bleibt die Amplitude gleich groß, bei *gedämpften S.en* nimmt sie stetig ab. S.en, die sich in den Raum fortpflanzen, heißen ↗Wellen.

Moritz von Schwind: Rübezahl

Schwirl *m, Feldschwirl,* Rohrsänger mit schwirrendem Gesang.

Schwirrholz, bei Naturvölkern verbreitetes Kultgerät: ein an einer Schnur befestigtes längl. Brettchen wird in rasch kreisende Bewegung versetzt u. erzeugt dabei einen schwirrenden Ton; gilt als Stimme v. Geistern, Ahnen u. a.

Schwirrvögel, die ↗Kolibris.

Schwitters, *Kurt,* dt. Maler, Graphiker u. Schriftsteller, 1887–1948; emigrierte 1935; entwickelte eine dem Dadaismus u. Surrealismus verwandte „Merz"-Kunst.

Schwitzbad, das ↗Dampfbad. ↗Sauna.

Schwund ↗Fading.

Schwungrad, schweres Rad an Kolbenmaschinen, allg. an period. wirkenden Maschinen, zur Energiespeicherung, Erzielung eines gleichförmigen Gangs.

Schwurgericht, Gericht für schwere Strafsachen unter Beteiligung v. Laien (Geschworenen). Beim S. in der BRD beraten u. entscheiden 6 Geschworene in vollem Umfang gemeinsam mit 3 Berufsrichtern.

Schwyz, 1) Schweizer Urkanton, 908 km², 92 700 E.; Viehzucht (*S.er Rind*) u. Obstbau; Ind. **2)** gleichnam. Hauptort, 12 200 E.; Baumwollspinnerei; Bundesbriefarchiv.

Schwyzerdütsch, die Umgangssprache der Deutschschweizer.

Science Fiction (: ßai^e nß fiksch^e n), Form der utop. Lit., in der Aspekte techn. Entwicklung (Weltraumflug) dominieren; nach dem 2. Weltkrieg bes. in den USA in Form v. Romanen, Erz., Bilderstreifen (Comics).

scilicet (lat.), Abk. *sc.* od. *scil.,* nämlich.

Scilla, die ↗Meerzwiebel.

Scilly-Inseln (: ßili), engl. Inselgruppe s.w. von Cornwall; baumlose Inseln (5 bewohnt); Fischerei, Gartenbau; 16 km², 2300 E.; Hauptinsel St. Mary's.

Scipio. Adelsfamilie im alten Rom: **1)** *Publius Cornelius S. Africanus* (d. Ä.), 235–183 v. Chr.; eroberte 206 im 2. Pun. Krieg Spanien, besiegte 202 Hannibal bei Zama. **2)** *Publius Cornelius S. Aemilianus*

Africanus (d. J.), 185–129 v. Chr.; zerstörte 146 Karthago; verkehrte mit berühmten Griechen (u. a. Polybios) u. suchte die griech. Kultur mit der röm. zu verschmelzen.

Scirocco *m* (: schi-), *Schirokko*, föhnig warmer Südwind des Mittelmeergebietes.

Scorel (: ßchorel), *Jan van*, niederländ. Maler, 1495–1562; zeitweise in Rom; Vermittler der Renaissance.

Scoresbysund (: ßkåʳsbⁱ-), 300 km langer Fjord Ostgrönlands; ben. nach dem engl. Polarforscher *William Scoresby* (1789 bis 1857). Meteorolog. u. Erdbebenstation.

Scotch Terrier (: ßkotsch tärʲer), schott. ∕Terrier.

Scotland Yard (: ßkotländ jaʳd), Hauptdienstgebäude der Londoner Polizei, ben. nach ihrem 1. Amtssitz, einem ehem. Quartier schott. Könige, i. ü. S. die Londoner (Kriminal-)Polizei selbst.

Scott, 1) *Robert*, engl. Südpolforscher, 1868–1912; entdeckte 1902 das King-Edward VII.-Land; gelangte 12 zum Südpol. **2)** Sir *Walter*, schott. Dichter der Romantik, 1771–1832; Begründer des geschichtl. Romans; *Waverley; Kenilworth; Ivanhoe.*

Scotus, 1) ∕Duns S. **2)** ∕Eriugena.

Scribe (: ßkrib), *Eugène*, frz. Dramatiker, 1791–1861; Komödien, Operntexte.

Scriptum *s* (lat.), Schriftstück.

Scudo *m* (Mz., *Scudi*), alte it. Silbermünze.

Scylla ∕Skylla.

SDS, Abk. für: **1)** den lat. Namen der ∕Salvatorianer. **2)** Sozialist. Dt. Studentenbund.

Se, chem. Zeichen für ∕Selen.

Seaborg (: ßjbᵒʳg), *Glenn Theodore*, am. Chemiker, * 1912; Entdecker mehrerer Transurane, Nobelpreis 51.

Seal (: ßil, langhaar. Pelz des ∕Seebären; zu Pelzmänteln. **Sealbisam,** Felle der ∕Bisamratte.

Sealsfield (: ßilsfild), *Charles* (eig. Karl Anton Postl), östr. Schriftsteller, 1793–1864; Amerika-Romane; *Kajütenbuch.*

Séance *w* (: ßeãß, frz.), spiritist. Sitzung.

SEATO ∕Südostasien-Pakt.

Seattle (: ßiätl), Stadt im Staat Washington (USA), 498 000 E.; große Hafenanlagen, Ind.-, Handels- u. Finanzplatz; Stapelplatz für die Erze Alaskas; 2 Univ.; kath. Erzb., episkopalist. Bischof.

Sebastian, hl. (20. Jan.), röm. Martyrer, † wahrscheinl. 2. Hälfte 3. Jh.; nach der Legende kaiserl. Offizier, der auf Befehl Ks. Diokletians von Pfeilen durchbohrt u. dann mit Keulen erschlagen wurde.

Sebnitz, sächs. Krst. im Bez. Dresden, an der tschsl. Grenze, 14 000 E.; Kunstblumen-Ind.

Seborrhöe *w* (: -ö, lat.-gr.), gesteigerte, krankhafte Absonderung der Talgdrüsen der Haut. ∕Avitaminose.

SECAM, Abk. für *Séquentiel à Mémoire*, ein in Fkr. aus dem am. ∕NTSC-System entwickeltes Farbfernsehsystem; in Fkr., den Ostblockländern u. der Mehrzahl arab. Länder eingeführt.

secco (it.), trocken. **S.malerei,** Wandmalerei auf trockenem Putzmörtel (Ggs. ∕Freskomalerei).

Secco-Rezitativ *s* (it.-lat.), nur mit Cembaloakkorden begleitetes ∕Rezitativ.

Flächeninhalt:
$$A = r^2 \cdot 1,5 \sqrt{3}$$

Sechseck: 1 regelmäßiges, **a** ebenes, **b** räumliches S.; **2** unregelmäßiges S.

Robert Scott

Sir Walter Scott

Seeigel: Schwarzer S. des Mittelmeers (Körper bis 5 cm breit), oben mit aufgerichteten Stacheln

Sechseck, *Hexagon*, geometr. Figur mit 6 geraden Seiten u. 6 Ecken; beim regelmäßigen S. sind die Seiten gleich lang u. gleich dem Umkreisradius.

Sechsfüßer, *Hexapoden*, die ∕Insekten.

Sechstagerennen, *Radsport:* Hallen-Bahnrennen über die Dauer v. 6 Tagen (= 144 Stunden) für Mannschaften zu Je 2 Fahrern, die sich beliebig ablösen. Sieger ist die Mannschaft, die die größte Strecke zurücklegt bzw. die meisten Punkte aus den eingeschobenen Wertungsspurts gewinnt.

Sechsundsechzig, Kartenspiel zw. 2 (auch 3 oder 4) Personen mit 24 Karten (Skatkarten, aus denen die Siebener u. Achter entfernt sind). Jeder erhält 6 Karten, die 13. Karte wird Trumpf, der Rest wird Talon, v. dem nach jedem Stich nachgenommen wird. 66 Augen gewinnen.

Seckau, östr. Marktgem. in der Obersteiermark, 1300 E.; Benediktinerabtei mit roman. Basilika (1143/64). *Fürstbistum S.* seit 1782 in Graz (seit 1963 *Bistum Graz-S.*).

Seckendorff, *Veit Ludwig v.,* dt. Staatsmann u. Historiker, 1626–92; *Teutscher Fürstenstaat.*

Secret Service (: ßikrᵉt ßöʳwiß), der brit. Geheimdienst.

SED, Abk. für ∕Sozialistische Einheitspartei Deutschlands.

Sedan (: sᵒdãn), frz. Stadt im Dep. Ardennes, Bahnknoten, 25 000 E.; Tuch- u. Metallwaren-Ind. – 1870 dt. Sieg über die Franzosen; dabei Gefangennahme Ks. Napoleons III.

Sedativa (lat.), beruhigende Mittel.

Sedia gestatoria *w* (: dscheßt-, it.), Tragthron des Papstes bei feierl. Anlässen.

Sediment *s* (lat.), Bodensatz, Ablagerung. **S.gesteine,** *Absatzgesteine, Schichtgesteine,* durch Verfestigung v. Ablagerungen, meist Meeresablagerungen (Meeressedimente), entstanden; meist wohlgeschichtet, z. B. Sandstein, Kalkstein, Ton.

Sedisvakanz *w* (lat.), Zeit, in welcher der päpstl. od. bischöfl. Stuhl nach dem Tod seines Inhabers unbesetzt ist.

See *m,* ein mit dem ∕Meer nicht unmittelbar verbundenes Wasserbecken: große S.n werden auch als Meer bezeichnet (Kaspisches Meer, Totes Meer); die S.n bedecken 2,5 Mill. km² = 1,8% der Erdoberfläche. Sie werden im allg. en v. Flüssen gespeist u. entwässert. ☐ 890.

Seealpen, die ∕Meeralpen. **Seeamt** ∕Schiffahrtsbehörden. **Seeanemonen** ∕Korallen. **Seebär,** *Bärenrobbe,* in Beringmeer u. Antarktis; wertvolles Fell (∕Seal). ☐ 820. **Seebarbe,** Speisefisch.

Seebrügge ∕Zeebrugge.

Seeckt, *Hans v.,* dt. Generaloberst, 1866 bis 1936; 1920/26 Chef der Heeresleitung, bildete die Reichswehr als Elitetruppe aus.

Seedrachen, *See-* od. *Meerkatzen,* Knorpelfische mit dickem Kopf; nur noch wenige Arten, z. B. *Seeratte,* auch *Königsfisch.*

See-Elefant, *Elefantenrobbe,* Blasenrobbe, im Südl. Eismeer. **Seefedern,** ∕Korallenstöcke mit Leuchtvermögen. **Seegras, 1)** grasähnl. Laichkraut flacher Meeresküsten. **2)** ein ∕Riedgras. Beide als Polstermaterial.

Seegurken, die ↗Seewalzen. **Seehase, Lump,** Fisch mit höckriger Haut; saugt sich mit Bauchflossen an Felsen an; im Nordatlantik.
Seehunde, Robben mit hundeähnl. Kopf u. bekrallten Hinterflossen; rutschen auf dem Land; Fischräuber; Speck u. Fell begehrt; hierher Blasen-, Mönchs-, Sattel-, Ringelrobbe u. a. □ 820. **Seeigel,** kuglige Stachelhäuter mit Kalkplatten, Stacheln u. Saugfüßchen. □ 889.
Seekarten, *Nautische Karten,* kartograph. Darstellung in Mercatorprojektion v. Meeren u. den Küstengebieten.
Seekasse, Träger der ↗Sozialversicherung für dt. Seeleute. Eine eigene Abt. bildet die *Seekrankenkasse.*
Seekatzen ↗Seedrachen.
Seekrankheit, Reizzustand des Gleichgewichtsorgans durch die Schiffsschwankungen; mit Schwindel, Übelkeit, Erbrechen.
Seekühe, *Sirenen,* walähnl. Säugetiere mit flossenförm. Hintergliedmaßen; Pflanzenfresser; ↗Dugong, ↗Lamantin.
Seelachs, Handels-Bz. für versch. Fische (Köhler, Pollack) bzw. entspr. Produkte.
Seeland, 1) dän. *Sjaelland,* größte dän. Insel, 7040 km², als Landesteil 7434 km², 2,16 Mill. E.; Hst. Kopenhagen; ein fruchtbares Flachland. **2)** die niederländ. Prov. *Zeeland,* 1748 km², 345000 E.; Hst. Middelburg.
Seele, das Innere eines Geschütz- od. Gewehrlaufs, eines Kabels, eines Taus usw.
Seele *w,* die die Lebensvorgänge begründende u. in deren Wechsel bleibende nichtstoffl. Stubstanz; seit Aristoteles 3 Entfaltungsstufen der S. angenommen: die *vegetative* (pflanzl.) S., die *sensitive* (tier.) S. u. die *geistige* (menschl.) S.; jede höhere S.nstufe setzt die vorhergehende voraus, so daß die menschl. S. als *ein* Prinzip alle 3 umfaßt. ↗Psychologie, ↗Unsterblichkeit. **S.nblindheit,** *S.*ntaubheit, Unfähigkeit, trotz normalem Gesichts- od. Gehörsinn Seh- od. Hörempfindungen im Gehirn zu verarbeiten. **S.nmesse,** *S.*namt, *Requiem,* Messe für Verstorbene. **S.nwanderung,** auch *Metempsychose* (gr. = Seelenwechsel), *Reinkarnation* (lat. = Wiederverkörperung), v. einigen nichtchristl. Religionen als Läuterung gelehrte Wanderung der S. durch mehrere pflanzl., tier. od. menschl. Körper bis zur Erlösung in körperlosem Endzustand; als ↗Karman-Glaube bes. in Asien (↗Brahmanismus, ↗Buddhismus, ↗Hinduismus); wirkte v. dort auf den altoriental. ↗Gnostizismus; heute in ↗Anthroposophie, ↗Spiritismus u. ↗Theosophie.
Seelilie, Stachelhäuter, ↗Haarstern.
Seelöwe, Ohrenrobbe, an der pazifischen Küste, bis 600 kg schwer. □ 820.
Seelsorgehelfer(in), *Gemeinde-, Laienhelfer(in),* ↗Pfarrhelfer(in).
Seelze, niedersächs. Gem. (Kr. Hannover), 30300 E.; chem. Industrie, Maschinenfabrik.
Seemann, Angehöriger der Besatzung v. Schiffen der Handelsmarine u. der Hochseefischerei. Einstellungs- u. Beförderungsbedingungen sind bei den verschiedenen Laufbahnen, die nicht Lehrberufe sind, unterschiedlich. In der Deckslaufbahn

Seen Die bekanntesten Binnenseen	Fläche in km²	Größte Tiefe	Seespiegel über NN in m	Land
Europa				
Ladogasee	18400	225	4	UdSSR
Onegasee	9549	115	33	UdSSR
Wenersee	5546	100	44	Schweden
Saimaseenkomplex	4400	58	76	Finnland
Peipussee	4300	15	31	UdSSR
Ilmensee	600¹	10	18	UdSSR
Plattensee	591	11	104	Ungarn
Genfer See	581	310	372	Schweiz/Frankreich
Bodensee	545	252	395	Dtl./Schweiz/Österreich
Skutarisee	356	44	12	Albanien/Jugoslawien
Neusiedler See	356	4	115	Österreich/Ungarn
Neuenburger See	216	153	429	Schweiz
Lago Maggiore	212	372	193	Italien/Schweiz
Afrika				
Viktoriasee	68000	85	1134	Tansania/Uganda/Kenia
Tanganjikasee	34000	1435	773	Tansania/Zaire/Sambia
Njassasee	30800	706	472	Malawi/Tansania/Moçambique
Tschadsee	12000²	9	240	Niger/Tschad/Kamerun/Nigeria
Amerika				
Oberer See	82414	393	183	USA/Kanada
Huronsee	59586	228	177	USA/Kanada
Michigansee	58016	281	177	USA
Großer Bärensee	30000	137	119	Kanada
Großer Sklavensee	28600	140	156	Kanada
Eriesee	25719	64	174	USA/Kanada
Winnipegsee	24300	21	217	Kanada
Maracaibosee	20000	250	0	Venezuela
Ontariosee	19477	237	75	Kanada/USA
Nicaraguasee	8400	70	37	Nicaragua
Titicacasee	8300	272	3812	Peru/Bolivien
Asien				
Kaspisches Meer	371000	995	-28	UdSSR/Iran
Aralsee	66500	68	53	UdSSR
Baikalsee	31500	1620	455	UdSSR
Balkaschsee	17500³	27	343	UdSSR
Issyk-kul	6200	702	1609	UdSSR
Kuku-nor	5000	38	3205	China

¹ bei mittlerem Wasserstand; maximal 2100 km²
² Flächengröße stark schwankend, bis 26000 km²
³ bis 22000 km²

z.B. kann der Schiffsjunge (Decksjunge) nach einjähr. Fahrzeit zum Jungmann, Leichtmatrosen u. Matrosen befördert werden, später zum Bootsmann. **S.samt** ↗Schiffahrtsbehörden.
Seemeile, Abk. sm, der 60. Teil eines Meridiangrades als Längeneinheit in der Seefahrt; 1 sm = 1,853 km. □ 605.
Seenadel, dünner, langgestreckter ↗Büschelkiemer, Meeresfisch. □ 912. **Seenelke,** Seerosenart der Nord- u. Ostsee mit breiter, gelappter Mundscheibe u. bis zu 1000 Fangarmen. **Seenotkreuzer,** ein unsinkbares, schnelles Boot mit ↗Rettungsgeräten für in Seenot geratene Menschen.
Seenplatte, Landschaft mit zahlr. Seen; eiszeitl. Entstehung.
Seeotter *m,* *Kalan,* Otternart an am. u. asiat. Küsten. **Seepferdchen,** ein ↗Büschelkiemer mit aufrechtem Körper u. einwärts gerolltem Schwanz. □ 912. **Seepocken** ↗Rankenfüßer. **Seepolyp,** die gemeine ↗Krake.
Seerabe, der ↗Kormoran. □ 1046.
Seerecht, das für die Seeschiffahrt geltende Recht. Das *Seevölkerrecht* beruht auf dem Grundsatz der Freiheit der Meere; geregelt

Seezeichen:
1 schwimmende S.,
a Baken-, b Leucht-,
c Stumpf-, d Faß-,
e Spieren-, f Kugeltonne; 2 feste S.,
a Bake, b Bake mit Toppzeichen, c Pricke

u. a. in den sog. „Haager Regeln" v. 1924; danach gelten Schiffe allg. als Gebietsteile des Staates, dessen Flagge sie führen. **Seerose, 1)** Wasserpflanzen mit großen Schwimmblättern. In Dtl. a) *Weiße S.*, Blüten weiß, rosenähnlich, nur tagsüber geöffnet; b) *Gelbe S.*, Teichrose, mit dottergelben Blüten. **2)** ↗Korallen. **Seescheiden** ↗Manteltiere. **Seeschlange, 1)** in trop. Küstengewässern als giftige, lebendgebärende Natter. **2)** sagenhafte Riesen-S. **Seeschwalben,** Möwenvögel mit gegabeltem Schwanz.

Seesen, niedersächs. Stadt am Nordwestfuß des Harzes, westl. von Goslar, 22 600 E.; Blechwaren- u. Konserven-Industrie.

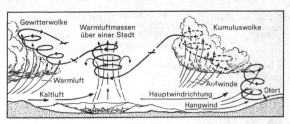

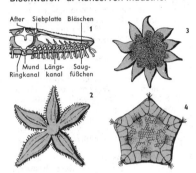

Seesterne: 1 Bau eines S., **2** Gemeiner S., **3** Sonnenstern, **4** Fladenstern des Mittelmeeres

Seespinne, Krabben mit Angelhaaren auf dem Rückenpanzer; in der Nordsee. **Seestern,** sternförmige Stachelhäuter, mit starkem Regenerationsvermögen; lebt im Meer; hierher der *Gemeine S.*, an dt. Küsten u. bis zum Nordkap; an nördl. Meeresküsten der *Sonnenstern*. **Seetaucher,** Tauchvögel an nord. Binnengewässern; hierher der *Eistaucher*. **Seeteufel,** Raubfisch, bis 2 m lang. **Seeversicherung,** Zweig der Transportversicherung: Seeschiffe (Kasko), Schiffsladungen (Kargo) u. a. gg. Seeunfälle. **Seewald,** *Richard*, dt. Maler, Graphiker u. Schriftsteller, 1889–1976; *Illustrationen* (u. a. zur Bibel; kirchl. *Fresken*; Erz., Essays. **Seewalzen,** *Seegurken*, walzen- od. wurmförmige Stachelhäuter, Schlammfresser; auf dem Grund wärmerer Meere; getrocknete S. *(Trepang)* v. Chinesen gegessen. **Seevetal,** niedersächs. Gem. (Kr. Harburg), 35 500 E.; größter europ. Rangierbahnhof. **Seezeichen,** zur Markierung des ↗Fahrwassers ausgelegt; *feste S.:* Baken, Dalben, Leuchttürme; *schwimmende S.:* Bojen (Tonnen), Feuerschiffe. **Seezunge,** Plattfisch der Nordsee u. des Mittelmeers. **Seféris,** *Giorgios,* griech. Schriftsteller u. Diplomat, * 1900; Lyrik u. Essays; 63 Lit.-Nobelpreis. **Segal** (: sigel), *George,* * 1924; am. Vertreter der ↗Pop-Art. ☐ 232. **Segantini,** *Giovanni,* it. Maler, 1858–99; seit 85 in der Schweiz; bes. Hochgebirgsbilder, Technik dem Pointillismus verwandt; Neigung z. symbolist., später myst. Ausdruck.

Segeberg, *Bad S.,* schleswig-holstein. Krst., Sol- u. Moorbad am *S.er See,* 13 300 E.; ev. Akademie, Klein-Ind.; Freilichtspiele, bes. Karl-May-Festspiele. **Segel,** wasserdichtes Gewebe (Leinwand, Baumwolle, Kunstfaser), auf Schiffen, Booten u. Schlitten zum Vortrieb ausgespannt, grundsätzl. in *Schrat-*(Gaffel-, Stag-, Hoch-, Topp-)S. u. *Rah-S.* unterschieden. **S.falter,** ↗Ritterfalter, mit geschwänzten Hinterflügeln. **S.flug,** Fliegen mit einem motorlosen Fluggerät, schwerer als Luft, entweder als reiner Gleitflug od. unter Ausnutzung von Windenergie aus Aufwindgebieten Steigflüge als *Hang-, Thermik-, Fronten-* u. *Wolken-Flug.* **S.flugzeuge,** bes. leicht, mit geringer Flächenbelastung u. großer Flügelspannweite. **segeln,** Fortbewegung durch Winddruck auf ↗Segel-Flächen, die der Wind- u. Fahrtrichtung entspr. gestellt werden. Die aus den Kräfteverhältnissen am Segel erfolgende Abtrift wird durch Kiel (↗Kielboot) bzw. Schwert (↗Schwertboot) verringert. **Segelschlitten,** *Eisjacht,* durch Segeldruck bewegtes Fahrzeug, das auf Kufen über Eisflächen gleitet. **Segeltuch,** dichtes wasserabstoßendes Gewebe, z. B. für Segel, Planen. **Segen,** *Segnung,* religiöse Handlung, welche die Gnade Gottes für Menschen u. Sachen unter Verwendung sinnbildl. Zeichen (Auflegung od. Ausbreitung der Hände, Kreuzzeichen) erfleht. *Apostol. S.* durch den Papst od. in dessen Auftrag. **Segerkegel,** Schmelzkörper, der den Zustand der Brenngare v. keram. Erzeugnissen durch Schmelzen anzeigt. **Segestes,** Cheruskerfürst, verriet seinen Schwiegersohn Arminius an die Römer. **Segge** w, das ↗Riedgras. **Seghers,** *Anna* (eig. Natty Radvany), dt. Schriftstellerin, * 1900; emigrierte 33 nach Mexiko, kehrte 47 nach (Ost-)Berlin zurück.

scheinbarer Wind

scheinbarer Wind

A Abtriftkomponente
V Vortrieb

segeln: Kräfteverhältnisse am Segel

Segelflug: das Fliegen des Segelflugzeugs in verschiedenen Aufwindgebieten

Richard Seewald: oben Bildnis, links „Girgenti"

Anna Seghers

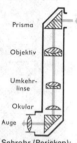

Prisma

Objektiv

Umkehr-
linse

Okular

Auge

Sehrohr (Periskop):
optischer Aufbau

Ina Seidel

Seidenraupe
und Kokons (unten)

Romane: *Aufstand der Fischer v. St. Barbara; Das siebte Kreuz; Transit; Überfahrt.*
Seghers (: ßech[e]rß), *Hercules*, niederländ. Landschaftsmaler u. -radierer, 1589 bis um 1640.
Segler, schwalbenähnl. Rackenvögel; hierher Alpen- u. ↗Mauer-S.
Segment *s* (lat.), Flächenstück zw. einer Kurve u. einer Sehne.
Segner, *Johann*, östr. Physiker, 1704–77; erfand das *S.sche Wasserrad;* beruht auf Rückstoßwirkung; dient als Rasensprenger.
Segovia, mittelspan. Prov.-Hst. am Duero, 51 000 E.; Bischof. Schöne Altstadt, v. Mauer umgeben. Spätgot. Kathedrale (1527/77); Alcázar (11./14. Jh.); röm. Aquädukt.
Segovia, *Andrés*, span. Gitarrist, * 1893; hervorragender Virtuose.
Segrè (: -ä), *Emilio*, it.-am. Physiker, * 1905; 59 Nobelpreis für Arbeiten über Antiteilchen.
Seguidilla *w* (: ßegidilja), andalus. Volkstanz im ³/₈-Takt.
Sehne *w*, die zwei Kurvenpunkte verbindende gerade Strecke. ↗Sekante.
Sehnen, Bündel aus parallel gelagerten straffen Bindegewebszügen, mit denen die Muskeln an den Knochen ansetzen.
S.scheiden, entzünden sich nach Überanstrengung, Verletzung, Infektion usw.
S.reflexe, reflektor. Zusammenziehen gewisser Muskeln bei Zug an den S. ☐ 800.
Sehrohr, *Periskop*, ein Fernrohr mit geknicktem Strahlengang zur Beobachtung bei nicht gerader Sichtlinie, z. B. die Wasseroberfläche v. getauchten U-Boot aus.
Seide, edelste, hochglänzende, aus den Kokons bes. der ↗S.nraupe gewonnene Textilfaser. Mittlere Fadenschicht der Kokons, 300–900 m, fortlaufend abhaspelbar; der Rest als Rohstoff für ↗Schappe-S.; zusammengedrehte Kokonfäden bilden den Rohseidenfaden, das Grègegarn. S.ngewebe durch Gerbsäure- u. Zuckerpräparate, Zinksulfat u. a. beschwert zum Ausgleich für den Gewichtsverlust, den S. beim Entfernen des klebrigen S.leims (Entbasten) erfährt. S.verbrauch durch ↗Kunstfasern zurückgegangen.
Seide *w*, *Teufelszwirn*, Windengewächs, schmarotzend, ohne Wurzeln u. Laubblätter.
Seidel, 1) *Heinrich*, dt. Schriftsteller, 1842–1906; die idyll. Erz. aus der Kleinstadt um *Leberecht Hühnchen* (später als Roman); *Jorinde.* 2) *Heinrich Wolfgang*, Sohn v. 1), dt. Schriftsteller, 1876–1945; ev. Pfarrer. 3) *Ina*, Gattin v. 2), Nichte v. 1), Schriftstellerin, 1885–1974; Lyrik, geschichtl. u. familiengeschichtl. Romane, Erzählungen; *Das Wunschkind; Unser Freund Peregrin; Michaela.*
Seidelbast *m, Daphne,* Strauch; Blätter erscheinen nach den Blüten; Steinfrüchte. *Gemeiner S.,* rote Beeren, giftig. ☐ 453. **Seidenbaum**, Schwalbenwurzgewächs; Samenhaare liefern Seide; Frucht des Sodomsapfel. **Seidenholz**, Nutzholzarten mit seidenartigem Glanz; Ostind. S., auch *Atlasholz;* Westindisches S. **Seidenraupe**,

Raupe des asiatischen *Seiden-* od. *Maulbeerspinners;* nähren sich v. Maulbeerblättern, spinnen aus einem 2000 m langen Faden einen Kokon (feste Hülle); S.nzucht beansprucht mäßig warmes Klima. Bes. in Ostasien. Po-Ebene, Rhônegebiet. **Seidenschwanz**, stargroßer Singvogel Nordeuropas u. Nordasiens, mit seidenweichem Gefieder u.˙ Schopf. **Seidenspinner** ↗Seidenraupe.
Seidl, *Gabriel v.*, dt. Architekt, 1848–1913; Bayer. Nationalmuseum u. Entwurf u. Beginn des *Dt. Museums* (zus. mit seinem Bruder *Emanuel*) in München.
Seifen, Waschmittel; sind chem. Kalium- u. Natriumverbindungen höherer Fettsäuren; man gewinnt sie durch Kochen v. Fetten u. fetten Ölen mit Alkalilauge; durch Zusatz v. Kochsalz das fettsaure Natrium als fester Kern („Kern"-S.) abtrennbar; als Nebenprodukt Glycerin. *Schmier-S.* sind halbfeste, hygroskop. Kali-S. ↗Invertseifen.
S.baum, 1) *Gemeiner S.*, trop. Baum Westindiens u. Südamerikas; kirschähnl. Beeren, saponinhaltig; als Waschmittel. 2) ↗Quillaja. **S.kraut**, Nelkengewächs; meterhohe Stauden; in Europa u. Asien. *Gemeines S.kraut,* Blüten rötlich od. weiß; wegen saponinhalt. Wurzel (*S.wurz*) kultiviert; *Kleines S.kraut,* blüht purpurrot. **S.stein**, das ↗Ätznatron.
Seigerung *w*, Ausscheidung v. Bestandteilen einer ↗Legierung bei deren Erstarren aus der Schmelze.
Seignettesalz (: ßänjät-), Kalium-Natrium-Tartrat; als Abführmittel u. in der Hochfrequenztechnik verwendet.
Seigneur (: ßänjör, frz.), vornehmer Herr (*Grand-S.*); urspr. Titel v. Grund-(Gerichts-) Herren, heute v. Fürsten u. Prälaten (*Monseigneur*).
Seilbahn, *Standseilbahn*, Bahn, deren Wagen an einem Zugseil befestigt sind.
Seilschwebebahn, *Drahtseilbahn*, Förderanlage, bei der die Kabinen an einem auf Stützen ruhenden Tragseil entlang durch ein Zugseil bewegt werden.

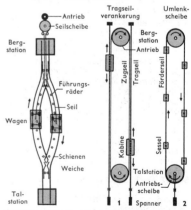

Seilbahn: links eingleisige Standseilbahn; rechts Seilschwebebahn: **1** zweiseilige Pendelbahn, **2** einseilige Umlaufbahn (ähnlich der Sessellift)

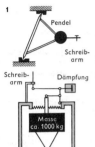

Seismograph:
1 Horizontalpendel,
2 Wiechert-Pendel

Schreib-
arm   Pendel

Schreib-
arm   Dämpfung

Masse
ca. 1000 kg

Sekretär

Sein s, Grundbegriff der abendländ. ⟋Metaphysik; als Ztw. *sein* die allgemeinste Aussage, die alles (selbst den Ggs. „nicht sein") einschließt u. die Ggw. eines Gegenwärtigen bezeichnet. Die Anwesenheit selbst heißt das Sein; dem Umfang nach umfassendster Begriff; dem Inhalt nach auf die Aussage beschränkt, daß einem Etwas S. zukommt.

Seine w (: Bän), größter Fluß Nordfrankreichs, entspringt auf dem Plateau v. Langres, mündet bei Le Havre in den Ärmelkanal; 776 km lang. Auf 563 km schiffbar.

Seipel, *Ignaz,* östr. Politiker, 1876–1932; kath. Priester, Prof. für Moraltheologie; 1921 Obmann der Christl.-Sozialen Partei, 22/24 u. 26/29 Bundeskanzler, Sept.-Nov. 30 Außenmin.; Vorkämpfer der staatl. u. gesellschaftl. Neuordnung Österreichs.

Seismik w (gr.), *Seismologie,* die ⟋Erdbeben-Forschung. Die *angewandte S.* verwendet künstl. ausgelöste Erschütterungen des obersten Teils der Erdkruste zur Erforschung der Erdkruste u. zur Auffindung v. Lagerstätten.

Seismograph m (gr.), *Seismometer,* Gerät zur Aufzeichnung v. Bodenerschütterungen; enthält eine schwere Masse, die sich bei Erschütterung relativ zur Erdoberfläche bewegt; die Bewegung wird selbsttätig durch Schreibfeder, elektromagnet. oder -dynam. aufgezeichnet *(Seismogramm).*

Seitengewehr, am Gewehr aufsteckbare Stichwaffe.

Seitenstechen, Schmerzen im Oberbauch bei starken körperl. Anstrengungen meist durch Milzkontraktion; bes. beim kindl. Wachstum.

Sejm m, die poln. Volksvertretung.

Sekante w (lat.), jede eine Kurve in mindestens 2 Punkten schneidende Gerade.

Sekret s (lat.), meist flüssige, in Körperhöhlen oder an die Körperoberfläche ausgeschiedene Stoffe aus ⟋Drüsen.

sekret (lat.), geheim.

Sekretär m (frz.), 1) fr. Geheimschreiber. 2) Amtstitel für Verwaltungsangestellte bzw. -beamte. 3) *Staats-S.,* ⟋Ministerium. **4)** bes. im Barock u. Biedermeier gebräuchl. Schreibschrank. 5) *Kranichgeier,* langbeiniger Raubvogel im trop. Afrika; jagt Schlangen.

Sekretariat s (lat.), Kanzlei, Schreibstube.

Sekretärin, hat neben den Aufgaben einer ⟋Stenotypistin u. Phonotypistin Büroarbeiten mit bes. Verantwortlichkeit zu erledigen.

Sekretion w (lat.), 1) die ⟋Absonderung 1). 2) die Ausfüllung kleiner Hohlräume im Ge-

Sekt m (lat.-frz.), ⟋Schaumwein. [stein.

Sekte w (lat.), religiöse Sondergruppe, die sich v. der Kirche od. einer herrschenden Kirchengemeinschaft getrennt hat. **Sektierer,** Anhänger einer Sekte.

Sektion w (lat.), 1) Abschnitt, Abteilung. 2) Leichenöffnung. **Sektor** m, 1) Ausschnitt, bes. bei Kreis u. Kugel. ☐ 421. 2) Gebiets-, Sachbereich.

Sekunda w (lat. = die zweite), die 5. (v. der ⟋Prima her gerechnet die 2.) Klasse an höheren Schulen, geteilt in *Ober-* u. *Unter-S.*

Sekundant m (lat.; Ztw. *sekundieren*), 1) bei Duell u. Mensur die Zeuge u. Beistand jeder Partei. 2) Betreuer des Boxers während des Kampfes.

sekundär (lat.), an 2. Stelle, untergeordnet. **Sekundarstufe** ⟋Schulreform.

Sekunde w (lat.), 1) Abk. s, Basiseinheit der Zeit, fr. Definition: 1 s = der 86400. Teil des mittleren Sonnentages; heutige Definition: 1 s = das 9192631770fache der Periodendauer der Strahlung, die dem Übergang zw. den beiden Hyperfeinstrukturniveaus des Grundzustands des Caesiumisotops Cs 133 entspricht. 2) Zeichen '', als Winkelmaß der 60. Teil einer Winkelminute. **S.npendel** ⟋Pendel.

Sekundogenitur w (lat.), bei fürstl. Häusern das Hochadel das Recht des Zweitgeborenen auf bestimmte Teile des Vermögens; auch Bz. für das Fürstentum, in dem eine Nebenlinie regiert.

Selangor, Bundesstaat von Malaysia, auf Malakka, 8202 km², 1,6 Mill. E.; Hst. Kuala Lumpur.

Selb, bayer. Stadt in Oberfranken, am Fuß des Fichtelgebirges, 21500 E.; große Porzellanfabriken mit Fachschule u. Museum.

Selbstbedienung, Form des Einzelhandels, bei der die Kunde die verpackten Waren selbst aus den Regalen nimmt u. an der Kasse am Ausgang des Ladens bezahlt; spart Personalkosten. ⟋Supermarkt.

Selbstbestimmungsrecht *der Völker,* der Anspruch jedes Volkes auf einen eigenen nationalen Staat; der S. hat durch die Aufnahme in die Satzung der UN den Rang eines völkerrecht. Grundsatzes gewonnen.

Selbstbeteiligung, in der Versicherungswirtschaft der vertragl. vereinbarte Teil des Schadens od. der Kosten, die der Versicherte selbst zu tragen hat.

Selbstbewußtsein, allg. die Überzeugung v. Wert der eigenen Person. In Philosophie u. Psychologie das Wissen um sich selbst.

Selbstblock, in der Eisenbahntechnik die Selbstsicherung fahrender Züge, die jeden durch sie gerade befahrenen Blockabschnitt für jedes folgende Fahrzeug sperren.

Selbstentzündung, bei leicht oxidierbaren Stoffen (Putzwolle, Phosphor, Holzkohle, Heu) Folge der Einwirkung v. Luftsauerstoff, auch durch Feuchtigkeit u. Tätigkeit v. Mikroorganismen (z. B. beim Heu).

Selbstfinanzierung, Kapitalbeschaffung durch Nichtausschüttung v. Gewinnen anstelle der Aufnahme v. Fremdkapital.

Selbsthilfe ist nur gestattet, wenn obrigkeitl. Hilfe nicht rechtzeitig zu erlangen ist u. die Gefahr besteht, daß die Verwirklichung des Anspruchs vereitelt od. wesentl. erschwert wird. ⟋Notwehr.

Selbstinduktion w, elektr. ⟋Induktion. **Selbstlaut** m, *Vokal,* ⟋Stimme.

Selbstmord, *Freitod, Suizid,* absichtl. Vernichtung des eigenen Lebens. Die S.häufigkeit weist *soziolog.* u. a. nach Ländern, Geschlecht (mehr Männer als Frauen), Familienstand (mehr Ledige als Verheiratete) u. Alter (mit diesem zunehmend) charakterist. Unterschiede auf. *Rechtl.:* Der S.versuch wird nach dt. Recht nicht bestraft, wohl aber

Selbstmorde

je 100000 E. pro Jahr	1881/85	1911/13	1919/22	1959/60	1969/70	ca. 1975/77
Australien	9,8	12,8	10,7	10,6	12,4	11,1
Belgien	10,7	13,9	12,9	14,6	15,2	16,6
Dänemark	24,8	18,2	13,6	20,3	20,8	23,9
Deutschland (BRD)	21,1	22,0	21,2	18,7	21,5	21,6
Finnland	3,9	9,9	9,9	20,4	23,3	25,1
Frankreich	19,4	25,2	22,2	15,9	15,3	15,4
Großbritannien	7,5	10,0	9,6	11,2	8,0	7,7
Irland	2,2	3,6	2,8	3,0	1,8	4,7
Italien	4,9	8,4	7,6	6,4	5,4	5,8
Japan	14,6	18,7	18,5	21,3	15,2	17,8
Niederlande	5,3	6,3	6,1	6,6	8,1	9,2
Norwegen	6,7	5,7	4,7	7,9	8,2	11,4
Österreich	16,2	20,1	23,8	23,0	24,2	22,7
Schweden	9,7	17,8	14,0	18,1	22,0	19,4
USA	...	16,1	11,8	10,8	11,0	12,5

nach anglo-amerikanischem. *Religiös:* Von einigen nichtchristl. Religionen gebilligt (Harakiri), v. Christentum als schwere Sünde abgelehnt, weil der Mensch sein Leben v. Gott erhält u. nicht absolut darüber verfügen darf.
Selbstverstümmelung, 1) *Autotomie,* die Fähigkeit mancher Tiere, in bestimmten Situationen aktiv Körperteile abzuwerfen (z. B. Schwanzabwurf bei Eidechsen). **2)** beim Menschen aus psych. Störung od. bewußt herbeigeführte (dauerhafte) Verletzung des eigenen Körpers; ist strafbar, wenn begangen, um eine Rente zu erschwindeln od. um sich der Wehrdienstpflicht zu entziehen.
Selbstverwaltung, neben der Staatsverwaltung der zweite große Bereich der /Verwaltung: die Wahrnehmung eigener Angelegenheiten durch einen körperschaftl. Verband. Am wichtigsten die S. der Gemeinden *(kommunale S.);* daneben S. in der Sozialversicherung, in Berufsangelegenheiten (Handels-, Handwerks-, Landwirtschaftskammern), bei Universitäten, Rundfunk- u. Fernsehanstalten, im Gerichtswesen. Jeder Verband mit dem Recht der S. besitzt auch eine begrenzte Rechtsetzungsmacht (Autonomie; /Satzung) u. Zwangsgewalt. Der Staat überwacht die S. auf ihre Rechtmäßigkeit. Die kommunale S. geht in ihrer heutigen Form in Dtl. auf den Freiherrn vom /Stein zurück. Staatspolit. ist sie ein Gegendruck gg. übersteigerten staatl. Zentralismus.
Seldschuken (Mz.), türk. islam. Herrschergeschlecht u. Stammesverband, ben. nach dem Anführer *Seldschuk* (um 1000 n. Chr.); unterwarfen im 11. Jh. Persien, Mesopotamien, Syrien u. Kleinasien; nach 1118 Auflösung in Teilreiche; v. Arabern u. Mongolen vernichtet.
Selektion *w* (lat.), Auslese. /Abstammungslehre. **Selektivität** *w* (lat.), *Trennschärfe,* das Unterdrückungsvermögen v. benachbarten, unerwünschten Frequenzen bei einem Rundfunkempfänger.
Selen *s,* chem. Element, Zeichen Se, Nichtmetall mit metall. Modifikationen, Ordnungszahl 34 (☐ 149); im Mineral S.blei, in Pyriten das metall. S. ändert seine elektr. Leitfähigkeit unter Lichteinwirkung, daher zu /Photoelementen.

Vorgarnspulen

Gegen- Auf-
winder winder

Streckwerk

Feingarn

Wagen

Selfaktor: Arbeitsprinzip

G. R. Sellner

Selene *w.* (gr.), Mondgöttin.
Selenga *w,* zentralasiat. Fluß; mündet nach 871 km in den Baikalsee.
Seleukiden (Mz.), das v. *Seleukos I.* (einem Feldherrn Alexanders d. Gr.) abstammende Herrschergeschlecht in Syrien (312/64 v. Chr.).
Selfaktor *m* (engl.), intermittierend arbeitende Spinnmaschine für feine Garne u. Streichgarne.
Selfmade-Man (: ßelfme͜idmän, engl.), hat sich aus eigener Kraft emporgearbeitet.
Seligenstadt, hess. Stadt am Main, 17000 E.; Ruinen einer Kaiserpfalz (13. Jh.), um 828/1803 Benediktinerabtei mit berühmter Klosterschule, Einhardsbasilika (um 835, mit dem Grab /Einhards); Elektro-, Bekleidungs-, metallverarbeitende u. Leder-Ind., Brauereien.
Seligkeit, *ewige S.,* christl. *Theologie:* der Zustand der endgültigen seel.-leibl. Vollendung des begnadeten Menschen in der durch Christus bewirkten Vereinigung mit Gott. **Seligpreisungen,** meist die *8 Seligkeiten,* wesentl. Teil der /Bergpredigt. **Seligsprechung,** *Beatifikation,* das nach Durchführung des *S.prozesses* ergehende Urteil des Papstes, wonach einem Verstorbenen ein öff. Kult erwiesen werden darf, geht der /Heiligsprechung notwendig voraus.
Selim, türk. Sultane: **S. I.,** 1512/20; eroberte 16/17 Syrien u. Ägypten, nahm den Kalifen-Titel an.
Selinunt, *Selinus, Selinunte,* antike griech. Stadt an der SW-Küste Siziliens, gegr. im 7. Jh. v. Chr.; größte Tempelreste des fr. Großgriechenland; mehrmals zerstört.
Sella *w,* Massiv der Südtiroler Dolomiten; im Monte Boè 3152 m hoch.
Sellerie *m* od. *w,* Kraut mit weißer Doldenblüte; wild auf salzhalt. Boden; Gemüse-, Salat- u. Würzpflanze. ☐ 452.
Selm, westfäl. Gem., nördl. v. Dortmund (Kr. Unna), 23500 E.
Sellner, *Gustav Rudolf,* dt. Theaterleiter u. Regisseur, * 1905; 61/72 an der Dt. Oper Berlin, abstrahierender Inszenierungsstil.
seltene Erden, Oxide der *Seltenerdmetalle,* auch Bz. für diese selbst. Zu den Seltenerdmetallen zählen Scandium, Yttrium, Lanthan u. die auf dieses folgenden /Lanthaniden mit den Ordnungszahlen 58 bis 71.
Selters (Taunus), hess. Solbad im Kr. Limburg-Weilburg, 6400 E.; alkal. Säuerling *(Selterswasser).*
Seltsamkeit, *Strangeness,* eine Quantenzahl für bestimmte Elementarteilchen.
Sem, im AT ältester Sohn Noes. /Semiten.
Semantik *w* (gr.), **1)** Bedeutungslehre; Lehre v. Bedeutungswandel des Wortes. **2)** *Informationstheorie:* untersucht die wechselseitigen Beziehungen, die zw. dem Wort als Zeichen od. Symbol (Prädikator) u. dem Wort als Aussage bestehen, sowie die jeweilige Bedeutung eines u. desselben Symbols (Wort) in verschiedenen Bezugssystemen. Die S. ist bedeutend für die mathemat. Grundlagenforschung.
Semarang, indones. Hafenstadt u. Prov.-Hst. an der Nordküste Javas, 650000 E.; Textil- u. Maschinen-Ind.; Dockanlagen.

Sem̱ester s (lat.), Studienhalbjahr an Hochschulen.

semi... (lat.), halb..., fast... **S.fiṉale** s, Vorschlußrunde in sportl. Kämpfen. **S.ḵolon** s (lat.-gr.), der Strichpunkt (;).

Semiṉar s (lat. = Pflanzschule), 1) fr. Ausbildungsstätte für Volksschullehrer *(Lehrer-S.).* 2) an Hochschulen: prakt. Übungen zur Ergänzung der Vorlesungen unter Leitung des Dozenten; auch das dafür bestimmte Inst. mit Bibl. u. Forschungseinrichtungen. 3) *Studien-S.,* 2jähr. Lehrgänge für Studienreferendare zur Vorbereitung auf die Assessorprüfung. 4) ↗Priesterseminar. 5) heute auch Bz. für Tagungen zur Erörterung v. Fachfragen (z.B. Wochenend-S.).

Semi̱otik w (gr.), *Informationstheorie:* allg. Wissenschaft vom Zeichen; drei Bereiche: *Synta̱ktik* untersucht die Aufeinanderfolge der Zeicheneinheiten, *Sema̱ntik* deren Bedeutung, *Pragma̱tik* die Rolle der Zeichen im Kommunikationsprozeß.

Semipalati̱nsk, sowjet. Stadt ın der Kasach. SSR, am Irtysch, 283000 E.; Fleischkombinate, Wollindustrie.

Semi̱ramis, myth. Kg.in v. Assyrien, gilt als Gründerin v. Babylon, u. ihr angebl. die „Hängenden Gärten der S."

Semi̱ten (ben. nach *Sem,* dem Sohn Noes), Gruppe v. Völkern mit verwandten Sprachen in Westasien: Araber, Aramäer, Abessinier, Babylonier, Kanaanäer, Juden, Phöniker u. a. Die rassisch nicht einheitl. S. sind kulturell (Schrift, Kalender u. a.) u. vor allem religiös v. großer Bedeutung. **Semi̱tische Sprachen** sind durch das Dreikonsonantensystem ihrer Wortwurzeln v. den indogerman. Sprachen unterschieden; Ostsemitisch od. Akkadisch (Sprache der alten Babylonier und Assyrer), Nordsemitisch (Kanaanäisch mit Phönikisch u. Hebräisch sowie Aramäisch mit Syrisch u. a.), Südsemitisch (Arabisch, Äthiopisch).

Semmelpilz, Art der Porlinge; Hüte anfangs semmelgelb; in Nadelwäldern.

Semmelweis, *Ignaz,* östr. Arzt, 1818–1865; entdeckte die infektiöse Ursache des Kindbettfiebers; Begr. der Asepsis.

Semmering m, Paßlandschaft der Ostalpen, Wintersportgelände. *S.paß* (985 m), Alpenverbindung zw. Wiener Becken u. Adria (Ober-Italien); durch den 1462 m langen Haupttunnel führt die *S.bahn.*

Semṉonen (Mz.), Hauptvolk der Sueben, urspr. zw. Elbe u. Oder; der Kern der Alamannen.

Sẹmpach, schweizer. Stadt im Kt. Luzern, am *S.er See* (14 km², bis 87 m tief), 1600 E.; Vogelwarte. – 1386 Sieg der Eidgenossen über Hzg. Leopold III. v. Österreich.

semper (lat.), immer. *S. aliquid haeret,* es bleibt stets etwas hängen.

Semper, *Gottfried,* dt. Architekt u. Kunsttheoretiker, 1803–79; Theater- u. Museumsbauten *(Opernhaus* in Dresden, *Burgtheater* in Wien), erstrebt v. Klassizismus weg eine landschaftsgemäße u. materialgerechte Kunst.

sen., Abk. für ↗Senior.

Seṉat m (lat.), 1) altröm. Staatsrat aus 300

Senegal

Amtlicher Name:
République du Sénégal

Staatsform:
Republik

Hauptstadt:
Dakar

Fläche:
196192 km²

Bevölkerung:
5,52 Mill. E.

Sprache:
Amtssprache ist Französisch; verbreitetste Umgangssprache ist Wolof

Religion:
76% Muslimen, 14% Anhänger von Naturreligionen, 10% Christen

Währung:
1 CFA-Franc = 100 Centimes

Mitgliedschaften:
UN, OAU, der EWG assoziiert

I. Semmelweis

Gottfried Semper

(seit Sulla 600) gewesenen höheren Beamten; in der Rep. die polit. entscheidende Instanz, in der Kaiserzeit bedeutungslos. 2) eine der beiden Kammern eines Parlaments beim Zweikammersystem. 3) in den Stadtstaaten der BRD (Hamburg, Bremen) u. in West-Berlin die Landesregierung. 4) Gerichts-Abt. 5) Selbstverwaltungsbehörde an Hochschulen. **Seṉator,** das Mitgl. eines Senats.

Senckenberg, *Johann Christian,* dt. Arzt u. Naturforscher, 1707–72; stiftete sein Vermögen für soziale u. wiss. Institute *(S.-Museum)* in Frankfurt a.M. *S.ische Naturforschende Gesellschaft,* 1817 gegr.

Send m, *S.gericht,* früher geistl. Sittengericht über kirchl. Vergehen v. Laien.

Sendai, japan. Stadt auf Hondo, westl. der *Bucht v. S.,* 617000 E.; Univ.; kath. Bischof; Seiden- u. Lackindustrie.

Senden (Iller), bayer. Marktgemeinde im unteren Illertal, 19200 E.; Uhrenfabrik, Spinnerei, Weberei.

Seneca, *Lucius Annaeus,* röm. Dichter u. Philosoph, um 4 v. Chr. bis 65 n. Chr.; Lehrer u. Berater Neros, als angebl. Verschwörer zum Selbstmord gezwungen; vertrat den späteren ↗Stoizismus.

Senefelder, *Alois,* östr. Drucker, 1771–1834; erfand die ↗Lithographie.

Senega, nord-am. Kreuzblumenart; Wurzel gg. Erkrankungen der Atmungsorgane.

Senegal, 1) westafrikan. Strom, entspringt mit zwei Quellflüssen im Hochland v. Futa Dschalon, mündet mit einem großen Delta bei Saint-Louis in den Atlant. Ozean; 1430 km lang. 2) westafrikan. Rep., am Atlant. Ozean, zw. den Flüssen S. u. Gambia. – Größtenteils sandig-toniges Tiefland mit trop. Klima; Trocken- u. Feuchtsavanne. Ausfuhr: Erdnüsse (85% der Ausfuhr), Erdnußöl, Häute, Felle, Titan u. Phosphate. – Schon im 17. Jh. frz. Siedlungen u. Stützpunkte; 1904 wurde die Kolonie ein Teil v. Frz.-Westafrika; 58 autonome Rep., 59/60 Teil der ↗Mali-Föderation; seit 60 unabhängig, Mitgl. der Frz. Gemeinschaft. Staats-Präs. A. Diouf (seit 81) nach freiwilligem Rücktritt v. L. S. ↗Senghor (seit 60 Präs.).

Seneschall m (lat.-german. = Altknecht), oberster Hofbeamter im Fränk. Reich; im alten Dt. Reich *Truchseß* genannt.

Senf, 2 Kreuzblütler-Gattungen: 1) gelbblühender *Schwarzer S.,* ferner Ind. S. aus Äthiopien u. Asien. 2) *Weißer S.,* vom Mittelmeer; Unkraut ist der Acker-S. ☐ 454. *S.körner,* Samen des Schwarzen u. Weißen S.; gemahlen u. mit Essig, Wein u. Gewürzen gekocht, bilden sie *Speise-S.*

Senfgas s, *Gelbkreuz, Lost* $(C_2H_4Cl)_2S$, ein Kampfstoff; Lungen- u. Hautgift.

Senfl, *Ludwig,* schweizer. Komponist; um 1490–1543; Messen, Motetten, zahlr. mehrstimmige Lieder.

Senföl, blasenziehende Flüssigkeit; in Senfsamen, Meerrettich u.a.

Senftenberg, Krst. in der Niederlausitz. an der Schwarzen Elster (Bez. Cottbus), 27000 E.; Bergingenieurschule; Mittelpunkt des Braunkohlenbergbaus der Niederlausitz.

Senghor, *Léopold Sédar,* senegales. Politiker u. Schriftsteller, * 1906; 60–81 Präs., 62/70 auch Min.-Präs. v. Senegal; Wortführer der ↗Negritude; Lyrik in frz. Sprache. *Tam-Tam schwarz.*

senil (lat.), greisenhaft, altersschwach.

Senior (lat.), **1)** der Ältere, Älteste. **2)** Vorsitzender. **Seniorat** *s* (lat.), Erbfolge des ältesten Mitglieds des Familienverbandes.

Senker, Werkzeug zum Auf-, Ein-, Ansenken u. Entgraten vorgebohrter od. gegossener Löcher.

Senkfuß, Anomalie des Fußskeletts mit Abflachung der Längswölbung, meist als *Senk-Spreizfuß.*

Senkrechte, 1) geometr. jede Gerade, die mit einer anderen Geraden einen Winkel v. 90° bildet. **2)** physikal. durch das ↗Lot gebildet.

Senkrechtstarter, ↗Flugzeug mit VTOL-Eigenschaften. ☐282.

Senkwaage, *Aräometer,* Gerät zur Bestimmung der Dichte von Flüssigkeiten aus der Eintauchtiefe einer Glasspindel. Beruht auf dem Prinzip des ↗Archimedes.

Senne, *Senner Heide,* Heidelandschaft im Quellgebiet der Ems, am Teutoburger Wald.

Sennesblätter ↗Kassie.

Sennestadt, 23000 E.; seit 1973 Stadtteil v. Bielefeld.

Señor (: ßenjor, span.), Herr. **Señora,** Frau.

Señorita, Fräulein.

Sensation *w* (lat.-frz.), sinnl. Eindruck, aufsehenerregende Sache.

Sensibilisator *m* (lat.), Stoff, der durch seine Anwesenheit eine chem. Reaktion ermöglicht, z.B. phototechn. S.en, die die Farbenempfindlichkeit einer Photoschicht verändern *(Sensibilisierung).*

Sensibilität *w* (lat.), Feinfühligkeit, ↗Empfindung. **S.sstörungen,** durch Schäden in den sensiblen Nerven. **sensibel,** empfänglich, empfindlich. **sensitiv,** empfindsam.

sensoriell, *sensorisch,* auf Sinneseindrücke bezüglich. **Sensualismus,** dem Empirismus der Aufklärung verwandte phil. Richtung, nach der die Sinneswahrnehmung die einzige Erkenntnisquelle ist. **Sensus** *m,* Sinn, Empfindung; *sensuell,* sinnlich wahrnehm-

Sentenz *w* (lat.), Sinnspruch. [bar.

Sentenzen (Mz., lat.), im MA gebräuchl. Sammlung v. Aussprüchen u. Abhandlungen aus den Kirchenvätern u. den Kanonessammlungen.

Sentiment *s* (: ßãntimãn, frz.), Gefühl, Empfindung. **sentimental,** gefühlsselig.

Senussi (Mz.), 1837 gegr. islam. Orden in N-Afrika; war von großem polit. Einfluß.

Seo de Urgel (:-urchel) ↗Urgel.

Seoul, *Söul,* Hst. Südkoreas (seit 1948), 7,8 Mill. E.; staatl. u. kath. Univ.; kath. Erzb.; vielseitige Ind. – Schon 18 v. Chr. erwähnt; seit 1392 Hst. ↗Koreas.

separat (lat.; Hw. *Separation;* Ztw. *separieren),* abgesondert. **Separatismus** *m* (lat.), Bz. für Loslösungsbestrebungen eines Staates, zum Zweck der Autonomie od. des Anschlusses an einen anderen Staat; in Dtl. bes. nach dem 1. Weltkrieg im Rheinland u. in der Rheinpfalz, unterstützt v. der frz. u. belg. Besatzungsmacht.

Separator *m,* Apparat zum Abscheiden eines Bestandteils aus Gemengen, bes. die Milch-↗Zentrifuge.

Sepia *w,* ↗Tintenfisch; auch schwarzbrauner Farbstoff aus deren Tintenbeutel.

Sepiolith, der ↗Meerschaum.

Seppelt, *Franz Xaver,* kath. Kirchenhistoriker, 1883–1956; *Geschichte des Papsttums.*

Sepsis *w* (gr.), ↗Blutvergiftung.

Septennat *s* (lat.), Zeitraum v. 7 Jahren.

Septett *s* (lat.), Gruppe v. 7 Sängern od. Instrumentalisten; Werk für diese Besetzung.

Septimanien, röm. Name für das gall. Gebiet zw. Rhône u. Pyrenäen.

Septime *w* (lat.), 7. Stufe der Tonleiter, Intervall v. 7 Tönen (z. B. c–h). ☐425.

Septimius Severus, röm. Ks., 193/211; Begr. der Militärmonarchie.

Septuaginta *w* (lat. = 70), griech. Übersetzung des hebr. AT, v. (angebl. 70) jüd. Gelehrten im 3. Jh. v. Chr.

Sequentes (Mz., lat.), die folgenden; *vivant s.,* es leben die Folgenden!

Sequenz *w* (lat.), **1)** *Meßliturgie:* Zwischengesang vor dem Evangelium, an Ostern, Pfingsten u. Fronleichnam. **2)** *Musik:* genaue Wiederholung auf einer höheren od. niederen Tonstufe. **3)** *Kartenspiel:* 3 od. mehr aufeinanderfolgende Blätter derselben Farbe.

Sequester *m* (lat.), **1)** abgestorbenes Knochenstück. **2)** Zwangsverwaltung.

Sequoia ↗Mammutbaum.

Serai *s* (pers.-türk.), frz. *Sérail,* Palast, bes. der Palastbezirk des Sultans in Istanbul.

Seraing (: ß°rãn), belg. Stadt an der Maas, s.w. von Lüttich, 67000 E.; Stahlindustrie.

Serajewo ↗Sarajewo.

Serang, die Insel ↗Ceram.

Seraphim (Mz., hebr.; Ez. *Seraph),* bei Isaias erwähnte visionäre himml. Wesen, die den Thron Gottes umstehen. **seraphisch,** Ehrenname für durch ihre Liebe hervorragende Heilige.

Serapis ↗Sarapis.

Serben, serb. *Srbi* (Mz.), südslaw. Volk, bildet mit 7,8 Mill. Menschen den Hauptteil der Bev. Jugoslawiens. Dinarische Rasse, ausgeprägtes Brauchtum. ↗Serbokroatisch.

Serbien, serb. *Srbija,* Kernland Jugoslawiens, am Zusammenfluß v. Donau, Save, Theiß u. Morawa, als sozialist. Rep. (mit der autonom. Prov. Woiwodina u. dem autonom. Gebiet Kosowo Metohija) 88361 km², 9,1 Mill. E.; Hst. Belgrad. – Im 6./7. Jh. v. den *Serben* besiedelt, die bald in byzantin. Abhängigkeit gerieten im 14. Jh. großserb. Reich. Nach der Niederlage auf dem Amselfeld 1389 kamen die Serben immer mehr unter türk. Oberhoheit; 1459 Eingliederung S.s ins türk. Reich. Nach 2 Freiheitskriegen (1804/12 u. 15/16) wurde S. 1829 tributpflichtiges selbständ. Ftm. u. erhielt 78 die volle Unabhängigkeit (seit 82 Kgr.); im Wechsel miteinander regierten die Dynastien ↗Obrenowitsch u. ↗Karageorgewitsch. Nach dem 2. Balkan-Krieg gewann S. den größeren Teil Makedoniens. – Die Ermordung des österr. Thronfolgers Franz Ferdinand in Sarajewo war Anlaß zum 1. Weltkrieg (österr. Ultimatum an S.). 1918

L. S. Senghor

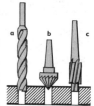

a   b   c

Senker: **a** Spiral-, **b** Spitz-, **c** Zapfen-S.

Rudolf Serkin

wurde S. Teil des *Kgr. der Serben, Kroaten u. Slowenen,* das 29 den Namen ↗Jugoslawien erhielt.

Serbokroatisch, südslaw. Sprache, v. Serben u. Kroaten gesprochen, unterscheidet sich bei diesen nur in der Schrift.

Serenade w (it.-span.), **1)** Abendständchon. **2)** mehrsätziges kammermusikal. Werk mit Tanz- u. Sonatensätzen.

Serengeti, afrikan. Nationalpark in Tansania, s.ö. des Viktoriasees.

Serenissimus m (lat.), der „Durchlauchtigste", fr. landesfürstl. Titel.

Sereth m, l. Nebenfluß der Donau; mündet nach 686 km bei Galaţi.

Serge w (: ßärseh, frz.), längsgeripptes Köpergewebe für Futter- u. Kleiderstoffe.

Sergeant m (: ßärsehant, frz.; ßadsch[e]nt, engl.) im dt. (bis 1919), am. u. engl. Heer Unteroffiziers-, auch Polizeidienstgrad.

Sergej Stragorodskij, russ.-orth. Theologe, 1867–1944; 43 Patriarch v. Moskau; seine „Deklaration" v. 1927 forderte Loyalität gegenüber dem sowjet. Staat.

Sergios, Patriarch v. Konstantinopel (seit 610), † 638; begr. die Lehre der ↗Monotheleten.

Sergipe (: -schipi), brasilian. Staat, an der Ostküste, 21994 km², 1,1 Mill. E.; Hst. Araserie w (lat.), Reihe.   [caju.

Serielle Musik, Musik, die auf einer Kompositionstechnik beruht, die die verschiedenen Toneigenschaften *(Parameter)* getrennt zu erfassen sucht, in Reihen *(Serien)* ordnet u. diese zur Grundlage der Komposition macht. Zu den Toneigenschaften, die nach Verfahren geordnet werden, wie sie die ↗Zwölftontechnik anwendet, gehören bes. absolute Tonhöhe, Tondauer, Lautstärke, Klangfarbe, Artikulation u. Entstehungsort des Tones im Raum. Vertreter u.a. O. Messiaen, L. Nono, P. Boulez, K. Stockhausen; als Vorläufer gilt A. v. Webern.

Serienfabrikation, Massenfabrikation von Maschinen, Apparaten, Möbeln u.a. nach *einem* Modell; verbilligt das Einzelstück.

Serigraphie w (gr.), ↗Siebdruck.

Serin s, eine ↗Aminosäure.

seriös (frz.), ernsthaft, feierlich, gediegen.

Serkin (: ßö'kin), *Rudolf,* am. Pianist russ. Herkunft, * 1903; seit 33 in den USA; hervorragender Solist u. Kammermusiker.

Sermon m (lat.), Rede, Redeschwall.

Serologie w (lat.-gr.), die Lehre vom ↗Serum; praktisch ausgewertet a) in der *Serodiagnostik,* zur Erkennung v. Infektionskrankheiten; b) in der *Serotherapie,* zur Behandlung mit ↗Heilserum.

Serpentin m, grünes Mineral, Magnesiumsilicat; blättrig *Antigorit,* fasrig *Chrysotil.*

Serpentine w (lat.), Weg in Schlangenlinie.

Serpentingesteine, schwarzes bis grünes schiefriges od. faseriges metamorphes Gestein; Verwendung als Baustein u. im Kunstgewerbe.

Serradella w, Schmetterlingsblütler mit rosa Blüten; Gliederhülsenfrucht; Futter- u. Gründüngungspflanze.

Sertillanges (: -tijãnseh), *Antonin-Gilbert,* OP, frz. Theologe u. Philosoph, 1863–1948; Vertreter der ↗Neuscholastik.

Serval

Sesam

Setter:
oben Englischer,
unten Irischer Setter

Serum s (lat.; Mz. *Sera),* klares, beim Menschen hellgelbes Blutwasser, scheidet sich bei der natürl. Blutgerinnung v. Blutkuchen ab; enthält 7–8% Eiweißstoffe kolloidal gelöst u. 0,9% Salze. ↗Blut.

Serval m, schwarzgefleckte Wildkatze in afrikan. Steppen.

Servatius, hl. (13. Mai), Bischof v. Tongern, † vor 400; Gegner des Arianismus; einer der ↗Eisheiligen.

Servet, *Michael,* span. Arzt u. Religionsphilosoph, 1511–53; entdeckte den kleinen Blutkreislauf; als Gegner der Dreifaltigkeitslehre auf Calvins Betreiben in Genf verbrannt.

Service (: ßö'wiß, engl.; ßärwiß, frz.), **1)** m od. s, Dienstleistung. **2)** s, Tafelgeschirr in feststehender Zusammensetzung. **servieren** (lat.), bei Tisch bedienen.

servil (lat.), sklavisch, unterwürfig.

Serviten (Mz., lat.), *Diener Mariä,* 1233 gegr. Bettelorden mit bes. Verehrung der Mutter Gottes. **Servitinnen,** weibl. Zweig.

Servitut s (lat.), Dienstbarkeit.

Servobremse (lat.), meist pneumat. oder hydraul. betriebene Vorrichtung beim Kraftfahrzeug, die die aufgewendete Kraft zum Bremsen verstärkt. **Servomotor,** verstärkt die Steuerkräfte eines Reglers.

Sesam m, bis meterhohes Kraut mit Röhrenblüten u. bis zu 56% Öl enthaltendem Samen; zu Speisen u. zum Würzen. **S.öl,** Öl aus S.samen; Zusatz zur Margarine.

Sessellift, eine Seilschwebebahn mit fest angeklemmten Sitzen. □ 892.

Session w (lat.), Sitzung, Sitzungsperiode.

Sesterz m (lat.), altröm. Silbermünze, in der Kaiserzeit Messingmünze.

Set m, **1)** ein Satz zusammengehöriger Gegenstände. **2)** statt eines Tischtuchs verwendete kleine Tischserviette.

Seth, 1) im AT ein Sohn Adams. **2)** *Set,* ägypt. Gott der Finsternis u. des Bösen, ermordete seinen Bruder ↗Osiris.

Setschuan, *Setschuan, Szechwan,* chines. Prov., 569000 km², 90 Mill. E.; umfaßt Gebirgsland u. das fruchtbare Rote Becken; Kohle, Eisen, Blei, Antimon; Schwer- u. Textil-Ind.; Hst. Tschengtu.

Setter m (engl.), eleganter Vorsteh- u. ausdauernder Stöberhund; *Englischer* und *Irischer Setter.*

Settlement (: ßetlment, engl.), Ansiedlung, Niederlassung, Kolonie.

Setúbal, portugies. Hafenstadt, 55000 E.; Zement- u. Phosphatfabrikation.

setzen, das Aneinanderreihen v. Lettern zu einer Druckform; das *Handsatz* im ↗Winkelhaken od. im *Maschinensatz* mit Setzmaschinen. **Setzmaschine,** zum maschinellen Herstellen einer Druckform, entweder als *Zeilenguß-S.* (Taster mit Tastenhebel, Gieß- u. Setzmaschine vereint, ergibt ganze Zeilen, z. B. Linotype) od. als *Einzelguß-S.* (Taster mit Typen u. Gießmaschine getrennt, letztere wird mit Lochband gesteuert, ergibt Einzelbuchstaben, z.B. Monotype). Weiterentwicklung ↗Licht-S.

Setzwaage, eine ↗Wasserwaage.

Seuche, alle ansteckenden Krankheiten, die gemeingefährl. Charakter annehmen.

rückführen u. verteilen der Matrizen in das Magazin

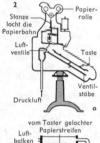

Ausschließ. u. Gießapparat mit Gießrad u. Gießformen

Greifer
Magazin
Matrizen-sammler
Auslösestäbe
Zeilenschiff zur Aufnahme der gegossenen Bleizeilen
Klaviatur mit 90 Tasten zur Matrizen-auslösung

Gießtopf   Matrize

Pumpen-kolben
Gießrad mit Gieß-formen
Bleilegierung

2
Stanze locht die Papierbahn
Papier-rolle
Luft-ventile
Taste
Ventil-stäbe
Druckluft
a

vom Taster gelochter Papierstreifen
Luft-balken
Quer-zylinder
Rohre
Druckluft

Druckluft, mit der die Steuerung ausgelöst wird, die den Matrizenrahmen bewegt

Bewegung des Matrizen-rahmens
Zentrierstift
Matrizen im Rahmen

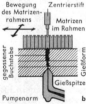

gegossener Buchstabe
Gießform
Gießspitze
Pumpenarm
b

Setzmaschinen:
1 Prinzip der Zeilen-S. und 2 der Einzelbuch-staben-S. mit Trennung in Taster (a) und Gießmaschine (b)

Seume, Johann Gottfried, dt. Schriftsteller, 1763–1810; über seine Wanderungen durch Europa *Spaziergang nach Syrakus* u. a.; politisch freiheitlich.
Seurat (: ßöra), Georges, frz. Maler u. Graphiker, 1859–91; Neo-Impressionist, Landschaftsszenen mit pointillist. Farbzerlegung u. strengem Aufbau.
Seuse (latinisiert *Suso*), Heinrich, sel. (2. März), OP, um 1295–1366; dt. Mystiker, einflußreicher Seelenführer; Schüler Eckharts in Köln, Prior in Konstanz, seit 1348 Prediger in Ulm. *Büchlein der Wahrheit; Büchlein der ewigen Weisheit.*
Sevenbaum, der ⁄Sadebaum.
Severing, Karl, dt. Politiker, 1875–1952; 1920/26 u. 30/32 preuß. Innenmin. (SPD), 28/30 Reichsinnenminister.
Severini, Gino, it. Maler, 1883–1966; Mit.-Begr. des ⁄Futurismus; nach 1917 Neoklassizist., später kubist. abstrahierende Gemälde; auch rel. Wandmalereien u. Mosaiken.
Severinus, hl. (19. Jan.), † 482; versöhnte Katholiken u. Arianer in der Prov. Noricum.
Severn *m* (: ßävᵉrn), südwestengl. Fluß, mündet in den Bristolkanal; 338 km lang.
Severus Alexander, röm. Ks., 222/235; v. den Soldaten ermordet.
Sévigné (: -winje), *Marie* Marquise de, 1626–96; die Briefe an ihre Tochter sind ein Spiegel des Lebens am Hof Ludwigs XIV.
Sevilla (: -wilja), südspan. Prov.-Hst. u. Hst. Andalusiens, Seehafen am unteren Guadalquivir, 612000 E.; kath. Erzb.; Univ.; spätgot. Kathedrale (1402–1517) mit dem Grabmal Kolumbus'. Bauwerke in maurisch-arab. Stil; Museen. Generalarchiv „de las Indias''.
Sèvres (: ßävrᵉ), frz. Stadt im Dep. Seine-et-Oise, 21000 E.; Internationales Büro für Maße u. Gewichte; Porzellanmanufaktur *(S.-Porzellan).* – 1920 Friedensvertrag zw. den Alliierten u. der Türkei.
Seward-Halbinsel (: ßjuᵉrd-), Halbinsel in Alaska, 50000 km².
Sewastopol, sowjet. Hafenstadt u. Festung auf der Krim, 301000 E.; Stützpunkt der Schwarzmeerflotte; Schiffswerften. – Im ⁄Krimkrieg 1854/55 nach fast einjähr. Belagerung eingenommen.
Sewernaja Semlja, *Lenin-Land,* russ. arktische Inselgruppe nördl. der Taimyr-Halbinsel, 37600 km², Wetterstationen.
Sewerodwinsk, fr. *Molotowsk,* bis 1938 *Sudostroi,* nordruss. Seehafen westl. der Einmündung der Dwina ins Weiße Meer, 45 km westl. v. Archangelsk, 197000 E.; Werften.
Sex-Appeal (: -ᵉpil, engl.), erot. Anziehungskraft.
Sext *w* (lat.), Tagzeit im ⁄Brevier.
Sexta *w* (lat. = die sechste), die erste (v. der ⁄Prima her gerechnet fr. die sechste) Klasse an höheren Schulen.
Sextant *m* (lat.), ⁄Spiegel-S.
Sextett *s* (lat.), Gruppe v. 6 Sängern od. Instrumentalisten; Werk für diese Besetzung.
sexual, sexuell (lat.), auf das Geschlechtsleben bezüglich. **Sexualethik** *w,* innerhalb der Ethik die Lehre v. den sittl. Normen in ihrer Anwendung auf das menschl. Geschlechts-

leben. **Sexualhormone,** beeinflussen die Entwicklung u. Tätigkeit der Keimdrüsen, die Ausbildung der sekundären ⁄Geschlechtsmerkmale u. den Gesamtstoffwechsel. Die S. werden in den Keimdrüsen gebildet, die männl. *(Androsteron* u. *Testosteron)* in den Zwischenzellen des Hodens, die weibl. *(Östrogene)* in den Eierstöcken.
□ 404. **Sexualhygiene** *w,* vorbeugende Gesundheitspflege des menschl. Geschlechtslebens. **Sexualität** *w, Geschlechtlichkeit,* Geschlechtsleben. **Sexualpädagogik,** Teilgebiet der Pädagogik; Lehre v. den Wegen u. Zielen der geschlechtl. Erziehung; schließt die altersentsprechende geschlechtl. Unterweisung *(sexuelle Aufklärung)* ein. **Sexus** *m,* Geschlecht, Geschlechtlichkeit.
Seychellen (: ßesch-), Staat u. Inselgruppe n.ö. von Madagaskar; 86 Korallen- u. Felsinseln mit üppiger Vegetation (Vanille-Kulturen); ehem. brit. Kronkolonie, 1975 innere Autonomie, 76 unabhängig.
Seydlitz, Friedrich Wilhelm v., preuß. Reitergeneral, 1721–73; entschied im 7jähr. Krieg die Siege bei Roßbach (1757) u. Zorndorf (58).
Seyfer (Syfer), Hans, dt. spätgot. Bildhauer, † 1509; *Kiliansaltar* in Heilbronn.
Seyß-Inquart, Arthur, östr. nat.-soz. Politiker, 1892–1946; 1938 auf Hitlers Druck östr. Innenmin. u. Bundeskanzler; betrieb den Anschluß Östr.s an Dtl.; 40/45 Reichskommissar der besetzten Niederlande; in Nürnberg zum Tode verurteilt u. hingerichtet.
Sezession *w* (lat.), **1)** Absonderung. **2)** in den USA die Trennung der Südstaaten v. der Union; führte zum *S.skrieg* 1861/65. **3)** Künstlergruppen, die sich v. älteren Vereinigungen od. Stilen absetzen.
sezieren (lat.), eine Leiche zerlegen.
Sfax, tunes. Bez.-Hst. u. Hafen am Golf v. Gabès, 172000 E.; Superphosphatwerk.
Sferics (Mz., engl.), die Knack- u. Zischstörungen durch fernste Gewitter beim Rundfunkempfang.
Sforza, it. Adelsgeschlecht, 1450/1535 Hzg.e v. Mailand: **1)** *Francesco I.,* 1401–66; 50 durch Heirat Hzg. v. Mailand, eroberte 64 u. a. Genua u. Korsika. **2)** *Ludovico il Moro,* 1452–1508; 1494 Hzg., seit 1500 in frz. Haft; Kunstmäzen.
Sforza, *Carlo* Graf, aus einer Nebenlinie des Hauses S., it. Diplomat u. Politiker, 1872–1952; 1920/21 Außenmin.; als Gegner des Faschismus 26/43 im Exil; 47/51 wieder Außenminister.
sforzato (it.), Abk. sf., sfz., fz., *forzando, Musik:* verstärkt, hervorgehoben.
Sfumato *s* (it.), in der Ölmalerei „rauchartiger'' Malstil mit atmosphär. verschwimmenden Farben und Konturen.
Sgraffito *s* (it.), Kratzputz- od. Ritztechnik für Wanddekorationen; 2 od. mehrere verschiedenfarbige Putzschichten werden übereinander aufgetragen, die Dekoration in die noch weichen Schichten eingeritzt od. geschabt.
's Gravenhage (: -hache), Den ⁄Haag.
sh, Abk. für Shilling. □ 1.144/45.
Shaftesbury (: schaftßbᵉr¹), *Anthony* Earl of,

Seychellen

Amtlicher Name:
Seychelles
Staatsform:
Republik
Hauptstadt:
Victoria
(auf Mahé)
Fläche:
277 km²
Bevölkerung:
62 000 E.
Sprache:
Amtssprache ist Englisch, Umgangssprache Kreolisch
Religion:
90% Katholiken,
7,5% Anglikaner
Währung:
1 Seychelles-Rupee
= 100 Cents
Mitgliedschaften:
UN, Commonwealth,
EG assoziiert

Shakespeare:
Gemälde nach dem
Leben

G. B. Shaw

engl. Moralphilosoph u. Aufklärer, 1671 bis 1713; Einfluß auf dt. Klassik u. Romantik.
Shag *m* (: schäg), fein- u. mittelfeingeschnittener Tabak, der aus der *S.pfeife* (kleiner Kopf) geraucht wird.
Shakers (: scheᶦkᵉrs, engl. = Zitterer), v. *Anna Lee* gegr. Gruppe der ↗Quäker, bes. im 18. u. 19. Jh. in England u. in den USA; forderten Ehelosigkeit u. Gütergemeinschaft.
Shakespeare (: scheᶦkßpiᵉr), *William*, engl. Dichter, Schauspieler u. Theaterleiter, getauft am 26. 4. 1564 in Stratford-upon-Avon; † ebd. 23. 4. 1616. – Über sein Leben ist wenig bekannt; verließ um 1590 seine Familie u. hatte in einer Londoner Theatergruppe bald Erfolg als Dramatiker; seit 97 Teilhaber am dortigen Globe-Theater; seit ca. 1611 wieder in Stratford. S. gilt als einer der größten Dramatiker der Welt-Lit. u. Gipfel im dramat. Schaffen des Abendlandes. – Nach den Epen *Venus u. Adonis, Die Schändung der Lukretia* u. seinen 154 Sonetten Sammlung im Drama, in dem er die ganze Weite menschl. Existenz ausmißt. Der Mensch wird als frei handelndes Individuum begriffen. Tragik aus Charakter u. Schicksalsverkettung. – Dissonanz v. Irrtum u. Wahrheit: *Verlorene Liebesmüh, Komödie der Irrungen, Sommernachtstraum, Der Kaufmann v. Venedig;* Spannung v. Königtum u. Staat, Thema v. Gewaltherrschaft u. Machtkampf in den Historienstücken: *Heinrich VI., Richard III.* u. *II., König Johann, Heinrich IV.* u. *V.* Komödien: *Der Widerspenstigen Zähmung, Die lustigen Weiber v. Windsor;* vertieft zum Charakterlustspiel: *Was ihr wollt, Wie es euch gefällt;* Tragikomödie: *Ende gut, alles gut, Maß für Maß, Troilus u. Cressida;* Tragödien: *Romeo u. Julia, Julius Caesar, Hamlet, Othello, König Lear, Macbeth, Antonius u. Kleopatra, Timon v. Athen, Coriolan;* gleichnishafte

Shakespeare-Bühne (Modell): eine dekorationslose, in den Zuschauerraum hineinragende Vorderbühne, mit Vorhängen abzuteilende Hinterbühne und balkonähnliche Oberbühne. – ☐ 989

Märchenspiele: *Cymbeline, Das Wintermärchen, Der Sturm.* Durch die romantische Übersetzung (v. A. W. Schlegel, L. Tieck, D. Tieck, Graf Baudissin) ist S. fester Bestand auch der dt. Kultur geworden. **S.**-**Bühne,** besaß freie Vorderbühne, gedeckte Hinterbühne u. turmartige Oberbühne.
Shakleton (: schäkltᵉn), *Sir Ernest Henry*, engl. Südpolarforscher, 1874–1922; führte 1907/09 u. 14/17 eine Südpolexpedition.
Shannon (: schänᵉn), **1)** längster, wasserreichster Fluß Irlands, 368 km lang; bei Limerick das S.-Großkraftwerk. **2)** am Nordufer des S.mündungstrichters liegt *S. Airport,* Land- u. See-Großflughafen für Nordatlantik-Route.
SHAPE (: scheᶦp), Abk. für engl. **S**upreme **H**eadquarters **A**llied **P**owers **E**urope, Oberstes Hauptquartier der NATO-Streitkräfte in Europa, Sitz (seit 1967) Casteau bei Mons (Belgien), fr. Paris. ↗SACEUR. [tie).
Share *m* (: schär, engl.), Anteilschein (Ak-
Shaw, **1)** *George Bernard,* engl. Dramatiker ir. Herkunft, 1856–1950; Sozialist (Fabianer), auch v. Darwin beeinflußt; Puritanismus, witziger Rhetoriker, Entheroisierung in über 30 Stücken, die teils zum Satirischen u. Possenhaften neigen. Vorwiegend sozialkritisch: *Frau Warrens Gewerbe;* dichter. am bedeutendsten: *Candida; Die hl. Johanna.* Ferner: *Helden; Major Barbara; Haus Herzenstod; Cäsar u. Cleopatra;* Essays. 1925 Lit.-Nobelpreis. **2)** *Irwin,* am. Schriftsteller, * 1913; Romane *(Die jungen Löwen; Zwei Wochen in einer anderen Stadt),* Erzählungen, Dramen.
Sheddach (: sch-), *Sägedach,* Dach mit sägeförm. Absätzen u. Fenstern an den Steilseiten, bes. für Fabrikhallen. ☐ 165.
Sheffield (: schefild), engl. Ind.-Stadt in der Gft. York, 520 000 E.; Univ.; anglikan. Bischof. Bedeutende Schwer-Ind. Zentrum der brit. Schneidwaren-Ind. (seit 14. Jh.).
Shelley (: schelᶦ), *Percy Bysshe,* engl. Dichter der Romantik, 1792–1822; bewegtes Leben; das Werk bestimmt durch Schönheitssuche, kosm. Visionen, kühne Bildhaftigkeit u. Musikalität. Lyrik, Dramen *(Der entfesselte Prometheus).* ☐ 900.
sherardisieren (: sch-), das Verzinken v. Stahlteilen durch ein Quarzsand-Zinkstaub-Gemenge in rotierenden Kesseln bei 400° C.
Sheridan (: scherᶦdᵃn), *Richard Brinsley,* anglo-ir. Dramatiker, 1751–1816; schrieb in Dialogführung u. Charaktergestaltung hervorragende Komödien; *Die Lästerschule.*
Sheriff (: scherif), **1)** Vorsteher u. Gerichtsbeamter einer engl. Gft.; in der NZ nur noch Ehrenamt. **2)** in den USA Friedensrichter.
Sherlock-Holmes (: scheʳlok houᵐs), Detektivgestalt v. C. ↗Doyle.
Sherry *m* (: scheri, engl.), Weißwein aus ↗Jerez de la Frontera.
Sherwood (: scheʳwud), *Robert Emmett,* am. Schriftsteller, 1896–1955; Dramen, Filmdrehbücher.
Shetlandinseln (: schetländ-), 117 brit. Inseln n.ö. von Schottland, 1426 km², 17 800 E.; Hauptort Lerwick; Schaf-, Ponyzucht *(Shetlandpony),* Walfang u. Fischerei.

Shinto (: sch-), der ↗Schintoismus.
shocking (: sch-, engl.), anstößig.
Shockley (: schọkleͥ), *William*, am. Physiker,
* 1910; 56 Nobelpreis für Entwicklung des
Transistors.
Shopping Center (: schọping ßent^er, engl.),
Einkaufszentrum, eine in den USA entwik-
kelte Vertriebsform des Einzelhandels mit
Warenhäusern, Fachgeschäften, Parkplät-
zen usw.
short drinks (: schå^rt drịnkß, engl. = kurze
Getränke), Getränke mit hohem Alkoholge-
halt.
Shorts (: schå^rts, engl., Mz.), kurze Hosen.
Short Story (: schå^t ßtåri), in Engl. u. Amerika sowohl die eig. Kurzgeschichte als auch
die Erzählung überhaupt; Vertreter u.a.
Poe, Melville, Mark Twain, Hemingway.
Show *w* (: scho^u, engl.), Schau, bes. Bz. für
Musik, Tanz u. Spiele verbindende Veran-
staltungen.
Shredder-Anlage (: sch-), Anlage zum Zerschlagen v. Altautos, Kühlschränken u.
ähnlichen Gegenständen aus Stahlblech,
um den Stahlschrott zurückzugewinnen.
Shreveport (: schrịwpå^rt), Stadt in Louisiana (USA), am Red River, 185000 E.; Textil-Ind.; Erdöl- u. Erdgasfelder.
Si, chem. Zeichen für ↗Silicium.
Sial *s*, der hauptsächl. aus Silicium-Alumi-
nium-Verbindungen (Granite, Gneise, Por-
phyre, Sedimentgesteine) bestehende
obere Teil der Erdkruste.
Siam ↗Thailand.
Siamẹsen, andere Bz. für ↗Thai.
Siamẹsische Zwillinge, eineiige, miteinander verwachsene Zwillinge.
Sian, Hst. der nordwestchines. Prov.
Schensi, an der Lunghai-Bahn, 1,4 Mill. E.;
ehem. Hst. der Han-Dynastie. Univ., PH;
Handelsstadt u. Verkehrszentrum.
Sibẹlius, *Jan*, finn. Komponist, 1865–1957;
knüpft an die Tonmalerei der Romantik an;
7 Symphonien, symphon. Dichtungen *(Fin-
landia)*, Violinkonzert.
Šibenik (: schị-), jugoslaw. Hafenstadt u.
Kriegshafen, an der dalmatin. Küste, 27000
E.; kath. u. orth. Bischof; kath. Dom (venezian. Gotik); Bauxitgruben. Aluminiumhütte, Gießerei, Textil-Ind.
Sibịrien, russ. *Sibịrj*, das nördl. Asien, zw.
dem Ural im W u. dem Pazif. Ozean im O;
wird im S begrenzt durch die Steppen u.
Kasachstan u. die südsibir. Randgebirge
(Altai, Sajan, Jablonowyj- u. Stanowoi-Ge-
birge); insges. 12,86 Mill. km², 26,4 Mill. E.
aus ca. 50 Volksgruppen: Ugrier, Turkvölker, Tungusen, Mongolen, Sibirier, Russen
u. a. – Das *Westsibir. Tafelland*, das Stromgebiet des Ob, ist eine der größten Tiefe-
nen der Erde, erfüllt v. unzugänglichen
Sümpfen u. Mooren. Das östl. anschlie-
ßende *Mittelsibir. Bergland*, zw. Jenissej u.
Lena, ist ein reichgegliedertes, im Mittel
400 m hohes Hügelland. Das *Ostsibir. Bergland*, der Ostzipfel Nordasiens zw. Lena u.
der Beringstraße, ist v. 2000–3000 m hohen
Gebirgsketten erfüllt, die in der Halbinsel
Kamtschatka auslaufen od. sich über die
Beringstraße nach Alaska fortsetzen. Bei
kaltem Binnenklima hat über die Hälfte der

Fläche S.s Dauerfrostboden. Der natürl.
Reichtum S.s ist sein Wald (80% der
UdSSR). S. hat ferner 71% der Energiere-
serven (Wasserkraft u. Kohle), 75% der
Kohlenvorräte, riesige Erdöl-, Erdgas- u.
Eisenerzlager, 90% der Vorkommen an
Edelmetallen u. Diamanten der UdSSR. Es
befindet sich seit dem 2. Weltkrieg in stürm.
Entwicklung, wobei gewaltige Stauseen
angelegt u. neue Ind.-Gebiete (Kusnezker
Becken, Tscheremchowobecken, Bureja-
becken) erschlossen wurden. **Sibịrische
Bahn** ↗Transsibirische Eisenbahn.
Sịbiu ↗Hermannstadt.
Sibỵllen, heidn. Seherinnen des Altertums,
die ungefragt weissagten; bes. berühmt die
Sibylle v. Cumae, der die sog. *Sibyllin. Bü-
cher* v. Rom zugeschrieben wurden, eine
Sammlung v. Prophezeiungen, die der Se-
nat in Notfällen zu Rate zog. – Angeblich
prophet. Charakter besaßen auch die jüd.
Sibyllin. Weissagungen, seit dem 2. Jh. v.
Chr. in Anlehnung an heidn. Orakel entstanden, später christl. überarbeitet; ein Ausläufer ist die sog. *Tiburtin. Sibylle* (3./4. Jh.).
Sichelklee, die ↗Luzerne.
Sịchem (hebr.), altkanaanit. Stadt, v. den
Juden erobert, in der Richterzeit zerstört,
nach dem Exil Kultort der Samaritaner;
2 km v. den Ausgrabungen heute ↗Nablus.
Sicherheitsglas, für Fahrzeuge verwendetes Glas, als *Mehrschichtenglas* (Zwischen-
schicht aus haftendem Kunststoff) od. *Ein-
scheiben-S.* (abgeschrecktes, vorgespann-
tes Glas, das in Glasgries zerfällt). **Sicher-
heitsgurt**, soll den Kraftfahrer u. Fluggast
vor Schäden bei starken Beschleunigungs-
(Brems-)Stößen bewahren. **Sicherheitslampe** ↗Grubenlampe. **Sicherheitspolizei**,
die Tätigkeitszweige der Polizei, die sich mit
Verhütung, Abwehr u. Beseitigung v. Störungen u. Gefahren befassen, die sich aus
allgemeinen Störungs- u. Gefahrenquellen
ergeben. **Sicherheitsrat**, Organ der ↗Ver-
einten Nationen. **Sicherheitsventịl**, durch
Feder od. Hebelgewicht belastetes Teller-
ventil an Dampfkesseln.
Sicherung, 1) allg. Vorrichtung, Gerät; bes.
die ↗elektr. S. 2) Vertragsklausel. **S.süber-
eignung**, Form der Kreditsicherung, die es
ermöglicht, bewegl. Sachen als Sicherheit
zu verwenden, ohne daran, wie beim Pfand,
den Besitz (wohl aber das Eigentum) aufzu-
geben. **S.sverwahrung**, im Anschluß an
eine verbüßte Freiheitsstrafe die Unterbringung eines Gewohnheitsverbrechers, wenn
die öff. Sicherheit dies erfordert.
Sichler, *Sichelreiher*, Storchvogel (Ibis) mit
sichelförm. Schnabel. □ 1046.
Sichtvermerk ↗Visum.
Sichtwechsel, ein ↗Wechsel, der bei Vorlage fällig ist. ↗Nachsichtwechsel.
Sickel, *Theodor* Ritter v., dt. Historiker,
1826–1908; Begr. der Urkundenkritik.
Sickingen, *Franz v.*, Reichsritter, 1481 bis
1523; Söldnerführer, Gönner des Humanisten u. Reformatoren, Hauptmann der
rhein. Ritterschaft.
Sic transit gloria mundi (lat.), so vergeht die
Herrlichkeit der Welt.
Siddhạrta, Beiname ↗Buddhas.

P. B. Shelley

Jan Sibelius

Franz v. Sickingen

siderisch (lat.), auf die Sterne bezogen. **s.e Umlaufszeit** ↗Umlaufszeit.
Siderit *m*, ↗Spateisenstein.
Sidi-bel-Abbès (:-bäß), alger. Stadt, 80 km Südl. v. Oran, 152 000 E.; Textil-, Nahrungsmittel-Ind., bis 1962 Hauptquartier der Fremdenlegion.
Sidney (: sidni), *Philip*, engl. Dichter, 1554–1586; Lyrik, Schäferroman *Arcadia*.
Sidon, heute ↗Saida.
Siebbein, Schädelknochen zw. beiden Augenhöhlen; oberer Teil die *Siebplatte*.
Siebdruck, *Serigraphie*, ein Durchdruckverfahren, bei dem die Druckfarbe durch ein enges Sieb, entsprechend der Vorlage, durchgedrückt wird; ermöglicht den Druck auf jeden Werkstoff.
Siebenbürgen, rumän. *Ardeal*, hist. Landschaft im Innern Rumäniens, 62 229 km², Hst. Cluj (Klausenburg). Vorwiegend v. Rumänen, einer starken Minderheit v. Madjaren u. vor dem 2. Weltkrieg Siebenbürger Sachsen (heute ca. 17 500) bewohnt. S. ist v. Gebirgsmauern umwallt. Im mittleren Teil tertiäre Schichten, in Hügel u. Rücken aufgelöst; bilden im N die Siebenbürger Heide. Zw. den Ostkarpaten die Becken der Csik u. das ↗Burzenland, nördl. der Südkarpaten das Becken v. Fogarasch u. die Cibinebene. Bodenschätze: Erdgas, Salz, Kohlen, Silber, Gold, Kupfer u. Blei. – Gehörte im 2. Römerzeit zu Dazien; kam im 10. Jh. zu Ungarn; im 12. Jh. v. Dt.en (Siebenbürger Sachsen) besiedelt; 1541/1691 selbständig. Ftm. unter lockerer türk. Schutzherrschaft, fiel dann an Östr.; kam beim Ausgleich 1867 zu Ungarn; fiel 1920 an Rumänien, 40 teilweise an Ungarn, 47 wieder ganz an Rumänien.
Siebengebirge, Nordwestteil des Westerwalds, ein jungvulkan. Kuppengebirge am r. Ufer des Mittelrheins, s.ö. v. Bonn: 7 Kuppen (bis 460 m) aus vulkan. Gestein: Drachenfels, Wolkenburg, Lohrberg, Großer Ölberg, Nonnenstromberg, Petersberg u. Löwenburg; Naturschutzgebiet.
Siebengestirn, die ↗Plejaden.
Siebenjähriger Krieg, 1756/63; der 3. ↗Schlesische Krieg zw. Friedrich d. Gr. (mit Engl. u. a.) u. Maria Theresia (mit Rußland, Schweden, Fkr. u. dem Dt. Reich u. a.); zugleich ein in Indien u. Amerika ausgetragener Kolonialkrieg zw. Engl. u. Fkr. (mit Spanien); veranlaßt durch Maria Theresias Wunsch, Schlesien zurückzuerwerben. Friedrich siegte u. a. 57 bei Roßbach u. Leuthen u. 58 bei Zorndorf, wurde aber 59 bei Kunersdorf entscheidend geschlagen; die Rettung brachte 62 der Sonderfriede mit Rußland; im Frieden v. Hubertusburg zw. Preußen, Östr. u. Sachsen trat Östr. Schlesien endgültig an Preußen ab. Im Kolonialkrieg wurde Fkr. geschlagen; im Frieden v. Paris erhielt Engl. v. Fkr. Kanada, Louisiana östl. des Mississippi u. das Senegalufer, v. Spanien Florida u. alles Land westl. des Mississippi.
Siebenschläfer, nach der Legende 7 Jünglinge v. Ephesus, die fast 200 Jahre in einer Höhle schliefen u. unter Ks. Theodosius II. (408/450) als lebendige Zeugen für die Auf-

Siebdruck. 1 Schema des Druckvorgangs: die Rakel drückt die Farbe durch die offenen Gewebemaschen; **2** geöffneter Druckrahmen, **a** aufgespanntes Sieb mit Schablone, **b** fertiger Druck

Siebenstern

Sieben Weltwunder
die ägyptischen ↗Pyramiden
Hängende Gärten der ↗Semiramis
Zeusbild des ↗Phidias in Olympia
Artemision in ↗Ephesus
Grabmal des Mausolos in Halikarnassos (↗Mausoleum)
Koloß von Rhodos des Chares von Lindos
Leuchtturm auf ↗Pharos oder ↗Babylonischer Turm

erstehung des Fleisches auftraten. Fest: 27. Juni. Das Wetter am *S.tag* bestimmt nach dem Volksglauben das Wetter der folgenden 7 Wochen.
Siebenschläfer, *Bilch*, nächtl. Nagetier; hält einen 7monat. Winterschlaf; in Europa.
Siebenstern *m*, Primelgewächs mit 7zähligen weißen Blüten.
Sieben Weise, griech. Philosophen u. Staatsmänner des 7. u. 6. Jh. v. Chr., denen Kernsprüche meist polit.-eth. Inhalts zugeschrieben werden: Thales, Bias, Chilon, Periander, Pittakos, Solon, Kleobulos.
Sieben Weltwunder, Bz. der 7 eindrucksvollsten Kunstwerke des Altertums.
Sieburg, *Friedrich*, dt. Schriftsteller, 1893 bis 1964; Essayist u. Publizist. *Gott in Fkr.?; Napoleon; Chateaubriand; Nur für Leser.*
Siebzehnter Juni, Tag des Volksaufstandes 1953 in Ost-Berlin u. fast allen größeren Städten der DDR gg. das SED-Regime; der ´Aufstand *(Juni-Aufstand)* wurde durch das Eingreifen sowjet. Panzer niedergeschlagen. Der 17. Juni als ,,Tag der dt. Einheit'' in der BRD gesetzl. Feiertag.
sieden, der isotherme Übergang einer Flüssigkeit in den Dampfzustand; der Siedepunkt (Siedetemperatur) ist v. Druck abhängig. ↗latente Wärme.
Siedlung, 1) jede menschl. Wohnstätte; *unstete* S.en bei Nomaden, *temporäre* oder *Saison-S.en* bei Jäger-, Hirten- u. Fischervölkern, *Dauer-S.en* bei seßhaften Bauern- u. Ind.-Völkern. **2)** planmäßige Anlage v. Ortsteilen, Dörfern zu einem bestimmten Zweck, z. B. zur Urbarmachung v. Ödland u. Mooren. **3)** die Gründungen v. Wohnstätten mit dem Hauptziel, S.swillige seßhaft zu machen; häufig in Form v. *Klein-* u. *Nebenerwerbssiedlungen*, durch *S.sgenossenschaften* mit öff. Hilfe angelegt. Die *landwirtschaftl.* S. erstrebt Erhaltung u. Stärkung des Bauernstandes u. ist oft verbunden mit Flurbereinigung u. Dezentralisierung. Nach dem Grundriß unterscheidet man in Dtl. das *Haufen-Dorf*, oft auch wegen der zugehörigen Flur *Gewann-Dorf* gen., am weitesten verbreitet. Die östl. Verbreitungsgrenze stimmt mit dem altbesiedelten Land überein. Östl. der Elbe schließt daran in einem schmalen Nord-Süd-Streifen der *Rundling* an, eine typ. Verteidigungsform der german. u. slaw. Siedlung. Das gesamte seit dem 12. Jh. östl. der Elbe eroberte Gebiet weist das *Straßen-Dorf* auf, regelmäßig angelegt beiderseits einer Straße. Eine Nebenform bildet das *Anger-Dorf* mit einem großen Platz in der Dorfmitte *(Anger)*, auf dem vielfach die Kirche steht. Ähnl. regelmäßig wie das Straßen-Dorf ist das *Waldhufen-Dorf*, am meisten verbreitet in den bewaldeten Randgebieten Böhmens. Ihm entspricht das *Marschhufen-Dorf* in Nord-Dtl. u. in den urbar gemachten Flußniederungen. Ganz lokale Verbreitung zeigen die *Einzelhöfe* u. *Zinken* in Teilen Nordwest-Dtl.s, im Schwarzwald u. in Bayern. □ 199.
Sieg *w*, r. Nebenfluß des Rheins, durchquert mit zahlr. Windungen das *Siegerland* u. mündet nach 130 km unterhalb v. Bonn.

Siegburg, Krst. des Rhein-Sieg-Kreises, an der Mündung der Agger in die Sieg, 34500 E.; Benediktinerabtei (um 1064–1803 u. seit 1914). Chem. und Maschinen-Ind.
Siegel s (lat.), zur Beglaubigung od. als Verschluß dienender, in Blei, Gold, Wachs od. (seit 16. Jh.) S.lack eingeprägter Stempelabdruck. **S.baum,** *Sigillaria,* Gattung fossiler Bärlappgewächse; Blattnarben 6eckig (Siegel!); wesentl. Bestandteil der Karbonflora. **S.lack,** Gemisch v. Schellack, Kolophonium, Terpentin u. Wachs mit Mineralfarben.
Siegen, Krst. im Siegerland, 113000 E.; Gesamthochschule; Eisen-Ind.
Siegfried, mhd. *Sifrit,* altnordisch *Sigurd,* jugendl. Held in der german. Sage; Drachentöter, erwirbt v. Alberich die Tarnkappe, bezwingt die Walküre Brünhilde im Wettstreit, wird ermordet. In der Edda, im Nibelungenlied, im Heldenbuch u. Volksbuch. – Musikdrama v. R. Wagner.
Sielengeschirr, leichtes Pferdegeschirr mit Brustblatt (Siele). Ggs. Kummetgeschirr. *In den Sielen (sterben),* in der Arbeit (sterben).
Siemens, Abk. S, Einheit der elektr. Leitwerts; 1 S = 1 Ampere/Volt; benannt nach Werner v. S.
Siemens, 1) *Friedrich,* 1826–1904; Erfinder der Stahlerzeugung im *Siemens-Martin-Ofen.* **2)** *Werner v.,* Bruder v. 1), bahnbrechender Erfinder u. Ingenieur, 1816–92; fand das dynamoelektr. Prinzip u. baute die ersten elektr. Generatoren, Elektromotoren, Straßen-, Hochbahnen. Begr. des S.konzerns. **S.stadt,** Ind.-Anlagen der Siemens AG u. der früheren Siemens-Schuckertwerke AG mit Wohnsiedlungen, in Berlin-Spandau.
Siena, it. Prov.-Hst. in der Toskana, südl. v. Florenz, 64000 E.; Erzb.; Univ.; mittelalterl. Stadtbild mit roman.-got. Dom (1229 beg.), got. Rathaus (1288/1309). Akademie der Künste u. Accademia Chigiana. □ 343.
Sienkiewicz (: ßjenkjewitsch), *Henryk,* poln. Schriftsteller, 1848–1916; geschichtl. Roman *Quo vadis?,* für den er 1905 den Nobelpreis erhielt.
Sierra w (span. = Säge), häufig in Gebirgsnamen. **S. Leone,** westafrikan. Rep. am Atlant. Ozean. Größtenteils dichtbewaldetes, z.T. versumpftes Tiefland mit tropischfeuchtem Klima. Ausfuhr: Diamanten, Eisenerze, Kopra, Kaffee, Kakao, Kolanüsse, Ingwer. – 1808 die Küste brit. Kronkolonie, 96 das Landesinnere brit. Protektorat; seit 1951 gemeinsame Verwaltung beider Teile, die seit 61 einen unabhängigen Staat bilden; nach mehreren Putschen 71 Ausrufung der Rep.; Staats-Präs. ist Siaka Stevens (seit 71). **S. Madre,** Randgebirge des Hochlands v. Mexiko, bis 4056 m hoch. **S. Morena,** der Steilrand des Kastil. Hochlandes gg. die Andalus. Tiefebene, 1800 m hoch; verbreitet Bergbau. **S. Nevada** (: -wa-), **1)** höchstes Gebirge der Pyrenäenhalbinsel, der zentrale Teil des Andalus. Faltengebirges, im Mulhacén 3481 m hoch. **2)** Hochgebirgskette im W der USA; bildet den inneren Teil der nord-am. Kordilleren; im Mount Whitney 4418 m hoch.

Siesta w (span.), Mittagsruhe.
Sieveking, *Amalie,* 1794–1859; Gründerin eines ev. Frauenvereins für Armen- u. Krankenpflege (1832) in Hamburg.
Sigel s, *Sigle* w (lat.), Abk. eines Wortes durch Buchstaben od. Zeichen.
Siger v. Brabant, niederländ. Philosoph, † um 1284; seine Thesen im Sinne des ⁄Averroes v. der Kirche abgelehnt.
Sigillaria, der fossile ⁄Siegelbaum.
Sigismund ⁄Sigmund.
Sigmaringen, baden-württ. Krst. an der Donau, Hst. des ehem. Hohenzollern, 15000 E.; spätmittelalterl. Residenzschloß. – 1535 bis 1849 hohenzollerisch.
Sigmatismus m (gr.), das Lispeln.
Sigmund, *Sigismund,* Fürsten: *Deutschland:* **S.,** Sohn Ks. Karls IV., 1368–1437; erbte 1378 die Mark-Gft. Brandenburg (die er 1415 den ⁄Hohenzollern übertrug), 85 durch Heirat Kg. v. Ungarn, 1410 zum dt. Kg. gewählt; nahm führend am Konstanzer Konzil teil; 19 Kg. v. Böhmen, 33 in Rom zum Ks. gekrönt. *Könige v. Polen:* **S. II. August,** auch August I., 1548/72; gewann Livland u. die Lehnshoheit über Kurland; vereinigte 69 Litauen mit Polen. Sein Neffe **S. III. Wasa,** 1587/1632; 1592/1604 auch Kg. v. Schweden, Förderer der Gegenreformation.
Signac (: ßinjak), *Paul,* frz. Maler, Graphiker u. Kunstschriftsteller, 1863–1935; Neo-Impressionist; schuf bes. Hafenbilder in pointillist. Manier. □ 761.
Signal s (lat.), Zeichen zur Nachrichten- od. Befehlsübermittlung u. zu Sicherungszwecken; elektr., opt. u. akust. übertragen. **S.buch,** internationales Verzeichnis der Bedeutung v. Kombinationen v. Signalflaggen in der Schiffahrt. **Signalelement** s (: ßinja- l^e-mãn, frz.), Beschreibung im Paß, Steckbrief. **Signatarmächte,** Unterzeichner eines zwischenstaatl. Vertrags. **Signatur** w, **1)** Name, Monogramm, Werkstattzeichen des Künstlers. **2)** öff. Urkunde. **Signet** s, Handsiegel, Buchdrucker-, Verlagszeichen. **signieren,** bezeichnen, unterzeichnen.
Signore (: ßinjo-, it.), Herr. *Signora,* Frau. *Signorina,* Fräulein.
Signorelli (: ßinjo-), *Luca,* it. Renaissancemaler, 1441–1523; Fresken in der Sixtin. Kapelle u. im Dom zu Orvieto; Tafelbilder u. Porträts.
Signum s (lat.), Zeichen, Merkmal.
Sigurd, altnord. für ⁄Siegfried.
Sihanuk, *Norodom S.,* kambodschan. Politiker, * 1922, 41/55 Kg. v. Kambodscha (dankte zugunsten seines Vaters ab), 55/69 Min.-Präs.; 60/76 Staatsoberhaupt, 70/75 (v. Lon Nol gestürzt) in Peking im Exil.
Sikhs (Sanskrit = Schüler), eine v. *Nanak* um 1500 unter muslim. Einfluß gegr. ind. Sekte, die das hinduist. Kastenwesen u. den Polytheismus ablehnt; Kultzentrum ⁄Amritsar; später eine militär.-polit. Organisation bes. zum Kampf gg. den Islam; heute leben die ca. 7 Mill. S. meist im NW Indiens.
Sikiang m, *Hsikiang, Jükiang,* größter Strom Südchinas, mündet nach 2655 km bei Macao in das Südchines. Meer.
Sikkativ s (lat.), Trockenstoff; vermindert bei Ölen u. Firnissen deren Trocknungszeit.

W. von Siemens

H. Sienkiewicz

Sierra Leone
Amtlicher Name:
Republic of
Sierra Leone
Staatsform:
Republik
Hauptstadt:
Freetown
Fläche:
71740 km²
Bevölkerung:
3,3 Mill. E.
Sprache:
Amts- und Bildungssprache ist Englisch; Umgangssprachen vor allem Mende, Temne und Krio
Religion:
65% Anhänger von Naturreligionen, 25% Muslimen
Währung:
1 Leone = 100 Cents
Mitgliedschaften:
UN, Commonwealth, OAU

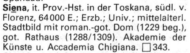

Sikkim, ehem. Ftm. im östl. Himalaja, ind. Bundesstaat; 250000 E., Hst. Gangtok. S. ist ein bewaldetes, stark zertaltes Hochgebirgsland mit Paßstraßen nach Tibet. – Seit 1890 unter brit., seit 1950 unter ind. Schutz, 75 v. Indien annektiert.

Silbe w (gr.), Sprecheinheit, Teil des Wortes; bei einsilbigen Wörtern mit diesen identisch.

Silber, Argentum, chem. Element, Zeichen Ag, Edelmetall, Ordnungszahl 47 (☐ 149); Gewinnung hauptsächlich aus Nebenprodukten der Bleiglanz-Verhüttung; jährliche Weltproduktion ca. 9000 t. Zu Münzen, Schmuck- u. Gebrauchsgegenständen. S. wird zur Härtung mit 10–20% Kupfer legiert. Verbindungen: S.bromid (AgBr), S.chlorid (AgCl) u. S.jodid (AgJ) in der Photographie; S.nitrat (AgNO₃) ↗Höllenstein u. S.cyanid (AgCN) zum Versilbern. **S.diffusionsverfahren**, ein photograph. Schnellverfahren, bei dem das Negativ mit einem Schichtträger zusammengepreßt wird u. in diesem ein Positiv hervorruft. **S.distel**, die große ↗Eberwurz. **S.fisch**, silberglänzende Abart des Goldfisches. **S.fischchen**, Zuckergast, lichtscheues, flügelloses Urinsekt, grausilbrig beschuppt; in ungelüfteten Räumen. **S.glanz**, Ag₂S, S.mineral, grau, meist zus. mit Bleiglanz. **S.löwe**, der ↗Puma.

Silberfischchen

Silbermann, dt. Orgel- u. Klavierbauerfamilie (aus dem Erzgebirge) zur Zeit J. S. Bachs; wirkte bes. in Straßburg, später in Sachsen.

Silbernes Lorbeerblatt, Silberlorbeer, 1950 vom Bundes-Präs. der BRD gestiftete Auszeichnung für besondere sportl. Leistungen, 64 zum Orden erhoben.

Silberpapier, Stanniol, silberfarb. Aluminiumfolie; Verpackungsmaterial. **Silberregen** ↗Robinie. **Silberstrich** ↗Kaisermantel. **Silberwurz**, Rosengewächs, niederliegender Zwergstrauch, Blätter immergrün u. ledrig, unten weißfilzig; in alpinen Zonen.

Silcher, Friedrich, dt. Komponist, 1789 bis 1860; sammelte und komponierte Volkslieder; u. a. Ännchen v. Tharau; Ich weiß nicht, was soll es bedeuten.

Silbernes Lorbeerblatt

Silen m, halbmenschl. Pferdewesen, das Dionysos begleitet.

Silentium s (lat.), Stillschweigen.

Silesius ↗Angelus Silesius.

Silhouette w (: ßiluät, frz.), ↗Schattenriß, Umrißbild.

Silicate, Metallverbindungen (Salze) der ↗Kieselsäure, Bestandteil zahlreicher Gesteine u. Mineralien.

Silicium s, chem. Element, Zeichen Si, Ordnungszahl 14 (☐ 149); härter als Glas. S. hat die Fähigkeit zur Kettenbildung im Molekül. Gewinnung durch Reduktion v. Quarz, im elektr. Ofen. Als Zusatz zu Eisen (Ferro-S.) macht es dieses chem. widerstandsfähig; für Transistoren u. Gleichrichter. **S.bronze**, harte Legierung mit etwa 80% Kupfer u. 0,03% S. **S.carbid**, das ↗Karborund.

Silicone (Mz.), organ. Verbindungen (Kunststoffe), deren Grundgerüst aus Reihen abwechselnder Silicium- u. Sauerstoffatome besteht, aus Siliciumtetrachlorid entwickelt: ölähnl. S., beständig gg. Säuren u. Laugen; harzähnl. S., für elektr. Isolier-

material; kautschukähnl. S., zu Dichtungen u. Isolationen.

Silikose ↗Staubeinatmungskrankheit.

Sillanpää (: ßilanpä), Frans Eemil, finn. Schriftsteller, 1888–1964; Romane um Schicksale in nord. Landschaft: Silja; Menschen in der Sommernacht; 1939 Literatur-Nobelpreis.

Silo m (span.), Getreidespeicher. Futter-S., für ↗Gärfutter.

Silone, Ignazio, it. Schriftsteller, 1900–78; sozialist.-humanist. Ideale, Gegner des Faschismus. Romane: Fontamara; Brot und Wein.

Sils, schweizer. Luftkurort im Engadin am Ausfluß des Inn aus dem S.er See.

Silur s, auf das Ordovizium folgende geolog. Formation, mit Sandsteinen, Grauwakken u. Tonschiefern als Ablagerungen des S.meers. Starke Gebirgsbildungen. Trilobiten u. als Leitfossilien Graptolithen, Knorpelfische. ☐ 237.

Silvaner m, weiße Weintraubensorte.

Silvaplana, schweizer. Kurort im Oberengadin, 1816 m ü. M., 750 E. Dabei der Silvaplaner See (2,65 km², bis 77 m tief).

Silvester, Sylvester, Päpste: **S. I.**, hl. (31. Dez.), 314/335; regierte z.Z. ↗Konstantins d. Gr. **S. II.**, zw. 940 u. 950/1003; als Gerbert v. Reims berühmter frz. Gelehrter; Lehrer Ks. Ottos III., 999 Papst.

Silvretta m, vergletscherte Gruppe der Rät. Alpen auf der Grenze v. Graubünden, Tirol u. Vorarlberg, im Piz Linard 3411 m hoch.

Sima s, hauptsächl. aus Silicium-Magnesium-Verbindungen (Gabbro, Diorite, Basalte) bestehender unterer Teil der Erdkruste.

Simenon (: ßimᵉnõn), Georges, belg. Schriftsteller, * 1903; Kriminal- u. Gesellschaftsromane. Maigret (mit zahlr. Fortsetzungen); Der Schnee war schmutzig.

Simeon (hebr.), 1) der 2. Sohn des Patriarchen Jakob. 2) der Greis, der den Jesusknaben als Messias erkannte. 3) ↗Symeon.

Simferopol, Hst. u. Kulturzentrum der Krim, nördl. des Jailagebirges, 302000 E.; Univ.; zahlr. Ind.en.

Simili s od. m, imitierter Edelstein.

similia similibus (curantur) (lat.), Ähnliches mit Ähnlichem (heilen), Prinzip der ↗Homöopathie.

Simla, Hst. des ind. Bundesstaates Himachal Pradesh vor dem Himalaja, 55000 E.; kath. Bischof; Höhenluftkurort (2133 m ü. M.), meteorologische Zentralstation.

Simmel, 1) Georg, dt. Kulturphilosoph u. Soziologe, 1858–1918; vertrat eine pragmatist. Wahrheitstheorie u. eine deskriptive Morallehre; Wegbereiter der formalen Soziologie. 2) Johannes Mario, östr. Schriftsteller, * 1924; Romane (z. T. verfilmt) mit Zeitthemen (Es muß nicht immer Kaviar sein; Liebe ist nur ein Wort; Lieb Vaterland magst ruhig sein; Der Stoff, aus dem die Träume sind; Niemand ist eine Insel; Hurra, wir leben noch; Wir heißen euch hoffen), Erz., Drama (Der Schulfreund), Drehbücher.

Simmentaler, Fleckvieh, eine Rinderrasse, rotscheckig, bes. in der Schweiz.

Georges Simenon

Simon, 1) urspr. Name des Apostels ↗Pe-

trus. 2) hl. (28. Okt., mit Judas zus.), *Apostel,* der „Eiferer"; missionierte wahrscheinl. in der jüd. Diaspora. 3) S. der Makkabäer, 143 v. Chr. Hoherpriester u. Volksfürst, kämpfte gg. Syrien; 135 ermordet. 4) S. v. Kyrene, wohl in Jerusalem ansässiger Jude; wurde gezwungen, Jesu Kreuz nach Golgotha zu tragen. 5) S. der Magier („Zauberer"), wollte v. Petrus die Vollmacht der Geistverleihung erkaufen, wurde aber abgewiesen.

Simonie *w,* nach ↗Simon dem Magier ben. Handel mit geistl. Sachen u. Kirchenämtern, Sakramenten usw.; kirchl. streng bestraft u. rechtl. ungültig.

Simonow, *Konstantin,* sowjetischer Schriftsteller, 1915–79; Lyrik, Romane *(Tage und Nächte; Die Lebenden und die Toten),* Dramen *(Die russ. Frage; Der fremde Schatten).*

Simplicissimus, 1) Titelheld des Romans (1669) v. ↗Grimmelshausen. 2) liberale, polit.-satir. Wochenschrift in München, gegr. 1896, neugegr. 1954, 67 eingestellt.

Simplon *m, Sempione* (it.), schweizer. Paß zw. Rhônetal u. dem it. Val Divedro, 2005 m hoch, Hospiz u. Hotel. S.tunnel, 19,8 km lang (1898/1905, seit 1922 Paralleltunnel), seit 72 400 m langer Scheiteltunnel in 1992 m Höhe.

Simrock, *Karl,* dt. Germanist, 1802–76; Übersetzungen aus dem Mhd.

Simsen, grasähnl. Stauden, bes. Riedgräser u. Binsen; ferner Hasenbrot.

Simson, israelit. Richter. ↗Samson.

Simson, *Eduard v.,* liberaler dt. Politiker, 1810–99; 48 Präs. der Frankfurter Nationalversammlung.

Simulator *m* (lat.), Nachahmung des Steuerstandes eines komplizierten techn. Gerätes (z. B. Flugzeug, Raumkapsel) zur Ausbildung des Personals; gestattet, alle techn. mögl. Zustände darzustellen.

simulieren (lat.), vorspiegeln. *Simulant,* wer etwas, bes. Krankheit, vortäuscht.

simultan (lat.), gemeinsam, gleichzeitig. S.bühne, Bz. für eine Bühne, auf der mehrere Schauplätze nebeneinander aufgebaut sind. S.kirchen, werden v. verschiedenen Konfessionen aufgrund festen Rechts benutzt. S.schule, urspr. paritätische Staatsschule. ↗Bekenntnisschule.

sin, Abk. für Sinus (↗Winkelfunktionen).

Sinai *m,* ägypt. Halbinsel im N des Roten Meeres mit dem stark zerklüfteten *S.gebirge* (im Gebel Katharina 2641 m hoch), 59000 km². Erdölfunde. *Berg S.* ↗Horeb.

Sinatra (: -tr⁶), *Frank,* am. Sänger (gen. *The Voice)* u. Filmschauspieler, * 1915; Filme u.a. *Verdammt in alle Ewigkeit; ... und nichts als ein Fremder; Der Mann mit dem goldenen Arm; Schicksalsmelodie.*

Sinclair (: ßinklär), *Upton,* am. Schriftsteller, 1878–1968; pazifist. u. sozialkrit., z. T. dem Marxismus nahestehende Schriften, bes. Romane: *Der Sumpf; König Kohle;* später auch religiöse Motive.

Sindelfingen, württ. Ind.-Stadt s.w. von Stuttgart, 54200 E.; Automobil-, Büromaschinen- u. Datenverarbeitungs-Ind.

Sindermann, *Horst,* dt. Politiker (SED), * 1915; 73/76 Vorsitzender des Min.-Rates der DDR, 76 Volkskammer-Vors.

Frank Sinatra

U. Sinclair

Horst Sindermann

sine ira et studio (lat. = ohne Zorn u. Eifer), d.h. unparteiisch; nach Tacitus.

Sinekure *w* (lat.), 1) urspr. Pfründe ohne Verpflichtung zur Seelsorge. 2) *i.ü.S.:* einträgl. Amt mit wenigen Aufgaben.

sine tempore (lat.; Abk. s.t.), ohne Zeit(zugabe), pünktlich; Ggs. cum tempore (c.t.).

Sinfonie ↗Symphonie.

Singapur, engl. *Singapore,* Inselstaat vor der Südküste der Halbinsel Malakka, durch einen 1,2 km breiten Damm mit dem Festland verbunden. S. ist der wichtigste brit. See- u. Luftstützpunkt in SO-Asien. Durch die schmale *Straße v. S.,* die es v. Indonesien trennt, geht der gesamte Schiffsverkehr v. Europa nach Ostasien; 75% des Außenhandels Malaysias gehen über S. – Bis 1946 Teil der ↗Straits Settlements, dann brit. Kronkolonie; seit 59 autonom, 63/65 Mitgl. der Föderation ↗Malaysia, seit 65 unabhängige Rep. – Die Stadt S., 2,11 Mill. E., 2 Univ. u. 1 TH; Gummi-, Konserven-Ind., Werften, Stahlwerk.

Singen, *S. am Hohentwiel,* bad. Ind.-Stadt im Kr. Konstanz, 43700 E.; Nahrungsmittelfabrik, Metall-Ind., Aluminiumwalzwerk.

Singhalesen, Mischvolk auf ↗Ceylon.

Sing Out (: -aut), in den USA entstandene Gesangsbewegung der ↗Moralischen Aufrüstung.

Singspiel, musikal. Bühnenwerk meist heiteren od. empfindsamen Charakters, in dem gesprochene Texte mit gesungenen wechseln. Höhepunkt Mozarts „Entführung aus dem Serail".

Singular *m* (lat.), Einzahl, Ggs. ↗Plural.

Singvögel, 4000 Arten der Sperlingsvögel; ihr Muskelapparat unterhalb des Kehlkopfs befähigt sie z. T. zu klangvollem Gesang. Nützlich als Insektenfresser. ☐ 1045/46.

Sining, Hst. der chines. Prov. Tsching-hai, muslim. Kulturzentrum in China, 600000 E.

Sinkiang Uighur, autonomes Gebiet in Westchina, umfaßt das Tarimbecken, den mittleren u. östl. Tienschan u. die südl. Dsungarei, 1646800 km², 11 Mill. E., davon 75% Uiguren (= Osttürken) u. 10% Chinesen. Hst. Urumtschi.

Sinking, Hsinking, ↗Tschangtschun.

Sinkkasten ↗Gully.

Sinnersdorf, nördl. Stadtteil von Köln (seit 1975); Kleineisen-Ind.

Sinnesorgane, setzen physikal. u. chem. Reize (Licht, Schall, Berührung, Schwerkraft, Geschmacks- u. Geruchsstoffe) in Nervenerregung um u. vermitteln so eine Vorstellung v. der Umwelt. S. sind Auge, Ohr, Geschmacks-, Geruchs-, Tast-, Gleichgewichtssinn, ferner die Organe für Wärme-, Kälte-, Schmerzempfinden u. für das Stellungsempfinden der Glieder. Sinnestäuschungen, Sinnesempfindungen, die den Wirklichen nicht entsprechen (↗Halluzination, ↗Illusion, ↗optische Täuschung).

Sinn Fein (: schim feᶦn, gälisch = Wir selbst), 1905 gegr. nationalist. Partei in ↗Irland.

Sinngedicht, dt. für ↗Epigramm. [land.

Sinnpflanze, die ↗Mimose.

Sinologie *w* (lat.-gr.), die Wiss. v. der chines. Sprache u. Kultur.

Singapur

Amtlicher Name:
Majulah Singapura –
Republic of Singapore

Staatsform:
Republik

Hauptstadt:
Singapur

Fläche:
581 km²

Bevölkerung:
2,36 Mill. E.

Sprache:
Staatssprache ist
Malaiisch; Amts-
sprachen sind
Englisch, Chinesisch,
Tamil

Religion:
Konfuzianer und Bud-
dhisten (Chinesen),
Muslimen (Malaien und
Pakistani), Hindus,
christl. und jüdische
Minderheiten

Währung:
1 Singapur-Dollar
= 100 Cents

Mitgliedschaften:
UN, Commonwealth

Ausguß

Siphon
als Geruchsabschluß

Druckluft hoher
Ton
tiefer Ton

Antrieb (Motor)

Sirene: Loch-S.

Sinsheim, S. an der Elsenz, alte bad. Reichsstadt im Kraichgau, 26300 E.; Metall-, Holz-,
Kunststoff-, Bekleidungs- u. chem. Ind.
Sintenis, Renée, dt. Bildhauerin u. Graphikerin, 1888–1965; bes. anmutige Tierplastiken.
Sinter, als Kalk-S. od. Kiesel S. sich aus
Flüssen oder heißen Quellen absetzende
Mineralien. Aus Kalk-S. bilden sich ↗Tropf-
steine. **S.metalle,** durch Sintern in der
↗Pulvermetallurgie gewonnene Werkstoffe, z. B. für selbstschmierende Lager aus
Sintereisen.
sintern, 1) keram.: Verdichten der geformten Rohmasse durch Brennen (bei unge-
formten Massen ↗Fritte). 2) in der ↗Pul-
vermetallurgie: Verdichten v. Metallpulver.
Sintflut (ahd. sinvluot = große Flut), die atl.
Erzählung v. der Wasserflut als einem göttl.
Strafgericht (daher fälschl. auch als „Sündflut" gedeutet) über eine gänzl. verderbte
Menschheit; nur ↗Noe, seine Verwandten
u. viele Tierarten wurden in eine Arche gerettet; Flutberichte auch bei anderen Völkern.
Sinus m (lat.), Abk. sin, eine ↗Winkelfunk-
tion.
Sinzig, Stadt in Rheinland-Pfalz, an der
Mündung der Ahr in den Rhein, 14100 E.;
Fliesen-, Kunststoff- u. Gummiwaren-Ind.,
Mineralquellen u. Mineralwasserversand;
alte fränk. u. stauf. Königspfalz.
Sion m, Zion, urspr. die Festung der Jebusiter in Alt-Jerusalem; i. ü. S. die ganze Stadt;
das Volk Gottes; die christl. Kirche.
Sion (: ßjõn), frz. für ↗Sitten.
Sioux (: ßu, sju), Dakota, Indianerstämme
am Mississippi, heute ca. 48000 Mitgl.
Siphon m (gr.), 1) Flasche zum Ausschenken
v. Flüssigkeit unter dem Druck v. über ihr
eingeschlossenem Kohlendioxid. 2) S-förmiges Rohr; Geruchsverschluß v. Ausgüs-
sen, Abortbecken. ☐ 2.
Sippe, 1) allg. Verwandtschaft. 2) in der Völkerkunde: eine Gruppe v. Blutsverwandten,
die z. B. bei den Germanen einen geschlossenen Kult, Friedens- u. Rechtsverband bildeten. **S.nhaftung,** straf- od. vermögensrechtl. Haftbarmachung v. Angehörigen
einer Person für Delikte, die dieser zugeschrieben werden; im Rechtsstaat ausgeschlossen.
Sir (: ßör), 1) engl. Adelstitel. 2) in Engl. allg.
Anrede des Herrn (ohne Familiennamen).
Sirach, Buch S., lat. Liber Ecclesiasticus,
apokryphes, nach kath. Terminologie deuterokanon. Buch des AT; 180/170 v. Chr. v.
Jesus S. verf.
Sire (: ßir), in Fkr. im MA Anrede v. Lehns-
fürsten, seit dem 16. Jh. nur noch des Kg.s.
Sirene w (gr.), 1) akust. Signal- u. Alarmge-
rät. Loch-S.: kreisförm., motorgetriebene
Metallscheibe mit Lochreihen, angeblasen
durch Druckluftstrahlen. Der Ton wird um
so höher, je rascher die Scheibe läuft. 2)
griech. Fabelwesen (Vogel mit Frauenkopf),
das durch Gesang Seefahrer in den Untergang lockt. 3) ↗Seekuh.
Sirius m, hellster Fixstern des Himmels, im
Sternbild Großer Hund. ☐ 947.
Sirmium, in spätröm. Zeit Hst. Illyriens u.
kaiserl. Residenz; die Ruinen nahe bei der

jugoslaw. Stadt Sremska Mitrovica an der
Sirocco, der ↗Scirocco. [Save.
Sirup m (arab.), zähe, süße Flüssigkeit: a)
Ablauf bei der Zuckerherstellung, b) Frucht-
od. Obst-S., konzentrierter Saft mit 60–70%
Zucker, c) Zuckerlösung mit Arzneimittelzu-
sätzen (Husten-S.).
Sisalhanf m, spinnbare Blattfasern v. Aga-
ven; zu Stricken, Schiffstauen, Matten.
Sisley (: ßißlä), Alfred, frz. Landschaftsma-
ler engl. Herkunft, 1839–99; Impressionist.
sistieren (lat.), 1) stillegen. 2) festnehmen.
Sisyphus, in der griech. Sage ein Kg., der
wegen seines ruchlosen Lebenswandels in
der Unterwelt einen stets zurückrollenden
Fels bergauf wälzen muß. **S.arbeit,** eine Arbeit ohne Ende u. Erfolg.
Sit in s (engl.), Sitzstreik, Form der Demonstration u. des passiven Widerstands.
Sitten, frz. Sion, Hauptort des schweizer. Kt.
Wallis, im Rhônetal, 23600 E.; im Stadtbild
die Burgfelsen Tourbillon u. Valère. Kath.
Bischof.
Sittengeschichte, Teil der Kulturgesch., behandelt Bräuche u. Moralvorstellungen einer Epoche, Völkergemeinschaft usw.
Sittengesetz s, 1) als natürl. S. die Gesamtheit aller das sittl. Verhalten des Menschen
bestimmenden Normen, die im sittl. Bewußtsein (↗Gewissen) erkannt werden. 2)
als positives göttl. S. nach christl. Lehre die
Gesamtheit der in der göttl. Offenbarung
verkündeten Gesetze des menschl. Handelns, das das natürl. S. nicht aufheben,
sondern vertiefen u. verdeutlichen.
Sittenlehre ↗Ethik, ↗Moral.
Sittenpolizei, Teil der Kriminalpolizei, der
bes. den Schutz der öff. Sicherheit gg. Sittlichkeitsdelikte übernimmt.
Sittiche, Papageien v. Sperlings- bis Ra-
bengröße, mit langem Schwanz, buntem
Gefieder. Käfigvögel: Halsband-, Nym-
phen-, Sing-S. u. bes. austral. Wellen-S.
Sittlichkeit w, die alles Denken, Wollen u.
Tun nach dem ↗Sittengesetz ausrichtende
menschl. Grundhaltung (↗Ethik, ↗Moral).
S.sverbrechen, Straftaten, die gg. die Nor-
malität des Sexuallebens gerichtet sind,
z. B. Blutschande, Unzucht, Sodomie.
Situation w (frz.), 1) Lage, Zustand. 2) in der
Kartenkunde: ↗Karten.
sit venia verbo (lat.), mit Verlaub zu sagen.
Sitzbein, Teil des knöchernen ↗Beckens.
Siut, die ägyptische Stadt ↗Asiut.
Sivas, fr. Sebaste, türk. Bez.-Hst. im Tal des
Kisil-Irmak, 150000 E.
Siwa ↗Schiwa.
Siwa, Siva, Oase in der ägypt.-libyschen
Wüste; ca. 30 m ü. M., 50 km lang, größte
Breite 6 km.
Sixtinische Kapelle, 1) 1473/81 unter Papst
Sixtus IV. v. Giovanni Dolci erbaute Haus-
kapelle im Vatikan mit Fresken v. Pinturic-
chio, Botticelli, Ghirlandaio, Rosselli, Si-
gnorelli u. Perugino; Bemalung der Decke
u. Stirnwand durch Michelangelo. ☐ 906. 2)
Sixtina, päpstl. Sängerchor.
Sixtinische Madonna, v. Raffael um 1515 für
die Sixtuskirche in Piacenza gemalt; 1753
für die Dresdner Galerie gekauft. ☐ 790.
Sixtus, 5 Päpste, u. a. **S. IV.,** 1414–84; 71 Pp.,

Förderer v. Kunst (↗Sixtin. Kapelle) u. Wiss., durch seinen Nepotismus in Kriege verwickelt. **S. V.**, 1521–90; 85 Pp.; reorganisierte das Kardinalskollegium; vielseitige Bautätigkeit.

Sizilianische Vesper, Volksaufstand der Sizilianer 1282; begann am Ostermontag zur Vesperzeit; führte zur Vertreibung Karls I. v. Anjou u. der Franzosen u. zur Einsetzung Peters III. v. Aragonien zum Kg. v. Sizilien.

Sizilien, größte Insel Italiens u. des Mittelmeers, v. It. 3 km (Straße v. Messina), v. Afrika 150 km entfernt; 25426 km², als Region 25708 km², 5 Mill. E.; Hst. Palermo. Der N ist die bis 1977 m ansteigende Fortsetzung des Apennin; an der O-Küste schließt sich gg. S. der ↗Ätna an, im S Hügelland (mit Schwefelgruben). 90% der Insel sind bebaut (Weizen, Wein, Südfrüchte). Fischerei u. Seehandel. – Im Alt. Koloniegründungen der Griechen u. Karthager in S.; 241 v. Chr. (1.) röm. Prov.; nach wechselnder Herrschaft während der Völkerwanderung im 9. Jh. v. den Arabern u. 1061/91 v. den Normannen erobert; war dann Teil des 1130 v. Roger II. begr. Kgr. ↗Neapel, das nach der Stauferherrschaft 1266 an Karl v. Anjou fiel; nach der ↗Sizilian. Vesper 82 selbständig unter aragones. Fürsten; 1503/1860 wieder mit Neapel vereinigt; wurde 1861 Teil des Kgr. It.; erhielt 1946 regionale Autonomie.

SJ, lat. Abk. für *Societas Jesu.* ↗Jesuiten.

Skabiose w, Knopfblume, meist mediterrane Kräuter od. Stauden, auf Wiesen u. Triften, so in Dtl. *Tauben-S.*, mit lila Blütenköpfen; auch Zierpflanzen.

Skagerrak s od. m, 110–150 km breite, in der *Norweg.* Rinne bis 809 m tiefe Verbindung der Nordsee zum Kattegat u. zur Ostsee. – Seeschlacht am S. 31. 5./1. 6. 1916 zw. der dt. u. der brit. Flotte; ohne Entscheidung abgebrochen.

Skala w (it.), **1)** Tonleiter. **2)** Stufenleiter. **3)** Gradeinteilung, Maßstab v. Meßwerkzeugen.

Skalar m (lat.-it.), eine Größe, die durch eine

Skanderbeg

Skabiose

Sixtinische Kapelle

einzige Zahlenangabe beschreibbar ist, z. B. Temperatur. Ggs. ↗Vektor, ↗Tensor.

Skalde, der altnord. Dichter u. Sänger, vor allem im 10. Jh. auf Island. ↗Edda.

Skalp m (engl.), Kopfhaut mit Haaren. **skalpieren,** den S. abziehen, ehemals Kriegssitte der nord-am. Indianer.

Skalpell s (lat.), kleines chirurg. Messer.

Skandal m (gr.), Anstoß, Ärgernis. **skandalös,** anstößig, ärgerniserregend.

Skanderbeg, um 1405–68; Führer im Freiheitskampf der Albaner gg. die Türken.

skandieren, Betonen der Hebungen im Vers.

Skandinavien, nordeurop. Halbinsel zw. der Nordsee u. dem Bottn. Meerbusen, durch die breite Landbrücke v. Finnland mit dem osteurop. Festland verbunden; 1900 km lang, 400–750 km breit, 773600 km². Polit. gehören Norwegen u. Schweden zu S., häufig rechnet man noch Finnland, Dänemark u. Island hinzu, so beim ↗Nord. Rat.

Skandinavische Kunst, die in vielen Zügen gleichgeartete dän., norweg., schwed. u. finn. Kunst. Entwickelte sich als german. bzw. christl.-german. Kunst mit stark ornamentalem Charakter aus der ↗Nord. Kunst; überliefert sind hauptsächl. die in Gräbern aufbewahrten Tonwaren, Geräte, Schmuck u. Waffen mit für die Zeit jeweils charakterist. Mustern (Bronzezeit 1700/600 v. Chr., Eisenzeit seit 600 v. Chr.); das Ornament verwandelt sich v. ursprünglich linearen u. geometr. zu pflanzl.-tier. Formen der Spätzeit; reichentwickelte Holzschnitzerei in der Wikingerkunst (800/1100 n. Chr.), bes. durch den ↗Osebergfund überliefert. In der *Architektur* herrscht lange (vielfach heute noch) der Holzbau; bei Kirchen u. Klöstern Steinbau seit dem 11. Jh. Seit der Renaissance führt der fürstl. Profanbau. Schweden erreicht eine Höhepunkt im Barock, geführt v. Baumeister N. Tessin d. J. (Schloß Stockholm). Der Klassizismus des 18./19. Jh. prägt bis heute das Gesicht der skandinav. Städte. In Dänemark C. F. Hansen mit Schloßkirche in Kopenhagen, in Schweden L. J. Desprez mit Schloß Haga, in Finnland C. L. Engels mit Univ. in Helsinki. Um 1900 Ausbildung eines Nationalstils (Rathaus Stockholm 1911/15); in den 30er Jahren starker Einfluß Le Corbusiers u. des Bauhauses. Internationale Bedeutung erlangten die finn. Architekten A. Aalto u. E. Saarinen. In der *Plastik* des Klassizismus erlangt der Däne B. Thorvaldsen erstmals europ. Bedeutung, hervorragend sind außerdem der Schwede J. T. Sergel, die Norweger G. Vigeland u. S. Sinding. In der *Malerei* des Barock entsteht eine eigenständ. Porträtmalerei durch dt. u. niederländ. Künstler, u. a. D. Klöcker in Schweden. Vom Kontinent beeinflußt ist der norweg. Romantiker J. C. Dahl u.a., die Impressionisten G. Munthe in Norwegen, A. Zorn in Schweden u. K. Zartmann in Dänemark. Einen bedeutenden Beitrag zum Expressionismus leistete E. ↗Munch.

Skandinavische Literatur. Zeugnisse der großen Epoche des norweg.-island. Kulturbereichs sind altnordische Dichtung (Edda,

Sagas), auch das finn. Kalewala-Epos (endgültige Fassung im 19. Jh.). Mit der Christianisierung entstanden Legenden-Sammlungen u. die mönch. Geschichtsschreibung. Seit dem 17. Jh. steht die S. L. in enger Wechselbeziehung mit der europ. – Der Dramatiker L. Holberg war der erste große dän. Dichter. Von der Romantik kam A. G. Oehlenschläger her. Der Märchen- u. Romandichter H. C. Andersen u. der Philosoph Kierkegaard wirkten im 19. Jh. ebenso über die dän. National-Lit. hinaus wie später die Impressionisten J. P. Jacobsen u. H. Bang sowie der Geisteshistoriker G. Brandes. Im 20. Jh. dominiert der sozialrealist. u. psycholog. Roman. – Erst im 19. Jh. erreichte die norweg. Dichtkunst Weltgeltung (H. Ibsen, B. Björnson, J. Lie). Im 20. Jh. ragen vor allem die Erzähler K. Hamsun u. S. Undset u. die Heimatdichter J. Falkberget u. O. Duun hervor. – In Schweden gründete König Gustav III. 1786 die Schwedische Akademie („Die Achtzehn", sie verleiht seit 1901 dem Nobelpreis). Schützling Gustavs war der Liederdichter K. M. Bellmann mit seinen Schilderungen der Natur u. des Stockholmer Volkslebens. Die Romantik beherrschte die erste Hälfte des 19. Jh. Die Neuromantik der neunziger Jahre lebte von vor allem von Strindberg getragenen Naturalismus der achtziger Jahre ab durch die Lyrik v. Karlfeldt u. Heidenstam u. das Werk v. Selma Lagerlöf. Der einflußreichste Dichter des 20. Jh.: P. Lagerkvist. Entwicklung einer modernen Lyrik u. einer teils antibürgerl. (Johnson, Moberg), teils mehr bürgerl. Romankunst. – In Finnland blühte im 18. u. 19. Jh. vor allem die Volksdichtung. Der erste große finnisch schreibende Dichter war A. Kivi (Mitte 19. Jh.). Im 20. Jh.: die Erzähler Sillanpää u. Waltari u. eine reiche Lyrik.

Skandium ↗Scandium.

Skapulier s (lat. = Schulterkleid), körperbreiter Tuchstreifen, nach vorn u. hinten herabfallend, von manchen Mönchsorden getragen. Als kleinere Laien-S. bei Mitgliedern des 3. Ordens u. Bruderschaften.

Skarabäus m, ein ↗Pillendreher; war den Ägyptern ein heiliges Tier, oft als Amulett in der altägypt. Kunst; im Alt. auch in Griechenland u. It. nachgeahmt.

Skat m, Kartenspiel mit 32 Blatt zw. 3 Spielern mit je 10 Karten; 2 Karten bilden den „S."; 61 Augen gewinnen.

Skeleton m (ßkelet^en, engl.), niedriger Rennschlitten aus Stahlrohr, bäuchlings gesteuert.

Skelett s (gr.), Knochengerüst, bei Mensch u. Wirbeltier: Stamm-S. aus Schädel, Wirbelsäule, Brustkorb, u. Gliedmaßen-S. aus Schultergürtel mit Armen u. Beckengürtel mit Beinen. ☐ 615. **S.bau**, im Hochbau eine Bauweise mit Stahl- od. Stahlbetonteilen als tragender Konstruktion.

Skepsis w (gr.; Bw. skeptisch), Zweifel.

Skeptiker m, Zweifler. **Skeptizismus** m, 1) als allg. S. Leugnung der Möglichkeit v. Erkenntnis überhaupt (↗Protagoras u. a.). 2) als method. S. das philosoph. Verfahren krit. Besinnung auf die Grundvoraussetzungen des Denkens u. Tuns.

Skisport
Alpine Wettbewerbe
Abfahrtslauf
Torlauf (Slalom)
Riesentorlauf
(Riesenslalom)
Alpine Kombination
Nordische
Wettbewerbe
Langläufe über
5, 10 u. 20 km (Frauen)
15, 30 und 50 km
(Männer)
3 × 5-km-Staffel
(Frauen)
4 × 10-km-Staffel
(Männer)
Nordische
Kombination
Spezialsprunglauf
Skiflug
Biathlon

Skarabäus (jeweils Aufsicht und Seitenansicht): **1** ägyptisch (ab 4. Jahrt. v. Chr.), **2** archaisch-griechisch (ab 6. Jh. v. Chr.), **3** etruskisch (6.–3. Jh. v. Chr.)

Sketch m (: ßketsch, engl. = Skizze), kurzes Stück für Bühne u. Kabarett, meist witzigiron. Charakters.

Ski, Schi m (norweg.; Mz. Skier), auch Schneeschuh, (Sport-)Gerät zur gleitenden Fortbewegung auf einer Schneefläche; latte aus elast. Holz (Esche, Hickory od. Birke), auch aus Kunststoff od. Leichtmetall, mit aufgebogener Spitze, Führungsrillen u. Stahlkanten, die mittels Bindung am Schuh befestigt wird; nach Körpergröße u. S.arten (Touren-, Langlauf-, Sprung-S.) verschieden lang (bis 240 cm) u. breit (5–12 cm); die beiden S.er ergänzen 2 S.stöcke mit S.teller, Spitze u. Schlaufe zur Unterstützung der Fortbewegung u. zur Balance.

Skijöring w (: schij-, norweg.), Skifahrt mit vorgespanntem Pferd od. Motorrad.

Skikda, fr. Philippeville, alger. Hafenstadt, 128000 E.; nahebei Eisenerzbergbau.

Skimarathon (: schi-), 50-km-Skilanglauf.

Skineffekt m, Hauteffekt, die Tatsache, daß hochfrequente Wechselströme überwiegend in der Außenschicht eines Leiters fließen; Gleichstrom fließt dagegen im gesamten Querschnitt.

Skinke, Walzen- od. Glattechsen, artenreiche Eidechsenfamilie wärmerer Länder; dazu z.B. die Erzschleiche.

Skisport (: schi-), der als Sport ausgeübte Skilauf; man unterscheidet: Alpine Wettbewerbe u. Nordische Wettbewerbe.

Skizze w (it.), Zeichnung, Entwurf.

Sklavenküste, westafrikan. Küstenstrich zw. Volta- u. Beninmündung.

Sklavensee, 2 Seen in Kanada: Großer S. (28919 km²) im SW des Nordwestterritoriums; Kleiner S. (1240 km²), in der Prov. Alberta.

Sklaverei, Formen sozialer Abhängigkeit, die den Menschen als rechtloses Eigentum behandeln bzw. ihn persönlichsrechtl. wenig schützen (Versklavung). Die antike Kultur ruhte auf der S., vielfach in milder Form (Bildung u. Reichtum des Sklaven). Angebot u. Nachfrage durch Sklavenhandel u. Sklavenmärkte geregelt. Seit 136 v. Chr. in Rom Sklavenaufstände, bes. unter Spartakus 73/71 v. Chr. Die S., seit dem 13. Jh. im christl. Europa abgeschafft, hielt sich im Islam bis ins 19. Jh. Aus dem Verlangen nach billigen Arbeitskräften für die süd-am. Kolonien entwickelte sich die Neger-S. Offene S. in den USA-Südstaaten mit gefangenen Negern als Plantagenarbeitern (mit dem Bürgerkrieg 1864 beseitigt). Der Kampf gg. die S. durch die kath. Kirche (v. dieser 1537 verboten) u. die Quäker führte 1807 zum Verbot des Sklavenhandels durch das engl. Parlament, dem bis 1830 der übrigen europ. Staaten folgten. Völkerrechtl. stellt der Sklavenhandel heute ein Verbrechen dar (Völkerbundsabkommen 1926, ergänzt durch das Genfer Abkommen 56).

Sklera w (gr.), ↗Lederhaut des Auges.

Sklerose w (gr.), Verhärtung; ↗Arterienverkalkung, ↗multiple S.

Škoda, Emil Ritter v., östr. Ingenieur, 1839–1900; schuf die S.-Werke in Pilsen.

Skoliose w (gr.), seitl. Verkrümmung der ↗Wirbelsäule.

Skolopender *m*, ↗Tausendfüßer; in Dtl. der *Erdläufer* (4 cm), in Südamerika der gefährl. *Riesen-S.* (26 cm), in Nordafrika u. Kleinasien der *Beißende S.* (9 cm lang).

Skonto *m* od. *s* (it.), prozentualer Preisnachlaß bei Barzahlung. ↗Rabatt.

Skontration *w* (lat.-it.), betriebl. ↗Fortschreibung zur Erfassung v. Zu- u. Abgängen bei Verbrauchsgütern.

Skontro *s* (it.), Abrechnung, Ausgleichung.

Skopas, griech. Bildhauer u. Architekt aus Paros, 4. Jh. v. Chr.; Mitarbeiter am Mausoleum v. Halikarnassos u. am Artemision v. Ephesus; aus seiner Werkstatt die Giebelfiguren der Athena Alea in Tegea.

Skopje, serb. *Skoplje,* türk. *Üsküb,* Hst. der jugoslaw. Teil-Rep. Makedonien, am Vardar; 320 000 E.; Univ.; orth. Metropolit, kath. Bischof. Nationalmuseum. – 1963 durch Erdbeben zerstört; wiederaufgebaut.

Skorbut *m, Scharbock,* Vitamin-C-Mangelkrankheit, Blutungen bes. der Haut u. Schleimhaut.

Skolopender

Skorpion *m,* 1) krebsähnl. Spinnentier mit kräftigen Scheren u. großem Giftstachel am Hinterleib. *Dickschwanz-S.* in Nordafrika u. Brasilien, 13 cm lang, dem Menschen gefährlich; in den Mittelmeerländern die harmloseren *Feld-* u. *Haus-S.e.* 2) Sternbild des Südhimmels, mit Hauptstern Antares; 8. Zeichen des Tierkreises (♏).

Skoten (Mz.), irische Kelten; ließen sich seit dem 3. Jh. n. Chr. im N Britanniens nieder. ↗Schottland.

Skribent *m* (lat.), (Viel-)Schreiber.

Skriptum *s* (lat.), Schriftstück.

Skrjabin, *Alexander,* russ. Komponist u. Pianist, 1872–1915; Klavier- u. Orchesterwerke.

Skrofulose *w* (gr.), chron. tuberkulöse Entzündung der Halsdrüsen bei Kindern.

Skrupel *m* (lat.), Zweifel, Bedenken, bes. unbegründete od. übertriebene Gewissensnöte. **skrupellos,** bedenken-, gewissenlos. **Skrupulant** *m,* an Skrupeln Leidender. **Skrupulosität** *w* (Bw. *skrupulös*), moral. Überängstlichkeit.

Skuld, eine der 3 ↗Nornen.

Skull *s* (: ßkal, engl.), kurzes, mit *einer* Hand bedientes Ruder. **S.er** *m,* S.boot, bei dem jeder der Ruderer 2 S.s führt.

Skulptur *w* (lat.), die ↗Bildhauerei.

Skunk *m,* ↗Stinktiere.

skurril (lat.), possenhaft, überspannt.

Skutari, 1) alban. *Shkodër,* nordalban. Stadt am *S.see* (356 km², 6 m tief), 60 000 E.; röm.-kath. Erzb., orth. Bischof. 2) türk. *Üsküdar,* der asiat. Teil v. Istanbul.

Skylab (: ßkailäb), am. Raumfahrtprojekt,

Skorpione: links Brasilianischer S. *(Bothiurus magahaensis),* rechts das Weibchen des Südamerikanischen S. *(Tityus serrulatus)* mit Jungen

Sternbild Skorpion

Leo Slezak

bei dem v. einer in Erdumlaufbahn befindl. Raumstation aus vielfältige Experimente u. Beobachtungen (z. B. der Erde u. astronom. Objekte) gemacht wurden. ☐ 1100/01.

Skylla u. Charybdis, in Homers Odyssee ein Ungeheuer u. ein Meeresstrudel; als Ort später Messina angenommen. – *Zw. S. u. C.,* i. ü. S.: zw. 2 gleich großen Schwierigkeiten.

Skythen (Mz.), Bz. für verschiedene iran. Nomadenstämme in Südrußland u. Sibirien; drangen im 7. Jh. v. Chr. in den Donauraum u. nach Kleinasien vor. ↗Sarmaten.

Slalom *m* (norweg.), *Torlauf,* 1) Skisport: Teil der ↗Alpinen Wettbewerbe, bei dem ein mit Flaggenpaaren (Toren) ausgesteckter Steilhang v. 120 bis 300 m Höhenunterschied zu durchfahren ist. ↗Riesentorlauf. 2) *Kanu-S., Wildwasser-S.:* Kanusport zw. abgesteckten Toren.

Slang *m* od. *s* (: ßläng, engl.), Umgangssprache, im Engl. deren niederste Schicht.

Slapstick-comedy (: ßläpßtik kåm'd'), Bz. für am. Filmburlesken der Stummfilmzeit; groteske Komik, z. T. mit u. von Ch. Chaplin.

Slatoust, sowjet. Ind.-Stadt im südl. Ural, 198 000 E.; Bergbau auf Eisen- und Kupfererze, Schwer-Ind.

Slawen (Mz.), die Völker Osteuropas u. eines Teils v. Sibirien, indogerman. Herkunft; insgesamt ca. 250 Mill.; man unterscheidet: *Ost-S.* (Großrussen, Ukrainer, Weißrussen), *West-S.* (Polen, Tschechen, Slowaken, Wenden, Kaschuben) u. *Süd-S.* (Slowenen, Serben, Kroaten, Bulgaren, Makedonier). Die Urheimat der S. liegt nördl. der Karpaten zw. Dnjepr u. Weichsel; seit dem 6. Jh. n. Chr. wanderten sie in die v. den Germanen verlassenen Gebiete auf der Balkanhalbinsel u. im W bis zur Elbe–Saale u. den Ostalpen ein; sie gründeten während des MA verschiedene Großstaaten. v. denen die meisten ihre Selbständigkeit wieder verloren; die S. östl. der Elbe u. Saale wurden im Zuge der dt. ↗Ostkolonisation germanisiert. Das Streben der unter türk. u. östr. Herrschaft befindl. S. nach Eigenstaatlichkeit seit Anfang 19. Jh. fand auf dem Berliner Kongreß 1878 u. nach dem Ersten Weltkrieg durch Bildung neuer Nationalstaaten seine Erfüllung; dagegen blieb das Ziel des ↗Panslawismus unerfüllt.

Slawistik *w,* Wiss. v. der slaw. Kultur u. den slaw. Sprachen.

Slawonien, jugoslaw. Landschaft zw. Drau, Save u. Donau; zu Kroatien.

Slawophile (slaw.-gr. = Slawenfreunde), um 1840/60 eine Gruppe gebildeter Russen, die einen eigenen Weg der Slawen in Kultur, Wirtschaft u. Politik forderten; im Ggs. dazu die *Westler,* die sich nach dem westl. Europa ausrichteten.

Slevogt, *Max,* dt. Maler u. Graphiker, 1868–1932; ein Hauptmeister des dt. Impressionismus; *Ägypt. Landschaften, Die Tänzerin Anna Pawlowa;* graph. Zyklen.

Slezak (: ßlesak), *Leo,* östr. Sänger, 1873–1946; beliebter Heldentenor u. Liederinterpret, seit 34 Filmschauspieler; autobiograph. Schriften.

Slip *m* (engl.), 1) schiefe Ebene, um Schiffe

an Land zu ziehen (zur Reparatur usw.). **2)** der ⁄Schlupf. **3)** Unterhose ohne Bein.
Slipper *m* (engl.), bequemer Schlüpfschuh.
Sliven, bulgar. Stadt am Südfuß des Kleinen Balkan, 95000 E.; orth. Metropolit; Textilindustrie.   [Werbespruch.
Slogan *m* (: ßlo^ugän, engl.), Schlagwort,
Slowakei *w,* slowak. *Slovensko,* Teil-Rep. der Tschechoslowakei, 49014 km², 4,9 Mill. E.; Hst. Preßburg. Vieh- und Holzwirtschaft, in den Tälern und in der Donauebene Ackerund Gartenbau; Bergbau (Eisenerze, Buntund Edelmetalle, Braunkohle, Steinsalz); Schwer-Ind., Maschinenbau. – Im 7. Jh. n. Chr. v. den ⁄*Slowaken* besiedelt; gehörte 1000 Jahre lang zu Ungarn; kam 1918 zur ⁄Tschechoslowakei; Kampf der Slowaken um Autonomie, die erst 38 gewährt wurde; 39/45 war die S. mit nat.-soz. Hilfe unter ⁄Tiso ein unabhängiger Staat, 44/45 v. sowjet. Truppen besetzt; seit 69 als *Slowak. Sozialist. Rep.* ein autonomer Teilstaat der Tschechoslowakei. **Slowaken** (Mz.), westslaw. Volk in der ⁄Slowakei, über 3 Mill. Von ihnen sind 78% kath., 12% luther.
Slowenen, *Sloveni,* südslaw., röm.-kath., etwa 2 Mill. starkes Volk in Krain u. östr. Südkärnten. **Slowenien,** slowen. *Slovenija,* nordwestl. Rep. Jugoslawiens; waldreich, die Täler fruchtbar; 20251 km², 1,8 Mill. E.; Hst. Laibach (Ljubljana). – Im 6. Jh. von den *Slowenen* besiedelt, die im 9. Jh. christianisiert wurden; bis 1918 Teil der Htm.er bzw. östr. Kronländer Krain, Kärnten u. Steiermark; seither Teil Jugoslawiens.
Slowfox *m* (ßlo^ufokß, engl.), ⁄Foxtrott.
Słubice (: ß^uubitße) ⁄Frankfurt/Oder.
Slums (: ßlamß, engl., Mz.), dichtbevölkerte Elendsquartiere in Städten.
Słupsk (: ß^uupßk) ⁄Stolp.
Sluter (: ßlü-), *Claus,* niederländ. Bildhauer, um 1350–1406; am burgund. Hof in Dijon tätig; *Mosesbrunnen.*

Max Slevogt: D'Andrade als Don Giovanni

Sm, chem. Zeichen für ⁄Samarium. **sm,** Abk. für ⁄Seemeile.
S. M., Abk. für Seine Majestät.
SMAD, Abk. für Sowjet. Militär-Administration in Dtl., 1945/49 oberste Besatzungsbehörde der SBZ; Sitz in Berlin-Karlshorst.
Småland (: ßmå-), südschwed. Landschaft, zw. Vättersee u. Ostsee, reich an Wäldern u.
Smalte ⁄Schmalte.   [Seen.
Smaragd *m,* wertvollster Edelstein der Beryllgruppe, grün u. klar.
smart (engl.), gewandt; durchtrieben.
Smetana, *Friedrich,* tschech. Komponist, 1824–84; Opern, u. a. *Die verkaufte Braut,* symphon. Dichtungen *(Die Moldau),* Lieder, Kammermusik.
Smith (: ßmiß), **1)** *Adam,* engl. Nationalökonom u. Moralphilosoph, 1723–90; Begr. der klass. Nationalökonomie (⁄Liberalismus). Der Reichtum liegt nach S. in der Arbeit eines Volkes. Er erkannte die große Bedeutung der Arbeitsteilung. HW: *Reichtum der Nationen.* **2)** *Joseph,* am. Farmer, 1805–44, Gründer der ⁄Mormonen, Verf. des Buches *Mormon;* behauptete Empfang v. Privatoffenbarungen.
Smog *m* (engl.), in den Dunstglocken über den Ind.-Städten der gesundheitsschädl. Rauch-, Staub- u. Gasgehalt, meist v. Kraftfahrzeug- u. Industrieabgasen.
Smoking *m* (: ßmo^uk-, engl.), tiefausgeschnittenes schwarzes Herrenjackett mit seidenen Aufschlägen.
Smolensk, sowjet. Stadt am Dnjepr, 276000 E.; Univ.; Textil-, Maschinenbau-, elektrotechn. u. a. Ind., wichtiger Verkehrsknoten.
Smuts (: ßmatß), *Jan Christiaan,* südafrikan. General u. Politiker, 1870–1950; im Burenkrieg Oberbefehlshaber der Kapburen, danach für Zusammenarbeit mit Engl.; 1919/24 u. 39/48 Min.-Präs. der Südafrikan. Union.
Smyrna, *Izmir,* Hst. der tabakreichen türk. *Prov. S.* u. Haupthafen am *Golf v. S.,* 640000 E.; kath. Erzb.; Univ.; Teppichwebereien, Nahrungsmittel-Ind. – In der Römerzeit bedeutende Handelsstadt.
Sn, chem. Zeichen für ⁄Zinn.
Snackbar *w* (: ßnäkba^r, engl.), Imbißstube.
Snake River (: sneⁱk-), Nebenfluß des Columbia River, aus dem Yellowstone-Nationalpark, mit Cañons u. 80 m hohen Wasserfällen; 1670 km lang.
Snellius van Royen, *Willebrord,* holländ. Mathematiker, 1591–1626; fand das nach ihm benannte Lichtbrechungsgesetz.
Snob *m* (engl.; Bw. *snobistisch*), vornehm tuender Geck, überheblicher Mensch.
Snorri Sturluson, isländ. Staatsmann u. Dichter, 1178(?)–1241; verf. die jüngere ⁄Edda.
Snowdon *m* (: ßno^ud^en), 1085 m, höchster Berg v. Engl. u. Wales, im NW v. Wales.
Snyders (: ßneⁱ-), *Frans,* niederländ. Maler, 1579–1657; Tier- u. Blumenstücke.
Sobieski ⁄Johann III. Sobieski.
Sobranje *s,* die bulgar. Volksvertretung.
Societas Jesu (SJ) *w* (lat.), ⁄Jesuiten.
Société *w* (: ßoßjete, frz.), (Handels-)Gesellschaft, Vereinigung. **S. anonyme** (: -nim), Abk. S. A., frz. für ⁄Aktiengesellschaft.

Friedrich Smetana

Adam Smith

C. Sluter: sog. Mosesbrunnen (Kartause von Champmol bei Dijon)

SOCist, lat. Abk. für ↗Zisterzienser.

Socotra, Inselgruppe 240 km vor der Ostspitze Afrikas, 3626 km², 15 000 E.; Hst. Tamarinda. Polit. zur VR Jemen.

Soda, Natriumcarbonat, Na_2CO_3, in reinem Zustand farblose Kristalle od. weißes Pulver, natürl. Bestandteil ostafrikanischer u. zentralasiat. Seen. Heute ausschließl. nach dem Solvay-Prozeß durch Einleiten v. Ammoniak u. Kohlendioxid in gesättigte Kochsalzlösung gewonnen. Das dabei entstehende Natriumcarbonat wird durch Erhitzen in S. verwandelt. Zur Herstellung v. Glas, Seife, Waschpulver usw. *S.wasser,* Wasser mit Zusatz v. Kohlensäure. *kaustische S.* ↗Ätznatron.

Sodale *m* (lat. = Genosse), Mitgl. einer religiösen Bruderschaft *(Sodalität).*

Sodbrennen, Magenbrennen, brennendes Gefühl in der Speiseröhre, durch übermäß. Säurebildung im Magen bei Magenleiden od. nach Genuß v. „Säurelockern", z.B. Braten, Alkohol, Kaffee. Hilfe durch Diät, doppelkohlensaures Natron, Magnesia.

Soddy, *Frederick,* britischer Chemiker, 1877–1956; 1921 Nobelpreis für Arbeiten über Radioaktivität (α- u. β-Umwandlungen beim natürl. radioaktiven Zerfall).

Soden, 1) *Bad S.-Salmünster,* hess. Stadt und Solbad an der Kinzig, 9700 E. **2)** *Bad S. (Taunus),* hess. Stadt u. Kurort, 17 500 E.; 30 kohlensäure- u. eisenhalt. Kochsalzquellen.

Söderblom, *Nathan,* schwed. luth. Theologe, 1866–1931; seit 1914 Erzb. v. Uppsala; Religionshistoriker; Mitbegr. der ↗Ökumen. Bewegung (↗Life and Work). 30 Friedensnobelpreis.

Sodoma, eig. Giovanni Antonio Bazzi, it. Maler, 1477–1549; in Siena u. Rom (Fresken der Villa Farnesina).

Sodoma u. Gomorrha, im AT 2 Städte des Ostjordanlandes, die bes. wegen der dort geübten widernatürl. Unzucht (↗Sodomie) v. Gott durch Feuer u. Schwefel zerstört wurden.

Sodomie *w* (nach ↗Sodoma u. Gomorrha ben.), geschlechtl. Perversion: Unzucht mit Tieren; fr. auch Bz. für Homosexualität.

Soffitte *w* (it.), über der Theaterbühne hängender Teil der Bühnendekoration.

Sofia, Hst. u. Kulturmittelpunkt Bulgariens, 1,03 Mill. E.; Univ., Hochschulen, Nationalbibliothek; Sophienkirche (6. Jh.), Alexander-Newski-Kathedrale (1896/1912); orth. Patriarch, armen. Erzb. Vielseitige Ind.

Soforthilfe, Übergangsleistung des ↗Lastenausgleichs.

Software *w* (: ßoftwäᵉʳ, engl.), die Zusatzeinrichtungen, insbesondere die Programme, um mit der ↗Hardware einer elektron. Rechenanlage Probleme zu lösen.

Sog *m,* **1)** Saugwirkung strömender Medien (Luft, Wasser); vermindert am Heck eines Schiffs, Kraftwagens usw. dessen Geschwindigkeit. **2)** Tiefenströmung (meerwärts) an Küsten bei Brandung.

Sognefjord (: ßongne-), längster (176 km) u. tiefster (bis 1244 m) norweg. Fjord.

Sohle, *Bergbau:* a) eine *söhlige* (waagrechte) Strecke. Die mit dem ↗Schacht in

Sojabohne

Nathan Söderblom

Verbindung stehenden S.n sind *Hauptförder-S.,* die dazwischenliegenden *Zwischen-S.n.* b) die untere Begrenzung eines Grubenbaues, z.B. die *Schacht-S.* ☐ 85.

Soirée *w* (: ß°arᵉ, frz.), Abendgesellschaft; musikal. u. literar. Abendveranstaltung.

Soissons (: ß°aßõn), frz. Ind.-Stadt an der Aisne, 28 000 E.; kath. Bischof; got. Kathedrale (1180 beg.); St.-Léger (11./13. Jh.).

Sojabohne, 70 cm hoher Schmetterlingsblütler, in Ostasien, USA u. Westafrika groß angebaut; versuchsweise auch in Dtl. mit gutem Erfolg. Samen enthält bis zu 40% Eiweiß, 20% Fett, 24% Kohlenhydrate, Vitamin B; hochwert., vielseitiges menschl. u. tierisches Nahrungsmittel, liefert vor allem das *S.nöl* als Speiseöl u. -fett. Aus Extraktionsrückständen gewinnt man Kraftfutter *(Sojaschrot* u. *Sojakuchen),* aus entbitterten geschälten S.n *Sojamehl,* daraus *Sojamilch, Sojakäse, Sojawurst.*

Sokrates, griech. Philosoph, 469–399 v. Chr.: Begr. der klass. griech. Philosophie, Lehrer Platons; Gegner des sophist. Skeptizismus; wirkte bes. durch sein persönl. Vorbild; trank, dem Gesetz gehorsam, den Giftbecher, zu dem er infolge Verleumdung als Gottloser u. Jugendverderber verurteilt war. S. weckte durch Fangfragen die Selbstkritik *(sokrat. Ironie:* „Ich weiß, daß ich nichts weiß"), regte dann durch Beispiele u. Fragen zum Selbstdenken an *(sokrat. Mäeutik).* Mit der so gewonnenen Erkenntnis ewiger Wesenheiten u. Werte glaubte er die Glückseligkeit tugendhaften Lebens zu erlangen, da er Tugend mit Wissen gleichsetzte. **Sokratiker,** Philosophen, die die Lehren des S. weiterbildeten.

Sol (lat.), **1)** griech. Sonnengott, griech. Helios. **2)** Währungseinheit in Peru. **3)** *s,* jede flüssige kolloidale Lösung (Ggs. Gel).

Solanaceen *w,* die ↗Nachtschattengewächse.

solar (lat.), auf die Sonne bezüglich.

Solario, ober-it. Künstlerfamilie, **1)** *Andrea,* Maler, um 1500; *Madonna mit dem grünen Kissen.* **2)** *Cristoforo,* gen. *il Gobbo,* Bildhauer u. Architekt, 1460–1527. **3)** *Santino,* Architekt, 1576–1646; *Salzburger Dom, Schloß Hellbrunn.*

Solarkonstante *w* (lat.), ↗Sonne.

Solaröl, ein Braunkohlenteeröl.

Sofia: Blick auf die Alexander-Newski-Kathedrale

Lurche

1 Laubfrosch, **2** Wasserfrosch, **3** Feuersalamander, **4** Erdkröte, **5** Grasfrosch, **6** Knoblauchkröte, **7** Geburtshelferkröte, **8** Fadenmolch: **a** Weibchen, **b** Männchen, **9** Bergmolch, Männchen, **10** Gelbbauchunke, **11** Kammolch: **a** Weibchen, **b** Männchen, **12** Streifenmolch: **a** Weibchen, **b** Männchen, **13** Grottenolm

Fische · Knochenfische

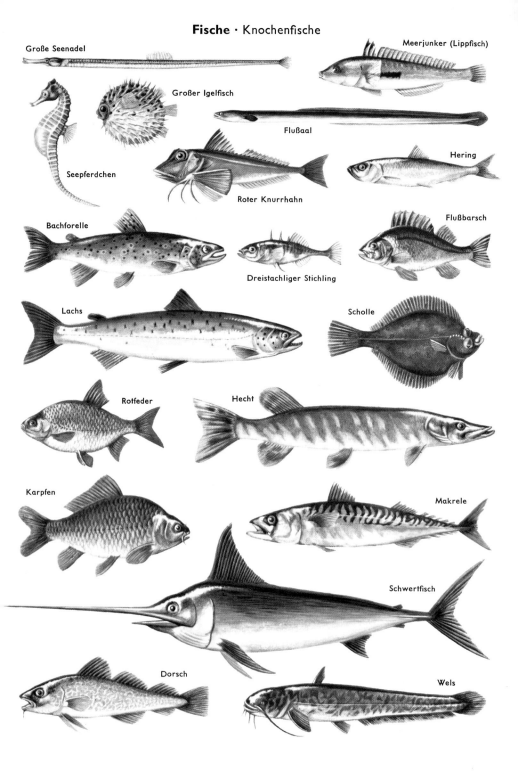

Große Seenadel

Meerjunker (Lippfisch)

Großer Igelfisch

Flußaal

Seepferdchen

Hering

Roter Knurrhahn

Bachforelle

Flußbarsch

Dreistachliger Stichling

Lachs

Scholle

Rotfeder

Hecht

Karpfen

Makrele

Schwertfisch

Dorsch

Wels

Schmetterlinge

1 Taubenschwanz, 2 Nachtpfauenauge, 3 Bläuling, 4 Damenbrett, 5 Apollo, 6 Tagpfauenauge, 7 Totenkopf, 8 Admiral, 9 Ordensband, 10 Großer Fuchs, 11 Großer Schillerfalter, 12 Kaisermantel, 13 Trauermantel, 14 Schwalbenschwanz, 15 Kleiner Waldpförtner, 16 Segelfalter

Käfer

1 Palmbock, 2 Goliathkäfer, 3 Langarmkäfer, 4 Schildkäfer, 5 Chrysochroa, 6 Heldbock, 7 Pappelbock, 8 Rüsselkäfer,
9 Hirschkäfer, 10 Halsbock, 11 Diebskäfer, 12 Ölkäfer, 13 Junikäfer, 14 Leuchtkäfer: a Männchen, b Weibchen,
15 Marienkäfer, 16 Rosenkäfer, 17 Moderkäfer, 18 Totengräber, 19 Goldschmied, 20 Maikäfer, 21 Feldsandläufer,
22 Mistkäfer, 23 Feuerkäfer, 24 Moschusbock, 25 Aaskäfer

Solawechsel ↗Eigenwechsel. [quellen.
Solbad, Kurort mit kochsalzhalt. ↗Heil-
Sold m, fr. die Entlohnung des Söldners, heute des Soldaten.
Soldatengesetz, Ges. über die Rechtsstellung der Soldaten (1956, heute gültig i. d. F. v. 69); regelt Rechte u. Pflichten aller Bundeswehrangehörigen.
Soldateska w, zügelloses Soldatenvolk.
Söldner m, der um Sold (Lohn) dienende Krieger (↗Heer).
Sole w, Salzwasser; ↗Heilquellen.
Soleier, Salzeier, hartgekochte Eier, in Salzwasser eingelegt.
solenn (lat.), feierlich.
Solenoid s (gr.), ↗Spule.
Solesmes (: ßoläm), frz. Dorf im Dep. Sarthe; 1010/1791 u. seit 1837 Benediktiner-Abtei; Mutterkloster der gleichnamigen Benediktiner-Kongregation, die sich bes. um Liturgie u. Gregorian. Choral verdient gemacht hat.
Solfataren, vulkan. schwefelhaltige Dampf- u. Gasquellen; Temperaturen zw. 100 u. 200° C. [u. Treffübung.
Solfeggio s (: -fedseho, it.), musikal. Gehör-
Solferino, ober-it. Dorf, südl. vom Gardasee, 2000 E. – 1859 Sieg der Piemontesen u. Franzosen über Östr. [chert.
solid (lat.; Hw. Solidität), gediegen, gesi-
Solidarismus m (lat.), v. der christl. Soziallehre vertretenes, v. H. ↗Pesch begr. System der Sozialordnung. Das Solidaritätsprinzip besagt, daß der einzelne seinem ganzen Wesen nach auf die Gesellschaft, diese auf die einzelnen, die Glieder, hingeordnet ist. Es besteht gegenseitige Solidarität zw. dem Ganzen u. den Teilen. Der S. lehnt Individualismus wie Kollektivismus ab, hält am Eigentum fest u. läßt Sozialisierung nur bei dringenden Erfordernissen des Gemeinwohls zu.
Solidarität w (lat.; Bw. solidarisch), die innere Verbundenheit der Glieder einer Gemeinschaft u. das Handeln aus der gegenseitigen Verpflichtung zur Förderung des Gemeinwohls. ↗Solidarismus. **S.sbeitrag**, Geldleistungen gewerkschaftl. nichtorganisierter Arbeitnehmer an die Gewerkschaften, um die Außenseiter als „Nutznießer" der v. der Gewerkschaft erkämpften Vorteile auch an den Aufwendungen zu beteiligen. In der Schweiz teilweise durchgeführt, in der BRD angestrebt. **S.sprinzip** ↗Solidarismus.
Soliman, türk. Sultane, ↗Suleiman.
Solingen, kreisfreie rhein. Stadt im Bergischen Land, an der Wupper, 167 000 E.; Schneidwaren-Ind.; Maschinenfabrik.
Solion s, elektrotechn. Steuerelemente, zur Leistungsverstärkung, als Dioden usw.
Solipsismus m (lat.), eine erkenntnistheoret. Anschauung, nach der nur das eigene Ich reale Existenz habe u. die übrige Welt nur in seiner Vorstellung vorhanden sei.
Solist m (lat.-it.), der Ausführende eines ↗Solos.
Solitär (lat. = Einsiedler). 1) m, einzeln lebendes Tier. 2) einzeln gefaßter Edelstein. 3) s, Brettspiel für eine Person.
Solitüde w (: -tüd, frz. = Einsamkeit), Name

v. Lustschlössern, bes. die 1763/67 erb. S. bei Stuttgart. – In der Nähe Rundkurs für Auto- u. Motorradrennen.
Soll s, 1) in der Buchführung die linke Seite des ↗Kontos, für Eingang bzw. Aufwand beim Sach- u. für Belastung beim Personenkonto (↗Haben). 2) im Rechnungswesen: die Veranschlagung (Ggs.: Ist, der tatsächl. Bestand). 3) in der Planwirtschaft die vorgeschriebene Produktions-, Absatzleistung.
Söller m (lat.), 1) auch Altan, nicht überdachter, balkonartiger Vorbau. 2) Dachboden.
Solling m, Teil des Weserberglands, zw. Weser u. Leine, in der Großen Blöße 528 m hoch; Wildpark Neuhaus.
Sollkaufmann ↗Kaufmann.
Solmisation w (it.), Benennung einer diaton. Sechstonleiter durch Tonsilben, die den Zeilenanfängen eines lat. Hymnus entstammen: do (urspr. ut), re, mi, fa, sol, la. Je nach dem Grundton der Leiter bezeichnete die Silbe je einen anderen Ton. Dieses relative System wurde mit der Oktave aufgegeben. Für 7. Tonstufe die Silbe „si". Heute die S.ssilben absolute Tonbuchstaben. ↗Guido v. Arezzo.
Solnhofen, bayer. Gem. an der Altmühl, 1700 E. Die dünnplatt. Kalke des oberen Malm als Solnhofer Platten („Schiefer") für Bodenbelag u. zur Lithographie.
solo (it.), allein. **S.** s, 1) Musikstück bzw. -stellen für eine Gesangs- od. Instrumentalstimme. 2) beim Kartenspiel das Spiel des einen gg. die übrigen.
Sologub, Fjodor (eig. Fjodor Kusmitsch Teternikow), russ. Schriftsteller, 1863–1927; pessimist. Symbolist. Meisternovellen.
Solon, athen. Staatsmann, um 640 bis um 560 v. Chr.; gab Athen 594 eine Verf., in der er die Schuldknechtschaft aufhob u. die ↗Timokratie einführte; einer der ↗Sieben Weisen.
Solothurn, 1) nordwestschweizer. Grenz-Kt., 791 km², 219 600 E.; Vieh- u. Forstwirtschaft, Schuh-, Textil-, Uhren- u. Eisen-Ind. 2) Hauptort v. 1), an der Aare, 15 800 E.
Solowjezk, russ. Solowezkije Ostrowa, Inselgruppe im Weißen Meer, 347 km²; auf der Hauptinsel S. berühmtes altes Kloster; Verbannungsort.
Solowjow, Wladimir, russ. Religionsphilosoph, 1853–1900; suchte östl. u. westl. Geistigkeit zu vereinen; wurde 1896 kath., erstrebte Wiedervereinigung der russ.-orth. Kirche mit Rom. Drei Gespräche.
Solschenizyn, Alexander Issajewitsch, sowjet. Schriftsteller, * 1918; Romane (Ein Tag im Leben des Iwan Denissowitsch; Krebsstation; Der erste Kreis der Hölle; August 1914), Erz.; Archipel GULAG; Die Eiche u. das Kalb. 70 Lit.-Nobelpreis; 74 aus der UdSSR ausgewiesen.
Solstitium s (lat.), die ↗Sonnenwende.
Soltau, niedersächs. Krst., in der Lüneburger Heide, 19 200 E.; Kochsalzquelle, Zinngießerei; Naturschutzpark.
Solti (: scholti), Georg, dt. Dirigent ungar. Herkunft, * 1912; Orchester- u. Opernodirigent.

W. Solowjow

A. I. Solschenizyn

Georg Solti

Somalia

Amtlicher Name:
Jamhuriyadda
Dimuqradiya
Soomaaliya
(Somalische Demo-
kratische Republik)
Staatsform:
Sozialist. Republik
Hauptstadt:
Mogadischu
Fläche:
637657 km²
Bevölkerung:
3,44 Mill. E.
Sprache:
Amtssprache ist
Somali, Geschäfts-
sprachen sind
Englisch und
Italienisch
Religion:
über 90% Muslimen,
christliche Minderheit·
Währung:
1 Somali-Schilling
= 100 Centesimi
Mitgliedschaften:
UN, OAU,
Arabische Liga
der EWG assoziiert

Das Sommerdreieck

Sonate

S.n-Hauptsatzform:
*Exposition (Themen-
aufstellung*
1. Thema
(Hauptsatz)
Tonika
2. Thema
(Seiten-, Nebensatz)
Dominante oder
Tonikaparallele
Schlußsatz
*Durchführung (Ver-
arbeitung der Themen)*
*Reprise (Wiederkehr
der Themen)*
1. Thema
Tonika
2. Thema
Tonika
Abschluß (Coda)

Solutréen *s* (: -lütreãn), nach dem Fundplatz *Solutré* im frz. Dep. Saône-et-Loire ben. Stufe der jüngeren Alt-↗Steinzeit.
Solvay (: solwä), *Ernest,* belg. Chemiker, 1838–1922; erfand mit seinem Bruder Alfred (1840–94) den *S.prozeß* (↗Soda).
solvent (lat.), zahlungsfähig.
Soma *s* (gr.), der Körper. *S.zellen,* Körperzellen im Ggs. zu Keimzellen.
Somali, muslim. hamit. Volk im S.land. groß, schlank, nomad. Viehzüchter.
Somalia, ostafrikan. Rep. zw. dem Roten Meer im N, dem Indischen Ozean im O u. dem Juba im S. Trockene Wüstensteppe mit extensiver Viehzucht (Kamele, Schafe, Ziegen), v. der 70% der Bev. leben. An den Flüssen Bewässerungsoasen europ. Pflanzer (Zuckerrohr, Bananen, Baumwolle). – 1960 gebildet aus ↗Italienisch- u. Britisch-Somaliland; seit 77 Ogaden-Konflikt mit Äthiopien.
Somaliland, das „Osthorn" Afrikas, heißes Steppen- u. Wüstenhochland; gliedert sich in *Frz.-S., Abessinisch-S.* u. die Rep. ↗Somalia, die aus den fr. Gebieten *Brit.-* u. *It.-S.* gebildet wurde. – Festsetzung der Franzosen 1884, der Briten 87, der Italiener 89.
Sombart, *Werner,* dt. Nationalökonom, 1863–1941; erforschte bes. den modernen Kapitalismus u. marxist. Sozialismus u. versuchte die dabei gewonnenen Erkenntnisse zu einer Strukturanalyse des Kulturbereichs Wirtschaft auszuweiten.   [kan. Hut.
Sombrero *m* (span.), breitrandiger mexi-
Somerset, *S.shire* (: -sch^{er}), südwestengl. Gft.; Hst. Taunton.
Somme *w* (: ßom), nordfrz. Fluß, mündet nach 245 km in den Ärmelkanal, mit Schelde u. Oise durch Kanäle verbunden. – In der *S.schlacht* Juni/Nov. 1916 Durchbruchversuch der Engländer u. Franzosen.
Sommer ↗Jahreszeiten.
Sömmerda, thüring. Krst. an der Unstrut (Bez. Erfurt), 19000 E.; Feinwerk-Ind.
Sommerdreieck, das im Sommer schon in der Abenddämmerung sichtbare Dreieck, das aus den Sternen *Wega* (Leier), *Deneb* (Schwan) u. *Atair* (Adler) gebildet wird.
Sommerfeld, *Arnold,* dt. Physiker, 1868–1951; wichtige Arbeiten zur Quantentheorie, bes. Atombau u. Spektroskopie.
Sommergetreide, braucht zum Schossen keinen Kältereiz; frostempfindlich, weniger ertragreich als Wintergetreide.
Sommersprossen, kleine, bräunl., durch zu starke Pigmentbildung hervorgerufene Hautflecken, bes. bei Menschen mit blonden od. rötl. Haaren.
Sommerzeit, die im Sommer durch Gesetz um eine Stunde gg. die ↗Einheitszeit vorverlegte Uhrzeit.
Somnambulismus *m* (lat.; Bw. *somnambul*), ↗schlafwandeln.
Sonar (engl.), Abk. für **S**ound **N**avigation and **R**anging, Geräte u. Verfahren, um mit Schallwellen unter der Wasseroberfläche liegende Objekte festzustellen u. zu orten. ↗Lot 3).
Sonate *w* (v. it. *Sonata* = Klingstück), *i. w. S.:* ein Instrumentalstück, wie Kammer-S., Kirchen-S., Trio-S. od. die einsätzi-

gen, S.n gen., Cembalostücke u. instrumentalen Einleitungsstücke des 17./18. Jh.; i. e. S.: Bz. des die musikalische Klassik u. Romantik beherrschenden Formprinzips des drei-, später viersätzigen Instrumentalstücks jeder Besetzung in S.nform. Deren 1. Satz hat schnelles Tempo u. die S.n-Hauptsatzform, der 2. langsames Tempo u. meist Liedform, der 3. (später 4.) schnelles Tempo u. häufig Rondo-, seltener Variationsform. Eingeschoben wurde in der 2. Hälfte des 18. Jh. ein 3. Satz mit allmähl. zurücktretendem Tanzcharakter: ein ↗Menuett, das bei Beethoven vom ↗Scherzo abgelöst wurde. Die S. als Formprinzip mit der grundlegenden Zweithemigkeit des 1. Satzes wurde während der Ablösung der ↗Suite u. des ↗Concerto grosso zu Beginn der musikal. Klassik ausgebildet, dann auch v. der Romantik, obwohl stark ausgeweitet, in fast allen Instrumentalbesetzungen angewandt u. erst v. der Neuen Musik aufgegeben.
Sonatine *w* (it.), eine kleine ↗Sonate.
Sonde, 1) stäbchenart. Instrument zur Untersuchung v. Wunden u. Körperhöhlen. **2)** ↗Radio-S. *sondieren,* absuchen, vorsichtig ausforschen.

Werner Sombart   Arnold Sommerfeld

Sonderausgaben, bei der Einkommenbesteuerung absetzbare Ausgaben, z.B. Beiträge zu Krankenkasse, Sozial-, Lebens-, Haftpflicht- u. Unfallversicherung, zu Bausparkassen, Kirchensteuer, Spenden für caritative u. wiss. Zwecke.
Sonderbundskrieg, 1847 Bürgerkrieg in der ↗Schweiz; Niederlage der seit 45 im Sonderbund zusammengeschlossenen kath. Kt.e Uri, Schwyz, Unterwalden, Luzern, Zug, Freiburg u. Wallis.
Sonderburg, dän. *Sønderborg,* dän. Seebad u. Hauptort der Insel Alsen, 30000 E.; Schloß (heute Museum).
Sonderschulen, schul. Einrichtungen für geistig oder körperl. behinderte Kinder u. Jugendliche im schulpflichtigen Alter. In S. für Lernbehinderte (fr. *Hilfsschulen*) wird durch anschaul. Unterrichtsmethoden u. Beschränkung des Bildungsstoffes auf das lebenswichtige Fertigkeiten auf die geringe Bildungsfähigkeit der Kinder Rücksicht genommen. Schwer erziehbare, verwahrloste, neurot. Kinder erhalten zusätzl. eine heilpädagog. Behandlung. Für körperbehinderte Kinder bestehen Spezialschulen. Anstelle v. eigenständigen S. sind in vielen Fällen *Sonderklassen* innerhalb der Normalschulen eingerichtet.

Sondershausen, thüring. Krst. südl. v. Nordhausen, am Nordfuß der Hainleite, 23000 E.; Hochschule für Musik; Kaliwerk, Elektro- u. Textil-Ind.

Sonderziehungsrechte, *SZR,* 1968 vom Int. Währungsfonds geschaffenes System zur besseren Finanzierung des Welthandels. Die Mitgliedstaaten können bei Zahlungsbilanz- u. Liquiditätsschwierigkeiten aus dem gemeinsamen Fonds im Verhältnis ihrer eingezahlten Quoten u. in begrenzter Höhe S. abrufen u. gg. fremde (konvertible) Währung eintauschen. 1973 wurde die Parität zahlreicher Währungen (auch der ↗Deutschen Mark) in S.n (statt wie bisher im Verhältnis zum Dollar) festgesetzt. Die S. besitzen eine feste Relation zum Gold (eine Einheit der S. = 0,888671 g Gold). S. werden nur zw. Notenbanken gehandelt.

Sonett *s* (it.), strenge Form des lyr. Gedichts; besteht aus 2 vierzeiligen Strophen (Quartetten) u. 2 dreizeiligen Strophen; meist mit Reimschema a b b a, a b b a, c d e, c d e; gepflegt von Dante, Petrarca, Michelangelo, Shakespeare, Baudelaire, in Dtl. v. Platen, George, Rilke u. a.

Song *m* (engl. = Lied), in Engl. u. Amerika Bz. für Lied, Gesang; in Dtl. Schlagerlied bzw. Gesangsstück mit Jazzmerkmalen.

Songka, *Songkoi m, Roter Fluß,* Fluß in Vietnam, 800 km lang, entspringt in Jünnan, mündet mit einem 1500 km² großen Delta in den Golf v. Tonkin.

Sonnblick, 2 Gipfel der Hohen Tauern; *Hoher S.,* 3105 m hoch, Wetterwarte. *Großer Malteiner S.,* 3032 m hoch.

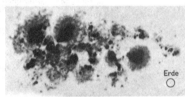

Erde
O

Sonnenflecken: eine große S.-Gruppe

Sonne, Zeichen ☉, der mit 150 Mill. km (↗Astronom. Einheit) der Erde nächste ↗Stern, der Mittelpunkt des ↗Sonnensystems; bewegt sich in 220 Mill. Jahren einmal um den Kern des Milchstraßensystems. Die S. rotiert in 25 Tagen (Äquatorgegend, über 30 Tage in Polgegend) um die eigene Achse. Erscheint als kreisrunde Scheibe v. 0,5° Durchmesser (wahrer Durchmesser: 1392000 km, die 330000fache Erdmasse, mittlere Dichte 1,41). Die Strahlung der S. bringt an den Atmosphärenrand der Erde eine Energie v. 1,395 kW/m² *(Solarkonstante).* Die Temperatur der S.oberfläche beträgt ca. 5700° C; die des S.innern zw. 15 u. 20 Mill. Grad. Bei dieser hohen Temperatur u. gleichzeitig hohen Dichte tritt ↗Kernverschmelzung als energieliefernder Prozeß ein. – Der Beobachtung zugänglich sind: a) die *Photosphäre,* das ist die sichtbare Oberflächenschicht der S. mit ca. 600 km Dicke, in ihr sind ↗S.flecken, ↗S.fackeln u. die ↗Granulation sichtbar; b)

die ca. 10000 km dicke ↗*Chromosphäre* u. darüber c) die ↗*Korona* mit den Protuberanzen aus extrem verdünnten Gasen u. Temperaturen um einige Mill. Grad. ☐ 918. **Sonneberg,** Krst. am Südhang des Thüringer Waldes (Bez. Suhl), 30000 E.; Mittelpunkt der Thüringer Spielwaren-Ind. mit Fachschule u. Museum.

Sonnenaktivität *w,* die Gesamtheit aller veränderl. Erscheinungen auf der Sonne, wie Sonnenflecken, -fackeln, Eruptionen; unterliegen in ihrer Häufigkeit einem ca. 11jähr. Zyklus, der sog. Sonnenfleckenperiode. **Sonnenbatterie,** eine Zusammenschaltung von *Solarzellen* (z. B. Siliciumphotodioden) zur direkten Umwandlung von Sonnen- in elektrische Energie. ☐ 1101. **Sonnenblatt** ↗Taublatt. **Sonnenblume,** *Helianthus,* bis 2 m hoher Korbblütler mit goldgelben Blütenscheiben. *Einjährige S.* aus Mexiko, liefert Speiseöl, hierher auch ↗Topinambur. ☐ 919. **Sonnenbrand,** Hautschädigung bis zu schweren Verbrennungen durch die ultravioletten Strahlen der Sonne. **Sonnenfackeln,** Gebiete höherer Temperatur um die ↗Sonnenflecken; in ihnen leuchten „magnet. Gewitter", die ↗Eruptionen, auf. **Sonnenferne,** *Aphel,* ↗Apsiden. **Sonnenfinsternis,** Bedeckung der Sonnenscheibe durch den (Neu-)Mond. Die Sonne kann, v. einem Punkt der Erde aus gesehen, völlig oder nur teilweise bedeckt werden *(totale* bzw. *partielle S.).* Eine *S.periode* wiederholt sich nach 18 Jahren 11 Tagen *(Saros-Periode)* in ähnl. Art. ☐ 508, 918. **Sonnenfische,** *Sonnenbarsche,* hochrückige am. Knochenfische mit stacheliger Rückenflosse. Aquarienfische. **Sonnenflecken,** Gebiete auf der Sonnenoberfläche (Photosphäre), die aufgrund ihrer ca. 1000° C tieferen Temp. als die der Photosphäre als dunkle Flecke erscheinen, gelegentl. mit dem unbewaffneten Auge beobachtbar *(S.ngruppen* bis 300000 km Ø). Zeichen magnet. Störungen aus dem Sonneninnern. ↗Sonnenaktivität. **Sonnenhanf** ↗Sunn. **Sonnenhut,** 1) *Rudbeckia,* einjähr., gelbbrauner, 30–60 cm hoher Korbblütler, Zierpflanze. 2) *Helenium,* gelber, bis 2 m hoher Korbblütler, Zierstaude. **Sonnenjahr,** das trop. ↗Jahr. **Sonnenkompaß** *m,* ein Gerät zum Anvisieren der Sonne (Fernrohr mit nachführendem Uhrwerk); dient in Polgegenden als Kompaß. **Sonnenkraftanlage,** wandelt die Strahlungsenergie der Sonne in nutzbare Energie um, z. B. in *Sonnenöfen* zum Schmelzen v. Metallen od. zur Dampferzeugung für Ind. u. Haushalt. **Sonnenkult,** Verehrung von Sonnengottheiten, war bei Japanern, Chinesen, Babyloniern, Ägyptern, Azteken, Inkas verbreitet. **Sonnennähe,** *Perihel,* ↗Apsiden. **Sonnenrad** ↗Planetengetriebe. **Sonnenringe** ↗Halo. **Sonnenröslein,** Zistrosengewächs, Kräuter u. Halbsträucher; in Dtl.: *Gelbes S.* u. *Zwerg-S.* **Sonnenschein,** *Carl,* 1876–1929; kath. Volkserzieher, Studentenpfarrer in Berlin, Initiator sozial-caritativer Einrichtungen; bemüht um Überwindung soz. Schranken.

Koronastrahlen

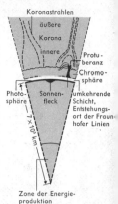

äußere
Korona
innere
Protuberanz
Chromosphäre
Photosphäre
Sonnenfleck
umkehrende Schicht, Entstehungsort der Fraunhofer Linien
7×10⁵ km

Zone der Energieproduktion

Sonne:
Aufbau der Sonne

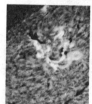

Sonnenaktivität: Sonneneruptionen im Licht der roten Wasserstofflinie; Zeitdifferenz 30 Minuten

Carl Sonnenschein

Sonnensystem

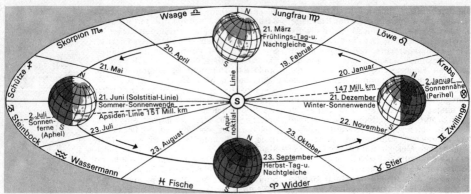

Ekliptik: die Bahn der Erde um die Sonne ist in 12 Abschnitte von 30° geteilt, die nach den Zeichen des Tierkreises benannt sind

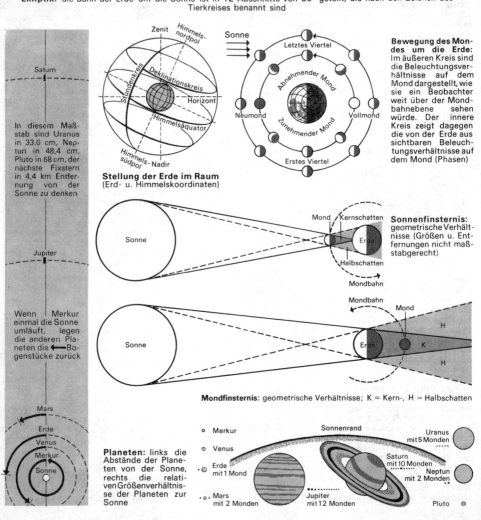

In diesem Maßstab sind Uranus in 33,0 cm, Neptun in 48,4 cm, Pluto in 68 cm, der nächste Fixstern in 4,4 km Entfernung von der Sonne zu denken

Stellung der Erde im Raum (Erd- u. Himmelskoordinaten)

Bewegung des Mondes um die Erde: Im äußeren Kreis sind die Beleuchtungsverhältnisse auf dem Mond dargestellt, wie sie ein Beobachter weit über der Mondbahnebene sehen würde. Der innere Kreis zeigt dagegen die von der Erde aus sichtbaren Beleuchtungsverhältnisse auf dem Mond (Phasen)

Sonnenfinsternis: geometrische Verhältnisse (Größen u. Entfernungen nicht maßstabgerecht)

Wenn Merkur einmal die Sonne umläuft, legen die anderen Planeten die ← Bogenstücke zurück

Mondfinsternis: geometrische Verhältnisse; K = Kern-, H = Halbschatten

Planeten: links die Abstände der Planeten von der Sonne, rechts die relativen Größenverhältnisse der Planeten zur Sonne

Sonnenblume

Sonnentau

Sonnensegel, ausgespanntes Segeltuch zum Schutz gg. Sonnenstrahlen. **Sonnenstern** ↗Seestern. **Sonnenstich,** durch direkte Sonneneinstrahlung auf den Kopf eintretende Hirnhautreizung bzw. Meningitis mit Kopfschmerz, Schwindel, Bewußtseinsstörungen. ↗Hitzschlag. **Sonnensystem,** Plan̲etensys̲t̲em, das aus Sonne (Zentralgestirn), Planeten, Planetoiden, Kometen, Meteoriten und interplanetarer Materie bestehende kosm. System. **Sonnentau,** zierl. Pflänzchen; Blätter zum Insektenfang eingerichtet. Auf Hochmooren. **Sonnentierchen,** kleine, kugelige ↗Protozoen. **Sonnenuhr,** benützt den fortschreitenden Schatten eines Stabes zur Zeitmessung. **Sonnenvogel,** Singvögel in Süd- u. Ostasien; Golddrosselmeise, Blauflügel-S. **Sonnenwende,** Solst̲i̲tium, Zeit des höchsten od. tiefsten Sonnenstandes; Sommer-S.: 21./22. Juni, Winter-S.: 21./22. Dez. Die Sommer- u. Winter-S.feier ist ein altgerman. Volksfest. **Sonnenwind,** ständig v. der Sonne mit Geschwindigkeiten zw. 400 u. 700 km/s abströmendes, ionisiertes Gas aus Elektronen u. Ionen, beeinflußt z. B. den Erdmagnetismus, die ↗Strahlungsgürtel u. die Schweifbildung v. Kometen. ↗Interplanetare Materie.

Sonntag m (v. lat. di̲es so̲lis = Tag des Sonnengottes), gemäß dem atl. Bericht vom (Ruhe-)Tag des Schöpfers doch anstelle des ↗Sabbats am Wochentag der Auferstehung Christi u. der Aussendung des Hl. Geistes gefeierter christl. Kult- u. Ruhetag. **S.sarbeit,** nach der Gewerbeordnung nur ausnahmsẃeise zulässig. ↗gleitende Arbeitswoche. **S.smalerei** ↗naive Malerei.

Sonnwendgebirge, Teil der Nordtiroler Kalkalpen, östl. des Achensees, im Hochiß 2299 m, im Rofan 2260 m hoch.

sonor (lat.), klangvoll, wohlklingend.

Sonthofen, bayer. Krst. u. Wintersportplatz in den Allgäuer Alpen, 20 000 E.

Sontra, hess. Stadt nördl. v. Bebra, 9200 E.; Maschinen-, Kunststoff-, Metall- u. Bekleidungs-Ind.; Barytwerke.

Soochow (: ßutschoᵘ) ↗Sutschou.

Sooden, Bad S.-Allendorf, hess. Stadt u. Kurort, östl. von Kassel, an der Werra, 9700 E.; Solquellen.

Soonwald, südöstl. Teil des Hunsrücks.

Soor m, auch Schwämmchen, Aphthen, Entzündung der Mund- u. Rachenschleim- **Sophienkirche** ↗Hagia Sophia. [haut.

Sophisma s, spitzfindiger Trugschluß, bei den ↗Sophisten Form des log. Urteils.

Sophisten (Mz., gr.), griech. Wanderlehrer im 5. u. 4. Jh. v. Chr., die gg. Bezahlung die Jugend u.a. in Philosophie, Staatslehre u. Rhetorik unterrichteten; Vertreter der ↗Sophistik; bes. Protagoras, Gorgias u. Hippias; v. Sokrates u. Platon bekämpft. **Sophistik** w, altgriech. philosoph. Richtung, wirkte durch Skeptizismus, Pragmatismus u. überscharfe Kritik an den überlieferten Sitten zersetzend auf allgemeingült. Wahrheiten u. Werte; verdienstvoll ihre Kritik menschl. Erkenntnisfähigkeit. ↗Sophisma.

Sophokles, griech. Dichter, um 496–406 v. Chr.; gab der attischen Tragödie die klass.

Form. Straffe Handlung, individuell gezeichnete Charaktere; menschl. Schicksal durch die Götter bestimmt, jedoch Idee der Humanität. Von 123 Dramen 7 erhalten. Antigone; König Ödipus; Elektra.

Sophon̲ias, Zephan̲ja, einer der atl. Kleinen Propheten; wirkte unter Kg. Josias um 640 bis 630 in Juda; nach ihm das Buch S. ben.

Sophrosyne w (gr.), Besonnenheit.

Sopot ↗Zoppot.

Sopran m (it.), die höchste Frauen- oder Knabenstimme. ☐ 951.

Sopron (: scho̲-), ungar. für ↗Ödenburg.

Sorau (: sch̲o-), poln. Ża̲ry, brandenburg. Stadt in der Niederlausitz, 20 000 E.

Sorben, slaw. Stamm, ↗Wenden.

Sorbonne w (: ßorbo̲n), v. Robert v. Sorbon 1253 gestiftetes Internat an der Univ. Paris; seit 1808 Sitz der Univ. v. Paris; durch das frz. Hochschulrahmengesetz v. 1968 in eine Reihe v. Univ.en aufgegliedert.

Sordino m (it.), der auf den Steg aufzustekkende Dämpfer der Geigen.

Sorel (: ßorä̲l), Georges, frz. Soziologe, 1847–1922; Theoretiker des syndikalist. Sozialismus; förderte durch seine Lehre v. der gewalttät. Aktion Faschismus u. Bolschewismus.

Sorge, Reinhard Johannes, dt. Schriftsteller, 1892–1916 (gefallen); schuf religiöse, expressionist. Dramen (Der Bettler); konvertierte zum Katholizismus.

Sorgerecht ↗Elterliche Gewalt.

Sorgho s, die ↗Mohrenhirse.

Sorrent, it. Sorrento, it. Kur- u. Badeort auf der Halbinsel S., s.ö. v. Neapel, 13 000 E.; Erzbischof.

Sorte, ein erblich differenzierter Formenkreis innerhalb einer Fruchtart.

Sorten, ausländ. Zahlungsmittel.

Sortiment s (lat.-it.), 1) Auswahlsammlung. 2) S.sbuchhandel, verkauft Bücher im Einzelhandel. Bar-S., buchhändler. Vermittlungsstelle zw. den Verlagen u. dem S.sbuchhandel. **S.er,** der im S. 2) tätige Buchhändler.

Soschtschenko, Michail, russ. Schriftsteller, 1895–1958; Satiren über das Alltagsleben in der Sowjetunion.

SOS-Kinderdörfer, Wohn- u. Erziehungssiedlungen für eltern- u. heimatlose Kinder u. Jugendliche, die in Familiengruppen mit einer „Familienmutter" zusammenleben u. schul. u. berufl. ausgebildet werden; seit 1949 v. H. Gmeiner in zahlr. Staaten eingerichtet.

Sosnowiec (: -wjez), poln. Stadt in der Wojewodschaft Kielce, 230 000 E.; Kohlenbergbau, Stahl-, Textilwerke.

Soße w (von frz. sauce), flüssige Zugabe an trockene Speisen.

Soest, westfäl. Krst. in der S.er Börde, 40 000 E.; Patrokli-Dom (roman.), Petrikirche (12./13. Jh.), Wiesenkirche (got.), Rathaus (1714); Fachschulen, Kleineisen-Ind. S.er Schrae, ältestes Stadtrecht in Dtl. – Ehem. Mitgl. der Hanse.

sostenuto (it.), Musik: getragen, gedehnt.

Sotschi, sowjet. Hafenstadt u. Winterkurort am Schwarzen Meer, 287 000 E.

Sottise w (: ßoti̲s, frz.), Dummheit.

Soubirous (: ßubir<u>u</u>), *Bernadette*, hl. (18. Febr.), 1844–79; hatte als 14jähr. Hirtenmädchen 18 Erscheinungen der Gottesmutter bei Lourdes; 66 Ordenseintritt.

Soubr<u>e</u>tte w (: ßu-, frz.) Rollenfach der munter-naiven Darstellerin (Sopranistin) in Operette u. Oper.

Souffleur m (: ßufl<u>ö</u>r, frz.; Ztw. *soufflieren*), weibl. *Souffleuse*, liest den Schauspielern aus dem *S.kasten* flüsternd ihre Rollen vor; entspr. auch beim Musiktheater.

Souper s (: ßup<u>e</u>, frz.), Abendessen.

Soutane ↗Sutane.

Souterrain s (: ßutär<u>ä</u>n), Unter-, Erdge- **South** (: sauß, engl.), Süden ⎰schoß.

Southampton (: ßau<u>ß</u>ämpt^en), Hauptort der engl. Gft. Hampshire, einer der wichtigsten engl. Häfen, an einem Meeresarm des Ärmelkanals, 215000 E.; Univ.; große Docks, Werften.

South Bend (: ßau<u>ß</u>-), Stadt in Indiana (USA), am St. Joseph River, 130000 E.; kath. Univ.; Autofabriken.

South Carolina (: ßau<u>ß</u> kärol<u>ai</u>n^ä), *Südkarolina*, Abk. *S. C.*, Staat im S der USA, zw. den Appalachen und dem Atlantischen Ozean,

80432 km², 2,9 Mill. E., zu 50% Neger und Mulatten; Hst. Columbia.

South Dakota (: ßau<u>ß</u> däko^ut^ä), *Süddakota*, Abk. *S. D.*, Präriestaat der USA, beiderseits des mittleren Missouri, 199551 km², 686000 E.; Hst. Pierre.

Southend, *S. on Sea* (: ßa<u>uß</u>end on ßi), engl. Seehafen u. Seebad nördl. der Themsemündung, 165000 E.

Southport (: ßau<u>ß</u>på^rt), engl. Seebad an der Irischen See (Gft. Lancashire), 85000 E.

South Shields (: ßau<u>ß</u> schilds), engl. Hafenstadt an der Mündung des Tyne, 101000 E.; Kohlehafen, Schiffbau.

Souvenir s (: ßuwe-, frz.), Andenken.

souverän (: ßuw^erän, frz.), unumschränkt, überlegen. *S. m*, Herrscher, allg. der Träger der Souveränität. **S.ität** w, die v. außen nicht eingeschränkte Herrschaft auf eigenem Staatsgebiet.

Sovereign m (: s<u>o</u>wrin), alte engl. goldene Pfundmünze zu 20 Schillingen.

S<u>o</u>wchos m od. s (dt. Bz. *Sowch<u>o</u>se* w), russ. Abk. für „Sowjet. Wirtschaft"; Bz. für die staatseigenen landwirtschaftl. Großbetriebe. ↗Kolchos.

Sowjet m (russ. = Rat), urspr. die Arbeiter-, Bauern- u. Soldatenausschüsse der russ. Revolution 1905 u. 17 (↗Rätesystem); heute die nach Einheitslisten in der UdSSR gewählten Volksvertretungen v. *Dorf-* u. *Stadt-S.* bis zum *Obersten Sowjet.*

Sowjetsk, russ. Name für ↗Tilsit.

Sowjetunion, Abk. *UdSSR*, der Fläche nach größter Staat der Erde, erstreckt sich über 10000 km u. beide den Pazif. Ozean u. über 5000 km v. Nordpolarmeer bis zum Hochland von Pamir. 62% der Bev. leben in den Städten (1913: 18%), 38% auf dem Lande; 70 verschiedene Sprachen werden gesprochen, Pflichtsprache für alle ist Russisch. – Die S. nimmt die nördl. Hälfte Asiens ein u. reicht seit dem 2. Weltkrieg bis ins östl. Mitteleuropa. 4 Großlandschaften lassen sich unterscheiden: a) die *Osteurop. Tafel*, der europ. Anteil der UdSSR. Sie wird v. weitgespannten Höhenrücken (Mittelruss. Platte, Wolgahöhen, Timanberge, Nördl. Uwaly) durchzogen, welche schlüsselförm. Becken einschließen, darunter das zentrale Moskauer Becken, der wirtschaftl. u. kulturelle Mittelpunkt des Landes. b) östl. des Urals, der die kaum trennende Grenze zw. Europa u. Asien bildet, schließt sich das mehr als 3 Mill. km² große *Westsibir. Tafelland* an, das versumpfte Stromgebiet des Ob (mit Tobol, Ischim u. Irtysch). c) zw. Jenissei u. Lena liegt das *Mittelsibir. Bergland*, gegliedert durch tiefeingeschnittene Täler der großen sibir. Ströme. Ströme, die nach N ins Eismeer abfließen. Nördl. 70° n. Br. fällt das Bergland steil zur Nordsibir. Tiefebene ab. d) zw. Lena u. Beringstraße erstreckt sich schließl. das *Ostsibir. Gebirgsland* mit 2500–3000 m hohen Gebirgsketten, versumpften Hochflächen u. weiten, v. Flüssen entwässerten Tiefländern. Die Küstenländer des hohen Nordens, mit 9–10 Monaten Frost, tragen Tundra, die nach S in eine Waldzone (Taiga) übergeht, zu der 50% der Fläche der UdSSR gehören. Beide Regionen

Sowjetunion – Die Unionsrepubliken

Sozialistische Sowjet-(Unions-) Republiken	Fläche in 1000 m²	Einwohner in 1000	wichtigste Nationalitäten in % (1970)		Hauptstadt
Russische Sozialistische Föderative Sowjetrepublik (RSFSR)	17075,4	137562	Russen Tataren	82,8 3,7	Moskau
Kasachische SSR	2717,3	14685	Russen Kasachen	42,8 32,4	Alma-Ata
Ukrainische SSR	603,7	49757	Ukrainer Russen	74,9 19,4	Kiew
Turkmenische SSR	488,1	2759	Turkmenen Russen	65,6 14,5	Aschchabad
Usbekische SSR	447,4	15391	Usbeken Russen	64,7 12,5	Taschkent
Bjelorussische (Weißrussische) SSR	207,6	9559	Weißrussen Russen	81,0 10,4	Minsk
Kirgisische SSR	198,5	3529	Kirgisen Russen	43,8 29,2	Frunse
Tadschikische SSR	143,1	3801	Tadschiken Usbeken	56,2 23,0	Duschanbe
Aserbeidschanische SSR	86,6	6028	Aserbeidschaner Russen	73,8 10,0	Baku
Grusinische (Georgische) SSR	69,7	5016	Georgier Armenier	66,8 9,7	Tbilisi (Tiflis)
Litauische SSR	65,2	3399	Litauer Russen	80,1 8,6	Wilnjus (Wilna)
Lettische SSR	63,7	2521	Letten Russen	56,8 29,8	Riga
Estnische SSR	45,1	1466	Esten Russen	68,2 24,7	Tallinn (Reval)
Moldauische SSR	33,7	3948	Moldau-Rumänen Ukrainer	64,6 14,2	Kischinew
Armenische SSR	29,8	3031	Armenier Aserbeidschaner	88,66 5,9	Eriwan (Jerewan)
UdSSR	22402,2[1]	262442			Moskau

[1] einschließlich Asowsches Meer und Weißes Meer

Sowjetunion – Nationalitäten	1926 in 1000	in %	1939[1] in 1000	in %	1970 in 1000	in %
Russen	77791	52,9	99020	58,4	129015	53,7
Ukrainer	31195	21,2	28070	16,5	40753	16,8
Weißrussen	4739	3,2	5267	3,1	9052	3,7
Usbeken	3989	2,6	4844	2,9	9195	3,8
Kasachen	3968	2,6	3099	1,8	5299	2,2
Tataren	3311	2,2	4300	2,5	5931	2,5
Juden	2672	1,9	3020	1,8	2151	0,9
Georgier	1821	1,2	2249	1,3	3245	1,3
Aserbeidschaner	1713	1,2	2275	1,3	4380	1,8
Armenier	1568	1,1	2152	1,3	3559	1,5
Mordwinen	1340	0,9	1451	0,8	1263	0,5
Tschuwaschen	1117	0,8	1368	0,8	1694	0,7
Tadschiken	981	0,7	1229	0,7	2136	0,9
Polen	782	0,5	627	0,4	1167	0,5
Turkmenen	764	0,5	819	0,5	1525	0,6
Kirgisen	763	0,5	884	0,5	1452	0,6
Baschkiren	714	0,5	843	0,5	1240	0,5
Udmurten	514	0,3	606	0,3	704	0,3
Moldauer	279	0,2	260[2]	0,1	2698	1,1
Osseten	272	0,2	355	0,2	448	0,2
Karelier	248	0,2	253	0,1	146	0,0
Jakuten	241	0,2	242	0,1	296	0,1
Burjäten	238	0,2	225	0,1	315	0,1
Esten	155	0,1	143[2]	0,1	1007	0,4
Letten	151	0,1	127[2]	0,1	1430	0,6
Litauer	41	0,0	32[2]	0,0	2665	1,1
andere Völker	5661	3,9	6707	3,9	8914	3,7
UdSSR	147028		170467		241720	

[1] Zählung am 17.1.1939
[2] Schätzungen für 1940, nach Eingliederung Bessarabiens und der baltischen Staaten, 2,060 Mill. Moldauer (= 1,1%), 1,144 Mill. Esten (= 0,6%), 1,628 Mill. Letten (= 0,8%) und 2,060 Mill. Litauer (= 1,1%)

Sowjetunion

Amtlicher Name:
Sojus Sowjetskich Sozialistitscheskich Respublik (Union der Sozialistischen Sowjetrepubliken)
Staatsform:
Sozialistischer Bundesstaat
Hauptstadt:
Moskau
Fläche:
22402200 km²
Bevölkerung:
262,442 Mill. E.
Sprache:
Staatssprache ist Russisch; gleichberechtigt die anderen Sprachen in den Unions- u. Autonomen Republiken, Gebieten und Kreisen
Religion[1]:
30–50 Mill. Orthodoxe, über 24 Mill. Muslimen, ca. 7 Mill. Katholiken, ca. 5 Mill. Protestanten, 2,4 Mill. Juden, 0,5 Mill. Buddhisten
Währung:
1 Rubel = 100 Kopeken
Mitgliedschaften:
UN, Warschauer Pakt. RgW

[1] Schätzungen; amtl. Angaben fehlen

haben Dauerfrostboden, der nur im Sommer an der Oberfläche auftaut. Die südl. anschließenden Laubwälder gehen in eine Steppenzone über, deren Schwarzerdeböden die ergiebigsten Getreidefelder der UdSSR tragen, bes. in der Ukraine. Gegen die Hochgebirgsregion im S geht die Steppe bei abnehmenden Niederschlägen in einen Wüstengürtel über (Karakum, Kisil-Kum). Die UdSSR entwickelte sich in 30 Jahren aus einem reinen Agrarland zu einem führenden Ind.-Staat der Erde. Sie besitzt reiche Vorkommen von Eisenerzen, Manganerzen, Kalisalzen, Phosphaten, Erdgas, Erdöl u. Steinkohlen. Über das ganze Land verteilt, entstanden Kombinate, d.h. regionale Zusammenschlüsse v. Haupt-, Neben-, Hilfs- u. Zubringerbetrieben. Industrielle Schwerpunkte sind: das Moskauer Kohlenbecken, das Donezbecken (Donbass), der Dnjeprbogen (Kriwoi Rog, Nikopol), der Ural, das Kusnezker Becken (Kusbass). Neue Ind.-Räume entstanden in ↗Sibirien u. im Russ.-Fernost (am Amur). Alle Produktionsmittel sind sozialisiert, d.h., sie sind im Besitz des Staates oder v. Genossenschaften. Betriebsformen der Landwirtschaft sind Kolchos und Sowchos.
Verfassung (1977): Höchstes Organ u. einziger Gesetzgeber ist der auf 4 Jahre gewählte Oberste Sowjet; er besteht aus dem Unions- u. dem Nationalitätenrat (Vertretung der einzelnen Rep.en u. Gebiete); tritt in der Regel einmal im Jahr zus.; in der Zwischenzeit werden seine Funktionen v. dem Präsidium des Obersten Sowjets wahrge-

nommen, dessen Vors. das nominelle Staatsoberhaupt der UdSSR ist. Der Oberste Sowjet bestimmt die Mitgl. der Regierung (Ministerrat), an deren Spitze der Min.-Präs. u. seine Stellvertreter stehen. Die Macht wird v. der ↗Kommunist. Partei ausgeübt; ihr oberstes Organ ist der Parteitag, der das Zentralkomitee (ZK) wählt; dessen Präsidium (↗Politbüro) ist die eigentliche Entscheidungsinstanz in Partei und Staat. 1958/64 vereinigte N. ↗Chruschtschow als Min.-Präs. u. als Erster Sekretär des ZK das höchste Regierungs- u. Parteiamt in seiner Person; 64/77 „kollektive Führung" durch ↗Breschnew, ↗Kossygin und ↗Podgornij; seit 77 Breschnew Staatsoberhaupt Die S. besteht aus 15 Unions-Rep.en (SSR), die eigene Parlamente (Sowjets) u. Regierungen haben; innerhalb der Unions-Rep.en gibt es 20 Autonome Sozialist. Sowjetrepubliken (ASSR), 8 Autonome Gebiete u. 10 Nationale Bezirke.
Geschichte: Nach der ↗Oktoberrevolution in ↗Rußland 1917 u. der darauf folgenden völligen Neuordnung des Staates konnten sich die Bolschewiki u. ihre Rote Armee in einem mehrjährig. Bürgerkrieg gg. die sog. Weiße Armee u. die Intervention der Alliierten behaupten; nach Eroberung aller Teile Rußlands wurde 22 die Union der Sozialist. Sowjetrepubliken gegründet. Der wirtschaftl. Ruin des Landes veranlaßte Lenin 21 zur Einleitung der ↗NEP. 24 diplomat. Anerkennung der S. durch Großbritannien u. die meisten europ. Staaten. Nach Lenins Tod 24 errang ↗Stalin in jahrelangem Machtkampf die Führung. 28 begann die Politik der totalen Zentralverwaltungswirtschaft: verstärkte Industrialisierung durch den 1. Fünfjahrplan u. Einleitung der Kollektivierung der Landwirtschaft. 35/38 führte Stalin brutale „Säuberungsaktionen" gg. alle einstigen u. jeden potentiellen Opponenten in Partei u. Armee durch. 39 schloß die S. mit Dtl. einen Nichtangriffspakt. Dieser Vertrag ermöglichte der S. zu Beginn des 2. Weltkrieges die Eingliederung Ostpolens, der 3 balt. Staaten, karelischer Gebiete, Bessarabiens u. der Nordbukowina. In dem v. Hitler am 22.6.41 eröffneten Krieg (↗Weltkrieg) blieb die S. trotz anfängl. Niederlagen im Bündnis mit Großbritannien u. den USA siegreich. Die sowjet. Besetzung v. Teilen ↗Deutschlands u. ↗Österreichs 45 u. die Bildung kommunist. regierter Satellitenstaaten in Osteuropa nach dem Krieg brachten der S. eine ungeheure Ausweitung ihrer Einflußsphäre nach Westen. Das Verhältnis zu den Westalliierten war bald durch wachsende polit. Spannungen, den sog. Kalten Krieg, gekennzeichnet. Die S., verstärkt durch die mit ihr im ↗Warschauer Pakt u. im ↗Rat für gegenseitige Wirtschaftshilfe zusammenarbeitenden sozialist. Staaten, entwickelte sich in Politik, Wirtschaft, Technik, Raumfahrt u. Militär zur bedrohl. Gegenmacht gg. die v. USA geführten westl. Staaten. Nach Stalins Tod 53 kam es zu innenpolit. Machtkämpfen, in denen sich schließl. ↗Chruschtschow durchsetzte. Er leitete 56

die Entstalinisierung ein, eine mit Absetzungen in der Partei u. der Regierung (u. a. ↗Malenkow, ↗Molotow) verbundene Politik der Absage an Stalin, bes. wegen des sog. „Personenkultes". Die nach Stalins Tod einsetzende Periode der Entspannung zw. Ost u. West ging nach den gescheiterten ↗Genfer Konferenzen 55 zunächst bald zu Ende. Als bes. Krisenherde der Ost-West-Spannung erwiesen sich ↗Berlin, ↗Korea, ↗Laos, ↗Kuba, ↗Vietnam. Seit 63 Entspannungsversuche im Westen (↗Abrüstung), aber ideolog. Konflikt mit der VR China. 64 ging die Macht an die sog. „Troika" ↗Breschnew, ↗Kossygin, ↗Podgornij. 68 Unterzeichnung des Atomwaffensperrvertrags, militär. Intervention in der ČSSR, 69 Grenzkonflikt mit der VR China am Ussuri, Beginn der SALT-Gespräche mit den USA, 70 Gewaltverzichtsabkommen mit der BRD, 71 Vier-Mächte-Abkommen über Berlin, 73 Teilnahme an der europ. Sicherheitskonferenz ↗KSZE und an ↗MBFR; 79 Abschluß des SALT-II-Vertrags (noch nicht ratifiziert); Militärintervention (79) in Afghanistan führt zur Verschlechterung des Verhältnisses zu den USA u. zum Olympia-Boykott (80) zahlreicher westl. Nationen.
Sowjetzone, volkstüml. für Sowjet. Besatzungszone (SBZ), der nach 1945 von den Sowjets verwaltete östliche Teil (Ostzone) Deutschlands; heute das Gebiet der DDR.
sozial (lat.), **1)** die menschl. Gesellschaft betreffend. **2)** gemeinnützig handelnd. **S.akademien,** staatl. od. kirchl. akadem. Lehr- u. Forschungsstätten zur sozialwiss. Ausbildung wiss. nicht vorgebildeter Arbeiterführer, u. a. in Dortmund, Frankfurt (Akad. der Arbeit), Friedewald (ev.), Hamburg (Akademie für Gemeinwirtschaft) u. Wien (kath.). **S.amt,** fr. Wohlfahrtsamt, örtl. Verwaltungsbehörde für die gesamte ↗S.hilfe eines Bezirks. **S.arbeit,** seit ca. 1945 Bz. für die Gesamtheit der Tätigkeiten im Bereich von Fürsorge, Sozialhilfe, Wohlfahrt, Jugendhilfe, Gesundheitsfürsorge u.ä. **S.beirat,** unabhängiges Gremium v. Vertretern der Arbeitgeber, der staatl. ↗Rentenversicherung sowie v. Sachverständigen u. Wissenschaftlern; erstattet Gutachten über die Anpassung der laufenden Renten.
Sozialdemokratie w (lat.-gr.), Sammel-Bz. der polit. Parteien, die den ↗Sozialismus in demokrat. Formen erstreben.
Sozialdemokratische Partei Deutschlands (SPD), entstand 1875 unter Annahme des Gothaer Programms als Sozialist. Arbeiterpartei Dtl.s aus der Vereinigung des 1863 v. Lassalle gegr. Allg. Dt. Arbeitervereins mit der streng marxist. Sozialdemokrat. Arbeiterpartei Liebknechts u. Bebels; formte sich nach Aufhebung des ↗Sozialistengesetzes 90 neu als SPD u. verpflichtete sich 91 auf das marxist. Erfurter Programm. Trotz innerparteil. Auseinandersetzungen über Bernsteins ↗Revisionismus konnte sich die SPD behaupten (1912 stärkste Reichstagsfraktion). 1917 Abspaltung des ↗Spartakusbundes u. der Unabhängigen Sozialdemokrat. Partei Dtl.s (USPD); die übrigbleibenden sog. Mehrheitssozialisten schlos-

sen sich 22 wieder mit der USPD zusammen. Die SPD wurde 33 aufgelöst, 45 neu gegr. u. vertritt als eine der Hauptparteien der BRD einen demokrat. ↗Sozialismus, der in dem stark v. Marxismus abrückenden Godesberger Programm v. 59 seinen Ausdruck fand; im Bundestag 49/66 in Opposition; 66/69 in Regierung mit CDU/CSU. Seit den Bundestagswahlen 69 bildete sie, in Koalition mit der FDP, die Regierung. ☐ 130/131, 133. – In der DDR ist die SPD (seit 1946) mit der KPD zur SED verschmolzen.
soziale Frage, bes. Bz. für das mit der ↗Industrialisierung entstandene Problem der gesellschaftl. u. wirtschaftl. Stellung des Arbeiters. Eine s. F. besteht aber zu jeder Zeit, da die Lösung sozialer Probleme in jeder Gesellschaft dauernde Aufgabe v. Sozialreform u. ↗Sozialpolitik bleibt.
soziale Indikation ↗Indikationslösung.
Soziale Marktwirtschaft, eine Form der ↗Marktwirtschaft, die bei grundsätzl. Förderung des Wettbewerbs die sozialen Gesichtspunkte einbezieht; bes. Bz. der Wirtschaftspolitik in der BRD seit 1948.
Sozialenzykliken (Mz.), die Enzykliken ↗Rerum novarum, ↗Quadragesimo anno, ↗Mater et magistra u. ↗Populorum progressio über die ↗soziale Frage.
sozialer Wandel, sozio-kultureller Wandel, die Gesamtheit der in einem Zeitabschnitt erfolgenden Veränderungen in der Struktur einer Gesellschaft, bes. der Ind.-Ges.
sozialer Wohnungsbau, in der BRD der staatl. begünstigte Bau v. Wohnungen oder Eigenheimen für einkommensschwächere Teile der Bev. Der Staat gewährt unter bestimmten Voraussetzungen zinslose oder zinsverbilligte Darlehen, Hypotheken, Steuervergünstigungen usw.
soziale Schichtung, eine relativ festgefügte Personengruppe innerhalb der Gesellschaft, die sich durch ähnl. wirtschaftl. Verhältnisse, Mentalität, Lebensformen u. Privilegien v. anderen Schichten abhebt. Im Ggs. zur Gruppe liegt dem Begriff der Schichtung häufig eine soziale Wertung zugrunde (↗Klasse, ↗Stand, ↗Kaste).
Sozialethik w, im Ggs. zur ↗Individualethik die Lehre v. den Normen des sittl. Handelns im sozialen Bereich.
Sozialforschung, Forschungsgebiet in engem Wechselwirkung mit der ↗Soziologie (u. ↗Sozialpsychologie); überprüft deren theoret. Konstruktionen systemat.-empir.
Sozialfürsorge ↗Sozialhilfe.
Sozialgerichtsbarkeit, Rechtsprechung in Streitigkeiten u.a. aus Sozialversicherung, Kriegsopferversorgung, dem Aufgabenbereich der Bundesanstalt für Arbeit durch Sozial-, Landessozial- u. Bundessozialgericht. Verfahren in der Regel kostenfrei.
Sozialhilfe, fr. Fürsorge, umfaßt öff. Hilfe zum Lebensunterhalt (u.a. Ernährung, Unterkunft, Kleidung, Hausrat, Heizung) u. in bes. Lebenslagen (u.a. vorbeugende Gesundheits-, Krankenhilfe), um dem Hilfsbedürftigen ein menschenwürdiges Leben zu ermöglichen; geregelt im Bundessozialhilfeges. v. 1961 (neue Fassung v. 71; wei-

Sozialforschung
Techniken:
Statistik, Wahrscheinlichkeitsrechnung, Stichprobenverfahren u. a.
Verfahrensweisen:
Beobachtung (planmäßige Erfassung sinnl. wahrnehmbarer Tatbestände durch systemat. oder teilnehmende Beobachtung)
Befragung (unmittelbare Erfassung v. Einstellungen, Vorstellungen u. Wertungen, mündl. durch Interview, schriftl. mittels Fragebogen)
Experiment (Feststellung, ob einem Faktor die ihm zugeschriebene Wirkung zukommt)
Gruppenexperiment (Erforschung v. in einer durch bestimmte Reize ausgelösten Diskussion entstehenden bzw. geäußerten Meinungen, Einstellungen usw.)
Inhaltsanalyse (quantifizierende Erfassung verbaler u. opt. Mitteilungen durch Rundfunk, Presse, Fernsehen, Film)

tere Ergänzungen geplant). Art, Form u. Umfang richten sich nach den individuellen Besonderheiten. Rechtsanspruch auf S. hat, wer seinen notwendigen Lebensunterhalt nicht od. nicht ausreichend aus eigenen Kräften u. Mitteln beschaffen kann.
Sozialisierung, die Überführung v. Wirtschaftsgütern (bes. v. Produktionsmitteln) in ↗Gemeineigentum, i.e.S. auch die starke Einschränkung der Verfügungsmacht des Eigentümers zugunsten öff. Zwecke. Gründe für die S.: Verhinderung übermäßiger wirtschaftl. Machtkonzentration in Privathand, stärkere Durchsetzung der Gesamtgesellschaft od. einzelner Gruppen (z.B. der Arbeiter), Aufbau einer sozialist. Gesellschaftsordnung.
Sozialismus m (lat.), Bz. für eine Vielzahl v. Lehren u. polit. Bewegungen, die in verschiedenem Ausmaß die bestehenden Eigentumsverhältnisse ändern wollen u. sich meist gleichzeitig gg. die damit verbundene Gesellschafts- u. Herrschaftsordnung wenden; entstand mit der beginnenden ↗Industrialisierung, deren wirtschaftl. u. soziale Auswirkungen (↗soziale Frage) er bekämpfte. Hinsichtl. der Eigentumsordnung unterscheidet man zw. S. (i.e.S.), der nur die Produktionsmittel (↗Sozialisierung) in Gemeineigentum überführen, und einem Kommunismus, der Privateigentum überhaupt auflösen will. Die ersten Ansätze des S. (v. Marx utop. S. gen.) entwickelten sich in Fkr., auch in Engl. (Saint-Simon, Fourier, Blanc, Proudhon, Owen). Die Wirksamkeit dieses S. war gering. In scharfer Ablehnung der Frühsozialisten, aber doch unter deren Einfluß entwickelten Marx u. Engels den wiss. S. (Marxismus), der die sozialist. Gesellschaftsordnung als einen notwendigen, durch Klassenkampf u. Kapitalkonzentration sich entwickelnden Prozeß zu erweisen suchte u. der v. großem Einfluß auf die ↗Arbeiterbewegung u. die ↗Sozialdemokratie war. Später spaltete sich der Marxismus in eine gemäßigte Richtung, die Marx' Ideen unter Anpassung an die geschichtl. Entwicklung u. wiss. Kritik umformte, u. den radikalen Marxismus, aus dem der v. Lenin weiterentwickelte russ. Kommunismus (Bolschewismus) hervorging. Seit dem 2. Weltkrieg erstarkte in Westeuropa mit Einschluß der BRD ein demokrat. S., dessen Träger die Sozialdemokratie ist u. der sich scharf gg. den kommunist.-totalitären S. wendet. Der S. in Engl. gründete zu keiner Zeit auf der marxist. Ideologie.
Sozialistengesetz, 1878 v. Bismarck herbeigeführtes, bis 90 mehrmals verlängertes Ausnahmegesetz zur Unterdrückung der erstarkenden sozialist. Arbeiterbewegung; blieb erfolglos.
Sozialistische Einheitspartei Deutschlands (SED), die das gesamte polit. Leben in der DDR beherrschende Partei, 1946 durch Verschmelzung der KPD mit der SPD in der SBZ entstanden.
Sozialistische Jugendbewegung ↗Falken.
Sozialistische Partei Österreichs (SPÖ), 1889 v. V. Adler als Sozialdemokrat. Partei Östr.s (SPÖ) gegr.; war 1918/20 Regie-

rungspartei; verfolgte dann als Oppositionspartei einen scharfen Linkskurs; wurde 34 aufgelöst u. 45 unter ihrem jetzigen Namen neu gegr.: verfolgte nun einen gemäßigten Kurs u. bildete bis 66 mit der ÖVP die Regierung; seit 70 Regierungspartei. Vors. seit 67 B. ↗Kreisky. ☐ 710.
Sozialistischer Deutscher Studentenbund, SDS, linksgerichtete polit. Studentenorganisation, gegr. 1946, zunehmend radikal.
Sozialistischer Hochschulbund, SHB, bis 1973 Sozialdemokrat. Hochschulbund (Umbenennung v. SPD gefordert), 1961 gegr.
Sozialistischer Realismus, wurde 1932 in der UdSSR zur allein gültigen Schaffensmethode in Kunst u. Lit. proklamiert; fordert „hist.-konkrete Darstellung der Wirklichkeit in ihrer revolutionären Entwicklung" u. „ideolog. Umformung u. Erziehung" als Aufgabe der Kunst. Auch in anderen sozialist. Ländern; nach Stalins Tod Lockerungen der Doktrin.
Soziallasten, Sozialleistungen, mit denen die Haushalte der öff. Körperschaften durch Ges. belastet sind (so Sozialversicherung, Familienhilfe, Kriegsopferversorgung).
Sozialleistungen, alle Aufwendungen der Unternehmen für soziale Zwecke über Lohn- u. Gehaltszahlung hinaus; umfaßt gesetzl. u. freiwill. S.
Sozialpädagogik, Lehre von der Erziehung des einzelnen zur Gemeinschaft u. sozialen Verantwortung.
Sozialpartner, Bz. für Arbeitgeberverbände u. Gewerkschaften als gleichberechtigte Interessenvertreter, bes. bei Tarifverhandlungen.
Sozialphilosophie, die Lehre vom Sozialen, die gegenüber dem Zufällig-Tatsächl. den Sinngehalt der Gesellschaft im Hinblick auf das Ganze der Erscheinungen zu erkennen sucht.
Sozialpolitik w, im weitesten Sinne alle Maßnahmen zur Gestaltung der gesamten Sozialordnung (Sozialreform, Gesellschaftspolitik), i.e.S. alle Maßnahmen, die einzelne Schäden in einer bestehenden Sozialordnung beheben wollen. Bis ins 19. Jh. wurde die soziale Hilfe wesentl. v. der Kirchen getragen. Unter dem Druck des ↗Industrialismus wurde eine planmäßige S. zur Förderung ganzer gesellschaftl. Gruppen notwendig. Die dt. S. begann 1818 mit Maßnahmen gg. die Kinderarbeit u. weitete sich bes. mit dem Ausbau der S.versicherung seit 1881 aus. Wichtigster Träger ist der Staat, außerdem tragen Gewerkschaften, Arbeitgeberverbände u. die Kirchen zur Gestaltung der S. bei. Stand früher die Arbeiterfrage im Mittelpunkt, so sind es heute Probleme der Eigentums- u. Vermögensbildung, der Mitbestimmung, der Arbeitszeit u. des Verhältnisses der Sozialpartner.
Sozialprodukt s, die Summe des Geldwertes der in einem bestimmten Zeitraum (meist 1 Jahr) in einer Volkswirtschaft erbrachten Leistungen (Güter, Dienstleistungen, Nutzungen). Netto-S. (Volkseinkommen): die an die Produktionsfaktoren Kapital u. Arbeit ausgezahlten Kosten (Faktorkosten) abzügl. des Einkommens aus

Sozialleistungen
gesetzliche S.
Beiträge u. a. zur soz. Rentenversicherung, Krankenversicherung, Unfallversicherung, Arbeitslosenversicherung
freiwillige S.
Aufwendungen u. a. für betriebl. Altersversorgung, Ausbildung, Wohnungshilfe, zusätzliche Fürsorge und Gesundheitspflege, Familienhilfe, Gratifikationen

Sozialprodukt
(Entstehungsrechnung)
Nettoinlandsprodukt zu Faktorkosten
+ Saldo des Einkommens mit dem Ausland

= Nettosozialprodukt zu Faktorkosten (Volkseinkommen)
+ indirekte Steuern
− Subventionen

= Nettosozialprodukt zu Marktpreisen
+ Abschreibungen

= Bruttosozialprodukt

dem Ausland. *Brutto-S.*: Netto-S. zuzügl. indirekte Steuern u. Abschreibungen, abzügl. Subventionen. Die Höhe des S. ist einer der wichtigsten Maßstäbe zur Beurteilung einer Volkswirtschaft.
Sozialpsychologie, untersucht das individuelle Verhalten hinsichtlich seiner Wirkung auf das Verhalten der Mitmenschen u. umgekehrt: die Wirkung v. ↗Massenmedien, Gruppen (Entstehung, Zusammenhalt usw.), das soziale Rollenspiel, sozial bedingte Vorurteile usw.
Sozialreform ↗Sozialpolitik.
Sozialrentner, Bezieher einer Rente aus der Sozialversicherung. **Sozialversicherung,** die Gesamtheit der auf gesetzl. Regelungen beruhenden Versicherungsverhältnisse (die Privatversicherung beruht auf Verträgen). Die Zweige der dt. S.: ↗*Krankenversicherung,* ↗*Rentenversicherung der Arbeiter u. der Angestellten,* ↗*Knappschaftsversicherung* sowie ↗*Arbeitslosenversicherung.* Die S. ist eine Zwangsversicherung für alle gg. Lohn u. Gehalt beschäftigten Arbeitnehmer (auch Angestellte in der Rentenversicherung u. 1. 1. 1968 unabhängig v. der Einkommenshöhe, in der ↗Krankenversicherung nur bis zu einer bestimmten, jedoch dynamisierten Einkommensgrenze), darüber hinaus auch für Selbständige (Handwerker, Bauern). Auf Leistungen aus der S. besteht Rechtsanspruch. Die Mittel werden teils v. den Versicherten, teils v. den Arbeitgebern (in der Unfallversicherung nur v. diesen) aufgebracht, dazu kommen Staatszuschüsse. Die Versicherungsträger sind öff.-rechtl. Körperschaften u. stehen unter staatl. Aufsicht. Sie sind Organe der Selbstverwaltung der Versicherten u. der Arbeitgeber (im allg.en je zur Hälfte vertreten). Die Mitgl. der Vertreterversammlung werden v. den Versicherten u. Rentenberechtigten aus den Arbeitgebern gewählt. Die Vertreterversammlung (beschließendes Organ) wählt den Vorstand (ausführendes Organ). — Die dt. S. wurde eingeleitet durch eine kaiserl. Botschaft 1881. 1883 Ges. über die Kranken-, 84 über die Unfall-, 89 über die Invaliditäts- u. Altersversicherung. Alle Ges.e wurden 1911 in der Reichsversicherungsordnung (RVO) zusammengefaßt; seitdem häufige, oft tiefgreifende Veränderungen, vor allem die über die Neuregelung der Rentenversicherung 57. — Die S. in der DDR ist eine zentral gelenkte Einheitsversicherung, in der alle früheren Versicherungsträger aufgegangen sind. Leistung u. Kontrolle liegen in Händen des FDGB. Für bestimmte Gruppen bestehen Nachteile bzw. Bevorzugungen.
Sozialwissenschaften, befassen sich mit der menschl. Gesellschaft od. einzelnen gesellschaftl. Erscheinungen, z.B. Sozialphilosophie, Sozialethik, Soziologie, Volkswirtschaftslehre.   [schaft.
Sozietät *w* (lat.), Gesellschaft, Genossen-
Sozinianer, nach Fausto u. Lelio Sozzini ben. rel. Bewegung der Reformationszeit in Polen; leugneten die ↗Dreifaltigkeit; verbreiteten sich auch außerhalb Polens u. verschmolzen mit den ↗Unitariern.

Sozialversicherung
Zweige der dt. S.:
1. Krankenversicherung
2. Rentenversicherung der Arbeiter und der Angestellten
3. Knappschaftsversicherung
4. Unfallversicherung
5. Arbeitslosenversicherung

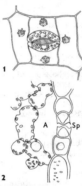

1

2

Spaltöffnungen:

1 Flächenansicht und **2** Querschnitt der Epidermis der Blattunterseite von Tradescantia. Sp Spalt der S., A Atemhöhle

Spanien
Amtlicher Name:
Estado Español
Staatsform:
Königreich
Hauptstadt:
Madrid
Fläche:
504 750 km²
Bevölkerung:
37,18 Mill. E.
Sprache:
Spanisch; Umgangssprachen daneben Katalanisch und Baskisch
Religion:
99 % Katholiken
Währung:
1 Peseta
= 100 Céntimos
Mitgliedschaften:
Europarat,
UN, OECD

Soziologie *w* (lat.-gr.), *Gesellschaftslehre,* die Wiss. v. der Gesellschaft, untersucht die Formen des menschl. Zusammenlebens, ihre geschichtl. Entwicklungen u. die Einwirkungen der verschiedenen Kultursachbereiche (u.a. Politik, Wirtschaft, Religion) auf das gesellschaftl. Leben; bildete sich als selbständige Wiss. im 19. Jh. aus (wichtiger Anreger: A. ↗Comte, v. ihm die Bz.). Hauptbereiche: Familien-, Religions-, Agrar-, Betriebs- u. polit. S. u.a.
Sozius *m* (lat.), **1)** Genosse, Teilhaber. **2)** Mitfahrer auf dem *S.sitz* des Motorrads.
Spa, belg. Badeort, am Nordfuß des Hohen Venns, 10 000 E.; Eisen- u. Schwefelquellen.
Spaak, *Paul-Henri,* belg. Sozialist, 1899 bis 1972; mehrfach Außenmin. (zuletzt 61/66) u. Min.-Präs., 52/54 Präs. des Montanparlaments, 57/61 Generalsekretär der NATO. Vorkämpfer der Europabewegung.
Spacelab (: ßpe'ßläb), wiederholt verwendbares, bemanntes Weltraumlabor, eine Entwicklung der ↗ESA; soll mit einem am. ↗Raumtransporter *(Space Shuttle)* in den 80er Jahren eingesetzt werden.
Spachtel, *Spatel m* od. *w,* Stahlblatt zum Einstreichen u. Glätten v. Gips, Kitt u. ä.
Spagat *m* (it.), **1)** Schnur, Bindfaden. **2)** *S. m* od. *s,* auch *Spakat,* gymnast. Übung, bei der beide Beine so gespreizt werden, daß sie dem Boden aufliegen.
Spaghetti (*Mz.,* it.), fadenförmige Nudeln.
Spahi *m* (pers.), ein eingeborener Reitersoldat der frz. u. brit. Kolonialmacht.
Spalatin (eig. Burkhardt), *Georg,* dt. luth. Theologe u. Humanist, 1484–1545; kräftiger, aber auch mäßigender Förderer Luthers u. Hofkaplan ↗Friedrichs d. Weisen.
Spalato (it.), die jugoslaw. Stadt ↗Split.
Spalier *s,* **1)** Latten- od. Drahtgerüst zum Hochzüchten v. Pflanzen, bes. Obstbäumen (↗Formbäume). **2)** Ehrengasse.
Spaltfuß, *Spalthand,* angeborene Mißbildung. **Spaltöffnungen,** Atemöffnungen der Pflanzen; mikroskop. kleine Spalten zw. je 2 Schließzellen bes. in der Unterhaut grüner Blätter. **Spaltpilze,** die ↗Bakterien. **Spaltprodukte,** die in ↗Kernreaktor u. ↗Kernwaffen entstehenden meist radioaktiven Isotope. **Spaltstoffe** ↗Kernbrennstoff.
Spandau, *Berlin-S.,* Verwaltungs-Bez. v. (West-)Berlin, an der Mündung der Spree in die Havel. Ehem. brandenburg. Festung (heute Gefängnis; dort 1946 die im 1. Nürnberger Prozeß Verurteilten inhaftiert).
spanende Formung, alle Verfahren, bei denen durch die Bearbeitung ein Span anfällt, z.B. Feilen, Sägen, Bohren, Schleifen, Drehen, Fräsen. Ggs. ↗Umformtechnik.
Spanferkel („Span" = Zitze), noch nicht entwöhntes Milchferkel.
Spaniel *m,* langhaar. Jagd- u. Stöberhund: *Cocker-S., Zwerg-S., King Charles.* □ 1043.
Spanien, span. *España,* Kgr. auf der Pyrenäenhalbinsel; 800 000 Basken im N u. die Katalanen im NO nehmen eine Sonderstellung ein u. haben eigene Umgangssprachen. Spanisch ist Amtssprache. Die kath. Kirche ist Staatskirche. — Durch den 430 km langen Gebirgswall der Pyrenäen ist S. v. übrigen Europa abgeschirmt. Es ist vorwie-

gend ein Gebirgsland mit flachen bis welligen Hochflächen. Der Kern, die *Meseta,* wird diagonal durch das 2661 m hohe Kastil. Scheidegebirge *(Cordillera Central)* in die Hochflächen Alt- u. Neukastiliens getrennt. Weitere Riegel sind das Iberische Randgebirge im O, das Katalon. Gebirge im NW, das Kantabrische Gebirge im NO u. das Andalus. Gebirgsland mit der Baetischen Kordillere im S. Wichtigster Wirtschaftszweig ist die Landwirtschaft; 40% des Bodens sind Ackerland (Getreide, Kartoffeln), 18% Weide. In Bewässerungshainen *(Huertas)* Reis, Gemüse, Ölbäume, Feigen- und Maulbeerbaumkulturen, ferner Wein und Orangen. Reiche Bodenschätze: Erze, Braun- u. Steinkohlen mit Ind. in den Randstädten; Fischfang auf Sardinen, Sardellen und Thunfisch. Starker Fremdenverkehr.
Geschichte: Urbewohner die Iberer; im 9./6. Jh. v. Chr. Einwanderung v. Kelten; seit ca. 1100 v. Chr. phönik.; seit dem 6. Jh. griech. Kolonien; seit dem 3. Jh. v. Karthago beherrscht; seit 201 v. Chr. röm., allmähl. romanisiert. Während der Völkerwanderung kamen Vandalen, Sueben u. Alanen nach S.; dann Westgoten, deren Reich 711 den Arabern erlag; diese begr. das Kalifat Córdoba (Blüte im 10./12. Jh.). Die allmähl. entstehenden christl. Herrschaften Asturien-León, Navarra, Katalonien u. später Kastilien u. Aragonien verdrängten v. 11. bis 15. Jh. die Araber (sog. Reconquista). Die Heirat Ferdinands II. v. Aragonien mit Isabella I. v. Kastilien 1469 führte zur Einigung ganz S.s. Auf Ferdinand II. folgte 1516 der Habsburger Karl I. (als röm.-dt. Ks. ╱Karl V.), der auch die Niederlande besaß; unter ihm wurden Süd- u. Mittelamerika (außer Brasilien), das südl. Nordamerika u. die Philippinen span. Kolonialgebiet. Unter Karls Sohn Philipp II. (1556/1598) erreichte S. den Gipfel seiner Macht; doch begann mit dem Abfall der nördl. Niederlande 1581 u. dem Untergang der Großen ╱Armada 88 der Niedergang. Der ╱Spanische Erbfolgekrieg (1701/1714) brachte die Bourbonen auf den Thron; die niederländ. u. it. Nebenländer gingen an Östr. verloren. 1808 wurde S. v. Napoleon besetzt, der seinen Bruder Joseph zum span. Kg. erhob; die 08 beginnende Volkserhebung führte 14 zur Rückkehr Ferdinands VII. 1810/25 erfolgte der Abfall der am. Festlandkolonien. Die span. Gesch. im 19. Jh. ist durch häufige Bürgerkriege zw. den Liberalen u. dem Königtum gekennzeichnet; in den 70er Jahren war S. kurze Zeit Republik; durch den Krieg gg. die USA 98 verlor es Kuba, Puerto Rico u. die Philippinen. Innere Unruhen nach dem 1. Weltkrieg (in dem S. neutral geblieben war) führten 1923 zur Militärdiktatur Primo de Riveras; nach dem Sieg der Republikaner bei den Kommunalwahlen 31 dankte Kg. Alfons XIII. ab, der seit 02 selbst regiert hatte; doch die polit. Basis der Republik war zu schmal, vor allem wurde sie durch die Gewalttätigkeiten der Anarchisten diskreditiert. Ein Militärputsch gg. die Volksfrontregierung, dessen Führung bald General ╱Franco übernahm, stürzte S. 36 in einen

Könige von Spanien

Isabella von Kastilien, 1474/1504 seit 1469 verheiratet mit Ferdinand II. v. Aragonien 1479/1516

Haus Habsburg
Karl I. (der dt.
Ks. Karl V.) 1516/56
Philipp II. 1556/98
Philipp III. 1598/1621
Philipp IV. 1621/65
Karl II. 1665/1700

Haus Bourbon
Philipp V. 1701/24
Ludwig I. 1724
Philipp V.
(2. Mal) 1724/46
Ferdinand VI. 1746/59
Karl III. 1759/88
Karl IV. 1788/1808
Ferdinand VII. 1808
(Joseph Bonaparte 1808/13)
Ferdinand VII.
(2. Mal) 1814/33
Isabella II. 1833/68
Interregnum 1868/70
(Amadeus I.
v. Savoyen 1870/73)
Republik 1873/74
Alfons XII. 1874/85
Alfons XIII. 1886/1931
Juan Carlos I.
seit 1975

grausamen Bürgerkrieg. Die militär. Hilfe des nat.-soz. Dtl. u. des faschist. It. führten 39 zum Sieg des Franco-Regimes, das seither autoritär regiert (die ╱Falange die einzige Partei). Trotz alledem blieb S. im 2. Weltkrieg neutral. In einer Volksabstimmung 47 wurde S. zum Kgr. erklärt (bis zur Einsetzung eines Kg.s zunächst aber Franco Staatsoberhaupt auf Lebenszeit). Das autoritäre System erschwerte S.s Einbeziehung in die demokrat. Westen; 53 Militärabkommen mit den USA u. Konkordat mit dem Hl. Stuhl. 56/58 trat S. den Großteil v. Spanisch-╱Marokko, wo es Anfang der 20er Jahre zu gefährl. Aufständen (╱Abd el-Krim) gekommen war, 69 Ifni an Marokko ab; 68 wurde Span.-Guinea unabhängig, 75/76 Span.-Westsahara an Marokko u. Mauretanien abgetreten. 75 stirbt Franco, der Bourbone ╱Juan Carlos (69 nominiert, seit 71 Stellvertreter Francos) wird z. König proklamiert; nach verstärkten Terrorakten bask. Separatisten 81 Putschversuch rechter Militärs.
Kunst. Sie ist stark beeinflußt v. den Arabern (Mauren). Aus der röm. Zeit sind nur noch Ruinen vorhanden; aus der westgot. Zeit kleine basilikale Kirchen. Die mozarab. Kunst ist in der Romantik wichtige Kuppelgewölbe übermittelt. Die roman. Architektur des Nordens ist frz. beeinflußt. Die Gotik (Kathedralen in Sevilla, Burgos, Salamanca) zeigt bodenständige Züge. Im Zierreichtum wirken maur. Elemente. Die Renaissance kommt in den monumental ernsten Formen des Escorial zu span. Ausdruck. Dieser Stil behauptet sich neben u. im Ggs. zur schmuckfreudigeren Barockarchitektur (Valladolid), die im 18. Jh. in den stark realist. Churriguerismus ausklingt. In der Skulptur ragen im 16. u. 17. Jh. Berruguete, Hernández, Montañés, Zarcillo hervor. Die Barockmalerei, El Greco, Ribera, Zurbarán, Velázquez u. Murillo, zeigt höchstes Schöpfertum. Das 18. Jh. erreicht in der Graphik u. Malerei Goyas europäischen Rang. In der Moderne gab Zuloaga der Malerei Auftrieb. Picasso verdankt die moderne Malerei Entscheidendes. Bedeutende Surrealisten sind J. Miró, S. Dalí u. J. Gris; abstrakter Plastiker A. Ferrant; hervorragender moderner Architekt A. Gaudí.
Literatur. Ältestes Zeugnis die vermutl. im altkastil. Heldenlied wurzelnde Epos vom *Cid* (um 1140); darin die Wesenszüge der span. Lit.: südl., volkhafte Realistik, ursprüngl. Denken, Glaubenskampf. Das älteste kirchl. Schauspiel („Auto") entstand im 12. Jh. Frz. Heldendichtung u. Erzählkunst des Orients durchdrangen die span. im 13./14. Jh. Amadis de Gaula wurde Nationaltyp des Ritterromans (15. Jh.). Volkstüml. die Romanzensammlungen (Romanceros) des 16. Jh. Das 16. u. 17. Jh. war das „Goldene Zeitalter" der spanischen Lit.: die Mystik von Theresia v. Ávila u. Joh. v. Kreuz; die aszet. Schriften u. die Lyrik des Luis de León; realist. Schelmenromane; idealisierte Schäferromane; Cervantes' *Don Quijote;* das dramatische Dreigestirn Lope de Vega, Tirso de Molina u. Calderón. Ihre

Schauspiele, Tragödien, Komödien, Epen u. Autos sacramentales zeigen das Nebeneinander v. Phantasie u. Wirklichkeit, von Sinnenfreude u. geistiger Durchdringung, v. Glaubenskraft u. philosoph. Denken. Gongorismus nach der Lyrik v. L. de Góngora; Satiren v. Quevedo u. Gracián. Die Blüte der span. Lit. wirkte tief auf Dtl. (Goethe, die Romantiker, Grillparzer, Hofmannsthal. – Seit dem 19. Jh. wieder reiche Entfaltung auf allen Gebieten. In der Lyrik; Campoamor u. Bécquer; im Roman: Pérez Galdós, Blasco Ibáñez, Baroja, Valle-Inclán, Pérez de Ayala. Prosa des 19. Jh.: der Religionsphilosoph Jaime Balmes u. der Kulturkritiker Donoso Cortés, Menéndez y Pelayo. Zur Generation v. „98" gehörten Unamuno, Menéndez Pidal, Azorín; zu den „Modernisten": Valle-Inclán, Benavente. Danach Gruppe um den Philosophen Ortega y Gasset. Bedeutende Lyriker: J. R. Jiménez, Aleixandre, García Lorca (der auch als Dramatiker Weltgeltung erringt). In der Ggw. bes. Lyriker u. Romanciers (Cela, Gironella u. a.).
S p r a c h e. Die span. Sprache entstand aus dem Vulgärlatein. Die moderne span. S. hat sich aus der kastilischen Mundart entwickelt. Sie wird gesprochen im Mutterland, auf den Kanaren, in Südamerika (ohne Brasilien), Mittelamerika u. Mexiko.
M u s i k. Reiche Volksmusik (z. B. Flamenco), die Elemente der arab.-maur. Musik aufgenommen hat u. deren Tänze (Pavana, Fandango, Bolero, Seguidilla) auch außerhalb S.s stark gewirkt haben. Seit dem frühen MA hochentwickelte Vokalkunst; im 17./ 18. Jh. eigene Formen des Singspiels u. der musikal. Komödie. S. war im 16. Jh. mit mehrstimmigen Vokalkompositionen, mit Orgel- u. Lautenmusik ein Zentrum europ. Musikpflege. Erst Ende des 19. Jh. wieder eine nationale Schule mit Albéniz, E. Granados u. M. de Falla.

Spaniolen (Mz.), Nachkommen der 1492 aus Spanien, 96 aus Portugal vertriebenen Juden.

Spanische Reitschule, 1572 gegr. (Hof-) Reitschule in Wien; pflegt mit Lipizzaner-Hengsten die ⟋Hohe Schule. ☐557.

Spanischer Erbfolgekrieg, 1701/14; geführt um die Nachfolgeschaft Karls II., des letzten span. Habsburgers. Nach Karls II. Tod bestieg der Enkel Ludwigs XIV., Philipp v. Anjou, den span. Thron; das Kg. Leopold I. für seinen 2. Sohn Karl Ansprüche erhob, kam es zw. ihm (mit Engl., den Niederlanden, Preußen u. Hannover) u. Ludwig XIV. (mit Kurköln u. Bayern) zum Krieg, in dem die frz. Heere mehrfach v. Prinz Eugen u. Marlborough besiegt wurden. Im Frieden v. Utrecht 13 u. ⟋Rastatt 14 wurde Philipp V. als Kg. v. Spanien anerkannt; die meisten span. Nebenländer in den Niederlanden u. It. fielen an Österreich.

Spanischer Pfeffer ⟋Paprika. **Spanischer Reiter,** bewegl. Stacheldrahthindernis.
Spanisches Rohr ⟋Rotangpalme.
Spanische Wand, leichte, zusammenklappbare Wand zum Schutz gg. Sicht.
Spanisch-Guinea ⟋Äquatorial-Guinea.
Spanisch-Marokko ⟋Marokko.

Spanner:
1 Fortbewegungsweise (in 4 Phasen),
2 Ruhestellung der Spannerraupe

Lothar Späth

Spannungsoptik: Linien gleicher Spannung an einem belasteten Lasthaken

Spann, *Othmar,* östr. Soziologe, 1878 bis 1950; Vertreter des ⟋Universalismus.
Spannbeton, ein Stahlbeton, dessen Stahleinlage *(Spannglieder)* vor der Belastung vorgespannt wird, wodurch Zugspannungen vermindert werden u. das Bauwerk stärker belastbar ist.
Spanner, mittelgroße Nachtschmetterlinge, deren Raupen sich „spannend" fortbewegen; z. T. Obstbaumschädlinge. In Dtl. verbreitet: *Birken-, Kiefern-, Frost-, Stachelbeer-S.*
Spannschloß, Verbindung aus einer Schraube mit 2 gegenläuf. Muttern, deren Abstand durch Drehen der Schraube verringert wird; zum Spannen v. Seilen u. Drähten.
Spannung, 1) *mechan. S.,* diejenige Kraft, die auf die Querschnittsflächeneinheit eines Körpers wirkt, Einheit das ⟋Pascal. 2) *elektrische S.,* Potentialdifferenz, die zw. 2 Punkten eines elektr. Feldes aufzuwendende Arbeit, um eine positive Ladung v. dem einen Punkt zum anderen zu verschieben; gemessen in ⟋Volt. **S.soptik,** ein Verfahren, um elast. Spannungen in Werkstücken zu erkennen, indem Modelle aus doppeltbrechendem Material hergestellt u. die durch die Modellbelastung erzeugte Doppelbrechung beobachtet wird. **S.sreihe,** Anordnung v. Metallen oder Nichtmetallen u. a. nach ihrer Eigenschaft, vom nächstfolgenden aus ihrer Lösung verdrängt zu werden (z. B. $CuSO_4 + Fe \rightarrow FeSO_4 + Cu$). Jedes höherstehende Element in der S.reihe ist imstande, an die tieferstehenden Elemente Elektronen abzugeben.
Spannweite, 1) bei Tieren: die Entfernung zw. den äußersten, gespannten Flügelspitzen; bei Flugzeugen: die Gesamtbreite eines Flugzeugs zw. den Tragflächenspitzen. 2) bei Brücken der Abstand zw. den Auflagern. ☐ 123.
Spanplatte, Bauplatte aus Holzspänen.
Spant *s,* im Schiffs- u. Flugzeugbau Konstruktionselemente, an denen die Außenhaut befestigt wird. ☐865.
Sparen, Verzicht auf die Verwendung einzelner Teile des Einkommens für den gegenwärtigen Verbrauch zur Bedürfnisbefriedigung in der Zukunft. Wird das gesparte Einkommen einem wirtschaftl. Zweck zugeführt (u. a. über Sparkonto), so trägt das zur besseren Kreditversorgung der Volkswirtschaft bei. Das S. ist Grundlage der Gewährung v. ⟋Krediten (damit der ⟋Investition).
Spargel *m, Asparagus,* Liliengewächs. Die

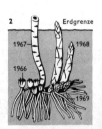

Spargel:
1 Zweig mit Blüten und rechts einsamige Beeren; 2 älteres Rhizom mit den abgestorbenen Jahrgängen (1966/67), den gerade austreibenden Laubsprossen (1968) und den Erneuerungsknospen (1969)

1   2   Erdgrenze
1967   1968
1966
1969

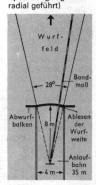

Speerwerfen:
links Anlaufrhythmus
und Abwurf, unten
Abwurfanlage (zur
Weitenmessung wird
das Bandmaß mit dem
Nullpunkt an der
Einstichstelle des
Speers angelegt und
radial geführt)

zartfleischigen, weißen Sprosse des Wurzelstocks sind vom 3. Jahr an stichfähig u. ergeben vor dem Erddurchbruch ein feines Gemüse mit reichlich Vitamin C. Züchtung in lehmhaltigen, feinkörn. Böden, bes. in den Rheinsanden v. Schwetzingen bis Mainz. **S.fliege,** Bohrfliege, legt ihre Eier an die S.köpfe. **S.hähnchen,** S.käfer, frißt wie seine grünliche Larve das S.kraut.
Spark m, Spörgel, Spergula, Gattung der Nelkengewächse; Acker-S., Futterpflanze.
Sparkassen, gemeinnützige öff. Kreditinstitute (↗Banken). Ursprüngl. nur dem Sparverkehr dienend, haben sie im Laufe der Zeit alle Arten des Bankgeschäfts übernommen, einschl. des ↗Giro-Verkehrs.
Sparren m, die v. First zur Traufe laufenden Balken des Dachstuhls.
Sparring m (engl.), kleiner hängender Ball als Übungsgerät des Boxers. S.skampf, Trainingskampf mit einem S.spartner.
Sparta, neugriech. Sparti, griech. Stadt auf dem Peloponnes, Hst. des Nomos Lakonien, 12000 E.; südl. der Stadt die Ruinen des alten S. od. Lakedaimon. – Die Spartaner (Dorier) wanderten zw. 1100 u. 900 v. Chr. ein; zur Aufrechterhaltung der Herrschaft der wenigen tausend Spartiaten über die Heloten war eine stete Kampfbereitschaft nötig. Im ↗Peloponnes. Krieg 431/404 v. Chr. behauptete S. seine Hegemonie in Griechenland; es unterlag 371 den Thebanern, 222 den Makedonen u. wurde 146 römisch.
Spartakus, 1) thrak. Gladiator u. Führer eines Sklavenaufstandes gg. die Römer 73/71 v. Chr. **2)** marxist. orientierter Studentenbund in der BRD, 1971 gegründet. **S.bund,** 1916 gegr. radikale marxist. Gruppe um Karl Liebknecht u. Rosa Luxemburg, ging 19 in die KPD über.
Sparte w (it.), Abteilung, Fachgebiet.
Sparterie w (frz.), Flechtwerk aus ↗Esparto, Bast, Stroh: Matten, Rollvorhänge.
Spartivento, Kap S., Südspitze Italiens, am Ionischen Meer.
Spasmolytica (Mz., gr.), krampflösende Mittel: Papaverin, Atropin.
Spasmophilie w (gr.), durch Calciummangel bedingte Übererregbarkeit des Nervensystems rachitischer Kinder.
Spasmus m (gr.), der ↗Krampf; spasmisch, spastisch, krampfartig.
Spasskij, Boris, sowjet. Schachspieler, * 1937; 69/72 Schachweltmeister.
Spat m, Knochenauftreibung beim Pferd, durch chron. Entzündung des Sprunggelenks.
Spateisenstein, Siderit, Eisencarbonat, Eisenspat, Mineral, FeCO₃; Eisenerz (Siegerland, Steiermark).
Spätgeburt, Geburt nach Schwangerschaft von über 280 Tagen.

Späth, Lothar, dt. Politiker (CDU), * 1937; seit 1978 Min.-Präs. v. Baden-Württemberg. □ 926.
Spatium s (lat.), (Zwischen-)Raum; spationieren, im Schriftsatz sperren.
SPD, Abk. für ↗Sozialdemokratische Partei Deutschlands.
Speaker (: ßpikᵉʳ, engl. = Sprecher), in Engl. Vors. des Unterhauses; in den USA Vors. des Repräsentantenhauses.
Specht, Klettervogel u. Insektenvertilger, brütet in selbstgezimmerten Baumhöhlen. In Dtl.: Schwarz-S., Grün-S., Bunt-S., Grau-S. □ 1045. **S.meise,** der ↗Kleiber.
Species w (lat.), **1)** die biolog. ↗Art. **2)** (Mz.) Teegemische. **3)** die Grundrechnungsarten.
Speck m, die zw. Haut u. Muskelfleisch liegende Fettschicht des Schweines.
Speckkäfer, artenreiche Käferfamilie, Schädlinge an Fleisch, Speck, Fellen u.a.
Speckstein, Steatit m, dichte Abart des Minerals ↗Talk; für Schneiderkreide; als keram. Werkstoff, elektr. Isolierstoff.
Spediteur m (: -tör, frz.), besorgt gewerbsmäßig im eigenen Namen, aber für Rechnung seines Auftraggebers, Güterversendungen durch ↗Frachtführer od. ↗Verfrachter; heute meist zugleich Frachtführer.
Spee, 1) Friedrich S. v. Langenfeld, dt. Dichter, 1591–1635; Jesuit; geistl. Lieder (Liebesmystik); Trutz-Nachtigall; Schrift gg. die Hexenprozesse. **2)** Maximilian Reichsgraf v., dt. Vizeadmiral, 1861–1914; besiegte 1914 die engl. Flotte bei Coronel (Chile), unterlag u. fiel bei den Falklandinseln.
Speer, Wurfgerät, Lanze. Sportspeer mit Holzschaft u. Eisenspitze. **S.werfen,** leichtathlet. Wurfdisziplin mit einem Speer (mit eiserner Spitze): für Männer 260 cm lang, 800 g schwer; für Frauen u. Jugendliche 220 cm lang, 600 g schwer.
Speiche, 1) Unterarmknochen an der Daumenseite. □ 615. **2)** Rad-S., verbindet die Radnabe mit der Radfelge.
Speichel, wäßrige Absonderung der S.drüsen, mit dem Stärke spaltenden Ferment Ptyalin, Schleim zur besseren Gleitfähigkeit der Speisen, ferner weiße Blutkörperchen zur Abwehr der Bakterien in der Mundhöhle.
Speicher, Lagerraum, Boden-S., ↗Silo; Raum unter dem Dach. Auch ↗Akkumulator, Dampf-S., S.becken bei Wasserkraftwerken. Informations-S. bei Rechenmaschinen, hierzu z.B. Magnetband-, Magnettrommel- u. Magnetkern-S. **S.organe,** Pflanzenteile mit Reservestoffen. **S.ring,** mit einer ↗Beschleunigungsmaschine gekoppeltes ringförm. Rohr, in das die im Beschleuniger auf hohe Energie gebrachten Teilchen eingespeist u. „gespeichert" werden können.

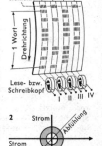

Speicher: 1 Magnetband-S., **2** Speicherringkern in verschiedener Magnetisierung, **3** Anordnung in einer Matrix

Speidel, *Hans,* dt. General, * 1897; im 2. Weltkrieg Mitgl. der Widerstandsbewegung, 1957/63 Oberbefehlshaber der NATO-Landstreitkräfte in Mitteleuropa.
Speierling *m, Spierling,* Baum ähnlich dem Vogelbeerbaum mit rotweißen Doldenblüten u. rotgelben, säuerlichen Früchten.
Speigat *s,* Öffnung der Schiffswand in Deckshöhe zum Abfluß des Wassers.
Speik *m, Echter S.,* Baldriangewächs der Ostalpen; für Parfüm-Ind. ☐ 451.
Speischlange, afrikan. Giftschlange, speit Angreifern ätzende Flüssigkeit entgegen.
Speisegesetz, aus rel.-eth. Ursprüngen hervorgehende Speisetabus, in vielen Religionen bekannt; so im AT das *mosaische S.,* das Juden u. a. den Genuß des Fleisches v. Schweinen, gefallenen Tieren, sodann der Erstlingsfrüchte verbot. Der *Koran* folgt weitgehend dem jüdischen Speisegesetz.
Speiseopfer, kult. Opfer v. Nahrungsmitteln, im mosaischen Gesetz Getreide, Öl, Wein u. Salz (als Zugabe Weihrauch).
Speiseröhre ⁄Oesophagus. ☐ 617.
Speisewasser, zum Auffüllen v. Dampfkesseln mit *S.pumpen;* ist ohne Verunreinigungen, um ⁄Kesselstein zu vermeiden.
Speiskobalt *m, Smaltin m,* Kobalt-Arsen-Verbindung, CoAs₂, Kobalterz; zur Blaufarbenherstellung.
Speiteufel, der Spei-⁄Täubling.
Spektralanalyse *w* (lat.-gr.), die Bestimmung v. Elementen u. ihrer Häufigkeit, ihres physikal. Zustandes usw. aufgrund ihrer Spektren, z. B. in der Astrophysik, Metallurgie usw. **Spektralapparat,** Kombination aus opt. Linsen u. ⁄Prismen bzw. ⁄Gittern zur Erzeugung v. Spektren. **Spektralfarben,** die durch Beugung erfolgende Dispersion Zerlegung v. weißem Licht in die Farben Rot, Orange, Gelb, Grün, Blau, Indigo u. Violett. **Spektralklassifikation,** die Klassifikation der ⁄Sterne nach dem Aussehen ihres (meist) Absorptionsspektrums; entspricht einer Temperaturskala. **Spektroheliograph** *m,* sonnenphysikal. Gerät zur Beobachtung der Sonne im Licht einer einzigen Spektrallinie.
Spektrum *s* (lat.), **1)** allgemein die Zerlegung eines Schwingungsgemischs in Teilfrequenzen, z. B. ⁄Klang-S., Licht in ⁄Spektralfarben, i. ü. S. ⁄Massenspektroskopie. **2)** opt. je nach Lichtquelle verschieden: a) glühende Festkörper (u. Flüssigkeiten) haben ein *kontinuierl. S.* mit lückenloser Folge der ⁄Spektralfarben; b) glühende Gase u. Dämpfe senden ein *Linien-S.* mit für jedes chem. Element bzw. Atom charakterist. Einzellinien mit bestimmten Wellenlängen aus. Die Linien entstehen durch Sprünge v. äußeren Hüllenelektronen v. einem Energieniveau in ein anderes; bei

mehratomigen Molekülen entstehen zusätzl. Linien *(Randen-S.)* durch Rotation u. Schwingungen der Atome im Molekülverband. Heiße Substanzen emittieren Strahlung, das sog. *Emissions-S.;* geht weiße Strahlung durch eine kühlere Schicht, so wird ein *Absorptions-S.* erzeugt (⁄Fraunhofersche Linien). Spektren gibt es in allen Wellenlängenbereichen.
Spekulation *w* (lat.; Ztw. *spekulieren*), **1)** das betrachtende Erforschen der Wahrheit um ihrer selbst willen; bes. in Philosophie u. Theologie; die S. sucht innerste Zusammenhänge. Beispiele: spekulative Psychologie, spekulative Dogmatik. **2)** das Streben des *Spekulanten,* der unter hohem Wagnis hohe Gewinne erzielen will.
Speläologie *w* (gr.), Wiss. zur Untersuchung v. Höhlenbildungen.
Spelt, *Spelz m,* der ⁄Dinkel.
Spelunke *w* (lat.), verrufenes Wirtshaus.
Spelzen, umhüllen als Hochblätter die Gräserblüten.
Spemann, *Hans,* dt. Zoologe, 1869–1941; forschte über den Vorgang der tier. Entwicklung; 1935 Nobelpreis.
Spencer (: ßpénß^er*), Herbert,* engl. Philosoph u. Soziologe, 1820–1903; mit seinem agnostizist. *System der synthet. Philosophie* Vertreter der Entwicklungslehre.
Spener, *Philipp Jacob,* dt. ev. Theologe des ⁄Pietismus, 1635–1705; erstrebte die Verankerung des Christentums in Sitte u. Öffentlichkeit durch Sonntagsheiligung, durch Hausandachten, Bibellektüre u. a. HW: *Pia desideria.*
Spenge, westfäl. Stadt westl. v. Herford, 13700 E.; Möbel-Industrie, Leinen- und Seidenwebereien.
Spengler, *Oswald,* dt. Naturwissenschaftler u. Geschichtsphilosoph, 1880–1936; sein v. Nietzsche beeinflußtes HW *Untergang des Abendlandes* beschreibt 8 in sich geschlossene Kulturen, zw. denen es keine Kommunikation gibt u. die jeweils höchstens ein Alter von 1000 Jahren erreichen. Aus dem angeblich morpholog. vollkommenen Parallelismus der Kulturen gewann S. seine Untergangsvorstellung; beeinflußte u. a. ⁄Toynbee.
Spenser, *Edmund,* engl. Dichter, um 1552 bis 1599; höf. Gedichte u. Vers-Erz.
Spenzer *m* (engl.), *Spencer,* kurzes, enganliegendes Ärmeljäckchen.
Sperber, *Stößer,* Raubvogel, Spannweite 65 cm; jagt Sperlinge, Finken u. andere Kleinvögel.
Sperling, *Spatz,* Finkenvogel; in Dtl. der *Gemeine Haus-S.,* schädigt Getreidefelder; ferner *Feld-S.* **S.svögel,** artenreiche Vogelordnung. Die Jungen sperren den fütternden Eltern den offenen Rachen entgegen.

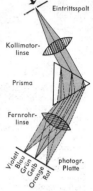

Spektralapparat: Aufbau eines Prismen-S.

Hans Spemann

Oswald Spengler

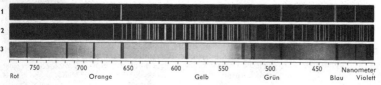

Spektrum:
1 Wasserstoff-S.,
2 Eisen-S., 3 Sonnen-
S. mit Fraunhofer-
Linien

Sperrholz: **1** Furnier- und **2** Tischlerplatte

Sperber, oben Flugbild

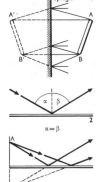

Spiegel: **1** Konstruktion des Spiegelbildes A' B' eines Stabes A B mittels der von seinen Enden (A, B) ausgehenden Strahlen. **2** Reflexion und **3** Abbildung am ebenen S.; Objektpunkt A wird im Punkt A' virtuell abgebildet

Sperma s (gr.), der menschl. u. tier. ⁊Samen. **Spermaturie** w (gr.), Samenabgang. **Spermien**, *Spermatozoen*, Samenzellen, die männl. Geschlechtszellen.

Sperr, *Martin*, dt. Schriftsteller, * 1944; sozialkritische Theaterstücke: *Jagdstücke aus Niederbayern; Landshuter Erzählungen; Münchner Freiheit; Koralle Meier; Die Spitzeder.*

Sperrholz, aus mehreren aufeinandergeleimten dünnen Holzplatten mit sich rechtwinklig kreuzenden Faserrichtungen.

Spesen (it.), Nebenausgaben; bes. die durch den Auftraggeber zu ersetzenden Auslagen *(Reise-S.).*

Spessart m, südwestdt. bewaldetes Buntsandstein-Bergland zw. Main u. Kinzig, im Geiersberg 585 m. Steinbrüche, Holz-Ind.

Speyer, kreisfreie Stadt in Rheinland-Pfalz, am Rhein, 43700 E.; kath. Bischof; roman. Dom (1030/1130) mit Kaisergruft, Weinmuseum; Hochschule für Verwaltungswissenschaften; Baumwollspinnerei. – Seit 1294 Reichsstadt; 1526 u. 29 Reichstage: 29 protestierten die ev. Stände gg. die Durchführung des Wormser Edikts, daher „Protestanten" gen.; 1527/1689 Sitz des Reichskammergerichts; 1816/1946 bayerisch.

Spezereien (Mz., lat.), Gewürz-, Kolonialwaren.

spezial (lat.), das einzelne betreffend; in Zss.: Einzel…, Sonder… **spezialisieren**, gliedern, im einzelnen anführen; *sich s.*, sich auf ein Teilgebiet beschränken, um genauere Kenntnisse zu erwerben. **Spezialist** m, Fachmann. **Spezialität** w, Liebhaberei, Besonderheit. **speziell**, im besonderen.

Spezies ⁊Species. **Spezifikation** w (lat.; Ztw. *spezifizieren*), Einzelaufstellung. **Spezifikum** s, bes. Merkmal. **spezifisch**, eigentümlich; z.B. *s.es* ⁊Gewicht, *s.es* Volumen, s.e ⁊Wärme, s.er ⁊Widerstand, s.e Masse (⁊Dichte). **Spezifische Zölle** ⁊Zoll.

Sphäre w (griech. = Kugel), **1)** Wirkungsbereich. **2)** die Himmelskugel. **S.nharmonie**, Gesetzmäßigkeit im Weltall; nach Pythagoras nicht hörbare harmon. Töne der Weltenkörper *(S.nmusik).* **sphärisch**, die Kugelfläche betreffend.

Sphäroid s, das Rotations-⁊Ellipsoid.

Sphärometer s (gr.), ein Gerät zur Messung der Krümmung v. opt. Linsen.

Sphinx m od. w, **1)** ägypt. Steinbild mit Löwenleib u. Menschen- od. Sperberkopf, Symbol des Sonnengottes; S. von Giseh, 20 m hoch u. 73,5 m lang. ☐ 10. **2)** in der griech. Sage ein geflügeltes Weib in Löwengestalt, das Rätsel aufgibt.

Sphragistik w (gr.), die Siegelkunde.

Spiegel m (lat.), glatte Fläche mit Reflexionsvermögen, die auffallende Strahlen ohne Streuung reflektiert. Meist Glas-S. mit auf der Rückseite aufgedampfter Silber-, Rhodium- od. Aluminiumschicht od. eine hochglanzpolierte Metallfläche. Beim *ebenen S.* liegen Einfall strahl u. reflektierter Strahl in einer Ebene. Für die Abbildung durch gewölbte S. gelten die Linsen-Gesetze. *Kugel-S.* haben kugelförmig gekrümmte Fläche als *Hohl-(Konkav-, Sammel-)S.*, wenn ihre hohle Seite spiegelt, als

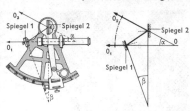

Spiegelsextant: Aufbau und Strahlengang

gewölbte *Konvex-(Zerstreuungs-)S.*, wenn die gewölbte spiegelt. Der *Parabol-S.* hat eine Spiegelfläche in Form eines Rotationsparaboloids. **S.eisen**, legiertes Roheisen, als Stahlzusatz. **S.reflexkamera**, ein Photoapparat mit großem Sucherbild auf einer Mattscheibe. ☐ 752. **S.sextant** m (lat.), zur Ortsbestimmung auf See durch Ermittlung des Winkels zw. den Blickrichtungen des Beobachters nach 2 verschiedenen Gestirnen. **S.teleskop** s (gr.), ein astronom. Fernrohr mit einem reflektierenden Hohlspiegel. ☐ 266. [Seebad.

Spiekeroog, ostfries. Insel, 17,5 km², 900 E.;

Spiel, 1) die freie, lustbetonte Betätigung der Kräfte ohne unmittelbar zweckhafte Ausrichtung. Das S. ist dem Menschen als urspr. Lebensäußerung eigen; es hat in der Pädagogik eine zentrale Stelle, bes. für das Kind, das seine Formen am reinsten erkennen läßt. **2)** sportl. S.e, insbes. die ⁊Ballspiele, Schach u.a. **3)** Unterhaltungs-S.e: Brett-S., ⁊Karten-S., Gesellschafts-S. **4)** techn. die noch mögl. Bewegung v. Maschinenteilen, z.B. in Lagern (Lager-S.). **Spielart**, biolog. = Abart. **Spielbank**, gewerbsmäßiges Unternehmen zur Pflege v. Glücks-Spielen, bes. v. Roulette u. Bakkarat; in der BRD in Kur-, Bade- u. Grenzorten zugelassen unter bestimmten Bedingungen. Vom Unternehmer wird eine besondere S.bankenabgabe erhoben. **Spielbein** ⁊Standbein. **Spieldose**, *Spieluhr*, mechan. Musikinstrument; eine Walze mit herausstehenden Stiften bringt Metallzungen so zum Schwingen, daß ein bestimmtes Musikstück erklingt. Verbreitung im 19. Jh. in der Schweiz u. im Schwarzwald. **Spielkarten**, für Kartenspiele benutzte (meist) rechteckige Blätter aus steifem Karton, auf der Vorderseite mit bestimmten Figuren, auf der Rückseite einheitl. gemustert. **S.leiter**, dt. Bz. für Regisseur. ⁊Regie.

Spielmannsdichtung, eine Gruppe mhd. Epen (*König Rother, Herzog Ernst* u.a.) v. unbekannten Verf.n, wahrsch. Spielleuten.

Spielkarten	französische S. (52 Blätter)
deutsche S. (32 Blätter)	4 Farben: Treff (Kreuz), Pik (Schippen), Cœur (Herz), Karo (Eckstein),
4 Farben: Eichel, Grün, Rot, Schellen	13 Figuren: As, König, Dame, Bube (Bauer), Zehn, Neun, Acht, Sieben, Sechs, Fünf, Vier, Drei, Zwei
8 Figuren: Daus (As), König, Ober, Unter (Wenzel, Bauer), Zehn, Neun, Acht, Sieben	

Spielschulden, Forderungen aus Spiel u. Wette; sind nicht einklagbar, Geleistetes kann aber nicht zurückverlangt werden.

Spielsysteme, bei sportl. Spielwettbewerben: a) *K.o.-System (Pokalsystem),* wobei aus verschiedenen Gruppen jeweils die Verlierer ausscheiden, b) *Punktsystem,* wobei die erreichte Punktzahl entscheidet.

Spieren (Mz.), Rundhölzer in der ∕Take-

Spierling *m,* ∕Speierling.   [lung.

Spierstaude, das ∕Mädesüß.

Spierstrauch, *Spiraea,* Rosengewächs in Ost- u. Mittelasien u. Südeuropa; in Dtl. *Weidenblättriger S.,* Zierpflanze.

Spießbock, 1) Antilopen; Beisa- u. ∕Säbelantilope. **2)** ein ∕Bockkäfer. **3)** Spießhirsch.

Spießbürger, *Spießer,* Spott-Bz. seit dem 17. Jh. für die bewaffneten Stadtbürger; *i.ü.S.:* beschränkter, engherziger Mensch.

Spießglanz ∕Antimon-Glanz.

Spießrutenlaufen, urspr. *Spitzrutenlaufen,* Militärstrafe des 17. u. 18. Jh., wobei der Verurteilte mit Schlägen durch eine Gasse v. Soldaten getrieben wurde.

Spießtanne, chines. Nadelbaum.

Spikes (: ßpaikß, engl., Mz.), Laufschuhe der Leichtathleten, mit Sohlendornen.

Spill *s,* Schiffswinde zum Ankereinholen.

Spilling *m,* kleine gelbe Pflaume.

Spin *m,* Drall, Eigendrehimpuls, bes. der S. v. Elementarteilchen u. Atomkernen, beschrieben durch die S.-Quantenzahl.

spinal (lat.), das Rückenmark betreffend.

spinale Kinderlähmung ∕Kinderlähmung.

Spinalnerven, Rückenmarksnerven.

Spinat, 1) Gänsefußgewächs; Gemüse, reich an Vitamin A u. C sowie Eisen. **2)** zubereitete Blätter v. Garten-∕Ampfer, Mangold, Neuseeländischem S.

Spindel, 1) beidseitig zugespitzter Körper, der an Spinn- u. Zwirnmaschinen durch Drehung der Fasern zu Garnen zusammendreht. **2)** eine Welle mit Gewinde, wandelt Rotations- in Längsbewegung um, bes. an Werkzeugmaschinen. *S.öl,* dünnflüssiges Schmieröl für schnelllaufende Teile.

Spindelbaum, *Spindelstrauch,* in Europa u. Vorderasien; Früchte, die *Pfaffenkäppchen,* hell purpurrot; giftig u. erbrechenerregend; Holz liefert Zeichenkohle.

Spindelschnecken, trop. Meeresschnecken.

Spinelle (Mz.), Gruppe v. Mineralien, die *Edel-S.* sind Magnesium-Aluminium-Oxide wechselnder Färbung, z. T. Schmucksteine.

Spinett *s* (it.), Tasteninstrument, ähnl. dem Cembalo; Hausinstrument des Barock.

Spinndrüsen, bei Spinnen u. Insekten Drüsen, deren Sekret lange Fäden bildet.

Spinnen: links Gesicht einer Wolfsspinne (die Augen und die beiden Kieferfühler); rechts Vogelspinne; unten Kreuzspinne **1** Bauplan, **2** Spinnwarzen, **3** Fußglied mit Klauen

1

2

3

B. Spinoza

Spindelbaum

Spinnen, *Echte S.,* Gliedertiere, 4 Beinpaare, Kieferfühler mit Giftdrüse, 2 oder 4 Fächertracheen („Lungen"), 4 od. 6 Spinnwarzen am Hinterleib; erbeuten Insekten im Sprung od. mit Netz, töten sie mit Giftklauen. Zwei Gruppen: a) *Vierlungige S.* (Vogel-, Tapezier-S.), b) *Zweilungige S.* (Radnetz-, Röhren-, Spring-, Krabben-, Jagd-, Wolfs-S.). **S.tiere,** tracheenatmende Gliederfüßer mit 2 Paar Mundgliedmaßen u. 4 Beinpaaren am Kopfbruststück u. Spinnwarzen am Hinterleib. Spinnen, Skorpione, Weberknechte, Milben u.a.

spinnen, das Zusammendrehen v. Fäden aus Fasern; textiltechn. das letzte Verziehen eines Faserbändchens u. Verdrehen zum Garn. Fr. einfach v. *Spinnrocken* (Spinnstab, Wokken) mit Handspindel, später auf dem *Spinnrad.* Das Spinnrad mit Tretantrieb hat eine Flügelspindel, die gleichzeitig spinnt u. aufwindet. Beim *Maschinen-S.* der Spinnerei ist die Arbeit auf Arbeitsstufen verteilt. Bei Chemiefasern entstehen die Fäden zum Verspinnen durch Auspressen der Spinnflüssigkeit durch feinste Spinndüsen in einer Metallplatte in ein Fällbad. ▢ 523.

Spinner, dickleibige, dichtbehaarte Nachtschmetterlinge; die Raupen, stark behaart, verpuppen sich in selbstgefertigtem Gespinst. *Nachtpfauenauge, Prozessions-, Seiden-S.*

Spinoza, *Benedikt (Baruch) de,* niederländ. jüd. Philosoph, 1632–77; 56 Ausschluß aus der jüd. Gemeinde; sein nach mathemat. Methode verfaßtes Hw. *Ethica ordine geometrico demonstrata* (um 61/65) lehrt rationalist. Pantheismus: es gibt nur Gott als die *eine Substanz,* deren zeitweil. Erscheinungsformen (*Modi*) alle endl. Dinge u. die Menschen sind; der Menschenwille ist unfrei, doch führt Abkehr v. den Leidenschaften u. Einsicht in die Notwendigkeit alles Geschehens zur *intellektuellen Liebe Gottes.* – Starke Nachwirkung, bes. auf Goethe, Schleiermacher, Schelling u. a.

SPIO, Abk. für **S**pitzen**o**rganisation der dt. Filmwirtschaft, Sitz Wiesbaden.

Spion *m,* wer Spionage betreibt. **Spionage** *w* (: -naseh[e], frz.), die unbefugte Beschaffung u. der Verrat bes. v. militär. ∕Staatsgeheimnissen; in der BRD mit Freiheitsstrafe bestraft; kein völkerrechtl. Delikt.

Spiraea ∕Spierstrauch.

Spirale *w* (lat.), eine Kurve, die sich unendlich oft um einen Punkt herum windet.

Spiralnebel, ein extragalaktisches Sternsystem mit Spiralstruktur. ▢ 665.

Spirdingsee, größter der Masurischen Seen; 106,6 km², bis 25 m tief.

Spirillen (Mz., lat.-gr.), korkenzieherartig gewundene Bakterien, leben bes. in Faulwasser; viele Krankheitserreger.

Spiritismus *m* (lat.), der Glaube, daß sich Geister, bes. v. Verstorbenen, bemerkbar machen: durch Klopflaute, Bewegung v. Gegenständen, Gebilde, die v. spiritist. Medien ausgehen (∕Okkultismus, Materialisation). Die ∕Parapsychologie beschäftigt sich wissenschaftl. mit dem S.

Spiritual *m* (lat.), der Seelsorger u. Beichtvater der Priesterkandidaten u. Religiosen.

Spiritu**a**len (Mz., lat.), die Anhänger des strengeren Armutsideals der Franziskaner im 13./14. Jh., teilweise häret.; lenkten allmähl. in kirchl. Bahnen zurück.
Spiritual**i**smus m (lat.), im Ggs. zum ↗Materialismus Lehre v. der Wirklichkeit geistiger Wesen; der *monist. S.* (Hegel) nimmt nur ein, der *pluralist. S.* (Leibniz) mehrere Geistwesen als allein wirkl. Seiendes an. Der *christl. S.* sieht im göttl. Geistwesen den Seinsgrund auch der materiellen Dinge, ohne deren Realität zu leugnen. **Spirituals** (: ßp**i**ritju**a**ls), *Negro S.,* Sammel- Bz. für die Hymnen u. geistl. Lieder der nord-am. Neger, in denen Traditionen des abendländ. geistl. u. weltl. Gesangs mit Elementen afrikan. Musik zusammenfließen, dem Jazz verwandt. ↗Gospelsong. **spiritu**e**ll**, geistig.
Spiritu**o**sen, Sammel-Bz. für hochprozentige alkohol. Getränke. Sp**i**ritus m, *Sprit, Brenn-S., Äthyl-*↗Alkohol.
Sp**i**ritus m, Hauch, Geist, Atem. **S. r**e**ctor** m, der führende Kopf, Anstifter. **S. S**a**nctus**, der Heilige Geist.
Spirke w, die Moor-↗Kiefer.   [rien.
Spirochä**ten** (Mz., gr.) ↗Schraubenbakte-
Spi**ttal**, *S. an der Drau,* östr. Bez.-Hst. in Kärnten, 13000 E.; Renaissanceschloß (1531/97). Sägewerke, Feldspatbergbau.
Spi**tteler**, *Carl,* Schweizer Schriftsteller, 1845–1924; v. Schopenhauers Skepsis geprägt; allegor.-philosoph. Epen: *Prometheus und Epimetheus; Olymp. Frühling.*
Spitz, *Spitzer,* Haushund, spitzohrig, dicht behaart, rückwärts gebogene Rute; wachsam; *Großer S.* bis 45 cm hoch. *Zwerg-S.* bis 26 cm hoch. ☐ 1043.
Spi**tzbergen**, arkt. Inselgruppe im Eismeer, nördl. v. Norwegen, 62050 km², etwa 4000 E.; Hst. Longyearbyen; S. gehört seit 1925 zum norweg. Bez. Svalbard; besteht aus 5 Hauptinseln, einigen Eilanden u. der Bäreninsel. Die Hauptinsel West-S. mit etwa 9 Mrd. t Steinkohlevorräten, wird in 6 Siedlungen seit 1945 wieder ständig v. etwa 2400 Norwegern u. 1600 Russen bewohnt, die jährl. etwa 700000 t Kohle fördern. – Von den Wikingern wohl schon entdeckt, 1596 v. Barents wiederentdeckt; im Pariser *S.statut* (1920) Norwegen zugesprochen.
Spitzen, Sammel-Bz. für zarte, gemusterte Textilien mit durchsichtigem Grund, deren Wirkung auf dem Durchschimmern der Unterlage beruht; v. Hand durch Knüpfen, Klöppeln (☐ 488), Nähen, Häkeln, Stricken od. maschinell hergestellt. Von Italien aus wurde die *S.kunst* im 17. u. 18. Jh. auch in Valenciennes, St. Gallen, Mecheln, Brüssel, sächs. Erzgebirge u. Spanien heimisch.
Spitzendürre, Obstkrankheit; Absterben einzelner Zweige an den Spitzen.
Spitzenentladung, an Spitzen u. Kanten auftretende elektr. Entladung hoher Spannungen. ↗Büschelentladung.
Spitzfuß, Fußverbildung, bei der nur mit Zehen u. Ballen aufgetreten wird.
Spitzklette, krautiger Korbblütler; Früchte eiförmig, mit widerhakigen Stacheln. In Dtl. als Unkraut bes. die *Gemeine S.*
Spitzmaus, kleine Insektenfresser mit rüsselartig verlängerter Schnauze; in Dtl.:

Carl Spitzweg: Spanisches Ständchen

Spitzbergen

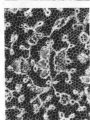
Spitzen: oben genähte S. (sog. spanische S.; 17. Jh.); unten Brüsseler Klöppel-S. (17./18. Jh.)

Haus-S., 12 cm lang; *Feld-S.,* etwas kleiner; *Wald-S., Wasser-S.,* der Fischzucht schädl.; *Zwerg-S.,* kleinster Säuger Mitteleuropas.
Spitzweg, *Carl,* dt. Maler u. Illustrator, 1808–85; kleinformatige, humorvolle Schilderungen romant.-biedermeierl. Kleinbürgerlebens.
Spleen m (: ßplin, engl.; Bw. *spleenig*), Überspanntheit, Verschrobenheit.
spleißen, *splissen,* aufgedrehte Drahtseil- u. Tauenden zusammenflechten.
splendi**d** (lat.), glänzend, freigebig. **S. isolation** w (: -aiß**e**l**e**'sch**e**n, engl. = glänzendes Alleinsein), Schlagwort für den Verzicht Engl.s auf Einmischung in die Festlandspolitik im 19. Jahrhundert.
Splint m, 1) das weiche, helle, saftreiche Holz unter der Rinde. Ggs. das Kernholz. 2) Sicherungsstift, z. B. vor Schraubenmuttern. ☐ 652.
Split, it. *Sp*a*lato,* jugoslaw. Hafenstadt an der Adria, wirtschaftlicher Mittelpunkt Dalmatiens, 152000 E.; kath. Bischof; biolog.-ozean. Institut; Altstadt innerhalb der Mauern des v. röm. Ks. Diokletian erbauten Palastes.
Splitt m, Natur- od. Kunststeinchen mit Durchmesser bis zu 30 mm; verwendet bes. für Betonherstellung, beim Straßenbau u. als Streugut gg. Straßenglätte.
Splitting s (engl.), 1) *Einkommensteuer:* in der BRD Form der Ehegattenbesteuerung: Die Einkünfte beider Eheleute werden zusammengerechnet, die Hälfte davon wird je für sich versteuert. 2) Teilung v. Aktien bzw. Investmentanteilen.
Splügen m, Alpenpaß (2113 m) zw. Graubünden u. Italien. *S.straße,* vom *Ort S.* (1450 m ü.M.) bis Chiavenna 40 km.
SPÖ, Abk. ↗Sozialistische Partei Österreichs.
Spodium s (lat.), ↗Knochen-Kohle.
Spohr, *Ludwig* (Louis), dt. Komponist, 1784–1859; Romantiker, bes. Violinwerke.
Spokane (: ßpok**ä**n), Stadt im Staat Washington (USA), am Fluß S., 180000 E.; kath. und. episkopalist. Bischof; Univ.; Metall-, Erdöl-, chem. u. Nahrungsmittel-Industrie.

Spökenkieker (nd.), Menschen mit der Gabe des ∕„Zweiten Gesichts".

Spoleto, mittel-it. Stadt in der Prov. Perugia, 40000 E.; Erzb. Mittelalterliche Stadt mit röm. Ruinen (Amphitheater, Drususbogen u. a.), roman. Kathedrale (7./12. Jh.) u. frühchristl. Kirchen.

Spolienrecht, im alten Dt. Reich Anspruch des Kg. auf den bewegl. Nachlaß eines geistl. Reichsfürsten; 1220 aufgegeben.

Spondeus m, antiker Versfuß v. fallendem Rhythmus, 2 Längen.

Spongiae (Mz., lat.), die ∕Schwämme.

spontan (lat.; Hw. *Spontaneität*), ursprünglich, aus eigenem Antrieb.

Spontini, *Gaspare,* italien. Komponist, 1774–1851; wirkte in Berlin; schuf prunkvolle Opern.

Sporaden, Gruppe griech. Gebirgsinseln im Ägäischen Meer, 204 km²; *Nördliche S.,* 77 Inseln mit Skiathos, Skopelos u. Skyros vor der griech. Ostküste; *Südliche S.,* v. Chios bis Rhodos (∕Dodekanes).   [gentlich.

sporadisch (gr.), zerstreut, vereinzelt, gele-**Spore** w (gr.), einzelliger, ungeschlechtl. Fortpflanzungskörper der *S.npflanzen* (Bakterien, Algen, Pilze, Moose u. Farne), keimt ohne Befruchtung. □260. **S.ntierchen,** *Sporozoen,* meist endoparasitische

Spörgel ∕Spark.   [∕Protozoen.

Spoerl, *Heinrich,* dt. Schriftsteller, 1887 bis 1955; Unterhaltungsromane, u. a. *Die Feuerzangenbowle; Wenn wir alle Engel wären; Der Maulkorb; Der Gasmann* (alle verfilmt).

Sporn m (Mz. *Sporen*), **1)** spitzer, knochiger od. horniger Fortsatz, z. B. am Lauf der Hühner. **2)** im Reitsport: am Stiefel befestigter Eisenbügel mit Steg u. Rädchen zum Antreiben des Pferdes.

Spornblume, Baldrian-Gewächs, mit gespornten Blüten, mittelhohe, ausdauernde Kräuter.

Spoerri, *Daniel,* rumän. Tänzer u. Bildhauer, * 1930; ∕Assemblagen, Fallenbilder; Vertreter der ∕Eat-Art. ▬

Sport m (engl.), Spiel, Erholung, Liebhaberei, Sammelbegriff für alle Arten der Leibesübungen außer ∕Gymnastik u. ∕Turnen; ausgeübt als *Amateur-* od. *Berufs-S.* Beim S. steht der Leistungs- u. Wettkampfgedanke im Vordergrund. Dachorganisation in der BRD ist der ∕Deutsche Sportbund. **S.abzeichen,** *Dt. S.abzeichen,* v. Deutschen Sportbund seit 1952 verliehenes Leistungsabzeichen für Männer u. Frauen in 3 Stufen: Bronze, Silber u. Gold; Jugendliche bis 18 Jahre erhalten das *Dt. Jugendsportabzeichen.*

Sporteln (Mz., lat.), fr. behördl. Gebühren.

Sportherz, Herzvergrößerung bei Hochleistungssportlern (nicht krankhaft).

Spot m (engl.), in Rundfunksendungen eingestreute kurze Werbetexte; auch Werbekurzfilme.

Spotlight s (: -lait, engl.), Scheinwerfer mit kleinem Lichtfleck, bes. in der Film- u. Fernsehtechnik.

Spottdrossel w, nord-am. Drossel, ahmt andere Singvögel täuschend nach; beliebter Käfigvogel.

Die meistgesprochenen Sprachen der Welt
(Stand: Mitte 1975)

Chinesisch (Mandarin)	650 Mill.
Englisch	358 Mill.
Russisch	233 Mill.
Spanisch	213 Mill.
Hindi	209 Mill.
Arabisch	125 Mill.
Portugiesisch	124 Mill.
Bengali	123 Mill.
Deutsch	120 Mill.
Japanisch	110 Mill.
Malaiisch-Indonesisch	95 Mill.
Französisch	90 Mill.

Heinrich Spoerl

Sprache, zunächst der physiolog. Vorgang des menschl. Sprechens; dann das einer Gruppe v. Menschen gemeinsame System v. Worten u. grammat. Regeln für deren Verbindung zu Sätzen; ganz allg. ein zu Mitteilung u. Ausdruck dienendes, dem Menschen eigenes System v. Zeichen, bei dem mit bestimmten Lautgebilden (diese opt. wiedergegeben v. Schriftzeichen) Begriffe verbunden sind. Die Sprachphilosophie sieht in ihr eine Weise des Geistes, die Welt zu erfassen. – Die historisch gewordenen S.n gehören *Sprachfamilien,* diese *Sprachstämmen* an. Die wichtigsten Sprachfamilien sind die der Indoeuropäer, der Semiten u. Hamiten, der Kaukasier u. Altaier, die indones., ozean., indian. u. afrikan. Sprachfamilien sowie die S.n der Sumerer, Etrusker u. Basken. Bei Klassifizierung nach Formelementen werden unterschieden: *isolierende S.n* (Beziehung der Worte durch Stellung im Satz bestimmt; Chinesisch, afrikan. S.n); *agglutinierende S.n* (Affixe als formbildendes Element; Japanisch, Mongolisch, türk. S.n); *flektierende S.n* (∕Flexion) (fr. die german., roman., slaw. S.n, heute mit Abwandlungen); *polysynthet. S.n* (Aufnahme v. anderen Satzgliedern in das Verb, z. B. Frz.). – Jede sprachl. Leistung vollzieht sich auf einer der vielen Sprachstufen, die von der *Alltags-S.* über die gepflegte *Umgangs-S.* hinaufreichen zur *Hoch-S.* Die unteren Sprachstufen sind gewöhnlich stark von der ∕Mundart (Dialekt) durchsetzt. Die S.n führender Landschaften od. schöpferischer Menschen werden allgemeinverbindlich u. schließen die Mundarten zu Kultureinheiten zusammen. Oft wirken sogar tote S.n u. Fremd-S.n kulturkreisbildend: das Latein im MA, später die sog. Welt-S.n. Die Mutter-S. ist heute als Menschenrecht eigens geschützt. – Wissenschaftl. befassen sich mit der S. a) die *Sprachphilosophie.* Sie geht dem Ursprung, Wesen u. Sinn der S. nach. Hauptfrage ist der Zusammenhang von Denken u. Sprechen. b) die *Sprachwissenschaft* od. Linguistik. Sie ist seit J. Grimm bes. entwicklungsgeschichtl. Untersuchung der einzelnen S.n (Germanistik, Romanistik, Slawistik usw.) und ihrer Mundarten. Die *Vergleichende Sprachwissenschaft* stellt Gemeinsamkeiten u. Unterschiede fest (z. B. in der indoeurop. Sprachenfamilie mit einer erschlossenen Ursprache).

Sprachlabor, für den Sprachunterricht eingerichtetes Labor: eine der Schülerzahl entsprechende Anzahl von Tonbandgeräten sind zu einem System verbunden, das von einem Steuerpult (Lehrerpult) aus mit Tonbandprogrammen versehen wird; der Lehrer kann sich zum Mithören oder über eine Wechselsprechanlage kontrollierend einschalten; ermöglicht individuelles Arbeiten u. Selbstkontrolle durch den Schüler.

Sprachlehre, dt. Bez. für Grammatik, meist für prakt. Lehrbücher.

Sprachstörungen, *Sprachfehler,* beruhen auf a) verzögerter Sprachentwicklung des Kindes; b) fehlerhafter Sprachentwicklung durch eine angeborene Schwerhörigkeit;

Eduard Spranger

Springbock

Springmaus

a

Spann-
riegel

b

Sprengwerk:
a einfaches S.,
b S. mit Spannriegel

c) krankhafter Veränderung v. Lippen, Zähnen, Zunge, Gaumen (*Näseln, Lispeln* u. a.); d) Hirnkrankheiten, z. B. Aphasie, Schwachsinn, Schlaganfall (*Stammeln*); e) seelischen od. nervl. Störungen (*Stottern*).

Spranger, *Eduard,* dt. Philosoph, Psychologe u. Pädagoge, 1882–1963; bemühte sich um eine philosoph. Fundierung der Geistes-Wiss., bes. der geisteswiss. Psychologie; entwickelte eine differenzierte Typologie des Menschen u. die Lehre v. der wechselseitigen Bezogenheit der individuellen Seele u. der objektiven Kultur. *Lebensformen; Psychologie des Jugendalters.*

Spray *m* (: ßpreⁱ, engl.), Spritzapparat zum Zerstäuben. ↗Aerosoldose.

Sprechfunk, drahtlose Nachrichtenverbindung mit ↗Funksprechgeräten.

Sprechkunde, befaßt sich mit der freien Rede in ihren verschiedenen Erscheinungsformen, dem Erzählen, dem Lesen u. der Sprechkunst, d. h. der werkgerechten Wiedergabe der Dichtungen. Voraussetzung ist die Kenntnis der Atmung, der Stimmbildung, der Lautbildung u. a.

Sprechmaschine, *Phonograph,* die Urform des ↗Plattenspielers. ↗Edison.

Spree *w,* l. Nebenfluß der Havel, entspringt in der Oberlausitz, durchfließt den Großen Müggelsee u. Berlin; mündet nach 403 km (182 km schiffbar) bei Spandau; Kanäle verbinden sie mit Oder u. Havel. Zahlreiche S.arme durchziehen den z. T. v. Wenden bewohnten **S.wald;** einst Sumpfland, jetzt meist Wiesen u. Ackerland. Viehzucht, Fischerei, Gemüsebau.

Spreizfuß, Fußmißbildung, durch Einsinken des Vorderfußquergewölbes.

Spremberg, Krst. im Bez. Cottbus, an der Spree, 22 500 E.; Tuchfabriken mit Fachschule. Braunkohlenkraftwerk Trattendorf.

Sprendlingen, Stadtteil v. Dreieich (seit 1977); chem., Papier-, Metall-, Textil- u. Elektro-Ind.

Sprengel *m,* kirchl. (Bistum, Pfarr-S.) od. weltl. (Gerichts-S.) Amtsbereich.

Sprenggelatine *w* (: -sehe-), ↗Nitroglycerin in Kollodiumwolle (bei Dynamit in Kieselgur). **Sprengkapsel,** mit Zündschnur entflammbarer Knallsatz (Bleiazid u. ä.) als Initialzünder für Sprengladungen. **Sprengluftmethode,** in Bergbau u. Forstwirtschaft ausgeführtes Sprengen mit flüssiger Luft. **Sprengring,** federnder, an einer Stelle geschlitzter Ring, für mechan. Verbindungen. **Sprengstoffe** ↗Explosivstoffe. **Sprengwerk, 1)** fachwerkart. Holz- od. Eisenkonstruktion zur Überbrücken großer Spannweiten; die Belastung wird durch Streben nach unten abgeführt. Ggs. ↗Hängewerk. ☐ 122. **2)** das ↗Gesprenge.

Sprenkel *m,* Schlinge zum Singvogelfang. **Spreu,** *Kaff,* Dreschabfälle des Getreides: Spelzen, Grannen, entkörnte Ährchen.

Sprichwort, ein meist im Volk selbst geprägter, oft erzieher. Erfahrungsgrundsatz in bild- u. gleichnishafter Form; uralt u. bei allen Völkern heimisch. Sprichwörtl. Redensarten sind dem S. eng verwandt, teilweise literar. od. bibl. Ursprungs.

Spriet *s,* eine Spiere zum Ausspannen, z. B. des trapezförm. *S.segels.*

Spring, *Howard,* engl. Schriftsteller, 1889 bis 1965; Zeit- und Familienromane; *Geliebte Söhne; Das Haus in Cornwall.*

Springbock, südafrikan. weitspringende Antilope. mit leierförm. Hörnern.

Springe, niedersächs. Stadt am Deister, 30 600 E. Südl. der Stadt Naturschutzgebiet „Saupark" mit Wisenten u. Schwarzwild.

Springer, Schachfigur, ↗Rössel.

Springfield (: -fïld), Ind.-Stadt in Massachusetts (USA), am Connecticut River, 175 000 E.; kath. u. ev. Bischof. Waffenfabriken, Druckereien u. Verlage.

Springflut, bes. starke Flut, bei Neu- u. Vollmond. **Springgurke,** die ↗Spritzgurke.

Springhase, südafrikan. Nagetier mit hasenähnlichem Kopf, verlängerten Hinterbeinen, Körper u. Schwanz je 45 cm lang.

Springkraut, *Rührmichnichtan,* Kraut mit gelben, gespornten Blüten, an feuchten Waldstellen. Fruchtkapseln springen bei Berührung auf u. schleudern den Samen weit aus. **Springmaus,** *Springnager,* kleine Nagetiere mit sehr kleinen Vorder- u. langen Hinterbeinen; in nordafrikan. Wüsten die *Wüsten-S.*

Springprüfung, *Springreiten,* der Ritt über eine bestimmte Folge künstl. Hindernisse (Parcours; ☐ 723). Höhe, Breite, Kombination u. Anzahl der Hindernisse, Parcourslänge sind in den nach Schwierigkeitsgraden unterteilten Klassen verschieden. Gewertet wird im allg. nach Fehlerpunkten. Bei sog. *Zeitspringen* werden alle Fehler in Strafsekunden gezählt.

Springs, Stadt in Transvaal (Südafrika), 160 000 E.; Zentrum eines Kohlen- u. Goldfeldes.

Springschwänze, hüpfende, flügellose Urinsekten, z. B. der Schneefloh. **Springwurm,** der ↗Madenwurm.

Springwurz, *Springwurzel,* zauber. Alraunwurzel, die Schlösser sprengen sollte.

Springprüfung	Bewertung der Fehler
Klasseneinteilung (innerhalb der Klassen verschiedene Ausschreibungen)	Beschädigen eines Hindernisses, Berühren des Wasserspiegels am Wassergraben: 4 Fehlerpunkte
Klasse A: Anfänger	Verweigern eines Hindernisses:
Klasse L: leichte Springen	Beim 1. Ungehorsam: 3 Fehlerpunkte
Klasse M: mittelschwere Springen	Beim 2. Ungehorsam: 6 Fehlerpunkte
Klasse S: schwere Springen	Beim 3. Ungehorsam Ausscheiden von Pferd und Reiter
Klasse Sa: Längere Parcours, größere Zahl nicht ganz so schwerer Hindernisse	Sturz des Pferdes und (bzw. oder) des Reiters: 8 Fehlerpunkte
Klasse Sb: kürzerer Parcours, schwerere Hindernisse	Zeitüberschreitung: je angefangene Sekunde = ¼ Fehlerpunkt

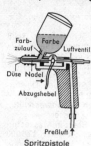

Farb-
zulauf — Farbe
Luftventil
Düse Nadel
Abzugshebel
Preßluft ↑
Spritzpistole

Sprossenwand

1
2

Sprungkasten
1 S. aus mehreren
Kastensätzen, der er-
höht und erniedrigt
werden kann; 2 qua-
dratischer S.

Sprungturm

Sprinkleranlage, selbsttätige Feuerlösch-
einrichtung aus zahlr., an der Decke der
Räume angebrachten Löschbrausen.
Sprinter *m* (engl.), **1)** *Leichtathletik:* Kurz-
streckenläufer. **2)** *Radsport:* der ↗Flieger 2).
Sprit *m*, ↗Alkohol.
Spritzgurke, Springgurke, mediterranes
Kürbisgewächs. Die reifen eigroßen Früchte
springen ab u. verspritzen Saft u. Samen.
Spritzguß, ein Druckgußverfahren (↗gie-
ßen) für Metalle u. Kunststoffe, bes. für
Massengüter. □524. **Spritzpistole,** Druck-
luft-Spritzapparat (Zerstäuber) zum Auftra-
gen von Farbe, Lack, flüssigem Metall usw.
Sprockhövel, rhein. Stadt nördl. v. Wupper-
tal, 24 300 E.; Maschinenbau, Glas-, Elektro-
Industrie, Bau v. Bergwerkseinrichtungen.
Sproß, ein Grundorgan der höheren Pflan-
zen; strebt nach oben u. zum Licht; besteht
aus *S.achse* (Stengel, Stamm, Äste) u. Blät-
tern und wächst am ↗Vegetationspunkt.
□743.
Sprosse, der in die Leiterholme eingezapfte
Querstab; Leiterstufe. **Sprossenwand,** ein
schwed. Turngerät, Sprossengerüst für
Hang-, Dehn- u. Ausgleichsübungen.
Sprosser *m*, Au- od. *poln. Nachtigall,* der
Nachtigall ähnl. brauner Singvogel, in Ost-
europa u. Asien.
Sprottau, poln. *Szprotawa,* niederschles.
Krst. am Bober, 11 000 E.
Sprotte, 10–15 cm lange Heringsart der
Nord- u. Ostsee; geräuchert als *Kieler S.,*
mariniert als ↗Anschove im Handel.
Spruch, ein- od. mehrstrophiges mhd. Ge-
dicht mit lehrhaftem Inhalt.
Sprüche Salomons, *Buch der Sprüche,* atl.
Buch, enthält Sinnsprüche über die (bes.
göttl.) Weisheit u. die Torheit; Verfasser-
schaft Salomons für einzelne Sprüche
möglich.
Spruchkammer ↗Entnazifizierung.
Sprue (: ßpru), eine Tropenkrankheit durch
Mangel an Vitaminen der B-Gruppe mit ge-
störter Fettverdauung.
Sprungbein, Fußknochen, bildet mit Unterschenkel das Fußgelenk.
Sprungbrett, *Wasserspringen:* ein einseitig
befestigtes, auf Rollen liegendes, federndes
Absprungbrett; dient zu Kunstsprüngen aus
1–3 m Höhe. ↗Sprungturm.
Sprungkasten, 1) kastenförmiges Turngerät
für Längs- u. Quersprünge, die Einzelteile
auch zur Sprungkraftschulung. **2)** quadrat.,
oben gepolstertes Turngerät zur Sprung-
schulung.
Sprunglauf, das Skispringen von einer
↗Sprungschanze; ausgetragen als *Spe-
zial-S.* (bei int. Wettkämpfen heute getrennt
auf einer großen u. kleinen Schanze) u. als
Kombinations-S. (↗Nordische Kombination) auf einer kleinen Schanze. Gewertet
wird jeder gültige (d.h. nicht gestürzte)
Sprung nach Punkten (getrennt für Weite u.
Haltung).
Sprungschanze, unter Ausnutzung geeigneter Geländeformen künstl. geschaffene
Anlage zum Skispringen; mit Anlaufbahn,
Schanzentisch u. Aufsprungbahn.
Sprungturm, Anlage für das ↗Wasser-
springen; ein Gerüst mit festen Plattformen

Die wichtigsten Spurweiten von Eisenbahnen

mm	Bezeichnung / Verwendung
	Modelleisenbahnen
6,5	Spur Z (Maßstab 1 : 220)
6,5	Spur Nm (Maßstab 1 : 160)
9	Spur N (Maßstab 1 : 160)
9	Spur HOe (Maßstab 1 : 87)
12	Spur TT (Maßstab 1 : 120)
16	Spur HO, fr. 00 (Maßstab 1 : 87)
32	Spur 0 (Maßstab 1 : 45)
45	Spur I (Maßstab 1 : 32)
45	Spur G (Maßstab 1 : 22,5)
	Schmalspur (ca. 15 % aller Bahnen)
500	Bau- und Förderbahnen
600	Wales, Indien, Südamerika; Industrie
750	Indonesien, Philippinen, Japan
760	Bosnische Spur: Jugoslawien
762	Ägypten, Indien, Sierra Leone
800	Zahnradbahnen
891	Schweden
914	Irland, Mexiko, Kolumbien
1000	Meterspur: Eisenbahnen und Stra-ßenbahnen auf allen Kontinenten
1067	Kapspur: Süd- und Ostafrika, Australien, Indonesien, Japan
	Normalspur (ca. 70 % aller Bahnen)
1435	die meisten europäischen Bahnen, Türkei, Ägypten, China, Kanada, USA, Mittel- und Südamerika, Australien
	Breitspur (ca. 15 % aller Bahnen)
1524	UdSSR, Finnland
1600	Irland, Brasilien, Südaustralien
1676	Spanien, Indien, Ceylon, Argen-tinien, Chile

(5, 7,5 u. 10 m Höhe, für Turmspringen) u.
↗Sprungbrettern.
Spühler, *Willy,* * 1902; 60/65 Schweizer
Bundesrat für Post u. Eisenbahn, 66/70 für
Äußeres; 63 u. 68 Bundespräs. (Sozialde-
mokrat).
Spule *w,* **1)** elektrotechn. ein aus mehreren
Drahtwicklungen bestehender Leiter mit
hoher Induktivität; z. B. in Schwingkreisen,
Transformatoren (einlagige S., *Solenoid*). **2)**
textiltechn. ein Körper mit aufgebrachter
Fadenwicklung. **3)** der hohle Teil der Vogel-
feder.
Spulwürmer, *Askariden,* gelbl., unsegmen-
tierte Eingeweideparasiten, bis 8 mm stark
u. 40 cm lang; die Eier werden durch
schlecht gereinigtes Gemüse übertragen.
Wurmknäuel gefährden die Darmpassage.
Spumante *m,* it. Bz. für Schaumwein.
Spund *m,* **1)** Holzpfropfen, verschließt das
S.loch im Faß. **2)** die Feder, die in die ↗Nut
eines Bretts eingreift.

Start-
platz
Anlaufbahn
Schanzen-
tisch
Aufsprungbahn
kritischer Punkt
Auslauf

Sprungschanze

Spundwand, aus Holz- od. Stahlbohlen, um Baugruben u. Fundamente gg. Wasser abzuschließen.

Spur, 1) *Spurweite,* bei Schienenfahrzeugen die lichte Weite zw. den Fahrkanten der Schienen. **2)** ↗Fährte.

Spurenelemente, chem. Elemente, die für Wachstum u. Stoffwechsel v. Pflanze, Tier u. Mensch in sehr geringen Mengen unentbehrlich, in größeren Mengen aber meist schädlich sind. Ihr Fehlen ruft Mangelkrankheiten hervor. S. sind: B, J, Br, Co, Mn, Mo, Zn, Al u.a.

Spurkranz, an den Rädern der Wulst, der das Abgleiten v. der Schiene verhindert.

Spurt *m* (engl.), bei Läufen u. Rennen eine mit höchstem Krafteinsatz gelaufene (gefahrene usw.) Strecke *(Zwischen-, End-S.).*

Sputnik (russ. = Begleiter), Bz. für die Erdsatelliten der UdSSR, mit denen das Zeitalter der Raumfahrt begann (S. 1 : 4. 10. 1957).

Sputum *s* (lat.), der ↗Auswurf.

Spyri, *Johanna,* Schweizer Jugendschriftstellerin, 1829–1901; *Heidis Lehr- u. Wanderjahre; Gritli.*

sq., Abk. für sequens (lat.), folgend.

Square *m* (: ßquär, engl.), Quadrat, öffentl. Platz.

Sr, chem. Zeichen für ↗Strontium.

Srbik, *Heinrich* Ritter v., östr. Historiker, 1878–1951; Vertreter einer gesamtdt. Geschichtsauffassung. *Metternich; Dt. Einheit.*

Sri Lanka, amtl. Name v. ↗Ceylon.

Srinagar, Sommer-Hst. des ind. Bundesstaates Jammu u. Kaschmir, in einem Hochtal, 1603 m ü. M., 404000 E.; Kunstgewerbe.

SS, Abk. für Schutzstaffel, 1925 gegr. nat.-soz. Wehrverband; seit 29 unter der Leitung ↗Himmlers, ein Hauptträger des nat.-soz. Terrors. Den *SS-Totenkopfverbänden* waren die KZ unterstellt, die *Waffen-SS* kämpfte im Krieg im Rahmen des Heeres, war aber kein Teil der Wehrmacht. Beim Nürnberger Prozeß 46 wurde die SS zur verbrecher. Organisation erklärt.

SSD, Abk. für ↗Staatssicherheitsdienst.

SSSR, amtl. russ. Abk. für Sowjetunion.

St., Sankt, heilig.

s. t. ↗sine tempore.

Staat, das auf einem bestimmten Gebiet mit ursprüngl. Herrschaftsmacht ausgestattete polit. Gemeinwesen. Kennzeichen: ↗Souveränität mit dem Recht, sie zu verteidigen, nach innen Autorität u. die Macht, die Ordnung des Gemeinwesens mit unmittelbarem Zwang zu sichern. Überträgt der S. Macht, muß er deren Kontrolle behalten (↗Staatsaufsicht, ↗Selbstverwaltung). Der Einsatz v. Autorität u. Gewalt ist gebunden an die absoluten S.szwecke. Dazu zählen vor allem Rechts-, Schutz-, Wohlfahrtszweck u. die Regelung der Wirtschaftsordnung. Die histor.-konkrete Gestalt des S. wird bestimmt durch die tatsächl. S.stätigkeiten u. die Methoden ihrer Erledigung. Unabhängig vom konkreten Inhalt ist die S.stätigkeit an absolute Prinzipien gebunden: Achtung u. Schutz der Würde des Menschen (↗Menschenrechte), Gleichheit aller vor dem Gesetz. Die ↗Verfassung bestimmt, welche Menschen in welcher Form nach welchen Prinzipien für den S. handeln sollen. Hauptprobleme der S.sorganisation sind der Einbau v. Verfassungselementen, die die S.sapparatur funktionsfähig erhalten, u. solcher, die freiheitssichernd wirken. ↗Demokratie, ↗Gewaltenteilung, ↗Parlament, ↗Grundrechte ↗Nationalstaat, ↗Rechtsstaat.

Staatenbund, für die Dauer bestimmter Zusammenschluß selbständiger, meist nationalgleicher Staaten. Unterscheidet sich vom ↗Bundesstaat durch das Fehlen einer übergeordneten Zentralgewalt. Der ↗Deutsche Bund war ein Staatenbund.

Staatenlose, Menschen, die schon von Geburt an keine ↗Staatsangehörigkeit besitzen od. sie später verloren haben.

Staatsangehörigkeit, *Staatsbürgerschaft,* Rechtsbegriff über das Rechtsverhältnis der Zugehörigkeit zu einem bestimmten Staat (↗Nationalität) u. den sich daraus ergebenden Rechtsstatus, der Voraussetzung bestimmter staatsbürgerl. Rechte u. Pflichten ist. S. besitzen nur natürl. Personen. Das *S.srecht* knüpft entweder an die Abstammung *(Abstammungsprinzip)* v. einem Staatsangehörigen (so in der BRD) od. an die Geburt im Staatsgebiet *(Gebietsprinzip)* od. an beides an *(Mischsysteme).* Erwerb der S. für Ausländer im allg. durch Verleihungsakt. Personen, die das Doppelbürgerrecht besitzen *(Doppelstaater)* werden (falls nicht bes. vertragl. geregelt) in jedem ihrer Heimatländer nur als dessen Angehörige angesehen.

Staatsanleihe ↗Anleihen, ↗Schuldverschreibungen.

Staatsanwaltschaft, selbständige Justizbehörde neben dem Gericht, führt bei Verdacht einer strafbaren Handlung das ↗Ermittlungsverfahren durch u. erhebt ggf. Anklage, die sie während des ganzen Strafverfahrens zu vertreten hat. Im Zivilverfahren kann die S. tätig werden in Ehe-, Familienstand- u. Entmündigungssachen. S.en bestehen bei den Landgerichten, Oberlandesgerichten u. beim Bundesgerichtshof. S.liche Aufgaben bei Amtsgerichten werden durch Amtsanwälte wahrgenommen.

Staatsaufsicht, Überwachung der Tätigkeit v. nichtstaatl. Trägern öff. Gewalt durch staatl. Organe. ↗Gemeinde, ↗Selbstverwaltung.

Staatsbank, v. Staat errichtete, ihm unterstellte Bank, bes. als ↗Notenbank. **S. der Deutschen Demokratischen Republik** ↗Deutsche Notenbank.

Staatsbankrott *m,* die Einstellung der Zahlungen des Staates an seine Gläubiger.

Staatsexamen, die vom Staat für die Zulassung zu bestimmten akadem. Berufen (Lehrer, Arzt, Jurist u.a.) geforderte u. v. staatl. Prüfungsämtern abgenommene Prüfung; meist bestehend aus einer wiss. (↗Referendar) u. einer prakt. Prüfung nach mehrjähr. Vorbereitungsdienst (↗Assessor).

Staatsgefährdung, die strafbaren Handlungen, die auf Beeinträchtigung des Bestands der BRD u. bes. wichtiger Verfassungsgrundsätze abzielen.

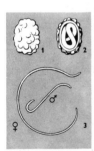

Spulwürmer: aus dem Ei **(1)** entwickelt sich in 2–4 Wochen der Wurmembryo **(2),** der nach Aufnahme durch den Mund im Darm des Wirtes die Eihülle verläßt und nach Durchbohren der Darmwand in dessen Blutkreislauf gelangt. Die Embryonen bleiben 3–4 Tage in der Leber und kommen schließlich in die Lunge. Hier bohren sie sich in die Atemwege und wandern als Larven über die Speiseröhre in den Dünndarm, wo sie in 5–7 Wochen zu geschlechtsreifen S. heranwachsen **(3)**

Staatsgeheimnisse, die Tatsachen, Gegenstände od. Kenntnisse, deren Geheimhaltung vor einer fremden Macht für das Wohl eines Staates erforderlich ist. Verrat v. S.n ist strafbar. [barkeit.

Staatsgerichtshof ↗Verfassungsgerichts-
Staatsgrundgesetz, die ↗Verfassung.
Staatshaushalt ↗Haushaltsplan.
Staatskapitalismus, Wirtschaftsform, bei der der Staat sich in kapitalist. Unternehmungen betätigt u. stärksten Einfluß ausübt. ↗Staatssozialismus.

Staatskirche, 1) i.w.S. eine Kirche, deren Bekenntnis v. Staat zur ↗Staatsreligion erklärt ist. **2)** i.e.S. ein Kirchenwesen, das sich der Staat untergeordnet hat, z.B. im ↗Josephinismus u. ↗Gallikanismus.

Staatsnotstand, 1) Zustand höchster Gefährdung der Staatsordnung. **2)** auch die dagegen getroffenen außerordentl. staatl. Maßnahmen: u.a. Notverordnungen, Suspension v. Grundrechten; Voraussetzung dafür im allg. die Verhängung des Ausnahmezustandes. ↗Notstand, ↗Notstandsverfassung.

Staatspräsident, das Staatsoberhaupt einer Republik. – 1919/33 Amts-Bz. des Min.-Präs. in Württ., Baden u. Hessen, 47/52 in Südbaden u. Südwürtt.-Hohenzollern.

Staatsquallen, die ↗Röhrenquallen.

Staatsräson *w* (:-räsõn, frz. = Staatsvernunft), auf Machiavellis Lehre v. der Politik zurückgehender Grundsatz, wonach sich auf Aufbau u. Aufrechterhaltung des polit. Gemeinwesens gerichtetes polit. Handeln ausschließl. an den in der hist.-konkreten Lage gegebenen Bedingungen für eine erfolgreiche Machtbehauptung u. -erweiterung zu orientieren habe.

Staatsrat, 1) in Dtl. im 19. Jh. nach frz. Vorbild errichtete bürokrat. Spitzenbehörde mit legislativen u. verwaltungsmäßigen Kontrollfunktionen; in Preußen, Bayern, Sachsen u. Württemberg bis 1918. **2)** preuß. S. 1920/33; die Vertretung der preuß. Provinzen. **3)** in der DDR: ↗Deutschland, Dt. Demokrat. Republik.

Staatsrecht, *Verfassungsrecht,* umfaßt vor allem die in der ↗Verfassung niedergelegten Rechtsnormen.

Staatsreligion, die v. einem Staat bevorzugte od. einzige öff. zugelassene Religion.

Staatsschulden, Anleihen, Schatzanweisungen usw.; sind verzinslich u. nach bestimmtem Plan zu tilgen.

Staatssekretär, 1) in *Dt. Reich* 1871/1918 Leiter der Reichsämter, seit 1918 der den Min. vertretende oberste Beamte eines Ministeriums. In der *BRD:* a) *beamteter S.:* Stellvertreter des Min. b) *parlamentar. S.:* einem Bundes-Min. zur Entlastung v. Verpflichtungen repräsentativer Art, zur Vertretung des Ressorts in den Gremien des Bundestages beigegebener Abg. des Bundestages. **2)** in den USA u. an der Kurie (Kardinal-S.) Leiter der auswärtigen Angelegenheiten.

Staatssicherheitsdienst (SSD), mit bes. Vollmachten ausgestattete Abt. der polit. Polizei in totalitären Staaten zur Verfolgung polit. Gegner, so der SSD der DDR.

Stabkirche in Heddal
(Telemark)

Staatssozialismus, eine Wirtschaftsform, bei der der Staat wichtige Wirtschaftszweige nicht aus volkswirtschaftl. Notwendigkeit, sondern aus grundsätzl. Erwägungen verstaatlicht. S. u. ↗Staatskapitalismus können sich eng berühren.

Staatsstreich, gewaltsame Beseitigung der Regierung durch eine od. militär. einflußreiche Persönlichkeit oder Gruppe.

Staatswissenschaften werden unterschieden als juristische (Staatslehre, Staatsrecht usw.), soziale (Gesellschaftslehre) und wirtschaftliche (Wirtschaftslehre usw.) S.

Stabat mater dolorosa (lat. = es stand die schmerzensreiche Mutter), Hymnus über Mariä Mitleiden am Kreuz Christi.

Stabheuschrecken, *Phasmidae,* Gespenstheuschrecken, Gruppe der ↗Geradflügler; S. i.e.S. *Dixippus,* trop. Insekt mit astartigem Aussehen; Laboratoriumstier.

Stabhochsprung, *Leichtathletik:* Sprungdisziplin unter Verwendung des Sprungstabes aus Leichtmetall od. Glasfiber (fr. Bambus). [☐ 333.

stabil (lat.), beständig, standfest; Ggs. labil.

Stabilisierung, 1) Festigung. **2)** Wiederherstellung einer festen Währung. **Stabilität** *w,* stabiles ↗Gleichgewicht. [☐ 865.

Stabkirche, norweg. Holzkirche mit Wänden aus senkrecht gestellten, ineinandergefügten Pfosten (Stabbau).

Stabreim
Beispiel aus dem
Heliand:
*...das Schwert aus der
Scheide / und schlug
auf ihn ein, auf den
vordersten Feind, / mit
seiner Faust Gewalt*

Stabheuschrecke

Stabhochsprung: Bewegungsablauf.
Nach dem Anlauf erfolgt Einstich des
Stabes in den im Boden verankerten
Einstichkasten

Stabreim, bes. der german. Dichtung eigene Form des Reims; im Ggs. zum End- ↗Reim reimt der Wortanlaut (Lautreim), im Ggs. zur ↗Alliteration müssen stabtragende Wörter im Vers auch in der Hebung stehen. Dadurch ist der S. an sinnschwere Wörter gebunden u. gibt dem Vers einen eigenen Rhythmus.

Stabsichtigkeit, *Astigmatismus,* ein Brechungsfehler des Auges, wodurch Punkte als Linien gesehen werden. Verbesserung durch zylindrische Gläser. ☐ 120.

staccato (it.), scharfes Trennen der Töne.

Stachanow-System, so gen. nach dem russ. Grubenarbeiter *A. Stachanow* (1905–77), der 1935 eine geforderte Arbeitsnorm um ca. 800% überbot; dient in der UdSSR der Durchsetzung allg. erhöhter Arbeitsnormen; in der DDR seit 48 das *Hennecke-System.*

Stachel *m,* a) bei Tieren spitze, harte Bildungen aus Chitin- (Insekten), Kalk- (Stachelhäuter), Knochen- (Flossenstrahlen der Fische) od. Hornsubstanz (Igel, Stachelschwein), häufig in Verbindung mit einer Giftdrüse. b) bei Pflanzen spitzer, oft verholzter Auswuchs der Oberhaut (Rose, Brombeere); v. ↗Dorn durch Fehlen v. Gefäßbündeln unterschieden. **S.beere,** Steinbrechgewächs; stachel. Strauch mit grüngelben Blüten u. gelben od. trübpurpurnen Beerenfrüchten. ☐ 747. **S.flosser,** Gruppe der Knochenfische mit den meisten Familien; Barsche, Thunfische, Stichlinge u. a. **S.häuter,** *Echinodermen,* wirbellose Meerestiere, meist fünfstrahlig, mit stachel. Kalkskelett: *Seeigel, Seewalzen, Haar-, Seesterne.* **S.pilze,** Pilze, deren Fruchtkörper stachentragende, weiche Stacheln haben; z. B. ↗Stoppelpilz und ↗Habichtsschwamm. **S.schnecken,** Meeresschnecken mit wulstiger, stachelbesetzter Schale; liefern Purpur, bes. die ↗Purpurschnecke. **S.schwein,** blaugraues Nagetier der Mittelmeerländer, Indiens u. Afrikas; 65 cm lang, mit 20–40 cm langen, aufrichtbaren Hohlstacheln.

Stade, niedersächs. Krst. u. Hst. des *Reg.-Bez. S.,* an der Mündung der Schwinge (Hafen) in die Elbe, 42600 E.; Saline, Lederwerk, Mineralölwerke, Hanfspinnerei.

Städelsches Kunstinstitut, vom Bankier *J. F. Städel* (1728–1816) in Frankfurt a. M. gestiftete Gemäldegalerie mit Kunstschule (heute Hochschule für Bildende Künste).

Stadion *s* (gr.; Mz. *Stadien*), **1)** im Alt. regional verschiedene Längeneinheit zw. 158 u. 211 m. **2)** Kampfbahn zur Austragung sportl. Wettkämpfe.

Stadion, *Johann Philipp* Graf v. S.-Warthausen, 1763–1824; 1805/09 östr. Außenminister, rief 09 zur Volkserhebung gg. Napoleon auf; 16/24 Finanzminister.

Stadium *s* (gr.), Entwicklungsstufe, Zustand.

Stadler, *Ernst,* dt. Schriftsteller, 1883–1914 (in Flandern gefallen); gehört mit seiner Lyrik zum Expressionismus. *Der Aufbruch.*

Stadt, wie das mehr landw. geprägte ↗Dorf eine hist. gewordene, jedoch im Unterschied zu diesem auf höherer Entwick-

Millionenstädte der Erde

(mit Vororten bzw. städt. Agglomeration; J. = Jahr)

Stadt	Einw. in Mill.	J.	Stadt	Einw. in Mill.	J.	Stadt	Einw. in Mill.	J.
Mexiko-Stadt	13,944	78	Athen	2,540	71	Taijüan	1,350	70
New York	13,844	78	Dacca	2,500	70	Gorki	1,344	79
Tokio	12,500	79	Porto Alegre	2,500	76	Medellin	1,323	77
São Paulo	10,473	79	Houston	2,479	78	Kansas City	1,313	78
Buenos Aires	10,282	79	Pusan	2,454	75	Nowosibirsk	1,312	79
Paris	10,023	79	St-Louis	2,402	78	Taegu	1,311	75
Kairo	10,000	78	Singapur	2,363	79	Sheffield	1,304	78
Schanghai	10,000	77	Pittsburgh	2,344	78	Bandung	1,300	75
Rio de Janeiro	8,601	79	Alexandria	2,319	78	München	1,300	79
Peking	8,490	78	Guadalajara	2,195	77	Tsingtau	1,300	70
Kalkutta	8,297	77	Taipeh	2,180	79	Buffalo	1,299	78
Moskau	8,011	79	Lahore	2,148	72	Phoenix	1,294	78
Seoul	7,823	78	Kiew	2,144	79	Minsk	1,276	79
Bombay	7,605	77	Baltimore	2,139	78	Kanpur	1,275	71
Manila	7,500	77	Casablanca	2,116	76	Tschengtu	1,250	70
Los Angeles	7,107	78	Minneapolis	2,103	78	Salvador	1,237	75
Chicago	7,024	78	Harbin	2,100	77	Giseh	1,233	76
Tientsin	7,000	77	Budapest	2,093	79	San Jose	1,227	78
London	6,918	78	Nagoja	2,089	79	Neapel	1,224	79
Jakarta	6,805	78	Leeds	2,068	78	Montevideo	1,223	78
Tschungking	6,000	77	Lissabon	2,003	78	Kuibyschew	1,216	79
Delhi	5,500	78	Fuschun	2,000	70	Swerdlowsk	1,211	79
Kanton	5,000	77	Algier	1,998	78	Haiphong	1,191	77
Karachi	5,000	75	Bukarest	1,988	78	Prag	1,189	78
Philadelphia	4,915	78	Havanna	1,981	78	Addis Abeba	1,179	79
Hongkong	4,900	79	Newark	1,963	78	Newcastle upon Tyne	1,165	78
Bangkok	4,813	78	Cleveland	1,945	78	Turin	1,164	79
Leningrad	4,588	79	Berlin (W)	1,904	79	Cali	1,156	77
Teheran	4,498	76	Barcelona	1,900	79	Lyon	1,153	75
Detroit	4,407	78	Atlanta	1,862	78	Tel Aviv-Jaffa	1,146	77
Schenjang (Mukden)	4,400	77	Anaheim	1,832	78	Indianapolis	1,141	78
Lima	4,376	78	Monterrey	1,824	77	New Orleans	1,137	78
Lü-ta	4,200	77	Tschangtschun	1,800	65	Vancouver	1,136	78
Santiago de Chile	4,200	79	Taschkent	1,779	79	Poona	1,135	71
Madrid	4,121	79	San Diego	1,738	78	Berlin (O)	1,129	78
Bogotá	4,056	79	Glasgow	1,728	76	Medan	1,120	77
Istanbul	3,900	75	Haiderabad	1,727	72	Damaskus	1,113	78
Lagos	3,500	77	Achmadabad	1,720	73	Fortaleza	1,110	75
Wuhan	3,500	77	Izmir	1,700	75	Kapstadt	1,097	70
Ho-Tschi-Minh-Stadt	3,461	76	Recife	1,700	76	Portland	1,096	78
Boston	3,329	78	Mailand	1,684	79	Karthum	1,089	77
Rangun	3,300	77	Hamburg	1,658	79	Kaohsiung	1,078	79
San Francisco	3,182	78	Bangalur	1,621	72	Columbus	1,072	76
Sydney	3,155	78	Wien	1,615	78	Fukuoka	1,071	79
Washington	3,036	78	Belo Horizonte	1,600	76	Kitakyushu	1,068	79
Nanking	3,000	77	Porto	1,552	78	Dnjepropetrowsk	1,066	79
Rom	2,912	79	Warschau	1,552	79	Tiflis	1,066	79
Caracas	2,850	79	Baku	1,550	79	Chittagong	1,060	79
Toronto	2,849	77	Liverpool	1,546	78	Hartfort	1,056	78
Montreal	2,810	77	Pjöngjang	1,500	76	Odessa	1,046	79
Bagdad	2,800	77	Sian	1,500	70	Kawasaki	1,044	79
Jokohama	2,763	79	Denver	1,498	78	Sto. Domingo	1,040	76
Dallas	2,714	78	Seattle	1,479	78	Sofia	1,032	78
Birmingham	2,712	78	Kioto	1,468	79	Tscheljabinsk	1,031	79
Kinshasa	2,710	77	Charkow	1,444	79	Brüssel	1,029	78
Melbourne	2,694	79	Hanoi	1,444	76	San Juan	1,027	75
Osaka	2,682	79	Kopenhagen	1,444	77	Cordoba	1,026	79
Manchester	2,664	78	Miami	1,432	78	Guayaquil	1,022	78
Nassau-Suffolk	2,662	78	Johannesburg	1,417	78	Donezk	1,021	79
Madras	2,648	73	Tampa	1,413	78	Erewan	1,019	79
Ankara	2,600	75	Milwaukee	1,407	78	Rotterdam	1,017	75
			Surabaja	1,400	75	Omsk	1,014	79
			Stockholm	1,384	79	Belgrad	1,010	77
			San Bernadino	1,379	78	Marseille	1,005	75
			Cincinnati	1,377	78	Adana	1,000	75
			Kobe	1,372	79			
			Sapporo	1,371	79			

lungsstufe zustande gekommene, wesentl. auf Ind., Handel u. Gewerbe aufgebaute Siedlungs- u. Lebensgemeinschaft. Zum Begriff der S. gehören, im Ggs. zum Dorf, vor allem: weiträumigere Gliederung mit

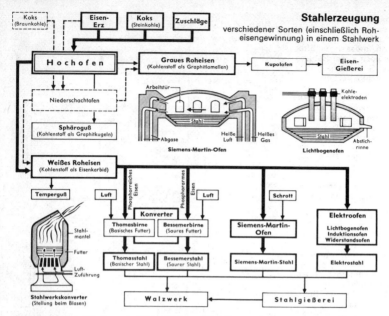

Stahlerzeugung
verschiedener Sorten (einschließlich Roh-
eisengewinnung) in einem Stahlwerk

großangelegtem Straßennetz, dichtere Bebauung u. größere Einwohnerzahl, Zusammenballung v. Produktions-, Verwaltungs-
u. Kultureinrichtungen bei starker sozialer
Schichtung u. weitgehender Arbeitsteilung.
Im 19. u. 20. Jh. nahm die *Verstädterung* der
Erdbevölkerung stark zu. Weitere Entwick-
lungserscheinungen des modernen Groß-
stadtbildes sind der zunehmende Verkehr,
die ↗City-Bildung u. die Entstehung von
Nebenstädten *(Trabantenstädte).* Die S.
steht am Anfang der Hochkulturen (Babylonien, China u. a.). Bei den Griechen bildete
sie ein eigenes Staatswesen. Von Rom aus
breitete sich die S. in Westeuropa aus. Die
europ. S.e des MA erlangten im Kampf mit
den S.herren seit dem 10. Jh. Selbstverwaltung (↗Stadtrechte). In Dtl. gewannen die
S.e im Spät-MA durch die ↗Städtebünde
zeitweise eine führende Stellung, verloren
aber dann ihre Selbständigkeit zunehmend
an die Fürsten; die ↗Reichsstädte wurden
1803/10 mediatisiert. Zu Beginn des 19. Jh.
erhielten die S.e wieder ↗Selbstverwal-
tung; die Industrialisierung bewirkte ein ra-
sches Anwachsen der S.bevölkerung u.
führte zur Entwicklung der Großstadt.
Stadtallendorf, hess. Stadt östlich von Marburg, 20300 E.; Eisengießerei, Süßwaren-,
Strumpf-, papier-, holz- u. kunststoffverarbeitende Ind.
Stadtautobahn, Schnellverbindungswege
innerhalb eines Stadtgebiets, meist kreu-
zungsfrei, z. T. als *Hoch-* u. *Unterpflaster-
straße* geführt. **Stadtdirektor** ↗Gemeinde.
↗Gemeindedirektor. **Städtebünde,** Einun-
gen dt. Städte im späten MA zum Schutz ihrer Interessen u. des Landfriedens, meist
gg. die Fürsten u. Ritter; u.a. der Schwäb.
(1376) u. der Rheinische Städtebund (1381).

Stadthagen, Krst. des niedersächs. Kr.
Schaumburg-Lippe, n.w. von Bückeburg,
22700 E.; Renaissanceschloß (16. Jh.),
Steinkohlenbergbau, Leinenweberei.
Stadtkreis ↗Gemeinde.
Stadtlohn, westfäl. Stadt westl. v. Coesfeld,
16500 E.; Eisen-, Holz- u. Textil-Ind., Töpfe-
reien u. Webereien.
Stadtrat ↗Gemeinde. **Stadtrechte,** im MA,
im Ggs. zum ↗Landrecht, schriftl. Aufzeich-
nungen der bürgerl. Rechte, wie Wahl eige-
ner Behörden, Stadtgericht, Münzhoheit,
Markt-, Stapel- und Umschlagrechte.
Stadtstaat, 1) ein Staatswesen, das eine
einzige Stadt als Mittelpunkt hat, deren polit. Form für das übrige Gebiet maßgebend
ist. ↗Polis. **2)** in der BRD die Bundesländer
Bremen u. Hamburg sowie West-Berlin.
Staël (: ßtäl), *Germaine,* ,,Madame de S.''
(Tochter v. ↗Necker), frz. Schriftstellerin,
1766–1817; v. Napoleon verbannt; *Über
Deutschland;* Romane.
Stafette *w* (it.), fr. Eilboten-, Nachrichten-
system, wobei in Abständen die Boten
abgelöst oder die Pferde gewechselt wurden.
Staffage *w* (: -faseh[e], frz.), in der Malerei die
ein Landschafts- od. Architekturstück bele-
benden Menschen- u. Tierfiguren.
Staffel, 1) *militärisch:* kleiner Verband v.
Kriegsschiffen od. Flugzeugen. **2)** *Sport:* im
Lauf-, Schwimm-, Ruder- u. Radsport Mann-
schaftswettbewerb, wobei sich die Teilnehmer gegenseitig ablösen, beim *S.lauf* durch
Übergabe eines Stabs.
Staffelsee, oberbayer. See am Nordrand
der Bayer. Kalkalpen, bei Murnau, 648 m
ü. M., 7,65 km², 38 m tief.
Staffelstein, bayer. Stadt in Oberfranken,
am Main u. am Fuß des 539 m hohen *Staf-*

Madame de Staël

felberges, 10000 E.; Geburtsort v. Adam Riese. Nordöstl. liegt ↗Vierzehnheiligen.

Stag s od. *m,* Drahtseil, hält die Masten der Segelschiffe nach hinten.

Stageira, *Stagira,* jetzt *Stavro(s),* antike Stadt an der Ostküste der Chalkidike; Geburtsort des Aristoteles (daher *Stagirit*).

Stagflation (Kunstwort aus *Stagnation* u. *Inflation*), ↗Inflation bei gleichzeitiger Stagnation einer Volkswirtschaft.

Stagione (: -scho-), 1) Spielzeit bzw. Gastspiel einer it. Operntruppe. 2) diese selbst.

STAGMA ↗GEMA. [stand.

Stagnation w (lat.; Ztw. *stagnieren*), Still-

Stahl, jedes leichtlegierte ↗Eisen, das sich ohne weitere Vorbehandlung schmieden, pressen od. walzen läßt, d. h. Eisen mit über 0,2%, aber unter 1,7% Kohlenstoffgehalt. Die Zugfestigkeit v. S. hängt v. der Gefügeform seines Kohlenstoffgehalts u. den Legierungszusätzen ab. *Fluß-S.* ist in flüss. Zustand gegossen, *Schweiß-S. (Puddel-S.)* teigig hergestellt, *Tiegel-S.* in kleinerer Menge im Tiegel erschmolzen. Bz. wie *Thomas-, Siemens-Martin-, Elektro-, Tiegel-S.* od. *saurer* bzw. *basischer S.* kennzeichnen das Erzeugungsverfahren im Stahlwerk. Die hochlegierten S.sorten sind die Edelstähle, z. B. *Chrom-, Wolfram-, Vanadium-* und *Mangan-S.*

Stahl (eig. Jolson), *Friedrich Julius,* dt. Rechtsphilosoph u. Politiker, 1802–61; Führer der Konservativen in Preußen, Vertreter einer christlich-konservativen Rechts- und Staatsauffassung.

Stahlbau, verwendet profilierten Stahl für die tragende Konstruktion als *Skelett.*

Stahlbeton ↗Eisenbeton.

Stahlhelm, *Bund der Frontsoldaten,* 1918 v. Seldte gegr.; gehörte zur ↗Harzburger Front; 35 aufgelöst, 51 in der BRD neu ge- [gründet.

Stahlhof ↗Stalhof.

Stählin, *Wilhelm,* dt. luth. Theologe, 1883 bis 1975; Mitbegr. des ↗Berneuchener Kreises u. der ↗Michaelsbruderschaft. 1945/52 Bisch. der Ev.-Luth. Landeskirche Oldenburg.

Stahlquelle ↗Eisensäuerling. [burg.

Stahlsaitenbeton ↗Spannbeton.

Stahlstich, Abart des ↗Kupferstichs; die Stahlplatten werden durch Ausglühen leicht bearbeitet.

Stainer (Steiner), *Jakob,* Tiroler Geigenbauer, um 1620–83.

Staket s, Zaun aus Latten od. Eisenstäben.

Stalagmit und **Stalaktit** *m* (gr.), ↗Tropfstein.

Stalhof, fälschl. *Stahlhof,* Hansefaktorei in London; verlor 1598 alle Vorrechte.

Stalin (eig. Dschughaschwili), *Josef Wissarionowitsch,* sowjet. Politiker, 1879–1953; Georgier, 1899 wegen polit. Betätigung aus dem orth. Priesterseminar in Tiflis ausgeschlossen; seit 1903 Bolschewist, 6mal nach Sibirien verbannt; seit 22 Generalsekretär des ZK der KPdSU, errang nach Lenins Tod 24 die Macht in der ↗Sowjetunion; schaltete seine Gegner (u. a. Trotzkij) aus u. unterdrückte jede Opposition; seit 41 Präs. des Rates der Volkskommissare (Min.-Präs.) u. Oberbefehlshaber der Roten Armee (seit 43 Marschall, 45 Generalissi-

Stalagmiten (von unten wachsend) und Stalaktiten (von oben wachsend) in einer Tropfsteinhöhle

J. W. Stalin

mus); benutzte die Verbindung mit den Westmächten im 2. Weltkrieg zur Ausdehnung der sowjet. Macht. ↗S.ismus.

Stalinabad, 1929/61 Name der Stadt ↗Duschanbe.

Stalingrad, 1925/61 Name der sowjet. Stadt ↗Wolgograd. – Im 2. Weltkrieg Aug./Okt. 42 v. der 6. dt. Armee unter Paulus zu ²/₃ erobert; nach Einschließung durch sowjet. Truppen kapitulierten die Dt.en mit 90000 Mann (dem Rest v. ca. 250000) am 31. 1. u. 2. 2. 43.

Stalinismus *m,* 1) die v. ↗Stalin weitergebildete Form des ↗Marxismus-↗Leninismus; takt. Anpassung der kommunist. Doktrin an die weltpolit. Lage ohne grundlegende ideolog. Änderungen. 2) seit dem 20. Parteitag der KPdSU 1956 abwertende Bz. für die polit. Methoden Stalins, z. B.: Personenkult, blutige Verfolgung v. Parteimitgliedern (Leninisten), außenpolit. u. militär. Irrtümer.

Stalino, 1924/61 Name für ↗Donezk.

Stalinsk, seit 1961 ↗Nowokusnezk.

Stambul ↗Istanbul.

Stamitz, *Johann,* dt.-böhm. Komponist, 1717–1757; Begr. der Mannheimer Schule.

Stamm, 1) Hauptachse der Pflanzen, speziell die verholzende bei Bäumen u. Sträuchern. 2) *Tier-S.,* auch *Kreis* od. *Unterreich;* faßt systematisch mehrere Klassen zusammen, vereinigt in sich Lebewesen gemeinsamer Abstammung u. gleichen Bauplans, z. B. Wirbeltiere. ☐ 996. **S.aktien,** ↗Aktien, die nicht bevorrechtigt sind. ↗Vorzugsaktien. **S.baum,** eine durch einen Baum symbol. dargestellte ↗Stammtafel. **S.buch,** 1) ein Buch mit Stammbaum, Wappen, Wahlspruch u. Adelsbrief eines Adelsgeschlechtes; seit dem 15. Jh. auch in bürgerl. Kreisen. 2) *Familien-S.buch.* ↗Familienbuch. 3) das ↗Herdbuch.

stammeln, eine ↗Sprachstörung.

Stammesgeschichte ↗Phylogenie.

Stammkapital, das aus den Stammeinlagen zusammengesetzte Grundkapital der ↗Gesellschaft mit beschränkter Haftung.

Stammler, *Rudolf,* dt. Rechtsphilosoph, 1856–1938; Vertreter des ↗Neukantianismus. [Militärpersonen.

Stammrolle, Personenstandsregister der

Stammtafel, Aufzeichnung aller männl. Nachkommen, die von einem Stammpaar abstammen, ein Auszug aus der Nachfahrentafel (↗Genealogie).

stampfen, pendelnde Bewegung eines Schiffes um seine Querachse.

Stand, eine in sich festgefügte gesellschaftl. Gruppe mit gemeinsamen Lebensformen, Sitten, Rechten u. Pflichten. Bes. ausgeprägt war das Ständewesen im MA mit den Ständen Adel, Klerus, Bürgertum, Bauerntum. Die Arbeiterschaft ist nicht mehr im eig. Sinne d, da sie sich gg. die überlieferte Standesordnung wandte. I. ü. S. spricht man v. *Natur-S.* (Mann, Frau, Kind), *Lebens-S.* (Ledige, Verheiratete) u. a. Die moderne Gesellschaft ist in bewußtem Ggs. zur Ständeordnung entstanden, doch bestehen in ihr noch standesähnl. Schichtungen fort (z. B. *Mittel-S., Berufsstände*).

Standard *m* (engl.), Maßstab, Normalmaß, Muster; Durchschnittsbeschaffenheit v. Waren. *S.werk*, grundlegendes Werk eines Fachgebietes. *Lebens-S.*, die durchschnittl. Lebenshaltung (eines Volkes). **S.isierung**, Warenvereinheitlichung.

Standarte *w* (frz.), **1)** urspr. quadrat. Fahne der Reiterei; dann Flagge des Ks., des Reichs-, heute des Bundes-Präs. **2)** z.Z. des Nat.-Soz. die dem Regiment entspr. Einheit bei SA u. SS. **3)** in der Jägersprache: der Schwanz des Fuchses.

Standbein, Bz. des Beines, das im Ggs. zum Spielbein beim Turnen bzw. in der Plastik die Last des Körpers trägt.

Stander *m,* **1)** dreieckige od. gezackte Flagge als Signal- od. (in der Kriegsmarine) Kommandozeichen. **2)** rechteckige starre Flagge als Behördenzeichen.

Ständer, *Stator,* der feststehende Teil v. umlaufenden Maschinen; Ggs. ↗Läufer.

Ständerat, 1) die 2. Kammer der Schweizer ↗Bundesversammlung, gebildet aus je 2 Vertretern der Kt.e. bzw. je 1 der Halbkantone. **2)** auch das einzelne Mitglied.

Standesamt, beurkundet den Personenstand, führt die ↗Personenstandsbücher. Geburten u. Sterbefälle müssen beim S. angemeldet werden; die bürgerl. ↗Ehe wird vor dem *Standesbeamten* geschlossen.

Standesherren, die Mitglieder der 1803/06 mediatisierten, zuvor reichsunmittelbaren Fürsten- u. Grafenhäuser; gehörten weiterhin zum hohen ↗Adel.

Ständestaat, ein Staat, in dem Stände an der Gesetzgebung u. Verwaltung mitwirken, z.B. das alte Dt. Reich.

Standgeld, 1) Gebühr für Benützung eines Verkaufsplatzes. **2)** im Eisenbahngüterverkehr Gebühr für Überschreitung der Be- od. Entladefrist eines Waggons.

Standrecht, die Übertragung der Strafgerichtsbarkeit auf militär. Sondergerichte (in Kriegs- od. Katastrophenzeiten) für Delikte wie Fahnenflucht, Feigheit vor dem Feind, Plünderung u.ä.

Stanislaus, poln. *Stanisław,* hl. (11. April), um 1030–79; 72 Bischof v. Krakau; zog sich den Unwillen Kg. Bolesław II. zu, am Altar ermordet. *Polnische Könige:* ↗Leszczyński, ↗Poniatowski.

Stanislawskij, *Konstantin Sergejewitsch,* russ. Theaterleiter, Regisseur u. Schauspieler, 1863–1938; Mit-Begr. des Moskauer Künstlertheaters; schuf exemplar.-realist. Theaterkunst; entwickelte Methoden der völligen Einfühlung des Schauspielers in seine Rolle.

Stanley (: ßtänle¹), Sir *Henry Morton* (eig. John Rowlands), brit. Afrikaforscher des im Kongogebiet, 1841–1904. **S.fälle,** 7 Katarakte des mittleren Kongo auf 120 km Länge. **S.ville** (: ßtänle¹wil) ↗Kisangani.

Stanniol *s* (lat.), Zinnfolie, Silberpapier.

Stans, Hauptort des Schweizer Halbkantons Nidwalden, am Stanser Horn (1898 m), 5700 E.; Kapuzinerkloster.

stante pede (lat.), stehenden Fußes, sofort.

Stanze *w* (lat.-it.), seit Boccaccio beliebte it. Eposstrophe, auch in anderen Sprachen; 8 Elfsilber mit dem Reimschema a b a b a b

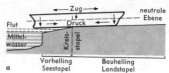

a Vorhelling Bauhelling b Vorhelling
Seestapel Landstapel Seestapel

Stapellauf: Schiffsrumpf beim Stapellauf; **a** beim Übergang über den Kreisstapel biegt sich der Rumpf nach oben durch; **b** beim Eintauchen des Hecks biegt er sich nach unten durch. So starker Beanspruchung wird der Rumpf während seiner ganzen Fahrzeit nicht mehr ausgesetzt

Star

Starboot

Sir H. M. Stanley

c c; in Dtl. zunächst frei, dann getreu nachgebildet.

Stanzen (Mz., it.), Räume des Vatikans mit Fresken Raffaels u. seiner Schüler.

stanzen, in der Umformtechnik das Formen v. Werkstoffen zw. Patrize u. Matrize ohne wesentl. Dickenänderung des Werkstoffes, meist auf Pressen ausgeführt.

Stapel *m,* **1)** geordnete Menge (z.B. Holz-S.). Im Handel als *S.ware* auf *S.plätzen* nach bes. *S.recht* zu lagernde Ware. **2)** Balkenunterlage für Schiffe während des Baues. **3)** textiltechn.: Länge u. Feinheit der Fasern.

S.faser, auf Stapel geschnittene Kunstfaser.

Stapelia *w,* Aasblume, mit gelben, braungefleckten Blüten; Zimmerpflanze.

Stapellauf, das Zuwasserlassen v. Schiffen v. der Helling, meist mit dem Heck voran als *Längslauf,* bei kleineren Schiffen oft als *Querlauf.*

Staphylokokken (Mz., gr.), traubenförmig zusammenliegende Kugel- ↗Bakterien; können Eiterungen hervorrufen. □ 63.

Star, 1) Augenerkrankungen: a) *Grauer S., Katarakt,* Trübung der Augenlinse bei erhaltener Unterscheidungsfähigkeit für hell u. dunkel. b) *Grüner S., Glaukom,* beruht auf Druckanstieg im Auge infolge Störung des Flüssigkeitswechsels, sehr schmerzhaft. Führt ohne Operation zur Blindheit. c) *Schwarzer S.,* Veródung der Sehnerven mit vollständ. Erblindung. **2)** geselliger, grauschwarz gesprenkelter *Singvogel;* kann andere Stimmen nachahmen, frißt Insekten u. Beeren. Bleibt in milden Wintern in Süd-Dtl., zieht sonst nach Nordafrika. **3)** (engl. = Stern), bes. beliebter Bühnen-, Film- od. Varietékünstler bzw. -künstlerin.

Starboot, ein Einheitskielboot, mit 2 Mann Besatzung u. 26,13 m² Segelfläche.

Starez *m* (russ. = ehrwürdiger Greis; Mz. *Starzy,* dt. *Starzen*), ostkirchl. Mönchtum: älterer Mönch, der junge Mönche in die geistig-asket. Schule nimmt; seit dem 18. Jh. v. großer Bedeutung in Rußl., auch in den geistigen Betreuung v. Laien; heute nur noch auf dem Berg ↗Athos.

Stargard, poln. *Stargard Szczeciński,* Stadt in Pommern, s.ö. von Stettin, 45000 E.; mittelalterl. Altstadt mit got. Marienkirche u. Rathaus.

Starhemberg, 1) *Ernst Rüdiger* Graf v., östr. Feldmarschall, 1638–1701; 1683 Verteidiger Wiens gg. die Türken. **2)** *Ernst Rüdiger* Fürst v., 1899–1956; Bundesführer der östr. Heimwehren, 1934/36 Vizekanzler.

Stark, *Johannes,* dt. Physiker, 1874–1957; entdeckte die Aufspaltung v. Spektrallinien im elektr. Feld *(S.effekt)* u. den Dopplereffekt an Kanalstrahlen; Nobelpreis 1919.

Stärke, *Amylum,* makromolekulares Polysaccharid $(C_6H_{10}O_5)_n$, ↗Kohlenhydrat, entsteht durch ↗Photosynthese. Durch ↗Diastase werden die S.körnchen in den Zellen in lösl. Zuckerarten umgewandelt, dienen so als Aufbaustoff od. speichern sich nach Rückbildung zur Reserve-S. in Wurzelknollen, Samen u. a. auf. Techn. gewinnt man S. hauptsächlich aus Kartoffeln (Kartoffelmehl); Rückstand die ∕Pülpe. Außer zur Dextrin- und ∕Traubenzucker-Fabrikation dient S. zu Appreturen u. Kleister, als Farbdickungsmittel u. als Reagens auf Jod.

Starkenburg, bis 1937 Prov. des Groß-Htm. bzw. Freistaates Hessen; Hst. Darmstadt.

Starkstromtechnik, befaßt sich u. a. mit der Erzeugung elektr. Energie (Generator) u. ihrer Umwandlung in mechan. Energie (Motor) sowie mit der Übertragung u. Umformung elektr. Ströme.

Starlet s (engl. = Sternchen), Nachwuchsfilmschauspielerin, die durch Extravaganzen Interesse zu wecken versucht.

Stärlinge, Singvögel, ∕Trupiale.

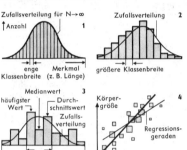

Statistik: 1 bis **3** Merkmalsverteilung mit versch. Klassenbreite, **4** Korrelation zweier Merkmale

Starnberg, oberbayer. Krst. u. Kurort am Nordufer des S.er Sees, 17 400 E.; kurfürstl. Schloß (16. Jh., jetzt Behördensitz). **S.er See,** auch *Würmsee,* langgestreckter See im bayer. Alpenvorland, 57 km², 123 m tief.

Starost m (slaw.), bei mehreren slaw. Völkern Gem.- od. Kreisvorsteher.

Starrkrampf, *Wund-S., Tetanus,* schwere ∕Infektionskrankheit, mit qualvollen Muskelkrämpfen. Der Tetanusbazillus gelangt mit Gartenerde, Straßenstaub u. Mist in die Wunde u. greift das Nervensystem an. Ohne Behandlung mit Tetanusserum meist tödlich. Vorbeugung durch Schutzimpfung.

Starrsucht, *Katalepsie,* langes Beibehalten krampfhafter Körperhaltungen bei Geisteskranken u. in Hypnose.

Stars and Stripes (: ßta's änd ßtraipß, engl. = Sterne u. Streifen), *Sternenbanner,* Flagge der USA; die Zahl der Sterne entspricht der Anzahl der Bundesstaaten; die 13 Streifen versinnbildl. die 13 Staaten, die 1766 die Unabhängigkeitserklärung unterzeichneten.

Start m (engl.), 1) Anfang, Beginn. 2) *Sport:* Ausgangspunkt u. Ablauf zu einem Rennen, das der *Starter* durch ein *S.zeichen* (Schuß, Senken einer Flagge, S.kommando) anzeigt; *Hoch-* od. *Tiefstart* bei Laufwettbewerben; *Fliegender S.,* bei manchen Mo-

tor-, Trab- u. Radrennen, im Ggs. zum *Stehenden S.,* Abfahrt vor der S.linie. **starten,** loslaufen, -fahren, abfliegen. **S.hilfe,** zur Verkürzung der Startstrecke v. Flugzeugen, z. B. Startraketen, ∕Katapulte, Klappen an Tragflächen *(Hochauftriebshilfen)* usw.

Staßfurt, Krst. im Bez. Magdeburg, an der Bode, 26 000 E. Ausgangspunkt (seit 1862) des dt. Kalibergbaus; chem. Industrie.

Statement s (: ßte'tm^e nt, engl.), offizielle Erklärung einer Regierung.

Statik w (gr.), Teil der ∕Mechanik.

Station w (lat.-frz. = Standort), 1) Halte-(Ausgangs-)Punkte; Bahnhof. 2) Krankenhaus-Abt. 3) *liturg.:* a) unbesond. Gedenkfeier am Grab röm. Martyrer; b) fr. an besond. Tagen päpstl. Abendgottesdienst in je einer der röm. Kirchen *(S.skirchen);* c) Abschnitt des ∕Kreuzweges *(14 S.en).* **stationär,** gleichbleibend, ortsgebunden. [gane.

Statische Organe ∕Gleichgewichts-Or-

Statist m (lat.), auf der Bühne u. im Film Darsteller, der keinen Text zu sprechen hat, meist in Massenszenen.

Statistik w (lat.-frz.), mathemat. Hilfswiss. (Fehler-, Wahrscheinlichkeitsrechnung), hat die Aufgabe, Massenerscheinungen zahlenmäßig zu erfassen, zu gliedern u. in ihnen enthaltene Regelmäßigkeiten zu ermitteln. Die Träger der amtl. S. sind bes. die *Statist. Landesämter* u. das *Statistische Bundesamt* in Wiesbaden.

Stativ s (lat.), Gestell für Photoapparate u. ä.

Statocyste w (gr.), Schweresinnesorgan bei wirbellosen Tieren; registriert die Lage des Körpers im Raum durch die Schwerkraft.

Stator m (lat.), ∕Ständer, ∕Läufer.

Statthalter, fr. Bz. für den Vertreter einer Staatsobrigkeit in einem Lande od. einer Provinz.

statuarisch (lat.), standbildhaft. **Statue** w, eine vollplastische Figur, verkleinert als **Statuette.**

statuieren (lat.), festsetzen. **Statur** w, körperl. Erscheinung.

Status m (lat.), 1) Zustand. 2) *sozialer S.,* relative Stellung einer Person (Position, Rolle) in einer Sozialstruktur. Ausgleich der *S.unsicherheit* ins soz. Wandel durch bestimmte äußere *S.symbole* (akadem. Titel, Berufs-Bz., Wohnviertel u. a.). **S. nascendi,** Zustand des Entstehens. **S. quo,** bestehender Zustand. **S. quo ante,** früherer Zustand. **Statut** s, Satzung, Ordnung.

Staubblätter, *Staubgefäße,* die männl., den Pollen erzeugenden Organe (umgewandelte Blätter) der Blütenpflanzen; bestehen im allg. aus einem fädigen Träger *(Staubfaden)* u. einem den Pollen enthaltenden Doppelbeutel *(Staubbeutel),* dessen Hälften *(Theken)* mit je 2 Fächern durch Zwischenglied *(Konnektiv)* verbunden sind.

Staubeinatmungskrankheiten, entzündl. Veränderungen der Lunge u. Bronchien *(Staublunge)* als ∕Berufskrankheiten durch dauerndes Einatmen von Staub, wie Kohlenstaub (Anthrakose), Steinstaub (Silikose), Tabakstaub (Tabakose) u. a.

Staubexplosion, das explosive Verbrennen v. z. B. ∕Kohlen-, Mehl-, Zucker- od. Aluminiumstaub.

Staubbeutel
Zwischenglied

Staubfaden

Pollensäcke Pollensäcke

Staubblätter: 1 S. der Weißen Seerose und Übergang von Blütenblättern; **2** S. der Blütenpflanzen, **a** von hinten, **b** von vorn, **c** quer durchschnitten.
Formen der S.:
3 gespalten, **4** gefiedert, **5** verzweigt, **6** mit nebenblattähnl. Anhängseln, **7** gewunden, **8** mit Spornen, **9** in Hufeisenform; **10** und **11** S. in einer, **12** in zwei, **13** in mehreren Reihen vereint; **14** Staubbeutel verwachsen, **15** die ganzen Staubgefäße verwachsen

Staubgefäße ↗Staubblätter.
Stäubling ↗Bovist. [ten.
Staublunge ↗Staubeinatmungskrankhei-
Staubsauger, trag- od. fahrbares Reinigungsgerät; ein elektr. angetriebenes Gebläse saugt Staub an u. gibt ihn an ein Filter
ab; oft mit Zusatzgeräten (z.B. zum Sprü-
hen, Klopfen usw.) versehen.
stauchen, in der Umformtechnik das Zu-
sammendrücken eines Werkstückes bei
Verringerung der Länge u. Vergrößerung
des Querschnitts; oft mit Verfestigung des
Werkstoffes.
Staudamm ↗Talsperre.
Stauden, Pflanzen, deren oberird. Hauptteile im Herbst absterben; überwintern entweder durch oberirdische, erdnahe Knospen (z.B. Steinbrech) od. häufiger durch
unterird. Knospen an Erdsprossen (z.B.
Gänseblümchen).
Staudinger, *Hermann,* dt. Chemiker, 1881
bis 1965; Begr. der makromolekularen
Chemie; 1953 Nobelpreis.
Staudruckmesser, eine Kombination aus
↗Pitotrohr u. einer Drucksonde, zur Geschwindigkeitsmessung einer Strömung.
Staudte, *Wolfgang,* dt. Filmregisseur,
* 1906; Filme u.a. *Die Mörder sind unter
uns; Der Untertan; Rosen für den Staatsanwalt; Die Dreigroschenoper; Ganovenehre;*
auch Fernsehfilme (u.a. *Der Seewolf*).
Staufer (Mz.), *Hohenstaufen,* schwäb. Herrschergeschlecht mit der Stammburg ↗Ho-
henstaufen; seit 1079 Hzg.e in Schwaben,
waren 1138/1208 u. 1212/54 dt. Ks. u. Kg.e:
↗Konrad III., ↗Friedrich I., ↗Heinrich VI.,
↗Philipp v. Schwaben, ↗Friedrich II. u.
↗Konrad IV.; starben mit ↗Konradin 1268
aus; unter ihnen Blüte der ritterl. Kultur. Der
Erwerb Siziliens unter Heinrich VI. führte
zum Entscheidungskampf mit dem Papsttum, dem Friedrich II. erlag. ☐179.
Stauffenberg, *Claus Graf Schenk v.,* dt. Offizier, 1907–44; Chef des Stabes des Befehls-
habers des Ersatzheeres; unternahm am 20.
7.44 das Attentat auf Hitler, am selben Tag
in Berlin erschossen.
Stauffer-Bern, *Karl,* Schweizer Maler, Radierer u. Bildhauer, 1857–91; realist. Porträts.
Staupe *w,* 1) Rute, Schandpfahl; *stäupen,*
auspeitschen. 2) Hundeseuche, Virus-Infektionskrankheit meist junger Hunde.
Staupitz, *Johann v.,* dt. Augustiner-Eremit
u. Benediktiner, um 1468–1524; als Prof. in
Wittenberg Seelsorger des jungen Luther,

seit 1522 Benediktinerabt in Salzburg; hat
Luthers Lehren kaum verstanden ü. distan-
zierte sich als Abt v. der luth. Bewegung.
Staustrahltriebwerk ↗Strahltriebwerk.
Stauwerk ↗Talsperre.
Stavanger, norweg. Hafenstadt, an einer
Bucht des *S.fjords,* 86000 E.; luther. Bi-
schof; Dom (11. Jh.); bedeutende Fisch-
konserven-Industrie.
Stawropol, 1936/46 *Woroschilowsk,* so-
wjet. Stadt im nördl. Kaukasus, 258000 E.;
Steak *s* (: ßte¹k, engl.), kurz gebratenes
Fleischstück: *Beef-S., Rump-S.*
Stearin *s* (gr.), fester, gelbl. wachsart. Stoff;
Gemisch aus S.- u. Palmitinsäure; zu Ker-
zen. **S.säure,** eine Fettsäure, farblose, glän-
zende Blättchen, $C_{17}H_{35}$–COOH; Schmelzpunkt 71°C, in pflanzl. u. tier. Fetten.
Steatit *m,* der ↗Speckstein.
Stechapfel, einjähriges Nachtschattenge-
wächs, weiße Trichterblüten, weichstache-
lige Kapselfrucht; giftig, enthält Skopol-
amin u. Atropin; Blätter gg. Asthma. ☐453.
Stecheisen, *Stechbeitel,* ↗Stemmeisen.
Stechfliege, *Wadenstecher,* der Stubenfliege ähnl., mit Stechrüssel, sticht Menschen u. Tiere; die Larven in Kuhdung.
Stechginster, Schmetterlingsblütler; dornige Blätter, gelbe Blüten, Samen giftig.
Stechmücke, *Moskito, Schnake,* langbein.
Mücken mit langem Stechrüssel; nur die
Weibchen saugen Blut; Larven u. frei
schwimmende Puppen in stehenden Gewässern; z.T. Überträger gefährl. Infektio-
nen (Gelbfieber, Malaria).
Stechpalme, *Ilex,* im Süden bis 15 m hoher
Baum, sonst Strauch: Blätter immergrün,
dornig gezähnt, derb; Blüten weiß; Beeren-
früchte rot. Holz zu Drechslerarbeiten; süd-
am. S. liefert ↗Mate.
Stechwinde *w,* kletternde, strauchige Li-
liengewächse. In Dtl. Zierpflanze.
Steckbrief, Beschreibung einer Person, bes.
eines Tatverdächtigen, des Tatorts u. der
Tatzeit.
Steckling, abgeschnittener Endtrieb verschiedener Pflanzen, der, in Erde (auch
Wasser) gesteckt, sich bewurzelt. Ggs. *Ableger, Absenker,* Zweig, der abgebogen mit
Erde bedeckt wird, so daß die Spitze mit
einigen Augen herausragt; wird erst nach
Bewurzelung v. der Mutterpflanze getrennt.
Steckrübe, *Kohlrübe, Boden-Kohlrabi,* Futterpflanze mit stark verdickten gelben Wurzelknollen.
Stedinger (Mz.), fries.-sächs. Bauernvolk an
der Unterweser; verweigerten ihrem Landesherrn, dem Erzb. Gerhard II. v. Bremen,
den Zehnten; wurden v. ihm in einem
„Kreuzzug" 1234 fast völlig vernichtet.
Steen, *Jan,* niederländ. Maler, um 1626–79;
bäuerl. u. bürgerl. Genreszenen, auch bibl.
u. mytholog. Stoffe.
Steeplechase *w* (: ßtiplt̲s̲che¹ß), „Kirch-
turmsjagd", engl. Bz. für ↗Hindernisren-
nen.
Stefan, *Josef,* östr. Physiker, 1835–93; Arbeiten zur kinet. Gastheorie, nach ihm benannt das *Stefan-Boltzmannsche* ↗Strah-
lungsgesetz.

Stechginster

Stechmücke: 1 eier-
legendes Weibchen;
2 Eipaket; **3** Larve, an
der Wasseroberfläche
hängend; **4** aus der
Puppe ausschlüp-
fende Stechmücke

Stechpalme

Hermann Staudinger   C. von Stauffenberg

S. Steinberg:
Karikatur aus
„The Art of Living"

Steinbock

Sternbild Steinbock

Steckling: 1 Blatt-S.
der Begonie, 2 Augen-
S. vom Gummibaum,
3 Sproß-S. einer Weide

Stefano, *Giuseppe di,* it. Sänger, * 1921; int. bekannter Operntenor.
Steffani, *Agostino,* it. Barockkomponist u. päpstl. Gesandter, 1654–1728; ein Hauptmeister der hochbarocken Oper.
Steffens, *Henrik,* norweg. Naturphilosoph, 1773–1845; vermittelte die dt. Romantik nach Dänemark. HW: Autobiographie: *Was ich erlebte.*
Stegerwald, *Adam,* Mitbegr. der christl. Gewerkschaften in Dtl., 1874–1945; 1919 preuß. Min. für Volkswohlfahrt, 21 zugleich Min.-Präs., 29/30 Reichsverkehrs-, 30/32 Reichsarbeitsmin.; 19 in der Nationalversammlung, 20/33 im Reichstag (Zentrum).
Stegocephalen (Mz., gr.), fossile, fleischfressende Amphibien, z. T. Riesenformen.
Stegosaurus ⟋Dinosaurier.
Stegreifspiel, auf ⟋Improvisation der Schauspieler beruhendes, in Grundzügen jedoch festgelegtes Theaterspiel; so bes. die Commedia dell'arte (in It., Blüte im 17. Jh.; verwandte feststehende Typen).
Steher, 1) ausdauerndes Rennpferd für lange Strecken. **2)** Bahnfahrer in Steherrennen. ⟋Radsport.
Stehr, *Hermann,* dt. Schriftsteller, 1864 bis 1940; v. Naturalismus ausgehend, dann zur Mystik schles. Tradition neigend; *Der Heiligenhof; Peter Brindeisener.*
Steiermark, östr. Bundesland; als *Ober-S.* v. den Hochalpen im NO (Salzburger Alpen, Östr. Kalkalpen, Eisenerzer Alpen u. a.) bis zur Grazer Bucht u. dem Oststeir. Hügelland im SO *(Unter-S.),* 16386 km², 1,2 Mill. E.; Hst. Graz. Im Gebirge Forst- u. Almwirtschaft, in den Talschaften v. Enns, Mur u. Mürz Akker-, Wein- u. Obstbau. Bergbau auf Braunkohle, Magnesit u. Spateisenstein mit verarbeitender Ind. – 976 zus. mit Kärnten v. Bayern getrennt, 1180 Htm., 1282 habsburg.; 1919 die südl. S. an Jugoslawien.
Steigbügel, 1) beidseitig am Sattel mit Riemen befestigte Metallbügel für den Fuß des Reiters. **2)** Gehörknöchelchen im ⟋Ohr.
Steiger, Bergbeamter, der in bergbaul. Betrieben die Aufsicht führt (z. B. Gruben-, Maschinen-, Vermessungs-S.). Nach Reifeprüfung oder Bergvorschule mehrjährige prakt. Tätigkeit u. Besuch der Bergschule; Aufstiegsmöglichkeit u. a. zum *Fahr-S., Ober-S.*
Steigerwald, fränk. Mittelgebirge zw. Main, Regnitz u. Aisch; bis 498 m hoch.
Stein, 1) *Charlotte v.,* 1742–1827, Hofdame in Weimar, mit Oberhofstallmeister v. S. vermählt. Ihre Freundschaft wirkte stark auf Goethes Werk (Iphigenie, Tasso). **2)** *Edith* (Ordensname: *Teresia Benedicta a Cruce),* dt. Philosophin, 1891–1942; durchdachte den Thomismus in der phänomenolog. Sicht ⟋Husserls; Jüdin, seit 33 Karmelitin; 42 im KZ Auschwitz ermordet. **3)** *Gertrude,* am. Schriftstellerin, 1874–1946; lebte in Fkr.; v. Einfluß u. a. auf Hemingway; experimentelle Prosa u. Dramen. **4)** *Karl* Reichs-Frh. vom u. zum, 1757–1831; 1807 leitender Min. Preußens; verfügte 07 die Bauernbefreiung u. 08 die Städteordnung; 08 entlassen u. v. Napoleon geächtet; seit 12 polit. Berater Zar Alexanders I., organisierte 13 die ostpreuß. Erhebung; 14/15 auf dem

Adam Stegerwald

John Steinbeck

Wiener Kongreß, dann Privatmann; begr. 19 die *Ges. für ältere dt. Geschichtskunde* (⟋Monumenta Germaniae historica). S. überwand der Idee nach den absolutist. Obrigkeitsstaat. **5)** *Lorenz v.,* dt. Nationalökonom u. Soziologe, 1815–90; suchte das Wesen der gesellschaftl. Stände zu erfassen; vertrat eine organ. Staatstheorie, wollte durch Staatsintervention die soziale Frage lösen.
Steinach, *Eugen,* östr. Physiologe, 1861 bis 1944; ⟋Verjüngungs-Versuche mittels Verpflanzung von Geschlechtsdrüsen.
Steinamanger, ungar. *Szombathely,* Hst. des ungar. Komitats Eisenburg (Vas), 83 000 E.; kath. Bischof, Textil-Ind., Eisenbahnwerkstätten.
Steinbach ⟋Erwin v. S.
Steinbeck, *John,* amerikan. Schriftsteller, 1902–68; in seinen Romanen Lebensglaube, krit.-realist. Schilderung der 30er Jahre: *Stürmische Ernte; Früchte des Zorns.* Ferner: *Jenseits v. Eden; Straße der Ölsardinen; Wonniger Donnerstag; Geld bringt Geld.* Lit.-Nobelpreis 1962.
Steinbeere, der Brombeere verwandt mit glänzendroten, säuerl. Früchten.
Steinbeißer, *Dorngrundel,* eine ⟋Schmerlen-Art.
Steinberg, *Saul,* rumän.-am. Karikaturist, * 1914; humorist. Sammelbände: *All in Line; The Art of Living.*
Steinbock, 1) Wildziege, das Männchen mit langen Hörnern, Felskletterer; der bis 2 Ztr. schwere *Alpen-S.* war fast ausgestorben. **2)** Sternbild des Südhimmels (lat. Capricornus), 10. Zeichen des Tierkreises (♑).
Steinbrand, Weizenkrankheit, bei der sich in den Körnern schwarzbraune Sporenmassen bilden (Brandbutten).
Steinbrech *m, Saxifraga,* Blätter in Rosetten, Blüten klein, meist weiß od. gelb;

Edith Stein

Karl vom u. zum Stein

Hochgebirgsstaude, Zierpflanze für Steingärten. *Körner-S.* auf Wiesen.

Steinbuch, *Karl,* dt. Informationstheoretiker u. Schriftsteller, * 1917; Sachbücher, u. a. *Automat u. Mensch; Die informierte Gesellschaft; Falsch programmiert; Programm 2000; Mensch–Technik–Zukunft.*

Steinbutt *m,* breitester Plattfisch, meterlang, gilt als bestschmeckender Meerfisch.

Stein der Weisen, wunderbares Universalmittel der ↗Alchemie.

Steindruck, die ↗Lithographie.

Steiner, *Rudolf,* östr.-schweizer. Goetheforscher, 1861–1925; Gründer der ↗Anthroposophie mit Zentrale ↗Goetheanum. ↗Eurhythmie, ↗Waldorfschule.

Steinernes Meer, Karsthochplateau der Salzburger Alpen zw. Königssee u. Saalachtal; von Selbhorn (2655 m) u. Schönfeldspitze (2651 m) überragt.

Steine und Erden, Sammel-Bz. für nutzbare Mineral- u. Gesteinsvorkommen, die nicht zu den Erzen, Salzen oder Brennstoffen zählen, z. B. Schwer-, Fluß- u. Feldspat, Graphit, Asbest, Granit, Kreide, Sandstein u. a.

Steinfurt (fr. ↗Burgsteinfurt), Krst. westl. von Münster, 32100 E.

Steingaden, oberbayer. Gem. im Pfaffenwinkel (Kr. Weilheim i. Obb.), 2400 E.; 1147/1803 Prämonstratenserabtei mit Basilika (12. Jh., innen barock). Nahebei die ↗Wies.

Steingarten, Gartenanlage, bildet die natürlichen Standortbedingungen der Alpenpflanzen durch angewitterte Steine, Rinnsale, freie, sonnige Lage nach.

Steingut ↗Keramik.

Steinhagen, westfäl. Gem. s.w. von Bielefeld, 16000 E.; Branntweinbrennereien, danach benannt der *Steinhäger,* ein Wacholderbranntwein.

Steinheil, *Carl August v.,* dt. Physiker, 1801–1870; erfand opt. u. elektr. Geräte.

Steinheim, 1) westfäl. Stadt s. ö. von Detmold, 12 200 E.; Möbel-Ind., Landmaschinenbau. 2) *S. am Main,* ehem. hess. Stadt, seit 1974 Stadtteil v. Hanau.

Steinhoff, *Johannes,* dt. General, * 1913; im 2. Weltkrieg erfolgreicher Jagdflieger; 60/63 Vertreter der BRD im NATO-Militärausschuß, 66/70 Inspekteur der Luftwaffe der Bundeswehr, 72/74 Vors. des NATO-Militärausschusses.

Steinholz, fugenfreier Fußbodenbelag aus gebranntem Magnesia u. Holzmehl od. Korkschrot u. ä.

Steinhuder Meer, fischreicher, leicht mooriger Flachsee am Nordrand des Weserberglands; 30 km², 2–3 m tief; auf künstl. Insel die Feste Wilhelmstein. Am SO-Ufer See- u. Schlammbad *Steinhude,* 4500 E.

Steinhuhn, rebhuhngroßer, bunter, geselliger Gebirgsvogel.

Steinkauz, Eulenart, in Ruinen u. hohlen Bäumen; Insektenvertilger.

Steinklee, Honig- u. Weiß-↗Klee. ☐ 452.

Steinkohle, fossiler Brennstoff, tiefschwarz, matt oder fettglänzend, Härte = 2–2,5, Dichte = 1,5 g/cm³; besteht aus hochmolekularen substituierten Körpern u. zahlr. ungesättigten Verbindungen; unterscheidet

Blühender Steinbrech

Rudolf Steiner

sich v. der ↗Braunkohle durch höheren Heizwert; entstand vorwiegend im Oberkarbon durch Inkohlung (↗Kohle) aus Schachtelhalmen, Bärlappgewächsen und Farnen; unter dem Druck der später abgelagerten Schichten wurden die Flöze (meist stark gefaltet) zusammengepreßt. Vorkommen u. a. im Ruhrgebiet, Saarland, Erzgebir. Becken, in Nieder- u. Oberschlesien, im Donezbecken, bei Kusnezk, in Engl., Fkr., Belgien, Appalachen (USA), Shansi (China). Wichtiger Brennstoff u. Rohstoff für die chem. Ind. ↗Kohle. **S.nformation,** das ↗Karbon. **S.nteer,** in ↗Gaswerken u. in ↗Kokereien durch trockene Hochtemperaturdestillation (1150–1250°C) gewonnener Teer; liefert wertvolle organ.-chem. Verbindungen für chem. u. pharmazeut. Industrie.

Steinkraut, *Schildkraut,* Kreuzblütlergattung; *Berg-S.* u. *Felsen-S.* blüht goldgelb, *Kelch-S.* bleichgelb, *Strand-S.* weiß.

Steinlinde, immergrünes Ölbaumgewächs warmer Länder; in Dtl. als Zierpflanze.

Steinmetz, Handwerker, der Natursteine zu Bau- u. Denkmalszwecken bearbeitet; als Kunsthandwerker *Steinbildhauer.* **S.zeichen,** in die Quadern gehauene Signatur des S., bes. im 12./16. Jh.

Steinmispel, *Cotoneaster,* dornenlose Rosengewächse mit weißen od. roten Blüten; Zierpflanzen.   [palme.

Steinnüsse, *Elfenbeinnüsse,* ↗Elfenbein-

Steinobst, Früchte der Rosengewächsgattung *Prunus:* Kirsche, Pflaume, Pfirsich, Aprikose.

Steinpilz, *Edelpilz, Boletus,* Röhrenpilz in Nadel- u. Laubwäldern; Hut dunkelbraungrau, Stiel weiß bis bräunlich, Fleisch weiß, fest; Speisepilz. Der ähnliche, aber ungenießbare *Gallenpilz, Bitterer S.,* läuft beim Anschneiden leicht rosa an. ☐ 749.

Steinsalz, das ↗Kochsalz.

Steinsame, Borretschgewächs; *Echter S.* mit grünlichgelben Blüten u. porzellanartig aussehenden Früchten („Porzellantee").

Steinschlag, sich an Steilhängen aus dem Gesteinsverband lösende u. niederstürzende Steine; bes. häufig bei Frostwechselklima (Hochgebirge).

Steinschneidekunst, *Glyptik,* Schneiden vertiefter (Intaglio) od. erhabener (Kamee) Darstellungen in Edelstein. ↗Gemme.

Steinzeit, urgeschichtl. Periode, in der der Mensch Waffen u. Geräte hauptsächl. aus Stein herstellte; gehört in den verschiedenen Erdteilen verschiedenen Zeiten an; auch heute noch stehen einzelne Naturvölker (Ur-Australier, Buschmänner, Eskimo u. a.) auf steinzeitl. Kulturstufe. In Europa 3 Epochen: a) *Alt-S.* (Paläolithikum), gegliedert in die *ältere Alt-S.* (nach frz. Fundorten unterteilt in Chelléen, Acheuléen und ↗Moustérien) u. in die *jüngere Alt-S.* (nach frz. Fundorten unterteilt in ↗Aurignacien, Solutréen und ↗Magdalénien). Der Mensch der Alt-S. u. war der ↗Neandertaler und der der ↗Cro-Magnon-Rasse, war Jäger, Fischer und Sammler (Wildbeuter); seine Werkzeuge u. a. Faustkeile (☐ 262)) u. Waffen (u. a. Pfeil- u. Speerspitzen u. Harpunen) stellte er durch Schlag aus ↗Feuerstein her;

Steinzeit

Chronologie

Alt-Steinzeit (Paläolithikum)
begann vor mehr als 1 Mill. Jahren, endete ca. 8000 v. Chr.
ältere Alt-S. (Altpaläolithikum)
bis ca. 100000 v. Chr.
mittlere Alt-S. (Mittelpaläolithikum)
bis ca. 40000 v. Chr.
jüngere Alt-S. (Jungpaläolithikum)
bis ca. 8000 v. Chr.

Mittel-Steinzeit (Mesolithikum)
bis ca. 4000 v. Chr.

Jung-Steinzeit (Neolithikum)
bis ca. 1800 v. Chr.

daneben hatte er auch Geräte aus Knochen u. Horn. Die Toten wurden mit Schmuckgegenständen bestattet; die ↗Höhlenmalerei diente wohl kult. Zwecken. b) *Mittel-S.* (Mesolithikum), erste Anfänge der Töpferei, der Viehzucht u. des Körnerbaus (Gerste); der Jagd dienten Wildgruben u. der bereits gezähmte Hund. c) Nacheiszeitl. *Jung-S.* (Neolithikum); der Mensch wird seßhaft u. betreibt Ackerbau (Weizen, Gerste, Hirse, Hülsenfrüchte, Flachs) u. Viehzucht; die Steine werden geschliffen; Beisetzung der Toten in ↗Megalithgräbern. In der Jung-S. unterscheidet man mehrere Kulturgruppen u. Mischkulturen: z.B. ↗Bandkeramik, Michelsberger Kultur in Südwest-Dtl., Kugelamphoren-Kultur in Mittel- und Ost-Dtl., Trichterbecher-Kultur in Nord-Dtl.; Schnurkeramik und Glockenbecherkultur (reichte v. Spanien über Süd- u. Mittel-Dtl. bis nach Böhmen) leiten zur Bronzezeit über.

Steinzeug, keram. Erzeugnis mit dichtem, farbigem Scherben.

Steißbein, das untere Ende der Wirbelsäule, Verschmelzung von 4–5 verkümmerten Schwanzwirbeln. ☐ 1113.

Steißfleck, der ↗Mongolenfleck.

Steißfüßer, gut tauchende, auf dem Land aufrecht gehende Schwimmvögel mit schwimmenden Nestern aus Schilf; in Dtl. *Hauben-* und *Zwerg-S.*

Stele *w* (gr.), im griech. Alt. aufgestellte Pfeiler od. Steinplatten (auch aus Metall u.a.) mit Reliefs u. Inschriften als Denk- od. Grabmäler, bekrönt meist v. Giebel od. Palmette. [betreffend.

Stella *w* (lat.), Stern. **stellar,** die Fixsterne

Stella (: ßtel[a]), *Frank,* am. Maler, * 1936; abstrakte Arbeiten; Vertreter des Colour painting.

Stellit *s,* Gußlegierung aus Kobalt, Wolfram, Chrom u.a.; als Hartmetall.

Stellmacher, *Wagner,* stellt aus Holz u.a. Karren, Wagen, Ackergeräte, Turngeräte

Stellmotor, ein ↗Servomotor. [her.

Stellvertretung, die Abgabe einer rechtsgeschäftlichen Willenserklärung für einen anderen; Vertretungsmacht als ↗Bevollmächtiger od. ↗Gesetzl. Vertreter nötig.

Stellwerk, die zentrale Steuerungsstelle der ↗Eisenbahnsignale u. Weichen, heute meist als elektr. Gleisbild-S. gebaut. ☐217.

Stelzen, Holzstangen mit Fußstollen in 30–150 cm Höhe zum *S.laufen.*

Stelzvögel, langbeinige, -schnäblige und -hälsige Vögel, laufen u. fliegen gut; Rallen, Kraniche, Regenpfeifer, Strandläufer.

Stemmeisen, *Stecheisen, Stechbeitel,* ein meißelähnliches, vorn quer zugeschärftes Handwerkszeug zum Ausarbeiten v. Einschnitten u. Löchern in Holz. ☐ 80.

Stempel, 1) das weibl. Geschlechtsorgan der Blüte: Fruchtknoten, Griffel u. Narbe. ☐105. **2)** Stahlformstück (↗Matrize) zum Ausstanzen v. Blech u.a., auch zum Prägen v. Münzen, Papier, Leder. **3)** spiegelbildl. Druckform aus Kautschuk od. Metall für Texte u. Wappen. **4)** Stütze im Grubenbau. **S.steuer,** Steuer, deren Entrichtung durch Stempelaufdruck od. Stempelmarken auf dem Steuergegenstand bewiesen wird,

Stendhal

Stele: griech. Grab-S. einer Frau (Anfang 4. Jh. v. Chr.)

Stephanskrone (Krone Stephans I.)

z.B. Tabaksteuer. **S.uhr,** eine druckende Kontrolluhr, z.B. zur Kontrolle v. Wächtergängen, Arbeitszeitbeginn u. -ende usw.

Stendal, Krst. im Bez. Magdeburg, 37000 E.; roman.-got. Dom (12./15. Jh.), Rathaus u. Stadttore; Möbel-, chem. u. Zuckerfabriken.

Stendelwurz, die ↗Waldhyazinthe.

Stendhal (: ßtãndal), eig. Henri Beyle, frz. Dichter, 1783–1842; psycholog. zergliedernde Romane *(Rot u. Schwarz; Kartause v. Parma),* Reflexionen *Über die Liebe.*

Stengel, stabförm., durch Knoten gegliederter Teil des Sprosses ein- u. zweijähriger Pflanzen. **S.brand,** durch einen Brandpilz erregte Roggenkrankheit.

Stenodactylo *w* (gr.), bes. in der Schweiz Bz. für ↗Stenotypistin. **Stenogramm** *s* (gr.), Nachschrift eines Diktates u.ä. in Kurzschrift. **Stenographie** *w,* ↗Kurzschrift.

Stenose *w* (gr.), Verengung, z.B. des Darms.

Stenotypistin (gr.), stenographiert nach Diktat u. überträgt in Schreibmaschinenschrift; die *Stenokontoristin* hat zusätzl. eine kaufmänn. Ausbildung; die *Phonotypistin* schreibt nach Diktiergerät.

Stensen (Steno), *Niels,* dän. Naturforscher, 1638–86; entdeckte u.a. den Ausführungsgang der Ohrspeicheldrüse; wurde 67 kath.; 75 Priester u. 77 Apostol. Vikar der Nord. Missionen.

Stentor, 1) in Homers Ilias ein Held vor Troja mit der Stimmstärke v. 50 Männern, daher *S.stimme.* **2)** trompetenförm. Aufgußtierchen im Plankton der Seen.

Step *m* (engl.), *Steptanz,* artist. Bühnentanz, bei dem die mit Stahlplättchen versehenen Schuhe kastagnettenartig den Rhythmus klappern.

Stephan I. der Heilige (16. August), um 969–1038; 997 Kg. v. Ungarn; einigte das Land im Kampf gg. die heidn. Stammesfürsten; erhob das Christentum zur alleinigen Religion; gab seinem Reich durch Gründung v. Bistümern eine kirchl. Organisation. Die ihm angebl. v. Pp. geschenkte *S.skrone* bis zum 2. Weltkrieg ungar. Staatssymbol.

Stephan II. (III.), Papst 752/757; schloß gg. die Langobarden ein Bündnis mit dem Frankenreich, erhielt die Pippinische Schenkung.

Stephan, *Heinrich v.,* 1831–97; entwickelte nach 1871 das reichsdt. Postwesen; Begr. des ↗Weltpostvereins.

Stephanit *m,* das Silber-Antimon-Sulfid, Ag_5SbS_4; Silbererz.

Stephanus, hl. (26. Dez.), hellenist. Jude, dann Christ u. erster Diakon; geriet mit Mitgliedern hellenist.-jüd. Synagogen in Streit um die Weitergeltung des mosaischen Gesetzes für die Christen; wegen seiner Verteidigungsrede außerhalb Jerusalems gesteinigt.

Stephenson (: ßtiw[e]nß[e]n), *George,* engl. Ingenieur, 1781–1848; baute eine der ersten wirtschaftl. arbeitenden Dampflokomotiven.

Stepinac (: -natß), *Alojzije,* jugoslaw. Kard. (seit 1953), 1898–1960; 1937 Erzb. v. Zagreb; 46 v. einem kommunist. Gericht zu 16 Jahren Zwangsarbeit verurteilt; seit 51 Zwangsaufenthalt im Heimatort Krašić.

Steppe, in Nordamerika *Prärie* gen., period. Trockengebiete in den Subtropen (Umrandung der Wüsten) sowie in kontinentalen Gebieten der gemäßigten Zonen, gekennzeichnet durch oft baumlose offene Graslandschaften mit S.nflora; Niederschläge überwiegend im Sommerhalbjahr; keine einheitliche Formation. Man unterscheidet *Wald-, Strauch-* oder *Busch-, Gras-, Wüsten-* u. *Salz-S.*

steppen, 1) das Aufeinandernähen zweier Stoffe, v. Hand od. mit Maschine, durch lükkenlos aneinandergereihte Hinterstiche *(Steppstiche).* 2) ↗Step.

Steppenantilope ↗Saigaantilope.

Steppenfuchs, Raubtier, der ↗Korsak.

Steppenhuhn, taubenähnl. Flughuhn, gelb mit dunklen Flecken, in Innerasien. **Steppenhund,** der ↗Hyänenhund. **Steppenwolf,** der ↗Präriewolf.

Ster *m,* ↗Raummeter; 4 (3) S. = 1 Klafter.

Sterbeablaß *m,* vollkommener ↗Ablaß für die Todesstunde. **Sterbebuch** ↗Personenstandsbücher. **Sterbekassen,** *Begräbniskassen,* an private Versicherungen angeschlossene oder genossenschaftl. Institu-

Alter	Geschlecht	
Jahre	männlich	weiblich
0	100 000	100 000
1	98 363	98 736
2	98 252	98 642
5	98 062	98 501
10	97 847	98 354
15	97 672	98 239
20	97 039	97 977
30	95 617	97 396
40	93 795	96 423
50	89 533	94 117
60	79 858	88 895
70	59 365	77 163
80	26 751	48 628
90	4 322	11 442

tionen, die gg. Beitrag *Sterbegeld* (zur Bestreitung der Beerdigungskosten) gewähren. **Sterbesakramente,** *kath. Liturgie:* Sakramente, mit denen ein Sterbender versehen werden soll: Bußsakrament, Krankensalbung, Eucharistie. **Sterbetafel,** *Bevölkerungsstatistik:* Aufstellung, die nach vorliegenden Sterbezahlen einer bestimmten Bev. angibt, in welchem Lebensalter wie viele einer gegebenen Anzahl (meist 100 000) im gleichen Jahr Geborener nach dem Wahrscheinlichkeitsgesetz sterben *(Absterbeordnung);* Grundlage zur Berechnung der mittleren Lebenserwartung u. der Prämienabstuf. in der ↗Lebensversicherung. **Sterbeziffer,** Anzahl der Gestorbenen, bezogen auf je 1000 E. **Sterblichkeit,** *Mortalität,* das Verhältnis der Todesfälle in einem bestimmten Zeitraum (meist 1 Jahr) zur Gesamtzahl der Bev.

stereo ... (gr.), fest..., starr..., räumlich... **S.metrie** *w,* räuml. Geometrie, beschäftigt sich mit der Berechnung v. Oberfläche und Inhalt geometr. Körper. ☐ 421. **S.phonie** *w,* räumlich wirkende Schallwiedergabe. ↗S.technik. **S.skop** *s,* brillenartiger Apparat, erzeugt mittels zweier v. verschiedenen

Sterbeziffern 1980
(Gestorbene
auf 1000 Einwohner)

Ägypten	11,0[1]
Australien	8,2[1]
Belgien	11,4[1]
BRD	11,6
Dänemark	10,9
DDR	13,9[1]
Finnland	9,4
Frankreich	10,2
Großbritannien	12,1[1]
Italien	9,7
Japan	6,2
Kanada	7,2[1]
Nicaragua	12,2[1]
Niederlande	8,1
Norwegen	10,0
Österreich	12,2
Schweden	11,0
Schweiz	9,1[1]
Spanien	7,8[1]
Taiwan	4,7[1]
Tunesien	6,0[1]
UdSSR	10,1
USA	8,7
Venezuela	5,5[1]

[1] 1979

Sterbetafel

(Absterbeordnung)
für die BRD 1977/79
(abgekürzte Form)

von 100 000 Lebendgeborenen erreichen nebenstehendes Alter

Otto Stern

Standpunkten aufgenommener Bilder des gleichen Gegenstandes ein räuml. Bild desselben. **S.technik** *w,* in ihr wird der Schall mit 2 voneinander entfernt aufgestellten Mikrophonen aufgenommen, über 2 getrennte Kanäle übertragen, in Zweikomponentenschrift in einer ↗Schallplatte od. im Zwei- od. Vierspur-↗Tonbandgerät auf Tonband konserviert u. über getrennt aufgestellte Lautsprecher wiedergegeben. Weiterentwicklung zur Vierkanal-Stereophonie, ↗Quadrophonie. **s.typ,** stumpfsinnig wiederholend. **S.typie,** Herstellen der als ganzes Stück gegossenen Druckplatten für hohe Auflagen. Der Kalander prägt das Schriftbild der Zeilen in feuchte Spezialpappe ein; diese wird mit Letternmetall ausgegossen.

steril (lat.), 1) keimfrei, d. h. frei v. Mikroorganismen. 2) unfruchtbar. **Sterilisation** *w,* *Sterilisierung* (Ztw. *sterilisieren*), 1) Keimfreimachen v. ärztl. u. wiss. Instrumenten, Nährböden, Lebensmittel u. a. 2) Unfruchtbarmachen durch operatives Unterbinden od. Durchschneiden der Samenbzw. Eileiter, dabei bleiben die Keimdrüsen mit ihrer inneren Sekretion im Ggs. zur ↗Kastration erhalten. **Sterilität** *w,* 1) Keimfreiheit. 2) die ↗Unfruchtbarkeit (↗Impotenz).

Sterine, *Steroide* (Mz.), Gruppe organ. Verbindungen im Protoplasma lebender Zellen mit einem Grundgerüst aus 4 Kohlenwasserstoffringen; meist einwertige Alkohole; Sexualhormone, Nebennierenrindenhormone u. a.

Sterlet *m,* schlanker Stör, Wanderfisch in den Strömen des Schwarzen u. Kasp. Meeres; seine Eier liefern ↗Kaviar.

Sterling ☐ 1144/45. **S.block,** *S.zone,* auf dem engl. Pfund Sterling beruhende Währungsgemeinschaft: Großbritannien mit den abhängigen Gebieten u. die Commonwealth-Länder (ohne Kanada). **S.silber,** Silberlegierung aus 92,5% Silber und 7,5% Kupfer.

Sterlitamak, sowjet. Stadt in der Baschkir. ASSR, im Ural, 220 000 E.; Phosphat- und Erdöllager.

Stern, 1) *Otto,* dt.-am. Physiker, 1888–1969; wichtige Untersuchungen zur Quanten- u. Gastheorie; Nobelpreis 1943. 2) *William,* dt. Psychologe, 1871–1938; Kinder- u. Jugendpsychologie.

Stern (ßtö'n), *Isaac,* am. Geiger russ. Herkunft, * 1920; int. bekannter Virtuose.

Sternanis (auch: -anis) *m, Illicium,* chines. Magnolienbaum mit sternförm. Kapselfrüchten. Samen duften stark nach Anis.

Sternbedeckung, die Verfinsterung eines Sterns durch den Mond (oder einen Planeten) bei seiner Bahnbewegung.

Sternberg, *Josef von,* am. Filmregisseur östr. Herkunft, 1894–1969; Filme (meist mit Marlene Dietrich) u. a. *Unterwelt; Der blaue Engel; Entehrt; Blonde Venus; Marocco; Shanghai-Express.*

Sternbilder, mit Namen versehene Gruppen heller Sterne; die Grenzen der 88 modernen S. sind international festgelegt.

Sterndeutung ↗Astrologie.

Die hellsten Sterne [1]	scheinbare visuelle Helligkeit (Größenklasse)	Entfernung (Lichtjahre)	Leuchtkraft (Sonne = 1)	Färbung	Oberflächentemperatur (in °C)	Besonderheit
Sirius (Großer Hund)	− 1,44	8,8	22	gelbweiß	8000 − 12000	Doppelstern
Canopus (Kiel des Schiffes)	− 0,77	550	8600	weißgelb	6000 − 8000	Überriese
α Centauri (Centaur)	− 0,27	4,3	1,3	gelb	5000 − 6000	Doppelstern
Arkturus (Bootes)	− 0,05	36	200	rötl.-gelb	3500 − 5000	Riesenstern
Wega (Leier)	0,03	26	50	gelbweiß	8000 − 12000	
Capella (Fuhrmann)	0,09	45	120	gelb	5000 − 6000	Doppelstern
Rigel (Orion)	0,11	880	> 100000	weiß	12000 − 15000	Überriese
Prokyon (Kleiner Hund)	0,36	11	5	weißgelb	6000 − 8000	Doppelstern
Achernar (Eridanus)	0,55	115	210	weiß	12000 − 15000	
β Centauri (Centaur)	0,69	430	1200	weiß	12000 − 15000	Doppelstern
Beteigeuze (Orion) [2]	0,4 − 1,3	600	> 10000	gelbrot	3000 − 3500	Überriese
Atair (Adler)	0,77	16	10	gelbweiß	8000 − 12000	
Aldebaran (Stier)	0,80	68	> 100	rötl.-gelb	3500 − 5000	Riesenstern
α Crucis (Südl. Kreuz)	0,81	265	> 1300	weiß	12000 − 15000	Doppelstern
Antares (Skorpion) [2]	0,9 − 1,8	420	> 10000	gelbrot	3000 − 3500	Überriese

[1] in Klammern der Name des Sternbildes   [2] veränderlicher Stern, dessen Helligkeit schwankt

Sterne, *Fixsterne,* selbstleuchtende, riesige Gaskugeln mit ähnl. Aufbau u. energieliefernden Prozessen im Innern wie bei der ↗Sonne. Dem nach außen wirkenden Strahlungs- u. Gasdruck hält die nach innen wirkende Gravitationskraft das Gleichgewicht. Der nach der Sonne nächste Stern, Proxima Centauri, ist über 4 Lichtjahre entfernt; über 5000 S. sind mit dem bloßen Auge auf der nördl. u. südl. Halbkugel sichtbar, die Zahl der erkennbaren S. nimmt mit wachsender Lichtstärke der Fernrohre stetig zu. Die S. werden in absteigender Reihe nach ihrer scheinbaren Helligkeit in Größenklassen eingeteilt, wobei das Helligkeitsverhältnis der vorausgehenden zur nachfolgenden Klasse 2,512:1 ist. Nach dieser schon v. Alt. übernommenen Methode sind die eben noch mit bloßem Auge sichtbaren S. solche 6. Größe. Die hellsten waren 1. Größe. Genauere Messung ergab die Notwendigkeit, über 1 hinaus negative Werte einzuführen, so daß der hellste v. allen, Sirius, die Größenklasse −1,44 erhielt, die Sonne aber −26,8. Der schwächste, eben noch beobachtbare Stern hat etwa + 23. Die S. bewegen sich mit Durchschnittsgeschwindigkeiten v. 20 km/s im Raum, nur aufgrund ihrer Entfernung scheinen sie fest zu stehen (Fix-S.). Der Zustand eines Sternes wird durch *Zustandsgrößen* beschrieben, die von Stern zu Stern schwanken; zwischen Farbe (Temperatur, ↗Spektralklassifikation), Helligkeit und Größe der S. besteht eine enge Beziehung, darstellbar im *Farben-Helligkeits-*(auch Hertzsprung-Russell-)*Diagramm.* Man unterscheidet zw. ↗veränderlichen Sternen, ↗Doppelsternen u. ↗Sternhaufen. ↗Nova. ↗Pulsare. Die S. haben sich wohl aus rotierenden Gasmassen durch Kondensation gebildet, ein Vorgang, der allenthalben noch weiter verläuft, da neben sehr alten S.n (Alter über 10 Mrd. Jahren) auch sehr junge S. (Alter einige Mill. Jahre) bekannt sind.

Sterne (: ßtoʳn), *Lawrence,* engl. Schriftsteller, 1713−68; gefühl- u. humorvolle Romane, sprunghaft eigenwillig geführt; *Tristram Shandy; Yoricks empfindsame Reise.* **Sternbanner** ↗Stars and Stripes. **Sternfahrt,** entspr. *-lauf, -flug,* sportl. Wettbewerb, bei dem die Teilnehmer v. verschiedenen Ausgangspunkten einem gemeinsamen Ziel zustreben; im Autosport ↗Rallye. **Sternhaufen,** mehr od. weniger dicht angeordnete Sterngruppen; ca. 400 *offene S.* mit 15−300 Sternen; ca. 150 *Kugel-S.* mit 50000−500000 Sternen in streng kugelförm. Anordnung.

Sternhaufen:
1 alter Kugel-S.;
2 junger, offener S.
(Plejaden)

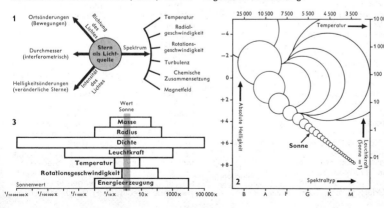

Sterne: 1 aus der Untersuchung des Sternenlichtes ableitbare Aussagen über Zustand und Bewegung eines Sterns; links mit unzerlegtem, rechts mit spektral zerlegtem Licht. 2 Zusammenhang zwischen Helligkeit, Farbe (Temperatur, Spektraltyp) und Größe der Sterne, das sog. Farben-Helligkeitsoder Hertzsprung-Russell-Diagramm. 3 Schwankungsbereich der Zustandsgrößen der Sterne im Vergleich zum Wert der Sonne

Sternheim, *Carl,* dt. Schriftsteller, 1878 bis 1942; Komödien als Karikatur der wilhelmin. Gesellschaft: *Die Hose; Der Snob; Die Kassette.*
Sternkarten, zeichner. od. photograph. hergestellte Abbildungen des Himmels, oft mit Angabe der Sternhelligkeiten u. der Grenzen der Sternbilder.
Sternkunde, die ⁄Astronomie. **Sternmiere,** Gattung der Nelkengewächse; kleine zarte Kräuter mit weißen Blüten. **Sternschnuppen** ⁄Meteoriten. ☐ 614. **Sternsinger,** Volksbrauch an Dreikönig; 3 Knaben, als Hl. Könige verkleidet, ziehen mit einem Stern singend v. Haus zu Haus. **Sternsysteme,** *Galaxien,* die extragalakt. ⁄Nebel; Anhäufungen von vielen Milliarden Sternen u. interstellarer Materie, die sich in Rotation um ein Zentrum befinden. Neben regelmäßigen (meist Riesen-)S.n (z. B. Andromedanebel, ☐ 665) gibt es unregelmäßige Zwergsysteme. Prototyp für alle S. ist das ⁄Milchstraßensystem. Die entferntesten nachweisbaren S. liegen in etwa 10 Mrd. Lichtjahren Entfernung. **Sterntag** ⁄Tag.

Carl Sternheim

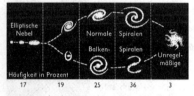

Sternsysteme: Ordnungsschema der S.e und ihre prozentuale Häufigkeit

Sternwarte, *Observatorium,* astronom. Beobachtungs- u. Forschungsstätte, meist im Gebirge od. auf Hochebenen mit günst. Wetterverhältnissen, ausgerüstet mit automatisch bewegten ⁄Fernrohren unter drehbarer Kuppel.
Sterzing, it. *Vipiteno,* Sommerfrische in Südtirol, an der Brennerstraße, 4700 E.; spätgot. Rathaus (15. Jh.); Museum mit „S.er Altar" (1456) v. Hans Multscher.
Stethoskop *s* (gr.), ärztl. Hörrohr.
Stetigkeit bedeutet bei mathemat. Funktionen (Kurven), daß jeder beliebig kleinen Änderung der unabhängigen Veränderlichen auch eine beliebig kleine Änderung der abhängigen entspricht. *Stetige Funktionen* haben, als Kurven gezeichnet, einen zusammenhängenden Verlauf, in dem aber Knicke mögl. sind; *Unstetigkeit* an Sprung- u. Unendlichkeitsstellen.
Stettin, poln. *Szczecin,* ehem. Hst. v. Pommern, heute Hst. der Wojewodschaft S., 27 km oberhalb der Odermündung ins *S.er Haff,* 385000 E. S. war der größte dt. See- u. Binnenschiffshafen an der Ostsee. Peter-u.-Pauls-Kirche (1124), Jakobikirche (14. Jh.), Altes Rathaus (13. Jh.), alle in Backsteingotik; Renaissanceschloß. Univ., Hochschulen; Werften, vielseitige Ind. Heute Basis der poln. Hochseefischerei u. wichtigster poln. Seehafen. – War Mitgl. der Hanse; 1295/1637 Residenz der Hzg.e v. Pommern; 1648 schwed., 1720 preuß., seit 1945 unter poln. Verwaltung. **S.er Haff,** Mündungsbucht der Oder; durch ⁄Use-

Stethoskop:
1 Schlauch-, 2 Holz-S.

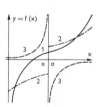

Stetigkeit einer Funktion: 1 stetige Funktion, 2 Funktion mit Sprungstelle bei x = a, 3 Funktion mit Unendlichkeitsstelle bei x = a

dom u. ⁄Wollin bis auf schmale Fahrrinnen v. der Ostsee abgeschlossen.
Steuben, *Friedrich Wilhelm v.,* preuß. General, 1730–94; seit 78 Organisator des nord-am. Heeres im Unabhängigkeitskrieg.
Steuerabwehr, legale u. illegale Maßnahmen des Steuerpflichtigen, um dem Steuerdruck zu begegnen. Legale Formen: u. a. Steuerüberwälzung (Steuerleistung wird auf die Preise aufgeschlagen); illegale Formen: Steuerhinterziehung, Steuerflucht.
Steuerberater, leistet geschäftsmäßig Hilfe in Steuersachen. Voraussetzungen: wirtschafts- od. rechtswiss. Studium, 3jähr. Tätigkeit im Steuerwesen, Prüfung als S.; Zulassung durch die Oberfinanzdirektion als Landesbehörde; Sonderregelung für ehem. Angehörige der Finanzverwaltung. **Steuerbevollmächtigter,** fr. *Helfer in Steuersachen,* leistet geschäftsmäßig Hilfe in Steuersachen. Voraussetzungen: mittlere Reife od. 2jähr. Besuch einer Handelsschule od. gleichwertigen Anstalt, Lehre in einem steuerberatenden od. kaufmänn. Beruf od. 4semestr. Besuch einer Verwaltungsakademie od. ähnl. Lehranstalt, 4jähr. Tätigkeit im Steuerwesen, Prüfung als S., Zulassung durch die Oberfinanzdirektion als Landesbehörde. Der S. ist dem Steuerberater seit 1972 weitgehend gleichgestellt.
Steuerbilanz, die aus der ⁄Handelsbilanz entwickelte, unter bes. Berücksichtigung der steuerl. Vorschriften ausgestellte ⁄Bilanz. **Steuerbord** ⁄Backbord.   [lanz.
Steuerhinterziehung, aufgrund gefälschter Bilanzen od. unrichtiger Angaben erschlichene Kürzung der Steuerzahlung; mit Geld u./oder Freiheitsstrafe bestraft.
Steuerklassen, Einteilung der Steuerpflichtigen in Gruppen mit verschiedenen steuerl. Belastungsquoten bzw. steuerfreien Beträgen, bes. in der ⁄Einkommen- bzw. ⁄Lohnsteuer u. ⁄Erbschaftsteuer.
Steuermeßbetrag, der sich bei den Ertragsteuern aus der Anwendung der ⁄Steuermeßzahl auf den ⁄Einheitswert ergebende Betrag. **Steuermeßzahl,** bei den ⁄Ertragsteuern der Tausendsatz v. Einheitswert.
Steuern, v. öff.-rechtl. Gemeinwesen erhobene einmalige od. laufende Abgaben, denen im Ggs. zu den ⁄Gebühren keine bestimmte Gegenleistung entspricht. Zu den S. zählen auch die ⁄Zölle. Man unterscheidet: *direkte S.* (v. Steuerpflichtigen getragene S.), *indirekte S.* (vor allem die Verbrauch-S.); ferner ⁄Personal-, Real- (⁄Ertrag), ⁄Verkehr-, ⁄Verbrauch-, ⁄Umsatz-S. Mit der Erhebung v. S. werden heute nicht nur fiskal., sondern auch wirtschafts- u. sozialpolit. Ziele verfolgt. Da ein erhebl. Teil des Volkseinkommens dem Staat durch die S. zufließt u. v. ihm ausgegeben wird, können v. der S.politik geldwertverändernde Wirkungen ausgehen. Die *Steuererhebung* erfolgt durch Veranlagung od. Abzug an der Quelle. **Steuertarife:** *Proportionaltarif,* d. h., wachsenden Besteuerungsmengen entsprechen gleiche Steuersätze (Prozentsätze), u. *Progressionstarif,* wachsenden Besteuerungsmengen entsprechen steigende Steuersätze. Durch steuerfreie

Beträge setzt die Besteuerung erst bei bestimmten Summen ein.

Steuerung, ein Vorgang, bei dem in vorgegebener Weise eine Ausgangsgröße mit Hilfe einer *Steuerstrecke* aus der Eingangsgröße hergestellt wird; im Ggs. zur ↗Regelung liegt ein *offener* Wirkungskreis vor.

Steuerverwaltung, ist in der BRD zw. Bund u. Ländern geteilt. Dem Bund stehen Ver-

R. L. Stevenson

Steuern in der BRD

nach Ertragshoheit[1] u. Erträge (in Mill. DM)	1960	1970	1980
Gemeinschaftsteuern[2]:		*99949*	*267300*
Lohnsteuer	8102	35086	111559
veranlagte Einkommensteuer	8963	16001	36796
Kapitalertragsteuer	846	2021	4175
Körperschaftsteuer	6510	8716	21322
Umsatzsteuer	14828	26791	52851
Einfuhrumsatzsteuer	1320	11334	40597
Bundessteuern:		*27396*	*46053*
Straßengüterverkehrsteuer	769	439	–
Kapitalverkehrsteuern	235	374	136[5]
Versicherungsteuer	217	617	1779
Wechselsteuer	115	232	319
Zölle	2786	2871	4603
Tabaksteuer	3537	6536	11288
Kaffeesteuer	689	1057	1478
Zuckersteuer	177	125	140
Branntweinmonopol	1023	2228	3885
Schaumweinsteuer	65	233	536
Mineralölsteuer	2664	11512	21351
sonstige Verbrauchsteuern	145	218	244
Ergänzungsabgabe	–	948	39
sonstige Bundessteuern[3]	2	5	0
Landessteuern		*9531*	*16072*
Vermögensteuer	1100	2877	4664
Erbschaftsteuer	201	523	1017
Grunderwerbsteuer	165	465	1019
Kraftfahrzeugsteuer	1475	3830	6585
Rennwett- und Lotteriesteuer	275	566	1282
Feuerschutzsteuer	38	96	242
Biersteuer	700	1175	1262
Gemeindesteuern:		*15679*	*35493*
Grundsteuer	1631	2683	5804
Gewerbesteuer	7433	10728	27091
Lohnsummensteuer		1389	870
Zuschlag zur Grunderwerbsteuer	206	588	1329
Schankerlaubnissteuer	16	40	
Gemeindegetränkesteuer	124	88	
Vergnügungsteuer	173	88	398
Hundesteuer	46	54	
sonstige Gemeindesteuern[4]	9	20	
insgesamt	66582	152555	394918

[1] die systematische Einteilung basiert auf dem Finanzreformgesetz von 1969, davor wurden die Bundes- und Landessteuern anders eingeteilt (Besitz- und Verkehrsteuern, Umsatzsteuer und Umsatzausgleichsteuer, Zölle und Verbrauchsteuern) und das Steueraufkommen anders verteilt.
[2] das Steueraufkommen wird nach festgelegten Prozentsätzen auf Bund, Länder und Gemeinden verteilt
[3] z. B. Essigsäuresteuer, Leuchtmittelsteuer, Salzsteuer, Spielkartensteuer, Süßstoffsteuer, Teesteuer, Zündwarensteuer
[4] z. B. Fischereisteuer, Jagdsteuer
[5] Börsenumsatzsteuer

brauchsteuern, Zölle, Umsatzsteuer u. Anteil an der v. den Ländern erhobenen Einkommen- u. Körperschaftsteuer zu.

Steuerwagen, Eisenbahnwagen mit einem Steuerstand, v. dem die am anderen Zugende befindl. Lokomotive gesteuert wird, Verwendung z.B. im Wendezugverkehr.

Steven *m* (plattdt.), vordere od. achtere Verlängerung des Schiffskiels. □865.

Stevenson (: ßtiw^enß^en), *Robert Louis,* engl. Schriftsteller, 1850–94; in seinen Werken bedeutender impressionist. Gestalter exot. Ferne; berühmt bes. durch den Abenteuerroman *Die Schatzinsel.*

Steward (: ßtju^erd, engl.), Bedienung auf Schiff u. im Flugzeug (weibl. *Stewardeß*).

Steyl, amtl. Steijl, niederländ. Dorf an der Maas, Prov. Limburg, ca. 3000 E.; Mutterhäuser der *S.er Missionare* (↗Göttliches Wort), der *S.er Missionsschwestern* u. der *S.er Anbetungsschwestern.*

Steyr, 1) *w,* l. Nebenfluß der Enns, mündet nach 58 km bei S. **2)** oberöstr. Bez.-Stadt an der Mündung der S., 44000 E.; got., Renaissance- und Barockbauten, Rokokorathaus, Schloß (18. Jh.); Metall- u. Elektro-Ind., Automobilfabrik.

StGB, Abk. für ↗Strafgesetzbuch. ↗Strafstibium, das ↗Antimon. [recht.

Stibium, das ↗Antimon.

Stichel, Werkzeug des Graveurs, Kupferstechers, Holzbildhauers.

Stichflamme, spitz zulaufende Flamme eines unter Druck ausströmenden Gases od. Gas-Luft-Gemisches.

Stichkappe, in ein Gewölbe einschneidende Nebenwölbung, meist zur Aufnahme einer Tür- od. Fensteröffnung.

Stichling, Süß- u. Brackwasserfisch, mit 3 einzelstehenden Stacheln der Rückenflosse, das Männchen baut Nest aus Wasserpflanzen u. bewacht die 80–100 Eier sowie die Jungbrut; Aquarienfisch. □912.

Stichtag, 1) in der Statistik: der Tag, für den eine Erhebung festgesetzt ist. **2)** rechtl.: Tag für die Entstehung od. das Erlöschen v. Rechten od. Pflichten.

Stichwahl, Entscheidungswahl zw. den beiden erfolgreichsten Kandidaten des 1. Wahlgangs.

sticken, Nadelarbeit, bei der ein Gewebe *(Stickgrund)* durch weiße od. farbige Garne in verschiedenart. Stichen v. der Hand od. maschinell verziert wird.

Stickhusten, der ↗Keuchhusten.

Stickoxydul, das ↗Lachgas.

Stickstoff, *Nitrogenium,* chem. Element, Zeichen N, farb- u. geruchloses Gas; Ordnungszahl 7 (□149); zu 78 Vol.% in der Luft; in den Salzen der Salpetersäure; wichtiger Bestandteil der Eiweißstoffe in Organismen. Techn. gewinnt man S. durch fraktionierte Destillation flüssiger ↗Luft; dient zur Synthese v. S.dünger bzw. v. ↗Ammoniak (Haber-Bosch-Verfahren), Salpetersäure u. anderer S.-Verbindungen, als Füllgas für Glühlampen u. zum ↗Nitrieren v. Stahl.

S.bakterien, die ↗Knöllchenbakterien.

S.dioxid, NO_2, braunrotes, sehr giftiges Gas v. charakterist. Geruch. **S.oxid,** *Stickoxid,* NO, farbloses, an der Luft leicht zu NO_2 oxydierendes Gas.

Stiefmütterchen, Veilchenart; bis 30 cm hoch; Blüten weißlich, gelb od. weiß-gelb-violett, gespornt; auf Äckern, Wiesen, Hügeln; großblütige Zuchtformen *Pensées.*
Stieglitz *m* (tschech.), ⁄Finken.
Stieler, 1) *Adolf,* dt. Kartograph, 1775–1836; begr. den *S.schen Handatlas.* **2)** *Josef Karl,* dt. Maler, 1781–1858; Porträtist am Hofe Ludwigs I. v. Bayern. **3)** *Kaspar v.,* dt. Dichter, 1632–1707; Liebeslieder, Lehrdichtung.
Stier, 1) ⁄Bulle. **2)** Sternbild (lat. *Taurus)* am Nordhimmel mit Aldebaran; auch 2. Zeichen des Tierkreises(♉). **S.kampf,** bei Griechen u. Römern, jetzt noch in Spanien, Portugal, Süd-Fkr. u. Südamerika von berufsmäßigen Stierkämpfern dargebotenes Schauspiel in der Arena. In Portugal u. Süd-Fkr. unblutiger S.kampf.
Stift *s* (Mz. *Stifte* od. *Stifter),* **1)** *kath. Kirchenrecht* u. *Kirchenrechts-Gesch.:* die mit Grundbesitz ausgestattete (bestiftete) Körperschaft der sog. *S.sherren* od. ⁄Kanoniker eines Dom-, Kollegiat- od. Klosterkapitels an einer *S.skirche* od. *Domkirche.* – Dem adligen sog. Ritter-S. entsprachen die Damen- od. *Kanonissen-S.e.* **2)** v. Wohltätern „gestiftete" Häuser u. Anstalten für Unterricht, Erziehung, Waisen-, Alten- u. Krankenpflege.
Stifter, *Adalbert,* östr. Dichter, 1805–1868 (Selbstmord); Privatlehrer, zuletzt Schulrat in Linz. Göttl. Ordnung in der Schöpfung, Selbsterziehung des Menschen sind Motive seiner Erzählungen *(Studien; Bunte Steine)* u. Romane *(Nachsommer; Witiko).* Spätwerk *Die Mappe meines Urgroßvaters.*
Stifterreligionen, in der Religions-Wiss. Bz. für Religionen, die auf hist. Personen als Stifter zurückgehen, z.B. Buddhismus, Christentum, Islam, Konfuzianismus.
Stifterverband für die deutsche Wissenschaft, 1949 gegr. Organisation der dt.en gewerbl. Wirtschaft zur Förderung v. Forschung, Lehre u. wiss. Ausbildung; Sitz Essen; setzt die Tradition des *Stifterverbandes der* ⁄*Notgemeinschaft* der *dt.en Wiss.*
Stiftsherr, der ⁄Kanoniker. [fort.
Stiftshütte, *Bundeszelt,* im AT jüd. Zelttempel für die ⁄Bundeslade; Zentralheiligtum bis zum Tempelbau in Jerusalem.
Stiftung, Rechtseinrichtung, um ein bestimmtes Vermögen dauernd einem bestimmten Zweck zu widmen.
Stiftung Preußischer Kulturbesitz, Stiftung öff. Rechts, 1957 gegr., soll den Kulturbesitz des ehem. preuß. Staates bewahren u. fortentwickeln; Träger: der Bund, die Länder Baden-Württemberg, Berlin, Nordrhein-Westfalen, Schleswig-Holstein.
Stigma *s* (gr.), **1)** etwas unauslöschl. Kennzeichnendes. **2)** Atemöffnung tracheenatmender Tiere. **Stigmatisation** *w* (gr.-lat.; Ztw. *stigmatisieren),* das spontane Auftreten der Leidensmale Christi am Leib lebender Personen; tritt bei Menschen mit außergewöhnl. Passionsmystik u. erhöhter Suggestibilität auf; erster sicherer Fall v. S. ist Franz v. Assisi. – Das klin. Beobachtungsmaterial hat die natürl. Ursprungsmöglichkeit v. S.en erwiesen.
Stijl (: ßteil), *De S.,* 1917 in den Niederlan-

den begr. Kunstbewegung, die in ihrer Zschr. „De Stijl" eine neue Klarheit u. Sachlichkeit in der Kunst propagierte. Mitgl.: P. Mondrian, G. Vantangerloo, T. van Doesburg u.a.; v. Einfluß auf das ⁄Bauhaus.
Stil *m* (lat.), Ausdrucksweise, Eigenart eines Kunstwerkes, etwa seit dem 18. Jh. im Sinne einer Einheit v. Form u. Gehalt verstanden. Der Begriff zunächst vor allem für Dichtung verwandt: Gattungs-S., S. eines Zeitalters, S. eines Dichters, eines Einzelwerkes. Seit Winckelmann auch auf die bildende Kunst, heute darüber hinaus auf andere Gebiete (z.B. Lebens-S.) bezogen.
Stilb *s* (gr.), Abk. sb, gesetzl. unzulässige Leuchtdichte-Einheit; 1 sb = 1 cd/cm².
Stilett *s* (it.), kurzer, schmaler Dolch.
Stilfser Joch, 2757 m hoher Südtiroler Alpenpaß, mit der 50 km langen *S.-J.-Straße* zw. Vintschgau (Etsch) u. Veltlin (Adda).
Stilicho, *Flavius,* weström. Feldherr vandal. Herkunft; um 365–408; der eig. Herrscher Westroms unter Ks. Honorius; wegen angebl. Hochverrats hingerichtet.
Stilistik *w,* **1)** Lehre vom Schreibstil. **2)** wiss. Untersuchung des Sprachstils der Dichtung.
Stilleben, Zusammenstellung u. malerische Wiedergabe v. toten od. reglosen Dingen: Blumen, Früchte, erlegte Tiere u.a.
stillen, Säuglingsernährung an der Mutterbrust; der Hautkontakt u. die Zuwendung der Mutter beim S. ist von Bedeutung für die psych. Entwicklung des Säuglings.
stiller Gesellschafter, ist mit einer Vermögenseinlage am Gewinn u. meist auch am Verlust des Handelsgewerbes eines anderen (nicht direkt am Geschäftsvermögen der Firma) beteiligt.
Stiller Ozean ⁄Pazifischer Ozean.
Stilling ⁄Jung-Stilling.
Stimmbänder, elast. Bänder im ⁄Kehlkopf.
Stimmbruch, *Mutation,* Senkung der Stimmlage der Knaben in der Pubertät; durch Vergrößerung d. Kehlkopfes bedingt.
Stimme *w,* **1)** durch Schwingungen der Stimmbänder mit Hilfe der Atemluft erzeugter Klang. Um einen Ton zu erzeugen, müssen die Stimmbänder angespannt werden, so daß sich die Stimmritze bis auf ei-

1/2

3/4

Stierkampf: 1 Der *Torero* ermüdet den Stier durch das Spiel mit der Capa, **2** der *Picador* zu Pferde sticht den Stier in die Kruppe, **3** der *Banderillero* „setzt" seine Pfeile, **4** der *Matador* visiert zum Todesstoß

Sternbild Stier

Adalbert Stifter

Stinktiere: Skunk

nen Spalt verengt. Die Höhe des Tons hängt bes. v. Länge u. Spannung der Stimmbänder ab. Da die Stimmbänder des Mannes 18 mm, die der Frau 12 mm lang sind, hat der Mann eine tiefere S. als die Frau. – Die Laute sind ↗stImmhaft od. stimmlos (Stimmbänder ruhen), Vokale immer stimmhaft. Die Selbstlaute (Vokale) – a, e, i, o, u, Zwischenstufen, Diphthonge – beruhen auf Stimmton ohne Geräuschbeimischung; ihre Unterschiede auf der Stellung der Zunge u. der Lippenöffnung. Bei den Mitlauten (Konsonanten) erfolgt Geräuschbeimischung im Mundraum. Man unterscheidet *Verschluß-(Explosiv-)Laute* (p, t, k, b, d, g) u. *Reibelaute (Frikative,* f, s). *Nasale* (m, n, ng) u. *Liquidae* (r, l) stehen den Vokalen nahe. Unterschiede nach dem Ort der Artikulation: *Labiale* od. *Lippenlaute* (p, b, f), *Dentale* od. *Zahnlaute* (t, d), *Gutturale* od. *Gaumenlaute* (k, g, ch). Jede Sing-S. verfügt über einen bestimmten Tonbereich: die Stimmlage mit einem gewissen Umfang. Man unterscheidet Sopran, Alt, Tenor, Baß u. die Zwischenlagen Mezzosopran, Kontra-Alt, Bariton. Bz. wie dramat. Sopran, lyr. Tenor oder Heldenbariton benennen den Charakter der S., ihren Klang u. ihre Verwendbarkeit in der Musikpraxis. 2) die Partie, die ein Instrument od. eine Singstimme ausführt. Auch Lagen-S. genannt.

Stimmgabel, eine zweizinkige Stahlgabel, die beim Anschlagen einen Ton erklingen läßt; meist auf ↗Kammerton a geeicht.

stimmhaft sind die unter Mithilfe der Stimmbänder gebildeten Laute (z.B. das s in Rose im Ggs. zum harten s in Rast, das als *stimmlos* bezeichnet wird).

Stimmritze, Spalt zw. den Stimmbändern. □ 474.

Stimmung, 1) psycholog. der seel. Zustand, Grundverfassung der Person, dauerhafter als das Gefühl, mit körperl. Zustand zusammenhängend. **2)** das System der Tonabstände, wie es in den verschiedenen Tonsystemen festgelegt wird. Instrumente werden heute gleichschwebend temperiert eingestimmt, d.h., die Oktave wird in 12 gleiche Teile (durch die Halbtöne) geteilt. – Die absolute S.: die Tonhöhe im Verhältnis zu einem Ton mit einer mathemat. genau festgelegten Schwingungszahl; meist der ↗Kammerton a.

Stimulans s (lat.; Mz. *Stimulantia),* Reizmittel. **stimulieren,** anregen, reizen.

Stinkbrand, der ↗Steinbrand.

Stinkmorchel, *Leichenfinger,* Bauchpilz, dessen Fruchtkörper v. weißer, eiförmiger Hülle umschlossen *(Hexen-Ei)* ist, die er bei der Reife durchstößt. Ungenießbar, aber nicht giftig, aasartig riechend. **Stinknase** ↗Ozäna. **Stinktiere,** marderart. Raubtiere, spritzen auf ihre Angreifer eine widerlich stinkende, ölige Flüssigkeit aus Afterdrüsen. Hierher nord-am. *Skunk,* braun bis schwarz mit weißen Längsstreifen, wertvolles Pelztier, u. der langbehaarte südafrikan. *Zorillo.*

Stinnes, *Hugo,* dt. Großindustrieller, 1870 bis 1924; Begr. des *S.-Konzerns* (Kohle, Eisen, Elektrizität, Schiffahrt u.a.).

Sopran

Mezzosopran

Alt

Tenor

Bariton

Baß

Stimme: Stimmumfang der menschlichen Singstimme

a

b

a Stimmgabel, b ihre Schwingungsform

K. Stockhausen

Stockholm: die alte „Stadt zwischen den Brücken" mit Königsschloß u. Krönungskirche

Stint m, Lachs, in Küsten- u. Brackgewässern der Nord- u. Ostsee; laicht in Flüssen.

Stipendium s (lat.), Geldunterstützung aus Stiftungen für Ausbildung, Begabtenförderung, Kunst od. wiss. Forschung.

Stipulation w (lat.; Ztw. *stipulieren),* vertragsmäßige Festlegung, Verabredung.

Stirling, 1) *S.shire* (: ßtö͏̈ʳling, -schᵉʳ), mittelschott. Gft. **2)** Hst. v. 1), am Firth of Forth, 30000 E.; Schloß der schott. Könige.

Stirner, *Max* (eig. Kaspar Schmidt), dt. Philosoph, 1806–56; Linkshegelianer, lehrte den ↗Solipsismus.

Stirnhöhlen ↗Nasennebenhöhlen.

Stoa w (*S. poikile,* gr. = bunte Säulenhalle), nach ihrem Versammlungsort in Athen ben. Philosophenschule. ↗Stoizismus.

Stobbe, *Dieter,* dt. Politiker (SPD), * 1938; 77–81 regierender Bürgermeister v. Berlin. □ 952.

Stöchiometrie w (gr.), chem. Meßkunde, befaßt sich mit den Gewichts- u. Volumenverhältnissen der Elemente beim Entstehen chem. Verbindungen.

Stock, 1) Bergmassiv. **2)** (engl. = Stamm, Grundlage), Fonds, Aktien-Stammkapital einer Gesellschaft; staatl. Wertpapiere. *S.-Exchange* (: -'kßtscheʹndßeh), die Londoner Effektenbörse.

Stoecker, *Adolf,* dt. ev. Theologe u. Politiker, 1835–1909; Hofprediger in Berlin; Gründer der ↗Christl.-Sozialen Partei; führend in der antisemit. „Berliner Bewegung" (↗Deutschvölk. Bewegung).

Stockerau, niederöstr. Stadt, n.w. von Wien, an einem Donauarm, 13000 E.; Maschinen- u. Posamenten-Ind.

Stockfisch, getrockneter ↗Dorsch.

Stockhausen, *Karlheinz,* dt. Komponist, * 1928; einer der hervorragendsten Vertreter der neuesten, vor allem Elektron. u. ↗Seriellen Musik.

Stockholm, Hst. u. Residenzstadt v. Schweden, 650000 (m.V. 1,4 Mill.) E. Hafenplatz an den Ausflüssen des Mälarsees in die Ostsee *(Saltsjön);* der älteste Stadtteil liegt auf den Inseln. Schloß, Reichstag, Storkyrka (Krönungskirche), Riddarholmskirche mit Gruft der schwed. Könige, Dt.e od. Gertrudskirche, Schwed. Ritterhaus; Univ., TH, Handelshochschule, Akademien, Sitz der Nobelstiftung; luther. Erzb., kath. Bischof. U-Bahn, Eisen-, Stahl-, Maschinen-Ind., Schiffbau; alljährl. im Spätsommer findet die Eriks-Messe statt.

Stockkrankheit, Pflanzenkrankheit, bei der das Längenwachstum bes. bei Roggen, Hafer, Klee stockt; Erreger sind ↗Älchen.

Stockport (: -på⸠t), engl. Stadt an der Vereinigung der Flüsse Tame u. Goyl zum Mersey, 140000 E.; Baumwollwaren-, Filzhut-, Maschinen-Ind.

Stockpunkt, die Temperatur, bei der ein Schmieröl unter der Einwirkung der Schwerkraft nicht mehr fließt.

Stockrose, *Stockmalve,* Malvenart des Balkans; Blüten groß, weiß, gelb, rot, braun; in Dtl. Gartenstaude.

Stockschwamm, braungelber Blätterpilz in Büscheln an faulenden Laubholzstrünken; guter Speisepilz. ☐750.

Stoffmenge, physikal. Basisgröße, ↗Mol.

Stoffwechsel, Bz. für alle Vorgänge, die sich mit der Nahrung zw. Stoffaufnahme u. -abgabe abspielen: a) Umbau in körpereigene Stoffe zur Erhaltung u. Vermehrung der Körpersubstanz *(Bau-S., Assimilation);* bei grünen Pflanzen aus CO_2 u. H_2O ↗Photosynthese, b) Abbau zur Lieferung der nötigen Arbeits- u. Wärmeenergie *(Betriebs-S., Dissimilation);* benötigt bei allen Lebewesen Sauerstoff; ↗Atmung. **S.krankheiten:** Mager-, Fettsucht, Gicht, Mangel-, Zuckerkrankheit.

Stoiker *m* (gr.), **1)** Anhänger des ↗Stoizismus. **2)** gleichmütiger, unerschütterl. Mensch.

Stoizismus *m,* griech.-röm. Philosophenschule um 300 v. bis um 200 n. Chr. Man unterscheidet den *älteren* (↗Zenon aus Kition), *mittleren* (↗Poseidonios) u. *späteren S.* (↗Seneca, ↗Epiktet, ↗Marc Aurel). Die stoische Ethik fordert v. Weisen naturgemäßes Leben, gleichmütiges Ertragen aller Leiden u. Streben nach der Tugend als der wahren Glückseligkeit. Die Metaphysik des S. ist materialist. Pantheismus, leugnet die Willensfreiheit u. lehrt Gleichheit aller Menschen (Kosmopolitismus).

Stoke on Trent (: ßto⸡k-), engl. Ind.-Stadt in Staffordshire, am Trent, 265000 E.; Tonwaren-Industrie.

Stokowski, *Leopold,* am. Dirigent, 1882 bis 1977; hervorragender Bach-Interpret; Förderer der Neuen Musik.

Stola *w* (gr.-lat.), **1)** streifenförm. liturg. Gewandstück des kath., orth. u. anglikan. Priesters. **2)** v. Frauen getragener breiter Schal.

Stolberg, 1) *S. am Harz,* Stadt im Bez. Halle, Kr. Sangerhausen, 3000 E.; Martinikirche (1484). Über der Stadt fürstl. S.sches Schloß. **2)** *S. (Rheinland),* Ind.-Stadt im Kreis Aachen, 57600 E.; Burg (15./16. Jh.), Metall-, Glas-, Seifen- u. Tuch-Industrie.

Stolberg-Stolberg, dt. Schriftsteller, **1)** *Christian* Reichs-Graf zu S.-S., 1748–1821; Lyriker des Göttinger Hains. **2)** *Friedrich Leopold* Reichs-Graf zu S.-S., Bruder v. 1), 1750–1819; Freund Goethes; konvertierte zum Katholizismus; Lyrik; Übersetzungen; *Geschichte der Religion Jesu.*

STOL-Flugzeuge, die Kurzstartflugzeuge.

Stolgebühren (gr.), Gebühren für Verrichtung pfarramtl. Handlungen.

Stollberg/Erzgebirge, sächs. Krst. im Bez. Karl-Marx-Stadt, 13000 E.; Strumpfwaren.

G. Stoltenberg

D. Stobbe

Stollbeule, Geschwulst des Schleimbeutels am Ellenbogenhöcker bei Pferden.

Stollen *m,* **1)** im Berg- u. Tunnelbau waagerechte od. schräge Ausbruchsröhre. **2)** Pfosten, z. B. als Tisch-, Bett-S. **3)** am Hufeisen, soll Ausgleiten verhindern, auch am Sportschuh. **4)** längl. Brot od. Kuchen, bes. als Christ-(Weihnachts-)S. **5)** ↗Meistersang.

Stolp, poln. *Słupsk,* Hst. der Wojewodschaft S., an der Stolpe, 83000 E.; Marienkirche (14. Jh.); Schloß (16. Jh.).

Stoltenberg, *Gerhard,* dt. Politiker (CDU), * 1928; 65/69 Bundesmin. für wiss. Forschung; seit 71 Min.-Präs. v. Schleswig-Holstein.

Stolypin, *Pjotr,* 1862–1911 (ermordet); seit 1906 russ. Min.-Präs.; Agrarreformer.

Stolz, 1) *Alban,* dt. Volksschriftsteller, 1808–1883; kath. Theologe; *Kalender für Zeit u. Ewigkeit.* **2)** *Robert,* östr. Operettenkomponist, 1880–1975; 1938/46 in den USA. Operetten, Lieder u. Filmmusiken.

Stolze, *Wilhelm,* dt. Stenograph, 1798 bis 1867; seine ↗Kurzschrift später System *S.-Schrey.*

Stolzenfels, Schloß bei Koblenz; 1836/42 auf den Trümmern einer Burg des 13. Jh. erbaut.

Stonehenge *s* (: ßto⸡nhendseh, englisch), Steinkreisanlage (↗Menhir) in SW-England; etwa zw. 1900 u. 1500 v. Chr. entstanden. Früher als Sonnenheiligtum gedeutet, diente nach heutigen Forschungen wahrscheinl. astronom. Zwecken.

Stopfbüchse, *Stopfbuchse,* ringförm. Abdichtung v. Gehäusen an der Durchführung bewegl. Teile, wie umlaufende Wellen, hin- u. hergehende Stangen usw.

L. Stokowski   Robert Stolz   Willi Stoph

Stoph, *Willi,* dt. Politiker (SED), * 1914; 52/55 Innenmin., 56/60 Verteidigungsmin., 64/73 u. seit 76 Min.-Präs., 73/76 Vors. des Staatsrates der DDR.

Stoppelpilz, eßbarer Stachelpilz mit gelbem Hut, unten mit weichen „Stoppeln" besetzt.

Stoppuhr, Kurzzeitmesser, auf Sekundenteile, meist $^1/_5$ oder $^1/_{10}$ s, seltener $^1/_{100}$ s, geeicht. Durch Knopfdruck an-, ab- u. auf Null zurückstellbar.

Stör, 1) *m,* Knorpelfisch, bis 6 m lang. *Gemeiner S.* in europ. Meeren; Fleisch sehr schmackhaft; sein Rogen gibt ↗Kaviar. ↗Hausen, ↗Sterlet. **2)** *w,* Handwerksarbeit um Kost u. Tagelohn im Haus des Kunden.

Storax *m,* ↗Styrax.

Storch, großer Schreit- und Zugvogel; in Europa der *Weiße S. (Adebar, Klapper-S.),*

Störche

Storchschnabel

Theodor Storm

Veit Stoß

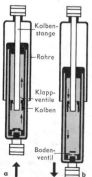

Kolben-
stange

Rohre

Klapp-
ventile

Kolben

Boden-
ventil

a ↑   ↓ b

Stoßdämpfer: Tele-
skop-S.; **a** beim Ein-,
b beim Ausfedern

Beine u. Schnabel rot, baut auf Häusern,
Schornsteinen, Kirchtürmen sein Reisig-
nest. In Nordasien u. Europa (in Dtl. sehr
selten) der *Schwarze S.,* nistet auf Bäumen.
Storchschnabel *m,* **1)** ↗Pantograph. **2)**
Geranium; Kräuter ıı. Stauden mit 1- bis
2blütigen Stengeln; Früchte mit „Schnabel" zum Fortschleudern der Samen. *Blut-
roter S.,* auf trockenen Waldwiesen; *Wiesen-S.,* violettblau blühend, auf feuchten
Mähwiesen. ↗Pelargonie.
Storm, *Theodor,* dt. Schriftsteller, 1817–88;
als Jurist in Husum (Holstein) tätig; Vertreter eines lyr. Realismus; erlebnisbetonte
Lyrik u. zahlr. Novellen, die v. melanchol.
Rückerinnerung sich zu schicksalhaften
Werken wandeln. *Immensee; Der Schim-
melreiter.*
Stormarn, Landschaft u. Kreis (Krst. Bad Ol-
desloe) im südl. Schleswig-Holstein.
Storno *s* (it.; Ztw. *stornieren*), in der Buch-
führung: Rückbuchung.
Störtebeker, *Klaus,* Führer der ↗Vitalien-
brüder; 1401 hingerichtet.
Storting *s,* die norweg. Volksvertretung.
Störung, *Perturbation,* Abweichung eines
Planeten od. Kometen v. seiner berechne-
ten Bahn, veranlaßt durch die Gravitations-
wirkung anderer Himmelskörper.
Story *w* (: ßtåṛ¹, engl.), **1)** knapper Gescheh-
nisgehalt eines Prosawerks od. auch eines
Films od. Dramas. **2)** spannende Erzählung.
Stoß, techn. die Stelle, an der Bauteile mit
ihren Endflächen zusammentreffen.
Stoß, *Veit,* Nürnberger Bildschnitzer u.
Bildhauer, um 1445–1533; 1477/96 in Kra-
kau; mit monumentalbewegter Gestaltung
Vollender der spätgot. Plastik; *Krakauer
Marienaltar,* der *Englische Gruß* in St. Lorenz in Nürnberg, *Bamberger Altar.*
Stoßdämpfer, an gefederten Fahrzeugen
parallel zur Federung eingeschalteter elast.
Widerstand; S. sind z.B. durch Kniehebel
auf Torsion beanspruchte Gummizylinder,
welche die Federbewegungen dämpfen,
auch hydraul. S., bei denen Öl durch enge
Bohrung in einen Zylinder gepreßt wird.
Stoßheber, hydraul. Widder, eine Wasser-
pumpe, die den Rückdruck (Rückstoß) einer
bewegten, plötzl. gehemmten Wasser-
menge als Hubkraft ausnützt.
stottern, eine ↗Sprachstörung.
StPO, Abk. für Strafprozeßordnung.
Straaten, *Werenfried van,* belg. Prämonstratenser, * 1913; entwickelte seit 48 Aktionen für Flüchtlingshilfe, baute die Ost-
priesterhilfe auf; bekannt als „Speckpater";
heute bes. für die Notleidenden in Afrika,
Lateinamerika u. Südostasien tätig.
Strabo ↗Walahfrid Strabo.
Strabon, griech. Geograph, um 63 v. Chr.
bis 20 n. Chr.; verfaßte eine wichtige Erdbeschreibung in 17 Büchern.
Stradella, *Alessandro,* it. Oratorien- und
Opernkomponist, 1642–82.
Stradivari, Cremoneser Geigenbauerfamilie; berühmt *Antonio S.,* 1644–1737; baute
Geigen, Bratschen u. Violoncelli v. bes. tra-
gendem u. glänzendem Ton.
Straelen (: ßtra-), niederrhein. Stadt s.w.
von Geldern, 11 400 E.; Lehr- u. Versuchs-

anstalt für Gemüse- u. Gartenbau; Gemüse-
u. Blumenanbau.
Strafanstalt, z. Verbüßung einer ↗Frei-
heitsstrafe. ↗Gefängnis, ↗Zuchthaus.
Strafantrag, ist, wenn gesetzl. vorgeschrieben (bei sog. *Antragsdelikten*), Voraussetzung für eine Strafverfolgung; zu stellen bei
Gericht, Staatsanwaltschaft od. Polizei innerhalb 3 Monaten seit Kenntnis des An-
tragsberechtigten (Verletzten) von der
strafbaren Handlung. **Strafanzeige,** Mitteilung des Vorfalls einer strafbaren Handlung
bei Gericht, Staatsanwaltschaft od. Polizei
zur Einleitung eines ↗Ermittlungsverfah-
rens. **Strafbefehl,** auf Antrag der Staatsanwaltschaft; ermöglicht bei Übertretungen u.
Vergehen Freiheitsstrafe bis zu 3 Monaten
od. Geldstrafe ohne Hauptverhandlung.
Strafbescheid, Straffestsetzung durch eine
Verwaltungs-, bes. die Steuerbehörde.

Veit Stoß: Darstellung im Tempel
(Bamberger Altar)

Strafe ↗Strafrecht. **Straferlaß,** Nichtvoll-
streckung einer rechtskräftig erkannten
Strafe; im Gnadenweg od. bei Strafausset-
zung (↗Bewährungsfrist). **Strafgesetzbuch**
(StGB) ↗Strafrecht. **Strafhaft** ↗Freiheits-
strafe. **Strafkammer** ↗Landgericht. **Strafmündigkeit** ↗Alter im Recht der BRD.
Strafprozeß, *Strafverfahren,* der formal-
rechtl. geregelte Prozeßgang bei Kriminalstrafen. Grundlagen sind in der BRD
Strafprozeßordnung (StPO) u. *Gerichtsver-
fassungsgesetz.* Die Klage wird v. der
Staatsanwaltschaft erhoben (*Offizialma-
xime*). Ergibt das ↗Ermittlungsverfahren
hinreichenden Tatverdacht, Verpflichtung
zur Anklageerhebung, sonst zur Einstellung. Der Sicherung der Wahrheitsfindung
dienen u.a. Bindung an Beweisanträge der
Staatsanwaltschaft, des Verteidigers u. Angeklagten, Sicherung der Verteidigung des
Angeklagten. Neben dem Regelverfahren
bes. Verfahrensarten (z.B. ↗Jugendstraf-
recht). **Strafprozeßordnung** (StPO) ↗Straf-
prozeß. **Strafrecht,** Gesamtheit der Regeln

Strafverfahren
Instanzenzüge im Strafprozeß

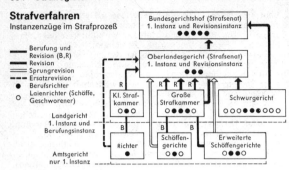

— Berufung und Revision (B,R)
— Revision
=== Sprungrevision
--- Ersatzrevision
● Berufsrichter
○ Laienrichter (Schöffe, Geschworener)

Bundesgerichtshof (Strafsenat)
1. Instanz und Revisionsinstanz ●●●●●

Oberlandesgericht (Strafsenat)
1. Instanz und Revisionsinstanz ●●●

Landgericht
1. Instanz und Berufungsinstanz

R	R R R
Kl. Straf-kammer ○●○	Große Strafkammer ○●●●○	Schwurgericht ○○○●●○○○

Amtsgericht nur 1. Instanz

B	B B
Richter ●	Schöffen-gerichte ○●○	Erweiterte Schöffengerichte ○●●○

über die staatl. Strafgewalt. In der BRD gilt das *Strafgesetzbuch* (StGB) des Dt. Reiches v. 15. 5. 1871 i.d. F. v. 25. 8. 1953 (mit vielen inzwischen vorgenommenen Änderungen; eine umfassende Reform ist in Vorbereitung). **Strafregister,** v. der Staatsanwaltschaft im Bez. des Geburtsortes geführtes Register zur Eintragung v. Kriminalstrafen des Verurteilten. **Strafverfügung,** ermöglicht ohne Zwischenschaltung der Staatsanwaltschaft amtsgerichtl. Straffestsetzung auf Antrag der Polizei bei Übertretungen; Einspruch innerhalb 1 Woche möglich.
Stragula, dem Linoleum ähnlicher, aber leichterer Bodenbelag.
Strahlenchemie, Wiss. v. den chem. u. biolog. Wirkungen radioaktiver Strahlen.
Strahlenpilz, stäbchenförm. od. strahlige Pilzfäden. Kulturen v. Actinomyces griseus liefern ↗Streptomycin. Neben harmlosen, schmarotzenden Arten der Erreger der gefährl. *S.krankheit (Aktinomykose),* meist auf Gräsern; er gelangt beim Kauen v. Stroh u. Halmen in den Körper u. erzeugt eiternde Gewebswucherungen.
Strahlenschäden, durch Einwirkung großer Strahlendosen bewirkter akuter Strahlenschaden (Verlust v. Zellen u. Geweben infolge Zelltod).
Strahlenschutz, physikal. u. chem. Maßnahmen zur Abwendung v. ↗Strahlenschäden durch energiereiche Strahlen, vor allem bei Anwendung v. strahlenden Substanzen u. anderen Strahlenquellen (Röntgengeräte, Teilchenbeschleuniger usw.) in Medizin, Technik, Forschung u. Kriegführung. Dem S. dienen u.a.: Abschirmung durch strahlenabsorbierendes Material, kürzestmögliche Anwendungszeiten v. Strahlungsquellen, möglichst großer Abstand bei dem Umgang mit diesen u. die Anwendung v. Medikamenten nach u. auch vor einer möglichen Strahlenschädigung.
Strahlentherapie, Bestrahlung kranker Körperteile mit Mikrowellen, Wärme-, Licht-, Ultraviolett- u. Röntgenstrahlen, ferner mit Korpuskularstrahlung (Radiumstrahlen, Elektronen usw.).
Strahlentierchen, *Radiolarien,* ↗Protozoen mit fadenförm. Scheinfüßchen u. innerem Skelett, meist aus Kieselsäure; leben im Meer.
Strahlfäule, Hufkrankheit der Pferde.
Strahlstrom, *Jetstream,* eine schlauch-

förm., oft viele hundert km lange starke Windströmung im Übergangsbereich zur Stratosphäre; Teil des weltweiten Westwindsystems; oft über 400 km/h.
Strahltriebwerk, *Strahlantrieb, Düsenantrieb,* erzeugt durch spontane Verbrennung einen Gasstrahl, der auf dem Rückstoßprinzip einen Vorschub gibt; angewendet für Antrieb v. Flugzeugen u. Flugkörpern hoher Geschwindigkeit; oft ist das S. mit einem Propeller gekoppelt (Propellerturbinentriebwerk). Bei *Strahlturbinen* wird durch Turbinenverdichter verdichtete u. erhitzte Luft mit Brennstoff (Kerosin) verbrannt, die Gase liefern den Schub. Ein Nachbrenner mit zweiter Schubdüse steigert (meist nur kurzfristig) die Leistung. Beim *Staustrahltriebwerk* ohne bewegliche, rotierende Teile wird die entgegenströmende Luft gestaut u. anschließend zus. mit Brennstoff verbrannt; dieses Triebwerk arbeitet nur bei hohen Geschwindigkeiten. Das Raketentriebwerk ist ein S., das den Brennstoff u. den Sauerstoff mit sich führt.

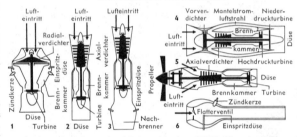

Strahltriebwerk: Schema der Arbeitsweise einer Strahlturbine. **1** mit Radial- und **2** mit Axialverdichter, **3** mit Nachbrenner, **4** Mantelstrom-Strahlturbine, **5** Propeller-Turbo-Luftstrahltriebwerk, **6** Staustrahltriebwerk als intermittierendes Schubrohr

Strahlung, 1) physikal.: die räuml. Ausbreitung v. Energie. Man unterscheidet *Wellen-S.* (elektromagnet. S., wie z. B. Licht-, Radio-, Röntgen-S., u. akust. S., wie Schall-S.) u. *Korpuskel-(Teilchen-)S.* (z. B. α-, β-S.). Durch den ↗Dualismus v. Welle u. Korpuskel sind beide S.sarten miteinander verknüpft. **2)** meteorolog.: die Aufnahme u. Abgabe v. Wärme-S. durch die Erde.
S.sdruck, *Lichtdruck,* der Druck, den Strahlung (Licht) auf eine bestrahlte Fläche ausübt, spielt eine große Rolle in der Physik des Sternaufbaus u. bei der Bildung des Kometenschweifs. **S.sgesetze,** geben den Zusammenhang zw. der Temperatur eines strahlenden Körpers u. seiner Strahlungsleistung, z. B. ist nach dem *Stefan-Boltzmannschen S.sgesetz* diese der 4. Potenz der absoluten Temperatur proportional; das *Plancksche S.sgesetz* gibt die Verteilung der S.senergie auf die verschiedenen Wellenlängen bei verschiedenen Temperaturen. Zur Ableitung der S. ist der ↗schwarze Körper wichtig. **S.sgürtel,** *van Allen-Gürtel,* zwei Zonen der höchsten Atmosphärenschichten (Magnetosphäre), in denen geladene Teilchen (Protonen u. Elektronen) gehäuft auftreten, durch das irdische Magnetfeld zusammengehalten und durch die

Strahlungsgesetze:
Das *Plancksche Strahlungsgesetz* gibt die Energieverteilung auf die einzelnen Wellenlängen im Spektrum an. Die Wellenlänge des Energiemaximums verschiebt sich mit steigender Temperatur zu kürzeren Wellenlängen hin *(Wiensches Verschiebungsgesetz)*

kosm. Strahlung u. den Sonnenwind ergänzt werden. **S.sheizung,** jede Heizung, die ihre Wärme überwiegend durch S. abgibt, z.B. die Infrarotstrahler. **S.smesser,** zum Messen elektromagnet. S. u. Ableitung hoher Temperaturen, z.B. *Bolometer* u. *Pyrometer.*
Straits Settlements (: ßtre[i]tß ßetlm[e]ntß), 1867/1946 brit. Kronkolonie in Hinterindien; umfaßte /Malakka, /Singapur, Weihnachtsinsel, Keeling-Inseln, /Pinang u. die Insel Labuan (Nordborneo); gehört jetzt zu /Malaysia.
Stralsund, Stadtkreis im Bez. Rostock, Ostseehafen, am W-Ufer des /Strelasundes, 74000 E. Der mittelalterl. Kern liegt auf einer Insel; 3 Dämme verbinden ihn mit den festländ. Vorstädten; Backsteinkirchen St. Marien u. St. Jakobi (13./14. Jh.). Umschlagplatz für Getreide, Holz, Zucker; Fischräuchereien, Landmaschinenfabriken, Eisengießereien, Werften. – War führende Hansestadt (1370 Friede der Hansestädte mit Dänemark), 1648 schwed., 1815 preuß.
Stramin m, *Gitterleinen,* weitmaschiges hartes Gewebe für Stickereien.
Strand, der vom bewegten Wasser stetig aufbauend u. zerstörend veränderte Uferstreifen zw. Land- u. Wasserfläche. **S.distel** /Mannstreu. **S.gut,** an das Ufer getriebene Güter, gehörten fr. den Küstenbewohnern; das heutige *Strandrecht,* überwacht v. *S.amt,* verlangt Herausgabe gg. Bergelohn. **S.hafer,** harte Dünengräser. **S.läufer,** Regenpfeifervögel, brüten im hohen Norden; ziehen im Winter küstenlängs nach Süden. **S.nelke,** *Meernelke,* Bleiwurzgewächs mit schnittlauchähnl. Blättern u. rosa Blütenköpfen, am Meeresstrand. **S.verschiebung** /Niveauverschiebung.
Strangulation w (lat.), Erdrosselung, Hinrichtung durch den Strang.
Stranitzky, *Josef Anton,* östr. Schauspieler und Theaterdichter, 1676–1726; seine „Haupt- u. Staatsaktionen" mit der Figur des Hanswursts leiten das Alt-Wiener Volksstück ein. ☐371.
Strapaze w (it.; Ztw. *strapazieren*), Überanstrengung. **strapaziös,** anstrengend.
Straß m, bleihaltiges Glas, zu Edelsteinimitationen verwendet.
Straßburg, frz. Strasbourg (: ßtraßbur), Hst. des frz. Dep. Bas-Rhin, kultureller u. wirtschaftl. Mittelpunkt des Elsaß, an der Ill. Ausgangspunkt v. Rhein-Rhône- u. Rhein-Marne-Kanal; Handelsplatz u. Umschlaghafen am Oberrhein; 252000 E.; kath. Bischof; Univ., Kunsthochschule u. Hochschule für Petrochemie; Sitz des Europarates; got. Münster, 142 m hoch, z.T. von /Erwin v. Steinbach erbaut (1180 begonnen); Kaufhaus (1358), ehem. bischöfl. Barockschloß (1730/42); Erdölraffinerie, Mühlenwerke, Konserven-, Tabak- u.a. Ind. – Urspr. kelt. Siedlung; in der Römerzeit Standlager *Argentoratum;* seit dem 4. Jh. Bischofssitz; 843 lothring., kam 870 zum ostfränk. (dt.) Reich; 1262 Freie Reichsstadt; fiel 1681 an Fkr., war 1871/1918 bei Dtl. **S.er Eide,** 842 geleisteter Bündnisschwur zw. Ludwig dem Dt. u. Karl dem Kahlen gg. ih-

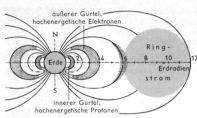

ren Bruder Lothar I.; ältestes ahd. u. altfrz. Sprachdenkmal.
Straße, dem allg. Verkehr dienende befestigte Fläche v. ausreichender Breite u. großer Länge innerhalb oder außerhalb v. Gemeinden. *Klassifizierte S.n* sind Bundesautobahnen, Bundesstraßen, Landstraßen I. u. II. Ordnung (einschließl. der Ortsdurchfahrten; ☐1053). *Gemeindestraßen* in Baulast u. Unterhaltung der Städte u. Gemeinden werden unterschieden nach Hauptverkehrsstraßen, Verkehrsstraßen, Sammelstraßen, Wohn- oder Anliegerstraßen u. außerörtl. Verbindungsstraßen. **S.nbahn,** *Trambahn,* elektr. angetriebenes S.nverkehrsmittel auf Schienen mit Stromzuführung durch Oberleitung (Gleichstrom 500 bis 800 V), Stromrückführung durch die Schienen. **S.nhandel,** unterliegt polizeil. Regelung (Gewerbeschein). Ausgeschlossen: u.a. alkohol. Getränke, Heilmittel.
Straßenverkehrsordnung (StVO) v. 16. 11. 1970, die am 1. 3. 1971 in Kraft trat, regelt das Verhalten der Verkehrsteilnehmer im öff. Straßenverkehr. ☐256/257.
Straßen-Verkehrs-Zulassungs-Ordnung v. 1937 i.d.F. von 1960 (zuletzt geändert 1972), regelt die Zulassung der Verkehrsteilnehmer, bes. der Fahrzeuge, zum öff. Straßenverkehr.
Strasser, 1) *Gregor,* nat.-soz. Politiker, 1892–1934; geriet wegen seines antikapitalist. (nationalbolschewist.) Programms in Ggs. zu Hitler; beim /Röhmputsch ermordet. **2)** *Otto,* dt. Politiker, Bruder v. 1), 1897–1974; verließ 1930 die NSDAP; 33/54 im Ausland; Gründer (56) u. Leiter der bedeutungslosen *Dt. Sozialen Union.*
Straßmann, *Fritz,* dt. Chemiker, 1902–80; entdeckte 38 zusammen mit O. Hahn die Kernspaltung beim Uran.
Strategie w (gr.; Bw. *strategisch*), Lehre u. Methodik der Kriegsführung, im Ggs. zur /Taktik die Gesamtplanung betreffend. *Stratege,* Feldherr.
Stratford, *S.-upon-Avon* (: ßträtf[er]d [o]pon e[i]w[e]n), Stadt in der engl. Gft. Warwick, am Avon, 19000 E.; Geburts- u. Sterbeort Shakespeares (Grab in der Trinity Church [12./15. Jh.]); Festspielhaus.
Stratigraphie w (lat.-gr.), Schichtenkunde, Teil der /Geologie.
Stratosphäre w (gr.), über der Troposphäre liegender Teil der /Lufthülle, der durch Temperatur-Konstanz bzw. -Anstieg mit der Höhe gekennzeichnet ist. Die untere Grenze der S. liegt an den Polen in etwa 9, am Äquator in etwa 16 km Höhe. Die S. ist z.T. Träger der /Strahlströme. ☐ 569.

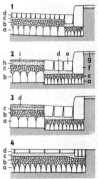

Strahlungsgürtel: Querschnitt durch die Erde und ihre S. und den permanenten äquatorialen Ringstrom. Die erdmagnetischen Feldlinien des angenommenen irdischen Dipolfeldes begrenzen die einzelnen Bereiche

Straße (Querschnitte): 1 *Kleinpflasterstraßendecke,* a Packsteinlage, b Kleinschlag, c Sandlage, d Kleinpflaster. 2 *Steinschlagasphaltdecke,* a kleine und b grobe Packsteinlage, c Schotter-, d Sandlage, e Großpflaster, f Randstein, g Gehsteig, h Makadam-Decke, i Oberflächenbehandlung. 3 *Asphaltbeton-S.* (Rand wie bei 2), a grobe Packlage mit b Schotter ausgezwickt und bedeckt, c Binder-, d Deckschicht. 4 *Klinkerpflaster mit Asphaltfugenverguß,* a Packsteinlage, b Auszwickung mit Schotter, c Sandlage, d flach verlegter Klinker

Stratus *m* (lat.), ⇗Wolken in Schichtform.
Straub, *Johann Baptist,* dt. Bildhauer, 1704–84; neben seinem Schüler I. Günther Hauptmeister des bayer. Rokoko; Altäre in Schäftlarn u. Ettal.
Straube, *Karl,* dt. Orgelmeister u. Chorleiter, 1873–1950; seit 1918 Thomaskantor in Leipzig.
Straubing, niederbayer. Stadtkr. u. Krst. r. an der Donau, 42 800 E.; spätgot. Stiftskirche (1423–1512), roman. Pfeilerbasilika St. Peter (12. Jh.), got. Stadtturm (1316/90) und Rathaus. Ziegeleien, Brauereien.
Strauch, stammloses Holzgewächs, dessen Verzweigung schon an der Erde beginnt.
S.weichsel, eine Weichsel-⇗Kirsche.
Straus, *Oscar,* östr. Operettenkomponist, 1870–1954; *Ein Walzertraum; Der letzte Walzer.*
Strausberg, brandenburg. Krst. östl. v. Berlin (Bez. Frankfurt), am *Straussee* (4 km lang), 20 000 E.; frühgot. Marienkirche.
Strauß, größter lebender Vogel, bis 90 kg schwer, bis 2,75 m hoch; flugunfähig, läuft aber sehr schnell (Schrittlänge bis 4 m, Höchstgeschwindigkeit 50 km/h); in Steppen Afrikas u. Vorderasiens. Schwanzfedern fr. als Schmuck.
Strauß, 1) *David Friedrich,* dt. ev. Theologe u. Philosoph, 1808–74; Vertreter der Hegelschen Linken; sein HW *Leben Jesu* nennt das Evangelium einen Mythos. **2)** *Emil,* dt. Schriftsteller, 1866–1960; Romane u. Erzählungen: *Der Engelwirt; Der Schleier; Das Riesenspielzeug.* **3)** *Franz Josef,* dt. Politiker, * 1915; 53 Bundes-Min. für besondere Aufgaben, 55 für Atomfragen, 56/62 Bundesverteidigungsmin., seit 61 Vors. der CSU, Dez. 66 / Okt. 69 Bundesfinanzminister; seit 78 Ministerpräsident von Bayern. **4)** *Johann,* östr. Musiker, 1804–49; Hofballdirektor; schrieb Walzer, Märsche, Polkas u. Quadrillen. **5)** *Johann,* Sohn v. 4), östr. Musiker, 1825–99; gründete 44 ein eigenes, weltberühmt gewordenes Orchester; Klassiker des Wiener Walzers u. der Operette. Walzer: *An der schönen blauen Donau; Wiener Blut; Rosen aus dem Süden; Kaiserwalzer.* Operetten: *Indigo; Die Fledermaus; Zigeunerbaron.* **6)** *Josef,* Bruder v. 5), Sohn v. 4), östr. Musiker; 1827–70; schrieb Walzer, Quadrillen, Mazurken.
Strauss, *Richard,* dt. Komponist, 1864 bis 1949; Spätromantiker; nach der Programmusik der Dichtungen *(Don Juan; Tod u. Verklärung; Till Eulenspiegel; Ein Heldenleben)* in den Opern (Texte z. T. v. Hofmannsthal) reichste orchestrale Klangfülle: *Salome; Elektra; Rosenkavalier.* Spätere Opern: *Ariadne auf Naxos; Intermezzo; Arabella; Die Frau ohne Schatten; Die ägypt. Helena;* ferner Lieder, Ballettmusik.
Straußgras, *Gemeines S.,* mit braunvioletten Blüten, auf Wiesen.
Strauß u. Torney, *Lulu v.,* dt. Lyrikerin u. Erzählerin, 1873–1956; bes. Balladen.
Strawinsky, *Igor,* am. Komponist russ. Herkunft, 1882–1971; seit 1907 in Fkr. u. der Schweiz, seit 39 in Kalifornien; Frühwerk stark rhythm. bestimmt, bes. Ballet *Sacre du printemps;* dann Verarbeitung v. Stilele-

Oscar Straus

Franz Josef Strauß

Johann Strauß (Vater)

Johann Strauß (Sohn)

Richard Strauss

Igor Strawinsky

menten älterer Musik („Neoklassizismus"); Konstruktivismus, Wendung zur Seriellen Musik. Opern u. gesungene Bühnenwerke *(Die Gesch. v. Soldaten; Oedipus Rex; Der Wüstling),* Ballette *(Feuervogel; Petruschka; Orpheus; Agon),* Symphonien, Orchester- u. Kammermusik, Lieder. – *Erinnerungen; Musikalische Poetik.*
Streb *m,* der Abbauort im Bergbau. **Strebe,** ein schrägliegender Balken (Holz od. Eisen).
Strebewerk, in der Gotik die Aufnahme des Gewölbeschubes auf *Strebepfeiler,* die häufig auch den Außenbau umstehen u. den Schub mittels *Strebebögen* aufnehmen.
Strecke, 1) im Bergbau: die Verbindung des Schachts mit der Lagerstätte. **2)** in der Mathematik: der durch zwei Punkte getrennte Geradenabschnitt. **3)** im Eisenbahnbau: die Gleisanlagen außerhalb der Bahnhöfe. **4)** in der Spinnerei: eine Walzenreihe zum Strecken u. Gleichmäßigmachen des Faserbandes. **5)** das bei der Jagd erlegte Wild.
Streicher, *Julius,* nat.-soz. Politiker, 1885 bis 1946; Hrsg. des antisemit. „Stürmer", 1925/40 Gauleiter v. Franken; Initiator u. Organisator der Judenverfolgung; beim Nürnberger Kriegsverbrecherprozeß zum Tod verurteilt u. hingerichtet.
Streichgarn, rauhes, ungleichmäßiges, kurzfaseriges Garn, vorwiegend für Tuche; Ggs. Kammgarn.
Streichinstrument, jedes ⇗Musikinstrument mit Saiten, die mit dem Bogen gestrichen werden *(Streichmusik).* Das *Streichquartett* besteht aus 1. u. 2. Violine, Bratsche u. Cello; im *Streichquintett* noch Kontrabaß od. 2. Bratsche.
Streichpapier, mit Aufstrich v. Füllstoffen erzeugtes Papier mit glatter Oberfläche.
Streifenfarn, artenreiche Farngattung; an Felsen u. Mauern.
Streik *m* (engl.), *Ausstand,* gemeinsame u. planmäßige Arbeitsniederlegung einer größeren Zahl v. Arbeitnehmern zu einem Kampfzweck (bessere Arbeits- u. Lohnbedingungen) mit dem Willen, die Arbeit nach Beendigung des Ausstandes fortzuführen; in der BRD im GG geschützt. Der *Sympathie-S.* zugunsten der Arbeitnehmer eines anderen Betriebes od. Wirtschaftszweiges ist nur insoweit erlaubt, als er noch Maßnahme des Arbeitskampfes ist. Dem *organisierten S.* gehen im allg.en Verhandlungen der Sozialpartner voraus. Scheitern die Verhandlungen, erfolgen Urabstimmungen

in den Betrieben über die geplante Arbeitsniederlegung. Der *General-S.* umfaßt alle od. die meisten Arbeitnehmer eines Landes u. soll das gesamte Wirtschaftsleben treffen. Gg. den v. der Gewerkschaft ausgerufenen S. haben die Arbeitgeber das Recht der ↗Aussperrung. Bei Verletzung tarifvertragl. Frledenspflicht od. wenn einzelne Akte des S. rechtswidrig sind, können die Arbeitgeber Schadensersatzansprüche gg. die Gewerkschaft bzw. den Schuldigen geltend machen. *Wilder S.* ist der ohne Billigung der Gewerkschaft durchgeführte S. Der *polit. S.* richtet sich der Sache nach gg. staatl. Instanzen, will durch Störung des Wirtschaftslebens ein bestimmtes Verhalten erzwingen. Er ist ein unzulässiger Eingriff in das verfassungsmäßige Verfahren staatl. Willensbildung.

Streitaxt, Hieb- u. Wurfwaffe seit urgeschichtl. Zeit. □ 59. **S.kulturen** v. Ende der Jungsteinzeit bis z. frühen Bronzezeit.

Streitkräfte, die militärischen Verbände u. Dienststellen, die zur Führung des bewaffneten Kampfes ausgerüstet u. ausgebildet sind; als *Teil-S.* werden Heer, Luftwaffe u. Marine bezeichnet.

Streitwagen, im Alt., bes. im Orient, Kriegswagen; meist zweirädrig; seit dem 1. Jahrt. v. Chr. durch den Reiterkrieger verdrängt.

Streitwert, im Zivilprozeß der für die Festlegung der Gerichts- od. Anwaltskosten maßgebende Wert einer Streitsache; v. Gericht nach freiem Ermessen festgesetzt; im allg.en der Verkehrswert.

Strelasund, Meeresstraße zw. der Insel Rügen u. dem Festland bei Stralsund, 2,5 km breit, 13 m tief; v. Rügendamm durchquert.

Strelitz, 1) ehem. Htm., später Hauptteil v. ↗Mecklenburg-S. 2) ↗Neustrelitz.

Strelitzen (russ. = Schützen), im 16./17. Jh. russ. Fußtruppe mit bes. Privilegien; 1698 nach Meuterei v. Peter d. Gr. aufgelöst.

Streptocarpus, Zimmerpflanze mit dicken behaarten Blättern u. bläul. Blüten.

Streptokokken (gr.), meist kettenförm. Kugel-↗Bakterien, z. T. Erreger v. Eiterungen, Scharlach, Diphtherie, Kindbettfieber.

Streptomycin s, ein ↗Antibiotikum aus ↗Strahlenpilzen.

Stresa, *S.-Borromeo,* it. Kur- u. Badeort am Westufer des Lago Maggiore, 5000 E.; nahebei die Borromeïschen Inseln.

Stresemann, *Gustav,* dt. Politiker, 1878 bis 1929; 1918 Begr. und Vors. der Dt. Volkspartei, Aug./Nov. 1923 Reichskanzler u. seit Nov. 23 Außenmin.; brach den passiven Widerstand im Ruhrkampf ab, unterzeichnete den Dawesplan u. den Locarnopakt, setzte die Aufnahme Dtl.s in den Völkerbund durch; bereitete durch den Kelloggpakt u. Vorarbeiten zum Youngplan die vorzeitige Räumung des Rheinlands vor. 1926 Friedensnobelpreis.

Streß *m* (engl.), eigentl. Druck, Belastung; med. ein Begriff, der die Anpassung des Organismus an Belastungen (Infektionen, Verletzungen, körperl. u. seelische Anstrengungen) charakterisiert. Der S. löst stets die gleiche Anpassungssyndrom aus: Verstärkter Einsatz v. Hormonen der Nebennie-

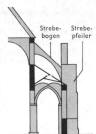

Strebe-   Strebe-
bogen   pfeiler

Strebewerk: Der vom Strebepfeiler zur Hochschiffwand geschlagene Strebebogen setzt an der bes. belasteten Stelle an und hebt den Schub durch Gegendruck auf

August Strindberg

Gustav Stresemann

Strohblume

renrinde u. der Hirnanhangdrüse aktiviert u. reguliert die Abwehrkräfte des Körpers. Mit ↗ACTH kann man die S.reaktion künstl. erzeugen od. die Abwehrfähigkeit des Körpers testen.

Stretta *w* (it.), in der Musik, bes. der Arie, beschleunigter Schlußteil.

Streu, Bodenbedeckung im Stall, meist aus Stroh oder Torf.

Streuung, 1) Abweichung einzelner Werte v. einem Mittelwert, in der Statistik: ein Maß für die Art der Verteilung variierender Werte. 2) in der Optik: eine unregelmäßige Ablenkung einer Strahlung (z. B. Licht) beim Durchgang durch Materie in alle Richtungen. 3) kernphysikal.: die Ablenkung v. Korpuskularstrahlung beim Durchgang durch Materie.

Streuvels (: ßtröf^e lß), *Stijn* (eig. Frank Lateur), belg. Schriftsteller niederländ. Sprache, 1871–1969; bäuerliche Romane: *Der Flachsacker; Knecht Jan.*

Strich, ein veraltetes Winkelmaß v. 11¼°, entspricht einem „Strich" des 32teiligen Kompaßkreises.

Strichätzung, Hoch-↗ätzen meist auf Zinkplatten zur Wiedergabe reiner Schwarzweißvorlagen (Strichzeichnung, Holzschnitt, Schrift). Ggs. die gerasterte ↗Autotypie.

stricken, Hand- od. Maschinenarbeit, die mittels Nadeln meist einen einzigen Faden zu flächigen Maschenbahnen verschlingt.

Striegau, poln. *Strzegom,* niederschles. Stadt am *S.er Wasser,* 15 000 E.; spätgot. Peter-u.-Paul-Kirche (1253/1399).

Striegel *m* (lat.), Gerät mit gezahnten Blechstreifen für die Tierreinigung.

Strigel, Künstlerfamilie in Memmingen; bes. *Bernhard,* 1460–1528; Hofmaler Ks. Maximilians; malte bes. Bildnisse.

strikt, lat. *stricte,* genau, streng.

Striktur *w* (lat.), Verengung eines röhrenförm. Organs durch Narben.

Strindberg, *August,* schwed. Dichter, 1849–1912; war erst Schauspieler, Hauslehrer, Journalist. In drei unglückl. Ehen wurzelt seine Lehre v. Geschlechterkampf (bes. im Drama *Totentanz);* begann mit naturalist. Dramen *(Der Vater; Fräulein Julie),* dann zusehends symbol. u. expressionist.: *Das Traumspiel; Nach Damaskus; Gustav Wasa.* Selbstquälerische Kritik u. Wahrheitsdrang in den Romanen: *Das rote Zimmer; Der Sohn einer Magd; Am offenen Meer.*

stringendo (: ßtrindsch-, it.), in der Musik: sich steigernd, drängend. **stringent** (lat.), zwingend, bündig.

Strip-tease *s* (: -tis, engl.), Entkleidungsszene v. Frauen in Nachtlokalen.

Stroboskop *s* (gr.), opt. Gerät zur Beobachtung rasch ablaufender Vorgänge, z. B. Umdrehung v. rotierenden Maschinenteilen.

Stroh, Halme u. Stengel ausgedroschener Getreide-, Öl- od. Gespinstpflanzen; dient als Streu, Futter, Dachbelag, zum Herstellen v. Flechtwerk u. Cellulose. **S.blume,** *Immerschön, Immortelle,* Korbblütler mit harthäut. Blütenblättern, die auch getrocknet Form u. Farbe behalten.

Stroheim, *Erich v.,* am. Filmschauspieler u. Regisseur östr. Herkunft, 1885–1957; Filme u. a. *Foolish Wives; The merry widow; Die große Illusion.*

Strohmann, wer Rechtsgeschäfte im eigenen Namen für einen anderen tätigt u. den Hintermann verheimlicht.

Strom, 1) ↗elektr. Strom; die ↗Stromstärke ist mit Spannung u. Widerstand in einem *Stromkreis* durch das ↗Ohmsche Gesetz verknüpft. **2)** Fluß über 500 km Länge u. 100 000 km² Einzugsgebiet. **3)** *Flut-* u. *Ebbe-S.,* ↗Gezeiten. **Stromabnehmer,** bei elektr. Maschinen Kohle- od. Kupferbürsten, bei ↗elektr. Bahnen Schleifkontakte an Fahrdraht od. -schiene, meist Scheren-Stromabnehmer.

Stromboli, nördlichste der Liparischen Inseln, 12,2 km² mit dem tätigen, 926 m hohen, gleichnamigen Vulkan.

Stromlinienform, die ideale Form eines Fahrzeugs für Bewegung durch Flüssigkeiten u. Gase. Sie ähnelt der Träne (nicht dem Tropfen) mit rundem Bug, gewölbter Mitte u. hinten lang u. spitz ausgezogenem Heck. Für den Einzelfall wird die S. durch Versuche im Wind- bzw. Schleppkanal ermittelt.

Stromschnelle, Flußabschnitt mit Felsschwellen als Hindernis im Gefälle bei geringer Tiefe u. erhöhter Fließgeschwindigkeit.

Stromstärke, *elektr. S.,* physikal. Basisgröße, die einen Leiterquerschnitt pro Zeiteinheit durchfließende Ladungsmenge; Einheit ist das ↗Ampere.

Stromstrich, Linie größter Oberflächenfließgeschwindigkeit eines Flusses.

Strömungsgetriebe ↗Flüssigkeitsgetriebe.

Strömungslehre, Gebiet der Physik mit ↗Aero- u. ↗Hydrodynamik als Teilgebieten, untersucht Strömungen v. Gasen u. Flüssigkeiten u. die an umströmten Hindernissen auftretenden Kräfte. Man unterscheidet eine *laminare,* d. h. an allen Stellen gleichgerichtete Strömung aus (theoretisch

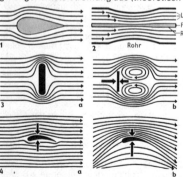

Strömung: 1 Stromlinienverlauf um einen Stromlinienkörper, **2** laminare u. in einer Rohrverengung (die Länge der Pfeile gibt die Größe der Strömungsgeschwindigkeit an), **3a** laminare und **3b** turbulente Umströmung einer Platte. **4** Stromlinienverlauf um ein Tragflügelmodell: **a** kein Auftrieb, **b** mit Auftrieb (die Pfeile geben die Größe der Druckkräfte an). L Stromlinien, R Stromröhre, F Stromfaden

angenommenen) Stromfäden u. eine *turbulente* (verwirbelte) Strömung, bei der jedes Teilchen kreisförmige, Energie verzehrende Bewegungen ausführt. Diese Wirbel entstehen stets bei Überschreitung einer gewissen Geschwindigkeitsgrenze, die man durch entsprechende ↗Stromlinienform hinausschieben kann.

Strontium *s,* chem. Element, Zeichen Sr, Erdalkalimetall; Ordnungszahl 38 (☐149); bes. als Carbonat im Mineral *Strontianit,* $SrCO_3$; silberweiß, an der Luft unbeständig. *S.nitrat,* $Sr(NO_3)_2$, wird wegen seiner schönen roten Flammenfärbung in der Feuerwerkerei u. für Leuchtspurmunition, *S.hydroxid,* $Sr(OH)_2$, zur Entzuckerung v. Melasse verwendet.

Strophanthus, trop. Hundsgiftgewächs, meist Schlingpflanze, enthält *Strophanthin,* sehr giftiges Glykosid, Herzmittel.

Strophe *w* (gr. = Wendung), urspr. Tanzbewegung, dann metr. Einheit des Tanzliedes, später allg. einer Dichtung. Ihre Elemente sind: Versmaß, Reim, Zeilenlänge u. -zahl.

Stroux (: ßtrukß), *Karlheinz,* dt. Regisseur u. Theaterleiter, * 1908; 55/72 Leiter des Düsseldorfer Schauspielhauses.

Strudelwürmer, meist im Wasser lebende Plattwürmer mit strudelnden Wimperhaaren zur Fortbewegung, z. B. die 13 mm große *Bach-Planarie* in Bächen u. Flüssen.

Struktur *w* (lat.), Gefüge, inneres Bezugssystem in der mannigfalt. Zusammensetzung eines Ganzen. **1)** physikalisch: Aufbau der Materie aus atomaren u. molekularen Bausteinen. **2)** chem.: die räuml. Zusammenfügung der Atome zu Molekülen. **3)** Gesteinskunde: Größe, Form u. Anordnung der Gemengteile eines Gesteins. **4)** Gliederung des geistig-seelischen Lebens (*S.psychologie*), auch einer Kultur. **S.alismus** *m* (lat.), urspr. eine Methode der Sprach-Wiss.; heute bes. in Fkr., u. a. von C. ↗Lévi-Strauss, zu einer Gesamt-Wiss. vom Menschen u. seinen soz. Einrichtungen entwickelt; z. T. in Auseinandersetzung mit dem Marxismus begriffen. **S.formel,** Schreibweise chem. Formeln im Ggs. zur ↗Bruttoformel, so daß die gegenseit. Stellung u. Bindung v. Atomen od. Atomgruppen erkennbar wird. Beispiel ↗Benzol.

Struma *w* (lat.), der ↗Kropf.

Struma *w,* im Alt. *Strymon,* Fluß in Makedonien, entspringt bei Sofia, mündet nach 350 km in das Ägäische Meer.

Struve, *Gustav v.,* 1805–70; mit F. Hecker Führer des bad. Aufstands v. 48; floh 51 in die USA, nahm auf seiten der Nordstaaten am Sezessionskrieg teil.

Struwwelpeter, das klass. dt. Bilderbuch (1845 erschienen), gezeichnet u. gedichtet v. H. ↗Hoffmann.

Strychnin *s,* $C_{21}H_{22}N_2O_2$, sehr giftiges Alkaloid im Samen der ↗Brechnuß; nur noch wenig verwendetes Heilmittel (Analeptikum).

Strzegom (: ßtscha-) ↗Striegau.

Stuart (: ßtju^{er}t), schott. Adelsgeschlecht, gewann 1371 die schott., 1603 auch die engl. Krone; 1688 vertrieben. – *Maria S.* ↗Maria.

Erich von Stroheim

Strophanthus

Karlheinz Stroux

Struwwelpeter: Titelblatt des Originalmanuskriptes

Stubai s, 40 km langes Tal in den ↗*S.er Alpen* (Nordtirol), Hauptorte Fulpmes u. Neustift (997 m ü. M.). **S.er Alpen,** Gruppe der Tiroler Zentralalpen, zw. dem Geigenkamm im W u. dem Wipptal im O; im Zuckerhütl 3511 m hoch.

Stubbenkammer w, Kreideklippen auf Rügen, im Konigsstuhl 122 m hoch.

Stubenfliege, bis 8 mm lange, nicht stechende ↗Fliege mit beborstetem Körper; massenhaft in menschl. Behausungen u. Tierställen, überträgt Krankheitskeime.

Stuck, *Franz v.,* dt. Maler u. Bildhauer, 1863–1928; Vertreter des Jugendstils.

Stuck, leicht formbare, rasch erhärtende Masse aus Gips, Kalk u. Sand; für Ornamentik u. Plastik; aus dem Orient übernommen; am beliebtesten in der Innenarchitektur des 18. Jh.

Stubenfliege: 1 Fliege, 2 Tönnchenpuppe, 3 Made

Stückelung, die Einteilung v. Wertpapieren bei der Ausgabe in bestimmte Nennbeträge.

Stückgut, einzeln (nicht in Wagenladungen) als Fracht aufgegebene Ware.

Stücklen, *Richard,* * 1916; 57/66 Bundesmin. für Post- u. Fernmeldewesen (CSU); 67/76 Vors. der Landesgruppe CSU im Bundestag, seit 79 Präs. des Bundestags.

Stücklohn ↗Akkordlohn.

Stückzinsen, 1) Zinsen auf Anleihen bis zum Laufbeginn des ersten Zinsscheines. **2)** Zinsen v. Verfall des letzten Zinsscheines bis zum Verkaufstag des Wertpapiers.

Stückzoll, der nach Stückzahl berechnete ↗Zoll; berücksichtigt nicht verschiedene Güte der Waren u. Geldwertänderungen.

stud. (v. lat. *studiosus*), Abk. für ↗Student, meist mit Abk. für Fakultät od. Studienfach wie beim Doktortitel. ☐ 196.

Student *(Studentin)* (lat.), **1)** allg. Lernende(r). **2)** an einer Hochschule zu wiss. Bildung u. Mitarbeit an der Forschung immatrikulierte(r) Studierende(r); im MA zu Landsmannschaften *(nationes)* in ↗Bursen zusammengefaßt; Ausbildung eigener Bräuche (Komment), Trinksitten (↗Komers), Zweikampfformen (↗Mensur) u. Standessprache; seit dem 18. Jh. ↗Studentenverbindungen. **S.enausschuß** *m, Allgemeiner S.,* ↗AStA. **S.enblume** w, ↗Sammetblume. **S.engemeinde** w, Gesamtheit der einer christl. Konfession angehörenden S.en am Hochschulort, deren aktive Mitgl.er die *Kath. S.en-Gemeinschaft* (KSG) oder *Kath. Hochschul-Gemeinde* (KHG) u. die *Ev. S.engemeinde* mit jeweils eigenen *S.enseelsorgern* bilden.

S.enverbindungen, seit dem 18. Jh. Zusammenschlüsse kleinerer S.engruppen an einer Hochschule als Studienzeitgemeinschaft od. Lebensbund (Aktive u. Philister); die *farbentragenden S.enverbindungen* trugen urspr. die Landesfarben am Hut u. Degen; die *schlagenden S.enverbindungen* pflegen den Zweikampf (↗Mensur); nach 1800 entstanden die ↗Burschenschaften u. *↗Corps,* ferner als *nichtschlagende S.enverbindungen* neben Turner- u. Sängerschaften 1841 der ev. ↗Wingolf, als kath. Verbände ↗CV, ↗KV, ↗UV u. nach 1919 Hochschulringe v. ↗Quickborn u. ↗Neu-

deutschland; seit 33 verdrängte der *NS-S.enbund* alle anderen S.enverbindungen, die größtenteils nach 45, z. T. mit neuer Zielsetzung, wiederauflebten. **S.envereinigungen,** Sammel-Bz. für organisierte student. Gruppen an Hochschulen, z. B. Studentenverbindungen, Studentengemeinden, polit. Hochschulgruppen. **S.enwerk** s, Selbsthilfeorganisation an Hochschulen zur S.enbetreuung, bes. durch Wohnheime, S.enküche (Mensa), Arbeitsvermittlung, Krankenversorgung, Stipendienverwaltung.

Studie w (lat.), Vorarbeit zu einem Werk.

Studienförderung, finanzielle Unterstützung bedürftiger u. begabter Studenten u. Schüler durch den Staat, . wirtschaftl. u. kirchl. Förderwerke, Kommunen u. a., z. B. die ↗Studienstiftung des dt. Volkes, Cusanuswerk (kath.), Ev. Studienwerk, Friedrich-Ebert-Stiftung. Die staatl. ↗Ausbildungsförderung ist geregelt im *Bundesausbildungsförderungs-Ges.* v. 1971 (Zusammenfassung des 1. Ausbildungsförderungs-Ges. v. 1970 u. des Honnefer Modells).

Studienrat, akadem. gebildeter, beamteter Lehrer an ↗Höheren Schulen, z. T. auch an Berufsfachschulen; ein Anwärter heißt nach dem 1. (fachwiss.) Staatsexamen *Studienreferendar,* nach dem 2. (päd.) *Studienassessor.*

Studienstiftung des dt. Volkes, 1925 gegr. Einrichtung, die überdurchschnittl. befähigten Studierenden das Studium ermöglicht. [schule], lernen.

studieren (lat.), forschen (an einer Hoch-

Studio s (lat.), **1)** Studier-, Arbeitsraum. **2)** Aufnahmeraum bei Film, Funk u. Fernsehen. **3)** Experimentierbühne. **Studiosus** *m* (lat.), Student.

Studiten, oriental. Mönche nach der Lebensform des hl. ↗Theodor v. Studiu.

Studium s (lat.), **1)** wiss. Forschen u. Arbeiten. **2)** Ausbildung an Hoch-, z. T. auch an Fachschulen.

Studium generale s (lat.), ma. Bz. für Univ.; heute allg.-bildende Vorlesungen, die (z. T. obligatorisch) v. Hörern aller Fakultäten besucht werden sollen.

Stufenbarren, Frauenturnen; ↗Barren mit verschieden hoch eingestellten Holmen. Heute vielfach auch Verwendung v. verschieden hoch verspannten Recks mit Holzholmen.

Stufenprinzip, in der Raketentechnik das Verfahren, hohe Endgeschwindigkeiten mit großen Nutzlasten dadurch zu erreichen, daß man einen 1. großen Raketensatz *(1. Stufe)* die Hauptarbeit zur Überwindung des Widerstandes der Erdatmosphäre u. der Schwerkraft leisten läßt, diese Stufe dann abwirft u. den so verkleinerten Körper durch eine 2. od. mehrere andere Stufen auf die für die gewünschte Bahn benötigte hohe Geschwindigkeit bringt. ☐ 1101.

Stuhlfeier Petri (lat. *Cathedra Sancti Petri*), Fest der Hirtenwürde Petri am 22. Febr.

Stuhlgang, Kotentleerung. **Stuhlverstopfung,** *Konstipation, Obstipation,* infolge v. unzweckmäß. Ernährung, Krampfzuständen des Dickdarms od. Darmträgheit.

Stuhlweißenburg, ungar. *Székesfehérvár* (: ßẹkäschfäherwar), Hst. des ungar. Komitats Fejér, 106 000 E.; kath. Bischof; Aluminium-, Radio- u. Nahrungsmittel-Ind.; Pferdemärkte; Weinbau. – Im MA Krönungs- u. Begräbnisstätte der ungar. Könige.

Stuhlzäpfchen (lat. *Suppositọrium*), kegelförmiges Stäbchen aus Kakaobutter, Glyceringelatine u. a., wird als Träger v. Arzneien in den Mastdarm eingeführt.

Stukkatur *w* (it.), Arbeit in ⁄Stuck, durch den *Stukkateur* (: -ör).

Stummelaffen, *Seidenaffen,* Meerkatzen mit stummelförmigem Daumen, kräftiger Mähne u. langem, buschigem Schwanz.

Stummheit, Unfähigkeit, artikuliert zu sprechen, angeboren, u. dann meist ⁄Taubstummheit, od. erworben nach Krankheit.

Stumpen, 1) die rohe Form des Filzhuts. **2)** gleichmäßig dicke, an beiden Enden beschnittene Zigarre.

Stunde, Abk. h, der 24. Teil des Tages; 1 h = 60 Minuten = 3600 Sekunden.

Stundenbuch, das im Hoch-MA aufgekommene Gebetbuch für Laien mit Texten für die einzelnen Horen; seit dem 15. Jh. vielfach mit Miniaturen reich ausgeschmückt.

Stundengebet, das v. Priestern u. den Mitgl. v. Männer- u. Frauenorden nach Maßgabe ihrer Konstitution vorgeschriebene u. im ⁄Brevier festgelegte tägl. Gebet.

Stundịsmus, *Stundịsten,* russ. ev. Bauernbewegung mit Bibel-„Stunden"; v. württ. Kolonisten bei Odessa um 1860 gegründet.

Stundung, vertragliche Verschiebung der Fälligkeitsfrist einer Forderung.

Stuntman *m* (: ßtạntmän, engl.), ⁄Double für gefährliche Szenen.

Stupa *m* (sanskrit.), ⁄Indien (Kunst).

stupẹnd (lat.), verblüffend.

stupịd (lat.), dumm, stumpfsinnig.

Stupor *m* (lat.), hochgradiger Antriebsverlust, bei dem auf Reize trotz intaktem Bewußtsein nicht reagiert wird; u. a. bei Geisteskrankheiten.

Stürgkh, *Karl* Reichsgraf v., 1859–1916; seit 1911 östr. Min.-Präs., v. F. Adler erschossen.

Sturm, starker Wind. ☐ 1111.

Stürmer, Kopfbedeckung mancher Verbindungsstudenten.

Sturmflut, bes. hoher Wasserstand des Meeres bei Zusammentreffen einer Springflut mit einem gleichgerichteten Sturm.

Sturmhut, Giftpflanze, ⁄Eisenhut.

Sturmius *(Sturm, Sturmi),* hl. (17. Dez.), OSB, † 779; Schüler des hl. Bonifatius; Gründer u. 1. Abt des Klosters Fulda; Förderer der Sachsenmission.

Sturmschwalbe ⁄Sturmvögel. **Sturmtaucher** ⁄Sturmvögel.

Sturm u. Drang, Epoche der dt. Geistesgeschichte zw. 1760 u. 85 (Bz. nach einem Schauspiel v. F. M. Klinger); jugendl. revolutionäre Auflehnung gg. die erstarrte Aufklärung; Kult des schöpfer. Genies. Religiös v. Pietismus, philosoph. v. Rousseau vorbereitet. Bes. Shakespeare galt als Vorbild. Zum S. u. D. gehörten Hamann, Herder, der junge Goethe, Klinger, Lenz, Wagner, Schubart, der junge Schiller, der ⁄Göttinger Dichterbund.

Stuttgart: der erste deutsche Fernsehturm (auf dem Hohen Bopser)

Stutzkäfer *(Hister quadrimaculatus)*

Sturmvögel, fluggewandte Hochseevögel, gehen nur zum Brüten an Land. *Sturmschwalben, Sturmtaucher, Eissturmvogel, Albatros.*

Sturmwarnung, durch Funk-, opt. od. akust. Signale (bes. für Küstenschiffahrt) gegeben.

Sturzo, Don *Luigi,* it. Politiker, kath. Priester, 1871–1959; 1919 Begr. der (christl.) it. Volkspartei; Gegner Mussolinis.

Stuttgart, größte Stadt u. Hst. v. Baden-Württemberg, in einem Seitental des Nekkars, 582 000 E.; Univ. (bis 1967 TH), Univ. Hohenheim, Berufspädagogische Hochschule, Kunstakademie, Staatl. Hochschule für Musik u. darstellende Kunst, Fachhochschulen; Ev. Landesbischof. 210 m hoher Fernsehturm auf dem Hohen Bopser; Altes Schloß (1553/78), Alte Kanzlei (16. Jh.), Prinzenbau (1605/1710), got. Stiftskirche (12./15. Jh.), Wilhelma (1842–1853 in maur. Stil erb.). Vielseitige Ind.: Verlage, Elektrotechnik, Feinmechanik, Eisen- u. Metallverarbeitung, Textilien, Chemikalien. Hafen am kanalisierten Neckar. – Seit 1482 Hst. Württembergs, seit 1952 v. Baden-Württ.; 1849 Tagungsort des ⁄Rumpfparlaments 2).

Stutz, *Ulrich,* Schweizer Rechtshistoriker, 1868–1938; Forschungen über german. Einflüsse auf die Kirchenverfassung des MA; bes. die ⁄Eigenkirche; erhob die kirchl. Rechts-Gesch. zur eigenständigen Disziplin.

Stutzkäfer, Kurzflügelkäfer, lebt wie seine Larven an faulenden Stoffen; stellt sich bei Berührung tot.

Stylịten (Mz., gr.), die ⁄Säulenheiligen.

Styrax *m, Storax,* Harz des vorderasiat. Amberbaumes; Räucher- u. Arzneimittel.

Styrol, *Vinylbenzol,* C_8H_5–CH = CH_2, farblose, leicht polymerisierende Flüssigkeit; wichtig für Herstellung v. Kunststoffen (Polystyrol).

Styx *w* u. *m,* griech. Gebirgsflüßchen in Nordarkadien, mit 200 m hohem Wasserfall; im griech. Mythos Fluß der Unterwelt.

Suaheli, ostafrikan. muslim. Mischbevölkerung aus Bantunegern, Arabern u. Persern im Küstengebiet v. Somaliland bis Moçambique. Ihre Sprache, das *Kisuaheli,* eine Bantusprache, wird in Ostafrika bis in den Kongo als Handelssprache gesprochen.

Suárez (: sᵘạreß), *Francisco de,* SJ, span. Theologe u. Philosoph, 1548–1619; Spätscholastiker, modifizierte z. T. den ⁄Thomismus; bedeutend für Natur- u. Völker**sub** (lat.), unter; häufig in Zss.   [recht.

subaltern (lat.), untergeordnet, unterwürfig.

subarktisch (*subantạrktisch*), vom Übergangscharakter zw. der nördl. (südl.) gemäßigten Zone u. dem nördl. (südl.) Polargebiet bestimmt.

Subdiakon *m* (lat.-gr.), **1)** kath.: fr. Inhaber der untersten der 3 höhern Weihen (⁄Priesterweihe). **2)** orth.: Inhaber eines niederen Weihegrades.

Subdominante *w* (lat.), ⁄Dominante.

Subjekt *s* (lat.), **1)** Satzgegenstand, Satzteil, v. dem etwas ausgesagt wird. **2)** das wahrnehmende, erkennende Ich; Ggs.: ⁄Objekt.

subjektịv, zum Subjekt gehörig; ichbezogen, auch einseitig. **Subjektivịsmus,** lehrt im Ggs. zum Objektivismus, daß es keine allg. verbindl. Wahrheit u. Sittlichkeit gebe. ↗Relativismus. – Psychologisch: starke Ichbezogenheit.

Subjektsteuern ↗Personalsteuern.

Subkontinent m (lat.), durch Lage, Größe, Bevölkerung u. Wirtschaft selbständig erscheinender Teil eines Kontinents (z. B. Vorderindien).

Subkultur w (lat.), eigene Verhaltensweise u. Normensystem bestimmter soz. Gruppen in komplexen Gesellschaften.

sublim (lat.), erhaben, verfeinert.

Sublimat s, 1) Quecksilberchlorid. 2) ↗Sublimation.

Sublimation w (lat.), unmittelbarer Übergang eines Stoffes aus dem festen in den gasförm. Zustand. Bei Rückkehr in den festen Zustand (Bildung des *Sublimats*) wird *S.swärme* frei.

submarin (lat.), unter der Meeresoberfläche befindlich oder gebildet.

Submission w (lat.), 1) Ehrerbietung, Gehorsam. 2) bes. bei Behörden die Form, in der Aufträge öff. ausgeschrieben werden.

Subordination w (lat.), Unterordnung.

Subotica (: -tȋtßa), fr. dt. *Maria-Theresiopel*, jugoslaw. Stadt in der nördl. Batschka, nahe der ungar. Grenze, 90 000 E.; kath. Bischof; Nahrungsmittel- u. Holz-Ind.

Subprior, Stellvertreter des ↗Priors.

Subregens, Stellvertreter des ↗Regens.

Subsidiaritätsprinzip (v. lat. *subsidiär* = hilfsweise), Grundsatz der kath. Soziallehre (vor allem in ↗Quadragesimo anno), nach dem die kleineren Sozialgebilde ihre eigenen Aufgaben, die sie aus eigener Kraft erfüllen können, selbständig regeln, während die umfassenderen Sozialgebilde nur ergänzend u. fördernd tätig werden sollen.

Subsidien (Mz., lat.), Hilfsmittel, bes. Hilfsgelder, die ein Staat einem anderen zur Kriegführung zahlt.

Subsistenz w (lat.; Ztw. *subsistieren*), 1) Lebensunterhalt (veraltet). 2) in der ↗Scholastik das In-und-Für-sich-selbst-Existieren der ↗Substanz.

Subskription w (lat.; Ztw. *subskribieren*), im Buchhandel die Verpflichtung, ein später erscheinendes Werk, meist zum Vorzugspreis, abzunehmen.

sub specie aeternitatis (lat.), im Hinblick auf die Ewigkeit.

substantiell (lat.), wesentlich.

Substantiv s (lat.), das Hauptwort.

Substanz w (lat.), 1) allg. Wesensgehalt, Grundstoff. 2) erste ↗Kategorie der aristotel.-thomist. Philosophie: der unter dem Wechsel der Erscheinungen beharrende selbständige Träger (↗Substanz) v. *Akzidenzien* (↗Akzidens), der als *Wesensgrund* od. *Natur* eines Seienden den Grund für dessen Wirkungsmöglichkeiten bildet.

Substitut m (lat.), Ersatz(mann). **Substitution** w, 1) Ersetzen eines algebraischen Ausdrucks durch einen anderen. 2) bei chem. Reaktionen Austausch v. Atomen od. Atomgruppen in Molekülen. 3) wirtschaftl.: die Ersetzbarkeit eines Wirtschaftsgutes durch ein anderes, das dem gleichen Zweck dient (z. B. Butter durch Margarine). **S.sthe-**

rapie, Behandlung mit Hormonen, wenn diese im Körper zuwenig od. gar nicht gebildet werden.

Substrat s (lat.), 1) Grundlage. 2) in der Philosophie: bes. die ↗Substanz als Träger der Akzidenzien.

subsumieren (lat.), ein-, unterordnen. **Subsumtion** w, Unterordnung unter die allgemeine Regel.

subtil (lat.), fein; spitzfindig.

Subtraktion w (lat.), Grundrechnungsart, Umkehrung der Addition: v. einer Größe (Zahl), dem *Minuend*, wird eine andere, der *Subtrahend*, abgezogen *(subtrahiert)*. Das Ergebnis ist die *Differenz*.

Subtropen, beiderseits der ↗Tropen die Übergangsregionen zu den gemäßigten Zonen, in 30–40° nördl. bzw. südl. Breite, mit sommerwarmem u. wintermildem Klima.

Suburbikarische Bistümer, 7 kleine kath. Bistümer bei Rom; bilden mit diesem zus. die röm. Kirchenprovinz.

Subvention w (lat.; Ztw. *subventionieren*), Beihilfe; Unterstützung, bes. einzelner Wirtschaftszweige aus öff. Mitteln.

subversiv (lat.), umstürzlerisch.

Suchdienst, Einrichtung zur Nachforschung nach dem Verbleib vermißter Militär- u. Zivilpersonen.

Sucher, 1) astronom. Hilfsfernrohr mit großem Gesichtsfeld u. (meist) Fadenkreuz. **2)** opt. Hilfsgerät an Kameras, zeigt die Bildbegrenzung.

Sucht w, zur Gewohnheit gewordenes Bedürfnis nach Genuß-, Arznei- u. Rauschmitteln; bes. Alkoholismus u. Morphinismus. Weitere S.mittel sind Kokain, Haschisch, Meskalin, Pervitin u. einige Schlafmittel. Der S. verfallen meist willensschwache Psychopathen u. leicht erschöpfbare Menschen mit Neigung zu depressiven Verstimmungen. Infolge Gewöhnung müssen die Dosen immer mehr gesteigert werden. Wenn die Süchtigen das gewohnte S. nicht bekommen, treten *Entziehungserscheinungen* auf. Schwere S. endet stets mit körperl. u. seel. Schädigung. ↗796.

Süchteln, seit 1970 Stadtteil v. Viersen.

Suchumi, Hst. der Abchasischen ASSR, Kurort u. Hafen am Schwarzen Meer, 114 000 E. Kernforschungszentrum; Teekulturen; Tabak- und Nahrungsmittel-Ind.

Sucre, nominelle Hst. v. Bolivien (tatsächl. ↗La Paz), in einem Hochbecken der Anden, 2700 m ü.M., 64 000 E.; kath. Erzb.; got. Kathedrale (1553); Univ. (gegr. 1624).

Südafrika, 1) der Südteil Afrikas außerhalb der Tropen, etwa 3,5 Mill. km²; ein gewaltiges Hochlandbecken, im O u. SO Gebirgsränder (Drakensberge 3650 m), die in mehreren Stufen zu einem schmalen Küstenvorland abfallen; im Innern das wüstenhafte Kalaharibecken (950 m ü. M.). Wichtiges Europäer-Siedlungsgebiet; polit. größtenteils die **2)** *Republik S.*, bis 1961 *Südafrikanische Union*, an der Südspitze Afrikas, mit den 4 Prov. Kap der Guten Hoffnung, Natal, Transvaal und Oranje-Freistaat; seit 1920 gehört ↗Südwestafrika als Mandatsgebiet zur R. S. (Namibia); die Bev. besteht aus 21% Weißen, 67% Negern

Suchdienst

Hauptstellen:
S. des Deutschen Roten Kreuzes
für Militärpersonen: München; für Zivilpersonen: Hamburg (ebd. Zentralkartei)
Caritasverband-S., Freiburg und München
Hilfsdienst für Internierte und Kriegsgefangene, München
Int. Komitee des Roten Kreuzes, Genf

Südafrika

Amtlicher Name:
Republiek van Suid-Afrika – Republic of South Africa

Staatsform:
Republik

Hauptstadt:
Pretoria

Fläche:
1 221 037 km²

Bevölkerung:
27,7 Mill. E.

Sprache:
Staatssprachen sind Afrikaans u. Englisch; daneben Bantu-Sprachen

Religion:
70% Christen
(10,5% Methodisten, 9% Reformierte, 8,6% Anglikaner, 7% Katholiken)
25% Anhänger von Naturreligionen, 2% Hindus, 1,1% Muslimen

Währung:
1 Rand = 100 Cents

Mitgliedschaften:
UN

(meist Bantus), 9% Mischlingen u. 3% Asiaten (meist Inder). 39% der Weißen sprechen Englisch, 57,3% Afrikaans. Das Nebeneinander einer zahlenmäßig geringen europ. Oberschicht u. einer farbigen Mehrheit führte zu starken sozialen Spannungen (↗Apartheid). – Die R. S. bildet den Südrand einer riesigen Schüssel, in deren Mitte die 900–1000 m hohe Wüste Kalahari liegt. Diese Gebirgsumrahmung, die im O 3500 m Höhe erreicht, fällt zum Atlant. u. zum Ind. Ozean stufenförmig zu schmalen Küstenebenen ab. Diese sind, bes. im SO, bei ergiebigen Niederschlägen, die fruchtbarsten Gebiete: Tee, Zucker, Mais, Obst. In den trockenen Binnenländern bedeutende Viehzucht: 38,3 Mill. Schafe, 12 Mill. Rinder, 5,5 Mill. Ziegen. Die R. S. ist ein Hauptbergbaugebiet der Erde: Gold, Diamanten, Kohle, Uran, Kupfer, Mangan, Platin, Silber, bes. der Witwatersrand. Ausfuhr: Diamanten, Wolle, Gold, Mais. – 1910 durch Zusammenschluß der brit. Kolonien Kapland, Natal, Transvaal u. Oranje(-Freistaat) als Dominion gegr. (↗Buren); erhielt 20 das Mandat über ↗Deutsch-Südwestafrika; 48 wurde der langjährige Min.-Präs. ↗Smuts gestürzt; annektierte 49 gg. die Entscheidung der UN u. des Haager Gerichtshofes Südwestafrika; Smuts' Nachfolger führten eine strenge Rassentrennung (Apartheid) durch, die 61 zum Ausscheiden der R. S. aus dem Commonwealth u. zu wachsender polit. Isolierung führte. Seit 62 Errichtung v. autonomen Bantu-Staaten *(Bantustans)* Staatspräs. M. Viljoen (seit 71).
Südafrikanische Union, bis 1961 Name der Republik ↗Südafrika 2).
Südamerika, mit Mittel- u. Nordamerika durch die Landenge v. Panama verbunden, 7500 km lang; 17,8 Mill. km² = 41% v. Gesamt-↗Amerika. Zw. dem Hochgebirge der Anden im W u. den breiten Berg- u. Tafelländern v. Guayana u. Brasilien im O liegen die weiten Becken des Amazonas-, Orinoko- u. La-Plata-Stromsystems. Immerfeuchter Tropenurwald im Amazonasbecken wird nach N u. S durch Mischwälder u. Savannen abgelöst; anschließend Steppen. Die Bev. (ca. 230 Mill.) ist bes. im Andenland stärker v. indian. Ureinwohnern durchsetzt. Von Spaniern u. Portugiesen eingeführte Neger siedeln namentl. in den trop. Gebieten. Heute besteht die Mehrzahl der Bev. aus Mischlingen (Mulatten, Mestizen, Zambos). – In der ersten Hälfte des 16. Jh. wurde ganz S. span., außer Brasilien, das 1500/1822 zu Portugal gehörte; dieser span. Kolonialbesitz bildete, abgesehen v. ↗Venezuela, seit 1542 das Vize-Kgr. Peru, v. dem 1739 Neu-Granada (Kolumbien) u. 76 La Plata (Bolivien, Argentinien, Uruguay u. Paraguay) als Vize-Kgr.e, 97 Chile als Generalkapitanat abgetrennt wurden. Die Freiheitskämpfe 1810/25 führten zum Sturz der span. Herrschaft; dem Festland allein noch Französisch-Guayana europ. Kolonialbesitz. Im allg. gelang es den süd-am. Staaten nicht, das pol. Leben zu stabilisieren u. einen wirtschaftl. u. sozialen Ausgleich herbeizuführen. ☐ 22, 57.

Sudan
Amtlicher Name: Jamhuryat es-Sudan Al Democratia (Demokrat. Republik Sudan)
Staatsform: Republik
Hauptstadt: Khartum
Fläche: 2 505 813 km²
Bevölkerung: 17,38 Mill. E.
Sprache: Staatssprache ist Arabisch; Englisch Bildungs- und Außenhandelssprache; daneben hamitische, sudanische, nilotische Sprachen
Religion: im Norden meist Muslimen, im Süden Anhänger von Naturreligionen; ca. 300000 Christen
Währung: 1 Sudanes. Pfund = 100 Piastres = 1000 Millièmes
Mitgliedschaften: UN, Arabische Liga, OAU

Sudan (arab. = Land der Schwarzen), **1)** *m,* Großlandschaft der nördl. Afrika, zw. Sahara im N u. dem trop. Urwald der Guineaschwelle u. des Kongobeckens im S, 15 Mill. km²; über 5500 km reicht der S. vom Atlant. Ozean im W bis zum Fuß des abessin. Hochlandes im O; vorwiegend Savanne. Die Bewohner dieses Durchgangslandes sind eine Mischung v. dunklen S.negern mit hellhäutigen Hamiten und Arabern: Fulbe, Tuareg, Haussa. – Der östl. Teil *(Anglo-Ägypt. S.)* war 1899/1956 unter gemeinsamer engl. u. ägypt. Verwaltung u. ist seither eine unabhängige Rep. [↗Sudan 2)]; der westl. Teil *(Französischer S.)* war als frz. Kolonie (seit 1902) Teil v. Frz.-Westafrika, wurde 1958 autonome Rep. innerhalb der Frz. Gemeinschaft u. ist seit 60 als Rep. ↗Mali unabhängig. **2)** Rep. in Nordostafrika. Der größte Teil des Landes gehört zur Savannenlandschaft S., der N ist die Nubische Wüste, die im Gebirgsstock v. Darfur auf 3070 m ansteigt. Lebensader des Landes ist der Nil, der es von S nach N in ganzer Länge durchzieht. Ca. 80% der Bev. leben v. der Landw., doch werden bisher nur ca. 12% der Gesamtfläche landw. genutzt. Hauptprodukte: Baumwolle, Ölsaat u. Ölfrüchte, Erdnüsse u. Gummi arabicum. – 1899/1956 als Anglo-Ägypt. S. unter gemeinsamer engl. u. ägypt. Verw. 1956 unabhängige Rep., 58 u. 69 Staatsstreiche; 72 Beilegung der inneren Spannungen (zeitweise Bürgerkrieg) mit der Süd-Prov., die Teilautonomie erhält. Staats-Präs. J. M. al-Numeiri (seit 71, 69/71 Vors. des Obersten Revolutionsrates).
S.neger, rassisch wenig einheitliche Negergruppe im S. Die *Sudansprachen* zeigen Vermengung mit hamitischem Sprachgut.
Südantillenbogen, brit. antarkt. Inselbogen östl. v. Feuerland; umfaßt Südgeorgien, die Süd-Sandwich-, Süd-Orkney- u. Süd-Shetland-Inseln.
Südarabische Föderation, der Zusammenschluß Adens mit 23 Scheichtümern u. Sultanaten (1963) zu einem brit. Protektorat; 67 als VR *Südjemen* unabhängig, 70 in Demokrat. VR ↗Jemen umbenannt.
Südaustralien, Bundesstaat im S Australiens, 984377 km², 1,3 Mill. E.; Hst. Adelaide. Reich an Bodenschätzen.
Südchinesisches Meer, Randmeer des Pazif. Ozeans zw. Formosa- u. Borneostraße, bis 5421 m tief.
Süddakota ↗South Dakota.
Süd(en), *Mittag,* Himmelsrichtung, fällt mit dem Höchststand der Sonne zusammen.
Sudermann, *Hermann,* dt. Schriftsteller, 1857–1928; zahlr. bühnenwirksame, v. frz. Gesellschaftsstück beeinflußte Dramen *(Ehre; Heimat);* bedeutender seine Prosa: *Frau Sorge; Der Katzensteg.*
Sudeten, die nordöstl. Mittelgebirgsumwallung Böhmens v. der Mähr. Pforte bis zur Neißebucht bei Zittau, in der Schneekoppe 1603 m hoch. Dem Mährischen Gesenke im SO folgen nördlich der Glatzer Kessel, umrahmt vom Reichensteiner Gebirge, Glatzer Bergland, Habelschwerdter Gebirge, Heuscheuer-, Eulengebirge, jenseits der Landeshuter Senke Riesen- u. Iser-Gebirge. Die

H. Sudermann

Täler u. Senken der waldigen, flachen Hochrücken wurden im MA durch dt. Bauern erschlossen. **S.deutsche,** Sammelbz. für die Dt. in den Randgebieten Böhmens u. Mährens und einigen Sprachinseln im böhm.-mähr. Siedlungsgebiet; kamen 1918 gg. ihr Selbstbestimmungsrecht zur Tschechoslowakei; das v. ihnen besiedelte Gebiet, das **S.land,** kam 38 durch das ↗Münchener Abkommen an Dtl. u. fiel 45 wieder an die Tschechoslowakei zurück; die ca. 3¹/₂ Mill. S.deutschen wurden fast alle vertrieben und leben heute meist in der BRD.

Südeuropa, die geograph. u. kulturell von Mittelmeerraum geprägten Länder der Pyrenäen-, Apennin- u. südl. Balkanhalbinsel.

Südfrüchte, Früchte, die entweder südl. der Alpen oder (i.w.S.) in Ländern mit trop. oder subtrop. Klima gedeihen (z. B. Banane, Orange). □ 748. [VR ↗Jemen.

Südjemen, bis 1970 Name der Demokrat.

Südkarolina ↗South Carolina.

Südkorea ↗Korea.

Südliches Kreuz, Sternbild am Südhimmel.

Südlicht, das südliche ↗Polarlicht.

Süd-Orkney-Inseln (: -ả'kni-), Inselgruppen des Südantillenbogens, ca. 960 km²; 1908 den Falklandinseln unterstellt.

Südostasien-Pakt, Südostasiat. Verteidigungspakt, engl. South East Asia Treaty Organization (SEATO), 1954 gg. evtl. kommunist. Angriffe zw. den USA, Großbritannien, Fkr., Australien, Neuseeland, Thailand, Pakistan (72 ausgetreten) u. den Philippinen geschlossenes Bündnis; seit 55 in Kraft, 75 Auflösungsbeschluß. ↗ANZUS-Pakt.

Südpol, der südl. Durchstoßpunkt der Erdachse in der ↗Antarktis, am 14. 12. 1911 v. Amundsen, am 18. 1. 12 v. Scott erreicht; Zentrum der Forschung im ↗Geophysikal. Jahr. **S.,** magnet., ↗Erdmagnetismus.

Südpolarmeer, das Meer rings um das antarkt. Festland mit Tiefseecharakter; ca. bis 55° s. Br. □29.

Südrhodesien ↗Rhodesien.

Süd-Sandwich-Inseln (: -ßǎndᵘitsch-), 16 vulkan. Inseln im Südatlantik, 337 km², unbewohnt; britisch.

Südsee, der inselreiche zentrale Teil des Pazif. Ozeans. **S.inseln** ↗Ozeanien.

Süd-Shetland-Inseln (: -schetländ-), antarkt. Inseln im Südantillenbogen, 4462 km², unbewohnt; polit. zu den Falkland-Inseln.

Südslawien, Bz. für ↗Jugoslawien.

Südtirol, der ehem. Teil Tirols südl. des Brenners, bildet die italienische Autonome Region Trentino-Südtirol (Trentino - Alto Adige) mit den Prov. Bozen (261000 Dt., 155000 Italiener) u. Trient (it. Bev.-Mehrheit). – S. ist ein v. der Etsch (Vintschgau), dem Eisack u. der Rienz (Pustertal) durchflossenes Hochgebirgsland (Ortler, Dolomiten); altes Durchgangsland zw. Dtl. u. It.; Obst- u. Weinbau, Fremdenverkehr. – Gg. den Willen seiner Bewohner 1919 v. ↗Tirol abgetrennt u. It. einverleibt. Im sog. Gruber-De-Gasperi-Abkommen 46 wurde S. Autonomie zugesagt, aber in der Folgezeit nicht verwirklicht; daher bes. seit 56 diplomat. Auseinandersetzungen zw. Östr. u. It.; eine Einigung wurde erst 1969 erzielt.

Südvietnam ↗Vietnam.

Südwestafrika, Namibia, Mandatsgebiet der Republik ↗Südafrika, v. dieser 1949 gg. die Entscheidung der UN u. des Haager Gerichtshofes eingegliedert; 824292 km², 909000 E.; davon 105000 Weiße u. 804000 Afrikaner (Ovambo- u. Kovango-Neger, Hereros, Hottentotten u. Damaras); Hst. Windhuk. – Das trockene Land geht aus den westl. Randgebirgen Südafrikas nach W in die Küstenwüste der Namib über. Gesundes Trockenklima. Rinder- u. Schafhaltung (Karakulfelle). Bergbau auf Diamanten u. NE-Metalle. – Die ehem. Kolonie ↗Deutsch-Südwestafrika wurde 1920 als S. Mandat der Südafrikan. Union, seit 66 nominell unter UN-Verwaltung, seit 68 Namibia gen.

Sue (: Bü), Eugène, frz. Schriftsteller, 1804–57; abenteuerl. u. soziale Romane, u. a. Die Geheimnisse von Paris; Der ewige Jude.

Sueben, Sweben (Mz.), westgerman. Völkergruppe, urspr. zw. Elbe u. Oder; Hauptvolk waren die ↗Semnonen (aus denen die ↗Alamannen hervorgingen, bei denen der Name S. = Schwaben fortlebte).

Suenens (: ßü-), Leo Josef, Primas v. Belgien, * 1904; seit 61 Erzb. v. Mecheln u. seit 62 Kard.; auf dem 2. Vatikan. Konzil einer der Führer der progressist. Richtung.

Sueton, röm. Geschichtsschreiber und Schriftsteller, um 70 bis um 140 n. Chr.; Geheimsekretär Ks. Hadrians, schrieb Kaiserbiographien u. Biographien berühmter Männer; dessen Schema war in den Biographien des MA bis Einhard wegweisend.

Suez, Sues, ägypt. Hafenstadt am Südausgang des Suezkanals, von dem die Stadt lebt; 368000 E.; Erdölraffinerien.

Suezkanal, Sueskanal, künstl. Schiffahrtsweg zw. dem Mittelmeer (Port Said) u. dem

Suezkanal

Roten Meer (Suez), in Ägypten; 171 km lang, 11,27 m tief; für 60000-t-Schiffe; wurde jährl. v. 18000–20000 Schiffen mit 160–180 Mill. NRT durchfahren. – 1859/69 v. ⁷Lesseps erbaut; wurde 1888 internationalisiert, stand seit 1936 unter brit. Kontrolle; nach einem Abkommen v. 54 brit. Truppenabzug, der Anfang 56 beendet war; bald darauf verstaatlicht; der Einmarsch engl., frz. u. israel. Truppen Oktober 56 führte zur *Suezkrise* (durch Eingriff der UN beigelegt). Seit dem arab.-israel. Krieg 67 gesperrt, im Oktoberkrieg 73 hart umkämpft, nach Abzug der israel. Truppen v. Kanalufer geräumt u. 75 wieder geöffnet.

Suffix s (lat.), ⁷Nachsilben.

Suffolk (: ßaf^ek), südostengl. Gft. an der Nordseeküste, seit 1888 unterteilt in *East S.* (Hst. Ipswich) u. *West S.* (Hst. Bury St. Edmunds).

Suffragan m (lat.), *kath. Kirchenrecht:* der unter einem Metropoliten stehende Bischof.

Suffragette w (engl.), Vorkämpferin des Frauenwahlrechts in Engl. Anfang 20. Jh.

Sufismus m (v. arab. *sufi* = Asket im Wollkleid), im Islam für dessen Vertiefung u. Ausbreitung bedeutende asket.-myst. Richtung seit dem 8. Jh. n. Chr.; Grundlage der ⁷Derwisch-Orden.

Sugambrer (Mz.), german. Stamm, Teil der Istwäonen, urspr. zw. Sieg u. Lippe.

Suggestion w (lat. = Eingebung; Ztw. *suggerieren*), seel. Beeinflussung eines Menschen zur kritiklosen Annahme einer bestimmten Überzeugung, Ausführung einer Handlung, Einbildung einer Wahrnehmung. S. durch einen anderen Menschen ist *Fremd-S.* (⁷Hypnose), dem eigenen Ich gegenüber *Auto-S.* Jeder Mensch ist suggestibel, d. h. der S. zugänglich, doch in verschiedenen Graden. *Massen-S.* ist ein Mittel neuzeitl. Propaganda.

Suhl, thüring. Solbad, Bez.-Hst. u. Stadtkreis am Südrand des Thüringer Waldes, 32000 E. Fahrzeug-, Waffen-, Elektro-, feinmechan. u. Porzellan-Ind.

Sühneversuch, soll einen Rechtsstreit gütl. beilegen; vorgeschrieben in Ehesachen u. den meisten Privatklagen *(Sühnetermin).*

sui generis (lat.) v. eigener Art.

Suite w (: ß^U̱it^e, frz.), **1)** fürstl. Gefolge. **2)** *Partita,* in der Musik urspr. eine Reihe v. Tanzsätzen; dann Konzert-S.; Höhepunkt bei J. S. Bach. **3)** Zimmerflucht.

Suizid m od. s, ⁷Selbstmord.

Sujet s (: süsehä, frz.), Gegenstand.

Sukarno, *Ahmed,* indones. Politiker, 1901 bis 1970; rief 45 die Indones. Rep. aus; Leiter des indones. Unabhängigkeitskampfes gg. die Niederlande; seit 49 Staats-, seit 59 zugleich Min.-Präs.; 66 v. der Armee entmachtet, 67 endgültig abgesetzt.

Sukkade w (lat.-it.), kandierte Schale v. Früchten, z. B. ⁷Orangeat, ⁷Zitronat.

Sukkulenten (Mz., lat.), Pflanzen mit fleischig-saftig entwickelten Trieben, die für Dürrezeiten Wasser speichern; *Blatt-S.:* Mauerpfeffer, Dickblatt, Agave, Aloe u. a.; *Stamm-S.:* Kakteen, Stapelia, Kleinia u. a.

Sukkurs m (lat.), Hilfe, Beistand.

Sukzession w (lat.; Ztw. *sukzedieren*), Rechtsnachfolge. ⁷Apostolische Sukzession. **sukzessiv** (lat.), *sukzessive,* allmählich, nach u. nach.

Suleiman, *Soliman,* türk. Sultane: **S. II. d. Gr.**, 1495–1566; 1520 Sultan, unter ihm Höhepunkt der türk. Macht; eroberte u. a. 22 ⁷Rhodos u. 26 fast ganz Ungarn; belagerte 29 Wien.

Sulfate ⁷Schwefelverbindungen.

Sulfide ⁷Schwefelverbindungen.

Sulfite ⁷Schwefelverbindungen.

Sulfitlauge, Calciumbisulfitlauge; in ⁷Zellstoff-Fabriken zum Auskochen des zerhackten Holzes verwendet. Die S. löst den Holzstoff (Lignin) u. läßt reine Cellulose zurück.

Sulfonamide, gg. zahlreiche bakterielle Infektionen wirksame chemotherapeut. Arzneimittel v. Typ des Sulfanilamids, v. Domagk entdeckt. Sie verdrängen wahrscheinl. den Bakterienwuchsstoff p-Aminobenzoesäure aus dem Bakterienleib; die Bakterien entarten u. fallen den körpereigenen Abwehrkräften zum Opfer.

Sulfur (lat.), der ⁷Schwefel.

Sulky m (: ßalki, engl.), leichter 2rädiger, gummibereifter Wagen für ⁷Trabrennen.

Sulla, *Lucius Cornelius,* röm. Feldherr u. Staatsmann, 138–78 v. Chr.; Anhänger der Optimaten; erfolgreicher Heerführer gg. Jugurtha, im Bundesgenossenkrieg u. gg. Mithridates VI.; eroberte im Kampf gg. Marius 88 u. 82 Rom; beschränkte als Diktator (82/79) die Rechte der Volkstribunen, der Volksversammlung u. des Ritterstandes.

Sullivan (: ßaliwän), *Arthur Seymour,* engl. Operettenkomponist, 1842–1900; *Der Mikado.*

Sultan m (arab. = Herrschaft), Titel islam. Herrscher, bes. in der Türkei (bis 1922). **S. at,** Würde od. Reich des Sultans.

Sultanine w, kernlose ⁷Rosine.

Sulu, *Zulu,* Volk der Bantuneger, mit khoisanidem Einschlag, leben als Viehhirten u. Ackerbauern in Natal u. Transvaal (Südafrika).

Sulu-Inseln, zu den Philippinen gehörige Inselbrücke zw. Mindanao u. Borneo, ca. 400 Inseln mit 2812 km²; Hst. Joló.

Sulzbach (Saar), saarländ. Stadt n.ö. von Saarbrücken, 20100 E.; Metallwaren-Ind., Bau von Maschinen und Transportanlagen.

Sulzbach-Rosenberg, bayer. Stadt in der Oberpfalz, 18100 E.; Schloß der Herzöge v. Sulzbach; Eisen- u. Stahl-Ind., Eisenerzbau.

Sülze w, gelatinierte Salzbrühe mit leicht gepökelten Fleischstückchen.

Sumach m, *Rhus,* Holzgewächse mit gefiederten Blättern u. kleinen harzreichen Steinfrüchten. *Gerber-S.,* Mittelmeergebiet, liefert Gerbstoff für Feinleder; in Dtl. *Gift-S.*

Sumatra, indones. *Sumatera,* westlichste der Großen Sunda-Inseln, 473600 km², 20,8 Mill. E.; Hst. u. Haupthafen Palembang. Im W Faltengebirge mit 15 tätigen Vulkanen (Indrapura 3805 m hoch), Savannen u. Grassteppen, im O eine urwaldbedeckte Schwemmlandebene u. fieberverseuchte Dschungelküsten. Die Insel wird v. Malaien u. Resten der Urbevölkerung (Kubus) bewohnt. Bodenschätze: Edelmetalle, Stein-

L. C. Sulla

Gift-Sumach

kohle, Erdöl. Ausfuhr: Tabak, Kautschuk, Kaffee, Tee, Kakao u. Zuckerrohr; Edelhölzer, Vanille, Pfeffer, Kampfer. – Seit 1596 v. den Niederländern erobert; seit 1949 Teil v. Indonesien.

Šumava (: sch-), tschsl. für ↗Böhmerwald.

Sumerer (Mz.), Völkerschaft unsicherer Herkunft, begr. um 3000 v. Chr. im SO Mesopotamiens die babylon.-assyr. Hochkultur durch einen Verband v. Stadtstaaten, u.a. Ur, Uruk, Eridu, Babylon, Lagasch; um 2400/2200 v. Chr. v. den Akkadern (Assyrern) beherrscht; gingen unter Hammurapi (1793/50) im babylon. Reich auf. Die S. waren Schöpfer der (Keil-)Schrift, schufen Tempelbauten, Statuen (Götter u. Beter) u. bildl. Darstellungen (Mosaiken), Geräte aus Gold, Silber u. Bronze. Ihre Religion war polytheist. mit kosm. Hauptgöttern, u.a. der Sonne (Utu) u. der Erde (Inanna); daneben Fruchtbarkeitskulte mit freiwill. Menschenopfern; das Land war Eigentum der Götter bzw. des Staates.

Summa w (lat.), 1) Summe, Zusammenfassung. 2) seit dem MA auch Bz. für die systemat. Darstellung einer Wiss., z.B. die *Summa theologiae* des Thomas v. Aquin.

summa cum laude (lat. = mit höchstem Lob), bestes Prädikat bei akadem. Prüfungen, bes. bei der ↗Promotion.

Summand m (lat.), Glied einer Summe.

summarisch, zusammengefaßt, abgekürzt.

summa summarum, alles in allem. **Summe, 1)** das Oberste, Höchste, die Gesamtheit. **2)** Gesamtzahl, das Ergebnis einer Addition.

Summepiskopat m, die oberste Kirchengewalt des ev. Landesfürsten. **Summus episcopus, 1)** *kath. Kirche:* Bz. für den Papst. **2)** *ev. Kirche:* bis 1918 Bz. für den Landesherrn als obersten Bischof seiner Kirche.

Sumpf, Gelände mit stehenden od. sickernden Wasseransammlungen. **S.biber** m, *Biberratte*, *Nutria*, Nagetier in u. an seichten Gewässern Südamerikas. Sein Fell der graubraune ↗Nutria. **S.dotterblume**, *Dotter-, Butterblume*, Hahnenfuß-Gewächs; Blätter herz- bis nierenförmig, fettglänzend; Blüten groß, dottergelb. **S.fieber** ↗Malaria. **S.gas** ↗Methan. **S.hühner, 1)** zierliche Rallen, in Sümpfen u. Büschen lebend; in Dtl. von Mai bis Aug. 3 europ. Arten: Tüpfel-S.hühner (20 cm lang), etwas kleiner Bruchhühnchen u. Zwerg-S.hühner. **2)** auch ↗Wachtelkönig u. ↗Teichhuhn. **S.moos,** das ↗Torfmoos. **S.otter** m, ↗Nerz. **S.vögel,** dem Leben im Sumpf angepaßt: Schnepfen, Rallen, Teichhühner, Kraniche, Reiher, Störche u.a. **S.zypresse,** *S.zeder,* verwandt mit dem Mammutbaum. *Virginische S.zypresse,* bis 40 m hoch; in Dtl. Zierbaum. *Mexikanische S.zypresse,* erreicht ein Alter v. 2000 Jahren u. einen Umfang bis zu 30 m.

Sumy, Hst. der Oblast S. in der Ukrain. SSR, 228000 E.; päd. Inst., techn. Schulen; Maschinenbau, chem., opt., Nahrungsmittel-Ind.

Sund m, ↗Öresund. [brücke

Sundainseln, *Sundaarchipel,* Inselbrücke zw. der Halbinsel Malakka u. den Molukken, mit a) den *Großen* S.: Java, Borneo, Sumatra u. Celebes u. b) den *Kleinen* S., ca. 40 Inseln, als größte: Bali, Lombok, Sumba, Flores, Sumbawa u. Timor. Polit. gehören die S. zu Indonesien, Malaysia u. Portugal.

Sünde w, in der *Religions-Gesch.* als rel. Wertung der sittl. Verfehlung ein gemeinmenschl. feststellbarer Tatbestand; die S. wird als Unreinheit, als Übertretung göttl. Satzungen, als Beleidigung hoher u. höchster Wesen empfunden. – Nach *kath. Lehre* ist S. (als Tat) im vollen Sinne *(schwere S.)* die freie, existentiell radikale Entscheidung gg. den Willen Gottes; sie bewirkt den Verlust der übernatürl. Gnade u. g., wenn der Mensch in einer schweren S. stirbt, die Verdammnis; als aus der Tat entspringender Zustand ist die S. in der realen Ordnung u. Natur u. Gnade der schuldhaft herbeigeführte Nichtbesitz der heiligmachenden Gnade; *läßl. S.* ist ein Verstoß gg. Gottes Willen bei nicht genügender Freiheit od. gg. ein nicht wesentl. Moment der Wertordnung. – Der *ev. Begriff* der S. betont die jeder Tat-S. zugrunde liegende sündhafte Grundverfassung des Menschen als personalen Unglauben gegenüber Gott aus seinshafter Selbstsucht u. Ichperversion; die ↗Rechtfertigung beseitigt auf Erden nicht die Sündhaftigkeit. **S.nbock** m, im AT Bock, den der Hohepriester am Versöhnungstag-symbol. mit den v. Volk bekannten S.n belud u. dann in die Wüste trieb; daher Redensart ,,einen S.nbock suchen''. **S.nstrafe** w, göttl. Vergeltung für begangene S.n. ↗Hölle, ↗Fegfeuer.

Sumpfdotterblume

Sunderland (: ßander land), engl. Hafenstadt an der Nordsee (Gft. Durham), 218000 E.; Stahlwerke, Schiffsbau, Glashütten. Börse.

Sundern (Sauerland), westfäl. Stadt s.w. von Arnsberg, 25400 E.; vielseitige Ind.

Sündflut, Umdeutung v. ↗Sintflut.

Sundgau, oberelsäß. Hügellandschaft zw. Vogesen u. Schweizer Jura, mit der Burgund. Pforte. Hst. Mülhausen.

Sundsvall (: -wal), schwed. Hafenstadt u. Handelsplatz am Bottnischen Meerbusen, 95000 E.; Holz-Industrie, Cellulosefabrik.

Sung, chines. Dynastie; geteilt in die *Nördl. S.,* die 960/1127, u. die *Südl. S.,* die 1127/1279 regierten.

Sungari m, r. Nebenfluß des Amur, in der Mandschurei, 1927 km lang.

Sunion, *Kap S.,* die Südspitze Attikas (Griechenland); Ruine eines Poseidontempels (5. Jh. v. Chr.).

Sunn m, *Sunfaser,* biegsame Bastfaser *(Sonnenhanf);* Indien, Java u. Borneo.

Sunna w (arab. = Weg), Aufzeichnung der Aussprüche u. Lebensgewohnheiten Mohammeds. **Sunniten,** Anhänger der muslim. Hauptkonfession (ca. 92%), denen die Sunna als Glaubensquelle gilt. Ggs. ↗Schiiten.

Süntel m, Teil des Weserberglands, zw. Deister u. mittl. Weser, 437 m hoch.

Sun Yat-sen, chines. Politiker, 1866–1925; Gründer der ↗Kuomin-tang; nach dem Sturz der Mandschu-Dynastie Jan./Febr. 1912 vorläufiger Präs. der Rep. ↗China.

Suomi, finn. Name für ↗Finnland.

superb (: ßü-, frz.), stolz, prächtig.

Superga, *La S.,* Grabkirche des Königshauses Savoyen bei Turin (1717/31 erbaut).

Superhet m, *Super,* in der Rundfunktechnik ein Überlagerungsempfänger, bei dem das einkommende Signal mit einer neuen Trägerschwingung überlagert wird. ☐ 838.

Superikonoskop, im Fernsehen eine Bildspeicherröhre mit Vorabbildung. ☐ 267.

Superintendent m (lat.), fr. Vors. einer ev. Kirchenbezirks; heute meist Propst, Dekan od. Senior genannt.

Superior m (lat.), Vorsteher eines Klosters, einer Ordensprovinz od. als *General-S.* des Gesamtordens. [hoheit.

Superiorität w (lat.), Überlegenheit, Ober-

Superlativ m (lat.), höchster Grad der Steigerung (↗Komparation).

Supermarkt, *Supermarket* m (: ßjup^e rma^r-k^e t, engl.), großes Selbstbedienungsgeschäft, bes. für Lebensmittel.

Supernova ↗Nova.

Superorthikon s, *Image-Orthikon,* im Fernsehen eine Bildspeicherröhre mit Vorabbildung. ☐ 267.

Superoxide ↗Peroxide.

Superphosphat s, wichtiger Phosphorsäuredünger, enthält wasserlösl. primäres Calciumphosphat u. ↗Gips.

Superposition w (lat.), bes. bei Wellen aller Art die Überlagerung, wodurch ↗Interferenz entstehen kann.

Superstition w (lat.), Aberglaube.

Supervielle (: ßüperwjäl), *Jules,* frz. Schriftsteller, 1884–1960; Lyrik, phantasievolle Romane *(Der Kinderdieb),* Erzählungen, Fabeln, Dramen.

Supervolttherapie w, die medizin. Anwendung extrem energiereicher Teilchen od. Strahlen, z. B. zur Krebsbehandlung.

Suppé, *Franz v.,* östr. Operettenkomponist, 1819–95; *Banditenstreiche; Boccaccio,* Ouvertüre zu *Dichter u. Bauer.*

Supplement s (lat.; Bw. *supplementär),* Ergänzung, Nachtrag. **S.winkel,** ergänzt einen gegebenen Winkel zu 180°.

Supplik w (lat.), Bittschrift.

supponieren (lat.), voraussetzen.

Support m (frz.), bewegl. Schlitten an Werkzeugmaschinen zum Tragen des Werkzeugs.

Suppositorium s (lat.), ↗Stuhlzäpfchen.

supra (lat.), oben, oberhalb.

Supraflüssigkeit, *Superfluidität,* Zustand verflüssigter Gase (bes. Helium unterhalb 2,186 Kelvin) nahe dem absoluten Nullpunkt, gekennzeichnet durch fast völliges Verschwinden der Viskosität (z. B. Emporkriechen der Flüssigkeit an senkrechten Wänden) u. eine extrem große Wärmeleitfähigkeit.

Supraleitung, *Supraleitfähigkeit,* das sprunghafte Ansteigen der Elektronenleitfähigkeit (bzw. Absinken des elektr. Widerstands auf nahezu Null) v. Festkörpern bei Abkühlung unter die *Sprungtemperatur* (nahe dem absoluten Nullpunkt). Durch Magnetfelder kann die Sprungtemperatur verschoben werden (hierauf beruht die Wirkungsweise der *S.sspeicher* zur Datenspeicherung) bzw. die S. ganz aufgehoben werden. Supraleiter dienen u. a. zur Erzeugung sehr starker Magnetfelder.

supranational, überstaatlich.

Surinam

Amtlicher Name:
Suriname

Staatsform:
Republik

Hauptstadt:
Paramaribo

Fläche:
163 265 km²

Bevölkerung:
448 000 E.

Sprache:
Niederländisch

Religion:
27,0% Hindus,
21,9% Protestanten,
21,9% Katholiken,
19,7% Muslimen

Währung:
1 Suriname-Gulden
= 100 Cents

Mitgliedschaften:
UN, der EWG assoziiert

Franz von Suppé

Susa: Vase aus Susa (Ton, bräunlich bemalt; Ende 4. Jahrt. v. Chr.)

supranationales Recht, generell-abstrakte Normen, die Organen supranationaler Institutionen gesetzt werden, in jedem Mitgliedstaat unmittelbar gelten u. entgegenstehendes Landesrecht überlagern.

Supranaturalismus m (lat.), **1)** Bejahung einer übernatürl. Ordnung. **2)** Unterschätzung der Natur gegenüber der Übernatur.

Suprarenin s, das ↗Adrenalin. [heit.

Supremat m, *Suprematie* w (lat.), Oberho-

Suprematismus m (lat.), v. K. Malewitsch begr. Richtung der modernen Malerei; will die Kunst durch Reduktion auf einfachste geometr. Elemente vom Gegenstdl. befreien; v. El Lissitzky in die europ. Kunst eingeführt.

Supromatseid, in Engl. seit 1534 Eid der Beamten u. Geistlichen, den dem Kg. die volle Oberhoheit über die Kirche zusprach; 1689 gemildert, 1829 z. T., 67 völlig abgeschafft. Eidesverweigerer waren bis 1793 v. Staatsämtern ausgeschlossen.

Surabaja, indones. Hafenstadt u. Provinz-Hst. in NO-Java, an der Madurastraße, 1,56 Mill. E.; Univ., kath. Bischof. Vielseitige Ind.; Erdölfelder.

Surakarta, indones. *Solo,* indones. Stadt in Mitteljava, 415 000 E.; Textil- u. Batik-Ind.

Surat, ind. Stadt im Staat Gudscherat, am Unterlauf der Tapti, 475 000 E.; alte Seidenwebereien, moderne Textilindustrie.

Sure w, Abschnitte des ↗Korans.

Sureté w (: ßür^e te), *S. Nationale,* die frz. polit. Polizei.

Surilho (: -lju), *Zorillo,* ein ↗Stinktier.

Surinam, Rep. an der N-Küste Südamerikas, fr. *Niederländisch-Guayana.* Hinter einer 50 km breiten Küstenebene erhebt sich das Bergland v. Guayana, im Wilhelminengebirge 1280 m hoch; 75% des Landes sind v. trop. Regenwald bedeckt. Anbau v. Zuckerrohr, Reis, Bananen, Kaffee u. Mais; Bauxitvorkommen u. Goldseifen. – Seit 1667, endgültig seit 1814 niederländ., 1948 autonomer Teil der Niederlande; erhielt 50 Selbstregierung und 54 volle innere Autonomie; 75 unabhängig.

Surrealismus m (: ßür-, frz. = Überrealismus), eine Strömung in Lit. u. Kunst, nach dem Ende des 1. Weltkrieges in Fkr. entstanden; versucht in die Bereiche des Traums u. des Tiefenbewußtseins vorzudringen; das Sinngefüge der Erfahrungswelt wird aufgehoben, Wirkliches mit Phantastischem vermischt. Hauptvertreter war A. Breton *(Manifeste du Surréalisme);* als zeitweise verwandter Stil bei vielen Dichtern. Vertreter in der Malerei: G. de Chirico, S. Dalí, M. Ernst, J. Miró, P. Picasso, J. Tanguy, A. Masson, W. Gilles, E. Ende u. a. ☐ 627.

Surrey (: ßar^j), engl. Grafschaft südl. der Themse; Hst. Kingston upon Thames.

Surrogat s (lat.), Ersatz.

Susa, heute *Schusch,* im Alt. Hst. v. ↗Elam, dann eine der Hst.e des Perserreiches; 331 v. Chr. v. Alexander d. Gr. erobert.

Suso ↗Seuse.

suspekt (lat.), verdächtig.

Suspension w (lat.; Ztw. *suspendieren),* **1)** vorläufige *Dienstenthebung* eines Beamten während einer Untersuchung gegen ihn. **2)** Aufschlämmung kleiner fester Teilchen in einer Flüssigkeit, wobei der aufgeschlämmte Stoff sich nicht löst u. in Ruhe wieder absetzt.

Suspensorium s (lat.), beutelartige Tragvorrichtung für den Hodensack.

Susquehanna River (: ßaßkw'hänᵉ riwᵉʳ), Fluß in Pennsylvanien, mündet nach 750 km in die Chesapeakebai.

Sussex (: ßa-), südostengl. Gft. am Kanal, 1888 geteilt in *East S.* (Hst. Lewes) u. *West S.* (Hst. Chichester).

Süßholz, Schmetterlingsblütler; Stauden od. Sträucher; die Wurzeln (handelsübliches S.) des *Gemeinen* u. des *Russ. S.,* beide in Südeuropa u. Asien im großen angebaut.

Süßkartoffel ↗Batate.

Süßklee, Schmetterlingsblütler mit traubigen Blütenständen, Steingartenpflanzen.

Süßmost, naturreiner Fruchtsaft.

Süß-Oppenheimer, *Joseph,* gen. *Jud Süß,* württemberg. Finanzrat, 1692–1738; Geldvermittler des Hzg. Karl Alexander v. Württ., nach dessen Tod inhaftiert u. nach parteiischem Verfahren hingerichtet.

Süßstoffe, organ. Verbindungen ohne Nährwert, aber mit hoher Süßkraft.

Sustenpaß, Paßstraße in der Zentralschweiz, verbindet das Reußtal mit dem Haslital; 2224 m hoch.

Sutane w (spätlat.), *Soutane,* knöchellanges enges Gewand (Ggs. ↗Talar) kath. Geistlicher. **Sutanelle** w, knielange Form der Sutane.

Sutermeister, *Heinrich,* schweizer. Komponist, * 1910; u. a. Opern *Romeo u. Julia; Madame Bovary.*

Sutri, it. Stadt in der Prov. Viterbo, 3000 E.; Bischof; etrusk. u. röm. Ruinen. Auf der *Synode v. S.* 1046 setzte Ks. Heinrich III. die Pp.e Silvester III. u. Gregor VI. ab.

Sutschou, amtl. *Soochow,* ostchines. Stadt in der Prov. Kiangsu, westl. v. Schanghai, im Jangtsedelta, 600 000 E.; alte Seiden-Ind.

Sutter, *Johann August,* dt.-schweizer. Kolonisator, 1803–80; wanderte v. Dtl. nach Kalifornien aus, wo er die Siedlung Neu-Helvetien bzw. u. das *Fort S.* erbaute; seine reichen Besitztümer (,,Ks. v. Kalifornien'') wurden durch die Goldgräber verwüstet.

Sütterlin-Schrift, eine Schul- u. Verkehrsschrift; wurde seit 1915 in einigen Teilen Dtl.s gelehrt; v. *Ludwig Sütterlin* (1865 bis 1917) ausgearbeitet.

Suttner, *Bertha v.* (geb. Gräfin Kinsky), östr. Schriftstellerin, 1843–1914; kämpfte gg. den Antisemitismus u. für den Friedensgedanken; 1905 Friedensnobelpreis.

suum cuique (lat.), jedem das Seine.

Svalbord ↗Spitzbergen.

SVD, lat. Abk. für die Missionsgesellschaft des ↗Göttlichen Wortes.

Svedberg (: ßwedbärj), *Theodor,* schwed. Chemiker, 1884–1971; wichtige ·Arbeiten zur Kolloidchemie; Nobelpreis 1926.

Svendborg (: ßwänborj), dän. Hafenstadt, auf Fünen, nördl. am *S.sund,* 37 500 E.

Svensson, *Jón (Nonni),* isländ. Schriftsteller, 1857–1944; kath. Priester; Jugendbücher mit autobiograph. Zügen; *Nonni* u. a.

H. Sutermeister

Bertha von Suttner

Ludvik Svoboda

Sverdrup, *Otto,* norweg. Polarforscher, 1854–1930; mit Nansen 1888/89 in Grönland. Nach ihm benannt **S.archipel,** arkt. Inselgruppe nördlich von Nordamerika; 75 000 km².

Svevo (: ßwewo), *Italo,* it. Schriftsteller, 1861–1928; psycholog.-analyt. Romane. *Ein Leben.*

Svoboda, *Ludvik,* tschsl. General, 1895 bis 1979; 1945/50 Verteidigungs-Min., 50/51 stellvertr. Min.-Präs., 68/75 Staats-Präs.

Swakopmund, südwestafrikan. Badeort an der Mündung des *Swakop* in die Walfischbucht, 6000 E.

Swansea (: ßwånßi), engl. Stadt u. Hafen am Bristolkanal; 175 000 E.; anglik. Bisch.; Univ.-College; Hüttenwerke, Werften.

Swap-Geschäft (: ßwåp-, engl.), Kurssicherungsgeschäft im Devisenhandel, bei dem eine Bank Devisen, die v. Eigentümer im Augenblick nicht gebraucht werden, gg. Kasse verkauft u. per Termin zurückkauft.

Swasiland, *Swaziland, Ngwane,* Kgr. im östl. Südafrika. S. liegt auf der Ostabdachung der Drakensberge u. dem ihnen vorgelagerten Küstentiefland. Vorwiegend Landwirtschaft (Anbau v. Reis, Hirse, Mais, Baumwolle, Zuckerrohr, Ananas, Orangen u. Mandarinen) u. Viehzucht; Bodenschätze: Asbest, Eisenerze, Kohle, Gold. – 1890 Protektorat Großbritanniens u. Transvaals, kam 94 an Transvaal; 1906 brit. Protektorat, erhielt 67 innere Autonomie, 68 unabhängiges Kgr. unter Kg. Sobhuza II. (seit 21 Oberhäuptling).

Swastika w (sanskrit.), das ↗Hakenkreuz.

Swatopluk, dt. *Zwentibold,* ↗Mähren.

Swedenborg (:-borj), *Emanuel,* schwed. Theosoph, 1688–1772; Hellseher u. Spiritist, lehrte totale Entsprechung zw. natürl. u. geistiger Welt. **S.ianer,** Anhänger S.s, bis heute bestehende Sekte in Europa u. in den USA.

Swerdlowsk, bis 1924 *Jekaterinburg,* sowjet. Ind.-Stadt am Ostrand des Ural; 1,2 Mill. E.; 2 Univ.; Hüttenwerk, Uraler Werk für Schwermaschinenbau *(Uralmasch);* 1918 hier Ermordung der Zarenfamilie.

Swidnica (: -tßa) ↗Schweidnitz.

Swift, *Jonathan,* engl. Schriftsteller, 1667–1745; anglikan. Geistlicher; pessimist. Kritik u. Satire gegenüber dem Menschen u. seiner Kultur, bes. in *Gullivers Reisen.* ☐ 968.

Swinburne (: ßwinböʳn), *Algernon Charles,* engl. Schriftsteller, 1837–1909; erot. später polit.-freiheitl. Lyrik.

Swasiland

Amtlicher Name:
Ngwane

Staatsform:
Unabhängiges
Königreich
im Commonwealth

Hauptstadt:
Mbabane

Fläche:
17 363 km²

Bevölkerung:
544 000 E.

Sprache:
Staatssprache ist
SiSwati, Englisch
Bildungs- und
Handelssprache

Religion:
60% Christen,
40% Anhänger von
Naturreligionen

Währung:
1 Lilangeni
(Mz. Emalageni)
= 100 Cents

Mitgliedschaften:
UN, Commonwealth,
OAU

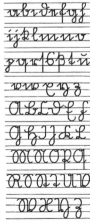
Sütterlinschrift

Jonathan Swift

Heinrich von Sybel

Swine w, Odermündungsarm aus dem Stettiner Haff zw. Usedom u. Wollin.
Swinemünde, poln. Świnoujście, pommer. Seebad, Vorhafen v. Stettin auf Usedom; 27000 E.
Swing m, 1) in zweiseitigen Handelsabkommen die Kreditgrenze, bis zu der sich ein Land gegenüber dem anderen verschulden darf. 2) Stil des Jazz zw. 1930 u. 40.
Świnoujście (: ßjfinoujßtßje) ↗Swinemünde.
Switch-Geschäft (: ßwitsch-, engl.), ein Außenhandelsgeschäft, das nicht direkt mit dem Empfangsland, sondern unter Ausnutzung devisenrechtl. Bestimmungen mit bes. Gewinn über ein 3. Land getätigt wird.
Syagrius, letzter röm. Machthaber in Gallien, 486 bei Soissons v. Chlodwig besiegt; 487 v. diesem hingerichtet.
Sybarit m, Schlemmer; so gen. nach der reichen (um 700 v. Chr. gegr.) griech. Kolonie Sybaris am Golf v. Tarent.
Sybel, Heinrich v., dt. Historiker, 1817–95; Begr. der Histor. Zeitschrift.
Sydney (: ßidni), Hst. des austral. Staats Neusüdwales, 3,2 Mill. E.; größte Stadt u. Haupthandelsplatz Australiens, beiderseits des Port Jackson, einer vielverzweigten Bucht der austral. SO-Küste (1150 m lange Brücke). Internationale Wollauktionen; Schiffsbau, Eisen-, Stahl-, Maschinen-, Auto-, chem. u. Textil-Ind., Werften, kath. u. anglikan. Erzb.; Apostol. Delegat; staatl. u. kath. Univ., TH.
Syenit m, granitähnl. Tiefengestein.
Syke, niedersächs. Krst. (Grafschaft Hoya), 17500 E.; Luftkurort.
Sykomore w, Maulbeerfeige, ostafrikan. Feigenbaum; Holz einst zu Mumiensärgen.
Syllabus m (gr.), Verwerfung v. Zeitirrtümern durch die Päpste Pius IX. (8. 12. 1864) u. Pius X. (3. 7. 1907). ↗Modernismus.
Syllogismus m (gr.), ↗Schluß.
Sylt, größte der dt. nordfries. Inseln, 99 km², 23000 E.; der 11 km lange Hindenburgdamm verbindet seit 1927 S. mit Schleswig-Holstein; Marsch u. Geestheide; Seebäder: Westerland, Wenningstedt, Kampen, List u. Hörnum.
Sylvensteinspeicher, Talsperre im Isartal, oberhalb Bad Tölz; 108 Mill. m³ Fassung, 6,2 km² Oberfläche; Kraftwerk mit jährl. 16 Mill. kWh Leistung. Bauzeit 1954/59.
Sylvinit m, ↗Kalisalze.
Symbiose w (gr.), dauerndes gesetzmäßiges Zusammenleben zweier Organismen bei gegenseit. Anpassung u. zu beiderseit. Nutzen (mit Übergängen zum Parasitismus). S. kann so eng sein, daß die einzelnen Teile (Symbionten) nicht ohne einander leben können (Synökie), z. B. Seerose u. Einsiedlerkrebs; ↗Leuchtbakterien bei Tintenfischen; ↗Knöllchenbakterien; ↗Flechten; ↗Mykorrhiza.
Symbol s (gr.), 1) Kennwort, Zeichen. 2) Sinnbild, wodurch bes. im religiösen Kult Übersinnliches in einer Abkürzung erfaßt wird. 3) künstler. Ausdrucksmittel.
Symbolik, 1) Lehre v. der Bedeutung der Symbole. 2) Konfessionskunde. **symbolische Bücher** ↗Bekenntnisschriften. **Sym-**

bolismus m, eine künstler. Bewegung, die gg. 1885 in Fkr. entstand; wirkte auf fast alle europ. Literaturen; gg. Realismus u. Naturalismus; forderte „poésie pure" u. Sinnbildhaftigkeit in einer die Dingwelt durchdringenden Schau u. vertrat den Standpunkt „l'art pour l'art"; neue magische Sinngebung des Wortes. Vertreter: Baudelaire, Verlaine, Mallarmé, Rimbaud, Valéry u. a. In Dtl. Einwirkung auf Rilke, auch George.
Symeon, Heilige: S. der Neue Theologe (od. S. d. J.), 949–1022; byzantin. Mystiker; in der griech.-orth. Kirche Fest 12. März. S. Stylites d. Ä. (5. Jan.; in den Ostkirchen 1. Sept.), ca. 390–459; Bußprediger; Begr. d. Stylitentums. S. v. Trier (1. Juni), † 1035; aus Syrakus, ließ sich in Trier in eine Zelle einmauern.
Symmachie w (gr.), die Kampfgemeinschaft od. Bundesgenossenschaft der altgriech. Stadtstaaten.
Symmachus, hl. (19. Juli), † 514; 498 Pp., v. der byzantin. Partei abgelehnt, v. Theoderich d. Gr. anerkannt.
Symmetrie w (gr., Bw. symmetrisch), 1) Zerlegbarkeit in spiegelbildlich gleiche Hälften; allg.: Gleich-, Ebenmaß. 2) in der Mathematik: die spiegelbildl. Zuordnung eines geomet. Gebildes zu einem Punkt, S.zentrum, einer Geraden, S.achse, od. einer Ebene, S.ebene. 3) in der Physik: Eigenschaften von Naturgesetzen, auch in spiegelbildl. Koordinatensystemen gültig zu bleiben; in der Physik der Elementarteilchen nicht immer gegeben.
Sympathie w (gr.), 1) allg.: Mitleid, Zuneigung; Ggs.: Antipathie. 2) Philosophie: bei den Stoikern, Plotin u. den Renaissancephilosophen das Mitbetroffensein eines jeden Teils im Kosmos durch das, was einem andern Teil widerfährt. Seit Hume u. A. Smith die unmittelbare Zuneigung zu einem anderen Menschen. sympathisch, anziehend. sympathisieren, mitfühlen.
Sympathikus m (gr.-lat.), Teil des vegetativen ↗Nervensystems; erregt die abbauen-

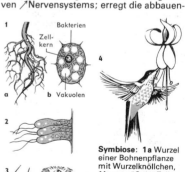

1 Bakterien
Zellkern
a b Vakuolen
2
3
4

Symbiose: 1a Wurzel einer Bohnenpflanze mit Wurzelknöllchen, **1b** vergrößerte Zelle daraus; **2** grüne einzellige Algen in den Magenzellen des grünen Süßwasserpolypen; **3** Einsiedlerkrebs mit Seerose; **4** Kolibri, an einer Blüte saugend

Symmetrie:
1 *Spiegel-S.* eines gleichschenkligen Dreiecks. Spiegelebene σ senkrecht zur Zeichenebene; P' Spiegelbild von P und umgekehrt.
2 *Dreizählige Dreh-S.* eines gleichseitigen Dreiecks. Dreizählige Drehachse C₃ senkrecht zur Zeichenebene im Dreiecksschwerpunkt; Deckung jeweils bei Drehung um 120°, P geht in P', Q in Q' über. 3 *Zentrale S.* eines ebenen (unregelmäßigen) Sechsecks. Bei Spiegelung am Inversionszentrum i Übergang von P in P', Q in Q' und umgekehrt

Synkope

den Stoffwechselfunktionen, ↗Para-S.; Überträgersubstanz der Nervenerregung Adrenalin. ☐618.
Symphonie w (gr.), *Sinfonie, Sinfonia,* mehrsätzige Großform der Orchestermusik. Nach 1750 bildeten die Mannheimer Schule u. die Wiener Klassik die klass. S.form aus; analog der ↗Sonate: der Kopfsatz zeigt Sonatenform (Exposition – Durchführung – Reprise; zwei kontrastierende Themen); die Satzfolge entspricht dem Sonatenzyklus (schneller Kopfsatz – langsamer Satz – schneller Satz; dazwischen Menuett bzw. Scherzo). Beethoven führte die S. auf einen Höhepunkt: er erweiterte ihren Umfang u. ihre Thematik. Schubert, Mendelssohn, Schumann, Brahms vertieften den persönl. Ausdruck. Bruckner u. Mahler mit großen programmatischen S.en vergrößerten abermals den Umfang. Die Neue Musik verkleinert die Besetzung zur Kammer-S. (Schönberg), verwendet für die Oper geschaffene Musik (Hindemith) od. übernimmt barocke u. frühklass. Formen u. Stilelemente (Strawinsky).
Symphonische Dichtung, ein Orchesterwerk, das auf einem außermusikal. Vorwurf beruht, wie z. B. auf einer Stimmungsschilderung (Programmusik). Bes. bei Liszt u. R. Strauss.
Symphyse w (gr.), knorpelige Verwachsung zweier Knochenteile.
Symposion s (gr.), *Symposium,* 1) altgriech. Gastmahl u. Trinkgelage mit geistvollen Gesprächen. 2) Titel eines Dialogs v. Platon. 3) Diskussion wiss. Probleme.
Symptom s (gr.), 1) Anzeichen. 2) Krankheitszeichen.
Synagoge w (gr.), 1) Haus für den öff. jüd. Gottesdienst, seit der Tempelzerstörung in Jerusalem 70 n. Chr. religiöser Mittelpunkt der jüd. Gemeinden; möglichst nach Osten (Jerusalem) ausgerichtet; gegenüber dem Eingang Heilige Lade mit ↗Thora-Rollen; davor Ewiges Licht u. Vorleserpult; oft ein erhöhter Platz für Thoravorlesung. 2) i. ü. S. Bz. für die jüd. Religion im Ggs. zur christlichen. 3) in der *christl. Kunst* des MA als weibl. Symbolgestalt (mit Augenbinde u. v. Kopf fallender Krone) Verkörperung der jüd. Religionsgemeinschaft.
Synapse w (gr.), Übergangsstelle der Nervenerregung zw. Nervenfasern verschiedener Nervenzellen.
synchron (gr.), gleichzeitig, gleichlaufend.
S.getriebe, ein Kraftwagen-↗Getriebe, bei dem ständig alle Zahnradpaare im Eingriff sind; beim Schalten sorgt eine Reibungskupplung für gleiche Drehzahl v. Getriebehaupt- u. Kardanwelle.
Synchronisation w (gr.; Ztw. synchronisieren), 1) beim Film: das Aufeinanderabstimmen v. getrennt aufgenommenem Bild u. Ton, bes. die lippengerechte Übertragung eines fremdsprachigen Textes. 2) elektrotechnisch: die Herstellung des Parallelbetriebs v. Synchronmaschinen. **Synchrotron,** **Synchrozyklotron** ↗Beschleunigungsmaschinen.
Syndaktylie w (gr.), Verwachsung v. Fingern od. Zehen.

Syndikalismus m (gr.), 1) eine bes. in Fkr. um 1900 vertretene revolutionäre Form des Sozialismus, durch Gewalt (Sabotage, Generalstreik) die Übernahme der Macht durch die Arbeiter zu erzwingen. 2) in den roman. Ländern der Gewerkschaftsaufbau mit Schwerpunkt in den örtl. Gruppen, den *Syndikaten.* **Syndikat** s, 1) Zusammenschluß. 2) ein Verkaufskartell (z. B. *Kohle-S.*). 3) in den roman. Ländern Bz. für Gewerkschaft. **Syndikus** m, Rechtsbeistand v. Genossenschaften, Verbänden, größeren Betrieben u. der Städte.
Syndrom s (gr.), Gruppe zusammengehöriger Symptome.
Synedrion s (gr.), der jüd. ↗Hohe Rat.
Synergismus m (gr.-lat.), auf Melanchthon zurückgehende ev. theolog. Lehre über die Mitwirkung des sündigen Menschen bei der ↗Rechtfertigung; v. Luther u. den meisten ev. Theologen bis heute abgelehnt.
Synge (: ßing), *John Millington,* ir. Dramatiker, 1871–1909; *Playboy der westl. Welt; Kesselflickers Hochzeit.*
Synkope w (gr.), in der Musik Verschiebung des rhythmischen Ablaufs.
Synkretismus m (gr.), Verschmelzung v. Religionen od. philosoph. Lehren, z. B. der S. religiöser Kulte im ↗Hellenismus.
Synod, *Heiliger S.,* ↗Russ.-Orth. Kirche.
Synode w (gr.), ↗Konzil; *Diözesan-S.* ↗Diözese; in den ev. Kirchen der aus Geistlichen u. gewählten Laien bestehende Träger der kirchl. Selbstverwaltung (*Synodalverfassung).*
synodischer Umlauf, synod. ↗Monat.
Synökie w (gr.), ↗Symbiose.
Synonym s (gr.; auch Bw.), sinnverwandtes Wort (z. B.: reden, sprechen).
Synopse w (gr.), vergleichende Zusammenstellung der 3 weithin übereinstimmenden Evangelien Matthäus, Markus u. Lukas (Synoptiker). **synoptisch,** übersichtlich zusammengestellt.
Syntax w (gr.), Lehre v. Bau der Sätze, v. ihrer Gliederung, der Stellung u. Zuordnung der einzelnen Wörter u. Satzteile u. der Stellung der Sätze zueinander: Unterscheidung in Haupt- u. Nebensätze; erstere sind selbständig, Nebensätze erhalten erst durch den Hauptsatz vollen Sinn. Inhaltl. werden bes. 4 Satztypen unterschieden: Aussage-, Aufforderungs-, Ausrufe-, Fragesatz. ☐885.
Synthese w (gr.), 1) philosophisch: die Zusammenfassung einer Vielheit selbständiger Teile zur Einheit; inbewußt schon in der sinnl. Erkenntnis. Im Ggs. zur ↗Analyse diese ergänzend, schafft die S. aus Urbegriffen zusammengesetzte Begriffe, aus Begriffen Urteile u. schließlich das System einer Weltanschauung usw. 2) *chem. S.,* Aufbau v. chem. Verbindungen aus Atomen verschiedener Elemente oder aus verschiedenen Molekülen, indem Atomgruppen derselben zu neuen Verbindungen zusammentreten.
Syphilis w, *Lues, Lustseuche,* vorwiegend durch den Geschlechtsverkehr übertragene chron., meldepflichtige ↗Infektionskrankheit. Erreger ist die Spirochäte Treponema pallidum. Nach 3wöchiger Inkubation an

der Infektionsstelle ein nicht schmerzendes Geschwür mit Schwellung der Leistendrüsen (Primäraffekt, harter Schanker, *1. Stadium*). Etwa 8 Wochen nach der Ansteckung fleckiger od. knötchenförm. Hautausschlag *(Roseolen)* am ganzen Körper, der wieder schwindet. In diesem *2. Stadium* ist die Blutreaktion nach ↗Wassermann fast immer positiv. Im *3. Stadium* (nach Jahren) Knotenbildungen in Haut, Knochen, Muskeln u. inneren Organen od. chronische Organerkrankungen (↗Tabes dorsalis, ↗Paralyse). Als Heilmittel Antibiotika.

Syracuse (: ßiräkju̱s), Stadt im Staat New York (USA), am Onondagasee u. Eriekanal, 195000 E.; kath. Bischof, methodist. Univ.; Stahlwerke, Auto-, Schreibmaschinen-Ind.

Syraku̱s, it. *Siracu̱sa*, Haupt- u. Hafenstadt der *Prov. S.* im südöstl. Sizilien, z. T. auf der Insel Ortygia, 117000 E.; Erzb.; Reste zweier dorischer Tempel (in dein wurde der Dom hineingebaut), größtes griech. Theater (5. Jh. v. Chr.), röm. Amphitheater u.a. – Um 735 v. Chr. v. Korinthern gegr.; im 5./3. Jh. die mächtigste Stadt Siziliens, zeitweise der antiken Welt; 212 v. Chr. v. den Römern, 878 n. Chr. v. den Arabern, 1085 v. den Normannen erobert.

Syr-Darja *m*, Fluß in russ. Westturkestan, entspringt am Tienschan, mündet nach 3078 km in den Aralsee.

Syrien, Rep. in Palästina, an der Ostküste des Mittelmeeres, von Arabern, Kurden, Tscherkessen, Türken, Levantinern u. Juden bewohnt. – Entlang der Mittelmeerküste erstreckt sich ein 50–70 km breites Bergland mit Obst- u. Ölbaumkulturen; im Innern weite, steppen- u. wüstenhafte Ebenen, die Syrische Wüste. 62% des Landes sind Ödland, 24% werden bebaut: terrassierte Ölbaumhaine u. bewässerte Gartenkulturen in der Küstenzone u. am Euphrat, Getreide; Baumwolle; ein großer Stausee am ↗Euphrat soll die Bewässerungsfläche um 600000 ha erhöhen. In der Wüste nomad. Schaf- u. Ziegenhaltung, in den Städten altes Handwerk u. Kunstgewerbe (Brokatstickerei, Lederverarbeitung, Kunstschmiedearbeiten). – Im Alt. Kampfgebiet zw. Ägypten u. Babylonien; nach 900 v. Chr. assyr., 609 babylon., 538 pers.; 333 v. Alexander d. Gr. erobert, seit 312 Zentrum des Seleukidenreichs; 64 v. Chr. röm. Prov.; 634/660 n. Chr. v. den Muslimen erobert. 1517/1918 unter türk. Herrschaft; 1920 frz. Mandat, 44 unabhängige Rep.; 58/61 mit Ägypten zur Vereinigten Arab. Rep. zusammengeschlossen; 67 Teilnahme am arab.-israel. Krieg u. Verlust kleinerer Gebiete an Israel, seit 72 Mitgl. der Union Arab. Republiken; 73 neue Verf., Teilnahme am arab.-israel. Krieg u. weitere Gebietsverluste. Staats-Präs. Hafez al-Assad (seit 71).

Syringe *w*, der ↗Flieder.

Syrische Kirchen, Sammelbz. für die christl. Gemeinschaften mit syr. Kirchensprache. Zu den ↗Unierten Kirchen gehören die ehem. ↗Jakobiten in Syrien, die ↗Chaldäer im Irak, die meisten ind. ↗Thomaschristen u. die ↗Maroniten. – Zu den ↗Orth. Kirchen gehören die monophysit. ↗Jakobiten

J. Syrlin d. Ä.: Selbstbildnis am Chorgestühl des Ulmer Münsters

Syrien

Amtlicher Name:
Al Jamhouriya al Arabia as Souriya – République Arabe Syrienne

Staatsform:
Republik

Hauptstadt:
Damaskus

Fläche:
185 180 km²

Bevölkerung:
8,35 Mill. E.

Sprache:
Staatssprache ist Arabisch

Religion:
80% Muslimen, 10% Christen

Währung:
1 Syrisches Pfund = 100 Piastres

Mitgliedschaften:
UN, Arabische Liga

im Irak, in Syrien u. Indien sowie die Anhänger des ↗Nestorianismus.

Syrische Wüste, Grenzgebiet v. Syrien, Jordanien u. Irak, ein 600–700 m hohes, im Innern wüstenhaftes Kreidekalkplateau.

Syrja̱nen, *Syrja̱nen*, ostfinn. Volk (ca. 322000) in der ASSR Komi. Eigen-Bz. ↗*Komi.*

Syrlin, dt. Bildhauer u. -schnitzer, **1)** *Jörg d. Ä.*, um 1425–1491; Chorgestühl im Ulmer Münster. **2)** *Jörg d. J.*, Sohn v. 1), um 1455 bis um 1523; führte die väterl. Werkstatt weiter.

Syrmien, kroat. *Srijem*, jugoslaw. Landschaft zw. Donau, Drau u. Save, Hst. Vukovár.

Syrte *w*, 2 nordafrikan. Meerbusen: die östl., bis 2000 m tiefe *Große S.* (Golf v. Sidra), zw. Tripolis u. Barka, die seichte westl. *Kleine S.* (Golf v. Gabes), an der tunes. Ostküste.

Sysran, Stadt in der RSFSR, an der mittleren Wolga, 179000 E.; Erdöl-, Holz- u. Nahrungsmittel-Ind., Turbinenbau.

System *s* (gr.), **1)** ein planvoll geordneter Zusammenhang, auch Lehrgebäude; in den Naturwissenschaften z. B. Koordinaten-S. **2)** polit. Herrschaftsform. **Systematik** *w*, planmäß. Darstellung. *systematisch*, planmäßig geordnet. In der Biologie: Formenübersicht, ordnet u. benennt die lebenden u. fossilen Organismen nach dem Grad ihrer Ähnlichkeit u. stammesgeschichtl. Zusammengehörigkeit. Grundlage jeder S. ist die ↗Art.

Systole *w* (gr.), rhythm. Zusammenziehung des Herzens. ↗Diastole, ↗Herz.

Syzygien (Mz., gr.), gemeinsame astronom. Bz. für ↗Konjunktion u. ↗Opposition.

Szczawno Zdrój (: schtscha̱wno sdru̱j) Bad ↗Salzbrunn.

Szczecin (: schtsche̱tßjin) ↗Stettin.

Szczecinek (: schtsche̱tßjinek) ↗Neustettin.

Szechwan, amtl. Bz. für ↗Setschwan.

Szegedin (: ße̱-), ungar. *Szeged*, ungar. Stadt im Alföld, Hafen an der Theiß, 120000 E.; Univ.; Nahrungsmittel- u. Tabak-Ind.

Székesfehérvár (: ße̱-) ↗Stuhlweißenburg.

Szene *w* (gr.; Bw. *szenisch*), **1)** Schauplatz (auf der Bühne). **2)** Auftritt (in einem Schauspiel). **3)** Vorgang. **S.rie** *w*, bildmäßiger Rahmen eines Auftritts od. Vorgangs.

Szientismus *m* (lat.), **1)** Lehre v. der Allgemeingültigkeit empir.-wiss. Erkenntnis u. Weltanschauung. **2)** Lehre der ↗Christian Science.

Szintillation *w* (lat.), **1)** Aufblitzen durch Auftreffen v. Korpuskeln (z. B. α-Teilchen) auf lumineszierende Stoffe, ausgenützt im kernphysikal. **S.zähler**. **2)** das Funkeln der Fixsterne durch bewegte Schlieren verschieden dichter Luftschichten.

Szklarska Poręba (: schkla̱rßka pårȧ̱nba) ↗Schreiberhau.

Szolnok (: ßo̱l-), Hst. des ungar. *Komitats S.*, an der Theiß (Hafen), 78000 E.; Brennereien. [ger.

Szombathely (: ßo̱mbothäj) ↗Steinaman-

Szprotawa (: schpro̱-) ↗Sprottau.

Szymanowski (: schi-), *Karol*, poln. Komponist, 1883–1937; Opern, Symphonien, Kammermusik.

Systematik

die wichtigsten systematischen Kategorien (in der deutschen und lateinischen Bezeichnung) am Beispiel der Einordnung von Sibir. Reh und Heckenrose

Reich	Regnum	Tiere		Pflanzen	
Unterreich	Subregnum	Vielzeller	Metazoa	Gefäßpflanzen	Cormophyta
Abteilung	Divisio	eig. Vielzeller	Eumetazoa	Samenpflanzen	Spermatophyta
Unter-Abt.	Subdivisio		Bilateria	Bedecktsamer	Angiospermae
Stamm	Phylum	Chordatiere	Chordata		
Unterstamm	Subphylum	Wirbeltiere	Vertebrata		
Klasse	Classis	Säugetiere	Mammalia	Zweikeimblättrige	Dicotyledonae
Überordnung	Superordo	Huftiere	Ungulata		
Ordnung	Ordo	Paarhufer	Artiodactyla	Rosenartige	Rosales
Unterordnung	Subordo	Wiederkäuer	Ruminantia		
Zwischenordnung	Interordo	Stirnwaffenträger	Pecora		
Familie	Familia	Hirsche	Cervidae	Rosengewächse	Rosaceae
Unterfamilie	Subfamilia	Trughirsche	Odocoileinae		Rosoideae
Gattung	Genus	Rehe	Capreolus	Rose	Rosa
Art	Species	Reh	Capreolus capreolus	Heckenrose	Rosa canina
Unterart	Subspecies	Sibir. Reh	Capreolus capreolus pygargus		

t Abk. für ↗Tonne. **T, Abk. 1)** für ↗Tara, **2)** für ↗Tera, **3)** für ↗Tesla. **4)** auf Kurszetteln Abk. für Tax-Kurs (geschätzter Kurs). **5)** chem. Zeichen für ↗Tritium.

Ta, chem. Zeichen für ↗Tantal.

Tabak, *Nicotiana,* Nachtschattengewächse aus dem trop. Amerika, mit ungeteilten Blättern, meist roten od. weißen Blüten. Die zahlreichen Sorten durch Kreuzung bes. aus *Virginischem T.* u. *Bauern-T.* entstanden. Bei der Ernte werden die Blätter durch 4–5maliges Durchpflücken nach Güte (Vorbruch, Sandblatt usw.) sortiert u. gefädelt, nach dem Trocknen an der Luft zu Stapeln zusammengelegt, in denen durch Bakterien unter Wärmeentwicklung die Fermentation erfolgt; sie macht den T. mild u. aromatisch. Nach weiterer Behandlung Verarbeitung zu Pfeifen-T., Zigarren, Zigaretten, Schnupf- u. Kau-T. (☐319). Hauptanbaugebiete in Dtl. sind bes. Baden u. Pfalz. Die Reizwirkung des T.s beruht vor allem auf seinem ↗Nikotin. **T.brühe,** die ↗Nikotinbrühe. **T.mosaikvirus,** *TMV,* Erreger der ↗Mosaikkrankheit des Tabaks; bestuntersuchtes Virus. **T.spfeife, 1)** Rauchgerät für Tabak, meist aus einem Holz der Baumheidenwurzel (frz. *Bruyère*), aber auch aus Ton, Meerschaum, Porzellan. Sonderformen ↗Nargileh u. ↗Tschibuk. **2)** rotbrauner, seitl. blaugefleckter am. Knochenfisch, 2 m lang, mit Schwanzfaden.

Tabatière *w* (: -tᴵär, frz.), (Schnupf-)Tabaksdose; Ende 17. Jh. u. bes. im 18. Jh. in kostbarer, künstler. Ausführung.

Tabernakel *s, m* (lat. = Zelt), **1)** baldachinartiges, oft mit einer Statue besetztes Gehäuse in der got. Architektur. **2)** in kath. Kirchen verschließbares Gehäuse zur Aufbewahrung des konsekrierten eucharist. Brotes; meist künstlerisch gestaltet. ↗Sakramentshäuschen.

Tabes dorsalis, *Rückenmarksschwindsucht, -darre,* Späterkrankung bei ↗Syphilis mit schwersten Bewegungs- u. Empfindungsstörungen u. a.

Table d'hôte *w* (: tabl dŏt, frz.), gemeinsame Mahlzeit der Hotel- od. Pensionsgäste.

Tabor, heute *Dschebel et-Tōr,* Berg in Galiläa, 10 km östl. v. Nazaret, 588 m hoch; gilt als Ort der Verklärung Christi.

Tábor, tschsl. Ind.-Stadt im südl. Böhmen, 22000 E.; fr. Festung der *Taboriten* (↗Hussiten).

Täbris, amtl. *Tabriz,* Hst. der iran. Prov. Aserbeidschan, 599000 E.; Univ.; Flughafen; Rundfunksender; Handelsplatz für Teppiche.

Tabu *s* (v. polynes. *tapu* = das „stark Gezeichnete"), **1)** in vielen religiösen Kulten zauberkräftige Gegenstände od. Personen, die nicht angeschaut, berührt od. erwähnt werden dürfen. **2)** allg. Unantastbares; etwas, v. dem man nicht spricht.

Tabula rasa (lat. = abgeschabte Tafel), im Alt. die mit dem breiten Ende des Griffels geglättete, v. neuem zum Schreiben zu benützende Wachstafel. *T. r. machen,* reinen Tisch, rücksichtslos Ordnung machen, völlig auslöschen.

Tabak: Blüte

Tabulator *m* (lat.), Kolonnenstellvorrichtung an der Schreibmaschine für das Tabellenschreiben.

Tabulatur *w* (lat.), **1)** Regeln des ↗Meistersangs, auf Tafeln. **2)** Notenschrift v. 15./17. Jh., bezeichnet die Griffe auf dem Instrument.

Tachismus (: -sch-; frz. *tache* = Farbflecken), seit 1955 Bz. für eine Spielart des ↗Informel, die in freier Inspiration künstler. Selbstdarstellung mit Hilfe v. Farbflecken u. Linien erstrebt.

Tachometer *m* (gr.), Gerät, das Drehzahlen od. Geschwindigkeiten mißt, z. B. durch mechan. Übertragung od. elektr. (Wirbelströme, Dynamoströme).

tachy... (gr.), schnell... **T.kardie** *w*, Pulsbeschleunigung. **T.metrie**, Schnellverfahren der Vermessungskunde, bei dem mit dem *T.meter* die Höhe u. Lage v. Punkten gleichzeitig bestimmt werden. **T.onen**, hypothet. Teilchen v. Überlichtgeschwindigkeit mit reeller Masse u. Energie, von imaginärer Ruhemasse.

Tacitus, *Cornelius*, röm. Geschichtsschreiber, um 55–120 n. Chr.; *Historien* u. *Annalen*; die *Germania* das wichtigste schriftl. Zeugnis über die Frühzeit der Germanen.

Tacoma (: -ko^u^m^e), Hafenstadt im Staat Washington (USA), 158000 E.; Werften. Metallverhüttung. Nahebei der Mount-Rainier-Nationalpark.

Tadschikische SSR, *Tadschikistan*, Sowjetrep. in Mittelasien, an der afghan. Grenze, 143100 km², 3,8 Mill. E.; davon 56% muslim. Tadschiken; Hst. Duschanbe. Größtenteils Hochgebirge des Pamir und Tienschan.

Tadsch-Mahal, 1630/48 v. dem späteren ind. Großmogul Schahdschahan in ↗Agra für seine Lieblingsfrau errichtetes Mausoleum aus weißem Marmor.

Taegu, südkorean. Prov.-Hst. an der Bahnlinie Pusan–Seoul, 1,3 Mill. E.; kath. Erzb.; Seidenindustrie.

Tafelberg, 1082 m hoher Sandsteinberg über Kapstadt (Seilbahn) mit Gipfelplateau.

Tafelmalerei, verwendet im Ggs. zur Wandmalerei Holztafeln; später Leinwand.

Taft, *Taffet m* (pers.), dichter leinwandbindiger, stark glänzender Seidenstoff.

Taft (: täft), *William Howard*, am. Politiker, 1857–1930; 1904/1908 Kriegsmin., 09/13 Präs. der USA (Republikaner).

Tag, **1)** bürgerl.: die Zeit zw. Sonnenauf- u. -untergang; Ggs. ↗Nacht. **2)** astronom., Abk. d, das Urmaß aller Zeit-Einheiten, definiert als der Zeitraum zw. 2 aufeinanderfolgenden Kulminationen eines Sternes (*Stern-T.*) bzw. der Sonne (*Sonnen-T.*). Der Stern-T. ist 3 min 56 s kürzer als der Sonnen-T. 1 Tag = 24 h = 1440 min = 86400 s.

Taganrog, ukrain. Hafenstadt am Norduferdes Asowschen Meeres, 265000 E.; Röhrenwalzwerk; Getreideausfuhr.

Tag der Arbeit, *1. Mai*, vom int. Arbeiterkongreß 1889 beschlossener Feiertag; in fast allen Ländern anerkannt. ☐ 264.

Tagebau ↗Bergbau. **Tagegeld**, **1)** Versicherungsleistung bei Anstaltspflege. **2)** Teil der Reisekostenvergütung. **3)** die ↗Diäten.

Tabulatur: altdt. Lauten-T. aus dem „Teutsch Lautenbuch" von M. Newsidler (Straßburg 1574), darunter Übertragung

Tachometer (Arten)

Fliehkraft-T. arbeitet mechan. mit Schwungkörper, der gg. Schwerkraft nach oben zieht

elektr.-T. besitzt Spannungserzeuger u. Voltmeter

Wirbelstrom-T. hat auf der T.welle einen Magnet, der eine Aluminiumtrommel gg. Rückstellfederzug ein Stück weit mitnimmt

Luftreibungs-T. Luftwiderstand am mitgedrehten Flügelrad wirkt bremsend

Resonanz-T. hat verschieden lange Blattfedern mit abgestufter Eigenschwingung, bei denen die jeweils am kräftigsten erregten mitschwingen

Flüssigkeits-T. eine durch Drehung in Umlauf geratene Flüssigkeitssäule höhlt sich paraboloidisch aus; ein Schwimmer überträgt den Grad der Verformung auf einen Zeiger

---

Tag(e)löhner, Arbeiter in losem Arbeitsverhältnis; Lohn nach tägl. Leistung. **Tagesleuchtfarben**, fluoreszierende Farbstoffe, die ultraviolettes Licht in sichtbares Licht umwandeln; zu Reklame- u. Signalzwecken.

Tagesordnung, vorher festgelegte Reihenfolge, nach der eine Versammlung berät. *Zur T. übergehen:* einen Gegenstand nicht weiter beraten.

Tagetes, die ↗Sammetblume.

Tagfahrt, im älteren dt. Recht Termin; so heute noch in der Schweiz. **Tagfalter**, Familiengruppe meist lebhaft bunt gefärbte Schmetterlinge; Fühlerenden keulenförmig verdickt; Flügel breit, in Ruhelage mit den Oberseiten zusammengelegt.

Tagliamento (: talja-) *m*, nord-it. Fluß, 172 km lang, entspringt in den Venezian. Alpen, mündet in die Adria.   [gen.

tägliches Geld, tägl. kündbare Bankeinla-**Tagore** (ind.: Thakur), *Rabindranath*, ind. Dichter u. Philosoph, 1861–1941; wirkte als Sozialreformer, Politiker u. Pädagoge; schrieb stimmungsvolle lyr. Dramen, Gedichte, Romane; 1913 Lit.-Nobelpreis.

Tagpfauenauge ↗Pfauenauge.

Tagsatzung, **1)** in der Schweiz bis 1848 Versammlung der Vertreter der Kt.e. **2)** im östr. Zivilprozeß der Termin.

Taguan *m*, ein ↗Flughörnchen.

Tag- u. Nachtgleiche ↗Äquinoktium.

Tagzeiten, ↗Stundengebet, ↗Brevier.

Tahiti, größte u. wichtigste der frz. Gesellschaftsinseln in Ozeanien, 1042 km² mit 96000 E. (meist Polynesier); Hst. Papeete. Kokos-, Bananen- u. Zuckerrohrpflanzungen; Abbau v. Phosphaten; Perlfischerei.

Tai, *Thai*, Völkergruppe in Hinterindien u. in Südchina, gehört zur mongol. Rasse; dazu gehören in Birma die *Schan*, in Thailand die *Thai*, in Laos die *Lao* u. in der chines. Prov. Jünnan die *Bai-i*. Buddhistische Bauern mit sinotibet. Sprachen.

Taifun *m* (chines.), Wirbelsturm in Ostasien, entspr. dem ↗Hurrikan u. dem ↗Tornado.

Taiga *w*, größtes Waldgebiet der Erde, Vegetationszone zw. Tundra u. nördl. Nadelwaldgebiet, in Sibirien, z. T. versumpft.

Taihu *m*, chines. See im Jangtsedelta (Prov. Kiangsu), 2400 km², 5 m tief.

Taijüan, *Taiyuan*, Hst. der chines. Prov. Schansi, im N des *Beckens v. T.*, 1,4 Mill. E.; Univ., vielseitige Ind.

Tailfingen, Stadtteil v. Albstadt (seit 1974); Trikotwaren-Ind., Schaltgerätebau.

Taille *w* (: taij^e, frz.), Teil des Leibes zw. Brustkorb u. Hüften.

Taimyr, nördlichste Halbinsel Asiens zw. Jenissei- u. Chatangamündung mit Kap Tscheljuskin (Nordkap Asiens); Hauptort Norilsk.

R. Tagore

Tainan, Stadt im SW v. Taiwan, 547 000 E. – Bis 1886 Hst. der Insel.

Taine (: tän), *Hippolyte,* frz. Philosoph u. Historiker, 1828–93; vertrat unter ↗Comtes Einfluß den histor. Positivismus; schrieb mit hoher Darstellungskunst literar- u. kunsthistor. Werke.

Taipeh, Hst. v. Taiwan, im N der Insel, 2,18 Mill. E.; 2 Univ.; kath. Erzb.

Taitschung, *Taichung,* Stadt in Taiwan, nahe der Westküste, 571 000 E.; kath. Bischof.

Taiwan, fr. *Formosa,* Rep. auf der gleichnamigen Insel vor dem chin. Festland. T. ist eine vorwiegend gebirgige Insel (bis 4145 m hoch); nur im W fruchtbare Schwemmebene. Anbau v. Reis, Zuckerrohr, Bananen u. Ananas. Bodenschätze: Steinkohle, Gold- u. Kupfererze, Silber, Pyrit, Nickel, Mangan, Asbest, Schwefel u. Erdöl. – 1683 chinesisch, 1895 an Japan abgetreten, fiel 1945 an China zurück; seit 49 Sitz der national-chin. Regierung. Staats-Präs. Tschiang Tsching-kuo (seit 78).

Taizé (: täse), frz. Dorf bei ↗Cluny, Sitz einer 1940 v. *Roger Schutz* gegr. ev. ordensähnl. Bruderschaft, die für die ↗Ökumen. Bewegung u. christl. Wiedervereinigung arbeitet. (Internat.) Versöhnungskirche.

Tajo m (: tacho, span.), *Tejo* (: teschu, portugies.), längster Fluß der Iber. Halbinsel, entspringt im Iber. Randgebirge, mündet nach 1008 km mit breitem Trichter bei Lissabon in den Atlantik; auf 212 km schiffbar.

Tajumulco (: tachu-), Vulkan im südwestl. Guatemala, 4210 m.

Takamatsu, Hst. der japan. Prov. Kagawa, auf Schikoku, 305 000 E.; Pilgerhafen.

Takao, chines. *Kaohsiung,* zweitgrößte Hafenstadt v. Taiwan, 1,1 Mill. E.; Stahl-Ind.

Takelung, *Takelage w* (: -asche, frz.), *Takelwerk,* Masten u. Rundhölzer eines Schiffes sowie das ganze Zubehör wie Tauwerk an Masten, Rahen und Segeln.

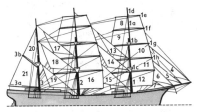

Takt m (lat.), 1) in der Musik: metrische Einheit, die durch die T.striche begrenzt wird u. innerhalb der gleichen T.art Noten verschiedener Dauer, Achtung vor fremder Intimsphäre. 3) Kolbenhub bei ↗Verbrennungsmotoren. 4) Schritt bei der Fließbandarbeit.

Taktik w (gr.), 1) *allg.:* zielstrebiges Vorgehen unter Ausnutzung der Situation u. bei geschicktem Einsatz der Mittel. 2) *Militär:* die Lehre v. Gliederung, Einsatz u. Führung der Truppen im einzelnen Gefecht. – ↗Strategie.

Tal: 1 Talformen, **a** Klamm, **b** Schlucht, **c** Kerbtal, **d** Cañon, **e** Sohlental, **f** Muldental; **2** Talquerschnitt; **3** epigenetische Talbildung, **a** vor der Ausräumung des das alte Relief bedeckenden weicheren Gesteins, **b** nach der Ausräumung des weichen Gesteins. **4** Antiklinal- und **5** Synklinaltal

Taiwan

Amtlicher Name:
Ta Chung-Hua Min
Kuo – Republic of
China

Staatsform:
Republik

Hauptstadt:
Taipeh

Fläche: 35 961 km²

Bevölkerung:
17,2 Mill. E.

Sprache:
Chinesisch

Religion:
Buddhismus und
Konfuzianismus;
2,2% Katholiken

Währung:
1 New Taiwan Dollar
= 100 Cents

Takelung an einem Segelschiff mit Barkbesegelung. **1** Fockmast; **1a** Reuelstenge, **1b** Bramsaling, **1c** Vormars, **1d** Vortopp, **1e** Reuelrah, **1f** Vorbramrah, **1g** Vorobermarsrah, **1h** Vormarsrah; **2** Großmast; **3** Besan-(Kreuz-)Mast, **3a** Besanbaum, **3b** Besangaffel; **4** Außenklüver, **5** Klüver; **6** Vorderstengenstag-, **7** Vorstag-, **8** Oberbram-, **9** Bramsegel; **10** Obermars-, **11** Marssegel, **12** Focksegel; **13** Großreuelstag-, **14** Großbramstag-, **15** Großstengenstag-, **16** Großsegel; **17** Flieger; **18** Besanstengenstag-, **19** Besanstag-, **20** Toppsegel; **21** Besan

---

Tal, langgestreckte Hohlform der Erdoberfläche, durch Erosion des fließenden Wassers od. durch Gletscher ausgeschürft.

Talar m (lat.), langes, (im Ggs. zur ↗Sutane) weitärmeliges Gewand, Amtstracht.

Talbot (: tålbᵉt), *John,* um 1338–1453; engl. Heerführer im 100jähr. Krieg gg. Fkr.

Talent s, 1) altgriech. größte Gewichts- (1 T. = 60 Minen) u. Geldeinheit. 2) die angeborene, überdurchschnittl. Begabung auf einem begrenzten (z. B. auf intellektuellem od. künstler.) Gebiet.

Preuß. Reichstaler 1786; **a** Vorder-, **b** Rückseite

Taler m, wichtigste ehem. Silbermünze; in Dtl. 1566 bis ins 18. Jh. Reichsmünze.

Talg, Unschlitt, Tierfett, bes. v. Rind od. Hammel *(Hirsch-T.);* durch Ausschmelzung bei 65° C gereinigt u. dann ausgepreßt; Fein-T. zu Kochzwecken, Margarine, Salben, Preßrückstand zu Kerzen, Seifen; enthält Stearin-, Palmitin-, Olein- u. Linolsäure. **T.drüsen,** Drüsen in der ↗Haut, deren fettiges Sekret die Hautoberfläche geschmeidig macht u. vor Kälte schützt. **T.fluß,** die ↗Seborrhöe.

Talisman m (arab.-gr.), Gegenstand (Amulett, Maskottchen u. ä.), der zauberhafte u. schützende Wirkung haben soll.

Talk m, grauweißes, weiches Mineral, Magnesiumhydrosilicat, ↗Speckstein; als Streupuder *Talkum.*

Talleyrand-Perigord (: talärãn perigor), *Charles-Maurice de,* Herzog v. T.-P. (seit 1817), frz. Politiker, 1754–1838; 1788/91 Bischof v. Autun, 1797/1807 u. 1814/15 frz. Außenmin.; nahm nacheinander Partei für die Revolution, Napoleon, die Bourbonen u. die Orléans; erreichte auf dem Wiener Kongreß die Gleichberechtigung Frankreichs neben den Siegerstaaten. Von der nationalfrz. Geschichtsschreibung lange Zeit als skrupelloser Opportunist angesehen, heute meist als letzter großer Vertreter der „klass. Diplomatie" gewürdigt.

Tallinn, estnischer Name für ↗Reval.

Talmi s (frz.), **1)** Legierung aus 90% Kupfer, 9% Zink u. 1% Gold für goldplattierten Schmuck. **2)** i.ü.S. Bz. für Unechtes.

Talmud m (hebr. = Lehre), neben dem AT religiöse Hauptschrift der Juden, in mittelhebr. u. aramäischer Sprache; im 2. Jh. v. Chr. begonnen, im 6. Jh. n. Chr. abgeschlossen; zwei Teile: die *Mischna,* eine Gesetzessammlung, u. die *Gemara,* erläuternde Diskussionen dazu. Der T. regelt das kult. u. rechtl. Leben der Juden.

Talon m (: talón, frz.), **1)** Erneuerungsschein für Zinsscheine bei Anleihen od. Gewinnanteilscheinen bei Aktien. **2)** beim Kartenspiel: die nach der Verteilung an die Spieler übriggebliebenen Karten.

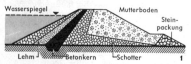

Wasserspiegel — Mutterboden — Steinpackung — Lehm — Betonkern — Schotter **1**

Talsperre, *Staudamm, Stauwerk,* über eine ganze Talbreite sich erstreckende Anlage zum Stauen v. Gewässern in einem Stausee, zur Bewässerung u. bes. zur Energieerzeugung in Wasserkraftwerken.

Tamarinde w, trop. Baum, bis 25 m hoch, dessen Hülsenfrüchte in Afrika roh gegessen werden; aus dem Fruchtmark Abführmittel, das dunkle Kernholz als Werkholz.

Tamariske w, Gattung schuppenblättriger Bäume u. Sträucher, bes. auf trockenen Salzböden; Blüten rosa od. weiß in endständigen Trauben; *Frz. T.* bis 3 m hoch, Mittelmeergebiet; *Dt. T.* bis 2 m hoch.

Tamatave, Hafenstadt auf Madagaskar, an der Ostküste, 83000 E.; kath. Bischof.

Tambour m (: tanbur, frz.), **1)** Trommel, Trommler. *T.-Major,* Leiter eines Spielmannszuges. **2)** *Baukunst:* die trommelartige Aufstelzung unter einer Kuppel. ☐ 524.

Tambow (:-bof), sowjet. Stadt s.ö. von Moskau, 270000 E.; Traktoren- und Kautschukwerk.

Tamburin s (frz.), kleine Handtrommel, mit Schellen, einseitig bespannt.

Tamerlan ↗Timur.

Tamilen (Mz.), ind. Volk v. etwa 26 Mill., im südöstl. Vorderindien u. im nördl. Ceylon; sprechen die drawid. Sprache *Tamil.*

Tamil Nadu, fr. Madras, Bundesstaat in SO-Indien, 130357 km², 42 Mill. E., Hst. Madras.

Tamm, *Igor,* sowjet. Physiker, 1895–1971; für theoret. Arbeiten über die Tscherenkow-Strahlung 1958 Nobelpreis.

Tammuz, sagenhafter Kg. v. Uruk, Geliebter der ↗Ischtar, die ihn der Unterwelt auslieferte; sein Kult drang zeitweise in den Tempel u. Jerusalem ein.

Tampa, Hafenstadt u. Seebad an der Westküste Floridas (USA), 278000 E.; Univ.

Ch.-M. de Talleyrand

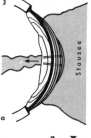

Talsperre: 1 Querschnitt eines Erdstaudamms und **2** einer Gewichtsstaumauer. **3** Bogenstaumauer, **a** Grundriß, **b** Querschnitt

2 Kontrollgänge

Kraftwerk

3

Stausee

a

b

4 m

9 m

Tangente einer ebenen Kurve im Punkt P. Projektion Q von P auf die x-Achse, S_t Subtangente, S_n Subnormale

Tampere, schwed. *Tammerfors,* finn. Stadt mit Kraftwerken an den Tammerkoski-Schnellen; 166000 E.; ev. Bischof.

Tampico, mexikan. Hafenstadt, im Staat Tamaulipas, 241000 E.; kath. Bischof. Erdölhafen.

Tampon m (: tanpon, frz.), Streifen od. Bausch v. Gaze od. Watte, zur Blutstillung od. zum Ableiten v. Körperflüssigkeiten in Körperöffnungen gestopft *(Tamponade).*

Tamtam s (hindustan.), **1)** ↗Gong. **2)** i.ü.S.: Lärm.

tan, Abk. für *Tangens.* ↗Winkelfunktionen.

Tanagra, antike Stadt in Böotien; **T.figuren,** nach dem Fundort Tanagra ben. Terrakotten, bemalte, künstler. wertvolle Statuetten aus dem 4./3. Jh. v. Chr.

Tananarivo, *Tananarive,* Hst. der Rep. Madagaskar, im zentralen Hochland, 400000 E.; kath. Erzb.; Univ., Fachschulen; Nahrungsmittel-, Holz- u. Leder-Ind.

Tanasee, größter See des Hochlands v. Abessinien, 1800 m ü.M., 3100 km²; 70 m tief; entsendet den Blauen ↗Nil.

Tandem s (: engl. tän-), Fahrrad mit 2 hintereinanderliegenden Tretlagern u. 2 Sitzen. **T.maschine,** Dampf- od. Verbrennungskraftmaschine mit hintereinanderliegenden Zylindern, die auf die gleiche Kolbenstange wirken.

Tang, Braunalgen, bes. *Blasen-T.* u. *Säge-T.;* häufig losgerissen u. in großen T.bänken auf dem Meer treibend, bes. im Sargassomeer. Düngemittel u. fr. zur Brom- u. Jodgewinnung.

Tanga, ostafrikan. Hafen in Tansania, an der *T.bai,* Ausgangspunkt der Kilimandscharobahn, 61000 E.

Tanganjika, *Tanganyika,* Teil der ostafrikan. Föderation Tansania, 937058 km², 17,1 Mill. E., meist Bantuneger; 84000 Inder, 26000 Araber u. 15000 Weiße. – Teil der ehem. Kolonie ↗Deutsch-Ostafrika; 1920 brit. Mandat *(T.territorium),* 61 unabhängig; Mitgl. des Commonwealth, seit 62 Rep.; 64 vereinigt mit ↗Sansibar zu ↗Tansania.

Tanganjikasee, langgestreckter See im Zentralafrikan. Graben, von steilen, 1500–2000 m hohen Gebirgen umgeben; 737 m ü.M., 34000 km², 1435 m tief. Entwässert über den Lukuga zum Kongo.

Tangaren, artenreiche Gruppe bunter Singvögel des wärmeren Amerika; *Purpur-T., Papageienfinken, Organisten, Freifarben-T.* ☐ 1046.

Tangens m (lat.), ↗Winkelfunktionen.

Tangente w (lat.), Gerade, die eine Kurve od. Fläche nur in einem Punkt berührt. **T.nbussole** w, ein ↗Galvanometer. **tangential,** in Richtung der Tangente. **Tangentiallüfter,** *Walzenlüfter,* ein Lüftersystem, das einen nahezu wirbelfreien Luftstrom erzeugt.

Tanger (: frz. tánsche), Prov.-Hst. u. Hafen in Marokko, am Westeingang der Straße von Gibraltar, 188000 E.; Freihafen. Kath. Erzb. Tabak-, Textil- u. Konserven-Ind., wichtiger Verkehrsknoten u. Handelsplatz. – 1905 Landung Ks. Wilhelms II. (↗Marokkokrisen); 12/56 mit der *T.zone* (heute marokkan. Prov.) internationales u. neutrales Gebiet,

Die größten Talsperren
Name / Fluß (Staat)

Name / Fluß (Staat)	gestautes Wasser Inhalt (Mill. m³)	Fläche (km²)
Bratsk/Angara (UdSSR)	169400	5426
Akosombo/Volta (Ghana)	165000	8730
Sadd-el-Ali (Assuan)/Nil (Ägypten)	164000	5000
Karlba/Sambesi (Rhodesien, Sambia)	160400	5180
D. Johnson / Manicougan River (Kanada)	141700	1942
Jenissejsk/Jenissej (UdSSR)	120000	..
Krasnojarsk/Jenissej (UdSSR)	73300	2130
W. A. C. Bennet/Peace River (Kanada)	70100	1761
Sejskaja / Seja (UdSSR)	70000	2500
Sanmen/Hoangho (China)	65000	2350
Cabora Bassa/Sambesi (Moçambique)	63000	2700
W. I. Lenin (Kuibyschew) / Wolga (UdSSR)	58000	5500
Irkutsk/Angara und Baikalsee (UdSSR)	57000	244
Kamen-na-Obi/Ob (UdSSR)	54000	4500
Buchtarma/Irtysch (UdSSR)	53000	5500
Tangkiangho / Tangkiang (China)	51600	..
Portezuelo Grande / Río Neuquén (Argentinien)	43400	607
Hoover/Colorado (USA)	36700	658
Sounda / Kouliou (Kongo)	35000	1600
Wolgograd / Wolga (UdSSR)	33500	3160
Glen Canyon / Colorado (USA)	33300	653
Churchill / Churchill, fr. Hamilton River (Kanada)	32300	6200
Valerio Truyano / Río Tepecuacuilco Guerrero (Mexiko)	32000	..
Sajano-Schuschenskaja / Jenissej (UdSSR)	31300	..
Garrison/Missouri (USA)	30100	1488
Iroquois/St. Lawrence und Ontariosee (Kanada)	30000	140
Oahe/Missouri (USA)	29100	1520
Kaptschagaj / Ili (UdSSR)	28100	..
Rybinsk/Wolga (UdSSR)	25400	4580
Bundesrepublik Deutschland:		
Schwammenauel / Rur	205	7,8
Edersee/Eder	202	12
Forggensee / Lech	165	16
Bigge/Bigge	150	7,1
Möhnesee / Möhne	135	10,4
Sylvensteinsee / Isar	108	6,2
Schluchsee / Schwarza	108	5,1

40/45 v. Spanien besetzt. 60 in das marokkan. Zollgebiet eingegliedert.

Tangermünde, Stadt im Bez. Magdeburg, steil über dem Einfluß der Tanger in die Elbe (Hafen), 13000 E.; Konserven-, Maschinen-

tangieren (lat.), berühren, streifen.   [Ind.

Tango m, aus Kuba stammender, über Argentinien um 1910 nach Europa gekommener Paartanz im ²/₄- od. ⁴/₈-Takt mit charakterist. Wechsel v. Sechzehnteln u. Achteln.

Tangschan, *Tangshan,* chines. Stadt in der Prov. Hopei, 800000 E.; Schwer-Ind.

TANJUG, Telegrafska Agencija Nova Jugoslavija, jugoslaw. Nachrichtenagentur, Belgrad.

Tank, 1) Behälter zum Aufbewahren v. Wasser, Öl, Benzin usw. **2)** fr. Bz. für einen ↗Panzer-Kampfwagen.

Tankred, letzter normann. Kg. v. Sizilien, 1189/94, Gegner Heinrichs VI.

Tankschiff, *Tanker,* die größten Schiffe der Handelsflotten, mit eingebauten Tanks zum Transport flüssiger bzw. gasförmiger Ladung. **Tankstelle,** unterird. feuer- u. explosionssicherer Behälter für flüssigen Treibstoff, säulenförm. Zapfstelle mit Pumpe u. Meßeinrichtung.

Tannate, die Salze des ↗Tannins.

Tanne, *Abies,* Nadelhölzer der Nordhalbkugel, bes. die *Edel-T.,* wegen ihrer hellen Rinde auch *Weiß-T.* od. *Silber-T.;* immergrüner Nadelbaum mit schlankem, bis 2 m dickem u. 70 m hohem Stamm; Nadeln flach, an der Spitze eingekerbt, unterseits mit 2 weißl. Wachsstreifen; Zapfen stets aufrecht, zerblättern am Stamm. Ihr weißes, harzarmes Holz als Baumaterial, die Rinde zum Gerben. Viele ausländische Arten in Dtl als Zierbäume. *Rot-T.,* die ↗Fichte; *Zimmer-T.,* die ↗Araukarie. ☐ 400, 656.

Tannenberg, poln. Stębark, Dorf im westl. Masuren. – 1410 poln.-litauischer Sieg über das Heer des Dt. Ordens. In der *Schlacht v. T.* 1914 entscheidender Sieg Hindenburgs über die russ. Narew-Armee. Das **T.-Nationaldenkmal** war 1934/45 die Grabstätte Hindenburgs u. wurde 45 v. den Dt. gesprengt.

Tannenwedel, grünlich blühende Wasserpflanze (bis 2 m Tiefe); die zarten, nadelförmigen Blätter stehen in Quirlen.

Tannhäuser, bayer.-fränk. Minnesänger des 13. Jh.; wurde Held der Volkssage v. Venusberg; Oper v. R. Wagner.

Tannin s, *Gerbsäure, Gallusgerbsäure,* pflanzl. Gerbstoff, leichtlösl. weiß-gelbl. Pulver v. charakterist. Geruch; zum Gerben, als Heilmittel u. a.

Tannu-Ola, *Tannu-Gebirge,* bis 2684 m hoher, 400 km langer östl. Ausläufer des russ. Altai.

Tansania, ostafrikan. Föderation am Ind. Ozean, gebildet aus ↗Tanganjika und ↗Sansibar einschließl. Pemba. Hinter einer bis 50 km breiten, feucht-heißen Küstenebene erhebt sich ein 1000–1500 m hohes, von Steppe bedecktes Hochland, das zu den Vulkanmassiven des Meru (4565) u. des Kilimandscharo (5895) ansteigt. Anbau v. Sisal, Baumwolle, Kaffee, die Urwälder liefern Edelhölzer; auf Sansibar herrschen Gewürznelkenplantagen vor. Bodenschätze: Diamanten, Gold, Silber, Zinn, Blei, Kupfer. – 1964 durch Zusammenschluß v. Tanganjika u. Sansibar entstanden. Staats-Präs. ist Julius Kambarag Nyerere (seit 64).

Tanta, Hst. der unterägypt. Prov. Gharbije, zw. Rosette- u. Damiette-Nil, 254000 E.

Tantal s, chem. Element, Zeichen Ta, sehr seltenes platingraues Metall, Ordnungszahl 73 (☐ 149); als Platinersatz zu Laborgeräten, für chirurg. Instrumente, im Reaktorbau.

Tantalus, in der griech. Sage ein Kg., der zur Strafe in der Unterwelt unter Früchten im Wasser stehen u. dabei Hunger u. Durst leiden muß (*T.qualen*).

Tantieme w (: tãntjäm, frz.), Anteil am Geschäftsgewinn, bes. für Vorstands- u. Aufsichtsratsmitgl.; auch Vergütung an Autoren für Aufführungsrechte.

Tantum ergo (lat.), 5. Strophe des Hymnus ↗Pange lingua; wird mit der 6. Strophe *Genitori genitoque* vor dem eucharist. Segen gesungen.

Tanz m, gehört zu den ältesten Ausdrucksweisen der Menschheit, bei der durch rhythm. Bewegungen meist bei musikal. Begleitung seel. Spannungen, Vorstellungen u. Erlebnisse ausgedrückt werden. Urspr. u. noch heute bei Naturvölkern magisch-kultisch bestimmt (Kriegs-, Fruchtbarkeits-, Initiations- u. Beschwörungs-T.), meist Masken-T. Vor allem in Ostasien ein

Tansania

Amtlicher Name:
Jamhuri ya Muungano wa Tanzania – United Republic of Tanzania

Staatsform:
Föderative Republik

Hauptstadt:
Dodoma

Fläche:
945 087 km²

Bevölkerung:
17,5 Mill. E.

Sprache:
Staatssprache ist Kisuaheli, Verkehrssprache Englisch; daneben Bantu-Dialekte

Religion:
meist Anhänger von Naturreligionen; 22% Muslimen, 12% Katholiken, 10% Protestanten, Hinduminderheit

Währung:
1 Tanzania-Shilling = 100 Cents

Mitgliedschaften:
UN, Commonwealth, OAU, der EWG assoziiert

Tänze (Takt, Herkunftsland), Auswahl

Blues (4/4; langsamer Tanz), USA
Bolero (3/4; mäßig schnell), Spanien
Boogie-Woogie (4/4; exzentr. Figuren), USA
Boston (3/4; verlangsamter Walzer), USA
Calypso (4/4, 6/4; figurenreich), Südamerika
Cancan (2/4; lebhafter Tanz), Frankreich
Cha-Cha-Cha[2] (2/4; Abart des Rumba), Kuba
Charleston (4/4; schneller Foxtrott), USA
Csárdás (2/4, 4/4; zweiteilig), Ungarn
English Waltz[1] (3/4; langsamer Walzer), Engl.
Fandango (3/4, 3/8; mäßig bis rasch), Spanien
Foxtrott (4/4; mäßig schnell), USA
Galopp (2/4; schnell, springend), Dtl.
Habanera (2/4; gemäßigt, langsam), Kuba
Jitterbug (4/4; Abart des Foxtrott), USA
Krakowiak (2/4; schnell), Polen
Ländler (3/4; mäßig schnell), Bayern, Östr.
Mambo (2/4; Abart des Rumba), Kuba
Mazurka (3/4, 3/8; schneller Sprung- und Drehtanz), Polen
Menuett (4/4; höfischer Tanz), Frankreich
Musette (3/4, 6/8; mäßig schnell), Fkr.
Onestep (2/4, 6/8; schnell, marschartig), USA
Paso doble[2] (2/4; marschartig, Abart des Onestep), Mittelamerika
Polka (2/4; lebhaft), Böhmen
Quickstep[1] (4/4; schneller Foxtrott), USA
Rheinländer (2/4; ruhig, zweiteilig), Dtl.
Rock 'n' Roll (4/4; wiegende, sprungartige Bewegung), USA
Rumba[2] (2/4, 4/4, 2/2; mäßig bis schnell, charakterist. Rhythmus), Kuba
Samba[2] (2/4; afrikan. Ursprung), Brasilien
Schuhplattler (3/4; Volkstanz), Oberbayern
Slowfox[1] (4/4; langsamer Foxtrott), USA
Tango[1] (2/4, 4/8; gemessen), Argentinien
Tarantella (3/8, 6/8; sehr schnell), Italien
Twist (4/4; Boogie-Woogie-Rhythmus), USA
Walzer[1] (3/4; schneller Rundtanz), Österreich

[1] [2] Turniertänze: [1] Standardtänze, [2] Lateinamerikanische Tänze

eigener Stand der Tempeltänzer. Neben dem zum Tanzdrama u. T.-Schauspiel absinkenden Kulttanz entwickelte sich bes. als Paar- u. Reigen-T. der weltl. T. Frühformen im Volkstanz; im Gesellschaftstanz sind die vorherrschenden Tanzformen v. der Mode bestimmt (↗Tanzmusik). Seit dem Barock ein Kunsttanz, den bes. das ↗Ballett pflegte. Führend waren neben dem frz. Ballett seit dem 20. Jh. bes. die russ. Ballettgruppen. Nach dem 1. Weltkrieg moderne Form des Ausdrucks-T. (I. Duncan, R. v. Laban, M. Wigman, G. Palucca, H. Kreutzberg).
Tanzmusik w, war zunächst nur rhythm. Stütze des Tanzes durch Klatschen, Schlaginstrumente (Trommeln) und Gesang, wurde allmähl. durch Hinzunehmen v. Melodieinstrumenten instrumental u. melodischer. Eine Vielzahl v. Tänzen wird ausgebildet: u.a. Galliarde, Pavane, Courante, Sarabande, Allemande, Gigue, Menuett, Anglaise, Gavotte, Chaconne, Passacaglia, Rondeau. Diese Tänze bilden seit dem 16. bis 17. Jh. die ↗Suiten od. das ↗Divertimento. Ständig entstehen neue Tänze u. dringen in die Volks- od. Gebrauchsmusik ein, wie im 18./19. Jh. Ländler, Walzer, Polka, Rheinländer, Mazurka, Polonaise u.a. Im 20. Jh. hat der Gesellschaftstanz an

Bedeutung gewonnen. Er erhält dauernden Zustrom v. meist nur kurzlebigen Gebrauchstänzen, die vor allem aus Nord- u. Lateinamerika stammen: u.a. Foxtrott, Swing, Boogie-Woogie, Jitterbug, Charleston; Tango, Rumba, Samba, Raspa, Mambo, Calypso, Cha-Cha-Cha. ↗Ballett.
Tanzschrift, die ↗Choreographie.
Tao s (: tau, chines. = Bahn, Weg), bei ↗Lao-Tse höchster Seinsbegriff: bringt alle Dinge, auch die materiellen, hervor, verwirklicht sich in der Welt u. bleibt dennoch über allen Dingen erhaben, ist immer ohne Handeln, aber es gibt nichts, was es nicht vollbrächte. **Taoismus** m (chines.-lat.), v. ↗Lao-Tse begr. philosoph. System, das eine geordnete Gesellschaft durch Harmonie der menschl. Lebensführung mit dem Urgrund des Seins, ↗Tao, herstellen will. Von Epigonen wurde der Tao-Begriff immer mehr verstofflicht; der T. wurde zum *Vulgär-T.,* der sich bis in die Ggw. gehalten hat.
Taormina, Seebad an der Ostküste v. Sizilien, 9000 E.; Ruinen eines griech. Theaters.
Tapajóz m (: seheß), r. Nebenfluß des Amazonas, 1992 km lang; mündet bei Santarém.
Tapete w (gr.-lat.), einfarbige od. gemusterte Wandbekleidung, fr. aus Leder, Damast od. Seide; heute meist Papier-T.n.
Tàpies (: tapʼeß), *Antonio,* span. Maler u. Graphiker, * 1923; anfangs surrealist. Arbeiten, dann „Mauerbilder" mit eingetieften Rillen u. abstrakten Figuren.
Tapioka w, ↗Maniokstrauch.
Tapir m, plumpes Säugetier mit kurzem beweg. Rüssel, 4zehigen Vorder- u. 3zehigen Hinterfüßen; Pflanzenfresser, rudelweise in wasserreichen trop. Gegenden: Brasilien, Paraguay u. als *Schabracken-T.* in Siam.
Tara w (it.), Gewicht der Verpackung. Brutto weniger T. = Netto. *tarieren,* die T. feststellen.
Tarabulus ↗Tripolis.   [len.
Tarantel w, bis 5 cm lange Wolfsspinne in Erdröhren Südeuropas; ihr schmerzhafter Biß nicht gefährlich.
Tarantella, süd-it. Volkstanz, $^6/_8$- od. $^3/_8$-Takt.
Taranto, die it. Stadt ↗Tarent.
Tarasp-Schuls-Vulpera, Schweizer Kurgebiet im Unterengadin, am Inn, 1200–1400 m ü. M., Hauptort Schuls.
Tarbes (: tarb), Hst. des frz. Dep. Hautes-Pyrénées, im Pyrenäenvorland, 55000 E.; kath. Bischof; Eisengießereien, Tuchfabriken.
Tardieu (: -djö), *André,* frz. Politiker, 1876–1945; 1929/30 u. Febr./Mai 32 Min.-Präs. (Linksrepublikaner) für strengste Durchführung des Versailler Vertrags.
Tarent, it. *Taranto,* it. Prov.-Hst. in Apulien, 248000 E.; Erzb. Naturhafen. Werften, Maschinen-Ind. – 706 v. Chr. v. Spartanern als *Taras* gegr., 272 v. Chr. römisch.
Târgu(l) Mures (: -sch) ↗Tirgu Mures.
Tarif m (arab.), Verzeichnis v. Gütern od. Dienstleistungen mit nach der Höhe der Leistungen, dem Wert od. der Menge der Güter gestaffelten Gebühren bzw. Preisen, z.B. Verkehrs- (Eisenbahn, Post), Versorgungs- (Gas, Strom), ferner Zoll-, Steuer-, Lohn-T.e.   **T.autonomie** ↗Tarifvertrag.
T.ordnungen, Rechtsverordnungen, in denen die Arbeitsbedingungen für Angehö-

Tarnformen: der Schmetterling Kallima, der ganz dem Blatt angepaßt ist

Tapir

Tarantel

rige des öff. Dienstes als Mindestbedingungen unabdingbar u. unmittelbar geregelt sind, z.B. TOA für Angestellte. **T.vertrag** wird in der BRD geschlossen zw. einer Arbeitgebervereinigung bzw. einzelnen Arbeitgebern u. den einzelnen Industriegewerkschaften zur allg. Festlegung (Kollektivnormenvertrag) des Inhalts von Einzelarbeitsverhältnissen zw. den tarifbeteiligten Arbeitgebern u. Arbeitnehmern. Die Befugnis zum Abschluß v. T.verträgen (*T.autonomie der Sozialpartner*) als Teil des Koalitionsrechts durch das GG gegeben.

Tarim m, längster Fluß Zentralasiens, 2000 km lang; endet in den Sümpfen des Lopnor. **Tarimbecken,** 700–1000 m hohe, vom Pamir, Tienschan, Kuenlun u. Peischan-Gebirge umgebene tekton. Ebene, ca. 900000 km²; Sandwüste; Handelsstraßen (Seidenstraßen) verbinden die am N- u. S-Rand des T. gelegenen Oasen.

Tarn m, r. Nebenfluß der Garonne, mündet nach 375 km unterhalb Moissac.

tarnen, verbergen. **Tarnformen,** bei Tieren die Anpassung an Formen der Umwelt, meist als ↗Schutztracht vor Feinden. ↗Mimikry. **Tarnkappe,** *Nebelkappe,* in der dt. Sage unsichtbar machendes Kleidungsstück (urspr. ein Mantel).

Tarnopol, russ. *Ternopol,* ostgaliz. Stadt am Sereth, seit 1939 zur Ukrain. SSR, 144000 E.; Maschinen-, Holz- u. Nahrungsmittel-Ind.

Tarnów (:-uf), poln. Stadt in Westgalizien, 102000 E.; kath. Bischof; chem. und Maschinen-Industrie.

Tarock m od. s, it. Kartenspiel mit 54 od. 78 Karten für 3 od. 4 Personen.

Tarpan m, graues asiat. Wildpferd, im 19. Jh. ausgerottet.

Tarpejischer Felsen, Felsen auf der Westseite des Kapitols in Rom; v. ihm wurden bis Ks. Claudius Verbrecher hinabgestürzt.

Tarquinia, it. Stadt in der Prov. Viterbo, 12500 E.; Bischof. Nordöstl. davon Reste der Etruskerstadt *Tarquinii* mit Gräberstadt.

Tarquinier (Mz.), etrusk. Geschlecht, dem 2 Könige Roms entstammten.

Tarragona, span. Prov.-Hst. in Katalonien, Hafen am Mittelmeer, 116000 E.; Erzb.; roman.-got. Kathedrale (12./14. Jh.), röm. Ruinen (ehem. Palast des Augustus).

Tarsus, *Tarsos,* türkische Stadt im Wilajet Adana, 103000 E.; Geburtsort des Apostels Paulus.

Tarsus m (gr.; Bw. *tarsal*), Fuß.

Tartaren, fälschl. für ↗Tataren.

Tartarus m, griech. *Mythos:* Abgrund, in den Zeus die Titanen schleuderte; galt vielfach als tiefster Teil der Unterwelt.

Tartini, *Giuseppe,* it. Geiger u. Komponist, 1692–1770; entwickelte die moderne Bogentechnik; schrieb zahlr. Violinkonzerte u. Violinsonaten (*Teufelstrillersonate*).

Tartrate (Mz.), Salze der Weinsäure.

Tartu, dt. *Dorpat,* Stadt in der Estn. SSR, westlich des Peipussees, 104000 E.; Univ. (1632 gegr.). War Mittelpunkt des baltischen Deutschtums.

Taschenbuch s, aus den USA gekommene Form der Buchausgabe (pocket book): kleines Format, einheitliche, einfache Ausstat-

tung, niedriger Preis. Zunehmend verbreitet, häufig Nachdrucke früherer normaler Ausgaben in großer Auflage.

Taschenkrebse, die ↗Krabben.

Taschi-Lama ↗Lamaismus.

Taschkent, Hst. der Usbek. SSR in Mittelasien, in einer Oase am Westfuß des Tienschangebirges, 1,78 Mill. E.; oriental. Altstadt; Univ., Hochschulen, Usbek. Akademie der Wiss.; Baumwoll-, Seiden-, chem., Elektro-, Leder-, Nahrungs- u. Genußmittel-Ind., Landmaschinenbau; Kultur-, Ind.- u. Verkehrszentrum Mittelasiens.

Tasman, *Abel Janszoon,* niederländ. Seefahrer, 1603–59; entdeckte 42/43 Tasmanien, Neuseeland, Tonga- u. Fidschi-Inseln.

Tasmanien, kleinster Staat des Australischen Bundes, Insel im S des austral. Kontinents, 68332 km², 414000 E.; Hst. Hobart; steigt bis zu 1588 m auf. Das Seeklima begünstigt Acker- u. Obstbau; Viehzucht; Bodenschätze: Kupfer, Silber, Gold, Zinn, Zink, Bauxit, Uran, Blei, Steinkohle. Die kleinwüchsigen, kraushaarigen Tasmanier starben im 19. Jh. aus. 1642 von Tasman entdeckt, 1803 brit. Strafkolonie, 56 Selbstregierung, seit 1901 Mitgl. des Austral. Bundes.

TASS, Abk. für **T**elegrafnoje **A**genstwo **So**wjetskogo **S**ojussa, Moskau, amtl. Nachrichtenagentur der UdSSR, 1925 gegr.

Tassilo III., Herzog v. Bayern (seit 748), † 794; Gegner der Franken, v. Karl d. Gr. abgesetzt u. in ein Kloster verbannt.

Tasso, *Torquato,* it. Dichter, 1544–95; im Dienst des Hzg. v. Ferrara, seit 75 gemütskrank; zeitweise in Gefangenschaft. Barokkes Epos *Das befreite Jerusalem,* Schäferspiel *Aminta.* – Drama v. Goethe.

Tastatur w (it.), Tastenanlage v. Klavieren, Schreibmaschinen usw.

Tastsinnesorgane, auf Berührung, Druck u. Zug ansprechende Sinnesorgane, z.B. Tastkörperchen, freie Nervenendigungen, Tasthaare u. Tastborsten (bes. bei Insekten).

Tatabánya (: tåtåbanjå), ungar. Stadt westl. von Budapest, 76000 E.; Braunkohlenbergbau, Brikettfabrik, Kraftwerke, Aluminiumhütte.

Tatar s, rohes, geschabtes Rindfleisch.

Tataren, fälschl. *Tartaren* (Mz.), urspr. ein Teilstamm der Mongolen, der 1202 v. Dschingis Chan vernichtet wurde; seit 13. Jh. Bz. für türk.-mongol. Mischstämme in Osteuropa u. Kaukasus ca. 5,9 Mill. **Tatarische ASSR,** Sowjetrepublik der (Wolga-)Tataren in der RSFSR, 68000 km², 3,4 Mill. E.; Hst. Kasan.

Tatauierung w (von polynes. *tatau*), fälschl. *Tätowierung,* Hautverzierung, durch Einführung von Ruß, Tusche, Zinnober u.a. unter die Haut od. durch Einritzen eines Musters in die Haut, so daß die Narben Wülste bilden.

Tate (: te͜it), *Allan,* am. Schriftsteller, 1899 bis 1979; lehrte an verschiedenen Univ.en; von T. S. Eliot beeinflußt; Lyrik, Roman *Die Väter,* lit. Essays.

Taterkorn, der ↗Buchweizen.

Tatian der Assyrer, 2.Jh., erst christl. Apologet, dann Häretiker; *Diatessaron.*

Torquato Tasso

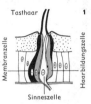

Tasthaar 1

Membranzelle · Haarbildungszelle

Sinneszelle

freie Nervenendigung

ableitende Nervenfaser · zelliger Innenkolben · Lamellen

2

Tastsinnesorgane:
1 Schnitt durch ein Tasthaar eines Insekts,
2 Kolbenkörperchen einer Maus

Tatauierung: oben Narben-T. bei einem Neger, unten Stich-T. bei einem Matrosen

tätige Reue, Rücktritt v. einer beabsichtigten strafbaren Handlung.

Tatlin, *Wladimir Ewgrafowitsch,* russ. Bildhauer u. Graphiker, 1885–1956; Begr. des ↗Konstruktivismus; Reliefs, Hängeplastiken, techn. Entwürfe.

Tatra w, höchster Teil der Karpaten auf der tschsl.-poln. Grenze: a) die *Hohe T.,* in der Gerlsdorfer Spitze 2663 m hoch. Auf ihrem Kamm verläuft die poln.-tschsl. Grenze. Südl. davon b) die *Niedere T.* zw. Waag u. Gran, im Djumbir 2045 m hoch. Beide Gebirge Wintersportgebiete (Zakopane).

Tattersall m, Reitschule, meist mit Pferdehandel, nach dem Engländer T. (1724–95).

Tau, *Max,* dt. Schriftsteller, 1897–1976; emigrierte 1938; Essays, Romane. 50 Friedenspreis des Dt. Buchhandels.

W. E. Tatlin: Modell für den „Turm der III. Internationale"

Max Tau   Richard Tauber

Tau m, sublimierte Form der ↗Hydrometeore, wenn der ↗Taupunkt über dem Gefrierpunkt liegt. ↗Reif.

Taube, *Otto* Frh. v., dt. Schriftsteller, 1879–1973; Romane u. Erzählungen um den balt. Adel *(Das Opferfest),* Gedichte.

Tauben, artenreiche Familie kleiner u. mittelgroßer Vögel mit gurrender od. kichernder Stimme. In Europa: Hohl-, Turtel-, Türken-, Ringel-T., Felsen-T. wahrscheinl. die Stammform der *Haus-T.,* ↗Brief-T. **T.kropf** ↗Leimkraut. **T.schwanz,** Schwärmer, fliegt stoßweise im Sonnenschein; Raupe grün, weißgepunktet, am Labkraut. ☐913.

Tauber w, l. Nebenfluß des Mains, entspringt an der Frankenhöhe bei Rothenburg, durchfließt den *T.grund* (Weinbau), mündet nach 120 km bei Wertheim.

Tauber, *Richard,* östr. Sänger, 1892–1948; lyr. Tenor, erst Lieder- u. Opern-, dann Operettensänger.

Tauberbischofsheim, nordbad. Krst., an der Tauber, 12100 E.; Schloß (13. Jh.); Schulmöbel-, Maschinen-, Textil-Ind.

Taubheit, Unfähigkeit zur Aufnahme v. Gehörseindrücken, erblich od. durch Krankheit erworben.

Taublatt, *Sonnenblatt,* fleischfressende Pflanze, verwandt mit dem ↗Sonnentau.

Täubling, Blätterpilze ohne Milchsaft, Schleier (Ring) u. Wulst. *Speise-T.* mit fleischfarb. Hut, *Grünl. T.* mit blaßgrüner, warziger Hutoberhaut, *Grüner T.* mit olivgrünem, glattem Hut, eßbar, *Spei-T.* od. *Speiteufel,* ungenießbar.

Taubnessel w, *Bienensaug,* krautiger Lippenblütler; Blätter brennesselartig, nicht

Felsentaube

Ringeltaube

Tauben

Taubnessel

brennend. *Rote T.,* auf Äckern u. Schutt; *Weiße T.,* an Gräben, Hecken, Zäunen. *Gefleckte T.* u. *Taube T.,* beide in feuchten Gebüschen.

Taubstummheit, Stummheit als Folge angeborener oder in frühester Kindheit erworbener Taubheit, aufgrund deren die Sprachentwicklung ausblieb; ursächl. meist Entwicklungshemmung der Sinneszellen in der Schnecke oder übergeordneten Hirnrindenzentren. Meist ist ein Restgehör vorhanden, das bei einer sehr frühzeitigen Schulung (Audiometrie, Hörhilfe) eine normale Sprach- u. Geistesentwicklung ermöglichen würde. Die erst im 4. Lebensjahr festgestellte T. ist nicht mehr heilbar. Taubstumme werden in eigenen *Taubstummenschulen* v. Sonderlehrern unterrichtet, lernen eine Gebärdensprache u. erhalten eine (einfache) Berufsausbildung; sie brauchen eine spezielle Fürsorge.

Taucha, sächs. Stadt am NO-Rand v. Leipzig, 15000 E.; Pelz- u. Lederwaren, Maschinen- u. chem.-Ind.

Taucher, Schwimmvögel offener Gewässer, ↗Seetaucher, *Lappentaucher* (Haubentaucher, Zwergtaucher u.a.).

Taucherkrankheit, *Druckluft-, Caissonkrankheit,* Verstopfung der Blutgefäße durch in Bläschen frei werdenden Stickstoff infolge plötzl. Nachlassens des äußeren Drucks bei zu raschem Auftauchen aus großen Tiefen. Symptome sind Lähmungen, Gelenkschmerzen, Ohnmacht. Vermeidbar durch langsames Auftauchen bzw. Verwendung eines Sauerstoff-Helium-Gemisches als Atemgas.

Tauchgeräte, ermöglichen einen längeren Aufenthalt unter der Wasseroberfläche; grundsätzl. unterschieden in: T. mit Luftverbindung zur Oberfläche durch Schlauch: *Schlauchgeräte* aus Gummianzug u. Taucherhelm bis 150 m (druckfest für größere Wassertiefen bis 200 m als *Panzer-T.)* u. *Taucherglocke* (unten offener Kasten, ermöglicht Arbeiten mehrerer Personen auf Flußboden) u. schlauchlose Geräte, wie *Druckluft-* (bis 100 m) od. *Sauerstoffkreislaufgeräte* (bis 15 m), die für kürzere Zeit größere Beweglichkeit des Tauchers erlauben. ↗Bathyskaph.

Tauchsport, sportl. Schwimmen unter Wasser; als *Streckentauchen* (bis 50 m) ohne Gerät, über größer Entfernung mit Schutzmaske, Flossen und Schnorchel, in größerer Tiefe auch mit leichtem Atmungsgerät (Preßluftflasche); auch mit Unterwasserkamera u. verschiedenen Waffen ausgeübt (Unterwasserjagd).

Tauern, höchster Ostalpenzug in Östr.: a) *Hohe T.,* zw. Birnlücke (2667 m) u. Katschbergpaß (1641 m): Venediger-, Granatspitz-, Großglockner-, Sonnblick-, Goldberg- u. Ankogelgruppe, alle über 3000 m hoch, vergletschert, mit dem größten Berg Östr.s (Großglockner, 3798 m) u. Gletscher (↗Pasterze). *T.bahn* mit 8,5 km langem Tunnel zw. Badgastein u. Mallnitz. *T.werk* ↗Kaprun. b) *Niedere T.,* Bergzug mit Radstädter u. Schladminger T., n.ö. der Hohen T., zw. Enns u. Mur; im Hochgolling 2863 m hoch.

Taufbecken:
Dom zu Worms
(Nikolaus-Kapelle,
1485) – ☐ 1103

Tausendfüßer ausgestreckt u. zusammengerollt

Taufbecken s, *Taufbrunnen, Taufstein,* in christl. Kirchen Behälter aus Metall od. Stein für das ⁄Taufwasser. ⁄Taufkirche. **Taufbekenntnis** s, *Taufsymbol,* das vor der Taufe v. Täufling od. Paten abgelegte ⁄Glaubensbekenntnis. **Taufbuch** s, kirchl. Geburten- u. Taufregister. ⁄Taufschein. **Taufe** w (v. ahd. *tufan* = eintauchen), das allen Christen gemeinsame ⁄Sakrament des Mitbegrabenwerdens u. Mitauferstehens mit Christus; nach *kath.* u. im wesentl. auch *ostkirchl. Lehre* das erste u. grundlegende Sakrament, das die Eingliederung in die Kirche Christi bewirkt; durch die T. wird die ⁄Erbsünde getilgt, die heiligmachende Gnade vermittelt, werden alle bisher begangenen Sünden u. die ⁄Sündenstrafen nachgelassen u. wird der Seele ein unauslöschl. Merkmal eingeprägt (daher unwiederholbar); Spender der T. ist in der Regel der Pfarrer; bei der *Not-T.* ist jeder Mensch als Spender möglich. – Nach *luth. Lehre* bietet die T. heilsnotwendig, auch den Kindern, Gottes Gnade an. Nach *ref. Lehre* ist die T. die Versiegelung, daß der Glaubende durch Christi Erlösungstod v. den Sünden abgewaschen, durch den Hl. Geist erneuert u. in die Kirche aufgenommen ist (auch die Kinder). Andere christl. Gemeinschaften lehnen die *Kinder-T.* ab (so die ⁄Täufer). Die christl. Kirchen erkennen die gültig gespendete T. gegenseitig an.
Täufer, *Anabaptisten* (gr. = Wiedertäufer), 1523/25 in Zürich v. Gegnern Zwinglis gegr. Sekte, die u. a. wegen angebl. Ungültigkeit der Kindertaufe Erwachsene nochmals taufte; nach Verbreitung in Mitteleuropa ging ihr radikaler, z. T. gewaltsam missionierender Flügel (⁄Knipperdolling) in blutiger Verfolgung unter; gemäßigte Gruppen der T., bes. die ⁄Mennoniten, leben bis heute fort; mit den ⁄Baptisten kein näherer Zusammenhang.
Taufkirche, *Taufkapelle* (lat. ⁄*Baptisterium*), in Spätantike u. Früh-MA oft selbständ. Zentralbau für die Taufhandlung.
Taufkirchen (Vils), oberbayer. Gemeinde südl. v. Landshut, 8000 E.; Möbel- u. Nahrungsmittel-Ind.
Taufliegen, *Drosophilinae,* bis 4 mm lange Kleinfliegen, Larven in faulenden Pflanzenteilen. ⁄Drosophila.
Taufname m, ⁄Namenstag. **Taufpate,** der

⁄Pate. **Taufschein** m, *Taufzeugnis,* pfarramtl. Bescheinigung über den Empfang der Taufe; Auszug aus dem ⁄Taufbuch. **Taufwasser** s, in der kath. Kirche in der Osternacht geweiht (⁄Weihwasser).
Tauler, *Johannes,* OP, dt. Mystiker, nach 1300 1361; in gedankentiefen Predigten u. Schriften auch Meister der Sprache.
Taumelkäfer, glänzendschwarzer Wasserkäfer, räubert kreisend auf der Oberfläche stehender Gewässer.
Taunus m, Südostflügel des Rheinischen Schiefergebirges zw. Rhein, Main u. Lahn, waldreiche, wellige Hochfläche, v. einem quarzit. Hauptkamm *(Höhe)* überragt, im Großen Feldberg 880 m, im Altkönig 798 m hoch. Am Süd- u. Ostrand Kurorte mit zahlr. Mineral- u. Thermalquellen.
Taunusstein, hess. Stadt n.w. von Wiesbaden, 25500 E.; Apparate- u. Musikinstrumentenbau; Nahrungsmittel-, Kunststoff-Ind. 1971/72 neu gebildet.
Taupunkt, diejenige Temperatur, bei der eine Luftmasse feuchtigkeitsgesättigt ist, bei Abkühlung erfolgt Kondensation.
Taurin s, eine ⁄Aminosäure.
Tauris, *Taurische Halbinsel,* die ⁄Krim.
Tauroggen, litauisch *Tauragé,* litauische Bez.-Stadt n.w. von Kaunas, 15000 E. – 1812 schloß ⁄Yorck in der *Konvention* v. *T.* Waffenstillstand mit den Russen u. leitete damit die ⁄Befreiungskriege ein.
Taurus m, Gebirge am Südrand des kleinasiat. Hochlands zw. Ägäischem Meer u. Armenien; mit dem *Lykischen T.,* dem *Kilikischen T.,* dem *Anti-T.* u. dem *Ost-T.;* im Cilo Dag (Ost-T.) 4168 m hoch.
Taus, *Josef,* östr. Politiker, * 1933; 75/79 Bundesobmann der ÖVP.
Tausch, Vertrag auf Übereignung einer Sache od. Übertragung eines Rechts gg. eine nicht in Geld bestehende Gegenleistung.
Tauschierung (arab.), eine Art Intarsientechnik zur Verzierung unedler Metalle (Kupfer, Eisen, Bronze): Einlegen v. Goldod. Silberdraht od. Aufhämmern v. Goldod. Silberblechen in die dem Metall eingravierten od. eingeätzten od. auf aufgerauhte Muster.
Täuschung, das Vorspiegeln v. Tatsachen, die in Wirklichkeit nicht vorliegen. ⁄Arglistige T.
Tauschwert ⁄Preis. [stige T.
Tausendblatt, Wasserpflanze mit sehr fein zerteilten Blättern; Aquariumpflanzen.
Tausendfüßer, wurmförm. Gliederfüßer mit mehr als 3 (bis zu 93) Beinpaaren; unter Steinen, in Laub, Moder. *Gemeiner T.* in Europa (5 cm) ⁄Skolopender, Schnur-, Schalen- u. Bandasseln.
Tausendgüldenkraut, Enziangewächs mit kleinen rosa Blüten in Dolden; zu Tee u. Drogen. ☐ 453.
Tausendschön ⁄Gänseblümchen.
Tausendundeine Nacht, die berühmteste arab. Märchensammlung, bestehend aus einer Rahmenerzählung mit einer Fülle v. Märchen, Abenteuergeschichten, Fabeln u. Erz. verschiedensten Ursprungs, die Scheherezade in 1001 Nächten dem Kg. Scheherizar erzählt; endgültige Fassung wahrscheinl. im 16. Jh. in Kairo entstanden.

Mundstück

CO₂reiche Luft

O₂reiche Luft

Druckregler mit Ausatemventil

Druckluftflasche

1

Tauchgeräte:
1 Druckluftgerät,
2 Schlauch-T.,
3 Panzertaucher

tauto... (gr.), gleich... **Tautologie** w (gr.), überflüssige Verdoppelung einer Aussage, bes. die Bz. desselben Begriffes od. Gedankens durch verschiedene, aber gleichbedeutende Wörter.

Tautomerie w (gr.), Auftreten zweier isomerer chem. Verbindungen, die durch Änderung der Bindungsverhältnisse u. Platzwechsel v. Protonen ineinander übergehen können.

Taverne w (frz.), Schenke.

Taxameter m (lat.-gr.), **1)** Fahrpreisanzeiger bei Personenkraftwagen mittels Zählwerk. **2)** Abk. *Taxi*, Personenkraftwagen mit T.

Taxation w, Schätzung durch einen sachverständigen *Taxator*. **Taxen** w, obrigkeitl. festgesetzte Preise für Waren od. Leistungen. **taxieren**, abschätzen, einschätzen.

Taxien (: -iën, gr., Mz.; Ez. *Taxis*), auf einen Sinnesreiz hin erfolgende, zur Reizquelle orientierte, aktive Bewegung freibewegl. Tiere u. niederer Pflanzen.

Taxis ⁄Thurn u. T.

Taxus m, ⁄Eibe.

Tay m (: teˡ), mit 193 km längster schott. Fluß, entspringt in den Grampians, mündet unterhalb Perth in die Nordsee *(Firth of T.)*.

Taygetos m, höchster Gebirgszug des Peloponnes; im Hagios Ilias 2404 m.

Taylor (: teˡⁱᵉʳ), *Elizabeth*, am. Filmschauspielerin, * 1932; Filme u.a. *Giganten; Die Katze auf dem heißen Blechdach; Cleopatra; Wer hat Angst vor Virginia Woolf?*

Taylorismus (: teˡⁱᵉʳ-, engl.), nach dem am. Ingenieur u. Betriebsberater *F. W. Taylor* (1856–1915) ben. Methode, durch Zeit- u. Bewegungsstudien Verlustzeiten bei der industriellen Fertigung einzuschränken u. durch ein bes. Lohnsystem die individuelle Arbeitsleistung zu erhöhen.

Tazzelwurm, *Tatzelwurm*, sagenhaftes Untier, schlangen- od. drachenähnlich.

Tb, 1) chem. Zeichen für ⁄Terbium. **2)** auch *Tbc* od. *Tbk*, ⁄Tuberkulose.

Tbilisi, bis 1936 *Tiflis*, Hst. der Grusin. SSR, in einem Bergkessel, beiderseits der Kura, 1,1 Mill. E.; Kultur-, Ind.- u. Verkehrszentrum Transkaukasiens; Univ., Hochschulen; oriental. Altstadt, Kirchen u. Klöster aus dem 5.–8. Jh.; Hütten- u. Kupferwalzwerk, Maschinen-, chem., Textil-, Holz- u. Nahrungsmittel-Ind.

Tc, chem. Zeichen für ⁄Technetium.

Tczew (: tschef), poln. Name für ⁄Dirschau.

Te, chem. Zeichen für ⁄Tellur.

Teach-in s (: titsch-, engl.), Protestveranstaltung in geschlossenen Räumen, Form des passiven Widerstandes.

Teakholz (: tik-, engl.), *Tiekholz*, eisenhartes, bes. für Schiffsbau geeignetes Nutzholz des ostind., 30–40 m hohen *Teakbaumes*. Auch beliebtes Möbelholz. ☐400.

Team s (: tim, engl.), Mannschaft, Arbeitsgemeinschaft.

Tea-room m (: ti-rūm, engl.), Teestube, bes. in Engl.; Imbißstube.

Tebaldi, *Renata*, bedeutende it. Opernsängerin (Sopranistin), * 1922.

Technetium s, fr. *Masurium*, chem. Element, Zeichen Tc, instabiles Metall, Ordnungszahl 43. ☐149.

Technicolor, ein Verfahren zur Herstellung farb. Spielfilme; verwendet eine Strahlenteilungskamera für Rot-, Grün- u. Blauauszug. Ggs. Dreischichtenfilmverfahren.

Technik w (gr.), allg. die zweckbewußte, sinnvolle Verwertung der in der Natur gegebenen Möglichkeiten, bes. die Anwendung v. Naturgesetzen zur Bedarfsdeckung. Die handwerkl. T. des Werkzeugs hat sich zur *Maschinen-T.* u. Ingenieurwissenschaft entwickelt. Die Naturkräfte werden immer mehr den menschl. Lebens- u. Kulturbedürfnissen dienstbar gemacht. T. wurde so ein Bestandteil jegl. Kulturtätigkeit. T. als Arbeitsgebiet des Ingenieurs gliedert sich in eine Vielzahl v. Spezialgebieten.

Technikum, veraltet für Ingenieurschule.

Technische Hochschule, Abk. *TH*, auch *Technische Univ. (TU)*, der Univ. gleichrangige staatl. akadem. Bildungs- u. Forschungsstätte für alle angewandten Naturwiss. (außer Medizin); z. T. durch geistes- u. sozialwiss. Fachgebiete erweitert; nach Erlangung der Hochschulreife u. einjähr. prakt. Tätigkeit 8–10 Semester Studium; mit bestandener Abschlußprüfung Erwerb des akadem. Grades Diplomingenieur (Dipl.-Ing.). Im Zuge der Hochschulreform wurden zahlr. TH in TU oder Univ. umbenannt.

☐ 395. **Technisches Hilfswerk** (THW), 1953 errichtet; nicht rechtsfähige Bundesanstalt, Sitz Koblenz; leistet mit ehrenamtl. Helfern techn. Hilfe bei Katastrophen. **Technologie** w (gr.), Lehre v. den Mitteln u. Methoden zur Verarbeitung der Rohstoffe in Fertigerzeugnisse.

Technokratie w (gr. = Herrschaft der Technik), **1)** Bz. für eine um 1929 in den USA aufgekommene, auf Europa übergreifende geistige Bewegung; fordert den Vorrang techn. Ideen vor Wirtschaft u. Politik; heute bedeutungslos. **2)** vom Bürger nicht mehr kontrollierbare Herrschaft der Experten.

Techtelmechtel s (it.), geheimes Einverständnis, Liebschaft.

Teckel m (nd.), ⁄Dachshund, Dackel (südd.). [sang.

Te Deum laudamus ⁄Ambrosian. Lobge-**TEE**, Trans-Europ-Expreß, bes. schnelle u. komfortable Fernschnellzüge in Europa.

Tee (chines.), **1)** *Teestrauch* (Kameliengewächs), dessen getrocknete *Blätter* u. das aus ihnen bereitete *Getränk*. Als Heimat gelten Assam u. Bengalen. Seit dem 4. Jh. in China, seit Mitte des 16. Jh. in Europa bekannt. Der Teestrauch wird durch Beschneiden 1–3 m hoch gehalten; Blätter sind immergrün, Blüten weiß od. rosarot. Man erntet Blätter u. Blattknospen noch nicht blühender Pflanzen. Beim *Schwarzen Tee* werden die gewelkten Blätter gerollt, fermentiert u. getrocknet. *Grünen Tee* erhält man durch Erhitzen der frischen Blätter u. nur kurze Gärung. Tee regt durch sein Tein (⁄Koffein) Nerven u. Herz an. – Die Weltproduktion betrug 1971 ca. 1,3 Mill. t. ☐319. **2)** Sammel-Bz. für die Aufgüsse v. Heilpflanzen (Kamillen-, Pfefferminztee); auch ⁄Mate. **Teekraut**, aromat. Melde aus Amerikas Tropen, jetzt weit verbreitet; Ersatz für Schwarztee, auch Magenmittel.

Elizabeth Taylor

Teestrauch: Zweig mit Blüten

Renata Tebaldi

Teichrose

Teilkopf: 1 Getriebe-
gehäuse, **2** Loch-
scheibe, **3** Teilkurbel,
4 Wechselräder,
5 Teilspindel mit
Einspannvorrichtung,
6 Feststellhebel

P. Teilhard de Chardin

G. Ph. Telemann

Teenager *m* (: tine͜dseher, engl. = Zehnalt-
rige), Bz. für ca. 13–19jähr. Mädchen.
Teer ⁄Holz-, ⁄Steinkohlenteer. **T.farb-
stoffe,** Bz. für synthet. Farbstoffe, die aus
Steinkohlenteer bzw. aus anderen Produkten dargestellt werden; auch als Heilmittel
od. Ausgangsstoffe für solche u. a. verwendet. ⁄Azoverbindungen. **T.krebs,** Haut-
krebs, bei Teerarbeitern durch Hautreizung.
T.seife, Seife mit Teerzusatz gg. Hautleiden,
Haarkrankheiten. **T.stuhl,** teerfarbiger Stuhl
nach Blutungen in Magen u. Dünndarm.
Teesside (: ti͜sßaid), engl. Hafenstadt an der
Mündung des Tees, 396 000 E.; kath. Bischof; Ing.-Schule; Werften, Eisen- u. chem.
Ind. 1968 durch Zusammenschluß v. Middlesbrough mit anderen Gem. entstanden.
Teflon *s,* das ⁄Polytetrafluoräthylen.
Tegernsee, 1) *m,* oberbayer. Voralpensee,
s.ö. von München, 725 m ü. M., 9 km², 71 m
tief. **2)** oberbayer. Stadt u. Kurort am Ostufer v. 1), 4900 E.; Schloß (746/1803 Benediktinerabtei), Bauerntheater.
Tegucigalpa (: -ßi-), Hst. v. Honduras, in ei-
nem Hochtal der Kordilleren, 980 m ü. M.,
275 000 E.; kath. Erzb.; Univ.; Tabak- und
Schuhindustrie.
Teheran, pers. *Tehran,* Hst. v. Iran, am Südfuß des Elbursgebirges, 1140 m ü. M., 4,5
Mill. E.; wurde seit 1921 zu einer modernen
Großstadt ausgebaut. Chald.-kath. Erz-
bisch.; Univ., Moscheen, Hochschulen;
Teppich-, Seiden-, Baumwoll- u. Nahrungs-
mittel-Ind., Leder- u. Messingwaren.
Tehuantepec (: teᵘa-), Stadt im mexikan.
Staat Oaxaca, 15 000 E.; Bischof; Garten- u.
Orangenbau. Der *Isthmus von T.,* 210 km
breit, die schmalste Stelle Mexikos.
Teich, kleines seichtes, stehendes Gewäs-
ser. **T.huhn,** *Rotbläßchen,* Wasserhuhn
(Ralle), dunkelbraun u. schiefergrau, rote
Stirn; 30 cm lang, lebt im Schilf. **T.kolben,**
die ⁄Rohrkolben. **T.muschel,** Art der
⁄Flußmuschel. **T.rohr,** das ⁄Rohr. **T.rose,**
gelbe ⁄Seerose.
Teilchenbeschleuniger, die ⁄Beschleuni-
gungsmaschinen.
Teiler, eine Zahl, die ohne Rest in einer an-
deren aufgeht.
Teilhard de Chardin (: tälar dᵒ schardä͂),
Pierre, SJ, frz. Paläontologe u. Anthropologe, 1881–1955; philosoph.-theolog. Lehre
v. der kosmischen Evolution. *Der Mensch
im Kosmos; Das Werden des Menschen.*
Teilkopf, bei Werkzeugmaschinen eine Vorrichtung, um das Werkstück um einen bestimmten Winkelbetrag zu drehen.
Teilschuldverschreibungen ⁄Schuldver-
schreibung.
Teilzahlungskauf, *Abzahlungskauf,* Kauf v.
Gebrauchsgütern gg. Raten-(Abschlags-)-
Zahlung, d. h. auf Kredit, meist unter Eigen-
tumsvorbehalt des Verkäufers. Der Kaufpreis wird vorzeitig fällig, wenn der Käufer
mit mindestens 2 aufeinanderfolgenden
Raten in Verzug gerät, die zus. ¹/₁₀ des Kaufpreises ausmachen. An der Haustür getä-
tigte T.e können innerhalb einer Woche
ohne Angabe v. Gründen rückgängig gemacht werden.
Teint *m* (: tä͂, frz.), Gesichts-, Hautfarbe.

Teja, letzter Ostgotenkönig, fiel 552 im Endkampf gg. die Byzantiner unter Narses.
Tejo *m* (: tesehu), portugies. für ⁄Tajo.
Tektite (Mz.), eine Gruppe v. ⁄Meteoriten
(Glasmeteorite) mit hohem Gehalt an Kieselsäure (70–80%), gänzl. durchgeschmol-
zene glasähnl. Masse v. einigen Gramm
Gewicht.
Tektonik *w* (gr.), Teilgebiet der Geologie,
die Lehre vom Bau der Erdkruste mit besonderer Berücksichtigung v. Störungen, Fal-
tungen usw. u. den Bewegungsvorgängen,
die die Oberflächenformen der Kruste verursachten (Gebirgsbildung, Erdbeben).
Tel Aviv-Jaffa, Doppelstadt an der Westküste Israels, 345 000 E. Moderne Großstadt,
der wirtschaftl. u. geist. Mittelpunkt Israels.
Hafen, Univ.; Lebensmittel-, Textil- u. chem.
Ind. – 1949 aus Tel Aviv u. Jaffa gebildet.
telegen (gr.), opt. für das Fernsehen geeignet. ⁄photogen.
Telegramm *s* (gr.), durch ⁄Telegraphie
weitergegebene Mitteilung, in offener od.
chiffrierter Sprache; wird dem Empfänger
am Bestimmungsort durch Boten od. durch
Fernsprecher zugestellt. **T.adresse,** mit der
Telegraphenverwaltung für T.e vereinbarte
Kurzschrift. **T.schlüssel,** *Telegraphen-
code,* Liste künstl. Buchstaben- od. Zahlengruppen zur Verbilligung von T.en. Neben
Geheim- allg. Branchen- u. Privatcodes. **Telegraphenbüro,** fr. Bz. für ⁄Nachrichten-
agentur. **Telegraphie** *w, Fernschreiben,*
Aufnahme u. Übermittlung elektr. Signale
über Leitung od. Funk, die am Empfangsort
durch den Empfänger aufgezeichnet od.
abgehört werden. Die international vereinbarten T.zeichen werden als Impulse
(Morse-Alphabet od. Fünferalphabet, heute
auch Alphabete mit 6, 7 od. 8 Schritten) ge-
sendet. Von den älteren Systemen war der
Morseschreiber lange in Gebrauch. Er ist
heute durch den *Fernschreiber* verdrängt,
der bis 1000 Buchstaben/min sendet. Für
bes. empfindliche Übertragungswege wird
der ⁄Hellschreiber, für Übermittlung v. Bildern u. Photos der *Bildtelegraphie* verwendet. Die Trägerfrequenztechnik ermöglicht
es, mehrere T.sendungen, auch im Gegen-
schreibbetrieb, gleichzeitig auf einer Leitung zu übertragen, bzw. gleichzeitiges
Senden v. Gesprächen (Telefon) u. Tele-
grammen auf einer gemeinsamen Leitung.
Für den Öffentlichen Fernschreibdienst gibt
es bes. Fernschreibnetze; Anwahl der Teilnehmer über Nummernscheiben, Rückmel-
dung des Namengebers des Gerufenen (Sicherung des Fernmeldegeheimnisses), Gebühren nach Zeit u. Zone. ⁄Telex.
Telekinese *w* (gr.), ⁄Psychokinese.
Telemach, griech. *Telemachos,* Sohn des
Odysseus u. der Penelope.
Telemann, *Georg Philipp,* dt. Komponist,
1681–1767; wirkte seit 1727 in Hamburg;
reiches Werk v. spätbarocken bis zum empfindsamen Stil, bes. Kantaten (ca. 3000),
Passionen (46), Opern (ca. 50).
Telemetrie *w* (gr.), die Fernübertragung v.
(meist in elektr. Impulse umgewandelten)
Meßdaten über Draht od. Funk, angewandt
u. a. in Raumfahrt u. Medizin. ☐ 982.

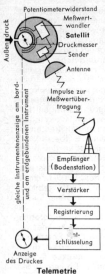

Potentiometerwiderstand
Außendruck
Meßwert-
wandler
Satellit
Druckmesser
Sender
Antenne
Impulse zur
Meßwertüber-
tragung
gleiche Instrumentenanzeige am bord-
und am erdgebundenen Instrument
Empfänger
(Bodenstation)
Verstärker
Registrierung
nt-
schlüsselung
Anzeige
des Druckes

Telemetrie

Tempelformen

1 Sumerischer Tempel (Uruk, um 2900 v. Chr.). **2** Ägyptischer Tempel (Karnak, um 1450 v. Chr.). **3** Aufbau eines griechischen Tempels. **4** Japanischer Tempel (Kondo des Horyuji, 7. Jh. n. Chr.). **5** Indischer Tempel (Mukteshwara-Tempel in Buhubaneswar, 6.–7. Jh. n. Chr.). **6** Maya-Tempel (Rekonstruktion einer hochentwickelten Form, 10. Jh. n. Chr.)

Teleobjektiv, *Fernobjektiv,* in der Photographie ein Objektiv mit langer Brennweite (kleiner Bildwinkel). ☐ 694.
Teleologie w (gr.), Erklärung des Weltgeschehens aus seiner Zielstrebigkeit u. Zweckmäßigkeit; Grundlage des *teleolog.* *Gottesbeweises;* die Wirkursachen (↗Kausalität) reichen allein zur Welterklärung nicht aus. **teleologisch,** zweckmäßig, zielbestimmt.
Telepathie w (gr.), *Parapsychologie:* Fähigkeit eines Mediums, die Bewußtseinsinhalte anderer Personen auf außersinnl. Wege zu erfassen u. zu beeinflussen.
Telephonie ↗Fernsprechen.
Telephonseelsorge, Form der Seelsorge; über eine öff. bekanntgemachte Telephonnummer kann (auch anonym) eine erste seelsorgl. Hilfe v. Geistl., Ärzten, Psychologen, Juristen, Fürsorgern in Tag- u. Nachtdienst „angerufen" werden.
Teleskop s (gr.), das ↗Fernrohr. **T.fisch,** kleines Aquariumfischchen, mit weit aus dem Kopf tretenden Augen; Abart des ↗Goldfisches.
Teletypesetter (: -taip-), eine Weiterentwicklung der Zeilensetzmaschine; durch Lochbandsteuerung höhere Arbeitsgeschwindigkeit.
Television (engl.) ↗Fernsehen.
Telex, der Fernschreibverkehr mit Selbstwahl des gewünschten Teilnehmers.
Telgte, westfäl. Stadt u. Marienwallfahrtsort n.ö. von Münster, 15800 E.; Wallfahrtskapelle v. 1657.
Tell, *Wilhelm,* nach der Sage der Befreier der Schweiz von der östr. Herrschaft; Drama Schillers.
Tellenbach, *Gerd,* dt. Historiker, * 1903; 1961/72 Dir. des Dt. Histor. Instituts in Rom. *Libertas; Entstehung des dt. Reichs.*
Tellereisen, Raubwild-↗Falle.
Tell Halaf, 1899 entdeckter Ruinenhügel am Chabur, 1911/29 ausgegraben. Gefunden wurde Buntkeramik des 4. Jahrt. v. Chr. u. der Palast eines aram. Fürsten des 9./8. Jh. v.Chr. mit Götterbildern, Fabelwesen u.ä.
Tellur s, chem. Element, Zeichen Te, Metall der Schwefelgruppe, Ordnungszahl 52 (☐ 149); in vielen Sulfiden.

Tellus w (lat.), die Erde, der Erdboden. **T. mater,** die Mutter Erde als nährende Gottheit. *tellurisch,* der Erde zugehörig.
Teltow (: -to), brandenburg. Stadt am Südrand v. Berlin (Bez. Potsdam), am *T.kanal* (38 km lang, zw. Havel u. Spree), 16000 E.; chem.-pharmazeut. Ind.
Temes (: temesch) ↗Timiş.
Temesvár (: temeschwar), ↗Timişoara.
Temirtau, *Temir-Tau,* sowjet. Stadt in der Kasach. SSR., am Nurastausee, 213000 E.; techn. Schulen; Stahl- u. Walzwerke, chem. Ind.; Eisenerzbergbau.
Tempel m (lat.), Gotteshaus der meisten vor- u. nichtchristl. Religionen; gehört zu den ältesten Baudenkmälern der Menschheit. In den verschiedensten Formen in den alt-am. u. mediterranen Hochkulturen, in der Antike, in Indien, China u.a. **T.gesellschaft** ↗Templer 2). **T.herren** ↗Templer 1).
Tempelhof, Verwaltungs-Bez. im S v. Berlin (West); bis 1975 Berliner Zentralflughafen.
Tempeltanz m, ritueller Tanz zu Ehren der Götter, z.B. noch in Indien u. auf Bali.
Temperamalerei (lat.), Wand-, Tafel- u. Miniaturmalerei mit *Temperafarben* (undurchsichtige, rasch trocknende, den Ölfarben ähnelnde Wasserfarben); ergibt leuchtende Farben ohne weiche Übergänge; Erhöhung der Leuchtkraft durch Firnis. Bis ins 15. Jh. herrschende Technik der Tafelmalerei.
Temperament s (lat.), die geistige u. körperl. Eigenart eines Menschen; Hippokrates führte sie auf Körpersäfte zurück; Galenos unterschied danach: das *cholerische* (leidenschaftliche), *melancholische* (schwermütige), *sanguinische* (lebhafte) u. *phlegmatische* (schwerfällige) T. Von Ernst ↗Kretschmer wurden Beziehungen zw. Körperbau u. T. postuliert.
Temperatur w (lat.), **1)** Wärme- u. Kälteempfindung des Körpers, ein Maß für den Wärmeinhalt eines Stoffes. **2)** physikal. Basisgröße, eine durch ↗Thermometer bestimmbare Zustandsgröße. Nach der ↗kinet. Wärmetheorie ist die T. proportional der mittleren kinet. Energie der sich bewegenden Moleküle. Basiseinheit der T. ist das ↗Kelvin (fr. Grad Kelvin) bzw. der Grad Cel-

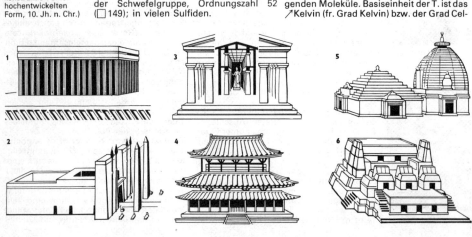

Bemerkenswerte Temperaturen in °C

im Bereich der Physik:

absoluter Nullpunkt (= 0 Kelvin)	− 273,15
Siedepunkt von Luft	− 194,5
Mondoberfläche, Schattenseite	− 130
Kältepol der Erde (Antarktis)	− 88,3
Kältemischung, Eis und Kochsalz (3 : 1)	− 21
Schmelzpunkt von Eis	0
mittlere Lufttemperatur von Dtl.	9,1
Wärmepol der Erde (Kalifornien)	59
Mondoberfläche, Sonnenseite	120
Glühfaden in Glühbirne	2 300
Sonnenoberfläche	5 700
Sonnenkorona	1 000 000
Atombombenexplosion, Zentrum	14 000 000
Sonneninneres	20 000 000

im Bereich der Tierwelt:

Wal	36,7
Pferd	37,8
Hund	38,3
Kaninchen	39,9
Gans	40,5
Ente, Taube	42,0
Schwalbe	44,0

im Bereich der menschl. Körpertemperatur[1]:

Normaltemperatur	36,0–37,0
subfebrile Temperatur	37,1–38,0
mäßiges Fieber	38,1–38,5
beträchtliches Fieber	38,6–39,0
hohes Fieber	39,1–40,5
sehr hohes Fieber	über 40,5
hyperpyretische Temperatur	über 42,0

[1] unter der Achsel gemessen

sius. Bezugspunkte der *Celsiusskala* sind der Eisschmelzpunkt (0°C) u. der Siedepunkt des Wassers (100° C) bei 101 325 Pascal. Die Celsiusskala setzt sich in Einklang mit der Kelvinskala nach unten bis zum absoluten Nullpunkt (− 273,15°C) u. nach oben beliebig weit fort. Bezugspunkte der *Kelvinskala* sind der absolute Nullpunkt (0 K = −273,15° C) u. der Tripelpunkt des Wassers (273,16 K = + 0,01° C). Die T.skalen nach Réaumur u. Fahrenheit sind im allg. nicht mehr in Gebrauch. **Temperenzler** (Mz.), Bz. für Anhänger der ⁊Abstinenzbewegung. **temperiert** (lat.), **1)** gemäßigt, gemildert. **2)** in der Musik die zuerst auf den Tasteninstrumenten (um 1700) eingeführte 12-Teilung der Oktave, in der alle Halbtöne gleich groß sind; heute im Instrumentalspiel (abgesehen v. Solospiel der Streichinstrumente) allg. geworden. **tempern**, das mehrtägige Glühen in

Tennis: Spielfeld
(Hartplatz oder Rasen)

Temperaturskalen

°C = Grad Celsius, °R = Grad Réaumur, °F = Grad Fahrenheit, K = Kelvin (früher Grad Kelvin)

°C	°R	°F	K		°C	°R	°F	K		°C	°R	°F	K
− 30	− 24	− 22	243,15		15	12	59	288,15		60	48	140	333,15
− 25	− 20	− 13	248,15		20	16	68	293,15		65	52	149	338,15
− 20	− 16	− 4	253,15		25	20	77	298,15		70	56	158	343,15
− 15	− 12	5	258,15		30	24	86	303,15		75	60	167	348,15
− 10	− 8	14	263,15		35	28	95	308,15		80	64	176	353,15
− 5	− 4	23	268,15		40	32	104	313,15		85	68	185	358,15
0	0	32	273,15		45	36	113	318,15		90	72	194	363,15
5	4	41	278,15		50	40	122	323,15		95	76	203	368,15
10	8	50	283,15		55	44	131	328,15		100	80	212	373,15

Eisenoxid v. bes. Roheisenguß *(Temperguß)*, ergibt eine stahlähnl. Struktur.
tempi passati (Mz., it.), vergangene Zeiten.
Temple *m* (: tãˉpl, frz.), ehem. Ordenshaus der Templer in Paris; in der Frz. Revolution Staatsgefängnis, 1857 abgetragen.
Templer, 1) *Tempelherren,* der erste geistl. Ritterorden, 1119 v. frz. Kreuzfahrern in Jerusalem gegr.; 1312 v. Pp. Klemens V. auf Betreiben Kg. ⁊Philipps des Schönen wegen angebl. Häresie, Blasphemie u. Unzucht aufgehoben. Tracht: weißes Gewand mit rotem Kreuz. **2)** *Tempelgesellschaft,* pietist. Freikirche, 1856 in Marbach a. N. gegr.; auch in Palästina, Sachsen u. Rußland. Ging im 2. Weltkrieg unter; 1950 neu gegr.
Templin, Krst. in der Uckermark (Bez. Neubrandenburg), am *T.er See,* den der *T.er Kanal* (19 km lang) mit der Havel verbindet, 11 500 E.
Tempo *s* (it.; Mz. *Tempi),* Zeitmaß; in der Musik: Schnelligkeitsgrad für den Vortrag eines Tonstücks. **Tempora** (lat.; Mz. von *tempus),* Zeiten; Formen des ⁊Zeitworts; *temporal,* zeitlich; *T. mutantur, nos et mutamur in illis* (lat.), Die Zeiten ändern sich, und wir ändern uns mit ihnen.
temporal, zur Schläfe (lat. *tempora)* gehörig. *Temporalis w,* Schläfenarterie.
Temporalien *w* (Mz., lat.), seit dem Investiturstreit Bz. des Gesamtbesitzes einer Kirche bzw. der mit einem geistl. Amt verbundenen zeitl. Güter u. Rechte. **temporär** (lat.), zeitweilig.
Tempo rubato (it.), kontrolliert ausgeführte Temposchwankungen der Melodie über der im Grundtempo weitergeführten Begleitung.
Tempus *s,* Zeit, Frist. [tung.
Tendenz *w* (lat.), Streben, Absicht. **T.betrieb,** Arbeitsrecht: Betrieb, der besondere (z. B. polit., konfessionelle, wiss.) Zwecke verfolgt; erhöhte Treuepflicht des Arbeitnehmers.
tendenziös, absichtlich, parteiisch.
Tender *m* (engl.), **1)** Begleitwagen der Dampf-⁊Lokomotiven für Wasser u. Kohlen. **2)** Beiboot eines Schiffsverbandes.
Teneriffa, *Tenerife,* größte Insel der span. Kanaren, 2057 km², 655 000 E.; Hst. ⁊Santa Cruz de T. Bergland bis 3718 m (Pico de Teide). Bananen-, Zuckerrohr- u. Weinbau.
Teniers (: tᵉnˉirs), flämische Malerfamilie, führend: *David d. J.,* 1610–90; neben Brouwer Hauptmeister der niederländ. Genremalerei; feintonige Landschaftsbilder.
Tennessee (: -ßĩ), **1)** *m,* l. u. größter Nebenfluß des Ohio, entspringt in den Appalachen, mündet nach 1600 km bei Paducah. Sein Tal wurde durch die ⁊*T. Valley Authority* völlig umgewandelt. **2)** Abk. *Tenn.,* Staat in O der USA, zw. dem Mississippi und den Appalachen, 109 412 km², 4,3 Mill. E.; Hst. Nashville. **T. Valley Authority** (: -ßi wälˈäßᵉrˈtᵗ), Abk. TVA, Körperschaft der USA-Regierung für die Entwicklung des T.tals: Stauseen, Wasserkraftwerke. Industrialisierung, Intensivierung der Landwirtschaft.
Tennis *s,* Ballspiel zw. 2 *(Einzel)* od. 4 *(Doppel)* Spieler(innen) auf Rasen- od. Hartplätzen (auch Hallen-T.), wobei ein Gummi-

Tennis

Punktezählung
Die ersten beiden Punkte zählen je 15 (15:0, 30:0 bzw. 0:15, 0:30 für den Gegner). Der nächste Punkt zählt 10 (40:0 bzw. 0:40). Der folgende Punkt (nicht ausdrückl. gezählt) bedeutet gewonnenes „Spiel" (1:0 bzw. 0:1) innerhalb eines Satzes; bei Gleichstand („Einstand") 40:40 muß einer der Spieler 2 Gewinnpunkte (ohne ausdrückliche Zählung) nacheinander machen, um das „Spiel" zu gewinnen. Nach dem „Einstand" wird der nächste Punkt des Aufschlägers als „Vorteil Aufschläger", ein Punkt des Rückschlägers als „Vorteil Rückschläger" gewertet

Mutter Teresa

hohlball (∅ 6,35/6,67 cm) mit saitenbespannten Schlägern *(Rackets)* über ein in der Spielfeldmitte quergespanntes Netz hin- u. hergespielt wird. Das Anspiel *(Aufschlag)* hat abwechselnd v. der rechten u. v. der linken Platzhälfte zu erfolgen. Der geschlagene Ball darf nur einmal den gegner. Boden berühren, bevor er zurückgeschlagen wird. Fehler (Ausball, Netzball, Doppelfehler beim Aufschlag, doppeltes Aufspringen, nicht erreichte Bälle) zählen für den Gegner als Pluspunkte. Zum Gewinn eines *Spieles* sind wenigstens 4 Punkte, zum Gewinn eines *Satzes* mindestens 6 Gewinnspiele u. für den Sieg 2 od. 3 Gewinnsätze erforderlich.

Tenno *m* (japan. = Himmelssohn), Titel des Kaisers von ↗Japan (↗Schintoismus).

Tennyson (: teni̯ßn), *Alfred Lord*, engl. Schriftsteller, 1809–92; Lyriker des viktorian. Zeitalters; Versepos *Enoch Arden.*

Tenor *m* (lat.), Inhalt, Ton eines Schriftstückes od. einer Rede. **Tenor** *m* (lat.), höchste Lage der Männerstimme. ☐951.

Tenrikyō *w* (japan. = Lehre v. der himml. Vernunft), v. der Japanerin *Miki Nakayama* (1798–1887) gegr. Religion; fordert bes. „tägl. Schenken" in Form v. Arbeit für die Religionsgemeinschaft; in Asien u. Amerika mehrere Mill. Anhänger. Heilige Stätte ist *Tenri Shi* (in der japan. Prov. Nara).

Tensor *m* (lat.), v. der Richtung abhängige physikal.-mathemat. Größe, Erweiterung des ↗Vektors.

Tentakel *s* (lat.), bei zahlreichen niederen Tieren bewegl. Anhänge zum Tasten („Fühler") u. Greifen („Fangarme") der Beute.

Teplitz, tschech. *Teplice*, fr. *T.-Schönau*, tschsl. Bez.-Hst. u. Kurort in Böhmen, am Südfuß des Erzgebirges, 54000 E.; 6 radioaktive Thermen; Schloß (1741); Textil-, Metall- u. Glasindustrie.

Teppich, ein- od. mehrfarb., meist gemusterter Fußbodenbelag od. Wandbehang, geknüpft, gewirkt od. gewebt, aus Wolle, Seide, Haargarn, auch Kunstfasern; seit

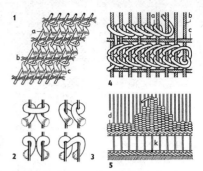

Teppich: Aufbau eines Knüpf-T. **1** grundsätzlicher Aufbau. **2** Gjördes- oder Smyrnaknoten, **3** Sennée- oder Perserknoten (oben Knoten von vorn, unten von hinten gesehen); a Kett-, b Schußfäden, c Knüpfungen (farbig eingeknüpfte Wollfäden, die den Flor ergeben). **4** zopfartige Schlingenreihe beim Sumak. **5** Schema der Kelimweberei; a Schlingenreihen, b Kett-, c Schußfäden, d gewickelte Noppen, k Kartonstreifen (der den einen T. vom nächsten trennt)

dem 19. Jh. vor allem maschinengewebte T.e, z. T. nach oriental. Mustern. Neuerdings mit Nadelmaschinen hergestellte *Tufting-T.e* (Meterware). – Frühestes Auftauchen der T.e im 2. Jahrt. v. Chr. in *Ägypten* u. *Mesopotamien*, daneben eine hochentwickelte T.kunst in Zentralasien (Zeugnisse aus dem 5. Jh. v. Chr.). Neben der *Türkei* u. *Persien* entwickelte sich die T.kunst danach im *Kaukasus* u. in *China*. Der *Orient-T.* zeichnet sich aus durch natürl. Farben u. Vielfalt v. Zeichnung u. Muster, Dichte u. Feinheit der Knoten. *Abendländische T.*, urspr. mit bildlichen Darstellungen versehene gewirkte Wandbekleidung; Zentren Paris, Arras, Brüssel, dann wieder Paris mit ↗Gobelins.

Tera, Abk. T, vor Maßeinheiten das 10¹²fache. [dungen.

Teratologie *w* (gr.), die Lehre v. den Mißbil-

Terbium *s*, chem. Element, Zeichen Tb, seltene Erde, Ordnungszahl 65 (☐149); mit ↗Gadolinium in *Terbin-Erden.*

Terborch, *Gerard*, niederländ. Maler, 1617 bis 1681; Genreszenen und Porträts aus dem vornehmen Bürgertum.

Terebinthe, der ↗Terpentinbaum.

Terek *m*, nordkaukas. Fluß v. Kasbek ins Kasp. Meer, 599 km lang, 210 km schiffbar. Bewässerungskanal (150 km) zur Kuma.

Terenz, *Publius Terentius Afer*, röm. Lustspieldichter, † 159 v. Chr.

Terephthalsäure, C₆H₄(COOH)₂, organ. Säure, zu ↗Kunstfaser.

Teresa, *Mutter T.*, eig. *Agnes Bojaxiu*, kath. Ordensschwester alban. Herkunft, *1910; widmet sich seit 47 in Indien der Armenpflege; erhielt 79 den Friedensnobelpreis.

Teresina, fr. *Therezina*, Hst. des brasilian. Staates Piauí, am Parnaíba, 291000 E.; Erzb.

Termin *m* (lat.), Zeitpunkt, z.B. einer Gerichtsverhandlung. **T.geschäft**, *T.handel*, Käufe u. Verkäufe v. Waren (bes. an der Börse), bei denen Erfüllung des Geschäfts zu späterem Termin, aber zum Kurs des Abschlußtages erfolgt. Ggs. ↗Kassageschäft.

Teppich

Erzeugungsgebiete, Muster und Typen

Orientteppiche

Türkei
Gebetsteppiche mit Nische; Medaillon- und geometr. Muster

Bergamo, Kis-Ghiordes, Brussa, Ghiordes, Hereke, Konia, Kula, Ladik, Melas, Panderma, Smyrna, Sparta, Sultan, Uschak, Yürük

Kaukasus
streng geometr. Muster

Daghestan, Derbent, Gendje, Karabagh, Karadja, Karadagh, Kasak, Kuba, Legistan, Schirwan, Seichur, Talisch

Persien
pflanzl.-naturalist. (u. a. Serabend = Palmwipfel) und geometr. Motive

Bidjar, Dorossan, Dschouschegan, Ferraghan, Hamedan, Herat, Heris, Isfahan, Keschan, Kirman, Luristan, Meched, Mir, Muschkabad, Saruk, Schiras, Sehna, Serabend, Täbris

Turkmenien
zu „Güls" (Polygonen) stilisierte Blumenornamente, geometr. Formen, Medaillons

Afghan, Belutschistan, Beschir, Buchara, Chotan, Jomud, Khiwa, Samarkand

Indien
pers. beeinflußt, stark naturalist. geprägt

China
Symbolzeichen, Perlenkanten, Mäandermuster, oft reliefartig geschoren

Nordafrikan. T.
zumeist einfarbig mit spärl. primitiv-geometr. Mustern und aus ungefärbter Wolle

Algerien, Marokko, Tunesien (Sammelname: Berber)

Balkanteppiche
Musterung bes. den Orientteppichen entnommen

Jugoslawien, Rumänien, Bulgarien

terminieren, befristen, festsetzen; Almosen sammeln. **Terminologie,** Fachsprache bzw. -begriff einer Rede, Wissenschaft usw. **Terminus** *m,* Begriff. **Terminus technicus,** Fachausdruck.

Termiten, *Weiße Ameisen,* mit den Schaben, nicht mit den Ameisen verwandte, staatenbildende, meist trop. Insekten, leben unter- od. oberirdisch in alten Baumstämmen, Erdnestern, Hügeln aus Erde, Holz, Lehm od. in kopfgroßen Baumnestern. Den T.staat bilden oft viele Millionen Einzeltiere: die beiden reifen, ursprüngl. geflügelten Geschlechtstiere (König u. Königin mit unförmig von Eiern aufgetriebenem Hinterleib), die flügellosen, fortpflanzungsunfähigen männl. u. weibl. Arbeiter u. Soldaten, Larven verschiedenster Altersstufen u. die geflügelten, aber noch unreifen Geschlechtstiere. T. sind vorwiegend Pflanzenfresser, zerstören bes. abgestorbenes Holz aller Art; halten sich Gäste, ähnl. den Ameisen.

Terni, mittel-it. Prov.-Hst. an der Nera, 113 500 E.; Bischof; Stahl- u. Textil-Ind.

Terpene (Mz.), zyklische, ungesättigte Kohlenwasserstoffe in ätherischen Ölen; sauerstoffhaltige Abkömmlinge: ↗Menthol, ↗Kampfer.

Terpentin *m* od. *s,* ↗Harz aus Nadelbäumen. Destillation ergibt *T.öl* (organ. Lösungsmittel) u. als Rückstand ↗Kolophonium. **T.baum,** *Terebinthe,* ↗Pistazien-Strauch od. -Baum, liefert den zyprischen T.

Terpsichore *w* (gr.), Muse des Tanzes.

Terra *w* (lat.), Erde; *T. incognita,* Neuland, unbekanntes Land.

Terrain *s* (: terrã̂n, frz.), Gelände.

Terrakotta *w* (it.), unglasierte gebrannte Tonware, bes. als Kleinplastik u. als architekton. Schmuck verwendet.

Terrarium *s* (lat.; Mz. *Terrarien*), Behälter zur Pflege, Beobachtung u. Zucht v. Amphibien, Reptilien u. a. ☐986.

Terra rossa *w* (it.), roter Bodentyp wärmerer Klimabereiche; bes. im Mittelmeerraum; durch Verwitterung v. Kalk u. Dolomit in heißen u. trockenen Klimaten; fruchtbar.

Terra sigillata (lat.), röm. Töpferwaren aus rotem Ton (mit Stempeln der Manufakturen).

Terrasse *w* (frz.), 1) ebene, meist langgestreckte schmale Fläche, die das Gefälle eines Hanges unterbricht; entstanden durch Erosion bzw. Aufschüttung durch Wasser od. künstl. angelegt (Weinberge, Reisfelder). 2) Plattform an Gebäuden.

Terrazzo *m* (it.), geschliffener Zementbodenbelag mit eingestreuten verschiedenfarb. Marmorstücken *(Mosaik-T.).*

Terre des Hommes (: tär däßǫm), int. Kinderhilfsorganisation, 1960 gegr.

terrestrisch (lat.), die Erde betreffend, an der Landoberfläche entstanden, zum Festland gehörig.

Terrier, mittelgroße bis kleine Jagd- u. Kampfhunde. Der lebhafte *Fox-T.,* der muskulöse *Airedale-T.,* der kleine *Skye-T.* mit langem, silberfarb. Rauhhaar, der eigenwillige *Scotch-T.* u. der schäfchenähnl. *Bedlington-T.* ☐ 1043. [gehörig.

territorial (lat.), zu einem (Staats-)Gebiet

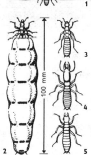
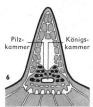

Pilz-kammer / Königs-kammer

Termiten: 1 geflügeltes Geschlechtstier, **2** Königin, **3** König, **4** Soldat, **5** Arbeiter; **6** Schnitt durch ein Hügelnest der Natal-T.

Terra sigillata: Kelch (Ende 1. Jh. v. Chr.)

Terrassen-lehne / Flur einer Felsterrasse / Flur einer Schotter-T. / Terrassen-hang

Terrasse

territoriale Neugliederung des Bundesgebietes, in Art. 29 GG vorgeschriebene Neugliederung des Bundesgebietes unter Berücksichtigung der landsmannschaftl. Verbundenheit, der geschichtl. u. kulturellen Zusammenhänge, der wirtschaftl. Zweckmäßigkeit u. des sozialen Gefüges; soll Länder schaffen, die nach Größe u. Leistungsfähigkeit ihre Aufgaben wirksam erfüllen können.

Territorialstaat, Bz. für den dt. Fürstenstaat v. 13. bis zum 18. Jahrhundert.

Territorium *s* (lat.; Mz. *Territorien*), **1)** *allg.:* (Staats-)Gebiet. **2)** im alten Dt. Reich das Land eines Landesherrn od. einer Reichsstadt.

Terror *m* (lat.), Schreckensherrschaft; v. einzelnen, v. revolutionären Gruppen *(Gruppen-T.),* autoritären od. totalitären Regimen *(Staats-T.)* ausgeübte Willkürgewalt. **terrorisieren,** Terror ausüben.

Terschelling, niederländ. Insel vor der Küste Frieslands, 108 km², 4500 E.; Hauptort West-T.

Tersteegen, *Gerhard,* dt. ev. Kirchenlieddichter, 1697–1769; Haupt eines pietist. Kreises. *Ich bete an die Macht der Liebe.*

Tertia *w* (lat. = die dritte), die vierte (v. der Prima her gezählt die 3.) Klasse an höheren Schulen; geteilt in *Unter-* u. *Ober-T.*

Tertiär *s* (lat.), die auf die Kreidezeit folgende erste Formation des Känozoikums (Erdneuzeit), ausgezeichnet durch starken Vulkanismus u. Auffaltung der Alpiden (Alpen, Pyrenäen, Kaukasus, Atlas u. die zentralasiat. Hochgebirge). Bildung v. Braunkohle, Erdöl, Stein- u. Kalisalzen, Kaolin, Ton. Untergliedert in Paläozän, Eozän, Oligozän, Miozän u. Pliozän. ☐237.

Tertiaren (Mz., lat.) ↗Terziaren.

tertium comparationis *s* (lat. = das Dritte des Vergleichs), der Punkt, in dem 2 verglichene Dinge od. Vorgänge übereinstimmen.

Tertullian, *Quintus Septimius Florens,* karthag. Kirchenschriftsteller, um 160 bis nach 220; war von Einfluß auf altchristl. Theologie, Ethik u. lat. Sprachstil; zuletzt Vertreter des häret. ↗Montanismus.

Teruel, span. Prov.-Hst. in Aragonien, am Guadalaviar, 25 500 E.; Bischof; Kathedrale (16. Jh.), Aquädukt (16. Jh.).

Terz *w* (lat.), **1)** Hore des kirchl. Stundengebetes. **2)** die dritte od. der Zusammenklang der 1. u. 3. Tonstufe einer Tonleiter; *große T.:* 2 Ganztöne; *kleine T.:* 1 Ganzton u. 1 Halbton; *verminderte T.:* 2 Halbtöne. ☐425. **3)** beim *Fechten* Hieb v. links oben nach rechts unten.

Terzerol *s* (it.), kleine Taschenpistole.

Terzett *s,* Komposition für 3 Singstimmen; auch Bz. dieses Ensembles.

Terziaren (Tertiaren), *Terziarinnen* (Mz.), Angehörige eines ↗Dritten Ordens.

Terzine *w* (it.), Strophe aus elfsilbigen Dreizeilern, alle im Kettenreim verbunden (aba, bcb, cdc usw.), bei der einzelnen Zeile abschließend.

Terzky, *Adam Erdmann* Graf, kaiserl. General, um 1600–34; mit seinem Schwager Wallenstein in Eger ermordet.

Terrarientiere

	Behälter	Pflanzen	Sonstiges	Futter
Eidechsen Zaun- eidechsen	nicht sehr hoch, aber groß, trocken	Efeu, Immer- grün, Brom- beere	täglich überbrausen (kalkarmes Wasser!); Steinplatte zum Sonnen; Unterschlupf aus Stein, Rinde, Moos	Fliegen, kleine Heu- schrecken, Spinnen, andere Insekten; seltener Mehlwürmer
Mauer- eidechsen	trocken; hoch	wie bei Zaun- eidechsen, fer- ner Fetthenne, Hauswurz	sonnig und warm halten; Kletter- baum! evtl. Mauer mit Felsen- spalten	Insekten aller Art; reifes, süßes Obst
Smaragd- eidechsen	trocken, hoch, geräumig	kräftige Pflanzen	Kletterfels; warm halten	Heuschrecken, andere Insekten
Mauergecko, Scheiben- finger	z. B. Wand- behälter; trocken	Agave, Aloe	warm halten! Versteckplätze; Nacht- tiere; gut zu beobachten mit Rot- lampe; Kletterast, z. B. Holunder; mit Zerstäuber tägl. etwas spritzen	Insekten aller Art, besonders Fliegen, kleine Schaben
Schlangen z. B. Ringel- natter, Band- schlange, Vipernatter, Äskulap- natter (bis 2 m lang!)	fluchtsicherer Behälter, groß, hoch; Wasser- becken	kräftige Ranken- pflanzen	zur Häutung rauhes Astwerk usw.; zugängliche Unterschlüpfe; Wärme je nach Herkunft! Landschlangen benötigen unbedingt Kletterbaum; Wasserbecken für alle Schlangen	Mäuse (abends nicht gefressene wieder entfernen); Wasser- nattern, besonders Frösche, Molche Fische
Schildkröten Griechische Landschild- kröte	Behälter ohne Dach, feste Umrandung	Agaven	flacher Wasserbehälter, Rand nicht glatt; wöchentlich lauwarm baden; Futterplatz! Schattenplatz (Brett); Wassernapf zum Trinken; evtl. Gehege durch Maschendraht gegen Katzen schützen!	Löwenzahn, Salat, Obst, Weißbrot in Milch, Mehlwürmer, Leber- u. Herzfleisch, Regenwürmer
Frösche Wasserfrosch	ziemlich groß		großes, nicht zu flaches Wasser- becken, am Grunde Torfplatten, im Wasser Torfbrocken	freßgierig! Insekten, Regenwürmer
Laubfrosch	hoher Behälter auch aus Holz (25 × 25 × 50 cm)	viele Pflanzen, große Blätter	Klettermöglichkeit; täglich etwas überbrausen; für Frischluft sorgen; keine pralle Sonne!	Fliegen, frisch geschlüpfte Mehlwürmer (nicht hartschalige)
Salamander z. B. Feuer- salamander, Alpen- salamander	feucht u. schattig (Wasserteil für ihre Larven); Boden aus Torf- brocken oder Erde		Schlupfwinkel! Scheidet Sekret aus, das Entzündung der Bindehaut her- vorrufen kann.	Regen- und Mehl- würmer, Nackt- schnecken, Wasser- flöhe, Tubifex
Molche z. B. Kamm- molch, Teichmolch, Bergmolch	Behälter gut ab- decken! Ab Früh- jahr Aquarium; Larven im Voll- glasbehälter mit schräg ansteigender Sandschicht (Was- ser ca. 1 cm tief)	Wasserpest, Ludwigia Tradescantia	Zur Laichzeit nur im Wasser! (Früh- jahr) Sauberhalten!	Larven, Wasserflöhe, später Mückenlarven, Regenwürmer

Tesching s, ein Kleinkalibergewehr.

Tesla, Abk. T, Einheit der magnetischen Flußdichte (Induktion); 1 T = 1 Wb/m² = 1 Vs/m² (Wb = Weber).

Tesla-Ströme, v. kroat. Physiker *Nicola Tesla* (1856–1943) entdeckte Ströme höch- ster Spannung u. Frequenz; werden im *Tesla-Transformator* erzeugt; gefahrlos durch den ↗Skineffekt; für Diathermie ge- eignet.

Tessin, it. *Ticino* (: -tsch-), **1)** *m*, Fluß der Südalpen, entspringt am St. Gotthard, durchfließt den Lago Maggiore u. mündet nach 248 km unterhalb Pavia in den Po. **2)** *s*, südlichster Kt. der Schweiz, 2811 km², 262 100 it. sprechende E., Hst. Bellinzona. Im N die *T.er Alpen* (im Basodino 3278 m

hoch), im S die milden Talweitungen um den Lago Maggiore (Locarno), den Lago di Lugano (Lugano) u. Bellinzona mit Mais, Tabak, Ölbäumen. Bedeutender Fremden- verkehr.

Test *m* (engl.; Ztw. *testen*), **1)** allg.: Probe, Prüfung, z. B. Waren-T., Material-T., Erpro- bung eines techn. Geräts. **2)** In der Psycho- logie: Untersuchungsverfahren zur Erfas- sung geistiger Fähigkeiten, seel. Eigenart usw. Man unterscheidet *psychometr. T.s* (Messung eindimensionaler Merkmale, eindeutige Aufgabe, quantitative Auswer- tung) u. *projektive T.s* (*Projektions-T.s*: Er- fassung eines Funktionen- od. Merkmal- komplexes, mehrdeutige Aufgabe, qualita- tive Auswertung); ferner *Leistungs-T.s* (z. B.

Intelligenz-T.) u. *Persönlichkeits-T.s* (z.B. Rorschach-T.).

Testakte, 1673/1829 engl. Gesetz, das vor Übernahme eines öff. Amtes u.a. den Suprematseid u. den Empfang des Abendmahls nach anglikan. Ritus forderte u. damit Katholiken prakt. v. öff. Ämtern ausschloß.

Testament s (lat.), 1) *Recht:* im ⤢*Erbrecht* die an eine bestimmte Form gebundene Erklärung, durch die ein Erblasser über sein Vermögen für die Zeit nach seinem Tode verfügt. Der Erblasser kann jeden beliebigen Dritten zum Erben einsetzen (jedoch Pflichtteilsberechtigte nicht ausschließen), mehrere Erben auch so einsetzen, daß sie nacheinander Erben sein sollen *(Nacherbe, Vorerbe),* ⤢*Vermächtnisse* aussetzen, Auflagen anordnen. Das T. kann ungültig sein, wenn es Ausdruck einer unredl., grob sittenwidrigen Haltung des Erblassers ist. Formen: a) *Privates T.,* muß v. Erblasser vollständig eigenhändig geschrieben u. unterschrieben sein. b) *Öffentl. T.,* vor einem Richter od. Notar. c) *Not-T.,* bei Lebensgefahr u. mangels Richters od. Notars u.a. vor dem Bürgermeister u. 2 Zeugen. Das T. kann in bestimmten Fällen angefochten werden (u.a. wenn der Erblasser irrtüml. anderes angeordnet hat, als er wollte). 2) *biblisch:* Bz. für den Bund Gottes mit den Menschen vor (Altes T.) u. nach der Erlösung (Neues T.); seit dem 2. Jh. auch Bz. für die 2 Sammlungen der Schr. des Alten u. Neuen Bundes. 3) i.ü.S. geist. Vermächtnis. **T.svollstrecker,** ist der Verwalter des Nachlasses im Auftrag des Erblassers.

Testat s (lat.), Zeugnis, Beurkundung. **testieren,** 1) ein Testat geben. 2) bezeugen, bestätigen. 3) ein Testament errichten.

Testimonium s (lat.), Zeugnis.

Testosteron s, männl. ⤢*Sexualhormon.*

Tetanie w (gr.), Krampfanfälle mit langdauernden Muskelzuckungen bei Störungen der Nebenschilddrüsen u. Kalkmangel im Blut. Bei Kindern die ⤢*Spasmophilie.*

Tetanus m, Wund-⤢*Starrkrampf.*

Tête w (: tät, frz.), Kopf, Spitze einer Truppe.

Tête-à-tête s, vertraul. (zärtl.) Zusammensein unter 4 Augen.

Teterow (: -o), mecklenburg. Krst. (Bez. Neubrandenburg) am *T.er See,* 11 000 E.; got. Kirche (14. Jh.). Vogelschutzgebiet.

Tetrachlorkohlenstoff, CCl₄, farblose, leichtflüchtige Flüssigkeit, Siedepunkt 77° C; Lösungsmittel, ⤢*Insektizid,* Feuerlöschmittel *(Tetralöscher).*

Tetracycline (Mz.), eine Gruppe der ⤢*Antibiotika* mit breitem Wirkungsbereich.

Tetraeder s (gr.), Vierflächner, v. 4 Dreiecken begrenzter regelmäß. ⤢*Körper.* □ 421.

Tetralin s, C₁₀H₁₂, *Tetrahydronaphthalin,* flüssiger, farbloser Kohlenwasserstoff; Lösungsmittel für Fette, Öle, Harze u. Kautschuk.

Tetralogie w (gr.), 1) urspr. in Griechenland Verbindung v. 4 Dramen. 2) allg. 4teiliges Werk.

Tetrarch (gr. = Vierfürst), im Alt. urspr. Herrscher über den 4. Teil eines Landes; dann allg. Teilfürst, Kleinfürst, bes. in Syrien.

Johann Tetzel

Kopfige Teufelskralle

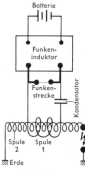

Tesla-Ströme:
Tesla-Transformator

Tetraeder

Tetschen, tschech. *Děčín,* tschsl. Bez.-.Hst. in Nordböhmen, an der Elbe (Hafen), 48500 E.; Schloß (17. Jh.); chem. u. Textil-Ind.

Tettnang, württ. Stadt n.ö. vom Bodensee, 14700 E.; Altes Schloß (17. Jh.), Neues Schloß (18. Jh.); Textil-Ind., Hopfen-, Spargel- u. Obstbau.

Tetuán, Stadt in NW-Marokko, 12 km südl. der Mittelmeerküste, an den Hängen des Rifgebirges u. im Tal des Río Martín (Obst- und Olivenhaine), 140000 E.; Lederwaren, Kork, Erze.

Tetzel, *Johann,* OP, dt. kath. Prediger, um 1465–1519; seine Ablaßpredigten veranlaßten ⤢*Luther* zur Abfassung seiner 95 Thesen.

Teufe, bergmänn. der Schacht. *abteufen,* einen Schacht niederbringen.

Teufel (gr. *diabolos* = Verleumder, Entzweier, hebr. ⤢*Satan),* in fast allen Religionen Ausdruck für den Glauben an personale schädigende Mächte; nach *christl. Lehre* jene ⤢*Engel,* die sich gg. Gott auflehnten, bes. der höchste unter ihnen, *Luzifer,* der das 1. Menschenpaar zur Sünde verführte u. seither der „Fürst dieser Welt" ist. **T.sabbiß** m, skabiosenähnl. blaublüh. Staude, an Waldrändern. **T.sauge** ⤢*Adonisröschen.* **T.sbart,** Art der ⤢*Kuhschelle.* **T.sinsel,** frz. *Île-du-Diable,* eine der Frz.-Guayana vorgelagerten Atlantikinseln; ehemals Strafkolonie. **T.skralle,** *Rapunzel,* Glockenblumengewächs, mit weißer od. blauer Blütenähre u. eßbaren Wurzeln u. Blättern. **T.smoor,** niedersächs. Moorlandschaft nördl. v. Bremen; größtenteils trockengelegt. **T.szwirn,** Pflanze, die ⤢*Seide.*

Teutoburger Wald, Waldgebirge im Weserbergland; 100 km lang, 5–15 km breit, begrenzt im NO das Münsterland; im Völmerstod 468 m hoch. Auf der Grotenburg (386 m) erinnert das Hermannsdenkmal an die *Schlacht im T. W.* (9 n. Chr.).

Teutonen (Mz.), westgerman. Volksstamm; verließen mit den ⤢*Kimbern* Schleswig-Holstein; nach Trennung v. den Kimbern 102 v. Chr. bei Aquae Sextiae (Aix-en-Provence) v. den Römern unter Marius vernichtet.

Teverone m, der ⤢*Anio.* [nichtet.]

tex ⤢*Titer* 1).

Texas, Abk. *Tex.,* Staat im S der USA, am Golf v. Mexiko, 692403 km², 12,2 Mill. E., davon 14% Neger; Hst. Austin. In den Niederungen des Mississippi u. am Golf v. Mexiko Anbau v. Mais, Zuckerrohr u. Baumwolle. Erdöl- u. Erdgasfelder. **T.fieber,** *Rindermalaria,* in Amerika, seltener in Europa verbreitete Rinderseuche.

Texel (: teßel), größte westfries. Insel, Prov. Nordholland, 184 km², 11500 E.; Hauptort Den Burg; Marsch- u. Weideland.

Textil ... (lat.), in Zss. = gewebt, so in T.waren *(T.ien),* od. verwebbar, so in T.fasern. **T.glas,** die ⤢*Glasfaserstoffe.* **T.industrie,** stellt aus Fasern in verschiedenen Produktionsstufen (Spinnen, Zwirnen, Weben, Wirken, Stricken, Veredeln, Konfektion) Fertigwaren her.

Textur w (lat.), Gewebe, Gefüge.

Th, chem. Zeichen für ⤢*Thorium.*

TH, Abk. für ⤢*Technische Hochschule.*

Batterie

Funkeninduktor

Funkenstrecke

Kondensator

Spule 2 Spule 1

Erde

Thackeray (: ßäk^eri), *William Makepeace,*
engl. Schriftsteller, 1811–63; neben Dickens
bedeutendster Erzähler des Viktorian. Zeitalters; die HW schildern, scharf beobach-
tend u. iron., die oberen u. mittleren Gesellschaftsschichten. *The Book of Snobs;
Jahrmarkt der Eitelkeit;* histor. Romane.
Thaddäus, Apostel, ⁷Judas Thaddäus.
Thadden-Trieglaff, *Reinold v.,* dt. Jurist,
1891–1976; seit 1934 führendes Mitgl. der
Bekennenden Kirche; Gründer u. 1949/64
Präs. des Dt. ⁷Ev. Kirchentages.
Thai, die Bewohner v. Thailand; ⁷Tai.
Thailand, fr. *Siam,* Kgr. in Hinterindien,
reicht v. Mekong im NO bis zum Golf v. Siam
im SW u. greift mit einem schmalen Korridor weit nach S aus auf die Halbinsel Malakka. 75% der Bev. gehören zu den *Tai,* in
den Ebenen wohnenden Reisbauern. In den
Gebirgen leben primitive Bergvölker. –
Kerngebiet ist das Tiefland des Menam, ein
fruchtbares Reisland. Es geht im O in das
Plateau v. Korat über, eine riesige Sand-
steintafel, 150–200 m hoch, mit Baumsavanne bestanden. Im W u. SW Gebirge, mit
trop. Urwald bedeckt. Auf 10% der Fläche
leben 85% der Bev. hauptsächlich v. Reis-
anbau. Die trop. Wälder liefern Edelhölzer
(Teak- u. Yangholz) u. Kautschuk. Bergbau
auf Kohle, Edelsteine, Zinn- u. Wolframerze. – Im 13. Jh. Einwanderung v. Tai-Völ-
kern; nach Zerstörung des im 14. Jh. geschaffenen Reichs v. Ayuthia durch Birmanen 1767 begr. General Tschakkri die jetzige
Dynastie. Um die Wende 19./20. Jh. große
Gebietsabtretungen an Engl. u. Fkr.; 1932
Umwandlung der absoluten zur konstitutionelle Monarchie. 41/45 war T. v. Japan
besetzt u. mußte an dessen Seite kämpfen.
73 nach inneren Unruhen Sturz der Reg.
Kittikachorn (seit 63 im Amt), seit 50 regiert
Kg. ⁷Bhumibol Aduljadeh.
Thale, Stadt im Bez. Halle, am Ausgang des
Bodetals aus dem Nordostharz, 18000 E.;
Eisen- u. Hüttenwerke.
Thales von Milet, altgriech. Naturphilo-
soph, um 624–545 v. Chr.; lehrte, das Was-
ser sei Urgrund aller Dinge; bedeutender
Mathematiker. Einer der ⁷Sieben Weisen.
Thalia, griech. Muse der Komödie, heute
auch der gesamten Schauspielkunst.
Thalidomid, synthet. Beruhigungs- und
Schlafmittel („Contergan"); nach Verdacht
auf einen Zshg. zw. der deutl. Zunahme v.
embryonalen Mißbildungen u. T.einnahme
der Schwangeren 1961 aus dem Verkehr
gezogen.
Thallium *s,* chem. Element, Zeichen Tl,
bleiähnl., weiches Metall, Ordnungszahl 81
· (☐ 149); findet sich u.a. in Crookesit
(Schweden); Gewinnung aus dem Flug-
staub u. Schlamm v. Schwefelsäurefabri-
ken. T.salze färben die Flamme grün; das
giftige *T.-sulfat* zur Schädlingsbekämpfung.
Thallus *m* (lat.), *Lager,* Pflanzenkörper der
Algen, Pilze, Flechten (daher *Thallophyten,*
Lagerpflanzen) u. der Moose; noch nicht in
Stengel, Blätter u. Wurzeln gegliedert.
Thälmann, *Ernst,* dt. Politiker, 1886–1944;
1925 1. Vors. der KPD, 33 verhaftet; im KZ
Buchenwald erschossen.

Thailand

Amtlicher Name:
Prades Thai
(Muang Thai)

Staatsform
Königreich

Hauptstadt:
Bangkok

Fläche:
514000 km²

Bevölkerung:
46,1 Mill. E.

Sprache:
Siamesisch; Englisch
ist Handelssprache

Religion:
90% Buddhisten,
ca. 115000 Katholiken,
ca. 35000 Protestanten

Währung:
1 Baht = 100 Stangs

Mitgliedschaften:
UN, Colomboplan,
SEATO

Ernst Thälmann

Thalwil, schweizer. Stadt südl. v. Zürich,
14000 E.; Woll- u. Seidenfabrik.
Thanksgiving Day *m* (: ßänkßgiwing deⁱ,
engl. = Danksagungstag), Erntedanktag in
den USA am 4. Donnerstag im November;
nationaler Feiertag seit 1789.
Thann, oberelsäss. Stadt (Dep. Haut-Rhin),
8000 E.; got. Münster (14./15. Jh.).
Tharandt, sächs. Stadt s.w. von Dresden,
am *T.er Wald,* 4300 E.; Forstwirtschaftl. Fakultät der TH Dresden.
Thasos, nordgriech. Insel der Ägäis,
393 km², 17000 E.; Hauptort T. (heute Li-
min); fruchtbares u. erzreiches Bergland.
Thatcher (: ßätsch^er), *Margaret Hilda,* brit.
Politikerin, * 1925; 70/74 Min., seit 75 Partei-
vorsitzende der Konservativen, seit 79 Pre-
mier-Min.
Thaya *w* rechter Nebenfluß der March, aus
der *Mähr.* u. der *Dt. T.,* 282 km lang.
Theater *s* (gr.), heute sowohl Bz. für die Dar-
stellung eines dramat. Werkes (Oper,
Schauspiel, Puppen-, Marionetten- u.
Schattenspiel) wie für den T.bau. – Die
Kunst des T. beruht auf der mimischen
Spielbegabung des Menschen, auf dem
Drang nach Verwandlung u. Nachahmung.
Es ist Urkunst, urspr. noch wenig differen-
ziert, bei geringer Bedeutung der Sprache.
Nachahmungsspiele (z.B. Jagdzauber) stehen am Anfang, anderseits Kultisches
i.w.S.: Totenkult, Götterverehrung u.
Fruchtbarkeitsriten. Bei den Griechen entwickelten sich aus diesen Urformen die Tra-·
gödie u. die Komödie. Daneben stand der
Mimus mit seiner Nachahmung allg.
menschl. Situationen. Dazu trat im MA das
Mysterienspiel. Berufsschauspieler gab es
schon im antiken Griechenland, dann wieder seit dem 16. Jh. Wandertruppen. Im
⁷Barock Theaterneugründungen der Höfe,
bes. für Musiktheater; Schul- und Ordens-
theater. Gründungen v. ständigen Hof- u.
Nationaltheatern seit dem 18. Jh. Hamburg,
Mannheim, München, das Wiener Burgtheater u. die Truppe der Meininger waren
im 19. Jh. Zentren der dt. Schauspielkunst.
Versuch eines Gesamtkunstwerks: Wagner
in Bayreuth. Zu ihnen gesellten sich im 20.
Jh. die Berliner u. Düsseldorfer Bühnen. In
der Ggw. ist das T.leben stärker dekonzen-
triert. – Die Architektur des T. bestand in der
Antike aus dem Szenengebäude mit der da-
vorliegenden Spielfläche, dem Proszenium,
u. den halbkreisförmig ansteigenden Zu-
schauersitzen; meist als Freilicht-T. Das
Mysterienspiel entwickelte die Form der Si-
multanbühne. Die in Engl. entstandene
„Shakespeare-Bühne" lehnt sich noch
deutl. an die T.bauten der Antike an. Erst mit
Renaissance u. Barockzeit, in der oft phantast. perspektiv. Kulissen geschaffen wurden, setzt sich die heute noch übliche „Guckkastenbühne" durch. Das moderne T. berei-
cherte diese durch weitere Entwicklung der
Maschinerie (Drehbühne, Schiebebühne,
Schnür- u. Beleuchterboden, Kulissen).
Theatiner *m,* 1524 v. ⁷Cajetan v. Tiene
u. dem späteren Pp. Paul IV. gegr. Priesterorden. **T.innen,** weibl. Zweig; beschaul. Orden mit strenger Klausur.

theatralisch (gr.), gekünstelt, gespreizt.
Thebaische Legion, angebl. nur aus Christen bestehende röm. Legion aus der *Thebais* (= Oberägypten) unter Führung des hl. ↗Mauritius; weigerte sich, an der Christenverfolgung teilzunehmen; soll deshalb zw. 280 u. 300 bei Agaunum (St. Moritz im Wallis) niedergemetzelt worden sein.
Theben, 1) *Thebai* (: Ṛiwä), mittelgriech. Stadt, 16 000 E.; griech.-orth. Bischof. – Alte Hst. Böotiens; 371/362 v. Chr. Hegemonialmacht Griechenlands; 335 v. Alexander d. Gr. zerstört, 315 wieder aufgebaut. **2)** Hst. des ägypt. Neuen Reiches, Ende 3. Jahrt. v. Chr. gegr., das ,,100torige'' T. Homers; heute die Ruinenfelder v. Karnak u. Luxor.
Theismus *m* (gr.), im Ggs. zum Atheismus die Lehre, die das Dasein Gottes in dem Sinne bejaht, daß auch die Vorsehung mitbejaht erscheint (im Ggs. zum ↗Deismus u. ↗Pantheismus); Aufgliederung in ↗Monotheismus, Henotheismus u. ↗Polytheismus.
Theiß *w*, ungar. *Tisza* (: tißo), l. Nebenfluß der Donau, kommt als *Schwarze* u. *Weiße T.* aus den Waldkarpaten; 977 km lang (1429 km vor der Begradigung), 461 km schiffbar.
Thema *s* (gr.), **1)** *allg.:* Gegenstand, Grundgedanke. **2)** *Musik:* ein sich als gegliederte Folge v. Tönen manifestierender musikal. Gedanke, der einer Komposition oder einem ihrer Abschnitte zugrunde gelegt wird.

Theoderich d. Gr.
Goldmünze

Themis, gr. Göttin, Tochter v. ↗Gäa u. ↗Uranus, Mutter der ↗Horen; Göttin der Gerechtigkeit u. Gesetzlichkeit.
Themistokles, athen. Feldherr u. Staatsmann, um 527–459 v. Chr.; setzte den Bau einer Flotte durch, mit der er 480 die Perser bei Salamis schlug; ließ Athen befestigen; 471 durch Ostrakismos verbannt.
Themse *w*, engl. *Thames*, Hauptfluß Engl.s, entspringt in den Cotswold Hills, durchfließt Oxford u. London, mündet mit breitem Trichter in die Nordsee; 338 km lang, bis Reading schiffbar.
Theobromin *s*, Alkaloid der Kakaobohne, gefäßerweiternd, blutdrucksenkend.
Theoderich d. Gr., um 456–526; 471 Kg. der Ostgoten, eroberte 489/493 im Auftrag des byzantin. Ks. It. im Kampf gg. ↗Odoaker; sein Reich litt unter dem Ggs. zw. Goten u. Römern. Grabdenkmal in Ravenna (☐ 797). ↗Dietrich v. Bern.
Theodizee *w* (gr.), i.e.S. v. ↗Leibniz eingeführter Begriff für die philosoph. Rechtfertigung des Glaubens an Gottes allmächtige u. allweise Güte angesichts der sinnlos scheinenden Übel in der v. ihm geschaffenen Welt; i.w.S. (bes. im 19. Jh.) Bz. für die philosophische Gotteslehre od. natürliche Theologie.
Theodolit *m*, Gerät mit Zielfernrohr zum exakten Messen v. Horizontal- u. Vertikalwinkeln in der Vermessungskunde, zur geograph. Ortsbestimmung, zur Verfolgung v. Radiosonden, Raketen usw.; neben der visuellen auch photograph. Beobachtung (Photo-T.).
Theodora, byzantin. Kaiserinnen: **T. I.,** um 500–548; Gattin Justinians I., nahm an der Regierung teil. **T. II.,** hl. (11. Febr.), um 810–867; 842/856 Regentin für ihren Sohn Michael II.
Theodorakis, *Mikis,* griech. Komponist, * 1925; Filmmusik (u.a. zu *Alexis Sorbas* u. *Z*), Lieder, Schlager, Kammermusik, symphon. Musik.
Theodoret, griech. Kirchenhistoriker, um 393 bis nach 460; auch Apologet u. Exeget; trat für den ↗Nestorianismus ein.
Theodor v. Studiu, hl. (11. Nov.), byzantin. Theologe, 759–826; begr. in Konstantinopel das Kloster Studiu, das er zum Mittelpunkt der östl. Kirche machte; verteidigte im ↗Bilderstreit die Verehrung der Bilder; deshalb mehrmals verbannt od. verhaftet.
Theodosius I. d. Gr., 347–395; 379 Ks. v. Ostrom, vereinigte 394 als letzter Herrscher noch einmal das ganze Röm. Reich; erhob die christl. Kirche zur Reichskirche.
Theogonie *w* (gr.), Bz. für die Mythen über Göttergeburten u. Göttergeschlechter; berühmteste T. v. ↗Hesiod.
Theokratie *w* (gr.), Staatsform, in der die Gottheit selbst als Herrscher anerkannt wird, vertreten durch Priestertum (od. Königspriestertum), z.B. in Israel unter Moses.
Theokrit, griech. Dichter aus Syrakus, 3. Jh. v. Chr.; Schäferpoesie.
Theologe *m* (gr.), Schüler od. Lehrer der ↗Theologie. *theologisch,* die ↗Theologie betreffend.
Theologie *w* (gr. = Rede über Gott), allg. die

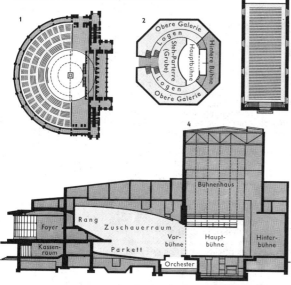

1

2 Obere Galerie
Logen
Obere Galerie
Steh-Parterre (Grube)
Hauptbühne
Hintere Bühne
Logen

3

4

Bühnenhaus

Foyer Rang
Zuschauerraum
Vorbühne Hauptbühne Hinterbühne
Kassenraum Parkett
Orchester

Theater: 1 antikes Szene-T. (Dionysos-T. in Athen) mit rundem Spielbühne (Orchestra) vor einem durch Tore und Säulen gegliederten Szenengebäude, das Fundus und Schauspielerräume enthält.

2 Shakespeare-Bühne im Globe-T., London (☐ 899).

3 reines Parkett-T. mit Kulissenbühne der Renaissancezeit (T. in Ulm von J.Furtenbach).

4 heute meist gebräuchliche Form des T. mit Guckkastenbühne, Anordnung der Sitze im Parkett, ansteigendem Rang und Seitenlogen (Schiller-T. in Berlin, erbaut von H. Völker und R. Grosse, 1951)

wiss. „Lehre v. ↗Gott"; Platon u. die platon. Tradition beziehen T. auf das überlieferte myth.-kult. Reden v. Gott; bei Aristoteles wird T. in der Dreiteilung „Mathematik – Physik – T." unter dem leitenden Gesichtspunkt der universalen Ursachenfrage als „Meta-Physik" bzw. „Erste Philosophie" verstanden; Origenes kennt schon einen christl. Gebrauch des Wortes T., Theodoros v. Kyros schon einen T.begriff, der Gotteslehre u. Heilslehre umfaßt; bei Thomas v. Aquin erhält T. die umfassende Bedeutung v. „Glaubenswissenschaft": das im strengen Sinn (im Unterschied zu Philosophie, Metaphysik, Mythologie u. natürl. Gotteserkenntnis) ihrem Wesen nach ausdrückl. bemühte Hören des glaubenden Menschen auf die geschichtl. ergangene Wort-↗Offenbarung Gottes, das wiss. method. Bemühen um ihre Erkenntnis u. die reflektierende Entfaltung des Erkenntnisgegenstandes. – Die *kath. T.* setzt dabei die phil. T., das natürl. Wissen des Menschen v. Gott, voraus, ferner bes. die Bibel u. die mündl. Überlieferung des Glaubensgutes (↗Tradition) als die beiden Quellen der Offenbarung u. das kirchl. Lehramt. – Die *ev. T.* stützt sich auf die Bibel allein, lehnt ein verbindl. kirchl. Lehramt u. weitgehend auch die (aristotel.-thomist.) Philosophie als natürl. Grundlagen der T. ab, weil es nach ev. Lehre zw. weltl. Wissen u. Offenbarungswahrheit, zw. Welt u. Gott keine Vermittlung, sondern nur einen radikalen Unterschied gibt (↗dialekt. T.). – Die *griech.-orth.-T.* geht auf die T. der ↗Kirchenväter zurück; beschränkt sich im wesentl. auf die Auslegung der 7 ersten Konzilien als der Grundlage ihrer T.; ihr Schwerpunkt liegt auf der myst. u. kultdeutenden Seite.

theonom (gr.), dem Gesetz Gottes unterworfen.

Theophanie *w* (gr.), Gotteserscheinung, z.B. bei der Taufe Jesu; auch ↗Epiphanie.

Theophanu, byzantin. Prinzessin, † 991; seit 972 Gattin Ks. Ottos II., nach dessen Tod Regentin für Otto III.

Theophrast, griech. Philosoph, 372–287 v. Chr.; Nachfolger des Aristoteles in der Leitung v. Platons Akademie; verf. bes. botan. u. charakterolog. Werke.

Theorem *s* (gr.), Lehrsatz.

theoretisch (gr.), rein gedankl., wiss.; auch wirklichkeitsfremd (Ggs. empir. od. prakt.).

Theorie *w* (gr. = Schau), *allg.:* jede zusammenfassende wiss. Erkenntnis, auch die systemat., rein erkenntnismäßige Darstellung einer Wiss. Im *modernen Sinn* bedeutet T. auch den Entwurf reiner Möglichkeitsstrukturen, der jeder experimentellen bzw. hist. Verifizierung vorausgreift.

Theosophie *w* (gr. = Gottesweisheit), auf ind. Lehren beruhendes angebl. Wissen um höhere göttl. Geheimnisse; glaubt an Seelenwanderung bis zur Rückkehr des Menschen in die Weltsubstanz; vertreten durch die Anhänger der *Theosoph. Gesellschaft,* gegr. 1875 v. der Russin *Helene Blavatsky,* später bes. durch die Engländerin *Annie Besant* bestimmt; 1913 Abspaltung der ↗Anthroposophie.

Theozentrische Weltanschauung, Vorstellung v. Gott als der Mitte des Seins u. Lebens; Ggs. zur *anthropozentrischen W.,* die den Menschen in den Mittelpunkt stellt.

Thera, Thira, ↗Santorin.

Therapie *w* (gr.; Bw. *therapeutisch*), Krankenbehandlung; *kausale T.* beseitigt Krankheitsursachen, *symptomatische T.* lindert Krankheitserscheinungen.

Theresia, Heilige: **T. v. Ávila** od. **d. Gr.** (15. Okt.), span. Mystikerin, 1515–82; mit dem hl. Johannes v. Kreuz Reformerin des Karmelitenordens. *Buch des Lebens; Weg der Vollkommenheit; Seelenburg.* **T. v. Kinde Jesus** od. **v. Lisieux** (1. Okt.), auch die *kleine hl. T.* gen., 1873–97; Karmelitin, ging den „kleinen Weg" der vollkommenen Erfüllung selbst der geringsten Pflichten. *Gesch. einer Seele.*

Theresienstadt, tschech. *Terezin,* nordböhm. Ort an der Eger. – 1941/45 KZ.

Therezina, fr. Name für ↗Teresina.

Thermen (Mz., gr.-lat.), 1) *Thermalquellen* ↗Heilquellen. 2) römische Badeanlagen.

Thermidor *m* (frz. = Hitzemonat), der 11. Monat des Revolutionskalenders. ☐ 294.

Thermik *w* (gr.), das Aufsteigen erwärmter Luft; die in den Aufwinden steckende Energie wird beim ↗Segelflug ausgenutzt.

Thermit *s, Aluminothermie:* Mischung aus Aluminium- u. Eisenoxidpulver; wird verwendet zum T.schmelzschweißen, z.B. beim Verschweißen v. Schienen, Bruchstellen u.a., von H. Goldschmidt erfunden.

Thermo ... (gr.), in Zss.: Wärme...

Thermochemie *w* (gr.), befaßt sich mit den Beziehungen zw. chem. Reaktionen u. Wärmeenergie. *Exotherm* sind chem. Prozesse, bei denen Wärme abgegeben, *endotherm,* bei denen Wärme zugeführt wird.

Thermodynamik *w* (gr.), die Lehre v. den durch Zufuhr u. Abgabe v. Wärmeenergie verursachten Zustandsänderungen sowie v. Systemgleichgewichten innerhalb definierter Stoffmengen. Die T. gibt Auskunft über die Änderungen v. Druck, Volumen u. Temperatur sowie über die bei einem Prozeß verbrauchte od. aufgenommene Arbeit.

Thermoelektrizität, *Thermoeffekt,* das Auftreten einer elektr. Spannung *(Thermokraft)* zw. 2 verschiedenen Metallen (auch Halbleitern), z.B. 2 Drähten, deren Enden durch Löten od. Schweißen verbunden sind, wenn sich die beiden Kontaktstellen auf verschiedener Temperatur befinden *(Seebeck-Effekt).* Eine solche Anordnung eignet sich zur Temperaturmessung u. Energieerzeugung u. heißt *Thermoelement.* Die Umkehrung des Seebeck-Effekts, der *Peltier-Effekt,* ist

Theresia von Ávila

Theresia von Lisieux

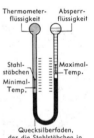

Thermometer: Maximum-Minimum-T.

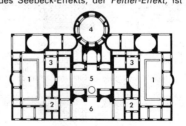

Thermen:
Grundriß der Caracalla-T.:
1 Palästra, 2 Apodyterium (Auskleideräume), 3 Schwitzräume, 4 Caldarium (Heißwasserbad), 5 Tepidarium (Laubad), 6 Frigidarium (Kaltbad)

die Erwärmung bzw. Abkühlung der Kontaktstellen zweier Leiter beim Durchfließen eines Stromes.
Thermokolore (Mz.), Substanzen, die bei einer bestimmten Temperatur ihre Farbe wechseln, z. B. Kupfer- u. Quecksilbersalze; zur Temperaturmessung.
Thermometer s (gr.), Wärmemesser, Gerät zur Temperaturbestimmung; meist ein *Ausdehnungs-T.*, das Temperaturänderungen durch Verlängerung od. Verkürzung, z. B. des dünnen kapillaren Quecksilberfadens, anzeigt, der aus dem unteren Quecksilberbehälter (Küvette) emporsteigt. Statt Quecksilber wird auch Gallium (Schmelzpunkt 29,8° C), für tiefe Temperaturen Weingeist (Gefrierpunkt − 114,5° C) benutzt. *Fieber-T.* besitzen im Kapillarröhrchen eine Einschnürung, an der beim Zurückgehen der Quecksilberfaden abreißt. Beim *Maximum-T.* steht über der Quecksilberfüllung ein Eisenstiftchen, das v. der Flüssigkeit hochgeschoben, aber nicht zurückgeholt wird (Zurückstellen mit kleinem Hufeisenmagnet). Beim *Minimum-T.* mit Weingeistfüllung wird umgekehrt ein Glasstiftchen mit zurückgezogen, aber nicht hochgedrückt. Bei dem *Maximum-Minimum-T.* sind beide vereint. *Metall-T.* haben spiralig gewundene Bimetall-Streifen, deren Streckung od. Krümmung sich über Hebel auf einen Zeiger überträgt, an der eine Skala bestreicht. *Widerstands-T.* bestehen aus dünnem Metalldraht, dessen elektr. Widerstand mit steigender Temperatur zunimmt. ↗Thermoelektrizität. ☐ 983.
thermonuklear (gr.), die ↗Kernverschmelzung betreffend. **t.e Waffen** ↗Kernwaffen.
Thermoplaste (Mz., gr.) ↗Kunststoffe.
Thermopylen (Mz., gr. = warme Tore), Engpaß in Mittelgriechenland; 480 v. Chr. fiel hier ↗Leonidas mit 300 Spartiaten gg. die Perser durch Verrat.
Thermosflasche (gr.), doppelwandiges, innen verspiegeltes Glas- od. Metallgefäß mit luftleer gepumptem Zwischenraum; hält Getränke warm od. kalt.
Thermostat m (gr.), Temperaturregler, meist mit Metall-↗Thermometer, zur Einhaltung konstanter Temperatur. ☐ 801.
Theropoden ↗Dinosaurier.
Thersites, in Homers Ilias der mißgestaltete Schmäher der Helden.
Thesaurierung w (gr.), ↗Hortung.
Thesaurus m (gr.), **1)** (Geld-)Schatz. **2)** Bz. für umfangreiche Sammelwerke, bes. Bibliographien u. Wörterbücher.
These w (gr.), Behauptung, Lehrsatz.
Theseus, Sagenkönig Attikas, erlegte mit Hilfe der ↗Ariadne den Minotaurus.
Thespis, griech. Dichter; soll um 534 v. Chr. in Athen die 1. Tragödie aufgeführt haben; Legende ist, daß er mit einem Wagen, dem *T.karren,* umhergezogen sei.
Thessalien, historische griech. Landschaft, fruchtbare Ebene zw. Pindos, Olymp u. Ägäis.
Thessalonicherbriefe, im NT 2 Briefe des Apostels Paulus an die Christen in Thessalonike (Saloniki), 50/51 verfaßt.
Thessalonike ↗Saloniki.

Helmut Thielicke

Ludwig Thoma

Hans Thoma: oben Selbstbildnis, unten „Bernauer Landschaft"

Thetis, Meergöttin in der griech. Sage, eine der ↗Nereiden; bei Homer Mutter des Achill.
Theuerdank, *Teuerdank,* allegor. Gedicht zum Preis Ks. Maximilians I., von ihm selbst entworfen; beschreibt seine Brautwerbung um Maria v. Burgund. Die mit Holzschnitten v. Dürer, Burgkmair u. a. geschmückte Druck-Ausg. (1517) ist das 1. bibliophile dt. Buch.
Thidrekssaga, in Norwegen im 13. Jh. entstandene Sammlung v. dt. Heldensagen, um Dietrich v. Bern gruppiert.
Thielicke, *Helmut,* dt. ev. Theologe, * 1908. *Christl. Verantwortung im Atomzeitalter; Der Ev. Glaube, Grundzüge der Dogmatik.*
Thiers (: tjär), *Louis Adolphe,* frz. Historiker u. Politiker, 1797–1877; in den Jahren 1836 u. 40 Min.-Präs., 71/73 Präs. der Republik.
Thieß, *Frank,* dt. Schriftsteller, 1890–1977; Romane, Erz., Essays. *Die Verdammten; Tsushima; Caruso; Der Zauberlehrling.*
Thietmar v. Merseburg, sächs. Geschichtsschreiber, 975–1018; 1009 Bischof v. Merseburg. *Chronik.*
Thimig, *Helene,* östr. Schauspielerin, 1889 bis 1974; Tochter v. Hugo Th. (1854–1944, Dir. des Wiener Burgtheaters), Gattin v. M. Reinhardt; leitete 1948/59 das Reinhardt-Seminar in Wien.
Thing s (altgerman.), ↗Ding.
Thio … (gr.), in Wort-Zss. = Schwefel…, so **T.bakterien** ↗Schwefelbakterien.
Thionville (: tiōṅwil) ↗Diedenhofen.
Thira, *Thera,* ↗Santorin.
Thixotropie w (gr.), Eigenschaft bestimmter fester Gele, durch Schütteln vorübergehend flüssig zu werden.
Thoma, **1)** *Hans,* dt. Maler, 1839–1924; gestaltete bes. die heimatl. Schwarzwaldlandschaft. **2)** *Ludwig,* dt. Schriftsteller, 1867–1921; übte iron. Kritik an der Gesellschaft der Wilhelmin. Zeit u. ihrer Moralheuchelei; Bauernromane, *Lausbubengeschichten,* Komödien.
Thomaner, berühmter Knabenchor der ev. Thomaskirche in Leipzig.

Thomas (aram. = Zwilling), Heilige: **T.**, Apostel (3. Juli), zweifelte anfangs an Christi Auferstehung (daher sprichwörtl. „ungläubiger T."); soll in Parthien u. Indien (↗T.christen) gepredigt haben u. dort als Martyrer gestorben sein. **T. v. Aquin**, OP (28. Jan.), Kirchenlehrer,* um 1225 Roccasecca bei Monte Cassino, † 7. 3. 1274 in Fossanuova; bedeutendster Theologe u. Philosoph des Hoch-MA; studierte in Köln bei ↗Albertus Magnus, lehrte in Paris, Rom u. Neapel; führte die ↗Scholastik durch Einbau der aristotel. Philosophie in die christl. Tradition auf ihren Gipfel; sein bes. in der *Summa theologiae* (um 1267/73) niedergelegtes umfassendes System (↗Thomismus) wahrt die Eigenständigkeit der Philosophie gegenüber der Theologie wie die Einheit beider u. bestimmt das Verhältnis v. Natur u. Übernatur mit dem Satz: Die Gnade setzt die Natur voraus und erhöht sie. **T. Becket** (29. Dez.), 1118(?)–70; 1155/62 Lordkanzler Heinrichs II. v. Engl., unterstützte zunächst dessen Politik; geriet als Erzb. v. Canterbury (seit 62) im Kampf um die kirchl. Freiheiten in Konflikt mit dem Kg., der an seiner Ermordung durch 4 Ritter mitschuldig ist. **T. Morus** ↗Morus. **Thomas v. Kempen**, eig. *Hemerken*, dt. Augustinerchorherr, um 1379–1471; einer der einflußreichsten Vertreter der Devotio moderna; verf. geistl. Bücher u. Hymnen; ↗*Nachfolge Christi* 2). **T. de Vio**, eig. Name des ↗Cajetan.

Thomas (: toma̱), *Ambroise,* frz. Komponist, 1811–96; Oper *Mignon* (nach Goethes „Wilhelm Meister").

Thomas (: tomᵉß), *Dylan,* engl. Schriftsteller, 1914–53; wortmächtige Lyrik *(Tore u. Tode),* Hörspiel (auch auf der Bühne) *Unter dem Milchwald.*

Thomaschristen, Christengemeinden an der vorderind. Malabarküste, mit syr. Kirchensprache (↗Syr. Kirchen); vielleicht auf die Mission des Apostels ↗Thomas zurückgehend; seit dem 15./16. Jh. meist wieder mit Rom uniert; der Rest gehört zu den ↗Jakobiten.

Thomasius, *Christian,* dt. Rechtslehrer, 1655–1728; Vorläufer der Aufklärung; Vertreter des dt. Naturrechtsdenkens u. der religiösen Toleranz.

Thomaskantorat *s,* seit 1519 in seiner heutigen Form bestehendes Kantorat der Thomaskirche in Leipzig; Leiter die *Thomaskantoren* (so auch J. S. Bach); ↗Thomaner.

Thomasmehl, Phosphat-Düngemittel (Tetracalciumphosphat); Nachwirkung im Boden ca. 20 Jahre; als Abfall beim ↗Thomasverfahren gewonnen.

Thomasverfahren, Stahlgewinnung aus phosphorreichem Roheisen; ähnlich dem ↗Bessemer-Verfahren, jedoch basisches Futter des Konverters; v. *Sidney Gilchrist Thomas* (1850–85) entwickelt. ☐ 938.

Thomismus *m,* a) i. w. S. die Grundlehren im philosoph.-theolog. System des hl. ↗Thomas v. Aquin u. seiner Schule als Hauptrichtung der ↗Scholastik; nahm seit dem 19. Jh. neuen Aufschwung; führende Richtung der ↗Neuscholastik; b) i. e. S. inner-

Thomas von Aquin

Thomsonbrücke:
R₁ bis R₄ festliegende Widerstände, Rₙ Vergleichswiderstand, Rₓ unbekannter Widerstand, V Galvanometer als Nullinstrument. Für die abgeglichene Brücke

gilt: $\dfrac{R_1}{R_2} = \dfrac{R_3}{R_4}$;

$R_x = R_N \cdot \dfrac{R_1}{R_3}$

Bertel Thorvaldsen: Selbstbildnis

halb der Scholastik der Ggs. zur Schule des ↗Suárez, bes. in der Seinslehre; c) im engsten Sinn gg. ↗Molina die Lehre v. der Mitwirkung Gottes am menschl. Tun ohne Aufhebung der ↗Willensfreiheit.

Thompson (: tompßᵉn), **1)** *Dorothy,* am. Journalistin, 1894–1961; Gründerin der Weltorganisation der Mütter aller Nationen (WOMAN). **2)** *Francis,* engl. Schriftsteller, 1859–1907; bedeutender kath. Lyriker.

Thomson (: tomßᵉn), **1)** *James,* engl. Schriftsteller, 1700–48; allegor. Epen u. Dramen; *Jahreszeiten,* vertont v. Haydn. **2)** Sir *George Paget,* Sohn v. 3), engl. Physiker, 1892–1975; 1937 Nobelpreis für Entdeckung v. Interferenzen bei Elektronenbestrahlung v. Kristallen. **3)** Sir *Joseph John,* Vater v. 2), engl. Physiker, 1856–1940; 1906 Nobelpreis für Entdeckung der atomistischen Struktur der Elektrizität; Arbeiten über Isotope. **4)** Sir *William,* seit 1892 *Lord Kelvin,* engl. Physiker, 1824–1907; grundlegende Untersuchungen zur Thermodynamik; nach ihm die ↗Kelvin-Skala.

Thomsonbrücke (: tomßᵉn-), elektr. Brückenschaltung zur Messung kleiner elektr. Widerstände.

Thor, nord. Gott des Donners, später *Donar;* sein Zeichen der Hammer Mjöllnir.

Thora *w* (hebr. = Lehre, Gesetz), das durch Moses Israel vermittelte göttl. Gesetz; v. daher Bz. für den ↗Pentateuch als „Buch des Gesetzes". **T.rolle** *w,* Niederschr. der T. auf Pergamentrolle, die in jeder ↗Synagoge aufbewahrt wird zur Vorlesung im Gottesdienst. [↗Insekten.

Thorax *m* (gr.), Brustkorb; Brustregion der

Thoreau (: ßoroᵘ), *Henry David,* am. Schriftsteller, 1817–62; lebte beschaulich zurückgezogen; HW: sein Tagebuch *Walden or Life in the Woods.*

Thorez (: torä̱s), *Maurice,* 1900–64; seit 33 Führer des frz. Kommunismus.

Thorium *s,* radioaktives chem. Element, Zeichen Th, Ordnungszahl 90 (☐ 149); bes. im Thorianit (auf Ceylon) u. im Monazitsand.

Thorn, poln. *Toruń* (: toru̱nj), Hst. der Wojewodschaft T., an der Weichsel; 166 000 E.; got. Johannes-, Jakobs- u. Marienkirche; Univ., Ind.-Zentrum (Maschinen, Holz- u. Metallwaren, Textil), Verkehrsknoten. – 1231 v. Dt. Orden gegr., 1454 poln., 1793 preuß., seit 1920 (außer 39/45) polnisch.

Thorvaldsen, *Bertel,* dänischer Bildhauer, 1768–1844; neben Canova der bedeutendste Bildhauer des Klassizismus; 1797/1838 in Rom, kühler, strenger Stil; *Christus u. die 12 Apostel, Alexanderfries.*

Thorwald, *Jürgen,* dt. Schriftsteller, * 1916; Sachbücher, u. a. *Das Jh. der Chirurgen; Die Entlassung; Macht u. Geheimnis der frühen Ärzte; Das Jh. der Detektive; Patienten.*

Thot, ägypt. Gott des Mondes, der Weisheit u. der Schreibkunst; als Affe od. Mensch mit Ibiskopf dargestellt.

Thrakien, *Thrazien,* Balkanlandschaft südl. der Rhodopen, um die untere Maritza, mit den *Thrakischen Inseln* Thasos, Samothrake, Imbros, Lemnos u. Hagiostrati. – Das von den indogerman. *Thrakern* besie-

delte T. wurde 46 n. Chr. röm. Prov.; später umstrittenes Gebiet. Seit 1923 der östl. Teil türk., der westl. griechisch.
Threonin s, eine essentielle ↗Aminosäure.
Thriller m (: ßril⁰r, engl.), Reißer; als Nervenkitzel bewußt mit Spannungs- und Schreckeffekten geladener Unterhaltungsroman od. Film.
Thrombose w (gr.), Blutaderverstopfung, durch Bildung eines Blutgerinnsels; kann bei unvorsichtiger Bewegung zur Embolie werden, bei der der Blutpfropf (od. Fremdkörper wie Luftblasen, Luftembolie), v. Blutstrom fortgeführt, ein Hauptgefäß an Lunge, Herz od. Hirn verstopft.
Thuja ↗Lebensbaum.
Thukydides, griech. Historiker aus Athen, um 460 bis nach 400 v. Chr.; begr. die krit.-objektive, polit. orientierte Geschichtsschreibung. Peloponnes. Krieg.
Thule, 1) in der Antike sagenhaftes Inselland als nördliches Ende der Welt. **2)** wichtiger Stützpunkt der US-Luftwaffe auf Westgrönland; Radio- u. Radarstation, Flughafen für die zivile Luftfahrt.
Thulium s, chem. Element, Zeichen Tm, Seltene Erde, Ordnungszahl 69. ☐149.
Thumb, Baumeisterfamilie aus Vorarlberg: **1)** Michael, † 1690; Kirchenbauten. **2)** Peter, Sohn v. 1), 1681–1766; schuf u. a. die Stiftskirche u. Bibliothek in St. Gallen, die Wallfahrtskirche Birnau sowie Klosterkirche u. Konventbau in St. Peter im Schwarzwald.

Peter Thumb: St. Peter im Schwarzwald – ☐ 851.

Thun, schweizer. Bez.-Hst., 37 000 E.; Pforte zum Berner Oberland, unterhalb des Ausflusses der Aare aus dem ↗T.er See.
Thünen, Johann Heinrich v., dt. Landwirt u. Nationalökonom, 1783–1850; Begr. der Landwirtschaftslehre, auf nationalökonom. Grundlage; Standorttheorie.
Thuner See, schweizer. Alpenrandsee im Berner Oberland, 558 m ü. M., 48 km², 217 m tief.
Thunfisch, 2–5 m lange, bis 600 kg schwere Makrelen mit wohlschmeckendem Fleisch, in warmen Gebieten aller Ozeane.
Thur w, l. Nebenfluß des Rheins, kommt v. der Säntisgruppe, durchfließt das Toggenburg u. den T.gau, 125 km lang. **Thurgau** m, Kt. in der nordöstl. Schweiz, am Bodensee,

Roter Thunfisch

Thüringen

1006 km², 181 800 E.; Hst. Frauenfeld. Vorwiegend Hügelland mit Landwirtschaft; Stickerei, Baumwoll- u. Maschinen-Ind.
Thüringen, bis 1952 dt. Land zw. Thüringer Wald u. Harz, Elster u. Werra; hatte 15 585 km² u. 2,9 Mill. E.; Hst. war Erfurt. Das hügelige, fruchtbare Thüringer Becken umrahmen in N waldarme Muschelkalkkämme u. waldige Buntsandsteintafeln, die zu den Niederungen der Goldenen Aue u. des Wippertals abfallen, im S ger ↗Thüringer Wald. Bodenschätze, östlich Braunkohlenlager und nördlich wie südwestlich Kalifelder, ermöglichen mannigfache Ind. – Der german. Volksstamm der Thüringer kam 531 unter fränk. Herrschaft; im 11. Jh. gewann das fränk. Geschlecht der Ludowinger Einfluß, erhielt 1130 die Landgrafenwürde u. starb mit ↗Ludwig IV. d. Hl. († 1227) u. ↗Heinrich Raspe († 1247) aus. Nachfolger wurden die ↗Wettiner. Sie erwarben 1423 Kur-↗Sachsen. Bei der Teilung des Hauses Wettin 1485 bekamen die Ernestiner Kursachsen u. den Hauptteil T.s, verloren aber im Schmalkald. Krieg 1547 die Kurwürde u. Sachsen an die Albertiner. Durch Erbteilungen der ernestin. Linie entstanden die Htm.er ↗Sachsen-Altenburg, ↗Sachsen-Coburg-Gotha, ↗Sachsen-Meiningen u. ↗Sachsen-Weimar-Eisenach, die 1918 Freistaaten wurden u. 20 (außer Coburg, das an Bayern fiel) mit ↗Schwarzburg-Rudolstadt, Schwarzburg-Sondershausen u. ↗Reuß zum Land T. vereinigt wurden; dazu kam 45 v. der preuß. Prov. Sachsen das Erfurter Gebiet; 52 Aufteilung in Verwaltungs-Bez.e (Erfurt, Suhl u. Gera) der DDR. Der Grenzzipfel bei Altenburg kam zum Bez. Leipzig.
Thüringer Wald, dt. Mittelgebirge in Thüringen, zieht v. der Werra bei Eisenach 120 km lang nach SO zu den Schwarzaquellen. Den 650–850 m hohen bewaldeten Rücken mit dem ↗Rennsteig überragen Inselsberg (916 m) und Großer Beerberg (982 m). Klein- u. Haus-Ind. (Glas, Porzellan, Holz, Spielwaren), Fremdenverkehr u. Wintersport.
Thurn, Heinrich Matthias Graf v., 1567 bis 1640; Führer der böhm. Protestanten im 30jähr. Krieg, aktiv am Prager Fenstersturz beteiligt.
Thurn und Taxis, dt. Fürstengeschlecht, aus der urspr. it. Familie Taxis; richteten 1491 in den habsburg. Ländern einen Postdienst ein (seit 1595 Generalpostmeisteramt im Dt. Reich), den sie z. T. bis 1867 innehatten.
Thusnelda, Gemahlin des ↗Arminius.
Thutmosis, 4 altägypt. Könige der 18. Dynastie, bes. **T. III.,** 1479/27 v. Chr.; unter ihm größte Machtentfaltung Ägyptens.
Thymian, Quendel, holzige violette Lippenblütler auf trocknen Wiesen; Gewürz.

Echter Thymian

Thymol, Phenolabkömmling, aromat. Stoff aus Thymian; Heilmittel.

Thymus *m* (gr.), *T.drüse, Bries,* im Kindesalter voll entwickelte lymphozytenreiche Drüse hinter dem Brustbein, die sich nach der Pubertät zurückentwickelt; spielt eine Rolle beim Wachstum; Entfernung des T. führt zu schweren Wachstumsstörungen, bes. beim Knochenbau.

Thyratron *s* (gr.), *Stromtor,* eine Gasentladungs- od. Ionenröhre mit beheizter Kathode u. einem Steuergitter, durch das die Zündspannung in weiten Grenzen geregelt werden kann; u. a. als Schaltröhre für große Ströme.

Thyristor *m*, schaltbarer Halbleiter-Stromrichter, besteht aus zwei p- und zwei n-dotierten Siliciumschichten (pnpn); T.en werden u. a. in der Starkstromelektronik als elektron. Schalter eingesetzt.

Thyroxin *s*, jodhaltiges Hormon der Schilddrüse; synthetisch herstellbar. ☐ 404.

Thyssen, 1) *August,* dt. Großindustrieller, 1842–1926; Begr. eines führenden Konzerns der Eisen- u. Stahl-Ind. *(T.-Konzern).* **2)** *Fritz,* Sohn v. 1), 1873–1951; unterstützte zunächst finanziell den Nat.-Soz., wandte sich aber seit 1935 gg. das Regime. **T.-Stiftung,** 1959 durch die Erbinnen v. *Fritz T.* zur Förderung der dt. Forschung u. des wiss. Nachwuchses mit nominal 100 Mill. DM Aktien errichtet.

Ti, chemisches Zeichen für ↗Titan.

Tiara *w* (pers.-gr.), außerliturg. Kopfbedeckung des Papstes; 3fache Krone; Verwendung seit der symbol. Ablegung durch Paul VI. unsicher.

Tiber *m*, it. *Tevere,* Hauptfluß Mittelitaliens, entspringt im Etrusk. Apennin, mündet nach 393 km bei Ostia ins Tyrrhen. Meer.

Tiberias, Stadt in Israel, am Westufer des *Sees v. T.* (See ↗Genesareth), 200 m u. M.; 27000 E.; Schwefelquellen.

Tiberius, röm. Kaiser, 42 v. Chr. bis 37 n.Chr.; als Feldherr u. a. erfolgreich gg. die Germanen, Adoptivsohn des Augustus u. seit 14 n. Chr. dessen Nachfolger als röm. Kaiser.

Tibesti, Gebirgslandschaft in der mittleren Sahara, ca. 100000 km², im Emi Koussi 3415 m hoch; zertalte Sandsteinplateaus mit zahlr. jungen Vulkanen; Wolfram- u. Zinnerzvorkommen; in den Taloasen Anbau v. Weizen, Dattelpalmen u. Tabak.

Tibet, 1) größtes Hochland der Erde, in Zentralasien, 2,2 Mill. km² groß; eine Folge v. 4000–5000 m hohen Becken, die nach S durch bis 8000 m hohe Gebirgswälle abgeschlossen werden: Himalaja, Karakorum u. Transhimalaja. Die nördl. Begrenzung bilden die Hochgebirge Kuenlun, Altyntag u. Nanschan. Der zentrale Teil ist **2)** die chines. *Autonome Region T.,* fr. der *Priesterstaat T.,* 1221600 km², 1,7 Mill. E., meist lamaistische Tibeter; Hst. Lhasa. – T. liegt fast überall oberhalb der Baumgrenze, hat nur spärliche Vegetation u. rauhes Kontinentalklima. Nur in einigen Tälern im S u. SO ist Anbau möglich, sonst nomad. Viehzucht (Jak, Schafe, Ziegen, Kamele, Pferde). Seit der chines. Annexion Ende der Feudalwirt-

Ludwig Tieck

Tiara (Entwicklung): **1** weiße Mütze (ca. 8. Jh.), **2** T. mit Kronreifen, **3** heutige Form als dreifache Krone

Tiefseefauna: **1** Leuchtmaulfisch (20 cm); **2** Tiefseeanglerfisch (Edriolynchus schmidii; 9 cm): Weibchen mit Zwergmännchen

schaft, in der die 3000 Klöster mit 25000 Mönchen eine Schlüsselstellung einnahmen. – Im 7. Jh. Annahme des Buddhismus, der hier zum ↗Lamaismus wurde. 1750 wurde T. chines. Protektorat; die chines. Revolution 1911 brachte die Freiheit. 50 Einmarsch rotchines. Truppen, 51 Übergang der Außen- u. Verteidigungspolitik an China; die Erhebung gg. das chines. kommunist. Regime 59/60 führte zur Annexion T.s durch China; 59 Flucht des Dalai Lama; seit 65 Autonome Region.

Tibull, röm. Dichter, um 54 bis um 19 v. Chr.; Idylliker des „goldenen Zeitalters".

Ticino *m* (:titsch-), it. für ↗Tessin.

Tick *m*, **1)** Schrulle. **2)** unwillkürl. Zucken einzelner Gesichtsmuskeln.

Tiden (Mz., nd.), die ↗Gezeiten.

Tieck, 1) *Christian Friedrich,* Bruder v. 2), 1776–1851; klassizist. Bildhauer. **2)** *Ludwig,* dt. Schriftsteller, 1773–1853; wirkte in Berlin u. Dresden; Wortführer der Frühromantik; Lyrik, Romane, Märchen, Novellen, Dramen *(Genoveva; Der gestiefelte Kater);* Übersetzer (Shakespeare, Cervantes).

Tief *s*, **1)** bes. tiefe Stelle im Meer, auch fahrbare Rinne im Watt od. Durchlaß zw. Nehrung u. Festland. **2)** *T.druckgebiet,* Gebiet niedrigen Luftdrucks; Ggs. Hoch.

Tiefbau, umfaßt u.a. Straßen-, Brücken-, Tunnel- u. Eisenbahnbau sowie Erd-, Wasser- u. Kanalbau. Ggs. Hochbau.

Tiefbohrung, Bohren enger, tiefer Löcher in die Erdrinde, zum Aufsuchen u. Prüfen v. Mineral- u. Erdöllagerstätten u. für geolog. Forschungen; auch zum Fördern v. Öl, v. Salzsole u. v. Schwefelschmelze.

Tiefdruck, Druckverfahren, bei dem die druckenden Stellen der Druckplatte durch Gravieren od. Ätzen zur Aufnahme der Farbe je nach den Tonwerten verschieden tief eingegraben werden, so bei ↗Kupferstich, Radierung, Heliogravüre. *Rakel-T.,* auf der Schnellpresse od. Rotationsmaschine, verwendet zur Entfernung der Farbe v. der nicht druckenden Oberfläche der Form ein scharfes Stahlmesser, die Rakel, wobei ein Rasterliniennetz in der vertieften Druckfläche als Farbstütze dient. Die Originalbilder werden photomechan. übertragen. T., auch Mehrfarben-T., eignet sich bes. f. Illustration. ☐ 202.

Tiefengesteine, *Intrusivgesteine, Plutonite,* Gesteine, die durch Erstarren der Gesteinsschmelze innerhalb der Erdkruste entstanden sind, z. B. Granit, Granodiorit, Gabbro, Peridot, Syenit u. Essexit.

Tiefenpsychologie *w* (gr.), Erforschung des ↗Unbewußten; begr. v. ↗Freud, weitergeführt v. ↗Adler, ↗Jung.

Tiefenschärfe ↗Schärfentiefe.

Tiefgang, bei Schiffen der Abstand zw. Wasseroberfläche u. Kielunterkante.

Tiefkühlung, Nahrungsmittel durch schnelles Abkühlen bis zu –40° C haltbar machen; Vorteile: keine Zerstörung des Zellwände bei Fleisch usw., Erhaltung des Aromas u. der Vitamine.

Tiefsee, *Abyssalregion,* pelag. Bereich, im Ggs. zur Flach- u. Hochsee der lichtlose Meeresbereich unter 800 m Tiefe; der meist

flache, stellenweise gebirgige T.boden mit typ. T.sedimenten beginnt erst unterhalb des Kontinentalabfalls (um 3000 m). ☐604.
T.fauna, die Tierwelt der ⁄Tiefsee, die in Finsternis, unter hohem Druck u. in gleichmäßigon Wärme- u. Wasserverhältnissen lebt. Alle Tiefseebewohner sind Räuber oder leben v. org. Sinkstoffen. Charakterist. für die T. sind Leuchtorgane u. stark vergrößerte Augen (Augen können auch fehlen). **T.gräben,** lange, schmale Rinnen im Tiefseeboden, über 5500 m tief; in ihnen die größten Meerestiefen; z.B. Marianengraben im ⁄Pazif. Ozean. ☐604.
Tiefste Landgebiete ⁄Depression 4).

tiefziehen, ein Umformverfahren, bes. zur Herstellung v. Hohlkörpern, z.B. Karosserieteilen, bei dem ein Stempel das flache Werkstück in eine formgebende Matrize zieht.
Tiegel, feuerfeste, meist runde Gefäße mit flachem Boden, zum Ausglühen und Schmelzen, bes. von Metallen. **T.druckpresse,** kurz Tiegel, kleine Druckmaschine mit senkrecht eingesetztem Schriftsatz und schwingender Platte *(Tiegel)* mit dem zu bedruckenden Papier.
Tiënschan m (chines. = Himmelsgebirge), Tienshan, mächtiges Kettengebirge Zentralasiens, hauptsächl. in Sinkiang (Westchina). Trennt die Dsungarei v. Tarimbekken; 3000 km lang, 400 km breit, im Pik Pobedy 7439 m, im Chan-Tengri 6995 m hoch.
Tiëntsin, bedeutendste Ind.-Stadt Nordchinas, Hst. der Prov. Hopei, 7 Mill. E.; Hafen am Peiho u. am Großen Kanal (dem ehem. Kaiserkanal); 2 Univ. u. andere Hochschulen; Stahl-, Maschinen-, Textil-, chem. u. Nahrungsmittel-Ind.
Tiepolo, *Giovanni Battista,* it. Maler, 1696–1770; durch die spieler. Leichtigkeit seiner Kompositionen Hauptmeister des venezian. Rokoko; HW: *Fresken* im Madrider u. im Würzburger Schloß.
Tier, Lebewesen, das v. hochmolekularer, organ. Nahrung lebt (⁄heterotroph). Entsprechend der Notwendigkeit, org. Nahrung zu suchen, sind Tiere durchweg kompakt gebaut u. an eine bewegl. Lebensweise angepaßt. Dazu haben sie Bewegungseinrichtungen, wie ⁄Muskeln, die an besonderen Stützelementen (⁄Skelett) ansetzen, ⁄Sinnesorgane, um Umwelteindrücke zu erkennen, ⁄Nervensysteme zur Übermittlung v. Sinneseindrücken u. Anweisungen für koordinierte Muskeltätigkeiten. Im Ggs. zu Pflanzen- sind tier. Zellen ohne feste Wände, u. das Wachstum des tier. Individuums wird im Alter eingeschränkt oder völlig eingestellt. T. werden nach ihrer Organisationshöhe bzw. nach stammesgeschichtl. Verwandtschaftsgraden zusammengefaßt. **T.arzt,** *Veterinär,* staatl. approbiert, Ausbildung erfolgt an einer tierärztl. Hochschule. **T.geographie,** *Zoogeographie,* die Wiss. v. der Verbreitung der Tiere u. ihrer Ursachen. **T.haltung,** Besitz u. Pflege von T.en. – Rechtl.: Für den durch ein T. entstandenen Schaden ist der *T.halter* ersatzpflichtig; ausgenommen sind

die trotz der erforderl. Sorgfalt verursachten Schäden v. Haustieren, die der Erwerbstätigkeit od. dem Unterhalt des T.halters dienen. **T.kohle,** ⁄Aktivkohle v. tier. Abfällen. **T.kreis,** *Zodiakus,* am Himmel die Zone beiderseits der Ekliptik, innerhalb deren sich Sonne, Mond u. die Planoton scheinbar bewegen; eingeteilt in 12 Sternbilder (☐918) und die gleichnamigen „Zeichen" oder „Häuser". **T.kreislicht,** das ⁄Zodiakallicht. **T.kult,** die relig. Verehrung v. T.en als Verkörperungen od. Vertreter der Gottheit. ⁄Totemismus. **T.psychologie,** Zweig der Zoologie, erforscht das Verhalten der T.e. ⁄Verhaltensforschung. **T.reich,** umfaßt über 1 Mill. lebende u. ¹/₂ Mill. fossile Arten; unterteilt in die Unterreiche ⁄Protozoen u. ⁄Metazoen u. nach den Bauplänen in Stämme. ☐971, 996. **T.schutz,** Gesamtheit der Maßnahmen zur Verhinderung v. Quälerei, Mißhandlung u. Mißbrauch v. Tieren, gefördert durch die im Dt. T.bund zusammengeschlossenen *T.vereine;* erstmals um der Tiere selbst willen im *T.gesetz* v. 1933 geregelt. In der BRD liegt die T.gesetzgebungskompetenz seit 71 beim Bund. Das T.gesetz v. 72 sieht schwere Strafen für Tierquälerei vor. [Stand.
Tiers état m (: tjärs eta, frz.), der ⁄Dritte
Tierversuch, wiss. Experimente an lebenden Tieren, die für die Erforschung v. Lebensvorgängen, Krankheiten u. deren Heilungen (Erprobung v. Medikamenten u. Impfstoffen) unerläßl. sind. Die Durchführung von T.en ist durch das Tierschutzgesetz geregelt. **Tierzucht** ⁄Viehzucht.
Tietjen, *Heinz,* dt. Dirigent u. Theaterleiter, 1881–1967; Leiter der Städt. Oper Berlin u. der Hamburger Staatsoper; leitete 1933/44 mit Winifred Wagner die Bayreuther Festspiele. **Tiflis** ⁄Tbilisi.
Tiger, über 2 m lange Großkatze, gelbrot mit schwarzen Querstreifen, in Asien vorkommend; der Königs- oder Bengal-T.; Sunda-T., kleiner, dichtstreifig; Sibir. T. langhaarig. ☐1044. **T.auge,** Schmuckstein, ein feinfaseriges Quarzaggregat. ☐255. **T.schlange,** schwarzgefleckte, bis über 6 m lange Riesenschlange in Vorderindien.
Tiglatpilesar, assyrische Könige: **T. III.,** herrschte 746/727 v. Chr.; eroberte Syrien, Palästina, Arabien u. Babylonien.
Tiglibaum, *Purgier-Kroton,* baumförmiges Wolfsmilchgewächs im trop. Asien. Samen liefern ⁄Krotonöl.
Tigris m, vorderasiat. Strom, 1950 km lang, entspringt im Ost-Taurus, vereinigt sich mit dem Euphrat bei Basra zum Schatt-el-Arab.
Tijuana (: tich-), mexikan. Stadt im Bundesstaat Niederkalifornien, an der Grenze gg. die USA, 439000 E.; Vergnügungszentrum.
Tikal, Ruinenstätte der Maya im trop. Urwald Guatemalas; wird seit 1956 freigelegt.
Tilburg (: -börch), niederländ. Stadt in Nordbrabant, 155000 E.; kath. Handelshochschule; Weberein, Färbereien.
Tilde w, *Schriftzeichen:* das Zeichen ~, im Span. ñ: nj, im Portugies. zur Bz. des Nasaltilde. **Tilgung** ⁄Amortisation. [lauts (ã, ẽ, õ).
Tillich, *Paul,* dt. ev. Theologe u. Religionsphilosoph, 1886–1965; 1919 Mitbegr. des

Tierkreis

Frühlingszeichen
Widder (21.3. – 20.4.)
Stier (21.4. – 21.5.)
Zwillinge (22.5. – 21.6.)

Sommerzeichen
Krebs (22.6. – 22.7.)
Löwe (23.7. – 22.8.)
Jungfrau (23.8. – 22.9.)

Herbstzeichen
Waage (23.9. – 23.10.)
Skorpion (24.10. – 22.11.)
Schütze (23.11. – 21.12.)

Winterzeichen
Steinbock (22.12. – 20.1.)
Wassermann (21.1. – 20.2.)
Fische (21.2. – 20.3)

Heinz Tietjen

Tikal:
die große Pyramide

Paul Tillich

Das Tierreich in seinen stammesgeschichtlichen Zusammenhängen

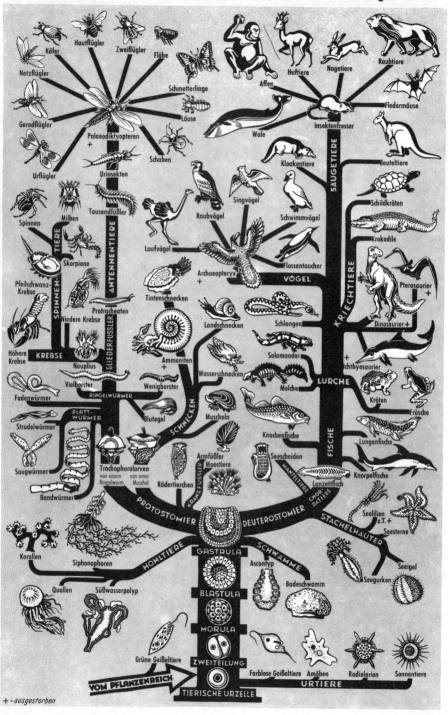

+ = ausgestorben

Kreises religiöser Sozialisten; seit 33 in den USA; baute eine umfassende theo-ontolog. Synthese aus; 62 Friedenspreis des dt. Buchhandels.

Tilly, *Johann Tserclaes* Graf v., Feldherr der Liga im 30jähr. Krieg, 1559–1632; siegte 1620 am Weißen Berg bei Prag; eroberte 21/23 die Kurpfalz, 31 Magdeburg; v. Gustav II. Adolf 31 bei Breitenfeld geschlagen u. 32 beim Lechübergang besiegt u. tödl. verwundet.

Tilsit, russ. *Sowjetsk,* Stadt in Ostpreußen, l. an der schiffbaren Memel (Brücken, Hafen), 57000 E.; Holz-, Zellstoff- u. Papier-Ind.; weltbekannt der *T.er Käse.* – Im *Frieden v. T.* 1807 zwang Napoleon Preußen, das linkselb. Gebiet an Fkr., die poln. Erwerbungen v. 1793 u. 95 an Rußland abzutreten. Kam 1945 unter sowjet. Verwaltung.

Timbre s (: tǟnbr, frz.), Klangfarbe.

Timbuktu, frz. *Tombouctou* (: tōn̄buktu), Stadt in Mali, l. am Niger (Hafen), 11000 E.; Handel mit Salz, Gold, Kolanüssen, Datteln, Elfenbein u. a.

Time is money (: taim is mani), engl. Sprichwort: Zeit ist Geld.

Timing (: taim-, engl.), Bestimmung eines günstigen Zeitpunkts; zeitl. Steuerung.

Timiș w (: -misch), *Temes, Temesch,* l. Nebenfluß der Donau aus dem Banater Gebirge, mündet nach 346 km bei Belgrad.

Timișoară (: -schǟara), *Temeswar, Temeschburg,* ungar. *Temesvár,* Hst. des Kreises Timis, Mittelpunkt des rumän. Banats u. der Banater Schwaben, 269000 E.; kath. u. orth. Bischof; Univ.; Technikum, Handelshochschule, Kunst-Akad.; Waggon-u. Maschinenbau, chem. u. Nahrungsmittel-Ind., Webereien.

Timmendorfer Strand, holstein. Ostseebad in der Lübecker Bucht, 11100 E.

Timmermans, *Felix,* fläm. Schriftsteller, 1886–1947; zahlr. Romane u. Erzählungen, erfüllt v. Lebensfreude u. einfacher Gläubigkeit. *Pallieter; Das Jesuskind in Flandern.*

Timokratie w (gr.), Staatsform, bei der Rechte u. Pflichten der Bürger nach dem Besitz abgestuft sind, z. B. in Athen Solons.

Timor, größte der Kleinen Sundainseln, s.ö. v. Flores, 33854 km², 1,5 Mill. E. Der W (18929 km², Hst. Kupang) gehört seit 1949 zu Indonesien, der O (bis 75 *Portugies.-T.,* 14925 km², Hst. Dili) seit 76. Ausfuhr: Kopra, Sandelholz, Kaffee, Tabak.

Timotheus, hl. (26. Jan.); Vertrauter des Apostels Paulus, der ihm die 2 *Briefe an T.* schrieb.

Timur, auch *T. Leng* od. *Tamerlan,* Groß-Chan der ⟋Mongolen, 1336–1405; eroberte in grausamen Feld- u. Verwüstungszügen das ganze Gebiet v. Indien bis Kleinasien u. Ägypten.

Tinbergen (: tinbärche), **1)** *Jan,* niederländ. Wirtschaftswissenschaftler, * 1903; Arbeiten über die Grundlagen der Wirtschaftspolitik; 69 Nobelpreis für Wirtschaftswiss. (zus. mit R. Frisch). **2)** *Nikolaas,* niederländ. Zoologe, * 1907; 73 Nobelpreis für Arbeiten über Verhaltensforschung. [zug.

Tinktur w (lat.), alkoholhalt. Pflanzenaus-

Tintlinge

Felix Timmermans

Tintoretto: oben Selbstbildnis, unten „Das Letzte Abendmahl"

Tinte, schwarze od. farb. Schreibflüssigkeit; *Eisengallus-T.,* aus Eisenvitriol, Gallussäure u. Tannin, mit Zusatz v. Farbstoffen (Berliner Blau, Anilinblau, Eosin u. a.). *Füllfederhalter-T.* ist bes. präpariert u. gelagert. *Kopier-T.*n haben größeren Farbstoffgehalt u. Glycerinzusatz. *Geheim-T.*n (sympathetische T.n) werden erst nach bes. Behandlung sichtbar. **T.nbeere,** der ⟋Liguster. **T.nfische,** *T.schnecken, Kopffüßer,* Weichtiere mit sackförm. Rumpf, abgesetztem Kopf u. 8 od. 10 mit Saugnäpfen besetzten Fangarmen um den Mund; schwimmen durch den Rückstoß des ausgepreßten Atemwassers. *Sepia* mit Rückenschulp aus Kalk, entzieht sich Feinden durch Ausspritzen v. Tinte. *Nautilus,* ⟋*Krake,* ⟋*Kalmar,* ⟋*Ammoniten,* ⟋*Belemniten.* **T.nstift** ⟋Kopierstift.

Tintlinge, *Tintenpilze, Blätterpilze,* deren Lamellen bei der Reife zu einer tintenartigen Masse zerfließen.

Tintoretto (eig. Jacopo Robusti), it. Maler, 1518–94; im Frühwerk stark v. Parmigianino angeregt; um 1560 entscheidender Stilwandel, der ihn zum Hauptmeister des venezian. ⟋Manierismus machte. HW: die vollständige eigenhändige Ausmalung der „Scuola di San Rocco" (Venedig).

Tippett, *Michael,* engl. Komponist, * 1905; Werke v. eth. Gehalt (Oratorium über die Judenverfolgung), Oper: *König Priamus.*

Tirade w (frz.), Wortschwall.

Tirana, alban. *Tiranë,* Hst. Albaniens, am *T.fluß,* 192000 E.; modernes Stadtbild, Univ. u.a. Hochschulen, vielfältige Ind.

Tiresias, *Teiresias,* in der griech. Sage blinder Seher aus Theben; behielt seine Sehergabe auch in der Unterwelt.

Tirgu Mureș (: tirgu muresch), ungar. *Maros-Vásárhely,* dt. *Neumarkt,* Hst. des Kreises Mureș in Rumänien, an der oberen Mureș, 131000 E., meist Madjaren. Med. Hochschule; Lebensmittel-Ind.

Tirol, 1) östr. Bundesland, auch *Nord-T.,* im Ggs. zu *Süd-T.,* umfaßt seit dessen Abtrennung 1919 die Nördl. Kalkalpen (Lechtaler Alpen, Wetterstein-, Karwendel- u. Kaisergebirge) u. einen Teil der vergletscherten kristallinen Zentralalpen (Ötztaler, Stubaier u. Zillertaler Alpen), beiderseits des Inn zw. Finstermünz u. Kufstein; *Ost-Tirol* ist räuml.

davon getrennt; 12 649 km², 586 300 E.; Hst. Innsbruck. Wichtiges Durchgangsland; bedeutende Forst- u. Viehwirtschaft; Bergbau auf Salz, Braunkohle, Kupfer, Blei, Zink, Magnesit; Fremdenverkehr. – Nach den Illyrern, Kelten u. Römern im 6. Jh. v. Bayern besiedelt; seit dem 14. Jh. meist v. habsburg. Nebenlinien regiert. 1809 Freiheitskampf unter A. Hofer gg. Napoleon u. Bayern, dem das Land 05 zugefallen war; 14 kam T. wieder zu Östr.; nach dem 1. Weltkrieg kam Südtirol an It., Vorarlberg wurde als eigenes Bundesland abgetrennt. 2) it. *Tirolo,* Ort n.w. bei Meran, 1200 E. Darüber das *Schloß T.*

Tironische Noten ↗Kurzschrift.

Tirpitz, *Alfred v.,* dt. Admiral, 1849–1930; 1897/1916 Staatssekretär des Reichsmarineamts; baute die dt. Schlachtflotte auf, Verfechter des uneingeschränkten U-Boot-Krieges.

Alfred von Tirpitz

Tirschenreuth, bayer. Krst. in der Oberpfalz, 9500 E.; Porzellan-, Knopf-, Textil- u. Maschinen-Ind.

Tirso de Molina (eig. Gabriel Téllez), span. Dichter, 1571(1584?)–1648; bedeutender Dramatiker; v. seinen angebl. 300/400 Stücken ca. 80 erhalten, darunter das Lustspiel *Don Gil von den grünen Hosen.*

Tiruchirapalli (: -rutsch-), ind. Stadt im Bundesstaat Tamil-Nadu, im Kaweri-Delta, 307 000 E.; kath. Bischof; Textil- u. Zigarrenindustrie.

Tiryns, Stadt in Argolis; mit kret.-myken. Burgbauten u. Kuppelgräbern. Ausgrabungen durch Schliemann u. Dörpfeld.

Tiryns:
Ostgalerie der Burg

Tischbein, dt. Malerfamilie des 18. u. 19. Jh., bes. *Johann Heinrich Wilhelm,* 1751–1829; Klassizist, schuf Porträts (Goethe) u. Historienbilder.

Tischtennis, *Pingpong,* tennisähnl. Spiel auf einer durch ein Netz geteilten Platte mit kleinen Zelluloidbällen u. Holzschlägern (Kork- od. Gummibelag) als *Einzel* od. *Doppel.* Ein Satz endet, wenn eine Partei 21 Pluspunkte erreicht hat (bei einem Abstand v. mindestens 2 Punkten zum Gegner). Zu einem Sieg in der Regel 2 Gewinnsätze erforderlich.

Tischtennis-Tisch:
Platte 77 cm hoch,
152,5 × 274 cm;
Netz 15,25 cm hoch

Tiselius, *Arne,* schwed. Biochemiker, 1902 bis 1971; Analyse u. Synthese v. Eiweißkörpern; 1948 Nobelpreis.

Tiso, *Jozef,* slowak. Politiker, 1887–1947; kath. Priester, 1939/45 Staatspräs. der mit dt. Hilfe für unabhängig erklärten ↗Slowakei; v. den Alliierten an die tschsl. Republik ausgeliefert, hingerichtet.

Tisza w (: tißå), ungar. für ↗Theiß.

Tisza (: tißå), **1)** *István* Graf, Sohn v. 2), ungar. Politiker, 1861–1918: 1903/05 u. 13/17 ungar. Min.-Präs.; verfolgte in der Nationalitätenfrage eine Politik der starken Hand; v. aufständ. Soldaten ermordet. **2)** *Kálmán v.,* ungar. Politiker, 1830–1902; 1875/90 Min.-Präs.; Vorkämpfer des Ausgleichs mit Östr.

Titan *s,* chem. Element, Zeichen Ti, sehr hartes, silberweißes Metall; Ordnungszahl 22 (☐149); in Rutil u. Ilmenit (T.eisenerz); zur Stahlveredelung, im Raketen- u. Flugzeugbau. **T.dioxid,** TiO_2, wichtigstes Weißpigment.

Titanen (Mz.), riesenhaftes altgriech. Göttergeschlecht, Söhne v. Uranus u. Gäa; v. Zeus in den Tartarus gestürzt.

Titanic (t[a]itänik), brit. Fahrgastschiff, stieß bei seiner Jungfernfahrt am 15. 4. 1912 auf einen Eisberg u. sank, wobei 1517 Menschen ertranken.

Titanit *m,* Calcium-Titan-Silicat, Mineral, Gemengteil vieler Gesteine.

Titel *m* (lat.), **1)** Aufschrift einer Druckschrift. **2)** Bz. für eine Würde, ein Amt od. einen Rang. **3)** *Rechts-T.,* rechtl. Anspruch, Urkunde für die ↗Zwangsvollstreckung. **T.kirche,** Kirche eines Kardinalpriesters, zugleich Pfarrkirche Roms.

Titer *m* (frz.), **1)** Maß für die Fadenfeinheit v. Seide u. Chemiefasern: 1 T. = 0,05 g pro 450 m (= 1 Denier); heute ersetzt durch die *tex-Zahl,* welche die Masse in Gramm v. 1000 m Garn angibt. **2)** Gehalt einer Meßlösung an gelöstem reagierendem Stoff in der ↗Maßanalyse *(Titration).*

Titicacasee, span. *Laguna de Chucuito,* größter u. höchstgelegener See Südamerikas, auf der peruan.-bolivian. Grenze; 3812 m ü. M., 8300 km², 272 m tief.

Titisee, See im bad. Schwarzwald, östl. vom Feldberg; 848 m ü. M., 1,1 km², bis 40 m tief. **T.-Neustadt,** südbad. Stadt im südl. Schwarzwald, 10 900 E.; Papier-, Textil-, Metall- u. Holz-Ind., Fertighausbau; Luft- u. Kneippkurort. – 1971 durch Zusammenschluß v. Neustadt u. Titisee mit anderen Gemeinden entstanden.

Titius-Bodesche Reihe, eine empirisch gefundene Zahlenbeziehung für die Entfernungen der Planeten v. der Sonne.

Tito, eig. Josip Broz, jugoslav. Politiker u. Marschall, 1892–1980; im 2. Weltkrieg kommunist. Partisanenführer, seit 1945 Min.-Präs. u. seit 53 gleichzeitig Staatspräs. ↗Jugoslawiens.

Titograd, bis 1945 *Podgorica,* Hst. der jugoslav. Rep. Montenegro, an der Morača, 55 000 E.; Tabak-Ind., Woll- u. Fellhandel.

Titoismus ↗Jugoslawien.

Titov Veles, türk. *Köprülü,* jugoslav. Stadt in Makedonien, 30 000 E.; Textil-Ind.

Titrationsanalyse ↗Maßanalyse.

Titular *m* (lat.), Träger eines Titels ohne das Amt. **T.bischof** *m,* auf den Titel eines untergegangenen Bistums geweihter kath. Bischof ohne Jurisdiktion, z. B. ↗Weihbischof.

Titurel, in der Sage Gründer des Rittertums v. hl. Gral u. dessen erster König.

Titus, hl. (26. Januar), Schüler u. Mitarbeiter des Apostels Paulus, der ihm den *T.brief* schrieb.

Titus, röm. Ks., 79/81; eroberte als Feldherr im Jüd. Krieg 70 Jerusalem, das dabei in Flammen aufging.

Tivoli, Villenstadt östl. v. Rom, 46 500 E.; Bischof; 108 m hohe Wasserfälle des Aniene; Villa d'Este, altröm. Ruinen.

Tizian, eig. Tiziano Vecelli[o]), it. Maler, 1476/77 od. um 1490 bis 1576; Hauptmeister der venezian. Hochrenaissance; tätig bes. in Venedig, wo er vielleicht mit Giorgione zu den ↗Bellini in die Lehre kam. Sein Werk reicht v. sinnenfrohen leuchtkräftigen

Marschall Tito

Bildern zu Gemälden, die in düsteren Tönen u. glühenden Farben tiefen relig. Ernst bekunden. HW: *Himml. u. ird. Liebe; Zinsgroschen; Venus; Mariä Himmelfahrt;* Porträts (*Karl V.; Papst Paul III.*), *Ecce Homo; Pietà.* ☐809.

Tjirebon, auch *Cheribon,* indones. Hafenstadt im N v. Java, 180000 E.; Tabak-Ind.

Tjumen, sowjet. Stadt in Westsibirien, an der Tura (Hafen), 359000 E.; Maschinen- u. Schiffbau. Im *Oblast T.* riesige Erdgasvorkommen.

Tjutschew (:-ef), *Fjodor,* russ. Lyriker, 1803–73; auch Diplomat.

Tl, chem. Zeichen für ↗Thallium.

Tlemcen (:-ßen), Hst. des alger. Dep. T., im Tell-Atlas, 116000 E.; Antimon-, Kupfer- u. Eisenerzbergbau, Metall- u. Nahrungsmittel-Ind., Teppichknüpfereien.

Tm, chem. Zeichen für ↗Thulium.

TO, Abk. für Tarifordnung.

Toast *m* (:toᵘßt, engl.), **1)** geröstete Brotscheibe. **2)** ehrender Trinkspruch.

Tobago (:tᵉbeˈgoᵘ), Insel vor der N-Küste von Südamerika, 30 km n.ö. von ↗Trinidad, 301 km², 39000 E.; Hst. Scarborough. Ausfuhr: Kopra, Kakao, Gemüse. – 1498 von Kolumbus entdeckt, 1814/1962 brit., seither Teil des Staates ↗Trinidad u. T.

Tobata, japan. Stadt, seit 1963 Teil von ↗Kitakiuschu.

Tobey (:toᵘbi), *Mark,* am. Maler u. Zeichner, 1890–1976; studierte in Asien die chines. Kalligraphie, daher die Formen seiner Abstraktion: lyr. Bildaussagen in verhaltener Runenschrift.

Tobias, 1) Hauptgestalt im atl. *Buch T.,* frommer Jude aus Samaria, kam in assyr. Gefangenschaft. **2)** *T.,* Sohn v. 1), befreite Sara, heilte seinen erblindeten Vater.

Toboggan *m* (:-gän, engl.), kufenloser indian. Schlitten aus vorn aufgebogenen Birkenbrettern; heute auch Sportschlitten.

Tobol *m,* l. Nebenfluß des Irtysch in Westsibirien, entspringt im Ural, mündet bei Tobolsk; 1626 km lang, auf 250 km schiffbar.

Tobruk, Stadt in der Cyrenaika (Libyen), guter Hafen am Mittelmeer, 16000 E.; Gefallenenehrenmal des 2. Weltkriegs.

Tocantins *m,* Strom in Ostbrasilien, entspringt im Hochland v. Goiás, mündet als Rio Pará in den Atlantik; 2640 km lang, 1800 km schiffbar.

Toccata, *Tokkata* *w* (it.), Instrumentalstück des 16./18. Jh., meist mit Wechsel v. vollen Akkorden u. rauschendem Passagenwerk.

Tochtergesellschaft ↗Muttergesellschaft.

Tocqueville (:tokwil), *Alexis* Clérel de, frz. Historiker u. Politiker, 1805–59; 49 Außenmin.; sein Anliegen waren die Probleme der Demokratie. *Die Demokratie in Amerika.*

Tod, 1) *Medizin:* das Aufhören aller Lebensvorgänge des Organismus, beim Menschen gekennzeichnet durch das vollständige Erlöschen der Hirnfunktion. Unsichere Zeichen des Todes sind Herz-, Atem- u. Kreislaufstillstand und Reflexlosigkeit; sichere Zeichen sind außer der andauernden hirnelektr. Stromstille die Leichenstarre u. die Leichenflecken (↗Leichenschau). **2)** *Recht:* Der T. beendet die Rechtsfähigkeit des

Tizian: rechts „Karl V. in der Schlacht bei Mühlberg", unten Selbstbildnis

A. C. de Tocqueville

Menschen u. löst die Erbfolge mit ihren Wirkungen aus (↗Erbrecht). Der amtl. Nachweis erfolgt durch Eintrag in das Sterberegister od. durch ↗Todeserklärung.

Todd, Sir *Alexander,* engl. Chemiker, * 1907; Nobelpreis 1957 für Arbeiten über Coenzyme, Stoffwechsel u. Nukleinsäuren.

Todd-AO-Verfahren, ein am. ↗Breitwandverfahren. [Palmwein.

Toddy *m* (:tåddi, engl.), stark alkohol.

Todeserklärung, erfolgt nach ↗Aufgebot durch Beschluß des Amtsgerichts; zulässig im allg.en nach 10jähr. Verschollenheit bei hoher Wahrscheinlichkeit des Todes; bei Kriegsverschollenheit frühestens 1 Jahr nach Ende des Jahres, in dem der Krieg beendet wurde; auch bei bes. Gefahrenfällen (Flugzeugabsturz, Schiffsuntergang) kürzere Frist. Bei Rückkehr eines Verschollenen ist die T. v. Anfang an unwirksam; eine neu geschlossene bürgerl. Ehe bleibt bestehen.

Todesstrafe, schwerste Strafe durch Tötung des Täters. Die rechtl. u. sittl. Zulässigkeit der T. ist ebenso umstritten wie ihr prakt. Nutzen einerseits, die Gefahr des Justizmordes andererseits. In der BRD ist die T. durch Art. 102 GG abgeschafft. Grundsätzl. geht in Demokratien die Tendenz zur Abschaffung, in totalitären Staaten zur Ausweitung der T.

Todestal ↗Death Valley.

Tödi *m,* vergletscherter Gebirgsstock der Glarner Alpen, im Piz Rusein 3614 m hoch.

Todsünde, die schwere ↗Sünde.

Todt, *Fritz,* dt. Ingenieur u. nat.-soz. Politiker, 1891–1942; Leiter des Baues der Autobahnen u. des West- u. Atlantikwalls (Organisation T.); seit 1940 Min. für Bewaffnung u. Munition, drängte seit 41 auf Beendigung des Krieges; kam bei einem ungeklärten Flugzeugunfall ums Leben.

Todtmoos, Höhenluftkurort im südlichen Schwarzwald, 821 m ü.M., 2000 E.; Wallfahrtskirche (17./18. Jh.).

Toga *w* (lat.; Mz. *Togen*), Obergewand des röm. Bürgers.

Toggenburg s, schweizer. Tallandschaft der oberen Thur; Viehwirtschaft, Textil-Ind.

Togliatti (: tolja-), *Palmiro,* it. Politiker, 1893–1964; seit 1944 Leiter der it. KP, mehrmals Min.; v. ihm das Konzept der „friedl. Durchdringung" u. der Infiltration des demokrat. Staates.

Togo, westafrikan. Rep. am Golf v. Guinea. Hinter einer 20 km breiten, hafenlosen Lagunenküste erhebt sich im Innern das 995 m hohe *T.gebirge.* Ausfuhr v. Kaffee, Kakao u. Palmkernen; Bergbau auf Phosphate, Eisenerze, Bauxit. – 1884 dt. Kolonie; der westl. Teil wurde 1920 brit. Mandat u. bildet seit 57 mit der ehem. brit. Kronkolonie Goldküste die Rep. ↗Ghana; der östl. Teil wurde 22 frz. Mandat, 58 autonome Rep. u. ist seit 60 unabhängig. 63 u. 67 Staatsstreiche. Staats-Präsident General Étienne Eyadema (seit 67).

Tohuwabohu s (hebr. = wüst u. leer), im AT der chaot. Urzustand des Weltalls als Ausgangspunkt der göttl. Weltgestaltung; daher i.ü.S. Durcheinander, Wirrwarr.

Toilette w (: t⁰a-, frz.), 1) Frisiertisch. **2)** Gesellschaftskleid. 3) Klosett u. Waschraum.

Tojo, *Hideki,* japan. General u. Politiker, 1884–1948; 1941/44 Min.-Präs.; mitverantwortl. für Japans Teilnahme am 2. Weltkrieg; als Kriegsverbrecher hingerichtet.

Tojohaschi, *Toyohashi,* japan. Stadt in der Prov. Aitschi, 292000 E.; Textilindustrie.

Tokaj, ungar. Großgemeinde, am Einfluß des Bodrog in die Theiß, 5000 E.; Weinhandel. Nördl. die *T.er Berge,* die Heimat der berühmten *T.er Weine.*

Tokio, *Tokyo,* Hst. u. Residenzstadt Japans, auf der Insel Hondo, an der *T.bucht;* 8,45 Mill. E. (m. V. 12,5 Mill. E.). Nach dem Erdbeben v. 1923 wurde T. in moderner Bauweise wiederaufgebaut. Um den v. Wall u. Graben umschlossenen 2 km² großen kaiserl. Palastbezirk liegen die Oberstadt *(Yamanote)* mit Regierungs- u. Diplomatenviertel u. die Unterstadt *(Shitamachi)* mit Ind.- u. Arbeitervierteln u. dem Hafen. Die City ist v. einem Kranz v. Trabantenstädten umgeben; Stadtgebiet insges. 2063 km². Über 80 Univ. (darunter die Sophia-Univ. der Jesuiten); zahlr. Theater, Bibliotheken; kath. Erzb. Mit Jokohama bildet T. die Hafengemeinschaft Keihin u. einen Wirtschaftsraum mit 17 Mill. Menschen, der mit ¹/₃ der Ind.-Produktion Japans alle Wirtschaftszweige umfaßt.

Toledo, 1) mittelspan. Prov.-Hst. in Neukastilien, über dem Tajo, 58000 E; altes Stadtbild mit Wehrmauer u. maur. Alcázar; kath. Erzb., der Primas v. Spanien; Waffenfabrik *(T.klingen),* Stickereien, Seiden-Ind. ☐ 14. – 576/712 Hst. des westgotischen Reichs, 1087/1559 des Kgr.s Kastilien. **2)** Stadt in Ohio (USA), am Westende des Eriesees, 365000 E.; Univ., kath. Bischof; Hochöfen, Glashütten, Erdölraffinerie.

Toleranz w (lat.; Bw. *tolerant;* Ztw. *tolerieren),* 1) Gewährenlassen, Duldsamkeit (Ggs. *Intoleranz),* bes. auf religiösem od. polit. Gebiet. Im Ggs. zum ↗Indifferentismus führt T. bei unbeirrbarem Festhalten an der eigenen Überzeugung zur Achtung u. Bemühung um Verständnis für den, der diese

---

Togo

Amtlicher Name:
République Togolaise

Staatsform:
Republik

Hauptstadt:
Lomé

Fläche:
56000 km²

Bevölkerung:
2,47 Mill. E.

Sprache:
Amtssprache ist Französisch; sudanes. Dialekte als regionale Verkehrssprachen

Religion:
66% Anhänger von Naturreligionen,
20,3% Katholiken,
7,8% Muslimen,
5,8% Protestanten

Währung:
1 CFA-Franc
= 100 Centimes

Mitgliedschaften:
UN, OAU, der EWG assoziiert

L. N. Tolstoj

Tokio:
der Olympiaturm
im Komazawa-Park

Überzeugung nicht teilen kann. T. ist für ein demokrat. Staatswesen unerläßlich. **2)** gerade noch zulässige Abweichung v. einem bestimmten vorgeschriebenen techn. Meßwert. ↗Passung.

Toljatti, bis 1964 *Stawropol,* sowjet. Stadt und Hafen am Kuibyschewer Stausee (RSFSR), 502000 E.; chem., Maschinen- u. Fahrzeug-Ind.

Toller, *Ernst,* dt. Schriftsteller, 1893–1939 (Selbstmord); war Kommunist; ein Hauptvertreter des revolutionär aktivist. expressionist. Dramas.

Tollkirsche, *Atropa belladonna,* Nachtschattengewächs, 1–2 m hoch, mit glänzend schwarzen Beeren, enthält ↗Atropin u. Hyoscyamin, sehr giftig. ☐ 453.

Tollkraut, *Glockenbilsenkraut,* bis 40 cm hohes Nachtschattengewächs mit trübpurpurnen Blüten; eingeschleppt. Heilkraut.

Tollwut, *Lyssa, Rabies,* Virus-Infektionskrankheit bei Hunden, Füchsen, Katzen u.a.; durch Bißwunden u. Speichel auf Menschen u. auf andere Tiere übertragbar. Beginnt mit Angst, Unruhe, Speichelfluß, später Krämpfe, Wutausbrüche; Lähmungen u. Herzversagen führen zum Tod. Behandlung nur durch Schutzimpfung.

Tölpel m, Meeresvogel mit starkem Schnabel, brütet auf Vogelbergen; *Baß-T.,* Schottengans, im N Europas u. Amerikas.

Tolstoj, 1) *Alexej Nikolajewitsch,* russ. Schriftsteller, 1883–1945; utop. Romane, satir. Romane über Emigranten, den Zerfall des Adels u. des russ. Lebens während des 1. Weltkriegs u. der Revolution; hist. Roman *Peter der Große.* **2)** *Leo Nikolajewitsch* Graf, russ. Dichter, 1828–1910; beeinflußt v. Rousseau, predigte T. Rückkehr zur Einfachheit u. Gewaltlosigkeit; er verkündete ein rationalist.-moral. „Urchristentum" u. wandte sich gg. jede weltl. u. kirchl. Obrigkeit. Seine Größe liegt im lebendigen Realismus seiner Romane u. Novellen aus russ. Gesellschaftskreisen u. bäuerl. Welt. Novellen: *Sewastopol; Die Kosaken; Kreutzersonate.* Romane: *Krieg u. Frieden; Anna Karenina; Auferstehung.*

Tolteken, altes, zu den Nahuavölkern zählendes Kulturvolk im mexikan. Hochland, die Begründer der altmexikan. Kultur.

Toluol s, *Methylbenzol,* C₆H₅CH₃, organ. Lösungsmittel, aus Steinkohlenteer; zu Farbu. Sprengstoffen (↗Trinitro-T.).

Tölz, *Bad T.,* oberbayer. Krst. im Isarwinkel, 660 m ü.M., 13100 E.; 5 Jodquellen.

Tomahawk m (: -hâk), bei nord-am. Indianern Streitkolben; später auch Bz. für die Streitaxt.

Tomasi, *Giuseppe,* Fürst v. Lampedusa, it. Schriftsteller, 1896–1957; Roman *Der Leopard,* Erz. *Die Sirenen.*

Tomaszów Mazowiecki (: tomaschuf masowjetßki), poln. Stadt s.ö. von Łódź, 53000 E.; Maschinen-, Holz- u. Textilindustrie.

Tomate w, *Paradiesapfel,* Nachtschattengewächs aus dem trop. Südamerika, hochwüchsiges Kraut mit hochroten (auch gelbl.), großen, saftigen, schmackhaften Früchten; reich an Vitamin A, B, C u. K.

Tombak m, ↗Messing mit 70–90% Kupfer.

Tonga

Amtlicher Name:
Kingdom of Tonga
Staatsform:
unabhängiges
Königreich im
Commonwealth
Hauptstadt:
Nukualofa
Fläche:
699 km²
Bevölkerung:
93 000 E.
Sprache:
Tonga; Englisch ist
Handelssprache
Religion:
meist Protestanten
Währung:
1 Pa'anga = 100 Seniti
Mitgliedschaften:
Commonwealth

Tonart
ohne Vorzeichen
C-Dur oder a-moll
1♯ (fis)
G-Dur oder e-moll
2♯ (fis, cis)
D-Dur oder h-moll
3♯ (fis, cis, gis)
A-Dur oder fis-moll
4♯ (fis, cis, gis, dis)
E-Dur oder cis-moll
5♯ (fis, cis, gis, dis, ais)
H-Dur oder gis-moll
6♯ (fis, cis, gis, dis, ais, eis)
Fis-Dur oder dis-moll
1♭ (b)
F-Dur oder d-moll
2♭ (b, es)
B-Dur oder g-moll
3♭ (b, es, as)
Es-Dur oder c-moll
4♭ (b, es, as, des)
As-Dur oder f-moll
5♭ (b, es, as, des, ges)
Des-Dur oder b-moll
6♭ (b, es, as, des, ges, ces)
Ges-Dur oder es-moll

Tomahawks nord-
amerikan. Indianer

Tombola w (it.), Lotteriespiel, bei dem die Lose aus einer Trommel gezogen werden; in Dtl. auch Bz. für die Verlosung von Geschenkartikeln bei Festlichkeiten u. Wohltätigkeitsveranstaltungen.
Tommy, 1) engl. Kosename für Thomas. **2)** volkstüml. fur den engl. Soldaten.
Tömöschpaß ↗Predeal.
Tomsk, westsibir. Stadt am Tom, 421 000 E.; Univ., TH u. andere Hochschulen; Schiffbau, Holz- u. Metallverarbeitung.
Ton (Mz. Tone; Bw. tönern = aus T.), klast. Lockergestein, eine feinerdige, zerreibliche Masse aus Quarz u. Tonmineralien, durch Verwitterung v. Silicatgesteinen entstehendes wasserhaltiges, kolloidales Aluminiumsilicat, wird unter Wasseraufnahme plastisch, ist trocken brüchig; in reinster Form weiß (Porzellanerde, Kaolin). Töpfer-T., zäh u. infolge Eisengehalts rotbrennend. ↗Lehm.
Ton, als hörbarer Schall eine reine Sinusschwingung zw. 16 u. 20 000 Hz. Der musikal. T. ist im Ggs. zum physikal. T. zusammengesetzt aus Grundton u. Obertönen u. damit eig. ein Klang. Aus der Klangfarbe (Auswahl der Obertöne u. ihr Verhältnis zum Grundton) erkennt man den Ursprung der Töne (z. B. das erzeugende Musikinstrument) u. die Klangqualität. **Tonabnehmer,** beim Plattenspieler der Teil, der die Schallplattenrillen mechan. abtastet. ☐ 859.
Tonalepaß, Südtiroler Sattel, zw. Ortler- u. Adamello-Alpen, 1884 m hoch.
Tonalität (Bw. tonal), das auf einen Ton als tonales Zentrum bezogene System musikal. Töne u. Akkorde, bes. der Musik des 16./19. Jh. Ggs.: ↗atonal.
Tonart, die einer Melodie od. einem Musikstück zugrunde liegende Stufenfolge v. Tönen (↗Tonleiter) mit ihren Haupttönen u. typ. Intervallen. Unter T. versteht man heute die Transpositionen der Dur- u. Moll-Tonleitern auf die verschiedenen Tonstufen (z. B. A-Dur od. f-moll). Bei einem Musikstück erkennt man die T. an den Vorzeichen u. dem Tongeschlecht. **Tonband,** beim T.gerät (Magnettongerät) der meist aus Kunststoff mit magnetisierbarer Schicht bestehende Träger der Schallaufzeichnung.
Tonbandgerät, ein Gerät zur magnet. Schallaufzeichnung, bei dem bei der Aufnahme über einen Sprechkopf das daran vorbeigleitende ↗Tonband im Rhythmus des Mikrophonstromes bleibend magnetisiert wird. Beim Abspielen induziert die magnetisierte Spur des Bandes in einem Hörkopf eine elektr. Spannung im Rhythmus der Aufnahme, wodurch das Schallgeschehen wieder hörbar gemacht werden kann. Durch eine Löschspule kann die magnet. Aufzeichnung gelöscht u. dadurch das Band für erneute Aufnahmen verwendet werden. Die Güte der Schallaufzeichnung hängt v. der Bandgeschwindigkeit (76,2, 38,1, 19,05, 9,525 u. 4,762 cm/s) u. der Spaltbreite der Sprech- bzw. Hörköpfe ab. ↗Recorder.
Tonblende, verändert bei Rundfunkapparaten die Klangfarbe durch Abschneiden der hohen od. tiefen Töne.

Tondo s (it.), rundes Gemälde od. Relief, in der it. Renaissance beliebt.
Tonerde, Aluminiumoxid, Al₂O₃, Hauptbestandteil des Tons u. der lehmigen u. tonigen Böden, auch vieler Mineralien (Saphir, Korund), techn. aus Bauxit zur Aluminiumherstellung gewonnen. ↗Essigsaure T.
Tonfilm, im Ggs. zum Stummfilm im ↗Film-Wesen die Wiedergabe v. Bild u. Ton. **Tonfrequenz,** die ↗Niederfrequenz.
Tonga, Kgr. auf den T.-Inseln (Freundschaftsinseln), ca. 160 Korallen- u. Vulkaninseln westl. des (untermeer.) Tongagrabens; Hauptinsel Tongatabu. Ausfuhr: Kopra, Bananen. – 1845 Kgr., seit 1900 brit. Protektorat, seit 70 unabhängiger Staat.
Tonglimmerschiefer, der ↗Phyllit.
Tonicum s (lat.; Mz. Tonica), ein kräftigend (tonisch) wirkendes Mittel.
Tonika w (gr.-lat.), erste Stufe einer Tonart u. tonales Zentrum. ☐ 197.
Tönisvorst, rhein. Gemeinde westl. v. Krefeld, 22 300 E.; Textil- u. metallverarbeitende Ind., Kammfabrik.
Tonkabohne, mandelgroß, reich an ↗Kumarin.
Tonkin, Tongking, Teil v. Nord-↗Vietnam am Golf v. T., Hauptort Hanoi.
Tonleiter, die Ordnung der in der Musik verwendeten Töne nach der Tonhöhe u. innerhalb einer Oktave. Die heutige Musik verwendet vor allem die ↗diatonischen Dur- u. Moll-T.n u. die ↗chromat. T.n.
Tonmalerei, in der Musik Nachahmung v. natürl. akust. Ereignissen.
Tonnage w (:-asche, frz.), Raumgehalt eines Schiffes. ☐ Registertonne (802).
Tonne w, **1)** großes Faß. **2)** nicht-metr. Hohlmaß verschiedener Größe. **3)** eine metr. Masseneinheit: 1 t = 1000 kg. **4)** Maß der Schiffsvermessung ↗Registertonne. **5)** ein schwimmendes ↗Seezeichen. **Tonnenkilometer,** das Produkt v. Frachtgewicht u. Transportstrecke (in t u. km). ☐ 362.
Tonsille ↗Mandel.

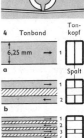

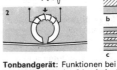

Löschstrom (Hochfrequenz)   Tonfrequenz

Tonfrequenz + Hochfrequenz

Tonbandgerät: Funktionen bei der Schallaufzeichnung, **1** im Lösch- **2** im Aufnahme- **3** im Wiedergabekopf eines T., **4** Spuraufteilungen auf dem Tonband, **a** Voll-, **b** Halb-, **c** Vierspur

Tonsur w (lat.), Abscheren des Haupthaares als Zeichen der Weltentsagung u. Hingabe an den Dienst Gottes in vielen Religionen; in der kath. Kirche v. den Mönchen auf den Weltklerus übergegangen; heute gewohnheitsrechtl. außer Brauch.

Tonus m (gr.-lat.), Spannungszustand in Zellen u. Geweben, bes. des Muskels. Bei gesteigertem T. *(Hypertonie)* ist die Muskulatur hart u. straff, bei vermindertem T. *(Hypotonie)* weich u. schlaff.

Tonwaren, keramische Erzeugnisse.

Topas m, Edelstein, meist gelb bis braun, Aluminiumsilicat. ☐255.

Topinambur-Knollen

Topeka (: -pjk^ä), Hst. v. Kansas (USA), am Kansas River, 125000 E.; Univ., episkopalist. Bisch., Druck- u. Nahrungsmittel-Ind.

Töpferei, Betrieb, in dem Gegenstände aus Ton (Töpfe, Krüge, Vasen, Teller, Tassen u.a.) auf der durch Fuß- od. maschinellen Antrieb schnell rotierenden *Töpferscheibe* hergestellt u. dann gebrannt u. glasiert werden. Altes Handwerk, durch jungsteinzeitliche Funde belegt.

Töpfervogel, *Ofenvogel*, argentin. Schreivogel; baut Nest aus Lehm. ☐ 668.

Topinambur w, *Erdbirne*, nord-am. Sonnenblumenart, mit eßbaren, kartoffelähnl., frostfesten Knollen.

Topographie w (gr. = Ortsbeschreibung), **1)** Darstellung der Erdoberfläche aufgrund v. *topograph. Aufnahmen* (Geländevermessung). **2)** zusammenfassende Bz. für alle topograph. Objekte (Berge, Flüsse usw.).

Topologie w (gr.), wichtiges Teilgebiet der modernen Geometrie, untersucht den Zusammenhang u. die gegenseitige Lage geometr. Gebilde ohne Rücksicht auf deren im Endlichen liegende Verzerrungen, Maßverhältnisse, Winkel, Längen usw.

Topp m, Mastspitze; auch ganzer Mast.

Toque w (: tok, frz.), im 16. Jh. schmalrandiges Barett aus Samt od. Seide; barettart. Damenhut.

Torbay (: t$å^r$bä^i), Seebad an der engl. Kanalküste. 1966 aus Torquay u. Paignton entstanden, 109000 E.; Terrakotta-Ind.

Tordalk m, Art der ↗Alken.

Torero m (span.), *Toreador* m, der Stierkämpfer. ↗Stierkampf.

Torf, brennbares, weiches, bräunl. Zersetzungsprodukt der sich in Mooren ansammelnden Pflanzenreste; Vorstufe der ↗Kohle. Nach dem Trocknen u. Pressen dient der T. bes. zur Ofenfeuerung, als Streu-, Pack-, Isoliermaterial u. zur Bodenverbesserung (T.mull), in *T.kraftwerken* (↗Wiesmoor) als Heizstoff u. zur Erzeugung v. *T.kohle, T.koks, T.gas* u. *T.platten.*

T.beere, *Moltebeere*, der Brombeere verwandte Pflanze; Früchte wohlschmeckend, im hohen Norden wichtigstes Obst. **T.moos,** *Sumpfmoos, Sphagnum,* ↗Laubmoos in großen schwammigen Polstern, deren untere Schichten absterben u. in T. übergehen (↗Hochmoor).

Torgau, Krst. u. alte preuß. Festung im Bez. Leipzig, Hafen an der Elbe, 22000 E.; spätgot. Marienkirche (15. Jh.), Renaissanceschloß Hartenfels (16./17. Jh.).

Torgelow (: -lö), mecklenburg. Stadt nördl.

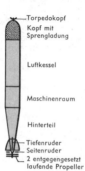
Torpedo: Aufbau eines mit Druckluft angetriebenen T.s

Torpedokopf
Kopf mit Sprengladung
Luftkessel
Maschinenraum
Hinterteil
Tiefenruder
Seitenruder
2 entgegengesetzt laufende Propeller

Torso: sog. Ilioneus (griech.; 4. Jh. v. Chr.)

Arturo Toscanini

v. Pasewalk (Bez. Neubrandenburg), 14000 E.; Sägewerk, Eisengießerei.

Tories (: t$å$ris, Ez. *Tory*), in der 2. Hälfte des 17. Jh. entstandene engl. Partei, die abwechselnd mit den ↗Whigs regierte; vertraten die Interessen des Kg. ↗Konservative Parteien 2).

Torkretverfahren, das Aufspritzen v. Beton durch eine Druckleitung, z.B. für Wände.

Torlauf, *Skisport:* ↗Slalom, ↗Riesentorlauf.

Tornado m (span.), kurzer, verheerender Wirbelsturm, bes. in Mittel- u. N-Amerika.

Torneälv w, finn. *Tornionjoki,* schwed.-finn. Grenzfluß, mündet bei Torneå in den Bottn. Meerbusen, 570 km lang. Wird mit der Kalixälv nach Narvik umgeleitet (Gebirgstunnel u. Speicherwasserkraftwerk).

Toronto, Hst. der kanad. Prov. Ontario, nördl. am Ontariosee, m.V. 2,8 Mill. E.; Hafen (v. November bis April vereist); neben Montreal das Ind.- u. Handelszentrum Kanadas; kath. Erzb. u. kath. ukrain. Exarch, anglikan. Bischof; 3 Univ.; Päpstl. Institut für mittelalterl. Studien; Börse.

Torpedo m (span.), Unterwassergeschoß mit Sprengladung im Kopfteil u. Aufschlagzünder; wird aus *T.rohren* meist durch Druckluft ausgestoßen od. v. *T.flugzeugen* abgeworfen, im Wasser durch Druckluft od. elektr. angetriebene Propellerschrauben fortbewegt, meist mit Zielsuchköpfen ausgerüstet. **T.boot,** älterer kleinerer Kriegsschifftyp mit Torpedobewaffnung, weiterentwickelt zum Zerstörer. [bay.

Torquay (: t$å^r$ki), heute Stadtteil v. ↗Tor-

Torr s, Kurzzeichen Torr, nach ↗Torricelli benannte, gesetzlich unzulässige Druckeinheit: der Druck einer Quecksilbersäule v. 1 mm Höhe; 1 Torr = 133,3 ↗Pascal.

Torre del Greco, it. Hafenstadt am Golf v. Neapel, 102000 E.

Torreón, mexikan. Stadt im Staat Coahuila, am Río Nazas, 263000 E.; Bergbau u. Verhüttung v. Silber, Kupfer u. Blei.

Torriani, *Vico,* schweizer. Schlagersänger, * 1920; auch Showmaster.

Torricelli (: -tscheli), *Evangelista,* it. Physiker u. Mathematiker, 1608–47; erfand das Quecksilber-↗Barometer (T.sche Röhre).

Torsion w (lat.), Verdrehung; (elastische) Formveränderung fester Körper *(Drillung).*

T.swaage ↗Drehwaage.

Torso m (it. = Stumpf), unvollständig erhaltenes od. unvollendetes plast. Bildwerk (ohne Kopf u. Glieder); seit Rodin auch beabsichtigte künstler. Form.

Tort m (: tor, frz.), Unrecht.

Toruń (: torunj) ↗Thorn.

Torus m (lat.), zylindr. Ring, ein ringförm. Körper, entsteht durch Rotation einer Kreisfläche um eine Gerade. ☐421.

Tory (: t$å$ri) ↗Tories.

Toscanini, *Arturo,* it. Dirigent, 1867–1957; 1926/53 in den USA; seine Bemühungen um Werktreue u. Exaktheit wurden schulebildend.

Toskana w, mittel-it. Hügelland, v. Arno durchströmt; Region mit den Prov.en Arezzo, Florenz, Grosseto, Livorno, Lucca, Massa e Carrara, Pisa, Pistoia u. Siena;

22991 km², 3,6 Mill. E.; Hst. Florenz. – Im Alt. Gebiet der Etrusker *(Etrurien)*, im MA Markgrafschaft *Tuszien;* unter den Medici 1532 Htm., 69 Groß-Htm.; 1765 habsburg. Sekundogenitur, ging 1860 in lt. auf.

total (lat.), vollständig. **Totalisator,** Wetteinrichtung bes. bei Pferderennen, zeigt den Stand der Wetteinsätze an.

totalitär (bei polit. Systemen), alle Lebensbereiche durchdringend. **Totalitarismus** m, das Prinzip des alles Leben u. Denken der Menschen erfassenden, kontrollierenden u. „gleichschaltenden" totalitären Staates, so im Kommunismus, Nat.-Soz. u. Faschismus.

Totalität w, Ganzheit. **totaliter,** völlig. **Totalreflexion** w (lat.), Sonderfall der ⁄Reflexion, bei der der gebrochene Strahl das dichtere Medium nicht mehr verlassen kann. ⁄Brechung.

Tote Hand, Gemeinschaften (jurist. Personen), bes. kirchl. Anstalten, Klöster usw., deren Vermögen sich nicht vererbt.

Totemismus m, bei außereuropäischen Volksstämmen (bes. in Jägerkulturen) verbreitete myst.-mag. Vorstellung v. der Verwandtschaft zw. einzelnen Menschen od. ganzen Familien u. Naturgegenständen (Tieren, Pflanzen usw.) als Schutzgeistern *(Totems),* die als ⁄Tabu gelten u. samt ihren Darstellungen (z. B. auf *Totempfählen* der Indianer) kult. Bedeutung haben.

Totenbeschwörung, *Nekromantie,* abergläub. Handlung, durch die eine Verbindung mit Verstorbenen hergestellt werden soll. **Totenbestattung** w, die unter verschiedenen Riten u. Totenbräuchen vorgenommene Entfernung der menschl. Leiche aus der Gemeinschaft der Lebenden. Die Art der T. (bei Christen *Begräbnis* gen.) hängt insbesondere v. den rel. Vorstellungen über das Schicksal der Toten ab. Hauptformen im europ. Kulturkreis: Erdbestattung u. Feuerbestattung (⁄Leichenverbrennung). **Totenflecke** ⁄Leichenstarre. **Totengräber,** großer Aaskäfer: *Deutscher T.,* schwarz. *Gemeiner T.,* schwarz mit rotgelben Flügelbinden. ☐914. **Totenkopf,** Schwärmer mit totenkopfähnlicher Zeichnung (☐913), bei 12 cm Spannweite der größte (aber seltene) dt. Schmetterling; grünliche Raupe lebt auf Kartoffelkraut. **Totenkult,** religiöse Bräuche in vielen Kulturen, um Tote zu ehren od. die Seele v. der Rückkehr in den Leib abzuhalten. **Totenmaske,** kurz nach dem Ableben in Gips od. Wachs geformter Abdruck des Gesichts. ☐79. **Totensonntag,** in der dt. ev. Kirche gefeierter Gedächtnistag, 1816 v. Friedr. Wilhelm III. in Preußen eingeführt (letzter Sonntag des Kirchenjahres). **Totenstarre** ⁄Leichenstarre. **Totentanz,** meist maler. Darstellung der Gewalt des Todes über den Menschen in Form eines Reigens. T.darstellungen sind bekannt seit dem 15. Jh. als Wandmalerei od. Holzschnittfolge, z. B. von Dürer, Holbein, Rethel. Auch in der Dichtkunst des späten MA das Motiv des T. (⁄Ackermann aus Böhmen); Erneuerung im 20. Jh. bei Hofmannsthal. **Totentrompete,** eßbarer Blätterpilz, Hut schwärzlich, trompetenförmig hohl. **Totenuhr,**

Totentanz: „Der Tod und der Krämer", aus dem T. von H. Holbein d. J.

Totonaken: Steinplastik

Totpunkt: a obere, b untere Totpunktlage bei einer Kolbenmaschine

Totentrompete

4–5 mm langer Holzbohrkäfer. Larve in altem Holz, erzeugt klopfendes Geräusch.

toter Gang, im Maschinenbau die Summe der Einzel- ⁄Spiele eines Getriebes; beeinträchtigt Laufgenauigkeit usw.

Totes Gebirge, verkarstete Gebirgsgruppe nordöstl. über dem Salzkammergut; höchste Erhebung ist der Große Priel mit 2515 m.

Totes Meer, arab. *Bahr Lut,* öder Salzsee Palästinas, abflußloses Mündungsbecken des Jordans; 920 km², Wassertiefe 399 m, Wasserspiegel liegt 394 m u. M. Salzgehalt 14–24%; Aufbereitungsanlagen für Chlorkalium, Brom usw.

tote Zone, beim Kurzwellen-Empfang jener Gebietsstreifen um einen Sender, in dem kein Empfang möglich ist.

Totgeburt, Geburt eines toten Kindes v. mindestens 35 cm Körperlänge. ⁄Fehlgeburt bei geringerer Körperlänge.

Toties-quoties-Ablaß m (lat.-dt. = so oft wie), in der kath. Kirche ⁄Ablaß, der fr. an einem Tag beliebig oft, seit 1967 nur noch einmal an bestimmten Tagen gewonnen werden kann.

Totila, Kg. der Ostgoten, 541/552; eroberte im Kampf gg. Byzanz fast ganz lt. zurück, fiel gg. Narses.

Toto m, Sportwette beim Fußball, übernommen v. ⁄Totalisator im Pferderennsport; Wetten auf den Ausgang einer bestimmten Zahl vorher festgelegter Fußballspiele, nach Abzug v. 50% Gewinnausschüttung, Umsatzsteuer u. Betriebskosten Rest der Einnahmen für den Sport.

Totonaken, altmexikan. Indianerstamm (ca. 90000) mit eigener Sprache in den Staaten am Golf v. Mexiko, bes. in Veracruz.

Totpunkt, *toter Punkt,* Stellung eines Kurbeltriebes, wenn Schubstange u. Kurbel in einer Geraden liegen, d. h., wenn die Bewegungsrichtung sich umkehrt; wird durch das Schwungrad überwunden.

Totschlag, das vorsätzl. Töten eines Menschen, das weder ⁄Mord noch Töten auf Verlangen noch Kindestötung ist; mit hoher Freiheitsstrafe belegt.

Toul (: tul), nordfrz. Stadt zw. Mosel u. Rhein-Marne-Kanal, 16000 E.; Kathedrale (13./15. Jh.); Spitzen- und Fayencenfabriken. – Vom 4. Jh. bis 1801 Bischofssitz; im 13. Jh. dt. Reichsstadt, fiel 1552 an Fkr.

Toulon (: tulõn), größter frz. Kriegshafen am Mittelmeer, 182000 E.; kath. Bischof; Marinearsenal; Werften, Eisenhütten, Maschinen-, Waffenfabriken.

Toulouse (: tulus), Hst. des südfrz. Dep. Haute-Garonne u. einst des Languedoc, an der Garonne u. am Canal-du-Midi, 374000 E.; Basilika Saint-Sernin (11./13. Jh.); Erzb.; Univ. (1229), Institut Catholique (1877); chem., Textil-, Glas- u. keram. Ind. – 415/507 Hst. des westgot. od. tolosan. Reichs.

Toulouse-Lautrec (: tulus loträk), *Henri de,* frz. Maler u. Graphiker, 1864–1901; malte die Welt des Montmartre in scharf charakterisierendem Stil; Plakate, Illustrationen. Vorläufer des Expressionismus. ☐1004.

Toupet s (tupe, frz.), um 1780 hohe Herrenperücke; jetzt Haarersatzteil.

Tour w (: tür, frz.), Reise, Ausflug; Umdre-

Henri de Toulouse-Lautrec: rechts „Tanzender Neger in der Bar d'Achille", unten Selbstbildnis

A. J. Toynbee

Spencer Tracy

hung, Tanzrunde. **Tourismus** m, Fremdenverkehr, organisiertes Reisewesen. **Tourist**, Wanderer. **Touristik** w, Wandern u. Bergsteigen, i. ü. S. Ferienverkehr aller Art. **Touraine** w (: turä̱n), Landschaft der unteren Loire, etwa das heutige Dep. Indre-et-Loire, Hst. Tours; der „Garten Frankreichs"; Getreide-, Obst- u. Weinbau; berühmte Königsschlösser. **Tourcoing** (: turko̱a̱n), Ind.-Stadt im frz. Dep. Nord, nahe der belg. Grenze, 103 000 E.; Spinnereien u. Webereien (Teppiche). **Tour de France** (: tur do̱ fra̱ß), größtes Etappen-Straßenrennen der Welt (seit 1903); jährl. im Juni/Juli in Fkr. ausgetragen; Ziel in Paris. **Tournai** (: turnä̱), fläm. *Doorni(j)k,* belg. Stadt, in der Prov. Hennegau, an der Schelde (Hafen), 70 500 E.; roman.-got. Kathedrale (11./13. Jh.). Tuchhalle, Belfried; Bischof; Textil-Ind. (Gobelins, T.-Teppiche). **Tournée** w (: turne̱, frz.), Gastspielreise. **Tours** (: tur), Hst. des frz. Dep. Indre-et-Loire u. der ehemal. Prov. Touraine, an der Loire, 141 000 E.; Univ., Erzbischof; got. Kathedrale St-Martin mit dem Grab des Heiligen. Seide-, Samt-, Glas- u. chem. Fabriken. – 732 bei T. u. Poitiers Sieg Karl Martells über die Araber. **Tower** m (: tau̱er), Londoner Zitadelle (11. Jh.); im 16./17. Jh. Staatsgefängnis, heute Kaserne u. Waffenmuseum. **Toxikologie** w (gr.), Lehre v. den Giften u. Gegengiften; Teil der Pharmakologie. **Toxikose** w (gr.), Vergiftungskrankheit. **Toxin** s (gr.), Gift; Bz. für hochgiftige Naturstoffe v. Eiweißstruktur; z. B. bei Bakterien; ↗Antitoxine. **Toxoplasmose** w (gr.), harmlose Infektionskrankheit, die aber bei Infektion einer Schwangeren zu Totgeburt oder Mißbildungen führen kann. **Toynbee** (: to̱inbi), *Arnold Joseph,* engl. Historiker, Geschichtsphilosoph, 1889–1975; erklärt Ursprung, Wachstum u. Verfall der

(nach ihm 21) Hochkulturen mit dem Gesetz der Herausforderung u. Antwort; erhofft Rettung der Menschheit v. einer aus allen Bedingungen der hist. Religionen befreiten Weltreligion. *Study of History,* dt. Auswahl: *Der Gang der Weltgeschichte.* **Trab,** Gangart beim Pferd; die diagonalen Fußpaare (links vorne u. rechts hinten u. umgekehrt) berühren gleichzeitig den Boden. **Trabanten** (Mz., it.), **1)** im MA Leibwache eines Fürsten. **2)** ↗Monde. **T.stadt**, *Satellitenstadt,* getrennt v. der Mutterstadt zu deren Entlastung, vor allem zur Beschränkung ihres Wachstums in angemessener Entfernung auf bis dahin unbebautem Gelände gegründete, durch schnelle Nahverkehrsmittel erreichbare, nach neuzeitlichen Erkenntnissen gestaltete Stadt. **Traben-Trarbach,** Stadt an der Mosel (Kr. Bernkastel-Wittlich), 6300 E.; Weinbau u. Weinhandel. **Trabrennen,** eine Form des Rennreitens, bei dem im Unterschied zum Flachrennen der Traber meist aus dem ↗Sulky gesteuert wird; die Pferde dürfen nur im Trab gehen. **Trachea** w (gr.), ↗Luftröhre. *Tracheotomie* w, der ↗Luftröhrenschnitt. **Tracheen** (Mz., gr.), **1)** Atemröhren luftatmender Gliedertiere. **2)** röhrenförm. Wasserleitungsbahnen in höheren Pflanzen. **Trachom** s, ↗Ägyptische Augenentzündung. **Tracht, 1)** die dem schnellen Wechsel der Mode nicht so stark unterworfene Kleidung einzelner Volks- od. Standesgruppen, z. B. *Handwerks-, Richter-, Volks-, National-T.* **2)** Nahrungsangebot der Pflanzen für die Bienen, z. B. Nektar, Blütenstaub. **3)** bei Tieren: ↗Schutztracht. **Trächtigkeit,** die Schwangerschaft bei Säugetieren.

Trächtigkeit

(durchschnittliche Dauer der Tragezeit; Tage)

Elefant	630	Schwein	116
Giraffe	435	Löwe	105
Kamel, Esel	365	Hund, Wolf	63
Pferd	340	Katze	60
Rind	284	Igel	50
Hirsch, Reh	280	Känguruh	39
Schimpanse	260	Ratte	30
Bär	240	Meerschweinchen,	
Rentier	210	Kaninchen	28
Schaf, Ziege	152	Maus	23
Dachs	150	Hamster	20

Trachyt m (gr.), (fast) quarzfreies Ergußgestein, als Baustein u. Schotter. **Tracy** (: tre̱ˈßi), *Spencer,* am. Filmschauspieler ir. Herkunft, 1900–67; Charakterdarsteller; Filme u. a.: *San Francisco; Teufelskerle; Die gebrochene Lanze; Bad Day at Black Rock; Der alte Mann und das Meer.* **Trade** m (: tre̱ˈd, engl.), Handel. *T.mark,* Warenzeichen, Schutzmarke; auch Bz. des Herkunftslandes (z. B. Made in Germany). **Tradescantia** w, artenreiche Gattung der Liliengewächse, beliebte Hängepflanzen. **Trade Unions** (: tre̱ˈd ju̱njens), die engl. (Arbeiter-)Gewerkschaften; Dachorganisation

Tracheen: 1 T.system
im Insektenkörper,
2 T.stamm mit Ab-
zweigungen, 3 Stigma;
4 Teile von T. mit
Wandverdickungen,
a Ring-, b Schrauben-,
c Netz-T.

Tragflügelboot: ver-
schiedene Bauformen

ist der 1868 gegr. *Trades Union Congress* (T. U. C.).

Tradition w (lat.; Bw. *traditionell*), 1) Brauch, Herkommen, Überlieferung. Bz. für alle Vorgänge, durch die v. Geschlecht zu Geschlecht die erworbenen Einsichten, Fähigkeiten u. Einrichtungen übermittelt werden. Die T. sichert die Fortsetzung dessen, was einmal begonnen wurde, steht allerdings immer in der Gefahr, die Offenheit für das Kommende zu verlieren u. zur Erstarrung im Gewesenen zu führen. 2) *kath. Theologie:* der Vorgang u. Inhalt der letztl. v. den urspr. Trägern der /Offenbarung (bes. Jesus Christus u. den Aposteln) in mündl. Verkündigung ausgehenden, unter dem Beistand des Hl. Geistes durch die Kirche geschehenden u. sich dabei entfaltenden Weitergabe der geoffenbarten Wahrheit; nachdem die urspr. T. noch in der 1. Generation der Kirche ihren Niederschlag in der Bibel gefunden hatte, unterscheidet man die „mündl." Tradition v. der Bibel u. betrachtet beide als die gemeinsame Quelle der Offenbarung. – Die ev. Theologie verneint aufgrund des Schriftprinzips den Offenbarungswert einer mündl. T.

Traditionalismus m (lat.), allg. Überbetonung der /Tradition. *l. e. S.* These kath. Gelehrter im 19. Jh. (de Bonald u. a.), der menschl. Einzelvernunft sei aus sich zu keiner Wahrheitserkenntnis fähig, sondern sie bedürfe dazu der durch die Tradition des gesamten Menschengeschlechts übermittelten Offenbarung; wegen Leugnung der natürl. Gotteserkenntnis v. 1. Vatikan. Konzil verworfen.

Trafalgar, südspan. Kap bei Cádiz; 1805 Sieg /Nelsons über die Flotte Napoleons.

Trafik m (it.), 1) Geschäft, Verkaufsstelle. 2) in Östr. bes. staatl. Tabakladen.

Tragant m, *T.gummi,* erhärteter Schleim kleinasiat. Schmetterlingsblütler; Bindemittel für Pillen, Schutzkolloid zu Emulsionen.

Träger, Balken od. Fachwerk zur Aufnahme od. Übertragung von Lasten, liegt auf 2 od. mehr Auflagern frei auf od. ist ein- od. zweiseit. eingespannt. **T.frequenztechnik,** nutzt einen vorhandenen elektr. Übertragungsweg mehrfach aus, indem verschiedenen, in geeignetem Frequenzabstand erzeugten Trägerfrequenzen die (Ton-)Frequenzen u. z. B. Telephonie u. Telegraphie aufmoduliert werden. ☐838.

Tragfläche, *Tragflügel,* der Teil am Flugzeug, der den dynam. Auftrieb erzeugt. ☐282.

Tragflügelboot, Motorboot mit am Rumpfbug angebrachten 2 od. mehr Tragflügeln, die zu dem Verdrängungsantrieb zusätzl. dynam. Auftrieb erzeugen, so daß der Bootsrumpf weitgehend aus dem Wasser gehoben wird, wodurch leicht hohe Geschwindigkeiten erreicht werden.

Trägheit, 1) das verzögerte Ansprechen auf eine äußere Einwirkung. 2) in der Mechanik: Beharrungsvermögen. **T.sgesetz** /Bewegungsgesetze. **T.smoment,** Drehmasse eines starren Körpers; das T.smoment eines Massenelements ist gleich dem Produkt aus

der Masse u. dem Quadrat des Abstands v. der Drehachse. **T.snavigation,** *Inertialnavigation,* ein Programm-Lenksystem, das ohne v. außen zugeführte Meßwerte Ort, Lage u. Geschwindigkeit eines Flugkörpers oder U-Bootes feststellt. Grundlegendes Meßgerät ist ein Beschleunigungsmesser. **T.swiderstand,** eine Eigenschaft der trägen /Masse.

Tragik w (gr.; Bw. *tragisch*), Scheitern u. Untergang des Menschen durch Schicksal od. gesellschaftl. Mächte; Leid durch Vereinzelung, Gottverlassenheit, Tod; zahlreiche philosoph. Deutungen, meist entweder auf eine Versöhnung od. auf absolute T. hinzielend, letzteres bes. in der Ggw. Die Schuldtheorie ist heute zurückgetreten. Der innere Wert der tragischen Figur ist immer vorausgesetzt. Absolute T. ist dem Christentum fremd. – Dichterische Gestaltung bes. in der /Tragödie, aber auch in Epos, Roman u. Lyrik.

Tragikomödie w (gr.), ein Tragik u. Komik verbindendes Drama; z. B. einige Werke v. Shakespeare u. Molière.

Tragödie w (gr.), *Trauerspiel,* die Gestaltung der /Tragik im /Drama. Die T. erwuchs aus dem griech. Dionysoskult u. vergegenwärtigte die Auseinandersetzung des Menschen mit den göttl. od. dämon. Mächten (so bei Äschylus, Sophokles, Euripides); sie zielte auf die v. Aristoteles als Katharsis („Reinigung") bezeichnete Erschütterung. Das MA kannte keine T. (wohl jedoch trag. Situationen in seiner Epik). Die T. wurde neubegr. in Europa durch Shakespeare u. die anderen elisabethan. Dramatiker, in Fkr. bes. durch Racine. In Dtl. setzte im Anschluß an Shakespeare mit Lessing die Epoche der T.dichter ein, doch erst um 1800 verstand man unter „T". das den trag. Untergang des Helden u. den ungelösten Konflikt darstellende Drama. In der Folge Zuspitzung bei Kleist (Widersprüchlichkeit der Welt überhaupt); so in verschiedensten Abwandlungen auch bei Grillparzer, Büchner, Grabbe u. Hebbel, Ibsen u. Strindberg. Die radikale Tendenz Hebbels (Pantragismus) wird bes. in der Ggw. weitergeführt, zunehmend jedoch mit einer Wendung v. Tragischen zum Grotesken u. Absurden.

Tragschrauber, *Autogiro,* zu den Drehflüglern gehörender Flugzeugtyp, dessen Vortrieb durch eine Luftschraube, dessen Auftrieb nur beim Start durch einen angetriebenen Drehflügel erfolgt; vom /Hubschrauber verdrängt.

Training s (: tre'ning, engl.), 1) allg. Schulung. 2) systemat. Schulung des Körpers, insbesondere für sportl. Wettkämpfe. Man unterscheidet *Konditions-T.* und spezielles *(Hoch-)Leistungs-T.* mit zahlr. Methoden. /Intervall-T. – /Trimm-dich-Bewegung.

Trajan, röm. Ks., 98/117; gab durch Unterwerfung NW-Arabiens, Armeniens, Mesopotamiens, Assyriens u. Daziens dem Röm. Reich seine größte Ausdehnung. ☐829.

Trajekt m od. s (lat.), die /Fähre.

Trakehnen, 1732/1945 preuß. Hauptgestüt in der ostpreuß. Gem. T. (östl. v. Gumbinnen; *Trakehner Pferd,* Kreuzung zw. arab.

Georg Trakl

Trampolin
(bis 2,75 × 4,60 m)

1

2

3

Transformator:
1 Wechselstrom-T. mit versetzten Wicklungen (Kern-T.); U_1 Primär- und U_2 Sekundärspannung, N_1 Primär- und N_2 Sekundärwindungszahl. Bei Vernachlässigung der Streuverluste gilt das *Übersetzungsverhältnis*: $U_1/U_2 = N_1/N_2$; Stromverhältnis: $I_1/I_2 = N_2/N_1$.
2 Wechselstrom-Mantel-T.: Primär- und Sekundärwicklung mit gemeinsamem Kern.
3 Drehstrom-Kern-T.: auf 3 Schenkeln sind für jede Phase Primär- und Sekundärwicklung als Zylinderwicklungen aufgebracht

---

bzw. engl. Vollblut u. altpreuß. Landschlag. Heute in Niedersachsen gezüchtet. ☐ 742.
Trakl, *Georg,* östr. Schriftsteller, 1887 bis 1914; gestaltete in seiner Lyrik Verfall u. Schwermut, umfassende Einsamkeit, Zeichen des Schreckens u. Traumhaftes in eigenwilligen Bilderverbindungen. *Sebastian im Traum; Der Herbst des Einsamen.*
Trakt *m* (lat.), Strecke, Straßenzug, Flügel eines größeren Bauwerks.   [nes Buch.
Traktat *m* (lat.), Abhandlung, Schrift, kleitraktieren, behandeln, bewirten.
Traktor *m* (lat.), ⁄Schlepper.
Trälleborg, fr. Name der Stadt ⁄Trelleborg.
Tram *w* (engl.), *T.bahn, T.way* (: trämwe¹), die ⁄Straßenbahn.
Traminer, eine bes. in der Rheinpfalz u. im Elsaß angebaute Edeltraube für feine Weißweine; ben. nach *Tramin* in Südtirol.
Tramontana *w,* kalter, v. N über die Alpen kommender Wind in Norditalien.
Tramp *m* (: trämp, engl.), Landstreicher. *trampen,* Fahrzeuge anhalten, um mitgenommen zu werden.
Trampeltier, das 2höckerige ⁄Kamel.
Trampolin *s* (it.), Sportgerät für Sprungübungen.   [übungen.
Trampschiffahrt ⁄Schiffahrt.
Tran *m,* fettes Öl aus dem Speck v. Walen, Robben u. der Leber v. Dorscharten (⁄Lebertran), wird in der Leder- u. Seifenindustrie verwendet od. nach ⁄Fetthärtung zu Margarine verarbeitet.
Trance *w* (: tranß, engl.), schlafähnl. Zustand in der Hypnose, mit Verminderung der Bewußtseins- u. Entscheidungsfähigkeit, tritt unter ⁄Suggestion auf; scheint parapsycholog. Leistungen zu begünstigen.
Tranche *w* (: transch, frz.), **1)** Schnitte; *tranchieren,* Fleisch, Geflügel zerlegen. **2)** selbständ. Teil einer größeren Anleihe.
Tränen, wäßriges Sekret der T.drüsen u. der Bindehaut des Auges; wird ständig in den Bindehautsack ausgeschieden, hält der Augapfel feucht u. sauber. **T.gas,** schwach giftige, meist flüchtige Stoffe, die Augenbrennen u. starken Tränenfluß hervorrufen. **T.schwamm,** der ⁄Hausschwamm.
Tranquilizer (: tränkwilais⁰ʳ, engl., Mz.), *Tranquillantien,* Beruhigungsmittel.
trans... (lat.), über, hinüber, jenseits.
Transaktion *w* (lat.), bes. umfangreiches Finanzgeschäft.
transalpin (lat.), jenseits der Alpen. Im alten Rom Bz. für (v. Rom aus) jenseits der Alpen gelegene Prov.en (z. B. Gallia transalpina).
Transduktion *w* (lat.), durch Viren bewirkte Übertragung v. Erbsubstanz.
Transfer *m* (lat.), Überweisung v. Geld in ein anderes Land bei Umwandlung der Währung. **transferieren,** überweisen, übertragen, verschieben.
Transferstraße, *Maschinenstraße,* Anlage zur halb- oder vollautomatischen, durchlaufenden Bearbeitung v. Werkstücken auf reihenförmig angeordneten Werkzeugmaschinen.
Transfiguration *w* (lat.), die ⁄Verklärung Christi u. ihre künstler. Darstellung.
Transformation *w* (lat.), Umwandlung.
Transformator *m* (lat.), *Umformer, Umspanner,* ein Gerät, das ein- od. mehrphasi-

---

gen Wechselstrom in solchen höherer od. niedrigerer Spannung umwandelt. Der Wechselstrom-T. besteht aus einem Eisenkern, auf den 2 Spulensysteme (Wicklungen) aufgebracht sind. An der ersten (Primär-)Wicklung liegt die urspr. Spannung, an der zweiten (Sekundär-)Wicklung wird die gewünschte entnommen. Die Wirkung beruht auf ⁄Induktion: Der Primärstrom erzeugt im Eisenkern ein magnet. Wechselfeld, das in der Sekundärwicklung einen Sekundärstrom induziert. Die Spannungen an den Enden der Wicklungen verhalten sich wie deren Windungszahlen, die entsprechenden Ströme verhalten sich umgekehrt.
Transfusion *w* (lat.), die ⁄Bluttransfusion.
Transgression *w* (lat.), durch Landsenkung (epirogenet. Bewegung der Erdkruste) oder Meeresspiegelschwankungen (Veränderung des Wasserhaushalts der Erde) verursachtes Übergreifen des Meeres auf das Land; Ggs.: Regression.
Transhimalaja *m,* auch *Hedingebirge,* zentralasiat. Hochgebirge nördl. des Brahmaputra in Tibet, 2300 km lang, im Nyenchen-Tanglha 7088 m hoch. Wurde 1906 v. Sven ⁄Hedin entdeckt.
Transistor *m* (lat.), ⁄Halbleiterbauelement, das ähnliche verstärkende Eigenschaften wie die ⁄Elektronenröhre hat; besteht z. B. aus zwei p-leitenden Schichten *(Emitter* u. *Kollektor),* zw. denen eine n-leitende dünne Schicht *(Basis)* angeordnet ist: pnp-T. (auch npn-T.en werden hergestellt). Die Stromquelle im Arbeitsstromkreis ist zunächst so gepolt, daß am Übergang Basis–Kollektor die Ladungsträger verschwinden; eine zw. Basis u. Emitter in Durchlaßrichtung angelegte Steuerspannung macht die Basis leitend (Löcherleitung), wobei die Löcher durch das starke Spannungsgefälle am Übergang Basis–Kollektor mit Elektronen aufgefüllt werden, also einen Strom im Arbeitsstromkreis auslösen. T.en können als entgegengesetzt geschaltete pn-Dioden mit gemeinsamem n-Leiter aufgefaßt werden, wobei die der einen Diodenstrecke erzeugte Ladungsträger die andere Diodenstrecke leitend machen. Sie sind viel kleiner, kompakter, weniger störanfällig u. langlebiger als Elektronenröhren u. haben diese weitgehend verdrängt; u. a. für Verstärker u. Oszillatoren. ⁄Mikrominiaturisierung.
Transit *m* (it.), *T.handel, T.verkehr,* im ⁄Außenhandel die Durchfuhr v. Waren.
Transitverkehrsabkommen, auf Grundlage des Viermächteabkommens über Berlin 1972 zw. der BRD u. der DDR getroffenes Abkommen über den Verkehr zw. der BRD u. West-Berlin: Visumzwang für Transitreisende (Ausgabe der Visa an den Grenzübergängen); im Güterverkehr bei Verplombung der Güter nur Kontrolle der Verschlüsse; pauschale Bezahlung der Visa- u. Straßenbenutzungsgebühr durch die BRD; Regelung des Reiseverkehrs v. West-Berlin u. der DDR durch ⁄Verkehrsvertrag.
transitiv (lat.) od. zielend heißt ein Ztw., das eine Ergänzung (Objekt) im Akkusativ verlangt (z. B. fällen [den Baum]).

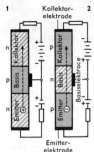

Transistor: 1 npn-T.;
2 pnp-T.; 3 Mesa-T.;
4 Spitzen-T.; 5 Vergleich eines pnp-T. mit
einem Streichholz

transitorisch (lat.), vorübergehend.
Transjordanien, der östl. des Jordan gelegene Hauptteil v. Jordanien. – 1922 als das Gebiet ⊅Palästinas, das v. jüd. Nationalstaat ausgenommen sein sollte, gebildet u. gesondert unter brit. Mandat gestellt; 46 unabhängiges Kgr., 50 durch Angliederung der arab. Gebiete westl. des Jordans zum Kgr. ⊅Jordanien umgebildet.
Transkaukasien, die Grusin., Armen. u. Aserbeidschan. SSR südl. des Kaukasus.
Transkei, größter autonomer Bantustaat (Bantustan, 1962 err.) im O der Rep. Südafrika, 41600 km², 2 Mill. E.; Hst. Umtata. 76 Unabhängigkeitserklärung, int. nicht anerkannt.
Transkription w (lat.; Ztw. transkribieren), 1) Umschrift; phonet. genaue Wiedergabe der Laute; Umschreibung fremder Schriften mit den Zeichen des lat. Alphabets. 2) das Umschreiben eines musikal. Werks für eine andere Besetzung. 3) die Übertragung der Erbinformation von der Desoxyribonukleinsäure des Zellkerns auf die Boten-Ribonukleinsäure.
Translation w (lat.), 1) Übertragung. 2) in der Physik: eine Bewegung ohne Drehung, im Ggs. zur Rotation. **T.stheorie,** spätmittelalterl. Lehre v. der Übertragung des röm. Kaisertums v. den Griechen auf die Franken u. Dt.n durch die Kaiserkrönung Karls d. Gr.; wurde in Verbindung mit der Auffassung, der Pp. habe die Translatio vorzunehmen, zum Ausdruck eines päpstl. Rechts- bzw. Machtanspruchs.
Transleithanien ⊅Österreich (Gesch.).
Transmission w (lat.), Übertragung der Kraft einer Antriebsmaschine auf mehrere Maschinen durch Riementrieb. ☐ 817.
transparent (lat.), durchscheinend. **T. s,** 1) auf durchscheinendem Material hergestelltes Bild mit Lichtquelle dahinter. 2) Spruchband bei Umzügen.   [Übersichtlichkeit.
Transparenz w (lat.), Durchsichtigkeit;
Transpiration w (lat.), 1) Wasserabgabe der Pflanzen an die Luft. 2) ⊅Schweiß.
Transplantation w (lat.), Überpflanzung v. menschl. od. tier. Geweben, heute auch ganzer Organe, wie Herz u. Nieren; Hauptprobleme der T. sind die immunbiolog. Abwehrreaktionen des Organismus gg. das Fremdeiweiß (Antigen-Antikörper-Reaktion), die oft zur Abstoßung od. Auflösung des Transplantats führen.
transponieren, ein Musikstück in eine andere Tonart übertragen; i. ü. S.: übertragen.
Transport m (lat.), Beförderung. **transportabel,** versandfähig. **Transporteur** m (: -tör, frz.), 1) Beförderer v. Gütern. 2) Winkelmesser. **Transportgefährdung,** vorsätzl. od. fahrlässige Gefährdung der Betriebssicherheit v. Verkehrsmitteln; wird mit Freiheitsstrafe geahndet. **Transportversicherung** ⊅Kargoversicherung.
Transsibirische Eisenbahn, Abk. Transsib, die Hauptverkehrsader Sibiriens u. des Fernen Ostens, verbindet über 9145 km den Ural (Tscheljabinsk) mit dem Pazif. Ozean (Nachodka über Wladiwostok) über Omsk, Nowosibirsk, den Baikalsee, Ulan-Ude, Tschita, Chabarowsk. Seit 1938 zweigleisig,

Hauptstrecke elektrifiziert. Die Südsibir. Bahn v. Kuibyschew nach Nowokusnezk u. die Baikal-Amur-Magistrale (BAM) v. Taischet nach Komsomolsk sind Entlastungsstrecken der T. E. An der T. E. liegen die größten Ind.-Zentren Sibiriens. ⊅Turksib.
Transsilvanien ⊅Siebenbürgen. **Transsilvanische Alpen,** Südteil der ⊅Karpaten.
Transsubstantiation w (lat.), kath. Theologie: die durch die Konsekration in der Messe geschehende Verwandlung der Substanz des Brotes u. Weines in die des Leibes u. Blutes Christi, die gegenwärtig werden unter der Erscheinungswirklichkeit des Brotes u. Weines. – Von Luther als Erklärung der ⊅Realpräsenz Christi im Abendmahl abgelehnt. ⊅Ubiquität.
Transurane (Mz.), im ⊅Periodensystem jenseits des Urans stehende radioaktive Elemente mit Ordnungszahlen über 92, gehören außer Kurtschatowium (104) u. Hahnium (105) zur Gruppe der Actiniden. Die T. sind instabil u. zerfallen in Elemente mit niedrigeren Ordnungszahlen. Zur Zeit (1974) sind 13 T. bekannt. ☐ 148/149, 735.
Transvaal (: -wal), Prov. im NO der Rep. Südafrika, 283917 km², 8,7 Mill. E., davon 25% Weiße; Hst. Pretoria. – Ein 1300 bis 1800 m hohes Bergland zw. den Flüssen Limpopo u. Vaal. Anbau: Mais, Tabak, Baumwolle, Obst, Südfrüchte, Wein; Viehzucht. Bedeutender Bergbau, bes. auf Gold (Witwatersrand) u. Diamanten; daneben Steinkohlen, Uran, Kupfer, Platin, Asbest. – Ehem. Rep. der ⊅Buren, 1910 (volkreichste) Prov. der Südafrikan. Union.
Transvestitismus m (lat.), abnormer Trieb, das andere Geschlecht, bes. in Kleidung u. Gebaren, nachzuahmen. Transvestiten sind bisweilen homosexuell.
transzendental (lat.), a) in der Scholastik die an Allgemeinheit noch die Kategorien übersteigenden Begriffe (⊅Transzendentalien); b) bei Kant Bz. für die formalen Bedingungen der menschl. Bewußtseins, die eine apriorische od. reine, d. h. erfahrungsfreie Erkenntnis ermöglichen, u. für das denkende Subjekt als den letzten Einheitsgrund aller Erkenntnis. **T.ien,** Bz. für die notwendig aus dem Wesen des Seins folgenden u. es daher stets begleitenden allgemeinsten Eigenschaften: Seiendheit, Etwasheit (Abgegrenztheit gg. jedes andere), Einheit, Wahrheit, Werthaftigkeit u. z. T. auch Schönheit. **T.ismus** m, 1) Sammel-Bz. für die auf Kants Erkenntnistheorie gegr. Richtungen der idealist. Philosophie; 2) philosoph.-literar. Richtung in den USA (⊅Emerson), die auch für Sozialreformen eintrat. **Transzendenz** w (Bw. transzendent; Ztw. transzendieren), a) Unabhängigkeit des Gegenstandes v. Erkenntnisakt; b) das die Sinneserfahrung übersteigende Übersinnliche, das nur auf indirekte Weise (im Nachdenken u. Schlußfolgern) zugänglich ist; c) Überschreitung der menschl. u. erfahrungsweltl. Seinsstufe; schon die Menschenseele hat in ihrer Geistigkeit an dieser T. teil, die in unvergleichl. Weise Gott eignet; bei Jaspers das Sichöffnen der menschl. Existenz zum Absoluten hin; bei Heidegger Begriff für das

Übersteigen des Einzelseienden auf das Seinsganze hin.

Trapani, it. Prov.-Hst. auf Sizilien, Hafen an der NW-Küste, 72100 E.; Bischof.

Trapez s, 1) Viereck mit 2 parallelen, ungleich langen Seiten. 2) Turn- u. Artistikgerät, kurze Holzstange an 2 Seilen.

Trapezunt, türk. *Trabzon,* türk. Prov.-Hst. u. Hafen am Schwarzen Meer, 98000 E.; vielseitige Ind. [Basalt, Gabbro.

Trapp m, dunkle basische Eruptivgesteine: **Trappe** w, großer, schwerer Kranichvogel, in steppenartigen Landschaften. *Groß-T.,* größter europ. Landvogel. *Zwerg-T.,* ist selten. [ger.

Trapper, Fallensteller, nord-am. Pelztierjä- **Trappisten** (Mz.), *Zisterzienser der strengen Observanz,* aus einem 1664 reformierten Zweig der Zisterzienser entstandener Orden, ben. nach dem Stammkloster *La Grande Trappe* (Normandie); widmen sich dem Gebet, dem Studium u. dem Ackerbau; zu ständ. Stillschweigen u. vegetar. Nahrung verpflichtet. Tracht: weißer Habit, schwarzes Skapulier. Dt. Kloster ↗Mariawald. **Trappistinnen,** weibl. Zweig, in Dtl. Kloster Maria Frieden bei Dahlem (Eifel).

Trasimenischer See, it. *Lago Trasimeno,* auch *Lago di Perugia,* See in Umbrien, 128 km², 8 m tief. – 217 v. Chr. Sieg Hannibals über das röm. Heer.

Traß m, *Tuffstein,* gelbl. bis bräunl., aus Schlammströmen entstandener Trachyt-Tuff. [Verkehrswege.

Trasse w (frz.), abgesteckte Geländelinie für **Tratte** w (it.), *gezogener Wechsel,* ein ↗Wechsel, bei dem im Ggs. zum ↗Eigenwechsel Aussteller *(Trassant)* u. Bezogener *(Trassat)* verschieden sind. **trassieren,** einen Wechsel (Tratte) auf jemanden ziehen.

Traube, Blütenstand mit verlängerter Achse u. unverzweigten Blütenstielen. ↗Wein. ☐747. **T.nkirsche,** *Ahlkirsche,* Rosengewächs, bis 10 m hoher Strauch; Steinfrüchte als Heilmittel. **T.nwickler,** Schmetterling; Raupe Schädling an Weintrauben.

T.nzucker, *Glukose, Dextrose,* $C_6H_{12}O_6$, ↗Kohlenhydrat, Monosaccharid; in Früchten, Honig usw. Kräftigungsmittel; Ausgangsstoff der energieliefernden Stoffwechselprozesse in Organismen.

Trauermantel, großer Tagfalter, schwarz mit hellen Flügelrändern. ☐913. **Trauermücken,** artenreiche Familie schwarzer Mücken; Raupen schädlich. ↗Heerwurm.

Trauerspiel, dt. für ↗Tragödie.

Traufe w, Dachkante; an ihr *Traufrinne.*

Traum, Bewußtseinsabläufe während des Schlafes, nicht verstandeskontrolliert; assoziative Bilderreihen, sehr schnell verlaufend; häufig Erinnerungsreste, z. T. körperl. bedingt; Bilder für Lebensstimmung, für Angst- u. Wunschträume. Nach Freud verhüllte Triebregungen aus dem Unbewußten; nach Jung seel. Symbolik.

Trauma s (gr.), Wunde; seel. Erschütterung, die, ins Unterbewußte verdrängt, weiterwirkt.

Traun w, oberöstr. Nebenfluß der Donau, 153 km lang; durchfließt den *T.see* (25 km², 191 m tief), bildet *T.fall* (Wasserkraftwerk).

$$m = \frac{1}{2}[a+b]$$
$$F = m \cdot h$$

Trapez

Trappe: Großtrappe; oben Henne, unten Hahn während der Balz

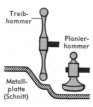

Treibarbeit: Werkzeuge

Traunreut, bayer. Stadt nördl. v. Traunstein, 183300 E.; Elektro-, opt. u. Strickwaren-Ind.

Traunstein, oberbayer. Krst. u. Kurort, Hauptort des Chiemgaues, 17100 E.; Moor- u. Kneippbad.

Trautenau, tschech. *Trutnov,* tschsl. Stadt in Nordböhmen, am Südfuß des Riesengebirges, 25000 E.; Textil-, Glaswaren- u. Papier-Ind.

Trautonium s, v. *Friedrich Trautwein* 1930 konstruiertes elektron. Musikinstrument mit regulierbarer Klangfarbe.

Trauung, die ↗Eheschließung.

Trave w, Ostseezufluß, 112 km lang.

Travel (: trǎwl, engl.), Reise. **Traveller** (: trǎweler), Reisender. **T.scheck** ↗Reisescheck.

Travemünde, Stadtteil v. Lübeck; Ostseebad, Seehafen; Spielbank.

Traven, B(runo), Pseudonym eines Schriftstellers, um 1900–69; wirkl. Name u. Herkunft (dt., am. od. norweg.) unbekannt, lebte in Mexiko; abenteuerl. u. sozialkrit. Romane u. Erz. *Das Totenschiff.*

Traverse w (frz.), Querbalken. **traversieren,** durchqueren; einen Hang überqueren.

Travestie w (it.), eine Art der Verspottung einer ernsten Dichtung: hält am Inhalt jenes Werkes fest, zieht ihn jedoch in Sprache u. Form ins Lächerliche.

Trawler m (: trǎl[er], engl.), Hochseefischfangschiff mit Grundschleppnetz, dem *Trawl.* ☐276.

Treatment s (: tritm[e]nt, engl.), im Film u. Fernsehen Vorstufe des ↗Drehbuches.

Trebbia w, r. Zufluß des Po, 115 km lang. 218 v. Chr. Sieg Hannibals über die Römer.

Treber (Mz.), die ↗Trester.

Trebnitz, poln. *Trzebnica,* niederschles. Stadt, 6800 E. Ehem. Zisterzienserinnenkloster mit Freigrab seiner Stifterin, der hl. Hedwig.

Trecento s (: -tsch-, it. = 300, abgekürzt aus 1300), it. Bz. für das 14. Jh., seine Kunst u. Kultur.

Treck m (niederländ.), 1) der *Große T.,* der Wanderzug der ↗Buren 1835 aus dem Kapland. 2) Flüchtlingszug. **trecken,** *trekken,* 1) allg. auswandern. 2) eine Last ziehen. **Trekker** m, die Zugmaschine. ↗Schlepper.

Treff s, Kreuz, Eichel im Kartenspiel.

Treibarbeit, *getriebene Arbeit,* 1) spanlose Formgebung v. Metallwaren in kaltem Zustand durch Treiben (Behämmern). 2) *Kunst:* eine Technik der ↗Goldschmiedekunst: Formen u. Verzieren v. Gefäßen u. Kunstgegenständen aus Blechen (bes. Gold, Silber, Kupfer) auf kaltem Wege. Seit vorgeschichtl. Zeit geübt; Höhepunkte in der Antike u. im MA.

Treibeis, *Drifteis,* treibende Eisschollen oder Eisberge; gefährl. Schiffahrtshindernisse.

Treibgas, 1) ein gasförm. ↗Kraftstoff zum Antrieb v. Verbrennungsmotoren. 2) das Treibmittel für ↗Aerosoldosen.

Treibhaus, ein ↗Gewächshaus.

Treibjagd, Jagdart, bei der Treiber das Wild den Jägern zutreiben. **Treibnetz,** freischwimmendes Fischnetz. ☐276. **Treibstoff** ↗Kraftstoffe.

treideln, ein Schiff v. Ufer aus mit dem *Treidel* (Zugtau) vorwärtsziehen.

Treitschke, *Heinrich v.,* dt. Historiker, 1834–1896; Vertreter der kleindt.-preuß. Richtung u. des Machtstaats. *Dt. Gesch. im 19. Jh.*

Trelleborg (: -borj), früher *Trälleborg,* südschwed. Stadt u. Hafen an der Ostsee, 35000 E.; Eisenbahnfähre nach Travemünde u. Saßnitz (Rügen).

Trema *s* (gr.), **1)** Zeichen für die getrennte Aussprache zweier aufeinanderfolgender Selbstlaute (z. B. Poët). **2)** Lücke zw. den oberen Schneidezähnen.

Tremolo *s* (it.), in der Musik das ,,Beben" eines Tons. *Tremolieren,* die Übertreibung des ↗Vibratos der Stimme.

Tremor *m* (lat.), Zittern; Zusammenziehen u. Erschlaffen der Muskeln.

Trenchcoat *m* (: trenschko^{u}t, engl.), Wettermantel.

Trenck, 1) *Franz* Frh. v. der, östr. Oberst, 1711–49; verwegener Führer eines ↗Panduren-Freikorps im Östr. Erbfolgekrieg. **2)** *Friedrich* Frh. v. der, Vetter v. 1), preuß. Offizier, 1726–94; in Paris als Feind der Frz. Revolution hingerichtet.

Trend *m* (engl.), langfristige Entwicklungsrichtung der wirtschaftl. ↗Konjunktur.

Trenker, *Luis,* östr. Schriftsteller, Filmregisseur u. -schauspieler, * 1892; Filme u. a. *Der Kampf ums Matterhorn; Berge in Flammen; Der verlorene Sohn; Der Feuerteufel; Duell in den Bergen; Schicksal am Matterhorn;* zahlr. Kultur- u. Fernsehfilme; Romane.

Trennschärfe ↗Selektivität.

Trennung v. Tisch u. Bett ↗Ehescheidung, ↗Ehetrennung.

Trense w, der ↗Zaum bei Pferden.

Trentino *s,* bis 1919 der it. sprechende Teil v. Tirol; heute Prov. Trient in Südtirol.

Trenton (: trent^{e}n), Hst. v. New Jersey (USA), 105000 E.; kath., episkopalist. u. methodist. Bischof; Tonwaren- u. Steingut-Ind.

Trepanation *w* (lat.), operative Eröffnung der Schädelhöhle mit einem Bohrer (*Trepan, m,* eßbare Seewalzen. [*pan*).

Treptow (: -to), **1)** *T. an der Rega,* poln. *Trzebiatów,* Stadt in Pommern, nahe der Rega, 9500 E. **2)** Stadtteil v. (Ost-)Berlin. Sternwarte.

Tresor *m* (frz.), diebes-, einbruchs- u. feuersicherer Raum, Panzergewölbe v. Banken zur Aufbewahrung v. Geld u. Wertsachen (↗Safe) mit Sicherungsanlagen.

Trespe *w,* Rispengräser; Unkraut. In Dtl. die *Weiche T.* (Futtergras), ferner die *Dach-T., Taube T., Aufrechte T.*

Trester, *Treber* (Mz.), Rückstände der Wein- u. Bierbereitung; Dünge- u. Futtermittel; vergorener Trauben-T. zu *T.branntwein.*

Treuchtlingen, mittelfränk. Stadt, 12100 E.; Textil- u. Metall-Ind.

Treuga Dei *w* (lat.), ↗Gottesfriede.

Treuhänder, wem ein Recht od. sonstiger Vermögensgegenstand rechtlich unbeschränkt übertragen wurde, so daß er wie ein sonstiger Rechtsinhaber od. Eigentümer darüber verfügen, aber nur insoweit v. seiner Rechtsmacht Gebrauch machen kann, als das dem verabredungsgemäß verfolg-

H. von Treitschke

Luis Trenker

Trichine: 1 Darm-T., 2 Muskel-T. eingekapselt und 3 beginnende Verkalkung

ten Zweck entspricht. **Treuhandgebiet,** das ↗Mandat 3).

Treuhandgesellschaft, Erwerbsgesellschaft zur allg. Wirtschafts- u. Rechtsberatung, Betriebskontrolle u. Finanzierung.

Treu u. Glauben, Rechtsgrundsatz, wonach Verträge nach Billigkeit u. allg. Rechtsbewußtsein ausgelegt werden sollen.

Trevelyan (: trewelj^{e}n), *George Macaulay,* engl. Historiker, 1876–1962; *Gesch. Engl.s.*

Treverer (Mz.), german. Stamm zw. Rhein u. Maas, bis zum 1. Jh. v. Chr. keltisiert.

Trevira, eine vollsynthet. (Polyester-)Faser.

Treviso, ober-it. Prov.-Hst. in Venetien, 90000 E.; Bischof.

Treysa, ehem. hess. Stadt am Westrand der Schwalm; seit 1971 mit Ziegenhain u. a. Gem. zu ↗*Schwalmstadt* vereinigt.

Triangel *m* (lat.), **1)** Dreieck. **2)** in der Musik ein Schlaginstrument. ☐ 650. **Triangulation** *w* (lat.; Ztw. *triangulieren*), Dreiecksmessung, Verfahren zur Vermessung von Flächen und Strecken, wobei *trigonometrische Punkte* durch kürzeste Linien zu einem Netz aus Dreiecksseiten verbunden werden.

Trianon *s* (: -nõn), 2 Lustschlösser im Park v. Versailles; im *Vertrag v. T.* 1920, dem Friedensvertrag zw. Ungarn u. der Entente, verlor Ungarn u. a. das Banat, Siebenbürgen, Slawonien, Slowakei u. Burgenland.

Triarier (Mz.), im röm. Heer vor Marius altgediente Legionäre, die im 3. Glied standen.

Trias *w* (gr.), **1)** Dreiheit. **2)** die nach ihrer Dreiteilung in Buntsandstein, Muschelkalk u. Keuper (*German. T.*) ben. 1. Formation des Mesozoikums; Gesteine: Sandsteine, Kalksteine, Tone, Mergel. ☐237. [Liebe.

Tribadie *w* (gr.), andere Bz. für ↗lesbische

Triberg im Schwarzwald, bad. Stadt u. Luftkurort im mittleren Schwarzwald, 680 m ü. M., 6500 E.; *T.er Wasserfälle,* 163 m hoch.

Tribologie *w* (gr.), Wiss. u. Technik der aufeinander einwirkenden, in Relativbewegung befindl. Oberflächen von z. B. Maschinenelementen u. der damit verbundenen Probleme, wie Reibung, Verschleiß u. Schmierung.

Tribun *m,* Amtstitel im alten Rom: a) *Volks-T.,* v. der Volksversammlung gewählter plebejischer Beamter, konnte gg. Maßnahmen der Beamten u. Senatsbeschlüsse Einspruch erheben. b) *Militär-T.,* Legionsoffizier. **Tribunal** *s* (lat.), erhöhter Sitzplatz des Richters nach röm. Rechtssitte; heute allg. Gericht. **Tribüne** *w* (lat.), **1)** Rednerbühne. **2)** Galerie für Zuhörer u. Zuschauer.

Tribur, karoling. Kaiserpfalz im hess. Ort *Trebur.*

Tribus *w* (lat.), im alten Rom urspr. Einheit der patriz. Stammesgliederung (insgesamt 3); später örtl., Patrizier u. Plebejer umfassende Bezirke (insgesamt 35); Grundlage für Heeresaushebung, Besteuerung u.

Tribut *m* (lat.), Abgaben an den Sieger.

Trichine *w* (gr.), parasit. Fadenwurm bei Mensch, Schwein, Hund, Katze. *Darm-T.n* durchbohren die Darmwand, wandern in die Muskeln (*Muskel-T.n*) u. rollen sich zu einem Ruhestadium spiralartig zusammen. Die *T.nkrankheit, Trichinose,* nach dem Genuß trichinenhaltigen (Schweine-)Fleisches; wird verhütet durch vollständ. Durchkochen od. Durchbraten des Schweinefleisches, aber nicht durch Pökeln od. Räuchern. Die *T.nschau* ist behördlich vorgeschrieben.

Trichomonadenseuche (gr.), Geschlechtskrankheit der Rinder.

Trichterbecherkultur, zusammenfassende Bz. für verschiedene jungsteinzeitl. Kulturgruppen in Mitteleuropa; gekennzeichnet u. ben. nach den trichterförmigen Bechern in der Keramik; bes. in Nord-Dtl. viele Sondergruppen.

Trichterbecher der T.kultur

Trichterling *m,* eßbarer Blätterpilz. *Anis-T., Nebelgrauer T., Lackbläuling.*

Trichterwinde, Gattung der Windengewächse mit vielfarbigen Blüten, Zierpflan- **Trick** *m* (engl.), Kunstgriff, Kniff.   [zen.

Trickfilm, bes. der Zeichentrickfilm, der jede einzelne Bewegungsphase durch eine neue Zeichnung wiedergibt; dazu Tricks bei der Aufnahme (Zeitraffer, Zeitlupe, Arbeit mit Vorsatz opt. Systeme usw.).

Trichterling

Tridentinum *s,* das ⟋Trienter Konzil.

Triduum *s* (lat.), Zeitraum v. 3 Tagen.

Trieb *m,* 1) der angeborene seelisch-leibl. Tätigkeitsdrang, mit Gefühlen verbunden (vor allem Lust – Unlust), auf die Befriedigung v. Lebensbedürfnissen gerichtet, dem bewußten Denken vorausgehend, aber beim Menschen durch den Willen weitgehend lenkbar: Selbsterhaltungs-, Nahrungs-, Geschlechts-, Bewegungs-, Spiel-T. usw. Heute häufig der Begriff „Antrieb" verwandt; i. ü. S. auch die geistigen Grundbestrebungen des Menschen: Wahrheits-, Schönheits-, Freiheits-T. u. a. 2) in der Botanik: der junge Sproß od. Zweig.

Triebwagen, Eisenbahnwagen mit eigenem, meist elektr. od. Dieselantrieb.

Triele (Mz.), *Dickfüße,* kleine plumpe Watvögel mit gelben Augen. In Dtl. *Brachhuhn.*

Triennium *s* (lat.), Zeitraum v. 3 Jahren.

Trient, it. *Trento,* ober-it. Prov.-Hst. am Ausgang des Suganer Tals in das Etschtal, 99100 E.; Hauptort des ehem. östr. Welschtirols. Kath. Erzb.; Dom (11./16. Jh.); 1543/63 Tagungsort des ⟋*T.er Konzils.* Vielseitige Ind. **T.er Konzil,** *Tridentinisches Konzil, Tridentinum,* die 19. allg. Kirchenversammlung zur Abwehr der Reformation u. zur Erneuerung der kath. Kirche (⟋„Katholische Reform"); tagte 1545/47, 51/52 u. 62/63; legte die kath. Lehre in den Hauptpunkten fest u. stärkte das Papsttum. Das T. K. konnte die konfessionelle Spaltung nicht mehr überwinden. ☐505.

Trier, Hst. des Reg.-Bez. T. in Rheinland-Pfalz, an der mittleren Mosel, 95800 E.; kath. Bischof, Univ., Fachhochschule. Mittelpunkt des Weinbaus an Mosel, Saar u. Ruwer. Röm. Ruinen: Amphitheater (1. Jh. n. Chr.), Barbara- (2. Jh.) u. Kaiserthermen (4. Jh. n. Chr.), Porta Nigra (1. Jh.). Dom mit reichen Reliquien (Hl. Rock), St.-Matthias-Basilika (1148 geweiht, mit Grab des Apostels Matthias). Nahrungs- u. Genußmittel-, Textil-, metallverarbeitende Ind., Reifenfabrik, Apparate- u. Maschinenbau; Weinkellereien, Hafen an der Mosel. – Urspr. Kultort der ⟋Treverer, um 15 v. Chr. röm. Kolonie

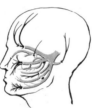

Trigeminus

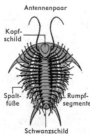

Trilobiten: Ceraurus pleurexanthemus aus dem mittleren Ordovizium

Augusta Treverorum; 287/um 400 Kaiserresidenz der westl. Reichshälfte; 6. Jh. bis 1802 Erzbistum; die Erzbischöfe waren seit dem 13. Jh. Kurfürsten. ☐ 767.

Triere *w* (gr.), Kriegsschiff des Alt. mit 3 Ruderreihen übereinander.

Triest, it. *Trieste,* it. Prov.-Hst. u. Hafen am *Golf v. T.,* 260500 E.; Dom (14. Jh.), Schloß Miramar; Reste altröm. Bauten; kath. Bischof; Univ., Nautisches Institut, Sternwarte; Schiff- u. Maschinenbau, Eisengießerei (Hochöfen), Ölraffinerie; Wein- u. Olivengärten. – Im Alt. *Tergeste,* um 177 v. Chr. röm.; stand seit 948 unter der Herrschaft des Bischofs, gehörte 1382/1919 (außer in der napoleon. Zeit) zu Östr., fiel dann an It.; nach dem 2. Weltkrieg Streitobjekt zw. It. u. Jugoslawien; 1947 Freistaat, teils unter brit.-am. Militärverwaltung, teils unter jugoslaw. Verwaltung; 54 kamen Stadt u. Hafen an It., das Hinterland an Jugoslawien.

Trifels, ehem. Reichsburg bei Annweiler (Pfalz), teilweise restauriert; unter den Staufern zeitweise Aufbewahrungsort der Reichsinsignien.

Triforium *s* (lat.), im Kirchenbau des MA: in der Mauer ausgesparter Laufgang über den Arkaden v. Mittel-, Querschiff u. Chor.

Trift *w,* 1) Weide; Weg des Viehs zur Weide. 2) das Flößen v. Einzelstämmen. 3) die ⟋Drift. **T.röhre,** *Klystron,* eine Elektronen-Laufzeitröhre zur Erzeugung u. Verstärkung höchstfrequenter Schwingungen in der Mikrowellentechnik.

Trigeminus *m* (lat.), der das Gesicht versorgende Hirnnerv. **T.neuralgie** *w* (lat.-gr.), heftige Schmerzanfälle im Gebiet des T.

Trigger *m* (engl.), ein schneller, meist elektron. Schalter, der stoßweise schaltet, auch Zünder v. Kernwaffen.

trigonal (gr.), dreieckig. **Trigonometrie** *w* (gr.), allg. Berechnung der Seiten u. Winkel v. Dreiecken aus jeweils 3 bekannten Bestimmungsstücken. In der ebenen Geometrie genügen konstruktiv dazu 2 Winkel u. 1 Seite od. 1 Winkel u. 2 Seiten od. 3 Seiten. Die übrigen 3 Stücke können konstruiert od. berechnet werden. Die *sphärische T.* als Grundlage der Himmelskunde, Navigation u. Erdvermessung berechnet in ähnl. Weise Winkel u. Dreiecksseiten sphärischer Dreiecke als Ausschnitte aus der Kugelfläche. ⟋Winkelfunktionen. **trigonometrischer Punkt** ⟋Triangulation.

Trikolore *w* (frz.), 3farbige Fahne, bes. die in der Frz. Revolution eingeführte blau-weiß-rote frz. Nationalflagge.

Trikot *m* od. *s* (: -ko, frz.), 1) elast. Wirkware. *Trikotage,* die gewirkte Unterwäsche. 2) Kleidung aus 1) für Sport u. Artistik.

Triller, gleichmäßig schneller Wechsel eines Tons mit dem oberen Nebenton.

Trillion *w,* 3. Potenz einer Million, eine 1 mit 18 Nullen, also 10^{18}.

Trilobiten, 3geteilte Gliedertiere (Krebse), im Kambrium u. Perm; Leitfossilien.

Trilogie *w* (gr.), ein in 3 Teilen zykl. aufgebautes dichter. Kunstwerk.

Trimester *s* (lat.), 1) Zeit v. 3 Monaten. 2) 3. Teil eines Studienjahres.

Trimeter *m* (gr.), ein Vers aus 3 gleichen

Trinidad und Tobago

Amtlicher Name: Trinidad and Tobago
Staatsform: Republik
Hauptstadt: Port of Spain
Fläche: 5128 km²
Bevölkerung: 1,13 Mill. E.
Sprache: Staatssprache ist Englisch
Religion: 36% Katholiken, 23% Hindus, 21% Anglikaner, 6% Muslimen
Währung: 1 Trinidad-and-Tobago-Dollar = 100 Cents
Mitgliedschaften: UN, Commonwealth, OAS

Triole: Beispiel

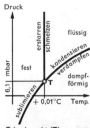

Tripelpunkt (T) des Wassers

metr. Einheiten, so der iamb. T. als Sprechvers des antiken, mitunter auch des modernen Dramas.

Trimm-dich-Bewegung, in der BRD 1970 vom Dt. Sportbund eingeführte, v. verschiedenen Institutionen geförderte Volkssportbewegung, die breite Kreise der Bev. zu einfacher sportl. Betätigung veranlassen will (Volksläufe, Trimmpfade u. a.).

trimmen, 1) ein Schiff durch Stauen der Ladung in die richtige Schwimmlage bringen. **2)** Kohlen v. den Bunkern vor die Feuerung schaffen. **3)** scheren v. rauhhaarigen Hunden.

Trimurti *w* (Sanskrit = Dreigestalt), im ↗Hinduismus höchste Gottheit, als deren 3 Aspekte *Brahman* (Schöpfer), ↗*Vischnu* (Erhalter) u. ↗*Schiwa* (Zerstörer) gelten.

Trinidad (: -däd, engl.), mittelamerikanische Insel, vor dem Orinocodelta, 4827 km², 1 Mill. E., davon 40% Neger u. 40% Inder; Hst. Port of Spain. Trop. Klima; Anbau v. Kakao, Zuckerrohr, Bananen; Erdöl- u. Asphaltvorkommen. – 1498 von Kolumbus entdeckt; 1588 span., 1797 engl.; 1958–1962 Mitgl. der ↗Westind. Föderation; seit 62 Teil v. ↗Trinidad u. Tobago.

Trinidad und Tobago, mittel-am. Staat, 1962 aus ↗Trinidad u. ↗Tobago gebildet; zunächst konstitutionelle Monarchie unter der brit Krone, seit 76 Republik.

Trinitarier (Mz., lat.), *Orden der heiligsten Dreifaltigkeit v. Loskauf der Gefangenen,* 1198 gegr. Bettelorden; widmeten sich u. a. der Befreiung christl. Sklaven aus der Hand der Muslimen; heute in der Seelsorge u. Krankenpflege. **T.innen,** weibl. Zweig.

Trinität *w* (lat.), ↗Dreifaltigkeit. **Trinitatis,** Dreifaltigkeitsfest, 1. Sonntag nach Pfingsten.

Trinitrobenzol *s*, $C_6H_3(NO_2)_3$, hochbrisanter Sprengstoff. **Trinitroglycerin,** das ↗Nitroglycerin. **Trinitrophenol** ↗Pikrinsäure. **Trinitrotoluol** *s*, Abk. TNT, $C_6H_2(NO_2)_3CH_3$, vielbenutzter Sprengstoff für Granaten, Minen u. Torpedos. Maßeinheit für ↗Kernwaffen-Stärke.

Trinkerfürsorge, staatl. (durch Gesundheitsämter) od. nicht-staatl. (durch Wohlfahrtsverbände) medizin., heilpädagog. od. seelsorger. Betreuung u. Behandlung v. Alkoholikern. **Trinkerheilanstalt,** Anstalt zur Entwöhnung (u. a. durch Entziehungskur) v. sozial gesunkenen od. straffällig gewordenen Trinkern, die entweder freiwillig v. der Trinkerfürsorge od. auf richterl. Anordnung eingewiesen werden. ↗Alkoholismus.

Trio *s* (it.), **1)** Komposition für 3 Instrumente, auch Bz. für ein dreistimmiges Ensemble. **2)** Mittelsatz der Scherzi, Tanzstücke u. Märsche. [Elektroden.

Triode *w* (gr.), ↗Elektronenröhre mit 3 **Triole** *w* (it.), 3 Töne im Zeitwert v. 2 derselben Art.

Trioxybenzoesäure ↗Gallussäure.

Trip *m* (engl.), Reise; *i. ü. S.:* Rauschzustand nach Einnahme v. Rauschgiften.

tripel (frz.), dreifach. **T.allianz,** Bündnis zw. 3 Staaten.

Tripelpunkt, der durch eine bestimmte Temperatur und Druck gekennzeichnete

Punkt, an dem die 3 Phasen (fest, flüssig, gasförm.) eines homogenen Stoffes gleichzeitig im Gleichgewicht existieren können.

Triphenylmethan *s*, ein Kohlenwasserstoff, $(C_6H_5)_3CH$; Ausgangssubstanz der **T.farbstoffe,** wie Fuchsin, Kristallviolett.

Tripolis, 1) it. *Tripoli,* arab. *Tarabulus el-Gharb,* Hst. der Prov. T. u. ehem. Hst. Tripolitaniens u. im Turnus mit Benghasi Hst. v. Libyen, 552000 E.; Hafen an der Kleinen Syrte; Ausgangspunkt großer Karawanenstraßen; östl. der Stadt das ausgegrabene ↗*Leptis Magna.* **2)** arab. *Tarabulus esch-Scham,* libanes. Hafenstadt am östl. Mittelmeer, 175000 E.; maronit. u. melchit. Bischof; Endpunkt einer Pipeline aus dem Irak; Erdölraffinerie.

Tripolitanien, fr. einer der 3 Bundesstaaten des ehem. Kgr. Libyen, am Mittelmeer, Hst. ↗Tripolis; an der Küste u. in den Oasen Anbau v. Weizen, Dattelpalmen, Wein u. Oliven. – 1551/1714 u. 1835/1912 türk., dann it.; seit 1932 Teil ↗Libyens.

Tripoljekultur, bäuerl. Kultur der Jungsteinzeit in der Ukraine, ben. nach dem Dorf Tripolje bei Kiew; bandkeram. Gefäße, weibl. Tonfiguren.

Tripper *m, Gonorrhöe,* durch Gonokokken verursachte ↗Geschlechtskrankheit, mit eitrigem Ausfluß infolge Entzündung der Harnröhre; greift auf die inneren Geschlechtsorgane über, kann zu Unfruchtbarkeit führen; außergeschlechtl. übertragbar der *Augen-T.;* T. ist behandlungspflichtig. □ 420.

Triptik, *Triptyk s* (gr.), ein Grenzdurchlaßschein für Kraftfahrzeuge; berechtigt nur zum Übertritt in ein Land, das *Carnet de passage* dagegen in mehrere Länder.

Triptychon *s* (gr.), 3teiliges gemaltes od. geschnitztes Bild; die Seiten können meist über den Mittelteil geklappt werden. Höhepunkt im ↗Flügelaltar.

Tripura, ind. Unionsterritorium im O des Landes, 10453 km², 1,5 Mill. E.; Hst. Agartala. Dschungelbedecktes Bergland.

Trischen, *Buschsand,* westholsteinische Watteninsel südwestl. v. Büsum; 769 ha; Vogelschutzgebiet.

Trishagion *s,* in der ostkirchl. Messe Lobpreis der Dreifaltigkeit.

Tristan da Cunha (: -kunj^e), 4 kleine brit. Inseln im Südatlantik, 116 km², 276 E. – Die gleichnam. Hauptinsel 1961 durch Vulkanausbruch verwüstet u. zeitweilig v. den Bewohnern verlassen. Seit 1816 brit., seit 1938 v. St. Helena aus verwaltet.

Tristan u. Isolde, Titel einer im MA entstandenen Geschichte der Liebesleidenschaft: T. gewinnt als Brautwerber I. für seinen Oheim Marke, ein Zaubertrank verbindet ihn jedoch mit ihr. Im Kampf mit Marke werden die Liebenden schließl. in den Liebestod getrieben. ↗Gottfried v. Straßburg schuf ein gleichnam. Epos, R. ↗Wagner ein Musikdrama. [mius.

Trithemius, *Johannes,* ↗Johannes Trithe-**Tritium** *s, Triterium,* Abk. T oder ³H, überschwerer Wasserstoff, radioaktives Wasserstoffisotop (Halbwertszeit 12,5 Jahre); kommt in verschwindend geringer Menge

im Wasser vor; der Kern, bestehend aus 1 Proton u. 2 Neutronen, heißt *Triton*. Verwendung als Radioindikator, als Geschoß für Kernumwandlungen u. in der Wasserstoffbombe.
Tritoma, südafrikan. Liliengewächs.
Triton, griech. Meergott, Sohn des Poseidon. **Tritonen** (Mz.), mit den ↗Nereiden im Gefolge griech. Meergötter, oft mit Delphinschwänzen dargestellt.
Tritonia w, ↗Montbretia.
Tritonshorn, Trompetenschnecke.
Triumph *m* (gr.), **1)** im alten Rom festl. Einzug eines siegreichen Feldherrn. **2)** allg. Sieg, Erfolg, Frohlocken. **T.bogen, 1)** in der röm. Kunst mit Inschriften u. Reliefs geschmücktes 1- bis 3toriges Bauwerk zu Ehren eines siegreichen Feldherrn od. Kaisers. **2)** im christl. Kirchenbau Gewölbebogen zw. Chor u. Mittelschiff (bzw. Vierung).
Triumvirat *s* (lat.), im alten Rom **1)** aus 3 Männern *(Triumvirn)* bestehendes Beamtenkollegium für polit. u. sakrale Sonderaufgaben. **2)** private Zusammenschlüsse, z.B. 60 v. Chr. das 1. T. zw. Pompejus, Caesar u. Crassus.
Trivandrum, Hst. des ind. Bundesstaates Kerala, 410000 E.; syro-malankares. Erzb. u. lat. Bischof; Univ.
trivial (lat.), **1)** zum ↗Trivium gehörig. **2)** gewöhnl., abgedroschen. **Trivialität** *w,* Plattheit.
Trivialliteratur, literarisch wertlose Unterhaltungsliteratur, z.B. Heimat- u. Wildwestromane; v. der Literatur-Wiss. lange vernachlässigt, weit verbreitet.
Trivium *s* (lat. = Dreiweg); im MA die untere Stufe der 7 ↗Freien Künste; die obere Stufe Quadrivium.
Troas, Gebiet des alten ↗Troja.
Trochäus *m* (gr.), ↗Metrik.
Trochiten (Mz., gr.), versteinerte Stielglieder v. Seelilien; gesteinbildend, im *T.kalk.*
Trockenbeeren sind rosinenartig eingeschrumpfte, vollreife Weinbeeren, entstanden durch Edelfäule, eine bes. Art der ↗Trockenfäule; sie liefern Prädikatsweine *(T.auslese).* ☐ 1091.
Trockeneis, in Würfel gepreßtes, festes Kohlendioxid (CO_2), mit konstanter Temperatur v. −79° C; schmilzt nicht, verdunstet trocken-gasförmig.
Trockenelement *s,* ↗galvan. Element, in dem die Elektrolytflüssigkeit durch eine poröse Masse aufgesaugt ist. **trockener Wechsel,** der ↗Eigenwechsel. **Trockenfäule,** Pflanzenkrankheiten, bei denen Gewebe abstirbt u. durch Wasserverlust mumifiziert wird. ↗Trockenbeeren.
Trockenlöscher, Feuerlöscher, bei dem ein chem. Löschmittel die Brandstelle luftdicht abschließt u. die Flammen erstickt. ☐ 270. **Trockenmittel,** wasseranziehende (hygroskopische) Stoffe, mit denen Luft u.a. Gase getrocknet werden. **Trockenplasma,** eine ↗Blutkonserve; tiefgekühltes, v. Blutkörperchen befreites u. getrocknetes Blut. **Trockenspiritus,** Brenntäfelchen aus Paraldehyd. **Trockenstarre, Trockenschlaf,** natürl., schlafähnl. Starrezustand gewisser Tiere (Insekten, Spinnen, Amphibien, Rep-

tilien) während Trockenzeiten. **Trockenstoff** ↗Sikkativ.
Troer, *Trojaner,* Bewohner v. ↗Troja.
Troger, *Paul,* östr. Barockmaler, 1698–1762; Fresken in Melk, Salzburg, Brixen.
Trogon, *Nageschnäbler,* trop. Waldvögel, prächtig gefärbt, mit kurzem Hakenschnabel u. langem Schwanz; z. B. *Suruku* (Amerika). **Troika** w, russ. Dreigespann. [rika].
Troisdorf (: tros-), rhein. Ind.-Stadt n.w. von Siegburg, 57800 E.; chem. Groß-Ind., eisenverarbeitende Industrie.

Triumphbogen (dreitorig) – ☐ 25, 828

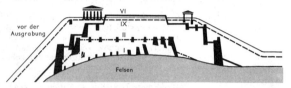

vor der Ausgrabung

Felsen

Troja: Schnitt durch die Burganlagen von Troja I, II, VI und IX

Troja Siedlungsperioden	*Troja VIIa* im 13. Jh. v. Chr. nach Zerstörung von
Troja I seit Mitte 3. Jahrt. v.Chr. im Zshg. mit ost-westl. Metallhandel angelegt	T. VI (durch ein Erdbeben) errichtet; durch feindl. Eroberung um 1240/20 v. Chr. (myken. Griechen?) zerstört
Troja II ca. 2500–2300 v. Chr.; berühmt durch die Goldfunde Schliemanns, die der Zerstörung Ende 3. Jahrt. entgangen waren	*Troja VIIb* weist wegen seiner Buckelkeramik auf balkan. Zuwanderer veneto-illyr.-thrak. Herkunft
Troja III–V bescheidene Dörfer	*Troja VIII* durch äolische Griechen im 8. Jh. v. Chr. besiedelt
Troja VI ca. 1900–1300 v.Chr.; das T. der myken. Zeit; eine mächtige Anlage	*Troja IX* das hellenist.-röm. T. (Ilion)

Troja, *Ilion,* frühgeschichtl. Burgstadt im nordwestl. Kleinasien; die Ausgrabungen (u. a. von H. ↗Schliemann) ergaben 9 Siedlungsschichten, die v. 3. Jahrt. v. Chr. bis in die röm. Zeit reichen. **Trojanischer Krieg,** in der Ilias ↗Homers geschilderter sagenhafter Krieg der Griechen gg. Troja; veranlaßt durch die Entführung der ↗Helena; endete nach 10jähr. Belagerung Trojas mit der Eroberung (↗Trojan. Pferd) u. Zerstörung der Stadt. **Trojanisches Pferd,** im ↗Trojanischen Krieg hölzernes Pferd, in dessen Innerem sich griech. Kämpfer verbargen; diese stiegen, nachdem die Trojaner das Pferd als Geschenk der Griechen (↗Danaergeschenk) in die Stadt geschafft hatten, heraus u. öffneten von innen das Tor.
Trokar *m,* dolchartige Hohlnadel mit dreikantiger Spitze; zur Entleerung des Körpers v. Gasen, Eiter od. Flüssigkeiten.
Trökes, *Heinz,* dt. Maler u. Graphiker, * 1913; kam v. Surrealismus zu poet.-symbol. Gestaltungen, später auch zu folklorist. Motiven.
Troll, Unhold der nord. Sage. **T.blume,** gelbblühendes Hahnenfußgewächs.

Trokar

Trollblume

Trolleybus ↗Obus.

Trollhättan, südschwed. Stadt an den Trollhättafällen der Götaälv, 50000 E.; Wasserkraftwerk; Elektrochemie u. -metallurgie.

Troeltsch, *Ernst*, dt. ev. Theologe u. Kulturphilosoph, 1865–1923; krit. Vertreter des Historismus; Religionssoziologie. *Die Soziallehren der christl. Kirchen u. Gruppen.*

Trombe *w* (it.), die ↗Windhose.

Trommel *w*, 1) zylindr. Teil einer ↗Kuppel. 2) zylindr., um seine Mittelachse drehbarer Hohlkörper. 3) Patronenlager bei Revolvern. 4) Schlaginstrument aus Holz od. Metall, auf beiden Seiten mit Fell bespannt. ☐ 650. **T.fell**, a) das über die Trommel (4) gespannte Fell. b) die Schallmembran zwischen Gehörgang (äußeres Ohr) u. Mittel↗Ohr. **T.sucht**, Tierkrankheit, ↗Aufblähen.

Trompe *w* (frz. = Jagdhorn), über zwei rechtwinklig aneinandergrenzenden Mauern geführter Bogen mit nischenart. Wölbung.

Trompete *w*, hohes Blechblasinstrument mit Kesselmundstück u. langem, gewundenem Rohr; heute zum chromat. Spiel mit Ventilen versehen. Der Klang ist hell u. strahlend. Die sog. Bach-T.n haben keine Ventile u. benutzen die hohen Obertöne. ☐ 650. **T.nbaum**, Sträucher od. Bäume, bis 8 m hoch; Zierbaum bes. der nord-am. u. der japan. T.nbaum. **T.ntierchen**, t.nförmiges, einzelliges Wimpertierchen, bis 2 mm lang; in verunreinigtem Wasser.

Trompeter, großer Kanarienvogel.

Tromsö, norweg. *Tromsø*, nordnorweg. Hafen, größte Stadt jenseits des Polarkreises, 43000 E.; Forschungs-Inst. für Geophysik u. Meteorologie.

Trondheim, fr. *Trondhjem*, dt. *Drontheim*, auch *Nidaros*, norweg. Hafenstadt am 150 km langen *T.fjord*, 134500 E.; TH, ev. Bischof; Dom; Werften, Maschinen-, Textilu. Nahrungsmittel-Ind.

Trope *w* (gr.), Veranschaulichung eines Begriffs; z.B. Frau Welt.

Tropen (Mz., gr.; Ez. *Tropus* = Wendung, Umschreibung), Gebiet beiderseits des Äquators bis zu den Wendekreisen, klimat. durch die 20°-Isothermen des kältesten Monats begrenzt; bei steter Tag- u. Nachtgleiche herrschen ständig hohe Temperaturen mit nur geringen tägl. u. jährl. Schwankungen u. ohne ausgeprägte therm. Jahreszeiten; im Gebiet der immerfeuchten *inneren T.* treten nur kurze u. wenig ausgeprägte Trockenzeiten (immergrüner Regenwald) auf; gg. die Wendekreise rücken die Regenzeiten zu einer einzigen, nur kurzen Regenzeit zus. (wechselfeuchte *äußere T.* mit Vorherrschen der Savanne); an den Rändern erstrecken sich Steppen u. Wüsten. **T.hygiene**, befaßt sich mit der Körperpflege, Kleidung, Ernährung u. Infektionsabwehr in den Tropen. **T.institute**, Forschungsstätten für T.medizin u. -hygiene. **T.krankheiten**, Malaria, Schlafkrankheit, Pest, Pocken, Cholera, Lepra, Gelbfieber.

Tröpfcheninfektion, Übertragung v. Infektionskrankheiten durch feinste Tröpfchen beim Niesen, Husten, Sprechen.

Tropfinfusion, *Dauer-T.*, die Einführung von

Ernst Troeltsch

Trompe

L. D. Trotzkij

1

2

Truhe: 1 Dachstollen-Truhe (Tirol, 16. Jh.), **2** gotische T. (15. Jh.)

Kochsalz- od. Traubenzuckerlösungen in eine Blutader mit konstanter Tropfenzahl pro Minute; bes. bei Flüssigkeitsverlust, Schock u. Kreislaufkollaps.

Tropfstein, Kalkabsatz herabtropfenden kalkreichen Wassers als v. oben nach unten wachsende *Stalaktiten* od. v. unten nach oben wachsende *Stalagmiten* in *T.höhlen.*

Trophäe *w* (gr.), Siegeszeichen. [☐ 939.

Tropikvögel, Ruderfüßer mit langen Flügeln, an trop. Meeren, leben v. Fischen.

Tropismus *m* (gr.), durch äußere Reize hervorgerufene Orientierungsbewegung von Pflanze od. Tier; *Geo-T.* durch die Schwerkraft; *Helio-T.* durch die Sonne, *Chemo-T.* durch chem. Stoffe.

Tropopause *w* (gr.), Grenzschicht zw. Troposphäre u. der darüberliegenden Stratosphäre. **Troposphäre** *w* (gr.), die unterste Schicht der Lufthülle der Erde, in der das gesamte Wettergeschehen abläuft. ☐ 569.

Troppau, tschech. *Opava*, tschsl. Stadt im Mähr. Gesenke, an der Oppa, 58000 E.; Nahrungsmittel-, Holz- u. chem. Ind., ehem. Hst. v. Östr.-Schlesien.

Tropsch, *Hans*, dt. Chemiker, 1889–1935; entwickelte die ↗Kohleverflüssigung.

Tropus *m* (gr.), **1)** ma. Bz. für Kirchenart. **2)** Erweiterungen des Gregorianischen Gesangs; Vorstufe zu den ↗Geistl. Spielen des Mittelalters.

Trosse *w*, dickes Schiffstau.

Trossingen, südwürtt. Stadt (Kr. Tuttlingen), 11000 E.; Hochschule für Musikerziehung; Harmonikafabrik.

Trottoir *s* (: -t°ar, frz.), Bürgersteig.

Trotzkij (eig. Bronstein), *Lew Dawidowitsch*, russ. Revolutionär, 1879–1940; seit 1917 Mitarbeiter Lenins, ein Hauptführer der bolschewistischen Oktoberrevolution; Schöpfer der Roten Armee; geriet mit seiner These v. der *permanenten Revolution* in Ggs. zu Stalin, seit 24 dessen wichtigster Gegner im Kampf um Lenins Nachfolge; 29 aus der UdSSR ausgewiesen; begr. in Mexiko die 4. Internationale, die aber ohne Bedeutung blieb; v. sowjet. Agenten ermordet.

Troubadour (: trubadur), der provenzal. ritterl. Dichtersänger des 12. u. 13. Jh.

Troyes (: tr°a), Hst. des frz. Dep. Aube, 73000 E.; kath. Bischof; got. Kathedrale; Wirkwaren-Ind.

Troysystem *s* (: trâi-), engl. u. am. Massenmaßsystem für Edelmetalle, -steine, Arzneien usw.; z.B. 1 Troyunze = 31,1 g.

Trübner, *Wilhelm*, dt. Maler, 1851–1917; Porträts, Landschaften, Historienbilder; gehörte zum Münchener Leibl-Kreis.

Truchseß, früher der ↗Erzämter.

Trucksystem *s* (: trak-, engl.), Entlohnungsmethode, bei der der Arbeitnehmer mit (meist v. Unternehmer hergestellten) Waren statt Barlohn bezahlt wird; wegen der oft damit verbundenen Ausbeutung gibt es in den meisten Staaten Truckverbote.

trudeln, Abwärtsbewegung eines Flugzeuges in steiler Schraubenlinie.

Trudpert, hl. (26. April), † Mitte 7. Jh.; Martyrer, Apostel des Breisgaus, vermutl. Ire.

Trüffel *w*, *Tuber*, Speisepilz; Fruchtkörper unter der Erde; Aufsuchen durch Hunde od.

Schweine. In Dtl.: *Weiße T., Sommer-T., Winter-T.* ☐750.

Trugdolde, ein Blütenstand. ☐743.

Trugnattern, trop. u. subtrop., z.T. giftige Nattern, die nachts Beute suchen.

Trugratten, *Schrotmäuse,* rattenähnl. Nagetiere (Südamerika, Afrika).

Trugschluß *m, Sophisma,* scheinbar folgerichtiger *Fang-* od. *Fehlschluß,* bes. in der ↗Sophistik.

Truhe *w,* Kastenmöbel mit Deckel zur Aufbewahrung v. Kleidung u. Wäsche; oft reich verziert (Schnitzerei, Malerei). ☐1013.

Trullo *m* (Mz. *Trulli),* fensterlose, einräumige Rundbauten mit Spitzkuppeldach aus vorkragenden Steinen; uralte Hausform, die bis heute in Apulien gebräuchl. ist.

Harry S. Truman

P. I. Tschaikowskij

Truman (: -m^{e}n), *Harry S(hippe),* am. Politiker (Demokrat), 1884–1972; 1945/53 Präs. der USA; verfolgte eine dem ↗New Deal ähnl. Sozial- u. Wirtschaftspolitik (Fair Deal); schloß 45 das ↗Potsdamer Abkommen u. griff 50 in den ↗Korea-Krieg ein. **T.doktrin,** Kongreßbotschaft T.s 1947, sicherte allen in ihrer Freiheit (v. Kommunismus) bedrohten Völkern Hilfe der USA zu.

Trupiale, *Stärlinge,* süd-am. Singvögel; schädigen die Felder.

Trust *m* (: traßt, engl.), Zusammenschluß v. Unternehmungen als Großorganisation zur monopolist. Marktbeeinflussung.

Truthühner, *Puten* (männl. *Truthahn* od. *Puter),* schwere Hühnervögel.

Trypanosomen (Mz., gr.), längl. od. spiralige Flagellaten (↗Protozoen), als Blutparasiten bei Mensch u. Wirbeltier; viele sind Erreger v. seuchenartigen Krankheiten bei Tier u. Mensch (z.B. Schlaf- u. Chagaskrankheit).

Trypsin *s,* eiweißspaltendes Ferment des Pankreas.   [säure.

Tryptophan *s,* eine essentielle ↗Aminotrzebnica (: tschebnitßa) ↗Trebnitz.

Tsaidambecken, abflußloses Becken in NO-Tibet, 2700 m ü. M., große Salz-, Erdöl- u. Erzvorkommen.

Tschad, frz. *Tchad,* Rep. in Äquatorialafrika, östl. des Tschadsees. Das Land gehört hauptsächl. zur Steppenzone des Sudan u. hat im N mit dem Hochland v. Tibesti Anteil an der Sahara. In den Steppen nomad. Viehzucht, im S Anbau v. Baumwolle u. Ölgewinnung aus Baumwollsamen; in begrenztem Maße Anbau v. Zuckerrohr, Erdnüssen u. Tabak. – Als frz. Kolonie Teil v.

Frz.-Äquatorialafrika; seit 1958 autonome, seit 60 unabhängige Rep.; 67/72 innere Unruhen (mit frz. Hilfe niedergeschlagen). 79/80 bürgerkriegsähnl. Wirren, 80 militär. Eingreifen Libyens (Nov. 81 Abzug d. Truppen).

Tschadsee, arab. *Bahr es-Salam,* versumpfter Binnensee Innerafrikas, 12000 bis 26000 km²; mittl. Tiefe 1,5 m; Zuflüsse: Schari u. Komadugu; kein sichtbarer Abfluß.

Tschaikowskij, *Peter Iljitsch,* russ. Komponist, 1840–93; verband Einflüsse dt. u. it. Romantik mit russ. Nationalmusik. Opern *(Eugen Onegin; Pique Dame);* Ballette *(Schwanensee; Dornröschen; Nußknacker),* 6 Symphonien, Konzerte.

Tschaitya ↗Indien (Kunst).

Tschako *m* (ungar.), Kopfbedeckung bei Militär u. Polizei.

Tschandigarh, *Chandigarh,* Hst. des ind. Bundesstaates Pandschab, 233000 E.; Univ.; seit 1950 nach Plänen v. Le Corbusier erbaut.

Tschangscha, *Changsha,* Hst. der chines. Prov. Hunan, 850000 E.; Univ.

Tschangtschun, *Hsingking,* 1933/45 Hst. v. Mandschukuo, seit 1954 der chines. Prov. Kirin, Verkehrs- u. Ind.-Zentrum, 1,8 Mill. E.

Tscheboksary, Hst. der Tschuwasch. ASSR in der RSFSR u. Hafen an der Wolga, 308000 E.; techn. Schulen, Maschinen-, Elektro-, Textil-, Holz- u. Nahrungsmittel-Ind.

Tschechen, westslaw. Volk in Böhmen u. Mähren, insgesamt 9,4 Mill., stellt 64,8% der Bev. der Tschechoslowakei; meist kath., eigene Nationalsprache (Tschechisch).

Tschechoslowakei, Abk. *ČSSR;* Rep. im östl. Mitteleuropa, umfaßt die ehem. Kronländer Böhmen, Mähren u. Schlesien der habsburg. Monarchie u. die Slowakei. 64,8% Tschechen, 29,3% Slowaken, 3,9% Madjaren, 0,8% Dt. – Die T. reicht v. Fichtelgebirge im W über 720 km bis zu den Theißquellen im O, v. den Randgebirgen Böhmens im N bis zur Donau im S. Großlandschaften sind das Böhm. Mittelgebirge u. die Westkarpaten (Hohe u. Niedere Tatra). Slowak. Erzgebirge. Zw. beiden liegen die Mittelgebirgs- u. Beckenlandschaften Mährens mit den Böhmisch-Mährischen Höhen. Die T. ist ein reiches Land. ¹/₃ der Fläche ist bewaldet u. beliefert die Holz- u. Papier-Ind.; ca. 60% sind Agrarland: lößbedeckte Becken in Böhmen u. Mähren (Getreide, Zuckerrüben, Kartoffeln, Ölfrüchte). In Höhenlagen der Slowakei Weidewirtschaft. 90% der Landwirtschaft sind kollektiviert. Von allen osteurop. Ländern ist die T. am stärksten industrialisiert. Schwerindustrie mit reichen Stein- u. Braunkohlenlagern in großen Eisenerzvorkommen; ferner Uran, Blei, Kupfer; Textil- u. Glas-Ind. im Sudetenland. Die Wirtschaft arbeitet nach den Plänen des RgW. Der Handel mit den sozialist. Staaten bestreitet über 60% der Einfuhr u. ca. 66% der Ausfuhr. – Die Loslösung der Tschechen v. Östr. während des 1. Weltkrieges führte 1918 zur Bildung eines eigenen Staatswesens, der T., aus ↗Böhmen, Mähren u. der ↗Slowakei; dazu kamen 19 Östr.-↗Schlesien u. das Hultschiner Länd-

Tschad
Amtlicher Name:
République du Tchad
Staatsform:
Republik
Hauptstadt:
N'Djamena
Fläche
1 284 000 km²
Bevölkerung:
4,3 Mill. E.
Sprache:
Staatssprache ist Französisch; daneben Sudansprachen und Arabisch
Religion:
55% Muslimen
19% Animisten,
13% Katholiken,
6% Protestanten
Währung:
1 CFA-Franc
= 100 Centimes
Mitgliedschaften:
UN, OAU, der EWG assoziiert

Truthahn

**Tschecho-
slowakei**
Amtlicher Name:
Československá
socialistická
republika (ČSSR)
Staatsform:
Föderative sozialistische Republik
Hauptstadt:
Prag
Fläche:
127 869 km²
Bevölkerung:
15,25 Mill. E.
Staatssprachen:
Tschechisch und Slowakisch
Religion:
75,8% Katholiken,
8,2% Protestanten
Währung:
1 Tschechoslowak.
Krone = 100 Haleru
Mitgliedschaften:
UN, RgW, Warschauer Pakt

chen. 20 Beitritt zur Kleinen ↗Entente, 35 Beistandspakt mit der UdSSR. Im Münchener Abkommen 38 Abtretung des ↗Sudetenlands an Dtl. Auf die Unabhängigkeitserklärung der Slowakei u. der Karpato-Ukraine 39 folgte unter Hitlers Druck Umbildung des restl. Gebiets zum „Protektorat Böhmen u. Mähren", das dem Dt. Reich angegliedert wurde. 45 Wiederherstellung der T., dann Vertreibung der ↗Sudetendeutschen. 48 unter ↗Gottwald Umbildung der T. zu einer Volksrepublik; Mitgl. des Warschauer Pakts. 68 Liberalisierungstendenzen während der Ära Dubček *(Prager Frühling)*, im Aug. 68 durch militär. Intervention des Warschauer Pakts gestoppt; 69 Umwandlung in eine föderative Rep.; 73 Vertrag über Normalisierung der Beziehungen zur BRD. – Staats-Präs. Gustav Husák (seit 75).

Tschechow, *Anton Pawlowitsch,* russ. Schriftsteller, 1860–1904; eigentl. Begr. der russ. Kurzgeschichte; Meister der impressionist. Stimmungsskizze u. psycholog. Studie.

Tscheka *w,* ↗GPU.

Tschekiang, *Chekiang,* chinesische Prov., 101800 km², 36 Mill. E.; Hst. Hangtschou.

Tscheljabinsk, sowjet. Ind.-Stadt im südl. Ural, 1,03 Mill. E.; Hüttenwerk, Edelstahlwerk, Röhrenwalzwerk, eines der größten Traktorenwerke der Welt.

Tscheljuskin, *Kap T.,* nördlichster Punkt (77° 43' n. Br.) des asiat. Festlandes.

Tschemulpo, koreanisch *Inchon,* südkorean. Hafen- u. Ind.-Stadt am Gelben Meer, 798000 E.; Werften, Eisenhütten, Textil- u. Nahrungsmittel-Ind.

Tschengtu, *Chengtu,* Hst. der chines. Provinz Setschwan, 1,2 Mill. E.; Univ.; Metall-, chem., Textil- u. Seidenindustrie.

Tschenstochau ↗Czenstochau.

Tscherenkow, *Pawel A.,* sowjet. Physiker, * 1904; Nobelpreis 58 für die Untersuchung der v. sehr schnellen geladenen Teilchen ausgesandten Strahlung *(T.-Strahlung).*

Tscherepowez (: -wjetß), Stadt u. Hafen in der RSFSR, am Nordufer des Rybinsker Stausees, 266000 E.; techn. Schulen; Eisen-, Maschinen- u. Textil-Ind.

Tscherkassy, Hst. der *Oblast* T. in der Ukrain. SSR, am Dnjepr, 228000 E.; Technikum; Maschinenbau, Kunstfasererzeugung, Zuckerraffinerie, Tabak- u. Holzverarbeitung.

Tscherkessen, Völkerschaft im Nordwestkaukasus, Muslimen. *Autonomes Gebiet der Karatschaier u. T.;* vorwiegend Viehzüchter; insges. 40000 T.

Tschermak-Seysenegg, *Erich v.,* östr. Botaniker, 1871–1962; Wiederentdecker der ↗Vererbungs-Gesetze (1900).

Tschernigow, Hst. der *Oblast T.* in der Ukrain. SSR, 238000 E.; päd. Inst.; Kunstfaser-, Woll-, Möbel- u. Nahrungsmittel-Ind.

Tschernjachowsk ↗Insterburg.

Tschernosem *s* (: -sjom), die fruchtbare ↗Schwarzerde Südrußlands.

Tscherokesen, engl. *Cherokee,* Indianerstamm Nordamerikas, in Oklahoma (USA).

Tscherski-Gebirge, nordostsibir. Gebirge, 1500 km lang, bis 3147 m hoch.

Tschiang Kai-schek

A. P. Tschechow

Tschu En-lai

Tsetsefliege: a nüchterne u. b vollgesogene Fliege

Tschetschenen, nordostkaukasisches Volk, 630000 Menschen; vorwiegend Viehzüchter mit ärmlicher Landwirtschaft. *Tschetscheno-Inguschische ASSR,* 19300 km², 1,1 Mill. E.; Hst. Grosnyj.

Tschiang Kai-schek, chines. Marschall u. Politiker, 1887–1975; nach Sun Yat-sens Tod Führer der ↗Kuo-min-tang; einte 28 die Rep. ↗China, 28/49 deren Präs.; zog sich nach der Niederlage gg. die Kommunisten nach ↗Taiwan zurück; dort seit 50 Präs.

Tschibuk *m,* lange türk. Tabakspfeife.

Tschimkent, Oasenstadt in der Kasachischen SSR, 321000 E.; Bleihütte, Baumwollkombinat.

Tschinghai, *Chinghai,* chines. Prov. in NO-Tibet, 721000 km², 3,5 Mill. E.; Hst. Sining.

Tschirnhaus, *E. Wilhelm v.,* ↗Böttger.

Tschischima, japan. Name der ↗Kurilen.

Tschita, ostsibir. Stadt an der Indoga (zum Amur) u. an der Transsibirischen Eisenbahn (Bahnknoten), 302000 E.; vielfältige Ind.

Tschittagong, *Chittagong,* Hafenstadt in Bangladesh, am Golf v. Bengalen, 890000 E.; kath. Bischof, Textil-, chem. u. Zement-Ind.

Tschogori ↗K 2. [Ind.

Tschombé, *Moïse,* kongoles. Politiker, 1919–1969; trennte 60 ↗Katanga v. der Rep. Kongo-Léopoldville (↗Zaire), 60/63 dessen Staatspräsident; 64/65 Min.-Präs. v. Kongo. 67 nach Algerien entführt.

Tschudi, 1) *Ägidius,* 1505–72; schweizer. Humanist, Geschichtsschreiber u. Politiker der Gegenreformation. **2)** *Hans Peter,* * 1913; 60/73 schweizer. Bundesrat für die Innenpolitik, 65 u. 70 Bundespräsident.

Tschu En-lai, chines. Politiker, 1898–1976; seit 1927 enger Mitarbeiter Mao Tse-tungs, seit 49 Min.-Präs., bis 58 zugleich Außenminister der VR China.

Tschuktschen, altsibir. Volksstamm im äußersten NO Sibiriens. *Nationaler Bez. der T.* im Gebiet Magadan, 737700 km², 133000 E.; Hst. Anadyr.

Tschungking, *Chungking,* chines. Hafenstadt in der Prov. Setschwan, 6 Mill. E.; Univ., PH; Metall-, Textil-, chem. u. Nahrungsmittel-Ind. War 1932/45 Sitz der Nationalregierung.

Tschuwaschen, Turkvolk an der mittl. Wolga, 1,7 Mill. Menschen. *ASSR der T.,* 18300 km², 1,29 Mill. E.; Hst. Tschoboksary.

Tsetsefliege, afrikan. Stechfliege; Überträger der ↗Schlafkrankheit u. der **Tsetsekrankheit,** *Nagana,* in Afrika der menschl. Schlafkrankheit entspr. Seuche bei Haustieren u. Wild mit Abmagerung u. Entkräftung.

Tsinan, *Tschinan,* Hst. der chines. Prov. Schantung, am Hoangho, 880000 E.; Univ.; Metall-, Textil- u. Nahrungsmittel-Ind.

Tsingtau, *Tsingtao,* Hst. des ehem. dt. Pachtgebietes Kiautschou, Hafen u. Seebad, in der chines. Prov. Schantung, 1,3 Mill. E.; Univ.; Flottenstützpunkt, Zement-, Nahrungsmittel- u. Seiden-Ind.

Tsitsikar, chines. Stadt in der nördl. Mandschurei (Prov. Heilungkiang), 700000 E.

Tsumeb, Bergbauort im N Südwestafrikas, im Otavi-Bergland, 1284 m ü. M.; Kupfer-, Blei-, Zink- u. Kadmiumbergbau u. -verarbeitung; Endstation der Otawibahn.

Tsunamis (Mz., jap.), bis 700 km/h schnelle, durch Erdbeben od. Vulkanausbrüche verursachte Meereswellen, die oft verheerende Schäden anrichten; bes. im Pazifik.

Tsuschima, japan. Doppelinsel in der Koreastraße, 697 km², 71 000 E. – 1905 Seesieg der Japaner über die Russen.

Tuareg, hamit. Volksstämme in der Sahara, etwa 250 000 muslim. Nomaden.

Tua res agitur (lat.), Horaz: um deine Sache geht es.

Tuba w (lat.), **1)** auch *Tube,* der ↗Eileiter. **2)** die Eustachische Röhre (Ohrtrompete). **3)** ein tiefes Blechblasinstrument.

Tuberkulin *s* (lat.), Glycerinextrakt zur Diagnose (u. Behandlung) der Tuberkulose. Die *T.-Reaktion* beruht auf Überempfindlichkeit des infizierten Körpers gg. T.

Tuberkulose w (lat.), Abk. *Tb* oder *Tbc, Schwindsucht,* chron., anzeigepflichtige Infektionskrankheit der Menschen u. vieler Tiere, hervorgerufen durch den 1882 v. R. ↗Koch entdeckten Tuberkelbazillus *(Mycobacterium tuberculosis).* Die Ansteckung mit T. erfolgt meist über die Atemwege durch ↗Tröpfcheninfektion, seltener über den Verdauungstrakt durch Schmierinfektion oder Trinken roher Milch tuberkulöser Rinder. *Lungen-T.* ist ca. 8mal so häufig wie die übrigen Formen der T. zusammen. Die eingedrungenen Bakterien bilden zunächst in der Lunge einen Primärherd (Frühinfiltrat), der meist ohne Folgen abheilt u. verkalkt. Es kann aber auch vom Primärherd aus zur Ausbreitung der T. in andere Lungenabschnitte u. über Lymphbahn u. Blutwege in andere Organe kommen. Eingeschmolzenes Lungengewebe wird ausgehustet, es entstehen in der Lunge Hohlräume (↗Kavernen); wird ein Blutgefäß zerstört, kommt es zur gefürchteten Lungenblutung *(Bluthusten, Blutsturz).* Die Diagnose erfolgt mittels Röntgendurchleuchtung. Kranke mit offener Lungen-T. werden in Lungenheilstätten mit mittlerem Reizklima (Hochschwarzwald, Allgäu usw.) behandelt. Chirurg. Maßnahmen (↗Pneumothorax) u. medikamentöse Therapie (Tuberkulostatika) haben die Heilungsaussichten der T. erhebl. verbessert. Vorbeugung der T. durch die BCG-Schutzimpfung. Bei *Rindern* zeigt sich die T. *(Perlsucht)* mit mattem, tonlosem Husten, knotiger Anschwellung des Euters, Abmagerung, glanzlosem Haar u. derber Haut. In Dtl. sind die Rinderbestände heute weitgehend tuberkulosefrei.

Tuberose w, Narzissen-Gewächs, aus Mittelamerika; in Dtl. Zierpflanze.

Tubifex, kleine rote Ringelwürmer, in Massen im Schlamm; Fischfutter.

Tübingen, Krst. u. Hst. des Reg.-Bez. T., am mittl. Neckar, 72 200 E.; auf dem Schloßberg *Schloß Hohen-T.* (heute Univ.-Institute); Univ. (1477 gegr.), Max-Planck-Institute; spätgot. Stiftskirche (1470/1529); ev. u. kath. Stift; Verlage; Maschinen-, Metall-, Elektro- u. Textil-Ind. [ger. ☐ 623.

Tubus *m* (lat.), Röhre, z. B. als Objektivträ-

Tucholsky, Kurt, dt. Schriftsteller, 1890 bis 1935 (Selbstmord); polit. und gesellschaftl. Satire (Prosa, Chansons, meist in der Zschr. „Weltbühne''), Gedichte, Erzählungen, Roman *(Schloß Gripsholm),* Reiseberichte.

Tucson (: tußån), Stadt u. Lungenkurort in Arizona (USA), 263 000 E.; kath. Bischof; Univ., botan. Wüstenlaboratorium; auf dem nahen Kitt-Peak größtes Sonnenobservatorium der Welt.

Tucumán, Hst. der Prov. T. in NW-Argentinien, 366 000 E.; Erzb.; Universität.

Tudor (: tjud^er), englisches Königshaus, 1485–1603, starb mit Elisabeth I. aus. **T.stil,** Bz. für die engl. Spätgotik unter den Tudors.

Tuff *m,* **1)** verfestigte vulkan. Auswurfmassen. **2)** poröser Absatz aus kalkreichen Quellen (Kalk-T.).

Tugend w, *i. w. S.* jede dauernde geistigseel. Fähigkeit des Menschen; *i. e. S.* durch Übung erworbene Fähigkeit, beharrl. das sittl. Gute zu tun; Ggs. Laster. Die ↗Ethik unterscheidet zw. dianoet. (Verstandes-) T. en, wie Einsicht, Weisheit, Klugheit, u. eth. (Willens-)T. en, wie Gerechtigkeit, Tapferkeit, Maß; letztgenannte sind zus. mit der Klugheit die 4 *Kardinal-(Haupt-)T.en.* Neben diesen natürl. od. erworbenen *T.en* lehrt die kath. Theologie die *übernatürl.* od. (v. Hl. Geist) *eingegossenen T.en,* bes. Glaube, Hoffnung u. Liebe.

Tuilerien (: tüil^erien, frz., Mz.), erbaut seit 1564, Residenzschloß Ludwigs XVI. u. der frz. Herrscher des 19. Jh.; 10. 8. 1792 v. Volk erstürmt; 1871 großenteils niedergebrannt; heute anstelle des Mittelbaus die *T.gärten.*

Tuisto, *Tuisco,* nach Tacitus erdgeborener german. Gott; Vater des Mannus.

Tukan *m,* ↗Pfefferfresser.

Tula, alte (12. Jh.) mittelruss. Stadt, 514 000 E.; Kreml (1521); Hüttenwerk, Metallverarbeitung. **Tulaarbeit,** Silberarbeit mit ↗Niello-Verzierung.

Tüll *m,* weitmaschiges netzart. Gewebe; als Stickgrund, für Schleier, Gardinen u. ä.

Tulla, *Johann Gottfried,* dt. Ingenieur, 1770–1828; Oberrheinregulierung.

Tulpe, Liliengewächs, das mit Zwiebeln überwintert. *Wald-T.* in Dtl. heimisch; aus dem Orient die *Garten-T.,* aus Osteuropa die *Wohlriechende T.;* feldmäßige *T.nzuchten* in Holland. **T.nbaum,** Magnoliengewächs; bis 10 m hoch; Blüten tulpenförmig; in Dtl. Park- u. Alleebaum.

Tulsa (: talß^e), Stadt in Oklahoma (USA), die „Ölhauptstadt der Welt'' mit bedeut. Ölfeldern, 356 000 E.; Universität.

Tulpe: links Wald-T., rechts Papageien-T.

Kontrabaß-Tuba

Kurt Tucholsky

Tunesien

Amtlicher Name:
Al-Djumhuriya
Attunusia

Staatsform:
Republik

Hauptstadt:
Tunis

Fläche:
164 150 km²

Bevölkerung:
6,4 Mill. E.

Sprache:
Arabisch; Handelssprachen sind Französisch u. Italienisch

Religion:
95% Muslimen

Währung:
1 Tunesischer Dinar
= 1000 Francs
tunisches od. Millimes

Mitgliedschaften:
UN, Arabische Liga, der EWG assoziiert

Tumba w (lat.), Sargattrappe beim kath. Totengottesdienst. **Tumbengrab** ⁄Grab.
Tümmler m, 1) ⁄Braunfisch, ein Zahnwal. 2) indische Taubenrasse.
Tumor m (lat.), die ⁄Geschwulst.
Tumult m (lat.), Lärm, Auflauf.
Tundra w (finn.-russ.; Mz. *Tundren*), die baumlose Kältesteppe jenseits der arkt. u. antarkt. Waldgrenze, in der die sommerl. Vegetationszeit für den Baumwuchs zu kurz ist. *Zwergstrauch-T., Moos-T., Flechten-T.*
Tuner m (: tjun^er, engl.), ⁄Kanal 2).
Tunesien, Rep. in Nordafrika, an der östl. Abdachung des Atlas gg. die Kleine Syrte, am Mittelmeer. – Die Küstenketten des Atlas senken sich nach O zu einer fruchtbaren, verhältnismäßig dichtbesiedelten Küstenebene, in der Getreide, Oliven, Wein u. Citrusfrüchte angebaut werden. 45% der Fläche sind Wüste, deren Oasen Datteln liefern. Schaf- u. Ziegenherden der Nomaden in den Steppen. Bergbau auf Phosphate, Eisenerze, Blei, Zink, Förderung v. Erdöl u. Erdgas. – Im Alt. phönik., dann karthag. Gebiet, 146 v. Chr. röm.; im 7. Jh. v. den Arabern erobert; seit 1574 unter türk. Oberhoheit, seit 1881 frz. Protektorat (1714/1957 v. einheim. Beys regiert); wurde 1954 autonom, 56 selbständig, 57 Rep.; Staats-Präs. Habib Bourguiba (seit 57).
Tungöl ⁄Holzöl.
Tungstein ⁄Scheelit.
Tungsten m (engl. tang-), in den nichtdeutschsprachigen Ländern Name für ⁄Wolfram.
Tungusen, Eigen-Bz. *Ewenkij,* ostsibir. Volksstamm; Jäger, Rentierzüchter, Ackerbauern; etwa 25000 Menschen. **Tungusisches Meer** ⁄Ochotskisches Meer.
Tunguska w, 3 Nebenflüsse des Jenissei (Sibirien): a) *Obere T.,* der Unterlauf der Angara, 1210 km; b) *Mittl. od. Steinige T.,* 1570 km; c) *Untere T.,* 2640 km.
Tunika w (lat.), altröm. hemdartiges Kleidungsstück, über dem die Männer die Toga, die Frauen der Stola trugen.
Tunikaten ⁄Manteltiere.
Tunis, Hst. v. Tunesien; Hafen, Seebad, 550000 E.; Sitz des Erzb. v. Karthago; islam. Univ.; Moschee-Prachtbauten; Blei- und Zinkhütten, Superphosphatwerke; 15 km n.ö. die Ruinen v. ⁄Karthago.
Tunnel m (engl.), allg. langgestreckte Höhlung zum Durchführen von Stoffen (Wasser, Rauch), auch v. Maschinenteilen (Wellen-, Transmissions-, Rohr-, Kabel-T.), vor allem aber als Verkehrsweg (Eisenbahn-, Straßen-, Kanal-T.) unter Hindernissen hindurch. Querschnitt ist meist die Hufeisenform, manchmal Eiform, bei sehr starkem Gebirgsdruck auch Kreisquerschnitt. Bei einem langen T. muß entlüftet u. Frischluft eingeblasen werden.
Tunneldiode w (gr.), *Esakidiode,* ein Halbleiter-Bauelement als Verstärker, Oszillator od. Schalter für sehr hohe Frequenzen.
Tupamaros, linksextremist. Stadtguerillabewegung in Uruguay.
Tüpfelfarn, wächst an Felsen u. Baumstümpfen; in Dtl. ⁄Engelsüß, ⁄Waldfarn.
Tupi, Indianerstämme im Amazonasgebiet.

Tunika

Iwan Turgenjew

Turban m (türk.), oriental. Kopfbedeckung: eine aus einem Stoffstreifen bestehende verschlungene Kappe.
Turbellarien (Mz.), die ⁄Strudelwürmer.
Turbine w (lat.), Strömungskraftmaschine, in der das Arbeitsvermögen eines sich bewegenden Stoffes (⁄Dampf-, ⁄Gas-, ⁄Wasserturbine) auf die Schaufeln eines Laufrades übertragen u. meist in einem direkt od. über Zahnradgetriebe gekuppelten Generator in elektr. Energie umgesetzt wird, auch zum Antrieb v. Turboverdichtern, Kühlwasserpumpen usw. ☐ 1018.
Turboantrieb, der Antrieb mit ⁄Strahltriebwerken. **Turbolader,** ⁄Aufladung mit Hilfe eines Turbinenverdichters, einer Gasturbine. [strahlantrieb.
Turboprop m, der Propellerturbinen-Luft**turbulent** (lat.), stürmisch, durcheinanderwogend. **Turbulenz** w, in der Strömungslehre: eine verwirbelte Strömung, falls die Geschwindigkeit der Strömung einen bestimmten Wert überschreitet; wird v. der ⁄Reynoldsschen Zahl beschrieben. Ggs. ⁄laminar. ☐ 958.
Turenne (: türän), *Henri* de Latour d'Auvergne, Vicomte de, 1611–75; frz. Heerführer; bes. im 30jähr. Krieg u. den Eroberungskriegen Ludwigs XIV.
Turf m (: töⁱf, engl. = Rasen), 1) Rennbahn. 2) Pferderennsport.
Turgenjew (: -jef), *Iwan,* russ. Schriftsteller, 1818–1883; lebte seit 56 meist in Baden-Baden u. Paris; bedeutender Vertreter des russ. Realismus; schwermütige Novellen, Dramen u. Romane (*Väter u. Söhne*).
Turgot (: türgo), *Anne-Robert-Jacques,* Baron de L'Aulne, frz. Politiker, 1727–81; führender Vertreter des ⁄Physiokratismus; 74/76 Finanzminister.

Tunnel[1] (Auswahl)	Strecke (geograph. Lage)		Länge (m)	eröffnet
Bergtunnel:				
Simplon II	⌠Genf–Lago Maggiore		19804	1922
Simplon I	⌡(Schweiz–Italien)		19770	1906
Vernio	Bologna–Florenz (Italien)		18510	1934
Rokko	Osaka–Okayama (Japan)		16200	1970
St. Gotthard	Zürich–Lugano (Schweiz)		14984	1882
Lötschberg	Spiez–Brig (Schweiz)		14605	1911
Mont Cenis	Lyon–Turin (Fkr.–It.)		12820	1871
Cascade	Seattle–Spokane (Wash., USA)		12520	1929
Moffat	Denver–Grand Junction (Col., USA)		12065	1930
Montblanc[2]	Frankreich–Italien		11600	1965
Flathead	Havre–Sandpoint (Mont., USA)		11265	1970
Arlberg	Bludenz–Landeck (Östr.)		10250	1884
Shimizu	Japan		9550	1931
Rimutaka	Neuseeland		8791	1955
Tauern	Salzburg–Villach (Östr.)		8551	1909
Kvineshei	Stavanger–Kristiansand (Norweg.)		8148	1943
Hauenstein (Basis)	Gelterkinden–Olten (Schweiz)		8134	1915
San Bernardino[2]	Splügen–Bellinzona (Schweiz)		6550	1967
Gr. St. Bernhard[2]	Martigny–Aosta (Schweiz–It.)		5835	1964
Cochem	Cochem–Eller (Rheinland-Pfalz)		4203	1877
Unterwassertunnel:				
Hokuriku	Japan		13850	1962
Kanmon	Japan		9680	1958
Severn	Großbritannien		7447	1886
Mersey[2] (Liverpool)	Großbritannien		3425	1934
Neuer Elb-T.[2]	Hamburg		2653	1975
Rendsburg[2]	Schleswig-Holstein		640	1961

[1] ausgenommen U-Bahn-Tunnel   [2] reine Straßentunnel

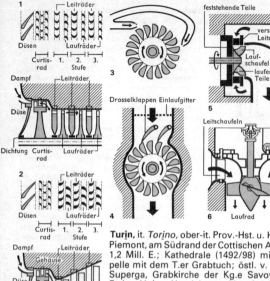

1
Leiträder
Düsen   Laufräder
Curtis- 1. 2. 3.
rad   Stufe
Dampf   Leiträder
Düse
Dichtung Curtis- Laufräder
rad

2
Leiträder
Düsen   Laufräder
Curtis- 1. 2. 3.
rad   Stufe
Dampf   Leiträder
Gehäuse
Düse
Trommel
Curtis- Laufräder
rad

Turbine: 1 Gleich-
druck-T. (s. 3 u. 4) und
2 Überdruck-T.
(s. 5 u. 6), jeweils
Längs- und Profil-
schnitt; **3** Pelton-T.;
4 Durchström-T.;
5 Francis-T.; **6** Kaplan-T.

3
feststehende Teile
verstellbare Leitschaufel
Lauf-
schaufel
laufende Teile

5
Drosselklappen Einlaufgitter
Leitschaufeln

4

6   Laufrad

Türkei

Amtlicher Name:
Türkiye Cumhuriyeti

Staatsform:
Republik

Hauptstadt:
Ankara

Fläche:
780576 km^2

Bevölkerung:
44 Mill. E.

Sprache:
Türkisch

Religion:
98% Muslimen

Währung:
1 Türk. Pfund od.
Türk Lirasi
= 100 Kuruş/Piastres
= 4000 Paras

Mitgliedschaften:
UN, NATO, CENTO,
Europarat, der EWG
assoziiert

Turin, it. *Torino*, ober-it. Prov.-Hst. u. Hst. v.
Piemont, am Südrand der Cottischen Alpen,
1,2 Mill. E.; Kathedrale (1492/98) mit Kapelle mit dem T.er Grabtuch; östl. v. T. La
Superga, Grabkirche der Kg.e Savoyens;
Erzb.; Univ., Handels- u. Veterinärhoch-
schule, Musikhochschule. T. ist eine der
größten it. Ind.-Städte: Automobil- (Fiat),
Flugzeug-, Dieselmotoren-, Lokomotivbau,
Textil-, Spirituosen-, Schokoladefabriken.
Türkei, Rep. auf der Halbinsel Kleinasien
(Anatolien), reicht nach W über das Marmarameer mit einem Zipfel (Ostthrakien) auf
das europ. Festland hinüber. Abgesehen v.
einer europ. Minderheit in Istanbul sowie
2,2 Mill. Kurden u. 370000 arab. sprechenden Türken im SO ist die Bev. einheitlich. –
Anatolien, das Kernland der T., ist ein
800–1200 m hohes welliges Hochland, im N
u. S v. hohen Randgebirgen umschlossen.
Im S u. W sind Küstenebenen u. offene Talschaften angelagert, in denen Ruinen des
klass. Alt. (Ephesus, Milet, Troja, Pergamon)
liegen. Nur 25% der Fläche sind Ackerland
(Getreide, Reis, Baumwolle, Tabak, Zuckerrohr, Oliven, Feigen, Citrusfrüchte, Wein),
33% Steppenweide (Fettschwanzschafe,
Angoraziegen) u. 12% Wald. Bergbau auf
Chrom, Stein- u. Braunkohle, Kupfer- u.
Eisenerze, Bauxit, Erdöl; die Industrialisierung nimmt ständig zu. – Die Türken machten sich unter Osman I. (1288/1326) v. den
Seldschuken frei u. begr. das Osman. Reich,
das sich in Kleinasien u. auf dem Balkan
rasch ausdehnte (1453 Eroberung Konstantinopels); Selim I. (1512/20) eroberte Armenien, Syrien u. Ägypten mit Arabien sowie Tripolis; Höhepunkt unter ↗Sulei-
man II. (1520/66), der 1526 Ungarn eroberte, 29 Wien belagerte u. 34 Mesopotamien besetzte; dazu kamen Tunesien u.
Algerien als Vasallenstaaten. Seit dem 17.
Jh. wurde die türk. Herrschaft durch die
↗Türkenkriege zurückgedrängt; auch innerer Niedergang. Im 19. Jh. machte sich der
Balkan selbständig (↗Griechenland, ↗Bul-
garien, ↗Rumänien und ↗Serbien). Die
Schwäche der T. führte zu dauernden Riva-

litäten zw. Rußland u. den europ. Mächten
(die sich bes. im ↗Krimkrieg u. im Russ.-
Türk. Krieg 1877/78 zeigten); Gebietser-
werb durch Rußland (kaukas. Grenzgebiete), Östr.-Ungarn (Bosnien), England
(Zypern u. Ägypten), Fkr. (Tunesien) u. It.
(Tripolitanien). In den Balkankriegen
(↗Balkanhalbinsel) 1912/13 ging der europ.
Besitz bis auf Ostthrakien verloren. Der 1.
Weltkrieg, an dem die T. auf seiten der Mittelmächte teilnahm, brachte den Verlust aller arab. Gebiete; gg. eine weitere Auflösung organisierte Mustafa Kemal Pascha
(↗Kemal Atatürk) den Widerstand; er erreichte 23 im Frieden v. Lausanne die Anerkennung der Unabhängigkeit der zur Rep.
umgebildeten (22 Absetzung des Sultans)
T., die er als Präs. zu einem Staat nach westl.
Muster umgestaltete. Nach dem 2. Weltkrieg Anlehnung an die Westmächte. Das
Problem ↗Zypern ist noch nicht gelöst. 60
wurde das autoritäre Regime Bayar–Menderes durch das Militär gestürzt, das nach
einer Übergangszeit die Demokratie (neue
Verf. v. 27. 5. 61) wiederherstellte. 63/64 Zy-
pernkonflikt mit Griechenland; 63 Putschversuch des Militärs; 74 Teilbesetzung Zy-
perns. Wachsender Terror v. rechts u. links
führte 80 zum Militärputsch. Staats-Präs.
General K. Evren (seit 80).
Türkenbund, *Türkenlilie*, Liliengewächs mit
roten Blüten, bes. in Bergwäldern. ☐ 1019.
Türkenkriege, die Kriege der europ. Staaten
gg. die Türken im 17./19. Jh., zuerst unter
Führung Östr.s, dann Rußlands: **1)** *1663/64.*
2) *1683/99;* auf den Vorstoß der Türken
nach Wien 1683 folgten die Siege der europ.
Mächte durch Karl v. Lothringen, den Türkenlouis u. Prinz ↗Eugen v. Savoyen; im
Frieden v. Karlowitz fielen Ungarn u. Siebenbürgen an Östr. **3)** *1714/18;* im Frieden
v. Passarowitz verlor die Türkei das nördl.
Serbien mit Belgrad u. das Banat an Östr.
4) *1736/39;* Östr. verlor das nördl. Serbien
mit Belgrad wieder. **5)** *1768/74* u. **6)** *1787/
92;* Eroberung des Nordufers des Schwar-
zen Meeres durch Rußland. **7)** *1806/12;* Erwerb Bessarabiens durch Rußland. **8)**
1828/29; Erwerb des Ostufers des Schwarzen Meeres durch Rußland. **9)** ↗Krimkrieg.
10) *1877/78;* Sieg der Russen über die Türken; die Bestimmungen des Friedens v. San
Stefano wurden durch den ↗Berliner Kongreß (↗Balkanhalbinsel) stark verändert.
Türkenlouis (: -lui), der Markgraf ↗Ludwig
Wilhelm I. v. Baden.
Turkestan, Landschaft in Mittelasien, zerfällt in *West*-(Russisch-)*T.* (Tadschik., Kirgis., Usbek., Turkmen. sowie Teile der Kasach. SSR) u. in *Ost*-(Chinesisch-)*T.* =
↗Sinkiang-Uigur.
Turkestan-Sibirische Eisenbahn, Abk. *Turksib*, in Mittelasien (Kasachstan), führt u.
Arys (nördl. v. Taschkent) über Alma Ata,
Semipalatinsk nach Nowosibirsk (Anschluß
an die Transsibir. Eisenbahn), 2160 km;
wichtig für die Entwicklung Turkestans.
Türkis *m*, als Edelstein geschätztes blau-
grünes Mineral, Kupferaluminiumphos-
phat. *T.matrix* ist T. mit Brauneisenstein-
durchsatz. ☐ 255.

Türkischrot, echter Baumwollfarbstoff, wird mit Alizarin bzw. Krapp auf Baumwollfaser (mit Aluminiumsalzen gebeizt) erzeugt. T.öl, das ⤢Rizinusöl.

Turkmenen, Turkvolk in Russ.-Turkestan (1,5 Mill.) u. im Iran (über 500000). *Turkmenische SSR,* westlicher Teil Turkestans, 488100 km², 2,8 Mill. E., davon 65,6% Turkmenen; Hst. Aschchabad. 90% der Fläche sind Wüste. Erdölvorkommen am Kasp. Meer, größtes russ. Schwefelvorkommen in der ⤢Karakum; Jod u. Brom; Anbaufläche 410000 ha, meist künstl. bewässert; vorwiegend Baumwolle.

Turksib ⤢Turkestan-Sibirische Eisenbahn.

Turksprachen, gehören mit dem Mongolischen u. Tungusischen dem altaischen Sprachstamm an. Heutige T.: das Osmanisch-Türkische u. einige T. in der UdSSR.

Turku, schwed. *Åbo,* zweitgrößte Stadt Finnlands, Hafen am Bottn. Meerbusen, 165000 E.; luther. Erzb., schwed.-finn. Univ.; Schiffbau, Holz-, Getreideausfuhr.

Turkvölker, Stämme, die eine ⤢Turksprache sprechen: 1) *Turki,* die osman. Türken. 2) russ. *Tjurki,* etwa 45 mongolide Volksstämme in der UdSSR; leben in Russ.-Turkestan, im Raum Ural–Wolga, in Transkaukasien, Nordkaukasien, West- u. Ostsibirien; überwiegend Muslimen.

Turmalin *m,* oft als Edelstein verwendetes Mineral, bor- u. fluorhalt. Silicat; in vielen Farbvariationen. □ 255.

Türme des Schweigens, *Dakhma* (iran. = Scheiterhaufen), im Zoroastrismus u. Parsismus oben offene Rundgemäuer, in denen die Toten den Geiern zum Fraße ausgesetzt werden. Leichen gelten als unrein, sie würden die hl. Elemente Erde u. Feuer entweihen.

Turmkrähe, die ⤢Dohle.

Turmschwalbe, der ⤢Mauersegler.

Turmspringen ⤢Wasserspringen.

Turmteleskop *s* (gr.), spez. in der Sonnenphysik verwendete Teleskopbauart, bei der durch ein auf einem Turm stehendes Spiegelsystem das Sonnenlicht in einen Arbeitsraum geleitet wird.

Turnen, neben Sport u. Gymnastik das dritte System der Leibesübungen. Das Wort wurde v. F. L. ⤢Jahn eingeführt, der damit die v. ihm geförderten Leibesübungen bezeichnete; heute Bz. für Geräte-T. u. Boden-T. □ 1020.

Turner (:töʳnᵉr), *William,* engl. Landschaftsmaler, 1775–1851; Vorläufer des Impressionismus.

W.Turner: links „Ankunft eines Bootes auf dem Rhein am Abend", oben Selbstbildnis

Tuvalu

Amtlicher Name:
Tuvalu

Staatsform:
konstitutionelle Monarchie

Hauptstadt:
Verwaltungssitz ist Insel Funafuti

Fläche:
24,6 km²

Bevölkerung:
9000 E.

Sprache:
Amtssprache Englisch Umgangssprache polynesischer Dialekt

Religion:
Christen (vorwiegend Protestanten)

Währung:
Australischer Dollar = 100 Cents

Mitgliedschaften:
UN, Commonwealth

Mark Twain

Türnich, Stadtteil v. Kerpen (seit 75), an der Erft; Braunkohlenbergbau; *Schloß T.*

Turnier *s* (frz.), 1) mittelalterl. ritterl. Kampfspiel, das sich im 11. Jh. v. Fkr. aus über ganz Europa verbreitete; nach vorgeschriebenen Regeln; *Tjost* hieß der Zweikampf mit scharfen Waffen, *Buhurt* der Kampf zweier bewaffneter Scharen. Wegen wiederholt tödl. Ausgangs (z. B. bei Kg. Heinrich II. v. Fkr.) schließl. verboten. 2) sportl. Wettbewerb: Reit-, Schach-, Tennis-T. u. a.

Turniertanz, Sportdisziplin für Gesellschaftstanz; ausgeübt als Berufs- u. Amateur-Tanzsport. Tanzturniere werden nach der Turnier- u. Sportordnung in Senioren- u. Junioren-Klassen D, C, B, A u. S (Sonderklasse) ausgetragen. □ 976. [Umlauf.

Turnus *m* (lat.), Reihenfolge, Wechsel,

Turnu-Severin, rumän. Stadt u. Hafen an der Donau, unterhalb des Eisernen Tores, 77000 E.; Rosengärten.

Turteltaube, schlanke, rostbraune Wild-⤢Taube; hauptsächlich in Europa u. Asien.

Tusche *w,* radierfeste Farblösung zum Zeichnen u. Malen; heute meist aus Anilinfarben mit Wasser, Schellack u. Borax hergestellt. **Tuschmalerei,** ein alter ostasiat. Kunstzweig: Malerei in schwarzer bis zum hellsten Grau schattierender Tusche auf Seide u. Papier, mitunter farbig getönt.

Tusculum, 1) alte Latinerstadt in den Albaner-Bergen; erhielt 381 v. Chr. röm. Bürgerrecht; seit dem 2. Jh. v. Chr. hatten vornehme Römer hier ihre Villen (z. B. Cicero u. Caesar). 2) *i.ü.S.:* ruhiger Landsitz.

Tussahspinner, ⤢Nachtpfauenauge; dessen Gespinst ergibt die *Tussah-Seide.*

Tus-Tschölü, *Tuz Golü,* See der anatol. Salzwüste, 940 m ü. M., 1700 km²; Salzgewinnung.

Tuszien, Bz. der ⤢Toskana im MA.

Tutanchamun, ägypt. Pharao der 18. Dynastie, 1358/49 v. Chr.; sein schmuckreiches Grab 1922 entdeckt.

Tutor *m* (lat.), 1) Vormund, Ratgeber. 2) Berater od. Studienleiter für Studenten.

Tutti (it. = alle), *Musik:* Partituranweisung, die den Einsatz aller Instrumente, Stimmen od. Orgelregister fordert. **T. frutti,** Gericht aus verschiedenen Früchten u. Gebäck.

Tuttlingen, württ. Krst., an der oberen Donau, 31600 E.; Stahl-, Leder- u. Textilindustrie; chirurg. Instrumente.

Tutzing, oberbayer. Gem. u. Luftkurort am Starnberger See, 9000 E.; im Schloß (19. Jh.) ev. Akademie; Mutterhaus der *Missionsbenediktinerinnen v. T.*

Tuvalu, fr. *Ellice-Inseln,* Inselstaat im Pazifik. – 1975 von den Gilbert-Inseln getrennt; 1978 unabhängig.

Tuwinische ASSR, Autonome Sowjetrep. in Zentralasien; im Quellgebiet des Jenisse, 170500 km², 266000 E.; meist *Tuwiner* (139000), ein buddhist. Turkvolk. Hst. Kysyl.

Twain (: twe'n), *Mark* (eig. Samuel Langhorne Clemens), am. Schriftsteller, 1835 bis 1910; war u.a. Flußlotse; humorist. Werke. Jugendromane: *Die Abenteuer des Tom Sawyer; Die Abenteuer des Huckleberry Finn;* auch zeitsatir. Werke.

Turnen

Geräte- und Bodenturnen

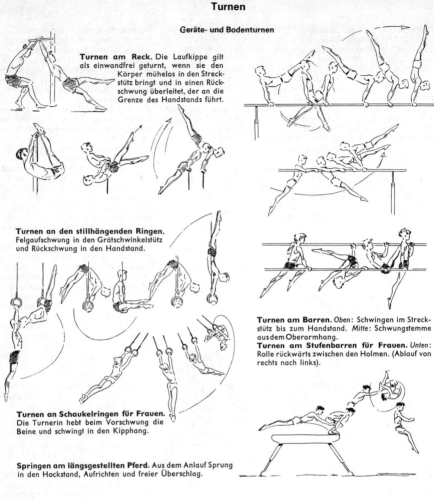

Turnen am Reck. Die Laufkippe gilt als einwandfrei geturnt, wenn sie den Körper mühelos in den Streckstütz bringt und in einen Rückschwung überleitet, der an die Grenze des Handstands führt.

Turnen an den stillhängenden Ringen. Felgaufschwung in den Grätschwinkelstütz und Rückschwung in den Handstand.

Turnen an Schaukelringen für Frauen. Die Turnerin hebt beim Vorschwung die Beine und schwingt in den Kipphang.

Springen am längsgestellten Pferd. Aus dem Anlauf Sprung in den Hockstand, Aufrichten und freier Überschlag.

Turnen am Barren. *Oben:* Schwingen im Streckstütz bis zum Handstand. *Mitte:* Schwungstemme aus dem Oberarmhang.
Turnen am Stufenbarren für Frauen. *Unten:* Rolle rückwärts zwischen den Holmen. (Ablauf von rechts nach links).

Turnen am Pauschenpferd. Wichtigste Elemente des Turnens sind das *Spreizen*, das *Schwingen* und das *Kreisen* in einfacher und schwieriger Darstellung mit Griff und Stützveränderungen, Drehungen usw. *Links:* „Scheren vorwärts",
rechts: „Kreisen auswärts".

Bodenturnen. 2 Beispiele aus den unzähligen Einzelformen des Bodenturnens. *Links:* Aus dem Nackenstand (Kerze) zum Handstand. *Rechts:* Bodenkippe aus dem Nackenstand.

Tympanon (romanisch): Weltgericht, Vézelay

Tyrann: Königswürger

Tweed *m* (: twid), **1)** engl.-schott. Grenzfluß, mündet nach 165 km in die Nordsee; Lachsfischerei. **2)** rauhes Wollgewebe in lockerer Köperbindung; für Sportkleidung.
Twen *m* (engl.), Bz. für Jugendliche in den Zwanzigern.
Twer, die sowjet. Stadt ↗Kalinin.
Twinset *m* od. *s* (engl.), Garnitur aus Strickjacke u. Pullover in gleicher Machart.
Twist *m* (engl.), **1)** Baumwollgarn. **2)** ein in den USA um 1960 entstandener Tanz im Boogie-Woogie-Rhythmus.
Tyche *w*, griech. Göttin des Glücks u. des Zufalls; bei den Römern *Fortuna*.
Tympanon *s* (gr.), **1)** das Trommelfell im ↗Ohr. **2)** das oft mit Skulpturen geschmückte Bogenfeld über Portalen, bes. in der Romanik (☐826/827) und in der Gotik (☐342/343).
Tyndall-Phänomen *s* (: tind^el-), nach dem ir. Physiker *John Tyndall* (1820–93) benannte Erscheinung, daß ein Lichtbündel in einem trüben Medium sichtbar wird, beruht auf Lichtstreuung.
Tynemouth (: tainm^eß), nordengl. Hafenstadt, Nordseebad an der Tynemündung, 69000 E.; Vorhafen v. Newcastle. Werften, metallurg. u. chem. Industrie.
Typ, *Typus m* (fr.; Mz. *Typen;* Bw. *typisch*), Muster, Urbild, Beispiel; eine gemeinsame Grundform.
Type *w* (gr.), im Buchdruck die ↗Letter.
Typhafaser ↗Rohrkolben.
Typhus *m* (gr.), **1)** *Unterleibs-T.,* meldepflichtige epidem. ↗Infektionskrankheit, tritt nach 1- bis 2wöchiger Inkubation auf mit Geschwürbildung im Darm, hervorgerufen durch Infektion (Wasser, Nahrungsmittel) mit dem T.bazillus. Verhütung v. T. durch Impfung; vorbeugende Maßnahmen: sorgfältige Körper-, Trinkwasser- u. Nahrungsmittelhygiene, Behandlung der isolierten Überträger u. a. mit Chloromycetin.☐271. **2)** *Fleck-T.* od. *Hunger-T.* ↗Fleckfieber.
Typographie *w* (gr.), die Kunst des Buchdrucks mit bewegl. Lettern; i.w.S. die künstler. Gestaltung v. Drucksachen.
Typologie *w* (gr.), Lehre v. ↗Typ. **1)** Zweig der Psychologie; sucht aus der Vielfalt menschlicher Erscheinungen die Grundformen herauszuarbeiten; dabei verschiedene

Prinzipien (↗Kretschmer, C. G. ↗Jung, ↗Spranger). **2)** *Typik,* theolog. Lehre v. den atl. Vorbildern *(Typen)* ntl. Geschehnisse u. Personen *(Antitypen),* z.B. Melchisedech–Christus. **Typung,** *Typisierung,* in der Ind. Beschränkung der Produktion auf Artikel gleicher Art mit wenigen Ausführungsformen.
Tyr, nord. Name des Gottes ↗Ziu.
Tyrann *m* (gr.), Herrscher, der seine Macht nicht legal, sondern als Usurpator erlangt hat; heute (jedoch nicht urspr.) Gewaltherrscher; *i.ü.S.:* herrschsüchtiger Mensch.
Tyrann, *Königswürger,* kleiner am. Vogel.
Tyrannentötung, ein äußerster Sonderfall des ↗Widerstandsrechts gg. unsittl. u. ungerechte, das Gemeinwohl schwer schädigende Gewalt eines einzelnen; nach gemeinchristl.-eth. Auffassung sittl. erlaubt, wenn sie aus (ausdrückl. od. unausdrückl.) öff. Vollmacht (eben als legitimer Fall dieses Widerstandsrechts) geschieht. – *Tyrannenmord,* Bz. für die unmoral. private Tötung eines Tyrannen.
Tyros, neben Sidon die wichtigste Handelsstadt im alten Phönikien; heute *Sur* im Libanon, 14000 E.
Tyrosin *s,* eine essentielle ↗Aminosäure.
Tyrrhenisches Meer, Teil des Mittelmeeres zw. Italien, Sizilien, Sardinien, Korsika u. Elba, bis 3731 m tief, 240000 km²; Haupthäfen Neapel u. Palermo.
Tzapoteken ↗Zapoteken.

U

U, chem. Zeichen für ↗Uran. **U. A. w. g.,** Abk. für **U**m Antwort **w**ird **g**ebeten.
Übach-Palenberg, niederrhein. Stadt nördl. von Aachen, 22700 E.; Baustoffindustrie.
U-Bahn ↗Untergrundbahn.
Ubangi *m,* r. Nebenfluß des Kongo, 2350 km lang; bildet die Grenze zw. Zaire einerseits u. der VR Kongo u. der Zentralafrikan. Rep. andrerseits. **U.-Schari,** die ↗Zentralafrikan. Rep.
Überbein, *Ganglion,* **1)** kleine, mit gallertiger Masse prall gefüllte Geschwulst in der Umgebung eines Gelenkes. **2)** Knochenauftreibung, infolge Quetschung u. Zerrung.
Übereignung, Eigentumsübertragung; erfolgt bei Grundstücken durch ↗Auflassung, bei bewegl. Sachen im allg. durch Übergabe der Sache. ↗Eigentumserwerb.
Überempfindlichkeitsreaktion, *Anaphylaxie,* Form der ↗Allergie, entsteht durch Injektion artfremder Eiweißkörper (Proteine) ins Blut.
Übergangsbahn, in der Weltraumfahrt diejenige Bahn zu einem anderen Planeten, die mit dem geringsten Energieaufwand befliegbar ist. ☐ 1101.
überhitzter Dampf, *Heißdampf,* durch Überhitzer (↗Dampf, ↗Dampfkessel) über die normale Temperatur erhitzter Dampf.
Überkingen, *Bad Ü.,* württ. Kurort im oberen Filstal, 3500 E.; Mineralquellen gegen Rheuma, Nieren-, Zuckerkrankheit.

Überlagerung ↗Superposition.
Überlagerungsempfänger ↗Superhet.
Überlandzentrale, *Überlandwerk,* versorgt ein größeres Gebiet mit elektr. Energie.
Überlieferung ↗Tradition.
Überlingen am Bodensee, bad. Stadt n.ö. am *Überlinger* (↗Boden-)*See,* 18500 E.; got. Münster (14. Jh.), Franziskanerkirche (14. Jh.) u. Rathaus (15. Jh.); Kneippbad.
übermangansaures Kalium, das ↗Kaliumpermanganat.
Übermensch *m,* im 17. Jh. geprägter Begriff; Mensch, der über sich hinauswächst; bei ↗Nietzsche der zukünftige (idealtyp.) Mensch, höchste Erscheinung des Willens zur Macht.
Übernatur *w,* in der christl. Glaubenslehre Bz. für das, was den Bereich der menschl. Natur übersteigt u. nur durch göttl. Gnadengabe zuteil wird, z. B. Gnade, Anschauung Gottes, Offenbarung.
Überreichweiten, nur unter bestimmten atmosphär. Bedingungen auftretende, ungewöhnlich große Reichweiten v. Funkwellen, hervorgerufen durch Streuung *(Scattering)* der Wellen in der Tropo- u. Ionosphäre; Ü. ermöglichen z. B. bei Richtfunkverbindungen im UKW- u. Mikrowellenbereich die Überbrückung größerer Entfernungen als die reine Sichtverbindung.
Übersättigung, Überschreitung der oberen Grenze der ↗Sättigung einer Lösung, indem diese vorsichtig abgekühlt (erwärmt) wird; bei Erschütterung usw. erfolgt schlagartig der Ausfall der zuviel gelösten Substanz.
Überschallgeschwindigkeit, eine die Fortpflanzungsgeschwindigkeit des Schalles in Luft (etwa 1200 km/h = etwa 340 m/s = ↗Mach-Zahl) überschreitende Geschwindigkeit rasch bewegter Körper (Geschosse, Flugkörper) u. Gasströmungen (Explosion). Vor Erreichen der Ü. muß ein Flugkörper die *Schallmauer,* d. h. einen sprunghaft ansteigenden Luftwiderstand, überwinden, wobei Kopf- od. Stoßwellen *(Überschallknall)* auftreten. ☐ 870.
Überschiebung, *Aufschiebung,* durch seitl. Druck verursachte Lagerungsstörung, dabei werden über einen horizontalen oder bis zu 45° geneigten Krustenteil *(Ü.sfläche)* Gesteinsschichten hinauf- oder darüberweg geschoben; dabei kommen ältere Schichten über jüngeren zu liegen.
Übersee, jenseits eines Ozeans liegende Länder.
Übersetzung, 1) die Übertragung eines geschriebenen od. gesprochenen Textes in eine andere Sprache. **2)** bei Riemen- od. Rädertrieben das Verhältnis der Drehzahlen des treibenden u. des getriebenen Teils. ☐ 817. **3)** bei Transformatoren das Verhältnis v. Primär- zu Sekundärspannung bei Leerlauf. **Ü.smaschinen,** Datenverarbeitungsanlage zur Übersetzung v. Texten. Die Speicher enthalten in Form eines Wörterbuchs den Wortvorrat zweier Sprachen, während die grammatikal. Analyse durch Vergleich mit gespeicherten Beispielen vorgenommen wird.
Übersichtigkeit, die ↗Weitsichtigkeit 1).

Überstunden, Arbeitszeit, die über die *vertragl.* zu leistende Arbeit hinausgeht; meist höher entlohnt als die normale Arbeitszeit; Ausgleich durch Gewährung v. Freizeit möglich. ↗Mehrarbeit.
Übertretung, leichteste Art v. Straftaten; mit Freiheitsstrafe bis zu 6 Wochen od. Geldstrafe bis 500 DM bedroht.
Überweisung, Giroverkehr, bargeldloser Zahlungsverkehr durch Umbuchung von Geldbeträgen auf Girokonten bei Kreditinstituten und im Postscheckverkehr.
Ubi bene, ibi patria (lat.), wo es mir gut geht, da ist mein Vaterland.
Ubier (Mz.), german. Stamm, zuerst zw. Main u. Lahn, seit 38 v. Chr. auf den linken Rheinufer ansässig; ihr Hauptort das heutige Köln.
Ubiquität *w* (lat.), die v. Luther nach Ablehnung der ↗Transsubstantiation gg. Zwingli vertretene Lehre Wilhelms v. Ockham, wonach der verklärte Christus auch leibhaft nach seiner Menschheit in der ganzen Schöpfung, daher auch im Abendmahl gegenwärtig sei; v. den Reformierten abgelehnt.
üble Nachrede ↗Nachrede. [lehnt.
U-Boot, Abk. für ↗Unterseeboot.
Ubsa Nor, See der nordwestl. Mongolei, 2500 m², 722 m ü. M.
Ucayali *m,* einer der Quellflüsse des Amazonas v. Ostfuß der Anden; 1960 km lang.
Uccello (: utsche-), *Paolo,* it. Maler, 1397 bis 1475; Meister der Frührenaissance, Bahnbrecher der perspektivischen Malerei.
Üchtland (Uechtland), Schweizer Voralpenlandschaft zw. Saane u. Aare, Hauptort Freiburg i. Ü.; dt.-frz. Sprachgrenze.
Uckermark, fruchtbares Hügelland westl. der unteren Oder, der nördl. Teil der Mark Brandenburg; Hauptort Prenzlau; Weizen- u. Tabakanbau.
Ueckermünde, Krst. im Bez. Neubrandenburg, am Stettiner Haff, 12000 E.; Hafen.
Udet, *Ernst,* dt. Generaloberst, 1896–1941; im 1. Weltkrieg erfolgreicher Jagdflieger; seit 1938 Generalluftzeugmeister; beging wegen des ihm angelasteten Mißerfolgs der Luftschlacht um England Selbstmord.
Udine, ober-it. Prov.-Hst. u. Hauptort der Landschaft Friaul, nahe der jugoslaw. Grenze; 103000 E.; Erzb.; roman. Dom; Textil-Industrie.
Udmurten, 1) ostfinn. Volksstamm östl. der mittl. Wolga, 704000 Menschen. **2)** *Udmurtische ASSR,* Autonome Sowjetrep. n.w. der unteren Kama, 42100 km², 1,5 Mill. E.; Hst. Ischewsk.
UdSSR, Abk. für **U**nion **d**er **S**ozialist. **S**owjet-**R**epubliken, die ↗Sowjetunion.
Ufa, Hst. der Baschkirischen ASSR, Ind.-Stadt am Ural, 969000 E.; Bahnknoten der Transsibir. Eisenbahn; Hochschulen; Erdölverarbeitung, Motorenwerke, Holz-, Leder- u. Nahrungsmittel-Ind.
Uferschnepfen, Regenpfeifervögel mit kleinem Kopf; *Pfuhlschnepfe,* in Lappland, Finnland; *Schwarzschwänzige U.,* in Island u. Osteuropa.
Uffizien (Mz., it. = Amtsräume), manierist. Bauwerk in Florenz, als Verwaltungsgebäude für Cosimo Medici v. ↗Vasari erbaut;

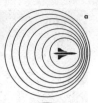

Überschallgeschwindigkeit: Ausbreitung der Schallwellen beim Flug **a** mit Unterschall-, **b** mit Schall-, **c** mit Überschallgeschwindigkeit

H. Uhlmann: Tänzerische Figuration (Bronze)

Uhu

Uganda

Amtlicher Name:
Republic of Uganda
Staatsform:
Republik
Hauptstadt:
Kampala
Fläche:
235 880 km²
Bevölkerung:
13,2 Mill. E.
Sprache:
Amtssprache ist Englisch, häufigste Verkehrssprachen sind Bantusprachen und Kisuaheli
Religion:
30% Katholiken,
14% Protestanten,
3% Muslimen,
50% Anhänger von Naturreligionen
Währung:
1 Uganda-Shilling
= 100 Cents
Mitgliedschaften:
UN, Commonwealth, OAU, der EWG assoziiert

Uhr: 1 Teile einer Uhr mit Unruh: der Zahnkranz (Z) am Federhaus greift in das Räderwerk u. bewegt das Minutenrad, Zwischenrad u. das Sekundenrad, das mit dem Trieb des (Anker-) Hemmungs-Rades in Eingriff steht;
2 Schema einer Pendeluhr mit Gewichtsantrieb, **a** von vorn, **b** von der Seite

heute eine der berühmtesten Gemäldegalerien der Welt.
UFO, Abk. für **U**nidentified **F**lying **O**bjects = unbekannte Flugobjekte, Bz. für opt., oft auch mit Radar beobachtete, nicht identifizierte fliegende Objekte *(fliegende Untertassen)*.
Uganda, Rep. in Ostafrika, nördl. des Viktoriasees. U. ist eine v. Nil durchflossene, wellige Hochebene v. 1000–2000 m Höhe. Anbau v. Baumwolle, Kaffee, Tee, Erdnüssen, Citrusfrüchten, Tabak; Viehzucht. Bergbau auf Kupfer, Zinn, Eisenerze u. Kobalt. – 1894 brit. Protektorat; 1962 unabhängige konstitutionelle Monarchie, bundesstaatl. organisiert, 66 Sturz des Königtums; 71 Militärputsch, 72 Ausweisung der Inder u. Pakistani. 79 Sturz des Terrorregimes I. Amin Dadas (seit 71 Staats-Präs.) mit Hilfe tansan. Truppen. Staats-Präs. M. Obote (seit 80).
Ugrier, Völkergruppe der Magyaren, Ostjaken, Wogulen.
Uhde, 1) *Fritz v.,* dt. Maler, 1848–1911; v. Impressionismus beeinflußt, christl.-bibl. Themen im Bauern- u. Arbeitermilieu. **2)** *Wilhelm,* dt. Schriftsteller u. Kunsthistoriker, 1874–1947; Werke u. a. *Henri Rousseau; Von Bismarck bis Picasso.*
UHF, Abk. für ↗**U**ltrahoch**f**requenz.
Uhingen, württ. Gemeinde bei Göppingen, 11 800 E.; Metall-, Textil u. Leder-Ind.
Uhland, *Ludwig,* dt. Schriftsteller, 1787 bis 1862; schwäb. Spätromantiker; Prof. für dt. Sprache u. Lit. in Tübingen, demokrat. Politiker; schrieb bes. Balladen, sammelte Volkslieder.
Uhlenhuth, *Paul,* dt. Bakteriologe u. Hygieniker, 1870–1957; entwickelte Heilseren, Blutuntersuchungsmethoden u. a.
Uhlmann, *Hans,* dt. Bildhauer, 1900–75; Draht- u. Gestängeplastiken.
Uhr *w* (v. lat. hora = Stunde), Gerät zur Zeit-Messung, das meist Perioden harmon. Schwingungen herstellt, zählt und die Summe als Zeitablauf opt. oder akust. darstellt; der Schwingungsvorgang konstanter Periode soll v. inneren u. äußeren Einflüssen weitgehend unabhängig sein u. wird bei allen *mechan., elektr.* u. *elektron. U.en* benutzt, während z. B. bei Sonnen- oder Wasser-U.en ein ununterbrochener gleichförmiger Bewegungsvorgang ausgenutzt wird. Als Gangregler wirkt bei Pendeluhren

ein *Pendel,* dessen Schwingungszeit durch Längenverstellung genau einstellbar ist; bei Federuhren steuert die *Unruh,* deren Schwingungsdauer der „Rücker" regelt. Bei elektr. Pendeluhren mit Gleichstromantrieb trägt das Pendel unten einen Bügel mit einem Dauermagneten, der in eine Spule taucht. Nur wenn die Schwingungsweite zu gering wird, zieht die Spule den Magneten an u. erteilt dadurch neue Energie. Ähnl. arbeiten elektron. U.en, bei denen ein kontaktlos angetriebener Unruhschwinger elektron. einen Motor (unter Zwischenschaltung v. Halbleiterbauelementen) steuert.
Uhu *m,* größte dt. Eule mit abstehenden Ohrbüscheln; Raubvogel; unter Naturschutz. [Uigur.
Uigurische Autonome Region ↗Sinkiang-
Ujung Pandang, Hst. v. Celebes (Indonesien), an der SW-Küste, 460 000 E.
Ukas *m* (russ.), Befehl, Erlaß.
Ükerewe, Insel im ↗Viktoriasee.

Ludwig Uhland   Paul Uhlenhuth

Ukraine, *Ukrainische SSR,* im S der Sowjetunion, reicht v. den Karpaten bis zum Donezbecken u. zum Schwarzen Meer, 603 700 km², 49,8 Mill. E., davon 75% Ukrainer und 19,4% Russen; Hst. Kiew. – Mit ihren fruchtbaren Schwarzerdeböden bildet die U. die Kornkammer des europ. Rußlands (Weizen, Roggen, Mais, Sonnenblumen). Reiche Vorkommen an Steinkohlen, Eisen-, Mangan-, Titanerze, Erdöl. – Die erste Herrschaftsbildung, zu der die U. gehörte, war das Reich v. Kiew (↗Rußland); nach der Zerstörung Kiews durch die Tataren 1240 war die U. teilweise in litauischem u. poln. Besitz u. gehörte seit 1569 ganz zu Polen. Die Kosaken unter B. Chmelnizkij erkämpf-

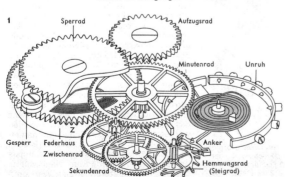

1   Sperrad   Aufzugsrad   Minutenrad   Unruh   Gesperr   Federhaus   Zwischenrad   Anker   Hemmungsrad (Steigrad)   Sekundenrad   Z

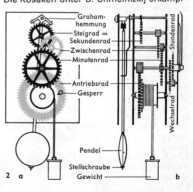

2 a   b
Graham-hemmung
Steigrad = Sekundenrad
Zwischenrad
Minutenrad
Antriebsrad
Gesperr
Pendel
Stellschraube
Gewicht
Wechselrad
Stundenrad

ten 1648 die Unabhängigkeit der U., unterstellten sich aber 54 dem Schutz des russ. Zaren. Nach dem Poln. Krieg 1654/67 fiel die U. r. des Dnjepr wieder an Polen, kam aber bei den Poln. Teilungen 1772/95 wieder an Rußland zurück (kleinere Teile erhielt Östr.). Die Kämpfe um eine v. Rußland unabhängige U. 1917/20 endeten mit einer Sieg der Bolschewisten. Seit 22 ist die U. eine sozialist. Sowjet-Rep.; 39 Angliederung der West-U., 40 der Nordbukowina u. v. Teilen Bessarabiens, 45 der Karpaten-U. u. 54 der Krim; Gründungs-Mitgl. der UN.

Ukrainer (Mz.), fr. in Rußland auch *Kleinrussen* genannt. Ostslaw. Volk zw. den Karpaten im W sowie dem Don u. dem Nordkaukasus im O, in der Sowjetunion 40,7 Mill. Menschen. Religion meist griech.-orth.; in Kultur u. Brauchtum v. den Russen unterschieden.

UKW, Abk. für ↗Ultrakurzwellen.

Ulan-Bator, fr. *Urga,* Hst. der Mongolischen Volksrepublik, 400000 E.; Univ.; Textil-, Fleisch- u. Lederkombinat; Kreuzung wichtiger Karawanenstraßen.

Ulanen (Mz., türk.), leichte Reitertruppe; im 16. Jh. in Polen, 1790 in Östr., 1807 in Preußen aufgestellt.

Ulanowa, *Galina,* russ. Tänzerin, * 1910; debütierte 1928 u. kam 44 an das Moskauer Bolschoj-Theater.

Ulan-Ude, bis 1934 *Werchne-Udinsk,* Hst. der Burjät.-Mongol. ASSR in der RSFSR, an der Abzweigung der Transmongol. Eisenbahn von der Transsibir. Eisenbahn, 300000 E.; Hafen u. Werft an der Selenga; Landwirtschaftl. Hochschule; Fleischkombinat.

Ulbricht, *Walter,* dt. kommunist. Politiker, 1893–1973; seit 1918 Mitgl. des Spartakus-Bundes bzw. der KPD, emigrierte 33 (seit 38 in der UdSSR); 49/60 stellvertretender Min.-Präs. der DDR, 53/71 Erster Sekretär der SED u. seit 60 zugleich Vors. des Staatsrats. ↗Deutschland (Dt. Demokrat. Rep.).

Ulcus s (lat.), das ↗Magengeschwür.

Uleåborg (: uljåborj) ↗Oulu.

Ulema (arab.), die Rechtsgelehrten des Islam, eine Art Klerus.

Ulfilas, griech. Name für got. ↗Wulfila.

Uljanowsk, bis 1924 *Simbirsk,* sowjet. Hafenstadt an der Wolga, 464000 E.; Auto-Ind.; Geburtsort Lenins (der eig. *Uljanow* hieß).

Ullmann, *Regina,* schweizer. Schriftstellerin, 1884–1961; Lyrik u. legendenhafte Erz. *(Madonna auf Glas; Vom Brot der Stillen).*

Ulm an der Donau, kreisfreie Stadt Württembergs, gegenüber der bayer. Stadt Neu-Ulm, 99600 E.; got. Münster (1377/1494) mit dem höchsten (161 m) Kirchturm der Erde. Univ., Fachhochschule; Elektro-, Textil- u. Maschinen-Ind.

Ulme, *Rüster,* Gattung der Ulmengewächse, Laubbäume mit asymmetr. Blättern; in Dtl. *Berg-, Feld-, Flatter-U.* in Auwäldern, Allee- u. Zierbäume. **U.nsterben,** U.nkrankheit, verursacht durch einen Kernpilz.

Ulrich, hl. (4. Juli), 890–973; 923 Bischof v. Augsburg; verteidigte 955 Augsburg gg. die Ungarn.

Walter Ulbricht

1

2

1 a

2 a

Ulme: Wuchsformen u. Fruchtzweige der 1 Feldulme (Rüster) u. 2 der Flatterulme

Ulrich, 1487–1550; 1498 Hzg. v. Württemberg; verlor vorübergehend sein Land, in dem er nachher die Reformation einführte.

Ulrich v. Lichtenstein, mhd. Dichter, 1198 bis um 1276; *Frauendienst.*

Ulster (: alßt[er]), ir. *Cuigh Uladh,* bis 1921 nördlichste Prov. Irlands, Hst. Belfast; seitdem geteilt in ↗Nordirland u. die *Prov. U.* der Rep. Irland (8007 km², 210000 E.).

Ulster m, taillenloser Herrenmantel, oft aus gerauhten U.stoffen. [Krieg].

ultima ratio w (lat.), äußerstes Mittel (z. B.

Ultimatum s (lat.), letztes Wort, Drohforderung; in der Diplomatie letzte Bedingung, deren Nichterfüllung Abbruch der Vhh. u. eventuell Krieg bedeutet.

Ultimo m (it.), letzter Tag (Werktag) eines Zeitabschnitts (Monat, Jahr). ↗Medio.

U.geld, *Monatsgeld,* am U. fälliger Kredit.

ultra (lat.), darüber hinaus, jenseits.

Ultrafax, ein Verfahren der ↗Bildtelegraphie mit einem Zwischenbild.

Ultrahochfrequenz w (lat.), Abk. UHF, in der Rundfunktechnik die Dezimeterwellen mit Frequenzen zw. 300 u. 3000 MHz (Wellenlängen zw. 100 u. 10 cm), z. B. bei Fernseh- und Radargeräten, frequenzmodulierten Rundfunksendern. ☐ 1093.

Ultrakurzwellen, Abk. UKW, in der Rundfunktechnik Wellen mit Frequenzen zw. 30 u. 300 MHz (Wellenlängen zw. 10 u. 1 m), schließen sich an die Kurzwellen an. Überbrücken nur relativ geringe Entfernungen. Sie breiten sich direkt u. geradlinig (quasioptisch) aus; bei Rundfunk, Fernsehen (Meterwellenbereich) u. in der Radioastronomie. ☐ 1093.

Ultramarin s, *Lasur-, Azurblau,* blaue Mineralfarbe, durch Erhitzen v. Kaolin, Soda u. Schwefel; zu Ölanstrich, Zeugdruck.

Ultramikroskop ↗Mikroskop.

ultramontan (lat. = jenseits der Berge [Alpen]), Kampfwort bes. im Kulturkampf u. unter dem Nat.-Soz., mit dem die dt. Katholiken wegen angebl. „Romhörigkeit" als national unzuverlässig abgestempelt werden sollten.

Ultrarot, *Infrarot,* Bereich der elektromagnet. Strahlung, der in Richtung der längeren Wellen an den roten Spektralbereich des Lichts anschließt u. bis zu den Mikrowellen reicht (Wellenlängen 0,7 μm bis 200 μm); durch ihre Wärmewirkung nachweisbar. Da U.strahlen gut durch Nebel u. Dunst dringen, kann man bei bes. sensibilisiertem Aufnahmematerial auch bei schlechter Sicht bis auf 100 km Entfernung photographieren. Nachtsichtgeräte haben Scheinwerfer mit U.filter, den unsichtbare U.strahlen auch die Dunkelheit durchdringen; bes. in der Militärtechnik verwendet. **U.öfen** dienen zum Backen, Heizen, raschen Trocknen v. Lackanstrichen.

Ultraschall, Schallschwingungen so hoher Frequenz (über 20000 Hz), daß sie jenseits des menschl. Hörbereichs liegen. U.wellen werden meist elektr. Schwingungen erzeugt, z. B. mit piezoelektr. Quarzkristallen od. durch Magnetostriktion. Vielseitigste Anwendung in der medizin. Diagnostik u. Therapie, zur zerstörungsfreien Werkstoffprüfung, beim Echolot u. zum Entgasen v. Flüssigkeiten.

Ultrastrahlung ↗kosmische Strahlung.

Ultraviolett s, Abk. *UV*, Teil des elektromagnet. Spektrums, dessen Wellenlängen zw. 380 und 10 nm (1 nm = 10⁻⁹ m) liegen; schließt unmittelbar an den noch sichtbaren Teil des Violett im Spektrum an u. reicht bis zu den ↗Röntgenstrahlen. Glas ist für U. nicht durchlässig, wohl aber Quarz u. Quarzglas. U.strahlen unter 200 nm werden auch v. Quarz u. Luft stärker absorbiert (schützende Wirkung der Erdatmosphäre gg. die starke U.strahlung der Sonne). U.strahlung ist chemisch u. biologisch wirksam; sie ionisiert Gase u. regt viele Stoffe zu ↗Lumineszenz an. Künstl. U.lichtquellen sind u. a. die Quecksilberdampflampe u. der elektr. Lichtbogen. ☐ 1093.

Ultrazentrifuge w (lat.), Gerät, um kleinste Teilchen durch stärkste Fliehkraftwirkung z. B. aus Kolloiden auszuscheiden, um Molekulargewichte zu bestimmen u. Isotope zu trennen.

Ulysses, für lat. Ulixes = ↗Odysseus.

Uelzen (: ül-), niedersächs. Krst. in der Lüneburger Heide, 36 600 E.; Marienkirche (14. Jh.), Zucker-, Maschinenindustrie.

Ulzeration w (lat.), Geschwürbildung. **u. M., ü. M.,** bei Höhenangaben: „unter" bzw. „über dem Meeresspiegel".

umbauter Raum, Rauminhalt eines Gebäudes, als Maßgröße bei Veranschlagung der Baukosten zugrunde gelegt.

Umbelliferen (Mz., lat.), *Doldenblütler,* Pflanzenfamilie, ihre äther. Öle zu Würz- u. Heilzwecken (Kümmel, Anis, Fenchel, Petersilie, Sellerie, Koriander, Gelbe Rübe).

Umberfische, Familie farbenprächtiger, barschähnl. Meeresfische; *Umber, Adlerfisch, Meerrabe* u. a.; Speisefische.

Umberto, Kg.e v. Italien: **U. I.,** 1844–90; 78 Kg., v. einem Anarchisten ermordet. Sein Enkel **U. II.,** * 1904; 46 für 25 Tage Kg., emigrierte nach Proklamation der Republik, lebt in Portugal.

Umbra w (lat.), 1) Schatten. 2) *Umber m, Kölner Braun,* Erdfarbe. 3) dunkler Zentralteil eines ↗Sonnenflecks.

Umbrer (Mz.), Stamm der Italiker. **Umbrien,** mittel-it. Landschaft zw. Hochapennin u. Toskanischem Hügelland, als Region 8456 km², 809 000 E. Hst. Perugia.

Umbruch, im Buchdruck das Zusammenstellen des Satzes zu Spalten oder Seiten.

Umformer, Maschinen zur Umformung einer Stromart in eine andere, z. B. Dreh- in Gleichstrom, 50-Hz-Drehstrom in 16²/₃-Hz-Wechselstrom, Periodenänderung zw. verschiedenen Drehstromnetzen.

Umformtechnik w, *Umformen,* alle technolog. Verfahren zur Formänderung fester Körper ohne Stoffverlust, nutzt die mikrostrukturellen Eigenschaften des Werkstoffs aus, um mit geeigneter Temperatur u. Geschwindigkeit die Formänderung herbeizuführen (Kalt-, Warm-, Explosions-, Vakuumformen usw.). Ggs. ↗spanendes Formen.

Umkehrverfahren, photograph. Verfahren, gibt mit einem speziellen Film *(Umkehrfilm)* direkt ein Positiv.

Umlage, Aufbringung einer Geldsumme nach einem bestimmten Schlüssel.

Umlauf ↗Panaritium. **U.getriebe,** ein ↗Planetengetriebe. **U.szeit,** die Zeit, die ein ↗Himmelskörper (Planet, Mond) od. Satellit braucht, um den U. um einen anderen (Sonne, Planet) zu vollziehen. *Siderische U.zeit* ist jene, die der Körper braucht, um, vom Zentralkörper aus gesehen, 360° seiner Bahn zurückzulegen. Die *synodische (scheinbare) U.zeit* braucht, v. der Erde aus gesehen, ein Planet, um wieder in die gleiche ↗Konjunktion zu gelangen. **U.vermögen** ↗Betriebskapital.

Umlaut, Bz. der Verwandlungen von a in ä, au in äu (eu), o in ö, u in ü.

Umlegung, 1) die ↗Flurbereinigung. 2) auch Zusammenlegung u. Neuverteilung städt. Baulandes nach Bebauungsplan.

Umrechnungskurs ↗Wechselkurs.

Umsatz, Wert der verkauften Leistungseinheiten einer Unternehmung in einem bestimmten Zeitraum. **U.steuer,** Abgabe auf Lieferungen u. Leistungen, die gg. Bezahlung durch selbständig ausgeübte berufl. od. gewerbl. Tätigkeit im Inland durchgeführt werden. Zum Ausgleich unterliegen auch die Einfuhr v. Gütern aus dem Ausland u. der Eigenverbrauch der U.steuer *(U.ausgleichsteuer).* ↗Mehrwertsteuer.

Umschlag, 1) allg. eine schützende Umhüllung. 2) das Umladen v. Gütern zw. verschiedenen Beförderungsmitteln. 3) Heilmittel gg. Entzündungen, mit Wasser, Alkohol, Borwasser u. a.; ↗Prießnitz-U.

Umsetzer, *Fernsehumsetzer,* Relaisstation für Fernsehsender, sichert über die quasiopt. Reichweite hinaus den Empfang.

Umsiedler, im Sprachgebrauch der BRD ↗Volksdeutsche, die im 2. Weltkrieg durch staatl. Maßnahmen neue Wohnsitze zugewiesen wurden; in der DDR allg. Bz. der ↗Flüchtlinge.

Umspannwerk, eine Transformatoren- u. Schaltstation zur Herabsetzung der Hochspannung auf Mittel- od. Niederspannung.

Umstandswörter, *Adverbien,* sind unveränderlich, entweder eigentl. U. (hier, bald, so) od. als U. verwendete Beiwörter (Adjektive). Es gibt U. des Orts, der Zeit, der Art u. Weise, des Grundes. ☐ 1118.

Umtausch, Rückgabe v. Waren gegen andere gleichwertige; nur mögl., wenn vereinbart od. im betr. Handelsbetrieb üblich; für bestimmte Waren, z. B. Lebensmittel, oft ausgeschlossen. Bei Kauf einer billigeren Ware kein Anspruch auf Ausbezahlung des Preisunterschiedes.

Umwandlungswärme ↗latente Wärme.

Umwelt, 1) biolog.: die auf einen Organismus einwirkende, unbelebte u. belebte Umgebung, an die sich im Rahmen seiner ererbten Eigenschaften in Bau, Funktion u. Verhalten anpaßt. 2) *Milieu,* soziolog.: alle Einflüsse, auch die geistig-seel., die die Entwicklung des Menschen beeinflussen können, denen er aber weitgehend in freier Entscheidung gegenübersteht. **U.schutz,** alle Maßnahmen, um dem Menschen seine U. zu sichern, in der belebten u. unbelebten Natur das biolog. Gleichgewicht zu erhalten

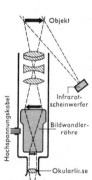

Objekt

Infrarotscheinwerfer

Bildwandlerröhre

Okularliг.se

Auge

Hochspannungskabel

Ultrarot (Infrarot): Nachtsichtgerät

und durch U.planung die U.qualität insgesamt zu verbessern.

UN, engl. Abk. für ↗Vereinte Nationen.

Unabdingbarkeit, Einschränkung der Vertragsfreiheit durch einseitig zwingendes Recht, von dem nur zugunsten einer (meist der sozial schwächeren) Seite abgewichen werden kann; i.e.S. arbeitsrechtl.: die Rechtsverbindlichkeit v. Bestimmungen aus Tarifverträgen u. Betriebsordnungen für den Einzelarbeitsvertrag.

Unamuno, *Miguel de,* span. Schriftsteller, 1864–1936; Essays, Romane, Dramen, Gedichte v. metaphys. Unruhe; „tragisches Lebensgefühl".

M. de Unamuno

Una Sancta *w* (lat.), die „Eine Heilige", d. i. die von Christus gestiftete Kirche. **Una-Sancta-Bewegung,** i.w.S. Bz. für kath. Bemühungen um Glaubenseinheit der Christen; i.e.S. die von M. J. ↗Metzger 1939 in Dtl. gegr. Bewegung.

Unbefleckte Empfängnis, lat. *Immaculata Conceptio;* v. Pp. Pius IX. 1854 definiertes kath. Dogma, wonach Maria ohne ↗Erbsünde empfangen wurde; v. den orth. u. ev. Kirchen abgelehnt. Fest am 8. Dezember.

Unbekannte, gesuchter Wert einer Bestimmungs-↗Gleichung, meist „x" genannt.

Unbekannter Soldat, ein namentl. nicht bekannter gefallener Soldat, der in einem Ehrenmal beigesetzt wurde u. symbol. für alle in den beiden Weltkriegen Gefallenen einer Nation geehrt wird.

Unbewußtes, *Psychologie: Unterbewußtes,* Sammel-Bz. für psych. Aktivität, die nicht bewußt erlebt wird (z.B. Reflexe). In der *Tiefenpsychologie* Region der menschl. Psyche mit einer spezif., der bewußten Kontrolle u. Beobachtung entzogenen Aktivität u. Gesetzmäßigkeit, die eine dynam. Wirkung auf bewußte Prozesse (z.B. Denken) ausübt. Von S. Freud im *Es* lokalisiert; nach C. G. Jung der schöpfer. Grund aller Gestaltung; unterschieden in das *persönl. U.* u. das allen Menschen gemeinsame *kollektive U.*

UNHCR, das UN-Hochkommissariat für Flüchtlingshilfe, Sitz: Genf. 1981 Friedensnobelpreis.

Uncle Sam (: ankl ßäm), *Onkel Sam,* scherzhafte, im Krieg 1812 aufgekommene Bz. für die US-Regierung.

UNCTAD, Abk. von United Nations Conference for Trade and Development (Konferenz für Handel u. Entwicklung), 1964 gegr. Sonderorganisation der UN; Sitz: Genf.

Underground *m* (: andergraund, engl.), sozial-krit. Bewegung im Bereich der Kunst, die den herkömml. Kunstbetrieb ablehnt.

Understatement *s* (: ande^r ßte^t m^e nt, engl.), Unterspielen, „Untertreiben", andeutender, abschwächender Ausdruck, in Schauspielkunst, Rede, Lit., allg. im Verhalten.

Undine, Opern (nach Text v. F. de la Motte-Fouqué) v. E. T. A. Hoffmann u. A. Lortzing.

Undinen (v. lat. *unda* = Woge), weibl., seelenlose Wassergeister; erhoffen durch ehel. Verbindung mit einem Menschen Befreiung aus ihrem Zustand.

Undset (: unßet), *Sigrid,* norweg. Dichterin, 1882–1949; seit 1925 kath., 28 Lit.-Nobel-

preis, 40/45 in USA. Prosaepen aus dem norweg. MA; moderne Eheromane. *Kristin Lavranstochter; Olav Audunssøn.*

uneheliches Kind ↗nichteheliches Kind.

unendlich, das physisch Unendliche, das aktuell immer endlich ist, aber über jede Grenze hinaus vermehrt werden kann (z.B. die Zahl). In der Mathematik: Grenzbegriff, Zeichen ∞; meint größer bzw. kleiner als jede angebbare (endliche) Zahl, Strecke, Funktion usw.

Unendlichkeit, *Philosophie:* Die Uneingeschränktheit des durch keine Grenzen der Quantität oder Qualität bestimmten Seienden. In der griech. Philosophie weniger hoch bewertet als das endl. Sein; in der christl. Philosophie als höchste Vollkommenheit angesehen.

unerlaubte Handlung, schuldhaft rechtswidrige Schädigung der Rechtsgüter anderer aus Verletzung der allgemeinen gesetzlichen Verhaltenspflicht. Anspruch auf ↗Schadensersatz.

UNESCO *w,* Abk. für United Nations Educational, Scientific and Cultural Organization, die Erziehungs-, Wissenschafts- u. Kulturorganisation der UN; Sitz Paris.

unfair (: -fär, engl.), unritterlich, unsportl.

Unfallflucht, entspricht der ↗Fahrerflucht.

Unfallverhütung, sucht Betriebsunfällen vorzubeugen durch berufsgenossenschaftl. Vorschriften.

Unfallversicherung, deckt den durch Unfall entstandenen Schaden. 1) *soziale U.,* 1884 in Dtl. eingeführt, Zweig der ↗Sozialversicherung, gewährt Leistungen bei Arbeitsunfällen, Wegeunfällen (zw. Wohnung u. Arbeitsstätte) u. bestimmten Berufskrankheiten. Leistungen: bei Tötung Sterbegeld u. Hinterbliebenenrenten, bei Verletzung Krankenbehandlung, Berufsfürsorge, Renten. Träger sind die ↗Berufsgenossenschaften. 2) *private U.,* gewährt Entschädigungen u.a. in Form v. Kapital, Rente, Heilungs- u. Kurkosten. Die Beiträge richten sich vor allem nach der Höhe der zu leistenden Entschädigung.

Unfehlbarkeit *w* (lat. *Infallibilität*), die v. der kath. Kirche vertretene Lehre v. dem gnadenhaften Bewahrtsein des kirchl. Lehramtes vor Irrtum in verbindl. verkündeten Glaubens- u. Sittenl. Träger der U.: a) der Gesamtepiskopat unter dem Papst; b) ein allg. ↗Konzil unter dem Papst; c) der Papst allein, wenn er *ex cathedra* (= v. Lehrstuhl aus), d.h. unter Berufung auf seine Lehrautorität, in Glaubens- od. Sittendingen eine die Gesamtkirche verpflichtende Entscheidung verkündet; auf dem 1. Vatikan. Konzil 1870 als Dogma definiert.

Unfruchtbarkeit, *Sterilität,* Unfähigkeit, Kinder zu empfangen od. zu zeugen infolge mangelnder Keimdrüsenfunktion, Mißbildung der Geschlechtsorgane usw.

Ungarn, VR in SO-Europa, beiderseits der mittleren Donau. – U. liegt westl. des großen Karpatenbogens im Pannon. Becken, das begrenzt wird v. Karpaten, Transsilvan. Alpen, Dinar. Alpen u. Ostalpen u. durch das 200 km lange Ungar. Mittelgebirge gegliedert wird in das *Oberungar. Becken* (Kleines

Sigrid Undset

Alföld) im NW u. das *Niederungar. Becken* (Großes Alföld) im SO. Beide Becken sind lößbedeckt u. fruchtbares Agrarland. 56% des Bodens sind Ackerland (Getreide, Mais, Kartoffeln, Zuckerrüben, Reis) u. 16% Wiesen u. Weiden; bedeutender Weinbau, Viehzucht. Reiche Bodenschatze (Bauxit, Stein- u. Braunkohle, Eisenerze, Erdöl, Uran) sind die Grundlage einer Schwer-Ind. (Ózd, Diósgyör, Csepel, Dunapentele). Über 50% der ungar. Ind. sind um Budapest konzentriert. – Seit 896 Einwanderung der Magyaren, eines ugro-finn. Volks, das urspr. zw. Don u. Dnjepr saß; ihren Raubzügen nach Dtl. setzte Otto I. in der Schlacht auf dem ↗Lechfeld 955 ein Ende, unter Fürst Géza I. (972/997) u. seinem Sohn Kg. ↗Stephan d. Hl. (997/1038) Christianisierung; Ausdehnung der Herrschaft auf Kroatien (1091) u. Dalmatien (1102). Im 12. Jh. Ansiedlung v. Dt. in der Zips u. in Siebenbürgen; Glanzzeit unter dem Haus Anjou 1308/82. Der Reichsverweser ↗Hunyadi u. sein Sohn Kg. ↗Matthias I. Corvinus (1458/90) führten erfolgreiche Kriege gg. die Türken. 1526 kam der Hauptteil U.s unter türk. Herrschaft, der W fiel an Östr. Seit der Zurückdrängung der Türken 1683/99 (↗Türkenkriege) gehörte ganz U. zu Östr.; die Erhebung unter ↗Kossuth 1848/49 wurde mit Hilfe russ. Truppen niedergeschlagen. 1867 Umbildung der östr. Monarchie zur Doppelmonarchie ↗Österreich-U. Nach dem 1. Weltkrieg erlangte U. seine staatl. Unabhängigkeit, verlor aber im Vertrag von ↗Trianon 1920 ⁷/₁₀ seines Gebiets u. ²/₃ seiner Einwohner. Nach der kurzen kommunist. Diktatur B. ↗Kuns 19 wurde seit 20 unter dem Staatsoberhaupt u. Reichsverweser ↗Horthy, der. U. als Monarchie mit vakantem Thron proklamierte, die polit. Ordnung wiederhergestellt. 38, 40 u. 41 mit Hilfe des nat.-soz. Dtl. Rückgewinnung eines Teils der in Trianon abgetretenen Gebiete; 41 Kriegseintritt auf dt. Seite; 45 v. sowjet. Truppen besetzt. 46 Ausrufung der Rep., 47 im Friedensvertrag Abtretung aller durch Hitler gewonnenen Gebiete. 49 VR nach sowjet. Muster; Okt. 56 Volksaufstand gg. das kommunist. Regime (↗Nagy Min.-Präs.), auf Hilfeersuchen der Gegenregierung (↗Kádár) Anfang Nov. v. sowjet. Truppen niedergeschlagen; 68 Beteiligung an der militär. Intervention gg. die ČSSR; 73 Aufnahme diplomat. Beziehungen zur BRD. Generalsekretär der KP ist J. Kádár (seit 56), Vors. des Präsidialrates Pál Losonczi.

ungerechtfertigte Bereicherung, etwas erlangen auf Kosten eines anderen ohne rechtl. Grund; verpflichtet zur Herausgabe des Erlangten.

ungesättigt, in der Chemie: a) Lösungen, die von der gelösten Substanz noch mehr aufnehmen können; b) organ. Verbindungen, bei denen Doppel- oder Dreifachbindungen der Kohlenstoffatome untereinander vorkommen.

Ungesäuertes Brot ↗Matze; ↗Hostie.

uni (: üni-, frz.), einfarbig, ungemustert.

UNICEF, Abk. für United Nations International Children's Emergency Fund, Int. Kin-

Uniertе Kirchen
Uniertе Ostkirchen
Armenische Kirche
Chaldäische Kirche
Griech.-kath. Kirche
Koptische Kirche
Maronitische Kirche
Melchiten
Ruthenen
Syrische Kirchen
Syr.-kath. Kirche
Thomaschristen

Ungarn
Amtlicher Name:
Magyar
Népköztársaság
Staatsform:
Volksrepublik
Hauptstadt:
Budapest
Fläche:
93030 km²
Bevölkerung:
10,7 Mill. E.
Sprache:
Ungarisch
Religion:
63% Katholiken,
26% Protestanten,
80000 Juden
Währung:
1 Forint = 100 Filler
Mitgliedschaften:
UN, RgW,
Warschauer Pakt

derhilfsfonds, 1946 v. den UN gegr. zur Versorgung bedürftiger Kinder, bes. in den Entwicklungsländern, Sitz: New York. 1965 Friedensnobelpreis.

unieren (neulat.), vereinigen. **Unierte Kirchen, 1)** jene Ostkirchen, die im Ggs. zu den orth. nach der Trennung wieder mit der röm.-kath. Kirche vereinigt sind; haben eigene Riten u. Kirchensprachen, meist auch eigene Hierarchie (Patriarchen, daneben Metropoliten od. Erzbischöfe); heute ca. 10 Mill. Gläubige. **2)** ev. Kirchen, in denen mehrere prot. Bekenntnisse miteinander leben. ↗Union 3).

Uniform *w* (lat.), einheitl. Amtskleidung, bes. beim Militär. **U.ität** *w* (Bw. *uniform*), Gleichförmigkeit, Eintönigkeit.

Unikum *s* (lat.), einzig in seiner Art.

Union *w* (lat.), **1)** Vereinigung, Verbindung. **2)** Verbindung mehrerer Staaten. **3)** Vereinigung ref. u. luth. Gemeinden, oft ohne Wechsel der konfessionellen Überzeugung. **4)** *Prot. U.,* 14. 5. 1608 gegr. Bündnis mehrerer prot. süd- u. südwestdt. Fürsten; löste sich 21 auf. ↗Liga.

Union Arabische Republiken, auch *Föderation Arabischer Republiken,* am 1. 1. 1972 formal in Kraft getretener föderativer Zusammenschluß ↗Ägyptens, ↗Libyens und ↗Syriens; nicht realisiert.

Union der Sozialistischen Sowjetrepubliken, (U[d]SSR), amtl. für ↗Sowjetunion.

Union française (: ünjõn frãßäs) ↗Französische Union.

Union für die Neue Republik, frz. *Union pour la Nouvelle République* (UNR), Ende 1958 gegr. frz. Partei, vertritt die polit. Ziele des Gaullismus.

Union Jack (: junⁱjᵉn dsehäk), volkstüml. Bz. für die brit. Nationalflagge; aus dem engl. Georgs-, dem schott. Andreas- u. dem ir. Patrickskreuz entstanden.

unisono (it.), einstimmig.

Unitarier (Mz., v. lat. *unitas* = Einheit), **1)** Mitgl. des student. ↗Unitas-Verbandes. **2)** rel. Bewegungen, die die christl. Lehre v. der ↗Dreifaltigkeit leugnen (Antitrinitarier, ↗Sozinianer); heute bes. in England u. in den USA. [↗Einheitsstaat.]

Unitarismus *m* (lat.), das Streben nach dem **Unitas-Verband** (UV), Verband nichtfarbentragender kath. Studentenvereine, 1854 gegr.

United Kingdom (: junaitⁱd kingdᵉm), amtl. *U. K. of Great-Britain and Ireland* (: -of greⁱt britᵉn änd aiᵉrländ), amtl. Name für ↗Großbritannien.

United States of America (: junaitⁱd ßteⁱtß of ämerⁱkä), abk. USA, die ↗Vereinigten Staaten v. Amerika.

universal (lat.; Hw. *Universalität*), *universell,* allgemein, weltweit, überall gültig, brauchbar oder vorkommend. **U.erbe,** Gesamt-, Alleinerbe. **U.geschichte,** im 18. Jh. Bz. für ↗Weltgeschichte, heute zumeist für eine Darstellung einer Kultur oder Epoche in jeder, also nicht nur polit. Hinsicht.

Universalien (Mz., lat.), *Allgemeinbegriffe,* allg. Art- u. Gattungsbegriffe. **U.streit,** Kontroverse scholast. Philosophen bes. im 11./14. Jh. über das Wesen der Allgemeinbegriffe: gegen den ↗*Nominalismus* u. ↗*Konzeptualismus* (Roscellin, Abaelard, Ockham u. a.) steht der *gemäßigte* ↗*Realismus* (Thomas v. Aquin u. a.) u. der *extreme Realismus* (Eriugena, Anselm), nach dem die Allgemeinbegriffe das dem Denken u. Seienden vorausliegende Wirkliche sind. **Universalismus** *m* (lat.), eine Gesellschaftslehre, die im Ganzen gegenüber dem Einzelnen das Erste u. Ranghöhere sieht; bes. v. O. Spann vertreten.

Universiade, *Studentenweltspiele,* 2jährl. stattfindende Sommer- u. Wintersportwettkämpfe nationaler Studentenmannschaften.

Universität *w* (v. lat. *universitas litterarum* = Gesamtheit der Wiss.), Forschung u. Lehre miteinander verbindende ↗Hochschule, die im Ggs. zur Fachhochschule zahlr. Disziplinen umfaßt. – Im 12. Jh. aus Spezialschulen entstanden, heute meist v. Staat getragen. – Leiter der U. in der BRD ist der Rektor od. *U.-Präs.*, unterstützt v. *Senat,* Gliederung in *Fakultäten* od. *Abteilungen,* die je ein *Dekan* führt; Inhaber planmäßiger Lehrstühle *(Ordinariate)* sind die U.sprof.en; sie werden aus dem Kreis der *Dozenten* berufen, die nach *Promotion* u. *Habilitation* die Lehrbefugnis *(venia legendi)* erhalten. – Für Einschreibung *(↗Immatrikulation)* als *Student* in Dtl. Hochschulreife gefordert (vgl. auch ↗Zweiter Bildungsweg). – Lehrformen: *Kolleg* (Vorlesung), ↗*Seminar* (Übung), *Arbeitsgemeinschaft, Kolloquium.* Studiendauer je nach Fach 8–12 Semester. Abschluß durch ↗Staatsexamen od. Prüfung für einen ↗Akadem. Grad. – Die Reform der Univ.en ist in den einzelnen Bundesländern unterschiedl. weit fortgeschritten. ☐395.

Die ältesten Universitäten (mit Gründungsjahr)

Fes	9. Jh.	Neapel	1224	Florenz	1321
Kairo	987	Toulouse	1229	Grenoble	1339
Bologna	11. Jh.	Siena	1240	Pisa	1343
Parma	11. Jh.	Salamanca	1243	Valladolid	1346
Modena	1175	Paris	1253	Prag	1348
Montpellier	1180	Sevilla	1254	Pavia	1361
Oxford	12./13. Jh.	Coimbra	1290	Krakau	1364
Perugia	1200	Lissabon	1290	Wien	1365
Cambridge	13. Jh.	Macerata	1290	Heidelberg	1386
Padua	1222	Rom	1303	Köln	1388

Universum *s* (lat.), ↗Weltall.

Unke *w, Feuerkröte,* wasserbewohnender Froschlurch mit Schwimmhäuten u. warziger Haut. *Rotbauchige U., Gelbbauchige U.*

Unkosten ↗Kosten. [☐911.

Unkraut, unerwünschte Wildpflanzenarten, entziehen den Kulturpflanzen Nährstoffe u. Lebensraum. ☐454. **U.bekämpfung,** durch Saatgutreinigung, Hacken der Kulturen, Ausstreuen v. ↗Herbiziden.

unlauterer Wettbewerb, gesetzl. nicht einwandfreies Verhalten im geschäftl. Wettbewerb zur Erzielung v. Marktvorteilen, z. B. ungesetzl. Rabattgebaren, Lockangebote.

Unna, westfäl. Krst. am Nordfuß des Haarstrangs, 57 000 E.; Eisen-Ind., Ziegelwerke. Zu U. gehört *Bad Königsborn,* ein Sol- u. Thermalbad.

Fritz von Unruh

Albrecht Unsöld

UNO, engl. Abk. für ↗Vereinte Nationen.

Unpaarhufer, *Unpaarzeher,* Huftiere mit verstärkter Mittelzehe, z. B. das Pferd.

UNR, frz. Abk. v. ↗Union für die Neue Rep.

UNRRA, Abk. für United Nations Relief and Rehabilitation Administration, 1943/47 UN-Organisation zur Betreuung vor allem der ↗Displaced Persons. ↗Flüchtlingshilfe. ↗IRO.

Unruh, *Fritz v.,* dt. Dichter, 1885–1970; emigrierte 1933; kämpfte in seinem Werk (bes. Dramen) für Frieden u. Humanität; auch Maler.

Unruh *w,* schwingender Teil der ↗Uhr.

Unschärferelation, *Heisenbergsche U.,* wichtige Beziehung der Quantenmechanik, folgt aus der ↗Dualismus v. Welle u. Korpuskel; besagt z. B., daß das Produkt der Meßungenauigkeiten v. Ort Δs und Impuls Δp größer ist als das Plancksche Wirkungsquantum h: $\Delta s \cdot \Delta p > h$; eine Folge ist: bei großer Meßgenauigkeit von s wird die Meßgenauigkeit von p kleiner.

Unschlitt *s,* Eingeweidefett; ↗Talg.

Unschuldige Kinder, *Fest der U. K.,* am 28. Dez. zu Ehren der von Herodes ermordeten Knaben v. Bethlehem.

Unsere Liebe Frau, Abk. U. L. F., Bz. für ↗Maria, die Mutter Jesu.

Unsöld, *Albrecht,* dt. Astrophysiker, * 1905; grundlegende Arbeiten zur Theorie der Sternatmosphären.

Unsterblichkeit. Den *U.sglauben* haben fast alle Religionen; nach christl. Lehre kommt die U. nächst Gott den Engeln als Geistwesen zu u. den Menschen, insofern sie eine unsterbl. ↗Seele haben, die durch den leibl. Tod hindurch zur Vollendung gelangt.

Unstrut w, l. Nebenfluß der Saale, mündet nach 188 km bei Naumburg.

Unterbewußtes ↗Unbewußtes.

Unterbrecher, ein Gerät, das Gleichstrom in schneller Folge unterbricht, oft zusammen mit Transformatoren zur Erzeugung hoher Spannungen, z. B. in Funkeninduktoren od. Zündanlagen v. Verbrennungsmotoren.

Unterdruckkammer, luftdichtes Gehäuse, in dem der Luftdruck beliebig reduziert werden kann; in der Flugmedizin zur Untersuchung des Verhaltens in großen Höhen.

unterentwickelte Länder ↗Entwicklungsländer.

Unterflurmotor, der Einbau des Verbrennungsmotors als Reihenmotor mit liegenden Zylindern im Rahmen zw. den Achsen unter dem Fahrzeugboden, z. B. bei Omnibussen, Lastwagen usw.

Unterfranken, bayer. Reg.-Bez. im mittleren Maingebiet, 8531,29 km², 1,18 Mill. E.; Hst. Würzburg.

Untergrundbahn, U-Bahn, unter die Erdoberfläche verlegte Stadtbahnen mit dichter Zugfolge, hoher Reisegeschwindigkeit (u. oft teilautomatisiertem Betriebsablauf); die Linienführung erfolgt unabhängig v. der Straßenführung.

Untergrundbewegung, illegale, geheime polit. Widerstandsbewegung gg. die Regierung eines Landes, auch gg. den im Krieg ins Land eingedrungenen Feind bzw. gg. eine Besatzungsmacht.

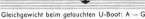

1 Wasserspiegel

Auftriebskraft A
Gewicht G

Gleichgewicht beim getauchten U-Boot: A = G

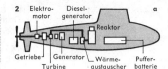

2 Elektro- Diesel- a
motor generator

Reaktor

Getriebe Generator Wärme- Puffer-
Turbine austauscher batterie

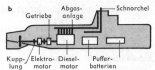

b Getriebe Abgas- Schnorchel
anlage

Kupp- Elektro- Diesel- Puffer-
lung motor motor batterien

Unterhaching, Stadtrandgemeinde südlich von München, 17100 E.

Unterhalt, die auf Gesetz oder Vertrag beruhende Verpflichtung, die Lebensbedürfnisse eines anderen zu decken, so die U.spflicht zw. Verwandten in gerader Linie. **U.shilfe,** eine Leistung des ↗Lastenausgleichs an Geschädigte, die erwerbslos sind od. deren Einkommen nicht zum Lebensunterhalt ausreicht.

Unterhaus, das ↗House of Commons.

Unterkühlung, Existenz *(unterkühlter Zustand)* v. Flüssigkeiten unter der normalen Erstarrungstemperatur bei Abwesenheit v. Kondensationskernen; beim Wasser bis unter − 40°C möglich.

unterlassene Hilfeleistung, Unterlassung einer zumutbaren Hilfeleistung bei Unglücksfällen, gemeiner Gefahr u. Not; strafbar nach § 330 c StGB.

Unterleibskrankheiten, Bz. für Krankheiten der inneren Geschlechts- u. Harnorgane.

Untermiete, Vermietung einer gemieteten Sache, bes. v. Räumen, an einen Dritten; nur mit Erlaubnis des Hauptvermieters.

Unternehmer, jeder, der selbständig u. eigenverantwortl. eine auf Erwerb ausgerichtete Tätigkeit ausübt; i. e. S. wer eine ↗Unternehmung leitet u. dabei persönliches u./od. Kapitalrisiko übernimmt. **U.einkommen,** der Teil des Ertrages einer Unternehmung, der dem U. nach Abzug der Unternehmungskosten verbleibt; setzt sich zus. aus a) *U.lohn* (reiner Arbeitslohn), b) ↗*Risikoprämie,* c) ↗*Grundrente,* d) *Verzinsung des Eigenkapitals* u. e) *U.gewinn* (der Betrag, der nach Abzug v. a–d übrigbleibt). **U.verbände,** Zusammenschlüsse v. U.n mit wirtschaftspolit. u. fachl. Zielsetzung (im Ggs. zu den sozialpolitisch ausgerichteten ↗Arbeitgeberverbänden). ↗Bundesverband der Dt. Industrie.

Unternehmung, im Ggs. zur techn.-wirtschaftl. Einheit des Betriebes die einheitl. geleitete, dem Erwerb dienende Wirtschaftseinheit; kann auch wirtschaftl. nicht zusammengehörige Werke u. Einrichtungen umfassen.

Unteroffizier, militär. Rang zw. Offizier u. Mannschaft.

Unterpfaffenhofen, seit 1978 Ortsteil v. Germering, 13000 E.; Reißverschlußfabrik.

Unterprima ↗Prima.

Untersberg, aus dem Salzburger Becken aufragendes höhlenreiches Kalkmassiv an der bayer.-österr. Grenze; im Berchtesgadener Hochthron 1973 m hoch.

Unterschlagung begeht, wer sich eine fremde bewegl. Sache, die er in Gewahrsam hat, rechtswidrig aneignet.

Untersee, SW-Teil des ↗Bodensees westl. v. Konstanz, mit der Insel Reichenau u. dem Rhein-Ausfluß.

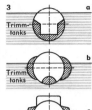

3 a

Trimm-
tanks

b

Trimm-
tanks

c

Trimm-
tanks

Unterseeboot:
1 Gleichgewichtsverhältnisse beim getauchten U. **2** Anordnung der Antriebsaggregate, **a** beim Atom-, **b** beim konventionellen U. **3** Anordnung der Trimmtanks-, **a** beim Einhüllen-, **c** beim Zweihüllenboot; **b** Zwischentyp. Das Maß der Stabilität ist aus der Höhe der Schwimmebene ersichtlich. Bei **c** ist Kielbeschwerung nötig.

Unteroffizier
Dienstgrade in der Bundeswehr

Heer und Luftwaffe:
Oberstabsfeldwebel
Stabsfeldwebel
Hauptfeldwebel
Oberfeldwebel
Feldwebel
Fähnrich
Stabsunteroffizier
Unteroffizier
Fahnenjunker

Marine:
Oberstabsbootsmann
Stabsbootsmann
Hauptbootsmann
Oberbootsmann
Bootsmann
Fähnrich zur See
Obermaat
Maat
Seekadett

Unterseeboot, *U-Boot,* ein tauchfähiges (Kriegs-)Schiff; gebaut entweder als *Einhüllenboot* mit Tauch- und Trimmtanks innerhalb des Druckkörpers od. als *Zweihüllenboot* mit außen angesetzten Tanks. Getaucht wird durch Einlassen v. Wasser in die Tauchtanks, wodurch der Auftrieb regelbar veränderlich ist; Tiefenruder an Bug u. Heck erleichtern die Steuerbarkeit. Navigation erfolgt bei mäßiger Tiefe mit Sehrohr u. Funknavigation, bei größerer Tauchtiefe ausschließl. durch ↗Trägheitsnavigation. Tauchtiefen bis über 500 m, Geschwindigkeit unter Wasser bis zu ca. 90 km/h; der Antrieb erfolgt mit Dieselmotor (auch getaucht, falls Luftverbindung mit der Oberfläche durch *Schnorchel* besteht, sonst Elektromotor), bei Hochleistungs-U. Turbinenantrieb mit Kernreaktoren (Atom-U.). Bewaffnung: vor allem Torpedos u. Raketen, die zus. mit Wasserbomben auch zur U.jagd eingesetzt werden.

Untersekunda ↗Sekunda.

Untersuchungsausschuß, *parlamentar. U.,* vom Plenum des Parlaments aus dessen Mitgl. gebildetes Gremium zur Feststellung v. Tatbeständen, die für die Arbeit des Parlaments wichtig sind; nach Art. 44 GG zur Kontrolle v. Regierung u. Verwaltung durch den Bundestag; muß eingesetzt werden, wenn es ¹/₄ der Mitgl. des Bundestages verlangt; hat zur Beweiserhebung die Befugnisse eines Gerichtes; stellt nur Sachverhalte fest u. berichtet darüber dem Plenum.

Untersuchungshaft ↗Haft. **Untersuchungsrichter,** im Strafprozeß der Richter eines Landgerichts, der die gerichtl. ↗Voruntersuchung führt.

Untertagevergasung, Ausnutzung nicht abbauwürdiger Kohlenflöze; diese werden entzündet u. die entstehenden Gase an die Erdoberfläche geleitet.

Unterwalden, einer der 3 Urkantone der Schweiz, besteht aus 2 Halbkantonen: a) *Obwalden* (U. ob dem Wald), 492 km², 25200 E.; Hauptort Sarnen; b) *Nidwalden* (U. nid dem Wald), 274 km², 26800 E.; Hst. Stans. Almwirtschaft, Viehzucht, Obstbau.

Unterwasserkraftwerk, Laufkraftwerk mit Niederdruckturbinen, im Fuß einer Flußstaumauer eingebaut.

Unterwasserschallanlage ↗Sonar.

Unterwelt, 1) griech. ↗Hades u. Tartarus, lat. Orkus, bezeichnet das Reich der Toten, der wesenlosen Schatten, meist v. Wasser umgeben (↗Acheron, ↗Styx). **2)** im AT *Scheol,* der Ort der Verstorbenen, an dem Gott die Sünder bestraft u. die Gerechten Erlösung erwarten. **3)** in der german. Mythologie das Totenreich der Göttin Hel (davon ahd. *hella* = Hölle). **4)** das (sog. organisierte) Verbrechertum der Großstadt.

Untiefe, seichte Stelle (Sandbank usw.), die

für die Schiffahrt gefährlich ist, oft durch ↗Seezeichen gekennzeichnet.

Untreue, rechtl.: schadenbringende Verletzung der Pflicht, fremde Vermögensinteressen wahrzunehmen.

Unwirksamkeit ↗Nichtigkeit.

Unwissenheit, schließt nicht ohne weiteres Rechtswidrigkeit od. Schuldhaftigkeit einer Handlung aus u. schützt nicht vor Rechtsfolgen.

Unze w, in Dtl. fr. ein Feingewicht; in den angelsächs. Ländern noch heute als *Ounce* (28,3 bzw. 31,1 g). ↗Troysystem.

Unziale w (lat.), ↗Schrift.

Unzucht, eine Handlung, die das allg. Scham- u. Sittlichkeitsgefühl verletzt u. die vorgenommen wird, um eigene od. fremde Geschlechtslust zu befriedigen; strafbar (Freiheitsstrafe). U. zw. Männern, Mißbrauch eines noch nicht 21jähr. Abhängigen, unter Ausnutzung der Amtsstellung, U. mit Kindern unter 14 Jahren. ↗Notzucht u. ↗Schändung. [nungsfähigkeit.

Unzurechnungsfähigkeit, Ggs. v. ↗Zurech-
Uomo universale m (it.), der allseitige Mensch; bezeichnet das ideale Menschenbild der ↗Renaissance.

Upanischaden w (Sanskrit = Geheimlehren), unsystemat. Sammlung altind. religiös-philosoph. Texte im ↗Veda; grundlegende Quelle des ind. Monismus u. der Mystik.

Upasbaum, Maulbeergewächs auf den Sundainseln; der Milchsaft zu Pfeilgiften.

Updike (: apdaik), *John,* am. Schriftsteller, * 1932; Romane *(Das Fest am Abend; Hasenherz; Der Zentaur; Ehepaare; Unter dem Astronautenmond; A Month of Sundays),* Erz.

UPI, Abk. für United Press International (: junait'd preß int^er näsch^e n^e l), am. Nachrichtenagentur, gegr. 1958, Sitz New York.

Uppercut m (: ap^er kat, engl.), beim Boxen ein kurzer Aufwärtshaken.

Uppsala, *Upsala,* Hst. des Län U., Bahnknoten im östl. Mittelschweden, 144000 E.; Univ. (1477); ev. Erzb.; Univ.-Bibl. mit Codex Argenteus des Wulfila; got. Dom (1270 begonnen); Eisen- u. Maschinen-Ind.

up to date (: ap tu de't, engl.), auf der Höhe (der Zeit, der Mode usw.); auf dem laufenden. [den.

Ur m, ↗Auerochs.

Ur (babylon. *Uru*), alte Hst. der ↗Sumerer in Südbabylonien; nach dem AT zog Abraham v. dort nach Kanaan; Blütezeiten um 2500 u. um 2100 v. Chr.

Urabstimmung ↗Streik.

Urach, württ. Stadt, Luftkurort u. Thermalbad am Fuße der Schwäb. Alb, 10900 E.; ehem. herzogl. Schloß u. Stiftskirche (15. Jh.), Rathaus (16. Jh.); Metall- u. Textil-Ind. Über der Stadt die Burgruinen *Hohen-U.*

Ural m, **1)** Faltengebirge in der Sowjetunion, erstreckt sich über 2100 km v. Polargebiet bis nach Kasachstan, im Narodnaja 1894 m hoch; bis 150 km breit, nach W sanft, gg. O steil abfallend; mehr als 50% sind bewaldet. Der Ostfuß des U. gilt als Grenze zw. Europa u. Asien. Der Ural ist reich an Bodenschätzen, bes. Kohle, Eisen, Kupfer, Platin, Gold, Asbest, Mangan, Titan,

Nickel, Chrom, Bauxit u. Erdöl. Sie wurden die Grundlage einer starken Industrialisierung des U.gebietes. **2)** russ. Steppenfluß, entspringt im südl. U.gebirge, mündet nach 2534 km bei Gurjew mit einem Delta ins Kaspische Meer. Schiffahrt ab Uralsk.

Uralaltaische Sprachen, Bz. für die uralischen (finn.-ugrischen) u. altaischen (türk., mongol. u. tunguso-mandschur.) Sprachen.

Ural-Kusnezker Kombinat, Abk. *UKK,* Kombinat der Ind.-Zentren im Ural u. im Kusnezker Kohlenbecken, 1932 err.; Verbindung über eine 2200 km lange Eisenbahnlinie.

Uralsk, Stadt in der Kasachischen SSR, am Knie des Uralflusses u. an der Bahn Saratow–Aktjubinsk, 167000 E.; metallverarbeitende, Textil- u. Nahrungsmittel-Ind.

Urämie w (gr.), *Harnvergiftung,* Selbstvergiftung des Körpers mit Stoffen, die sonst mit dem Harn ausgeschieden, aber bei Erkrankung der Niere zurückgehalten werden.

Uran s, radioaktives Element, Zeichen U, silberglänzendes Metall, Ordnungszahl 92 (☐ 149); wichtigstes Isotop ist das spaltbare U 235 (zu 0,7% im Natururan enthalten). ↗Kernreaktor, ↗Kernspaltung.

Urania (gr. = die Himmlische), Muse der Astronomie; Beiname der ↗Aphrodite.

Uranmineralien, ca. 150 Mineralien, die in wechselnder Konzentration Uran enthalten; das wichtigste ist die ↗Pechblende. Alle U. enthalten Sauerstoff. Durch den radioaktiven Zerfall des Urans in Blei ist stets auch Blei nachweisbar.

Uranpechblende ↗Pechblende.

Uranus, 1) (lat., gr. *Uranos* = Himmel), der altgriech. Urgott; Vater u. a. der Kyklopen u. Titanen; v. Kronos entmannt u. gestürzt. **2)** Zeichen ♅, der 7. der großen Planeten, besitzt 5 Monde, ähnelt in seinem Aufbau Jupiter u. Saturn. U. ist der einzige Planet, dessen Rotationsachse fast in der Bahnebene liegt. Aus Störungen seiner Bahn wurde die Existenz (u. die Bahn) v. ↗Neptun abgeleitet. 1977 wurde ein Ringsystem nachgewiesen. ☐ 757, 918.

Uräusschlange ↗Brillenschlange.

urban (lat. v. ↗urbs; Hw. *Urbanität*), städtisch, gebildet, weltläufig.

Urban, 8 Päpste: **U. II.,** sel. (29 bzw. 30. Juli), OSB, 1088/99; rief zum 1. Kreuzzug auf. **U. VIII.,** 1623/44; Humanist, Dichter u. Kunstmäzen; unter ihm größte Ausdehnung des Kirchenstaats.

Urbar s, im MA u. in neuerer Zeit Verzeichnis v. Herrschaftsgrundstücken, ihrer Einkünfte u. Rechte.

Urbi et orbi (lat. = für die Stadt [Rom] u. den Erdkreis), Formel beim päpstl. Segen u. bei Dekreten für die Gesamtkirche.

Urbino, mittel-it. Stadt in der Prov. Pesaro u. U., 25000 E.; Erzb.; Geburtsort Raffaels u. Bramantes; Renaissancepalast.

Urbs w (lat.), die Stadt; urspr. nur Bz. für Rom. *U. aeterna* = „Ewige Stadt".

Urchristentum, *Urkirche,* der 1. Zeitabschnitt der Kirche unter der Führung der Apostel u. ihrer unmittelbaren Nachfolger (bis etwa zum Ende des 1. christl. Jh.).

Urd, eine der ↗Nornen.

Urdu, die Landessprache v. Pakistan.

Papst Urban VIII.

Ur: oben Goldhelm (um 2800 v. Chr.), darunter sog. Standarte von Ur (Einlegearbeit); Ausschnitt aus der Vorderseite (1. Hälfte 3. Jahrt. vor Chr.)

Ureter *m* (gr.), der Harnleiter.
Urethan *s,* organ. Verbindung, Carbaminsäureäthylester, Heilmittel gg. Leukämie.
Urey (: ju̱ri), *Harold C.,* am. Chemiker, 1893 bis 1981; entdeckte schweren Wasserstoff (Deuterium), 1934 Nobelpreis.
Urfa, türk. Prov.-Hst. in Mesopotamien, 133000 E. – Im Alt. u. MA *Ede̱ssa.* [Rache.
Urfehde *w,* beschworener Verzicht auf
Urft *w,* r. Nebenfluß der Rur (Eifel), 40 km lang. *U.talsperre* bei Gemünd, 45 Mill. m³; speist Kraftwerk bei Heimbach.
Urga, mongol. Stadt, ↗Ulan Bator.
Urgel (: -che̱l), *Seo de U.,* span. Stadt (Prov. Lérida), 7500 E.; roman. Kathedrale; kath. Bisch. (Mitschutzherr v. ↗Andorra).
Urgeschichte, *Vorgeschichte, Prähisto̱rie,* die Epoche der Geschichte, aus der keine schriftl. Zeugnisse vorliegen; gehört in den einzelnen Ländern u. Erdteilen verschiedenen Zeiten an; wird eingeteilt in ↗Stein-, ↗Bronze- u. ↗Eisenzeit. Erforschung der U. mit Hilfe v. Boden- u. Höhlenfunden, ergänzt durch Ergebnisse der Biologie, Ethnologie u. a.
Urgesteine, fr. Bz. für vorpaläozoische Granite u. Gneise, wurden für die älteste Erstarrungskruste der Erde gehalten.
Urheberrecht, Recht, das sich mit dem Schutz v. WW der Lit., Wiss. u. Kunst befaßt, geregelt im U.-Ges. vom 9. 9. 1965 u. im Ges. z. Änderung des U.-Ges. vom 10. 11. 72. Dem Urheber stehen die Urheberpersönlichkeits-, die Verwertungs- u. sonstige Rechte zu. Das U. ist vererbl. u. übertragbar. Ende der Schutzfrist generell 70 Jahre nach dem Tod des Urhebers, 25 Jahre nach Erscheinen des Werkes bei Bildern. Schutz genießen nur Werke, die auf schöpfer. Leistung beruhen u. eine persönl. Prägung aufweisen. Der Urheber kann das U. auf einen anderen (Verleger) übertragen. Erlaubt sind Abschriften u. Auszüge zu persönl. Gebrauch, Zitieren in selbständigen Arbeiten; Aufnahme auf Magnettonband od. Schallplatte, auch zu privaten Zwecken, genehmigungspflichtig (Gebühr meist pauschal durch Herstellerfirmen bezahlt); öff. Wiedergabe ist tantiemepflichtig. Bei Vermieten u. Verleihen eines Werkes durch Bibliotheken hat der Urheber Anspruch auf angemessene Vergütung (Bibliotheksabgabe). Gleiches gilt für die Aufnahme v. Werken oder Werkteilen in Sammlungen für Kirchen- u. Schulgebrauch. – Int. Regelung im Welturheberrechtsabkommen v. 1952.
Uri, Schweizer Ur-Kt. südl. vom Vierwaldstätter See, 1075 km², 34800 E.; Hst. Altdorf; Viehzucht; Wasserkraftwerke.
Uria̱s, Feldherr Davids, Gemahl ↗Bethsabes; mußte den Brief überbringen, in dem David seine Tötung befahl. **U.brief,** ein für den Überbringer gefährl. Schreiben.
Uriel (hebr.), häufiger (nichtbibl.) Engelname der jüd.-christl. Tradition. ↗Erzengel.
Urin *m* (gr.), der ↗Harn.
Urkantone, die 3 Kt.e (Uri, Schwyz u. Unterwalden) der ↗Schweiz, die durch ihren „ewigen Bund" v. 1291 die eig. Gründer der Eidgenossenschaft wurden.
Urkirche ↗Urchristentum.

Urkunde, Schriftstück od. andere Zeichen (Grenzstein usw.), die geeignet sind, rechtserhebl. Tatsachen zu erweisen. **U.nfälschung,** das strafbare Herstellen einer unechten, Verfälschen einer echten u. Gebrauchmachen v. einer unechten oder verfälschten Urkunde zur Täuschung im Rechtsverkehr. **U.nlehre,** *Diploma̱tik,* Lehre v. den geschichtl. Formen der Urkunde.
Urlaub, Gewährung v. bezahlter od. unbezahlter Freizeit während eines Arbeitsverhältnisses, i. e. S. Erholungs-U.; nach dem *U.s-Ges.* v. 1963 ist der *bezahlte Mindest-U.* bundeseinheitl. auf 15, bei Arbeitnehmern über 35 Jahre auf 18 Werktage festgesetzt; *Zusatz-U.* für Schwerbeschädigte (6 Werktage); U. für Jugendliche bis zum vollendeten 18. Lebensjahr 24 Werktage.
Urmensch ↗Mensch.
Urmia̱see, *Resaijeh-See,* abflußloser See im armen. Hochland (NW-Iran), 1330 m ü. M. 4000–6000 km² (je nach Wasserstand), 20% Salzgehalt. Erdölgebiet.
Urne *w,* 1) Tongefäß als Grabbeigabe für die Wegzehrung des Toten; seit der Brandbestattung als Aschenkrug verwendet. 2) Behälter für Wahlzettel.
Urnenfelderkultur, spätbronzezeitl. Kulturstufe Mitteleuropas; ben. nach der Bestattung der Toten in Urnenfeldern; verbreitet v. Polen bis Spanien, in Dtl. bes. im S.
Urner Alpen, schweizer. Hochalpen westl. des oberen Reußtals; Dammastock 3630 m hoch. **Urner See,** südöstl. Teil des ↗Vierwaldstätter Sees, zw. Brunnen u. Flüelen.
Urogenita̱lsyste̱m, die Harn- und Geschlechtsorgane.
Urologi̱e *w* (gr.), Lehre v. den Erkrankungen der Harnorgane.
Urpassa̱t, Teil des ↗Pa̱ssats.
Urpflanze, v. Goethe geprägter Begriff, der den allg. Bauplan einer Pflanze charakterisieren soll.
Urproduktio̱n, 1) Gewinnung v. Produkten, die ohne Veredelungsverfahren entstanden sind. ↗Produktion. **2)** die gelenkte Aufzucht techn. verwertbarer Rohstoffe, bes. in Land- u. Forstwirtschaft.
Ursache ↗Kausalität.
Urstromtäler, breite, Ost-West-gerichtete versumpfte Talungen in Nord-Dtl., durch Schmelzwasserströme am Südrand des nord. Inlandeises entstanden.
Ursula, hl. (21. Okt.); nach der Legende brit. Königstochter, die zus. mit 11000 (?) Gefährtinnen bei Köln v. den Hunnen getötet wurde. **Ursuli̱nen** (Mz.), *Orden der hl. Ursula,* weibl. religiöse Genossenschaft für Erziehung der weibl. Jugend, 1535 gegr. v. Angela Merici.
Urteil, 1) wichtigste richterl., zumeist eine Instanz abschließende, aufgrund einer Verhandlung ergehende begründete Entscheidung. Solange nicht Rechtskraft eingetreten ist, können U.e durch Berufung od. Revision angefochten werden. **2)** in der Philosophie: der zentrale Akt der menschl. Erkenntnis, der im Ggs. zum bloßen Begriff durch das „ist" im Aussage vollzieht.
Urticaceen ↗Nesselpflanzen.
Urtica̱ria *w,* der Nesselausschlag.

Urne: Aschen-U. der Bronzezeit

Uruguay

Amtlicher Name:
República Oriental
del Uruguay
Staatsform:
Republik
Hauptstadt:
Montevideo
Fläche:
177508 km²
Bevölkerung:
2,9 Mill. E.
Sprache:
Spanisch
Religion:
meist Katholiken
Währung:
1 Uruguayischer Peso
= 100 Centésimos
Mitgliedschaften:
UN, OAS, Latein-
amerikanische
Freihandelszone

Uruk: Kultgefäß

elektr.
Entladung
(Gewitter)

Methan (CH₄)
Ammoniak (NH₃)
Wasserstoff (H₂)
Wasser (H₂O)

Wasser
(Urmeer)

Gase
(Uratmo-
sphäre)

Kühlung
(Regen)

Wärme-
quelle

Urzeugung: Miller-
Apparatur zur Erzeu-
gung organ. Stoffe in
künstl. Uratmosphäre

Urtiere, die ↗Protozoen.
Uruguay, 1) kleinster Staat Südamerikas, am Río de la Plata, zw. dem unteren U. u. dem Atlantik. U. ist ein leichtgewelltes Grasland, im N bis zu 600 m hoch. Ca. 90% der Fläche sind Weide (3 Mill. Rinder, 21,5 Mill. Schafe). Anbau v. Reis, Citrusfrüchten, Reben, Obst, Erdnüssen u. Sonnenblumen. Gefrierfleisch, Fleischkonserven, Wolle u. Häute sind die wichtigsten Exportartikel. – 1516 entdeckt, zw. Spanien u. Portugal umstritten, 1776 span., seit 1828 unabhängig. 1838/52 Bürgerkrieg; 1963 Beginn der Untergrundtätigkeit der Tupamaros. 72/73 innere Unruhen. Staats-Präs. (ernannt) Aparicio Mendez (seit 76). **2)** südamerikan. Strom, kommt aus dem brasilian. Hochland, bildet zus. mit dem Paraná den Río de la Plata; 1650 km lang. Grenzfluß Argentiniens gg. U. und Brasilien.
Uruk, heute Ruinenfeld *Warka,* Stadt der ↗Sumerer am unteren Euphrat; Blüte um 3000 v. Chr.
Urumtschi, *Urumchi,* chines. *Tih-hua,* Hst. der Autonomen Region Sinkiang-Uigur, am Nordfuß des Tienschan, 300000 E.; Univ.; Zentrum eines reichen Agrargebietes; Eisen-, Stahl- u. Textil-Ind.
Urundi ↗Burundi.
Urvogel, der ↗Archaeopteryx.
Urvölker, irreführende Bz. für eine Reihe völkerkundl. noch ältest faßbarer Völker; besser *Rest-* oder *Rückzugsvölker* genannt.
Urwald, der v. Menschenhand unberührte Wald, der sich durch Samen selbst verjüngt u. unter dem Einfluß v. Boden u. Klima sowie der darin lebenden Fauna einen gewissen Endzustand in der Entwicklung seiner Pflanzengesellschaften erreicht hat; größere U.er finden sich heute bes. im Gebiet des trop. Regenwaldes (zahlr. Baumarten, Schlingpflanzen, Epiphyten, Parasiten u. eine reiche Tierwelt) sowie im holarkt. Nadelwaldgürtel (bes. Sibiriens u. Kanadas, mit wenigen Holzarten).
Urzeugung, *Archigonie* (gr.), die Theorien v. autonomen Entstehen lebender Wesen aus unbelebter Materie. Heute stark diskutierte Hypothesen gehen v. der Annahme aus, daß vor der U. in der *Uratmosphäre* organ. Substanzen entstanden. Den Nachweis der Entstehungsmöglichkeit organ. Substanz in der Frühzeit der Erde lieferte erstmals das *Miller-Experiment* (1953).
Urzidil, *Johannes,* östr. Schriftsteller, 1896 bis 1970; emigrierte 1939; Romane u. Erz.; *Die verlorene Geliebte, Das große Halleluja, Prager Triptychon.*
US, gewöhnl. **USA,** Abk. für **U**nited **S**tates (of **A**merica), ↗Vereinigte Staaten v. Amerika.
Usambara, ostafrikan. Landschaft im NO v. Tansania. **U.veilchen** *s,* Zimmerpflanze mit dicken, herzförm. Blättern u. dunkelblauen Blüten. ☐ 1033.
Usancen (: üsãnßen, frz., Mz.), *Handelsbräuche;* sind bei der Auslegung der mit einem Handelsgewerbe zusammenhängenden Geschäfte zu berücksichtigen.
Usbeken, Turkvolk in Mittelasien; etwa 9,2 Mill. **Usbekische SSR,** *Usbekistan,* Sowjet-

republik in Mittelasien, zw. dem Aralsee u. der afghan. Grenze, 447400 km², 15,4 Mill. E.; davon 64,7% Usbeken; Hst. Taschkent. Größtenteils Wüste mit riesigen Bewässerungsoasen (Ferghana, Taschkent, Samarkand u. Buchara). Erdöl; Baumwollanbau; Karakulschafe.
Usedom, poln. *Uznam,* pommer. Ostseeinsel vor dem Stettiner Haff, 445 km². Seebäder: Swinemünde (Hst.), Heringsdorf, Ahlbeck. Östl. Teil kam 1945 unter poln. Verwaltung.
Usinger, *Fritz,* dt. Schriftsteller, * 1895; Lyrik u. Essays; Übersetzer Mallarmés.
Usküb, türk. Name für ↗Skopje.
Uspallatapaß (: -paljata-), Andenpaß zw. Chile u. Argentinien, 3800 m ü. M.; von der Transandinen Bahn (Santiago–Buenos Aires) in 4 km langem Tunnel unterfahren.
USPD, Abk. für **U**nabhängige ↗**S**ozialdemokrat. **P**artei **Dt**l.s.
USSR, Abk. für **1)** **U**nion der **S**ozialistischen **S**owjetrepubliken, die ↗Sowjetunion. **2)** **U**krainische **S**ozialistische **S**owjetrepublik.
Ussuri, russ. Fluß in Fernost, mündet nach 854 km in den Amur; auf 488 km sowjet.-chines. Grenze (umstritten, 1969 schwere Zwischenfälle); 5 Monate eisbedeckt.
Ustascha w (kroat. = Aufstand), 1929 v. A. Pavelić begr. kroat. Geheimorganisation; bekämpfte den serb. Zentralismus in Jugoslawien; herrschte 41/45 im unabhängigen Kroatien; v. Tito unterdrückt.
Uster, schweizer. Ind.-Gemeinde östl. v. Zürich, 22500 E.; Textil-, Maschinen-, Nahrungs- u. Genußmittel-Ind.
Ústí nad Labem (: u̱štji-) ↗Aussig.
Ustinov, *Peter,* engl. Schriftsteller, Schauspieler u. Regisseur russ.-frz. Herkunft, * 1921; Schauspiele (u.a. *Die Liebe der vier Obersten; Endspurt; Halb auf dem Baum; Der unbekannte Soldat u. seine Frau; Who's Who in Hell),* Romane (*Der Verlierer; Krummnagel);* zahlr. Filme.

Peter Ustinov   J. J. von Uexküll

Ust-Kamenogorsk, sowjet. Ind.-Stadt im Altaigebirge (Kasach. SSR), am Irtysch (Wasserkraftwerk), 274000 E.; Zinkhütten.
Usurpation w (lat.; Ztw. *usurpieren),* widerrechtl. Aneignung bes. der staatl. Herrschaft durch einen *Usurpator.*
Usus m (lat.), Brauch, Herkommen.
Utah (: ju̱ta), Bundesstaat im W der USA, 219932 km², 1,3 Mill. E., davon 75% Mormonen. Hst. Salt Lake City. Meist heißes Gebirgsland im Felsengebirge; Steppe u. Wüste. Anbau bei künstl. Bewässerung. Bergbau auf Kupfer, Silber, Blei, Zink.

Utamaro, *Kitagawa*, japan. Holzschneider, 1753–1806; Frauendarstellungen (Kurtisanen), Tierstudien.
Utensilien (Mz., lat.), Geräte, Hilfsmittel.
Uetersen (: ü-), Stadt in Schleswig-Holstein, n.w. von Hamburg, 16300 E.; Baumschulen, Rosenzucht. Ehem. Zisterzienserkloster.
Uterus *m* (lat.), die ↗Gebärmutter.
U Thant, *Sithu*, 1909–74; 55/57 birman. Wirtschafts- u. Sozialmin., 61/71 UN-Generalsekretär.
Utica, phönik. Kolonie nördl. v. Karthago, nach 1000 v. Chr. gegründet.
Utilitarismus *m* (v. lat. *utilis* = nützlich; Bw. *utilitaristisch*), Nützlichkeitsmoral; Sonderform des ↗Eudämonismus; in der Ethik (u.a. von Hobbes, Bentham, Comte, Mill) Lehre, die das Sittl. dem Nützl. gleichstellt u. so den Erfolg zum moral. Maßstab macht; im *egoist. U.* ist der Nutzen eines einzelnen, im *sozialen U.* der vieler Menschen gemeint.
Utopie *w*, *Utopia* (gr. = nirgendwo), Traumland, literarisch das Idealbild eines Staatswesens. Namengebend war die *Utopia* des Th. Morus. Utopische Sozialisten ↗Sozialismus. Utopist, Phantast. utopistisch, nicht realisierbar.
Utraquisten, die ↗Calixtiner.
Utrecht (: üt-), niederländ. Prov.-Hst. am Alten Rhein, 236500 E.; kath. u. altkath. Erzb., Univ. mit Sternwarte, zahlreiche Institute; got. Dom St. Martin. Reichsarchiv u. Münze. Textil-, Tabak-, Maschinen-, Farben-Ind.; Handelsmessen. – 1579 in der *Union v. U.* Zusammenschluß der 7 nördl. Prov.en der span. ↗Niederlande. – *Der Friede v. U.* 1713 beendete den ↗Span. Erbfolgekrieg.
Utrechter Union (: üt-), 1889 erfolgter Zusammenschluß der *Kirche v. Utrecht* mit den ↗Altkatholiken; steht mit der ↗Anglikan. Kirche in Communicatio in sacris; umfaßt 10 Altkath. Nationalkirchen.
Utrillo (: utrillo), *Maurice*, frz. Maler, 1883 bis 1955; bes. Straßenbilder (bevorzugt vom Montmartre).
Utsunomia, *Utsonomya*, japan. Prov.-Hst. auf Hondo, 359000 E.; Maschinen- und Tabak-Industrie.

Usambaraveilchen

a | Plasma | b
Kern
Zellwand | Vakuolen

Vakuole: **a** jugendliche und **b** ältere Pflanzenzelle mit V.

M. Utrillo: Sacré-Cœur auf dem Montmartre in Paris

Uttar Pradesh (: -desch), Staat im N Indiens, 294362 km², 89 Mill. E.; Hst. Lakhnau. Kernland ist die dichtbesiedelte fruchtbare Gangesebene.
UV, 1) Abk. für ↗Utraviolett. 2) ↗Unitas-Verband.
Uviolglas, *UV-Glas*, für ultraviolette Strahlen durchlässiges Glas.
Uexküll (: ükß-), *Jakob Johann* Baron v., dt. Biologe, 1864–1944; Begr. der ↗Umwelt-Lehre. ☐ 1032.

V, 1) chem. Zeichen für ↗Vanadin. 2) Abk. für ↗Volt.
V 1, der 1. einsatzfähige militär. Flugkörper mit Staustrahltriebwerk (Einsatz ab 1944). V 2, die 1. einsatzfäh. militär. Groß-↗Rakete (Erstflug 1942) mit Flüssigkeitstriebwerk.
VA, Abk. für ↗Voltampere.
Vaal *m* (: wal), r. Nebenfluß des Oranje, 1200 km lang; Grenze zw. Transvaal und Oranjefreistaat; Stauseen u. Bewässerungsanlagen.
Vaasa, schwed. *Wasa*, Hst. des finn. Län V., Hafen am Bottn. Meerbusen, 54000 E.
Va banque spielen (: wa bank, frz. = es geht um die Bank, um den ganzen Spieleinsatz), alles aufs Spiel setzen; leichtsinnige Verhalten.
Vaccinium (: wakz-, lat.), Sträucher mit Beerenfrüchten: ↗Heidelbeere, ↗Preiselbeere, ↗Rauschbeere.
Vademekum *s* (lat.), Ratgeber, Leitfaden; Taschenbuch.
Vadim, *Roger*, franz. Filmregisseur, * 1928; wurde als Entdecker v. B. Bardot bekannt; Filme u.a. *Das Gänseblümchen wird entblättert; Und Gott erschuf die Frau; Das Ruhekissen; Der Reigen; Barbarella.*
Vaduz (: fa-), Hauptstadt des Fürstentums Liechtenstein, am Alpenrhein, 4900 E.; Baumwollspinnerei; Weinbau; Schloß Hohen-Liechtenstein (13. Jh.).
Vagabund *m* (lat.), Landstreicher.
Vaganten, fahrende (umherziehende) Schüler u. Kleriker im MA. **V.dichtung**, Lieder des 12. u. 13. Jh., meist lat., v. häufig anonymen ↗Vaganten verf.; freimütig, oft derb. ↗Carmina burana.
vage (lat.), unklar, unbestimmt.
Vagina *w* (lat.), die ↗Scheide. ☐ 323.
Vagus *m* (lat.), 10. Gehirnnerv; versorgt Atmungs-, Kreislauf- u. Verdauungsorgane.
Vaihingen an der Enz, württ. Stadt n.w. von Ludwigsburg, 22800 E.; Leim-, Leder- und Baumaschinenfabriken, photochem. Ind.
Vaihinger, *Hans*, dt. Philosoph, 1852–1933; pragmatist. *Philosophie des Als-Ob.*
Vaischya *m* (Sanskrit), Mitgl. der Bauernkaste, der 3. Hauptkaste im Hinduismus.
vakant (lat.), leer, offen, unbesetzt.
Vakanz *w*, 1) offene, unbesetzte Stelle. 2) Ferien. 3) ↗Sedisvakanz.
Vakuole *w* (lat.), flüssigkeitsgefülltes Bläschen in lebenden Zellen.
Vakuum *s* (lat.), im Idealfall ein völlig mate-

riefreier Raum; in der Technik gilt als V. bereits ein Raum mit Unterdruck; größtes techn. realisierbares V. etwa 10^{-9} mbar. **V.formen,** in der Umformtechnik das Verformen durch Anwendung eines V. **V.metallurgie,** für Sonderfälle angewandtes Schmelzen v. Metallen im V. **V.meter,** Geräte zum Messen eines V. mit Gasdrücken unter 1 Torr; für Messung über 1 mbar ↗Manometer.

Vakzine (lat., Mz.), urspr. nur der Impfstoff gg. Pocken, heute jeder Impfstoff, der aus getöteten od. abgeschwächten Erregern hergestellt wird.

Valadon (: waladõn), *Suzanne,* frz. Malerin, 1867–1938; Mutter ↗Utrillos.

Valdivia (: wal-), südchilen. Stadt u. Hafen am *Río V.,* 110000 E., darunter viele Dt.; kath. Bischof; Univ. – 1960 schwere Erdbebenschäden.

vale (lat.), lebe wohl! **valete,** lebt wohl!

Valence (: walãⁿß), Hst. des frz. Dep. Drôme, 69000 E.; Bischof; Kathedrale; SeidenIndustrie, Teigwarenfabriken; Weinbau.

Valencia (: -ßia), **1)** ostspan. Prov.-Hst. am Mittelmeer, in einer bewässerten Gartenlandschaft, 745500 E.; Erzb.; got. Kathedrale (1262/1482); Univ.; Kunst- u. Handelshochschule; Seiden-, Glas-, Maschinen-, chem. und keram. Ind. **2)** Hst. des venezolan. Staates Carabobo, am Karib. Meer, 368000 E.

Valenciennes (: walãⁿßjän), frz. Stadt im Dep. Nord, 42000 E.; Steinkohlenlager; Eisenhütten, chem. Fabriken; Spitzen.

Valens, *Flavius V.,* röm. Ks., 364/378; Mitkaiser ↗Valentinians I. im O; fiel gg. die Westgoten.

Valente, *Caterina,* Schlagersängerin u. Schauspielerin, * 1931; Filme u.a. *Casino de Paris; Ball im Savoy; Bonjour Kathrin?;* Fernsehshows. [Martyrer.

Valentin, hl. (7. Jan.), wahrscheinl. ein röm.

Valentin *Karl,* dt. Komiker, 1882–1948; spielte meist mit seiner Partnerin *Liesl Karlstadt* selbstverfaßte kleine Szenenfolgen v. hintergründiger Sprachkomik; häufig grotesk die Tücke des Objektes schildernd, z. T. mit tragikom. Elementen.

Valentinian, weström. Kaiser: **V. I.,** *Flavius Valentinianus,* 364/375; erhob ↗Valens zum Mitkaiser, sicherte die Rhein-DonauGrenze. **V. III.,** *Flavius Placidus,* 425/455; v. Theodosius II. als Ks. des Westens eingesetzt; ließ seinen Feldherrn Aëtius ermorden, v. dessen Anhängern umgebracht.

Valentinstag (14. 2.), Lostag; bes. in Westeuropa u. Nordamerika werden am V. Paare als *Valentin* u. *Valentine* bestimmt, die das Jahr über in einem scherzhaften Liebesverhältnis zueinander stehen.

Valenz *w* (lat.), die ↗Wertigkeit.

Valera ↗De Valera.

Valerian, *Publius Licinius,* röm. Ks. 253/260; übernahm die Herrschaft im O; verfolgte die Christen, starb in pers. Gefangenschaft.

Valéry (: waleri), *Paul,* frz. Dichter, 1871–1945; Vollender der „Poésie pure", erstrebte mathemat. Präzision der Formen u. Gedanken. Gedichte; *Mein Faust* (Dramenfragment); zahlreiche Essays.

Valet *s* (lat.), Lebewohl, Abschied.

Valetta ↗La Valetta.

Valin *s,* eine ↗Aminosäure.

Valladolid (: walja-), span. Prov.-Hst., Zentrum der altkastil. Hochebene, 316500 E.; Erzb.; Univ. (1346), Kunstakademie; mächtige Kathedrale (1580 begonnen) mit spätgot. Fassade.

Vallendar (: fa-), Stadt und Luftkurort r. am Rhein, nördl. von Koblenz, 9600 E.; Philosoph.-Theolog. Hochschule der Pallottiner (Schönstatt), Provinzialat der Steyler Missionsschwestern.

Valletta ↗La Valetta.

Vallote *w,* Amaryllisgewächs, Zimmerpflanze mit immergrünen Blättern u. roten od. weißl. Trichterblüten.

Vallotton (: -tõn), *Felix,* schweizer. Maler, 1865–1925; archaisierende Bilder v. dekorativer Farbigkeit, Einfluß auf den ↗Jugendstil.

Valmy (: walmi), frz. Dorf im Dep. Marne, 400 E.; nach erfolgloser Kanonade am 20. 9. 1792 Rückzug der preuß.-östr. Truppen vor der frz. Revolutionsarmee.

Valois (: walºa), frz. Dynastie; 1328–1498 auf dem frz. Thron, Nebenlinie der ↗Kapetinger; regierte in den Nebenlinien V.-Orléans u. V.-Angoulême bis 1589. □291.

Valona, alban. *Vlorë,* alban. Hafenstadt an der Adria, 53500 E.

Valorisation *w* (lat. = Wertregelung), staatl. handelspolit. Maßnahme, durch Verknappung des Angebots (Einlagerung, Anbaubeschränkungen, Vernichtung v. Vorräten) Preise zu regulieren.

Valparaíso, zweitgrößte Stadt Chiles, Prov.-Hst. u. Hafen am Pazif. Ozean, 270000 E.; kath. Bischof, TH u. kath. Univ.; Werften, Maschinen-, Textil- u. Nahrungsmittel-Ind. 75% der chilen. Einfuhr laufen über V.

Valuta *w* (it. = Wert), **1)** das Wertverhältnis einer ↗Währung zu anderen, ausgedrückt im ↗Wechselkurs. **2)** die ↗Devisen.

Vamp *m* (: wämp, engl.), abgeleitet v. Vampir; Frauentyp v. dämon. Anziehungskraft, die Männer ins Verderben ziehend.

Vampir *m,* **1)** blattnasige Fledermäuse. *Großer V.* lebt v. Insekten u. Früchten; in Südamerika; *Indischer* od. *Falscher V.* frißt auch kleine Wirbeltiere; sonst harmlos. **2)** im Volksglauben wiederkehrender Toter, der Lebenden das Blut aussaugt.

Vanadin, fr. *Vanadium s,* chem. Element, Zeichen V, stahlgraues Metall, Ordnungszahl 23 (☐149); kommt im Vanadinit u. Karnotit vor. V.zusätze erhöhen Festigkeit u. Elastizität des Stahls (Vanadinstahl). *V.oxid,* als Katalysator beim Schwefelsäure-Kontaktverfahren.

Van-Allen-Gürtel ↗Strahlungsgürtel.

Vanuatu, mit trop. Regenwald bedeckte Inselgruppe der ↗Neuen Hebriden, im westl. Pazifik. Ausfuhr von Kopra, Kakao, Kaffee. 1606 entdeckt, 1906 Kondominium von Frkr. u. Großbrit.; 80 unabhängig.

Vancouver (: wänkuwᵉʳ), Haupthafen Kanadas am Pazif. Ozean, gegenüber der *V.insel* (33800 km², bis 2280 m hoch); Endpunkt der kanad. Pazifikbahn u. wichtiger Fluglinien, 410500 E. (m. V. 1,1 Mill. E.); kath.

Vanuatu

Amtlicher Name:
Vanuatu

Staatsform:
Republik

Hauptstadt:
Port Vila

Fläche:
14763 km²

Bevölkerung:
112000 E.

Sprache:
Amtssprache
Englisch, Franz.
Umgangssprache
Pidgin-Englisch

Religion:
überwiegend
Protestanten
14000 Katholiken

Währung:
Vanuatu Franc
= 100 Centimes

Mitgliedschaften:
UN, Commonwealth

Karl Valentin

Paul Valéry

Astrid Varnay

Vanille: Blüte

G. Vantongerloo:
Rauminhalts-
konstruktion (1926)

Erzb.; Univ.; Nahrungsmittel-, Metall- u. Holz-Ind., Fischverarbeitung.

Vančura (: wantsch-), *Vladislav*, tschech. Schriftsteller, 1891–1942; schrieb, ausgehend v. Expressionismus, Novellen u. Romane *(Der Bäcker Jan Marhoul); Dramen.*

Vandalen (Mz.), *Wandalen*, ostgerman. Völkergruppe; zogen durch Gallien u. fielen 409 in Spanien ein; begr. dort ein Reich; siedelten 428 unter Geiserich nach Nordafrika über; schufen ein Reich, das 534/535 die Byzantiner vernichteten. ☐ 1067.

Vandalismus, Zerstörungswut.

Van-de-Graaff-Generator ↗Bandgenerator.

Vanderbilt (: wände'bilt), am. Großunternehmerfamilie: **1)** *Cornelius*, 1794–1877, baute aus kleinen Anfängen eine Reederei auf, legte sein Kapital später in verschiedenen Eisenbahnlinien an. **2)** *William Henry*, Sohn v. 1), 1821–85; erweiterte die Unternehmungen.

Vänersee, schwed. *Vänern*, auch *Wenersee*, größter, fischreichster schwed. See, in der mittelschwed. Senke, 5546 km².

Vanille *w*, ↗Orchideen-Art aus Mexiko; kletternde Staude mit schotenförm. Kapselfrüchten, daraus Gewürz; überall in den Tropen angepflanzt. **Vanillin** *s*, Kristallnadeln, C₈H₈O₃, Bestandteil der Vanilleschoten; heute auch synthet. hergestellt; Duft- u. Aromastoff.

Vanitas vanitatum (lat.), o Eitelkeit über Eitelkeit, nach AT, *Prediger* 1, 2.

van 't Hoff, *Hendrikus*, ↗Hoff.

Vantongerloo, *Georges*, niederländ. Maler u. Bildhauer, 1886–1965; Mitgl. des ↗Stijls.

VAR ↗Vereinigte Arabische Republik.

Varangerfjord *m* (: -fjür), eisfreier Fjord an der NO-Küste Norwegens, 95 km lang, bis 55 km breit. Häfen: Vadsö u. Kirkenes.

Vardár *m*, Hauptfluß Makedoniens, mündet nach 368 km in den Golf von Saloniki.

Varè, *Daniele*, it. Schriftsteller, 1880–1956; Diplomat; Romane, Erz., Erinnerungen *(Der lachende Diplomat; Der Schneider himml. Hosen; Daniele in der Diplomatengrube).*

Varel (: fa-), niedersächs. Stadt nördl. von Oldenburg, liegt mit dem Seebad *V.er Siel* am Jadebusen, 24 300 E..

Varese, ober-it. Prov.-Hst., östl. v. *V.r See*, Bahnknoten, 91 200 E.; Auto- und Maschinen-Industrie.

variabel (lat.), veränderlich. **Variabilität** *w*, bei Lebewesen Fähigkeit, vom Arttypus abzuweichen. **Variable** *w*, Größe von veränderl. Wert.

Variation *w* (lat.), **1)** Abweichung, Spielart. **2)** in der Biologie: alle Abweichungen vom Typus durch Erbänderung (↗Mutation) od. Umwelteinwirkung (↗Modifikation). **3)** ↗Kombinatorik. **4)** in der Musik: Veränderung, Abwandlung eines Themas od. Stükkes; bes. als *Thema mit V.en*. **V.srechnung**, sucht Funktionen so zu bestimmen, daß davon abhängige ↗Integrale einen größten od. kleinsten Wert annehmen.

Varietät *w* (lat.), Mannigfaltigkeit, Spielart. **Varieté** *s* (frz.), Bühne für leichte Musik, Tanz, Akrobatik, Zauberkunst.

variieren, sich ändern, verschieden sein, schwanken.

Variometer *s* (lat.-gr.), in der Luftfahrt verwendetes Meßgerät, das die Steig- od. Sinkgeschwindigkeit angibt.

Variskisches Gebirgssystem, Faltengebirge der Karbonzeit, zieht v. frz. Zentralplateau durch Dtl. bis zu den Sudeten, zu Rumpfgebirgen abgetragen. ☐ 237.

Varizellen ↗Windpocken.

Varizen (Mz., lat.) ↗Krampfadern.

Varna, *Warna*, bulgar. Hafen u. Seebad am Schwarzen Meer, 279 000 E.; Univ., TH; Schiffbau, Tabak- u. Textil-Ind.

Varnay, *Astrid*, schwed. Sängerin, * 1918; bedeutende Wagner-Sopranistin.

Varnhagen von Ense, **1)** *Karl August*, dt. Schriftsteller, 1785–1858; preuß. Diplomat; Publizist u. Hrsg. (mit Chamisso) des „Musenalmanachs"; auch Lyrik u. Erz., der Romantik nahestehend. **2)** seine Frau *Rahel* geb. Levin, 1771–1833, führte in Berlin einen Salon für Gelehrte u. Künstler.

Varus, *P. Quintilius*, röm. Feldherr, Statthalter in Germanien; 9 n. Chr. v. ↗Arminius besiegt, tötete sich selbst.

Vasall *m* (kelt.), ↗Lehenswesen. *V.ität*, das Verhältnis V. – Lehnsherr. **V.enstaat**, ein v. einem anderen abhängiger Staat.

Vasarély (: -li, frz.), *Victor de*, ungar. Maler u. Graphiker, * 1908; seit 30 in Paris; Vertreter der Konkreten Kunst; Kompositionen aus geometr., später stereometr. Formen.

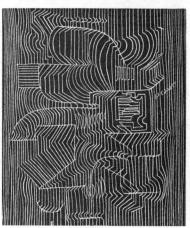

V. de Vasarély: Gordium, Wandteppich

Vasari, *Giorgio*, it. Maler, Architekt u. Biograph, 1511–74; Manierist; seine Lebensbeschreibungen it. Künstler gehören zu den wichtigsten kunstgeschichtl. Quellen.

Vasco da Gama, Seefahrer, ↗Gama.

Vaseline *w* (: -wa-), salbenartiges Mineralfett, Erdöldestillationsprodukt; zu Salben (Vasenol), Kosmetik, Maschinenfett.

Vasen (Mz.; v. lat. *vas* = Gefäß), seit dem 18. Jh. gebräuchl. Bz. der Gefäßkeramik; seit der mittleren Steinzeit hergestellt. Die Formen sind je nach Verwendungsart (Gebrauchs- u. Ziergeschirr) verschieden. **V.kunst**, in zahlr. frühen Kulturen bekannt (so bes. in Vorderasien, China, Mittel- u.

Vasenkunst:

1 dreihenklige Amphora aus Knossos (15. Jh. v. Chr.);
2 chalkid. Krater (540/530 v. Chr.);
3 schwarzfiguriger Lekythos (5. Jh. v. Chr.)

Häufige antike Vasenformen:
Alabastron, Amphora, Aryballos, Hydria, Kantharos, Krater, Lekythos, Oinochoe, Pelike, Pithos, Psykter, Pyxis, Rhyton, Schale, Skyphos, Stamnos

Südamerika), in der Antike bes. in Europa zu einem eigenen Kunstzweig ausgebildet. Man unterscheidet nach dem Verwendungszweck (Vorrats-, Misch-, Schöpf- u. Gieß-, Trink-, Salb- u. Kultgefäße) mehrere Haupttypen mit unterschiedl. ausgebildeten Formen. Dekorierung durch Ritzung u. durch wasser-, säure- u. feuerbeständige Bemalung mit eisenhaltigem, feingeschlämmtem Ton mit mineral. Farbzusätzen (fälschl. Firnis gen.).

vasomotorische Nerven, Gefäßnerven des vegetativen ↗Nervensystems, regulieren die Blutversorgung der Organe. ☐ 618.

Västerås (: wäßt^eráß), Hst. des schwed. Län Västmanland und Hafen am Mälarsee, 118 000 E.; Bischof; Elektro-, Stahl-Industrie, Glashütte.

Västerbotten, nordschwed. Län am Bottn. Meerbusen, 59 140 km², 240 600 E.; Hst. Umeå.

Västernorrland, nordschwedisches Län, 25 704 km², 268 200 E.; Hst. Härnösand.

Västmanland, mittelschwed. Prov. am Mälarsee; Hst. Västerås.

Vater (v. lat. *pater*), 1) *Recht:* der ehel. oder nichtehel. Erzeuger eines Kindes. Als V. gilt (widerlegbar), wer der Mutter des Kindes in der gesetzl. Empfängniszeit beigewohnt hat. 2) *soziolog.* das Oberhaupt, der Beschützer u. Ernährer der Familie; ein bis in die polit. (patriarchal.) Herrschaftsordnungen u. in die gesamte gesellschaftl. Struktur hineinwirkendes, auf Institutionen u. Ämter übertragenes Leitbild *(Patriot, Patriotismus, Landes-V., V.land).* Der Gedanke einer geistl. *V.schaft* lebt im Mönch- u. Priestertum (so in der kath. Kirche Anrede des Papstes als „Hl. Vater").

Vaterland, im Unterschied zum polit. stärker akzentuierten Begriff ↗Nation das über die engere Heimat hinausreichende, sich nicht immer mit den Grenzen eines Staates deckende Land, dem der Mensch durch Geburt, Erziehung, Sprache verbunden ist.

Vaterländische Front, 1933/38 in Östr. staatspolit. Organisation des v. Dollfuß begr. Ständestaates; alleiniges Instrument polit. Willensbildung, in dieser Funktion an die Stelle der Parteien gesetzt.

Vatermörder, biedermeierl. Herrenhemdkragen mit hochstehenden Ecken.

Vaterrecht, im Ggs. zum ↗Mutterrecht Bz. für Bindungen u. Rechtsnormen, die Bevorzugung des Mannes gegenüber der Frau bedeuten. **Vaterschaftsklage,** Klage im Zivilprozeß auf Feststellung der blutsmäßigen Abstammung des nichtehel. Kindes oder zur Anfechtung der Ehelichkeit eines als ehel. geborenen Kindes. **Vaterschaftsnachweis,** Feststellung der Vaterschaft in strittigen Fällen; die Tests beruhen auf der Untersuchung erbl. Merkmale beim Kind, bei der Mutter u. beim vermutl. Vater. *Anthropolog. V.,* durch Untersuchung v. äußeren Merkmalen (Haar- u. Augenfarbe, Fingerabdruck usw.); exaktere Resultate gibt der *serolog. V.* durch Untersuchung der Bluteigenschaften (z. B. Blutgruppen).

Vaterunser s, lat. *Pater noster,* das „Gebet des Herrn", das Jesus selbst die Apostel lehrte, kam bald auch in liturg. Gebrauch; in 2 Fassungen überliefert. Bei ev. Christen (u. seit 1968 in der ökumen. Fassung) altchristl. Zusatz „Denn dein ist das Reich u. die Kraft und die Herrlichkeit in Ewigkeit" (↗Doxologie).

Vaticanum, *Vatikanum,* ↗Vatikan. Konzil.

Vatikan m, urspr. ein Hügel bei Rom; Residenz des Papstes (seit der Rückkehr aus Avignon 1376) u. Sitz der röm. Kurie; ein Komplex v. Bauwerken auf 55 000 m² mit 20 Höfen, rund 1000 Sälen, Kapellen u. Zimmern. Wichtigste Bauten: Peterskirche, Vatikan. Palast (darin u. a. die ↗Sixtin. Kapelle), Vatikan. Bibl. u. Vatikan. Gärten. ↗V.stadt. **V.ische Grotten,** Unterkirche der Peterskirche in Rom, mit den Gräbern der meisten Päpste u. der antiken Gräberstadt mit dem Petrusgrab. **V.isches Konzil,** *Vatikanum,* Bz. für die beiden letzten allg. Kir-

2. Vatikanisches Konzil	
25. 1. 1959 Ankündigung des Konzils durch Johannes XXIII.	27. 6. 1963 offizielle Wiedereinberufung durch Paul VI.
25. 12. 1961 Einberufung des Konzils für 1962	29. 9. – 4. 12. 1963 2. Sitzungsperiode (43 Generalkongregationen)
11. 10. – 8. 12. 1962 1. Sitzungsperiode (36 Generalkongregationen)	14. 9. – 21. 11. 1964 3. Sitzungsperiode (48 Generalkongregationen)
3. 6. 1963 Unterbrechung durch den Tod Johannes' XXIII.	14. 9. – 8. 12. 1965 4. Sitzungsperiode (41 Generalkongregationen)
	8. 12. 1965 feierlicher Schluß

chenversammlungen der kath. Kirche. Das 1869 eröffnete *1. V.ische Konzil* wurde wegen des Dt.-Frz. Krieges u. der Einnahme Roms durch it. Truppen Okt. 70 abgebrochen. Das wichtigste Ergebnis war das Dogma v. der ↗Unfehlbarkeit des Pp. Das *2. V.ische Konzil* 1962/65 behandelte insbes. folgende Aufgaben: Vertiefung des Glaubens, Liturgiereform, Erneuerung des sittl. Lebens der Gläubigen u. Anpassung an die Erfordernisse der Ggw.; diese innere Reform der Kirche soll auch der Annäherung unter den getrennten Christen dienen. Erstmals Teilnahme v. Beobachtern aus nichtkath. christl. Religionen.
Vatikanstadt, it. *Stato della Città del Vaticano* (= Staat der Vatikanstadt), das weltl. Hoheitsgebiet des Hl. Stuhls, 440000 m², davon werden 55000 m² v. den vatikan. Bauten (meist Museen u. Bibliotheken) u. 15000 m² v. der Peterskirche eingenommen. Aufgrund der Lateranverträge v. 11. 2. 1929 bildet die V. die territoriale Grundlage für die Souveränität des Papstes. Die Souveränität der V. dokumentiert sich auch in eigener Posthoheit, Radio- u. Bahnstation. Zur V. gehören ferner die päpstl. Sommerresidenz Castel Gandolfo, die Basiliken des Lateran, Santa Maria Maggiore u. St. Paul vor den Mauern mit den zugehörigen Gebäuden, die Cancelleria, das Hl. Offizium u. der Palast v. San Callisto. Bürger der V. sind die in Rom residierenden Kardinäle, die Angestellten in der V. u. diejenigen, denen der Papst das Bürgerrecht verleiht. Den Sicherheitsdienst versieht die ↗Schweizergarde. ↗Kurie.
Vättersee, *Wettersee,* schwed. *Vättern,* zweitgrößter der südschwed. Seen, durch den Motalafluß mit der Ostsee, durch den Götakanal mit der Nordsee verbunden; 1898 km², bis 119 m tief.
Vauban (: woban), *Sébastien de,* 1633 bis 1707; frz. Marschall, Festungsbaumeister u. Nationalökonom; schuf ein Festungssystem mit sternförmigen bastionierten Fronten.
Vaud (: wo), frz. Name für ↗Waadt.
Vaughan Williams (: woan wiljams), *Ralph,* engl. Komponist; 1872–1958; Opern, Orchester- u. Kammermusik.
Vae victis (: wä wik-, lat.), wehe den Besiegten! Wird ↗Brennus zugeschrieben.
VDA, Verein für das Deutschtum im Ausland, 1881 als *Allg. Dt. Schulverein* gegr., 1908 umbenannt, seit 33 als *Volksbund für das Deutschtum in Ausland* unter nat.-soz. Führung u. Zielsetzung; 55 in München neugegr.; fördert die Pflege dt. Kultur im Ausland, bes. die dt. Schulen.
VDE, Abk. für Verband Deutscher Elektrotechniker e.V.; Hauptaufgabe des VDE ist die Ausarbeitung, Herausgabe u. Auslegung des VDE-Vorschriftenwerks zum Schutz der Bev. bei der Verwendung elektr. Energie.
VDI, Abk. für Verein Dt. Ingenieure.
VDK, Verband der Kriegsbeschädigten, Kriegshinterbliebenen u. Sozialrentner Dtl.s e. V., Bad Godesberg, vertritt die Interessen dieser Personengruppen.

Vatikanstadt
Amtlicher Name:
Stato della Città
del Vaticano
Regierungsform:
Absolute Monarchie
Fläche:
0,44 km²
Bevölkerung:
ca. 1000 E.
Sprache:
Amtssprache ist
Lateinisch, Umgangs-
sprache Italienisch
Religion:
Katholiken
Währung:
1 Vatikan-Lira
= 100 Centesimi

Lope de Vega

Vegetationsstufe
(Schema): **1** der Pflanzenwelt im Hochgebirge, **2** des Pflanzenwuchses in einem See

VDS, Verband Deutscher Studentenschaften, Zusammenschluß der Studentenschaften an den Univ.en u. Hochschulen; gegr. 1949; vertritt die Interessen der Studierenden gegenüber Rektoren- u. Kultusmin.-Konferenz, Hochschulverband u. Bundesministerien.
VEB, Abk. für ↗Volkseigener Betrieb.
Vechta (: f-), niedersächs. Krst. im Oldenburger Münsterland, 22900 E.; PH, Maschinen- u. Möbelfabriken, Torfwerke.
Vechte *w,* niederländ. *Vecht,* 2 Zuflüsse der Zuidersee; der *Ems-V.-Kanal* verbindet die V. mit der Ems.
Veda *m* (Sanskrit = heiliges Wissen; Mz. *Veden*), Sammel-Bz. für die ältesten ind. rel. Texte, die als göttl. Offenbarung gelten; i. e. S. die 4 Samhitas: *Rigveda* (Götterhymnen), *Samaveda* (Opfergesänge), *Jadschurveda* (Opferformeln) u. *Atharvaveda* (Zaubersprüche). I. w. S. Bz. für eine Reihe jüngerer Texte, die an die Samhitas anknüpfen.
Vedanta *m* (Sanskrit = Ende des Veda), wichtigste philosoph. Schule des ↗Hinduismus; knüpft an die ↗Upanischaden an; endgültige Form der Lehre durch ↗Schankara. Grundlage ind. Sekten bis ins 20. Jh.
Vedute *w* (it.), in Malerei u. Graphik die naturgetreue Wiedergabe einer Stadt od. Landschaft.
Vega Carpio, *Lope Félix de,* span. Dichter, 1562–1635; nach einem bewegten Leben 1614 Priester; etwa 1500 Komödien (davon über 500 erhalten): theatergerecht, volkstümlich, v. hoher Stilkunst; ferner 56 geistl. Spiele; Epen; Gedichte. *Jüdin v. Toledo; Stern v. Sevilla; Ritter v. Mirakel.*
Vegesack, *Siegfried von,* dt. Schriftsteller, 1888–1974; Romane, bes. aus seiner balt. Heimat *(Das fressende Haus; Die balt. Tragödie),* Gedichte, Erzählungen.
Vegetabilien (Mz., lat.), pflanzliche Nahrungsmittel für Menschen u. Tiere. **vegetabilisch,** pflanzlich. **Vegetarismus** *m* (lat.), rein pflanzl. Ernährungsweise eines Menschen, des *Vegetariers.*
Vegetation *w* (lat.), Gesamtheit der Pflanzen bzw. Pflanzengesellschaften, die einen Landstrich mehr od. weniger geschlossen besiedeln. **V.spunkt,** die Stellen der Pflanze, die durch Neubildung v. Zellen (Meristem) für das Wachstum sorgen; meist an den Spitzen von Sproß u. Wurzel, durch Knospenblätter oder Wurzelhaube geschützt. ☐ 743.
vegetativ (lat.) nennt man die den Pflanzen u. Tieren gemeinsamen Grundlebensfunktionen (Atmung, Ernährung, Wachstum u. a.). **v.e Dystonie,** vegetative *Neurose,* funktionelle Störung des vegetativen Nervensystems ohne organ. Veränderungen. **v.e Fortpflanzung,** die ungeschlechtl. Fortpflanzung. **v.es Nervensystem** ↗Nervensystem. **vegetieren,** kümmerlich dahinleben.
Veglia (: welja, it.), die Insel ↗Krk.
vehement (lat.; Hw. *Vehemenz*), heftig, ungestüm.
Vehikel *s* (lat.), Fahrzeug. [gestüm.
Veilchen, *Viola,* Gattung der Veilchengewächse mit gespornten, meist blauen Blüten. *März-V., Wald-V., Hunds-V., Stiefmüt-*

Veilchen: 1 das Wohlriechende Veilchen, **2** Stiefmütterchen

terchen. **V.wurzel,** Wurzelstock einiger Irisarten, nach V. duftend, in Italien zur Gewinnung v. aromat. *V.öl* angebaut.

Veit ↗Vitus.

Veit, *Philipp,* dt. Maler und Zeichner, 1793–1877; Fresken, rel. Gemälde, Porträts.

Veitshöchheim, bayer. Gem. am Main, unterhalb Würzburg, 8400 E.; Schloß (1753 v. B. Neumann erweitert, Rokokogarten). Wein-, Obst- u. Gartenbauschule.

Veitstanz, 1) *Chorea minor,* Nervenkrankheit bes. älterer Kinder mit Schlenker- u. Hüpfbewegungen u. Reizbarkeit; meist gutartig verlaufend. **2)** *Chorea Huntington,* dominant vererbbare, unheilbare Krankheit Erwachsener mit Muskelzuckungen, Sprachstörungen u. Verblödung. **3)** im MA hyster. Tanzepidemie; zur Heilung wurde der hl. Veit (↗Vitus) angerufen.

Veji, im Alt. etrusk. Stadt nördl. v. Rom; zeitweise unter eigenen Königen; nach langen Kämpfen 396 v.Chr. von den Römern zerstört.

Vektor *m* (lat.), Größe, die im Ggs. zum ↗Skalar zugleich Zahlenwert (Betrag) u. Richtung besitzt; in der Physik sind z.B. Kraft, Geschwindigkeit u. Feldstärke V.en. Unter dem *Betrag* eines V. versteht man den Zahlenwert seiner Länge $|\vec{a}| = a$; die *Komponenten* eines V. sind die Senkrechtprojektionen auf Geraden; durch deren Größe auf den Achsen eines Koordinatensystems ist ein V. bestimmt. **V.analysis,** behandelt die Funktionen v. Vektoren mit den Mitteln der Analysis. Grundbegriffe sind *Gradient, Divergenz* u. *Rotation,* die zw. Skalar- u. Vektorfeldern Beziehungen herstellen.

Vektor

Schreibweisen:
Vektoren durch Fraktur-
buchstaben
$\mathfrak{A}, \mathfrak{B} \dots$ a,b...
oder Fettdruck
A,B... a,b...
oder durch übergesetzte
Pfeile
$\vec{A}, \vec{B} \dots$ $\vec{a}, \vec{b} \dots$

Komponenten eines Vektors

Vektoraddition
$$\vec{a} + \vec{b} = \vec{a+b}$$

Vektorsubtraktion
$$\vec{a} - \vec{b} = \vec{a} + \overline{-\vec{b}}$$
$$= \vec{a-b} = \vec{a-b}$$

Velázquez (: welaßkeß), *Diego Rodríguez de Silva y V.,* span. Maler, 1599–1660; Porträtist des Madrider Hofes *(Philipp IV., Infantin Margarita),* aber auch Darstellungen aus dem Volk (Bettler, Idioten u.a.); impressionist. Farb- u. Lichtbehandlung, angeregt durch Tizian u. Tintoretto; HW: *Die Übergabe v. Breda; Die Hofdamen.*

Velbert (: f-), rhein. Ind.-Stadt im Berg. Land, südl. v. Essen, 93400 E.; Sitz der dt. Schloß- u. Beschläge-Ind.; Eisengießereien.

Velde, *Henry van de,* belg. Kunsthandwerker u. Architekt, 1863–1957; Vertreter des Jugendstils; Mit-Begr. des Dt. Werkbundes.

Veldeke ↗Heinrich v. Veldeke.

Veles (: wäläß) ↗Titov Veles.

Velin *s* (frz.), pergamentähnliches Papier.

VELKD ↗Vereinigte Ev.-Luth. Kirche Dtl.s.

Velleität *w* (lat.), kraftlose Willensregung.

Velletri, mittel-it. Stadt in den Albanerbergen, 42200 E.; Bischof; Kathedrale (14. Jh.).

Vellmar, hess. Gemeinde nördl. v. Kassel, 16200 E.; Nahrungsmittel- u. Getränke-Ind. 1967 bzw. 70 durch Gemeindezusammenschluß entstanden.

Velo *s,* Abk. für *Veloziped,* schweizer. für Fahrrad. **V.drom** *s,* überdachte Radrennbahn.

Velours *m* (: wölur, frz. = Samt), gerauhte, meist bedruckte samtartige Gewebe.

Velsen, Ind.-Gemeinde in der Prov. Nordholland, am Nordseekanal, mit Eisenbahn- u. Autotunnel, 62000 E.; Hochofenwerke (Ijmuiden), chem., Papier-Ind.

Velten, Stadt im Havelland, n.w. von Berlin (Bez. Potsdam), 9800 E.; keram. Ind.

Veltlin, *s* it. *Valtellina,* Längstal der oberen Adda bis zum Comer See; Hauptort Sondrio; berühmt durch *V.er Weine.*

Velum *s* (lat.), in der kath. Liturgie Bz. für verschiedene liturg. Tücher u. Hüllen, u.a. *Kelch-V.* (auch in der luth. Kirche), *Ziborium-V.* (Mantel um das ↗Ziborium), *Schulter-V.* des Priesters.

Velvet *m, s* (: welw^et), Baumwollsamt.

Venda, 1979 v. der Rep. Südafrika in die Unabhängigkeit (int. nicht anerkannt) entlassenes „Homeland", 6500 km², 350000 E. *(Vhavenda),* Hst. Thohoyandou.

Vene: V. des Beins mit Klappen an der Innenwand, die das von unten nach oben strömende Blut am Rückstrom hindern

D. R. Velázquez: oben „Die Hofdamen" (Ausschnitt), unten Selbstbildnis

Vendée w (: wãndẹ), frz. Landschaft u. Dep. am Atlant. Ozean; Hst. La Roche-sur-Yon.
Vendetta w (it.), die ↗Blutrache.
Vene w (lat.; Bw. venọs), Blutader, Blutgefäß, leitet das Blut zum Herzen. V.nentzündung, Phlebịtis, häufig mit Thrombosen.
Venẹdig, it. Venẹzia, Prov.-Hst. in NO-Italien, in der Lagune von V., 356000 E.; nach Genua der bedeutendste it. Handelshafen, 4 km v. Festland (seit 1933 Lagunenbrücke, mit Zufahrtsrampen ca. 9 km lang), abgetrennt v. Golf von V. durch Nehrungen (bes. den 16 km langen, 300–500 m breiten Lido, das vornehmste Seebad Italiens), auf 123 Inselchen mit engen Gassen, untereinander durch ca. 400 Brücken verbunden. 150 Kanäle bewältigen den Stadtverkehr, Hauptverkehrsader der Canal Grande durch die Stadtmitte (3,8 km lang, bis 70 m breit) mit dem Ponte di Rialto (7,5 m hoher Marmorbogen); Markusplatz mit Markusdom (832 begonnen) u. fast 100 m hohem

Venedig: Markusplatz mit Markusdom und Campanile; rechts Dogenpalast

Campanile; Dogenpalast (1340/1438) u. andere Paläste. Sitz eines Patriarchen. Handelshochschule, Observatorien, Kunstakademie, Galerien, Museen u. Bibliotheken; bedeut. Fremdenverkehr; vielseit. Ind.; Durchgangshandel für Rohstoffe. – Im 5. Jh. gegr.; die seit 697 v. den Dogen geführte Adels-Rep. wurde 811 v. Byzanz unabhängig; im 13. bis 14. Jh. beherrschende Seeu. Handelsmacht im östl. Mittelmeer; seit den ↗Entdeckungsreisen im 15./16. Jh. v. Welthandel verdrängt; in den ↗Türkenkriegen polit. Niedergang; 1797/1866 (mit Unterbrechung) bei Östr.
Venedigergruppe, Westteil der Hohen ↗Tauern; im Großvenediger 3674 m hoch.
venẹrische Krankheiten, die Geschlechtskrankheiten; venẹrisch, geschlechtskrank.
Venẹter (Mz.), Name mehrerer indogerman. Völker des Alt., deren Verwandtschaft noch ungeklärt ist: **1)** Volk an der adriat. Nordküste. **2)** kelt. Stamm an der Küste Galliens nördl. der Loiremündung. **3)** Volk im mittleren Weichselgebiet.
Venẹzien, Venẹtien, it. Vẹneto, ober-it. Landschaft, teils Ebene, teils Lagunengebiet, sonst Gebirgsland (Venezianer Alpen); besteht aus der Region V. (Provinzen Belluno, Padua, Rovigo, Treviso, Udine, Venedig, Verona, Vicenza), dem Julischen V. (Venezia Giulia, heute größtenteils jugoslawisch) u. dem ehem. Tridentinischen V. mit den Provinzen Trient u. Bozen.
Venezuẹla, Bundesrep. im N Südamerikas, am Karib. Meer. V. hat 3 Großlandschaften: im W die gg. das Karib. Meer auslaufenden, bis 5087 m hohen Ketten der Anden, im O das 400–500 m hohe, mit Trockenwald bestandene Bergland v. Guayana u. dazwischen ein weites Tiefland, v. Orinoco u. seinen Nebenflüssen entwässert u. mit Savanne bedeckt. Das wirtschaftl. u. polit. Schwergewicht des Landes liegt in der klimatisch begünstigten Andenregion, in der, je nach Höhenlage, Weizen, Mais, Kaffee, Kakao u. Zucker angebaut werden. Am Maracaibosee eines der ergiebigsten Ölfelder der Erde (Vorräte ca. 2,7 Mrd. t, Förderung jährl. 150–200 Mill. t). Hauptexportartikel ist

Venezuela

Amtlicher Name:
República de Venezuela
Staatsform:
Republik
Hauptstadt:
Caracas
Fläche:
912050 km²
Bevölkerung:
13,5 Mill. E.
Sprache:
Spanisch
Religion:
84% Katholiken
Währung:
1 Bolívar
= 100 Céntimos
Mitgliedschaften:
UN, OAS, Lateinamerikanische Freihandelszone

Erdöl (90%), daneben Erdgas, Eisenerze, Kohle, Gold, Diamanten, Kupfer, Zink u. Stahlveredler. – 1498 v. Kolumbus entdeckt, dann span. Kolonie (1528/46 an die Welser verpfändet, bildete dann das Generalkapitanat Caracas); 1810 Proklamation der Unabhängigkeit, die Bolívar in den folgenden Jahren erkämpfte; 19 Teil v. Kolumbien, seit 30 selbständig; 1908/35 Diktatur des Generals Gómez; 52/58 diktaturähnl. Regime des Jiménez, seither demokrat. Regierung. Staats-Präs. Luis Herrera Campius (seit 79).
Venia legẹndi w (lat.), ↗Habilitation.
Veni, Creạtor Spịritus (lat. = Komm, Schöpfer Geist), in der kath. Liturgie Hymnus an den Hl. Geist. **Veni, Sancte Spịritus** (lat. = Komm, Heiliger Geist), Pfingstsequenz.
Veni, vidi, vici (lat. = ich kam, sah, siegte), Meldung Caesars nach Rom v. seinem Sieg über Kg. Pharnakes 47 v. Chr. bei Zela.
Venizẹlos (: se-), Eleuthẹrios, 1864–1936; betrieb seit 1908 den Anschluß ↗Kretas an Griechenland; seit 1910 mehrfach griech. Min.-Präsident.
Venlo (: f-), niederländ. Stadt an der Maas, nahe der dt. Grenze, 62500 E.
Venn, 1) Name für Moor. **2)** der höchste Teil der Eifel. ↗Hohes Venn.
Ventịl s (lat.), Absperr- u. Regelorgan, das Strömung nur in einer Richtung durchlassen soll. Meist Teller-V.; doch auch Kegel-, Kugel- u. Nadel-V. V.e werden je nach Zweck eingesetzt als Absperr-, Durchgangs-, Druckminder-(Reduzier-)V.e Rückschlag-V.e sind Sperrventile in Leitungen gg. Zurückfließen des unter Druck stehenden Mediums. Selbstschluß-V.e wirken u. a. als Rohrbruch-V.e. **Ventilatiọn** w (lat.), Lüftung. **Ventilạtor** m, Lüfter, zu Erneuerung der Luft in geschlossenen Räumen od. nur zum Inganghalten einer Luftströmung, meist elektr. angetriebener mehrflügeliger Schrauben-V. (Windrad aus Blech od. Kunststoff). Auch Gebläse u. ↗Exhaustor.
Ventimịglia (: -mịlja), it. Rivierakurort, Grenzstation gg. Fkr. u. Hafen, 25000 E.; Bischof; Blumenausfuhr.   [sal.
ventrạl (lat.), auf der Bauchseite; Ggs. dorsal. **Ventrịkel** m (lat.), **1)** der Magen. **2)** Körper-

Ventil: **1** Kegel-, **2** Teller-, **3** Kugel-V.

Venus: Sichel der V.

Venus von Milo

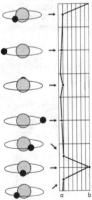

Veränderliche: Bewegungsverhältnisse (links) und Lichtkurve (rechts) bei einem Bedeckungsveränderlichen. Ein dunkler Stern umkreist einen hellen; a = größte, b = kleinste Helligkeit

hohlräume, so die 2 Herz- u. die 4 Gehirnkammern.

Venturirohr, *Venturi,* v. Italiener Venturi 1797 erdachter, v. Amerikaner Herschel 1887 konstruierter Durchflußmesser für Gase u. Flüssigkeiten. Vor u. hinter einer in die Rohrleitung eingesetzten düsenartigen Verengung wird die Druckminderung (infolge Geschwindigkeitserhöhung) gemessen. Der Druckabfall ist Maß der Durchflußmenge. Als Fahrtmesser in Flugzeugen.

Venus, 1) altitalische Göttin des Frühlings u. der Gärten, später der griech. Liebesgöttin ↗Aphrodite gleichgesetzt. *V. von Milo,* berühmte Statue der Aphrodite aus Melos; entstanden im späten 2. Jh. v. Chr. (heute in Paris). **2)** Zeichen ♀, zweiter der inneren Planeten auf einer fast kreisförm. Bahn; die dichte, undurchsichtige Wolkenhülle v. ca. 60 km Dicke besteht nach Messungen von V.sonden zu etwa 95% aus CO_2, ein Magnetfeld u. Strahlungsgürtel fehlen; V. besitzt als einziger Planet eine rückläufige Rotation. V. kann als Morgen- od. Abendstern das hellste Gestirn neben Sonne u. Mond sein u. zeigt Phasen wie der Mond und der ↗Merkur. Bilder der Oberfläche durch sowj. u. am. V.sonden. ☐ 757, 918.

Venusberg, 1) Bergname, bes. in Thüringen (Hörselberg) u. Schwaben; mit der Sage v. der dort im Innern herrschenden Frau Venus verbunden (Tannhäusersage). **2)** der Schamhügel bei Frauen. **Venusfliegenfalle,** *Fliegenklappe,* amerik. ↗fleischfressende Pflanze. **Venushaar,** das ↗Frauenhaar. **Veracruz** (: werakruß), mexikan. Hafenstadt am Golf v. Mexiko, 289000 E.; kath. Erzb. **Veranda** *w* (span.), überdachter offener od. verglaster od. Vorbau.

Veränderliche, *veränderliche Sterne,* ↗Sterne, deren Zustandsgrößen, bes. die Helligkeit, sich zeitlich ändern. Zu den *physisch* oder *eigentlichen V.n* zählen die Pulsations-V., ↗Nova, Supernova, die unregelmäßig Licht- u. Materieausbrüche zeigenden Flare-Sterne u. die Magnet-V. Bei den *Bedeckungs-V.n* ändert sich die Helligkeit des Sterns aus geometr. Gründen (period. Bedeckung durch einen umlaufenden Begleitstern); typ. Vertreter ist ↗Algol. **Veranlagung,** Verwaltungsverfahren zur Feststellung v. Steuerpflicht, Steuerbemessungsgrundlage u. Steuerschuld aufgrund v. Steuerliste u. Steuererklärung. Das Ergebnis enthalten die Bescheide. **Veratrum,** Lilie, der ↗Germer. **Veräußerung,** Aufgabe des Besitzes od. eines Rechtes (bes. des Eigentums) an einer Sache durch ↗Verfügung. **verbal** (lat.), mündlich; zum Verbum gehörig. **V.injurie** *w,* Beleidigung in Worten. **verbaliter,** wörtlich. **Verbalnote** ↗Note 4). **Verband, 1)** Umwicklung od. Bedeckung eines kranken Körperteils; a) *Wund-V.,* zum sterilen Abdecken offener Wunden; b) *Druck-V.,* zur Verhinderung v. Blutungen; c) *Stütz-V.* zur Ruhigstellung v. Knochen- u. Gelenkverletzungen; d) *Streck-V.,* verhütet Verkürzung gebrochener Röhrenknochen. ☐ 241. **2)** *gesellschaftl.:* jede Art menschlicher Zusammenschlüsse; ein Zusam-

menschluß mit einheitl. Organisation meist über größere Bereiche (Land, Staat) zur Verfolgung gemeinsamer wirtschaftspolit. *(Wirtschafts-V.e),* sozialpolit. *(Arbeitgeber-V.e, Gewerkschaften)* od. polit. *(Parteien)* Ziele.

Verbania, ober-it. Stadt u. Kurort, am Westufer des Lago Maggiore, 1939 gebildet aus den Orten Pallanza u. Intra, 33000 E. **Verbascum,** die ↗Königskerze. **Verbene** *w, Eisenkraut,* meist trop. Zierpflanzen mit verschiedenfarbigen Blütenständen.

Verbindlichkeit, *rechtl.* die ↗Schuld. **Verbindung, 1)** ↗chem. Verbindung. **2)** rechtl. die Vereinigung v. Sachen als wesentl. Bestandteile. **3)** ↗Studentenverbindungen. **Verblendung,** einen Bauteil verkleiden, so Ziegelmauern od. Beton mit Werksteinen, Klinkern od. Platten *(Verblendsteine).* **Verbrauch** ↗Konsum. **V.sgüter** ↗Konsumgüter. **V.steuern,** wichtigste der indirekten ↗Steuern; bei Herstellung od. Vertrieb der besteuerten Waren erhoben. Auch die Zölle rechnen dazu; in der BRD Bundessteuern. **Verbrechen,** strafrechtl. eine mit mindestens 1 Jahr Freiheitsstrafe bedrohte Straftat. ↗Vergehen. **V. gegen die Menschlichkeit** ↗Kriegsverbrechen.

Verbrennung, 1) rasche ↗Oxydation v. Stoffen mit zugeführtem Sauerstoff. Große Energiemengen werden in kurzer Zeit frei, hohe Temperaturen, Leucht- u. Feuererscheinungen. Bei der *langsamen V.* keine hohen Temperaturen, keine od. schwache Leuchterscheinungen. Auch Gewebsschädigung durch örtlich wirkende hohe Temperaturen fester, flüssiger *(Verbrühung)* u. gasförm. Stoffe od. durch Wärmestrahlen. V.en v. mehr als ¹/₃ der Körperoberfläche bedrohen das Leben. **2)** ↗Leichenverbrennung.

Verbrennungskraftmaschine, jede Wärmekraftmaschine, die bei der Verbrennung eines Kraftstoff-Luft-Gemisches entstehende Volumenvergrößerung zur Erzeugung mechan. Energie benutzt, bes. aber die Verbrennungsmotoren u. Gasturbinen. **Verbrennungsmotor,** eine Verbrennungskraftmaschine, i.e.S. die Kolben-V.en. Unterschieden in a) nach Betriebsweise: rhythmisch im *Vier- od. Zweitakt;* b) nach Bauart: *Hubkolbenmotor* mit Zylindern in verschiedener Anordnung; als *Drehkolben-* od. *Rotationskolbenmotor* (Arbeitsspiel wie bei 2-Takt-Motor, Gaswechsel wie bei 4-Takt-Motor); c) nach Zündung: *Ottomotor* mit Fremdzündung; *Dieselmotor* mit Selbstzündung durch Kompressionserhitzung od. als *Glühkopfmotor* mit vorzuerhitzendem Glühkörper. Alle Kolben-V.en besitzen Zylinder mit aufzusetzendem Zylinderkopf u. ein Triebwerk aus Kolben, Pleuelstange. Kurbelwelle. Das Regeln der Ein- u. Auslässe des Gasgemisches bzw. der Abgase besorgen v. der Nockenwelle mitgesteuerte Ventile. Der Raum zw. oberer u. unterer Stellung des Kolbens ist der ↗Hubraum, die Höhlung im aufgesetzten Zylinderkopf der Brennraum. Kraftstoff zur Ge-

Verbrennungsmotor

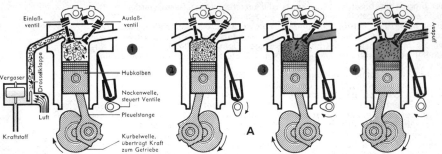

A Arbeitsweise eines Viertakt-Ottomotors. 1. Takt: Ansaugen des Benzin-Luft-Gemisches, Einlaßventil offen; **2. Takt:** Verdichten, beide Ventile geschlossen; **3. Takt** (Arbeitstakt): Zünden, Verbrennen, Ausdehnen, beide Ventile geschlossen; **4. Takt:** Ausstoßen der Verbrennungsgase, Auslaßventil geöffnet.

B Verschiedene Zylinderanordnungen; C Arbeitsfolge der 4 Takte eines 4-Zylinder-Reihenmotors.

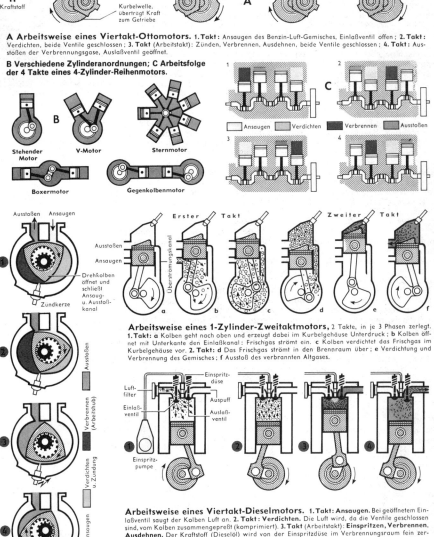

Arbeitsweise eines 1-Zylinder-Zweitaktmotors, 2 Takte, in je 3 Phasen zerlegt. **1. Takt: a** Kolben geht nach oben und erzeugt dabei im Kurbelgehäuse Unterdruck; **b** Kolben öffnet mit Unterkante den Einlaßkanal: Frischgas strömt ein. **c** Kolben verdichtet das Frischgas im Kurbelgehäuse vor. **2. Takt: d** Das Frischgas strömt in den Brennraum über; **e** Verdichtung und Verbrennung des Gemisches; **f** Ausstoß des verbrannten Altgases.

Arbeitsweise eines Viertakt-Dieselmotors. 1. Takt: Ansaugen. Bei geöffnetem Einlaßventil saugt der Kolben Luft an. **2. Takt: Verdichten.** Die Luft wird, da die Ventile geschlossen sind, vom Kolben zusammengepreßt (komprimiert). **3. Takt** (Arbeitstakt): **Einspritzen, Verbrennen, Ausdehnen.** Der Kraftstoff (Dieselöl) wird von der Einspritzdüse im Verbrennungsraum fein zerstäubt und entflammt sich an der heißen, verdichteten Luft. Die Verbrennungsgase dehnen sich aus und treiben den Kolben nach unten. **4. Takt: Ausstoßen.** Am Ende des Arbeitshubes wird das Auslaßventil geöffnet, und die Abgase strömen ins Freie.

Links: **Arbeitsweise eines Kreiskolbenmotors** (Wankelmotor)

mischbildung ist bei großen V.en Gas, sonst im allg. flüssiger Brennstoff, bei Ottomotoren vor allem Benzin u. Benzol. Dieselmotoren arbeiten mit Schwerölen, Gichtgasmaschinen u. ä. mit energiearmen Kraftgasen. Das zündfähige Gemisch aus Kraftstoff u. Luft wird bei Gas- u. Vergasermotoren vor dem Eintritt in den Zylinder, bei Einspritzmotoren erst im Zylinder gebildet. Gezündet wird das Gemisch bei Ottomotoren durch elektr. Fremdzündung mit Zündkerzenfunken, bei Dieselmotoren durch Verdichtungserhitzung als Selbstzündung.

Verbrennungswärme, der ↗Heizwert.

Verbrühung ↗Verbrennung.

Verbum s (lat. = Wort), ↗Zeitwort.

Verbundglas, das Mehrschichten-↗Sicherheitsglas.

Verbundmaschine, eine ↗Dampfmaschine.

Verbundplattenbau ↗Sandwichbau.

Verbundwirtschaft, techn.-organisator. Zusammenarbeit v. Betrieben zur Erreichung einer größeren Gesamtwirtschaftlichkeit, bes. v. Energieversorgungsbetrieben zum Ausgleich des Energiespitzenbedarfs.

Vercelli (: wertsche-), Prov.-Hst. in der ober-it. Tiefebene, zw. Mailand u. Turin, 54100 E.; Erzb. Mittelpunkt des Reisanbaus in der Poebene. – Im Alt. *Vercellae;* 101 v. Chr. Sieg Marius' über die Kimbern.

Vercingetorix, 52 v. Chr. Führer des gall. Aufstands gg. Caesar, ergab sich in Alesia; 46 v. Chr. in Rom hingerichtet.

Vercors (: wärkor) (eig. Jean Bruller), frz. Schriftsteller, * 1902; Erzählungen *(Das Schweigen des Meeres),* Romane, Essays, Dramen.

Verdampfung, Übergang eines Stoffes v. flüss. in gasförm. Zustand, meist durch Wärmezufuhr (↗sieden). ↗Sublimation.

V.swärme ↗latente Wärme.

Verdauung, Umwandlung der aufgenommenen Nahrung in wasserlösl., v. Darm gut aufsaugbare einfachere chem. Verbindungen. Das im Magen vorverdaute Eiweiß wird durch die Fermente Trypsin u. Erepsin in Aminosäuren gespalten, die Fette durch Lipasen in Glycerin u. Fettsäuren zerlegt u. durch die Gallensäuren wasserlösl. gemacht, die Kohlenhydrate durch Diastase u. Maltase zu Traubenzucker abgebaut. Im Dickdarm zersetzen Darmbakterien die noch ungespaltenen Stoffe (Darmfäulnis),

die unverdaulichen Reste werden zu Kot eingedickt. ☐617.

Verden an der Aller, niedersächs. Krst. nahe der Mündung der Aller in die Weser, 24300 E.; got. Dom (1000/1490), St.-Andreas-Kirche (12. Jh.); Pferdezucht (Pferdemuseum), Maschinen- u. Apparatebau. – Im sog. *Blutbad v. Verden* 782 ließ Karl d. Gr. 4500 Geiseln der aufständ. Sachsen hinrichten.

Verdi (: w-), *Giuseppe,* it. Komponist, 1813–1901; lebte seit 1848 auf seinem Landgut bei Busseto; setzte sich für die Einigung Italiens ein (Abgeordneter, Senator). Vornehmlich Opernkomponist; dramat. Musizieropern v. sinnfälliger Melodik u. Rhythmik, glühendem Pathos u. volkstüml. Realistik. Im Ggs. zu R. Wagner behält er die Formen der Arie u. der Ensemblesätze bei. Hauptwerke: *Nabucco; Macbeth; Rigoletto; Troubadour; La Traviata; Die sizilian. Vesper; Maskenball; Die Macht des Schicksals; Simone Boccanegra; Don Carlos; Aida; Othello; Falstaff;* Lieder, Kirchenmusik (u. a. *Requiem).*

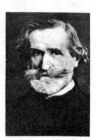

Giuseppe Verdi

Verdichter, der ↗Kompressor.

Verdichtungsverhältnis, beim Verbrennungsmotor das Verhältnis der Summe v. Verdichtungsraum u. Hubraum zum Verdichtungsraum; bei Ottomotoren 5–9, bei Dieselmotoren 15–23.

Verdienstorden der BRD ↗Orden.

Verdikt s (lat.), Urteil.

Verdingung, 1) die ↗Ausschreibung. **2)** volkstüml. für Abschluß eines Dienstvertrages.

Verdrängung, 1) ↗Wasser-V. **2)** Grundbegriff der *Psychoanalyse:* Abschieben peinl. Erlebnisinhalte u. Triebregungen ins Unbewußte, wo sie störend auf das Bewußtsein wirken.

Verdun (: wärdöñ), Stadt u. Festung im nordfrz. Dep. Meuse, an der Maas, 25000 E.; Bischof; roman. Kathedrale; großer Kriegerfriedhof. Textil- u. Zucker-Ind. – Von den Römern als *Virodunum* gegr.; im Vertrag v. Verdun 843 Teilung des ↗Fränk. Reichs; 879 kam V. zum ostfränk. (dt.) Reich, 1552 (endgültig 1648) zu Fkr.; im 1. Weltkrieg hart umkämpft („Hölle von Verdun").

Verdunkelungsgefahr, im Strafprozeß das Vorliegen v. Tatsachen, denen zu entnehmen ist, daß ein Beschuldigter der Spuren der Straftat vernichten od. die Aussagen v. Zeugen od. Mitbeschuldigten beeinflussen will. Grund für Untersuchungs-↗Haft.

Verdunstung, Übergang v. Flüssigkeiten in den gasförmigen Zustand unterhalb ihres Siedepunktes.

veredeln, künstl. Herstellung tragfähiger Sortenobstbäume, wobei auf stark zurückgeschnittene *Wildlinge (Unterlage)* knospentragende Zweige *(Edelreis, Pfropfreis)* von Edelsorten übertragen werden. Sie wachsen dann weiter u. bringen die ihnen gemäßen Früchte. Verfahren: *Kopulieren, Pfropfen, Okulieren.*

Veredelungsverkehr ↗Außenhandel.

Veredelungswirtschaft, die Qualitätsverbesserung v. Erzeugnissen vor allem für einen gehobenen Konsum (bes. in der Landwirtschaft).

Verdauung

Verweildauer der Speisen im Magen

1–2 Stunden: Tee, Kaffee und Kakao ohne Zutaten, Milch, Wasser u. leichter Wein, Bier; weiche Eier; Fleischbrühe ohne Zutaten.

2–3 Stunden: Kaffee mit Sahne; Eier roh und hart gekocht, Omlette; Weißbrot; Reis; Fisch (gekocht); Spargel, Blumenkohl, Kartoffeln.

3–4 Stunden: gekochtes Rindfleisch, Kalbsbraten, Beefsteak, Schwarzbrot; Äpfel; Kohlrabi, Spinat, Radieschen, Gurken.

4–5 Stunden: Gänse- und Entenbraten, Rindfleisch (gebraten); Hülsenfrüchte; Heringe

Hunderassen

1 Dt. Vorstehhund, **2** Dt. Dogge, **3** Glatthaariger Foxterrier, **4** Schnauzer, **5** Irischer Terrier, **6** Boxer, **7** Schottischer Terrier, **8** Spaniel, **9** Dackel, **10** Bernhardiner, **11** Pudel, **12** Spitz, **13** Schäferhund, **14** Englischer Windhund

Katzen und katzenartige Raubtiere

Katzen: 1 Wildkatze, **2** Wildfarbener Kurzhaartiger, **3** Angorakatze, **4** Siamkatze, **5** Falbkatze. – **Katzenartige Raubtiere: 1** Luchs, **2** Tiger, **3** Löwe (Männchen), **4** Gepard, **5** Ozelot, **6** Puma, **7** Panther, **8** Jaguar

Vögel I

1 Kleiber, 2 Bluthänfling, 3 Kirschkernbeißer, 4 Baumläufer, 5 Zaungrasmücke, 6 Gelbspötter, 7 Gartengrasmücke, 8 Mönchsgrasmücke, 9 Nachtigall, 10 Zaunkönig, 11 Grünfink, 12 Gebirgsstelze, 13 Gartenrotschwanz, 14 Hausrotschwanz, 15 Goldammer, 16 Stieglitz, 17 Zeisig, 18 Sumpfmeise, 19 Kreuzschnabel, 20 Gimpel, 21 Goldhähnchen, 22 Turmfalke, 23 Neuntöter, 24 Singdrossel, 25 Großer Buntspecht, 26 Wiedehopf, 27 Pirol

Vögel II

1 Diamantfink, 2 Schmetterlingsfink, 3 Gouldamandine, 4 Kapuzenzeisig, 5 Goldstirnblattvogel, 6 Papstfink, 7 Napoleonsweber, 8 Mennigvogel, 9 Dreifarbentangare, 10 Kolibri, 11 Zebrafink, 12 Rotbauchfliegenschnäpper, 13 Kranich, 14 Höckerschwan, 15 Kormoran, 16 Rostgans, 17 Marabu, 18 Pelikan, 19 Sichler, 20 Graureiher, 21 Flamingo, 22 Paradiesvogel, 23 Tukan, 24 Inkakakadu, 25 Bienenfresser, 26 Hellroter Ara, 27 Lori, 28 Glanzfasan

Verein, eine auf Dauer berechnete, v. Mitgliederwechsel unabhängige, freiwillige Vereinigung v. Personen zur Erreichung eines bestimmten Zwecks. Das BGB unterscheidet V.e mit wirtschaftl. u. idealen Zielen, rechtsfähige u. nichtrechtsfähige V.c; wirtschaftl. V.e erhalten Rechtsfähigkeit im allg. durch staatl. Verleihung, V.e mit idealen Zielen durch Eintragung ins V.sregister (↗eingetragener Verein). Auf den nichtrechtsfähigen V. finden die Vorschriften der ↗Gesellschaft Anwendung. Jeder V. braucht eine Satzung u. einen v. der Mitgliederversammlung gewählten Vorstand.
Vereinigte Arabische Emirate ↗Föderation Arabischer Emirate.
Vereinigte Arabische Republik (VAR), 1958–1961 die Union zw. Ägypten u. Syrien, danach bis 71 offizielle Bz. für Ägypten.
Vereinigte Ev.-Luth. Kirche Deutschlands (VELKD), am 8. 7. 1948 Föderation der dt. luth. Landeskirchen (außer Eutin, Oldenburg u. Württemberg; 67 durch Beitritt Eutins erweitert; an der Spitze ein jeweils gewählter „leitender Bischof" (68 sind die luth. Landeskirchen der DDR ausgeschieden); Mitgl. der EKD, des Luth. Weltbundes u. im ↗Weltrat der Kirchen. □ 248.
Vereinigte Staaten von Amerika, Abk. *USA,* bundesstaatl. Rep. in Nordamerika, besteht aus 50 Bundesstaaten (einschl. Alaskas u. der Hawaii-Inseln); dazu Außenbesitzungen mit 11 433 km² u. 4,7 Mill. E. 87,4% der Bev. sind Weiße, 11,2% sind Neger bzw. Negermischlinge *(Colored People),* bes. stark in den Südstaaten; die 790000 Indianer, Nachkommen der Urbevölkerung Amerikas, leben unter dem Schutz der Bundesregierung z. T. in Reservaten. 1960/70 stieg die Bev. der USA um 13%, die Zahl der Weißen um 12%, die der Farbigen jedoch um 25%. 1969 waren v. 198 Mill. Einw. 10,1% deutscher, 9,6% engl., 6,7% irischer, 4,7% spanischer, 3,7% italienischer, 2,0% polnischer u. 1,1% russischer Herkunft. – Die USA (außer ↗Alaska u. den ↗Hawaii-Inseln) erstrecken sich zw. Kanada im N u. Mexiko im S über 24 Breitengrade, u. vom Pazif. Ozean im W bis zum Atlant. Ozean im O über 58 Längengrade. Damit nehmen sie den größten Teil des nord-am. Kontinents ein. Dank ihrer günstigen Lage mit reichen u. vielseitigen Bodenschätzen u. fruchtbarem Boden konnten sich die USA zur Weltmacht u. größten Wirtschaftsmacht der Erde entwickeln. Das Land ist übersichtlich gegliedert: die niedrigen Appalachen (Mount Mitchell 2045 m) im O u. das Gebirgssystem der Kordilleren (Mount Whitney 4418 m) im W schließen weite Tafelländer ein, die durch das zweitgrößte Flußsystem der Erde (Mississippi-Missouri) entwässert werden. Die z. T. noch dicht mit Laubwäldern bestandenen Appalachen gehen nach O in ein welliges Vorland über u. brechen mit einer „Fall-Linie" zum Küstentiefland des Atlantik ab, das nach SO in die Halbinsel Florida ausläuft. Die Kordilleren im W bilden 2 mächtige Ketten: als östl. Kette das Felsengebirge *(Rocky Mountains),* als westl. die Sierra Nevada u. das Kaska-

Bevölkerungsentwicklung der Vereinigten Staaten
(in Millionen)

Jahr	Weiße	%	Neger	%	andere Rassen[1]	%	Indianer	Gesamt-Bev.
1870	34,3	86,2	5,4	13,6	0,09	0,2	..	39,8
1880	43,4	84,1	6,6	15,6	0,17	0,3	..	50,2
1890	55,1	87,6	7,5	11,9	0,35	0,5	0,25	62,9
1900	66,8	87,9	8,9	11,6	0,35	0,5	0,24	76,0
1910	81,7	88,9	9,8	10,7	0,41	0,4	0,27	92,0
1920	94,8	89,7	10,5	9,9	0,43	0,4	0,24	105,7
1930	110,3	90,0	11,9	9,5	0,60	0,5	0,33	122,8
1940	118,2	89,8	12,9	9,8	0,60	0,4	0,33	131,7
1950	134,9	89,5	15,0	10,0	0,71	0,5	0,34	150,7
1960	158,8	88,6	18,9	10,5	1,62	0,9	0,52	179,3
1970	177,6	87,4	22,7	11,2	2,90	1,4	0,79	203,2

[1] einschließlich Indianer; vornehmlich Chinesen und Japaner

Vereinigte Staaten von Amerika

Amtlicher Name:
United States of America (USA)
Staatsform:
Bundesstaatl. verfaßte präsidiale Republik
Hauptstadt:
Washington D. C.
Fläche:
9 363 353 km²
Bevölkerung:
221 Mill. E.
Sprache:
amerikan. Englisch
Religion:
35% Protestanten,
24% Katholiken,
3% Juden,
1,5% orthodoxe Christen
Währung:
1 US-Dollar = 100 Cent
Mitgliedschaften:
UN, NATO, SEATO, OAS, CENTO, OECD, Colombo-Plan (assoziiert), ANZUS

dengebirge mit schneebedeckten Gipfeln u. großen Nadelwäldern. Zw. beiden liegt eine wüstenhafte Hochsteppe mit Borax-, Salz- u. Sodalagern, gegliedert in das Columbia-Plateau, das Great Basin (= Großes Becken) u. das Colorado-Plateau. Das Felsengebirge fällt nach O steil ab in die stufenförmig zum Mississippi abdachende Prärietafel mit riesigen Naturweiden im trockenen W u. S u. Ackerböden in den Tiefländern der Flüsse. Dank ihrer Größe, ihren Rohstoffen, ihrer industriellen Kapazität u. dem riesigen Verbrauchermarkt sind die USA wirtschaftl. nahezu autark. Die hochmechanisierte Farmerwirtschaft erzeugt bes.: Mais, Weizen, Hafer, Kartoffeln, Gerste; in den Südstaaten bei subtrop. u. trop. Klima auch Baumwolle, Tabak, Reis, Citrusfrüchte. Auf den Prärien Viehwirtschaft. An Bodenschätzen verfügen die USA in großem Maße über Steinkohlen, Braunkohlen, Kupfer, Zink, Erdöl sowie zahlr. andere Vorkommen. Die wirtschaftl. u. soziale Struktur der USA weist trotz der europ., vornehml. angelsächs. Grundlage am. Eigenart auf. Pioniergeist, Puritanertum u. Freiheit v. den Bindungen der Alten Welt ließen einen individualist. Privatkapitalismus entstehen mit engen Verbindungen v. Wirtschaft u. Politik. In der Gesamtwirtschaft spielt der Binnenmarkt die Hauptrolle; seine Entwicklung u. der Lebensstandard der Bev. hängen voneinander ab.
V e r f a s s u n g : Die USA bilden nach der seit 4. 3. 1789 in Kraft befindl. Verfassung mit ihren Zusätzen (↗Amendments) einen bundesstaatl. Republik mit Präsidialsystem. Die Gesetzgebung liegt beim Kongreß, der aus dem Senat (Vertretung der Bundesstaaten, je 2 für jeden Staat v. Volk direkt gewählte Mitgl.) u. dem Repräsentantenhaus (435 v. Volk direkt gewählte Mitgl.) besteht. Die vollziehende Gewalt liegt beim Präsidenten, der auch Oberbefehlshaber der Streitkräfte ist u. der durch Wahlmänner auf 4 Jahre gewählt wird (Wiederwahl nur einmal möglich); er regiert nach der Verf. unabhängig u. legt dem Kongreß durch Botschaften (Messages) seine Ansichten dar; gg. Gesetze des Kongresses hat er ein aufschiebendes Veto, das aber bei erneuter Annahme einer Vorlage mit ²/₃-Mehrheit ungültig wird. Das Kabinett besteht aus Staatssekretären, die als seine Berater vom

Vereinigte Staaten Bundesstaaten (in Regionen)	seit	Fläche (in km²)	Einwohner[1] (in 1000)	Hauptstadt
Maine (Me.)	1820	86 027	1 059	Augusta
New Hampshire (N.H.)	1788	24 097	818	Concord
Vermont (Vt.)	1791	24 887	471	Montpelier
Massachusetts (Mass.)	1788	21 386	5 828	Boston
Rhode Island (R. I.)	1790	3 144	927	Providence
Connecticut (Conn.)	1788	12 973	3 095	Hartford
New England		*172 514*	*12 198*	
New York (N. Y.)	1788	128 401	18 120	Albany
New Jersey (N. J.)	1787	20 295	7 836	Trenton
Pennsylvania (Pa.)	1787	117 412	11 827	Harrisburg
Middle Atlantic		*266 108*	*37 783*	
Ohio	1803	106 765	10 759	Columbus
Indiana (Ind.)	1816	93 993	5 311	Indianapolis
Illinois (Ill.)	1818	146 075	11 145	Springfield
Michigan (Mich.)	1837	150 779	9 157	Lansing
Wisconsin (Wis.)	1848	145 438	4 607	Madison
East North Central		*643 050*	*40 979*	
Minnesota (Minn.)	1858	217 735	3 926	St. Paul
Iowa	1846	145 791	2 870	Des Moines
Missouri (Mo.)	1821	180 486	4 763	Jefferson City
North Dakota (N. D.)	1889	183 022	635	Bismarck
South Dakota (S. D.)	1889	199 551	638	Pierre
Nebraska (Nebr.)	1867	200 017	1 546	Lincoln
Kansas (Kan.)	1861	213 063	2 267	Topeka
West North Central		*1 339 665*	*16 645*	
Delaware (Del.)	1787	5 328	575	Dover
Maryland (Md.)	1788	27 394	4 098	Annapolis
District of Columbia (D. C.)[3]	1791	179	700	Washington
Virginia (Va.)	1788	105 710	4 967	Richmond
West Virginia (W. Va.)	1863	62 629	1 803	Charleston
North Carolina (N. C.)	1789	136 524	5 451	Raleigh
South Carolina (S. C.)	1708	80 432	2 818	Columbia
Georgia (Ga.)	1788	152 488	4 926	Atlanta
Florida (Fla.)	1845	151 670	8 375	Tallahassee
South Atlantic		*722 354*	*33 713*	
Kentucky (Ky.)	1792	104 623	3 396	Frankfort
Tennessee (Tenn.)	1796	109 412	4 188	Nashville
Alabama (Ala.)	1819	133 667	3 614	Montgomery
Mississippi (Miss.)	1817	123 584	2 346	Jackson
East South Central		*471 286*	*13 544*	
Arkansas (Ark.)	1836	137 539	2 116	Little Rock
Louisiana (La.)	1812	125 674	3 791	Baton Rouge
Oklahoma (Okla.)	1907	181 090	2 712	Oklahoma City
Texas (Tex.)	1845	692 403	12 237	Austin
West South Central		*1 136 706*	*20 856*	
Montana (Mont.)	1889	381 084	748	Helena
Idaho	1890	216 412	820	Boise
Wyoming (Wyo.)	1890	253 597	374	Cheyenne
Colorado (Colo.)	1876	269 998	2 534	Denver
New Mexico (N. M.)	1912	315 113	1 147	Santa Fé
Arizona (Ariz.)	1912	295 022	2 224	Phoenix
Utah	1896	219 932	1 206	Salt Lake City
Nevada (Nev.)	1864	286 296	592	Carson City
Mountain		*2 237 454*	*9 645*	
Washington (Wash.)	1889	176 617	3 546	Olympia
Oregon (Ore.)	1859	251 180	2 258	Salem
California (Cal.)	1850	411 012	21 185	Sacramento
Alaska	1959	1 518 769	352	Willow South
Hawaii	1959	16 638	865	Honolulu
Pacific		*2 374 216*	*28 206*	
Vereinigte Staaten[2]		9 363 353	213 569	Washington D.C.

[1] Die Zahlen für die einzelnen Regionen und für den Gesamtstaat ergeben sich aus der Addition der vollständigen Einzelwerte
[2] Ohne übrige Außenbesitzungen (wie z. B. Puerto Rico) – [3] kein Bundesstaat

Präsidenten ernannt u. entlassen werden u., wie er, dem Kongreß nicht verantwortl. sind. Der Oberste Gerichtshof, dessen Mitgl. auf Lebenszeit ernannt werden, überprüft die Gesetze auf ihre Verfassungsmäßigkeit.
Geschichte: Die Auseinandersetzung der 13 engl. Kolonien in ↗Nordamerika mit dem Mutterland um Gleichberechtigung führte am 4. 7. 1776 zur Unabhängigkeitserklärung. Im Frieden v. Versailles 1783, der den am. Unabhängigkeitskrieg abschloß, anerkannte Engl. die Unabhängigkeit seiner ehem. 13 Kolonien u. überließ ihnen das ganze Gebiet bis zum Mississippi; 89 durch die heute noch geltende Verf. Zusammenschluß der 13 Staaten zu einem Bundesstaat (Union); dessen 1. Präs. G. Washington (89/97). Jefferson (1801/09) kaufte 1803 Louisiana v. den Franzosen, Monroe (17/25) 19 Florida v. Spanien; durch die ↗Monroedoktrin 23 Begünstigung des Abfalls der span. Kolonien in Mittel- u. Südamerika. Der Krieg gg. Mexiko 46/48 führte zum Erwerb v. Texas, Neumexiko u. Kalifornien; damit war der Stille Ozean erreicht. Die sozialen u. wirtschaftl. Unterschiede zw. den Nord- u. Südstaaten führten zu immer schärferen Spannungen; im S wurden auf den Plantagen in großem Umfang Negersklaven beschäftigt, während die Farmer u. Industriellen des N die Sklaverei ablehnten; als mit der Wahl Lincolns zum Präs. die sklavenfreundliche Republikan. Partei siegte, erklärten 11 Südstaaten den Austritt aus der Union (Sezession), unterlagen aber im Bürgerkrieg 61/65 (Sezessionskrieg); die Sklaverei wurde 65 abgeschafft. In der folgenden Zeit Erschließung des Fernen W (67 Kauf v. ↗Alaska, 69 Pazifikbahn), Entwicklung der modernen Groß-Ind., Rationalisierung der Landwirtschaft. Die anhaltende starke Einwanderung aus Europa wurde erst seit der Jh.-Wende eingeschränkt, der Zustrom v. Menschen aus Ostasien wurde schon früher unterbunden. Die Präs. McKinley (1897/1901) und T. Roosevelt (1901/09) waren Vertreter des Imperialismus: im Krieg mit Spanien 1898 Erwerb Kubas, Puerto Ricos u. der Philippinen; 98 Annexion Hawaiis, 99 eines Teils d. Samoainseln; 1903 Erwerb der Hoheitsrechte über den ↗Panamakanal. Präs. Wilson (13/21) wahrte im 1. Weltkrieg zunächst Neutralität, erklärte aber anläßl. des unbeschränkten U-Boot-Krieges am 6. 4. 17 den Krieg an Dtl. u. beschleunigte durch den Einsatz an Material u. Mannschaften das Ende des Krieges. Wilsons Friedensprogramm (↗Vierzehn Punkte) ging v. einem kleinen Teil in den ↗Versailler Vertrag ein, dessen Ratifikation der am. Senat ablehnte. Während des 1. Weltkriegs waren die USA zur 1. Wirtschafts- u. Kapitalmacht der Welt emporgestiegen. Die 29 ausbrechende Weltwirtschaftskrise bekämpfte F. D. ↗Roosevelt (33/45) durch die Politik des ↗New Deal; den latein-am. Staaten gegenüber verfolgte er eine „Politik der guten Nachbarschaft". Im 2. Weltkrieg unterstützten die USA zunächst die Alliierten wirtschaftlich (bes.

Die Präsidenten der Vereinigten Staaten

In der Klammer:
politische Richtung
und Geburtsstaat;
F = Föderalist
D = Demokrat
R = Republikaner
W = Whig

1. G. Washington
1789/97 (F; Va.)
2. J. Adams
1797/1801 (F. Mass.)
3. Th. Jefferson
1801/09 (D; Va.)
4. J. Madison
1809/17 (D; Va.)
5. J. Monroe
1817/25 (D; Va.)
6. J. Q. Adams
1825/29 (D; Mass.)
7. A. Jackson
1829/37 (D; S. C.)

8. M. Van Buren
1837/41 (D; N. Y.)
9. W. H. Harrison
1841 (W; Va.)
10. J. Tyler
1841/45 (D; Va.)
11. J. K. Polk
1845/49 (D; N. C.)
12. Z. Taylor
1849/59 (W; Va.)
13. M. Fillmore
1850/53 (W; N. Y.)
14. F. Pierce
1853/57 (D; N. H.)
15. J. Buchanan
1857/61 (D; Pa.)
16. A. Lincoln
1861/65 (R; Ky.)
17. A. Johnson
1865/69 (R; N. C.)
18. U. S. Grant
1869/77 (R; Ohio)

19. R. B. Hayes
1877/81 (R; Ohio)
20. J. A. Garfield
1881 (R; Ohio)
21. Ch. A. Arthur
1881/85 (R; Vt.)
22. G. Cleveland
1885/89 (D; N. J.)
23. B. Harrison
1889/93 (R; Ohio)
24. G. Cleveland
1893/97 (D; N. J.)
25. W. McKinley
1897/1901 (R; Ohio)
26. Th. Roosevelt
1901/09 (R; N. Y.)
27. W. H. Taft
1909/13 (R; Ohio)
28. W. Wilson
1913/21 (D; Va.)
29. W. G. Harding
1921/23 (R; Ohio)

30. C. Coolidge
1923/29 (R; Vt.)
31. H. C. Hoover
1929/33 (R; Iowa)
32. F. D. Roosevelt
1933/45 (D; N. Y.)
33. H. S. Truman
1945/53 (D; Mo.)
34. D. D. Eisenhower
1953/61 (R; Tex.)
35. J. F. Kennedy
1961/63 (D; Mass.)
36. L. B. Johnson
1963/69 (D; Tex.)
37. R. M. Nixon
1969/74 (R; Calif.)
38. G. R. Ford
1974/77 (R; Nebr.)
39. J. E. Carter
1977/81 (D; Ga.)
40. R. Reagan
seit 81 (R; Jll.)

durch das ↗Leih- u. Pachtgesetz), nach dem Überfall der Japaner auf die am. Flotte in Pearl Harbour (8. 12. 41) u. der Kriegserklärung der Achsenmächte griffen sie aktiv in den Kampf ein; im pazifischen Raum kämpften sie fast allein, auf dem westeurop. Kriegsschauplatz fiel ihnen unter General Eisenhower die entscheidende Rolle zu. In der Nachkriegszeit zunehmender Ggs. der USA als Vormacht des Westens z. ↗Sowjetunion. Unter Präs. Truman (45/53) 48 Einleitung des ↗Marshallplans, 49 Abschluß des ↗Nordatlantik-Pakts u. 50 Eingreifen in den ↗Korea-Krieg. Unter Eisenhower (53/61) Ausbau des Paktsystems zur Abwehr des Weltkommunismus (54 Abschluß der SEATO, 55 ↗Pariser Verträge mit Einbeziehung der BRD in die NATO, 59 indirekter Beitritt zur CENTO) u. Schaffung einer nuklearen Abschreckungsmacht. Unter Kennedy (61/63) entwickelte sich neben ↗Berlin u. ↗Laos auch ↗Kuba, unter Johnson (63/69) ↗Vietnam zu einem bes. Krisenherd der Ost-West-Spannung. Der seit 65 (Bombenangriffe auf Nordvietnam) verschärfte Vietnamkonflikt wurde 73 durch ein in Paris geschlossenes Waffenstillstandsabkommen u. den Abzug der US-Truppen beigelegt. 71 wurde die Normalisierung der Beziehungen zur VR China eingeleitet. Die

Vereinte Nationen

Organe

1 *Vollversammlung* (Generalversammlung, tritt jährl. einmal zusammen; besteht aus den Vertretern aller Mitgl. (je 1 Stimme); kann nur Empfehlungen aussprechen; entscheidet mit $^2/_3$- (in wichtigen Fällen) od. einfacher Mehrheit.

2 *(Welt-)*Sicherheitsrat 5 ständige (USA, Großbritannien, Fkr., UdSSR u. VR China), 10 (bis 1965 6) nichtständige Mitgl. (auf 2 Jahre gewählt); für Aufrechterhaltung des Weltfriedens u. int. Sicherheit zuständig; faßt Beschlüsse mit $^2/_3$-Mehrheit (einschl. der Stimmen der 5 ständigen Mitglieder, die ein Vetorecht besitzen)

3 *Wirtschafts- und Sozialrat* (engl. Economic and Social Council, Abk. ECOSOC); 54 (bis 1965 18, bis 1973 27) Mitgl.; arbeitet mit den Sonderorganisationen zus.; Beschlüsse mit einfacher Mehrheit

4 *Treuhänderrat* (Treuhandschaftsrat); für die Aufsicht über die Treuhandschaftsgebiete der UN

5 *↗Internationaler Gerichtshof*

6 *UN-Sekretariat* unter Leitung des v. der Vollversammlung gewählten Generalsekretärs, für die laufenden Geschäfte

Sonderorganisationen (Specialized Agencies)

FAO – Food and Agriculture Organization (Organisation für Ernährung und Landwirtschaft

GATT – General Agreement on Tariffs and Trade (Allg. Abkommen für Tarife u. Handel)

IAEA – International Atomic Energy Agency (Int. Atomenergie-Organisation)

IBRD – International Bank of Reconstruction and Development (Int. Bank für Wiederaufbau und Entwicklung; Weltbank)

ICAO – International Civil Aviation Organization (Int. Zivilluftfahrtorganisation)

IDA – International Development Association (Int. Entwicklungsorganisation)

IFC – International Finance Corporation (Int. Finanzkorporation)

ILO – International Labour Organization (Int. Arbeitsorganisation)

IMCO – Intergovernmental Maritime Consultative Organization (Zwischenstaatl. Beratende Schiffahrtsorganisation)

IMF – International Monetary Fund (Int. Währungsfond; IWF)

ITU – International Telecommunication Union (Int. Fernmelde-Union)

UNESCO – United Nations Educational, Scientific and Cultural Organization (Organisation der V. N. für Erziehung, Wissenschaft und Kultur)

UPU – Universal Postal Union (Weltpostverein)

WHO – World Health Organization (Weltgesundheitsorganisation)

WIPO – World Intellectual Property Organization (Weltorganisation für geistiges Eigentum)

WMO – World Meteorological Organization (Int. Meteorologische Organisation)

Beziehungen zur UdSSR wurden in den letzten Jahren schrittweise verbessert (verschiedene Abkommen über Zusammenarbeit u. Abrüstungsfragen). Der 68 zum Präs. gewählte Richard Nixon wurde 72 wiedergewählt. 73/74 schwere innenpolit. Krise („Watergate-Affäre") zwang Nixon z. Rücktritt. 79 vermittelt J. E. Carter (77–81 Präs.) bei den ägypt.-israel. Friedensverhandlungen, Aufnahme diplomat. Beziehungen zur VR China. Präs. (seit Jan. 81) R. Reagan (81 bei Attentat verletzt). **Kunst.** Sie ist bestimmt v. den Herkunftsländern der Einwanderer, insbes. v. Engl., u. läuft im 20. Jh. weitgehend mit der europ. Kunst parallel. In der *Baukunst* herrscht zunächst die Klassizismus. Im 20. Jh. entwickelt sich unter Führung L. H. Sullivans und F. L. Wrights ein betont sachl. Stil, dessen markantestes Zeichen das Hochhaus ist. Diese Richtung befruchteten europ. Emigranten (Mies van der Rohe, Gropius) aus den Ideen des Bauhauses; sie förderten insbes. den Glasstahlbau. Die *Plastik,* anfängl. monumental-klassizist., erhielt durch europ. Emigranten (Archipenko, Pevsner) starke Impulse v. der kubist.-abstrakten Kunst. Die *Malerei,* in der Frühzeit bes. v. der engl. Landschaftsmalerei beeinflußt, erhält ihre Eigenart durch Motive der Pionierzeit u. der Indianer. Hervorragend sind die Porträtisten B. West, G. Stuart, der Indianermaler C. Deas, der Landschafter T. Colev. Vom Impressionismus beeinflußt sind J. A. M. Whistler u. J. S. Sargent. Nach einer dem Expressionismus parallelen Bewegung (Entdeckung des Großstadtlebens) entwickeln sich die Stile der modernen Malerei. Hervorragende Vertreter des Tachismus J. Pollock u. M. Tobey. **Literatur.** Die am. Lit. erreicht unter Einfluß der europ. Romantik ihre erste Blüte (Irving, Cooper, Bryant) u. übernationale Bedeutung (Poe). In Neuengland gelangt sie zu enger Verbindung mit idealist. Philosophie, europ. Geist u. nationaler Vergangenheit (Lyrik: Longfellow; Roman: Hawthorne; Essay: Emerson). Melville wird in der Mitte des 19. Jh. zum großen Epiker. – Einen verfeinerten Romanstil entwickelt vor der Jh.-Wende H. James, doch geht die Hauptströmung der Prosa auf Realismus aus: Dreiser, Lewis, Hemingway, Steinbeck, Dos Passos. Erhebliche Vertiefung bei Faulkner. Daneben in der Ggw. mehr romant. Tönung des Romans: Goyen, McCullers. Vater des am. Dramas: der Tragiker O'Neill; in der Ggw.: Wilder, Williams, A. Miller, Albee. Experimentierende Lyrik Pounds u. der „Imagisten", heute der Chicago-Gruppe. Prosa u. Lyrik der ↗„Beatniks". – Eine nationale Note erhielt die am. Lit. in der Naturhymnik Whitmans, im humorist. Roman Mark Twains, im späteren heimat- und siedlungsgeschichtl. Roman (Cather, Bromfield), in der Lyrik der Landschaft (Robinson, Frost, Sandburg).

Vereinte Nationen, engl. *United Nations Organization* (UNO, offiziell UN), die 1945 an die Stelle des ↗Völkerbunds getretene internat. Organisation zur Aufrechterhal-

Vererbung

Die Vererbungsregeln (Mendelsche Gesetze) am Beispiel eines intermediären Erbgangs

Jedes symbolische Bildchen oder Zeichen soll jeweils „sehr viele Blüten bzw. Fortpflanzungszellen" bedeuten, denn alle Erbgesetze gelten nur im „Bereich der großen Zahl"

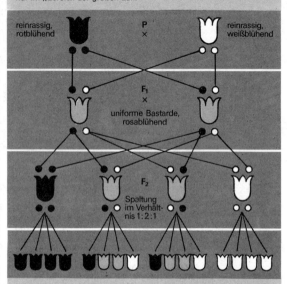

Intermediärer Erbgang aus der Kreuzung einer rassenrein rotblühenden (●) mit einer rassenrein weißblühenden Pflanze (○) der Parentalgeneration (P). Die 1. Filialgeneration (F₁) illustriert das erste (einheitliche Blütenfarbe rosa), die 2. Filialgeneration (F₂) das zweite Mendelsche Gesetz (Spaltung im Verhältnis 1 [Rot]:2 [Rosa]:1 [Weiß]). Eine Kreuzung der rotblühenden Pflanzen unter sich ergibt in der 3. Filialgeneration (F₃) nur rotblühende, eine Kreuzung der weißblühenden wieder nur weißblühende, eine Kreuzung der rosablühenden ergibt wieder eine Spaltung im Verhältnis 1:2:1.

tung des Weltfriedens u. zur Förderung der internationalen Zusammenarbeit auf allen Gebieten; während des 2. Weltkriegs auf den Konferenzen v. Washington (42), Teheran u. Moskau (43), Dumbarton Oaks (44) u. Jalta (45) vorbereitet; nach der Unterzeichnung der *Charta der V. N.* durch 51 Staaten in Kraft getreten; ständiger Sitz New York. Nichtmitglieder nehmen z. T. durch ständige Beobachter sowie durch Mitgliedschaft an Sonderorganisationen an der Arbeit der V. N. teil. □ 1049.

Vererbung w, Übertragung v. Eigenschaften u. Merkmalen der Lebewesen auf ihre Nachkommen durch die Keimzellen. Die V. erfolgt nach den v. ↗Mendel 1865 an Erbsen gefunden u. 1900 v. de Vries, Correns u. Tschermak-Seysenegg wiederentdeckten *V.sgesetzen:* 1) *Uniformitätsgesetz:* Bei der Kreuzung zweier erbverschiedener reiner Rassen entstehen in der 1. Tochtergeneration *(1. Filial-Generation,* F₁) untereinander gleiche Bastarde. 2) *Spaltungsgesetz:* Kreuzt man Bastarde der F₁-Generation untereinander, so spaltet sich die nächste (F₂-) Generation in die beiden reinen Rassen u.

Bastarde im Verhältnis 1:2:1. 3) *Unabhängigkeitsgesetz:* Bei Kreuzung v. Rassen, die sich durch mehr als 1 Anlagenpaar unterscheiden, vererbt sich jedes Merkmal für sich nach dem Spaltungsgesetz, u. die verschiedenen Merkmale verteilen sich unabhängig voneinander. Meistens überlagert ein Merkmal eines Anlagenpaares (dominant) das andere (rezessiv), so daß die Bastarde der F1-Generation einem reinrassigen Elternteil gleichen. Die Erbanlagen sind an die ↗Chromosomen gekoppelt, deren Verhalten bei der Teilung der Keimzellen die Mendelschen Gesetze verständlich macht. Die *V.slehre* findet prakt. Anwendung in der Tier- u. Pflanzenzüchtung u. ↗Eugenik.

Verfahrenstechnik, Anwendung u. Entwicklung v. Fabrikationsprozessen einschließl. der Herstellung der benötigten Apparaturen.

Verfassung, die (geschriebene od. ungeschriebene) Grundordnung eines Staates; regelt insbes. die Form der Herrschaftsordnung, die obersten Staatsorgane (Staatsoberhaupt, ↗Regierung, ↗Parlament), deren Bildung, Zuständigkeit, ihr Verhältnis zueinander, das Verhältnis v. Bürger u. Staat (↗Grundrechte), die institutionellen Grundzüge der hauptsächlichsten Staatsfunktionen (Gesetzgebung, Rechtsprechung, Verwaltung; ↗Gewaltenteilung), im Bundesstaat auch das Rechtsverhältnis v. Gliedstaaten u. Gesamtstaat. Die V. ist das ranghöchste Ges. im Staat, dem ein einfaches Ges. nicht widersprechen darf. V. der BRD ↗Grundgesetz. – Erstes Beispiel einer geschriebenen V. ist die der USA v. 1787. **V.sbeschwerde,** in der BRD die jedermann verliehene Möglichkeit, gg. Verletzung eines Grundrechts oder bestimmter grundrechtsähnl. Rechte durch die öff. Gewalt, soweit dadurch seine Person betroffen ist, das Bundesverfassungsgericht anzurufen. **V.sgerichtsbarkeit,** *Staatsgerichtsbarkeit,* Nachprüfung der V.smäßigkeit der Akte hoheitl. Gewalt durch unabhängige Gerichte; in der BRD durch das ↗Bundesverfassungsgericht u. die *V.s-* od. *Staatsgerichtshöfe* der Bundesländer. **V.sschutz,** institutionelle Sicherungen des Bestandes des Verfassungsrechts, insbes. Einrichtungen, die den Bestand einer V. gg. Angriffe v. innen u. außen, gg. verfassungsfeindl. Bestrebungen v. oben u. unten, gg. Beeinträchtigungen ihrer inneren Funktionsfähigkeit sichern sollen. In der BRD dienen dem V.sschutz das ↗*Bundesamt für V.sschutz* u. die *V.sschutzämter* der Länder.

Verflüssigung, durch adiabatische Ausdehnung u. Abkühlung unter die ↗kritische Temperatur erfolgende Kondensation v. Gasen.

Verfolgungswahn, Vorstellung des Verfolgtwerdens bei Geisteskrankheiten.

Verfügung, 1) *bürgerl.-rechtl.* eine Willensäußerung, durch die jemand Rechte überträgt, belastet, aufgibt (z. B. *V. v. Todes wegen*). **2)** im *Zivil-* u. *Strafprozeß* neben ↗Beschluß u. ↗Urteil eine Form der richterl. Entscheidung.

Verführung, ein ↗Sittlichkeitsverbrechen; Verleiten eines unbescholtenen Mädchens unter 16 Jahren zum Beischlaf. Bestrafung nur auf Antrag.

Verga (: w-), *Giovanni,* it. Schriftsteller, 1840–1922; Begr. des literar. ↗Verismus. Erzählungen u. Romane aus dem Leben sizilian. Bauern. *Cavalleria rusticana; Die Malavoglia.*

Vergaser *m,* bei ↗Verbrennungsmotoren (Ottomotoren) Vorrichtung, um das für spontane Verbrennung geeignete Gasgemisch aus Kraftstoff u. Luft herzustellen. Der in der Zerstäuberdüse beschleunigte u. versprühte Flüssigkeitsstrom wird v. Luftstrom erfaßt, wobei er z. T. schon verdampft. Die Drosselklappe in der folgenden Gemischleitung regelt die Stärke des Gasstroms. Bei geschlossener Gemischklappe liefert eine kleine Leerlaufdüse die nötige geringe Menge zum Betrieb des Motors im Stand.

Vergehen, eine strafbare Handlung, die mit Freiheits- od. Geldstrafe bestraft wird. ↗Übertretung, ↗Verbrechen.

Vergewaltigung ↗Notzucht.

Vergiftung, örtl. od. allg. Schädigungen des Organismus durch ↗Gifte.

Vergil, *Publius Vergilius Maro,* röm. Dichter, 70–19 v. Chr.; Bauernsohn, v. Ks. Augustus begünstigt; bedeutendster Dichter des klass. Latinität, dessen Kunst in Antike, MA u. Humanismus kanon. Geltung hatte. HW: *Georgica,* ein Lehrgedicht über den Acker-, Wein- und Obstbau; die Hirtenidyllen *Bucolica,* die *Aeneis* (12 Bücher über die Vorgeschichte Roms). In V.s Dichtung verbindet sich das Erlebnis des ital. Landes u. der röm. Geschichte mit der Erfahrung der hellen. Kultur.

Vergißmeinnicht, Gattung der Rauhhaar-

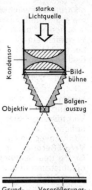

starke Lichtquelle

Kondensor — Bildbühne

Objektiv — Balgenauszug

Grundbrett — Vergrößerungskassette

Vergrößerungsapparat: Strahlengang. Der Bildmaßstab kann durch Änderung der Stativhöhe u. durch den Balgenauszug verändert werden

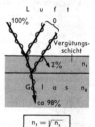

L u f t
100% ↘ ↙ 0
Vergütungsschicht
2% n₁
G l a s n₂
ca 98%

$n_1 = \sqrt{n_2}$

vergüten: Vergütungsschicht auf optischen Oberflächen

Zündkerze — Einlaßventil — 1 — Luft — Kraftstoff — 3a — Gemisch

Saugrohr — Drosselklappe — Kraftstoff — Gemisch

Kraftstoff (Kraftstoffpumpe) — Düse — b — ↑Luft — ↓Luft

Luft — Kraftstoff

Schwimmer

Gemisch — 2

Startluftdüse — Leerlaufdüse — ←Luft — c — ↓Gemisch

Starter-Kraftstoffdüse — Leerlaufkanal — Schwimmergehäuse — Luft

Vergaser:
1 Zusammenwirken von V. u. Motor; **2** Aufbau eines V.;
3 Bauarten,
a Flachstrom-,
b Steigstrom-,
c Fallstrom-V.

blättrigen Gewächse; zierliche Kräuter mit meist himmelblauen Blüten. Sumpf-, Wald- u. Alpen-V.; auch Zierpflanzen.

Vergleich, ein Vertrag, durch den der Streit od. die Ungewißheit der Parteien über ein Rechtsverhältnis im Wege gegenseitigen Nachgebens beseitigt wird. **V.sverfahren,** gerichtl. Verfahren zur Abwendung des ↗Konkurses, nur zulässig, wenn den Gläubigern mindestens 35% ihrer Forderung gewährt wird.

Vergnügungsteuer, Gemeindesteuer, erhoben bei Tanz-, Konzert-, Theater-, Sport- od. Kinoveranstaltungen. ☐949.

Vergrößerung, opt. das Verhältnis der Größe des Sehwinkels eines Objekts mit opt. Instrument u. des Sehwinkels ohne Instrument. **V.sapparat** m, opt. Gerät zur Herstellung vergrößerter Kopien v. photograph. Negativen; Ggs. die Kontaktkopie, wenn Negativ u. Positiv gleich groß sind. ☐1051.

vergüten, 1) die physikal. u. chem. Eigenschaften v. Werkstoffen u. -stücken durch verschiedene Behandlungsmethoden ver-

Émile Verhaeren

bessern, z. B. durch ↗Härten, ↗Anlassen, Glühen, Nitrieren usw. **2)** Verminderung der Lichtreflexion an opt. Linsen; wird erreicht durch Auftragen eines dünnen (blauschimmernden) Antireflexbelages. ☐1051.

Verhaeren (: ferhạren), Émile, belg. Schriftsteller, 1855–1916; verkündete in seiner Lyrik voller Pathos seinen Glauben an den soz. Fortschritt u. an die Menschheit; auch Dramen, Erz., Essays.

Verhaltensforschung, Ethologie, Zweig der Zoologie, erforscht Entstehung, Zusammenhänge u. Vererbung tier. Verhaltensweisen. Der Vergleich entsprechender Verhaltensweisen bei verwandten Arten läßt Rückschlüsse auf die stammesgeschichtl. Entwicklung der Instinkthandlungen zu, hilft aber auch z. T., menschl. Verhalten zu deuten.

Verhältnismäßigkeit, Grundsatz der V., rechtsstaatl., vornehml. im Polizeirecht entwickelte Regel, daß der Einsatz der Staatsgewalt zur Abwendung einer Gefahr für das Gemeinschaftsleben nur rechtmäßig ist, wenn die Folgen in einem angemessenen Verhältnis zur Bedeutsamkeit der abzuwendenden Gefahr stehen.

Verhältniswahl ☐ Wahl (1076).

Verhältniswort, lat. Präposition, Hauptwörtern vorangestelltes Wort; Vorwort. Ist örtlich (bei), zeitlich (vor), begründend (aus Liebe), einschränkend (trotz) usw.

verholen, ein Schiff zu einem anderen Liegeplatz ziehen.

verhütten, Erze (auch Schrott) zu Metall verarbeiten.

Verismus m (it.), **1)** Literatur: dem ↗Naturalismus nahestehende Strömung der it. Literatur am Ende des 19. Jh. Hauptvertreter: G. Verga (Begr.), L. Capuana, Matilde Serao. **2)** Musik: Stilrichtung bes. der it. Oper Ende 19. Jh.; entstanden unter Einfluß des realist.-naturalist. Dramas u. als Versuch, sich v. Wagners u. teilweise Verdis großangelegten Musikopern abzusetzen. Hauptvertreter: Mascagni, Leoncavallo.

Verjährung, a) bürgerl.-rechtl. das Recht eines Schuldners, die Leistung nach einer bestimmten Zeit zu verweigern. b) strafrechtl. der Verlust der gerichtl. Befugnis, eine Straftat zu verfolgen od. die Strafe zu vollstrecken.

Verjüngung, 1) natürl. od. künstl. Begründung eines neuen Waldbestandes. **2)** Versuche, das natürl. Altern des Organismus aufzuhalten, z. B. durch Hormonpräparate. Die Möglichkeit einer echten V. wird angezweifelt.

Verkade, Willibrord, OSB, niederländ. Maler u. Schriftsteller, 1868–1946; Schüler Gauguins; zeitweise Leiter der Beuroner Kunstschule. Die Unruhe zu Gott.

verkalben ↗Verwerfen bei Kühen.

Verkalkung, Einlagerung v. Kalksalzen in Körpergeweben; ↗Arterien-V.

Verkehr, V.swesen, Gesamtheit der techn. (V.smittel) u. organisator. (V.szweige) Einrichtungen u. Maßnahmen zur Beförderung v. Gütern u. Personen: Straßen-, Schienen-, Schiffs-, Luft-V.; Nachrichten-V. **V.steuern,** die an bestimmte Vorgänge des Rechts- u.

Verjährung

Die wichtigsten Verjährungsfristen

I. Bürgerliches Recht

1. Regelmäßige Verjährungsfrist:

30 Jahre (§ 195 BGB). In gleicher Zeit verjährt ein rechtskräftig gestellter Anspruch, auch bei an sich kürzerer Verjährung

2. Besondere V.fristen

a in 1 Monat: Ersatzansprüche des Besitzers einer bewegl. Sache gegenüber dem Eigentumsanspruch (§ 1002 BGB).

b in 6 Monaten: Ansprüche des Käufers einer bewegl. Sache auf Wandlung, Minderung u. Schadensersatz (§ 477 BGB), Ersatzansprüche des Vermieters u. Mieters (§ 558 BGB), des Verleihers u. Entleihers (§ 606 BGB), des Bestellers beim Werkvertrag über eine bewegl. Sache (§ 638 BGB), Ersatzansprüche des Besitzers eines Grundstücks gegenüber dem Eigentumsanspruch (§ 1002 BGB), Ersatzansprüche bei Nießbrauch (§ 1057 BGB), des Verpfänders u. Pfandgläubigers (§ 1226 BGB).

c in 1 Jahr Ansprüche des Grundstück-

käufers auf Wandlung, Minderung u. Schadenersatz (§ 477 BGB), das Widerrufsrecht des Schenkers (§ 532 BGB), Ansprüche gg. verbotene Eigenmacht (§ 864 BGB), Anspruch auf Aussteuer (§ 1623 BGB).

d in 2 Jahren: Ansprüche aus Geschäften des tägl. Lebens (§ 196 BGB), aus Schuldverschreibungen auf den Inhaber (§ 801 BGB), aus einem Verlöbnis (§ 1302 BGB).

e in 3 Jahren: Ansprüche des Anweisungsempfängers (§ 786 BGB), Schadensersatzansprüche aus unerlaubten Handlungen (§ 852 BGB), Ansprüche gg. den Finder (§ 977 BGB), Herausgabeanspruch des Vertragserben wegen Schenkungen des Erblassers (§ 2287 BGB), der Pflichtteilsanspruch (§ 2332 BGB).

f in 4 Jahren: Ansprüche auf Rückstände v. Zinsen, Miet- u. Pachtzinsen, auf Renten, Besoldungen, Warte-, Ruhegehälter, Unterhaltsbeiträge u. a. andere regelmäßig wiederkehrende Lei-

stungen (§ 197 BGB), Anspruch der unehel. Mutter (1715 BGB).

g in 5 Jahren: Ansprüche des Bestellers bei Bauwerken (§ 638 BGB) Über Beginn der V. siehe § 198 u. § 201 BGB

II. Strafrecht

1 V. der Strafverfolgung:

a in 10 bis 20 Jahren bei Verbrechen,
b in 3 bis 5 Jahren bei Vergehen (Pressevergehen in 1 Jahr),
c in 3 Monaten bei Übertretungen,
d in 6 Monaten im Regelfall bei Ordnungswidrigkeiten

2. V. der Strafvollstreckung rechtskräftig erkannter Strafen:

in 2 bis 30 Jahren, je nach Höhe der Strafe

III. Steuerrecht

1. in 1 Jahr: Zölle u. Verbrauchsteuern,
2. in 3 Jahren: Grundsteuern,
3. in 5 Jahren: alle übrigen Steuern,
4. in 10 Jahren: hinterzogene Beträge

Verkehrssünderkartei

Ab 1. Mai 1974 werden eingetragen

7 Punkte: bei Straßenverkehrsgefährdung, alkoholbedingten Unfällen, Unfallflucht

6 Punkte: Fahren ohne Führerschein, trotz Fahrverbot, mit unversichertem Kraftfahrzeug

5 Punkte: alle anderen Straftaten

4 Punkte: Fahren unter Alkoholeinfluß (ohne Unfall, 0,8 Promille od. mehr), Überschreiten der Höchstgeschwindigkeit um mehr als 40 (Ortschaften) od. 50 (Landstraßen) km/h, Überholen trotz Verbot, Wenden auf der Autobahn

3 Punkte: zu schnelles Fahren bei Unübersichtlichkeit, ungenügender Sicherheitsabstand, mehr als 25 km/h über dem Tempolimit; Nichtbeachten der Vorfahrt od. v. Ampeln, Fahren mit Standlicht, Fahrzeugmängel (Reifen, Bremsen, Lenkung)

2 Punkte: Parken auf Autobahn, ungenügende Sicherung liegengebliebener Fahrzeuge, Verstöße gg. Rechtsfahrgebot

1 Punkt: für nicht bes. schwerwiegende Ordnungswidrigkeiten

14 Punkte bedingen Wiederholung der theoretischen bzw. der praktischen Führerscheinprüfung, 18 Punkte innerhalb von zwei Jahren haben Verlust des Führerscheins zur Folge.

Wirtschafts-V. anknüpfenden Steuern, u. a. Umsatz-, Wechsel-, Grunderwerb-, Kraftfahrzeugsteuer. **V.ssünderkartei,** volkstüml. Bz. für *V.szentralregister,* beim Kraftfahrt-Bundesamt in Flensburg geführter zentraler Nachweis über Versagung u. Entzug der Fahrerlaubnis, Verbot des Führens v. Kraftfahrzeugen u. Verurteilung zu Verkehrsstrafen. **V.svertrag,** 1972 geschlossenes Abkommen zw. der BRD u. DDR über den Verkehr zw. beiden Staaten; enthält Erleichterungen des Verkehrs; gilt auch für Berlin(West). **V.szeichen** u. *V.seinrichtungen,* dienen der Regelung des V. auf öff. Straßen u. sind für alle V.steilnehmer verbindlich. Internationale Einigung wird angestrebt. □ 256/257.

Verklärung Jesu, im NT berichtetes Ereignis: Petrus, Jakobus u. Johannes erfahren den betenden Christus in myst. Lichtglanz, umgeben v. Moses u. Elias. Fest: 6. August.

Verkleinerungswort, *Diminutivum,* Hw., bezeichnet Kleinheit; zumeist mit besonderer Endung gebildet (-chen, -lein, -ling).

Verkohlung, Zersetzung kohlenstoffreicher

Paul Verlaine

Verbindungen über Torf, Braunkohle, Steinkohle zu Anthrazit, wobei sich der Kohlenstoff mehr u. mehr anreichert.

Verkokung, Herstellung v. ∕Koks durch Erhitzung v. Kohle unter Luftabschluß; auch die Herstellung v. ∕Holzkohle.

Vorkröpfung, 1) der um Säulen u. Pfeiler herumgeführte Gesimsteil. **2)** ∕kröpfen.

Verkündigung ∕Kerygma.

Verkündigung Mariä (25. März), Botschaft des Engels an Maria; Thema der christl. Kunst.

Verl, westfäl. Gemeinde östl. v. Gütersloh, 18 400 E.; eisenverarbeitende, Bekleidungs- u. Möbel-Ind.

Verladebrücke, Umschlagsmittel in der Fördertechnik für Massen-(Schütt-)Güter an Hafenmauern u. Lagerplätzen; ein auf einer fahrbaren Brücke fahrbarer Kran.

Verlag, *Verlagsbuchhandel,* seit dem 17. Jh. das Unternehmen des Buchhändlers, der Bücher herstellen bzw. ,,verlegt''.

Verlaine (: wärlän), *Paul,* frz. Dichter, 1844–1896; 71/73 Freundschaft u. Vagantenleben mit Rimbaud, endete mit einer Eifersuchtstragödie, deswegen bis 75 im Gefängnis, später wieder Bohèmeleben u. Tod im Elend. V. war einer der Begr. des ∕Symbolismus; näherte die Lyrik der Musik; das Gedicht wird überaus verfeinerter Ausdruck des Gefühlslebens, themat. v. Erotischen bis zum Religiösen reichend.

Verleger, 1) urspr. allg. Unternehmer. **2)** der Inhaber eines ∕Verlags. **3)** ∕Heimindustrie.

Verleumdung, üble Nachrede wider besseres Wissen.

Verlöbnis, gegenseitiges Eheversprechen, berechtigt nicht zur Klage auf Eingehung der Ehe. Grundloser od. verschuldeter Rücktritt begründet Schadensersatz für Aufwendungen.

Vermächtnis, Zuwendung eines Vermögensvorteils durch Testament od. Erbvertrag, ohne daß der Bedachte Erbe wird. Er erhält einen Anspruch gg. den Erben auf Leistung dessen, was ihm vermacht wurde.

Vermeer, *Jan* (eig. Jan van der Meer), gen. *V. van Delft,* niederländ. Maler, 1632–75; schuf lichtdurchflutete, stimmungsvolle Genre- u. Landschaftsbilder; *Milchgießerin, Guitarrespielerin.*

Vermeinkraut, *Thesium,* Gattung der Sandelgewächse, grüne Halbschmarotzer.

Vermessungskunde, *Geodäsie* w (gr.), die Lehre v. der Vermessung der Erdoberfläche u. die zeichner. Auswertung der Ergebnisse; *höhere Geodäsie:* Erdmessung u. Landesvermessung sowie Bestimmung der Form des ∕Geoids; *niedere Geodäsie:* Land- u. Feldmessung; unter Tage ∕Markscheidekunde.

Vermißte, *Verschollene,* ∕Todeserklärung.

Vermittlungsausschuß, in der BRD bei Meinungsverschiedenheiten zw. Bundestag u. Bundesrat über ein werdendes Bundesgesetz einzuberufender Ausschuß aus Mitgl. beider Körperschaften.

Vermittlungsgeschäfte ∕Banken.

Vermögen, Gesamtheit der in Geld schätzbaren Güter einschließl. der Rechte (Pacht-,

Verkehr, Straßen, Unfälle	1960	1970	1980
Entwicklungen in der BRD			
gemeldete Kraftfahrzeuge[1]	8 003 700	16 783 200	27 116 200
Autobahnen – jeweils km –	2 551	4 110	7 292
Bundesstraßen insgesamt	24 951	32 205	32 248
freie Strecken	19 225	25 014	25 165
Ortsdurchfahrten	5 726	7 191	7 083
klassifizierte Straßen insgesamt	135 268	162 344	171 521
freie Strecken	109 129	130 218	137 199
Ortsdurchfahrten	26 139	32 126	34 322
Unfälle insgesamt	946 968	1 392 610	1 683 252
mit Personenschaden	335 509	377 610	379 252
nur mit Sachschaden	611 459	1 015 000	1 304 000
bei Unfällen Getötete insgesamt	14 406	19 193	13 222[2]
innerhalb von Ortschaften	6 863	8 494	5 132[2]
außerhalb von Ortschaften	7 543	10 699	8 090[2]
bei Unfällen Verletzte insgesamt	454 960	531 795	486 441[2]
innerhalb von Ortschaften	313 544	331 176	312 592[2]
außerhalb von Ortschaften	141 416	200 619	173 849[2]

[1] vgl. □ Kraftfahrzeuge (510) und Güterverkehr (362);   [2] 1979
1980 wurden 500 572 Personen verletzt und 12 958 getötet.

Patent-, Forderungs- u. a. Rechte) nach Abzug der Schulden. **V.sabgabe** ↗Lastenausgleich. **V.sbildung,** *V. der Arbeitnehmer,* Bz. für wirtschafts- u. sozialpolit. Maßnahmen zur Förderung der breiten Bildung u. Streuung v. Vermögensbesitz in Arbeitnehmerhand *(Ges. zur Förderung der V. der Arbeitnehmer* vom 12. 7. 1961, 70 ergänzt) u. a. durch Sparförderung (steuerliche Begünstigungen, Prämiensparen), Heimstätten- u. Eigenheimbewegung (Bausparkassen), Erfolgsbeteiligung (Belegschaftsaktien, Investivlohn), Privatisierung v. Bundesvermögen (Volksaktien). **V.sschaden** ↗Schaden. **V.steuer,** eine Personalsteuer auf das V.; soll als Ergänzung zur Einkommensteuer aus dem Ertrag, nicht aus dem V. selbst bezahlt werden. ☐ 949.

Vermont (: wö^rm^ent), Abk. **Vt.,** ein Neuenglandstaat der USA, 24 887 km², 471 000 E.; Hst. Montpelier. Waldhügelland zw. dem Connecticut River u. dem Champlain River; Landwirtschaft, Holzverarbeitung; Abbau v. Marmor, Kalk, Granit, Asbest.

Vermunt, *Fermunt s, Großes V.tal,* in der Silvrettagruppe (Vorarlberg), oberster Talabschnitt der Ill mit 2 Stauseen (V.- u. Silvrettasee); *V.kraftwerk.*

Vernagtferner, *Großer* u. *Kleiner,* 2 Tiroler Gletscher in den Ötztaler Alpen, am Ende des Venter Tales, ca. 16 km lang, durchschnittlich 3000 m ü. M.

Vernalisation *w* (lat.), ↗Keimstimmung.

Verne (: wärn), *Jules,* frz. Schriftsteller, 1828–1905; mit seinen utop.-techn. Abenteuerromanen v. Wirkung bis in die Ggw.; *Reise um Mittelpunkt der Erde; Reise um den Mond; 20 000 Meilen unterm Meer.*

Vernet (: wernä), frz. Maler, **1)** *Claude Joseph,* 1741–89; Landschaften, Hafenbilder. **2)** *Horace,* Enkel v. 1), 1789–1863; Schlachtenbilder.

Vernissage *w* (: wärnißaseh^e, frz.), Vorbesichtigung einer Kunstausstellung durch geladene Gäste.

Vernunft *w,* i. w. S. das gesamte geistige Vermögen im Ggs. zur Sinneswahrnehmung; gleichbedeutend mit ↗Verstand; i. e. S. Vermögen zur Zusammenschau übergreifender Seinsordnungen u. Sinnzusammenhänge; damit höchste Erkenntnisstufe.

Verona, Hst. der gleichnamigen Prov. in Nord-It., Ausgang des Etschtals *(Veroneser* od. „Berner" *Klause)* in die Poebene, 270 000 E.; Bischof u. theolog. Zentralseminar; bedeutende Museen u. Bibliotheken; eine der schönsten it. Städte mit zahlr. röm. u. ma. Bauten, röm. Amphitheater (1. Jh. n. Chr., ☐ 23); roman.-got. Dom (12./15. Jh.); Scaligergräber (14. Jh.), -brücke und -schloß; Renaissancebauten; Metall-, Textil-, Papier- u. Nahrungsmittel-Ind. Agrarmesse. – Königssitz Theoderichs d. Gr.; gehörte 1405/1797 zu Venedig, 1797/1805 u. 1814/66 zu Österreich.

Veronese, *Paolo* (eig. P. Caliari), venezian. Maler der Spätrenaissance, 1528–88; bewegte Kompositionen in sprühenden Farben, bibl. Themen.

Veronica, der ↗Ehrenpreis.

Jules Verne

Veronika, hl. (4. Febr.), legendäre Matrone aus Jerusalem; soll Christus auf dem Kreuzweg ihr Schweißtuch gereicht haben, in dem sich sein Antlitz abdrückte.

Verordnung, a) *Rechts-V.,* im Unterschied zum ↗Verwaltungsakt die allg. geltende Anweisung einer Verwaltungsbehörde aufgrund gesetzl. Ermächtigung; b) *Verwaltungs-V.* ist eine Anweisung an nachgeordnete Behörden.

Verrechnungsabkommen, zwischenstaatl. Vereinbarung bes. im bilateralen Handelsverkehr, in der der Bewertungsmaßstab sowie die Zahlungsdurchführung (durch Geld oder Lieferungen) für die auszutauschenden Güter festgelegt werden.

Verrechnungsscheck ↗Scheck.

Verrenkung ↗Luxation.

Verrocchio (: wärok'o), *Andrea del,* it. Bildhauer u. Maler, 1436–88; nach dem Tod Donatellos der bedeutendste Plastiker der Frührenaissance in Florenz; Freiplastiken: *David* (in Florenz), *Reiterstandbild des Colleoni* (Venedig); war Mitarbeiter od. Lehrer Leonardos, malte mit diesem zus. die *Taufe Christi* (Florenz).

Vers *m* (lat.), die Zeile in gebundener Form; durch ↗Metrik, ↗Rhythmus, z. T. ↗Reim bestimmt.

Ver sacrum (lat. = geheiligter Frühling), nach altital. Brauch in Notzeiten Opferung der Erstlinge des Frühlings (Menschen, Tiere, Früchte) an Mars od. Jupiter.

Versailler Vertrag (: wärßajer), der zw. Dtl. u. den 27 alliierten u. assoziierten Nationen zur Beendigung des 1. Weltkriegs abgeschlossene Friedensvertrag; am 28. 6. 1919 unterzeichnet, trat am 10.1.20 in Kraft. Er war ein auf der Pariser Friedenskonferenz ausgearbeitetes Diktat der Siegermächte, das Dtl. vorbehaltlos unterschreiben mußte. – Die Erklärung der Alleinschuld Dtl.s am Krieg (↗Kriegsschuldfrage), die Grenzziehung im dt. O, die Übersteigerung der Reparationsforderungen u. die teilweise Verletzung des Selbstbestimmungsrechts bei der Grenzregelung waren entscheidend für die Ablehnung des V. V. durch große Teile der dt. Öffentlichkeit. Freilich wurden die Auswirkungen des Vertrags durch die

A. del Verrocchio:
Reiterstandbild des
Colleoni, Venedig

Versailler Vertrag
(die wichtigsten Bestimmungen)

a Satzung des ↗Völkerbundes

b Gebietsabtretungen Deutschlands (insgesamt 70571 km² mit fast 6,5 Mill. E.): Elsaß-Lothringen an Frankreich, Hauptteil von Westpreußen und Posen an Polen, Memelland an Litauen, Hultschiner Ländchen an die Tschechoslowakei, Danzig wurde Freistaat. Nach Abstimmungen (Abstimmungsgebiete) kamen Eupen und Malmédy an Belgien,

Nordschleswig an Dänemark, Teilo von Ost- und Westpreußen und Ober-↗Schlesien an Polen

c ↗Saarland bis 1935 unter Völkerbunds-Verw.; Besetzung des linksrheinischen Gebiets durch die Alliierten auf 5, 10 und 15 Jahre (↗Besetztes Gebiet)

d Verzicht Deutschlands auf die Kolonien

e Beschränkung der deutschen Wehrmacht (↗Reichswehr); Entmilitarisierung einer

50 km tiefen Zone östlich des Rheins; weitgehendes Rüstungsverbot

f Vorschriften über Auslieferung dt. Kriegsgefangener

g Auslieferung von über 800 sog. Kriegsverbrechern, u. a. Ks. Wilhelms II. und Hindenburgs (nicht ausgeführt)

h Forderung von ↗Reparationen durch die Siegermächte (1932 praktisch aufgehoben)

i Internationalisierung der deutschen Ströme

Verständigungspolitik Stresemanns gemildert. Der Kampf gg. den V. V. stand im Mittelpunkt der nat.-soz. Propaganda. Die USA u. China ratifizierten den Vertrag nicht, sie schlossen mit Dtl. einen Sonderfrieden.
Versailles (: wärßa̱j), Hst. des frz. Dep. Yvelines, 17 km s.w. von Paris, 97000 E.; kath. Bischof; Schloß (1661/88) Ludwigs XIV. mit Park u. Le Nôtre; seit 1838 frz. Nationalmuseum. – Im Schloß zu V. 3. 9. 1783 Anerkennung der Unabhängigkeit der USA durch England. Im Spiegelsaal des Schlosses am 18. 1. 1871 Gründung des Dt. Reiches mit Kaiserproklamation u. am 28. 6. 1919 Unterzeichnung des ↗Versailler Vertrags.
Versalien (lat., Mz.), Großbuchstaben.
Versandhandel, Handelsform des Einzelhandels, bei dem die Ware auf Bestellung hin versandt wird; wendet sich mit bebilderten Katalogen an die Kunden; reicht v. spezialisierten Warenangebot bis zum Warenhaussortiment.
Versatz, *Bergbau:* das Auffüllen abgebauter Räume mit taubem Gestein. ☐85.
Versäumnis, nicht rechtzeitige Vornahme v. Rechts- od. Prozeßhandlungen, wobei die spätere Vornahme grundsätzl. ausgeschlossen ist. Bei V. eines Verhandlungstermins im Zivilprozeß kann gg. die säumige Partei V.-Urteil ergehen.
Verschaeve (: we̱rßcha̱we), *Cyriel,* fläm. Schriftsteller, 1874–1949; Priester; seit 1944 im Exil; geistl. Lyrik, Dramen; *Leben Jesu.*
Verschleiß, langsame Oberflächenzerstörung fester Körper durch ständige Benutzung.
Verschleppte, die ↗Displaced Persons. ↗Flüchtling.
Verschleppung, einen Menschen dazu bringen, sich außerhalb des Geltungsbereichs des StGB der BRD an einem Ort aufzuhalten, an dem er Gefahr läuft, rechtsstaatl. Grundsätzen zuwider verfolgt zu werden u. Schaden zu leiden.
Verschluß, 1) Teil des Photo- u. Filmapparates, ermöglicht es zusammen mit der Blende, die Menge u. die Dauer des Lichtes

Versetzungszeichen (Akzidenzien)

Erhöhungszeichen Kreuz (♯): erhöht um einen Halbton

Doppelkreuz (×): erhöht um zwei Halbtöne

Erniedrigungszeichen B (♭): erniedrigt um einen Halbton

Doppel-B (♭♭): erniedrigt um zwei Halbtöne

Auflösungszeichen (♮): löst die Erhöhung oder Erniedrigung auf

veränderlich einzustellen; oft auch automatisch einzustellen. **2)** *Waffentechnik:* Bauteil, das das Rohr nach hinten gasdicht abschließt u. so den Gasdruck voll auf das Geschoß wirken läßt. ☐ 1075.
Verschneidung, 1) ↗Kastration. **2)** *Verschnitt,* Vermischen v. Weinsorten. ↗Weinbrand-Verschnitt.
Verschollenheit ↗Todeserklärung.
Verschulden, auf ↗Vorsatz od. ↗Fahrlässigkeit beruhende Rechtsverletzung.
versehen, 1) in der kath. Kirche Spendung der ↗Sterbesakramente an Todkranke. **2)** erschreckendes Schauerlebnis einer schwangeren Frau, das nach der Volksmeinung Mißbildungen des Kindes verursacht.
Verseifung, Spaltung v. Fetten in Seife u. Glycerin, v. Estern in Alkohole u. Säuren.
Versendungskauf, *Distanzkauf,* ein ↗Kauf, bei dem die Ware auf Verlangen u. Gefahr des Käufers an einen anderen Ort als den Erfüllungsort versandt wird; bei Gefahrentragung durch den Verkäufer liegt dagegen sog. *Fernkauf* vor.
Versetzungszeichen, *Akzidentien,* in der Musik: Erhöhungs-, Erniedrigungs- od. Auflösungszeichen. V., die zu Beginn eines Stückes stehen, gelten für die Dauer des ganzen Stückes, sie bestimmen die Tonart u. werden *Vorzeichen* genannt. V., die innerhalb eines Taktes od. bei einer Note stehen, gelten nur für die Dauer des Taktes für diese Noten. ☐688.
Verseuchung, radioaktive V., ↗Fallout.
Versicherung, Vorsorge gg. drohende, nicht abwendbare Ereignisse, die Vermögen vernichten od. zusätzl. Mittel erfordern. machen, durch Abschluß eines Vertrags, der bei Eintritt des Ereignisses *(V.sfall)* eine finanzielle Leistung des *Versicherers* an den *V.snehmer* gewährt, der dafür Prämien zahlt. *Formen der V.:* die *Gegenseitigkeits-V.,* bei der die gg. die gleiche Gefahr Zusammengeschlossenen die für die anfallenden Ersatzleistungen erforderl. Mittel gemeinsam aufbringen, u. die *Erwerbs-V.,* bei der ein außerhalb des Kreises der Bedrohten stehender Versicherer auf seine Gefahr hin die anfallenden Ersatzleistungen aus Beitragsleistungen erhebt. Ferner unterscheidet man die ↗Sozial-V., die auf staatl. Zwang zur Erreichung eines sozialpolit. Zieles beruht, v. der *Privat-V.* (Individual-V.), die das Bedürfnis des einzelnen auf Risikominderung durch freiwillige Verträge erfüllt. Die Privat-V. zerfällt nach der Art des versicherten Risikos in *Personen-V.* (Lebens-, Unfall-, Sterbe-, Kranken-V.), *Sach-V.* (u. a. Feuer-, Hausrat-, Vieh-V.) u. *Vermögens-V.* (Haftpflicht-, Kredit-V.). Um die v. Erstversicherer getragene Gefahr für diesen zu vermindern, versichert sich dieser bei anderen V.sgesellschaften erneut *(Rück-V.).* Auf private V.en wird in der BRD eine *V.ssteuer* erhoben. Die V.sbeiträge rechnen aber teilweise zu den ↗Sonderausgaben. ☐1056.
Versicherung an Eides Statt ↗Eid.
Versiegelung ↗Parkettversiegelung.
versiert (lat.), bewandert, gewandt.
Version *w* (lat.), Lesart, Fassung.
Versmaß ↗Metrik.

Versicherungen	für den Privatmann sind von Bedeutung
Personenversicherungen:	
Lebensversicherungen	
allgemeine Lebensversicherungen	Todesfallversicherung (Kapitalzahlung beim Tod) Todes- u. Erlebensfallversicherung (Zahlung zu einem vereinbarten Termin, bei früherem Tod bereits dann) Terminfixversicherung (Kapitalzahlung zum vereinbarten Termin, auch wenn der Tod vorher eintritt, dieser bewirkt aber Beitragsfreiheit)
spezielle Lebensversicherungen	Ausbildungs- und Aussteuerversicherung Bausparerrisikoversicherung Rentenversicherung 624-DM-Lebensversicherung
Unfallversicherungen	
umfassende Unfallversicherungen (gegen alle Unfälle)	allgemeine Unfallversicherung Familienunfallversicherung Kinderunfallversicherung Reiseunfallversicherung
spezielle Unfallversicherungen (Ausschnittversicherungen)	Kraftfahrer: Insassenunfallversicherung Fluggast: Luftfahrtunfallversicherung Berufstätige für Berufsunfälle: Unfallgruppenversicherung der betr. Berufsgruppe Mitglieder von Vereinen, freiwilligen Feuerwehren u.ä.: eine entspr. Unfallgruppenversicherung Schüler: Schülerunfallversicherung
Krankenversicherungen	gesetzliche Krankenversicherung private Krankenversicherungen (Voll- oder Teilkostenversicherung, Krankenhaus-Tagegeldversicherung, Kranken-Tagegeldversicherung)
Schadenversicherungen:	
Sachversicherungen	
Einzelversicherungen	Feuerversicherung Einbruchdiebstahlversicherung ⎫ Leitungswasserschadenversicherung ⎬ gewöhnlich zusammengefaßt in der Hausratversicherung Sturmversicherung Glasversicherung ⎭
Montage-, Bauwesen- und Maschinenversicherungen	Bauwesenversicherung (für den Bauherrn) Maschinenbetriebsversicherung (z.B. Hobbymaschinen) Geräteversicherung für den Haushalt Schwachstromversicherung für Rundfunk- u. Fernsehgeräte, Telefon-u. Alarmanlagen (auch Ausschnitte)
Tierversicherungen	Tierunfallversicherung Tierkrankenversicherung
Transportversicherungen	Kraftfahrzeug-Voll- oder Teilkaskoversicherung Reisegepäckversicherung Sportbootversicherung Wertsachen-, Schmuck- u. Pelzversicherung (nicht nur für Reisen, auch für Heimatort u. Wohnung)
Haftpflichtversicherungen	Privathaftpflichtversicherung Kraftfahrzeughaftpflichtversicherung Sport- und Skihaftpflichtversicherung Tierhaftpflichtversicherung (z.B. bei Hundehaltung)
spezielle Schadenversicherungen	Rechtsschutzversicherungen (für die Familie, für das Fahrzeug, als Fahrer) Touringversicherung (Reiseversicherung zur Absicherung von Autounfallkosten) Reisewetterversicherung

Versmold (: f-), westfäl. Stadt am Fuß des Teutoburger Waldes, 18300 E.; Fleischwarenfabriken, Holz- u. Kunststoff-Ind.

Versöhnungstag, hebr. *Jom Kippur,* höchstes jüd. Fest; im Oktober als Abschluß v. 10 Bußtagen mit Sabbatruhe, Gemeindegebet, Sündenbekenntnis u. strengem Fasten begangen.

Versorgungsämter, Länderbehörden zur Betreuung v. Kriegsbeschädigten u. -hinterbliebenen; Fachaufsicht durch den Bundesarbeitsminister.

Versorgungsbetriebe, private od. öff. Betriebe, die an die Bev. unentbehrl. Güter u. Dienstleistungen vermitteln, z.B. Elektrizitäts-, Gas-, Wasserwerke, Verkehrsbetriebe.

Versorgungsstaat, Bz. für einen Staat, der dazu neigt, die Vorsorge für Alter, Krankheit, Invalidität usw. in eigener Regie vermittels der Steuern durchzuführen.

Verstaatlichung ↗Sozialisierung.

Verstädterung, der Zustand, daß der Anteil der städt., bes. der Großstadt-Bev., an der Gesamt-Bev. laufend zunimmt; Folge der ↗Industrialisierung. ↗Landflucht.

Verstand m, i.w.S. das geistige Vermögen des Menschen, gleichbedeutend mit ↗Vernunft u. Intelligenz; i.e.S., bes. bei Kant, das diskursive Erkenntnisvermögen im Unterschied zu Vernunft u. Sinnesempfindung.

Verstärker, eine Schaltungsanordnung mit Röhren oder Halbleitern (Transistoren), in welcher mit möglichst kleiner Spannung oder Leistung eine möglichst große Spannung oder Leistung so gesteuert wird, daß in der Energietechnik ein möglichst hoher Wirkungsgrad erreicht wird, in der Nachrichtentechnik dagegen der Nachrichteninhalt des Signals erhalten bleibt. Gemäß den vielfältigen Anwendungsgebieten unterscheidet man Spannungs-V., Leistungs-V., HF-V., NF-V., Breitband-V., Magnet-V. (Transduktor) usw. ☐838.

Verstauchung, Distorsion, Zerrung der Gelenkkapselbänder; bes. am Fuß durch Umknicken od. an der Hand durch Fall.

Versteigerung, Auktion, Veräußerung einer Sache an Meistbietende durch ⁄Gerichtsvollzieher od. öff. bestellten Versteigerer (Auktionator) gg. ein Aufgeld; das Gebot ist ein Vertragsangebot, das durch den Zuschlag angenommen wird. Die V. kann Teil der ⁄Zwangsvollstreckung sein.

Versteinerung, Ersetzung der organ. Substanzen der Zellwände u. Zellinnenräume durch anorgan. Stoffe (Kieselsäure, Kalk, Dolomit, Phosphorit). ⁄Fossilien.

Versteppung, die Verarmung einer Landschaft an Bäumen u. Sträuchern bei gleichzeitiger Überbeanspruchung der Grundwasservorräte; verursacht durch Regulierung v. Flüssen, Eingriffe in den Waldbestand, gesteigerten Wasserverbrauch der Ind. u. der Städte sowie andere Eingriffe in den Wasserhaushalt.

Verstopfung, Obstipation, ⁄Stuhl-V.

Versuch, im Strafrecht eine Handlung, die mindestens den Anfang eines Delikts enthält, ohne daß es zu einer Vollendung gekommen ist; zu unterscheiden v. „vorbereitender Handlung", die (v. besonderen, ausdrückl. unter Strafe gestellten Fällen abgesehen) straflos ist; kann milder bestraft werden als das vollendete Delikt.

Vertebraten ⁄Wirbeltiere.

Verteidiger, im ⁄Strafprozeß Rechtsbeistand des Beschuldigten; für Verfahren insbes. vor dem Bundesgerichtshof u. vor Schwurgerichten Bestellung erforderlichenfalls durch Gericht (Offizial-V.).

Verteidigungspakte, Staatsverträge, die im Hinblick auf einen mögl. Kriegsfall geschlossen werden u. das polit. Verhalten der Vertragsparteien zu seiner Verhütung u. im Kriegsfall regeln. Die meisten heutigen V. sind organisierte Staatenverbindungen u. beruhen auf dem seit dem Ende des 2. Weltkriegs bestehenden Ost-West-Ggs.; die großen V. des Westens sind NATO (⁄Nordatlantik-Pakt), SEATO (⁄Südostasien-Pakt) u. ⁄CENTO; die Ostblockstaaten sind im ⁄Warschauer Pakt zusammengeschlossen.

vertikal (lat.), senk-, lotrecht, Ggs. horizontal. **V.kreis, 1)** am Himmel jeder durch Zenit u. Nadir verlaufende Großkreis, steht vertikal auf dem Horizont. **2)** astronom. Instrument zur absoluten Deklinationsbestimmung v. Gestirnen. [satz.

Vertiko m od. s, Zierschränkchen mit Auf-

Vertrag, 1) bürgerl.-rechtl.: übereinstimmende Willenserklärung v. 2 od. mehr Personen zur Regelung gegenseitiger Rechtsverhältnisse; mit Ausnahmen an keine bestimmte Form gebunden. Ein V. ist so auszulegen, wie Treu u. Glauben mit Rücksicht auf die Verkehrssitte es erfordern. **2)** völkerrechtl.: ein Übereinkommen zw. Staaten, abgeschlossen durch deren Bevollmächtigte; gültig erst nach ⁄Ratifikation. **V.sfreiheit,** Grundsatz des Privatrechts, wonach es jedem freisteht, sich beliebig durch ⁄Vertrag zu binden. **V.sspieler,** in den Regionalligen u. der Bundesliga der BRD Fußballspieler, der sich (im Unterschied zum Amateur) gg. Entgelt durch Vertrag an einen Verein gebunden hat u. im Unterschied zum Berufsspieler (nicht in der BRD) noch einen anderen Beruf ausüben kann. Spieler der Bundesliga benötigen außerdem eine Lizenz des Dt. Fußballbundes. [Emirate.

Vertragsstaaten ⁄Föderation Arabischer **Vertrauensfrage,** im parlamentar. Regierungssystem an die Volksvertretung gerichteter Antrag der Regierung, ihre Politik zu billigen; häufig mit einer Gesetzesvorlage verbunden. Ablehnung des Antrags (⁄Mißtrauensvotum) führt in vielen Staaten zum Rücktritt der Regierung.

vertretbare Sachen, fungible Sachen, bewegl. Sachen, die im Verkehr nach Zahl, Maß od. nach Gewicht bestimmt werden.

Vertriebener ⁄Flüchtling. [⁄Börse.

Verus, Adoptivbruder u. Mitkaiser (161/169) ⁄Marc Aurels.

Verve w (: wärwᵉ, frz.), Begeisterung.

Vervielfacher ⁄Elektronenvervielfacher.

Vervielfältiger, Büromaschinen, die Schriftstücke, Zeichnungen u. dgl. vervielfältigen; abgewandelte Druckverfahren, auch photograph. Methoden.

Verviers (:wärwje), belg. Stadt östl. v. Lüttich, 57000 E.; Zentrum der belg. Tuch-Ind. (mit Fachschule).

Verwahrung, Aufbewahrung übergebener bewegl. Sachen; der V.svertrag verpflichtet den Verwahrer, die Sache aufzuwahren u. auf Verlangen zurückzugeben. Bei unentgeltl. V. haftet er nur für die Sorgfalt, die er in eigenen Angelegenheiten aufbringt.

Verwaltung, die vollziehende Gewalt, alle Tätigkeit des Staates od. sonstiger Träger öff. Gewalt, außer der Gesetzgebung, der Rechtsprechung u. der eig. Regierungstätigkeit. Organisatorisch ist die V. von unten nach oben aufgebaut (Gemeinde, Kreis, Land) u. nach Sachgebieten (z. B. Post, Finanzen) gegliedert. ⁄Selbstverwaltung. **V.s- u. Wirtschaftsakademie** w, hochschulmäß. Lehrstätte zur Aus- u. Fortbildung v. mittleren Führungskräften aus Wirtschaft u. Verwaltung (Beamte des gehobenen Dienstes; berufsbegleitende Einrichtungen der fachl. Fortbildung. **V.sakt,** im Ggs. zur ⁄Verordnung die v. einer V.sbehörde getroffene Maßnahme zur Regelung eines Einzelfalls. **V.sgebühren** ⁄Gebühren. **V.sgerichte,** unabhängige, v. den V.sbehörden organisator. getrennte echte Gerichte, die durch Urteil od. Bescheid bes. die

Rechtmäßigkeit v. V.sakten feststellen od. rechtswidrige V.sakte aufheben, jedoch nicht selbständig V.sakte setzen dürfen. **Verwandtschaft,** *allg.* die blutsmäßig od. durch Verheiratung (Eheleute, ⟋Schwägerschaft), *rechtl.* nur die durch Abstammung v. gleichen Stammvater od. der gleichen Stammutter verbundenen Personen *(Bluts-V.).* In gerader Linie sind Personen verwandt, deren eine v. der anderen abstammt (Eltern, Kinder, Enkel), in der Seitenlinie Personen, die v. derselben dritten Person abstammen (Geschwister, Vettern). Der Grad der V. bestimmt sich nach der Zahl der sie vermittelnden Geburten. – ⟋geistl. Verwandtschaft. [warnung.
Verwarnung ⟋Gebührenpflichtige **Verwerfen,** vorzeitiges Ausstoßen der noch nicht lebensfähigen Frucht bei Haustieren: *verferkeln* bei Schweinen; *verfohlen* bei Pferden; *verkalben* bei Kühen; *verlammen* bei Schafen.

Verwandtschaft
V. in gerader Linie
aufsteigend (Aszendenten): Eltern, Großeltern, Urgroßeltern usw.
absteigend (Deszendenten): Kinder, Enkel, Urenkel usw.
V. in der Seitenlinie umfaßt alle, die von derselben Person (oder Personenpaar) abstammen; sie ist vollbürtig bei gleichem Abstammungspaar, halbbürtig bei nur einem gemeinsamen Stammvater (oder Stammutter)

Verwandtschaft und Schwägerschaft

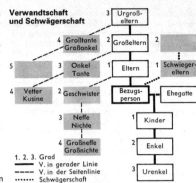

1. 2. 3. Grad
—— V. in gerader Linie
– – – V. in der Seitenlinie
······· Schwägerschaft

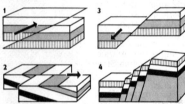

Verwerfung: 1 Aufschiebung, **2** Horizontalverschiebung, **3** Abschiebung, **4** Staffelbruch

Verwerfung, *Bruch, Sprung,* Verschiebung benachbarter Gesteinsschollen innerhalb der Erdkruste längs einer Bewegungsfläche *(V.s-* oder *Bruchfläche);* kann nach allen Richtungen erfolgen, oft unter Bildung einer *Bruchstufe* (morpholog. Stufe).
Verwesung, natürl. Oxydationsvorgang, bei dem durch Mikroorganismen (Bakterien u. Pilze) bei vollem Luftzutritt die organ. Bestandteile v. Mensch (Leiche), Tier (Aas) u. Pflanze vollständig zu anorgan. Verbindungen (Kohlendioxid, Wasser, Ammoniak, Schwefelwasserstoff, Mineralsalze) abgebaut werden. Bei beschränktem Luftzutritt ⟋Fäulnis.
Verwey (: fer-), *Albert,* niederländ. Schriftsteller, 1865–1937; Lyrik, Dramen, Essays; Hrsg. v. Zschr.; stand in Verbindung mit dem George-Kreis.
Verwitterung *w, Gesteinsaufbereitung,* Zerstörung erdoberflächennaher Gesteine u. Mineralien durch exogene Kräfte; die V. ist abhängig vom Klima (mechan. V. in ariden u. nivalen, chem. V. in humiden Gebieten) u. der Gesteinsbeschaffenheit.
Verwoerd (: ferwurt), *Hendrik Frensch,* südafrikan. Politiker, 1901–66 (ermordet); einer der Hauptvertreter der Apartheid-Politik; seit 58 Vors. der Nationalistenpartei u. Min.-Präs. der Südafrikan. Rep.
Verzeichnung, *Distorsion,* ein Abbildungsfehler opt. Linsen, wenn der Abbildungsmaßstab nicht über das ganze Bild gleich ist; ähnl. die *Verzerrung,* wenn neben V. noch ein Astigmatismus vorliegt.

Amerigo Vespucci

Verzeichnung: Ein rechtwinkliges Gitternetz (a) wird durch V. tonnenförmig (b) oder kissenförmig (c) abgebildet

Verzerrung, 1) optisch ⟋Verzeichnung. **2)** in der Nachrichtentechnik die frequenzabhängige Dämpfung (z. B. Unterdrücken hoher Frequenzen) od. das Auftreten neuer Frequenzen, wodurch ein Klirren entsteht.
Verzierung, 1) in der Musik: *Fioriture,* Ausschmückungen der Melodie, durch Zeichen angedeutet oder aufgrund der Lehre v. der V. *(Ornamentik)* zu improvisieren. **2)** in der Bildenden Kunst ⟋Ornament.
Verzug, a) *Schuldner-V.:* die rechtswidrige Verzögerung einer geschuldeten Leistung aus einem v. Schuldner zu vertretenden Umstand; b) *Gläubiger-V.* liegt vor, wenn der Gläubiger die angebotene Leistung nicht annimmt.
Vesalius, *Andreas,* 1514–1564; Leibarzt Karls V. u. Philipps II.; begr. durch sein Buch *De humani corporis fabrica* die Anatomie des Menschen.
Vespasian, 9–79; als Oberbefehlshaber im Jüd. Krieg 69 v. den Legionen des Ostens zum röm. Ks. ausgerufen; ließ das Kolosseum erbauen.
Vesper (lat.), **1)** *w,* in der kath. Liturgie: a) Abendtagzeit im ⟋Brevier; b) der feierl. Abendgottesdienst. **2)** *s, V.brot* (Ztw. *vespern),* Zwischenmahlzeit am Nachmittag. **V.bild,** andere Bz. für ⟋Pietà. **V.mantel** ⟋Rauchmantel.
Vespucci (: weßputschi), *Amerigo,* it. Seefahrer in span. u. portugies. Diensten, 1451–1512; Reiseberichte über Amerika, das nach seinem Vornamen benannt wurde (von ⟋Waldseemüller).
Vesta, jungfräul. röm. Göttin des staatl. u. häuslichen Herdfeuers, griech. ⟋Hestia.
Vestalinnen, anfangs 2, später 6 zur Jungfräulichkeit verpflichtete Priesterinnen, die im röm. Vestatempel auf dem Forum das staatl. Herdfeuer hüteten.
Vesterålen (Mz.), norweg. Inselgruppe n.ö. der Lofoten, mit den Inseln Hinnöy, Langöy u. Andöy; ca. 3000 km²; Haupthafen Harstad.
Vestibül *s* (frz.), Vor-, Eingangshalle.
Vesuv *m,* it. *Vesuvio,* tätiger Vulkan am Golf v. Neapel. Ausbruch 79 n.Chr. zerstörte Pompeji, Herculaneum u. Stabiae; dabei schüttete er innerhalb des Monte Somma (1132 m) als kahlen Aschenkegel den *eigentlichen V.* auf, gegenwärtig 1277 m

Zeichen:

Langer Kurzer Doppel-
Vorschlag

Ausführung:

| Nach-schlag | Prall-triller | Mordent |

| Doppel-schlag | Schleifer |

Triller

Verzierungen in der
Musik

Victoria regia

J.-B.-M. Vianney

Vibraphon

---

hoch, Krater 700 m Ø. Schwere Ausbrüche: 1631, 1872, 1906, 1944. Observatorium; Zahnradbahn u. Sessellift zum Kraterrand.
Veteranen (Mz., lat.), **1)** im alten Rom seit Marius die langjährigen Berufssoldaten, denen eine Versorgung durch Landzuweisung zustand. **2)** allg. Bz. für altgediente Soldaten, bes. Kriegsteilnehmer.
Veterinär m (lat.), ↗Tierarzt. **V.medizin**, die Tierheilkunde.
Veto s (lat. = ich verbiete), das Einspruchsrecht gg. gesetzl. Maßnahmen, im modernen Staat bes. der Regierung od. einer 2. Kammer gg. Beschlüsse der Volksvertretung. Das *absolute V.* macht eine Maßnahme hinfällig, das *suspensive V.* schiebt sie auf. Im ↗Sicherheitsrat der UN steht jedem der 5 ständigen Mitgl.er ein absolutes V. zu.
Vetter, urspr. Vaters-, dann auch Muttersbruder, schließl. Geschwistersohn (Cousin); auch für entferntere Verwandte gebräuchlich.
Vetter, *Heinz-Oskar*, dt. Gewerkschaftsführer, * 1917; seit 1969 Vors. des DGB.
Vetus Latina w (lat.), *Prävulgata*, Sammel-Bz. für die vor der Vulgata entstandenen lat. Bibelübersetzungen. **V.-L.-Institut**, in der Erzabtei Beuron, erarbeitet eine krit. Gesamtausgabe der V. L.
Vevey (: w°wä), schweizer. Kurort im Kt. Waadt, nördlich am Genfer See, 18000 E.
Vexierbild (lat.), Bild, das versteckt ein 2. Bild enthält. **vexieren** (lat.), quälen; necken.
Vexillum s (lat.), das röm. Feldzeichen.
Vézelay (: wes°lä), Ort im frz. Dep. Yonne, 600 E.; ehem. Benediktinerabtei (um 860 gegr.), mit roman.-frühgot. Kirche.
v. Gr., Abk. für **von** ↗**Greenwich**, dem Nullpunkt der geograph. Längenangaben, gezählt bis 180° östl. bzw. westl. Länge.
v. H., Abk. für **vom Hundert**, auch %.
VHF, Abk. für **Very High Frequency**, Bz. für das Frequenzband der ↗Ultrakurzwellen.
Via w (lat.), Weg; via Köln = über Köln.
Viadukt m (lat.), Talbrücke zur Überführung v. Verkehrswegen in großer Höhe über Einschnitte u. Senken.
Via Mala w (roman.), tiefe Schlucht des Hinterrheins im Kt. Graubünden.
Vianden (: f-), Stadt in Luxemburg, an der Our, nahe der dt. Grenze, 1200 E.; großer Stausee der Our (10 Mill. m³) u. 280 m hoch gelegenes Speicherbecken mit dem größten Pumpspeicherwerk der Welt.
Vianney (: wi'anä), *Jean-Baptiste-Marie*, hl. (9. Aug.), 1786–1859; seit 1818 Pfarrer in Ars (bei Lyon); hervorragender Seelsorger. Patron der Pfarrer.
Viareggio (: wiaredseho), nord-it. Seebad am Ligur. Meer (Prov. Lucca), 60000 E.
Viaticum s (lat.), **1)** Reisegeld, Zehrgeld. **2)** den Sterbenden als „Wegzehrung" gespendete Kommunion.
Viborg, **1)** dän. Amts-Hst. in Jütland am *V.see*, 38500 E.; luther. Bischof; roman. Dom (1130/69). **2)** schwed. Name für ↗Wyborg.
Vibraphon s (lat.-gr.), 1907 entwickeltes Schlaginstrument mit abgestimmten Metallplatten, die durch Hämmerchen ange-

schlagen werden. **Vibration** w, mechan. Schwingung. *vibrieren*, in schwingender Bewegung sein. **Vibrato** s (it.), das lockere, natürl. Beben der Singstimme. **Vibrator** ↗Rüttler.
Vibrionen, kommaförmige ↗Bakterien.
Vicari, *Hermann v.*, 1773–1868; seit 1842 Erzb. v. Freiburg i. Br.; kämpfte gg. Staatskirchentum u. Aufklärertum.
Vicente (: wißánte), *Gil*, portugies. Lyriker u. Dramatiker, um 1465 bis um 1536; Begr. des portugies. Dramas.
Vicenza (: witsch-), nord-it. Prov.-Hst. in Venezien, n.w. von Padua, 118000 E.; Bischof; Renaissancepaläste (z. T. v. Palladio erbaut); Dom (12. Jh., mit got. Fassade), got. Backsteinkirchen; Obst- u. Weinhandel.
vice versa (lat.), Abk. v. v., umgekehrt.
Vichy (: wischi), Kurort im frz. Dep. Allier, 35000 E.; kohlensaure Natronthermen. – 1940/44 Sitz der Regierung Pétain *(V.-Regierung)*.
Vico, *Giovanni Battista*, it. Geschichtsphilosoph, 1668–1744; Begr. der neueren Geschichtsphilosophie u. Völkerpsychologie; einflußreich seine Kulturzyklentheorie.
Vicomte (: wikont, frz.), it. *Visconte*, engl. *Viscount* (: waikaunt), zw. Graf u. Baron stehender Adelstitel; weibl.: *Vicomtesse* (: -täß, frz.), *Viscontessa* (it.) u. *Viscountess* (engl.).
Victoria (lat.), röm. Siegesgöttin, griech. ↗Nike; meist mit Flügeln u. Lorbeerzweig dargestellt.
Victoria (lat.), **1)** kleinster austral. Bundesstaat im SO des Kontinents, 227618 km², 3,8 Mill. E.; Hst. Melbourne; Murray-Ebene im N u. NW, Ackerland u. Viehweide. Die Küstenzone liefert Wolle, Fleisch, Weizen; Bergbau auf Stein- u. Braunkohle, Gold, Zinn, Kaolin. **2)** Hst. der Insel Hongkong, 1 Mill. E.; Univ.; bedeutender Hafen u. brit. Stützpunkt, vielseitige Ind.
Victoria regia, Seerose des Amazonasgebiets. Schwimmblätter rund, am Rand aufgekrempelt, bis 2 m Durchmesser. Blüten bis 40 cm groß, duftend, weiß bis rosa.
Victoria River, nordaustral. Fluß, mündet nach 560 km als Queen Channel in den Ind.
Victoriasee ↗Viktoriasee. [Ozean.
Vicuña (: wikunja), süd-am. Paarhufer, dem Lama nah verwandt. ↗Vigogne.
Videant consules, *ne quid detrimenti capiat res publica* (lat. = die Konsuln mögen zusehen, daß der Staat keinen Schaden nehme), Formel, mit der der röm. Senat in Notzeiten den Konsuln diktator. Gewalt verlieh.
Video, in der Fernsehtechnik in Zusammensetzungen in der Bedeutung v. Bild. **V.platte** ↗Bildplatte. **V.signal** = Bildsignal mit Signal für Zeilen u. Synchronisation.
Vidikon s, eine Fernsehaufnahmeröhre.
Viehzucht, Tierzucht, vom Züchter nach bes. Methoden (Körung, Kreuzung, Reinzucht, Inzucht) durchgeführte Paarung v. Tieren zur Erzielung v. Nachkommen mit bestimmten erwünschten Merkmalen u. Eigenschaften; ferner die damit verbundene zweckmäßige Aufzucht u. Tierhaltung.
Vieleck, *Polygon*, ebene Figur mit geraden Linien, hat gleich viel Ecken wie Seiten.

Vielfraß (nord. *Fjällfras* = Felskatze), plumpes, marderart., braunschwarzes Raubtier mit langhaar. Fell u. busch. Schwanz; im N Eurasiens u. Amerikas.

Vielstoffmotor, eine Weiterentwicklung des Dieselmotors, der Kraftstoffe verschiedenster Konsistenz u. Oktanwerte (Kerosine, Benzine, selbst Schmieröle u. a.) verarbei-
Vielzeller ↗Metazoen.   [ten kann.
Vienenburg, niedersächs. Stadt n.ö. von Goslar, 11 700 E., Landmaschinen- u. Malzfabrik, Möbel- u. Textil-Ind.
Vienne (: w'än), frz. Stadt im Dep. Isère, an der Rhône, 30 000 E.; röm. Überreste; 1311/12 das 15. allg. Konzil.
Vientiane, Hst. (seit 1899) v. Laos, am Mekong, 177 000 E.
Viereck, ebene Figur mit 4 geraden Seiten, 4 Ecken u. 2 Diagonalen; spezielle V.e: Raute, Parallelogramm, Rechteck, Quadrat, Trapez. ☐ 421.
Vierfürst ↗Tetrarch.   [die ↗Quadriga.
Viergespann, Gefährt mit 4 Zugtieren; bes.
Vierlande, fruchtbare Marschlandschaft zw. Bille u. Elbe oberhalb v. Hamburg, Gemüse-, Obst-, Blumen-, Viehzucht.
Viernheim, hess. Stadt im Kr. Bergstraße, 29 700 E.; Maschinenbau- u. Zigarren-Ind.
Vierpaß, in der Architektur ↗Paß 3).
Viersen, rhein. Krst. nördl. v. Mönchengladbach, 81 500 E.; Textil- u. Nahrungsmittel-Ind.
Viertaktmotor, ein ↗Verbrennungsmotor.
Vierte Dimension, die Zeitkoordinate in der Relativitätstheorie (Raum-Zeit-Kontinuum).
Vierte Geschlechtskrankheit, *Lymphogranuloma inguinale,* beim Geschlechtsverkehr erworbene Virus-Infektion mit kleinen Geschwüren an den Geschlechtsteilen und schmerzloser Schwellung u. Vereiterung der Leistendrüsen.
Vierte Republik, die frz. Rep. 1946/58.
Vierter Stand, fr. die Bz. für die eig. Lohnarbeiterklasse bzw. das ↗Proletariat, entstanden in der Frz. Revolution im Anschluß an die Unterscheidung der 3 Stände Adel, Geistlichkeit u. Bürgertum.
Vierung, das durch Kreuzung v. Langhaus (Mittelschiff) und Querschiff entstandene Raumrechteck der Kirche.
Vierwaldstätter See, schweizer. See, benannt nach den angrenzenden 4 ↗Waldstätten (Uri, Schwyz, Unterwalden, Luzern), durchflossen v. der Reuß; 113,8 km², bis 214 m tief, 434 m ü. M.; Küßnachter, Alpnacher, Luzerner, Urner u. Vitznauer See geben ihm seine zerlappte Gestalt. In seiner Umgebung Aussichtsberge (Bergbahnen): Rigi, Pilatus, Bürgenstock u. Stanser Horn.
Vierzehn Heilige, der ↗Nothelfer. **Vierzehnheiligen,** Wallfahrtsort in Oberfranken (Gem. Grundfeld, Kr. Lichtenfels), l. über dem Main. Barocke Wallfahrtskirche (1743/ 72) v. B. Neumann. ☐ 70.
Vierzehn Punkte, v. Präs. ↗Wilson am 8. 1. 1918 verkündetes Programm für einen gerechten Frieden. ↗Versailler Vertrag.
Vierzigstundenwoche ↗Arbeitszeit.
Vietcong *m* (auch: -kong), *Viet-Cong,* Kurzform für „Vietnames. Kommunisten", fälschl. Bz. für die am 20. 12. 1960 gegr. Na-

tionale *Befreiungsfront Südvietnams;* eine kommunist. geführte Partisanenbewegung gg. die Regierung v. Süd- ↗Vietnam. Bildete 69 eine Provisor. Revolutions-Regierung.
Vietmin *m* (auch: -min), *Vietminh, Viet Min(h),* Abk. für *Viet Nam Doc Lap Dong Minh* (= Kampfbund für ein unabhängiges Vietnam), 1941 durch Zusammenschluß nationalist. Gruppen mit den Kommunisten gegr. Freiheitsbewegung in Indochina; 45/ 69 geführt v. ↗Ho Tschi Minh; beherrscht seit 54 Nordvietnam.
Vietnam, auch *Viet Nam,* Land in Hinterindien, am Südchines. Meer, besteht aus den Küstenlandschaften Tongking, Annam u. Kotschinchina. 90% der Bev. in V. sind buddhist. Vietnamesen (Annamiten), ferner 5% Khmer, Tai u. 5% Chinesen. – V. umfaß die v. trop. Regenwald u. lichtem Monsunwald od. Grasland bedeckten 3000 m hohen Kettengebirge v. Tonking u. Annam sowie ein schmales Tiefland an der Küste u. die fruchtbaren Deltas des Roten Flusses (= Songko) u. des Mekong. Letztere sind die größten Reisgebiete der Erde. In trop. Klima Kautschukplantagen; Anbau v. Mais, Zuckerrohr und Baumwolle. Die Wälder (40% des Landes) liefern Edelhölzer. Sehr reiche Bodenschätze (Kohle, Eisen, Gold, Kupfer, Stahlveredler, Bauxit); Süd-V. ist vorwiegend noch Agrarland: Anbau v. Reis, Mais, Tee, Kaffee; Kautschuk, Erdnüssen, Kopra. – Ehem. Teil v. ↗Indochina; nach Niederlage Fkr.s durch das int. Genfer Indochina-Abkommen 1954 Teilung des Landes etwa am 17. Breitengrad in die Demokrat. *Rep.* (Nord-)V. u. die *Rep.* (Süd-)V.; 60 Ausbruch des Partisanenkrieges (↗Vietcong) in Süd-V.; zunehmend militär. Engagement der USA; 65 Verschärfung des Krieges, Luftangriffe der USA auf Nord-V., 68/73 schrittweiser Abzug der US-Truppen, 73 Waffenstillstandsabkommen und Fixierung des Status quo. Nach neuen Kämpfen 75 militär. Zusammenbruch u. Kapitulation Süd-V.s; Machtübernahme durch den Vietcong; 76 Wiedervereinigung V.s seit 77 krieger. Auseinandersetzung mit Kambodscha; 79 begrenzte „Strafaktion" Chinas gg. V. Zwangsumsiedlungen führen zu Massenflucht u. -vertreibung („Boatpeople"). – Staats-Präs. Nguyen Huu Tho (seit 80).

Vierzehn Punkte

1 Öffentlichkeit aller int. Vereinbarungen	8 Räumung aller frz. Gebiete u. Rückgabe Elsaß-Lothringens an Frankreich	12 nationale Autonomie der nichttürk. Völker des Osman. Reiches. Öffnung und int. Garantie der Meerengen
2 Freiheit der Meere		
3 Freiheit des Welthandels	9 Berichtigung der it. Grenzen nach dem nationalen Prinzip	
4 Rüstungsbeschränkung	10 Freiheit zu autonomer Entwicklung der Völker Östr.-Ungarns	13 Bildung eines unabhängigen poln. Staates mit Zusicherung eines freien und sicheren Zugangs zum Meer
5 int. Regelung der Kolonialfragen		
6 Räumung Rußlands durch die Mittelmächte	11 Räumung Rumäniens, Serbiens und Montenegros. Int. Garantien für die Balkanstaaten	
7 Räumung u. Wiederherstellung Belgiens		14 Gründung eines Völkerbundes

Vietnam

Amtlicher Name:
Sozialistische Republik Vietnam

Staatsform:
Volksrepublik

Hauptstadt:
Hanoi

Fläche:
332 559 km²

Bevölkerung:
49,9 Mill. E.

Sprache:
Vietnamesisch, daneben Französisch, Chinesisch, Englisch

Religion:
meist Buddhisten, ca. 2,5 Mill. Kath.

Währung:
1 Dong = 10 Chao = 100 Sau

Mitgliedschaften:
UN

vif (: w-, frz.), lebhaft, rührig.
Vigée-Lebrun (: wische I°brōn), *Elisabeth-Louise*, frz. Bildnismalerin des Frühklassizismus, 1755–1842; Frauenporträts.
Vigeland (: wigelan), *Gustav*, norweg. Bildhauer, 1869–1943; urspr. stark v. Rodin beeinflußt; kam dann zu einem Stil monumentaler Figurenbildung. Brunnenanlage auf dem Tortberg bei Oslo.
Vigil w (lat. = Nachtwache), in der kath. Kirche Meßfeier am Abend vor hohen Festen, z. B. vor Weihnachten, Ostern, Christi Himmelfahrt. **Vigilien**, im röm. Heer 4 Nachtwachen zu je 3 Stunden.
Vignette w (: winj-, frz.), in der got. Buchmalerei zierl. Weinrebenornament; seit dem 18. Jh. jede Schmuckzeichnung, bes. zu Beginn od. Ende eines Druckabschnittes.
Vignettierung (: winje-), Abschattierung des Bildrandes durch Blenden u. Linsenfassungen in einem opt. System.
Vignola (: winjo-; eig. Giacomo Barozzi), it. Architekt, 1507–73; seit 1564 Bauleiter an der Peterskirche in Rom, schuf dort als Vorbild des Barock die Jesuitenkirche II Gesù.
Vigny (: winji), *Alfred* Comte de, frz. Schriftsteller, 1797–1863; gestaltete in seiner Dichtung symbolhaft die großen Probleme des menschl. Daseins; Schwanken zw. Stoizismus u. Verzweiflung. Lyrik, histor. Romane, Novellen.
Vigo (: wi-), nordwestspan. Hafenstadt in der Prov. Pontevedra (Galicien), 198000 E.; Sardinen- u. Thunfischfang.
Vigogne w (: wigonje), reine Wolle des **Viipuri** (: wi-) /Wyborg. [/Vicuña.
Vijayavada, bis 1949 *Bezwada*, ind. Stadt in Andhra Pradesch, am Kistnafluß, 345000 E.; buddhist. Wallfahrtsort; Stahlwerk.
Vikar m (lat.), Inhaber eines kirchl. od. weltl. Hilfsamtes; im pfarrl. Bereich der *Pfarr-V.* (in der ev. Kirche auch *Pfarr-Vikarin*).
Viktor, 3 Päpste: **V. I.**, hl. (28. Juli), 189(?)/ 198(199?); suchte bes. im /Oster-Feststreit den röm. Führungsanspruch zur Geltung zu bringen. Könige v. Sardinien bzw. (seit 1861) v. Italien: **V. Emanuel II.**, 1820–78; 49 Kg., führte mit /Cavour die Einigung It.s durch; 61 1. Kg. v. It. Sein Enkel **V. Emanuel III.**, 1869–1947; 1900 Kg., berief 22 /Mussolini; 36 Ks. v. Äthiopien, 39 Kg. v. Albanien; 43 an der Absetzung Mussolinis beteiligt, dankte 46 zugunsten seines Sohnes /Umberto II. ab.
Viktoria, Fürstinnen: **V.**, dt. Kaiserin, 1840–1901; Tochter der brit. Königin V., seit 1858 Gemahlin Ks. Friedrichs III.; infolge liberaler Einstellung Gegnerin Bismarcks. **V.**, *Victoria*, 1819–1901; 1837 Königin v. Großbritannien, seit 40 Gemahlin Alberts v. Sachsen-Coburg-Gotha; stand stark unter dem Einfluß v. /Disraeli; 76 Kaiserin v. Indien. Als Gattin u. Mutter Idealbild des nach ihr benannten *V.nischen Zeitalters* (des bürgerl. 19. Jh. in Engl.).
Viktoriafälle, *Mosioatunyafälle*, Wasserfälle des Sambesi unterhalb Livingstone, der 1800 m breite Strom stürzt 120 m tief in eine 50–70 m breite Schlucht.
Viktoriainsel, bis 500 m hohe Insel des kanad.-arkt. Archipels, durch die vereiste

J. Villon: Sitzende Frau (1914)

Viktor Emanuel III.

Königin Viktoria

Dease-Straße vom Kontinent getrennt, 208000 km².
Viktoriasee, *Ukerewe*, größter afrikan. Binnensee u. Hauptreservoir des Nils, in Ostafrika südl. unter dem Äquator, 68000 km², bis 85 m tief, 1134 m ü. M. Hauptzufluß Kagera, Abfluß Viktoria-Nil.
Viktualien (Mz., lat.), Nahrungsmittel.
Vilaine w (: wilän), Fluß in der Bretagne, mündet nach 225 km bei La Roche in den Atlantik: 145 km schiffbar.
Vilar (: wilar), *Jean*, frz. Regisseur, * 1912; Inszenierungen meist v. strengem Stil, mit wenig oder keiner Dekoration.
Vilbel, *Bad V.*, hess. Stadt u. Kurort in der Wetterau, 7 km nördl. v. Frankfurt, 25900 E.; 22 kohlensaure Heilquellen.
Villa w (lat.-it.), herrschaftl. Landhaus, in neuerer Zeit Bz. für das repräsentative freistehende Einfamilienhaus mit Garten.
Villach, kärntner. Stadt an der Drau nahe der it.-jugoslaw. Grenze, 51000 E.; Maschinen-, Metall-, chem., Holz- u. Nahrungsmittel-Ind., Handels- u. Stapelplatz für die Ausfuhr nach Italien. Am Fuß des Dobratsch das *Warmbad V.*, radioaktive Thermen (30° C).
Villafranca di Verona, ober-it. Stadt, Prov. Verona, 19000 E. – 1859 Vorfrieden im it. Einigungskrieg: Östr. trat die Lombardei an Napoleon III. ab, der sie an Sardinien weitergab.
Villiers de l'Isle-Adam (: wilje dö liladän), *Auguste* Comte de, frz. Schriftsteller, 1838–89; v. Abscheu vor dem bürgerl. Materialismus erfüllt, wandte er sich dem Okkultismus u. myst. Ideen zu; musikal. Prosa; HW *Axel*.
Villingen-Schwenningen, 1972 durch Zusammenschluß v. Villingen u. Schwenningen gebildete Stadt am Ostrand des Schwarzwaldes, Krst., 78500 E.; Zentrum der dt. Uhren-Ind., Maschinen- u. Feingerätebau, Schuh- u. Kartonagenfabriken, Textil-Ind.
Villon (: wijōn), **1)** *François* (eig. F. de Montcorbier), frz. Dichter, 1431 bis um 1463; Vagantenleben, zuletzt verbannt; schuf große Erlebnislyrik mit derb-iron. Versen u. Gedichten v. Tod u. Vergänglichkeit. **2)** *Jacques*, frz. Maler, 1875–1963; geometr. abstrakte Malerei, Landschaften, Porträts.
Vils w, niederbayer. r. Nebenfluß der Donau, 110 km lang, mündet bei Vilshofen.
Vilsbiburg, niederbayer. Stadt an der Vils, 9500 E.; Wallfahrtskirche v. 1686.
Viña del Mar (: winja), elegantes chilen. Seebad, östl. v. Valparaíso, 254000 E.
Vincennes (: wänßän), östl. Vorort v. Paris, 51000 E.; Schloß (12./14. Jh.) mit got. Kapelle u. 52 m hohem Turm; südl. der Park *Bois de V.* (: b°a d°-) mit Zoolog. Garten.
Vindelizien, v. den kelt. *Vindelikern* bewohnter Teil der röm. Prov. Rätien.
Vindikation w (lat., Ztw. *vindizieren*), Anspruchsrecht, Forderung.
Vineta, nach der Sage im der Ostsee versunkene Handelsstadt auf der Insel Wollin.
Vintschgau, it. *Val Venosta*, Südtiroler Talschaft der oberen Etsch bis Meran, 30000 überwiegend dt. E., Hauptorte Mals, Glurns u. Schlanders; Obst- u. Weinbau, Viehzucht.

Vinzenz von Paul   Rudolf Virchow

Vinzentiner (Mz.), *Lazaristen, Pauliner,* v. hl. Vinzenz v. Paul 1625 gegr. religiöse Genossenschaft für Volksmissionen, Exerzitien u. Heidenmission. **V.innen** ↗Barmherzige Schwestern.

Vinzenz, Heilige: V. Ferrer (5. April), OP, um 1350–1419; großer span. Bußprediger, Ratgeber am Hof v. Aragonien. **V. v. Paul** (27. Sept.), 1581–1660; frz. Priester, begr. u. a. 1625 die Kongregation der ↗Vinzentiner, 33 die der ↗Barmherzigen Schwestern; förderte die Exerzitienbewegung; u. a. in Volksmission, Armen-, Kranken- u. Waisenfürsorge u. Seelsorge für Galeerensträflinge tätig. **V.verein,** Laienverband kath. Männer für geistige u. leibl. Familien- u. Armenfürsorge, dessen kleinste Einheit die *V.konferenz* einer Pfarrei ist; gegr. 1833 v. A.-F. ↗Ozanam.

Viola w (it.), Gattung der Streichinstrumente mit Schallöchern in C-Form u. 6 bis 7 Saiten; im 16./17. Jh. je nach Größe u. Stimmlage als *Knie-V.* (*V. da gamba,* ↗Gambe) od. *Arm-V.* (*V. da braccio*). Aus letzterer entwickelte sich die heutige V. od. Bratsche. *V. d'amore:* mit 7 Griff- u. 7 Resonanzsaiten.

Viola ↗Veilchen.

Viole w, *Violdrüse,* Drüse an der Schwanzoberseite bes. des Fuchses, die ein fettiges, stinkendes Sekret absondert.

violett (frz.), veilchenfarbig, -blau.

Violine w (it.), *Geige,* das stimmführende Instrument des klass. Orchesters u. Streichquartetts. Stimmung g, d', a', e''. In ihrer heutigen Form seit 1600. ☐315.

Violoncello s (: -tsch-, it.), *Cello,* Baßform der Bratsche aus der Violenfamilie, im 16. Jh. entstanden; verdrängte im 17./18. Jh. durch den volleren Klang die Gambe; zw. den Knien gespielt. Stimmung: C, G, d, a.

Vipern, *Ottern,* meist lebendgebärende Giftschlangen, mit flachem Kopf u. senkrechtem Pupillenspalt. Hierzu die Sand-, Puff-, Kreuz- u. die weltweit verbreiteten Grubenottern.

Virchow (: -cho) *Rudolf,* dt. Mediziner, 1821 bis 1902; Begründer der ↗Zellularpathologie; Führer der Fortschrittspartei; Gegner Bismarcks im Verfassungskonflikt (1862/66) u. der kath. Kirche im Kulturkampf.

Viren (Mz.) ↗Virus.

Virginalisten, engl. Komponisten der Elisabethanischen Zeit, die für das Virginal (Spinett) komponierten.

Virginia (: wö⌐dsehinjä), Abk. *Va.,* Bundesstaat an der SO-Küste der USA, 105 710 km²,

5,14 Mill. E.; Hst. Richmond. Von einer z. T. sumpfigen Küstenebene mit subtrop. feuchtem Klima. Anstieg über das 100–300 m hohe Piedmont-Plateau zu den Appalachen; Anbau v. Getreide, Kartoffeln, Erdnüssen, Baumwolle u. Tabak; Bodenschätze (Kohle, Blei-, Zink-, Eisen- u. Manganerze). – Nach der unverheirateten Königin Elisabeth I. benannt, 1607 gegr. als 1. engl. Kolonie in ↗Nordamerika.

Virgin Islands (: wö⌐dseh⌐n ailänds), die ↗Jungferninseln.

Virginität w (lat.), Jungfräulichkeit.

viril (lat; Hw. *Virilität*), männlich.

Virtanen, *Artturi Ilmari,* finn. Biochemiker, 1895–1973; 1945 Nobelpreis für Arbeiten zur Agrikultur- u. Ernährungschemie.

virtuell (lat.), dem Vermögen nach, scheinbar, vorstellbar. Das *v.e Bild* ist ein scheinbares, z. B. im Spiegel u. bei Konkavlinsen erscheinend, bei Konvexlinsen nur, wenn sich der Gegenstand zw. Brennpunkt u. Linse befindet.

Virtuose m (lat.), wer meisterhaft eine Kunst beherrscht. **Virtuosität** w (Bw. *virtuos*), hervorragende Meisterschaft.

Virulenz w (lat.), Grad der Gifterzeugung u. Vermehrungsfähigkeit der Krankheitserreger; *virulent,* ansteckungsfähig.

Virus s (lat. = Gift; dt. Mz. *Viren*), meist nur im Elektronenmikroskop sichtbare, vorwiegend stäbchen- oder kugelförmige Gebilde aus Eiweiß- u. Nukleinsäuremolekülen, die lebende pflanzl, tier. u. menschl. Zellen befallen, hier vermehrt werden u. dabei vielfach seuchenhaft verlaufende Krankheiten erzeugen. Viren haben keinen eigenen Stoffwechsel, doch können die meist auf bestimmte Organismenarten hochspezialisierten Viren die Wirtszelle veranlassen, anstelle der normalen zelleigenen Substanz Virenmaterial herzustellen. Die Nukleinsäure steuert beim Befall die Syntheseeinrichtungen der Zelle um, weshalb man Viren auch *vagabundierende Gene* oder Gebilde mit „geborgtem Leben" genannt hat. Bes. eingehend werden diese Vorgänge an Viren, die ausschließl. Bakterien befallen, den ↗Bakteriophagen, untersucht. Da Viren alle Eigenarten auf die in der Wirtszelle hergestellten neuen Viren vererben u. außerdem mutieren (↗Mutation) u. sogar fremde Gene transportieren können, sind sie wichtige Forschungsobjekte.

Vis (: wiß), it. *Lissa,* westlichste der süddalmatin. Inseln, 95 km², 10 000 E.; Hst. V.

Visage w (: wisasehᵉ, frz.), Gesicht (abwertend). **vis-à-vis** (: wisawi, frz.), gegenüber.

Visby (: w-), dt. *Wisby,* Hauptort u. -hafen an der Westküste der schwed. Insel Gotland. 20 000 E.; luther. Bischof. – Im 13. u. 14. Jh. Hauptkontor der Hanse.

Vischer, Nürnberger Erzgießerfamilie, tätig ca. 1450/1550; die wichtigste Gießhütte der Zeit in Dtl.; ihre WW sind häufig Gemeinschaftsarbeiten der folgenden Künstler: **1)** *Hans,* 1489–1550; Leiter der Hütte seit 1530. HW: *Doppelgrab der Kurfürsten Joachim* u. *Johann Cicero* im Berliner Dom. **2)** *Hermann d. Ä.,* † 1488; gründete 1453 die Hütte; schuf das reich verzierte Taufbecken

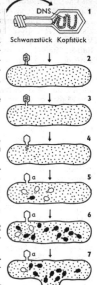

DNS ... 1
Schwanzstück Kopfstück

Virus: Vermehrung eines Bakteriophagen. **1** Einzelner Phage; **2** Befall eines Bakteriums; **3** Auflösung der Wand durch ein Virusenzym; **4** Eindringen der Virus-DNS; **5** u. **6** durch Umsteuerung des bakteriellen Stoffwechsels entstandene Virusbestandteile u. Viren; **7** Absterben u. Zerfall der Bakterienzelle u. Freisetzen der Phagennachkommen

Peter Vischer d. Ä.: Selbstbildnis am Sebaldusgrab

in Wittenberg u. Grabplatten. **3)** *Hermann d. J.,* um 1486–1517; war in Rom; schuf Grabplatten u. den architekton. Aufbau des Sebaldusgrabes. **4)** *Peter d. Ä.,* Sohn v. 2), Vater v. 1), 3) u. 5), um 1460 bis 1529; wichtigster Erzbildner der Dürerzeit; goß die Apostelstatuen des Sebaldusgrabes, zwei Statuen für das Maximiliansgrab u. Grabplatten. ☐ 808. **5)** *Peter d. J.,* 1487–1528; war wohl in Ober-It.; schuf hauptsächlich die Kleinplastiken des Sebaldusgrabes.

Vischer, *Friedrich Theodor,* dt. Philosoph u. Schriftsteller, 1807–87; einflußreicher Vertreter des Liberalismus; Mitgl. der ↗Paulskirche. In seiner *Ästhetik* ging V. v. Hegel aus; seine satir. Ideen (die „Tücke des Objekts") suchte er in dem Roman *Auch Einer* zu gestalten.

Vischnu, Erlösergott im ↗Hinduismus, Gemahl der Glücksgöttin *Lakschmi;* soll zur Welterrettung bisher neunmal auf die Erde herabgestiegen sein (zunächst in Tiergestalten, dann u. a. als *Rama, Krischna* u. *Buddha);* die künftige 10. Herabkunft (als *Kalki)* soll das glückliche Zeitalter bringen.

Visconti, lombardisches Adelsgeschlecht, 1277–1447 Herrscher von Mailand; *Gian Galeazzo,* 1351–1402; 1395 Hzg.; brachte fast ganz Ober-It. unter seine Herrschaft.

Visconti, *Luchino,* Hzg. von Modrone, it. Regisseur, 1906–76; zunächst Schauspiel-, dann Opernregisseur; neoverist. Filme: *Ossessione; Der Leopard; Der Fremde; Die Verdammten; Der Tod in Venedig; Gewalt u. Leidenschaft.*

Viscount (: waikaunt, engl.) ↗Vicomte.

Visier *s* (lat.-frz.), **1)** Zieleinrichtung bei Feuerwaffen; bei Gewehren Kimme u. Korn. **2)** bewegl. Teil des ma. Helmes zum Schutz des Gesichts; mit Sehschlitzen. ☐840.

Vision *w* (lat.; *visionär), Theologie: psych.* Erlebnisse, in denen natürlicherweise unsichtbare u. unhörbare Objekte (Gott, Engel, Menschen in eschatolog. Zuständen, vergangene u. zukünftige Ereignisse) auf übernatürl. Weise sinnenfällig u. gegenwärtig erkannt werden; in der Bibel u. aus der Gesch. der Kirche oftmals berichtet.

Visitatio liminum Apostolorum (lat. = Besuch an den Schwellen [d. h. Grabeingängen] der Apostel[fürsten Petrus u. Paulus]), die vorgeschriebene regelmäßige Berichterstattung aller kath. Diözesanbischöfe beim Papst.

Visitation *w* (lat.; Ztw. *visitieren),* Untersuchung; Besichtigung, Überprüfung. **Visite** *w* (lat.-frz.), Besuch, bes. der ärztl. Krankenbesuch.

Viskose *w,* zähflüss. Zwischenerzeugnis des Zellstoffs bei der Herstellung v. ↗Kunstfasern aus Cellulose.

Viskosität *w* (lat. = Klebrigkeit), *Zähigkeit,* beschreibt das zähflüssige Verhalten v. Flüssigkeiten u. Gasen; die V. bewirkt einen Geschwindigkeitsaustausch zw. benachbarten Schichten, da zw. den Molekülen Kohäsionskräfte wirken, die sich wie beim Gleiten fester Körper als Reibung *(innere Reibung)* äußern.

Visser 't Hooft, *Willem Adolf,* niederländ. ref. Theologe, * 1900; 38/66 Generalsekretär des ↗Weltrates der Kirchen u. Rate der Kirchen in Genf; 66 zus. mit Kard. ↗Bea Friedenspreis des Dt. Buchhandels.   [ruhend.

visuell (lat.), auf unmittelbarem Sehen beruhend. **Visum** *s* (lat.), *Sichtvermerk* in einem Reise-↗Paß; Einreiseerlaubnis für ein Land.

Vita *w* (: w-, lat.), Leben, Lebensbeschreibung. **V. communis,** gemeinschaftl. Leben, z. B. der Ordensleute.

vital (lat.), für das Leben kennzeichnend, lebenswichtig. *V.ität w,* Kraft, Lebendigkeit.

Vitalienbrüder, Seeräuber der Nord- u. Ostsee im 14./15. Jh.; 1401 ca. 150 v. ihnen unter K. Störtebeker v. den Hamburgern besiegt u. hingerichtet.

Vitalismus *m* (v. lat. *vita* = Leben), eine bes. v. H. ↗Driesch vertretene Form der ↗Lebensphilosophie, nach der ein Lebewesen v. einem der naturwiss. Forschung unzugängl. Eigengesetz *(Entelechie)* bestimmt wird.

Vitamine (Ez. *Vitamin),* Gruppe v. chem. sehr verschiedenen organ. Substanzen, die für den Ablauf des normalen Stoffwechsels unentbehrl. sind u. nur in kleinen Mengen vorliegen; sie können vom menschl. oder tier. Körper meist nicht selbst synthetisiert werden u. sind deshalb vielfach essentielle Nahrungsbestandteile. Ihre biolog. Wirksamkeit liegt vor allem in ihrer Beteiligung am Aufbau der Co-↗Enzyme. Fehlen V., treten Mangelkrankheiten, *Avitaminosen,* auf. Meist teilt man die V. in fettlösl. V. (A, D, E u. K) u. wasserlösl. V. (C, B₁, B₂-Komplex, B₆, B₁₂) ein. Vielfach werden mit der Nahrung nicht die V. selbst, sondern ihre Vorstufen, die *Provitamine,* aufgenommen u. daraus die V.e aufgebaut. ☐1064.

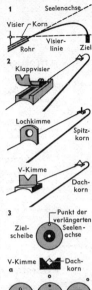

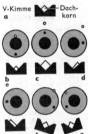

Visier: 1 Zielvorgang; **2** Beispiele von V.einrichtungen; **3** Zielfehler: **a** Visierlage beim richtigen Zielen, **b** Feinkorn (Kurz- bzw. Tiefschuß), **c** Vollkorn (Weit- bzw. Hochschuß), **d** rechts geklemmtes Korn (Rechtsschuß), **e** links geklemmtes Korn (Linksschuß), **f** rechts verkantetes Rohr (rechts Kurz- bzw. rechts Tiefschuß), **g** links verkantetes Rohr (links Kurz- bzw. links Tiefschuß)

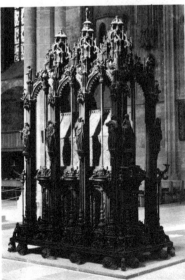

Vischer: Sebaldusgrab (innen der silberne Sebaldusschrein von F. Habeltzheimer, 1391)

W. A. Visser 't Hooft

Vitamine

Vitamin	Vorkommen	Physiologische Funktion	Mangelerscheinungen	Tagesbedarf
FETTLÖSLICH				
Vitamin A *(Axerophthol)* Mindestens 3 Formen im tierischen Körper, in Pflanzen als Vorstufe *(Carotin)*.	Lebertran, Leber, Niere, Milch, Butter, Eigelb. Als Carotin in Möhren, Spinat, Tomaten.	Erforderlich für die Funktionen der Haut, Augen und Schleimhäute.	Nachtblindheit, in gravierenden Fällen *Xerophthalmie*. Haut- und Schleimhautinfektionen.	2000–5000 I. E., entsprechend 1,5–3 mg reines Carotin.
Vitamin D [Vitamin D_2 = bestrahltes Ergosterin *(Ergocalciferol)*, Vitamin D_3 = bestrahltes 7-Dehydrocholesterin *(Cholecalciferol)*]	Lebertran, Leber, Milch, Eigelb, Butter, Pilze. Bildet sich in der Haut bei Sonnenbestrahlung.	Regelt das Calcium- und Phosphorgleichgewicht im Körper, bildet Calciumphosphat für Knochenaufbau.	Knochenerweichung (Englische Krankheit, *Rachitis*), Spasmophilie.	500 I. E., entsprechend 0,0125 mg.
Vitamin E *(Tocopherol)*, mehrere Formen, wichtigste : α-Tocopherol.	Weizenkeim- und Baumwollsamenöl, Gemüse, Eigelb, Fleisch.	Bedeutsam u. a. für Eiweißstoffwechsel, Antisterilitätsvitamin.	Sterilität bei bestimmten Tieren. Mangelerscheinungen beim Menschen werden kaum beobachtet.	~ 5 mg
Vitamin K (Vitamin K_1 : *Phyllochinon*, K_2 : *Farnochinon*, K_3 : *Menadion*).	Vitamin K_1 in Kohl, Spinat, Tomaten und einigen Bakterien, Vitamin K_2 wird u. a. von Kolibakterien gebildet.	Erforderlich für normale Gerinnungsfähigkeit des Blutes (Koagulationsvitamin), reguliert die Prothrombinbildung.	Erhöhte Blutungstendenz, besonders bei Leber- und Gallenerkrankungen, da die Fettresorption gestört.	~ 0,001 mg
WASSERLÖSLICH				
Vitamin B₁ *(Aneurin, Thiamin)*	Hefe, Getreidekeimlinge, Leber, Niere, Ei, Früchte, Gemüse, Kartoffeln.	Reguliert die Funktionen der Enzyme des Kohlenhydratstoffwechsels, beeinflußt die Nerventätigkeit (antineuritisches Vitamin).	Störungen im Kohlenhydratstoffwechsel, Beriberi, Polyneuritis, Herzschäden, Verdauungsstörungen, Appetitlosigkeit, Müdigkeit.	700 I. E., entsprechend ca. 2 mg.
Vitamin B₂ *(Riboflavin, Lactoflavin)*	Hefe, Leber, Niere, Ei, Milch, Fleisch, Getreidekeimlinge.	Bedeutsam für Kohlenhydrat- und Eiweißstoffwechsel.	Haut- und Schleimhautschäden, Augenermüdung, Haarausfall.	2–4 mg
Nikotinsäure *(Niacin, PP-Faktor, Nikotinsäureamid)*	Hefe, Getreidekeimlinge, Leber, Niere, Ei, Fleisch, Milch, Käse, Fisch.	Erforderlich für Kohlenhydrat- und Eiweißstoffwechsel. Nikotinsäureamid ist Baustein wichtiger Cofermente. Pellagraschutzstoff.	Pellagra.	10–20 mg
Vitamin B₆ *(Pyridoxin, Adermin)*	Hefe, Leber, Gemüse, Eigelb, Milch, Eingeweide.	Bedeutsam für Eiweiß- und Fettstoffwechsel und für die normale Bildung von roten Blutkörperchen.	Haut- und Schleimhautveränderungen, nervöse Störungen und Blutarmut.	2–4 mg
Vitamin B₁₂ *(Cobalamin, Extrinsic Factor)*	Hefe, Leber, Milch, Eigelb, bestimmte Pilze und Bakterien.	Wichtig für Stoffwechsel der Zellen und für Wachstum, unentbehrlich für Bildung der roten Blutkörperchen.	Sprue, Anämie, Nervenschäden.	~ 0,001 mg
Pantothensäure	Hefe, Leber, Niere, Gemüse, Milch.	Bedeutsam für Kohlenhydrat-, Eiweiß- und Fettstoffwechsel.	Keine Mangelsymptome beim Menschen bekannt.	~ 3–5 mg
Biotin *(Vitamin H)*	Hefe, Leber, Niere, Milch, Eigelb.	Wichtig für Fett- und Eiweißstoffwechsel, Hautvitamin.	Hautschäden (Dermatitis, schuppige und ausgetrocknete Haut).	~ 0, 25 mg
Folsäure *(Pteroylmonoglutaminsäure, Vitamin B_c, Vitamin M)*	Hefe, Leber, Niere, Milch, grüne Pflanzenteile.	Wichtig für Stoffwechselfunktionen, für Wachstum und Blutbildung.	Perniziöse Anämie.	~ 1–2 mg
Cholin	Hefe, Leber, Niere, Eigelb.	Von Bedeutung zur Bildung von Acetylcholin. Bei Tieren wichtig für Fettstoffwechsel.	Bei Tieren Störung des Fettstoffwechsels, dadurch Entstehung von Fettniere und Fettleber.	ca. 1 g
Inosit *(myo-Inosit)*	Leber, Niere, Gehirn, Muskelgewebe, Früchte.	Bedeutsam für Stoffwechsel.	Wachstumshemmungen, Haarausfall, Leberentartungen.	ca. 1 g
Vitamin C *(Ascorbinsäure)*	Hagebutten, Beeren, Zitrusfrüchte, Paprika, Tomaten u. a. Gemüse.	Reguliert Sauerstoffaustausch in Zellen. Bedeutsam für Bindegewebe, Knochen, Zähne und Blutgefäße.	Skorbut, Moeller-Barlowsche Krankheit, Anfälligkeit gegen Infektionen, Zahnfleischblutungen, Müdigkeit.	50–150 mg

(linke Randbeschriftung: Vitamin-B-Komplex)

Viterbo (:wi-), mittel-it. Prov.-Hst. n.w. von Rom, 58 600 E.; kath. Bischof, ma. Stadtbild; roman. Kathedrale (12. Jh.), ehem. Papstpalast (13. Jh.), Schwefelthermen, Nahrungsmittel-Ind.

Vitoria (:wi-), Hst. der bask. Prov. Álava in Nordspanien, 191 000 E.; Bischof; Kathodrale (14. Jh.). Metall-, Auto- u. Nahrungsmittel-Ind.

Vitoria, *Francisco de,* span. Dominikaner, 1483/93–1546; Gründer der berühmten theolog. Schule v. Salamanca, Eneuerer der Scholastik, Mitbegr. des Völkerrechts.

Vitrine *w* (frz.), Glasschrank, zur Schaustellung v. Gegenständen.

Vitriol *m* od. *s,* schwefelsaures Salz (Sulfat) der Schwermetalle; grüner od. *Eisen-V.,* blauer od. *Kupfer-V.,* weißer od. *Zink-V.* **V.öl,** rauchende Schwefelsäure.

Vitruv, eig. *Marcus Vitruvius Pollio,* röm. Kriegs- und Festungsbaumeister, 88–26 v. Chr.; widmete dem Augustus seine Schrift *De architectura,* das einzige derartige aus der Antike überlieferte Werk.

Vitry-sur-Seine (:witri ßür ßän), südl. Ind.-Vorort v. Paris, an der Seine, 87 500 E.

Vittorini, *Elio,* it. Schriftsteller, 1908–66; seine Romane polit. u. realist.; *Gespräch in Sizilien; Die rote Nelke; Offenes Tagebuch.*

Vitus, *Veit,* hl. (15. Juni), nach der Legende Martyrer unter Ks. Diokletian; einer der 14 ↗Nothelfer.

Vitzliputzli, entstellte Form für *Huitzilopochtli,* aztek. Kriegs- u. Sonnengott; mit blutigen Opfern (auch Menschen) verehrt.

vivace (:wiwatsche, it.), *Musik:* lebhaft.

Vivaldi, *Antonio,* it. Komponist, um 1680–1741; Barockmeister; bedeutend als Wegbereiter des Solokonzerts u. der Sonate; zahlreiche Opern, Konzerte (*Concerti grossi*), Sonaten. [bende Tiere.

Vivarium *s* (lat.), Tierhaus, Behälter für lebivat (:wiw-, lat.), er (sie, es) lebe hoch! *vivant sequentes,* die Nachfolgenden mögen leben! **Vivat, crescat, floreat** (lat.), „Er (sie, es) möge leben, wachsen u. gedeihen."

Bernhard Vogel

Vives, *Juan Luis,* span. Humanist, 1492 bis 1540; Erzieher am Hof Heinrichs VIII. v. England; Begr. der neueren Pädagogik u. empir. Psychologie. [rend, Ggs. ovipar.

vivipar (lat.; Hw. *Viviparie*), lebend gebä-

Vivisektion *w* (lat.), ein mit Verwundung verbundener Versuch an lebenden Tieren; für Forschungszwecke nur unter bestimmten Bedingungen zulässig. ↗Tierversuch.

Vizcaya (:wiß-), span. Name für ↗Biscaya.

Vize... (lat.), anstelle von; bei Amtstiteln die Stellvertretung bezeichnend.

Viztum, *Vitztum m,* im MA urspr. der weltl. Finanzbeamte geistl., dann auch weltl. Herrschaften (später erbl. Lehen).

Vlaardingen, niederländ. Hafenstadt an der Nieuwen Maas, unterhalb Rotterdam, 79 500 E.; Fischereihafen; Phosphatfabrik.

Vlaminck (:-mänk), *Maurice de,* frz. Maler, 1876–1958, im Gefolge van Goghs bedeutender Vertreter des ↗Fauvismus.

Vlies *s* (angelsächs.), **1)** zusammenhängende Wolle des Schafs. **2)** ↗Goldenes V.

Vliesstoffe, Bz. für nicht gewebte oder gewirkte Textilprodukte; Stapelfasern, die durch Kleben od. Schweißen miteinander verbunden sind.

Vlissingen, niederländ. Hafen u. Seebad auf der Insel Walcheren, 39 000 E.; chem. Ind., Fährverkehr nach England.

Vlorë, *Vlora,* alban. Name für ↗Valona.

Vlotho, westfäl. Stadt u. Heilbad an der mittleren Weser, 20 100 E.; vielseitige Ind.

Vogel, 1) *Bernhard,* dt. Politiker (CDU), Bruder v. 2), * 1932; 67/76 Min. für Unterricht u. Kultus, seit 76 Min.-Präs. von Rheinland-Pfalz; 72/76 Präs. des Zentralkomitees der dt. Katholiken. **2)** *Hans-Jochen,* dt. Politiker (SPD), * 1926; 60/72 Oberbürgermeister v. München, 72/74 Bundes-Min. für Städtebau, 74–81 für Justiz; 81 Regierender Bürgermeister von Berlin.

Vögel, befiederte, eierlegende Wirbeltiere, etwa 8600 Arten. V. haben kleinen Kopf, spindelförm., mit Federn bekleideten Rumpf, zu Flügeln umgewandelte Vordergliedmaßen u. eigenwarmes Blut. Knochen sind z. T. mit Luftkanälen durchsetzt, auch Luftsäcke im Körperinnern zur Gewichtserleichterung, Auge u. Gehör gut, Geruchssinn verkümmert. Der ↗Schnabel zeigt mannigfache Formen. Die Eier werden meist im ↗Nest ausgebrütet. ↗Zug-, Strich-, Stand-V. □ 1045/1046.

Vogelbeere, die ↗Eberesche. **Vogelfluglinie,** kürzeste Verkehrsverbindung Mw. Mittel- u. Nordeuropa; v. Hamburg über die Fehmarnsundbrücke nach Puttgarden, mit der Fähre über den Fehmarnbelt nach Rødby Havn, dann Brücke nach Falster u. Anschluß an das dän. Verkehrsnetz. **vogelfrei** ↗Acht. **Vogelkirsche,** *Prunus avium,* Rosengewächs, Stammform der Süßkirsche. **Vogelmiere,** *Hühnerdarm,* Nelkengewächs, kleines, weißblühendes Unkraut; Vogelfutter. **Vogelmilch,** der ↗Milchstern. **Vogelnester,** ↗Nest der Vögel; eßbar die Nester der ↗Salangane. **Vogelnestorchis,** die ↗Nestwurz.

Vogelsang, *Karl Frh. v.,* Sozialreformer, 1818–90; verließ den preuß. Staatsdienst,

Hans-Jochen Vogel

Vögel: a Vogelkörper: 1 Stirn; 2 Scheitel; 3 Zügel-, 4 Schläfen-, 5 Ohrengegend; 6 Nakken; 7 Rücken; 8 Bürzel; 9 Steuer-(Schwanz-)Federn; 10 Kehle; 11 Brust; 12 Bauch; 13 Schulter; Schädel 13 15 14 16

14 Flügeldeckfedern; 15 Flügelfedern; 16 Bugfedern; 17 Achsel-, 18 Arm-, 19 Handschwingen. **b** Skelett: 1 Hals-, 2 Brust-, 3 Schwanzwirbel; 4 Becken; 5 Rippen mit Hakenfortsatz; 6 Brust-, 7 Gabel-, 8 Rabenbein; 9 Schulterblatt; 10 Oberarm, 11 Elle, 12 Speiche; 13 Handwurzel; 14 Mittelhand; 15 Daumen; 16 II. u. III. Finger; 17 Oberarm, 18 Unterschenkel; 19 Lauf; 20 Zehen

Meise Schwalbe Fink
Star
Wildente
Elster
Hühnerhabicht
Sperber
Turmfalke
Mäusebussard
Adler

Möwe
Kranich
Albatros

Vögel: Flugbilder verschiedener V.

wurde 50 kath.; ging später nach Wien; geistiger Begr. der Christl.-Sozialen Bewegung in Östr.

Vogelsberg, vulkan. Gebirgsstock in Hessen, mit eingelagerten tertiären Ton- u. Braunkohlenschichten; im Taufstein 774 m hoch. Naturpark.

Vogelschutz, Teil des ↗Naturschutzes; Errichtung v. Nistgelegenheiten, Winterfütterung, Gründung v. *V.gebieten* für gefährdete Vögel.

Vogelspinne, *Buschspinne,* braunschwarz, stark behaart; *Gemeine V.,* 5 cm lang, im trop. Südamerika; *Javan. V.,* 9 cm lang, überfällt Frösche u. Mäuse. □930.

Vogelwarte, erforscht Lebensgewohnheiten der Vögel, bes. den Vogelzug.

Vogesen, *Wasgenwald,* frz. *Vosges* (:wōsch), 120 km langes linksrhein. frz. Mittelgebirge, begrenzt die südl. Oberrheinebene im W; steigt über weinreichen Vorbergen steil zum Gebirgskamm auf u. dacht sich allmähl. gg. W ins lothring. Stufenland ab. Erreichen im Hohen od. Sulzer Belchen 1423 m, im Honneck 1361 m; $^2/_3$ sind bewaldet; Milchwirtschaft, in den Tälern Textil-, chem. u. Maschinen-Ind.

Vogler, *Vogelsteller, Vogelfänger.*

Vogler, *Georg Joseph,* gen. *Abbé V.,* dt. Komponist u. Musiktheoretiker, 1749–1814; war Priester, Wegbereiter der musikal. Romantik; Kirchen- u. Konzertmusik.

Vogt *m,* im MA Schutzherr v. Personen u. Institutionen, bes. v. Kirchen u. Klöstern; dann allg. Beamter.

Vogtland, sächs. Hügellandschaft beiderseits der oberen Weißen Elster, 400–650 m hoch. Leder-, Maschinen- u. bes. Textil-Ind., vor allem in dem Hauptort Plauen.

Vogue (:wog, frz.), Bewegung, Modebewegung; *en v.,* modisch, im Schwange.

Vöhringen, bayer. Gemeinde östl. v. Ulm, 12300 E.; Metallhalbzeugwerk.

Voile m (: w°al, frz.), schleierart. Gewebe.

Voith-Schneider-Antrieb, Schiffsantrieb mit Horizontalpropeller; Schaufelrad mit ungefähr senkrechten, tragflächenähnlichen Schaufeln, die stets in gleicher Wassertiefe, aus mit gleichem Druck, arbeiten. Die drehbaren Flügel stellen sich beim Kreisen zwangsläufig auf stärkste Schubwirkung. Der Propeller kann das Schiff auch zur Seite, schräg vor od. zurück u. rückwärts schieben.

Vokabel w (lat.), einzelnes Wort. **Vokabular** s, Wortschatz, Wörterverzeichnis.

Vokal *m* (lat.), Selbstlaut. **V.musik** w (lat.-gr.), Musik, die v. Singstimmen ohne oder mit Instrumentalbegleitung ausgeführt wird; Ggs.: ↗Instrumentalmusik.

Vokativ m, Fall der Anrede, im Dt. nicht ervol., Abk. für ↗Volumen 2).   [halten.

Volant *m* (: wolãn, frz.), 1) angekrauster Besatz an Kleidungsstücken. 2) Kraftwagen-Steuerrad.

Volk, 1) die durch gemeinsame Abstammung, Sprache, Kultur u. Gesch. verbundene Gesamtheit v. Menschen. Staatsgrenzen u. Volkstumsgrenzen decken sich häufig nicht. **2)** die Gesamtheit der zu einem Staat verbundenen Menschen.

Kardinal Volk

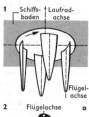

Voith-Schneider-Antrieb: 1 Voith-Schneider-Propeller, **2** Flügelstellung bei **a** reinem Vortrieb (Geradeausfahrt), **b** bei Linkskurve

Volk, *Hermann,* dt. kath. Dogmatiker, * 1903; seit 62 Bischof v. Mainz, seit 73 Kardinal.

Völkerbund, nach dem 1. Weltkrieg auf Anregung Wilsons geschaffene internationale Organisation zur Wahrung des Friedens u. zu wirtschaftl. u. kultureller Zusammenarbeit; begr. durch die auf der Pariser Friedenskonferenz 1919 ausgearbeiteten 26 Artikel der Völkerbundssatzung, die in die Pariser Friedensverträge v. 1919/20 aufgenommen wurden; Sitz Genf. Die USA traten dem V. nicht, Dtl. erst 1926, die UdSSR erst 34 bei. Das Ziel einer allg. Abrüstung wurde nicht erreicht, die Sanktionen gg. Angreifer blieben z. T. unwirksam; durch den Austritt der zu krieger. Lösungen entschlossenen Mächte (Japan u. Dtl. 33, It. 37) wurde der V. prakt. hinfällig; 46 aufgelöst. An seine Stelle traten die ↗Vereinten Nationen.

Völkerkunde, Wissenschaft, die sich mit den Kulturen der Menschheit, bes. den ↗Naturvölkern, u. zwar in erster Linie mit jenen der lebenden Völker beschäftigt. Teilgebiete sind *Ethnographie* (beschreibende V.), *Ethnologie* (vergleichende V.), *Ethnopsychologie* u. Ethnosoziologie.

Völkermord, *Genocidium s* (gr.-lat.), v. R. Lemkin geprägter Begriff des Völkerstrafrechts für die Ausrottung volk., rass. oder rel. Gruppen.

Völkerrecht (v. lat. *ius gentium*), die Rechtsnorm zurRegelung der Verhältnisse zw. den einzelnen Staaten sowie zw. Staaten u. souveränen Gemeinschaften (z. B. ↗Konkordat). V.liche Abmachungen unterliegen dem gewohnheitsrechtl. Grundsatz: *pacta sunt servanda,* d. h., Verträge sind rechtsverbindlich. Begr. des V.: ↗Grotius, ↗Vitoria.   [kriege.

Völkerschlacht bei Leipzig, ↗Befreiungs-
Völkerwanderung, 1) i. w. S. eine Wanderung mehrerer Völker od. Stämme auf der Suche nach einem neuen Siedlungsgebiet. **2)** i. e. S. die Wanderung der Ost- u. West-↗Germanen im 4./6. Jh. nach dem S u. W Europas; verursacht u. a. durch Bevölkerungsvermehrung u. Druck der ↗Hunnen. Die V. führte zum Untergang des weström. Reiches; auf dessen Boden gründeten die ↗Vandalen, ↗Westgoten, Burgunder (↗Burgund), ↗Ostgoten, ↗Langobarden u. ↗Franken (↗Fränk. Reich) eigene Reiche, in denen es zur der für die abendländ. Gesch. entscheidenden Begegnung zw. Germanentum, Antike u. Christentum kam; die folgenreichste Reichsgründung war die der Franken; die übrigen Reiche wurden vernichtet od. gingen im Fränk. Reich auf.

Völklingen, saarländ. Ind.-Stadt. westl. v. Saarbrücken, 45000 E.; Eisen- u. Stahlwerke, Steinkohlengruben.

Volksabstimmung, a) staatsrechtl.: eine Form des ↗Plebiszits, wobei den stimmberechtigten Bürgern v. Fall zu Fall Sachfragen zur Entscheidung vorgelegt werden; b) völkerrechtl.: die Abstimmung der Bev. eines bestimmten Gebietes über dessen Zugehörigkeit zu einem Staatsverband.

Volksaktie ↗Aktie.

Volksbegehren, *Volksinitiative,* eine Form

Völkerbund

Organe:

a *Völkerbundversammlung* (Generalversammlung), je eine Stimme pro Mitglied, trat jährl. einmal zus.; benötigte zur Beschlußfassung im allg. Einstimmigkeit

b *Völkerbundsrat*, 4–6 ständige (Engl., Fkr., It., Japan; Dtl., UdSSR) u. – zuletzt – 9 nicht-ständige Mitgl. (auf 3 Jahre gewählt); tagte dreimal jährl.; benötigte zur Beschlußfassung im allg. Einstimmigkeit

c Ständiges Sekretariat, geleitet v. einem Generalsekretär

d Besondere Organisationen: u. a. Ständiger Internationaler Gerichtshof, Internationale Arbeitsorganisation

des ⟋Plebiszits, der Antrag eines Volksteiles od. einer Mindestzahl stimmberechtigter Bürger auf eine bestimmte Entscheidung (durch das Parlament od. durch ⟋Volksentscheid).

Volksbücher, Sammelname für erzählende Prosa des 15./16. Jh., meist anonym, auf Epen des MA u. a. Quellen beruhend, noch lange verbreitet (z. B. Volksbuch v. Dr. Faust).

Volksbücherei, *Volksbibliothek,* öff. Bibl., die meist v. einer Gemeinde unterhalten wird; größere V.en oft mit eigenen Kinder- u. Jugendbüchereien.

Volksbühne, Organisation, die verbilligten Theaterbesuch ermöglicht. 1890 wurde in Berlin die erste *Freie V.* gegr., v. der sich 92 die *Neue Freie V.* abspaltete. Nach dem 1. Weltkrieg Reorganisation unter dem Namen *Verband der Dt. V.n-Vereine* als Besucherorganisation in ganz Dtl.; 1933 aufgelöst, nach dem 2. Weltkrieg neu gegr.; größte dt. Besucherorganisation.

Volksbund Deutscher Kriegsgräberfürsorge, 1919 (erneut 1945) gegr. Bund zur Betreuung der Grabstätten der in beiden Weltkriegen Gefallenen.

Volksdemokratie, nach dem 2. Weltkrieg im sowjet. Einflußbereich entstandene Regierungsform (als Staatsform *Volksrepublik* gen.); durch pseudodemokrat. Formen verschleiertes Diktatursystem der herrschenden kommunist. Partei; keine parlamentar. ⟋Demokratie.

Volksdeutsche, die bis zum 2. Weltkrieg meist in geschlossenen Gruppen in Ost- u. Südost-Europa siedelnden Auslandsdeutschen. ⟋Umsiedler.

Volkseigene Betriebe (VEB), in der DDR Bz. für die verstaatlichten Betriebe (im Unterschied zu ⟋LPG und ⟋PGH); als „Volkseigentum" bes. geschützt; zunächst unselbständige Filialbetriebe der Vereinigung Volkseigener Betriebe (VVB), seit 1952 selbständige Wirtschaftseinheiten mit zentral gelenkter Produktion.

Volkseinkommen ⟋Sozialprodukt.

Volksentscheid, *Referendum,* Form des ⟋Plebiszits, (dauernde, nicht nur fallweise) Beteiligung der Gesamtheit der stimmberechtigten Bürger an der polit. Willensbildung (Gesetzgebung); Institution der unmittelbaren ⟋Demokratie (so in der Schweiz).

Volksfront, 1934/35 geprägte Bz. für ein zeitweiliges polit. Zusammengehen von Kommunisten, Sozialisten u. Teilen des Bürgertums; V.regierungen gab es u.a. 36/37 in Fkr., 36/39 in Spanien, 38/40 u. 70/73 in Chile.

Volksgerichtshof, unter dem Nat.-Soz. in Dtl. Strafgericht, das als geeigneter zur Durchsetzung seiner Herrschaftsziele in wichtigen polit. Sachen an die Stelle des ⟋Reichsgerichts gesetzt war.

Volksherrschaft ⟋Demokratie.

Volkshochschule, seit etwa 1900 entwickelte Einrichtungen der Erwachsenenbildung auf allen Wissensgebieten; Hauptformen *Abend-V.* u. *Heim-V.*

Volkskammer, das Abgeordnetenhaus der DDR, verfassungsrechtl. oberstes Verfassungsorgan, aufgrund einer Einheitsliste gewählt; deren feststehende Paritäten sichern die Führungsrolle der SED. ⟋Deutschland (Dt. Demokrat. Rep.).

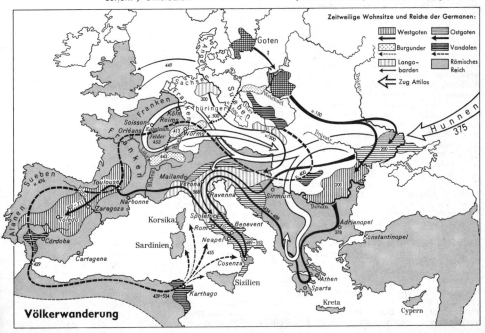

Zeitweilige Wohnsitze und Reiche der Germanen: Westgoten, Ostgoten, Burgunder, Vandalen, Langobarden, Römisches Reich, Zug Attilas

Völkerwanderung

Volkskommune, seit 1958 err. kollektive Produktions- u. Lebensgemeinschaft in der VR ↗China; besteht aus Arbeitsbrigaden (ca. 50 Haushaltungen), die zu Produktionsbrigaden (bis 300 Haushaltungen) zusammengefaßt sind; bildet eine polit.-wirtschaftl.-administrative Einheit.

Volkskunde, die wiss. Erforschung des Volkstums, beschäftigt sich mit Siedlung, Haus, Tracht, Volkskunst, Brauchtum, Volksglauben, Sage, Märchen, Lied usw.

Volkskunst, v. Bauerntum u. anderen Gruppen (Bergleuten, Fischern) getragene kunsthandwerkl. Erzeugnisse; v. der „hohen Kunst" wenig beeinflußt. Durch Bindung an Brauchtum u. Überlieferung kaum stilist. Entwicklung. Uraltes Formengut wird in oft nicht mehr deutbare Ornamente stilisiert; daneben gegenständl. u. erzählende Bilder. Die Gegenstände des tägl. Gebrauchs werden dekorativ gestaltet.

Volkslied, v. J. G. Herder geprägter Begriff für das fr. *Gassenhauer* od. *Bauerngesang* gen. Lied; vielfach als Kunst- od. Kirchenlied komponiertes Lied, das volkstüml. u. im Laufe der Zeit durch mündl. Tradition verändert („zersungen") wurde. Häufige Formen: Standeslied, Legenden- u. Schwanklied, Kinder-, Liebes-, Heimat- u. Wanderlied. Das heute gesungene V. stammt zumeist aus dem 18./19. Jh.; in dieser Zeit entstanden auch die V.sammlungen v. J. G. Herder *(Stimmen der Völker in Liedern),* A. v. Arnim u. C. Brentano *(Des Knaben Wunderhorn).* Im 20. Jh. hat sich bes. die Jugendbewegung mit ihren Singkreisen der Pflege des V. angenommen.

Volksmission, in der *kath. Kirche* außerordentl. Seelsorgemaßnahmen (etwa alle 10 Jahre) zur Erneuerung des religiösen Lebens; bes. Predigtreihen u. vermehrter Sakramentenempfang. – In den *ev. Kirchen* die ständige, v. der ↗Inneren Mission getragene Bemühung um christl. Erneuerung; bes. Bibelstunden u. Evangelisation. .

Volksmusik, in Analogie zum ↗Volkslied die Instrumentalmusik des Volkes. Die verwendeten Instrumente sind entweder eigentüml. Schöpfungen des Volkes, veraltete u. nicht mehr gebräuchl. Instrumente der Kunstmusik oder auch in der Kunstmusik gebräuchl., aber für die V. charakterist. Instrumente, z. B. Alphorn, Dudelsack, Fiedel, Zither.

Volkspolizei, *VP* (volkstüml. Abk. Vopo), in der DDR Sammel-Bz. für die verschiedenen Dienstzweige der Polizei. Die *kasernierte V.* bildete den Kader für die „Nationale Volksarmee".

Volksrechte (lat. *leges),* die Stammesrechte german. Stämme; wurden nach der Völkerwanderung unter dem Einfluß des röm. Rechts u. des Christentums bei den einzelnen Stämmen (zeitl. verschieden) aufgezeichnet, zuerst bei den Westgoten; bedeutendstes Volksrecht war das Salische Volksrecht. Den Abschluß bildete die Aufzeichnung mehrerer V. auf dem Reichstag zu Aachen 802/803.

Volksrepublik ↗Volksdemokratie.

Volksschule *w,* zusammenfassende Bz. für

Grund- u. Hauptschule, öff. allgemeinbildende Schule für alle Kinder (↗Schulpflicht) zur Heranbildung der Persönlichkeit u. Vermittlung der für Leben u. Beruf erforderl. grundlegenden Kenntnisse u. Fertigkeiten; der 4klass. Grundschule (1.–4. Schuljahr, zugleich Unterbau der ↗Mittel- u. ↗Höheren Schulen) folgt die meist 5klass. Hauptschule (5.–9. Schuljahr). Man unterscheidet ↗Bekenntnis-(Konfessions-) u. Gemeinschafts-(Simultan-)Schulen.

Volksschullehrer(in), für die Erziehungs- u. Bildungsaufgaben der Grund- und Hauptschule ausgebildete Lehrkraft; nach Erlangung der Hochschulreife Ausbildung an einer ↗Pädagog. Hochschule (in einigen Bundesländern auch an Univ.); *1. Lehrerprüfung* nach 6 Semestern; nach der 2–5 Jahre später abzulegenden *2. Prüfung* Übernahme in den Schuldienst auf Lebenszeit möglich. **Volkssouveränität,** der Wille des Volkes als letzte Legitimation jegl. Herrschaft. ↗Demokratie. **Volkstrauertag,** in der BRD staatl. Gedenktag für die Gefallenen beider Weltkriege, am 2. Sonntag vor dem 1. Advent. **Volkstribun** ↗Tribun.

Volksverein für das katholische Deutschland, 1890 v. F. ↗Hitze, F. Brandts u. L. Windthorst gegr. Institution zur sozialen u. staatsbürgerl. Schulung der dt. Katholiken; Zentrale in Mönchengladbach; 1933 aufgelöst.

Volksvermögen, alle Vermögenswerte einer Volkswirtschaft: u. a. Boden, Rohstoffe, Fabriken, Patente, i. w. S. auch die Arbeitskraft eines Volkes. **Volksvertretung** ↗Parlament.

Volkswagenwerk-Stiftung, die v. Bund u. dem Land Niedersachsen aus ihrem Anteil an der Volkswagenwerk AG, Wolfsburg, 1961 errichtete *Stiftung Volkswagenwerk,* die jährl. aus den Zinsen u. Dividenden des Stiftungsvermögens Mittel zur Förderung v. „Wiss. u. Technik in Forschung u. Lehre" ausschüttet.

Volkswirtschaft, der Gesamtzusammenhang der wirtschaftl. Einrichtungen u. Vorgänge in einem Staat. Die einzelnen V.en bilden in ihren Wirtschaftsbeziehungen die ↗Weltwirtschaft. **V.slehre,** Nationalökonomie, ↗Wirtschaftswissenschaft.

Volkszählung, amtl. Erhebung über die Gesamt-Bev. eines Landes nach Zahl, Alter, Geschlecht, Beruf, Haushaltsgröße, Religionszugehörigkeit usw.; jeder ist zur Ausfüllung des Fragebogens gesetzl. verpflichtet.

Vollbeschäftigung, der Zustand einer Volkswirtschaft, bei der die Produktionsfaktoren vollständig in Beschäftigung stehen; wichtigster Maßstab ist die Arbeitslosigkeit (sind weniger als 3% der Erwerbspersonen arbeitslos, spricht man von V.). Die V. enthält u. a. durch die mit der Knappheit der Arbeitskräfte verbundene Lohnsteigerung eine inflationist. Tendenz. Die Wirtschafts- u. Geldpolitik eines Landes hat daher zu wählen zw. V. (mit schleichender Geldentwertung) od. Stabilität der Währung (mit größerer Arbeitslosigkeit). Heute wird allg. eine V.spolitik bevorzugt.

Vollblut ↗Pferderassen.

Netz, 2,43 m hoch

Angriffslinie

Grundlinie

├ 3 m ┤
Angaberaum

Volleyball: Spielfeld

Vollschiff

Volleyball m (: wŏle¹-, engl.), dem Faustball ähnl. Ballspiel zw. 2 Mannschaften v. je 6 Mann über ein 2,24–2,43 m hohes Netz. Den v. Gegner geschlagenen Ball versucht die Gegenmannschaft an einer Bodenberührung zu hindern u. nach höchstens 3 Schlägen über das Netz zum Boden des gegner. Feldes zu bringen. Der Ball darf mit jedem Körperteil oberhalb der Hüfte gespielt werden. Punkte kann nur die aufgebende Mannschaft buchen, die bei eigenem Fehler das Aufgaberecht an den Gegner verliert. Ein Satz ist mit 15 Punkten bei mindestens 2 Punkten Vorsprung gewonnen. Zum Sieg sind 3 Gewinnsätze notwendig.

Volljährigkeit, Eintritt der unbeschränkten ⁄Geschäftsfähigkeit, meist durch Erreichung einer Altersgrenze. ☐ Alter im Recht.

Vollkaufmann, ein Kaufmann, auf den die Vorschriften des HGB, bes. über Buchführung, Firma, Handelsregister u. Prokura Anwendung finden. ⁄Minderkaufmann.

Vollmacht, Vertretungsbefugnis zum Abschluß eines Rechtsgeschäfts, auch zur dauernden Stellvertretung; ⁄Handlungs-V., ⁄Prokura u. Prozeß-V.

Vollschiff, Segelschiff mit 3–5 Masten, alle mit Rahsegeln getakelt.

Vollstreckung, Durchführung eines gerichtl. Urteils: a) bürgerl.-rechtl.: die ⁄Zwangsvollstreckung; b) strafrechtl.: der Strafvollzug. **V.sbefehl** ⁄Mahnverfahren. **V.sschutz,** die ⁄Zwangsvollstreckung einschränkende gesetzl. Regelungen über unpfändbare Sachen, Beschränkung der Pfändung v. Geld (Lohn, Gehalt). **V.stitel,** öff. Urkunde über den Inhalt u. die Vollstreckbarkeit eines Anspruchs. ⁄Zwangsvollstreckung.

vollziehende Gewalt, die ⁄Exekutive.

Volontär (: w-, frz. = Freiwilliger), Bz. für jemand, der ohne Lehr- od. Anlernverhältnis zur berufl. Aus- u. Fortbildung ohne od. für geringes Entgelt arbeitet.

Volt s, Abk. V, nach ⁄Volta benannte Einheit der elektr. Spannung, allg. jene Spannung, die in einem Leiter v. 1 Ohm Widerstand einen Strom v. 1 Ampere Stärke fließen läßt.

Volta, 1) m, größter Fluß Ghanas, entsteht aus 3 Quellflüssen (Weißer, Schwarzer, Roter V.), mündet nach 1600 km in den Golf v. Guinea; Staustufen zur Regulierung u. zur Energiegewinnung. **2)** Rep. ⁄Obervolta.

Volta, Alessandro Graf, it. Physiker, 1745–1827; führte die Arbeiten Galvanis fort. Entdeckte die Elektrolyse, verbesserte das Elektroskop, schuf den Plattenkondensator, die V.sche Säule als erste brauchbare Stromquelle, fand die elektr. Spannungsreihe. Nach ihm ist das ⁄Volt benannt.

Voltaire (: woltär), (eig. François-Marie Arouet), frz. Philosoph u. Schriftsteller, 1694–1778; Führer der frz. Aufklärung; 1750/53 am Hof Friedrichs d. Gr.; vertrat den ⁄Deismus u. naturwiss. ⁄Determinismus; seine Schr. u. Dichtungen fordern Toleranz, Aufklärung u. Humanität; erbitterter Feind des Christentums, bes. der Kirche. V. schrieb neben philosoph. u. hist. WW Romane, Gedichte u. Dramen, v. denen die

Meßbereichserweiterung durch Vorwiderstand R_v

Meßbereichserweiterung durch Spannungswandler

Voltmeter: Schaltung

Alessandro Volta

Voltaire

letzteren der vorangegangenen frz. Klassik verpflichtet sind.

Voltampere (: -ānpär), Abk. VA, Einheit der elektr. Scheinleistung (bei Wechselstrom), 1 VA = 1 Watt.

Volta Redonda, südbrasilian. Stadt im Staat Rio de Janeiro, ca. 90000 E.; bedeutende Eisen- u. Stahlerzeugung (80% der brasilian. Gesamtproduktion).

Volte w, 1) kreisförm. Reitübung. 2) das Ausweichen vor einem gegner. Stoß beim Fechten. 3) V.schlagen, Betrug im Kartenspiel.

Volterra, mittel-it. Stadt in der Toskana, 20000 E.; kath. Bischof, roman. Kathedrale (10./13. Jh.) u. Baptisterium (1283). Etrusk. Ausgrabungen (Museum).

voltigieren (: -sehi-, frz.), Reitsport: Geschicklichkeitsübungen am Pferd, das beim leichten Galopp an der ⁄Longe 1) im Kreis geführt wird.

Voltmeter s, Spannungsmesser, Gerät zur Messung der elektr. Spannung; wird parallel zum Verbraucher geschaltet.

Volturno m (: w-), unter-it. Küstenfluß, durchfließt die Kampan. Ebene, mündet nach 175 km in den Golf v. Gaëta.

Volumen s (: w-, lat.), 1) Rauminhalt v. Stoffen od. geometr. Körpern. ☐ 421. 2) Abk. vol., urspr. Schriftrolle, dann allg. Buchband. **voluminös,** umfangreich.

Voluntarismus m (lat.), philosoph. Lehre, die im Ggs. zum ⁄Intellektualismus im Willen (lat. voluntas) die bestimmende menschl. Seelenkraft sieht.

Völuspa w (altnord. = Weissagung der [Seherin] Völva), Gedicht der ⁄Edda, im 10. Jh. in Irland entstanden; Bericht über Schöpfung u. Ende der Welt (Götterdämmerung); Hauptquelle für die german. Religionsgeschichte.

Volute w (: w-, lat.), Schmuckspirale am Kapitell der ionischen Säule; in Renaissance u. Barock architekton. Verbindung zw. Horizontaler u. Vertikaler.

Vomitus m (lat.), Erbrechen; vomitieren, sich erbrechen. Vomitiva (Mz.), die ⁄Brechmittel.

Vondel, Joost van den, niederländ. Dichter, 1587–1679; Täufer, später zur kath. Kirche konvertiert; schuf das niederländ. Barockdrama; gedankentiefer Lyriker.

Vopo, Abk. für ⁄Volkspolizei.

Vorarlberg, östr. Bundesland zw. Arlberg, Rhein, Bodensee u. Bayer. Allgäu, 2601 km², 305600 E. (vorwiegend kath.; Alamannen); Hst. Bregenz. Alm- u. Weidewirtschaft; Wasserkraftwerke (Illwerke); Textil- (bes. in Dornbirn), Eisen-Ind.; Fremdenverkehr. ⁄Arlberg. – Seit etwa 500 v. Alamannen besiedelt; 9. Jh. bis 1160 unter den Grafen v. Bregenz, dann v. Montfort; seit dem 14. Jh. bei Östr.; 1918 als eigenes Bundesland v. Tirol abgetrennt.

Voraus des Ehegatten, im ⁄Erbrecht der neben dem Erbteil des Ehegatten bestehende Anspruch auf die zum ehel. Haushalt gehörenden Gegenstände, wenn der überlebende Ehegatte neben Erben der 2. Ordnung od. nach Großeltern gesetzl. Erbe ist.

Vorbehaltsgut bei ⁄Gütergemeinschaft

bes. Gegenstände, die als V. bezeichnet sein müssen, welche jeder Ehegatte selbständig u. für eigene Rechnung verwaltet.
Voerde (: fö-), niederrhein. Gem. nördl. v. Duisburg, 31500 E.; Maschinen-Ind.
Vorderasien, SW-Asien, umfaßt die Türkei, Syrien, Libanon, Israel, Jordanien, Saudi-Arabien, Irak u. Iran; vorwiegend Gebirgs-, Wüsten- u. Steppenländer mit Trockenklima u. wesentl. vom Islam geprägter arab.-pers. Kultur. □ 55.
Vorderer Orient ↗Naher Osten.
Vorderhand, die vorderen Gliedmaßen v. Tieren.
Vorderindien ↗Indien.
Vorderösterreich, seit dem 15. Jh. Bz. für die zerstreuten habsburg. Herrschaftsgebiete in Südwest-Dtl.; 1648 fiel das Elsaß an Fkr., der Rest V.s (außer Vorarlberg) kam 1805 an Baden, Württemberg u. Bayern.
Vordersatz, in der Logik ↗Prämisse.
Vorerbe ↗Testament.
Vorfall, das Heraustreten innerer Organe.
Vorfluter, Wasserlauf zur Mitnahme eingeleiteter ↗Abwässer. □ 4.
Vorfrucht, die einer Kulturpflanze auf dem gleichen Feldstück vorangehende Frucht.
Vorgelege, bei Maschinen eine vorgeschaltete Welle od. Rädertrieb, zur Änderung der Übersetzung.
Vorgeschichte ↗Urgeschichte.
Vorhaut, umschließt die Eichel des männl. Gliedes; ↗Beschneidung.
Vorherbestimmung ↗Prädestination.
Vorhof, Teil des ↗Herzens. □ 616/617.
Vorhölle ↗Limbus.
Vorkaufsrecht, vereinbartes od. gesetzl. Recht für einen Dritten, nach Abschluß des Kaufvertrags anstelle des Käufers zu den gleichen Bedingungen, wie zw. diesem u. dem Verkäufer vereinbart, die Kaufsache zu erwerben; bei Grundstücken Sicherung durch Grundbucheintragung möglich.
Vormärz, in Dtl. die Zeit zw. den ↗Befreiungskriegen u. der Märzrevolution 1848.
Vormund, die zur Sorge für Vermögen u. Person eines Minderjährigen od. Entmündigten bestellte Person; wird v. *V.schaftsgericht* bestellt u. überwacht. Als V. ist berufen, wer v. den Eltern des ↗Mündels als V. benannt od. (falls diese keinen V. benannt haben) v. V.schaftsgericht ausgewählt worden ist. Annahme der V.schaft ist grundsätzl. Pflicht (gesetzl. Ablehnungsgründe).
Vorname, *Rufname,* in Dtl. vor Entstehung der ↗Familiennamen allein gebräuchl. Benennung des einzelnen Menschen; seither Name *vor* dem Familien- od. Geschlechtsnamen; wird ins Geburtsregister eingetragen, kann auf Antrag abgeändert werden.
vor Ort, im Bergbau die eig. Abbaustelle.
Vorparlament, 31. 3. / 4. 4. 1848 Versammlung in Frankfurt; bereitete die ↗Frankfurter Nationalversammlung vor.
Vorsatz *m,* **1)** *Recht:* Das Wollen einer Tat in Kenntnis aller Tatumstände. Im *Zivilrecht* kann die Haftung für V. nicht im vorhinein ausgeschlossen werden. Im *Strafrecht* ist der V. die normale Art der Schuld, u. zwar auch als bedingter V. **2)** *Buchbinderei:* weiße od. farbige *V.papierblätter,* die die Innenseite der Buchdecke überziehen u.

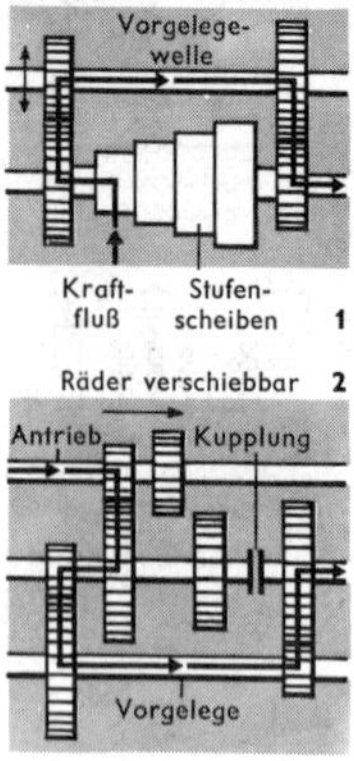
Vorgelege-
welle
Kraft-
fluß
Stufen-
scheiben
1
Räder verschiebbar
2
Antrieb
Kupplung
Vorgelege

Vorgelege: 1 einfaches Räder-V. (Verdoppelung der Drehzahl), **2** Zahnradgetriebe mit Räder-V. (Stufengetriebe)

dem ersten u. letzten Bogen als Schutz vorbzw. nachgesetzt sind; vermitteln die Verbindung des Buchblocks mit dem Einband.
Vorsatzlinsen, in der Photographie Linsen, die vor ein vorhandenes Objektiv gesetzt werden u. so dessen Brennweite verändern.
Vorschulerziehung, die Erziehung v. Kindern im Vorschulalter, bes. in Kindergärten, mit dem Ziel, möglichst große Chancengleichheit zu erreichen; ohne schul. Lernen vorwegzunehmen, soll die geistige Entwicklung des Kindes gefördert werden; Voraussetzungen: Bereitstellung einer genügenden Zahl v. Kindergartenplätzen, Versorgung der Kindergärten mit geeignetem Spiel- u. Arbeitsmaterial.
Vorsehung *w, christl. Theologie:* Bz. für den Entwurf der geschaffenen Welt durch das alles erkennende Wissen Gottes u. seinen alles tragenden u. bedingenden Willen; durch sie leitet Gott die Welt u. ihre Gesch. zu dem in seiner ↗Prädestination vorauserfaßten u. -gewollten Ziel durch die immanenten Kräfte der Welt u. durch seine heilsgeschichtl. Fügungen.
Vorsignal, ein Eisenbahnsignal. □ 217.
Vorsilben, *Präfixe* (Mz., lat.), urspr. selbständige Wörter, dienen wie die Nachsilben (Suffixe) der Ableitung neuer Wörter aus dem Stamm v. Haupt-, Bei-, Zeitwörtern (z.B. *ant-* in *Antwort* u. *antworten*).
Vorsokratiker, Sammel-Bz. für die vor ↗Sokrates aufgetretenen altgriech. Philosophen: die *Ionischen Naturphilosophen* (Thales, Anaximander, Anaximenes); Pythagoras; Heraklit; die *Eleaten* (Xenophanes, Parmenides, Zenon) u. die *Jüngeren Naturphilosophen* (Empedokles, Anaxagoras, Leukipp, Demokrit). Die V. suchten im Ggs. zu den Göttermythen eine rationale Welterklärung.
Vorspannung ↗Spannbeton.
Vorspur, beim Kraftwagen die nichtparallele Führung der Vorderräder, verhindert das Auseinanderlaufen der Räder durch Seitenelastizität der Bereifung. □ 511.
Vorstand ↗Aktiengesellschaft, ↗Verein.
Vorsteherdrüse, die ↗Prostata. □ 323.
Vorstehhund ↗Hühnerhund. □ 1043.
Vorstrafe, jede z.Z. einer strafrechtl. Verfolgung bereits rechtskräftig verhängte Strafe; kann bei neuer Straftat straferhöhend wirken. Angabepflicht über eigene V.en nur, solange das Strafregister unbeschränkt Auskunft erteilt.
Vorteilsausgleichung, bei der Feststellung eines Schadens die Anrechnung der Vorteile (nicht Versicherungsansprüche), die das schädigende Ereignis unter Umständen verursacht.
Vortragszeichen, in der Notenschrift alle Angaben zur genaueren Festlegung der Wiedergabe einer Musik (meist in it. Sprache); beziehen sich bes. auf Zeitmaß, Lautstärke u. auf Charakterisierung des Ausdrucks.
Voruntersuchung, wird in bedeutenden Strafsachen v. Untersuchungsrichter auf Antrag des Staatsanwalts geführt. Die V. kann einen Teil der Beweisaufnahme für die Hauptverhandlung vorwegnehmen.

Vorsilben und Bestimmungswörter aus Fremdsprachen

a..., A... (gr. „ohne, kein"), Alpha privativum (:alfa priwatjwum), „verneinendes Alpha" (= A), genannt, z. B. amoralisch, amusisch, asozial, Apathie, Asymmetrie

ab..., Ab... (lat. „weg-, fort-, ent-, miß-"), z. B. absolut, Abusus („Mißbrauch"); vor t und z: abs..., Abs..., z. B. abstrakt, abstinent, Abszeß; vor anderen Konsonanten (außer h) auch verkürzt: a..., A..., z. B. Aversion

ad..., Ad... (lat. „zu-, hinzu-, bei-, an-"), z. B. adoptieren, Addition, Adjektiv, Advent; ist vor c angeglichen zu ac..., Ac..., z. B. accelerando, Accessoires; vor f zu af..., Af..., z. B. affirmativ, Affront; vor g zu ag..., Ag..., z. B. Aggregat; vor k und z zu ak..., Ak..., z. B. akkurat, Akzent; vor l zu al..., Al..., z. B. Allianz, Allokution; vor n zu an..., An..., z. B. annullieren, Annexion; vor p zu ap..., Ap..., z. B. applaudieren, Appell, Approbation; vor r zu ar..., Ar..., z. B. arrangieren, Arrest; vor s zu as..., As..., z. B. Assistent, Assonanz; vor t zu at..., At..., z. B. attraktiv, Attest

aero..., Aero... (: a-ero..., gr. „Luft, Gas"), z. B. aerotherm, Aerodynamik

agrar..., Agrar... (lat. „den Acker, Boden od. die Landwirtschaft betr."), z. B. Agrarreform, Agrarstaat

all(o)..., All(o)... (gr. „anders[artig], gegensätzlich, fremd"), z. B. Allotropie

ambi..., Ambi... (lat. „beide, beidseitig, um – herum"), z. B. ambivalent

andr(o)..., Andr(o)... (gr. „Mann, männlich"), z. B. Androgen, Androsteron

ante..., Ante... (lat. „vor"), z. B. Antependium

anthropo..., Anthropo... (gr. „Mensch"), z. B. Anthropologie, Anthroposophie

anti..., Anti... (gr. „gegen"), z. B. antiseptisch, antimilitaristisch, Antichrist, Antiphon; vor Vokalen und vor h: ant..., Ant..., z. B. Antode

bio..., Bio... (gr. „Leben"), z. B. biogen, biotisch, Biographie, Biologie

chrono..., Chrono... (gr. „Zeit"), z. B. Chronologie, Chronometer

des..., Des... (lat.-frz. „ent-"), z. B. desillusionieren, desodorieren, Desinteresse

dia..., Dia... (gr. „durch, hindurch, auseinander, zwischen"), z. B. diagonal, Dialog, Diarrhö, Diathermie

dis..., Dis... (lat. „entzwei, auseinander, zer-, weg-, un-"), z. B. disharmonisch, disponieren, Dissonanz, Distribution; vor f zu dif..., Dif..., z. B. Differenz

dys..., Dys... (gr. „schlecht, mißlich, übel"), Dystonie, Dystrophie

end(o)..., End(o)... (gr. „innen, innerhalb"), z. B. endokrin, Endoskop

eu..., Eu... (gr. „wohl, gut, schön"), z. B. Eucharistie, Eugenik, Euphorie, Euthanasie

ex..., Ex... (lat. „aus, aus – heraus, ent-; ehemalig"), z. B. exemt, exhumieren, exklusiv, Exmatrikel, Expansion, Exweltmeister

General... (lat. „Haupt-, Oberst-, allgemein"), z. B. Generalprävention, Generaladmiral, Generalstreik

geo..., Geo... (gr. „Erde, Erdboden, Land"), z. B. geographisch, geometrisch, geozentrisch, Geologie

gyn(ä)..., Gyn(ä)... (gr. „Frau(en)..."), z. B. Gynäkologie

häm(o)..., Häm(o)... (gr. „Blut"), z. B. hämolytisch, Hämophilie, Hämorrhoiden

heli(o)..., Heli(o)... (gr. „Sonne"), z. B. Heliograph, heliozentrisch

heter(o)..., Heter(o)... (gr. „anders, verschieden, fremd"), z. B. heterodox, heteronom, heterosexuell

hier(o)..., Hier(o)... (gr. „heilig, Priester"), z. B. Hierarchie, Hieroglyphe

hist(o)..., Hist(o)... (gr. „Gewebe"), z. B. Histologie, Histopathologie

histor(io)..., Histor(io)... (gr.-lat. „Geschicht(s)..."), z. B. Historiker, Historiographie

hom(o)..., Hom(o)... (gr. gleich, gleichartig, entsprechend"), z. B. homogen, homosexuell

hyd..., Hyd..., hydr(o)..., Hydr(o)... (gr. „Wasser"), z. B. Hydraulik, Hydrologie

hyper..., Hyper... (gr. „über, übermäßig, über – hinaus"), z. B. Hyperboreer, Hypertrophie

inter..., Inter... (lat. „zwischen"), z. B. international, Interjektion, Intermezzo, Interregnum, Intervall

intra..., Intra... (lat. „innerhalb"), z. B. intramuskulär, intrazellular

intro..., Intro... (lat. „hinein, nach innen"), z. B. introspektiv, introvertiert

is(o)..., Is(o)... (gr. „gleich"), z. B. isochron, Isomorphie

kardi(o)..., Kardi(o)... (gr. „Herz, auch: Magenmund"), z. B. kardial, Kardiologie, Kardiospasmus

kon..., Kon... (lat. „zusammen, mit"), z. B. Kondominium, Konferenz, Konformismus; vor b, m, p angeglichen zu kom..., Kom..., z. B. Kombattant, kommemorieren; vor l zu kol..., Kol..., z. B. kollaborieren, kollidieren, Kolloquium; vor r zu kor..., Kor..., z. B. korrepetieren, Korrektiv; vor Vokalen u. vor h zu ko..., Ko... verkürzt, z. B. Koedukation, Koinstruktion, Kooperation

konter..., Konter... (lat.-frz. „gegen"), z. B. Konterrevolutionär, Kontertanz

krypt(o)..., Krypt(o)... (gr. „geheim, verborgen"), z. B. Kryptogramm, Kryptoskop

leuk(o)..., Leuk(o)... (gr. „weiß, glänzend"), z. B. Leukämie, Leukozyten

makr(o)..., Makr(o)... (gr. „groß, lang"), z. B. Makrokosmos, Makromolekül

meg(a)..., Meg(a)..., megal(o)..., Megal(o)... (gr. „groß, mächtig, lang"), z. B. Megalith, Megaphon

mezz(o)..., Mezz(o)... (lat-it. „mittel, halb"), z. B. Mezzanin, Mezzogiorno, Mezzosopran

mikr(o)..., Mikr(o)... (gr. „winzig, fein"), z. B. Mikrobe, Mikroskop, Mikron

mon(o)..., Mon(o)... (gr. „allein, einzeln, einmalig"), z. B. Monarchie, Monokel, Monogramm, Monopol, monoton

multi..., Multi... (lat. „viel, zahlreich"), z. B. multilateral, multiplizieren

nekr(o)..., Nekr(o)... (gr. „Toter, Leiche"), z. B. Nekrolog, Nekropole, nekrotisch

neur(o)..., Neur(o)... (gr. „Nerv, Nerven"), z. B. neuralgisch, Neurologe

nov(i)..., nov(o)... (lat. „neu"), z. B. Novität, Noviziat

orth(o)..., Orth(o)... (gr. „gerade, aufrecht, richtig, recht"), z. B. orthodox, Orthographie, Orthopädie

palä(o)..., Palä(o)... (gr. „alt, ur-, Ur-"), z. B. Paläographie, Paläontologie, Paläozoikum, Paläolithikum

pan..., Pan... (gr. „all, gesamt, völlig"), z. B. Panslawismus, Panorama

path(o)..., Path(o)... (gr. „Krankheit, Leiden"), z. B. pathetisch, Pathologie

peri..., Peri... (gr. „um – herum, umher, über – hinaus"), z. B. Perigäum, Perikope, Periode, Peripatetiker

petr(o)..., Petr(o)... (gr. „Stein"), z. B. Petrefakt, Petrochemie, Petrographie

poly..., Poly... (gr. „mehr, viel"), z. B. polychrom, polygam, polymorph, Polytheismus

pop..., Pop... (lat.-engl.-am. Kw. für popular = volkstümlich), z. B. Pop-art, Pop-song

post..., Post... (lat. „nach, hinter"), z. B. Postludium, postmortal, postoperativ

prä..., Prä... (lat. „vor, voraus, voran"), z. B. Prädestination, Präambel, Pränomen, prästabilieren, Präsumtion

pseud(o)..., Pseud(o)... (gr. „falsch, unecht"), z. B. Pseudonym

psych(o)..., Psych(o)... (gr. „Seele, Gemüt"), z. B. Psychiater, Psychopath, Psychologe

sol(i)..., Sol(i)..., solo... (lat.-it. „allein, einzig"), z. B. Soliloquium, solitär, Solipsismus, Sologesang

sten(o)..., Sten(o)... (gr. „schmal, eng"), z. B. Stenograf, Stenogramm

stereo..., Stereo... (gr. „starr, unbeweglich; räumlich, körperlich"), z. B. stereophon, Stereoskop, stereotyp

sub..., Sub... (lat. „unter, unterhalb; nahebei"), z. B. subaltern, subkutan, submarin, subsumieren

super..., Super... (lat. „über, über – hinaus"), z. B. Superlativ, Supermarkt

supra..., Supra... (lat. „über, oberhalb"), z. B. Supraleiter, supranational

syn..., Syn... (gr. „mit, zusammen, gleichzeitig, gleichartig"), z. B. Synchron, Syndrom; vor b, m, p zu sym..., Sym..., z. B. Symbol, Sympathie; vor l zu syl..., Syl..., z. B. Syllabus; selten nur sy..., z. B. System, Systole

tach(o)..., Tach(o)..., tachy..., **Tachy...** (gr. „schnell"), z. B. Tachometer, Tachygraphie

therm(o)..., Therm(o)... (gr. „Wärme, Hitze"), z. B. Thermalbad, Thermodynamik, Thermostat

top... (engl. „Gipfel, Spitze"), z. B. top fit, Top-management

top(o)..., Top(o)... (gr. „Ort, Gegend, Gelände"), z. B. Topik, Topologie

tox(i)..., Tox(i)..., toxo..., Toxo... (gr. „Gift"), z. B. Toxikologe, Toxoplasmose

trans..., Trans... (lat. „hindurch, quer durch, hinüber, jenseits; über – hinaus"), z. B. transatlantisch, transformieren, Transit, Transport, Transzendenz

ultra..., Ultra... (lat. „jenseitig, über – hinaus"), z. B. Ultrakurzwelle, ultraviolett

uni..., Uni... (lat. „einzig, einmalig, einheitlich"), z. B. uniform, Unikum

zirkum..., Zirkum... (lat. „um – herum"), z. B. zirkumpolar, Zirkumzision

Karl Voßler Hugo de Vries

Vorwerk, 1) v. einem größeren landwirtschaftl. Gut abgezweigter Wirtschaftshof. **2)** Vorbau einer Burg vor dem Torgraben.
Vorwort ↗Verhältniswort.
Vorzeichen, 1) *Musik:* Schlüssel, Taktzeichen; ferner ↗Versetzungszeichen. **2)** ein + od. −, das den positiven od. negativen Charakter einer Zahl angibt. **3)** nach dem Volksglauben Anzeichen künftigen Geschehens, meist auf den Tod bezogen.
Vorzugsaktien, ↗Aktien, die im Ggs. zu den ↗Stammaktien mit Vorrechten hinsichtl. Gewinnverteilung *(Vorzugsdividenden)* od. Stimmrecht ausgestattet sind.
Vorzugszoll, *Präferenzzoll,* ein unter dem allg. Zollsatz liegender Zolltarif, der nur bestimmten Ländern gewährt wird.
Vosges (: wōsch), frz. für ↗Vogesen.
Vöslau, *Bad V.,* niederöstr. Kurort am Wienerwald, 10000 E.; Thermalquelle; Kammgarnfabrik.
Voß, 1) *Johann Heinrich,* dt. Schriftsteller, 1751–1826; Mitgl. des Göttinger Hainbundes, Übersetzer griech. (bes. Homer) u. röm. Schriftsteller, Versidyll *Luise.* **2)** *Richard,* dt. Schriftsteller, 1851–1918; Gesellschaftsromane (u. a. *Zwei Menschen)* u. Dramen.
Voßler, *Karl,* dt. Romanist, 1872–1949; Arbeiten über die roman. Literaturen (bes. Dante) u. zur Sprachphilosophie.
Vostell, *Wolf,* dt. Maler, * 1932; Collagen, Décollagen, Environments.
Votive (Mz., lat.), *V.bilder, V.tafeln,* aus Pietät od. besonderer Verehrung, aufgrund eines Gelübdes, zur Erlangung besonderer Hilfe od. aus Dankbarkeit einer Gottheit, einem Heroen, Verstorbenen, Heiligen dargebrachte dingl. Gaben (Bilder, Tafeln, Trophäen u. a.).
Votivmesse, außerhalb des liturg. Tagesoffiziums bei wichtigen Anlässen od. für private Anliegen zelebrierte Messe.
Votum *s* (: wo-, lat.), **1)** im alten Rom Gelübde an die Götter in Gefahr od. Krankheit. **2)** *i. ü. S.:* Meinungsäußerung, Stellungnahme; Stimmabgabe.
Vox *w* (: w-), Stimme. **V. humana** (menschl. Stimme), Orgelregister. **V. populi vox Dei** (lat.), Volkes Stimme (ist) Gottes Stimme.
Voyeur *m* (: wo[a]jör), sexuell abartig veranlagter Mensch, der sich durch Beobachtung sexueller Handlungen geschlechtl. Befriedigung verschafft.
Vrchlický (: wrchlizki), *Jaroslav* (eig. Emil Frida), tschech. Schriftsteller, 1853–1912; Prof. in Prag; zahlr. Gedichte, Dramen, Übersetzungen (bes. Dante u. Goethe).

Vreden, westfäl. Stadt im Münsterland, 18200 E.; Textil-, Bekleidungs- u. Kunststoff-Ind., Stahl-, Maschinen- u. Fahrzeugbau, holzverarbeitende Ind.
Vries, 1) *Adriaen de,* niederländ. Bildhauer, 1560–1626; Bronzebildwerke im Übergang zw. Renaissance u. Frühbarock. HW: *Merkur-* u. *Herkulesbrunnen* in Augsburg. **2)** *Hugo de,* 1848–1935, niederländ. Botaniker; ↗Vererbung.
Vriesea, trop.-am. Gattung der Bromelien; über 100 Arten; Rosettenpflanzen mit meist gelben Blüten; Zierpflanzen.
Vring, *Georg v. der,* dt. Schriftsteller, 1889–1968; liedhafte Lyrik, Romane.
VTOL-Flugzeuge ↗Flugzeug. □282.
Vulcano (: w-), *Volcano,* eine der Liparischen Inseln vor der Nordküste Siziliens; 499 m hoher Vulkan.
vulgär (lat.), gemein, gewöhnlich.
Vulgata *w* (lat. = die allg. Verbreitete), seit dem Ende des MA Bz. der in der kath. Kirche benutzten, größtenteils v. Hieronymus geschaffenen lat. Bibelübersetzung; v. Konzil v. Trient als authent. erklärt. − ↗Vetus Latina.
vulgo (lat.), gemeinhin, gewöhnlich (ergänze: genannt).
Vulkan *m* (lat.), Stelle der Erdoberfläche, an der *Magma (Lava)* aus einem Krater *(Zentraleruption)* oder (bei Deckenergüssen) durch Erdspaltung *(Lineareruption)* an die

Votive: oben schmiedeeisernes Votivbild aus Oberbayern, unten votivtafel mit Darstellung des hl. Wendelin (1787; vom sog. Weißwurstwolken-Meister)

Die wichtigsten tätigen Vulkane	Höhe (in m)	letzte Eruption
Agung (Bali; Indonesien)	3142	1964
Arenal (Costa Rica)	1552	1979
Asama (Hondo; Japan)	2542	1973
Askaja (Island)	698	1961
Aso (Kiuschiu; Japan)	1690	1970
Ätna (Sizilien; Italien)	3263	1981
Awu, Gunung (Sangi-Inseln; Indonesien)	1920	1968
Beerenberg (Jan Mayen; Norwegen)	2277	1970
Cerro Negro (Nicaragua)	976	1971
Colima, Nevado de (Mexiko)	4268	ständig
Cotopaxi (Ecuador)	5896	1975
Erebus, Mount (Victoria-Land; Antarktis)	3794	ständig
Fako (Mount Cameroun; Kamerun)	4070	1959
Hekla (Island)	1447	1980
Katmai, Mount (Alaska; USA)	2047	1962
Kilauea (Hawaii; USA)	1222	1979
Kirishima (Kiuschiu; Japan)	1699	ständig
Kljutschewskaja Sopka (Kamtschatka; UdSSR)	4850	1974
Krakatau (Insel zw. Java u. Sumatra; Indonesien)	816	1953
Lamongan, Gunung (Java; Indonesien)	1670	ständig
Mauna Loa (Hawaii; USA)	4168	1978
Mayon (Luzón; Philippinen)	2990	1978
Merapi, Gunung (Java; Indonesien)	2911	1976
Mombacho (Nicaragua)	1224	1969
Mont Pelé (Martinique; Kleine Antillen)	1463	1929
Mount St. Helens (USA)	2550	1981
Nyiragongo (Ostafrika; Zaire)	3469	1977
Nyamlagira (Ostafrika; Zaire)	3055	1980
Piton de la Fournaise (Réunion; Maskarenen)	2515	1946
Popocatépetl (Mexiko)	5452	1939
Sakurashima (Kiuschiu; Japan)	1120	1979
Sangay (Ecuador)	5230	1976
Schiwelutsch (Kamtschtka; UdSSR)	3395	1964
Semerun, Gunung (Java; Indonesien)	3676	1976
Soufrière, La (St-Vincent; Kleine Antillen)	1134	1976
Stromboli (Liparische Inseln; Italien)	926	ständig
Uracas (Marianen; US-Treuhandgebiet)	317	ständig
Vesuv (Golf von Neapel; Italien)	1277	1944
Vulcano (Liparische Inseln; Italien)	499	1890

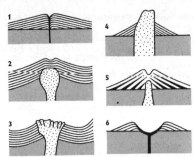

Vulkantypen: 1 Schild-Vulkane, von fast reiner, dünnflüssiger Lava gebildet; **2** Quellkuppen aus zähflüssiger Lava mit Tuffbedeckung; **3** Staukuppen aus zähflüssiger Lava, ohne Tuffbedeckung; **4** Stoßkuppen, aus dem Schlot emporgepreßte Lavapfropfen; **5** Schicht- oder Strato-Vulkane bei wechselnder Lava- und Aschenförderung; **6** Explosionstrichter ohne Förderung von Lava und Lockermaterial (↗Maar); **7** Caldera = □ 139

Erdoberfläche tritt *(Eruption* oder *V.ausbruch); morpholog.* ein Berg, der durch das bei einer Eruption geförderte Material aufgebaut wird. Der Lavaaustritt *(Effusion)* erfolgt meist nach einer starken Explosion, bei der Gesteinsblöcke u. Lockermaterial in große Höhe geschleudert u. z. T. vom Wind abtransportiert werden. Die Eruption wird durch Gasentbindung im V.herd infolge Druckentlastung, Temperatur-Abfall, Auskristallisation ermöglicht. Die ausgetretene Lava erstarrt zu vulkan. Gesteinen *(Vulkanite)*. Oft liegen zw. einzelnen Eruptionen lange Ruhephasen; nur wenige V.e *(Stromboli-Typ)* sind gleichmäßig tätig. Beim Abklingen der Eruption nimmt die Förderung ab u. geht in Exhalation v. Schwefeldämpfen *(Solfatare)* u. trockener Kohlensäure *(Mofette)* über. Die äußere Form der V.e wechselt stark; oft sind auf den Flanken Nebenkegel *(parasitäre V.e)* entstanden; durch häufige Verlagerung der Eruptionskanäle können ganze *V.gebirge* entstehen. – Die meisten tätigen V.e befinden sich in den Schwächezonen der Erdrinde längs der jungen Faltengebirge an den Rändern der Kontinente u. auf vorgelagerten Inseln.

Vulkanfiber w, Kunststoff aus Papier od. Baumwolle, mit Zinkchlorid behandelt u. gepreßt; für elektr. Isoliermaterial, Koffer u. a.

Vulkanisation w, Verfestigung des ↗Kautschuks.

Vulkanismus m (lat.), zusammenfassende Bz. für alle Vorgänge u. Erscheinungen, die mit dem Aufsteigen des Magmas zusammenhängen; z. B. Vulkane.

Vulpius, 1) *Christian August*, dt. Schriftsteller, 1762–1827; schrieb Ritter- u. Räuberromane *(Rinaldo Rinaldini)*. **2)** *Christiane*, Schwester v. 1), 1765–1816; Freundin Goethes, Mutter seines Sohnes August, seit 1806 seine Gattin.

VVB ↗Volkseigene Betriebe.

V-Waffen (= *Vergeltungs-W.),* v. der nat.-soz. Propaganda geprägter Name der ↗V 1 u. der ↗V 2 des 2. Weltkriegs.

W, 1) chem. Zeichen für ↗Wolfram. **2)** Abk. für ↗Watt. **3)** Abk. für ↗Westen.

Waadt w, frz. *Vaud* (: wö), Westschweizer Kt. an der frz. Grenze, 3211 km², 520900 E.; Hst. Lausanne. Landwirtschaft; im Jura Uhren- u. Eisenwarenindustrie.

Waag w, ungar. *Vág*, slowak. *Váh*, l. Nebenfluß der Donau, mundet nach 400 km bei Komorn.

Waage, 1) Gerät zum Messen des Gewichtes bzw. der Masse eines Körpers. Zu unterscheiden sind in der Hauptsache Hebel-, Feder- u. hydraul. Waagen. Bei der *Hebel-W. (Balken-W.)* besteht dann Gleichgewicht, wenn Last × Lastarm = Kraft × Kraftarm. *Feder-W.n* nützen die elastische Formänderung v. Spiral- od. Wendelfedern, die dem Gewicht proportional ist u. einen Zeiger verstellt. Bei *hydraul. W.n* für sehr große Lasten drückt die Last einen Kolben in einen Zylinder mit Flüssigkeit, deren Druckanstieg am Manometer in Gewichtseinheiten abzulesen ist. *Hydrostatische W.n* messen Gewichte v. festen Körpern durch Eintauchen nach dem archimedischen Prinzip. *Elektrische W.n* ermitteln das Gewicht durch die Widerstandsänderung eines Dehnungsmeßstreifens. Die *Senk-W.* mißt Flüssigkeitsdichten an der Eintauchtiefe eines Schwimmkörpers. **2)** Sternbild am Südhimmel, 7. Zeichen des ↗Tierkreises. **W.punkt**, der ↗Herbstpunkt.

Waal w, Mündungsarm des ↗Rheins.

Waals, *Johannes Diderik van der*, niederländ. Physiker; 1837–1923; arbeitete über zwischenmolekulare Anziehungskräfte *(v. d. W.sche Kräfte);* 1910 Nobelpreis.

Wabe w, Wachszelle der Biene. **W.nkröte**, Froschlurch im trop. Südamerika, gelb- bis schwarzbraun, Eier in wabenartigen Brutzellen auf dem Rücken.

Wachau w, 30 km langes Durchbruchstal der Donau durch das Östr. Granitmassiv, zw. Melk u. Krems in Niederösterreich.

Wacholder, *Machandel, Juniperus,* Zypressengewächs, strauchförmiges, zweihäusiges Nadelholz mit kugligen Beerenzapfen; als Gewürz- u. Magenmittel; Holz zu Drechsler- u. Tischlerarbeiten. **W.beeröl,** *W.öl,* Öl der W.beere; zu Likör u. Branntwein. **W.spiritus,** W.öl mit Weingeist; zum Einreiben.

Wachs, fettartige mineral., tier. u. pflanzliche Stoffe, chem. Ester hochmolekularer, einwertiger Alkohole. Verwendung zu Kerzen, Salben, für Isoliermassen, Kitte, Schuhcreme. **W.baum,** nord-am. Baum; Früchte *(Wachsbeeren)* liefern Wachs für Kerzen. **W.bildnerei,** *Zeroplastik,* Technik der Bildhauerkunst zur Herstellung v. Mo-

Sternbild Waage

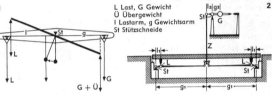

L Last, G Gewicht
Ü Übergewicht
l Lastarm, g Gewichtsarm
St Stützschneide

G + Ü

Waage: 1 Balken-W. (Wägung durch Ausgleich mit Gewichtsstücken), **2** Brücken-W. (Brücke liegt auf 4 Hebeln, die gemeinsam an die Zugstange Z angreifen), **3** Feder-W.

Wacholderzweig und Frucht

dellen u. selbständigen Plastiken; Blüte im Barock (Reliefs, Votivbilder, Porträts, Krippenfiguren). **W.blume, 1)** ein Borretschgewächs; wachsüberzogene Stauden. **2)** Seidenpflanzengewächs; Schlingpflanze mit wachsartigen Blüten; in China, Indien, Australien. **W.malerei,** die ↗Enkaustik. **W.motte,** die ↗Bienenmotte. **W.tafel,** Holzod. Elfenbeintafel mit dünnem Wachsüberzug, im Alt. v. Griechen u. Römern u. teilweise im MA zum Schreiben benutzt. **W.tuch,** Gewebe aus Baumwolle, Leinen od. Jute, mit Leinöl- od. Kunstharzfirnis getränkt u. geglättet.

Wachstum, Größenzunahme u. Ausdifferenzierung lebender Organismen; beim Menschen durch die Hormone der Hypophyse, Schilddrüse u. Keimdrüsen gesteuert (☐404); bei Pflanzen u. Tieren durch ↗Wuchsstoffe.

Wachtberg, rhein. Gemeinde südl. v. Bonn, 16 500 E.; Töpfereien; 1969 durch Gemeindezusammenschluß entstanden.

Wächte, *G(e)wächte* w, überhängende Schnee- od. Firnmassen.

Wachtel, kleinköpf. Feldhuhn; in Europa u. Nordafrika; Rufe des Männchens *(W.schlag)* weit hörbar. **W.hund,** dem langhaarigen Dt. Vorstehhund ähnl., spursicherer Jagdhund. **W.könig,** Wiesenschnarrer, hochbeiniger Zugvogel mit schnarrendem Ruf. **W.weizen,** Rachenblütler, krautiger Halbparasit; mit gelben Blüten u. violetten Hochblättern.

Wachtraum, *Tagtraum m,* traumähnliches Spielen der Phantasie in wachem Zustand, Ablauf von Wunschbildern.

Wackenroder, *Wilhelm Heinrich,* dt. Schriftsteller, 1773–98; Frühromantiker; *Herzensergießungen eines kunstliebenden Klosterbruders,* betonen den Wert der altdt. Kunst.

Wade, muskulöser hinterer Teil des Unterschenkels. **W.nbein,** dessen dünner Knochen. ☐615. **W.nkrampf,** schmerzhafte Zusammenziehung der **W.nmuskulatur.**

Wadi *s,* arab. *Ued* od. *Wed,* Trockental in den Wüsten Nordafrikas u. Arabiens.

Wafd *m* (arab. = Abordnung), 1918 gegr. nationalägypt. Partei; seit 27 mehrfach Regierungspartei, 53 aufgelöst.

Waffel, dünnes, wabenartiges Gebäck.

Waffengebrauch, Anwendung der Dienstwaffe durch amtl. Organe (Polizei) zur Durchsetzung des Staatswillens; als Mittel des unmittelbaren Zwanges nur erlaubt, wenn sich andere Mittel als unzulängl. erweisen u. wenn u. solange dieser Zweck nur durch W. erreicht werden kann.

Waffenschein, v. der Kreispolizeibehörde ausgestellter Erlaubnisschein, der zur Führung einer Schußwaffe außerhalb der Wohn-, Dienst- od. Geschäftsräume od. des befriedeten Besitztums berechtigt.

Waffenstillstand, Einstellung der Feindseligkeiten zw. Kriegführenden, unter bestimmten Bedingungen durch Übereinkunft der Regierungen od. obersten Militärbefehlshaber; zu unterscheiden v. **Waffenruhe** für kürzere Dauer zu bestimmtem Zweck (Bergung v. Toten usw.).

K. H. Waggerl

Richard Wagner

Wieland Wagner

Wolfgang Wagner

Waffensystem, moderner waffentechn. Begriff für die Gesamtheit eines Kampfmittels einschließl. der zu seinem Einsatz notwendigen Ausrüstung u. Hilfsmittel, z.B. Kampfflugzeug mit Waffen, Feuerleitsystemen usw.

Waffentechnik, Teilgebiet der Technik, das die Entwicklungen der techn.-naturwiss. Forschung ausnutzt zur Konstruktion immer schlagkräftigerer u. vielseitig einsetzbarer Waffen (z.B. als ↗Raketenwaffen u. als ↗Kernwaffen), wobei neben der eigentl. Waffe, die zur Verstärkung der Schlagkraft des Kämpfers dient, immer mehr Bedeutung der Entwicklung der Waffenträger (z.B. Panzer, Flugzeug, Schiff) zukommt, die als hochkomplizierte ↗Waffensysteme die Waffe an den Gegner bringen sollen. Raketenwaffen u. Torpedos werden oft durch eingebaute Zielsucheinrichtungen ins Ziel gesteuert. ☐547.

Wagen, *Großer* u. *Kleiner W.,* Sternbilder. ↗Bär. **W.burg,** Verschanzung aus zusammengeschobenen Wagen, seit dem Alt. bekannt. **W.heber,** hydraul. od. pneumat. betätige Hebevorrichtung für Fahrzeuge. Einfache Ratschenhebelwinde zum Anheben einer Achse für Reifenwechsel.

Waggerl, *Karl Heinrich,* östr. Schriftsteller, 1897–1973; Romane u. Erz. bes. über seine Bergheimat. *Brot; Schweres Blut; Das Jahr des Herrn.*

Wagner, 1) *Adolf,* dt. Nationalökonom, 1835–1917; einer der ↗Kathedersozialisten; suchte der Wirtschafts-Wiss. eine philosoph. Grundlage zu geben; vertrat das ,,Gesetz vom wachsenden Staatsbedarf''. **2)** *Cosima,* 1837–1930; Tochter v. Franz Liszt u. der Gräfin Marie d'Agoult, 1857 mit Hans v. Bülow verheiratet, 69 geschieden, 70 zweite Gattin v. Richard W.; leitete 1886/1908 die Bayreuther Festspiele. **3)** *Johann Martin v.,* klassizist. Maler, Bildhauer u. Archäologe, 1777–1858; *Siegestor* in München. **4)** *Richard,* dt. Komponist, 1813–83; Kapellmeister in verschiedenen Städten, nach Teilnahme am Dresdener Aufstand 49/59 im Exil in Zürich; nach unstetem Leben 64 am Hof Ludwigs II. v. Bayern, 70 Vermählung mit Cosima, 76 Bau eines Festspielhauses in Bayreuth. W. erstrebte im Sinne der Romantik ein Gesamtkunstwerk v. Musik, Dichtung u. szen. Darstellung. In seinem Musikdrama tritt an die Stelle v. ,,Nummern'' die ,,unendl. Melodie'' mit einem kunstvollen System der ↗Leitmotive. Hauptthema: Schulderlösung durch Liebe u. Mitleid, Resignation (Schopenhauer). Werke: *Rienzi; Der fliegende Holländer; Tannhäuser; Lohengrin; Der Ring des Nibelungen (Das Rheingold, Die Walküre, Siegfried, Götterdämmerung); Tristan u. Isolde; Die Meistersinger v. Nürnberg; Parsifal.* **5)** *Siegfried,* Sohn v. 4) u. 2); dt. Komponist, 1869–1930; seit 1909 Leiter der Bayreuther Festspiele. **6)** *Winifred,* Gattin v. 5), Mutter v. 7), 1897–1980; 1930-45 Leiterin der Bayreuther Festspiele. **7)** *Wieland* (1917–66) u. *Wolfgang* (* 1919). Söhne v. 5), Regisseure, leiteten bzw. leiten die Inszenierungen der Bayreuther Festspiele seit 51.

Waffentechnik

Das Pulver einer Patrone, durch den Feuerstrahl des Zünders gezündet, gibt dem Geschoß durch den Druck der entstehenden Verbrennungsgase die erforderliche Geschwindigkeit und erzeugt gleichzeitig den Rückstoß der Waffe. Bei Handfeuerwaffen wird der Rückstoß vom Schützen aufgefangen. Waffen größeren Kalibers fangen ihn durch die Lafette oder Rohrbremse auf oder nutzen den Rückstoß für Funktionsvorgänge innerhalb der Waffe. **1** Rückstoß des Rohres und Geschoßbewegung während des Schußvorganges. **2** Beispiel eines rückstoßfreien Leicht-Geschützes. **3** Wirkung und Beispiel einer Mündungsbremse (für Waffen mit begrenzter Rohrrücklaufmöglichkeit). **4** Rohrbrems- und Vorholeinrichtung bei einem Geschütz. **5** Rückstoßverstärker für Maschinenwaffen (Rückstoßlader).

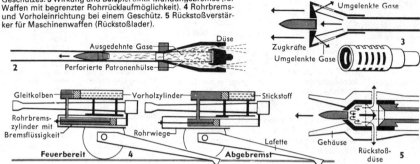

2 Ausgedehnte Gase · Düse · Perforierte Patronenhülse

Schwerpunkt des Systems · Geschoß · Rohrrücklaufweg · Geschoßweg · **1**

Umgelenkte Gase · Zugkräfte · Umgelenkte Gase · **3**

Gleitkolben · Vorholzylinder · Stickstoff · Rohrbremszylinder mit Bremsflüssigkeit · Rohrwiege · Lafette · **Feuerbereit** · **4** · **Abgebremst** · Gehäuse · Rückstoßdüse · **5**

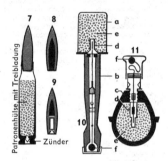

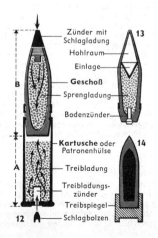

6 Waffenfunktion am Beispiel einer automatischen Kanone (Gasdrucklader). Die Bewegungsenergie wird im wesentlichen der Schußenergie entnommen. Die Kanone kann allein durch Betätigung des Abzuges Dauerfeuer verschießen. **a** Rohr, **b** Verschluß, **c** Schließfeder, **d** Verschlußpuffer, **e** Fang- und Abzughebel, **f** Gasantrieb, **g** Auszieher.

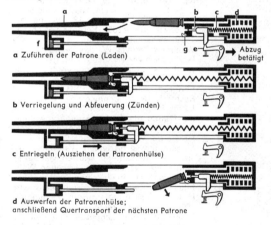

a Zuführen der Patrone (Laden)

b Verriegelung und Abfeuerung (Zünden)

c Entriegeln (Ausziehen der Patronenhülse)

d Auswerfen der Patronenhülse; anschließend Quertransport der nächsten Patrone

Patronenhülse mit Treibladung · **7** · **8** · **9** · Zünder · **10** · **11** · **a** · **e** · **d** · **f** · **b** · **d** · **e** · **f**

7 Infanteriepatrone mit Bleikerngeschoß. **8** Stahlkern-, **9** Leuchtspurgeschoß. **10** Stiel-, **11** Eierhandgranate; **a** Blechtopf, **b** Stiel, **c** Stahlmantel, **d** Zünder, **e** Sprengstoff, **f** Abreißknopf.

12 Zündvorgänge beim **A** Abfeuern und beim **B** Aufschlag einer Granate (Sprenggeschoß). Panzerbrechende Geschosse: **13** Hohlladungs-, **14** Treibspiegelgeschoß (Geschoßkern mit kleinerem Kaliber als dem der Waffe; löst sich nach Verlassen des Rohres vom Treibspiegel). **15** Phasen der Detonation bei einem Hohlladungs-(HL-)Geschoß.

Zünder mit Schlagladung · Hohlraum · Einlage · **B** · **Geschoß** · Sprengladung · Bodenzünder · **13**

Kartusche oder Patronenhülse · Treibladung · Treibladungszünder · Treibspiegel · **A** · Schlagbolzen · **12** · **14**

Sprengstoff · Einlage · Hohlraum · Abstandshalter · **15** · Stößel · Stahlplatte · **a** · **b** · **c** · **d** · Druckstrahl

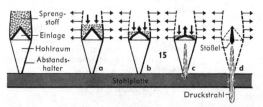

J. Wagner v. Jauregg

Wagner-Régeny, *Rudolf,* dt. Komponist, 1903–69; Opern *(Moschopulos; Der Günstling; Die Bürger v. Calais; Johanna Balk; Das Bergwerk v. Falun),* Ballette, Chor- u. Orchesterwerke, Kammermusik.
Wagnerscher Hammer, ein einfacher elektr. ↗Unterbrecher aus Magnetspule, Kontaktschraube u. federndem, im Magnetstromkreis liegendem Anker; bes. bei Klingel.
Wagner von Jauregg, *Julius* Ritter, östr. Psychiater, 1857–1940; behandelte Kropf mit Jod, progressive Paralyse mit Malariabazillen. Nobelpreis 1927.
Wagram, *Dt.-W.,* niederöstr. Ort im Marchfeld (bei Wien). – 1809 Sieg Napoleons über die Österreicher unter Erzhzg. Karl.
Wahhabiten, im 18. Jh. gegr. sunnit. Reformsekte des Islam; verwirft alle Neuerungen; unter ↗Ibn Saud auch polit. Macht.
Wahl, im Ggs. zum ↗Plebiszit die Bestimmung der personellen Besetzung v. Ämtern od. der Zusammensetzung v. Staats- u. Verwaltungsorganen für eine bestimmte Zeit *(W.periode)* durch ↗Abstimmung der W.berechtigten. ↗Wahlrecht.
Wahlen, *Friedrich,* * 1899; seit 1958 schweizer. Bundesrat, 61/65 für Auswärtiges; Bundes-Präs. für 1961 (Bauern-, Gewerbe- u. Bürgerpartei).
Wahlkapitulation, Vertrag anläßl. der Wahl eines weltl. od. geistl. Fürsten, in dem der zu Wählende den Wählern für den Fall seiner Wahl bestimmte Versprechungen u. Zugeständnisse macht; bei Bischofs- u. Abtswahlen erstmals im 13. Jh.; bei der Papstwahl zuerst 1352; bei der Ks.-Wahl seit 1519 reichsrechtl. Einrichtung.
Wahlrecht, *aktives W.,* das Recht, zu wählen, u. *passives W.,* das Recht, gewählt zu werden, sind an bestimmte Voraussetzungen geknüpft: Staats- bzw. Gemeindeangehörigkeit, Alter (für die BRD ☐ Alter im Recht), Unbescholtenheit, volle Geschäftsfähigkeit. In den meisten Demokratien sind die Frauen gleich den Männern wahlberechtigt. Wählen darf nur, wer in die Wählerliste od. Wahlkartei eines Stimmbezirks eingetragen ist od. einen *Wahlschein* besitzt. Gewählt kann nur werden, wer auf einem eingereichten u. zugelassenen Wahlvorschlag steht. In einzelnen Staaten Wahlpflicht (u.a. Belgien). Das Wahlgebiet wird in *Wahlkreise* u. *Stimmbezirke* eingeteilt. ↗Dreiklassenwahlrecht.
Wahlstatt, poln. *Legnickie Pole,* niederschles. Ort bei Liegnitz, 1939: 1100 E.; Barockkirche. – In der Nähe 1241 Mongolenschlacht (↗Liegnitz); westl. v. W. 1813 Sieg Blüchers an der ↗Katzbach.
Wahlsysteme, Gesamtheit der gesetzl. Bestimmungen eines Landes zur Regelung v. Wahlen.
Wahlverfahren, die unterschiedl. Verfahrensregeln für Wahlen. – Für die Wahlen zum Bundestag der BRD hat jeder Wahlberechtigte 2 Stimmen: eine *(Erststimme)* für den Wahlkreiskandidaten u. eine *(Zweitstimme)* für die Landesliste (Kombination v. Persönlichkeits- u. Verhältniswahl). Die Sitze aus den Zweitstimmen werden nach dem ↗Hondtschen W. verteilt.

Wahl

Wahlsysteme

Das demokratische Wahlrecht	Zensuswahl
ist allg. und gleich, wird unmittelbar, geheim und frei ausgeübt (↗Wahlgeheimnis); jede Stimme ist gleichberechtigt	z. B. das abgestufte Dreiklassenwahlrecht in Preußen (1849–1918): Einteilung der Wähler nach der Steuerleistung in 3 Klassen. Jede Klasse wählte die gleiche Zahl von Wahlmännern, die dann ihrerseits die Abg. wählten. Die geringere Zahl der Höchst- und Mittelbesteuerten (ca. 20%) konnte so die Masse majorisieren
Mehrstimmenwahlrecht (Pluralwahlrecht) gab dem Wähler Zusatzstimmen für Alter, Bildung und Besitz (z. B. in Österreich und Belgien vor 1918)	

Wahlverfahren

Mehrheits- oder Persönlichkeitswahl	Verhältnis- oder Listenwahl
hierbei werden bestimmte Personen gewählt; entscheidend die einfache Mehrheit im Wahlkreis (relative Mehrheitswahl); dabei evtl. Stichwahl zw. den beiden Kandidaten mit der höchsten Stimmenzahl; bei späterem Ausscheiden eines Gewählten Ersatz durch Nachwahl. Nachteil: Stimmen für die unterlegenen Kandidaten gehen verloren. Vorteil: stärkere Bindung zw. Abg. und Wählern, Einschränkung der Parteibürokratie.	hierbei werden (von den polit. Parteien) aufgestellte Listen und mittelbar die darin gen. Personen gewählt; jede Partei erhält Mandate im Verhältnis ihrer Stimmenzahl (auf eine bestimmte Stimmenzahl [Wahlquotient] ein Abg.); häufig Begegnung der Gefahr der Zersplitterung bei der Verhältniswahl durch bestimmte Prozentklausel. Elemente der Mehrheits- und Verhältniswahl verbunden beim ↗Kumulieren und ↗Panaschieren.

Wahn, Verkehrsflughafen Köln-Bonn in der *W.er Heide* s.w. von Porz.
Wahrheit *w,* 1) *allg.:* Richtigkeit, Angemessenheit des Urteils an das Beurteilte. 2) *Philosophie:* a) in der Logik: Eigenschaft eines Urteils, durch richtige Verbindung v. 2 Begriffen (Subjekt u. Prädikat) einen Sachverhalt zu treffen; b) in der scholast. Ontologie: die Erkennbarkeit (Intelligibilität) des Seienden für den Menschengeist; c) in der traditionellen Metaphysik: einer der Wesenseigenschaften (↗Transzendentalien) des Seins. **W.sdroge,** Medikament zur Unterstützung der ↗Hypnose *(Narkohypnose).*
Wahrnehmung, *Psychologie:* durch Reizung peripherer Sinnesorgane hervorgerufenes anschaul. Bewußtwerden der Gegenstände, Zustände od. Vorgänge des eigenen Leibes *(innere W.)* u. der Umgebung *(äußere W.).*
Wahrsagen, das vorgebl. Kundgeben verborgener u. Vorhersagen zukünftiger Geschehnisse, bes. durch die abergläub. Deutung sich zufällig darbietender Vorzeichen. Davon zu unterscheiden sind gewisse echte parapsych. Erscheinungen (Hellsehen,

Wachträume u.a.). W. hatte urspr. die gleiche Bedeutung wie Weissagung.
Wahrscheinlichkeitsrechnung, Teilgebiet der Mathematik, erfaßt durch den Begriff der *mathemat. Wahrscheinlichkeit* quantitativ die Gesetzmäßigkeiten, die bei massenhafter Wiederholung *(Gesetz der großen Zahl)* gleichartiger zufälliger Einzelerscheinungen vorliegen, aber an der Einzelerscheinung selbst nicht erkannt werden können; angewandt in der mathemat. u. physikal. ↗Statistik, Versicherungsmathematik, Fehler- u. Ausgleichsrechnung, physikal. in der Quantentheorie u. den Theorien der Radioaktivität, der Brownschen Bewegung u. Diffusion, biolog. in der Vererbungslehre u.a.
Währung, die Geldverfassung eines Landes, i.e.S. die W.seinheit (DM, Dollar). Die techn. u. organisator. Ordnung der W. u. die laufende W.spolitik werden in erster Linie v. der (Zentral-)↗Notenbank eines Landes durchgeführt. Bei der *Metall-W.* ist die W. an Metall gebunden, meist an das Gold: *Gold-W.* (fr. auch Silber od. beide Metalle gleichzeitig; ↗Bimetallismus). Bei der *Goldumlaufs-W.* laufen vollwertige Goldmünzen um, die Banknoten sind jederzeit bei der Notenbank in Gold umtauschbar. Bei der *Goldkern-W.* laufen keine Goldmünzen um. Die Notenbank unterhält aber eine Goldreserve für den Ausgleich der ↗Zahlungsbilanz. Bei der *Papier-W.* ist die W. an kein Metall gebunden; die Papierscheine sind v. Staat mit Zwangskurs als gesetzl. Zahlungsmittel ausgegeben. ↗Geld. ↗Konvertibilität, ↗Parität, ↗harte W., ↗weiche W. W.sabkommen ↗Europäisches Währungsabkommen. **W.sblock,** *Währungsgebiet, -zone,* Gruppe v. Ländern mit einheitl. Währung, z.B. Dollar-, Sterlingblock. **W.sfonds** ↗Internationaler Währungsfonds. **W.sreform,** Neuordnung des durch eine ↗Inflation zerrütteten Geldwesens, verbunden mit einer Verminderung der Geldmenge, in Dtl. im Anschluß an beide Weltkriege (1923 u. 1948). Das Geld wird in einem bestimmten Verhältnis (1948 für 10 RM 1 DM) umgestellt.
Waiblingen, württ. Krst. n.ö. von Stuttgart, 45000 E.; Maschinen-, Werkzeug-, Süßwarenfabriken. – Nach der fr. stauf. Burg W. nannten sich die Anhänger der Stauferkaiser Waiblinger (in It. die ↗Ghibellinen).
Waid m, *Deutscher Indigo,* Kreuzblütler; fr. angebaut (z. Grün- u. Blaufärben).
Waid w, die ↗Jagd. **W.mann,** der Jäger.
Wain, John, am. Schriftsteller, * 1925; zu den „Angry Young Men" gehörig; Romane: *Runter mit Dir; Blick auf Morgen; Liebhaber u. Machthaber; Jeremy u. der Jazz.*
Wakayama, japan. Bez.-Hst. auf Hondo, Hafen, 397000 E.; Textilindustrie.
Wake (: wēᵏk), Gruppe v. Koralleninseln zw. Hawaii u. Marianen; Flugstützpunkt der USA; 7,6 km².
Wakefield (: wēᵢkfild), Hst. der engl. Gft. West Riding (York), 59700 E.; Textil-, chem. u. Maschinen-Ind.
Waksman (: wäksmän), *Selman Abraham,* am. Bakteriologe, 1888–1973; 1952 Nobel-

Wal: 1 Grönlandwal, 2 Pottwal, 3 Blauwal – □ 769

preis für die Entdeckung von Antibiotika. **Wal** m, fälschl. *Walfisch,* bis 30 m langes Meeres-Säugetier mit einer horizontalen Schwanzflosse, flossenart. Vorder- u. rückgebildeten Hintergliedmaßen; Knochen mit Tran gefüllt, unter der Haut dicke Fettschicht. Der W. atmet durch Lungen, bläst Luft als Fontäne nach oben aus; lebt in Rudeln; liefert Öl u. Fett (↗Walfang). W.arten: ↗Delphin, Barten-W.e, Zahn-W.e. □ 73.
Walachei w, rumän. Tiefland zw. den Südkarpaten u. der Donau, lößbedeckt; fruchtbarer Weizenboden. Bewohner sind die Walachen.
Walahfrid Strabo (OSB), Abt v. Reichenau (seit 838), 808/809–849; Hofmeister Karls des Kahlen in Aachen; mit seinen Heiligenleben, Briefgedichten, exeget. Glossen ein bedeutender Epigone der Karoling. Renaissance.
Wałbrzych (: waᵘbschich) ↗Waldenburg.
Walch m, Grasgattung; bildet mit Weizen fortpflanzungsfähige Bastarde.
Walchensee, oberbayer. Alpensee, 802 m ü.M., 16,4 km². Das *W.kraftwerk* nutzt das Gefälle zum 200 m tiefer gelegenen ↗Kochel-See zur Elektrizitätserzeugung.
Walcheren, niederländische Insel in der Scheldemündung, 206 km² eingedeichtes Marschland; durch Dämme mit dem Festland verbunden; Hauptorte: Middelburg u. Vlissingen.
Walcker, schwäb. Orgelbauerfamilie in Ludwigsburg (Württ.); die 1820 gegr. Werkstatt ist eine der bedeutendsten der Welt.
Wałcz (: waᵘtsch) ↗Deutsch-Krone.
Wald, eine die Landschaft formende Vegetations- u. Pflanzengesellschaft; gekennzeichnet durch locker oder dicht zusammenstehende Bäume (Bestände), die mit anderen Pflanzen u. Tieren eine Lebensgemeinschaft bilden. Das Festland der Erde ist mit natürl. W. als der wichtigsten Vegetationsform überall dort bewachsen, wo nicht Kälte, Trockenheit, Wind, Wasser, ungünstige Bodenverhältnisse, zu kurze Vegetationsperiode usw. sein Aufkommen verhindern. Er wird in W.zonen gegliedert. Der W. fördert mittelbar die Landwirtschaft dadurch, daß er die Niederschlagsschwankungen u. die Temperatur-Extreme ausgleicht. Außerdem unterbricht er die großräumige Windbewegung.
Waldaihöhen, nordwestruss. wald- u. seenreiche Moränenlandschaft, bis 346 m hoch; Quellgebiet v. Wolga, Düna u. Dnjepr.
Waldbröl, rhein. Stadt im Oberberg. Kreis, an der Bröl, 15000 E.; Lederwaren- u. Radiatorenfabrik.

Herwarth Walden

Kurt Waldheim

Waldburg, oberschwäb. kath. Adelsgeschlecht; 1419/1808 unter dem Namen Truchseß v. Waldburg.

Waldburga, *Walpurgis, Walburg,* hl. (25. Febr.), OSB, um 710–779; Angelsächsin; seit 761 Äbtissin v. Heidenheim (Mittelfranken).

Waldeck, ehem. Ftm. am Nordostrand des Rheinischen Schiefergebirges zw. Eder u. Diemel; Hst. war Arolsen. – 1712 Reichs-Fürstentum, 1918 Freistaat; 1922 kam Pyrmont (heute bei Niedersachsen), 29 W. (heute bei Hessen) an Preußen.

Waldemar, Fürsten, *Brandenburg:* **W.,** 1281–1319; 1303 Markgraf. – 1348 trat gg. die Erbansprüche der Wittelsbacher ein falscher W. auf, 50 entlarvt. *Dänemark:* **W. II. der Sieger,** 1170–1241; 1202 Kg., erstrebte ein Ostseereich, gewann Mecklenburg, Pommern u. Estland, 27 bei Bornhöved v. Graf Adolf IV. v. Holstein geschlagen. **W. IV. Atterdag,** um 1320–75; 40 Kg., unterlag 67/70 gg. die Hanse.

Walden, *Herwarth,* dt. Schriftsteller, Kunstkritiker u. Musiker, 1878–1941; begr. 1910 die Zschr. „Der Sturm", mit der er dem Expressionismus zum Druckbruch verhalf; Romane, Dramen, Essays. ☐ 1077.

Waldenburg, *W. in Schlesien,* poln. *Wałbrzych,* Hst. der Wojewodschaft W., Hauptort des *W.er Berglands,* 132500 E.; Steinkohlenbergbau u. -Ind., Stickstoff-, Eisen- u. Porzellanfabriken.

Waldenser, v. *Petrus Waldes* aus Lyon († um 1217) gegr. Laiensekte; übernahm das Armutsideal der Bettelorden, verwarf Priestertum u. einige Sakramente; 1184 v. der Kirche verurteilt; nach Ausbreitung in Mitteleuropa bes. im 13. Jh. blutig verfolgt *(W.kriege);* ein Teil der W. ging in den Hussiten, Böhm. Brüdern u. im Calvinismus auf. – Heute gibt es in It. ca. 30000, in anderen Ländern ca. 15000 W.

Waldersee, *Alfred* Graf v., preuß. Generalfeldmarschall, 1832–1904; Oberbefehlshaber der europ. Truppen im ⁄Boxer-Krieg.

Waldfarn, *Wald-Frauenfarn,* Tüpfelfarn mit 3- bis 4fach gefiederten, hellgrünen Blättern, in feuchten Wäldern höherer Lagen.

Waldfelden, 1977 gebildet durch Zusammenschluß v. Mörfelden u. Walldorf; heißt heute ⁄Mörfelden-Walldorf.

Waldheim, sächs. Ind.-Stadt (Bez. Leipzig), an der Zschopau-Talsperre, 11700 E.; Möbel- u. Textil-Ind. Zuchthaus.

Waldheim, *Kurt,* östr. Politiker, * 1918; 68/70 Außen-Min., seit 72 UN-Generalsekretär. ☐ 1077.

Waldhyazinthe, *Platanthera, Kuckucksblume, Stendelwurz,* Orchidee; in Dtl. auf Wiesen u. in Wäldern, bes. die 2blättrige W.

Waldkirch, bad. Stadt im Elztal, am Nordfuß des Kandel, 18800 E.; Uhrenfabrik, Edelsteinschleiferei. Kneippkurort.

Waldkraiburg, bayer. Stadt südl. v. Mühldorf am Inn, 21300 E.; chem., Metall-, Textil- u. Glas-Ind.

Waldmeister, Labkrautgewächs in schatt. Laubwäldern, weißblühend; enthält ⁄Kumarin (Würze zur Maibowle).

Waldmüller, *Ferdinand,* östr. Maler des Bie-

dermeier, 1793–1865; nahm in realist. Genrebildern, Porträts u. Landschaften z. T. impressionist. Gestaltung vorweg.

Waldorfschule, *Freie W.,* auf der ⁄Anthroposophie R. ⁄Steiners aufgebaute „einheitl. Volks- u. Höhere Schule", mit 12–13jährigem Bildungsgang; Gliederung nach Entwicklungsstufen, Ersetzung der Zeugnisse durch Elternbriefe; starke Betonung der künstler. u. prakt. Erziehungselemente. Träger: *Waldorfschulverein* (die Eltern u. Freunde der W.n).

Waldrapp *m,* Ibisvogel mit Federschopf *(Schopfibis)* in Nordafrika, bis zum 18. Jh. auch in Dtl. u. Südeuropa.

Waldrebe, *Clematis,* holziges Hahnenfußgewächs; in Dtl. bes. die *Weiße W.,* eine Schlingpflanze.

Waldsee, *Bad W.,* württ. Stadt n.ö. von Ravensburg, 14300 E.; Landmaschinen-, Wohnwagen- u. Sperrholzfabrik; Moorbad.

Waldseemüller, *Martin,* dt. Humanist u. Kartograph, um 1475 bis um 1522; seine Weltkarte enthält 1507 erstmals den Namen „Amerika".

Waldshut-Tiengen, südbad. Krst., an der Schweizer Grenze, 21500 E.; Wasserkraftwerk, chem., Seiden- u. Maschinen-Ind.

Waldstätte, seit 1289 nachweisbare Bz. der Kt.e an dem Vierwaldstätter See: Uri, Schwyz, Unterwalden u. Luzern.

Waldtaube, die ⁄Ringeltaube.

Waldteufel, *Emil,* frz. Pianist u. bes. Walzerkomponist, 1837–1915.

Waldviertel, niederöstr. rauhe Waldhochfläche, 500–1000 m ü. M.

Wałęsa (:waᵘā̃nsa), *Lech,* poln. Gewerkschaftsführer; * 1943; Führer der Streikbewegung in Danzig (80) u. seither Vors. der neugegr. Gewerkschaft „Solidarität".

Wales (: wēᵉls), Halbinsel im W Großbritanniens zw. Irischer See u. Bristolkanal, mit der Insel Anglesey 20761 km², 2,7 Mill. E.; Bergland mit Weidewirtschaft, im Snowdon 1085 m hoch. Im S Kohlen- u. Eisenerzlager (Swansea, Cardiff); Uranvorkommen. 30% der Bev. sprechen neben Englisch noch Walisisch, 4% nur Walisisch. – Das v. Kelten bewohnte W. fiel 1282 an Engl., blieb aber bis 1536 ein eigenes Ftm.; seit 1301 führt der engl. Thronfolger den Titel *Prinz v. Wales.*

Walfang, die gewerbsmäßige Jagd auf ⁄Wale, nach Fangmindestgröße, Schon- u. Fangzeiten sowie Anzahl int. festgelegt. Wird v. *W.flotten* aus betrieben, fr. mit der Wurfharpune, jetzt mit Harpunenkanonen bzw. elektr. Harpunen. Der tote Wal wird auf dem *W.mutterschiff* auf hoher See zerlegt u. verarbeitet zu Speck, Tran, Fleischmehl, Walrat u. Barten. Infolge der starken Nachstellung sind manche Arten v. der Ausrottung bedroht, trotz int. Übereinkünfte über die Fangmenge nach Blauwaleinheiten (1 Blauwal = 2 Finnwale = 2,5 Buckelwale); doch unterhalten heute nur noch die UdSSR u. Japan eigene Fangflotten.

Walfisch, 1) ⁄Wal. **2)** lat. *Cetus,* Sternbild der Äquatorzone. **W.bai,** engl. *Walvis Bay,* Hafenstadt in SW-Afrika u. dessen einziger guter Hafen; Exklave der Prov. Kapland der Rep. Südafrika; 1124 km², 22000 E.

Waldmeister

Waldrebe mit Frucht

Lech Wałęsa

Edgar Wallace

Wallenstein

Walhall w, Halle, in der Odin die auf dem Schlachtfeld (Walstatt) Erschlagenen empfängt u. bewirtet; auch künftiger Schauplatz eines Entscheidungskampfes zw. guten u. bösen Menschen.

Walhalla w, Ruhmeshalle mit über 100 Bildnisbüsten bedeutender Deutscher bei Donaustauf unterhalb v. Regensburg; im Auftrag Ludwigs I. v. Bayern 1830/42 nach Plänen v. L. v. Klenze erbaut.

walken, 1) Wollgewebe (Loden) aus rauhen Streichgarnen unter Einwirkung v. Feuchtigkeit, Seife u. Soda kneten u. stampfen u. so verfilzen. 2) Häute weich u. geschmeidig machen.

Walker, bis 35 mm großer Blatthornkäfer, in Sandgegenden; seine Larve frißt die Wurzeln der Dünengräser.

Walküren, in der german. Sage Jungfrauen, die auf dem Schlachtfeld *(Walstatt)* Gefallene für ⁄Walhall auswählen *(küren).*

Wallace (: wål^eß), 1) *Edgar,* engl. Schriftsteller, 1875–1932; zahlr. Kriminalromane *(Der Hexer; Der Würger).* 2) *Lewis,* am. Schriftsteller, 1827–1905; sein Roman *Ben Hur,* im Röm. Reich um die Zeit Christi spielend, wurde zum Welterfolg. 3) *Irving,* am. Schriftsteller, * 1916; Romane: *Die drei Sirenen; Palais Rose; Die sieben Minuten; Der Fan Club.*

Wallach m, kastriertes männl. Pferd.

Wallasey (: wål^eßi), engl. Ind.-Stadt, an der Merseymündung, 97 200 E.; Docks, Textil-, Metall- u. chem. Ind.

Walldorf, 1) *W. (Baden),* Stadt südl. v. Heidelberg, 14 000 E.; Metallwaren- u. Kleiderfabrik. 2) fr. hess. Stadt östl. v. Rüsselsheim; 1699 v. Waldensern gegr., 1977 zu Waldfelden; heißt heute ⁄Mörfelden-W.

Walldürn, nordbad. Stadt u. Wallfahrtsort am Ostrand des Odenwalds, 10 600 E.; Barockbasilika zum Heiligen Blut (1698/1716).

Wallenstein, Albrecht v., kaiserl. Oberfeldherr im 30jähr. Krieg, 1583–1634; Hzg. v. Friedland; stellte 1625 aus eigenen Mitteln ein Heer für den Ks. auf, eroberte mit Tilly Nord-Dtl.; 30 entlassen; 32 erneut berufen, verhandelte nach der Schlacht v. Lützen eigenmächtig mit den Gegnern; deshalb v. Ks. abgesetzt u. geächtet u. auf dessen Weisung hin als Hochverräter in Eger ermordet. – Trilogie von Schiller. ☐ 755.

Wallfahrt, 1) *Religions-Gesch.:* das Aufsuchen einer bestimmten Kultstätte mit einem bes. dorthin gebundenen Kultobjekt; als rel. Akt charakterist. für natur- u. gemeinschaftsgebundene Religionsstufen u. für die Universalreligionen. 2) *christl. W.:* schon in frühchristl. Zeit wurden in der Nachfolge Jesu die Stätten seines Lebens aufgesucht; Nachahmung der W.en ins Hl. Land an anderen Orten (z.B. Stationskirchen Roms); seit dem Hoch-MA zunehmende Bedeutung der Marien-W.en.

Wallis s, frz. Le Valais (:l^o walä), Kt. in der Südschweiz, 5231 km², 213 000 E.; Hauptort Sitten (Sion). Das bis 2 km breite Längstal der Rhône v. ihrem Beginn bis zur Einmündung in den Genfer See trennt auf 120 km die Berner Alpen im N v. den *W.er Alpen* (auch Penninische Alpen) im S, deren Eis-

Walhalla

Martin Walser

Wallfahrt
Bedeutende europ. Wallfahrtsorte: Altötting, Assisi, Czenstochau, Einsiedeln, Fátima, Kevelaer, Lisieux, Loreto, Lourdes, Mariazell, Montserrat, Padua, Rom, Santiago de Compostela, Saragossa, Vierzehnheiligen

Bruno Walter

riesen die Senken schützen. 44% Ödland; Fremdenverkehr, Almwirtschaft; im W Reben, Obst u. Gemüse durch künstl. Bewässerung. ²/₃ der Bev. sprechen frz. *(Unter-W.),* ¹/₃ dt. *(Ober-W.).*

Wallonen, aus romanisierten Kelten u. Germanen entstandenes Volk (etwa 4 Mill.) im südl. Belgien u. in den benachbarten frz. Dep., mit frz. Mundart *(Wallonisch).*

Wall Street (: wål ßtrit), Straße in New York, Sitz der führenden Geldinstitute; daher allg. Bz. für die Hochfinanz der USA.

Walm m, dreieckige Dachfläche. ☐ 165.

Walnuß, *Welschnuß,* Frucht des ⁄Nußbaums. ☐ 691.

Walpole (: wålpo^ul), 1) *Horace,* Sohn v. 2), engl. Schriftsteller, 1717–97; sein Schauerroman *The Castle of Otranto* wurde romant. Vorbild. 2) *Sir Robert,* engl. Politiker, 1676–1745; als Schatzkanzler (1715/17 u. 21/42) Engl.s erster Premier-Min. in modernem Sinne; betrieb Friedenspolitik.

Walpurgisnacht, die Nacht zum 1. Mai, in der nach der Sage die Hexen zum ⁄Blocksberg fahren.

Walrat m od. s, *Spermazet,* weiße, fettartige Masse aus dem Pottwal; in Stirnhöhlen u.a.; zu Pflastern, Salben u. als Appreturmittel.

Walroß, ohrenlose Robbe im nördl. Polarmeer, mit starken, als Hauer ausgebildeten Eckzähnen (beim Männchen bis 3 kg schwer, zu Elfenbein); fast ausgerottet. ☐ 820.

Walsall (: wålßål), Stadt in der mittelengl. Gft. Stafford, 184 000 E.; vielseitige Ind.

Walser, 1) *Martin,* dt. Schriftsteller, * 1927; sozialkrit. Romane *(Ehen in Philippsburg; Das Eichhorn; Die Gallistlsche Krankheit),* Dramen *(Der Abstecher; Eiche u. Angora; Überlebensgroß Herr Krott; Ein Kinderspiel; Jenseits der Liebe; Seelenarbeit; Das Schwanenhaus),* Hörspiele. 2) *Robert,* schweizer. Schriftsteller, 1878–1956; Romane *(Geschw. Tanner),* Erzählungen, Lyrik.

Walsertal, 2 Vorarlberger Täler: a) *Großes W.:* r. Seitental der Ill; b) *Kleines W.:* l. Seitental der Iller, östr. Staatsgebiet, aber dt. Zollgebiet (seit 1891); Fremdenverkehr.

Walsrode, niedersächs. Stadt u. Luftkurort in der Lüneburger Heide, 22 800 E.; chem., u. Leder-Ind.; in der ehem. Benediktinerinnenabtei (886/1528) ev. Damenstift.

Walsum, Stadtteil v. Duisburg (seit 1975); Häfen, Steinkohlengruben, Papier-Ind.

Wälsungen, *Wölsungen,* german. Göttergeschlecht; daraus Sigurd (dt. Siegfried).

Waltari, *Mika,* finn. Schriftsteller, 1908–79; ein Welterfolg wurden seine histor. Romane (bes. *Sinuhe der Ägypter).*

Walter, *Bruno* (eig. Schlesinger), am. Dirigent u. Komponist dt. Herkunft, 1876–1962; hervorragender Interpret, bes. der WW Mozarts u. Mahlers.

Waltershausen, Ind.-Stadt am Nordfuß des Thüringer Waldes (Bez. Erfurt), 14 000 E.; Spielwaren- u. Glaswarenindustrie.

Walter-Triebwerk, eine v. *H. Walter* erfundene, mit Wasserstoffsuperoxid (H_2O_2) betriebene Anordnung, in welcher das H_2O_2 in Wasserstoff u. Sauerstoff zersetzt u. als

Vortriebsstrahl in Raketen od. als Antrieb einer Turbine verwendet wird.

Waltharilied, ma. Epos, stark v. der klass. lat. Epik beeinflußt; schildert die Flucht Walthers v. Aquitanien u. Hildegundes v. Etzels Hof. Entstehungszeit u. Dichter sind umstritten.

Walther v. der Vogelweide, mhd. Dichter, 1170 – um 1230; gilt als der bedeutendste dt. Lyriker des MA; begann in der Art Reinmars v. Hagenau in der Tradition des damals in Blüte stehenden höf. ⁄Minnesangs, kam zu vertiefter Auffassung des Minnegedankens, indem er den Formalismus der hohen Minne überwand u. eine echte Liebe zw. Mann u. Frau rühmte. Als polit. Dichter vertrat W. bes. den stauf. Reichsgedanken.

Walton (: wâltᵉn), *Ernest Thomas Sinton,* irischer Physiker, * 1903; 51 Nobelpreis für Arbeiten zur Kernumwandlung.

Waltrop, westfäl. Stadt am Dortmund-Ems-Kanal (Hafen), 27 000 E.; Steinkohlenbergbau, Schiffshebewerke.

Walze, zylinderförmiger, mit seiner Achse drehbar gelagerter Körper, der einen abrollenden Druck ausübt; Maschinenteil zum Pressen, Glätten u. a. **Walzenechsen,** die ⁄Skinke. **Walzenlüfter** ⁄Tangentiallüfter.

Walzenstuhl, in der *Walzenmühle* eine Mahlvorrichtung, bei der das Mahlgut durch zwei gegenläufige Walzen zerdrückt wird. ☐645.

Walzer *m,* Rundtanz im ³/₄-Takt mit Betonung auf dem 1. Viertel jeden Taktes; entstanden um 1800 in Wien aus dem Ländler u. dem Dt. Tanz; im 19. Jh. Hochblüte bei Joh. Strauß (Vater u. Sohn) u. Lanner. Heute *schneller* u. *langsamer* W. (English Waltz, Boston).

Walzwerk, Anlage zum Formen bildsamer Stoffe *(Walzen),* i. e. S. von Eisen, Stahl u. von Metallegierungen, unter Querschnittsverringerung durch formgebende glatte,

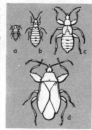

Wanzen: Verwandlung einer Fichtenzapfen-Land-W., **a** Junglarve, **b** drittes und **c** fünftes Larvenstadium, **d** Vollkerf

Wandelndes Blatt

gemusterte od. profilierte ⁄Walzen aus Gußeisen od. Flußstahl. Das W. besitzt meist mehrere *Walzenstraßen* mit je ein od. mehreren Walzständern (Walzgerüsten) hinter- od. nebeneinander. Das einzelne Walzgerüst hat mindestens 2 parallele entgegengesetzt sich drehende Walzen. Beim *Duo-W.* sind es zwei Walzenpaare übereinander. Bei kontinuierlichen Walzenstraßen folgen die Walzgerüste dicht hintereinander in Tandemanordnung (Breitbandstraßen) od. nebeneinander mit wellenartiger Umführung (Draht-W.). Rohre können nach mehreren Verfahren gewalzt werden.

Wamme, *Wampe w,* herabhängende Hautfalte am Hals des Rindes u. a. Tiere.

Wandalen ⁄Vandalen.

Wandelndes Blatt, trop. Gespenstheuschrecke; Flügeldecken sind grünen u. trockenen Blättern täuschend ähnlich.

Wandelschuldverschreibungen, *Wandelanleihen,* Inhaber-⁄Schuldverschreibungen einer AG; können nach einer bestimmten Zeit in Aktien umgewandelt werden.

Wandelsterne, die ⁄Planeten, im Ggs. zu den Fixsternen.

Wanderameisen, trop. Ameisenarten, ziehen staatenweise auf Raub- u. Wanderzüge.

Wanderfeldröhre, in der Mikrowellentechnik verwendete Elektronenröhre mit Laufzeitsteuerung als Breitbandverstärker und Schwingungserzeuger.

Wanderniere, *Nierensenkung,* Absinken der Niere v. ihrem normalen Ort, bes. bei Frauen, die geboren haben.

Wanderpreis, Siegespreis im sportl. Wettkampf, meist Pokal; kann nach 2- bis 3maligem Sieg dauernder Besitz einer Mannschaft bzw. eines Wettkämpfers werden.

Wandervogel ⁄Jugendbewegung.

Wandlung, 1) in der kath. Liturgie die ⁄Konsekration v. Brot u. Wein in der Messe (⁄Transsubstantiation). **2)** rechtl.: Rückgängigmachung eines Kaufs wegen eines v. Käufer zu vertretenden Mangels der Kaufsache.

Wandmalerei, figürl. oder abstrakte Bemalung v. Wänden, Decken u. Gewölben; Haupttechniken: Freskomalerei, Seccomalerei, Enkaustik, Leimfarbenmalerei; schon aus prähistor. Zeit überliefert (Felsbilder), im Alt. oft an monumentale Architektur gebunden; im Barock ein Höhepunkt illusionist. Raumwirkung. ☐399.

Wandsbek, nordöstl. Stadtteil v. Hamburg, M. ⁄Claudius gab hier den *Wandsbecker Boten* heraus.

Wangen im Allgäu, württ. Stadt, 23 200 E. milchwirtschaftl. Lehr- u. Forschungsanstalt, Käseherstellung, Textilindustrie.

Wangeroog(e), ostfries. Insel, 4,7 km², 1900 E. im *Nordseebad W.* (Staatsbad).

Wankel-Motor, ein Rotations- od. Kreiskolben-⁄Verbrennungsmotor; benannt nach *Felix Wankel* (* 1902). ☐1041.

Wanne-Eickel, Stadtteil v. Herne (seit 1975); größter Stückgüterumschlagplatz der BRD; Thermalsolquelle (41°C); chem., Baumaschinen-, Röhrenbau- u. Bau-Ind.

Wannsee, Havelsee im SW (West-)Berlins, 2,7 km², 9 m tief. Strandbad.

Walzwerk: *Arten:* **1** Duo-W., **2** Reversier-Duo-W., **3a** und **3b** Doppel-Duo-W. – *Rohrwalzverfahren:* **4** Schrägwalzen, **a** Block wird von den Vorkalibern zwischen den Schrägwalzen geführt, **b** Block wird um Dorn gewalzt; **5** Stiefelverfahren, **a** mit Kegel, **b** mit Scheibenwalzen; **6** Pilgern, **a** Andrücken eines Werkstoffwulstes durch das Pilgermaul der Walzen, **b** Ausstrecken durch das Arbeitskaliber, **c** Leerlaufkaliber gibt Rohr frei; **7** Ehrhardt-Verfahren: der vorgedornte und -gepreßte Vierkantblock auf der Stoßstange zum Rohr ausgestreckt. – ☐ 450.

Helmkleinod

Helm

Helmdecke

Schildfigur

Schild

1

2 a b c

12.-14.Jh. 15.Jh. 16.Jh. **3**

4

Gespalten Geviertet Balken

Geschacht Schrägfuß Sparren

5 Metalle

Gold (Gelb)

Silber (Weiß)

Farben

Grün Blau Schwarz Purpur Rot

Pelzwerk

Hermelin Kürsch Feh Wolkenfeh

Wappen: 1 Teile eines W.; **2** Helmformen, a Kübel-, b Stech-, c Spangenhelm; **3** Schildformen, **4** Heroldsbilder (Schildteilungen); **5** Metalle, Farben und Pelzwerk sowie die Farben darstellenden Schraffuren

Wanten, starke Taue zum seitl. Abstützen v. Schiffsmasten.
Wanzen, *Halbflügler,* Insekten mit plattgedrücktem Körper, Stech- u. Saugwerkzeugen, häutigen Hinter- u. zur Hälfte hornigen Vorderflügeln. *Beeren-, Baum-, Feuer-, Schild W.* saugen Pflanzensäfte, *Wasser-W.* (Wasserläufer, Wasserskorpione) leben v. Insekten. *Bett-W.* flügellos, mit widerl. Geruch, überfallen den Menschen nachts (an den Saugstellen schmerzhafte Quaddeln).
Wapiti *m,* der Kanad. ↗Hirsch; *Altai-W.,* im Altai, in der Mongolei.
Wappen *s,* meist farbiges Abzeichen v. Personen, Sippen u. Körperschaften aller Art; gebildet aus dem Schild mit Schildbild u. dem Helm mit Helmzier; entstand im 12. Jh. beim ritterl. Adel als Feld- u. Erkennungszeichen. **W.kunde,** *Heraldik,* wiss. Erforschung der Entstehung u. Bedeutung der Wappen. [Wappen.
Waräger ↗Normannen.
Waran *m,* große, räuber. Eidechse; *Nil-W.,* 1,70 m lang, in fast allen afrikan. Flüssen; *Binden-W.,* 2 m lang, in Indien; *Riesen-W.,* 3 m lang, größtes lebendes Reptil, auf der Insel Komodo, unter Naturschutz.
Warburg, westfäl. Stadt (Kr. Höxter), Hauptort der fruchtbaren *W.er Börde,* an der Diemel, 21900 E.; vielseitige Industrie.
Warburg, 1) *Aby,* dt. Kunsthistoriker, 1866–1929; gründete in Hamburg eine Bibliothek zur Gesch. der europ. Kultur, erweitert zum *W.-Institut* (seit 1933 in London). 2) *Emil,* dt. Physiker, 1846–1931; 1905/22 Präs. der Physikal.-Techn. Reichsanstalt. 3) *Otto Heinrich,* dt. Zell- u. Stoffwechselphysiologe, 1883–1970; arbeitete über die Chemie der Zellatmung, Nobelpreis 1931.
Ward (: wåʳd), *Mary,* 1585–1645; engl. Ordensstifterin, begr. 1609 die ↗Englischen Fräulein.
Wardenburg, niedersächs. Gemeinde an der Hunte, 12500 E.; Maschinenfabrik, Betonsteinwerke, Torfwerke.
Ware, a) jedes im Tauschverkehr stehende Gut, das gekauft u. verkauft wird; b) handelsrechtl.: nur umsatzfähige, bewegl. Sachen.
Waren, mecklenburg. Krst. u. Seebad am Müritzsee (Bez. Neubrandenburg), 22000 E.
Warenbörse, *Produktenbörse,* ↗Börse.
Warendorf, westfäl. Krst. östl. v. Münster, an der Ems, 33000 E.; Landmaschinen-Ind. (Fachschule); westfäl. Landesgestüt; Sitz des Dt. Olymp. Komitees für Reitsport.
Warenhaus, Großbetriebsform des Einzelhandels; faßt im Ggs. z. Kaufhaus viele Einzelhandelszweige in einem Haus zus.
Warenzeichen, Unterscheidungsmittel bei Waren zum Schutz gg. Nachahmungen u. zu Wettbewerbszwecken; gesetzl. geregelt; W., die in die Zeichenrolle beim Bundespatentamt eingetragen wurden, können mit dem Vermerk „eingetragenes W.'' ℝ versehen werden. [hen werden.
Warft *w,* ↗Warp.
Warhol (: wår-), *Andy,* am. Künstler, * 1930; Vertreter der Pop-Art; Underground-Filme.
Warley (: wåʳlⁱ), engl. Stadt bei Birmingham, 163500 E.; Stahl- und Glas-Ind. 1966 durch Gem.-Zusammenschluß entstanden.

O. H. Warburg

Andy Warhol

Warmblut ↗Pferderassen.
Warmblüter ↗Körpertemperatur.
Warmbrunn, *Bad W.,* poln. *Cieplice Śląskie Zdrój,* niederschles. Kurort im Hirschberger Kessel, 18000 E.; Schwefelthermen; Glas- u. Maschinenindustrie.
Wärme, eine Energieform, nach der *kinet. Wärmetheorie* die Energie der ungeordneten Bewegung der Atome u. Moleküle (↗Brownsche Bewegung). Durch W.zufuhr wird die mittlere kinet. Energie der Teilchen erhöht. Ein Maß für den W.inhalt eines Körpers ist die ↗Temperatur. ↗Thermodynamik. *Spezifische W.* ist jene W.menge, die 1 g des betreffenden Stoffes um 1° C erwärmt. **Wärmeäquivalent** ↗mechan. Wärmeäquivalent. **Wärmeaustausch,** der zw. zwei Körpern mit verschiedener Temperatur stattfindende Austausch der Wärme, wobei stets v. wärmeren zum kälteren Körper die größere Wärmemenge übergeht entweder durch *Wärmeleitung* (Energietransport innerhalb des Körpers durch Moleküle ohne Materiefluß) od. *Konvektion* (Strömung v. warmer Flüssigkeit od. Gas) od. durch *Wärmestrahlung* v. hocherhitzten Körpern (z. B. der Sonne u. a., unterhalb v. 2800° C im Infrarotgebiet), die v. bestrahlten Körpern z. T. absorbiert wird. **Wärmeaustauscher,** techn. Vorrichtungen zu rascher Wärmeübertragung, z. B. in Regenerativfeuerungen od. in Winderhitzern für Hochöfen, auch als Platten- od. Röhrensysteme zum Vorwärmen od. Abkühlen ausgebildet. ↗Kühler. **Wärmeisolierung** u. *Wärmedäm-*

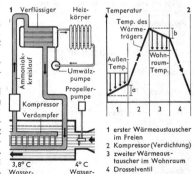

1 Verflüssiger Heizkörper
Temperatur **2**

Temp. des Wärmeträgers

Ammoniakkreislauf

Umwälzpumpe
Propellerpumpe

Außen-Temp.

Wohnraum-Temp.

Kompressor
Verdampfer

3,8° C
Wasserablauf

4° C
Wassereinlauf

1 erster Wärmeaustauscher im Freien
2 Kompressor (Verdichtung)
3 zweiter Wärmeaustauscher im Wohnraum
4 Drosselventil (Entspannung)

Wärmepumpe: 1 Aufbau einer W.nanlage, **2** schematischer Gang des Temperaturverlaufs einer W.

mung beruht auf der Wirkung v. *Wärmeisolatoren,* Stoffen mit geringem Wärmeleitvermögen (Gase, poröse Körper, Ziegel, Kork, Glaswatte) od. Strahlungsreflexion durch spiegelnde Flächen od. Verhinderung v. Wärmekonvektion durch Evakuieren wie bei Thermosflaschen. Im allg. ist die Wärmeleitfähigkeit der elektr. Leitfähigkeit direkt proportional. **Wärmeleitzahl,** die Wärmemenge, die pro Sekunde durch einen Würfel der Kantenlänge 1 cm fließt, dessen Stirnflächen eine Temperaturdifferenz v. 1° C aufweisen. **Wärmemauer** ↗Hitzemauer. **Wärmemessung,** gewöhnl. mit den verschiedenen Arten v. ↗Thermometern, *Wärmemengenmessung* mit Kalorimetern. **Wärmepumpe,** die Umkehrung der Kühlmaschine, wobei zu Heizzwecken die Kompressionserwärmung eines Kühlaggregats zur Wärmeabgabe genützt u. der Wärmeverlust durch Entnahme v. Wärme aus Luft oder Wasser ausgeglichen wird. □1081. **Wärmetechnik,** die Erzeugung u. Ausnutzung der Wärme für Heizung, Kühlung, Trocknung u. Energieerzeugung, Aufsuchen v. Wärmequellen u. Wärmebehandlung v. Stoffen. Sie erstrebt bestmögl. Ausnutzung der Wärmemengen u. sucht die Wärmeverluste bei Verbrennungsvorgängen zu verringern. **Wärmetod,** eine Hypothese auf Grund des ↗Entropie-Satzes, wonach der Energieausgleich der Welt einem Maximum zustrebt. Beim Endzustand der gleichmäßigen „Verdünnung" der Energie im (als abgeschlossenes System angesehenen) Weltraum wären keine makroskop. Energie- u. Lebensvorgänge mehr möglich. **Warna** ↗Varna. **Warndt** *m,* bewaldetes Bergland im SW des Saarlandes, an der lothring. Grenze; Steinkohlenlager, deren Abbau durch dt.-frz. Vertrag 1956 geregelt. **Warnemünde,** Ostseebad, Stadtteil u. Hafen v. ↗Rostock, an der Mündung der Warnow; Werften. Fähre nach Gedser (Dänemark). **Warp** *w,* auch *Wurte, Werft, Warft,* künstl. Aufschüttung im fries. Marschengebiet u. auf den Halligen, auf denen überschwemmungssicher die Häuser erbaut wurden. **Warren** (: wắr'n), *Robert,* am. Schriftsteller, * 1905; Lyrik, Romane *(Der Gouverneur; Alle Wünsche dieser Welt),* Essays. **Warschau,** poln. *Warszawa* (: -sehawa), Hst. Polens u. Hauptort der *Wojewodschaft W.,* beiderseits der mittl. Weichsel, 1,6 Mill. E.; kath. Erzb., orth. Metropolit; Univ. u. weitere Hochschulen; Museen, Theater; Hüttenwerk, Metall-, Elektro-, Maschinen-, chem.-pharmazeut., Textil- u. Nahrungsmittel-Ind. Das alte W. wurde im 2. Weltkrieg zu 85% zerstört. Die Altstadt ist im alten Stil aufgebaut. Wahrzeichen W.s ist der 220 m hohe Palast der Kultur u. Wiss. – Erhielt 1260 Stadtrecht; 1596/1792 Residenz der poln. Kg.e; 1815 Hst. v. Kongreß-Polen, seit 1919 der Rep. Polen; 39/45 v. Dt. besetzt: 43 Aufstand im Ghetto, endete mit dessen Zerstörung, 44 W.er Aufstand. **W.er Pakt,** 1955 als Gegenstück zur NATO abgeschlossenes Militärbündnis zw. der UdSSR, Albanien, Bulgarien, Polen, Rumänien, der

Tschechoslowakei u. Ungarn mit vereinigtem Oberkommando; 56 offizieller Beitritt der DDR; Albanien seit 65 wegen prochines. Haltung v. den Tagungen ausgeschlossen, 68 ausgetreten. **Warstein,** westfäl. Stadt im Sauerland (Kr. Soest), 28500 E.; Eisenwerk, Stahl-, Elektro-, Kunststoff-, Stein-, Leichtmetall- u. Textil-Ind. **Wartburg,** thüring. Burg s.w. von Eisenach, 394 m ü. M.; um 1070 gegr., bis 1440 Sitz der Landgrafen v. Thüringen; 1211/27 Wohnsitz der hl. Elisabeth; 1521/22 Zufluchtsort Luthers (Bibelübersetzung); im 19. Jh. restauriert. – *Sängerkrieg auf der W.,* angebl. zu Anfang des 13. Jh. zw. Walther v. d. Vogelweide, Wolfram v. Eschenbach u. a. ausgetragener Wettstreit; unhistorisch; Motiv in R. Wagners „Tannhäuser". **W.fest,** 1817 student. Feier auf der W. zum Gedenken an die Völkerschlacht bei Leipzig u. die Reformation; erstes öff. Auftreten der ↗Burschenschaft. **Wartegeld, 1)** Bezüge des in den ↗Wartestand versetzten Beamten; gewöhnl. 80% der ruhegeldfähigen Dienstbezüge. **2)** *Liegegeld,* Vergütung für Überschreitung der vereinbarten od. ortsübl. Ladezeit bei See- u. Flußfrachten. **Wartestand,** Status v. (bes. polit.) Beamten, die wegen Auflösung ihrer Behörde od. aus ähnl. Gründen (zeitweilig) nicht beschäftigt

Wartburg

Warzenschwein

Waschbär

Warschau: Neuanlage eines Teils der Ost-West-Achse von W., rechts das ehemalige alte Stadtschloß

werden. Sie verlieren ihr Amt, bleiben aber Beamte mit der Verpflichtung, sich für eine neue (gleichwertige) Verwendung bereit zu halten. Sie erhalten ↗Wartegeld.

Wartezeit ↗Karenzzeit.

Warthe w, poln. *Warta*, r. u. größter Nebenfluß der Oder, durchfließt unterhalb der Netzemündung den 1765/86 kultivierten *W.bruch*, mündet bei Küstrin; 800 km lang.

Warthestadium, *Wartheeiszeit*, nach der ↗Warthe benannte Eisrandlage in Nord-Dtl. mit mächtigen glazialen Ablagerungen (Lüneburger Heide – Fläming); älter als die Weichseleiszeit, entspricht der Riß- bzw. Riß-II-Eiszeit.

Waruna, *Varuna*, einer der Hauptgötter im alt-ind. ↗Veda; Hüter der Weltordnung.

Warve, *Warwe*, die innerhalb eines Jahres abgelagerten Sedimentschichten, bes. v. Tonen (Bändertone); ermöglichen durch Auszählen eine Altersbestimmung.

Warwick (: wår^{l}k), *W.shire* (: -sch^{er}), mittelengl. Gft., 2524 km², 2,1 Mill. E.; Hst. W. (18700 E.).

Warze, erbsengroße Hautwucherung; durch ein ↗Virus bedingt u. daher übertragbar. **W.nfortsatz**, Knochenvorsprung des Felsenbeins hinter der Ohrmuschel. **W.nkaktus**, kugelförm. Kaktus ohne Rippen mit Höckerchen. **W.nschwein**, Schwein mit 3 seitl. Warzen am Rüsselteil, riesigen Hauern u. großer Rückenmähne, in Ostafrika.

Wasa, schwed. Name der Stadt ↗Vaasa.

Wasa, ehem. schwed. Adelsgeschlecht; bestieg mit Gustav I. 1523 den schwed. Thron u. regierte bis 1654; eine Seitenlinie regierte 1587/1668 in Polen. – Zur Erinnerung an *Gustav I. W.* der *W.-Lauf*, jährl. stattfindender Skilanglauf (ca. 90 km) in Schweden.

Waschbär, *Schupp*, am. Kleinbär, wäscht bisweilen seine Nahrung mit den Vorderpfoten.

waschen, Fremdkörper, vor allem Schmutz, mit wäßrigen Lösungen od. lösenden Flüssigkeiten als waschaktiven Substanzen entfernen. Die Stoffe werden erst durch Anlegen bzw. Eindringen der Lösung benetzt, dann die Schmutzteilchen durch Emulgieren freigemacht u. weggespült. Waschaktiv sind ↗Seifen u. Stoffe, die sich wie Seifen verhalten. *Waschmittel* sind außer Seifen meist Pulver aus waschaktiven Substanzen u. einem „Alkaligerippe" als Gemisch aus Soda, Wasserglas, Silicat, Phosphat u. a.

Waschmaschine, mechan. od. automat. Waschgerät vielfältiger Konstruktion, heute meist mit automatisiertem Funktionsablauf.

George Washington

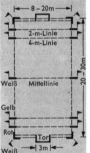

Wasserball: Spielfeld mit den farbigen Markierungen der Feldlinien (Torhöhe 90 cm)

Waschmaschine: Bausysteme: 1 *Bottichtypen*, a Rührflügel, b Schwingglocke, c Schallwäscher, d Wellenrad, e Turbomaschine; 2 *Trommeltypen*, a frontal- und b mantelbeschickt. 3 Wasserzulauf und Abfluß bei einer Trommel-W.

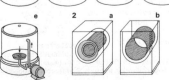

Druckwächter

Waschzettel, der v. Verleger den Besprechungsstücken v. Neuerscheinungen beigelegte Text über Inhalt u. Absicht des Buches.

Wasgau, *Wasgenwald*, die ↗Vogesen.

Washington (: wǎsch^{l}ngt^{e}n), **1)** Abk. *Wash.*, Bundesstaat im äußersten NW der USA, am Pazif. Ozean, 176617 km², 3,6 Mill. E.; Hst. Olympia. 50% der Fläche nehmen die dichtbewaldeten Ketten des Kaskadengebirges u. des Küstengebirges ein. Auf Großfarmen Anbau v. Weizen, Kartoffeln, Obst. **2)** Bundes-Hst. der USA, als Verw.-Bezirk, *District of Columbia (D.C.)*, 179 km², 760000 E., davon 71% Neger (als Metropolitan Area 3,5 Mill. E.); Residenz- u. Beamtenstadt über dem Potomac River. Mittelpunkt der Stadt ist das Capitol, Sitz v. Senat u. Repräsentantenhaus. 2,5 km n.w. davon das Weiße Haus, der Sitz des am. Präsidenten. Kath. Erzb., episkopalist. u. methodist. Bischof; 6 Univ. u. weitere Hochschulen; Nationale Kunstgalerie. Keine Industrie.

Washington (: wǎsch^{l}ngt^{e}n), *George*, am. General u. Politiker, 1732–99; Oberbefehlshaber u. Reorganisator der am. Armee im Unabhängigkeitskrieg gg. Engl.; 89/97 1. Präs. der USA (Föderalist). Als Begr. der am. Unabhängigkeit volkstümlichste Gestalt der am. Geschichte.

Wasow (: -of), *Iwan*, bulgar. Schriftsteller, 1850–1921; Lyrik, Dramen, Romane *(Unter dem Joch)*.

Wasser, farb-, geruch- u. geschmacklose Flüssigkeit, chem. einfaches Oxid des ↗Wasserstoffs; besitzt gutes Dissoziations- u. Lösungsvermögen u. eine sehr hohe Schmelz- u. Verdampfungswärme (guter Wärmespeicher); Schmelzpunkt 0° C, Tripelpunkt +0,01° C, Siedepunkt 100° C (bei 101325 Pa); W. hat bei 4° C seine größte Dichte. ↗Eis.

Wasseralfingen, Stadtteil v. Aalen (seit 1975); Hütten- u. Maschinen-Ind.

Wasseramsel, zierl. Singvogel, dem Zaunkönig verwandt; taucht sehr geschickt.

Wasserball, dem ↗Handball ähnl. Ballspiel mit 2 Mannschaften zu je 7 Spielern in einem stehenden, mindestens 1,80 m tiefen Wasser. Aufgabe ist es, den Ball mit einer Hand ins gegner. Tor zu befördern. Reine Spielzeit: 4 × 5 Minuten.

Wasserbehandlung, *Hydrotherapie*, alle Heilverfahren mit kaltem od. warmem Wasser: Abreibung, Kneipp-Kur, ↗Heilbäder, Dusche, ↗Sauna, Unterwassermassage.

Wasserbock, afrikan. Steppenantilope mit langen, gebogenen Hörnern.

Wasserbombe, für U-Boot-Abwehr v. Schiffen od. aus Flugzeugen abzuwerfende minenart. Sprengkörper mit auf Tiefe einstellbarem Wasserdruck- od. Zeitzünder.

Wasserburg am Inn, oberbayer. Stadt auf der Halbinsel einer Innschlinge, 13600 E.; altes Stadtbild mit got. und Renaissancehäusern; Schloß (1531/40).

Wasserdost m, *Kunigundenkraut*, ein bis 150 cm hoher Korbblütler mit rosa Blüten.

Wasserfall, senkrechter Fall des Wassers über eine Gefällstufe, verursacht durch unterschiedl. Gesteinshärte, durch Verwer-

Berühmte Wasserfälle	Höhe in m
Salto Angel [1] (Venezuela)	979
Tugela-Fall [1] (Südafrika)	948
Yosemite-Fälle [1] (Calif., USA)	739
Utigardfoss (Norwegen)	610
Cuquenán-Fall (Venezuela)	610
Sutherland Falls [1] (Neuseeland)	571
Kilefoss (Norwegen)	561
Takakkaw [1] Falls (Kanada)	503
King George VI Fall (Guyana)	488
Roraima Falls (Guyana)	457
Kalambo-Fälle (Tansania/Sambia)	427
Chutes de Gavarnie (Frankreich)	422
Krimmler Fälle [1] (Österreich)	380
Wollomombi Fall (Australien)	335
Gießbach-Fälle [1] (Schweiz)	300
Staubbach-Fall (Schweiz)	287
Vettisfos [1] (Norwegen)	260
Gersoppa Falls [1] (Indien)	250
Kaieteur Falls (Guyana)	226
Triberger Fälle [1] (Deutschland-BRD)	162
Victoria Fall (Rhodesien/Sambia)	108
Yellowstone Falls [1] (Wyo., USA)	94
Iguaçu-Fälle (Argentinien/Brasilien)	72
Niagara Falls (N.Y., USA/Kanada)	51
Rheinfall (Schweiz)	21

[1] mehr als eine Stufe; angegeben Gesamthöhe

fung u. a.; öfters zur Energieerzeugung ausgenützt.

Wasserfarben, Farbkörper, mit Wasser, häufig unter Zusatz v. Kaseïn od. Leim angerieben, zu ↗Aquarellen.

Wasserfarn, kleine Farne in wärmeren Gewässern, die zweierlei Sporen u. zweierlei geschlechtl. Generationen erzeugen.

Wasserfenchel, Doldenblütler an feuchten Stellen, Heilpflanze.

Wasserflöhe, bis 5 mm lange, meist im Süßwasser lebende Krebse; Nahrung für Fischbrut, Aquariumfutter; *Gemeiner Wasserfloh, Daphnie,* 1 mm lang.

Wassergas, Gasgemisch aus Wasserstoff, Kohlenmonoxid u. Kohlendioxid, zum Heizen, Schweißen, bes. zum Strecken von Leuchtgas (↗Gaswerk).

Wasserglas, durch Zusammenschmelzen v. Kieselsäure mit Natrium- bzw. Kaliumcarbonat hergestelltes Natrium- bzw. Kaliumsilicat, bei 150° C leicht in Wasser lösl.; Bindemittel für Malerfarben, Kitte u.a.

Wasserhühner ↗Bläß-, ↗Teichhuhn u.a.

Wasserjungfern, die ↗Libellen.

Wasserkäfer, ovale, glatte Käfer, deren letzte Beinpaare als Ruderfüße arbeiten; Luftreserve unter behaarter Bauchfläche; schwarzgrüner, bis 5 cm langer *Kolben-W.*

Wasserkopf, *Hydrocephalus,* Ansammlung von Hirnflüssigkeit in den Hirnhöhlen oder -häuten, angeboren oder meist infolge von Hirnhautentzündung, zuweilen Ausbuchtung der oberen Schädelteile.

Wasserkraftmaschinen, alle Maschinen, die die potentielle Energie v. Wasser in kinet. Energie umwandeln, meist in Verbindung mit Wasserkraftwerken; die einfachste W. ist das *Wasserrad* der Wassermühlen. ☐1018. **Wasserkraftwerk,** mit *Wasserkraftmaschinen* ausgerüstete ↗Kraftwerke in den Bauarten: *Niederdruck-(Lauf-),* Hoch-

druck- und *Gezeiten-W.* ↗Pumpspeicherkraftwerk, ↗Turbine.

Wasserkultur ↗Hydrokultur.

Wasserkuppe w, höchster Berg der Rhön; 950 m hoch; seit 1920 Segelfliegerei.

Wasserläufer, 1) langbeinige Wanze auf Wasseroberflächen. **2)** Schnepfenvögel an Flachufern; in Dtl.: *Dunkler W.*

Wasserliesch m, Schwanenblume, bis 1 $1/2$ m hohe Staude mit linearen Blättern u. Blüten. **Wasserlilie,** die weiße ↗Seerose.

Wasserlinse, *Entengrün, Entenflott,* winzige Blütenpflanzen, Stamm u. Blatt zu einer linsenförmigen zartgrünen Masse verschmolzen; überziehen ruhige Gewässer oft mit einer hellgrünen Decke.

Wassermann, lat. *Aquarius,* Sternbild am südl. Himmel; 11. Zeichen des ↗Tierkreises ($\approx$).

Wassermann, 1) *August v.,* dt. Bakteriologe, 1866–1925; nach ihm benannt *W.sche Reaktion,* Untersuchung des Blutes, der Rükkenmarksflüssigkeit u. anderer Körperflüssigkeiten zur Erkennung der ↗Syphilis. **2)** *Jakob,* dt. Schriftsteller, 1873–1934; psycholog. zeitkrit. Romane: *Caspar Hauser; Christian Wahnschaffe; Der Fall Maurizius.*

Wassermelone, *Arbuse* w, einjähriges Kürbisgewächs in warm-gemäßigtem Klima; große, grünschalige Früchte als erfrischendes Obst.

Wassermesser, *Wasserzähler,* Vorrichtungen, welche die Menge durch- od. vorbeifließenden Wassers angeben. Als *Flügelrad-W.* eine kleine v. Wasserstrom gedrehte Turbine, deren Drehzahl ein Zählwerk in Liter od. m³ angibt.

Wassernuß, Wasserpflanze mit Schwimmblattrosetten, weißen Blüten u. eßbaren Steinfrüchten. **Wasserpest,** aus Amerika eingeschleppte Wasserpflanze mit 3blättrigen Blattquirlen an langen Stielen. **Wasserpfeife,** oriental. Tabakspfeife mit Schlauch u. Wasserbehälter, in dem sich der Rauch abkühlt; verschiedene Formen, u.a. die ↗Nargileh. **Wasserpflanzen,** *Hydrophyten,* in stehenden u. fließenden Gewässern bewurzelt, festhaftend od. freischwimmend lebende Algen, Sporen- od. Samenpflanzen. **Wasserpocken** ↗Windpocken. **Wasserrabe,** der ↗Kormoran. **Wasserrad,** eine ↗Wasserkraftmaschine. **Wasserratte,** auch *Schermaus,* ↗Mollmaus. **Wasserreiser,** starkwüchsige unfruchtbare Triebe an Rindenwülsten, Wurzeln u. Stümpfen v. alten Bäumen.

Wasserscheide, die Begrenzung der Abfluß- u. Einzugsbereiche verschiedener Flüsse bzw. Flußsysteme; im Ggs. zur *Kamm-W.,* die auf Geländeerhebungen verläuft, verläuft die meist undeutl. ausgebildete *Tal-W.* quer durch das Tal. **Wasserschierling,** hoher, kahler, gift. Doldenblütler an feuchten Stellen mit dickfleisch., fächer-, milchsafthalt. Wurzelstock. ☐453. **Wasserschlange,** 2 Sternbilder; *nördl. W.,* ausgedehntes Sternbild am Südhimmel; *kleine W.,* kleines Sternbild in der Nähe des südl. Himmelspols.

Wasserschloß, 1) v. Wasser umgebene Schloßanlage. **2)** bei Hochdruckwasser-

Wasserspeier

Wasserspinne mit Gespinstglocke

Himmelsnordpol

Sternbild Wassermann

Oberwasser   1
Schütze
Unterwasser

Schütze   2

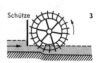

Schütze   3

Wasserrad:
1 oberschlächtiges W.,
2 mittelschlächtiges W.,
3 unterschlächtiges W.

kraftwerken vor dem Einlauf zur Druckleitung eingebaute Erweiterung als Schwallraum, erleichtert das Anfahren oder Abstellen der Turbine, fängt Stöße u. Sogwirkungen ab.
Wasserschwein, größtes lebendes Nagetier, 1 m lang, in Südamerika.
Wasserskorpion *m,* Wasser-/Wanze mit langer Atemröhre am Hinterleibsende.
Wasserspeier, künstler. geformter Wasserablauf am Dach; im got. Kirchenbau fratzenhafte Tier- od. Menschengestalt.
Wasserspinne, dunkelbraun, in pflanzenreichen Gewässern, baut im Wasser ein glockenförm. Nest, in dem sie Luftblasen speichert.
Wassersport, umfaßt alle in od. auf dem Wasser betriebenen Sportarten.

Kunstsprünge vom 3-m-Brett: 1 Kopfsprung vorwärts gestreckt, **2** Salto rückwärts gehockt, **3** Auerbach-Salto gehockt

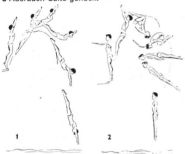

1   2   3

Wasserspringen, Wassersportart, unterschieden in *Kunstspringen* vom federnden 1- u. 3-m-Brett u. *Turmspringen* von festen 6-, 7,5- u. 10-m-Plattformen (Sprungturm; ☐ 934). Die Sprünge werden nach Ausführung, Sprunghöhe, Schönheit u. Eintauchen mit 0–10 Punkten u. mit einem Multiplikator (1,2–2,8) für den Schwierigkeitsgrad bewertet.
Wasserstand, 1) die Höhe des Wasserspiegels über /Normalnull. /Pegel. **2)** die am *W.sglas* abzulesende Wasserhöhe in einem Dampfkessel.
Wasserstoff, *Hydrogenium,* chem. Element, Zeichen H, Ordnungszahl 1 (☐ 149); hat 3 Isotope (/Deuterium u. /Tritium), farb-, geruch- u. geschmackloses, brennbares Gas, das leichteste aller Elemente u. das häufigste Element im Weltall; Bestandteil des /Wassers, aller /Säuren u. vieler organ. Verbindungen; Heizgas für die Knallgasflamme beim Schweißen. In der chem. Großindustrie (für Fetthärtung, für Ammoniak- und Benzinsynthese, alle Hydrierungen) meist aus /Wassergas gewonnen.
W.bombe, eine thermonukleare /Kern-

Wasserspringen
Einteilung der
Sprünge
Gruppe I
Vorwärtssprünge
Gruppe II
Rückwärtssprunge
Gruppe III
Auerbachsprünge
(vorlings rückwärts)
Gruppe IV
Delphinsprünge
(rücklings vorwärts)
Gruppe V
Schraubensprünge
Gruppe VI
Handstandsprünge
(nur vom Turm)

Wassersport-Arten
Kanusport
Rudersport
Segelsport
Tauchsport
Schwimmen
Wasserball
Wasserspringen
Wasserskilauf
Wellenreiten

waffe. **W.superoxid,** *W.peroxid,* H_2O_2, farb- u. geruchlose Flüssigkeit; zur Anwendung gelangt vorwiegend eine 3%ige od. 30%ige Lösung *(Perhydrol);* W.superoxid ist starkes Oxydationsmittel u. dient zur Desinfektion, zum Bleichen u. a.
Wasserstrahlpumpe /Pumpe.
Wassersucht, griech. *Hydrops,* /Ödem.
Wasserturbine *w,* eine /Wasserkraftmaschine. Die W. besteht aus Gehäuse mit Leit- u. Laufrad, deren Schaufeln dem Wasser die Strömungsrichtung geben u. die Räderkränze in Schaufelkammern teilen. Das Wasser fließt durch ein Druckrohr zu, bei *Axial-W.n* in Richtung der Achse, bei *Radial-W.n* radial u. außen nach innen. Bei der *Überdruck-*(Reaktions-)Turbine strömt das Wasser unter Überdruck in die Schaufelkammern u. übt beim Austritt wie bei Raketenwirkung Rückstoß auf das Laufrad aus. Bei der *Freistrahl-*(Gleichdruck-,Strahl-,Aktions-)Turbine strömt das Wasser als offener Strahl gg. die Schaufeln des freihängenden Rades. Bei der *Francis-Überdruck-W.* reicht das Leitrad am oberen (äußeren) Kranz als Deckel bis zur Welle. Der untere (innere) Kranz bildet den Fuß. Die Leitschaufeln dazwischen sind um Bolzen drehbar zur Regelung der Durchflußmenge. *Propeller-W.n* sind Überdruckturbinen mit mehreren Schaufeln, die propellerartig im axialen Wasserstrom stehen. Die gewöhnl. Propeller-W. hat feststehende, die heute bevorzugte *Kaplan-W.* verstellbare Schaufeln. Freistrahl-(Aktions-)W.n, auch als *Pelton-*Turbinen bezeichnet, führen das Wasser durch Rohr u. Leitapparat aus 1–4 Düsen zu. Das scheibenförmige Laufrad mit waagrechter Achswelle trägt als Beschaufelung einen Kranz v. Doppelschalen (Bechern), deren scharfe Mittelschneiden den auftreffenden Freistrahl in zwei gleiche Teile teilen, die in den Schalenmulden unter Energieabgabe abgelenkt werden. ☐ 1018. **Wasserturm,** Hochbehälter aus Stahl od. Beton auf turmartigem Unterbau, dessen Speicherwasser die Druckschwankungen in den großen Wasserversorgungsnetzen ausgleicht.
Wasserverdrängung, der Rauminhalt od. das Gewicht des, vom Schiffskörper verdrängten Wassers. /Registertonne. **Wasserverschmutzung,** die Verschmutzung durch Einleitung industrieller u. kommunaler /Abwässer. ☐ 4. **Wasserversorgung,** alle Maßnahmen zur Beschaffung, Aufbereitung, Speicherung, Zuführung u. Verteilung v. Trink- u. Brauchwasser. Das keimfreie Grundwasser ist das beste Wasser, Sicker- u. Regenwasser muß gefiltert u. aufbereitet werden. Flußwasser ist trotz Selbstreinigungsvermögen nur gereinigt u. aufbereitet verwendbar, wird aber infolge der zunehmenden industriellen Verunreini-

Wasserversorgung
Schema eines
Flußwasserwerkes

gung mehr u. mehr unbrauchbar. Im *Wasserwerk* wird das Wasser einer Reinigungsanlage mit Grob- u. Feinfilter zugeführt; den nur mechan., aber nicht biolog. genügenden Reinigungsgrad der Filter verbessert man durch Entkeimung, meist durch Chlorzusatz, wobei neuere Verfahren auch die Geschmacksbeeinträchtigung vermeiden. Andere Entkeimungsverfahren arbeiten mit ultravioletter Bestrahlung oder Ozonbeigabe (Ozonisieren). Das reine Wasser wird in großen unterird. Speichern bei mehreren Metern Wassertiefe oder in Wassertürmen gesammelt u. nach Bedarf an die Druckleitung zu den Verbrauchern abgegeben.
Wasserwaage, *Libelle,* leicht nach oben gebogenes, mit Flüssigkeit gefülltes Glasröhrchen mit Luftblase, die bei Waagrechtstellung zw. zwei Strichmarken steht. ☐ 551. Die zylindr. *Dosenlibelle* hat ein gewölbtes Deckglas mit Ringmarke, auf die man die Luftblase beim Waagrechtstellen einer Fläche einspielt (Ersatz für zwei gekreuzte Röhrchenlibellen). **Wasserzeichen,** Figuren, Buchstaben od. Linienmuster in Schreib- u. Druckpapier, die nur bei durchscheinendem Licht erkennbar sind. *Echte W.* werden mittels einer Walze in die feuchte Papierbahn eingedrückt, *unechte W.* werden mit farbloser Fettfarbe auf das fertige Papier geprägt. **Waterkant** *w* (nd.), Bz. der Binnenländer für die Nord- u. Ostseeküste.
Waterloo, belg. Ort in der Prov. Brabant, südl. v. Brüssel, 18 000 E. – 1815 *Schlacht bei W.* od. ↗*Belle-Alliance,* die Entscheidungsschlacht der ↗Befreiungskriege.
waterproof (: wảt^{er}pruf, engl.), wasserdicht.
Watt *s,* an flachen Gezeitenküsten Teil des Meeresbodens, der bei Ebbe wasserfrei, bei Flut vom *Wattenmeer* bedeckt ist; v. flachen Rinnen *(Prielen)* durchzogen, die sich zu größeren Zu- u. Abflußrinnen vereinigt; der Boden besteht aus Sand u. Schlick, im höchsten Teil des W. wird der an organ. Stoffen reiche *Wattenschlick* abgelagert, aus dem fruchtbare Marschböden entstehen.
Watt (: wảt), *James,* engl. Ingenieur, 1736 bis 1819; der Schöpfer der modernen Dampfmaschine. Nach ihm benannt das **Watt,** Abk. W, Einheit der Leistung; 1 W = 1 J/s (Joule/Sekunde). [fasern.
Watte, lose zusammenhängende Gespinst-**Watteau** (: -to), *Jean-Antoine,* frz. Maler, 1684–1721; Meister des frz. Rokoko, fand mit seinen heiter-graziösen Bildern der vornehmen Welt erst spät Anerkennung.
Wattenscheid, Stadtteil v. Bochum (seit 1975); Bekleidungs-, Eisen-, Elektro- und metallverarbeitende Ind.
Watzmann, mehrgipfeliger, höchster Berg der Berchtesgadener Alpen, 2713 m hoch. Fällt 1900 m tief zum Königssee ab.
Wau *m,* die Färber-↗Reseda.
Waugh (: wå), *Evelyn,* engl. Schriftsteller, 1903–66; konvertierte 30 zum Katholizismus; seine Romane satir. u. kulturkrit. *(Auf der schiefen Ebene; Tod in Hollywood),* doch auch mit relig. Problematik *(Wiedersehen mit Brideshead).*

Carl Maria von Weber

Max Weber

Anton Webern

1 Weber-Schaftlitzen

2 Karte Messer

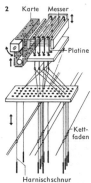
Weberei:
1 Flach-Webstuhl,
2 Jacquard-Webstuhl

James Watt

Weberknecht: der Gemeine W.

W. C., engl. und internat. Abk. von *watercloset,* Wasserklosett, Abort.
Webb, 1) *Mary,* engl. Schriftstellerin, 1881–1927; Bauernromane; *Die Liebe der Prudence Sarn.* **2)** *Sidney* (seit 1929 Lord Passfield), engl. Sozialpolitiker, 1859–1947; Mitbegr. der Fabian Society u. der Labour Party.
Weber, Abk. Wb, Einheit für den magnet. Fluß; 1 Wb = 1 Vs (Voltsekunde).
Weber, 1) *Adolf,* dt. Nationalökonom, 1876–1963; baute auf der klass. Nationalökonomie auf. **2)** *Alfred,* Bruder v. 8), dt. Nationalökonom u. Soziologe, 1868–1958; Werke über Kultursoziologie. **3)** *Carl Maria v.,* dt. Komponist, 1786–1826; mit dem *Freischütz* Schöpfer einer dt. romant. Oper. Ferner: *Oberon;* Orchestermusik *(Aufforderung zum Tanz).* **4)** *Friedrich Wilhelm,* dt. Schriftsteller, 1813–94; Versepos *Dreizehnlinden.* **5)** *Helene,* dt. kath. Sozialpolitikerin und Frauenrechtlerin, 1881–1962. **6)** *Marianne,* Gattin v. 8), 1870–1954; führend in der Frauenbewegung. **7)** *Martin,* dt. Architekt, 1890–1941; moderne kath. Kirchenbauten (Frankfurt). **8)** *Max,* Bruder v. 2), dt. Nationalökonom u. Soziologe, 1864–1920; bes. Arbeiten zur Religionssoziologie; (umstrittene) These v. der Einwirkung des Calvinismus auf die Ausbildung des kapitalist. Geistes. **9)** *Paul Andreas,* dt. Zeichner u. Graphiker, * 1893; zeitkrit. satir. Zeichnungen u. Lithographien, Buchillustrationen u. graph. Zyklen. **10)** *Wilhelm Eduard,* dt. Physiker, 1804–91; begr. ein absolutes elektr. Maßsystem; Arbeiten zur Wellenlehre, Telegraphie (zus. mit ↗Gauß).
Weberei, Herstellung v. Geweben (Webwaren, Stoffen, Teppichen) aus ↗Garnen auf dem v. Hand, Fuß od. maschinell betriebenen *Webstuhl. Kette* (parallele Längsfäden) wird gruppenweise gehoben u. gesenkt, durch das dadurch gebildete *Fach* wird das *Weberschiffchen* (Spule) mit dem *Schuß* (Querfaden) hindurchgeworfen; die Kettfäden schließen den letzten Schußfaden, sich überkreuzend, ein. Nach Art dieser Kreuzung u. Verschlingung, ob recht- od. schiefwinklig, unterscheidet man die 3 Haupt-*Bindungen* u. auch die Gewebe: Leinen, Köper, Atlas. Heute meist vollautomat. Webstühle. Der *Jacquard-Webstuhl* hebt u. senkt die durch Nadelösen laufenden Kettfäden einzeln u. webt so die Muster.
Weberknecht, *Afterspinne, Kanker,* Spinnentier mit kurzem Körper u. langen Beinen.

Webern, *Anton (von),* östr. Komponist, 1883–1945; mit Schönberg u. A. Berg bedeutender Vertreter des Wiener Expressionismus, v. dessen WW nach 1945 sich Punktuelle u. ↗Serielle Musik ableiteten; Lieder, Kammermusik, Orchesterwerke.
Weberspinne, *Baldachinspinne,* webt auf Gras u. Gebüsch deckenartige Fangnetze.
Webervogel, finkenähnl. Singvogel; baut kunstvoll „gewebte", an Ästen frei hängende Nester; 200 verschiedene Arten in Afrika, Indien, Australien. ☐668, 1046.
Wechsel, ein ↗Orderpapier, Kredit- u. Zahlungsmittel. Man unterscheidet den ↗*Eigen-W.* u. den *gezogenen W.* (↗Tratte). Auf der Rückseite des W. (evtl. mit ↗Allonge) Übertragungsvermerke (↗Indossament). Ist eine Vorlegung des W. zur Annahme od. Zahlung erfolglos, dann wird Protest (Beurkundung über die Erfolglosigkeit der Vorzeigung des W.) erhoben. **W.fälschung,** Ausstellung eines W. unter falschem Namen, mit gefälschtem Annahmevermerk od. Verfälschung eines echten W.; haftbar sind alle, die nach der Fälschung den W. unterschrieben haben; wird als Urkundenfälschung u. Betrug bestraft.

Wechsel

wesentliche Erfordernisse des gezogenen Wechsels:
1 die Bz. „Wechsel" (Wechselklausel)
2 unbedingte Anweisung auf Zahlung eines bestimmten Betrages
3 Name des Bezogenen
4 Verfallzeit
5 Zahlungsort
6 Name des Wechselnehmers
7 Tag u. Ort der Ausstellung
8 Unterschrift des Ausstellers

Wechselfieber, die ↗Malaria.
Wechseljahre, *Klimakterium,* Zeit des Erlöschens der Keimdrüsenfunktion bei der Frau, gekennzeichnet bes. durch allmähl. Aufhören der ↗Menstruation, zw. 45. und 50. Lebensjahr.
Wechselkurs, der Umrechnungskurs von Währungseinheiten (↗Devisen) untereinander, der Preis einer Währung, in einer anderen Währung ausgedrückt; wird wie der Preis v. an der Börse gehandelten Waren ermittelt. Bei direkter Notierung wird die inländische Währungseinheit, bei indirekter eine ausländische als Maßstab genommen. ☐1144/45.
Wechselrichter, ein Stromrichter, der Gleichstrom in ein- oder mehrphasigen Wechselstrom umwandelt, z. B. der ↗Zerhacker.
Wechselsprechanlage, Sprechverbindung aus 2 Kombinationen v. Lautsprecher u. eingebautem Mikrophon, die durch Drahtleitung miteinander verbunden sind; z. B. in Büros u. als *Türsprechanlage.*
Wechselsteuer, Steuer auf die Aushändigung eines ↗Wechsels durch den Aussteller; hat dieser die Entrichtung unterlassen, trifft sie jeden folgenden Inhaber; in der BRD Ländersteuer.

Wechselstrom, ein ↗elektr. Strom, der im Gegensatz zum ↗Gleichstrom von Null positiv bis zu einer Maximalspannung und -stromstärke zunimmt, auf Null zurückgeht, dann, seine Richtung umkehrend, im negativen Sinne anwächst u. wieder auf Null zurückgeht usw. W. wird mit dem W.generator (↗Dynamo) erzeugt. Dem W. eigentüml. ist die ↗Phasenverschiebung zw. Strom u. Spannung (☐744). W. läßt sich billig erzeugen, in ↗Transformatoren fast ohne Verlust hinauf- u. hinunterspannen u. bei hoher Spannung über weite Strecken ohne große Verluste übertragen u. in ↗Gleichrichtern in Gleichstrom umwandeln. Er ist daher die Hauptstromart, besonders in Form des ↗Drehstroms.
Wechseltierchen, die ↗Amöbe.
Wedda, Ureinwohner Ceylons, kleinwüchs. Naturvolk mit brauner Haut u. schwarzem, welligem Haar.; fast ausgestorben.
Weddellmeer, Randmeer des Südatlantik, reicht bis in die Antarktis; 8 Mill. km²; wurde 1823 v. Engländer *J. Weddell* entdeckt. Im südl. Teil das *W.-Schelfeis* (auch *Filchner-Schelfeis*).
Wedekind, *Frank,* dt. Schriftsteller, 1864 bis 1918; in seinen Dramen die Menschen v. Trieb beherrscht; oft grotesk, expressiver Stil. *Frühlingserwachen; Erdgeist (Lulu); Büchse der Pandora; Marquis v. Keith.*
Wedel, schleswig-holstein. Stadt an der Unterelbe, 30 100 E.; Fachhochschule; Erdöl-, pharmazeut. Ind., Strumpffabrik.
Wedgwood (: wedschwud), *Josiah,* engl. Keramiker, 1730–95; schuf ein nach ihm benanntes Steingutgeschirr.
Week-end *s* (: wik-), Wochenende.
Weener, niedersächs. Stadt in Ostfriesland, an der Ems, 14 100 E.; Nahrungs- u. Genußmittel-Ind., Heizungs- u. Rohrleitungsbau.
Weeze, niederrhein. Gemeinde nördl. von Kevelaer, 8800 E.; Holz-Industrie.
Wega *w,* Hauptstern in der ↗Leier. ☐947.
Wegberg, rhein. Stadt im Kr. Heinsberg, 24 500 E.; Textil-Industrie, Drahtwerke.
Wegener, 1) *Alfred,* dt. Geophysiker u. Meteorologe, 1880–1930; Grönlandexpeditionen 1906/08, 12/13 u. 29; begr. die Theorie der ↗Kontinentalverschiebung. **2)** *Paul,* dt. Schauspieler, 1874–1948; bedeutender Charakterdarsteller in Theater u. Film.
Wegerecht, das sich mit den öff. Wegen befassende Verwaltungsrecht. Eine Straße (Weg, Platz, Brücke usw.) ist *öffentl.,* wenn sie a) durch öff.-rechtl. Widmung (öff.-rechtl. Eigentum) od. b) durch tatsächliche (stillschweigende) Offenhaltung (Privateigentum am Straßenkörper) benutzt werden darf; sie ist *nicht öffentl.,* wenn sie der Benutzung durch jedermann entzogen ist. An der öff. Straße besteht das Recht auf Gemeingebrauch, jedoch nicht zur Gewerbeausübung. Abhaltung u. öff. Versammlungen u. Aufzügen unter freiem Himmel ist genehmigungspflichtig.
Wegerich *m, Plantago,* Kräuter mit meist grundständigen Rosettenblättern u. unansehnlichen Ährenblüten; *Spitz-W.* mit lanzettlichen Blättern.

i(A)

$I_{max} = $ Amplitude

(Sek.)

←— eine Periode —→
oder volle Schwingung
mit der Periodendauer T

$T = \dfrac{1}{f}$ · · · f = Frequenz
in Hertz

Formel: $i = I_{max} \cdot \sin 2\,\pi\,f \cdot t$

i = Augenblickswert des sinusförmigen W.

Wechselstromkreis:
R ohmscher Widerstand
L Induktivität
C Kapazität
Induktiver
Blindwiderstand $X_L = \omega L$
Kapazitiver
Blindwiderstand $X_C = {}^1/\omega C$
ω = Kreisfrequenz $= 2\pi f$
Scheinwiderstand
$Z = \sqrt{R^2 + (X_L - X_C)^2}$

Wechselstrom

Frank Wedekind

Wegerich: Breit-W.

Herbert Wehner

Oberwasser 1
Deckwalze Unterwasser

Oberwasser 2
Drehlager

Oberwasser 3
Drehlager
Unterwasser

4
Oberwasser
Walze
Stauschild

Wehr. Bauarten:
1 Überfall-W.,
2 Sektor-W., 3 Segment-W., 4 Walzen-W.

weicher Stil: Schöne
Madonna (um 1420)

Węgozewo (: wãn̄gose-) /Angerburg.
Wegschnecke, *Arjon,* schalenlose Gattung der Lungenschnecken, rot od. schwarz.
Wegwarte w, /Zichorie.
Wegwespen, Familie unbehaarter schlanker, einzeln lebender Wespen.
Wegzehrung /Viaticum.
Wehner, *Herbert,* dt. Politiker, * 1906; 58/73 stellvertretender Vors. der SPD; 66/69 Bundes-Min. für Gesamtdt. Fragen, seitdem Fraktions-Vors. der SPD im Bundestag; maßgebl. beteiligt an der Umwandlung der SPD in eine Volkspartei.
Wehr s, Stauwerk, das Änderung der Spiegelhöhe des Oberwassers durch Anstauung an einer Platte *(Schütz)* erlaubt oder Schwankungen darin ausgleicht. Beim *Überfall-W.* liegt die W.krone höher als der Unterwasserspiegel, beim *Grund-W.* darunter. *Streich-W.*e liegen parallel der Fließrichtung u. gleichen die Spiegelschwankungen aus.
Wehr, badische Stadt am Südhang des Schwarzwaldes, 11 500 E.; Textil-, chem. u. pharmazeut. Ind.
Wehrbeauftragter /Bundeswehr.
Wehrdienst, wird in der BRD geleistet aufgrund der /Wehrpflicht (/Zividienst) od. freiwilliger Verpflichtung. **W.verweigerer** /Kriegsdienstverweigerer.
Wehrersatzdienst, *Ersatzdienst,* fr. Bz. für den /Zivildienst.
Wehrgerechtigkeit, gleichmäßige Heranziehung aller Wehrpflichtigen zum Wehrdienst.
Wehrhoheit, das zur Staatsgewalt gehörende Recht, für die Landesverteidigung notwendigen Maßnahmen zu ergreifen; nach dem GG Bestandteil der Bundesgewalt.
Wehrmacht, 1) die bewaffnete Macht eines Staates. **2)** 1935/45 Bz. der dt. Streitkräfte, gegliedert in Heer, Kriegsmarine u. Luftwaffe.
Wehrpflicht, die gesetzl. Verpflichtung zum Wehrdienst; die allg. W. heute in fast allen Staaten, in der BRD 1956 mit (jetzt) 15monatiger Dienstzeit eingeführt. /Kriegsdienstverweigerer.
Wehrrecht, *Militärrecht,* Rechtsvorschriften über die Stellung der Streitkräfte, den Wehrdienst, Rechte u. Pflichten der Soldaten, die Wehrleistungen, das /Wehrstrafrecht. /Bundeswehr.
Wehrstrafrecht, befaßt sich mit Straftaten, die Soldaten der Bundeswehr begehen, durch die militär. Vorgesetzte, die nicht Soldaten sind, ihre Pflichten verletzen, u. mit Anstiftung u. Beihilfe zu diesen Straftaten, auch wenn Anstifter u. Gehilfen nicht Soldaten sind. Das allg. Strafrecht gilt nur insoweit, als das W. nichts anderes bestimmt. Für Soldaten, die Jugendliche oder Heranwachsende sind, gelten besondere Vorschriften. Für ein Handeln auf Befehl ist der Untergebene strafrechtl. nur verantwortl., wenn es sich um ein Verbrechen oder Vergehen handelt u. er dies erkennt oder es nach den ihm bekannten Umständen offensichtl. ist.
Wehrübungen, neben dem Grundwehr-

dienst Teil des Wehrdienstes in der Bundeswehr der BRD; Dauer: mindestens 1 Tag, höchstens 3 Monate; im allgemeinen jeweils 4 Wochen.
Weichbild, (innerer) Stadtbezirk.
Weiche, östr. auch *Wechsel,* im gleisgebundenen Verkehr Vorrichtung zum Verbinden oder Abzweigen v. Gleisen, die einfache *Rechts-* oder *Links-W.* u. die symmetr. *Zweibogen-W.;* bei mehrfacher Gabelung *Doppel-W.,* in der Krümmung *Bogen-W.* Die W. wird selten durch Wurfhebel, meist mittels Drahtzug oder Elektromotor (bei Straßenbahnen elektromagnet.) umgestellt.

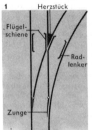
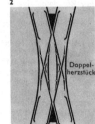

1 Herzstück 2
Flügelschiene
Radlenker
Doppelherzstück
Zunge

Weiche: 1 auf Abzweigung gestellte W.,
2 Doppelkreuzungs-W.

weicher Stil, v. W. Pinder geprägter Begriff für den Stil der dt. Plastik ca. 1400/30; gültig für die Gesamtkunst der Zeit; Kennzeichen: Streben nach Idealität u. Intimität, Zurücktreten der organ. Form hinter einem weichen Linienfluß.
weiche Währung, eine /Währung, die keine /Konvertibilität besitzt, daher auch keine feste Kursnotierung an der Börse erlaubt.
Weichmacher, Zusätze zu Kunststoffen, um diese geschmeidig u. dehnbar zu machen.
Weichsel w, poln. *Wisła,* größter Zustrom der Ostsee, 1068 km lang; entspringt mit 3 Armen in den Westbeskiden; bildet das breite *W.-Nogat-Delta* (Marienburger, Elbinger u. Danziger Werder). Durch Brahe u. Bromberger Kanal mit der Oder, durch Narew u. Augustowo-Kanal mit der Memel verbunden; auf ca. 800 km schiffbar.
Weichsel w, eine Sauer-/Kirsche.
Weichseleiszeit, letzte der pleistozänen /Eiszeiten in Nord-Dtl., benannt nach der Weichsel; entspricht der /Würmeiszeit im Alpenvorland; ihre Endmoränen umgeben das Ostseebecken (Zungenbecken). ☐ 218.
Weichselzopf, durch Verlausung u. verschorfende Kratzwunden verfilzte Kopfhaare. [haare.
Weichtiere, die /Mollusken.
Weida, thüring. Stadt, am gleichnam. Fluß (Bez. Gera), 12 000 E.; turmlose got. Stadtkirche; Textil-, Leder-, Schuh-Ind. Über der Stadt Schloß Osterburg (12./15. Jh.).
Weide, 1) Bäume od. Sträucher mit meist schmalen Blättern u. zweihäusigen Kätzchenblüten. *Korb-W.,* Ruten als Bind- und Flechtmaterial. *Kopf-W.,* an Flüssen und Wassergräben; *Sal-W.,* auf Waldblößen und Ödland, Zwergformen in Hochalpen und Polargebieten; *Trauer-W.,* Zierbaum. ☐ 77.

2) Bestand aus boden-, klima-, nutzungs- u. düngungsbedingten Pflanzengesellschaften aus biß- u. trittverträglichen, bestokkungsfähigen oder Ausläufer treibenden Gräsern, Kleearten u. Kräutern, die im Ggs. zu Wiesennutzung nicht zu ↗Heu gemacht, sondern vom Vieh abgeweidet werden.
Weiden in der Oberpfalz, bayer. kreisfreie Stadt in der Oberpfalz, an der Waldnaab, 44 400 E.; Webwarenversand, Porzellan- und Glas-Industrie.
Weidenröschen, ein Nachtkerzengewächs; Blüten purpurn bis weiß; am häufigsten das bis 1¹/₂ m hohe *Schmalblätterige W.*
Weiderich *m,* in Dtl. bes. *Blut-W.,* mit purpurroter langer Blütenähre. Der gelbblühende *Gilb-W.* ist ein Primelgewächs.
Weigel, 1) *Helene,* dt. Schauspielerin, 1900–71; emigrierte 33; war mit B. ↗Brecht verheiratet; gründete u. leitete mit ihm nach dem 2. Weltkrieg das *Berliner Ensemble.* **2)** *Valentin,* dt. ev. Theologe, 1533–88; kam zu einer spiritualist. Verwerfung des Konfessionskirchentums; wirkte auf J. ↗Böhme.
Weihbischof, *Auxiliar-* od. *Hilfsbischof,* ↗Titularbischof, der den Diözesanbischof bei Weihehandlungen vertritt.
Weihe *w,* **1)** *allg. Religionsgeschichte:* ein Ritus, der eine Person od. Sache aus dem Bereich des Profanen in den des Heiligen stellt u. sakrale Würde u. Gewalt verleiht. **2)** *Benediktion, kath. Liturgie u. Kirchenrecht:* die Aussonderung einer Sache aus dem profanen Gebrauch für den Dienst Gottes (Glocken-W., Wasser-W. u. a.) od. die Bestellung einer Person u. die Verleihung sakraler Gewalt zu einem besonderen Dienst Gottes im Bereich des Kultes.
Weihegeschenk *s,* Gabe an die Gottheit als Zeichen für Verehrung, Dank, Bitte od. Gelübde; allen Religionen bekannter Brauch; im Christentum auch W. an Heilige, Kirchen od. Klöster. ↗Votive.
Weihen (Mz.; Ez. *Weih m,* u. *Weihe w*), Raubvögel in Europa u. Asien, mit eulenähnl. Schleier um die Augen. *Feld-W.* mit ungegabeltem Schwanz; die *Gabel-W.* ↗Milan; *Korn-W.,* oberseits bläul.-grau; *Rohr-W.,* braun; *Wiesen-W.,* mit schwarzer Flügelbinde.
Weihenstephan, ehemal. Benediktinerabtei (1021/1803) bei Freising (Oberbayern); darin Fakultät für Landwirtschaft u. Gartenbau, für Brauwesen u. Lebensmitteltechnologie, Brauerei; Fachhochschule; Versuchs- u. Forschungsanstalten.
Weihnachten, *Christfest,* das Geburtsfest Christi am 25. Dez. (der wirkl. Geburtstag Jesu unbekannt) mit feierl. Vigil („Hl. Abend"); schon vor 336 als Dankfest für den Sieg der Kirche unter Ks. Konstantin d. Gr. od. als christl. Reaktion auf die v. Ks. Aurelian verfügte Erhebung des Sol invictus zum Reichsfeiertag auf diesen Termin gelegt. – Von reichem Volksbrauchtum umgeben.
Weihnachtsinsel, engl. *Christmas Island,* **1)** Insel südl. v. Java, im Ind. Ozean, 135 km²; bis 1958 zu Singapur, seither zu Australien. **2)** brit. Koralleninsel in Polynesien, 601 km², 500 E.; Luftstützpunkt u. Radiostation der USA. **Weihnachtskaktus,** Gliederblattkak-

Weihnachtsstern

Helene Weigel

Kurt Weill

tus mit roten Blüten, Zimmerpflanze. **Weihnachtsstern,** *Poinsettie,* in den USA weihnachtl. Symbol; mittel-am. Wolfsmilchgewächs; gelbe Blüten v. leuchtendroten Hochblättern umgeben.
Weihrauch, Gummiharz v. Boswellia-Arten in Arabion u. Indien; rundl., gelbweiße u. rötl. Körner mit starkem Duft beim Vorbrennen. Schon in den alten Kulturen als kult. Rauchopfer; liturg. Räuchern in der kath. Kirche seit dem 4. Jh. als Zeichen der Anbetung (Beräuchern des Allerheiligsten), der Segnung (der Opfergaben), der Weihe (Kirche, Altar, Glocke), des Betens u. Opferns, der Entsühnung (am Grab) u. der Ehrung u. Feierlichkeit.
Weihwasser, *kath. Liturgie:* seit dem 4. Jh. v. Priester geweiht u. als Sakramentale im liturg. u. privaten Bereich verwendet.
Weil, *Simone,* frz. Philosophin, 1909–43; jüd. Herkunft; wandte sich dem kath. Christentum zu, blieb aber bewußt ungetauft; rel. Schriften.
Weil am Rhein, südbad. Grenzstadt im Mündungswinkel zw. Wiese u. Rhein (Hafen), 26 200 E.; Textil- und chem. Industrie.
Weilburg, hess. Stadt an der Lahn, 12 300 E.; Stammschloß des ehem. herzogl.-nassauischen Hauses (16./18. Jh.); Textil-, Maschinen- u. Beton-Ind., Instrumentenbau.
Weil der Stadt, alte württ. Stadt im Kr. Böblingen, 15 000 E.; Stadtkirche (1492/1519), ehem. freie Reichsstadt; Geburtsort v. J. Kepler.
Weiler *m,* kleine, hinreichend permanente, geschlossene Siedlung (5–12 Gehöfte), die keine eigene Gemeinde bildet.
Weilerswist, rhein. Gemeinde westl. v. Bonn, 12 600 E.; 1969 durch Gemeindezusammenschluß entstanden.
Weilheim in Oberbayern, oberbayer. Krst., an der Ammer, 16 900 E.; Renaissancekirche (1624/31); Leichtmetall-, Hut- u. Holz-Ind.
Weill, *Kurt,* am. Komponist dt. Herkunft, 1900–50; lebte seit 33 in Paris u. New York. Übernahm Elemente des Jazz u. der Schlagermusik in die Neue Musik. Musik für Brechts *Dreigroschenoper; Mahagonny.*
Weilsche Krankheit, ↗Infektionskrankheit mit Fieber, Gelbsucht, Milz- u. Leberschwellung, durch ↗Leptospiren.
Weimar, thüring. Krst. in einer fruchtbaren Talmulde der Ilm (Bez. Erfurt), 63 000 E.; Goethe-Nationalmuseum in seinem Haus am Frauenplan, Schillerhaus (Museum), Residenzschloß (1790/1803), Fürstenhaus (1740/44), Liszt-Museum und Sterbehaus Nietzsches. Nationaltheater. In der Fürstengruft (1825) die Grabstätten v. Goethe u. Schiller. Hochschulen für Musik u. für Architektur. Maschinen-, feinmechan., Elektro-, opt., Möbel- u. Baustoff-Ind. **W.er Koalition,** bis 1922 die Regierungskoalition v. SPD, Zentrum u. Dt. Demokrat. Partei der W.er Republik. **W.er Nationalversammlung,** die 1919/20 zuerst in W. tagende verfassunggebende dt. Nationalversammlung; nahm den ↗Versailler Vertrag an u. erarbeitete die ↗W.er Verfassung. **W.er Republik,** Bz. für das Dt. Reich zw. 1919 u. 33 in der durch die W.er Verfassung bestimm-

Weimarer Republik

Zusammensetzung der Nationalversammlung und der Reichstage

Parteien	**	Reichstage (Wahltermine)							
	19.1. 1919	6.6. 1920	4.5. 1924	7.12. 1924	20.5. 1928	14.9. 1930	31.7. 1932	6.11. 1932	5.3. 1933
SPD	165	102	100	131	153	143	133	121	120
Zentrum	91	64	65	69	62	68	75	70	73
DDP[1]	75	39	28	32	25	20	4	2	5
DNVP	44	71	95	103	73	41	37	52	52
USPD	22	84	—	—	—	—	—	—	—
DVP	19	65	45	51	45	30	7	11	2
Wirtschaftspartei	4	4	10	17	23	23	2	1	—
Kleine Parteien[2]	3	5	19	12	28	49	9	11	7
Bayerische Volkspartei	—	21	16	19	16	19	22	20	19
KPD	—	4	62	45	54	77	89	100	81
NSDAP	—	—	32	14	12	107	230	196	288
Abgeordnetenzahl	423	459	472	493	491	577	608	584	647

** Nationalversammlung
[1] seit 1930 Dt. Staatspartei   [2] und Splittergruppen der Rechten

ten Staatsform. ↗Deutschland (Geschichte). **W.er Verfassung** (W. V.), die v. der ↗Weimarer Nationalversammlung gegebene republikan., demokrat. u. parlamentar. Verf. des Dt. Reiches v. 11. 8. 1919. Die staatl. Aufgaben standen teils dem Reich, teils den Ländern zu bei erweiterter Zuständigkeit des Reichs; wichtigstes Organ war der ↗Reichstag; Mitwirkung der Länder an der Staatswillensbildung durch den ↗Reichsrat. Die W. V. kannte ↗Volksbegehren u. ↗Volksentscheid. Die vollziehende Gewalt war zw. Reichspräs. u. Reichsregierung geteilt. Der Reichspräs. wurde aber fakt. durch sein ↗Notverordnungs-Recht zur eig. bestimmenden polit. Kraft. Neben der Staatsorganisation regelte die W. V. Grundrechte u. Grundpflichten der Deutschen u. enthielt grundsätzl. Bestimmungen über Religion u. Religionsgemeinschaften, Bildung, Schule usw. Sie wurde durch den Nat.-Soz. 1933 ausgehöhlt u. schließl. (1934) ihres Verfassungscharakters entkleidet.

Wein m, durch alkohol. Gärung aus Traubensaft hergestelltes Getränk. Zeit u. Art der W.ernte *(Lese)* sind für die Entwicklung des W.es entscheidend. Das *Weingesetz* bestimmt alle erlaubten Zusätze, Behandlungen, Beschriftungen u. Qualitätsbezeichnungen. *Weinstock, Weinrebe,* ein Kletterstrauch mit grünen, gelben, braunroten, blauvioletten od. blauen Beerenfrüchten, in subtrop. u. gemäßigten Zonen; Stammform die *Wildrebe,* ↗Amerikanerreben; seit dem 4. Jt. v. Chr. kultiviert; v. den Römern in Dtl. eingeführt.

Weinberger, *Jaromir,* tschech. Komponist, 1896–1967; seit 38 in den USA; symphon. Werke und Opern *(Schwanda, der Dudelsackpfeifer).*

Weinbergschnecke, *Deckelschnecke,* große mitteleurop. Lungenschnecke, verschließt ihr Gehäuse zur Überwinterung mit einer dicken Kalkschale; gilt als Delikatesse; in bes. „Schneckengärten" gezüchtet. ☐ 873.

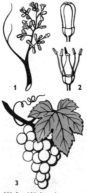

Wein. Weinrebe:
1 Blütenstand; 2 einzelne Blüte, geschlossen u. entfaltet (nach Abwurf der Krone);
3 Fruchtstand

Deutsches Weinsiegel

Weinsiegel

Weinböhla, sächs. Gem. im Elbtal, bei Dresden, 10000 E.; Gartenbau, Spargel- und Erdbeer-Kulturen.

Weinbrand, ausschließlich aus Weinen durch Destillation gewonnener Trink-↗Branntwein; der Mindestalkoholgehalt beträgt 38 Vol.-%.

Weinbrenner, *Friedrich,* dt. Architekt, 1766 bis 1826; Vertreter des Klassizismus; von ihm u. a. der fächerförm. Bauplan u. die Hauptbauten v. Karlsruhe.

Weinessig, 3- bis 6%iger, aus (billigem) Wein hergestellter ↗Essig, dessen Alkoholgehalt durch Essigbakterien zu Essigsäure verarbeitet wurde.

Weingarten, württ. Stadt n.ö. bei Ravensburg, 21600 E.; PH; Maschinenfabriken; Benediktinerabtei mit Barockkirche (1715/24); 1057 gegr., 1802 aufgehoben, 1922 v. Beuron neu besiedelt; Wallfahrt zum Hl. Blut (Blutrelique seit 1090).

Weingartner, *Felix v.,* östr. Dirigent u. Komponist, 1863–1942; Orchesterwerke, Kammermusik, Lieder u. Opern.

Weingeist, *Spiritus,* ↗Alkohol.

Weinheber, *Josef,* östr. Schriftsteller, 1892–1945; schrieb Lyrik, die sich durch Beherrschung der klass. Formen auszeichnet. *Adel und Untergang; Späte Krone; O Mensch, gib acht;* Wien wörtlich.

Weinheim, bad. Stadt n.ö. von Mannheim (Rhein-Neckar-Kr.), 41500 E.; got. Rathaus (1557), ehem. Deutschordenshaus (18. Jh.); Fachwerkhäuser; Leder-, Maschinen-Ind.

Weinpalmen, Palmen, deren Saft durch Vergären den ↗Palmwein liefert.

Weinrich, *Franz Johannes,* dt. Schriftsteller, 1897–1978; anfangs Expressionist; kath. Volksspiele, Heiligenlegende.

Weinsäure, *Weinsteinsäure, Dioxybernsteinsäure,* weiße, geruchlose Substanz aus Rohweinstein u. Weinhefe; zu Limonaden, Backpulver, als Beize in der Färberei; ihre Salze heißen Tartrate.

Weinsberg, württ. Stadt n.ö. von Heilbronn, 8800 E.; spätroman. Stadtkirche (12./13. Jh.). – In der Nähe der Stadt die Burgruine *Weibertreu;* bei der Eroberung der Burg 1140 gestattete Kg. Konrad III. den Frauen, „ihr Kostbarstes" zu retten: sie nahmen daraufhin ihre Männer auf dem Rücken mit.

Weinsiegel, *Dt. Weinsiegel,* v. der Dt. Landwirtschafts-Ges. geschaffenes Gütezeichen für dt. Weine.

Weinstein, saures Kaliumtartrat, säuerlich schmeckendes Pulver; kristallisiert beim Lagern des Weines in den Fässern aus.

Weinviertel, der nordöstl. Teil v. Niederöstr., ein 300–400 m hohes Hügelland; Getreide, Zuckerrüben, Weinbau.

Weise, *Christian,* dt. Schriftsteller, 1642 bis 1708; Gymnasial-Dir. in Zittau; mit seinen zahlreichen Schuldramen u. Komödien Vorbereiter der Aufklärung; moral.-lehrhafte, gg. barocken Schwulst gerichtete Romane.

Weisel m, die ↗Bienen-Königin.

Weisenborn, *Günther,* dt. Schriftsteller, 1902–69; Dramen: *Die Illegalen; Drei ehrenwerte Herren; Babel; Walküre;* Prosa, Romane *(Der dritte Blick; Der Verfolger),* zeitweise auch Dramaturg.

Wein

Das seit 1971 in der BRD geltende Weingesetz basiert auf der EWG-Weinmarktordnung. Die dt. Weine werden danach – aufgrund verschiedener, gesetzlich geregelter Voraussetzungen – in drei Gruppen eingeteilt: *Tafelwein, Qualitätswein* und *Qualitätswein mit Prädikat*. Eine genaue Kennzeichnungsregelung gibt dem Verbraucher Klarheit über die Mindestqualität. Anhand willkürlich gewählter Etiketten für die drei Weingruppen – die Zeilen wurden aus techn. Gründen umgestellt – sollen diese Regeln verdeutlicht werden. Genannt werden *müssen*: der Abfüller (6), die Gruppenzugehörigkeit (8, 12), bei Qualitätswein u. Qualitätswein mit Prädikat die Prüfungsnummer (10) sowie das Prädikat (14) selbst. Weiteres *kann* angegeben werden – z. B. Jahrgang (3) od. Rebsorte (5) –, wenn die entsprechenden Voraussetzungen gegeben sind.

Deutscher Tafelwein [1]

Oberrhein [2]
1972 [3]
Müllheimer [4] Gutedel [5]
Markgräfler
Winzergenossenschaft
Müllheim/Baden eGmbH [6]

Qualitätswein [8]

Rheinpfalz [9]
1972er [3]
Impflinger Abtsberg [11]
Sylvaner [5]
Amtl. Prüfungsnummer
5 042 092 2173 [10]
Gebietswinzergenossenschaft
eGmbH
Deutsches Weintor
Ilbesheim Südpfalz [6]
Erzeuger-Abfüllung [7]

Qualitätswein mit Prädikat [12]

Rheinhessen [9]
1971er [3]
St. Johanner Geyersberg [13]
Spätlese [14]
amtliche Prüfungsnummer
4 372 082 170 73 [10]
Kurprinz-Weinkellerei GmbH,
Mainz/Rh. [6]

---

[1] nur im Inland geerntete Trauben, „Tafelwein" gemäß Definition der EWG-Weinmarktordnung

[2] aus diesem Weinbaugebiet; wenn Untergebiet gen., dann mindestens zu 75% aus diesem; zur Verdeutlichung werden die geographischen Räume unterschiedlich bezeichnet: Bei Tafelweinen Weinbaugebiete u. -untergebiete (Rhein u. Mosel [Rhein, Mosel], Main, Oberrhein [Römertor, Burgengau], Neckar), Gem.- od. Ortsteilnamen; bei Qualitäts- u. Prädikatsweinen Anbaugebiete (Ahr, Hess. Bergstraße, Mittelrhein, Mosel-Saar-Ruwer, Nahe, Rheingau, Rheinpfalz, Rheinhessen, Franken, Baden, Württemberg), Bereich, Groß- u. Einzellage, Gem.- od. Ortsteilnamen.

[3] mindestens 75% aus dem gen. Jahr

[4] bei Tafelwein sind Gemeinde- und Ortsteilnamen engste geograph.

Bez.; wenn angegeben, mindestens 75% von dieser Gemarkung

[5] mindestens 75% aus der angegebenen Rebsorte; die Angabe mehrerer Sorten erfolgt nach dem absteigenden Mengenanteil

[6] Abfüller (Angabe vorgeschrieben)

[7] die Bez. „aus dem Lesegut" oder „Erzeugerabfüllung" dürfen verwendet werden, wenn der Wein ausschließlich aus selbst (bei Genossenschaften von den Mitgliedern) erzeugten Trauben hergestellt und auch selbst abgefüllt wird

[8] inländ. Wein darf als „Qualitätswein" oder „Qualitätswein b. A." (b. A. = bestimmtes Anbaugebiet) nur bezeichnet werden, wenn eine Prüfungsnummer zugeteilt wurde

[9] bei Qualitätsweinen ausschließlich Trauben aus dem angegebenen

Anbaugebiet (vgl. [2]); übergebietlicher Verschnitt ist verboten

[10] Prüfungsnummer muß stets angegeben sein

[11] mindestens 75% aus dieser Lage (Gemeindename muß genannt sein), sonst mindestens 75% aus dem angegebenen Bereich, der Rest aus dem betr. Anbaugebiet

[12] inländ. Wein darf als „Qualitätswein mit Prädikat" in Verbindung mit einem Prädikat (s. u.) nur bezeichnet werden, wenn ihm das Prädikat unter Zuteilung einer Prüfungsnummer zuerkannt wurde

[13] Prädikatsweine stammen zu 100% aus dem betr. Bereich; bei Nennung einer Lage stammen mindestens 75% aus dieser, der Rest aus dem Bereich

[14] das Prädikat muß stets eigens angegeben werden

Die wichtigsten empfohlenen Rebsorten

Weinarten

Prädikate

Weißweinsorten		Weinarten	Prädikate

Weißweinsorten

Auxerrois
Freisamer
Gewürztraminer
Gutedel
Kerner
Morio-Muskat
Müller-Thurgau
(Riesling x Silvaner)
Muskateller
Muskat-Ottonel
Perle
Rieslaner
Riesling
Ruländer
Scheurebe
Siegerrebe
Silvaner

Spätburgunder
Weißherbst
Traminer
Veltliner
Weißer Burgunder

Rotweinsorten

Frühburgunder
Helfensteiner
Heroldrebe
Limberger
Müllerrebe
Portugieser
Saint Laurent
Spätburgunder
Trollinger

Weißwein: nur aus Weißweintrauben hergestellt

Rotwein: nur aus rotgekeltertem Most von Rotweintrauben

Roseewein*: nur aus hellgekeltertem Most von Rotweintrauben

Rotling: Verschnitt von Weißweintrauben mit Rotweintrauben

Perlwein (auch mit zugesetzter Kohlensäure)

* bei Qualitäts- u. Prädikatsweinen deshalb Bz. *Weißherbst*, wenn aus Trauben nur einer Rebsorte gewonnen

Kabinett: erfüllt die Grundvoraussetzungen für Prädikatsweine

Spätlese: Trauben sind in einer späten Lese und im vollreifen Zustand geerntet

Auslese: nur vollreife Trauben unter Aussonderung aller kranken und unreifen Beeren

Beerenauslese: nur edelfaule oder bereits überreife Beeren

Trockenbeerenauslese: weitgehend eingeschrumpfte edelfaule Beeren; gegebenenfalls auch nur überreife, eingeschrumpfte Beeren

Eiswein: verwendete Trauben bei Lese und Kelterung gefroren (dieses Prädikat darf nur neben einem anderen gebraucht werden)

Weisheit (gr. *sophia*, lat. *sapientia*), die der Fachgelehrtheit u. dem Vielwissen überlegene Einsicht in die Wesens- u. Rangordnung der Dinge u. Werte.
Weisheit, Buch der W., deuterokanon. (nach ev. Lehre apokryphes) Buch des AT; der Verf. gibt sich als Salomon aus (daher auch *W. Salomons*); sicher aber v. einem alexandrin. Juden Anfang 1. Jh. v. Chr. in griech. Sprache verfaßt.
Weisheitszahn, der hinterste Backenzahn (3. Molar), der meistens sehr spät od. gar nicht durchbricht.
Weismann, 1) *August*, dt. Zoologe, 1834 bis 1914; begr. Theorie der Kontinuität des Keimplasmas. **2)** *Julius*, Sohn v. 1), dt. Komponist, 1879–1950; Opern *(Schwanenweiß; Gespenstersonate)*, Orchester-, Kammermusik.
Weismantel, *Leo*, dt. Schriftsteller u. Pädagoge, 1888–1964; schrieb u. a. Künstlerromane, Heimatromane, relig. Volksstücke.
Weiss, *Peter*, dt. Schriftsteller, * 1916; emigrierte 34; Prosa, Dramen (u. a. *Die Verfolgung u. Ermordung Jean Paul Marats; Die Ermittlung; Gesang vom lusitan. Popanz; Viet-Nam-Diskurs; Hölderlin*), Roman *Die Ästhetik des Widerstands*.
Weiß, 1) *Johann Baptist v.*, dt. Historiker, 1820–99; Lehrbuch der *Weltgesch.* **2)** *Konrad*, dt. Schriftsteller, 1880–1940; Existenzproblematik u. relig. Erfahrung in Gedichten. Ferner: *Die kleine Schöpfung;* Prosa: *Dtl.s Morgenspiegel.*

Peter Weiss

Weissagung ↗Prophezeiung.
Weißblech, verzinntes Stahlblech.
Weißblütigkeit, Bz. für ↗Leukämie.
Weißbuch ↗Farbbücher.
Weißbuche, Hage-, Hainbuche, Hornbaum, Birken- (nicht Buchen-) Gewächs, Waldbaum u. Heckenbusch, in fast ganz Europa u. Vorderasien verbreitet. ↗Buchecker.
Weißdorn, *Hagedorn*, Strauch od. Baum der Rosengewächse mit Dornzweigen, Blüten weiß, Früchte rot u. beerenartig. Rosablühende Abart der *Rotdorn*.
Weiße, *Christian Felix*, dt. Schriftsteller, 1726–1804; anakreont. Lyrik, Singspiele *(Die Jagd)*.
Weißenburg i. Bay., Krst. in Mittelfranken, 17700 E.; mittelalterl. Stadtbild. Reste eines Limeskastells. Gold- u. Silbergespinstfabrik. Festung *Wülzburg* (1588/1604).
Weißenfels, Krst. im Bez. Halle, an der Saale, 46000 E.; Barockschloß Neu-Augustusburg (1680/1746 Residenz der Herzöge v. Sachsen-W.); Schuhfabriken, Papier-Ind.
Weißenhorn, bayer. Stadt s.ö. von Ulm, 10300 E.; Altes (15. Jh.) und Neues Schloß (16. Jh.); Aluminiumschmelzwerk, Sportgeräte-, Kunststoff- u. Zigarren-Ind.
Weißer Berg, 380 m hoher böhm. Bergzug westl. v. Prag. – In der *Schlacht am W. B.* 1620 Sieg Tillys über ↗Friedrich V. v. der Pfalz; damit militär. Beginn des 30jähr. Krieges.
Weißer Fluß, *Fluor*, schleimiger Ausfluß aus der weibl. Scheide, Sekretstörung infolge v. zehrenden Allgemeinerkrankungen, Entzündungen u. a.
Weißer Nil, Quellfluß des ↗Nil, in der Rep.

Weiß Ferdl

Weißbuche: Wuchs- u. Blattform; F Frucht

Sudan, heißt im Oberlauf ab der sudanes.-ugand. Grenze *Bahr el-Dschebel* (= Gebirgsfluß), nach seiner Vereinigung mit dem *Bahr el-Ghasal* bis zum Zusammenfluß mit dem Blauen Nil bei Khartum *Bahr el-Abiad* (= Weißer Fluß), ca. 1900 km; schiffbar zw. Dschuba und Khartum.
Weiße Rose, 1942/43 student. Widerstandsgruppe gg. den Nat.-Soz. in München; die führenden Mitgl. Chr. Probst, Geschwister ↗Scholl, Prof. ↗Huber u. a. hingerichtet.
Weißer Sonntag, 1. Sonntag nach Ostern, an dem in der Frühkirche die an Ostern Getauften letztmals ihre weißen Taufkleider trugen; seit dem 17./18. Jh. in der kath. Kirche vielfach Tag der Erstkommunion.
Weiße Schwestern ↗Weiße Väter.
Weißes Haus, engl. *White House* (: wait hauß), das Amts- u. Wohngebäude des Präs. der USA in Washington.
Weißes Meer, Bucht der Barentssee, 90000 km², 320 m tief; bedeutendster Hafen Archangelsk. Durch den ↗Weißmeer-Ostsee-Kanal Verbindung mit der Ostsee.
Weiße Väter, Ges. der Missionare v. Afrika, Abk. SMA, 1868 v. ↗Lavigerie gegr. Genossenschaft für die Afrikamission. *Weiße Schwestern*, der 1869 gegr. weibl. Zweig.
Weiße Zwerge, Sterne mit entartete Materie: normale Masse, aber extrem hohe Dichte (mehrere 100000 g/cm³, dichte Packung von Atomkernen); Endstadium der Sternentwicklung. ↗Pulsare.
Weiß Ferdl (eig. Ferdinand Weisheitinger), bayer. Komiker, 1883–1949; seit 1907 am Platzl-Theater in München.
Weißfische, Süßwasserfische mit silberglänzenden, leicht abfallenden Schuppen. Laube, Näsling, Döbel, Nerfling u. a.
Weißgardisten (Mz.), *Weiße Garde*, 1917/22 die in verschiedenen Armeen organisierten Gegner der bolschewist. Revolution.
Weißgold ↗Goldlegierung.
Weißkohl, *Kappes*, Kopfkohl mit grünlichweißem Kopf. Wintergemüse (Sauerkraut).
Weißkunig, Erzählung der Taten Friedrichs III. u. Maximilians I.; wie der ↗Theuerdank von Ks. Maximilian entworfen; mit Holzschnitten v. H. Burgkmair, L. Beck, H. L. Schäufelein.
Weißlinge, Familie der Tagfalter, weiß od. gelb gefärbt; *Aurorafalter, Kohlweißling, Zitronenfalter* u. a.
Weißmeer-Ostsee-Kanal, Schiffahrtskanal vom Nordteil des Onegasees durch den Wygsee u. den Unterlauf des Wyg nach Belomorsk an der Onegabucht des Weißen Meeres, 227 km lang, 5 m tief, 19 Schleusen, schiffbar für Schiffe bis 3000 t; verbindet zus. mit dem ↗Wolga-Ostsee-Wasserweg die Ostsee mit dem Weißen Meer.
Weißmetall, Zinnlegierung mit Kupfer u. Antimon, auch mit Blei; als Lager-Metall.
Weißrussen, *Weißruthenen*, ostslaw. Volk, nicht od. nur wenig mit Finn- od. Turkvölkern vermischt, 9 Mill., davon 7,3 Mill. in Weißrußland.
Weißrußland, *Weißrussische (Bjelorussische) SSR*, Sowjetrep. im Westen der UdSSR, 207600 km², 9,6 Mill. E., davon 80%

Weißrussen; Hst. Minsk. – Ein flachwelliges Hügelland am Oberlauf der Flüsse Dnjepr, Njemen u. Düna, wald- u. sumpfreich (Pripjetsümpfe, Pinsker Sümpfe). – 14. Jh. litauisch; 16. Jh. teils poln., teils russ.; kam durch die Poln. Teilungen 1772/95 ganz zu Rußland; 1921/39 war der westl. Teil polnisch.

Weißsche Bezirke, in der kristallograph. Struktur eines ferromagnet. Stoffes (↗Magnetismus) die Bereiche einer einheitl. Grundmagnetisierung.

Weißwasser, Krst. in der Oberlausitz, am Rand des Muskauer Forstes (Bez. Cottbus). 25 000 E.; Braunkohlentagebau, Porzellan- u. Glas-Ind.

Weißwurz ↗Salomonssiegel.

Weistum, ungeschriebenes Gewohnheitsrecht des MA; Grundlage der ↗Volksrechte.

Weiterversicherung ↗Rentenversicherung.

Weitsichtigkeit, 1) *Hypermetropie,* Achsen- und Brechungsfehler des Auges, wobei das Bild hinter der Netzhaut liegt, Korrektur durch konvexe ↗Brillen-Gläser. ☐50. 2) *Presbyopie,* Altersweitsichtigkeit, durch Nachlassen der Linsenelastizität.

Weitsprung, Sprungdisziplin in der Leichtathletik, bei der der Springer nach 25–40 m langem Anlauf v. einem Absprungbalken aus in eine ebenerdige Sandgrube springt.

Weitwinkelobjektiv, ein photograph. Objektiv, das eine Bilddiagonale noch scharf auszeichnet, die größer als die Brennweite ist. ☐694.

Weizen, *Triticum,* echte Gräser, wichtigstes Getreide der Erde mit Hauptverbrauch in Europa. *Spelz-W.,* mit in die Spelzen fest eingewachsenen Körnern u. zerbrechlicher Ährenspindel (↗Einkorn, ↗Emmer, ↗Dinkel); *Nackt-W.,* mit lose zw. den Spelzen stehenden, beim Dreschen herausspringenden Körnern u. zäher Ährenspindel, meistangepflanzter u. ergiebigster W., viele Kultursorten: Gemeiner W. (Bart-, Weiß-, Rot-, Dickkopf-W.), Hart-W., Engl. W., Poln. W. Der W. wird in Europa vorwiegend im Herbst ausgesät (Wintersaat), in Kanada im Frühjahr (Sommersaat). Er stellt an Bodengüte u. Klima höchste Ansprüche; im Kontinentalklima hat der W. seine weiteste Verbreitung, im Seeklima seine höchsten Hektarerträge. ☐325, 533.

Weizmann, *Chaim,* jüdischer Politiker, 1874–1952; erwirkte die ↗Balfour-Deklaration; 1921/31 u. 37/46 Präs. der Zionist. Weltorganisation, seit 48 1. Präs. des Staates Israel.

Weizsäcker, 1) *Carl Friedrich* Frh. v., Sohn v. 2), dt. Physiker, Naturphilosoph; * 1912; *Geschichte der Natur.* 2) *Ernst* Frh. v., 1882–1951; 1938/43 Staatssekretär im Auswärtigen Amt, 43/45 Botschafter beim Vatikan; in den ↗Nürnberger Prozessen 2) 49 zu 7 Jahren Gefängnis verurteilt, 50 entlassen. 3) *Richard* Frh. v., Sohn v. 2), dt. Bankier u. Politiker (CDU), * 1920; 1964/70 Präs. des Dt. Ev. Kirchentags; seit 81 Regierender Bürgermeister von Berlin. 4) *Viktor* Frh. v., Bruder v. 2); Nervenarzt und Psychotherapeut, 1886–1957; Mitbegründer der ↗Psychosomatik.

Welfenschatz:
Welfenkreuz – ☐ 806

Chaim Weizmann

C. F. von Weizsäcker

Welfen (Mz.), süddt. Fürstengeschlecht; erhielten 1070 das Htm. Bayern (Welf IV.) u. 1137 das Htm. Sachsen (↗Heinrich der Stolze); mächtigste Gegner der Staufer. 1180 wurde ↗Heinrich der Löwe v. Friedrich Barbarossa geächtet u. abgesetzt; den W. vorblieben nur die sächs. Allod-Güter, die 1235 zum Htm. Braunschweig-Lüneburg erhoben wurden. Aus diesem gingen die beiden späteren welf. Hauptlinien hervor: Braunschweig (1884 ausgestorben) u. ↗Hannover (1866 v. Preußen abgesetzt, nannten sich Hzg.e v. Cumberland u. regierten 1913/18 in Braunschweig). **W.schatz,** Sammlung sakraler Kunstgegenstände, im 11./15. Jh. v. den Brunonen u. Welfen gesammelt; heute in Berlin (Stiftung Preuß. Kulturbesitz) aufbewahrt.

Welkekrankheit, durch Bakterien u. Pilze verursachte Krankheiten an Kulturpflanzen, bei der Blätter, später Stengel gelb u. trokken werden.

Welland-Kanal, kanad. Umgehungskanal der Niagarafälle, zw. Ontario- u. Eriesee; 44 km lang, 33 m breit; 8 Schleusen. ☐356.

Welle, 1) in der Physik: die räuml. u. zeitl. Ausbreitung eines Schwingungszustandes in einem Medium; ↗Schwingungen quer zur Ausbreitungsrichtung ergeben *Quer-* oder *Transversal-W.n,* längs dazu *Längs-* oder *Longitudinal-W.n;* erstere z. B. Wasser- u. Seil-W.n u. elektromagnet. W.n, letztere z. B. Stoß- u. Schallwellen. Der Abstand zweier benachbarter phasengleicher Punkte im Raum heißt *W.nlänge,* die Anzahl der Schwingungen pro Sekunde an einem Ort *Frequenz,* die Ausbreitungsgeschwindigkeit eines Phasenzustandes (z. B. W.nberg) ist die *Phasengeschwindigkeit, Dispersion* ist die Abhängigkeit dieser v. der Frequenz. In Medien mit Dispersion wird mit *Gruppengeschwindigkeit* die Ausbreitungsgeschwindigkeit der Energie eines begrenzten *Wellenzuges* bezeichnet, während die W.nfront mit der *Signalgeschwindigkeit* läuft. Absorption bewirkt eine *Dämpfung* der W.n. W.n können sich, ohne sich gegenseitig zu stören, *überlagern;* es entsteht dann ↗Interferenz. W.n gleicher Frequenz und Amplitude interferieren zu einer ste-

Wellen – Spektrum der Wellenlängen elektromagnetischer Wellen		
Wellenlänge	Frequenz	Bereiche, Anwendung
18 000 km	$16^2/_3$ Hz	Wechselstrom (elektr. Bahnen)
6000 km	50 Hz	Wechselstrom (Netz-Strom)
18 800–15 km	16–20 000 Hz	Schwingungen im Hörbereich
30–10 km	10–30 kHz	Längstwellen (Funkverbindungen)
10–1 km	30–300 kHz	Langwellen (Rundfunk)
1000–100 m	300–3000 kHz	Mittelwellen (Rundfunk)
100–10 m	3000–30 000 kHz	Kurzwellen (Rundfunk)
10–1 m	30–300 MHz	Ultrakurzwellen, Meterwellen (Rundfunk und Fernsehen)
100–10 cm	300–3000 MHz	Dezimeterwellen (Richtfunk)
10–1 cm	3–30 GHz	Zentimeterwellen (Radar)
10–1 mm	30–300 GHz	Millimeterwellen (Radar, Maser)
1–0,1 mm	300–3000 GHz	Dezimillimeterwellen
200–0,78 µm	$1,5 \cdot 10^{12} – 3,8 \cdot 10^{14}$ Hz	Infrarot (Wärmestrahlen, Laser)
780–380 nm	$3,8 \cdot 10^{14} – 7,9 \cdot 10^{14}$ Hz	sichtbares Licht
380–10 nm	$7,9 \cdot 10^{14} – 3 \cdot 10^{16}$ Hz	Ultraviolett
$10–10^{-3}$ nm	$3 \cdot 10^{16} – 3 \cdot 10^{20}$ Hz	Röntgenstrahlen
$0,4–10^{-4}$ nm	$7,5 \cdot 10^{17} – 3 \cdot 10^{21}$ Hz	γ-Strahlen (Radioaktivität)

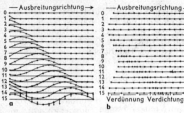

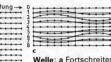

Welle: a Fortschreiten einer Transversal-W., **b** Entstehung einer fortschreitenden Longitudinal-W., **c** Momentbilder einer stehenden W.

Verdünnung Verdichtung

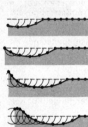

|← Wellenlänge →|

Welle: Entstehung einer Wasser-W. durch kreisförmige Bewegung von Wasserteilchen

Orson Welles

H. G. Wells

henden W. Quer-W.n einer bevorzugten Schwingungsrichtung heißen polarisiert (↗Polarisation 3). Bei der Ausbreitung der W.n tritt neben ↗Reflexion u. ↗Brechung auch ↗Beugung an Hindernissen auf. ↗Materiewellen. **2)** im Maschinenbau: meist langgestreckter Drehteil, der Drehbewegungen u. Drehmomente überträgt, z. B. als Transmissions-, Schrauben-, Kurbel-, Gelenk-W.

Wellenbrecher, Schutzdamm vor der Hafeneinfahrt zur Abwehr von Wellen. ☐ 365.

Wellenmechanik w, eine Darstellungsform der ↗Quantenmechanik, baut auf der Vorstellung v. ↗Materiewellen auf. Die Zustände u. Bewegungen atomarer Teilchen sind durch die ↗Schrödinger-Gleichung mit den entsprechenden Materiewellen verknüpft.

Wellensittich ↗Sittiche, ↗Papageien.

Wellershof, *Dieter*, dt. Schriftsteller, * 1925; Romane *(Ein schöner Tag; Die Schattengrenze; Einladung an alle; Die Schönheit des Schimpansen),* Hörspiele, Essays.

Welles (: wäls), *Orson*, am. Schauspieler u. Regisseur, * 1915; Filme: *Citizen Kane; Othello; Der Prozeß; Falstaff,* spielte meist auch die Hauptrolle; Darsteller u. a. in *Der dritte Mann.*

Wellesz (: -s), *Egon*, östr. Komponist u. Musikschriftsteller, 1885–1974; Schüler Schönbergs; seit 1938 in Oxford.

Wellfleisch, *Quellfleisch,* frisches, gekochtes Schweinefleisch (vom Bauch).

Wellhornschnecke, ca. 10 cm lange Meeresschnecke mit starkem, längl. Gehäuse.

Wellington (: wel'ngt^en), Hst. v. Neuseeland, Ausfuhrhafen (Viehprodukte), an der Cookstraße, auf der Südspitze der Nordinsel, 351000 E. (m.V.); kath. Erzb., anglikan. Bischof; Univ.; Schiffswerften, Fleischfabriken, Eisenindustrie.

Wellington (: wel'ngt^en), *Arthur Wellesley* Hzg. v., britischer Feldherr und Politiker, 1769–1852; vertrieb 1808/13 die Franzosen aus Spanien, siegte 15 mit Blücher bei ↗Waterloo; 28/30 Min.-Präs. (Tory), 34/35 Außenmin.

Wells, *Herbert George,* engl. Schriftsteller, 1866–1946; reiches Werk; Essays *(Geschichte unserer Welt),* utopische *(Zeitmaschine)* und zeitkritische Romane. Zuletzt Pessimist: *Der Geist am Ende seiner Möglichkeiten.*

Welpe m, *Welp,* das noch säugende Junge bei Hund, Wolf od. Fuchs.

Wels, *Otto,* dt. Politiker (SPD), 1873–1939; 1912/18, 20/33 MdR, 31/33 Vors. der SPD; begründete 33 als einziger Parteiführer die Ablehnung des Ermächtigungsgesetzes durch seine Fraktion; emigrierte u. leitete die Exil-SPD.

Wels, oberöstr. Bez.-Stadt an der Traun, 47500 E.; Altstadt mit spätgot. Stadtkirche (15. Jh.); ehem. kaiserl. Burg Pollheim.

welsch, 1) romanisch. **2)** undeutsch, fremdländisch. **W.korn** ↗Mais.

Welse, *Katzenfische,* Unterordnung der Knochenfische; bodenlebende Süßwasserfische mit breitem Kopf, starken Zähnen, nackter od. mit Knochenschildern gepanzerter Haut u. 1–4 Paar Bartfäden. Der *einheim. W.* od. *Waller,* bis 3 m langer Raubfisch, guter Speisefisch. ☐912.

Welser, Augsburger Kaufmannsfamilie des MA mit Verbindungen bis nach Übersee; als Bankiers des Kaisers Karl V. 1532 geadelt. Bes. *Bartholomäus* (1488–1561) u. sein Bruder *Franz* (1497–1572); dessen Tochter *Philippine* (1527–80) heiml. Gemahlin Erz-Hzg. Ferdinands v. Tirol, dessen Vater, Ks. Ferdinand I., Geheimhaltung der Ehe u. Verzicht auf das Erbrecht der Kinder erzwang. – ↗Venezuela.

Welt w, **1)** in der christl. Religion: a) die gesamte außergöttl. Wirklichkeit od. Schöpfung, wegen ihres planmäßigen Aufbaus auch *Kosmos* (gr. = Ordnung) gen.; b) Inbegriff der widergöttl. Macht, bes. in Bibel u. christl. Sprachgebrauch, insoweit die Schöpfung dem Schöpferwillen widerstrebt. **2)** in der Philosophie: a) die Gesamtheit alles Seienden *(Weltall, Universum, Kosmos),* v. der Metaphysik in der *Kosmologie* untersucht; b) i. e. S. unser Sonnensystem od. unsere Erde allein; c) i. ü. S. als W. eines Einzelmenschen, eines Tieres usw. dessen gesamter Vorstellungsbereich bzw. Lebensraum. **Weltall,** *Kosmos, Universum,* die Welt als Ganzes betrachtet: Inhalt in Form v. Materie (Galaxien, den eigentl. Strukturelementen mit Sternen, Staub u. Gas) od. Energie (Strahlung) in ihren gegenseitigen Wechselwirkungen beobachtbar, beide eingebettet in den *Weltraum.* Die Struktur des Weltraums wird mathemat. als nichteuklidischer, aber endlicher (in sich geschlossener) Raum beschrieben; überblickbar mit astronom. Instrumenten ist etwa eine Kugel mit dem Radius von ca. 10 Mrd. Lichtjahren. Die ↗Rotverschiebung in den Spektren ferner Galaxien scheint eine Ausdehnung der W. anzudeuten, woraus man umgekehrt auf ein astronom. Alter des W. v. 10–15 Mrd. Jahren schließt.

Weltanschauung w, die Gesamtauffassung v. Aufbau, Sinn u. Ziel des Weltganzen, im Ggs. zum bewußt erarbeiteten *Weltbild* eine vorwiss. intuitive Auslegung der Welterscheinungen.

Weltausstellung, int. Ausstellung, die eine Gesamtübersicht über das Schaffen der Welt auf allen Gebieten (Kunst, Wiss., Technik) bieten soll. 1. W. 1851 in London.

Weltbank ↗Internationale Bank für Wiederaufbau u. Entwicklung.

Weltbürgertum, *Kosmopolitismus,* Bz. für ein über alle nationale, staatl. Gebundenheit hinausreichendes Bewußtsein v. der Zusammengehörigkeit aller Menschen un-

Otto Wels

**Weltkirchen-
konferenzen**

Periodische Tagungen
von:

Life and Work

Stockholm	1925
Oxford	1937
Genf	1966

Faith and Order

Lausanne	1927
Edinburgh	1937
Lund	1952
Montreal	1963

Vollversammlungen
des Weltrates der
Kirchen:

Amsterdam	1948
Evanston	1954
Neu-Delhi	1961
Uppsala	1968
Nairobi	1975

ter dem Grundsatz v. Freiheit u. Gleichheit trotz rass., religiöser u. kultureller Verschiedenheit.
Weltchronik, Hauptform mittelalterl. Geschichtsdarstellung; schildert die als Heilsgeschichte verstandene „Weltgeschichte'' v. der Erschaffung der Welt bis zur Gegenwart des Verfassers. – Beispiele: Die W.en Reginos v. Prüm, Hermanns v. Reichenau u. Ottos v. Freising, die Sächs. Weltchronik.
Weltenburg, niederbayer. Gem. s.w. von Kelheim, am romant. Juradurchbruch der Donau, 400 E.; Benediktinerkloster (gegr. 7. Jh.) mit Barockkirche der Brüder Asam.
Weltesche, in der nord. Sage der den Himmel tragende Baum *Yggdrasil.*
Weltgericht ↗Jüngstes Gericht.
Weltgeschichte, *Universalgeschichte,* Versuch einer Zusammenschau der geschichtl. Entwicklung der einzelnen Völker u. Kulturen in einer Gesch. der Menschheit; im christl. Alt. u. MA gleichgesetzt mit der Heilsgesch.; im Zeitalter der Aufklärung als dauernder Fortschrittsprozeß der Menschheit angesehen. Hegel verstand die W. als Offenbarung des Weltgeistes; O. ↗Spengler sah die weltgeschichtl. Entwicklung deterministisch, während K. Jaspers und A. ↗Toynbee die menschl. Freiheit betonen.
Weltgesundheitsorganisation, engl. *World Health Organization* (WHO), 1948 gegr. Sonderorganisation der UN, Sitz in Genf.
Weltgewerkschaftsbund ↗Gewerkschaften.
Welthandel ↗Weltwirtschaft.   [ten.
Welthilfssprachen, künstl. Sprachen als int. Verständigungsmittel; der Wortschatz besteht aus den gemeinsamen Wurzeln der europ. Sprachen, während die Grammatik sich auf das analytische Englisch stützt; vor allem das ↗Esperanto.
Welti, *Albert,* schweizer. Maler u. Radierer,

1862–1912; v. Böcklin bestimmter phantasievoller Spätromantiker.
Weltkirchenkonferenzen, 1) period. Tagungen. **2)** Vollversammlungen des ↗Weltrates der Kirchen.
Weltkrieg, Bz. für die beiden großen Kriege der ersten Hälfte des 20. Jh., die sich aus äußerl. begrenzbar scheinenden Konflikten zur großen Auseinandersetzung zw. den europ. Staaten entwickelten u. schließl. alle großen Weltmächte ergriffen.
Erster Weltkrieg 1914/18: *Ursachen:* Die Ggs.e zw. den europ. Großmächten im Zeitalter des Imperialismus, verstärkt durch den Rüstungswettlauf; bes. gefährl. die seit der Abtrennung v. ↗Elsaß-Lothringen bestehende Gegnerschaft zw. Fkr. u. Dtl., der Interessengegensatz zw. Rußland u. Östr. auf dem Balkan, die nationalist. Selbständigkeitsbestrebungen der Südslawen (die den Bestand der östr. Doppelmonarchie bedrohten) u. die dt.-brit. Flottenrivalität.
Anlaß u. Ausbruch: Die Ermordung des östr. Thronfolgers Franz Ferdinand am 28. 6. 14 in Sarajewo führte zu einem östr. Ultimatum u. zur Kriegserklärung an Serbien; die russ. Mobilmachung veranlaßte am 1. 8. die dt. Kriegserklärung an Rußland; am 3. 8. folgte die dt. Kriegserklärung an Fkr.; der dt. Einmarsch in das neutrale Belgien (nach dem ↗Schlieffen-Plan) hatte am 4. 8. die brit. Kriegserklärung an Dtl. zur Folge; am 23. 8. Kriegserklärung Japans an Dtl.
Verlauf: Der dt. Versuch, durch einen Umfassungssieg über Fkr. (nach dem Schlieffen-Plan) eine rasche Entscheidung herbeizuführen, scheiterte in der Marneschlacht 14. Danach erstarrte die Front im W zum Stellungskrieg, in dem trotz verschiedener Offensiven keiner Seite der Durchbruch gelang. Im Osten brachten die siegreichen

---

Der Erste Weltkrieg

Verlauf: **1914:** 3.–4. 8. Einmarsch dt. Truppen in Belgien	**1915:** Im W Scheitern v. Durchbruchsversuchen der Entente in Flandern (Mai–Juli) u. in der Champagne (Febr.–März u. Sept. bis Nov.). Im O Sieg Hindenburgs bei der Winterschlacht in den Masuren (Febr.)	**1916:** Im W sowohl der (verlustreiche) Angriff Falkenhayns auf Verdun (Febr.–Juli) als auch die zur Schlacht an der Somme (Juli–Nov.) führende Offensive der Entente erfolglos. Im O russ. Geländegewinn in Galizien (Juni–Sept.)	Behauptung der Westfront durch die dt. Truppen gg. Angriffe bei Arras (2. 4.–20. 5.), an der Aisne u. in der Champagne (6. 4.–27. 5.), im Artois (28. 4.–20. 5.) u. in Flandern (27. 5. bis 3. 12.)	Im W nach Anfangserfolgen Scheitern verschiedener dt. Offensiven (März bis Juli; u. a. in der Picardie u. an der Marne)
5.–12. 9. ↗Marneschlacht; danach bis 1918 Stellungskrieg (Linie: Kanalküste–Reims–Verdun–Argonnen–Vogesen–Schweizer Grenze)	1.–3. 5. Durchbruch der dt.-östr. Armee unter Mackensen bei Gorlice u. Tarnów; dann dt. Eroberung Polens, Litauens u. Kurlands (Mai–Sept.)	27. 8. rumän. Kriegserklärung an Östr.; Eroberung Rumäniens durch die Mittelmächte (Sept.–Dez.)	15. 12. im O nach der Revolution Waffenstillstand	Durch Gegenoffensive der Alliierten unter Foch Durchbruch der dt. Front u. Rückzug der dt. Truppen bis zur frz.-belg. Grenze (Juni–Sept.)
26.–30. 8. Sieg Hindenburgs bei ↗Tannenberg, 6.–15. 9. an den Masur. Seen; Räumung Ostpreußens durch die Russen	23. 5. Kriegserklärung It.s an Östr.	31. 5.–1. 6. Schlacht am ↗Skagerrak	In Dtl. schwere innere Kämpfe zw. den Anhängern eines Verständigungsfriedens u. um eine Verfassungsreform	17.–19. 10. Eroberung des flandr. Küstengebiets durch die Briten
Sept.: nach Preisgabe Ostgaliziens an die Russen Erstarrung der östr.-ungar./russ. Front in den Karpaten	Die Türkei in Armenien, Mesopotamien, Palästina u. an den Dardanellen im Kampf mit den Alliierten (Ende des Jahres v. dt.-türk. Truppen erzwungene Räumung der Halbinsel Gallipoli durch Briten u. Franzosen)	29. 8. in Dtl. Übertragung der OHL an Hindenburg u. Ludendorff	Scheitern aller Friedensvermittlungen (1. 8. Friedensnote Pp. Benedikts XV. an alle Kriegführenden)	3. 11. Waffenstillstand zw. Östr. u. den Alliierten
Bis Ende 1914 Verlust der meisten dt. Kolonien		**1917:** 6. 4. Kriegserklärung der USA an Dtl. (veranlaßt durch den unbeschränkten dt. U-Boot-Krieg)	**1918:** 3. 3. Friede v. Brest-Litowsk zw. Sowjet-Rußland und den Mittelmächten	11. 11. Abschluß des v. der OHL geforderten Waffenstillstands durch die parlamentar. Reichsregierung unter Prinz Max v. Baden zw. Dtl. u. den Alliierten

Weltkrieg I
Europäischer Kriegsschauplatz

Mittelmächte und Verbündete
Die Alliierten
Neutrale Länder
Von den Mittelmächten besetzte feindliche Gebiete
Frontlinien Ende 1917
Vordringen dt. Truppen Frühj. 1918

Schlachten der Jahre 14/15 u. der Durchbruch 15 den Mittelmächten großen Gewinn, aber infolge der zu schwachen Kräfte keine endgültige Entscheidung. Der uneingeschränkte dt. U-Boot-Krieg, durch den Großbritannien niedergezwungen werden sollte, führte 17 zum Kriegseintritt der USA u. damit zur entscheidenden Kriegswende. Rußland schied nach der bolschewist. Oktoberrevolution aus dem Krieg aus. Die alliierte Großoffensive im Sommer 18 führte zum Rückzug der Dt.en an die frz.-belg. Grenze. Infolge Unmöglichkeit weiteren Widerstandes forderte die Oberste Heeresleitung Vhh. zu einem Waffenstillstand, der am 11. 11. 18 abgeschlossen wurde.

Friedensschlüsse der Alliierten in Vororten von Paris: mit Dtl. in Versailles (↗Versailler Vertrag), mit ↗Östr. in St-Germain, mit ↗Bulgarien in Neuilly, mit ↗Ungarn im Schloß ↗Trianon u. mit der ↗Türkei in Sèvres.
Zweiter Weltkrieg 1939/45: *Ursache:* Der spätestens Ende 37 gefaßte Entschluß Hitlers, die Forderung nach Lebensraum für das dt. Volk mit Gewalt zu lösen.
Anlaß u. Ausbruch: Die Nachgiebigkeit der Westmächte beim Anschluß Östr.s u. des Sudetengebietes 38, bei der Annexion der ↗Tschechoslowakei 39 sowie der dt.-sowjet. Nichtangriffspakt (23. 8. 39) ermutigten Hitler zum Angriff auf Polen am 1. 9. 39.

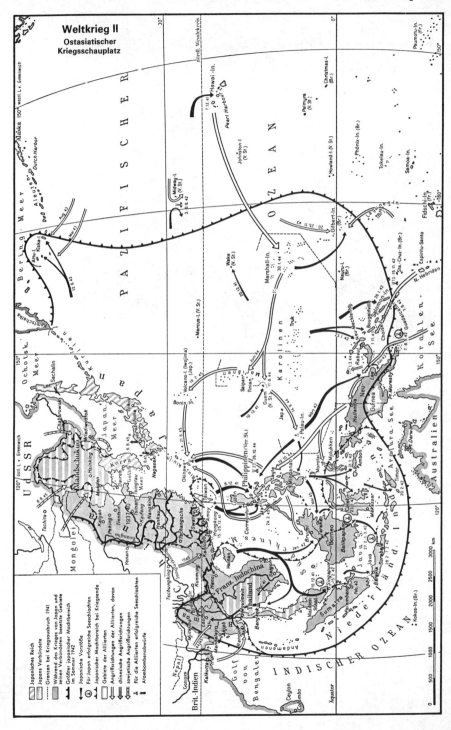

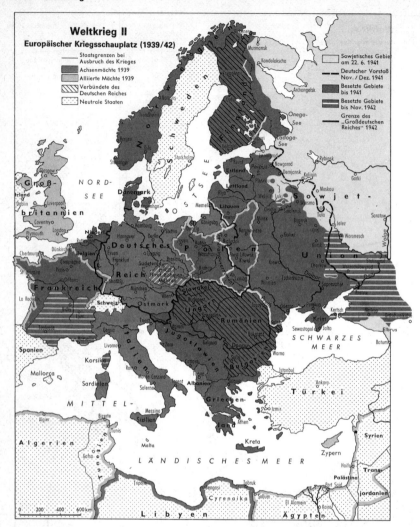

Weltkrieg II
Europäischer Kriegsschauplatz (1939/42)

Der Zweite Weltkrieg

Verlauf:

1939: 1. 9. dt. Angriff auf Polen, das in 18 Tagen besiegt wurde. Aufgrund des dt.-sowjet. Nichtangriffspaktes Besetzung Ostpolens (seit 17. 9.) u. einiger Stützpunkte in den Balt. Staaten (Okt.) durch die UdSSR

30. 11. sowjet. Angriff auf Finnland

Defensives Verhalten Fkr.s gegenüber Dtl.

1940: 12. 3. Finn.-sowjet. Friedensvertrag in Moskau

9. 4. kampflose Besetzung Dänemarks

9. 4.–10. 6. (gg. Widerstand norweg., frz. u. brit. Truppen) Eroberung Norwegens durch die Dt.en

10. 5. Beginn des dt. Westfeldzuges; Kapitulation der Niederlande (15. 5.) u. Belgiens (28. 5.)

26. 5. Rückzug der Briten nach Dünkirchen; retteten sich (unter großen Materialverlusten) über den Kanal

10. 6. Kriegserklärung It.s an Fkr. u. Großbritannien; danach Eröffnung des Kampfes auf dem Balkan u. in Nordafrika durch It.

14. 6. Besetzung v. Paris durch die Dt.en, die danach die Maginotlinie an beiden Flanken durchbrachen

22. 6. dt.-frz. Waffenstillstand in Compiègne: Teilung Fkr.s in ein besetztes (der größere Teil des Landes im N u. O) u. ein unbesetztes Gebiet (dessen Staatsoberhaupt: Pétain; Regierung in Vichy)

28. 6. Anerkennung des v. General de Gaulle gebildeten „Nationalkomitees der freien Franzosen" durch Großbritannien

3. 7. brit. Seestreitkräfte vernichten vor Oran frz. Geschwader

Erzwungener Anschluß der Baltischen Staaten an die UdSSR (Juli bis August)

Plan einer dt. Landung auf der brit. Insel im Okt. aufgegeben; statt dessen Versuch der Brechung des brit. Widerstandes durch den Luftkrieg („Luftschlacht um Engl."; bis Mai 1941); bleibt erfolglos. Der brit. Blockade begegnete Dtl. mit Ausbeutung der besetzten Länder

28. 10. Einmarsch it. Truppen in Griechenland; in der Gegenoffensive Besetzung eines Teils Albaniens durch die Griechen

1941: Nach it. Niederlage in Nordafrika (Verlust der Cyrenaika Jan./Febr.) Aufstellung des Dt. Afrikakorps, das unter Rommel die Briten zurückwarf u. bis zur ägypt. Grenze vorstieß (April)

18.5. Kapitulation der Italiener in Abessinien

6.4. Beginn des (v. Ungarn u. Bulgarien unterstützten) dt.-it. Feldzugs gg. Jugoslawien (17.4. Kapitulation der jugoslaw. Armee) u. Griechenland (bis 11.5. mit den Inseln erobert); 20.5. bis 1.6. dt. Eroberung Kretas

22.6. dt. Angriff auf die UdSSR ohne Kriegserklärung. Siege über die Sowjets in großen Kesselschlachten (Bialystok, Minsk, Smolensk, Uman, Kiew, Brjansk u. Wjasma). Scheitern der für Ende 41 geplanten Eroberung Moskaus an der Gegenoffensive Schukows u. dem harten Winter

7.12. Überfall auf die US-Flotte in Pearl Harbor durch ↗Japan (bisher schon im Krieg mit ↗China); daraufhin auch Kriegserklärung Dtl.s u. It.s an die USA (11.12.). Indirekt hatten die USA

bereits durch das ↗Leih- u. Pachtgesetz vom 11.3. u. durch die ↗Atlantik-Charta vom 14.8. in den Krieg eingegriffen

19.12. Übernahme des Oberbefehls über das Heer durch Hitler

1942: Bis Mai Eroberung Hongkongs, Manilas, Singapurs, Niederländ.-Indiens, Burmas, der Philippinen u. vieler Pazifik-Inseln durch die Japaner; dann Umschwung

Im Sommer Eroberung der Krim mit Sewastopol (7.6.–4.7.) und des Ostteils des Donezbeckens durch die Dt.en; dann Vorstoß zum Kaukasus (21.8. Eroberung des Elbrus) u. zur unteren Wolga (Aug.–Okt. Eroberung des größten Teils v. Stalingrad)

30.6. Ende des dt. Vormarsches in Nordafrika bei El Alamein; Verlust der Cyrenaika durch Gegenoffensive der Briten unter Montgomery (Okt.–Nov.)

7.–8.11. Landung der Briten u. Amerikaner unter General Eisenhower in Marokko u. Algerien

11.11. Einrücken dt. Truppen in den bisher unbesetzten Teil Fkr.s

1943: Überlegenheit der Alliierten, bes. durch wachsende Bombardierung des dt. Reichsgebiets

14.–26.1. Konferenz v. Casablanca zw. Roosevelt u. Churchill: Forderung bedingungsloser Kapitulation

31.1. u. 2.2. Kapitulation der in Stalingrad eingeschlossenen 6. dt. Armee (damit Wendepunkt des Krieges); sowjet. Durchbruch der Don-Front (Jan.–Febr.); durch sowjet. Vorstoß im S Rückzug der Dt.en an den Dnjepr (Juli–Okt.)

13.5. Kapitulation der in Nordafrika in einen Zweifrontenkrieg geratenen dt. u. it. Truppen; danach Landung der Amerikaner u. Briten auf Sizilien (10.7.); Sturz Mussolinis (25.7.), Waffenstillstand der Alliierten mit dem neuen it. Min.-Präs. Badoglio (3.9.); Kriegserklärung It.s an Dtl. (13.10.); die Alliierten erobern bis Ende 43 Unter-It., Sardinien u. Korsika

26.11.–3.12. Konferenz v. Teheran zw. Roosevelt, Churchill u. Stalin: Entscheidung für Invasion in Nordfrankreich.

1944: Weiteres Vordringen der Sowjets im N u. S: im Mai war der Peipussee erreicht, die Krim, Odessa, Kiew u. Gomel in sowjet. Hand; im Sommer Vorstoß bis zum San u. zur Weichsel; Anschluß Rumäniens (Aug.) u. Bulgariens (Sept.) an die Alliierten; im Herbst Räumung Griechenlands durch die Dt.en; Finnland stellt Kampf ein (Sept.); Einschließung der dt. Kurlandarmee, erster sowjet. Einbruch in Ostpreußen (Okt.); im Dez. sowjet. Eroberung Ungarns

22.1. brit.-am. Truppen landen bei Anzio u. Nettuno, besetzen Rom (Juni), Florenz (Aug.)

6.6. Landung brit.-am. Truppen unter Eisenhower in der Normandie; 31.7. Durchbruch der dt. Front bei Avranches; 15.8. Landung der Alliierten in Süd-Fkr.; Rückzug der Dt.en aus Fkr. u. Belgien bis zu Vogesen u. Ardennen; Aachen geht verloren (Okt.) Bombardierung der Front, der Industrien (bes. der Hydrierwerke), Eisenbahnen u. der Zivil-Bev. durch die am. u. brit. Luftwaffe

Scheitern der dt. Ardennenoffensive (Dez.)

1945: 12.1. Offensive der Sowjets, die Ostpreußen u. Schlesien eroberten, Ende Jan. die Oder erreicht hatten u. v. Ungarn aus Wien einnahmen (13.4.)

7.3. Übergang der Amerikaner bei Remagen über den Rhein; daraufhin Zusammenbruch der dt. Westfront; Besetzung Hessens, Thüringens u. Bayerns durch die Amerikaner, Nordwest-Dtl.s durch die Briten u. Südwest-Dtl.s durch die Franzosen

2.5. Kapitulation (des v. den Sowjets eroberten) Berlins (30.4. Selbstmord Hitlers)

7.5. in Reims durch Jodl u. am 9.5. durch Keitel in Berlin (im Auftrag v. Hitlers Nachfolger Dönitz) Unterzeichnung der bedingungslosen dt. Kapitulation

Japan war seit Sommer 42 aus mehreren der eroberten Gebiete verdrängt worden (bes. aus Birma u. den Philippinen 44–45)

6.8. u. 9.8. Abwurf v. zwei Atombomben (auf Hiroshima u. Nagasaki) durch die Amerikaner; daraufhin Kapitulation Japans (2.9.)

Engl. u. Fkr. forderten ultimativ Rückzug der dt. Truppen aus Polen; da dies unbeachtet blieb, erklärten sie am 3.9. Dtl. den Krieg. *Verlauf:* Der durch Hitler ausgelöste 2. Weltkrieg begann 39/40 mit einer Reihe v. dt. Erfolgen gg. überraschte, nicht genügend gerüstete od. v. vornherein unterlegene Gegner (Polen, Dänemark, Norwegen, die Niederlande, Belgien, Fkr.). Doch blieb Großbritannien unangreifbar. Erst als sich die frz. Niederlage abzeichnete, trat It. 40 auf dt. Seite in den Krieg ein. 41 griff Hitler in Nordafrika ein u. zog zugleich den Balkan in seinen Machtbereich (Niederwerfung Jugoslawiens u. Griechenlands). Der v. Hitler am 22.6.41 gg. die UdSSR eröffnete Krieg begann ebenfalls mit dt. Erfolgen, doch zeigte sich bald, daß dem sowjet. Gegner gegenüber die militär. Macht Dtl.s nicht ausreichte u. bisher angewandte Mittel u. Methoden versagten. Der Kriegseintritt Japans im Dez. 41 brachte Dtl. keine Hilfe, während der gleichzeitige Kriegseintritt der USA auf seiten der dt. Kriegsgegner v. entscheidender Bedeutung wurde. Nach dt. u. jap. Erfolgen in der 1. Hälfte des Jahres 42 begann der Umschwung. Die Kapitulation der 6. dt. Armee in Stalingrad Anfang 43 wurde zum Wendepunkt des dt. Rußlandfeldzuges u. des Krieges überhaupt. Die Sowjets drangen seither unaufhaltsam nach W vor. Auf die Kapitulation der dt. u. it. Truppen in Nordafrika Mitte 43 folgten die Landung der Alliierten auf Sizilien u. der Umschwung in Italien. Nach der Invasion am.-brit. Truppen in der Normandie Mitte 44 wurden die dt. Truppen aus im W zum Rückzug gezwungen. Anfang 45 besetzten am., brit., frz. u. sowjet. Truppen ganz Dtl. Am 7. u. 9.5.45 erfolgte die Kapitulation der gesamten dt. Wehrmacht. Japan kapitulierte erst (2.9.) nach Abwurf 2 am. Atombomben u. dem Eingreifen der UdSSR (9.8.). *Friedensverträge* der Alliierten mit Finnland, It., Ungarn, Rumänien u. Bulgarien 1947 in Paris, mit Japan (ohne UdSSR) 1951 in San Francisco, der Staatsvertrag mit Österreich 1955; mit Dtl. noch kein Friedensvertrag. – Der durch Hitler entfesselte 2. W. hatte weitreichende Folgen: unabsehbare Zerstörungen u. Verwüstungen, Teilung Dtl.s, ungeheure Ausweitung der kommunist. Machtsphäre u.

Spaltung der Welt in 2 soziolog., polit. u. wirtschaftl. gegensätzl. Großsysteme; Erschütterung der Weltstellung Europas u. verstärkte politische Unabhängigkeitsbewegungen in Afrika und Asien. **Weltpostverein**, zur Erleichterung des zwischenstaatl. Postverkehrs 1874 v. H. v. ↗Stephan gegr.; seit 1948 Sonderorganisation der UN. **Weltrat der Kirchen**, engl. *World Council of Churches* (WCC), fr. *Ökumen. Rat der Kirchen*, eine aus der ↗Ökumen. Bewegung hervorgegangene „Gemeinschaft von Kirchen, die den Herrn Jesus Christus gemäß der Heiligen Schrift als Gott u. Heiland bekennen"; konstituierte sich auf der Vollversammlung v. 1948 in Amsterdam. Dem W. gehören prot., anglikan., altkath., orth. Kirchen an; die Kontakte zur röm.-kath. Kirche sind seit dem 2. Vatikan. Konzil intensiver. – 1973: 263 Kirchen als Mitglieder. ☐ 1095. **Weltraumfahrt**, *Astronautik*, befaßt sich mit

den durch die ↗Raketen-Technik gegebenen Möglichkeiten, die Atmosphäre u. den Anziehungsbereich der Erde zu verlassen. Je nach Höhe, Geschwindigkeit u. Richtung bei Brennschluß der letzten Raketenstufe ist die durchflogene Bahn entweder eine ballist. Kurve (Geschwindigkeit $v < 7,9$ km/s), eine Kreisbahn ($v = 7,9$ km/s) oder Ellipse (v zwischen 7,9 u. 11,2 km/s) – Erdsatelliten –, wenn aber Anziehungsbereich der Erde verlassen werden soll – Raumsonden –, eine Parabel bzw. Hyperbel ($v > 11,2$ km/s). Diese Geschwindigkeiten werden mit Hilfe des ↗Stufenprinzips erreicht. Der Start des ersten *Erdsatelliten* Sputnik 1 am 4. Okt. 1957 markierte den Beginn einer kaum noch zu überschauenden Flut v. zunächst unbemannten Raumflugunternehmen, wobei die Erforschung der Himmelskörper durch die Entsendung von *Raumsonden* zum Mond u. später zu den Planeten Venus, Mars (☐ 593), Jupiter (☐ 446) u.

Übersicht der Raumfahrten mit bemannten Fahrzeugen

Fahrzeugname	Flugdaten	Name der Astronauten	Fahrzeugname	Flugdaten	Name der Astronauten
Wostok 1	12.4.61	Gagarin	Apollo 15	26.7./7.8.71	Scott, Irwin, Worden
Mercury MR-3	5.5.61	Shepard	Apollo 16	16./27.4.72	Young, Duke, Mattingly
Mercury MR-4	21.7.61	Grissom	Apollo 17	7./19.12.72	Cernan, Evans, Schmitt
Wostok 2	6./7.8.61	Titow	Skylab 2	25.5./	Conrad, Kerwin, Weitz
Mercury MA-6	20.2.62	Glenn		22.6.73	*1. Skylab-Besatzung*
Mercury MA-7	24.5.62	Carpenter	Skylab 3	28.7./	Garriot, Lousma, Bean
Wostok 3	11./15.8.62	Nikolajew		25.9.73	*2. Skylab-Besatzung*
Wostok 4	12./15.8.62	Popowitsch	Sojus 12	27./29.9.73	Lasarjew, Makarow
Mercury MA-8	3.10.62	Schirra	Skylab 4	16.11.73/	Carr, Gibson, Pogue
Mercury MA-9	15./16.5.63	Cooper		8.2.74	*3. Skylab-Besatzung*
Wostok 5	14./19.6.63	Bykowskij	Sojus 13	18./26.12.73	Klimuk, Lebedjew
Wostok 6	16./19.6.63	Tereschkowa	Sojus 14	3./19.7.74	Popowitsch, Artjuchin
Wos-chod 1	12./13.10.64	Feoktistow,	Sojus 15	26./28.8.74	Sarafanow, Djomin
		Jegorow, Komarow	Sojus 16	2./8.12.74	Filiptschenko, Rukawischnikow
Wos-chod 2	18./19.3.65	Beljajew, Leonow	Sojus 17	11.1./9.2.75	Gubarjew, Gretschko
		1. Ausstig im Weltraum	Sojus 18	24.5./26.7.75	Klimuk, Sewastjanow
Gemini 3	23.3.65	Grissom, Young	Sojus 19 zus.	15./21.7.75	Leonow, Kubassow
Gemini 4	3./7.6.65	McDivitt, White	mit Apollo	15./24.7.75	Stafford, Slayton, Brand
Gemini 5	21./29.8.65	Cooper, Conrad	Sojus 21	6.7./24.8.76	Wolynow, Scholobow
Gemini 7	4./18.12.65	Borman, Lovell	Sojus 22	15./23.9.76	Bykowski, Aksenow
Gemini 6	15./17.12.65	Schirra, Stafford	Sojus 23	14./16.10.76	Sudow, Roschdestwenski
Gemini 8	16./17.3.66	Armstrong, Scott	Sojus 24	7./25.2.77	Gorbatko, Glaskow
Gemini 9	3./6.6.66	Stafford, Cernan	Sojus 25	9./11.10.77	Kowalenok, Rjumin
Gemini 10	18./21.7.66	Young, Collins	Sojus 26	10.12.77/	Romanenko, Gretschko
Gemini 11	12./15.9.66	Conrad, Gordon		16.1.78	*Rückkehr mit Sojus 27*
Gemini 12	11./15.11.66	Aldrin, Lovell	Sojus 27	10.1.78/	Dschanibekow, Makarow
Sojus 1	23.4.67	Komarow		16.3.78	*Rückkehr mit Sojus 26*
Apollo 7	11./22.10.68	Schirra, Eisele, Cunningham	Sojus 28	2./10.3.78	Gubarjew, Remek
Sojus 3	26./30.10.68	Beregowoj	Sojus 29	15.6.–2.11.78	Kowaljonok, Iwantschenkow
Apollo 8	21./27.12.68	Borman, Lovell, Anders –			*Rückkehr mit Sojus 31*
		1. Verlassen der Erdumlauf-	Sojus 30	27.6.–5.7.78	Klimuk, Hermaszewski (Polen)
		bahn	Sojus 31	26.8.–3.9.78	Bykowskij, Jähn (DDR)
Sojus 4	14./17.1.69	Schatalow			*Rückkehr mit Sojus 29*
Sojus 5	15./18.1.69	Wolynow, Jelissejew,	Sojus 32	25.2.–19.8.79	Ljachow, Rjumin
		Chrunow			*Rückkehr mit Sojus 34*
Apollo 9	3./13.3.69	McDivitt, Scott, Schweickart	Sojus 33	10./12.4.79	Rukawischnikow,
Apollo 10	18./26.5.69	Cernan, Stafford, Young			Iwanow (Bulg.)
Apollo 11	16./24.7.69	Armstrong, Collins, Aldrin	Sojus 35	9.4.–11.10.80	Popow, Rjumin
		Der 1. Mensch auf dem Mond			*Rückkehr mit Sojus 37*
		(21.7.)	Sojus 36	26.5.–3.6.80	Kubassow, Farkas (Ungarn)
Sojus 6	11./16.10.69	Schonin, Kubassow	Sojus T-2	5./9.6.80	Malyschew, Aksjonow
Sojus 7	12./17.10.69	Filiptschenko, Wolkow,	Sojus 37	23./31.7.80	Gorbatko, Phan Tuan (Vietnam)
		Gorbatko			*Rückkehr mit Sojus 36*
Sojus 8	13./18.10.69	Schatalow, Jelissejew	Sojus 38	18.9.–24.10.80	Romanenko, Tamayo Mendez
Apollo 12	14./24.11.69	Conrad, Bean, Gordon			(Kuba)
Apollo 13	11./17.4.70	Lovell, Swigert, Haise	Sojus T-3	27.11.–10.12.80	Kizim, Makarow, Strekalow
Sojus 9	1./18.6.70	Nikolajew, Sewastjanow	Sojus T-4	12.3.–25.5.81	Kowaljonok, Sawinych
Apollo 14	31.1./9.2.71	Shepard, Mitchell, Roosa	Sojus 39	22./30.3.81	Dschanibekow, Gurragcha
Sojus 10	23./25.4.71	Schatalow, Jelissejew,			(Mongolei)
		Rukawischnikow	Spaceshuttle	12./14.4.81	Young, Crippen
Sojus 11	7./30.6.71	Dobrowolski, Wolkow,	Sojus 40	14./22.5.81	Popow, Prunariu (Rumänien)
		Pazajew *Saljut-1-Besatzung*			

Weltraumfahrt

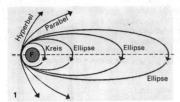

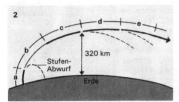

Flugbahnen von Raketen, Satelliten u. Raumsonden

1 Die *Erdumlaufbahn* eines Raumflugkörpers ergibt sich aus Abgangswinkel u. Abgangsgeschwindigkeit der Trägerrakete.

2 *Aufstiegsbahn* einer vierstufigen Satellitenrakete: **a** Aufstiegsbahn der ersten Stufe, **b** antriebsloser Flug, **c** Antriebsbahn der zweiten, **d** der dritten, **e** der vierten Stufe: Satellit in der Umlaufbahn.

3 *Bemannte Mondlandung:* Flugbahn des Apollo-Raumfahrzeugs (S = Start, L = Mondlandung).

4 Flug einer *Raumsonde* zum Mars auf einer Hohmann-Bahn oder Berührungsellipse (Bahnform mit geringstem Energiebedarf); Es und Ms: Erde und Mars beim Start, E_A und M_A: bei Ankunft der Marssonde.

5 *Swing-by-Technik:* Ausnutzen der Schwerefelder v. Planeten (hier Jupiter u. Saturn) zur Bahnführung v. Raumflugkörpern bei interplanetaren Flugaufträgen.

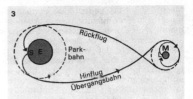

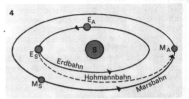

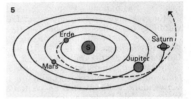

Raumflugkörper

6 Die dreistufige am. *Trägerrakete Saturn V*, zum Mondlandeunternehmen mit dem Apollo-Raumfahrzeug ausgerüstet (Gesamthöhe 111 m, 10 m Ø, Startgewicht 2770 t).

7 Die am. *Marssonde Mariner IV.*

8 Die am. *Raumstation Skylab*, die in den Jahren 1973/ 1974 drei Besatzungen als Raumlabor diente (36 m lang, 82 t Gewicht).

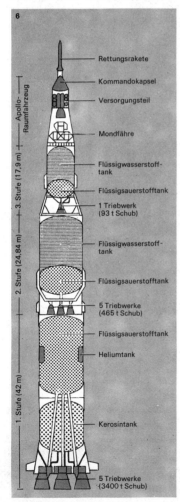

Rettungsrakete
Kommandokapsel
Versorgungteil
Mondfähre
Flüssigwasserstofftank
Flüssigsauerstofftank
1 Triebwerk (93 t Schub)
Flüssigwasserstofftank
Flüssigsauerstofftank
5 Triebwerke (465 t Schub)
Flüssigsauerstofftank
Heliumtank
Kerosintank
5 Triebwerke (3400 t Schub)

Apollo-Raumfahrzeug
3. Stufe (17,9 m)
2. Stufe (24,84 m)
1. Stufe (42 m)

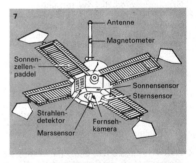

Antenne
Magnetometer
Sonnenzellenpaddel
Sonnensensor
Sternsensor
Strahlendetektor
Fernsehkamera
Marssensor

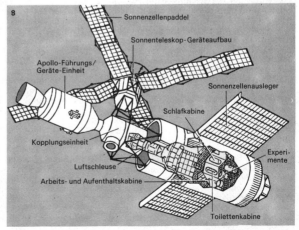

Sonnenzellenpaddel
Sonnenteleskop-Geräteaufbau
Apollo-Führungs-/Geräte-Einheit
Sonnenzellenausleger
Schlafkabine
Kopplungseinheit
Experimente
Luftschleuse
Arbeits- und Aufenthaltskabine
Toilettenkabine

Merkur (□ 611) bedeutende Fortschritte brachte. In Erdumlaufbahnen wurden bemannte Flüge u. dabei Außenbordmanöver als Vorstufe echter W. durchgeführt; hierbei zeigte sich, daß wohl alle raumfahrtmedizinischen Probleme lösbar sind. Eine Bestätigung dieser Ansicht brachten die erfolgreichen *Mondlandungen* des ↗Apollo-Programms und die sich über mehrere Monate erstreckenden wiss. Arbeiten v. Astronauten in *Raumstationen* (Skylab, Saljut). Längere bemannte Raumflüge, etwa zu den Planeten, verlangen schubkräftigere Raketen zum Transport größerer Nutzlasten u. weitere Verbesserungen bei den Rückkehrverfahren der Astronauten auf die Erde (nicht ballist. Fall aus der Kreisbahn, sondern Ansteuerung eines vorgewählten Landeplatzes, z.B. mit Hilfe eines ↗Raumtransporters). – Die Aufgaben der Flugkörper können rein wiss. (Erforschung v. astronom. Objekten), wirtschaftl. (Nachrichten-, Navigations-, Wetter-, Erdbeobachtungssatelliten) oder militär. (zur Frühwarnung u. Aufklärung, aber auch als „abrufbare" Kernwaffenplattform) sein.
Weltraumvertrag, am 27.1.1967 in London, Moskau u. New York unterzeichneter, Okt. 67 in Kraft getretener Vertrag über die friedl. Nutzung des Weltraums; verbietet u.a. die Verwendung v. Kernwaffen im Weltraum.
Weltseele, als Seele gedachter Seins- u. Ordnungsgrund des Weltorganismus, deren Teile od. Ausflüsse die Einzelseelen des Seienden bzw. Lebendigen darstellen.
Weltsicherheitsrat ↗Vereinte Nationen.
Weltuntergang *m,* nach der christlichen ↗Eschatologie am Jüngsten Tag; in der nord. Mythologie: die Götterdämmerung (↗Ragnarök).
Welturheberrechtsabkommen, vom 6.9. 1952; zahlr. Mitgliedstaaten (darunter auch die BRD) haben die völkerrechtl. Verpflichtung übernommen, einen ausreichenden u. wirksamen Schutz der Urheber durch Ges. herzustellen (Prinzip der Inländerbehandlung). [fonds.
Weltwährungsfonds, der ↗Int. Währungs-
Weltwirtschaft, die Gesamtheit der ↗Volkswirtschaften der Erde in ihrem gegenseitigen Austausch von Gütern und Dienstleistungen. Bringt für alle beteiligten Staaten Vorteile, da man vom Handelspartner Waren erhalten kann, die man im eigenen Land nicht od. nur teurer erzeugen kann. Bei Mißernten od. Katastrophen läßt sich über die W. ein Ausgleich schaffen. Die W. macht eine Volkswirtschaft anderseits v. der Lage des Weltmarktes sowie v. der weltpolit. Entwicklung abhängig. Daher das Bestreben vieler, bes. totalitärer Staaten nach ↗Autarkie. Während vor dem 1. Weltkrieg die W. durch den ↗Freihandel bestimmt war, setzte bes. seit der ↗W.skrise eine staatl. Lenkung u. Beschränkung der W. ein; seit 1945 wieder schrittweise Liberalisierung, ohne daß der Zustand vor dem 1. Weltkrieg bis heute wieder erreicht worden wäre.
W.skrise, die mit dem Zusammenbruch der New Yorker Börse am 24.10.1929 einsetzende Erschütterung des Wirtschaftslebens der am Welthandel beteiligten Staaten; dauerte bis 1933 u. rief Arbeitslosigkeit u. Schrumpfung des Welthandels hervor.
Weltwunder ↗Sieben Weltwunder.
Weltzeit, *Universal Time,* die Zonenzeit des Meridians v. Greenwich, die mittlere Greenwich-Zeit (*Greenwich Mean Time,* Abk. GMT). [wichtiger Weltstädte an.
Weltzeituhr, zeigt gleichzeitig die Uhrzeiten
Welver, westfäl. Gemeinde in der Soester Börde, 10300 E.; 1969 gebildet.
Welwitschia *w, Tumbo, Wunderbaum,* Nacktsamer in südafrikan. Nebelwüsten; lange Pfahlwurzel, lange riemenförm. Blätter, zapfenart. zweihäusige Blütenstände.
Wembley (: -'l'), Teil des Londoner Vorortes Brent mit *W.stadion* (100000 Plätze).
Wendegetriebe, ↗Getriebe z. Änderung der Drehrichtung: *Wendeherz, Stirnrad-, Kegelrad-, Riemen-* u. *Reibrad-W.*
Wendehals *m,* kleinerer, braungesprenkelter Spechtvogel; Zugvogel.
Wendekreise, diejenigen nördlichsten bzw. südlichsten Breitenkreise (23° 27' nördl. *[W. des Krebses]* u. südl. des Äquators *[W. des Steinbocks]*), über denen die Sonne zur Zeit der ↗Sonnenwende im Zenit steht u. sich dann wieder dem Äquator zuwendet. Zw. den W.n liegen die ↗Tropen.
Wendelstein *m,* 1837 m hoher Berg in den bayer. Voralpen; Zahnradbahn; Sonnenobservatorium.
Wenden, westfäl. Gemeinde im Sauerland, südl. von Olpe, 15100 E.; Metall-, Textil- und Elektro-Industrie.
Wenden (Mz.), **1)** Sammel-Bz. für Westslawen, die im 8./12. Jh. zw. Oder u. Elbe siedelten. **2)** i.e.S. die *Sorben*; im 10. Jh. dem Dt. Reich unterworfen; haben sich in der Lausitz bis heute erhalten; eigene Sprache u. ausgeprägtes Brauchtum (kulturelle Autonomie).
Wendepunkt, bei einer ebenen Kurve derjenige Punkt, an dem die zuvor unter-(ober-)halb der Kurve liegende Tangente über (unter) der Kurve umspringt. Am W. hat die 1. Ableitung ein Extremwert.
Wengen, schweizer. Kurort im Berner Oberland, 1277 m ü.M.; Station der *Wengernalpbahn* zur Kleinen Scheidegg.
Wennigsen (Deister), niedersächs. Gem. (Kr. Hannover), 12500 E.; metall- u. kunststoffverarbeitende, Nahrungsmittel-Ind.
Wenzel, hl. (28. Sept.), um 905–929 oder 935; 921 Hzg. v. Böhmen, durch seinen Bruder Boleslaw ermordet; tschech. Nationalheiliger. *Könige v. Böhmen:* **W. III.,** der letzte Přemyslide, 1305/06; erhob Ansprüche auf den poln. u. ungar. Thron. **W. IV.,** 1361–1419; Sohn Ks. Karls IV., 1363 böhm. Kg.; 76 zum röm. Kg. gewählt, 78 dt. König, wegen Untüchtigkeit 1400 abgesetzt.
Wenzinger, *Christian,* dt. Bildhauer, Maler u. Architekt, 1710–97; bedeutendster Plastiker des Rokoko in Südwest-Dtl. (Freiburg).
Werbellinsee, brandenburg. Rinnensee, am Ostrand der Schorfheide, 8 km².
Werbung, die mehr planmäßige (↗Reklame) Einflußnahme bes. v. Wirtschaftsunternehmungen auf die öff. Meinung zur Erzielung eines größeren wirtschaftl. Er-

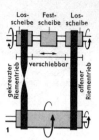

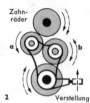

2 Verstellung

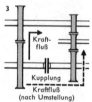

Wendegetriebe:
1 Riemen-W.,
2 Wendeherz,
3 Stirnrad-W.

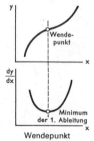

Wendepunkt

Welwitschia

folgs, vor allem zur Absatzsteigerung. W. kann den Verbrauch in bestimmte Richtung lenken, aber auch ganz neue Bedürfnisse wecken. **W.skosten,** bei der Lohn- u. Einkommensteuer absetzbare Aufwendungen, die zur Erwerbung, Sicherung u. Erhaltung der Einnahmen verwendet wurden.
Werchne-Udinsk, seit 1934 ↗Ulan-Ude.
Werchojansk, Ort im N der ostsibir. Taiga. Galt lange als der kälteste Ort der Erde (–69,8°C gemessen).
Werdandi, eine der ↗Nornen.
Werdau, sächs. Krst. an der Pleiße (Bez. Karl-Marx-Stadt), 23000 E.; Textil-Ind. mit Fachschule, Fahrzeugwerk.
Werden, philosoph. Grundbegriff für den Übergang eines Seienden aus der bloßen Möglichkeit (Potenz) in die Verwirklichung (Akt) des in ihm angelegten Zieles (↗Entelechie).
Werdenfelser Land, das Talbecken v. Garmisch-Partenkirchen, in den Bayer. Kalkalpen, benannt nach dem *Schloß Werdenfels* (um 1180 erb.).
Werder, Name für Flußinsel, auch trockenes Land in einem Sumpfgebiet.
Werdohl, westfäl. Stadt (Märkischer Kreis) an der Lenne, 21400 E.; vielseitige Industrie.
Werfel, *Franz,* östr. Dichter, 1890–1945; emigrierte 1938, seit 40 in den USA; begann als Expressionist: Novellen, Lyrik *(Gerichtstag);* bald Wendung zum Christl.-Religiösen. Romane: *Der Abituriententag; Die vierzig Tage des Musa Dagh; Der veruntreute Himmel; Das Lied von Bernadette; Der Stern der Ungeborenen* (satir. Utopie). Dramen: *Juarez u. Maximilian; Paulus unter den Juden; Jakobowsky u. der Oberst.*
Werft, 1) Anlage für Bau, Ausrüstung u. Ausbesserung v. Schiffen; umfaßt ↗Helling, Ausrüstungskai u. ↗Docks. **2)** Anlage z. Überholung v. Flugzeugen. **3)** ↗Warp.
Werg *s,* ↗Hede.
Wergeld, nach Stand u. Geschlecht des Verletzten abgestuftes Bußgeld im german. Recht, bes. bei Körperverletzung u. Totschlag.
Werkbund, *Deutscher W.,* 1907 gegr. zur künstler. Formerneuerung im Sinne v. Material- u. Werkgerechtigkeit; bestimmte das gesamte Kunstschaffen nach 1918 (↗Bauhaus); 33 aufgelöst, 47 neu gegr.
Werkkunstschulen, fr. *Kunstgewerbeschulen,* Fachschulen für Kunsthandwerker u. Gestalter aller Werkgruppen (u. a. Metall, Keramik, freie u. Gebrauchsgraphik, Glasmalerei, Industrieform und Photographie); heute z. T. in Fachhochschulen umgewandelt oder Kunsthochschulen angegliedert.
Werklieferungsvertrag, Vertrag auf Herstellung u. Leistung einer nicht ↗vertretbaren Sache aus einem v. Hersteller zu beschaffenden Stoff.
Werkmeister, ↗Meisterprüfung.
Werkschulen, in größeren Unternehmen u. Ind.-Betrieben Fortbildungsschulen für Lehr- u. Anlernberufe; meist als Ersatz für die ↗Berufsschule anerkannt.
Werkstoff, Rohstoff od. Zwischenprodukt für Werkstücke, z. B. Stahl, Duralumin, Holz, Leder, Papier u. synthet. W.e. **W.prüfung,**

Werkzeugmaschinen

Spanabhebende Werkzeugmaschinen	
Dreh-, Fräs-, Schleif-, Bohr-, Feinstbearbeitungs-, Hobel- und Stoß-, Räum-, Zahnradbearbeitungsmaschinen, Bohrund Fräswerke, Sägen, Automaten	
Spanlos formende Werkzeugmaschinen:	
Formmaschinen (Gießerei), Pressen, Scheren, Stanzen	

Franz Werfel

Christian Wenzinger: Taufstein (Freiburg i. Br., Münster) – ☐ 232

Materialprüfung, stellt die chem., physikal., technologischen Eigenschaften der W.e fest; grundsätzl. unterschieden in Verfahren *mit u. ohne Zerstörung* des W.
Werkunterricht, Schulfach, in dem handwerkl. Arbeiten an verschiedenen Werkstoffen geübt werden; wichtiger Bestandteil der Kunsterziehung.
Werkvertrag, Vertrag über die Herstellung eines Werkes od. die Herbeiführung eines anderen Arbeitserfolges (z. B. Beförderung usw.) gg. Vergütung.
Werkzeugmaschinen bearbeiten feste Körper mit Werkzeugen, spanabhebend od. spanlos formend. Oft arbeiten mehrere verschiedene W.maschinen parallel u. hintereinander gebaut als Transferwerk, wobei eine größere Zahl Operationen am Werkstück dieses ohne Zwischengriff v. Rohling ab einbaufertig macht.
Werl, westfäl. Stadt am Hellweg, 25800 E.; einer der größten westfäl. Stadt. Marienwallfahrtsorte (Madonnenplastik, 13. Jh.), got. Hallenkirche; Solbad; Franziskanerkloster, Mutterhaus der Ursulinen; Metall-, Holz- u. Kunststoffverarbeitung.
Werlhofsche Krankheit, Blutfleckenkrankheit, durch Störung der normalen ↗Blutgerinnung.
Wermelskirchen, rhein. Stadt südl. von Remscheid, 34800 E.; Schuh-, Textil- und Eisenindustrie.
Wermut *m, Absinth,* gelbblühender ↗Beifuß; die aromat. Blätter zu Absinth u. zu bittersüßem *W.wein* (Vermouth).
Wernau (Neckar), württ. Stadt, s.ö. von Esslingen, 12200 E.; Bau von wärmetechn. Geräten, Handschuhfabrik, Betonwerk.
Werne an der Lippe, westfäl. Stadt an der Lippe, 26100 E.; Steinkohlenbergbau, Preßhefefabrik.
Werner, 1) *Anton v.,* dt. Historienmaler, 1843–1915. **2)** *Theodor,* dt. Maler, 1886 bis 1969; Tachist; abstrakte rhythmisch-lineare Gestaltungen mit kristallinen u. pflanzenhaften Formen, die sich wie ausgestanzt vom Bildgrund abheben. **3)** *Zacharias,* dt. Dichter, 1768–1823; nach wechselvollem Leben kath. Priester u. erfolgreicher Prediger in Wien; theatral. Dramen *(Martin Luther);* Schicksalstragödie *Der 24. Februar* (1815).
Wernher der Gartenaere (= der Gärtner), oberöstr. mhd. Dichter; schrieb um 1270 die Versnovelle *Meier Helmbrecht.*
Wernigerode, Krst. im Bez. Magdeburg, am Nordfuß des Harzes, 33000 E.; Fachwerkhäuser, bes. Rathaus (15. Jh.); Stammschloß der Fürsten v. Stolberg-W.; Ind.
Werra *w,* Hauptquellfluß der Weser, kommt v. Thüringer Wald, vereinigt sich bei Münden nach 276 km mit der Fulda zur ↗Weser.
Werre *w,* **1)** Nebenfluß der Weser, entspringt in Lippe am Teutoburger Wald, mündet nach 70 km bei Bad Oeynhausen. **2)** Maulwurfs-↗Grille.
Werst *w,* altes russisches Längenmaß [= 1066,8 m.
Wert ↗Wertphilosophie.
Wertach *w,* l. Nebenfluß des Lechs, kommt v. den Allgäuer Alpen, 135 km lang, mündet bei Augsburg.

Wertheim, bad. Stadt, an der Mündung der Tauber in den Main, überragt v. der Schloßruine W., 20000 E.; got. Stadtkirche; Glasverarbeitung, Maschinenbau.

Werther (Westf.), Stadt n.w. von Bielefeld, 10100 E.; metallverarbeitende, chem., Lederwaren-, Möbel-Ind., Seidenweberei.

Werther, Hauptgestalt in ↗Goethes Briefroman *Die Leiden des jungen Werthers*.

Werthmann, *Lorenz*, dt. kath. Theologe, 1858–1921; Gründer u. 1. Präs. des Dt. ↗Caritas-Verbandes.

Wertigkeit, *Valenz*, gibt die Zahl der (einwertigen) Wasserstoffatome an, die das Atom eines Elements zu binden od. in Verbindungen zu ersetzen vermag; viele Elemente können in verschiedenen W.stufen auftreten, Eisen z. B. 2- u. 3wertig.

Wertpapiere, *Effekten,* Urkunden, die ein Vermögensrecht verbriefen (z. B. ↗Aktien), u. zwar so, daß für die Ausführung des Rechts die Inhaberschaft des Papiers erforderl. ist. Nach der Art der Inhaberschaft unterscheidet man ↗Rekta- u. ↗Inhaberpapiere. **Wertphilosophie,** v. H. ↗Lotze entwickelte philosoph. Richtung; lehrt ein v. Sein unabhängiges Reich der Werte u. betont bes. deren *Geltung* (W. Windelband, H. Rickert) od. das *Wertfühlen* (M. Scheler, N. Hartmann). **Wertsendungen** werden v. der Post bei Verlust bis zur Höhe der Wertangabe ersetzt.

Wertzoll, ein ↗Zoll, der in Prozenten des Werts (Preis) der zollpflichtigen Ware, nicht nach Stück od. Gewicht, erhoben wird; in der BRD W.system.

Werwolf, 1) in der Sage Mensch in Wolfsgestalt. **2)** am Ende des 2. Weltkriegs nat.-soz. Partisanenorganisation.

Wesel, rhein. Krst. an der Mündung der Lippe in den Niederrhein, nahe der niederländ. Grenze, 56800 E.; Willibrordikirche (1424/1540); alte preuß. Zitadelle. Maschinen- u. Nahrungsmittel-Ind. – 1809 auf Befehl Napoleons Erschießung v. 11 Offizieren des Freikorps ↗Schill.

Wesen, philosoph.: das in der W.sbestimmung (Definition) erfaßte Sosein (lat. *essentia* = Wesenheit) eines Seienden, zum Unterschied von dessen Dasein (lat. *existentia*).

Wesendonk, *Mathilde,* dt. Schriftstellerin, 1828–1902; Freundin R. ↗Wagners, der ihre *Fünf Gesänge* vertonte *(W.-Lieder).*

Weser w, Fluß, entsteht aus ↗Werra u. ↗Fulda, verläßt das ↗W.bergland durch die Westfäl. Pforte, erreicht nach 440 km bei W.münde die Nordsee; bis Bremen für Seeschiffe befahrbar. Zw. Bremen u. Minden 7 Staustufen. Kanäle zu Unterelbe, Ems, Leine u. Rhein. **W.bergland,** Mittelgebirge mit prächtigem Laubwald beiderseits der W. zw. Münden u. Minden; umfaßt Hils, Ith, Süntel, Bückeberge, Deister, Wesergebirge, Reinhardswald, Egge, Teutoburger Wald u. Wiehengebirge.

Wesermünde, größter Hochseefischereihafen des europ. Festlands. Stadt W. 1947 in ↗Bremerhaven umbenannt.

Wesir m (arab.), seit ca. 750 Titel oberster Würdenträger in islam. Staaten; im Osman.

Wespe

Lorenz Werthmann

Paula Wessely

I. von Wessenberg

Reich 14. bis Anfang 18. Jh. Titel der höchsten Staatsbeamten.

Wesley (: wesli), *John,* englischer anglikan. Theologe, 1703–91; Gründer der ↗Methodisten.

Wespen, *Echte* od. *Falten-W.,* schwarzgelbe, stachelbewehrte Hautflügler, einzeln lebend (solitär) in Mauerlöchern od. staatenbildend in Erdhöhlen, hohlen Bäumen, an Dachbalken. *Gemeine W.* mit kugligen Erdnestern; *Feld-W.* mit freihängenden Nestern; ↗Hornisse. ☐ 668.

Wesseling, rhein. Gem. am l. Niederrhein, oberhalb Köln, 28600 E.; petrochem. Großindustrie, Erdölraffinerie.

Wessely, *Paula,* östr. Schauspielerin, * 1907; Filme: *Der Engel mit der Posaune, Ein Leben lang.*

Wessenberg, *Ignaz v.,* 1774–1860; 1817/27 Verweser der Diözese Konstanz; forderte eine v. Rom unabhängigere dt. Nationalkirche u. z. T. aufklärerische Reformen in Liturgie u. Seelsorge. [westl. Britannien.

Wessex, 5./9. Jh. angelsächs. Kgr. im südwestl. Britannien.

Wessobrunn, oberbayer. Ort n.w. von Weilheim, 1800 E.; Benediktinerabtei (um 753 bis 1803); bekannt durch das **W.er Gebet,** Teil eines Weltschöpfungsberichtes, eines der ältesten dt. Sprachdenkmäler (Anfang 9. Jh. niedergeschrieben).

Westaustralien, mit 2527621 km² größter, mit 1,2 Mill. E. jedoch am dünnsten besiedelter Staat Australiens; Hst. Perth. Steil zur Küste abfallendes Plateau, im Innern Wüste. Bergbau auf Gold, Kupfer, Kohle.

Westen, *West* (W), eine der 4 Himmelsrichtungen, durch den Sonnenuntergang bestimmt.

Westerland, Stadt und Nordseeheilbad an der Westküste der Insel Sylt, 9600 E.; Spielbank.

Western m, Filmgattung, Darstellung v. Kämpfen im „Wilden Westen" Amerikas; Übergang zum Abenteuerfilm fließend; in Amerika entwickelt, später vielfach nachgeahmt; auch Bz. für entsprechende Romane.

Western Islands (: -ailänds) ↗Hebriden.

Westerstede, niedersächs. Gem. u. Hauptort des Kr. Ammerland, 17400 E.

Westerwald, Teil des Rheinischen Schiefergebirges zw. Lahn, Rhein u. Sieg; im Fuchskauten 657 m hoch.

Westeuropäische Union (WEU), der auf Grund der ↗Pariser Verträge 1954 um It. u. die BRD erweiterte ↗Westpakt.

Westeuropäische Zeit, *WEZ,* die für den Meridian v. Greenwich geltende Zonenzeit.

Westfalen, bis 1946 preuß. Prov. in Nordwest-Dtl., dann Landesteil v. ↗Nordrhein-W. mit Reg.-Bez. Münster, Arnsberg u. Detmold, bildet seit 53 zus. mit Lippe den Landschaftsverband *W.-Lippe;* 21437 km², 7,9 Mill. E.; Hst. Münster. Der Kern, das Münsterland, ist das landwirtschaftl. Hinterland des ↗Ruhrgebiets. ↗Rheinisch-Westfäl. Ind.-Gebiet. – Seit dem 9. Jh. Teil des Stammes-Htm. ↗Sachsen; 1180 unter mehrere geistl. u. weltl. Herrschaften aufgeteilt, der südl. Teil kam als Htm. W. an den Erzb. v. Köln; allmähl. Erwerb der westfäl. Gebiete durch Preußen; 1807/13 bildete das

Westwerk der ehem. Abteikirche Werden – ☐ 713

West-Samoa
Amtlicher Name:
Samoa i Sisifo
Regierungsform:
Häuptlingsaristokratie
Hauptstadt:
Apia
Fläche:
2842 km²
Bevölkerung:
154 000 E.
Sprache:
Englisch ist Staatssprache; daneben polynesische Dialekte
Religion:
überwiegend Protestanten
Währung:
1 Tala = 100 Sene
Mitgliedschaften:
Commonwealth, UN

Westpreußen

Westeuropäische Union
Mitglieder:
Großbritannien
Frankreich
Belgien
Niederlande
Luxemburg
BRD
Italien

Organe:
Ministerrat mit dem Ständigen Rat als Hilfsorgan
Versammlung
Generalsekretariat
(Sitz London)
Amt für Rüstungskontrolle
Ständiger Rüstungsausschuß

westelb. preuß. Gebiet mit Kurhessen, Hannover u. Braunschweig unter Napoleons Bruder Jérôme ↗Bonaparte das Kgr. W.; 1815 fiel fast ganz W. an Preußen. **Westfälische Pforte,** *Porta Westfalica,* Weserdurchbruch ↗w. Weser- u. Wiehengebirge südl. v. Minden. **Westfälischer Friede,** am 24. 10. 1648 v. Dt. Reich mit Fkr. in Münster, mit Schweden in Osnabrück abgeschlossener Friede; beendete den ↗Dreißigjährigen Krieg. **Westfriesische Inseln,** Inselkette vor der niederländ. Nordküste: Texel, Vlieland, Terschelling, Ameland, Schiermonnikoog u. Rottumeroog. **Westgoten** (Mz.), ostgerman. Volksstamm, Teil der ↗Goten; bekehrten sich im 4. Jh. zum arian. Christentum; 376 Aufnahme ins Röm. Reich; besiegten 378 das röm. Heer unter Ks. Valens bei Adrianopel; fielen unter Alarich in It. ein (410 Plünderung Roms); begr. nach 415 ein Reich in Südgallien (Hst. Toulouse; *Tolosan. Reich*); v. den Franken 507 nach Spanien verdrängt, schufen sie dort ein neues Reich (Hst. Toledo), das 711 v. den Arabern vernichtet wurde (Schlacht v. Jerez de la Frontera). ☐ 1067. **Westindien,** die Inselwelt Mittelamerikas, zw. dem Golf v. Mexiko, dem Karib. Meer u. dem Atlant. Ozean: Große u. Kleine ↗Antillen, die ↗Bahamas, ↗Trinidad und ↗Tobago; zus. 240000 km². ☐ 57. **Westindische Föderation,** 1958/62 Zusammenschluß v. 13 karib. Inseln; zerbrach durch Austritt v. Jamaika u. v. Trinidad. **Westische Rasse,** die mediterrane ↗Rasse. **Westler** (Ez., Mz.) ↗Slawophile. **Westmächte,** seit dem 19. Jh. Bz. für die westl. Großmächte Fkr., Großbritannien u. die USA; seit dem 2. Weltkrieg auch für die v. den USA geführte Staatengruppe. **Westminster,** Stadtteil v. Inner-↗London (mit Buckingham-Palast, Parlament), benannt nach der **W. Abbey,** ehem. Benediktinerabtei in London; got. Prachtbau (13./18. Jh.), Krönungsstätte u. Begräbnisstätte v. engl. Königen. ☐ 563. [Element. **Weston-Element** (: wäßt᷉᷉n-) ↗galvanisches **Westpakt,** *Brüsseler Pakt,* 17. 3. 1948 in Brüssel geschlossenes Verteidigungsbündnis zw. Fkr., Großbritannien u. den Benelux-Staaten; Grundlage des ↗Nordatlantik-Pakts; 1954 erweitert zur ↗Westeuropäischen Union. **West Point,** seit 1802 Militärakademie der USA, 80 km nördl. v. New York, am Hudson. **Westpreußen,** bis 1918 preuß. Prov. auf dem Balt. Landrücken u. in der Weichselniederung, 1910: 25552 km², 1,7 Mill. E. – Seit 1231 v. Dt. Orden missioniert u. kolonisiert; 1466 poln.; kam 1772 u. 93 an Preußen; fiel 1919 außer ↗Danzig größtenteils an Polen; kam 45 vollständig unter poln. Verwaltung. **Weströmisches Reich,** der westl. Teil des ↗Römischen Reichs nach der Teilung durch Ks. Theodosius; bestand 395/476. **Westsahara,** ehem. span. Kolonie (Span.-Sahara), 266000 km², ca. 150000 E.; kam 1975 zur gemeinsamen Verw. an Marokko u. Mauretanien (gab 79 seine Ansprüche

auf), die 76 W. besetzten; seither Unabhängigkeitskampf der POLISARIO. **West-Samoa,** Staat im W Polynesiens, umfaßt den W-Teil der Inselgruppe ↗Samoa mit den Inseln Sawaii u. Upolu. Anbau v. Kokospalmen, Bananen, Kakao, Kaffee, Zuckerrohr u. Gewürzpflanzen. – Kam 1899 an Dtl., 1920 neuseeländ. Mandat, seit 1962 unabhängig. **West Virginia** (: -wö᷉dschinj᷉), Abk. *W. Va.,* östl. Bundesstaat der USA, 62629 km², 1,9 Mill. E., Hst. Charleston; Mittelgebirgsland zw. den Appalachen u. dem oberen Ohio. **Westwall,** 1938/40 errichtete Befestigungsanlage an der dt. Westgrenze. **Westwerk,** der Westseite einer frühmittelalterl. Basilika vorgelagerter Querbau; außen gewöhnlich je ein Seiten- u. ein Mittelturm, unter diesem eine (für den Kaiser bestimmte?) Empore u. die Vorhalle. Charakterist. Bauwerk der karoling.-otton. Zeit. **Westwinddrift,** v. Westwinden erzeugte (kalte) Meeresströmung um den Erdball in 40°–60° südl. Breite. [Marktwirtschaft. **Wettbewerb** ↗Konkurrenz. **W.swirtschaft** **Wette,** a) Abmachung, bei der beide Teile Pfand gg. Pfand setzen, daß eine bestimmte Aus- od. Voraussage wahr od. unwahr sei; Ansprüche aus W.n können nicht eingeklagt, das Geleistete kann nicht zurückgefordert werden; b) *Sport-W.,* ist ein verbindl. Vertrag; Renn-W. wird mit zugelassenen Buchmachern geschlossen. ↗Toto. **Wetter** *s,* **1)** das Geschehen in der untersten Schicht der Atmosphäre (bis ca. 11 km Höhe), beeinflußt v. Vorgängen in den oberen Schichten der ↗Lufthülle; W. ist geprägt durch das Zusammenspiel v. verschiedenen Klimaelementen wie Temperatur u. Luftdruck, Wind u. Wolken, Sonnenschein u. Regen, Luftfeuchtigkeit u. anderen Faktoren zu einer bestimmten Zeit u. an einem bestimmten Ort. In den Tropen u. Subtropen ist der W.ablauf meist regelmäßig, in der gemäßigten Zone dagegen veränderlich. Das W. entsteht hier in der Regel durch Zusammenströmen v. Luftmassen aus den subtrop. u. polaren Hochdruckgebieten (Azoren-, Polar-, sibir. Winterhoch); deren Strömung wird gesteuert durch die allg. Zirkulation in der Atmosphäre (Folge der Erdrotation u. der äquatorialen Erwärmung) unter den gleichzeitigen Einfluß v. Klimafaktoren wie geograph. Breite, Verteilung v. Land u. Meer u. durch die Temperaturunterschiede der Atmosphäre mit wachsender Höhe. Die auffallendsten, wechselhaftesten W.erscheinungen treten auf an den Grenzflächen der Luftmassen versch. Herkunft (Fronten; ☐ 1106). Dort strömt wärmere Luft in breitem Strom über kältere hinweg (Warmfront) u. wird durch Kaltluft unterwandert (Kaltfront). Eine *W.vorhersage* ist nur möglich, wenn eine *W.lage* erkennbar ist, d. h., wenn ein feststehendes, großes Hochdruckgebiet sich gebildet hat. Nach Lage des Hochs u. der Tiefdruckgebiete können charakterist. *Großwetter-Lagen* mit statist. Verhalten unterschieden werden. Die W.lagen dauern manchmal mehrere Wochen, im Durchschnitt 3 Tage.

2) im Bergbau: allg. die Luft, im bes. die mit Grubengas (↗Schlag-W.), Kohlendioxid (matte W.) od. Giftgasen (brandige W.) versetzte Luft der Grubenbaue. *W.führung* ist die Zufuhr frischer Luft.

Wetter (Ruhr), westfäl. Stadt am Harkortsee (Stausee der Ruhr), 29900 E.; Eisen-, Stahl- und Walzwerke.

Wetterau *w*, fruchtbare Landschaft zw. Taunus u. Main, durchflossen v. der *Wetter;* Hauptort Friedberg.

Wetterdienst, öff. Dienststelle zur Erstellung, Weiterleitung u. Verarbeitung v. Wettermeldungen, unterhält ein Netz aus nationalen u. int. Beobachtungsstationen; die nationalen W. sind zur Weltorganisation für Meteorologie (WMO) zusammengeschlossen. Dtl. gehört zu den Ländern mit dem dichtesten Netz v. Beobachtungsstationen.

Wetterdistel, die große ↗Eberwurz.

Wetterkarte, Darstellung einer großräumigen Wetterlage aufgrund der von synopt. Dienst gelieferten Daten; enthält die Lage der Hoch- u. Tiefdruckgebiete, die Temperaturverhältnisse u. die verschiedenen mit- u. gegeneinanderströmenden Luftmassen. Aus der Erfahrung u. durch Vergleich der Höhen-W. wird die voraussichtl. Wanderung der einzelnen Wettererscheinungen abgeschätzt, die Lage bestimmt u. nach Berücksichtigung der örtl. Verhältnisse die *Wettervorhersage* gewonnen. Zur Wetterbeobachtung gibt es über 7800 Stationen des internat. meteorolog. Netzes; Erkundungs- u. Verkehrsflugzeuge u. Schiffe liefern tägl. über 100000 Beobachtungen über das Wetter an der Erdoberfläche, 10000 Beobachtungen mit Hilfe v. Radiosonden, Raketen, Höhenwindmeßstellen u. Wettersatelliten kommen hinzu.

Wetterkunde, die ↗Meteorologie.

Wetterleuchten, Widerschein ferner Blitze.

Wettersatellit *m*, Erdsatellit mit spezieller Ausrüstung zur Beobachtung meteorolog. wichtiger Größen wie Strahlungsintensitäten, Wolkenbedeckung u. Wolkenformen.

Wettersteingebirge, Teil der Nordtiroler Kalkalpen zw. Loisach u. Isar, in der Zugspitze 2962 m hoch.

Wettiner (Mz.), nach der Burg *Wettin* an der Saale benanntes dt. Fürstengeschlecht; 1089 Markgrafen v. Meißen, 1247 Landgrafen v. Thüringen, 1423 Herzöge u. Kurfürsten v. Sachsen; teilten sich 1485 in die Ernestiner u. Albertiner; regierten bis 1918 in ↗Sachsen u. ↗Thüringen.

Wettingen, schweizer. Stadt im Limmattal (Kt. Aargau), 20500 E.; im roman.-frühgot. Zisterzienserkloster (1227/1841) Lehrerseminar.

Wettstein, 1) *Fritz v.,* östr. Pflanzengenetiker, 1895–1945. **2)** *Richard v.,* Vater v. 1), östr. Botaniker, 1863–1931; bedeutender Pflanzensystematiker.

Wetzlar, hess. Stadt, beiderseits der Lahn, 52200 E.; got. Dom (12./13. Jh.), alte Reichsburg Kalsmunt. Stahlwerke, opt. Ind. – 1180 Reichsstadt, 1693/1806 Sitz des Reichskammergerichts, kam 1815 an Preußen, seit 1945 bei Hessen, 77/79 Stadtteil von Lahn.

WEU, Abk. für ↗**W**esteuropäische **U**nion.

Trop. Warmluft

Arktische oder Maritim-polare Kaltluft→

Kaltfront

Trop. Warmluft

Kontinentale ← Kaltluft

Warmfront

Trop. Warmluft

M. P. K. — K. K

Okklusion mit Warmfrontcharakter

Trop. Warmluft

A. K. — K.K.

Okklusion mit Kaltfrontcharakter

M.P.K. = Maritim-polare Kaltluft
K. K. = Kontinentale Kaltluft
A. K. = Arktische Kaltluft

Wetter: Vertikalschnitte durch die verschiedenen Fronttypen

Symbole (einige Beispiele):

▲▲▲ Warmfront mit Erwärmung in allen Schichten
▲▲▲ Kaltfront mit Abkühlung in allen Schichten
▲▲▲ Okklusion (Zusammenschluß von Warm- und Kaltfront)
○ heiter   ◐ wolkig   ● Regen
≡ Nebel   ∇ Nieseln   ▽ Schauer
△Graupeln   ✳ Schnee   ▲ Hagel
⌜⌐ Gewitter
🅷 Hoch T Tief   Niederschlagsgebiet ⁄⁄⁄⁄⁄

Windrichtung:
—○ 0,5– 1 m/s   1– 2 Knoten
└○ 4 – 6 m/s   8–12 Knoten
└└○ 29 –31 m/s   58–62 Knoten

Wetterkarte: Symbole (Auswahl)

J. H. Wichern

Wexford (: -fᵉrd), ir. *Loch Garman,* südöstlichste Gft. Irlands, am St.-Georgs-Kanal.

Weyden, *Rogier van der,* ↗Rogier van der Weyden.

Weymouthskiefer *w* (: wᵉimᵉß-), *Strobe,* 5nadelige nord-am. Kiefernart mit langen Zapfen; leichtes, festes Nutzholz *(White Pine);* seit 1705 in Europa angepflanzt.

Weyrauch, *Wolfgang,* dt. Schriftsteller, 1907–80; Lyrik, Erzählungen, experimentelle Prosa, Hörspiele. [heitszeit.

WEZ, Abk. für **W**esteuropäische **Z**eit. ↗Ein-

Wharton (: wᵃrtᵉn), *Edith,* am. Schriftstellerin, 1862–1937; lange in Fkr.; Romane *(Im Himmel weint man nicht),* Erzählungen.

Wheatstone (: witßtᵉn), *Sir Charles,* engl. Physiker, 1802–75. **W.sche Brücke,** eine elektr. Brückenschaltung zur Messung v. Widerständen mit Hilfe v. Vergleichswiderständen. ↗Thomsonbrücke.

Whigs (: wigs; Ez. *Whig*), in der 2. Hälfte des 17. Jh. entstandene engl. Partei; regierten abwechselnd mit den ↗Tories; vertraten die Volksrechte; wandelten sich im 19. Jh. zur Liberalen Partei um.

Whipper *m* (: wi-), der ↗Einpeitscher.

Whisky *m* (: wißki), Trinkbranntwein, meist mit charakterist. Rauchgeschmack.

Whist *m* (: wißt, engl.), Kartenspiel für vier Personen mit 52 Karten.

Whistler (: wißlᵉr), *James Abbot McNeill,* am. Maler u. Graphiker, 1834–1903; Impressionist, schuf Landschaften u. Porträts, lebte meist in England.

White (: wait), *Patrick,* austral. Schriftsteller, * 1912; Romane: *Zur Ruhe kam der Baum des Menschen nie; Voss; The Living and Dead; Die im feurigen Wagen; Der Maler.* – 73 Literatur-Nobelpreis.

Whitehall (: waithâl), Straße im Londoner Stadtteil Westminster, Sitz vieler britischer Regierungsbehörden.

Whitehead (: waithed), *Alfred North,* engl.-am. Philosoph u. Mathematiker, 1861–1947; seit 1924 in den USA; schuf mit B. ↗Russell das Standardwerk der mathemat. Logik *Principia mathematica.*

White River *m* (: wait riwᵉr), **1)** r. Nebenfluß des Mississippi, 1050 km lang. **2)** r. Nebenfluß des Missouri, mündet nach 760 km bei Chamberlain.

Whitman (: witmän), *Walt(er),* am. Lyriker, 1819–92; feierte hymn. den aufstrebenden Kontinent u. seine Menschen; Liebe zur pantheist. empfundenen Natur. *Grashalme.*

WHO, World **H**ealth **O**rganization, *Weltgesundheitsorganisation,* 1948 gegr. selbständige Organisation der UN; hat nur beratende u. koordinierende Funktion. Sitz in Genf, Regionalbüros auf der ganzen Welt.

Whymper (: wimpᵉr), *Edward,* engl. Bergsteiger, 1840–1911; bezwang 1865 das Matterhorn.

Wichern, *Johann Hinrich,* dt. ev. Theologe, 1808–81; Erneuerer der ↗Diakonie u. Wegbereiter für die ↗Innere Mission. ↗Rauhes Haus.

Wichita (: witschiᵗᵃ), Stadt in Kansas (USA), am Arkansas (Hafen), 277000 E.; kath. Bischof; 2 Univ.; Flugzeug-Ind.; Erdölraffinerien, Konservenfabriken.

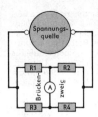

Wheatstonesche Brücke:
Brückenzweig stromlos (Brücke abgeglichen), wenn Widerstandsverhältnis
R1:R2 = R3:R4

John Wiclif

Sternbild Widder

Ernst Wiechert

Wichs *m,* eine studentische Festtracht.
Wichte *w,* das spezifische ↗Gewicht.
Wicke, kletternde, krautige Schmetterlingsblütler mit Wickelranken; *Vogel-W.,* blau blühend, Ackerunkraut; *Futter-W.,* rot blühend, Samen zur Geflügel- u. Schweinemast; *Garten-W.,* vielfarbig. ☐454.
Wickede (Ruhr), westfäl. Gemeinde südl. v. Werl, 11800 E.; Eisen- und Stahl-Industrie.
Wickelbär, Kinka̲ju, mittel-am., gut kletternder Kleinbär mit langem Wickelschwanz.
Wicki, *Bernhard,* schweizer. Schauspieler u. Regisseur, * 1919; Filme u. a. *Die Brücke; Das Wunder des Malachias; Der Besuch; Morituri;* saß 71 mehrere Fernsehfilme.
Wickler, zarte Kleinschmetterlinge, deren Raupen zw. zusammengewickelten Blättern leben; Schädlinge: Apfel-, Pflaumen-, Trauben-, Erbsen-, Kiefern-, Eichen-W.
Wickram, *Jörg,* dt. Erzähler, um 1505 bis um 1561; Schwanksammlung *Das Rollwagenbüchlein,* Ritter- u. Bürgerromane, Fastnachtspiele.
Wickrath, Stadtteil v. Mönchengladbach (seit 1975), an der Niers; Kreuzherrenkloster (12. Jh. erb.), Schloß (18. Jh., Sitz des Rheinischen Landesgestüts), Textil-, Leder-Ind.
Wiclif *(Wyclif), John,* engl. Theologe, um 1334(?)–84; Vorläufer der Reformation; verwarf u. a. ↗Transsubstantiation, Ohrenbeichte, Zölibat, Papsttum u. Heiligenverehrung; seine Lehren stufenweise v. der Kirche verurteilt.
Widder, 1) männl. Schaf. **2)** langohrige Kaninchenrasse. **3)** *W.bock, W.käfer,* schwarzgelber Bockkäfer. **4)** lat. *Aries,* Sternbild des Nordhimmels u. 1. Zeichen des Tierkreises (♈). **5)** Sturmbock.
Widderchen, schwerfällig schwirrende Schmetterlinge, z. B. das ↗Blutströpfchen.
Widderpunkt, der ↗Frühlingspunkt.
Widerdruck ↗Schöndruck.
widernatürliche Unzucht ↗Sodomie.
Widerrist ↗Rist.
Widerspruchsprinzip, Satz, wonach 2 gegensätzl. Urteile über eine gleiche Sache nicht zugleich gelten können.
Widerstand, 1) *elektr. W.,* Eigenschaft der Stoffe, den elektr. Stromdurchgang zu hemmen. Auch Bz. für das elektr. Bauteil selbst, z. B. als Vor-W., Regel-W. u. a. Der bei Gleichstrom gemessene W. ist Ohmscher W. (☐ 696). Bei ↗Wechselstrom können induktive oder kapazitive Anteile hinzukommen (Schein-, Blind-W. ☐1087). Einheit ist das ↗Ohm. Verknüpfung mit Spannung u. Strom über das ↗Ohmsche Gesetz. **2)** *Mechanik:* eine bewegungshemmende Kraft, z. B. Reibungskraft, Zähigkeit, Strömungswiderstand u. a. **3)** *Trägheits-W.,* der W. einer Masse gegenüber auf sie einwirkende Beschleunigungen. **W. gegen die Staatsgewalt,** *i. w. S.:* jede gg. Vertreter der Obrigkeit als solche gerichtete Gewalthandlung (Aufruhr, Auflauf, Landfriedensbruch); *i. e. S.:* Angriffe und aktive Widerstandsleistungen gg. Vollzugsbeamte (Gerichtsvollzieher, Polizei). **W.sbewegung,** Sammel-Bz. für die gesamte Opposition gg. Hitler u. den Nat.-Soz.; bestand in Dtl. aus vielen Gruppen u. Einzelpersonen der ver-

schiedensten Richtungen; äußerte sich zunächst bes. im W. der kath. u. ev. Kirche (↗Bekennende Kirche), seit 1938 auch im polit. W.; die Zentren der dt. W.sbewegung im Heer (↗Beck), in der Staatsleitung u. Diplomatie (v. ↗Hassell), in Adel u. Bürgertum (↗Goerdeler) u. in der student. Jugend (↗Weiße Rose) traten untereinander u. mit den Sozialisten, mit einzelnen Männern (↗Bonhoeffer, ↗Haushofer u. a.) u. dem ↗Kreisauer Kreis in Verbindung. Das Attentat v. ↗Zwanzigsten Juli 1944 führte zur Hinrichtung der meisten Führer u. vieler Mitgl. der dt. W.sbewegung. – Im Ausland war der W. gg. den Nat.-Soz. zugleich ein Kampf gg. die dt. Besatzungsmacht; er äußerte sich in den verschiedensten Formen: in Partisanenkämpfen (Fkr., Jugoslawien, UdSSR), in Attentaten (Tschechei), in einem Aufstand (Warschau 1944) u. in Sabotageakten (Niederlande und Norwegen) u. a.
W.srecht, letztes Notwehrrecht gg. obrigkeitl. Gewalt, die Menschenrechte mißachtet od. allg. das Gemeinwohl schwer gefährdet. Allg. Voraussetzung ist, daß alle legitimen Mittel, die in dem Herrschaftssystem zu Verfügung stehen, erschöpft sind. ↗Tyrannenmord.
Widerton *m, Goldenes Frauenhaar,* größtes u. schönstes (Laub-)Moos in Dtl., samtgrün mit blondem Haar ähnelnden Mützchen.
Widia, ein Hartmetall aus Wolframcarbid mit Kobalt- u. oft Titancarbidzusatz, als Schneiden für Werkzeuge.
Widukind, Wi̲ttekind, Führer der Sachsen im Kampf gg. Karl d. Gr.; unterwarf sich u. ließ sich 785 taufen. **W. v. Corvey,** sächs. Mönch in Corvey, * zw. 920 u. 930, † nach 973; Verf. einer Sachsengeschichte.
Wiebelskirchen, Stadtteil v. Neunkirchen/ Saar (seit 1974); Eisenindustrie.
Wiechert, 1) *Emil,* dt. Geophysiker, 1861 bis 1928; Begr. der modernen Erdbebenkunde. **2)** *Ernst,* dt. Schriftsteller, 1887 bis 1950; gefühlsbestimmte Romane und Erzählungen, starkes Natur- u. Heimaterlebnis. *Hirtennovelle; Die Magd des Jürgen Doskocil; Die Majorin; Das einfache Leben; Der Totenwald* (KZ-Erlebnis); *Die Jerominkinder.*
Wied, dt. Grafengeschlecht im Lahngau; 1806 mediatisiert. *Wilhelm* Prinz zu W. (1876–1945) war 1914 Fürst v. Albanien.
Wiedehopf, ein rackenartiger Vogel mit schwarz-weiß gebänderten Flügeln und Schwanz, orangebräunl. Gefieder, aufrichtbarer Federhaube u. gebogenem Schnabel. ☐1045.
Wiedenbrück, seit 1970 Stadtteil von Rheda-Wiedenbrück.
Wiedergeburt *w,* **1)** *Religionswiss.:* ↗Seelenwanderung. **2)** *bibl.-theol.:* öfter Bz. für Rechtfertigung u. Taufe.
Wiedergutmachung, 1) *W. nat.-soz. Unrechts,* Entschädigung der BRD an Personen u. Gemeinschaften, die durch den Nat.-Soz. aus rass., polit. od. religiösen Gründen Schäden (an Leben, Gesundheit, Freiheit, Eigentum, Vermögen sowie am berufl. u. wirtschaftl. Fortkommen) erlitten haben, die nicht durch Rückerstattung v. Vermögens-

werten beseitigt werden können. Geregelt bes. im *Bundesentschädigungs-Ges.* **2)** *Völkerrecht:* ⁄Reparationen.

Wiederkäuer, pflanzenfressende Paarhufer, deren Magen in 4 Teile geteilt ist (Pansen, Netzmagen, Blättermagen, Labmagen). Die Nahrung passiert den Magen auf zwei Wegen u. wird nach dem ersten Weg zum wiederholten Durchkauen in die Mundhöhle zurückgegeben. ☐ 577.

Wiedertäufer ⁄Täufer.

Wiegendrucke ⁄Inkunabeln.

Wiehl, rhein. Stadt u. Luftkurort südl. v. Gummersbach, 20600 E.; Metall-, Textil-, Holz- u. Kunststoff-Ind.

Wiek *w,* flache Bucht (an der Ostsee).

Wieland, 1) *Christoph Martin,* dt. Dichter, 1733–1813; 1752/59 in der Schweiz, 72 Prinzenerzieher in Weimar; prägte einen eleganten dt. Rokokostil in seinen frühen, leicht frivolen Versepen; Übertragungen (u. a. Shakespeare, Horaz, Lukian); Bildungsroman *Gesch. des Agathon;* Satire auf das Spießbürgertum: *Die Abderiten;* märchenhaftes Versepos *Oberon.* Hrsg. des „*Teutschen Merkur".* **2)** *Heinrich,* dt. Chemiker, 1877–1957; erforschte bes. Alkaloide u. Gallensäuren; Nobelpreis 1927.

Wieland der Schmied, Gestalt der german. Heldendichtung; entflieht aus der Gefangenschaft mit selbstgeschmiedeten Flügeln.

Wieman, *Mathias,* dt. Schauspieler, 1902 bis 1969; Charakterdarsteller, Rezitator; zahlreiche Filme.

Wien, Bundes-Hst. u. zugleich mit 415 km² kleinstes Bundesland Östr.s, eine der glänzendsten Städte Europas u. eines der hervorragendsten europ. Kulturzentren; W. liegt im *W.er Becken,* am Austritt der Donau aus den Alpenausläufern in die Pannonische Ebene, nahe der slowak. u. der ungar. Grenze, 1,5 Mill. E.; W. ist eine organisch gewachsene Stadt. Innerhalb des Stadtkerns, der „Inneren Stadt", die v. der prachtvollen Ringstraße umgeben ist, liegen die Hauptsehenswürdigkeiten: Stephansdom (1137 gegr., 1258/1454 roman. u. got. neu erbaut); got. Augustiner- u. Minoritenkirche (1. Hälfte 14. Jh.), got. Rathauskapelle; barocke Karlskirche (1716/39), Kapuzinerkirche mit Kaisergruft; Paläste

Ch. M. Wieland

Heinrich Wieland

Norbert Wiener

Wien: Hofburg

und Schlösser, darunter die Hofburg, Belvedere u. ⁄Schönbrunn; Nationalbibliothek. W. ist Sitz des Bundespräsidenten, der Bundesregierung u. des Parlaments. Kath. Erzb., Univ. (1365 gegr.), TH, Hochschule für Welthandel, für Bodenkultur, Tierärztl. Hochschule; Akademien u. Forschungsinstitute, Bibliotheken, Museen, Gemäldegalerien. Unter den Theatern sind die Staatsoper u. das Burgtheater die bedeutendsten. Wiener Symphoniker u. Wiener Philharmoniker; Sitz der Internationalen Atomenergie-Organisation u. der Organisation der UN für industrielle Entwicklung (UNIDO). W. ist größtes Wirtschaftszentrum Östr.s sowie Handels- u. Stapelplatz für Osteuropa. Börse, Banken, Handelsmesse. Vielseitige Ind., Fremdenverkehr. – Kelt. Siedlung *Vedunia,* röm. Grenzlager *Vindobona;* seit 1142 Residenz der Babenberger; erhielt 1221 Stadt- u. Stapelrecht; kam 1282 an die Habsburger; seit Mitte 15. Jh. meist kaiserl. Residenz; 1529 u. 1683 v. den Türken erfolglos belagert; entwickelte sich seit Ks. Leopold I. zu einem abendländ. Kulturzentrum; wurde 1921 Bundesland; 13. 4. 45 v. sowjet. Truppen erobert, 1945/55 als Viersektorenstadt unter Kontrolle der sowjet., am., brit. u. frz. Besatzungsmacht.

Wien, *Wilhelm,* dt. Physiker, 1864–1928; Nobelpreis 1911 für Arbeiten über Wärmestrahlung *(W.sches Verschiebungsgesetz,* ☐ 954).

Wiener, *Norbert,* am. Mathematiker, 1894 bis 1964; grundlegende Untersuchungen zur Kybernetik.

Wiener Becken, zw. den östl. Alpenausläufern u. den Karpaten; Wein- u. Obstbau.

Wiener Klassik, Höhepunkt der dt.-östr. Musik zw. Barock u. Romantik, *i. e. S.* die von Haydn, Mozart u. Beethoven geprägte Musik seit etwa 1780; auch Gluck (als Vorläufer) u. Schubert (der zur Romantik überleitet) gehören zur W. K. – Hauptform ist die Sonatenform (⁄Sonate). Neben der it. Oper entstand das dt. Singspiel.

Wiener Kongreß, 1. 10. 1814 – 9. 6. 1815 die Versammlung der führenden europ. Herrscher u. Staatsmänner in Wien zur Neuordnung Europas nach dem Sturz Napoleons; v. Metternich geleitet; Bildung der ⁄Heiligen Allianz, anstelle eines einheitl. dt. Reiches Gründung des ⁄Deutschen Bundes; Rußland gewann Kongreß-⁄Polen; Gebietsgewinne u. -verluste ⁄Preußens u. ⁄Österreichs; Wiederherstellung der Kirchenstaates; restaurierte im wesentl. die vornapoleon. europ. Staatengesellschaft.

Wiener Kreis, 1922/36 in Wien tätige Philosophenschule des Neu-⁄Positivismus, bes. der ⁄Logistik; v. ⁄Mach u. ⁄Wittgenstein beeinflußt; Hauptvertreter R. ⁄Carnap, O. Neurath u. M. ⁄Schlick; metaphysikfeindl. Empirismus.

Wiener Neustadt, Bez.-Stadt in Nieder-Östr. im Wiener Becken u. am *Neustädter Kanal* (bei Wien in die Donau), 35000 E.; Burg der Babenberger (1192 begonnen, 1752/1919 östr. Militärakademie, jetzt Offiziersschule). Roman.-got. Liebfrauenkirche (13./15. Jh.). Textil- u. Maschinen-Ind.

Wienerwald, Ausläufer der niederöstr. Alpen mit den Gipfeln: Schöpfl (890 m), Kahlenberg (483 m), Leopoldsberg (423 m).

Wies, prächtige Rokoko-Wallfahrtskirche bei Steingaden (Oberbayern), 1745/54 erbaut v. Dominikus ⁄Zimmermann. ☐822.

Wiesbaden, Hst. Hessens, Kurstadt am Südhang des Taunus, in einer Mulde des Rheingaus, 273000 E.; Sitz der hess. Staatsregierung, des Statist. Bundesamtes u. des Bundeskriminalamtes. Spätklassizist. Residenzschloß (1837/40); Neuklassizist. Kurhaus (1904/07). 27 Thermalquellen, Dt. Klinik für Diagnostik; Fachhochschule; Spielbank. Zementfabrik, chem., Maschinen-, Elektro-, pharmazeut., feinmechan., Textil- u. Papier-Ind., Verlage. Rheinhafen in W.-Biebrich.

Wiese, r. Nebenfluß des Rheins, kommt v. Feldberg, mündet nach 82 km bei Basel.

Wiese, 1) *Benno v.,* dt. Literarhistoriker, Sohn v. 2), * 1903; Werke u. a. *Die dt. Tragödie v. Lessing bis Hebbel.* **2)** *Leopold v.,* dt. Soziologe, 1876–1969; begr. ein System der allg. Soziologie.

Wiesel, *Kleines W.,* Marder, oben rotbraun, unten weiß; frißt Kleinsäuger, Reptilien, Vögel. *Großes W.* ⁄Hermelin.

Wiesenknopf, *Blutströpfchen,* unscheinbare Rosengewächse auf Wiesen. *Großer W.* mit braunroten längl. Blütenköpfen; *Kleiner W.* mit kleinen grünl. Köpfen. Gewürz- u. Heilkräuter. ☐452.

Wiesenschnarrer ⁄Wachtelkönig.

Wiesloch, nordbad. Stadt südl. v. Heidelberg, 21500 E.; Barockkirche (1725).

Wiesmoor, niedersächs. Gemeinde in dem urbar gemachten W. (Hochmoor), 10300 E.; urspr. Fehnkultur mit Torfkraftwerk, jetzt Erdgasturbinenkraftwerk; Treibhäuser für Blumen u. Frühgemüse, Textil-Ind., Fahrzeugbau.

Wiessee, *Bad W.,* oberbayer. Kurort am Tegernsee, 4700 E.; Jod- u. Schwefelquellen.

Wight (: wait), *Isle of W.,* Insel vor der engl. Südküste, bis 240 m hohe Kreidelandschaft; mildes Klima, Seebäder; 382 km², 110000 E.; Hst. Newport.

Wigman, *Mary,* dt. Tänzerin, 1886–1973; Vertreterin des Ausdruckstanzes, gründete 1920 die *M.-W.-Schule* in Dresden, 49 in West-Berlin.

Wigwam *s, m,* kuppelförmige Behausung der Algonkinindianer; kreisförmig in die Erde gesteckte Stangen, die oben zusammengebunden u. mit Rinde, Matten oder Fellen bedeckt werden.

Wikinger, die ⁄Normannen.

Wilajet *s,* türk. Verwaltungsbezirk.

Wilamowitz-Moellendorff, *Ulrich v.,* dt. klass. Philologe, 1848–1931; Textkritik, Metrik; Übersetzungen.

Wild, die jagdbaren Säugetiere *(Haar-W.)* und Vögel *(Feder-W.).* ☐876.

Wildbad im Schwarzwald, württ. Thermalbad im Enztal, 11200 E.; 40 radiumhaltige Quellen (35–41° C), bes. gegen Rheuma.

Wildbeuter, niedrigste Wirtschaftsstufe der Naturvölker, bei der die Männer Jäger, die Frauen Sammlerinnen sind.   [wilds.

Wildbret, *Wildpret s,* das Fleisch des Nutz-

Wiesel

Wilhelm Wien

Mary Wigman

Wildschwein mit Frischlingen

Oscar Wilde

Thornton Wilder

Wilde (: waild), *Oscar,* engl. Dichter ir. Herkunft, 1854–1900; Vertreter des L'art pour l'art; Roman *Das Bildnis des Dorian Gray* (Schönheitskult); erfolgreiche witzige Gesellschafts-Komödien *(Lady Windermeres Fächer; Eine Frau ohne Bedeutung; Ein idealer Gatte; The Importance of Being Earnest* [dt. auch: *Bunbury*]); Trauerspiel *Salomé* (v. R. Strauss vertont); Märchen; *Ballade v. Zuchthaus zu Reading* (dort 1895/97 nach Verurteilung wegen Homosexualität) u. die Bekenntnisschrift *De profundis.*

Wildenbruch, *Ernst v.,* dt. Dramatiker, 1845–1909; epigonale histor. Tragödien.

Wilder (: waild[er]), *Thornton,* am. Dichter, 1897–1975; Werke v. humanem Gehalt; die Dramen z.T. formexperimentierend. Romane *(Die Brücke v. San Luis Rey; Die Frau v. Andros; Die Iden des März; Dem Himmel bin ich auserkoren; Der achte Tag)* u. Dramen *(Unsere kleine Stadt, Wir sind noch einmal davongekommen).*

Wilderei begeht, wer das Recht eines Jagdberechtigten, sich die jagdbaren Tiere eines bestimmten Gebiets zuzueignen, verletzt (auch wer Eier v. jagdbaren Vögeln od. verendetes Wild an sich nimmt od. beschädigt), bes. dadurch, daß er die Tiere in freier Wildbahn erlegt; mit Strafe bedroht.

Wilder Kaiser ⁄Kaisergebirge.

Wilder Wein, *Jungfernrebe,* aus Nordamerika stammende, mit Haftscheiben kletternde Zierpflanze für Lauben u. Mauern.

Wildes Fleisch ⁄Granulation 1).

Wildeshausen, niedersächs. Stadt u. Luftkurort an der Hunte, s.ö. von Bremen, 13100 E.; chem., Elektro-, Maschinen- und Bekleidungs-Ind.

Wildes Heer, *Wilde Jagd, Wilde Fahrt, Holden,* in Volksglaube u. -sage das in nächtl. Stürmen einherbrausende Geister- u. Totenheer.

Wildgans, *Anton,* öst. Dichter, 1881–1932; sozialkritische u. erotische Dramen *(Armut; Liebe; Dies irae);* Lyrik.

Wildleder, hergestellt durch Sämisch-⁄Gerben v. Reh-, Hirsch- u. anderer Haut, als *Samtleder* zugerichtet.

Wildling, Unterlage beim ⁄Veredeln.

Wildschaden, an land- u. forstwirtschaftl. Kulturen durch jagdbare Tiere angerichteter Schaden; dem Geschädigten v. Jagdberechtigten zu ersetzen. ⁄Jagdschaden.

Wildschwein, *Schwarzwild,* männl. *Keiler,* weibl. *Bache,* die Jungen *Frischlinge,* braunschwarz, bis 1,8 m lang u. 200 kg schwer, mit großen Hauern, lebt rottenweise in sumpfigen Wäldern; oft schädl. durch Zerwühlen v. Äckern.

Wildspitze, höchster Berg der Ötztaler Alpen, 3774 m hoch.

Wildungen, *Bad W.,* hess. Staatsbad, an der Wilde, 15600 E.; Mineralquellen. Stadtkirche (1260/1489) mit Flügelaltar Konrads von Soest.

Wilhelm, Fürsten: *Deutsche Könige und Kaiser: W.,* Graf v. Holland, 1127–56; 1247 dt. Gegenkönig der Staufer. **W. I.,** Sohn Friedrich Wilhelms III., 1797–1888; 1858 Prinzregent, 61 Kg. v. Preußen; berief 62 ↗Bismarck zum Min.-Präs.; 67 Präs. des Norddt. Bundes, 71 Ks. des neuen Dt. Reiches. Sein Enkel **W. II.,** 1859–1941; 1888 Kg. v. Preußen u. dt. Ks.; geneigt zu persönl. Regiment, stark beeinflußbar; entließ 90 Bismarck; ging 1918 in die Niederlande u. dankte als dt. Ks. ab. *England* bzw. *Großbritannien:* **W. I. der Eroberer,** 1027–87; 35 Hzg. der Normandie, eroberte 66 durch den Sieg b. Hastings England. **W. III. von Oranien,** 1650–1702; 1672 Erbstatthalter der Niederlande, wurde nach Vertreibung Jakobs II. 89 Kg. v. ↗Großbritannien; nahm 1689 die ↗Bill of Rights an. *Niederlande:* **W. I.,** Graf v. Nassau-Dillenburg, Prinz von Oranien, 1533–84 (ermordet); Führer im Freiheitskampf der Niederlande; vereinigte 76 in der Genter Pazifikation die niederländ. Prov.en u. erwirkte 81 die Unabhängigkeit der 7 nördl. Prov.en.

Wilhelmine, 1) *Markgräfin v. Bayreuth,* 1709–1758; Schwester Friedrichs d. Gr.; *Mémoires.* 2) *Wilhelmina, Königin der Niederlande* (seit 1890), 1880–1962; vermählt mit Hzg. Heinrich v. Mecklenburg-Schwerin; dankte 1948 zugunsten ihrer Tochter ↗Juliana ab.

Wilhelm Meister, der Held in Goethes Prosahauptwerk, dem zweiteiligen Bildungsroman *W. M.s Lehrjahre* (1795/96) u. *W. M.s Wanderjahre* (1829).

Wilhelm v. Ockham (: -okäm), *Occam,* OFM, engl. Theologe, Philosoph u. Staatstheoretiker, um 1285–1347; Vertreter des ↗Nominalismus u. einer radikalen Trennung v. Glauben u. natürl. Erkenntnis; Theologie ist keine Wiss., da sie v. geoffenbarten Prinzipien u. v. Autorität ausgeht; unterscheidet in seiner Staatstheorie deutl. die beiden Mächte Kirche u. Staat; beide stammen v. Gott, die Kirche direkt, der Staat indirekt durch das Volk. – W. war v. weitreichendem theol. Einfluß, bis hin zu Luther.

Wilhelm-Pieck-Stadt Guben ↗Guben.

Wilhelmshaven, niedersächs. Hafenstadt am Einfluß des Ems-Jade-Kanals in den Jadebusen, bis 1945 Kriegshafen, 99500 E.; Inst. für Meeresgeologie u. -biologie, Inst. für Vogelforschung, Max-Planck-Inst. für Zellbiologie, Inst. für Marschen- u. Wurtenforschung, PH, Fachhochschule; Marinestützpunkt; Schiffswerften, Ölhafen, Öltankanlagen mit Pipeline nach Wesseling, vielseitige Ind.; Schlickbad.

Wilhelmshöhe, hess. Schloß mit berühmtem Barockpark westlich von Kassel, am Habichtswald; 1870/71 Zwangsaufenthalt Napoleons III.

Kaiser Wilhelm I.

Kaiser Wilhelm II.

Kardinal Willebrands

Tennessee Williams

Wilhelmstraße, Straße in Berlin, an der bis 1945 Reichskanzlei u. Außenministerium lagen; fr. auch Bz. für die dt. Außenpolitik.

Wilkau-Haßlau, sächs. Ind.-Stadt bei Zwickau, an der Zwickauer Mulde, 14000 E.; Textil-, Möbel- u. Süßwaren-Ind.

Willaert (: -ärt), *Adriaen,* franko-fläm. Komponist, um 1490–1562; Begr. der Venezian. Schule; Messen, Motetten, Madrigale.

Wille (lat. *voluntas*), Fähigkeit des Menschen, sich bewußt für die Ausführung einer Handlung zu entscheiden (im Ggs. zum ↗Trieb), an der Entscheidung festzuhalten u. alle Kräfte zur Erreichung des gewählten Zieles einzusetzen. ↗Willensfreiheit.

Willebrands, *Jan,* niederländ. kath. Theologe, * 1909; seit 60 Sekretär des Sekretariats für die Einheit der Christen, seit 67 dessen Präs.; 69 Kard., 75 Erzb. v. Utrecht.

Willemer, *Marianne* v. (geborene Jung), 1784–1860; zuerst Tänzerin, heiratete den Bankier J. v. Willemer; lernte 1814 Goethe kennen, wurde zum Urbild der Suleika im *Westöstl. Divan,* in den Goethe ihre Gedichte aufnahm.

Willenserklärungen, alle auf eine Rechtswirkung gerichteten Willensäußerungen.

Willensfreiheit, die Möglichkeit, zw. zwei od. mehreren Möglichkeiten zu wählen; vom ↗Indeterminismus für den Menschen bejaht, vom ↗Determinismus verneint.

Willensmängel, Auseinanderfallen des objektiv Erklärten u. des Gewollten bei der ↗Willenserklärung (bei fehlender Ernsthaftigkeit, Irrtum, Gedankenvorbehalt u. ä.).

Williams (: wilj[a]ms), *Tennessee* (eig. Thomas Lanier W.), am. Schriftsteller, * 1911; psycholog. Dramen *(Glasmenagerie; Endstation Sehnsucht; Camino real; Die Katze auf dem heißen Blechdach; The Red Devil Battery Sign;* Komödie *Tätowierte Rose);* auch Filmmanuskripte, Erzählungen u. Romane; *Memoirs.*

Willibald, hl. (7. Juli), OSB, 700–787; Angelsachse, 1. Bischof v. Eichstätt.

Willibrord, hl. (7. Nov.), OSB, 658–739; Angelsachse, seit 690 Missionar in Friesland, 695 in Rom zum Bischof der Friesen (mit Sitz in Utrecht) geweiht.

Willich, rhein. Stadt südl. v. Krefeld, 39000 E.; Brauereien, Kessel- u. Apparatebau.

Willigis, hl. (23. Febr.), † 1011; 975 Erzb. v. Mainz u. dt. Erzkanzler.

Willmann, *Otto,* dt. Philosoph u. Pädagoge, 1839–1920; *Didaktik als Bildungslehre.*

Willstätter, *Richard,* dt. Chemiker, 1872 bis 1942; Synthese v. Alkaloiden, Forschungen über Chlorophyll; Nobelpreis 1915.

Wilmersdorf, *Berlin-W.,* südwestl. Stadtteil v. Berlin (West).

Wilnjus, *Vilnjus,* dt. *Wilna,* Hst. der Litauischen SSR, an der Wilija, 481000 E.; Univ. (seit 1578), Musikhochschule, Akademie der Wiss.; kath. u. orth. Erzb.; Land- u. Werkzeugmaschinenbau, chem., Holz-, Elektro-, Leder- u. Nahrungsmittel-Ind. – Um 1320 Hst. des Großfürstentums Litauen; fiel 1795 an Rußland; 1918 Hst. v. Litauen, 20/39 bei Polen.

Wilnsdorf, westfäl. Stadt s.ö. von Siegen, 18800 E.; Fremdenverkehr.

Wilson (: wilß^en), **1)** *Harold*, * 1916; 47/51 brit. Handelsmin., 63/76 Führer der Labour Party, 64/70 u. 74/76 Premier. **2)** *Thomas Woodrow*, 1856–1924; 1913/21 Präs. der USA (Demokrat); erklärte 17 Dtl. den Krieg (1. ↗Weltkrieg), verkündete 18 die ↗Vierzehn Punkte; erreichte die Errichtung des ↗Völkerbunds, dem aber die USA nicht beitraten. Friedensnobelpreis 19.
Wilsonkammer ↗Nebelkammer.
Wimbledon (: wimbld^en), südwestl. Vorort v. London, 58000 E.; internationale Tennisturniere (seit 1877).
Wimmer, *Maria*, dt. Schauspielerin, * 1914; bedeutende Gestalterin bes. klass. Rollen.
Wimperg, *Wimberg m*, got. Ziergiebel über Fenstern u. Portalen.
Wimpern (Mz.), *Zilien*, feine Haare am Lidrand des Auges, auch Flimmerhaare der Wimpertierchen. ↗Protozoen.
Wimpfeling, *Jakob*, elsäss. Humanist u. Theologe, 1450–1528; seit 1501 Schriftsteller u. Pädagoge in Straßburg u. Schlettstadt; wegen seiner päd. Werke *Praeceptor Germaniae* gen.; Begr. der dt. Geschichtsschreibung (u. a. *Germania*).
Wimpfen, *Bad W.*, württ. Stadt u. Kurort an der Mündung der Jagst in den Neckar, 5800 E.; entstand aus *W. am Berg* u. *W. im Tal.* Solbad gg. Rheuma u. Asthma. Ritterstift der Augustinerchorherren (979/1803, seit 1947 Benediktiner aus Grüssau).
Winckelmann, *Johann Joachim*, dt. Kunstgelehrter u. -schriftsteller, 1717–68 (in Triest ermordet); wurde 54 kath.; 55 Übersiedlung nach Rom, 63 Oberaufseher der vatikan. Altertümer; Begr. der klass. Archäologie u. Kunstwiss. In den *Gedanken über die Nachahmung der griech. Werke* der Erwecker der dt. Klassik. Die *Geschichte der Kunst des Altertums* deutet die griech. Klassik als „edle Einfalt u. stille Größe".
Winckler, *Josef*, dt. Schriftsteller, 1881 bis 1966; *Der tolle Bomberg; Pumpernickel.*
Wind, *Meteorologie:* meist horizontale Druckausgleichsströmung in der Atmosphäre; Messung mit dem Anemometer (↗Windmesser), Richtungsangabe nach den 32 Strichen der Windrose, Stärke fr. nach der ↗Beaufortskala, heute meist in m/s, km/h u. sm/h (= Knoten) angegeben. Der W. verläuft in der Höhe parallel den Isobaren, Einfluß der Erdoberfläche ist im allg. schwächend, aber in Taltrichtern verstärkend.
Windau, lett. *Ventspils*, eisfreier Hafen in Lettland, an der Ostsee, 37000 E.
Windaus, *Adolf*, dt. Chemiker, 1876–1959; Forschungen über Vitamine; Nobelpreis 1928.
Windblütler, der Bestäubung durch Wind angepaßte Pflanzen, z. B. Weide, Buche, Walnuß, Gräser.
Winde *w*, **1)** windende Kräuter mit Trichterblüten. *Acker-W.*, rötl.-weiß blühendes Unkraut (☐454); *Garten-W.*, Zierpflanze. **2)** Vorrichtung z. Heben od. Verschieben v. Lasten. Einfachste Ausführung mit Handantrieb: *Zahnstangen-W., Schrauben-W.*, z. B. als Wagenheber; *Seil-, Aufzugs-W.*, aus einer über Zahnraduntersetzung angetriebe-

Thomas W. Wilson   W. Windgassen

Wimperg

J. J. Winckelmann
(von A. R. Mengs)

nen Trommel zum Aufwinden eines (Draht-)Seils; *Öldruck-W.*, nach Art hydraul. Pressen gebaut zum Heben schwerster Lasten.
Windeck, rhein. Gemeinde im mittleren Siegtal, 17500 E.; Holz-, Textil- und kunststoffverarbeitende Ind.; 1969 durch Gemeindezusammenschluß entstanden.
Windei, Ei ohne Dotter.
Windelband, *Wilhelm*, dt. Philosoph, 1848 bis 1915; vertrat im ↗Neukantianismus die *Badische* od. *Südwestdt. Schule.* HW: *Lehrbuch der Geschichte der Philosophie.*
Windgassen, *Wolfgang*, dt. Sänger, 1914 bis 1974; als Wagner-Tenor int. bekannt.
Windhose, *Trombe*, über Wasserflächen als *Wasserhose*, Luftwirbel mit senkrechter Achse; große Rotationsenergien.
Windhuk, *Windhoek*, Hst. v. Südwestafrika, 1700 m ü. M., 91000 E.; davon 23000 Weiße. Apostol. Vikar, anglikan. Bischof; landwirtschaftl. Handelszentrum; Konserven-Ind.
Windhunde, sehr schnelle Hetzhunde, hochbeinig, schmal gebaut, mit bogenförmig gekrümmtem Rücken u. lang ausgezogenem Schwanzteil, hierzu *Greyhound, Barsoi, Afghane;* verwendet u. a. zu Hunderennen. ☐408, 1043.
Windisch-Graetz, steir. Uradelsgeschlecht: *Alfred* Fürst zu, östr. Feldmarschall, 1787–1862; schlug 1848 die Revolution in Prag u. Wien nieder.
Windkanal, *Windtunnel*, Versuchsanlage zur Erzeugung einer wirbelfreien Luftströ-

Windstärken (Beaufort-Skala) Bezeichnungen	Windgeschwindigkeiten		Wirkungen
	m/s	km/h	
0 Windstille	0 – 0,2	unter 1	Rauch senkrecht
1 leiser Zug	0,3 – 1,5	1 – 5	Rauch abgelenkt
2 leichter Wind	1,6 – 3,3	6 – 11	eben fühlbar
3 schwacher Wind	3,4 – 5,4	12 – 19	bewegt Blätter
4 mäßiger Wind	5,5 – 7,9	20 – 28	bewegt Zweige
5 frischer Wind	8,0 – 10,7	29 – 38	bewegt Äste
6 starker Wind	10,8 – 13,8	39 – 49	Drähte pfeifen
7 steifer Wind	13,9 – 17,1	50 – 61	bewegt dünne Bäume
8 stürmischer Wind	17,2 – 20,7	62 – 74	biegt starke Bäume
9 Sturm	20,8 – 24,4	75 – 88	Dachziegel fallen
10 schwerer Sturm	24,5 – 28,4	89 – 102	entwurzelt Bäume
11 orkanartiger Sturm	28,5 – 32,6	103 – 117	schwere Zerstörung
12	32,7 – 36,9	118 – 133	
13	37,0 – 41,4	134 – 149	
14	41,5 – 46,1	150 – 166	verwüstende
15 } Orkan	46,2 – 50,9	167 – 183	Wirkungen
16	51,0 – 56,0	184 – 201	
17	über 56,1	über 201	

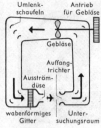

Umlenk-schaufeln · Antrieb für Gebläse · Gebläse · Auffang-trichter · Ausström-düse · wabenförmiges Gitter · Unter-suchungsraum

Windkanal
für Unterschall-geschwindigkeiten

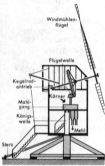

Windmühlen-flügel · Flügelwelle · Kegelrad-antrieb · Körner · Mahl-gang · Königs-welle · Mehl · Sterz

Windkraftanlagen:
als Bockmühle gebaute Windmühle

Ludwig Windhorst

---

mung für aerodynam. Untersuchungen in der Luftfahrt- u. Kraftfahrzeug-Ind. u. -Forschung. Im allg. werden verkleinerte Modelle geprüft. Überschallströmungen werden im Stoßwellenrohr erzeugt.

Windkraftanlagen, nutzen die kinet. Energie strömender Luftmassen, z. B. Windmühlen, bei denen ein geflügeltes *Windrad*, mit seiner Achse gg. den Wind gerichtet, v. Winddruck gedreht wird. Besser nutzt den Wind das strömungstechnisch günstigere u. gg. den Wind selbsttätig sich einstellende Windrad mit automat. Flügelverstellung; wird u. a. als Pumpmotor verwendet.

Windmesser, *Anemometer,* meist Schalenkreuz, das sich bei zunehmender Windstärke schneller dreht.

Windmühle, Getreide- od. Ölmühle, deren Mahlgang durch meist 4flügeliges Windrad angetrieben wird.

Windpocken, *Varizellen, Wasserpocken,* ansteckende Kinderkrankheit mit Fieber u. rotfleck. Bläschenausschlag; durch Virus erregt. ☐ 420.

Windrose, kreisförmige, rosettenart. Darstellung der Himmelsrichtungen.

Windsheim, *Bad W.,* bayer. Stadt u. Heilbad westl. v. Fürth, 11 600 E.; ehem. Augustinerkloster (1291/1521) mit wertvoller Bibliothek; Solquelle; Landmaschinenbau, Textil-Ind.

Windsichter, Vorrichtung zur Trennung v. Feststoffgemengen mit Hilfe eines starken Luftstrahls, z. B. Spreu u. Staub v. Getreidekörnern.

Windsor (: wjnßᵉʳ), 1) engl. Stadt westl. v. London, r. an der Themse, 30 000 E.; Schloß *(W. Castle),* Sommerresidenz der engl. Könige. 2) Stadt in der kanad. Prov. Ontario, am St. Clair River, gegenüber v. Detroit, 197 000 E. (m. V. 248 000 E.); Auto-, chem. u. pharmazeut. Fabriken.

Windsor (: wjnßᵉʳ), seit 17. 7. 1917 Name des engl. Königshauses statt Sachsen-Coburg-Gotha; ben. nach dem Schloß W.

Windspiel *s, it. W.,* kleine Windhund-Rasse.

Windstillen, die ↗Kalmenzone.

Windsysteme, durch die atmosphär. Zirkulation hervorgerufene großräumige Luftströmungen, deren Richtung durch Erdrotation beeinflußt wird (Passat-, West-, polares Ostwindsystem); daneben lokale W. (Föhn, Berg- u. Talwind, Gletscherwind u. a.).

Windthorst, *Ludwig,* 1812–91; 51/53 u. 62/65 hannoveran. Justizmin.; Mitgründer u. (seit 71) Führer des ↗Zentrums; im Kulturkampf Gegenspieler Bismarcks, den er zeitweise (Zollpolitik) unterstützte.

Windward-Inseln (: -wᵉʳd-), südl. Gruppe der Kleinen Antillen. ☐ 30.

Winfrid, *Winfried,* ↗Bonifatius.

Wingolf, 1) in der german. Sage ein Gemach der Walhalla. **2)** Zusammenschluß christl. (hauptsächl. ev.) farbentragender ↗Studentenverbindungen; 1841 gegr.; 1948 neugegr.

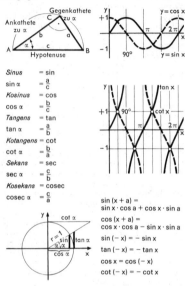

$Sinus = \sin$ $\quad \sin \alpha = \dfrac{a}{c}$
$Kosinus = \cos$ $\quad \cos \alpha = \dfrac{b}{c}$
$Tangens = \tan$ $\quad \tan \alpha = \dfrac{a}{b}$
$Kotangens = \cot$ $\quad \cot \alpha = \dfrac{b}{a}$
$Sekans = \sec$ $\quad \sec \alpha = \dfrac{c}{b}$
$Kosekans = \csc$ $\quad \csc \alpha = \dfrac{c}{a}$

$$\sin(x+a) = \sin x \cdot \cos a + \cos x \cdot \sin a$$
$$\cos(x+a) = \cos x \cdot \cos a - \sin x \cdot \sin a$$
$$\sin(-x) = -\sin x$$
$$\tan(-x) = -\tan x$$
$$\cos x = \cos(-x)$$
$$\cot(-x) = -\cot x$$

Winkelfunktionen und ihre Darstellung am rechtwinkligen Dreieck und am Einheitskreis

Winkel, geometr.: Richtungsunterschied zweier v. einem Punkt ausgehender Strahlen; der Punkt heißt *Scheitel,* die Strahlen *Schenkel. Körper-W.* entsteht durch Rotation eines W. um seine Mittellinie u. stellt einen bis ins Unendliche ausgedehnten Kegelmantel dar; die Spitze ist der Scheitel. **W.funktionen,** trigonometr. *Funktionen.* Ändert man in einem rechtwinkligen Dreieck einen der spitzen W. willkürlich, so ändern sich damit zwangsläufig auch die Längenverhältnisse zw. je 2 Dreieckseiten; die W. beschreiben die Seitenverhältnisse im rechtwinkligen Dreieck als Funktion der Winkelgröße. Die W. sind v. großer Bedeutung für die Berechnung v. Seiten u. W.n im Dreieck u. zur Darstellung allgemeiner period. Funktionen (Fouriersynthese). **W.geschwindigkeit,** *Kreisfrequenz,* der bei der Rotation eines Körpers pro Zeiteinheit zurückgelegte Winkel.

Winkelhaken, auf Zeilenbreite einstellbares Rähmchen des Schriftsetzers zum Aufsetzen der Lettern bei Handsatz.

Winkelmesser, Zeichengerät mit Winkelskala zum Messen ebener Winkel.

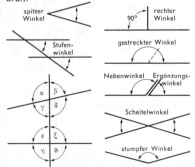

spitzer Winkel · rechter Winkel · 90° · Stufenwinkel · gestreckter Winkel · Nebenwinkel · Ergänzungswinkel · Scheitelwinkel · stumpfer Winkel · α β γ δ ε ξ η ϑ

Winkel
α + β gestreckter Winkel
α Nebenwinkel zu β u.
α Ergänzungswinkel zu β
α Scheitelwinkel zu δ
ε, ζ, η, ϑ rechte Winkel
α, δ stumpfe Winkel
γ, β spitze Winkel
η u. γ Stufenwinkel

Winkelmessung, zur Angabe der Größe eines Winkels: Teilung des Vollwinkels a) in 360° zu je 60 Minuten mit je 60 Sekunden od. b) in 400^g (Neugrad, gesetzl. nicht mehr zulässig) zu je 100^c (Neuminuten) zu je 100^{cc} (Neusekunden). ☐ 346.

Winkelried, *Arnold,* Schweizer Nationalheld; soll sich in der Schlacht v. ↗Sempach 1386 in die feindl. Spieße geworfen u. damit den Sieg der Schweizer entschieden haben.

Winkerkrabbe, *Uca,* Gattung der Zehnfüßerkrebse an Küsten warmer Meere; Männchen winken mit einer stark vergrößerten Schere bei der Balz.

Winkler, *Gerhard,* dt. Komponist, 1906–77; Unterhaltungs- u. Filmmusik, Operetten.

Winland, Vinland, der um 1000 v. den Normannen entdeckte Teil der nord-am. Küste; vielleicht das heutige Neuschottland.

Winnenden, württ. Stadt am Welzheimer Wald, n.ö. von Waiblingen, 22 200 E.; altes Stadtbild, Schloßkirche mit spätgot. Schnitzaltar von Jörg Syrlin d. J. (1500).

Winnipeg, Hst. der kanad. Prov. Manitoba, Handels- u. Industriestadt, bedeutender Getreidemarkt, 561 000 E.; kath., ruthen. u. anglikan. Erzb.; Univ.; Getreidebörse; Pelzversteigerungen. **W.see,** kanad. Präriesee in der Prov. Manitoba, 24 300 km², 21 m tief.

Winniza, Hst. der Oblast W. in der Ukrain. SSR, am südl. Bug, 313 000 E.; Metall-, chem. Industrie.

Winsen an der Luhe, niedersächs. Krst. in der nördl. Lüneburger Heide, 25 200 E.; Nahrungsmittel-, Elektro-, pharmazeut. u. chem. Ind., Maschinenbau.

Winter ↗Jahreszeiten.

Winter, *Fritz,* dt. Maler, 1905–76; schuf, beeinflußt v. Klee u. Kandinsky, abstrakte Farbkompositionen v. innerer Harmonie.

Wintergetreide, im Herbst gesätes Getreide, benötigt Kältereiz zum Keimen.

Wintergrün, 1) *Pirola,* immergrüne Staude mit weißen, rötl. od. grünl. Glockenblüten; in Nadelwäldern. **2)** *Gaultheria,* am. Heidekrautgewächs; in den bitterschmeckenden Blättern das aromat. *W.öl.*

Winterkohl, der ↗Blätterkohl.

Winterkönig, Beiname für ↗Friedrich V. von der Pfalz.

Winterling, *Eranthis,* ein Hahnenfußgewächs; im Januar blühende Zierstaude.

Winterschlaf, winterl. Ruhezustand vieler Wirbeltiere gemäßigter u. kalter Zonen. Herabsetzung aller Lebensfunktionen (Körpertemperatur bis 4°C) unter Kontrolle des Zentralnervensystems.

Winterthur, Schweizer Bez.-Hauptort n.ö. von Zürich, 90 300 E.; got. Laurenzenkirche (13. Jh.), Technikum. Gemäldegalerie. Textil-, chem. u. bes. Maschinenfabriken.

Winzer, *Otto,* 1902–75; 65/75 Außenminister der DDR.

Wipper *m,* **1)** eine Art Kipper, der beladene Wagen aufnimmt, sie umkehrt (entlädt) u. wieder aufrecht stellt. **2)** ↗Wupper.

Wipperfürth, Stadt im Bergischen Land (Oberbergischer Kreis), 20 900 E.; roman. Kirche (12./13. Jh.). Ursulinenkloster.

Wirbel, 1) in Drehbewegung befindliche

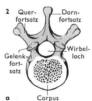
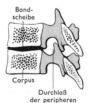

Wirbelsäule:
1 W.; 2 Rückenwirbel,
a horizontaler u. b senkrechter Schnitt durch einen Rückenwirbel

Schichten v. Gasen od. Flüssigkeiten: Luft-, Wasser-W. ☐ 1114. **2)** Stelle der Kopfhaut, v. der die Haare strahlenförmig nach außen gehen. **3)** hölzerne od. metallene Pflöckchen zum Spannen der Saiten an Musikinstrumenten. **4)** rasch folgende Schläge auf Trommeln u. Pauken. **5)** einzelne Knochen der ↗W.säule. **W.lose,** Tiere ohne W.säule, machen etwa 95% aller Tierarten aus. Ggs. ↗Wirbeltiere. **W.säule,** Rückgrat, Innenskelett der W.tiere u. des Menschen, umschließt das ↗Rückenmark, gibt dem Körper Halt, den Gliedmaßen Ansatzflächen u. trägt den Schädel. Die menschl. W.säule zählt 7 Hals-, 12 Brust-, 5 Lenden-, 5 zum Kreuzbein, 4 bis 6 zum Steißbein verwachsene W. **W.ströme,** in massiven Leitern durch veränderl. Magnetfelder (Induktion) erzeugte, in sich geschlossene elektr. Ströme; erwärmen den Leiter. **W.sturm,** an Sturmfronten auftretender Luftwirbel mit niedrigem, rasch auffüllendem Luftdruck u. zerstörender Wirkung, z. B. Tornado, Hurrikan, Trombe. **W.tiere,** Vertebraten, oberster Stamm im Tierreich mit ca. 50 000 Arten, in Kopf, Rumpf u. Schwanz gegliedert; besitzen W.säule u. Schädel, Gehirn u. Rückenmark. Die 5 Klassen der W.tiere: Fische, Lurche, Reptilien, Vögel, Säugetiere, bilden zus. mit den eine. ↗Chorda besitzenden ↗Schädellosen u. ↗Manteltieren den Stamm der *Chordatiere* (Chordata).

Wirkerei, Herstellung v. Wirk-(Strick-)Waren auf Wirkmaschinen, welche die Garne mit Hakennadeln zu Maschenreihen ineinander verschlingen. **Kulierwaren:** aus einem, **Kettenwaren:** aus vielen parallel laufenden Fäden gewirkt. [↗Vitamine.

Wirkstoffe, die ↗Fermente, ↗Hormone u.

Wirkstrom, Anteil eines ↗Wechselstroms, der die wirksame Leistung bei Wechselstromschaltungen hervorruft. Der W. liegt phasengleich zur Spannung. Ggs. zum ↗Blindstrom.

Wirkung, physikal.: das Produkt aus Energie u. Zeit od. aus Impuls u. Strecke.

Wirkungsgrad, das Verhältnis v. Energieabgabe zu Energieaufnahme bzw. v. Energienutzung zu Energieaufwand; stets kleiner als 1 bzw. 100%, da immer ein Teil der Energie bei der Umsetzung in andere Energieformen (z. B. als Reibungswärme) verlorengeht. [stante.

Wirkungsquantum, die ↗Plancksche Konstante.

Wirkungsquerschnitt, kernphysikalisch: der scheinbare Querschnitt eines atomaren Teilchens, mit dem es auffallende Teilchen einfängt oder ablenkt.

Wirsing ↗Kohl.

Wirth, *Joseph,* dt. Politiker (Zentrum), 1879–1956; 1920/21 Reichsfinanzmin., 21/22 Reichskanzler, 30/31 Reichsinnenmin.; 33/48 in der Schweiz, nach 48 Gegner der Politik Adenauers; als Mitbegr. u. Vors. des „Bundes der Dt.en für Einheit, Frieden u. Freiheit" für Verständigung mit der UdSSR.

Wirtschaft, derjenige Lebensbereich des Menschen, der der Deckung des Bedarfs an Sachgütern u. Dienstleistungen für Zwecke der Lebenshaltung u. Entfaltung der Kultur (Schaffung der materiellen Voraussetzungen) dient. Die W. entfaltet sich aus der Spannung zw. der grundsätzl. Unbegrenztheit der Bedürfnisse und der Knappheit der zur Verfügung stehenden Mittel. Aufgabe ist, mit den verfügbaren Mitteln die größtmögl. Befriedigung des Bedarfs anzustreben. Das wirtschaftl. Geschehen wird entscheidend bestimmt durch die hist. konkrete Gesellschafts-Verf. (Bevölkerungs- u. Bildungsstand, soziale Verhaltensweisen, Rechtsordnung, Verwaltungstätigkeit des Staates, Stand der Technik; ↗W.verfassung, ↗W.ordnung). Die wichtigsten W.bereiche sind Ind., Landwirtschaft, Handwerk, Handel, Verkehr. Das Ergebnis der ↗Produktion wird auf dem ↗Markt abgesetzt, Vermittler des Tauschvorgangs (↗Preis) ist das ↗Geld. Das nicht in Konsumgütern angelegte ↗Einkommen (↗Sozialprodukt) kann über ↗Sparen u. ↗Investition eine Vergrößerung des Produktionsfaktors ↗Kapital u. damit eine künftige bessere Versorgung erreichen. Über den ↗Außenhandel ist der W.kreislauf der ↗Volks-W. mit der ↗Welt-W. verbunden. ↗Marktwirtschaft, ↗Zentralverwaltungswirtschaft. **W.sakademien** ↗Verwaltungs- und Wirtschaftsakademien. **W.sdemokratie**, die Berücksichtigung demokrat. Formen in der W. durch ↗Mitbestimmung u. parität. Besetzung der wirtschaftl. Selbstverwaltungs- u. staatl. W.sorgane. **W.sfachschulen**, *Höhere W.*, fr. höhere Fachschulen für gehobene wirtschaftl. Berufe (Betriebswirt), heute Fachhochschulen; Voraussetzungen: Fachhochschulreife und abgeschlossene kaufmännische Ausbildung. **W.sgemeinschaft** ↗Wirtschaftsunion. **W.shochschule**, akadem. Einrichtung zur wiss. Ausbildung bes. v. (Diplom-)Kaufleuten und (Diplom-) Handelslehrern. In der BRD meist Univ.en als wirtschaftswiss. Fakultäten angegliedert oder zu Univ. ausgebaut. **W.sjahr** ↗Rechnungsjahr. **W.skrieg**, der ↗Handelskrieg. **W.skrise**, im ↗Konjunktur-Ablauf die Phase zw. Hochkonjunktur u. Depression; i. w. S. jede nachhaltige Störung im Wirtschaftsleben. **W.sordnung**, Bz. für die grundlegenden Prinzipien, nach denen sich der Ablauf des Wirtschaftsprozesses u. das Zusammenwirken ihrer Teile vollzieht. Zwei Grundformen: ↗Marktwirtschaft und ↗Zentralverwaltungswirtschaft. **W.splan**, Übersicht über die zu erwartenden Einnahmen u. Ausgaben für eine W.seinheit (Haushalte, Betriebe; ↗Haushaltsplan); i. w. S. der längerfristige Plan einer Zentralverwaltungswirtschaft (z. B. Zwei-, Vier-, Fünfjahrespläne). **W.spolitik**, 1) alle Maßnahmen des Staates u. der wirtschaftl. Selbstverwaltungsorgane, die der Beeinflussung der Wirtschaft mit dem Ziel der Wohlstandsförderung dienen. Grundlage der W. ist die Entscheidung für eine bestimmte Wirtschaftsordnung. 2) Bz. für die Wiss., die sich mit diesen Problemen u. bes. mit den wirksamsten Verfahren zur Erreichung der wirtschaftspolit. Ziele beschäftigt. **W.sprüfer**, hat die gesetzl. vorgeschriebene Prüfung der Aktien-, Versicherungsgesellschaften, Banken u. Unternehmen, an

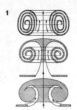

Wirbel-Bewegung:
1 Entstehung eines Wirbelringes beim Ausströmen aus einer Öffnung (Schnitt),
2 Wirbelring perspektivisch

Wisent

denen die öff. Hand beteiligt ist, vorzunehmen; ist außerdem Berater in Wirtschafts- u. Steuerfragen. Neben Einzelprüfern gibt es auch *Wirtschaftsprüfungsgesellschaften*. **W.ssysteme**, die geschichtl. Formen des Wirtschaftens; sind geprägt durch die W.sgesinnung, Organisationsform des Wirtschaftens u. die Technik. **W.stheorie** ↗W.swissenschaft. **W.sunion**, *Wirtschaftsgemeinschaft*, übernationaler Zusammenschluß v. Staaten mit gemeinsamen Beschluß- u. Exekutivorganen, gemeinsamer Handelspolitik gegenüber dritten Ländern u. Koordinierung der Wirtschaftspolitik, z. B. ↗Europ. Wirtschaftsgemeinschaft. **W.sverband** ↗Verband. **W.sverfassung**, die einer ↗W.sordnung zugrunde liegende Rechtsordnung, soweit sie das W.sleben regelt. **W.swissenschaft**, die Lehre v. der W., besteht aus den Lehrfächern ↗*Betriebswirtschaftslehre*, ↗*Finanzwissenschaft* und *Volkswirtschaftslehre* (auch Nationalökonomie, Sozialökonomie). Letztere befaßt sich als allg. od. theoret. Volkswirtschaftslehre *(Wirtschaftstheorie)* mit der Durchdringung der vielfältigen W.svorgänge in ihren gegenseitigen Abhängigkeiten u. Wirkungen, um die Wesenszüge des W.ens aufzuhellen; sie untersucht als angewandte od. prakt. W.-Wiss. die bestmögl. Wege zur Erreichung eines wirtschaftl. Zieles *(W.spolitik)*. Mit beiden Zweigen eng verbunden sind W.sgeschichte, W.srecht, W.sgeographie, W.sethik. Die W.s-Wiss. als selbständige Disziplin entstand mit dem Merkantilismus, aber erst mit dem ↗Physiokratismus wurde ein zusammenfassendes wirtschaftl. System entwickelt (Kreislaufgedanke).

Wischnu, der Gott ↗Vischnu.

Wisconsin, 1) l. Nebenfluß des oberen Mississippi, 1006 km lang. **2)** Abk. *Wis.,* Staat im N der USA, zw. dem Oberen See, dem Michigansee u. dem Mississippi, 145 438 km², 4,7 Mill. E.; Hst. Madison. Hügel- u. Flachland mit Kontinentalklima.

Wiseman (:waɪsmən), *Nicholas Patrick,* engl. Kard., 1802–65; erreichte die Wiederherstellung der Hierarchie für Engl.; 50 Erzb. v. Westminster; um Erneuerung des engl. Katholizismus verdient. Schrieb den Roman *Fabiola.*

Wisent *m*, fast ausgerottetes Wildrind der Wälder Eurasiens, bis 3 m lang, massig, braun.

Wismar, Stadtkreis, Krst. u. mecklenburg. Ostseehafen im Bez. Rostock, 57 200 E.; ehem. Hansestadt mit Backsteinbauten (Marienkirche, 13./15. Jh.); Großwerft.

Wismut *s*, chem. Element, Zeichen Bi, silberweißes, sprödes Metall; Ordnungszahl 83 (☐149); gediegen auf Kobalt- u. Silbererzgängen, ferner als *W.glanz* (Bi_2S_3) u. *W.ocker* (Bi_2O_3). *W.legierungen* sind leichtschmelzend, z. B. das ↗Woodsche Metall. *W.chlorid* u. *W.nitrat,* zu Heilmitteln.

Wissen, rhein. Stadt u. Luftkurort an der Sieg, 8500 E.; Weißblechwerk, Schweißmaschinenfabrik, Kunststoff-Ind.

Wissenschaft, a) i. w. S. die Gesamtheit des gesicherten menschl. Verstandeswissens;

b) i.e.S. die systemat. geordneten Erkenntnisse eines bestimmten Gegenstandsbereiches *(Einzel-W.)*.
Wissenschaftlicher Rat, beamteter Lehrbeauftragter an wiss. Hochschulen, habilitiert, aber ohne Lehrstuhl; selbständig in Forschung u. Lehre tätig. ↗Akademischer Rat.
Wissenschaftslehre, als Teil der Philosophie Erforschung v. Wesen, Einteilung u. Methoden der Wissenschaften. **Wissenschaftsrat,** 1957 durch Abkommen zw. Bund u. Ländern gegr. Körperschaft zur langfristigen Planung u. Koordinierung der wiss. Einrichtungen in der BRD.
Wissmann, *Hermann v.,* dt. Afrikaforscher, 1853–1905; 1895/96 Gouv. von Dt.-Ost-
Wistaria ↗Glycinie.   [afrika.
Witebsk, Hst. der Oblast W. in der Weißruss. SSR, an der Düna, 297000 E.; 3 Hochschulen. Textil- u. Maschinen-Ind.
Witigis, † 542; 536 Kg. der Ostgoten, nach vergebl. Belagerung Roms 539 v. Belisar gefangengenommen.
Witim *m,* r. Nebenfluß der Lena, 1823 km lang (550 km schiffbar). In seinem Stromgebiet Gold- u. Glimmervorkommen.
Witjastiefe, *Vitjastiefe,* Name tiefster Stellen verschiedener Tiefseegräben; *W. I* 11034 m, im Marianengraben; *W. II* 10882 m, im Tongagraben; *W. III* 10047 m, im Kermandecgraben.
Witt, *Jean de,* 1625–72 (ermordet); seit 53 Leiter der niederländ. Politik, zwang durch ein Bündnis mit Engl. u. Schweden Ludwig XIV. 68 zum Abbruch des Devolutionskrieges.
Witte, 1) *Emanuel de,* niederländ. Maler, 1617–92; Hauptmeister der niederländ. Architekturmalerei. **2)** *Pieter de,* gen. *Peter Candid(o),* niederländ. Maler, Bildhauer u. Architekt der Renaissance, 1548–1628; Münchener Hofmaler, Gemälde in der *Residenz* u. in *Schloß Schleißheim.*
Wittekind ↗Widukind.
Wittelsbacher, südd. Fürstenhaus, benannt nach der Stammburg *Wittelsbach* bei Aichach in Oberbayern; erhielten 1180 das Htm. Bayern, 1214 die ↗Pfalz; 1294/1777 geteilt in die bayer. u. die (kur)pfälz. Hauptlinie; waren 1806/1918 Kg.e v. Bayern.
Witten, westfäl. Ind.-Stadt an der Ruhr u. am Fuß des Ardeygebirges, 107000 E.; Stahl- u. Röhrenwerke, opt. u. chem. Ind.
Wittenberg, *Lutherstadt W.,* Krst. u. Hafen im Bez. Halle, r. der Elbe, 53200 E.; Univ. (1502 gegr., 1817 mit Halle vereinigt); Schloßkirche mit den Gräbern Luthers u. Melanchthons; in Luthers Predigtkirche 1522 der 1. ev. Gottesdienst; im Lutherhaus reformationsgeschichtl. Museum; Ev. Akademie; Eisenwerke, Maschinenbau. – Bis 1423 Residenz der askan. Hzg.e v. Sachsen-W., dann der Wettiner (bis 1547); fiel 1547 an die Albertiner; 1815/1945 preußisch.
Wittenberge, Ind.-Stadt an der mittleren Elbe (Hafen), im Bez. Schwerin, 33000 E.; Textil- u. Maschinen-Ind.
Witterung, in der Meteorologie: der Wetterablauf eines Ortes od. Gebietes über einen Zeitraum v. mehreren Tagen.

E. de Witte: Inneres einer gotischen Kirche (Ausschnitt)

E. von Witzleben

Wittgenstein, *Ludwig,* östr. Philosoph, 1889–1951; seit 29 in England; sein logist. *Tractatus logico-philosophicus* beeinflußte den Neupositivismus des ↗Wiener Kreises.
Wittlich, Krst. am Südrand der Eifel, 15600 E.; Gummi-, Textil-, Holz- u. Elektro-Ind.; Tabak- u. Weinbau.
Wittlinger, *Karl,* dt. Schriftsteller, * 1922; satir.-kabarettist. Stücke u. Dramen, u.a. *Kennen Sie die Milchstraße?; Kinder des Schattens; Seelenwanderung; Warum ist es am Rhein so schön?* Hörspiele, Fernsehspiele.
Wittmund, niedersächs. Krst. n.ö. von Aurich, 19200 E.; Kunststoff-Ind., Ziegeleien; Bundeswehrgarnison u. NATO-Flughafen.
Wittstock, Krst. in der Priegnitz (Bez. Potsdam), 11000 E.; got. Marienkirche (14./15. Jh.). Tuchindustrie.
Witwatersrand (: -wåteˈßränd), Höhenzug (1800 m) in Transvaal, mit reichen Goldfeldern u. Uranvorkommen; größtes Ind.-Zentrum der Rep. Südafrika.
Witwenrente, Rente für die Witwe eines in der soz. ↗Rentenversicherung versicherten Arbeiters od. Angestellten. Die ersten 3 Monate nach dem Tode des Versicherten wird die volle Rente, die der Versicherte bezog od. die ihm zugestanden hätte, gezahlt, danach 6/10 der Rente. *Witwerrente* erhält der Ehemann einer in der Rentenversicherung Versicherten, wenn ihm die Versicherte überwiegend Unterhalt geleistet hat.
Witwenvögel, afrikan. ↗Prachtfinken.
Witz *m,* bis zum 18./19. Jh.: heller, schlagfertiger Verstand; Fähigkeit tiefer Einsicht (in diesem Sinn noch in „Mutterwitz"); sprachl. Scherz, Spiel mit Wortbedeutungen, rasche u. überraschende („Pointe") Verbindung zunächst auseinanderliegender Vorstellungen mit kom. Wirkung.
Witz, *Konrad,* oberrhein. Maler, um 1400 bis um 1445; plast. Darstellungsweise. *Heilsspiegelaltar* (Basel, Dijon, Berlin); *Genfer Altar.*
Witzenhausen, hess. Stadt im Werratal, 17000 E.; landwirtschaftl. Fachbereich der Gesamthochschule Kassel; Papier-, Zigarren-, Möbel- u. Bekleidungs-Ind.
Witzleben, *Erwin v.,* dt. Generalfeldmarschall, 1881–1944; 41/42 Oberbefehlshaber West in Fkr.; als Widerstandskämpfer gg. Hitler hingerichtet.
w. L., Abk. für westl. Länge.
Wladimir, Hst. der Oblast W. in der RSFSR, an der Kljasma, 296000 E.; Kreml, alte Baudenkmäler des 12. Jh. (bes. Himmelfahrts- u. Demetriuskathedrale) im W.-Susdal-Stil; chem., Maschinen-, Fahrzeug- u. Baumwoll-Ind.
Wladimir I. d. Hl. (15. Juli), Großfürst v. Kiew um 980/1015; führte das byzantin. Christentum ein.
Wladiwostok, Hst. der Region Primorje (RSFSR) u. bedeutendster sowjet. Kriegs- u. Handelshafen am Pazif. Ozean u. an der Transsibir. Bahn, 550000 E.; Univ., Fachhochschulen; Werften, Erdölraffinerien, Maschinenbau, Leder-, Sperrholz-, Fischkonserven-Ind.
Wladisław II. ↗Jagiello.

Wochentage	englisch	französisch	italienisch	spanisch	kirchlich
Sonntag	Sunday	dimanche	domenica	domingo	dies domenica
Montag	Monday	lundi	lunedì	lunes	feria secunda
Dienstag	Tuesday	mardi	martedì	martes	feria tertia
Mittwoch	Wednesday	mercredi	mercoledì	miércoles	feria quarta
Donnerstag	Thursday	jeudi	giovedì	jueves	feria quinta
Freitag	Friday	vendredi	venerdì	viernes	feria sexta
Samstag od.	Saturday	samedi	sabato	sábado	sabbatum
Sonnabend					

Włocławek (:w^{u}oz^{u}awek), dt. *Leslau*, poln. Stadt an der mittleren Weichsel, 97 500 E.; kath. Bischof; got. Kathedrale (12. Jh.); Landmaschinenbau, Zellstoff-, Papier- u. chem. Ind.

Wobbler, *Wobbelsender,* verändert die Frequenz eines Oszillators stetig zw. 2 Extremwerten, bei gleicher Spannungsamplitude.

Woche, nach dem Monat die nächst kleinere Zeiteinheit v. 7 Tagen Dauer. ↗Kalender.
Wochenbett ↗Kindbett. **Wochenfieber,** das ↗Kindbettfieber. **Wochenhilfe,** Leistung der gesetzl. Krankenversicherung für werdende Mütter u. Wöchnerinnen: bes. *Wochengeld* (jetzt *Mutterschaftsgeld;* mindestens 6 Wochen vor u. 8 Wochen nach der Niederkunft).

Wodan, dt. Bz. des Gottes ↗Odin.
Wodka *m* (russ. = Wässerchen), Branntwein aus Korn od. Kartoffeln.

Wodu (afrikan. = Schutzgeist), synkretist. ekstat. Geheimkult westafrikan. Herkunft, heute bes. der Neger v. Haiti; sakrale Tötung v. Opfertieren u. Geisterbeschwörung durch Trommelschläge.

Wogulen (Mz.), *Mansen,* ugrischer Volksstamm im westl. Sibirien; ca. 6000 Köpfe.

Wöhler, *Friedrich,* dt. Chemiker, 1800–82; mit Liebig Schöpfer der organ. Chemie; erste organ. Synthese (Harnstoff, 1827).

Wohlfahrtsamt, *Fürsorgeamt,* fr. Bz. für ↗Sozialamt.
Wohlfahrtsstaat, Staat, der die materielle Lebenssicherung der Bürger weitgehend durch staatl. Sozialleistungen übernimmt.

Wohmann, *Gabriele,* dt. Schriftstellerin, * 1932; Erzählungen, Romane *(Abschied für länger; Ernste Absicht; Schönes Gehege; Frühherbst in Badenweiler; Ach wie gut, daß niemand weiß),* Gedichte, Hörspiele, Fernsehspiele.

Wohngeld, Mietzuschuß (Wohnbeihilfe) aus öff. Mitteln an Mieter, deren durchschnittl. monatl. Familieneinkommen eine bestimmte Höhe nicht übersteigt.

Wohnsitz, der Ort, an dem jemand tatsächl. wohnt od. eine gewerbl. Niederlassung hat; zu unterscheiden v. Aufenthaltsort. Der W. ist v. Bedeutung für den Gerichtsstand u. die Ausübung staatsbürgerl. Rechte. **Wohnungseigentum,** besteht rechtl. aus dem *Miteigentum* mehrerer Personen an den gemeinschaftl. Teilen des Wohngrundstücks u. aus *Sondereigentum* an den einzelnen Wohnungen; ist veräußerl., vererbl. u. belastbar.

Wojewode, *Woiwode m* (slaw. = Heerführer), bei slaw. Völkern Bz. für Truppenführer u. Verwaltungsbeamte; in Polen Vorsteher einer Prov. *(Wojewodschaft).*

Wojwodina, 1) südl. Grenzland des ehem. Östr.-Ungarn, mit Teilen der Batschka, des Banats und Syrmiens. 2) autonome Region im N der jugoslaw. Bundes-Rep. Serbien, 21 506 km^2. Hst. Novi Sad (Neusatz). Erdöl; Kornkammer Jugoslawiens.

Wolchow *m,* Abfluß des Ilmensees in den Ladogasee, 228 km lang.

Wolf, 1) kräftiges, hundeartiges, bis 1,2 m langes Raubtier mit meist gelbl.-grauem Pelz. Urspr. in Eurasien u. Nordamerika verbreitet, heute in Mitteleuropa weitgehend ausgerottet. Der riesige *Polar-W.* ist weiß. Fällt Rot- u. Schwarzwild, hungernd auch Haustiere u. Menschen an. 2) Sternbild des Südhimmels. 3) *Haut-W.,* Wundsein durch Reibung u. Schweiß, bes. in der Gesäßspalte. 4) Maschine in der Spinnerei zum Auflockern, Säubern u. Mischen bes. v. Wolle. 5) Gerät zum Zerkleinern v. Fleisch.

Wolf

Wolf, 1) *Christa,* dt. Schriftstellerin (DDR), * 1929; Romane *(Der geteilte Himmel; Nachdenken über Christa T.; Kindheitsmuster),* Erzählungen, Essays. 2) *Friedrich-August,* dt. Philologe, 1759–1824; Begr. der Homer-Kritik u. der modernen Altertumswissenschaft. 3) *Hugo,* östr. Komponist, 1860–1903; seit 1897 geistig umnachtet; schuf vor allem Lieder: feine Nachzeichnung des Wortes, charakterisierende Begleitung (Mörike-, Eichendorff-, Goethe-u.a. Lieder); Instrumentalmusik; Opern (u.a. *Der Corregidor).*

Friedrich Wöhler

Christa Wolf

Hugo Wolf

Thomas Wolfe

Wolfe (:wulf), *Thomas,* am. Schriftsteller, 1900–38; stark autobiogr. Romanwerk, zugleich Zeichnung am. Lebens. *Schau heimwärts, Engel; Von Zeit u. Strom; Geweb u. Fels.* Auch Dramen *(Herrenhaus u.a.).*

Wolfen, Gem. n.w. von Bitterfeld (Bez. Halle), 27 000 E.; chem. Ind.

Wolfenbüttel, niedersächs. Krst. südl. v. Braunschweig, 50 300 E.; ev.-luth. Landesbischof; Fachhochschule; Ev. Akademie; Schloß (17. Jh.), Niedersächs. Staatsarchiv. Renaissance-Zeughaus (1619), Fachwerk-

bauten, Lessingmuseum. – 1432/1753 Residenz der Hzg.e v. Braunschweig-W.
Wolff, 1) *Christian* Frh. v., dt. Philosoph, 1679–1754; Hauptvertreter der Philosophie der dt. Aufklärung; Einfluß auf den jungen Kant. 2) *Jakob d. Ä.,* Nürnberger Baumeister, um 1546 bis um 1612; Rathaus in Rothenburg o. d. T., Pellerhaus in Nürnberg.
Wolf-Ferrari, *Ermanno,* dt.-it. Komponist, 1876–1948; heitere Opern, u.a. *Die vier Grobiane; Susannes Geheimnis.*
Wölfflin, *Heinrich,* schweizer. Kunsthistoriker, 1864–1945; Begründer der formgeschichtl. Methode der Kunst-Wiss. HW: *Kunstgeschichtl. Grundbegriffe.*
Wolfgang, hl. (31. Okt.), OSB, um 924–994; 972 Bischof v. Regensburg; Erzieher Ks. Heinrichs II.
Wolfhagen, hess. Stadt westl. v. Kassel, 12 300 E.; Maschinen-, Fahrzeug-, Textil- u. Elektro-Ind.; Fremdenverkehr.
Wolfram *s,* chem. Element, Zeichen W; stahlgraues, glänzendes Metall, Ordnungszahl 74 (□ 149); gewonnen aus ↗Wolframit, ↗Scheelit u.a. Legierungen des W. bzw. *W.carbids,* WC u. WC₂, mit Eisen *(Ferro-W.),* Kobalt (↗Widia u. ↗Stellit), Nickel u.a. dienen als hochwertige Schnelldreh- u. Werkzeugstähle. In elektr. Glühlampen, Verstärker- u. Röntgenröhren sind die Leuchtdrähte, die Glüh- bzw. Antikathoden aus W. **W.it** *m,* schwarzbraunes bis eisenschwarzes, wichtigstes Wolfram-Mineral; chem. Eisen-Mangan-Wolframat.
Wolfram v. Eschenbach, mhd. Dichter, um 1170 bis um 1220; bedeutendster mhd. Epiker neben Hartmann v. Aue u. Gottfried v. Straßburg. HW: *Parzival,* unvollendet: *Willehalm; Titurel;* Minnelieder.
Wolfratshausen, oberbayer. Stadt an der Loisach, südl. v. München, 14 900 E.; Klein-Ind., Fremdenverkehr.
Wolfsbast, Volksname für ↗Seidelbast.
Wolfsburg, niedersächs. kreisfreie Stadt am Mittellandkanal, 15 km n.w. von Braunschweig, 127 000 E.; wirtschaftl. v. Volkswagenwerk bestimmt. *Schloß W.*
Wolfshund, Bezeichnung für den dt. ↗Schäferhund; *Irischer W.,* ein Wolfhund.
Wolfskehl, *Karl,* dt. Schriftsteller, 1869 bis 1948; gehörte zum George-Kreis; er starb im Exil (seit 1933) in Neuseeland; jüd. religiöse Dichtung. *Die Stimme spricht.* Verse *An die Deutschen.*
Wolfsmilch, *Euphorbia,* Kräuter, in den Tropen u. Subtropen auch Bäume u. Sträucher, mit oft kautschukhaltigem, bisweilen giftigem Milchsaft. In Dtl. bes. *Zypressen-W.* mit rötl., nach Honig duftenden Blüten.
Wolfsrachen, Spaltbildung des harten u. weichen Gaumens, oft auch des Oberkiefers u. der Oberlippe (↗Hasenscharte).
Wolfsspinne, am Boden lebende ↗Spinne. Das Weibchen trägt seine Eier in einem Kokon mit sich. □ 930. ↗Tarantel.
Wolga *w,* größter Strom Europas, entspringt auf den Waldaihöhen, mündet bei Astrachan mit einem Delta ins Kaspische Meer, 3700 km lang. Durch eine Kette v. 7 Stauwerken wurde das Flußgebiet der W. seit 1932 völlig umgestaltet, die Wasserfüh-

Ch. von Wolff   E. Wolf-Ferrari

Heinrich Wölfflin
(von H. Haller)

Karl Wolfskehl

Wolfsmilch

rung reguliert, eine Fahrrinne v. 5 m Tiefe für die Schiffahrt gesichert u. Großkraftwerke erbaut. Kanalverbindungen bestehen zur Ostsee, zum Weißen Meer, nach Moskau u. zum Schwarzen Meer. ↗W.-Don-Kanal. **W.deutsche,** dt. Siedler an der unteren W.; wanderten seit 1764 ein; bildeten bis zu ihrer zwangsweisen Umsiedlung nach Sibirien 1941 eine geschlossene Siedlungsgruppe mit ca. 300 Dörfern u. ca. 420 000 E. (1939); 24/41 bestand die ASSR der W.deutschen. **W.-Don-Kanal,** Schiffahrtsweg zw. W. u. Don, zweigt südl. v. Wolgograd v. der W. ab, erreicht nach 101 km bei Kalatsch den Zimljansker See des Don; 13 Schleusen; für Schiffe bis 10 000 t.
Wolga-Ostsee-Wasserweg, *Marienkanalsystem,* System v. Kanälen u. Flußläufen zw. Leningrad u. Rybinsk an der oberen Wolga, 1146 km (313 km Kanäle); von Peter d. Gr. geplant, 1808 gebaut.
Wolgemut, *Michael,* Nürnberger Maler u. Holzschnittmeister, 1434–1519; Lehrer Dürers; Holzschnitte u.a. für Schedels „Weltchronik".
Wolgograd, bis 1925 *Zarizyn,* bis 1961 *Stalingrad,* Hst. der Oblast W., in der RSFSR, erstreckt sich über 70 km entlang der unteren Wolga, die hier zu einem 670 km langen u. 14 km breiten See aufgestaut ist; 929 000 E.; Hochschulen; Stahlwerk, Traktorenwerk, Schiffbau, chem. Ind., Erdölraffinerie. Nach Zerstörung im 2. Weltkrieg modern wiederaufgebaut. – 1942 zu ²/₃ v. der dt. 6. Armee unter Paulus erobert; nach Einschließung durch sowjet. Truppen kapitulierten die Dt. mit 90 000 Mann (dem Rest v. ca. 250 000) am 31. 1. u. 2. 2. 43.
Wolhynien, nordwestukrain. Landschaft zw. Pripet u. Bug. – Urspr. russ. Ftm., im 14. Jh. zu Litauen, 1569 poln., seit 1793 u. 95 russ.; der Westteil gehörte 1921/39 als Wojewodschaft W. zu Polen.
Wolhynisches Fieber ↗Fünftagefieber.
Wolin ↗Wollin.
Wolken, durch Kondensation od. Sublimation entstandene, in der Atmosphäre schwebende Ansammlung v. Wassertröpfchen od. in größeren Höhen v. Eiskristallen; wenn auf der Erde aufliegend ↗Nebel. Die Bedeckung des Himmels mit W. heißt *Bewölkung.* Die beiden W.-Hauptformen sind die horizontal ausgerichteten *Schicht-W. (Stratus-W.)* u. die vertikal ausgerichteten *Haufen-W. (Cumulus-W.);* beide Typen kommen in allen Höhenlagen vor, meist in Mischformen. – W.bildung ist an das Vor-

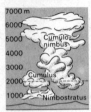

Wolken: Gruppierungen in Familien

erste Familie:
obere Wolken
Cirrus (Ci)
Cirrostratus (Cs)
Cirrocumulus (Cc)

zweite Familie:
mittlere Wolken
Altostratus (As)
Altocumulus (Ac)

dritte Familie:
untere od. tiefe Wolken
Stratocumulus (Sc)
Stratus (St)
Nebel

vierte Familie:
Wolken mit vertikalem Aufbau
Nimbostratus (Ns)
Cumulus (Cu)
Cumulonimbus (Cb)

Wolle

Handelsbezeichnungen für wollhaltige Textilien (Mindestgehalte in Prozent)

reine Wolle	100
Wolle	70
Wollgemisch	51
wollhaltig	15

Virginia Woolf

handensein v. Kondensationskernen gebunden, deswegen auf geringe Höhen beschränkt. [haus.
Wolkenkratzer, engl. *skyscraper,* ↗Hoch-
Wollaffe, süd-am. Klammeraffe mit wolligem Fell u. starkem Greifschwanz. ☐ 7.
Wollbaum, liefert ↗Kapok.
Wollblume, *Wollkraut,* ↗Königskerze.
Wolle, 1) verspinnbares Tierhaar, bes. das Flaumhaar v. Schafen u. Kamelen. Roh-W. enthält Verunreinigungen (z. B. Wollfett), die in der *Wollwäsche* entfernt werden. Für die (wichtigste) *Schaf-W.* ist außer der Feinheit die Kräuselung wichtig; je feiner, desto kürzer ist die W. *Streich-W.* ist bis 4 cm, *Kamm-W.* 7–9 cm lang. Wollfäden als reine Eiweißfasern bilden beim Verbrennen kugelige, knollige Rückstände. Verbrennungsgase riechen nach verbranntem Haar. 2) ↗Baumwolle.
Wollfett, Fett aus Schafwolle.
Wollgras, Riedgräser auf Moorböden, Ährchen, bilden zur Reifezeit Wollflocken.
Wollhandkrabbe, Krebstier, mit dichtem Haarpelz an den Scheren des Männchens; aus dem Ind. Ozean; seit 1912 auch in dt. Gewässer eingeschleppt; der Fischerei u. den Uferbauten schädlich. ☐ 1119.
Wollin, poln. *Wolin,* pommer. Insel, vor dem Stettiner Haff, 248 km², Hauptort W.; Seebäder, kam 1945 unter poln. Verwaltung.
Wologda, Hst. der Oblast W. in der RSFSR, am gleichnam. Fluß (zur Suchona), 237 000 E.; Päd. Inst.; Maschinen- u. Schiffsbau, Holz-, Textil-, chem. u. Nahrungsmittel-Ind.
Wols (eig. Wolfgang Schulze), dt.-frz. Maler u. Graphiker, 1913–51; nach Studium am Bauhaus u. Verbindung zu den Surrealisten eig. Begr. des ↗Tachismus; seit 35 in Fkr.; Illustrationen u. a. zu Kafka, Sartre. ☐ 1119.
Wolsey (: wuls¹), *Thomas,* engl. Staatsmann u. Kard., um 1474–1530; 1514 Erzb. v. York; 15 Lordkanzler Heinrichs VIII., 29 gestürzt, weil er beim Pp. die Ehescheidung Heinrichs VIII. v. Katharina nicht durchsetzen konnte.
Wolter, *Maurus,* 1825–90; dt. Benediktiner, Gründer u. Erzabt v. Beuron.
Wolverhampton (: wulwᵉʳhämptᵉn), engl. Ind.-Stadt, nordwestl. v. Birmingham, 269 000 E.; Fahrzeug- u. Flugzeugbau, Elektro-, chem., Textil- u. Maschinen-Ind., Hüttenwerke.
Wolzogen, *Ernst* Frh. v., dt. Schriftsteller, 1855–1934; Begr. des Kabaretts „Überbrettl"; zahlreiche, meist humorist. Romane u. Erz.
Wombat *m, Plumpbeutler,* meterlanges Beuteltier mit Stummelschwanz u. nach hinten geöffnetem Beutel; in Australien.
Wonnemonat, alter dt. Name für den Mai.
Woodsches Metall (: wud-), schmilzt bei 60° C; besteht aus Wismut (50%), Blei (25%), Zinn (12,5%) u. Cadmium (12,5%).
Woolf (: wulf), *Virginia,* engl. Erzählerin, 1882–1941 (Selbstmord); gehört zu den Erneuerern des Romanform: Technik des Bewußtseinsstroms; Problematik der Zeit; Darstellung der Einsamkeit. *Die Wellen, Die Jahre, Mrs. Dalloway;* Erz., Essays, Tagebücher.

Wortarten

Hauptwortarten

Zeitwort – Verb
Begriffs-Z.: *lachen, tauschen, liegen*
rückbezügl. Z.: *sich mühen, sich erinnern*
zielendes (transitives) Z.: *loben, fragen*
nichtzielendes (intransitives) Z.: *atmen*
unpersönliches Z.: *donnern, regnen, frieren*

Hauptwort – Substantiv (Nomen)
Dingwörter (Konkreta):
Eigennamen: *Karl, Deutschland, Rhein, Sylt*
Gattungsnamen: *Handwerker, Vogel, Ameise*
Sammelnamen: *Volk, Wald, Obst, Gebirge*
Stoffnamen: *Holz, Glas, Metall, Papier*
Begriffswörter (Abstrakta):
Eigenschaften: *Fleiß, Wärme, Gewicht*
Zustände: *Freude, Armut, Frieden, Ruhe*
Handlungen: *Geschrei, Zahlung, Arbeit*

Eigenschaftswort (Beiwort) – Adjektiv
naß, langweilig, kurz, stark, schön, tief

Begleiter und Stellvertreter des Substantivs

Geschlechtswort – Artikel
der, die, das

Fürwort – Pronomen
persönliches F. (Personal-P.): *ich, du, er*
rückbezügl. F. (Reflexiv-P.): *sich, mich*
besitzanzeigendes F. (Possessiv-P.): *mein*
hinweisendes F. (Demonstrativ-P.): *dieser*
bezügliches F. (Relativ-P.): *welcher, deren*
fragendes F. (Interrogativ-P.): *wie, wann*
unbestimmtes F. (Indefinitiv-P.): *jemand*

Zahlwort – Numerale
Grundzahlen (Kardinalzahlen): *eins, zwei*
Ordnungszahlen (Ordinalzahlen): *dritte*
unbestimmtes Z.: *manche, viele, sämtliche*
Vervielfältigungs-Z. (Multiplikativum): *einfach, zweifach*
Wiederholungs-Z. (Iterativum): *zehnmal*
Gattungs-Z. (Spezialium): *einerlei, zweierlei*
Bruch-Z. (Partitivum): *drittel, viertel*
Einreihungs-Z. (Partitivum): *erstens, zweitens*

Partikel

Umstandswort – Adverb
dort, gestern, gern, kaum, rückwärts

Verhältniswort (Vorwort) – Präposition
mit Wenfall: *durch, für, gegen, ohne, um*
mit Wemfall: *bei, mit, nach, seit, von, zu*
mit Wesfall: *während, abseits, statt, wegen*

Bindewort – Konjunktion
beiordnende Bindewörter:
anreihend (kopulativ): *und, auch, zudem*
entgegensetzend (adversativ): *aber, sondern*
begründend (kausativ): *denn, doch, nämlich*
folgernd (konsekutiv): *daher, deshalb, somit*
unterordnende Bindewörter (subordinativ): Bindewörter leiten Nebensätze ein (☐ Satz, S. 855).

Interjektionen

Ausrufewort (Empfindungswort) – Interjektion
körperliche und seelische Empfindungen: *au, pfui, oh, ätsch, ach, aha, ha*
Begehren u. Aufforderung: *hallo, pst, dalli*
Nachahmung von Lauten: *bum, krach, miau*

Worcester, 1) *W.shire* (: wußtᵉʳschᵉʳ), Gft. in Westengland, am Severn. **2)** Hst. v. 1), am Severn, 73 500 E.; anglikan. Bischof. **3)** Stadt in Massachusetts (USA), 178 000 E.; kath. Bischof, Univ., Jesuitenkolleg, PH; Stahl-Ind. **W.soße** (: wußtᵉʳ-), *Worcestershire Sauce,* scharfe Würze aus Curry, Ingwer, Muskat, Paprika, Pfeffer, Senf u.a.
Wordsworth (: wöʳdswºrß), *William,* engl.

Dichter, 1770–1850; Naturlyriker; die mit Coleridge zus. verfaßten *Lyrischen Balladen* sind das Manifest der engl. Romantik.
Wörishofen, *Bad W.,* bayer. Stadt u. berühmter Kneipp-Kurort in Schwaben, nördl. v. Kaufbeuren, 12800 E.
Workuta, russ. Ind.-Stadt im Nordural, Zentrum des Petschora-Kohlenbeckens, 92000 E.; Steinkohlenbergbau, Herstellung v. Bergbauausrüstungen, Glashütten, Zementfabrik.
Worms, kreisfreie Stadt in Rhld.-Pfalz, l. am Rhein (Brücken u. Hafen), 73600 E.; eine der ältesten dt. Städte. Spätroman. Dom (11.–12. Jh.), roman. Pauluskirche (11./13. Jh.), roman. Andreaskirche (11./13. Jh., heute Museum), spätroman. Magnuskirche (14./18. Jh.), got. Liebfrauenkirche in den „Liebfrauenmilch"-Weingärten. Nibelungen- u. Luthergedenkstätten, PH; vielseitige Ind. – Urspr. kelt. Siedlung, dann Römerstadt; im 5. Jh. Hst. der Burgunder (⁄ Burgund); im alten Dt. Reich Tagungsort verschiedener Reichstage. **W.er Edikt,** auf dem Reichstag zu W. 1521 erlassenes Gesetz, das über Luther die Reichsacht verhängte. **W.er Konkordat,** 1122 zw. Ks. Heinrich V. u. Pp. Kalixt II. abgeschlossener Vertrag zur Beendigung des ⁄ Investiturstreites; Verzicht des Ks. auf die Investitur v. geistl. Fürsten mit Ring u. Stab.
Woronesch, Hst. der Oblast W. (RSFSR) n.ö. von Charkow, 783000 E.; Univ. u. Hochschulen; vielseitige Ind., Atomkraftwerk.
Woroschilow, *Kliment,* sowjet. Marschall, 1881–1969; 1925/40 Volkskommissar für Verteidigung; im 2. Weltkrieg Heerführer; 53/60 Vors. des Präsidiums des Obersten Sowjet der UdSSR.
Woroschilowgrad, 1959/70 *Lugansk,* sowjet. Ind.-Stadt im Donezbecken, Hst. des Gebiets W. der Ukrain. SSR, 463000 E.; Hochschulen, Hütten- u. Walzwerke, Maschinen-, Textil-, Glas- u. Nahrungsmittel-Ind.
Worpswede, niedersächs. Ort am Südrand des Teufelsmoors, 8100 E.; seit 1889 Wahlheimat von Künstlern (Mackensen, Heinrich Vogeler, Otto Modersohn und Paula Modersohn-Becker, Manfred Hausmann u.a., zeitweilig auch Rilke).
Wort, 1) (Mz. *Wörter, Worte* = Aussprüche), sprachwiss. die aus *W.leib* (artikulierten Lauten) u. *W.inhalt* bestehende sprachl. Einheit, mit deren Hilfe eine reale oder gedachte Einheit sprachl. wiedergegeben wird. **2)** *Informationstheorie:* eine Folge v. Zeichen; in der Datenverarbeitung Bz. für die codierte Darstellung einer Information.
Wortbiegung, *Flexion,* Abwandlung der Haupt- u. Zeitwörter durch Anhängen v. Endungen u. Verändern im Wortstamm.
Wörterbuch, alphabet. Zusammenstellung v. Wörtern u. Begriffen, dient entweder der Rechtschreibung oder sprachl. u. sachl. Erläuterungen; auch *Fremd-W.;* in erweiterter Form ⁄ Lexikon.
Wort Gottes, 1) die 2. Person in der göttl. Dreifaltigkeit; ⁄ Logos. **2)** die Offenbarung Gottes in der Bibel u. in der kirchl. Verkündigung.

Fritz Wotruba: Hockende Figur

Wollhandkrabbe

Frank Lloyd Wright: Guggenheim-Museum (New York)

Orville Wright

Wols: Komposition Nr. 21

Wörther See, größter See Kärntens, 440 m ü.M.; 19,5 km², 84 m tief.
Wotan, *Wodan,* ⁄ Odin.
Wotruba, *Fritz,* östr. Bildhauer, 1907–75; archaisch-monumentale Stein- u. Bronzeplastiken, 38/45 Emigrant in der Schweiz.
Wouverman (: wauw-), *Philips,* holländ. Maler, 1619–68; Pferde u. Reitergruppen in Landschaften, auch rel. u. Genrebilder.
wrack (niederdt.), bestoßen, beschädigt. **W. s,** ein unbrauchbar gewordenes Fahrzeug od. Teil, das durch *Abwracken* zerlegt bzw. abgebrochen wird.
Wrangel, 1) *Carl Gustav* Graf v. Salmis, schwed. Feldmarschall, 1613–76; Oberkommandierender im 30jähr. Krieg in Dtl. **2)** *Friedrich Heinrich* Graf v., volkstüml. preuß. Generalfeldmarschall, genannt *Papa W.,* 1784–1877; 1848 Oberbefehlshaber der dt. Bundestruppen gg. Dänemark, unterdrückte Nov. 48 die Unruhen in Berlin.
Wren (: ren), Sir *Christopher,* engl. Architekt, 1632–1723; verband got. Überlieferung u. it. Barock (Palladianismus). Londoner *St.-Pauls-Kathedrale.*

Wright (: rait), **1)** *Frank Lloyd,* am. Architekt, 1869–1959; epochemachend auch als Befürworter eines zweckhaften, der Landschaft organisch angepaßten Baustils. **2)** Brüder *Orville* (1871–1948) und *Wilbur* (1867–1912), Amerikaner, die ersten Motorflieger der Welt in selbstgebautem Doppeldecker (Dez. 1903).
Wrocław (: wrotß ͧ af) ⁄ Breslau.
Wucher, die Ausnützung der Notlage, des Leichtsinns, der Unerfahrenheit eines Menschen zu unverhältnismäßigem Gewinn. Wucherische Rechtsgeschäfte sind nichtig.
Wucherblume, *Margerite,* ein Korbblütler, Wiesenpflanze mit gelben Scheiben- u. weißen Zungenblüten.
Wucherung, die ⁄ Geschwulst.
Wuchsstoffe, Wirkstoffe, die das Wachstum beschleunigen; z.B. bei Pflanzen Auxine, bei Tieren manche Vitamine.
Wuhan, Hst. der chines. Prov. Hupeh, am Jangtsekiang (Brücke), 3,5 Mill. E.; wurde 1927 gebildet aus den 3 Großstädten Wutschang, Hankou, Hanjang. Univ., Eisen- u. Stahlwerke, Maschinen-, Lokomotiven- u. Waggonbau, Textil- u. Nahrungsmittel-Ind.
Wühlmaus, erdbewohnende ⁄ Maus, frißt Pflanzenwurzeln ab: Feldmaus, ⁄ Mollmaus, ⁄ Lemming, ⁄ Bisamratte.
Wulfila (got.), arian. *Ulfila(s),* Missionsbischof der Westgoten, um 311–383; seine Übertragung der Bibel ins Gotische z.T. er-

halten (Codex *Argenteus* in Uppsala); erfand für das Got. eine eigene Schrift.
Wülfrath, rhein. Stadt n.w. von Wuppertal (Kr. Mettmann), 20 700 E.; Kalksteinwerke. Diakonissenmutterhaus.
Wullenwever, *Jürgen,* 1492–1537 (hingerichtet); 1533 als Führer der luther.-demokrat. Partei Bürgermeister v. Lübeck; erstrebte Wiederherstellung der Vormacht Lübecks über die skandinav. Länder. 35 gestürzt.
Wulstlinge, große Blätterpilze mit weißen Lamellen: Knollenblätterpilz, Fliegenpilz.
Wunde, *Vulnus,* Gewebeverletzung durch äußere Einwirkung. Man unterscheidet nach der Art der Verletzung: Schnitt-, Stich-, Schürf-, Riß-, Biß-, Quetsch- u. Schuß-W.n. W.n können offen od. geschlossen, mit od. ohne Gewebeverlust, einfach (Haut-W.n) od. kompliziert (mit Verletzung v. Adern, Muskeln, Nerven) sein.
Wunder (v. german. *wundra* = Veränderung, Staunen), lat. *miraculum, religionsgeschichtl.:* v. einem allg. Begriff des rel. bedeutungsvollen Wunderbaren her zu deutende, in den verschiedenen Religionen teils als wunderhafte, auf überweltl. Ursachen verweisende Ereignisse, teils als Machtbezeigungen v. Naturgeistern, abgeschiedenen Seelen u. mag. Kräften gedeutet. In der *atl. Vorstellung* ist jedes Ereignis, durch das Jahwe seine Macht u. Größe offenbart, ein „W." im weiten Sinn des Wortes. – Das *NT* berichtet v. zahlr. W.n, die an Jesus Christus geschahen u. bes. v. den ca. 30 W.n, die Jesus selbst vollbrachte. – Nach *kath. Lehre* sind W. die verheißene Herrschaft Gottes als gegenwärtig wirksam anzeigende u. die geschichtlichen Träger dieser Verheißung (Patriarchen, Propheten; Jesus Christus; Kirche) beglaubigende Zeichen. – Die *ev. Lehre* begrenzt das Vorkommen v. W.n auf die apostol. oder urchristl. Zeit u. lehnt die Möglichkeit des W. in der nachbibl. Zeit ab.
Wunderbaum ↗Welwitschia.
Wunderblume, *Mirabilis,* am. Staude mit buntfarb. Blütenhülle; Zierpflanze.
Wunderhorn, *Des Knaben W.,* Sammlung alter dt. Volkslieder von A. v. Arnim und Cl. Brentano; erste Ausgabe 1806/08.
Wunderlich, *Fritz,* dt. Sänger (Tenor), 1930–66 bes. Mozart-Interpret.
Wundfieber, Temperatursteigerung durch Resorption od. Verschleppung infektiöser Stoffe in die Blut- od. Lymphbahn.
Wundklee, ein Schmetterlingsblütler; in Dtl. verbreitet der *Gemeine W.,* mit goldgelben od. weißl.-gelben Blüten.
Wundrose, Krankheit, die ↗Rose.
Wundstarrkrampf, *Tetanus,* ↗Starrkrampf.
Wundt, *Wilhelm,* dt. Psychologe u. Philosoph, 1832–1920; begr. in Leipzig das 1. Institut für experimentelle Psychologie.
Wünschelrute, ursprüngl. zur Magie, dann

Wurf: Wurfparabeln mit gleicher Anfangsgeschwindigkeit

Oberfläche: $O = 6a^2$
Inhalt: $V = a^3$
Raumdiagonale: $D = a \cdot \sqrt{3}$
Flächendiagonale: $d = a \cdot \sqrt{2}$
Würfel

Theophil Wurm

Fritz Wunderlich

zum Auffinden verborgener Bodenschätze verwendet; die W. ist ein Zweig od. Draht in Y-Form u. soll in der Hand besonders empfindl. Personen *(Rutengänger)* plötzlich ausschlagen, wenn diese Person über fündige Stellen geht; Erfolge sind statist. ungesichert.
Wunsiedel im Fichtelgebirge, bayer. Krst. in Oberfranken, Mittelpunkt des Fichtelgebirges, 10 600 E.; Porzellan-, Textil- u. Granit-Ind.; Luisenburg-Festspiele.
Wunstorf, niedersächs. Stadt östl. des Steinhuder Meers, 37 400 E.; roman. Stiftskirche (12. Jh.) eines ehem. Frauenklosters (871/1805); Zement- u. keram. Industrie.
Wupper *w,* r. Nebenfluß des Niederrheins, heißt im Oberlauf *Wipper,* mündet nach 105 km bei Leverkusen; zahlr. Talsperren.
Wuppertal, größte Ind.-Stadt des Bergischen Landes, wurde 1929 gebildet aus den Städten Barmen, Elberfeld, Vohwinkel, Cronenberg, Ronsdorf u. a., 395 000 E. W. liegt im Tal der Wupper (Schwebebahn) u. auf den angrenzenden Höhen. PH, Fachhochschule, Fachschulen; Textil-, Stahl-, Maschinen-, Fahrzeug-, Elektro-, feinmechan., opt., Metallwaren-, chem., pharmazeut. u. a.
Wurd, *Urd,* eine der ↗Nornen. [Ind.
Wurf, 1) die v. derselben Mutter u. zur gleichen Zeit zur Welt gebrachten Jungen bei Hund u. Fuchs. **2)** Bewegung eines Körpers im homogenen Schwerefeld, im allg. ohne Berücksichtigung der Reibung; bei zusätzl. Horizontalbewegung entsteht die *W.parabel.*
Würfel, *Kubus, Hexaeder,* regelmäßiger, v. 6 Quadraten begrenzter Polyeder.
Wurftaubenschießen ☐ Schießsport (864).
Würger, auffallend gefärbte, bis 24 cm lange Sperlingsvögel mit hakenförmigem Oberschnabel u. falkenart. Flug; spießen ihre Beute auf Dornen; *Neuntöter, Rotkopf-W., Raub-, Schwarzstirn-W.*
Wurm, *Theophil,* dt. ev. Theologe, 1868–1953; 1933/49 Landesbischof der Ev. Landeskirche v. Württemberg, ein Führer der Bekennenden Kirche; trat gg. Judenverfolgung u. Euthanasie auf.
Würm *w,* oberbayer. Fluß, fließt v. Starnberger See *(W.see)* durch das Dachauer Moos in die Amper, 38 km lang. Nach ihr die
Würmeiszeit benannt, die jüngste der von A. Penck im Alpenvorland gefundenen 4 ↗Eiszeiten; begann vor ca. 70 000 Jahren; weite Gletschervorstöße im N u. W der Alpen; unterteilt in *Würm I* u. *Würm II;* der W. entsprechen die *Weichsel-* u. die *Wisconsineiszeiten.* ☐ 218.
Würmer, *Vermes,* wirbellose, bilateralsymmetr. Tiere; fr. zu einem Stamm zusammengefaßt. Heute unterscheidet man in erster Linie die Stämme *Plathelminthen* (Plattwürmer), *Nematoden* (Fadenwürmer), *Anneliden* (Ringelwürmer).
Wurmfarn, *Schildfarn, Dryopteris,* bis 1 m hoch; aus dem holzigen Wurzelstock Extrakt gegen Bandwürmer.
Wurmfortsatz, wurzelförmiger Anhang *(Appendix)* am unteren Ende des ↗Blinddarms; häufig Sitz der Blinddarmentzündung. ☐ 616.

Wurmkrankheiten, Erkrankungen durch Wurmbefall, bes. in trop. Ländern: Bilharziose, ↗Elefantenkrankheit, ↗Band- u. Spulwürmer, ↗Madenwurm, ↗Trichine.

Wiirmsee, der ↗Starnberger See.

Würselen, rhein. Ind.-Stadt nördl. von Aachen, im Wurmrevier, 34900 E.; Nadelfabrik, Stahl-, Maschinen- u. Gerätebau.

Wurte w, ↗Warp.

Württemberg, der östl. Teil des Landes ↗Baden-W., reicht v. Bodensee im S bis zum Kraichgau u. zum Taubergrund im N, Hauptort Stuttgart. – Die Grafen v. W. (benannt nach der Stammburg *Wirtemberg* bei Untertürkheim) im 11. Jh. erstmals bezeugt; hatten ihren Stammbesitz im mittleren Neckar- u. unteren Remstal; Gebietsvergrößerung im 13. u. 14. Jh.; ↗Eberhard V. im Bart (1450/96) machte Stuttgart z. Hst., 1495 Herzog; Ulrich I. (1498/1550) u. sein Sohn Christoph (1550/68) führten die Reformation ein; ↗Karl Eugen (1737/93) regierte absolutist.; Hzg. Friedrich II. (1797/1816) wurde 1806 durch Napoleon Kg. (Friedrich I.) u. konnte nach dem ↗Reichsdeputationshauptschluß sein Gebiet verdoppeln; 1819 Erlaß einer liberalen Verf. anstelle der 05 aufgehobenen alten landständ. Verf. Nach der Abdankung Kg. Wilhelms II. (1891/1918) wurde W. 1918 ein Freistaat; 1945 wurde aus dem am. besetzten Nordteil W.s zus. mit Nordbaden das Land W.-Baden, aus dem frz. besetzten Südteil zus. mit Hohenzollern das Land W.-Hohenzollern gebildet; nach einer Volksabstimmung 52 Zusammenschluß W.s mit ↗Baden u. Hohenzollern zum Land ↗Baden-Württemberg.

Würzburg, Hst. des bayer. Reg.-Bez. Unterfranken, am Main (2 Häfen), 128000 E.; kath. Bischof; Univ. (1582 gegr.), Fachhochschule; Stadt des Barocks u. des Rokokos: roman. Dom St. Kilian (11./13. Jh., 1701/49 barockisiert), roman. Neumünster mit barocker Fassade u. Kuppel (1711/19), spätgot. Marienkapelle (1377/1479), barocke Hauger Stiftskirche (1670/91), barocke ehem. fürstbischöfl. Residenz (1720/45, v. B. Neumann), Altes Rathaus (13./17. Jh.), Renaissance- u. Barockhäuser u. -höfe. Westl. über W. die Festung Marienberg (Mainfränk. Museum); gegenüber, auf dem Nikolausberg, die Wallfahrtskapelle „Käppele" (ein Kuppelbau v. B. Neumann). Weinbau; Sektkellereien, Maschinen-, Metallwaren- u. a. Industrie. – Im 7./8. Jh. Bistum; im alten Dt. Reich führte der Bischof v. Würzburg den Titel „Hzg. v. ↗Franken". Das Hochstift fiel 1803 an Bayern.

Würze w, 1) Bierbrauerei: die aus der ↗Maische gefilterte Masse, die zur Vergärung gebracht wird; das Ausgangsprodukt z. Bierherstellung. *Stammwürzegehalt* ist der in Prozent angegebene Gehalt an lösl. Extraktstoffen. □116. 2) Sammel-Bz. für alle natürl. (z. B. ↗Gewürzkräuter) u. künstl. Geschmacksstoffe, die der Nahrung beigegeben werden.

Wurzel, 1) bei höheren Pflanzen der in den Boden wachsende, meist verzweigte, blatt-

u. knospenlose Teil der Pflanze. Dient der Wasser- u. Mineralstoffaufnahme (durch feine *W.haare*), der Bodenverankerung u. Speicherung v. Reservestoffen. □ 743. 2) in der Mathematik: eine Zahl, die, in eine bestimmte ↗Potenz erhoben, die Ausgangszahl (den Radikandon) wieder ergibt, z. B. Quadrat-W. aus 64, geschrieben $\sqrt[2]{64} = 8$, da $8 \cdot 8 = 8^2 = 64$. $\sqrt[3]{64} = 4$, weil $4^3 = 4 \cdot 4 \cdot 4 = 64$. 2 bzw. 3 sind dabei die W.exponenten, wobei 2 meist nicht angeschrieben wird. *W.ziehen* ist die Umkehrung des Potenzierens. **W.älchen,** *Heterodera,* kleiner Fadenwurm, der knotige Schwellungen an Wurzeln verursacht; gefährl. Pflanzenschädling. **W.füßer,** *Rhizopoden,* Klasse der ↗Protozoen. **W.knöllchen** ↗Knöllchenbakterien. **W.kropf,** durch Bakterien verursachte Wucherungen an Rüben u. Obstbaumwurzeln. **W.läuse,** Blatt- u. Schildläuse an W.n, z. B. ↗Reblaus. **W.stock,** *Rhizom,* ausdauernder Sproß in der Erde (keine W.) zur Speicherung v. Reservestoffen.

Wurzen, sächs. Ind.- u. Krst., ö. v. Leipzig, an der Mulde, 24000 E.; Dom (1114 geweiht), Schloß (1492); Maschinen-Ind.

Wust, *Peter,* dt. kath. Philosoph, 1884–1940; v. Augustinus u. Scheler beeinflußte christl. Existenzphilosophie.

Wüste w, durch spärliche oder fehlende Vegetation gekennzeichneter Teil der Erdoberfläche; bedingt durch Wassermangel *(Trocken-W.),* Mangel an Wärme *(Kälte-W.)* oder durch Eis- oder Schneebedeckung *(Eis-W.).* Der Vegetationsdeckungsgrad liegt unter 50%. Die Vegetation besteht aus Sukkulenten (u. a. Agaven, Kakteen) u. Kryptophyten; die Tierwelt besteht u. a. aus Gazellen u. Antilopen sowie kleineren Raubtieren, Eidechsen, Schlangen, Heuschrecken, Käfern, Spinnen, die meist eine gelbl. Tarnfarbe aufweisen. **W.nfuchs,** der ↗Fenek. **W.nsteppe,** das Übergangsgebiet zw. Grassteppe u. Wüste.

Wüstung, verfallene u. aufgegebene Siedlungen oder aufgelassene landw. Nutzflächen; meist infolge Bodenerschöpfung, Klimaänderung, nach Kriegen oder Naturkatastrophen entstanden.

Wutach w, r. Nebenfluß des Rheins, als *Seebach* vom Feldsee im Schwarzwald bis zum Titisee, dann als *Gutach,* durchbricht als *Wutach* ostwärts den Muschelkalk *(W.schlucht),* biegt vor dem Weißjura (Randen) nach S ab, mündet nach 112 km oberhalb Waldshut.

Wütendes Heer ↗Wilde Jagd.

Wutschang, Wuchang, ↗Wuhan.

Wyborg, finn. Viipuri, schwed. Viborg, sowjet. Hafenstadt am Finn. Meerbusen, 67000 E.; got. Schloß (13. Jh.), Backsteindom (1721); Elektro-, Holz-, Zellstoff- u. Zündholz-Ind., Landmaschinenbau. – 1293 schwed. Festung, 1721 russ., 1917 finn., seit 40 sowjetisch.

Wyk, *Nordseebad W. auf Föhr,* an der Südostküste der schleswigholstein. Insel Föhr, 5500 E.; bioklimat. Heilort.

Wyler (: waɪˡᵉʳ), *William,* am. Regisseur schweizer. Herkunft, 1902–81; Filme u. a. *Die*

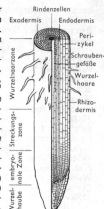

Wurzel: Bau einer Wurzelspitze

Wurzel

$a = \sqrt[n]{b} = b^{\frac{1}{n}}$

$a = $ n-te Wurzel von b, wenn $a^n = b$ (wenn n eine natürl. Zahl größer als 1)

b = Radikand
n = Wurzelexponent
n = 2 Quadratwurzel
n = 3 Kubikwurzel

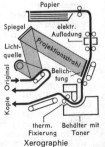

Xerographie

besten Jahre unseres Lebens; Ein Herz u. eine Krone; An einem Tag wie jeder andere; Ben Hur; Funny Girl.
Wyoming (: waj^{e}m'ng), Abk. *Wyo.,* Bundesstaat den USA, umfaßt den höchsten Teil des Felsengebirges, 253597 km², 455000 E.; Hst. Cheyenne. Steppe mit geringem Akkerbau, Schafzucht; Bergbau auf Kohle, Erdöl.
Wyschinskij, *Andrej,* 1883–1954; 1935/39 Generalstaatsanwalt der UdSSR (führte 36/38 die Säuberungs-Schauprozesse durch); 49/53 Außenmin., dann ständiger UN-Delegierter der UdSSR.
Wyszyński (: wüschünj-), *Stefan,* Kard. (seit 1953) u. Primas v. Polen, 1901–81; seit 48 Erzb. v. Warschau u. Gnesen, 53/56 in Haft.
Wytschegda *w,* r. Nebenfluß der Nördl. Dwina, in Nordrußland, mündet nach 1130 km bei Kotlas; auf 693 km schiffbar.

Kardinal Wyszyński

X, 1) als röm. Zeichen = 10. **2)** als griech. „Chi" Bestandteil des ∕Christusmonogramms. **3)** chem. Zeichen für ∕Xenon.
X-15-Flugzeug, ein Raketenversuchsflugzeug der USA, erreichte Höhen über 100 km u. Geschwindigkeiten bis 7273 km/h.
Xanten, Stadt am Niederrhein (Kr. Wesel), 15800 E.; sagenhafte Heimat Siegfrieds; got. Dom Sankt Viktor (1263/1516); nördl. die Reste der um 100 n. Chr. gegr. röm. Stadtanlage *Colonia Trajana.* – In röm. Zeit Standlager *Castra Vetera;* 1228 Stadt, 1444 an Kleve, 1614 an Brandenburg.
Xanthi, griech. Stadt, in Thrakien, 27000 E.; Anbau v. Zigarettentabaken.
Xanthippe, die als zänkisch dargestellte Frau des Sokrates; daher allg. für böses Weib.
Xanthophyll *s* (gr.), gelber Pflanzenfarbstoff, ist oxydiertes ∕Karotin; im Herbst-
Xaver ∕Franz Xaver. [laub.
X-Chromosom *s, Geschlechts-*∕*Chromosom,* bestimmt das Geschlecht u. ist gleichzeitig Träger anderer, mit dem Geschlecht gekoppelter Erbfaktoren. Bei Mensch u. Tier haben die weibl. Individuen 2 X-C.en, die männl. 1 X-C. (bei einigen Tieren, z. B. Vögeln u. Schmetterlingen, sind die Verhältnisse umgekehrt.) Das dem bei weibl. Individuen vorhandenen 2 X-C. entsprechende rudimentäre *Y-Chromosom* beim männl. Geschlecht kann ganz fehlen.
Xenien (Mz., v. gr. *xenion* = Gastgeschenk), *Spott-Distichen,* bei ∕Martial, so v. Goethe u. Schiller übernommen u. epigrammat. zugespitzt gg. Zeitgenossen *(Musenalmanach auf das Jahr 1797; Goethe Zahme X.).*
Xenolith *m,* aus einem fremden Gestein (Nebengestein) bestehender Einschluß in einem unterird. erstarrten Magma.
Xenon *s,* chem. Element, Zeichen X; Edelgas; Ordnungszahl 54 (☐149); farb- u. geruchloses, schwerstes Gas; Verwendung für Vakuumröhren, mit Krypton als Füllgas in Glühbirnen, in Geigerzählern.

Xenophanes, griech. Philosoph, 565 bis um 485/480 v, Chr.; ∕Vorsokratiker; lehrte mit den ∕Eleaten ein unveränderl. Sein.
Xenophon, griech. Schriftsteller, um 430 bis um 354 v. Chr.; Schüler des Sokrates, schilderte in der *Anabasis* den v. ihm geführten Zug der 10000 griech. Söldner v. Babylonien zum Schwarzen Meer.
Xerographie *w* (gr.), *Trockendruck,* elektrostatisches Vervielfältigungsverfahren. Die Druckform wird durch Kathodenstrahlen negativ aufgeladen u. durch die Vorlage hindurch belichtet. Die Aufladung bleibt nur an den unbelichteten Stellen bestehen u. nimmt dort Farbpulver an, wodurch das latente Bild entsteht. Es wird beim Druck als Bild auf das Papier übertragen u. durch Anwärmen (Einschmelzen) fixiert. ☐1121.
Xerophyt *m* (gr.), durch ihren Bau an trockene Standorte bes. angepaßte Pflanzenform, z. B. Kakteen.
Xerxes I., Perserkönig 486/465 v. Chr.; im AT *Ahasverus,* sein Feldzug gg. die Griechen scheiterte 480 bei ∕Salamis u. 475 bei ∕Platää.
Ximenes de Cisneros (: chi- ßiß-), *Francisco,* OFM, span. Kardinal u. Politiker, 1436–1517; seit 1495 Großkanzler Kastiliens u. Erzb. v. Toledo u. seit 1507 Kard. u. Großinquisitor; führte 1506/07 u. 16/17 die Regentschaft in Kastilien; begünstigte einen kirchl. gerichteten Humanismus; Initiator der Complutenser Polyglotte der Bibel.
Xingú *m* (: schingu), r. Nebenfluß des Amazonas, kommt v. Hochland v. Mato Grosso; 1980 km lang; 180 km schiffbar.
XP (gr.: *Chi Rho*), ∕Christusmonogramm.
X-Strahlen ∕Röntgenstrahlen.
Xylan ∕Holzgummi.
Xylol, *Dimethylbenzol,* C₆H₄(CH₃)₂, flüssiger Kohlenwasserstoff. Lösungs- u. Lackverdünnungsmittel.
Xylophon *s* (gr.), Musikinstrument mit abgestimmten Holzstäben, die mit Holzklöppeln angeschlagen werden.

Y, chem. Zeichen für ∕Yttrium.
Yacht ∕Jacht.
Yahata, *Yawata, Jawata,* Teil der japan. Stadt ∕Kitakiuschu.
Yak ∕Jak.
Yamswurzel ∕Jamswurzel.
Yang ∕Yin u. Yang.
Yankee (: jänki), Scherz- u. Spottname v. Amerikanern, meist zur Bz. der Bewohner Neuenglands, v. Nichtamerikanern allg. für Amerikaner. **Y. Doodle** (: -dudl), am. Marsch aus dem 18. Jh.; zu vielen Festen gesungen.
Yap, Inselgruppe, ∕Jap.
Yard *s* (: ja'd), Abk. yd, in Großbritannien u. den USA zur T. noch verwendete Längeneinheit; 1 yd = 0,9144 m = 3 feet (Fuß) zu je 12 inches (Zoll).
Yawl *w* (: jöl, engl.), 2mastiges, kleines Segelschiff mit Kuttertakelung.
Yb, chem. Zeichen für ∕Ytterbium.

W. B. Yeats

Yin und Yang:
Yin (dunkel) = Erde
= weiblich, schwach,
nachgiebig; Yang
(hell) = Himmel =
männlich, stark

Xylophon (Carl-Orff-
Instrumentarium)

Yawl

Ybbs 1) w, r. Nebenfluß der östr. Donau, 115 km lang, mündet bei der Stadt Y. **2)** Y. *an der Donau,* östr. Stadt (Bez. Melk), 6500 E.; Donaukraftwerk Y.-*Persenbeug.*
Y-Chromosom ↗X-Chromosom.
Yeats (: je'tß), *William Butler,* ir. Schriftsteller; 1865–1939; In seinem Werk (Gedichte, Dramen, Prosa) v. ir. Sagen inspiriert, auch unter dem Einfluß des Symbolismus; mit Lady Gregory Begr. des ir. Nationaltheaters „Abbey Theatre" in Dublin; 1923 Literaturnobelpreis.
Yellowstone m (: jelo^{u}ßto^{u}n), r. Zufluß des Missouri, durchfließt den Y.*see* (363 km²), dann der *Great* Y.-*Cañon* (bis 360 m tief) u. mündet nach ca. 1000 km. **Y.-Nationalpark,** Naturschutzgebiet im NW von Wyoming, USA, 8983 km², mit heißen Quellen, Geysiren, Seen u. großen Wäldern.
Yen ☐ 1144/45.
Yerba ↗Mate.
Yeti, *Schneemensch,* großes, menschenaffenähnl. Säugetier des Himalaja, dessen Existenz unsicher ist. Die gefundenen Spuren wahrscheinl. v. Tibetbär od. Schlankaf-
Yggdrasil m, *Igdrasil,* ↗Weltesche. [fen.
Yin und Yang, in der chines. Philosophie die kosm. Grundkräfte, die das ↗Tao umfaßt.
YMCA, Abk. für *Young Men's Christian Association,* Weltbund der christl. Jungmännervereine (ev.); 1855 in Paris gegr.; in Dtl. der ↗Christl. Verein Junger Männer.
Ymuiden (: äjmö'd^e), die Stadt ↗Ijmuiden.
Yoga m, *Joga* (sanskrit. = Anpassung, Übung), ind. Konzentrations- u. Meditationspraxis, eines der klass. Systeme der ind. Philosophie, das den *Yogi* die stufenweise Beherrschung des Körpers u. des Geistes lehrt; durch Lehrschriften (Y.-*Sutras*) aus dem 4./5. Jh. festgelegt.
Yoghurt ↗Joghurt.
Yohimbin s, Alkaloid der Rinde des westafrikan. *Yohimbebaumes,* wirkt gefäßerweiternd, Aphrodisiakum.
Yokohama ↗Jokohama.
Yokosuka, die japan. Stadt ↗Jokosuka.
Yorck v. Wartenburg, 1) *Johann David Ludwig* Graf, preußischer Feldmarschall, 1759–1830; führte 1812 im russ. Feldzug Napoleons das preuß. Hilfskorps u. schloß auf dem Rückzug in eigener Verantwortung die Konvention v. ↗Tauroggen. **2)** *Peter* Graf, dt. Widerstandskämpfer, 1904–44; Mit-Begr. des Kreisauer Kreises; wegen Teilnahme am Attentat vom 20. 7. 44 hingerichtet.
York, 1) Y.*shire* (: ja^{r}ksch^{er}), größte engl. Gft., zw. der Nordsee u. den Penninen, dem Tees u. dem Humber, heute aufgeteilt in *East-, North-* u. *West-Riding* sowie die Stadt-Gft. Y. [vgl. 2)]. **2)** engl. Stadt-Gft., nördl. v. Leeds, am schiffbaren Ouse, 105 000 E.; anglikan. Erzb. (Primas v. England); got. (anglikan.) Kathedrale St. Peter; Univ.; vielseitige Ind.
York, engl. Herzogstitel, v. Kg. Eduard III. seinem 5. Sohn Edmund († 1402) verliehen. Das Haus Y., dem die engl. Könige Eduard IV. u. Richard III. angehörten, starb 1499 aus. ↗Rosenkriege. – „Hzg. v. Y." später Titel des 2. Sohnes der engl. Könige.

Yoruba, *Joruba,* Stammesgruppe der Sudanneger (über 5 Mill. Menschen) bes. in Südwestnigerien bis Dahomé; Hackbauern mit Tierhaltung; mehrere Bauernstädte mit über 100 000 E. – 11./18. Jh. mächtiges Reich, Mutterstaat des Reiches Groß-Benin; seit 1700 Zerfall in Teilherrschaften; 1893 unter brit. Herrschaft. Hochentwickelte Bildschnitzerei; auch Metallguß- u. Terrakottaarbeiten.
Yosemite-Nationalpark (: jo^{u}ßem^{u}t^i-), Naturschutzgebiet (seit 1890) zu beiden Seiten des 10 km langen, tief eingeschnittenen *Yosemitetales* am Westabfall der Sierra Nevada in Kalifornien (USA), 3080 km²; wald- u. seenreiches, glazial überformtes Gebiet mit vielen Wasserfällen (u. a. *Yosemite Falls* mit 739 m Gesamtfallhöhe).
Young (: jang), *Edward,* englischer Schriftsteller, 1683–1765; anglikanischer Pfarrer; Satiren, Komödien; grübler.-fromme Meditationen über Tod u. Unsterblichkeit *(Nachtgedanken).*
Youngplan (: jang-), 1929 aufgestellter Plan zur Regelung der dt. Reparationen; benannt nach dem amerikan. Wirtschaftspolitiker *O. D. Young.*
Youngstown (: jangstaun), Ind.-Stadt in Ohio, USA, 134 000 E.; kath. Bischof. Eisen- u. Stahl-Ind.
Ypern, flämisch *Yperen,* belg. Stadt in der Prov. Westflandern, 18 000 E.; im 1. Weltkrieg fast völlig zerstört, die bedeutendsten mittelalterl. Bauten abbildgetreu wiederaufgebaut.
Ypsilanti, *Alexander,* griech. Freiheitskämpfer, 1792–1828; eröffnete 1821 den griech. Freiheitskampf gg. die Türken, wurde bei Dragazani geschlagen; floh nach Östr., dort bis 27 interniert.
Yselmeer (: eißel-), *Ijselmeer,* ↗Zuidersee.
Yser w (: eiß^{e}r), frz.-belg. Küstenfluß, mündet als Y.-*(Ypern-)Kanal* nach 78 km bei Nieuwport in die Nordsee.
Ysop m, blaublühender Lippenblütler mit aromat. Blättern, zu Tee u. Likören.
Ytterbium s, chem. Element, Zeichen Yb; seltenes Erdmetall; Ordnungszahl 70. ☐ 149.
Yttrium s, chem. Element, Zeichen Y, seltenes Erdmetall; Ordnungszahl 39. ☐ 149.
Yucatán, mittel-am. Halbinsel zw. dem Golf v. Mexiko u. dem Karib. Meer, 175 000 km²; gehört polit. zu Mexiko, Belize und Guatemala. Ruinen der Mayakultur.
Yucca, Zierpflanze, die ↗Palmlilie.
Yukawa, *Hideki,* japan. Physiker, 1907–81; theoret. Arbeiten über Mesonen u. Natur der Kernkräfte. 49 Nobelpreis.
Yukon m (: juk^{e}n), Hauptstrom Alaskas, 3185 km lang, mündet mit Delta ins Beringmeer. **Y.-Territorium,** Nordwestteil Kanadas, am oberen Y., 536 324 km², 22 000 E.; Hauptort Whitehorse.
Yverdon (: iw^{e}rdōn), dt. *Iferten,* Schweizer Stadt u. Kurort am Neuenburger See, 21 500 E.; Schwefel- u. Magnesiagipsquelle.
YWCA, Abk. für *Young Women's Christian Association,* internationale Organisation ev. weibl. Jugendverbände (↗YMCA), in Dtl. der ↗Christl. Verein Junger Mädchen.

Peter Zadek

O. Zadkine: Stadt ohne Herz (Denkmal für das zerstörte Rotterdam)

Zahlensysteme

Die Zahl 25 wird geschrieben im . . .

Zweiersystem:
$1 \cdot 2^0 + 0 \cdot 2^1 + 0 \cdot 2^2 + 1 \cdot 2^3 + 1 \cdot 2^4 \Rightarrow 11001$

Sechsersystem:
$1 \cdot 6^0 + 4 \cdot 6^1 \Rightarrow 41$

Zehnersystem:
$5 \cdot 10^0 + 2 \cdot 10^1 \Rightarrow 25$

Zwölfersystem:
$1 \cdot 12^0 + 2 \cdot 12^1 \Rightarrow 21$

Zwanzigersystem:
$5 \cdot 20^0 + 1 \cdot 20^1 \Rightarrow 15$

Zaanstad (: san-), Stadt in der niederländ. Prov. Nordholland, 128 000 E.; Schiffbau, Holz-Ind., Mühlenwerke.
Zabern, frz. *Saverne,* unterelsäss. Stadt im Dep. Bas-Rhin, am Rhein-Marne-Kanal, Ausgangspunkt zur *Z.er Steige* (Paß zw. Mittel- u. Nordvogesen), 9500 E.; Metall-, Elektro-, Lebensmittel-Ind.
Zabrze (: sabsehä) ↗Hindenburg.
Zabulon, *Sebulon,* im AT Sohn Jakobs; nach ihm ben. der israelit. *Stamm Z.*
Zacharias, *Sacharja, Secharja,* **1)** einer der sog. Kleinen Propheten des AT, wirkte 520/518 v. Chr. für den Wiederaufbau des Tempels. – *Das Buch Z.* im 1. Teil wahrscheinl. v. Z. verfaßt. **2)** Gemahl der ↗Elisabeth, Vater ↗Johannes' des Täufers.
Zacharias, hl. (13. März), Pp. 741/752; billigte die Thronbesteigung Pippins d. J.; förderte Bonifatius. [dem Jesus einkehrte.
Zachäus, jüd. Oberzöllner in Jericho, bei
Zackenbarsche, artenreiche Familie v. farbenprächt. Meeresfischen mit gezackten Flossen, Schriftbarsch (Mittelmeer) u. a.
Zadar (: sa-), jugoslaw. Hafenstadt u. Seebad, am *Kanal v. Z.,* den vorgelagerte Inseln von der Adria trennen, 28 000 E.; kath. Erzb.; venezian. Altstadt.
Zadek, *Peter,* dt. Regisseur, * 1926; avantgardist. Inszenierungen; seit 72 Generalintendant am Bochumer Schauspielhaus.
Zadkine (: sadkịn), *Ossip,* russ.-frz. Plastiker, 1890–1967; abstrakt-expressionist. Werke.
Żagań (: sehaga'n) ↗Sagan.
Zagreb (: sa-), dt. *Agram,* zweitgrößte Stadt Jugoslawiens, alter Mittelpunkt Kroatiens, u. dessen Hst., am Austritt der Save aus dem Karst, 565 000 E.; kath. Erzb.; Univ. u. weitere Hochschulen; int. Handelsmessen; kroat. Nationaltheater, got. Stephansdom (13./18. Jh.), got. Markuskirche (13. Jh.). – 1941/45 Hst. des Staates ↗Kroatien.
Zahl, Mengenangabe einer Vielheit, gesprochen als *Z.wort,* geschrieben als *Ziffer* od. *Z.zeichen.* Grundlage der Z.en sind die natürl. Z.en in der Folge des Zählens 1, 2, 3 ... (*Grund-* od. *Kardinal-Z.en*), angeordnet als 1., 2., 3., ... (*Ordnungs-* od. *Ordinal Z.en*). Aus den natürl. Z.en ergeben sich durch Subtraktion die *Null* u. die *negativen Z.en* u. damit die *ganzen Z.en* 0, ± 1, ± 2, ... Die Division führt zu den Brüchen; diese werden zusammen mit den ganzen Z.en als *rationale Z.en* bezeichnet. Rationale Z.en u. Zahlen wie z. B. die Wurzeln (z. B. $\sqrt{2}$) bilden die *algebraischen Z.en* (Lösungen algebraischer Gleichungen). *Transzendente Z.en* lassen sich nicht mehr als Lösungen algebraischer Gleichungen darstellen; zu ihnen gehören z. B. die Ludolfsche Zahl π u. die Eulersche Zahl e. Transzendente u. algebraische Z.en werden zu den *irrationalen Z.en* zusammengefaßt, die ihrerseits zusammen mit den rationalen Z.en den Körper der *reellen Z.en* bilden. Eine weitere Z.enmenge bilden die ↗komplexen Z.en, die aus reellen u. ↗imaginären Z.en zusammengesetzt sind. Alle Z.en lassen sich auf einer *Z.engeraden* (reelle Z.en) bzw. *Z.enebene* (komplexe Z.en) darstellen.
Zahlenebene, Gaußsche *Z.,* die graph. Darstellung der ↗komplexen Zahlen in einer Ebene, wobei jedem Punkt der Ebene nur eine einzige komplexe Zahl entspricht. ☐ 498.
Zahlensymbolik, die geheimnisvoll-rel. Deutung der ↗Zahl über ihren Rechenwert hinaus. Der babylon. Kulturkreis, der die Zahl aus göttl. Ursprung erklärt, beeinflußte die Z. der alten Völker, die ↗Kabbala die ma. u. neuere Z.
Zahlensystem, Darstellung der Zahlen als Summe v. Potenzen einer bestimmten Grundzahl (z. B. Zehnerpotenzen im Dezimalsystem, Zweierpotenzen im Dualsystem).
Zahlentheorie, ein Teilgebiet der reinen Mathematik, das sich mit den Eigenschaften der ganzen algebraischen (in der *niederen Z.* mit den ganzen rationalen) Zahlen beschäftigt. [dem Bruchstrich.
Zähler, bei einem ↗Bruch die Zahl über
Zahlkarte, Vordruck zur Bareinzahlung v. Geldbeträgen auf Postscheckkonto.
Zahlkörper, gebildet aus der Menge aller Zahlen, zw. denen die 4 Grundrechnungsarten erklärt sind.
Zählrohr, Geigersches Zählrohr, Gerät zum Messen u. Zählen ionisierender Korpuskeln u. Strahlen (Protonen, Alphateilchen, Elektronen, Gamma- u. kosmische Strahlen). Es besteht aus einem gasgefüllten Metallzylinder mit dünnem, isoliert eingeführtem Metalldraht, an dem gegenüber der Wand eine Spannung von ca. 1000 V liegt. Jedes in das Z. eindringende Teilchen erzeugt im Gas einen Ionisationsstoß, der über Elektrometer bzw. Verstärker in einem Lautsprecher als Knacken hörbar od. im Registriergerät erfaßt wird.
Zahlung, jede Hingabe v. Geld; rechtl. die Tilgung einer Geldschuld. **Z.sanweisung,** vom Postscheckkontoinhaber an das Postscheckamt eingesandter, mit Zahlungshöhe u. Empfänger versehener Postscheck; wird nach Lastschrift an das Bestimmungspostamt zur Auszahlung gesandt. **Z.sbefehl** ↗Mahnverfahren. **Z.sbilanz,** systemat. Gegenüberstellung aller innerhalb eines bestimmten Zeitraums entstandenen Forderungen u. Verbindlichkeiten eines Landes im Verkehr mit dem Ausland; untergliedert in die *Handelsbilanz* (Warenein- u. -ausfuhr), *Dienstleistungsbilanz,* beide zus. als *Leistungsbilanz,* die *Schenkungsbilanz* (sog. unentgeltl. Übertragungen), *Kapitalbilanz* sowie *Gold-* u. *Devisenbilanz.* **Z.sverkehr,** die Gesamtheit der Bewegung v. Z.smitteln (Geld, Schecks, Wechsel, Überweisungen, Verrechnungen) im Wirtschaftsverkehr. ↗bargeldloser Z.
Zahlwort s, *Numerale* (Mz. *Numeralia*), Wort für einen Zahlbegriff; Grund- od. Kardinalzahlen (eins); Ordnungszahlen (erster); ferner Zahladverbien (einmal), Multiplikativa (einfach), Teilungszahlen (Viertel), Distributiva (je zwei).
Zahn, *Ernst,* schweizer. Volksschriftsteller, 1867–1952; zahlreiche Heimatromane.
Zahnarme, *Zahnlose, Edentata,* Säugetiere ohne od. mit rückgebildetem Gebiß; Ameisenbär, Schuppen-, Faul-, Gürteltier.

Zahlensymbolik (Z. = Zahl, *kursiv* = Beispiele)

1 Z. der *Einheit, Unteilbarkeit,* Göttlichkeit

2 Z. des Gegensatzes, der Polarität; *Dualismus, Yin* u. *Yang*

3 Z. der Vollkommenheit *Dreifaltigkeit, Triade, Trimurti*

4 Z. der Himmelsrichtungen, Jahreszeiten, Weltalter

5 Z. der Planeten, Hochzeit, Säulen der Frömmigkeit im Islam; *Pentagramm, Pentateuch*

6 Z. des Makrokosmos, der Schöpfungstage, *Davidschild, Hexaemeron*

7 Z. der Ganzheit, Fülle, Vollkommenheit, Weltwunder,

Sakramente, Werke der Barmherzigkeit u. a.

8 Z. der Paradiese, Elams und der islam. Frömmigkeit, Seligpreisungen, der Taufe *(Oktogon);* 8gliedriger Pfad des rechten Lebens (Buddha); *Oktav*

9 Z. der Vollendung bei Kelten, Germanen u. a.; *Musen, Novene*

10 Z. der Weisheit, Vollendung; *dekadisches System, Zehn Gebote*

11 Z. der Maßlosigkeit

12 Z. des Kosmos u. a.: 12 Monate, Stämme Israels, Apostel Jesu, Götter der Griechen, Äonen in der Gnosis; *Duodezimalsystem, Tierkreis, Zwölf*

13 Z. der Unterwelt der Babylonier, des Unglücks, aber auch des Glücks

14 Z. des Glücks in Babylon u. Ägypten; *14 Nothelfer*

15 Z. der *Ischtar,* der atl. Stufenpsalmen, der Geheimnisse des *Rosenkranzes*

18 in der Kabbala in Zshg. mit „Gott dem Lebendigen"

28 Z. des Mondes

33 Z. der Vollendung (Alter Christi)

40 Z. der Erwartung, Vorbereitung; *Quadragesima, Quarantäne*

60 Grundlage der *Sexagesimalteilung, Diamantene Hochzeit*

70 *Septuaginta*

72 Z. der Größe u. Vielfalt; 72 Jünger

99 Z. der schönsten Gottesnamen im Islam

100 *Hekatombe, Hundertjähriger Kalender*

108 hl. Z. des Buddhismus, Z. der Perlen des buddhist. Rosenkranzes

666 Z. des Tieres in der Apk

1000 Z. der Vollkommenheit; *Chiliasmus*

10000 Riesenzahl; *Myriade*

11000 Riesenzahl; *Ursula*

---

natürliche Zahlen

Subtraktion

Null, negative ganze Zahlen

ganze Zahlen

Division

Brüche = endliche oder period. unendliche Dezimalbrüche

rationale Zahlen

Lösung algebr. Gleichungen, z.B. Wurzelziehen

algebraische Irrationalzahlen = unperiod. unendl. Dezimalbrüche, z.B. $\sqrt{2}$

algebraische Zahlen

Lösung transzendenter Gleichungen, z.B. Logarithmieren; Grenzwert einer Zahlenfolge, z.B.
$$e = \lim_{n \to \infty} \left(1 + \frac{1}{n}\right)^n$$

transzendente Irrationalzahlen, ebenfalls unperiod. unendl. Dezimalbrüche, z.B. e, π

reelle Zahlen

Zahl: die reellen Zahlen u. ihre Entstehung aus den natürlichen Zahlen

Zahnarzt *m,* in Dtl. nach 10 Semestern Univ.-Studium der Zahnheilkunde u. bestandenem Staatsexamen zur Berufsausübung staatl. approbierte Person od. vor dem 31. 3. 1952 zugelassener *Dentist.*
Zähne, knochenähnliche Organe, die bei Wirbeltieren u. Mensch das Gebiß bilden. Die 20 kindl. *Milch-Z.* werden in bestimmter Reihenfolge durch das Dauergebiß (32 Zähne) ersetzt. In jeder Kieferhälfte unterscheidet man 2 *Schneide-Z.,* 1 *Eckzahn,* 2 *Backen-* u. 3 nur im Dauergebiß erscheinende *Mahl-Z.,* deren letzter der *Weisheitszahn* ist. Jeder Zahn besteht aus dem *Zahnstein* (Dentin), das in der *Zahnhöhle* (Pulpahöhle) das blut- u. nervenreiche *Zahnmark* (Pulpa) birgt. Die in den Mund ragende Krone ist v. Schmelz, die Wurzel v. Zement u. Wurzelhaut überzogen. Die Z. stecken in knöchernen Zahnfächern (Alveolen). ☐618.
Zahnersatz: *künstl. Zähne* aus Porzellan oder Kunststoff; *Kronen,* die den Zahnstumpf wie eine Hülle umfassen oder mit einem Stift *(Stiftkrone)* verankert werden, bes. die *Jacketkrone* aus Porzellan oder Kunststoff; *Brücken* aus Metall, werden in lückenhafte Gebisse eingesetzt; *Platten* aus Kunststoff oder Metall greifen um den Kieferfortsatz oder saugen sich am Kiefer fest, sie enthalten mehrere künstl. Zähne u. sind herausnehmbar. **Zahnfleisch,** die den Kiefer, die Zahnleisten u. den Zahnhals überziehende Mundschleimhaut. **Zahnfüllung,** *Plombe,* bei erhaltener Zahnkrone nach Entfernung schadhafter Teile des Zahns erfolgte Füllung mit Zement (Silicat), Amalgam, Porzellanmasse, Edelmetallen (Gold) od. Kunststoff. **Zahnheilkunde,** befaßt sich mit Zahn-, Mund-, Kieferkrankheiten, Gebißregulierung u. Zahnersatz.
Zahnkarpfen, kleine, farbenprächtige Süßwasserknochenfische der Tropen mit Zähnen auf Kiefer- u. Gaumenknochen.

Zahnkrankheiten. Am verbreitetsten die *Zahnfäule* (Zahnkaries), die bis in die Zahnhöhle eindringt u. das Zahnmark vernichtet. Greift die Infektion auf die Zahnwurzelhaut über, so entsteht *Wurzelhautentzündung,* akut mit Schwellung der Backe, u. das *Zahngeschwür* (Abszeß unter der Knochenhaut des Kiefers). Oft Ursache anderer Krankheiten (Nieren usw.). ↗Parodontose.

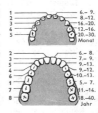

Zahnformel des bleibenden Gebisses

3	2	1	2		2	1	2	3
3	2	1	2		2	1	2	3
B	V	E	S		S	E	V	B

S Schneidezähne
E Eckzähne
V Vorderbackenzähne
B Backenzähne

Zähne: Anordnung der Z. im Oberkiefer u. die Reihenfolge des Zahndurchbruchs: oben der Milchzähne, unten der bleibenden Z.; die rechts stehenden Zahlen geben die Zeiten des Durchbruchs, die links stehenden die Reihenfolge an.

Zahnradbahn, ↗Bergbahn mit gezahnter Mittelschiene, in die Triebzahnräder der Lokomotive eingreifen. **Zahnräder,** Maschinenelemente zur Drehzahl- u. Drehmomentübertragung bzw. -umformung v. einer Welle z. anderen; bestehen u. a. aus Kunstpreßstoffen, Messing, Bronze, Gußeisen u. Stahl. Das Zahnprofil der Verzahnung besteht aus Zahnflanken u. -lücken. Die Zähne greifen in genau entsprechende Aussparungen anderer Z. ein. Die durch Z. miteinander verbundenen Wellen können parallel *(Stirn-Z.),* schräg, rechtwinklig od. überkreuzend *(Kegel-, Schnecken-Z.)* zueinanderstehen. ☐1126.
Zahnstein, fest an den Zähnen haftender Belag aus Kalk, Speiseresten u. Bakterien.
Zahntechniker *m,* stellt im Auftrag eines

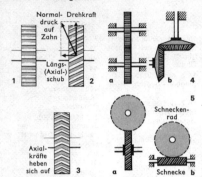

Zahnräder u. Zahnradgetriebe: **1** Geradverzahnung; **2** Schrägverzahnung; **3** Pfeilverzahnung; **4** Wälztriebe, **a** Stirn-, **b** Kegelräder; **5** Schraubtriebe, **a** Schraubenräder, **b** Schnecke u. Schneckenrad

/Zahnarztes Zahnersatz, Schienen für Kieferbrüche, Zahnregulierungsapparate usw. handwerkl. her; Lehrberuf.

Zähringer (Mz.), süddt. Fürstengeschlecht, benannt nach der Stammburg *Zähringen* bei Freiburg i. Br.; waren bereits Ende 10. Jh. Grafen des Breisgaus; die herzogl. Linie (v. Berthold II., † 1111, begr.) starb 1218 mit Berthold V. aus; die markgräfl. (seit 1806 großherzogl.) Linie regierte bis 1918 in /Baden.

Zaïre (: sạire), **1)** fr. *Kongo/Kinshasa*, Rep. in Zentralafrika, im Stromgebiet des Kongo. Der größte Teil gehört zum Kongobecken, das mit trop. Regenwald erfüllt ist u. an den mit Baumsavanne bedeckten Rändern stufenförmig ansteigt. Das feuchtheiße Becken ist fast unbewohnt, die Bev. lebt vor allem in den klimat. erträglicheren Randzonen. Reiche Bodenschätze: Kupfer, Gold, Diamanten, Kobalt, Uran, Eisen, Kohle. Die trop. Gebiete liefern Kautschuk, Palmöl, Edelhölzer, Kaffee. – *Belgisch-Kongo*, eine private Schöpfung Kg. Leopolds II. v. Belgien, wurde 1884/85 als unabhängiger Kongo-Staat unter der Souveränität Leopolds international anerkannt; 1908 belg. Kolonie, seit 60 unabhängig. Innere Machtkämpfe u. der Abfall der Prov. Katanga (bis 63) führten zum Eingreifen v. UN-Truppen; Staatsstreich Mobutu; 61 Bildung einer neuen Zentralregierung; 65 erneuter Staatsstreich Mobutus. Staats-Präs. Mobutu Sese Seko (seit 65). **2)** ☐ 1144/45.

Zakopane (: sa-), poln. Luftkurort u. Wintersportplatz am Nordwestabhang der Hohen Tatra, 800 m ü. M., 26000 E. (meist Goralen); Kunsthandwerk.

Zakynthos, it. *Zante,* südlichste der (griech.) Ionischen Inseln, 418 km², 31000 E.; Hst. Z.

Zạma, im Alt. Stadt westl. v. Karthago; bei Z. 202 v. Chr. Sieg Scipios über Hannibal.

Zamboạnga, Hst. u. Hafen der Philippinen-Insel Mindanao, 262000 E.; kath. Erzb.; chem. u. Holz-Ind.

Zamora (: ßa-), nordwestspan. Prov.-Hst. am Duero, 54000 E.; kath. Bischof; roman. Kathedrale (12. Jh.), Lebensmittel- u. Metall-Ind.

Zander *m, Sander,* osteurop. Hecht-/Barsch, bis 80 cm lang u. 15 kg schwer; Fleisch zart, weiß.

Zandvoort (: sạndfört), niederländ. Seebad, westl. v. Haarlem, 15000 E.

Zange, Werkzeug zum Greifen, Festhalten, auch Drücken *(Plomben-Z.)* und Trennen *(Beiß-, Kneif-Z.)* mit Maul aus 2 Backen, die sich durch Hebeldruck nähern. Sonderarten sind u.a. *Stein-* u. *Block-Z.* zum Heben, *Rohr-* u. *Rohrbiege-Z., Loch-Z.* u. die elektr. isolierte *Elektro-Z.*

Zangengeburt, Entbindung mit der Geburtszange, um die /Geburt schnell zu beenden. Hat neben dem heute vorzugsweise angewandten /Kaiserschnitt an Bedeutung verloren.

Zanzibar /Sansibar. [tung verloren.

Zäpfchen *s,* **1)** das vom Gaumensegel herabhängende Schleimhautgebilde am hinteren Ende der Mundhöhle. **2)** /Stuhl-Z.

Zapfen, 1) stirnseitiger Vorsprung an Kanthölzern, zur gegenseit. Befestigung in die Aussparung *(Z.loch)* eines andern Kantholzes eingelassen. **2)** Teile v. Maschinenwellen zur Überleitung radialer *(Trag-Z.)* od. axialer *(Stütz-Z, Spur-Z.)* Drücke auf ein Lager. **3)** Fruchtstände v. /Nadelhölzern.

Zapfenstreich *m,* militär. Abendsignal. Der *Große Z.* (mit dem Choral „Ich bete an die Macht der Liebe") wird bei feierl. Gelegenheiten v. einem Musikkorps gespielt.

Zapoteken, altes Indiovolk (ca. 250000 Menschen) mit alter Kultur u. eigenem Sprachidiom im südl. Mexiko; Blütezeit 500–1000 n. Chr., heute Bauern mit indian.-span. Mischkultur. – Monumentale Baukunst (Tempel u. Grabanlagen mit Wandmalerei), Funde großer Urnen mit plast. ausgearbeiteten Götterfiguren; alte Zentren: Monte Albán u. Mitla.

Zar (v. lat. *Caesar),* seit 1547 in Anknüpfung an byzantin. Tradition Titel des /Kaisers v. Rußland, 1908/46 des Kg. v. Bulgarien. *Zarẹwitsch,* Sohn des Z.; *Zarẹwna,* Tochter des Z.; *Zarịza,* Gemahlin des Zaren.

Zara /Zadar. [/Saragossa.

Zaragoza (: ßaragọßa), span. Name für

Zarathụstra, griech. *Zoroastras, Zoroaster,* iran. Prophet, lebte nach iran. Überlieferung im 6. Jh. v. Chr.; Quelle über sein Leben u. seine Lehre sind die Gathas. Z. lehrte die freie Wahl des Menschen zw. Gut u. Böse; bekämpfte die alten Götter zugunsten Ahura Mazdas. Nach Z.s Tod wurden seine Person u. Ahura Mazda Gegenstand eines Kultes. Z. war der erste Priester, Krieger u. Erzieher u. gründete in seiner Person die 3 Stände der Gesellschaft. /Parsismus.

Zarcillo (: ßarßịljo), *Francisco,* span. Barockbildhauer, 1707–81; Altar, Krippen- u. Prozessionsfiguren v. äußerster Realistik. ☐ 70.

Zarge *w,* **1)** in die Maueröffnung zur Aufnahme v. Türen u. Fenstern eingesetzter Rahmen. **2)** geschwungene Seitenwand der Streich- u. Zupfinstrumente. ☐ 315.

Zary (: schạri) /Sorau.

Zäsur *w* (lat.), **1)** Einschnitt. **2)** Wortschluß innerhalb einer metr. Einheit.

Zauber, bei frühgeschichtl. u. Naturvölkern sowie im Volksglauben Praktiken, mit ge-

Zange: 1 Kneif- oder Beißzange, **2** Flach-Z., **3** Kombinations-Z., **4** Wasserpumpen-Z., **5** Schmiede-Z.

Zaïre

Amtlicher Name: Republique du Zaïre

Staatsform: Republik

Hauptstadt: Kinshasa

Fläche: 2345409 km²

Bevölkerung: 27,8 Mill. E.

Sprache: Französisch ist Amtssprache; Verkehrssprachen sind Kikongo, Lingala, Kisuaheli, Tschiluba

Religion: vorwiegend Anhänger von Naturreligionen, 38% Katholiken, 8% Protestanten

Währung: 1 Zaïre = 100 Makuta = 10000 Sengi

Mitgliedschaften: UN, OAU, der EWG assoziiert

Zarcillo: Petrus

heimen Kräften u. durch Nötigung v. Geistern u. höheren Mächten günstige Wirkungen *(weißer Z.)* zu erzielen od. Schaden herbeizuführen *(schwarzer Z.).* Zu unterscheiden sind *Abwehr-, Fruchtbarkeits-, Heil-, Schaden-, Wetter-Z.* usw. ↗Magie.
Zaubernuß, *Hamamelis,* Strauch mit haselnußart. Blättern; Blüten in Büscheln, Früchte eichelähnl.; Ostasien u. Nordamerika, Heilpflanze u. Gartenzierstrauch.
Zaum, 1) *Zäumung,* Lenk-Geschirr für Pferde, aus Stirn- u. Backenriemen sowie Mundstück, dieses mit Ringen für die Zügel als einfaches Trensengebiß od. als ↗Kandare. **2)** ↗Pronyscher Zaum.
Zaunkönig, lebhafter Singvogel, bräunlich, 10 cm lang, mit kurzem, nach oben gerichtetem Schwanz; in Dtl. Stand-, im Norden Zugvogel. □ 1045.
Zaunrübe, *Bryonia,* Kürbisgewächs, rankende, giftige Stauden mit kirschroten od. schwarzen Beeren; Zier- u. Heilpflanzen.
Zavattini, *Cesare,* it. Schriftsteller, * 1902; Theoretiker des Neorealismus im it. Film; Drehbücher, bes. zu Filmen v. De Sica.
ZDF, Abk. für *Zweites Dt. Fernsehen,* v. den Bundesländern der BRD getragene Fernsehanstalt, die das 2. Programm ausstrahlt; Sitz Mainz.
Zebaoth (Mz., hebr. = Heerscharen), Vulgata: *Sabaoth,* im AT Erweiterung des Jahwe-Namens: „Herr der Heerscharen".
Zebedäus, Fischer in Bethsaida, Vater der Apostel Jakobus d. Ä. u. Johannes.
Zebra s, *Tigerpferd,* braunweiß gestreiftes Wildpferd. Bastarde mit Pferden *(Zebroide)* u. Eseln sind unfruchtbar. In afrikan. Steppen *Berg-Z., Böhm-Z.,* schmalgestreiftes *Grevy-Z.* u. ↗*Quagga.*
Zebu m od. s, *Buckelrind,* mit langen Hörnern u. Fetthöcker; die schwersten sind die als „heilige Kühe" in Indien verehrten *Pandschab-* oder *Gudscharat-Z.s;* in Afrika z.T. ohne Höcker.
Zech, *Paul,* dt. Schriftsteller, 1881–1946 (starb im Exil in Buenos Aires); bes. Arbeiterlyrik u. Erzählungen.
Zeche ↗Bergwerk.
Zechine w, *Zecchino* (it.), alte venezian. Goldmünze im Wert des Dukaten.
Zechprellerei, Verzehr in einer Gaststätte mit der Absicht, die Schuld nicht zu zahlen; als Betrug strafbar.
Zechstein, obere Abt. des ↗Perm. □ 237.
Zecken, meist blinde Milben (bis 4 mm lang); Weibchen saugen sich an Säugetieren u. Vögeln fest. *Holzbock* od. *Hundezecke,* vollgesogen erbsengroß, in europ. Wäldern. *Rinder-Z.* übertragen ↗Texasfieber, *Persische Z.* das ↗Rückfallfieber.
Zedent m (lat.), ↗Forderung.
Zeder w, *Cedrus,* der Lärche verwandte Nadelholzgattung, Krone erst kegelig, später schirmförmig. Im Mittelmeergebiet *Atlas-* u. *Libanon-Z.* Die Z. wird sehr alt u. liefert weiches, dauerhaftes Holz. □ 400.
Zedler, *Johann Heinrich,* dt. Verleger, 1706–um 1760; Hrsg. des 1. dt. Konversationslexikons: *Großes vollständiges Universal-Lexicon aller Wiss. u. Künste* (64 Bde u. 4 Supplement-Bde, 1732/54).

Zebu

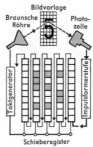

Zeichenerkennung (Schema): Der v. einer Braunschen Röhre erzeugte u. die Bildvorlage abtastende Lichtpunkt wird reflektiert u. v. einer Photozelle aufgefangen, die je nach Helligkeit Impulse erzeugt u. durch das Schieberegister wandern läßt. Aus der Besetzung der Felder kann die Maschine am Ende des Vorgangs das Zeichen „lesen"

Carl Zeiss

Zedrachbaum, *Paradies-* od. *Paternosterbaum,* bis 18 m hoher trop. Baum; Wurzeln als Wurmmittel; Samenöl als Beleuchtungs- u. Firnisöl.
Zeebrugge (: sebrüches), dt. *Seebrügge,* belg. Seebad, Hafen v. Brügge, Fährverbindung mit Harwich (England), 2300 E.
Zeeman (: se-), *Pieter,* niederländ. Physiker, 1865–1943; entdeckte die Aufspaltung der Spektrallinien in einem starken Magnetfeld *(Z.effekt);* Nobelpreis 1902.
Zeffirelli, *Franco,* it. Regisseur, * 1923; Bühnenbildner, seit 50 Schauspiel- u. Opern-Inszenierungen, bes. in It. u. England; auch Filmregie.
Zehdenick, brandenburg. Stadt in der Uckermark (Bez. Potsdam), an der Havel, 12500 E.; Schloß (18. Jh.). Ziegel-Ind.
Zehen, den Fingern entsprechende Endglieder der Füße bei Menschen u. Wirbeltieren.
Zehnergruppe, Abkommen zw. den wichtigsten 10 westl. Ind.-Staaten zur Gewährung v. Sonderkrediten, führende Gruppe innerhalb des ↗Int. Währungsfonds: Belgien, BRD, Fkr., Großbritannien, Italien, Japan, Kanada, Niederlande, Schweden u. [USA. **Zehnfußkrebse** ↗Krebstiere.
Zehn Gebote (gr. *Dekalog*), die nach dem AT v. Gott auf dem Berg Sinai dem Moses auf 2 Gesetzestafeln gegebenen höchsten Bestimmungen für das religiös-sittl. Leben; als Offenbarung des Willens Gottes auch für die christl. Sittenlehre grundlegend.
Zehnkampf, auf 2 Tage verteilter leichtathlet. Mehrkampf der Männer. □ 544.
Zehnt m, fr. Naturalabgabe (urspr. $^1/_{10}$ des jährl. Ertrags) an weltl. od. geistl. Z.herren; im MA auch als Sondersteuer (z.B. Kreuzzugs-Z.). **Z.land,** *Agri decumates, Dekumatenland,* das röm. Gebiet zw. Oberrhein u. Limes; 260 v. den Alamannen erobert.
Zehrkraut, Volksname für Kreuzkraut u. a.
Zehrwespen, kleine, erzgrüne Wespen, schmarotzen in Larven u. Puppen.
Zeichenerkennung, Problem der Informationstheorie, vorliegende mit gespeicherten „idealen" Zeichen zu vergleichen u. zu identifizieren; realisiert z.B. in opt.-elektron. *Lesemaschinen.*
Zeichenrolle ↗Warenzeichen.
Zeichnung ↗Handzeichnung.
Zeilenfrequenz, beim ↗Fernsehen die Horizontalfrequenz, mit der die sägezahnartigen Ablenkströme im Zeilentransformator beim *Zeilensprungverfahren* das Abtasten der Zeilen steuern; in Dtl. 15625 Hz.
Zeisig m, Erlen-Z., ↗Finken-Art. □ 1045.
Zeiss, *Carl,* dt. Feinmechaniker, 1816–88; Gründer der *Opt. Werke Carl Z.* in Jena, die durch Ernst ↗Abbe zur führenden Firma opt. Erzeugnisse wurde. Abbe gründete 91 die sozial vorbildl. *Carl-Z.-Stiftung* als alleinige Inhaberin der Werke. 1948 Enteignung der Werke in Jena; heute Rechtssitz v. Stiftung u. Firma in Heidenheim/Brenz.
Zeist, niederländ. Stadt u. Ausflugsort am Krummen Rhein, östl. v. Utrecht, 55000 E.; Zentrum der Herrnhuter Brüdergemeine.
Zeit, 1) *allg.:* das erleb- u. meßbare Nacheinander der Zustände der veränderl.

Dinge, zunächst als anfangs- u. endbestimmte, zielgerichtete, nicht umkehrbare u. unwiederholbare Daseins- u. Beharrens-Z. (phys. Z.) eines einzelnen Seienden; eingeordnet in die allen einzelnen gemeinsame Welt-Z. (kosm. Z.), die v. der Natur-Wiss. als hist. Z. berechnet wird. 2) Physik: die als 4. Koordinate zu den Raumkoordinaten im Raum-Zeit-Kontinuum tretende Größe (↗Relativitätstheorie). ↗Zeitmessung. Zeitalter, 1) in der Gesch. jeder größere Zeitabschnitt, der sein Gepräge durch eine bestimmte Idee oder Person oder ein herausragendes Ereignis erhält. 2) in der Antike u. im MA Einteilung des Ablaufs der Weltgeschichte. Das Alt. zählte (erstmals bei Hesiod) ein goldenes, silbernes, ehernes u. eisernes Z. im Sinne der Verschlechterung des Menschengeschlechts, das MA 4 Weltmonarchien nach Daniels Traum oder 6 Z. nach dem Sechstagewerk der Schöpfung u.a. 3) Ära, der geolog. Formation übergeordnete erdgeschichtl. Einheit, z.B. das ↗Paläozoikum. ↗Erdzeitalter.

Zeitblom, Bartholomäus, spätgot. Maler, nach 1450–um 1518; gehörte zur Ulmer Malerschule; Altäre (Ulm, Blaubeuren).

Zeitdehneraufnahmen, Zeitlupe, im ↗Film-Wesen zur Darstellung schnell ablaufender Ereignisse benutzt. ↗Hochfrequenzkinematographie. Zeiteinheit ↗Zeitmessung.

Zeitfahren ☐ Radsport-Wettbewerbe (789).

Zeitgeschäft ↗Termingeschäft.

Zeitgeschichte, Gesch. der eigenen, jüngstvergangenen Zeit u. für den Zweig der Geschichts-Wiss., der sie erforscht.

Zeitgleichung, der Unterschied v. + 14 bis zu – 16 Minuten zw. der wahren u. der mittleren Sonnenzeit. ↗Zeitmessung.

Zeitlohn ↗Lohn.

Zeitlupe ↗Zeitdehneraufnahmen.

Zeitmessung, physikal.: durch period. Vorgänge in ↗Uhren, Atomen u. Molekülen, radioaktiven Zerfall v. Atomkernen (↗radioaktive Zeitmessung) od. die Bewegung der Himmelskörper. Die Zeiteinheit ist die Sekunde, urspr. als astronom. genau festgelegter Bruchteil des trop. ↗Jahres u. damit auch des Tages (1 Umdrehung der Erde um ihre Achse) definiert. Der wahre beobachtbare Sonnen-↗Tag ist wegen der ungleichförmigen scheinbaren Bewegung der Sonne am Himmel für die Z. ungeeignet; in der Astronomie wurde die wahre Sonne durch eine gedachte, also nicht beobachtbare, aber sich gleichmäßig bewegende mittlere Sonne ersetzt; sie definiert den mittleren Sonnen-Tag, der der bürgerl. Zeiteinteilung des Tages in 24 Stunden zugrunde liegt (↗Zeitgleichung). Durch Untersuchungen mit ↗Quarz- u. ↗Atomuhren wurde die Ungleichheit der Erdrotation u. damit des astronom. Zeitmaßes nachgewiesen, so daß man schließlich zu einer atomphysikal. Definition der Zeiteinheit überging (↗Sekunde). – Durch die Festlegung des Anfangspunkts der Zeitzählung in die Kulmination (↗Tag) hat jeder Ort auf der Erde seine eigene Zeit (Ortszeit), die aber aus praktischen Gründen für bestimmte Zonen durch die ↗Einheitszeit ersetzt ist.

Zeitgeschichte (Neueste Zeit)
Die wichtigsten historischen Daten

1914–18	der Erste Weltkrieg (☐ 1095)
1917	in Rußland „Februarrevolution" (Ende der Zarenherrschaft) u. „Oktoberrevolution" (Machtergreifung der Bolschewiki)
1918	der östr.-ungar. Vielvölkerstaat zerfällt; in Dtl. wird die Republik ausgerufen; Bürgerkrieg in Rußland (bis 1922)
1919	in Weimar tagende Nationalversammlung gibt Dtl. eine demokratische Verfassung; Gründung des Völkerbundes
1919/20	Friedensverträge der Alliierten mit den Mittelmächten – 1919: Versailles (Dtl.), St-Germain (Östr.), Neuilly (Bulgarien); 1920: Trianon (Ungarn), Sèvres (Türkei)
1922	Rapallo-Vertrag zw. Dtl. u. Sowjetrußland beendet deren Isolierung; in Italien Machtübernahme Mussolinis; UdSSR gegr.
1922–23	in Dtl. Inflation (zuletzt 1 Dollar = 1 Billion Mark)
1926	Dtl. wird in den Völkerbund aufgenommen
1929–33	Weltwirtschaftskrise (in Dtl. bis 34% [Febr. 32] Arbeitslose)
1933	Hitler wird dt. Reichskanzler (☐ Nationalsozialismus, S. 661); Dtl. u. Japan treten aus dem Völkerbund aus; in Östr. hebt Dollfuß die parlamentar. Demokratie auf
1935	Fkr. gibt Saar an Dtl. zurück; in Dtl. allg. Wehrpflicht
1936	It. annektiert Äthiopien; sog. Achse Berlin–Rom; Antikominternpakt zw. Dtl. u. Japan; in Spanien löst Offiziersputsch Bürgerkrieg aus (endet 1939 mit Sieg Francos)
1937	Beginn des japan.-chines. Krieges; It. verläßt Völkerbund
1938	Dtl. annektiert Östr.; Münchner Abkommen (Sudetengebiete an Dtl.); in Dtl. großangelegte Ausschreitungen gg. Juden
1939	Dtl. liquidiert Rest-ČSR; dt.-sowj. Nichtangriffspakt; brit.-poln. Bündnisvertrag; Krieg zw. UdSSR u. Finnland (bis 40)
1939–45	der Zweite Weltkrieg (☐ 1098/99)
1945	Dtl. u. Östr. jeweils in vier Besatzungszonen unter alliierter Herrschaft, dt. Gebiete östl. von Oder und Neiße unter sowj. bzw. poln. Verwaltung (dt. Bevölkerung wird ausgewiesen); Gründung der UN; Potsdamer Konferenz
1947	Friedensverträge der Alliierten mit den ehem. Verbündeten Dtl.s (Finnland, Italien, Ungarn, Rumänien, Bulgarien); Verkündigung des Marshall-Planes; Indien wird unabhängig
1948	Gründung des Staates Israel; in Dtl. Währungsreform (D-Mark) u. Aufhebung der Zwangswirtschaft; Beginn der Berlin-Blockade (bis 1949); in Bonn Parlamentarischer Rat
1949	Gründung des RgW, der NATO, des Europarates, der BRD (am., brit., frz. Besatzungszone), der DDR (sowj. B.zone)
1950–53	Koreakrieg
1951	Montanunion zw. Westmächten beenden Kriegszustand mit Dtl.; Friedensvertrag der Westmächte mit Japan
1953	Volksaufstand in Ost-Berlin u. in der DDR
1954	Genfer Indochinakonferenz beendet den 1. Indochinakrieg (gg. frz. Kolonialmacht), Vietnam wird vorläufig geteilt
1955	UdSSR beendet Kriegszustand mit Dtl.; Warschauer Pakt gegr.; Staatsvertrag beendet Besatzungsregime in Östr.
1956	Beginn der Entstalinisierung; Ägypten verstaatlicht Suez-Kanal; Volksaufstand in Ungarn; Suezkrise
1957	Fkr. gibt Saar an BRD zurück; Röm. Verträge unterzeichnet (Gründung v. EWG u. Euratom); künstl. Satellit „Sputnik"
1961	1. bemannter Raumflug (Gagarin); DDR baut in Berlin eine Mauer zw. Ostsektor u. Westsektoren (beendet Massenflucht)
1962	Bau sowj. Raketenbasen auf Kuba führt zur Kuba-Krise
1963	dt.-frz. Freundschaftsvertrag; Moskauer Abkommen über Einstellung von Kernwaffenversuchen in der Atmosphäre
1967	israel.-arab. „Sechs-Tage-Krieg"
1968	Zollunion zw. den EWG-Ländern; Warschauer-Pakt-Truppen (aber keine rumän.) marschieren in der ČSSR ein
1969	schwere Grenzzwischenfälle zw. UdSSR u. VR China am Ussuri; 1. Menschen auf dem Mond (Armstrong, Aldrin)
1970	Gewaltverzichtsvertrag zw. BRD u. UdSSR; Vertrag über Normalisierung zw. BRD u. Polen
1971	Bürgerkrieg zw. West- u. Ost-Pakistan, endet – nach Krieg zw. Pakistan u. Indien – mit Unabhängigkeit von Bangla Desh; VR China erhält statt Taiwan Sitz in UN u. Sicherheitsrat
1972	Dänemark, Großbritannien u. Irland werden Mitglieder der EG; Viermächteabkommen über West-Berlin
1973	Waffenstillstand in Vietnam; Grundvertrag zw. BRD u. DDR; BRD u. DDR werden in die UN aufgenommen; ägypt.-syr. Oktoberkrieg gg. Israel; in Genf 1. israel.-arab. Konferenz
1974	Entflechtung am Suezkanal; Restauration in Portugal; Zypernkrise; Restauration der Demokratie in Griechenland
1975	kommunist. Machtübernahme in Süd-Vietnam, Kambodscha u. Laos; Angola u. Mozambique unabhängig. Ende der KSZE-Konferenz
1976	Rückkehr Spaniens u. Portugals zur Demokratie
1977	Höhepunkt des Terrorismus in der BRD

Zeitrafferaufnahmen, im ↗Filmwesen zur Darstellung extrem langsam ablaufender Ereignisse benutzt.

Zeitschrift, periodisch (meist wöchentl., monatl., viertel- od. halbjährl.) erscheinende Veröffentlichung. 1663 in Hamburg die „Monatsgespräche" als erste unterhaltende dt. Z.; als erste literar.-wiss. Z. 1665 in Paris das „Journal des Savants".

Zeitspringen ↗Springprüfung.

Zeitstücklohn, der Zeit-↗Akkordlohn.

Zeitstudie, in Betrieben die planmäßige Beobachtung v. Arbeitsvorgängen durch den Zeitnehmer, wobei häufig Z.ngeräte die Phasen des Verlaufs aufzeichnen.

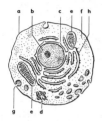

Zelle: Schema einer tierischen Z., **a** Zellmembran, **b** Zellkern u. Kernkörperchen (Nucleolus), **c** Pore in der Kernmembran, **d** Golgi-Apparat, **e** Mitochondrion, **f** Zellplasma, **g** Sekretvakuole mit granulären Einschlüssen, **h** endoplasmatisches Reticulum

Zeitung, bezeichnet heute ein Druckwerk, das in öff. (selbstgesetzter od. auferlegter) Verpflichtung in knapper, regelmäßiger Folge das jüngste Zeitgeschehen übermittelt. Die publizist.-psycholog. Wirkung der Z. beruht in ihrem regelmäßigen Erscheinen (Periodizität), in der Auswahl, Aufmachung u. Deutung v. Nachrichten, die aus allen Gebieten des öff. u. den interessierenden Gebieten des privaten Lebens stammen u. so unter Beigabe v. Unterhaltendem (Feuilleton u. ä.) große Leserkreise anziehen. Die Vielfalt der Z.stypen wird durch die innere Gesinnung, durch polit.-rechtl. Voraussetzungen u. geschäftl. od. ideolog. Zielsetzungen bestimmt. ↗Presse. – Die ersten dt. Z.en 1609 in Straßburg, Wolfenbüttel u. Augsburg. ☐ 1130. **Z.swissenschaft** erforscht außer den techn., wirtschaftl., rechtl. u. organisator. Grundlagen der Presse bes. Fragen der Entstehung, Beeinflussung u. Äußerung der öff. Meinung in all ihren Organen (also auch in Film, Rundfunk usw.).

Zeitwaage, elektr. Gerät zum Prüfen des Ganges v. Uhren beim Genaustellen.

Zeitwort, *Verbum, Verb, Tätigkeitswort;* Wortart, mit der gesagt wird, was das Subjekt des Satzes tut, wie es sich befindet od. was es erleidet. Bei der Abwandlung (Konjugation) in den flektierenden Sprachen unterscheidet man: Genus (Aktiv, Passiv), Modus (Indikativ, Konjunktiv, Optativ, Imperativ), die 6 Tempora (Präsens, Präteritum od. Imperfekt, Perfekt, Plusquamperfekt, Futur I u. II), Numerus (Singular, Plural), Person (1.–3.). Das Z. ohne Beziehung auf eine Person steht im Infinitiv (Nennform).

Zeitz, Ind.- u. Krst. am Südrand der Leipziger Bucht, über die Elbe, 47000 E.; Schloß Moritzburg (17. Jh. neuerbaut), Schloßkirche (1433/44 umgebaut). Braunkohlen-

bergbau, Eisen-, Metallwaren- u. Leder-Ind., Zuckerfabrik.

Zeitzeichen, durch Funk übertragene genaue Zeitpunkte, v. Quarzuhren gesteuert.

Zelebration *w* (lat.; Ztw. *zelebrieren*), Feier, bes. liturg. Feier (der Eucharistie).

Zolinograd, bis 1961 *Akmolinsk,* sowjet. Stadt in der Kasach. SSR, 234000 E.; wiss. Institute; Landmaschinenbau u. Nahrungsmittel-Ind.

Zella-Mehlis, Stadt am Thüringer Wald (Bez. Suhl), 17300 E.; Büromaschinen-Ind., Kugellager- u. Werkzeugfabriken; Sommerfrische u. Wintersportplatz.

Zell am See, östr. Kurort u. Wintersportplatz am ↗Zeller See (Salzburg), 7500 E.; Beginn der Großglocknerstraße.

Zell an der Mosel, Stadt in Rheinland-Pfalz, 4900 E.; Schloß (16. Jh.); Weinbau.

Zelle, 1) die kleinste, selbständig erhaltungs- u. vermehrungsfähige Funktions- u. Organisationseinheit des Lebens. Die Z. weist zahlreiche hochgeordnete Strukturen auf u. steht mit der Umgebung in ständigem Energie- u. Stoffaustausch; sie kann auf deren Veränderungen durch Reizreaktionen reagieren u. kann sich vermehren. Alle Lebewesen sind aus Z.n aufgebaut. Lichtmikroskop. Zellbestandteile sind das Protoplasma mit dem Zytoplasma u. dem Zellkern (Nucleus) u. bei pflanzl. Zellen die aus Cellulose bestehende Zellwand, zellsafthaltige Hohlräume (Vakuolen) u. meist ↗Chromatophoren. Im Elektronenmikroskop kann man auch bei tier. Z.n dünne Zellmembranen erkennen u. weitere Strukturen (Organellen), wie ↗Mitochondrien, endoplasmat. Reticulum mit Ribosomen u. Golgi-Apparat. Der Zellkern enthält die entspiralisierten ↗Chromosomen (Chromatingerüst) u. ein oder mehrere Kernkörperchen (Nucleoli). Die Vermehrung der Z.en erfolgt durch ↗Zellteilung. **2)** ein in sich geschlossener kleiner Raum in einem techn. Gerät, z. B. Flugzeug-Z. **3)** enger, karger Raum, u. a. für Strafgefangene. **4)** das Einzelelement bei mehrteiligen Batterien od. Akkumulatoren. **5)** ↗Photo-Z.

Zeller, *Carl,* östr. Komponist, 1842–98; Operetten *Der Vogelhändler; Der Obersteiger.*

Zellerfeld, seit 1924 Teil v. ↗Clausthal-Z.

Zeller See, 1) Salzburger Alpensee, 750 m ü. M., 4,8 km², bis 68 m tief; Hauptort ↗Zell am See. **2)** südwestl. Teil des ↗Bodensees.

Zellglas, *Cellophan,* durchsichtige Folie aus Zellstoff, Glycerin u. Wasser.

Zellstoff, *Zellulose,* Grundstoff aller pflanzl. Zellwände, farbloser Kohlenwasserstoff mit kettenförmigen, aus Traubenzucker aufgebauten Riesenmolekülen; wird aus Holz gewonnen; als Verbandwatte, Papierrohstoff, Zellglas, ↗Kunstfasern, Zellwolle, Celluloid, Lack, Sprengstoffe, Kollodiumwolle.

Zellteilung, Vermehrung der Zellen. Die Protoplasmateilung folgt unmittelbar dem komplizierten Prozeß der Kernteilung: *Mitose,* indirekte Teilung des Zellkerns in zwei Tochterkerne mit gleicher Chromosomenzahl (Normalfall), *Amitose,* einfache Durchschnürung des Zellkerns; nur in Sonderfällen, *Meiose,* Reduktionsteilung, Ver-

Kernmembran
Nucleolus — Zellplasma **a**
Zentralkörperchen — Chromatingerüst des Zellkerns

b — **c**

d

e — **f**

g — **h**

Zellteilung: a Arbeits- oder Ruhezelle; **b** und **c** *Prophase:* Bildung der Chromosomentransportform, der Kernteilungsspindel u. Auflösung der Kernmembran u. des Nucleolus; **d** *Metaphase:* Anordnung der Chromosomen in der Äquatorialebene der Kernspindel; **e** und **f** *Anaphase:* Auseinanderweichen der Tochterchromosomen u. Bewegung zu den Spindelpolen; **g** *Telophase:* Neubildung der Kernmembran u. erneute Spaltung der Chromosomen in 2 Chromatiden, **h** die beiden Tochterzellen mit Arbeitskernen

Carl Zeller

Große Zeitungen

Deutschsprachige Zeitungen	Erscheinungsort	Auflage (in 1000)	W-Ausg.
Abendzeitung	München	305	
Allgemeine Zeitung	Mainz	121	
Augsburger Allgemeine	Augsburg	196	
Badische Neueste Nachrichten	Karlsruhe	155	
Badische Zeitung	Freiburg	147	
Berliner Morgenpost	Berlin (W)	185	320
Berliner Zeitung	Berlin (O)	rd. 500	
Bild am Sonntag (W)	Hamburg	2663	
Bild-Zeitung	Hamburg	4366	3745
Braunschweiger Zeitung	Braunschweig	158	182
BZ	Berlin (W)	296	
Deutsches Allg. Sonntagsblatt (W)	Hamburg	137	
Deutsche Zeitung (W)	Stuttgart	171	
Expreß	Köln	399	
Frankfurter Allgemeine Zeitung	Frankfurt	337	391
Frankfurter Neue Presse	Frankfurt	148	
Frankfurter Rundschau	Frankfurt	185	
Hamburger Abendblatt	Hamburg	296	370
Hamburger Morgenpost	Hamburg	316	
Hannoversche Allgemeine Zeitung	Hannover	183	216
Hessische Allgemeine	Kassel	179	
Kölner Stadtanzeiger	Köln	236	268
Kölnische Rundschau	Köln	180	
Kurier	Wien	516	584
Main-Post	Würzburg	150	
Mannheimer Morgen	Mannheim	190	
Münchner Merkur	München	191	226
National-Zeitung	Basel	80	
Neue Osnabrücker Zeitung	Osnabrück	223	
Neues Deutschland	Berlin (O)	rd. 850	
Neue Zürcher Zeitung	Zürich	92	
NRZ	Essen	277	
Nürnberger Nachrichten	Nürnberg	336	365
Rheinische Post	Düsseldorf	383	
Rheinischer Merkur (W)	Koblenz	82	
Die Rheinpfalz	Ludwigshafen	236	
Rhein-Zeitung	Koblenz	205	
Ruhr-Nachrichten	Dortmund	264	
Saarbrücker Zeitung	Saarbrücken	198	
Schwäbische Zeitung	Leutkirch	177	
Stuttgarter Zeitung	Stuttgart	180	
Süddeutsche Zeitung	München	312	381
Südwest-Presse	Ulm	263	
Tages-Anzeiger	Zürich	229	
Der Tagesspiegel	Berlin (W)	125	133
Unabhängige Kronenzeitung	Wien	819	
Die Welt	Hamburg	286	320
Welt am Sonntag (W)	Hamburg	470	
Weser-Kurier	Bremen	158	
Westdeutsche Allgemeine	Essen	658	
Westdeutsche Zeitung	Düsseldorf	231	
Westfalenpost	Hagen	162	
Westfälische Nachrichten	Münster	165	
Westfälische Rundschau	Dortmund	253	
Die Zeit (W)	Hamburg	367	

Fremdsprachige Zeitungen	Erscheinungsort	Auflage (in 1000)	W-Ausg.
ABC	Madrid	393	
Afterposten	Oslo	189	225
Aftonbladet	Stockholm	501	525
Al Ahram	Kairo	350	
Algemeen Dagblad	Rotterdam	270	
Asahi Shimbun	Tokio	2327	
Berlingske Tidende	Kopenhagen	146	300
Borba	Belgrad	95	
The Chicago Daily Tribune	Chicago	770	1040
The Christian Science Monitor	Boston	240	
Corriere della Sera	Mailand	614	
Dagbladet	Oslo	111	
Dagens Nyheter	Stockholm	441	538
Daily Express	London	3607	
Daily Mail	London	1917	
Daily Mirror	London	4380	
Expressen	Stockholm	609	673
Express Wieczorny	Warschau	550	
Le Figaro	Paris	571	
The Financial Times	London	168	
France-Soir	Paris	1140	
The Guardian	London	327	
L'Humanité	Paris	190	
Iswestija	Moskau	rd. 8500	
Het Laatste Nieuws	Brüssel	306	
Los Angeles Times	Los Angeles	999	1199
Il Messaggero	Rom	327	
Le Monde	Paris	467	
New York News	New York	2106	3013
The New York Times	New York	883	1480
The Observer (W)	London		796
L'Osservatore Romano	Vatikanstadt	...	...
Politika	Belgrad	270	
Politiken	Kopenhagen	135	233
Práce	Prag	375	
Prawda	Moskau	rd. 9000	
Rudé právo	Prag	1000	
Le Soir	Brüssel	271	
La Stampa	Turin	516	
The Sunday Times (W)	London		1432
De Telegraaf	Amsterdam	471	
The Times	London	341	
Trybuna Ludu	Warschau	350	
Trybuna Robotnicza	Kattowitz	565	
The Wall Street Journal	New York	1261	
The Washington Post and Times Herald	Washington	510	680
Ya	Madrid	145	
Yomiuri Shimbun	Tokio	3085	

Auflage = Auflagenhöhe der Gesamtausgabe (Stand: III. Quartal 1972)
W-Ausg. = Wochenend-Ausgabe
(W) = Wochenschrift

---

minderung des doppelten auf den einfachen Chromosomensatz bei der Entstehung der Keimzellen.

Zellularpathologie w (lat.-gr.), v. R. ↗Virchow begr., erforscht die funktionsgestörten Zellen u. Organe.

Zellulartherapie w (lat.-gr.), Einspritzung v. lebenden Zellen kurz zuvor geschlachteter Tiere *(Frischzellen)* od. durch Gefrieren konservierter Zellen *(Trockenzellen);* v. ↗Niehans angegebene Therapie bei hormonalen u. Durchblutungsstörungen sowie frühem Altern. Die Z. ist umstritten.

Zelluloid ↗Celluloid.

Zellulose w, der ↗Zellstoff.

Zellwolle, Kunstfaser aus Cellulose, die als Stapelfaser versponnen wird.

Zelot m (gr.), 1) Anhänger einer extrem nationaljüdischen Partei z. Z. Christi, die 66 n. Chr. den Krieg gg. die Römer entfesselte. 2) (Glaubens-)Eiferer.

Zelter m, auf Paßgang abgerichtetes Damenreitpferd; urspr. Bz. der zeltartig überdachten Sänfte, die v. 2 Pferden getragen wurde.

Zelter, Carl Friedrich, dt. Musiker, 1758 bis 1832; Freund Goethes; Begr. u. a. der Berliner Liedertafel; komponierte ca. 200 Lieder.

Zeltmission, engl. *Camp meeting,* Form der prot. ↗Evangelisation, um die zu erreichen, die nicht in der Kirche zu erreichen sind; in Engl. u. den USA entstanden. In Dtl. arbeiten Landes- u. Freikirchen zusammen.

C. F. Zelter

Zement *m* (lat.), wichtigstes Bindemittel des Baugewerbes, bildet mit Zuschlagstoffen (Sand, Kies, Steinschlag) Mörtel od. Beton. Z. hat hydraul. Eigenschaften. Er bindet an der Luft wie unter Wasser ab u. ist in Wasser beständig. *Portland-Z.* besteht aus Kalkstein, Tonerde, Kieselsäure u. Eisenoxid. Die Rohstoffe (Kalk, Ton, Mergel) werden gemahlen u. gemischt, zum Sintern gebrannt im langen sich drehenden Schrägrohr des kontinuierl. arbeitenden Z.drehofens od. im Schachtofen mit Drehrost bei 1450° C. Die gesinterten Klinker vermahlt man zu staubförm. Pulver, dem gebrauchsfertigen Z. *Roman-Z.* ist Wassermörtel aus ton-, d. h. silicatreichem Mergel. *Puzzolan-Z.* ist aus Lava, Tuff, Traß u. a. mit Kalk vermahlen.

Zementation *w* (lat.), **1)** hüttentechn.: die Gewinnung v. Metallen aus Lösungen, z. B. von Kupfer aus Grubenwässern. **2)** das Vergüten v. Stahloberflächen durch Einsatzhärten in *Zementierpulver* (Holzkohle, Hornspäne od. anderes) und Glühen unterhalb des Schmelzpunktes zu *Zementstahl.*

Zementit *m*, ↗Eisencarbid.

Zen (japan. = Versenkung), Meditationsweg innerhalb des Mahayana-Buddhismus; entstand im 6. Jh. unter dem Einfluß des Taoismus; seit dem 13. Jh. bes. in Japan bedeutsam; knüpft stark an die Praxis des ↗Yoga an.

Zenit *m* (arab.), Scheitelpunkt der Himmelskugel, genau senkrecht über dem Beobachter; Gegenpunkt: Nadir.

Zenobia, Königin v. ↗Palmyra 266/273; v. Aurelian besiegt u. gefangengenommen.

Zenon, *Zeno*, altgriech. Philosophen, **1)** *Z. aus Elea*, um 490 bis um 430 v. Chr.; ↗Eleaten. **2)** *Z. aus Kition*, um 336–um 264 v. Chr.; Begründer des älteren ↗Stoizismus.

Zenotaph *s* (gr.), das ↗Kenotaph.

Zensor *m* (lat.), im alten Rom Beamter (Zweierkollegium) zur Steuereinschätzung, auch zur Überwachung des bürgerl. Lebenswandels.

Zensur *w* (v. lat. *censura;* Ztw. *zensieren*), **1)** Prüfung, Beurteilung, Schulnote. **2)** staatl. beanspruchte Kontrolle v. öff. Meinungsäußerungen, bes. durch die Massenmedien; in demokrat. Regierungssystemen nur in Ausnahmefällen zulässig. **3)** kath. Kirche: a) die kirchl. Besserungs- u. Straf-Z.; b) die kirchl. *Bücher-Z.;* prüft in der Form der *Vor-Z.,* ob der Inhalt eines Buches mit den Glaubenssätzen der Kirche u. der allg. Kirchenlehre übereinstimmt. ↗Imprimatur, ↗Index.

Zensus *m* (lat.), **1)** Vermögenseinschätzung zur Steuerfeststellung. **2)** Volkszählung.

Zent *w*, im fränk.-dt. Reich die Hundertschaft u. das vom Z.-Grafen einberufene Hochgericht.

Zentenar(ium) *s* (lat.), Hundertjahrfeier.

zentesimal, hundertteilig. **Zenti**, Abk. c, als Vorsilbe vor Maßeinheiten: das $^1/_{100} = 10^{-2}$.

Zentimeterwellen, die ↗Mikrowellen.

Zentner *m* (vom lat. *centum* = 100), veraltetes Handelsgewicht, seit Einführung des metr. Systems 100 Pfund = 50 kg; der Doppel-Z. (in Östr.: *Meter-Z.*) = 100 kg.

zentral (lat.), im Mittelpunkt befindlich od. diesen bildend. [sien.

Zentralafrikanische Föderation ↗Rhode-

Zentralafrikanisches Reich, Staat in Äquatorialafrika, zw. Tschad u. Kongo, Kamerun u. Sudan. Im N ein leichtgewelltes Savannenland mit Viehwirtschaft der Eingeborenen, im S ein Hochplateau (500–1000 m) mit trop. Regenwald u. Anbau v. Baumwolle u. Kaffee; Bodenschätze: Eisenerz, Graphit, Diamanten, Zink. Das Land ist wirtschaftl. wenig entwickelt. – 1899 frz., seit 1910 Teil v. Frz.-Äquatorialafrika; 58 autonome, seit 60 unabhängige Rep.; „Kaiser" Bokassa I. (seit 76, zuvor seit 66 Staats-Präs.) wurde 79 gestürzt. Staats-Präs. (seit 79) D. Dacko.

Zentralafrikanischer Graben, *Tanganjika-Graben*, mittlerer Teil des geolog. jungen ostafrikan. Grabensystems, 20–100 km breit, 1400 km lang, mit Tanganjika-, Kiwu-, Edward- u. Albertsee.

Zentralasien, das innere, abflußlose Hochland Asiens, zw. Himalaja, Altai, Hindukusch u. Aralsee, mit der Mongolei, dem Tarimbecken u. Tibet.

Zentralbankrat ↗Deutsche Bundesbank.

Zentralbau, Architekturform, deren Bauteile auf eine mittlere Lotlinie bezogen sind. Grundriß kreis-, kreuzförmig, oval, quadrat. od. polygonal, oft durch Nischen od. Umgang erweitert, meist v. einer ↗Kuppel überdacht.

Zentralbewegung, ein Bewegungstyp, bei dem ein Zentralkörper v. einem Körper in einer geschlossenen Bahn umlaufen wird (z. B. Planetenbewegung). Die Kraft in Richtung Zentralkörper heißt ↗Zentripetalkraft, die entgegengesetzte ↗Zentrifugalkraft, die in ↗Zentrifugen ausgenutzt wird.

Zentrale Pakt-Organisation, engl. *Central Treaty Organization,* ↗CENTO.

Zentralheizung, alle Arten v. Gebäude-↗Heizungen mit *einer* zentralen Feuerungsstelle.

Zentralisation *w* (lat.; Ztw. *zentralisieren*), Zusammenfassung auf einen Mittelpunkt hin, bes. der Rechtstätigkeit u. Verwaltungsorganisation in einem Staat bei weitgehender Ausschaltung v. Zwischeninstanzen.

Zentralismus *m* (lat.), **1)** Streben nach Festigung der Staatsgewalt durch ↗Zentralisation. **2)** die damit erreichte Organisationsform selbst. Ggs.: ↗Föderalismus.

Zentralkomitee (ZK), Führungsgremium der KP einzelnen Länder; v. ihm das faktisch maßgebende ↗Politbüro u. das Sekretariat des ZK gewählt.

Zentralkomitee der deutschen Katholiken, 1868 gegr.; versteht sich als Zusammenschluß v. Einrichtungen, Vereinigungen u. Personen, die im Laienapostolat der kath. Kirche in Dtl. tätig sind; das Statut v. 1967 zielt auf eine Repräsentation auch der nichtorganisierten Katholiken. [stem.

Zentralnervensystem, ZNS, ↗Nervensy-

Zentralnotenbank ↗Notenbank.

Zentralplateau (: -tò), frz. *Massif Central* od. *Plateau Central*, Mittelgebirgslandschaft im mittleren u. südl. Fkr.; im Mont Dore 1886 m.

Zentralrat der Juden in Dtl., Zentralorgani-

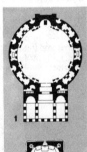

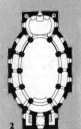

Zentralbau:
1 Das Pantheon in Rom, ein klass. Z. der Antike; Vorbild bis zum Klassizismus.
2 Kirche Steinhausen von D. Zimmermann; typisch für den Barock, der Lang- u. Zentralbau verschmelzen wollte

sation der Juden in der BRD, Sitz Düsseldorf; Körperschaft des öff. Rechts.

Zentralverwaltungswirtschaft, diejenige ↗Wirtschaftsordnung, bei der Erzeugung u. Verbrauch in Art u. Menge v. einer staatl. Zentralstelle aus geregelt werden; kann sich auf eine vollständige zentrale Planung aller Wirtschaftsbereiche erstrecken, aber auch auf die Produktion beschränken u. bei Verteilung u. (od.) Verbrauch teilweise od. völlige Freiheit zulassen. Die Bz. *Planwirtschaft* für die Z. ist insofern irreführend, als in jeder Wirtschaft, nicht nur in der Z., geplant werden muß. Entscheidend ist nur, wer plant, od. eine zentrale Stelle od., wie in der ↗Marktwirtschaft, die einzelnen Wirtschaftssubjekte. Der ↗Preis entfällt in einer totalen Z. als Knappheitsanzeiger; der Bedarf wird auf andere Weise ermittelt.

zentrieren, auf den Mittelpunkt einstellen.

zentrifugal (lat.), vom Mittelpunkt sich nach außen entfernend: Ggs. ↗zentripetal. **Z.kraft,** *Fliehkraft,* die bei einer erzwungenen Zentralbewegung einen Körper durch seine Trägheit nach außen ziehende Kraft. Die der Z. entgegengesetzt gleiche, zum Zentrum hin gerichtete (aufzuwendende) Kraft heißt *Zentripetalkraft.*

Zentrifuge w (lat.), *Trennschleuder, Separator,* hand- od. motorgetriebene Maschine, deren Trommel mit so hoher Geschwindigkeit umläuft, daß darin eingegebene Mischungen od. Emulsionen od. andere Stoffe sich gemäß ihrer Dichte trennen (schwerere nach außen, leichtere nach innen). Benutzt u.a. zum Milchentrahmen, Wäscheentwässern (Wäscheschleuder), als ↗ *Ultra-Z.* in der Forschung.

zentripetal (lat.), zum Mittelpunkt strebend. Ggs. ↗zentrifugal. **Z.kraft** ↗Zentrifugal-

zentrisch (lat.), im Mittelpunkt.   [kraft.

Zentrum s (lat.), Mittelpunkt.

Zentrum, *Dt. Zentrumspartei,* 1870 v. Mallinckrodt u. den Brüdern Reichensperger gegr.; ging zurück auf die 1852 im Preuß. Landtag gebildete „Kath. Fraktion", die sich seit 59 bis zu ihrer Auflösung 67 „Fraktion des Z." nannte; verfolgte die mit dem Schlagwort „Politischer Katholizismus" bezeichneten Ziele; im ↗Kulturkampf unter Führung Windthorsts in starkem Ggs. zu Bismarck, danach aktive Mitarbeit am Staat. Nach dem 1. Weltkrieg trat das Z. für die Weimarer Rep. ein u. trug vielfach die Hauptverantwortung für den Staat (die Reichskanzler Fehrenbach, Wirth, Marx u. Brüning); 1933 unter dem nat.-soz. Regime Selbstauflösung. Das 45 neu gegr. Z. ist heute nicht mehr in den Parlamenten der BRD vertreten. ☐ 133, 1090.

Zeolithe (gr.), wasserhaltige Aluminium-Natrium- (od. Calcium-)Silicate; schmelzen beim Erhitzen.

Zephanja ↗Sophonias.

Zephir m, baumwollener Hemden- u. Kleiderstoff in Leinwandbindung.

Zephyr, *Zephir* m (gr.), im Alt. der Südwestwind des Mittelmeergebiets.

Zeppelin, *Ferdinand* Graf v., 1838–1917; Schöpfer des starren Z.-↗Luftschiffs.

Zepter s (gr.), *Szepter,* Herrscherstab.

Ziege: oben Berggeiß mit ihren Jungen, unten Schraubenziege

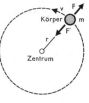

F = Zentrifugalkraft
F' = Zentripetalkraft
m = Masse des Körpers
v = Geschwindigkeit
r = Abstand v. Zentrum

$$F = \frac{m \cdot v^2}{r}$$

Zentrifugalkraft

Graf Zeppelin

Zerberus, in der griech. Sage mehrköpfiger Wachhund der Unterwelt.

Zerbst, Krst. im Bez. Magdeburg, 19500 E.; Innenstadt 1945 zerstört; Werkzeug-, Maschinen-, Schraubenfabrik; Spargelanbau.

Zeremoniar m (lat.), der mit der Vorbereitung u. Leitung liturg. Handlungen betraute Kleriker.

Zeremonie w (lat.), 1) feierl. Handlung. 2) *christl. Liturgie: i.w.S.:* Bz. für das, was sich auf die äußere Ausübung der Religion bezieht, oder für äußere rituelle Handlungen; *i.e.S.:* Bz. für die äußeren Formen der Liturgie. **zeremoniell,** feierl., förmlich. **Z.** s, feststehende, vorgeschriebene Gebräuche bei feierl. Anlässen.

Zeresin s, weißes u. gereinigtes Erdwachs.

Zerevis s, *Cerevis,* schildlose Studentenmütze.

Zerhacker, 1) *Polwechsler,* wandelt durch mechan. Schalter schwache Gleichströme in Wechselstrom um; wichtigster Teil der ↗Wechselrichter. 2) Gerät, das Draht- od. Funknachrichten mechan. od. elektron. unverständlich, d.h. abhörsicher macht; nur ein entspr. eingerichtetes Gegengerät kann in den urspr. Text zurückverwandeln.

Zermatt, schweizer. Kurort im Kt. Wallis, am Matterhorn, 1616 m ü.M., 3100 E.; Zahnradbahn zum Gornergrat (3131 m hoch).

Zermatten (: särmaten), *Maurice,* schweizer. Schriftsteller frz. Sprache, * 1910; schildert in Romanen u. Erz. häufig das Wallis.

Zernike (: s-), *Frits,* niederländ. Physiker, 1888–1966; für Erfindung des ↗Phasenkontrastverfahrens 1953 Nobelpreis.

Zeroplastik w (gr.), ↗Wachsbildnerei.

Zerstäuber, Gerät zum Vernebeln od. Versprühen v. Flüssigkeiten. Die Stoffe werden durch Düsen- od. Schleuderwirkung im Luftstrom zerstäubt. ↗Aerosoldose.

Zerstörer, schnelles, wendiges, kaum gepanzertes Kampfschiff mit mittlerer Bewaffnung (Artillerie bzw. Raketen: *Raketen-Z.,* u. oft Torpedos); übernahm z.T. die Aufgaben der Torpedoboote u. auch der (größeren) leichten Kreuzer. [glaubigung.

Zertifikat s (lat.), amtl. Bescheinigung, Be-**Zesen,** *Philipp* v., dt. Barockdichter, 1619–1689; gründete eine Sprachges.; Sonette; Roman *Die Adriatische Rosemund.*

Zession w (lat.), 1) *zivilrechtl.:* Abtretung einer ↗Forderung an einen Dritten. 2) *völkerrechtl.:* vertragl. Überlassung eines Staatsgebietes. **Zessionar** m, ↗Forderung.

Zetel, niedersächs. Gemeinde s.w. von Wilhelmshaven, 10500 E.; Klinker-, Textil- u. Schuh-Ind.

Zetkin, *Clara,* dt. Politikerin, 1857–1933; auf dem äußersten linken Flügel der Sozialisten; 1919 Mit-Begr. der KPD; leitete das Frauensekretariat der II. Internationale u. der Komintern, 20/33 M.d.R.

Zetter, mit Zapfweile angetriebene landwirtschaftl. Maschinen, die ein auf dem Felde zu verteilendes Material zerrupfen u. streuen.

Zetylalkohol m, *Äthal* s, glänzende Kristallblättchen, Schmelzpunkt 50°C; Hauptbestandteil des Walrats; Hautpflegemittel.

Zeugdruck, Bedrucken v. Stoffen mit Hilfe

v. Modeln, in die das Muster erhaben eingeschnitten ist; heute meist als *Spritz*- od. *Film*-Druck.

Zeuge, 1) allg.: wer v. etwas Zeugnis ablegt. **2)** *Anwesenheitsperson* bei Rechtsakten (Eheschließung, Testamentserrichtung) zur Gewähr des ordentl. Ablaufs u. späteren Beweises. **3)** *Beweisperson*, die im Prozeß über sinnl. Wahrnehmungen aussagt; kann nur Tatsachen bekunden; ist zum Erscheinen, zur Aussage u. zum Eid verpflichtet. *Zeugnisverweigerung* ist erlaubt für bestimmte Verwandte, zur Wahrnehmung des Berufsgeheimnisses u. bei Benachteiligung des Z. od. naher Verwandter.

Zeugenberg, *Auslieger,* den ehemaligen Verlauf einer Schichtstufe kennzeichnender, durch Erosion isolierter Berg.

Zeugen Jehovas, in Dtl. *Wachtturm Bibel- u. Traktat-Gesellschaft,* fr. *Ernste Bibelforscher,* adventist. Sekte, 1874 v. *Ch. T. Russell* gegr.; Lehre: Gott *(Jehova)* ist nur eine Person, Christus nicht Gott; Kirche besteht nur aus 144000 Gesalbten; nach der Schlacht bei Harmagedon bricht ein 1000jähr. Reich an; keine Unsterblichkeit der Seele, sondern ewiger Tod für alle, die Jehova u. seine theokrat. Ordnung nicht anerkennen.

Zeughaus, fr. Gebäude zur Aufbewahrung v. Kriegsmaterial; heute meist Museum.

Zeugnis, 1) Bekundung durch den ⁄Zeugen. **2)** schriftl. Beurteilung eines Schülers durch die Lehrerschaft (mit Noten für die Leistungen in einzelnen Fächern). **3)** *Arbeits-Z.:* Der Arbeitnehmer hat Anspruch auf Z. bei Beendigung des Arbeitsverhältnisses, bei Kündigung auf *Zwischen-Z.* als Bewerbungsunterlage; muß Art u. Dauer der Beschäftigung *(einfaches Z.),* auf Verlangen Leistung u. Führung (qualifiziertes Z.) angeben. Nachteilige Angaben sind im allg. nicht gestattet. Das Z. ist einklagbar.

Zeulenroda, thüring. Krst. am Rand des Vogtlands (Bez. Gera), 13500 E.; Gummiwirkerei; Textil-, Maschinenindustrie.

Zeus, der höchste griech. Gott, Sohn des Kronos (Kronide), Bruder u.a. von Poseidon, Demeter u. Pluto, erhielt bei der Teilung der Welt unter die Götter den Himmel u. die Oberherrschaft; wurde später verehrt als Schützer des Rechts, des Eides u. jegl. Gemeinschaft. Bei den Römern Jupiter.

Zeven, niedersächs. Stadt n.ö. von Bremen, 10200 E.; roman. Kirche (12. Jh.); Gummiwerk, Milchverarbeitung.

Zeyer, *Werner,* dt. Politiker (CDU), * 1929; seit 79 Min.-Präs. des Saarlandes.

Zgorzelec (: sgårsehälätß) ⁄Görlitz.

Zibbe *w,* weibl. Schaf, Ziege od. Kaninchen.

Zibebe *w* (it.), große ⁄Rosine.

Zibet *m,* stark riechende Masse, v. der *Z.katze* (in Afrika u. Asien) aus der *Z.drüse* ausgeschieden; für Parfümerien. **Z.ratte,** *Z.biber,* die ⁄Bisamratte.

Ziborium *s* (gr.-lat.), **1)** Überdeckung für Grab, Bildwerk, Thron, Tabernakel u.ä. **2)** in der kath. Kirche. Bz. für den eucharistischen Speisekelch.

Zichorie *w,* **1)** *Wegwarte,* Köpfchenblütler; himmelblau blühendes, zähes Kraut; nah

Karl Ziegler

C. M. Ziehrer

Werner Zeyer

1

2

3

4

ziehen: 1 Stangen-, 2 Rohr-, 3 Stopfenzug, 4 Tiefziehen mit Gummistempel

verwandt die ⁄Endivie. **2)** der aus den Wurzeln v. 1) durch Trocknen u. Rösten hergestellte Kaffee-Zusatz.

Zick, dt. Rokokomaler: **1)** *Januarius,* 1730 bis 1797; Altarbilder in Ottobeuren und Zwiefalten; Fresken. **2)** *Johann,* Vater v. 1), 1702–62; Wandmalerei u.a. in den Schlössern Bruchsal u. Würzburg.

Zider *m* (frz. *cidre),* durch Vergärung v. gezuckertem Apfelmost gewonnener Wein.

Ziege, wiederkäuender Paarhufer mit hohlen Hörnern; lebt wild als Hochgebirgstier; ⁄Bezoar-, Schrauben-Ziege, ⁄Steinbock. *Haus-Z.* liefert Milch, Fleisch, Felle; Jahresmilchleistung durchschnittl. 500–700 l.

Ziege, *Messerfisch* od. *Sichling,* messerförm. Karpfenfisch mit sichelförm. Brustflossen; in der Donau.

Ziegel *m* (lat.), aus Lehm od. Ton geformte u. gebrannte Mauersteine (Backsteine) u. flachere Dach-Z., maschinell in der *Ziegelei* hergestellt: *Voll-Z., Waben-Z.* (durch zahlr. Luftkanäle schall- u. wärmeisolierend) und *Dach-Z.* (Mönch und Nonne, Holländ. Pfanne, Kremp-Z., Biberschwanz).

Ziegenbart, knollenartig verzweigte Keulenpilze: *Bärentatze, Blumenschwamm, Bocksbart, Korallenschwamm, Krause Glucke.* Jung eßbar, alt bitter und oft sogar schädlich. ☐ 750.

Ziegenfuß, dem Schafeuter ähnlicher, eßbarer ⁄Porling mit braunem, rissigem Hut u. bauchigem Stiel; in Nadelwäldern.

Ziegenlippe, *Filzröhrling,* eßbarer ⁄Röhrenpilz; in Wäldern.

Ziegenmelker, die ⁄Nachtschwalbe.

Ziegenpeter, der ⁄Mumps. ☐ 420.

Ziegler, 1) *Karl,* dt. Chemiker, 1898–1973; bedeutende Arbeiten u.a. zur Kunststoffchemie, 1963 Nobelpreis. **2)** *Leopold,* dt. Kulturphilosoph, 1881–1958; *Gestaltwandel der Götter; Menschwerdung.*

ziehen, in der Umformtechnik durch Recken v. Metallstäben od. Draht durch das Loch eines *Zieheisens* od. bei stärkerer Verformung durch eine *Ziehpresse.*

Ziehharmonika ⁄Handharmonika.

Ziehrer, *Carl Michael,* östr. Komponist, 1843–1922; Walzer u. Märsche, Operetten, u.a. die *Landstreicher.*

Ziel, die Zeit v. der Eingehung einer Zahlungsverpflichtung bis zur Fälligkeit, z.B. *14 Tage Z.* = 14 Tage Kredit. **Z.fernrohr,** Fadenkreuz-Fernrohr auf Gewehren.

Zielfilmkamera, Filmaufnahmegerät, das rasch verlaufende Vorgänge im Sport (Endspurt) mit Zeitdehnerfilm aufnimmt.

Zielona Góra (: säl̮ono gura) ⁄Grünberg.

Ziem, *Jochen,* dt. Schriftsteller (DDR), * 1932; Zeitstücke *(Die Einladung; Nachrichten aus der Provinz; Die Versöhnung),* Hörspiele, Erzählungen, Gedichte.

Ziemer, 1) Rücken des Wildbrets. **2)** Wacholder-⁄Drossel. **3)** *Ochsenziemer,* der Schwellkörper des Penis v. Stieren od. Hengsten, wird als Treibstock verwandt.

Ziergräser, als Gartenzierpflanzen u. in der Trockenbinderei verwendete Gräser: das ⁄Glanz-, ⁄Pampas-, ⁄Zittergras u.a.

Ziesel *m,* rotbraunes Nagetier; in Osteuropa; schädl. wegen Wühlarbeiten.

Draht ⎡Ziehdüse Flach⎤eisen

Rohr   Schweißfuge

Dornstange   Zange

Stößel   Ziehteil
Gummi

Entlüftung

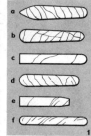

Ziffer: Stammbaum der Zahlen. a Brahmi, b Indisch, c Westarabisch, d 11. Jh., e 15. Jh., f 16. Jh.

Ziest m, Lippenblütler, Kräuter od. Stauden mit gebüschelten Blüten. In Dtl.: *Wald-Z., Aufrechter Z., Sumpf-Z., Woll-Z.* Der japan. *Knollen-Z.* delikates Gemüse.

Zieten, *Hans Joachim* v., Husarengeneral Friedrichs d. Gr., 1699–1786; erfolgreich in mehreren Schlachten des 7jähr. Kriegs; entschied 1760 die Schlacht bei Torgau.

Ziffer (v. arab. *sifr* = leer, null), Bz. für jedes der zehn Zahlzeichen 0, 1, 2, 3, 4, 5, 6, 7, 8, 9; verwendet im Dezimalsystem, repräsentiert je nach ihrer Stellung innerhalb einer mehrstelligen Zahl einen verschiedenen Wert (Stellenwert).

Zigarette w (span.-frz.), ↗Tabak-Ware; aus feinfädig geschnittenen Tabakgemischen in Papierhülse mit u. ohne Mundstück. **Zigarillo** s (: ßigariljo, span.), kleine ↗Zigarre ohne Kopf. **Zigarre,** längl., verschieden dicke ↗Tabak-Ware aus fermentierten Tabaken; das geformte Einlage wird mit einem *Umblatt* u. dann mit dem *Deckblatt* eingehüllt; die gerade Form heißt *Stumpen.* **Z.nwickler,** der ↗Rebenstecher.

Zigeuner (Mz.), ein in kleinen Gruppen über Europa, Nordafrika u. Vorderasien verbreitetes Wandervolk nordwestind. Herkunft; alte u. strenge Bräuche; eigene Sprache mit vielen Mundarten; gelangten im 9. Jh. über Kleinasien u. Ägypten auf den Balkan, v. dort seit dem 13. Jh. nach ganz Europa, nach Dtl. zu Anfang des 15. Jh.

Zikaden, *Zirpen,* sprungfähige Schnabelkerfe mit breitem Kopf.

Zikkurat w, sumer., babylon., assyr. u. elamit. Hochtempel, meist mit monumentaler Außentreppe; die berühmteste Z. war der Turm v. Babel. ☐60.

Zilcher, *Hermann,* dt. Komponist, 1881 bis 1948; Orchesterwerke, Klavier-, Akkordeon- u. Chormusik, Lieder.

Zilien (Mz., lat.) ↗Wimpern.

Zilizien, *Kilikien,* Küstenlandschaft in Süd-Anatolien (Türkei), südl. des Kilikischen Taurus u. des Antitaurus, Hauptort Tarsus; die *Kilikische Pforte,* ein 1300 m hoher Paß über den Kilik. Taurus, verbindet Anatolien mit Syrien (Bagdad-Bahn).

Zille w, Frachtkahn mit flachem Boden.

Zille, *Heinrich,* dt. Zeichner u. Maler, 1858–1929; schilderte gemütvoll-heiter, auch sozialkrit. das Berliner „Milieu".

Zillertal, rechtes Seitental des Inn in Tirol, v. *Ziller* durchflossen; Viehzucht, Getreide-, Obstbau; Fremdenverkehr. **Z.er Alpen,** Gruppe der Ostalpen zw. dem Brenner im W sowie der Birnlücke u. dem Ahrntal im O; im Hochfeiler 3510 m hoch; stark vergletschert, beliebtes Skigebiet. [sien.

Zimbabwe, amtl. Name der Rep. ↗Rhode-

Zimljansker See, Stausee des unteren Don, bei Zimljansk, 2610 km², 180 km lang, bis 38 km breit; reicht bis zur Einmündung des

H. Zille: Im Regen. „Mutter, ick werde nich naß"

Zigarre: 1 Zigarrenformen, a Spitz-, b Keulen-, c Corona-, d Ei-, e Basler-, f Doppelkopf-Format; **2** Zigarilloformen

Georg August Zinn

↗Wolga-Don-Kanals bei Kalatsch. Staut den Don um 26 m; großes Wasserkraftwerk. Bewässerungskanäle.

Zimmerbock, einheim. Bockkäfer; an gefällten Kiefern, im Zimmerholz.

Zimmerlinde, Lindengewächs, Strauch mit herzförm. Blättern; Zimmerpflanze.

Zimmermann, Meister des schwäb.-bayer. Rokoko, **1)** *Dominikus,* Stukkateur u. Baumeister, 1685–1766; Steinhausen, Günzburg, die Wies (☐822). **2)** *Johann Baptist,* Bruder v. 1), 1680–1758; Maler u. Stukkateur in München.

Zimmertanne ↗Araukarie.

Zimt, *Zimmet,* die gepulverte, aromat. Rinde asiat. Bäume u. Sträucher (Lorbeergewächse); als Gewürz: Chines. Z., Ceylon-Z., Weißer Z. ↗Kaneel. Rinde der Z.bäume liefert Z.öl. **Z.apfel,** Zucker- od. Custardapfel, *Anone;* Beerenfrucht. ☐748.

Z.pilz, Z.röhrling, Hasenpilz, Speisepilz.

Zingst, Dünenhalbinsel an der Ostsee n.w. von Stralsund (Mecklenburg).

Zingulum s (lat.), **1)** Gürtel. **2)** in der kath. Liturgie Strick zur Schürzung der Albe. **3)** Talar-(Soutane-)Binde bei Welt- u. Ordensklerus. **4)** Gürtel als Andachtszeichen kirchl. Bruderschaften.

Zink s, chem. Element, Zeichen Zn, silbergraues Schwermetall; Ordnungszahl 30 (☐149); in der Natur als Z.blende (ZnS), Galmei ($ZnCO_3$), Rotzinkerz (ZnO); dt. Vorkommen im Harz, Schwarzwald, in Westfalen; Verwendung als Legierungsbestandteil v. ↗Messing, zum Verzinken v. Dachrinnen, Waschkesseln u. ä. **Z.ätzung,** meist eine ↗Strichätzung v. Z.platten. **Z.druck,** Flachdruckverfahren mit einer Z.platte anstelle eines Lithographiesteines.

Zinken s, **1)** im Schwarzwald Bz. für abgelegene Hofgruppe. **2)** Gaunerzeichen. **3)** Teil v. Rechen u. Gabel.

Zinksalbe, Salbe aus Zinkoxid u. Schweineschmalz; für Hautentzündungen.

Zinkverbindungen, Zinkoxid (ZnO), Malerfarbe (Zinkweiß); Zinkchlorid ($ZnCl_2$), Lötwasser; Zinksulfid (ZnS), u. a. auf Röntgenschirmen als fluoreszierendes Mittel.

Zinn, chem. Element, Zeichen Sn, silberweißes glänzendes Metall; Ordnungszahl 50 (☐149); weich, dehnbar, läßt sich zu Folien (Stanniol) auswalzen; zum Verzinnen von Eisenblech; Legierungsmetall; in der Natur als Z.stein (SnO_2), Z.kies (Cu_2FeSnS_4), z.haltiger Pyrit $(SnFe)S_2$. Z.oxid (SnO_2), zum Weißfärben v. Glasflüssen (Milchglas). Z.tetrachlorid ($SnCl_4$), schwere, farblose Flüssigkeit, raucht an der Luft, Beizmittel im Textildruck. – *Kunst:* Schon im Alt. in Legierungen verarbeitet; für den Z.guß mit Blei in verschiedenen Mischungsverhältnissen legiert; Verwendung für Amulette, Gefäße, Geräte; Hochblüte 2. Hälfte 16. Jh.; *Z.figuren* seit dem 16. Jh., Höhepunkt 18./19. Jh. (bes. *Z.soldaten*).

Zinn, *Georg August,* dt. Politiker (SPD), 1901–76; 50/69 Min.-Präs. u. (bis 62) Justizmin. v. Hessen.

Zinnie w, *Zinnia,* Köpfchenblütler; Kräuter u. Stauden mit buntfarbigen Blütenköpfen.

Zinnkraut ↗Schachtelhalm.

Zinnober *m*, Quecksilbersulfid, HgS; scharlachrotes Mineral; Quecksilbererz.
Zinnstein, *Kassiterit*, wichtiges Zinnerz, chem. Zinnoxid, SnO₂; sehr hart.
Zins *m* (v. lat. *census* = Schätzung, Steuerabgabe), Vergütung für die Nutzung v. Dauergütern *(Pacht-, Miet-, Wasser-Z.)*, i.e.S. für die Überlassung v. Geld für eine bestimmte Zeit *(Darlehens-Z.)*. Auf niederer Wirtschaftsstufe, in der Darlehen überwiegend dem unmittelbaren Verbrauch dienten, wurde das Z.nehmen als ↗Wucher angesehen (daher auch die Z.verbote im MA). Mit der Entwicklung der Geldwirtschaft wurden jedoch die Darlehen mehr u. mehr als ertragbringendes Kapital verwandt. Daher ist es gerechtfertigt, daß der Darlehensgeber in Form des Z. Anteil an dem Nutzen des Darlehensnehmers nimmt. Außerdem kann der Darlehensgeber Schaden durch entgangenen Gewinn erleiden. Er geht auch das Risiko ein, das Darlehen nicht in jedem Fall wiederzuerhalten. Heute entsteht dem Kreditgeber, wenn er keinen Z. verlangt, stets ein Verlust durch den entgangenen Gewinn, denn jedermann kann für die zeitweise Überlassung v. Geld Z. erhalten durch ↗Sparen bei Sparkassen, Banken usw. Die Z.höhe hängt ab v. Angebot u. Nachfrage auf dem Kapital- bzw. Geldmarkt, ferner v. der gebotenen Sicherheit, v. der Zeit der Kreditbeanspruchung, schließl. auch v. Maßnahmen der Notenbank (durch den ↗Diskont). Sie beeinflußt z.T. die Investition u. damit die gesamtwirtschaftl. Beschäftigung. **Zinseszins**, zusammengesetzter Zins, die Zinsen v. Zinsen. Die Zinsen eines Kapitals werden am Jahresende dem Kapital zugeschlagen u. im folgenden Jahr mitverzinst. Berechnung mittels Z.- bzw. *Rentenrechnung.* **Zinsfuß**, der Zins, ausgedrückt in %. **Zinsrechnung**, a) die Berechnung des Zinses eines Kapitals nach einem Zinsfuß, b) des Kapitals, c) des Zinsfußes od. d) der Tage, für die Zinsen entrichtet werden. **Zinsschein** ↗Coupon.

K. E. Ziolkowski

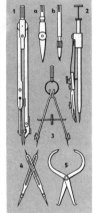

Zirkel: 1 Einsatz-Z. mit a Ziehfeder- und b Bleimineneinsatz, 2 Nullen-Z., 3 Teil-Z., 4 Reduktions-Z., 5 Greif-Z. mit Innentaster

Zinzendorf, *Nikolaus Ludwig* Graf v., dt. luth. Theologe, 1700–60; Pietist; Verf. religiöser Schriften u. Lieder; Gründer der Herrnhuter ↗Brüdergemeine.
Ziolkowski, *Konstantin Eduardowitsch*, russ. Forscher, 1857–1935; gilt mit ↗Oberth als einer der geistigen „Väter der Weltraumfahrt".
Zion ↗Sion. **Z.ismus**, nationalpolit.-kulturelle Bewegung im Judentum; der v. Th. ↗Herzl Ende 19. Jh. neu belebte *polit. Z.ismus* (1. Zionistenkongreß 1897 in Basel) erstrebte die Wiedererrichtung eines jüd. Staates in ↗Palästina; dieses u. a. durch die Schaffung jüd. Ackerbaukolonien in Palästina zum Ausdruck gebrachte Bestreben fand in der ↗Balfour-Deklaration 1917 brit. Unterstützung u. erreichte mit der Gründung des Staates ↗Israel 48 sein Ziel. Der v. Achad Ha-Am u. M. ↗Buber vertretene *kulturelle Z.ismus* erstrebt eine Wiederbelebung der hebräischen Kultur.
Zipperlein, Name für ↗Gicht.
Zips *w*, slow. *Spiš*, Landschaft u. ehem. dt. Sprachinsel in der östl. Slowakei, am Südosthang der Hohen Tatra; im 13. Jh. Gründung v. Städten durch dt. Einwanderer *(Z.er Sachsen)*; Hauptorte: Käsmark, Leutschau, Kirchdrauf. 1946 die meisten Dt. (ca. 37000) ausgewiesen.
Zirbeldrüse, *Epiphyse*, Ausstülpung des Zwischenhirndaches, innersekretorische Drüse, deren Hormon vermutl. die Geschlechtsentwicklung beim Kind hemmt.
Zirbelkiefer, *Zirbe, Arve*, bis 20 m hohe Föhrenart; Samen eßbar u. zu Öl.
Zirkel *m* (lat.), 2schenkliges Gerät zum Zeichnen v. Kreisen u. zum Abmessen v. Strecken. **Z.schluß** *m* (lat. *circulus vitiosus*), in der Logik Trugschluß, in dem das zu Beweisende selbst den Beweisgrund bildet.
Zirkon *m*, Edelstein aus Zirkoniumsilikat, ZrSiO₄; in vielen Farben, z. B. auch Hyazinth. ☐255.
Zirkonium *s*, fr. *Zirkon*, chem. Element, Zeichen Zr, seltenes Metall, Ordnungszahl 40 (☐149); als *Z.oxid* u. im Mineral ↗Zirkon; zu Speziallegierungen, Blitzlichtmischungen u. a. **Z.oxid**, ZrO₂, als *Z.weiß* für Ölfarbanstriche.
Zirkular *s* (lat.), Rundschreiben. **Z.beschleuniger** ↗Beschleunigungsmaschinen. **zirkuläres Irresein** ↗manisch-depressives Irresein. **Zirkularnote** ↗Note. **Zirkulation** *w*, der (Blut-)Kreislauf. **Zirkulationsstörungen**, ungleichmäßige Blutverteilung; führt zu Kurzatmigkeit, Verfärbung der Haut, Migräne. **zirkulieren** (lat.), umlaufen, kreisen. **Zirkumflex** *m* (lat.), Akzentzeichen, ~ oder meist^, für einen gedehnten Ton.
Zirkumpolarsterne, Sterne, die nie unter dem Horizont verschwinden, ihr Abstand v. Himmelspol ist kleiner als geograph. Breite des Beobachtungsorts. ☐1136.
Zirkus *m* (lat.), 1) im Alt. langgestreckter Ovalbau für Pferderennen u. Schaustellungen (Gladiatorenkämpfe u. a.). Größter Z. in Rom: *Circus Maximus*, z. Z. Konstantins 180000 Sitze. 2) festes Gebäude od. großes Zelt mit ovaler od. runder ↗Manege für Artistik u. Dressurdarbietungen.

Zinsrechnung

$$Z = \frac{K \cdot p \cdot T}{100 \cdot 360} = \frac{ZZ}{ZD}$$

$$K = \frac{Z \cdot 100 \cdot 360}{p \cdot T}$$

$$p = \frac{Z \cdot 100 \cdot 360}{K \cdot T}$$

$$T = \frac{Z \cdot 100 \cdot 360}{K \cdot p}$$

Z = Zinsen
K = Kapital
p = Zinsfuß
T = Tage
ZZ = Zinszahl
$$= \frac{K \cdot T}{100}$$
ZD = Zinsdivisor
$$= \frac{360}{p}$$

Zinseszins- bzw. Rentenrechnung

Das Anfangskapital K₀ ergibt nach n Jahren das Endkapital

$$K_n = K_0 \cdot q^n$$

q = Aufzinsungsfaktor

$$= 1 + \frac{p}{100};$$

p = jeweil. Zinsfuß

Umgekehrt erhält man durch Abzug des Zinseszinses einer erst in n Jahren fälligen Schuld S deren augenblickl. Barwert B (Diskontierung):

$$B = S \cdot \left(\frac{1}{q}\right)^n;$$

$$\frac{1}{q} = \text{Abzinsungs- oder Diskontierungsfaktor.}$$

Wird zu Anfang eines jeden Jahres dieselbe Spareinlage E eingezahlt, so beträgt das Kapital am Ende des n-ten Jahres:

$$K_n = Eq \frac{q^n - 1}{q - 1}$$

(Sparkassenformel)

Bei Abheben einer Rente vom Betrag R am Ende jeden Jahres gilt die Rentenformel: $K_n =$

$$K_0 \cdot q^n - R \frac{q^n - 1}{q - 1}$$

Zirndorf, bayer. Stadt in Mittelfranken, s.w. von Fürth, 20800 E.; Spielwaren-Ind.
Zirpe, die ∕Zikade.
Zirren (Mz., lat.), die Cirrus-∕Wolken.
ziselieren (frz.), Metall mit Feile, Meißel u. Stichel nachträgl. überarbeiten, an Gold- u. Silberschmuck Verzierungen v. der Außenseite herausarbeiten.
Žiška (: schischka), *Johann,* Heerführer der ∕Hussiten (Taboriten), um 1360–1424; schlug Ks. Sigmund bei Prag u. Dt.-Brod.
Zisleithanien ∕Österreich (Gesch.).
Ziste, 1) urgeschichtl. Bronzeeimer. **2)** zylinderförm. antikes Kultgefäß, auch für die Asche Verstorbener.
Zisterne, unterirdischer Sammelbehälter für (meist) Regenwasser.
Zistersdorf, niederöstr. Stadt im Bez. Gänserndorf, 6500 E.; im Gebiet Z. reiche Erdöl- u. Erdgasfelder; Pipeline nach Wien.
Zisterzienser (Mz.), *Sacer Ordo Cisterciensis* (SOCist), nach dem Stammkloster ∕*Cîteaux* benannter Reformorden der Benediktiner, 1098 v. Robert v. Molesmes gegr.; durch ∕Bernhard v. Clairvaux mächtiger Aufschwung; bedeutend durch Missionierung im östl. Dtl.; heutige Aufgabe: neben kontemplativem Leben zunehmend Seelsorge u. Unterricht. Tracht: weißer Habit mit schwarzem Skapulier. **Z.innen,** der weibl. Zweig, um 1132 gegr.; bedeutend in der Mystik des 13./14. Jh.; heute meist kontemplatives Leben mit Handarbeit.
Zistrose *w, Z.ngewächse,* bis 2 m hohe Sträucher mit weißen, lila od. roten Blüten im Mittelmeergebiet; Zierpflanzen. ∕Ladanum.
Zita, Gemahlin des ehem. östr. Ks. ∕Karl I., Mutter v. Otto ∕Habsburg, * 1892; seit 1918 im Exil. [stung.
Zitadelle *w* (it.), der Kern einer klass. Festung.
Zither, volkstüml. Saiteninstrument; bestehend aus einem flachen, liegenden Resonanzkasten mit 28–42 Saiten, davon 5 Griffod. Melodiesaiten (mit einem Metalldorn angerissen).
zitieren (lat.; Hw. *Zitat*), **1)** einen Ausspruch aus Rede od. Schrift wörtl. anführen. **2)** jemanden vorladen.
Zitrange *w* (: änsche), Kreuzung zw. verschiedenen ∕Citrus-Arten; steht in Geschmack u. Süße zw. Orange u. Zitrone.
Zitronat *s, Sukkade,* in Zucker eingemachte, kandierte Schalen unreifer Zitronen; als Backgewürz.
Zitronen (it.), hellgelbe, eiförmige, säuerliche Südfrüchte, Gattung ∕Citrus; Saft der Früchte als Gewürz, zu Limonade, zur Z.säureherstellung, als Heilmittel gg. Skorbut; in allen subtrop. Gebieten angebaut.
□748. **Z.falter,** Tagschmetterling der ∕Weißlinge; z.gelb. **Z.gras,** *Zitronellagras,* aromatische Gräser, enthalten das äther. *Z.grasöl;* auf Ceylon u. Java kultiviert. **Z.kraut, 1)** die ∕Melisse. **2)** der *Z.strauch,* ein Eisenkrautgewächs des trop. Amerika. **3)** die ∕Eberraute. **Z.säure,** dreibasige Oxysäure in Z. u. anderen Früchten; zu Limonaden u. Fruchtsirupen, im Farbdruck Zusatz zu Farblösungen. Ihre Salze heißen *Citrate.*
Zittau, sächs. Krst. in der Oberlausitz (Bez.

Zitterfische:
Zitterrochen

Zistrose

Zither

Zirkumpolarsterne

Zirkumpolarsterne: Sterne, die keinen größeren Winkelabstand vom Himmelsnordpol haben, als dieser über dem nördl. Horizont steht, gehen nie unter und heißen Z.

Dresden), 43500 E.; got. Peter-u.-Pauls-Kirche; Textil- u. Maschinenindustrie.
Zitterfische, speichern in ∕elektr. Organen Elektrizität, betäuben Feinde mittels elektr. Schläge; so der süd-am. *Zitteraal,* der afrikan. *Zitterwels* u. der *Zitterrochen* des Mittelmeers. [bewegl. Ährchen.
Zittergras, *Hasenbrot,* mit herzförm., leicht
Zitwer *m,* **1)** *Z.samen,* Samen einer pers. ∕Beifuß-Art; Wurmmittel. **2)** *Z.wurzel,* als Gewürz u. Magenmittel. **3)** *Gelber Z.,* der ∕Ingwer. **4)** *Deutscher Z.,* der ∕Kalmus.
Zitzen, Saugwarzen am Euter der Säugetiere.
Ziu, *Tyr,* german. Kriegsgott. [tiere.
zivil (lat.), bürgerlich, gesittet.
Zivildienst, *Ersatzdienst, ziviler Ersatzdienst, Wehrersatzdienst,* in der BRD bei Kriegsdienstverweigerung anstelle des Wehrdienstes zu leistender 18monatiger Dienst; erfolgt in Organisationen mit gemeinnützigen Zielen. **Zivilehe,** die bürgerl.-rechtl. Ehe. ∕Eheschließung.
Ziviler Bevölkerungsschutz, fr. *Luftschutz,* ist die Vorbereitung u. Durchführung v. (militär. u. zivilen) Schutz- u. Hilfsmaßnahmen für das Über- u. Weiterleben der Bev. im Zshg. mit Raketen- od. Luftangriffen u. für die Erhaltung der Wohn- u. Arbeitsstätten. **Zivilgericht,** Gericht der ordentlichen Gerichtsbarkeit in seiner Funktion für privatrechtl. Rechtsstreitigkeiten. **Zivilisation** *w* (lat.), vor allem im nicht-dt. Sprachgebrauch mit Kultur gleichgesetzt, i.e.S: der bes. durch die Technik geformte Kulturbereich, der auf die Lebenshaltung ausgerichtet ist; manchmal auch als im Ggs. zur Kultur stehender Bereich verstanden. **Z.skrankheiten,** *Verhaltenskrankheiten,* sind vorzugsweise Folgen einer unzweckmäßigen Lebensweise; bes. von Kohlenhydrat-Überernährung, Bewegungsmangel, übermäßigem Alkoholgenuß, Rauchen, psych. Streß; dazu zählen bestimmte Herzkrankheiten, Bronchialkarzinom, Parodontose u.a.
Zivilkammer, Abt. des ∕Landgerichts.
Zivilliste, jährl. Geldleistung aus der Staatskasse an die Monarchen. **Zivilprozeß,** *Zivilverfahren,* das staatl. angeordnete u. geregelte Verfahren vor staatl. Gerichten; soll die Rechte einzelner feststellen, schützen u. durchsetzen; geregelt in der *Zivilprozeßordnung* (ZPO). Für den Z. zuständig sind im allg. die ordentl. Gerichte. Für bestimmte Sachgebiete auch bes. Gerichte (z.B. Arbeitsgerichte). Bei den ordentl. Gerichten ist die Zuständigkeit sachl. u. örtl. bestimmt. Für vermögensrechtliche Ansprüche bis 1500 DM, für alle Mietstreitigkeiten u. Unterhaltsansprüche ist das ∕Amtsgericht, für höhere vermögensrechtl. Ansprüche sowie nicht vermögensrechtl. Sachen das ∕Landgericht in 1. Instanz zuständig. Örtlich zuständig ist das Gericht, in dessen Bez. der Angeklagte seinen Wohnsitz od. dauernden Aufenthalt hat, das Gericht, in dessen Bez. sich ein umstrittenes Grundstück od. eine Erbschaft befindet od. eine unerlaubte Handlung begangen wurde. Eine andere Zuständigkeit kann v. den Parteien vereinbart werden. Vor dem Landgericht u. höheren Gerichten gilt Anwaltszwang. Ge-

gen ein Urteil der 1. Instanz ist ↗Berufung, gg. die Berufungsurteile der Oberlandesgerichte u. U. die Revision an den Bundesgerichtshof gegeben. Ein nicht durch ein solches Rechtsmittel angefochtenes od. anfechtbares Urteil ist rechtskräftig. Nur ausnahmsweise ist Wiederaufnahme des Verfahrens möglich. **Zivilrecht** ↗Bürgerliches Recht. **Ziviltrauung,** die bürgerl.-rechtl. ↗Eheschließung, die in Dtl. seit dem Personenstandsges. v. 1875 allein rechtsverbindl. ist; sie muß (außer in bes. Fällen, z. B. lebensgefährl. Erkrankung eines Ehepartners) der kirchl. Eheschließung vorangehen; Verstoß dagegen heute nur noch Ordnungswidrigkeit. Doch muß der Geistliche bald die kirchl. Trauung dem Standesamt mitteilen.

ZK, Abk. für Zentralkomitee.

Zlin (: slin[n]) ↗Gottwaldov.

Zloty (: s[u]oti), Währungseinheit. □ 1144/45.

Zn, chem. Zeichen für ↗Zink.

Zobel *m,* Marder mit kostbarem Pelz; lebt in den Gebirgswäldern Nordostasiens; auch in Farmen gezüchtet.

Zodiakallicht, *Tierkreislicht,* zarter Lichtschimmer über der Sonne bei Dämmerung; entsteht durch Streuung des Sonnenlichts an freien Elektronen u. Staubteilchen (↗interplanetare Materie). **Zodiakalzeichen,** die Tierkreiszeichen. **Zodiakus** *m* (gr.), der

Zofe *w,* Kammerjungfer. [↗Tierkreis.

Zogu (: s-), Achmed, 1895–1961; 1925 Staatspräs., 28 Kg. v. Albanien (Z. I.); 39 v. den Italienern vertrieben.

Zola (: sola), Émile, frz. Schriftsteller, 1840–1902; Wortführer des europ. ↗Naturalismus; Darsteller des Großstadtlebens, Anklage v. Kapital u. Maschine. HW: *Les Rougon Macquart,* die Natur- u. Sozialgeschichte einer Familie im 2. Kaiserreich, darin die Romane: *Nana; Germinal; Thérèse Raquin.* Trat für Dreyfus ein: *J'accuse.*

Zöliakie *w* (gr.), schwere Verdauungsstörung v. 2- bis 5jähr. Kindern durch Unverträglichkeit v. Kleberproteinen.

Zölibat *m, s* (lat.), die in vor- u. außerchristl. Religionen oft v. Priestern u. Mönchen geforderte Lebensform der Ehelosigkeit u. dauernden oder zeitlich begrenzten geschlechtl. Enthaltung; in der *kath. Kirche* die kirchenrechtl. geforderte geistl. Standespflicht des Klerikers mit höheren Weihen, nicht zu heiraten und in vollkommener Keuschheit zu leben; beruht bibl. auf dem Ev. Rat Mt 19,12 u. dem Hinweis des Apostels Paulus in 1 Kor 7, 32–35; erste kirchenrechtl. Bestimmungen dazu seit Beginn des 4. Jh.; Pp. Leo d. Gr. u. Pp. Gregor d. Gr. dehnten das Verbot der Eheschließung über Bischof, Priester u. Diakon hinaus auf den Subdiakon aus; in den morgenländ. Kirchen nur Bischöfe u. Mönche zum Z. verpflichtet; Pp. Innozenz II. erklärte 1139 die höheren Weihen zu einem trennenden Ehehindernis. – Von der *reformator.* Theologie als Stand der Vollkommenheit mit dem Weihesakrament abgelehnt.

Zoll, Zeichen ", ein altes Längenmaß, zw. 2,3 u. 3 cm; als engl.-am. Längenmaß *inch* = 2,54 cm, z. T. nicht mehr gebräuchl.

Zodiakallicht (Zeichnung)

Émile Zola

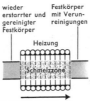

wieder erstarrter und gereinigter Festkörper — Festkörper mit Verunreinigungen
Heizung
Schmelzzone
Wanderung der Schmelzzone
Zonenschmelzverfahren

Zoll, eine an den Grenzen eines Landes od. an wichtigen Verkehrswegen *(Brücken-, Fluß-Z.)* erhobene Abgabe für die Ein-, Durch- u. Ausfuhr v. Waren (↗Steuern). Dem Zweck nach unterscheidet man ↗Finanz- u. ↗Schutz-Z., nach der Form der Erhebung *Spezifische Zölle* (nach Maß, Gewicht, Stuckzahl, Stück Z.) u. ↗Wert-Z. **Z.ausschluß,** Gebiet eines Staates, das der Z.hoheit eines anderen Staates untersteht; ist für diesen Z.anschluß.

Zollern *m,* Berg u. Burg ↗Hohenzollern.

Zollfahndung, spürt Verstößen gg. die Zollvorschriften nach (z. B. Zollhinterziehung).

Zollgrenzbezirk, im Zollverkehr ca. 15 km breiter Landstreifen entlang der Zollgrenze.

Zollinhaltserklärung, Inhaltsangabe bei Auslandspostsendungen; ist diesen als Urkunde für die zollamtl. Abfertigung beizulegen. **Zolltarif,** die Gesamtheit der Zölle eines Landes; wird häufig durch handelsvertragl. Abmachungen durchbrochen, z. B. durch die ↗Meistbegünstigung. **Zollunion,** Vereinigung v. Staaten zu einem einheitl. Zollgebiet, z. B. ↗Europäische Wirtschaftsgemeinschaft. **Zollvereine,** wirtschaftspolit. Vereinigungen dt. Staaten im 19. Jh. (Süddt. Z., Mitteldt. Handelsverein), die schließl. im preuß.-dt. Z. (1834/71) zu einer wirtschaftl. Einigung fast ganz Dtl.s u. Östr.s führten.

Zone *w* (gr.), **1)** durch 2 Breitenkreise begrenzter Teil der Erdoberfläche; Klima- (heiße, gemäßigte, kalte Z.), Vegetations-, Kultur-Z.n. **2)** Glied einer geolog. Formation, kleinste, überregional faßbare geolog. Einheit, charakterisiert durch die vertikale Verbreitungsdauer eines Leitfossils. **3)** Gebiet. **4)** *Besatzungs-Z.n,* 1945 durch Übereinkunft der 4 Siegermächte abgegrenzte Gebiete in Dtl. u. Östr., die von jeweils einer der Mächte besetzt u. verwaltet wurden; später vielfach volkstüml. für DDR.

Zonenschmelzverfahren, Verfahren zur Gewinnung v. Halbleiterstoffen höchster Reinheit (bis unter 1 : 10[10]), eine fraktionierte Kristallisation, bewirkt durch wiederholte Wanderung einer *Schmelzzone* (Induktionsheizung) längs des stabförmigen Materials, dabei wird an einem Ende Anreicherung v. Störstoffen auf.

Zonentarif, bei Post u. Bahn nach größeren Entfernungsstufen gestaffelter Beförderungstarif.

Zonenzeit, Einheitszeit für die zw. 2 Meridianen gelegenen Orte der Erdoberfläche, wobei für jede Zone die Zeit ihres Mittelmeridians als Z. gilt. Die Einteilung ist so gewählt, daß diese jeweils um volle Stunden v. der Weltzeit (Greenwicher Zeit) abweicht; z. B. hat die Zone 37 $1/2°$ L. bis 52 $1/2°$ w. L. die Ortszeit von 45° w. L. als Z., die somit 3 Stunden später ist als die Greenwicher Zeit. Auf dem Festland sind die math. Begrenzung der Zonen häufig durch Staatsgrenzen ersetzt. □ 1138.

Zoologie *w* (gr.), *Tierkunde,* Zweig der ↗Biologie, erforscht Bau u. Lebenserscheinungen der Tiere. Teilgebiete der Z. z. B. ↗Morphologie, ↗Ontogenie, Tiergeographie, Verhaltensforschung.

Zoologischer Garten, *Zoo, Tiergarten,* öff.

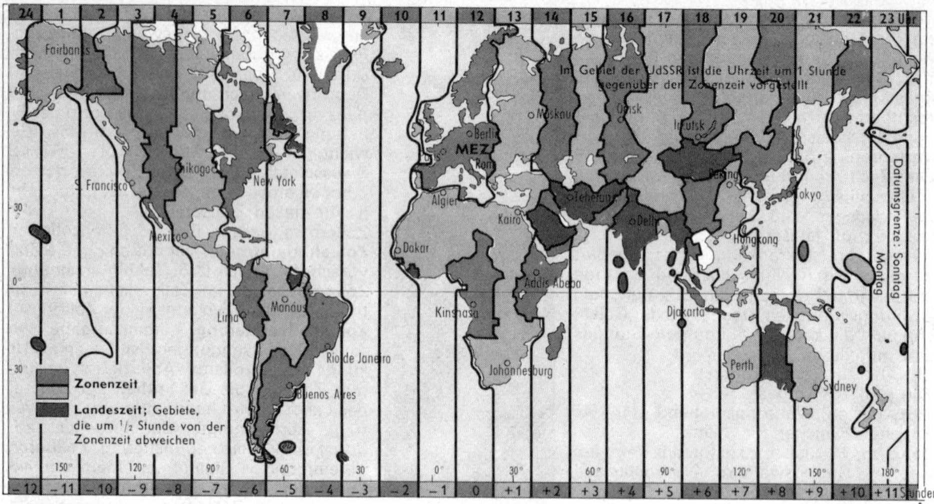

Im Gebiet der UdSSR ist die Uhrzeit um 1 Stunde gegenüber der Zonenzeit vorgestellt
Fairbanks
S. Francisco
Chikago
New York
Mexiko
Lima
Manaus
Rio de Janeiro
Buenos Aires
Dakar
Algier
Berlin
MEZ
Rom
Moskau
Omsk
Irkutsk
Kairo
Teheran
Delhi
Peking
Tokyo
Hongkong
Kinshasa
Addis Abeba
Johannesburg
Djakarta
Perth
Sydney
Datumsgrenze: Sonntag Montag
Zonenzeit
Landeszeit; Gebiete, die um 1/2 Stunde von der Zonenzeit abweichen
Stunden

Zonenzeit: die Ortszeiten für die verschiedenen Zeitzonen um 12 Uhr MEZ (Mitteleurop. Zeit)

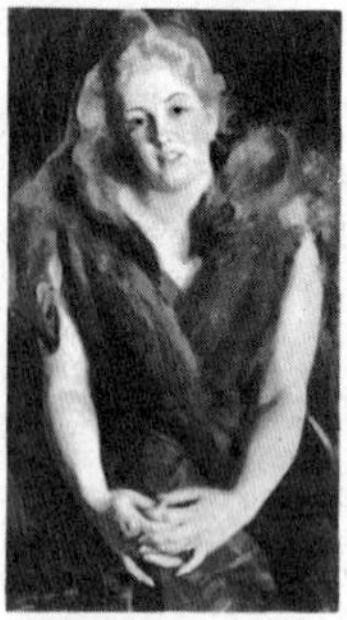

Anders Zorn: Maja

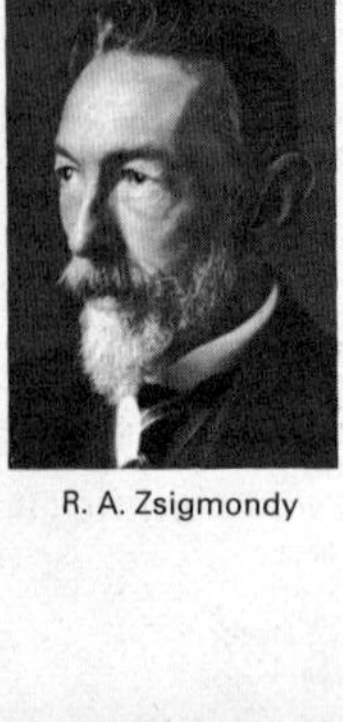

R. A. Zsigmondy

Parkanlage, in der lebende einheim. u. bes. fremdländ. Wildtiere in Gehegen, Häusern u. im Freigelände zur Schau gestellt sind. Der Z. G. dient zur Unterrichtung der Besucher u. der Tierforschung (u. a. der Verhaltensforschung).

Zoom-Linse (: sum-), die ↗Gummilinse.

Zoonosen, durch Bakterien, Viren, Würmer, Insekten od. Protozoen v. Tier auf den Menschen übertragene Krankheiten.

Zoon politikon (gr.), auf Gesellschaft angelegtes Wesen; bei Aristoteles Wesens-Bz. für den Menschen.

Zopfstil, Spätform des Rokoko, 1770/90; benannt nach der Haartracht der Zeit; Übergang zum Klassizismus.

Zoppe *w, Pleinzen m,* 1–2 kg schwere Brachsenart mit seitl. zusammengedrücktem Leib; in Ost- u. Nordsee u. ihren Zuflüssen. Das grätige Fleisch ist wenig geschätzt.

Zoppot, poln. *Sopot,* Stadt u. Ostseebad an der Danziger Bucht, n.w. von Danzig, 45000 E.; Hochschulen für Wirtschaftswiss., Musik u. Bildende Kunst.

Zorn (: ß-), *Anders,* schwed. Maler, 1860 bis 1920; Einfluß des frz. Impressionismus.

Zorndorf, poln. *Sarbinowo,* brandenburg. Ort, nördl. von Küstrin. – 1758 Sieg Friedrichs d. Gr. über die Russen.

Zoroaster ↗Zarathustra.

Zorobabel, *Zerubbabel,* jüd. Führer bei Rückkehr aus der Babylon. Gefangenschaft 538 v. Chr.

Zotten, faden-, finger- od. kegelförmige Vorstülpungen des Organgewebes nach innen, vergrößern die Oberfläche; im Dünndarm (□ 169) z. ↗Resorption der Nahrungsstoffe, vermitteln im ↗Mutterkuchen den Stoffaustausch zw. Mutter u. Kind.

ZPO, Abk. für **Z**ivil**p**rozeß**o**rdnung.

Zr, chem. Zeichen für ↗Zirkonium.

Zrenjanin (: s-), fr. ungar. *Veliki Bečkerek,* jugoslaw. Stadt im Banat (Wojwodina), 59000 E.; Weinbau, Seidenraupenzucht.

Zschokke, *Heinrich,* dt. Schriftsteller, ev. Pädagoge, 1771–1848; in der Schweiz ansässig; schrieb nach romant.-abenteuerl. Romanen lehrhafte, sozialkrit. Erzählungen, Betrachtungen *(Stunden der Andacht).*

Zschopau, sächs. Krst. im mittleren Erzgebirge (Bez. Karl-Marx-Stadt), 10000 E.; Motorradfabrik, Textilindustrie.

Zsigmondy (: schig-), *Richard Adolf,* östr. Chemiker, 1865–1929; Erfinder des Ultra-↗Mikroskops; für seine Kolloidforschungen Nobelpreis 1925.

Zuaven (Mz.), **1)** alger. Kabylenstamm. **2)** 1831 in Algier begr. koloniale frz. Infanterietruppe; urspr. aus Eingeborenen u. Weißen, später nur noch aus Weißen gebildet.

Zucalli, *Enrico (Johann Heinrich),* schweizer. Architekt, um 1642–1724; seit 1669 in München; Hauptvertreter des bayer. Hochbarock; vollendete die *Theatinerkirche,* wirkte am Bau der Schlösser *Nymphenburg* u. *Schleißheim* mit, Umbau des *Klosters Ettal.*

Zuchtbuch, das ↗Herdbuch.

Zuchthaus, Anstalt zur Verbüßung der *Z.strafe;* in der BRD abgeschafft. ↗Freiheitsstrafe.

Züchtigung, *körperl.,* Leibesstrafe, steht den Eltern u. der elterl. Gewalt als Erziehungsmittel zu; es besteht kein allg. Z.srecht Dritter; unerlaubte Z. od. Überschreitung des Z.rechts als Körperverletzung strafbar. Z. eines Auszubildenden ist verboten.

Züchtung ↗Pflanzenzüchtung, ↗Viehzucht.

Zucker, Stoffklasse der ↗Kohlenhydrate. Im allg. Sprachgebrauch *Rohr-* u. *Rübenzucker* aus Z.rohr u. Z.rüben, wichtiges Nahrungsmittel. **Z.gast** ↗Silberfischchen. **Z.hut,** kegelförm. gegossener Raffinadezucker.

Zuckerhut, portugies. *Pão de Assucar,* charakterist. Berg in Form eines Z., an der Bucht v. Guanabara vor Rio de Janeiro, 385 m hoch; Seilbahn.

Zuckerhütl, höchster Berg der Stubaier Alpen (Tirol), an der östr.-it. Grenze, 3507 m hoch; vergletschert.

Zuckerkrankheit, *Zuckerharnruhr, Diabetes mellitus,* chron. Erkrankung des Gesamtstoffwechsels, wobei Störungen des Kohlenhydratstoffwechsels im Vordergrund stehen; Hauptursache ist eine Unterfunktion der *Langerhansschen Inseln,* der Insulin (blutzuckersenkendes Hormon) produzierenden Zellen der Bauchspeicheldrüse: es wird zuwenig Insulin produziert, so daß der ↗Blutzucker-Spiegel erhöht ist. Diese Störungen im Kohlenhydratstoffwechsel haben u. a. Störungen im Fettstoffwechsel zur Folge. Die Z. äußert sich in übermäßigem Durst, Mattigkeit, Gewichtsabnahme u. reichl. Harn. Behandlung im allg. durch eine kalorien- u. kohlenhydratarme Diät, blutzuckersenkende Mittel u. Gaben v. Insulin. Die *Bronzekrankheit* (Bronzediabetes) hat durch eisenhaltige Pigmentanhäufungen bronzene Hautfarbe zur Folge. **Zuckerpalme,** in den Tropen kultivierte Fiederpalme, deren Blütenstände täglich 2–4 l Saft geben; wird zu Palmzucker eingekocht. **Zuckerrohr,** in den Tropen kultiviertes Gras mit knotig gegliedertem Schaft, aus dessen Mark Rohr-Z. gewonnen wird. **Zuckerrübe,** Kulturform der ↗Runkelrübe, mit rübenartig verdickter Wurzel (20% Z.); Anbau auf tiefgründigen, nährstoffreichen Böden. **Zuckervögel,** kleine Singvögel, mit gespaltener Zunge (zum Lecken u. Saugen v. Blütenhonig u. Fruchtsäften).

Zuckmayer, *Carl,* dt. Schriftsteller, 1896 bis 1977; 38 Emigration, 39 nach den USA; seit 58 in Saas-Fee (Schweiz); bühnenwirksame Dramen, z. T. Volksstücke: *Der fröhliche Weinberg; Schinderhannes; Hauptmann v. Köpenick; Des Teufels General; Gesang im Feuerofen; Der Rattenfänger.* Erz. *(Seelenbräu; Fastnachtsbeichte),* Lyrik; Autobiographie *Als wär's ein Stück von mir.*

Zuckmücken, kleine Mücken ohne Stechrüssel; tanzen oft in riesigen Schwärmen an Gewässern; Larven als Fischfutter.

Zug, 1) kleinster Kt. der Schweiz. 239 km², 73600 E.; Hst. Zug. Ein fruchtbares Hügelland um den Z.er See u. den Ägerisee. **2)** Hst. v. 1) u. Sommerfrische am NO-Ufer des Z.er Sees, 22100 E.; Altstadt mit spätgot. Rathaus (1505) u. spätgot. Kirche (1478/1557). **Z.er See,** nördl. des Vierwaldstätter Sees, 414 m ü. M., 38 km², 198 m tief. **Zugabe,** vermögenswerte Leistungen, die im Geschäftsverkehr über die gewünschte Ware od. Leistung hinaus unentgeltl. gewährt werden; grundsätzl. als unlauterer Wettbewerb verboten; erlaubt sind z. B. Reklamegegenstände u. ↗Rabatt in bestimmtem Umfang.

Zugewinngemeinschaft, seit 1958 in der BRD gesetzl. Güterstand für alle vor u. nach diesem Zeitpunkt geschlossenen Ehen, sofern nicht durch Ehevertrag ein anderer Güterstand vereinbart wurde (↗Ehel. Güterrecht). Eingebrachtes u. während der Ehe erworbenes Vermögen bleiben eigentumsmäßig getrennt; selbständige Vermögensverwaltung durch jeden Gatten. Über im Eigentum eines Ehegatten stehende Gegen-

Zugvögel: Herbstwanderung des europäischen Weißen Storches. Störche, die in Fkr. und dem westl. Dtl. nisten, wandern über Spanien, während die, die weiter im Osten nisten, das östl. Mittelmeer umfliegen.

Carl Zuckmayer

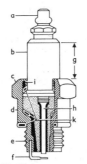

Zündkerze:
a Anschluß, b Isolierkörper, c Sechskant, d Schaft, e Einschraubgewinde, f Masseelektrode, g Kopfkriechweg, h Mittelelektrode, i Ausgleichring, k Dichtringe

stände des ehel. Hausrats u. über sein Vermögen als Ganzes kann der Ehegatte nur mit Einwilligung des anderen verfügen. Der *Zugewinn* (Betrag, um den das End- das Anfangsvermögen eines Ehegatten übersteigt), den die Ehegatten in der Ehe erzielen, wird ausgeglichen, wenn die Z. endet. **Zugmaschine** ↗Schlepper. **Zugsicherung,** *induktive Z.,* ↗Eisenbahnsignale. ☐217. **Zugspitze,** höchster dt. Berg im Wettersteingebirge, 2962 m hoch. Auf dem Westgipfel Münchener Haus u. meteorolog. Observatorium. Bayer. Zahnrad- u. Schwebebahn, östr. Schwebebahn. **Zugvögel,** Vögel, die jährl. bei Sommerende günstigere Winterquartiere beziehen u. im folgenden Jahr zurückkehren. **Zuhälterei,** Ausnützen der ↗Prostitution (einer Frau) durch einen Mann, der daraus seinen Lebensunterhalt bezieht od. der gewerbsmäßig od. eigennützig die Prostitution förderl. ist; strafbar.

Zuidersee (: seuder-) w, ehem. Meeresbucht an der niederländ. Nordküste, 3500 km². Seit 1923 Trockenlegungsarbeiten, die in 5 Poldern 220000 ha Ackerland schaffen. Die Polder bilden eine neue Prov. mit der Hst. Lelystad. Zw. den Poldern bleibt das 130000 ha große *Ijselmeer.*

Zülpich, rhein. Stadt s.w. von Bonn, 16400 E.; Papier- u. Verpackungs-Ind., Maschinenbau, Strumpffabrik.

Zulu ↗Sulu.

Zündblättchen, Kaliumchlorat-Schwefelantimon-Mischung enthaltende Doppelblättchen aus Papier; für Spielpistolen.

Zunder *m,* **1)** der ↗Feuerschwamm (Z.pilz); **2)** ↗Hammerschlag.

Zünder, 1) eine Vorrichtung zum raschen Einleiten einer Verbrennung. **2)** eine Vorrichtung zur ↗Zündung v. Explosivstoffen, bes. als Geschoß-Z., z. B. als elektron. Annäherungs-(Nah-, Nahfeld-)Z. od. *Aufschlag-Z.* In Sprengladungen werden oft *Zeit-Z.* eingebaut. ☐1075.

Zündholz, *Streichholz,* kleines Stäbchen aus Holz (auch Steifpappe) mit Zündmasse (Paraffin, Antimonsulfid, Schwefel, Kaliumchlorat u. Bindemittel wie Leim oder Dextrin) am Kopf, das, an rauher, meist dafür bes. präparierter Streichfläche (ungiftiger roter Phosphor u. Glaspulver, mit Bindemittel) entzündet, weiterbrennt.

Zündhütchen, kleine Kupferkapsel mit einem gg. Schlag sehr empfindl. Zündsatz (Knallquecksilber, Bleiazid).

Zündkerze, Vorrichtung, die in Benzinmotoren das Kraftstoff-Luft-Gemisch durch einen elektr. Funken zur Entzündung bringt. Reihenfolge der ↗Zündung bei mehreren Zylindern u. Zündzeiten regelt der *Zündverteiler.* Den *Zündstrom* liefert Batterie-, Transistor- od. Magnetzündung. ☐1140.

Zündschnur, *Lunte,* Zündmittel für Sprengungen, enthält eine isolierte Schwarzpulverfüllung; wird durch offene Flamme gezündet.

Zündung, 1) *Initialzündung,* in der Sprengtechnik das Entzünden der Sprengladung. **2)** bei ↗Verbrennungsmotoren das Ent-

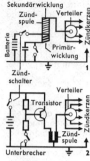

Unterbrecher 2

Sekundär-
wicklung

Primär-
wicklung

Zündung (beim
Verbrennungsmotor):
1 Batterie-Z.,
2 Transistor-Z.,
3 Magnet-Z.

Menschl. Zunge mit
Geschmackspapillen
und Zungenfollikeln
– ☐ 323

F. de Zurbarán:
Padre Jerónimo Pérez

flammen des Kraftstoff-Luft-Gemisches im
Zylinder, bei Dieselmotoren durch Erhit-
zung infolge Verdichtung als Selbst-Z., bei
Glühkopfmotoren durch erhitzten Teil
(„Glühkopf") im Zylinderkopf, bei Ottomotoren durch einen in der ↗Zündkerze zw.
zwei Elektroden erzeugten Hochspan-
nungszündfunken. ☐ 1041.
Zünfte, Gilden, Zwangsverbände für die
Mitgl. eines Gewerbes, entstanden im 12.
Jh., regelten in sozialem u. antikapitalist.
Geist Ausbildung u. Ausübung des Berufs;
Einfluß auf die Stadtherrschaft; nach dem
16. Jh. Mißstände („Zunftgeist"); im 19. Jh.
beseitigt.
Zunge, 1) bei bekieferten *Wirbeltieren*
wulstförm. Muskelorgan am Mundhöhlen-
boden; bei Fischen nur angedeutet, bei Eidechsen u. Schlangen oft gespalten u. sehr
beweglich. **2)** beim *Menschen* leicht bewegl., am Z.nbein entspringendes Muskelorgan; über die ganze Z. verstreut, befinden
sich pilzförmige Papillen mit Geschmacksknospen. Neben ihrer Funktion als Ge-
schmacksorgan dient die Z. der Nahrungs-
beförderung u. Lautbildung. **Z.nblüten,**
Randblüten der Korbblütler, oft anders gefärbt. **Z.npilz**, der ↗Leberpilz.
Zünsler, eine Gruppe langbeiniger Kleinschmetterlinge; Raupen leben an od. in
Pflanzen. Schädlich sind: ↗Bienenmotte,
↗Mehlmotte, Fett-Z., Mehl-Z., Mühlen-Z.,
Mais-Z. u. Lichtmotten.
Zupfinstrumente ↗Musikinstrumente.
Zurbarán (: ß-), *Francisco de,* span. Barockmaler, um 1598–1664; naturalist. Darstellung, v. scharfer Helldunkel-Modellierung.
Zürcher See ↗Zürichsee.
Zurechnungsfähigkeit: *Zivilrecht:* die Fähigkeit eines Menschen, seine Handlungen
durch seinen vernünftigen Willen zu bestimmen, so daß man sie ihm zurechnen
kann; mögl. ab 7 Jahren. *Strafrecht:* grundsätzl. mit Schuldfähigkeit gleichzusetzen
(↗Schuld 3 b). *Unzurechnungsfähigkeit:*
wer die erforderl. Einsichtfähigkeit nicht hat
(z. B. Geisteskranke).
Zurechnungszeit, in der soz. ↗Rentenver-
sicherung die Zeit zw. Eintritt des Versiche-
rungsfalles u. Vollendung des 55. Lebensjahres; wird unter bestimmten Voraussetzungen den Versicherungs- u. Ausfallzeiten
hinzugerechnet.
Zürich, 1) schweizer. Kt. im Alpenvorland,
zw. dem ↗Z.see u. dem Hochrhein,
1729 km², 1,1 Mill. E.; Hst. 2. [vgl. 2)]. Ein
Hügelland mit schönen Tälern u. Seen. **2)**
größte Stadt der Schweiz, deren wirtschaftl.
u. kulturelle Mittelpunkt, am Ausfluß der
Limmat aus dem Z.see, 377000 (m. V.
709000) E.; Univ., TH, Meteorolog. Zentralamt, Musikakademie, Museen u. Theater.
Roman. Großmünster (um 1100 begonnen),
roman.-got. Fraumünster, St. Peter (13. Jh.,
im 18. Jh. barockisiert). Maschinen-, Textil-,
Kugellager-, chem. Ind. Große Handelshäuser, Banken, Versicherungen. Fremdenverkehr. Flughafen Kloten. – 1218 Freie Reichsstadt; 1351 Ewiger Bund mit den 4
Waldstätten gg. Habsburg; ein Zentrum der
schweizer. Reformation.

Zürichsee, *Zürcher See,* See im schweizer.
Alpenvorland, 88,5 km², 40 km lang, 143 m
tief; wird durch Landzunge u. Bahndamm in
den Obersee u. den eigentl. Z. geteilt. Zufluß: Linth; Abfluß: Limmat.
Zusammenrottung, Zusammenschluß v.
Personen in der Absicht, Gewalttätigkeiten
zu begehen. Voraussetzung für die Bestrafung u. a. wegen ↗Aufruhrs, schweren
↗Hausfriedensbruchs, ↗Landfriedens-
bruchs.
Zuschlag, 1) ↗Versteigerung. **2)** Betrag, der
zusätzl. zum Fahrpreis für die Benutzung
schnellfahrender Züge erhoben wird.
Zuschläge, 1) beim Hochofenprozeß Zusätze zur Erzeugung einer leicht schmelzen-
den Schlacke. **2)** Stoffe, die mit Zement od.
anderen Bindemitteln u. Wasser Beton od.
Mörtel ergeben.
Zustimmungsgesetz, Bundesgesetz, das
der Zustimmung des ↗Bundesrates bedarf.
Zwangsarbeit, schwerste Freiheitsstrafe;
nach dt. Recht nicht möglich; oft auch
Machtmittel totalitärer Staaten. **Zwangsbe-
urlaubung,** Maßnahmen der obersten
Dienstbehörde, durch die einem Beamten
ohne förml. Dienstenthebung Ausübung
seines Dienstes auf längstens 3 Monate un-
tersagt wird; die vollen Dienstbezüge laufen
weiter. **Zwangsneurosen,** ↗Neurosen mit
Zwangsvorstellungen, auch Zwangsbe-
fürchtungen u. Zwangsantrieben (z. B.
Waschzwang, Zählzwang). **Zwangsver-
gleich,** nach Eröffnung des ↗Konkurses zw.
Gemeinschuldner u. nichtbevorrechtigten
Gläubigern geschlossener Vergleich.
Zwangsversteigerung, die Form der
↗Zwangsvollstreckung in das unbewegl.
Vermögen. **Zwangsverwaltung,** Mittel der
↗Zwangsvollstreckung in das unbewegl.
Vermögen; bezweckt Befriedigung des
Gläubigers aus den Einnahmen des Grund-
stücks. **Zwangsvollstreckung,** Befriedigung
eines Anspruchs mit den Machtmitteln des
Staates, durchgeführt durch ↗Gerichts-
vollzieher oder Gericht aufgrund eines Urteils, gerichtlichen Vergleichs, Vollstrek-
kungsbefehls, vollstreckbarer Urkunde. Erfolgt bei Geldforderung durch Pfändung u.
öffentl. Versteigerung od. in das unbeweg-
liche Vermögen durch Zwangshypothek,
Zwangsversteigerung od. Zwangsverwaltung; die Z. wegen Herausgabe einer Sache
geschieht durch Wegnahme od. Räumung.
Rechtsmittel des Schuldners sind Erinnerung u. Einwendung. ↗Arrest.
Zwanzigster Juli 1944, Tag des Attentats
auf Hitler; das v. Graf v. ↗Stauffenberg un-
ternommene Attentat mißglückte. ↗Wi-
derstandsbewegung.
Zweiblatt, *Listera,* Orchideen mit grünen
gespornten Blüten u. 2 großen Blättern.
Zweibrücken, kreisfreie Stadt in Rheinland-Pfalz, im Westrich, 35100 E.; spätgot.
Alexanderkirche (1493); Maschinen-,
Schuh-, Textilfabriken. – 1477/1778 Residenz der Hzg.e v. Pfalz-Z.
Zweibund, Defensivbündnis v. 1879 zw. Dtl.
u. Östr.-Ungarn, 82 z. ↗Dreibund erweitert.
Zweiflügler, *Dipteren,* Insekten mit einem
(vorderen) Flügelpaar: Fliegen u. Mücken.

Arnold Zweig　　　　Stefan Zweig

Zweig, 1) *Arnold,* dt. Schriftsteller, 1887 bis 1968; emigrierte 1933, seit 48 in Ost-Berlin. *Novellen um Claudia;* Roman *Der Streit um den Sergeanten Grischa.* **2)** *Stefan,* östr. Schriftsteller, 1881–1942 (Selbstmord im Exil in Brasilien); psycholog. Erzählungen *(Schachnovelle; Verwirrung der Gefühle)* u. Roman *(Ungeduld des Herzens;* Biographien: *Baumeister der Welt; Balzac* u. a.; bedeutende Essays, u. a. *Sternstunden der Menschheit.*
zweihäusig, *diözisch,* männl. u. weibl. Blüten wachsen auf verschiedenen Pflanzen.
Zweikammersystem (/Kammer 3), /Par-
Zweikampf /Duell, /Mensur.　[lament.
Zweikeimblättler /Dikotyledonen.
Zweischwertertheorie, im MA (bes. v. Pp. Bonifaz VIII. vertretene) Lehre v. Verhältnis zw. Kirche u. weltl. Herrschaft: der Pp. erhält beide Gewalten (Schwerter) v. Gott u. gibt die weltl. Gewalt unter Vorbehalt der geistl. Oberherrschaft an die Fürsten.
Zweispitz, Hutform des Directoire mit 2 seitl. Spitzen u. aufgeschlagenen Krempen.
Zweitaktmotor /Verbrennungsmotor.
Zweiter Bildungsweg, als Ergänzung des herkömml. Schulwesens eingeführter verkürzter Bildungsgang (Aufbauschule, Abendrealschulen, Abendgymnasium, Sonderreifeprüfung u. a.), der Begabte in Verbindung mit dem Berufsleben zur Fach-, Fachhochschul- u. Hochschulreife führt.
Zweites Gesicht, bei manchen Menschen (bes. in Westfalen: Spökenkiekerei) parapsycholog. Fähigkeit, örtl. entfernte oder zukünftige Ereignisse bildartig zu sehen u. vorauszusagen. /Parapsychologie.
Zwentibold (: s-) /Swatopluk, /Mähren.
Zwerchfell, *Diaphragma s,* nach oben gewölbte muskulöse Scheidewand zw. Brustraum u. Bauchhöhle, durchzogen v. Speiseröhre, Körperschlagader, unterer Hohlvene u. Nerven; unterstützt /Atmung. □616.
Zwerenz, *Gerhard,* dt. Schriftsteller, * 1925; floh 57 aus der DDR in die BRD; Publizist; zeitkrit. Romane *(Aufs Rad geflochten; Die Liebe der Toten Männer; Bericht aus dem Landesinnern; Die Quadriga des Mischa Wolf),* auch erot.-pikareske (u. a. *Casanova oder Der Kleine Herr in Krieg u. Frieden);* Autobiographie *Der Widerspruch.*
Zwerg, im Volksglauben Verkörperung menschenfreundl. Erdkräfte; v. geringer Körpergestalt.
Zwerghirsch, Zwerg-/Moschustier.
Zwerghühner, rassenreiche Gruppe der Haushühner, meist leichter als 1200 g.

Zwergpalme, *Besenpalme,* wildwachsende /Palme; Blätter liefern Polstermaterial.
Zwergwuchs, *Nanismus, Nanosomie* (gr.), zurückgebliebenes Längenwachstum, verschiedenste Ursachen u. Formen; entsteht durch frühzeitigen Abschluß des Wachstums; Merkmal der *Zwergvölker* (/Pygmäen). Krankhaft: Funktionsstörungen der Schilddrüse (/Kretinismus), der Niere od. der Hypophyse.
Zwetschge /Pflaume. **Z.nwasser,** Branntwein aus Z.n mit 40–50% Alkohol.
Zwickau, sächs. Krst. im Erzgebirge (Bez. Karl-Marx-Stadt), an der *Z.er Mulde,* 127000 E.; bedeutendes Ind.-Zentrum im Z.er Steinkohlenrevier mit Bergbau u. vielseitiger Ind.: Textilien, Maschinen, Kraftfahrzeuge. Romanischer Dom (16. Jh. umgebaut), got. Katharinenkirche (13. Jh.), spätgot. Gewandhaus (16. Jh.).
Zwickel, 1) keilförm. Einsatz in Kleidungsstücken. **2)** Bauglied, dreiseitig begrenztes Flächenstück als Gewölbe-Z. *(Pendentif)* u. Bogen-Z. *(Spandrille).*
Zwiebel, 1) das Speicherorgan der Lilien- u. Amaryllisgewächse; unterirdischer Sproß mit dichtbesetzten, verdickten Blättern (Z.schuppen). **2)** Speise-, Küchen-Z., *Bolle* od. *Zipolle,* Staude mit hohlem Stengel; Küchengewürz u. Volksheilmittel. **Z.fisch,** der Buchdruckerei durcheinandergeratener Schriftsatz. **Z.haube,** *Z.dach,* Turmhelm od. Kuppel in der Form einer umgekehrten Z. (kielbogenförmig); bes. in der islam. u. russ. Architektur u. in Mitteleuropa seit dem Barock verbreitet. □165.
Zwiefalten, württ. Gemeinde im Kr. Reutlingen, 2700 E.; ehem. Benediktiner-Abtei (1089/1803), Barockkirche (1739/1765 erbaut) v. J. M. Fischer. □1142.
Zwiesel, niederbayer. Stadt im Bayer. Wald, 10300 E.; Holz- u. Glas-Ind. mit Fach- u. Ingenieurschule.
Zwillinge, 1) /Mehrlinge, /Siamesische Z. **2)** Sternbild des Nordhimmels (mit den Hauptsternen Castor u. Pollux) u. 3. Tierkreiszeichen (♊). **3)** *Kristall-Z.,* gesetzmäßige (symmetr.) Verwachsung v. zwei Kristallen an einer gemeinsamen Berührungsfläche.
Zwingli, *Ulrich* (*Huldrych*), schweizer. Reformator, neben /Calvin Begr. der ref. Kirche, 1484–1531; seit 1519 als Leutpriester in Zürich; näherte sich 19/20 Luther; formte seit 23 mit Zustimmung des Zürcher Rats die dortige Kirche im ev. Sinne um; Abschaffung der Heiligenbilder u. der Messe, Aufhebung der Klöster; schuf eine neue kirchl. Disziplinarbehörde, das Ehe- u. Sittengericht; setzte 28 seine Lehre in Bern durch; verwarf in seiner Kontroverse mit Luther bezügl. der Abendmahlsfrage die Realpräsenz Christi im /Abendmahl. Sein Plan, die ev. Staaten v. der Nordsee bis zur Schweiz in einer europ. Koalition unter Philipp v. Hessen gg. Habsburg zu vereinigen, wurde hinfällig; Niederlage der Zürcher im 2. Krieg v. Kappel (31), in dem Z. fiel.
Zwirn, aus 2 od. mehr Garnen durch Flügel- od. Ring-Z.maschinen zum Z.erei zusammengedrehter Faden.

Knospe — Achse

Zwiebelschuppen
Zwiebelscheibe

Zwiebel: 1 Längsschnitt der Tulpen-Z., **2** Küchen-Z. mit Blüte

Castor
Pollux

Sternbild Zwillinge

Ulrich Zwingli

Zwischenahn, *Bad Z.,* niedersächs. Kurort im Ammerland, am Südufer des *Z.er Meers,* 23200 E.; Moorbäder.

Zwischenfruchtbau, *Zwischenfruchtfutterbau,* Anbau v. Futterpflanzen zw. 2 Hauptfrüchten, entweder als *Herbst-Z.* zur Ausnützung der End-Vegetationszeit nach früh räumendem Getreide oder Winterraps oder als *Winter-Z.* zur Gewinnung früher Grünfuttermassen vor der relativ späten Feldbestellung mit Kartoffeln, Mais u. a.

Zwischenhandel, 1) a) allg. der ↗Großhandel; b) zw. Groß- u. Einzelhandel geschobene Zwischenglieder, oft ohne echte Verteilerfunktion. **2)** *Transithandel,* im Außenhandel die Durchfuhr v. Waren.

Zwischenhirn ↗Gehirn.

Zwischenkiefer, 1) vor dem Oberkiefer gelegener Deckknochen des Wirbeltierschädels. **2)** beim Menschen der Kieferteil mit den Schneidezähnen.

Zwitter, *Hermaphrodit,* Individuum mit Geschlechtsorganen beider Geschlechter; bei den meisten Pflanzen u. einigen Wirbellosen (Band-, Regenwurm, Lungenschnecke); bei Säugetier u. Mensch Mißbildung.

Zwölfapostellehre ↗Didache.

Zwölffingerdarm, Teil des Dünn-↗Darms.

Zwölfkampf, turnerischer Mehrkampf: je 1 Pflicht- u. Kürübung an Reck u. Barren, Boden, Pferd (Seitpferd u. Pferdsprung) u. an den Ringen.

Zwölftontechnik, v. A. Schönberg um 1920 entwickelte, seit 45 verbreitete Kompositions-Technik, in der die 12 gleichschwebend temperierten Halbtöne der Oktave als völlig gleichwertig behandelt werden. An die Stelle der Tonalität tritt eine aus den Tönen gebildete Reihe od. ,,Grundgestalt'', die in verschiedenen Formen immer wieder auftritt. Vertreter: Webern, Alban Berg u. a.

Zwolle (:s-), Hst. der niederländ. Prov. Overijsel, 81500 E.; spätgot. Michaeliskirche u. Liebfrauenkirche (beide 15. Jh.); Metall-, Bekleidungs-, Elektro- u. chem. Ind.

Zyan ↗Cyan.

Zygote *w* (gr.), die aus der Verschmelzung zweier Geschlechtszellen entstandene Zelle.

zyklische Verbindungen, bes. in der organ. Chemie Verbindungen, deren Moleküle zu einem Kreis zusammengeschlossene Atome (meist Kohlenstoffatome) enthalten, z. B. ↗Benzol.

Zykloide *w* (gr.), Radlinie, ,,Rollkurve'', die v. einem Umfangspunkt eines rollenden Rades beschrieben wird.

Zyklon *m* (gr.), eine Entstaubungsanlage, die die Staubteilchen in Luft od. Gas durch Fliehkraftwirkung entfernt.

Zyklone *w* (gr.), wanderndes Tiefdruckgebiet. Unter Auffüllung wandert eine Z. im allg. in östl. Richtung u. führt entsprechend den mitgeführten Fronten Wind, Bewölkung u. Niederschläge mit sich.

Zyklopen, *Kyklopen,* in der griech. Sage gewalttätige, einäugige Riesen.

zyklothym (gr.), ↗Kretschmer. [schinen.

Zyklotron *s* (gr.), ↗Beschleunigungsmaschinen.

Zyklus *m* (gr.; Mz. *Zyklen*), **1)** Kreis, Umlauf. **2)** Zeitkreis. **3)** Vortrags- od. Schriftenreihe.

Zypern

Amtlicher Name:
Kypriaki Dimokratia –
Kibris Cumhuriyeti
Staatsform:
Republik
Hauptstadt:
Nikosia
Fläche:
9251 km²
Bevölkerung:
620000 E.
Sprache:
Griechisch und
Türkisch
Religion:
81% Anhänger der
griech.-orthodoxen
Kirche,
18% Muslimen
Währung:
1 Zypern-Pfund
= 1000 Mils
Mitgliedschaften:
UN, Commonwealth,
Europarat

Zwiefalten: Fassade
der ehem. Abteikirche

Zypressen

Zylinder *m* (gr.), **1)** mathemat.: *Kreis-Z.,* ein walzenförm. Körper. Beim *geraden Kreis-Z.* steht die Z.achse senkrecht auf den Grundkreisflächen, beim *schiefen Kreis-Z.* steht sie schräg. ☐ 421. **2)** in der Technik: allg. ein Hohlkörper v. Kreisquerschnitt, in dem sich z. B. ein Kolben bewegt, so der Dampf-Z. von Kolbendampfmaschinen, der Motor-Z. von Kolbenmotoren. ☐ 1041. **3)** hoher, röhrenförmiger Hut. **Z.linsen,** opt. Linsen, bei denen eine Fläche zylindr. statt sphär. gewölbt ist; zur Behebung des ↗Astigmatismus als Brillenglas. ☐ 120.

Zymase *w* (gr.), Gemisch v. ↗Fermenten der Hefezelle, bewirkt die alkohol. Gärung.

Zymbelkraut, Leinkrautgewächs mit efeuart. Blättern u. violetten, gelbgeflecken Rachenblüten. Zierpflanze.

Zyniker *m* (gr.), **1)** *Kyniker,* im 4. Jh. v. Chr. v. *Antisthenes* gegr. griech. Philosophenschule, die bedürfnisloses Leben forderte u. Staat, Kultur u. Sitten verachtete; weitere Vertreter: *Diogenes, Krates, Bion, Maximos.* **2)** i. ü. S. ein Mensch, dem nichts ernst u. ehrwürdig ist.

zynisch (gr.; Hw. *Zynismus*), spöttisch, schamlos u. bösartig.

Zypergras, mit Riedgras verwandt, meist auf feuchten Böden; dreikant. Stengel.

Zypern, *Cypern,* gr. *Kypros* (= Kupferinsel), drittgrößte Insel u. Rep. im östl. Mittelmeer, vor der kleinasiat. Küste. Die Bev. besteht zu 78,8% aus Griechen u. zu 17,5% aus Türken. Eine fruchtbare, wellige Ebene *(Messaria)* wird im N u. S eingerahmt v. 2 Bergketten. In der Ebene den künstl. Bewässerung Anbau v. Getreide, Oliven, Sesam, Wein, Baumwolle, Tabak, Johannisbrot; Bergbau auf Pyrit, Asbest u. Chromerze. – Im Alt.: v. Achäern u. Phönikern besiedelt, 58 v. Chr. röm., später byzantin.; 1191 v. den Kreuzfahrern erobert, 1193/1489 unter dem Haus Lusignan selbständiges Königreich, dann bei Venedig; 1571 türk., seit 1878 unter brit. Verwaltung, 1925 brit. Kronkolonie; 55/59 Freiheitskampf, seit 60 (durch einen griech.-türk.-brit. Vertrag v. 59) unabhängige Rep., 1. Präs. ↗Makarios III.; seit 64 türk.-griech. Streit mit zeitweise bürgerkriegsähnl. Zuständen um das Statut der Insel. Schlichtung durch UN u. Großmächte, Stationierung v. UN-Truppen; Fortdauer der Spannungen; 74 griech. Putsch gg. Makarios, türk. Invasion u. fakt. Teilung.

Zypresse, immergrüne Bäume mit schuppenförmigen Blättern u. kugeligen Zapfen. *Echte Z.,* bis 30 m hoch; u. a. im Mittelmeergebiet; liefert Z.nöl u. dauerhaftes Werkholz.

Zyste *w* (gr.), krankhafter sackartiger Hohlraum mit flüssigem Inhalt. **Zystitis** *w* (gr.), Blasenentzündung; durch Bakterien. **Zystom** *s,* Geschwulst, bes. an Eierstöcken. **Zystoskop** *s, Blasenspiegel,* ein ↗Katheter mit eingebauter Lichtquelle u. Optik zur Besichtigung *(Zystoskopie)* der Harnblase.

Zyto... (gr.), zur ↗Zelle gehörig, Zell(en)... **Z.logie,** Zellenlehre. **Z.plasma** *s,* Teil des Protoplasmas.

Zytostatika (Mz., gr.) ↗Krebs.

Kraftfahrzeug-Kennzeichen

Deutsche Demokratische Republik

A	Rostock	N	Gera
B	Schwerin	O	Suhl
C	Neubranden-	P	Potsdam
	burg	R	Dresden
D	Potsdam	S	Leipzig
E	Frankfurt/Oder	T	Karl-Marx-Stadt
F	Erfurt	U	Leipzig
G	Cottbus	V	Halle/Saale
H	Magdeburg	X	Karl-Marx-Stadt
I	Berlin (Ost)	Y	Dresden
K	Halle/Saale	Z	Cottbus
L	Erfurt		
M	Magdeburg		

Österreich

B	Burgenland
G	Graz
K	Kärnten
L	Linz
N	Niederösterreich
O	Oberösterreich
S	Salzburg
St	Steiermark
T	Tirol
V	Vorarlberg
W	Wien

Schweiz

AG	Aargau	NW	Nidwalden
	Appenzell-	OW	Obwalden
AR	Außerrhoden	SH	Schaffhausen
AI	Innerrhoden	SZ	Schwyz
BS	Basel-Stadt	SO	Solothurn
BL	Basel-Land	SG	St. Gallen
BE	Bern	TI	Tessin
FR	Freiburg	TG	Thurgau
GE	Genf	UR	Uri
GL	Glarus	VD	Waadt
GR	Graubünden	VS	Wallis
LU	Luzern	ZG	Zug
NE	Neuenburg	ZH	Zürich

Nationalitätszeichen

A	Österreich	DOM	Dominikanische	IND	Indien	PAK	Pakistan
AL	Albanien		Republik	IR	Iran	PE	Peru
AND	Andorra	DY	Benin	IRL	Irland	PI	Philippinen
AUS	Australien	DZ	Algerien	IRQ	Irak	PL	Polen
B	Belgien	E	Spanien	IS	Island	PY	Paraguay
BDS	Barbados	EAK	Kenia	J	Japan	R	Rumänien
BG	Bulgarien	EAT	Tansania	JA	Jamaika	RA	Argentinien
BH	Belize	EAU	Uganda	JOR	Jordanien	RB	Botswana
BR	Brasilien	EC	Ecuador	K	Kambodscha	RC	Taiwan
BRU	Brunei	ET	Ägypten	L	Luxemburg	RCA	Zentralafrikan.
BS	Bahamas	ETH	Äthiopien	LAO	Laos		Reich
BUR	Birma	F	Frankreich	LS	Lesotho	RCB	Kongo
C	Kuba	FJI	Fidschi	M	Malta	RCH	Chile
CDN	Kanada	FL	Liechtenstein	MA	Marokko	RH	Haiti
CGO	Zaïre	GB	Großbritannien	MAL	Malaysia	RI	Indonesien
CH	Schweiz		u. Nordirland	MC	Monaco	RL	Libanon
CI	Elfenbeinküste	GBA	Alderney	MEX	Mexiko	RM	Madagaskar
CL	Ceylon	GBG	Guernsey	MS	Mauritius	RMM	Mali
CO	Kolumbien	GBJ	Jersey	MW	Malawi	RSM	San Marino
CR	Costa Rica	GBM	Insel Man	N	Norwegen	RSR	Rhodesien
CS	Tschecho-	GBZ	Gibraltar	NA	Niederländische	RWA	Ruanda
	slowakei	GCA	Guatemala		Antillen	S	Schweden
CY	Zypern	GR	Griechenland	NIC	Nicaragua	SD	Swasiland
D	Bundesrepublik	GH	Ungarn	NIG	Niger	SF	Finnland
	Deutschland	H		NL	Niederlande	SGP	Singapur
DDR	Deutsche Demo-	HK	Hongkong	NZ	Neuseeland	SME	Surinam
	kratische Republik	I	Italien	P	Portugal	SN	Senegal
DK	Dänemark	IL	Israel	PA	Panama	SP	Somalia

SU	Sowjetunion
SY	Seychellen
SYR	Syrien
T	Thailand
TG	Togo
TN	Tunesien
TR	Türkei
TT	Trinidad und
	Tobago
U	Uruguay
USA	Verein. Staaten
V	Vatikanstadt
VN	Vietnam
WAG	Gambia
WAL	Sierra Leone
WAN	Nigeria
WG	Grenada
WL	Santa Lucia
WS	West-Samoa
WV	St. Vincent
YU	Jugoslawien
YV	Venezuela
Z	Sambia
ZA	Rep. Südafrika
CD	Diplomat. Korps
CC	Konsular. Korps
EUR	Diplomaten der
	EG in Brüssel

Währungen der Welt

Land	Währungseinheit
Afghanistan	Afghani (Af) = 100 Puls
Ägypten	Ägypt. Pfund (ägypt£) = 100 Piastres
Albanien	Lek = 100 Qindarka
Algerien	Alger. Dinar (DA) = 100 Centimes
Andorra	frz. u. span. Währung
Angola	Kwanza (Kz) = 100 Lwei
Äquatorial-guinea	Ekuele (E) = 100 Céntimos
Argentinien	Argentin. Peso = 100 Centavos
Äthiopien	Äthiop. Dollar (äth$) = 100 Cents
Australien	Austral. Dollar ($A) = 100 Cents
Bahamas	Bahama Dollar (B$) = 100 Cents
Bangla Desh	Taka = 100 Paise
Barbados	Barbados Dollar (BDS$) = 100 Cents
Belgien	Belg. Franc (bfr) = 100 Centimes
Benin	CFA-Franc[1] = 100 Centimes
Bhutan	1 Nu (= 1 ind. Rupie) = 100 Che
Birma	Kyat (K) = 100 Pyas
Bolivien	Peso Boliviano ($b) = 100 Centavos
Botswana	Pula (P) = 100 Thebe
Brasilien	Cruzeiro (Cr$) = 100 Centavos
Bulgarien	Lew (Lw) = 100 Stótinki
Burundi	Burundi-Franc (F.Bu.) = 100 Centimes

Land	Währungseinheit
Ceylon (Sri Lanka)	Sri Lanka-Rupie = 100 Cents
Chile	Chilen. Escudo (chilEsc) = 100 Centesimos
China	Renminbi Yuan (RMB¥) = 10 Jiao = 100 Fen
Costa Rica	Costa-Rica-Colón (C) = 100 Céntimos
Dänemark	Dän. Krone (dkr) = 100 Øre
DDR	Mark der Deutschen Demokratischen Republik (M) = 100 Pfennig
Deutschland, Bundesrep. D.	Deutsche Mark (DM) = 100 Deutsche Pfennig
Dominikanische Republik	Dominik. Peso (RD$) = 100 Centavos
Dschibuti	Dschibuti-Franc (FD) = 100 Centimes
Ecuador	Sucre (s./.) = 100 Centavos
Elfenbeinküste	CFA-Franc[1] = 100 Centimes
El Salvador	El-Salvador-Colón (¢) = 100 Centavos
Fidschi	Fidschi-Dollar ($F) = 100 Cents
Finnland	Finmark (Fmk) = 100 Penni
Föderation Arab. Emirate	Dirham (DH) = 100 Fils
Frankreich	Franz. Franc (FF) = 100 Centimes